FIREBIBLE
ファイヤーバイブル

Full Life Study Bible
Global Edition

FIREBIBLE
アイヤースタディブル

Full Life Study Bible
Global Edition

FIREBIBLE

ファイヤーバイブル

フルライフ・スタディ・バイブル
グローバル版

新改訳聖書第三版

フルライフ・スタディ・バイブル　編集長
ドナルド・C．スタンプス

フルライフ・スタディ・バイブル　副編集長
J．ウェスレー・アダムス

ライフ・パブリッシャーズ

FIREBIBLE: Full Life Study Bible Global Edition

Copyright © 2016 by Life Publishers International
All rights reserved.
Bible- Shin-Kaiyaku Seisho ©1970, 1987, 2003
Used by permission of Shin-Nihon Seisho Kankokai Permission No.3-2-155
'Study notes translated by Life Publishers International FIREBIBLE Translation Committee.

The sectional headings and references are derived from the New International Version, copyright © 1992 by Biblica, INC™ Used with permission. All rights reserved.

FireBible® elements including all Articles, the Bible Reading Plan, selected black and white maps and charts as noted, Book Introductions and outlines, color maps and the color map index, study notes, Subject Index, Themefinder™ symbols and the Themefinder™ Index are the property of Life Publishers International, Springfield, MO U.S.A. All rights reserved.

Handy Concordance new edition 2009 is used by permission of Shin-Nihon Seisho Kankokai.

Published by Life Publishers International
1625 N Robberson Ave.
Springfield, Missouri, U.S.A.

Printed in Japan
ISBN978-4-88703-122-7

FIREBIBLE: Full Life Study Bible Global Edition

ファイヤーバイブル
フルライフ・スタディ・バイブル
グローバル版

フルライフ・スタディ・バイブル初版　編集長
ドナルド・C．スタンプス　M.A., M.Div.

フルライフ・スタディ・バイブル初版　副編集長
J．ウェスレー・アダムス　Ph.D.

フルライフ・スタディ・バイブル初版　編集委員
委員長　スタンレー・M．ホートン　Th.D.
副委員長　ウィリアム・W．メンジーズ　Ph.D.
フレンチ・アーリントン　Ph.D.
ロバート・シャンク　A.B., D.H.L.
ロジャー・ストロンスタッド　M.C.S.
リチャード・ウォーターズ　D.Min.
ロイ・L．H．ウィンブッシュ司教　M.Div., D.D.

日本語版
Life Publishers International FIREBIBLE 翻訳委員会

FLBIBLE: Full Life Study Bible Global Edition

フルライフ・バイブル
フルライフ・スタディ・バイブル
グローバル版

フルライフ・スタディ・バイブル編集委員長
ドナルド・C・ステイマップ、Th.D. 著

フルライフ・スタディ・バイブル編集委員長
J. ウェスレー・アダムス、Ph.D.

フルライフ・スタディ・バイブル編集委員
横山 二郎、ニエル・オートン、Ph.D.
田口正人、ウィリアム・ルネス、Ph.D.
ベン・アーロンソン 他以
ロナルド・トンクス、D.Min.
ラリー・ヒルステッケン、Ph.D.
ウォレス・ブーカー、Ph.D.
チャド・Hウィマー博士、Mipoli

出版発行
Life Publishers International NPO法人日本CGNTV支援会

目　次

神に近づく方法	11
まえがき	13
序　文	15
ファイヤーバイブルの使い方	16
新改訳聖書について	19
新改訳聖書第三版について	20

旧約聖書

創世記	23	歴代誌　第二	699	ダニエル書	1429
出エジプト記	122	エズラ記	754	ホセア書	1465
レビ記	195	ネヘミヤ記	774	ヨエル書	1486
民数記	244	エステル記	803	アモス書	1499
申命記	303	ヨブ記	817	オバデヤ書	1518
ヨシュア記	362	詩篇	879	ヨナ書	1522
士師記	400	箴言	1033	ミカ書	1530
ルツ記	440	伝道者の書	1083	ナホム書	1543
サムエル記　第一	448	雅歌	1104	ハバクク書	1549
サムエル記　第二	499	イザヤ書	1116	ゼパニヤ書	1557
列王記　第一	542	エレミヤ書	1235	ハガイ書	1566
列王記　第二	599	哀歌	1336	ゼカリヤ書	1573
歴代誌　第一	655	エゼキエル書	1349	マラキ書	1594

新約聖書

マタイの福音書	1611	エペソ人への手紙	2211	ヘブル人への手紙	2340
マルコの福音書	1716	ピリピ人への手紙	2237	ヤコブの手紙	2384
ルカの福音書	1770	コロサイ人への手紙	2252	ペテロの手紙　第一	2401
ヨハネの福音書	1859	テサロニケ人への手紙　第一	2269	ペテロの手紙　第二	2420
使徒の働き	1944	テサロニケ人への手紙　第二	2284	ヨハネの手紙　第一	2430
ローマ人への手紙	2040	テモテへの手紙　第一	2294	ヨハネの手紙　第二	2451
コリント人への手紙　第一	2100	テモテへの手紙　第二	2312	ヨハネの手紙　第三	2455
コリント人への手紙　第二	2155	テトスへの手紙	2328	ユダの手紙	2460
ガラテヤ人への手紙	2190	ピレモンへの手紙	2336	ヨハネの黙示録	2466

付　録

度量衡	2531
主題別索引	2533
重要テーマ一覧表	2551
聖書通読プラン	2555
コンコルダンス	2559
カラー地図索引	2697
カラー地図	2721

関連記事目次

天地創造	p.29
アブラハムの召命	p.50
アブラハム、イサク、ヤコブとの神の契約	p.74
神の摂理	p.110
過越	p.142
旧約聖書の律法	p.158
贖罪の日	p.223
神への恐れ	p.316
イスラエル人との神の契約	p.351
カナン人の滅亡	p.373
御使いたちと主の使い	p.405
偶像礼拝	p.468
ダビデとの神の契約	p.512
効果的な祈り	p.585
旧約聖書のキリスト	p.611
エルサレムの町	p.674
神殿	p.707
礼拝	p.789
正しい人の苦しみ	p.825
死	p.850
賛美	p.891
聖書的希望	p.943
神の属性	p.1016
心	p.1043
旧約聖書のぶどう酒	p.1069
人間性	p.1100
旧約聖書の預言者	p.1131
神のみこころ	p.1207
神のことば	p.1213
神の平和	p.1301
神の栄光	p.1366
とりなし	p.1454
旧約聖書の聖霊	p.1493
貧困者への配慮	p.1510
十分の一とささげ物	p.1603
神による癒し	p.1640
神の国	p.1654
教会	p.1668
大患難	p.1690
サタンと悪霊に勝利する力	p.1726
にせ教師	p.1758
信者に伴うしるし	p.1768
イエスと聖霊	p.1809
富と貧困	p.1835
新約聖書のぶどう酒	p.1870
新生―霊的誕生と刷新	p.1874
弟子たちの新生	p.1931
聖霊のバプテスマ	p.1950
異言	p.1957
聖霊の教理	p.1970
御霊のバプテスマの吟味	p.1991
監督とその務め	p.2021
救いについての聖書用語	p.2045
信仰と恵み	p.2062
神の計画の中のイスラエル	p.2077
三種類の人々	p.2108
偶像にささげた食物	p.2122
御霊の賜物	p.2138
肉体の復活	p.2151
さばき	p.2167
信者の霊的聖別	p.2172
罪の性質の行いと御霊の実	p.2208
選びと予定	p.2215
奉仕の賜物	p.2225
親と子ども	p.2265
携挙	p.2278
反キリストの時代	p.2288
監督の道徳的資質	p.2303
信徒の聖書的訓練	p.2318
聖書の霊感と権威	p.2323
背教	p.2350
旧契約と新契約	p.2363
性道徳の基準	p.2379
聖化	p.2405
キリスト者とこの世	p.2437
救いの確証	p.2447
七つの教会へのキリストのメッセージ	p.2478

地図と図表目次

民族の一覧表	p.47
ヤコブの旅	p.86
出エジプトの経路	p.149
ヘブルの暦と主な出来事	p.167
幕屋	p.174
幕屋の備品	p.174
旧約聖書のいけにえとささげ物	p.202
旧約聖書の祭り	p.235
契約の重要事項	p.340
カナンの地征服	p.384
ソロモン時代のエルサレム	p.551
ソロモンの神殿	p.557
神殿の備品	p.557
イスラエルとユダの王国	p.570
エリヤとエリシャの生涯	p.590
イスラエル(北王国)の捕囚	p.633
ユダ(南王国)の捕囚	p.633
イスラエルとユダの王	p.651
捕囚からの帰還	p.759
エズラとネヘミヤ時代の歴史年表	p.777
キリストによって成就した旧約聖書の預言	p.1029
預言者の時代のエルサレム	p.1209
新バビロニヤ帝国	p.1442
ヨナの時代	p.1524
マラキ書からキリストまでの歴史年表	p.1607
ユダヤ教の学派	p.1656
神の国とサタンの国	p.1711
デカポリスとヨルダン川の東の土地	p.1739
キリストのガリラヤ伝道	p.1833
受難週の出来事	p.1845
キリストのユダヤとサマリヤ伝道	p.1933
キリストの伝道一覧	p.1937
キリストのたとえ	p.1940
使徒たちの奇蹟	p.1941
キリストの奇蹟	p.1942
五旬節の日に集まった人々の出身地	p.1948
ピリポとペテロの伝道旅行	p.1989
パウロの第一次伝道旅行	p.1998
パウロの第二次伝道旅行	p.2008
パウロの第三次伝道旅行	p.2019
パウロのローマへの旅	p.2039
聖霊の賜物	p.2096
聖霊の働き	p.2187
終末の事件	p.2471
黙示録の七つの教会	p.2479

略符号

旧約聖書

創世記	創
出エジプト記	出
レビ記	レビ
民数記	民
申命記	申
ヨシュア記	ヨシ
士師記	士
ルツ記	ルツ
サムエル記　第一	Ⅰサム
サムエル記　第二	Ⅱサム
列王記　第一	Ⅰ列
列王記　第二	Ⅱ列
歴代誌　第一	Ⅰ歴
歴代誌　第二	Ⅱ歴
エズラ記	エズ
ネヘミヤ記	ネヘ
エステル記	エス
ヨブ記	ヨブ
詩篇	詩
箴言	箴
伝道者の書	伝
雅歌	雅
イザヤ書	イザ
エレミヤ書	エレ
哀歌	哀
エゼキエル書	エゼ
ダニエル書	ダニ
ホセア書	ホセ
ヨエル書	ヨエ
アモス書	アモ
オバデヤ書	オバ
ヨナ書	ヨナ
ミカ書	ミカ
ナホム書	ナホ
ハバクク書	ハバ
ゼパニヤ書	ゼパ
ハガイ書	ハガ
ゼカリヤ書	ゼカ
マラキ書	マラ

新約聖書

マタイの福音書	マタ
マルコの福音書	マコ
ルカの福音書	ルカ
ヨハネの福音書	ヨハ
使徒の働き	使
ローマ人への手紙	ロマ
コリント人への手紙　第一	Ⅰコリ
コリント人への手紙　第二	Ⅱコリ
ガラテヤ人への手紙	ガラ
エペソ人への手紙	エペ
ピリピ人への手紙	ピリ
コロサイ人への手紙	コロ
テサロニケ人への手紙　第一	Ⅰテサ
テサロニケ人への手紙　第二	Ⅱテサ
テモテへの手紙　第一	Ⅰテモ
テモテへの手紙　第二	Ⅱテモ
テトスへの手紙	テト
ピレモンへの手紙	ピレ
ヘブル人への手紙	ヘブ
ヤコブの手紙	ヤコ
ペテロの手紙　第一	Ⅰペテ
ペテロの手紙　第二	Ⅱペテ
ヨハネの手紙　第一	Ⅰヨハ
ヨハネの手紙　第二	Ⅱヨハ
ヨハネの手紙　第三	Ⅲヨハ
ユダの手紙	ユダ
ヨハネの黙示録	黙

その他

→	参照
⇒	比較
:	章
～	以降
p.	ページ
前	紀元前
《ギ》	ギリシヤ語
《ヘ》	ヘブル語

神に近づく方法

神のご計画──永遠のいのち

神はあなたを愛しておられます。そして目的をもってあなたを造られました。その目的とはあなたが神を知り、神とじかに親しい関係を永遠に持つようになることでした。

「神は、実に、そのひとり子をお与えになったほどに、世を愛された。それは御子を信じる者が、ひとりとして滅びることなく、永遠のいのちを持つためである。」(ヨハ3:16)

主イエスは言われました。「わたしが来たのは、羊がいのちを得、またそれを豊かに持つためです。」(ヨハ10:10)

人間にある問題──罪と分離

私たち人間は自分の生き方を自分で勝手に決めて行動したため、神の定められた完全な基準に到達できなくなりました。そして神が望まれた幸いな人生を送ることができなくなりました。このように神に逆らっていることが、実は罪と呼ばれるものなのです。その罪によって、私たちは神から離れ神との関係を持つことができなくなっています。罪は神の完全なご性質とは全く反対のものです。したがって罪を犯している人は厳しく処罰されなければなりません。その処罰とは死であり神から永遠に見捨てられることです。

「すべての人は、罪を犯したので、神からの栄誉を受けることができず」(ロマ3:23)

「罪から来る報酬は死です。しかし、神の下さる賜物は、私たちの主キリスト・イエスにある永遠のいのちです。」(ロマ6:23)

神による解決──イエス・キリスト

私たちの行うことはみな不完全ですから、どんなに努力をしても神に近付くことができません。そこで神はご自分から罪の罰を全部背負うことにしました。そしてひとり子イエスをこの世界に送り、私たちに代って死ぬようにされました。そのことによって神と人間との間の橋渡しができました。私たちはこの方を通して初めて神に近付くことができるのです。

「キリストも一度罪のために死なれました。正しい方が悪い人々の身代わりとなったのです。それは・・・私たちを神のみもとに導くためでした。」(Ⅰペテ3:18)

「イエスは彼に言われた。『わたしが道であり、真理であり、いのちなのです。わたしを通してでなければ、だれひとり父のみもとに来ることはありません。』」(ヨハ14:6)

個人的な応答──告白と信仰

私たちはイエス・キリストの犠牲によって新しい人生が与えられると信じ、今までの罪深い人生から離れるように応答をするべきです。キリストがくださる救いは無料です。それは愛の贈り物ですから、ただ信じて受取ればよいのです。

「なぜなら、もしあなたの口でイエスを主と告白し、あなたの心で神はイエスを死者の中からよみがえらせてくださったと信じるなら、あなたは救われるからです。」(ロマ10:9)

「もし、私たちが自分の罪を言い表すなら、神は真実で正しい方ですから、その罪を赦し、すべての悪から私たちをきよめてくださいます。」(Ⅰヨハ1:9)

→「信仰と恵み」の項(p.2062)、「新生──霊的誕生と刷新」の項(p.1874)、「救いの確証」の項(p.2447)

あなたも主イエスに頼り人生をゆだねていきたいと思うなら、次のようにお祈りをしてください。

　　　神様、私は今まで自分勝手な生き方をしてあなたに罪を犯してきました。私をあわれみ、罪を赦してください。主イエス様が神の御子で、私のために死に、力と権威をもってよみがえり、私に新しいいのちを与えてくださることを信じます。今、私の人生をあなたとあなたのみこころにおゆだねします。私を神の子どもにしてください。この祈りに応えてくださることを感謝します。どうかあなたの御霊により、この信仰を周りの人々にも伝える勇気をお与えください。主イエス様のお名前によってお祈りいたします。アーメン。

この後

- **主イエスを信じたことをだれかに言いましょう。**人に言うことによって決心はいよいよ確かなものになり、心が変えられたことがはっきりと現れるようになります。
- **お祈りを始めましょう。**日々お祈りをすることによって神との関係が深まり、神の力と導きを受続けることができるようになります。
- **聖書を読みましょう。**聖書を少しずつでも読むことによって神がさらにわかるようになり、神のみこころやご計画もわかるようになります。
- **教会に行きましょう。**聖書に土台を置いたしっかりした教会につながりましょう。そのことによって霊的に成長し、あなたに与えられている特別な賜物を生かして神をあがめ、人々を助けることができるようになります。

まえがき　（フルライフ・スタディ・バイブル初版より）

　このスタディ・バイブルを作るというビジョン、召し、促しが神から与えられたのは、私がブラジルで宣教師として奉仕をしていたときでした。キリストのために奉仕をしている人々にとって、考え方や説教などに方向性を与えてくれる聖書が必要であることに気付いたのです。そこで10年前から私は聖書の注解と関連記事を書き始めました。その後アメリカに短期間戻ったときに、アメリカの牧師や信徒の間にも同じように、ペンテコステ信仰を強調する注解のついたスタディ・バイブルを求める人々がいることを知りました。

　過去何年にもわたって書き続けている間に私は、聖霊は聖書のページの中に限定された方ではなく、聖書の時代と同じように今も働きたいと願っておられることを強く確信するようになりました。五旬節の日に下った聖霊は今も神の民のうちにとどまっておられます。そしてその存在は義と力を通して明らかにされています（マタ6:33、ロマ14:17、Ⅰコリ2:4、4:20、ヘブ1:8）。御霊の働きは、主イエスの地上での働きや、その後の1世紀の使徒時代の教会の中に力強く見られましたが、御霊は今も同じように、教会の中でそして教会を通して働きたいと願っておられます。

　このスタディ・バイブルは「フルライフ・スタディ・バイブル」と呼ばれました（今では「ファイヤーバイブル」と言われている）。その理由は次の三つのことを基本としているからです。

　聖書に記録されているキリストと使徒たちによる啓示は、旧約聖書とともに聖霊によって完全に霊感されています。つまり聖書の原典は無誤性と無謬性を持つ真理であり、今日の教会にとって究極の権威です。歴史を通して信仰者はみな、聖書に啓示されていることばと教えに頼り、それが真理と実践にかかわる神の基準であることを確認してきました。つまり新約聖書のメッセージと基準と体験こそ、あらゆる時代の教会が求めるべき、そして神が願っておられる最高の姿を示しているのです。

　信仰者はみな、新約聖書を神の霊感されたことばとして受入れるだけではなく、初代教会の忠実な信仰者たちを通して表された信仰や献身、力を自分たちの生活や教会の中にも実現できるように心から祈り求めるべきです。キリストが約束され新約聖書の時代の信仰者が体験した、聖霊によるフルライフ（豊かに満たされたいのち）は今日でも神の民ひとりひとりに用意されています（ヨハ10:10、17:20、使2:38-39、エペ3:20-21、4:11-13）。聖霊の力を通してキリストに満たされることは、神の子どもたちに与えられたすばらしい特権です。

　新約聖書の中で神は、信仰者に対する神の基準またはみこころは義と聖さであると示されました（Ⅱコリ6:14-18）。それらを心から求めるとき、教会は聖霊による神の国の力といのちを豊かに体験することができます。神の国の力とその義とは互いに結び付いていて切離すことはできません。主イエスは「神の国とその義」をともに求めなければならないと言われました（マタ6:33）。使徒パウロは、神の国は「力」（Ⅰコリ4:20）と「義」（ロマ14:17）の両方から成り立っていると言いました。ですから贖いの力に満ちた神の国を豊かに体験するには、主イエス・キリストへの心からの信仰と献身が必要であり、神と神が注がれた聖霊に背くようなあらゆる不義から離れることが求められているのです（使2:17、38-40）。

　要約すると、このスタディ・バイブルが目指すところは、読者である皆さんをしっかりとした聖書信仰に導くことです。特に新約聖書の使徒的メッセージの中にある深い信仰に導かれ、さらにそれによって教会の中に生きて満ち満ちておられるキリスト（エペ4:13）と、信仰者の中に生きておられる聖霊に満たされること（使2:4、4:31）によって可能になった、新約聖書の体験を強く期待するようになっていただきたいのです。

　そして新約聖書の時代の教会のように、熱心に心から神に献身をし、復活されたキリストの臨在を切に求め、神のことばを愛して揺り動かされることなく信頼し、真理と義に対して熱心になり、仲間の信仰者たちと互いに

いたわり合い、救われていない人々に同情し、熱心に祈りの生活を送り、聖さを心から求め、聖霊に満たされ、御霊の賜物を用い、全世界に福音を伝え、主であり救い主であるイエス・キリストの再臨を期待するようになることを私たちは望み祈っているのです。

このスタディ・バイブルの編集委員を務めた方たちに私は心より感謝を申し上げます。その評価と提案は大変貴重なものでした。それぞれの方が忙しい中からこの働きのために時間を割いて努力してくださいました。この働きの中でその果された役割は神の国で決して小さいものではありません。また、聖書について書かれた膨大な文書や注解書を生み出した過去と現在の信仰深い方たちの著作と働きから私は多くのことを学びました。私は感謝をしながら、その人々の研究と専門的な知識の畑に入りこみ、その蒔いた種を収穫することができました。

この働きに携わることを通して、私は自分が神の聖いみことばを解き明かす上でいかに弱くふさわしくない者であるかを強く感じてまいりました。主の特別な恵みと助けを求めて幾度祈ったことでしょう。けれどもあわれみに富み、恵み豊かな神は御霊によって私を支え続けてくださいました。みことばは一日中私の心にささやき続けてくれました。そして聖書的キリスト教が完全なかたちで表されるようにという私の思いは、ますます深められ強められ激しいものになっていきました。それは私たちの主である救い主の現れを強く望む激しい思いと同じでした。この聖書の働きに携わることのできた特権を私はここに父と子と聖霊である神に心から感謝するとともに、私たちを愛し私たちのためにご自分を与えてくださり、そのことによって私たちがいのちを得、そのいのちを豊かに持つことができるようにしてくださった（ヨハ10:10）神の御前にこの書物を送り出すことにいたします。

1991年11月
ドナルド・C．スタンプス

献　辞

一年間にわたる癌との闘病生活の後ドナルド・C．スタンプス氏は1991年11月7日に主である救い主のみもとに旅立ちました（ピリ1:21, 23）。スタンプス氏は全力を注いて注解を書き上げましたが、その「フルライフ・スタディ・バイブル」の出版を見ることができませんでした。私たちはスタンプス氏のビジョン、神とみことばへの愛、真理と義への熱意、忍耐強い信仰が神を動かしたこと、そして神がスタンプス氏を特別なかたちで用いられ、「フルライフ・スタディ・バイブル」の出版が可能になったことを思い、感謝の気持で一杯です。ここに私たちはスタンプス氏を覚えつつ、神の栄光が現され、御国と義と真理が世界中に広がるためにこの聖書をささげます。

序　文

　スタディ・バイブルを出版するにあたり、私たちは二つの重要なことを土台としております。

神の聖いみことば

　聖書が神の霊感されたみことばであることを私たちは確信しています。神はみことばを書き記す人々を選び、聖霊の力を与えてその働きを助けられました。「なぜなら、預言は決して人間の意志によってもたらされたのではなく、聖霊に動かされた人たちが、神からのことばを語ったのだからです」（Ⅱペテ1:21）。この書物の中で最も重要なのは神のことばです。

神の聖いみことばについての注解

　この書物の中にある各書巻の緒論、注解、関連記事、その他の参考資料は、神のことばを究極の権威として尊重している現代の聖書学者たちによって提供されたものです。編集長のドナルド・C．スタンプス氏は「このスタディ・バイブルが目指すところは、読者である皆さんをしっかりとした聖書信仰に導くことです」と言っています。もちろん著者や編集者のことばは霊感され恵みに満ちた神のことばと同じレベルのものではありません。そのような理由から、また文化的な違いから、読者がみな著者や編集者の意見に同意するとは限りません。けれども編集者たちは、私たちがみことばそのものを学ぶのを助けてくれると思います。「ここのユダヤ人は、テサロニケにいる者たちよりも良い人たちで、非常に熱心にみことばを聞き、はたしてそのとおりかどうかと毎日聖書を調べた」（使17:11）。神のことばが自分に何を語りかけているか、信仰者ひとりひとりはしっかり学ぶ責任があります。

　神のことばはよく理解して従うときに、私たちをキリストのかたちにまで成長させ、聖霊の力によって奉仕できるように整えてくれると編集者と出版社はともに信じています。スタンプス氏は続けて「（目指すところは）読者である皆さん（が）・・・新約聖書の使徒的メッセージの中にある深い信仰に導かれ、さらにそれによって教会の中に生きて満ち満ちておられるキリスト（エペ4:13）と、信仰者の中に生きておられる聖霊に満たされること（使2:4, 4:31）によって可能になった、新約聖書の体験を強く期待するようになっていただきたいのです」と言っています。

　読者の皆さんが神のことばを自分自身の人生に当てはめることによって、思いを超えたそのすばらしさと力とを発見されることをこのスタディ・バイブルの出版に携わった者一同は心から願っております。

ファイヤーバイブルの使い方

　神は私たちにみことばを与えられ、神ご自身について、また私たちが生きる上で必要なご計画を示してくださいました。ファイヤーバイブルはその神のことばの真理を理解するのを助け、神を愛しさらに神に強く頼るように、また私たちにご自分のいのちを与えてくださった御子イエス・キリストとの個人的な関係を深めることができるように（Ⅰテモ1:5）構成されています。聖書には神の愛が具体的に現されており、私たちの生き方についての神の思いが示されています。聖書はただ読めばよいのではなく、深く学ぶことが必要です。聖書をよりよく理解し日々の生活に応用できるように、ファイヤーバイブルには次のような機能が備えられています。

見出し

　聖書の様々な部分に見出しが挿入されています。それはその区分の主題や内容をよりよく理解できるようにするためです。

引照聖句

　中央の欄に引照聖句が表示されています。それは同じことばを示すほかの聖句と関連付けるためです。これを利用すると、一つの難しい聖句を別の箇所を参照することによって理解することができるようになります。引照聖句は多くの聖句を鎖のように結び付けているのです。

注　解

　それぞれのページにはみことばを理解し実生活に適用できるように、背景、解釈、ことばの意味、実際的意味などの詳しい情報が示されています。この注解部分はペンテコステ信仰の立場から書かれています。つまりキリストと初代教会の使徒たちによって明らかにされたメッセージや基準や体験は、今日の神の民にとっても真実であり、同じように提供されていると信じる立場です。

　注解の中には次のような様々な種類の情報を見ることができます。
(1) 釈義的注解－ことばや文章の意味を説明し、本文の背景を明らかにします。
(2) 神学的注解－神の特性、罪、悔い改め、救い、バプテスマ、聖霊、教会、奇蹟、終末など霊的問題を要約しながら、聖書の真理や教えを定義し説明します。
(3) デボーション用の注解－信仰、服従、祈り、信頼などの個人的面を通して、父、子、聖霊である神と親密な関係を保ち続ける重要性を強調します。
(4) 倫理的注解－神の基準と目的に沿った品性の成長を強調します。倫理的注解では、キリストに従うこと、忠実さ、謙遜、高潔さ、自己犠牲、罪からの分離、善悪の判断、神に対する責任感と人々に対する同情心など、聖書的原則の重要性が強調されます。
(5) 実践的注解－キリスト者の日常生活に役立つ情報を提供します。神のことばを特別に自分の生活に応用できるようになっています。ここには癒し、聖霊のバプテスマ、霊の戦い、悩みの克服、誘惑に対する勝利などについて実際的なアドバイスが書かれています。また自分の能力を用いて教会で奉仕をし、ほかの人々にキリストを伝えることについても扱っています。

　注解の部分には関連のある、あるいは支持するほかの聖句（通常括弧内に入れられている）が非常に多く挙げられています。そのような引照聖句を調べるなら、さらに深く聖書を学ぶことができます。括弧の中の引照聖句は、同じ章の場合には通常章は省略し、最初に置かれています。次に置かれているのは同じ書巻からの引照で通常は書名が省略されています。そのあとには別の書巻の聖句が聖書の中の順番に従って挙げられています。注解以外の部分でも引照聖句は同じように扱われています。

関連記事

関連記事は、重要な主題を注解より綿密に総合的に扱っています。関連記事は大抵その主題に関連する聖句の近くに挿入されています。関連記事のリストは**関連記事目次**(p.8)にあります。関連記事には、注解と同じように多くの引照聖句が挙げられています。引照聖句は聖書の書巻の順序に略符号で出てきます(略符号の表は10ページにある)。略符号がない場合は前に出てきた引照聖句と同じ書巻であることを意味しています。

緒　論

それぞれの書巻の初めには緒論があります。緒論には次の項目が含まれています。
(1) 書巻の概要
(2) 著者、著作の情況、年代などの背景や歴史的情況の説明
(3) 書かれた目的
(4) 内容の概観または全体像
(5) 特徴と強調点の一覧表と旧約聖書の場合には預言が新約聖書で成就した例
(6) 聖書全体を1年間(または2年間)で通読するための通読プラン

緒論を熟読するならそれぞれの書巻をよりよく理解することができます。また自分の生活によりよく適用することができるようになります。緒論の最後の部分には自分なりのメモを書くことができるように余白が設けられています。

聖書通読プラン

それぞれの書巻の緒論の最後の部分には、聖書全体を1年(または2年間)かけて通読する通読プランがついています。

重要テーマのシンボルマーク™

聖書本文の横に縦線が引いてあり、横の余白にシンボルマークがついているページが多くあります。それはペンテコステ信仰の伝統の中で特に重要とされているテーマを現しています。そのシンボルマークは次のようなことを示しています。

 聖霊に満たされる/聖霊のバプテスマを受ける(出31:1-6から始まる)

 御霊の賜物(出35:30-35から始まる)

 御霊の実(創50:19-21から始まる)

 癒し(創20:17-18から始まる)

 山を動かす信仰(創15:3-6から始まる)

 あかし(出10:1-2から始まる)

 救い(創12:1-3から始まる)

再臨（詩98:8-9から始まる）

 サタンと悪霊に対する勝利（創3:15から始まる）

 世界と世俗化に対する勝利（創19:15-26から始まる）

 賛美（創15:1-21から始まる）

 従順と義による歩み（創5:22から始まる）

シンボルマークを見ればその聖書箇所のテーマがわかります。縦線の一番下の部分には同じテーマについて次に見るとよい聖句の場所が示されています。

重要テーマ一覧表™

重要テーマの一覧表がこの聖書の付録の部分にあります。これは12の重要テーマについて挙げられた聖句の一覧表です。それぞれの項目の下に関連聖句が聖書の中で結び付けられた順に挙げられています。

図　表

ファイヤーバイブルにはいろいろな図表やイラストがあり、重要な主題や資料についての情報を提供しています。図表を見ることによって、キリストの伝道、神の国とサタンの国、終末の事件、聖霊の賜物などについての聖書の教えをより早く理解することができます。**地図と図表目次**(p.9)を見ると図表の全体を見ることができます。

地図とイラスト

ファイヤーバイブルには聖書の出来事がどこで起きたかを理解できるように、地図が何枚も挿入されています。また神殿やその備品などを目で見て理解できるように、イラストが何枚も挿入されています。**地図と図表目次**(p.9)を見ると地図とイラストの全体を見ることができます。

主題別索引

主題別索引は、聖書の重要な主題や教えについての大切な注解や関連記事を見つけるのに役立ちます。この索引の項目には、主題についての聖句や注解の場所が示されています。索引には関連記事と緒論も含まれています。

コンコルダンス（聖書語句索引）

ファイヤーバイブルの付録の部分には、聖句をすばやく簡単に見つけることができるようにコンコルダンス（聖書語句索引）があります。これを使えば、聖句がどこにあったか思い出せなくてもその聖句の中のことばを一つか二つ覚えていればそれをかぎにして、その聖句を探すことができます。たとえば、「神のことばは・・・両刃の剣よりも鋭く」という聖句を探したいとき、「ことば」、「剣」を見れば、ヘブル人への手紙4章12節にあることがわかります。

新改訳聖書について

　聖書は永遠の神のことばであって、あらゆる時代に対して、常に新しい力をもって語り、救いのための知恵を人々に与えることのできるものである。新改訳聖書は、今の時代の人々のために、この神のことばである聖書を、正確に、わかりやすく翻訳しようとして企画された。

　翻訳編集に携わった者の一致した願いは、原語にあくまでも忠実であり、最も読みやすく、しかも聖書としての品位を失わない訳文を得ることであった。

　新約はネストレの校訂本二四版、旧約はキッテルの三版以後のものに基づき、訳業を進めたが、問題の個所については、正しい本文に近づくことに努め、欄外注に、その根拠を明らかにするようにした。

　どの翻訳についても言えることであろうが、私たちは、聖書翻訳の古い歴史の中で教会が私たちに残してくれた遺産に負うところが非常に多い。ここにあえて「新改訳」という名を採ったのも、多くの先達の業績に負うところが大きいことを認めるからである。

　わかりやすく翻訳するためには、現代において一般に用いられている範囲の中で、ことばや、文型、また、書き表し方を用いる必要があった。このために、用字用語も、なるべく当用漢字およびその音訓表の範囲内にとどめるようにした。国語の特徴の一つである敬語の使い方もなるべく簡素化した。神ご自身に関することば使いには、敬体を用いて誤解のおそれのないようにした所が多いが、敬体を用いずに、神のみわざそのものを簡潔に表した個所も多い。神のみわざは敬語の適用範囲を越えたところにあると判断したからである。

　訳語の中で、特に注意したことについて一、二、説明したい。

　旧約聖書においては、特に、文語訳ではエホバと訳され、学者の間ではヤハウェとされている主の御名を、この訳では太字で＜**主**＞と訳し、それによって主の御名がしるされている個所を明らかにした。太字でない＜主＞は＜**主**＞を代名詞などで受けた場合かまたは通常の＜主＞を意味することばの訳である。

　新約聖書で＜ハデス＞＜ゲヘナ＞と訳出されているのは、それぞれ、「死者が終末のさばきを待つ間の中間状態で置かれる所」「神の究極のさばきにより、罪人が入れられる苦しみの場所」をさすが、適切な訳語がないために音訳にとどめたのである。しかし、旧約聖書では、新約の＜ハデス＞に対応する＜シェオル＞を＜よみ＞と訳した。これらの訳語の統一については、さらに検討が必要であろう。

　この新改訳聖書の標準版が節ごとに改行しているのは、ただ読みやすさのための配慮であって、他意はない。文段を示すとき、一行あけたり、一字下げたりしているのも、同様である。また、章節を示す数字も後代のものであって、聖書固有のものではないので、便宜上のものである。そのため、私たちの用いた校訂本の章節の分け方が従来の邦訳のそれと違う場合には、できるだけ、邦訳の章節の分け方のほうを採用して無用の混乱を避けるようにした。

　　欄外注の説明
　本文中、文または語の左肩にある＊、①、②などの記号は、そのページの欄外（各ページの中央の欄）に注（＊）、引照（①②……）がつけられていることを示す。

　欄外の注は、その注の性質を示す＜別訳＞＜直訳＞＜あるいは＞＜異本＞等の＜　＞の中にはいった語をもって始まる。次にその説明をする。

旧約聖書に共通の注記
　　＜別訳＞は、本文には採らなかったが、重要と思われる別の訳。
　　＜直訳＞は、本文に意訳を採用したとき、特に注記することが必要と思われた直訳。
　　＜あるいは＞は、本文と微妙な相違のある他の訳、または本文と同義であるが、別の言い回し。
旧約にだけ用いられている注記
　　＜……による＞は、マソラ本文の意味が不明の場合に典拠とした古代訳、その他を示す。
　　＜……は＞は、本文には採らなかったが、重要と思われる古代訳、その他の訳文。
　　＜マソラの読みは＞は、マソラの読みに従う訳文。原則として、新改訳聖書の翻訳はマソラの読みに従っているので、マソラの読みが通常の読み方と違っている場合も、いちいち注記していないが、マソラの読みでなくて、書かれている字の通常の読み方のほうを採用した場合があるので、その場合にこの注記を用

いた。
　＜子音字は「主」＞は、通常主と訳される神の御名が、マソラの読みに従って、本文では神と訳されている場合。
　＜ヘ＞＜ア＞＜ギ＞（ヘブル語、アラム語、ギリシヤ語の略）は、これらの原語の音訳、または原語の意味を示す。
　＜→……＊＞は、→印によって指定された個所の注を見よ、という意味。
　特にその性質を示す語のつけてない注は、その本文の訳語に対する説明である。

新約にだけ用いられている注記
　＜異本＞は、写本間に相違がある場合、本文には採らなかったが、重要と思われるものの訳。
　＜すなわち＞は、本文の訳語では、原意を表すのにいくぶん不十分である場合の説明。
　＜原語＞＜ヘブル語＞＜アラム語＞＜ギリシヤ語＞は、これらの原語の音訳を示す。

　引照について　聖書の中には、同じようなことばや事例が別の個所に出ていることが多い。また、相互に関係のある個所も少なくない。そのような個所を引いて照らし合わせると本文の理解に役に立つ。そのような引照すべき個所を引照個所と言い、それを欄外注にまとめてしるしたのである。次にその使い方を簡単に示す。
　本文中の一つの語の肩につけられた①、②……という小さな数字は、その節の欄外注の①、②……のあとに、それぞれ引照個所があげられていることを示す。
　小さな数字が、本文中の節を示す数字の肩につけられたとき、その示す引照は、通常、その節全体に関する引照であるか、その節から始めて、数節または数章にわたる個所（特に並行個所）を示す場合もある。後者の場合は、本文のどの個所の引照をあげるのかを最初に示し、そのあとに、引照個所を並べてある。
　旧約聖書の引照の中で、→印のついている個所は、同じ原語の訳語がそこに集められていることを示す。
　新約聖書の引照につけている＜参＞＜比＞は、「そこを参照せよ」「そこと比較せよ」の意味である。

（新改訳聖書「あとがき」より）

新改訳聖書第三版について

　第三版においては、およそ九百節に改訂を施した。その大半は、いわゆる不快表現、差別表現にかかわるものである。身体的な弱さを指すのに使われてきた語、例えば「めくら」「おし／つんぼ」等は、「目の見えない（人）、盲目、盲人」「口のきけない（人）／耳のきこえない（人）」等に変更した。
　特に、「らい病（人）」と訳されていたヘブル語「ツァラアト」とその派生語、及びギリシヤ語「レプラ」「レプロス」は、本改訂版では、従来の訳語や新たな造語を含む複数の選択肢を検討した結果、「ツァラアト」「ツァラアトの者・人」「ツァラアトに冒された（者・人）」と訳出することとした。聖書のツァラアトは皮膚に現れるだけでなく、家の壁や衣服にも認められる現象であり、それが厳密に何を指しているかはいまだに明らかでないからである。
　「ツァラアトの者・人」（ツァルア）と「ツァラアトに冒された」（メツォラア）は、ヘブル語の名詞ツァラアトから派生したと考えられる動詞の受動分詞（それぞれ基本語幹カルと強意語幹プアル）であり、人の場合に限定して使われ、皮膚がツァラアトという「何らかの原因により、人体や物の表面が冒された状態」を描写している。
　この症候は、前述のとおり、壁や衣服にも現れることがあり、「きよい」と宣言されるまで、それらはけがれたものと見なされた。それゆえ、聖書が教える神のきよめの恵みを正しく理解するために、「ツァラアトに冒された」という表現を適切に解釈する必要があろう。なお、「らいを病む」「らいに冒された」等の表現がふさわしい、とする考え方もあるが、ヘブル語「ツァラアト」を特定の病名に結び付けることはできないとの結論に達した。
　以上のことから、第三版における訳語「ツァラアト」「ツァラアトの者・人」「ツァラアトに冒された（者・人）」が暫定的であることを了解されたい。
　なお、不快表現、差別表現以外の改訂は、今回は最小限にとどめた。しかし、一つの訳語の改訂（例えば、創世記一章二節「地は形がなく」を「地は茫漠として」とした）が、その文脈の理解や聖書全体の神学に多大な影響を与えることを考えるなら、改訂の重要さは個所の数で測られるものではないであろう。

（新改訳聖書「第三版あとがき」より）

旧約聖書
THE OLD TESTAMENT

創世記

概　　要
- Ⅰ．人類の歴史の始まり(1:1-11:26)
    - A．宇宙と生命の起源(1:1-2:25)
        1. 天地創造の要約(1:1-2:3)
        2. アダムとエバの創造(2:4-25)
    - B．罪の起源(3:1-24)
        1. 誘惑と堕落(3:1-6)
        2. 堕落の結果(3:7-24)
    - C．文明社会の起源(4:1-5:32)
        1. カイン－異教徒の文化(4:1-24)
        2. セツとエノシュ－正義の応答(4:25-26)
        3. 洪水前の族長の歴史(5:1-32)
    - D．大洪水－初期の文明社会に対する神のさばき(6:1-8:19)
        1. 世界の邪悪化と腐敗(6:1-8)
        2. ノア－残りの正しい者を救うための準備(6:9-22)
        3. 最後の指示と洪水(7:1-8:19)
    - E．人類の新しい始まり(8:20-11:26)
        1. ノアの子孫(8:20-10:32)
        2. バベルの塔(11:1-9)
        3. セムからアブラムまでの家系(11:10-26)
- Ⅱ．ヘブル人の始まり(11:27-50:26)
    - A．アブラハム(11:27-25:18)
        1. アブラムの家族の背景(11:27-32)
        2. アブラムの召命と信仰の旅(12:1-14:24)
        3. 神とアブラムとの正式な契約(15:1-21)
        4. ハガルとイシュマエル(16:1-16)
        5. 新しい名前と契約のしるし(17:1-27)
        6. アブラハムの約束とロトの悲劇(18:1-19:38)
        7. アブラハムとアビメレク(20:1-18)
        8. アブラハムと約束の息子イサク(21:1-24:67)
        9. アブラハムの子孫(25:1-18)
    - B．イサク(25:19-28:9)
        1. エサウとヤコブの誕生(25:19-26)
        2. 長子の権利の売渡し(25:27-34)
        3. イサクとリベカとアビメレク(26:1-17)
        4. 井戸についての争いとベエル・シェバへの移動(26:18-33)
        5. イサクによるヤコブへの祝福(26:34-27:29)
        6. エサウの恨みとヤコブの逃走(27:30-28:9)
    - C．ヤコブ(28:10-36:43)
        1. ヤコブの夢と旅(28:10-22)
        2. ヤコブがハランでラバンと生活した期間(29:1-31:55)
        3. ヤコブとエサウの和解(32:1-33:17)
        4. ヤコブの約束の地への帰還(33:18-35:20)
        5. ヤコブの子孫とエサウの子孫(35:21-36:43)

D．ヨセフ（37：1-50：26）
　　　　1．カナンでのヨセフと兄弟たち（37：1-36）
　　　　2．ユダとタマル（38：1-30）
　　　　3．ヨセフの試練とエジプトでの出世（39：1-41：57）
　　　　4．ヨセフの兄弟たちとの再会（42：1-45：28）
　　　　5．ヨセフの父親と兄弟たちのエジプトへの移住（46：1-47：26）
　　　　6．ヤコブの最後の日々と最後の預言と死（47：27-50：14）
　　　　7．ヨセフの兄弟たちへの確約（50：15-21）
　　　　8．ヨセフの死（50：22-26）

著　者：モーセ

主　題：すべての始まり

著作の年代：紀元前1445－1405年頃

著作の背景
　創世記は旧約聖書の最初の書物であり、聖書全体の緒論の役割を果している。この書物に最初に出てくるヘブル語は「ベレーシース」であるけれどもそれは「初めに」を意味するので、この書物の題としても使われている。「創世記」という名前は原語のヘブル語をギリシヤ語に訳したことばから取られているけれども、この書物全体に見られるものをよく表している。というのは、「源、根源、創造、物事の始まり」を意味するからである。したがって、創世記は「起源の書物」と言うことができる。
　創世記は著者について何も触れていない。けれども聖書のほかの部分では（Ⅰ列2：3、Ⅱ列14：6、エズ6：18、ネヘ13：1、ダニ9：11-13、マラ4：4、マコ12：26、ルカ16：29, 31、ヨハ7：19-23、使26：22、Ⅰコリ9：9、Ⅱコリ3：15）、モーセが旧約聖書の最初の5冊、「モーセの五書」全部を書いたとしている。また古代のユダヤ人作家や初代教会の指導者たちもみなモーセが創世記の著者であると証言している。創世記にある歴史は全部モーセ以前のものであるから、創世記著作に当たってのモーセの役割は当時入手できたすべての文書化された資料や口伝の資料（それが現在まで創世記に保存されている）を（聖霊の導きと霊感のもと）注意深くまとめていくことだった。したがってモーセの仕事はほとんど編集作業だった。その資料にはアダムからヨセフまでの人類の歴史があった。モーセは「これは～の歴史（経緯）である」（《ヘ》エレハ・トーレードース）という句を11回使っている（→2：4, 5：1, 6：9, 10：1, 11：10, 27, 25：12, 19, 36：1, 9, 37：2）。たぶんそれはそのような歴史的記録のことを言っていると思われる。そのヘブル語の句は「これらは～による歴史である」と訳すこともできる。
　創世記は天地創造、人類の歴史の始まり、神との契約の中で生きたヘブル人の起源を正確に記録している。神とヘブル人との関係は神の律法と約束、そして神に対する人々の忠実さに基づいている（→**アブラハム、イサク、ヤコブとの神の契約**の項 p.74）。神の霊感されたことばの一部である創世記の歴史的信憑性は新約聖書の中で、主イエス（マタ19：4-6, 24：37-39、ルカ11：51, 17：26-32、ヨハ7：21-23, 8：56-58）と、主イエスの弟子であり、教会初期の指導者や開拓者だった使徒たちによって（ロマ4：, Ⅰコリ15：21-22, 45-47, Ⅱコリ11：3、ガラ3：8, 4：22-24, 28、Ⅰテモ2：13-14、ヘブ11：4-22、Ⅱペテ3：4-6、ユダ1：7, 11）確証されている。現代の考古学による発見も創世記にある歴史的情報の正確性を確認している。モーセは聖書の最初にあるこの特異な書物を書くのに最適な人物だった。それはエジプトで高度の教育を受け（使7：22）、さらに重要なことに神によって選ばれ備えられていたからである。

目　的
　創世記はモーセの五書（旧約聖書の最初の5冊）の残りの書物、また聖書全体を理解する上で必要な土台を提供している。同時に宇宙、人類、結婚、罪、都市、言語、民族、イスラエル、人々との個人的な関係を回復するという神のご計画の始まりなどについての唯一の信頼できる記録を保存している。神は創世記を通して神ご自身、天地創造、人類、罪への堕落（→概観）、死、さばき、契約、神を信じる人々への救いの約束などについての基礎的な理解を、旧約聖書と新約聖書両方の契約の民に示しておられる。

創世記

概　　観

創世記は明らかに二つの部分に分けることができる。

(1) 1−11章はアダムからアブラムまでの人類の初期の歴史概観である。この初めの部分のテーマは歴史上の決定的な五つの出来事の記録によって表現されている。

　(a) 天地創造−神はすべてのものを造られた。それにはエデンの園に置かれたアダムとエバも含まれていた(1:−2:)。

　(b) 堕落(神に対する人類の最初の反抗で、神の特別な好意は終り神との関係も崩壊した)−アダムとエバは神の指示を無視し人間の歴史に罪と死の呪いをもたらした(3:)。

　(c) カインとアベル−このふたりの間に起きた悲劇によって歴史上の基本的な二つの流れが始まった。人本主義的(人間中心の、不信仰な)文明社会と、神に従い神への道をほかの人々に示す少数の人々(4:−5:)。

　(d) 大洪水−古代世界はノアの時代までに大変邪悪になった。そこで神は地をおおう洪水によって滅ぼされた。唯一の義人だったノアと家族だけが救われた(6:−10:)。

　(e) バベルの塔−洪水後に生れた人々は再びともに集まって神に背いた。その行動は自分たちの計画を進めていこうとする高慢な意思を神に対して誇示していた。そこで神は人々がそれまでに理解していた言語を変えることによって、その計画を混乱させられた。この出来事はその後の文化に変化を引起こし人間を世界の各地に離散させることになった(11:)。

(2) 12−50章はヘブル人の起源を明らかにしている。神がイスラエルの4人の族長たち(部族の創始者あるいは最初の長)を通して、どのように働かれたかを見ることができる。族長とはアブラハム、イサク、ヤコブ、ヨセフである。神はあらゆる国の人々を神との関係に戻すためのご計画を立てようとしておられた。アブラハムとその子孫たちと結んだ神の契約は贖い主、御子イエスを送るという究極的あるいは最終的目的の土台だった。この方が神との関係を回復する道を人間に備えてくださる。創世記の最後はヨセフの死とその後間もなくイスラエルがエジプトの奴隷になる話で結ばれている。

特　　徴

創世記には七つの大きな特徴がある。

(1) これは聖書の中で最初に書かれた書物である(ヨブ記の可能性もあるが)。人類の歴史、罪、ヘブル人の始まり、罪によって破壊された人間との関係を修復、回復する神のご計画などを記録している。

(2) 創世記が扱う歴史の年数は残りの聖書全体が扱うものよりも長い。それは人類の最初の夫婦から始まり、また洪水以前の世界の歴史を描いている。そして残りの旧約聖書に記録されている神のご計画の基礎としてのヘブル人の歴史に焦点を合せている。

(3) 創世記は地球上の物質的世界といのちは明らかに神のわざによるものであり、自然自らの作用によるものではないことを明らかにしている。ここで神の働きは50回、創造主の働きとして描かれている。

(4) 創世記は初物の書物である。そこには最初の結婚、最初の家族、最初の誕生、最初の罪、最初の殺人、最初の一夫多妻者(二人以上の妻を持つ者)、最初の楽器、最初の贖いの約束(救い、神との関係の回復)、その他多くの最初の事柄が記録されている。

(5) 神とアブラハムとの契約(神の律法と約束、そして神に対する人々の忠誠に基づく終生協定)。それは神がアブラハムに自分の国から旅立つように召し出された時に始まり(12:1-3)、15章で確認され、17章で批准され、再びはっきりと確認されている。この契約は聖書全体の中心である。

(6) 創世記だけがイスラエルの十二部族の起源を説明している。

(7) 創世記はどのようにしてアブラハムの子孫が最終的にエジプトに住み着くようになったのか(430年間)、そしてどのようにして出エジプト(モーセの指導の下でイスラエル人がエジプトから脱出したこと)のお膳立てができたのかを明らかにしている。出エジプトは旧約聖書の大事件であるけれども信仰をもって神に立返り従う人はだれでも救おうという神のご計画の具体的な例でもある。

新約聖書での成就

創世記は人々を神ご自身との関係に戻すという神のご計画の預言的歴史を表している。このことはやがて贖い主、御子イエスを通して起こるのである。この方は女の子孫(3:15)、セツ(4:25-26)、セム(9:26-27)、アブラハム(12:3)の家系を通して来られる。新約聖書は創世記12章3節と神がイエス・キリストを送られたこと(ガラ3:16, 29)を直接結び付けている。創世記に見られる多くの人と出来事が、信仰と義(ロマ4:、ヘブ11:1-

22)、神のさばき(ルカ17：26-29, 32, Ⅱペテ3：6, ユダ1：7, 11)、キリスト(マタ1：1, ヨハ8：58, ヘブ7：)との関連で新約聖書に出てくる。

創世記の通読

旧約聖書全体を1年間で通読するためには、創世記を次のスケジュールに従って21日間で読まなければならない。
□1-2 □3-5 □6-8 □9-11 □12-14 □15-17 □18-19 □20-22 □23-24 □25-26 □27-28 □29-30 □31-33 □34-35 □36-37 □38-39 □40-41 □42-43 □44-45 □46-48 □49-50

メ　モ

創世記 1章

すべてのものの始まり

1 ¹初めに、神が天と地を創造した。
²地は茫漠として何もなかった。やみが大水の上にあり、神の霊が水の上を動いていた。
³神は仰せられた。「光があれ。」すると光があった。
⁴神は光を見て良しとされた。神は光とやみとを区別された。
⁵神は光を昼と名づけ、やみを夜と名づけられた。夕があり、朝があった。第一日。
⁶神は仰せられた。「大空が水の真っただ中にあれ。水と水との間に区別があれ。」
⁷神は大空を造り、大空の下の水と、大空の上の水とを区別された。そのようになった。
⁸神は大空を天と名づけられた。夕があり、朝があった。第二日。
⁹神は仰せられた。「天の下の水が一所に集まれ。かわいた所が現れよ。」そのようになった。
¹⁰神はかわいた所を地と名づけ、水の集まった所を海と名づけられた。神はそれを見て良しとされた。

1 ①創1章、ヨブ38, 39章、詩8, 104, 148篇、詩33:6, 9, 89:11、箴8:22-31、イザ42:5, 44:24, 45:18、ヨハ1:1-3、使17:24、コロ1:15-17、ヘブ1:2, 3, 11:3、黙4:11 ②詩102:25、ヘブ1:10
2 ①エレ4:23、ヨブ38:9 ②詩104:30, 4申32:11、イザ31:5
3 ①Ⅱコリ4:6
4 ①イザ45:7
5 ①ヨハ8:12
6 ①詩74:16, 3詩65:8 ②ヨブ37:18、イザ40:22
7 ①ヨブ38:8-11 ②創7:11、詩148:4 ③詩24:1, 2, 33:7, 95:5, 104:6-9、エレ5:22、Ⅱペテ3:5
10 ①詩146:6

1:1 初めに、神が天と地を創造した 記者は「初めに」という表現を用いて、すべてのものには始まりがあったという事実を示している。ほかの古代宗教では物事は既に存在していたものから創造されたとしている。けれども聖書は神が無からすべてのものを造り出されたことを示している。神は一人だけで、唯一の真実で永遠で自存(ほかのものに頼らず、自分だけで永遠に存在すること)の方であるけれども、聖書の最初の節にご自分を天地の創造者として現しておられる。聖書を読み続けるに従って、神の特性がみな説明されていく。みことばは私たちが神の特性をみな知るのに役立つ次のような基本的な概念(土台になる考え)を示している。神はすべての力を持っておられる(イザ40:15、ダニ4:34-35)。神はどこにでもおられる(詩139:7-10)。神はすべてを知っておられる(エペ1:3-12、ロマ8:27-29)。これらの特性に加えて、神は善であり(詩89:49)、聖であり(レビ11:44、イザ6:1-5)、義である(申32:4、詩71:19)という道徳的特性を持っておられる。(神と創造者としての神についての解説 →「天地創造」の項 p.29、「神の属性」の項 p.1016)。ほかの宗教では歴史を終わりのない循環のようにとらえている。けれども聖書は歴史を直線のように、明確な始まりと神が定められた終わりを持つものとして示している。神は天地創造の際にご計画を持っておられた。そしてそれを達成なさるのである。聖書の最初の節にはいくつかの重要な真理が含まれている。

(1) 神はすべての存在の源で人間や自然界は自存しているのではなく、存在と生きる能力を神に依存している。

(2) 存在するすべてのものは神と正しい関係を持ち、(究極の目的のために)神に依存している限り良いものである。

(3) すべてのいのちと造られたものには永遠の意味と目的がある。

(4) 創造者として神はすべての造られたものに対して完全な権威と支配という絶対的な(最高の)主権を持っておられる。つまり神はご自分が創造されたすべてのものに、ご自分が望まれることを行うことができる。罪に落ち破壊された世界で人々は神を拒んで勝手な道を歩み始めたけれども、神は贖いを提供された。贖いは神に逆らう立場からひとりひとりを「立返らせ」、「回復させ」、神との正しい関係に引戻す神のご計画である(出6:6, 15:13、申21:8、ルカ1:68、ロマ3:24、ガラ3:13、Ⅰペテ1:18)。

1:2 地は茫漠として何もなかった この節は神の創造の過程を描き始めており、聖霊の役割を紹介している(→「天地創造」の項 p.29)。

1:3 光があれ ヘブル語の「光」は「オール」と言い、地上に来た最初の光のことである。後に神は「光る物」(《ヘ》マオル─光を運ぶものという意 1:14)を大空に置かれた。あるものは光を生み出し、ほかのものは光を反射させた。これら光る物の第一の目的は季節、日、年のしるしとなることだった(1:5, 14)。(創造の働きの中の神のことばや発言についての解説 →「天地創造」の項 p.29)。

1:5 夕があり、朝があった。第一日 この表現はこの章の中で6回繰返されている(1:5, 8, 13, 19, 23, 31)。ヘブル語で日は「ヨーム」であり、普通は24時間(⇒7:17、マタ17:1)、または24時間のうちの日照時間を意味する(「夜」と区別される「日」)。けれども限定されていない時間の長さを表すこともある(「刈り入れの日」箴25:13)。多くの人はこの天地創造の日はそれぞれに「夕」と「朝」があったことから、24時間の1日だと信じている(1:5、⇒出20:11)。別の人々は「夕」と「朝」を単に、「夕」は創造の段階の一つの終わりを指し、次の「朝」は新しい始まりを意味していると考えている。

1:7 大空 「大空」は地上の水と上方の雲の間にある大気のことを指している。

1:10 良しとされた 神はご自分が創造されたもの

創世記　1章

11 神は仰せられた。「地が植物、すなわち種を生じる草やその中に種がある実を結ぶ果樹を、種類にしたがって、地の上に芽ばえさせよ。」そのようになった。
12 地は植物、すなわち種を生じる草を、種類にしたがって、またその中に種がある実を結ぶ木を、種類にしたがって生じさせた。神はそれを見て良しとされた。
13 夕があり、朝があった。第三日。
14 神は仰せられた。「光る物が天の大空にあって、昼と夜とを区別せよ。しるしのため、季節のため、日のため、年のためにあれ。
15 また天の大空で光る物となり、地上を照らせ。」そのようになった。
16 神は二つの大きな光る物を造られた。大きいほうの光る物には昼をつかさどらせ、小さいほうの光る物には夜をつかさどらせた。また星を造られた。
17 神はそれらを天の大空に置き、地上を照らさせ、
18 また昼と夜とをつかさどり、光とやみとを区別するようにされた。神はそれを見て

19 夕があり、朝があった。第四日。
20 神は仰せられた。「水には生き物が群がれ。鳥が地の上、天の大空を飛べ。」
21 神は、海の巨獣と、種類にしたがって、水に群がりうごめくすべての生き物と、種類にしたがって、翼のあるすべての鳥を創造された。神はそれを見て良しとされた。
22 神はそれらを祝福して仰せられた。「生めよ。ふえよ。海の水に満ちよ。また鳥は地にふえよ。」
23 夕があり、朝があった。第五日。
24 神は仰せられた。「地が、種類にしたがって、生き物を生ぜよ。家畜や、はうもの、野の獣を、種類にしたがって。」そのようになった。
25 神は、種類にしたがって野の獣を、種類にしたがって家畜を、種類にしたがって地のすべてのはうものを造られた。神はそれを見て良しとされた。
26 神は仰せられた。「さあ人を造ろう。われわれのかたちとして、われわれに似せて。彼らが、海の魚、空の鳥、家畜、地の

11 ①創1:11, 12, 詩65:9-13, 104:14, ヘブ6:7
②ネヘ9:25
14 ①創1:14-19, 詩19:1, 150:1, イザ40:26, エレ31:35
②申4:19, 詩74:16, 136:7-9, 148:3, 5
②エレ10:2
②詩74:17, 104:19
16 ①詩136:7-9
②ヨブ38:7, 詩8:3
17 ①エレ33:20, 25

21 ①詩104:25, 26
22 ①創1:28, 8:17, 9:1, 7
24 ①創2:19, 7:21, 詩104:18-22, エレ27:5
26 ①詩8:5, 6
②創9:6, ヤコ3:9
②創5:1, 3, Ⅰコリ11:7, エペ4:24, コロ3:10

を、7回「良し」とされた（1:4, 10, 12, 18, 21, 25, 31）。神が創造されたものそれぞれが、意図された通りに出来上がったのである。神はご自分の栄光（美、輝き、不思議）と偉大さを反映させるために世界を造られた。また神は世界を人間がいのちと喜びを体験する場所となるように計画された。ここで神が明確なご計画と順序に従って創造されたことに注意。

一日目	光	
二日目	大空	創造の世界に秩序をもたらす
三日目	かわいた地	
四日目	光る物	
五日目	魚と鳥	創造の世界にいのちをもたらす
六日目	動物と人間	
七日目	安息	天地創造は完了し結果は良い

1:14　しるしのため・・・にあれ　神は太陽、月、星をしるしとし、人間が神に注意を向けるようにされた。またこれらは日、季節、年を分けるしるしともなった。星や天体、その人間の行動への影響を研究する占星術は星や惑星が個人の生活を導くという誤った理論によって、神の意図を曲げてしまっている。

1:22　神はそれらを祝福して　神はすべての生き物を祝福され、自然と動物を良しとされた（1:12, 21-22）。

（1）神はご自分のなされたわざを大いに喜ばれ、非常に価値のあるものとみなされた。同じように、神に従う人々も自然とすべての造られたものを美しい非常に価値のある楽しむべきものとして見るべきである。
（2）自然の完全さは現在、罪（神に逆らう行動とその結果）によって損なわれてはいるけれどもいまなお神の不思議さ、偉大さ、すべての人々への愛を表現している（⇒詩19:1）。そして神の定められた時に、創造物は罪と腐敗の影響から完全に自由にされる。神の民はこのことのために祈り続けるべきである（ロマ8:21, 黙21:1）。

1:26　神は仰せられた。・・・われわれの　「われわれ」ということば（複数）が使われていることは神がある面で複数か、または多面的な性質を持っていることを暗示している（⇒詩2:7, イザ48:16）。このことは三位一体あるいは三つの異なってはいるけれども互いに関連する統一された位格を持つ神の存在を示している最初の例である。けれども神が三位一体であること（父、子、聖霊が本質において一つの神であること）は新約聖書まで明らかにはならない（→マタ3:17注, マコ1:11注, →「**神の属性**」の項p.1016）。

1:26　さあ人を造ろう　1:26-28には人間の創造について書いてある。創造と環境についてのより詳しいことは2:4-25に見ることができる。この二つの記事

天地創造

「初めに、神が天と地を創造した。」(創世記1:1)

天地を創造された神

（1）神は存在するすべてのものの第一原因（最初の源、創始者、創造者）であり、無限で、永遠、自存の存在として聖書に啓示されている。このことはさらに簡単に言えば、神が存在しなかった瞬間はなかったということである。「山々が生まれる前から、あなたが地と世界とを生み出す前から、まことに、とこしえからとこしえまで、あなたは神です」(詩90:2)とモーセが主張している通りである。つまり神は永遠に（いつまでも）、無限に（初めも終わりもなく）存在しているということである。神は天と地にある創造されたものすべてより先に、それらのものと無関係に存在しておられる（Ⅰテモ6:16注，⇒コロ1:16）。

（2）神は人格を持つ存在であり、「ご自身のかたちとして」(創1:27，→1:26注)アダムとエバを創造された方として啓示されている。神はご自分に似せて（愛やそのほかの特性を反映して）男と女を創造されたので神と交わり神に応答することができた（→創1:26注）。ここに神と人間がどのように一つとなって歩むことができるかが示されている。

（3）神はまた道徳的存在で、すべてのものを罪のない良いものとして創造された方として啓示されている。創造の働きを終えたあと、神は造られたすべてのものを見て「それは非常に良かった」と言われた（創1:31）。アダムとエバは神のかたちに創造されたので罪がなかった（→創1:26注）。エバが誘惑に応じた時に罪は人間存在の中に入ってきた。サタンは蛇を用いてエバをそそのかし神の喜ばないことをさせようとした。それが誘惑だった。こうしてアダムとエバはともに神の命令を無視して神に逆らうほうを選んだ（創3:，⇒ロマ5:12，黙12:9）。

創造の働き

（1）神は「天と地」にあるすべてのものを創造された（創1:1，⇒イザ40:28，42:5，45:18，マコ13:19，エペ3:9，コロ1:16，ヘブ1:2，黙10:6）。「創造した」ということば（《ヘ》バーラー）は神にしかできない活動にだけ使われる。それはある時点より前には存在しなかったけれども神が命じられたときに存在したということを意味している（→創1:3注）。

（2）神の創造されたものはかたちがなく、空しく、やみでおおわれていたと聖書は描写している（創1:2）。その当時、宇宙と世界には今日のような秩序がなかった。地には何もなく、いのちもなく、真っ暗だった。けれどもそのとき、神は光を創造された（創1:3-5）。神はさらに宇宙に整ったかたちを与えられた（創1:6-13）。それから地を生き物で満たされた（創1:20-28）。

（3）神が天地創造で用いられた方法はみことばの力だった。聖書は「神は仰せられた」と繰返し書いている（創1:3，6，9，11，14，20，24，26）。言い換えると、神がみことばをもって存在させる前には天地はどんなかたちでも存在しなかったのである（⇒詩33:6，9，148:5，イザ48:13，ロマ4:17，ヘブ11:3）。

（4）「三位一体」ということば（→マタ3:17注，マコ1:11注，「神の属性」の項 p.1016）は父である神、子である神、聖霊である神が三人で一人であることを示している。一つである神の存在すべてが天地創造の役割を持たれたのである。

(a) 御子は神がすべてのものを創造されたときの強力な「ことば」だった。ヨハネの福音書の初めにはキリストが永遠の神のことばとして啓示されている（ヨハ1:1）。「すべてのものは、この方によって造られた。造られたもので、この方によらずにできたものは一つもない」(ヨハ1:3)。使徒パウロは、「万物は御子（キリスト）にあって造られたからです。天にあるもの、地にあるもの、見えるもの、また見えないもの、・・・すべて御子によって造られたのです。万物は、御子によって造られ、御子のために造られたのです」

(コロ1:16)と言っている。ヘブル人への手紙の著者は御子によって神は世界を造られたと強調している(ヘブ1:2)。

　(b)　同じように聖霊も天地創造の働きに積極的役割を果された。聖霊は創造されたものの上を「舞いかけていた」、またはその臨在でおおって、神がみことばをもって創造の働きを行うときのためにそれを保存し備えておられたと描かれている。「霊」を表すヘブル語の「ルーアハ」は「風」とも「息」とも翻訳できる。ある詩篇の記者は「**主**のことばによって、天は造られた。天の万象もすべて、御口のいぶき(ルーアハ)によって」(詩33:6)と言っている。聖霊はまた、神がみことばをもって創造されたものを維持することにもかかわり続けておられる(ヨブ33:4, 詩104:30)。

天地創造の目的と目標

　神は世界を創造するに当たって特別な理由を持っておられた。

　(1)　神はご自分の栄光と美しさ、尊厳、力を目に見えるかたちで現すために天と地を創造された。ダビデは、「天は神の栄光を語り告げ、大空は御手のわざを告げ知らせる」(詩19:1, ⇒詩8:1)と言っている。創造された宇宙の全体を調べるなら(宇宙の巨大な広がりや各部分から自然の美しさと秩序に至るまで)、私たちは創造者である神を恐れ驚かずにはいられない。

　(2)　神は栄光と名誉を受けるために天と地とを創造された。自然界の構成分子はみな神の創造の力を示している。太陽と月、岩と木々、雨と雪、川と流れ、丘と山、動物と鳥類は、それらを創造された神に対してその栄誉をたたえる存在である(詩98:7-8, 148:1-10, イザ55:12)。けれども神はそれらのものよりも人間から栄光と賛美を受けることを望み期待しておられる。

　(3)　神は人類に対するご自分の目的と目標を成就する場所として地を創造された。

　(a)　神は愛情に満ちた人格的関係を永遠に持つことができるように、アダムとエバをご自分のかたちに似せて創造された(→創1:26注)。人間を三位一体、つまり三面性(肉体とたましいと霊)を持つ存在として設計された。ある人はたましいは人間の知性と情性と自由意志を持つ部分であると描写している。その部分で私たちは信仰と愛と忠誠と感謝の心から神を礼拝し神に仕えることができる。霊は死のかなたまで存在し続ける神から与えられたその人の真実の部分である。私たちのこの部分は天国か地獄かのどちらかで永遠に生きていく。けれどもたましいと霊ということばはしばしば同じ意味に使われている(→「**人間性**」の項p.1100)。

　(b)　神は人間との親密な関係を持ち続けることを望まれた。そこで罪の結果(神に逆らって選択したことの結果)から人類を贖う(神との正しい関係に回復する、または買い戻す)ために救い主を送るという約束をされた(→創3:15注)。このようにして、神は人々が神との交わりを楽しみ神を尊び、最初に計画されたように正しく聖い生活を行うようにと願われたのである(イザ60:21, 61:1-3, エペ1:11-12, Ⅰペテ2:9)。

　(c)　神の天地創造の究極の目的、または最終的成就は黙示録に記録されている。そこで使徒ヨハネは歴史の終りを「見よ。神の幕屋が人とともにある。神は彼らとともに住み、彼らはその民となる。また、神ご自身が彼らとともにおられて」(黙21:3)と描写している。

天地創造と進化論

　現代の多くの科学的、教育的分野では、生命と宇宙の起源に関する見解としては進化論が支配的になっている。そこで聖書を信じるキリスト者は進化論について次の四つの見解を考慮に入れるべきである。

　(1)　進化論は宇宙の起源と発達を説明しようとする<u>自然主義的努力</u>(超自然的活動を含まない)の結果である。この見解は世界を設計した人格を持つ神聖な創造者が存在しないことを想定している。進化論者はすべてのものは何億年にわたって起こった一連の偶然の出来事によって存在したと信じている。そして進化論の支持者たちは、自分たちの仮説を支持する科学的証拠があると主張する。

　(2)　進化論の教えは<u>本当は科学的ではない</u>。科学的方式によれば結論はみな疑問の余地のない(否定できない)証拠に基づかなければならない。つまり、個人的な考えや議論では否定できない証拠が必要である。

その証拠は何回も何回も繰返され、重複されても同じ結果を生み出す実験から出たものでなければならない。けれども現在の世界の始まりに関する「ビッグバン」のような仮説を試し証明する実験はできない。また生物が最も単純なものから最も複雑な形態に至るまで徐々に発達したということを証明することもできない（この点は物質は変化するときに高次元ではなく、無秩序になる傾向を持つという熱力学の第二の法則と相容れない）。進化論は科学的「証拠」のない仮説である。仮説とはよく説明されている考えで、証明され調査できる事実を探して、さらなる研究に導くものである。科学の世界では仮説は何かを事実として提供する証拠とはなりえない。進化論を受入れるには実は人間の理論に対する信仰が求められるのである。それと対照的に、神の民は霊感され時間を経て試されてきた神のことばを信じている。神のことばは神こそが無からすべてのものを造られた方であることを明らかにしている（ヘブ11：3）。

　（3）様々な種（生物の分類上の基礎単位、属の下位にある関連したグループ）の内部で変化や発達が行われることは否定できない。たとえば、ある種は消滅する。実際にある種はもはや全く存在しない。一方、私たちは時に新しい発達または変化を見ることがある。けれども昔ある種の生物が別の種類の生物から発生したという理論を支持する証拠は地質学的にも化石の記録にも存在しない。むしろ、現存する証拠は神がすべての生き物をその「種類にしたがって」創造されたという聖書の宣言を支持しているのである（創1：21、24-25）。

　（4）聖書を信じるキリスト者は、「有神論的進化論」と呼ばれる理論をも拒否しなければならない。この理論は、最初の生きた細胞が神の介入なしに今日の様々な植物や動物の種に発達したと信じる自然主義的進化論の結論を大部分受入れている。違うのは進化の過程を神が始められたと付け加えた点だけである。キリスト者として問題とするのは、このような理論は神がただ進化の過程を始められただけではなく、創造のあらゆる面で活動的役割を果されたとする聖書の啓示と矛盾していることである。たとえば創世記1章にある主要な動詞の主語は全部神である（ただし、創1：12－これは1：11にある神の命令の成就を示す－と、「夕があり、朝があった」という繰返される聖句は別である）。したがって神は進化の過程に関与していないとか、何もしないで監督をするだけだったというような教えと聖書は無関係である。神はすべてのものに積極的にかかわった創造者なのである（⇒コロ1：16）。

すべてのもの、地をはうすべてのものを支配するように。」
27 神は人をご自身のかたちとして創造された。神のかたちとして彼を創造し、男と女とに彼らを創造された。
28 神は彼らを祝福された。神は彼らに仰せられた。「生めよ。ふえよ。地を満たせ。地を従えよ。海の魚、空の鳥、地をはうすべての生き物を支配せよ。」
29 神は仰せられた。「見よ。わたしは、全地の上にあって、種を持つすべての草と、種を持って実を結ぶすべての木をあなたがたに与える。それがあなたがたの食物となる。
30 また、地のすべての獣、空のすべての鳥、地をはうすべてのもので、いのちの息のあるもののために、食物として、すべての緑の草を与える。」そのようになった。
31 神はお造りになったすべてのものを見られた。見よ。それは非常に良かった。夕があり、朝があった。第六日。

2

1 こうして、天と地とそのすべての万象が完成された。
2 神は第七日目に、なさっていたわざの完成を告げられた。すなわち第七日目に、なさっていたすべてのわざを休まれた。
3 神は第七日目を祝福し、この日を聖であるとされた。それは、その日に、神がなさっていたすべての創造のわざを休まれたからである。

26④詩8:6-8, ヤコ3:7
27①マタ19:4, マコ10:6
28①詩5:2
　②創8:17, 9:1, 7, レビ26:9, 詩127:3, 5, 128:3, 4, Ⅰテモ4:3
　③詩115:16
29①創1:29, 30, 詩104:14, 15, 136:25
　②創9:3, ヨブ36:31, 使14:17
30①ヨブ38:41, 詩147:9
31①伝3:11, 7:29, 使10:15, Ⅰテモ4:4
1①詩33:5
　②申4:19, 17:3
2①創2:2, 3, 出16:22-30, 20:8-11, 23:12, 31:17, ヘブ4:1

はともにいくつかのことを教えている。

（1）男も女も神によって特別に創造されたもので進化の産物ではない（1:27, マタ19:4, マコ10:6, →「**天地創造**」の項 p.29, 「**人間性**」の項 p.1100）。

（2）男も女も神の「かたち」に神に「似せて」造られた。それは愛と人格を反映させている神との独特な個人的関係を持つことができるということを意味している。人は神を知り心から従うように造られている（2:15-17）。

（a）人は道徳的に神に似たものであり、罪のない聖いものであり、賢明な理解力、愛する心、正しいことをしたいという願いを持っていた（⇒エペ4:24）。神との個人的関係の中には道徳的従順（2:16-17）と密接な霊的一致がなければならなかった。アダムとエバが罪を犯したとき、神に似た道徳的な姿は損なわれ汚れてしまった（6:5）。罪から立返り神に人生を導かれるように頼る人々に神は本来の神の似姿を回復してくださる（⇒エペ4:22-24, コロ3:10）。神はこのような機会を御子イエス・キリストの犠牲を通して与えられた。主イエスはご自分の完全ないのちを死に渡され神に対する私たちの反抗の刑罰を受けてくださった（⇒Ⅰペテ3:18）。

（b）アダムとエバは神に似た姿を持っていた。そして霊、精神、感情、自己認識、選択する能力を備えた人格的存在として創造されていた（2:19-20, 3:6-7, 9:6）。

（c）男と女の肉体的特徴も動物とは違って、神のかたちを反映している。神はご自分が目に見える姿で現れる際のかたちを人間に与えられた（18:1-2）。これは御子イエスが地上に来られたときの姿でもある（ルカ1:35, ピリ2:7, ヘブ10:5）。

（3）神のかたちに造られたということは、人間は神である（「神々」のような）という意味ではない。人間は神より劣り神に依存するように造られた（詩8:5）。

（4）すべての人間のいのちは神が最初に創造された男（アダム）と女（エバ）につながっている（創3:20, ロマ5:12）。

1:28 生めよ。ふえよ　神は男と女に子孫を生んで地と動物界を支配するように命じられた。

（1）男と女の結びつきは家族関係を形成するためだった。神はこの目的をはっきり述べられ、神に背を向ける世の中でも、神を信じる家族の果す役割、神を信じる子どもたちの養育を最も重要なこととされた（→エペ5:21注, テト2:4-5注, →「**親と子ども**」の項 p.2265）。

（2）神はふたりに地上のすべてのものを神にささげる（聖別する、ゆだねる、あるいは予約する）ことを期待された。そして神を敬う方法で管理をするように願われた（⇒詩8:6-8, ヘブ2:7-9）。

（3）神は世界の未来をふたりにゆだねられた。したがってふたりが神に逆らい神の指示を拒んだとき、すべての造られたものに荒廃と困難と苦しみがやって来た（⇒3:14-24, ロマ8:19-22）。

（4）世界を神が定めた完璧な目的に回復できるのはイエス・キリストだけであり、歴史の終りに再び来られたとき実現するのである（ロマ8:19-25, Ⅰコリ15:24-28, ヘブ2:5-8, →黙21:1注）。

2:3 神は第七日目を祝福し　神は七日目を肉体と霊的な理由から祝福された（安息日）。それは神の創造のわざが完成したことを基にして、休息と記念の特別な日、あるいは神を思い、ほめたたえるときだった。神はご自分のために（まるで疲れたかのように）七日目を休まれたのではなく、私たちが見習う例とされたのである。休息は私たちの霊、肉体、精神と感情の健康のために必要である。私たちを創造された方は神の民が定

アダムとエバ

4 これは天と地が創造されたときの経緯である。

神である主が地と天を造られたとき、5 地には、まだ一本の野の灌木もなく、まだ一本の野の草も芽を出していなかった。それは、神である主が地上に雨を降らせず、土地を耕す人もいなかったからである。6 ただ、水が地から湧き出て、土地の全面を潤していた。

7 神である主は土地のちりで人を形造り、その鼻にいのちの息を吹き込まれた。そこで人は生きものとなった。

8 神である主は東の方エデンに園を設け、そこに主の形造った人を置かれた。9 神である主は、その土地から、見るからに好ましく食べるのに良いすべての木を生えさせた。その園の中央には、いのちの木、それから善悪の知識の木を生えさせた。

10 一つの川が、この園を潤すため、エデンから出ており、そこから分かれて、四つの源となっていた。11 第一のものの名はピション。それはハビラの全土を巡って流れる。そこには金があった。12 その地の金は、良質で、また、そこにはベドラハとしまめのうもあった。13 第二の川の名はギホン。それはクシュの全土を巡って流れる。14 第三の川の名はティグリス。それはアシュルの東を流れる。第四の川、それはユーフラテスである。

15 神である主は人を取り、エデンの園に置き、そこを耕させ、またそこを守らせた。16 神である主は人に命じて仰せられた。

4 ①創5:1, 6:9, 10:1, 11:10, 27, 25:12, 19, 36:1, 9, 37:2
5 ①創1:11
②エレ10:13, 詩65:9, 10
7 ①創3:19, ヨブ34:14, 15, 詩104:29, 伝3:20, 12:7
②ヨブ33:4
③Ⅰコリ15:45
8 ①創13:10, イザ51:3, 詩33:14, 31:9
9 ①エゼ47:12

②創3:22, 箴3:18, 黙2:7, 22:1, 2, 14
10 ①創46:4, 黙22:1, 2
11 ①創25:18
12 ①民11:7
*「ショハムの石」語意不明
14 ①ダニ10:4
*「ヒデケル」
**「アッシリヤ」
②創15:18
***「ペラテ」
16 ①創3:2, 3

期的に元気を回復し新鮮さを取戻すために、特別な祝福として安息日を与えてくださった。神はこれを休息と礼拝と神との交わりの日とされた。この安息日の原則は非常に重要なので、契約の民のために神は十戒の一つの項目として入れておられる（出20:8-11, ⇒出16:29, 31:12-17, 申5:12-15, →マタ12:1注）

2:4 経緯 この2回目の創造の経緯（2:4-25）は1:1-2:3と矛盾しているのではない。男と女の創造、その環境と罪と神への反抗の結果がより詳しく描かれている。1章では起こったことを時間的に詳細に、あるいは特別な順序で書いているのに対し、2章は一つの主題について詳しく書いている。

2:4 神である【主】 ここでは「**主**」（《ヘ》ヤーウェ）という神の別の名前が紹介されている。1:1の一般的な「エロヒーム」は神の偉大さと力を強調している（→「**天地創造**」の項 p.29）。けれども「**主**」が神がご自分の契約の民に自らを現されるために使われた個人的な名前である（→「**アブラハム、イサク、ヤコブとの神の契約**」の項 p.74）。この名前は人類に対する神の愛と関心を反映している。そして神の民や自然と直接的な関係を持ったときに使われている。「神である**主**」というつなぎ合されたことばは、人間との愛の契約（終生協定）関係を結ばれた力強い創造者としての神を指し示している（→2:9-25, 出6:6, レビ11:44-45, イザ53:1, 5-6, →出3:14注）。

2:7 生きもの 神はほかの生き物とは異なる特別な方法で人間にいのちを与えられた。神は特別に神ご自身のいのちと息を最初の人に与えて、ほかのすべての生物より優れた、そして異なった種類のものとされた。最高に聖い神と人間のいのちの間には独特の関係が存在する（⇒創1:26-27）。人間のいのちの究極の源は神である（→「**人間性**」の項 p.1100）。

2:8 東の方エデンに園を この園はティグリス川とユーフラテス川の氾濫原の近くにあった（→2:14）。ある人々は現在のイラク南部にあったと考えているけれども別の人々は場所を特定するための情報（2:10-14）が聖書には十分にはないと考えている。

2:9 いのちの木 園にあった2本の木は非常に重要だった。

（1）「いのちの木」は肉体の死を妨げるためのものだったと思われる。3:22の永遠に生きることと関連している（→黙2:7）。神の民は未来の新天新地でいのちの木に近付くことができる（黙2:7, 22:2）。

（2）「善悪の知識の木」は神とその命令に対するアダムの信仰と従順を試すために置かれた（→2:16注）。神は自由にものを選ぶ能力を持つ道徳的存在として人間を創造された。私たちは創造者を愛し従うか、それとも神の命令、導き、指示に逆らうかを自分で選べるのである。

2:15 エデンの園に置き 神は最初の人を聖く造られた。人は純粋で神の目的を果たせる状態にあり、罪がなく、神と完全な関係を持っていた。アダムは神の創造の最高峰であり、神の導きのもとに働く責任を与えられていた。その仕事は創造されたものを世話することだった。けれどもこの完全な関係はアダムとエバが神に従わなかったときに失われてしまった（3:6, 14-19）。

2:16 神である【主】は人に命じて 歴史の最初から神は人類がみことばを絶対的な真理として受入れ従うことを願われた。

「あなたは、園のどの木からでも思いのまま食べてよい。17しかし、善悪の知識の木からは取って食べてはならない。それを取って食べるとき、あなたは必ず死ぬ。」
18神である主は仰せられた。「人が、ひとりでいるのは良くない。わたしは彼のために、彼にふさわしい助け手を造ろう。」
19神である主は土からあらゆる野の獣と、あらゆる空の鳥を形造り、それにどんな名を彼がつけるかを見るために、人のところに連れて来られた。人が生き物につける名はみな、それがその名となった。
20人はすべての家畜、空の鳥、野のあらゆる獣に名をつけた。しかし人には、ふさわしい助け手が見つからなかった。
21神である主は深い眠りをその人に下されたので、彼は眠った。そして、彼のあばら骨の一つを取り、そのところの肉をふさがれた。
22神である主は、人から取ったあばら骨をひとりの女に造り上げ、その女を人のところに連れて来られた。
23人は言った。

17①創3:5, 22
②申30:15, 19, 20, ロマ6:23, Ⅰテモ5:6, ヤコ1:15
18①Ⅰコリ11:9, Ⅰテモ2:13
19①伝3:20
②創1:26, 詩8:6
20創2:18
21①創2:21-23, Ⅰコリ11:8, 9, Ⅰテモ2:13
②創15:12
22①Ⅰコリ11:8, 9
②箴18:22, ヘブ13:4

23 * あるいは「ついに」
①創29:14, 士9:2, Ⅱサム5:1, エペ5:28, 29
** 「イシャ」
*** 「イシュ」
24①マタ19:5, マコ10:7, 8, エペ5:28-31
②Ⅰコリ6:16
25①創3:7, 10, 11, イザ47:3

1①Ⅱコリ11:3, 黙12:9, 20:2
①マタ10:16, Ⅱコリ11:3, 黙12:9, 20:2, ヨハ8:44
2①創2:16, 17
3①創2:16
4①Ⅱコリ11:3, Ⅰテモ2:14, ヨハ8:44

「これこそ、*今や、私の骨からの骨、私の肉からの肉。
**これを女と名づけよう。
***これは男から取られたのだから。」
24それゆえ男はその父母を離れ、妻と結び合い、ふたりは一体となるのである。
25人とその妻は、ふたりとも裸であったが、互いに恥ずかしいと思わなかった。

人間の堕落
3 1さて、神である主が造られたあらゆる野の獣のうちで、蛇が一番狡猾であった。蛇は女に言った。「あなたがたは、園のどんな木からも食べてはならない、と神は、ほんとうに言われたのですか。」
2女は蛇に言った。「私たちは、園にある木の実を食べてよいのです。
3しかし、園の中央にある木の実について、神は、『あなたがたは、それを食べてはならない。それに触れてもいけない。あなたがたが死ぬといけないからだ』と仰せになりました。」
4そこで、蛇は女に言った。「あなたがたは決して死にません。

（1）エデンでの神とアダムの関係を左右する原則は信仰と従順だった。そして神はアダムにもし神のみこころに逆らったら死ぬと警告された。神は特に善悪の知識の木から食べてはならないと言われた（2:17）。アダムは人間の死というものの現実を知らなかったので神の命令を信じるほかなかった。

（2）この命令（2:16-17）は神の道徳的試験として与えられた。創造者のみこころに対して信じて従うか、それとも疑って拒むかという選択をアダムはきちんとしなければならなかった。

（3）神を信じて従う限りアダムは永遠のいのちと神との交わりを楽しむことができた（→**信仰と恵み**の項 p.2062）。けれども従わないで罪を犯すなら道徳的破滅を体験し死という悲劇的結果に苦しむことになる（2:17）。

2:18 彼にふさわしい助け手 女性は男性にとって愛する仲間となり助け手となるために創造された。そして神の目的を達成するために責任を分担し協力をするのである（→エペ5:22注、→詩33:20, 70:5, 115:9―ここでは「助け」ということばが神にも使われている）。

2:24 その父母を離れ 神は最初から結婚と家族という単位を地上で最も重要な制度として制定された（→1:28注）。結婚に対する神のご計画は一人の男性と一人の女性が「一体となる」、肉体的にも霊的にも一つになるというものだった。この指示によれば不貞、一夫多妻（二人以上の配偶者を持つこと）、同性愛、不道徳な生活、非聖書的な離婚は認められない（マコ10:7-9、→マタ19:9注）。

3:1 蛇 「蛇」は後にサタン、あるいは悪魔と同じものとして扱われている（⇒黙12:9, 20:2）。サタンは明らかに蛇を支配して、それを誘惑の道具として使った（⇒Ⅱコリ11:3, 14, 黙20:2、→マタ4:10サタンについての注）。蛇は神の造られたものを通して神を攻撃した。そして神の動機とそのことばの真意について疑問を投げかけた（3:1-5）。アダムとエバはサタンのうそを信じて行動したのである。その結果、罪ののろいが人類にやって来て、神は厳しい結末（選択したことから生じた結果）を人類を含む被造物全体に対して宣言された（3:16-19）。

3:4 あなたがたは決して死にません 神に従い神のことばを絶対的な真理として受入れるように神は願っておられる（→2:16注）。

（1）サタンはこのことを知っていて、神の動機と指示に対して疑いを持たせて、神と神の言われたことに対しての女の信仰を砕こうとした。神が言われたことの真意は本当は違うとサタンはほのめかした（⇒2:

創世記　3章

5 あなたがたがそれを食べるその時、あなたがたの目が開け、あなたがたが神のようになり、善悪を知るようになることを神は知っているのです。」

6 そこで女が見ると、その木は、まことに食べるのに良く、目に慕わしく、賢くするというその木はいかにも好ましかった。それで女はその実を取って食べ、いっしょにいた夫にも与えたので、夫も食べた。

7 このようにして、ふたりの目は開かれ、それで彼らは自分たちが裸であることを知った。そこで、彼らは、いちじくの葉をつづり合わせて、自分たちの腰のおおいを作った。

8 *そよ風の吹くころ、彼らは園を歩き回られる神である主の**声を聞いた。それで人とその妻は、神である主の御顔を避けて園の木の間に身を隠した。

9 神である主は、人に呼びかけ、彼に仰せられた。「あなたは、どこにいるのか。」

10 彼は答えた。「私は園で、あなたの声を聞きました。それで私は裸なので、恐れて、隠れました。」

11 すると、仰せになった。「あなたが裸であるのを、だれがあなたに教えたのか。あ

5 ①イザ14:14、エゼ28:2, 12-17
②創2:17, 3:22
6 ①ロマ5:12-19、Ⅰテモ2:14、ヤコ1:14, 15、ヨハ2:16、②Ⅰ列21:25
7 ①イザ47:3、哀1:8

8 *直訳「日の風のころ」
①創18:33、レビ26:12、申23:14
②Ⅱサム5:24、Ⅰ列19:12
**あるいは「音」
③ヨブ13:16
④ホセ10:8、
黙6:15-17、ヨブ31:33、詩139:1-12、エレ23:24、アモ9:3
9 ①創4:9, 18:9
10 ①出20:18, 19、申5:25
②ヨブ23:15

16-17)。これはサタンが人類に対して企てた最初のうそである。つまり、罪に対する審判としての死を否定したのである(→「死」の項 p.850)。

(2) 人間の犯した最大の罪は神のことばへの不信仰である。神が救い、義、罪、審判、死について言われたことを疑うことが罪である。罪を犯して神に反抗しても、必ずしも神から離れることにならないし永遠の罰を受けることにもならないとサタンはいつもうそをつくのである(→Ⅰコリ6:9注、ガラ5:21注、Ⅰヨハ2:4注)。

3:5　あなたがたが神のようになり　サタンは絶えず人々を誘惑して、人は神のようになり何が良いことで何が悪いことか、何が正しくて何が誤りであるかを自分で決めることができると信じさせてきた。

(1)「神のように」なろうとした結果、アダムとエバは意外にも全能の神から離れ、自分自身が神のようになってしまった(→3:22注、ヨハ10:34注)。人々は今もなお神のことばではなく、自分自身の論法を使って道徳的知識を手に入れ、倫理的判断をしようとしている。けれども神は依然として正邪についての最終的な審判者である。

(2) 自分自身が神であるかのように行動する人はすべて、「地からも、これらの天の下からも滅びる」(エレ10:10-11)と聖書は言っている。これは「神である」(Ⅱテサ2:4)と主張する反キリストの運命でもある。

3:6　女が見ると・・・女は・・・取って　→マタ4:1-11注

3:6　女はその実を・・・食べ、いっしょにいた夫にも　アダムとエバが罪を犯したとき、道徳的、霊的な死が直ちにやって来た(⇒2:17、⇒ヨハ17:3注)。肉体の死はあとから生じてくる(5:5)。

(1)「それを取って食べるとき、あなたは必ず死ぬ」(2:17)と神は言われた。道徳的にいのちは失われ、性質は罪深くなった。神の完全で純粋な本質と

は対照的に、人間は道徳的に堕落し汚れたものとなった。霊的には神との以前の関係が壊された。以前の潔白さは罪悪感と審判への恐れに変わった。その時以来、人はみな罪の性質を持ってこの世界に生れるようになった(ロマ8:5-8)。この人間性の堕落によって神やほかの人々に関心を持たずに、自分の満足を求める道を選ぼうとする先天的な(生来の)欲望と強い傾向が生じるようになった。この罪の性質は全人類に引継がれている(5:3, 6:5, 8:21、→ロマ3:10-18注、エペ2:3)。

(2) アダムが罪を犯したときすべての人が罪を犯した、あるいはアダムの個人的な罪の責任が全人類の上に置かれたと聖書は教えていない(→ロマ5:12注)。アダムが全人類に罪と死の原理をもたらし(⇒ロマ5:12, 8:2、Ⅰコリ15:21-22)、そのときからすべての人が自分勝手な道を歩むようになったと聖書は教えている(イザ53:6)。

3:7　彼らは自分たちが裸であることを知った　アダムとエバが道徳的に純潔で神に反抗する前は、裸であることは悪くも恥ずかしくもなかった(2:25)。けれども罪を犯したあとには、裸であるとの意識は罪と人類の堕落した状態と結び付くようになった。この新しい意識が邪悪な欲望(神によって与えられた願望を、神が備えられた男性と女性のための完全なご計画に反する方法で用いようとする誘惑)を導き出すのである。裸であることと誘惑がこの世界に悪と不道徳をもたらすので、神は裸をおおうことにされた。そこで神は衣を作ってアダムとエバに着せてくださった(3:21)。今日、神はすべての人に慎ましい身なりをするようにと命じておられる(→Ⅰテモ2:9注)。

3:8　人とその妻は・・・身を隠した　罪の自覚と罪悪感によって、アダムとエバは神を避けた。ふたりは今や神の臨在を恐れ、神の御前で居心地が悪くなってしまった。神のみこころを無視して神を怒らせてしまったことに気付いたのである。この罪によって、ふ

なたは、食べてはならない、と命じておいた木から食べたのか。」

12 人は言った。「あなたが私のそばに置かれたこの女が、あの木から取って私にくれたので、私は食べたのです。」

13 そこで、神である主は女に仰せられた。「あなたは、いったいなんということをしたのか。」女は答えた。「蛇が私を惑わしたのです。それで私は食べたのです。」

14 神である主は蛇に仰せられた。
「おまえが、こんな事をしたので、
おまえは、あらゆる家畜、
あらゆる野の獣よりものろわれる。
おまえは、一生、腹ばいで歩き、
ちりを食べなければならない。

15 わたしは、おまえと女との間に、
また、おまえの子孫と女の子孫との間に、
敵意を置く。
彼は、おまえの頭を踏み砕き、
おまえは、彼のかかとにかみつく。」

16 女にはこう仰せられた。
「わたしは、あなたのうめきと苦しみを大いに増す。
あなたは、苦しんで子を産まなければならない。
しかも、あなたは夫を恋い慕うが、
彼は、あなたを支配することになる。」

17 また、人に仰せられた。
「あなたが、妻の声に聞き従い、
食べてはならないと
わたしが命じておいた木から食べたので、
土地は、あなたのゆえにのろわれてしまった。
あなたは、一生、
苦しんで食を得なければならない。

18 土地は、あなたのために、
いばらとあざみを生えさせ、
あなたは、野の草を食べなければならない。

19 あなたは、顔に汗を流して糧を得、

12 ①ヨブ31:33, 箴28:13, ヤコ1:13
13 ①Ⅱコリ11:3, Ⅰテモ2:14
14 ①イザ65:25, ミカ7:17
15 ①イザ9:6
②黙12:17
③ロマ16:20, ヘブ2:14, Ⅰヨハ3:8

15 出7:10-12

16 ①ヨハ16:21
①Ⅰコリ14:34, Ⅰテモ2:11-12
17 ①創3:17-19, ヨブ5:7, 伝1:13
②ロマ5:12
③創5:29, ホセ4:3, ロマ8:20-22
④伝2:23
18 ①ヘブ6:8
19 ①Ⅱテサ3:12

たりは神の近くに安心していることができなくなってしまった(→使23:1注, 24:16注)。罪を犯していると、私たちもまたアダムとエバのようになる。けれども、神は私たちの罪悪感を伴った良心(何が道徳的に善であり正しいかを意識する内面的な自覚)をきよめて罪から解放し、神との関係を回復する道を備えてくださった。この神との新しい関係への「道」は神の御子イエス・キリストを通して与えられる(ヨハ14:6)。主イエスは地に来られ、私たちの罪の代価を全部支払うためにご自分の罪のないいのちを与えてくださった。その結果、私たちは神から逃げたり身を隠したりする必要がなくなった。むしろ確信をもって神のもとに来て、愛、あわれみ、恵み、「おりにかなった助け」を受けることができる(→ヘブ4:16注, 7:25注)。

3:13 蛇が私を惑わしたのです サタンはうそをついて人類に破滅をもたらした。これが人々を神と真理から離そうとさせるサタンの方法の一つである。

(1) サタンは神を信じない人々を惑わして心の目を見えなくさせると聖書は教えている。その結果キリストについての真実のメッセージである福音が理解できなくなる(→Ⅱコリ4:4注)。

(2) サタンは教会の中の人をも惑わして、不道徳な生活をしていても神との関係を維持することができると考えさせてしまう。そしてそれでも神の国の一員であると考えるほど霊的に盲目にするのである(→Ⅰコリ6:9注, ガラ5:21注)。

(3) ごまかしは終りの時代に、多くの人を神に反抗させるためにサタンがよく使う方法である(Ⅱテサ2:8-12, 黙20:8)。

(4) キリスト者はみなサタンのごまかしに対して、いのちをかけて戦うべきである。サタンはキリスト者の私生活、結婚、家族、学校、教会や仕事を破壊しようとして来る(→マタ24:4, 11, 24, エペ6:11注)。

3:15 彼は、おまえの頭を踏み砕き、おまえは、彼のかかとにかみつく この節には悪を打ち砕き人々との関係を修復するという神のご計画について希望を描く最初のことばがある。またサタンに対する神の完全な勝利が予告されている。それは女の子孫(イエス・キリスト)とサタンの悪の勢力との間の霊的な戦いについての預言でもある(→3:1注)。キリストは女から生れ(⇒イザ7:14)、十字架上での不当な死により「かみつかれる」。けれども人類を救うため、サタン、罪、死を完全に「踏み砕」いて死からよみがえられる(⇒イザ53:5, マタ1:20-23, ヨハ12:31, 使26:18, ロマ5:18-19, 16:20, Ⅰヨハ3:8, 黙20:10、→「**キリストによって成就した旧約聖書の預言**」の表 p.1029)。

3:16-19 わたしは、あなたのうめきと苦しみを大いに増す 男と女に課せられた罰によって(3:16-19)、罪がもたらした自然界への影響とは別に、人々は罪の結果としての恐ろしい代価があることを知った。また神に信頼し従い、頼らなければならないことに気付かされた。神はこのような宣告を下して、人間が再び神

創世記　3-4章

ついに、あなたは土に帰る。
あなたはそこから取られたのだから。
あなたはちりだから、
ちりに帰らなければならない。」
20 さて、人は、その妻の名をエバと呼んだ。それは、彼女がすべて生きているものの母であったからである。
21 神である主は、アダムとその妻のために、皮の衣を作り、彼らに着せてくださった。
22 神である主は仰せられた。「見よ。人はわれわれのひとりのようになり、善悪を知るようになった。今、彼が、手を伸ばし、いのちの木からも取って食べ、永遠に生きないように。」
23 そこで神である主は、人をエデンの園から追い出されたので、人は自分がそこから取り出された土を耕すようになった。
24 こうして、神は人を追放して、いのちの木への道を守るために、エデンの園の東に、ケルビムと輪を描いて回る炎の剣を置かれた。

カインとアベル

4 ¹ 人は、その妻エバを知った。彼女はみごもってカインを産み、「私は、主によってひとりの男子を得た」と言った。
2 彼女は、それからまた、弟アベルを産んだ。アベルは羊を飼う者となり、カインは土を耕す者となった。
3 ある時期になって、カインは、地の作物から主へのささげ物を持って来たが、
4 アベルもまた彼の羊の初子の中から、それも最上のものを持って来た。主はアベルとそのささげ物とに目を留められた。
5 だが、カインとそのささげ物には目を留められなかった。それで、カインはひどく怒り、顔を伏せた。

19 ②創2:7
③ヨブ1:21, 34:15,
詩90:3, 104:29,
伝3:20, 12:7,
Ⅰコリ15:21, 22
20 ②Ⅱコリ11:3,
Ⅰテモ2:13
＊＊①ハバ
＊＊①ハイ
22 ②創11:6
②創2:17, 3:5
③創2:9, 箴3:18,
黙2:7, 22:1, 2, 14
24 ①創4:14, エレ52:3,
エゼ31:11
②創2:9, 箴3:18,
黙2:7, 22:1, 2, 14

③出25:18-22,
エゼ10:1-20, 28:14
④ヨブ40:19

2 ①ルカ11:50
②創46:32, 47:3
4 ①ヘブ11:4
②出13:12, 34:19,
レビ27:26, ルカ18:21
5 ①民16:15
②ユダ11

---

(1) 神と夫から独立しようとしたエバの試みは逆方向に向かい、夫を喜ばせたいといういっそう強い願いに変わってしまった。この願いと依存性は苦しみと喜び、困難と祝福を混在させるものとなった（⇒1:26-27、Ⅰコリ11:7-9、エペ5:22-25、Ⅰテモ2:11-14）。

(2) 自然界に神が下したのろいのために、アダムとエバは具体的な困難と苦闘することになった。やがて肉体の死がふたりに、またすべての子孫に来ることになった。

3:20　その妻の名をエバと呼んだ　アダムは妻を「生きる」を意味する「エバ」と呼んだ。歴史の中の全人類の母だからである。

3:22　善悪を知る　アダムとエバは神と等しく行動したり考えようとしたりした。そして生きるための自分自身の基準を作ろうとした（→3:5注）。ふたりはある程度まで神から独立し、善悪を決めることができた。

(1) 神を知らず神に頼らない人々の間では、神が意図されたことから全くかけ離れた人間の判断が、しばしば善悪の基準を決めてしまうことになる。これは神のみこころではなかった。神は私たちが神と神のことばに頼り、善だけを知るようになることを願っておられた。

(2) キリストの赦しを受入れ、キリストを主、愛する導き手、人生の権威者として告白する人はみな、神が意図された本来の人生の目的に戻ることができる。そのような人は神のことばに頼って何が良いことで何が正しいか何が真実であるかを決めていく。こうして道徳的な羅針盤が回復されていく。

3:24　神は人を追放して　アダムは神との完全な関係を失い園から追放された。今やアダムは困難な人生の中で神に助けを求めて頼らなければならなかった。さらに、アダムとエバの神への反抗を通して、サタンはこの世界に対する力を持つようになった。新約聖書はサタンを「この世を支配する者」（ヨハ14:30、⇒Ⅱコリ4:4、Ⅰヨハ5:19）と言っている。けれども神は人類を非常に愛されたので、サタンと悪を制圧しようと決心された。神の愛が行動し、御子のいのちの代価によって人々との関係と世界の支配権を回復されるのである（→3:15注、⇒ヨハ3:16、黙21:1-8）。

4:1　人は、その妻エバを知った　ここで使われているヘブル語の「ヤーダ」（知る）はある聖書では「～と寝る」と訳されている。このことばは聖書の中では通常夫婦間の性的な親密さを示すときに使われている。エバは息子を生んだとき、心から主をほめたたえた。神の愛、赦し、助けに対してはっきりと感謝を表したかったのである。

4:3-5　【主】へのささげ物　アベルはささげ物を真実の信仰と神への献身によってささげたので主は受入れられた（⇒ヘブ11:4、Ⅰヨハ3:12、⇒ヨハ4:23-24）。アベルは自分の持っている最高の物を神が教えられた方法でささげた。けれども神はカインのささげ物を拒否された。不信仰な心と正しいことをしようとしない自己中心的な思いがあるのをご覧になったからである（4:6-7、Ⅰヨハ3:12）。神のご計画に沿った正しいことを献身的に行うときにこそ、神は私たちのささげ物と感謝を喜んでくださる（→申6:5注）。

創世記 4章

⁶ そこで、主は、カインに仰せられた。「なぜ、あなたは憤っているのか。なぜ、顔を伏せているのか。
⁷ あなたが正しく行ったのであれば、*受け入れられる。ただし、あなたが正しく行っていないのなら、罪は戸口で待ち伏せして、あなたを恋い慕っている。だが、あなたは、それを治めるべきである。」
⁸ しかし、カインは弟アベルに話しかけた。「野に行こうではないか。」そして、ふたりが野にいたとき、カインは弟アベルに襲いかかり、彼を殺した。
⁹ 主はカインに、「あなたの弟アベルは、どこにいるのか」と問われた。カインは答えた。「知りません。私は、自分の弟の番人なのでしょうか。」
¹⁰ そこで、仰せられた。「あなたは、いったいなんということをしたのか。聞け。あなたの弟の①血が、その土地からわたしに叫んでいる。
¹¹ 今や、あなたはその土地にのろわれている。その土地は口を開いてあなたの手から、あなたの弟の血を受けた。
¹² それで、あなたがその土地を耕しても、土地はもはや、あなたのためにその力を生じない。あなたは地上をさまよい歩くさす

6 ①ヨナ4:4
7 * あるいは「まっすぐに立っておればよい」
　① ヨブ11:14, 15, ロマ6:12, Ⅰコリ6:12
8 *「野に行こうではないか」は七十人訳による補足
　① マタ23:35, ルカ11:50, Ⅰヨハ3:12, ユダ11
9 ① 創3:9
10 ① 創37:26, 民35:33, 申21:7-9, マタ23:35, ヘブ12:24, ヨハ黙6:9, 10
11 ① 申28:15-20, ガラ3:10
　② ヨブ16:18
12 ① 申28:15-24, ヨエ1:10-20
　② 申28:64-67, レビ26:17, 36, ホセ9:17

13 ① 詩38:4
* 別訳「赦されないのでしょうか」
14 ① 創3:24, エレ52:3, エゼ31:11
　② 民35:19
15 ① 創4:24, 詩79:12
18 * [X]「メヒヤエル」
19 ① 創2:24

らい人となるのだ。」
¹³ カインは主に申し上げた。「私の咎は、大きすぎて、*にないきれません。
¹⁴ ああ、あなたはきょう私をこの土地から追い出されたので、私はあなたの御顔から隠れ、地上をさまよい歩くさすらい人とならなければなりません。それで、私に出会う者はだれでも、私を殺すでしょう。」
¹⁵ 主は彼に仰せられた。「それだから、だれでもカインを殺す者は、七倍の復讐を受ける。」そこで主は、彼に出会う者が、だれも彼を殺すことのないように、カインに一つのしるしを下さった。
¹⁶ それで、カインは、主の前から去って、エデンの東、ノデの地に住みついた。
¹⁷ カインはその妻を知った。彼女はみごもり、エノクを産んだ。カインは町を建てていたので、自分の子の名にちなんで、その町にエノクという名をつけた。
¹⁸ エノクにはイラデが生まれた。イラデにはメフヤエルが生まれ、メフヤエルにはメトシャエルが生まれ、メトシャエルにはレメクが生まれた。
¹⁹ レメクはふたりの妻をめとった。ひとりの

4:7 あなたを恋い慕っている 罪とは荒野の獣や悪魔のように、今にも襲いかかって獲物を食い尽そうとする強い誘惑の力であると神は言われる。けれども神を信頼する人には、神のご計画と力にゆだね神のことばに頼るときに、罪に抵抗し勝利する能力を恵みによって与えてくださる。罪に屈服するか罪に打勝つかは私たちにかかっている(⇒ロマ6：)。

4:10 あなたの弟の血が・・・わたしに叫んでいる 神の関心はアベルに向けられたけれどもこのことは神に献身的に従い、みこころを喜んで行ったのに苦しみを受ける人々を神が心配してくださることを示している。神はその人々の痛みを見て理解し、やがて正義を実現してくださる(⇒ヘブ12:24)。

4:11 あなたは・・・のろわれている カインはのろわれて、神はもはやその働きを祝福されなかった(⇒4:2-3)。明らかにカインは謙虚にならず本当の悔い改め(自分の間違いを心から悲しみ、しっかりと明確な変化をすること)をしなかった。それどころかカインは主から離れ主の助けを受けないで生きようとした(4:16)。

4:15 カインに一つのしるし このしるしは神の約束を保証するためにカインに与えられたものと思われる。アベルを殺したけれどもカインのいのちは取らな

いと神は言われた。これは神の恵み(受けるにふさわしくない好意)だった。ほかの人々のいのちを奪った罰としてその人自身のいのちを直ちに取るという刑罰は人類の悪と暴力が極めてひどくなった後の時代に出現したのである(6:5-7, 11, 9:6)。

4:16 カインは、【主】の前から去って カインとその子孫は神と無関係に生きる最初の人々だった。人本主義的社会はこれを見本にしている。その人々は神あるいは神のことばを認めることなく、自分たちの価値と標準を定めている。そして神なしにのろいに打勝つ楽しみを見つけて、「楽園」を再び得ようとする。この世界の組織は神の助けではなく、自分の努力によって自分自身を救おうとする(→Ⅰヨハ5:19注)。

4:17 カインはその妻を アダムとエバには息子と娘たちがほかにもいた(5:4)。カインの妻はその娘たちの一人だったと思われる。この当時世界には、最初のこの家族しかいなかったので、地上で子孫を増やし続けるには兄弟と姉妹との間でのこのような関係が必要だったと思われる。けれども、多くの人が生れるにつれて、肉親の兄弟または姉妹間の結婚は禁じられた(レビ18:6, 9)。

4:19 ふたりの妻をめとった レメクは一人の異性

創世記　4-5章

名はアダ、他のひとりの名はツィラであった。
20 アダはヤバルを産んだ。ヤバルは天幕に住む者、家畜を飼う者の先祖となった。
21 その弟の名はユバルであった。彼は立琴と笛を巧みに奏するすべての者の先祖となった。
22 ツィラもまた、トバル・カインを産んだ。彼は青銅と鉄のあらゆる用具の鍛冶屋であった。トバル・カインの妹は、ナアマであった。
23 さて、レメクはその妻たちに言った。
　「アダとツィラよ。私の声を聞け。
　　レメクの妻たちよ。私の言うことに耳を傾けよ。
　　私の受けた傷のためには、ひとりの人を、
　　私の受けた打ち傷のためには、ひとりの若者を殺した。
24 カインに七倍の復讐があれば、
　　レメクには七十七倍。」
25 アダムは、さらに、その妻を知った。彼女は男の子を産み、その子をセツと名づけて言った。「カインがアベルを殺したので、彼の代わりに、神は私にもうひとりの子を授けられたから。」
26 セツにもまた、男の子が生まれた。彼は、その子をエノシュと名づけた。そのとき、人々は主の御名によって祈ることを始めた。

23 ①出20:13, レビ19:18, 申32:35, 詩94:1
24 ①創4:15
25 ①創5:3
　＊☒「シェテ」
　＊＊七十人訳による
　②創4:8
　＊＊＊☒「シャテ」
26 ①ルカ3:38
　②出3:14, 15
　③創2:8, 13:4, 21:33, 26:25,
　詩80:18, 105:1, 116:4, 13, 17
　＊直訳「御名を呼ぶことを」

1 ①創5章、Ⅰ歴1:1-4
　②創2:4
　③創1:26-28, エペ4:24, コロ3:10
2 ①マタ19:4, マコ10:6
　①創1:28
3 ①創1:26, 27
5 ①創3:19, ヨブ30:23,
　詩49:7-9, 89:48,
　ロマ5:12, Ⅰコリ15:21,
　ヘブ9:27

アダムからノアまで

5 ¹これはアダムの歴史の記録である。

神は人を創造されたとき、神に似せて彼を造られ、
² 男と女とに彼らを創造された。彼らが創造された日に、神は彼らを祝福して、その名を人と呼ばれた。
³ アダムは、百三十年生きて、彼に似た、彼のかたちどおりの子を生んだ。彼はその子をセツと名づけた。
⁴ アダムはセツを生んで後、八百年生き、息子、娘たちを生んだ。
⁵ アダムは全部で九百三十年生きた。こうして彼は死んだ。
⁶ セツは百五年生きて、エノシュを生んだ。
⁷ セツはエノシュを生んで後、八百七年生き、息子、娘たちを生んだ。
⁸ セツの一生は九百十二年であった。こうして彼は死んだ。
⁹ エノシュは九十年生きて、ケナンを生んだ。
¹⁰ エノシュはケナンを生んで後、八百十五年生き、息子、娘たちを生んだ。
¹¹ エノシュの一生は九百五年であった。こうして彼は死んだ。

の配偶者と結婚する(2:21-24)という神の定めた一夫一婦制の原則を拒んだ最初の人である。罪と不道徳の影響は家庭や家族の中で、いっそうはっきりと現れるようになっていった。

4:26 【主】の御名によって祈る　明らかにエノクは公の祈りと礼拝の先駆者だった(→詩79:6, エレ10:25,主の御名を呼ぶとは公での礼拝を指している)。カインの不信仰な家族はさらに自分に頼り、世俗の芸術や仕事を中心に生活し始めた。対照的にセツの家族は「主の御名によって祈ることを始め」、神に頼ることを表明した。信仰のある家族と不信仰な家族という二つの全く異なった家族集団が地上に増えていった。

5:1 アダムの歴史の記録　この章には大洪水(ノアの時代に地を滅ぼした)までのアダムの子孫のリストがある。ここにある名前は不正が満ちていた時代に神のために立上がった人々を示している(→6:)。

(1) ヘブル11章では信仰によって神に喜ばれた二人の人物(アベルとエノク)のことが描かれている(ヘブ11:4-5)。ふたりはカインのように神を無視して自分勝手な道を歩んだりしなかった。地上のほとんどの人が悪くなっていき、ついに大洪水がやって来た。そ

の恐ろしい災害から救われたのはたった8人だった(6:5, 11, 18, 7:1, 7, Ⅰペテ3:20)。

(2) 神を礼拝し神に対して忠実でみことばに従い、忍耐強く神の約束に信頼を置く人は時には数人だけであるけれどもいつの時代にも必ずいる。それは少数派ではあるけれども(マタ7:13-14)、神はこの章のようにその人々の名前を知っておられる。今日たとい信仰に立って神に従っている人が自分しかいないと感じても、決して自分たちだけではないということを私たちは覚えなければならない。地上には神に対して忠実な人が多くいるのである(⇒Ⅰ列19:18)。

5:5 アダムは全部で九百三十年生きた　アダムの時代に人類がこれほど長く生きたのは、地球の健康(環境)と全人類の肉体に対して罪の退廃した影響が始めたばかりだったからかもしれない。アブラハムの時代までは200歳ぐらいまで生きるのが普通だった。

5:6 セツは・・・エノシュを生んだ　「生んだ」とは「先祖である」との意味でもあり、必ずしも直接の父を意味するのではない。聖書にあるほかの家系図と同じように、この系図には必ずしもその家系に所属する全員の名前が挙げられているのではない。

¹²ケナンは七十年生きて、マハラレルを生んだ。
¹³ケナンはマハラレルを生んで後、八百四十年生き、息子、娘たちを生んだ。
¹⁴ケナンの一生は九百十年であった。こうして彼は死んだ。
¹⁵マハラレルは六十五年生きて、エレデを生んだ。
¹⁶マハラレルはエレデを生んで後、八百三十年生き、息子、娘たちを生んだ。
¹⁷マハラレルの一生は八百九十五年であった。こうして彼は死んだ。
¹⁸エレデは百六十二年生きて、エノクを生んだ。
¹⁹エレデはエノクを生んで後、八百年生き、息子、娘たちを生んだ。
²⁰エレデの一生は九百六十二年であった。こうして彼は死んだ。
²¹エノクは六十五年生きて、メトシェラを生んだ。
²²エノクはメトシェラを生んで後、三百年、神とともに歩んだ。そして、息子、娘たちを生んだ。
²³エノクの一生は三百六十五年であった。
²⁴エノクは神とともに歩んだ。神が彼を取られたので、彼はいなくなった。

22①創6:9, 17:1, 24:40, 48:15, Ⅱ列20:3, ミカ6:8, マラ2:6, Ⅰテサ2:12
24①Ⅱ列2:10, 11, ヘブ11:5
29①創3:17-19 ②詩104:15
32①創7:6
1①創6-8章, 詩29:10, マタ24:38, 39, ルカ17:27
3①創2:7
＊七十人訳による別訳「人の責任を負わない」、「人をかばわない」

²⁵メトシェラは百八十七年生きて、レメクを生んだ。
²⁶メトシェラはレメクを生んで後、七百八十二年生き、息子、娘たちを生んだ。
²⁷メトシェラの一生は九百六十九年であった。こうして彼は死んだ。
²⁸レメクは百八十二年生きて、ひとりの男の子を生んだ。
²⁹彼はその子をノアと名づけて言った。「主がこの地をのろわれたゆえに、私たちは働き、この手で苦労しているが、この私たちに、この子は慰めを与えてくれるであろう。」
³⁰レメクはノアを生んで後、五百九十五年生き、息子、娘たちを生んだ。
³¹レメクの一生は七百七十七年であった。こうして彼は死んだ。
³²ノアが五百歳になったとき、ノアはセム、ハム、ヤペテを生んだ。

大洪水

6

¹さて、人が地上にふえ始め、彼らに娘たちが生まれたとき、
²神の子らは、人の娘たちが、いかにも美しいのを見て、その中から好きな者を選んで、自分たちの妻とした。
³そこで、主は、「わたしの霊は、永久には人

5:22 エノクは・・・神とともに歩んだ エノクはほかのだれよりも信仰深く生きた。聖書がエノクについて言っている次のことに注意。

（1）エノクは「神とともに歩んだ」（5:22, 24）。それは神を信じて生き神の約束に頼り（ヘブ11:5-6）、聖い生活を送ろうと努めていたということである（⇒Ⅰヨハ1:5-7）。この「信仰の歩み」によってエノクは神との深い関係を持ち続けていた。

（2）エノクの生活スタイルは不信仰な人々への標準であり挑戦だった。ユダの手紙1:14-15によるとエノクは実際に不信仰や不道徳に反対して堂々と訴えていた。エノクは人々に、不信仰な会話や振舞に対しては神の決定的な審判があることを警告し続けた。

（3）神はエノクを大変喜ばれ非常に変った名誉を与えられた。自然の死を通ることなく、神のもとに直接移されたのである（ヘブ11:5）。

不信仰な人々に囲まれているときに、私たちはエノクを生きる模範として考えるべきである。私たちは神との深い関係を持ち、神に喜ばれる生活をしていることを周りの人々が気付くような生活を送るべきである。また私たちの内にある神の愛によって、罪に対しては同情をもってであるけれども大胆にはっきり話し、また罪に対する神のさばきから免れるように警告をするべきである（使3:19-20, Ⅰテサ1:10）。そしてキリストが再び来られ、永遠に主とともにいるように引上げてくださるのを何よりも待望むべきである（Ⅰテサ4:16-17）。

5:24 神が彼を取られた エノクが死を通らないで天国に入ったことは、アブラハム以前の時代にも正しい人々は神とともに生きる将来を望んでいたことを示している（ヘブ11:5, ⇒ヨブ19:25-26, Ⅱ列2:10-11）。

6:2 神の子ら 「神の子ら」ということばは、おそらくセツの信仰深い家系の子孫たちを指していると思われる（⇒申14:1, 32:5, ホセ1:10）。けれども彼らは不信仰なカインの家系の女たち（→4:16注）と思われる「人の娘たち」と交婚（異なった種族間の結婚）を始めた。「神の子ら」は御使いたちとする説があるけれども受入れがたい。主イエスは御使いは結婚しないと言っておられる（マタ22:30, マコ12:25）。この信仰者と不信仰者との結婚は「悪」の増大につながった（6:5）。信仰を持つ人々が悪に心を奪われてしまったので全世

創世記 6章

のうちにとどまらないであろう。それは人が肉にすぎないからだ。それで人の齢は、百二十年にしよう」と仰せられた。

4 神の子らが、人の娘たちのところに入り、彼らに子どもができたころ、またその後にも、ネフィリムが地上にいた。これらは、昔の勇士であり、名のある者たちであった。

5 主は、地上に人の悪が増大し、その心に計ることがみな、いつも悪いことだけに傾くのをご覧になった。

6 それで主は、地上に人を造ったことを悔やみ、心を痛められた。

7 そして主は仰せられた。「わたしが創造した人を地の面から消し去ろう。人をはじめ、家畜やはうもの、空の鳥に至るまで。わたしは、これらを造ったことを残念に思うからだ。」

8 しかし、ノアは、主の心にかなっていた。

9 これはノアの歴史である。
ノアは、正しい人であって、その時代にあっても、全き人であった。ノアは神とともに歩んだ。

10 ノアは三人の息子、セム、ハム、ヤペテを生んだ。

11 地は、神の前に堕落し、地は、暴虐で満ちていた。

12 神が地をご覧になると、実に、それは、堕落していた。すべての肉なるものが、地上でその道を乱していたからである。

13 そこで、神はノアに仰せられた。「すべての肉なるものの終わりが、わたしの前に来ている。地は、彼らのゆえに、暴虐で満ちているからだ。それで今わたしは、彼らを地とともに滅ぼそうとしている。

14 あなたは自分のために、ゴフェルの木の箱舟を造りなさい。箱舟に部屋を作り、内と外とを木のやにで塗りなさい。

15 それを次のようにして造りなさい。箱舟の長さは三百キュビト。その幅は五十キュ

欄外参照:
3②ヨブ34:15, 詩78:39
4①民13:33, * 七十人訳は「巨人」, ②申2:10
5①創6:5-8, マタ24:37, ルカ17:26, Ⅰペテ3:20
②創8:21, 申31:21, 詩14:1-3, エレ17:9, マタ15:19, ロマ1:21
⑥民23:19, Ⅰサム15:11, 29, 35, エレ18:7-10, 26:3, アモ7:3, 6
* 原語は「思い直す」, 出32:14
②イザ63:10, エペ4:30
⑥創6:13, 7:4, 申32:63, 29:20, アモ7:3, 6
8①ヘブ11:7
②創19:19, 出33:12, 17, ルカ1:30, 使7:46
9①一創12:4, 詩37:19, エゼ14:14, Ⅱペテ2:5
③創17:1, 申18:13, ヨブ1:1, 詩37:18, マタ5:48, 使5:22, 24
11①申31:29, 士2:19
②エゼ8:17
12①創14:1-3
13①イザ34:1-4, エゼ7:2, 3, アモ8:2, Ⅰペテ4:7
15* 1キュビトは約44センチ

創17:1-2

界は堕落し暴虐に満ちてしまった(6:11-13, →「**信者の霊的聖別**」の項 p.2172)。

6:5 人の悪が増大し ノアの時代には性的な肉欲(6:2)と暴虐(6:11)という二つの罪が際立っていた。人間の悪と腐敗は今も同じである。想像もできなかったような悪、暴虐と同じようにあらゆる種類の性的な罪が世界中に見られる(→マタ24:37-39, ロマ1:32注)。

6:6【主】は・・・悔やみ 聖書の前の部分では、神は人を個人的に扱われ、人々の反抗に対しては感情を持ち、失望し、反応される神として啓示されている。

(1)「悔やむ」ということばは、人間が罪を犯したために、あわれみと忍耐という神の態度がさばきへと変わったことを意味している。

(2) それでも神の特性と究極的な目的は変っていない(Ⅰサム15:29, ヤコ1:17)。だから神を求める人に対しては心を開いており応答をされるのである。神のみこころと指示に対して好ましい応答があるときにはいつでも、神は感情や態度、行動を変えられるのである(⇒出32:14, Ⅱサム24:16, エレ18:7-8, 26:3, 13, 19, エゼ18:, ヨナ3:10)。

(3) 神が後悔し悲しまれるという事実は、神が造られたものと個人的に親密な関係を保っておられることを明らかにしている。神は人々を深く愛し完全に理解して、その境遇に完全にわきまえておられるのである(詩139:7-18)。

6:9 ノアは、正しい人であって・・・全き人であった その当時人々はみな悪を行っていたけれども(6:5)、ノアがなお神を礼拝し従い、神に頼っているのを神はご覧になった。

(1)「その時代にあっても、全き人であった」ということは、ノアを取囲んでいた不道徳によって影響されなかったことをはっきりさせている。神への深く聖い敬意をもった正しい人であり、大衆の意見や行動に大胆に抵抗したノアは神の寵愛を受けたのである(6:8, 7:1, ヘブ11:7, Ⅱペテ2:5)。

(2) 神への正しい態度をノアがとれたのは神の恵み(受けるにふさわしくない好意)と神への信仰の結果である(6:9)。今日でも救いは神のあわれみと不相応な好意の結果である。私たちは神に従い罪を避けようとする誠実な努力によって信仰を表すときに、救いを受けるのである(6:22, 7:5, 9, 16)。ヘブル11:7にはノアは「信仰による義を相続する者となりました」と描かれている。

(3) 新約聖書はまた、ノアが「義を宣べ伝えた」(Ⅱペテ2:5)と言っている。神のことを伝える人にはこのようなあかし(信仰者としての証言のことば)がいつもなければならない。

6:14 箱舟 ヘブル語の「箱舟」ということばは浮くための器という意味で、ここと出エジプト2:3, 5(幼いモーセが入れられていたかごを描写するために使われている)にしか出てこない。それは平底の船のようだったけれども角が角張っていたとは限らない。それは非常に多くの積荷を運ぶことができた。実際に約7,000種類の動物を収容することができたと計算され

創世記 6-7章

ビト。その高さは三十キュビト。
¹⁶箱舟に天窓を作り、上部から一キュビト以内にそれを仕上げなさい。また、箱舟の戸口をその側面に設け、一階と二階と三階にそれを作りなさい。
¹⁷わたしは今、いのちの息あるすべての肉なるものを、天の下から滅ぼすために、地上の大水、大洪水を起こそうとしている。地上のすべてのものは死に絶えなければならない。
¹⁸しかし、わたしは、あなたと契約を結ぼう。あなたは、あなたの息子たち、あなたの妻、それにあなたの息子たちの妻といっしょに箱舟に入りなさい。
¹⁹またすべての生き物、すべての肉なるものの中から、それぞれ二匹ずつ箱舟に連れて入り、あなたといっしょに生き残るようにしなさい。それらは、雄と雌でなければならない。
²⁰また、各種類の鳥、各種類の動物、各種類の地をはうものすべてのうち、それぞれ二匹ずつが、生き残るために、あなたのところに来なければならない。
²¹あなたは、食べられるあらゆる食糧を取って、自分のところに集め、あなたとそれらの動物の食物としなさい。」
²²ノアは、すべて神が命じられたとおりに、そのように行った。

7 ¹ 主はノアに仰せられた。「あなたとあなたの全家族とは、箱舟に入りなさい。あなたがこの時代にあって、わたしの前に正しいのを、わたしが見たからである。
²あなたは、すべてのきよい動物の中から雄と雌、七つがいずつ、きよくない動物の中から雄と雌、一つがいずつ、
³また空の鳥の中からも雄と雌、七つがいずつを取りなさい。それはその種類が全地の面で生き残るためである。
⁴それは、あと七日たつと、わたしは、地の上に四十日四十夜、雨を降らせ、わたしが造ったすべての生き物を地の面から消し去るからである。」
⁵ノアは、すべて主が命じられたとおりにした。
⁶大洪水が起こり、大水が地の上にあったとき、ノアは六百歳であった。
⁷ノアは、自分の息子たちや自分の妻、それに息子たちの妻といっしょに、大洪水の大水を避けるために箱舟に入った。
⁸きよい動物、きよくない動物、鳥、地をはうすべてのものの中から、
⁹神がノアに命じられたとおり、雄と雌二匹ずつが箱舟の中のノアのところに入って来た。
¹⁰それから七日たって大洪水の大水が地の上に起こった。
¹¹ノアの生涯の六百年目の第二の月の十七日、その日に、巨大な大いなる水の源が、ことごとく張り裂け、天の水門が開かれた。
¹²そして、大雨は、四十日四十夜、地の上に降った。
¹³ちょうどその同じ日に、ノアは、ノアの息子

17①詩29:10、Ⅱペテ2:5
18①創9:9-16, 17:7
①創7:7
19①創6:19, 20, 創7:2, 3, 14, 15
①創1:29, 30
22①創7:5、ヘブ11:7

1①創7, 8章、Ⅱペテ3:6、ヘブ11:7、Ⅰペテ3:20、Ⅱペテ2:5

②創6:9
2①創8:20、レビ11章、申14:3-20
4①創7:10
②創7:12, 出24:18, 34:28, 申9:9, 11, 18, 25, 10:10, Ⅰ列19:8、マタ4:2, 創7:17
5①創6:7, 13, 申28:63, 29:20
6①創6:22
7①創6:18, 7:13、マタ24:38, 39、ルカ17:27
8①創7:8, 9, 創6:19, 20, 7:2, 3
10①創7:4
②Ⅱペテ3:6
11①創7:6
②創8:2, 箴8:28、エゼ26:19
③創8:2, Ⅱ列7:2、詩78:23、イザ24:18、マラ3:10
12①→創7:4

ている。ヘブル11:7では箱舟は頼る人をさばきと死から救ってくださるキリストのひな型（預言的な象徴）であると言われている（⇒Ⅰペテ3:20-21）。

6:18 わたしは、あなたと契約を結ぼう 神は洪水によってもたらされるさばきからノアを救うと約束された。ノアは神のことばをそのまま受入れて神の契約に応答した（6:13, ヘブ11:7）。ノアは「恐れかしこんで」（ヘブ11:7）応答し、箱舟を造って入ることによって信仰を示した（6:22, 7:7, →Ⅰペテ3:21注, →「**アブラハム、イサク、ヤコブとの神の契約**」の項 p.74）。

7:6 大洪水が起こり、大水が地の上にあった 大洪水は神を敬わないで神に逆らい、悔い改めない全世界の人々に対する神のさばきだった。新約聖書でペテロは大洪水について触れ、神は世界の終りに再び全世界をさばかれることをキリスト者に思い起こさせている。このさばきは火によるさばきである（Ⅱペテ3:10）。そのとき神を恐れない人々に対して、神は過去に例のないほどの怒り（正当な怒り）をあらわにされる（マタ24:21, →「**大患難**」の項 p.1690）。神はノアと同じように今もキリスト者を召しておられる。神を恐れない人々に対して悔い改めて（罪に背を向け捨てること）神に立返るように迫り警告するためである。神は人々を救おうと望んでおられる。救うことができるのは神だけである。

7:11-12 巨大な大いなる水の源が、ことごとく張り裂け 二つの壊滅的な出来事によって大洪水が起こった。第一は地下の大きな貯水池または空洞の水が噴き出したことである。これはおそらく地震か津波によるものと思われる。第二は40日間続いた猛烈な激しい大雨である（7:12）。

（1）その結果、いつもは地上で生活している箱舟の外の生き物は人間も動物もみな死んでしまった（7:

創世記 7-8章

たちセム、ハム、ヤペテ、またノアの妻と息子たちの三人の妻といっしょに箱舟に入った。

14 彼らといっしょにあらゆる種類の獣、あらゆる種類の家畜、あらゆる種類の地をはうもの、あらゆる種類の鳥、翼のあるすべてのものがみな、入った。

15 こうして、いのちの息のあるすべての肉なるものが、二匹ずつ箱舟の中のノアのところに入った。

16 入ったものは、すべての肉なるものの雄と雌であって、神がノアに命じられたとおりであった。それから、主は、彼のうしろの戸を閉ざされた。

17 それから、大洪水が、四十日間、地の上にあった。水かさが増していき、箱舟を押し上げたので、それは、地から浮かび上がった。

18 水はみなぎり、地の上に大いに増し、箱舟は水面を漂った。

19 水は、いよいよ地の上に増し加わり、天の下にあるどの高い山々も、すべておおわれた。

20 水は、その上さらに十五キュビト増し加わったので、山々はおおわれてしまった。

21 こうして地の上を動いていたすべての肉なるものは、鳥も家畜も獣も地に群生するすべてのものも、またすべての人も死に絶えた。

22 いのちの息を吹き込まれたもので、かわいた地の上にいたものはみな死んだ。

---

13 ①創7:7, 6:18
14 ①創6:19, 7:9
16 ①Ⅰペテ1:5
17 ①創7:4
20 *１キュビトは約44センチ
①詩104:6
21 ①→レビ5:2
②創6:7, 13, 17, 7:4, マタ24:38, 39, ルカ17:26, 27, Ⅰペテ3:20, Ⅱペテ2:5, 3:6
22 ①創2:7

23 ①エゼ14:14, マラ3:17, 18, ヘブ11:7, Ⅰペテ3:20, Ⅱペテ2:5
24 ①創8:3

1 ①創19:29, 出2:24, Ⅰサム1:19, ナホ1:7
②出14:21
③ヨブ12:15, イザ44:27, ナホ1:4, 詩29:10
2 ①創7:11, 箴8:28, エゼ26:19
②創7:11, Ⅱ列7:2, 詩78:23, イザ24:18, マラ3:10
3 ①創7:24
4 ①Ⅱ列19:37, イザ37:38, エレ51:27
8 ①エレ48:28

---

23 こうして、主は地上のすべての生き物を、人をはじめ、動物、はうもの、空の鳥に至るまで消し去った。それらは、地から消し去られた。ただノアと、彼といっしょに箱舟にいたものたちだけが残った。

24 水は、百五十日間、地の上にふえ続けた。

8 1 神は、ノアと、箱舟の中に彼といっしょにいたすべての獣や、すべての家畜とを心に留めておられた。それで、神が地の上に風を吹き過ぎさせると、水は引き始めた。

2 また、大いなる水の源と天の水門が閉ざされ、天からの大雨が、とどめられた。

3 そして、水は、しだいに地から引いていった。水は百五十日の終わりに減り始め、

4 箱舟は、第七の月の十七日に、アララテの山の上にとどまった。

5 水は第十の月まで、ますます減り続け、第十の月の一日に、山々の頂が現れた。

6 四十日の終わりになって、ノアは、自分の造った箱舟の窓を開き、

7 烏を放った。するとそれは、水が地からかわききるまで、出たり、戻ったりしていた。

8 また、彼は水が地の面から引いたかどうかを見るために、鳩を彼のもとから放った。

9 鳩は、その足を休める場所が見あたらなかったので、箱舟の彼のもとに帰って来た。水が全地の面にあったからである。彼

21-22, マタ24:37-39, Ⅰペテ3:20, Ⅱペテ2:5)。

（2）水かさは増し、「天の下にあるどの高い山々も、すべて」(7:19-20)おおわれた。一部ではなく全地が水におおわれた（⇒Ⅱペテ3:6）。水かさは150日間全く減らなかった（7:24）。ノアの箱舟はついに元の場所から800キロも離れたアララテ山（アルメニヤ）の一つに止まった（8:4）。

（3）地が乾いて、ノアは大洪水が始まってから377日目に箱舟から出た（8:13-14）。

（4）使徒ペテロは大洪水以前の世界は「滅びました」と言っている（Ⅱペテ3:6）。それは大洪水によって地と地表のものは物質的にも地理的にも完全に変化して現在の世界になったことを暗示している。

7:23 すべての生き物を・・・消し去られた。ただノア・・・だけが残った 大洪水の記事によってさばきと救いの両方が啓示された。

（1）はなはだしい道徳的堕落を拭い去り、人類に神との正しい関係を持つ機会を新しく与えるために、箱舟に入らなかった人はみな完全に滅ぼされなければならなかった。

（2）使徒ペテロはノアが大洪水を通して救われたことをキリスト者のバプテスマの予型として用いている（→Ⅰペテ3:21注）。

8:1 神は、ノア・・・を心に留めておられた 神は150日の間ノアに対して何も言われなかった（⇒7:24）。これは信仰の試金石だった。ノアは水がいつ乾くのか、神がいつノアを助けに再び介入してくださるのか全くわからなかった。けれども神はノアとその家族を忘れてはおられなかった。神とノアとのやりとりが記録されているけれどもそれは神への希望と信頼を持つように励ますものだった。あなたの生活の中で神が長期間働いてくださらないように見えるときには、ノアから学んでもらいたい。神はあなたを愛しておられ、今もあなたの生活の中で働いておられることを確信することができる。今は神のそばに近付き、みことばに従うのである。そうすれば御霊が導きを与えてく

は手を差し伸べて鳩を捕らえ、箱舟の自分のところに入れた。

10 それからなお七日待って、再び鳩を箱舟から放った。

11 鳩は夕方になって、彼のもとに帰って来た。すると見よ。むしり取ったばかりのオリーブの若葉がそのくちばしにあるではないか。それで、ノアは水が地から引いたのを知った。

12 それからなお、七日待って、彼は鳩を放った。鳩はもう彼のところに戻って来なかった。

13 ノアの生涯の第六百一年の第一の月の一日になって、水は地上からかわき始めた。ノアが、箱舟のおおいを取り去って、ながめると、見よ、地の面は、かわいていた。

14 第二の月の二十七日、地はかわきき（乾き切）った。

15 そこで、神はノアに告げて仰せられた。

16 「あなたは、あなたの妻と、あなたの息子たちと、息子たちの妻といっしょに箱舟から出なさい。

17 あなたといっしょにいるすべての肉なるものの生き物、すなわち鳥や家畜や地をはうすべてのものを、あなたといっしょに連れ出しなさい。それらが地に群がり、地の上で生み、そしてふえるようにしなさい。」

18 そこで、ノアは、息子たちや彼の妻や、息子たちの妻といっしょに外に出た。

19 すべての獣、すべてのはうもの、すべての鳥、すべて地の上を動くものは、おのおのその種類にしたがって、箱舟から出て来た。

20 ノアは、主のために祭壇を築き、すべてのきよい家畜と、すべてのきよい鳥のうちから幾つかを選び取って、祭壇の上で全焼のいけにえをささげた。

21 主は、そのなだめのかおりをかがれ、主は心の中でこう仰せられた。「わたしは、決して再び人のゆえに、この地をのろうこ

13 ＊「ノアの生涯」は七十人訳による補足
 ①創7:6
16 ①創7:13
17 ①創7:15
 ②創1:22, 28
20 ①創12:7, 8, 13:18, 22:9
 ②創7:2, レビ11章, 申14:3-20
 ③創22:2, 3, 6, 7, 8, 13, 出10:25, 18:12, 20:24, 24:5, 29:18, 25, 42, 30:9, 28, 31:9, 32:6, 35:16, 38:1, 40:6, 10, →レビ1:3,
 →民6:11, →申12:6
21 ①出29:18, 25, 41, →レビ1:9, →民15:3, →エゼ6:13, Ⅱコリ2:15, エペ5:2, ピリ4:18
 ②創3:17, 6:7, 13, 17

③創6:5, 詩14:1-3, 申31:21, 箴6:18, エレ17:9, マタ15:19, ロマ1:21
 ＊直訳「幼い時から」
 ④創9:11, 15, イザ54:9
22 ①詩74:17
 ②エレ33:20, 25

9
1 ①創1:28, 9:7, 19, 10:32
2 ①創1:28, ホセ2:18, ヤコ3:7
3 ①創1:29, 申12:15, 14:9, 11, 使10:12, 13, ロマ14:14, 20, Ⅰコリ10:23, 26, コロ2:16, Ⅰテモ4:3, 4
4 ①レビ7:26, 27, 17:10-14, 19:26, 申12:16, 23, 15:23, Ⅰサム14:33, 34, 使15:20, 29
5 ①出21:28, 29
6 ①出20:13, 民35:33, 詩9:12, 出21:12, 14, レビ24:17, マタ26:52, 黙13:10
 ②創1:26, 27
7 ①創1:28, 9:1, 19, 10:32
9 ①創6:18, 17:7

とはすまい。人の心の思い計ることは、初＊めから悪であるからだ。わたしは、決して再び、わたしがしたように、すべての生き物を打ち滅ぼすことはすまい。

22 地の続くかぎり、
　種蒔きと刈り入れ、
　寒さと暑さ、夏と冬、
　昼と夜とは、やむことはない。」

神とノアの契約

9 ¹ それで、神はノアと、その息子たちを祝福して、彼らに仰せられた。「生めよ。ふえよ。地に満ちよ。

² 野の獣、空の鳥、——地の上を動くすべてのもの——それに海の魚、これらすべてはあなたがたを恐れておののこう。わたしはこれらをあなたがたにゆだねている。

³ 生きて動いているものはみな、あなたがたの食物である。緑の草と同じように、すべてのものをあなたがたに与えた。

⁴ しかし、肉は、そのいのちである血のあるままで食べてはならない。

⁵ わたしはあなたがたのいのちのためには、あなたがたの血の価を要求する。わたしはどんな獣にでも、それを要求する。また人にも、兄弟である者にも、人のいのちを要求する。

⁶ 人の血を流す者は、
　人によって、血を流される。
　神は人を神のかたちに
　お造りになったから。

⁷ あなたがたは生めよ。ふえよ。地に群がり、地にふえよ。」

⁸ 神はノアと、彼といっしょにいる息子たちに告げて仰せられた。

⁹ 「さあ、わたしはわたしの契約を立てよう。あなたがたと、そしてあなたがたの後の子孫と。

¹⁰ また、あなたがたといっしょにいるすべて

ださる（箴3:5-6, 16:3, ピリ2:13）。

8:21 人の心の思い計ることは、初めから悪である
主は人間の本質の堕落と腐敗（道徳が極端に失われた状態）について教えておられる。人間は内面的に悪に引寄せられる傾向をもって生れて来る。この内面的牽引力は幼い頃からはっきり表れている（→ロマ3:10-18注、→「心」の項 p.1043）。

9:6 人の血を流す者は、人によって、血を流される
人間は心に暴力的な欲求を持っているので（⇒創6:

11, 8:21）、神は人間のいのちの尊さを守るためのご計画を示された。神はこれを二つの方法で行われた。

　（1）人間はみな神のかたちに創造された（1:26）ので、そのいのちは神にとって尊いことを強調された。

　（2）故意に人を殺した場合の司法の制度を宣言された（⇒出21:12, 14, 民35:6-34, 申19:1-13, →ロマ13:4注）。殺人に対する司法制度を執行する権威についても新約聖書は論じている（使25:11, ロマ13:4,）

9:9-17 さあ、わたしはわたしの契約を立てよう

創世記　9章

の生き物と。鳥、家畜、それにあなたがたといっしょにいるすべての野の獣、箱舟から出て来たすべてのもの、地のすべての生き物と。
11 わたしはあなたがたと契約を立てる。すべて肉なるものは、もはや大洪水の水では断ち切られない。もはや大洪水が地を滅ぼすようなことはない。」
12 さらに神は仰せられた。「わたしとあなたがた、およびあなたがたといっしょにいるすべての生き物との間に、わたしが代々永遠にわたって結ぶ契約のしるしは、これである。
13 わたしは雲の中に、わたしの虹を立てる。それはわたしと地との間の契約のしるしとなる。
14 わたしが地の上に雲を起こすとき、虹が雲の中に現れる。
15 わたしは、わたしとあなたがたとの間、およびすべて肉なる生き物との間の、わたしの契約を思い出すから、大水は、すべての肉なるものを滅ぼす大洪水とは決してならない。
16 虹が雲の中にあるとき、わたしはそれを見て、神と、すべての生き物、地上のすべて肉なるものとの間の永遠の契約を思い出そう。」
17 こうして神はノアに仰せられた。「これが、わたしと、地上のすべての肉なるものとの間に立てた契約のしるしである。」

ノアの息子たち

18 箱舟から出て来たノアの息子たちは、セム、ハム、ヤペテであった。ハムはカナンの父である。
19 この三人がノアの息子で、彼らから全世界の民は分かれ出た。
20 さて、ノアは、ぶどう畑を作り始めた農夫であった。
21 ノアはぶどう酒を飲んで酔い、天幕の中で裸になっていた。
22 カナンの父ハムは、父の裸を見て、外にいるふたりの兄弟に告げた。
23 それでセムとヤペテは着物を取って、自分たちふたりの肩に掛け、うしろ向きに歩いて行って、父の裸をおおった。彼らは顔をそむけて、父の裸を見なかった。
24 ノアが酔いからさめ、末の息子が自分にしたことを知って、
25 言った。
「のろわれよ。カナン。
兄弟たちのしもべらのしもべとなれ。」
26 また言った。
「ほめたたえよ。
セムの神、**主**を。
カナンは彼らのしもべとなれ。
27 　神がヤペテを広げ、
セムの天幕に住まわせるように。
カナンは彼らのしもべとなれ。」
28 ノアは大洪水の後、三百五十年生きた。
29 ノアの一生は九百五十年であった。こうして彼は死んだ。

---

11 ①創8:21, イザ54:9, 10
12 ①創9:13, 17, 17:11
13 ①エゼ1:28, 黙4:3
15 ①レビ26:42, 45, 申7:9, エゼ16:60
16 ①創8:21, 9:11
17 ①創17:13, 19, 出31:16, 詩105:10, イザ24:5, エゼ16:60
18 ①創5:32, I 歴1:4
②創10:6
③創9:25-27

19 ①創10:32, 1:28, 9:1, 7
20 ①詩104:15
21 ①創3:17-19, 23, 4:2, 箴12:11
②箴20:1, 哀4:21, I コリ11:21
22 ①ハバ2:15
②ガラ6:1
25 ①申27:16
②ヨシ9:23,
王上9:20, 21
26 ①創14:20, 24:27
27 ①創10:2-5, イザ66:19

ここには神と人間そして自然界との契約が記録されている。その中で神は地とそのすべての造られたものを二度と大洪水によって滅ぼすことはないと約束された（9:11, 15）。

9:13　雲の中に、わたしの虹　虹は再び大洪水によって地上のすべてのものを滅ぼすことは決してないという神の約束を思い出させる変ることのないしるしである。キリスト者は虹を見るとき神のあわれみは確かであり神が約束を守られることを思い起こすのである。

9:21　ぶどう酒を飲んで酔い　これはぶどう酒についての聖書の中の最初の記述であるけれども酔うこと、罪、恥、のろいが関係している（9:21-25）。酔いは聖書全体の中で災難や誤った判断の原因となっている。酒に酔う罪によって人は堕落し、関係者に影響を及ぼす（箴23:21, ガラ5:21, I ペテ4:3, ⇒レビ10:9, 士13:4-7, 箴31:4, →民6:3, 箴23:31, I テサ5:7, テト2:2注）。

9:22　ハム　ハムの罪の原因は父を敬い尊ばなかったことである（→出20:12, エペ6:2-3）。ハムはノアをおおうのではなく、父の恥ずかしい状態を暴いたのである。

9:25　のろわれよ。カナン　ノアはハムの恥ずかしい行いを知ったとき、ハムの息子であるカナン（当事者のハムではない）をのろった。

（1）おそらくカナンは何らかのかたちでハムの罪にかかわったか、あるいは父と同じ性格的弱点を持っていたと思われる。父に恥をかかせたためにハム自身も息子を通して恥をかくことになったことも考えられる。こののろいによればカナンの子孫はほかの国々にしいたげられることになる。対照的に神はセムとヤペテの子孫を祝福される（9:26-27）。

（2）けれどもノアの預言は関係者の条件付きだった。カナンの子孫でも神に立返る人は祝福される（ヨシ6:22-25, ヘブ11:31）。同じようにセムとヤペテの

創世記　10章

民族の一覧表

10 ¹これはノアの息子、セム、ハム、ヤペテの歴史である。大洪水の後に、彼らに子どもが生まれた。

ヤペテ族

10:2-5　並行記事－I歴1:5-7

²ヤペテの子孫はゴメル、マゴグ、マダイ、ヤワン、トバル、メシェク、ティラス。
³ゴメルの子孫はアシュケナズ、リファテ、トガルマ。
⁴ヤワンの子孫はエリシャ、タルシシュ、キティム人、ドダニム人。
⁵これらから海沿いの国々が分かれ出て、その地方により、氏族ごとに、それぞれ国々の国語があった。

ハム族

10:6-20　並行記事－I歴1:8-16

⁶ハムの子孫はクシュ、ミツライム、プテ、カナン。
⁷クシュの子孫はセバ、ハビラ、サブタ、ラマ、サブテカ。ラマの子孫はシェバ、デダン。
⁸クシュはニムロデを生んだ。ニムロデは地上で最初の権力者となった。
⁹彼は主のおかげで、力ある猟師になったので、「主のおかげで、力ある猟師ニムロデのようだ」と言われるようになった。
¹⁰彼の王国の初めは、バベル、エレク、アカデであって、みな、シヌアルの地にあった。
¹¹その地から彼は、アシュルに進出し、ニネベ、レホボテ・イル、ケラフ、
¹²およびニネベとケラフとの間のレセンを建てた。それは大きな町であった。
¹³ミツライムはルデ人、アナミム人、レハビム人、ナフトヒム人、
¹⁴パテロス人、カスルヒム人――これからペリシテ人が出た――、カフトル人を生んだ。
¹⁵カナンは長子シドン、ヘテ、
¹⁶エブス人、エモリ人、ギルガシ人、
¹⁷ヒビ人、アルキ人、シニ人、
¹⁸アルワデ人、ツェマリ人、ハマテ人を生んだ。その後、カナン人の諸氏族が分かれ出た。
¹⁹それでカナン人の領土は、シドンからゲラルに向かってガザに至り、ソドム、ゴモラ、アデマ、ツェボイムに向かってレシャにまで及んだ。
²⁰以上が、その氏族、その国語ごとに、その地方、その国により示したハムの子孫である。

セム族

10:21-31　並行記事－創11:10-27, I歴1:17-27

²¹セムにも子が生まれた。セムはエベルのすべての子孫の先祖であって、ヤペテの兄であった。
²²セムの子孫はエラム、アシュル、アルパクシャデ、ルデ、アラム。
²³アラムの子孫はウツ、フル、ゲテル、マシュ。
²⁴アルパクシャデはシェラフを生み、シェラフはエベルを生んだ。
²⁵エベルにはふたりの男の子が生まれ、ひとりの名はペレグであった。彼の時代に地が分けられたからである。もうひとりの兄弟の名はヨクタンであった。
²⁶ヨクタンは、アルモダデ、シェレフ、ハツァルマベテ、エラフ、
²⁷ハドラム、ウザル、ディクラ、
²⁸オバル、アビマエル、シェバ、
²⁹オフィル、ハビラ、ヨバブを生んだ。これらはみな、ヨクタンの子孫であった。
³⁰彼らの定住地は、メシャからセファルに及ぶ東の高原地帯であった。

---

①創10:1-29, I歴1:5-23
②創9:19
③→創2:4
②I歴1:5-7
④エゼ38:6
④II列17:6
⑤イザ66:19, エゼ27:13
⑥イザ66:19, エゼ27:13
⑦エゼ27:13, 38:2
④エレ51:27
②I歴1:6
＊I歴1:6「ディファテ」
④イザ66:19, エゼ27:13
⑤エゼ27:12, 15,
ヨナ1:3, 詩72:10
＊民24:24, ダニ11:30
＊七十人訳とI歴1:7「ロダニム人」
6①I歴1:8-10
＊「エジプト」
7①詩72:10, イザ43:3
②エゼ27:22
③I列10:1, エゼ27:22, 23
④イザ21:13, エゼ27:15, 20
8①ミカ5:6
9①創25:27, エレ16:16
10①創11:9
＊「カルネ」の読み替え
②創11:2, 14:1, ダニ1:2
11①ミカ5:6, 5
13①I歴1:11, 12
②エレ46:9

14①I歴1:12
15①I歴1:13-16
②エレ47:4
③創23:3
16①創15:21
17①ヨシ12:8
19①創14:2
20＊「示した」は補足
22①I歴1:17-23
②創14:1, 9
③民24:22
④創11:10
⑤イザ66:19
23①ヨブ1:1, エレ25:20
＊I歴1:17「メシェク」
24①創11:12, ルカ3:35
25＊「分ける」意の語根「パラグ」の派生語
26①創10:26-29, I歴1:20-23
28＊I歴1:22「エバル」

子孫でも神を拒む人はカナンに向けて告げられたのろいを体験することになる（⇒エレ18:7-10）。

10:1　セム、ハム、ヤペテの歴史　この章はしばしば民族のリストと呼ばれているけれども、このリストは洪水の後に生まれた地上の民族や人々がどのようにノアとその息子の家族から出たかを明らかにしている（10:32）。

10:2-5　ヤペテの子孫　ここにはヤペテの子孫のリストがある。その人々は北に移り黒海やカスピ海の沿岸地帯に定住した。それはメディヤ人、ギリシヤ人、ヨーロッパやアジヤのコーカサス民族の先祖である。

10:6-20　ハムの子孫　ここにはハムの子孫のリストがある。ハムたちは南アラビヤ、南エジプト、地中海の東岸、アフリカ北部海岸に定住した。カナンの子孫（10:15-19）はカナンと呼ばれる地域に定住した。そこは後にユダヤ人の故郷になる。

10:21-31　セムにも子が生まれた　ここにはセムの子孫のリストがある。セムたちはアラビヤと中東の渓谷に定住した。その子孫にはユダヤ人、アッシリヤ

創世記 10-11章

31 以上は、それぞれ氏族、国語、地方、国ごとに示したセムの子孫である。

32 以上が、その国々にいる、ノアの子孫の諸氏族の家系である。大洪水の後にこれらから、諸国の民が地上に分かれ出たのであった。

バベルの塔

11 1 さて、全地は一つのことば、一つの話しことばであった。

2 そのころ、人々は東のほうから移動して来て、シヌアルの地に平地を見つけ、そこに定住した。

3 彼らは互いに言った。「さあ、れんがを作ってよく焼こう。」彼らは石の代わりにれんがを用い、粘土の代わりに瀝青を用いた。

4 そのうちに彼らは言うようになった。「さあ、われわれは町を建て、頂が天に届く塔を建て、名をあげよう。われわれが全地に散らされるといけないから。」

5 そのとき主は人間の建てた町と塔をご覧になるために降りて来られた。

6 主は仰せになった。「彼らがみな、一つの民、一つのことばで、このようなことをし始めたのなら、今や彼らがしようと思うことで、とどめられることはない。

7 さあ、降りて行って、そこでの彼らのこ

32 ① 創9:19, 1:28, 9:1, 7
1 ① 使2:5-12, 黙7:9
2 ① 創10:10, 14:1

3 * 別訳「アスファルト」
4 ① 申1:28, 9:1,
詩107:26
② 創6:4, Ⅱ サム8:13
③ 申4:27
5 ① 創11:7, 18:21,
出3:8, 19:11, 18, 20
6 ① 創11:1
② 創3:22
7 ① 創11:5
② 創42:23, 申28:49,
エレ5:15, 使2:4-6,
Ⅰ コリ14:2, 11

人、シリヤ人、エラム人がいる。

11:2 シヌアルの地 シヌアルは古代シュメールと後のバビロニヤあるいはメソポタミヤ地方の旧約聖書にある地名である。

11:4 さあ、われわれは町を建て・・・名をあげよう シヌアルの人々の罪は神から離れて世界を支配し、自分たちで運命を切開いていこうとしたことである。彼らは力と技術を中心に団結しようとしたけれどもそれ

は虚栄心と神への反抗の表れだった。神は言語の数を増やし互いに会話ができないようにしてこの企てを壊された(11:7)。世界には様々な人種や民族がいるけれどもこれはその理由を説明していると思われる。この時期に人間はますます神を拒み、偶像礼拝、魔術、占星術に傾倒するようになった(⇒イザ47:12, →出22:18注, 申18:10注)。シヌアルの人々の霊的状態はロマ1:21-28に詳細に描かれている。神は罪の欲望に

民族の一覧表

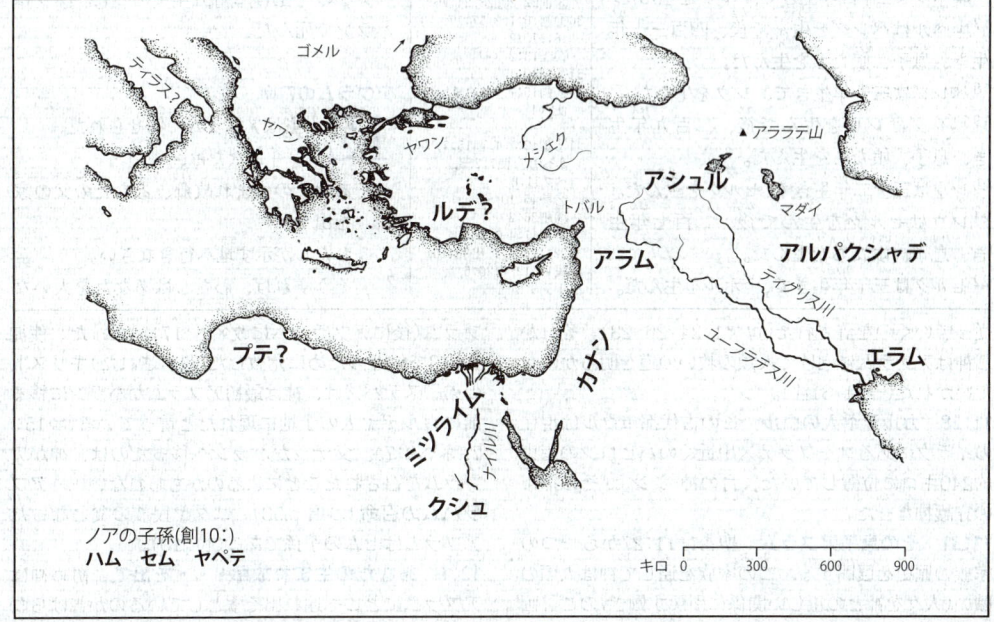

ノアの子孫(創10:)
ハム セム ヤペテ

© 1991 Zondervan Publishing House

とばを混乱させ、彼らが互いにことばが通じないようにしよう。」

8 こうして主は人々を、そこから地の全面に散らされたので、彼らはその町を建てるのをやめた。

9 それゆえ、その町の名はバベルと呼ばれた。主が全地のことばをそこで混乱させたから、すなわち、主が人々をそこから地の全面に散らしたからである。

セムからアブラムへ
11:10-27 並行記事―創10:21-31, I歴1:17-27

10 これはセムの歴史である。

セムは百歳のとき、すなわち大洪水の二年後にアルパクシャデを生んだ。

11 セムはアルパクシャデを生んで後、五百年生き、息子、娘たちを生んだ。

12 アルパクシャデは三十五年生きて、シェラフを生んだ。

13 アルパクシャデはシェラフを生んで後、四百三年生き、息子、娘たちを生んだ。

14 シェラフは三十年生きて、エベルを生んだ。

15 シェラフはエベルを生んで後、四百三年生き、息子、娘たちを生んだ。

16 エベルは三十四年生きて、ペレグを生んだ。

17 エベルはペレグを生んで後、四百三十年生き、息子、娘たちを生んだ。

18 ペレグは三十年生きて、レウを生んだ。

19 ペレグはレウを生んで後、二百九年生き、息子、娘たちを生んだ。

20 レウは三十二年生きて、セルグを生んだ。

21 レウはセルグを生んで後、二百七年生き、息子、娘たちを生んだ。

22 セルグは三十年生きて、ナホルを生んだ。

8 ①創11:4
9 ①創10:10,
イザ14:12-21, 22,
エレ51:53
②詩55:9
* ㋫「バラル」
②ヨハ10:16, 11:52
10 ①創10:21-25,
I歴1:24-27,
ルカ3:34-36
②→創2:4
* あるいは「の父となった」

26 ①ヨシ24:2
27 ①→創2:4
28 * 直訳「面前で」
29 ①創24:10
②創17:15, 20:2
②創22:20, 23, 24:15
30 ①創16:1, 2, 17:17,
18:11, 12
②士13:2
31 ①創10:19
②創15:7, ネヘ9:7,
使7:4
1 ①創12:1-4, 創15:7,
ネヘ9:7, 使7:2, 3,
ヘブ11:8
②詩45:10
③創26:2
2 ①創12:4-6, 18:18,
22:17, 24:1, 出32:10,
民14:12, 申26:5,
I列3:8

23 セルグはナホルを生んで後、二百年生き、息子、娘たちを生んだ。

24 ナホルは二十九年生きて、テラを生んだ。

25 ナホルはテラを生んで後、百十九年生き、息子、娘たちを生んだ。

26 テラは七十年生きて、アブラムとナホルとハランを生んだ。

27 これはテラの歴史である。

テラはアブラム、ナホル、ハランを生み、ハランはロトを生んだ。

28 ハランはその父テラの存命中、彼の生まれ故郷であるカルデヤ人のウルで死んだ。

29 アブラムとナホルは妻をめとった。アブラムの妻の名はサライであった。ナホルの妻の名はミルカといって、ハランの娘であった。ハランはミルカの父で、またイスカの父であった。

30 サライは不妊の女で、子どもがなかった。

31 テラは、その息子アブラムと、ハランの子で自分の孫のロトと、息子のアブラムの妻である嫁のサライとを伴い、彼らはカナンの地に行くために、カルデヤ人のウルからいっしょに出かけた。しかし、彼らはハランまで来て、そこに住みついた。

32 テラの一生は二百五年であった。テラはハランで死んだ。

アブラムの召命

12 1 主はアブラムに仰せられた。
「あなたは、
あなたの生まれ故郷、あなたの父の家を出て、
わたしが示す地へ行きなさい。
2 そうすれば、わたしはあなたを大いな

従っていくのを許された(ロマ1:24, 26, 28)。それから神はアブラムに向けて人類の救いの道を明らかにしていかれた(→11:31注)。

11:28　カルデヤ人のウル　この古代都市ウルは現在のイラクにあるユーフラテス川近くのバビロンの南東約240キロに位置していた。月の神「シン」がその都市の守護神だった。

11:31　その息子アブラム　聖書は11:27から一つの家族の歴史を展開する。この家族を通して神は人類の贖い(人々を神との正しい関係に引戻す働き)のご計画を明らかにされる。その家族の長は前2100年頃のアブラム(後にアブラハムに改名 →17:5)だった。使徒7:2-3で信仰のために殉教した(殺害された)キリストの弟子ステパノは、神は最初アブラムがハランに移る前にカルデヤ人の土地に現れたと言っている(⇒15:7, ネヘ9:7)。父テラがハランへ移ったのは、神がアブラムを召されたことによるのかもしれない(→「**アブラハムの召命**」の項 p.50)。ユダヤ民族の父となったアブラムはセムの子孫である(11:10)。

12:1　あなたの生まれ故郷・・・を出て　初め神はアブラムにどこへ連れ出そうとしているのか告げられなかった(ヘブ11:8)。それにもかかわらず、アブラ

創世記　12章

る国民とし、
　あなたを祝福し、
　あなたの名を大いなるものとしよう。
　あなたの名は祝福となる。
3　あなたを祝福する者をわたしは祝福し、
　あなたをのろう者をわたしはのろう。
　地上のすべての民族は、
　あなたによって祝福される。」

4 アブラムは主がお告げになったとおりに出かけた。ロトも彼といっしょに出かけた。アブラムがハランを出たときは、七十五歳であった。
5 アブラムは妻のサライと、おいのロトと、彼らが得たすべての財産と、ハランで加えられた人々を伴い、カナンの地に行こうとして出発した。こうして彼らはカナンの地に入った。
6 アブラムはその地を通って行き、シェケムの場、モレの樫の木のところまで来た。当時、その地にはカナン人がいた。
7 そのころ、主がアブラムに現れ、そして「あなたの子孫に、わたしはこの地を与える」と仰せられた。アブラムは自分に現れてくだ

さった主のために、そこに祭壇を築いた。
8 彼はそこからベテルの東にある山のほうに移動して天幕を張った。西にはベテル、東にはアイがあった。彼は主のため、そこに祭壇を築き、主の御名によって祈った。
9 それから、アブラムはなおも進んで、ネゲブのほうへと旅を続けた。

エジプトでのアブラム
12:10-20　参照―創20:1-18, 26:1-11

10 さて、この地にはききんがあったので、アブラムはエジプトのほうにしばらく滞在するために、下って行った。この地のききんは激しかったからである。
11 彼はエジプトに近づき、そこに入ろうとするとき、妻のサライに言った。「聞いておくれ。あなたが見目麗しい女だということを私は知っている。
12 エジプト人は、あなたを見るようになると、この女は彼の妻だと言って、私を殺すが、あなたは生しておくだろう。

ムはすぐに主の導きに自分をゆだねた。

12:3　地上のすべての民族は、あなたによって祝福される　これはイエス・キリストが来られることについての聖書の中での二番目の預言である（⇒3:15注）。
　（1）それは霊的祝福がアブラハムの子孫を通して与えられることを言っている。使徒パウロはこの祝福はすべての民族に提供されるキリストの福音（良い知らせまたはメッセージ）だと書いている（⇒ガラ3:8, 16）。
　（2）神の約束が最初から明らかにしたことは、福音の目的は神と個人的な関係を持ち、人生における神のご計画を見出す方法を教えてすべての人に益をもたらすということだった。神は今もイエス・キリストを通して、またキリストのメッセージを世界中に伝えているキリスト者を通して、この目的を達成し続けておられる。この節は世界宣教の働きの基盤である（→「アブラハムの召命」の項p.50）。

12:4　アブラムは【主】がお告げになったとおりに出かけた　アブラハムの話は、神と救いの関係を持つためには神に従うことが要求されると最初から強調している。
　（1）アブラムは神に従って、父の家と生れ故郷を離れ、神の約束の通りに神の導きと守りに自分をゆだねた（→12:1注、ヤコ2:17注、Ⅰヨハ2:4注）。
　（2）神はキリスト者にもアブラムのように、今までの生き方を捨ててキリストに従うように召しておられる。キリスト者は最終的に「さらにすぐれた故郷、

すなわち天の故郷」を目指して旅に出るのである（ヘブ11:16、→「**アブラハムの召命**」の項p.50）。

12:7　【主】がアブラムに現れ　聖書の中で神がだれかに「現れた」と書いてあるのはここが最初である。けれども神は既にアダムや神と深い関係を持つほかの人々に現れておられたと考えられる（⇒2:15-16, 22, 3:8）。時には18:1-3、9-33にあるように、神は人間のようにして現れたこともある（⇒出33:18-23）。神が目に見える姿で現れることを「顕現」と言うけれども、それは神の現れという意味である（→出3:2注）。神はアブラムにカナンの地（パレスチナの古代の名称）と地中海の南東沿岸を与えると約束された。

12:10　この地にはききんが　神に従えば深刻な問題には絶対に直面しないということではない。
　（1）アブラムは目的地（カナン）に着いたけれどもすぐに失望を味わわされた。妻には子どもができなかった（11:30）。アブラムは親族と別れなければならなかった（12:1）。突然、ききんに襲われ、家族を飢えから守るために移動しなければならなかった。
　（2）神に従おうとする人はアブラムの信仰から、たとい人生に行詰り、思わぬ困難に見舞われても決して驚いてはならないということを教えられる。しばしば問題は私たちに、神を信頼して従うなら神は困難の中にも働いて目的を達成されるということを教えてくれる。これが神の方法なのである（→マタ2:13注）。

アブラハムの召命

「【主】はアブラムに仰せられた。『あなたは、あなたの生まれ故郷、あなたの父の家を出て、わたしが示す地へ行きなさい。そうすれば、わたしはあなたを大いなる国民とし、あなたを祝福し、あなたの名を大いなるものとしよう。あなたの名は祝福となる。あなたを祝福する者をわたしは祝福し、あなたをのろう者をわたしはのろう。地上のすべての民族は、あなたによって祝福される。』」(創世記12:1-3)

アブラム(後にアブラハムと改名された →創17:5)の召命は創世記12章に記録されている。この章は人類との関係を回復しようとする神の目的が啓示される旧約聖書の中での新しい区分の始まりである。人間の反抗の罪が神との関係を壊していたけれども人間にはその回復が絶対に必要なことを神はご存じだった。そこで神はこの目的のために貢献できる人を探された。神を知り、神に完全に頼り、神に仕えたいと願う一人の人を求められたのである。それがアブラムだった。この人から主のご計画を知り、それを教え守ろうとする一つの家族が後に生れることになる(→創18:19注)。そしてこの家族から特異な(他と違う)民族、特別な神との関係を持つ民族が生れる。彼らはほかの民族が歩む、神を敬わない道を拒んで、むしろ神のご計画を実現しようとする。そしてこの民族から世界の救い主、イエス・キリストがお生れになる(ガラ3:8, 16, 18)。この方こそが女から生れ、蛇を踏み砕くと神が約束された方である(→創3:15注)。

アブラハムの召命には信仰者が学ぶべき次のような重要な原則が含まれている。

(1) アブラハムには自分の国、自分の民族、自分の家族(創12:1)から離れることが求められていた。神はご自分の目的を果すときに妨げとなるものから、神の民が分離しなければならないという重要な原則を確立されたのである(→「信者の霊的聖別」の項 p.2172,「キリスト者とこの世」の項 p.2437)。

(2) 神はアブラハムに特定の土地が与えられ、子孫が偉大な民族になること、地上の民族全部に影響を与えることになる祝福を約束された(創12:2-3)。この約束の最後の部分はキリストの福音が全世界に伝えられる中で成就されつつあることを新約聖書は明らかに教えている(使3:25, ガラ3:8)。

(3) アブラハムの召命には地上の国だけではなく天の御国が関連している。アブラハムは最終的な家は地上ではなく天上にあることを意識するようになった。天では神が「設計し建設された」都で平和に暮すことができる(→ヘブ11:9-10, 14-16, ⇒黙21:1-4, 22:1-5)。その時までアブラハムは地上では旅人(外国人)であり寄留者である(ヘブ11:9, 13)。

(4) アブラハムの召命には約束と義務が含まれていた。約束は未来に起こることへの期待であるけれども、義務は同意したことを確信してそれに携わることである。神はアブラハムに、神を主、生涯の導き手、権威として従い自分をゆだねていくことを要求された。それは約束されたものを受取るためだった。この服従とゆだねることには、(a) 人間的には不可能に見えるときでもなお神のことばに頼ること(創15:1-6, 18:10-14)、(b) 自分の家を出なさいという神の命令に従うこと(創12:4, ヘブ11:8)、(c) 神の標準に従って生活し神が正しいと言われたことを行うように努めること(創17:1-2)が含まれていた。

(5) アブラハムへの神の約束と祝福は、肉体的子孫(ユダヤ人)に限定されるものではない。約束はアブラハムの「子孫」(→ガラ3:14, 16)であるイエス・キリストを受入れ従う人々全部に及ぶものである。アブラハムのような信仰を持つ人はみな、「アブラハムの子孫」(ガラ3:7)であり、アブラハムとともに祝福される(ガラ3:9)。その人々はキリスト・イエスにある「約束の御霊」(→ガラ3:14注)を含む約束を、信仰によって相続することになる(ガラ3:29)。

(6) アブラハムは信じてその結果従ったので、救いに至る純粋な信仰(神が喜ばれ神との関係を持つことを許される部類のもの)を示す最高の模範となった(⇒創15:6, ロマ4:1-5, 16-24, ガラ3:6-9, ヘブ11:8-19, ヤコ2:21-23, →創15:6注)。聖書によるなら、イエス・キリストを救い主として信じていると言って

も、イエス・キリストを主、自分の生涯の導き手、権威として従わない人は救いに至る信仰を持っているとは言えないのである(→ヨハ3:36注，→「信仰と恵み」の項 p.2062)。

創世記　12-13章

¹³ どうか、私の妹だと言ってくれ。そうすれば、あなたのおかげで私にも良くしてくれ、あなたのおかげで私は生きのびるだろう。」
¹⁴ アブラムがエジプトに入って行くと、エジプト人は、その女が非常に美しいのを見た。
¹⁵ パロの高官たちが彼女を見て、パロに彼女を推賞したので、彼女はパロの宮廷に召し入れられた。
¹⁶ パロは彼女のために、アブラムによくしてやり、それでアブラムは羊の群れ、牛の群れ、ろば、それに男女の奴隷、雌ろば、らくだを所有するようになった。
¹⁷ しかし、主はアブラムの妻サライのことで、パロと、その家をひどい災害で痛めつけた。
¹⁸ そこでパロはアブラムを呼び寄せて言った。「あなたは私にいったい何ということをしたのか。なぜ彼女があなたの妻であることを、告げなかったのか。
¹⁹ なぜ彼女があなたの妹だと言ったのか。だから、私は彼女を私の妻として召し入れていた。しかし、さあ今、あなたの妻を連れて行きなさい。」
²⁰ パロはアブラムについて部下に命じた。彼らは彼を、彼の妻と、彼のすべての所有物とともに送り出した。

ロトとの別れ

13 ¹ それで、アブラムは、エジプトを出て、ネゲブに上った。彼と、妻のサライと、すべての所有物と、ロトもいっしょであった。
² アブラムは家畜と銀と金とに非常に富んでいた。
³ 彼はネゲブから旅を続けて、ベテルまで、すなわち、ベテルとアイの間で、初めて天幕を張った所まで来た。
⁴ そこは彼が以前に築いた祭壇の場所である。その所でアブラムは、主の御名によって祈った。
⁵ アブラムといっしょに行ったロトもまた、羊の群れや牛の群れ、天幕を所有していた。
⁶ その地は彼らがいっしょに住むのに十分ではなかった。彼らの持ち物が多すぎたので、彼らがいっしょに住むことができなかったのである。
⁷ そのうえ、アブラムの家畜の牧者たちとロトの家畜の牧者たちとの間に、争いが起こった。またそのころ、その地にはカナン人とペリジ人が住んでいた。
⁸ そこで、アブラムはロトに言った。「どうか私とあなたとの間、また私の牧者たちとあなたの牧者たちとの間に、争いがないようにしてくれ。私たちは、親類同士なのだから。
⁹ 全地はあなたの前にあるではないか。私から別れてくれないか。もしあなたが左に行けば、私は右に行こう。もしあなたが右に行けば、私は左に行こう。」
¹⁰ ロトが目を上げてヨルダンの低地全体を見渡すと、主がソドムとゴモラを滅ぼされる以前であったので、その地はツォアルのほうに至るまで、主の園のように、またエジプトの地のように、どこもよく潤っていた。
¹¹ それで、ロトはそのヨルダンの低地全体を選び取り、その後、東のほうに移動した。こうして彼らは互いに別れた。
¹² アブラムはカナンの地に住んだが、ロトは低地の町々に住んで、ソドムの近くまで天幕を張った。
¹³ ところが、ソドムの人々はよこしまな者

---

13 ①創20:2, 26:7
②エレ38:17, 20
16 ①創13:2, ヨブ1:3
17 ①I歴16:21, 22, 詩105:14, 15
20 ①箴21:1

1 ①創12:9, 13:3, 20:1, 24:62
2 ①創24:35, ヨブ1:3, 詩112:3, 箴10:22
3 ①創12:8

4 ①創12:7, 8
②→創4:26
②創12:5
6 ①創36:7
②創13:2, 12:5, 16
7 ①創26:20
②創12:6, 15:19-21, 34:30
8 ①箴15:18, 20:3
9 ①ロマ12:18, ヘブ12:14, ヤコ3:17
②創20:15, 34:10
10 ①創19:17, 25, 28, 29, 申34:3
②創19:24, 14:2, 8
③創14:2, 19:22, 申34:3
④創2:8, 10, イザ51:3
⑤創47:6
⑥詩107:34
11 ①創13:10
12 ①創13:10, 14:2, 19:24, 25, 28, 29
②Ⅱペテ2:7, 8
13 ①創18:20, エゼ16:49, Ⅱペテ2:6-8

12:13　どうか、私の妹だと言ってくれ　この状況でアブラムは神を信頼できなかった。そこでエジプト人をだまそうとして恥をかき、国を立去らなければならなくなった(12:19-13:1)。ここでは神の民が正直であることがどれほど大事であるかが示されている。アブラムは悔い改めたけれども道徳的失敗を隠すことはできなかった。アブラムの失敗から、キリスト者はどんな情況でも神を信頼し続けなければならないことを学ぶことができる。また、たとい失敗しても神は私たちをみこころの中に引戻すことがおできになるという励ましを受けることができる。

13:10　ロトが目を上げて・・・見渡すと　主は「人が見るようには見ない」(Ⅰサム16:7)と聖書は教えている。ロトは将来が約束されているように見えるよく肥えて草でおおわれた谷だけを見た。けれども神は「よこしまな者で・・・非常な罪人」であるソドムの人々を見ておられた(13:13)。ロトは悪を見分けて避けることができなかったために、結果的に家族に死と悲劇をもたらすことになった(→13:12注)。

13:12　ロトは・・・ソドムの近くまで天幕を張った　ロトの最大の間違いは、ソドムの悪を嫌うよりも自分の利益を愛したように見えることである(13:10-13)。

で、主に対しては非常な罪人であった。

14 ロトがアブラムと別れて後、主はアブラムに仰せられた。「さあ、目を上げて、あなたがいる所から北と南、東と西を見渡しなさい。15 わたしは、あなたが見渡しているこの地全部を、永久にあなたとあなたの子孫とに与えよう。16 わたしは、あなたの子孫を地のちりのようにならせる。もし人が地のちりを数えることができれば、あなたの子孫をも数えることができよう。17 立って、その地を縦と横に歩き回りなさい。わたしがあなたに、その地を与えるのだから。」

18 そこで、アブラムは天幕を移して、ヘブロンにあるマムレの樫の木のそばに来て住んだ。そして、そこに主のための祭壇を築いた。

ロトの救出

14 1 さて、シヌアルの王アムラフェル、エラサルの王アルヨク、エラムの王ケドルラオメル、ゴイムの王ティデアルの時代に、2 これらの王たちは、ソドムの王ベラ、ゴモラの王ビルシャ、アデマの王シヌアブ、ツェボイムの王シェムエベル、ベラの王、すなわち、ツォアルの王と戦った。3 このすべての王たちは連合して、シディムの谷、すなわち、今の塩の海に進んだ。4 彼らは十二年間ケドルラオメルに仕えていたが、十三年目にそむいた。5 十四年目に、ケドルラオメルと彼にくみする王たちがやって来て、アシュテロテ・カルナイムでレファイム人を、ハムでズジム人を、シャベ・キルヤタイムでエミム人を、6 セイルの山地でホリ人を打ち破り、砂漠の近くのエル・パランまで進んだ。7 彼らは引き返して、エン・ミシュパテ、今のカデシュに至り、アマレク人のすべての村落と、ハツァツォン・タマルに住んでいるエモリ人さえも打ち破った。8 そこで、ソドムの王、ゴモラの王、アデマの王、ツェボイムの王、ベラの王、すなわちツォアルの王が出て行き、シディムの谷で彼らと戦う備えをした。9 エラムの王ケドルラオメル、ゴイムの王ティデアル、シヌアルの王アムラフェル、エラサルの王アルヨク、この四人の王と、先の五人の王とである。10 シディムの谷には多くの瀝青の穴が散在していたので、ソドムの王とゴモラの王は逃げたとき、その穴に落ち込み、残りの者たちは山のほうに逃げた。11 そこで、彼らはソドムとゴモラの全財産と食糧全部を奪って行った。12 彼らはまた、アブラムのおいのロトとその財産をも奪い去った。ロトはソドムに住んでいた。

13 ひとりの逃亡者が、ヘブル人アブラムのところに来て、そのことを告げた。アブラムはエモリ人マムレの樫の木のところに住んでいた。マムレはエシュコルとアネルの兄弟で、彼らはアブラムと盟約を結んでいた。14 アブラムは自分の親類の者がとりこになったことを聞き、彼の家で生まれたしもべども三百十八人を召集して、ダンまで追跡した。15 夜になって、彼と奴隷たちは、彼らに向

---

(1) もし正しいことを行うという固い決意があったなら(→ヘブ1:9注)、ロトはソドムの悪に妥協することはなく、そこに住むこともなかったと思われる(13:13)。ソドムの美しさ、富、文化的な先進性のほうが、自分自身と家族に対する危険よりも重要だと感じたのだろう。そして恐らく神に対して霊的に忠実であり続けることができると思ったのだろう。けれどもソドムの不道徳で不信仰な生活様式に自分と家族をあえてさらすことを選んだことによって、家族は悪い影響に抵抗できるほど強くならなかったという苦い教訓を学んだのである(→19:24-26、30-38)。

(2) 救いのメッセージを届けるため、神が特別に危険な場所へ導いておられるという確信がない限り、私たちは「ソドム」のような場所に自分や家族を置かないように注意しなければならない。もしそのようなことをするなら、私たちはロトの家族と同じように災難に遭うことになる。

14:13　ヘブル人アブラム　初期の歴史では「ヘブル」ということばは遊牧民(場所から場所へ移動して生活する人々)を指していたと思われる。けれどもあとになって特にアブラハムとその子孫を指して使われるようになった(⇒出3:18、5:3)。

14:14　しもべども三百十八人を召集　アブラムの家族は単独で旅をしたのではない。アブラムは大きな集団

かって展開し、彼らを打ち破り、ダマスコの北にあるホバまで彼らを追跡した。
¹⁶ そして、彼はすべての財産を取り戻し、また親類の者ロトとその財産、また、女たちや人々をも取り戻した。
¹⁷ こうして、アブラムがケドルラオメルと、彼といっしょにいた王たちとを打ち破って帰って後、ソドムの王は、王の谷と言われるシャベの谷まで、彼を迎えに出て来た。
¹⁸ さて、シャレムの王メルキゼデクはパンとぶどう酒を持って来た。彼はいと高き神の祭司であった。
¹⁹ 彼はアブラムを祝福して言った。
「祝福を受けよ。アブラム。
天と地を造られた方、いと高き神より。
²⁰ あなたの手に、あなたの敵を渡された
いと高き神に、誉れあれ。」
アブラムはすべての物の十分の一を彼に与えた。
²¹ ソドムの王はアブラムに言った。「人々は私に返し、財産はあなたが取ってください。」
²² しかし、アブラムはソドムの王に言った。「私は天と地を造られた方、いと高き神、**主**に誓う。
²³ 糸一本でも、くつひも一本でも、あなたの所有物から私は何一つ取らない。それは、あなたが、『アブラムを富ませたのは私だ』と言わないためだ。
²⁴ ただ若者たちが食べてしまった物と、私といっしょに行った人々の分け前とは別だ。アネルとエシュコルとマムレには、彼らの分け前を取らせるように。」

神とアブラムの契約

15 ¹ これらの出来事の後、**主**のことばが幻のうちにアブラムに臨み、こう仰せられた。
「アブラムよ。恐れるな。
わたしはあなたの盾である。
あなたの受ける報いは非常に大きい。」
² そこでアブラムは申し上げた。「神、**主**よ。私に何をお与えになるのですか。私には子がありません。私の家の相続人は、あのダマスコのエリエゼルになるのでしょうか。」
³ さらに、アブラムは、「ご覧ください。あなたが子孫を私に下さらないので、私の家の奴隷が、私の跡取りになるでしょう」と申し上げた。
⁴ すると、**主**のことばが彼に臨み、こう仰せられた。「その者があなたの跡を継いではならない。ただ、あなた自身から生まれ出て来る者が、あなたの跡を継がなければならない。」
⁵ そして、彼を外に連れ出して仰せられた。「さあ、天を見上げなさい。星を数えることができるなら、それを数えなさい。」さらに仰せ

脚注欄:

15 ① 創15:2
16 ① 創14:11, 12
   ② 創14:12, 14
17 ① ヘブ7:1
   ② Ⅰ サム18:18
18 ① 詩76:2
   ② 詩110:4,
   ヘブ5:6, 10, 7:1, 2
   ③ 詩104:15
   ④ ミカ6:6, 使16:17
19 ① ルツ3:10, Ⅱ サム2:5
   ② 創14:22, マタ11:25
20 ① 創24:27
   ② ヘブ7:4
22 ① 創14:19
   ② ダニ12:7,
   黙10:5, 6
23 ① エス9:15, 16,
   Ⅱ 列5:16

24 ① 創14:13

1 ① 創15:4, Ⅰ サム15:10
  ② 使10:10, 11
  ③ 創12:2, 7, 13:14–17,
    詩105:9
  ④ 創21:17, 26:24,
    ダニ10:12, ルカ1:13, 30
  ⑤ 申33:29,
    詩3, 5:12, 84:9, 11,
    91:4, 119:114
  ⑥ 民18:21,
    詩16:5, 58:11, 箴11:18
2 ① 使7:5
3 * あるいは「私の家で生まれた者」
  ① 創14:14
  ② 創15:1
5 ① Ⅱ サム7:12, 16:11,
    ガラ4:28

の裕福なリーダーで、その数は千人ほどと思われる。

14:18　シャレムの王メルキゼデク　メルキゼデク（「義の王」という意味）は、「シャレム（古代のエルサレムと思われる）の王」であり、また「いと高き神の祭司」だった。彼はアブラムのように唯一のまことの神に仕えていた。ユダヤ民族は神がご計画を現すために最初に選ばれた民族である。ところがメルキゼデクはカナン人なので、ユダヤ民族（イサク、ヤコブを通してのアブラハムの子孫）ではない信仰者である。このことは民族、人種、経歴に関係なく、人々はいつの時代にも神を見出し、応答、従い、正しい関係を結ぶことができたということを示している。メルキゼデクは王権と永遠の祭司職を持つイエス・キリストの象徴、ひな型だった（⇒詩110:4, →ヘブ7:1, 3注）。

14:20　すべての物の十分の一を彼に与えた　神の助けと恵みに感謝して、アブラムは祭司であるメルキゼデクに戦いで取返したものの十分の一をささげた（⇒ヘブ7:4）。これは聖書に出てくる最初の「什一献金」（収入の十分の一をささげること）である（→「十分の一とささげ物」の項 p.1603）。

14:23　あなたの所有物から私は何一つ取らない　財産は全部取るようにとの王からの申し出を断って、アブラムは祝福と配慮を神にだけ求めて頼っている姿勢を明らかにした（14:19, →マタ14:19注）。

15:1　あなたの盾・・・報いは非常に大きい　近隣の王たちとの戦いの後、アブラムは不安と恐れを抱くようになった。神は幻の中でアブラムを祝し守り続けると再び保証された。けれどもアブラムは自分に相続人がいないことを心配して、奴隷の一人を養子にすることを申し出た（15:2）。けれども神はその考えを退けて、アブラムと妻サライにはなお息子が生れ（⇒11:30）、その息子からもっと多くの子孫が生れると約束された。アブラムが偉大だったのはその神を信じたことである。そのような信仰をアブラムが持っていたので、神はアブラムを義人と認められた（→15:6注）。

創世記　15章

られた。「あなたの子孫はこのようになる。」
6 彼は主を信じた。主はそれを彼の義と認められた。
7 また彼に仰せられた。「わたしは、この地をあなたの所有としてあなたに与えるために、カルデヤ人のウルからあなたを連れ出した主である。」
8 彼は申し上げた。「神、主よ。それが私の所有であることを、どのようにして知ることができましょうか。」
9 すると彼に仰せられた。「わたしのところに、三歳の雌牛と、三歳の雌やぎと、三歳の雄羊と、山鳩とそのひなを持って来なさい。」
10 彼はそれら全部を持って来て、それらを真っ二つに切り裂き、その半分を互いに向かい合わせにした。しかし、鳥は切り裂かなかった。
11 猛禽がその死体の上に降りて来たので、アブラムはそれらを追い払った。
12 日が沈みかかったころ、深い眠りがアブラムを襲った。そして見よ。ひどい暗黒の恐怖が彼を襲った。
13 そこで、アブラムに仰せがあった。「あなたはこの事をよく知っていなさい。あなたの子孫は、自分たちのものでない国で寄留者となり、彼らは奴隷とされ、四百年の間、苦しめられよう。
14 しかし、彼らの仕えるその国民を、わたしがさばき、その後、彼らは多くの財産を持って、そこから出て来るようになる。
15 あなた自身は、平安のうちに、あなたの先祖のもとに行き、長寿を全うして葬られよう。
16 そして、四代目の者たちが、ここに戻って来る。それはエモリ人の咎が、そのときまでに満ちることはないからである。」
17 さて、日は沈み、暗やみになったとき、そのとき、煙の立つかまどと、燃えているたいまつが、あの切り裂かれたものの間を通り過ぎた。
18 その日、主はアブラムと契約を結んで仰せられた。

「わたしはあなたの子孫に、この地を与える。
　エジプトの川から、
　あの大川、ユーフラテス川まで。
19 ケニ人、ケナズ人、カデモニ人、
20 ヘテ人、ペリジ人、レファイム人、
21 エモリ人、カナン人、ギルガシ人、エブス人を。」

欄外注：
創22:1-14
5①創13:16, 22:17, 26:4, 28:14, 出32:13, 申1:10,10:22, I歴27:23, エレ33:22, ロマ4:18, ヘブ11:12
6①ロマ4:3, 9, 22, 23, ガラ3:6, ヤコブ2:23
7①創13:15, 17, 詩105:44, ②創11:28,31
8①士6:17, 37, Iサム14:9, 10, II列20:8, ルカ1:18
9 *あるいは「きじばと」
①創15:17, エレ34:18, 19, ②レビ1:14, 17
12①創2:21, Iサム26:12, ヨブ4:13, 33:15
13①出1:1-14, 申5:15, 詩105:23-25, 使7:6
②出12:40, 使13:19, ガラ3:17
14①申6:2, 申6:22, 使7:7
②出12:32-38, 詩105:37
* 「そこから」は補足
15①創25:8, ヨブ5:26
16①レビ18:24-28, I列21:26, ②ダニ8:23, マタ23:32, Iテサ2:16
17①創15:17, エレ34:18, 19
18①創12:7, 13:15, 26:4, 23:31, I列34:1-5, 申1:7, 8, 11:24, 34:4, ヨシ1:4, 21:43, I列4:21, II歴9:26, ネヘ9:8, 詩105:11, 使7:5
19①創15:19-21, 出3:17, 23:28, ヨシ24:11, 申7:1

15:6　彼は【主】を信じた。主はそれを彼の義と認められた　神のことばの中で、信仰と義が同時に示されたのはここが最初である。

（1）旧約聖書では信仰は、(a)「信頼する」、「寄りすがる」と、(b)「忠誠」、「誠実」という二つのことを意味する。「信じる」と訳される単語（《ヘ》アーマン）は、従順な信仰をもって行動して信頼を具体的に表すことを意味する。したがって信仰は実際の行動を通して証明される。アブラムが持っていた信仰はこの種のものだった。神を信じきって神に従ってご計画に任せることによってそのことを証明した。

（2）神はアブラムの心にある信仰的な態度を見て、それを義と認められた。あるいは受入れられた。「義」ということばは神とこころに対して正しい関係にあるという意味である（⇒6:9, ヨブ15:14-16）。さらに神はアブラムと契約を結び、守りと報い（15:1）、多くの子孫（15:5）と約束の地を約束された（15:7,→「**アブラハム、イサク、ヤコブとの神の契約**」の項 p.74）。

（3）新しい契約（御子イエス・キリストの犠牲によって人々を罪から救うという神の計画と約束）においても、神の祝福を受け神と正しい関係を結ぶためには信仰が必要とされる。これは新約聖書の基本的な真理である（ロマ4:3, ガラ3:6, ヤコ2:23, →「**信仰と恵み**」の項 p.2062）。アブラハムは神を信じる「すべての人の父」と呼ばれている（ロマ4:11）。

15:13　自分たちのものでない国　神はアブラムに子孫がエジプトに行き400年の間奴隷となる、あるいはほかの人々の支配の下に置かれると言われた。年数は概略で実際は430年だった（⇒出12:40）。

15:18　【主】はアブラムと契約を結んで　契約とは正式な「終生協定」である。二人以上の個人またはグループが互いに様々な約束や責任に身をゆだねることである。契約を結ぶ過程は15:9-17に説明されている。

（1）それはある動物を殺して真っ二つに切裂いて互いに向かい合わせに置く（15:10）。次に契約を結ぶ二人またはグループがその切裂かれたものの間を歩く。それはもし契約を破るなら、その動物のようにされて死ぬことを象徴していた（15:17, ⇒エレ34:18）。「煙の立つかまどと、燃えているたいまつ」は神の臨在を象徴していた（15:17, ⇒出3:2, 14:24）。

（2）通常、契約は双方の責任を含むけれども（⇒17:9-14）、この場面では神の臨在だけが切裂かれたいけにえの動物の間を通り過ぎた（15:17）。神だけが約束をしてくださり契約の義務を負うことを決めら

ハガルとイシュマエル

16 ¹アブラムの妻サライは、彼に子どもを産まなかった。彼女にはエジプト人の女奴隷がいて、その名をハガルといった。²サライはアブラムに言った。「ご存じのように、主は私が子どもを産めないようにしておられます。どうぞ、私の女奴隷のところにお入りください。たぶん彼女によって、私は子どもの母になれるでしょう。」アブラムはサライの言うことを聞き入れた。³アブラムの妻サライは、アブラムがカナンの土地に住んでから十年後に、彼女の女奴隷のエジプト人ハガルを連れて来て、夫アブラムに妻として与えた。

⁴彼はハガルのところに入った。そして彼女はみごもった。彼女は自分がみごもったのを知って、自分の女主人を見下げるようになった。⁵そこでサライはアブラムに言った。「私に対するこの横柄さは、あなたのせいです。私自身が私の女奴隷をあなたのふところに与えたのですが、彼女は自分がみごもっているのを見て、私を見下げるようになりました。主が、私とあなたの間をおさばきになりますように。」⁶アブラムはサライに言った。「ご覧。あなたの女奴隷は、あなたの手の中にある。彼女をあなたの好きなようにしなさい。」それで、サライが彼女をいじめたので、彼女はサライのもとから逃げ去った。

⁷主の使いは、荒野の泉のほとり、シュルへの道にある泉のほとりで、彼女を見つけ、⁸「サライの女奴隷ハガル。あなたはどこから来て、どこへ行くのか」と尋ねた。彼女は答えた。「私の女主人サライのところから逃げているところです。」⁹そこで、主の使いは彼女に言った。「あなたの女主人のもとに帰りなさい。そして、彼女のもとで身を低くしなさい。」¹⁰また、主の使いは彼女に言った。「あなたの子孫は、わたしが大いにふやすので、数えきれないほどになる。」¹¹さらに、主の使いは彼女に言った。

「見よ。あなたはみごもっている。
男の子を産もうとしている。
その子をイシュマエルと名づけなさい。
主があなたの苦しみを聞き入れられたから。
¹² 彼は野生のろばのような人となり、
その手は、すべての人に逆らい、
すべての人の手も、彼に逆らう。
彼はすべての兄弟に敵対して住もう。」

¹³そこで、彼女は自分に語りかけられた主の名を「あなたはエル・ロイ」と呼んだ。それは、「ご覧になる方のうしろを私が見て、なおもここにいるとは」と彼女が言ったからである。¹⁴それゆえ、その井戸は、ベエル・ラハイ・ロイと呼ばれた。それは、カデシュとベレデの間にある。

¹⁵ハガルは、アブラムに男の子を産んだ。アブラムは、ハガルが産んだその男の子をイシュマエルと名づけた。¹⁶ハガルがアブラムにイシュマエルを産ん

---

1 ①創16章, 創21:8-21
②創21:1, 30, 15:2, 3
③創21:9, ガラ4:24
2 * 直訳「見よ
①創20:18, 30:2,
Ⅰサム1:5, 6
** 直訳「建てられるでしょう」
③創3:17
3 ①創12:4, 5, 16:16
4 ①Ⅰサム1:6,
Ⅱサム6:16, 箴30:23
5 ①創31:53,
Ⅰサム24:12
6 ①ヨブ2:6,
詩106:41, 42, エレ38:5
②創21:17
7 ①創16:9, 10, 11,
22:11, 15, 出3:2,
民22:22, 23, 24, 25, 26,
27, 31, 32, 34, 35,
→士2:1, →詩34:7,
→イザ37:36
②創20:1, 25:18,
出15:22

8 ①創3:9, Ⅰ列19:9, 13
9 ①→創16:7
②エペ6:5, コロ3:22,
テト2:9, Ⅰペテ2:18
10 ①→創16:7
②創17:20, 21:18,
25:12-18
11 ①→創16:7
②創16:15
③出3:7, 6
12 ①ヨブ11:12, 24:5,
39:5
②創25:18
13 * あるいは「ご覧になる神」
14 ①創16:7, 21:19
②創24:62, 25:11
* あるいは「生きて見ておられるお方の井戸」
③創14:7, 民13:26
15 ①ガラ4:22
②創16:11

れたのである。アブラムはただ従順な信仰でそれを受け入れさえすればよかった（→17:2注）。

16:2 【主】は私が子どもを産めないようにしておられます メソポタミヤ地方では妻が子どもを産めない場合には妻に仕える女奴隷に子どもを産ませる習慣があった。その子どもは妻の子どもになる。

（1）けれどもこのような習慣があるにもかかわらず、神はアブラムとサライにこのような方法で子どもや家族を与えようとはしておられなかった（⇒2:24）。

（2）新約聖書はハガルの息子を「御霊によって」ではなく「肉によって」与えられた、または人間的努力の結果生まれたとみなしている（ガラ4:29）。旧約聖書と新約聖書はともに、私たちが神の方法に従って聖霊の力と祈りとによって行動したときにだけ、神の目的を達成することができると教えている。

16:7 【主】の使い この話の「主の使い」は神ご自身がハガルに話しかけておられることを表している（16:13, ⇒18:1, 士6:12, 14）。

16:11 イシュマエル 「イシュマエル」という名前は「神は聞かれる」という意味である。そのことはアブラムとサライがハガルをどれほど不当に扱ったかを神はご存じだったことを示している。神はご自分の民が不義を行うことを嫌われるので、この名前はアブラハムに対するさばきだった。新約聖書では教会にいる人々を不当に扱う人に対して神は正義とさばきを行われることが強調されている（→コロ3:25注）。

16:12 すべての人に逆らい イシュマエルはその子孫とともに力強く勇気のある人になるけれども、同時

創世記　16-17章

だとき、アブラムは八十六歳であった。

割礼の契約

17 ¹アブラムが九十九歳になったとき主はアブラムに現れ、こう仰せられた。「わたしは全能の神である。あなたはわたしの前を歩み、全き者であれ。
² わたしの契約を、わたしとあなたとの間に立てる。わたしは、あなたをおびただしくふやそう。」
³ アブラムは、ひれ伏した。神は彼に告げて仰せられた。
⁴ 「わたしは、この、わたしの契約をあなたと結ぶ。あなたは多くの国民の父となる。
⁵ あなたの名は、もう、アブラムと呼んではならない。あなたの名はアブラハムとなる。わたしが、あなたを多くの国民の父とするからである。
⁶ わたしは、あなたの子孫をおびただしくふやし、あなたを幾つかの国民とする。あなたから、王たちが出て来よう。
⁷ わたしは、わたしの契約を、わたしとあなたとの間に、そしてあなたの後のあなたの子孫との間に、代々にわたる永遠の契約として立てる。わたしがあなたの神、あなたの後の子孫の神となるためである。
⁸ わたしは、あなたが滞在している地、すなわちカナンの全土を、あなたとあなたの後のあなたの子孫に永遠の所有として与える。わたしは、彼らの神となる。」
⁹ ついで、神はアブラハムに仰せられた。「あなたは、あなたの後のあなたの子孫と

16① 創12:4, 16:3
1① ロマ4:19, ② 創12:1, 7, 15:1, 18:1, ③ 創28:3, 35:11, 43:14, 48:3, 他6:3, エゼ10:5, → 創49:25, 申10:17
＊ ∧「エル・シャダイ」
④ 創5:22, 24, 48:15, Ⅰ列2:4, 8:25, Ⅱ列20:3
⑤ → 創6:9, → 申18:13, ヨブ1:1
2① 創12:2, 13:16, 15:5, 22:17
3① 創17:17, 18:2
4① 創15:11, 48:19, ロマ4:12, 16
5① ネヘ9:7
6① 創17:16, 35:11, マタ1:6
7① 創17:7, 8, 創9:15, 18, 出6:4
② 詩74:20
③ 創9:16, 17:13, 19, 出31:16, イザ24:5, エゼ16:60, 詩105:10
8① 創12:7, 13:15, 17, 詩105:11, 使7:5
② 創17:11, レビ11:45, 26:12, 45, 申29:13

に争いを体験することになる。そして争いを好むので、神に従うにしても背くにしても苦闘する。どちらを選ぶかはイシュマエル次第である。

17:1　九十九歳　アブラムは既に99歳になり、サライは子どもを産める年齢をずっと前に過ぎていた。けれどもイシュマエルが生れてから13年後、そして神が最初に約束されてから24年後に主はアブラムに現れてメッセージを伝えある要求をされた。

（1）神はご自分を全能でできないことは何もないという意味の「全能の神」（《ヘ》「エル・シャダイ」）として啓示された。全能の神は不可能と見える情況の中でも、約束を実現できる方である。それゆえ神はアブラムの約束の子を奇蹟によってこの世界に誕生させられるのである（⇒17:15-19, 35:11, ロマ4:19, ヘブ11:12）。

（2）神はアブラムに対して、神に従い「全き者」（神のみこころを行うように完全に献身すること）であることを求められた。神の契約を受けるためには信仰が必要だったように、この契約の恵みが続くためにも神の目に適うように努力しなければならなかった（⇒22:16-18）。つまりアブラムは神に従うことによってその信仰を示さなければならなかったのである（→ロマ1:5）。そうしないならアブラムは自ら神の永遠の目的の役割を果せなくなる（→「**アブラハム、イサク、ヤコブとの神の契約**」の項 p.74）。神の約束と奇蹟は、神の民がすべてをささげて神のご計画に従って、みこころに適う生活をするときにのみ実現するのである（⇒5:24, 6:9, 申13:4, →マタ17:20注）。

17:2　わたしの契約　神が既にアブラムと結ばれた契約には、約束の地を与えることが含まれていた（15:）。アブラムの子孫から多くの国々と王たちが出るけれども（17:6, 15-16）、主はその神となると言って約束を更新された。神はサライが男の子を生み、その子によってこれらの国々や王が出現すると約束された（17:15-16）。アブラハムと子孫が神に誠実であり契約の条件を守るなら、約束の実現を見ることになる（17:9-14, →15:6注）。

17:5　アブラム・・・アブラハム　アブラムは「高められた父」という意味であり、アブラハムは「多くの者の父」という意味である（→17:7注, ⇒ネヘ9:7, ロマ4:16）。神との新しい関係ができるとしばしば新しい名前がつけられる。アブラハムの孫の場合も同じで、神はヤコブの名前をイスラエルと改められた（35:9-10, →「**アブラハム、イサク、ヤコブとの神の契約**」の項 p.74）。

17:7　あなたの神・・・となる　アブラハムと神との契約の中心は神がアブラハムとその子孫にご自分を与えるという点だった（17:7-8）。「あなたの神となる」という約束は聖書の中で最も偉大な約束と思われる。そのほかの約束は全部この約束に基づいている。これは神が責任をもって神に忠実な人を導き守り報いるということである（⇒15:1注）。また神が愛をもって私たちに恵みと赦しと導きと善と助けと祝福をくださるということでもある（⇒エレ11:4, 24:7, 30:22, 32:38, エゼ11:20, 36:28, ゼカ8:8）。キリスト者はみな、キリストを信じる信仰によってこの約束を受継いでいる（ガラ3:16）。

17:8　永遠の所有　神はアブラハムとアブラハムの子

創世記 17章

ともに、代々にわたり、わたしの契約を守らなければならない。
10 次のことが、わたしとあなたがたと、またあなたの後のあなたの子孫との間で、あなたがたが守るべきわたしの契約である。あなたがたの中のすべての男子は割礼を受けなさい。
11 あなたがたは、あなたがたの包皮の肉を切り捨てなさい。それが、わたしとあなたがたの間の契約のしるしである。
12 あなたがたの中の男子はみな、代々にわたり、生まれて八日目に、割礼を受けなければならない。家で生まれたしもべも、外国人から金で買い取られたあなたの子孫ではない者も。
13 あなたの家で生まれたしもべも、あなたが金で買い取った者も、必ず割礼を受けなければならない。わたしの契約は、永遠の契約として、あなたがたの肉の上にしるされなければならない。
14 包皮の肉を切り捨てられていない無割礼の男、そのような者は、その民から断ち切られなければならない。わたしの契約を破ったのである。」

15 また、神はアブラハムに仰せられた。「あなたの妻サライのことだが、その名をサライと呼んではならない。その名はサラ*となるからだ。
16 わたしは彼女を祝福しよう。確かに、彼女によって、あなたにひとりの男の子を与えよう。わたしは彼女を祝福する。彼女は国々の母となり、国々の民の王たちが、彼女から出て来る。」
17 アブラハムはひれ伏し、そして笑った

9 ①出19:5
10 ①出12:44, 48, エゼ44:7, ルカ1:59, ヨハ7:22, 使7:8, 15:1, ロマ4:11, 12, ピリ3:5
11 ①申10:16
12 ①創21:4, レビ12:3, ルカ1:59, 2:21, ピリ3:5
①出12:44, 48
14 ①出4:24
15 ①創17:15-21, 創18:9-15
　＊あるいは「王女」
16 ①創18:10, ガラ4:23
　＊「母」は補足
　②創17:6, 35:11, 36:31
17 ①創17:3, 18:2
　②創18:12, 21:6

が、心の中で言った。「百歳の者に子どもが生まれようか。サラにしても、九十歳の女が子を産むことができようか。」
18 そして、アブラハムは神に申し上げた。「どうかイシュマエルが、あなたの御前で生きながらえますように。」
19 すると神は仰せられた。「いや、あなたの妻サラが、あなたに男の子を産むのだ。あなたはその子をイサクと名づけなさい。わたしは彼とわたしの契約を立て、それを彼の後の子孫のために永遠の契約とする。
20 イシュマエルについては、あなたの言うことを聞き入れた。確かに、わたしは彼を祝福し、彼の子孫をふやし、非常に多く増し加えよう。彼は十二人の族長たちを生む。わたしは彼を大いなる国民としよう。
21 しかしわたしは、来年の今ごろサラがあなたに産むイサクと、わたしの契約を立てる。」
22 神はアブラハムと語り終えられると、彼から離れて上られた。
23 そこでアブラハムは、その子イシュマエルと家で生まれたしもべ、また金で買い取った者、アブラハムの家の人々のうちのすべての男子を集め、神が彼にお告げになったとおり、その日のうちに、彼らの包皮の肉を切り捨てた。
24 アブラハムが包皮の肉を切り捨てられたときは、九十九歳であった。
25 その子イシュマエルが包皮の肉を切り捨てられたときは、十三歳であった。
26 アブラハムとその子イシュマエルは、その日のうちに割礼を受けた。
27 彼の家の男たち、すなわち、家で生まれた奴隷、外国人から金で買い取った者もみな、彼といっしょに割礼を受けた。

③ロマ4:19
19 ①創21:2
　②創17:19, 26:2-5
20 ①創16:10
　②創25:13-16
　③創21:18
21 ①創18:10, 14, 21:2
22 ①創18:33, 35:13
23 ①創14:14, 17:12
24 ①ロマ4:11
25 ①創16:16
27 ①創17:12, 18:19

孫に対してカナンの地を与えると約束された(12:7, 13:15, 15:7, 18-21)。この契約は神にとっては「永遠の」契約だった。破る可能性があるのはアブラハムの子孫だけである(イザ24:5, エレ31:32)。つまり神に従うことが約束の地を受継ぐ条件だった(17:9, →17:1注, →「アブラハム、イサク、ヤコブとの神の契約 p.74」)。

17:11　包皮の肉を切り捨てなさい　これは割礼と呼ばれ男性性器の包皮の一部または全部を切取ることが含まれている。これはアブラハムとその子孫と結んだ神の契約の証印となった。
　(1) これは神の契約と神ご自身を主として受入れ

たことのしるしだった。
　(2) それは信仰によって結ばれた神との正しい関係の証明だった(15:6, ロマ4:11)。
　(3) それは神の約束と神に対する責任とを忘れないようにさせるものだった。

17:15　サラ　サラは「王妃」を意味する。サラが「国々の母」であり、王たちの母であることを示している(17:16)。
17:17　笑った　アブラハムは一瞬不信仰になったようである(⇒18:12)。信仰の強い人でも時には疑うことがある。不信仰になったとき、私たちは神の約束をしっかり握って神の御霊に私たちの信仰を強めてくだ

三人の訪問者

18 ¹ 主はマムレの樫の木のそばで、アブラハムに現れた。彼は日の暑いころ、天幕の入口にすわっていた。² 彼が目を上げて見ると、三人の人が彼に向かって立っていた。彼は、見るなり、彼らを迎えるために天幕の入口から走って行き、地にひれ伏して礼をした。³ そして言った。「ご主人。お気に召すなら、どうか、あなたのしもべのところを素通りなさらないでください。⁴ 少しばかりの水を持って来させますから、あなたがたの足を洗い、この木の下でお休みください。⁵ 私は少し食べ物を持ってまいります。それで元気を取り戻してください。それから、旅を続けられるように。せっかく、あなたがたのしもべのところをお通りになるのですから。」彼らは答えた。「あなたの言ったとおりにしてください。」⁶ そこで、アブラハムは天幕のサラのところに急いで戻って、言った。「早く、三セアの上等の小麦粉をこねて、パン菓子を作っておくれ。」⁷ そしてアブラハムは牛のところに走って行き、柔らかくて、おいしそうな子牛を取り、若い者に渡した。若い者は手早くそれを料理した。⁸ それからアブラハムは、凝乳と牛乳と、それに、料理した子牛を持って来て、彼らの前に供えた。彼は、木の下で彼らに給仕をしていた。こうして彼らは食べた。⁹ 彼らはアブラハムに尋ねた。「あなたの妻サラはどこにいますか。」それで「天幕の中にいます」と答えた。¹⁰ するとひとりが言った。「わたしは来年の今ごろ、必ずあなたのところに戻って来ます。そのとき、あなたの妻サラには、男の子ができている。」サラはその人のうしろの天幕の入口で、聞いていた。¹¹ アブラハムとサラは年を重ねて老人になっており、サラには普通の女にあることがすでに止まっていた。¹² それでサラは心の中で笑ってこう言った。「老いぼれてしまったこの私に、何の楽しみがあろう。それに主人も年寄りで。」¹³ そこで、主がアブラハムに仰せられた。「サラはなぜ『私はほんとうに子を産めるだろうか。こんなに年をとっているのに』と言って笑うのか。¹⁴ 主に不可能なことがあろうか。わたしは来年の今ごろ、定めた時に、あなたのところに戻って来る。そのとき、サラには男の子ができている。」¹⁵ サラは「私は笑いませんでした」と言って打ち消した。恐ろしかったのである。しかし主は仰せられた。「いや、確かにあなたは笑った。」

ソドムのためのとりなし

¹⁶ その人たちは、そこを立って、ソドムを見おろすほうへ上って行った。アブラハムも彼らを見送るために、彼らといっしょに歩いていた。¹⁷ 主はこう考えられた。「わたしがしようとしていることを、アブラハムに隠しておくべきだろうか。¹⁸ アブラハムは必ず大いなる強い国民となり、地のすべての国々は、彼によって祝福される。¹⁹ わたしが彼を選び出したのは、彼がその子らと、彼の後の家族とに命じて主の道を守らせ、正義と公正とを行わせるため、主が、アブラハムについて約束したことを、彼の上に成就するためである。

18:2 三人の人 この中の一人は人の姿をとった神(神の顕現)と思われる。ほかの二人は人の姿で現れた御使いである。最初アブラハムはこの訪問者が神と御使いであることに気が付かなかったようである。

18:14 【主】に不可能なことがあろうか 神は約束されたことを成し遂げる力を持っておられることを私たちに理解させたいと願っておられる。主イエスはこの真理を強調して「神にはどんなことでもできます」と言われた(マタ19:26)。

18:19 彼がその子ら・・・に命じて【主】の道を守らせ 神の約束はアブラハムが家庭の霊的リーダーとなり、子どもたちに神に従うことを教えるように要求していた。神は父親が子どもたちに「主の道を守らせ、正義と公正とを行わせ」るように教え躾ける責任を与えられた(→申6:7注、→「親と子ども」の項 p.2265)。

²⁰ そこで主は仰せられた。「ソドムとゴモラの叫びは非常に大きく、また彼らの罪はきわめて重い。
²¹ わたしは下って行って、わたしに届いた叫びどおりに、彼らが実際に行っているかどうかを見よう。わたしは知りたいのだ。」
²² その人たちはそこからソドムのほうへと進んで行った。アブラハムはまだ、主の前に立っていた。
²³ アブラハムは近づいて申し上げた。「あなたはほんとうに、正しい者を、悪い者といっしょに滅ぼし尽くされるのですか。
²⁴ もしや、その町の中に五十人の正しい者がいるかもしれません。ほんとうに滅ぼしてしまわれるのですか。その中にいる五十人の正しい者のために、その町をお赦しにはならないのですか。
²⁵ 正しい者を悪い者といっしょに殺し、そのため、正しい者と悪い者とが同じようになるというようなことを、あなたがなさるはずがありません。とてもありえないことです。全世界をさばくお方は、公義を行うべきではありませんか。」
²⁶ 主は答えられた。「もしソドムで、わたしが五十人の正しい者を町の中に見つけたら、その人たちのために、その町全部を赦そう。」
²⁷ アブラハムは答えて言った。「私はちりや灰にすぎませんが、あえて主に申し上げるのをお許しください。
²⁸ もしや五十人の正しい者に五人不足しているかもしれません。その五人のために、あなたは町の全部を滅ぼされるでしょう

か。」主は仰せられた。「滅ぼすまい。もしそこにわたしが四十五人を見つけたら。」
²⁹ そこで、再び尋ねて申し上げた。「もしやそこに四十人見つかるかもしれません。」すると仰せられた。「滅ぼすまい。その四十人のために。」
³⁰ また彼は言った。「主よ。どうかお怒りにならないで、私に言わせてください。もしやそこに三十人見つかるかもしれません。」主は仰せられた。「滅ぼすまい。もしそこにわたしが三十人を見つけたら。」
³¹ 彼は言った。「私があえて、主に申し上げるのをお許しください。もしやそこに二十人見つかるかもしれません。」すると仰せられた。「滅ぼすまい。その二十人のために。」
³² 彼はまた言った。「主よ。どうかお怒りにならないで、今一度だけ私に言わせてください。もしやそこに十人見つかるかもしれません。」すると主は仰せられた。「滅ぼすまい。その十人のために。」
³³ 主はアブラハムと語り終えられると、去って行かれた。アブラハムは自分の家へ帰って行った。

ソドムとゴモラの滅亡

19 ¹ そのふたりの御使いは夕暮れにソドムに着いた。ロトはソドムの門のところにすわっていた。ロトは彼らを見るなり、立ち上がって彼らを迎え、顔を地につけて伏し拝んだ。
² そして言った。「さあ、ご主人。どうか、あなたがたのしもべの家に立ち寄り、足を洗っ

18:20 彼らの罪はきわめて重い 神は罪を見過したり見逃したりなさらない。人間が犯した悪と不義と不道徳な行いを全部見ておられる(⇒4:10, 詩34:17, ヤコ5:4)。神が定められた時を過ぎても人が悔い改め(間違った行いを悔い罪を捨てて神に立ち返り、神の基準に適うように行いを改めること)をしないなら、神は罪と罪びとをさばかれる。神は聖く完全であるから、罪に対して罰を与え、間違った行いを罰せられるのである。

18:22 アブラハムはまだ、【主】の前に立っていた 神はロトと親戚のことが心配なので町を滅ぼさないよう神に祈った(18:22-33)。神はアブラハムの祈りに応えられたけれども期待とは違うかたちだった。神は数人の正しい人を救い出されたけれどもその町の悪い住人は滅ぼされた。世界に対する最後の最大の審判を行われるときにも(→Ⅰテサ5:2注、Ⅱテサ2:2注)、神との正しい関係を持つ人々を救うと神は約束しておられる(→ルカ21:36注, 黙3:10注、→「携挙」の項 p.2278)。

19:1 ロトはソドムの門のところにすわっていた ロトはこれまで見聞きしてきたことに大変心を痛めていた(Ⅱペテ2:7-8)。それなのにソドムの罪深さに寛大だったのは、ソドムの社会的、物質的繁栄を楽しもうとしたからだった(→13:12注)。ロトの道徳的妥協は長期にわたってロトの家族に悲劇をもたらした(19:24)。同じように今日神を信じる人々が(社会的あるいは物質的利益のような)どんな理由からでも、不用意に自分の家族を神を敬わない環境や悪の影響に

創世記 19章

て、お泊まりください。そして、朝早く旅を続けてください。」すると彼らは言った。「いや、わたしたちは広場に泊まろう。」
3 しかし、彼がしきりに勧めたので、彼らは彼のところに向かい、彼の家の中に入った。ロトは彼らのためにごちそうを作り、パン種を入れないパンを焼いた。こうして彼らは食事をした。
4 彼らが床につかないうちに、町の者たち、ソドムの人々が、若い者から年寄りまで、すべての人が、町の隅々から来て、その家を取り囲んだ。
5 そしてロトに向かって叫んで言った。「今夜おまえのところにやって来た男たちはどこにいるのか。ここに連れ出せ。彼らをよく知りたいのだ。」
6 ロトは戸口にいる彼らのところに出て、うしろの戸をしめた。
7 そして言った。「兄弟たちよ。どうか悪いことはしないでください。
8 お願いですから。私にはまだ男を知らないふたりの娘があります。娘たちをみなの前に連れて来ますから、あなたがたの好きなようにしてください。ただ、あの人たちには何もしないでください。あの人たちは私の屋根の下に身を寄せたのですから。」
9 しかし彼らは言った。「引っ込んでいろ。」そしてまた言った。「こいつはよそ者として来たくせに、さばきつかさのようにふるまっている。さあ、おまえを、あいつらよりもひどいめに会わせてやろう。」彼らはロトのからだを激しく押しつけ、戸を破ろうと近づいて来た。
10 すると、あの人たちが手を差し伸べて、ロトを自分たちのいる家の中に連れ込んで、戸をしめた。
11 家の戸口にいた者たちは、小さい者も大きい者もみな、目つぶしをくらったので、彼らは戸口を見つけるのに疲れ果てた。

2 ②士19:15, 20
4 ①創19:4-8,
　士19:22-24
5 ①Ⅱペテ2:7, 8
　②イザ3:9,
　レビ18:22, 20:13,
　士19:22, ロマ1:27,
　ユダ7
9 ①出2:14
10 ①創19:1
11 ①申28:28, 29,
　Ⅱ列6:18, 使13:11

12 ①創7:1,
　民16:21, 24, 26,
　Ⅱペテ2:7, 9, 黙18:4
13 ①創18:20
　②レビ26:30-33,
　申4:26, 28:45,
　Ⅰ歴21:15
14 ①ルカ9:21, エレ43:1, 2,
　ルカ17:28, 24:11
16 ①Ⅰペテ5:15, 6:21, 7:8
17 ①エレ48:6,
　マタ24:16-18
　②創19:26, ルカ9:62,
　ピリ3:13, 14
　③創13:10, 19:25, 28, 29
　④創14:10, 19:30
20 ＊①創19:22＊

12 ふたりはロトに言った。「ほかにあなたの身内の者がここにいますか。あなたの婿やあなたの息子、娘、あるいはこの町にいるあなたの身内の者をみな、この場所から連れ出しなさい。
13 わたしたちはこの場所を滅ぼそうとしているからです。彼らに対する叫びが主の前で大きくなったので、主はこの町を滅ぼすために、わたしたちを遣わされたのです。」
14 そこでロトは出て行き、娘たちをめとった婿たちに告げて言った。「立ってこの場所から出て行きなさい。主がこの町を滅ぼそうとしておられるから。」しかし、彼の婿たちには、それは冗談のように思われた。
15 夜が明けるころ、御使いたちはロトを促して言った。「さあ立って、あなたの妻と、ここにいるふたりの娘たちを連れて行きなさい。さもないと、あなたはこの町の咎のために滅ぼし尽くされてしまおう。」
16 しかし彼はためらっていた。すると、その人たちは彼の手と彼の妻の手と、ふたりの娘の手をつかんだ。――主の彼に対するあわれみによる。そして彼らを連れ出し、町の外に置いた。
17 彼らを外のほうに連れ出したとき、そのひとりは言った。「いのちがけで逃げなさい。うしろを振り返ってはいけない。この低地のどこででも立ち止まってはならない。山に逃げなさい。さもないと滅ぼされてしまう。」
18 ロトは彼らに言った。「主よ。どうか、そんなことになりませんように。
19 ご覧ください。このしもべはあなたの心にかない、あなたは私のいのちを救って大きな恵みを与えてくださいました。しかし、私は、山に逃げることができません。わざわいが追いついて、たぶん私は死ぬでしょう。
20 ご覧ください。あそこの町は、のがれるのに近いのです。しかもあんなに小さいのです。どうか、あそこに逃げさせてくださ

さらすなら家族に悲劇をもたらすことになる。

19:5 彼らをよく知りたいのだ 町の人々は男の訪問者たちに性的に暴行をしようとしていた。英語のsodomy（男色）の語源はここにあり、同性愛の行為と性欲を意味している。男色は聖書では厳しく戒められている（レビ20:13, 申23:17, Ⅰコリ6:9, Ⅰテモ1:8-

10, →ロマ1:27注）。

19:8 私には・・・ふたりの娘があります この町を満たしていたこのような神を恐れない激しい腐敗に対して、ロトが自分の二人の娘を本当に提供したとは信じがたい。ロトはあるいは必死になって時間を引延ばし、町の友人たちがロトと家族を危険から救ってく

い。あんなに小さいではありませんか。私のいのちを生かしてください。」
21その人は彼に言った。「よろしい。わたしはこのことでも、あなたの願いを入れ、あなたの言うその町を滅ぼすまい。
22急いでそこへのがれなさい。あなたがあそこに入るまでは、わたしは何もできないから。」それゆえ、その町の名はツォアル*と呼ばれた。
23太陽が地上に上ったころ、ロトはツォアルに着いた。
24そのとき、主はソドムとゴモラの上に、硫黄の火を天の主のところから降らせ、
25これらの町々と低地全体と、その町々の住民と、その地の植物をみな滅ぼされた。
26ロトのうしろにいた彼の妻は、振り返ったので、塩の柱になってしまった。
27翌朝早く、アブラハムは、かつて主の前に立ったあの場所に行った。
28彼がソドムとゴモラのほう、それに低地の全地方を見おろすと、見よ、まるでかまどの煙のようにその地の煙が立ち上っていた。
29こうして、神が低地の町々を滅ぼされたとき、神はアブラハムを覚えておられた。それで、ロトが住んでいた町々を滅ぼされたとき、神はロトをその破壊の中からのがれさせた。

ロトと娘たち

30その後、ロトはツォアルを出て、ふたりの娘といっしょに山に住んだ。彼はツォアルに住むのを恐れたからである。彼はふたりの娘といっしょにほら穴の中に住んだ。
31そうこうするうちに、姉は妹に言った。「お父さんは年をとっています。この地には、この世のならわしのように、私たちのところに来る男の人などいません。
32さあ、お父さんに酒を飲ませ、いっしょに寝て、お父さんによって子孫を残しましょう。」
33その夜、彼女たちは父親に酒を飲ませ、姉が入って行き、父と寝た。ロトは彼女が寝たのも、起きたのも知らなかった。
34その翌日、姉は妹に言った。「ご覧。私は昨夜、お父さんと寝ました。今夜もまた、お父さんに酒を飲ませましょう。そして、あなたが行って、いっしょに寝なさい。そうして、私たちはお父さんによって、子孫を残しましょう。」
35その夜もまた、彼女たちは父に酒を飲ませ、妹が行って、いっしょに寝た。ロトは彼女が寝たのも、起きたのも知らなかった。
36こうして、ロトのふたりの娘は、父によってみごもった。
37姉は男の子を産んで、その子をモアブと名づけた。彼は今日のモアブ人の先祖である。
38妹もまた、男の子を産んで、その子をベン・アミと名づけた。彼は今日のアモン人の先祖である。

アブラハムとアビメレク

20:1-18　参照―創12:10-20, 26:1-11

20

1アブラハムは、そこからネゲブの地方へ移り、カデシュとシュルの間に住みついた。ゲラルに滞在中、

19:26　ロトの・・・妻は、振り返ったので、塩の柱になってしまった　ロトの妻は御使いの具体的な忠告を真剣に受止めなかったため（19:17）、打たれて死んだ。ソドムになお愛着があったのだと思われる。あるいは神のさばきを実際に目撃したかったのかもしれない。いずれにせよ、イエス・キリストは信じる人々に「ロトの妻を思い出しなさい」と言われた（ルカ17:32）。それはこの世の腐敗した生き方に執着し楽しんでいる人々は神のさばき（正当な怒り）を受けるからである。その結果、神を敬わない人々には破滅が待受けている（⇒エゼ3:20, ロマ8:13, ヘブ4:1, →「背教」の項p.2350,「キリスト者とこの世」の項p.2437）。

19:28　かまどの煙　イエス・キリストの弟子の一人でありエルサレムの教会の初期の指導者だったペテロは、神に逆らう人には必ずソドムとゴモラのような崩壊が訪れると言っている（Ⅱペテ2:6, 9）。新約聖書では神の怒りの最後の日が近付いていると警告されている（→「大患難」の項p.1690）。

19:33　彼女たちは父親に酒を飲ませ　ロトの娘たちは近親相姦（家族同士で性的関係を持つこと）の罪を犯し、ロトは泥酔の罪を犯した。

（1）神をも恐れないソドム人との広い交際の結果、ロトの娘たちの道徳水準は甚だしく低下していた。ロトはそれを容認していた（19:14）。ロトはソドム人の不信仰な態度を容認していたことにより家族を失うことになる。さらにロトの子孫は異教の民（まことの神を信じない人々、またはにせの神を信じる人々）になった。

創世記　20-21章

2 アブラハムは、自分の妻サラのことを、「これは私の妹です」と言ったので、ゲラルの王アビメレクは、使いをやって、サラを召し入れた。

3 ところが、神は、夜、夢の中で、アビメレクのところに来られ、そして仰せられた。「あなたが召し入れた女のために、あなたは死ななければならない。あの女は夫のある身である。」

4 アビメレクはまだ、彼女に近づいていなかったので、こう言った。「主よ。あなたは正しい国民をも殺されるのですか。

5 彼は私に、『これは私の妹だ』と言ったではありませんか。そして、彼女自身も『これは私の兄だ』と言ったのです。私は正しい心と汚れない手で、このことをしたのです。」

6 神は夢の中で、彼に仰せられた。「そうだ。あなたが正しい心でこの事をしたのを、わたし自身よく知っていた。それでわたしも、あなたがわたしに罪を犯さないようにしたのだ。それゆえ、わたしは、あなたが彼女に触れることを許さなかったのだ。

7 今、あの人の妻を返していのちを得なさい。あの人は預言者であって、あなたのために祈ってくれよう。しかし、あなたが返さなければ、あなたも、あなたに属するすべての者も、必ず死ぬことをわきまえなさい。」

8 翌朝早く、アビメレクは彼のしもべを全部呼び寄せ、これらのことをみな語り聞かせたので、人々は非常に恐れた。

9 それから、アビメレクはアブラハムを呼び寄せて言った。「あなたは何ということを、してくれたのか。あなたが私と私の王国とに、こんな大きな罪をもたらすとは、いったい私がどんな罪をあなたに犯したのか。あなたはしてはならないことを、私にしたのだ。」

10 また、アビメレクはアブラハムに言った。「あなたはどういうつもりで、こんなことをしたのか。」

11 アブラハムは答えた。「この地方には、神を恐れることが全くないので、人々が私の妻のゆえに、私を殺すと思ったからです。

12 また、ほんとうに、あれは私の妹です。あの女は私の父の娘ですが、私の母の娘ではありません。それが私の妻になったのです。

13 神が私を父の家からさすらいの旅に出されたとき、私は彼女に、『こうして、あなたの愛を私のために尽くしておくれ。私たちが行くどこででも、私のことを、この人は私の兄です、と言っておくれ』と頼んだのです。」

14 そこで、アビメレクは、羊の群れと牛の群れと男女の奴隷たちを取って来て、アブラハムに与え、またアブラハムの妻サラを彼に返した。

15 そして、アビメレクは言った。「見よ。私の領地があなたの前に広がっている。あなたの良いと思う所に住みなさい。」

16 彼はまたサラに言った。「ここに、銀千枚をあなたの兄に与える。きっと、これはあなたといっしょにいるすべての人の前で、あなたを守るものとなろう。これですべて、正しいとされよう。」

17 そこで、アブラハムは神に祈った。神はアビメレクとその妻、および、はしためたちをいやされたので、彼らはまた子を産むようになった。

18 主が、アブラハムの妻、サラのゆえに、アビメレクの家のすべての胎を堅く閉じておられたからである。

イサクの誕生

21 1 主は、約束されたとおり、サラを顧みて、仰せられたとおりに主はサラになさった。

2 サラはみごもり、そして神がアブラハムに言われたその時期に、年老いたアブラハムに男の子を産んだ。

3 アブラハムは、自分に生まれた子、サラ

（2）ロトは神を信じて献身しているけれども自分を救うことが精一杯で、家族に影響を与えて救うことができなかった父親の例である。本当の信仰とはこの世の悪影響を避け、それに抵抗するものであることをロトはここで学んだけれども、もはや手遅れだった（Ⅰヨハ2:15, 17, →Ⅱコリ6:14注）。

20:2 サラのことを、「これは私の妹です」と言った　エジプトに行ったときと同じように今回もアブラハムは妻サラのことで神を信頼することができずに、危うくサラに対する神のご計画を台無しにするところだった。けれども神は人々の心に触れて、契約の民の母となるサラを守られた（20:3-7）。いつも信仰深い人が一時的に信仰が弱り、神に従えなくなることがあるけれども神は恵みを与えてそういう状態から助け出してくださる。

が自分に産んだ子をイサクと名づけた。
4 そしてアブラハムは、神が彼に命じられたとおり、八日目になった自分の子イサクに割礼を施した。
5 アブラハムは、その子イサクが生まれたときは百歳であった。
6 サラは言った。「神は私を笑われました。聞く者はみな、私に向かって笑うでしょう。」
7 また彼女は言った。「だれがアブラハムに、『サラが子どもに乳を飲ませる』と告げたでしょう。ところが私は、あの年寄りに子を産みました。」

ハガルとイシュマエルの追放

8 その子は育って乳離れした。アブラハムはイサクの乳離れの日に、盛大な宴会を催した。
9 そのとき、サラは、エジプトの女ハガルがアブラハムに産んだ子が、*自分の子イサク②**をからかっているのを見た。
10 それでアブラハムに言った。「このはしためを、その子といっしょに追い出してください。このはしための子は、私の子イサクといっしょに跡取りになるべきではありません。」
11 このことは、自分の子に関することなので、アブラハムは、非常に悩んだ。
12 すると、神はアブラハムに仰せられた。「その少年と、あなたのはしためのことで、悩んではならない。サラがあなたに言うことはみな、言うとおりに聞き入れなさい。イサクから出る者が、あなたの子孫と呼ばれるからだ。
13 しかしはしための子も、わたしは一つの国民としよう。彼もあなたの子だから。」
14 翌朝早く、アブラハムは、パンと水の皮袋を取ってハガルに与え、それを彼女の肩に載せ、その子とともに彼女を送り出した。それで彼女はベエル・シェバの荒野をさまよい歩いた。

3 ①創17:19, 21
4 ①創17:10, 12, 使7:8
5 ①創17:1, 17, ロマ4:19
6 ①エゼ23:32
7 ①創18:11-13
8 ①創21:8-21, 創16章, ヨハ3:31-37, ガラ4:22-31
9 ①創16:1
 * 「自分の子イサクを」は七十人訳による補足
 ②creat4:29
 **あるいは「笑っている (のを見た)」
10 ①ガラ4:30, 士11:2, ヨハ8:35
12 ①ロマ9:7, ヘブ11:18
 * 直訳「イサクによってあなたのために子孫が名を呼ばれる」
13 ①創16:10, 17:20, 21:18, 25:12-18
14 ①ヨハ8:35
 ②創21:31, 26:33, I 列19:3

16 ①エレ6:26, アモ8:10
17 ①出3:7, 申26:7, 詩6:8
 ②創16:7
 ③創26:24
18 ①創21:13, 16:10, 25:12-18
19 ①民22:31, II 列6:17, 20, ルカ24:16, 31
 ②創16:7, 14
20 ①創25, 39:2, 3, 21
 ②創16:12
21 ①創5:19
22 ①創20:2, 14, 26:26
 ②創21:32, 26:33
 ③創26:28
23 ①I サム24:21
 ②ヨシ2:12
24 ①語根「シャバ」→創21:31 *
25 ①創21:25-31, 創26:15-25
 ②創26:15, 18-22

15 皮袋の水が尽きたとき、彼女はその子を一本の灌木の下に投げ出し、
16 自分は、矢の届くほど離れた向こうに行ってすわった。それは彼女が「私は子どもの死ぬのを見たくない」と思ったからである。それで、離れてすわったのである。そうして彼女は声をあげて泣いた。
17 神は少年の声を聞かれ、神の使いは天からハガルを呼んで、言った。「ハガルよ。どうしたのか。恐れてはいけない。神がそこにいる少年の声を聞かれたからだ。
18 行ってあの少年を起こし、彼を力づけなさい。わたしはあの子を大いなる国民とするからだ。」
19 神がハガルの目を開かれたので、彼女は井戸を見つけた。それで行って皮袋に水を満たし、少年に飲ませた。
20 神が少年とともにおられたので、彼は成長し、荒野に住んで、弓を射る者となった。
21 こうして彼はパランの荒野に住みついた。彼の母はエジプトの国から彼のために妻を迎えた。

ベエルシェバでの契約

22 そのころ、アビメレクとその将軍ピコルとがアブラハムに告げて言った。「あなたが何をしても、神はあなたとともにおられる。
23 それで今、ここで神によって私に誓ってください。私も、私の親類縁者たちをも裏切らないと。そして私があなたに尽くした真実にふさわしく、あなたは私にも、またあなたが滞在しているこの土地にも真実を尽くしてください。」
24 するとアブラハムは、「私は*誓います」と言った。
25 また、アブラハムは、アビメレクのしもべどもが奪い取った井戸のことでアビメレクに抗議した。

21:5 その子イサクが生まれた 約束の子イサクがついにアブラハムとサラに生れた。イサクを通して、神はアブラハムとの契約を守られた(21:12, 17:19)。子どもが生れるという神の約束が成就するのに25年かかった(⇒12:4)。「主はいつくしみ深い。主を待ち望む者、主を求めるたましいに」(哀3:25)。神は神の時に完全な方法で約束を成就される。

21:17 神は・・・聞かれ 神はハガルとイシュマエルが出て行くことが最善であるとしておられた。そしてふたりと共におられ、ふたりを守られた(21:17-21)。イシュマエルはイサクと同じような約束を神から受取った。神のご計画はイシュマエルを「大いなる国民とする」ことだった(21:18)。

創世記 21-22章

²⁶アビメレクは答えた。「だれがそのようなことをしたのか知りませんでした。それにあなたもまた、私に告げなかったし、私もまたきょうまで聞いたことがなかったのです。」
²⁷そこでアブラハムは羊と牛を取って、アビメレクに与え、ふたりは契約を結んだ。
²⁸アブラハムは羊の群れから、七頭の雌の子羊をより分けた。
²⁹するとアビメレクは、「今あなたがより分けたこの七頭の雌の子羊は、いったいどういうわけですか」とアブラハムに尋ねた。
³⁰アブラハムは、「私がこの井戸を掘ったという証拠となるために、七頭の雌の子羊を私の手から受け取ってください」と答えた。
³¹それゆえ、その場所はベエル・シェバと呼ばれた。その所で彼らふたりが誓ったからである。
³²彼らがベエル・シェバで契約を結んでから、アビメレクとその将軍ピコルとは立って、ペリシテ人の地に帰った。
³³アブラハムはベエル・シェバに一本の柳の木を植え、その所で永遠の神、主の御名によって祈った。
³⁴アブラハムは長い間ペリシテ人の地に滞在した。

27 ①創26:31
29 ①創33:8
30 ①創31:48, 52
　＊ 🔲「シェバ」→創21:31＊
31 ①創21:14, 26:33
　＊ →創21:24＊, →創21:30＊
32 ①創21:22, 26:26
33 ①Ⅰサム22:6, 31:13
　②出15:18, 申32:40, 33:27, 詩90:2, イザ40:28, エレ10:10, ロマ16:26, Ⅰテモ1:17
　③エゼ4:26
34 ①創22:19

1 ①創22:1-14, 出13:11-16, ヘブ11:17, ヤコ2:21
　②申8:2, 16
　③創22:11, 31:11, 46:2, 出3:4, 使9:10
2 ①創22:12, 16, ヨハ3:16, Ⅰヨハ4:9, ヘブ11:17
　②Ⅱ歴3:1
　③→創8:20
5 ①→創8:20
6 ①→創8:20
　②ヨハ19:5

アブラハムの試練

22 ¹これらの出来事の後、神はアブラハムを試練に会わせられた。神は彼に、「アブラハムよ」と呼びかけられると、彼は、「はい。ここにおります」と答えた。
²神は仰せられた。「あなたの子、あなたの愛しているひとり子イサクを連れて、モリヤの地に行きなさい。そしてわたしがあなたに示す一つの山の上で、全焼のいけにえとしてイサクをわたしにささげなさい。」
³翌朝早く、アブラハムはろばに鞍をつけ、ふたりの若い者と息子イサクとをいっしょに連れて行った。彼は全焼のいけにえのためのたきぎを割った。こうして彼は、神がお告げになった場所へ出かけて行った。
⁴三日目に、アブラハムが目を上げると、その場所がはるかかなたに見えた。
⁵それでアブラハムは若い者たちに、「あなたがたは、ろばといっしょに、ここに残っていなさい。私と子どもとはあそこに行き、礼拝をして、あなたがたのところに戻って来る」と言った。
⁶アブラハムは全焼のいけにえのためのたきぎを取り、それをその子イサクに負わせ、火と刀とを自分の手に取り、ふたりは

22:1 神はアブラハムを試練に会わせられた　神はアブラハムに常識と父性愛に完全に反することを命じられ、神への信仰と献身を最大限に試された。それはアブラハムが理解している神や、神がイサクについてなされた約束に矛盾していた。アブラハムの話には三つの極端な信仰の試練がある。
　（1）神はアブラハムに行く先を知らないままで（⇒ヘブ11:8）、故郷とそこの人々から離れて行くように命じられた（12:1）。
　（2）神はアブラハムに25年間成就しなかった約束を信じるように求められた（12:1-3、15:6、8、18:9-14、ヘブ11:8-13）。
　（3）約束の子イサクを主へのいけにえとして祭壇の上にささげるよう命じられた（22:）。まことの神を信じる人はみなアブラハムのように信仰を試される困難な情況に直面するかもしれない。

22:2 あなたの子・・・を連れて　神はアブラハムに息子イサクをささげるように命じられた。
　（1）アブラハムの情況は、神が従う人々を二つの方法で取扱われることを示している。

　(a) 神は私たちの愛が何に、あるいはだれに向けられているかを見るために試みられる。アブラハムのイサクに対する愛は神への愛より大きいのだろうか。
　(b) 神は私たちが希望を契約の神に置くのか、契約に含まれる一時的な祝福に置くのかを試される。アブラハムが神に置いた希望と神の約束に対する信頼は別のものやイサクへの希望に移ってはいないのか。
　（2）この試練を通して、神はアブラハムにこれらの質問に向き合わせ、完全に神を信頼し神をあがめているかどうか心を探らせたのである（22:12）。
　（3）神は実際にイサクの肉体の死を求められたのではなく（⇒22:12-13）、アブラハムの献身を試みられたのである。神は後に人間をいけにえにすることは大きな罪であると厳しく戒められた（レビ20:1-5）。

22:5 私と子どもとは・・・戻って来る　このことばはイサクについての神の約束を信じるアブラハムの信仰がどれほど強かったかを表している。神は「イサクから出る者が、あなたの子孫と呼ばれる」（21:12）と言われた。この話の中でイサクは次のようにキリストを象徴している。

いっしょに進んで行った。
⁷イサクは父アブラハムに話しかけて言った。「お父さん。」すると彼は、「何だ。イサク」と答えた。イサクは尋ねた。「火とたきぎはありますが、全焼のいけにえのための羊は、どこにあるのですか。」
⁸アブラハムは答えた。「*イサク。神ご自身が①全焼のいけにえの羊を備えてくださるのだ。」こうしてふたりはいっしょに歩き続けた。
⁹ふたりは神がアブラハムに告げられた場所に着き、アブラハムはその所に祭壇を築いた。そうしてたきぎを並べ、自分の子イサクを縛り、祭壇の上のたきぎの上に置いた。
¹⁰アブラハムは手を伸ばし、刀を取って自分の子をほふろうとした。
¹¹そのとき、主の使いが天から彼を呼び、「アブラハム。アブラハム」と仰せられた。

7 * 直訳「わが子よ」
 ①→創8:20
 ②出29:38-42,
  ヨハ1:29, 36, 黙13:8
8 * 直訳「わが子よ」
 ** 直訳「見つける」
9 ①創22:2
 ②創12:7, 8, 13:18
 ③ヘブ11:17-19,
  ヤコ2:21
11 ①→創16:7, 創21:17

12 ① Ⅰサム15:22,
  ミカ6:7, 8
 ②創26:5, ヤコ2:22
 ③創22:2,
  ヘブ11:17, Ⅰヨハ4:9,
  ヨハ3:16
 ④創8:20
14 * あるいは「主が備えてくださる」
 ①創22:8
15 ①→創16:7

彼は答えた。「はい。ここにおります。」
¹²御使いは仰せられた。「あなたの手を、その子に下してはならない。その子に何もしてはならない。今、わたしは、あなたが神を恐れることがよくわかった。あなたは、自分の子、自分のひとり子さえ惜しまないでわたしにささげた。」
¹³アブラハムが目を上げて見ると、見よ、角をやぶにひっかけている一頭の雄羊がいた。アブラハムは行って、その雄羊を取り、それを自分の子の代わりに、全焼のいけにえとしてささげた。
¹⁴そうしてアブラハムは、その場所を、*アドナイ・イルエと名づけた。今日でも、「主の山の上には備えがある」と言い伝えられている。」
¹⁵それから主の使いは、再び天からアブラハムを呼んで、

*出17:8
13

(1) 自分をいけにえとして父にささげた(22:16, ⇒ヨハ10:17-18)。

(2) 死から逃れたけれどもキリストの復活を予表している(22:12, →ヘブ11:17-19)。

22:8 神ご自身が・・・備えてくださる このことば(「アドナイ・イルエ」22:14)は預言的であり、神が代わりのいけにえの雄羊を備えてくださることを指している(22:13)。そして神がひとり子イエスを与えられたときに最終的に成就した。この方は罪の罰から人々を救い出し神との関係を持つ希望を回復するいけにえとなられた。言い換えればアブラハムに命じたことを神はご自分でなされたのである(ヨハ3:16, ロマ3:24-25, 8:32)。

22:9 自分の子イサクを縛り イサクは抵抗しようと思えばできるほどの青年になっていたと思われる。けれども縛られて祭壇の上に置かれるままになることによって、完全に神に従い父に従った。主イエスも十字架の上で死なれたとき同じようになされた。

22:10 アブラハムは手を伸ばし 聖書はアブラハムが「その子イサクを祭壇にささげたとき、行いによって義と認められた」(ヤコ2:21)と言っている。アブラハムは誠実に神に従うことによって信仰を証明した(→15:6注)。人々を救うまことの信仰は、神への服従の生涯を通して確実に明らかにされるのである(→ロマ1:5注, 2:7注, ヤコ2:21注 →「信仰と恵み」の項p.2062)。

22:12 今、わたしは、あなたが神を恐れることがよくわかった アブラハムがいけにえをささげようとしたことは(22:10)、神が求めることは何でも行おうとする気持―たとい自分にとって最も大切なものを放棄する

ことであっても―を示す証拠だった。主はアブラハムが神を恐れる人であり、主に最高の畏敬の思いを持ち、神のことばを真剣にとらえ完全に敬う人であることを理解された。神のみこころを行うことがアブラハムの最大の願いだった(→**神への恐れ**」の項p.316)。

22:14 アドナイ・イルエ この呼び名は「主が備えてくださる」という意味である。この情況から以下のことを学ぶことができる。

(1) 神は時にはご自分の子たちの信仰を試される(⇒1ペテ1:6-7, ヘブ11:35注)。この種の試みは神の国では名誉なことである(Ⅰペテ4:12-14)。

(2) 私たちの人生に対する神のご計画と願いが成就するために、神は必要なものをみな備えてくださると信じることができる(詩46:1-3, Ⅱコリ9:8, 12:9, エペ3:20)。

(3) 神はしばしば私たちの夢が消滅することを通してご計画を実現される。人生の希望や夢が破れたように見えることが起きるのを神は許される(17:15-17, 22:1-12, 37:5-7, 28, マコ14:43-50, 15:25, 37)。それは私たちのために用意されたご自分の希望や夢をさらにすばらしい方法で実現なさるためである。

(4) 信仰の試みの後、神は私たちを励まし強め、報いを与えられる(22:16-18, Ⅰペテ5:10)。

(5) 神に絶対的に服従することや神が望まれることは何でも喜んで行うことによって、私たちは人生の本当の意味や最高の目的を見出すことができる(⇒マタ10:37-39, 16:24-25, ヨハ12:25)。

(6) 信仰の試みの苦しみを通った結果、私たちは「主は慈愛に富み、あわれみに満ちておられる方だ」(ヤコ

16 仰せられた。「これは主の御告げである。わたしは自分にかけて誓う。あなたが、このことをなし、あなたの子、あなたのひとり子を惜しまなかったから、
17 わたしは確かにあなたを大いに祝福し、あなたの子孫を、空の星、海辺の砂のように数多く増し加えよう。そしてあなたの子孫は、その敵の門を勝ち取るであろう。
18 あなたの子孫によって、地のすべての国々は祝福を受けるようになる。あなたがわたしの声に聞き従ったからである。」
19 こうして、アブラハムは、若者たちのところに戻った。彼らは立って、いっしょにベエル・シェバに行った。アブラハムはベエル・シェバに住みついた。

ナホルの子孫

20 これらの出来事の後、アブラハムに次のことが伝えられた。「ミルカもまた、あなたの兄弟ナホルに子どもを産みました。
21 すなわち長男がウツ、その弟がブズ、それにアラムの父であるケムエル、
22 次にケセデ、ハゾ、ピルダシュ、イデラフ、それにベトエルです。」
23 ベトエルはリベカを生んだ。ミルカはこれら八人をアブラハムの兄弟ナホルに産んだのである。
24 レウマというナホルのそばめもまた、テバフ、ガハム、タハシュ、マアカを産んだ。

サラの死

23 1 サラの一生、サラが生きた年数は百二十七年であった。
2 サラはカナンの地のキルヤテ・アルバ、すなわちヘブロンで死んだ。アブラハムは来てサラのために嘆き、泣いた。
3 それからアブラハムは、その死者のそばから立ち上がり、ヘテ人たちに告げて言った。
4 「私はあなたがたの中に居留している異国人ですが、あなたがたのところで私有の墓地を私に譲っていただきたい。そうすれば私のところから移して、死んだ者を葬ることができるのです。」
5 ヘテ人たちはアブラハムに答えて言った。
6 「ご主人。私たちの言うことを聞き入れてください。あなたは私たちの間にあって、神のつかさです。私たちの最上の墓地に、なくなられた方を葬ってください。私たちの中で、だれひとり、なくなられた方を葬る墓地を拒む者はおりません。」
7 そこでアブラハムは立って、その土地の人々、ヘテ人にていねいにおじぎをして、
8 彼らに告げて言った。「死んだ者を私のところから移して葬ることが、あなたがたのおこころであれば、私の言うことを聞いて、ツォハルの子エフロンに交渉して、
9 彼の畑地の端にある彼の所有のマクペラのほら穴を私に譲ってくれるようにしてください。彼があなたがたの間でその畑地に十分な価をつけて、私に私有の墓地として譲ってくれるようにしてください。」
10 エフロンはヘテ人たちの間にすわっていた。ヘテ人のエフロンは、その町の門に入って来たヘテ人たちみなが聞いているところで、アブラハムに答えて言った。
11 「ご主人。どうか、私の言うことを聞き入れてください。畑地をあなたに差し上げます。そこにあるほら穴も、差し上げます。私の国の人々の前で、それをあなたに差し上げます。なくなられた方を、葬ってください。」
12 アブラハムは、その土地の人々におじぎをし、
13 その土地の人々の聞いているところで、エフロンに告げて言った。「もしあなたが許してくださるなら、私の言うことを聞き入れてください。私は畑地の代価をお払いします。どうか私から受け取ってください。そうすれば、死んだ者をそこに葬ることができます。」
14 エフロンはアブラハムに答えて言った。
15 「ではご主人。私の言うことを聞いてください。銀四百シェケルの土地、それなら私とあなたとの間では、何ほどのこともないでしょ

5:11)ということをよりよく理解できるようになる。
22:18　あなたがわたしの声に聞き従ったからである
アブラハムが自分の子どもをいけにえにしてまで心からの服従を示したことで神は契約の約束を更新された（→「**アブラハム、イサク、ヤコブとの神の契約**」の項p.74）。この最終的に、また最高に国々を祝福する「子孫」とはイエス・キリストのことである（ガラ3:8, 16, 18, →「**アブラハムの召命**」の項p.50）。

う。どうぞ、なくなられた方を葬ってください。」
16 アブラハムはエフロンの申し出を聞き入れ、エフロンがヘテ人たちの聞いているところでつけた代価、通り相場で銀四百シェケルを計ってエフロンに渡した。
17 こうして、マムレに面するマクペラにあるエフロンの畑地、すなわちその畑地とその畑地にあるほら穴、それと、畑地の回りの境界線の中にあるどの木も、
18 その町の門に入って来たすべてのヘテ人たちの目の前で、アブラハムの所有となった。
19 こうして後、アブラハムは自分の妻サラを、カナンの地にある、マムレすなわち今日のヘブロンに面するマクペラの畑地のほら穴に葬った。
20 こうして、この畑地と、その中にあるほら穴は、ヘテ人たちから離れてアブラハムの私有の墓地として彼の所有となった。

イサクとリベカ

24 1 アブラハムは年を重ねて、老人になっていた。主は、あらゆる面でアブラハムを祝福しておられた。
2 そのころ、アブラハムは、自分の全財産を管理している家の最年長のしもべに、こう言った。「あなたの手を私のももの下に入れてくれ。
3 私はあなたに、天の神、地の神である主にかけて誓わせる。私がいっしょに住んでいるカナン人の娘の中から、私の息子の妻をめとってはならない。
4 あなたは私の生まれ故郷に行き、私の息子イサクのために妻を迎えなさい。」
5 しもべは彼に言った。「もしかして、その女の人が、私についてこの国へ来ようとしない場合、お子を、あなたの出身地へ連れ戻さなければなりませんか。」
6 アブラハムは彼に言った。「私の息子をあそこへ連れ帰らないように気をつけなさい。
7 私を、私の父の家、私の生まれ故郷から連れ出し、私に誓って、『あなたの子孫にこの地を与える』と約束して仰せられた天の神、主は、御使いをあなたの前に遣わされる。あなたは、あそこで私の息子のために妻を迎えなさい。
8 もし、その女があなたについて来ようとしないなら、あなたはこの私との誓いから解かれる。ただし、私の息子をあそこへ連れ帰ってはならない。」
9 それでしもべは、その手を主人であるアブラハムのももの下に入れ、このことについて彼に誓った。
10 しもべは主人のらくだの中から十頭のらくだを取り、そして出かけた。また主人のあらゆる貴重な品々を持って行った。彼は立ってアラム・ナハライムのナホルの町へ行った。
11 彼は夕暮れ時、女たちが水を汲みに出て来るころ、町の外の井戸のところに、らくだを伏させた。
12 そうして言った。「私の主人アブラハムの神、主よ。きょう、私のためにどうか取り計らってください。私の主人アブラハムに恵みを施してください。
13 ご覧ください。私は泉のほとりに立って

---

16 ①創23:16-18, 創25:9, 10, 49:29, 30, 50:13, 使7:16
18 ①創23:10
19 ①創13:18, 23:2

1 ①創12:2, 24:35
2 ①創15:2, 24:10, 39:4-6
②創24:9, 47:29
3 ①創14:19, 22
②申6:13, ヨシ2:12
＊直訳「その中で」
③創26:34, 35, 27:46, 28:1, 8, 申34:16, 申7:3, 士14:3
4 ①創28:2
②創23:20, 28, 12:1, ヘブ11:5

7 ①創11:28, 12:1
②創12:7, 13:15, 15:18, 17:8, 出6:8, 32:13, 申1:8, 34:4, 使7:5
③創24:3, ダニ2:18, 19
④創16:7, 21:17, 22:11, 出23:20, 33:2, ヘブ1:14
8 ①ヨシ2:17, 20
9 ①創24:2, 47:29
10 ①創24:22, 53
11 ①創11:31, 32, 27:43
①出2:16, Ⅰサム9:11
12 ①創24:42, 29:2
①創24:42-44
①創24:27, 42, 48, 26:24, 28:13, 32:9, 出5:6, 15
③ネヘ1:11

23:20 畑地・・・は、・・・墓地として アブラハムが契約の中で約束された土地であるカナンに自分の所有として得た土地は墓地だけだったと聖書は示している（ヘブ11:8-9）。その子孫もヨシュアの時代まで約束の地を所有することはなかった。これは心からの信仰と神への信頼がどれほど忍耐強く、地上のいのちを越えた報いを期待するものであるかを表している（ヘブ11:13）。信仰者はアブラハムのように神が「彼らのために都を用意して」おられる天の御国に望みを置かなければならない（ヘブ11:16, →11:10注）。

24:3 妻をめとってはならない アブラハムは神が自分と子孫を周辺の人々とははっきりと異なる生活へと召し出されたことを知っていた（→**「アブラハムの召命」**の項 p.50）。神はこのような方法でご自分のために彼らを聖い（道徳的に純粋、霊的に健全、悪から分離）人々として守られた。そのためにイサクはカナン人の女性と結婚したりアブラハムの出身地に帰ることが許されなかった（24:3, 5, →**「信者の霊的聖別」**の項 p.2172）。

24:12 そうして言った。・・・【主】よ アブラハムのしもべ（エリエゼルと思われる 15:2）は主人のアブラハムと同じように主に頼り従う信仰深い人だった。ここでは旅を進める際にいつも神の祝福と導きを求めて祈ったことがわかる（⇒Ⅰテサ5:17）。リベカが迎えたときにしもべはすぐに神を賛美している（24:26-27）。しもべの祈りと信仰は、アブラハムの従順な信

創世記　24章

います。この町の人々の娘たちが、水を汲みに出てまいりましょう。

14 私が娘に『どうかあなたの水がめを傾けて私に飲ませてください』と言い、その娘が『お飲みください。私はあなたのらくだにも水を飲ませましょう』と言ったなら、その娘こそ、あなたがしもべイサクのために定めておられたのです。このことで私は、あなたが私の主人に恵みを施されたことを知ることができますように。」

15 こうして彼がまだ言い終わらないうちに、見よ、リベカが水がめを肩に載せて出て来た。リベカはアブラハムの兄弟ナホルの妻ミルカの子ベトエルの娘であった。

16 この娘は非常に美しく、処女で、男が触れたことがなかった。彼女は泉に降りて行き、水がめに水を満たし、そして上がって来た。

17 しもべは彼女に会いに走って行き、そして言った。「どうか、あなたの水がめから、少し水を飲ませてください。」

18 すると彼女は、「①どうぞ、お飲みください。だんなさま」と言って、すばやく、その手に水がめを取り降ろし、彼に飲ませた。

19 彼に水を飲ませ終わると、彼女は、「あなたのらくだのためにも、それが飲み終わるまで、水を汲んで差し上げましょう」と言った。

20 彼女は急いで水がめの水を水ぶねにあけ、水を汲むためにまた井戸のところまで走って行き、その全部のらくだのために水を汲んだ。

21 この人は、主が自分の旅を成功させてくださったかどうかを知ろうと、黙って彼女を見つめていた。

22 らくだが水を飲み終わったとき、その人は、重さ一*ベカの金の飾り輪と、彼女の腕のために、重さ十シェケルの二つの金の腕輪を取り、

23 尋ねた。「あなたは、どなたの娘さんで

14 ①士6:17, 37, Ⅰサム14:10, 20:7
15 ①創24:45
16 ①創22:23　③創11:29, 22:20
17 ①創12:16, 26:7, 29:17
18 ①創24:14, 46, Ⅰペテ3:8, 4:9
19 ①創24:14, 46
20 ①創30:38
21 ①創24:12-14, 27, 52
22 ①出38:26
　　＊1ベカは5.7グラム
　　①創24:47, 出32:2, 3, イザ3:19-21, エゼ16:11, 12, Ⅰペテ3:3
　　＊＊1シェケルは11.4グラム
23 ①創24:23, 24, 創24:47

24 ①創22:23, 24:15
26 ①創24:48, 52, 出4:31
27 ①創24:12, 42, 48
　　②出18:10, ルツ4:14, Ⅰサム25:32, 39, Ⅱサム18:28, ルカ1:68
　　③詩32:10, 詩98:3
　　④創24:21
　　⑤創24:48
28 ①創29:12
29 ①創27:43, 29:5, 13
30 ①創24:22, 47
31 ①創18:3-5, 19:2, 3, 29:14
　　②創26:29, 士17:2, ルツ3:10, 詩115:15
32 ①創43:24, 士19:21
34 ①創24:2
35 ①創13:2, 24:1

すか。どうか私に言ってください。あなたの父上の家には、私どもが泊めていただく場所があるでしょうか。」

24 彼女が答えた。「私はナホルの妻ミルカの子ベトエルの娘です。」

25 そして言った。「私たちのところには、わらも、飼料もたくさんあります。それにまたお泊まりになる場所もあります。」

26 そこでその人は、ひざまずき、主を礼拝して、

27 言った。「私の主人アブラハムの神、主がほめたたえられますように。主は私の主人に対する恵みとまこととをお捨てにならなかった。主はこの私をも途中つつがなく、私の主人の兄弟の家に導かれた。」

28 その娘は走って行って、自分の母の家の者に、これらのことを告げた。

29 リベカにはひとりの兄があって、その名をラバンと言った。ラバンは外へ出て泉のところにいるその人のもとへ走って行った。

30 彼は鼻の飾り輪と妹の腕にある腕輪を見、また、「あの人がこう私に言われました」と言った妹リベカのことばを聞くとすぐ、その人のところに行った。すると見よ。その人は泉のほとり、らくだのそばに立っていた。

31 そこで彼は言った。「どうぞおいでください。主に祝福された方。どうして外に立っておられるのですか。私は家と、らくだのための場所を用意しております。」

32 それでその人は家の中に入った。らくだの荷は解かれ、らくだにはわらと飼料が与えられ、彼の足と、その従者たちの足を洗う水も与えられた。

33 それから、彼の前に食事が出されたが、彼は言った。「私の用向きを話すまでは食事をいただきません。」「お話しください」と言われて、

34 彼は言った。「私はアブラハムのしもべです。

35 主は私の主人を大いに祝福されましたの

仰が家全体に影響を与えていたことを示している。

24:14　私はあなたのらくだにも水を飲ませましょう　アブラハムのしもべは神が選ばれた娘を示してくださるようにしるしを求めた。らくだに水を与えるのは重労働だった。このような仕事を自発的に行う娘は謙遜で働き者で、奉仕の心を持った人である。

24:27　【主】はこの私を・・・導かれた　神はしもべの導きを求める真剣な祈りに応えられた。これは「人の歩みは主によって確かにされる。主はその人の道を喜ばれる」（詩37:23）という聖書の教えを立証している。また「あなたの行く所どこにおいても、主を認めよ。そうすれば、主はあなたの道をまっすぐにされる」（箴3:6）も同じである。キリストに従う人はみな、神がアブラハムのしもべを導かれたように、主が今も必ず導いてくださることを期待するべきである（→24:40注, ⇒ヨハ7:17, ロマ12:2）。

で、主人は富んでおります。主は羊や牛、銀や金、男女の奴隷、らくだやろばをお与えになりました。

36 私の主人の妻サラは、年をとってから、ひとりの男の子を主人に産み、主人はこの子に自分の全財産を譲っておられます。

37 私の主人は私に誓わせて、こう申しました。『私が住んでいるこの土地のカナン人の娘を私の息子の妻にめとってはならない。

38 あなたは私の父の家、私の親族のところへ行って、私の息子のために妻を迎えなくてはならない。』

39 そこで私は主人に申しました。『もしかすると、その女の人は私について来ないかもしれません。』

40 すると主人は答えました。『私は主の前を歩んできた。その主が御使いをあなたといっしょに遣わし、あなたの旅を成功させてくださる。あなたは、私の親族、私の父の家族から、私の息子のために妻を迎えなければならない。

41 次のようなときは、あなたは私の誓いから解かれる。あなたが私の親族のところに行き、もしも彼らがあなたに娘を与えない場合、そのとき、あなたは私の誓いから解かれる。』

42 きょう、私は泉のところに来て申しました。『私の主人アブラハムの神、主よ。私がここまで来た旅を、もしあなたが成功させてくださるのなら、

43 ご覧ください。私は泉のほとりに立っています。おとめが水を汲みに出て来たなら、私は、あなたの水がめから少し水を飲ませてください、と言います。

44 その人が私に、「どうぞお飲みください。私はあなたのらくだにも水を汲んであげましょう」と言ったなら、その人こそ、主が私の主人の息子のために定められた妻でありますように。』

45 私が心の中で話し終わらないうちに、どうです、リベカさんが水がめを肩に載せて出て来て、泉のところに降りて行き、水

36 ①創21:1-7
    ②創21:10, 25:5
37 ①創24:2-4
39 ①創24:5
40 ①創24:7, 8
41 *「娘を」は補足
42 ①創24:11
    ②創24:12-14
45 ①Ⅰサム1:13
    ②創24:15

③創24:17
46 ①創24:18, 19
47 ①創24:23, 24
    ②創24:22,
    エゼ16:11, 12
48 ①創24:26, 52
    ②創24:27, 42
    ③創22:23
    ④創24:27
49 ①創47:29, ヨシ2:14
50 ①詩118:23, マタ21:42,
    マコ12:11
    ②創24:22
52 ①創24:26, 48
53 ①創24:10, 22,
    出3:22, 11:2, 12:35,
    Ⅱ歴21:3, エズ1:6
    ②創26, 59, 30:25
55 ①士19:4

を汲みました。それで私が『どうか水を飲ませてください』と言うと、

46 急いで水がめを降ろし、『お飲みください。あなたのらくだにも水を飲ませましょう』と言われたので、私は飲みました。らくだにも水を飲ませてくださいました。

47 私が尋ねて、『あなたはどなたの娘さんですか』と言いますと、『ミルカがナホルに産んだ子ベトエルの娘です』と答えられました。そこで私は彼女の鼻に飾り輪をつけ、彼女の腕に腕輪をはめました。

48 そうして私はひざまずき、主を礼拝し、私の主人アブラハムの神、主を賛美しました。主は私の主人の兄弟の娘を、主人の息子にめとるために、私を正しい道に導いてくださったのです。

49 それで今、あなたがたが私の主人に、恵みとまこととを施してくださるのなら、私にそう言ってください。そうでなければ、そうでないと私に言ってください。それによって、私は右か左に向かうことになるでしょう。」

50 するとラバンとベトエルは答えて言った。「このことは主から出たことですから、私たちはあなたによしあしを言うことはできません。

51 ご覧ください。リベカはあなたの前にいます。どうか連れて行ってください。主が仰せられたとおり、あなたの主人のご子息の妻となりますように。」

52 アブラハムのしもべは、彼らのことばを聞くやいなや、地にひれ伏して主を礼拝した。

53 そうして、このしもべは、銀や金の品物や衣装を取り出してリベカに与えた。また、彼女の兄や母にも貴重な品々を贈った。

54 それから、このしもべと、その従者たちとは飲み食いして、そこに泊まった。朝になって、彼らが起きると、そのしもべは「私の主人のところへ帰してください」と言った。

55 すると彼女の兄と母は、「娘をしばらく、十日間ほど、私たちといっしょにとどめておき、それから後、行かせたいのですが」と言った。

24:40 御使いをあなたといっしょに遣わし、あなたの旅を成功させてくださる ここには神がどのように神の子らを守り導かれるのかが示されている。神は御使いを先に送って成功するように備えてくださるようである。ヘブル1:14に御使いたちは「仕える霊であって、救いの相続者となる人々に仕えるため遣わされた」と示されている（→マタ18:10注、→「御使いたちと主の使い」の項 p.405）。

56 しもべは彼らに、「私が遅れないようにしてください。主が私の旅を成功させてくださったのですから。私が主人のところへ行けるように私を帰らせてください」と言った。
57 彼らは答えた。「娘を呼び寄せて、娘の言うことを聞いてみましょう。」
58 それで彼らはリベカを呼び寄せて、「この人といっしょに行くか」と尋ねた。すると彼女は、「はい。まいります」と答えた。
59 そこで彼らは、妹リベカとそのうばを、アブラハムのしもべとその従者たちといっしょに送り出した。
60 彼らはリベカを祝福して言った。
「われらの妹よ。
あなたは幾千万にもふえるように。
そして、あなたの子孫は
敵の門を勝ち取るように。」
61 リベカとその侍女たちは立ち上がり、らくだに乗って、その人のあとについて行った。こうして、しもべはリベカを連れて出かけた。
62 そのとき、イサクは、①ベエル・ラハイ・ロイ地方から帰って来ていた。彼はネゲブの地に住んでいたのである。
63 イサクは夕暮れ近く、野に散歩に出かけた。彼がふと目を上げ、見ると、らくだが近づいて来た。
64 リベカも目を上げ、イサクを見ると、らくだから降り、
65 そして、しもべに尋ねた。「野を歩いてこちらのほうに、私たちを迎えに来るあの人はだれですか。」しもべは答えた。「あの方が私の主人です。」そこでリベカはベールを取って身をおおった。
66 しもべは自分がしてきたことを残らずイサクに告げた。
67 イサクは、その母サラの天幕にリベカを

56 ①創24:54, 59
59 ①創35:8
    ②創24:54, 56
60 ①創17:16
    ②創22:17
62 ①創16:14, 25:11
    ②創20:1
63 ①創18:2
64 ①創12:16, 24:10

67 ①創25:20
    ②創29:18
    ③創23:1, 2
    *直訳「母の後」

1 ①Ⅰ歴1:32, 33
2 ①出2:16
3 ①イザ21:13
5 ①創24:35, 36
6 ①創21:14
7 ①創12:4
8 ①創15:15, 49:29, ヨブ42:17
    ②創25:17, 35:29, 49:33, 申32:50
9 ①創23:17, 18, 49:31, 32, 50:13
10 ①創23:19
11 ①創12:2, 3, 22:17, 26:3
    ②創16:14, 24:62

連れて行き、リベカをめとり、彼女は彼の妻となった。彼は彼女を愛した。イサクは、①*母のなきあと、慰めを得た。

アブラハムの死
25:1-4 並行記事―Ⅰ歴1:32-33

25 1 アブラハムは、もうひとりの妻をめとった。その名は①ケトラといった。
2 彼女は彼に、ジムラン、ヨクシャン、メダン、ミデヤン、イシュバク、シュアハを産んだ。
3 ヨクシャンはシェバとデダンを生んだ。デダンの子孫はアシュル人とレトシム人とレウミム人であった。
4 ミデヤンの子は、エファ、エフェル、エノク、アビダ、エルダアであって、これらはみな、ケトラの子孫であった。
5 ①アブラハムは自分の全財産をイサクに与えた。
6 しかしアブラハムのそばめたちの子らには、アブラハムは贈り物を与え、彼の生存中に、彼らを東のほう、東方の国にやって、自分の子イサクから遠ざけた。
7 ①以上は、アブラハムの一生の年で、百七十五年であった。
8 ①アブラハムは平安な老年を迎え、長寿を全うして息絶えて死に、②自分の民に加えられた。
9 ①彼の子らイサクとイシュマエルは、彼をマクペラのほら穴に葬った。このほら穴は、マムレに面するヘテ人ツォハルの子エフロンの畑地の中にあった。
10 ①この畑地はアブラハムがヘテ人たちから買ったもので、そこにアブラハムと妻サラとが葬られたのである。
11 アブラハムの死後、神は彼の子イサクを①祝福された。イサクは②ベエル・ラハイ・ロイの近くに住みついた。

25:5 アブラハムは自分の全財産をイサクに与えた アブラハムは死ぬ前に神との契約の約束が確かにイサクに渡されるようにした。アブラハムがしたことは家族や教会指導者がみな見習うべき模範である。真理と清さ、また力を尽して神を知り仕えるように、最善を尽して次の世代の人々を訓練し励まさなければならない。神の民が徐々に盲目的にこの世界のやり方を受入れていくのを許したらそれは霊的指導者として失敗である。この世界のやり方は人々を神から離れさせるもので

ある（→エペ4:11-13,「**奉仕の賜物**」の項 p.2225）。
25:6 そばめたち →29:28注
25:6 贈り物 この贈り物はそれぞれが自分の家畜の群れを育てるのに十分な相続財産だったと思われる。
25:8 アブラハムは・・・自分の民に加えられた この旧約聖書の表現はただ埋葬のことを描写しているのではない。自分の民（神に忠実だった既に世を去った先祖、家族、人々）に死後のいのちにおいてつながることである（⇒15:15, 47:30, Ⅱサム12:23, マタ22:

イシュマエルの子孫

25:12-16　並行記事－Ⅰ歴1:29-31

¹²これはサラの女奴隷エジプト人ハガルがアブラハムに産んだアブラハムの子イシュマエルの歴史である。

¹³すなわちイシュマエルの子の名は、その生まれた順の名によれば、イシュマエルの長子ネバヨテ、ケダル、アデベエル、ミブサム、

¹⁴ミシュマ、ドマ、マサ

¹⁵ハダデ、テマ、エトル、ナフィシュ、ケデマである。

¹⁶これらがイシュマエルの子孫で、それらは彼らの村落と宿営につけられた名であって、十二人の、それぞれの氏族の長である。

¹⁷以上はイシュマエルの生涯で、百三十七年であった。彼は息絶えて死に、その民に加えられた。

¹⁸イシュマエルの子孫は、ハビラから、エジプトに近い、アシュルへの道にあるシュルにわたって、住みつき、それぞれ自分のすべての兄弟たちに敵対して住んだ。

ヤコブとエサウ

¹⁹これはアブラハムの子イサクの歴史である。

アブラハムはイサクを生んだ。

²⁰イサクが、パダン・アラムのアラム人ベトエルの娘で、アラム人ラバンの妹である

12①創16:15
②→創2:4
13①Ⅰ歴1:29-31
②創28:9, イザ60:7
15①Ⅰ歴5:19
16①創25:17
17①→創25:8
18①Ⅰサム15:7
②創20:1, Ⅰサム15:7
③創16:12
19①→創2:4
②マタ1:2

20①創22:23, 24:15, 29
21①詩127:3, Ⅰサム1:17
②ロマ9:10
22①Ⅰサム9:9, 10:22
23①創17:4-6, 16,
民20:14, 申2:4, 8
②創27:40, マラ1:2, 3,
ロマ9:12
24①創38:27
25①創27:11, 16, 23
26①ホセ12:3
＊□「アケブ」
②創27:36
③創25:20
27①創10:9
②詩37:37
③ヘブ11:9
28①創27:19, 25, 31
②創27:6

①リベカを妻にめとったときは、四十歳であった。

²¹イサクは自分の妻のために主に祈願した。彼女が不妊の女であったからである。主は彼の祈りに答えられた。それで彼の妻リベカはみごもった。

²²子どもたちが彼女の腹の中でぶつかり合うようになったとき、彼女は、「こんなことでは、いったいどうなるのでしょう。私は」と言った。そして主のみこころを求めに行った。

²³すると主は彼女に仰せられた。
「二つの国があなたの胎内にあり、
二つの国民があなたから分かれ出る。
一つの国民は他の国民より強く、
兄が弟に仕える。」

²⁴出産の時が満ちると、見よ、ふたごが胎内にいた。

²⁵最初に出て来た子は、赤くて、全身毛衣のようであった。それでその子をエサウと名づけた。

²⁶そのあとで弟が出て来たが、その手はエサウのかかとをつかんでいた。それでその子をヤコブと名づけた。イサクは彼らを生んだとき、六十歳であった。

²⁷この子どもたちが成長したとき、エサウは巧みな猟師、野の人となり、ヤコブは穏やかな人となり、天幕に住んでいた。

²⁸イサクはエサウを愛していた。それは彼が猟の獲物を好んでいたからである。リベカはヤコブを愛していた。

31-32, ヘブ11:13-16)。

25:17　イシュマエル・・・はその民に加えられた　このことばはイシュマエルも神に頼っていたこと、神を信じて世を去った人々と同じ霊的遺産を受けたことを暗示している(⇒25:8注)。

25:21　イサクは・・・【主】に祈願した　リベカはサラと同じように何年も不妊だったので、イサクは約束の子どもを求めて主に祈らなければならなかった。神との関係を持ち神の目的を成就するということは、自然の方法ではなく神の超自然的な働きを通して実現するということである。神は信じる人々にこの霊的原則を学ぶようにさせてくださる。そして祈りと信仰に応じて神の約束と祝福を与えてくださる。

25:23　二つの国　この二つの国はイスラエル人(ヤコブの子孫)とエドム人(エサウの子孫)である。ヤコブとエサウから生まれたこの民族は長い間多くの争いと対立とをしてきた(民20:14-21, Ⅱサム8:14, 詩137:7)。

25:23　兄が弟に仕える　家族の中で最高権威の地位を受継ぐのは通常長男だった。けれどもこのケースでは神はそれを逆にされた。このことは神の目的の中で私たちの地位は自然な方法や自分で決定するのではなく、神の恵み(受けるにふさわしくない好意)と目的によって与えられるという原則を説明している(⇒48:13-, Ⅰサム16:1, ロマ9:11-12)。

25:26　イサクは・・・六十歳であった　リベカは子どもを産むことができなかったので、リベカとイサクは神の約束を20年間待たなくてはならなかった(⇒25:20)。けれどもその粘り強い祈りと確固とした信仰に神は応えられた(→25:21注)。たとい情況が絶望的に見えても、ふたりは希望を捨てず神に信頼した。

創世記 25−26章

29 さて、ヤコブが煮物を煮ているとき、エサウが飢え疲れて野から帰って来た。
30 エサウはヤコブに言った。「どうか、その赤いのを、その赤い物を私に食べさせてくれ。私は飢え疲れているのだから。」それゆえ、彼の名はエドムと呼ばれた。
31 するとヤコブは、「今すぐ、あなたの長子の権利を私に売りなさい」と言った。
32 エサウは、「見てくれ。死にそうなのだ。長子の権利など、今の私に何になろう」と言った。
33 それでヤコブは、「まず、私に誓いなさい」と言ったので、エサウはヤコブに誓った。こうして彼の長子の権利をヤコブに売った。
34 ヤコブはエサウにパンとレンズ豆の煮物を与えたので、エサウは食べたり、飲んだりして、立ち去った。こうしてエサウは長子の権利を軽蔑したのである。

29 ①創25:29-34, 創27:35, 36
②Ⅱ列4:38
30 *「アダム」
31 ①申21:16, 17, Ⅰ歴5:1, 2
33 ①ヘブ12:16
34 ①Ⅱサム17:28, 23:11, エゼ4:5

イサクとアビメレク
26:1-11 参照−創12:10-20, 20:1-18

26 1 さて、アブラハムの時代にあった先のききんとは別に、この国にまたききんがあった。それでイサクはゲラルのペリシテ人の王アビメレクのところへ行った。
2 主はイサクに現れて仰せられた。「エジプトへは下るな。わたしがあなたに示す地に住みなさい。
3 あなたはこの地に、滞在しなさい。わた

1 ①創26:1-11, 創12:10-20, 20章
②創20:1, 2
2 ①創26:2-5, 申1:8
②創12:7
③創12:1, 17:1, 18:1
3 ①創20:1, 詩39:12, ヘブ11:9
②創26:24, 28:15, 31:3
③創12:2, 26:24
④創12:7, 13:15, 15:18
⑤創22:16-18, 詩105:9
4 ①創15:5, 22:17, 出32:13
②創12:3, 22:18, 28:14, ガラ3:8
③創22:16, 18
5 ①創12:1, 13, 20:2, 12, 13
②創12:11, 14, 24:16, 29:17
③歳29:25

しはあなたとともにいて、あなたを祝福しよう。それはわたしが、これらの国々をすべて、あなたとあなたの子孫に与えるからだ。こうしてわたしは、あなたの父アブラハムに誓った誓いを果たすのだ。
4 そしてわたしは、あなたの子孫を空の星のように増し加え、あなたの子孫に、これらの国々をみな与えよう。こうして地のすべての国々は、あなたの子孫によって祝福される。
5 これはアブラハムがわたしの声に聞き従い、わたしの戒めと命令とおきてとおしえを守ったからである。」

6 イサクがゲラルに住んでいるとき、
7 その土地の人々が彼の妻のことを尋ねた。すると彼は、「あれは私の妻です」と言うのを恐れて、「あれは私の妹です」と答えた。リベカが美しかったので、リベカのことでこの土地の人々が自分を殺しはしないかと思ったからである。
8 イサクがそこに滞在して、かなりたったある日、ペリシテ人の王アビメレクが窓から見おろしていると、なんと、イサクがその妻のリベカを愛撫しているのが見えた。
9 それでアビメレクはイサクを呼び寄せて言った。「確かに、あの女はあなたの妻だ。なぜあなたは『あれは私の妹です』と言ったのだ。」それでイサクは、「彼女のことで殺されはしないかと思ったからです」と答えた。

出19:3-6

25:31 長子の権利 長子の権利(長男の相続権)には次のことが含まれていた。
　(1) 霊的な指導権と家族の長になること
　(2) 二倍の相続権(⇒申21:17)
　(3) 神がアブラハムに約束された契約の祝福を主張する権利
エサウが長子の権利を売ったという事実は、どれほど神の祝福と契約の約束を軽く見ていたかを示している。エサウは将来の長期にわたる利益と、当面の一時的な楽しみとを愚かにも交換してしまった。霊的なことよりも物質的なものに関心を持っていたからである。「長子の権利を軽蔑した」(25:34, ⇒ヘブ12:16)ということがそのことを示している。一方でヤコブは神の契約、「終生協定」の一部である霊的な祝福を求めた。これによって、イスラエルの十二部族はヤコブの家から生れることになった。

26:3-4 わたしはあなたとともにいて 神はイサク

に現れてアブラハムと交した約束をイサクに伝えられた(12:1-3, 7, 13:14-18, 15:1-21, 17:1-8, 15-22, 22:15-18)。イサクは父と同じように神の約束を信頼して、それによって生きることを学ばなければならなかった。契約の中で重要な部分は神との個人的な関係で、「わたしがあなたとともにいる」ということばがそれを表している(26:24, →17:7注, →**アブラハム、イサク、ヤコブとの神の契約**の項 p.74)。

26:5 アブラハムが・・・聞き従い 神は従順の模範としてアブラハムをご覧になり認められた。従順は神に対する真実の信仰を証明する(⇒ロマ1:5, 16:26)。アブラハムは神の戒めと命令に従って生きるように努めた。このことによって神はアブラハムを祝福された。イサクも神との関係を持ち契約の約束を受取りたいと願うなら、アブラハムの信仰と従順の模範にならわなければならなかった(⇒レビ26:14-15, 46, 申11:1)。これは今日の信仰者にとっても当てはまる。

アブラハム、イサク、ヤコブとの神の契約

「あなたはこの地に、滞在しなさい。わたしはあなたとともにいて、あなたを祝福しよう。それはわたしが、これらの国々をすべて、あなたとあなたの子孫に与えるからだ。こうしてわたしは、あなたの父アブラハムに誓った誓いを果たすのだ。そしてわたしは、あなたの子孫を空の星のように増し加え、あなたの子孫に、これらの国々をみな与えよう。こうして地のすべての国々は、あなたの子孫によって祝福される。これはアブラハムがわたしの声に聞き従い、わたしの戒めと命令とおきてとおしえを守ったからである。」(創世記26:3-5)

契約の性質

神と神の民との関係は聖書の中では「契約」ということばで表されている。契約は一定の約束と義務を内容とする法的協定である。神とその民との契約は人間同士の法律的協定とは異なっている。なぜならそれは聖い神と神を敬う民との間の霊的協定でもあるからである。契約ということばは最初、創世記6章18節で用いられているけれども旧約聖書を通じて繰返し出てくる。それはまた新約(「新しい契約」を意味する)聖書でも用いられているけれども神はそこではイエス・キリストを通して全人類と新しい約束と協定を結んでおられる(→「旧契約と新契約」の項 p.2363)。神の民の最初の先祖あるいは「創始者」である族長たち(アブラハム、イサク、ヤコブ)との神の契約を理解すると、神との契約関係の中で神が私たちにどのように生きることを望んでおられるかがわかってくる。

(1) 旧約聖書で神が契約を結ぶときの特別な名前はヤハウェ(「主」と訳されている →創2:4注、出3:14注)である。この名前は「わたしはある」という意味で、神はご自分のことを出エジプト記3章14節でそのように呼んでおられる。この称号は神の権威と指導性を示しているけれども同時に神の愛、個人的な必要を備えてくださること、人類の目的を回復しようとしておられること、神の民といつもともにおられること、神に頼る人々と個人的関係を持ちたいと願っておられることなどを反映している。神の名前はそれぞれが神の特性の一つの面を示しているので、私たちはそれを知り理解することが必要である。神はただ一人である。けれども様々な性格を持っておられる。

(2) この契約の根本には、「わたしがあなたの神、あなたの後の子孫の神となる」(→創17:7注)という主の約束がある。契約には多くの約束が含まれているけれどもそれらの約束はみなこの約束を土台としている。つまり神が忠実な民に対しては彼らの神となると約束して自らそれを固く守り、人々を愛して恵み(受けるにふさわしくない好意)と保護と祝福を与えてくださることを意味している(⇒エレ11:4, 24:7, 30:22, 32:38, エゼ11:20, 36:28, ゼカ8:8)。

(3) 神の契約の究極または最終的目標は一つの民族(イスラエル)だけではなく全人類に救いをもたらすことだった。神は既にアブラハムを通して「地上のすべての民族」は祝福されると約束しておられた(創12:3, 18:18, 22:18, ⇒26:4)。神の契約はイスラエル民族を通して与えられたけれども、それはイスラエルが「諸国の民の光」、つまり神の恵みとご計画がすべての民に及ぶことの見本となるためだった(イザ49:6, ⇒42:6)。そしてこの契約はイエス・キリストを通して最終的に成就し、キリスト者は全世界にキリストについてのこのよい知らせをを宣べ伝えていったのである(→ルカ2:32, 使13:46-47, ガラ3:8-14)。

(4) 聖書の中で神が個人と結んだ契約の中の協定を見ると次の二つの原則が教えられている。(a) 神だけが契約の約束と義務を確立された。(b) 人間には従順な信仰をもってそれを受入れることが求められている。神は双方の約束と責任の概要全部を契約が結ばれる前からしばしば示しておられた(→「イスラエル人との神の契約」の項 p.351)。けれどもこの人々は契約の条件について神と取引きできる状態ではなかった。神が愛をもって人々にとって最高で最善のことを決めて人々の益を願っておられることをただ信頼すること

を学んでいったのである。

アブラハムとの神の契約

（1）アブラハムとの契約関係に入ったとき（→創15：）、神はいくつかの約束をされた。それは神がアブラハムの盾となり報いとなること（創15：1）、多くの子孫を与えること（創15：5）、カナンの地を嗣業として与えることである（創15：7, →創15：6注, 17：8注, ⇒12：1-3, →「**アブラハムの召命**」の項 p.50）。

（2）神はアブラハムがこれらの約束に信仰をもって応答し約束を受取り、神を自分の生涯の導き手、権威として信頼するように願われた。そのようにしたとき、アブラハムは神によって義と認められ（創15：6）、神との個人的な関係が信仰または「積極的信頼」を土台として確実なものになったのである。

（3）契約を受入れるためには信仰が必要だったけれども契約の祝福が継続するために神はアブラハムが服従することを求められた。

（a）神はアブラハムが「全き者で」（→創17：1注）あるように命じられた。言い換えるなら、信仰に従順が伴わないなら（⇒ロマ1：5）、アブラハムは人類に対する神の永遠のご計画を成就するために用いられなくなるのである。不従順がアブラハムを失格させるのである。

（b）あるとき、神は息子イサクをささげることを要求して（創22：1-2）、アブラハムを試みられた。アブラハムがそのテストに合格したとき神は契約を継続することを約束された（→創22：18注）。

（c）アブラハムが神に従い神の命令を守ったので（創26：4-5）、契約の祝福がなおも有効でありイサクにも引継がれると神はイサクにはっきりと通知された。

（4）神はアブラハムと子孫に対して、男子には割礼（男性性器の包皮の全部または一部を切取る、あるいは除去する）を施すように特別に命令された（創17：9-13）。これは神に従い契約を受入れるしるしだった。割礼を受けない男性は契約を破ったことになるので神の民から断たれてしまう（創17：14）。神に従わないことは契約の祝福を失うことだった。

（5）アブラハムとの神の契約は「代々にわたる永遠の契約」（創17：7）と呼ばれた。神はそれが永遠の協定となることを意図しておられたし、民も永遠の協定として期待することができるという意味である。けれどもアブラハムの子孫がこの契約を破るなら神はもはやその約束に縛られなかった。たとえばカナンの地がアブラハムとその子孫のものになるという約束（創17：8）はイスラエル民族が神を信じる信仰を拒んだとき、ユダ族が神に背を向け神の律法に従うことを拒んだときに破られた（イザ24：5, エレ31：32）。その結果、イスラエルはアッシリヤへ捕囚として連れ去られ（Ⅱ列17：）、ユダは後にバビロンへ捕囚として連れて行かれた（→Ⅱ列25：, Ⅱ歴36：, エレ11：1-17, エゼ17：16-21）。

イサクとの神の契約

（1）神はアブラハムの息子イサクから始めて、そのあとの各世代と契約を更新していかれた（→創17：21）。けれどもそのときアブラハムが父であるという条件だけでは十分ではなかった。イサク自身も信仰によって神の約束を受入れなければならないのである。そのとき初めて神は、「わたしがあなたとともにいる。わたしはあなたを祝福し、あなたの子孫を増し加えよう」と言われた（創26：24）。

（2）イサクとリベカには結婚生活の20年間、子どもができなかった（⇒創25：20, 26）。けれどもイサクは妻が妊娠するように必死になって熱心に祈り（創25：21）、神はこの祈りを聞いてくださった。この子どもは夫と妻との間の自然の方法を通してではなく、祈りと神の恵みによって神の約束として生れたことをイサクは理解しなければならなかった（→創25：21注）。

（3）イサクもまた契約の祝福を受けるためには従順でなければならなかった。たとえばききんがカナンの地を襲った時、神はイサクにエジプトへ下って行かないで、今いるところにとどまるように命じられた。もし神に従うなら、神は「あなたの父アブラハムに誓った誓いを果たす」（創26：3, →26：5注）と約束しておられる。

ヤコブとの神の契約

　(1) イサクとリベカにはエサウとヤコブという二人の子どもがいた。普通、契約の祝福は最初の子どもを通して伝承されていく。けれども神はリベカに兄が弟に仕えるであろうと啓示された。エサウは自分の長子の特権を軽視した(→創25:31注)。エサウは両親の示した正しい基準を尊重しないで、まことの神に従わない二人の女性と結婚した。エサウは神の契約に関心を示さなかった。けれどもヤコブは将来の霊的祝福を望んで、エサウが愚かな選択をして失った約束を受取った(創28:13-15)。

　(2) アブラハムやイサクの場合と同じように、ヤコブとの契約でも、その継続のためには「信仰の従順」(ロマ1:5)が要求された。生き残り成功するためにヤコブは最初自分の器用さと機知に頼っていた。したがってヤコブが主に従いハランを去ってベテルに戻ったときに初めて(創31:13, 35:1-7)、神は契約の約束を更新されたのである(創35:9-13)。

　契約について　→「イスラエル人との神の契約」の項 p.351

創世記　26章

10 アビメレクは言った。「何ということをしてくれたのだ。もう少しで、民のひとりがあなたの妻と寝て、あなたはわれわれに罪を負わせるところだった。」
11 そこでアビメレクはすべての民に命じて言った。「この人と、この人の妻に触れる者は、必ず殺される。」
12 イサクはその地に種を蒔き、その年に百倍の収穫を見た。主が彼を祝福してくださったのである。
13 こうして、この人は富み、ますます栄えて、非常に裕福になった。
14 彼が羊の群れや、牛の群れ、それに多くのしもべたちを持つようになったので、ペリシテ人は彼をねたんだ。
15 それでペリシテ人は、イサクの父アブラハムの時代に、父のしもべたちが掘ったすべての井戸に土を満たしてこれをふさいだ。
16 そうしてアビメレクはイサクに言った。「あなたは、われわれよりはるかに強くなったから、われわれのところから出て行ってくれ。」
17 イサクはそこを去って、ゲラルの谷間に天幕を張り、そこに住んだ。
18 イサクは、彼の父アブラハムの時代に掘ってあった井戸を、再び掘った。それらはペリシテ人がアブラハムの死後、ふさいでいたものである。イサクは、父がそれらにつけていた名と同じ名をそれらにつけた。
19 イサクのしもべたちが谷間を掘っているとき、そこに湧き水の出る井戸を見つけた。
20 ところが、ゲラルの羊飼いたちは「この水はわれわれのものだ」と言って、イサクの羊飼いたちと争った。それで、イサクはその井戸の名をエセクと呼んだ。それは彼らがイサクと争ったからである。
21 しもべたちは、もう一つの井戸を掘った。ところが、それについても彼らが争ったので、その名をシテナと呼んだ。
22 イサクはそこから移って、ほかの井戸を掘った。その井戸については争いがなかっ

たので、その名をレホボテと呼んだ。そして彼は言った。「今や、主は私たちに広い所を与えて、私たちがこの地でふえるようにしてくださった。」
23 彼はそこからベエル・シェバに上った。
24 主はその夜、彼に現れて仰せられた。
「わたしはあなたの父アブラハムの神である。
恐れてはならない。
わたしがあなたとともにいる。
わたしはあなたを祝福し、
あなたの子孫を増し加えよう。
わたしのしもべアブラハムのゆえに。」
25 イサクはそこに祭壇を築き、主の御名によって祈った。彼はそこに天幕を張り、イサクのしもべらは、そこに井戸を掘った。
26 そのころ、アビメレクは友人のアフザテとその将軍ピコルと、ゲラルからイサクのところにやって来た。
27 イサクは彼らに言った。「なぜ、あなたがたは私のところに来たのですか。あなたがたは私を憎んで、あなたがたのところから私を追い出したのに。」
28 それで彼らは言った。「私たちは、主があなたとともにおられることを、はっきり見たのです。それで私たちは申し出をします。どうか、私たちの間で、すなわち、私たちとあなたとの間で誓いを立ててください。あなたと契約を結びたいのです。
29 それは、私たちがあなたに手出しをせず、ただ、あなたに良いことだけをして、平和のうちにあなたを送り出したように、あなたも私たちに害を加えないということで。あなたは今、主に祝福されています。」
30 そこでイサクは彼らのために宴会を催し、彼らは飲んだり、食べたりした。
31 翌朝早く、彼らは互いに契約を結んだ。イサクは彼らを送り出し、彼らは平和のうちに彼のところから去って行った。
32 ちょうどその日、イサクのしもべたちが

11 ①詩105:14, 15
12 ①マタ13:8, マコ4:8
　②創24:35, 26:3, ヨブ42:12
13 ①創24:35, ヨブ1:3, 詩112:3, 箴10:22
14 ①創37:11, 伝4:4
15 ①創26:15-25, 創21:25-31
　②創21:25, 30
16 ①創1:9
18 ①創21:25
　②創21:31
20 *「争う」意の語根「アサク」の派生語
21 * あるいは「敵意」

22 * あるいは「広々とした所」
　①イザ54:2
　②創17:6, 28:3, 出1:7
23 ①創22:19
24 ①創26:2
　②創46:3
　③創28:13, 出3:6, 使7:32
　④創22:17, 26:3
　⑤創22:17, 26:4
25 ①創12:7, 8, 13:4, 18
　②創4:26
26 ①創26:26-33, 創21:22-24, 箴16:7
27 ①士11:7
28 ①創21:22
29 ①創24:31, 詩115:15
31 ①創21:32

26:12 【主】が彼を祝福してくださった 旧約聖書では富は時には忠実さへの報いとして与えられた。対照的に、新約聖書では富はしばしば霊的生活と神への献身を切離す可能性のあるものとして言われている（→Ⅲヨハ1:2注、→「富と貧困」の項 p.1835）。これは富が悪いもので、地上で神の働きを前進させるためには使えないという意味ではない。けれども注意深く扱わず、神の知恵と導きを求めないなら、多くのお金や財産は非常に多くの苦難をもたらすことがある。

帰って来て、彼らが掘り当てた井戸のことについて彼に告げて言った。「私どもは水を見つけました。」
³³そこで彼は、その井戸をシブアと呼んだ。それゆえ、その町の名は、今日に至るまで、ベエル・シェバという。
³⁴エサウは四十歳になって、ヘテ人ベエリの娘エフディテとヘテ人エロンの娘バセマテとを妻にめとった。
³⁵彼女たちはイサクとリベカにとって悩みの種となった。

イサクの祝福を受けるヤコブ

27 ¹イサクは年をとり、視力が衰えてよく見えなくなったとき、長男のエサウを呼び寄せて彼に「息子よ」と言った。すると彼は、「はい。ここにいます」と答えた。 ²イサクは言った。「見なさい。私は年老いて、いつ死ぬかわからない。 ³だから今、おまえの道具の矢筒と弓を取って、野に出て行き、私のために獲物をしとめて来てくれないか。 ⁴そして私の好きなおいしい料理を作り、ここに持って来て私に食べさせておくれ。私が死ぬ前に、私自身が、おまえを祝福できるために。」
⁵リベカは、イサクがその子エサウに話しているのを聞いていた。それでエサウが獲物をしとめて来るために、野に出かけたとき、 ⁶リベカはその子ヤコブにこう言った。「い

33 ① 創21:14, 31
34 ① 創36:2
35 ① 創27:46, 28:1, 8, 24:3

1 ① 創48:10, Ⅰサム3:2
② 創25:25, 33, 34
2 ① 創47:29
3 ① 創25:28, 27:19, 25, 31
4 ① 創27:19, 25, 27, 31, 48:9, 15, 49:28, 申33:1
6 ① 創25:28

8 ① 創27:13, 43
9 ① 創27:4
10 ① 創27:4
11 ① 創25:25, 27:23
12 ① 創27:21, 22
13 ① 創43:9, Ⅰサム25:24, Ⅱサム14:9, マタ27:25
14 ① 創27:8, 43
14 ① 創27:4, 9
15 ① 創27:27

ま私は、父上が、あなたの兄エサウにこう言っておられるのを聞きました。 ⁷『獲物をとって来て、私においしい料理を作り、私に食べさせてくれ。私が死ぬ前に、主の前でおまえを祝福したいのだ。』 ⁸それで今、わが子よ。私があなたに命じることを、よく聞きなさい。 ⁹さあ、群れのところに行って、そこから最上の子やぎ二頭を私のところに取っておいで。私はそれで父上のお好きなおいしい料理を作りましょう。 ¹⁰あなたが父上のところに持って行けば、召し上がって、死なれる前にあなたを祝福してくださるでしょう。」
¹¹しかし、ヤコブは、その母リベカに言った。「でも、兄さんのエサウは毛深い人なのに、私のはだは、なめらかです。 ¹²もしや、父上が私にさわるなら、私にからかわれたと思われるでしょう。私は祝福どころか、のろいをこの身に招くことになるでしょう。」
¹³母は彼に言った。「わが子よ。あなたののろいは私が受けます。ただ私の言うことをよく聞いて、行って取って来なさい。」
¹⁴それでヤコブは行って、取って、母のところに来た。母は父の好むおいしい料理をこしらえた。 ¹⁵それからリベカは、家の中で自分の手もとにあった兄エサウの晴れ着を取って来て、それを弟ヤコブに着せてやり、

26:35　イサクとリベカにとって悩みの種　エサウはまことの神に従わない二人の女と結婚して両親の示した正しい基準を尊重していないことを表した。これもまたエサウが神の契約の祝福に関心がなかったことを示している。

27:1　イサクは年をとり　イサクと家族は27章では間違った方法で神の祝福を得ようとしている。イサクは神のみこころに反してエサウを偏愛した。一方でリベカとヤコブはこの情況を個人的な関心と利益のために利用しようとした。このことは神の契約の善意を裏切ることになった。神の働きを間違った方法で行うなら、神の目的を曖昧なものとし関係する人々を傷つけることになる。

27:4　お前を祝福できるために　長子の権利に含まれる祝福(→25:31注)と父親が話すことばは、古代の

近東の法律では法的に拘束力を持っていた(⇒49:28-33)。イサクは兄エサウが弟ヤコブに仕えるという神のことばを忘れたか無視したかのようである(25:23)。さらにエサウが神を敬わない二人の女性と結婚していたという事実も見落していた(⇒26:34-35)。イサクは祝福をするに当たって、神のみこころを求めようと考えもしなかったようである。

27:6-17　リベカはその子ヤコブにこう言った　リベカとヤコブはうそと人間的な方法を使って情況を利用しながら神の目的を達成しようとした。ふたりは神が祝福を与える根本的な理由(神に信頼し従い、正しいことを行う、神を敬う正直な人々になること)を見失っていた。リベカはこの偽りに対する大きな代償を支払うことになった。なぜならヤコブがいのちを守るために逃げて行かなければならなくなり二度と会えな

創世記　27章

16 また、子やぎの毛皮を、彼の手と首のなめらかなところにかぶせてやった。
17 そうして、自分が作ったおいしい料理とパンを息子ヤコブの手に渡した。
18 ヤコブは父のところに行き、「お父さん」と言った。イサクは、「おお、わが子よ。だれだね、おまえは」と尋ねた。
19 ヤコブは父に、「私は長男のエサウです。私はあなたが言われたとおりにしました。さあ、起きてすわり、私の獲物を召し上がってください。ご自身で私を祝福してくださるために」と答えた。
20 イサクは、その子に言った。「どうして、こんなに早く見つけることができたのかね。わが子よ。」すると彼は答えた。「あなたの神、主が私のために、そうさせてくださったのです。」
21 そこでイサクはヤコブに言った。「近くに寄ってくれ。わが子よ。私は、おまえがほんとうにわが子エサウであるかどうか、おまえにさわってみたい。」
22 ヤコブが父イサクに近寄ると、イサクは彼にさわり、そして言った。「声はヤコブの声だが、手はエサウの手だ。」
23 ヤコブの手が、兄エサウの手のように毛深かったので、イサクには見分けがつかなかった。それでイサクは彼を祝福しようとしたが、
24 「ほんとうにおまえは、わが子エサウだね」と尋ねた。すると答えた。「私です。」
25 そこでイサクは言った。「私のところに持って来なさい。私自身がおまえを祝福するために、わが子の獲物を食べたいものだ。」そこでヤコブが持って来ると、イサクはそれを食べた。またぶどう酒を持って来ると、それも飲んだ。
26 父イサクはヤコブに、「わが子よ。近寄って私に口づけしてくれ」と言ったので、
27 ヤコブは近づいて、彼に口づけした。イサクは、ヤコブの着物のかおりをかぎ、彼を祝福して言った。
「ああ、わが子のかおり。
主が祝福された野のかおりのようだ。
28 神がおまえに
天の露と地の肥沃、
豊かな穀物と新しいぶどう酒を
お与えになるように。
29 国々の民はおまえに仕え、
国民はおまえを伏し拝み、
おまえは兄弟たちの主となり、
おまえの母の子らがおまえを伏し拝むように。
おまえをのろう者はのろわれ、
おまえを祝福する者は祝福されるように。」
30 イサクがヤコブを祝福し終わり、ヤコブが父イサクの前から出て行くか行かないうちに、兄のエサウが猟から帰って来た。
31 彼もまた、おいしい料理をこしらえて、父のところに持って来た。そして父に言った。「お父さんは起きて、子どもの獲物を召し上がることができます。あなたご自身が私を祝福してくださるために。」
32 すると父イサクは彼に尋ねた。「おまえはだれだ。」彼は答えた。「私はあなたの子、長男のエサウです。」
33 イサクは激しく身震いして言った。「では、いったい、あれはだれだったのか。獲物をしとめて、私のところに持って来たのだ。おまえが来る前に、私はみな食べて、彼を祝福してしまった。それゆえ、彼は祝福されよう。」
34 エサウは父のことばを聞くと、大声で泣き叫び、ひどく痛み悲しんで父に言った。「私を、お父さん、私も祝福してください。」

---

21 ①創27:12
23 ①創27:16
27 ①ヘブ11:20
　②雅4:11、ホセ14:6
28 ①創27:39、申33:13, 28、Ⅱサム1:21、哀3:20、ゼカ8:12
　②創27:37、→申7:13、詩65:10
29 ①イザ45:14, 49:7, 23, 60:12, 14
　②創9:25-27, 25:23, 27:37, 37:7, 9, 10, 49:8
　③創12:3、民24:9
31 ①創27:4, 14
　②創27:19
32 ①創27:18
33 ①創25:23, 27:35, 28:3, 4
34 ①ヘブ12:17

くなったからである（27:43, 28:5）。

27:19　ヤコブは父に・・・と答えた　ヤコブがもし神を信頼していたら神の定めた時に祝福を受けたに違いない。けれども二度もうそをついて自分のやり方で物事を進めようとした（27:19-20）。

（1）自分が欲しかったものを手に入れたけれどもそのために払った代償は大きかった。まず何もかも置いていのちからがら逃げて行かなければならなかった。その後、自分がしたように人々から不誠実に扱われ（29:20-25, 31:7, 37:32-36）、他人の家で長年仕えなければならなかった（31:41）。そして死ぬまで次々と困難にぶつかり、ついに「私の齢の年月はわずかで、ふしあわせで」（47:9）と告白するほどだった。

（2）人々を間違った方向に導いてこれは神の働きのためだと言う人がいるなら、ヤコブの行動と体験が戒めとなるに違いない。霊的な成功は偽りの行動や真理を隠すことによってではなく、正しいことを行うことによってもたらされるのである。

創世記 27-28章

35 父は言った。「おまえの弟が来て、だましたのだ。そしておまえの祝福を横取りしてしまったのだ。」

36 エサウは言った。「彼の名がヤコブというのも、このためか。二度までも私を押しのけてしまって。私の長子の権利を奪い取り、今また、私の祝福を奪い取ってしまった。」また言った。「あなたは私のために祝福を残してはおかれなかったのですか。」

37 イサクは答えてエサウに言った。「ああ、私は彼をおまえの主とし、彼のすべての兄弟を、しもべとして彼に与えた。また穀物と新しいぶどう酒で彼を養うようにした。それで、わが子よ。おまえのために、私はいったい何ができようか。」

38 エサウは父に言った。「お父さん。祝福は一つしかないのですか。お父さん。私を、私をも祝福してください。」エサウは声をあげて泣いた。

39 父イサクは答えて彼に言った。
「見よ。おまえの住む所では、
地は肥えることなく、
上から天の露もない。

40 おまえはおのれの剣によって生き、
おまえの弟に仕えることになる。
おまえが奮い立つならば、
おまえは彼のくびきを
自分の首から解き捨てるであろう。」

ラバンのもとへ逃げるヤコブ

41 エサウは、父がヤコブを祝福したあの祝福のことでヤコブを恨んだ。それでエサウは心の中で言った。「父の喪の日も近づいている。そのとき、弟ヤコブを殺してやろう。」

42 兄エサウの言ったことがリベカに伝えられると、彼女は使いをやり、弟ヤコブを呼び寄せて言った。「よく聞きなさい。兄さんのエサウはあなたを殺してうっぷんを晴らそうとしています。

43 だからわが子よ。今、私の言うことを聞いて、すぐ立って、ハランへ、私の兄ラバンのところへ逃げなさい。

44 兄さんの憤りがおさまるまで、しばらくラバンのところにとどまっていなさい。

45 兄さんの怒りがおさまり、あなたが兄さんにしたことを兄さんが忘れるようになったとき、私は使いをやり、あなたをそこから呼び戻しましょう。一日のうちに、あなたがたふたりを失うことなど、どうして私にできましょう。」

46 リベカはイサクに言った。「私はヘテ人の娘たちのことで、生きているのがいやになりました。もしヤコブが、この地の娘たちで、このようなヘテ人の娘たちのうちから妻をめとったなら、私は何のために生きることになるのでしょう。」

28 1 イサクはヤコブを呼び寄せ、彼を祝福し、そして彼に命じて言った。「カナンの娘たちの中から妻をめとってはならない。

2 さあ、立って、パダン・アラムの、おまえの母の父ベトエルの家に行き、そこで母の兄ラバンの娘たちの中から妻をめとりなさい。

3 全能の神がおまえを祝福し、多くの子どもを与え、おまえをふえさせてくださるように。そして、おまえが多くの民のつどいとなるように。

4 神はアブラハムの祝福を、おまえと、おまえとともにいるおまえの子孫とに授け、神がアブラハムに下さった地、おまえがいま寄留しているこの地を継がせてくださるように。」

5 こうしてイサクはヤコブを送り出した。彼はパダン・アラムへ行って、ヤコブとエサウの母リベカの兄、アラム人ベトエルの

---

35 ①創27:19
36 ①創25:26, 29-34, ホセ12:3
②エレ9:4
＊□語根「アカブ」
②創27:28, 29
37 ①創27:28, Ⅱサム8:14
②→申7:13
38 ①ヘブ12:17
39 ①ヘブ11:20
②創27:28, 申33:13, 28, Ⅱサム1:21
40 ①創25:23, 27:29
②創8:14, オバ18-21, 民24:18
②Ⅱ列8:20-22
41 ①創27:41-45, 27:46-28:5, アモ1:11
②創32:11, 37:4, 8
③創50:3, 4, 10
④オバ10
42 ①詩64:5, 6

43 ①創27:8, 13
②創11:31
③創24:29
44 ①創31:41
45 ①創27:36
46 ①創26:34, 35, 24:3, 28:8, ±14:3

1 ①創27:33
②創24:3, 4, 26:35
2 ①ホセ12:12
②創22:23, 25:20
③創24:29
3 ①創12:2, 15:5-8, 17:2-8, 22:17, 26:4, 24, 35:11, 12, 48:3, 4
②→創17:1
5 ①創27:43

27:38 エサウは声をあげて泣いた ヘブル12:16-17によると、エサウは神の聖い祝福を大切にせず、それを求める気持のない、神を敬わない人だったので祝福を失った（⇒25:31-34）。ここでエサウは心を入れ換えているように見える。けれどもここで流したのは自分本位の後悔と怒りの涙で罪深い選択をしたことに対する真実の悲しみによるものではなかった。エサウの体験は、間違った選択をするならばしばしば厳しい結果に直面するということを私たちに警告している（→Ⅱサム12:7-14）。

28:4 アブラハムの祝福 アブラハムに与えられた祝福は土地である。「神がアブラハムに下さった・・・この地を継がせてくださるように」。パウロはこれを新約聖書の信仰者たち（「アブラハムの子孫」または霊的な子孫 ガラ3:29）に適応して、物質的な祝福よりも霊的な祝福について教えている。特に信仰によって

創世記　28－29章

子ラバンのところに行った。

6 エサウは、イサクがヤコブを祝福し、彼をパダン・アラムに送り出して、そこから妻をめとるように、彼を祝福して彼に命じ、カナンの娘たちから妻をめとってはならないと言ったこと、

7 またヤコブが、父と母の言うことに聞き従ってパダン・アラムへ行ったことに気づいた。

8 エサウはまた、カナンの娘たちが父イサクの気に入らないのに気づいた。

9 それでエサウはイシュマエルのところに行き、今ある妻たちのほかに、アブラハムの子イシュマエルの娘で、ネバヨテの妹マハラテを妻としてめとった。

ベテルでのヤコブの夢

10 ヤコブはベエル・シェバを立って、ハランへと旅立った。

11 ある所に着いたとき、ちょうど日が沈んだので、そこで一夜を明かすことにした。彼はその所の石の一つを取り、それを枕にして、その場所で横になった。

12 そのうちに、彼は夢を見た。見よ。一つのはしごが地に向けて立てられている。その頂は天に届き、見よ、神の使いたちが、そのはしごを上り下りしている。

13 そして、見よ。主が彼のかたわらに立っておられた。そして仰せられた。「わたしはあなたの父アブラハムの神、イサクの神、主である。わたしはあなたが横たわっているこの地を、あなたとあなたの子孫とに与える。

14 あなたの子孫は地のちりのように多くなり、あなたは、西、東、北、南へと広がり、地上のすべての民族は、あなたとあなたの子孫によって祝福される。

15 見よ。わたしはあなたとともにあり、あなたがどこへ行っても、あなたを守り、あなたをこの地に連れ戻そう。わたしは、あ

6 ①創24:4, 28:2
　②創24:3, 26:34, 35, 27:46, 28:1
9 ①創26:34, 36:2
　②創25:13
　③Ⅰ歴11:18, 詩53表題, 88表題
10 ①創28:10-22, 35:1, ホセ12:4
　②創26:23
　③創12:4, 5, 27:43, ホセ12:12, 使7:2
11 ①創28:19
　②創28:18
12 ①創41:1, 民12:6, ヨブ33:15, 16
　②ヨシ1:51, ヘブ1:14
13 ＊別訳「その上に」
　①創35:1, 48:3, アモ7:7
　②創12:7, 13:15, 17, 15:18, 26:3, 35:12, 創22:18
14 ①創13:16, 22:17, 15:5, 32:12
　＊補足
　②創13:14, 15
　③創12:3, 18:18, 22:18, 26:4
15 ①創26:3, 24, 28:20, 31:3
　②民6:24, 詩121:5, 7, 8
　③創48:21, 申30:3

④民23:19
⑤申31:6, 8, ヨシ1:5, Ⅰ列8:57, ヘブ13:5
16 ①Ⅰ列3:15, エレ31:26
17 ①詩68:35
18 ①創28:11
　②創31:45, 35:14
　③創31:13, レビ8:10-12, 民7:1
19 ①創35:6, 15, 48:3, 士1:23, 26
　＊あるいは「神の家」
20 ①創31:13, 出13:30, Ⅱサム15:8
　②創28:15
21 ①士1:31, Ⅱサム19:24, 30
　②創28:15, 申26:17, Ⅱ列5:17
22 ①創35:7, 15
　②レビ27:30, 申14:22, アモ4:4

1 ①民23:7, 士6:3, 33, ホセ12:12
2 ①創24:11, 出2:15, 16
4 ①創28:10
5 ①創24:24, 29

あなたに約束したことを成し遂げるまで、決してあなたを捨てない。」

16 ヤコブは眠りからさめて、「まことに主がこの所におられるのに、私はそれを知らなかった」と言った。

17 彼は恐れおののいて、また言った。「この場所は、なんとおそれおおいことだろう。ここぞ神の家にほかならない。ここは天の門だ。」

18 翌朝早く、ヤコブは自分が枕にした石を取り、それを石の柱として立て、その上に油をそそいだ。

19 そして、その場所の名をベテルと呼んだ。しかし、その町の名は、以前はルズであった。

20 それからヤコブは誓願を立てて言った。「神が私とともにおられ、私が行くこの旅路を守り、食べるパンと着る着物を賜り、

21 無事に父の家に帰らせてくださり、こうして主が私の神となられるなら、

22 石の柱として立てたこの石は神の家となり、すべてあなたが私に賜る物の十分の一を必ずささげます。」

パダン・アラムへの到着

29

1 ヤコブは旅を続けて、東の人々の国へ行った。

2 ふと彼が見ると、野に一つの井戸があった。そしてその井戸のかたわらに、三つの羊の群れが伏していた。その井戸から群れに水を飲ませることになっていたからである。その井戸の口の上にある石は大きかった。

3 群れが全部そこに集められたとき、その石を井戸の口からころがして、羊に水を飲ませ、そうしてまた、その石を井戸の口のもとの所に戻すことになっていた。

4 ヤコブがその人たちに、「兄弟たちよ。あなたがたはどこの方ですか」と尋ねると、彼らは、「私たちはハランの者です」と答えた。

5 それでヤコブは、「あなたがたはナホル

神の御霊を受ける約束を指している（ガラ3:14）。
28:12　神の使いたち　御使いの幻はこの天上の存在が神の民を導き守るに重要な役割を果たしていることを示している。新しい契約（御子イエス・キリストの犠牲によって人々を罪から救うという神の計画と約束）の下でも、御使いたちは人々の生活の中で活動的である（→24:40注、→「御使いたちと主の使い」の項p.405）。

28:13-15　【主】が彼のかたわらに立っておられた　神はヤコブに現れて、祖父アブラハムに約束された祝福はヤコブを通して継続すると言われた（⇒12:3, 13:14-17）。この祝福には神の臨在、導き、守りが含まれている。
28:19　ベテル　「ベテル」とは「神の家」の意味で、神が特別な方法で臨在される場所を指す。

創世記 29章

子ラバンをご存じですか」と尋ねると、彼らは、「知っています」と答えた。

6 ヤコブはまた、彼らに尋ねた。「あの人は元気ですか。」すると彼らは、「元気です。ご覧なさい。あの人の娘ラケルが羊を連れて来ています」と言った。

7 ヤコブは言った。「ご覧なさい。日はまだ高いし、群れを集める時間でもありません。羊に水を飲ませて、また行って、群れをお飼いなさい。」

8 すると彼らは言った。「全部の群れが集められるまでは、そうできないのです。集まったら、井戸の口から石をころがし、羊に水を飲ませるのです。」

9 ヤコブがまだ彼らと話しているとき、ラケルが父の羊の群れを連れてやって来た。彼女は羊飼いであったからである。

10 ヤコブが、自分の母の兄ラバンの娘ラケルと、母の兄ラバンの羊の群れを見ると、すぐ近寄って行って、井戸の口の上の石をころがし、母の兄ラバンの羊の群れに水を飲ませた。

11 そうしてヤコブはラケルに口づけし、声をあげて泣いた。

12 ヤコブが、自分は彼女の父の親類であり、リベカの子であることをラケルに告げたので、彼女は走って行って、父にそのことを告げた。

13 ラバンは、妹の子ヤコブのことを聞くとすぐ、彼を迎えに走って行き、彼を抱いて、口づけした。そして彼を自分の家に連れて来た。ヤコブはラバンに、事の次第のすべてを話した。

14 ラバンは彼に、「あなたはほんとうに私の骨肉です」と言った。こうしてヤコブは彼のところに一か月滞在した。

レアとラケルと結婚するヤコブ

15 そのとき、ラバンはヤコブに言った。

6 ①創43:27
②出2:16
10 ①出2:17
11 ①創33:4, 45:14, 15
12 ①創13:8, 14:14, 16, 28:5
②創24:28
13 ①創24:29-31, 33:4
14 ①創2:23, 士9:2, Ⅱサム5:1, 19:12, 13

15 ①創31:41
17 ①創12:11, 14, 26:7
18 ①創24:67
②創31:41
③創30:26, ホセ12:12
21 ①士15:1
22 ①士14:10
25 ①創12:18, 20:9, 26:10
②Ⅰサム28:12
27 ①士14:12
②創31:41

「あなたが私の親類だからといって、ただで私に仕えることもなかろう。どういう報酬がほしいか、言ってください。」

16 ラバンにはふたりの娘があった。姉の名はレア、妹の名はラケルであった。

17 レアの目は弱々しかったが、ラケルは姿も顔だちも美しかった。

18 ヤコブはラケルを愛していた。それで、「私はあなたの下の娘ラケルのために七年間あなたに仕えましょう」と言った。

19 するとラバンは、「娘を他人にやるよりは、あなたにあげるほうが良い。私のところにとどまっていなさい」と言った。

20 ヤコブはラケルのために七年間仕えた。ヤコブは彼女を愛していたので、それもほんの数日のように思われた。

21 ヤコブはラバンに申し出た。「私の妻を下さい。期間も満了したのですから。私は彼女のところに入りたいのです。」

22 そこでラバンは、その所の人々をみな集めて祝宴を催した。

23 夕方になって、ラバンはその娘レアをとり、彼女をヤコブのところに行かせたので、ヤコブは彼女のところに入った。

24 ラバンはまた、娘のレアに自分の女奴隷ジルパを彼女の女奴隷として与えた。

25 朝になって、見ると、それはレアであった。それで彼はラバンに言った。「何ということを私になさったのですか。私があなたに仕えたのは、ラケルのためではなかったのですか。なぜ、私をだましたのですか。」

26 ラバンは答えた。「われわれのところでは、長女より先に下の娘をとつがせるようなことはしないのです。

27 それで、この婚礼の週を過ごしなさい。そうすれば、あの娘もあなたにあげましょう。その代わり、あなたはもう七年間、私に仕えなければなりません。」

29:5 ラバン ラバンはヤコブのおじだった。ヤコブはハランの近くにいる母の家族を捜していた(29:10, ⇒24:15, 50)。

29:25 なぜ、私をだましたのですか 父と兄をだまして引起こした悪と痛みについて、神はヤコブに辛い体験を通して教えようとされたようである(⇒27:)。神は罪を赦されるけれども、その罪について私たちに訓戒を与えられることも理解しなければならない(→Ⅱサム12:7-14)。「思い違いをしてはいけません。・・・人は種を蒔けば、その刈り取りもすることになります」という神の霊的原則は生きている(ガラ6:7, ⇒箴22:8, ホセ8:7, 10:12-13)。言い換えると、「良くても悪くても」私たちの行動には明らかに結果が伴い、私たちがしたことは私たちに戻って来るということである。

創世記 29-30章

28 ヤコブはそのようにした。すなわち、その婚礼の週を過ごした。それでラバンはその娘ラケルを彼に妻として与えた。

29 ラバンは娘ラケルに、自分の女奴隷ビルハを彼女の女奴隷として与えた。

30 ヤコブはこうして、ラケルのところにも入った。ヤコブはレアよりも、実はラケルを愛していた。それで、もう七年間ラバンに仕えた。

ヤコブの子どもたち

31 主はレアがきらわれているのをご覧になって、彼女の胎を開かれた。しかしラケルは不妊の女であった。

32 レアはみごもって、男の子を産み、その子をルベンと名づけた。それは彼女が、「主が私の悩みをご覧になった。今こそ夫は私を愛するであろう」と言ったからである。

33 彼女はまたみごもって、男の子を産み、「主は私がきらわれているのを聞かれて、この子をも私に授けてくださった」と言って、その子をシメオンと名づけた。

34 彼女はまたみごもって、男の子を産み、「今度こそ、夫は私に結びつくだろう。私が彼に三人の子を産んだのだから」と言った。それゆえ、その子はレビと呼ばれた。

35 彼女はまたみごもって、男の子を産み、「今度は主をほめたたえよう」と言った。それゆえ、その子を彼女はユダと名づけた。それから彼女は子を産まなくなった。

30 ① 創29:18, 20, 申21:15
② 創30:26, 31:41, ホセ12:12
31 ① 詩127:3
② 創30:1
32 ① 創49:3
＊あるいは「子を見よ」
② 創16:11, 31:42, 出3:7, 4:31, ホセ26:7, 詩25:18, 106:44
33 ① 申21:15
② 創49:5
＊「聞く」意の語根「シャマ」の派生語
34 ① 創49:5
＊「結ぶ」意の語根「ラバ」の派生語
35 ① 創49:8, マタ1:2
＊「ほめたたえる」意の語根「ヤダ」の派生語

1 ① 創29:31
② 創26:14, 37:11
③ ヨブ5:2
2 ① Ⅱ列5:7
② 創16:2, 20:18, 29:31, Ⅰサム1:5, 6
3 ① 創16:2
② 創50:23, ヨブ3:12
③ 創16:2
6 ＊あるいは「正しくさばき」
＊＊「さばく」意の語根「ディン」の派生語
8 ① 創35:25, 出1:4, マタ4:13
＊「争う」意になる語根「ファタル」の派生語
9 ① 創30:4

30

1 ラケルは自分がヤコブに子を産んでいないのを見て、姉を嫉妬し、ヤコブに言った。「私に子どもを下さい。でなければ、私は死んでしまいます。」

2 ヤコブはラケルに怒りを燃やして言った。「私が神に代わることができようか。おまえの胎内に子を宿らせないのは神なのだ。」

3 すると彼女は言った。「では、私のはしためのビルハがいます。彼女のところに入り、彼女が私のひざの上に子を産むようにしてください。そうすれば私が彼女によって子どもの母になれましょう。」

4 ラケルは女奴隷ビルハを彼に妻として与えたので、ヤコブは彼女のところに入った。

5 ビルハはみごもり、ヤコブに男の子を産んだ。

6 そこでラケルは、「神は私をかばってくださり、私の声を聞き入れて、私に男の子を賜った」と言った。それゆえ、その子をダンと名づけた。

7 ラケルの女奴隷ビルハは、またみごもって、ヤコブに二番目の男の子を産んだ。

8 そこでラケルは、「私は姉と死に物狂いの争いをして、ついに勝った」と言って、その子をナフタリと名づけた。

9 さてレアは自分が子を産まなくなったのを見て、彼女の女奴隷ジルパをとって、ヤコブに妻として与えた。

10 レアの女奴隷ジルパがヤコブに男の子を産んだとき、

29:28 ラバンはその娘ラケルを彼に妻として与えた ヤコブが二人の姉妹と結婚したことは天地創造のときからの神のご計画に違反していた。神は最初から結婚は一人の男性と一人の女性の間だけで成り立つべきであると計画しておられた(→2:24注, ⇒出20:17, 申5:21)。後に神はヤコブのような結婚をはっきりと禁じられた(レビ18:18)。新約聖書も一夫一婦制(一人の妻と一人の夫)を唯一の正しい結婚の型であると見なしている(マタ19:4-6, マコ10:4-9)。神は一夫多妻制(一人の夫が複数の妻を持つこと)を旧約聖書の中では大目に見ておられたのかも知れない。けれどもそれは人々がしばしば結婚についての神のみこころを完全に理解していなかったり、あるいは単純に無視していたからである。一夫多妻制の悪影響は29:30, 30:1, 35:22, Ⅰ列11:1-12に描かれている。

29:31 【主】はレアがきらわれているのをご覧になって 神はレアが子どもを持つことを許された。レアの息子の一人がキリストの先祖のユダである(マタ1:3, 16)。神はしばしば無視されたり不当に扱われている人々の味方になられる(⇒詩9:18, 22:24, ルカ4:18)。最終的に神は、特にご自分の民の間の不正を黙認なさらない(→コロ3:25注)。

30:1-24 私に子どもを下さい この箇所はどのようにしてヤコブの家族が始まり、イスラエルの全部族がこの家族から出てきたかを明らかにしている。ヤコブの家族の弱さ、闘争、不完全さにもかかわらず神は究極の目的を達成されるのである。

30:1 でなければ、私は死んでしまいます 古代の近東地域では子どもを産むことのできない女性をあたかも神に見放され、のろわれている人のように軽べつ

¹¹レアは、「幸運が来た」と言って、その子をガド*と名づけた。
¹²レアの女奴隷ジルパがヤコブに二番目の男の子を産んだとき、
¹³レアは、「なんとしあわせなこと。女たちは、私をしあわせ者と呼ぶでしょう」と言って、その子をアシェルと名づけた。
¹⁴さて、ルベンは麦刈りのころ、野に出て行って、恋なすびを見つけ、それを自分の母レアのところに持って来た。するとラケルはレアに、「どうか、あなたの息子の恋なすびを少し私に下さい」と言った。
¹⁵レアはラケルに言った。「あなたは私の夫を取っても、まだ足りないのですか。私の息子の恋なすびもまた取り上げようとするのですか。」ラケルは答えた。「では、あなたの息子の恋なすびと引き替えに、今夜、あの人があなたといっしょに寝ればいいでしょう。」
¹⁶夕方になってヤコブが野から帰って来たとき、レアは彼を出迎えて言った。「私は、私の息子の恋なすびで、あなたをようやく手に入れたのですから、私のところに来なければなりません。」そこでその夜、ヤコブはレアと寝た。
¹⁷神はレアの願いを聞かれたので、彼女はみごもって、ヤコブに五番目の男の子を産んだ。
¹⁸そこでレアは、「私が、女奴隷を夫に与えたので、神は私に報酬を下さった」と言って、その子をイッサカル*と名づけた。
¹⁹レアがまたみごもり、ヤコブに六番目の男の子を産んだとき、
²⁰レアは言った。「神は私に良い賜物を下さった。今度こそ夫は私を尊ぶだろう。私は彼に六人の子を産んだのだから。」そしてその子をゼブルン*と名づけた。
²¹その後、レアは女の子を産み、その子をディナと名づけた。
²²神はラケルを覚えておられた。神は彼女の願いを聞き入れて、その胎を開かれた。
²³彼女はみごもって男の子を産んだ。そして「神は私の汚名を取り去ってくださった」

と言って、
²⁴その子をヨセフと名づけ、「主がもうひとりの子を私に加えてくださるように」と言った。

ヤコブの群れの増加

²⁵ラケルがヨセフを産んで後、ヤコブはラバンに言った。「私を去らせ、私の故郷の地へ帰らせてください。
²⁶私の妻たちや子どもたちを私に与えて行かせてください。私は彼らのためにあなたに仕えてきたのです。あなたに仕えた私の働きはよくご存じです。」
²⁷ラバンは彼に言った。「もしあなたが私の願いをかなえてくれるのなら……。私はあなたのおかげで、主が私を祝福してくださったことを、まじないで知っている。」
²⁸さらに言った。「あなたの望む報酬を申し出てくれ。私はそれを払おう。」
²⁹ヤコブは彼に言った。「私がどのようにあなたに仕え、また私がどのようにあなたの家畜を飼ったかは、あなたがよくご存じです。
³⁰私が来る前には、わずかだったのが、ふえて多くなりました。それは、私の行く先で主があなたを祝福されたからです。いったい、いつになったら私も自分自身の家を持つことができましょう。」
³¹彼は言った。「何をあなたにあげようか。」ヤコブは言った。「何も下さるには及びません。もし次のことを私にしてくださるなら、私は再びあなたの羊の群れを飼って、守りましょう。
³²私はきょう、あなたの群れをみな見回りましょう。その中から、ぶち毛とまだら毛のもの全部、羊の中では黒毛のもの全部、やぎの中ではまだら毛とぶち毛のものを、取り出してください。そしてそれらを私の報酬としてください。
³³後になってあなたが、私の報酬を見に来られたとき、私の正しさがあなたに証明されますように。やぎの中に、ぶち毛やまだら毛でないものや、羊の中で、黒毛でないものがあれば、それはみな、私が盗んだも

30:18 神は私に報酬を下さった レアのことばはこの問題についての彼女自身の感情を表している。神はしがちだった（⇒16:2, 30:2）。しばらくの間この状況を大目に見て、理想的とは言えないヤコブの結婚の状況を通してみわざを進められた（→29:28注）。

創世記　30-31章

のとなるのです。」
34 するとラバンは言った。「そうか。あなたの言うとおりになればいいな。」
35 ラバンはその日、しま毛とまだら毛のある雄やぎと、ぶち毛とまだら毛の雌やぎ、いずれも身に白いところのあるもの、それに、羊の真っ黒のものを取り出して、自分の息子たちの手に渡した。
36 そして、自分とヤコブとの間に三日の道のりの距離をおいた。ヤコブはラバンの残りの群れを飼っていた。
37 ヤコブは、ポプラや、アーモンドや、すずかけの木の若枝を取り、それの白い筋の皮をはいで、その若枝の白いところをむき出しにし、
38 その皮をはいだ枝を、群れが水を飲みに来る水ため、すなわち水ぶねの中に、群れに差し向かいに置いた。それで群れは水を飲みに来るときに、さかりがついた。
39 こうして、群れは枝の前でさかりがついて、しま毛のもの、ぶち毛のもの、まだら毛のものを産んだ。
40 ヤコブは羊を分けておき、その群れを、ラバンの群れのしま毛のものと、真っ黒いものとに向けておいた。こうして彼は自分自身のために、自分だけの群れをつくって、ラバンの群れといっしょにしなかった。
41 そのうえ、強いものの群れがさかりがついたときには、いつもヤコブは群れの目の前に向けて、枝を水ぶねの中に置き、枝のところでつがわせた。
42 しかし、群れが弱いときにはそれを置かなかった。こうして弱いのはラバンのものとなり、強いのはヤコブのものとなった。
43 それで、この人は大いに富み、多くの群れと、男女の奴隷、およびらくだと、ろばとを持つようになった。

ラバンからの逃走

31 1 さてヤコブはラバンの息子たちが、「ヤコブはわれわれの父の物をみな取った。父の物でこのすべての富を

37 ①創30:37-39、創31:9-12
38 ①創24:20
43 ①創12:16, 13:2, 24:35, 26:13, 14

3 ①創26:3, 24, 28:15, 20, 31:3
5 ①創31:2
6 ①創30:29, 31:38-41
7 ①創29:25
　②創31:41
　＊直訳「十度」
　③創31:29, 20:6, 詩105:14
8 ①創30:32
9 ①創31:1, 16
11 ①創16:7-11, 22:11, 15
12 ①出3:7
13 ①創28:18-21
　②創28:15, 31:3, 32:9
14 ①創2:24

ものにしたのだ」と言っているのを聞いた。
2 ヤコブもまた、彼に対するラバンの態度が、以前のようではないのに気づいた。
3 主はヤコブに仰せられた。「あなたが生まれた、あなたの先祖の国に帰りなさい。わたしはあなたとともにいる。」
4 そこでヤコブは使いをやって、ラケルとレアを自分の群れのいる野に呼び寄せ、
5 彼女たちに言った。「私はあなたがたの父の態度が以前のようではないのに気がついている。しかし私の父の神は私とともにおられるのだ。
6 あなたがたが知っているように、私はあなたがたの父に、力を尽くして仕えた。
7 それなのに、あなたがたの父は、私を欺き、私の報酬を幾度も変えた。しかし神は、彼が私に害を加えるようにされなかった。
8 彼が、『ぶち毛のものはあなたの報酬になる』と言えば、すべての群れがぶち毛のものを産んだ。また、『しま毛のものはあなたの報酬になる』と言えば、すべての群れが、しま毛のものを産んだ。
9 こうして神が、あなたがたの父の家畜を取り上げて、私に下さったのだ。
10 群れにさかりがついたとき、私が夢の中で目を上げて見ると、群れにかかっている雄やぎは、しま毛のもの、ぶち毛のもの、また、まだら毛のものであった。
11 そして神の使いが夢の中で私に言われた。『ヤコブよ。』私は『はい』と答えた。
12 すると御使いは言われた。『目を上げて見よ。群れにかかっている雄やぎはみな、しま毛のもの、ぶち毛のもの、まだら毛のものである。ラバンがあなたにしてきたことはみな、わたしが見た。
13 わたしはベテルの神。あなたはそこで、石の柱に油をそそぎ、わたしに誓願を立てたのだ。さあ、立って、この土地を出て、あなたの生まれた国に帰りなさい。』」
14 ラケルとレアは答えて言った。「私たちの父の家に、相続財産で私たちの受ける分がまだあるのでしょうか。

30:39　しま毛のもの、ぶち毛のもの、まだら毛のものを産んだ　神は超自然的な方法で群れの繁殖過程に影響を与えられた。ヤコブも神が家畜を増やし成長させてくださったと告白している(31:7-9)。

ヤコブの旅

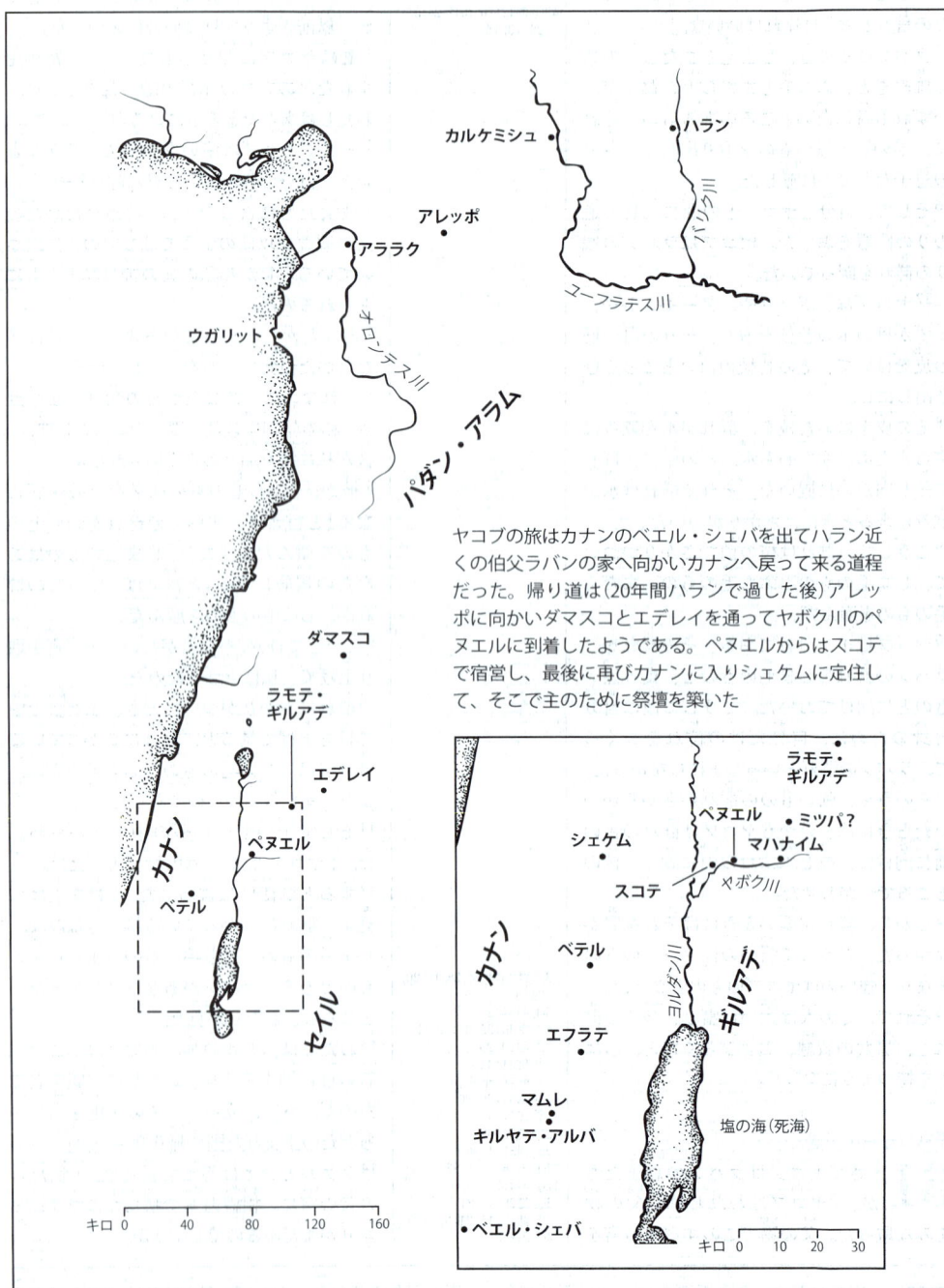

ヤコブの旅はカナンのベエル・シェバを出てハラン近くの伯父ラバンの家へ向かいカナンへ戻って来る道程だった。帰り道は（20年間ハランで過した後）アレッポに向かいダマスコとエデレイを通ってヤボク川のペヌエルに到着したようである。ペヌエルからはスコテで宿営し、最後に再びカナンに入りシェケムに定住して、そこで主のために祭壇を築いた

© 1989 Zondervan Publishing House

創世記　31章

15 私たちは父に、よそ者と見なされているのではないでしょうか。彼は私たちを売り、私たちの代金を食いつぶしたのですから。
16 また神が私たちの父から取り上げた富は、すべて私たちのもの、また子どもたちのものですから。さあ、神があなたにお告げになったすべてのことをしてください。」
17 そこでヤコブは立って、彼の子たち、妻たちをらくだに乗せ、
18 また、すべての家畜と、彼が得たすべての財産、彼がパダン・アラムで自分自身のものとした家畜を追って、カナンの地にいる父イサクのところへ出かけた。
19 そのとき、ラバンは自分の羊の毛を刈るために出ていたので、ラケルは父の所有のテラフィムを盗み出した。
20 またヤコブは、アラム人ラバンにないしょにして、自分の逃げるのを彼に知らせなかった。
21 彼は自分の持ち物全部を持って逃げた。彼は旅立って、ユーフラテス川を渡り、ギルアデの山地へ向かった。

ラバンの追跡

22 三日目に、ヤコブが逃げたことがラバンに知らされたので、
23 彼は身内の者たちを率いて、七日の道のりを、彼のあとを追って行き、ギルアデの山地でヤコブに追いついた。
24 しかし神は夜、夢にアラム人ラバンに現れて言われた。「あなたはヤコブと、事の善悪を論じないように気をつけよ。」
25 ラバンがヤコブに追いついたときには、ヤコブは山地に天幕を張っていた。そこでラバンもギルアデの山地に身内の者たちと天幕を張った。
26 ラバンはヤコブに言った。「何ということをしたのか。私にないしょで私の娘たちを剣で捕らえたとりこのように引いて行くとは。
27 なぜ、あなたは逃げ隠れて私のところに

15①創29:15, 20, 23, 27
18①創35:27-29
19①創31:30, 34, 35:2,
　士17:5, Ⅰサム19:13,
　ホセ3:4, Ⅱ列23:24
20①創31:26
21①創37:25
23①士18:22
24①創31:29, 42
　②創20:3, 6, 31:11,
　46:2, ヨブ33:15,
　マタ1:20
25①創24:50, 31:29
26①Ⅰサム30:2

27①出15:20
　②創4:21
28①創31:55, ルツ1:9, 14,
　Ⅰ列19:20, 使20:37
②Ⅰサム13:13,
　Ⅱ歴16:9
29①創31:5, 42, 53
　②創31:24
30①創31:19
32①創44:9
34①創31:19
35＊直訳「私の主よ」
①創18:11,
　レビ15:19, 20

こっそり抜け出し、私に知らせなかったのか。私はタンバリンや立琴で喜び歌って、あなたを送り出したろうに。
28 しかもあなたは、私の子どもたちや娘たちに口づけもさせなかった。あなたは全く愚かなことをしたものだ。
29 私はあなたがたに害を加える力を持っているが、昨夜、あなたがたの父の神が私に告げて、『あなたはヤコブと、事の善悪を論じないように気をつけよ』と言われた。
30 それはそうと、あなたは、あなたの父の家がほんとうに恋しくなって、どうしても帰って行きたくなったのであろうが、なぜ、私の神々を盗んだのか。」
31 ヤコブはラバンに答えて言った。「あなたの娘たちをあなたが私から奪い取りはしないかと思って、恐れたからです。
32 あなたが、あなたの神々をだれかのところで見つけたなら、その者を生かしてはおきません。私たちの一族の前で、私のところに、あなたのものがあったら、調べて、それを持って行ってください。」ヤコブはラケルがそれらを盗んだのを知らなかったのである。
33 そこでラバンはヤコブの天幕と、レアの天幕と、さらにふたりのはしための天幕にも入って見たが、見つからなかったので、レアの天幕を出てラケルの天幕に入った。
34 ところが、ラケルはすでにテラフィムを取って、らくだの鞍の下に入れ、その上にすわっていたので、ラバンが天幕を隅々まで捜し回っても見つからなかった。
35 ラケルは父に言った。「＊父上。私はあなたの前に立ち上がることができませんので、どうかおこらないでください。私には女の常のことがあるのです。」彼は捜したが、テラフィムは見つからなかった。
36 そこでヤコブは怒って、ラバンをとがめた。ヤコブはラバンに口答えして言った。「私にどんなそむきの罪があって、私

31:19　ラケルは父の所有のテラフィムを盗み出した
その後、ラケルはテラフィムを守るためにうそをついた(31:34-35)。考古学の発見によると、この地方では父親が死んだときにはこのような偶像があればより多くの遺産を得ることができると考えられていた。ラケルとレアは既に相続財産をごまかされていると感じていた(31:15)。だからラケルはおそらく偶像礼拝のためではなく、経済的な理由からテラフィムを盗んだと思われる。けれどもテラフィムは何の役にも立たなかった。それはヤコブが後に家の者全員に偶像と異国の神々の像を全部取除くように命じたからである。ヤコブはそれらをベテルに行く前に埋めてしまった

にどんな罪があって、あなたは私を追いつめるのですか。
37 あなたは私の物を一つ残らず、さわってみて、何か一つでも、あなたの家の物を見つけましたか。もしあったら、それを私の一族と、あなたの一族の前に置いて、彼らに私たちふたりの間をさばかせましょう。
38 私はこの二十年間、あなたといっしょにいましたが、あなたの雌羊も雌やぎも流産したことはなく、あなたの群れの雄羊も私は食べたことはありませんでした。
39 野獣に裂かれたものは、あなたのもとへ持って行かないで、私が罪を負いました。あなたは私に責任を負わせました。昼盗まれたものにも、夜盗まれたものにも。
40 私は昼は暑さに、夜は寒さに悩まされて、眠ることもできない有様でした。
41 私はこの二十年間、あなたの家で過ごしました。十四年間はあなたのふたりの娘たちのために、六年間はあなたの群れのために、あなたに仕えてきました。それなのに、あなたは幾度も私の報酬を変えたのです。
42 もし、私の父の神、アブラハムの神、イサクの恐れる方が、私についておられなかったなら、あなたはきっと何も持たせずに私を去らせたことでしょう。神は私の悩みとこの手の苦労とを顧みられて、昨夜さばきをなさったのです。」
43 ラバンは答えてヤコブに言った。「娘たちは私の娘、子どもたちは私の子ども、群れは私の群れ、すべてあなたが見るものは私のもの。この私の娘たちのために、または娘たちが産んだ子どもたちのために、きょう、私は何ができよう。
44 さあ、今、私とあなたと契約を結び、それを私とあなたとの間の証拠としよう。」
45 そこで、ヤコブは石を取り、これを立てて石の柱とした。
46 ヤコブは自分の一族に言った。「石を集めなさい。」そこで彼らは石を取り、石塚を作った。こうして彼らは石塚のそばで食事をした。

47 ラバンはそれをエガル・サハドタと名づけたが、ヤコブはこれをガルエデと名づけた。
48 そしてラバンは言った。「この石塚は、きょう私とあなたとの間の証拠である。」それゆえ、その名はガルエデと呼ばれた。
49 またそれはミツパとも呼ばれた。彼がこう言ったからである。「われわれが互いに目が届かない所にいるとき、主が私とあなたとの間の見張りをされるように。
50 もしあなたが私の娘たちをひどいめに会わせたり、もし娘たちのほかに妻をめとったりするなら、われわれのところにだれもいなくても、神が私とあなたとの間の証人であることをわきまえていなさい。」
51 ラバンはまたヤコブに言った。「ご覧、この石塚を。そしてご覧、私があなたと私との間に立てたこの石の柱を。
52 この石塚が証拠であり、この石の柱が証拠である。敵意をもって、この石塚を越えてあなたのところに行くことはない。あなたもまた、この石塚やこの石の柱を越えて私のところに来てはならない。
53 どうかアブラハムの神、ナホルの神——彼らの父祖の神——が、われわれの間をさばかれますように。」ヤコブも父イサクの恐れる方にかけて誓った。
54 そうしてヤコブは山でいけにえをささげ、一族を招いて食事を共にした。食事をしてから彼らは山で一夜を明かした。
55 翌朝早く、ラバンは子どもたちと娘たちに口づけして、彼らを祝福した。それからラバンは去って、自分の家へ帰った。

エサウとの再会の準備

32 1 さてヤコブが旅を続けていると、神の使いたちが彼に現れた。
2 ヤコブは彼らを見たとき、「ここは神の陣営だ」と言って、その所の名をマハナイムと呼んだ。
3 ヤコブはセイルの地、エドムの野にいる兄のエサウに、前もって使者を送った。

(35:2-4、→35:2注)。

32:1 神の使いたちが彼に現れた ヤコブは神の指示に従ってラバンのもとを出て、兄エサウが住んでいるカナンに戻るようにした(31:13)。神は御使いたちを送って、引き続きヤコブとともにいて守ってくださることを確かにされた。

創世記　32章

4 そして彼らに命じてこう言った。「あなたがたは私の主人エサウにこう伝えなさい。『あなたのしもべヤコブはこう申しました。私はラバンのもとに寄留し、今までとどまっていました。
5 私は牛、ろば、羊、男女の奴隷を持っています。それでご主人にお知らせして、あなたのご好意を得ようと使いを送ったのです。』」
6 使者はヤコブのもとに帰って言った。「私たちはあなたの兄上エサウのもとに行って来ました。あの方も、あなたを迎えに四百人を引き連れてやって来られます。」
7 そこでヤコブは非常に恐れ、心配した。それで彼はいっしょにいる人々や、羊や牛やらくだを二つの宿営に分けて、
8 「たといエサウが来て、一つの宿営を打っても、残りの一つの宿営はのがれられよう」と言った。
9 そうしてヤコブは言った。「私の父アブラハムの神、私の父イサクの神よ。かつて私に『あなたの生まれ故郷に帰れ。わたしはあなたをしあわせにする』と仰せられた主よ。
10 私はあなたがしもべに賜ったすべての恵みとまことを受けるに足りない者です。私は自分の杖一本だけを持って、このヨルダンを渡りましたが、今は、二つの宿営を持つようになったのです。
11 どうか私の兄、エサウの手から私を救い出してください。彼が来て、私をはじめ母や子どもたちまでも打ちはしないかと、私は彼を恐れているのです。
12 あなたはかつて『わたしは必ずあなたをしあわせにし、あなたの子孫を多くして数えきれない海の砂のようにする』と仰せられました。」
13 その夜をそこで過ごしてから、彼は手もとの物から兄エサウへの贈り物を選んだ。

4 ①創31:41
5 ①創30:43
　②創33:8, 15
6 ①創33:1
7 ①創32:11
9 ①創28:13, 31:42
　②創28:15, 31:3, 13
10 ①創24:27
　②ヨブ8:7
11 ①創27:41, 42, 33:4, 詩59:1, 2
12 ①創22:17, 28:13-15
　②Ⅰ列4:29
13 ①創43:11, 箴18:16

20 ①箴21:14
22 ①申3:16, ヨシ12:2
24 ①創32:24-28, ホセ12:3, 4

14 すなわち雌やぎ二百頭、雄やぎ二十頭、雌羊二百頭、雄羊二十頭、
15 乳らくだ三十頭とその子、雌牛四十頭、雄牛十頭、雌ろば二十頭、雄ろば十頭。
16 彼は、一群れずつをそれぞれしもべたちの手に渡し、しもべたちに言った。「私の先に進め。群れと群れとの間には距離をおけ。」
17 また先頭の者には次のように命じた。「もし私の兄エサウがあなたに会い、『あなたはだれのものか。どこへ行くのか。あなたの前のこれらのものはだれのものか』と言って尋ねたら、
18 『あなたのしもべヤコブのものです。私のご主人エサウに贈る贈り物です。彼もまた、私たちのうしろにおります』と答えなければならない。」
19 彼は第二の者にも、第三の者にも、また群れ群れについて行くすべての者にも命じて言った。「あなたがたがエサウに出会ったときには、これと同じことを告げ、
20 そしてまた、『あなたのしもべヤコブは、私たちのうしろにおります』と言え。」ヤコブは、私より先に行く贈り物によって彼をなだめ、そうして後、彼の顔を見よう。もしや、彼は私を快く受け入れてくれるかもわからない、と思ったからである。
21 それで贈り物は彼より先を通って行き、彼は宿営地でその夜を過ごした。

神との格闘

22 しかし、彼はその夜のうちに起きて、ふたりの妻と、ふたりの女奴隷と、十一人の子どもたちを連れて、ヤボクの渡しを渡った。
23 彼らを連れて流れを渡らせ、自分の持ち物も渡らせた。
24 ヤコブはひとりだけ、あとに残った。すると、ある人が夜明けまで彼と格闘した。

32:9　私の父イサクの神よ　ヤコブはエサウの領地に近付くにつれて怖くなった。20年以上経っていたけれどもヤコブは兄を欺いたことを覚えていた。そしてエサウがまだ怒っていて乱暴をするのではないかと考えた。そこでヤコブは神に助けを求めた。この祈りはいのちの危険に直面している信仰者の祈りの見本である。
　（1）ヤコブは神のご計画に従う人々を守るという約束を神に思い出させている(32:9)。
　（2）それまでに受けた祝福と助けを思い出し感謝している(32:10)。
　（3）起こるかもしれない危険な情況から救ってくださいと祈っている(32:11)。
　（4）神に守っていただく理由は、自分の人生に神の目的が実現するためだと言っている(32:12)。

32:24　ある人が・・・彼と格闘した　ヤコブと格闘したのは神としばしば同一視される「主の使い」(→16:

創世記　32-33章

25 ところが、その人は、ヤコブに勝てないのを見てとって、ヤコブのもものつがいを打ったので、その人と格闘しているうちに、ヤコブのもものつがいがはずれた。
26 するとその人は言った。「わたしを去らせよ。夜が明けるから。」しかし、ヤコブは答えた。「私はあなたを去らせません。私を祝福してくださらなければ。」
27 その人は言った。「あなたの名は何というのか。」彼は答えた。「ヤコブです。」
28 その人は言った。「あなたの名は、もうヤコブとは呼ばれない。イスラエルだ。あなたは神と戦い、人と戦って、勝ったからだ。」
29 ヤコブが、「どうかあなたの名を教えてください」と尋ねると、その人は、「いったい、なぜ、あなたはわたしの名を尋ねるのか」と言って、その場で彼を祝福した。
30 そこでヤコブは、その所の名をペヌエルと呼んだ。「私は顔と顔とを合わせて神を見たのに、私のいのちは救われた」という意味である。
31 彼がペヌエルを通り過ぎたころ、太陽は彼の上に上ったが、彼はそのもものために足を引きずっていた。
32 それゆえ、イスラエル人は、今日まで、もものつがいの上の腰の筋肉を食べない。

28①創35:10, Ⅰ列18:31, Ⅱ列17:34
＊「イスラ」は「戦う」意の語根「サラ」の派生語
②ホセ12:3, 4
29①士13:17, 18
②創27:35, 35:9
30①士8:8
＊あるいは「神の御顔」
①「ペニエル」
②創16:13、
出24:11, 33:20、
民12:8, 申5:24、
士6:22, 13:22, イザ6:5
31①士8:8

1①創32:6
3①創18:2, 42:6, 43:26
4①創45:14, 15
5①創48:9, 詩127:3, イザ8:18

あの人がヤコブのもものつがい、腰の筋肉を打ったからである。

ヤコブとエサウの再会

33 1 ヤコブが目を上げて見ると、見よ、エサウが四百人の者を引き連れてやって来ていた。ヤコブは子どもたちをそれぞれレアとラケルとふたりの女奴隷とに分け、
2 女奴隷たちとその子どもたちを先頭に、レアとその子どもたちをそのあとに、ラケルとヨセフを最後に置いた。
3 ヤコブ自身は、彼らの先に立って進んだ。彼は、兄に近づくまで、七回も地に伏しておじぎをした。
4 エサウは彼を迎えに走って来て、彼をいだき、首に抱きついて口づけし、ふたりは泣いた。
5 エサウは目を上げ、女たちや子どもたちを見て、「この人たちは、あなたの何なのか」と尋ねた。ヤコブは、「神があなたのしもべに恵んでくださった子どもたちです」と答えた。
6 それから女奴隷とその子どもたちは進み出て、おじぎをした。
7 次にレアもその子どもたちと進み出て、おじぎをした。最後に、ヨセフとラケルが進み出て、ていねいにおじぎをした。

7-, 21:17, 22:11, 31:11, ホセ12:4)と思われる(32:28, 30, 士6:12-14, 22, →出3:2注)。ヤコブが必死になって約束された祝福を求めて格闘したので、神は勝たせてくださった(32:28)。けれどもその際に神はヤコブのもものつがいをはずされた(32:25)。それはヤコブがもはや自分の力で歩くのではなく、神の導きに完全に頼らなければならないことを絶えず気付かせるためだった(32:30-32)。

32:28　あなたの名は・・・イスラエルだ　「だます者」を連想させるヤコブという名前は、「神と格闘する者」を意味する「イスラエル」に変えられた(→32:29注)。キリストに従う人々もときに「神のイスラエル」と呼ばれたけれども「神と格闘する者たち」を意味している(ガラ6:16)。神はご自分の民が受身になるのではなく、神の祝福と恵みを積極的に求めることを望んでおられる(マタ5:6, 6:33, 7:7-8, 11:12, ルカ11:5-10)。

32:29　その場で彼を祝福した　夜通し神と格闘した結果、ヤコブの生涯に神の祝福が与えられた。

(1) その夜の後、ヤコブは自分の人生と成功は自分の方法や能力によるのではなく、神の助け、導き、祝福によることを知った。後に神はイスラエルの子孫にこの真理を思い起こさせて言われた。「権力によらず、能力によらず、わたしの霊によって」(ゼカ4:6)。

(2) 神の民の人生にも勝利と祝福は同じようにして与えられる。私たちは神と肉体的には格闘しないかもしれないけれども激しく粘り強い祈りを通して神をとらえることができる(ルカ11:5-10)。そのためには罪の告白をして神の赦しを受けなければならない(ルカ11:4)。また時には神の臨在(ルカ11:2)や聖霊の力(使1:8, 2:4)を心から激しく求めることが必要である。さらに神を信頼し神の目的を知り、神が正しいとされることを行おうとする着実な努力も必要である(マタ6:30-33)。

33:4　エサウは・・・口づけし、ふたりは泣いた　長年の間に神は明らかにエサウを変えられた。エサウは今では弟と仲直りをしたいと望んでいた。このエサウの好意的な態度はヤコブの祈りに対する神の応えだった(32:11)。

創世記 33-34章

8 それからエサウは、「私が出会ったこの一団はみな、いったい、どういうものなのか」と尋ねた。するとヤコブは、「あなたのご好意を得るためです」と答えた。

9 エサウは、「弟よ。私はたくさん持っている。あなたのものは、あなたのものにしておきなさい」と言った。

10 ヤコブは答えた。「いいえ。もしお気に召したら、どうか私の手から私の贈り物を受け取ってください。私はあなたの顔を、神の御顔を見るように見ています。あなたが私を快く受け入れてくださいましたから。

11 どうか、私が持って来たこの祝いの品を受け取ってください。神が私を恵んでくださったので、私はたくさん持っていますから。」ヤコブがしきりに勧めたので、エサウは受け取った。

12 エサウが、「さあ、旅を続けて行こう。私はあなたのすぐ前に立って行こう」と言うと、

13 ヤコブは彼に言った。「あなたもご存じのように、子どもたちは弱く、乳を飲ませている羊や牛は私が世話をしています。一日でも、ひどく追い立てると、この群れは全部、死んでしまいます。

14 あなたは、しもべよりずっと先に進んで行ってください。私は、私の前に行く家畜や子どもたちの歩みに合わせて、ゆっくり旅を続け、あなたのところ、セイルへまいります。」

15 それでエサウは言った。「では、私が連れている者の幾人かを、あなたに使ってもらうことにしよう。」ヤコブは言った。「どうしてそんなことまで。**私はあなたのご好意に十分あずかっております。」

16 エサウは、その日、セイルへ帰って行った。

8 ①創32:13-16
10 ①士1:15,
Ⅰサム25:27, 30:26,
Ⅱ列5:15
②創43:3,
Ⅱサム14:24, 32,
マタ18:10
11 ①創30:43
13 ①詩78:71
14 ①創32:3
15 *直訳「置こう」
**あるいは「私のわがままをおゆるしください」

17 ①士8:5, 14, 詩60:6
*「小屋」の意
18 ①創25:20, 28:2
②創12:6, 35:4,
ヨシ24:1, 士9:1,
詩60:6
19 ①ヨシ24:32
②創23章, 創48:22
20 ①創35:7, 士6:24
*あるいは「イスラエルの神である神」

1 ①創30:21
2 ①創6:2
②申22:29
3 ①イザ40:2, ホセ2:14
4 ①士14:2
5 ①Ⅰサム10:27,
Ⅱサム13:22
7 ①創49:7
②申22:21, ヨシ7:15,
士20:6, Ⅱサム13:12

17 ヤコブはスコテへ移って行き、そこで自分のために家を建て、家畜のためには小屋を作った。それゆえ、その所の名はスコテと呼ばれた。

18 こうしてヤコブは、パダン・アラムからの帰途、カナンの地にあるシェケムの町に無事に着き、その町の手前で宿営した。

19 そして彼が天幕を張った野の一部を、シェケムの父ハモルの子らの手から百ケシタで買い取った。

20 彼はそこに祭壇を築き、それをエル・エロヘ・イスラエルと名づけた。

ディナとシェケム人

34 1 レアがヤコブに産んだ娘ディナがその土地の娘たちを訪ねようとして出かけた。

2 すると、その土地の族長のヒビ人ハモルの子シェケムは彼女を見て、これを捕らえ、これと寝てはずかしめた。

3 彼はヤコブの娘ディナに心をひかれ、この娘を愛し、ねんごろにこの娘に語った。

4 シェケムは父のハモルに願って言った。「この女の人を私の妻にもらってください。」

5 ヤコブも、彼が自分の娘ディナを汚したことを聞いた。息子たちはそのとき、家畜といっしょに野にいた。ヤコブは彼らが帰って来るまで黙っていた。

6 シェケムの父ハモルは、ヤコブと話し合うために出て来た。

7 ヤコブの息子たちが、野から帰って来て、これを聞いた。人々は心を痛め、ひどく怒った。シェケムがヤコブの娘と寝て、イスラエルの中で恥ずべきことを行ったからであ

34:1 ディナがその土地の娘たちを ヤコブは神が命じられた父イサクの家ではなく異教徒の町シェケムの近くに住んだ(⇒31:13, 35:1)。後にヤコブはこの選択を後悔する。娘を巻込んだ悲惨な事件のあとにヤコブはようやくベテルに移り家にある異国の神々を全部破壊した(→34:2注, 35:2注)。

34:2 これを捕らえ、これと寝て ディナにもディナの親にも過失があった。

(1) ヤコブはロトのように邪悪で不道徳な人々の近くに住み親しく交わるという失敗をした(⇒13:12-13)。またヤコブは子どもたちに対して適切な許容範囲と規則を定めることにも、子どもたちの人間関係を監督することにも失敗した。ディナの過失は神に従わない「土地の娘たち」と交際しようとしたことである。結果として悲劇が起こり、傷つき、ヤコブと娘と家族の恥となった。

(2) 子どもを守ることができず、悪い人間関係の影響を避けるように助けることができない親は、子どもを誘惑や道徳的妥協の危機、恥や悲劇に遭う危険にさらすことになる(→「**親と子ども**」の項p.2265)。

34:7 ヤコブの息子たちが・・・心を痛め ヤコブの息子たちは妹が暴行されたのだから怒るのも当然

る。このようなことは許せないことである。
8 ハモルは彼らに話して言った。「私の息子シェケムは心からあなたがたの娘を恋い慕っております。どうか彼女を息子の嫁にしてください。
9 私たちは互いに縁を結びましょう。あなたがたの娘を私たちのところにとつがせ、私たちの娘をあなたがためとってください。
10 そうすれば、あなたがたは私たちとともに住み、この土地はあなたがたの前に開放されているのです。ここに住み、自由に行き来し、ここに土地を得てください。」
11 シェケムも彼女の父や兄弟たちに言った。「私はあなたがたのご好意にあずかりたいのです。あなたがたが私におっしゃる物を何でも差し上げます。
12 どんなに高い花嫁料と贈り物を私に求められても、あなたがたがおっしゃるとおりに差し上げますから、どうか、あの人を私の妻に下さい。」
13 ヤコブの息子たちは、シェケムとその父ハモルに答えるとき、シェケムが自分たちの妹ディナを汚したので、悪巧みをたくらんで、
14 彼らに言った。「割礼を受けていない者に、私たちの妹をやるような、そのようなことは、私たちにはできません。それは、私たちにとっては非難の的ですから。
15 ただ次の条件であなたがたに同意しましょう。それは、あなたがたの男子がみな、割礼を受けて、私たちと同じようになることです。
16 そうすれば、私たちの娘たちをあなたがたに与え、あなたがたの娘たちを私たちがめとります。そうして私たちはあなたがたとともに住み、私たちは一つの民となりましょう。
17 もし、私たちの言うことを聞かず、割礼を受けないならば、私たちは娘を連れて、

10①創13:9, 20:15
②創42:34
③創47:27
12①出22:16, 17, 申22:29, Ⅰサム18:25
14①創17:14, ヨシ5:7
15①創17:10

19①Ⅰ歴4:9
20①創23:10, 18, 34:24, ルツ4:1, 11
24①創23:10
25①創34:25-31, 創49:5-7

ここを去ります。」
18 彼らの言ったことは、ハモルとハモルの子シェケムの心にかなった。
19 この若者は、ためらわずにこのことを実行した。彼はヤコブの娘を愛しており、また父の家のだれよりも彼は敬われていたからである。
20 ハモルとその子シェケムは、自分たちの町の門に行き、町の人々に告げて言った。
21 「あの人たちは私たちと友だちである。だから、あの人たちをこの地に住まわせ、この地を自由に行き来させよう。この地は彼らが来ても十分広いから。私たちは彼らの娘たちをめとり、私たちの娘を彼らにとつがせよう。
22 ただ次の条件で、あの人たちは私たちとともに住み、一つの民となることに同意した。それは彼らが割礼を受けているように、私たちのすべての男子が割礼を受けることである。
23 そうすれば、彼らの群れや財産、それにすべての彼らの家畜も、私たちのものになるではないか。さあ、彼らに同意しよう。そうすれば彼らは私たちとともに住まおう。」
24 その町の門に出入りする者はみな、ハモルとその子シェケムの言うことを聞き入れ、その町の門に出入りする者のすべての男子は割礼を受けた。
25 三日目になって、ちょうど彼らの傷が痛んでいるとき、ヤコブのふたりの息子、ディナの兄シメオンとレビとが、それぞれ剣を取って、難なくその町を襲い、すべての男子を殺した。
26 こうして彼らは、ハモルとその子シェケムとを剣の刃で殺し、シェケムの家からディナを連れ出して行った。
27 ヤコブの子らは、刺し殺された者を襲い、その町を略奪した。それは自分たちの妹が汚されたからである。

だった。またこのような恥ずべき行為は許せないことを知っていた。けれどもこのように極端で残酷な仕返しを自分たちでしたことは間違いだった。

34:15 あなたがたの男子がみな、割礼を受けて 割礼には男性器の包皮の一部または全部を切取ることが含まれている。これは旧約聖書の神の契約(イスラエルに対する神の律法と約束、そして神に対するイスラエルの忠実と服従に基づいた神とイスラエルとの

「終生協定」)を受入れることを示すしるしだった。ヤコブの息子たちは神との契約関係のしるしを人をだますために悪用した(→17:11注)。

34:25 シメオンとレビとが・・・その町を襲い シメオンとレビは男たちを殺し町を略奪しただけではなく、女や子どもたちまでとりこにした。この残酷な行為の結果、シメオンとレビはイスラエルの指導者としての地位を失った。神は正当化できる戦いと残虐な行

28 彼らは、その人たちの羊や、牛や、ろばや、それに町にあるもの、野にあるものを奪い、29 その人たちの全財産、幼子、妻たち、それに家にあるすべてのものを、とりこにし、略奪した。

30 それでヤコブはシメオンとレビに言った。「あなたがたは、私に困ったことをしてくれて、私をこの地の住民カナン人とペリジ人の憎まれ者にしてしまった。私には少人数しかいない。彼らがいっしょに集まって私を攻め、私を打つならば、私も私の家の者も根絶やしにされるであろう。」

31 彼らは言った。「私たちの妹が遊女のように取り扱われてもいいのですか。」

再びベテルへ

35 1 神はヤコブに仰せられた。「立ってベテルに上り、そこに住みなさい。そしてそこに、あなたが兄エサウからのがれていたとき、あなたに現れた神のために祭壇を築きなさい。」

2 それでヤコブは自分の家族と、自分といっしょにいるすべての者とに言った。「あなたがたの中にある異国の神々を取り除き、身をきよめ、着物を着替えなさい。3 そうして私たちは立って、ベテルに上って行こう。私はそこで、私の苦難の日に私に答え、私の歩いた道に、いつも私とともにおられた神に祭壇を築こう。」

4 彼らは手にしていたすべての異国の神々と、耳につけていた耳輪とをヤコブに渡した。それでヤコブはそれらをシェケムの近くにある樫の木の下に隠した。

30 ①創13:7, 34:2
② 出5:21, Ⅱサム10:6
③ 創46:26, 27, 申4:27,
Ⅰ歴16:19, 詩105:12

1 ① 創28:10-22
② 創28:13
2 ① 創18:19, ヨシ24:15
② 創31:19, 30, 34,
ヨシ24:23, Ⅰサム7:3
③ 出19:10, 14
3 ① 詩107:6
② 創28:15, 20-22,
31:3, 42
③ 創35:7
4 ① ホセ2:13
② 創12:6, 士9:6
③ ヨシ24:26

5 ① 出15:16, 23:27,
申2:25, 11:25,
ヨシ2:9, 5:1,
Ⅰサム11:7, 14:15
6 ① 創28:19, 48:3
7 ① 創35:3
＊あるいは「ベテルの神」
② 創28:13, 35:1
8 ① 創24:59
＊別訳「テビンの木」
＊＊あるいは「嘆きの樫の木」
9 ① 創32:29
10 ① 創32:28
11 ① 創35:11, 12, 出32:13
② →創17:1
＊「エル・シャダイ」
③ 創9:1, 7
④ 創17:5, 6, 16, 28:3, 48:4
⑤ 創17:6, 16, 36:31,
詩45:16
12 ① 創12:7, 13:15, 26:3,
4, 28:13, ヘブ11:9

5 彼らが旅立つと、神からの恐怖が回りの町々に下ったので、彼らはヤコブの子らのあとを追わなかった。

6 ヤコブは、自分とともにいたすべての人々といっしょに、カナンの地にあるルズ、すなわち、ベテルに来た。

7 ヤコブはそこに祭壇を築き、その場所を*エル・ベテルと呼んだ。それはヤコブが兄からのがれていたとき、神がそこで彼に現れたからである。

8 リベカのうばデボラは死に、ベテルの下手にある*樫の木の下に葬られた。それでその木の名はアロン・バクテと呼ばれた。

9 こうしてヤコブがパダン・アラムから帰って来たとき、神は再び彼に現れ、彼を祝福された。

10 神は彼に仰せられた。

「あなたの名はヤコブであるが、
 あなたの名は、もう、ヤコブと呼んではならない。
 あなたの名はイスラエルでなければならない。」

それで彼は自分の名をイスラエルと呼んだ。

11 神はまた彼に仰せられた。
「わたしは全能の神である。
 生めよ。ふえよ。
 一つの国民、諸国の民のつどいが、
 あなたから出て、
 王たちがあなたの腰から出る。
12 わたしはアブラハムとイサクに与えた地を、
 あなたに与え、
 あなたの後の子孫にも

為とを区別される（→49:5-7）。

35:2　異国の神々を取り除き　前の章の悲惨な出来事の後、神はヤコブに家族をベテルへ移すように言われた。ここは初めから行かなければならない土地だった。この時までにヤコブは家族が神のみこころから離れてしまっているのに気付いたので、家の者全員に「あなたがたの中にある異国の神々を取り除き」なさいと命じた。ヤコブの家の霊的な更新は次のように行われた。

（1）神に喜ばれないものは全部家の中から取り除いた（35:2）。

（2）それぞれ身をきよめた（35:2）。

（3）心からの礼拝をして神への献身を新しくした

（35:7, 28:20-22）。

（4）神との交わりを持った（35:9）。

（5）神のことば（35:10-15）と霊的ないけにえ（35:14）による生活をした。

新しく献身したことによってヤコブはもう一度神の臨在、守り、啓示、祝福を体験することになった（35:5, 9-13, →「**偶像礼拝**」の項 p.468）。

35:9-13　神は再び彼に現れ　ヤコブが約束の地に戻って神のみこころに立返ったとき、神はアブラハムとの間に立てられた契約の約束（17:1-8）を更新された（→「**アブラハム、イサク、ヤコブとの神の契約**」の項 p.74）。

その地を与えよう。」
13 神は彼に語られたその所で、彼を離れて上られた。
14 ヤコブは、神が彼に語られたその場所に柱、すなわち、石の柱を立て、その上に注ぎのぶどう酒を注ぎ、またその上に油をそそいだ。
15 ヤコブは、神が自分と語られたその所をベテルと名づけた。

ラケルとイサクの死

16 彼らがベテルを旅立って、エフラテまで行くにはまだかなりの道のりがあるとき、ラケルは産気づいて、ひどい陣痛で苦しんだ。
17 彼女がひどい陣痛で苦しんでいるとき、助産婦は彼女に、「心配なさるな。今度も男のお子さんです」と告げた。
18 彼女が死に臨み、そのたましいが離れ去ろうとするとき、彼女はその子の名をベン・オニと呼んだ。しかし、その子の父は**ベニヤミンと名づけた。
19 こうしてラケルは死んだ。彼女はエフラテ、今日のベツレヘムへの道に葬られた。
20 ヤコブは彼女の墓の上に石の柱を立てた。それはラケルの墓の石の柱として今日に至っている。
21 イスラエルは旅を続け、ミグダル・エデルのかなたに天幕を張った。
22 イスラエルがその地に住んでいたころ、ルベンは父のそばめビルハのところに行って、これと寝た。イスラエルはこのことを聞いた。
さて、ヤコブの子は十二人であった。
23 レアの子はヤコブの長子ルベン、シメオン、レビ、ユダ、イッサカル、ゼブルン。
24 ラケルの子はヨセフとベニヤミン。
25 ラケルの女奴隷ビルハの子はダンとナフ

13 ①創17:22, 18:33
14 ①創28:18, 31:45
②出29:40, 41, 30:9, レビ23:13, 18, 37, →民4:7
15 ①創28:19
16 ①創35:16-20, 創48:7
②創35:19, ルツ1:2, 4:11, ミカ5:2
17 ①創30:24
18 ①Ⅰサム4:20
②ルベ4:9
* あるいは「私の苦しみの子」
** あるいは「右手の子」
20 ①Ⅰサム10:2
21 ①ミカ4:8
22 ①創49:3, 4, Ⅰ歴5:1
②出1:2-4, Ⅰ歴2:1, 2
23 ①創29:31-35,
24 ①創30:22-24, 35:18
25 ①創30:5-8

26 ①創30:10-13
27 ①創23:2, ヨシ14:15, 15:13
②創13:18, 18:1, 23:19
28 ①創25:26, 47:9
29 ①→創25:8
②→創25:8

1 ①創25:30
②→創2:4
2 ①創26:34, 28:8
  * 直訳「娘」
②創36:25
3 ①創28:9
4 ①創36:10, Ⅰ歴1:35
②創36:10, 13, 17, Ⅰ歴1:35, 37
5 ①創36:14, 18, Ⅰ歴1:35
7 ①創13:6
②創17:8, 28:4

タリ。
26 レアの女奴隷ジルパの子はガドとアシェル。これらはパダン・アラムでヤコブに生まれた彼の子たちである。
27 ヤコブはキルヤテ・アルバ、すなわちヘブロンのマムレにいた父イサクのところに行った。そこはアブラハムとイサクが一時、滞在した所である。
28 イサクの一生は百八十年であった。
29 イサクは息が絶えて死んだ。彼は年老いて長寿を全うして自分の民に加えられた。彼の子エサウとヤコブが彼を葬った。

エサウの子孫

36:10-14　並行記事－Ⅰ歴1:35-37
36:20-28　並行記事－Ⅰ歴1:38-42

36 1 これはエサウ、すなわちエドムの歴史である。
2 エサウはカナンの女の中から妻をめとった。すなわちヘテ人エロンの娘アダと、ヒビ人ツィブオンの子アナの娘オホリバマ、
3 それにイシュマエルの娘でネバヨテの妹バセマテである。
4 アダがエサウにエリファズを産み、バセマテはレウエルを産み、
5 オホリバマはエウシュ、ヤラム、コラを産んだ。これらはカナンの地で生まれたエサウの子である。
6 エサウは、その妻たち、息子、娘たち、その家のすべての者、その群れとすべての家畜、カナンの地で得た全財産を携え、弟ヤコブから離れてほかの地へ行った。
7 それは、ふたりが共に住むには彼らの持ち物が多すぎて、彼らが滞在していた地は、彼らの群れのために、彼らをささえることができなかったからである。

35:18　その子の名をベン・オニと呼んだ。しかし、その子の父はベニヤミンと名づけた。　レアとラケルはヤコブの子どもたち全員に名前を付けた。けれども「ベン・オニ（私の苦しみの子）」という名前は、その子どもが母の死に対して責任を感じるようになる恐れがあった。そこでヤコブはその子に名誉ある「ベニヤミン」という名前をつけた。それは「私の右腕の子」という意味で愛されていることを象徴している。ラケルは死んだけれどもベニヤミンが与えられたことを喜んでいることをヤコブは伝えようとしたのである。自分の過失によらない家族の問題について、子どもには罪悪感を持つようにさせてはならない。

35:22　ルベン　ルベンは性的な罪を犯したことで長子の特権を永遠に失った。それは相続権とイスラエル民族の中でのリーダーとしての地位を失うことだった（→49:3-4, Ⅰ歴5:1）。

36:6-7　エサウは・・・彼らの持ち物が　エサウは様々な面で物質的に豊かになった。けれども霊的生活

創世記　36章

⁸それでエサウはセイルの山地に住みついたのである。エサウとはすなわちエドムである。
⁹これがセイルの山地にいたエドム人の先祖エサウの系図である。
¹⁰エサウの子の名は次のとおり。エサウの妻アダの子エリファズ、エサウの妻バセマテの子レウエル。
¹¹エリファズの子はテマン、オマル、ツェフォ、ガタム、ケナズである。
¹²ティムナはエサウの子エリファズのそばめで、エリファズにアマレクを産んだ。これらはエサウの妻アダの子である。
¹³レウエルの子は次のとおり。ナハテ、ゼラフ、シャマ、ミザ。これらはエサウの妻バセマテの子であった。
¹⁴ツィブオンの子アナの娘でエサウの妻オホリバマの子は次のとおり。彼女はエサウにエウシュとヤラムとコラを産んだ。
¹⁵エサウの子で首長は次のとおり。エサウの長子エリファズの子では、首長テマン、首長オマル、首長ツェフォ、首長ケナズ、¹⁶首長コラ、首長ガタム、首長アマレクである。これらはエドムの地にいるエリファズから出た首長で、アダの子である。
¹⁷エサウの子レウエルの子では、次のとおり。首長ナハテ、首長ゼラフ、首長シャマ、首長ミザ。これらはエドムの地でレウエルから出た首長で、エサウの妻バセマテの子である。
¹⁸エサウの妻オホリバマの子では、次のとおり。首長エウシュ、首長ヤラム、首長コラである。これらはエサウの妻で、アナの娘であるオホリバマから出た首長である。
¹⁹これらはエサウ、すなわちエドムの子で、彼らの首長である。
²⁰この地の住民ホリ人セイルの子は次のとおり。ロタン、ショバル、ツィブオン、アナ、²¹ディション、エツェル、ディシャンで、これらはエドムの地にいるセイルの子ホリ人の首長である。
²²ロタンの子はホリ、ヘマム。ロタンの妹はティムナであった。
²³ショバルの子は次のとおり。アルワン、マナハテ、エバル、シェフォ、オナム。
²⁴ツィブオンの子は次のとおり。アヤ、アナ。このアナは父ツィブオンのろばを飼っていたとき荒野で温泉を発見したアナである。
²⁵アナの子は次のとおり。ディションと、アナの娘オホリバマ。
²⁶ディションの子は次のとおり。ヘムダン、エシュバン、イテラン、ケラン。
²⁷エツェルの子は次のとおり。ビルハン、ザアワン、アカン。
²⁸ディシャンの子は次のとおり。ウツ、アラン。
²⁹ホリ人の首長は次のとおり。首長ロタン、首長ショバル、首長ツィブオン、首長アナ、³⁰首長ディション、首長エツェル、首長ディシャン。これらはホリ人の首長で、セイルの地の首長である。

エドムの王たち
36:31-43　並行記事－Ⅰ歴1:43-54

³¹イスラエル人の王が治める以前、エドムの地で治めた王たちは次のとおり。
³²ベオルの子ベラがエドムで治め、その町の名はディヌハバであった。
³³ベラが死ぬと、代わりにボツラから出たゼラフの子ヨバブが王となった。
³⁴ヨバブが死ぬと、代わりにテマン人の地から出たフシャムが王となった。
³⁵フシャムが死ぬと、代わりに、モアブの野でミデヤン人を打ち破ったベダデの子ハダデが王となった。その町の名はアビテであった。
³⁶ハダデが死ぬと、代わりにマスレカから出たサムラが王となった。
³⁷サムラが死ぬと、代わりにレホボテ・ハナハルから出たサウルが王となった。
³⁸サウルが死ぬと、代わりにアクボルの子バアル・ハナンが王となった。
³⁹アクボルの子バアル・ハナンが死ぬと、代わりにハダルが王となった。その町の名はパウであった。彼の妻の名はメヘタブエル

では先祖の神との交わりが徐々に失われていった。残念なことにエサウにとっては霊的な事柄は大切ではなかったようである（25:34, 26:34-35, 36:2）。その結果エサウが建てた国（エドム）は神を拒み、しばしば神のさばきを受けることになった（→イザ11:14, アモ9:12, オバ1:1-4）。

で、メ・ザハブの娘マテレデの娘であった。 ⁴⁰エサウから出た首長の名は、その氏族とその場所によって、その名をあげると次のとおり。首長ティムナ、首長アルワ、首長エテテ、⁴¹首長オホリバマ、首長エラ、首長ピノン、⁴²首長ケナズ、首長テマン、首長ミブツァル、⁴³首長マグディエル、首長イラム。これらの者は、彼らの所有地での部落ごとにあげた、エドムの首長たちである。エドム人の先祖はエサウである。

ヨセフの夢

37 ¹ヤコブは、父が一時滞在していた地、カナンの地に住んでいた。

²これはヤコブの歴史である。
ヨセフは十七歳のとき、彼の兄たちと羊の群れを飼っていた。彼はまだ手伝いで、父の妻ビルハの子らやジルパの子らといっしょにいた。ヨセフは彼らの悪いうわさを父に告げた。

³イスラエルは、彼の息子たちのだれよりもヨセフを愛していた。それはヨセフが彼の年寄り子であったからである。それで彼はヨセフに、そでつきの長服を作ってやっていた。⁴彼の兄たちは、父が兄弟たちのだれよりも彼を愛しているのを見て、彼を憎み、彼と穏やかに話すことができなかった。

⁵あるとき、ヨセフは夢を見て、それを兄たちに告げた。すると彼らは、ますます彼を憎むようになった。

⁴⁰①創36:40-43, I歴1:51-54
1①創17:8, 23:4, 28:4, 36:7, ヘブ11:9
2①→創2:4
　②創41:46
　③創35:25, 26
　④Iサム2:22-24
3①創44:20
　②創37:23, 32, IIサム13:18
　＊あるいは「綾織りの着物」
4①創27:41, 49:23
5①創28:12, 31:10, 11, 24, 42:9

7①創42:6, 43:26, 44:14, 50:18, 49:8
9①黙12:1
10①創27:29, 49:8
11①使7:9, 創26:14, 30:1
　②ダニ7:28, ルカ2:19, 51
13①創33:18-20
　＊直訳「いるではないか」

⁶ヨセフは彼らに言った。「どうか私の見たこの夢を聞いてください。⁷見ると、私たちは畑で束をたばねていました。すると突然、私の束が立ち上がり、しかもまっすぐに立っているのです。見ると、あなたがたの束が回りに来て、私の束におじぎをしました。」⁸兄たちは彼に言った。「おまえは私たちを治める王になろうとするのか。私たちを支配しようとでも言うのか。」こうして彼らは、夢のことや、ことばのことで、彼をますます憎むようになった。

⁹ヨセフはまた、ほかの夢を見て、それを兄たちに話した。彼は、「また、私は夢を見ましたよ。見ると、太陽と月と十一の星が私を伏し拝んでいるのです」と言った。¹⁰ヨセフが父や兄たちに話したとき、父は彼をしかって言った。「おまえの見た夢は、いったい何なのだ。私や、おまえの母上、兄さんたちが、おまえのところに進み出て、地に伏しておまえを拝むとでも言うのか。」¹¹兄たちは彼をねたんだが、父はこのことを心に留めていた。

売られるヨセフ

¹²その後、兄たちはシェケムで父の羊の群れを飼うために出かけて行った。

¹³それで、イスラエルはヨセフに言った。「おまえの兄さんたちはシェケムで群れを飼っている。さあ、あの人たちのところに

37:2 ヨセフ ヨセフの話はどのようにしてヤコブの子孫がエジプトに住むようになったのかそのいきさつを伝えている。創世記のこの部分はイスラエルの出エジプト(民族移動)のお膳立てをしている。また神に対するヨセフの忠誠心とほかの人々のために神がその人生を守り導かれた様々な方法が描かれている。さらに正しい人々が邪悪で不正に満ちたこの世界で苦しみに遭うとしても、神の目的は最終的に達成されることが強調されている。

37:3 そでつきの長服 ヨセフが父からもらった立派な長服は兄弟たちが着ていた質素で素朴な衣服と比べて明らかに際立っていた。この贈り物は父のヨセフに対する偏愛を示していた。

37:5 夢 神は時には夢を通してみこころを現される(⇒28:10-17, 民12:6-8, ダニ7:, マタ1:20-24)。

神は今でもなお私たちに夢を通して話されることがある(⇒使2:17)。けれども神の主な啓示と導きは、神のことばである聖書(ヨハ15:7, Iテモ4:6, ヤコ1:21)と、キリストに従う人々の内に住まわれる聖霊によって与えられる(ロマ8:1-17, ガラ5:16-25)。

37:6 この夢を聞いてください ヨセフは見た夢について兄たちに話すほど愚かで幼稚だった。その夢の目的はヨセフに将来の困難をかすかに見せ信仰をもって向き合えるようにさせることであり、ヨセフが高慢になったり兄たちに対して優越感を持ったりするためではなかった。神は後にヤコブの家族をエジプトで守るためにヨセフを選ばれたと思われるけれども、それはヨセフの道徳的基準や神への献身度がほかの兄弟たちよりまさっていたからと思われる(→IIテモ2:20-21)。

37:7 私の束におじぎをしました 何年もの後にこ

創世記　37章

使いに行ってもらいたい。」すると答えた。「はい。まいります。」

14 また言った。「さあ、行って兄さんたちや、羊の群れが無事であるかを見て、そのことを私に知らせに帰って来ておくれ。」こうして彼をヘブロンの谷から使いにやった。それで彼はシェケムに行った。

15 彼が野をさまよっていると、ひとりの人が彼に出会った。その人は尋ねて言った。「何を捜しているのですか。」

16 ヨセフは言った。「私は兄たちを捜しているところです。どこで群れを飼っているか教えてください。」

17 するとその人は言った。「ここから、もう立って行ったはずです。あの人たちが、『ドタンのほうに行こうではないか』と言っているのを私が聞いたからです。」そこでヨセフは兄たちのあとを追って行き、ドタンで彼らを見つけた。

18 彼らは、ヨセフが彼らの近くに来ないうちに、はるかかなたに、彼を見て、彼を殺そうとたくらんだ。

19 彼らは互いに言った。「見ろ。あの夢見る者がやって来る。

20 さあ、今こそ彼を殺し、どこかの穴に投げ込んで、悪い獣が食い殺したと言おう。そして、あれの夢がどうなるかを見ようではないか。」

21 しかし、ルベンはこれを聞き、彼らの手から彼を救い出そうとして、「あの子のいのちを打ってはならない」と言った。

22 ルベンはさらに言った。「血を流してはならない。彼を荒野のこの穴に投げ込みなさい。彼に手を下してはならない。」ヨセフを彼らの手から救い出し、父のところに返すためであった。

23 ヨセフが兄たちのところに来たとき、彼らはヨセフの長服、彼が着ていたそでつきの長服をはぎ取り、

24 彼を捕らえて、穴の中に投げ込んだ。その穴はからで、その中には水がなかった。

25 それから彼らはすわって食事をした。彼らが目を上げて見ると、そこに、イシュマエル人の隊商がギルアデから来ていた。らくだには樹膠と乳香と没薬を背負わせ、彼らはエジプトへ下って行くところであった。

26 すると、ユダが兄弟たちに言った。「弟を殺し、その血を隠したとて、何の益になろう。

27 さあ、ヨセフをイシュマエル人に売ろう。われわれが彼に手をかけてはならない。彼はわれわれの肉親の弟だから。」兄弟たちは彼の言うことを聞き入れた。

28 そのとき、ミデヤン人の商人が通りかかった。それで彼らはヨセフを穴から引き上げ、ヨセフを銀二十枚でイシュマエル人に売った。イシュマエル人はヨセフをエジプトへ連れて行った。

29 さて、ルベンが穴のところに帰って来ると、なんと、ヨセフは穴の中にいなかった。彼は自分の着物を引き裂き、

30 兄弟たちのところに戻って、言った。「あの子がいない。ああ、私はどこへ行ったらよいのか。」

31 彼らはヨセフの長服を取り、雄やぎをほふって、その血に、その長服を浸した。

32 そして、そのそでつきの長服を父のところに持って行き、彼らは、「これを私たちが見つけました。どうか、あなたの子の長服であるかどうか、お調べになってください」と言った。

33 父は、それを調べて、言った。「これはわが子の長服だ。悪い獣にやられたのだ。ヨセフはかみ裂かれたのだ。」

34 ヤコブは自分の着物を引き裂き、荒布を腰にまとい、幾日もの間、その子のために泣き悲しんだ。

35 彼の息子、娘たちがみな、来て、父を慰めたが、彼は慰められることを拒み、「私は、泣き悲しみながら、よみにいるわが子

の夢は文字通り成就した（42:6, 43:26, 44:14）。

37:21　ルベン　ルベンはヤコブの最初の子であり、兄弟たちのリーダーになるはずだった。けれどもビルハと性的な罪を犯したため（→35:22注）、霊的なリーダーとしての立場と兄弟たちへの影響力を失ってしまった（37:22-29, ⇒42:37-38）。

37:28　ヨセフをエジプトへ連れて行った　兄弟たちはヨセフを奴隷に売るようなひどい仕打ちをしたけれども神はこのことを用いてヨセフの人生にみこころを実現された（→「**神の摂理**」の項 p.110）。

37:35　よみに・・・下って行きたい　ここでの「よみ」ということばはヘブル語で「シェオール」（この重要

のところに下って行きたい」と言った。こうして父は、その子のために泣いた。

36 あのミデヤン人はエジプトで、パロの廷臣、その侍従長ポティファルにヨセフを売った。

ユダとタマル

38 1 そのころのことであった。ユダは兄弟たちから離れて下って行き、その名をヒラというアドラム人の近くで天幕を張った。

2 そこでユダは、あるカナン人で、その名をシュアという人の娘を見そめ、彼女をめとって彼女のところに入った。

3 彼女はみごもり、男の子を産んだ。彼はその子をエルと名づけた。

4 彼女はまたみごもって、男の子を産み、その子をオナンと名づけた。

5 彼女はさらにまた男の子を産み、その子をシェラと名づけた。彼女がシェラを産んだとき、彼はケジブにいた。

6 ユダは、その長子エルにタマルという妻を迎えた。

7 しかしユダの長子エルは主を怒らせていたので、主は彼を殺した。

8 それでユダはオナンに言った。「あなたは兄嫁のところに入り、義弟としての務めを果たしなさい。そしてあなたの兄のために子孫を起こすようにしなさい。」

9 しかしオナンは、その生まれる子が自分のものとならないのを知っていたので、兄に子孫を与えないために、兄嫁のところに入ると、地に流していた。

10 彼のしたことは主を怒らせたので、主は彼をも殺した。

11 そこでユダは、嫁のタマルに、「わが子シェラが成人するまで、あなたの父の家でやもめのままでいなさい」と言った。それはシェラもまた、兄たちのように死ぬといけないと思ったからである。タマルは父の家に行き、そこに住むようになった。

12 かなり日がたって、シュアの娘であったユダの妻が死んだ。その喪が明けたとき、ユダは、羊の群れの毛を切るために、その友人でアドラム人のヒラといっしょに、ティムナへ上って行った。

13 そのとき、タマルに、「ご覧。あなたのしゅうとが羊の毛を切るためにティムナに上って来ていますよ」と告げる者があった。

14 それでタマルは、やもめの服を脱ぎ、ベールをかぶり、着替えをして、ティムナへの道にあるエナイムの入口にすわっていた。それはシェラが成人したのに、自分がその妻にされないのを知っていたからである。

15 ユダは、彼女を見たとき、彼女が顔をおおっていたので遊女だと思い、

16 道ばたの彼女のところに行き、「さあ、

---

36 ①創39:1

1 ①ヨシ15:35、Ⅰサム22:1
2 ①Ⅰ歴2:3
3 ①創46:12, 民26:19
4 ①創46:12, 民26:19
5 ①Ⅰ歴2:3
7 ①ヨシ15:44
8 ①申25:5,6、ルツ1:11,13, マタ22:24

10 ①創46:12, 民26:19
11 ①ルツ1:13
 ②レビ22:13
12 ①ヨシ15:10,57, 士14:1
14 ①箴7:10
 ②創24:65
 ③ヨシ15:34
 ＊ヨシ15:34「エナム」
 ④創38:11, 26

な単語に関する解説 →詩16:10注）。

38:2 カナン人・・・の娘 聖書にユダの不面目な話が記録された理由は少なくとも四つある。

（1）その時代の不信仰で軽はずみな道徳観を明らかにするため。ヨセフの清さとは全く対照的だった。

（2）イスラエル（ヤコブ）の家族がカナンを離れてエジプトへ行かなければならなかった理由を示すため。もしヤコブがカナン人の間にとどまっていたなら、子孫は異邦人との雑婚によって民族の固有性を失ったと思われる（→38:1-2）。エジプトでヤコブの子孫はエジプト人から隔離されていた（分けられていた）ので、神にだけ忠実さを示す独特の民族となることができた（→46:34注）。

（3）人間の罪はみな、神のご計画の中で重要な役割を果たす人々の罪でさえ、最終的には明るみに出されることを例証するため（→「さばき」の項p.2167）。

（4）道徳的に潔白な人物が神の民を導くことを神

は願っておられることを示すため。ヨセフは神とその律法に対して忠実だったけれどもユダはそうではなかった。同じ基準は新約時代にも今日の霊的指導者にも適用される（→「監督の道徳的資格」の項p.2303）。

38:6 タマル 夫が死んで(38:7)、タマルは子どものいないやもめとなった。彼女は将来に向けて家族の名を残していくために子どもがほしいと強く願った(38:8)。

38:9 オナン 古代の近東の法律では、兄弟のやもめに子どもがいない場合には兄弟はそのやもめと結婚しなければならないとしている。そしてそのような婚姻によって生れた子どもは亡くなった(死んだ)兄弟の家名を継ぐ(38:8, 申25:5-10)。オナンはこの責任を果すことを拒んで罪を犯した。自分は快楽を得るがタマルには子どもを産ませないという自己中心的な行動をしたので神はいのちを奪われた(38:10)。

38:15 遊女だと思い タマルの行動は間違っていたけれどもユダの行動はよりひどく、しかもそれを承知

あなたのところに入ろう」と言った。彼はその女が自分の嫁だとは知らなかったからである。彼女は、「私のところにお入りになれば、何を私に下さいますか」と言った。17彼が、「群れの中から子やぎを送ろう」と言うと、彼女は、「それを送ってくださるまで、何かおしるしを下されば」と言った。18それで彼が、「しるしとして何をあげようか」と言うと、「あなたの印形とひもと、あなたが手にしている杖」と答えた。そこで彼はそれを与えて、彼女のところに入った。こうしてタマルは彼によってみごもった。19彼女は立ち去って、そのベールをはずし、またやもめの服を着た。
20ユダは、彼女の手からしるしを取り戻そうと、アドラム人の友人に託して、子やぎを送ったが、彼はその女を見つけることができなかった。
21その友人は、そこの人々に尋ねて、「エナイムの道ばたにいた遊女はどこにいますか」と言うと、彼らは、「ここには遊女はいたことがない」と答えた。
22それで彼はユダのところに帰って来て言った。「あの女は見つかりませんでした。あそこの人たちも、ここには遊女はいたことがない、と言いました。」
23ユダは言った。「われわれが笑いぐさにならないために、あの女にそのまま取らせておこう。私はこのとおり、この子やぎを送ったのに、あなたがあの女を見つけなかったのだから。」
24約三か月して、ユダに、「あなたの嫁のタマルが売春をし、そのうえ、お聞きください、その売春によってみごもっているのです」と告げる者があった。そこでユダは

18①創38:25
19①創38:14
21*ヨシ15:34「エナム」
②申23:18
24①レビ21:9, 申22:21

②レビ21:9
25①創38:18
26①創37:32
27①創37:33
②Ⅰ サム24:17
③創38:14
④ヨブ34:31, 32
27①創25:24
29①創46:12, 民26:20, ルツ4:12, Ⅰ歴2:4, マタ1:3, ルカ3:33
*「割りこむ」意の語根「パラツ」の派生語
30①創46:12, 民26:20, Ⅰペテ2:4, マタ1:3
*あるいは「輝く」
2①創37:25, 28, 36, 詩105:17
2①創21:22, 26:28, 39:3, 21, 23, 使7:9, Ⅰサム3:19,10:7,18:14, Ⅱサム5:10, Ⅱ列18:7

言った。「あの女を引き出して、焼き殺せ。」25彼女が引き出されたとき、彼女はしゅうとのところに使いをやり、「これらの品々の持ち主によって、私はみごもったのです」と言わせた。そしてまた彼女は言った。「これらの印形とひもと杖とが、だれのものかをお調べください。」
26ユダはこれを見定めて言った。「あの女は私よりも正しい。私が彼女にわが子シェラを与えなかったことによるものだ。」それで彼は再び彼女を知ろうとはしなかった。
27彼女の出産の時になると、なんと、ふたごがその胎内にいた。
28出産のとき、一つの手が出て来たので、助産婦はそれをつかみ、その手に真っ赤な糸を結びつけて言った。「この子が最初に出て来たのです。」
29しかし、その子が手を引っ込めたとき、もうひとりの兄弟のほうが出て来た。それで彼女は、「あなたは何であなたのために割りこむのです」と言った。それでその名はペレツと呼ばれた。
30そのあとで、真っ赤な糸をつけたもうひとりの兄弟が出て来た。それでその名はゼラフと呼ばれた。

ヨセフとポティファルの妻

39 1ヨセフがエジプトへ連れて行かれたとき、パロの廷臣で侍従長のポティファルというひとりのエジプト人が、ヨセフをそこに連れて下って来たイシュマエル人の手からヨセフを買い取った。2主がヨセフとともにおられたので、彼は幸運な人となり、そのエジプト人の主人の家にいた。

していた（38:26）。主イエスが現れる前の時代、十字架でのキリストの死によって私たちが罪から離れて赦しをいただく道が備えられるまで、神は人々の無知と罪を大目に見ておられるようだった（→使17:30）。

39:1 ヨセフがエジプトへ連れて行かれた ヨセフは紀元前1900年頃にエジプトに連れて行かれた。神がアブラハムを最初に召されてから（12:1-3）約200年後である。ヨセフはエジプトで次の三つの霊的試験を受けた。
（1）若者が家を離れるときしばしば直面する純潔の試験。

（2）虐待を受けた人々が度々直面する報復の機会という試験。
（3）死に直面する試験。
ヨセフは神と神の約束を信じることによってそれぞれの試験に合格した。

39:2 〔主〕がヨセフとともにおられた ヨセフが家族から引離されたのは偶然ではない。神はヨセフとその環境を通して働き、イスラエルの家族を救い、約束された通りに再び一緒にすることをずっと計画しておられたのである（⇒45:5-15, 50:17-20, 24, →「神の摂

創世記 39章

³ 彼の主人は、主が彼とともにおられ、主が彼のすることすべてを成功させてくださるのを見た。
⁴ それでヨセフは主人にことのほか愛され、主人は彼を側近の者とし、その家を管理させ、彼の全財産をヨセフの手にゆだねた。
⁵ 主人が彼に、その家と全財産とを管理させた時から、主はヨセフのゆえに、このエジプト人の家を、祝福された。それで主の祝福が、家や野にある、全財産の上にあった。
⁶ 彼はヨセフの手に全財産をゆだね、自分の食べる食物以外には、何も気を使わなかった。しかもヨセフは格好も良く、美男子であった。
⁷ これらのことの後、主人の妻はヨセフに目をつけて、「私と寝ておくれ」と言った。
⁸ しかし、彼は拒んで主人の妻に言った。「ご覧ください。私の主人は、家の中のことは何でも私に任せ、気を使わず、全財産を私の手にゆだねられました。
⁹ ご主人は、この家の中では私より大きな権威をふるおうとはされず、あなた以外には、何も私に差し止めてはおられません。あなたがご主人の奥さまだからです。どうして、そのような大きな悪事をして、私は神に罪を犯すことができましょうか。」
¹⁰ それでも彼女は毎日、ヨセフに言い寄ったが、彼は、聞き入れず、彼女のそばに寝ることも、彼女といっしょにいることもしなかった。
¹¹ ある日のこと、彼が仕事をしようとして家に入ると、家の中には、家の者どもがひとりもそこにいなかった。
¹² それで彼女はヨセフの上着をつかんで、「私

3 ①詩1:3
4 ①ダニ1:9
②創39:8, 24:2
5 ①創30:27
②申28:3, 4, 11
6 ①Iサム16:12
7 ①箴7:15-20,
IIサム13:11
8 ①箴6:24
9 ①創41:40
②箴6:29, 32
③創42:18,
IIサム12:13, 詩51:4
12 ①箴7:13

17 ①出23:1, 詩120:3
19 ①箴6:34, 35
20 ①詩105:18,
創40:3, 15, 41:14
21 ①使7:9, 10
②創39:4,
出3:21, 11:3, 12:36,
詩106:46, 使7:9, 10,
箴16:7, ダニ1:9
22 ①創39:4, 40:4

と寝ておくれ」と言った。しかしヨセフはその上着を彼女の手に残し、逃げて外へ出た。
¹³ 彼が上着を彼女の手に残して外へ逃げたのを見ると、
¹⁴ 彼女は、その家の者どもを呼び寄せ、彼らにこう言った。「ご覧。主人は私たちをもてあそぶためにヘブル人を私たちのところに連れ込んだのです。あの男が私と寝ようとして入って来たので、私は大声をあげたのです。
¹⁵ 私が声をあげて叫んだのを聞いて、あの男は私のそばに自分の上着を残し、逃げて外へ出て行きました。」
¹⁶ 彼女は、主人が家に帰って来るまで、その上着を自分のそばに置いていた。
¹⁷ こうして彼女は主人に、このように告げて言った。「あなたが私たちのところに連れて来られたヘブル人の奴隷は、私にいたずらをしようとして私のところに入って来ました。
¹⁸ 私が声をあげて叫んだので、私のそばに上着を残して外へ逃げました。」
¹⁹ 主人は妻が、「あなたの奴隷は私にこのようなことをしたのです」と言って、告げたことばを聞いて、怒りに燃えた。
²⁰ ヨセフの主人は彼を捕らえ、王の囚人が監禁されている監獄に彼を入れた。こうして彼は監獄にいた。
²¹ しかし、主はヨセフとともにおられ、彼に恵みを施し、監獄の長の心にかなうようにされた。
²² それで監獄の長は、その監獄にいるすべての囚人をヨセフの手にゆだねた。ヨセフはそこでなされるすべてのことを管理するようになった。

理」p.110）。
39:9 神に罪を犯す 姦淫のような他人を巻込んで傷つける罪はもちろんのこと、罪はみな神に対する罪である（⇒詩51:4）。このことを後の時代にダビデ王は、自分の罪によって神の審判が何年もの間自分と家族に下った苦い体験を通して学ぶことになった（→出20:14注）。
39:12 逃げて 神への忠実さとポティファルへの忠誠からヨセフは誘惑に抵抗し続けた（⇒箴7:6-27）。神に従い罪を避けることを既に決意していたので彼は乗越えることができた（39:9）。今日のキリスト者たちも同じように神に頼り、信仰、純潔、清廉を崩さないという堅い決意によって誘惑に打勝つことができる。

39:20 監獄に彼を入れた 誘惑に打勝って神に忠実であっても、すぐに報われるとは限らない。ヨセフは正しい選択をしたために苦しみを受けた。主イエスもご自分に従う人々は「義のために迫害されている」（マタ5:10）と言われた。けれどもこのことは名誉と思うべきである。なぜならこれらの苦しみは天において報われるからである（マタ5:11-12）。
39:21 【主】はヨセフとともにおられ 「主がヨセフとともにおられた」はこの章の中で4回（39:2, 3, 21, 23）書かれている。ヨセフが神をあがめたので神も彼を大切にしてくださった。神はすべての行いにおいて神をあがめて全く頼る人々を導くことを約束してお

創世記 39-40章

²³ 監獄の長は、ヨセフの手に任せたことについては何も干渉しなかった。それは主が彼とともにおられ、彼が何をしても、主がそれを成功させてくださったからである。

献酌官長と調理官長

40 ¹ これらのことの後、エジプト王の献酌官と調理官とが、その主君、エジプト王に罪を犯した。² それでパロは、この献酌官長と調理官長のふたりの廷臣を怒り、³ 彼らを侍従長の家に拘留した。すなわちヨセフが監禁されている同じ監獄に入れた。⁴ 侍従長はヨセフを彼らの付き人にしたので、彼はその世話をした。こうして彼らは、しばらく拘留されていた。

⁵ さて、監獄に監禁されているエジプト王の献酌官と調理官とは、ふたりとも同じ夜にそれぞれ夢を見た。その夢にはおのおのの意味があった。⁶ 朝、ヨセフが彼らのところに行って、よく見ると、彼らはいらいらしていた。⁷ それで彼は、自分の主人の家にいっしょに拘留されているこのパロの廷臣たちに尋ねて、「なぜ、きょうはあなたがたの顔色が悪いのですか」と言った。⁸ ふたりは彼に答えた。「私たちは夢を見たが、それを解き明かす人がいない。」ヨセフは彼らに言った。「それを解き明かすことは、神のなさることではありませんか。さあ、それを私に話してください。」

⁹ それで献酌官長はヨセフに自分の夢を話して言った。「夢の中で、見ると、私の前に一本のぶどうの木があった。¹⁰ そのぶどうの木には三本のつるがあった。それが芽を出すと、すぐ花が咲き、ぶどうのふさが熟して、ぶどうになった。¹¹ 私の手にはパロの杯があったから、私はそのぶどうを摘んで、私のぶどうの杯の中にし

23 ① 創39:8
② 創39:2, 3, 21
③ 創39:3

2 ① 箴16:14
3 ① 創39:1
7 ① ネヘ2:2
8 ① 創41:15
② 創41:16,
ダニ2:11, 27, 28, 47

12 ① 創40:18, 41:12, 25,
士7:14, 15,
ダニ2:36, 4:19
13 ① 創40:19
＊直訳「あなたの頭をもたげる」
② Ⅱ列25:27, 詩3:3,
エレ52:31
14 ① ヨシ2:12, ルカ23:42
＊別訳「ほんとうに、あなたがしあわせになったとき、私を思い出してくださるなら、どうか、私に恵みを施してください。私のことをパロに話して、この家から私を出してください」
15 ① 創37:26-28
② 創39:20
16 ＊別訳「白パン」
18 ① 創40:12
19 ① 創40:13
＊直訳「あなたの上からあなたの顔をもたげる」
20 ① マタ14:6, マコ6:21
② Ⅱ列25:27, エレ52:31
21 ① 創40:13
22 ① 創40:19
23 ① ヨブ19:14, 詩31:12,
伝9:15, 16

ぼって入れ、その杯をパロの手にささげた。」¹² ヨセフは彼に言った。「その解き明かしはこうです。三本のつるは三日のことです。¹³ 三日のうちに、パロはあなたを呼び出し、あなたをもとの地位に戻すでしょう。あなたは、パロの献酌官であったときの以前の規定に従って、パロの杯をその手にささげましょう。

¹⁴ あなたがしあわせになったときには、きっと私を思い出してください。私に恵みを施してください。私のことをパロに話してください。この家から私が出られるようにしてください。¹⁵ 実は私は、ヘブル人の国から、さらわれて来たのです。ここでも私は投獄されるようなことは何もしていないのです。」

¹⁶ 調理官長は、解き明かしが良かったのを見て、ヨセフに言った。「私も夢の中で、見ると、私の頭の上に枝編みのかごが三つあった。¹⁷ 一番上のかごには、パロのために調理官が作ったあらゆる食べ物が入っていたが、鳥が私の頭の上のかごの中から、それを食べてしまった。」¹⁸ ヨセフは答えて言った。「その解き明かしはこうです。三つのかごは三日のことです。¹⁹ 三日のうちに、パロはあなたを呼び出し、あなたを木につるし、鳥があなたの肉をむしり取って食うでしょう。」

²⁰ 三日目はパロの誕生日であった。それで彼は、自分のすべての家臣たちのために祝宴を張り、献酌官長と調理官長とをその家臣たちの中に呼び出した。²¹ そうして、献酌官長をその献酌の役に戻したので、彼はその杯をパロの手にささげた。²² しかしパロは、ヨセフが解き明かしたように、調理官長を木につるした。²³ ところが献酌官長はヨセフのことを思い出さず、彼のことを忘れてしまった。

40:1 これらのことの後 ヨセフは2年以上も不当に監獄へ入れられていたけれどもその間も神に対して忠実だった。神の助けによってパロの夢を解き明かしたとき、ヨセフは監獄から出ることができエジプトの支配者になった。ヨセフの体験が示すことは、神がすべてのことをしてくださるのではないけれども（→39:7-23)、神を愛する人々の益となるように逆境をも用いられるということである（→ロマ8:28注)。

40:2 パロ これはどのエジプトの王に対しても使われていた一般的な称号である。普通は最も地位の高い支配者の名前に付けられていた。

パロの夢

41 ¹ それから二年の後、パロは夢を見た。見ると、彼はナイルのほとりに立っていた。

² ナイルから、つやつやした、肉づきの良い七頭の雌牛が上がって来て、葦の中で草をはんでいた。

³ するとまた、そのあとを追ってほかの醜いやせ細った七頭の雌牛がナイルから上がって来て、その川岸にいる雌牛のそばに立った。

⁴ そして醜いやせ細った雌牛が、つやつやした、よく肥えた七頭の雌牛を食い尽くした。そのとき、パロは目がさめた。

⁵ それから、彼はまた眠って、再び夢を見た。見ると、肥えた良い七つの穂が、一本の茎に出て来た。

⁶ すると、すぐそのあとから、東風に焼けた、しなびた七つの穂が出て来た。

⁷ そして、しなびた穂が、あの肥えて豊かな七つの穂をのみこんでしまった。そのとき、パロは目がさめた。それは夢だった。

⁸ 朝になって、パロは心が騒ぐので、人をやってエジプトのすべての呪法師とすべての知恵のある者たちを呼び寄せた。パロは彼らに夢のことを話したが、それをパロに解き明かすことのできる者はいなかった。

⁹ そのとき、献酌官長がパロに告げて言った。「私はきょう、私のあやまちを申し上げなければなりません。

¹⁰ かつて、パロがしもべらを怒って、私と調理官長とを侍従長の家に拘留なさいました。

¹¹ そのとき、私と彼は同じ夜に夢を見ましたが、その夢はおのおの意味のある夢でした。

¹² そこには、私たちといっしょに、侍従長のしもべでヘブル人の若者がいました。それで彼に話しましたところ、彼は私たちの夢

を解き明かし、それぞれの夢にしたがって、解き明かしてくれました。

¹³ そして、彼が私たちに解き明かしたとおりになり、パロは私をもとの地位に戻され、彼を木につるされました。」

¹⁴ そこで、パロは使いをやってヨセフを呼び寄せたので、人々は急いで彼を地下牢から連れ出した。彼はひげをそり、着物を着替えてから、パロの前に出た。

¹⁵ パロはヨセフに言った。「私は夢を見たが、それを解き明かす者がいない。あなたについて言われていることを聞いた。あなたは夢を聞いて、それを解き明かすということだが。」

¹⁶ ヨセフはパロに答えて言った。「私ではありません。神がパロの繁栄を知らせてくださるのです。」

¹⁷ それでパロはヨセフに話した。「夢の中で、私はナイルの岸に立っていた。

¹⁸ 見ると、ナイルから、肉づきが良くて、つやつやした七頭の雌牛が上がって来て、葦の中で草をはんでいた。

¹⁹ すると、そのあとから、弱々しい、非常に醜い、やせ細ったほかの七頭の雌牛が上がって来た。私はこのように醜いのをエジプト全土でまだ見たことがない。

²⁰ そして、このやせた醜い雌牛が、先の肥えた七頭の雌牛を食い尽くした。

²¹ ところが、彼らを腹に入れても、腹に入ったのがわからないほどその姿は初めと同じように醜かった。そのとき、私は目がさめた。

²² ついで、夢の中で私は見た。見ると、一本の茎によく実った七つの穂が出て来た。

²³ すると、そのあとから東風に焼けた、しなびた貧弱な七つの穂が出て来た。

²⁴ そのしなびた穂が、あの七つの良い穂をのみこんでしまった。そこで私は呪法師に

41:1 それから二年の後、パロは夢を見た この章は神がパロとヨセフの生涯に働かれ、国々の進むべき道を導き、神が選ばれた民に場所を備えられたことを示している。国々はみな神の直接的な関与と支配の下にある。

41:8 エジプトの・・・呪法師 エジプトでは魔術が普通に行われていた（⇒出7:11, 8:7, 18-19, 9:11）。占いや呪術（霊を通して隠されていることを見出そうとすること）を行うことは旧約聖書（申18:9-14）と新約聖書（使19:17-20, 黙9:20-21, 22:15）の両方で禁じられている。これらは前兆を解釈して未来を言い当てようとし、また超自然的な力や霊の助けによって自然、人々、情況をコントロールしようとするものである。

41:16 神が・・・知らせてくださるのです ヨセフは神がパロの夢の解釈を与えてくださることを強調した。神を信じるヨセフの大胆な信仰の表明はいのちの危険を伴っていた。それはエジプトの王たちがみな神と見なされていたからである。

創世記　41章

話したが、だれも私に説明できる者はいなかった。」

25 ヨセフはパロに言った。「パロの夢は一つです。神がなさろうとすることをパロに示されたのです。
26 七頭のりっぱな雌牛は七年のことで、七つのりっぱな穂も七年のことです。それは一つの夢なのです。
27 そのあとから上がって来た七頭のやせた醜い雌牛は七年のことで、東風に焼けたしなびた七つの穂もそうです。それはききんの七年です。
28 これは、私がパロに申し上げたとおり、神がなさろうとすることをパロに示されたのです。
29 今すぐ、エジプト全土に七年間の大豊作が訪れます。
30 それから、そのあと、七年間のききんが起こり、エジプトの地の豊作はみな忘れられます。ききんが地を荒れ果てさせ、
31 この地の豊作は後に来るききんのため、跡もわからなくなります。そのききんは、非常にきびしいからです。
32 夢が二度パロにくり返されたのは、このことが神によって定められ、神がすみやかにこれをなさるからです。
33 それゆえ、今、パロは、さとくて知恵のある人を見つけ、その者をエジプトの国の上に置かれますように。
34 パロは、国中に監督官を任命するよう行動を起こされ、豊作の七年間に、エジプトの地に、備えをなさいますように。
35 彼らにこれからの豊作の年のすべての食糧を集めさせ、パロの権威のもとに、町々に穀物をたくわえ、保管させるためです。
36 その食糧は、エジプトの国に起こる七年のききんのための、国のたくわえとなさいますように。この地がききんで滅びないためです。」
37 このことは、パロとすべての家臣たちの心にかなった。
38 そこでパロは家臣たちに言った。「神の

霊の宿っているこのような人を、ほかに見つけることができようか。」
39 パロはヨセフに言った。「神がこれらすべてのことをあなたに知らされたのであれば、あなたのように、さとくて知恵のある者はほかにいない。
40 あなたは私の家を治めてくれ。私の民はみな、あなたの命令に従おう。私があなたにまさっているのは王位だけだ。」

エジプトを治めるヨセフ

41 パロはなおヨセフに言った。「さあ、私はあなたにエジプト全土を支配させよう。」
42 そこで、パロは自分の指輪を手からはずして、それをヨセフの手にはめ、亜麻布の衣服を着せ、その首に金の首飾りを掛けた。
43 そして、自分の第二の車に彼を乗せた。そこで人々は彼の前で「ひざまずけ」と叫んだ。こうして彼にエジプト全土を支配させた。
44 パロはヨセフに言った。「私はパロだ。しかし、あなたの許しなくしては、エジプト中で、だれも手足を上げることもできない。」
45 パロはヨセフにツァフェナテ・パネアハという名を与え、オンの祭司ポティ・フェラの娘アセナテを彼の妻にした。こうしてヨセフはエジプトの地に知れ渡った。
46 ——ヨセフがエジプトの王パロに仕えるようになったときは三十歳であった——ヨセフはパロの前を去ってエジプト全土を巡り歩いた。
47 さて、豊作の七年間に地は豊かに生産した。
48 そこで、ヨセフはエジプトの地に産した七年間の食糧をことごとく集め、その食糧を町々にたくわえた。すなわち、町の周囲にある畑の食糧をおのおのその町の中にたくわえた。
49 ヨセフは穀物を海の砂のように非常に多くたくわえ、量りきれなくなったので、ついに量ることをやめた。
50 ききんの年の来る前に、ヨセフにふたりの子どもが生まれた。これらはオンの祭

41:46　ヨセフが・・・三十歳であった　兄弟たちがヨセフを奴隷として売ったのは17歳のときだった(37:2)。彼は13年間奴隷として過し、その内の2、3年間を監獄で過した。30歳で名誉と権威のある地位に引き上げられた後もヨセフは神に仕え続けた。この献身の姿勢は二人の息子のヘブル語の名前に表れてい

司ポティ・フェラの娘アセナテが産んだのである。

51 ヨセフは長子を*マナセと名づけた。「神が私のすべての労苦と私の父の全家とを忘れさせた」からである。

52 また、二番目の子をエフライムと名づけた。「神が私の苦しみの地で私を実り多い者とされた」からである。

53 エジプトの地にあった豊作の七年が終わると、

54 ヨセフの言ったとおり、七年のききんが来始めた。そのききんはすべての国に臨んだが、エジプト全土には食物があった。

55 やがて、エジプト全土が飢えると、その民はパロに食物を求めて叫んだ。そこでパロは全エジプトに言った。「ヨセフのもとに行き、彼の言うとおりにせよ。」

56 ききんは全世界に及んだ。ききんがエジプトの国でひどくなったとき、ヨセフはすべての穀物倉をあけて、エジプトに売った。

57 また、ききんが全世界にひどくなったので、世界中が穀物を買うために、エジプトのヨセフのところに来た。

エジプトへ下るヨセフの兄たち

42 1 ヤコブはエジプトに穀物があることを知って、息子たちに言った。「あなたがたは、なぜ互いに顔を見合っているのか。」

2 そして言った。「今、私はエジプトに穀物があるということを聞いた。あなたがたは、そこへ下って行き、そこから私たちのために穀物を買って来なさい。そうすれば、私たちは生きながらえ、死なないだろう。」

3 そこで、ヨセフの十人の兄弟はエジプトで穀物を買うために、下って行った。

4 しかし、ヤコブはヨセフの弟ベニヤミンを兄弟たちといっしょにやらなかった。わざわいが彼にふりかかるといけないと思っ

51 *⌐「メナシェ」、「忘れる」意の語根「ナシャ」の派生語
52 *「実り多い」意の語根「ファラ」の派生語
54 ①創17:6, 28:3, 49:22
55 ①創41:30, 詩105:16, 使7:11
57 ①ヨハ2:5
56 ①創42:6, 47:14

1 ①使7:12
2 ①創43:8, 詩118:17
4 ①創35:24, 42:38

5 ①創41:57, 使7:11, 12
6 ①創41:41, 55
7 ①創37:7-10, 41:43
7 ②創37:30
8 ①創37:2, 41:46, 53
9 ①創37:5-10
10 ①創37:8
11 ①創42:16, 19, 31, 34
13 ①創42:32
  ②創43:7, 44:20
  ③創42:32, 37:30, 44:20
15 ①創42:16, Ⅰサム17:55

たからである。

5 こうして、イスラエルの息子たちは、穀物を買いに行く人々に交じって出かけた。カナンの地にききんがあったからである。

6 ときに、ヨセフはこの国の権力者であり、この国のすべての人々に穀物を売る者であった。ヨセフの兄弟たちは来て、顔を地につけて彼を伏し拝んだ。

7 ヨセフは兄弟たちを見て、それとわかったが、彼らに対して見知らぬ者のようにふるまい、荒々しいことばで彼らに言った。「あなたがたは、どこから来たのか。」すると彼らは答えた。「カナンの地から食糧を買いにまいりました。」

8 ヨセフには、兄弟たちだとわかったが、彼らにはヨセフだとはわからなかった。

9 ヨセフはかつて彼らについて見た夢を思い出して、彼らに言った。「あなたがたは間者だ。この国のすきをうかがいに来たのだろう。」

10 彼らは言った。「いいえ。あなたさま。しもべどもは食糧を買いにまいったのでございます。

11 私たちはみな、同じひとりの人の子で、私たちは正直者でございます。しもべどもは間者ではございません。」

12 ヨセフは彼らに言った。「いや。あなたがたは、この国のすきをうかがいにやって来たのだ。」

13 彼らは言った。「しもべどもは十二人の兄弟で、カナンの地にいるひとりの人の子でございます。末の弟は今、父といっしょにいますが、もうひとりはいなくなりました。」

14 ヨセフは彼らに言った。「私が言ったとおりだ。あなたがたは間者だ。

15 このことで、あなたがたをためそう。パロのいのちにかけて言うが、あなたがたの末の弟がここに来ないかぎり、決してここから出ることはできない。

る(41:50-52)。

42:4 ベニヤミン ベニヤミンはラケルの二人の息子の一人で、ヨセフとは両親とも同じ兄弟だった。ヨセフを何年も前に失っていたヤコブはベニヤミンをずっと家の中で守っていた。

42:8 ヨセフには、兄弟たちだとわかった ヨセフは兄弟たちが昔ヨセフと父に対してしたことについて悔いる気持を示すまでは身元を隠していた(37:)。

42:9 あなたがたは間者だ ヨセフは兄弟たちであると気が付いていて間者ではないことはわかっていたけれども、長年の間に性格が変わったかどうかを確認しようと試みたのである。

創世記　42章

16 あなたがたのうちのひとりをやって、弟を連れて来なさい。それまであなたがたを監禁しておく。あなたがたに誠実があるかどうか、あなたがたの言ったことをためすためだ。もしそうでなかったら、パロのいのちにかけて言うが、あなたがたはやっぱり間者だ。」
17 こうしてヨセフは彼らを三日間、監禁所にいっしょに入れておいた。
18 ヨセフは三日目に彼らに言った。「次のようにして、生きよ。私も神を恐れる者だから。
19 もし、あなたがたが正直者なら、あなたがたの兄弟のひとりを監禁所に監禁しておいて、あなたがたは飢えている家族に穀物を持って行くがよい。
20 そして、あなたがたの末の弟を私のところに連れて来なさい。そうすれば、あなたがたのことばがほんとうだということになり、あなたがたは死ぬことはない。」そこで彼らはそのようにした。
21 彼らは互いに言った。①「ああ、われわれは弟のことで罰を受けているのだなあ。あれがわれわれにあわれみを請うたとき、彼の心の苦しみを見ながら、われわれは聞き入れなかった。それでわれわれは②こんな苦しみに会っているのだ。」
22 ルベンが彼らに答えて言った。「私はあの子に罪を犯すなと言ったではないか。それなのにあなたがたは聞き入れなかった。だから今、彼の血の報いを受けるのだ。」
23 彼らは、ヨセフが聞いていたとは知らなかった。彼と彼らの間には通訳者がいたからである。
24 ヨセフは彼らから離れて、①泣いた。それから彼らのところに帰って来て、彼らに語った。そして彼らの中からシメオンをとって、彼らの目の前で彼を縛った。
25 ヨセフは、彼らの袋に穀物を満たし、彼らの銀をめいめいの袋に返し、また道中の②食糧を彼らに与えるように命じた。それで、人々はそのとおりにした。

16 ①創42:11
18 ①創39:9、レビ25:43、ネヘ5:15
20 ①創42:34、43:5、44:23
21 ①創37:26-28、ヨブ36:8,9、ホセ5:15　②箴21:13、マタ7:2
22 ①創37:21, 22
23 ①創9:5、Ⅰ列2:32、Ⅱ歴24:22、詩9:12、ルカ11:50, 51
24 ①創43:30, 45:2, 14, 15　②創43:14, 23
25 ①創44:1、マタ5:44、ロマ12:17, 20, 21　②創45:23

28 ①創43:23
30 ①創42:7
31 ①創42:11
33 ①創42:15, 19, 20
34 ①創34:10
35 ①創43:12, 15
36 ①創43:14

26 彼らは穀物を自分たちのろばに背負わせて、そこを去った。
27 さて、宿泊所で、そのうちのひとりが、自分のろばに飼料をやるために袋をあけると、自分の銀を見つけた。しかも、見よ。それは自分の袋の口にあった。
28 彼は兄弟たちに言った。「私の銀が返されている。しかもこのとおり、私の袋の中に。」彼らは心配し、身を震わせて互いに言った。「神は、私たちにいったい何ということをなさったのだろう。」
29 こうして、彼らはカナンの地にいる父ヤコブのもとに帰って、その身に起こったことをすべて彼に告げて言った。
30 「あの国の支配者である人が、私たちに①荒々しく語り、私たちを、あの国をうかがう間者にしました。
31 私たちはその人に、『私たちは①正直者で、間者ではない。
32 私たちは十二人兄弟で同じひとりの父の子で、ひとりはいなくなったが、末の弟は今、カナンの地に父といっしょにいる』と申しました。
33 すると、その国の支配者である人が、私たちに言いました。『こうすれば、あなたがたが①正直者かどうか、わかる。あなたがたの兄弟のひとりを私のところに残し、飢えているあなたがたの家族に穀物を持って行け。
34 そしてあなたがたの末の弟を私のところに連れて来い。そうすれば、あなたがたが間者ではなく、正直者だということが私にわかる。そのうえで、私はあなたがたの兄弟を返そう。そうしてあなたがたはこの地に①出はいりができる。』」
35 それから、彼らが自分たちの袋をからにすると、見よ、めいめいの銀の包みがそれぞれの袋の中にあるではないか。彼らも父もこの銀の包みを見て、恐れた。
36 父ヤコブは彼らに言った。「あなたがたはもう、私に子を失わせている。ヨセフはいなくなった。シメオンもいなくなった。そして

42:21　われわれは・・・罰を受けている　兄弟たちは20年前にヨセフにしたことについて気がとがめていた（37:3-37）。そして神がその罪を突きつけておられると悟った（42:21-22）。罰を逃れたと思うときにしばしば、神は私たちの良心に訴えて罪を明らかにされる。そのとき私たちは心をかたくなにして神に抵抗するか、罪を悔い改めて正しいことを行う決心をするか、どちらかを選択しなくてはならない。

今、ベニヤミンをも取ろうとしている。こんなことがみな、私にふりかかって来るのだ。」
37 ルベンは父にこう言った。「もし私が彼をあなたのもとに連れて帰らなかったら、私のふたりの子を殺してもかまいません。彼を私の手に任せてください。私はきっと彼をあなたのもとに連れ戻します。」
38 しかしヤコブは言った。「私の子は、あなたがたといっしょには行かせない。彼の兄は死に、彼だけが残っているのだから。あなたがたの行く道中で、もし彼にわざわいがふりかかれば、あなたがたは、このしらが頭の私を、悲しみながらよみに下らせることになるのだ。」

エジプトへの2回目の旅

43 1 さて、その地でのききんは、ひどかった。
2 彼らがエジプトから持って来た穀物を食べ尽くしたとき、父は彼らに言った。「また行って、私たちのために少し食糧を買って来ておくれ。」
3 しかしユダが父に言った。「あの方は私たちをきつく戒めて、『あなたがたの弟といっしょでなければ、私の顔を見てはならない』と告げました。
4 もし、あなたが弟を私たちといっしょに行かせてくださるなら、私たちは下って行って、あなたのために食糧を買って来ましょう。
5 しかし、もしあなたが彼を行かせないなら、私たちは下って行きません。あの方が私たちに、『あなたがたの弟といっしょでなければ、私の顔を見てはならない』と言ったからです。」
6 そこで、イスラエルが言った。「なぜ、あなたがたにもうひとりの弟がいるとあの方に言って、私をひどいめに会わせるのか。」
7 彼らは言った。「あの方が、私たちと私

38 ①創42:13, 37:33, 44:28
②創42:4
③創37:35, 44:29, 31
④→創37:35

1 ①創41:54, 56, 57
2 ①創44:25
3 ①創42:20, 43:5, 44:23

7 ①創43:27
8 ①創42:2
9 ①創42:37, 44:32, ピリ18, 19
11 ①創43:25, 26, 45:23, 箴18:16
37:25, エレ8:22
12 ①創43:21, 22, 42:25, 35
14 ①→創17:1
＊☐「エル・シャダイ」
②詩106:46
③創42:24
④創42:36, エス4:16
15 ①創43:11

たちの家族のことをしつこく尋ねて、『あなたがたの父はまだ生きているのか。あなたがたに弟がいるのか』と言うので、問われるままに言ってしまったのです。あなたがたの弟を連れて来いと言われるとは、どうして私たちにわかりましょう。」
8 ユダは父イスラエルに言った。「あの子を私といっしょにやらせてください。私たちは出かけて行きます。そうすれば、あなたも私たちも、そして私たちの子どもたちも生きながらえて死なないでしょう。
9 私自身が彼の保証人となります。私に責任を負わせてください。万一、彼をあなたのもとに連れ戻さず、あなたの前に彼を立たせなかったら、私は一生あなたに対して罪ある者となります。
10 もし私たちがためらっていなかったなら、今までに二度行って帰って来られたことでしょう。」
11 父イスラエルは彼らに言った。「もしそうなら、こうしなさい。この地の名産を入れ物に入れ、それを贈り物として、あの方のところへ下って行きなさい。乳香と蜜を少々、樹膠と没薬、くるみとアーモンド、
12 そして、二倍の銀を持って行きなさい。あなたがたの袋の口に返されていた銀も持って行って返しなさい。それはまちがいだったのだろう。
13 そして、弟を連れてあの方のところへ出かけて行きなさい。
14 全能の神がその方に、あなたがたをあわれませてくださるように。そしてもうひとりの兄弟とベニヤミンとをあなたがたに返してくださるように。私も、失うときには、失うのだ。」
15 そこで、この人たちは贈り物を携え、それに二倍の銀を持ち、ベニヤミンを伴って

42:37　私のふたりの子を殺してもかまいません　42:29-38によるとヨセフの兄弟たちは良い方向に変っている。たとえばルベンは父をさらに悲しませるようなことは避けようとして自分の息子たちを差出すことを申し出ている。

43:9　私は・・・罪ある者となります　ユダはルベンのように(42:37)、弟ベニヤミンの責任を持つと言った。もしベニヤミンが安全に帰って来ないなら全責任を負うと申し出た。

43:14　私も、失うときには　厳しい情況を変えることができないとわかったとき、イスラエルは単純にあわれみを求めて祈り、息子たちを守ってくださるように神に頼った。そしてたとい失うことや苦しむことがあっても神のみこころなら受入れることにした。けれども事態が展開すると、一生を導かれた方の慈しみをたたえながらその後の人生を送ることができた。

エジプトへ下り、ヨセフの前に立った。

¹⁶ヨセフはベニヤミンが彼らといっしょにいるのを見るや、彼の家の管理者に言った。「この人たちを家へ連れて行き、獣をほふり、料理をしなさい。この人たちが昼に、私といっしょに食事をするから。」

¹⁷その人はヨセフが言ったとおりにして、その人々をヨセフの家に連れて行った。

¹⁸ところが、この人たちはヨセフの家に連れて行かれたので恐れた。「われわれが連れ込まれたのは、この前のとき、われわれの袋に返されていたあの銀のためだ。われわれを陥れ、われわれを襲い、われわれを奴隷として、われわれのろばもいっしょに捕らえるためなのだ」と彼らは言った。

¹⁹それで、彼らはヨセフの家の管理者に近づいて、家の入口のところで彼に話しかけて、

²⁰言った。「失礼ですが、あなたさま。この前のときには、私たちは食糧を買うために下って来ただけです。

²¹ところが、宿泊所に着いて、袋をあけました。すると、私たちの銀がそのままそれぞれの袋の口にありました。それで、私たちはそれを返しに持って来ました。

²²また、食糧を買うためには、ほかに銀を私たちは持って来ました。袋の中にだれが私たちの銀を入れたのか、私たちにはわかりません。」

²³彼は答えた。「安心しなさい。恐れることはありません。あなたがたの神、あなたがたの父の神が、あなたがたのために袋の中に宝を入れてくださったのに違いありません。あなたがたの銀は私が受け取りました。」それから彼はシメオンを彼らのところに連れて来た。

²⁴その人は人々をヨセフの家に連れて行き、水を与えた。彼らは足を洗い、ろばに飼料を与えた。

²⁵彼らはヨセフが昼に帰って来るまでに、贈り物を用意しておいた。それは自分たちがそこで食事をすることになっているのを聞いたからである。

²⁶ヨセフが家に帰って来たとき、彼らは持って来た贈り物を家に持ち込み、地に伏して彼を拝んだ。

16①創24:2, 44:1
②Ⅰサム25:11
20①創42:3, 10
21①創42:27, 28, 35, 43:12, 15
23①創42:28
②創42:24
24①創18:4, 19:2, 24:32
25①創43:11, 15
②創43:31
26①創37:7, 10

27①創43:7, 45:3
28①創37:7, 9, 10
29①創35:18
②創42:13
③民6:25
30①Ⅰ列3:26
②創42:24, 45:2, 14, 15, 46:29
31①創45:1
②創43:25
32①創46:34, 出8:26
33①創43:32
34①創45:22

1①創43:16
②創42:25
③創41:43
④創44:13

²⁷ヨセフは彼らの安否を問うて言った。「あなたがたが先に話していた、あなたがたの年老いた父親は元気か。まだ生きているのか。」

²⁸彼らは答えた。「あなたのしもべ、私たちの父は元気で、まだ生きております。」そして、彼らはひざまずいて伏し拝んだ。

²⁹ヨセフは目を上げ、同じ母の子である弟のベニヤミンを見て言った。「これがあなたがたが私に話した末の弟か。」そして言った。「わが子よ。神があなたを恵まれるように。」

³⁰ヨセフは弟なつかしさに胸が熱くなり、泣きたくなって、急いで奥の部屋に入って行って、そこで泣いた。

³¹やがて、彼は顔を洗って出て来た。そして自分を制して、「食事を出せ」と言いつけた。

³²それでヨセフにはヨセフにだけ、彼らには彼らにだけ、ヨセフと食事を共にするエジプト人にはその者にだけ、それぞれ別に食事を出した。エジプト人はヘブル人とはいっしょに食事ができなかったからである。それはエジプト人の忌みきらうところであった。

³³彼らはヨセフの指図によって、年長者は年長の座に、年下の者は年下の座にすわらされたので、この人たちは互いに驚き合った。

³⁴また、ヨセフの食卓から、彼らに分け前が分けられたが、ベニヤミンの分け前はほかのだれの分け前よりも五倍も多かった。彼らはヨセフとともに酒を飲み、酔いごこちになった。

袋の中の銀の杯

44 ¹さて、ヨセフは家の管理者に命じて言った。「あの人々の袋を彼らに運べるだけの食糧で満たし、おのおのの銀を彼らの袋の口に入れておけ。

²また、私の杯、あの銀の杯を一番年下の者の袋の口に、穀物の代金といっしょに入れておけ。」彼はヨセフの言いつけどおりにした。

³明け方、人々はろばといっしょに送り出された。

⁴彼らが町を出てまだ遠くへ行かないうちに、ヨセフは家の管理者に言った。「さあ、あの人々のあとを追え。追いついたら彼らに、『なぜ、あなたがたは悪をもって善に

報いるのか。
5 これは、私の主人が、これで飲み、また、これでいつもまじないをしておられるのではないか。あなたがたのしたことは悪らつだ』と言うのだ。」
6 彼は彼らに追いついて、このことばを彼らに告げた。
7 すると、彼らは言った。「あなたさまは、なぜそのようなことをおっしゃるのですか。しもべどもがそんなことをするなどとは、とんでもないことです。
8 私たちが、袋の口から見つけた銀でさえ、カナンの地からあなたのもとへ返しに来たではありませんか。どうしてあなたのご主人の家から銀や金を盗んだりいたしましょう。
9 しもべどものうちのだれからでも、それが見つかった者は殺してください。そして私たちもまた、ご主人の奴隷となりましょう。」
10 彼は言った。「今度も、あなたがたの言うことはもっともだが、それが見つかった者は、私の奴隷となり、他の者は無罪としよう。」
11 そこで、彼らは急いで自分の袋を地に降ろし、おのおのその袋を開いた。
12 彼は年長の者から調べ始めて年下の者で終わった。ところがその杯がベニヤミンの袋から見つかった。
13 そこで彼らは着物を引き裂き、おのおのろばに荷を負わせて町に引き返した。
14 ユダと兄弟たちがヨセフの家に入って行ったとき、ヨセフはまだそこにいた。彼らはヨセフの前で顔を地に伏せた。
15 ヨセフは彼らに言った。「あなたがたのしたこのしわざは、何だ。私のような者はまじないをするということを知らなかったのか。」
16 ユダは答えた。「私たちはあなたさまに何を申せましょう。何の申し開きができましょう。また何と言って弁解することができましょう。神がしもべどもの咎をあばかれたのです。今このとおり、私たちも、そして杯を持っているのを見つかった者も、あなたさまの奴隷となりましょう。」
17 しかし、ヨセフは言った。「そんなことはとんでもないことだ。杯を持っているのを見つかった者だけが、私の奴隷となればよい。ほかのあなたがたは安心して父のもとへ帰るがよい。」
18 すると、ユダが彼に近づいて言った。「あなたさま。どうかあなたのしもべの申し上げることに耳を貸してください。そして、どうかしもべを激しくお怒りにならないでください。あなたはパロのようなお方なのですから。
19 あなたさまは、しもべどもに、あなたがたに父や弟があるかとお尋ねになりました。
20 それで、私たちはあなたさまに、『私たちには年老いた父と、年寄り子の末の弟がおります。そしてその兄は死にました。彼だけがその母に残されましたので、父は彼を愛しています』と申し上げました。
21 するとあなたは、しもべどもに、『彼を私のところに連れて来い。私はこの目で彼を見たい』と言われました。
22 それで、私たちはあなたさまに、『その子は父親と離れることはできません。父親と離れたら、父親は死ぬでしょう』と申し上げました。
23 しかし、あなたはしもべどもに言われました。『末の弟といっしょに下って来なければ、二度とあなたがたは私の顔を見ることはできない。』
24 それで、私たちは、あなたのしもべである私の父のもとに帰ったとき、父にあなた

44:5　いつもまじないをしておられる　ヨセフはまじない(忠告や助けを霊に求める行為)をしていなかった。これは神によって完全に禁じられていた。そこでこの文がヨセフの話に含まれた理由は二つあると考えられる。
(1) ヘブル語の「まじない」は「気付く」とも訳すことができる。ここでは管理者が兄弟たちに「私の主人は、杯がなくなったことに気付かないとでも思っているのですか」と言おうとしたのかもしれない。
(2) ヨセフは兄弟たちに自分の素性を知られないようにするために、まじないをするふりをしたほうがだませると思ったとも考えられる(⇒44:15)。

44:13　彼らは着物を引き裂き　これは明らかに、悲しみと嘆きのしるしである。兄弟たちはベニヤミンを残して帰ることもできたけれども、引返して責任を取ろうとした。この決意は、彼らが変って兄弟や父親のことを本当に心配していることを表している(⇒44:18-34)。

44:15　まじないをする　→44:5注

44:18-34　ユダが彼に近づいて言った　兄弟たちが進んでベニヤミンのために奴隷となろうとしたことは(44:13-16)、その態度や性格がヨセフを奴隷に売ったとき

さまのおことばを伝えました。
25 それから私たちの父が、『また行って、われわれのために少し食糧を買って来てくれ』と言ったので、
26 私たちは、『私たちは下って行くことはできません。もし、末の弟が私たちといっしょなら、私たちは下って行きます。というのは、末の弟といっしょでなければあの方のお顔を見ることはできないのです』と答えました。
27 すると、あなたのしもべである私の父が言いました。『あなたがたも知っているように、私の妻はふたりの子を産んだ。
28 そしてひとりは私のところから出て行ったきりだ。確かに裂き殺されてしまったのだ、と私は言った。そして、それ以来、今まで私は彼を見ない。
29 あなたがたがこの子をも私から取ってしまって、この子にわざわいが起こるなら、あなたがたは、しらが頭の私を、苦しみながらよみに下らせることになるのだ。』
30 私が今、あなたのしもべである私の父のもとへ帰ったとき、あの子が私たちといっしょにいなかったら、父のいのちは彼のいのちにかかっているのですから、
31 あの子がいないのを見たら、父は死んでしまうでしょう。そして、しもべどもが、あなたのしもべであるしらが頭の私たちの父を、悲しみながら、よみに下らせることになります。
32 というのは、このしもべは私の父に、『もし私があの子をあなたのところに連れ戻さなかったら、私は永久にあなたに対して罪ある者となります』と言って、あの子の保証をしているのです。
33 ですから、どうか今、このしもべを、あの子の代わりに、あなたさまの奴隷としてとどめ、あの子を兄弟たちと帰らせてください。

25 ① 創43:2
27 ① 創46:19
28 ① 創37:33
29 ① 創44:31, 42:38
　　② → 創37:35
30 ① Ⅰサム18:1
31 ① 創44:29
　　② → 創37:35
32 ① 創43:9

34 あの子が私といっしょでなくて、どうして私は父のところへ帰れましょう。私の父に起こるわざわいを見たくありません。」

身を明かすヨセフ

45 1 ヨセフは、そばに立っているすべての人の前で、自分を制することができなくなって、「みなを、私のところから出しなさい」と叫んだ。ヨセフが兄弟たちに自分のことを明かしたとき、彼のそばに立っている者はだれもいなかった。
2 しかし、ヨセフが声をあげて泣いたので、エジプト人はそれを聞き、パロの家の者もそれを聞いた。
3 ヨセフは兄弟たちに言った。「私はヨセフです。父上はお元気ですか。」兄弟たちはヨセフを前にして驚きのあまり、答えることができなかった。
4 ヨセフは兄弟たちに言った。「どうか私に近寄ってください。」彼らが近寄ると、ヨセフは言った。「私はあなたがたがエジプトに売った弟のヨセフです。
5 今、私をここに売ったことで心を痛めたり、怒ったりしてはなりません。神はいのちを救うために、あなたがたより先に、私を遣わしてくださったのです。
6 この二年の間、国中にききんがあったが、まだあと五年は耕すことも刈り入れることもないでしょう。
7 それで神は私をあなたがたより先にお遣わしになりました。それは、あなたがたのために残りの者をこの地に残し、また、大いなる救いによってあなたがたを生きながらえさせるためだったのです。
8 だから、今、私をここに遣わしたのは、あなたがたではなく、実に、神なのです。神は

1 ① 使7:13
2 ① 創45:14, 15, 46:29
3 ① 創43:27
　② 創37:18-28, 42:21,22
4 ① 創37:28
5 ① 創50:19, イザ40:2,
　　Ⅱコリ2:7
　② 創45:7, 8, 50:20,
　　詩105:16, 17
6 ① 創41:54
7 ① 創45:5, エス4:14

から大きく変わったことを証明している。ベニヤミンのためのユダの嘆願(44:18-34)は特に心のこもったものだった。ベニヤミンを救い父親が悲しみに打ちひしがれないようにするにはどんな犠牲をも払おうとしたことで(44:16, 32-33)、兄弟たちがついに過去に犯した罪の責めを受ける覚悟ができたことが明らかになった。

45:5 私を遣わしてくださったのです 神はご自分のご計画を成就するために人々の悪い行いをくつがえされることをヨセフは何度も明らかにしている

(⇒50:20, →「神の摂理」の項 p.110)

45:7 あなたがたのために残りの者をこの地に残し 神は契約の民を救うためにヨセフを通して働かれた。キリストはユダの子孫でヨセフの子孫ではないけれども神はキリストの先祖になる人々を生かすためにヨセフを用いられたのである。その意味ではヨセフはキリストの霊的先祖であり、肉体の先祖であるよりはるかに重要である(→ロマ4:12-16)。

神の摂理

「今、私をここに売ったことで心を痛めたり、怒ったりしてはなりません。神はいのちを救うために、あなたがたより先に、私を遣わしてくださったのです。」（創世記45:5）

天地を創造されたあと（創1:1）、主である神は創造されたものから手を引き、それぞれが独自に生存するようにと手放されたのではなかった。時計職人や機械技師のように世界を設計し、動くように造り動かして、やがてゆっくりと止まるままに放っておくのではない。むしろ神は愛に満ちた父としてご自分が造られたものの世話をなさるのである。そしてご自分の民の生活と創造されたものの管理にかかわり続けられた。神の摂理ということばは被造物とご自分の民に対するこの不断の心遣いのことを言うのである。そしてこのことばが意味する最も重要なことは神の供給、監督、個人的関与である。けれども神の摂理の配慮の中で最も確実なことは人類の歴史に対する介入で、出来事の流れを変えたり影響を与えたりすることである。

摂理とは何か？

神の摂理には少なくとも三つの面がある。

（1）**保持** 神は創造された世界をご自分の力によって保持しておられる。ダビデは次のようにはっきりと告白している。「あなたの義は高くそびえる山のようで、あなたのさばきは深い海のようです。あなたは人や獣を栄えさせてくださいます。主よ」（詩36:6）。聖書は神の保持する力は「万物よりも先に存在し、万物は御子にあって成り立っています」（コロ1:17）という御子イエス・キリストを通して実現していると言っている。生命の最も小さい部分でさえもキリストの力によって、互いに結び付けられているのである。

（2）**供給** 神は創造された世界を維持されるだけではなく、世界に住む被造物の必要を供給しておられる。世界を創造された時に神は季節を造られ（創1:14）、人間や動物に食物を提供された（創1:29-30）。洪水で地球が破壊されたあと、神は次のように言ってこの供給の約束を更新された。「地の続くかぎり、種蒔きと刈り入れ、寒さと暑さ、夏と冬、昼と夜とは、やむことはない」（創8:22）。詩篇のいくつかは、造られたものすべてに対して必要なものを供給してくださる神の恵みについてあかししている（詩104:, 145:）。神はご自分の創造力と配慮の力をヨブに啓示され（ヨブ38:-41:）、主イエスは神が空の鳥と野のゆりにさえ必要なものを備えておられることを明らかにされた（マタ6:26-30, 10:29）。神は人間の物質的な必要だけではなく霊的な必要にも配慮しておられる（⇒ヨハ3:16-17）。そして神はご自分の民（神を信じ従う人々）に対しては特別な愛と配慮を示されると聖書は啓示している（詩91:, →マタ10:31注）。使徒パウロはピリピの信仰者に対して、「私の神は、キリスト・イエスにあるご自身の栄光の富をもって、あなたがたの必要をすべて満たしてくださいます」（ピリ4:19 →注）と書いている。主イエスの最初の弟子の一人であるヨハネによれば、神はご自分の民が、「たましいに幸いを得ているようにすべての点でも幸いを得、また健康であるように」（→Ⅲヨハ1:2注）望んでおられる。

（3）**管理** 神はご自分の造られたものに対して保持と供給をしておられるだけではなく、世界を治めておられる。神は主権者（完全な支配権と権威を持つ）であるから、歴史上の事件は神が許されたときにだけ起こる。時に神はご自分の目的を達成しご自分を民に現すために直接介入される（→「**神のみこころ**」の項p.1207）。けれども歴史を終結するまでは、神はこの世界でのご自分の最高の力と支配に制限を加えてこられた。聖書は、サタンが「この世の神」（Ⅱコリ4:4）であり、この現在の悪い時代の中で相当の支配力を働かせていると言っている（→Ⅰヨハ5:19注, ⇒ルカ13:16, ガラ1:4, エペ6:12, ヘブ2:14）。つまり、現在の世界は神に逆らっており、その結果サタンの奴隷（ロマ6:16）にされているのである。けれども覚えておくべきことは、神の側のこの自己制限は一時的なものだということである。なぜなら神は既にサタンと悪魔の勢力をみな滅ぼす時を定めておられるからである（黙19:-20:）。

創世記　111

なぜ苦しみがあるのか？

　神の摂理は抽象的な概念（具体的なかたちで現されないもの）ではなく、神に反抗して勝手な道を歩いている罪深い世界での日常生活にかかわるものであることを聖書は示している。

　(1)　人はだれでもその生涯の中で時に苦しみを体験して、必ず「なぜ」という疑問を持つ（⇒ヨブ7：17-21, 詩10：1, 22：1, 74：11-12, エレ14：8-9, 19）。そのような体験をすると、悪がなぜ現実にあるのか、なぜ神のご計画が悪の影響を受けるのかという疑問を持つようになるのである。

　(2)　アダムとエバが最初に神に逆らう道を選び、勝手なことをしたことによって罪は世界に入り込んだ。その罪の結果を人間が体験することを神は許された。たとえばヨセフは兄弟たちのねたみによって残酷にもエジプトに奴隷として売られて多くの苦痛を体験した（創37：, 39：）。エジプトで神を敬う生活を送っていたとき、ヨセフは不道徳の罪を不当にも負わされて牢獄に投げ込まれて（創39：）、2年以上もそこに抑留されていた（⇒創40：1-41：14）。神はご自分のご計画を成就するためには罪の影響を排除することができるけれども、また人々の悪い行動によって苦しみに遭うことも許されるのである。ヨセフのいのちを守り神の目的を達成するために、神が兄弟たちの罪を通しても働いておられたことをヨセフは後に認識したのである（創45：5, 50：20）。

　(3)　私たちは他人の罪の結果で苦しむだけではなく、自分自身の罪深い行いの結果をも体験する。罪深い選択をすれば、ある結果が必ず生れることを神は私たちに知らせようとされた。たとえば不道徳と姦淫の罪はしばしば結婚、家族など、重要な人間関係を裂いてしまう。ほかの人々に対する抑制のきかない怒りの罪は重大な傷害や殺人にさえも発展する。どん欲の罪は盗みや横領となり、そのようなことをした人に対しては投獄という判決結果を生み出す。

　(4)　世界の苦痛はまた、「この世の神」であるサタンが人々の思いをくらませ、だまし、生活を支配して勝手な仕事を行うことが許されていることから起こる（Ⅱコリ4：4, エペ2：1-3）。新約聖書は悪霊が精神的に苦しませたり（マコ5：1-14）、肉体的に危害を加えたことで苦しんだ人々の例（マタ9：32-33, 12：22, マコ9：14-22, ルカ13：11, 16）で満ちている（→「**サタンと悪霊に勝利する力**」の項 p.1726）。

　この世界に苦痛があるのは神が私たちに悪を引起こしているとか、人生の悲劇全部に直接かかわっているということではない。神は決して悪や汚れたことを起こしたり行うように仕向けたりはなさらない（ヤコ1：13）。けれども神はご計画を実現するために、人々の神への忠誠心を試すために、そして神を認めて神に立返るようにするために悪を許し指示し支配されるときがある。けれども何が起きても、ご自分に対して忠実な人々のためには神はすべてのことを益としてくださる（→マタ2：13注, ロマ8：28注, →「**正しい人の苦しみ**」の項 p.825）。

神の摂理と私たちとの関係

　(1)　造られたものに対する神の摂理と配慮は正しい人（神が求めることを行う人）と、不義の人（神に逆らう人）両方にある程度の影響を与える（⇒マタ5：45）。けれども神の特別な配慮と導きを私たちの生活の中で体験するには、私たちにもいくつかの責任があることを聖書は啓示している。

　(2)　神の特別な摂理は神に従い、神の願いやご計画を行う人に及んでいる。たとえばヨセフの場合は神を敬い従っていたので、神も重んじて導いてくださった（→創39：2-3, 21, 23）。主イエスご自身も神の守りの配慮を体験された。ヘロデ王の兵士たちが多くの赤子と同じように殺そうとしたとき、主イエスの両親は神に従いエジプトに逃げて行って危険から逃れることができた（→マタ2：13注）。それは神の守りの配慮である。神を敬い日々の生活で神の導きに頼る人には神がその道をまっすぐにしてくださるという約束が与えられている（箴3：5-7）。

　(3)　摂理の中で神は教会やそれとかかわる人をひとりひとり導いてくださる。けれども神に従う人々はいのちを与えるメッセージをほかの人々に伝える場合、神がどのように導き用いてくださるのかに気付かなければならない（⇒使18：9-10, 23：11, 26：15-18, 27：22-24）。

　(4)　キリストを信じる信仰によって神を愛し頼り、神に服従する人々に神はあらゆることを働かせて益

としてくださる(→ロマ8:28注)。

　(5) 神は私たちに応答し配慮してくださる。困難な悩みの時にも心からの祈りとひたすらな信仰によって神を見続けるなら、神は絶えず助けを与えてくださる。祈りと神への信頼を通して私たちは神の平安を体験し(ピリ4:6-7)、力を受け(エペ3:16, ピリ4:13)、神のあわれみと恵みとおりにかなった助けを受けることができる(ヘブ4:16, →ピリ4:6注)。自分のため、またほかの人々のために私たちは信仰をもって祈ることができるのである(→ロマ15:30-32, コロ4:3注, →「とりなし」の項 p.1454)。

創世記 45–46章

私をパロには父とし、その全家の主とし、またエジプト全土の統治者とされたのです。9 それで、あなたがたは急いで父上のところに上って行き、言ってください。『あなたの子ヨセフがこう言いました。神は私をエジプト全土の主とされました。ためらわずに私のところに下って来てください。10 あなたはゴシェンの地に住み、私の近くにいることになります。あなたも、あなたの子と孫、羊と牛、またあなたのものすべて。11 ききんはあと五年続きますから、あなたも家族も、また、すべてあなたのものが、困ることのないように、私はあなたをそこで養いましょう』と。12 さあ、あなたがたも、私の弟ベニヤミンも自分の目でしかと見てください。あなたがたに話しているのは、この私の口です。13 あなたがたは、エジプトでの私のすべての栄誉とあなたがたが見たいっさいのことを私の父上に告げ、急いで私の父上をここにお連れしてください。」
14 それから、彼は弟ベニヤミンの首を抱いて泣いた。ベニヤミンも彼の首を抱いて泣いた。15 彼はまた、すべての兄弟に口づけし、彼らを抱いて泣いた。そのあとで、兄弟たちは彼と語り合った。
16 ヨセフの兄弟たちが来たという知らせが、パロの家に伝えられると、パロもその家臣たちも喜んだ。17 パロはヨセフに言った。「あなたの兄弟たちに言いなさい。『こうしなさい。あなたがたの家畜に荷を積んで、すぐカナンの地へ行き、18 あなたがたの父と家族とを連れて、私のもとへ来なさい。私はあなたがたにエジプトの最良の地を与え、地の最も良い物を食べさせる。』
19 あなたは命じなさい。『こうしなさい。

8①士17:10, ヨブ29:16
②創41:43
9①使7:14
10①創46:28,34, 47:1,4,6, 出8:22, 9:26
11①創47:12, 50:21
12①創42:23
14①創45:2, 15, 46:29
15①創45:2, 14, 46:29
16①使7:13
17①創41:37
18①創27:28, 民18:12

19①創45:21, 27, 46:5, 民7:3-8
21①創45:19
22＊あるいは「着替えの服」
　①創43:34
　②Ⅱ列5:5
23①創43:11
　②創42:25
26①創37:31-35, ルカ24:11, 41
27①創45:19

1①創21:31, 33, 28:10

子どもたちと妻たちのために、エジプトの地から車を持って行き、あなたがたの父を乗せて来なさい。20 家財に未練を残してはならない。エジプト全土の最良の物は、あなたがたのものだから』と。」
21 イスラエルの子らは、そのようにした。ヨセフはパロの命により、彼らに車を与え、また道中のための食糧をも与えた。22 彼らすべてにめいめい晴れ着を与えたが、ベニヤミンには銀三百枚と晴れ着五着とを与えた。23 父には次のような物を贈った。エジプトの最良の物を積んだ十頭のろば、それと穀物とパンと父の道中の食糧とを積んだ十頭の雌ろばであった。24 こうしてヨセフは兄弟たちを送り出し、彼らが出発するとき、彼らに言った。「途中で言い争わないでください。」25 彼らはこうしてエジプトから上って、カナンの地に入り、彼らの父ヤコブのもとへ行った。26 彼らは父に告げて言った。「ヨセフはまだ生きています。しかもエジプト全土を支配しているのは彼です。」しかし父はぼんやりしていた。彼らを信じることができなかったからである。27 彼らはヨセフが話したことを残らず話して聞かせ、彼はヨセフが自分を乗せるために送ってくれた車を見た。すると彼らの父ヤコブは元気づいた。28 イスラエルは言った。「それで十分だ。私の子ヨセフがまだ生きているとは。私は死なないうちに彼に会いに行こう。」

エジプトへ下るヤコブ

46 1 イスラエルは、彼に属するすべてのものといっしょに出発し、ベ

45:10　ゴシェンの地　現在のカイロから約64キロ離れた所にあるゴシェンはナイル川の三角州(地中海に注ぐ付近)にあって、エジプト人の生活の中心からは隔てられていた。そこでイスラエル人はエジプト人から離れて生活をして別の民族として発展していった。

46:1　イスラエルは・・・出発し　イスラエル(ヤコブ)と家族はエジプトへ移住した。
(1) 神の民は直接的にはききんのために移住した(47:13)。神は無限の知恵と見通す力によって様々な事柄を導いて、イスラエルがエジプトへの移住を考えるようにさせられた(⇒15:13-14)。そこで神の民は増えて大民族になり、それからカナンへ帰るのである(⇒50:24)。
(2) ほとんどのエジプト人はヘブル人とつきあうことを拒んだので(⇒43:32, 46:34)、イスラエルの家族と子孫は遠く離れたゴシェンの地に定住した。それは神の民を特別な目的のために選び分けておく神の

創世記　46章

エル・シェバに来たとき、父イサクの神にいけにえをささげた。
² 神は、夜の幻の中でイスラエルに、「ヤコブよ、ヤコブよ」と言って呼ばれた。彼は答えた。「はい。ここにいます。」
³ すると仰せられた。「わたしは神、あなたの父の神である。エジプトに下ることを恐れるな。わたしはそこで、あなたを大いなる国民にするから。
⁴ わたし自身があなたといっしょにエジプトに下り、また、わたし自身が必ずあなたを再び導き上る。ヨセフの手はあなたの目を閉じてくれるであろう。」
⁵ それから、ヤコブはベエル・シェバを立った。イスラエルの子らは、ヤコブを乗せるためにパロが送った車に、父ヤコブと自分たちの子や妻を乗せ、
⁶ また彼らは家畜とカナンの地で得た財産も持って行った。こうしてヤコブはそのすべての子孫といっしょにエジプトに来た。
⁷ すなわち、彼は、自分の息子たちと孫たち、自分の娘たちと孫娘たち、こうしてすべての子孫を連れてエジプトに来た。
　⁸ エジプトに来たイスラエルの子──ヤコブとその子──の名は次のとおりである。ヤコブの長子ルベン。
⁹ ルベンの子はエノク、パル、ヘツロン、カルミ。
¹⁰ シメオンの子はエムエル、ヤミン、オハデ、ヤキン、ツォハル、カナンの女の産んだ子サウル。
¹¹ レビの子はゲルション、ケハテ、メラリ。
¹² ユダの子はエル、オナン、シェラ、ペレツ、ゼラフ。しかしエルとオナンはカナンの地で死んだ。ペレツの子はヘツロンとハムルであった。

12 ①創26:24, 25, 28:13, 31:42
　　創15:1, 民12:6, 創31:24, ヨブ33:15, ダニ2:19
　 ②創22:1, 1, 31:11
　 ③創17:1, 26:24, 28:13
　 ②創12:2, 申26:5
④創28:15
　 ②創15:16, 50:24, 出3:8
　 ①創50:1
⑤創45:19
⑦①創26:5, ヨシュ24:4, 詩105:23, イザ52:4, 使7:15
⑧民1:1
⑨①民6:14, Ⅰ歴5:3, 民26:5
¹⁰①民26:15, Ⅰ歴4:24
　 ＊Ⅰ歴4:24「ネムエル」
　 ＊＊Ⅰ歴4:24「ゼラフ」
¹¹①民26:1, 16, 民3:17
　 ＊Ⅰ歴6:17「ゲルショム」
¹²①民26:2, 3, 4:21
　 ②創38:3, 7-10
　 ③創38:29, Ⅰ歴2:5

13 Ⅰ歴7:1, 士10:1
　 ＊歴7:1「プア」
　 ＊民26:23「ヤシュブ」
¹⁴①士12:11
¹⁶①民26:15, Ⅰ歴5:11
　 ＊民26:15「ツェオン」
　 ＊＊民26:16「オズニ」
　 ＊＊＊民26:17「アロデ」
¹⁷①Ⅰ歴7:30
¹⁸①創29:24, 30:10
¹⁹①創44:27
²⁰①創41:45, 50
²¹①Ⅰ歴7:6, 8:1
　 ②民26:40
　 ③民26:40
　 ④Ⅰ歴7:12
　 ＊フファム
　 ＊＊Ⅰ歴8:3「アダル」
²³ 民26:42「シュハム」
²⁴①Ⅰ歴7:13
　 ＊Ⅰ歴7:13「ヤハツィエル」
　 ②民26:48
　 ③民26:49, Ⅰ歴7:13
　 ＊民26:49「シャルム」
²⁵①民29:29
　 ②創30:5, 7
²⁶①出1:5

¹³ イッサカルの子はトラ、*プワ、**ヨブ、シムロン。
¹⁴ ゼブルンの子はセレデ、エロン、ヤフレエル。
¹⁵ これらはレアがパダン・アラムでヤコブに産んだ子で、それにその娘ディナがあり、彼の息子、娘たちの総勢は三十三人。
¹⁶ ガドの子はツィフヨン、ハギ、シュニ、**エツボン、エリ、***アロディ、アルエリ。
¹⁷ アシェルの子はイムナ、イシュワ、イシュビ、ベリアとその妹セラフ。ベリアの子はヘベル、マルキエル。
¹⁸ これらは、ラバンが娘レアに与えたジルパの子である。彼女がヤコブに産んだのは十六人であった。
¹⁹ ヤコブの妻ラケルの子はヨセフとベニヤミンである。
²⁰ ヨセフにはエジプトの地で子どもが生まれた。それはオンの祭司ポティ・フェラの娘アセナテが彼に産んだマナセとエフライムである。
²¹ ベニヤミンの子はベラ、ベケル、アシュベル、ゲラ、ナアマン、エヒ、ロシュ、ム*ピム、**フピム、アルデ。
²² これらはラケルがヤコブに産んだ子で、みなで十四人である。
²³ ダンの子はフシム。
²⁴ ナフタリの子はヤフツェエル、グニ、エ**ツェル、シレム。
²⁵ これらはラバンが娘ラケルに与えたビルハの子である。彼女がヤコブに産んだのはみなで七人であった。
²⁶ ヤコブに属する者、すなわち、ヤコブから生まれた子でエジプトへ行った者は、ヤコブの息子たちの妻は別として、みなで六十六人であった。

ご計画の通りだった。この人々はそこで約束の地カナンに戻るときを待望んだのである。神にはあらゆる国の人々にご自分を現し交わりを回復するというご計画がある。その中でイスラエルは大きな役割を果たさなければならない（→「アブラハムの召命」の項 p.50）

46:3　わたしは神・・・恐れるな　再び神はヤコブとその家族と一緒におられ、子孫を偉大な民族にしてカナンの地へ連れ戻すと約束された。私たちには困難に直面するときがあり、また罪に満ちた世界に生きる上で大きな決断をしなければならないことがある。そのような

ときには神の愛と配慮と臨在を改めて確約していただかなければならない。真剣に神に従い神とのより深い関係を築こうとしているなら、あわれみと導きを真剣に求めるときに神は応えてくださる（⇒ヨハ1:12-13）。

46:26　六十六人　これはヤコブとともにエジプトへ旅をした人の数である。46:27には70人とあるけれども、ヨセフと二人の息子とヤコブを含めている。使徒7:14によると全部で75人だったけれどもこれにはヨセフの孫が含まれている。

創世記　46-47章

²⁷ エジプトでヨセフに生まれた子らはふたりで、エジプトに行ったヤコブの家族はみなで七十人であった。

²⁸ さて、ヤコブはユダを先にヨセフのところに遣わしてゴシェンへの道を示させた。それから彼らはゴシェンの地に行った。²⁹ ヨセフは車を整え、父イスラエルを迎えるためにゴシェンへ上った。そして父に会うなり、父の首に抱きつき、その首にすがって泣き続けた。

³⁰ イスラエルはヨセフに言った。「もう今、私は死んでもよい。この目であなたが生きているのを見たからには。」

³¹ ヨセフは兄弟たちや父の家族の者たちに言った。「私はパロのところに知らせに行き、申しましょう。『カナンの地にいた私の兄弟と父の家族の者たちが私のところに来ました。³² この人たちは羊を飼う者です。家畜を飼っていた者です。彼らは、自分たちの羊と牛と彼らのものすべてを連れて来ました。』³³ パロがあなたがたを呼び寄せて、『あなたがたの職業は何か』と聞くようなときには、³⁴ あなたがたは答えなさい。『あなたのしもべどもは若い時から今まで、私たちも、また私たちの先祖も家畜を飼う者でございます』と。そうすれば、あなたがたはゴシェンの地に住むことができるでしょう。羊を飼う者はすべて、エジプト人に忌みきらわれているからです。」

47 ¹ ヨセフはパロのところに行き、告げて言った。「私の父と兄弟たちと、羊の群れ、牛の群れ、そして彼らのものすべてがカナンの地からまいりました。そして今ゴシェンの地におります。」² 彼は兄弟の中から五人を連れて、パロに引き合わせた。

³ パロはヨセフの兄弟たちに尋ねた。「あなたがたの職業は何か。」彼らはパロに答えた。「あなたのしもべどもは羊を飼う者で、私たちも、また私たちの先祖もそうでございます。」⁴ 彼らはまたパロに言った。「この地に寄留しようとして私たちはまいりました。カナンの地はききんが激しくて、しもべどもの羊のための牧草がございませんので。それでどうか、あなたのしもべどもをゴシェンの地に住ませてください。」

⁵ その後、パロはヨセフに言った。「あなたの父と兄弟たちとがあなたのところに来た。⁶ エジプトの地はあなたの前にある。最も良い地にあなたの父と兄弟たちとを住ませなさい。彼らはゴシェンの地に住むようにしなさい。もし彼らの中に力のある者がいるのを知っていたら、その者を私の家畜の係長としなさい。」

⁷ それから、ヨセフは父ヤコブを連れて来て、パロの前に立たせた。ヤコブはパロに①*あいさつした。

⁸ パロはヤコブに尋ねた。「あなたの年は、幾つになりますか。」

⁹ ヤコブはパロに答えた。「私のたどった年月は百三十年です。私の齢の年月はわずかで、ふしあわせで、私の先祖のたどった齢の年月には及びません。」

¹⁰ ヤコブはパロにあいさつして、パロの前を立ち去った。

¹¹ ヨセフは、パロの命じたとおりに、彼の父と兄弟たちを住ませ、彼らにエジプトの地で最も良い地、ラメセスの地を所有として与えた。

¹² またヨセフは父や兄弟たちや父の全家

46:34　羊を飼う者は・・・忌みきらわれている　ヤコブの家族のほとんどが家畜を飼っていた。エジプト人は伝統的に羊飼いを軽べつしていた。この否定的な態度はイスラエル人が神を敬わないエジプト人の影響から離れて生活するために好都合だった。（⇒43:32, →45:10注）。

47:9　私のたどった年月　ヤコブは自分と父の生涯を巡礼、旅と言っている。

（1）よそ者として住みながらヤコブは最終的には神が子孫を約束の地に連れ帰ってくださることを頼みとしていた。それは信仰によって生きることだった。なぜならヤコブはアブラハムやイサクと同じように約束の成就を見ないで死んだからである。けれども最終的なゴールは先祖たちと同じように、天にあるさらに良い国だった（→ヘブ11:8-16）。

（2）キリスト者もまたこの世界においては旅人であり寄留者であって、天の都を望みながら信仰によって生きている。この天の都は「固い基礎の上に建てられ」ていて、「その都を設計し建築されたのは神」である（→ヘブ11:10-13注）。

族、幼い子どもに至るまで、食物を与えて養った。

ヨセフとききん

13 ききんが非常に激しかったので、全地に食物がなく、エジプトの地もカナンの地もききんのために衰え果てた。

14 それで、ヨセフはエジプトの地とカナンの地にあったすべての銀を集めた。それは人々が買った穀物の代金であるが、ヨセフはその銀をパロの家に納めた。

15 エジプトの地とカナンの地に銀が尽きたとき、エジプト人がみなヨセフのところに来て言った。「私たちに食物を下さい。銀が尽きたからといって、どうして私たちがあなたさまの前に死んでよいでしょう。」

16 ヨセフは言った。「あなたがたの家畜をよこしなさい。銀が尽きたのなら、家畜と引き替えに与えよう。」

17 彼らがヨセフのところに家畜を引いて来たので、ヨセフは馬、羊の群れ、牛の群れ、およびろばと引き替えに、食物を彼らに与えた。こうして彼はその年、すべての家畜と引き替えた食物で彼らを切り抜けさせた。

18 やがてその年も終わり、次の年、人々はまたヨセフのところに来て言った。「私たちはあなたさまに何も隠しません。私たちの銀も尽き、家畜の群れもあなたさまのものになったので、私たちのからだと農地のほかには、あなたさまの前に何も残っていません。

19 私たちはどうして農地といっしょにあなたさまの前で死んでよいでしょう。食物と引き替えに私たちと私たちの農地とを買い取ってください。私たちは農地といっしょにパロの奴隷となりましょう。どうか種を下さい。そうすれば私たちは生きて、死なないでしょう。そして、土地も荒れないでしょう。」

20 それでヨセフはエジプトの全農地を、パロのために買い取った。ききんがエジプト人にきびしかったので、彼らがみな、その畑地を売ったからである。こうしてその土地はパロのものとなった。

21 彼は民を、エジプトの領土の端から端まで町々に移動させた。

22 ただ祭司たちの土地は買い取らなかった。祭司たちにはパロからの給与があって、彼らはパロが与える給与によって生活していたので、その土地を売らなかったからである。

23 ヨセフは民に言った。「私は、今、あなたがたとあなたがたの土地を買い取って、パロのものとしたのだから。さあ、ここにあなたがたへの種がある。これを地に蒔かなければならない。

24 収穫の時になったら、その五分の一はパロに納め、五分の四はあなたがたのものとし、畑の種のため、またあなたがたの食糧のため、またあなたがたの家族の者のため、またあなたがたの幼い子どもたちの食糧としなければならない。」

25 すると彼らは言った。「あなたさまは私たちを生かしてくださいました。私たちは、あなたのお恵みをいただいてパロの奴隷となりましょう。」

26 ヨセフはエジプトの土地について、五分の一はパロのものとしなくてはならないと一つのおきてを定めた。これは今日に及んでいる。ただし祭司の土地だけはパロのものとならなかった。

27 さて、イスラエルはエジプトの国でゴシェンの地に住んだ。彼らはそこに所有地を得、多くの子を生み、非常にふえた。

28 ヤコブはエジプトの地で十七年生きながらえたので、ヤコブの一生の年は百四十七年であった。

29 イスラエルに死ぬべき日が近づいたとき、その子ヨセフを呼び寄せて言った。「もしあなたの心にかなうなら、どうかあなたの手を私のももの下に入れ、私に愛と真実を尽くしてくれ。どうか私をエジプトの地に葬らないでくれ。

30 私が先祖たちとともに眠りについたなら、私をエジプトから運び出して、先祖た

---

12 ① 創47:24 ② 創45:11, 50:21
13 ① 創41:57, 43:1, 45:11 ② 創41:30, 使7:11
15 ① 創47:19
19 ① 創47:15

21 * サマリヤ五書、七十人訳は「奴隷にした」
22 ① 創47:26 ② エズ7:24
26 ① 創41:34 ② 創47:22
27 ① 創46:3 ② 創47:11 ③ 創35:11, 出1:7
28 ① 創47:9
29 ① 申31:14, Ⅰ列2:1 ② 創50:6 ③ 創24:2, 9 ④ 創24:49 ⑤ 創50:25
30 ① 創15:15, 申31:16 ② 創23:17-20, 49:29-32, 50:13, Ⅱサム19:37

47:30 私をエジプトから運び出して ヤコブには死が迫っていた。けれども信仰によって、神が民をカナンの地に連れ帰ってくださる日を望み見ていた（→46:3注）。このことを心に留めながら、彼は家族

創世記　47-48章

ちの墓に葬ってくれ。」するとヨセフは言った。「私はきっと、あなたの言われたとおりにいたします。」

31 それでイスラエルは言った。「私に誓ってくれ。」そこでヨセフは彼に誓った。イスラエルは床に寝たまま、おじぎをした。

マナセとエフライム

48 1 これらのことの後、ヨセフに「あなたの父上は病気です」と告げる者があったので、彼はそのふたりの子、マナセとエフライムを連れて行った。

2 ある人がヤコブに告げて、「あなたの子ヨセフがあなたのもとにおいでです」と言ったので、イスラエルは力をふりしぼって床にすわった。

3 ヤコブはヨセフに言った。「全能の神がカナンの地ルズで私に現れ、私を祝福して、

4 私に仰せられた。『わたしはあなたに多くの子を与えよう。あなたをふやし、あなたを多くの民のつどいとし、またこの地をあなたの後の子孫に与え、永久の所有としよう。』

5 今、私がエジプトに来る前に、エジプトの地で生まれたあなたのふたりの子は、私の子となる。エフライムとマナセはルベンやシメオンと同じように私の子にする。

6 しかしあとからあなたに生まれる子どもたちはあなたのものになる。しかし、彼らが家を継ぐ場合、彼らは、彼らの兄たちの名を名のらなければならない。

7 私のことを言えば、私がパダンから帰って来たとき、その途上カナンの地で、悲しいことに、ラケルが死んだ。そこからエフラテに行くには、なお道のりがあったが、私はエフラテ、すなわちベツレヘムへの道のその場所に彼女を葬った。

8 イスラエルはヨセフの子らに気づいて言った。「これはだれか。」

9 ヨセフは父に答えた。「神がここで私に

授けてくださった子どもです。」すると父は、「彼らを私のところに連れて来なさい。私は彼らを祝福しよう」と言った。

10 イスラエルの目は老齢のためにかすんでいて、見ることができなかった。それでヨセフが彼らを父のところに近寄らせると、父は彼らに口づけし、彼らを抱いた。

11 イスラエルはヨセフに言った。「私はあなたの顔が見られようとは思わなかったのに、今こうして、神はあなたの子どもをも私に見させてくださった。」

12 ヨセフはヤコブのひざから彼らを引き寄せて、顔を地につけて、伏し拝んだ。

13 それからヨセフはふたりを、エフライムは自分の右手に取ってイスラエルの左手に向かわせ、マナセは自分の左手に取ってイスラエルの右手に向かわせて、彼に近寄らせた。

14 すると、イスラエルは、右手を伸ばして、弟であるエフライムの頭の上に置き、左手をマナセの頭の上に置いた。マナセが長子であるのに、彼は手を交差して置いたのである。

15 それから、ヨセフを祝福して言った。

「私の先祖アブラハムとイサクが、
その御前に歩んだ神。
きょうのこの日まで、
ずっと私の羊飼いであられた神。

16 すべてのわざわいから私を贖われた御使い。
この子どもたちを祝福してください。
私の名が先祖アブラハムとイサクの名とともに、
彼らのうちにとなえ続けられますように。
また彼らが地のまなかで、
豊かにふえますように。」

17 ヨセフは父が右手をエフライムの頭の上に置いたのを見て、それはまちがっていると思い、父の手をつかんで、それをエフラ

---

31 ①創21:23, 24, 24:3, 31:53, 50:25
②創48:2, I 列1:47, ヘブ11:21

1 ①創41:51, 52
3 ①創48:3, 4, 創35:9-12
②→創17:1
＊「エル・シャダイ」
③創28:13, 19
4 ①創17:8
5 ①創41:50, 46:20, 48:1, ヨシ14:4
7 ①創33:18
①創35:16-20
8 ①創48:10
9 ①創33:5

②創27:4
10 ①創27:1, I サム3:2
②創27:27
11 ①創45:26
12 ①創42:6
14 ①創41:51, 52, 48:19
15 ①創17:1
②創49:24,
詩23:1, 80:1
16 ①詩121:7
②創22:11, 31:11
③ヘブ11:21
④アモ9:12, 使15:17
⑤民26:34, 37
17 ＊別訳「不満に思い」

と同じ場所に葬るように求めた（⇒ヘブ11:22）。

48:5　私の子となる　ヤコブはヨセフの二人の息子を自分の子と考え、ヨセフに二倍の相続を与えることを保証した。エフライムとマナセはヤコブのほかの息子たちと同じ権利と地位を与えられた。実際にエフライムとマナセの子孫はそれぞれイスラエルの一部族となった。

48:15　きょうのこの日まで、ずっと私の羊飼いであ

られた神　ヤコブは変らない信仰の模範と生涯にわたって神が導き守ってくださったあかしを子どもたちに残した。ヘブル人への手紙にはヤコブがエフライムとマナセを祝福したことが書かれているけれども、これは神に対するヤコブの誠実な信仰をよく証明している（ヘブ11:21）。父が子に譲る遺産の中で、神に対する信仰と献身ほどすばらしいものはない。

イムの頭からマナセの頭へ移そうとした。 ¹⁸ヨセフは父に言った。「父上。そうではありません。こちらが長子なのですから、あなたの右の手を、こちらの頭に置いてください。」 ¹⁹しかし、父は拒んで言った。「わかっている。わが子よ。私にはわかっている。彼もまた一つの民となり、また大いなる者となるであろう。しかし弟は彼よりも大きくなり、その子孫は国々を満たすほど多くなるであろう。」 ²⁰そして彼はその日、彼らを祝福して言った。
「*あなたがたによって、
イスラエルは祝福のことばを述べる。
『神があなたをエフライムやマナセのようになさるように。』」
③こうして、彼はエフライムをマナセの先にした。
²¹イスラエルはヨセフに言った。「私は今、死のうとしている。しかし、神はあなたがたとともにおられ、あなたがたをあなたがたの先祖の地に帰してくださる。 ²²私は、あなたの兄弟よりも、むしろあなたに、私が剣と弓とをもってエモリ人の手から取ったあのシェケムを与えよう。」

息子たちを祝福するヤコブ
49:1-28　参照―申33:1-29

49
¹ヤコブはその子らを呼び寄せて言った。「集まりなさい。私は終わり

19 ①創48:14
②民1:34, 35, 2:20, 21, 24, 申33:17, 黙7:6
20 ①創12:3, 詩21:6, ヘブ11:21
*直訳「あなたによって」
②ルツ4:11, 12
③Ⅰ歴26:10
21 ①創28:15, 46:4, 50:24
22 ①創15:16
②ヨシ24:32, ヨハ4:5

1 ①創49章, 申33章, 士5章
②民24:14, エレ23:20, ダニ10:14, 2:28, 29, アモ3:7

2 ①詩34:11
3 ①創29:32, ヨシ13:15-23
②申21:17, 詩78:51, 105:36
4 ①Ⅰ歴5:1, 創35:22, 申27:20
5 ①創34:25-31
②創29:33, 34, ヨシ19:1-9, Ⅰ歴4:24
6 ①蔵1:15, 16
7 ①ヨシ19:1, 9, 21:1-42
②創29:35, 申33:7, ヨシ15:1-12
8 ①創27:29, Ⅰ歴5:2, 創4:11,
9 ①黙5:5, 民23:24, 24:9, ヨブ4:11, イザ30:6, エゼ19:2-7, ミカ5:8, ナホ2:11, 12

の日に、あなたがたに起こることを告げよう。
² ヤコブの子らよ。集まって聞け。
あなたがたの父イスラエルに聞け。
3 ①ルベンよ。あなたはわが長子。
わが力、わが力の初めの実。
すぐれた威厳とすぐれた力のある者。
4 だが、水のように奔放なので、
①もはや、あなたは他をしのぐことがない。
②あなたは父の床に上り、
そのとき、あなたは汚したのだ。
――彼は私の寝床に上った――
5 ①シメオンとレビとは兄弟、
②彼らの剣は暴虐の道具。
6 ①わがたましいよ。彼らの仲間に加わるな。
わが心よ。彼らのつどいに連なるな。
彼らは怒りにまかせて人を殺し、
ほしいままに牛の足の筋を切ったから。
7 ①のろわれよ。彼らの激しい怒りと、
彼らのはなはだしい憤りとは。
私は彼らをヤコブの中で分け、
イスラエルの中に散らそう。
8 ②ユダよ。兄弟たちはあなたをたたえ、
あなたの手は敵のうなじの上にあり、
あなたの父の子らはあなたを伏し拝む。
9 ①ユダは獅子の子。
わが子よ。あなたは獲物によって成長する。
雄獅子のように、また雌獅子のように、
彼はうずくまり、身を伏せる。

48:19　弟は彼よりも大きくなり　旧約聖書の歴史の中で神は何度も兄よりも弟を選んでおられる。神はイシュマエルではなくイサクを選ばれ(21:12)、エサウではなくヤコブを選ばれ(25:23)、ルベンではなくヨセフを選ばれ(48:21-22, 49:3-4)、マナセではなくエフライムを選ばれ(48:14-20)、兄たちではなくギデオンを選ばれ(士6:11-16)、兄たちではなくダビデを選ばれた(Ⅰサム16:)。これは人々の間で一番の者が必ずしも神にとって一番ではないことを強調している。神は家族の中の順位や地位によって人を選ばれるのではなく、誠実さ、清さ、愛に基づいて選ばれる(→マタ19:30注、マタ20:26注、Ⅰコリ1:27-28、ヤコ2:5)。

49:1　ヤコブはその子らを呼び寄せて言った　ヤコブは人生が終わりにさしかかったとき息子たちを集めて、神のご計画にあるそれぞれの人生と未来の場所について預言した。この章で言われている祝福とのろいは条件的で子孫と神との関係次第で変ることも意味している(→49:7注)。

49:4　もはや、あなたは他をしのぐことがない　ルベンはヤコブの長子なので家督権(長男に与えられる相続の特別な恩典とより多い相続分)を受けるはずで、家族の中で第一のリーダー、名誉、権威の地位を持つはずだった。けれども父のそばめとの性的罪によって(35:22、申27:20)、これらのものは全部取上げられてしまった。人格の不足から道徳的失敗をする人は霊的リーダーの地位を失ったり、あるいはそれにつくことができなくなる(→「**監督の道徳的資格**」の項 p.2303)。

49:7　のろわれよ。彼らの激しい怒り　シメオンとレビへのヤコブののろい(49:5-7)はふたりが愚かな選択をし続けるときに起こる。この章で言われているのろいと祝福はみな、息子たちの選択にかかっている。これは「条件付きの」祝福とのろいと言える。たと

創世記　49章

10　王権はユダを離れず、
　　統治者の杖はその足の間を離れることはない。
　　ついにはシロが来て、
　　国々の民は彼に従う。
11　彼はそのろばをぶどうの木につなぎ、
　　その雌ろばの子を、良いぶどうの木につなぐ。
　　彼はその着物を、ぶどう酒で洗い、
　　その衣をぶどうの血で洗う。
12　その目はぶどう酒によって曇り、
　　その歯は乳によって白い。
13　ゼブルンは海辺に住み、
　　そこは船の着く岸辺。
　　その背中はシドンにまで至る。
14　イッサカルはたくましいろばで、
　　彼は二つの鞍袋の間に伏す。
15　彼は、休息がいかにも好ましく、
　　その地が、いかにも麗しいのを見た。
　　しかし、彼の肩は重荷を負ってたわみ、
　　苦役を強いられる奴隷となった。
16　ダンはおのれの民をさばくであろう、
　　イスラエルのほかの部族のように。
17　ダンは、道のかたわらの蛇、
　　小道のほとりのまむしとなって、
　　馬のかかとをかむ。
　　それゆえ、乗る者はうしろに落ちる。
18　主よ。私はあなたの救いを待ち望む。
19　ガドについては、襲う者が彼を襲うが、
　　彼はかえって彼らのかかとを襲う。
20　アシェルには、その食物が豊かになり、
　　彼は王のごちそうを作り出す。

10 ①民21:18, 24:17, 詩60:7, 108:8, イザ9:6,7, 11:1, エレ30:21, ミカ5:2, ゼカ9:9, ヘブ7:14
　②申28:57, ③エゼ21:27, ダニ9:25, ④詩2:6-9, 72:8-11, イザ49:6,7, ルカ1:32, 33
11 ①マタ21:5, ②申8:7,8, Ⅱ列18:32, ③イザ63:2, 黙7:14, 19:13
12 ①箴23:29
　*別訳「ぶどう酒よりくろく」
13 ①申33:18, ヨシ19:10,16, 士5:14, 18
　*あるいは「その側面はシドンに向く」
14 ①申33:18,19, 士5:15,16, ヨシ17:19-23
　*あるいは「羊のおり」
16 ①士8:1-31, ヨシ19:40-48, 申33:22
18 ①詩25:5, 40:1-3, 119:166, 174, イザ25:9, ミカ7:7
19 ①申33:20, 21, ヨシ13:24-28
　*あるいは「襲う」
20 ①申33:24, 25, ヨシ19:24-31
21 ①申33:23, ヨシ19:32-39
　*あるいは「美しいことばを出す」
22 ①申33:13-17, ヨシ16:1-4
23 ①創37:4, 24, 28, 39:20, 詩118:13
24 ①ヨブ29:20, ②詩18:34 ③詩132:2, 5, イザ1:24, 49:26, 創73:23, イザ41:10, ⑤詩18:2, 28:1, 62:2, 144:1
　⑥創48:15, 詩23:1, 80:1
25 ①創49:25-26, 申28:2-5 ②創28:13, 32:9, 43:29 ③ルツ1:20, →ヘブ5:1, →イザ13:6, →創17:1 ④創27:28, 申33:13
26　*別訳「永遠の山の祝福」①申33:15
　**あるいは「好ましきもの」②申33:16
27 ①ヨシ18:11-28, 士20:21, 25, ②民23:24, ゼパ3:8, イザ33:23 ③ゼカ14:1, ヨシ22:8

21　ナフタリは放たれた雌鹿で、
　*美しい子鹿を産む。
22　ヨセフは実を結ぶ若枝、
　　泉のほとりの実を結ぶ若枝、
　　その枝は垣を越える。
23　弓を射る者は彼を激しく攻め、
　　彼を射て、悩ました。
24　しかし、彼の弓はたるむことなく、
　　彼の腕はすばやい。
　　これはヤコブの全能者の手により、
　　それはイスラエルの岩なる牧者による。
25　あなたを助けようとされる
　　あなたの父の神により、また、
　　あなたを祝福しようとされる
　　全能者によって。
　　その祝福は上よりの天の祝福、
　　下に横たわる大いなる水の祝福、
　　乳房と胎の祝福。
26　あなたの父の祝福は、
　*私の親たちの祝福にまさり、
　　永遠の丘のきわみにまで及ぶ。**
　　これらがヨセフのかしらの上にあり、
　　その兄弟たちから選び出された者の
　　頭上にあるように。
27　ベニヤミンはかみ裂く狼。
　　朝には獲物を食らい、
　　夕には略奪したものを分ける。」
28　これらすべてはイスラエルの部族で、十二であった。これは彼らの父が彼らに語ったことである。彼は彼らを祝福したとき、おのおのにふさわしい祝福を与えたのであった。

えば数百年後、ほかの人々がみな偶像礼拝（金の子牛）をしていたときに、レビ族（レビの一族）は神の代理人として立上ることで、のろいから解放されて祝福と誉れの地位に置換えられた（出32：26-29、レビ25：32-33、申10：8、33：8-11）。父（または母）の愚かな選択によって家族が苦しむのろいは、後の時代の子どもたちが悔い改めて神に立返るなら取除かれることが可能である（レビ26：39-42、Ⅱ歴30：7-9、エレ31：29-30、エゼ18：1-9）。

49：10　ついにはシロが来て　下の息子であるユダ（49：8-12）にヤコブが言った祝福には、あらゆる権利と特権とアブラハムに約束された祝福（12：1-3）が含まれていた。それは通常は長子に言われるべきものである。最も重要な点はユダを通して国々が祝福されるということである（→3：15注、→**「アブラハムの召命」**の項 p.50）。

（1）「シロが来る」まで（49：8-10）、ユダの子孫はイスラエルのほかの部族全体に対して権威の座を維持する。この約束はユダの子孫であるダビデ王を通してイスラエルの王朝ができたときに部分的に成就した。

（2）「ついにはシロが来て」（⇒エゼ21：27）は、約束の最終的な成就となる人物のことを言っている。それは同じくユダ族から生れた（黙5：5）、来るべき救い主、神の御子イエス・キリストのことである。ヤコブ

ヤコブの死

²⁹彼はまた彼らに命じて言った。「私は私の民に加えられようとしている。私をヘテ人エフロンの畑地にあるほら穴に、私の先祖たちといっしょに葬ってくれ。³⁰そのほら穴は、カナンの地のマムレに面したマクペラの畑地にあり、アブラハムがヘテ人エフロンから私有の墓地とするために、畑地とともに買い取ったものだ。³¹そこには、アブラハムとその妻サラとが葬られ、そこに、イサクと妻リベカも葬られ、そこに私はレアを葬った。³²その畑地とその中にあるほら穴は、ヘテ人たちから買ったものである。」³³ヤコブは子らに命じ終わると、足を床の中に入れ、息絶えて、自分の民に加えられた。

50

¹ヨセフは父の顔に取りすがって泣き、父に口づけした。²ヨセフは彼のしもべである医者たちに、父をミイラにするように命じたので、医者たちはイスラエルをミイラにした。³そのために四十日を要した。ミイラにするにはこれだけの日数が必要だった。エジプトは彼のために七十日間、泣き悲しんだ。⁴その喪の期間が明けたとき、ヨセフはパロの家の者に告げて言った。「もし私の願いを聞いてくれるのなら、どうかパロの耳に、こう言って伝えてほしい。⁵私の父は私に誓わせて、『私は死のうとしている。私がカナンの地に掘っておいた私の墓の中に、そこに、必ず私を葬らなければならない』と申しました。どうか今、私に父を葬りに上って行かせてください。私はまた帰って来ます、と。」⁶パロは言った。「あなたの父があなたに誓わせたように、上って行ってあなたの父を葬りなさい。」

⁷そこで、ヨセフは父を葬るために上って行った。彼とともにパロのすべての家臣たち、パロの家の長老たち、エジプトの国のすべての長老たち、⁸ヨセフの全家族とその兄弟たちおよび父の家族たちも上って行った。ただ、彼らの子どもと羊と牛はゴシェンの地に残した。⁹また戦車と騎兵も、彼とともに上って行ったので、その一団は非常に大きなものであった。¹⁰彼らはヨルダンの向こうの地*ゴレン・ハアタデに着いた。そこで彼らは非常に荘厳な、りっぱな哀悼の式を行い、ヨセフは父のため七日間、葬儀を行った。¹¹その地の住民のカナン人は、ゴレン・ハアタデのこの葬儀を見て、「これはエジプトの荘厳な葬儀だ」と言った。それゆえ、そこの名は*アベル・ミツライムと呼ばれた。これはヨルダンの向こうの地にある。¹²こうしてヤコブの子らは、命じられたとおりに父のために行った。¹³その子らは彼をカナンの地に運び、マクペラの畑地のほら穴に彼を葬った。そこはアブラハムがヘテ人エフロンから私有の墓地とするために、畑地とともに買ったもので、マムレに面している。¹⁴ヨセフは父を葬って後、その兄弟たちおよび、父を葬るために彼といっしょに上って行ったすべての者とともに、エジプトに帰った。

兄弟たちを安心させるヨセフ

¹⁵ヨセフの兄弟たちが、彼らの父が死ん

---

29 ① 創49:29-32, 創47:29, 30
② → 創25:8
30 ① 創15:15, 47:30
② 創50:13
31 ① 創25:9
② 創23:19
③ 創35:29
33 ① 使7:15
② → 創25:8

1 ① Ⅱ列13:14
2 ① 創50:26
3 ① 創50:10, 民20:29, 申34:8
4 ① 創47:29
5 ① 創29-31, 50:6
② Ⅱ歴16:14, イザ22:16, マタ27:60
6 ① 創47:29, 50:5

10 * あるいは「アタデの打ち場」
① Ⅱサム1:17, 使8:2
② Ⅰサム31:13
11 * あるいは「エジプトの葬儀」
13 ① 創23:16-20, 49:29, 30, 使7:16

はあらゆる民がこの救い主に従うこと(49:10, 黙19:15)、そしてこの方が偉大な霊的祝福をもたらすこと(49:11-12)を預言したのである。

50:1 ヨセフは・・・泣き 父の死に対するヨセフの反応は、キリスト者である愛する人を失ったときの信仰者の姿を示している。

（1）心からの深い悲しみ－父を失って嘆き悲しんだときヨセフは感情を表すことを恐れなかった。ヨセフの場合70日間喪に服し、さらにヤコブの遺体をカナンに運んで埋葬するのに数週間かけた(50:1-4, 7-14)。非常に身近な人が死んだ後、数週間あるいは数か月にわたって感情的な痛みや深い嘆きを体験することは当然である。

（2）埋葬の準備の詳細についての気配りと配慮(50:2)－父を偲んで最高の名誉と尊敬を示すことをヨセフは最善の努力を尽くして行った。

（3）最後の願いをかなえること－ヨセフは父との約束を守った(50:5, 12-13)。神のみこころに基づいて委託された約束は愛する人の死後、実行されなければならない。

創世記 50章

だのを見たとき、彼らは、「ヨセフはわれわれを恨んで、われわれが彼に犯したすべての悪の仕返しをするかもしれない」と言った。
16 そこで彼らはことづけしてヨセフに言った。「あなたの父は死ぬ前に命じて言われました。
17『ヨセフにこう言いなさい。あなたの兄弟たちは実に、あなたに悪いことをしたが、どうか、あなたの兄弟たちのそむきと彼らの罪を赦してやりなさい、と。』今、どうか、あなたの父の神のしもべたちのそむきを赦してください。」ヨセフは彼らのこのことばを聞いて泣いた。
18 彼の兄弟たちも来て、彼の前にひれ伏して言った。「私たちはあなたの奴隷です。」
19 ヨセフは彼らに言った。「恐れることはありません。どうして、私が神の代わりでしょうか。
20 あなたがたは、私に悪を計りましたが、神はそれを、良いことのための計らいとなさいました。それはきょうのようにして、多くの人々を生かしておくためでした。
21 ですから、もう恐れることはありません。私は、あなたがたや、あなたがたの子どもたちを養いましょう。」こうして彼は彼らを慰め、優しく語りかけた。

ヨセフの死

22 ヨセフとその父の家族とはエジプトに住み、ヨセフは百十歳まで生きた。
23 ヨセフはエフライムの三代の子孫を見た。マナセの子マキルの子らも生まれて、ヨセフのひざに抱かれた。
24 ヨセフは兄弟たちに言った。「私は死のうとしている。神は必ずあなたがたを顧みて、この地からアブラハム、イサク、ヤコブに誓われた地へ上らせてくださいます。」
25 そうして、ヨセフはイスラエルの子らに誓わせて、「神は必ずあなたがたを顧みてくださるから、そのとき、あなたがたは私の遺体をここから携え上ってください」と言った。
26 ヨセフは百十歳で死んだ。彼らはヨセフをエジプトでミイラにし、棺に納めた。

15 ①創37:28, 42:21, 22
18 ①創37:7-10
19 ①申32:35, Ⅱ列5:7, ロマ12:19
20 ①創45:5, 7
   ②創37:26, 27, 詩56:5
   ③ロマ8:28, ピリ1:12
21 ①創45:11, 47:12
23 ①ヨブ42:16, 詩128:6
   ②民32:39
   ③創30:3, 48:12, ヨブ3:12
24 ①創15:14, 46:4, 48:21, 出3:16, 17, ヘブ11:22, 出12:41
   ②創13:15, 17, 15:7
   ③創26:3
   ④創28:13, 35:12
25 ①出13:19, ヨシ24:32, ヘブ11:22
26 ①創50:2

民6:24-26

（4）神への信仰―ヨセフは父の遺体を約束の地カナンに連れ戻すことによって神の約束を信じる信仰を表した。そして遺体をアブラハム、イサク、そのほかの人々の墓に納めた（⇒Ⅰテサ4:13, 18, →ピリ1:21注）。

50:20　神はそれを、良いことのための計らいとなさいました　→「神の摂理」の項p.110。

50:25　私の遺体を・・・携え上ってください　カナンは自分の民族の母国であるという神の約束をヨセフは固く信じていた（13:12-15, 26:3, 28:13）。そこでヨセフは自分の骨を約束の地に携え行くように求めた。400年後にイスラエル人はカナンに向けてエジプトを去ったとき、ヨセフの遺骨を携えて行った（出13:19, ヨシ24:32, ⇒ヘブ11:22）。同じように信仰者はみな自分たちの将来は現在の世界にあるのではなく、もう一つの国、天の御国にあること、そこで神とともにいつまでも生き、永遠のご臨在と祝福を楽しむことを確信している（ヘブ11:8-16, 黙21:1-4）。

出エジプト記

概　　要
Ⅰ. エジプトでの奴隷状態（1:1-11:10）
　A. 圧制が始まる（1:1-22）
　B. 解放者が備えられる（2:1-4:31）
　　1. モーセの誕生と最初の40年（2:1-15a）
　　2. モーセの国外脱出と第二の40年（2:15b-25）
　　3. モーセの召命とエジプト帰還（3:1-4:31）
　C. 提案、迫害、災害（5:1-11:10）
　　1. 要請－「わたしの民を行かせよ」（5:1-3）
　　2. 応答－パロが迫害をする（5:4-21）
　　3. 再度の保証－主がその力を証明される（5:22-7:13）
　　4. 手段－10の災害がエジプトを罰する（7:14-11:10）
Ⅱ. 神によるエジプトからの救出（12:1-15:21）
　A. 過越による救い－血によって救われる（12:1-13:16）
　B. 紅海での救出－力によって救われる（13:17-14:31）
　C. 解放の歌－救い主への賛美（15:1-21）
Ⅲ. 荒野で試される信仰（15:22-18:27）
　A. イスラエルの災難と神の備え（15:22-17:16）
　　1. 最初の試練－マラでの苦い水（15:22-27）
　　2. 空腹の試練－マナとうずらの供給（16:1-36）
　　3. 渇きの試練－レフィディムでの水（17:1-7）
　　4. 闘争の試練－アマレクとの戦い（17:8-16）
　B. イテロの助言（18:1-27）
Ⅳ. シナイ山での契約の規定（19:1-24:18）
　A. モーセへの指示（19:1-25）
　B. 契約生活への戒め（20:1-17）
　C. 契約関係の規定（20:18-23:19）
　D. 約束の地についての約束（23:20-33）
　E. 契約の確認（24:1-18）
Ⅴ. シナイ山での礼拝についての指示（25:1-40:38）
　A. 幕屋についての指示（25:1-27:21）
　B. 祭司のための指示（28:1-31:18）
　C. 偶像礼拝の罪（32:1-34:35）
　D. 神の指示による行動（35:1-40:38）

著　者：モーセ

主　題：救いと贖い

著作の年代：紀元前1445－1405年頃

著作の背景

　出エジプト記は創世記から始まった物語または出来事の続きである。この書物の英語の名前（Exodus）は「出口」または「出発」を意味するギリシヤ語のエクソドスから来ており、七十人訳聖書（旧約聖書のギリシヤ語訳）で

出エジプト記

使われていた。それはイスラエル人のエジプトでの奴隷状態からの神による奇蹟的な解放あるいは救出、そして神によって選ばれた民として出国したことを指している。

出エジプト記の背景について議論されている問題が二つある。それはエジプトからイスラエルが脱出した時期と著者についてである。

(1) 学者たちは出エジプトについて二つの異なった時期を想定してきた。

　(a)「早期説」は（聖書の年代にも関連する）列王記第一6章1節に基づいている。そこにはイスラエル人の出エジプトは「ソロモンが・・・王となってから四年目」より480年前に起きたとある。それによると出エジプトは紀元前1445年頃となる。また士師記11章26節には、エフタ（前1100頃）がイスラエルはその土地を300年間占領したとある。すると約束の地を占領したのは紀元前1400年頃になる。この出エジプト、約束の地の征服、士師たちがイスラエルを支配した時代などの年表（時代区分）は、イスラエルの最初の三人の王（サウロ、ダビデ、ソロモン）についての記録と一致する。

　(b)「後期説」（前1290頃）は自由主義的聖書批評家たちによって提唱されている。それはエジプトの支配者についてのある推測と、カナンの諸都市の陥落（イスラエルが約束の地を占領したとき）の年代を紀元前13世紀とする疑問のある考古学に基づいている。

(2) 学者たちの中にはモーセが出エジプト記の著者であることに同意しない人もいる。

　(a) ある現代的解釈者はこの書物が様々な編集者によって集められてまとめられたものと考える。この見解を支持する人々は出エジプト記の内容はイスラエルの歴史の中でモーセが生きていた時代よりずっとあとに完結したと考える。これはJEDP資料説と呼ばれていて、実際には存在しない四つの資料がこの旧約聖書の第二番目の書物の中に混ぜ合されていると言うのである。JEDPはそれぞれの資料の頭文字を合せたものである。

　(b) けれども、ユダヤの伝統（ヨシ8:31-35）、主イエスご自身の証言（⇒マコ12:26）、初期キリスト教会の教えや現代の保守的な学説はみなこの書物がモーセによるものであるとしている（→申緒論）。この書物の内部にある証拠自体もモーセが著者であることを支持している。出エジプト記にある多くの細かい記述はこの著者が記録されている事柄の目撃証人であることを示す（2:12, 9:31-32, 15:27）。この書物のある部分は著述の段階でモーセが直接かかわっていたことを証言している（17:14, 24:4, 34:27）。

目　　的

出エジプト記は神がイスラエルの民をエジプトでの奴隷状態からどのように救い出し、選ばれた民として確立されたかという不朽の歴史的記録を残すために書かれた。またこの書物は神とイスラエルとの契約についての啓示を文書にして提供している。そして神がご自分と民に対する神のご計画を啓示する過程で重要なつなぎの役を果している。そのご計画は新約聖書で人として来られたイエス・キリストによって頂点に達した。

概　　観

出エジプト記はヤコブの子孫がエジプトで受けた圧制、奴隷化、幼児殺害（新生児殺し）という苦しみで始まる。そして神の力強い臨在と目に見える栄光が、「会見の天幕」と呼ばれる移動式の幕屋に満ち、神がともに行動されたことを記録して終る。その幕屋は神が作るように命じ、荒野を旅する間、持ち運ぶように命じられたものである。出エジプト記は三つの部分に分かれている。

(1) 1-14章はヨセフのことを知らない王によって奴隷とされ抑圧されていた「エジプトでのイスラエル」について描いている。続いて神が「伸ばした腕と大いなるさばきとによって」(6:6)イスラエルをどのように救い出されたかが示される。イスラエルの歴史のこの時期に起きた大きな劇的な出来事には次のようなものがある。(a) モーセの誕生、救済、準備(2:)、(b) 燃える柴のところでモーセに与えられた神の召命と命令(3:-4:)、(c) 10の災害(7:-12:)、(d) 過越(12:)、(e) 紅海の横断(13:-14:)。旧約聖書では、イスラエルのエジプトからの脱出は古い契約での最大の贖い（救い、解放、救出）の体験と考えられている（→**出エジプトの経路**の地図 p.149）。

(2) 15-18章はシナイ山へ行く途中の「荒野でのイスラエル」を描いている。夜は火の柱、昼は雲の柱で神はイスラエルの民を導かれた。また、神は信仰と従順によって従う訓練を人々にしている間、マナとうずら、水を供給してくださった。

(3) 19-40章は神から啓示を受ける「シナイ山でのイスラエル」を描いている。その啓示には、(a) 契約(19:)、(b) 十戒(20:)、(c) 幕屋と祭司職(25:-31:)が含まれていた。この書物は神が「住まわれる場所」である持ち運びのできる幕屋の完成で完結する。幕屋は人々が礼拝をし、いけにえをささげる場所だった。また神

の栄光が雲のように幕屋全体を満たしているのをはっきり見ることができる場所だった（40：，→「**幕屋**」の図 p.174,「**幕屋の備品**」の図 p.174）。

特　徴
出エジプト記には五つの大きな特徴がある。
　（1）民族としてのイスラエルの誕生を取巻く歴史的な出来事を記録している。
　（2）十戒（20：）の中に、神の道徳律と人々に求める正義が要約されて含まれている。それは旧約聖書、新約聖書両方にある聖書的倫理、道徳の基盤になっている。
　（3）神の贖罪（救いと回復）の恵みについて描いている旧約聖書の中心的書物である。そして神の力が驚くようなかたちで働いている姿を示している。また神が罪、サタン、この世界の束縛から神の民をどのように超自然的に救い出されたかを描いた絵画でもある。
　（4）この書物全体には神ご自身についての偉大な啓示が満ちあふれている。その内容は、(a) 神の栄光に満ちた属性（真実、あわれみ、誠実さ、聖さ、全能－何でもできる力を持つこと）、(b) 歴史と支配者たちに対する神の主権、(c) 救い主として神に信頼する人々との契約関係、(d) 神の道徳律と審判に現されている神の聖さ、公正、正義、(e) 人々とともに住まわれる全能の神として礼拝されるのにふさわしいことである。
　（5）神との個人的な関係を持つ人がささげる本当の礼拝とは何であり、なぜ、どのようにして行うべきかを強調している。

新約聖書での成就
　出エジプト記にある多くの情況や出来事は、新しい契約のもとで神が私たちに与えてくださる関係を示す預言的象徴である。古い契約（あるいは旧約聖書）での最初の過越、紅海の横断、シナイ山での律法の授与は新しい契約（あるいは新約聖書）での主イエスの死、復活、五旬節の日の聖霊降臨にあたる。出エジプト記で新約聖書のキリストとその働きの「型」または象徴になっているものには、(1) モーセ、(2) 過越、(3) 紅海の横断、(4) マナ、(5) 岩と水、(6) 幕屋、(7) 大祭司などがある。十戒の絶対的な道徳的義務は新しい契約に入れられた者の義務として新約聖書でも繰返し教えられている。

出エジプト記の通読
　旧約聖書全体を1年間で通読するためには、出エジプト記を次のスケジュールに従って21日間で読まなければならない。
☐1-2 ☐3-5 ☐6-7 ☐8-9 ☐10-12 ☐13-14 ☐15 ☐16-17 ☐18-19 ☐20-21 ☐22-23 ☐24-25 ☐26-27 ☐28 ☐29-30 ☐31 ☐32-33 ☐34-35 ☐36-37 ☐38-39 ☐40

メ　モ

出エジプト記 1-2章

虐待されたイスラエル人

1 ¹さて、ヤコブといっしょに、それぞれ自分の家族を連れて、エジプトへ行ったイスラエルの子たちの名は次のとおりである。

²ルベン、シメオン、レビ、ユダ。

³イッサカル、ゼブルンと、ベニヤミン。

⁴ダンとナフタリ。ガドとアシェル。

⁵ヤコブから生まれた者の総数は七十人であった。ヨセフはすでにエジプトにいた。

⁶そしてヨセフもその兄弟たちも、またその時代の人々もみな死んだ。

⁷イスラエル人は多産だったので、おびただしくふえ、すこぶる強くなり、その地は彼らで満ちた。

⁸さて、ヨセフのことを知らない新しい王がエジプトに起こった。

⁹彼は民に言った。「見よ。イスラエルの民は、われわれよりも多く、また強い。

¹⁰さあ、彼らを賢く取り扱おう。彼らが多くなり、いざ戦いというときに、敵側についてわれわれと戦い、この地から出て行くといけないから。」

¹¹そこで、彼らを苦役で苦しめるために、彼らの上に労務の係長を置き、パロのために倉庫の町ピトムとラメセスを建てた。

¹²しかし苦しめれば苦しめるほど、この民はますますふえ広がったので、人々はイスラエル人を恐れた。

¹³それでエジプトはイスラエル人に過酷な労働を課し、

¹⁴粘土やれんがの激しい労働や、畑のあらゆる労働など、すべて、彼らに課する過酷な労働で、彼らの生活を苦しめた。

¹⁵また、エジプトの王は、ヘブル人の助産婦たちに言った。そのひとりの名はシフラ、もうひとりの名はプアであった。

¹⁶彼は言った。「ヘブル人の女に分娩させるとき、産み台の上を見て、もしも男の子なら、それを殺さなければならない。女の子なら、生かしておくのだ。」

¹⁷しかし、助産婦たちは神を恐れ、エジプトの王が命じたとおりにはせず、男の子を生かしておいた。

¹⁸そこで、エジプトの王はその助産婦たちを呼び寄せて言った。「なぜこのようなことをして、男の子を生かしておいたのか。」

¹⁹助産婦たちはパロに答えた。「ヘブル人の女はエジプト人の女と違って活力があるので、助産婦が行く前に産んでしまうのです。」

²⁰神はこの助産婦たちによくしてくださった。それで、イスラエルの民はふえ、非常に強くなった。

²¹助産婦たちは神を恐れたので、神は彼女たちの家を栄えさせた。

²²また、パロは自分のすべての民に命じて言った。「生まれた男の子はみな、ナイルに投げ込まなければならない。女の子はみな、生かしておかなければならない。」

モーセの誕生

2 ¹さて、レビの家のひとりの人がレビ人の娘をめとった。

1:1 イスラエルの子たち 1:2-6に描かれている息子たちの父であるイスラエルは、「ヤコブ」とも呼ばれている(→創32:28注)。子孫はイスラエル人として知られるようになった。

1:7 おびただしくふえ イスラエル人の社会は神がアブラハム、イサク、ヤコブと結ばれた約束に従って急速に成長した(創12:2, 17:2, 6, 22:17, 48:4, ⇒使7:17)。イスラエル人はエジプトを出るときには女性と子どもを除いて約60万人になっていた(12:37)。彼らはエジプトで奴隷となるけれども後に解放されると神は示しておられた。この預言は両方とも成就した(⇒1:11, 創15:13-14)。

1:8 ヨセフのことを知らない 出エジプト記は創世記で始まった神がイスラエルの子孫とかかわる話の続きである。(1) ヨセフの死(創50:26)からエジプト人によるイスラエル人迫害の開始(⇒1:11)までの期間は約220年だった。(2) もし出国の日(イスラエル人がエジプトを出たとき)が前1440年頃であれば、「ヨセフのことを知らない」(→使7:18)パロはトゥトメス1世(前1539-1514)と思われる。その場合、イスラエルがエジプトを出たときに支配していたパロはアメンホテプ2世(前1447-1421)だったと思われる。イスラエル人がエジプトに滞在した期間は430年間である(12:40)。

1:11 苦しめるために、彼らの上に労務の係長を置き 神はイスラエルが奴隷となるのを許され、この期間ににせの神々に仕えたり、多くのエジプト人の不道徳な生活を取入れたりしないようにされた。そのこと

² 女はみごもって、男の子を産んだが、そのかわいいのを見て、三か月の間その子を隠しておいた。

³ しかしもう隠しきれなくなったので、パピルス製のかごを手に入れ、それに瀝青と樹脂とを塗って、その子を中に入れ、ナイルの岸の葦の茂みの中に置いた。

⁴ その子の姉が、その子がどうなるかを知ろうとして、遠く離れて立っていたとき、

⁵ パロの娘が水浴びをしようとナイルに降りて来た。彼女の侍女たちはナイルの川辺を歩いていた。彼女は葦の茂みにかごがあるのを見、はしためをやって、それを取って来させた。

⁶ それをあけると、子どもがいた。なんと、それは男の子で、泣いていた。彼女はその子をあわれに思い、「これはきっとヘブル人の子どもです」と言った。

⁷ そのとき、その子の姉がパロの娘に言った。「あなたに代わって、その子に乳を飲ませるため、私が行って、ヘブル女のうばを呼んでまいりましょうか。」

⁸ パロの娘が「そうしておくれ」と言ったので、おとめは行って、その子の母を呼んで来た。

⁹ パロの娘は彼女に言った。「この子を連れて行き、私に代わって乳を飲ませてください。私があなたの賃金を払いましょう。」それで、その女はその子を引き取って、乳を飲ませた。

² ① 使7:20, ヘブ11:23
³ ① 創11:3, 14:10
⁴ ① 出15:20, 民26:59
⁵ ① 使7:21
② 出7:15, 8:20

¹⁰ その子が大きくなったとき、女はその子をパロの娘のもとに連れて行った。その子は王女の息子になった。彼女はその子をモーセと名づけた。彼女は、「水の中から、私がこの子を引き出したのです」と言ったからである。

ミデヤンの地に逃げるモーセ

¹¹ こうして日がたち、モーセがおとなになったとき、彼は同胞のところへ出て行き、その苦役を見た。そのとき、自分の同胞であるひとりのヘブル人を、あるエジプト人が打っているのを見た。

¹² あたりを見回し、ほかにだれもいないのを見届けると、彼はそのエジプト人を打ち殺し、これを砂の中に隠した。

¹³ 次の日、また外に出てみると、なんと、ふたりのヘブル人が争っているではないか。そこで彼は悪いほうに「なぜ自分の仲間を打つのか」と言った。

¹⁴ するとその男は、「だれがあなたを私たちのつかさやさばきつかさにしたのか。あなたはエジプト人を殺したように、私も殺そうと言うのか」と言った。そこでモーセは恐れて、きっとあのことが知れたのだと思った。

¹⁵ パロはこのことを聞いて、モーセを殺そうと捜し求めた。しかし、モーセはパロのところからのがれ、ミデヤンの地に住んだ。彼は井戸のかたわらにすわっていた。

¹⁶ ミデヤンの祭司に七人の娘がいた。彼女

10 ① 使7:21, 22, ヘブ11:24
* [מ]「モシェ」、「引き出す」意の語根「マシャ」の派生語
11 ① 出2:11, 14, 使7:23-28
② 使7:23, ヘブ11:24, 25
③ 出1:11, 5:4, 5, 6:7
14 ① 創19:9, 使7:27, 28, 35
15 ① 使7:29
② 創24:11, 29:2
16 ① 創25:2, 出3:1, イザ60:6

によって神に頼ることを学び、神がなさる奇蹟的解放へ備えをさせられた（⇒ヨシ24:14, エゼ23:8）。

2:2　男の子　この「男の子」とはモーセである（⇒2:10）。その誕生、死からの救出、青年時代の出来事はみな神の配慮と導きのもとにあった。神はイスラエルを奴隷の状態から導き出すためにモーセに備えさせようと計画された。神はしばしば私たちが理解できない方法で働かれる。けれども神は何が最善なのかをご存じで、神に頼るなら私たちの人生の目的を達成してくださることを確信することができる（→マタ2:13注、ロマ8:28注）。

2:6　ヘブル人の子ども　→創14:13注

2:11　モーセ　モーセの生涯に起きた多くの出来事はイエス・キリストの生涯の中で起きる事柄の預言的なしるしだった。(1) 幼児のときにモーセにも主イエスにも殺そうとする企てがあった（1:16、マタ2:

13)。(2) モーセと主イエスは預言者（申18:15, 18、使3:22, 7:37)、祭司（詩99:6、ヘブ7:24)、王（申33:4-5)、羊飼い（出3:1、ヨハ10:11-14）の役割を果たした。(3) ふたりとも神の民とともに苦しみ（テト2:14、ヘブ11:25-26)、人々を奴隷の状態から解放した（使7:35)。モーセは神の最初の「古い」契約（19:5, 34:10）の条件を伝えたけれども主イエスは神と人々との間に「新しい」契約関係を確立してくださった（ヘブ8:5-13)。

2:12　そのエジプト人を打ち殺し　モーセは自分自身を神の民の一人であると考え、ヘブル人を守ろうとしたために知恵のない行動をとっさにとってしまった。けれどもそれはまた、モーセが神を信じていたことを示している。モーセは神と神の民のために苦しむという名誉のために、はかない罪の楽しみを拒んだのである（⇒使7:23-29、ヘブ11:24-29)。

2:15　ミデヤンの地　ミデヤン人はアブラハムと二

出エジプト記 2-3章

たちが父の羊の群れに水を飲ませるために来て、水を汲み、水ぶねに満たしていたとき、17 羊飼いたちが来て、彼女たちを追い払った。すると、モーセは立ち上がり、彼女たちを救い、その羊の群れに水を飲ませた。18 彼女たちが父レウエルのところに帰ったとき、父は言った。「どうしてきょうはこんなに早く帰って来たのか。」19 彼女たちは答えた。「ひとりのエジプト人が私たちを羊飼いたちの手から救い出してくれました。そのうえその人は、私たちのために水まで汲み、羊の群れに飲ませてくれました。」20 父は娘たちに言った。「その人はどこにいるのか。どうしてその人を置いて来てしまったのか。食事をあげるためにその人を呼んで来なさい。」21 モーセは、思い切ってこの人といっしょに住むようにした。そこでその人は娘のチッポラをモーセに与えた。22 彼女は男の子を産んだ。彼はその子をゲルショムと名づけた。「私は外国にいる寄留者だ」と言ったからである。23 それから何年もたって、エジプトの王は死んだ。イスラエル人は労役にうめき、わめいた。彼らの労役の叫びは神に届いた。

16 ②創29:7
②創24:11, 13, 19,
Ⅰサム9:11
17①創29:10
18①出3:1, 4, 18, 18:1,
民10:29
20①創31:54, 43:25
21①出2:21, 22, 使7:29
22①出4:20, 18:3, 4,
士18:30, 使7:29
②創2:3:4,
ヘブ11:13, 14
＊[□]「ゲル」
23①出2:23, 24, ネヘ9:9
②出6:5, 9, 詩81:7
③出3:7, 9, 22:23, 27,
創11:25, 27, 民20:16,
申26:7
24①出6:5
②創22:16, 18
③創2:2-5
④創28:13-15
⑤出6:5, 創15:13, 14,
詩106:8, 42, 106:45
25①出4:31, Ⅰサム1:11,
Ⅱサム16:12, ルカ1:25

1①出3:1-10, 使7:30-35
②出2:16, ③出2:18
④出4:27, 18:5, 24:13,
Ⅰ王19:8, 詩68:15,
エゼ28:13
⑤出17:6, 33:6
2①→出16:7, 出3:16,
申33:16, 創22:11, 18
4①申33:16
5①使7:33, 出19:12,
創28:16, 17, ヨシ5:15
6①出3:6-10, 出6:2-13
②出13:4, 5, 出3:15,
マタ22:32, マコ12:26,
ルカ20:37, 使7:32
③イザ6:1, 5, 使7:32

24 神は彼らの嘆きを聞かれ、アブラハム、イサク、ヤコブとの契約を思い起こされた。25 神はイスラエル人をご覧になった。神はみこころを留められた。

モーセと燃える柴

3 ¹ モーセは、ミデヤンの祭司で彼のしゅうと、イテロの羊を飼っていた。彼はその群れを荒野の西側に追って行き、神の山ホレブにやって来た。² すると主の使いが彼に、現れた。柴の中の火の炎の中であった。よく見ると、火で燃えていたのに柴は焼け尽きなかった。³ モーセは言った。「なぜ柴が燃えていかないのか、あちらへ行ってこの大いなる光景を見ることにしよう。」⁴ 主は彼が横切って見に来るのをご覧になった。神は柴の中から彼を呼び、「モーセ、モーセ」と仰せられた。彼は「はい。ここにおります」と答えた。⁵ 神は仰せられた。「ここに近づいてはいけない。あなたの足のくつを脱げ。あなたの立っている場所は、聖なる地である。」⁶ また仰せられた。「わたしは、あなたの父の神、アブラハムの神、イサクの神、ヤコブの神である。」モーセは神を仰ぎ見る

番目の妻ケトラ（アブラハムがサラの死後に結婚した妻）との子孫だった。彼らはカナンの地の南と南東に住んでいた。モーセはミデヤンの地に40年間滞在した（⇒7:7, 使7:23, 30）。その間に神はモーセを同じ地域であるシナイ砂漠での将来の働きに備えさせられた。神はモーセが砂漠にいる間に、その生涯で最も重要なことをなされた（→「神の摂理」の項p.110）。

2:23 彼らの・・・叫びは神に届いた 長年の圧制に苦しんだイスラエルの民は必死になって神に助けを求め始めた。人々が主に目を向けると神は応答された（2:23-25）。このときまで多くの人はエジプトの神々を礼拝し、助けと解放を求めて頼ろうとしていたようである（→ヨシ24:14, エゼ20:5-10）。

3:1 モーセは・・・羊を飼っていた モーセはパロの宮殿で最高の教育を受けていたけれども神の働きを行うための準備としては十分ではなかった。モーセには神とだけの時間が必要だったし、40年の間、困難な荒野で羊の世話をする必要があった。それは荒野の中でイスラエルの羊飼いになる（導き世話をする）とい

う将来の働きに備えさせるためである（⇒Ⅰコリ2:14）。

3:2 【主】の使い 「主の使い」は主ご自身である（3:4-6）。神はアブラハムにも「主の使い」として現れた（創22:11, →「御使いたちと主の使い」の項p.405）。

3:5 聖なる地 主は最初モーセにご自分の聖さを現された。聖さとは神の特性の完全性、純粋性、完璧性である。聖さには罪と悪からの分離、また正しいことを行い、神との正しい関係を維持するための献身が求められる。モーセは自分の仕える神が、神を見た人間は死ななければならないほど聖い方であることを絶えず心に留めておかなければならなかった（3:6, 19:21, イザ6:1-7, Ⅰテモ6:16, →「聖化」の項p.2405）。アブラハムに対する神の最初の啓示は偉大な力だったけれどもモーセに対する啓示は神の聖さだった。これは「漸進的啓示」の原則を説明するものであり、神はしばしば人々に対して異なった方法で、何回かに分けて段階的にご自分とご計画とを明らかにされる（⇒出6:1-6, ヘブ1:1-2, →「神の属性」の項p.1016）。

出エジプト記　3章

ことを恐れて、顔を隠した。
7 主は仰せられた。「わたしは、エジプトにいるわたしの民の悩みを確かに見、追い使う者の前の彼らの叫びを聞いた。わたしは彼らの痛みを知っている。
8 わたしが下って来たのは、彼らをエジプトの手から救い出し、その地から、広い良い地、乳と蜜の流れる地、カナン人、ヘテ人、エモリ人、ペリジ人、ヒビ人、エブス人のいる所に、彼らを上らせるためだ。
9 見よ。今こそ、イスラエル人の叫びはわたしに届いた。わたしはまた、エジプトが彼らをしいたげているそのしいたげを見た。
10 今、行け。わたしはあなたをパロのもとに遣わそう。わたしの民イスラエル人をエジプトから連れ出せ。」
11 モーセは神に申し上げた。「私はいったい何者なのでしょう。パロのもとに行ってイスラエル人をエジプトから連れ出さなければならないとは。」
12 神は仰せられた。「わたしはあなたとともにいる。これがあなたのためのしるしである。わたしがあなたを遣わすのだ。あなたが民をエジプトから導き出すとき、あなたがたは、この山で、神に仕えなければならない。」

6④ Ⅰ列19:13
7① 出2:23-25, Ⅰサム9:16, ネヘ9:9, 詩106:44, 申7:34
② 詩35:22
③ 出1:11, 5:6
8① 創11:5
② 出6:6, 12:51, 創15:14
③ 申1:25, 8:7-10, エレ2:7
④ 出2:17, 13:5, 33:3, レビ20:24, 民13:27, 14:8, 16:14, 申6:3, 11:9, 26:9, 15, 27:3, 31:20, ヨシ5:6, エレ11:5, 32:22, エゼ20:6, 15
⑤ 創15:19-21, エレ7:1, ヨシ24:11
⑥ 創46:4, 50:24
9① 出2:23
10① 出3:10-12, 出6:29-7:6, 士6:14
② 詩105:26, ミカ6:4, Ⅰサム9:16
③ 出12:41, ホセ12:13
11① 出4:10, 6:12, 民12:3, Ⅰサム18:18, エレ1:6
12① 出3:5, 出3:14-16, 創31:3, 申31:23, ヨシ1:5, ロマ8:31
② 民16:28, ③使7:7
13① 出6:3
14① ヨハ8:58, 黙1:4, 8, 4:8
＊→ヨハ8:24＊
15① 民12:2, ② 出3:6, 使3:13
③ 詩72:17, ④ 出6:3, 15:3, 33:19, 詩44:9, 97:12, 102:12, 135:13, イザ42:8, ホセ12:5, ヨハ17:6, 26
16① 出4:29, ② 出6:1
③ 出2:25, 創50:24, ルカ1:68
17① 創15:13-21

13 モーセは神に申し上げた。「今、私はイスラエル人のところに行きます。私が彼らに『あなたがたの父祖の神が、私をあなたがたのもとに遣わされました』と言えば、彼らは、『その名は何ですか』と私に聞くでしょう。私は、何と答えたらよいのでしょうか。」
14 神はモーセに仰せられた。「わたしは、＊『わたしはある』という者である。」また仰せられた。「あなたはイスラエル人にこう告げなければならない。『わたしはあるという方が、私をあなたがたのところに遣わされた』と。」
15 神はさらにモーセに仰せられた。「イスラエル人に言え。
あなたがたの父祖の神、アブラハムの神、イサクの神、ヤコブの神、主が、私をあなたがたのところに遣わされた、と言え。
これが永遠にわたしの名、これが代々にわたってわたしの呼び名である。
16 行って、イスラエルの長老たちを集めて、彼らに言え。
あなたがたの父祖の神、アブラハム、イサク、ヤコブの神、主が、私に現れて仰せられた。『わたしはあなたがたのこと、またエジプトであなたがたがどういうしうちを受けているかを確かに心に留めた。
17 それで、わたしはあなたがたをエジプトで

3:7　わたしの民の悩みを・・・見　神はエジプトでのイスラエルの民の苦悩について案じられたように、今も人類の苦しみを気遣っておられる。悩み、傷ついている人々の叫びを神は聞いておられる。ほかの人々が弱みにつけ込んでくるときも見ておられる。神の民は自分たちの情況に神があわれんで介入してくださり、神の臨在による助けを与えてくださるように叫び求めることができるし、そうするべきである。たとい問題の原因が情況や人々、サタンや罪にあっても神の慰め、恵み、助けは私たちの必要を満たして余りがある(→ロマ8:32)。神は最も良い時に私たちを助け出してくださる(⇒創15:13)。

3:8　乳と蜜　これは資源や農産物が豊かな土地について言われる有名な表現である。その蜜は蜂が集めるものだけではなく、ぶどうやなつめやしの実から取れる濃厚な甘いシロップのことでもあった。

3:12　わたしはあなたとともにいる　神の民とともにある神の臨在と関連する「わたしは、『わたしはある』という者である」という神の名の重要性について

→3:14注

3:14　わたしは、『わたしはある』という者である　主はご自分に、「わたしは、『わたしはある』という者である」という行動を示すヘブル語の名前をつけられた。このことばからヘブル語の「ヤハウェ」ということばが生れた。神はモーセに「わたしは存在し行動する神として知られたい」と言われたのである。(1)「ヤハウェ」という名前は神が絶えずその民とともにおられるという約束を反映している(⇒3:12, →創2:4注)。そして神の誠実な愛と配慮、人々をご自分との正しい関係に入れたいという願いを表している。このことは「あなたの神・・・となる」(→創17:7注, 詩46:)という基本的な契約と関連している。主はこれが永遠にご自分の名前であると言われた(3:15)。(2) イエス・キリストが来られたとき、「神は私たちとともにおられる」(マタ1:23)という意味の「インマヌエル」と呼ばれたことは意義深いことである。主イエスもご自分を「わたしはいる」という名前で呼んでおられる(ヨハ8:58, →「神の属性」の項 p.1016)。

出エジプト記　3-4章

の悩みから救い出し、カナン人、ヘテ人、エモリ人、ペリジ人、ヒビ人、エブス人の地、乳と蜜の流れる地へ上らせると言ったのである。』
18 彼らはあなたの声に聞き従おう。あなたはイスラエルの長老たちといっしょにエジプトの王のところに行き、彼に『ヘブル人の神、主が私たちとお会いになりました。どうか今、私たちに荒野へ三日の道のりの旅をさせ、私たちの神、主にいけにえをささげさせてください』と言え。
19 しかし、エジプトの王は強いられなければ、あなたがたを行かせないのを、わたしはよく知っている。
20 わたしはこの手を伸ばし、エジプトのただ中で行うあらゆる不思議で、エジプトを打とう。こうしたあとで、彼はあなたがたを去らせよう。
21 わたしは、エジプトがこの民に好意を持つようにする。あなたがたは出て行くとき、何も持たずに出て行ってはならない。
22 女はみな、隣の女、自分の家に宿っている女に銀の飾り、金の飾り、それに着物を求め、あなたがたはそれを自分の息子や娘の身に着けなければならない。あなたがたは、エジプトからはぎ取らなければならない。」

モーセのためのしるし

4 1 モーセは答えて申し上げた。「ですが、彼らは私を信ぜず、また私の声に耳を傾けないでしょう。『主はあなたに現れなかった』と言うでしょうから。」
2 主は彼に仰せられた。「あなたの手にあるそれは何か。」彼は答えた。「杖です。」
3 すると仰せられた。「それを地に投げよ。」彼がそれを地に投げると、杖は蛇になった。モーセはそれから身を引いた。
4 主はまた、モーセに仰せられた。「手を伸ばして、その尾をつかめ。」彼が手を伸ばしてそれを握ったとき、それは手の中で杖になった。
5 「これは、彼らの父祖の神、アブラハムの神、イサクの神、ヤコブの神、主があなたに現れたことを、彼らが信じるためである。」
6 主はなおまた、彼に仰せられた。「手をふところに入れよ。」彼は手をふところに入れた。そして、出した。なんと、彼の手はツァラアトに冒され、雪のようになっていた。
7 また、主は仰せられた。「あなたの手をもう一度ふところに入れよ。」そこで彼はもう一度手をふところに入れた。そして、ふところから出した。なんと、それは再び彼の肉のようになっていた。
8 「たとい彼らがあなたを信ぜず、また初めのしるしの声に聞き従わなくても、後のしるしの声は信じるであろう。
9 もしも彼らがこの二つのしるしをも信ぜず、あなたの声にも聞き従わないなら、ナイルから水を汲んで、それをかわいた土に注がなければならない。あなたがナイルから汲んだその水は、かわいた土の上で血となる。」
10 モーセは主に申し上げた。「ああ主よ、私はことばの人ではありません。以前からそうでしたし、あなたがしもべに語られてからもそうです。私は口が重く、舌が重いのです。」
11 主は彼に仰せられた。「だれが人に口を

---

17 *「救い出し」は補足
② 申7:1, ヨシ24:11
③ → 出3:8
④ 創46:4, 50:24
18 ① 出4:31
② 出5:1
③ 出5:3, 8:27
④ レビ23:3, 4, 14-16
19 ① 出6:1, 7:4
② 出5:2
20 ① 出6:1, 6, 7:4, 5, 9:15, 13:3, 9, 14
② 出7:3, 11:9, 15:11, 申6:22, ネヘ9:10, 詩105:27, エレ32:20, 使7:36
③ 出11:1, 12:31-33
21 ① 出3:21, 22, 出11:2, 3, 12:35, 36, エズ1:6
② 出23:15, 34:20
22 ① ヨブ27:16, 17, 箴13:22
② エゼ39:10

1 ① 出4:1-5, 出7:8-12
② 民11:11, 士6:17, マタ13:57
③ 出3:15, 16, 18, 6:30

2 ① 出4:17, 20
5 ① 出19:9, エゼ38:16
6 ① レビ13:1-43, 民12:10, Ⅱ列5:27
7 ① Ⅱ列5:14, マタ8:3, ルカ17:12-14
8 ① 出4:5
9 ① 出7:19
10 ① 出3:11, 6:12, 民12:3, エレ1:6-9

3:22 求め、・・・エジプトからはぎ取らなければならない ヨセフの時代にイスラエル人はエジプトのゴシェンと呼ばれる地方に招き入れられたけれども後にはそこで強制的に奴隷にされた。彼らは長年にわたる厳しい奴隷労働に対する未払いの賃金を当然受取る資格があったけれども何でも力づくで取ってよいということではなかった。神はエジプト人がイスラエル人に好意を寄せるようにさせ、その結果、イスラエル人が銀や金、衣服などを求めたときに求める以上のものを与えるようにさせたのである。イスラエル人は逃亡する奴隷のようにエジプトから隠れて逃げ出すのではなく、戦利品を運ぶ勝利の軍隊のように出て行くのである。

4:2-3 杖は蛇になった パロに対するモーセのメッセージを確かなものとするために神は奇蹟的なしるしを使われた(4:1-9)。新しい契約のもとでキリストに仕える人々の働きにも種々の奇蹟が伴う(→「**信者に伴うしるし**」の項 p.1768)。

4:10 私は口が重く 最初、モーセは神の召しを受入れる気持がなかったので言訳を始めた。そして自分の話し方に問題があることを挙げたとき、神は助けと力を与えると約束された(4:11-17)。神が私たちに何かの働きを行うように召されるときには、その働きを達成するために必要な手段と能力をも与えてくださる(⇒Ⅱコリ3:5-6, 出4:11-12)。

4:11 だれが・・・盲目にしたりするのか 神はある人の耳を聞こえなくしたり、目を見えなくしたりす

つけたのか。だれが口をきけなくし、耳を聞こえなくし、あるいは、目を開いたり、盲目にしたりするのか。それはこのわたし、主ではないか。

12 さあ行け。わたしがあなたの口とともにあって、あなたの言うべきことを教えよう。」

13 すると申し上げた。「ああ主よ。どうかほかの人を遣わしてください。」

14 すると、主の怒りがモーセに向かって燃え上がり、こう仰せられた。「あなたの兄、レビ人アロンがいるではないか。わたしは彼がよく話すことを知っている。今、彼はあなたに会いに出て来ている。あなたに会えば、心から喜ぼう。

15 あなたが彼に語り、その口にことばを置くなら、わたしはあなたの口とともにあり、彼の口とともにあって、あなたがたのなすべきことを教えよう。

16 彼があなたに代わって民に語るなら、彼はあなたの口の代わりとなり、あなたは彼に対して神の代わりとなる。

17 あなたはこの杖を手に取り、これでしるしを行わなければならない。」

エジプトに戻るモーセ

18 それで、モーセはしゅうとのイテロのもとに帰り、彼に言った。「どうか私をエジプトにいる親類のもとに帰らせ、彼らがまだ生きながらえているかどうか見させてください。」イテロはモーセに「安心して行きなさい」と答えた。

11 ① 詩94:9, 146:8, 箴20:12, マタ11:5, ルカ1:20, 64
12 ① 申18:18, イザ50:4, エレ1:9
② マタ10:19, 20, マコ13:11, ルカ12:11, 12, 21:14, 15
13 ① ヨナ1:3
14 ① 出4:27
15 ① 出4:30
② 出4:30, 民23:12, 申18:18, イザ50:4, 51:16, 59:21
申5:31
16 ① 出7:1, 2
17 ① 出4:2, 20, 17:9
② 出7:9-12, 14:16
18 ① 出2:18, 21, 3:1

19 ① 出2:15, 23, マタ2:20
20 ① 出18:3, 使7:29
② 出4:17, 17:9, 民20:8
21 ① 出4:17, 11:9, 10, 詩78:43
② →出9:12, 出7:3, 10:1, マタ2:30, Ⅰサム6:6, ダニ5:20, ロマ9:14-23
22 ① 申1:31, イザ63:8, 16, 64:8, エレ31:9, ホセ11:1, ロマ9:4, Ⅱコリ6:18
② 詩89:27, ヤコ1:18
23 ① 出5:1, 6:11, 7:16
② 出11:5, 12:29
24 ① 民22:22, 23
25 ① ヨシ5:2, 3
② 創17:11, 14
27 ① 出4:14, 詩105:26
② 出3:1, Ⅰ列19:8

19 主はミデヤンでモーセに仰せられた。「エジプトに帰って行け。あなたのいのちを求めていた者は、みな死んだ。」

20 そこで、モーセは妻や息子たちを連れ、彼らをろばに乗せてエジプトの地へ帰った。モーセは手に神の杖を持っていた。

21 主はモーセに仰せられた。「エジプトに帰って行ったら、わたしがあなたの手に授けた不思議を、ことごとく心に留め、それをパロの前で行え。しかし、わたしは彼の心をかたくなにする。彼は民を去らせないであろう。

22 そのとき、あなたはパロに言わなければならない。

主はこう仰せられる。『イスラエルはわたしの子、わたしの初子である。

23 そこでわたしはあなたに言う。わたしの子を行かせて、わたしに仕えさせよ。もし、あなたが拒んで彼を行かせないなら、見よ、わたしはあなたの子、あなたの初子を殺す。』」

24 さて、途中、一夜を明かす場所でのことだった。主はモーセに会われ、彼を殺そうとされた。

25 そのとき、チッポラは火打ち石を取って、自分の息子の包皮を切り、それをモーセの両足につけ、そして言った。「まことにあなたは私にとって血の花婿です。」

26 そこで、主はモーセを放された。彼女はそのとき割礼のゆえに「血の花婿」と言ったのである。

27 さて、主はアロンに仰せられた。「荒野に行って、モーセに会え。」彼は行って、神

るかもしれないけれども、また耳や目を癒す力も持っておられる。これはことばが不自由な(話すことができない)人や耳が聞こえない人、あるいは目が見えない人などがそうなったのは神が望まれた、またはそのようにされたということではない。このような状態は災いや病気と同じように、サタンの活動とアダムを通してこの世界に罪が入ってきたことによる(創3:1-24)。苦しみは必ずしもその人が罪を犯したから起こるのではない。罪深いこの世界には病気や苦しみが存在していて、すべての人に何らかのかたちで影響を及ぼしているのである(→ヨハ9:2-3, →**神による癒し**の項 p.1640)。

4:21 わたしは彼の心をかたくなにする →7:3注

4:22 イスラエルは・・・わたしの初子 「初子」とい

うことばはイスラエルへの特別な愛と関係を示すために神が使われたことばである。後にダビデ王の家系をご自分の子とすると言われた際に、神はこの関係を一層明らかにされた(Ⅱサム7:14, 詩2:7)。やがて、ダビデの子孫を通して来られた主イエスは神のひとり子、初子と呼ばれる(ルカ1:35, 3:22, ヘブ1:5-13)。

4:24 【主】は・・・彼を殺そうとされた モーセは息子に契約のしるしである割礼(→創17:11注)を施していなかった。割礼とは男性性器の包皮の一部または全部を切取ることである。モーセと妻は神に従っていなかったことが明らかである(4:24-25, →創17:11注)。息子に割礼を施すまで、神はモーセをいのちにかかわる危険な情況に置かれたようである。この出来事によって、個人に対する神の特別な計画はその人

出エジプト記 4-5章

の山でモーセに会い、口づけした。
28 モーセは自分を遣わすときに主が語られたことばのすべてと、命じられたしるしのすべてを、アロンに告げた。
29 それからモーセとアロンは行って、イスラエル人の長老たちをみな集めた。
30 アロンは、主がモーセに告げられたことばをみな告げ、民の目の前でしるしを行ったので、
31 民は信じた。彼らは、主がイスラエル人を顧み、その苦しみをご覧になったことを聞いて、ひざまずいて礼拝した。

わらを入れないれんが

5 ¹ その後、モーセとアロンはパロのところに行き、そして言った。「イスラエルの神、主がこう仰せられます。『わたしの民を行かせ、荒野でわたしのために祭りをさせよ。』」
² パロは答えた。「主とはいったい何者か。私がその声を聞いてイスラエルを行かせなければならないというのは。私は主を知らない。イスラエルを行かせはしない。」
³ すると彼らは言った。「ヘブル人の神が私たちにお会いくださったのです。どうか今、私たちに荒野へ三日の道のりの旅をさせ、私たちの神、主にいけにえをささげさせてください。でないと、主は疫病か剣で、私たちを打たれるからです。」
⁴ エジプトの王は彼らに言った。「モーセとアロン。おまえたちは、なぜ民に仕事をやめさせようとするのか。おまえたちの苦役に戻れ。」
⁵ パロはまた言った。「見よ。今や彼らはこの地の人々よりも多くなっている。そしておまえたちは彼らの苦役を休ませようとしているのだ。」
⁶ その日、パロはこの民を使う監督と人夫がしらに命じて言った。
⁷ 「おまえたちはれんがを作るわらを、これまでのようにこの民に与えてはならない。自分でわらを集めに行かせよ。
⁸ そしてこれまで作っていた量のれんがを作らせるのだ。それを減らしてはならない。彼らはなまけ者だ。だから、『私たちの神に、いけにえをささげに行かせてください』と言って叫んでいるのだ。
⁹ あの者たちの労役を重くし、その仕事をさせなければならない。偽りのことばにかかわりを持たせてはいけない。」
¹⁰ そこで、この民を使う監督と人夫がしらたちは出て行って、民に告げて言った。「パロはこう言われる。『私はおまえたちにわらを与えない。
¹¹ おまえたちは自分たちでどこへでも行ってわらを見つけて、取って来い。おまえたちの労役は少しも減らさないから。』」
¹² そこで、民はエジプト全土に散って、わらの代わりに刈り株を集めた。
¹³ 監督たちは彼らをせきたてて言った。「わらがあったときと同じように、おまえたちの仕事、おまえたちのその日その日の仕事を仕上げよ。」
¹⁴ パロの監督たちがこの民の上に立てたイスラエル人の人夫がしらたちは、打ちたたかれ、「なぜおまえたちは定められたれんがの分を、きのうもきょうも、これまでのように仕上げないのか」と言われた。
¹⁵ そこで、イスラエル人の人夫がしらたちは、パロのところに行き、叫んで言った。「なぜあなたのしもべどもを、このように扱うのですか。
¹⁶ あなたのしもべどもには、わらが与えられていません。それでも、彼らは私たちに、『れんがを作れ』と言っています。見てください。あなたのしもべどもは打たれています。しかし、いけないのはあなたの民なのです。」
¹⁷ パロは言った。「おまえたちはなまけ者

5:1 イスラエルの神、【主】がこう仰せられます 出エジプト記の話は基本的に主とパロという二人の神の戦いを描いている。パロはエジプトの宗教では太陽神ラーが人間のかたちをとったものと信じられていた。パロはイスラエルの神の力を疑った（5:2）。そしてイスラエル人を奴隷にしていたので、自分のほうがイスラエルの神よりも強いに違いないと誤って結論づけた。けれども主は10の災害を通してエジプトの神々よりも力があることを示された。たとえばナイル川、太陽、かえるはみなエジプトの神々（神の特徴、または神に似た特徴を持っているもの）を象徴していた。けれどもヘブル人の神である主はそれらをみな打負か

だ。なまけ者なのだ。だから『私たちの主にいけにえをささげに行かせてください』と言っているのだ。
¹⁸さあ、すぐに行って働け。わらは与えないが、おまえたちは割り当てどおりれんがを納めるのだ。」
¹⁹イスラエル人の人夫がしらたちは、「おまえたちのれんがのその日その日の数を減らしてはならない」と聞かされたとき、これは、悪いことになったと思った。
²⁰彼らはパロのところから出て来たとき、彼らを迎えに来ているモーセとアロンに出会った。
²¹彼らはふたりに言った。「主があなたがたを見て、さばかれますように。あなたがたはパロやその家臣たちに私たちを憎ませ、私たちを殺すために彼らの手に剣を渡したのです。」

神が解放を約束する

²²それでモーセは主のもとに戻り、そして申し上げた。「主よ。なぜあなたはこの民に害をお与えになるのですか。何のために、私を遣わされたのですか。
²³私がパロのところに行って、あなたの御名によって語ってからこのかた、彼はこの民に害を与えています。それなのにあなたは、あなたの民を少しも救い出そうとはなさいません。」

6

¹それで主はモーセに仰せられた。「わたしがパロにしようとしていることは、今にあなたにわかる。すなわち強い手で、彼は彼らを出て行かせる。強い手で、彼はその国から彼らを追い出してしまう。」
²神はモーセに告げて仰せられた。「わたしは主である。
³わたしは、アブラハム、イサク、ヤコブに、全能の神として現れたが、主という名では、わたしを彼らに知らせなかった。
⁴またわたしは、カナンの地、すなわち彼らがとどまった在住の地を彼らに与えるという契約を彼らに立てた。
⁵今わたしは、エジプトが奴隷としているイスラエル人の嘆きを聞いて、わたしの契約を思い起こした。
⁶それゆえ、イスラエル人に言え。わたしは主である。わたしはあなたがたをエジプトの苦役の下から連れ出し、労役から救い出す。伸ばした腕と大いなるさばきとによってあなたがたを贖う。
⁷わたしはあなたがたを取ってわたしの民とし、わたしはあなたがたの神となる。あ

欄外参照

21①出14:11, 12, 15:24, 16:2
②創16:5, 31:53
③創34:30, Ⅰサム27:12
22①民11:11, エレ4:10

23①出3:8

1①出11:1, 12:31, 13:3
②出3:19, 20, 7:4, 5, 13:3
2①出6:2, 3, 出3:14, 15
詩68:4
3①→創17:1, ヨブ8:5, 13:3, 15:25
*【凶】「エル・シャダイ」
②イザ52:6, エレ16:21, エゼ37:6, 13
**あるいは「知られていなかった」
4①創12:7, 15:18, 17:4, 7, 8, 26:3, 4, 28:4, 13
5①出2:24
6①出3:17, 7:4, 12:51, 13:3, 14, 15:13, 16:6, 18:1, 20:2, 申4:34, 5:15, 6:12, 7:8, 26:8, Ⅰ歴17:21, 詩81:6
②出20:2
③申4:34, 5:15, 26:8
詩77:15
7①申7:6, 29:13, Ⅱサム7:24
②創17:7, 8, 黙21:7
③出16:12

された。

5:22 何のために、私を遣わされたのですか パロの対応についてあらかじめ神が言われたことをモーセは無視したか忘れていたようである（3:19-20, 4:21）。神に従ってもすぐには成功しないで、むしろ問題が起きるのでモーセは失望した。今日神につながる人々も、「私たちが神の国に入るには、多くの苦しみを経なければならない」という神のことばを心に留めなければならない（使14:22, ⇒ヨハ16:33, Ⅰテサ3:3, Ⅱテモ3:12）。

5:23 あなたは、あなたの民を少しも救い出そうとはなさいません 情況が良くならないでむしろ悪くなるので、人々を助け出すという神の約束はとても実現しそうではなかった（5:21）。(1) この落胆するような情況を通して、神の奇蹟や自由への道が与えられる前に、希望が持てないような問題や困難があることを神は人々に教えておられる。(2) 失望のときにも、キリスト者は神のことばを信じ、神はご自分の時にご計画を実現されると信頼し続けるべきである（→ロマ

8:28注, →「**神の摂理**」の項 p.110）。

6:3 【主】という名では、わたしを彼らに知らせなかった 神はアブラハムとイサク、ヤコブには「主」（《ヘ》ヤハウェ →創2:4注）という名前ではご自分を現されなかった。(1) これはこれらの信仰の父祖たちがこの名前を知らなかったのではなく、その名前が持つ特性と力の意味が啓示されていなかったということである（→3:14注）。神の名前はいつも神の特性や力を表している。父祖たちは「ヤハウェ」という名前を聞き使っていたけれども、「全能の神」と呼ぶことが多かった。それは約束されたことを成就する力を強調した名前だった（→創17:1注）。(2) 「ヤハウェ」は契約を守るという神の名前であり、神が人々を救い出し神との個人的な関係に引戻すことに焦点を当てている（⇒6:6）。アブラハムは創世紀15章の契約が実現するのを生前見ることができなかったけれども神の力は体験することができた（「**アブラハム、イサク、ヤコブとの神の契約**」の項 p.74）。

6:7 わたしはあなたがたを取ってわたしの民とし、

出エジプト記　6章

なたがたは、わたしがあなたがたの神、主であり、あなたがたをエジプトの苦役の下から連れ出す者であることを知るようになる。
⁸ わたしは、アブラハム、イサク、ヤコブに与えると誓ったその地に、あなたがたを連れて行き、それをあなたがたの所有として与える。わたしは主である。」
⁹ モーセはこのようにイスラエル人に話したが、彼らは落胆と激しい労役のためモーセに聞こうとはしなかった。
¹⁰ 主はモーセに告げて仰せられた。
¹¹ 「エジプトの王パロのところへ行って、彼がイスラエル人をその国から去らせるように告げよ。」
¹² しかしモーセは主の前に訴えて言った。「ご覧ください。イスラエル人でさえ、私の言うことを聞こうとはしないのです。どうしてパロが私の言うことを聞くでしょう。私は口べたなのです。」

モーセとアロンの家系

¹³ そこで主はモーセとアロンに語り、イスラエル人をエジプトから連れ出すため、イスラエル人とエジプトの王パロについて彼らに命令された。
¹⁴ 彼らの父祖の家のかしらたちは次のとおりである。イスラエルの長子ルベンの子はエノク、パル、ヘツロン、カルミで、これらがルベン族である。
¹⁵ シメオンの子はエムエル、ヤミン、オハデ、ヤキン、ツォハル、およびカナン人の女の子サウルで、これらがシメオン族である。
¹⁶ レビの子の家系の名は、次のとおりである。*ゲルション、ケハテ、メラリ。レビの一生は百三十七年であった。
¹⁷ ゲルションの子の諸氏族はリブニとシミイである。
¹⁸ ケハテの子はアムラム、イツハル、ヘブロン、ウジエルである。ケハテの一生は百三十三年であった。
¹⁹ メラリの子はマフリとムシである。これらはレビ人の諸氏族の家系である。
²⁰ アムラムは父の妹ヨケベデを妻にめとり、彼女はアロンとモーセを産んだ。アムラムの一生は百三十七年であった。
²¹ イツハルの子はコラ、ネフェグ、ジクリである。
²² ウジエルの子はミシャエル、*エルツァファン、シテリである。
²³ アロンは、アミナダブの娘でナフションの妹であるエリシェバを妻にめとり、彼女はナダブとアビフ、エルアザルとイタマル

---

7 ①イザ41:20, 49:23, 26, 60:16
8 ①創15:18, 24:7, 26:3, 民14:30, ネヘ9:15, エゼ20:5, 6
　＊直訳「手を上げる」
　②ヨシ24:13, 詩136:21, 22
　③出6:6
9 ①出2:23
　②出1, 14:12
11 ①出4:22, 23
12 ①出6:30
　②出4:10
　＊直訳「くちびるに割礼がない」

14 ①創46:9, 民26:5-11, Ⅰ歴5:3
15 ①創46:10, 民26:12-14, Ⅰ歴4:24
16 ①創46:11, 民3:17, 26:57, Ⅰ歴6:1
　＊出2:22, Ⅰ歴6:1「ゲルショム」
17 ①民3:18-20, Ⅰ歴6:17, 20
18 ①民26:57, Ⅰ歴6:2, 18
19 ①Ⅰ歴6:19
　②出2:1
20 ①民26:59, 出2:1, 2
21 ①民16:1, Ⅰ歴6:38
22 ①レビ10:4, 民3:30
　＊民3:30「エリツァファン」
23 ①民19, 20,
　①Ⅰ歴2:10, マタ1:4
　②民1:7, 2:3, ルツ4:20, Ⅰ歴2:10, マタ1:4
　③レビ10:1, 民3:2, 26:60, Ⅰ歴5:6, 24:1

わたしはあなたがたの神となる　6:6-7にはイスラエルのエジプトからの脱出（集団出国）とシナイ山で神から授かった契約の最も重要な意味と目的が記録されている（19:5）。主はイスラエルを奴隷の状態から救い出し（6:6）、神の民として受入れ（6:7）、彼らの神となると約束された（6:7）。それに対して人々は自分たちの贖い主（救い出してくださった方）のみこころを行うと約束した（19:-23:）。

（1）ここではイスラエルが自分たちを奴隷にしている力に勝利するには無力であることを強調している。神だけが自由にすることができる（6:5-6）。そして神はその民を愛しておられ、父祖たちとの契約があるので必ず自由にしてくださるのである（6:6-8, 申7:7-8）。

（2）神の力によってイスラエルがエジプトから解放されることは彼らの所有権が神ご自身に移行したことを意味した。イスラエルの民は神によって創造され、選ばれ（4:22）、奴隷の状態から贖われ（買い戻された）たので、神のものだった。

（3）イスラエルのエジプトからの贖い（救出、解放）は、主イエスが十字架の上で死んで罪深い人類のために贖い（霊的な救いと解放）を提供してくださることを示するしだった。罪の赦しのためのキリストの犠牲を受入れ、人生を導く方として頼る人はみな、サタンと罪、この世界の力から解放される。そして神のものとなり、神の愛と約束に頼ることができる（→「**救いについての聖書用語**」の項p.2045）。

6:9　彼らは・・・聞こうとはしなかった　神がイスラエルをエジプトから脱出させたのは彼らに偉大な信仰があったからではなく、神の恵み（受けるにふさわしくない好意）と約束を守る誠実さによるものだった（創17:1-8, 50:24）。最初、人々の信仰は弱かった。けれどもエジプトへの10の災害を通して神の力と思いが明らかにされるにつれて、神を信頼し従えるようになるまで信仰が強められていった（出12:28）。つまり神は恵みにより信仰を通して救い出されたので、これは主イエスが今日、人々を霊的に救われるのと同じ方法である（⇒エペ2:8-9）。

を産んだ。
²⁴コラの子はアシル、エルカナ、アビアサフで、これらはコラ族である。
²⁵アロンの子エルアザルは、プティエルの娘のひとりを妻にめとり、彼女はピネハスを産んだ。これらはレビ人の諸氏族の一族のかしらたちである。
²⁶主が「イスラエル人を集団ごとにエジプトの地から連れ出せ」と仰せられたのは、このアロンとモーセにである。
²⁷エジプトの王パロに向かって、イスラエル人をエジプトから連れ出すようにと言ったのは、このモーセとアロンであった。

アロンがモーセの代言者になる

²⁸主がエジプトの地でモーセに告げられたときに、
²⁹主はモーセに告げて仰せられた。「わたしは主である。わたしがあなたに話すことを、みな、エジプトの王パロに告げよ。」
³⁰しかしモーセは主の前に申し上げた。「ご覧ください。私は口べたです。どうしてパロが私の言うことを聞くでしょう。」

7 ¹主はモーセに仰せられた。「見よ。わたしはあなたをパロに対して神とし、あなたの兄アロンはあなたの預言者となる。
²あなたはわたしの命じることを、みな、告げなければならない。あなたの兄アロンはパロに、イスラエル人をその国から出て行かせるようにと告げなければならない。
³わたしはパロの心をかたくなにし、わたしのしるしと不思議をエジプトの地で多く行おう。

24①Ⅰ歴6:22, 23, 37, 民26:11
＊Ⅰ歴6:37, 9:19「エブヤサフ」
25①民25:7,11, ヨシ24:33
②民25:6-13, ヨシ22:13, 詩106:30, 31
26①出6:13
②出7:4, 12:51
③出6:13, 民33:1, 詩77:20
27①出5:1
②出32:7, 33:1
29①出6:29-7:7, 出3:10-12, 6:10-13
②出6:2, 6, 8
③出7:2
30①出4:10, 6:12, エレ1:6
＊直訳「くちびるに割礼がない」
1①出4:16
3①出4:21
②出10:1, 11:9, 詩78:12, 43, 135:9, 使7:36

4①出3:20
②出6:6, 12:51, 13:3, 9
5①出8:19, 10:7, 14:4, 18, 詩9:16, 59:13, 83:18
6①出6:22, 7:5
7①申31:2, 34:7, 使7:23
9①ヨシ2:18, 6:30
10①出4:2, 17
11①申4:3
②出1:8, ダニ2:2
③出7:22, 8:7, 18, Ⅱテモ3:8
12①창12:16, Ⅱテサ2:9, 11, 黙12:9
13①出7:22, 8:15, 9:35, Ⅰサム6:6, 出4:21
⑤出7:4

⁴パロがあなたがたの言うことを聞き入れないなら、わたしは、手をエジプトの上に置き、大きなさばきによって、わたしの集団、わたしの民イスラエル人をエジプトの地から連れ出す。
⁵わたしが手をエジプトの上に伸ばし、イスラエル人を彼らの真ん中から連れ出すとき、エジプトはわたしが主であることを知るようになる。」
⁶そこでモーセとアロンはそうした。主が彼らに命じられたとおりにした。
⁷彼らがパロに語ったとき、モーセは八十歳、アロンは八十三歳であった。

アロンの杖が蛇になる

⁸また主はモーセとアロンに仰せられた。
⁹「パロがあなたがたに、『おまえたちの不思議を行え』と言うとき、あなたはアロンに、『その杖を取って、パロの前に投げよ』と言わなければならない。それは蛇になる。」
¹⁰モーセとアロンはパロのところに行き、主が命じられたとおりに行った。アロンが自分の杖をパロとその家臣たちの前に投げたとき、それは蛇になった。
¹¹そこで、パロも知恵のある者と呪術者を呼び寄せた。これらのエジプトの呪法師たちもまた彼らの秘術を使って、同じことをした。
¹²彼らがめいめい自分の杖を投げると、それは蛇になった。しかしアロンの杖は彼らの杖をのみこんだ。
¹³それでもパロの心はかたくなになり、彼らの言うことを聞き入れなかった。主が仰せられたとおりである。

7:3 わたしはパロの心をかたくなにし パロが神に反抗したのは神がそのように強制されたからではない。パロの心は既に神に対してかたくなになっていた。それで神がパロの心の頑固で反抗的な態度に対峙されたとき、パロは一層抵抗したのである。このさらなるかたくなさは神に対するパロの意図的な反抗と抵抗に対する罰だった（⇒5:2, 7:13-14, 22, 8:15, 19, 32, 9:7）。

（1）神に反抗して自分の頑固なやり方を変えようとしない人々に適用される原則を神は具体的に示された。人々にその罪深い欲望の影響と結果をまともに受けるようにさせ（→ロマ1:24注）、実際にその心をさらにかたくなにさせなければならないときがある（→ロマ9:18注）。この危険な状況にいる人々は、神の愛とみことばの真理に対して霊的に目が見えなくなっていることが多い（→Ⅱテサ2:10注）。神はしばしばこうなることを許される。それは人々が希望を失い、最終的に神に助けと救いを求めるようになるためである（→Ⅰコリ5:5注）。

（2）初期の災害のさばきによってパロの心は少しだけ和らいだ。けれども神がその災害を取除くと、パロの心は再びかたくなになった。神があわれみを示すたびに、パロは神に抵抗して心をかたくなにしていったのである（8:8-15）。

7:12 それが蛇になった （1）呪法師たちの杖も悪

出エジプト記 7–8章

血の災い

14 主はモーセに仰せられた。「パロの心は強情で、民を行かせることを拒んでいる。15 あなたは朝、パロのところへ行け。見よ。彼は水のところに出て来る。あなたはナイルの岸に立って彼を迎えよ。そして、蛇に変わったあの杖を手に取って、16 彼に言わなければならない。

ヘブル人の神、主が私をあなたに遣わして仰せられます。『わたしの民を行かせ、彼らに、荒野でわたしに仕えさせよ。』ああ、しかし、あなたは今までお聞きになりませんでした。17 主はこう仰せられます。『あなたは、次のことによって、わたしが主であることを知るようになる。』ご覧ください。私は手に持っている杖でナイルの水を打ちます。水は血に変わり、18 ナイルの魚は死に、ナイルは臭くなり、エジプト人はナイルの水をもう飲むことを忌みきらうようになります。」

19 主はまたモーセに仰せられた。「あなたはアロンに言え。

あなたの杖を取り、手をエジプトの水の上、その川、流れ、池、その他すべて水の集まっている所の上に差し伸ばしなさい。そうすれば、それは血となる。また、エジプト全土にわたって、木の器や石の器にも、血があるようになる。」

14 ①出8:15, 10:1
15 ①出2:5, 8:20
16 ①出3:18, 4:22, 23, 5:1, 3
17 ①出10:2, エゼ25:17, 34:30 ①出4:9, 7:20, 21, 黙8:8, 11:6, 16:4
18 ①出7:21 ②出7:21, 24
19 ①出8:5

20 ①詩78:44, 105:29 ②出17:5
22 ①出7:11, 8:7, 18 ②出7:13, 8:15, 9:35, Ⅰサム6:6, 箴29:1

1 ①出4:23
2 ①出7:14, 9:2

20 モーセとアロンは主が命じられたとおりに行った。彼はパロとその家臣の目の前で杖を上げ、ナイルの水を打った。すると、ナイルの水はことごとく血に変わった。21 ナイルの魚は死に、ナイルは臭くなり、エジプト人はナイルの水を飲むことができなくなった。エジプト全土にわたって血があった。22 しかしエジプトの呪法師たちも彼らの秘術を使って同じことをした。それで、パロの心はかたくなになり、彼らの言うことを聞こうとはしなかった。主の言われたとおりである。23 パロは身を返して自分の家に入り、これに心を留めなかった。24 全エジプトは飲み水を求めて、ナイルのあたりを掘った。彼らはナイルの水を飲むことができなかったからである。

かえるの災い

25 主がナイルを打たれてから七日が満ちた。

8 1 主はモーセに仰せられた。「パロのもとに行って言え。

主はこう仰せられます。『わたしの民を行かせ、彼らにわたしに仕えさせるようにせよ。2 もし、あなたが行かせることを拒むなら、見よ、わたしは、あなたの全領土を、かえるをもって、打つ。3 かえるがナイルに群がり、上って来て、あな

霊の力によって蛇になった。エジプト人の心と思いは、彼らの宗教の一部としての魔術、超自然的な神秘的なもの(オカルト信仰)、悪霊の働き(心霊術)、魔術(魔法使いと魔女の働き)に強く引かれていた。けれどもアロンの杖(歩行用の杖)が彼らの杖を飲込むことによって、イスラエルの神はご自分の力がエジプトの神々の力よりも強いことを示された。(2) キリストが再臨される前の終りの日には、サタンが教会の中のにせの働き人と反キリストによって奇蹟を行う(⇒Ⅱテモ3:8、→「**大患難**」の項 p.1690、「**反キリストの時代**」の項 p.2288)。したがって奇蹟であればみな、まことの神が働いておられる証拠とみなすことはできない(→黙16:14注、19:20注)。

7:20 彼は・・・水を打った エジプトに対する10の奇蹟的な災害(7:20, 8:2, 16, 21, 9:3, 9, 18, 10:4, 21, 11:5)にはいくつかの目的があった。

(1) イスラエルに対してもエジプトに対しても、主があらゆる神々と人間にまさる神であることを示し

(7:5, 9:14-15, 10:2, 15:11)、また「全地に」神が知れわたるようにするためのしるしだった(9:16)。

(2) イスラエルの信仰を強め、神の力と愛とすべてのものの上にある究極的な権威とを確信させるために行われた。この時点から、イスラエルには子どもたちにこの出来事を伝える責任が生れた。それは後の時代の人々が神を知り従うようになるためである(6:7, 10:2, 12:42)。

(3) 神の民を助け守るために、神の力がエジプトの神々やほかの悪の力にまさっていることを具体的に示した(12:12, →7:12注)。

(4) エジプトに対する神の審判であり、パロを説得して神の民を出て行かせるためのものだった(8:2, 21, 11:1, 12:31-33, ⇒民33:4)。

8:2 かえる 古代のエジプトでは、かえるは神々を象徴する神聖なものと考えられていた。この災害を通して神はご自分の力がほかのあらゆる超自然的な力よりはるかにまさっていることを示して、エジプトの偽

たの家に入る。あなたの寝室に、あなたの寝台に、あなたの家臣の家に、あなたの民の中に、あなたのかまどに、あなたのこね鉢に、入る。

4 こうしてかえるは、あなたとあなたの民とあなたのすべての家臣の上に、はい上がる。』」

5 主はモーセに仰せられた。「アロンに言え。あなたの手に杖を持ち、川の上、流れの上、池の上に差し伸ばし、かえるをエジプトの地に、はい上がらせなさい。」

6 アロンが手をエジプトの水の上に差し伸ばすと、かえるがはい上がって、エジプトの地をおおった。

7 呪法師たちも彼らの秘術を使って、同じようにかえるをエジプトの地の上に、はい上がらせた。

8 パロはモーセとアロンを呼び寄せて言った。「かえるを私と私の民のところから除くように、主に祈れ。そうすれば、私はこの民を行かせる。彼らは主にいけにえをささげることができる。」

9 モーセはパロに言った。「かえるがあなたとあなたの家から断ち切られ、ナイルにだけ残るように、あなたと、あなたの家臣と、あなたの民のために、私がいつ祈ったらよいのか、どうぞ言いつけてください。」

10 パロが「あす」と言ったので、モーセは言った。「あなたのことばどおりになりますように。私たちの神、主のような方はほかにいないことを、あなたが知るためです。

11 かえるは、あなたとあなたの家とあなたの家臣と、あなたの民から離れて、ナイルにだけ残りましょう。」

12 こうしてモーセとアロンはパロのところから出て来た。モーセは、自分がパロに約束したかえるのことについて、主に叫んだ。

13 主はモーセのことばどおりにされたので、かえるは家と庭と畑から死に絶えた。

14 人々はそれらを山また山と積み上げたので、地は臭くなった。

15 ところが、パロは息つく暇のできたのを見て、強情になり、彼らの言うことを聞き入れなかった。主の言われたとおりである。

3 ①出12:34, 申28:5
5 ①出7:19
6 ①詩78:45, 105:30, 黙16:13
7 ①出7:11, 22, 8:18
8 ①出8:25, 9:27
  ②出8:28, 9:28, 10:17, 民21:7, Ⅰ列13:6, 使8:24
  ③出8:28
  ④出8:25, 28
10 ①出9:14, 15:11, 申4:35, 39, 33:26, Ⅱサム7:22
12 ①出9:33, 10:18
  *あるいは「主がパロに負わされたかえる」
15 ①伝8:11
  ②出7:4

17 ①詩105:31
18 ①出7:11, 22, 8:7, Ⅱテモ3:8
19 ①出7:5, 10:7
  ②詩8:3, ルカ11:20, 使13:11
20 ①出9:13
  ②出2:5, 7:15
  ③出4:23, 9:13
22 ①出9:4, 6, 26, 10:23, 11:7
  ②創46:28-47:6
  ③出9:29
24 ①詩78:45, 105:31
25 ①出8:8, 9:27

ぶよの災い

16 主はモーセに仰せられた。「アロンに言え。あなたの杖を差し伸ばして、地のちりを打て。そうすれば、それはエジプトの全土で、ぶよとなろう。」

17 そこで彼らはそのように行った。アロンは手を差し伸ばして、杖で地のちりを打った。すると、ぶよは人や獣についた。地のちりはみな、エジプト全土で、ぶよとなった。

18 呪法師たちもぶよを出そうと、彼らの秘術を使って同じようにしたが、できなかった。ぶよは人や獣についた。

19 そこで、呪法師たちはパロに、「これは神の指です」と言った。しかしパロの心はかたくなになり、彼らの言うことを聞き入れなかった。主の言われたとおりである。

あぶの災い

20 主はモーセに仰せられた。「あしたの朝早く、パロの前に出よ。見よ。彼は水のところに出て来る。彼にこう言え。主はこう仰せられます。『わたしの民を行かせ、彼らをわたしに仕えさせよ。

21 もしもあなたがわたしの民を行かせないなら、さあ、わたしは、あぶの群れを、あなたとあなたの家臣とあなたの民の中に、またあなたの家の中に放つ。エジプトの家々も、彼らがいる土地も、あぶの群れで満ちる。

22 わたしはその日、わたしの民がとどまっているゴシェンの地を特別に扱い、そこには、あぶの群れがいないようにする。それは主であるわたしが、その地の真ん中にいることを、あなたが知るためである。

23 わたしは、わたしの民とあなたの民との間を区別して、救いを置く。あす、このしるしは起こる。』」

24 主がそのようにされたので、おびただしいあぶの群れが、パロの家とその家臣の家とに入って来た。エジプトの全土にわたり、地はあぶの群れによって荒れ果てた。

25 パロはモーセとアロンを呼び寄せて

りの信仰を攻撃された。
8:18-19 これは神の指です エジプトの呪法師たちは神の力が自分たちの力よりもはるかに優れていることを認めた。

言った。「さあ、この国内でおまえたちの神にいけにえをささげよ。」
26 モーセは答えた。「そうすることは、とてもできません。なぜなら私たちは、私たちの神、主に、エジプト人の忌みきらうものを、いけにえとしてささげるからです。もし私たちがエジプト人の目の前で、その忌みきらうものを、いけにえとしてささげるなら、彼らは私たちを石で打ち殺しはしないでしょうか。
27 それで私たちは荒野に三日の道のりの旅をして、私たちの神、主にいけにえをささげなければなりません。これは、主が私たちにお命じになることです。」
28 パロは言った。「私は、おまえたちを行かせよう。おまえたちは荒野でおまえたちの神、主にいけにえをささげるがよい。ただ、決して遠くへ行ってはならない。私のために祈ってくれ。」
29 モーセは言った。「それでは、私はあなたのところから出て行きます。私は主に祈ります。あす、あぶが、パロとその家臣とその民から離れます。ただ、パロは、重ねて欺かないようにしてください。民が主にいけにえをささげに行けないようにしないでください。」
30 モーセはパロのところから出て行って主に祈った。
31 主はモーセの願ったとおりにされたので、あぶはパロとその家臣およびその民から離れた。一匹も残らなかった。
32 しかし、パロはこのときも強情になり、民を行かせなかった。

家畜の疫病の災い

9 1 主はモーセに仰せられた。「パロのところに行って、彼に言え。
　ヘブル人の神、主はこう仰せられます。『わたしの民を行かせて、彼らをわたしに仕えさせよ。
2 もしあなたが、行かせることを拒み、なおも彼らをとどめておくなら、

25 ②出9:28, 10:8, 24, 12:31
26 ①創46:34
27 ①出3:18, 5:3
　②出3:12
28 ②出8:8, 15, 29, 32
　②出8:8, 29, 9:28, 10:17, 民21:7, Ⅰ列13:6, 使8:24
29 ②出8:8
　②出8:8, 15, 10:10
30 ①出10:18
　②ヤコ5:17
32 ②出4:21, 8:8, 15, 歳28:14, ロマ9:17, 18
1 ①出4:23, 8:1
2 ①出7:14, 8:2

3 ①出7:4, Ⅰサム6:3, 5, ヨブ27:11, 詩39:10, ルカ11:20, 使13:11
　②詩78:48, アモ4:10
4 ①出8:22
6 ①出9:19, 25, 11:5
7 ①出8:32
8 ①哀4:8
9 ①申28:27, 黙16:2
11 ①出8:18, Ⅱテモ3:9
12 ①出4:21, 10:20, 27, 11:10, 14:4, 8, 17, ヨシ11:20, 申2:30, イザ63:17, ヨハ12:40, ロマ9:18
13 ①出8:20
　②出4:23, 8:20

3 見よ、主の手は、野にいるあなたの家畜、馬、ろば、らくだ、牛、羊の上に下り、非常に激しい疫病が起こる。
4 しかし主は、イスラエルの家畜とエジプトの家畜とを区別する。それでイスラエル人の家畜は一頭も死なない。』」
5 また、主は時を定めて、仰せられた。「あす、主はこの国でこのことを行う。」
6 主は翌日このことをされたので、エジプトの家畜はことごとく死に、イスラエル人の家畜は一頭も死ななかった。
7 パロは使いをやった。すると、イスラエル人の家畜は一頭も死んでいなかった。それでも、パロの心は強情で、民を行かせなかった。

腫物の災い

8 主はモーセとアロンに仰せられた。「あなたがたは、かまどのすすを両手いっぱいに取れ。モーセはパロの前で、それを天に向けてまき散らせ。
9 それがエジプト全土にわたって、細かいほこりとなると、エジプト全土の人と獣につき、うみの出る腫物となる。」
10 それで彼らはかまどのすすを取ってパロの前に立ち、モーセはそれを天に向けてまき散らした。すると、それは人と獣につき、うみの出る腫物となった。
11 呪法師たちは、腫物のためにモーセの前に立つことができなかった。腫物が呪法師たちとすべてのエジプト人にできたからである。
12 しかし、主はパロの心をかたくなにされ、彼はふたりの言うことを聞き入れなかった。主がモーセに言われたとおりである。

雹の災い

13 主はモーセに仰せられた。「あしたの朝早く、パロの前に立ち、彼に言え。
　ヘブル人の神、主はこう仰せられます。『わたしの民を行かせ、彼らをわたしに仕えさせよ。

9:3 あなたの・・・牛 エジプト人は雄牛やほかの動物を礼拝していた。神々がこれらの動物を通して自らを現し、エジプト人を守ると信じていたのである。そこで家畜に加えられた災害はエジプトの多神教(多くの神々を礼拝すること)と偶像礼拝(にせの神々の像を礼拝すること ⇒20:4-6, 32:)への直接的攻撃だった。

9:6 エジプトの家畜 小屋の中にいた家畜は殺されなかったようである(⇒9:3, 19, 11:5, 12:29, 13:15)。

14 今度は、わたしは、あなたとあなたの家臣とあなたの民とに、わたしのすべての災害を送る。わたしのような者は地のどこにもいないことを、あなたに知らせるためである。
15 わたしが今、手を伸ばして、あなたとあなたの民を疫病で打つなら、あなたは地から消し去られる。
16 それにもかかわらず、わたしは、わたしの力をあなたに示すためにあなたを立てておく。また、わたしの名を全地に告げ知らせるためである。
17 あなたはまだわたしの民に対して高ぶっており、彼らを行かせようとしない。
18 さあ、今度は、あすの今ごろ、エジプトにおいて建国の日以来、今までになかったきわめて激しい雹をわたしは降らせる。
19 それゆえ、今すぐ使いをやり、あなたの家畜、あなたが持っている野にあるすべてのものを避難させよ。野にいて家へ連れ戻すことのできない人や獣はみな雹が落ちて来ると死んでしまう。』」
20 パロの家臣のうちで主のことばを恐れた者は、しもべたちと家畜を家に避難させた。
21 しかし、主のことばを心に留めなかった者は、しもべたちや家畜をそのまま野に残した。
22 そこで主はモーセに仰せられた。「あなたの手を天に向けて差し伸ばせ。そうすれば、エジプト全土にわたって、人、獣、またエジプトの地のすべての野の草の上に雹が降る。」
23 モーセが杖を天に向けて差し伸ばすと、主は雷と雹を送り、火が地に向かって走った。主はエジプトの国に雹を降らせた。
24 雹が降り、雹のただ中を火がひらめき渡った。建国以来のエジプトの国中どこにもそのようなことのなかった、きわめて激しいものであった。
25 雹はエジプト全土にわたって、人をはじめ獣に至るまで、野にいるすべてのものを打ち、また野の草をみな打った。野の木もことごとく打ち砕いた。
26 ただ、イスラエル人が住むゴシェンの地には、雹は降らなかった。
27 そこでパロは使いをやって、モーセとアロンを呼び寄せ、彼らに言った。「今度は、私は罪を犯した。主は正しいお方だ。私と私の民は悪者だ。
28 主に祈ってくれ。神の雷と雹は、もうたくさんだ。私はおまえたちを行かせよう。おまえたちはもう、とどまってはならない。」
29 モーセは彼に言った。「私が町を出たら、すぐに主に向かって手を伸べ広げましょう。そうすれば雷はやみ、雹はもう降らなくなりましょう。この地が主のものであることをあなたが知るためです。
30 しかし、あなたとあなたの家臣が、まだ、神である主を恐れていないことを、私は知っています。」
31 ——亜麻と大麦は打ち倒された。大麦は穂を出し、亜麻はつぼみをつけていたからである。
32 しかし小麦とスペルト小麦は打ち倒されなかった。これらは実るのがおそいからである——
33 モーセはパロのところを去り、町を出て、主に向かって両手を伸べ広げた。すると、雷と雹はやみ、雨はもう地に降らなくなった。
34 パロは雨と雹と雷がやんだのを見たとき、またも罪を犯し、彼とその家臣たちは強情になった。
35 パロの心はかたくなになり、彼はイスラエル人を行かせなかった。主がモーセを通して言われたとおりである。

いなごの災い

10 ¹ 主はモーセに仰せられた。「パロのところに行け。わたしは彼とその家臣たちを強情にした。それは、わたしがわたしのこれらのしるしを彼らの中に、行うためであり、
² わたしがエジプトに対して力を働かせたあのことを、また、わたしが彼らの中で行ったしるしを、あなたが息子や孫に語っ

9:15-16 わたしは・・・示すためにあなたを立てておく 最初に「主とはいったい何者か。私がその声を聞いて・・・行かせなければならないというのは」(5:2)と言った時点で、パロは死に値した。けれども神は滅ぼさないで、次から次へと災害を体験させて、パロと全世界に神の力を目撃するようにされた。

10:2 あなたが息子や孫に語って聞かせる 神は偉大な力とイスラエルへの守りを明らかにされたけれども

て聞かせるためであり、わたしが主であることを、あなたがたが知るためである。」

3 モーセとアロンはパロのところに行って、彼に言った。「ヘブル人の神、主はこう仰せられます。『いつまでわたしの前に身を低くすることを拒むのか。わたしの民を行かせ、彼らをわたしに仕えさせよ。

4 もし、あなたが、わたしの民を行かせることを拒むなら、見よ、わたしはあす、いなごをあなたの領土に送る。

5 いなごが地の面をおおい、地は見えなくなる。また、雹の害を免れて、あなたがたに残されているものを食い尽くし、野に生えているあなたがたの木をみな食い尽くす。

6 またあなたの家とすべての家臣の家、および全エジプトの家に満ちる。このようなことは、あなたの先祖たちも、そのまた先祖たちも、彼らが地上にあった日からきょうに至るまで、かつて見たことのないものであろう。』」

こうして彼は身を返してパロのもとを去った。

7 家臣たちはパロに言った。「いつまでこの者は私たちを陥れるのですか。この男たちを行かせ、彼らの神、主に仕えさせてください。エジプトが滅びるのが、まだおわかりにならないのですか。」

8 モーセとアロンはパロのところに連れ戻された。パロは彼らに言った。「行け。おまえたちの神、主に仕えよ。だが、いったいだれが行くのか。」

9 モーセは答えた。「私たちは若い者や年寄りも連れて行きます。息子や娘も、羊の群れも牛の群れも連れて行きます。私たちは主の祭りをするのですから。」

10 パロは彼らに言った。「私がおまえたちとおまえたちの幼子たちとを行かせるくらいなら、主がおまえたちとともにあるように、とでも言おう。見ろ。悪意はおまえたちの顔に表れている。

11 そうはいかない。さあ、壮年の男だけ行って、主に仕えよ。それがおまえたちの求めていることだ。」こうして彼らをパロの前から追い出した。

12 主はモーセに仰せられた。「あなたの手をエジプトの地の上に差し伸ばせ。いなごの大群がエジプトの地を襲い、その国のあらゆる草木、雹の残したすべてのものを食い尽くすようにせよ。」

13 モーセはエジプトの地の上に杖を差し伸ばした。主は終日終夜その地の上に東風を吹かせた。朝になると東風がいなごの大群を運んで来た。

14 いなごの大群はエジプト全土を襲い、エジプト全域にとどまった。実におびただしく、こんないなごの大群は、前にもなかったし、このあとにもないであろう。

15 それらは全地の面をおおったので、地は暗くなった。それらは、地の草木も、雹を免れた木の実も、ことごとく食い尽くした。エジプト全土にわたって、緑色は木にも野の草にも少しも残らなかった。

16 パロは急いでモーセとアロンを呼び出して言った。「私は、おまえたちの神、主とおまえたちに対して罪を犯した。

17 どうか今、もう一度だけ、私の罪を赦してくれ。おまえたちの神、主に願って、主が私から、ただこの死を取り除くようにしてくれ。」

18 彼はパロのところから出て、主に祈った。

19 すると、主はきわめて強い西の風に変えられた。風はいなごを吹き上げ、葦の海に追いやった。エジプト全域に、一匹のいなごも残らなかった。

20 しかし主がパロの心をかたくなにされたので、彼はイスラエル人を行かせなかった。

暗やみの災い

21 主はモーセに仰せられた。「あなたの手を天に向けて差し伸べ、やみがエジプトの

それは彼らが自分たちの神として神を知り受け入れ従うためだった。数百年前に神はアブラハムを選ばれたけれどもその目的は子どもたちに主を知らせ主に従うように教えるためだった（→創18:19注）。後に神はイスラエル人に主のことばを子どもたちに熱心に教えるように命じられた（→申6:7注）。もし人々がこの責任を深刻に受止めなければ、次の世代は神と神の義の道を拒むようになることを神は知っておられた。

10:9　祭り　主を礼拝するために三日の道のりの旅をするという要請は偽りのないものだった。けれどもイスラエル人が帰って来るという約束はなかった。パロはこれに気付いていたようである（10:11, 24）。

地の上に来て、やみにさわれるほどにせよ。」
²²モーセが天に向けて手を差し伸ばしたとき、エジプト全土は三日間真っ暗やみとなった。
²³三日間、だれも互いに見ることも、自分の場所から立つこともできなかった。しかしイスラエル人の住む所には光があった。
²⁴パロはモーセを呼び寄せて言った。「行け。主に仕えよ。ただおまえたちの羊と牛は、とどめておけ。幼子はおまえたちといっしょに行ってもよい。」
²⁵モーセは言った。「あなた自身が私たちの手にいけにえと全焼のいけにえを与えて、私たちの神、主にささげさせなければなりません。
²⁶私たちは家畜もいっしょに連れて行きます。ひづめ一つも残すことはできません。私たちは、私たちの神、主に仕えるためにその中から選ばなければなりません。しかも私たちは、あちらに行くまでは、どれをもって主に仕えなければならないかわからないのです。」
²⁷しかし、主はパロの心をかたくなにされた。パロは彼らを行かせようとはしなかった。
²⁸パロは彼に言った。「私のところから出て行け。私の顔を二度と見ないように気をつけろ。おまえが私の顔を見たら、その日に、おまえは死ななければならない。」
²⁹モーセは言った。「結構です。私はもう二度とあなたの顔を見ません。」

初子への災い

11 ¹主はモーセに仰せられた。「わたしはパロとエジプトの上になお一つのわざわいを下す。そのあとで彼は、あなたがたをここから行かせる。彼があなたがたを行かせるときは、ほんとうにひとり残らずあなたがたをここから追い出してしまおう。
²さあ、民に語って聞かせよ。男は隣の男から、女は隣の女から銀の飾りや金の飾りを求めるように。」

23①出8:22
24①出8:8, 10:8
　②出10:10
25①→創8:20
26①出10:9
27①出10:28, 29,
　ヘブ11:27
　②出10:11

1①出11章, 出13:11-16
2①出12:31, 33, 39
2①出11:2,3, 出3:21,22,
　12:35,36, エズ1:6,
　詩106:46

3①申34:10, 12, 使7:22
4①出12:12, 29
5①出12:12, 29
　詩78:51, 105:36, 135:8,
　136:10, アモ4:10
6①出12:30
7①ヨシ10:21
　②出8:22
8①出12:31-33
9①出7:4
10①出4:21, 黙11:6
　②→出9:12

1①出12章, 出34:18,
　レビ23:5-8,
　民9:1-5, 民28:16-25,
　申16:1-8, ヨシ5:10,
　Ⅱ歴30:1, 2, 15, 35:1,
　16-19, エズ6:19-22,
　マタ26:17-19,
　ルカ22:15, 16,
　Ⅰコリ5:7
1①出13:4, 23:15,
　34:18, 民9:1, 民16:1

³主はエジプトが民に好意を持つようにされた。モーセその人も、エジプトの国でパロの家臣と民とに非常に尊敬されていた。
⁴モーセは言った。「主はこう仰せられます。『真夜中ごろ、わたしはエジプトの中に出て行く。
⁵エジプトの国の初子は、王座に着くパロの初子から、ひき臼のうしろにいる女奴隷の初子、それに家畜の初子に至るまで、みな死ぬ。
⁶そしてエジプト全土にわたって、大きな叫びが起こる。このようなことはかつてなく、また二度とないであろう。』
⁷しかしイスラエル人に対しては、人から家畜に至るまで、犬も、うなりはしないでしょう。これは、主がエジプト人とイスラエル人を区別されるのを、あなたがたが知るためです。
⁸あなたのこの家臣たちは、みな、私のところに来て伏し拝み、『あなたとあなたに従う民はみな出て行ってください』と言うでしょう。私はそのあとで出て行きます。」
こうしてモーセは怒りに燃えてパロのところから出て行った。
⁹主はモーセに仰せられた。「パロはあなたがたの言うことを聞き入れないであろう。それはわたしの不思議がエジプトの地で多くなるためである。」
¹⁰モーセとアロンは、パロの前でこれらの不思議をみな行った。しかし主はパロの心をかたくなにされ、パロはイスラエル人を自分の国から出て行かせなかった。

過越

12:14-20　並行記事－レビ23:4-8, 民28:16-25, 申16:1-8

12 ¹主は、エジプトの国でモーセとアロンに仰せられた。
²「この月をあなたがたの月の始まりとし、これをあなたがたの年の最初の月とせよ。
³イスラエルの全会衆に告げて言え。

11:5　初子は・・・死ぬ　神ご自身がエジプト人に最終的なさばきを下されるとき、全家族の初子が死ぬ。通常長子は家族を指導する責任を継承するので、これはエジプト人にとっては恐ろしい衝撃になるはずである。この神のさばきは、何年も前にヘブル人の男児を溺死させた(1:22)エジプト人の残虐行為に対するものでもあった。エジプト人は自分たちがほかの人々にしたことに対する厳しい結果を体験したのである。

12:2　あなたがたの年の最初の月　12章には過越の祭り(12:1-14, 21-28)と種を入れないパンの祭り

出エジプト記　12章

この月の十日に、おのおのその父祖の家ごとに、羊一頭を、すなわち、家族ごとに羊一頭を用意しなさい。

4 もし家族が羊一頭の分より少ないなら、その人はその家のすぐ隣の人と、人数に応じて一頭を取り、めいめいが食べる分量に応じて、その羊を分けなければならない。

5 あなたがたの羊は傷のない一歳の雄でなければならない。それを子羊かやぎのうちから取らなければならない。

6 あなたがたはこの月の十四日までそれをよく見守る。そしてイスラエルの民の全集会は集まって、夕暮れにそれをほふり、

7 その血を取り、羊を食べる家々の二本の門柱と、かもいに、それをつける。

8 その夜、その肉を食べる。すなわち、それを火に焼いて、種を入れないパンと苦菜を添えて食べなければならない。

9 それを、生のままで、または、水で煮て食べてはならない。その頭も足も内臓も火で焼かなければならない。

10 それを朝まで残してはならない。朝まで残ったものは、火で焼かなければならない。

11 あなたがたは、このようにしてそれを食べなければならない。腰の帯を引き締め、足に、くつをはき、手に杖を持ち、急いで食べな

5 ①レビ1:3, 22:19, 20, 21, マラ1:8, 14, ヘブ9:14, Ⅰペテ1:19
②レビ23:12
③Ⅱ歴35:7
6 ①出12:14, 17, レビ23:5, 民9:1-3, 11, 28:16
②イ16:1, 4, 6
7 ①出12:22
8 ①出34:25, 民9:12
②イ16:7
③出12:15, 17, 民9:11, 申16:3, 4, Ⅰコリ5:8
④民9:11
9 ①出29:13, 17, 22
10 ①イ16:19, 23:18, 34:25
11 ①出12:21, 27, 43
12 ①出11:4
②アモ5:17
③民33:4, 詩82:1
④出6:2
13 ①エゼ9:4, 黙7:3, 4
14 ①出12:6
②出13:9
③出12:17, 24, 13:10
15 ①出13:6, 7, 23:15, 34:18, レビ23:6, 民28:17, 申16:8
②出34:25, Ⅰコリ5:7, 8
③出12:19, 民9:13
16 ①レビ23:7, 8, 民28:18, 25

さい。これは主への過越のいけにえである。

12 その夜、わたしはエジプトの地を巡り、人をはじめ、家畜に至るまで、エジプトの地のすべての初子を打ち、また、エジプトのすべての神々にさばきを下そう。わたしは主である。

13 あなたがたのいる家々の血は、あなたがたのためにしるしとなる。わたしはその血を見て、あなたがたの所を通り越そう。わたしがエジプトの地を打つとき、あなたがたには滅びのわざわいは起こらない。

14 この日は、あなたがたにとって記念すべき日となる。あなたがたはこれを主への祭りとして祝い、代々守るべき永遠のおきてとしてこれを祝わなければならない。

15 あなたがたは七日間種を入れないパンを食べなければならない。その第一日目に、あなたがたの家から確かにパン種を取り除かなければならない。第一日から第七日までの間に種を入れたパンを食べる者は、だれでもイスラエルから断ち切られるからである。

16 また第一日に聖なる会合を開き、第七日にも聖なる会合を開かなければならない。この期間中、どんな仕事もしてはならない。ただし、みなが食べなければならないものだけは作ることができる。

17 あなたがたは種を入れないパンの祭りを

(12:15-20)のことが説明されている。これらの祝いは出エジプトのときの(12:-14:)最初の過越(神がイスラエルを危害から助けたとき)の歴史的事件に基づいていた。過越はイスラエルにとって新しい始まりだったので、それが起こった月(私たちの暦の3-4月)がイスラエル民族の新年の「最初の月」になった。主はイスラエルに神の民としての立場を持ち、一つの民族として存在するようになったのは神がエジプトから奇蹟的に救出してくださった結果であることを記憶してほしかったのである。

12:7　その血を取り　過越の子羊とその血は「世の罪を除く神の小羊」としてのイエス・キリストと流された血を示している(ヨハ1:29, 36, ⇒イザ53:7, 使8:32-35, Ⅰコリ5:7, 黙13:8, →「**過越**」の項 p.142)。

12:8　種を入れないパンと苦菜　パンの象徴的意味について　→「**過越**」の項 p.142　「苦菜」はエジプトで奴隷だった苦しい時代をイスラエル人に思い出させた(⇒ロマ6:21)。

12:11　腰の帯を引き締め、足に、くつをはき　神は

すぐに出発できる準備をするように人々に言われた。この備えている姿は神に従う人は躊躇しないで神に従わなければならないことを強調している。

12:14　永遠のおきて　過越の祭りはイスラエルが毎年行うべき祝いだった。キリスト者は過越の重要な預言的要素を含んでいる主の晩餐(聖餐式)に定期的にあずかるべきである(→マタ26:26注、Ⅰコリ11:24-25注、⇒Ⅰコリ5:7-8、→「**過越**」の項 p.142)。

12:15　イスラエルから断ち切られる　故意に神の命令を拒むなら結果として厳しいさばきが下された(→12:19)。罪を犯した人は社会から追放または除外され、時には死刑にされた(31:14)。新しい契約のもとで、キリストを拒み罪の中にとどまる人は、神の恵みと救いから自分自身を除外しているのである(→「**背教**」の項 p.2350)。

12:17　種を入れないパンの祭り　12:15-20はイスラエルが約束の地カナンに入ってから祝うべき、種を入れないパンの祭りを説明している。この祭りは神がご計画を成就するために、どのようにして神の民をエ

過越

> 「あなたがたは、このようにしてそれを食べなければならない。腰の帯を引き締め、足に、くつをはき、手に杖を持ち、急いで食べなさい。これは【主】への過越のいけにえである。」(出エジプト記12:11)

歴史的背景

イスラエル人がエジプトを出たとき(前1445頃)から、ヘブル人(イスラエル人と同じ、後にユダヤ人と呼ばれる)は毎年春(受難日、復活祭―イースターの頃)に過越を祝ってきた。

ヘブル人は400年以上にわたってエジプトに奴隷として仕えてきた。あるとき神はアブラハム、イサク、ヤコブの子孫たちを解放するための行動を開始された。モーセを選び備えをさせ、イスラエルの出エジプト(エジプトからの集団出国)を指導するように任命された(出3:―4:、→「**出エジプトの経路**」の地図 p.149)。モーセは神の言われた通りに行い、パロと対決して「わたしの民を行かせよ」という神の至上命令を伝えた。パロがそれを拒んだので、神はこのメッセージがどんなに重要であるかを示された。そしてモーセのことばに超自然的力を与えて、モーセがエジプトに対してさばきを宣告するたびに様々な疫病や信じられないような災害を送られた。いくつかの災害の間にパロはたまらなくなってイスラエル人が出て行くことに同意した。けれども災害が終るとパロは考えを変えた。神が10番目の最後の災害を送られたとき、エジプト人はイスラエル人を行かせるほかなかった。神はエジプト全土に主の使いを送って、「人をはじめ、家畜に至るまで、エジプトの地のすべての初子を」打たれた(出12:12)。

イスラエル人もエジプトに住んでいたので、神は人々にこの災害を避ける方法を特別に教えられた。それに従うならイスラエル人の家族や初子はみな守られる。それにはそれぞれの家族は欠陥のない1歳の雄羊を取り、アビブの月の14日目の夕暮れ前に殺さなければならない。少人数の家族は1頭の子羊を隣の人と分けてもよかった(出12:4)。神はそれぞれの家族に、子羊の血を家の入り口の両側の柱とかもいにつけるように言われた。主がエジプト人をさばくために国中を回るとき、入り口に血がついている家の前は通り過される。そこから「過越」(「飛越す」、「過越す」、「容赦する」という意味の《ヘ》ペサフ)ということばは来ている。こうしてイスラエル人はエジプト人の初子(動物を含めて)を襲った死のさばきから逃れることができた。神はイスラエル人を見分けて初子を襲う災害から守ることができたはずである。けれども、入り口に血をつけるように命じられたのは神に従うことの重要性を教えるためだった。神はまた、神のあわれみと私たちの罪の赦しは血の犠牲によって与えられることを啓示し始められたのである。最終的にこれははるか後の時代に神の御子イエス「神の小羊」が苦しみ、その犠牲的死を通して全世界の罪の代価を払うことを示すしるしだった(ヨハ1:29)。

最後の災害が来る夜、イスラエル人は身支度をして急いで出発できるように備えた(出12:11)。神は子羊を煮るのではなく焼いて、苦菜とパン種を入れないパンを用意するように命じられた。夜が近付くと人々は急いで食事をしてすぐに出発する用意をした。エジプト人が来て国を出て行くように懇願するからである。そして神が言われたことがみなその通りに起こった(出12:29-36)。

イスラエル・ユダヤの歴史の中での過越

神の民は出エジプトのときから毎年春に過越を祝ってきた。それは神が、「代々守るべき永遠のおきて」であると言われたからである(出12:14)。エジプトでささげられたいけにえは自由を提供する役割を果たしたけれども、過越で殺されるいけにえはそのことの象徴であの歴史的事件を記念するものだった。神殿が建てられるまでイスラエル人は家族全員が家に集まり子羊を殺し、家の中からパン種を全部取除き、苦菜を食べて過越を守った。もっと大切なことは、そこで先祖たちがエジプトの奴隷から奇蹟的に解放された話を繰返し話したことである。こうして代々ヘブル人は神がどのようにして自分たちを救い自由にしてくださったかを

記憶し続けたのである(→出12:26注)。神殿が建てられると、神は過越の祝いといけにえをエルサレムで行うように命じられた(⇒申16:1-6)。旧約聖書には特別に重要な過越がこの聖都で祝われたことが記録されている(Ⅱ列23:21-23, Ⅱ歴30:1-20, 35:1-19, エズ6:19-22)。

　新約聖書の時代のユダヤ人も過越を祝っていた。聖書に記録されている主イエスの少年時代の唯一の事件は、両親が過越を祝うためにエルサレムに連れて行ったときのことである(ルカ2:41-50)。それは12歳のときだった。その後も主イエスは過越のために定期的にエルサレムに上って行かれた(ヨハ2:13)。十字架で死なれる直前に弟子たちとともにされた最後の晩餐は過越の食事だった(→マタ26:1-2, 17-29)。主イエスご自身は信じる人々を罪と死から救う「過越の小羊」(⇒Ⅰコリ5:7)だったので、神のご計画通り過越の日に十字架につけられた。

　長い間に儀式は変化したけれども、ユダヤ人は今もなお過越を祝っている。過越のいけにえをささげなければならないと神が言われた(申命記16:1-6)エルサレムの神殿が今は存在しないので、今日の祭り(「セデル」と呼ばれる)には子羊のいけにえはない。けれども家族はともに集まり、パン種を全部家の中から儀式的に取除き、最初の過越と同じような食事をする。そして父親が出エジプトの物語を繰返し話すのである。

過越とイエス・キリスト

　キリスト者にとって過越はイエス・キリストを指し示す豊かな預言的象徴である。新約聖書はユダヤ人の祭りは「次に来るものの影」であると教えている(コロ2:16-17, ヘブ10:1)。祭りのほとんどはイエス・キリストが罪のための犠牲となって神との関係を人類に回復してくださることを何らかのかたちで象徴している。出エジプト記12章は主イエスとその私たちに対するご計画を次のようなかたちで示している。

　(1) 過越の出来事の中核は神の恵み、つまり受けるにふさわしくない神の好意を現すことだった。神がイスラエル人をエジプトから連れ出されたのは人々が神の特別な恩恵を受ける価値があったからではなく神が人々を愛しておられ、さらにご自分の約束に対して忠実だったからである(→申7:7-10)。同じように私たちがキリストからいただく救いも神の驚くべき恵みの結果である(→エペ2:8-10, テト3:4-5)。

　(2) 門の柱とかもいに血を塗る目的は、その家の初子を死から救うことだった。この血は霊的死と罪に対する神の究極的さばきから私たちを救うために、キリストが十字架の上でご自分の血を流されることを象徴している(出12:13, 23, 27, ヘブ9:22)。

　(3) 過越の子羊は、初子の身代りとしての「いけにえ」だった(出12:27)。このいけにえはキリストが私たちの身代りになられたことを示す。私たちは神に対して罪を犯したので死ななければならない。けれどもキリストは十字架で死んで私たちの罰を受けてくださった(→ロマ3:25注)。パウロはキリストを私たちのためにほふられた「過越の小羊」と呼んでいる(Ⅰコリ5:7)。

　(4) 子羊は「傷のない」雄羊でなければならなかった(出12:5)。その子羊は完全な罪のない神の御子であるキリストを示している(⇒ヨハ8:46, ヘブ4:15)。

　(5) 子羊を食べることは、人々を肉体的死から救った子羊の死と自分を同一化して受入れることを表していた。同じように主の晩餐あるいは聖餐式にあずかることは、私たちを霊的死から救うキリストの死と一体化することを表している(Ⅰコリ10:16-17, 11:24-26)。キリストの死は私たちの救いのために必要で、唯一可能な犠牲だった。今私たちは主の晩餐をキリストを「覚えて」記念として守る(Ⅰコリ11:24)。

　(6) 門の柱とかもいに血を塗ることは従順な信仰の行動だった(出12:28, ⇒ヘブ11:28)。その信仰によって血によるいけにえは自由をもたらした(出12:7, 13)。霊的救いも私たちの霊的自由のために流されたキリストの血によって、「信仰の従順」を通して与えられる(ロマ1:5, ⇒ロマ16:26)。

　(7) 過越の子羊と一緒に食べるパンにはパン種が入っていなかった(出12:8)。聖書ではしばしばパン種は罪と腐敗を表しているので(→出13:7注, マタ16:6注, マコ8:15注)、この種なしパンはこの世界と罪の象徴であるエジプトからイスラエルが分離して来たことを表していた(→出12:15注)。このことは神に従い、神との個人的関係を持つひとりひとりが罪深い世界から分離して神にのみ自分をささげなければならないことを示している(→「信者の霊的聖別」の項 p.2172, 「キリスト者とこの世」の項 p.2437)。

守りなさい。それは、ちょうどこの日に、わたしがあなたがたの集団をエジプトの地から連れ出すからである。あなたがたは永遠のおきてとして代々にわたって、この日を守りなさい。

18 最初の月の十四日の夕方から、その月の二十一日の夕方まで、種を入れないパンを食べなければならない。

19 七日間はあなたがたの家にパン種があってはならない。だれでもパン種の入ったものを食べる者は、在留異国人でも、この国に生まれた者でも、その者はイスラエルの会衆から断ち切られるからである。

20 あなたがたはパン種の入ったものは何も食べてはならない。あなたがたが住む所ではどこででも、種を入れないパンを食べなければならない。」

21 そこで、モーセはイスラエルの長老たちをみな呼び寄せて言った。「あなたがたの家族のために羊を、ためらうことなく、取り、過越のいけにえとしてほふりなさい。

22 ヒソプの一束を取って、鉢の中の血に浸し、その鉢の中の血をかもいと二本の門柱につけなさい。朝まで、だれも家の戸口から外に出てはならない。

23 主がエジプトを打つために行き巡られ、かもいと二本の門柱にある血をご覧になれば、主はその戸口を過ぎ越され、滅ぼす者があなたがたの家に入って、打つことがないようにされる。

17 ①出12:41, 13:3
②出12:14
18 ①出12:2, レビ23:5,6, 民28:16, 17
19 ①出12:15, 23:15, 34:18, 申16:3
②民9:14
21 ①出12:3, 11, 民9:4, ヨシ5:10, Ⅱ列23:21, エズ6:20, マコ14:12, ルカ22:7
22 ①詩51:7
②出12:7, ヘブ11:28
23 ①出12:12, 13, エゼ9:4-7
②Ⅱサム24:16, Ⅰコリ10:10, ヘブ11:28

24 ①出13:5, 10
25 ①出3:8, 17
26 ①出10:2, 13:8, 14, 15, 申6:7, 20-25, 32:7, ヨシ4:6, 詩78:4-6
27 ①出12:11
②出4:31
29 ①出4:23, 11:4, 5, 13:15, 民8:17, 33:4, 詩78:51, 105:36, 135:8, 136:10
②ヨブ34:20
30 ①出11:6, アモ5:17
31 ①出8:8, 11:1, 詩105:38
②出10:9

24 あなたがたはこのことを、あなたとあなたの子孫のためのおきてとして、永遠に守りなさい。

25 また、主が約束どおりに与えてくださる地に入るとき、あなたがたはこの儀式を守りなさい。

26 あなたがたの子どもたちが『この儀式はどういう意味ですか』と言ったとき、

27 あなたがたはこう答えなさい。『それは主への過越のいけにえだ。主がエジプトを打ったとき、主はエジプトにいたイスラエル人の家を過ぎ越され、私たちの家々を救ってくださったのだ。』」すると民はひざまずいて、礼拝した。

28 こうしてイスラエル人は行って、行った。主がモーセとアロンに命じられたとおりに行った。

29 真夜中になって、主はエジプトの地のすべての初子を、王座に着くパロの初子から、地下牢にいる捕虜の初子に至るまで、また、すべての家畜の初子をも打たれた。

30 それで、その夜、パロやその家臣および全エジプトが起き上がった。そして、エジプトには激しい泣き叫びが起こった。それは死人のない家がなかったからである。

エジプト脱出

31 パロはその夜、モーセとアロンを呼び寄せて言った。「おまえたちもイスラエル人も立ち上がって、私の民の中から出て行け。おま

ジプトから救い分離されたかを表している。パン種は増量しふくらませる「発酵」と言われる変化を示すもので、罪を象徴していた。種を入れない(酵母の入っていない)パンは悔い改めを象徴した。本当の悔い改めは罪を拒み、神のほうを向くために罪から離れて神による生き方を受入れることを意味する(→13:7注)。

(1) 世界の腐敗と罪を象徴しているパン種はイスラエルの家から取除かなければならなかった。これは神が偉大なことをしてくださったのだから(13:8-9)、それぞれの生活も家もきよめられ、神のものとならなければならないことを示していた(12:15-16)。新約聖書はこの種を入れないパンの祭りと、キリスト者が自分たちの生活から「悪意と不正」を取除き、「純粋で真実」に生きることとを結び付けている(Ⅰコリ5:6-8)。

(2) 罪から離れ、神への信仰を示すことができないならさばきを受けることになる。これは神の契約から除外され、救い(→12:15注)を奪い取られ、神との関係を失うことを意味した。

(3) 過越の食事は種を入れないパンの祭りが始まったことの合図だった(12:6, 18-19)。キリスト者にとって、これは究極的な犠牲の小羊であるキリストへの信仰と服従、感謝が重要であることを示している。

12:19　あなたがたの家にパン種があってはならない　→13:7注

12:26　この儀式はどういう意味ですか　過越の祭りを通して親は子どもたちに、神が人々を奴隷と罪から贖い(買い戻されたまたは救い出された)、神の特別な民とされたという真理を教えるべきだった。同じように、キリスト者の「過越」である主の晩餐は、キリストが私たちを救い、罪の奴隷から自由にしてくださったことを

出エジプト記 12-13章

えたちが言うとおりに、行って、主に仕えよ。
32おまえたちの言うとおりに、羊の群れも牛の群れも連れて出て行け。そして私のためにも祝福を祈れ。」
33エジプトは、民をせきたてて、強制的にその国から追い出した。人々が、「われわれもみな死んでしまう」と言ったからである。
34それで民は練り粉をまだパン種を入れないままで取り、こね鉢を着物に包み、肩にかついだ。
35イスラエル人はモーセのことばどおりに行い、エジプトから銀の飾り、金の飾り、それに着物を求めた。
36主はエジプトがこの民に好意を持つようにされたので、エジプトは彼らの願いを聞き入れた。こうして、彼らはエジプトからはぎ取った。
37イスラエル人はラメセスから、スコテに向かって旅立った。幼子を除いて、徒歩の壮年の男子は約六十万人。
38さらに、多くの入り混じって来た外国人と、羊や牛などの非常に多くの家畜も、彼らとともに上った。
39彼らはエジプトから携えて来た練り粉を焼いて、パン種の入れてないパン菓子を作った。それには、パン種が入っていなかった。というのは、彼らは、エジプトを追い出され、ぐずぐずしてはおられず、また食料の準備もできなかったからである。
40イスラエル人がエジプトに滞在していた期間は四百三十年であった。
41四百三十年が終わったとき、ちょうどその日に、主の全集団はエジプトの国を出た。
42この夜、主は彼らをエジプトの国から連れ出すために、寝ずの番をされた。この夜こそ、イスラエル人はすべて、代々にわたり、主のために寝ずの番をするのである。

32①出10:9, 26
33①出10:7, 11:1, 12:39, 詩105:38
②創20:3
34①出12:39
②出8:3, 申28:5
35①出3:22, 11:2, 詩105:37, エズ1:6
36①出3:21, 11:3
②出22:29, 創15:14
37①創47:11, 民33:3, 5
②民11:21
③出38:26, 民1:46, 2:32, 11:21, 26:51
38①レビ24:10, 民11:4
②出17:3, 民20:19, 32:1, 申3:19
39①出6:1, 11:1, 12:31-33
40①出15:13, 16, 使7:6, ガラ3:17
41①出7:4, 12:17, 51
②出13:10, 6:6, 創50:24
42①出13:10, 34:18, 申16:1, 6

過越の制約

43主はモーセとアロンに仰せられた。「過越のいけにえに関するおきては次のとおりである。外国人はだれもこれを食べてはならない。
44しかし、だれでも金で買われた奴隷は、あなたが割礼を施せば、これを食べることができる。
45居留者と雇い人は、これを食べてはならない。
46これは一つの家の中で食べなければならない。あなたはその肉を家の外に持ち出してはならない。またその骨を折ってはならない。
47イスラエルの全会衆はこれを行わなければならない。
48もし、あなたのところに異国人が在留していて、主に過越のいけにえをささげようとするなら、彼の家の男子はみな割礼を受けなければならない。そうしてから、その者は、近づいてささげることができる。彼はこの国に生まれた者と同じになる。しかし無割礼の者は、だれもそれを食べてはならない。
49このおしえは、この国に生まれた者にも、あなたがたの中にいる在留異国人にも同じである。」
50イスラエル人はみな、そのように行った。主がモーセとアロンに命じられたとおりに行った。
51ちょうどその日に、主はイスラエル人を、集団ごとに、エジプトの国から連れ出された。

43①出12:11, 民9:14
②出12:48
44①創17:13, レビ22:11
②出17:10, 12, 13
45＊あるいは「住み込みの雇い人」
①レビ22:10
46①民9:12, ヨハ19:33, 36
47①出12:6, 民9:13, 14
48①民9:14
②出20:10, Ⅱサム4:3, Ⅰ列8:41-43, 詩39:12, イザ56:3, エゼ47:22, エペ2:19
49①レビ24:22, 民9:14, 15:15, 16, 29, ガラ3:28
51①出6:26
②出12:41

2①出13:12, 13, 15, 22:29, 30, 34:19, レビ27:26, 民3:13, 8:16, 17, 申15:19, ルカ2:23

初子の聖別

13 1主はモーセに告げて仰せられた。2「イスラエル人の間で、最初に生まれる初子はすべて、人であれ家畜であれ、わたしのために聖別せよ。それはわたしのものである。」

思い出させるために行われる(→Ⅰコリ11:24-25注)。
13:2 最初に生まれる初子はすべて、・・・わたしのために聖別せよ 神がイスラエルの全家族の初子のいのちを助け、ヘブル人をみなエジプト人から救い出されたので、神はここで彼らの所有権を主張された。
(1) 神はこのことを、神に仕えるために長男をさげることによって認めるように命じられた。後に、この責任はレビ族(イスラエル十二部族の一つ)に移された。レビ族は人々の代表として、祭司職や礼拝を導く神の特別な奉仕を行う人になった。けれども、それぞれの家族は初子を代価を払って「贖う」(買い取る)べきだった(13:13, ⇒民3:11-13, 50-51, 18:16)。
(2) この行為はイスラエル人に、神が彼らをエジプトでの奴隷状態から贖われたこと、そして神のものになったことを思い起こさせた。ヨセフとマリヤはこの律法に従って主イエスを自分たちの初子としてささ

³モーセは民に言った。「奴隷の家であるエジプトから出て来たこの日を覚えていなさい。主が力強い御手で、あなたがたをそこから連れ出されたからである。種を入れたパンを食べてはならない。

⁴アビブの月のこの日にあなたがたは出発する。
⁵主があなたに与えるとあなたの先祖たちに誓われたカナン人、ヘテ人、エモリ人、ヒビ人、エブス人の地、乳と蜜の流れる地に、あなたを連れて行かれるとき、次の儀式をこの月に守りなさい。
⁶七日間、あなたは種を入れないパンを食べなければならない。七日目は主への祭りである。
⁷種を入れないパンを七日間、食べなければならない。あなたのところに種を入れたパンがあってはならない。あなたの領土のどこにおいても、あなたのところにパン種があってはならない。
⁸その日、あなたは息子に説明して、『これは、私がエジプトから出て来たとき、主が私にしてくださったことのためなのだ』と言いなさい。
⁹これをあなたの手の上のしるしとし、またあなたの額の上の記念としなさい。それは主のおしえがあなたの口にあるためであり、主が力強い御手で、あなたをエジプトから連れ出されたからである。
¹⁰あなたはこのおきてを年々その定められた時に守りなさい。
¹¹主が、あなたとあなたの先祖たちに誓われたとおりに、あなたをカナン人の地に導き、そこをあなたに賜るとき、
¹²すべて最初に生まれる者を、主のものとしてささげなさい。あなたの家畜から生まれる初子もみな、雄は主のものである。
¹³ただし、ろばの初子はみな、羊で贖わなければならない。もし贖わないなら、その首を折らなければならない。あなたの子どもたちのうち、男の初子はみな、贖わなければならない。
¹⁴後になってあなたの子があなたに尋ねて、『これは、どういうことですか』と言うときは、彼に言いなさい。『主は力強い御手によって、私たちを奴隷の家、エジプトから連れ出された。
¹⁵パロが私たちを、なかなか行かせなかったとき、主はエジプトの地の初子を、人の初子をはじめ家畜の初子に至るまで、みな殺された。それで、私は初めに生まれる雄をみな、いけにえとして、主にささげ、私の子どもたちの初子をみな、私は贖うのだ。』
¹⁶これを手の上のしるしとし、また、あなたの額の上の記章としなさい。それは主が力強い御手によって、私たちをエジプトから連れ出されたからである。」

海を渡る

¹⁷さて、パロがこの民を行かせたとき、神は、彼らを近道であるペリシテ人の国の道には導かれなかった。神はこう言われた。「民が戦いを見て、心が変わり、エジプトに引き返すといけない。」
¹⁸それで神はこの民を葦の海に沿う荒野の道に回らせた。イスラエル人は編隊を組み、エジプトの国から離れた。
¹⁹モーセはヨセフの遺骸を携えて来た。そ

げた(ルカ2:22-23)。

13:7 あなたのところに種を入れたパンがあってはならない 過越の祭りの週の間はパン種(《ヘ》セオル、パン生地を発酵させることができる酵母のようなもの全部)と発酵したもの(《ヘ》ハメツ、発酵したもの、または酵母を含むもの全部)をみなイスラエルの家の中から取除かなければならなかった(⇒12:15, 19)。過越の祭りで使用される食物はみなこの規定に従わなければならなかった(→「過越」の項 p.142)。

(1) 過越のときにパン種や発酵したものが家庭で制限されたのは、その両方が腐敗、邪悪、不道徳を象徴するという聖書の教えと関係があると思われる(→マタ16:6注、マコ8:15注、Ⅰコリ5:6-8)。

(2) 興味深いことに、神は過越の祭りの週にぶどう酒を使うことについて何も命令しておられない。ぶどう酒は未発酵のものを含めて、このときには使われなかったと思われる。けれども発酵したものや酵母を含むものを全部家から取除くなら、その中に発酵成分を含むぶどう酒もみな含まれていたはずである。もしぶどう酒が使われていたらそのぶどう酒も、ほかの食物のように無発酵という厳格な基準を満たさなければならないはずである。過越はキリストの完全な血による犠牲を預言的に示していたので(→「過越」の項 p.142)、主イエスの血を示すぶどう酒は未発酵のものと考えるのが筋である(⇒34:25, レビ2:11, 6:17, Ⅰコリ5:7-8, →ルカ22:18注, →「新約聖書のぶどう

出エジプト記　13–14章

れはヨセフが、「神は必ずあなたがたを顧みてくださる。そのとき、あなたがたは私の遺骸をここから携え上らなければならない」と言って、イスラエルの子らに堅く誓わせたからである。

20 こうして彼らはスコテから出て行き、荒野の端にあるエタムに宿営した。

21 主は、昼は、途上の彼らを導くため、雲の柱の中に、夜は、彼らを照らすため、火の柱の中にいて、彼らの前を進まれた。彼らが昼も夜も進んで行くためであった。

22 昼はこの雲の柱、夜はこの火の柱が民の前から離れなかった。

14 1 主はモーセに告げて仰せられた。

2 「イスラエル人に、引き返すように言え。そしてミグドルと海の間にあるピ・ハヒロテに面したバアル・ツェフォンの手前で宿営せよ。あなたがたは、それに向かって海辺に宿営しなければならない。

3 パロはイスラエル人について、『彼らはあの地で迷っている。荒野は彼らを閉じ込めてしまった』と言うであろう。

4 わたしはパロの心をかたくなにし、彼が彼らのあとを追えば、パロとその全軍勢を通してわたしは栄光を現し、エジプトはわたしが主であることを知るようになる。」そこでイスラエル人はそのとおりにした。

5 民の逃げたことがエジプトの王に告げられると、パロとその家臣たちは民についての考えを変えて言った。「われわれはいったい何ということをしたのだ。イスラエルを去らせてしまい、われわれに仕えさせないとは。」

6 そこでパロは戦車を整え、自分でその軍勢を率い、

7 えり抜きの戦車六百とエジプトの全戦車を、それぞれ補佐官をつけて率いた。

8 主がエジプトの王パロの心をかたくなにされたので、パロはイスラエル人を追跡した。しかしイスラエル人は臆することなく出て行った。

9 それでエジプトは彼らを追跡した。パロの戦車の馬も、騎兵も、軍勢も、ことごとく、バアル・ツェフォンの手前、ピ・ハヒロテで、海辺に宿営している彼らに追いついた。

10 パロは近づいていた。それで、イスラエル人が目を上げて見ると、なんと、エジプト人が彼らのあとに迫っているではないか。イスラエル人は非常に恐れて、主に向かって叫んだ。

11 そしてモーセに言った。「エジプトには墓がないので、あなたは私たちを連れて来て、この荒野で、死なせるのですか。私たちをエジプトから連れ出したりして、いったい何ということを私たちにしてくれたのです。

12 私たちがエジプトであなたに言ったことは、こうではありませんでしたか。『私たちのことはかまわないで、私たちをエジプトに仕えさせてください。』事実、エジプトに仕えるほうがこの荒野で死ぬよりも私たちには良かったのです。」

13 それでモーセは民に言った。「恐れてはいけない。しっかり立って、きょう、あなたがたのために行われる主の救いを見なさい。あなたがたは、きょう見るエジプト人をもはや永久に見ることはできない。

14 主があなたがたのために戦われる。あなたがたは黙っていなければならない。」

15 主はモーセに仰せられた。「なぜあなたはわたしに向かって叫ぶのか。イスラエル人に前進するように言え。

16 あなたは、あなたの杖を上げ、あなたの手を海の上に差し伸ばし、海を分けて、イスラエル人が海の真ん中のかわいた地を進み行くようにせよ。

17 見よ。わたしはエジプト人の心をかたくなにする。彼らがそのあとから入って来ると、わたしはパロとその全軍勢、戦車と騎兵を通して、わたしの栄光を現そう。

18 パロとその戦車とその騎兵を通して、わたしが栄光を現すとき、エジプトはわたし

酒」の項 p.1870)。

13:21 雲の柱 神はイスラエルに対するご自分の臨在、愛、配慮を示すしるしとして雲と火の柱（大きな円柱）を置かれた（⇒40:38, 民9:15–23, 14:14, 申1:33, Ⅰコリ10:1)。昼間の雲と夜の火は40年後に約束の地に到着するまで絶えずともにあった。

14:14 【主】があなたがたのために戦われる 神は人々を守ると保証されたけれども人々は信仰をもって海に向かって前進しなければならなかった(14:15)。神の民が積極的に神に信頼して神のことばに従うとき、神は民のために戦ってくださる(→15:3, ネヘ4:20, 詩35:1)。

出エジプト記　14-15章

が主であることを知るのだ。」
19 ついでイスラエルの陣営の前を進んでいた神の使いは、移って、彼らのあとを進んだ。それで、雲の柱は彼らの前から移って、彼らのうしろに立ち、
20 エジプトの陣営とイスラエルの陣営との間に入った。それは真っ暗な雲であったので、夜*迷い込ませ、一晩中、一方が他方に近づくことはなかった。
21 そのとき、モーセが手を海の上に差し伸ばすと、主は一晩中強い東風で海を退かせ、海を陸地とされた。それで水は分かれた。
22 そこで、イスラエル人は海の真ん中のかわいた地を、進んで行った。水は彼らのために右と左で壁となった。
23 エジプト人は追いかけて来て、パロの馬も戦車も騎兵も、みな彼らのあとから海の中に入って行った。
24 朝の見張りのころ、主は火と雲の柱のうちからエジプトの陣営を見おろし、エジプトの陣営をかき乱された。
25 その戦車の車輪をはずして、進むのを困難にされた。それでエジプト人は言った。「イスラエル人の前から逃げよう。主が彼らのために、エジプトと戦っておられるのだから。」
26 このとき主はモーセに仰せられた。

18 ② 出14:25
19 ① 出23:20, 32:34, 創16:7, 民20:16, 詩34:7, イザ63:9
② → 出13:21
20 *あるいは「照らす」
21 ① 出14:21, 22, 出14:16, 29, 15:8, 民33:8, ネヘ9:11, 詩66:2, 6, 78:13, 106:9, 114:3, 5, 136:13, 14, イザ43:16, 51:10, 63:12, 13, Ⅰコリ10:1, ヘブ11:29, ヨシ3:16, 17, 4:22, 23, Ⅱ列2:8
23 ① 出14:4, 17
24 ① → 出13:21
② → 出13:21
25 *あるいは「輪留めをする」
① 出14:4, 18
26 ① 出14:16
28 ① 出15:5, 詩78:53, 106:11, 136:15
② 出4:18
*「彼らのあとを」
29 ① 出14:22, 詩66:6, 77:19, イザ11:15
30 ① 出14:13, 詩106:8, 10, 21, イザ63:8, エレ15:21, 詩58:10, 59:10
31 *直訳「手」
① 出4:31, 19:9, 詩106:12, ヨハ2:11, 11:45
② 詩105:43, 106:12, 黙15:3, 士5:1, Ⅱサム22:1
③ 出15:21, イザ12:5, 42:10

「あなたの手を海の上に差し伸べ、水がエジプト人と、その戦車、その騎兵の上に返るようにせよ。」
27 モーセが手を海の上に差し伸べたとき、夜明け前に、海がもとの状態に戻った。エジプト人は水が迫って来るので逃げたが、主はエジプト人を海の真ん中に投げ込まれた。
28 水はもとに戻り、*あとを追って海に入ったパロの全軍勢の戦車と騎兵をおおった。残された者はひとりもいなかった。
29 イスラエル人は海の真ん中のかわいた地を歩き、水は彼らのために、右と左で壁となったのである。
30 こうして、主はその日イスラエルをエジプトの手から救われた。イスラエルは海辺に死んでいるエジプト人を見た。
31 イスラエルは主がエジプトに行われたこの大いなる御力を見たので、民は主を恐れ、主とそのしもべモーセを信じた。

モーセとミリヤムの歌

15 ¹ そこで、モーセとイスラエル人は、主に向かって、この歌を歌った。彼らは言った。
「主に向かって私は歌おう。

14:19-20　雲の柱　暗やみの中で雲はイスラエル人とエジプトの軍隊との間に移動してイスラエルを奇蹟的に守った。同時に、神の火の柱は海を渡るイスラエル人のためにその道を照らしていた（⇒14:24）。

14:22　海の真ん中のかわいた地を　紅海は直訳すると「葦の海」（ヘ）ヤム・スーフ）で、メンザレ湖の南端と考えられる。実際の紅海はこれより南で、イスラエルがエジプトからシナイ山に向かって進む方向にあった。紅海の横断（13:18-14:31）は神の奇蹟によってのみ可能だった（14:21）。聖書の著者たちはこの出来事を用いて神の力と偉大さを神の民に思い起こさせている（ヨシ24:6-7, 詩106:7-8, イザ51:15, エレ31:35, ナホ1:3-4）。イスラエルが紅海を渡って奇蹟的に救い出されたことによって、「主があなたがたのために戦われる」（14:14）という神の約束は一層確実なものになった。

14:22　水は彼らのために右と左で壁となった　水を二つの壁に押しやるほどの強い風は自然の出来事ではなく奇蹟だった。水は両側に積重なり、あるいは集められて幅数キロにわたる道ができた（⇒15:8, 詩74:13）。

14:28　水はもとに戻り　水が元に戻ったとき、エジプトの戦車をおおい、その軍隊をおぼれさせるほどの深さになった（⇒15:4-6）。ちょうど10の災害を通してエジプトの神々と戦って打負かしたように、主はこの方法でイスラエルのために戦い、エジプト人を打負かされた。

14:31　【主】を恐れ・・・信じた　神の民はエジプトの軍隊が滅ぼされたのを見て、「主を恐れ」た。それはつまり、神聖な驚きに満たされ、神のすばらしい力に気付いたということである。神が救ってくださったことを知ったイスラエル人は神を「信じた」。神の威厳と力、罪に対するさばきなどを少しでも見るなら、私たちの神への信仰は励まされ、神をさらに敬うようになるはずである。

15:1-18　そこで、モーセ・・・は・・・この歌を歌った　この歌はエジプトの権力に対する神の勝利を祝っている。これは神の威厳、戦力、神の民への誠実さを賛美し感謝をささげる賛歌である。このエジプト

出エジプト記 15章

主は輝かしくも勝利を収められ、
馬と乗り手とを海の中に投げ込まれた
ゆえに。
2 主は、私の力であり、ほめ歌である。
主は、私の救いとなられた。
この方こそ、わが神。
私はこの方をほめたたえる。
私の父の神。
この方を私はあがめる。
3 主はいくさびと。
その御名は主。
4 主はパロの戦車も軍勢も海の中に投げ込まれた。
えり抜きの補佐官たちも
葦の海におぼれて死んだ。
5 大いなる水は彼らを包んでしまい、
彼らは石のように深みに下った。
6 主よ。あなたの右の手は力に輝く。
主よ。あなたの右の手は敵を打ち砕く。
7 あなたは大いなる威力によって、
あなたに立ち向かう者どもを打ち破られる。
あなたが燃える怒りを発せられると、
それは彼らを刈り株のように焼き尽くす。

1 * あるいは「高くあがめられる」、③出14:27, 詩136:15
2 ①「ヤハ」、①詩59:17, 118:14, 140:7, イザ12:2, ハバ3:19, ②申10:21, 詩22:3, 109:1, 118:14, ③Ⅱサム22:3, 詩18:2, 27:1, 62:6, 118:14,140:7, イザ12:2, ハバ3:18, ④詩18:2, 48:14, 140:7, イザ25:1, ⑤出3:6, 15, 16, ⑥詩118:28
3 ①出14:14, 15:6, 黙24:8, 黙9:11, ②詩3:14, 15, 6:2, 3, 7, 8, 詩83:18
4 ①出14:6, 7, 17, 28, エレ51:21
②出14:7, * あるいは「紅海」
5 ①出14:28, ②出15:10, ネヘ9:11, エレ51:63, 64, 黙18:21
6 ①詩118:15, 16, ②出3:20, 6:1, 15:16, 申3:24, ③詩59:13, 78:49, 50, ④イザ5:24, 47:14, オバ18, ナホ1:10
7 ①申33:26, ②出14:27, ③詩59:13, 78:49, 50, ④イザ5:24, 47:14, オバ18, ナホ1:10

からの救出は、終りの日に悪魔と反キリストに対して神の民が勝利することを預言的に示している。それで黙示録にある勝利の歌の一つが「モーセの歌」と呼ばれている（黙15:3）。

出エジプトの経路

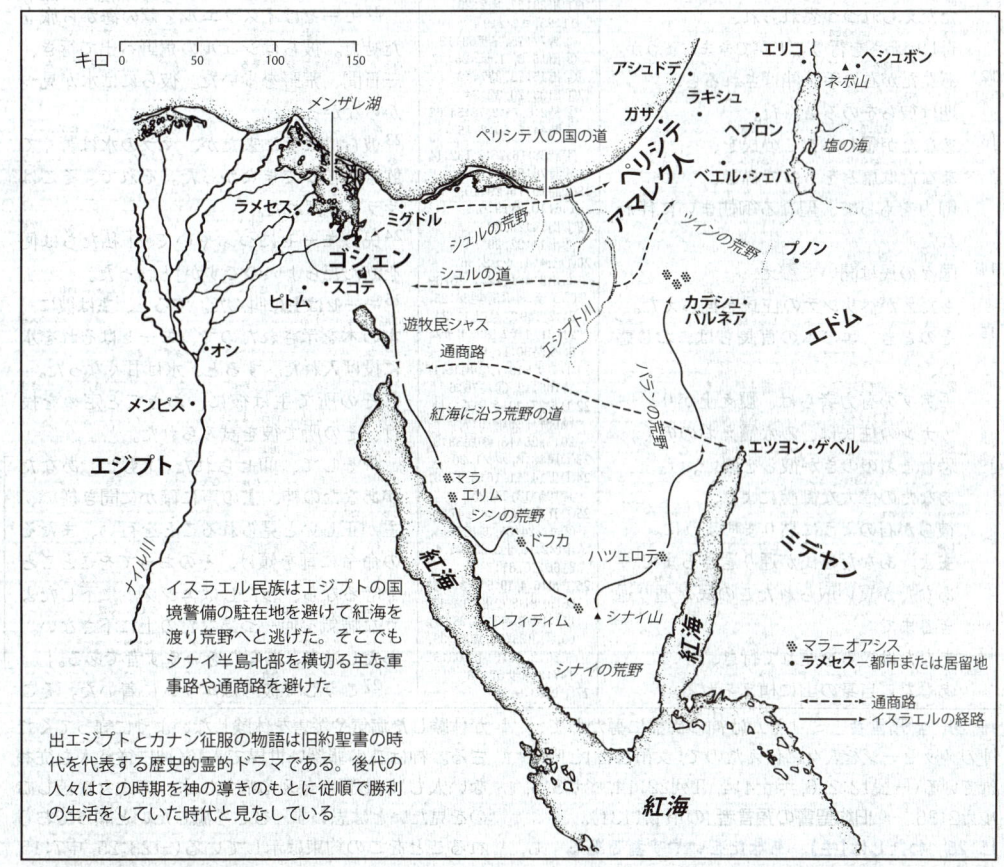

イスラエル民族はエジプトの国境警備の駐在地を避けて紅海を渡り荒野へと逃げた。そこでもシナイ半島北部を横切る主な軍事路や通商路を避けた

出エジプトとカナン征服の物語は旧約聖書の時代を代表する歴史的霊的ドラマである。後代の人々はこの時期を神の導きのもとに従順で勝利の生活をしていた時代と見なしている

© 1991 Zondervan Publishing House

8 あなたの鼻の息で、水は積み上げられ、
　流れはせきのように、まっすぐ立ち、
　大いなる水は海の真ん中で固まった。
9 敵は言った。
　『私は追って、追いついて、
　略奪した物を分けよう。
　おのれの望みを彼らによってかなえよう。
　剣を抜いて、この手で彼らを滅ぼそう。』
10 あなたが風を吹かせられると、
　海は彼らを包んでしまった。
　彼らは大いなる水の中に鉛のように沈んだ。
11 主よ。*神々のうち、
　だれかあなたのような方があるでしょうか。
　だれがあなたのように、聖であって力強く、
　たたえられつつ恐れられ、
　奇しいわざを行うことができましょうか。
12 あなたが右の手を伸ばされると、
　地は彼らをのみこんだ。
13 あなたが贖われたこの民を、
　あなたは恵みをもって導き、
　御力をもって、聖なる御住まいに伴われた。
14 国々の民は聞いて震え、
　もだえがペリシテの住民を捕らえた。
15 そのとき、エドムの首長らは、おじ惑い、
　モアブの有力者らは、震え上がり、
　カナンの住民は、みな震えおののく。
16 恐れとおののきが彼らを襲い、
　あなたの偉大な御腕により、
　彼らが石のように黙りますように。
　主よ。あなたの民が通り過ぎるまで、
　あなたが買い取られたこの民が通り過ぎるまで。
17 あなたは彼らを連れて行き、
　あなたご自身の山に植えられる。

主。御住まいのために
あなたがお造りになった場所に。
主。あなたの御手が堅く建てた聖所に。
18 主はとこしえまでも統べ治められる。」
19 パロの馬が戦車や騎兵とともに海の中に入ったとき、主は海の水を彼らの上に返されたのであった。しかしイスラエル人は海の真ん中のかわいた土の上を歩いて行った。
20 アロンの姉、女預言者ミリヤムはタンバリンを手に取り、女たちもみなタンバリンを持って、踊りながら彼女について出て来た。
21 ミリヤムは人々に応えて歌った。
「主に向かって歌え。
　主は輝かしくも勝利を収められ、
　馬と乗り手とを海の中に投げ込まれた。」

マラとエリムの水

22 モーセはイスラエルを葦の海から旅立たせた。彼らはシュルの荒野へ出て行き、三日間、荒野を歩いた。彼らには水が見つからなかった。
23 彼らはマラに来たが、マラの水は苦くて飲むことができなかった。それで、そこはマラと呼ばれた。
24 民はモーセにつぶやいて、「私たちは何を飲んだらよいのですか」と言った。
25 モーセは主に叫んだ。すると、主は彼に一本の木を示されたので、モーセはそれを水に投げ入れた。すると、水は甘くなった。
　その所で主は彼に、おきてと定めを授け、その所で彼を試みられた。
26 そして、仰せられた。「もし、あなたがあなたの神、主の声に確かに聞き従い、主が正しいと見られることを行い、またその命令に耳を傾け、そのおきてをことごとく守るなら、わたしはエジプトに下したような病気を何一つあなたの上に下さない。わたしは主、あなたをいやす者である。」
27 こうして彼らはエリムに着いた。そこ

15:20　女預言者　ミリヤムは神の御霊に導かれて、神のメッセージを人々に伝えたので「女預言者」と呼ばれている（→民12:2, 6, →士4:4, II列22:14, イザ8:3, ルカ2:36, →「旧約聖書の預言者」の項 p.1131）。

15:26　わたしは【主】、あなたをいやす者である　もしイスラエル人が神に聞き従うなら、神はエジプト人が体験した病気や災害を体験しないように守ってくださる。神はこの罪深い世界で人類（神に従う人も従わない人も）に影響を与える病気によって人々が苦しむのを見たいとは思わず、むしろ癒したいと願っておられることをこの約束は示している（→23:25, 申7:15, 詩103:3, 107:20, エゼ18:23, 32, 33:11, 新しい契約

には、十二の水の泉と七十本のなつめやしの木があった。そこで、彼らはその水のほとりに宿営した。

マナとうずら

16 ¹ついで、イスラエル人の全会衆は、エリムから旅立ち、エジプトの地を出て、第二の月の十五日に、エリムとシナイとの間にあるシンの荒野に入った。²そのとき、イスラエル人の全会衆は、この荒野でモーセとアロンにつぶやいた。³イスラエル人は彼らに言った。「エジプトの地で、肉なべのそばにすわり、パンを満ち足りるまで食べていたときに、私たちは主の手にかかって死んでいたらよかったのに。事実、あなたがたは、私たちをこの荒野に連れ出して、この全集団を飢え死にさせようとしているのです。」

⁴主はモーセに仰せられた。「見よ。わたしはあなたがたのために、パンが天から降るようにする。民は外に出て、毎日、一日分を集めなければならない。これは、彼らがわたしのおしえに従って歩むかどうかを、試みるためである。⁵六日目に、彼らが持って来た物を整える場合、日ごとに集める分の二倍とする。」

⁶それでモーセとアロンは、すべてのイスラエル人に言った。「夕方には、あなたがたは、主がエジプトの地からあなたがたを連れ出されたことを知り、⁷朝には、主の栄光を見る。主に対するあなたがたのつぶやきを主が聞かれたのです。あなたがたが、この私たちにつぶやくとは、いったい私たちは何なのだろう。」

⁸モーセはまた言った。「夕方には、主があなたがたに食べる肉を与え、朝には満ち足りるほどパンを与えてくださるのは、あなたがたが主に対してつぶやく、そのつぶやきを主が聞かれたからです。いったい私たちは何なのだろうか。あなたがたのつぶやきは、この私たちに対してではなく、主に対してなのです。」

⁹モーセはアロンに言った。「イスラエル人の全会衆に、『主の前に近づきなさい。主があなたがたのつぶやきを聞かれたから』と言いなさい。」

¹⁰アロンがイスラエル人の全会衆に告げたとき、彼らは荒野のほうに振り向いた。見よ。主の栄光が雲の中に現れた。

¹¹主はモーセに告げて仰せられた。¹²「わたしはイスラエル人のつぶやきを聞いた。彼らに告げて言え。『あなたがたは夕暮れには肉を食べ、朝にはパンで満ち足りるであろう。あなたがたはわたしがあなたがたの神、主であることを知るようになる。』」

¹³それから、夕方になるとうずらが飛んで来て、宿営をおおい、朝になると、宿営の回りに露が一面に降りた。

のもとでの神の癒しの約束、→「**神による癒し**」の項 p.1640)。

16:2 モーセ・・・につぶやいた イスラエル人がモーセにつぶやいたのはこれが3度目だった。けれども実際には、神ご自身に対して不平を再び言ったのである(⇒14:10-12, 15:24)。神が多くのことをしてくださったのに、イスラエル人はすぐに神の奇蹟を忘れ、神の優しさ、知恵、約束、自分たちの人生のためのご計画などを信じる信仰を失った(→17:3, 民14:2, 16:11, 41)。パウロは新約聖書の信仰者に、イスラエルの例にならわないようにと警告している(Ⅰコリ10:10)。深刻な問題が起きたとき、私たちは神を非難してはならない。むしろ神に信頼し神の助けに頼らなければならない。神はご自分の時にご自分の方法で問題を解決してくださる。

16:4 パンが天から この「天からのパン」は「マナ」と呼ばれている(16:15)。それは人々が荒野をさまよっていた40年間、毎日奇蹟的に与えられた天の食物だった。神はマナを毎朝届けられた。人々は必要な分を集めるだけでよかった。その白いものは霜のような細かいうろこのようなもので、蜂蜜のような味だった(16:14, 31, 民11:9)。マナの供給はイスラエル人が約束の地に入ったときに終った。その時点でほかの食物が手に入るようになったからである(ヨシ5:12)。マナは永遠のいのちを与える(ヨハ6:33, 51, 58)、天からの「まことのパン」(ヨハ6:32, ⇒黙2:17)であるイエス・キリストを示す預言的象徴だった。

16:4 これは・・・試みるためである 人々にはマナについて指示がはっきり与えられた。これは信仰と服従についての神のテストだった(⇒申8:2-3)。神への信仰と忠誠を試すため、神は同じように私たちの環境に手を加えられることがある。

出エジプト記 16章

¹⁴その一面の露が上がると、見よ、荒野の面には、地に降りた白い霜のような細かいもの、うろこのような細かいものがあった。¹⁵イスラエル人はこれを見て、「これは何だろう」と互いに言った。彼らはそれが何か知らなかったからである。モーセは彼らに言った。「これは主があなたがたに食物として与えてくださったパンです。¹⁶主が命じられたことはこうです。『各自、自分の食べる分だけ、ひとり当たり一オメルずつ、あなたがたの人数に応じてそれを集めよ。各自、自分の天幕にいる者のために、それを取れ。』」¹⁷そこで、イスラエル人はそのとおりにした。ある者は多く、ある者は少なく集めた。¹⁸しかし、彼らがオメルでそれを計ってみると、多く集めた者も余ることはなく、少なく集めた者も足りないことはなかった。各自は自分の食べる分だけ集めたのである。¹⁹モーセは彼らに言った。「だれも、それを、朝まで残しておいてはいけません。」²⁰彼らはモーセの言うことを聞かず、ある者は朝まで、それを残しておいた。すると、それに虫がわき、悪臭を放った。そこでモーセは彼らに向かって怒った。²¹彼らは、朝ごとに、各自が食べる分だけ、それを集めた。日が熱くなると、それは溶けた。²²六日目には、彼らは二倍のパン、すなわち、ひとり当たり二オメルずつ集めた。会衆の上に立つ者たちがみな、モーセのところに来て、告げたとき、²³モーセは彼らに言った。「主の語られたことはこうです。『あすは全き休みの日、主の聖なる安息である。あなたがたは、焼きたいものは焼き、煮たいものは煮よ。残ったものは、すべて朝まで保存するため、取っておけ。』」

¹⁴①民11:9
②出16:31
¹⁵①出16:4, 31, 申8:3, ネヘ9:15, 詩78:24, 25, ヨハ6:31, 49, 58, Ⅰコリ10:3
¹⁶①出16:36
＊1オメル=2.3リットル
¹⁸①Ⅱコリ8:15
¹⁹①出12:10, 16:23, 23:18
²²①出16:5
②出34:31
²³①レビ23:24, 39, →出31:15, →レビ25:5
②出20:8-11, 31:15, 創2:3, レビ23:3, ネヘ9:14, 13:15-22
③出16:19

²⁴①出16:20
²⁶①出20:9, 10
²⁸①Ⅱ列17:13-15, 詩78:10, 22, 106:13
³¹①出16:14, 民11:6-9, 申8:3, 16
³³①ヘブ9:4
³⁴①出25:16, 21, 27:21, 民17:10, 申10:5, Ⅰ列8:9

²⁴それで彼らはモーセの命じたとおりに、それを朝まで取っておいたが、それは臭くもならず、うじもわかなかった。²⁵それでモーセは言った。「きょうは、それを食べなさい。きょうは主の安息であるから。きょうはそれを野で見つけることはできません。²⁶六日の間はそれを集めることができます。しかし安息の七日目には、それは、ありません。」²⁷それなのに、民の中のある者は七日目に集めに出た。しかし、何も見つからなかった。²⁸そのとき、主はモーセに仰せられた。「あなたがたは、いつまでわたしの命令とおしえを守ろうとしないのか。²⁹主があなたがたに安息を与えられたことに、心せよ。それゆえ、六日目には、二日分のパンをあなたがたに与えている。七日目には、あなたがたはそれぞれ自分の場所にとどまれ。その所からだれも出てはならない。」³⁰それで、民は七日目に休んだ。

³¹イスラエルの家は、それをマナと名づけた。それはコエンドロの種のようで、白く、その味は蜜を入れたせんべいのようであった。³²モーセは言った。「主の命じられたことはこうです。『それを一オメルたっぷり、あなたがたの子孫のために保存せよ。わたしがあなたがたをエジプトの地から連れ出したとき、荒野であなたがたに食べさせたパンを彼らが見ることができるために。』」³³モーセはアロンに言った。「つぼを一つ持って来て、マナを一オメルたっぷりその中に入れ、それを主の前に置いて、あなたがたの子孫のために保存しなさい。」³⁴主がモーセに命じられたとおりである。そこでアロンはそれを保存するために、あかしの箱の前に置いた。

16:21　朝ごとに　神は毎日必要な分だけマナを集めるように命じられた。必要以上に集めることは、神が次の日にも与えてくださることを信じていないことになる。そこで一日で使い切れなかったものは腐ってしまった。日々の生活は神の賜物に完全に依存していることを神は人々に教えられたのである(⇒マタ6:11)。

16:30　七日目に休んだ　「七日目」について神が指示されたことは(16:22-30)、神の民は神が創造の第七日目になされた模範に従うべきということである(創2:1-4)。もし人々が安息日を守らないなら、生活のための活動や心配のために肉体的にも霊的にも疲れ切ってしまうことを神は知っておられた。第七日目、安息日は霊的なものを見失ったり、無視したりしないようにするための方法だった。人々は神が霊的な生活を最も重要なこととしておられることを記憶するべきだった(→マタ12:1注, ルカ6:2-10注)。

35 イスラエル人は人の住んでいる地に来るまで、四十年間、マナを食べた。彼らはカナンの地の境に来るまで、マナを食べた。
36 一オメルは一エパの十分の一である。

岩からの水

17 1 イスラエル人の全会衆は、主の命により、シンの荒野から旅立ち、旅を重ねて、レフィディムで宿営した。そこには民の飲む水がなかった。
2 それで、民はモーセと争い、「私たちに飲む水を下さい」と言った。モーセは彼らに、「あなたがたはなぜ私と争うのですか。なぜ主を試みるのですか」と言った。
3 民はその所で水に渇いた。それで民はモーセにつぶやいて言った。「いったい、なぜ私たちをエジプトから連れ上ったのですか。私や、子どもたちや、家畜を、渇きで死なせるためですか。」
4 そこでモーセは主に叫んで言った。「私はこの民をどうすればよいのでしょう。もう少しで私を石で打ち殺そうとしています。」
5 主はモーセに仰せられた。「民の前を通り、イスラエルの長老たちを幾人か連れ、あなたがナイルを打ったあの杖を手に取って出て行け。
6 さあ、わたしはあそこのホレブの岩の上で、あなたの前に立とう。あなたがその岩を打つと、岩から水が出る。民はそれを飲

もう。」そこでモーセはイスラエルの長老たちの目の前で、そのとおりにした。
7 それで、彼はその所をマサ、またはメリバと名づけた。それは、イスラエル人が争ったからであり、また彼らが、「主は私たちの中におられるのか、おられないのか」と言って、主を試みたからである。

アマレクに勝利する

8 さて、アマレクが来て、レフィディムでイスラエルと戦った。
9 モーセはヨシュアに言った。「私たちのために幾人かを選び、出て行ってアマレクと戦いなさい。あす私は神の杖を手に持って、丘の頂に立ちます。」
10 ヨシュアはモーセが言ったとおりにして、アマレクと戦った。モーセとアロンとフルは丘の頂に登った。
11 モーセが手を上げているときは、イスラエルが優勢になり、手を降ろしているときは、アマレクが優勢になった。
12 しかし、モーセの手が重くなった。彼らは石を取り、それをモーセの足もとに置いたので、モーセはその上に腰掛けた。アロンとフルは、ひとりはこちら側、ひとりはあちら側から、モーセの手をささえた。それで彼の手は日が沈むまで、しっかりそのままであった。

17:6 その岩を打つと 新約聖書では、この岩は「御霊の岩」（Ⅰコリ10:4）であるイエス・キリストと同一視されている。主イエスは生ける水の源である（⇒ヨハ4:10-14, 7:37-38）。この岩が打たれたように、キリストは十字架の上で打たれた（イザ53:5）。実際にはキリストこそがイスラエルの祝福と供給の源だった。その同じイエス・キリストが今日の教会の祝福の源であり、聖霊を与えてくださる方である（⇒詩105:41-42, イザ53:4-5, ヨハ20:22, 使2:1-4）。

17:9 ヨシュア 聖書はここで初めてイスラエルの指導者としてモーセの跡を継ぐ人物について触れている。「ヨシュア」とは「主は救う」、または「ヤハウェは救い主」という意味である。その名前のギリシヤ語形が「イエス」（→マタ1:21注）である。ここで後にカナンの地を征服する人物が最初に軍事的役割を持って登場したのは当然だった。神はヨシュアに将来イスラエルを導いて約束の地を占領する際にカナン人と戦うた

めの準備をさせておられたのである。

17:11 モーセが手を上げている モーセは主に向かって手を上げることによって、神への信頼を示した。
（1）イスラエルの力と勝利は神への信仰に依存していた。彼らはそれを祈りと従順で示した。ここではモーセが祈りをやめると神の力の流れが止まった（⇒ヘブ7:25注）。
（2）この原則は新しい契約（神の御子イエスのいのちと犠牲を通して人々に霊的な救いを与え、神との関係の回復を図る神の計画）のもとでも適用される。もし神に頼り祈らないなら、私たちはやがて神の守り、祝福、好意を失うことになる。私たちの勝利の希望はただ神に頼ることによって与えられる。私たちは「助けを受けるために、大胆に恵みの御座に近づ」く特権をしっかりと握り続けるべきである。あわれみとともに、私たちは「おりにかなった助けを受ける」こともできるのである（ヘブ4:16, 7:25, →マタ7:7-8注）。

出エジプト記　17–18章

ヨシュ3:9-17

13 ヨシュアは、アマレクとその民を剣の刃で打ち破った。
14 主はモーセに仰せられた。「このことを記録として、書き物に書きしるし、ヨシュアに読んで聞かせよ。わたしはアマレクの記憶を天の下から完全に消し去ってしまう。」
15 モーセは祭壇を築き、それをアドナイ・ニシと呼び、
16 「それは『*主の御座の上の手』のことで、主は代々にわたってアマレクと戦われる」と言った。

イテロがモーセを訪ねる

18 ¹ さて、モーセのしゅうと、ミデヤンの祭司イテロは、神がモーセと御民イスラエルのためになさったすべてのこと、すなわち、どのようにして主がイスラエルをエジプトから連れ出されたかを聞いた。
² それでモーセのしゅうとイテロは、先に送り返されていたモーセの妻チッポラと
³ そのふたりの息子を連れて行った。そのひとりの名はゲルショムであった。それは「私は外国にいる*寄留者だ」という意味である。
⁴ もうひとりの名はエリエゼル。それは「私の父の神は私の助けであり、パロの剣から私を救われた」という意味である。
⁵ モーセのしゅうとイテロは、モーセの息子と妻といっしょに、荒野のモーセのところに行った。彼はそこの神の山に宿営していた。
⁶ イテロはモーセに伝えた。「あなたのしゅうとである私イテロは、あなたの妻とそのふたりの息子といっしょに、あなたのところに来ています。」
⁷ モーセは、しゅうとを迎えに出て行き、身をかがめ、彼に口づけした。彼らは互いに安否を問い、天幕に入った。
⁸ モーセはしゅうとに、主がイスラエルのために、パロとエジプトとになさったすべてのこと、途中で彼らに降りかかったすべての困難、

14 ① 出24:4, 34:27, 28, 民33:2
② 民4:20, 申25:19, Ⅰサム15:2-9
15 ① 出24:4, 士6:24
* あるいは「主はわが旗」
16 *「ヤハ」

1 ① 出2:18, 3:1
② 詩44:1, 77:14, 15, 78:3, 4, 105:5, 43, 106:2, 8
2 ① 出2:21, 4:25
3 ① 出4:20, 使7:29
② 出2:22, 士18:30
③ 出2:22
* あるいは「神は助け」
4 ① 創49:25
5 ① 出19:1
② 出3:1, 12, 4:27, 24:13
7 ① 創14:17, 18:2, 19:1, Ⅰ列2:19
① 創43:26, 28
④ 出4:27,
創29:13, 33:4
創43:27, Ⅱサム11:7
8 ① 出14:20, 23, 7:4, 5
② 創44:34, 民20:14, ネヘ9:32

③ 出15:6-16, 詩78:42, 81:7, 106:10, 107:2
9 ① イザ63:7-14
10 ① 創14:20, Ⅰサム18:28, Ⅰ列8:56, 詩68:19, 20, ルカ1:68
11 ① 出12:12, 15:11, Ⅱ歴2:5, 詩95:3, 97:9, 135:5
② Ⅰサム2:3, ネヘ9:10, 16, 29, ヨブ40:11, 12, 詩31:23, 119:21, ルカ1:51
12 ① → 創8:20
② 創31:54
③ 申12:7, Ⅰ歴29:22
13 ① 出18:13-27, 申1:9-17
*「さばきの」は補足
15 ① 申17:8-13
② 出33:7, 民25:22, 民9:8
16 ① レビ24:10-23, 民15:32-36
18 ① 民11:14, 17, 申1:9, 12
19 ① 申3:12

また主が彼らを救い出された次第を語った。
⁹ イテロは、主がイスラエルのためにしてくださったすべての良いこと、エジプトの手から救い出してくださったことを喜んだ。
¹⁰ イテロは言った。「主はほむべきかな。主はあなたがたをエジプトの手と、パロの手から救い出し、この民をエジプトの支配から救い出されました。
¹¹ 今こそ私は主があらゆる神々にまさって偉大であることを知りました。実に彼らがこの民に対して不遜であったということにおいても。」
¹² モーセのしゅうとイテロは、全焼のいけにえと神へのいけにえを持って来たので、アロンは、モーセのしゅうとととともに神の前で食事をするために、イスラエルのすべての長老たちといっしょにやって来た。
¹³ 翌日、モーセは民をさばくためにさばきの座に着いた。民は朝から夕方まで、モーセのところに立っていた。
¹⁴ モーセのしゅうとは、モーセが民のためにしているすべてのことを見て、こう言った。「あなたが民にしているこのことは、いったい何ですか。なぜあなたひとりだけがさばきの座に着き、民はみな朝から夕方まであなたのところに立っているのですか。」
¹⁵ モーセはしゅうとに答えた。「民は、神のみこころを求めて、私のところに来るのです。
¹⁶ 彼らに何か事件があると、私のところに来ます。私は双方の間をさばいて、神のおきてとおしえを知らせるのです。」
¹⁷ するとモーセのしゅうとは言った。「あなたのしていることは良くありません。
¹⁸ あなたも、あなたといっしょにいるこの民も、きっと疲れ果ててしまいます。このことはあなたには重すぎますから、あなたはひとりでそれをすることはできません。
¹⁹ さあ、私の言うことを聞いてください。私はあなたに助言をしましょう。どうか神

18:2 イテロは・・・チッポラと モーセはパロと闘争している間、妻チッポラと二人の息子をイテロ（チッポラの父）のところに送り戻していたようである。

18:11 今こそ私は[主]が・・・偉大であることを知りました 「知る」ということばが出エジプト記にしばしば出てくる。モーセとイスラエル人は神を知り、神の偉大な力を理解することが必要だった。神が奇蹟的にイスラエルをエジプトから救い出されたことについてのモーセのあかしは、神が全能であることをイテロに証明した。それで「今こそ・・・私は知りました」とイテロは言うのである。そして主を心から礼拝することができた。このことが書物に記録されているのは私たちも唯一

出エジプト記　18–19章

があなたとともにおられるように。あなたは民に代わって神の前にいて、事件を神のところに持って行きなさい。²⁰あなたは彼らにおきてとおしえを与えて、彼らの歩むべき道と、なすべきわざを彼らに知らせなさい。²¹あなたはまた、民全体の中から、神を恐れる、力のある人々、不正の利を憎む誠実な人々を見つけ出し、千人の長、百人の長、五十人の長、十人の長として、民の上に立てなければなりません。²²いつもは彼らが民をさばくのです。大きい事件はすべてあなたのところに持って来、小さい事件はみな、彼らがさばかなければなりません。あなたの重荷を軽くしなさい。彼らはあなたとともに重荷をになうのです。²³もしあなたがこのことを行えば、——神があなたに命じられるのですが——あなたはもちこたえることができ、この民もみな、平安のうちに自分のところに帰ることができましょう。」²⁴モーセはしゅうとの言うことを聞き入れ、すべて言われたとおりにした。²⁵モーセは、イスラエル全体の中から力のある人々を選び、千人の長、百人の長、五十人

19①出20:19, 申5:5
②民27:5
20①申5:1, 6:1, 2, 7:11
②詩143:8
③申1:18
21①出18:21-23, 民1:16, 17
②創42:18, Ⅱサム23:3, Ⅱ歴19:7, 9
③出18:25, 創47:6, 申1:13, 15, Ⅰ歴26:6, 使6:3
④申16:19, 詩15:5, エゼ18:8
⑤民1:16
22①出18:26, 申1:17
②申18:11, 申1:17
25①出18:21
②民1:16, 申1:15, 使6:5

⑤民25:5
26①出18:22
②ヨブ29:16
27①民10:29, 30

1①民12:6, 51, 16:1
②申33:2
2①申17:1, 8, 民33:14
②出3:1, 12, 18:5, 申1:6, 4:10, 15, 5:2
3①出20:21, 24:15
3①出3:4
4①申4:34, 29:2
②申32:11, 12, イザ40:31, 黙12:14
5①出15:26, 申5:2, 詩78:10, エレ31:32, エゼ16:8

の長、十人の長として、民のかしらに任じた。²⁶いつもは彼らが民をさばき、むずかしい事件はモーセのところに持って来たが、小さい事件は、みな彼ら自身でさばいた。²⁷それから、モーセはしゅうとを見送った。彼は自分の国へ帰って行った。

シナイ山で

19¹エジプトの地を出たイスラエル人は、第三の月の新月のその日に、シナイの荒野に入った。²彼らはレフィディムを旅立って、シナイの荒野に入り、その荒野で宿営した。イスラエルはそこで、山のすぐ前に宿営した。³モーセは神のみもとに上って行った。主は山から彼を呼んで仰せられた。「あなたは、このように、ヤコブの家に言い、イスラエルの人々に告げよ。

⁴あなたがたは、わたしがエジプトにしたこと、また、あなたがたを鷲の翼に載せ、わたしのもとに連れて来たことを見た。⁵今、もしあなたがたが、まことにわたしの声に聞き従い、わたしの契約を守るなら、あなたがたはすべての国々の民の中に

18:21　力のある人々・・・を見つけ出し　イテロは神を敬うほかの人々に権威を与えて責任を分担するようにとモーセに助言した。この方法によるとモーセの働きは改善され、神の働きを増やすことができる。この賢明な助言は今日のリーダーにもあてはめることができる。この節には神の民を指導する人々の資格がいくつか挙げられている。その人々は、（1）能力があり、（2）神を恐れ、（3）信頼ができ、（4）正しさを求めて不正の利益に反対する人でなければならない。そのような指導者は地位を利用して権力、個人の栄誉、影響力や富を得ようとすることはない。

19:1　シナイの荒野　19章には神がどのようにイスラエルの民を整えて、神の契約（終生協定）を受取るようにされたかが書かれている。この契約はアブラハムとその子孫との契約を継続し拡大したものである（→創15:6, 18注, 17:7注, 22:18注）。

（1）この契約はイスラエルが神との特別な関係を持つように、神によって選ばれたという事実に基づいていた。そしてどのようにしたら人々は神とその関係を継続できるか、また神の祝福をどのようにしたら体験できるかを示している。さらに世界の諸民族に対す

るの神のご計画の中でイスラエルが果す役割を説明している（→創12:2-3, 26:4）。

（2）神は全世界の民族に対する贖いのご計画（人々を神との正しい関係に連れ戻すこと）を明らかにするという特別な目的のためにイスラエルを選ばれた。神が与えようとしていた律法はその方法を示すものだった。神はその民が神の戒めを守り、契約に書かれたいけにえをささげて感謝を表明することを期待された。そうするなら、イスラエルは神の特別な民（⇒アモ3:2, 9:7, 聖さと純潔をもって神に仕える「祭司の王国」）としての立場を保ち続けることができる（→19:6注, →「イスラエル人との神の契約」の項 p.351）。

19:4　わたしが・・・あなたがたを鷲の翼に載せ　鷲の母親は雛が飛び方を練習しているときに墜落しそうになると、舞い降りてきて自分の翼の上に乗せる。同じように、神はイスラエルをそばに引寄せて世話をされた（⇒申32:11, イザ43:1-4）。この絵のように美しい情景は神の優しい愛を表現している。それこそが神に服従しご計画に従う最も大きな理由の一つである（→19:5注）。

19:5　もしあなたがたが、まことにわたしの声に聞き従い　神に選ばれた民としてのイスラエルの地位は、神を自分たちの主として従うかどうかにかかって

あって、わたしの宝となる。全世界はわたしのものであるから。

6 あなたがたはわたしにとって祭司の王国、聖なる国民となる。

これが、イスラエル人にあなたの語るべきことばである。」

7 モーセは行って、民の長老たちを呼び寄せ、主が命じられたこれらのことばをみな、彼らの前に述べた。

8 すると民はみな口をそろえて答えた。「私たちは主が仰せられたことを、みな行います。」それでモーセは民のことばを主に持って帰った。

9 すると、主はモーセに仰せられた。「見よ。わたしは濃い雲の中で、あなたに臨む。わたしがあなたと語るのを民が聞き、いつまでもあなたを信じるためである。」それからモーセは民のことばを主に告げた。

10 主はモーセに仰せられた。「あなたは民のところに行き、きょうとあす、彼らを聖別し、自分たちの着物を洗わせよ。

11 彼らは三日目のために用意をせよ。三日目には、主が民全体の目の前で、シナイ山に降りて来られるからである。

12 あなたは民のために、周囲に境を設けて言え。山に登ったり、その境界に触れたりしないように注意しなさい。山に触れる者は、だれでも必ず殺されなければならない。

13 それに手を触れてはならない。触れる者は必ず石で打ち殺されるか、刺し殺される。獣でも、人でも、生かしておいてはならない。しかし雄羊の角が長く鳴り響くとき、彼らは山に登って来なければならない。」

14 それでモーセは山から民のところに降りて来た。そして、民を聖別し、彼らに自分たちの着物を洗わせた。

15 モーセは民に言った。「三日目のために用意をしなさい。女に近づいてはならない。」

16 三日目の朝になると、山の上に雷といなずまと密雲があり、角笛の音が非常に高く鳴り響いたので、宿営の中の民はみな震え上がった。

17 モーセは民を、神を迎えるために、宿営から連れ出した。彼らは山のふもとに立った。

18 シナイ山は全山が煙っていた。それは主が火の中にあって、山の上に降りて来られたからである。その煙は、かまどの煙のように立ち上り、全山が激しく震えた。

19 角笛の音が、いよいよ高くなった。モーセは語り、神は声を出して、彼に答えられた。

20 主がシナイ山の頂に降りて来られ、主がモーセを山の頂に呼び寄せられたので、モーセは登って行った。

21 主はモーセに仰せられた。「下って行って、民を戒めよ。主を見ようと、彼らが押し破って来て、多くの者が滅びるといけない。

いた。そのような訳でこの節(神の契約のほかの多くの箇所も)では「もし・・・なら」ということばが使われている。神がイスラエルの将来のご計画を達成するには服従が最も重要な要素だった(19:5-6)。それを期待することは当然である。神はエジプトから導き出して以来、ご自分の愛と力、変らないあわれみを示しておられた。神はその応答としてイスラエルの愛と服従を求められたのである(→19:4注、→申6:5)。主イエスは私たちが主との新しい契約関係の中で歩むときに同じ原則が守られるように求めておられる(→ヨハ8:31, 14:21, ロマ4:12, ヘブ3:7-19)。

19:5 わたしの宝となる イスラエルは神の特別な宝になるはずだった(⇒申4:10, アモ3:2, 9:7)。神はすべての人を大切にされる。どの民族も創造者としての神に対して責任があるけれどもイスラエルは神と独特の関係にあった。それは神が特にイスラエルを救い出し、ご自分を現されたからである。神は彼らの贖い主(奴隷の状態から救い出してくださった方)だった。このイスラエルに対するご計画は新約聖書の教会に対する神のご計画を預言的に描写するものだった(Ⅰコリ3:16, テト2:14, Ⅰペテ2:5,9)。

19:6 祭司の王国、聖なる国民 イスラエル人をエジプトから連れ出すという神のご計画の一部は「祭司の王国」(神に奉仕するために取分けられた人々)と「聖なる国民」を新しく造ることだった。同じように、新しい契約のもとで主イエスに従う人々は祭司の王国(Ⅰペテ2:5-9, 黙1:6, 5:10, 20:6)、「聖なる国民」となるべきである。そのために私たちは神に喜ばれない行為を捨てなければならない。そのとき初めて私たちは神の義のご計画と目的に従うことができる(→使9:13「聖徒」の意味についての注、→**聖化**の項p.2405)。

19:16 雷といなずま 神の臨在とともに荘厳なしるしが現れたのにはいくつかの直接的な理由があった。(1) 神の聖さ、力、すべてのものの上にある権威を具体的に現し示すため(19:9)、(2) 神に対するイスラエル人の信仰を鼓舞し、モーセが神に選ばれたしもべであり神が選ばれた指導者であることを明らかにするため(19:9)、(3) 神を敬い尊ぶことをイスラ

出エジプト記　19–20章

²² 主に近づく祭司たちもまた、その身をきよめなければならない。主が彼らに怒りを発しないために。」
²³ モーセは主に申し上げた。「民はシナイ山に登ることはできません。あなたが私たちを戒められて、『山の回りに境を設け、それを聖なる地とせよ』と仰せられたからです。」
²⁴ 主は彼に仰せられた。「降りて行け。そしてあなたはアロンといっしょに登れ。祭司たちと民とは、主のところに登ろうとして押し破ってはならない。主が彼らに怒りを発せられないために。」

22 ① 出19:24, レビ10:1-3, 21:6-8
23 ① 出19:12, ヨシ3:4
24 ① 出19:21, ② 出24:1　③ 出19:22

1 ① ネヘ9:13
2 ① 出20:2-17, 申5:6-21, マタ5章, 申26:3-40, マコ12:28-34, ルカ10:25-28
② 申5:6-21, 申13:3, レビ26:13, ヘブ7:8, 詩81:10, ホセ13:4, ルカ1:74, 75
3 ① 申4:35, 申6:4, 14, Ⅱ列17:35, 詩81:9, エレ25:6, 35:15,
4 ① レビ19:4, 26:1, 申4:15-18, 5:8, 27:15, イザ44:9-17

²⁵ そこでモーセは民のところに降りて行き、彼らに告げた。

十戒

20:1-17　並行記事－申5:6-21

20 ¹ それから神はこれらのことばを、ことごとく告げて仰せられた。
² 「わたしは、あなたをエジプトの国、奴隷の家から連れ出した、あなたの神、主である。
³ あなたには、わたしのほかに、ほかの神々があってはならない。
⁴ あなたは、自分のために、偶像を造っては

に教え罪を犯さないようにさせるため（19:16, 20:20, ⇒ヘブ12:18-21）、（4）意図的に神に従わないなら、審判と死がやってくることを人々に悟らせるためだった（19:12-25, ⇒ヘブ10:26-31）。

20:1　それから神はこれらのことばを、ことごとく告げて　旧約聖書の神の律法について　→「旧約聖書の律法」の項 p.158

20:2-17　十戒　十戒は最初神ご自身が書かれた（⇒申5:6-21）。神はそれを２枚の石の板に書きモーセに与えられた。モーセはそれをイスラエル人に伝えた（31:18, 32:16, 申4:13, 10:4）。人々は十戒に従うことによって神がエジプトでの奴隷状態から救ってくださったことについて感謝を示し、また神の前に正しく生きたいという自分たちの願いを示すことができた。それに加えて約束の地に住み続けるためには服従が求められていた（申4:1, 14,「**旧約聖書の律法**」の項 p.158）。

（1）十戒はイスラエルに対する神の道徳的律法を要約し、神と人々との両方に対する義務を説明している。キリストとその弟子たち、初代教会の指導者たちはこれらの戒めはキリスト者の行動の規則として今も有効であると確認している（マタ22:37-39, マコ12:28-34, ルカ10:27, ロマ13:9, ガラ5:14, ⇒レビ19:18, 申6:5, 10:12, 30:6）。これらの新約聖書のことばによれば、神への完全な愛と人々への無私の愛を示すという二つの戒めを守るなら、キリスト者は十戒を全部守ったことになる。この二つの戒めに従うことは単に規則に従うだけのことではない。心からの服従は正しい願い、動機、態度、行動などに現れる（→申6:5注）。このように、神の律法は内面の霊的な正しさを求めている。それは道徳的な性格や聖さ（道徳的霊的純潔性と悪からの分離、神の計画への献身）という外面的な行動に現れる。

（2）イスラエルの礼拝と社会生活を導いた旧約聖書の律法（→「**旧約聖書の律法**」の項 p.158）の大半は、もはや新約聖書の信仰者には適用されない。それらは後に来るすばらしいもののしるし、または「影」だったと聖書は言っている（ヘブ10:1）。イエス・キリストは旧約聖書の律法を成就し完成された（ヘブ10:1, ⇒マタ7:12, 22:37-40, ロマ13:8, ガラ5:14, 6:2）。けれども律法を廃止したり無意味にするために来られたのではない（マタ5:17）。律法には今でもあらゆる世代にあてはまる知恵と霊的原則が含まれている（→マタ5:17注）。

20:3　あなたには、わたしのほかに、ほかの神々があってはならない　この戒めは古代の近東の宗教の特徴だった多神教（多くの神々を礼拝すること）を守ることを許していない。イスラエル人はほかの民族の神々を礼拝したり、それに祈ったりするべきではなかった。ただ一人のまことの神だけを礼拝し（⇒申32:39）、「**主を恐れ・・・主に仕え**」ることが命じられていた（ヨシ24:14-15）。この戒めはキリストを信じる者に適用されるとき少なくとも三つのことを意味している。

（1）神以外のだれも何ものも礼拝してはならない。「ほかの神々」や霊、死者に祈ったり導きを求めたりしてはならない（⇒レビ17:7, 申6:4, 32:17, 詩106:37, Ⅰコリ10:19-20）。第一の戒めは特に交霊術（悪魔礼拝）、占い（霊によって隠れた知識を見出したり未来のことを告げたりすること）、そのほかの偶像礼拝（にせの神々やその像を拝むこと）を防ぐものだった（⇒申18:9-22）。

（2）キリスト者は神のご計画のために自分を分離しておかなくてはならない。人生を導く方は神以外にはおられない。それで祈ることと神のことばを学ぶことが非常に重要になる（マタ4:4, →「**聖書の霊感と権威**」の項 p.2323）。

（3）信仰者の人生の目的は心とたましい、思いと力を尽くして神を知り愛することでなければならない。神はその人々の人生に最も良いものを備えてくださると神のことばと神の御霊は保証している（申6:5, 詩119:2, マタ6:33, ピリ3:8, →マタ22:37注, コロ3:5注）。

20:4　偶像を・・・どんな形をも　イスラエルは神々

旧約聖書の律法

「それから神はこれらのことばを、ことごとく告げて仰せられた。『わたしは、あなたをエジプトの国、奴隷の家から連れ出した、あなたの神、【主】である。」(出エジプト記20:1-2)

　イスラエル人がシナイ山で体験した最も重要なことは神の律法が与えられたことだった。その律法は指導者モーセを通して与えられたので、「モーセの律法」と呼ばれることもある。ヘブル語では「トーラー」と呼ばれるけれどもそれは「教え」を意味している。律法には次の三つの分野がある。(a) 道徳律－人々が聖く道徳的に正しく清い生活をするために神が定めた規定(出20:1-17)。(b) 民法－民族としてのイスラエルの法律的、社会的生活を扱っている(出21:1-23:33)。(c) 儀式法－主に対するイスラエルの礼拝の形式と儀式を取扱っている。この部分には種々のいけにえに関する規則が含まれている(出24:12-31:18)。この律法の主な目的と機能は以下の通りである。

　(1) 律法は神がご自分の民と結んだ契約(神の律法と約束、そして神に対する人々の忠誠に基づく「終生協定」)の一部分である。そこには人々が忠誠心をもって守るように神が期待しておられる要件や条件が描かれている。イスラエル人はこの契約の義務と責任を正式に受入れた(出24:1-8, →**「イスラエル人との神の契約」の項 p.351**)。

　(2) イスラエルは奴隷の状態から奇蹟的に救い出してくださった神のあわれみを土台にして律法を受入れた(出19:4)。神の命令に従って過越の子羊の血を塗ってエジプトから救われた(出20:2)人々が律法を受入れたのは、そのあとのことだった。そして旅行中の必要を神がやさしく供給しておられる間は律法を受入れていた(出19:4)。

　(3) 律法は神とほかの人々に対して神の民がどのように行動をしたらよいのかを啓示している(出19:4-6, 20:1-17, 21:1-24:8)。また犯した罪を償う(ものごとを是正するために必要なこと)ために必要な血のいけにえについて規定していた(レビ1:5, 16:33)。けれども律法は人々を救うため、あるいは神との関係を保証するために作られたものではなかった。神の規則を守っても神への反抗や反逆の埋合せにはならなかった。なぜなら反抗は心の態度が行動に表れたものだからである。さらに旧約聖書の律法は、神が既に関係を築いた人々に与えられたものだった(出20:2)。むしろ律法は神とほかの人々との関係の中でどのように生きることを神が望んでおられるかを教えていた。神はイスラエル人が神の助けを受けながら律法に従い、神との信仰による関係を楽しめるようになることを期待しておられた(申28:1-2, 30:15-20)。

　(4) 旧約聖書でも新約聖書でも神の命令を守ることは、神に頼りみことばをそのまま受取り(創15:6)、神を愛すること(申6:5)を意味している。この点でイスラエルはしばしば失敗した。なぜなら信仰と愛、神を知り神を喜ばせようという思いをもって律法を守らなかったからである。新約聖書でパウロは、イスラエルは「信仰によって追い求めることをしない」(ロマ9:32)ので、律法が目指した義に到達することがなかったと言っている。

　(5) 律法が強調しているのは、愛の心から神に従うことが(→創2:9注, 申6:5注)、主からの祝福に満ちた充実した生活を生み出すという永遠の真理だった(⇒創2:16注, 申4:1, 40, 5:33, 8:1, 詩119:45, ロマ8:13, Ⅰヨネ1:7)。

　(6) 律法は愛、慈愛、正義、悪に対する嫌悪などの神のご性格を表している。イスラエル人は神のかたちに創造されたので、神の道徳律を守るように期待された(レビ19:2)。それは神に応答する能力を持ち、神との個人的関係を持ち、その愛とご性格を反映できるからである。

　(7) 旧約聖書の救いは命令をことごとく完全に守ることを条件としたものではなかった。そこでイスラエルと神との関係の中にいけにえの制度が加えられたのである。それによって、律法を破ったけれども真心

から悔い改めて、神があわれみをかけてくださることに頼る人々に罪が赦される道が提供された。

　(8) 旧約聖書の律法と契約はそれ自体完全ではなかったし、永久に続くものとされていなかった。律法はキリストが来られるまで、神の民を一時的に導き守るものだった(ガラ3:22-26)。古い契約は今や新しい契約によって達成されたのである。この新しい「協定」によって神はご自分の救いの計画を完全に明らかにされた。それは罪による最終的破滅から人々を救い出し神との個人的関係に回復することで、イエス・キリストを通して実現した(ロマ3:24-26, →ガラ3:19注)。このことは律法の中の道徳的原則は今日の私たちにはもはや必要ではないとか重要ではないという意味ではない。道徳的純粋さと真理に関する神の標準は今日も有効である。けれども神の御霊がこの標準に従って生活するのを助けてくださる。御霊の助けがなければ、私たちはそのように生活することができないからである。新しい契約の中で、神は律法を人々の思いと心の中に置いてくださると約束された(ヘブ8:7-12, 10:16)。主イエスは「わたしが来たのは律法や預言者を廃棄するため・・・ではなく、成就するため・・・です」(マタ5:17)と言われた。

　(9) 神は律法を「違反を示すために」(ガラ3:19)与えられた。それは私たちが境界線を越えて神の命令に背いたからである。そのために律法は、(a) 行動を規定する(見張る、または管理する)ため、(b) 罪とは何かを定義するため、(c) 神のご計画を破ろうとする人間の傾向と神の完全な標準に到達することが不可能なことを明らかにするため(⇒ロマ3:20)、(d) 神のあわれみと恵みが必要であることを教えるため(⇒ロマ5:20)に計画されたものだった。こうして人々は罪の結果から救い出され、神との関係を築くためには神の助けが必要であることを認識するようになった(⇒ロマ8:2)。

ならない。上の天にあるものでも、下の地にあるものでも、地の下の水の中にあるものでも、どんな形をも造ってはならない。

5 それらを拝んではならない。それらに仕えてはならない。あなたの神、主であるわたしは、ねたむ神、わたしを憎む者には、父の咎を子に報い、三代、四代にまで及ぼし、

6 わたしを愛し、わたしの命令を守る者には、恵みを千代にまで施すからである。

7 あなたは、あなたの神、主の御名を、みだりに唱えてはならない。主は、御名をみだりに唱える者を、罰せずにはおかない。

8 安息日を覚えて、これを聖なる日とせよ。

9 六日間、働いて、あなたのすべての仕事をしなければならない。

5 ①出23:24, ヨシ3:7, II列17:35,
6①ゼカ7:10, ロマ1:25, ②出34:14, 申4:24,
6:15, ヨシ24:19, 詩78:58, ナホ1:2,
出34:7, 民14:18, ヨブ21:19,
詩109:14, イザ65:6,7, エレ32:18
6①出20:6, 申5:10,7:9, 詩103:17
7①レビ19:12, ＊別訳「あなたの神,主の名によって偽りの誓いをしてはならない」, ＊＊あるいは「無罪にはしない」
8①出20:8-11, 申31:13-17, レビ19:3,
30,26:2, イザ56:2,58:13,66:23,
エレ17:22, エゼ20:12, ルカ4:16
9①出20:9,10, 申16:26,23:12,
34:21,35:2,3, レビ23:3, エゼ46:1
10①創2:2,3, ヘブ4:13:15-19, ルカ13:14
11①創2:2,3
12①出20:12-17, ロマ13:8-10
①レビ19:3, 申27:16, 箴20:20,
マタ15:4-6,19:19, マコ7:10,
ルカ18:20, エペ6:3
②申5:33,6:2,11:9, エペ6:3
13①出20:13-16, マタ15:19
①出21:12, 申24:17, マタ5:21,
19:18, マタ10:19, ルカ18:20,
ロマ13:9, ヤコ2:11

10 しかし七日目は、あなたの神、主の安息である。あなたはどんな仕事もしてはならない。——あなたも、あなたの息子、娘、それにあなたの男奴隷や女奴隷、家畜、また、あなたの町囲みの中にいる在留異国人も——

11 それは主が六日のうちに、天と地と海、またそれらの中にいるすべてのものを造り、七日目に休まれたからである。それゆえ、主は安息日を祝福し、これを聖なるものと宣言された。

12 あなたの父と母を敬え。あなたの神、主が与えようとしておられる地で、あなたの齢が長くなるためである。

13 殺してはならない。

を象徴するどんなかたちも偶像も造ってはならなかった(⇒申4:19, 23-28)。さらに、主である神ご自身の像も造ってはならなかった。神はあまりにも偉大だから、人間が造ったものによって現すことはできない。今日のキリスト者にとってもこの第二の戒めは、拝んだり、祈ったり、何か霊的助けを得るために神や動物の像を造ってはならないことを意味している(⇒申4:15-16)。この戒めの背後にある原則は父、御子、御霊の三つの位格(三位一体)全部に等しくあてはまる。(1) どんな神の像も絵画も神の荘厳な栄光と特性を正しく現すことはできない(⇒イザ40:18)。(2) 神はその力、権威、知識、特性においてだれよりも、また何よりもはるかに優れた方である。人間が造った像はどんなものでも神の姿をおとしめるだけである。それは神が既に人類に示された栄光と絶対に釣合うものではない(⇒32:1-6)。(3) 私たちは像や絵をもとに神を考えてはならない。神はみことばの中に、そしてさらにキリストのご生涯を通してご自分を十分に啓示されている(⇒ヨハ17:3, →「偶像礼拝」の項 p.468)。

20:5 子に →34:7注

20:7 【主】の御名を、みだりに唱えてはならない 神の御名をみだりに唱えるということは神の御名によってにせの誓いをすること(レビ19:12, ⇒マタ5:33-37)や、御名を不まじめにあるいは軽率に使うことである。それにはのろうこと、冒瀆すること(神の評判を悪くする、無礼なことをする、侮辱する、神に反抗して話すこと)も含まれた(レビ24:10-16)。神の名は神聖であるから大切にし尊敬し、用いるときには純粋で適切な方法でしなければならない(→マタ6:9注)。

20:8 安息日を覚えて 旧約聖書の安息日は週の七日目だった。その日を聖い日とするということはその日をほかの日と区別し異なった日とすることである。だれも働いてはならなかった。人々はその日を通常の活動からの休息のときとして使い、神を礼拝し尊ぶときとするのである。また霊的なこと、永遠のことに焦点を合せるのである(20:9-11, ⇒創2:2-3, イザ58:13-14)。(1) イスラエル人は神ご自身が6日間創造の働きをしたあとで休まれた模範にならうように期待された(20:11, 創2:2-3)。神はこの日を私たちのために定められた。それは霊的、精神的、肉体的にリフレッシュする日を持つためである。(2) 安息日は人々が神のものであることを示すしるしだった(31:13)。(3) その日はまたエジプトの奴隷状態から奇蹟的に救い出されたことを思い出させる日でもあった(申5:15, →マタ12:1注)。

20:12 あなたの父と母を敬え この戒めには両親に親切にし物質的に支え、尊敬し従うことなどが含まれている(エペ6:1-3, コロ3:20)。神は不親切なことば、失礼な態度、危害を及ぼす行為を禁止しておられる。(1) 21:15, 17で神は父や母を打つ者、のろう者は殺されるべきだと言っておられる。これは両親を敬うことを神が重要視しておられることを示している(→エペ6:1注)。(2) この戒めと関連して、親には子どもを愛して、神を知り、神を愛し従うことの意味を教える責任がある(申4:9, 6:6-7, エペ6:4)。

20:13 殺してはならない 第六の戒めは故意の意図的殺人(わざと他人のいのちを奪うこと)を禁じている(→マタ5:22注)。それは私たちが予想することとは異なり、ある人々にとっては厳し過ぎると見えるかもしれないけれども神はこれに従わない罰として死刑を定められた。それはいのちにはいのちをという全く公正なこととみなされる(→創9:6注)。新約聖書は殺人だけ

出エジプト記　20章　161

14 姦淫してはならない。
15 盗んではならない。
16 あなたの隣人に対し、偽りの証言をしてはならない。
17 あなたの隣人の家を欲しがってはならない。すなわち隣人の妻、あるいは、その男奴隷、女奴隷、牛、ろば、すべてあなたの隣人のものを、欲しがってはならない。」
18 民はみな、雷と、いなずま、角笛の音と、煙る山を目撃した。民は見て、たじろぎ、遠く離れて立った。

14 ①レビ20:10、マタ5:27,28、19:18、マコ10:19、ルカ18:20、ロマ13:9、ヤコ2:11
15 ①レビ19:11,13、マタ19:18、マコ10:19、ルカ18:20、ロマ13:9、エペ4:28
16 ①出23:1,7、申19:16、箴14:5,25、マタ19:18、マコ10:19、ルカ18:20
17 ①レビ20:10、Ⅱサム11章、申7:31,9,10、箴6:29、エレ5:8、ミカ2:2、ルカ12:15、使20:33、ロマ7:7,13、Ⅰコリ6:9、エペ5:3、ヘブ13:4
18 ①申19:16、ヘブ12:18,19
19 ①申5:5,23-27,18:16 ①申33:20、申5:25
20 ①申14:13、Ⅰサム12:20、イザ41:10,13,14、②申15:25、創22:1、申8:2,13,3、③申4:10,6:24,10:12、17:13,19,28:58、箴3:7,16:6

19 彼らはモーセに言った。「どうか、私たちに話してください。私たちは聞き従います。しかし、神が私たちにお話しにならないように。私たちが死ぬといけませんから。」
20 それでモーセは民に言った。「恐れてはいけません。神が来られたのはあなたがたを試みるためなのです。また、あなたがたに神への恐れが生じて、あなたがたが罪を犯さないためです。」
21 そこで、民は遠く離れて立ち、モーセは

ではなく憎しみをも禁じている。それは人が傷つき死ぬことを願う原因になるからである（Ⅰヨハ3:15）。また、ほかの人々を霊的に傷つけるようなひどい行為や影響力も禁じている（→マタ5:22注、18:6注）。

20:14 姦淫してはならない　この第七の戒め（⇒レビ20:10、申22:22）は性的罪を全部含んでいる（マタ5:27-32、Ⅰコリ6:13-20）。神は姦淫（配偶者への不誠実）をひどく嫌われ、聖書はその問題が出るたびに罪深い不純な行為としている。聖書は姦淫について次のことを教えている。

（1）それは十戒に入れられた神の道徳的律法を破るものである。

（2）旧約聖書の律法では、その罰は死刑だった（レビ20:10、申22:22）。

（3）その結果は深刻で持続する（Ⅱサム11:1-17、12:14、エレ23:10-11、Ⅰコリ6:16-18）。姦淫を犯す人は自分自身に破滅をもたらす（箴6:32-33）。

（4）神の民の指導者が姦淫を行うとき、その結果は最もひどく破壊的である。この罪を犯す人は神のことばと主ご自身を侮辱している（Ⅱサム12:9-10）。キリスト者でも結婚に不誠実な人は教会の指導者になる資格がない（→「**監督の道徳的資格**」の項p.2303）。旧約聖書の時代に姦淫がかなり行われていた理由の一つには、不誠実でうそをつき、神を信じない預言者や祭司たちの影響があった（エレ23:10-14、29:23）。

（5）神の共同体の中にいる人が姦淫と見境のない（抑制のない、行当りばったりの）性的行動をとるのは、ほかのことで先に神に対して不誠実になり、霊的姦淫を行っていることを象徴的に示している（ホセ4:13-14、9:1、→「**背教**」の項p.2350）。

（6）姦淫は内面の欲望から始まる。それから肉体的な行為になる。情欲は明らかに罪であると聖書は示している（ヨブ31:1,7、→マタ5:28注）。

（7）姦淫は深刻な問題であり、罪を犯していないもう一方の配偶者の結婚生活を離婚によって終らせることにもなる（→マタ19:9注、マコ10:11注）。離婚は神が非難されていることである。

（8）教会内での性的不道徳は処分されなければならない。絶対に大目に見てはならない（Ⅰコリ5:1-13）。

（9）姦淫を犯して悔い改め（罪をやめて神に立返り、行動を変える）ない人は神の国の中にいることはできない。神が与えられるいのちと救いから自分自身を切離してしまうからである（Ⅰコリ6:9、ガラ5:19-21）。

（10）姦淫と売春は、教会が神を拒んで行い始める邪悪なことを描写する象徴的なことばになっている（黙17:1-5、→黙17:1注）。

20:15 盗んではならない　この戒めはほかの人々の金銭や物を盗むことを禁じている。だますことも盗みの一つである（Ⅱコリ8:21）。第八番目の戒めは人々とのあらゆるやり取りの中で完全に正直であることを求めている。

20:16 偽りの証言をしてはならない　第九番目の戒めはほかの人々の名声と評判を保護するものである。私たちは人の性格や行動についてうそや誤解を招くようなことを言うべきではない。人については公平で正しいかたちで話さなくてはならない（⇒レビ19:16、→ヨハ8:44注、Ⅱコリ12:20注）。この戒めはうそをつくことを全面的に禁じている（⇒レビ6:2-3、箴14:5、コロ3:9）。

20:17 欲しがってはならない　（1）この戒めは外面的な行動だけを指しているのではない。誤った動機や欲望も非難している。ほしがるということは良くない物やほかの人々の持物をねたんでほしがることである。新約聖書でパウロは、この戒めは私たちがどんなに罪深いかを示していると言っている（ロマ7:7-13）。（2）ほかの戒めと同じようにこの律法は、神から離れた人がどれほど堕落しているかを暴露している。人はみな神の恵みと赦し、力を必要としている（⇒ルカ12:15-21、ロマ7:24-25、エペ5:3）。聖霊による新生だけが神に喜ばれる生き方をする力を与えてくれる（→ロマ8:2注）。

20:20 恐れてはいけません　シナイ山での光景と音でイスラエル人はおびえて谷の反対側にまで退いたけ

神のおられる暗やみに近づいて行った。

偶像と祭壇

²² 主はモーセに仰せられた。「あなたはイスラエル人にこう言わなければならない。あなたがた自身、わたしが天からあなたがたと話したのを見た。
²³ あなたがたはわたしと並べて、銀の神々を造ってはならない。また、あなたがた自身のために金の神々も造ってはならない。
²⁴ わたしのために土の祭壇を造り、その上で、羊と牛をあなたの全焼のいけにえとし、和解のいけにえとしてささげなければならない。わたしの名を覚えさせるすべての所で、わたしはあなたに臨み、あなたを祝福しよう。
²⁵ あなたが石の祭壇をわたしのために造るなら、切り石でそれを築いてはならない。あなたが石に、のみを当てるなら、それを汚すことになる。
²⁶ あなたは階段で、わたしの祭壇に上ってはならない。あなたの裸が、その上にあらわれてはならないからである。

21

¹ あなたが彼らの前に立てる定めは次のとおりである。

ヘブル人の奴隷

21:2-6　並行記事―申15:12-18
21:2-11　参照―レビ25:39-55

² あなたがヘブル人の奴隷を買う場合、彼は六年間、仕え、七年目には自由の身として無償で去ることができる。

21①出19:16, 申5:22, Ⅰ列8:12, Ⅱ歴6:1
22①申4:36, 5:24, 26, ネヘ9:13
23①出20:3, Ⅰサム5:4,5, Ⅱ列17:33, エゼ20:39, 43:8, ゼパ1:5, Ⅱコリ6:14-16
②出32:1-4, 申29:17, ダニ5:4, 23
24①→創8:20
②創5:29, 28, 32:6, レビ1:3, 6, 9, 4:10, 26, 31, 35, 6:12, 7:11, 14, 18, 20, 21, 29, 32, 33, 34, 37, 9:4, 18, 22, 10:14, 17:5, 19:5, 22:21, 23:19, →民6:14
③申12:5, 11, 21, 14:23, 16:6, 11, 26:2, Ⅰ列8:43, 9:3, 申6:6, 7:16, 12:13, エズ6:12, ネヘ1:9, 詩74:7, エレ7:10-12
④創12:2, 申7:13
25①申27:5, 6, ヨシ8:31
26①出28:42, 43

1①出24:3, 申4:14, 6:1
2①出21:2, レビ25:39-46, 申15:12-18, エレ34:8-16

6①出22:8, 9
* 別訳「さばきびと」
7①ネヘ5:5
9①出21:2, 3
10①Ⅰコリ7:3-5

³ もし彼が独身で来たのなら、独身で去り、もし彼に妻があれば、その妻は彼とともに去ることができる。
⁴ もし彼の主人が彼に妻を与えて、妻が彼に男の子、または女の子を産んだのなら、この妻とその子どもたちは、その主人のものとなり、彼は独身で去らなければならない。
⁵ しかし、もし、その奴隷が、『私は、私の主人と、私の妻と、私の子どもたちを愛しています。自由の身となって去りたくありません』と、はっきり言うなら、
⁶ その主人は、彼を神のもとに連れて行き、戸または戸口の柱のところに連れて行き、彼の耳をきりで刺し通さなければならない。彼はいつまでも主人に仕えることができる。
⁷ 人が自分の娘を女奴隷として売るような場合、彼女は男奴隷が去る場合のように去ることはできない。
⁸ 彼女がもし、彼女を自分のものにしようと定めた主人の気に入らなくなったときは、彼は彼女が贖い出されるようにしなければならない。彼は彼女を裏切ったのであるから、外国の民に売る権利はない。
⁹ もし、彼が彼女を自分の息子のものとするなら、彼女を娘に関する定めによって、取り扱わなければならない。
¹⁰ もし彼が他の女をめとるなら、先の女への食べ物、着物、夫婦の務めを減らしてはならない。
¹¹ もし彼がこれら三つのことを彼女に行わないなら、彼女は金を払わないで無償で去ることができる。

れどもモーセは恐れおののかないようにと注意した。神は人々に感動を与え、神を恐れ尊ぶようにご自分の力を見せられたのである。それは人々が神に逆らうことがないようにするためだった。

21:1　定めは次のとおりである　ここからの区分（20:22-23:33）には「契約の書」（24:7）、つまりイスラエルの社会と礼拝を管理する律法が記録されている。これらの律法は主として公の共同生活に関するものである。そしてイスラエルとその宗教、当時の生活情況や環境にのみあてはまるものだった。けれどもその土台になっている原則（根本的な理由や真理）はいのちの尊厳や正義と公平さへの献身をも含めて、いつの時代にも有効であり適切なものである。

21:2　ヘブル人の奴隷　神はイスラエルの奴隷制度と一夫多妻（複数の配偶者を持つこと）のような悪い慣習をすぐに禁止されなかった。けれどもこの悪い慣習（⇒レビ25:39-40, 申15:12-18）によって好ましくない影響を受けた人々に配慮し恵みを示す規則を与えられた。この慣習は神が意図されたことではなかったけれども神はしばらくの間大目に見、許されたのである。それは神の原則と指針の価値を人々が理解し悟るのが遅く、むしろ反抗的だったからである（⇒マタ19:8, →創29:28注）。奴隷制度に関して神が定められた律法は周辺民族の慣習に比べるとはるかに慈悲深い扱い方を認めていた。けれども新約聖書では、神は人間関係についてこれよりも高い標準を示しておられ

出エジプト記　21章

人への危害

¹²人を打って死なせた者は、必ず殺されなければならない。
¹³ただし、彼に殺意がなく、神が御手によって事を起こされた場合、わたしはあなたに彼ののがれる場所を指定しよう。
¹⁴しかし、人が、ほしいままに隣人を襲い、策略をめぐらして殺した場合、この者を、わたしの祭壇のところからでも連れ出して殺さなければならない。
¹⁵自分の父または母を打つ者は、必ず殺されなければならない。
¹⁶人をさらった者は、その人を売っていても、自分の手もとに置いていても、必ず殺されなければならない。
¹⁷自分の父または母をのろう者は、必ず殺されなければならない。
¹⁸人が争い、ひとりが石かこぶしで相手を打ち、その相手が死なないで床についた場合、¹⁹もし再び起き上がり、杖によって、外を歩くようになれば、打った者は罰せられない。ただ彼が休んだ分を弁償し、彼が完全に直るようにしてやらなければならない。
²⁰自分の男奴隷、あるいは女奴隷を杖で打ち、その場で死なせた場合、その者は必ず復讐されなければならない。
²¹ただし、もしその奴隷が一日か二日生きのびたなら、その者は復讐されない。奴隷は彼の財産だからである。
²²人が争っていて、みごもった女に突き当たり、流産させるが、殺傷事故がない場合、彼はその女の夫が負わせるだけの罰金を必ず払わなければならない。その支払いは裁定による。
²³しかし、殺傷事故があれば、いのちにはいのちを与えなければならない。
²⁴目には目。歯には歯。手には手。足には足。
²⁵やけどにはやけど。傷には傷。打ち傷には打ち傷。
²⁶自分の男奴隷の片目、あるいは女奴隷の片目を打ち、これをそこなった場合、その目の代償として、その奴隷を自由の身にしなければならない。
²⁷また、自分の男奴隷の歯一本、あるいは女奴隷の歯一本を打ち落としたなら、その歯の代償として、その奴隷を自由の身にしなければならない。
²⁸牛が男または女を突いて殺した場合、その牛は必ず石で打ち殺さなければならない。その肉を食べてはならない。しかし、その牛の持ち主は無罪である。
²⁹しかし、もし、牛が以前から突くくせがあり、その持ち主が注意されていても、それを監視せず、その牛が男または女を殺したのなら、その牛は石で打ち殺し、その持ち主も殺されなければならない。
³⁰もし彼に贖い金が課せられたなら、自分に課せられたものは何でも、自分のいのちの償いとして支払わなければならない。
³¹男の子を突いても、女の子を突いても、この規定のとおりに処理されなければならない。
³²もしその牛が、男奴隷、あるいは女奴隷を突いたなら、牛の持ち主はその奴隷の主人に銀貨三十シェケルを支払い、その牛は

12①創9:6、レビ24:17、民35:30, 31、マタ26:52
13①民35:10-15, 22-28、申19:1-10、ヨシ20章
＊あるいは「つけねらったのでなく」、「計画したのでなく」
14①民35:16-21、申19:11-13
②民15:30、ヘブ10:26
③Ⅰ列1:50-53, 2:28-34、Ⅱ列11:15, 16
16①申24:7
①創37:28
17①レビ20:9、申27:16、箴19:26, 20:20、マタ15:4、マコ7:10
21①レビ25:44-46

22＊別訳「胎児の月数」
23①出21:23-25、創4:23、レビ24:19, 20、申19:21、エレ50:29、マタ5:38-42、Ⅰテサ5:15
28①創9:5
29①出21:36
30①出21:22
②民35:31
32①ゼカ11:12, 13、マタ26:15
②出21:28

る（→ヨハ13:34注、コロ3:22注）。

21:12-17　必ず殺されなければならない　この箇所には死刑に値する四つの犯罪が挙げられている。けれどもそれは計画的殺人（21:12, 14）、自分の両親を肉体的に傷つけること（21:15）、誘拐（21:16）、両親を自分のことばや態度でのろうこと（21:17）である。このような厳しい処罰は、礼儀正しい人間関係（ほかの人々とのやり取りの仕方）と家族関係を神が重視しておられることを示している。

21:22-23　流産させる　いのちを守る神の律法には胎児の保護も含まれている。
　（1）21:22には暴力を受けたために早産（完全に生育して生れる状態になっていない子どもを生むこと）をした女性のことが書いてある。危害を加えた者は重い処罰を受けなければならなかった。
　（2）もし母親か子どもが重傷だったら、そのとき「報復法」が適用される。加害者（傷を負わせた者）は通常の事件と同じ方法で弁償するか、同じ苦しみを受けなければならなかった。もし母親か子どもが死んだときには加害者は殺人者になった。それは死刑を意味した（21:23）。そのような場合、胎児は一人の人間と見なされ胎児の死は殺人と見なされたのである。
　（3）偶然にだれかを死なせたことに対して加害者に死が求められるのは律法の中で唯一、この場合だけである（⇒申19:4-10）。原則は明らかである。神は自分を守ることができない人（胎児）を守り弁護しようと

石で打ち殺されなければならない。

33 井戸のふたをあけていたり、あるいは、井戸を掘って、それにふたをしないでいたりして、牛やろばがそこに落ち込んだ場合、

34 その井戸の持ち主は金を支払って、その持ち主に償いをしなければならない。しかし、その死んだ家畜は彼のものとなる。

35 ある人の牛が、もうひとりの人の牛を突いて、その牛が死んだ場合、両者は生きている牛を売って、その金を分け、また死んだ牛も分けなければならない。

36 しかし、その牛が以前から突くくせのあることがわかっていて、その持ち主が監視をしなかったのなら、その人は必ず牛は牛で償わなければならない。しかし、その死んだ牛は自分のものとなる。

財産の保護

22 ¹ 牛とか羊を盗み、これを殺したり、これを売ったりした場合、牛一頭を牛五頭で、羊一頭を羊四頭で償わなければならない。

² ――もし、盗人が、抜け穴を掘って押し入るところを見つけられ、打たれて死んだなら、血の罪は打った者にはない。

³ もし、日が上っていれば、血の罪は打った者にある――盗みをした者は必ず償いをしなければならない。もし彼が何も持っていないなら、盗んだ物のために、彼自身が売られなければならない。

⁴ もし盗んだ物が、牛でも、ろばでも、羊でも、生きたままで彼の手の中にあるのが確かに見つかったなら、それを二倍にして償わなければならない。

⁵ 家畜に畑やぶどう畑の物を食べさせるとき、その家畜を放ち、それが他人の畑の物を食い荒らした場合、その人は自分の畑の最良の物と、ぶどう畑の最良の物とをもって、償いをしなければならない。

⁶ 火災を起こし、それがいばらに燃え移り、そのため積み上げた穀物の束、あるいは立穂、あるいは畑を焼き尽くした場合、出火させた者は、必ず償いをしなければならない。

1 ①箴6:31
②IIサム12:6, ルカ19:8
2 ①マタ6:19
4 ①出22:7

7 ①出22:7-15, レビ6:2-7
②出22:4
8 ①出21:6, 22:9, 申17:8,9, II歴19:10
＊別訳「さばきびと」
9 ＊直訳「そむきの事件」
①出21:6, 22:8
11 ①ヘブ6:16
12 ①創31:39
13 ＊「野獣」は補足
14 ＊「家畜」は補足
16 ①出22:16, 17, 申22:28, 29
②創34:12, 申22:29, Iサム18:25

⁷ 金銭あるいは物品を、保管のために隣人に預け、それがその人の家から盗まれた場合、もし、その盗人が見つかったなら、盗人はそれを二倍にして償わなければならない。

⁸ もし、盗人が見つからないなら、その家の主人は神の前に出て、彼が隣人の財産に絶対に手をかけなかったことを誓わなければならない。

⁹ ＊すべての横領事件に際し、牛でも、ろばでも、羊でも、着物でも、どんな紛失物でも、一方が、『それは自分のものだ』と言う場合、その双方の言い分を、神の前に持ち出さなければならない。そして、神が罪に定めた者は、それを二倍にして相手に償わなければならない。

¹⁰ ろばでも、牛でも、羊でも、またどんな家畜でも、その番をしてもらうために隣人に預け、それが死ぬとか、傷つくとか、奪い去られるとかして、目撃者がいない場合、

¹¹ 隣人の財産に絶対に手をかけなかったという主への誓いが、双方の間に、なければならない。その持ち主がこれを受け入れるなら、隣人は償いをする必要はない。

¹² しかし、もしそれが確かに自分のところから盗まれたのなら、その持ち主に償いをしなければならない。

¹³ もしそれが確かに＊野獣に裂き殺されたのなら、証拠としてそれを持って行かなければならない。裂き殺されたものの償いをする必要はない。

¹⁴ 人が隣人から＊家畜を借り、それが傷つくか、死ぬかして、その持ち主がいっしょにいなかった場合は、必ず償いをしなければならない。

¹⁵ もし、持ち主がいっしょにいたなら、償いをする必要はない。しかし、それが賃借りの物であったなら、借り賃は払わなければならない。

社会的責任

¹⁶ まだ婚約していない処女をいざない、彼女と寝た場合は、その人は必ず花嫁料を払って、彼女を自分の妻としなければならない。

出エジプト記　22-23章

17 もし、その父が彼女をその人に与えることを堅く拒むなら、その人は処女のために定められた花嫁料に相当する銀を支払わなければならない。

18 呪術を行う女は生かしておいてはならない。

19 獣と寝る者はすべて、必ず殺されなければならない。

20 ただ主ひとりのほかに、ほかの神々にいけにえをささげる者は、聖絶しなければならない。

21 在留異国人を苦しめてはならない。しいたげてはならない。あなたがたも、かつてはエジプトの国で、在留異国人であったからである。

22 すべてのやもめ、またはみなしごを悩ませてはならない。

23 もしあなたが彼らをひどく悩ませ、彼らがわたしに向かって切に叫ぶなら、わたしは必ず彼らの叫びを聞き入れる。

24 わたしの怒りは燃え上がり、わたしは剣をもってあなたがたを殺す。あなたがたの妻はやもめとなり、あなたがたの子どもはみなしごとなる。

25 わたしの民のひとりで、あなたのところにいる貧しい者に金を貸すのなら、彼に対して金貸しのようであってはならない。彼から利息を取ってはならない。

26 もし、隣人の着る物を質に取るようなことをするのなら、日没までにそれを返さなければならない。

27 なぜなら、それは彼のただ一つのおおい、彼の身に着ける着物であるから。彼はほかに何を着て寝ることができよう。彼がわたしに向かって叫ぶとき、わたしはそれ

18 ①出7:11、Ⅱ歴33:6、申18:10, 11、エレ27:9, 10
19 ①レビ18:23, 20:15, 16、申27:21
20 ①出32:8, 34:15、レビ17:7、民22:2-5、申13:6, 13, 17:3　②レビ27:28
21 ①出23:9、レビ19:33, 34　②レビ19:34、申1:16, 10:18, 19, 24:14, 27:19、詩94:6, 146:9、エレ7:6, 22:3、エゼ22:7、ゼカ7:10、マラ3:5
22 ①申10:18, 27:19、詩68:5, 94:6, 146:9、箴23:10, イザ1:17, 23, 10:2、エレ7:6, 22:3、エゼ22:7、ゼカ7:10、マラ3:5
23 ①申24:15、詩10:14, 18、箴23:11,＊七十人訳による「彼」②詩22:27、申15:9、ヨブ34:28, 35:9、詩18:6, 145:19、ルカ18:7、ヤコ5:4
24 ①詩109:9、哀5:3
25 ①レビ25:35-37、申15:7-11, 23:19, 20、ネヘ5:7, 10、詩37:26、エゼ18:8, 17、箴28:8
26 ①出22:26, 27、申24:6, 10-13、箴22:26, 24:3, 9、箴20:16、アモ2:8
27 ①出22:23
②出34:6、Ⅱ歴30:9、詩86:15
28 ①レビ24:15, 16
②伝10:20、使23:5、ユダ8
29 ①出23:16, 19、申26:1-11、箴3:9, ②出13:2, 12, 34:19
30 ①出15:19, ②創17:12、レビ12:3, 22:27
31 ①出19:6、レビ11:44, 19:2 ②レビ7:24, 17:15, 22:8、エゼ4:14, 44:31

1 ①出20:16, 23:7、レビ6:3, 19:11, 12、申5:20、詩101:7、箴10:18、申19:16-21、Ⅰ列21:10, 13、詩35:11、使19:5, 9, 28、マタ26:59-61、使6:13
2＊直訳「多数の者」①箴24:28
3 ①出23:6、レビ19:15、申1:17
4 ①出23:4, 5、ヨブ31:29、箴24:17, 25:21、マタ5:44、ロマ12:20、Ⅰテサ5:15 ②申22:1-4
6 ①出23:2, 3、レビ19:15, 17、16:18-20, 27:19、ヨブ31:13, 21、詩72:2, 82:3、伝5:8、イザ10:1, 2、エレ5:28、アモ5:12
7 ①出20:16, 23:1、レビ19:11、詩119:29、エペ4:25

を聞き入れる。わたしは情け深いから。

28 神をのろってはならない。また、民の上に立つ者をのろってはならない。

29 あなたの豊かな産物と、あふれる酒とのささげ物を、遅らせてはならない。
あなたの息子のうち初子は、わたしにささげなければならない。

30 あなたの牛と羊についても同様にしなければならない。七日間、その母親のそばに置き、八日目にわたしに、ささげなければならない。

31 あなたがたは、わたしの聖なる民でなければならない。野で獣に裂き殺されたものの肉を食べてはならない。それは、犬に投げ与えなければならない。

公正と慈悲の律法

23 1 偽りのうわさを言いふらしてはならない。悪者と組んで、悪意ある証人となってはならない。

2 悪を行う権力者の側に立ってはならない。訴訟にあたっては、権力者にかたよって、不当な証言をしてはならない。

3 また、その訴訟において、貧しい人を特に重んじてもいけない。

4 あなたの敵の牛とか、ろばで、迷っているのに出会った場合、必ずそれを彼のところに返さなければならない。

5 あなたを憎んでいる者のろばが、荷物の下敷きになっているのを見た場合、それを起こしてやりたくなくても、必ず彼といっしょに起こしてやらなければならない。

6 あなたの貧しい兄弟が訴えられた場合、裁判を曲げてはならない。

7 偽りの告訴から遠ざからなければならな

されるのである。

22:18　呪術を行う女　これは魔術やオカルト（→使19:19注、黙9:21注）を行う女のことである。死んだ人から悪魔的な活動によって超自然的な力や導きを求めることは、神の名誉をひどく汚し神を怒らせることである（⇒レビ19:31, 20:27、申18:9-12、Ⅰサム28:7、マラ3:5）。

22:22-24　すべてのやもめ、またはみなしご　22:22-27にある規則はやもめ、貧しい人、恵まれない人々に対しての神の深い同情を表している。神はその

人々が直面している困難を理解し守るために多くの規則を定められた（⇒申24:6, 12-13、ヨブ22:6, 24:7、エゼ18:12, 16、→マコ6:34注、8:2注、ルカ2:36-37注、7:13注、→「**貧困者への配慮**」の項 p.1510）。

22:25　金を貸すのなら　貧しい人（⇒レビ25:25, 35, 39, 47）への貸付に利息を加えることを神は許されなかった。神は豊かな人が貧しい人々を利用するのを防ぎたかったのである。けれどもこの律法は、事業としてイスラエル人以外の人に適度な利息で金銭を貸付けることまでは禁じていなかった（⇒申23:19-20、ハバ

い。罪のない者、正しい者を殺してはならない。わたしは悪者を正しいと宣告することはしないからである。

8 わいろを取ってはならない。わいろは聡明な人を盲目にし、正しい人の言い分をゆがめるからである。

9 あなたは在留異国人をしいたげてはならない。あなたがたは、かつてエジプトの国で在留異国人であったので、在留異国人の心をあなたがた自身がよく知っているからである。

安息日の規定

10 六年間は、地に種を蒔き、収穫をしなければならない。

11 七年目には、その土地をそのままにしておき、休ませなければならない。民の貧しい人々に、食べさせ、その残りを野の獣に食べさせなければならない。ぶどう畑も、オリーブ畑も、同様にしなければならない。

12 六日間は自分の仕事をし、七日目は休まなければならない。あなたの牛やろばが休み、あなたの女奴隷の子や在留異国人に息をつかせるためである。

13 わたしがあなたがたに言ったすべてのことに心を留めなければならない。ほかの神々の名を口にしてはならない。これがあなたの口から聞こえてはならない。

三大祭

14 年に三度、わたしのために祭りを行わなければならない。

15 種を入れないパンの祭りを守らなければならない。わたしが命じたとおり、アビブの月の定められた時に、七日間、種を入れないパンを食べなければならない。それは、その月にあなたがエジプトから出たからである。だれも、何も持たずにわたしの

7 ①申27:25, 詩94:21, 箴17:15, 26, エレ7:6, マタ27:4, ルカ3:14
②出34:7, エレ25:1, 2, ロマ1:18
8 ①出16:19, ②申10:17, 27:25, Ⅰサム8:3, 12:3, Ⅱ歴19:7, 詩15:5, 26:10, 箴15:27, 17:23, イザ1:23, 5:23, 33:15, エゼ22:12, アモ5:12, 使24:26
9 ①出22:21, レビ19:33, 34, 申24:17, 18, ②申10:19, 申24:22, 詩94:6, エゼ22:7, マラ3:5
10 ①出23:10, 11, レビ25:1-7
11 申24:19, 26:12, 詩41:1
12 ①出9:10, 31:15, 34:21, 35:2, 3, レビ23:3, 申5:13, 14, ルカ13:14
13 ①申4:9, 23, ヨシ22:5, 箴3:1, エペ5:15, Ⅰテモ4:16
②申12:3, ヨシ23:7, 詩16:4, ホセ2:17, ゼカ13:2
14 ①出23:14-17, 申34:18-24, レビ23:4-43, 申16:1-16
15 ①出12:14-20, 13:6, 民28:16-25, エゼ45:21
②出12:2
③出34:20, 申16:16, 16

16 ①出34:22, 民28:26-31, 申16:10, ②出34:22, エズ3:4, ネヘ8:14
17 ①出23:14, 34:23, 申16:16
18 ①出34:25
②レビ2:11, ②出12:10, レビ7:15, 民9:12, 申16:4
19 ①出22:29, 34:26, レビ23:10, 民18:12, 13, 申26:2, 10, ネヘ10:35
②出34:26, 申14:21
20 ①出23:20-33, 申7章
②出3:2, 14:19, 23:23, 32:34, 33:2, 申20:16, 詩91:11, イザ63:9
③申15:17
21 ①出9:7, 詩78:40, 56, ヘブ3:10, 16
②申3:14, 6:3, 34:5
③民14:18, ヨシ24:19, エレ5:7, ヘブ3:11, Ⅰヨハ5:16
22 ①出23:22, ①創12:3, 民24:9, 申30:7, エレ30:20
23 ①出33:2, 申7:1, ヨシ24:8, 11
24 ①申20:5, 23:13, 33, レビ26:1
②レビ18:3, 申12:30, 31
③出34:13, 民33:52, 申7:5, 12:3, Ⅱ列3:2, 18:4

前に出てはならない。

16 また、あなたが畑に種を蒔いて得た勤労の初穂の刈り入れの祭りと、年の終わりにはあなたの勤労の実を畑から取り入れる収穫祭を行わなければならない。

17 年に三度、男子はみな、あなたの主、主の前に出なければならない。

18 わたしのいけにえの血を、種を入れたパンに添えてささげてはならない。また、わたしの祭りの脂肪を、朝まで残しておいてはならない。

19 あなたの土地の初穂の最上のものを、あなたの神、主の家に持って来なければならない。

子やぎを、その母親の乳で煮てはならない。

神の使いが道を備える

20 見よ。わたしは、使いをあなたの前に遣わし、あなたを道で守らせ、わたしが備えた所にあなたを導いて行かせよう。

21 あなたは、その者に心を留め、御声に聞き従いなさい。決して、その者にそむいてはならない。わたしの名がその者のうちにあるので、その者はあなたがたのそむきの罪を赦さないからである。

22 しかし、もし御声に確かに聞き従い、わたしが告げることをことごとく行うなら、わたしはあなたの敵には敵となり、あなたの仇には仇となろう。

23 わたしの使いがあなたの前を行き、あなたをエモリ人、ヘテ人、ペリジ人、カナン人、ヒビ人、エブス人のところに導き行くとき、わたしは彼らを消し去ろう。

24 あなたは彼らの神々を拝んではならない。仕えてはならない。また、彼らの風習にならってはならない。これらを徹底的に打ちこわし、その石の柱を粉々に打ち砕かなければならない。

2:6, マタ25:27, ルカ19:23)。
る(→レビ23:34)。

23:15 種を入れないパンの祭り →12:17注
23:16 刈り入れの祭り これは「七週の祭り」(34:22)、「五旬節の日」とも呼ばれている(⇒使2:1, 20:16, →レビ23:15注, →「旧約聖書の祭り」の表 p.235)。
23:16 収穫祭 これは「仮庵の祭り」とも呼ばれてい

23:20 使い これは「主の使い」と思われる(→3:2注, →「御使いたちと主の使い」の項 p.405)。
23:24 彼らの風習にならって 神は神の民に、周りの社会からどんな宗教的慣習も道徳的慣習も取り入れてはならないと命じられた。ところがイスラエルはしば

出エジプト記

ヘブルの暦と主な出来事

聖暦の順序	ヘブル名	現代の暦	参照聖句	農業	祭り
1	アビブ ニサン	3-4月	出12:2, 13:4, 23:15, 34:18, 申16:1, ネヘ2:1, エス3:7	春(後の)雨 大麦と亜麻の収穫が始まる	過越の祭り 種を入れないパンの祭り 初穂
2	ジブ (イッヤル)*	4-5月	I列6:1, 37	大麦の収穫 乾季が始まる	
3	シワン	5-6月	エス8:9	小麦の収穫	七週の祭り (五旬節)
4	(タンムズ)*	6-7月		ぶどうの手入れ	
5	(アブ)*	7-8月		ぶどう いちじく オリーブの成熟	
6	エルル	8-9月	ネヘ6:15	ぶどう いちじく オリーブの加工	
7	エタニム (チスリ)*	9-10月	I列8:2	秋の(先の)雨が始まる 耕作	ラッパの日 贖罪の日 仮庵の祭り
8	ブル (マルヘシュワン)*	10-11月	I列6:38	小麦と大麦の種蒔き	
9	キスレウ	11-12月	ネヘ1:1, ゼカ7:1	冬の雨が始まる (場所によっては雪)	ハヌカー (「宮きよめの祭り」)
10	テベテ	12-1月	エス2:16		
11	シェバテ	1-2月	ゼカ1:7		
12	アダル	2-3月	エズ6:15, エス3:7, 13, 8:12, 9:1, 15, 17, 19, 21	アーモンドの花が咲く 柑橘類の収穫	プリムの祭り
	(アダルシェニ)* 第二アダル			この閏月が約3年ごとに加えられて太陰暦は太陽暦に対応した	

*括弧内の名称は聖書にはない

© 1989 Zondervan Publishing House

²⁵あなたがたの神、主に仕えなさい。主はあなたのパンと水を祝福してくださる。わたしはあなたの間から病気を除き去ろう。²⁶あなたの国のうちには流産する者も、不妊の者もいなくなり、わたしはあなたの日数を満たそう。²⁷わたしは、わたしへの恐れをあなたの先に遣わし、あなたがそこに入って行く民のすべてをかき乱し、あなたのすべての敵があなたに背を見せるようにしよう。²⁸わたしは、また、くまばちをあなたの先に遣わそう。これが、ヒビ人、カナン人、ヘテ人を、あなたの前から追い払おう。²⁹しかし、わたしは彼らを一年のうちに、あなたの前から追い払うのではない。土地が荒れ果て、野の獣が増して、あなたを害することのないためである。³⁰あなたがふえ広がって、この地を相続地とするようになるまで、わたしは徐々に彼らをあなたの前から追い払おう。³¹わたしは、あなたの領土を、葦の海からペリシテ人の海に至るまで、また、荒野からユーフラテス川に至るまでとする。それはその地に住んでいる者たちをわたしがあなたの手に渡し、あなたが彼らをあなたの前から追い払うからである。³²あなたは、彼らや、彼らの神々と契約を結んではならない。³³彼らは、あなたの国に住んではならない。彼らがあなたに、わたしに対する罪を犯させることのないためである。それがあなたにとってわなとなるので、あなたが彼らの神々に仕えるかもしれないからである。」

契約の締結

24 ¹主は、モーセに仰せられた。「あなたとアロン、ナダブとアビフ、それにイスラエルの長老七十人は、主のところに上り、遠く離れて伏し拝め。²モーセひとり主のもとに近づけ。他の者は近づいてはならない。民もモーセといっしょに上ってはならない。」

³そこでモーセは来て、主のことばと、定めをことごとく民に告げた。すると、民はみな声を一つにして答えて言った。「主の仰せられたことは、みな行います。」⁴それで、モーセは主のことばを、ことごとく書きしるした。そうしてモーセは翌朝早く、山のふもとに祭壇を築き、またイスラエルの十二部族にしたがって十二の石の柱を立てた。⁵それから、彼はイスラエル人の若者たちを遣わしたので、彼らは全焼のいけにえをささげ、また、和解のいけにえとして雄牛を主にささげた。⁶モーセはその血の半分を取って、鉢に入れ、残りの半分を祭壇に注ぎかけた。⁷そして、契約の書を取り、民に読んで聞かせた。すると、彼らは言った。「主の仰せられたことはみな行い、聞き従います。」⁸そこで、モーセはその血を取って、民に注ぎかけ、そして言った。「見よ。これは、これらすべてのことに関して、主があなたがたと結ばれる契約の血である。」

しば、まさにそのことを行って神を裏切った。その結果、神に守ってもらえないことが何度もあった（23：20-23）。新しい契約の中にいるキリスト者も世的な態度や哲学、行動を取入れているなら、神の約束と守護を失う危険性がある（→23：25）。私たちは罪を持ちながら神の祝福と臨在にあずかることはできない（→Ⅱコリ6：16-18、→「信者の霊的聖別」の項 p.2172）。

23：25-26　病気を除き去ろう　神はその民が神に忠実である限り、健康を保ってくださると約束された。そこで病気になるのはその人の生活の中に罪があるからだと結論づけてはならない。ここで言われていることは、もし神を信じる人々が周りの汚れた影響に強く引かれた生活をしているなら、神は約束通り力を現し守ってくださるとは限らないということである。一人の人の不従順がその社会の全部の人に悪影響を与えた。その場合には正しく生きている人々さえも苦しむことになる（⇒Ⅰコリ12：26）。

24：8　契約の血　神は血を注ぎかけることによってイスラエルとの契約（終生協定）を結ばれた。これは神との関係を維持するためにはいけにえが必要なことを示していた。

（1）この血はいのちがいけにえとして神にささげられること、つまり神に対する罪と反抗に与えられる厳しい罰をいのちによって支払うことによって、きよめと赦しが可能になったことを象徴していた。神に従ってこれらのいけにえをささげるとき、信仰に基づ

⁹ それからモーセとアロン、ナダブとアビフ、それにイスラエルの長老七十人は上って行った。
¹⁰ そうして、彼らはイスラエルの神を仰ぎ見た。御足の下にはサファイヤを敷いたようなものがあり、透き通っていて青空のようであった。
¹¹ 神はイスラエル人の指導者たちに手を下されなかったので、彼らは神を見、しかも飲み食いをした。
¹² 主はモーセに仰せられた。「山へ行き、わたしのところに上り、そこにおれ。彼らを教えるために、わたしが書きしるしたおしえと命令の石の板をあなたに授けよう。」
¹³ そこで、モーセとその従者ヨシュアは立ち上がり、モーセは神の山に登った。
¹⁴ 彼は長老たちに言った。「私たちがあなたがたのところに帰って来るまで、ここにいなさい。ここに、アロンとフルとがあなたがたといっしょにいます。訴え事のある者は、だれでも彼らに告げるようにしなさい。」
¹⁵ モーセが山に登ると、雲が山をおおった。
¹⁶ 主の栄光はシナイ山の上にとどまり、雲は六日間、山をおおっていた。七日目に主は雲の中からモーセを呼ばれた。
¹⁷ 主の栄光は、イスラエル人の目には、山の頂で燃え上がる火のように見えた。
¹⁸ モーセは雲の中に入って行き、山に登った。そして、モーセは四十日四十夜、山にいた。

幕屋のための奉納物
25:1-7　並行記事－出35:4-9

25

¹ 主はモーセに告げて仰せられた。
² 「わたしに奉納物をささげるように、イスラエル人に告げよ。すべて、心から進んでささげる人から、わたしへの奉納物を受け取らなければならない。
³ 彼らから受けてよい奉納物は次のものである。金、銀、青銅、
⁴ 青色、紫色、緋色の撚り糸、亜麻布、やぎの毛、
⁵ 赤くなめした雄羊の皮、じゅごんの皮、アカシヤ材、
⁶ 燈油、そそぎの油とかおりの高い香のための香料、
⁷ エポデや胸当てにはめ込むしまめのうや宝石。
⁸ 彼らがわたしのために聖所を造るなら、わたしは彼らの中に住む。
⁹ 幕屋の型と幕屋のすべての用具の型とを、わたしがあなたに示すのと全く同じように作らなければならない。

いて神との関係を持つ道が人々に開かれた(⇒ロマ1:5, ヘブ9:19-20)。

(2)「契約の血」は私たちの罪のための究極的ないけにえであるイエス・キリストの死を象徴していた。十字架の上で血を流されたとき、主イエスは古い契約の必要条件を本質的に全部満たし、新しい契約を確立された(⇒マコ14:24, ヘブ9:11-18)。その犠牲の死は主イエスに頼る人々を霊的にきよめるのである。主イエスは罪を離れて主に従う人々の助けとなってくださった(Ⅰヨハ1:7-2:2)。

(3) いけにえには必ず服従が伴わなければならない(24:7-8)。これは神の要求である。それ以下のものでは神への完全な献身を示すことができない。人々が服従すると誓約をして初めて、この契約はいけにえの血によって調印された(確認された、承認された)。その場合に初めて人々は神との契約関係の祝福にあずかることができた(→「**イスラエル人との神の契約**」の項 p.351)。このことについて新約聖書では、ペテロ(主イエスの弟子の一人でエルサレムの最初の教会の開拓をした指導者)が、私たちは「イエス・キリストに従うように、またその血の注ぎかけを受けるように選ばれ」ていると言っている(Ⅰペテ1:2)。

24:11　神を見、しかも飲み食いをした　神がどのようにご自分を現されたのかははっきり示されていない。けれども神がご自分を完全に現されたのではないことは確かである。なぜなら、神の完全な栄光を見るならだれも生きていることができないからである(→33:18-23)。神の現れとそれに伴って食事をしたことは、神がいけにえを受入れ、人々が神に従う献身をしたことが認められたことを示している。人々は今や神との交わりを継続的に体験することができるようになった。これはまた新約聖書にある原則でもある(⇒マタ26:28, ヘブ12:18-24)。

24:16-17　【主】の栄光　主の栄光(輝き、美、荘厳さ)が神の存在からくる驚くべき光で現された。この光が山頂を完全におおった(→40:34注, ⇒Ⅰテモ6:16)。

25:9　幕屋　25章の中で神は可動式の「神の家」であり礼拝の場所である幕屋の製作と組立てを具体的に指示しておられる。この聖書記事を見るときに幕屋の歴史的、霊的、象徴的、預言的重要性を知ることができる。

契約の箱

25:10-20　並行記事―出37:1-9

10 アカシヤ材の箱を作らなければならない。長さは二キュビト半、幅は一キュビト半、高さは一キュビト半。
11 これに純金をかぶせる。それは、その内側と外側とにかぶせなければならない。その回りには金の飾り縁を作る。
12 箱のために、四つの金の環を鋳造し、それをその四隅の基部に取りつける。一方の側に二つの環を、他の側にほかの二つの環を取りつける。
13 アカシヤ材で棒を作り、それを金でかぶせる。

10 ① 出25:10-20, 出37:1-9
② 申10:3
＊1キュビトは約44センチ
11 ① ヘブ9:4
13 ① Ⅰ列8:8

16 ① 出31:18, 申10:1, 2, 3, Ⅰ列8:9, ヘブ9:4
② 出25:21
＊あるいは「あかし」
17 ① 出37:6
② レビ16:2, 13
19 ＊ケルビムの単数形
20 ① 創3:24, Ⅰ列8:7, Ⅰ歴28:18, ヘブ9:5

14 その棒は、箱をかつぐために、箱の両側にある環に通す。
15 棒は箱の環に差し込んだままにしなければならない。抜いてはならない。
16 わたしが与えるさとしをその箱に納める。
17 また、純金の『贖いのふた』を作る。長さは二キュビト半、幅は一キュビト半。
18 槌で打って作った二つの金のケルビムを『贖いのふた』の両端に作る。
19 一つのケルブは一方の端に、他のケルブは他方の端に作る。ケルビムを『贖いのふた』の一部としてその両端に作らなければならない。
20 ケルビムは翼を上のほうに伸べ広げ、そ

（1）幕屋は「聖所」（25:8）であり、神が特別な方法で人々と会う場所だった（25:22, 29:45-46, 民5:3, エゼ43:7, 9）。目に見える神の栄光が昼も夜も幕屋をおおっていた。けれども神の栄光が動くとイスラエルも移動しなければならなかった。こうして神はいつ、どこへ移動するかを示された。このことは人々が荒野にいる間いつも行われていた（40:36-38, 民9:15-16）。

（2）それは「あかしの幕屋」（38:21）だった。そこには神の聖さ（特性―純粋性、完璧性、完全性、悪からの分離）と神の要求をいつも思い出させる十戒（→25:10注）があったからである。私たちと神との関係は神の律法と基準に私たちが従うかどうかにかかっている。

（3）それは神が血のいけにえによって罪の赦しを与えてくださる場所である（29:10-14）。そして十字架の上でのキリストの究極的な犠牲を指していた。大きな違いは主イエスの完全な犠牲が、一度で罪に対する完全な赦しを提供したことである。主イエスの犠牲は、それを受入れ人生をゆだねる人々に赦しを提供する（→ヘブ8:1-2, 9:11-14）。

（4）それは私たちの永遠の大祭司であるキリストが生きておられる天を指していた。主はいつまでも私たちの擁護者であり支援者である。そしていつも私たちのために効果的な祈りをささげておられる（ヘブ9:11-12, 24-28）。

（5）それは人々との関係を回復する神の最終段階を示す預言だった。世界の終りには新しい天と新しい地が現れる（黙21:1）。そのときには「神の幕屋が人とともにある。神は彼らとともに住み、彼らはその民となる。また、神ご自身が彼らとともにおられる」（黙21:3）。

35:4でモーセは幕屋とその備品を全部製作するための神の指示に基づいて、公式に明確な任務を人々に与え始めた。それは自由意志による自発的なささげ物を受取ることから始まった（35:5-36:8）。次にモーセは様々な人に仕事を割当てた。神は人々が神のご計画に参画するのを望んでおられる。

25:10　箱　これは「契約の箱」である。この箱には十戒（⇒25:16,21）とマナの入ったつぼ（16:33-34）、アロンの杖（民17:10, ヘブ9:4）が入っていた。それには「贖いのふた」（25:17）と呼ばれるふたがあった。贖いのふたの両端には翼のあるケルビムの彫刻があった（→25:18注）。契約の箱は幕屋の一番奥の至聖所と呼ばれる場所に置かれた（26:34）。至聖所は神の王座を象徴していた。一年に一度、贖罪の日に大祭司は至聖所に入って贖いのふたの上に血を振りかけた。この儀式は、前の年の間に意識的に、また故意に犯した罪を償い弁償をするものだった（→「**贖罪の日**」の項 p.223）。

25:16　さとし　これはモーセが山の上で授かった十戒が書かれた二枚の石の板だった（31:18）。

25:17　贖いのふた　贖いのふたは契約の箱のふただった。大祭司は罪の償いをするためにいけにえの血をそこに振りかけた。これは罪を赦す神のあわれみを象徴する行動である（レビ16:14-15, 17:11, →ロマ3:25注）。贖いのふたと血はキリストがご自分の贖い（罪をおおう）の犠牲によって与えてくださる赦しを預言的に象徴するものだった（ロマ3:21-25, ヘブ4:14-16, 7:26）。

25:18　二つの・・・ケルビム　これは天にある神の御座の周りを羽ばたいている御使いのような存在を彫刻したものである（⇒ヘブ9:5, 黙4:6, 8）。それは地上の神の民の間にある神の臨在と王権を象徴していた（Ⅰサム4:4, Ⅱサム6:2, Ⅱ列19:15）。契約の箱の上にケルビムを置くのは、人々が血のいけにえについての教えに従い神の戒めに従い続ける限り、神がともにとどまることを人々に思い起こさせるためだった。

の翼で『贖いのふた』をおおうようにする。互いに向かい合って、ケルビムの顔が『贖いのふた』に向かうようにしなければならない。
²¹ その『贖いのふた』を箱の上に載せる。箱の中には、わたしが与えるさとしを納めなければならない。
²² わたしはそこであなたと会見し、その『贖いのふた』の上から、すなわちあかしの箱の上の二つのケルビムの間から、イスラエル人について、あなたに命じることをことごとくあなたに語ろう。

机
25:23-29　並行記事－出37:10-16

²³ 机をアカシヤ材で作らなければならない。長さは二キュビト、幅は一キュビト、高さは一キュビト半。
²⁴ これを純金でかぶせ、その回りに金の飾り縁を作り、
²⁵ その回りに手幅*のわくを作り、そのわくの回りに金の飾り縁を作る。
²⁶ その机のために金の環を四個作り、その四隅の四本の足のところにその環を取りつける。
²⁷ 環はわくのわきにつけ、机をかつぐ棒を入れる所としなければならない。
²⁸ 棒をアカシヤ材で作り、これに金をかぶせ、それをもって机をかつぐ。
²⁹ 注ぎのささげ物を注ぐための皿やひしゃく、びんや水差しを作る。これらは純金で作らなければならない。
³⁰ 机の上には供えのパンを置き、絶えずわたしの前にあるようにする。

燭台
25:31-39　並行記事－出37:17-24

³¹ また、純金の燭台を作る。その燭台は槌で打って作らなければならない。それに

21①出26:34
　②出25:16
22①出29:42,43,30:6,36,33:7-11,民17:4,ヨシ18:1
　②出30:6,36,民17:4
　③民7:89,Ⅰサム4:4,Ⅱサム6:2,Ⅱ列19:15,詩80:1,イザ37:16
　④申31:14
23①出25:23-29,出37:10-16
　②Ⅰ列7:48,Ⅱ歴4:8,ヘブ9:2
24①出25:11
25＊一手幅は約7.4センチ
29①出37:16,→民4:7
30①出39:36,40:23,レビ24:5-9,Ⅰサム21:3-6
31①出25:31-39,出37:17-24,Ⅰ列7:49,50
　②レビ24:2-4,Ⅱ歴13:11,ゼカ4:2,ヘブ9:2,黙1:12,20

34＊「支柱」は補足
37①民8:2
38①→出37:23
39＊1タラントは34キログラム
40①出25:9,26:30,民8:4,Ⅰ歴28:11,12,19,使7:44,ヘブ8:5

1①出26:1-14,出36:8-19
　②ヘブ9:11,24

は、台座と支柱と、がくと節と花弁がなければならない。
³² 六つの枝をそのわきから、すなわち燭台の三つの枝を一方のわきから、燭台の他の三つの枝を他のわきから出す。
³³ 一方の枝に、アーモンドの花の形をした節と花弁のある三つのがくを、また、他方の枝にも、アーモンドの花の形をした節と花弁のある三つのがくをつける。燭台から出る六つの枝をみな、そのようにする。
³⁴ 燭台の支柱*には、アーモンドの花の形をした節と花弁のある四つのがくをつける。
³⁵ それから出る一対の枝の下に一つの節、それから出る次の一対の枝の下に一つの節、それから出るその次の一対の枝の下に一つの節。このように六つの枝が燭台から出ていることになる。
³⁶ それらの節と枝とは燭台と一体にし、その全体は一つの純金を打って作らなければならない。
³⁷ それにともしび皿を七つ作る。ともしび皿を上げて、その前方を照らすようにする。
³⁸ その心切りばさみも心取り皿も純金である。
³⁹ 純金一タラント*で燭台とこれらのすべての用具を作らなければならない。
⁴⁰ よく注意して、あなたが山で示される型どおりに作れ。

幕屋
26:1-37　並行記事－出36:8-38

26

¹ 幕屋を十枚の幕で造らなければならない。すなわち、撚り糸で織った亜麻布、青色、紫色、緋色の撚り糸で作り、巧みな細工でそれにケルビムを織り出さなければならない。
² 幕の長さは、おのおの二十八キュビト、幕の幅は、おのおの四キュビト、幕はみな

25:30　供えのパン　机の上に置かれたパンは人々の生活の中で必要な物をみな供給してくださる主の臨在を現していた(⇒レビ24:5-9, イザ63:9)。それはまた「いのちのパン」と呼ばれるキリストを指している(→16:4注, マタ26:26-29, Ⅰコリ10:16)。

25:31　燭台　この燭台には幕屋を照らすために七つのともしびがあった。明かりのついたともしびは陣営の中の神の光、または臨在を表していた(エレ25:10,

⇒黙21:22-22:6)。

26:1　撚り糸で織った亜麻布　幕屋は神の型と指示通りに建てなければならなかった。それが神の家であり神が設計者だったからである(⇒25:9)。同じように救いと神との関係が可能になるのは、神の求める条件と示された型に従ったときだけである(→マタ5:17注, 使7:44注)。

同じ寸法とする。

3 その五枚の幕を互いにつなぎ合わせ、また他の五枚の幕も互いにつなぎ合わせなければならない。

4 そのつなぎ合わせたものの端にある幕の縁に青いひもの輪をつける。他のつなぎ合わせたものの端にある幕の縁にも、そのようにしなければならない。

5 その一枚の幕に輪五十個をつけ、他のつなぎ合わせた幕の端にも輪五十個をつけ、その輪を互いに向かい合わせにしなければならない。

6 金の留め金五十個を作り、その留め金で幕を互いにつなぎ合わせて一つの幕屋にする。

7 また、幕屋の上に掛ける天幕のために、やぎの毛の幕を作る。その幕を十一枚作らなければならない。

8 その一枚の幕の長さは三十キュビト。その一枚の幕の幅は四キュビト。その十一枚の幕は同じ寸法とする。

9 その五枚の幕を一つにつなぎ合わせ、また、ほかの六枚の幕を一つにつなぎ合わせ、その六枚目の幕を天幕の前で折り重ねる。

10 そのつなぎ合わせたものの端にある幕の縁に輪五十個をつけ、他のつなぎ合わせた幕の縁にも輪五十個をつける。

11 青銅の留め金五十個を作り、その留め金を輪にはめ、天幕をつなぎ合わせて一つとする。

12 天幕の幕の残って垂れる部分、すなわち、その残りの半幕は幕屋のうしろに垂らさなければならない。

13 そして、天幕の幕の長さで余る部分、すなわち、一方の一キュビトと他の一キュビトは幕屋をおおうように、その天幕の両側、こちら側とあちら側に、垂らしておかなければならない。

14 天幕のために赤くなめした雄羊の皮のおおいと、その上に掛けるじゅごんの皮のおおいを作る。

15 幕屋のために、アカシヤ材で、まっすぐに立てる板を作る。

16 板一枚の長さは十キュビト、板一枚の幅は一キュビト半。

17 板一枚ごとに、はめ込みのほぞ二つを作る。幕屋の板全部にこのようにしなければならない。

18 幕屋のために板を作る。南側に板二十枚。

19 その二十枚の板の下に銀の台座四十個を作らなければならない。一枚の板の下に、二つのほぞに二個の台座を、他の板の下にも、二つのほぞに二個の台座を作る。

20 幕屋の他の側、すなわち北側に、板二十枚。

21 銀の台座四十個。すなわち一枚の板の下に二個の台座。他の板の下にも二個の台座。

22 幕屋のうしろ、すなわち、西側に、板六枚を作らなければならない。

23 幕屋のうしろの両隅のために板二枚を作らなければならない。

24 底部では重なり合い、上部では、一つの環で一つに合うようになる。二枚とも、そのようにしなければならない。これらが両隅となる。

25 板は八枚、その銀の台座は十六個、すなわち一枚の板の下に二個の台座、他の板の下にも二個の台座となる。

26 アカシヤ材で横木を作る。すなわち、幕屋の一方の側の板のために五本、

27 幕屋の他の側の板のために横木五本、幕屋のうしろ、すなわち西側の板のために横木五本を作る。

28 板の中間にある中央横木は、端から端まで通るようにする。

29 板には金をかぶせ、横木を通す環を金で作らなければならない。横木には金をかぶせる。

30 あなたは山で示された定めのとおりに、幕屋を建てなければならない。

31 青色、紫色、緋色の撚り糸、撚り糸で織った亜麻布で垂れ幕を作る。これに巧みな細工でケルビムを織り出さなければならない。

32 これを、四つの銀の台座の上に据えられ、その鉤が金でできている、金をかぶせたアカシヤ材の四本の柱につける。

33 その垂れ幕を留め金の下に掛け、その垂れ幕の内側に、あかしの箱を運び入れる。

13 *1キュビトは約44センチ
14 ① 出36:19
15 ① 出26:15-25, 出36:20-30
26 ① 出26:26-29, 出36:31-34
28 ① 出36:33
30 ① 出25:9, 40, 27:8, 使7:44, ヘブ8:5
31 ① 出26:31-37, 出36:35-38
② レビ6, 民4:5, 18:7, Ⅱ歴3:14
33 ① 出25:16, 40:21

26:33 垂れ幕 垂れ幕は聖所(祭司が人々のために祈り感謝をささげた場所)と至聖所(神が住まわれる場所)とを隔てていた。この垂れ幕は聖い神と罪ある人間との間には隔てがあることを象徴的に示すものだった。人々は罪があるままでは自由に神に近付くことはできなかった。

出エジプト記　26-27章

その垂れ幕は、あなたがたのために聖所と至聖所との仕切りとなる。

34 至聖所にあるあかしの箱の上に『贖いのふた』を置く。

35 机を垂れ幕の外側に置き、その机は幕屋の南側にある燭台と向かい合わせる。その机を北側に置く。

36 天幕の入口のために、青色、紫色、緋色の撚り糸、撚り糸で織った亜麻布で刺繡をした幕を作る。

37 その幕のためにアカシヤ材の柱五本を作り、これに金をかぶせる。それの鉤も金で、また、それらの柱のために青銅の台座五つを鋳造する。

全焼のいけにえのための祭壇
27:1-8　並行記事－出38:1-7

27 1 祭壇をアカシヤ材で作る。その祭壇は長さ五キュビト、幅五キュビトの四角形でなければならない。高さは三キュビトとする。

2 その四隅の上に角を作る。その角は祭壇の一部でなければならない。青銅をその祭壇にかぶせる。

3 灰を取るつぼ、十能、鉢、肉刺し、火皿を作る。祭壇の用具はみな、青銅で作らなければならない。

4 祭壇のために、青銅の網細工の格子を作り、その網の上の四隅に、青銅の環を四個作る。

5 その網を下方、祭壇の出張りの下に取りつけ、これを祭壇の高さの半ばに達するようにする。

33 ②レビ16:2, マタ27:51, ヘブ6:19, 9:3, 10:20
34 ①出25:21, 40:20, ヘブ9:5
35 ①出40:22, ヘブ9:2
　②出40:24

1 ①出27:1-8, 出38:1-7
　②Ⅰ列8:64, Ⅱ歴1:5
　③エゼ43:13-17
2 ①レビ4:7, アモ3:14
　②民16:39

8 ①出25:40, 26:30
9 ①出27:9-19, 出38:9-20, エゼ40:17-49

6 祭壇のために、棒を、アカシヤ材の棒を作り、それらに青銅をかぶせる。

7 それらの棒は環に通されなければならない。祭壇がかつがれるとき、棒は祭壇の両側にある。

8 祭壇は中をからにして板で作らなければならない。山であなたに示されたところにしたがって、彼らはこれを作らなければならない。

幕屋の庭
27:9-19　並行記事－出38:9-20

9 幕屋の庭を造る。南側に面して、庭の掛け幕を、その側のための長さ百キュビトの撚り糸で織った亜麻布を、張る。

10 柱は二十本、その二十個の台座は青銅で、柱の鉤と帯輪は銀とする。

11 同じように、北に面して、その長さで、長さ百キュビトの掛け幕とする。柱は二十本、その二十個の台座は青銅で、柱の鉤と帯輪は銀とする。

12 また、西に面して庭の幅には五十キュビトの掛け幕、その柱十本、その台座十個とする。

13 前面の東に面する庭の幅も五十キュビト。

14 片側に寄せて、十五キュビトの掛け幕と、その三本の柱、その三個の台座とする。

15 他の片側にも十五キュビトの掛け幕と、その三本の柱、その三個の台座とする。

16 庭の門には、青色、紫色、緋色の撚り糸、それに撚り糸で織った亜麻布を使った長さ二十キュビトの刺繡の幕と、その四本の柱、その四個の台座とする。

（1）至聖所に近付くことは極端に制限されていた。大祭司が一年に一日だけ人々を代表して入ることができた。しかもいけにえの血を携えているときだけである（⇒30:10, レビ16:12～, ヘブ9:6-8）。神の民全員が神の臨在に自由に近付く道はまだ提供されていなかった（ヘブ9:8）。

（2）神に近付くための完全で唯一の道は神と人類との間の障壁である垂れ幕を引裂くことだった。イエス・キリストは十字架の上でご自分の血を流すことによってこのことをなされた（コロ1:20-22）。主が死なれたとき、その肉体は裂かれた垂れ幕を表していた（ヘブ10:20）。そして死なれたその瞬間、エルサレムの神殿の垂れ幕が文字通り二つに裂かれた（マタ27:51）。キリストを信じる人はみな神の臨在の中に直接入ることができる。信仰者はみな「イエスの血によって・・・まことの聖所に入ることができる」（ヘブ10:19）。

27:1 祭壇　「全焼のいけにえのための祭壇」（⇒30:28, 31:9, レビ4:7, 10, 18）とも呼ばれる祭壇は、贖いをする（罪をおおい赦しを与えること, →「**贖罪の日**」の項 p.223）動物をいけにえにするために使用された。いけにえの動物の血は祭壇の角（四隅）につけ、その土台に注がれた（⇒29:12, レビ4:7, 18, 25, 30, 34）。この儀式は、罪は死に値するけれども神は罪びとのいのちの代りに無実の血を受入れてくださることを強調している（⇒レビ16:）。

27:2 角　これは祭壇の四隅にある隆起しとがって延びた部分で、いけにえの力と守りを象徴していた（⇒Ⅰ列1:50-51, 2:28, 詩18:2）。

幕屋

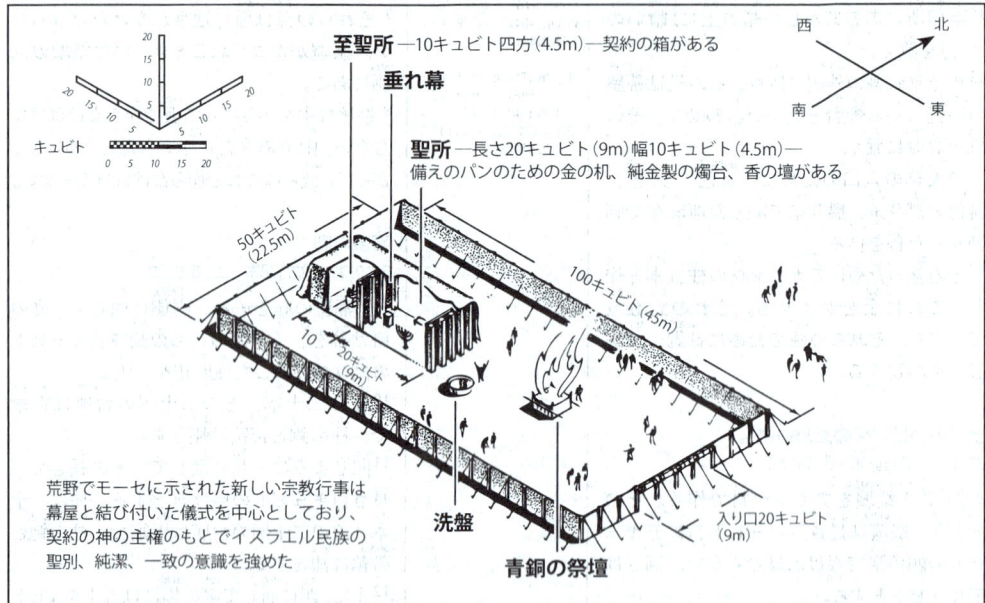

幕屋の備品

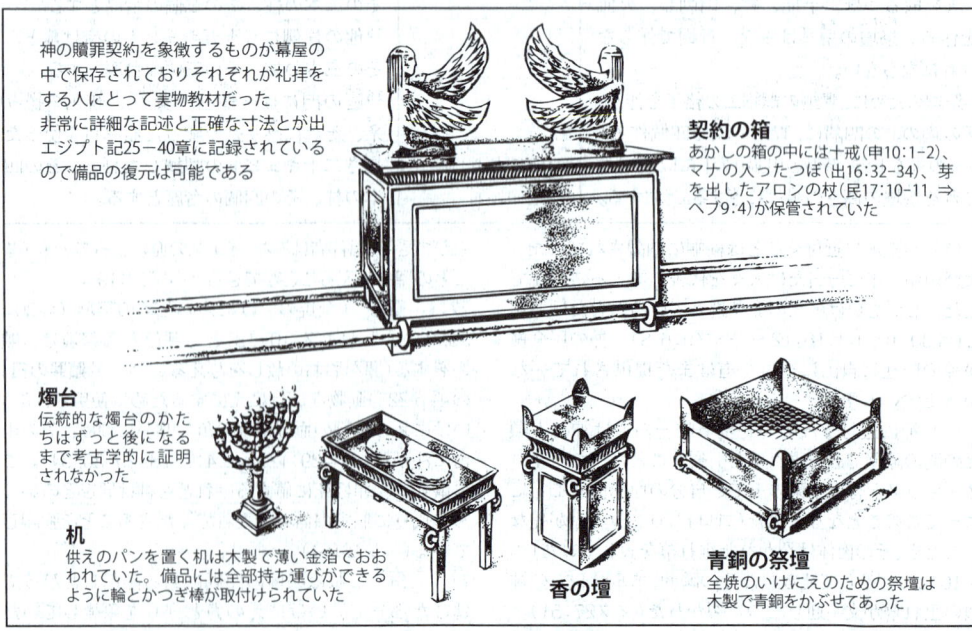

出エジプト記　27−28章

17 庭の周囲の柱はみな、銀の帯輪を巻きつけ、その鉤は銀、台座は青銅とする。
18 この庭は、長さ百キュビト、幅は五十キュビトに五十キュビト、高さ五キュビト、幕は撚り糸で織った亜麻布、その台座は青銅とする。
19 幕屋の奉仕に用いるすべての用具、すべての釘、庭のすべての釘は青銅とする。

燈火用の油
27:20-21　並行記事―レビ24:1-3

20 あなたはイスラエル人に命じて、燈火用に上質の純粋なオリーブ油を持って来させ、ともしびを絶えずともしておかなければならない。
21 アロンとその子らは、あかしの箱の前の垂れ幕の外側にある会見の天幕で夕方から朝まで、主の前にそのともしびを整えなければならない。これはイスラエル人が代々守るべき永遠のおきてである。

祭司の装束

28 1 あなたは、イスラエル人の中から、あなたの兄弟アロンとその子、すなわち、アロンとその子のナダブとアビフ、エルアザルとイタマルを、あなたのそばに近づけ、祭司としてわたしに仕えさせよ。
2 また、あなたの兄弟アロンのために、栄光と美を表す聖なる装束を作れ。
3 あなたは、わたしが知恵の霊を満たした、心に知恵のある者たちに告げて、彼らにアロンの装束を作らせなければならない。彼を聖別し、わたしのために祭司の務めをさせるためである。
4 彼らが作らなければならない装束は次のとおりである。胸当て、エポデ、青服、市松模様の長服、かぶり物、飾り帯。彼らは、あなたの兄弟アロンとその子らに、わたしのために祭司の務めをさせるため、この聖なる装束を作らなければならない。
5 それで彼らは、金色や、青色、紫色、緋色の撚り糸、それに亜麻布を受け取らなければならない。

エポデ
28:6-14　並行記事―出39:2-7

6 彼らに金色や、青色、紫色、緋色の撚り糸、それに撚り糸で織った亜麻布を用い、巧みなわざでエポデを作らせる。

脚注：
20①出35:8, 28, レビ24:2, 民4:16
②レビ24:3, 4, Ⅰサム3:3
21①出26:31, 33
②出25:22, 29:42, 30:6, 36
③出30:7
④出28:43, 29:9, 30:8, レビ3:17, 16:34, 民18:23, 19:21
1①出24:1, 9, レビ10:1
②詩99:6, ヘブ5:1, 4
2①出29:5, 29, 31:10, 35:19, 39:1, レビ8:7, 30, 民20:26, 28
3①出31:3, 6, 35:31, 36:1
4①出25:7, 28:6, 15, 31
②出28:39
5①出25:3, 4
6①出28:6-14, 出39:2-7
②ホセ3:4

27:20-21　ともしびを絶えずともしておかなければならない　燃え続けているともしびは神が人々の間に絶えず臨在しておられることを象徴していた。イスラエルの全集団には神の臨在が満ちているはずだった。ともしびをともし続けることによって神のいのちと光をだれもが見ることができた。けれども人々の協力と服従がなければともしびを燃え続けさせることはできなかった。

28:1　アロン・・・祭司としてわたしに仕えさせよ　主は大祭司としてのアロンの義務と奉仕について、また一般的な祭司職について明確な指示を与えられた(28:-29:)。祭司は人々の代表として神に仕えた。祭司はまた神の代理人として人々にも仕えた。

（1）祭司の職務は香をたくことと、燭台と供えのパンを置く机を管理することだった。祭司は祭壇の上でいけにえをささげ人々を祝福した。また、人々の間で問題があるときには公平な決定をしたり(民5:5-31)、律法を教えたりした(⇒ネヘ8:7-8)。

（2）祭司は人々と神との間の仲介者の役を務めた(⇒28:12, 29-30)。仲介者としての祭司は間に立ち、神に代って人々に話すこと(エレ33:20-26, マラ2:4, 7)とともに、罪を犯している人々に代わって神の前に立ちあわれみを求めた。その過程で自分たちのために、また人々のために贖い(罪をおおい、赦すこと)をしなければならなかった(29:33, ヘブ9:6-8)。その働きは神の聖さ(神の特性―純粋性、完璧性、完全性)を強調していた(28:30, 民18:1)。

（3）新しい契約では主イエスが神の民の祭司である。主は自らの死をもって新しい契約に調印し発効させてくださった(ヘブ9:15-22)。そして全人類の罪のために完全ないけにえとしてご自分をささげられた(ヘブ9:23-28)。主イエスは人として生きられたので私たちの苦悩を知り弱さを理解してくださる(ヘブ4:15)。それで私たちを代表して神の前に現れ、私たちのために父である神に向かって叫び続けることができる(ヘブ9:24)。この方こそ私たちと神との関係を完全なものにしてくださる方である(ヘブ10:14)。主イエスの犠牲がなければ私たちは神に近付くことが絶対にできなかった(ヘブ4:16, 6:19-20, 7:25, 10:19-22)。

28:4　胸当て　これは四角形の胸部をおおうもので、12個の宝石を横に3個ずつ4列に並べてつけてあった。その宝石にはイスラエル(ヤコブ)の12人の息子の名前が書かれていた(28:15-21, 29-30)。

28:6　エポデ　これはひざまで届く袖なしのゆったりとした衣服だった。そして祭司服の上にエプロンの

7 これにつける二つの肩当てがあって、その両端に、それぞれつけられなければならない。
8 エポデの上に結ぶあや織りの帯は、エポデと同じように、同じ材料、すなわち金色や、青色、紫色、緋色の撚り糸、それに撚り糸で織った亜麻布で作る。
9 二つのしまめのうを取ったなら、その上にイスラエルの子らの名を刻む。
10 その六つの名を一つの石に、残りの六つの名をもう一つの石に、生まれた順に*刻む。
11 印を彫る宝石細工師の細工で、イスラエルの子らの名を、その二つの石に彫り、それぞれを金のわくにはめ込まなければならない。
12 その二つの石をエポデの肩当てにつける。アロンは主の前で、彼らの名を両肩に負い、②記念とする。
13 あなたは金のわくを作り、
14 また、二つの純金の鎖を作り、これを編んで、撚ったひもとし、この撚った鎖を、先のわくに、取りつけなければならない。

10 *「刻む」は補足
12 ①出28:29
②出30:16, 39:7, 民31:54, ヨシ4:7, ゼカ6:14
15 ①出28:15-30, 出39:8-21
16 * 一あたりは親指と小指を広げた間の長さ。約22.2センチ
17 ①出39:10-13, エゼ1:16, 10:9, 28:13, 黙21:11, 18-21

胸当て
28:15-28 並行記事―出39:8-21

15 あなたはさばきの胸当てを、巧みな細工で作る。それをエポデの細工と同じように作らなければならない。すなわち、金色や、青色、紫色、緋色の撚り糸、それに撚り糸で織った亜麻布で作らなければならない。
16 それは、四角形で、二重にし、長さは一あたり、幅は一あたりとしなければならない。*
17 その中に、宝石をはめ込み、宝石を四列にする。すなわち、第一列は赤めのう、トパーズ、エメラルド。
18 第二列はトルコ玉、サファイヤ、ダイヤモンド。
19 第三列はヒヤシンス石、めのう、紫水晶。
20 第四列は緑柱石、しまめのう、碧玉。これらを金のわくにはめ込まなければならない。

21 ①出39:14
29 ①出28:12
30 ①レビ8:8, 民27:21, 申33:8, Ⅰサム28:6, エズ2:63, ネヘ7:65
31 ①出28:31-35, 出39:22-26
*「下に着る」は補足

21 この宝石はイスラエルの子らの名によるもので、彼らの名にしたがい十二個でなければならない。十二部族のために、その印の彫り物が一つの名につき一つずつ、なければならない。
22 また編んで撚った純金の鎖を胸当てにつける。
23 胸当てに、金の環二個をつけ、その二個の環を胸当ての両端につける。
24 この二筋の金のひもを胸当ての両端の二個の環につける。
25 その二筋のひもの他の端を、先の二つのわくにつけ、エポデの肩当てに外側に向くようにつけなければならない。
26 ほかに二個の金の環を作り、これを胸当ての両端、すなわち、エポデの前に来る胸当ての内側の縁につける。
27 ほかに二個の金の環を作り、これをエポデの二つの肩当ての下端の外側に、すなわち、エポデのあや織りの帯の上部の継ぎ目に接した面の上につける。
28 胸当ては、青ひもで、その環のところをエポデの環に結びつけ、エポデのあや織りの帯の上にあるようにする。胸当てがエポデからずり落ちないようにしなければならない。
29 アロンが聖所に入るときには、さばきの胸当てにあるイスラエルの子らの名をその胸の上に載せ、絶えず主の前で記念としなければならない。
30 さばきの胸当てには、①ウリムとトンミムを入れ、アロンが主の前に出るときに、それがアロンの胸の上にあるようにする。アロンは絶えず主の前に、イスラエルの子らのさばきを、その胸の上に載せる。

祭司のほかの装束
28:31-43 並行記事―出39:22-31

31 エポデの下に着る青服を、青色の撚り糸だけで作る。

ように着用するものだった(28:6-20, 39:1-21)。

28:29 イスラエルの子らの名を・・・載せ 聖所に入るときアロンは大祭司として神の前に人々を代表していた(28:12, 29)。アロンの行動は大祭司である主イエスが天に入られ、父である神の前に私たちの代表として出られることを象徴していた(ヘブ9:24、→「旧

約聖書のキリスト」の項 p.611)。

28:30 ウリムとトンミム 聖書にはこのことばの説明がない。ことばの意味としては「光」と「完全性」、または「のろい」と「完全性」である。それは神のご意思を確かめたり、特定の情況で決断を下す方法の一つである「くじを引く」ために使われたものと思われる(⇒レ

出エジプト記　28-29章

32 その真ん中に頭を通す口を作る。その口の周囲には、織物の縁をつけ、よろいのえりのようにし、ほころびないようにしなければならない。
33 そのすそに、青色、紫色、緋色の撚り糸で、ざくろを作り、そのすその回りにこれをつけ、その回りのざくろの間に金の鈴をつける。
34 すなわち、青服のすその回りに金の鈴、ざくろ、金の鈴、ざくろ、となるようにする。
35 アロンはこれを務めを行うために着る。彼が聖所に入り、主の前に出るとき、またそこを去るとき、その音が聞こえるようにする。彼が死なないためである。
36 また、純金の札を作り、その上に印を彫るように、『主への聖なるもの』と彫り、
37 これを青ひもにつけ、それをかぶり物につける。それはかぶり物の前面に来るようにしなければならない。
38 これがアロンの額の上にあるなら、アロンは、イスラエル人の聖別する聖なる物、すなわち、彼らのすべての聖なるささげ物に関しての咎を負う。これは、それらの物が主の前に受け入れられるために、絶えずアロンの額の上になければならない。
39 亜麻布で市松模様の長服を作り、亜麻布でかぶり物を作る。飾り帯は刺繍して作らなければならない。
40 あなたはアロンの子らのために長服を作り、また彼らのために飾り帯を作り、彼らのために、栄光と美を表すターバンを作らなければならない。
41 これらをあなたの兄弟アロン、および彼とともにいるその子らに着せ、彼らに油をそそぎ、彼らを祭司職に任命し、彼らを聖別して祭司としてわたしに仕えさせよ。
42 彼らのために、裸をおおう亜麻布のももひきを作れ。腰からももにまで届くようにしなければならない。
43 アロンとその子らは、会見の天幕に入る

36 ①出28:36-38, 出39:30, 31
②ゼカ14:20
38 ①出28:43, レビ10:17, 民18:1, イザ53:11, エゼ4:4-6, ヨハ1:29, ヘブ9:28, Ⅰペテ2:24
39 ①出28:39-43, 出39:27-29
②エゼ44:17, 18
③出28:4
②出29:9
40 ①出29:9, 39:41, レビ8:13
41 ①出29:9, 30:30, 40:15
＊直訳「彼らの手を満たす」
42 ①出20:26
②出39:28, レビ6:10, 16:4, エゼ44:18

43 ①レビ5:1, 22:9, 民18:22
②出27:21, レビ17:7
1 ①出29:1-35, レビ8:1-35, ヘブ7:26-28
②→詩7:15
2 ①出29:23, レビ2:4, 7:12, 8:26, 民6:19
4 ①出40:12, レビ8:6, ヘブ10:22
5 ①レビ8:7
②出28:2
③出28:39, 40
④出28:4
⑤出28:6
⑥出28:15
⑦出28:4, 8, 39, 40, レビ8:13
6 ①レビ8:9
②出28:4, 39
③出28:36, 39:30
7 ①出30:26, 詩133:2
9 ①出28:41, 40:15, 民3:10, 18:7, 25:13, ヨシ18:7
10 ①レビ4:4, 8:14, 22
11 ①レビ1:5

とき、あるいは聖所で務めを行うために祭壇に近づくとき、これを着る。彼らが咎を負って、死ぬことのないためである。これは、彼と彼の後の子孫とのための永遠のおきてである。

祭司の聖別

29:1-37　並行記事－レビ8:1-36

29 1 あなたは、彼らを祭司としてわたしに仕えるように聖別するため、次のことを彼らにしなければならない。すなわち、若い雄牛一頭、傷のない雄羊二頭を取れ。
2 種を入れないパンと、油を混ぜた種を入れない輪型のパンと、油を塗った種を入れないせんべいとを取れ。これらは最良の小麦粉で作らなければならない。
3 これらを一つのかごに入れ、そのかごといっしょに、あの一頭の雄牛と二頭の雄羊とをささげよ。
4 アロンとその子らを会見の天幕の入口に近づかせ、水で彼らを洗わなければならない。
5 あなたは、装束を取り、アロンに長服とエポデの下に着る青服と、エポデと胸当てとを着せ、エポデのあや織りの帯を締めさせる。
6 彼の頭にかぶり物をかぶらせ、そのかぶり物の上に、聖別の記章を掛ける。
7 そそぎの油を取って、彼の頭にそそぎ、彼に油そそぎをする。
8 彼の子らを近づけ、彼らに長服を着せなければならない。
9 アロンとその子らに飾り帯を締めさせ、ターバンを巻きつけさせる。永遠のおきてによって、祭司の職は彼らのものとなる。あなたは、アロンとその子らを祭司職に任命せよ。
10 あなたが、雄牛を会見の天幕の前に近づけたなら、アロンとその子らがその雄牛の頭に手を置く。
11 あなたは、会見の天幕の入口で、主の前に、その雄牛をほふり、

ビ8:8, 民27:21, 申33:8, Ⅰサム28:6)。

29:4　水で彼らを洗わなければならない　水で洗うというこの儀式は祭司の特徴である聖さを象徴していた。

29:10　雄牛　祭司が雄牛の頭に手を置くことは、その動物と一体化したということを象徴的に示すことだった。その動物は祭司の罪と人々の罪のためにいけ

にえにされた。この行為は人々の罪をその動物に移すことを象徴していた。この儀式を通して雄牛は人々の身代りとなり、人々の罪のために死の罰を受けたのである(29:14)。この儀式はキリストの完全な犠牲を指している。主ご自身が私たちの罪のささげ物となられたのである(⇒イザ53:5, ガラ3:13, ヘブ13:11-13)。

¹²その雄牛の血を取り、あなたの指でこれを祭壇の角につける。その血はみな祭壇の土台に注がなければならない。
¹³その内臓をおおうすべての脂肪、肝臓の小葉、二つの腎臓と、その上の脂肪を取り、これらを祭壇の上で焼いて煙にする。
¹⁴ただし、その雄牛の肉と皮と汚物とは、宿営の外で火で焼かなければならない。これは罪のためのいけにえである。
¹⁵あなたは雄羊一頭を取り、アロンとその子らはその雄羊の頭に手を置かなければならない。
¹⁶あなたはその雄羊をほふり、その血を取り、これを祭壇の回りに注ぎかける。
¹⁷また、その雄羊を部分に切り分け、その内臓とその足を洗い、これらをほかの部分や頭といっしょにしなければならない。
¹⁸その雄羊を全部祭壇の上で焼いて煙にする。これは、主への全焼のいけにえで、なだめのかおりであり、主への火によるささげ物である。
¹⁹あなたはもう一頭の雄羊を取り、アロンとその子らはその雄羊の頭に手を置く。
²⁰あなたはその雄羊をほふり、その血を取って、アロンの右の耳たぶと、その子らの右の耳たぶ、また、彼らの右手の親指と、右足の親指につけ、その血を祭壇の回りに注ぎかける。
²¹あなたが、祭壇の上にある血とそそぎの油を取って、アロンとその装束、および、彼とともにいる彼の子らとその装束とに振りかけると、彼とその装束、および、彼とともにいる彼の子らとその装束とは聖なるものとなる。
²²あなたはその雄羊の脂肪、あぶら尾、内臓をおおう脂肪、肝臓の小葉、二つの腎臓、その上の脂肪、および、右のももを取る。これは、任職の雄羊である。
²³主の前にある種を入れないパンのかごの丸型のパン一個と、油を入れた輪型のパン一個と、せんべい一個、
²⁴これらをみなアロンの手のひらと、その子らの手のひらに載せ、これらを奉献物として主に向かって揺り動かす。
²⁵これらを、彼らの手から取り、全焼のいけにえといっしょに祭壇の上で焼いて煙とし、主の前になだめのかおりとする。これは、主への火によるささげ物である。
²⁶あなたはアロンの任職用の雄羊の胸を取り、これを奉献物として主に向かって揺り動かす。これは、あなたの受け取る分となる。
²⁷あなたがアロンとその子らの任職用の雄羊の、奉献物として揺り動かされた胸と、奉納物として、ささげられたももとを聖別するなら、
²⁸それは、アロンとその子らがイスラエル人から受け取る永遠の分け前となる。それは奉納物であり、それはイスラエル人からの和解のいけにえの奉納物、すなわち、主への奉納物であるから。
²⁹アロンの聖なる装束は、彼の跡を継ぐ子らのものとなり、彼らはこれを着けて、油そがれ、祭司職に任命されなければならない。
³⁰彼の子らのうち、彼に代わって祭司となる者は、聖所で務めを行うために会見の天幕に入るとき、七日間、これを着なければならない。
³¹あなたは任職用の雄羊を取り、聖なる場所で、その肉を煮なければならない。
³²アロンとその子らは、会見の天幕の入口で、その雄羊の肉と、かごの中のパンとを食べる。
³³彼らは、彼らを祭司職に任命し、聖別するための贖いに用いられたものを、食べる。ほかの者は食べてはならない。これらは聖なるものである。
³⁴もし、任職用の肉またはパンが、朝まで残ったなら、その残りは火で焼く。食べてはならない。これは聖なる物である。
³⁵あなたが、わたしの命じたすべてのことをそのとおりに、アロンとその子らに行ったなら、七日間、任職式を行わなければならない。
³⁶毎日、贖罪のために、罪のためのいけにえとして雄牛一頭をささげなければならない。祭壇のための贖いをするときには、その上に罪のためのいけにえをささげ、これを聖別するために油をそそぐ。
³⁷七日間にわたって祭壇のための贖いをしなければならない。あなたがそれを聖別すれば、祭壇は最も聖なるものとなる。祭壇に触れるものもすべて聖なるものとなる。
³⁸祭壇の上にささげるべき物は次のとお

りである。②毎日③絶やすことなく④一歳の若い雄羊二頭。

39 一頭の若い雄羊は朝ささげ、他の一頭の若い雄羊は夕暮れにささげなければならない。

40 一頭の若い雄羊には、上質のオリーブ油四分の一ヒンを混ぜた最良の小麦粉十分の一エパと、また注ぎのささげ物として、ぶどう酒四分の一ヒンが添えられる。

41 もう一頭の若い雄羊は夕暮れにささげなければならない。これには朝の穀物のささげ物や、注ぎのささげ物を同じく添えてささげなければならない。それは、なだめのかおりのためであり、主への火によるささげ物である。

42 これは、主の前、会見の天幕の入口で、あなたがたが代々にわたって、絶やすことのない全焼のいけにえである。その所でわたしはあなたがたに会い、その所であなたと語る。

43 その所でわたしはイスラエル人に会う。そこはわたしの栄光によって聖とされる。

44 わたしは会見の天幕と祭壇を聖別する。またアロンとその子らを聖別して、彼らを祭司としてわたしに仕えさせよう。

45 わたしはイスラエル人の間に住み、彼らの神となろう。

46 彼らは、わたしが彼らの神、主であり、彼らの間に住むために、彼らをエジプトの地から連れ出した者であることを知るようになる。わたしは彼らの神、主である。

香の壇
30:1-5　並行記事→出37:25-28

30 1 あなたは、香をたくために壇を作る。それは、アカシヤ材で作らなければならない。

2 長さ*一キュビト、幅一キュビトの四角形で、その高さは二キュビトでなければならない。その一部として角をつける。

38 ②ダニ12:11,③レビ6:9-13,④民28:3,9,11,19,27,29:2,8,13,24,30:2,23,26,29,32,36

39 ①Ⅱ列16:15,Ⅰ歴16:40,Ⅱ歴2:4,13:11,31:3,エゼ46:13,14,15

40 *1ヒンは3.8リットル　**△1サロン　―十分の一エパー2.3リットル
①→創35:14

41 ①Ⅰ列18:29,36,Ⅱ列16:15,エズ9:4,5,詩141:2,ダニ9:21
②出30:9,40:29,→レビ2:1,→民5:15,→民28:5,3,→創35:14
④→創8:21
⑤→出29:18

42 ①出29:38,30:8,民28:6,ダニ8:11-13
②→創8:20
③出25:22,30:6,36,民17:4

43 出24:16,40:34,Ⅰ列8:11,Ⅱ歴5:14,7:1,2,3,エゼ43:5,ハガ2:7,9

44 レビ21:15,22:9,16

45 ①出25:8,レビ26:12,民5:3,34,申12:11,ゼカ2:10,ヨハ14:17,23,Ⅱコリ6:16,黙21:3

46 ①出20:2

1 ①出30:1-5,出37:25-28,民4:11,ヘブ9:4,黙9:13
②出30:7,8,40:5,レビ4:7,18,黙8:3-5
③出37:25

2 *1キュビトは約44センチ
①レビ4:7

3 ①Ⅰ列6:20
6 ①出40:5,②出25:21,22
7 ①→出25:6
② Ⅰサム2:28,Ⅰ歴23:13,ルカ1:9
①出27:21,詩141:2
②出30:34-36
9 ①レビ10:1,②→創8:20
①→創35:14
10 ①ヘブ9:7,②→レビ4:3
③レビ16:18
12 ①出30:12-16,出38:25,26,②民1:2,26:2,Ⅱサム24:2,Ⅰ歴21:1
③民31:50,ヨブ33:24,36:18,詩49:7,マタ20:28,マコ10:45,Ⅰテモ2:6,Ⅰペテ1:18,19
④Ⅱサム24章
13 *1シェケルは11.4グラ

3 それに、上面と回りの側面と角を純金でかぶせる。その回りに、金の飾り縁を作る。

4 また、その壇のために、その飾り縁の下に、二つの金環を作らなければならない。相対する両側に作らなければならない。これらは、壇をかつぐ棒を通す所となる。

5 その棒はアカシヤ材で作り、それに金をかぶせる。

6 それをあかしの箱をおおう垂れ幕の手前、わたしがあなたとそこで会うあかしの箱の上の『贖いのふた』の手前に置く。

7 アロンはその上でかおりの高い香をたく。朝ごとにともしびを整えるときに、煙を立ち上らせなければならない。

8 アロンは夕暮れにも、ともしびをともすときに、煙を立ち上らせなければならない。これは、あなたがたの代々にわたる、主の前の常供の香のささげ物である。

9 あなたがたは、その上で異なった香や全焼のいけにえや穀物のささげ物をささげてはならない。また、その上に、注ぎのぶどう酒を注いではならない。

10 アロンは年に一度、贖罪のための、罪のためのいけにえの血によって、その角の上で贖いをする。すなわち、あなたがたは代々、年に一度このために、贖いをしなければならない。これは、主に対して最も聖なるものである。」

贖い金

11 主はモーセに告げて仰せられた。

12 「あなたがイスラエル人の登録のため、人口調査をするとき、その登録にあたり、各人は自分自身の贖い金を主に納めなければならない。これは、彼らの登録によって、彼らにわざわいが起こらないためである。

13 登録される者はみな、聖所のシェケルで*半シェケルを払わなければならない。一

30:1　香をたくために　香をたくことは神の民がいつも礼拝し祈ることを象徴していた(30:8, 詩141:, ルカ1:10, 黙8:3-4, →黙5:8注)。この祭壇が侮辱されたり汚されたりする可能性があるということは(30:9), もし神の名を汚すなら祈りは神に受入れられないということを示していた。聖さを拒む自己中心的で不純な心から出たものを神は受入れられない(⇒詩66:18-19, イザ1:15-16)。

30:10　贖い　このことばは本質的に罪をおおうこと、または罪を償うこと、そしてそれによって赦しが与えられることを意味している(贖いとそれがイエス・キリストと新しい契約を指していることについて、→「贖罪の日」の項p.223)。

シェケルは二十ゲラであって、おのおのの半シェケルを主への奉納物とする。

14 二十歳、またそれ以上の者で登録される者はみな、主にこの奉納物を納めなければならない。

15 あなたがた自身を贖うために、主に奉納物を納めるとき、富んだ者も半シェケルより多く払ってはならず、貧しい者もそれより少なく払ってはならない。

16 イスラエル人から、贖いの銀を受け取ったなら、それは会見の天幕の用に当てる。これは、あなたがた自身の贖いのために、主の前で、イスラエル人のための記念となる。」

洗盤

17 主はまたモーセに告げて仰せられた。

18 「洗いのための青銅の洗盤と青銅の台を作ったなら、それを会見の天幕と祭壇の間に置き、その中に水を入れよ。

19 アロンとその子らは、そこで手と足を洗う。

20 彼らが会見の天幕に入るときには、水を浴びなければならない。彼らが死なないためである。また、彼らが、主への火によるささげ物を焼いて煙にする務めのために祭壇に近づくときにも、

21 その手、その足を洗う。彼らが死なないためである。これは、彼とその子孫の代々にわたる永遠のおきてである。」

そそぎの油

22 ついで主はモーセに告げて仰せられた。

23 「あなたは、最上の香料を取れ。液体の没薬五百シェケル、かおりの強い肉桂をその半分――二百五十シェケル――、においしょうぶ二百五十シェケル、

24 桂枝を聖所のシェケルで五百シェケル、オリーブ油一ヒン。

25 あなたはこれらをもって聖なるそそぎの油を、調合法にしたがって、混ぜ合わせの香油を作る。これが聖なるそそぎの油となる。

26 この油を次のものにそそぐ。会見の天幕、あかしの箱、

27 机とそのいろいろな器具、燭台とそのいろいろな器具、香の壇、

28 全焼のいけにえのための祭壇とそのいろいろな器具、洗盤とその台。

29 あなたがこれらを聖別するなら、それは、最も聖なるものとなる。これらに触れるものもすべて聖なるものとなる。

30 あなたは、アロンとその子らに油をそそぎ、彼らを聖別して祭司としてわたしに仕えさせなければならない。

31 あなたはイスラエル人に告げて言わなければならない。

これはあなたがたの代々にわたって、わたしのための聖なるそそぎの油となる。

32 これをだれのからだにもそそいではならない。また、この割合で、これと似たものを作ってはならない。これは聖なるものであり、あなたがたにとっても聖なるものとしなければならない。

33 すべて、これと似たものを調合する者、または、これをほかの人につける者は、だれでもその民から断ち切られなければならない。」

香

34 主はモーセに仰せられた。「あなたは香料、すなわち、ナタフ香、シェヘレテ香、ヘルベナ香、これらの香料と純粋な乳香を取れ。これはおのおの同じ量でなければならない。

35 これをもって香を、調合法にしたがって、香ばしい聖なる純粋な香油を作る。

36 また、そのいくぶんかを細かに砕き、その一部をわたしがあなたとそこで会う会見の天幕の中のあかしの箱の前に供える。これは、あなたがたにとって最も聖なるものでなければならない。

37 あなたが作る香は、それと同じ割合で自分自身のために作ってはならない。あなたは、それを主に対して聖なるものとしなければならない。

38 これと似たものを作って、これをかぐ者はだれでも、その民から断ち切られる。」

ベツァルエルとオホリアブ

31:2-6　並行記事―出35:30-35

31 ¹ 主はモーセに告げて仰せられた。

² 「見よ。わたしは、ユダ部族のフルの子であるウリの子ベツァルエルを名ざして召し、

³彼に知恵と英知と知識とあらゆる仕事において、神の霊を満たした。
⁴それは、彼が、金や銀や青銅の細工を巧みに設計し、
⁵はめ込みの宝石を彫り、木を彫刻し、あらゆる仕事をするためである。
⁶見よ。わたしは、ダン部族のアヒサマクの子オホリアブを、彼のもとに任命した。わたしはすべて心に知恵のある者に知恵を授けた。彼らはわたしがあなたに命じたものを、ことごとく作る。
⁷すなわち、会見の天幕、あかしの箱、その上の『贖いのふた』、天幕のあらゆる設備品、
⁸机とその付属品、純金の燭台と、そのいろいろな器具、香の壇、
⁹全焼のいけにえの祭壇と、そのあらゆる道具、洗盤とその台、
¹⁰式服、すなわち、祭司として仕える祭司アロンの聖なる装束と、その子らの装束、
¹¹そそぎの油、聖所のためのかおりの高い香である。彼らは、すべて、わたしがあなたに命じたとおりに作らなければならない。」

安息日

¹²主はモーセに告げて仰せられた。
¹³「あなたはイスラエル人に告げて言え。あなたがたは、必ずわたしの安息を守らなければならない。これは、代々にわたり、わたしとあなたがたとの間のしるし、わたしがあなたがたを聖別する主であることを、あなたがたが知るためのものなのである。
¹⁴これは、あなたがたにとって聖なるものであるから、あなたがたはこの安息を守らなければならない。これを汚す者は必ず殺されなければならない。この安息中に仕事をする者は、だれでも、その民から断ち切られる。
¹⁵六日間は仕事をしてもよい。しかし、七日目は、主の聖なる全き休みの安息日である。安息の日に仕事をする者は、だれでも必ず殺されなければならない。
¹⁶イスラエル人はこの安息を守り、永遠の契約として、代々にわたり、この安息を守らなければならない。
¹⁷これは、永遠に、わたしとイスラエル人との間のしるしである。それは主が六日間に天と地とを造り、七日目に休み、いこわれたからである。」
¹⁸こうして主は、シナイ山でモーセと語り終えられたとき、あかしの板二枚、すなわち、神の指で書かれた石の板をモーセに授けられた。

金の子牛

32 ¹民はモーセが山から降りて来るのに手間取っているのを見て、アロンのもとに集まり、彼に言った。「さあ、私たちに先立って行く神を、造ってください。私たちをエジプトの地から連れ上ったあのモーセという者が、どうなったのか、私たちにはわからないから。」
²それで、アロンは彼らに言った。「あなたがたの妻、息子、娘たちの耳にある金の耳輪をはずして、私のところに持って来なさい。」

31:3 彼に知恵・・・神の霊を満たした ここで言われているように、「神の霊に満たされる」ということは神への特別な奉仕のために霊的に整えられ力が与えられるという意味である。神はただ「霊的な」責任だけではなく、実際的な働きのために人々を神の御霊に満たし力を与えられる。モーセはこれらの指示を実際に実行した。彼はベツァルエル、オホリアブやほかの人々に対して、35:10-39:31に書かれた仕事を行うために任務をはっきりと割当てた。奉仕の働きは教会の指導者だけのものではない。だれもがある意味で奉仕者である（⇒Ⅱコリ3:6）。神はある働きを行うためにそれぞれに特別な技能を与えられるけれどもまた人々にその人独自の才能や能力を備えてくださった。そのような才能によって、それぞれの人は神の国に貢献することができる。神の御霊は力を与えて人々の思いに光を差し込ませ、技能と知識を与えて神の目的に創造的に仕えるようにされる。ほかの人々に何かを行うように示したり教えたりする能力も神からの特別な賜物である（35:34）。神は私たちに与えられている賜物をほかの人々を強め励ますために用いるように願っておられる（⇒Ⅰコリ12:4-20, エペ4:12）。ペテロは「それぞれが賜物を受けているのですから、神のさまざまな恵みの良い管理者として、その賜物を用いて、互いに仕え合いなさい」と言っている（Ⅰペテ4:10）。今日キリストに従う人はみな御霊が肉体的な技能と霊的な賜物の両方を与えてくださるように祈るべきである。その賜物を神の栄光のために用いるときに、それぞれの人生に対する神の目的が達成されるのである

出エジプト記　32章

3 そこで、民はみな、その耳にある金の耳輪をはずして、アロンのところに持って来た。
4 彼がそれを、彼らの手から受け取り、のみで型を造り、鋳物の子牛にした。彼らは、「イスラエルよ。これがあなたをエジプトの地から連れ上ったあなたの神だ」と言った。
5 アロンはこれを見て、その前に祭壇を築いた。そして、アロンは呼ばわって言った。「あすは主への祭りである。」
6 そこで、翌日、朝早く彼らは全焼のいけにえをささげ、和解のいけにえを供えた。そして、民はすわっては、飲み食いし、立っては、戯れた。
7 主はモーセに仰せられた。「さあ、すぐ降りて行け。あなたがエジプトの地から連れ上ったあなたの民は、堕落してしまったから。
8 彼らは早くも、わたしが彼らに命じた道からはずれ、自分たちのために鋳物の子牛を造り、それを伏し拝み、それにいけにえをささげ、『イスラエルよ。これがあなたをエジプトの地から連れ上ったあなたの神だ』と言っている。」
9 主はまた、モーセに仰せられた。「わたしはこの民を見た。これは、実にうなじのこわい民だ。
10 今はただ、わたしのするままにせよ。わたしの怒りが彼らに向かって燃え上がって、わたしが彼らを絶ち滅ぼすためだ。しかし、わたしはあなたを大いなる国民としよう。」
11 しかしモーセは、彼の神、主に嘆願して言った。「主よ。あなたが偉大な力と力強い御手をもって、エジプトの地から連れ出されたご自分の民に向かって、どうして、あなたは御怒りを燃やされるのですか。
12 また、どうしてエジプト人が『神は彼らを山地で殺し、地の面から絶ち滅ぼすために、悪意をもって彼らを連れ出したのだ』と言うようにされるのですか。どうか、あなたの燃える怒りをおさめ、あなたの民へのわざわいを思い直してください。
13 あなたのしもべアブラハム、イサク、イスラエルを覚えてください。あなたはご自身にかけて彼らに誓い、そうして、彼らに、『わたしはあなたがたの子孫を空の星のようにふやし、わたしが約束したこの地をすべて、あなたがたの子孫に与え、彼らは永久にこれを相続地とするようになる』と仰せられたのです。」

4 ①申9:16, I 列12:28, ネヘ9:18, 詩106:19, イザ46:6, 使7:41, ロマ1:23
5 ①レビ23:2, 4, 21, 37, II 列10:20, II 歴30:5
6 ①→創8:20　②→出20:24　③出32:17-19, 使7:41　④I コリ10:7, 民25:2
7 ①出32:4, 11, 申9:12, エレ31:32
8 ①出22:20, 34:15, 申32:17　②I 列12:28
9 ①出32:9-14, 民14:11-20
①出33:3, 5, 34:9, 申9:13, イザ48:4, ゼカ7:11, 使7:51

10 ①申9:14　②出22:20, 24, 申9:19, 民14:12　③創12:2
11 ①出32:11-13, 申34:9, 詩106:23, ヨシ7:6-9, ヤコ74:1
12 ①エゼ20:9, 44, 詩79:9
13 ①創12:7, 13:14-17, 15:5, 7, 18, 17:6-8, 22:16-18, 26:4, 28:13, 14, 35:11, 12, 出33:1, 11, 33:1, ヘブ6:13, 14

（→「御霊の賜物」の項 p.2138）。

32：4　鋳物の子牛にした　指導者としてアロンは人々を喜ばせようとして神の基準に対して深刻な妥協をした。彼は不信仰な人々の圧力と影響に負けて、後に明らかにされた第二の戒めに背いてしまった（20：4-5）。モーセがアロンの命乞いをしたので、神はアロンをさばかれなかった（申9：20）。

32：6　立っては、戯れた　人々は性的不道徳に陥るような官能的な踊りやみだらな振舞を始めた。32：25には「民が乱れており」とある。これはある人々は裸になったり、肉体的、性的に互いに勝手なことをしていたことを暗示している。神の律法はこのような振舞に対して警告をしていた（レビ18：6-30, 20：11, 17, 19-21, →「性道徳の基準」の項 p.2379）。

32：10　彼らを絶ち滅ぼす　人々の反逆と罪があまりにもひどいので、神は彼らを滅ぼしてモーセを通して別の民族を起こすと宣言された。

32：11　モーセは・・・【主】に嘆願して言った　モーセは人々のために必死の嘆願をしたけれども（32：11-14）、それは神が忠実な人々の祈りに応えてくださることを示している。神はご自分に頼る人々が、神との正しい関係にほかの人々を連れ戻すことを願っておられる。
（1）明らかに神は反抗的な人々を滅ぼそうと願わ

れた（32：10）。けれどもモーセは主と人々との間の仲介者として、神の審判が撤回され神が思いを変えてくださるようにと熱心に祈った。

（2）モーセの熱心な祈りによって主は人々をあわれんでくださった（32：14, →ヤコ5：16注, →「とりなし」の項 p.1454）。

（3）モーセの例は、神に仕える人々を神が協力者にされることを示している（I コリ3：9）。神に仕える人々が神のメッセージを伝え、霊的に失われている人々のために祈りに励むことを神は願っておられる（→ロマ9：2注）。神の民はある意味で神を知らない人々のいのちに対して責任がある（→マタ9：38注）。神を知り従っている人の誠実な祈りは神の願いにさえ影響を与えて、さばきではなく救いをもたらすのである（⇒エゼ22：30）。けれどもどんなに祈っても、みこころに沿わないことを神がなさることはない。むしろ人々が祈りによって、神の最高の願いと調和し一致するように導かれる。けれども人々がどのように祈るかにもよるけれども神はしばしば応答し、また応答しようと待っておられるので、祈りによって物事は変るのである（⇒詩106：44-45, エレ18：8, 26：3, 13, 19, アモ7：2-6, ヨナ3：10, →「とりなし」の項 p.1454）。

（4）神は人々が神に立返る希望がある限り、その人々

出エジプト記　32章

¹⁴すると、主はその民に下すと仰せられたわざわいを思い直された。

¹⁵モーセは向き直り、二枚のあかしの板を手にして山から降りた。板は両面から書いてあった。すなわち、表と裏に書いてあった。¹⁶板はそれ自体 神の作であった。その字は神の字であって、その板に刻まれていた。¹⁷ヨシュアは民の叫ぶ大声を聞いて、モーセに言った。「宿営の中にいくさの声がします。」¹⁸するとモーセは言った。
「それは勝利を叫ぶ声ではなく、
敗北を嘆く声でもない。
私の聞くのは、歌を歌う声である。」
¹⁹宿営に近づいて、子牛と踊りを見るなり、モーセの怒りは燃え上がった。そして手からあの板を投げ捨て、それを山のふもとで砕いてしまった。

²⁰それから、彼らが造った子牛を取り、これを火で焼き、さらにそれを粉々に砕き、それを水の上にまき散らし、イスラエル人に飲ませた。

²¹モーセはアロンに言った。「この民はあなたに何をしたのですか。あなたが彼らにこんな大きな罪を犯させたのは。」

²²アロンは言った。「わが主よ。どうか怒りを燃やさないでください。あなた自身、民の悪いのを知っているでしょう。

²³彼らは私に言いました。『私たちに先立って行く神を、造ってくれ。私たちをエジプトの地から連れ上ったあのモーセという者が、どうなったのか、私たちにはわからないから。』

²⁴それで、私は彼らに、『だれでも、金を持っている者は私のために、それを取りはずせ』と言いました。彼らはそれを私に渡したので、私がこれを火に投げ入れたところ、この子牛が出て来たのです。」

²⁵モーセは、民が乱れており、アロンが彼らをほうっておいたので、敵の物笑いとなっているのを見た。

²⁶そこでモーセは宿営の入口に立って「だれでも、主につく者は、私のところに」と言った。するとレビ族がみな、彼のところに集まった。

²⁷そこで、モーセは彼らに言った。「イスラエルの神、主はこう仰せられる。おのおのの腰に剣を帯び、宿営の中を入口から入口へ行き巡って、おのおのその兄弟、その友、その隣人を殺せ。」

²⁸レビ族は、モーセのことばどおりに行った。その日、民のうち、おおよそ三千人が倒れた。

²⁹そこで、モーセは言った。「あなたがたは、おのおのその子、その兄弟に逆らっても、きょう、主に身をささげよ。主が、きょう、あなたがたに祝福をお与えになるために。」

14①民14:20, 申32:26,27, Ⅱサム24:16, Ⅰ歴21:15, 詩78:38, 106:45, エレ18:8, 26:13, 19, ヨエ2:13, ヨナ3:10, 4:2
16①出31:18
19①出32:6
21①創20:9, 26:10　②Ⅰ列12:28-30, 14:16
22①創18:30　②出14:11, 15:24, 16:2, 20, 28, 17:2, 4, 申9:24
23①出32:23, 24, 出32:1-4
24①出33:5
26①出32:26-29, 民25:7-13, 申33:9
27①民25:5, エゼ9:5
29①マタ10:37, ルカ14:26

のためにささげられる祈りを考慮される。けれどもそのような祈りを神が受付けないのは罪がその限界に達しているとき(後戻りできない地点)である。そのとき神はさばきを下される(⇒エレ15:1, エゼ14:14, 16)。

　(5) どうやって不完全な人間が全能の神を説得して、神の行動の流れを変えることができるのか、それは不思議で理解しにくいことである。人類の運命に関する限り、神は厳格で思いやりがない方ではない。むしろ神は忠実な人々の愛、信仰、祈りに喜んで個人的に応答される方である(→**神の摂理**の項 p.110)。

32:14　思い直された　神は人間と同じように考えを変えない。神には疑いやあやふやな考えはない。神はその民の信仰と祈りを尊重して、ご計画を達成するために別の行動を選択されるのである。こうして神は人々に祈り続け信じ続けるように励まされる。

32:19　砕いてしまった　モーセは自分を抑えられなかったのではない。罪に対する正義の正当な怒りを示したのである(⇒32:10, 34-35)。キリストもまた罪に対して神の怒りを表された(ヨハ2:15, 11:33注)。神を敬い聖さを求め、人間の苦しみを和らげたいという純粋な願いを持つ人は罪と不正に対して時としてこの種の怒りを感じるのである。

32:26　だれでも、【主】につく者は　モーセは神への忠誠を呼びかけた。ほとんどの人が神に逆らい社会が霊的に衰退しているときには、一つの選択をしなければならないことをモーセは知っていた。神に従うことを選択する人々は邪悪な人や不信仰な行動からはっきりと手を切らなければならない(→黙18:4注, ⇒ヨシ24:15, Ⅰ列18:21, →**背教**の項 p.2350)。

32:29　あなたがたに祝福をお与えになるために　レビ族が主に対して忠実であり続けたので、神は昔から与えられていたのろいを取除かれた(創49:7)。そして心を変えたことによって神の祝福の中に引上げられた(⇒民3:)。その結果、選ばれて幕屋の管理をし、祭司を補助することになった(民1:47-53, 3:5-9, 12, 41, 45, 4:2-3)。これは大きな特権だった。神ののろいと祝福はしばしば条件付きである。つまり、それは人々の行動によるのである。のろいは神に対する悔

³⁰翌日になって、モーセは民に言った。「あなたがたは大きな罪を犯した。それで今、私は主のところに上って行く。たぶんあなたがたの罪のために贖うことができるでしょう。」 ³¹そこでモーセは主のところに戻って、申し上げた。「ああ、この民は大きな罪を犯してしまいました。自分たちのために金の神を造ったのです。 ³²今、もし、彼らの罪をお赦しくださるものなら──。しかし、もしも、かないませんなら、どうか、②あなたがお書きになったあなたの書物から、私の名を消し去ってください。」 ³³すると主はモーセに仰せられた。「わたしに罪を犯した者はだれであれ、わたしの書物から消し去ろう。 ³⁴しかし、今は行って、わたしがあなたに告げた場所に、民を導け。見よ。わたしの使いが、あなたの前を行く。わたしのさばきの日にわたしは彼らの罪をさばく。」 ³⁵こうして、主は民を打たれた。アロンが造った子牛を彼らが礼拝したからである。

33

¹主はモーセに仰せられた。「あなたも、あなたがエジプトの地から連れ上った民も、わたしがアブラハム、イサク、④ヤコブに誓って、『これをあなたの子孫に与える』と言った地の⑤ここから上って行け。 ²＊わたしはあなたがたの前にひとりの使いを遣わし、わたしが、カナン人、エモリ人、ヘテ人、ペリジ人、ヒビ人、エブス人を追い払い、 ³乳と蜜の流れる地にあなたがたを行かせよう。わたしは、＊あなたのうちにあっては上らないからである。あなたがたはうなじのこわい民であるから、わたしが途中＊あなたがたを絶ち滅ぼすようなことがあるといけないから。」 ⁴民はこの悪い知らせを聞いて悲しみ痛み、だれひとり、その①飾り物を身に着ける者はいなかった。 ⁵主はモーセに、仰せられた。「イスラエル人に言え。あなたがたは、うなじのこわい民だ。一時でも＊あなたのうちにあって、上って行こうものなら、わたしはあなたがたを絶ち滅ぼしてしまうだろう。今、あなたがたの飾り物を身から取りはずしなさい。そうすれば、わたしはあなたがたをどうするかを考えよう。」 ⁶それで、イスラエル人はホレブの山以来、その飾り物を取りはずしていた。

会見の天幕

⁷モーセはいつも天幕を取り、自分のためにこれを宿営の外の、宿営から離れた所に張り、そしてこれを会見の天幕と呼んでいた。だれでも主に伺いを立てる者は、宿営の外にある会見の天幕に行くのであった。

30①申9:18、Ⅰサム12:20, 23
31①出20:23
32①ロマ9:3
②詩56:8, 69:28, 139:16, イザ4:3, ダニ12:1, マラ3:16, ピリ4:3, 黙3:5, 13:8, 17:8, 20:12, 15, 21:27
33①出17:14, 申29:20, 詩9:5, 69:28
34①出3:16, 17
②詩23:20, 33:2, 民20:16
③出32:35, 詩99:8, アモ3:14, ロマ2:5, 6
35①出32:4, 24, 使7:41
＊シリヤ語、タルグムによる

1①出32:7
②創12:7
③創26:3
④創出32:13
⑤出32:13
⑥民10:11-13
2＊直訳「あなた」
①出23:20, 32:34
②出3:8, 17, 23:27-31, 34:11, 申7:1, 22, ヨシ24:11
3①→出3:8
＊直訳「あなた」
①出33:15-17
②出32:9, 33:5, 34:9, 申9:6, 13, 使7:51
③出32:10
4①民14:39
②Ⅱサム19:24, エゼ26:16
5＊直訳「あなた」
7①出29:42, 43
②出18:15, 士1:1, 20:18, Ⅰサム28:6, 使1:24-26

改めと服従によって逆転させることができる。けれども悔い改めない心と神への不従順があるとき、祝福は取消されてしまう。

32:32 彼らの罪をお赦しくださるものなら 人々に対するモーセの愛(⇒ロマ9:3)は「そむいた人たちのためにとりなしをする」、より偉大な仲介者であるイエス・キリストの愛を反映している(イザ53:12, ロマ8:34, →マタ26:39注、Ⅰテモ2:5注、ヘブ7:25注)。

33:3 わたしは、あなたがたのうちにあっては上らない イスラエルが罪を犯したため「ひとりの使い」が約束の地まで代りを務めると神は言われた(33:1-3)。けれどもモーセは人々のために神に祈った(33:12-14)。モーセが人々のために神の心に触れたのはこれが初めてではなかった(32:11-13, 31-32)。イスラエルが金の子牛で罪を犯したこと(32:1-6)、モーセの祈り、神の応答という一連の出来事の流れに注意が必要である。(1) 神は人々を滅ぼそうと考えられた(32:10)。けれどもモーセの祈り(32:11-13)によって神があわれみを示して、人々を滅ぼすのを取りやめる根拠が生れた(32:14, →32:11注)。(2) それから神は人々が御使いによって導かれてカナンの地に行くことを許された(32:34)。けれどもご自分は一緒には行かないとはっきり言われた(33:3)。(3) さらに多くの祈りがささげられた後(33:12-13)、主はご計画を変えモーセの要請に応じて、主の臨在がともにとどまることに同意された(33:14-17, →「とりなし」の項 p.1454)。モーセの祈りに対する神の応答によって、神は独自の方法でその民とかかわりを持ち、やり取りをされることが明らかになる。神が決められたことは必ずしもみな絶対に最終的に取消しができないことではないようである。むしろ神は人々に応答をし(→32:11注)、行動方針を変えられることもある。それは人々が心から神の御名を呼び求め神の本来のご計画に立戻ろうとするからである。神は愛とあわれみを示すためにさばきを

出エジプト記　33章

8 モーセがこの天幕に出て行くときは、民はみな立ち上がり、おのおの自分の天幕の入口に立って、モーセが天幕に入るまで、彼を見守った。
9 モーセが天幕に入ると、雲の柱が降りて来て、天幕の入口に立った。主はモーセと語られた。
10 民は、みな、天幕の入口に雲の柱が立つのを見た。民はみな立って、おのおの自分の天幕の入口で伏し拝んだ。
11 主は、人が自分の友と語るように、顔と顔とを合わせてモーセに語られた。モーセが宿営に帰ると、彼の従者でヌンの子ヨシュアという若者が幕屋を離れないでいた。

モーセと主の栄光

12 さて、モーセは主に申し上げた。「ご覧ください。あなたは私に、『この民を連れて上れ』と仰せになります。しかし、だれを私といっしょに遣わすかを知らせてくださいません。しかも、あなたご自身で、『わたしは、あなたを名ざして選び出した。あなたは特にわたしの心にかなっている』と仰せになりました。
13 今、もしも、私があなたのお心にかなっているのでしたら、どうか、あなたの道を教えてください。そうすれば、私はあなたを知ることができ、あなたのお心にかなうようになれるでしょう。この国民があなたの民であることをお心に留めてください。」

8 ①民16:27
9 ①→出13:21
　②民25:22, 34:34
10 ①→出13:21
　②出4:31
11 ①創32:30, 民12:8, 申34:10, Ⅰコリ13:12
　②ヨハ15:15
　③出24:13, ヨシ1:1, Ⅰ歴7:27
12 ①出3:10, 32:34
　②出23:20, 33:2
　③出33:17
　④出33:17
　創6:8, 19:19
13 ①出34:9
　②詩25:4, 27:11, 51:13, 86:11, 119:33
　③出3:7, 10, 5:1, 32:12, 申9:26, 29,
　ヨエ2:17

14 ①出40:34-38, 民14:14, 申2:7, 4:37, イザ63:9
　②申3:20, 12:10, 25:19, ヨシ21:44, 22:4, 23:1, 詩95:11, ヘブ4:1-3
15 ①出33:3, 34:9
16 ①民14:14
　②レビ20:24, 26
17 ①出33:12,
　創6:8, 19:19
19 ①出34:5-7
　②ロマ9:15
20 ①ヨハ1:18, Ⅰテモ6:16
　②出19:21, 24:10, 11, 創32:30, レビ16:2, 13, 申4:33, 5:24, 士6:22, 23, 13:22, イザ6:5, 黙1:17
21 ①詩27:5, 61:2
22 ①Ⅰ列19:11

14 すると主は仰せられた。「わたし自身がいっしょに行って、あなたを休ませよう。」
15 それでモーセは申し上げた。「もし、あなたご自身がいっしょにおいでにならないなら、私たちをここから上らせないでください。
16 私とあなたの民とが、あなたのお心にかなっていることは、いったい何によって知られるのでしょう。それは、あなたが私たちといっしょにおいでになって、私とあなたの民が、地上のすべての民と区別されることによるのではないでしょうか。」
17 主はモーセに仰せられた。「あなたの言ったそのことも、わたしはしよう。あなたはわたしの心にかない、あなたを名ざして選び出したのだから。」
18 すると、モーセは言った。「どうか、あなたの栄光を私に見せてください。」
19 主は仰せられた。「わたし自身、わたしのあらゆる善をあなたの前に通らせ、主の名で、あなたの前に宣言しよう。わたしは、恵もうと思う者を恵み、あわれもうと思う者をあわれむ。」
20 また仰せられた。「あなたはわたしの顔を見ることはできない。人はわたしを見て、なお生きていることはできないからである。」
21 また主は仰せられた。「見よ。わたしのかたわらに一つの場所がある。あなたは岩の上に立て。
22 わたしの栄光が通り過ぎるときには、わ

保留する自由をいつも持っておられる（⇒ヨナ3:）。

33:11　自分の友　神はモーセを親しい友であると言われた。そして顔と顔を合せて話された。この特別な関係はモーセが神と神の願いと目的に完全に献身していたことによる。この深い交わりの中でモーセの霊は神の感情を共有し理解することができた。モーセは神と同じように罪に対して苦しみ、全く同じ悲しみを感じていた（⇒32:19）。キリストに従う人もみな、このように神と神の目的を知りたいという強い願いを持ち、表していくべきである。私たちもまた神の友と呼ばれたいという願いを持つべきである。これは心から絶えず祈ることによってのみ可能である。

33:11　ヨシュア・・・が幕屋を離れないでいた　ヨシュアはモーセに忠実に仕えただけではなく、神との深い個人的な関係をも築いていった。そして若いときから主とともに過ごすことを学んでいた。そのような献身によってモーセの後継者（イスラエルの次の指導者）になる備えがされていたのである。

33:12　モーセは・・・申し上げた　モーセが祈ったことによって神は人々とともにとどまり、約束の地へ導くことに同意された（33:14、→33:3注）。

33:13　どうか、あなたの道を教えてください　神の民はみな、神の心を知り理解し、また神の道を受入れるように熱心に祈るべきである。神の心、神の道には神の願い、目的、知恵、聖い原則、さらには苦しみも含まれている（⇒ピリ3:10-11）。そのことによって私たちは神ご自身を知るようになる。

33:17　あなたはわたしの心にかない　神はモーセを友として重んじ気に入っていたので、祈りに応えられた。アロンと人々が神に逆らったのにモーセが受入れられたのは忠実であり続けたからである。だからモーセは主と反抗的な人々との間の仲介者になることができた。

たしはあなたを岩の裂け目に入れ、わたしが通り過ぎるまで、この手であなたをおおっておこう。
23 わたしが手をのけたら、あなたはわたしのうしろを見るであろうが、わたしの顔は決して見られない。」

新しい石の板

34 1 主はモーセに仰せられた。「前と同じような二枚の石の板を、切り取れ。わたしは、あなたが砕いたこの前の石の板にあったあのことばを、その石の板の上に書きしるそう。
2 朝までに準備をし、朝シナイ山に登って、その山の頂でわたしの前に立て。
3 だれも、あなたといっしょに登ってはならない。また、だれも、山のどこにも姿を見せてはならない。また、羊や牛であっても、その山のふもとで草を食べていてはならない。」
4 そこで、モーセは前のと同じような二枚の石の板を切り取り、翌朝早く、主が命じられたとおりに、二枚の石の板を手に持って、シナイ山に登った。
5 主は雲の中にあって降りて来られ、彼とともにそこに立って、主の名によって宣言された。
6 主は彼の前を通り過ぎるとき、宣言された。「主、主は、あわれみ深く、情け深い神、怒るのにおそく、恵みとまことに富み、
7 恵みを千代も保ち、咎とそむきと罪を赦す者、罰すべき者は必ず罰して報いる者。父の咎は子に、子の子に、三代に、四代に。」
8 モーセは急いで地にひざまずき、伏し拝んで、
9 お願いした。「ああ、主よ。もし私があなたのお心にかなっているのでしたら、どうか主が私たちの中にいて、進んでくださいますように。確かに、この民は、うなじのこわい民ですが、どうか私たちの咎と罪を赦し、私たちをご自身のものとしてくださいますように。」
10 主は仰せられた。「今ここで、わたしは契約を結ぼう。わたしは、あなたの民すべての前で、地のどこにおいても、また、どの国々のうちにおいても、かつてなされたことのない奇しいことを行おう。あなたとともにいるこの民はみな、主のわざを見るであろう。わたしがあなたとともに行うことは恐るべきものである。
11 わたしがきょう、あなたに命じることを、守れ。見よ。わたしはエモリ人、カナン人、ヘテ人、ペリジ人、ヒビ人、エブス人を、あなたの前から追い払う。
12 あなたは、注意して、あなたが入って行くその地の住民と契約を結ばないようにせよ。それがあなたの間で、わなとならないように。
13 いや、あなたがたは彼らの祭壇を取りこわし、彼らの石柱を打ち砕き、アシェラ像を切り倒さなければならない。
14 あなたはほかの神を拝んではならないからである。その名がねたみである主は、ねたむ神であるから。
15 あなたはその地の住民と契約を結んではならない。彼らは神々を慕って、みだらなことをし、自分たちの神々にいけにえをささげ、あなたを招くと、あなたはそのいけにえを食べるようになる。
16 あなたがその娘たちをあなたの息子たちにめとるなら、その娘たちが自分たちの神々を慕ってみだらなことをし、あなたの息子たちに、彼らの神々を慕わせてみだらなことをさせるようになる。
17 あなたは、自分のために鋳物の神々を造ってはならない。
18 あなたは、種を入れないパンの祭りを

34:6-7 【主】は、あわれみ深く、情け深い神 神の名前は「主」（ヤハウェ）とある（→創2:4注, 出3:14注）。神はその名前が神の特性を示すことを明らかにされた。主としてのあわれみ、優しさ、赦しなどは真理、聖さ、正義と結び付いている。神が情け深くあわれみ深いという事実は、神の忍耐に満ちた愛とあわれみを恨みをもって拒み続けない限り、神の最終的な目標はどんな人に対しても罰を与えることではないことを示している（→「神の属性」の項 p.1016）。

34:7 父の咎は子に 自分たちの罪、霊的な怠慢、世的な不信仰を避けられなかったことなどが将来、家族に悲劇的な結果を及ぼす可能性があることに親は気付くべきである。子どもたちは親の悪業や反抗のために苦しむかもしれない。また親と同じ罪の態度や習慣を選ぶことになるかもしれない。この道を選ぶことは、神に従わないで滅びに導かれることである。

守らなければならない。わたしが命じたように、アビブの月の定められた時に、七日間、種を入れないパンを食べなければならない。あなたがアビブの月にエジプトを出たからである。

¹⁹最初に生まれるものは、すべて、わたしのものである。あなたの家畜はみな、初子の雄は、牛も羊もそうである。

²⁰ただし、ろばの初子は羊で贖わなければならない。もし、贖わないなら、その首を折らなければならない。あなたの息子のうち、初子はみな、贖わなければならない。だれも、何も持たずに、わたしの前に出てはならない。

²¹あなたは六日間は働き、七日目には休まなければならない。耕作の時も、刈り入れの時にも、休まなければならない。

²²小麦の刈り入れの初穂のために七週の祭りを、年の変わり目に収穫祭を、行わなければならない。

²³年に三度、男子はみな、イスラエルの神、主、主の前に出なければならない。

²⁴わたしがあなたの前から、異邦の民を追い出し、あなたの国境を広げるので、あなたが年に三度、あなたの神、主の前に出るために上る間にあなたの地を欲しがる者はだれもいないであろう。

²⁵わたしのいけにえの血を、種を入れたパンに添えて、ささげてはならない。また、過越の祭りのいけにえを朝まで残しておいてはならない。

²⁶あなたの土地から取れる初穂の最上のものを、あなたの神、主の家に持って来なければならない。

子やぎをその母の乳で煮てはならない。」

²⁷主はモーセに仰せられた。「これらのことばを書きしるせ。わたしはこれらのことばによって、あなたと、またイスラエル

と契約を結んだのである。」

²⁸モーセはそこに、四十日四十夜、主とともにいた。彼はパンも食べず、水も飲まなかった。そして、彼は石の板に契約のことば、十のことばを書きしるした。

モーセの顔の輝き

²⁹それから、モーセはシナイ山から降りて来た。モーセが山を降りて来たとき、その手に二枚のあかしの石の板を持っていた。彼は、主と話したので自分の顔のはだが光を放ったのを知らなかった。

³⁰アロンとすべてのイスラエル人はモーセを見た。なんと彼の顔のはだが光を放つではないか。それで彼らは恐れて、彼に近づけなかった。

³¹モーセが彼らを呼び寄せたとき、アロンと会衆の上に立つ者がみな彼のところに戻って来た。それでモーセは彼らに話しかけた。

³²それから後、イスラエル人全部が近寄って来たので、彼は主がシナイ山で彼に告げられたことを、ことごとく彼らに命じた。

³³モーセは彼らと語り終えたとき、顔におおいを掛けた。

³⁴モーセが主の前に入って行って主と話すときには、いつも、外に出るときまで、おおいをはずしていた。そして出て来ると、命じられたことをイスラエル人に告げた。

³⁵イスラエル人はモーセの顔を見た。まことに、モーセの顔のはだは光を放った。モーセは、主と話すために入って行くまで、自分の顔におおいを掛けていた。

安息日の規定

35¹モーセはイスラエル人の全会衆を集めて彼らに言った。「これは、主が行えと命じられたことばである。
²六日間は仕事をしてもよい。しかし、七

34:28 四十日 神はモーセを40日の断食の間力づけ超自然的に支えられた。神を求めることに全く専念していたのでモーセはその間何も食べず何も飲まなかった。通常、肉体は断食の期間でも三日間以上水なしには過すことができない(→マタ6:16注)。

35:1-40:38 命じられたことば この部分のほとんどは25－31章の資料の繰返しである。違いは神の命令がどのように実行されたかについて記録されている点である。神の命令に従うことは重要である。私たちが神の働きをし神のご計画を受入れるときには服従が最優先課題である。同時にそれは神が人々を整え力を与えて神の目的に参加できるようにしてくださる方法でもある(⇒35:-36:)。人々が貢献できることは、神が与えてくださった能力や自分がささげるものによってそれぞれ異なる(→31:3注、⇒使11:29、Ⅱコリ8:12)。幕屋の建築には多種多様な材料と技術が求められた。

日目には、主の聖なる全き休みの安息を守らなければならない。この日に仕事をする者は、だれでも殺されなければならない。
3 安息の日には、あなたがたのどの住まいのどこででも、火をたいてはならない。」

幕屋の材料
35:4-9　並行記事―出25:1-7
35:10-19　並行記事―出39:32-41

4 モーセはイスラエル人の全会衆に告げて言った。「これは、主が命じて仰せられたことである。
5 あなたがたの中から主への奉納物を受け取りなさい。すべて、心から進んでささげる者に、主への奉納物を持って来させなさい。すなわち、金、銀、青銅、
6 青色、紫色、緋色の撚り糸、亜麻布、やぎの毛、
7 赤くなめした雄羊の皮、じゅごんの皮、アカシヤ材、
8 燈油、そそぎの油とかおりの高い香のための香料、
9 エポデや胸当てにはめ込むしまめのうや宝石である。
10 あなたがたのうちの心に知恵のある者は、みな来て、主が命じられたものをすべて造らなければならない。
11 幕屋、その天幕と、そのおおい、その留め金とその板、その横木、その柱と、その台座、
12 箱と、その棒、『贖いのふた』とおおいの垂れ幕、
13 机と、その棒とそのすべての用具と供えのパン、
14 燈火のための燭台と、その用器とともし火皿と、燈火用の油、
15 香の壇と、その棒とそそぎの油とかおりの高い香と幕屋の入口につける入口の垂れ幕、
16 全焼のいけにえの祭壇とそれに付属する青銅の格子、その棒とそのすべての用具、洗盤と、その台、
17 庭の掛け幕、その柱とその台座と庭の門の垂れ幕、
18 幕屋の釘と庭の釘と、そのひも、

2 ②→出31:15
3 ①出16:23
4 ①出35:4-9, 出35:21-29
5 ①出25:2-7
5 ①出25:2, 36:2, Ⅰ歴29:5, エズ1:5,6
　②→コリ9:7
　②→出25:2
8 ①→出25:6
10 ①出31:6
11 ①出26:1
12 ①出25:10
　②民4:5
13 ①出25:23
　②出25:30, レビ24:5,6
14 ①出25:31
15 ①出30:1
　②出25:6
　③出30:23, 34
16 ①→創8:10
　①出27:1
17 ①出27:9

19 ①出31:10, 39:1, 41
＊あるいは「ひだのついた服」
21 ①出35:21-29, 出25:2-7, 35:4-9
　②出25:2
　③→出25:2
22 ①出25:2, 35:5, 26, 29, 36:2, Ⅰ歴29:9, エズ7:16, Ⅱコリ8:12, 9:7
24 ①→出25:2
25 ①Ⅱ列23:7, 歴31:19, 22, 24
26 ①Ⅰ歴29:6, エズ7:27
28 ①出25:6
29 ①出35:21, Ⅰ歴29:6,9, エズ2:68
30 ①出35:30-35, 出31:1-6, 38:22, 23

19 聖所で仕えるための式服、すなわち、祭司アロンの聖なる装束と、祭司として仕える彼の子らの装束である。」
20 イスラエル人の全会衆は、モーセの前から立ち去った。
21 感動した者と、心から進んでする者とはみな、会見の天幕の仕事のため、また、そのすべての作業のため、また、聖なる装束のために、主への奉納物を持って来た。
22 すべて心から進んでささげる男女は、飾り輪、耳輪、指輪、首飾り、すべての金の飾り物を持って来た。金の奉献物を主にささげた者はみな、そうした。
23 また、青色、紫色、緋色の撚り糸、亜麻布、やぎの毛、赤くなめした雄羊の皮、じゅごんの皮を持っている者はみな、それを持って来た。
24 銀や青銅の奉納物をささげる者はみな、それを主への奉納物として持って来た。アカシヤ材を持っている者はみな、奉仕のすべての仕事のため、それを持って来た。
25 また、心に知恵のある女もみな、自分の手で紡ぎ、その紡いだ青色、紫色、緋色の撚り糸、それに亜麻布を持って来た。
26 感動して、知恵を用いたいと思った女たちはみな、やぎの毛を紡いだ。
27 上に立つ者たちはエポデと胸当てにはめるしまめのうや宝石を持って来た。
28 また、燈火、そそぎの油、かおりの高い香のためのバルサム油とオリーブ油とを持って来た。
29 イスラエル人は、男も女もみな、主がモーセを通して、こうせよと命じられたすべての仕事のために、心から進んでささげたのであって、彼らはそれを進んでささげるささげ物として主に持って来た。

ベツァルエルとオホリアブ
35:30-35　並行記事―出31:2-6

30 モーセはイスラエル人に言った。「見よ。主はユダ部族のフルの子であるウリの子ベツァルエルを名ざして召し出し、

ひとりひとりはそれぞれの方法で力以上の貢献をした。その努力が民族全体に貢献することになり祝福となった。そのささげ物と奉仕は礼拝の行為でもある。

人々は喜んで奉仕をしたので（⇒Ⅱコリ9:7）、ある時点でささげ物を持って来ないようにと言われていることに注意したい（36:5-7）。

出エジプト記　35－36章

31 彼に、知恵と英知と知識とあらゆる仕事において、神の霊を満たされた。
32 それは彼が金や銀や青銅の細工を巧みに設計し、
33 はめ込みの宝石を彫刻し、木を彫刻し、あらゆる設計的な仕事をさせるためである。
34 また、彼の心に人を教える力を授けられた。彼とダン族のアヒサマクの子オホリアブとに、そうされた。
35 主は彼らをすぐれた知恵で満たされた。それは彼らが、あらゆる仕事と巧みな設計をなす者として、彫刻する者、設計する者、および、青色、紫色、緋色の撚り糸や亜麻布で刺繍する者、また機織りする者の仕事を成し遂げるためである。

民11:24-29

36 1 ベツァルエルとオホリアブ、および、聖所の奉仕のすべての仕事をすることのできる知恵と英知を主に与えられた、心に知恵のある者はみな、主が命じられたすべてのことを成し遂げなければならない。」

2 モーセは、ベツァルエルとオホリアブ、および、主が知恵を授けられた、心に知恵のある者すべて、すなわち感動して、進み出てその仕事をしたいと思う者すべてを、呼び寄せた。
3 彼らは、聖所の奉仕の仕事をするためにイスラエル人が持って来たすべての奉納物をモーセから受け取った。しかしイスラエル人は、なおも朝ごとに、進んでささげるささげ物を彼のところに持って来た。
4 そこで、聖所のすべての仕事をしていた、知恵のある者はみな、それぞれ自分たちがしていた仕事から離れてやって来て、
5 モーセに告げて言った。「民は幾たびも、持って来ています。主がせよと命じられた仕事のために、あり余る奉仕です。」
6 それでモーセは命じて、宿営中にふれさせて言った。「男も女も、もはや聖所の奉納物のための仕事をしないように。」こうして、民は持って来ることをやめた。
7 手持ちの材料は、すべての仕事をするのに十分であり、あり余るほどであった。

幕屋

36:8-38　並行記事－出26:1-37

8 仕事に携わっている者のうち、心に知恵

31 ①出31:3
35 ①出31:3, 6, 35:31, Ⅰ列7:14, Ⅱ歴2:14
　②出38:23

1 ①出28:3, 31:6, 35:10, 25
3 ①→出25:2
　②出35:29
5 ①Ⅱ歴24:14, 31:10, Ⅱコリ8:2, 3
6 ①→出25:2
7 ①Ⅰ列8:64
8 ①出36:8-19, 出26:1-14

9 ＊1キュビトは約44センチ
19 ①出26:14
20 ①出36:20-30, 出26:15-25

ある者はみな、幕屋を十枚の幕で造った。撚り糸で織った亜麻布、青色、紫色、緋色の撚り糸で作り、巧みな細工でケルビムを織り出した。
9 幕の長さは、おのおの二十八キュビト、幕の幅は、おのおの四キュビト、幕はみな同じ寸法とした。
10 五枚の幕を互いにつなぎ合わせ、また、他の五枚の幕も互いにつなぎ合わせた。
11 そのつなぎ合わせたものの端にある幕の縁に青いひもの輪をつけた。他のつなぎ合わせたものの端にある幕の縁にも、そのようにした。
12 その一枚の幕に輪五十個をつけ、他のつなぎ合わせた幕の端にも輪五十個をつけ、その輪を互いに向かい合わせにした。
13 そして、金の留め金五十個を作り、その留め金で、幕を互いにつなぎ合わせて、一つの幕屋にした。
14 また、幕屋の上に掛ける天幕のために、やぎの毛の幕を作った。その幕を十一枚作った。
15 その一枚の幕の長さは三十キュビト。その一枚の幕の幅は四キュビト。その十一枚の幕は同じ寸法とした。
16 その五枚の幕を一つにつなぎ合わせ、また、ほかの六枚の幕を一つにつなぎ合わせ、
17 そのつなぎ合わせたものの端にある幕の縁に、輪五十個をつけ、他のつなぎ合わせた幕の縁にも輪五十個をつけた。
18 また、青銅の留め金五十個を作り、その天幕をつなぎ合わせて、一つにした。
19 また、天幕のために、赤くなめした雄羊の皮のおおいと、じゅごんの皮でその上に掛けるおおいとを作った。
20 さらに、幕屋のためにアカシヤ材で、まっすぐに立てる板を作った。
21 板一枚の長さは十キュビト、板一枚の幅は一キュビト半であった。
22 板一枚ごとに、はめ込みのほぞ二つを作った。幕屋の板、全部にこのようにした。
23 幕屋のために板を作った。南側に板二十枚。
24 その二十枚の板の下に銀の台座四十個を作った。一枚の板の下に、二つのほぞに二個の台座、ほかの板の下にも、二つのほぞに二個の台座を作った。
25 幕屋の他の側、すなわち、北側に板二十枚を作った。

出エジプト記　36–37章

26 銀の台座四十個。すなわち、一枚の板の下に二個の台座。ほかの板の下にも二個の台座。
27 幕屋のうしろ、すなわち、西側に板六枚を作った。
28 幕屋のうしろの両隅のために、板二枚を作った。
29 底部では重なり合い、上部では一つの環で一つに合わさるようにした。二枚とも、そのように作った。それが両隅であった。
30 板は八枚、その銀の台座は十六個、すなわち一枚の板の下に、二つずつ台座があった。
31 ついで、アカシヤ材で横木を作った。すなわち、幕屋の一方の側の板のために五本、
32 幕屋の他の側の板のために横木五本、幕屋のうしろ、すなわち西側の板のために横木五本を作った。
33 それから、板の中間を、端から端まで通る中央横木を作った。
34 板には金をかぶせ、横木を通す環を金で作った。横木には金をかぶせた。
35 ついで、青色、紫色、緋色の撚り糸、撚り糸で織った亜麻布で、垂れ幕を作った。これに巧みな細工でケルビムを織り出した。
36 そのために、アカシヤ材の四本の柱を作り、それに金をかぶせた。柱の鉤は金であった。そしてこの柱のために銀の四つの台座を鋳造した。
37 ついで、天幕の入口のために、青色、紫色、緋色の撚り糸、撚り糸で織った亜麻布で、刺繍をした幕を作った。
38 五本の柱と、その鉤を作り、その柱の頭部と帯輪に金をかぶせた。その五つの台座は青銅であった。

契約の箱

37:1-9　並行記事－出25:10-20

37 1 ベツァルエルはアカシヤ材で一つの箱を作った。長さは二キュビト半、幅は一キュビト半、高さは一キュビト半。
2 その内側と外側を純金でかぶせ、その回りに金の飾り縁を作った。
3 箱のために、金の環四つを鋳造し、その四隅の基部に取りつけた。一方の側に二つの環を、他の側にほかの二つの環を取りつけた。
4 また、アカシヤ材で棒を作り、これを金でかぶせ、

31 ① 出36:31-34, 出26:26-29
33 ① 出26:28
35 ① 出36:35-38, 出26:31-37

1 ① 出37:1-9, 出25:10-20

6 ① 出25:17
8 * ケルビムの単数形
10 ① 出37:10-16, 出25:23-29
12 * 一手幅は約7.4センチ
16 ① 出25:29, 民4:7
17 ① 出37:17-24, 出25:31-39

5 その棒を、箱をかつぐために箱の両側にある環に通した。
6 ついで彼は、純金で「贖いのふた」を作った。長さは二キュビト半、幅は一キュビト半。
7 また、槌で打って作った二つの金のケルビムを「贖いのふた」の両端に作った。
8 一つのケルブを一方の端に、他のケルブを他方の端に。ケルビムを「贖いのふた」の一部として、その両端に作った。
9 ケルビムは翼を上のほうに伸べ広げ、その翼で「贖いのふた」をおおい、ケルビムは互いに向かい合い、その顔は「贖いのふた」に向いていた。

机

37:10-16　並行記事－出25:23-29

10 彼は、アカシヤ材で、一つの机を作った。長さは二キュビト、幅は一キュビト、高さは一キュビト半。
11 これを純金でかぶせ、その回りに金の飾り縁を作った。
12 その回りに、手幅のわくを作り、そのわくの回りに金の飾り縁を作った。
13 その机のために、金の環四個を鋳造し、その四本の足のところの四隅に、その環を取りつけた。
14 その環はわくのわきにつけ、机をかつぐ棒を入れる所とした。
15 アカシヤ材で、机をかつぐ棒を作り、これを金でかぶせた。
16 さらに、机の上の器、すなわち、注ぎのささげ物を注ぐための皿や、ひしゃく、水差しや、びんを純金で作った。

燭台

37:17-24　並行記事－出25:31-39

17 また彼は、純金で燭台を作った。その燭台は、槌で打って作り、その台座と、支柱と、がくと、節と、花弁とで一個の燭台とした。
18 六つの枝をそのわきから、すなわち、燭台の三つの枝を一方のわきから、燭台の他の三つの枝を他のわきから出した。
19 一方の一つの枝に、アーモンドの花の形をした節と花弁のある三つのがくを、また、他方の一つの枝にも、アーモンドの花の形をした節

と花弁のある三つのがくをつけた。こうして燭台から出る六つの枝をみな、そのようにした。
20 燭台の支柱には、アーモンドの花の形をした節と花弁のある四つのがくをつけた。
21 それから出る一対の枝の下に一つの節、それから出る次の一対の枝の下に一つの節、それから出るその次の一対の枝の下に一つの節。このように六つの枝が燭台から出ていた。
22 それらの節と枝とは燭台と一体にし、その全体は一つの純金を打って作った。
23 また、そのともしび皿七つと、その心切りばさみと、心取り皿とを純金で作った。
24 すなわち、純金一タラントで、燭台とそのすべての用具を作った。

香の壇
37:25-28 並行記事－出30:1-5

25 彼は、アカシヤ材で香の壇を作った。長さは一キュビト、幅は一キュビトの四角形で、高さは二キュビト。これの一部として角をつけた。
26 そして、上面と回りの側面と角を純金でかぶせ、その回りに金の飾り縁を作った。
27 その壇のために、その飾り縁の下の両わきに、相対する両側に二つの金環を作った。それは、壇をかつぐ棒を通す所である。
28 その棒をアカシヤ材で作り、それに金をかぶせた。
29 彼はまた、調合法にしたがい、聖なるそそぎの油と純粋なかおりの高い香を作った。

全焼のいけにえのための祭壇
38:1-7 並行記事－出27:1-8

38 1 ついで、彼は、アカシヤ材で全焼のいけにえのための祭壇を作った。長さ五キュビト、幅五キュビトの四角形で、高さは三キュビト。
2 その四隅の上に、角を作った。その角はその一部である。彼は祭壇に青銅をかぶせた。
3 彼は、祭壇のすべての用具、すなわち、つぼ、十能、鉢、肉刺し、火皿を作った。そのすべての用具を青銅で作った。
4 祭壇のために、その下のほうに、すなわち、祭壇の出張りの下で、祭壇の高さの半ばに達する青銅の網細工の格子を作った。
5 彼は四つの環を鋳造して、青銅の格子の

23 ① 出25:38, 民4:9
24 ＊1タラントは34キログラム
25 ① 出37:25-28, 出30:1-5
＊1キュビトは約44センチ
29 ① 出30:23-25, 34, 35
② → 出25:6

1 ① 出38:1-7, 出27:1-8
② → 創8:20
③ エゼ43:13-17

7 ① 出27:8
8 ① 出30:18
② Ⅰサム2:22
9 ① 出38:9-20, 出27:9-19

四隅で棒を通す所とした。
6 彼はアカシヤ材で棒を作り、それに青銅をかぶせた。
7 その棒を祭壇の両側にある環に通して、それをかつぐようにした。祭壇は板で中空に作った。

洗盤

8 また彼は、青銅で洗盤を、また青銅でその台を作った。会見の天幕の入口で務めをした女たちの鏡でそれを作った。

幕屋の庭
38:9-20 並行記事－出27:9-19

9 彼はまた、庭を造った。南側では、庭の掛け幕は百キュビトの撚り糸で織った亜麻布でできていた。
10 柱は二十本、その二十個の台座は青銅で、柱の鉤と帯輪は銀であった。
11 北側も百キュビトで、柱は二十本、その二十個の台座は青銅で、柱の鉤と帯輪は銀であった。
12 西側には、五十キュビトの掛け幕があり、柱は十本、その台座は十個。柱の鉤と帯輪は銀であった。
13 前面の東側も、五十キュビト。
14 その片側には十五キュビトの掛け幕があり、柱は三本、その台座は三個であった。
15 庭の門の両側をなすもう一方の片側にも十五キュビトの掛け幕があり、柱は三本、台座は三個であった。
16 庭の周囲の掛け幕はみな、撚り糸で織った亜麻布であった。
17 柱のための台座は青銅で、柱の鉤と帯輪は銀、その柱の頭のかぶせ物も銀であった。それで、庭の柱はみな銀の帯輪が巻きつけられていた。
18 庭の門の幕は、刺繍されたもので、青色、紫色、緋色の撚り糸と、撚り糸で織った亜麻布とでできていた。長さは二十キュビト。高さ、あるいは幅は五キュビトで、庭の掛け幕に準じていた。
19 その柱は四本。その台座は四個で青銅であった。その鉤は銀であり、柱の頭のかぶせ物と帯輪とは銀であった。
20 ただし、幕屋と、その回りの庭の釘は、

みな青銅であった。

使用された資材

²¹ 幕屋、すなわち、あかしの幕屋の記録は、次のとおりである。これは、モーセの命令によって調べられたもの、祭司アロンの子イタマルのもとでの、レビ人の奉仕である。²² ユダ部族のフルの子であるウリの子ベツァルエルは、主がモーセに命じられたことを、ことごとく行った。²³ 彼とともに、ダン部族のアヒサマクの子オホリアブがいた。彼は彫刻をし、設計をする者、また青色、紫色、緋色の撚り糸や亜麻布で刺繍をする者であった。

²⁴ 仕事すなわち聖所のあらゆる仕事のために用いられたすべての金は、奉献物の金であるが、聖所のシェケルで二十九タラント七百三十シェケルであった。²⁵ 会衆のうちの登録された者による銀は、聖所のシェケルで百タラント千七百七十五シェケルであった。*

²⁶ これは、ひとり当たり一ベカ、すなわち、聖所のシェケルの半シェケルであって、すべて、二十歳以上で登録された者が六十万三千五百五十人であったからである。²⁷ 聖所の台座と垂れ幕の台座とを鋳造するために用いた銀は、百タラントであった。すなわち、一個の台座に一タラント、百の台座に百タラントであった。²⁸ また、千七百七十五シェケルで彼は柱の鉤を作り、柱の頭をかぶせ、柱に帯輪を巻きつけた。²⁹ 奉献物の青銅は七十タラント二千四百シェケルであった。³⁰ これを用いて、彼は会見の天幕の入口の台座、青銅の祭壇と、それにつく青銅の格子、および、祭壇のすべての用具を作った。³¹ また、庭の回りの台座、庭の門の台座、および、幕屋のすべての釘と、庭の回りのすべての釘を作った。

祭司の装束

39 ¹ 彼らは、青色、紫色、緋色の撚り糸で、聖所で仕えるための式服を作った。また、主がモーセに命じられたとおりに、アロンの聖なる装束を作った。

²¹ ①民1:50, 53, 9:15, 10:11, 17:7, 8, 18:2, Ⅱ歴24:6, 使7:44
②民4:28, 33
²² ①出38:22, 23, 出31:1-6, 35:30-35
②出30:13, 24, レビ5:15, 27:3, 25, 民3:47, 18:16
²⁵ ①出38:25, 26, 出30:12-16
②民1:2
* 1シェケルは11.4グラム
** 1タラントは34キログラム
²⁶ ①出30:13, マタ17:24, 27
* 1ベカは5.7グラム
②出12:37, 民1:45, 46, 26:51
²⁷ ①出26:19, 21, 25, 32

1 ①出35:23
②出31:10, 35:19
* あるいは「ひだのついた服」

2 ①出39:2-7, 出28:6-14
8 ①出39:8-21, 出28:15-30
9 * 一あたりは親指と小指を広げた間の長さ約22.2センチ
10 ①出28:17-20, エゼ1:16, 10:9, 28:13, 黙21:11
14 ①出28:21

エポデ

39:2-7　並行記事—出28:6-14

² 彼はまた、金色、青色、紫色、緋色の撚り糸と、撚り糸で織った亜麻布で、エポデを作った。³ 彼らは金の板を打ち延ばし、巧みなわざで青色、紫色、緋色の撚り糸に撚り込み、亜麻布に織り込むために、これを切って糸とした。⁴ 彼らは、エポデにつける肩当てを作った。それぞれ、エポデの両端につけられた。⁵ エポデの上で結ぶあや織りの帯は、エポデと同じ材料で、主がモーセに命じられたとおり、金色、青色、紫色、緋色の撚り糸、撚り糸で織った亜麻布で、エポデと同様に作った。⁶ 彼らは、しまめのうを、金のわくにはめ込み、これに印を彫るようにして、イスラエルの子らの名を彫った。⁷ 彼らはそれをエポデの肩当てにつけ、主がモーセに命じられたとおりに、イスラエルの子らの記念の石とした。

胸当て

39:8-21　並行記事—出28:15-28

⁸ 彼はまた、胸当てを巧みな細工で、エポデの細工と同じように、金色や青色、紫色、緋色の撚り糸、撚り糸で織った亜麻布で作った。⁹ 四角形で二重にし、その胸当てを作った。長さ一あたり、幅一あたりで、二重であった。¹⁰ それに、四列の宝石をはめ込んだ。第一列は赤めのう、トパーズ、エメラルド。¹¹ 第二列はトルコ玉、サファイヤ、ダイヤモンド。¹² 第三列はヒヤシンス石、めのう、紫水晶。¹³ 第四列は緑柱石、しまめのう、碧玉。これらを金のわくに入れてはめ込んだ。¹⁴ これらの宝石は、イスラエルの子らの名によるもので、彼らの名にしたがい、十二個で、十二の部族のために印の彫り物が、一つの名につき一つずつあった。¹⁵ ついで、編んで撚った純金の鎖を、胸当ての上に作った。¹⁶ 彼らは金のわく二個と金の環を二個作り、二個の環を胸当ての両端につけた。¹⁷ そして彼らは、二筋の金のひもを胸当ての両端の二個の環につけた。¹⁸ その二筋のひもの他の端を、先の二つの

出エジプト記 39-40章

わくにつけ、エポデの肩当てに外側に向くようにつけた。

19 ほかに、二個の金の環を作り、これを胸当ての両端、すなわち、エポデの前に来る胸当ての内側の縁につけた。

20 ほかに、二個の金の環を作り、エポデの二つの肩当ての下端の外側に、すなわち、エポデのあや織りの帯の上部の継ぎ目に接した面の上につけた。

21 胸当ては青ひもで、その環のところをエポデの環に結びつけ、エポデのあや織りの帯の上にあるようにし、胸当てがエポデからずり落ちないようにした。主がモーセに命じられたとおりである。

祭司のほかの装束
39:22-31　並行記事—出28:31-43

22 また、エポデの下に着る青服を青色の撚り糸だけで織って作った。

23 青服の口は、その真ん中にあって、よろいのえりのようで、その口の周囲には縁をつけて、ほころびないようにした。

24 青服のすその上に、青色、紫色、緋色の撚り糸で、撚ったざくろを作った。

25 また彼らは、純金の鈴を作り、その鈴を青服のすそ回りの、ざくろとざくろとの間につけた。

26 主がモーセに命じられたとおりに、仕えるための青服のすそ回りには、鈴にざくろ、鈴にざくろがあった。

27 彼らは、アロンとその子らのために、織った亜麻布で長服と、

28 亜麻布でかぶり物と、亜麻布で美しいターバンと、撚り糸で織った亜麻布でももひきを作った。

29 撚り糸で織った亜麻布や青色、紫、緋色の撚り糸で、刺繍してできた飾り帯を作った。主がモーセに命じられたとおりである。

30 ついで、聖別の記章の札を純金で作り、その上に印を彫るように、「主の聖なるもの」という文字を書きつけた。

31 これに青ひもをつけ、それをかぶり物の回りに上から結びつけた。主がモーセに命じられたとおりである。

---

22 ① 出39:22-26, 出28:31-35
27 ① 出39:27-29, 出28:39-43
28 ① 出28:4, 39, エゼ44:18
30 ① 出39:30, 31, 出36:38
② 出28:36, 29:6, ゼカ14:20

32 ① 出40:2, 6, 29
② 出25:40, 39:42, 43
34 ① 民4:5
37 ① 出25:6, 35:8, 14, 民4:16
38 ① 出25:6
41 * あるいは「ひだのついた服」
② レビ9:22, 23, 民6:23, ヨシ22:6, Ⅱサム6:18, Ⅰ列8:14, Ⅱ歴30:27

2 ① 出12:2, 19:1, 40:17, 民1:1
② → 出39:32
3 ① 出26:33, 40:21, 民4:5
4 ① 出26:35, 40:22
② 出25:30, 40:23, レビ24:5, 6
5 ① 出30:6, 40:26
① → 出39:32
6 ① → 創8:20

モーセが幕屋を点検する
39:32-41　並行記事—出35:10-19

32 こうして、会見の天幕である幕屋の、すべての奉仕が終わった。イスラエル人は、すべて、主がモーセに命じられたとおりにした。そのようにした。

33 彼らは幕屋と天幕、および、そのすべての用具をモーセのところに持って来た。すなわち、それは、その留め金、その板、その横木、その柱、その台座、

34 赤くなめした雄羊の皮のおおい、じゅごんの皮のおおい、仕切りの垂れ幕、

35 あかしの箱と、その棒、「贖いのふた」、

36 机と、すべての器、供えのパン、

37 純金の燭台と、そのともしび皿、すなわち、一列に並べるともしび皿と、そのすべての用具、および、その燈火用の油、

38 金の祭壇、そそぎの油、かおりの高い香、天幕の入口の垂れ幕、

39 青銅の祭壇とそれにつく青銅の格子と、棒と、そのすべての用具、洗盤とその台、

40 庭の掛け幕とその柱と、その台座、庭の門のための垂れ幕とそのひもと、その釘、また、会見の天幕のための幕屋に用いるすべての用具、

41 *聖所で仕えるための式服、祭司アロンの聖なる装束と、祭司として仕える彼の子らの装束である。

42 イスラエル人は、すべて、主がモーセに命じられたとおりに、そのすべての奉仕を行った。

43 モーセが、すべての仕事を彼らが、まことに主が命じられたとおりに、したのを見たとき、モーセは彼らを祝福した。

幕屋の組立て

40 1 主はモーセに告げて仰せられた。
2 「第一の月の一日に、あなたは会見の天幕である幕屋を建てなければならない。

3 その中にあかしの箱を置き、垂れ幕で箱の前を仕切り、

4 机を入れ、その備品を並べ、燭台を入れ、そのともしび皿を上げる。

5 あなたは香のための金の壇をあかしの箱の前に置き、垂れ幕を幕屋の入口に掛ける。

6 会見の天幕である幕屋の入口の前に、全

焼のいけにえの祭壇を据え、7 会見の天幕と祭壇との間に洗盤を据えて、これに水を入れる。

8 回りに庭を設け、庭の門に垂れ幕を掛ける。

9 あなたは、そそぎの油を取って、幕屋とその中のすべてのものにそそぎ、それと、そのすべての用具とを聖別する。それは聖なるものとなる。

10 あなたは全焼のいけにえの祭壇と、そのすべての用具に油をそそぎ、その祭壇を聖別する。祭壇は最も聖なるものとなる。

11 洗盤とその台とに油をそそいで、これを聖別する。

12 アロンとその子らを会見の天幕の入口に近づかせ、水で彼らを洗い、

13 アロンに聖なる装束を着けさせ、彼に油をそそぎ彼を聖別する。彼は祭司としてわたしに仕える。

14 彼の子らを近づかせ、これに長服を着せなければならない。

15 あなたは、彼らの父に油をそそいだように、彼らにも油をそそぐ。彼らは祭司としてわたしに仕える。彼らが油をそそがれることは、彼らの代々にわたる永遠の祭司職のためである。」

16 モーセはそのようにした。すべて主が彼に命じられたとおりを行った。

17 第二年目の第一月、その月の第一日に幕屋は建てられた。

18 モーセは、幕屋を建てるとき、台座を据え、その板を立て、その横木を通し、その柱を立て、

19 幕屋の上に天幕を広げ、その上に天幕のおおいを掛けた。主がモーセに命じられたとおりである。

20 また、彼はさとしを取って箱に納め、棒を箱につけ、「贖いのふた」を箱の上に置き、

21 箱を幕屋の中に入れ、仕切りのために垂れ幕を掛け、あかしの箱の前を仕切った。主がモーセに命じられたとおりである。

22 また、彼は会見の天幕の中に、すなわち、幕屋の北のほうの側で垂れ幕の外側

9 ①出30:26、レビ8:10、民7:1
10 ①→創8:20
12 ①出40:12-15、出28:41、30:30、レビ8:1, 6-9, 12, 13
15 ①出29:9、民25:13
17 ①出40:2、民7:1
20 * あるいは「あかし」
①出25:16、申1:5、Ⅰ列8:9、Ⅱ歴5:10、ヘブ9:4
21 ①出26:33、35:12
22 ①出26:35

23 ①出25:30、レビ24:5, 6
24 ①出26:35
25 ①出25:37、40:4
26 ①出30:6、40:5
27 →出25:6
28 ①出26:36、40:5
29 ①→創8:20
②→出39:32
③①出29:41
30 ①出30:18、40:7
31 ①出30:19-21
34 ①出40:34-38、民9:15-23
②→出16:7
③①レビ16:2、Ⅰ列8:10、Ⅱ歴5:13、イザ6:4、エゼ43:1-5、黙15:8
35 ①出24:16
36 ①民9:17, 10:11, 12、ネヘ9:19
38 ①出13:21, 22、民9:15、詩78:14, 105:39

に、机を置いた。

23 その上にパンを一列に並べて、主の前に供えた。主がモーセに命じられたとおりである。

24 彼は会見の天幕の中、机の反対側の幕屋の南側に、燭台を置いた。

25 そうして彼は主の前にともしび皿を上げた。主がモーセに命じられたとおりである。

26 それから彼は、会見の天幕の中の垂れ幕の前に、金の壇を置き、

27 その上でかおりの高い香をたいた。主がモーセに命じられたとおりである。

28 彼は、幕屋の入口に垂れ幕を掛け、

29 全焼のいけにえの祭壇を、会見の天幕である幕屋の入口に置き、その上に全焼のいけにえと穀物のささげ物とをささげた。主がモーセに命じられたとおりである。

30 また彼は、会見の天幕と祭壇との間に洗盤を置き、洗いのために、それに水を入れた。

31 モーセとアロンとその子らは、それで手と足を洗った。

32 会見の天幕に入るとき、または、祭壇に近づくとき、彼らはいつも洗った。主がモーセに命じられたとおりである。

33 また、幕屋と祭壇の回りに庭を設け、庭の門に垂れ幕を掛けた。こうして、モーセはその仕事を終えた。

主の栄光

34 そのとき、雲は会見の天幕をおおい、主の栄光が幕屋に満ちた。

35 モーセは会見の天幕に入ることができなかった。雲がその上にとどまり、主の栄光が幕屋に満ちていたからである。

36 イスラエル人は、旅路にある間、いつも雲が幕屋から上ったときに旅立った。

37 雲が上らないと、上る日まで、旅立たなかった。

38 イスラエル全家の者は旅路にある間、昼は主の雲が幕屋の上に、夜は雲の中に火があるのを、いつも見ていたからである。

40:34 【主】の栄光　出エジプト記は主の栄光（神の荘厳な臨在）が目に見えるかたちで幕屋に満ちたことで終る。

（1）外に現れたこのしるしは神の御霊がその民、教会の中あるいはその人々の間に住まわれることを預言するものだった（⇒Ⅰコリ3:16、エペ2:18-22）。それはまた神が忠実な人々とともに新しい天と新しい地で永遠に住まわれることを象徴している（黙21:3）。

（2）目に見える「主の栄光」は時には「シェキーナー」の栄光と言われている（→「神の栄光」の項 p.1366）。

レビ記

概　要
- I. 神に近付く方法－贖い(1:1-16:34)
  - A. ささげ物を通して(1:1-7:38)
    1. 全焼のいけにえ(1:1-17)
    2. 穀物のささげ物(2:1-16)
    3. 和解のいけにえ(3:1-17)
    4. 罪のためのいけにえ(故意でない罪のため)(4:1-5:13)
    5. 罪過のためのいけにえ(5:14-6:7)
    6. 継続的な全焼のいけにえと祭司のいけにえ(6:8-23)
    7. 罪のためのいけにえ、罪過のためのいけにえ、和解のいけにえについての規則(6:24-7:27)
    8. 奉献物、祭司の取り分とささげ物についてのまとめ(7:28-38)
  - B. 祭司の奉仕を通して(8:1-10:20)
  - C. きよめの律法を通して(11:1-15:33)
  - D. 年ごとの贖罪の日を通して(16:1-34)
- II. 神のために生きる生き方－聖さ(17:1-27:34)
  - A. 適切ないけにえの場所と血についての注意(17:1-16)
  - B. 道徳的基準と実践的な聖さの必要(18:1-22:33)
  - C. 定期的な礼拝と心からの祝祭の実行(23:1-24:23)
  - D. 環境的、経済的、社会的救済の時(25:1-54)
  - E. 従順に対する報いと不従順に対する罰(26:1-46)
  - F. 誓いを果すことと神への献身についての教え(27:1-34)

著　者：モーセ

主　題：聖さ

著作の年代：紀元前1445－1405年

著作の背景

　レビ記は出エジプト記と関係が深い。出エジプト記にはイスラエルがどのようにしてエジプトから救われ、神の律法を受け、また幕屋を建てたかが記録されている。幕屋は可動式聖所であり、礼拝の場所であり、神が民の間に臨在されることを象徴していた。これは神が示された型に従って建てられた。出エジプト記は新しく建てられた幕屋に目に見えるかたちで神の臨在がとどまり満ちたところで終わっている(出40:34，→「幕屋」の図p.174)。レビ記には幕屋が完成してから(出40:17)、イスラエルがシナイ山を出発するまで(民10:11)の二か月間に、神がモーセに与えられた律法と教えが収められている。「レビ記」という題名はヘブル語聖書のものではなく、ギリシヤ語訳とラテン語訳聖書からとったものである。この題名を見ると、内容はレビ族出身で礼拝の指導者であり、幕屋の管理を任されていたレビ系祭司にだけ関係すると思えるかもしれない。けれどもそうではない。大部分の内容はイスラエル全体に関係している。

　レビ記はモーセの三番目の書物である。その内容は神が直接言われたみことばであり、イスラエルについてモーセに啓示されたものであるということが50回以上も書いてある。モーセはそれを全部文書に記録して保存した。主イエスはレビ記の一部を指してこれがモーセの命令であると言われた(マコ1:44)。使徒パウロ(新約聖書の多くの手紙を書き、多くの教会を開拓した宣教師)はレビ記を引用して「モーセは・・・と書いています」(ロマ10:5)と言っている。ある批評家たちがレビ記ははるか後の時代に祭司的編集者によって一冊にまとめられたと言っているけれども、それは聖書自体が証言している完全な真実性(真実であることと間違いがないこと)を

否定することである(→出緒論)。

目　　的

　　レビ記はイスラエルの民と祭司にいけにえ(罪をおおい、神の赦しを受ける道を開くささげ物)を通して神に近付く方法を教えるために書かれた。さらに神の選民が聖い生活をするための基準の大筋をはっきりと書いている。「聖い」とは道徳的、霊的純粋さと、整った状態、神のような性格を意味する。また悪から離れ、神が正しいとされることに対して完全に献身していることを意味している。

概　　観

　　レビ記には贖いと聖さという二つの大きな主題がある。

　　(1) 1－16章には罪とその結果起きた神と人々との間の分離を神がどのように扱われたか、その旧約聖書の方法を描いている。イスラエルの民が罪の赦しを受け、神との関係を維持していく道を神は様々ないけにえを通して備えられた。レビ記には「贖う」(《ヘ》カファル)という動詞がいろいろなかたちで48回使われている。「贖い」という名詞は3回使われている。この動詞の基本的な意味は「おおう」である。旧約聖書の血のささげ物(1:－7:)は、イエス・キリストが人々の罪を取除く完全な犠牲としてご自分をささげられるまでの(⇒ヨハ1:29, ロマ3:25, ヘブ10:11-12)一時的な罪の「おおい」だった(⇒ヘブ10:4)。レビ系の祭司たちの奉仕は(8:-10:)、神と人々の究極的な仲介者であるキリストの働きを象徴していた。年ごとの贖罪の日(16:)は象徴的な儀式だった。それはいつの日か主イエスがご自分を犠牲としてささげる日(私たちの罪―神に対する反抗―の代価を払い、私たちが神との個人的な関係を持つ道を拓くために苦しみ死んでくださる日)を表していた(この大切な日についての詳細 →「贖罪の日」の項 p.223)。

　　(2) 17－27章には道徳的な清さと聖い生活のための実際的な一連の基準が示されている。何度も神は「あなたがたの神、主であるわたしが聖であるから、あなたがたも聖なる者とならなければならない」(19:2, 20:7, 26)と命じられた。そしてこの書物全体ではヘブル語の「聖」ということばが100回以上も使われている。これは人々にとって道徳的、霊的な清さと従順に生きることを意味した。そして悪から離れて神が正しいとされることに献身することが求められた。神に従う者としての生活は、周辺に住む人々の生活とは全く異なるものでなければならなかった。レビ記の中で聖さは儀式(17:)と礼拝(23:-25:)を通して表されているけれども、特に日常生活の実際的な事柄の扱い方(18:-22:)を通して表されている。つまり聖さとは単に罪と悪を避けることではない。聖さとは正しいことを追い求め神が望まれる事柄を行うことである。聖さを否定的で限定的なものと考える人々は、神が積極的で解放された生活を提供しておられることを見ていない。レビ記は最後に、従順に対する報い(26:)と神への特別な誓いを果すことについての教えを含んだ(27:)モーセのチャレンジをもって終っている。

特　　徴

　　レビ記には四つの大きな特徴がある。

　　(1) 神からの直接のことばによる霊的啓示が与えられている。これは聖書のほかのどの書物より強調されている。少なくとも28回、「**主**はモーセに告げて仰せられた」とはっきりと書かれている。

　　(2) いけにえの制度と身代りの贖い(他人の罪の代価を支払う、あるいは「おおう」ためにいのちが犠牲になること)について詳しく教えている。

　　(3) 16章は贖罪の日について教えている聖書の中心的な章である。

　　(4) レビ記はイスラエルの民が神から与えられた使命を果すべきであるという主題を次のように強調している。(a) 霊性と道徳的に清い生活を通してすべての人々に神のご計画を示すこと。(b) 神に喜ばれないほかの国々の慣習から離れて生きること。(c) 神に従って生きること。

新約聖書での成就

　　血による贖いと聖さの二つを強調しているこの書物の内容は、現在の新しい契約のもとにいる神の民とも関係している。レビ記でしばしば扱われている贖い(罪をおおう)ための動物のいけにえの血は、「後に来るすばらしいものの影」(ヘブ10:1)であると新約聖書は教えている。つまり旧約聖書のこれらのいけにえは、罪のためのキリストの犠牲を指しているのである。この「ただ一度の」贖いとは、主イエスが一度だけご自分のいのちを与えなければならなかったけれども、それによってあらゆる時代のあらゆる人々に完全な救いを提供されたということである(ヘブ9:12)。今の時代にキリストに従う人々は、キリストの犠牲が与える赦しと生きる力を受入れる

ことによって、生活のあらゆる面で「聖なるものとされなさい」（Ⅰペテ1：15）という神の命令を達成することができる。聖書には霊的なきよめ（ヘブ9：14，Ⅰヨハ1：7，黙7：14）と力（Ⅰコリ1：18）がキリストの犠牲によって可能となったことが書いてある。新約聖書によると、キリストはご自分の血を流すことによって、私たちのために霊的に多くのことを完成してくださった。キリストの血が私たちを義とし、神との正しい関係を持たせてくださる（ロマ5：9）。キリストの血は私たちを罪の奴隷から贖う（救い、解放する）ことができる（エペ1：7，Ⅰペテ1：18-19）。そして私たちを神と和解させ（コロ1：20）、赦しを与え（ヘブ9：22）、罪から解放する（黙1：5）。

　さらに主イエスが第二の戒めと言われた「あなたの隣人をあなた自身のように愛せよ」（マタ22：39）はレビ記19章18節のことばである。

レビ記の通読

　旧約聖書全体を1年間で通読するためには、レビ記を次のスケジュールに従って14日間で読まなければならない。
☐1-3 ☐4-5 ☐6-7 ☐8 ☐9-10 ☐11-12 ☐13-14 ☐15 ☐16-18 ☐19-21 ☐22-23 ☐24 ☐25 ☐26-27

メ　モ

全焼のいけにえ

1 ¹ 主はモーセを呼び寄せ、会見の天幕から彼に告げて仰せられた。
² 「イスラエル人に告げて言え。

もし、あなたがたが主にささげ物をささげるときは、だれでも、家畜の中から牛か羊をそのささげ物としてささげなければならない。

³ もしそのささげ物が、牛の全焼のいけにえであれば、傷のない雄牛をささげなければならない。それを、彼が主の前に受け入れられるために会見の天幕の入口の所に連れて来なければならない。
⁴ その人は、全焼のいけにえの頭の上に手を置く。それが彼を贖うため、彼の代わりに受け入れられるためである。
⁵ その若い牛は、主の前でほふり、祭司であるアロンの子らは、その血を持って行って、会見の天幕の入口にある祭壇の回りに、その血を注ぎかけなさい。
⁶ また、その全焼のいけにえの皮をはぎ、いけにえを部分に切り分けなさい。
⁷ 祭司であるアロンの子らは祭壇の上に火を置き、その火の上にたきぎを整えなさい。
⁸ 祭司であるアロンの子らは、その切り分けた部分と、頭と、脂肪とを祭壇の上にある火の上のたきぎの上に整えなさい。

脚注・引照

1: ①出25:22, 民7:89
②レビ17:9, 出40:34, 35
2: ①マタ7:11, ２歴22:18, 19
3: ①レビ1:4,6,9,10,13,14,17,3:5,4:7, 10,18,24,25,29,30,33,34,5:7,10,6:9, 12,17,7:2,8,37,8:18,21,28,9:2, 3,7,12,13,14,16,17,22,24,10:19, 12:6,8,14:13,19,20,22,23,24,30, 16:3,5,24,17:8,22:18,23:12,18, 37,→創8:20, →民6:11, →申12:6
②レビ3:1,22:18-25,申15:21,17:1, マラ1:14, エペ5:27, ヘブ9:14, １ペテ1:19, レビ17:8,9
4: ①→レビ3:2,8, 13,4:4,15,8:14,22,16:21, 出29:10,15,19, 民8:12

③レビ4:20, 26, 31, 35, 9:7, 14,24, 民15:25, １歴29:23, 24
5: ①レビ1:11,3:2,出19:11,12,16,20, ２歴35:1,②レビ17:11, ヘブ12:24
②レビ1:3, 8,3,8,13
6: ①→レビ1:3, レビ2:7,8
7: ①レビ6:8-13, 創22:9
8: ①レビ8:20

1:2 ささげ物をささげる 名詞の「ささげ物」（《ヘ》「コルバーン」）は「近付く」という意味の動詞と関係がある。ささげ物は人々が神との交わりを楽しみ、神の祝福を受けるために神に「近付く」ときに持ってきた贈り物だった（⇒詩73:28）。

（1）1-7章には次の五つのささげ物が描かれている。全焼のいけにえ（1:3-17）、穀物のささげ物（2:）、和解のいけにえ（3:）、罪のためのいけにえ（4:）、罪過のためのいけにえ（5:14-6:7, 7:1-7）。

（2）礼拝をする人はいくつかの理由からささげ物をささげた。（a）感謝と信仰を表すため、（b）神との関係を回復するため、（c）主への献身を深めるため、（d）赦しを求めるため。

ささげ物はある意味で祈りを行動に表したものである（⇒詩116:17, ホセ14:2, ヘブ13:15）。

（3）多くの場合、動物のいけにえがささげ物とされた（⇒9:8注）。

（4）ささげ物はイスラエルに次のことを教えた。(a) 人間は基本的に罪深い。いつも神に反対して自分に頼ろうとする。そのため神への反抗に対する最も厳しい罰（死）に値する。(b) 血を流すことなしに赦しはない（17:11, ヘブ9:22）。(c) 人間は自分で神に対する負債を払う資格も能力もないので、罪の贖いまたはおおいは身代りによって行われなければならない（1:4, 17:11）。(d) 神は聖である。神の純粋性、完璧性、完全性、悪からの分離が意味していることは、人間は神の怒りによって滅ぼされないためには神によって生活の領域全部を規定され指導されなければならないということである（⇒10:3）。(e) 神はすべての人を恵み、赦し、個人的な関係を持ちたいと望んでおられる（出34:6-7）。

（5）ささげ物が神に受入れられるためには、本当の悔い改め（悪い行いに対する深い悲しみと後悔、さらに悪い態度や行動を捨て、神に向かって方向転換をする決意）がなければならない。ひとりひとりが心から謙遜になり真剣に義（正しい生活と神との正しい関係）を求め正義を行い、あわれみの心を持たなければならない（23:27-29, イザ1:11-17, ミカ6:6-8）。

1:3 全焼のいけにえ 全焼のいけにえを指すヘブル語は神に向かって「上って行く」ものという意味である。ささげ物は完全に燃やし尽される。それは本当の礼拝とはすべてを神に明け渡すものであることを象徴している。同時にこれには赦しが含まれている（1:4）。礼拝をする人は自分を神にささげる前に罪から霊的にきよめられていなければならない（⇒マタ5:23-24）。ヘブル人への手紙の著者によると、全焼のいけにえは最終的にイエス・キリストによって成就された（ヘブ10:5-10）。

1:4 手を置く 動物をささげるイスラエル人は動物に寄りかかり、その動物と一体となったことを示した。そうすることによって動物にその人の役目を負わせ身代りにすることを表明した（⇒16:21-22, 24:14）。動物が死んだときは動物を連れてきた人が死んだのと同じになる。けれども実際は、その人が神に仕えるために自分のいのちをささげるのである。同じように、キリストに頼る人々はキリストの死と自分を合せて（ロマ6:3-11, ⇒２コリ5:21, ヘブ9:14）、罪深い古い生き方を後ろに捨てる。そしてキリストの死からの復活に自分を合せる（ロマ8:10-11, ピリ3:10）。その結果、自分自身を「神に受け入れられる、聖い、生きた供え物」として差出すのである（ロマ12:1, ヘブ13:15）。

1:5 その若い牛は・・・ほふり →9:8注

9 内臓と足は、水で洗わなければならない。祭司はこれら全部を祭壇の上で全焼のいけにえとして焼いて煙にする。これは、主へのなだめのかおりの火によるささげ物である。

10 しかし、もし全焼のいけにえのためのささげ物が、羊の群れ、すなわち子羊またはやぎの中からなら、傷のない雄でなければならない。

11 祭壇の北側で、主の前にこれをほふりなさい。そして祭司であるアロンの子らは、その血を祭壇の回りに注ぎかけなさい。

12 また、それを、部分に切り分け、祭司はこれを頭と脂肪に添えて祭壇の上にある火の上のたきぎの上に整えなさい。

13 内臓と足は、水で洗わなければならない。こうして祭司はそれら全部をささげ、祭壇の上で焼いて煙にしなさい。これは全焼のいけにえであり、主へのなだめのかおりの火によるささげ物である。

14 もしその人の主へのささげ物が、鳥の全焼のいけにえであるなら、山鳩または家鳩のひなの中から、そのささげ物をささげなければならない。

15 祭司は、それを祭壇のところに持って来て、その頭をひねり裂き、祭壇の上でそれを焼いて煙にしなさい。ただし、その血は祭壇の側面に絞り出す。

16 またその汚物の入った餌袋を取り除き、祭壇の東側の灰捨て場に投げ捨てなさい。

17 さらに、その翼を引き裂きなさい。それを切り離してはならない。そして、祭司はそれを祭壇の上、火の上にあるたきぎの上で焼いて煙にしなさい。これは全焼のいけにえであり、主へのなだめのかおりの火によるささげ物である。

穀物のささげ物

2 1 人が主に穀物のささげ物をささげるときは、ささげ物は小麦粉でなければならない。その上に油をそそぎ、その上に乳香を添え、

2 それを祭司であるアロンの子らのところに持って行きなさい。祭司はこの中から、ひとつかみの小麦粉と、油と、その乳香全部を取り出し、それを記念の部分として、祭壇の上で焼いて煙にしなさい。これは主へのなだめのかおりの火によるささげ物である。

3 その穀物のささげ物の残りは、アロンとその子らのものとなる。それは主への火によるささげ物の最も聖なるものである。

4 あなたがかまどで焼いた穀物のささげ物をささげるときは、それは油を混ぜた小麦粉の、種を入れない輪型のパン、あるいは油を塗った、種を入れないせんべいでなければならない。

5 また、もしあなたのささげ物が、平なべの上で焼いた穀物のささげ物であれば、それは油を混ぜた小麦粉の、種を入れないものでなければならない。

6 あなたはそれを粉々に砕いて、その上に油をそそぎなさい。これは穀物のささげ物である。

7 また、もしあなたのささげ物が、なべで作った穀物のささげ物であれば、それは油を混ぜた小麦粉で作らなければならない。

8 こうして、あなたが作った穀物のささげ物を主にささげるときは、それを祭司のところに持って来、祭司はそれを祭壇に持って行きなさい。

9 祭司はその穀物のささげ物から、記念の部分を取り出し、祭壇の上で焼いて煙にしなさい。これは主へのなだめのかおりの火によるささげ物である。

10 穀物のささげ物の残りは、アロンとその子らのものとなる。これは主への火によるささげ物の最も聖なるものである。

11 あなたがたが主にささげる穀物のささげ物はみな、パン種を入れて作ってはなら

1:9 【主】へのなだめのかおり 神は謙遜で従順な信仰をもっていけにえをささげる人を喜ばれる。新約聖書の中でパウロはキリストのささげ物（エペ5:2）とキリスト者の良い行い（ピリ4:18、⇒ヘブ13:16）を説明するときにこの種のことばを使っている。どちらも主に喜ばれるいけにえである。

2:1 穀物のささげ物 これは礼拝の行為として神にささげる贈り物で、その人の働きが神にささげられたことを象徴している。そして人間の働きはみな主をあがめる機会となることを示している。またこれは食物を毎日くださる神への感謝を表している（⇒Ⅰコリ10:31、→コロ3:23注）

2:11 パン種や蜜は・・・ならない パン種と蜜は発酵を促すために用いられるので、祭壇にささげること

ない。パン種や蜜は、少しでも、主への火によるささげ物として焼いて煙にしてはならないからである。
¹²それらは初物のささげ物として主にささげなければならない。しかしそれらをなだめのかおりとして、祭壇の上で焼き尽くしてはならない。
¹³あなたの穀物のささげ物にはすべて、塩で味をつけなければならない。あなたの穀物のささげ物にあなたの神の契約の塩を欠かしてはならない。あなたのささげ物には、いつでも塩を添えてささげなければならない。
¹⁴もしあなたが初穂の穀物のささげ物を主にささげるなら、火にあぶった穀粒、新穀のひき割り麦をあなたの初穂の穀物のささげ物としてささげなければならない。
¹⁵あなたはその上に油を加え、その上に乳香を添えなさい。これは穀物のささげ物である。
¹⁶祭司は記念の部分、すなわち、そのひき割り麦の一部とその油の一部、それに乳香全部を焼いて煙にしなさい。これは主への火によるささげ物である。

和解のいけにえ

3 ¹もしそのささげ物が和解のいけにえの場合、牛をささげようとするなら、雄でも雌でも傷のないものを主の前にささげなければならない。
²その人はささげ物の頭に手を置く。それは会見の天幕の入口の所でほふられる。そして、祭司であるアロンの子らは祭壇の回りにその血を注ぎかけなさい。
³次に、その人は和解のいけにえのうちから、主への火によるささげ物として、その内臓をおおう脂肪と、内臓についている脂肪全部、
⁴二つの腎臓と、それについていて腰のあたりにある脂肪、さらに腎臓といっしょに取

11 ③→レビ1:9
12 ①レビ23:17
　　②→レビ1:9
13 ①→レビ2:1
　　②民18:19, Ⅱ歴13:5
14 ①Ⅱ列4:42
　　②レビ23:14
15 ①→レビ1:9
16 ①→レビ2:2
　　②→レビ1:9

1 ①→出20:24
　②レビ1:3
2 ①レビ1:4, 5,
　　出29:11, 12, 16, 20
3 ①→出20:24
　②→レビ1:9
　③レビ4:8, 9, 出29:13,
　　Ⅰサム2:16

5 レビ6:12, 7:28-34,
　　出29:13
　②→レビ1:3
　③→レビ1:9
　④→レビ1:9
6 ①→出20:24
　②レビ3:1
7 ①民15:4, 5, 28:5-7
　②レビ17:5
8 ①レビ1:4, 3:2
　②レビ3:2, 17:9
　③レビ1:5
9 ①→出20:24
　②→レビ1:9
10 ①レビ3:4
11 ①レビ3:5, 16
　　②レビ3:16, 21:6, 8, 17, 21
12 ①レビ3:7
13 ①→レビ1:9
14 ①→レビ1:9
15 ①レビ3:4

除いた肝臓の上の小葉とをささげなさい。
⁵そこで、アロンの子らは、これを祭壇の上で、火の上のたきぎの上にある全焼のいけにえに載せて、焼いて煙にしなさい。これは主へのなだめのかおりの火によるささげ物である。
⁶主への和解のいけにえのためのささげ物が、羊である場合、雄でも雌でも傷のないものをささげなければならない。
⁷もしそのささげ物として子羊をささげようとするなら、それを主の前に連れて来る。
⁸その人はささげ物の頭の上に手を置く。そして、それは会見の天幕の前でほふられる。アロンの子らは、その血を祭壇の回りに注ぎかけなさい。
⁹その人はその和解のいけにえのうちから、主への火によるささげ物として、その脂肪をささげなさい。すなわち背骨に沿って取り除いたあぶら尾全部と、内臓をおおう脂肪と、内臓についている脂肪全部、
¹⁰二つの腎臓と、それについていて腰のあたりにある脂肪、さらに腎臓といっしょに取り除いた肝臓の上の小葉とである。
¹¹祭司は祭壇の上でそれを食物として、主への火によるささげ物として、焼いて煙にしなさい。
¹²もしそのささげ物がやぎであるなら、それを主の前に連れて来る。
¹³その人はささげ物の頭の上に手を置く。そして、それは会見の天幕の前でほふられる。アロンの子らは、その血を祭壇の回りに注ぎかけなさい。
¹⁴その人は、主への火によるささげ物として、そのいけにえから内臓をおおっている脂肪と、内臓についている脂肪全部、
¹⁵二つの腎臓と、それについていて腰のあたりにある脂肪、さらに腎臓といっしょに取り除いた肝臓の上の小葉とをささげなさい。

が禁止されている。発酵は変化や破壊、腐敗を伴うのでしばしば悪を象徴している(→出13:7, マコ8:15注)。

3:1 和解のいけにえ このいけにえは神との交わり、つまり神とともに過し、個人的なやりとりを楽しむためにささげられた。また感謝を表し(7:12-16, 22:29)、誓いを立てる(7:16)ためにささげられた。
(1) これは神の契約(神の律法と約束、そして神の基準に対する人々の忠誠と服従とに基づく「終生協定」を守る

ことを意味した。和解のささげ物は神と礼拝をする人との間の平和と一致が回復されたことを祝うものでもある。
(2) このささげ物はキリストを信じる人々と神との個人的な関係と、キリストの十字架の死に基づいて築かれる互いの間の一致を示す型である(⇒コロ1:20, Ⅰヨハ1:3)。さらにこのいけにえの儀式は神の民が御国で神とともに交わりの席に着く日を待望むときでもあった(詩22:26, ルカ14:15, 黙19:6-10)。

レビ記　3-4章

16 祭司は祭壇の上でそれを食物として、火によるささげ物、なだめのかおりとして、焼いて煙にしなさい。脂肪は全部、主のものである。17 あなたがたは脂肪も血もいっさい食べてはならない。あなたがたが、どんな場所に住んでも、代々守るべき永遠のおきてはこうである。」

罪のためのいけにえ

4 ¹ ついで主はモーセに告げて仰せられた。² 「イスラエル人に告げて言え。
　もし人が、主がするなと命じたすべてについてあやまって罪を犯し、その一つでも行った場合、
³ もし油そそがれた祭司が罪を犯し、民が咎を覚えるなら、その人は自分の犯した罪のために、傷のない若い雄牛を、罪のためのいけにえとして主にささげなければならない。
⁴ その雄牛を会見の天幕の入口の所、主の前に連れて来て、その雄牛の頭の上に手を置き、主の前にその雄牛をほふりなさい。
⁵ 油そそがれた祭司はその雄牛の血を取り、それを会見の天幕に持って入りなさい。
⁶ その祭司は指を血の中に浸し、主の前、すなわち聖所の垂れ幕の前に、その血を七たび振りかけなさい。
⁷ 祭司はその血を、会見の天幕の中にある主の前のかおりの高い香の祭壇の角に塗り

なさい。その雄牛の血を全部、会見の天幕の入口にある全焼のいけにえの祭壇の土台に注がなければならない。
⁸ その罪のためのいけにえの雄牛の脂肪全部を、それから取り除かなければならない。すなわち、内臓をおおう脂肪と、内臓についている脂肪全部、
⁹ 二つの腎臓と、それについていて腰のあたりにある脂肪、さらに腎臓といっしょに取り除いた肝臓の上の小葉とを取り除かなければならない。
¹⁰ これは和解のいけにえの牛から取り除く場合と同様である。祭司はそれらを全焼のいけにえの祭壇の上で焼いて煙にしなさい。
¹¹ ただし、その雄牛の皮と、その肉の全部、さらにその頭と足、それにその内臓と汚物、
¹² その雄牛の全部を、宿営の外のきよい所、すなわち灰捨て場に運び出し、たきぎの火で焼くこと。これは灰捨て場で焼かなければならない。
¹³ また、イスラエルの全会衆があやまっていて、あることが集団の目から隠れ、主がするなと命じたすべてのうち一つでも行い、後で咎を覚える場合、
¹⁴ 彼らが犯したその罪が明らかになったときに、集団は罪のためのいけにえとして若い雄牛をささげ、会見の天幕の前にそれを

3:17 脂肪も血もいっさい　脂肪と血は生きるためになくてはならない（→17:11注）。そのため脂肪と血はいけにえをささげた人のいのちを（身代わりの動物を通して）表している。その人のいのちは神だけのものとなる（⇒3:16）。

4:3 罪のためのいけにえ　神が罪のためのいけにえを求められたのは意図しないで罪を犯した人や、気付かないで律法に違反した人（4:2）の罪が赦されるためである。けれども意図的に犯した罪の罰は死刑だった（民15:30-31, ヘブ10:28）。罪過のためのいけにえ（罪のためのいけにえと似ている）は罪を犯し、また損害を与えたけれども自分で補償や支払いができる人のために適用される（6:2-6, →5:15注）。罪のためのいけにえにはきよめの儀式も必要である（12:6-8, 14:13-17, 民6:11）。
　（1）罪のためのいけにえはキリストが私たちの罪の罰を引受けてくださった贖いの死（「罪のおおい」、「赦しの提供」）を預言的に象徴していた。旧約聖書の罪のためのいけにえとは違って、キリストの死は完全で、一度だけで罪の贖いができるものだった（イザ53:, Ⅱコリ5:21, エペ1:7, ヘブ9:11-12, →「贖罪の日」の項p.223）。

　（2）今日のキリスト者も、人間の弱い性質から起きる間違いや弱さ、意図しない失敗などをおおうためにキリストの血による贖いを絶えず必要としている（詩19:12）。けれども神とみことばに対して反抗した結果犯す罪は、さばきと霊的な死を招くことになる。それでも私たちは罪を告白して罪から方向転換をすることによって、赦しを与えるキリストの贖いに頼る姿勢を示すことができる（ヘブ2:3, 10:26, 31, Ⅱペテ2:20-21）。

4:12 宿営の外　いけにえの動物を「宿営の外で焼く」ことは、罪を完全に取去ることを象徴している。新約聖書はこれを主イエスがご自分の血によって人々をきよめるために門の外（エルサレムの外）で苦しまれたことと関連付けている（⇒ヨハ19:17-18, ヘブ13:11-15）。キリスト者もまた「宿営の外に出て、みもとに行く」ように招かれている。これは私たちがこの世界の罪深い快楽を捨てて主イエスと一体化することを意味している。こうすることによって私たちは天の都に向かって進み、神に「賛美のいけにえ」と感謝をささげることができるようになる（ヘブ13:13-15, →ヘブ13:13注）。

旧約聖書のいけにえとささげ物

ささげ物	旧約聖書引照	内容	目的
全焼の いけにえ	レビ1:, 6:8-13, 8:18-21, 16:24	牛、羊、鳥（貧しい人は山鳩 または家鳩） 完全に焼き尽す 傷のないもの	自発的な礼拝の行為 過失による罪のための贖い 献身の表現 神に対する徹底的な明け渡し
穀物の ささげ物	レビ2:, 6:14-23	穀物、小麦粉、オリーブ油、 乳香、パン（またはせんべ い）、塩 酵母や蜂蜜は入れない 全焼のいけにえや和解のいけ にえに添える（注ぎのささげ 物とともに）	自発的な礼拝の行為 神の慈愛と供給を認める 神への献身
和解の いけにえ	レビ3:, 7:11-34	牛や羊の群れの傷のない動物 種々のパン	自発的な礼拝の行為 感謝と交わり（共同の食事を 含む）
罪のための いけにえ	レビ4:1-5:13, 6:24-30, 8:14-17, 16:3-22	1. 若い雄牛－大祭司と全会 衆のため 2. 雄やぎ－上に立つ人のた め 3. 雌やぎまたは雌羊－一般 の人のため 4. 山鳩または家鳩－貧しい 人のため 5. 小麦粉1/10エパ－非常に 貧しい人のため	特別な過失による罪のため の強制的な贖い 罪の告白 罪の赦し 汚れからのきよめ
罪過のための いけにえ	レビ5:14-6:7, 7:1-6	雄羊	補償を必要とする過失によ る罪のための強制的な贖い 汚れからのきよめ 損害補償をする 20%の罰金

二種類以上のいけにえがささげられるときには（民7:16-17）通常次の順序を踏む　(1) 罪のためのいけにえまたは罪過のためのいけにえ　(2) 全焼のいけにえと穀物のささげ物　(3) 和解のいけにえと穀物のささげ物（注ぎのささげ物とともに）
この順序によって、いけにえという制度の霊的な意義が次のように示される

最初に罪が取扱われなければならない（罪のためのいけにえまたは罪過のためのいけにえ）
第二に礼拝をする人が自分を完全に神にささげなければならない（全焼のいけにえと穀物のささげ物）
第三に神と祭司と礼拝をする人の交わりが確立される（和解のいけにえと穀物のささげ物）

© 1989 Zondervan Corporation

連れて来なさい。
15 そこで、会衆の長老たちは、主の前でその雄牛の頭の上に手を置き、その雄牛を主の前でほふりなさい。
16 油そそがれた祭司は、その雄牛の血を会見の天幕に持って入り、
17 祭司は指を血の中に浸して、主の前、垂れ幕の前に、それを七たび振りかけなさい。
18 彼は、その血を会見の天幕の中にある主の前の祭壇の角に塗らなければならない。彼はその血の全部を、会見の天幕の入口にある全焼のいけにえの祭壇の土台に注がなければならない。
19 脂肪全部をその雄牛から取り除き、祭壇の上で焼いて煙にしなければならない。
20 この雄牛に対して、彼が罪のためのいけにえの雄牛に対してしたようにしなさい。これにも同様にしなければならない。こうして祭司は彼らのために贖いをしなさい。彼らは赦される。
21 彼はその雄牛を宿営の外に運び出し、最初の雄牛を焼いたように、それも焼きなさい。これは集会の罪のためのいけにえである。
22 上に立つ者が罪を犯し、その神、主がするなと命じたすべてのうち一つでもあやまって行い、後で咎を覚える場合、
23 または、彼が犯した罪が自分に知らされたなら、彼はささげ物として、傷のない雄やぎを連れて来て、
24 そのやぎの頭の上に手を置き、全焼のいけにえをほふる場所で、主の前にそれをほふりなさい。これは罪のためのいけにえである。
25 祭司は指で、罪のためのいけにえの血を取り、それを全焼のいけにえの祭壇の角に塗りなさい。また、その血は全焼のいけにえの祭壇の土台に注がなければならない。
26 また、彼は和解のいけにえの脂肪の場合と同様に、その脂肪を全部、祭壇の上で焼いて煙にしなければならない。祭司は、その人のために、その人の罪の贖いをしなさい。その人は赦される。
27 また、もし一般の人々のひとりが、主がするなと命じたことの一つでも行い、あやまって罪を犯し、後で咎を覚える場合、
28 または、彼が犯した罪が自分に知らされ

たなら、彼は犯した罪のために、そのささげ物として、傷のない雌やぎを連れて来て、
29 その罪のためのいけにえの頭の上に手を置き、全焼のいけにえの場所で罪のためのいけにえをほふりなさい。
30 祭司は指で、その血を取り、それを全焼のいけにえの祭壇の角に塗りなさい。その血は全部、祭壇の土台に注がなければならない。
31 また、脂肪が和解のいけにえから取り除かれる場合と同様に、その脂肪全部を取り除かなければならない。祭司は主へのなだめのかおりとして、それを祭壇の上で焼いて煙にしなさい。祭司は、その人のために贖いをしなさい。その人は赦される。
32 もしその人が罪のためのいけにえのために、ささげ物として子羊を連れて来る場合には、傷のない雌羊を連れて来なければならない。
33 その罪のためのいけにえの頭の上に手を置き、全焼のいけにえをほふる場所で、罪のためのいけにえとしてほふりなさい。
34 祭司は指で、罪のためのいけにえの血を取り、それを全焼のいけにえの祭壇の角に塗りなさい。その血は全部、祭壇の土台に注がなければならない。
35 また、和解のいけにえの子羊の脂肪が取り除かれる場合と同様に、その脂肪全部を取り除かなければならない。祭司はそれを祭壇の上で、主への火によるささげ物の上に載せて焼いて煙にしなさい。祭司は、その人のために、その人が犯した罪の贖いをしなさい。その人は赦される。

5 1 人が罪を犯す場合、すなわち、証言しなければのろわれるという声を聞きながら——彼がそれを見ているとか、知っている証人であるのに——、そのことについて証言しないなら、その人は罪の咎を負わなければならない。
2 あるいは人が、汚れた獣の死体でも、汚れた家畜の死体でも、汚れた群生するものの死体でも、すべて汚れたものに触れ、汚れてはいたのに、そのことが彼の目から隠れ、後で咎を覚える場合、
3 あるいは人が、触れれば汚れると言われる人のどんな汚れにも触れ、そのことを知ってはいたが、それが彼の目から隠れ、

レビ記 5章

後で咎を覚える場合、

4 あるいは人が口で軽々しく、害になることでも益になることでも誓う場合、その人が軽々しく誓ったことがどんなことであれ、そのことを知ってはいたのに彼の目から隠れ、後でそれらの一つについて咎を覚える場合、

5 これらの一つについて咎を覚えるときは、犯した罪を告白しなさい。

6 自分が犯した罪のために、償いとして、羊の群れの子羊でも、やぎでも、雌一頭を、主のもとに連れて来て、罪のためのいけにえとしなさい。祭司はその人に、その人の罪の贖いをしなさい。

7 しかし、もし彼に羊を買う余裕がなければ、自分が犯した罪の償いとして、山鳩二羽あるいは家鳩のひな二羽を主のところに持って来なさい。一羽は罪のためのいけにえ、他の一羽は全焼のいけにえとする。

8 彼はこれらを祭司のところに持って行き、祭司は罪のためのいけにえとなるものを、まずささげなさい。彼はその頭の首のところをひねり裂きなさい。それを切り離してはならない。

9 それから罪のためのいけにえの血を祭壇の側面に振りかけ、血の残りはその祭壇の土台のところに絞り出しなさい。これは罪のためのいけにえである。

10 祭司はもう一羽のほうも、定めに従って全焼のいけにえとしなければならない。祭司はその人のために、その人が犯した罪の贖いをしなさい。その人は赦される。

11 もしその人が山鳩二羽あるいは家鳩のひな二羽さえも手に入れることができなければ、その犯した罪のためのささげ物として、十分の一エパの小麦粉を罪のためのいけにえとして持って来なさい。その人はその上に油を加えたり、その上に乳香を添えたりしてはならない。これは罪のためのいけにえであるから。

12 彼はそれを祭司のところに持って行きなさい。祭司はそのひとつかみを記念の部分としてそれから取り出し、祭壇の上で、主への火によるささげ物といっしょにそれを焼いて煙にしなさい。これは罪のためのいけにえである。

13 祭司はその人のために、その人が犯したこれらの一つの罪の贖いをしなさい。その人は赦される。その残りは、穀物のささげ物と同じく、祭司のものとなる。」

罪過のためのいけにえ

14 ついで主はモーセに告げて仰せられた。

15 「人が不実なことを行い、あやまって主の聖なるものに対して罪を犯したときは、その償いのために、羊の群れから傷のない雄羊一頭、聖所のシェケルで数シェケルの銀に当たるとあなたが評価したものを取って、罪過のためのいけにえとして主のもとに連れて来なさい。

16 彼は、その聖なるものを犯した罪の償い

欄外参照:
4 ①民30:6, マコ6:23, 使23:12
5 ①レビ16:21, 26:40, 民5:7, エズ10:11, 12, 箴28:13
6 ①レビ5:15
7 ①レビ5:11, 12:8, 14:21
 ②レビ5:15
 ③ルカ2:24
 ④→レビ4:3
 ⑤→レビ1:3
8 ①→レビ4:3
 ②レビ1:15
 ③レビ1:17
9 ①→レビ4:3
 ②レビ1:15
 ③レビ7:18, 30, 34
10 ①レビ1:14-17
 ②→レビ1:3
 ③レビ4:26
11 ①レビ5:7, 14:21
 ②レビ14:21, 民5:15
 *1エパは23リットル
 ③→レビ23
 ④レビ2:1, 2
12 ①レビ2:2, 民5:26
 ②→レビ1:9
 ③レビ4:26, 35
13 ①レビ5:1-5
 ②レビ4:26
 ③レビ2:3
 ④→レビ2:1
15 ①レビ4:2, 22:14
 ②レビ6:6, エズ10:19
 ③レビ27:25, 出30:13, 民3:47
 ④レビ6:6, 7, 16, 18, 19, 6:6, 17, 7:1, 2, 5, 7, 37, 14:13, 14, 17, 21, 24, 25, 28, 19:21, 22, 民6:12, 18:9

5:5 告白しなさい 罪を告白するとは私たちが自分勝手な道を歩み、神の聖さの基準に到達できなかったことを神の前に認めることである。自分の考え、ことば、行動が間違っていたと認めるのである。神は罪が赦されるために告白することを求めておられる（ホセ5:15, Ⅰヨハ1:9）。告白は本当の悔い改めが伴ったときにこそ本物である（箴28:13, ダニ9:3-19, マコ1:5）。本当の悔い改めでは私たちが罪から離れ、神に向かって方向転換をすることが求められる。告白は通常は赦しを求める祈り（詩38:18, 51:1）、また神のさばきとあわれみに身を任せ、降伏することの中で行われる（ネヘ9:33）。本物の告白と赦しの一例として、ルカ15:11-24の失われた息子のたとえがある（⇒使19:18, ヤコ5:16）。

5:11 小麦粉を罪のためのいけにえとして 罪のためのいけにえでは血を流すことは重要だった。それは私たちの罪のために主イエスが十字架で死んでくださったことを指し示しているからである。けれども、貧しいためにささげ物の山羊や子羊を買えない人々はどうするのだろうか。神はそのために別の方法を備えてくださった。その人々は山羊や子羊の代りに山鳩や家鳩をささげればよかった。それもできないほど貧しい人はわずかの小麦粉をささげればよかった。神はそれを罪のためのいけにえとして受入れてくださった（⇒ヘブ9:22では「と言ってよいでしょう」となっている →ヘブ10:1-10）。このようにいけにえとささげ物が詳しく定められたけれども、本当に罪を取除くことができるのは、十字架の上でのキリストの死という完全な犠牲だけである（ヘブ10:4, 12, 14）。

5:15 罪過のためのいけにえ 故意（意図的に、目的を持って）でも故意ではなくても（意図的ではなく、目的がなく）ほかの人々の所有権を侵したときには、このいけにえが必要だった（⇒5:14-6:7, ヨシ7:1, 22:20）。ま

レビ記 5-6章

をしなければならない。それにその五分の一を加えて、祭司にそれを渡さなければならない。祭司は、罪過のためのいけにえの雄羊で、彼のために贖いをしなければならない。その人は赦される。

17 また、もし人が罪を犯し、主がするなと命じたすべてのうち一つでも行い、それを知らずにいて、後で咎を覚える場合、その咎を負わなければならない。
18 その人は、羊の群れからあなたが評価した傷のない雄羊一頭を取って、罪過のためのいけにえとして祭司のところに連れて来る。祭司は、彼があやまって犯し、しかも自分では知らないでいた過失について、彼のために贖いをする。彼は赦される。
19 これは罪過のためのいけにえである。彼は確かに主の前に償いの責めを負った。」

6

1 ついで主はモーセに告げて仰せられた。
2 「人が主に対して罪を犯し、不実なことを行うなら、すなわち預かり物や担保の物、あるいはかすめた物について、隣人を欺いたり、隣人をゆすったり、
3 あるいは落とし物を見つけながら欺くなど、人が行って罪を犯すことになるどれか一つについて偽りの誓いをする場合、
4 この人が罪を犯し、後で咎を覚える場合、そのかすめた品や、強迫してゆすりとった物、自分に託された預かり物、見つけた落とし物、
5 あるいは、それについて偽って誓った物全部を返さなければならない。元の物を償い、またこれに五分の一を加えなければならない。彼は咎を覚えるとき、その元の所有者に、これを返さなければならない。
6 この人は主への罪過のためのいけにえを、その評価により、羊の群れから傷のない雄羊一頭を罪過のためのいけにえとして祭司のところに連れて来なければならない。
7 祭司は、主の前で彼のために贖いをする。彼が行って咎を覚えるようになる、どのことについても赦される。」

全焼のいけにえ

8 ついで主はモーセに告げて仰せられた。
9 「アロンとその子らに命じて言え。
全焼のいけにえのおしえは次のとおりである。全焼のいけにえそのものは、一晩中朝まで、祭壇の上の炉床にあるようにし、祭壇の火はそこで燃え続けさせなければならない。
10 祭司は亜麻布の衣を着なさい。また亜麻布のももひきをその身にはかなければならない。そして、祭壇の上で火が焼き尽くした全焼のいけにえの脂肪の灰を取り出し、祭壇のそばに置きなさい。
11 祭司はその装束を脱ぎ、別の装束を着けて、脂肪の灰を宿営の外のきよい所に持ち出しなさい。
12 祭壇の火はそのまま燃え続けさせ、それを消してはならない。かえって、祭司は朝ごとに、その上にたきぎをくべ、その上に全焼のいけにえを整え、和解のいけにえの脂肪をその上で焼いて煙にしなさい。
13 火は絶えず祭壇の上で燃え続けさせなければならない。消してはならない。

穀物のささげ物

14 穀物のささげ物のおしえは次のとおりである。アロンの子らは祭壇の前でそれを主の前にささげなさい。
15 すなわち、その中から穀物のささげ物のひとつかみの小麦粉と油を取り出し、穀物のささげ物の上の乳香全部といっしょに、この記念の部分を、主へのなだめのかおりとして祭壇の上で焼いて煙にしなさい。
16 その残った分は、アロンとその子らが食べることができる。それを聖なる所で種を入れないパンにして食べなければならない。それを会見の天幕の庭で食べなければならない。
17 これにパン種を入れて焼いてはならない。わたしは、それを火によるささげ物のうちから、彼らの分け前として与えた。それは罪のためのいけにえや罪過のためのいけにえと同じように、最も聖なるものである。
18 アロンの子らのうち、男子だけがそれを食べることができる。これは、主への火によるささげ物のうちから、あなたがたが代々受け取る永遠の分け前である。それに触れるものはみな、聖なるものとなる。」

た神の命令を誤って破った人にも必要だった(5:17)。　　過ちを犯した人はいけにえとともに、それ相当の弁償

レビ記　6-7章

¹⁹ついで主はモーセに告げて仰せられた。²⁰「アロンとその子らが、その油そそがれる日に、主にささげるささげ物は次のとおりである。小麦粉、十分の一エパを常供の穀物のささげ物とする。半分は朝、他の半分は夕方の分である。²¹それを油でよくこねて平なべの上で作らなければならない。それを、粉々にした焼いた穀物のささげ物として持って入らなければならない。主へのなだめのかおりとしてささげなければならない。²²さらに、彼の子らのうち、油そそがれて、彼の跡を継ぐ祭司は、このことをしなければならない。永遠の定めによって、それを主のために完全に焼いて煙にしなければならない。²³このように、祭司の穀物のささげ物はすべて全焼のささげ物としなければならない。これを食べてはならない。」

罪のためのいけにえ

²⁴ついで主はモーセに告げて仰せられた。²⁵「アロンとその子らに告げて言え。

罪のためのいけにえに関するおしえは次のとおりである。罪のためのいけにえは、全焼のいけにえがほふられる場所、主の前でほふらなければならない。これは最も聖なるものである。²⁶罪のためのいけにえをささげる祭司はそれを食べなければならない。それは、聖なる所、会見の天幕の庭で食べなければならない。²⁷その肉に触れるものはみな、聖なるものとなる。また、その血が少しでも着物の上にはねかかったときには、あなたは、そのはねかかったものを聖なる所で洗わなければならない。²⁸さらにそれを煮た土の器はこわされなければならない。もしそれが青銅の器で煮られたのであれば、その器はすりみがかれ、水で洗われなければならない。²⁹祭司たちのうち、男子はみな、これを食べる

ことができる。これは最も聖なるものである。³⁰しかし、聖所での贖いをするためにその血が会見の天幕に持って行かれた罪のためのいけにえは、食べてはならない。これは火で焼かれなければならない。

罪過のためのいけにえ

7 ¹罪過のためのいけにえのおしえは次のとおりである。これは、最も聖なるものである。²罪過のためのいけにえは、全焼のいけにえをほふる場所で、ほふらなければならない。そして、その血を祭壇の回りに注ぎかけなければならない。³それから取った脂肪を全部、すなわち、あぶら尾と内臓をおおう脂肪、⁴二つの腎臓と、それについていて腰のあたりにある脂肪、さらに腎臓といっしょに取り除いた肝臓の上の小葉とをささげなければならない。⁵祭司は、それらを祭壇の上で主への火によるささげ物として、焼いて煙にしなさい。これは罪過のためのいけにえである。⁶祭司たちのうち、男子はみな、それを食べることができる。それを聖なる所で食べなければならない。これは最も聖なるものである。⁷罪のためのいけにえと罪過のためのいけにえについてのおしえは一つである。そのいけにえはそれをもって贖いをする祭司のものとなる。⁸祭司が、ある人の全焼のいけにえをささげるとき、そのささげた全焼のいけにえの皮はその祭司のものとなる。⁹さらに、かまどで焼いた穀物のささげ物全部、およびなべや平なべで作られたものはみな、ささげる祭司のものとなる。¹⁰また、穀物のささげ物で油を混ぜたものも、かわいたものもみな、ひとしくアロンの子ら全員のものとなる。

と20％の罰金を払わなければならなかった（5:16, 6:5）。

7:2　祭壇の回りに　旧約聖書では、いけにえとささげ物などの礼拝儀式は神と人々との間のコミュニケーションの手段だった。それは人々が罪を認め、神の赦しを求める祈りを具体的に象徴していた。そしてこれらの儀式によって人々は神との関係を回復し維持することができた。さらにイスラエル人は神への感謝と献身を表すことができた。神の側から見るとこれらの儀式は神の約束、警告、教えなどを劇的に象徴するものだった。そして罪に対する軽べつと、人々に対するあ

和解のいけにえ

11 主にささげる和解のいけにえのおしえは次のとおりである。

12 もし、それを感謝のためにささげるのなら、感謝のいけにえに添えて、油を混ぜた種を入れない輪型のパンと、油を塗った種を入れないせんべい、さらに油を混ぜてよくこねた小麦粉の輪型のパンをささげなければならない。

13 なお和解のための感謝のいけにえに添えて、種を入れた輪型のパンをささげなさい。

14 そのうちから、おのおののささげ物の一つを取って、主への奉納物として、ささげなければならない。これは、和解のいけにえの血を注ぎかける祭司のものとなる。

15 和解のための感謝のいけにえの肉は、それがささげられるその日に食べ、そのうちの少しでも朝まで残しておいてはならない。

16 もしそのささげ物のいけにえが、誓願あるいは進んでささげるささげ物であるなら、彼がそのいけにえをささげる日に食べなければならない。残った余りを、翌日食べてもさしつかえない。

17 いけにえの肉の残った余りは三日目に火で焼かなければならない。

18 もし三日目にその和解のいけにえの肉を食べるようなことがあれば、それは受け入れられず、またそれをささげる人のものとは認められない。これは、汚れたものであり、そのいくらかでも食べる者はその咎を負わなければならない。

19 また、何であろうと汚れた物に触れたなら、その肉は、食べてはならない。それは火で焼かなければならない。その他の肉ならば、きよい者はだれでもその肉を食べることができる。

20 人がその身の汚れがあるのに、主への和解のいけにえの肉を食べるなら、その者はその民から断ち切られる。

21 また、人が、何であろうと汚れた物に、すなわち人の汚れ、あるいは汚れた動物、あるいはすべて汚れた忌むべき物に触れていながら、主への和解のいけにえの肉を食べるなら、その者はその民から断ち切られる。」

脂肪と血を食べることの禁止

22 ついで主はモーセに告げて仰せられた。

23 「イスラエル人に告げて言え。

あなたがたは、牛や、羊、あるいはやぎの脂肪をいっさい食べてはならない。

24 死んだ動物の脂肪や野獣に引き裂かれた動物の脂肪は、何に使ってもさしつかえない。しかし、決してそれを食べてはならない。

25 すべて、火によるささげ物として主にささげる動物の脂肪を食べる者、これを食べる者は、その民から断ち切られるからである。

26 また、あなたがたのどこの居住地においても、鳥でも動物でも、その血をいっさい食べてはならない。

27 どんな血でもこれを食べる者はだれでも、その者はその民から断ち切られる。」

祭司の取り分

28 ついで主はモーセに告げて仰せられた。

29 「イスラエル人に告げて言え。

和解のいけにえを主にささげる者は、和解のいけにえのうちから、そのささげ物を主のところに持って来なければならない。

30 その者は、主への火によるささげ物を、自分で持って来なければならない。すなわち彼は、その脂肪を胸に添えて持って来なければならない。そしてその胸を奉献物と

7:13　種を入れた・・・パン　酵母を入れたパンは和解のいけにえと一緒にささげることができた。和解のいけにえは祭壇の上に置かれなかったからである（⇒2:11注）。酵母は腐敗を象徴することが多いのでほかのささげ物の場合には禁じられていた。

7:20　汚れ・・・断ち切られる　きよめられていない人や神の命令に従って準備をしていない人がいけにえやささげ物をささげたときには、神の厳しいさばきを受けることになった（レビ記では汚れていて儀式に参加できないのはいつであるかが多くの箇所で説明されている）。この規則が定められたのは神との偽りの不誠実な関係を持ちながら行動することがどれほど邪悪で恥ずべきことであるかを教えるためだった。パウロはふさわしくないまま（非礼、自己中心、神やほかの人々への配慮のなさ、罪を捨てて神に従う気がない状態）で主の晩餐（聖餐）に参加する人は神のさばきを受ける危険があると警告している（→Ⅰコリ11:27-30）。

7:30　奉献物　「奉献物」は和解のいけにえの中の祭司の取り分である。これはまず神にささげるしるしと

して主に向かって揺り動かしなさい。
31 祭司はその脂肪を祭壇の上で焼いて煙にしなさい。その胸はアロンとその子らのものとなる。
32 あなたがたは、あなたがたの和解のいけにえのうちから右のももを、奉納物として祭司に与えなければならない。
33 その右のももは、アロンの子らのうち、和解のいけにえの血と脂肪をささげる者の受ける分として、その人のものとなる。
34 それは、わたしが、奉献物の胸と奉納物のももをイスラエル人から、その和解のいけにえのうちから取って、それを祭司アロンとその子らに、イスラエル人から受け取る永遠の分け前として与えたからである。」
35 これは、モーセが彼らを近づけて、祭司として主に仕えさせた日から、アロンとその子らが、主への火によるささげ物のうちから、受ける分であって、
36 それは、彼らが油そそがれた日から永遠のおきてとして、代々イスラエルの人から取って彼らに与えるよう、主が命じられたものである。
37 それは、全焼のいけにえ、穀物のささげ物、罪のためのいけにえ、罪過のためのいけにえ、任職と和解のいけにえについてのおしえである。
38 これは、モーセがシナイの荒野でイスラエル人に、そのささげ物を主にささげるよう命じた日に、主がシナイ山でモーセに命

31 ①レビ3:5, 11, 16
②レビ7:34
32 ①→出20:24
②→出29:24
③→レビ7:14
33 ①→出20:24
②→出29:24
34 ①レビ10:14, 15, 出29:27, 28, 民6:20, 18:18, 19
②→出29:24
③→レビ7:14
④→出20:24
35 ①→レビ1:9
②民18:8
36 ①レビ8:12, 出30:30, 40:13, 15
37 ①→レビ1:3
②→レビ2:1
③→レビ7:7
④→レビ5:15
⑤レビ8:22-33, 出29:1-3, 22-34
⑥→出20:24
38 ①レビ25:1, 26:46, 27:34

2 ①レビ6:9, 出28:1, 4
②レビ6:10, 出39:1-31
③出30:25, 40:13-15
④→レビ7:7
4 ①出29:4
6 ①出29:4
7 ①出28:4
②出29:5
③出28:6
8 ①出28:30
9 ①出28:6
②出28:36, レビ21:12
10 ①レビ8:2, 出30:26-29

じられたものである。

アロンとその子らの任職式
8:1-36　並行記事—出29:1-37

8 1 ついで主はモーセに告げて仰せられた。
2 「アロンと彼とともにいるその子らを連れ、装束、そそぎの油、罪のためのいけにえの雄牛、二頭の雄羊、種を入れないパンのかごを持って来、
3 また全会衆を会見の天幕の入口の所に集めよ。」
4 そこで、モーセは主が命じられたとおりにした。会衆は会見の天幕の入口の所に集まった。
5 それで、モーセは会衆に言った。「これは主が、するように命じられたことである。」
6 それから、モーセはアロンとその子らを近づかせ、水で彼らを洗った。
7 そして、モーセはアロンに長服を着せ、飾り帯を締めさせ、その上に青服をまとわせ、さらにその上にエポデを着けさせた。すなわち、エポデを帯で締め、あや織りのエポデをその上に着けさせた。
8 次に、モーセは彼に胸当てを着けさせ、その胸当てにウリムとトンミムを入れた。
9 また、彼の頭にかぶり物をかぶらせ、さらにそのかぶり物の前面に、金の札すなわち聖別の記章をつけさせた。主がモーセに命じられたとおりである。
10 ついで、モーセはそそぎの油を取って、幕屋とその中にあるすべてのものに油

して聖所に向かって揺り動かし、そのあと祭司に向かって揺り動かして、神がその人の分として与えられたことを示した。

8:2　アロンと・・・その子ら　8章にはアロンとの息子たちの祭司職への任職式(職務や地位に任命する公の儀式)が描かれている。旧約聖書では礼拝をする人が神に近付くには、ささげ物だけではなく(1:-7:)、人と神の仲介をする祭司の奉仕も必要だった(⇒Ⅰテモ2:5)。レビ記にはレビ族の出身で奉仕や礼拝を指導するレビ系の祭司職について詳しく書かれている。この祭司職は信じる人々の大祭司であるイエス・キリストによって最終的に完成された(ヘブ2:17)。

(1) 祭司は人々を代表して、人々と神との仲介者として働くために任命された(ヘブ5:1)。祭司の役割は礼拝儀式を取り仕切ること、人々が神に近付き礼拝をささげ、赦しを受けることができるように手助けをすることだった(ヘブ7:24-25, 10:14)。

(2) 祭司は人々を「神のみそば」へ導き、罪のためのいけにえやささげ物をささげ、神の律法を教えて、神との関係を持つ機会を提供した(申33:8-10, ヘブ5:1, 8:3, 9:7, 13)。

(3) 新しい契約(御子イエスの死を通して罪の赦しを与えて、神ご自身との関係に人々を導き入れようとする神の計画)のもとでは祭司の務めはもはや必要ではなくなった(エペソ4:11の奉仕の賜物の中に祭司の働きはない)。今やイエス・キリストが新しい契約の大祭司で(ヘブ9:15-22)、旧約聖書の不完全な祭司職に代られたからである。この方こそが「永遠の」完全な大祭司である(⇒Ⅰテモ2:5、ヘブ7:25, 9:23-28, →2:17注, →**旧契約と新契約**の項 p.2363)。

をそそいだ。こうしてこれらを聖別した。¹¹さらにそれを祭壇の上に七たび振りかけ、祭壇とその用具全部、また洗盤とその台に油をそそいで、これらを聖別した。¹²また、そそぎの油をアロンの頭にそそぎ、油をそそいでアロンを聖別した。¹³次に、モーセはアロンの子らを近づかせ、彼らに長服を着せ、飾り帯を締めさせ、彼らにターバンを巻きつけさせた。主がモーセに命じられたとおりである。

¹⁴ついで彼は罪のためのいけにえの雄牛を近寄せた。そこでアロンとその子らは、その罪のためのいけにえの雄牛の頭の上に手を置いた。¹⁵こうしてそれはほふられた。モーセはその血を取り、指を祭壇の回りの角に塗り、こうして祭壇をきよめ、その残りの血を祭壇の土台に注いで、これを聖別し、それの贖いをした。¹⁶モーセはさらに、その内臓の上の脂肪全部と肝臓の小葉、二つの腎臓とその脂肪を取り、それを祭壇の上で焼いて煙にした。¹⁷しかし、その雄牛、すなわちその皮とその肉とその汚物は、宿営の外で火で焼いた。主がモーセに命じられたとおりである。

¹⁸次に、彼は全焼のいけにえの雄羊を連れ出した。アロンとその子らはその雄羊の頭の上に手を置いた。¹⁹こうしてそれはほふられた。モーセはその血を祭壇の回りに注ぎかけた。²⁰さらに、その雄羊を部分に切り分け、モーセはその頭とその切り分けたものと内臓の脂肪を焼いて煙にした。²¹それから、その内臓と足を水で洗い、モーセはその雄羊全部を祭壇の上で焼いて煙にした。これはなだめのかおりとしての全焼のいけにえで、主への火によるささげ物であった。主がモーセに命じられたとおりである。

²²次に、彼はもう一頭の雄羊、すなわち任職の雄羊を連れ出した。アロンとその子らはその雄羊の頭の上に手を置いた。²³こうしてそれはほふられた。モーセはその血を取り、それをアロンの右の耳たぶと、右手の親指と、右足の親指に塗った。²⁴さらに、モーセはアロンの子らを近づかせ、その血を彼らの右の耳たぶと、右手の親指と、右足の親指に塗り、モーセはその血の残りを祭壇の回りに注ぎかけた。²⁵それから彼はその脂肪、すなわちあぶら尾、それと内臓の上の脂肪全部、また肝臓の小葉、および二つの腎臓とその脂肪、それからその右のももを取った。²⁶それにまた、主の前にある種を入れないパンのかごから、種を入れない輪型のパン一個と、油を入れた輪型のパン一個と、せんべい一個とを取り、それをその脂肪と右のももの上に置いた。²⁷それから、彼は、その全部をアロンの手のひらとその子らの手のひらに載せ、奉献物として主に向かって揺り動かした。²⁸ついで、モーセはそれらを彼らの手のひらから取り、祭壇の上で、全焼のいけにえとともにそれを焼いて煙にした。これらは、なだめのかおりとしての任職のいけにえであり、主への火によるささげ物である。²⁹モーセはまた、その胸を取り、奉献物として主に向かって揺り動かした。これは任職のいけにえの雄羊のうちからモーセの分となるもので、主がモーセに命じられたとおりである。

³⁰それから、モーセはそそぎの油と、祭壇の上の血を取り、それをアロンとその装束、彼とともにいるその子らとその装束の上に振りかけて、アロンとその装束、彼とともにいるその子らとその装束を聖別した。

³¹そして、モーセはまた、アロンとその子らに言った。「会見の天幕の入口の所で、その肉を煮なさい。そしてそこで、それを任職のかごにあるパンといっしょに食べなさい。私が、アロンとその子らはそれを食べよと言って命じたとおりに。³²しかし、肉やパンの残りは火で焼かなければならない。³³また、あなたがたの任職の期間が終了する日までの七日間は、会見の天幕の入口から出てはならない。あなたがたを祭司職に任命するには七日を要するからである。³⁴きょうしたことは、あなたがたの贖いをするように主が命じられたとおりである。³⁵あなたがたは会見の天幕の入口の所で、七日の間、昼も夜もとどまり、主の戒めを守らなければならない。死なないためであ

る。私はそのように命じられたのである。」
³⁶ こうしてアロンとその子らは、主がモーセを通して命じられたことを残らず行った。

祭司が職務を開始

9 ¹ それから、八日目になって、モーセはアロンとその子ら、およびイスラエルの長老たちを呼び寄せ、
² アロンに言った。「あなたは、子牛、すなわち、若い牛を罪のためのいけにえとして、雄羊を全焼のいけにえとして、それもまた傷のないものを取って、主の前にささげなさい。
³ あなたはまた、イスラエル人に告げて言わなければならない。
あなたがたは、雄やぎを罪のためのいけにえとして、また、一歳の傷のない子牛と子羊とを全焼のいけにえとして取りなさい。
⁴ また主へのいけにえとして、和解のいけにえのための雄牛と雄羊を、また、油を混ぜた穀物のささげ物を、取りなさい。それは、きょう主があなたがたに現れるからである。」
⁵ そこで彼らは、モーセが命じたものを会見の天幕の前に持って来て、全会衆が近づき、主の前に立った。
⁶ モーセは言った。「これは、あなたがたが行うように主が命じられたことである。こうして主の栄光があなたがたに現れるためである。」
⁷ それから、モーセはアロンに言った。「祭壇に近づきなさい。あなたの罪のためのいけ

1①エゼ43:27
2①→レビ4:3, 8:14, 出29:1
②→レビ7:7
③レビ8:18
④→レビ1:3
3①レビ4:23, エズ6:17
②→レビ7:7
4①→出20:24
②レビ2:4
③レビ9:6, 23
6①→出16:7
7①→レビ7:7

②→レビ1:3
③レビ4:3, ヘブ5:3, 7:27, 9:7
8①→レビ7:7
9①レビ8:15
②レビ4:7, 9:12, 18
10①→レビ1:3
②レビ4:9, 8:16
11①レビ4:11, 12, 8:17
12①→レビ1:3
13①→レビ1:3
②レビ8:20
14①レビ8:21
15①いこう
②→レビ7:7, イザ53:10, ヘブ5:3
②レビ9:3, 10:16
16①→レビ1:3
②レビ1:1-13

えと全焼のいけにえをささげ、あなた自身のため、またこの民のために贖いをしなさい。また民のささげ物をささげ、主が命じられたとおりに、彼らのために贖いをしなさい。」
⁸ そこで、アロンは祭壇に近づき、自分のために罪のためのいけにえの子牛をほふった。
⁹ アロンの子らは、その血を彼に差し出し、彼は指をその血に浸し、祭壇の角に塗った。彼はその血を祭壇の土台に注いだ。
¹⁰ 彼は罪のためのいけにえからの脂肪と腎臓と肝臓の小葉を祭壇の上で焼いて煙にした。主がモーセに命じられたとおりである。
¹¹ しかし、その肉と、その皮は宿営の外で火で焼いた。
¹² それから、アロンは全焼のいけにえをほふり、アロンの子らが、その血を彼に渡すと、彼はそれを祭壇の回りに注ぎかけた。
¹³ また、彼らが全焼のいけにえの部分に切り分けたものとその頭とを彼に渡すと、彼はそれらを祭壇の上で焼いて煙にした。
¹⁴ それから、内臓と足を洗い、全焼のいけにえといっしょにこれを祭壇の上で焼いて煙にした。
¹⁵ 次に、彼は民のささげ物をささげ、民のための罪のためのいけにえとしてやぎを取り、ほふって、先のと同様に、これを罪のためのいけにえとした。
¹⁶ それから、彼は全焼のいけにえをささげ、規定のとおりにそうした。

9:8 子牛をほふった 神は罪深い人々が悔い改めて（罪を認めて罪から方向転換をすること）神のもとに来ることができる方法として、動物のいけにえという制度を整えられた。人々は神の赦しを受けて神との関係を回復するために来ることができた（→「**旧約聖書のいけにえとささげ物**」の表 p.202）。

（1）動物のいけにえは身代わりの犠牲という原則を示す実物教材だった。これはある人が別の人の代わりになること、一つのいのちが別のいのちの代わりにささげられることだった。それはまた身代わりの代償ということを示していた。これは罪を犯した当人の罪をおおい、赦すための無実のいけにえである。罪のない動物のいのちが、礼拝をしようとする罪深い人々の身代わりにささげられたのである（→1:4注）。

（2）いけにえは悔い改め（心から後悔し間違った態度と行いを捨て、または方向転換をして神に向き直ること）を表している。いけにえをささげることによって自分の罪過を認め、きよめられ、神との正しい関係を回復する必要があることを認めるのである（16:30-34、→1:2注）。

（3）信仰と従順と謙遜によっていけにえがささげられるとき、神は喜んでくださり、礼拝をする人に恵み（受けるにふさわしくない好意）と罪の赦しを与えてくださる（4:3, 20, 5:15-16）。

（4）いけにえによって罪の贖い（おおうこと）、または赦しが備えられる（→「**贖罪の日**」の項 p.223）。

（5）新約聖書の観点から見れば、動物のいけにえは実際には罪を取除き、人の心を変えることができないので不完全である。新しい契約のもとでは主イエスの犠牲だけが罪を取除き、人の心を変えることができる（ヘブ10:1-4）。この旧約聖書の儀式は、主イエスが「罪のために一つの永遠のいけにえをささげ」られたことを預言的に描くものだった（ヘブ10:12）。

レビ記 9-10章

17 次に、彼は穀物のささげ物をささげ、そのうちのいくらかを手のひらいっぱいに取り、朝の全焼のいけにえと別に、祭壇の上で焼いて煙にした。
18 ついで、彼は民のための和解のいけにえの牛と雄羊とをほふり、アロンの子らがその血を渡すと、彼はそれを祭壇の回りに注ぎかけた。
19 その牛と雄羊の脂肪の部分、すなわちあぶら尾、内臓をおおう脂肪、腎臓、肝臓の小葉、
20 これらの脂肪を彼らが胸の上に置くと、彼はその脂肪を祭壇の上で焼いて煙にした。
21 しかし、胸と右のももは、アロンが、モーセの命じたとおりに奉献物として主に向かって揺り動かした。
22 それから、アロンは民に向かって両手を上げ、彼らを祝福し、罪のためのいけにえ、全焼のいけにえ、和解のいけにえをささげてから降りて来た。
23 ついでモーセとアロンは会見の天幕に入り、それから出て来ると、民を祝福した。すると主の栄光が民全体に現れ、
24 主の前から火が出て来て、祭壇の上の全焼のいけにえと脂肪とを焼き尽くしたので、民はみな、これを見て、叫び、ひれ伏した。

ナダブとアビフの死

10 1 さて、アロンの子ナダブとアビフは、おのおの自分の火皿を取り、その中に火を入れ、その上に香を盛り、主が彼らに命じなかった異なった火を主の前にささげた。
2 すると、主の前から火が出て、彼らを焼き尽くし、彼らは主の前で死んだ。
3 それで、モーセはアロンに言った。「主が仰せになったことは、こういうことだ。『わたしに近づく者によって、わたしは自分の聖を現し、すべての民の前でわたしは自分の栄光を現す。』」それゆえ、アロンは黙っていた。
4 モーセはアロンのおじウジエルの子ミシャエルとエルツァファンを呼び寄せ、彼らに言った。「進み出て、あなたがたの身内の者たちを聖所の前から宿営の外に運び出しなさい。」
5 彼らは進み出て、モーセが言ったように、彼らの長服をつかんで彼らを宿営の外に運び出した。
6 次に、モーセは、アロンとその子エルアザルとイタマルに言った。「あなたがたは髪の毛を乱してはならない。また着物を引き裂いてはならない。あなたがたが死なないため、また怒りが全会衆に下らないためである。しかし、あなたがたの身内の者、すなわちイスラエルの全家族が、主によって焼かれたことを泣き悲しまなければならない。
7 またあなたがたは会見の天幕の入口から外へ出てはならない。あなたがたが死なないためである。あなたがたの上には主のそそぎの油があるからだ。」それで、彼らはモーセのことばどおりにした。
8 それから、主はアロンに告げて仰せられた。
9 「会見の天幕に入って行くときには、あなたがたが死なないように、あなたも、あなたとともにいるあなたの子らも、ぶどう酒や強い酒を飲んではならない。これはあなたがたが代々守るべき永遠のおきてである。

10:1 異なった火 ナダブとアビフは神が認めていない火種から燃える炭を取って、それぞれの火皿(香炉)の中に入れた(⇒出30:7-9)。しかも祭壇で香をたくことができるのは大祭司だけだった(出30:7-9)。ある注解者たちは、ナダブとアビフはアルコールの影響を受けていたのではないかと考えている(→10:9-10)。

10:2 火が・・・焼き尽くし ナダブとアビフが殺されたのは、祭司として神と神の律法を無視し、聖所を完全に軽んじたからである(10:3)。

(1) 禁じられている火種から取った火を使った(→10:1注, ⇒出30:9-10)この不従順な祭司たちは、神の戒めを真剣に受止めていなかった。そして聖い奉仕者として神の律法を人々に教えないばかりか、自分たちの欲望を優先し、神を恐れ敬う思いがないことを証明した。

(2) このふたりは霊的な指導者のはずだった。その神のしもべが意図的に公の罪を犯すなら、地上での神のご計画は大きな痛手を受けることになる。そのような例は教会を辱め、教会の人々に誤解を与える。けれども最も重大な問題は神を侮辱することである。したがって神の民を導く資格があるのは、神と神のことばに対する確固とした不変の信仰と忠誠とをもって生活する人だけであると聖書は教えている(→Ⅰテモ3:1-7, →**監督の道徳的資格**の項p.2303)。

10:9 ぶどう酒・・・を飲んではならない 祭司はみな宗教的な職務に従事するときには酒類を全部避けなければならなかった。(1) 祭司たちは奉仕し、神の

¹⁰ それはまた、あなたがたが、聖なるものと俗なるもの、また、汚れたものときよいものを区別するため、
¹¹ また、主がモーセを通してイスラエル人に告げられたすべてのおきてを、あなたがたが彼らに教えるためである。」

¹² そこで、モーセは、アロンとその生き残っている子のエルアザルとイタマルに言った。「主への火によるささげ物のうちから残った穀物のささげ物を取り、パン種を入れずに祭壇のそばで、食べなさい。これは最も聖なるものであるから。
¹³ それを聖なる所で食べなさい。それは、主への火によるささげ物のうちから、あなたの受け取る分け前であり、あなたの子らの受け取る分け前である。そのように、私は命じられている。
¹⁴ しかし、奉献物の胸と、奉納物のももとは、あなたと、あなたとともにいるあなたの息子、娘たちが、きよい所で食べることができる。それは、イスラエル人の和解のいけにえから、あなたの受け取る分け前、またあなたの子らの受け取る分け前として与えられている。
¹⁵ 人々は、奉納物のももと奉献物の胸とを、火によるささげ物の脂肪に添えて持って来て、奉献物として主に向かって揺り動かさなければならない。これは主が命じられたとおり、あなたと、またあなたとともにいるあなたの子らが永遠に受け取る分である。」

¹⁶ モーセは罪のためのいけにえのやぎをねんめいに捜した。しかし、もう、焼かれてしまっていた。すると、モーセはアロンの子で生き残ったエルアザルとイタマルに怒って言った。
¹⁷「どうして、あなたがたは聖なる所でその罪のためのいけにえを食べなかったのか。それは最も聖なるものなのだ。それは、会衆の咎を除き、主の前で彼らのために贖いをするために、あなたがたに賜ったのだ。
¹⁸ その血は、聖所の中に携え入れられなかったではないか。あなたがたは、私が命じたように、それを聖所で食べなければならなかったのだ。」

¹⁹ そこでアロンはモーセに告げた。「ああ、きょう彼らがその罪のためのいけにえ、全焼のいけにえを、主の前にささげましたが、こういうことが私の身にふりかかったのです。もしきょう私が罪のためのいけにえを食べていたら、主のみこころにかなったのでしょうか。」
²⁰ モーセはこれを聞き、それでよいとした。

清い食べ物と汚れた食べ物
11:1-23　並行記事—申14:3-20

11
¹ それから、主はモーセとアロンに告げて仰せられた。
² 「イスラエル人に告げて言え。
　地上のすべての動物のうちで、あなたがたが食べてもよい生き物は次のとおりである。
³ 動物のうちで、ひづめが分かれ、そのひづめが完全に割れているもの、また、反芻するものはすべて、食べてもよい。
⁴ しかし、反芻するもの、あるいはひづめが分かれているもののうちでも、次のものは、食べてはならない。すなわち、らくだ。これは反芻するが、そのひづめが分かれていないので、あなたがたには汚れたものである。
⁵ それから、岩だぬき。これも反芻するが、そのひづめが分かれていないので、あなたがたには汚れたものである。
⁶ また、野うさぎ。これも反芻するが、そのひづめが分かれていないので、あなたがたには汚れたものである。
⁷ それに、豚。これは、ひづめが分かれており、ひづめが完全に割れたものであるが、反芻しないので、あなたがたには汚れたものである。
⁸ あなたがたは、それらの肉を食べてはならない。またそれらの死体に触れてもいけない。それらは、あなたがたには汚れたものである。
⁹ 水の中にいるすべてのもののうちで、次のものをあなたがたは食べてもよい。すなわち、海でも川でも、水の中にいるもので、ひれ

---

10 ①レビ11:47, 20:25, エゼ22:26, 44:23
11 ①申17:10, 11, 24:8, 33:10, ネヘ8:2, 7, 8, 9, 13, エレ18:18, マラ2:7
12 ①レビ6:16, 出6:23, 28:1, 民3:2, 18:8, 9
②→レビ8:21
③→レビ21:22
④レビ21:22
13 ①レビ6:16, 7:6
14 ①→出29:24
②レビ7:14
③→出30:24
15 ①レビ7:14
②→出29:24
③→レビ8:21
16 ①レビ7:7
17 ①レビ6:26
②レビ7:7
③出28:38, 民18:1, エゼ44:10
18 ①レビ6:30

②レビ6:26
19 ①レビ9:8, 12, エレ14:12
②→レビ7:7
③→レビ1:3

1 ①レビ11章, 申14:3-21, 創7:2
2 ①レビ11:7, 26, 申14:6
3 ①→使10:14
4 ①申14:7
7 ①イザ65:4, 66:3, 17
②→レビ11:3
8 ①イザ52:11, マタ15:11, 20, マコ7:15, 18, 使10:14, ロマ14:14, Ⅰコリ8:7
9 ①申14:9
10 ①レビ11:10, 12, 申14:9, 10

道を教えるときには聖さ（道徳的霊的純粋性、全体的に整った状態、悪から離れ、神が正しいとされることに献身すること）を示すことが求められた（10:10-11、→エペ5:18注）。（2）この問題に関する神の教えに従わないことは、死の罰を受けるほどの深刻なことだった。神の最高の奉仕基準のもとで奉仕をする人には酒類はどのような種類のものも不適切であると神は考えておられた。賢明な判断と聖霊の導きに対する敏感さに破壊的影響を与えるものは、神の祭司の生活から除外されたのである（→箴23:29-35、Ⅰテモ3:3注、テト2:2注）。

レビ記 11章

とうろこを持つものはすべて、食べてもよい。
10 しかし、海でも川でも、すべて水に群生するもの、またすべて水の中にいる生き物のうち、ひれやうろこのないものはすべて、あなたがたには忌むべきものである。
11 これらはさらにあなたがたには忌むべきものとなるから、それらの肉を少しでも食べてはならない。またそれらの死体を忌むべきものとしなければならない。
12 水の中にいるもので、ひれやうろこのないものはすべて、あなたがたには忌むべきものである。
13 また、鳥のうちで次のものを忌むべきものとしなければならない。これらは忌むべきもので、食べてはならない。すなわち、はげわし、はげたか、黒はげたか、
14 とび、はやぶさの類、
15 烏の類全部、
16 だちょう、よたか、かもめ、たかの類、
17 ふくろう、う、みみずく、
18 白ふくろう、ペリカン、野がん、
19 こうのとり、さぎの類、やつがしら、こうもりなどである。
20 羽があって群生し四つ足で歩き回るものは、あなたがたには忌むべきものである。
21 しかし羽があって群生し四つ足で歩き回るもののうちで、その足のほかにはね足を持ち、それで地上を跳びはねるものは、食べてもよい。
22 それらのうち、あなたがたが食べてもよいものは次のとおりである。いなごの類、毛のないいなごの類、こおろぎの類、ばったの類である。
23 このほかの、羽があって群生し四つ足のあるものはみな、あなたがたには忌むべきものである。
24 次のことによっても、あなたがたは汚れたものとなる。すなわち、これらのものの死体に触れる者はみな、夕方まで汚れる。
25 また、これらのどの死体を運ぶ者もみな、その衣服を洗わなければならない。その人は夕方まで汚れる。
26 ひづめが分かれてはいるが、それが完全に割れていないか、あるいは反芻しない動物、これらすべてはあなたがたには、汚れたものである。これらに触れる者はみな汚れる。
27 また、四つ足で歩き回るすべての生き物のうちで、足の裏のふくらみで歩くものはみな、あなたがたには、汚れたものである。その死体に触れる者はみな、夕方まで汚れる。
28 これらの死体を運ぶ者は、その衣服を洗わなければならない。その人は夕方まで汚れる。これらは、あなたがたには、汚れたものである。
29 地に群生するもののうち、次のものはあなたがたにとって汚れている。すなわち、もぐら、とびねずみ、大とかげの類、
30 やもり、わに、とかげ、すなとかげ、カメレオンである。
31 すべて群生するもののうちで、これらはあなたがたには、汚れたものである。これらのものが死んだとき、それに触れる者はみな、夕方まで汚れる。
32 また、それらのうちのあるものが死んだとき、何かの上に落ちたなら、それがどんなものでも、みな汚れる。木の器、あるいは衣服、あるいは皮、あるいは袋など、仕事のために作られた器はみな、水の中に入れなければならない。それは夕方まで汚れているが、そうして後きよくなる。
33 また、それらのうちの一つが、どのような土の器の中に落ちても、その中にあるものはすべて汚れる。その器は砕かなければならない。
34 また食べる物で、それにそのような水がかかっていれば、それはみな汚れる。また飲む物で、このような器の中にあるものはみな汚れる。
35 さらに、どんなものでも、その上にこれらの死体の一つが落ちたものは汚れる。それがかまどであれ、炉であれ、それを粉々に割らなければならない。それは汚れており、あなたがたには汚れたものとなる。
36 しかし、泉、あるいは水のたまっている水ためはきよい。ただし、それらの死体に触れるものは汚れる。
37 また、もしそれらのどの死体が、蒔こうとしている種の上に落ちても、それはきよい。
38 しかし、種の上に水がかけられていて、その上に、それらの死体のあるものが落ちたときは、それはあなたがたには汚れたものである。
39 あなたがたが食用として飼っている動物の一つが死んだとき、その死体に触れる

---

10 ①→レビ5:2
    ②申14:3
13 ①申14:12
14 ①申14:13, イザ34:15
    ②申14:13
16 ①申14:15
17 ①申14:16
19 ①申14:18
    ②申14:18, イザ2:20
20 ①→レビ5:2
21 ①→レビ5:2
22 ①ヨエ1:4, 2:25, マタ3:4, マコ1:6
23 ①→レビ5:2
24 ①レビ15:5, 民19:10, 22
25 ①レビ11:40
26 ①→レビ11:3

29 ①→レビ5:2
    ②イザ66:17
30 ①箴30:28
31 ①→レビ5:2
32 ①レビ15:12
33 ①レビ6:28, 15:12
35 ①レビ2:4, 7:9

レビ記　11–12章

者は夕方まで汚れる。
40 その死体のいくらかでも食べる者は、その衣服を洗わなければならない。その人は夕方まで汚れる。また、その死体を運ぶ者も、その衣服を洗わなければならない。その人は夕方まで汚れる。
41 また、地に群生するものはみな忌むべきもので、食べてはならない。
42 地に群生するもののうち、腹ではうもの、また四つ足で歩くもの、あるいは多くの足のあるもの、これらのどれもあなたがたは食べてはならない。それらは忌むべきものである。
43 あなたがたは群生するどんなものによっても、自分自身を忌むべきものとしてはならない。またそれによって、身を汚し、それによって汚れたものとなってはならない。
44 わたしはあなたがたの神、主であるからだ。あなたがたは自分の身を聖別し、聖なる者となりなさい。わたしが聖であるから。地をはういかなる群生するものによっても、自分自身を汚してはならない。
45 わたしは、あなたがたの神となるために、あなたがたをエジプトの地から導き出した主であるから。あなたがたは聖なる者となりなさい。わたしが聖であるから。」
46 以上が動物と鳥、また水の中をうごめくすべての生き物と、地に群生するすべての生き物についてのおしえであり、
47 それで、汚れたものときよいもの、食べてよい生き物と食べてはならない生き物とが区別される。

レビ18:1-5

40 ①レビ17:15, 22:8,
　申14:21,
　エゼ4:14, 44:31
41 →レビ5:2
42 →レビ5:2
43 ①レビ20:25
　②→レビ5:2
44 ①レビ19:2, 20:7,
　出6:7, 16:12, 23:25
　②レビ11:45, 19:2,
　20:26, 出19:6, 22:31,
　Ⅰテサ4:7,
　Ⅰペテ1:15, 16,
　Ⅰヨハ3:3
45 ①レビ22:33, 25:38,
　26:45
47 ①レビ10:10

2 ①レビ15:19
　②レビ12:5, 18:19,
　20:18
3 ①創17:12,
　ルカ1:59, 2:21
6 ①ルカ2:22
　②→レビ1:3
　③レビ12:8, 14:13, 19,
　22, 31, 15:15, 30, 16:3,
　5, 6, 9, 11, 15, 25, 27,
　23:19, →レビ4:3,
　→レビ7:7, →民7:16,
　→民28:15
8 ①レビ5:7, 11, 14:21
　②ルカ2:24

出産後のきよめ

12

1 それから、主はモーセに告げて仰せられた。
2 「イスラエル人に告げて言え。女が身重になり、男の子を産んだときは、その女は七日の間汚れる。その女は月のさわりの不浄の期間のように、汚れる。
3 ——八日目には、その子の包皮の肉に割礼をしなければならない——
4 その女はさらに三十三日間、血のきよめのために、こもらなければならない。そのきよめの期間が満ちるまでは、聖なるものにいっさい触れてはならない。また聖所に入ってもならない。
5 もし、女の子を産めば、月のさわりのときと同じく、二週間汚れる。その女はさらに六十六日間、血のきよめのために、こもらなければならない。
6 彼女のきよめの期間が満ちたなら、それが息子の場合であっても、娘の場合であっても、その女は全焼のいけにえとして一歳の子羊を一頭と、罪のためのいけにえとして家鳩のひなか、山鳩を一羽、会見の天幕の入口にいる祭司のところに持って来なければならない。
7 祭司はこれを主の前にささげ、彼女のために贖いをしなさい。彼女はその出血からきよめられる。これが男の子でも、女の子でも、子を産む女についてのおしえである。
8 しかし、もし彼女が羊を買う余裕がなければ、二羽の山鳩か、二羽の家鳩のひなを

11:44　聖なる者となりなさい　清い（適切な）食べ物と汚れた（不適切な）食べ物に関する教えは（11:）、健康上の理由のほかに、イスラエルが周りの神を敬わない社会の生活習慣を受入れないための基準として与えられた（⇒申14:1-2）。新約聖書の信仰者はこの食物法にしばられることはない。それはこの律法の背後にある目的をキリストが成し遂げてくださったからである（⇒マタ5:17, 15:1-20, 使10:14-15, コロ2:16, Ⅰテモ4:3）。けれどもこの教えにある霊的な原則は今日でも適用される。
（1）今日のキリスト者は自分のからだをもって神の栄光を現すように、周りの社会から衣食の面でも自分自身を区別しなければならない（⇒Ⅰコリ6:20, 10:31）。同時にキリスト者は神の特性と道徳的清さを反映していない社会の慣習や行動を避けなければならない。そして「あらゆる行いにおいて聖なるものとされ」なければならない（Ⅰペテ1:15）。
（2）清潔さが詳細に強調されているけれども、それは神の民の考え方、話し方、行動の仕方は、神に従わず神を敬わない人々とは原則的に異なるものでなければならないことを示している（出19:6, Ⅱコリ7:1, →**信者の霊的聖別**の項 p.2172）。キリスト者は生活のあらゆる領域で神の栄光を現さなければならない（Ⅰコリ10:31）。

12:2　男の子を産んだときは　親であることは神からの祝福であり、人生の最大の喜びの一つである（創1:28, 9:1, 詩127:3, 128:3）。けれども出産に伴うからだからの排出物は汚れたものとして扱わなければならなかった（15:16-19, 出19:15, →13:3注）。出産の疲労と痛みは、神に対する人類最初の反抗と罪による

レビ記 12-13章

取り、一羽は全焼のいけにえとし、もう一羽は罪のためのいけにえとしなさい。祭司は彼女のために贖いをする。彼女はきよめられる。」

伝染性皮膚病に関する規定

13 ¹ついで主はモーセとアロンに告げて仰せられた。

²「ある人のからだの皮膚にはれもの、あるいはかさぶた、あるいは光る斑点ができ、からだの皮膚にツァラアトの患部が現れたときは、彼を、祭司アロンか、祭司であるその子らのひとりのところに連れて来る。

³祭司はそのからだの皮膚の患部を調べる。その患部の毛が白く変わり、その患部がそのからだの皮膚よりも深く見えているなら、それはツァラアトの患部である。祭司はそれを調べ、彼を汚れていると宣言する。

⁴もしそのからだの皮膚の光る斑点が白くても、皮膚よりも深くは見えず、そこの毛も白く変わっていないなら、祭司はその患部を七日間隔離する。

⁵祭司は七日目に彼を調べる。もし患部が祭司の目に、そのままに見え、患部が皮膚に広がっていないなら、祭司は彼をさらに七日間隔離する。

⁶祭司は七日目に再び彼を調べる。もし患部

8③→レビ1:3
 ④→レビ12:6
 ⑤レビ4:26
1①レビ13-14章, 申24:8
2①申28:27
 ②イザ3:17
  *何らかの原因により、人体や物の表面が冒された状態。巻頭「新改訳聖書第三版について」を参照
 ③ルカ17:14

6①レビ11:25, 14:8
10①民12:10, Ⅱ列5:27

薄れ、患部が皮膚に広がっていないなら、祭司は彼をきよいと宣言する。それはかさぶたにすぎない。彼は自分の衣服を洗う。彼はきよい。

⁷もし、彼が祭司のところに現れ、きよいと宣言されて後、かさぶたが皮膚に広がってきたなら、再び祭司にその身を見せる。

⁸祭司が調べて、かさぶたが皮膚に広がっているなら、祭司は彼を汚れていると宣言する。これはツァラアトである。

⁹ツァラアトの患部が人にあるときは、彼を祭司のところに連れて来る。

¹⁰祭司が調べて、もし皮膚に白いはれものがあり、その毛も白く変わり、はれものに生肉が盛り上がっているなら、

¹¹これは、そのからだの皮膚にある慢性のツァラアトである。祭司は彼を汚れていると宣言する。しかし祭司は彼を隔離する必要はない。彼はすでに汚れているのだから。

¹²もしそのツァラアトがひどく皮膚に出て来て、そのツァラアトが、その患部の皮膚全体、すなわち祭司の目に留まるかぎり、頭から足までをおおっているときは、

¹³祭司が調べる。もしそのツァラアトが彼のからだ全体をおおっているなら、祭司はその患部をきよいと宣言する。すべてが白く変わったので、彼はきよい。

「堕落」の直接の結果だった（→創3:15注）。

（1）子どもたちは今、罪の性質を持って生まれてくる。つまり自然に自分勝手な欲求をし、神に反抗する傾向を持って生まれてくる（→Ⅰヨハ1:8注）。詩篇の作者は「ああ、私は咎ある者として生まれ、罪ある者として母は私をみごもりました」（詩51:5）と書いている。

（2）この世界に生れた人はみな肉体の死（創2:16-17, 5:3）の現実と、永遠の死の可能性に直面する。永遠の死から逃れる唯一の方法は、キリストが私たちの罪のために死んで提供してくださった赦しと新しいいのちを受入れることである。人類に対する神の完全なご計画には本来死はなかった。出産に汚れが伴うことは新生児にも救いが必要であるという真理を示している。

（3）キリスト者である親は子どもが罪の性質を持って生れてくることを知り、子どもがキリストを主（生涯の導き手、権威を持つ方）として受入れ、「新生」（肉体的な意味ではなく霊的な意味で）をし（ヨハ3:3-8）、神の聖霊によって新しいいのちを受けるよう真剣にたゆまず祈り続けるべきである（→**新生－霊的誕生と刷新**」

の項 p.1874,「**親と子ども**」の項 p.2265）。

13:3　彼を汚れていると宣言する　レビ記で「汚れている」と言われることはみな神の聖さと目的に反するものである。そしてほとんどが、けがや病気（13:-14:, 民5:2, 12:10-14）、死（民5:2, 31:19, 35:33）、汚染（14:33-57）などの肉体的、環境的問題に関係している。これらの律法は神の特性と神の民に対する関心を反映したものである。（1）「汚れている」と言われていることはみな、神が初めに意図された完全性から被造物がどれほどかけ離れているかを示している。汚れについての律法は罪がもたらす破壊的結果を人々に絶えず指摘している。（2）けれどもこれらの律法は人々に対する神の心遣いをも示している。たとえばイスラエルは互いに近くに住み、場所から場所へとさまよっていたために、伝染性（接触伝染性）の皮膚病や環境の汚染によって多くの人が死に、滅ぼされる可能性があった。そこで「汚れた」ものを封じ込め制御しなければならなかった。からだと家のきよめに関する律法は、人間に対する神の関心と思いやりを示す安全基準だった。

レビ記 13章

¹⁴しかし生肉が彼に現れるときは、彼は汚れる。
¹⁵祭司はその生肉を調べて、彼を汚れていると宣言する。その生肉は汚れている。それはツァラアトである。
¹⁶しかし、もしその生肉が再び白く変われば、彼は祭司のところに行く。
¹⁷祭司は彼を調べる。もしその患部が白く変わっているなら、祭司はその患部をきよいと宣言する。彼はきよい。
¹⁸また、人のからだの皮膚に腫物ができ、それがいやされたとき、
¹⁹その腫物の局所に白色のはれもの、または赤みがかった白い光る斑点があれば、祭司に見せる。
²⁰祭司が調べて、もしそれが皮膚よりも低く見え、そこの毛が白く変わっていたなら、祭司は彼を汚れていると宣言する。それはその腫物に吹き出たツァラアトの患部である。
²¹もし祭司がこれを調べて、そこに白い毛がなく、それが皮膚より低くなっておらず、それが薄れているなら、祭司は彼を七日間隔離する。
²²もしそれが一段と皮膚に広がってくれば、祭司は彼を汚れていると宣言する。これは患部である。
²³もしその光る斑点がもとのままであり、広がっていなければ、それはただ、できもののあとである。祭司は彼をきよいと宣言する。
²⁴あるいは、人のからだの皮膚にやけどがあって、そのやけどの生肉が赤みがかった白色、または白色の光る斑点であれば、
²⁵祭司はこれを調べる。もし光る斑点の上の毛が白く変わり、それが皮膚よりも深く見えるなら、これはやけどに出て来たツァラアトである。祭司は彼を汚れていると宣言する。それはツァラアトの患部である。
²⁶祭司がこれを調べて、その光る斑点に白い毛がなく、それが皮膚より低くなっておらず、それが薄れているなら、祭司は彼を七日間隔離する。
²⁷それから七日目に祭司が彼を調べる。もしそれが一段と皮膚に広がっていれば、祭司は彼を汚れていると宣言する。これはツァラアトの患部である。
²⁸もしその光る斑点がもとのままであり、その皮膚に広がっておらず、それが薄れているなら、それはやけどによるはれものである。祭司は彼をきよいと宣言する。これはやけどのあとであるから。
²⁹男あるいは女で、頭か、ひげに疾患があるときは、
³⁰祭司はその患部を調べる。もしそれが皮膚よりも深く見え、そこに細い黄色の毛があるなら、祭司は彼を汚れていると宣言する。これはかいせんで、頭またはひげのツァラアトである。
³¹祭司がかいせんの患部を調べ、もしそれが皮膚よりも深く見えず、そこに黒い毛がないなら、祭司はそのかいせんの患部を七日間隔離する。
³²七日目に祭司は患部を調べる。もしそのかいせんが広がらず、またそこに黄色い毛もなく、かいせんが皮膚よりも深く見えていないなら、
³³その人は毛をそり落とす。ただし、そのかいせんをそり落としてはならない。祭司はそのかいせんの患部をさらに七日間隔離する。
³⁴七日目に祭司がそのかいせんを調べる。もしかいせんが皮膚に広がっておらず、それが皮膚よりも深く見えていないなら、祭司は彼をきよいと宣言する。彼は自分の衣服を洗う。彼はきよい。
³⁵しかし、彼がきよいと宣言されて後に、もしも、そのかいせんが皮膚に広がったなら、
³⁶祭司は彼を調べる。もしそのかいせんが皮膚に広がっていれば、祭司は黄色の毛を捜す必要はない。彼は汚れている。
³⁷もし祭司が見て、そのかいせんがもとのままであり、黒い毛がそこに生えているなら、そのかいせんはいやされており、彼はきよい。祭司は彼をきよいと宣言する。
³⁸男あるいは女で、そのからだの皮膚に光る斑点、すなわち白い光る斑点があるとき、
³⁹祭司はこれを調べる。もしそのからだの皮膚にある光る斑点が、淡い白色であるなら、それは皮膚に出て来た湿疹である。彼はきよい。
⁴⁰男の頭の毛が抜けても、それははげであって、彼はきよい。
⁴¹もし顔の生えぎわから頭の毛が抜けて

¹⁹①出9:9
²¹①レビ13:4, 54, 14:39
²³①レビ13:2, 4, 19, 39, 14:56
²⁴①レビ13:25, 28
²⁵①レビ13:3, 5, 14:3
²⁷①レビ13:8, 11, 15, 20, 22, 25, 30

²⁸①レビ13:2, 10, 19, 43, 14:56
³⁰①レビ13:32, 36 ②レビ13:37, 14:54
³³①レビ14:8, 9
³⁴①レビ13:7, 13, 17, 23, 28, 37

も、それは額のはげであって、彼はきよい。
42 もしその頭のはげか、額のはげに、赤みがかった白の患部があるなら、それは頭のはげに、あるいは額のはげに出て来たツァラアトである。
43 祭司は彼を調べる。もしその頭のはげ、あるいは額のはげにある患部のはれものが、からだの皮膚にあるツァラアトに見られるような赤みがかった白色であれば、
44 彼はツァラアトの者であって汚れている。祭司は彼を確かに汚れていると宣言する。その患部が頭にあるからである。
45 患部のあるそのツァラアトの者は、自分の衣服を引き裂き、その髪の毛を乱し、その②口ひげをおおって、『③汚れている、汚れている』と叫ばなければならない。
46 ①その患部が彼にある間中、彼は汚れている。彼は汚れているので、ひとりで住み、その住まいは宿営の外でなければならない。

かびに関する規定

47 衣服にツァラアトの患部が生じたときは、羊毛の衣服でも、亜麻布の衣服でも、
48 亜麻または羊毛の織物でも、編物でも、皮でも、また皮で作ったどんなものでも、
49 その患部が緑がかっていたり、赤みを帯びたりしているなら、衣服でも、皮でも、織物でも、編物でも、またどんな皮製品でも、それはツァラアトの患部である。それを祭司に見せる。
50 祭司はその患部を調べる。そして、その患部のある物を七日間隔離する。
51 七日目に彼はその患部のある物を調べる。それが衣服でも、織物でも、編物でも、皮でも、皮が何に用いられていても、それらにその患部が広がっているときは、その患部は悪性のツァラアトで、それは汚れている。
52 羊毛製であるにしても、亜麻製であるにしても、衣服、あるいは織物でも、編物でも、それがまたどんな皮製品でも、その患部のある物は焼く。これは悪性のツァラアトであるから、火で焼かなければならない。
53 もし、祭司が調べて、その患部がその衣服に、あるいは織物、編物、またすべての皮製品に広がっていなければ、

45①レビ10:6
　②エゼ24:17, 22, ミカ3:7
　③哀4:15
46①民5:2, 3, 12:14, Ⅱ列7:3, 15:5, Ⅱ歴26:21, ルカ17:12
52①レビ14:44, 黙16:2

54 祭司は命じて、その患部のある物を洗わせ、さらに七日間それを隔離する。
55 祭司は、その患部のある物が洗われて後に、調べる。もし患部が変わったように見えなければ、その患部が広がっていなくても、それは汚れている。それは火で焼かなければならない。それが内側にあっても外側にあっても、それは腐食である。
56 祭司が調べて、もしそれが洗われて後、その患部が薄れていたならば、彼はそれを衣服から、あるいは皮から、織物、編物から、ちぎり取る。
57 もし再びその衣服に、あるいは織物、編物、またはどんな皮製品にも、それが現れたなら、それは再発である。その患部のある物は火で焼かなければならない。
58 しかし、洗った衣服は、あるいは織物、編物、またはどんな皮製品でも、それらから、もしその患部が消えていたら、再びこれを洗う。それはきよい。」
59 以上は、羊毛あるいは亜麻布の衣服、織物、編物、あるいはすべての皮製品のツァラアトの患部についてのおしえであり、それをきよい、あるいは汚れている、と宣言するためである。

伝染性皮膚病のきよめ

14 1 ついで主はモーセに告げて仰せられた。
2 「ツァラアトに冒された者がきよめられるときのおしえは次のとおりでなければならない。彼を祭司のところに連れて来る。
3 祭司は宿営の外に出て行き、調べて、もしツァラアトの者のツァラアトの患部がいやされているなら、
4 祭司はそのきよめられる者のために、①二羽の生きているきよい小鳥と、②杉の木と緋色の撚り糸とヒソプを取り寄せるよう命じる。
5 祭司は、土の器に入れた湧き水の上で、その小鳥のうちの一羽をほふるよう命じる。
6 生きている小鳥を、杉の木と緋色の撚り糸とヒソプといっしょに取り、湧き水の上でほふった小鳥の血の中に、その生きている小鳥といっしょにそれらを浸す。
7 それを、ツァラアトからきよめられる者の

2①マタ8:4, マコ1:44, ルカ5:14, 17:14
3①レビ13:46
4①レビ14:49
　②民19:6
　③詩51:7, ヘブ9:19
6①レビ14:51

レビ記　14章

上に七たび振りかけて、彼をきよいと宣言し、さらにその生きている小鳥を野に放つ。
8 きよめられる者は、自分の衣服を洗い、その毛をみなそり落とし、水を浴びる。その者はきよい。そうして後、彼は宿営に入ることができる。しかし七日間は、自分の天幕の外にとどまる。
9 七日目になって、彼はすべての毛、その髪の毛と口ひげとまゆ毛をそり落とす。そのすべての毛をそり落とし、自分の衣服を洗い、水をそのからだに浴びる。その者はきよい。
10 八日目に彼は、傷のない雄の子羊二頭と傷のない一歳の雌の子羊一頭と、穀物のささげ物としての油を混ぜた小麦粉十分の三エパと、油一ログとを持って来る。
11 きよめを宣言する祭司は、きよめられる者と、これらのものを主の前、会見の天幕の入口の所に置く。
12 祭司はその雄の子羊一頭を取り、それを油一ログといっしょにささげて罪過のためのいけにえとし、それを奉献物として主に向かって揺り動かす。
13 罪のためのいけにえと全焼のいけにえをほふった所、すなわち聖なる所で、その雄の子羊をほふる。罪のためのいけにえと同様に、罪過のためのいけにえも祭司のものとなるからである。これは最も聖なるものである。
14 祭司は罪過のためのいけにえの血を取り、それをきよめられる者の右の耳たぶと、右手の親指、右足の親指に塗りつける。
15 祭司は油一ログからいくらかを取って、自分の左の手のひらにそそぐ。
16 祭司は右の指を左の手のひらにある油に浸し、その指で、油を七たび主の前に振りかける。
17 祭司はその手のひらにある残りの油をきよめられる者の右の耳たぶと、右手の親指と、右足の親指に、すなわち先の罪過のためのいけにえの血の上に塗る。
18 祭司はその手のひらにある残りの油をきよめられる者の頭に塗り、祭司は主の前で彼のために贖いをする。
19 祭司は罪のためのいけにえをささげ、汚れからきよめられる者のために贖いをする。そのあとで全焼のいけにえがほふられなければならない。
20 祭司は祭壇の上で、全焼のいけにえと穀物のささげ物をささげ、祭司は彼のために贖いをする。彼はきよい。
21 その人が貧しくて、それを手に入れることができないなら、自分を贖う奉献物とするために、雄の子羊一頭を罪過のためのいけにえとして取り、また穀物のささげ物として油を混ぜた小麦粉十分の一エパと油一ログを取り、
22 また、手に入れることのできる山鳩二羽か家鳩のひな二羽を取らなければならない。その一羽は罪のためのいけにえ、他の一羽は全焼のいけにえとする。
23 八日目に、彼のきよめのために、それらを主の前、すなわち会見の天幕の入口の祭司のところに持って来る。
24 祭司はその罪過のためのいけにえの子羊と油一ログを取って、これを奉献物として主に向かって揺り動かし、
25 罪過のためのいけにえの子羊をほふる。祭司はその罪過のためのいけにえの血を取って、それをきよめられる者の右の耳たぶと、右手の親指と、右足の親指に塗る。
26 祭司はその油を自分の左の手のひらにそそぐ。
27 祭司は右手の指で、左の手のひらにある油を、主の前に七たび振りかける。
28 祭司はその手のひらにある油をきよめられる者の右の耳たぶと、右手の親指と、右足の親指に、すなわち罪過のためのいけにえの血と同じところにつける。
29 祭司はその手のひらにある残りの油をきよめられる者の頭の上に塗り、主の前で彼のために贖いをする。
30 彼は、手に入れることのできた山鳩か、家鳩のひなのうちから一羽をささげる。
31 すなわち、手に入れることのできたもののうち、一羽を罪のためのいけにえとして、他の一羽を全焼のいけにえとして、穀物のささげ物に添えてささげる。祭司は主の前で、きよめられる者のために贖いをする。」
32 以上は、ツァラアトの患部のある者で、きよめに要するものを手に入れることのできない者のためのおしえである。

かびのきよめ

33 ついで主はモーセとアロンに告げて仰せられた。

7 ①Ⅱ列5:10
　②ヘブ9:13
8 ①民8:7
　②レビ14:9, 20
9 ①レビ14:8, 20
10 ①マタ8:4, マコ1:44, ルカ5:14
　②レビ2:1
　＊△「3イサロン」—6.9リットル
　＊＊レビ14:12, 15, 21, 24
　＊＊1ログは0.3リットル
12 ①レビ14:10
　②レビ5:15, 14:21
　③→出29:24
13 ①→レビ1:3
14 ①レビ1:11, 4:4, 出29:11
　②→レビ12:6
　③→レビ16:2
　④レビ7:7
　⑤→レビ7:7, 6, 21:22
14 ①→レビ5:15
　②レビ8:23, 24, 出29:20
15 ①レビ14:10
17 ①→レビ5:15
18 ①レビ6:7
19 ①→レビ12:6
　②→レビ1:3
20 ①→レビ1:3
　②→レビ2:1

③レビ14:8, 9
21 ①レビ5:7, 11, 12:8, 14:21
　②→出29:24
　③→レビ5:15
　④→レビ2:1
　＊△「1イサロン」—10分の1エパ＝2.3リットル
22 ①レビ15:14
　②→レビ12:6
　③→レビ1:3
23 ①レビ14:10, 11
24 ①→レビ5:15
25 ①→レビ14:10
　②→出29:24
27 ①レビ14:14
28 ①→レビ5:15
30 ①レビ14:22
31 ①→レビ12:6
　②→レビ2:1
　③→レビ1:3
32 ①レビ14:10

34「わたしがあなたがたに所有地として与えるカナンの地に、あなたがたが入り、わたしの所有地にある家にツァラアトの患部を生じさせ、
35その家の所有者が来て、祭司に、そのような患部が家に現れたと言って、報告するときは、
36祭司はその患部を調べに入る前に、その家をあけるよう命じる。これはすべて家にあるものが汚れることのないためである。その後に、祭司はその家を調べに入る。
37その患部を調べて、もしその患部がその家の壁に出ていて、それが緑がかったか、または赤みを帯びたくぼみであって、その壁よりも低く見えるならば、
38祭司はその家から入口に出て来て、七日間その家を閉ざしておく。
39七日目に祭司がまた来て、調べ、もしその患部がその家の壁に広がっているなら、
40祭司はその患部のある石を取り出し、それらを町の外の汚れた場所に投げ捨てるよう命じる。
41またその家の内側の回りを削り落とさせ、その削り落とした土は町の外の汚れた場所に捨てる。
42人々は別の石を取って、前の石の代わりに入れ、また別の土を取って、その家を塗り直す。
43もし彼が石を取り出し、家の壁を削り落とし、また塗り直して後に、再びその患部が家にできたなら、
44祭司は入って来て調べ、そして、もしその患部が家に広がっているなら、それは家につく悪性のツァラアトであって、その家は汚れている。
45その家、すなわち、その石と材木と家の土全部を取りこわす。またそれを町の外の汚れた場所に運び出す。
46その家が閉ざされている期間中にその家に入る者は、夕方まで汚れる。
47その家で寝る者は、その衣服を洗わなければならない。その家で食事をする者も、その衣服を洗わなければならない。
48祭司が入って来て調べ、もしその家が塗り直されて後、その患部が家に広がって

34①創17:8, 民32:22, 申7:1, 32:49
35①詩91:10
44①レビ13:51
45①レビ14:42, ゼカ5:4 ②レビ14:41

いないなら、祭司は、その家はきよいと宣言する。なぜなら、その患部が直ったからである。
49祭司は、その家をきよめるために、小鳥二羽と杉の木と緋色の撚り糸とヒソプを取り、
50その小鳥のうちの一羽を土の器の中の湧き水の上でほふる。
51杉の木とヒソプと緋色の撚り糸と、生きている小鳥を取って、ほふられた小鳥の血の中と湧き水の中にそれらを浸し、その家に七たび振りかける。
52祭司は小鳥の血と湧き水と生きた小鳥と杉の木とヒソプと緋色の撚り糸とによって、その家をきよめ、
53その生きている小鳥を町の外の野に放つ。こうして、その家のために贖いをする。その家はきよい。」
54以上は、ツァラアトのあらゆる患部、かいせん、
55衣服と家のツァラアト、
56はれもの、かさぶた、光る斑点についてのおしえである。
57これは、どんなときにそれが汚れているのか、またどんなときにそれがきよいのかを教えるためである。これがツァラアトについてのおしえである。

汚れの原因となる漏出

15 1ついで主はモーセとアロンに告げて仰せられた。
2「イスラエル人に告げて言え。
だれでも、隠しどころに漏出がある場合、その漏出物は汚れている。
3その漏出物による汚れは次のとおりである。すなわち、隠しどころが漏出物を漏らしても、あるいは隠しどころが漏出物を留めていても、その者には汚れがある。
4漏出を病む人の寝る床は、すべて汚れる。またその者がすわる物もみな汚れる。
5また、だれでもその床に触れる者は自分の衣服を洗い、水を浴びなければならない。その者は夕方まで汚れる。

49①レビ14:4
53①レビ14:20
54①レビ13:30
55①レビ13:47 ②レビ14:34
56①レビ13:2
57①申24:8, エゼ44:23

2①レビ22:4, 民5:2, Ⅱサム3:29, マタ9:20, マコ5:25, ルカ8:43
5①レビ11:25, 17:15

15:5 自分の衣服を洗い、水を浴び 11−15章には神の民の肉体的健康としあわせについての神の関心が示されている。イスラエルを取巻く古代の人々は衛生学や公衆衛生、沐浴の重要性や伝染病予防についてほとんど何も知らなかった。貧しい人や病人に対しても適切な保護を提供しなかった。神の律法は人々がこういうことについて確実に適切な注意を払うようにさせ、さらに生活のあらゆる面で清く完全であることを

6 また漏出を病む人がすわった物の上にすわる者は、自分の衣服を洗い、水を浴びる。その者は夕方まで汚れる。

7 また、漏出を病む人の隠しどころにさわる者も、自分の衣服を洗い、水を浴びなければならない。その者は夕方まで汚れる。

8 また、漏出を病む者が、きよい人につばきをかけるなら、その人は自分の衣服を洗い、水を浴びる。その人は夕方まで汚れる。

9 また、漏出を病む者が乗った鞍はみな汚れる。

10 また、どんな物であれ、その者の下にあった物にさわる者はみな、夕方まで汚れる。また、それらの物を運ぶ者も、自分の衣服を洗わなければならない。水を浴びなければならない。その者は夕方まで汚れる。

11 また、漏出を病む者が、水でその手を洗わずに、だれかにさわるなら、さわられた人は自分の衣服を洗い、水を浴びる。その人は夕方まで汚れる。

12 また、漏出を病む者がさわった土の器はこわされなければならない。木の器はみな、水で洗われなければならない。

13 漏出を病む者がその漏出からきよくなるときは、自分のきよめのために七日を数え、自分の衣服を洗い、自分のからだに湧き水を浴びる。彼はきよい。

14 八日目には、自分のために、山鳩二羽か家鳩のひな二羽を取らなければならない。彼は主の前、会見の天幕の入口の所に来て、それを祭司に渡す。

15 祭司はそれを、一羽を罪のためのいけにえとして、他の一羽を全焼のいけにえとしてささげ、祭司はその漏出物のために、主の前でその者のために贖いをする。

16 人が精を漏らしたときは、その人は全身に水を浴びる。その人は夕方まで汚れる。

17 精のついている衣服と皮はすべて、水で洗う。それは夕方まで汚れる。

18 男が女と寝て交わるなら、ふたりは共に水を浴びる。彼らは夕方まで汚れる。

19 女に漏出があって、その漏出物がからだからの血であるならば、彼女は七日間、月のさわりの状態になる。だれでも彼女に触れる者は、夕方まで汚れる。

20 また、その女の月のさわりのときに使った寝床はすべて汚れる。また、その女のすわった物もみな汚れる。

21 また、その女の床に触れる者はだれでも、その衣服を洗い、水を浴びなければならない。その者は夕方まで汚れる。

22 また、何であれ、その女のすわった物に触れる者はみな、その衣服を洗い、水を浴びなければならない。その者は夕方まで汚れる。

23 その女の床であっても、すわった物であっても、それにさわった者は夕方まで汚れる。

24 また、もし男がその女と寝るなら、その女のさわりが彼に移り、その者は七日間汚れる。彼が寝る床もすべて汚れる。

25 もし女に、月のさわりの間ではないのに、長い日数にわたって血の漏出がある場合、あるいは月のさわりの間が過ぎても漏出がある場合、その汚れた漏出のある間中、彼女は、月のさわりの間と同じく汚れる。

26 彼女がその漏出の間中に寝る床はすべて、月のさわりのときの床のようになる。その女のすわるすべての物は、その月のさわりの間の汚れのように汚れる。

27 これらの物にさわる者はだれでも汚れる。その者は衣服を洗い、水を浴びる。その者は夕方まで汚れる。

28 もし女がその漏出からきよくなったときには、七日を数える。その後にその女はきよくなる。

29 八日目には、その女は山鳩二羽か家鳩のひな二羽を取り、それを会見の天幕の入口の祭司のところに持って来なければならない。

30 祭司は一羽を罪のためのいけにえとし、他の一羽を全焼のいけにえとしてささげる。祭司は、その汚れた漏出のために、主の前でその女のために贖いをする。

31 あなたがたは、イスラエル人をその汚れから離れさせなさい。彼らの間にあるわたしの幕屋を汚し、その汚れたままで彼らが死ぬことのないためである。」

32 以上が、漏出のある者、また精を漏らして汚れた者、

33 また月のさわりで不浄の女、また男か女で漏出のある者、あるいは汚れている女と寝る男についてのおしえである。

---

12 ①レビ6:28, 11:33
13 ①レビ15:28, 14:8
14 ①レビ14:22, 23
15 ①→レビ12:6
　 ②→レビ1:3
16 ①レビ22:4, 申23:10, 11
18 ①Ⅰサム21:4
19 ①レビ12:2, Ⅱサム11:4, 創31:35
　 ②イザ64:6, エゼ36:17

24 ①レビ18:19, 20:18
25 ①マタ9:20, マコ5:25, ルカ8:43
28 ①レビ15:13
29 ①レビ5:7
30 ①→レビ12:6
　 ②→レビ1:3
31 ①レビ20:3, 民5:3, 19:13, 20, エゼ5:11, 23:38, 36:17
32 ①レビ15:16
33 ①レビ15:19
　 ②レビ15:24

具体的に示すように励ますためのものだった。

レビ記　16章

贖罪の日
16:2-34　並行記事―レビ23:26-32, 民29:7-11

16 ¹ アロンのふたりの子の死後、すなわち、彼らが主の前に近づいてそのために死んで後、主はモーセに告げられた。² 主はモーセに仰せられた。「あなたの兄アロンに告げよ。かってette時に垂れ幕の内側の聖所に入って、箱の上の『贖いのふた』の前に行ってはならない。死ぬことのないためである。わたしが『贖いのふた』の上の雲の中に現れるからである。³ アロンは次のようにして聖所に入らなければならない。罪のためのいけにえとして若い雄牛、また全焼のいけにえとして雄羊を携え、⁴ 聖なる亜麻布の長服を着、亜麻布のももひきをはき、亜麻布の飾り帯を締め、亜麻布のかぶり物をかぶらなければならない。これらが聖なる装束であって、彼はからだに水を浴び、それらを着ける。⁵ 彼はまた、イスラエル人の会衆から、罪のためのいけにえとして雄やぎ二頭、全焼のいけにえとして雄羊一頭を取らなければならない。

⁶ アロンは自分のための罪のためのいけにえの雄牛をささげ、自分と自分の家族のために贖いをする。⁷ 二頭のやぎを取り、それを主の前、会見の天幕の入口の所に立たせる。⁸ アロンは二頭のやぎのためにくじを引き、一つのくじは主のため、一つのくじはアザゼルのためとする。⁹ アロンは、主のくじに当たったやぎをささげて、それを罪のためのいけにえとする。¹⁰ アザゼルのためのくじが当たったやぎは、主の前に生きたままで立たせておかなければならない。これは、それによって贖いをするために、アザゼルとして荒野に放つためである。¹¹ アロンは自分の罪のためのいけにえの雄牛をささげ、自分と自分の家族のために贖いをする。彼は自分の罪のためのいけにえの雄牛をほふる。

¹² 主の前の祭壇から、火皿いっぱいの炭火と、両手いっぱいにしたかおりの高い香とを取り、垂れ幕の内側に持って入る。¹³ その香を主の前の火にくべ、香から出る雲があかしの箱の上の『贖いのふた』をおおうようにする。彼が死ぬことのないためである。¹⁴ 彼は雄牛の血を取り、指で『贖いのふた』の東側に振りかけ、また指で七たびその血を『贖いのふた』の前に振りかけなければならない。

¹⁵ アロンは民のための罪のためのいけにえのやぎをほふり、その血を垂れ幕の内側に持って入り、あの雄牛の血にしたようにこの血にもして、それを『贖いのふた』の上と『贖いのふた』の前に振りかける。¹⁶ 彼はイスラエル人の汚れと、そのそむき、すなわちそのすべての罪のために、聖所の贖いをする。彼らの汚れの中に彼らとともにある会見の天幕にも、このようにしなければならない。¹⁷ 彼が贖いをするために聖所に入って、再び出て来るまで、だれも会見の天幕の中にいてはならない。彼は自分と、自分の家族、それにイスラエルの全集会のために贖いをする。¹⁸ 主の前にある祭壇のところに出て行き、その贖いをする。彼はその雄牛の血と、そのやぎの血を取り、それを祭壇の回りにある角に塗る。¹⁹ その残りの血を、その祭壇の上に指で七たび振りかける。彼はそれをきよめ、イスラエル人の汚れからそれを聖別する。

²⁰ 彼は聖所と会見の天幕と祭壇との贖いをし終え、先の生きているやぎをささげる。²¹ アロンは生きているやぎの頭に両手を置き、イスラエル人のすべての咎と、すべてのそむきを、どんな罪であっても、それを全部それの上に告白し、これらをそのやぎの頭の上に置き、係りの者の手でこれを荒野に放つ。²² そのやぎは、彼らのすべての咎をその身に負って、不毛の地へ行く。彼はそのやぎを荒野に放つ。

²³ アロンは会見の天幕に入り、聖所に入ったときに着ていた亜麻布の装束を脱ぎ、それをそこに残しておく。²⁴ 彼は聖なる所でそのからだに水を浴び、自分の衣服を着て外に出て、自分の全焼のいけにえと民の全焼のいけにえをささ

16:1-34　贖罪の日　16章全体を通して贖罪の日のことが教えられている。ユダヤ人にとって重要なこの日と、贖い（罪の「おおい」を提供すること）の過程についての説明はイエス・キリストとこの方が私たちの罪の究極的な代価を払ってくださることとを示している（→「贖罪の日」の項 p.223）。

げ、自分のため、民のために贖いをする。²⁵罪のためのいけにえの脂肪は、祭壇の上で焼いて煙にしなければならない。²⁶アザゼルのやぎを放った者は、その衣服を洗い、そのからだに水を浴びる。そうして後に、彼は宿営に入ることができる。²⁷罪のためのいけにえの雄牛と、罪のためのいけにえのやぎで、その血が贖いのために聖所に持って行かれたものは、宿営の外に持ち出し、その皮と肉と汚物を火で焼かなければならない。²⁸これを焼く者は、その衣服を洗わなければならない。そのからだに水を浴びる。こうして後に宿営に入ることができる。

²⁹以下のことはあなたがたに、永遠のおきてとなる。第七の月の十日には、あなたがたは身を戒めなければならない。この国に生まれた者も、あなたがたの中の在留異国人も、どんな仕事もしてはならない。³⁰なぜなら、この日に、あなたがたをきよめるために、あなたがたの贖いがなされるからである。あなたがたは、主の前でそのすべての罪からきよめられるのである。³¹これがあなたがたの全き休みの安息であり、あなたがたは身を戒める。これは永遠のおきてである。³²油をそそがれ、その父に代わって祭司として仕えるために任命された祭司が、贖いをする。彼は亜麻布の装束、すなわち聖なる装束を着ける。³³彼は至聖所の贖いをする。また会見の天幕と祭壇の贖いをしなければならない。また彼は祭司たちと集会のすべての人々の贖いをしなければならない。³⁴以上のことは、あなたがたに永遠のおきてとなる。これは年に一度、イスラエル人のすべての罪から彼らを贖うためである。」
モーセは主が命じられたとおりに行った。

血を食べることの禁止

17 ¹ついで主はモーセに告げて仰せられた。

²「アロンとその子ら、またすべてのイスラエル人に告げて言え。
主が命じて仰せられたことは次のとおりである。
³イスラエルの家の者のだれかが、牛か子羊かやぎを宿営の中でほふり、あるいは宿営の外でそれをほふって、
⁴主の幕屋の前に主へのささげ物としてささげるために、それを会見の天幕の入口の所に持って来ないなら、血はその人に帰せられる。その人は血を流した。その人はその民の間から断たれる。
⁵これは、イスラエル人が、野外でささげていたそのいけにえを持って来るようにするため、また会見の天幕の入口の祭司のところで、主に持って来て、主への和解のいけにえとして、それらをささげるためである。
⁶また、祭司が、その血を会見の天幕の入口にある主の祭壇に注ぎかけ、その脂肪を主へのなだめのかおりとして焼いて煙にするため、
⁷また、彼らが慕って、淫行をしていたやぎの偶像に、彼らが二度といけにえをささげなくなるためである。これは彼らにとって、代々守るべき永遠のおきてとなる。

⁸また、あなたは彼らに言わなければならない。
イスラエルの家の者、または彼らの間の在留異国人のだれであっても、全焼か、または、ほかのいけにえをささげ、
⁹それを主にささげるために会見の天幕の入口に持って行かないなら、その者は、その民から断ち切られる。
¹⁰また、イスラエルの家の者、または彼らの間の在留異国人のだれであっても、どんな血でも食べるなら、わたしはその血を食べる者から、わたしの顔をそむけ、その者をその民の間から断つ。
¹¹なぜなら、肉のいのちは血の中にあるからである。わたしはあなたがたのいのちを祭壇の上で贖うために、これをあなたがたに与えた。いのちとして贖いをするのは血である。

17:7 やぎの偶像 「やぎの偶像」を直訳すると「毛深いもの」である。明らかにモーセの時代に、イスラエルは荒野の悪霊であるにせの「神々」から助けと恵みを得ようとして、このようないけにえをささげる慣習を取入れていた。これはまことの神に対するあからさまで知らずな霊的反抗であり、不誠実さを表す行為として厳しく禁止された。

17:11 肉のいのちは血の中にある ここでは血のい

贖罪の日

> 「彼は至聖所の贖いをする。また会見の天幕と祭壇の贖いをしなければならない。また彼は祭司たちと集会のすべての人々の贖いをしなければならない。」(レビ記16:33)

贖罪の必要性

「贖罪」ということば(《ヘ》キップリム)は「おおう」を意味する「カファル」という動詞から来ている。このことばは犯した悪に相当する額を支払う、または「賠償をする」ことによって罪はおおわれる、あるいは目の前から取除かれることを意味している。神に対して犯した罪とそのための負債をおおうためには償い(贖罪)が必要である。罪には償いが求められる。なぜなら罪はことごとく神への反抗だからである(出30:12, 民35:31, 詩49:7, イザ43:3の「身代金」の原理に注意)。

(1) 罪に対する償い(贖罪)がなければ、イスラエルの民は神のさばきを受けなければならない(⇒ロマ1:18, コロ3:5-6, Ιテサ2:16)。神は完全に聖く正しい方で罪を見過すことはなさらないから、刑罰を下されるのである。そして罪は神の完全な特性に反抗することなので、最も重い刑罰である死が科せられることになる。贖罪の日の目的は、前の年にささげられたいけにえでおおわれなかった罪を全部おおうことのできる一つの最高のいけにえをささげることだった。そのことにより、人々は霊的にきよめられ罪を赦される。また神の怒りを避けることができる。けれども最も大切なことは、贖罪の日によって人々と神との関係が維持されることだった(レビ16:30-34, ヘブ9:7)。

(2) 神は人々を赦そうと思われた。そして人々との関係を維持するための方法を提供され、人々の心に働きかけてその究極の目的を達成しようとされた。そこで罪のないいのち(動物)のいけにえを人々の代りに受入れて救いの道を備えられた。この動物はその血によって罪を「おおっ」て人々の罪過を背負い、人々が受けるはずの刑罰を受けたのである(レビ17:11, ⇒イザ53:4, 6, 11)。

贖罪の日の儀式

レビ記16章にはユダヤ人にとって一年で最も重要で神聖な日である贖罪の日のことが描かれている。この日に大祭司はまず水でからだを洗って自分を整え、特別に作られた神聖な衣服を着る。それから人々の罪のために償い(贖罪)をする前に、自分自身の罪のために雄牛をいけにえにしてささげる。次に二匹の山羊を取り、くじを引いて(当時の物事を決める一般的方法)どちらがいけにえとなり、どちらがアザゼルの山羊になるかを決めた(レビ16:8)。大祭司はいけにえの山羊を殺して、その血を携えて垂れ幕の背後にある至聖所に入った。そして契約の箱の「贖いのふた」の上にその血を振りかけた。これは契約の箱の中にある律法の板と神との間に血を置くという意味である。神はこの祭司の方法を受入れてくださる。こうして人々が破った律法を血がおおったのである。この儀式によって民族全体の罪が償われた(レビ16:15-16)。最後に大祭司は生きていた山羊を取り、その頭に両手を置いて、全イスラエルの赦されていない罪を全部その上に告白した。それからその山羊を荒野に追出した。この追出された山羊は人々の罪が取去られ、荒野に消えていくことを象徴していた(レビ16:21-22)。

(1) 贖罪の日は最も厳粛な集まりの日だった(レビ23:7)。人々は断食(食物を食べない)をし仕事をしないで、神の前にへり下った(レビ16:31)。イスラエル人がこのように応答したのは、罪の厳粛さと償い(贖罪)のいけにえは心から悔い改める人にしか効果がないことを理解していたからである。悔い改めた人々は自分たちの犯した罪を深く悲しんだ。さらに罪を退け神に立返り、忠実に従う決意をしたのである(民15:30, 29:7)。

(2) 贖罪の日は、前の年に償われなかった罪と罪過を全部おおうことになった(レビ16:16, 21)。これは同じ方法で毎年繰返さなければならなかった。

キリストと贖罪の日

　贖罪の日には主イエス・キリストのご生涯と働きを指し示す象徴が満ちている。新約聖書の中でヘブル人への手紙の著者は、贖罪の日の儀式の予型（預言的象徴）が新しい契約の中に成就したことを示している（ヘブ9：6-10：18，→「旧約聖書のキリスト」の項 p.611）。

　(1) 旧約のいけにえの儀式が毎年繰返されなければならなかったということは、それが一時的なものだったことを示している。そして、告白した罪を全部永久に取除くためにキリストが来られるときをあらかじめ指し示していたのである（⇒ヘブ9：28，10：10-18）。

　(2) 二匹の山羊は、キリストによって最終的に完全に成就された贖罪（罪のおおい）と赦しときよめを象徴している。また神と和解（正しい関係に回復される）してほしいという人類に対する神の強い願いを示している。神は人類が回復され再び神と一つになることを願い続けておられる。キリストの死はその和解を提供するものだった。殺された山羊は罪の代価として私たちの代りに死なれたキリストの犠牲を象徴している（ロマ3：24-26，ヘブ9：11-12，24-26）。人々の罪を背負って荒野に追いやられたアザゼルの山羊は、キリストが私たちの罪と罪過を背負われたことを表している（Ⅱコリ5：21，Ⅰペテ2：44）。私たちの刑罰を受けられたので、キリストは私たちの中から罪と罪過を取除くことがおできになる。そこでキリストの赦しを受入れ、自分勝手な道から立返り、キリストに従う人はみなその罪から解放されるのである（詩103：12，イザ53：6，11-12，ヨハ1：29，ヘブ9：26）。

　(3) 贖罪の日のいけにえは罪を「おおった」けれども実際に罪を除くことはできなかった。けれども、キリストが十字架の上で流された血は人類に対する神の最高で完全な償いである。それは罪を永遠に取除いてくれる（⇒ヘブ10：4，10-11）。キリストの罪のない生涯が完全な犠牲を提供したのである（ヘブ9：26，10：5-10）。私たちのために犠牲となったキリストのいのちこそが私たちの罪の刑罰を完全に支払うことができた（ロマ3：25-26，6：23，ガラ3：13，Ⅱコリ5：21）。キリストの贖罪が神の怒り（正義の怒りと刑罰）を取除き、私たちを神と和解（回復）させ神との交わりを回復させるのである（ロマ5：6-11，Ⅱコリ5：18-19，Ⅰペテ1：18-19，Ⅰヨハ2：2）。

　(4) 大祭司が血を持って入って行った至聖所は天にある神の御座を象徴している。キリストは死んだ後、この天の「至聖所」に入り、ご自分の血を神の御座に携えて行って私たちのために償い（贖罪）をされたのである（出30：10，ヘブ9：7-8，11-12，24-28）。

　(5) 動物のいけにえは罪に対するキリストの完全な犠牲を示す預言的象徴だった。もはや動物のいけにえは必要ではない。十字架でのイエス・キリストの死がそれを全部帳消しにしたのである（ヘブ9：12-18）。それで使徒ペテロは「キリストも一度罪のために死なれました。・・・私たちを神のみもとに導くためでした」と言っているのである（Ⅰペテ3：18）。

12 それゆえ、わたしはイスラエル人に言った。『あなたがたはだれも血を食べてはならない。あなたがたの間の在留異国人もまた、だれも血を食べてはならない。』

13 イスラエル人や彼らの間の在留異国人のだれかが、食べることのできる獣や鳥を狩りで捕らえるなら、その者はその血を注ぎ出し、それを土でおおわなければならない。

14 すべての肉のいのちは、その血が、そのいのちそのものである。それゆえ、わたしはイスラエル人に言っている。『あなたがたは、どんな肉の血も食べてはならない。すべての肉のいのちは、その血そのものであるからだ。それを食べる者はだれでも断ち切られなければならない。』

15 自然に死んだものとか、野獣に裂き殺されたものを食べるなら、この国に生まれた者でも、在留異国人でも、だれでも、その衣服を洗い、水を浴びなければならない。その者は夕方まで汚れている。彼はきよい。

16 もし、その衣服を洗わず、その身に水を浴びないなら、その者は自分の咎を負わなければならない。」

違法な性的関係

18 1 ついで主はモーセに告げて仰せられた。

2 「イスラエルの人々に告げて言え。わたしはあなたがたの神、主である。

13 ①民15:16
②申12:16, 24, 15:23
③エゼ24:7
15 ①レビ7:24, 22:8, 申14:21, エゼ4:14, 44:31, 出22:31
②レビ11:25, 15:5
16 ①民19:20
②レビ5:1, 7:18, 19:8, 民9:13

1 ①レビ18章, レビ20:8-21
2 ①レビ11:44, 18:4, 19:4, 10, 34, 20:7, 22:31-33, 出6:7, エゼ20:5, 7, 19, 20

3 ①詩106:35
②エゼ20:7, 8, 23:8
③レビ18:24-30, 20:23, 出23:23, 24, 申12:30, 31
4 ①申4:1, 2, 6:1, エゼ20:19
②レビ18:2
5 ①ネへ9:29, エゼ18:9, 20:11, 13, 21, ルカ10:28, ロマ10:5, ガラ3:12, ロマ7:10
6 ①出6:2, 6, 29, マラ3:6
7 ①レビ20:11, 創49:4, 申22:30, 27:20, エゼ22:10, アモ2:7, Ⅰコリ5:1
9 ①レビ18:11, 20:17, 申27:22, Ⅱサム13:14, エゼ22:11
12 ①レビ20:19

3 あなたは、あなたがたが住んでいたエジプトの地のならわしをまねてはならない。またわたしがあなたがたを導き入れようとしているカナンの地のならわしをまねてもいけない。彼らの風習に従って歩んではならない。

4 あなたは、わたしの定めを行い、わたしのおきてを守り、それに従わなければならない。わたしは、あなたがたの神、主である。

5 あなたは、わたしのおきてとわたしの定めを守りなさい。それを行う人は、それによって生きる。わたしは主である。

申7:1-6

6 あなたがたのうち、だれも、自分の肉親の女に近づいて、これを犯してはならない。わたしは主である。

7 父をはずかしめること、すなわちあなたの母を犯すことをしてはならない。彼女はあなたの母であるから、彼女を犯してはならない。

8 あなたの父の妻を犯してはならない。それは、あなたの父をはずかしめることである。

9 あなたの姉妹は、あなたの父の娘でも、母の娘でも、あるいは、家で生まれた女でも、外で生まれた女でも、犯してはならない。

10 あなたの息子の娘、あるいはあなたの娘の娘を犯してはならない。それはあなた自身をはずかしめることだからである。

11 あなたの父の妻があなたの父に産んだ娘は、あなたの姉妹であるから、あなたはその娘を犯してはならない。

12 あなたの父の姉妹を犯してはならない。

けにえをささげる理由とそれがどのように贖い(罪の「おおい」)と関係しているかを明らかにしている。動物の血はその動物のいのちを象徴する(17:14)。したがって人間の罪を贖うための代価はいのちを奪うことだった。その身代わりによって人間のいのちを助けるのが神のご計画である。このように罪のないいけにえ(動物)の血が人間の罪の「赦し」を提供したのである(→「贖罪の日」の項 p.223)。この身代りの原則によって、私たちは新しい契約のもとで赦しと霊的救いを提供するキリストの血が重要であることを理解することができる。イエス・キリストは十字架の上で血を流されたとき、ご自分のいのちを罪びとのいのちの代りにしてくださったのである(ロマ5:1)。そのいのちは完全で罪のないいのちであり、その血は非常に高価ですべての罪を完全におおうものだった。こうして主イエスは、受入れ頼り従う人に完全な救い(罪の赦しと神

との永遠の関係)を提供してくださったのである(⇒コロ1:14, ヘブ9:13-14, Ⅰヨハ1:7, 黙7:14)。

18:3　ならわしをまねてはならない　神の民はいつも、自分たちが住んでいる社会の道徳的基準や行動をまねしたいという誘惑を受けていた。そこで神は善悪を判断する唯一の基準として神の律法を受入れるように命じられた。私たちは神に背くどんな文化的慣習にも絶対に従ってはならない。みことばに啓示されている神の特性こそがあらゆる道徳的霊的行動の唯一のまことの基礎であり基準である(→「信者の霊的聖別」の項 p.2172)。

18:6　犯してはならない　「犯す」は「裸を現す」というヘブル語から来ている。つまりこれは神に喜ばれないあらゆるかたちの不純な性的行動を指している。この律法は自分の正式の妻や夫ではない人々とのどんな性的行動をも禁じている。このような行動は神の示した清さの境界線を踏み越えており、神とその律法に対す

彼女はあなたの父の肉親である。
13 あなたの母の姉妹を犯してはならない。彼女はあなたの母の肉親であるから。
14 あなたの父の兄弟をはずかしめてはならない。すなわち、その妻に近づいてはならない。彼女はあなたのおばである。
15 あなたの嫁を犯してはならない。彼女はあなたの息子の妻である。彼女を犯してはならない。
16 あなたの兄弟の妻を犯してはならない。それはあなたの兄弟をはずかしめることである。
17 あなたは女とその娘とを犯してはならない。またあなたはその女の息子の娘、あるいはその娘の娘をめとって、これを犯してはならない。彼女たちは肉親であり、このことは破廉恥な行為である。
18 あなたは妻を苦しませるために、妻の存命中に、その姉妹に当たる女をめとり、その女を犯してはならない。
19 あなたは、月のさわりで汚れている女に近づき、これを犯してはならない。
20 また、あなたの隣人の妻と寝て交わり、彼女によって自分を汚してはならない。
21 また、あなたの子どもをひとりでも、火の中を通らせて、モレクにささげてはならない。あなたの神の御名を汚してはならない。わたしは主である。
22 あなたは女と寝るように、男と寝てはならない。これは忌みきらうべきことである。
23 動物と寝て、動物によって身を汚してはならない。女も動物の前に立って、これと臥してはならない。これは道ならぬことである。
24 あなたがたは、これらのどれによっても、身を汚してはならない。わたしがあなたが

14 ①レビ20:20
15 ①レビ20:12、創38:18、エゼ22:11
16 ①レビ20:21、マタ14:4
17 ①レビ20:14、申27:23
19 ①レビ20:20:18、エゼ18:6、22:10
②レビ12:2
20 ①レビ20:10、出20:14、申5:18、22:22、箴6:29、32、エゼ33:26、マラ3:5、マタ5:28、ロマ2:22、Ⅰコリ6:9、ヘブ13:4
21 ①レビ20:2-5、申12:31、18:10、Ⅰ列11:7, 33、Ⅱ列16:3, 21:6, 23:10、エレ19:5、エゼ20:31, 23:37, 39、使7:43
②レビ19:12、20:3、21:6, 22:2, 32、エゼ36:20
22 ①レビ20:13、申23:17, 18、ロマ1:27、Ⅰコリ6:9、創19:5、士19:22、ユダ7
23 ①レビ20:15, 16、出22:19、申27:21
②レビ20:22
24 ①レビ18:3, 30, 20:23、申18:12
②マタ15:18-20、マコ7:21-23

25 ①詩89:32、イザ26:21、エレ5:9, 29, 9:9, 14:10、ホセ8:13, 9:9
②レビ18:28, 20:22、申9:5, 18:12
26 ①レビ18:5, 20:22
28 ①民35:34、エズ9:11、エレ2:7, 16:18、エゼ36:17
30 ①レビ22:9、申11:7
②レビ18:3, 26, 20:23、申18:9
③レビ18:24
④レビ18:2

2 ①レビ11:44, 45, 20:7, 26、Ⅰペテ1:16、マタ5:48

たの前から追い出そうとしている国々は、これらのすべてのことによって汚れており、
25 このように、その地も汚れており、それゆえ、わたしはその地の咎を罰するので、その地は、住民を吐き出すことになるからである。
26 あなたがたは、わたしのおきてとわたしの定めを守らなければならない。この国に生まれた者も、あなたがたの間の在留異国人も、これらの忌みきらうべきことを、一つでも行うことがないためである。
27 ——あなたがたより先にいたこの地の人々は、これらすべての忌みきらうべきことを行ったので、その地は汚れた——
28 あなたがたがこの地を汚すことによって、この地が、あなたがたより先にいた国民を吐き出したように、あなたがたを吐き出すことのないためである。
29 これらの忌みきらうべきことの一つでも行う者はだれであろうと、それを行う者は、その民の間から断たれる。
30 あなたがたは、わたしの戒めを守り、あなたがたの先に行われていた忌みきらうべき風習を決して行わないようにしなさい。それによって身を汚してはならない。わたしはあなたがたの神、主である。」

様々な律法

19 1 ついで主はモーセに告げて仰せられた。
2 「イスラエル人の全会衆に告げて言え。あなたがたの神、主であるわたしが聖であるから、あなたがたも聖なる者とならなければならない。

る深刻な違反である(→「**性道徳の基準**」の項 p.2379)。
18:21 モレクにささげてはならない カナン人は宗教儀式の一部として神に自分たちの幼児をささげていた。この慣習は神にとって非常に不快なものであり、神は厳しく禁じておられる(⇒20:2-5、エレ32:35)。今日、人々の都合によって、あるいは産児制限の方法として胎児が殺されているのは、同じように神の目には不快な罪であり悪である。

18:22 これは忌みきらうべきことである 同性間の性的行動(→創19:5注)は神に対して恥ずべき罪である(→ロマ1:27注)。ある人はこれは旧約聖書の律法の一部であるからもはや適用されないと言う。そしてこれを13－15章の今日適用されない沐浴や清潔などの規則と同じだとする。けれども同性愛についての禁止令はそのような律法と一緒にはできない。これは姦淫、近親相姦、獣姦(動物との性的行動)など、ほかの非合法な性的慣習の中で扱われている(18:6, 23)。今日、この邪悪な行動を正当化しようとしている人が少なくない。

19:2 聖なる者とならなければならない 「聖」ということばは道徳的霊的な純粋性を示す。また、全体的に整った状態、悪からの分離、神の基準に献身していることである。神はその民が神に似た者になり、神の特性を反映する人々となるように召し出された。そのためには、周囲の民族の神に反する慣習と行動から離れ、神

レビ記 19章

3 おのおの、自分の母と父を恐れなければならない。また、わたしの安息日を守らなければならない。わたしはあなたがたの神、主である。
4 あなたがたは偶像に心を移してはならない。また自分たちのために鋳物の神々を造ってはならない。わたしはあなたがたの神、主である。
5 あなたがたが主に和解のいけにえをささげるときは、あなたがたが受け入れられるように、それをささげなければならない。
6 それをささげる日と、その翌日に、それを食べなければならない。三日目まで残ったものは、火で焼かなければならない。
7 もし三日目にそれを食べるようなことがあれば、それは汚れたものとなって、受け入れられない。
8 それを食べる者は咎を負わなければならない。主の聖なるものを汚したからである。その者はその民から断ち切られる。
9 あなたがたの土地の収穫を刈り入れるときは、畑の隅々まで刈ってはならない。あなたの収穫の落ち穂を集めてはならない。
10 またあなたのぶどう畑の実を取り尽くしてはならない。あなたのぶどう畑の落ちた実を集めてはならない。貧しい者と在留異国人のために、それらを残しておかなければならない。わたしはあなたがたの神、主である。
11 盗んではならない。欺いてはならない。互いに偽ってはならない。
12 あなたがたは、わたしの名によって、偽って誓ってはならない。あなたの神の御名を汚してはならない。わたしは主である。
13 あなたの隣人をしいたげてはならない。かすめてはならない。日雇い人の賃金を朝まで、あなたのもとにとどめていてはならない。
14 あなたは耳の聞こえない者を侮ってはならない。目の見えない者の前につまずく物を置いてはならない。あなたの神を恐れなさい。わたしは主である。
15 不正な裁判をしてはならない。弱い者におもねり、また強い者へつらってはならない。あなたの隣人を正しくさばかなければならない。
16 人々の間を歩き回って、人を中傷してはならない。あなたの隣人の血を流そうとしてはならない。わたしは主である。
17 心の中であなたの身内の者を憎んではならない。あなたの隣人をねんごろに戒めなければならない。そうすれば、彼のために罪を負うことはない。
18 復讐してはならない。あなたの国の人々を恨んではならない。あなたの隣人をあなた自身のように愛しなさい。わたしは主である。
19 あなたがたは、わたしのおきてを守らなければならない。あなたの家畜を種類の異なった家畜と交わらせてはならない。あなたの畑に二種類の種を蒔いてはならない。また、二種類の糸で織った布地の衣服を身に着けてはならない。
20 男が女と寝て交わり、その女が別の男に決まっている女奴隷であって、まだ全然贖われておらず、自由を与えられていない場合は考慮する。女が自由の身でないので、彼らは殺されない。
21 その男は、主への罪過のためのいけにえ

が正しいとされることを行わなければならない。神を愛するなら、これらのことを行おうとする意思と思いが人々の中に起きるはずである（→11:44注）。この聖さへの召しは最初アダムとエバに与えられた。ふたりが神のかたちに創造されたのは神の特性を表し、神との関係を保つためだった（創1:26）。いつの時代にも神を信じる人々は「神にならう者」（エペ5:1）でなければならない。なぜだろうか。それは神が「あなたがたの神、主であるわたしが聖であるから、あなたがたも聖なる者とならなければならない」と言われたからである（⇒マタ5:48, ロマ12:1-2,→「聖化」の項 p.2405,「神の属性」の項 p.1016,「信者の霊的聖別」の項 p.2172）。

19:18　あなたの隣人を・・・愛しなさい　「隣人」とは近所に住む人だけではなく、もっと広く私たちが接触する人々全部を意味する。キリストも（マタ22:39）、パウロも（ロマ13:9）、ヤコブも（ヤコ2:8）、神の民がほかの人々とどのように接するべきかを定めたこの戒めについて教えている。19:9-18には隣人に対して愛と配慮を示す具体的方法が示されている。

19:19　二種類の糸　レビ記の中のある律法は、古い（主イエスが私たちの罪のために死んで、神の完全な霊的救いの計画を完成する前）契約のもとにいるイスラエルにだけ適用される（19:19-25）。またある律法は新しい契約のもとにいる人々にも適用される（19:11-18, 26, 31,→マタ5:17注）。古代イスラエルにだけ適用された律法は聖さを求めない周囲の文化にのみ込まれてしまうのを防ぐためのものだった。たとえば二種類の糸で布を織ることを禁止したのは、異教の祭司たちが種類の違

として、罪過のためのいけにえの雄羊を会見の天幕の入口の所に持って来る。
²²祭司は、彼の犯した罪のために、その罪過のためのいけにえの雄羊によって主の前で彼の贖いをする。彼はその犯した罪を赦される。

²³あなたがたが、かの地に入って、どんな果樹でも植えるとき、その実はまだ割礼のないものとみなさなければならない。三年の間、それはあなたがたにとって割礼のないものとなる。食べてはならない。
²⁴四年目にはその実はすべて聖となり、主への賛美のささげ物となる。
²⁵五年目には、あなたがたはその実を食べることができる。それはあなたがたの収穫を増すためである。わたしはあなたがたの神、主である。
²⁶あなたがたは血のついたままで何も食べてはならない。まじないをしてはならない。卜占をしてはならない。
²⁷あなたがたは頭のびんの毛をそり落としてはならない。ひげの両端をそこなってはならない。
²⁸あなたがたは死者のため、自分のからだに傷をつけてはならない。また自分の身に入墨をしてはならない。わたしは主である。
²⁹あなたの娘を汚して、みだらなことをさせてはならない。地がみだらになり、地が破廉恥な行為で満ちることのないために。
³⁰あなたがたは、わたしの安息日を守り、わたしの聖所を恐れなければならない。わたしは主である。
³¹あなたがたは霊媒や口寄せに心を移してはならない。彼らを求めて、彼らに汚されてはならない。わたしはあなたがたの神、主である。
³²あなたは白髪の老人の前では起立し、老人を敬い、またあなたの神を恐れなければならない。わたしは主である。
³³もしあなたがたの国に、あなたといっしょに在留異国人がいるなら、彼をしいたげてはならない。

³⁴あなたがたといっしょの在留異国人は、あなたがたにとって、あなたがたの国で生まれたひとりのようにしなければならない。あなたは彼をあなた自身のように愛しなさい。あなたがたもかつてエジプトの地では在留異国人だったからである。わたしはあなたがたの神、主である。
³⁵あなたがたはさばきにおいても、ものさしにおいても、はかりにおいても、分量においても、不正をしてはならない。
³⁶正しいてんびん、正しい重り石、正しいエパ、正しいヒンを使わなければならない。わたしは、あなたがたをエジプトの地から連れ出した、あなたがたの神、主である。
³⁷あなたがたは、わたしのすべてのおきてとすべての定めを守り、これらを行いなさい。わたしは主である。」

罪の刑罰

20 ¹ついで主はモーセに告げて仰せられた。
²「あなたはイスラエル人に言わなければならない。

イスラエル人、またはイスラエルにいる在留異国人のうちで、自分の子どもをモレクに与える者は、だれでも必ず殺さなければならない。この国の人々は彼を石で打ち殺さなければならない。
³わたしはその者からわたしの顔をそむけ、彼をその民の間から断つ。彼がモレクに子どもを与え、そのためわたしの聖所を汚し、わたしの聖なる名を汚すからである。
⁴人がモレクにその子どもを与えるとき、もしこの国の人々が、ことさらに目をつぶり、彼を殺さなかったなら、
⁵わたし自身は、その人とその家族から顔をそむけ、彼と、彼にならいモレクを慕って、淫行を行うみだらな者をすべて、その民の間から断つ。
⁶霊媒や口寄せのところにおもむき、彼

う織物を混ぜて祭司の装束を作って魔術を行っていたことが根底にあると考えられる。この節全体は妥協のない、「混じり気のない」清さについて教えているのである。

19:31 霊媒や口寄せ 霊媒や口寄せは死者と交流して隠された知識や預言的な知識を得ようとする人々のことである。種々の霊に導きを求めるという罪を犯す人は、実際にサタンや悪霊と取引をしているのである

（20:6, 申18:10-11）。

19:34 彼をあなた自身のように愛しなさい 隣人を愛することは、背景や国籍の異なる人々をも愛することである。愛は自分たちの社会に移住して来た人々に対して親切を示すことである。主イエスも良いサマリヤ人のたとえで同じことを強調された（ルカ10:25-37）。神もご自分の民が寄留者だったときに愛を示された。

レビ記 20章

らを慕って淫行を行う者があれば、わたしはその者から顔をそむけ、その者をその民の間から断つ。

7 あなたがたが自分の身を聖別するなら、あなたがたは聖なる者となる。わたしがあなたがたの神、主であるからだ。

8 あなたがたは、わたしのおきてを守るなら、それを行うであろう。わたしはあなたがたを聖なる者とする主である。

9 だれでも自分の父あるいは母をのろう者は、必ず殺されなければならない。彼は自分の父あるいは母をのろった。その血の責任は彼にある。

10 人がもし、他人の妻と姦通するなら、すなわちその隣人の妻と姦通するなら、姦通した男も女も必ず殺されなければならない。

11 人がもし、父の妻と寝るなら、父をはずかしめたのである。ふたりは必ず殺されなければならない。その血の責任は彼らにある。

12 人がもし、息子の嫁と寝るなら、ふたりは必ず殺されなければならない。彼らは道ならぬことをした。その血の責任は彼らにある。

13 男がもし、女と寝るように男と寝るなら、ふたりは忌みきらうべきことをしたのである。彼らは必ず殺されなければならない。その血の責任は彼らにある。

14 人がもし、女をその母といっしょにめとるなら、それは破廉恥なことである。彼も彼女らも共に火で焼かれなければならない。あなたがたの間で破廉恥な行為があってはならないためである。

15 人がもし、動物と寝れば、その者は必ず殺されなければならない。あなたはその動物も殺さなければならない。

16 女がもし、どんな動物にでも、近づいて、それとともに臥すなら、あなたはその女と動物を殺さなければならない。彼らは必ず殺されなければならない。その血の責任は彼らにある。

17 人がもし、自分の姉妹、すなわち父の娘、あるいは母の娘をめとり、その姉妹の裸を見、また女が彼の裸を見るなら、これは恥ずべきことである。同族の目の前で彼らは断ち切られる。彼はその姉妹を犯し

た。そのとがを負わなければならない。

18 人がもし、月のさわりのある女と寝て、これを犯すなら、男は女の泉をあばき、女はその血の泉を現したのである。ふたりはその民の間から断たれる。

19 母の姉妹や父の姉妹を犯してはならない。これは、自分の肉親を犯したのである。彼らはとがを負わなければならない。

20 人がもし、自分のおばと寝るなら、おじをはずかしめることになる。彼らはその罪を負わなければならない。彼らは子を残さずに死ななければならない。

21 人がもし、自分の兄弟の妻をめとるなら、それは忌まわしいことだ。彼はその兄弟をはずかしめた。彼らは子のない者となる。

22 あなたがたが、わたしのすべてのおきてと、すべての定めとを守り、これを行うなら、わたしがあなたがたを住まわせようと導き入れるその地は、あなたがたを吐き出さない。

23 あなたがたは、わたしがあなたがたの前から追い出そうとしている国民の風習に従って歩んではならない。彼らはこれらすべてのことを行ったので、わたしは彼らをはなはだしくきらった。

24 それゆえ、あなたがたに言った。『あなたがたは彼らの土地を所有するようになる。わたしが乳と蜜の流れる地を、あなたがたに与えて、所有させよう。わたしは、あなたがたを国々の民からえり分けたあなたがたの神、主である。

25 あなたがたは、きよい動物と汚れた動物、また、汚れた鳥ときよい鳥を区別するようになる。わたしがあなたがたのために汚れているとして区別した動物や鳥や地をはうすべてのものによって、あなたがた自身を忌むべきものとしてはならない。

26 あなたがたはわたしにとって聖なるものとなる。主であるわたしは聖であり、あなたがたをわたしのものにしようと、国々の民からえり分けたからである。』

27 男か女で、霊媒や口寄せがいるなら、その者は必ず殺されなければならない。彼らは石で打ち殺されなければならない。彼らの血の責任は彼らにある。」

それで私たちにも同じように行うことを願っておられる。神はご自分の民を通して世界の国々をみな祝福したいと望んでおられるのである(創12:3、ヨハ3:16)。

祭司に関する規定

21 ¹ついで主はモーセに仰せられた。「アロンの子である祭司たちに言え。彼らに言え。

縁者のうちで死んだ者のために、自分の身を汚してはならない。²ただし、近親の者、母や父、息子や娘、また兄弟の場合は例外である。³近親の、結婚したことのない処女の姉妹の場合は、身を汚してもよい。⁴姻戚の縁者として身を汚し、自分を冒瀆することになってはならない。

⁵彼らは頭をそってはならない。ひげの両端をそり落としてもいけない。からだにどんな傷もつけてはならない。⁶彼らは自分の神に対して聖でなければならない。また自分の神の御名を汚してはならない。彼らは、主への火によるささげ物、彼らの神のパンをささげるからである。彼らは聖でなければならない。

⁷彼らは淫行で汚れている女をめとってはならない。また夫から離婚された女をめとってはならない。祭司は神に対して聖であるから。⁸あなたは彼を聖別しなければならない。彼はあなたの神のパンをささげるからである。彼はあなたにとって聖でなければならない。あなたがたを聖別する主、わたしが聖であるから。

⁹祭司の娘が淫行で身を汚すなら、その父を汚すことになる。彼女は火で焼かれなければならない。

¹⁰兄弟たちのうち大祭司で、頭にそそぎの油がそそがれ、聖別されて装束を着けている者は、その髪の毛を乱したり、その装束を引き裂いたりしてはならない。¹¹どんな死体のところにも、行ってはならない。自分の父のためにも母のためにも、自分の身を汚してはならない。¹²聖所から出て行って、神の聖所を汚してはならない。神のそそぎの油による記章を身につけているからである。わたしは主である。

¹³彼は処女である女をめとらなければならない。¹⁴やもめ、離婚された女、あるいは淫行で汚れている女、これらをめとってはならない。彼はただ、自分の民から処女をめとらなければならない。¹⁵彼の民のうちで、その子孫を汚すことのないためである。わたしは彼を聖別する主だからである。」

¹⁶ついで主はモーセに告げて仰せられた。¹⁷「アロンに告げて言え。

あなたの代々の子孫のうち、だれでも身に欠陥のある者は、神のパンをささげるために近づいてはならない。¹⁸だれでも、身に欠陥のある者は近づいては

1①レビ19:28, 21:11, エゼ44:25
5①申14:1, エゼ44:20
②レビ19:27
③レビ19:28, 申14:1
6①レビ18:21, 19:12
②→レビ8:21
③レビ3:11, 16, 21:8, 17, 21, 22, 22:25
7①レビ21:13, 14, エゼ44:22
②申24:1, 2, ルカ16:18
③レビ20:7, 8, 21:6
8①レビ21:6
9①レビ19:29, 創38:24
10①レビ10:6, 7
②レビ8:12, 16:32, 出29:7, 民35:25
③出28:2
11①レビ19:28, 21:1, 2, 民6:6, 7, 19:14
12①レビ10:7
②レビ21:12, 30, 出29:6, 7
③レビ8:9
14①レビ21:7, エゼ44:22
15①レビ21:8
17①レビ3:11, 21:6, 8, 22
②レビ10:3, 民16:5, 詩65:4
18①レビ22:19-25, Ⅱサム5:8

21:1　祭司たち　21章には奉仕者として神の民に仕える人々の基準と資格が書かれている。神の民の奉仕者は儀式を行う職務とともに、個人の人格と行動の両方で神を尊ぶ模範になるべきだった。そこで一般の人々よりも高い基準が設けられている。

21:6　自分の神に対して聖　祭司たちは神に逆らうあらゆる慣習から離れなければならなかった。そして神を尊び、神のご計画に従って清く汚れのない生活をするべきだった。これができないなら「神の御名を汚」すことになった。「汚す」とは主の御名にしみをつけ侮辱し、聖くないものとすることだった。これは今日の霊的な指導者についても同じように言える。神は牧師やそのほかの教会の指導者たちが神を尊ぶ生活をするように求めておられる。そして悪から離れた清い生活をすることによって聖さを証明するように命じておられる。それが導く人々に対して義の模範となるのである（Ⅰテモ3:1-7, →4:12注）。

21:7　淫行で汚れている女をめとってはならない　祭司は性的に不道徳なことをした女性や離婚したことがある女性と結婚できなかった。処女か祭司のやもめと結婚しなければならなかった（⇒21:13-15, エゼ44:22）。神は霊的指導者が結婚と家庭生活の面でも最高の理想像を示すように願われたのである。教会の指導者として仕える人々にも、神は道徳的な清さと家族に対する忠実さの面で模範となることを求めておられる（→「監督の道徳的資格」の項 p.2303）。

21:17　身に欠陥のある者　アロンの子孫のうち身に欠陥のある者はだれも祭司として仕え、人々のためにささげ物をすることができなかった（21:17-23）。これは不公平で差別に見えるかもしれないけれども、より重要な霊的なことを例証するためだった（これは祭司職にかかわるほとんどの事柄にあてはまることである）。

ならない。目の見えない者、足のなえた者、あるいは手足が短すぎたり、長すぎたりしている者、
19 あるいは足や手の折れた者、
20 くる病、肺病でやせた者、目に星のある者、湿疹のある者、かさぶたのある者や、こうがんのつぶれた者などである。
21 祭司であるアロンの子孫のうち、だれでも身に欠陥のある者は、主への火によるささげ物をささげるために近寄ってはならない。彼の身には欠陥があるから、神のパンをささげるために近寄ってはならない。
22 しかし彼は、神のパンは、最も聖なるものでも、聖なるものでも食べることができる。
23 ただし、垂れ幕の所に行ってはならない。祭壇に近寄ってはならない。彼は身に欠陥があるからである。彼はわたしの聖所を汚してはならない。わたしがそれらを聖別する主だからである。」
24 モーセはこのように、アロンとその子らとすべてのイスラエル人に告げた。

22

1 ついで主はモーセに告げて仰せられた。
2 「アロンとその子らに告げよ。
 イスラエル人の聖なるものは、わたしのために聖別しなければならない。彼らはわたしの聖なる名を汚してはならない。それは彼らがわたしのために、聖なるものとすべきものである。わたしは主である。
3 彼らに言え。
 代々にわたり、あなたがたの子孫のだれかが、イスラエル人が主のために聖別した聖なるものに汚れたままで近づくなら、その者は、わたしの前から断ち切られる。わたしは主である。
4 アロンの子孫のうち、ツァラアトの者、または漏出のある者はだれでも、きよくなるまで聖なるものを食べてはならない。また、死体によって汚されたものに触れる者、精を漏らす者、
5 あるいはすべて人を汚す、群生するものに触れる者、または、どのような汚れでも、人を汚れさせる人間に触れる者、
6 このようなものに触れる者は、夕方まで汚れる。その者は、からだに水を浴びずに、聖なるものを食べてはならない。
7 ただし、日が沈めば、彼はきよくなり、その後、聖なるものを食べることができる。それは彼の食物だからである。
8 自然に死んだものや、野獣に裂き殺されたものを食べて、汚れてはならない。わたしは主である。
9 彼らがわたしの戒めを守るなら、彼らが、これを汚し、そのために罪を負って、死ぬことはない。わたしは彼らを聖別する主である。
10 一般の者はだれも聖なるものを食べてはならない。祭司と同居している者や雇い人は、聖なるものを食べてはならない。
11 祭司に金で買われた者は、これを食べることができる。また、その家で生まれたしもべも、祭司のパンを食べることができる。
12 祭司の娘が一般の人と結婚したなら、彼女は聖なる奉納物を食べてはならない。
13 祭司の娘がやもめ、あるいは離婚された者となり、子どももなく、娘のときのように再びその父の家に戻っていれば、その父の食物を食べることができる。しかし、一般の者はだれも、それを食べてはならない。
14 だれかが、あやまって聖なるものを食べるなら、それにその五分の一を足して、その聖なるものを祭司に渡す。
15 イスラエル人に、その主に奉納する聖なるものを汚し、
16 聖なるものを食べて、その罪過の咎を負うようにさせてはならない。わたしは彼らを聖別する主だからである。」

---

(1) 神は人々がみな充実した生活をすることを願っておられるけれども完全に健康で肉体的に整っている祭司たちをその模範とされた。肉体的に健全なら職務を効果的に果すことができる。けれどもこの条件を満たしていない奉仕者も聖い食物を食べることはできた（21:22）。この人々も神の完全な救いと契約の関係にはあずかれることを神は示されたのである。(2) 祭司に肉体的完全さが要求されたのは、キリストが道徳的に完全であることを示すためでもあった（ヘブ9:13-14）。また今の時代の指導者たちに神が求めておられる霊的条件を具体的に示すものだった。肉体的条件は問われていないけれども霊的な意味で傷がなく「非難れるところがな」いものでなければならないのである（→Ⅰテモ3:2注, →「監督の道徳的資格」の項 p.2303）。

受入れられないささげ物

17 ついで主はモーセに告げて仰せられた。18「アロンとその子ら、またすべてのイスラエル人に告げて言え。

だれでも、イスラエルの家の者、またはイスラエルにいる在留異国人がささげ物をささげ、誓願のささげ物、あるいは進んでささげるささげ物として、全焼のいけにえを主にささげるなら、

19 あなたがたが受け入れられるためには、それは牛、羊、あるいはやぎのうちの傷のない雄でなければならない。
20 欠陥のあるものは、いっさいささげてはならない。それはあなたがたのために受け入れられないからである。
21 また、人が特別の誓願を果たすため、あるいは進んでささげるささげ物として、牛か羊の中から和解のいけにえを主にささげるときは、それが受け入れられるためには傷のないものでなければならない。それにはどのような欠陥もあってはならない。
22 盲目のもの、折れたところのあるもの、傷のあるもの、あるいは、うみの出るもの、湿疹のあるもの、かさぶたのあるもの、あなたがたはこれらのものを主にささげてはならない。また、これらのものを主への火によるささげ物として祭壇の上にささげてはならない。
23 牛や羊で、足が伸びすぎているか、またはなえ縮んだものは、進んでささげるささげ物とすることはできるが、誓願のささげ物としては受け入れられない。
24 あなたがたは、こうがんの押しつぶされたもの、砕けたもの、裂かれたもの、切り取られたものを主にささげてはならない。あなたがたの地でそのようなことをしてはならない。
25 また、あなたがたは、外国人の手から何かこのようなものを受けて、あなたがたの神のパンとしてささげてはならない。これらのものはそこなわれており、欠陥があるから、

18 ①レビ22:18-20, レビ1:2, 3, 10, 民15:14
②→レビ1:3
20 ①レビ21:18-21, 申15:21, 17:1, マラ1:8, 14, エペ5:27, ヘブ9:14, Ⅰペテ1:19
21 ①レビ22:21-25, レビ7:16, 民15:3, 8, 申23:21, 23, 詩61:8, 65:1, 伝5:4, 5
③→出20:24
④レビ3:1, 6
⑤レビ22:20, マラ1:8
22 ①レビ8:21
23 ①レビ21:18
24 ①レビ21:20
25 ①レビ21:6, 17, 22
②マラ1:14

27 ①出22:30
②→レビ8:21
28 ①申22:6, 7
29 ①→レビ7:12
30 ①レビ7:15
31 ①レビ19:37, 民15:40, 申4:40
32 ①レビ18:21
②レビ10:3, マタ6:9, ルカ11:2
③レビ20:8
33 ①レビ11:45, 19:36, 25:38, 55, 26:13, 45, 出6:7, 民15:41

2 ①レビ23:21
②レビ23:4, 37, 44, 民29:39
3 ①→出31:15
4 ①レビ23:2, 37, 44, 出23:14

あなたがたのために受け入れられない。」
26 ついで主はモーセに告げて仰せられた。
27「牛か羊かやぎが生まれたときは、七日間、その母親といっしょにしておく。八日目以後、それは主への火によるささげ物として受け入れられる。
28 しかし、牛でも、羊でも、それをその子と同じ日にほふってはならない。
29 主に感謝のいけにえをささげるときは、あなたがたが受け入れられるように、それをささげなければならない。
30 その同じ日にこれを食べ、朝までそれを残しておいてはならない。わたしは主である。
31 あなたがたは、わたしの命令を守り、これを行え。わたしは主である。
32 わたしの聖なる名を汚してはならない。むしろわたしはイスラエル人のうちで聖とされなければならない。わたしはあなたがたを聖別した主である。
33 あなたがたの神となるために、あなたがたをエジプトの地から連れ出した者、わたしは、主である。」

23

1 ついで主はモーセに告げて仰せられた。
2「イスラエル人に告げて言え。
あなたがたが聖なる会合として召集する主の例祭、すなわちわたしの例祭は次のとおりである。

安息日

3 六日間は仕事をしてもよい。しかし七日目は全き休みの安息、聖なる会合の日である。あなたがたは、いっさいの仕事をしてはならない。この日はあなたがたがどこに住んでいても主の安息日である。

過越と種を入れないパンの祭り

23:4-8 並行記事─出12:14-20, 民28:16-25, 申16:1-8

4 あなたがたが定期に召集しなければならない聖なる会合、すなわち主の例祭は次

23:2 【主】の例祭 この章にはイスラエルの祭りと礼拝の神聖な日について書いてある。それは神との関係を象徴するものであり、神がイスラエル人を神の目的のために聖別されたことを表していた。またイスラエル人とその持物は全部神のものであることを表していた。例祭には週ごとのものと年ごとのものという二つの周期があった。「聖なる会合の日」には祝宴が催されたけれども贖罪の日だけは律法によって断食（霊的な事柄

レビ記 23章

のとおりである。

5 第一月の十四日には、夕暮れに過越のいけにえを主にささげる。
6 この月の十五日は、主の、種を入れないパンの祭りである。七日間、あなたがたは種を入れないパンを食べなければならない。
7 最初の日は、あなたがたの聖なる会合とし、どんな労働の仕事もしてはならない。
8 七日間、火によるささげ物を主にささげる。七日目は聖なる会合である。あなたがたは、どんな労働の仕事もしてはならない。」

初穂

9 ついで主はモーセに告げて仰せられた。
10「イスラエル人に告げて言え。
わたしがあなたがたに与えようとしている地に、あなたがたが入り、収穫を刈り入れるときは、収穫の初穂の束を祭司のところに持って来る。
11 祭司は、あなたがたが受け入れられるために、その束を主に向かって揺り動かす。祭司は安息日の翌日、それを揺り動かさなければならない。
12 あなたがたは、束を揺り動かすその日に、主への全焼のいけにえとして、一歳の傷のない雄の子羊をささげる。
13 その穀物のささげ物は、油を混ぜた小麦粉十分の二エパであり、主への火によるささげ物、なだめのかおりである。その注ぎのささげ物はぶどう酒で、一ヒンの四分の一である。
14 あなたがたは神へのささげ物を持って来るその日まで、パンも、炒り麦も、新穀も食べてはならない。これはあなたがたがどこに住んでいても、代々守るべき永遠のおきてである。

---

5 ①出12:1-14、民9:2,3, 28:16、申16:1-8、ヨシ5:10
6 ①出12:15-20, 13:6, 34:18, 申16:17-25
7 ①レビ23:8, 21, 24, 25, 35, 36, 出12:16, 民28:18, 25
8 ①→レビ8:21
10 ①出23:19, 34:22, 26, 民28:26, ロマ11:16, Ⅰコリ15:20, ヤコ1:18, 黙14:4
11 ①出29:24
12 ①レビ1:3
13 ①→レビ2:1
 *「⌂「2イサロン」−4.6リットル
 ②→レビ1:9
 ③→創35:14
 **1ヒンは3.8リットル
14 ①レビ2:14、ルツ2:14
 ②レビ3:17, 17:7

15 ①→出29:24
 ②民28:26-31、申16:9-12
16 ①→レビ2:1
17 ①→出29:24
 ②レビ2:12、出23:16, 19, 34:26, 民15:20, 21, 申26:2
18 ①→レビ1:3
 ②→民7:15
 ③→レビ1:9
 ④→レビ2:1
 ⑤→創35:14
19 ①レビ4:23, 28、民28:30
 ②レビ12:6
 ③→出20:24
20 ①→出29:24
21 ①レビ23:2, 4
 ②レビ23:7
22 ①レビ19:9, 10、申24:20-22、ルツ2:2

七週の祭り

23:15-22 並行記事－民28:26-31, 申16:9-12

15 あなたがたは、安息日の翌日から、すなわち奉献物の束を持って来た日から、満七週間が終わるまでを数える。
16 七回目の安息日の翌日まで五十日を数え、あなたがたは新しい穀物のささげ物を主にささげなければならない。
17 あなたがたの住まいから、奉献物としてパン――主への初穂として、十分の二エパの小麦粉にパン種を入れて焼かれるもの――二個を持って来なければならない。
18 そのパンといっしょに、主への全焼のいけにえとして、一歳の傷のない雄の子羊七頭、若い雄牛一頭、雄羊二頭、また、主へのなだめのかおりの、火によるささげ物として、彼らの穀物のささげ物と注ぎのささげ物とをささげる。
19 また、雄やぎ一頭を、罪のためのいけにえとし、一歳の雄の子羊二頭を、和解のいけにえとする。
20 祭司は、これら二頭の雄の子羊を、初穂のパンといっしょに、奉献物として主に向かって揺り動かす。これらは主の聖なるものであり、祭司のものとなる。
21 その日、あなたがたは聖なる会合を召集する。それはあなたがたのためである。どんな労働の仕事もしてはならない。これはあなたがたがどこに住んでいても、代々守るべき永遠のおきてである。
22 あなたがたの土地の収穫を刈り入れるとき、あなたは刈るときに、畑の隅まで刈ってはならない。あなたの収穫の落ち穂も集めてはならない。貧しい者と在留異国人のために、それらを残しておかなければならない。わたしはあなたがたの神、主である。」

に集中するために食物を取らずに過ごすこと)が定められていた。このような例祭は礼拝と人々の日常生活の行事とを結び付けるものだった。神をあがめる礼拝は今日でもキリスト者の生活のあらゆる面に同じように影響を及ぼすものでなければならない。

23:5 過越 →「過越」の項 p.142
23:6 種を入れないパンの祭り →出12:17注
23:10 収穫の初穂の束 初穂の祭り(23:10-14)は種を入れないパンの祭りと関連して祝われたけれども、穀物

と産物はみな主から与えられたことを認める祭りだった。初穂(残り物ではなく収穫の最初で最高のもの)は神にささげるべきものだった。このことは新約聖書時代の信仰者たちに生活の全部を神にささげるべきであることを示している。なぜならキリスト者はキリストの救いのみわざの「初穂」だからである(ヤコ1:18, 黙14:4)。

23:15 満七週間 七週の祭り(⇒申16:10)は五旬節(50日目という意味)の祭りとも呼ばれるけれども小麦の刈入れの最後、初穂の祭りの50日後に行われた

ラッパが吹き鳴らされる日

23:23-25 並行記事－民29:1-6

23 ついで主はモーセに告げて仰せられた。24「イスラエル人に告げて言え。
第七月の第一日は、あなたがたの全き休みの日、ラッパを吹き鳴らして記念する聖なる会合である。25 どんな労働の仕事もしてはならない。火によるささげ物を主にささげなさい。」

贖罪の日

23:26-32 並行記事－レビ16:2-34, 民29:7-11

26 ついで主はモーセに告げて仰せられた。27「特にこの第七月の十日は贖罪の日、あなたがたのための聖なる会合となる。あなたがたは身を戒めて、火によるささげ物を主にささげなければならない。28 その日のうちは、いっさいの仕事をしてはならない。その日は贖罪の日であり、あなたがたの神、主の前で、あなたがたの贖いがなされるからである。29 その日に身を戒めない者はだれでも、その民から断ち切られる。30 その日のうちに仕事を少しでもする者はだれでも、わたしはその者を、彼の民の間から滅ぼす。31 どんな仕事もしてはならない。これは、あなたがたがどこに住んでいても、代々守るべき永遠のおきてである。32 これは、あなたがたの全き休みの安息である。あなたがたは身を戒める。すなわち、その月の九日の夕方には、その夕方から次の夕方まで、あなたがたの安息を守らなければならない。」

仮庵の祭り

23:33-43 並行記事－民29:12-39, 申16:13-17

33 ついで主はモーセに告げて仰せられた。34「イスラエル人に告げて言え。
この第七月の十五日には、七日間にわたる主の仮庵の祭り*が始まる。35 最初の日は聖なる会合であって、あなたがたは、労働の仕事はいっさいしてはならない。36 七日間、あなたがたは火によるささげ物を主にささげなければならない。八日目も、あなたがたは聖なる会合を開かなければならない。あなたがたは火によるささげ物を主にささげる。これはきよめの集会で、労働の仕事はいっさいしてはならない。37 以上が主の例祭である。あなたがたは聖なる会合を召集して、火によるささげ物、すなわち、全焼のいけにえ、穀物のささげ物、和解のいけにえ、注ぎのささげ物を、それぞれ定められた日に、主にささげなければならない。38 このほか、主の安息日、また、あなたがたが主にささげる献上物、あらゆる誓願のささげ物、進んでささげるあらゆるささげ物がある。39 特に、あなたがたがその土地の収穫をし終わった第七月の十五日には、七日間にわたる主の祭りを祝わなければならない。最初の日は全き休みの日であり、八日目も全き休みの日である。40 最初の日に、あなたがたは自分たちのために、美しい木の実、なつめやしの葉と茂り合った木の大枝、また川縁の柳を取り、七日間、あなたがたの神、主の前で喜ぶ。41 年に七日間、主の祭りとしてこれを祝う。これはあなたがたが代々守るべき永遠

---

24 ① 民29:1
② → 出16:23
③ 民10:9, 10, 詩81:3
25 ① レビ23:21, 民29:1
② → レビ8:21
27 ① レビ16:29, 25:9, 民23:27
② → レビ16:29
③ → レビ8:21
28 ① レビ16:34
29 ① → レビ16:29
② レビ20:3, 5, 6, 創17:14, 使3:23
31 ① レビ16:34
32 ① → 出31:15
② → レビ16:29

34 ① 民29:12
② レビ23:42, 43, 出23:16, 申16:13-15, 16, エズ3:4, ネヘ8:14, ゼカ14:16, ヨハ7:2
*「始まる」は補足
35 ① レビ23:21, 民29:35
36 ① 民29:12-34, ネヘ8:18
② → レビ8:21
③ 民29:35-38
④ ヨエ1:14, 2:15
37 ① レビ23:2, 4
② → レビ8:21
③ → レビ1:3
④ → レビ2:1
⑤ → 創35:14
⑥ 民23:2
39 ① 出23:16, 34:22, 申16:13
② 出16:23
40 * □「ハダル」
① ネヘ8:15
② 詩118:27
41 ① レビ23:34, 民29:12, ネヘ8:18

(23:16)。この日に神の民は食物とそのほかの必要なものを神が豊かに与えてくださったことに対して感謝をささげたのである。弟子たちに聖霊を「注ぐ」という約束（⇒ヨエ2:28-29, 使2:16-18）を神はこの五旬節の日に成就してくださったのだ（使2:1-4）。

23:24 ラッパを吹き鳴らして ラッパが吹き鳴らされる日は第七月の第一日だった。これは贖罪の日が近付いていることを知らせ、準備を呼びかける役割を果たしたと考えられる（⇒23:26-32）。神はイスラエルが霊的な事柄、特に神との契約の関係について考えることを望まれた。契約は神の律法と約束、そして神の基準に対する人々の服従に基づくものだった。

23:27 贖罪の日 →「贖罪の日」の項 p.223

23:34-43 仮庵の祭り この祭りの間、人々は自分の家を出て一時的に仮小屋の中に住んだ。この仮小屋は木の枝で作られていた（23:40-42）。このことを通して人々は永住する家を持たずに荒野を40年間さまよっていたときに注がれた神の恵みを思い出したのである。仮庵の祭りは夏の終わりの果物や木の実の収穫を祝う祭りだったので収穫祭とも呼ばれた。

旧約聖書の祭り

名前	旧約聖書引照	旧約聖書時代	現在	説明	新約聖書引照
安息日	出20:8-11, 31:12-17, レビ23:3, 申5:12-15	第7日目	同じ	休息の日 仕事なし	マタ12:1-14, マコ2:23-3:5, ルカ4:16-30, 6:1-10, 13:10-16, 14:1-5, ヨハ5:1-15, 9:1-34, 使13:14-48, 17:2, 18:4, ヘブ4:1-11
安息の年	出23:10-11, レビ25:1-7	第7年目	同じ	休息の年 畑の休耕	
ヨベルの年	レビ25:8-55, 27:17-24, 民36:4	第50年目	同じ	負債の帳消し 奴隷と雇い人の解放 もとの所有者の家族へ土地の返還	
過越の祭り	出12:1-14, レビ23:5, 民9:1-14, 28:16, 申16:1-7	第1の月（アビブまたはニサン）14日	3－4月	各家庭で子羊を殺して苦菜と酵母を入れないパンと一緒に食べる	マタ26:1-2, 17-29, マコ14:12-26, ルカ22:7-38, ヨハ2:13-25, 11:55-56, 13:1-30, Ⅰコリ5:7
種を入れないパンの祭り	出12:15-20, 13:3-10, 23:15, 34:18, レビ23:6-8, 民28:17-25, 申16:3-4, 8	第1の月（アビブまたはニサン）15-21日	3－4月	酵母を入れないで焼いたパンを食べる 何度か聖なる会合を行う 定められたささげ物をする	マタ26:17, マコ14:1, 12, ルカ22:1, 7, 使12:3, 20:6, Ⅰコリ5:6-8
初穂の日	レビ23:9-14	第1の月（アビブまたはニサン）16日	3－4月	大麦の初穂の束を揺り動かしてささげる 全焼のいけにえと穀物のささげ物をささげる	ロマ8:23, Ⅰコリ15:20-23
七週の祭り （五旬節） （刈入れの祭り）	出23:16, 34:22, レビ23:15-21, 民28:26-31, 申16:9-12	第3の月（シワン）6日	5－6月	喜びの祭り 指定されたささげ物と自発的なささげ物（小麦の初穂を含む）	使2:1-41, 20:16, Ⅰコリ16:8
ラッパが吹き鳴らされる日 （後に《ヘ》ローシュ・ハシャナー「新年」）	レビ23:23-25, 民29:1-6	第7の月（チスリ）10日	9－10月	ささげ物とラッパの音で記念する休息の日の集会	
贖罪の日 （《ヘ》ヨム・キプール）	レビ16:, 23:26-32, 民29:7-11	第7の月（チスリ）10日	9－10月	休息、断食 祭司と人々のための贖いと幕屋と祭壇のための贖いのいけにえの日	使27:9, ロマ3:24-26, ヘブ9:1-14, 23-26, 10:19-22
仮庵の祭り （収穫祭）	出23:16, 34:22, レビ23:33-36, 39-43, 民29:12-34, 申16:13-15, ゼカ14:16-19	第7の月（チスリ）15-21日	9－10月	収穫を祝う一週間 仮小屋に住んでいけにえをささげる	ヨハ7:2-37
聖なる会合	レビ23:36, 民29:35-38	第7の月（チスリ）22日	9－10月	休息といけにえをささげる召集された日	ヨハ7:37-44
宮きよめの祭り		第9の月（キスレウ）	12月	マカベア時代（前166-164）に神殿が特別再奉献された記念	ヨハ10:22-39
プリムの日	エス9:18-32	第12の月（アダル）14-15日	2－3月	祝宴と贈り物をする喜びの日	

© 1991 Zondervan Publishing House

のおきてとして、第七月にこれを祝わなければならない。

42 あなたがたは七日間、仮庵に住まなければならない。イスラエルで生まれた者はみな、仮庵に住まなければならない。

43 これは、わたしが、エジプトの国からイスラエル人を連れ出したとき、彼らを仮庵に住まわせたことを、あなたがたの後の世代が知るためである。わたしはあなたがたの神、主である。」

44 こうしてモーセはイスラエル人に主の例祭について告げた。

主の前に供えられた油とパン
24:1-3 並行記事→出27:20-21

24 ¹ ついで主はモーセに告げて仰せられた。

² 「あなたはイスラエル人に命じて、ともしびを絶えずともしておくために、燈火用の質の良い純粋なオリーブ油を持って来させよ。

³ アロンは会見の天幕の中、あかしの箱の垂れ幕の外側で、夕方から朝まで主の前に絶えず、そのともしびを整えておかなければならない。これは、あなたがたが代々守るべき永遠のおきてである。

⁴ 彼は純金の燭台の上に、そのともしびを絶えず主の前に整えておかなければならない。

⁵ あなたは小麦粉を取り、それで輪型のパン十二個を焼く。一つの輪型のパンは十分の二エパである。

⁶ それを主の前の純金の机の上に、一並び六個ずつ、二並びに置く。

⁷ それぞれの並びに純粋な乳香を添え、主への火によるささげ物として、これをパンの記念の部分とする。

⁸ 彼は安息日ごとに、絶えずこれを主の前に、整えておかなければならない。これはイスラエル人からのものであって永遠の契約である。

⁹ これはアロンとその子らのものとなり、彼らはそれを聖なる所で食べる。これは最も聖なるものであり、主への火によるささげ物のうちから、彼の受け取る永遠の分である。」

御名を冒瀆した者への石打ちの刑

10 さて、イスラエル人の女を母とし、エジプト人を父とする者が、イスラエル人のうちに出たが、このイスラエル人の女の息子と、あるイスラエル人とが宿営の中で争った。

11 そのとき、イスラエル人の女の息子が、御名を冒瀆してのろったので、人々はこの者をモーセのところに連れて来た。その母の名はシェロミテで、ダンの部族のディブリの娘であった。

12 人々は主の命令をまって彼らにはっきりと示すため、この者を監禁しておいた。

13 そこで、主はモーセに告げて仰せられた。

14 「あの、のろった者を宿営の外に連れ出し、それを聞いた者はすべてその者の頭の上に手を置き、全会衆はその者に石を投げて殺せ。

15 あなたはイスラエル人に告げて言え。
自分の神をのろう者はだれでも、その罪の罰を受ける。

16 主の御名を冒瀆する者は必ず殺されなければならない。全会衆は必ずその者に石を投げて殺さなければならない。在留異国人でも、この国に生まれた者でも、御名を冒瀆するなら、殺される。

17 かりそめにも人を打ち殺す者は、必ず殺される。

18 動物を打ち殺す者は、いのちにはいのちをもって償わなければならない。

19 もし人がその隣人に傷を負わせるなら、その人は自分がしたと同じようにされなければならない。

20 骨折には骨折。目には目。歯には歯。人に傷を負わせたように彼は自分もそうされなければならない。

21 動物を打ち殺す者は償いをしなければならず、人を打ち殺す者は殺されなければならない。

22 あなたがたは、在留異国人にも、この国に生まれた者にも、一つのさばきをしなければならない。わたしはあなたがたの——

24:2 ともしび →出27:20-21注
24:5 パン十二個 「供えのパン」(⇒出25:30注)とも呼ばれるけれども12個のパンはイスラエルの十二部族を表している。そして人々が神の臨在の中で生

神、主である。」
²³モーセがこのようにイスラエル人に告げたので、彼らはのろった者を宿営の外に連れ出し、彼に石を投げて殺した。こうしてイスラエル人は、主がモーセに命じられたとおりに行った。

安息の年

25 ¹ついで主はシナイ山でモーセに告げて仰せられた。
²「イスラエル人に告げて言え。
わたしが与えようとしている地にあなたがたが入ったとき、その地は主の安息を守らなければならない。
³六年間あなたの畑に種を蒔き、六年間ぶどう畑の枝をおろして、収穫しなければならない。
⁴七年目は、地の全き休みの安息、すなわち主の安息となる。あなたの畑に種を蒔いたり、ぶどう畑の枝をおろしたりしてはならない。
⁵あなたの落ち穂から生えたものを刈り入れてはならない。あなたが手入れをしなかったぶどうの木のぶどうも集めてはならない。地の全き休みの年である。
⁶地を安息させるならあなたがたの食糧のためになる。すなわち、あなたと、あなたの男奴隷と女奴隷、あなたの雇い人と、あなたのところに在留している居留者のため、
⁷また、あなたの家畜とあなたの地にいる獣とのため、その地の収穫はみな食物となる。

ヨベルの年

25:8-38　⇒申15:1-11
25:39-55　⇒出21:2-11, 申15:12-18

⁸あなたは、安息の年を七たび、つまり、七年の七倍を数える。安息の年の七たびは四十九年である。
⁹あなたはその第七月の十日に角笛を鳴り響かせなければならない。贖罪の日に、あなたがたの全土に角笛を鳴り響かせなけれ

23①レビ24:14
　②→レビ20:2

1①→レビ7:38
2①レビ26:34, 35,
　出23:11, II歴36:21
3①出23:10
4①レビ25:20, ネヘ10:31
　②→出31:15
5①II列19:29
　②→出16:23,
　　→出31:15
9①レビ23:27

10①イザ61:1,
　エレ34:8, 15, 17,
　ルカ4:19
　②レビ25:13, 28, 54,
　　27:24, 民36:4
11①レビ25:5
13①レビ25:10
14①レビ19:13, 25:17,
　イザ5:8, ミカ2:2
15①レビ27:18, 23
16①レビ25:27, 51, 52
17①レビ25:14
　②レビ19:14, 32, 25:43
18①レビ19:37
19①レビ26:5
　②申12:10, 詩4:8,
　箴1:33, エレ23:6,
　エゼ34:25, 27, 28
20①レビ25:4, 5
21①出16:29

ばならない。
¹⁰あなたがたは第五十年目を聖別し、国中のすべての住民に解放を宣言する。これはあなたがたのヨベルの年である。あなたがたはそれぞれ自分の所有地に帰り、それぞれ自分の家族のもとに帰らなければならない。
¹¹この第五十年目は、あなたがたのヨベルの年である。種を蒔いてはならないし、落ち穂から生えたものを刈り入れてもならない。また手入れをしなかったぶどうの木の実を集めてはならない。
¹²これはヨベルの年であって、あなたがたには聖である。あなたがたは畑の収穫物を食べなければならない。
¹³このヨベルの年には、あなたがたは、それぞれ自分の所有地に帰らなければならない。
¹⁴もし、あなたがたが、隣人に土地を売るとか、隣人から買うとかするときは、互いに害を与えないようにしなさい。
¹⁵ヨベルの後の年数にしたがって、あなたの隣人から買い、収穫年数にしたがって、相手もあなたに売らなければならない。
¹⁶年数が多ければ、それに応じて、あなたはその買い値を増し、年数が少なければ、それに応じて、その買い値を減らさなければならない。彼があなたに売るのは収穫の回数だからである。
¹⁷あなたがたは互いに害を与えてはならない。あなたの神を恐れなさい。わたしはあなたがたの神、主である。
¹⁸あなたがたは、わたしのおきてを行い、わたしの定めを守らなければならない。それを行いなさい。安らかにその地に住みなさい。
¹⁹その地が実を結ぶなら、あなたがたは満ち足りるまで食べ、安らかにそこに住むことができる。
²⁰あなたがたが、『もし、種を蒔かず、また収穫も集めないのなら、私たちは七年目に何を食べればよいのか』と言うなら、
²¹わたしは、六年目に、あなたがたのた

き、いつも自分をささげた生活をすることを表している。
25:8-34 四十九年 50年ごとに巡ってくるヨベルの年には三つの特徴があった。(1) 奴隷がみな解放された。(2) 手放した財産は全部元の所有していた家族に返却された。(3) 土地は耕されなかった(耕されず、植えられず、穀物の生産に使われない)。この特別な年は公平さを保ち、豊かな人が貧しい人を犠牲にして富と土地を蓄積しないように保証するためのものだった。

め、わたしの祝福を命じ、三年間のための収穫を生じさせる。

²²あなたがたが八年目に種を蒔くときにも、古い収穫をなお食べていよう。九年目まで、その収穫があるまで、なお古いものを食べることができる。

²³地は買い戻しの権利を放棄して、売ってはならない。地はわたしのものであるから、あなたがたはわたしのもとに居留している異国人である。

²⁴あなたがたの所有するどの土地にも、その土地の買い戻しの権利を認めなければならない。

²⁵もし、あなたの兄弟が貧しくなり、その所有地を売ったなら、買い戻しの権利のある親類が来て、兄弟の売ったものを買い戻さなければならない。

²⁶その者に買い戻しの権利のある親類がいないときは、その者の暮らし向きが良くなり、それを買い戻す余裕ができたなら、²⁷売ってからの年数を計算し、なお残る分を買い主に返し、自分の所有地に帰る。

²⁸もしその者に返す余裕ができないなら、その売ったものは、ヨベルの年まで、買い主の手に渡る。ヨベルの年にその手を離れると、その者が、自分の所有地に帰る。

²⁹人がもし城壁のある町の中の住宅を売るときは、それを売ってから満一年の間は、買い戻す権利がある。買い戻しはこの期間に限る。

³⁰もし満一年たつまでに買い戻されないなら、城壁のある町の中のその家は買い戻しの権利の喪失により、代々にわたり、それを買い取った人のものとなって、ヨベルの年にも手を離れない。

³¹その回りに城壁のない村落の家は土地とみなされ、買い戻すことができ、ヨベルの年にはその手を離れる。

³²レビ人の町々、すなわち、彼らが所有し

22 ①レビ26:10
23 ①出19:5
②創23:4, I 歴29:15, 詩39:12, 119:19, ヘブ11:13, I ペテ2:11
25 ①ルツ2:20, 3:9, 12, 4:4, 6, エレ32:7, 8
27 ①レビ25:16, 50-52
28 ①レビ25:10, 13
32 ①民35:1-8, ヨシ21:2

33 ①レビ25:28
34 ①民35:2-5
②エゼ48:14, 使4:36, 37
35 ①申15:7-11, 24:14, 15, 詩41:1, 112:5, 9, 箴14:31, I ヨハ3:17
36 ①出22:25, ロマ23:19, 20, ネヘ5:7, 詩15:5, エゼ18:8, 13, 17, 22:12
②レビ25:17, ネヘ5:9
38 ①レビ11:45, 22:33, 創17:7, 8
39 ①レビ25:46, 出21:2-6, 申15:12-18, I 列9:22, II 列4:1, ネヘ5:5, エゼ15:14, 27:7, 30:8, 34:14
40 ①レビ25:28
42 ①レビ25:55
② I コリ7:23
43 ①レビ25:46, 53, 出13:14, エゼ34:4, コロ4:1

ている町々の家は、レビ人にいつでも買い戻す権利がある。

³³レビ人から買い戻していたもの、すなわち、その所有している町で売られていた家は、ヨベルの年には手放される。レビ人の町々の家は、イスラエル人の間にある彼らの所有だからである。

³⁴しかし、彼らの町々の放牧用の畑は売ってはならない。それは彼らの永遠の所有地だからである。

³⁵もし、あなたの兄弟が貧しくなり、あなたのもとで暮らしが立たなくなったなら、あなたは彼を在住異国人として扶養し、あなたのもとで彼が生活できるようにしなさい。

³⁶彼から利息も利得も取らないようにしなさい。あなたの神を恐れなさい。そうすればあなたの兄弟があなたのもとで生活できるようになる。

³⁷あなたは彼に金を貸して利息を取ってはならない。また食物を与えて利得を得てはならない。

³⁸わたしはあなたがたの神、主である。わたしはあなたがたにカナンの地を与え、あなたがたの神となるためにあなたがたをエジプトの地から連れ出したのである。

³⁹もし、あなたのもとにいるあなたの兄弟が貧しくなり、あなたに身売りしても、彼を奴隷として仕えさせてはならない。

⁴⁰あなたのもとで住み込みの雇い人としておらせ、ヨベルの年まであなたのもとで仕えるようにしなさい。

⁴¹そして、彼とその子どもたちがあなたのもとから出て行き、自分の一族のところに帰るようにしなさい。そうすれば彼は自分の先祖の所有地に帰ることができる。

⁴²彼らは、わたしがエジプトの地から連れ出した、わたしの奴隷だからである。彼らは奴隷の身分として売られてはならない。

⁴³あなたは彼をしいたげてはならない。あ

25:23 地 イスラエル人は土地の本当の所有者ではないと神は言われた。土地は主のものであり、人々は管理人(ほかの人々の所有する物の世話をしたり管理をする人)にすぎないのである。同じように、今の時代に主イエスに従う人々が所有する物も主のものである。神はご自分の財産を管理するように私たちにゆだねられたに過ぎない。私たちは与えられたものを神を尊び、ほかの人々を助けるように管理しなければならない(⇒マタ25:14-27, ルカ16:10-12, I コリ4:1-7)。

25:36 利息も利得も取らないように →出22:25注

なたの神を恐れなさい。

44 あなたのものとなる男女の奴隷は、あなたがたの周囲の国々から男女の奴隷を買い取るのでなければならない。

45 または、あなたがたのところに居留している異国人の子どもたちのうちから、あるいは、あなたがたの間にいる彼らの家族で、あなたがたの国で生まれた者のうちから買い取ることができる。このような者はあなたがたの所有にできる。

46 あなたがたは、彼らを後の子孫にゆずりとして与え、永遠の所有として受け継がせることができる。このような者は奴隷とすることができる。しかし、あなたがたの兄弟であるイスラエル人は互いに酷使し合ってはならない。

47 もしあなたのところの在住異国人の暮らし向きが良くなり、その人のところにいるあなたの兄弟が貧しくなって、あなたのところの在住異国人に、あるいはその異国人の氏族の子孫に、彼が身を売ったときは、

48 彼が身を売ったあとでも、彼には買い戻される権利がある。彼の兄弟のひとりが彼を買い戻すことができる。

49 あるいは、彼のおじとか、おじの息子が買い戻すことができる。あるいは、彼の一族の近親者のひとりが買い戻すことができる。あるいはもし、彼の暮らし向きが良くなれば、自分で自分自身を買い戻すことができる。

50 彼は買い主と、自分が身を売った年からヨベルの年までを計算し、彼の身代金をその年数に応じて決める。それは雇い人の場合の期間と同じである。

51 もし、まだ多くの年数が残っているなら、それに応じて自分が買われた金額のうちの自分の買い戻し金を払い戻さなければならない。

52 もしヨベルの年までわずかな年数しか残っていないなら、彼はそのように計算し、その年数に応じてその買い戻し金を払い戻さなければならない。

53 彼は年ごとに雇われる者のように扱われなければならない。あなたの目の前で、そ

43 ②レビ25:17,
出1:17, 21, 申25:18,
マラ3:5, エペ6:9
46 ①イザ14:2
②レビ25:43
47 ①レビ25:25, 35
48 ①ネヘ5:8
49 ①レビ25:25
②レビ25:26, 27
50 ①イザ16:14, 21:16
51 ①レビ25:16

53 ①レビ25:43
54 ①レビ25:10, 13, 28, 41
55 ①レビ25:42

1 ①レビ19:4, 詩97:7
②出20:4, 申5:8, 27:15
③出23:24, 申16:21, 22
④民33:52
2 ①レビ19:30,
エゼ17:21-27,
エゼ20:12, 13
3 ①レビ25:3-12,
申7:12-24, 11:13-15,
28:1-14, イザ1:19
4 ①出25:4, 申28:12, 申30:23,
エゼ34:26, ヨエ2:23, 24
②詩67:6, 85:12, 144:13,
エゼ34:27, 36:30,
ゼカ8:12
5 ①アモ9:13
②レビ25:19, 申11:15,
ヨエ2:19, 26
6 ①レビ25:18, 19,
ヨブ11:18,
エゼ34:25-28
②Ⅰ歴22:9,
詩29:11, 85:8, 147:14,
イザ45:7, エレ30:10,
ハガ2:9
③ヨブ11:19,
詩3:5, 4:8, エゼ34:25,
ホセ2:18, ゼパ3:13
③レビ26:22,
Ⅱ列17:25, イザ35:9,
エゼ5:17, 14:15
④レビ26:25, エゼ14:17
7 ①申32:30, ヨシ23:10,
Ⅰサム17:52
9 ①出2:25, Ⅱ列13:23
②創17:6, 22:17, 48:4,
ネヘ9:23, 詩107:38
③創17:7

の人は彼を酷使してはならない。

54 たとい、彼がこれらの方法によって買い戻されなかったとしても、ヨベルの年には、彼はその子どもといっしょに出て行くことができる。

55 わたしにとって、イスラエル人はしもべだからである。彼らは、わたしがエジプトの地から連れ出したわたしのしもべである。わたしはあなたがたの神、主である。

従順に対する報い

26 1 あなたがたは自分のために偶像を造ってはならない。また自分のために刻んだ像や石の柱を立ててはならない。あなたがたの地に石像を立てて、それを拝んではならない。わたしがあなたがたの神、主だからである。

2 あなたがたはわたしの安息日を守り、わたしの聖所を恐れなければならない。わたしは主である。

3 もし、あなたがたがわたしのおきてに従って歩み、わたしの命令を守り、それらを行うなら、

4 わたしはその季節にしたがってあなたがたに雨を与え、地は産物を出し、畑の木々はその実を結び、

5 あなたがたの麦打ちは、ぶどうの取り入れ時まで続き、ぶどうの取り入れ時は、種蒔きの時まで続く。あなたがたは満ち足りるまでパンを食べ、安らかにあなたがたの地に住む。

6 わたしはまたその地に平和を与える。あなたがたはだれにも悩まされずに寝る。わたしはまた悪い獣をその国から除く。剣があなたがたの国を通り過ぎることはない。

7 あなたがたは敵を追いかけ、彼らはあなたがたの前に剣によって倒れる。

8 あなたがたの五人は百人を追いかけ、あなたがたの百人は万人を追いかけ、あなたがたの敵はあなたがたの前に剣によって倒れる。

9 わたしは、あなたがたを顧み、多くの子どもを与え、あなたがたをふやし、あなたがたとのわたしの契約を確かなものにする。

25:44 奴隷は・・・国々から この時代には現実に奴隷がいた。神はイスラエルが周囲の異教の国々から奴隷を買い取ることを許されたけれどもそのことは実際は奴隷にとって祝福だった。神が人々に奴隷を自分たちの国にいたときよりもはるかに高い品位を認めて扱うようにされたからである（⇒出20:10）。さらに奴

¹⁰あなたがたは長くたくわえられた古いものを食べ、新しいものを前にして、古いものを運び出す。

¹¹わたしはあなたがたの間にわたしの住まいを建てよう。わたしはあなたがたを忌みきらわない。

¹²わたしはあなたがたの間を歩もう。わたしはあなたがたの神となり、あなたがたはわたしの民となる。

¹³わたしはあなたがたを、奴隷の身分から救い出すためにエジプトの地から連れ出したあなたがたの神、主である。わたしはあなたがたのくびきの横木を打ち砕き、あなたがたをまっすぐに立たせて歩かせた。

不従順に対する罰

¹⁴もし、あなたがたがわたしに聞き従わず、これらの命令をすべて行わないなら、

¹⁵また、わたしのおきてを拒み、あなたがた自身がわたしの定めを忌みきらって、わたしの命令をすべて行わず、わたしの契約を破るなら、

¹⁶わたしもまた、あなたがたに次のことを行おう。すなわち、わたしはあなたがたの上に恐怖を臨ませ、肺病と熱病で目を衰えさせ、心をすり減らさせる。あなたがたは、種を蒔いてもむだになる。あなたがたの敵がそれを食べる。

¹⁷わたしは、あなたがたからわたしの顔をそむける。あなたがたは自分の敵に打ち負かされ、あなたがたを憎む者があなたがたを踏みつける。だれも追いかけて来ないのに、あなたがたは逃げる。

¹⁸もし、これらのことの後でも、あなたがたがわたしに聞かないなら、わたしはさらに、あなたがたの罪に対して七倍も重く懲らしめる。

¹⁹わたしはさらに、あなたがたの力を頼む高慢を打ち砕き、あなたがたの天を鉄のように、あなたがたの地を青銅のようにする。

²⁰あなたがたの力はむだに費やされる。あなたがたの地はその産物を出さず、地の木々もその実を結ばないであろう。

²¹また、もしあなたがたが、わたしに反抗して歩み、わたしに聞こうとしないなら、わたしはさらにあなたがたの罪によって、七倍も激しくあなたがたを打ちたたく。

²²わたしはまた、あなたがたのうちに野の獣を放つ。それらはあなたがたから子を奪い、あなたがたの家畜を絶えさせ、あなたがたの人口を減らす。こうしてあなたがたの道は荒れ果てる。

²³もし、あなたがたがこれらのわたしの懲らしめを受け入れず、わたしに反抗して歩むなら、

²⁴わたしもまた、あなたがたに反抗して歩もう。わたしはまた、あなたがたの罪に対して七倍も重くあなたがたを打とう。

²⁵わたしはあなたがたの上に剣を臨ませ、契約の復讐を果たさせよう。またあなたがたが自分たちの町々に集まるとき、わたしは、あなたがたの間に疫病を送り込む。あなたがたは敵の手に落ちる。

²⁶わたしが、あなたがたのパンのための棒を折るとき、十人の女が一つのかまであなたがたのパンを焼き、はかりにかけて、あなたがたのパンを返す。あなたがたは食べても、満ち足りない。

²⁷これにもかかわらず、なおもあなたがたが、わたしに聞かず、わたしに反抗して歩むなら、

²⁸わたしは怒ってあなたがたに反抗して歩み、またわたしはあなたがたの罪に対して七倍も重くあなたがたを懲らしめよう。

---

10 ①レビ25:22
11 ①出25:8, 29:45, 46, ヨシ22:19, 詩76:2, エゼ48:35, ヨハ1:14, 黙21:3,②レビ20:23, 申23:14, 32:19
12 ①創3:8, 申23:14, Ⅱコリ6:16
①出6:7, 申4:7, エレ7:23, 11:4, 30:22, エゼ20, 36:28
13 ①レビ25:38, 42, 55, 出6:7, 20:2
①申28, エゼ34:27
14 ①レビ26:14-39, 申28:15-68,ヨシ23:15,16, イザ1:20, ダニ9:11, アモ4:6-12, マラ2:2
15 ①レビ26:11, 43
①レビ26:9, Ⅱ列17:15
16 ①詩78:33,②申28:22
③申28:65, 66,
エゼ24:23, 33:10
④申28:33, 51, 士6:3-6, ヨブ31:8,エレ5:17,12:13, ミカ6:15
17 ①レビ17:10
申28:25, 士2:14,
Ⅰ列8:33,箴28:1,エレ19:7
③詩44:10, 106:41
④レビ26:36, 37, 詩53:5, 箴28:1
18 ①レビ26:21, 24, 28
19 ①イザ25:11,26:5,28:1-3, エゼ7:24, 24:21, 30:6
②申28:23
20 ①申11:17, 詩127:1, イザ17:10, 11, エレ12:13
②申28:18, ハガ1:10
21 ①レビ26:23, 24, 27, 40
①申28:18, ハガ1:32:23
22 ①Ⅱ列17:25,
エゼ5:17, 14:15
①士6:7, イザ13:8,
哀1:4, ゼカ7:14
23 ①エレ2:30, 5:3,
アモ4:6-12
24 ①レビ26:28, 41
①レビ26:17
25 ①エゼ5:17, 6:3, 14:17, 21章, 29:8, 33:2
②エゼ50:28, 51:11
①民14:12, 申28:21, エレ14:12, 24:10,
申26:7,アモ4:10
26 ①詩105:16, イザ3:1, エゼ4:16, 17, 5:16, 14:13,②イザ9:20, ミカ6:14, ハガ1:6
27 ①レビ26:21, 23
28 ①レビ26:24,41,イザ59:18, 63:3, 66:15, エレ21:5, エゼ8:18,②レビ26:24

隷たちには神を尊ぶ生活を知る機会が与えられていた。

26:14 もし、あなたがたがわたしに聞き従わず 26章には神が救い出し個人的な関係を築いてきた人々を罰しなければならないという事態に直面して、悲しみ苦悩している姿が示されている。もしも人々が神の愛を拒んで従おうとしないなら、神は苦難とさばきをもたらすほかない。人々は自分で深い苦悩を招くのである。神はご自分が選んだ民に対して、厳しい懲らしめやさばきを下す必要がなくなることを心から願っておられた(申28:-30:)。

26:17 あなたがたからわたしの顔をそむける 罪と反抗と不従順がもたらす最大の悲劇は、神が私たちにさばきを下すことかもしれない。それは神が完全に聖く正義の方であり、私たちが歩く方向が違うからである。罪を犯し神に反抗して、神の臨在、守り、恵み、力を拒み続けるなら、私たちは神のさばきの前に自分自身をさらすことになる。そして神の守りと導きが与えられないまま問題と危険に直面することになる。神

レビ記 26−27章

29 あなたがたは自分たちの息子の肉を食べ、自分たちの娘の肉を食べる。
30 わたしはあなたがたの高き所をこぼち、香の台を切り倒し、偶像の死体の上に、あなたがたの死体を積み上げる。わたしはあなたがたを忌みきらう。
31 わたしはあなたがたの町々を廃墟とし、あなたがたの聖所を荒れ果てさせる。わたしはあなたがたのなだめのかおりもかがないであろう。
32 わたしはその地を荒れ果てさせ、そこに住むあなたがたの敵はそこで色を失う。
33 わたしはあなたがたを国々の間に散らし、剣を抜いてあなたがたのあとを追おう。あなたがたの地は荒れ果て、あなたがたの町々は廃墟となる。
34 その地が荒れ果てて、あなたがたが敵の国にいる間、そのとき、その地は休み、その安息の年を取り返す。
35 地が荒れ果てている間中、地は、あなたがたがそこの住まいに住んでいたとき、安息の年に休まなかったその休みを取る。
36 あなたがたのうちで生き残る者にも、彼らが敵の国にいる間、彼らの心の中におくびょうを送り込む。吹き散らされる木の葉の音にさえ彼らは追い立てられ、剣からのがれる者のように逃げ、追いかける者もいないのに倒れる。
37 追いかける者もいないのに、剣からのがれるように折り重なって、つまずき倒れる。あなたがたは敵の前に立つこともできない。
38 あなたがたは国々の間で滅び、あなたがたの敵の地はあなたがたを食い尽くす。
39 あなたがたのうちで生き残る者も、あなたがたの敵の地で自分の咎のために朽ち果てる。さらに、その先祖たちの咎のためにも朽ち果てる。
40 彼らは、わたしに不実なことを行い、わたしに反抗して歩んだ自分たちの咎と先祖たちの咎を告白するが、
41 しかし、わたしが彼らに反抗して歩み、彼らを敵の国へ送り込んだのである。その

を拒むことの代価は大きい。けれども神のご計画に参加し、神の臨在を喜び、神の保護にあずかることは人生最大の祝福である(27:3-13)。

29 ①申28:53、Ⅱ列6:29、哀2:20、4:10、エゼ5:10
30 ①レビ26:30-31、エゼ6:1-7、13、詩78:58
③Ⅱ歴34:4,7、イザ27:9
④エゼ6:5,13、エレ14:19
31 ①ネヘ2:3、エレ4:7、22:5,44:2,6,22、エゼ6:6
②詩74:7、イザ63:18、哀1:10、2:7、エゼ9:6
③→レビ1:9
32 ①エレ9:11、12:11、25:11、18、33:10
②Ⅰ列9:8
33 ①申4:27、28:64、詩44:11、106:27、エレ9:16、31:10、エゼ5:10、12:15、20:23、22:15、ゼカ7:14、10:9
34 ①レビ26:43、Ⅱ歴36:21
35 ①レビ25:2
36 ①哀1:3
②エゼ21:4、12、15
37 ①イザ10:4、ナホ3:3
②ヨシ7:12、13、士2:14
39 ①エレ3:25、エゼ4:17、6:9、20:43、24:23、33:10、36:31
40 ①レビ26:40-42、詩107:11-13、レビ26:40-45、申30:1-14
②レビ5:5、民5:7、Ⅰ列8:33、35、47、ネヘ9:2、詩32:5、箴28:13、エレ14:20、ダニ9:4,5、ホセ5:15、ルカ15:18、Ⅰヨハ1:9

41 ①エレ4:4、9:25、26、エゼ44:7,9、使7:51、ロマ2:29、コロ2:11
②Ⅰ列21:29、Ⅱ歴12:6、7、12、32:26、33:12、13、エゼ6:9、20:43
42 ①創28:13-15,35:11,12
②出2:24、6:5、詩106:45、エゼ16:60、ルカ1:72
③創26:2-5
④創17:4-8、22:15-18
43 ①レビ26:34、35
②レビ26:11、15
44 ①レビ26:11
②申4:31、Ⅱ列13:23、エレ30:11、ロマ11:2
③エレ33:20-26
45 ①出6:6-8
②詩98:2、エゼ20:9、14、22
③レビ22:33、25:38
46 ①→レビ7:38

2 ①民6:2、士11:30、31、39、Ⅰサム1:11、28
3 ①レビ27:25、出30:13、民18:16
6 ①民18:16

とき、彼らの無割礼の心はへりくだり、彼らの咎の償いをしよう。
42 わたしはヤコブとのわたしの契約を思い起こそう。またイサクとのわたしの契約を、またアブラハムとのわたしの契約をも思い起こそう。そしてわたしはその地をも思い起こそう。
43 その地は彼らが去って荒れ果てている間、安息の年を取り返すために彼らによって捨てられなければならず、彼らは自分たちの咎の償いをしなければならない。実に彼らがわたしの定めを退け、彼らがわたしのおきてを忌みきらったからである。
44 それにもかかわらず、彼らがその敵の国にいるときに、わたしは彼らを退けず、忌みきらって彼らを絶ち滅ぼさず、彼らとのわたしの契約を破ることはない。わたしは彼らの神、主である。
45 わたしは彼らのために、彼らの先祖たちとの契約を思い起こそう。わたしは彼らを、異邦の民の目の前で、彼らの神となるために、エジプトの地から連れ出した。わたしは主である。」
46 以上は、主がシナイ山でモーセを通してご自身とイスラエル人との間に立てられたおきてと定めとおしえである。

主のものの贖い

27 1 ついで主はモーセに告げて仰せられた。
2 「イスラエル人に告げて言え。ある人があなたの人身評価にしたがって主に特別な誓願を立てる場合には、
3 その評価は、次のとおりにする。二十歳から六十歳までの男なら、その評価は聖所のシェケルで銀五十シェケル。
4 女なら、その評価は三十シェケル。
5 五歳から二十歳までなら、その男の評価は二十シェケル、女は十シェケル。
6 一か月から五歳までなら、その男の評価は銀五シェケル、女の評価は銀三シェケル。
7 六十歳以上なら、男の評価は十五シェケル、女は十シェケル。
8 もしその者が貧しくて、あなたの評価に

27:2 誓願を立てる 27章は神に対して誓願を立て、約束をした事柄(人、動物、家、土地を含む)を扱っている。約束をした人が買い戻したい場合のことを考え

達しないなら、その者は祭司の前に立たせられ、祭司が彼の評価をする。祭司は誓願をする者の能力に応じてその者の評価をしなければならない。

9 主へのささげ物としてささげることのできる家畜で、主にささげるものはみな、聖なるものとなる。
10 それを他のもので代用したり、良いものを悪いものに、あるいは、悪いものを良いものに取り替えてはならない。もし家畜を他の家畜で代用する場合には、それも、その代わりのものも、聖なるものとなる。
11 主へのささげ物としてささげることのできない汚れた家畜一般については、まずその家畜を祭司の前に立たせる。
12 祭司はそれを良いか悪いか評価する。それは祭司があなたのために評価したとおり、そのようになる。
13 もしその者が、それを買い戻したければ、その評価に、その五分の一を加える。
14 人がもし、自分の家を主に聖なるものとして聖別するときは、祭司はそれを良いか悪いか評価する。祭司がそれを評価したとおり、そのようになる。
15 もし家を聖別した者が、それを買い戻したければ、評価額に五分の一を加える。それは彼のものとなる。
16 人がもし、自分の所有の畑の一部を主に聖別する場合、評価はそこに蒔く種の量りによる。すなわち、大麦の種一ホメルごとに銀五十シェケルである。
17 もし、彼がヨベルの年からその畑を聖別するなら、評価どおりである。
18 しかし、もしヨベルの年の後に、その畑を聖別するなら、祭司はヨベルの年までにまだ残っている年数によって、その金額を計算する。そのようにして、評価額から差し引かれる。
19 もしその畑を聖別した者がそれを買い戻したければ、評価額にその五分の一を加え

8 ①レビ5:11, 14:21
10 ①レビ27:33
13 ①レビ27:15, 19
15 ①レビ27:13
16 * 1ホメルは230リットル
18 ①レビ15, 16
19 ①レビ27:13

21 ①レビ25:10, 28, 31
　 ②レビ27:28
　 ③民18:14, エゼ44:29
22 ①レビ25:10, 25
23 ①レビ27:18
24 ①レビ25:28
25 ①レビ27:3, 出30:13, 民3:47, 18:16
　 ②エゼ45:12
　 * 1ゲラは0.57グラム
26 ①出13:2, 12, 22:30, 民18:17, 申15:19
27 ①レビ27:11-13
28 ①レビ27:21, 民18:14, ヨシ6:17-19
29 ①出22:20
30 ①創28:22, 民18:21, 24, 申14:22, 23, 28, Ⅱ歴31:5, 6, 12, ネヘ13:12, マラ3:8, 10
32 ①エレ33:13, エゼ20:37

る。それは彼のものとして残る。
20 もし彼がその畑を買い戻さず、またその畑が他の人に売られていれば、それをもはや買い戻すことはできない。
21 その畑がヨベルの年に渡されるとき、それは聖絶された畑として主の聖なるものとなり、祭司の所有地となる。
22 また、人がもしその買った畑で、自分の所有の畑の一部でないものを主に聖別する場合、
23 祭司はヨベルの年までの評価の総額を計算し、その者はその日に、その評価の金額を主の聖なるものとしてささげなければならない。
24 ヨベルの年には、その畑は、その売り主であるその地の所有主に返される。
25 評価はすべて聖所のシェケルによらなければならない。そのシェケルは二十ゲラである。
26 しかし、家畜の初子は、主のものである。初子として生まれたのであるから、だれもこれを聖別してはならない。牛であっても、羊であっても、それは主のものである。
27 もしそれが汚れた家畜のものであれば、評価にしたがって、人はそれを贖うとき、その五分の一を加える。しかし、買い戻されないなら、評価にしたがって、売られる。
28 しかし、人であっても、家畜であっても、自分の所有の畑であっても、人が自分の持っているすべてのものうち主のために絶滅すべき聖絶のものは何でも、それを売ることはできない。また買い戻すこともできない。すべて聖絶のものは最も聖なるものであり、主のものである。
29 人であって、聖絶されるべきものは、贖われることはできない。その者は必ず殺されなければならない。
30 こうして地の十分の一は、地の産物であっても、木の実であっても、みな主のものである。それは主の聖なるものである。
31 人がもし、その十分の一のいくらかを買い戻したいなら、それにその五分の一を加える。
32 牛や羊の十分の一については、牧者の杖

て、それぞれに評価額が定められている。

27:30　十分の一　「十分の一(什一とも言う)」とは農産物や家畜の十分の一のことで、主にささげるものである。レビ人(レビ族出身の奉仕の補助者、礼拝奉仕者)(民18:21)と祭司の生活はこれによって支えられた(民18:28)。また「聖なる」食物の一部(申14:22-27)や、貧しい人、みなしご、やもめたちの援助のためにも用いられた(申14:28-29, →「十分の一とささげ物」の項 p.1603)。

の下を十番目ごとに通るものが、主の聖なるものとなる。
33 その良い悪いを見てはならない。またそれを取り替えてはならない。もしそれを替えるなら、それもその代わりのものも共に聖なるものとなる。それを買い戻すことはできない。」
34 以上は、主がシナイ山で、イスラエル人のため、モーセに命じられた命令である。

33①レビ27:10

34①→レビ7:38

民数記

概　要
I. 神が出エジプトをした人々に約束の地を相続する準備をさせる(1:1-10:10)
   A. 行進の準備(1:1-4:49)
      1. イスラエルの戦士たちの人口調査(1:1-54)
      2. 宿営の配置(2:1-34)
      3. レビ人の組織化(3:1-4:49)
   B. 人々のきよめ(5:1-10:10)
II. 出エジプトをした人々が罪と不信仰によって相続の地を手放す(10:11-25:18)
   A. カデシュへ向かう途中での不平と不満(10:11-12:16)
   B. カデシュでの反抗と不信仰(13:1-14:45)
   C. 荒野での罪と反抗(15:1-19:22)
   D. モアブへ向かう途中での不従順(20:1-25:18)
III. 神が新しい世代に約束の地を所有する準備をさせる(26:1-36:13)
   A. 新しい世代の人口調査(26:1-65)
   B. 人々への指示(27:1-30:16)
   C. ミデヤン人に対する勝利(31:1-54)
   D. ヨルダン川東側への定住(32:1-42)
   E. エジプトからモアブまでの旅の記録(33:1-49)
   F. カナン人に対する勝利の約束(33:50-56)
   G. 侵入の準備と土地の配分(34:1-36:13)

著　者：モーセ

主　題：荒野の放浪

著作の年代：紀元前1405年頃

著作の背景

　この「民数記」という表題は最初ギリシヤ語訳とラテン語訳の聖書で使われた。それは2回の人口調査が行われ(1:, 26:)イスラエルの男性を「数えた」ことを元にしている。けれどもその内容のほとんどは「荒野で」さまようイスラエルの体験を描いている。そこでヘブル語旧約聖書では「荒野で(ベミドバル)」と呼ばれている。

　民数記は出エジプト記に記録されている歴史の続篇(続きまたはその後)である。イスラエル人はシナイ山で約一年を過した。その間に神はイスラエルとの契約(人々に対する神の律法と約束、そして神の基準に対する人々の従順と忠誠に基づく「終生協定」)を結ばれた。またモーセに律法と幕屋(可動式の聖所で人々の中に神の臨在を現す礼拝の場所)について指示を与えられた。さらに神はレビ記に書かれている内容をモーセに教えられた。そこでイスラエル人はアブラハム、イサク、ヤコブの子孫として、神が約束された地へ旅を続ける準備ができた。シナイ山を離れる少し前に神はモーセに、戦いに出る資格のあるイスラエルの男性全員の人口調査を命じられた(1:2-3)。19日後にイスラエルはカデシュに向けて短い旅に出発した(10:11)。ところが民はカデシュに滞在中に神に背き、土地を与えるという神のご計画に逆らった。結果として、神はこの世代をさばいて39年間荒野をさまよわせることにされた。放浪の終りに、神は全く新しい世代のイスラエル人をエリコと約束の地をヨルダン川の向こう側に見ることのできるモアブの平原にまで連れて来られた。

　この書物の著者はモーセであることが歴史を通して、(1) ユダヤとサマリヤのモーセ五書(旧約聖書の最初の5巻)、(2) ユダヤ人の伝統、(3) 主イエスと新約聖書の記者たち、(4) 古代のキリスト教の著作家、(5) 現代の保守的学者、(6) この書物自体の証拠(33:1-2)によって認められてきた。モーセは荒野の旅の間に日記を

民数記

つけ、死ぬ少し前に現在の物語のかたちに整えたと思われる（前1405頃）。モーセは自分のことを三人称（彼、モーセ）のかたちで書いているけれどもこれは古代の文書によく見られるもので、モーセが著者である信頼性を弱めることにはならない。

目　的

民数記はなぜイスラエルがシナイ山を離れてすぐに約束の地に入らなかったかを説明するために書かれた。そして神のご計画を成就して約束のものを受けるためには、信仰が求められることを説明している。また人々の反抗の結果とそれに対するさばきを示すとともに、それでも神の目的は必ず実現することを教えている。

概　観

民数記の主要なメッセージは明瞭である。神の民は神に頼り、その約束を信じみことばに従うことによってのみ前進する。荒野を通ることは約束の地へ入るのに必要な信仰のテストだった。けれども全員が荒野で生活して死ぬようになることは神がもともと意図されたことではなかった。ところがシナイ山からカデシュへの短いはずの旅が、人々の不信仰のために試練の39年間になってしまった。出エジプトをした人々は不信仰で反抗的で、神が奇蹟を行い、必要を満たしてくださったのに全く恩知らずだった。シナイ山を離れたときから、人々には不平の種があった（11:）。そしてミリヤムとアロンはモーセを批判した（12:）。カデシュではイスラエル全体が神のご計画に反抗してカナンの地に入るのを拒んだ（14:）。コラはほかのリーダーたちと一緒にモーセの権威に逆らった（16:）。モーセはこの恩知らずで反抗的な人々に苛立って神のみこころを損ねた。この偉大な指導者も平静さを失い神の指示に従わなかった（20:）。ある人々の心は神から遠く離れ、モアブのにせの神バアルを拝むようになった（25:）。カデシュで20歳以上だったイスラエル人はみな（ヨシュアとカレブを除いて）荒野で死に絶えた。約束の地の東側の境界線に立ったのは全く新しいイスラエルの次の世代だった（26:-36:）。

特　徴

民数記には六つの大きな特徴がある。

（1）「荒野をさまよう書物」である。なぜイスラエルがシナイ山を出発したあと、約束の地にすぐに入らないで39年間も目的もなく放浪を続けたのかを教えている。

（2）「つぶやきの書物」である。人々が繰り返し不平と不満を言い、神がどのように応答されたかを表している。

（3）信仰がなくては神に喜ばれることはないという原則を説明している（⇒ヘブ11:6）。人々は完全に神に頼り、みことばを受入れたときにのみ前進することができた。

（4）たとい一つの世代が失敗しても、神は別の世代を起こしてご自分の約束を成就し使命を果されるという原則を教えている。

（5）２回の人口調査（1:46, 26:51）を見ると戦いに出られる男性の数にはわずかな違いがある。けれどもそれはカナンの地に入れなかった理由が、イスラエルの軍隊の大きさによるのではないことを示している。不信仰と不従順によって神の約束を見失ったことによるのである。

（6）「神の訓練の書物」である。神はご自分の民が疑いと不満を持ち続けるとき（⇒13:-14:）、矯正をしさばきを行われることを表している。

新約聖書での成就

イスラエルの荒野での不満と不忠実は、新しい契約のもとで主イエスに従う人々への警告となっている（Ⅰコリ10:5-11, ヘブ3:16-4:6）。新約聖書にはバラムの罪の深刻さ（22:-24:）とコラの反乱（16:）について書かれている（Ⅱペテ2:15-16, ユダ1:11, 黙2:14）。主イエスは青銅の蛇（21:7-9）を引合いに出して「御子を信じる者が、ひとりとして滅びることなく、永遠のいのちを持つため」にご自分が「上げられる」ことを示された（ヨハ3:14-16）。キリストはまた荒野でイスラエル人が水を飲んだ岩（Ⅰコリ10:4）と、食べた天のマナ（ヨハ6:31-33）にたとえられている。

民数記の通読

旧約聖書全巻を１年間で通読するためには、民数記を次のスケジュールに従って16日間で読まなければならない。

☐1-2　☐3-4　☐5-6　☐7-8　☐9-10　☐11-13　☐14-15　☐16-17　☐18-19　☐20-21　☐22-23　☐24-26　☐27-28

☐29-31 ☐32-33 ☐34-36

メ　モ

民数記　1章

人口調査

1 ¹人々がエジプトの国を出て二年目の第二月の一日に、主はシナイの荒野の会見の天幕でモーセに告げて仰せられた。²「イスラエル人の全会衆を、氏族ごとに父祖の家ごとに調べ、すべての男子の名をひとりひとり数えて人口調査をせよ。

³あなたとアロンはイスラエルにおいて、二十歳以上の者で、すべて軍務につくことのできる者たちを、その軍団ごとに数えなければならない。⁴また部族ごとにひとりずつ、父祖の家のかしらである者が、あなたがたとともにいなければならない。

⁵あなたがたの助手となるはずの者の名は次のとおりである。ルベンからはシェデウルの子エリツル。

⁶シメオンからはツリシャダイの子シェルミエル。

⁷ユダからはアミナダブの子ナフション。

⁸イッサカルからはツアルの子ネタヌエル。

⁹ゼブルンからはヘロンの子エリアブ。

¹⁰ヨセフの子のうちからは、エフライムからアミフデの子エリシャマ、マナセからペダツルの子ガムリエル。

¹¹ベニヤミンからはギデオニの子アビダン。

¹²ダンからはアミシャダイの子アヒエゼル。

¹³アシェルからはオクランの子パグイエル。

¹⁴ガドからはデウエルの子エルヤサフ。

¹⁵ナフタリからはエナンの子アヒラ。」

¹⁶これらの者が会衆から召し出された者で、その父祖の部族の長たちである。彼らがイスラエルの分団のかしらたちである。

¹⁷さて、モーセとアロンは、これら指名された者を伴い、¹⁸第二月の一日に全会衆を召集した。そこで氏族ごとに、父祖の家ごとに、二十歳以上の者の名をひとりひとり数えて、その家系を登録した。

¹⁹主がモーセに命じられたように、モーセはシナイの荒野で彼らを数えた。

²⁰イスラエルの長子ルベンの子孫は、氏族ごと、父祖の家ごとの、その家系の者であって、ひとりひとり名を数えられた二十歳以上で軍務につくことのできるすべての男子であった。

²¹ルベン部族で登録された者は、四万六千五百人であった。

²²シメオンの子孫については、氏族ごと、父祖の家ごとの、その家系の者であって、ひとりひとり名を数えられ登録された二十歳以上で軍務につくことのできるすべての男子であった。

²³シメオン部族で登録された者は、五万九千三百人であった。

²⁴ガドの子孫については、氏族ごと、父祖の家ごとの、その家系の者であって、名を数えられた二十歳以上ですべて軍務につくことのできる者であった。

²⁵ガド部族で登録された者は、四万五千六百五十人であった。

²⁶ユダの子孫については、氏族ごと、父祖の家ごとの、その家系の者であって、名を数えられた二十歳以上ですべて軍務につくことのできる者であった。

²⁷ユダ部族で登録された者は、七万四千六百人であった。

²⁸イッサカルの子孫については、氏族ごと、父祖の家ごとの、その家系の者であって、名を数えられた二十歳以上ですべて軍務につくことのできる者であった。

²⁹イッサカル部族で登録された者は、五万

1①民1章, 民26章, Ⅱサム24:1-9
②出40:2, 17
③出19:1, 民10:11, 12
2①Ⅰ歴4:38, 7:40
②民26:2, 63, 64, 出12:37, 30:12, 38:25, 26, Ⅱサム24:2, Ⅰ歴21:2
＊直訳「頭を上げよ」
3①出30:14, 38:26
4①民1:16, 出18:21, 25, 申1:15
5①民1:5-19, 民10:13-28
6①民2:10, 7:30, 10:18
7①民2:3, 7:12, 10:14, ルツ4:20, Ⅰ歴2:10, マタ1:4, ルカ3:33
8①民2:5, 7:18, 10:15
9①民2:7, 7:24, 10:16
10①民2:18, 7:48, 10:22, Ⅰ歴7:26
11①民2:20, 7:54, 10:23
12①民2:22, 7:60, 10:24
13①民2:25, 7:66, 10:25
14①民2:27, 7:72, 10:26
15①民2:14, 7:42, 10:20
16①民2:29, 7:78, 10:27
17①民2:7, 10:4, Ⅰ歴27:16
18①民1:1
②民14:29
20①民1:20, 21, 民26:5-10
22①民1:22, 23, 民26:12-14
24①民1:24, 25, 民26:15-18
26①民1:26, 27, 民26:19-22
28①民1:28, 29, 民26:23-25

1:1　シナイの荒野　神がモーセに命令を出されたのは、人々がシナイ山に到着してから十か月半後のことだった（出エジプトから13か月後）。民数記に記録されている出来事はほぼ39年間に起きたことであり、それはイスラエルが荒野をさまよっていたほとんど全期間だった。

1:1　モーセに告げて仰せられた　神はモーセが書いたすべてのことに（あらゆる考えとことばの選択を含めて）霊感を与えられた。このことは民数記の中で何度も何度も繰り返し記録されており、最初の節と最後の節、そして多くの章の最初の節で強調されている（→「聖書の霊感と権威」の項 p.2323）。

1:2　イスラエル人の全会衆を・・・人口調査　人口調査はイスラエルを一つの民族として、また軍隊として組織することを目的としていた（民1:3）。それは、ひとりひとりが神の贖いにとって重要であること、そして民族の活動には秩序が必要であり、神に対して全責任があることを示していた（⇒ピリ4:3, Ⅱテモ2:19）。

四千四百人であった。

³⁰ゼブルンの子孫については、氏族ごと、父祖の家ごとの、その家系の者であって、名を数えられた二十歳以上ですべて軍務につくことのできる者であった。

³¹ゼブルン部族で登録された者は、五万七千四百人であった。

³²ヨセフの子孫については、エフライムの子孫で、氏族ごと、父祖の家ごとの、その家系の者であって、名を数えられた二十歳以上ですべて軍務につくことのできる者であった。

³³エフライム部族で登録された者は、四万五百人であった。

³⁴マナセの子孫については、氏族ごと、父祖の家ごとの、その家系の者であって、名を数えられた二十歳以上ですべて軍務につくことのできる者であった。

³⁵マナセ部族で登録された者は、三万二千二百人であった。

³⁶ベニヤミンの子孫については、氏族ごと、父祖の家ごとの、その家系の者であって、名を数えられた二十歳以上ですべて軍務につくことのできる者であった。

³⁷ベニヤミン部族で登録された者は、三万五千四百人であった。

³⁸ダンの子孫については、氏族ごと、父祖の家ごとの、その家系の者であって、名を数えられた二十歳以上ですべて軍務につくことのできる者であった。

³⁹ダン部族で登録された者は、六万二千七百人であった。

⁴⁰アシェルの子孫については、氏族ごと、父祖の家ごとの、その家系の者であって、名を数えられた二十歳以上ですべて軍務につくことのできる者であった。

⁴¹アシェル部族で登録された者は、四万一千五百人であった。

⁴²ナフタリの子孫は、氏族ごと、父祖の家ごとの、その家系の者であって、名を数えられた二十歳以上ですべて軍務につくことのできる者であった。

⁴³ナフタリ部族で登録された者は、五万三千四百人であった。

⁴⁴以上がモーセとアロン、またイスラエルの族長たちが登録した登録名簿である。この族長たち十二人は、それぞれ、自分の父祖の家のための者であった。

⁴⁵それで、父祖の家ごとに登録された二十歳以上のイスラエル人で、イスラエルで軍務につくことのできるすべての者、

⁴⁶すなわち、登録された者の総数は、六十万三千五百五十人であった。

⁴⁷しかしレビ人は、彼らの中で、父祖の部族ごとには、登録されなかった。

⁴⁸主はモーセに告げて仰せられた。

⁴⁹「レビ部族だけは、他のイスラエル人といっしょに登録してはならない。また、その人口調査もしてはならない。

⁵⁰あなたは、レビ人に、あかしの幕屋とそのすべての用具、およびそのすべての付属品を管理させよ。彼らは幕屋とそのすべての用具を運び、これを管理し、幕屋の回りに宿営しなければならない。

⁵¹幕屋が進むときはレビ人がそれを取りはずし、幕屋が張られるときはレビ人がこれを組み立てなければならない。これに近づくほかの者は殺されなければならない。

⁵²イスラエル人は、軍団ごとに、おのおの自分の宿営、自分の旗のもとに天幕を張るが、

⁵³レビ人は、あかしの幕屋の回りに宿営しなければならない。怒りがイスラエル人の会衆の上に臨むことがあってはならない。レビ人はあかしの幕屋の任務を果たさなけ

---

³⁰①民1:30, 31, 民26:26, 27
³²①民1:32, 33, 民26:35-37
³⁴①民1:34, 35, 民26:29-34
³⁶①民1:36, 37, 民26:38-41
³⁸①民1:38, 39, 民26:42, 43
⁴⁰①民1:40, 41, 民26:44-47

⁴²①民1:42, 43, 民26:48-50
⁴⁶①民2:32, 11:21, 26:51, 出12:37, 38:26
⁴⁷①民2:33
⁴⁹①民26:62
⁵⁰①民3:6-8, 25, 26, 31, 36, 37, 4章, 10:17, 21, 出38:21, Ⅰ歴15:2
②民1:53, 10:11
③民3:23, 29, 35, 38
⁵¹①民4:5
②民4:15, 19, 20, 18:22, 出19:12
③民3:10, 38, 16:40, 18:4, 7, 出29:33, 30:33, レビ22:10, 12, 13
⁵²①民2:2, 34
⁵³①民3:23, 29, 35, 38
②→民1:50
③民8:19, 16:46, 18:5, レビ10:6, Ⅰサム6:19
④民3:7, 8, 8:24, 26, 18:3, 4, 31:30, 47, Ⅰ歴23:32

1:46　六十万三千五百五十人　これはレビ族を除く20歳以上の男性の合計だった（民1:45-47）。したがってイスラエル全体の人口は約200万人だったと思われる。このように多くの人が荒野で長期間生活するには、絶えず奇蹟が必要だったに違いない。そのことを神のことばは明瞭に示している（⇒出16:4-15, 31-33, 民20:8, 申8:2-4, 29:5, 詩78:26-28, Ⅰコリ10:4）。

1:52　おのおの・・・自分の旗のもとに　イスラエル人の宿営は、幕屋（可動式の聖所で人々の中に神の臨在を現す礼拝の場所）を囲んで円形にレビ族（奉仕と礼拝を導く役割を持っていた部族）の宿営が設定された。その外側にほかの十二部族が幕屋の東西南北に3部族ずつ宿営した。行進や旅の方法も組織立てられていて、神の臨在の雲が上がるとすぐに移動を始めた。雲が止まると宿営地を混乱なく見つけることができた。仕事が円滑に、時間や努力の無駄なくできるよ

民数記 1-2章

ればならない。」
⁵⁴イスラエルの人々は、このようにし、すべて主がモーセに命じられたとおりに行った。

部族ごとの宿営の配置

2 ¹主はモーセとアロンに告げて仰せられた。

²「イスラエル人は、おのおのその旗のもと、その父祖の家の旗じるしのもとに宿営しなければならない。会見の天幕の回りに、距離をおいて宿営しなければならない。
³前方、すなわち東側に宿営する者は、軍団ごとにユダの宿営の旗の者でなければならない。ユダ族の族長はアミナダブの子ナフションである。
⁴彼の軍団は、登録された者が、七万四千六百人である。
⁵その隣に宿営する者は、イッサカル部族であり、イッサカル族の族長はツアルの子ネタヌエルである。
⁶彼の軍団は、登録された者が、五万四千四百人である。
⁷ついでゼブルン部族がおり、ゼブルン族の族長はヘロンの子エリアブである。
⁸彼の軍団は、登録された者が、五万七千四百人である。
⁹ユダの宿営に属し、その軍団ごとに登録された者の総数は、十八万六千四百人。彼らが先頭に進まなければならない。
¹⁰南側にはルベンの宿営の旗の者が、軍団ごとにおり、ルベン族の族長はシェデウルの子エリツルである。
¹¹彼の軍団は、登録された者が、四万六千五百人である。
¹²その隣に宿営する者はシメオン部族であり、シメオン族の族長はツリシャダイの子シェルミエルである。
¹³彼の軍団は、登録された者が、五万九千三百人である。
¹⁴ついでガド部族がおり、ガド族の族長は*デウエルの子エルヤサフである。
¹⁵彼の軍団は、登録された者が、四万五千六百五十人である。

1 ①民2:1-34, 民10:11-28
2 ①民1:52
3 ①民1:7, 7:12, 10:14, ルツ4:20, Ⅰ歴2:10, マタ1:4, ルカ3:32
4 ①民26:22
5 ①民1:8, 7:18, 10:15
6 ①民26:25
7 ①民26:27
10 ①民1:5, 7:30, 10:18
11 ①民26:7
12 ①民1:6, 7:36, 10:19
13 ①民26:14
14 *⊠「レウエル」
①民1:14, 7:42, 47, 10:20
15 ①民26:18

17 ①民1:53
18 ①民1:10, 7:48, 10:22
19 ①民26:37
20 ①民1:10, 7:54, 10:23
21 ①民26:34
22 ①民1:11, 7:60, 10:24
23 ①民26:41
25 ①民1:12, 7:66, 10:25
26 ①民26:43
27 ①民1:13, 7:72, 10:26
28 ①民26:47
30 ①民1:15, 7:78, 10:27
31 ①民26:50
32 ①民1:46, 11:21, 26:51, 出38:26

¹⁶ルベンの宿営に属し、その軍団ごとに登録された者の総数は、十五万一千四百五十人。彼らは二番目に進まなければならない。
¹⁷次に会見の天幕、すなわちレビ人の宿営は、これらの宿営の中央にあって進まなければならない。彼らが宿営する場合と同じように、おのおのの自分の場所について彼らの旗に従って進まなければならない。
¹⁸西側にはエフライムの宿営の旗の者が、その軍団ごとにおり、エフライム族の族長はアミフデの子エリシャマである。
¹⁹彼の軍団は、登録された者が、四万五百人である。
²⁰その隣にマナセ部族がおり、マナセ族の族長はペダツルの子ガムリエルである。
²¹彼の軍団は、登録された者が、三万二千二百人である。
²²ついでベニヤミン部族がおり、ベニヤミン族の族長はギデオニの子アビダンである。
²³彼の軍団は、登録された者が、三万五千四百人である。
²⁴エフライムの宿営に属し、その軍団ごとに登録された者の総数は、十万八千百人。彼らは三番目に進まなければならない。
²⁵北側にはダンの宿営の旗の者が、その軍団ごとにおり、ダン族の族長はアミシャダイの子アヒエゼルである。
²⁶彼の軍団は、登録された者が、六万二千七百人である。
²⁷その隣に宿営する者はアシェル部族であり、アシェル族の族長はオクランの子パグイエルである。
²⁸彼の軍団は、登録された者が、四万一千五百人である。
²⁹ついでナフタリ部族がおり、ナフタリ族の族長はエナンの子アヒラである。
³⁰彼の軍団は、登録された者が、五万三千四百人である。
³¹ダンの宿営に属する、登録された者の総数は、十五万七千六百人。彼らはその旗に従って最後に進まなければならない。」
³²以上がイスラエル人で、その父祖の家ごとに登録された者たちであり、全宿営の

うに組織化することの重要性を聖書は教えている。宿営の真ん中に幕屋があることは、この民族の生活が主を中心とし、主を贖い主（救い主、救助者、いのちの与え主）として礼拝をすることを中心に動いていたこ

軍団ごとに登録された者の総数は、六十万三千五百五十人であった。³³しかしレビ人は、主がモーセに命じられたように、他のイスラエル人の中で登録されなかった。

³⁴イスラエル人は、すべて主がモーセに命じられたとおりに行い、それぞれの旗ごとに宿営し、おのおのその氏族ごとに、父祖の家ごとに進んだ。

レビ人

3 ¹主がシナイ山でモーセと語られたときのアロンとモーセの系図は、次のとおりであった。²アロンの子らの名は長子ナダブと、アビフと、エルアザルと、イタマルであった。³これらはアロンの子らの名であって、彼らは油そそがれて祭司の職に任じられた祭司であった。⁴しかしナダブとアビフは、シナイの荒野で主の前に異なった火をささげたとき、主の前で死んだ。彼らには子どもがなかった。そこでエルアザルとイタマルは父アロンの生存中から祭司として仕えた。

⁵主はモーセに告げて仰せられた。⁶「レビ部族を近寄らせ、彼らを祭司アロンにつき添わせ、彼に仕えさせよ。⁷彼らは会見の天幕の前で、アロンの任務と全会衆の任務を果たして、幕屋の奉仕をしなければならない。⁸彼らは会見の天幕のすべての用具を守り、またイスラエル人の務めを守って、幕屋の奉仕をしなければならない。⁹あなたは、レビ人をアロンとその子らにあてがいなさい。彼らはイスラエル人の中から、正式にアロンにあてがわれた者たちである。¹⁰あなたは、アロンとその子らを任命して、その祭司の職を守らせなければならな

33①民1:47, 49
34①民2:2, 24:2

1①民26:59, 出6:20, 27
2①民26:60, 出6:23, Ⅰ歴24:1
3①出28:1-4, 41, 29章, 30:30, レビ8章
4①民26:61, レビ10:1, 2
②Ⅰ歴24:2
6①民3:6-10, 1:50, 8:14-26, 18:2-7, 申10:8, Ⅰ歴15:1-24
10①出29:9

②→民1:51
12①民3:41, 45, 8:14-16
13①民8:17, 出13:2, 11-16, レビ27:26, ルカ2:23
15①民1:47
②民3:40
17①民3:17-39, 民26:57-62, 創46:11, 出6:16-23, Ⅰ歴6:1-48
*Ⅰ歴6:1「ゲルショム」
21*Ⅰ歴6:1「ゲルショム」
23①民1:53
25①民3:25-28, 民4:24-26, 7:1

い。ほかの人で近づく者は殺される。」

¹¹主はモーセに告げて仰せられた。¹²「わたしはイスラエル人のうちで最初に生まれたすべての初子の代わりに、今これからイスラエル人の中からレビ人を取ることにした。レビ人はわたしのものである。¹³初子はすべてわたしのものだからである。エジプトの国でわたしがすべての初子を打ち殺した日に、わたしは、人間から始めて家畜に至るまでイスラエルのうちのすべての初子をわたしのものとして聖別した。彼らはわたしのものである。わたしは主である。」

¹⁴主はシナイの荒野でモーセに告げて仰せられた。¹⁵「レビ族をその父祖の家ごとに、その氏族ごとに登録せよ。あなたは一か月以上のすべての男子を登録しなければならない。」¹⁶そこでモーセは主の命により、命じられたとおりに彼らを登録した。¹⁷レビ族の名は次のとおりである。*ゲルションと、ケハテと、メラリ。¹⁸ゲルション族の氏族名は次のとおりである。リブニとシムイ。¹⁹ケハテ族の諸氏族はそれぞれ、アムラムとイツハル、ヘブロンとウジエル。²⁰メラリ族の諸氏族は、それぞれ、マフリとムシ。これらがその父祖の家によるレビ人の諸氏族である。

²¹リブニ族とシムイ族は*ゲルションに属し、これらがゲルション人の諸氏族であった。²²数を数えて登録された者は、一か月以上のこれらすべての男子で、登録された者は、七千五百人であった。²³ゲルション人諸氏族は、幕屋のうしろ、すなわち西側に宿営しなければならなかった。²⁴ゲルション人の、一族の長は、ラエルの子エルヤサフであった。²⁵会見の天幕でのゲルション族の任務は、

3:3 油そそがれ・・・た祭司 祭司たちに油を注ぐ目的は神への奉仕に「任じる」ことだった。それは祭司の生活がほかのことから分離されて、完全に神に仕えるようにささげるという意味である。(1) 同じように新約聖書では信仰者が聖霊の油注ぎを受けるとき、神の国の奉仕とあかしのために分離され力を与えられる (使1:8, 2:4)。(2) ヘブル語の「メシヤ」とギリシヤ語の「キリスト」はともに「油そそがれた者」を意味する(→マタ1:1注)。キリストは働きと奉仕をみな聖霊の油注ぎを受けて行われた(→**イエスと聖霊**の項p.1809)

3:4 異なった火をささげた →レビ10:1-2注

幕屋すなわち天幕と、そのおおい、会見の天幕の入口の垂れ幕、²⁶庭の掛け幕、それに幕屋と祭壇の回りを取り巻く庭の入口の垂れ幕、そのすべてに用いるひもについてである。

²⁷アムラム族、イツハル族、ヘブロン族、ウジエル族はケハテに属し、これらがケハテの諸氏族であった。

²⁸これらの一か月以上のすべての男子を数えると、八千六百人であった。彼らが聖所の任務を果たす者である。

²⁹ケハテ諸氏族は、幕屋の南側に沿って宿営しなければならなかった。

³⁰ケハテ人諸氏族の、一族の長は、ウジエルの子*エリツァファンであった。

³¹彼らの任務は、契約の箱、机、燭台、祭壇、およびこれらに用いる聖なる用具と垂れ幕と、それに関するすべての奉仕である。

³²レビ人の長の長は祭司アロンの子エルアザルであって、聖所の任務を果たす者たちの監督であった。

³³マフリ族とムシ族はメラリに属し、これらがメラリの諸氏族であった。

³⁴数を数えて登録された者は、一か月以上のすべての男子で、六千二百人であった。

³⁵メラリ諸氏族の父の家の長は、アビハイルの子ツリエルであった。彼らは幕屋の北側に沿って宿営しなければならなかった。

³⁶メラリ族に任じられた務めは、幕屋の板、その横木、その柱と台座、そのすべての用具およびそれに用いるすべてのもの、

³⁷庭の回りの柱とその台座、その釘とそのひもについてである。

³⁸幕屋の正面、すなわち会見の天幕の前方に当たる東側に宿営する者は、モーセとアロンまたその子らで、イスラエル人の任務に代わって、聖所の任務を果たす者たちであった。ほかの人でこれに近づく者は殺される。

³⁹モーセとアロンが主の命により、氏族ごとに登録した、すべての登録されたレビ人は、一か月以上のすべての男子で、二万二千人であった。

⁴⁰主はモーセに仰せられた。「イスラエル人のすべての一か月以上の男子の初子を登録し、その名を数えよ。

⁴¹あなたは、わたしのために、わたし自身、主のために、イスラエル人のうちのすべての初子の代わりにレビ人を取り、またイスラエル人の家畜のうちのすべての初子の代わりに、レビ人の家畜を取りなさい。」

⁴²モーセは主が彼に命じられたとおりに、イスラエル人のうちのすべての初子を登録した。

⁴³その登録による、名を数えられたすべての一か月以上の男子の初子は、二万二千二百七十三人であった。

⁴⁴主はモーセに告げて仰せられた。

⁴⁵「レビ人をイスラエル人のうちのすべての初子の代わりに、またレビ人の家畜を彼らの家畜の代わりに取れ。レビ人はわたしのものでなければならない。わたしは主である。

⁴⁶レビ人の数より二百七十三人超過しているイスラエル人の初子の贖いの代金として、

⁴⁷ひとり当たり五シェケルを取りなさい。これを聖所のシェケルで取らなければならない。一シェケルは二十ゲラである。

⁴⁸そして、この代金を、超過した者たちの贖いの代金として、アロンとその子らに渡しなさい。」

⁴⁹こうしてモーセはレビ人によって贖われた者より超過した者たちから、贖いの代金を取った。

⁵⁰すなわちイスラエル人の初子から、聖所のシェケルで千三百六十五シェケルの代金を取り、

⁵¹モーセは、主の命により、この贖いの代金を、主がモーセに命じられたように、アロンとその子らに渡した。

ケハテ族

4 ¹主はモーセとアロンに告げて仰せられた。

²「レビ人のうち、ケハテ族の人口調査を、その氏族ごとに、父祖の家ごとにせよ。

---

25 ② 出26:7, 14
26 ① 出27:9
　② 出26:36, 27:16
　③ 出35:18
29 ① 民1:53
30 ① Ⅰ歴15:8
　* レビ10:4「エルツァファン」
31 ① 民25:10
　② 民25:23
　③ 民25:31
　④ 出27:1, 30:1
35 ① 民1:53
36 民3:36-37, 民4:31-33, 7:8
　② 出26:15
　③ 出26:26
37 ① 出27:9, 10
38 ① 民1:53
　② 民3:10
　③ →民1:51
39 ① 民26:62

40 ① 民3:15
41 ① 民3:12, 13, 45, 出13:2, 11-16
46 ① 民3:39, 43
　② 出13:15, 出13:13, 15
47 ① 民18:16
　② 出30:13, レビ5:15, 27:25
　③ エゼ45:12
　* 1ゲラは0.57グラム
2 ① 民4:2, 3, 民4:22, 23, 29, 30, 34-37

3:43 初子　「男子の初子」の数は1:46のおよそ60万人という数と比べると少ない。男子の「初子」の数が少ないのは、出エジプト（⇒出13:1-2）と13か月後の人口調査の間に生れた子どもだけを数えたからではない

³ それは会見の天幕で務めにつき、仕事をすることのできる三十歳以上五十歳までのすべての者である。
⁴ ケハテ族の会見の天幕での奉仕は、最も聖なるものにかかわることであって次のとおりである。
⁵ 宿営が進むときは、アロンとその子らは入って行って、仕切りの幕を取り降ろし、あかしの箱をそれでおおい、
⁶ その上にじゅごんの皮のおおいを掛け、またその上に真っ青の布を延べ、かつぎ棒を通す。
⁷ また、供えのパンの机の上に青色の布を延べ、その上に皿、ひしゃく、水差し、注ぎのささげ物のためのびんを載せ、またその上に常供のパンを置かなければならない。
⁸ これらのものの上に緋色の撚り糸の布を延べ、じゅごんの皮のおおいでこれをおおい、かつぎ棒を通す。
⁹ 青色の布を取って、燭台とともしび皿、心切りばさみ、心取り皿およびそれに用いるすべての油のための器具をおおい、
¹⁰ この燭台とそのすべての器具をじゅごんの皮のおおいの中に入れ、これをかつぎ台に載せる。
¹¹ また金の祭壇の上に青色の布を延べなければならない。それをじゅごんの皮のおおいでおおい、かつぎ棒を通す。
¹² 聖所で務めに用いる用具をみな取り、青色の布の中に入れ、じゅごんの皮のおおいでそれをおおい、これをかつぎ台に載せ、
¹³ 祭壇から灰を除き、紫色の布をその上に延べる。
¹⁴ その上に、祭壇で用いるすべての用器、すなわち火皿、肉刺し、十能、鉢、これら祭壇のすべての用具を載せ、じゅごんの皮のおおいをその上に延べ、かつぎ棒を通す。
¹⁵ 宿営が進むときは、アロンとその子らが聖なるものと聖所のすべての器具をおおい終わって、その後にケハテ族が入って来て、これらを運ばなければならない。彼らが聖なるものに触れて死なないためであるかと説明する人もいる。

4⑴民4:15
 ⑵民4:19
5⑴出26:31-33, 35:12, 39:34, 40:3
 ⑵出25:10, 16, 40:3
6⑴民4:8, 10-12, 14, 25, 出25:5, 26:14
 ⑵出25:13-15
7⑴出25:30
 ⑵民6:15, 17, 15:5, 7, 10, 24, 28:7, 8, 9, 10, 14, 15, 24, 31, 29:6, 11, 16, 18, 19, 21, 22, 24, 25, 27, 30, 31, 33, 34, 37, 38, 39,
  →創35:14,
 出25:29, 37:16
 ⑶出25:30, レビ24:5-9
9⑴出25:31
 ⑵出37:23
11⑴出30:1
12⑴出27:1
14⑴民4:8, 出25:5
15⑴民7:9
 ⑵民1:51, 4:19, 20,
  Ⅱサム6:6, 7,
  Ⅰ歴13:9, 10

⑶民3:31
16⑴出25:6, 27:20, 35:8, 14, 39:37, レビ24:2
 ⑵出25:6
 ⑶→民5:15
 ⑷出30:23-25
19⑴民4:4
 ⑵民4:15
20⑴出19:21, 33:20-23, Ⅰサム6:19
22⑴民4:22, 23, 民4:2, 3, 29, 30, 38-41
 *Ⅰ歴6:1「ゲルショム」
24⑴民4:24-28, 民3:25-28, 7:7
25⑴民3:25
 ⑵民4:6, 出26:14

る。これらは会見の天幕で、ケハテ族のになうものである。
¹⁶ 祭司アロンの子エルアザルの責任は、ともしび用の油、かおりの高い香、常供の穀物のささげ物、そそぎの油についてであり、幕屋全体とその中にあるすべての聖なるものと、その用具についての責任である。」
¹⁷ ついで主はモーセとアロンに告げて仰せられた。
¹⁸「あなたがたは、ケハテ人諸氏族の部族をレビ人のうちから絶えさせてはならない。
¹⁹ あなたがたは、彼らに次のようにし、彼らが最も聖なるものに近づくときにも、死なずに生きているようにせよ。アロンとその子らが、入って行き、彼らにおのおのの奉仕と、そのになうものとを指定しなければならない。
²⁰ 彼らが入って行って、一目でも聖なるものを見て死なないためである。」

ゲルション族
²¹ ついで主はモーセに告げて仰せられた。
²²「あなたはまた、*ゲルション族の人口調査を、その父祖の家ごとに、その氏族ごとに行い、
²³ 三十歳以上五十歳までの者で会見の天幕で務めを果たし、奉仕をすることのできる者をすべて登録しなければならない。
²⁴ ゲルション人諸氏族のなすべき奉仕とそのになうものに関しては次のとおりである。
²⁵ すなわち幕屋の幕、会見の天幕とそのおおい、その上に掛けるじゅごんの皮のおおい、会見の天幕の入口の垂れ幕を運び、
²⁶ また庭の掛け幕、幕屋と祭壇の回りを取り巻く庭の門の入口の垂れ幕、それらのひも、およびそれらに用いるすべての用具を運び、これらに関係するすべての奉仕をしなければならない。
²⁷ 彼らのになうものと奉仕にかかわるゲルション族のすべての奉仕は、アロンとその子らの命令によらなければならない。あなたがたは、彼らに、任務として、彼らがに

4:20 死なないため 神の聖さは滅ぼすこともあれば(4:15, 20, →レビ10:2注)、聖別する(聖める)こともある(イザ6:1-7, →レビ19:2注)。神に従いあがめる人には祝福が与えられるけれども、神を敬わず尊ばない人にはさばきが下ると神は教えておられる(⇒

民数記 4-5章

なうものをすべて割り当てなければならない。²⁸以上がゲルション諸氏族の会見の天幕においての奉仕であって、彼らの任務は祭司アロンの子イタマルの監督のもとにある。

メラリ族

²⁹メラリ族について、あなたはその氏族ごとに、父祖の家ごとに、彼らを登録しなければならない。³⁰三十歳以上五十歳までの者で、務めにつき、会見の天幕の奉仕をすることのできる者たちすべてを登録しなければならない。³¹会見の天幕での彼らのすべての奉仕で、彼らがになう任務のあるものは次のとおりである。幕屋の板、その横木、その柱とその台座、³²庭の回りの柱と、その台座、釘、ひも、これらの用具と、その奉仕に使うすべての物である。あなたがたは彼らがになう任務のある用具を名ざして割り当てなければならない。³³これが会見の天幕でのすべての奉仕に関するメラリ諸氏族の奉仕であって、これは祭司アロンの子イタマルの監督のもとにある。」

レビ人の人口調査

³⁴そこでモーセとアロンと会衆の上に立つ者たちは、ケハテ族をその氏族ごとに、父祖の家ごとに、³⁵三十歳以上五十歳までの者で、会見の天幕での奉仕の務めにつくことのできる者を、すべて登録した。³⁶その氏族ごとに登録された者は、二千七百五十人であった。³⁷これはケハテ人諸氏族で登録された者であって、会見の天幕で奉仕する者の全員であり、モーセとアロンが、モーセを通して示された主の命令によって登録した者たちである。

³⁸ゲルション族で、その氏族ごとに、父祖の家ごとに登録され、³⁹三十歳以上五十歳までの者で、会見の天幕での奉仕の務めにつくことのできる者の全員、⁴⁰その氏族ごとに、父祖の家ごとに登録された者は、二千六百三十人であった。⁴¹これはゲルション諸氏族で登録された者であって、会見の天幕で奉仕する者の全員であり、モーセとアロンが主の命により登録した者たちである。

⁴²メラリ諸氏族で、その氏族ごとに、父祖の家ごとに登録され、⁴³三十歳以上五十歳までの者で、会見の天幕での奉仕の務めにつくことのできる者の全員、⁴⁴その氏族ごとに登録された者は、三千二百人であった。⁴⁵これはメラリ諸氏族で登録された者であって、モーセとアロンが、モーセを通して示された主の命令によって登録した者たちである。

⁴⁶モーセとアロンとイスラエルの族長たちが、レビ人を、その氏族ごとに、父祖の家ごとに登録した登録者の全員、⁴⁷三十歳以上五十歳までの者で会見の天幕で、働く奉仕と、になう奉仕をする者全員、⁴⁸その登録された者は、八千五百八十人であった。⁴⁹モーセを通して示された主の命令によって、彼は、おのおのその奉仕とそのになうものについて、彼らを登録した。主がモーセに命じたとおりに登録された者たちである。

宿営の聖潔

5 ¹ついで主はモーセに告げて仰せられた。²「イスラエル人に命じて、ツァラアトの者、漏出を病む者、死体によって身を汚している者をすべて宿営から追い出せ。³男でも女でも追い出し、彼らを宿営の外に追い出して、わたしがその中に住む宿営

---

28 * Ⅰ歴6:1「ゲルショム」
29①民4:29, 30, 民4:2, 3, 22, 23, 42-45
31①民4:31-33, 民3:36, 37, 7:8
 ②出26:15
33①申38:21
34①民4:34-37, 民4:2, 3
38①民4:38-41, 民4:22, 23

42①民4:42-45, 民4:29, 30
46①民4:46-49, 民4:2, 3, 22, 23, 29, 30
47①Ⅰ歴23:3, 24-27
48①民4:36, 40, 44
49①民4:15, 24, 31
 ②民4:1
 ③民1:47

2①民12:10, 14, 15, レビ13:3, 45, 46
 ②レビ15:2
 ③民9:6, 10, 19:11, 13, 16, 31:19, レビ21:1
 ④民12:15, 31:19, レビ13:46, 申23:10, Ⅱコリ6:17, 黙21:27, 22:15
3①民35:34, レビ26:11, 12, 申23:14, Ⅱコリ6:16, 17

Ⅰコリ11:27-29)。

5:2 宿営から追い出せ 感染性の皮膚病または皮膚からの漏出を持つ人、または死体に触れた人は典礼的に汚れている(→レビ12:2, 13:3注)。神は清くない人のところには臨在されないので(5:3)、このような人々は宿営の外に追出された。新約聖書はこの規則の背後にある倫理的原則を、公然と神の真理や正義に逆らう教会員に適用する。信仰者の群れが神の祝福と臨在を期待するのなら、そのような人々は取除かれなければならない(⇒Ⅰコリ5:, Ⅱコリ6:14-18, Ⅱテサ

を汚さないようにしなければならない。」
4 イスラエル人はそのようにして、彼らを宿営の外に追い出した。主がモーセに告げられたとおりにイスラエル人は行った。

罪過の弁償

5 ついで主はモーセに告げて仰せられた。
6「イスラエル人に告げよ。
　男にせよ、女にせよ、主に対して不信の罪を犯し、他人に何か一つでも罪を犯し、自分でその罪を認めたときは、
7 自分の犯した罪を告白しなければならない。その者は罪過のために総額を弁償する。また、それにその五分の一を加えて、当の被害者に支払わなければならない。
8 もしその人に、罪過のための弁償を受け取る権利のある親類がいなければ、その弁償された罪過のためのものは主のものであり祭司のものとなる。そのほか、その者の罪の贖いをするための贖いの雄羊もそうなる。
9 こうしてイスラエル人が祭司のところに持って来るすべての聖なる奉納物はみな、祭司のものとなる。
10 すべて人の聖なるささげ物は祭司のものとなり、すべて人が祭司に与えるものは祭司のものとなる。」

疑惑をもたれた妻の判決法

11 ついで主はモーセに告げて仰せられた。
12「イスラエル人に告げて言え。
　もし人の妻が道をはずして夫に対して不信の罪を犯し、
13 男が彼女と寝て交わったが、そのことが彼女の夫の目に隠れており、彼女は身を汚したが、発見されず、彼女に対する証人もなく、またその場で彼女が捕らえられもしなかった場合、
14 妻が身を汚していて、夫にねたみの心が起こって妻をねたむか、あるいは妻が身を汚していないのに、夫にねたみの心が起こって妻をねたむかする場合、
15 夫は妻を祭司のところに連れて行き、彼

6①レビ6:2, 3
7①レビ5:5, 26:40, ヨシ7:19-21
②レビ6:5
9①レビ5:16, 18, 6:6, 7
②民6:20, 15:19, 20, 21, 18:8, 11, 19, 24, 26, 27, 28, 29, 31:29, 41, 52, →出25:2, →レビ7:14, →申12:6
③レビ7:7, 32, 34, 10:14, 15
10①民18:8, 9, 19, 出29:28,
②レビ18:7, 6, 7, 9, 10, 14, 申18:3, 4, エゼ44:29, 30
12①レビ5:19, 20, 29, レビ20:12

15①レビ5:11
＊1エパは23リットル
②Ⅰ列17:18, エゼ29:16
③民4:16, 5:18, 25, 26, 6:15, 17, 7:13, 19, 25, 31, 37, 43, 49, 55, 61, 67, 73, 79, 87, 8:8, 15:4, 6, 9, 24, 18:9, →民28:5, 出29:41, →レビ2:1
18①→民5:15
19①民5:12, レビ20:12
21①ヨシ6:26, ルツ1:17, Ⅰサム14:24,
②イザ65:15, エレ29:22
22①詩109:18
25①→民5:15
②レビ8:27
26①民5:15
②レビ2:9, 5:12

女のために大麦の粉十分の一エパをささげ物として携えて行きなさい。この上に油をそそいでも乳香を加えてもいけない。これはねたみのささげ物、咎を思い出す覚えの穀物のささげ物だからである。
16 祭司は、その女を近寄らせ、主の前に立たせる。
17 祭司はきよい水を土の器に取り、幕屋の床にあるちりを取ってその水に入れる。
18 祭司は、主の前に女を立たせて、その女の髪の毛を乱れさせ、その手にねたみのささげ物である覚えの穀物のささげ物を与える。祭司の手にはのろいをもたらす苦い水がなければならない。
19 祭司は女に誓わせ、これに言う。『もしも、他の男があなたと寝たことがなく、またあなたが夫のもとにありながら道ならぬことをして汚れたことがなければ、あなたはこののろいをもたらす苦い水の害を受けないように。
20 しかしあなたが、もし夫のもとにありながら道ならぬことを行って身を汚し、夫以外の男があなたと寝たのであれば、』
21 ──そこで祭司はその女にのろいの誓いを誓わせ、これに言う──『主があなたのももをやせ衰えさせ、あなたの腹をふくれさせ、あなたの民のうちにあって主があなたをのろいとし誓いとされるように。
22 またこののろいをもたらす水があなたのからだに入って腹をふくれさせ、ももをやせ衰えさせるように。』その女は、『アーメン、アーメン』と言う。
23 祭司はこののろいを書き物に書き、それを苦い水の中に洗い落とす。
24 こののろいをもたらす苦い水をその女に飲ませると、のろいをもたらす水が彼女の中に入って苦くなるであろう。
25 祭司は女の手からねたみのささげ物を取り、この穀物のささげ物を主に向かって揺り動かし、それを祭壇にささげる。
26 祭司は、その穀物のささげ物から記念の部分をひとつかみ取って、それを祭壇で焼

3:14, Ⅱヨハ1:10-11, →マタ18:15注)。
5:18【主】の前に女を立たせて 妻が不貞を犯したと疑ってもその証拠がない場合、夫は妻を主の前に連れて来ることができる。そこで有罪か無罪かが決定される。これは無実の妻を守るためだった。罪を犯していた場合に限り、神のさばきの結果として病気になる

民数記　5-6章

いて煙とする。その後に、女にその水を飲ませなければならない。
27 その水を飲ませたときに、もし、その女が夫に対して不信の罪を犯して身を汚していれば、のろいをもたらす水はその女の中に入って苦くなり、その腹はふくれ、そのももはやせ衰える。その女は、その民の間でのろいとなる。
28 しかし、もし女が身を汚しておらず、きよければ、害を受けず、子を宿すようになる。
29 これがねたみの場合のおしえである。女が夫のもとにありながら道ならぬことをして身を汚したり、
30 または人にねたみの心が起こって、自分の妻をねたむ場合には、その妻を主の前に立たせる。そして祭司は女にこのおしえをすべて適用する。
31 夫には咎がなく、その妻がその咎を負うのである。」

ナジル人

6 ¹ 主はモーセに告げて仰せられた。
² 「イスラエル人に告げて言え。
男または女が主のものとして身を聖別するため特別な誓いをして、ナジル人の誓願を立てる場合、
³ ぶどう酒や強い酒を断たなければならない。ぶどう酒の酢や強い酒の酢を飲んではならない。ぶどう汁をいっさい飲んではならない。ぶどうの実の生のものも干したも

27 ①エレ24:9, 29:18, 22, 42:18, 44:12, ゼカ8:13
29 ①民5:12, 19, 20, レビ20:12
31 ①レビ20:17, 19, 20

2 ①レビ27:2, 士13:5, 16:17, アモ2:11, 12, 使21:23
3 ①民6:3, 4, 士13:4, アモ2:11, 12, ルカ1:15
② →レビ10:9

5 ①士13:5, 16:17, Ⅰサム1:11
② 民8:7
6 ①民19:11, 13, 16, レビ21:1, 11
7 ①レビ21:1-4, 10, 11
9 ①民6:18, レビ14:8, 9, 使18:18, 21:24
10 ①レビ15:14, 29
11 ①→民7:16
② 民6:14, 16, 7:15, 21, 27, 33, 39, 45, 51, 57, 63, 69, 75, 81, 87, 8:12, 10:10, 15:3, 5, 8, 24, 23:3, 6, 15, 17, 28:3, 6, 10, 11, 13, 14, 15, 19, 23, 24, 27, 31, 29:2, 6, 8, 11, 13, 16, 19, 22, 25, 28, 31, 34, 36, 38, 39, →創8:20, →レビ1:3, →申12:6
③ レビ5:6

のも食べてはならない。
⁴ 彼のナジル人としての聖別の期間には、ぶどうの木から生じるものはすべて、種も皮も食べてはならない。
⁵ 彼がナジル人としての聖別の誓願を立てている間、頭にかみそりを当ててはならない。主のものとして身を聖別している期間が満ちるまで、彼は聖なるものであって、頭の髪の毛をのばしておかなければならない。
⁶ 主のものとして身を聖別している間は、死体に近づいてはならない。
⁷ 父、母、兄弟、姉妹が死んだ場合でも、彼らのため身を汚してはならない。その頭には神の聖別があるからである。
⁸ 彼は、ナジル人としての聖別の期間は、主に聖なるものである。
⁹ もしだれかが突然、彼のそばで死んで、その聖別された頭を汚した場合、彼は、その身をきよめる日に頭をそる。すなわち七日目にそらなければならない。
¹⁰ そして八日目に山鳩二羽か家鳩のひな二羽を会見の天幕の入口の祭司のところに持って来なければならない。
¹¹ 祭司はその一羽を罪のためのいけにえとし、他の一羽を全焼のいけにえとしてささげ、死体によって招いた罪について彼のために贖いをし、彼はその日にその頭を聖なるものとし、
¹² ナジル人としての聖別の期間をあらためて主のものとして聖別する。そして一歳の

(5:21-28)。

6:2 ナジル人　「ナジル人」(《ヘ》ナジル、ナーザル「分ける」の派生語)というのは、分離され主に完全にささげられた人のことである。献身または聖約の期間はある一定の期間の場合も、生涯の場合もあった(士13:5、Ⅰサム1:11)。(1) ナジル人は神ご自身によって育てられた。それは最高の聖さの基準、尊厳、献身を人々の間で具体的に生活を通して現すためだった(⇒アモ2:11-12)。(2) ナジル人の誓いは完全に自発的なものであり、神への献身はまず心からのものでなければならないことをイスラエルに教えるために定められた。心からの献身は自己否定(6:3-4)、目に見える告白(6:5)、個人的清さ(6:6-8)を通して現されるものである。ナジル人の全き献身はキリスト者がみな求め続けるべき姿を示している。

6:3 ぶどう酒や強い酒を　ナジル人とぶどう酒と強い酒との関係について　→「旧約聖書のぶどう酒」の項 p.1069

6:3 ぶどう汁　「汁」(《ヘ》ミシュラー)と訳されていることばは、ぶどうまたはつぶしたぶどうの残りを水に浸して作った飲み物のことである。

6:5 頭の髪の毛をのばして　ナジル人は主への献身の象徴として髪の毛を伸ばしておかなければならなかった。パウロによると、長髪は普通は男性にとって恥だった(Ⅰコリ11:14)。そこでナジル人にとって髪を伸ばすことは、人々から恥ずかしいことばを投げられても耐えることを象徴していたと思われる。これはみな主があがめられるためだった。死体に近付いてはならないという命令(6:6)は、死は神が人間を創造されたときのみこころではなかったことを教えている。死

民数記　6章

雄の子羊を携えて来て、罪過のためのいけにえとする。それ以前の日数は、彼の聖別が汚されたので無効になる。

¹³これがナジル人についてのおしえである。ナジル人としての聖別の期間が満ちたときは、彼を会見の天幕の入口に連れて来なければならない。¹⁴彼は主へのささげ物として、一歳の雄の子羊の傷のないもの一頭を全焼のいけにえとして、また一歳の雌の子羊の傷のないもの一頭を罪のためのいけにえとして、また傷のない雄羊一頭を和解のいけにえとして、¹⁵また種を入れないパン一かご、油を混ぜた小麦粉の輪型のパン、油を塗った種を入れないせんべい、これらの穀物のささげ物と注ぎのささげ物を、ささげなければならない。¹⁶祭司はこれらのものを主の前にささげ、罪のためのいけにえと全焼のいけにえとをさげる。¹⁷雄羊を和解のいけにえとして、一かごの種を入れないパンに添えて主にささげ、さらに祭司は穀物のささげ物と注ぎのささげ物をささげる。¹⁸ナジル人は会見の天幕の入口で、聖別した頭をそり、その聖別した頭の髪の毛を取って、和解のいけにえの下にある火にくべる。¹⁹祭司は煮えた雄羊の肩と、かごの中の種を入れない輪型のパン一個と、種を入れないせんべい一個を取って、ナジル人がその聖別した髪の毛をそって後に、これらをその手の上に載せる。²⁰祭司はこれらを奉献物として主に向かって揺り動かす。これは聖なるものであって、奉献物の胸、奉納物のももとともに祭司のものとなる。その後に、このナジル人はぶどう酒を飲むことができる。

²¹これがナジル人についてのおしえである。ナジル人としての聖別に加えて、その人の及ぶ以上に主へのささげ物を誓う者は、ナジル人としての聖別のおしえに加えて、その誓った誓いのことばどおりにしなければならない。」

祭司による祝福

²²ついで主はモーセに告げて仰せられた。²³「アロンとその子らに告げて言え。
あなたがたはイスラエル人をこのように祝福して言いなさい。

---

12 ①→レビ5:15
13 ①使21:26
14 ①→民6:11、詩66:13-15
　②レビ4:32, 14:10
　③民7:16
　④民6:17, 18, 7:17, 23, 29, 35, 41, 47, 53, 59, 65, 71, 77, 83, 88, 10:10, 15:8, 29:39, 申27:7, →出20:24
15 ①レビ2:6
　②出29:2
　③→民5:15
　④→民4:7
16 ①→民4:7
　②→民6:11
17 ①→民6:14
　②レビ5:15
　③→民4:7

18 ①民6:9, 使21:24
　②→民6:14
19 ①出29:23
　②→出29:2
＊直訳「その聖別を」
20 ①レビ7:30-34, 10:14
　②民8:11, 13, 15, 21, 18:11, 18, →出29:24
　③民5:9
23 ①レビ9:22, Ⅰ歴23:13

はいのちの反対であり罪の結果である。したがって死体は汚れたものとみなされた(→レビ12:2注, 13:3注)。

6:14　ささげ物として　聖別の誓いをしたあと、ナジル人は大祭司が任命式の日にささげるもの(⇒レビ8:-9:)と同じいけにえを神の前にささげなければならなかった。自分を完全に神にささげるこの人々(男女)は(6:2)、最高の聖職者と同じように神の目に重要だった。神の国で偉大なのは地位や権力に基づくものではなく聖別と献身に基づくものである(→ルカ22:24-30注)。

6:20　このナジル人はぶどう酒を飲むことができる　ナジル人が誓い(奉仕のためにささげた)の期間を終えると、ぶどう酒(《ヘ》ヤイン, →「旧約聖書のぶどう酒」の項 p.1609)を飲むことを許された。この時代に発酵したぶどう酒(《ヘ》ヤイン)が禁止されていたのは神への奉仕のために聖別された人だけだった(6:1-4, レビ10:9-11)。けれども神の最高のご計画をよりよく知るようになるにつれて、酔いを招く発酵した「ヤイン」はだれも飲むべきではないということが神によって明らかにされた(→箴23:29-35, →箴23:31注)。

6:23　イスラエル人を・・・祝福して　6:22-27は神の民が純粋さを維持するなら、神がやさしく応えてくださることを示している。行動に表された心からの献身はナジル人の誓いと同じように見られた(→民6:2注)。「祝福(《ヘ》バラク)」することは神の臨在、活動、愛がその人の個人生活と環境の中に浸透するという意味を持っている。

（1）この祝福は神が設定された条件のもとで、神の忠実なしもべたちに備えられた(申11:27)。
（2）祭司による祝福には次の三つが含まれている。(a) 神の祝福が与えられ、悪の力や人生のしあわせを損なうあらゆるものから守られる(6:24, ⇒詩71:1-6)。(b) 主の御顔が照らされる。つまり神の好意、慈しみ、恵みが与えられる(6:25)。それは神の怒りが取去られたことを意味する(⇒詩27:1, 31:16, 箴15:30, 16:14, イザ57:17)。恵みは神のあわれみ、愛、救いの力である(→「**信仰と恵み**」の項 p.2062)。
(c) 主の御顔が向けられる(6:26)。つまり心からの愛をもって心配をし必要なものを与えてくださる(⇒詩4:7-8, 33:18, 34:17)。神が与えてくださるものは

民数記 6–7章

²⁴『主があなたを祝福し、
　あなたを守られますように。
²⁵主が御顔をあなたに照らし、
　あなたを恵まれますように。
²⁶主が御顔をあなたに向け、
　あなたに平安を与えられますように。』
²⁷彼らがわたしの名でイスラエル人のために祈るなら、わたしは彼らを祝福しよう。」

幕屋奉献のささげ物

7 ¹モーセは幕屋を建て終わった日に、これに油をそそいで、聖別した。そのすべての器具と、祭壇およびそのすべての用具もそうした。彼がそれらに、油をそそいで聖別したとき、

²イスラエルの族長たち、すなわち彼らの父祖の家のかしらたち――彼らは部族の長たちで、登録を担当した者――がささげ物をした。

³彼らはささげ物を主の前に持って来た。それはおおいのある車六両と雄牛十二頭で、族長ふたりにつき車一両、ひとりにつき牛一頭であった。彼らはこれを幕屋の前に連れて来た。

⁴すると主はモーセに告げて仰せられた。

⁵「会見の天幕の奉仕に使うために彼らからこれらを受け取り、レビ人にそれぞれの奉仕に応じて渡せ。」

⁶そこでモーセは車と雄牛とを受け取り、それをレビ人に与えた。

⁷車二両と雄牛四頭をゲルション族にその奉仕に応じて与え、

⁸車四両と雄牛八頭をメラリ族に、祭司アロンの子イタマルの監督のもとにある彼らの奉仕に応じて与えた。

⁹しかしケハテ族には何も与えなかった。彼らの聖なるものにかかわる奉仕は、肩に負わなければならないからである。

¹⁰祭壇に油がそそがれる日に、族長たちは祭壇奉献のささげ物をささげた。族長たちが自分たちのささげ物を祭壇の前にささげたとき、

¹¹主はモーセに言われた。「族長たちは一日にひとりずつの割りで、祭壇奉献のための彼らのささげ物をささげなければならない。」

¹²第一日にささげ物をささげたのは、ユダ部族のアミナダブの子ナフションであった。

¹³そのささげ物は、銀の皿一つ、その重さは百三十シェケル。銀の鉢一つ、これは七十シェケルで、聖所のシェケルによる。この二つには穀物のささげ物として、油を混ぜた小麦粉がいっぱい入れてあった。

¹⁴また香を満たした十シェケルの金のひしゃく一つ。

¹⁵全焼のいけにえとして若い雄牛一頭、雄羊一頭、一歳の雄の子羊一頭。

¹⁶罪のためのいけにえとして雄やぎ一頭。

¹⁷和解のいけにえとして雄牛二頭、雄羊五頭、雄やぎ五頭、一歳の雄の子羊五頭。これがアミナダブの子ナフションのささげ物であった。

¹⁸二日目にはイッサカルの族長、ツアルの子ネタヌエルがささげた。

¹⁹彼はささげ物をした。銀の皿一つ、その重さは百三十シェケル。銀の鉢一つ、これは七十シェケルで、聖所のシェケルによる。この二つには穀物のささげ物として、油を混ぜた小麦粉がいっぱい入れてあった。

²⁰また香を満たした十シェケルの金のひしゃく一つ。

²¹全焼のいけにえとして若い雄牛一頭、雄羊一頭、一歳の雄の子羊一頭。

²²罪のためのいけにえとして雄やぎ一頭。

²³和解のいけにえとして雄牛二頭、雄羊五頭、雄やぎ五頭、一歳の雄の子羊五頭。これがツアルの子ネタヌエルのささげ物であった。

²⁴三日目にはゼブルン族の族長、ヘロン

「平安」である(6:26)。平安(《ヘ》シャローム)であるということは神が人生に必要なものを十分に満たしてくださるので完全であるという意味である(⇒マラ2:5)。これには将来の希望も含まれる(エレ29:11)。「平安」の反対は調和が欠けていることだけではなく、あらゆるかたちの悪を意味する(⇒ロマ1:7, Ⅰコリ1:3, Ⅰテサ5:23, →「神の平和」の項 p.1301)。

(3) 神の民は祝福された結果、あらゆる民族に影響を与えるために用いられるようになる。そして全人類に対する神の救いをたいまつの火のように輝かすことになる(詩67: , 133:3, エゼ34:26, →マタ28:19注, ルカ24:50注)。

の子エリアブであった。

25 そのささげ物は、銀の皿一つ、その重さは百三十シェケル。銀の鉢一つ、これは七十シェケルで、聖所のシェケルによる。この二つには穀物のささげ物として、油を混ぜた小麦粉がいっぱい入れてあった。
26 また香を満たした十シェケルの金のひしゃく一つ。
27 全焼のいけにえとして若い雄牛一頭、雄羊一頭、一歳の雄の子羊一頭。
28 罪のためのいけにえとして雄やぎ一頭。
29 和解のいけにえとして雄牛二頭、雄羊五頭、雄やぎ五頭、一歳の雄の子羊五頭。これがヘロンの子エリアブのささげ物であった。

30 四日目にはルベン族の族長、シェデウルの子エリツルであった。
31 そのささげ物は、銀の皿一つ、その重さは百三十シェケル。銀の鉢一つ、これは七十シェケルで、聖所のシェケルによる。この二つには穀物のささげ物として、油を混ぜた小麦粉がいっぱい入れてあった。
32 また香を満たした十シェケルの金のひしゃく一つ。
33 全焼のいけにえとして若い雄牛一頭、雄羊一頭、一歳の雄の子羊一頭。
34 罪のためのいけにえとして雄やぎ一頭。
35 和解のいけにえとして雄牛二頭、雄羊五頭、雄やぎ五頭、一歳の雄の子羊五頭。これがシェデウルの子エリツルのささげ物であった。

36 五日目にはシメオン族の族長、ツリシャダイの子シェルミエルであった。
37 そのささげ物は、銀の皿一つ、その重さは百三十シェケル。銀の鉢一つ、これは七十シェケルで、聖所のシェケルによる。この二つには穀物のささげ物として、油を混ぜた小麦粉がいっぱい入れてあった。
38 また香を満たした十シェケルの金のひしゃく一つ。
39 全焼のいけにえとして若い雄牛一頭、雄羊一頭、一歳の雄の子羊一頭。
40 罪のためのいけにえとして雄やぎ一頭。
41 和解のいけにえとして雄牛二頭、雄羊五頭、雄やぎ五頭、一歳の雄の子羊五頭。これがツリシャダイの子シェルミエルのささ

24 ①民1:9, 2:7, 10:16
25 ①→民5:15
27 ①→民6:11
　 ②→民7:15
28 ①→民7:16
29 ①→民6:14
30 ①民1:5, 2:10, 10:18
31 ①→民5:15
33 ①→民6:11
　 ②→民7:15
34 ①→民7:16
35 ①→民6:14
36 ①民1:6, 2:12, 10:19
37 ①→民5:15
39 ①→民6:11
　 ②→民7:15
40 ①→民7:16
41 ①→民6:14

42 ①民1:14, 2:14, 10:20
43 ①→民5:15
45 ①→民6:11
　 ②→民7:15
46 ①→民7:16
47 ①→民6:14
48 ①民1:10, 2:18, 10:22
51 ①→民6:11
　 ②→民7:15
52 ①→民7:16
53 ①→民6:14
54 ①民1:10, 2:20, 10:23
55 ①→民5:15
57 ①→民6:11
　 ②→民7:15
58 ①→民7:16

げ物であった。
42 六日目にはガド族の族長、デウエルの子エルヤサフであった。
43 そのささげ物は、銀の皿一つ、その重さは百三十シェケル。銀の鉢一つ、これは七十シェケルで、聖所のシェケルによる。この二つには穀物のささげ物として、油を混ぜた小麦粉がいっぱい入れてあった。
44 また香を満たした十シェケルの金のひしゃく一つ。
45 全焼のいけにえとして若い雄牛一頭、雄羊一頭、一歳の雄の子羊一頭。
46 罪のためのいけにえとして雄やぎ一頭。
47 和解のいけにえとして雄牛二頭、雄羊五頭、雄やぎ五頭、一歳の雄の子羊五頭。これがデウエルの子エルヤサフのささげ物であった。

48 七日目にはエフライム族の族長、アミフデの子エリシャマであった。
49 そのささげ物は、銀の皿一つ、その重さは百三十シェケル。銀の鉢一つ、これは七十シェケルで、聖所のシェケルによる。この二つには穀物のささげ物として、油を混ぜた小麦粉がいっぱい入れてあった。
50 また香を満たした十シェケルの金のひしゃく一つ。
51 全焼のいけにえとして若い雄牛一頭、雄羊一頭、一歳の雄の子羊一頭。
52 罪のためのいけにえとして雄やぎ一頭。
53 和解のいけにえとして雄牛二頭、雄羊五頭、雄やぎ五頭、一歳の雄の子羊五頭。これがアミフデの子エリシャマのささげ物であった。

54 八日目にはマナセ族の族長、ペダツルの子ガムリエルであった。
55 そのささげ物は、銀の皿一つ、その重さは百三十シェケル。銀の鉢一つ、これは七十シェケルで、聖所のシェケルによる。この二つには穀物のささげ物として、油を混ぜた小麦粉がいっぱい入れてあった。
56 また香を満たした十シェケルの金のひしゃく一つ。
57 全焼のいけにえとして若い雄牛一頭、雄羊一頭、一歳の雄の子羊一頭。
58 罪のためのいけにえとして雄やぎ一頭。

民数記 7章

59 和解のいけにえとして雄牛二頭、雄羊五頭、雄やぎ五頭、一歳の雄の子羊五頭。これがペダツルの子ガムリエルのささげ物であった。

60 九日目にはベニヤミン族の族長、ギデオニの子アビダンであった。

61 そのささげ物は、銀の皿一つ、その重さは百三十シェケル。銀の鉢一つ、これは七十シェケルで、聖所のシェケルによる。この二つには穀物のささげ物として、油を混ぜた小麦粉がいっぱい入れてあった。

62 また香を満たした十シェケルの金のひしゃく一つ。

63 全焼のいけにえとして若い雄牛一頭、雄羊一頭、一歳の雄の子羊一頭。

64 罪のためのいけにえとして雄やぎ一頭。

65 和解のいけにえとして雄牛二頭、雄羊五頭、雄やぎ五頭、一歳の雄の子羊五頭。これがギデオニの子アビダンのささげ物であった。

66 十日目にはダン族の族長、アミシャダイの子アヒエゼルであった。

67 そのささげ物は、銀の皿一つ、その重さは百三十シェケル。銀の鉢一つ、これは七十シェケルで、聖所のシェケルによる。この二つには穀物のささげ物として、油を混ぜた小麦粉がいっぱい入れてあった。

68 また香を満たした十シェケルの金のひしゃく一つ。

69 全焼のいけにえとして若い雄牛一頭、雄羊一頭、一歳の雄の子羊一頭。

70 罪のためのいけにえとして雄やぎ一頭。

71 和解のいけにえとして雄牛二頭、雄羊五頭、雄やぎ五頭、一歳の雄の子羊五頭。これがアミシャダイの子アヒエゼルのささげ物であった。

72 十一日目にはアシェル族の族長、オクランの子パグイエルであった。

73 そのささげ物は、銀の皿一つ、その重さは百三十シェケル。銀の鉢一つ、これは七十シェケルで、聖所のシェケルによる。この二つには穀物のささげ物として、油を混ぜた小麦粉がいっぱい入れてあった。

74 また香を満たした十シェケルの金のひしゃく一つ。

75 全焼のいけにえとして若い雄牛一頭、雄羊一頭、一歳の雄の子羊一頭。

76 罪のためのいけにえとして雄やぎ一頭。

77 和解のいけにえとして雄牛二頭、雄羊五頭、雄やぎ五頭、一歳の雄の子羊五頭。これがオクランの子パグイエルのささげ物であった。

78 十二日目にはナフタリ族の族長、エナンの子アヒラであった。

79 そのささげ物は、銀の皿一つ、その重さは百三十シェケル。銀の鉢一つ、これは七十シェケルで、聖所のシェケルによる。この二つには穀物のささげ物として、油を混ぜた小麦粉がいっぱい入れてあった。

80 また香を満たした十シェケルの金のひしゃく一つ。

81 全焼のいけにえとして若い雄牛一頭、雄羊一頭、一歳の雄の子羊一頭。

82 罪のためのいけにえとして雄やぎ一頭。

83 和解のいけにえとして雄牛二頭、雄羊五頭、雄やぎ五頭、一歳の雄の子羊五頭。これがエナンの子アヒラのささげ物であった。

84 以上が祭壇に油がそそがれる日の、イスラエルの族長たちからの祭壇奉献のささげ物であった。すなわち銀の皿十二、銀の鉢十二、金のひしゃく十二。

85 銀の皿はそれぞれ百三十シェケル、鉢はそれぞれ七十シェケル。これらの器の銀は、合わせて、聖所のシェケルで二千四百シェケル。

86 香を満たした十二の金のひしゃくは、聖所のシェケルでそれぞれ十シェケル。ひしゃくの金は、合わせて百二十シェケル。

87 全焼のいけにえとして家畜は合わせて、雄牛十二頭、雄羊十二頭、一歳の雄の子羊十二頭、それにそれらにつく穀物のささげ物。また罪のためのいけにえとして雄やぎ十二頭。

88 和解のいけにえとして家畜は合わせて、雄牛二十四頭、雄羊六十頭、雄やぎ六十頭、一歳の雄の子羊六十頭。これが祭壇に油がそそがれた後の祭壇奉献のためのささげ物であった。

89 モーセは、主と語るために会見の天幕に入ると、あかしの箱の上にある「贖いの

民数記 7-8章

ふた」の二つのケルビムの間から、彼に語られる御声を聞いた。主は彼に語られた。

燭台の取付け方

8 ¹ 主はモーセに告げて仰せられた。

² 「アロンに告げて言え。

あなたがともしび皿を上げるときは、七つのともしび皿が燭台の前を照らすようにしなさい。」

³ アロンはそのようにした。主がモーセに命じられたとおりに、前に向けて燭台のともしび皿を、取りつけた。

⁴ 燭台の作り方は次のとおりであった。それは金の打ち物で、その台座から花弁に至るまで打ち物であった。主がモーセに示された型のとおりに、この燭台は作られていた。

レビ人の聖別

⁵ ついで主はモーセに告げて仰せられた。

⁶ 「レビ人をイスラエル人の中から取って、彼らをきよめよ。

⁷ あなたは次のようにして彼らをきよめなければならない。罪のきよめの水を彼らに振りかける。彼らは全身にかみそりを当て、その衣服を洗い、身をきよめ、

⁸ 若い雄牛と油を混ぜた小麦粉の穀物のささげ物を取る。あなたも別の若い雄牛を罪のためのいけにえとして取らなければならない。

⁹ あなたはレビ人を会見の天幕の前に近づかせ、イスラエル人の全会衆を集め、

¹⁰ レビ人を主の前に進ませる。イスラエル人はその手をレビ人の上に置く。

¹¹ アロンはレビ人を、イスラエル人からの奉献物として主の前にささげる。これは彼らが主の奉仕をするためである。

¹² レビ人は、その手を雄牛の頭の上に置き、レビ人の罪を贖うために、一頭を罪のためのいけにえとし、一頭を全焼のいけにえとして主にささげなければならない。

¹³ あなたはレビ人をアロンとその子らの前に立たせ、彼らを奉献物として主にささげる。

¹⁴ あなたがレビ人をイスラエル人のうちから分けるなら、レビ人はわたしのものとなる。

¹⁵ こうして後、レビ人は会見の天幕の奉仕をすることができる。あなたは彼らをきよめ、彼らを奉献物としてささげなければならない。

¹⁶ 彼らはイスラエル人のうちから正式にわたしのものとなったからである。すべてのイスラエル人のうちで、最初に生まれた初子の代わりに、わたしは彼らをわたしのものとして取ったのである。

¹⁷ イスラエル人のうちでは、人でも家畜でも、すべての初子はわたしのものだからである。エジプトの地で、わたしがすべての初子を打ち殺した日に、わたしは彼らを聖別してわたしのものとした。

¹⁸ わたしはイスラエル人のうちのすべての初子の代わりにレビ人を取った。

¹⁹ わたしはイスラエル人のうちからレビ人をアロンとその子らに正式にあてがい、会見の天幕でイスラエル人の奉仕をし、イスラエル人のために贖いをするようにした。それは、イスラエル人が聖所に近づいて、彼らにわざわいが及ぶことのないためである。」

²⁰ モーセとアロンとイスラエル人の全会

8:6-26 レビ人 ここには、礼拝の奉仕で祭司たちを助けるために任命されたレビ人をきよめ、ささげる儀式について書かれている(8:19)。

8:11 レビ人を・・・奉献物として 「奉献物」は人々が持ってくる和解のささげ物の中の祭司の取り分である(レビ7:28-34)。それは神への奉献のしるしとして聖所に向けてかかげて揺り動かされる。それからささげた人または祭司に向けてかかげて揺り動かされる。そこでささげ物が神に受入れられたことが人々にわかる。この節ではレビ人自身が神への奉献物である。つまりレビ人は神に用いられるために取分けられた聖いものの象徴だった。旧約聖書の種々のいけにえについての詳細 →「旧約聖書のいけにえとささげ物」の表 p.202

8:14 レビ人を・・・分ける イスラエル全体の特徴は神に聖別されていることだったけれどもレビ人はそれを象徴する存在だった。

8:17 すべての初子はわたしのものだからである イスラエル人の最初に生れた男子はみな主のものとされた(出13:11-16)。けれども神はレビ人がその初子たちの身代わりになるようにされた(3:9, 11-13, 40-41, 45-51, 8:14-19)。

民数記　8-9章

衆は、すべて主がレビ人についてモーセに命じられたところに従って、レビ人に対して行った。イスラエル人はそのとおりに彼らに行った。

²¹レビ人は罪の身をきよめ、その衣服を洗った。そうしてアロンは彼らを奉献物として主の前にささげた。またアロンは彼らの贖いをし、彼らをきよめた。

²²こうして後、レビ人は会見の天幕に入って、アロンとその子らの前で自分たちの奉仕をした。人々は主がレビ人についてモーセに命じられたとおりに、レビ人に行った。

²³ついで主はモーセに告げて仰せられた。²⁴「これはレビ人に関することである。二十五歳以上の者は会見の天幕の奉仕の務めを果たさなければならない。²⁵しかし、五十歳からは奉仕の務めから退き、もう奉仕してはならない。²⁶その人はただ、会見の天幕で、自分の同族の者が任務を果たすのを助けることはできるが、自分で奉仕をしてはならない。あなたは、レビ人に、彼らの任務に関して、このようにしなければならない。」

過越

9 ¹エジプトの国を出て第二年目の第一月に、主はシナイの荒野でモーセに告げて仰せられた。

²「イスラエル人は、定められた時に、過越のいけえをささげよ。³あなたがたはこの月の十四日の夕暮れ、その定められた時に、それをささげなければならない。そのすべてのおきてとすべての定めに従って、それをしなければならない。」⁴そこでモーセはイスラエル人に、過越のいけにえをささげるように命じたので、⁵彼らはシナイの荒野で第一月の十四日の夕暮れに過越のいけにえをささげた。イスラエル人はすべて主がモーセに命じられたとおりに行った。

⁶しかし、人の死体によって身を汚し、その日に過越のいけにえをささげることができなかった人々がいた。彼らはその日、

21①民8:7
　②→民6:20
22①民8:15
　②民8:5
24①民4:3,
　Ⅰ歴23:3, 24-27

1①民1:1, 出40:2, 17
2①民28:16, 出12:11,
　レビ23:5, 申16:1, 2,
　ヨシ5:10
3①出12:6
6①民5:2, 9:6, 10,
　19:11, 13, 16

②民27:2,
　出18:15, 19, 26
11①Ⅱ歴30:2, 15
　②出12:8
12①出12:10
　②出12:46, 詩34:20,
　ヨハ19:36
13①出12:47
　②創17:14, 出12:15
　③民9:7
14①出12:48, 49
　②民15:15, 16, 29,
　出12:49, レビ24:22
15①民9:15-23, 民10:34,
　出13:22, 40:34-38,
　Ⅰコリ10:1
　②出40:2, 17
　③民17:7, 8, 18:2,
　Ⅱ歴24:6

モーセとアロンの前に近づいた。⁷その人々は彼に言った。「私たちは、人の死体によって身を汚しておりますが、なぜ定められた時に、イスラエル人の中で、主へのささげ物をささげることを禁じられているのでしょうか。」⁸するとモーセは彼らに言った。「待っていなさい。私は主があなたがたについてどのように命じられるかを聞こう。」

⁹主はモーセに告げて仰せられた。¹⁰「イスラエル人に告げて言え。

あなたがたの、またはあなたがたの子孫のうちでだれかが、もし死体によって身を汚しているか、遠い旅路にあるなら、その人は主に過越のいけにえをささげなければならない。¹¹第二月の十四日の夕暮れに、それをささげなければならない。種を入れないパンと苦菜といっしょにそれを食べなければならない。¹²そのうちの少しでも朝まで残してはならない。またその骨を一本でも折ってはならない。すべて過越のいけにえのおきてに従ってそれをささげなければならない。¹³身がきよく、また旅にも出ていない者が、過越のいけにえをささげることをやめたなら、その者はその民から断ち切られなければならない。その者は定められた時に、主へのささげ物をささげなかったのであるから、自分の罪を負わなければならない。¹⁴もし、あなたがたのところに異国人が在留していて、主に過越のいけにえをささげようとするなら、過越のいけにえのおきてと、その定めとに従ってささげなければならない。在留異国人にも、この国に生まれた者にも、あなたがたには、おきては一つである。」

幕屋の上の雲

¹⁵幕屋を建てた日、雲があかしの天幕である幕屋をおおった。それは、夕方には幕屋の上にあって火のようなものになり、朝まであった。

9:15-23　雲・・・火　日中の雲は夜には火のように見えたけれども、これは荒野の中で神がイスラエルに必要なものを供給し、守り導いてくださることを示すしるしだった。

民数記 9-10章

¹⁶いつもこのようであって、昼は雲がそれをおおい、夜は火のように見えた。
¹⁷雲が天幕を離れて上ると、すぐそのあとで、イスラエル人はいつも旅立った。そして、雲がとどまるその場所で、イスラエル人は宿営していた。
¹⁸主の命令によって、イスラエル人は旅立ち、主の命令によって宿営した。雲が幕屋の上にとどまっている間、彼らは宿営していた。
¹⁹長い間、雲が幕屋の上にとどまるときには、イスラエル人は主の戒めを守って、旅立たなかった。
²⁰また雲がわずかの間しか幕屋の上にとどまらないことがあっても、彼らは主の命令によって宿営し、主の命令によって旅立った。
²¹雲が夕方から朝までとどまるようなときがあっても、朝になって雲が上れば、彼らはただちに旅立った。昼でも、夜でも、雲が上れば、彼らはいつも旅立った。
²²二日でも、一月でも、あるいは一年でも、雲が幕屋の上にとどまって去らなければ、イスラエル人は宿営して旅立たなかった。ただ雲が上ったときだけ旅立った。
²³彼らは主の命令によって宿営し、主の命令によって旅立った。彼らはモーセを通して示された主の命令によって、主の戒めを守った。

銀のラッパ

10 ¹ついで主はモーセに告げて仰せられた。
²「銀のラッパを二本作らせよ。それを打ち物作りとし、あなたはそれで会衆を召集し、また宿営を出発させなければならない。
³この二つが長く吹き鳴らされると、全会衆が会見の天幕の入口の、あなたのところに集まる。
⁴もしその一つが吹き鳴らされると、イスラエルの分団のかしらである族長たちがあなたのところに集まる。
⁵また、あなたがたがそれを短く吹き鳴らすと、東側に宿っている宿営が出発する。
⁶あなたがたが二度目に短く吹き鳴らすと、南側に宿っている宿営が出発する。彼らが出発するには、短く吹き鳴らさなければならない。
⁷集会を召集するときには、長く吹き鳴らさなければならない。短く吹き鳴らしてはならない。
⁸祭司であるアロンの子らがラッパを吹かなければならない。これはあなたがたにとって、代々にわたる永遠の定めである。
⁹また、あなたがたの国で、あなたがたを襲う侵略者との戦いに出る場合は、ラッパを短く吹き鳴らす。そうすれば、あなたがたの神、主の前に覚えられ、あなたがたの敵から救われるためである。
¹⁰また、あなたがたの喜びの日、あなたがたの例祭と新月の日に、あなたがたの全焼のいけにえと、和解のいけにえの上に、ラッパを鳴り渡らせるなら、あなたがたは、あなたがたの神の前に覚えられる。わたしはあなたがたの神、主である。」

イスラエル人のシナイ山出発

¹¹第二年目の第二月の二十日に、雲があ

（1）聖書はこの超自然的なしるしがとどまるか動くかによって、人々は宿営をたたんで移動するか宿営にとどまるかを決めたとしている。けれども神の導きがあれば人間の知恵や計画が必要でなくなるのではない。たとえばモーセはホバブに荒野で宿営に最も適した場所について助言を求めている（10:29-32）。

（2）したがって神に服従し、みこころに従うということは、神の超自然的な導きと私たち自身の知恵の両方に依存することである。けれども私たちの知恵はいつも神のことばの原則を土台にしなければならない。私たちはいつも神のそば近くにいて、神の守りとみこころから離れないようにすることが大切である。

（3）神の民を導くという旧約聖書で結ばれた神の約束は今も信仰者全員に適用される。神はみことばと御霊によって私たちを導いてくださる（ロマ8:4）。神を神、救い主、導き手として認めて受入れる人々に、神は道をまっすぐにしてくださる（箴3:6、⇒詩37:23、使5:19-20、8:26、13:1-4）。

10:9 あなたがたが・・・覚えられ 神の民がラッパを吹き鳴らすときに限り、神は戦いの中で助けてくださる（⇒出28:12、29、39:7）。神はイスラエル人が助けを受けるために条件をつけられたのである。同じように私たちも祈りのうちに神に近付かないなら、神は動いてくださらないかもしれない。祈りは私たちの

民数記　10-11章

かしの幕屋の上から離れて上った。
12 それでイスラエル人はシナイの荒野を出て旅立ったが、雲はパランの荒野でとどまった。
13 彼らは、モーセを通して示された主の命令によって初めて旅立ち、
14 まず初めにユダ族の宿営の旗が、その軍団ごとに出発した。軍団長はアミナダブの子ナフション。
15 イッサカル部族の軍団長はツアルの子ネタヌエル。
16 ゼブルン部族の軍団長はヘロンの子エリアブ。
17 幕屋が取りはずされ、幕屋を運ぶ*ゲルション族、メラリ族が出発。
18 ルベンの宿営の旗が、その軍団ごとに出発。軍団長はシェデウルの子エリツル。
19 シメオン部族の軍団長はツリシャダイの子シェルミエル。
20 ガド部族の軍団長はデウエルの子エルヤサフ。
21 聖なる物を運ぶケハテ人が出発。彼らが着くまでに、幕屋は建て終えられる。
22 また、エフライム族の宿営の旗が、その軍団ごとに出発。軍団長はアミフデの子エリシャマ。
23 マナセ部族の軍団長はペダツルの子ガムリエル。
24 ベニヤミン部族の軍団長はギデオニの子アビダンであった。
25 ダン部族の宿営の旗が、全宿営の後衛としてその軍団ごとに出発。軍団長はアミシャダイの子アヒエゼル。
26 アシェル部族の軍団長はオクランの子パグイエル。
27 ナフタリ部族の軍団長はエナンの子アヒラ。
28 以上がイスラエル人の軍団ごとの出発順序であって、彼らはそのように出発した。

12 ①民1:1, 9;5, 出19:1
　　②民2:9, 16, 24, 31, 出40:36
　　③民12:16, 13:3, 26, 創21:21, 申1:1
13 ①申1:6, 7
14 ①民2:34, 10:5, 6
15 ①民1:7, 2:3, 7:12
16 ①民1:9, 2:7, 7:18
17 ①民1:8, 2:7, 7:24
18 ①民1:51, 4:5
　　＊Ⅰ歴6:1［ゲルショム］
19 ①民1:5, 2:10, 7:30
20 ①民1:6, 2:12, 7:36
21 ①民1:14, 2:14, 7:42
22 ①民4:4, 15, 7:9
23 ①民1:10, 2:18, 7:48
24 ①民1:10, 2:20, 7:54
25 ①民1:11, 2:22, 7:60
26 ①ヨシ6:9, 13
27 ①民1:12, 2:25, 7:66
28 ①民1:13, 2:27, 7:72
29 ①民1:15, 2:29, 7:78
30 ①民2:34

29 ①出2:18, 3:1, 18;12
　　②創25:2
　　③士1:16, 4:11
　　④創12:7, 出6:4, 8
　　⑤創12, 32:12, 出3:8, 申4:40, 30:5
30 ①士1:16, マタ21:30
31 ①ヨブ29:15
32 ①レビ19:34, 申10:18, 詩22:27-31, 67:5-7
33 ①出3:1
　　②民10:11, 12
　　③ヨシ3:3, 4, 6
　　④申1:33, 詩132:8
34 ①民13:21, 40:38, ネヘ9:12, 19
35 ①詩68:1, イザ33:3, 詩9:19
　　②イザ17:12-14
　　③申7:10, 32:41
36 ①イザ63:17
　　②申1:10

1 ①民14:2, 16:11, 17:5, 出14:11, 申9:22
　　②出32:11
　　③民16:35, レビ10:2, Ⅰ列18:38, Ⅱ列1:12, 詩78:21, 63, 106:18

29 さて、モーセは、彼のしゅうとミデヤン人レウエルの子ホバブに言った。「私たちは、主があなたがたに与えると言われた場所へ出発するところです。私たちといっしょに行きましょう。私たちはあなたをしあわせにします。主がイスラエルにしあわせを約束しておられるからです。」
30 彼はモーセに答えた。「私は行きません。私の生まれ故郷に帰ります。」
31 そこでモーセは言った。「どうか私たちを見捨てないでください。あなたは、私たちが荒野のどこで宿営したらよいかご存じであり、私たちにとって目なのですから。
32 私たちといっしょに行ってくだされば、主が私たちに下さるしあわせを、あなたにもおわかちしたいのです。」
33 こうして、彼らは主の山を出て、三日の道のりを進んだ。主の契約の箱は三日の道のりの間、彼らの先頭に立って進み、彼らの休息の場所を捜した。
34 彼らが宿営を出て進むとき、昼間は主の雲が彼らの上にあった。
35 契約の箱が出発するときには、モーセはこう言っていた。

「主よ。立ち上がってください。
あなたの敵は散らされ、
あなたを憎む者は、
御前から逃げ去りますように。」

36 またそれがとどまるときには、彼は言っていた。

「主よ。お帰りください。
イスラエルの幾千万の民のもとに。」

主の火

11 1 さて、民はひどく不平を鳴らして主につぶやいた。主はこれを聞いて怒りを燃やし、主の火が彼らに向かって燃え上がり、宿営の端をなめ尽くした。

詩67

ラッパの呼び声である。神の恵み、守り、臨在を求める叫びである。

10:29　私たちといっしょに行きましょう　モーセはイスラエル人ではない義理の兄に、一緒に行って神がイスラエルに約束された良いものを分ち合おうと誘った。異邦人がイスラエルに合流して、イスラエルの神を自分たちの神とする機会はいつもあった。そう決心

すれば神の約束と祝福にあずかることができたのである。ホバブは最初断ったけれどもあとになってついて行ったように思われる（→士1:16, 4:11）。後にラハブ、ルツなど多くの異邦人が主と神の民とに受入れられ祝福されている。

11:1　民は・・・つぶやいた　旅が始まってわずか三日後に（10:33）、人々はこの旅が予想以上に困難な

民数記 11章

² すると民はモーセに向かってわめいた。それで、モーセが主に祈ると、その火は消えた。
³ 主の火が、彼らに向かって燃え上がったので、その場所の名をタブエラと呼んだ。

主からのうずら

⁴ また彼らのうちに混じってきていた者が、激しい欲望にかられ、そのうえ、イスラエル人もまた大声で泣いて、言った。「ああ、肉が食べたい。
⁵ エジプトで、ただで魚を食べていたことを思い出す。きゅうりも、すいか、にら、たまねぎ、にんにくも。
⁶ だが今や、私たちののどは干からびてしまった。何もなくて、このマナを見るだけだ。」
⁷ マナは、コエンドロの種のようで、その色はベドラハのようであった。
⁸ 人々は歩き回って、それを集め、ひき臼でひくか、臼でついて、これをなべで煮て、パン菓子を作っていた。その味は、おいしいクリームの味のようであった。
⁹ 夜、宿営に露が降りるとき、マナもそれといっしょに降りた。
¹⁰ モーセは、民がその家族ごとに、それぞれ自分の天幕の入口で泣くのを聞いた。主の怒りは激しく燃え上がり、モーセも腹立たしく思った。
¹¹ モーセは主に申し上げた。「なぜ、あなたはしもべを苦しめられるのでしょう。なぜ、私はあなたのご厚意をいただけないのでしょう。なぜ、このすべての民の重荷を私に負わされるのでしょう。

2①民12:11, 13, 21:7, ヤコ5:16
3①申9:22
*「燃える」意の語根「バアル」の派生語
4①出12:38
②詩78:18, 106:14, Ⅰコリ10:5
*別訳「すわって泣いて」
②詩78:20
5①出16:3
6①出21:5
7①出16:31, 申8:16
②創2:12
9①出16:13, 14
②出16:15
10①出27:21
11①出5:22
②申1:12

12①イザ49:23, Ⅰテサ2:7
②イザ40:11
③創7, 26:3, 50:24, 出13:5, 11, 33:1
*七十人訳およびサマリヤ五書による
④「あなた」
13①民11:21, 22, マタ15:33, マコ8:4, ルカ9:13, ヨハ6:5-9
14①出18:18, 申1:9, 12, Ⅰ列3:9
15①Ⅰ列19:4, ヨブ6:9, ヨナ4:3
16①出18:21-26, 申1:13, 16:18
②出24:1, 9
17①民11:25
②創11:5, 18:21, 出19:20
③Ⅱ列2:9, 15, Ⅰサム10:6, ネヘ9:20, イザ44:3, 63:11, ヨエ2:28, 29
18①出19:10, 22
②出16:8
③民11:4, 5, 使7:39
④民11:1

¹² 私がこのすべての民をはらんだのでしょうか。それとも、私が彼らを生んだのでしょうか。それなのになぜ、あなたは私に、『うばが乳飲み子を抱きかかえるように、彼らをあなたの胸に抱き、わたしが彼らの先祖たちに誓った地に連れて行け』と言われるのでしょう。
¹³ どこから私は肉を得て、この民全体に与えなければならないのでしょうか。彼らは私に泣き叫び、『私たちに肉を与えて食べさせてくれ』と言うのです。
¹⁴ 私だけでは、この民全体を負うことはできません。私には重すぎます。
¹⁵ 私にこんなしうちをなさるのなら、お願いです、どうか私を殺してください。これ以上、私を苦しみに会わせないでください。」
¹⁶ 主はモーセに仰せられた。「イスラエルの長老たちのうちから、あなたがよく知っている民の長老で、そのつかさである者七十人をわたしのために集め、彼らを会見の天幕に連れて来て、そこであなたのそばに立たせよ。
¹⁷ わたしは降りて行って、その所であなたと語り、あなたの上にある霊のいくらかを取って彼らの上に置こう。それで彼らも民の重荷をあなたとともに負い、あなたはただひとりで負うことがないようになろう。
¹⁸ あなたは民に言わなければならない。

あすのために身をきよめなさい。あなたがたは肉が食べられるのだ。あなたがたが泣いて、『ああ肉が食べたい。エジプトでは良かった』と、主につぶやいて言ったからだ。主が肉を下さる。あなたがたは肉

ので、つぶやき不平を言い始めた。(1) 人々は奴隷の状態から救われたことと、神が力強いみわざを行ってくださったことをすぐ忘れてしまった。また神を信頼せず将来をゆだねなかった。そして神の怒りとさばきを招くことになった。(2) 新約聖書の時代に生きる私たちは、キリストが私たちのために死んでくださったことに対して感謝を表すことを決して忘れてはならない。主イエスは罪からの救いと人生の導きと祝福を神の恵みの中で与えてくださる。

11:4 彼らのうちに混じってきていた者が、激しい欲望にかられ この集団、わがままな民はイスラエル人ではなく、出エジプトのときにイスラエルに加わった人々だった(出12:38)。そしてイスラエルに影響を与えて神に逆らわせ、エジプトのむなしい楽しみを求めさせた(11:5)。

11:6 マナ →出16:4注

11:12 うばが乳飲み子を抱きかかえるように モーセは約束の地へ民を勝利した軍隊のように導き入れるつもりだった。ところが人々はまるで子どものように振舞った。モーセはその要求や不満全部に対しては責任を負いきれないと感じた。そこで神はモーセの上にある御霊をとって70人の長老の上に置かれた。霊的指導の面でモーセを助けるためである(民11:16-17)。こうしてモーセは、御霊の力によれば神が召されたど

民数記 11章

食べられるのだ。
19 あなたがたが食べるのは、一日や二日や五日や十日や二十日だけではなく、20 一か月もであって、ついにはあなたがたの鼻から出て来て、吐きけを催すほどになる。それは、あなたがたのうちにおられる主をないがしろにして、御前に泣き、『なぜ、こうして私たちはエジプトから出て来たのだろう』と言ったからだ。」
21 しかしモーセは申し上げた。「私といっしょにいる民は徒歩の男子だけで六十万です。しかもあなたは、彼らに肉を与え、一月の間食べさせる、と言われます。22 彼らのために羊の群れ、牛の群れをほふっても、彼らに十分でしょうか。彼らのために海の魚を全部集めても、彼らに十分でしょうか。」
23 主はモーセに答えられた。「主の手は短いのだろうか。わたしのことばが実現するかどうかは、今わかる。」
24 ここでモーセは出て行って、主のことばを民に告げた。そして彼は民の長老たちのうちから七十人を集め、彼らを天幕の回りに立たせた。
25 すると主は雲の中にあって降りて来られ、モーセと語り、彼の上にある霊を取って、その七十人の長老にも与えた。その霊

20 ① 詩78:29
② ヨシ24:27,
Ⅰサム10:19
③ 民21:5
21 ① 民1:46, 2:32,
出12:37, 38:26
② 出12:37
22 ① Ⅱ列7:2, マタ15:33,
マコ8:4, ルカ9:13,
ヨハ6:7, 9
23 ① イザ50:2, 59:1,
エレ32:17
② 民23:19,
エゼ12:25, 24:14
24 民11:16
25 ① 民11:17, 12:5
② Ⅱ列2:15

③ Ⅰサム10:5, 6, 9-13,
ヨエ2:28, 29,
使2:17, 18, Ⅰコリ14:1
26 ① 民24:2, Ⅰサム10:6,
Ⅱ歴15:1
＊「長老として」は補足
28 ① 民11:28, 29,
マコ9:38-40,
ルカ9:49, 50
② 出33:11, ヨシ1:1
29 ① 使2:4, 16-18,
Ⅰコリ14:5
31 ① 出16:13,
詩78:26-28, 105:40
＊1キュビトは約44センチ

が彼らの上にとどまったとき、彼らは預言した。しかし、それを重ねることはなかった。
26 そのとき、ふたりの者が宿営に残っていた。ひとりの名はエルダデ、もうひとりの名はメダデであった。彼らの上にも霊がとどまった。——彼らは長老として登録された者たちであったが、天幕へは出て行かなかった——彼らは宿営の中で預言した。
27 それで、ひとりの若者が走って来て、モーセに知らせて言った。「エルダデとメダデが宿営の中で預言しています。」
28 若いときからモーセの従者であったヌンの子ヨシュアも答えて言った。「わが主、モーセよ、彼らをやめさせてください。」
29 しかしモーセは彼に言った。「あなたは私のためを思ってねたみを起こしているのか。主の民がみな、預言者となればよいのに。主が彼らの上にご自分の霊を与えられるとよいのに。」
30 それからモーセとイスラエルの長老たちは、宿営に戻った。
31 さて、主のほうから風が吹き、海の向こうからうずらを運んで来て、宿営の上に落とした。それは宿営の回りに、こちら側に約一日の道のり、あちら側にも約一日の道のり、地上に約二キュビトの高さになった。
32 民はその日は、終日終夜、その翌日も一

んな任務にも向き合うことができ、自分の力で重荷を負う必要がないことを知った。

11:20 【主】をないがしろにして 人々は激しく文句を言った。まるで自分の意思を貫こうとして泣き叫ぶ甘やかされた子どものようだった（11:1, 4-6）。そこで神はほしいものを手に入れさせた。けれども肉とともに「彼らに病を送ってやせ衰えさせた」のである（詩106:15, ⇒詩78:29-33）。この出来事は、へりくだって神の道に従わず、神が与えてくださるものに感謝しないで、自分の意思や願いを言い張ることに対する厳しい警告である。神の導きや守りを拒むことは、不信仰と反抗心をもって神に敵対するのと同じである。この反抗がイスラエル人に神のさばきを招いたように（⇒詩78:17-22）、私たちももし神に反抗するならさばきを招くことになる。

11:25 その霊が彼らの上にとどまったとき、彼らは預言した 預言はしばしば神の御霊が人々に臨まれたことと関連していることを聖書は教えている（⇒

Ⅰサム10:5-6, ヨエ2:28）。「使徒の働き」には、聖霊の注ぎを受けたあと御霊に満たされた信仰者が預言をしたことが何回も記録されている。御霊の感動を受けた人々は異言を話す能力も与えられていた（使2:4, 10:44-47, 19:6, →「**御霊の賜物**」の項p.2138）。

11:29 みな、預言者となればよいのに エルダデとメダデが宿営で預言し続けたとき、ヨシュアはモーセに止めるように求めた。けれどもモーセは既に学び取っていた。神の御霊が臨まれたならだれもが預言できるようになることこそ神の民にとって望ましい霊的生活のレベルであると理解していたのである。旧約聖書の時代には聖霊は少数の人にしか下らなかった。聖霊に満たされた人々は奉仕や預言のために特別な霊の力を受けた。けれどもヨエルは神の民がみな御霊に満たされるときが来ると預言した（ヨエ2:28-29）。この預言は御霊が「みな」の上に注がれた五旬節の日に成就した（使2:4, 16-17）。聖霊のバプテスマを体験していない信仰者は神が約束されたもの、主イエスが与えよ

日中出て行って、うずらを集め、──最も少なく集めた者でも、十ホメルほど集めた──彼らはそれらを、宿営の回りに広く広げた。

33 肉が彼らの歯の間にあってまだかみ終わらないうちに、主の怒りが民に向かって燃え上がり、主は非常に激しい疫病で民を打った。

34 こうして、欲望にかられた民を、彼らがそこに埋めたので、その場所の名をキブロテ・ハタアワと呼んだ。

35 キブロテ・ハタアワから、民はハツェロテに進み、ハツェロテにとどまった。

モーセに逆らうミリヤムとアロン

12 1 そのとき、ミリヤムはアロンといっしょに、モーセがめとっていたクシュ人の女のことで彼を非難した。モーセがクシュ人の女をめとっていたからである。

2 彼らは言った。「主はただモーセとだけ話されたのでしょうか。私たちとも話されたのではないでしょうか。」主はこれを聞かれた。

3 さて、モーセという人は、地上のだれにもまさって非常に謙遜であった。

4 そこで、主は突然、モーセとアロンとミリヤムに、「あなたがた三人は会見の天幕の所へ出よ」と言われたので、彼ら三人は出て行った。

5 主は雲の柱の中にあって降りて来られ、天幕の入口に立って、アロンとミリヤムを呼ばれた。ふたりが出て行くと、

6 仰せられた。「わたしのことばを聞け。もし、あなたがたのひとりが預言者であるなら、主であるわたしは、幻の中でその者にわたしを知らせ、夢の中でその者に語る。

7 しかしわたしのしもべモーセとはそうではない。彼はわたしの全家を通じて忠実な者である。

8 彼とは、わたしは口と口とで語り、明らかに語って、なぞで話すことはしない。彼はまた、主の姿を仰ぎ見ている。なぜ、あなたがたは、わたしのしもべモーセを恐れずに非難するのか。」

9 主の怒りが彼らに向かって燃え上がり、主は去って行かれた。

10 雲が天幕の上から離れ去ると、見よ、ミリヤムはツァラアトになり、雪のようになっていた。アロンがミリヤムのほうを振り向くと、見よ、彼女はツァラアトに冒されていた。

11 アロンはモーセに言った。「わが主よ。私たちが愚かで犯しました罪の罰をどうか、私たちに負わせないでください。

12 どうか、彼女を、その肉が半ば腐って母の胎から出て来る死人のようにしないで

うとしておられることをまだ全部体験していないのである（使1:8, 2:39, Ⅰコリ14:1-2, 5, 39)。

12:1　めとっていたクシュ人の女　モーセがクシュ人の女性と結婚したことは道徳的にも法的にも悪いことではなかった。ミリヤムとアロンの不満はモーセの権威に対するねたみを隠そうとするごまかしの方法だった（12:2)。

12:3　モーセという人は・・・謙遜であった　モーセが地上のだれよりも謙遜だったということばは、指導者像をよりはっきりと描写するためにモーセの死後、ヨシュアが付け加えたものと思われる。モーセは神を主として頼り、自己中心になって神に逆らおうとする思いを持つことがなかったので謙遜になれたのである。挑まれ脅かされたときにモーセは神に寄りすがった。神が助けと守りの源だった。聖書は謙遜な人々を神は喜んで助けてくださると確約している（詩22:26, 25:9, 147:6, 149:4, マタ5:5, Ⅰペテ5:6)。

モーセのような預言者である主イエスは（使7:37)、心優しく謙遜だった（マタ11:29)。そしてあらゆることについて、迫害を受けたときにも神に頼り続けておられた（Ⅰペテ2:23)。

12:10　ミリヤムはツァラアトになり　ミリヤムとアロンがモーセの権威を疑ったのは罪だった。それは神を恐れず、神の預言者であるモーセを通して伝えられた神のことばを尊重しなかったからである。主イエスが新しい契約の仲介者であるように、モーセは古い契約の仲介者だった（⇒ヘブ3:2-6)。神はモーセに直接話された（12:8)。したがって人々に話すモーセのことばは神のことばの権威に基づいていた。ミリヤムとアロンはイスラエルの指導者だったけれどもモーセの権威に挑む権威を持ってはいなかった。神はふたりがモーセと同じレベルにはないことを示された。今日の信仰者にも自分たちを聖書（完全な権威を持つ神のことば）と同じレベルに置く権利はない。

ださい。」

13 それで、モーセは主に叫んで言った。「神よ。どうか、彼女をいやしてください。」

14 しかし主はモーセに言われた。「彼女の父が、彼女の顔につばきしてさえ、彼女は七日間、恥をかかせられたことになるではないか。彼女を七日間、宿営の外に締め出しておかなければならない。その後に彼女を連れ戻すことができる。」

15 それでミリヤムは七日間、宿営の外に締め出された。民はミリヤムが連れ戻されるまで、旅立たなかった。

16 その後、民はハツェロテから旅立ち、パランの荒野に宿営した。

カナンの地の偵察

13 1 主はモーセに告げて仰せられた。

2 「人々を遣わして、わたしがイスラエル人に与えようとしているカナンの地を探らせよ。父祖の部族ごとにひとりずつ、みな、その族長を遣わさなければならない。」

3 モーセは主の命によって、パランの荒野から彼らを遣わした。彼らはみな、イスラエル人のかしらであった。

4 彼らの名は次のとおりであった。ルベン部族からはザクルの子シャムア。

5 シメオン部族からはホリの子シャファテ。

6 ユダ部族からはエフネの子カレブ。

7 イッサカル部族からはヨセフの子イグアル。

8 エフライム部族からはヌンの子ホセア。

9 ベニヤミン部族からはラフの子パルティ。

10 ゼブルン部族からはソディの子ガディエル。

11 ヨセフ部族、すなわちマナセ部族からはスシの子ガディ。

12 ダン部族からはゲマリの子アミエル。

13 アシェル部族からはミカエルの子セトル。

14 ナフタリ部族からはボフシの子ナフビ。

15 ガド部族からはマキの子ゲウエル。

16 以上は、モーセがその地を探らせるために遣わした者の名であった。そのときモーセはヌンの子ホセアをヨシュアと名づけた。

17 モーセは彼らを、カナンの地を探りにやったときに、言った。「あちらに上って行ってネゲブに入り、山地に行って、

18 その地がどんなであるか、そこに住んでいる民が強いか弱いか、あるいは少ないか多いかを調べなさい。

19 また彼らが住んでいる土地はどうか、それが良いか悪いか。彼らが住んでいる町々はどうか、それらは宿営かそれとも城壁の町か。

20 土地はどうか、それは肥えているか、やせているか。そこには木があるか、ないかを調べなさい。あなたがたは勇気を出し、その地のくだものを取って来なさい。」その季節は初ぶどうの熟すころであった。

21 そこで、彼らは上って行き、ツィンの荒野からレボ・ハマテのレホブまで、その地を探った。

22 彼らは上って行ってネゲブに入り、ヘブロンまで行った。そこにはアナクの子孫であるアヒマンと、シェシャイと、タルマイが住んでいた。ヘブロンはエジプトのツォアンより七年前に建てられた。

23 彼らはエシュコルの谷まで来て、そこでぶどうが一ふさついた枝を切り取り、それをふたりが棒でかついだ。また、いくらかのざくろやいちじくも切り取った。

24 イスラエル人がそこで切り取ったぶどうのふさのことから、その場所はエシュコルの谷と呼ばれた。

25 四十日がたって、彼らはその地の偵察から帰って来た。

偵察の報告

26 そして、ただちにパランの荒野のカデシュにいるモーセとアロンおよびイスラエルの全会衆のところに行き、ふたりと全会衆に報告をして、彼らにその地のくだものを見せた。

27 彼らはモーセに告げて言った。「私たちは、あなたがお遣わしになった地に行きました。そこにはまことに乳と蜜が流れています。そしてこれがそこのくだものです。

28 しかし、その地に住む民は力強く、その町々は城壁を持ち、非常に大きく、そのうえ、私たちはそこでアナクの子孫を見ました。

29 ネゲブの地方にはアマレク人が住み、山地にはヘテ人、エブス人、エモリ人が住ん

民数記 13-14章

でおり、海岸とヨルダンの川岸にはカナン人が住んでいます。」
30 そのとき、カレブがモーセの前で、民を静めて言った。「私たちはぜひとも、上って行って、そこを占領しよう。必ずそれができるから。」
31 しかし、彼といっしょに上って行った者たちは言った。「私たちはあの民のところに攻め上れない。あの民は私たちより強いから。」
32 彼らは探って来た地について、イスラエル人に悪く言いふらして言った。「私たちが行き巡って探った地は、その住民を食い尽くす地だ。私たちがそこで見た民はみな、背の高い者たちだ。
33 そこで、私たちはネフィリム人、ネフィリム人のアナク人を見た。私たちには自分がいなごのように見えたし、彼らにもそう見えたことだろう。」

人々の反抗

14 1 全会衆は大声をあげて叫び、民はその夜、泣き明かした。
2 イスラエル人はみな、モーセとアロンにつぶやき、全会衆は彼らに言った。「私たちはエジプトの地で死んでいたらよかったのに。できれば、この荒野で死んだほうがましだ。
3 なぜ主は、私たちをこの地に導いて来て、剣で倒そうとされるのか。私たちの妻子は、さらわれてしまうのに。エジプトに帰ったほうが、私たちにとって良くはないか。」
4 そして互いに言った。「さあ、私たちは、ひとりのかしらを立ててエジプトに帰ろう。」
5 そこで、モーセとアロンは、イスラエル人の会衆の全集会の集まっている前でひれ伏した。
6 すると、その地を探って来た者のうち、ヌンの子ヨシュアとエフネの子カレブとは自分たちの着物を引き裂いて、
7 イスラエル人の全会衆に向かって次のように言った。「私たちが巡り歩いて探った地は、すばらしく良い地だった。
8 もし、私たちが主の御心にかなえば、主はあの地に導き入れ、それを私たちに下さるだろう。あの地には、乳と蜜とが流れている。
9 ただ、主にそむいてはならない。その地の人々を恐れてはならない。彼らは私たちのえじきとなるからだ。彼らの守りは、彼らから取り去られている。しかし主が私たちとともにおられるのだ。彼らを恐れてはならない。」
10 しかし全会衆は、彼らを石で打ち殺そうと言い出した。そのとき、主の栄光が会見の天幕からすべてのイスラエル人に現れた。
11 主はモーセに仰せられた。「この民はいつまでわたしを侮るのか。わたしがこの民の間で行ったすべてのしるしにもかかわらず、いつまでわたしを信じないのか。

13:32 悪く言いふらして 10人の斥候の不信仰には二つの面がある。(1) 神は人々に対して忠実であられたけれども、それに応える忠誠心を持っていなかった。(2) 神にも、自分たちの将来にかかわる神の約束にも頼っていなかった(⇒創15:18, 17:8, 出33:2)。その信仰のなさはカレブとヨシュアが表明した神にある確信と希望とは対照的だった(→14:6注)。

14:6 ヨシュアと・・・カレブ ヨシュアとカレブはともに斥候たちの多数意見に反対した(13:25-33)。ふたりの報告は神への堅い献身と、イスラエルに対する神の約束への強い確信を土台にしていた。ふたりはいのちをかけて、神の民の圧倒的な意見を拒んだ(14:6-10)。イスラエルの荒野の旅でのこの大事件は、たとい教会の中でも多数の意見が必ずしも正しいとは限らないことを私たちに教えている。忠実な信仰者は大多数が反対しても神のことばに立たなければならない(→Ⅱテモ1:15注)。

14:11 わたしを信じないのか イスラエルの反抗の中心にあったのは不信仰である。それは神が忠実だったことを忘れたこと、神を主として信じなかったこと、神のことばをそのまま受入れなかったことから生れてきた。その考え方から人々は既にあらゆる情況で主を信頼することができなくなっていた。(1) 神を信じるということは神の言われることを全部真理として受入れ、それに応じて行動することである。それを実証するには神の約束によって生活し神の道を歩み、全存在をもって神を愛することである(申10:12, →「信仰と恵み」の項 p.2062)。(2) 信仰によって、私たちは神に受入れられ神の前に義と認められる(→創15:6注)。信仰がなければ私たちは罪に定められる

民数記　14章

12 わたしは疫病で彼らを打って滅ぼしてしまい、あなたを彼らよりも大いなる強い国民にしよう。」

13 モーセは主に申し上げた。「エジプトは、あなたが御力によって、彼らのうちからこの民を導き出されたことを聞いて、14 この地の住民に告げましょう。事実、彼らは、あなた、主がこの民のうちにおられ、あなた、主がまのあたりに現れて、あなたの雲が彼らの上に立ち、あなたが昼は雲の柱、夜は火の柱のうちにあって、彼らの前を歩んでおられるのを聞いているのです。15 そこでもし、あなたがこの民をひとり残らず殺すなら、あなたのうわさを聞いた異邦の民は次のように言うでしょう。16 『主はこの民を、彼らに誓った地に導き入れることができなかったので、彼らを荒野で殺したのだ。』17 どうか今、わが主の大きな力を現してください。あなたは次のように約束されました。18 『主は怒るのにおそく、恵み豊かである。咎とそむきを赦すが、罰すべき者は必ず罰して、父の咎を子に報い、三代、四代に及ぼす』と。19 あなたがこの民をエジプトから今に至るまで赦してくださったように、どうかこの民の咎をあなたの大きな恵みによって赦してください。」

20 主は仰せられた。「わたしはあなたのことばどおりに赦そう。21 しかしながら、わたしが生きており、主の栄光が全地に満ちている以上、22 エジプトとこの荒野で、わたしの栄光とわたしの行ったしるしを見ながら、このように十度もわたしを試みて、わたしの声に聞き従わなかった者たちは、みな、23 わたしが彼らの先祖たちに誓った地を見ることがない。わたしを侮った者も、みなそれを見ることがない。24 ただし、わたしのしもべカレブは、ほかの者と違った心を持っていて、わたしに従い通したので、わたしは彼が行って来た地に彼を導き入れる。彼の子孫はその地を所有するようになる。25 低地にはアマレク人とカナン人が住んでいるので、あなたがたは、あす、向きを変えて葦の海の道を通り、荒野へ出発せよ。」

26 主はモーセとアロンに告げて仰せられた。27「いつまでこの悪い会衆は、わたしにつぶやいているのか。わたしはイスラエル人が、わたしにつぶやいているつぶやきを、もう聞いている。28 あなたは彼らに言え。

これは主の御告げである。わたしは生きている。わたしは必ずあなたがたに、わたしの耳に告げたそのとおりをしよう。29 この荒野であなたがたは死体となって倒れる。わたしにつぶやいた者で、二十歳以上の登録され数えられた者たちはみな倒れて死ぬ。30 ただエフネの子カレブと、ヌンの子ヨシュアのほかは、あなたがたを住まわせると*わたしが誓った地に、だれも決して入ることはできない。31 さらわれてしまうと、あなたがたが言ったあなたがたの子どもたちを、わたしは導

12 ①レビ26:25, 申28:21
②創12:2, 出32:10
13 ①民14:13-19,
出32:11-14, 詩106:23
②出32:12, 申9:26, 28,
エゼ20:9, 14
14 ①出33:14, 15, 16, 34:9
②申5:4
③民9:15-23, 出13:21, 22
④→出13:21
⑤→出13:21
⑥出15:14,
ヨシ2:9, 10, 5:1
16 ①申9:28
18 ①出34:6, 7
②詩103:8, 145:8,
ヨナ4:2
③出20:5, 34:7, 申5:9
19 ①詩106:45
②出32:32, 34:9,
詩85:2
20 ①民14:20-35,
申1:34-40
②詩78:38, ミカ7:18-20
21 ①民14:28, 申32:40,
イザ49:18
②出16:7
③詩57:5, 72:19,
イザ6:3, ハバ3:3
22 ①民14:22, 23, ヨシ5:6,
エゼ20:15, 16,
Ⅰコリ10:5,
ヘブ3:11, 16-19, ユダ5
②出5:21, 14:11, 15:24,
16:2, 3, 17:2, 3, 7,
32:1,
民11:1, 4, 12:1, 14:2,
詩78:41
24 ①民14:7-9
②民21:1, 12,
申1:36, ヨシ14:6-15
25 *あるいは「谷」
①民13:29
②申1:40
**あるいは「紅海」
民14:11, 出16:28,
マタ17:17
①民14:11, 出16:12
28 ①民14:2
29 ①民14:2, 23, 26:65,
申1:35, 2:14, 15
②26:64, 32:11, 詩78:31
①民1:18, 45, 46,
26:64, 32:11, 詩78:31
30 ①民14:6, 7, 24, 38,
26:65, 32:12, 申1:36, 38
*直訳「手を上げた」
31 ①民14:3, 申1:39

(ヨハ3:36)。

14:13　エジプトは・・・聞いて　モーセは神に自分を完全にささげた模範的な人物である。モーセは自分の成功や名誉よりも神の名誉を大切にした(→14:12)。同じように、主である神とキリストを通して与えられた神の愛を感謝しながら理解するとき、今日のキリスト者も何よりもまさって神のみわざを伝え、神の栄光を現したいと望むようになるに違いない(⇒14:21-22)。さらに信仰者は自分の生活を通してイエス・キリストを代表し、不信者に非難の口実を与えないようにするべきである。

14:20　わたしは・・・赦そう　神が赦されると言われても、私たちは罪の当然の結果からは必ずしも逃れられるわけではない(→14:21-23, 27-37, ⇒Ⅱサム7:14)。

14:29　あなたがたは死体となって倒れる　神が旅の途中でイスラエルをさばかれたのは、神を信じる人々への教訓とするためだったと新約聖書ははっきりと言っている(Ⅰコリ10:11)。

(1) イスラエル人は良い知らせを聞いており(ヘブ4:6)、血によって贖われ(出6:6, 12:13)、紅海を通り抜けた(出14:22)。そしてバプテスマを受け(出14:19, 29-30とⅠコリ10:2を比較)、霊的食物を食べ(出16:4, Ⅰコリ10:3)、キリストがくださる生ける

き入れよう。彼らはあなたがたが拒んだ地を知るようになる。³²しかし、あなたがたは死体となってこの荒野に倒れなければならない。³³あなたがたの子どもたちは、この荒野で四十年の間羊を飼う者となり、あなたがたが死体となってこの荒野で倒れてしまうまで、あなたがたの背信の罪を負わなければならない。³⁴あなたがたが、かの地を探った日数は四十日であった。その一日を一年と数えて、四十年の間あなたがたは自分の咎を負わなければならない。こうしてわたしへの反抗が何かを思い知ろう。³⁵主であるわたしが言う。一つになってわたしに逆らったこの悪い会衆のすべてに対して、わたしは必ず次のことを行う。この荒野で彼らはひとり残らず死ななければならない。³⁶モーセがかの地を探らせるために遣わした者で、帰って来て、その地について悪く言いふらし、全会衆をモーセにつぶやかせた者たちも。」³⁷こうして、その地をひどく悪く言いふらした者たちは、主の前に、疫病で死んだ。³⁸しかし、かの地を探りに行った者のうち、ヌンの子ヨシュアと、エフネの子カレブは生き残った。³⁹モーセがこれらのことばを、すべての

31 ② 詩106:24
32 ① 民26:65、Ⅰコリ10:5、ヘブ3:17
33 ① 民32:13、申2:7, 14, 8:2, 4, 29:5、使7:36
② エゼ23:35
34 ① 詩90:15, 95:10
② 民13:25
③ エゼ4:6
＊直訳「わたしの妨げ」七十人訳は「わたしの激しい怒り」
35 ① 民23:19、Ⅰ列8:56、詩77:8
② 民14:29, 26:65、Ⅰコリ10:5、ヘブ3:17、ユダ5
36 ① 民13:4-16, 32
37 ① 民16:49、Ⅰコリ10:10
38 ① 民26:65、ヨシ14:10
39 ① 民14:39-45、申1:41-45

② 出33:4
41 ① Ⅱ歴24:20
42 ① Ⅱ歴15:2
43 ① 民13:29, 14:25
45 ① 出17:8
② 民21:3、申1:44、士1:17
2 ① 民15:18、レビ23:10、申7:1

イスラエル人に告げたとき、民はひどく悲しんだ。⁴⁰翌朝早く、彼らは山地の峰のほうに上って行こうとして言った。「私たちは罪を犯したのだから、とにかく主が言われた所へ上って行ってみよう。」⁴¹するとモーセは言った。「あなたがたはなぜ、主の命令にそむこうとしているのか。それは成功しない。⁴²上って行ってはならない。主はあなたがたのうちにおられないのだ。あなたがたが敵に打ち負かされないように。⁴³そこにはアマレク人とカナン人とがあなたがたの前にいるから、あなたがたは剣で打ち倒されよう。あなたがたが主にそむいて従わなかったのだから、主はあなたがたとともにはおられない。」⁴⁴それでも、彼らはかまわずに山地の峰のほうに登って行った。しかし、主の契約の箱とモーセとは、宿営の中から動かなかった。⁴⁵山地に住んでいたアマレク人とカナン人は、下って来て、彼らを打ち、ホルマまで彼らを追い散らした。

ささげ物に関する補則

15 ¹主はモーセに告げて仰せられた。²「イスラエル人に告げて言え。わたしがあなたがたに与えて住ませる地にあなたがたが入り、

水という霊的飲み物を飲んだ（Ⅰコリ10:4）。さらに聖霊によって導かれていた（民11:17, 25）。

（2）この贖いと恵みの体験をしていたのに人々は神に不平を言い（民14:2, 27）、心をかたくなにし（ヘブ3:8）、神に逆らい（14:2, 9）、神を敬わず信じもしないで（14:11, 23）、神を試し（14:22）、命令に従わず（14:41）、従うことをやめてしまった（14:43）。

（3）従わなかったことにより、人々は神の怒り（Ⅰコリ10:5-10、ヘブ3:10, 17）、死と破壊（14:29, 35）を受け、カナンの地への侵入に失敗し（14:22-23）、神の安息を失う（詩95:7-11、ヘブ3:11, 18）ことになった（→「**イスラエル人との神の契約**」の項 p.351）。

（4）イスラエルが荒野で失敗したことから、信仰者は「だれも悪い不信仰の心になって生ける神から離れる者がないように気をつけ」（ヘブ3:12）、「安息（天国）に入るよう力を尽くして努め」るようにと励まされている（ヘブ4:11）。

14:43 【主】はあなたがたとともにはおられない イスラエル人は悔い改めたように見せ掛け、神の約束を信じると言ったけれども（14:40）、神が一緒にはおられないという警告を無視した。人々は従順、信仰、神との熱心な交わりがなくても、約束の地を手に入れることができると思って致命的な失敗を犯した（14:40-44）。そして束の間の間違った信頼をしたので打負かされてしまった（14:45）。ここで学ぶべき重要な教訓は、信仰による服従なしに神の契約の豊かさは手に入れられないということである（⇒ロマ1:5）。神に頼っていると言うだけでは不十分である。それを個人生活の中で実践しなければならない。このことは聖書全体を通して教えられている（32:、申1:20-40、詩95:10, 106:24〜、アモ2:10, 5:25、Ⅰコリ10:1-11、ヘブ3:7-4:13）。

民数記 15章

3 特別な誓願を果たすために、または進んでささげるささげ物として、あるいは例祭のときに、主へのなだめのかおりをささげるために、牛か羊の群れから全焼のいけにえでも、ほかのいけにえでも、火によるささげ物を主にささげるときは、
4 そのささげ物をささげる者は、穀物のささげ物として、油四分の一ヒンを混ぜた小麦粉十分の一エパを主にささげなければならない。
5 また全焼のいけにえ、またはほかのいけにえに添えて、子羊一頭のための注ぎのささげ物としては四分の一ヒンのぶどう酒をささげなければならない。
6 雄羊の場合には、穀物のささげ物として、油三分の一ヒンを混ぜた小麦粉十分の二エパをささげ、
7 さらに、注ぎのささげ物としてぶどう酒三分の一ヒンを主へのなだめのかおりとして、ささげなければならない。
8 また、あなたが特別な誓願を果たすため、あるいは、和解のいけにえとして、若い牛を全焼のいけにえ、または、ほかのいけにえとして主にささげるときは、
9 その若い牛に添えて、油二分の一ヒンを混ぜた小麦粉十分の三エパの穀物のささげ物を、
10 また注ぎのささげ物としてぶどう酒二分の一ヒンをささげなければならない。これは主へのなだめのかおりの、火によるささげ物である。
11 牛一頭、あるいは雄羊一頭、あるいはどんな羊、やぎについても、このようにしなければならない。
12 あなたがたがささげる数に応じ、その数にしたがって一頭ごとにこのようにしなければならない。
13 すべてこの国に生まれた者は、主へのなだめのかおりの、火によるささげ物をささげるには、このようにこれらのことを行わなければならない。
14 また、あなたがたのところにいる在留異国人、あるいはあなたがたのうちに代々住んでいる者が、主へのなだめのかおりの、火によるささげ物をささげる場合には、あ

3 ①レビ7:16, 22:18, 21, 27:2
②申16:10
③レビ23:2-44
④民15:7, 10, 13, 14, 24, 18:17, 28:2, 6, 8, 13, 24, 27, 29:2, 6, 8, 13, 36, →創8:21, →レビ1:9, →エゼ6:13, Ⅱコリ2:15, エペ5:2, ピリ4:18
⑤レビ1:2
5 ①→民6:11
②民18:17
4 ①→民5:15
＊1ヒンは3.8リットル
②民28:5
＊＊□Ⅰテサロン］−10分の1エパ−2.3リットル
5 ①→民6:11
②民15:11
③民4:7
④出29:40
6 ①→民5:15
②レビ23:13
7 ①→民4:7
②民15:3
8 ①→民6:14
②民6:11
9 ①民28:12
②→民5:15
10 ①→民4:7
②民15:3
③→民18:17
13 ①→民15:3
②→民18:17
14 ①→民15:3
②→民18:17

15 ①民9:14, 15:29, 出12:49, レビ24:22
18 ①民15:2, 申26:1
19 ①ヨシ5:11
②→民5:9
20 ①出34:26, レビ2:14, 23:10, 14, 16, 申26:2, 10, 箴31:27
②民18:27, 30, 申15:14, 16:13
③→民5:9
21 ①→民5:9
24 ①レビ4:2, 13, 22, 27, 5:15, 18
②→民15:3
③→民6:11
④→民7:15
⑤→民5:15
⑥→民4:7
⑦民28:15, レビ4:23, エズ6:17, 8:35
⑧→民7:16
25 ①レビ4:20, 35
②民18:17
③→民7:16
26 ①民15:24

15 一つの集会として、定めはあなたがたにも、在留異国人にも、同一であり、代々にわたる永遠の定めである。主の前には、あなたがたも在留異国人も同じである。
16 あなたがたにも、あなたがたのところにいる在留異国人にも、同一のおしえ、同一のさばきでなければならない。」
17 主はまたモーセに告げて仰せられた。
18「イスラエル人に告げて言え。
わたしがあなたがたを導いて行く地にあなたがたが入り、
19 その地のパンを食べるとき、あなたがたは主に奉納物を供えなければならない。
20 初物の麦粉で作った輪型のパンを奉納物として供え、打ち場からの奉納物として供えなければならない。
21 初物の麦粉のうちから、あなたがたは代々にわたり、主に奉納物を供えなければならない。

過失による罪のためのささげ物

22 あなたがたが、もしあやまって罪を犯し、主がモーセに告げられたこれらの命令のどれでも、
23 主が命じられた日以来、代々にわたって主がモーセを通してあなたがたに命じられたことの一つでも行わないときは、
24 もし会衆が気づかず、あやまってしたのなら、全会衆は、主へのなだめのかおりのための全焼のいけにえとして、若い雄牛一頭、また、定めにかなう穀物のささげ物と注ぎのささげ物、さらに雄やぎ一頭を罪のためのいけにえとして、ささげなければならない。
25 祭司がイスラエル人の全会衆の贖いをするなら、彼らは赦される。それが過失であって、彼らは自分たちの過失のために、ささげ物、主への火によるささげ物、罪のためのいけにえを主の前に持って来たからである。
26 イスラエル人の全会衆も、あなたがたのうちの在留異国人も赦される。それは民全体の過失だからである。

²⁷もし個人があやまって罪を犯したなら、一歳の雌やぎ一頭を罪のためのいけにえとしてささげなければならない。
²⁸祭司は、あやまって罪を犯した者のために、主の前で贖いをしなければならない。彼はあやまって罪を犯したのであるから、彼の贖いをすれば、その者は赦される。
²⁹イスラエル人のうちの、この国に生まれた者にも、あなたがたのうちにいる在留異国人にも、あやまって罪を犯す者には、あなたがたと同一のおしえがなければならない。
³⁰国に生まれた者でも、在留異国人でも、故意に罪を犯す者は、主を冒瀆する者であって、その者は民の間から断たれなければならない。
³¹主のことばを侮り、その命令を破ったなら、必ず断ち切られ、その咎を負う。」

安息日を破った者への罰

³²イスラエル人が荒野にいたとき、安息日に、たきぎを集めている男を見つけた。
³³たきぎを集めているのを見つけた者たちは、その者をモーセとアロンおよび全会衆のところに連れて来た。
³⁴しかし彼をどうすべきか、はっきりと示されていなかったので、その者を監禁しておいた。
³⁵すると、主はモーセに言われた。「この者は必ず殺されなければならない。全会衆は宿営の外で、彼を石で打ち殺さなければならない。」
³⁶そこで、主がモーセに命じられたように、全会衆はその者を宿営の外に連れ出し、彼を石で打ち殺した。

着物の房

³⁷主はモーセに告げて仰せられた。
³⁸「イスラエル人に告げて、彼らが代々にわたり、着物のすそのすみに四隅にふさを作り、その隅のふさに青いひもをつけるように言え。
³⁹そのふさはあなたがたのためであって、あなたがたがそれを見て、主のすべての命令を思い起こし、それを行うため、みだらなことをしてきた自分の心と目に従って歩まないようにするため、
⁴⁰こうしてあなたがたが、わたしのすべての命令を思い起こして、これを行い、あなたがたの神の聖なるものとなるためである。
⁴¹わたしはあなたがたの神、主であって、わたしがあなたがたの神となるために、あなたがたをエジプトの地から連れ出したのである。わたしは、あなたがたの神、主である。」

コラ、ダタン、アビラム

16 ¹レビの子ケハテの子であるイツハルの子コラは、ルベンの子孫であるエリアブの子ダタンとアビラム、およびペレテの子オンと共謀して、
²会衆の上に立つ人たちで、会合で選び出された名のある者たち二百五十人のイスラエル人とともに、モーセに立ち向かった。
³彼らは集まって、モーセとアロンとに逆らい、彼らに言った。「あなたがたは分を越えている。全会衆残らず聖なるものであって、主がそのうちにおられるのに、なぜ、あなたがたは、主の集会の上に立つのか。」
⁴モーセはこれを聞いてひれ伏した。
⁵それから、コラとそのすべての仲間とに告げて言った。「あしたの朝、主は、だれがご自分のものか、だれが聖なるものかをお示しになり、その者をご自分に近づけられる。主は、ご自分が選ぶ者をご自分に近づけられるのだ。

15:31 【主】のことばを侮り 神は意図しない罪（罪ではあるけれども意識的に行ったのではない罪）（15:22-29）と意図的な罪（神とみことばを無視して故意に犯した罪）（15:30-31）を区別される。意図しない罪には贖いが必要である（15:24-28）けれども神の選民から引離されることはない。けれども故意に挑戦的に罪を犯した場合は神の民から引離され罪の贖いは与えられない（15:30-31、→Ⅰヨハ3:15）。

16:3 モーセ・・・に逆らい コラ、ダタン、アビラムの話は三人のレビ人が結束して祭司として一層の権力と高い地位を得ようとした話である（16:10）。三人はモーセの権威に挑戦し、アロンだけが大祭司であるという神の命令を拒んだ（16:3-11）。こうして三人は、神と神の民を導くのはだれかということを示されたみことばとを拒んだのである（→12:10注）。その結果、神は厳しい有罪の判決を下された（16:31-35）。

民数記 16章

⁶ こうしなさい。コラとその仲間のすべてよ。あなたがたは火皿を取り、
⁷ あす、主の前でその中に火を入れ、その上に香を盛りなさい。主がお選びになるその人が聖なるものである。レビの子たちよ。あなたがたが分を越えているのだ。」
⁸ モーセはさらにコラに言った。「レビの子たちよ。よく聞きなさい。
⁹ イスラエルの神が、あなたがたを、イスラエルの会衆から分けて、主の幕屋の奉仕をするために、また会衆の前に立って彼らに仕えるために、みもとに近づけてくださったのだ。あなたがたには、これに不足があるのか。
¹⁰ こうしてあなたとあなたの同族であるレビ族全部を、あなたといっしょに近づけてくださったのだ。それなのに、あなたがたは①祭司の職まで②要求するのか。
¹¹ それだから、あなたとあなたの仲間のすべては、一つになって主に逆らっているのだ。アロンが何だからといって、彼に対して③不平を言うのか。」
¹² モーセは使いをやって、エリアブの子のダタンとアビラムとを呼び寄せようとしたが、彼らは言った。「私たちは行かない。
¹³ あなたが私たちを乳と蜜の流れる地から上らせて、荒野で私たちを死なせようとし、そのうえ、あなたは私たちを支配しようとして③君臨している。それでも不足があるのか。
¹⁴ しかも、あなたは、①乳と蜜の流れる地に私たちを連れても行かず、畑とぶどう畑を受け継ぐべき財産として私たちに与えてもいない。あなたは、この人たちの目を②くらまそうとするのか。私たちは行かない。」
¹⁵ モーセは激しく怒った。そして主に申し上げた。「どうか、彼らのささげ物を顧みないでください。私は彼らから、ろば一頭も取ったことはなく、彼らのうちのだれ

⁷① 民16:3
⁸① 民3:6-9, 8:19, 申10:8
¹⁰① 民3:10, 18:1, 7
¹¹① 出16:7, 8, Ⅰコリ10:10
¹³① 民11:4-6, 出16:3
② 民20:4, 出16:3
③ 出2:14, 使7:27, 35
④ 民16:9
¹⁴① 出3:8
② 民20:5, 出22:5, 23:11
＊直訳「えぐり取ろうとするのか」
¹⁵① 創4:4, 5
② Ⅰサム12:3, 使20:33, Ⅱコリ7:2

¹⁶① Ⅰサム12:3, 7
¹⁷① 民16:6, 7
¹⁹① →出16:7
²¹① 民16:45
② 創19:17, 出32:10, 12, エレ51:6
²²① 民27:16, ヨブ12:10
② 創18:23-32, レビ4:3
²⁴①
²⁶① 創19:15, 17, イザ52:11, Ⅱコリ6:17, Ⅱテモ2:19, 黙18:4
② 創19:15, 17

をも傷つけたこともありません。」
¹⁶ それから、モーセはコラに言った。「あなたとあなたの仲間のすべて、あなたと彼らとそれにアロンとは、あす、主の前に出なさい。
¹⁷ あなたがたは、おのおの自分の火皿を取り、その上に香を盛り、おのおの主の前にそれを持って来なさい。すなわち二百五十の火皿、それにまたあなたも、アロンも、おのおの火皿を持って来なさい。」
¹⁸ 彼らはおのおの、その火皿を取り、それに火を入れて、その上に香を盛った。そしてモーセとアロンはいっしょに会見の天幕の入口に立った。
¹⁹ コラは全会衆を会見の天幕の入口に集めて、ふたりに逆らわせようとした。そのとき、主の栄光が全会衆に現れた。
²⁰ 主はモーセとアロンに告げて仰せられた。
²¹「あなたがたはこの会衆から離れよ。わたしはこの者どもをたちどころに絶滅してしまうから。」
²² ふたりはひれ伏して言った。「神。すべての肉なるもののいのちの神よ。ひとりの者が罪を犯せば、全会衆をお怒りになるのですか。」
²³ 主はモーセに告げて仰せられた。
²⁴「この会衆に告げて、コラとダタンとアビラムの住まいの付近から離れ去るように言え。」
²⁵ モーセは立ち上がり、イスラエルの長老たちを従えて、ダタンとアビラムのところへ行き、
²⁶ そして会衆に告げて言った。「さあ、この悪者どもの天幕から離れ、彼らのものには何にもさわるな。彼らのすべての罪のために、あなたがたが滅ぼし尽くされるといけないから。」
²⁷ それでみなは、コラとダタンとアビラムの住まいの付近から離れ去った。ダタンと

神の国で「宴会の上座や会堂の上席が大好き」(マタ23:6)な人々にも同じさばきが下される。

16:10 祭司の職まで要求するのか コラたちは人々を導く人物を自分たちで決められると考えた。けれども神はご自分が責任者であることを明らかにされた。新しい契約のもとで神は今も教会の指導者として仕え

る人々を決めておられる。奉仕したい人々には一定の神聖な基準を神は定められた（Ⅰテモ3:1-12, 4:12-16, テト1:5-9, →「**監督の道徳的資格**」の項 p.2303)。神が定められた牧師の基準を教会が無視して、みことばに関係なく指導者を選ぶなら、コラたちと同じ反抗的態度をとることになる。リーダーは教会に啓示され

民数記 16章

アビラムは、その妻子、幼子たちといっしょに出て来て、自分たちの天幕の入口に立った。

28 モーセは言った。「私を遣わして、これらのしわざをさせたのは主であって、私自身の考えからではないことが、次のことによってあなたがたにわかるであろう。29 もしこの者たちが、すべての人が死ぬように死に、すべての人の会う運命に彼らも会えば、私を遣わされたのは主ではない。30 しかし、もし主がこれまでにないことを行われて、地がその口を開き、彼らと彼らに属する者たちとを、ことごとくのみこみ、彼らが生きながらよみに下るなら、あなたがたは、これらの者たちが主を侮ったことを知らなければならない。」

31 モーセがこれらのことばをみな言い終わるや、彼らの下の地面が割れた。32 地はその口をあけて、彼らとその家族、またコラに属するすべての者と、すべての持ち物とをのみこんだ。33 彼らとすべて彼らに属する者は、生きながら、よみに下り、地は彼らを包んでしまい、彼らは集会の中から滅び去った。34 このとき、彼らの回りにいたイスラエル人はみな、彼らの叫び声を聞いて逃げた。「地が私たちをも、のみこんでしまうかもしれない」と思ったからである。35 また、主のところから火が出て、香をささげていた二百五十人を焼き尽くした。

36 主はモーセに告げて仰せられた。37「あなたは、祭司アロンの子エルアザルに命じて、炎の中から火皿を取り出させよ。火を遠くにまき散らさせよ。それらは聖なるものとなっているから。38 罪を犯していのちを失ったこれらの者たちの火皿を取り、それらを打ちたたいて延べ板とし、祭壇のための被金とせよ。それらは、彼らが主の前にささげたので、聖なるものとなっているからである。こうして、これらをイスラエル人に対するしるしとせよ。」

39 そこで祭司エルアザルは、焼き殺された者たちがささげた青銅の火皿を取って、それを打ち延ばし、祭壇のための被金とし、40 イスラエル人のための記念とした。これは、アロンの子孫でないほかの者が、主の前に近づいて煙を立ち上らせることがないため、その者が、コラやその仲間のようなめに会わないためである。――主がモーセを通してエルアザルに言われたとおりである。

41 その翌日、イスラエル人の全会衆は、モーセとアロンに向かってつぶやいて言った。「あなたがたは主の民を殺した。」42 会衆が集まってモーセとアロンに逆らったとき、ふたりが会見の天幕のほうを振り向くと、見よ、雲がそれをおおい、主の栄光が現れた。43 モーセとアロンが会見の天幕の前に行くと、44 主はモーセに告げて仰せられた。45「あなたがたはこの会衆から立ち去れ。わたしがこの者どもをたちどころに絶ち滅ぼすことができるように。」ふたりはひれ伏した。

46 モーセはアロンに言った。「火皿を取り、祭壇から火を取ってそれに入れ、その上に香を盛りなさい。そして急いで会衆のところへ持って行き、彼らの贖いをしなさい。主の前から激しい怒りが出て来て、神罰がもう始まったから。」47 アロンは、モーセが命じたように、火皿を取って集会の真ん中に走って行ったが、見よ、神罰はすでに民のうちに始まっていた。そこで彼は香をたいて、民の贖いをした。48 彼が死んだ者たちと生きている者たちとの間に立ったとき、神罰はやんだ。49 コラの事件で死んだ者とは別に、この神罰で死んだ者は、一万四千七百人になった。50 こうして、アロンは会見の天幕の入口のモーセのところへ帰った。神罰はやんだ。

---

28 ① 出3:12-15, 4:12, 15, 申18:22, ゼカ2:9, 4:9, ヨハ5:36
② 民24:13, エレ23:16, エゼ13:17, ヨハ5:30, 6:38
30 ① イザ28:21
② 詩55:15
③ →創37:35
32 ① 民16:32, 33, 民26:10, 申11:6, 詩106:17, ヨブ31:3, 40:13
② 民26:11, Ⅰ歴6:22, 37
33 ① 詩55:15
② →創37:35
③ 詩69:15
35 ① 民11:1-3, 26:10, レビ10:2, Ⅰ列18:38, 詩106:18, 黙11:5
② 民16:2, 17
37 ① レビ27:28
38 *「取り」は補足

41 ① 民17:10, 26:10, エゼ14:8
40 ① →民1:51
② レビ10:1, 2, Ⅱ歴26:18
41 ① 民14:2, 16:3, 詩106:25, Ⅰコリ10:10
42 ① 民16:2, 3
② 出40:34
③ →民17:7
45 ① 民16:21
② 民22:20, 6
46 ① 民1:53, 18:5, 申9:22, Ⅰ歴27:24
② 詩106:29
47 ① 出8:19, 25:7, 8, 13
48 ① 民25:7, 8
49 ① 民16:32, 35
② 民25:9

16:32　その家族　コラの息子たちは父と一緒には死ななかった。父の反乱に加わらなかったに違いない (→民26:11)。

16:41-50　あなたがたは【主】の民を殺した　神のさばきがコラたちに下ったとき、イスラエル人はまるでモーセがさばきを行ったかのように不平を言った。人々は自分たちの間で最も霊的なのはこの反逆者たちだと思うように欺かれていた。神によって遣わされていない指導者には従わないように、神の民には洞察力

アロンの杖の芽

17¹ 主はモーセに告げて仰せられた。²「イスラエル人に告げて、彼らから、杖を、父の家ごとに一本ずつ、彼らの父祖の家のすべての族長から十二本の杖を、取れ。その杖におのおのの名を書きしるさなければならない。

³ レビの杖にはアロンの名を書かなければならない。彼らの父祖の家のかしらにそれぞれ一本の杖とするから。

⁴ あなたはそれらを、会見の天幕の中のわたしがそこであなたがたに会うあかしの箱の前に置け。

⁵ わたしが選ぶ人の杖は芽を出す。こうしてイスラエル人があなたがたに向かってつぶやく不平をわたし自身が静めよう。」

⁶ モーセがイスラエル人にこのように告げたので、彼らの族長たちはみな、父祖の家ごとに、族長ひとりに一本ずつの杖、十二本を彼に渡した。アロンの杖も彼らの杖の中にあった。

⁷ モーセはそれらの杖を、あかしの天幕の中の主の前に置いた。

⁸ その翌日、モーセはあかしの天幕に入って行った。すると見よ、レビの家のためのアロンの杖が芽をふき、つぼみを出し、花をつけ、アーモンドの実を結んでいた。

⁹ モーセがその杖をみな、主の前から、すべてのイスラエル人のところに持って来たので、彼らは見分けて、おのおの自分の杖を取った。

¹⁰ 主はモーセに言われた。「アロンの杖をあかしの箱の前に戻して、逆らう者どもへの戒めのため、しるしとせよ。彼らのわたしに対する不平を全くなくして、彼らが死ぬことのないように。」

¹¹ モーセはそうした。主が命じられたとおりにした。

¹² しかし、イスラエル人はモーセに言った。「ああ、私たちは死んでしまう。私たちは滅びる。みな滅びる。

¹³ 主の幕屋にあえて近づく者はだれでも死ななければならないとは。ああ、私たちはみな、死に絶えなければならないのか。」

祭司とレビ人の任務

18¹ そこで、主はアロンに言われた。「あなたと、あなたとともにいるあなたの子たちと、あなたの父の家の者たちは、聖所にかかわる咎を負わなければならない。そしてあなたと、あなたとともにいるあなたの子たちが、あなたがたの祭司職にかかわる咎を負わなければならない。

² しかし、あなたの父祖の部族であるレビ族のあなたの身内の者たちも、あなたに近づけよ。彼らがあなたに配属され、あかしの天幕の前で、あなたと、あなたとともにいるあなたの子たちに仕えるためである。

³ 彼らはあなたのための任務と、天幕全体の任務を果たすのである。しかし彼らは、聖所の器具と祭壇とに、近づいてはならない。彼らも、あなたがたも、死ぬことのないためである。

⁴ 彼らがあなたに配属され、天幕の奉仕のすべてにかかわる会見の天幕の任務を果たす。ほかの者があなたがたに近づいてはならない。

⁵ あなたがたが聖所の任務と祭壇の任務を果たすなら、イスラエル人に再び激しい怒りが下ることはない。

⁶ 今ここに、わたしは、あなたがたの同族レビ人をイスラエル人の中から取り、会見の天幕の奉仕をするために、彼らを主にささげられたあなたがたへの贈り物とする。

⁷ あなたと、あなたとともにいるあなたの子たちは、祭壇に関するすべてのことや、垂れ幕の内側のことについてのあなたがたの祭司職を守り、奉仕しなければならない。わ

が必要である(→「にせ教師」の項p.1758)。

17:3 レビの杖にはアロンの名を書かなければならない 17章は神がレビ族を奉仕者に、そしてアロンを大祭司に選ばれたことを主張している。主はこの決定の正しさを示すために奇蹟を起こされた(17:8)。新しい契約のもとで私たちは、神のことばを忠実に伝える神を敬う指導者たちを認め従わなければならない(ヘブ13:17, ⇒ロマ13:1-4, Ⅰテモ2:1-3)。

18:1 咎を負わなければならない 祭司とレビ人が主の幕屋の内外で汚れた行いをするなら責任を問われる。最大の注意を払って神に仕え主が要求されることをしなければならないのである(⇒レビ10:7)。

民数記　18章

たしはあなたがたの祭司職を賜物の奉仕として与える。ほかの者で近づく者は死ななければならない。」

祭司とレビ人のためのささげ物

8 主はそれから、アロンに仰せられた。「今、わたしは、わたしへの奉納物にかかわる任務をあなたに与える。わたしはイスラエル人のすべての聖なるささげ物についてこれをあなたに、またあなたの子たちとに、受ける分として与え、永遠の分け前とする。

9 最も聖なるもの、火によるささげ物のうちで、あなたの分となるものは次のとおりである。最も聖なるものとして、わたしに納めるすべてのささげ物、すなわち穀物のささげ物、罪のためのいけにえ、罪過のためのいけにえ、これらの全部は、あなたとあなたの子たちの分となる。

10 あなたはそれを最も聖なるものとして食べなければならない。ただ男子だけが、それを食べることができる。それはあなたにとって聖なるものである。

11 また次のものもあなたの分となる。イスラエル人の贈り物である奉納物、彼らのすべての奉献物、これをわたしはあなたとあなたの息子たち、それにあなたとともにいる娘たちに与えて、永遠の分け前とする。あなたの家にいるきよい者はみな、それを食べることができる。

12 最良の新しい油、最良の新しいぶどう酒と穀物、これらの人々が主に供える初物全部をあなたに与える。

13 彼らの国のすべてのものの初なりで、彼らが主に携えて来る物は、あなたのものになる。あなたの家にいるきよい者はだれで

7①民18:20, 申18:2
　②→民1:51
8①申18:3, 4,
　Ⅱ歴31:5, 6,
　ネヘ10:35-37,
　エゼ44:29, 30
　②→民5:9
　③レビ6:18
9①①→民5:15
　②→民7:16
　③レビ5:15
10①レビ6:29, 10:12
　②レビ6:16, 18, 26, 29, 7:6
11①民5:9
　②民6:20
　③レビ10:14
　④レビ22:1-16
12①創27:28, 申7:13
　②申7:13
13①出22:29, 23:19, 34:26, 申26:2

14①レビ27:28
15①民3:13, 出13:2, 12, 15, 22:29, レビ27:26
　②民3:46, 出13:13, 15, 34:20
　③出13:13, 34:20
16①民3:47, 50, レビ27:3
　②民3:47, 10:18, レビ27:25, エゼ45:12
＊1 ゲラは 0.57 グラム
17①申15:19
　②レビ3:2
　③民15:3, 10, 13, 14, 25, 22:6, 28:8, 13, 19, 24, 29:6, 13, 36, 申18:1, →出29:18, →レビ1:9, →申8:21
　④レビ15:3
18①→民5:9
　②→出29:22
19①→民5:9
　②民18:11
　③レビ2:13, Ⅱ歴13:5
20①民26:62, 申10:9, 18:1, 2, ヨシ13:14, 33, 18:7, エゼ44:28
　②申12:12, 14:27, 29, ヨシ14:3
　③詩16:5
21①民3:7, 8
　②民18:24, 26, レビ27:30-32, 申14:22, ネヘ10:37, 38, 12:44, ヘブ7:5, 8, 9

も、それを食べることができる。

14 イスラエルのうちで、聖絶のものはみな、あなたのものになる。

15 人でも、獣でも、すべての肉なるものの最初に生まれるもので主にささげられるものはみな、あなたのものとなる。ただし、人の初子は、必ず贖わなければならない。また、汚れた獣の初子も贖わなければならない。

16 その贖いの代金として、生後一か月以上は聖所のシェケルの評価によって銀五シェケルで贖わなければならない。一シェケルは二十ゲラである。

17 ただし、牛の初子、または羊の初子、あるいはやぎの初子は贖ってはならない。これらは聖なるものであるからである。あなたはそれらの血を祭壇に振りかけ、その脂肪を火によるささげ物、主へのなだめのかおりとして、焼いて煙にしなければならない。

18 その肉はあなたのものとなる。それは奉献物の胸や右のもものようにあなたのものとなる。

19 イスラエル人が主に供える聖なる奉納物をみな、わたしは、あなたとあなたの息子たちと、あなたとともにいるあなたの娘たちに与えて、永遠の分け前とする。それは、主の前にあって、あなたとあなたの子孫に対する永遠の塩の契約となる。」

20 主はまたアロンに仰せられた。「あなたは彼らの国で相続地を持ってはならない。彼らのうちで何の割り当て地をも所有してはならない。イスラエル人の中にあって、わたしがあなたの割り当ての地であり、あなたの相続地である。

21 さらに、わたしは今、レビ族には、彼らが会見の天幕の奉仕をするその奉仕に報いて、イスラエルのうちの十分の一をみ

18:8 奉納物にかかわる任務 祭司とレビ人は人々のささげ物によって支えられるように神は定められた（18:8-24）。教会を指導し奉仕する人々を教会員が支えるのも神のご計画である（Ⅰコリ9:13-14, →「十分の一とささげ物」の項 p.1603）。

18:19 塩の契約 塩は保存と耐久性を表すので、この契約（律法と約束、忠実と服従に基づいた神とイスラエルの「終生協定」）が永続し不変であることを示している（⇒レビ2:13）。

18:20 わたしが・・・あなたの相続地である 祭司とレビ人は地上では相続財産を持たない。神はご自分が分け前であり相続地であると宣言された。この約束は原則としてキリストを信じる人全員に及ぶ。私たちは寄留者（一時的な居住者）であり旅人だから相続地をこの地上には持たない。神は天におられるから、私たちは天のものを求めなければならない（ヘブ11:9-16）。「『主こそ、私の受ける分です』と私のたましいは言う。それゆえ、私は主を待ち望む」（哀3:24）とい

民数記 18-19章

な、相続財産として与える。
²²これからはもう、イスラエル人は、会見の天幕に近づいてはならない。彼らが罪を得て死ぬことがないためである。
²³レビ人だけが会見の天幕の奉仕をすることができる。ほかの者は咎を負う。これは代々にわたる永遠のおきてである。彼らはイスラエル人の中にあって相続地を持ってはならない。
²⁴それは、イスラエル人が、奉納物として主に供える十分の一を、わたしは彼らの相続財産としてレビ人に与えるからである。それゆえわたしは彼らがイスラエル人の中で相続地を持ってはならないと、彼らに言ったのである。」
²⁵主はモーセに告げて仰せられた。
²⁶「あなたはレビ人に告げて言わなければならない。
わたしがあなたがたに相続財産として与えた十分の一を、イスラエル人から受け取るとき、あなたがたはその十分の一の十分の一を、主への奉納物として供えなさい。
²⁷これは、打ち場からの穀物や、酒ぶねからの豊かなぶどう酒と同じように、あなたがたの奉納物とみなされる。
²⁸それで、あなたがたもまた、イスラエル人から受け取るすべての十分の一の中から、主への奉納物を供えなさい。その中から主への奉納物を祭司アロンに与えなさい。
²⁹あなたがたへのすべての贈り物のうち、それぞれ最上の部分で聖別される分のうちから主へのすべての奉納物を供えなさい。
³⁰またあなたは彼らに言え。
あなたがたが、その最上の部分をその中から供えるとき、それはレビ人にとって打ち場からの収穫、酒ぶねからの収穫と同じようにみなされる。
³¹あなたがたもあなたがたの家族も、どこででもそれを食べてよい。これは会見の天

22①民1:51, 出19:12
　②レビ22:9
23①民3:7
　②民18:20
24①→民5:9
　②民18:21
　②民18:20,
　申10:9,14:27,29, 18:1
26①民18:21
　②ネヘ10:38
　②民5:9
27①→民15:20
　②→民5:9
28①→民5:9
29①→民5:9
30①→民15:20

31①マタ10:10,
　Ⅰコリ9:13, Ⅰテモ5:18
32①レビ19:8, 22:15, 16

2①レビ22:20-25
　②申21:3, Ⅰサム6:7
3①民3:4
　②民19:9, レビ4:12, 21,
　ヘブ13:11-13
4①レビ6:17, 16:14, 19,
　ヘブ9:13, 14
5①出29:14,
　レビ4:11, 12, 16:27
6①レビ14:4, 6, 49
　②出12:22, レビ14:4
7①レビ11:25, 15:5,
　16:26, 28
　②レビ22:6
9①ヘブ9:13
　②民8:7, 19:13, 20, 21,
　31:23

幕でのあなたがたの奉仕に対する報酬だからである。
³²あなたがたが、その最上の部分を供えるなら、そのことで罪を負うことはない。イスラエル人の聖なるささげ物を、あなたがたは汚してはならない。それは、あなたがたが死なないためである。」

きよめの水

19 ¹主はモーセとアロンに告げて仰せられた。
²「主が命じて仰せられたおしえの定めは、こうである。イスラエル人に言い、傷がなく、まだくびきの置かれたことのない、完全な赤い雌牛をあなたのところに引いて来させよ。
³あなたがたはそれを祭司エルアザルに渡せ。彼はそれを宿営の外に引き出し、彼の前でほふれ。
⁴祭司エルアザルは指でその血を取り、会見の天幕の正面に向かってこの血を七たび振りかけよ。
⁵その雌牛は彼の目の前で焼け。その皮、肉、血をその汚物とともに焼かなければならない。
⁶祭司は杉の木と、ヒソプと、緋色の糸を取り、それを雌牛の焼けている中に投げ入れる。
⁷祭司は、その衣服を洗い、そのからだに水を浴びよ。その後、宿営に入ることができる。しかしその祭司は夕方まで汚れる。
⁸それを焼いた者も、その衣服を水で洗い、からだに水を浴びなければならない。しかし彼も夕方まで汚れる。
⁹身のきよい人がその雌牛の灰を集め、宿営の外のきよい所に置き、イスラエル人の会衆のため、汚れをきよめる水を作るために、それを保存しておく。これは罪のきよめのためである。

19:2 赤い雌牛　赤い雌牛のささげ物は典礼的に汚れた人々をきよめる。汚れた人々は礼拝で神に近付くことができない(19:11, 14, 16)。傷のない赤い雌牛は宿営の外で屠られ焼かれた(19:3-6)。灰は残して水と混ぜ(19:9, 17)、汚れた人々の上に振りかけられる

(19:12, 18)。きよめられた人は再び神に近付くことができるようになる。ヘブル人への手紙はこの赤い雌牛の灰とそれにまさるキリストの血のきよめの効果を比較している(ヘブ9:13-14, →19:9注)。

19:9 罪のきよめのため　ヘブ9:13-14はキリストの血と赤い雌牛の灰を比較している。イスラエル人

民数記　19-20章

10 この雌牛の灰を集めた者も、その衣服を洗う。彼は夕方まで汚れる。これは、イスラエル人にも、あなたがたの間の在留異国人にも永遠のおきてとなる。

11 どのような人の死体にでも触れる者は、七日間、汚れる。

12 その者は三日目と七日目に、汚れをきよめる水で罪の身をきよめ、きよくならなければならない。三日目と七日目に罪の身をきよめないなら、きよくなることはできない。

13 すべて死んだ人の遺体に触れ、罪の身をきよめない者はだれでも、主の幕屋を汚す。その者はイスラエルから断ち切られる。その者は、汚れをきよめる水が振りかけられていないので、汚れており、その汚れがなお、その者にあるからである。

14 人が天幕の中で死んだ場合のおしえは次のとおりである。その天幕に入る者と、その天幕の中にいる者はみな、七日間、汚れる。

15 ふたをしていない口のあいた器もみな、汚れる。

16 また、野外で、剣で刺し殺された者や死人や、人の骨や、墓に触れる者はみな、七日間、汚れる。

17 この汚れた者のためには、罪のきよめのために焼いた灰を取り、器に入れて、それに湧き水を加える。

18 身のきよい人がヒソプを取ってこの水に浸し、それを、天幕と、すべての器と、そこにいた者と、また骨や、刺し殺された者や、死人や、墓に触れた者との上に振りかける。

19 身のきよい人が、それを汚れた者に三日目と七日目に振りかければ、その者は七日目に、罪をきよめられる。その者は、衣服を洗い、水を浴びる。その者は夕方にはよくなる。

20 汚れた者が、罪の身をきよめなければ、その者は集会の中から断ち切られる。その者は主の聖所を汚したからである。汚れをきよめる水がその者に振りかけられなかったので、その者は汚れている。

21 これは彼らに対する永遠のおきてとなる。汚れをきよめる水を振りかけた者は、その衣服を洗わなければならない。汚れをきよめる水に触れた者は夕方まで汚れる。

22 汚れた者が触れるものは、何でも汚れる。その者に触れた者も夕方まで汚れる。」

岩からの水

20 1 イスラエル人の全会衆は、第一の月にツィンの荒野に着いた。そこで民はカデシュにとどまった。ミリヤムはそこで死んで葬られた。

2 ところが会衆のためには水がなかったので、彼らは集まってモーセとアロンとに逆らった。

3 民はモーセと争って言った。「ああ、私たちの兄弟たちが主の前で死んだとき、私たちも死んでいたのなら。

4 なぜ、あなたがたは主の集会をこの荒野に引き入れて、私たちと、私たちの家畜をここで死なせようとするのか。

5 なぜ、あなたがたは私たちをエジプトから上らせて、この悪い所に引き入れたのか。ここは穀物も、いちじくも、ぶどうも、ざくろも育つような所ではない。そのうえ、飲み水さえない。」

6 モーセとアロンは集会の前から去り、会見の天幕の入口に行ってひれ伏した。すると主の栄光が彼らに現れた。

7 主はモーセに告げて仰せられた。

8 「杖を取れ。あなたとあなたの兄弟アロンは、会衆を集めよ。あなたがたが彼らの目の前で岩に命じれば、岩は水を出す。あ

にとって灰は手近にあるきよめの方法だった。けれども新約聖書の信仰者にはこれよりもすぐれた方法が備えられている。信仰と悔い改めによって、「すべての罪から私たちをきよめ」るキリストの血の泉に近付くことができるのである(Ⅰヨハ1:7)。このきよめによって神に近付きあわれみを受け、おりにかなった助けという恵みをいただくことができる(ヘブ4:16, 7:25)。

20:1 第一の月に　この章の出来事はエジプト脱出から40年目に始まった(→20:22-29, 33:38)。人々は39年間荒野をさまよってきた。第一世代のほとんどは不信仰のために約束されたものを受取ることなく死んでしまった(→13:-14:)。その子どもたちが間もなく約束の地に入るのである。

20:8 岩に命じれば　神はモーセとアロンに岩に命

民数記　20章

なたは、彼らのために岩から水を出し、会衆とその家畜に飲ませよ。」
9 そこでモーセは、主が彼に命じられたとおりに、主の前から杖を取った。
10 そしてモーセとアロンは岩の前に集会を召集して、彼らに言った。①「逆らう者たちよ。さあ、聞け。この岩から私たちがあなたがたのために水を出さなければならないのか。」
11 モーセは手を上げ、彼の杖で岩を二度打った。すると、たくさんの水がわき出たので、会衆もその家畜も飲んだ。
12 しかし、主はモーセとアロンに言われた。①「あなたがたはわたしを信ぜず、わたしをイスラエルの人々の前に聖なる者としなかった。それゆえ、あなたがたは、この集会を、わたしが彼らに与えた地に導き入れることはできない。」
13 これがメリバの水、イスラエル人が主と争ったことによるもので、主がこれによってご自身を、①聖なる②者として示されたのである。

イスラエルの通過を拒むエドム

14 さて、モーセはカデシュからエドムの王のもとに使者たちを送った。「あなたの兄弟、イスラエルはこう申します。あなたは私たちに降りかかったすべての困難をご存じです。
15 私たちの先祖たちはエジプトに下り、私たちはエジプトに長年住んでいました。し

8 ②ネヘ9:15,
詩78:15, 16, 105:41,
114:8,
イザ43:20, 48:21,
Ⅰコリ10:4
10 ①詩106:33
11 ①出17:6
②詩78:15, 16,
Ⅰコリ10:4
12 ①民20:24, 27:13, 14,
申3:26, 27, 4:21,
32:50, 51
13 ①民20:24, 27:14,
申32:51, 33:8,
詩95:8, 106:32
＊「争う」意の語根「リブ」の派生語
②レビ10:3,
エゼ20:41, 36:23,
38:16
14 ①士11:16, 17
②申23:7, イザ63:1,
アモ1:11
③出18:8, ネヘ9:32
15 ①創46:6, 使7:15
②出12:40

③出1:11, 申26:6,
使7:19
16 ①出2:23
②出3:7
③出3:2, 14:19, 23:20, 33:2
17 ①民21:22, 申2:27
18 ①民24:18
19 ＊直訳「私」
①出12:38
②申2:6, 28
20 ①士11:17
21 ①民15:15, 士11:17
②申2:8
22 ①民20:1, 14, 33:37
23 ①イザ63:1, エゼ35:15, アモ1:11, 2:1, オバ1
②民21:4, 33:37

かしエジプトは私たちや先祖たちを、虐待しました。
16 そこで、私たちが主に叫ぶと、主は私たちの声を聞いて、ひとりの御使いを遣わし、私たちをエジプトから連れ出されました。今、私たちはあなたの領土の境にある町、カデシュにおります。
17 どうか、あなたの国を通らせてください。私たちは、畑もぶどう畑も通りません。井戸の水も飲みません。私たちは王の道を行き、あなたの領土を通過するまでは右にも左にも曲がりません。」
18 しかし、エドムはモーセに言った。「私のところを通ってはならない。さもないと、私は剣をもっておまえを迎え撃とう。」
19 イスラエル人は彼に言った。「私たちは公道を上って行きます。私たちと私たちの家畜があなたの水を飲むことがあれば、その代価を払います。ただ、歩いて通り過ぎるだけです。」
20 しかし、エドムは、①「通ってはならない」と言って、強力な大軍勢を率いて彼らを迎え撃つために出て来た。
21 こうして、エドムはイスラエルにその領土を通らせようとしなかったので、イスラエルは彼の所から方向を変えて去った。

アロンの死

22 こうしてイスラエル人の全会衆は、カデシュから旅立ってホル山に着いた。
23 主は、エドムの国の領土にあるホル山

じるように言われた。ホレブでモーセに岩を打てと命じられたときとは違っていた（出17:1-7、→20:12注）。

20:12　あなたがたは、この集会を・・・地に導き入れることはできない　モーセは主の命令に注意深く従わなかったので神の民をカナンの地に導き入れることを禁じられた（20:8と20:11を比較）。モーセは神の民の霊的指導者であり、神が律法を与えるのに用いられた人物だった。その地位と影響力が大きいので、主のことばに従う責任も大きかった（⇒ヤコ3:1）。

（1）モーセの罪は二つあった。第一はまるで神の栄光と力が自分とアロンから出るように軽率に話したこと（20:10、⇒詩106:33）。第二は神が言われたように岩に命じないで、怒って岩を二度叩くという軽率な振舞をしたことである（20:11）。

（2）軽率に話し行ったことによって、モーセは心から神を信頼していないこと（20:12）、そして神の命令に「逆らった」ことを示した（20:24）。この大切なときにモーセは信仰と従順を欠いてしまった。神のことばへの応答は常に信仰と従順でなければならない（⇒申9:23、Ⅰサム12:15、Ⅰ列13:21、Ⅱ列17:14、詩106:33）。さらにモーセは神を恐れず命令に従わないで、神を神聖な尊い方として接しなかった。

（3）福音の奉仕者はその立場上影響力が大きいので、神のことばに従う責任も大きいことを神はここで教えておられる。モーセが人々をカナンの地に導き入れる資格を失ったように、今日の奉仕者も神の命令に不忠実なら、リーダーとしての資格を永遠に失うかもしれない（Ⅰテモ3:1-7、→「**監督の道徳的資格**」の項

民数記 20–21章

で、モーセとアロンに告げて仰せられた。
24「アロンは民に加えられる。しかし彼は、わたしがイスラエル人に与えた地に入ることはできない。それはメリバの水のことで、あなたがたがわたしの命令に逆らったからである。
25あなたはアロンと、その子エルアザルを連れてホル山に登れ。
26アロンにその衣服を脱がせ、これをその子エルアザルに着せよ。アロンは先祖の民に加えられ、そこで死ぬ。」
27モーセは、主が命じられたとおりに行った。全会衆の見ている前で、彼らはホル山に登って行った。
28モーセはアロンにその衣服を脱がせ、それをその子エルアザルに着せた。そしてアロンはその山の頂で死んだ。モーセとエルアザルが山から降りて来たとき、
29全会衆はアロンが息絶えたのを知った。そのためイスラエルの全家は三十日の間、アロンのために泣き悲しんだ。

アラデの撃破

21 ¹ネゲブに住んでいたカナン人アラデの王は、イスラエルがアタリムの道を進んで来ると聞いて、イスラエルと戦い、その何人かを捕虜として捕らえて行った。
² そこでイスラエルは主に誓願をして言った。「もし、確かにあなたが私の手に、この民を渡してくださるなら、私は彼らの町々を聖絶いたします。」
³ 主はイスラエルの願いを聞き入れ、カナン人を渡されたので、彼らはカナン人と彼

24 ①民27:13, 31:2, 創25:8, 申32:50
  ＊あるいは「先祖の人々」
  ②民20:13
  ③民20:8–12
25 ①民3:4
  ②民33:38, 申32:50
26 ②出29:29
  ②民27:13, 申32:50
  ＊「先祖の民」は補足
27 ①民33:38
28 ①出29:29
  ②民33:38, 39, 申10:6, 32:50
29 ①申34:8

1 ①民33:40, ヨシ12:14, 士1:1
2 ①創28:20, 申11:30
  ②ヨシ6:17–21

3 ①民14:45
  ＊「聖絶する」意の語根「ハラム」の派生語
  ②民20:22, 申3:41
  ②申2:1, 8, 申11:18
  ＊あるいは「紅海」
4 ①民14:3, 11
  ②民11:6
6 ①申8:15
  ＊あるいは「激しい蛇」
  ②エレ8:17
  ③Ⅰコリ10:9
7 ①詩78:34
  ②出8:8, 28, Ⅰサム12:19, Ⅰ列13:6, 使8:24
9 ①Ⅱ列18:4, ヨハ3:14, 15
10 ①民33:43
11 ①民33:44

らの町々を聖絶した。そしてその所の名をホルマと呼んだ。

青銅の蛇

⁴ 彼らはホル山から、エドムの地を迂回して、葦の海の道に旅立った。しかし民は、途中でがまんができなくなり、
⁵ 民は神とモーセに逆らって言った。「なぜ、あなたがたは私たちをエジプトから連れ上って、この荒野で死なせようとするのか。パンもなく、水もない。私たちはこのみじめな食物に飽き飽きした。」
⁶ そこで主は民の中に燃える蛇を送られたので、蛇は民にかみつき、イスラエルの多くの人々が死んだ。
⁷ 民はモーセのところに来て言った。「私たちは主とあなたを非難して罪を犯しました。どうか、蛇を私たちから取り去ってくださるよう、主に祈ってください。」モーセは民のために祈った。
⁸ すると、主はモーセに仰せられた。「あなたは燃える蛇を作り、それを旗ざおの上につけよ。すべてかまれた者は、それを仰ぎ見れば、生きる。」
⁹ モーセは一つの青銅の蛇を作り、それを旗ざおの上につけた。もし蛇が人をかんでも、その者が青銅の蛇を仰ぎ見ると、生きた。

申7:15

モアブまでの旅

¹⁰ イスラエル人は旅立って、オボテで宿営した。
¹¹ 彼らはオボテから旅立って、日の上る方、モアブに面した荒野にあるイエ・ハアバリムに宿営した。

---

p.2303)。

21:3 聖絶した 神はイスラエルを通して、ネゲブのカナン人を完全に聖絶された。聖絶は全面的に罪、不道徳、暴力、不義を犯し続けていた人々に下される神の正義の行動である。神は歴史の主として、人間を救う目的を達成するために悪者を滅ぼすことが最善と思われるときに、それを決定する権利を持っておられる。旧約聖書では神はこの目的を達成するためにイスラエルを用いられた。新しい契約のもとでは信じない人々を滅ぼすために信仰者が用いられることはない。けれども終わりのときには、神ご自身がキリストの

救いの道を拒む人々に再びさばきを下される(黙6:-19:)。

21:9 青銅の蛇 青銅の蛇が持っていたいのちを与える力はイエス・キリストの犠牲的死を指し示している。主イエスは見上げる人々にいのちを与えるために十字架につけられた。この事件を思い出しながら、主イエスは「モーセが荒野で蛇を上げたように、人の子もまた上げられなければなりません。それは、信じる者がみな、人の子にあって永遠のいのちを持つためです」と言われた(ヨハ3:14-15)。罪から救われ救いを受取りたい人は、キリストにある神のことばへ心を向

民数記 21章

12 そこから旅立って、ゼレデの谷に宿営し、13 さらにそこから旅立って、エモリ人の国境から広がっている荒野にあるアルノン川の向こう側に宿営した。アルノン川がモアブとエモリ人との間の、モアブの国境であるためである。
14 それで、「主の戦いの書」にこう言われている。

「スパのワヘブと
　アルノンの谷川とともに、
15　谷川の支流は、
　アルの定住地に達し、
　モアブの領土をささえている。」

16 彼らはそこからベエルに向かった。それは主がモーセに、「民を集めよ。わたしが彼らに水を与える」と言われた井戸である。17 そのとき、イスラエルはこの歌を歌った。

「わきいでよ。井戸。
――このために歌え――
18　笏をもって、杖をもって、
　つかさたちがうがち、
　民の尊き者たちが掘ったその井戸に。」

彼らは荒野からマタナに進み、19 マタナからナハリエルに、ナハリエルからバモテに、20 バモテからモアブの野にある谷に行き、荒地を見おろすピスガの頂に着いた。

シホンとオグに対する勝利

21 イスラエルはエモリ人の王シホンに使者たちを送って言った。22 「あなたの国を通らせてください。私たちは畑にもぶどう畑にも曲がって入ることをせず、井戸の水も飲みません。あなたの領土を通過するまで、私たちは王の道を通ります。」23 しかし、シホンはイスラエルが自分の領土を通るのを許さなかった。シホンはその民をみな集めて、イスラエルを迎え撃つために荒野に出て来た。そしてヤハツに来て、イスラエルと戦った。24 イスラエルは剣の刃で彼を打ち、その地をアルノンからヤボクまで、アンモン人の国境まで占領した。アンモン人の国境は堅固だったからである。25 イスラエルはこれらの町々をすべて取った。そしてイスラエルはエモリ人のすべての町々、ヘシュボンとそれに属するすべての村落に住みついた。26 ヘシュボンはエモリ人の王、シホンの町であった。彼はモアブの以前の王と戦って、その手からその全土をアルノンまで取っていた。27 それで、ことわざを唱える者たちが歌っている。

「来たれ、ヘシュボンに。
　シホンの町は建てられ、
　堅くされている。
28　ヘシュボンから火が出、
　シホンの町から炎が出て、
　モアブのアルを焼き尽くし、
　アルノンにそびえる高地を
　焼き尽くしたからだ。
29　モアブよ。おまえはわざわいだ。
　ケモシュの民よ。おまえは滅びうせる。
　その息子たちは逃亡者、
　娘たちは捕らわれの身である。
　エモリ人の王シホンによって。
30　しかしわれわれは彼らを投げ倒した。
　ヘシュボンからディボンに至るまで滅びうせた。
　われわれはノファフまでも荒らし、
　それはメデバにまで及んだ。」

31 こうしてイスラエルはエモリ人の地に住んだ。32 そのとき、モーセはまた人をやって、ヤゼルを探らせ、ついにそれに属する村落を攻め取り、そこにいたエモリ人を追い出した。33 さらに彼らは進んでバシャンへの道を上って行ったが、バシャンの王オグはそのすべての民とともに出て来た。彼らを迎え撃ち、エデレイで戦うためであった。34 しかし、主はモーセに言われた。「彼を恐れてはならない。わたしは彼とそのすべての民とその地とをあなたの手のうちに与えた。あなたがヘシュボンに住んでいたエモリ人の王シホンに対して行ったように、彼に対しても行え。」35 そこで彼らは彼とその子らとそのすべての民とを打ち殺し、ひとりの生存者も残さな

かった。こうして彼らはその地を占領した。

バラクがバラムを呼び出す

22 ¹イスラエル人はさらに進んで、ヨルダンのエリコをのぞむ対岸のモアブの草原に宿営した。

²さてツィポルの子バラクは、イスラエルがエモリ人に行ったすべてのことを見た。³モアブはイスラエルの民が多数であったので非常に恐れた。それでモアブはイスラエル人に恐怖をいだいた。

⁴そこでモアブはミデヤンの長老たちに言った。「今、この集団は、牛が野の青草をなめ尽くすように、私たちの回りのすべてのものをなめつくそうとしている。」ツィポルの子バラクは当時、モアブの王であった。⁵そこで彼は、同族の国にあるユーフラテス河畔のペトルにいるベオルの子バラムを招こうとして使者たちを遣わして、言わせた。「今ここに、一つの民がエジプトから出て来ている。今や、彼らは地の面をおおって、私のすぐそばにとどまっている。⁶どうかいま来て、私のためにこの民をのろってもらいたい。この民は私より強い。そうしてくれれば、たぶん私は彼らを打って、この地から追い出すことができよう。私は、あなたが祝福する者は祝福され、あなたがのろう者はのろわれることを知っている。」

⁷占いに通じているモアブの長老たちとミデヤンの長老たちとは、バラムのところに行き、彼にバラクのことづけを告げた。⁸するとバラムは彼らに言った。「今夜はここに泊まりなさい。主が私に告げられるとおりのことをあなたがたに答えましょう。」そこでモアブのつかさたちはバラムのもとにとどまった。

35②民21:24, ネヘ9:22, 詩135:10, 11, 12

1①民33:48, 申34:1
2①士11:25, ミカ6:5
3①出15:15
4①民25:15-18, 31:1-3, 8, 出2:15, ヨシ13:21
5①民23:7, 申23:4 ②民31:8, ヨシ13:22, ネヘ13:2, ミカ6:5, Ⅱペテ2:15, ユダ11, 黙2:14
6①民22:17, 23:7, 申23:4, ヨシ24:9
7①民23:23, 24:1, ヨシ13:22
8①民22:19

9①民22:20, 創20:3
11①ヨシ24:9
12①民23:8, 24:9 ②民23:20, 24:9
17①民22:6
18①民24:13, Ⅰ列13:8 ②民22:38, Ⅰ列22:14, Ⅱ歴18:15

⁹神はバラムのところに来て言われた。「あなたといっしょにいるこの者たちは何者か。」¹⁰バラムは神に申し上げた。「モアブの王ツィポルの子バラクが、私のところに使いをよこしました。¹¹『今ここに、エジプトから出て来た民がいて、地の面をおおっている。いま来て、私のためにこの民をのろってくれ。そうしたら、たぶん私は彼らと戦って、追い出すことができよう。』」¹²神はバラムに言われた。「あなたは彼らといっしょに行ってはならない。またその民をのろってもいけない。その民は祝福されているからだ。」

¹³朝になると、バラムは起きてバラクのつかさたちに言った。「あなたがたの国に帰りなさい。主は私をあなたがたといっしょに行かせようとはなさらないから。」¹⁴モアブのつかさたちは立ってバラクのところに帰り、そして言った。「バラムは私たちといっしょに来ようとはしませんでした。」

¹⁵バラクはもう一度、前の者より大ぜいの、しかも位の高いつかさたちを遣わした。¹⁶彼らはバラムのところに来て彼に言った。「ツィポルの子バラクはこう申しました。『どうか私のところに来るのを拒まないでください。¹⁷私はあなたを手厚くもてなします。また、あなたが私に言いつけられることは何でもします。どうぞ来て、私のためにこの民をのろってください。』」¹⁸しかしバラムはバラクの家臣たちに答えて言った。「たといバラクが私に銀や金の満ちた彼の家をくれても、私は私の神、主のことばにそむいて、事の大小にかかわらず、何もすることはできません。

け信じ従わなければならない。

22:5　バラム　バラムはイスラエル人ではないけれども有名な占い師(預言者、この場合はにせ預言者)だった。バラクはバラムが神々や霊の力で人々に呪いをかけられると考えた(22:6)。そこでバラムの妖術、まじない、神秘的な操作に頼ることにした(22:2-7, ⇒24:1)。(1) バラムは以前にはまことの神に従っていたのに(⇒22:18)、後に信仰から離れて占い師になったのかもしれない(22:7, ⇒31:16, 申23:4-5, Ⅱペテ2:15, ユダ1:11)。(2) ほかのにせ預言者と同じように、神の偉大さや神の民の聖さに対して関心を持っていた。人々を呪うことができないとわかったとき、バラムは人々を罪と不道徳に誘い込んだ(25:1-6, 31:16, 黙2:14)。そのためにバラムは殺された(31:8, ⇒25:2注)。

22:18　私の神、【主】　バラムは「私の神、主」と言っているけれどもそれは拝んでいた多くの神々の中にイスラエルの神が含まれていたからと思われる。聖書は

民数記 22章

¹⁹ それであなたがたもまた、今晩ここにとどまりなさい。主が私に何かほかのことをお告げになるかどうか確かめましょう。」
²⁰ その夜、神はバラムのところに来て、彼に言われた。「この者たちがあなたを招きに来たのなら、立って彼らとともに行け。だが、あなたはただ、わたしがあなたに告げることだけを行え。」

バラムのろば

²¹ 朝になると、バラムは起きて、彼のろばに鞍をつけ、モアブのつかさたちといっしょに出かけた。
²² しかし、彼が出かけると、神の怒りが燃え上がり、主の使いが彼に敵対して道に立ちふさがった。バラムはろばに乗っており、ふたりの若者がそばにいた。
²³ ろばは主の使いが抜き身の剣を手に持って道に立ちふさがっているのを見たので、ろばは道からそれて畑の中に行った。そこでバラムはろばを打って道に戻そうとした。
²⁴ しかし主の使いは、両側に石垣のあるぶどう畑の間の狭い道に立っていた。
²⁵ ろばは主の使いを見て、石垣に身を押しつけ、バラムの足を石垣に押しつけたので、彼はまた、ろばを打った。
²⁶ 主の使いは、さらに進んで、右にも左にもよける余地のない狭い所に立った。
²⁷ ろばは、主の使いを見て、バラムを背にしたまま、うずくまってしまった。そこでバラムは怒りを燃やして、杖でろばを打った。
²⁸ すると、主はろばの口を開かれたので、ろばがバラムに言った。「私があなたに何をしたというのですか。私を三度も打つとは。」
²⁹ バラムはろばに言った。「おまえが私をばかにしたからだ。もし私の手に剣があれば、今、おまえを殺してしまうところだ。」
³⁰ ろばはバラムに言った。「私は、あなたがきょうのこの日まで、ずっと乗ってこられたあなたのろばではありませんか。私が、かつて、あなたにこんなことをしたことがあったでしょうか。」彼は答えた。「いや、なかった。」
³¹ そのとき、主がバラムの目のおおいを除かれたので、彼は主の使いが抜き身の剣を手に持って道に立ちふさがっているのを見た。彼はひざまずき、伏し拝んだ。
³² 主の使いは彼に言った。「なぜ、あなたは、あなたのろばを三度も打ったのか。敵対して出て来たのはわたしだったのだ。あなたの道がわたしとは反対に向いていたからだ。
³³ ろばはわたしを見て、三度もわたしから身を巡らしたのだ。もしかして、ろばがわたしから身を巡らしていなかったなら、わたしは今はもう、あなたを殺しており、ろばを生かしておいたことだろう。」
³⁴ バラムは主の使いに申し上げた。「私は罪を犯しました。私はあなたが私をとどめようと道に立ちふさがっておられたのを知りませんでした。今、もし、あなたのお気に召さなければ、私は引き返します。」
³⁵ 主の使いはバラムに言った。「この人たちといっしょに行け。だが、わたしがあなたに告げることばだけを告げよ。」そこでバラムはバラクのつかさたちといっしょに行った。
³⁶ バラクはバラムが来たことを聞いて、彼を迎えに、国境の端にあるアルノンの国境のイル・モアブまで出て来た。
³⁷ そしてバラクはバラムに言った。「私はあなたを迎えるために、わざわざ使いを送ったではありませんか。なぜ、すぐ私のところに来てくださらなかったのですか。ほんとうに私にはあなたを手厚くもてなすことができないのでしょうか。」
³⁸ バラムはバラクに言った。「ご覧なさい。私は今あなたのところに来ているではありませんか。私に何が言えるでしょう。神が私の口に置かれることば、それを私は語らなければなりません。」
³⁹ こうしてバラムはバラクといっしょに出て行って、キルヤテ・フツォテに来た。

バラムは正義ではなくお金に動かされる男だったと言っている（申23:3-6、Ⅱペテ2:15-16、ユダ1:11）。怒っておられた。バラムが霊的に盲目だったことはろばの話で明らかである（22:22, 32-33）。

22:22 神の怒りが燃え上がり 神はバラムに行くことを許されたけれども報酬に心を奪われているのを見

22:28 ろばの口を開かれた 新約聖書には、このろばが「人間の声でものを言い、この預言者の狂った振

民数記 22-23章

⁴⁰ バラクは牛と羊をいけにえとしてささげ、それをバラムおよび彼とともにいたつかさたちにも配った。

⁴¹ 朝になると、バラクはバラムを連れ出し、彼をバモテ・バアルに上らせた。バラムはそこからイスラエルの民の一部を見ることができた。

バラムの最初の託宣

23 ¹ バラムはバラクに言った。「私のためにここに七つの祭壇を築き、七頭の雄牛と七頭の雄羊をここに用意してください。」

² バラクはバラムの言ったとおりにした。そしてバラクとバラムとは、それぞれの祭壇の上で雄牛一頭と雄羊一頭とをささげた。

³ バラムはバラクに言った。「あなたは、あなたの全焼のいけにえのそばに立っていなさい。私は行って来ます。たぶん、主は私に現れて会ってくださるでしょう。そうしたら、私にお示しになることはどんなことでも、あなたに知らせましょう。」そして彼は裸の丘に行った。

⁴ 神がバラムに会われたので、バラムは神に言った。「私は七つの祭壇を造り、それぞれの祭壇の上で雄牛一頭と雄羊一頭とをささげました。」

⁵ 主はバラムの口にことばを置き、そして言われた。「バラクのところに帰れ。あなたはこう言わなければならない。」

⁶ それで、彼はバラクのところに帰った。すると、モアブのすべてのつかさたちといっしょに、彼は自分の全焼のいけにえのそばに立っていた。

⁷ バラムは彼のことわざを唱えて言った。

「バラクは、アラムから、
モアブの王は、東の山々から、
私を連れて来た。
『来て、私のためにヤコブをのろえ。
来て、イスラエルに滅びを宣言せよ。』

⁸ 神がのろわない者を、
私がどうしてのろえようか。
主が滅びを宣言されない者に、

41 ①民23:13
1 ①民23:29
2 ①民23:14, 30
3 ①→民6:11
  ②民23:16
  ③エレ12:12, 14:6
5 ①民22:20, 23:16
  ②申18:18, イザ51:16, エレ1:9
6 ①→民6:11
7 ①民23:18, 24:3, 15, 20, 23
  ②申23:4
  ③民22:6, 11, 17, 申23:4
8 ①民22:12

9 ①出33:16,
   申32:8, 9, 33:28
10 ①創13:16, 28:14
   ②創15:15,
   詩37:37, 116:15,
   イザ57:1, 2
11 ①民24:10, 申23:4, 5,
   ヨシ24:9, 10, ネヘ13:2
   ②民22:11, 17
12 ①民22:20, 38
14 ①民23:1
15 ①→民6:11
16 ①民22:38, 23:5, 12
   ②民23:5
17 ①→民6:11
19 ①Ⅰサム15:29,
   ヨブ9:32, ホセ11:9,
   マラ3:6, Ⅱテモ2:13,
   テト1:2, ヘブ6:18,
   ヤコ1:17

私がどうして滅びを宣言できようか。

⁹ 岩山の頂から私はこれを見、
丘の上から私はこれを見つめる。
見よ。この民はひとり離れて住み、
おのれを諸国の民の一つと認めない。

¹⁰ だれがヤコブのちりを数え、
イスラエルのちりの群れを数ええようか。
私は正しい人が死ぬように死に、
私の終わりが彼らと同じであるように。」

¹¹ バラクはバラムに言った。「あなたは私になんということをしたのですか。私の敵をのろってもらうためにあなたを連れて来たのに、今、あなたはただ祝福しただけです。」

¹² バラムは答えて言った。「主が私の口に置かれること、それを私は忠実に語らなければなりません。」

バラムの二度目の託宣

¹³ バラクは彼に言った。「では、私といっしょにほかの所へ行ってください。そこから彼らを見ることができるが、ただその一部だけが見え、全体を見ることはできない所です。そこから私のために彼らをのろってください。」

¹⁴ バラクはバラムを、セデ・ツォフィムのピスガの頂に連れて行き、そこで七つの祭壇を築き、それぞれの祭壇の上で雄牛と雄羊とを一頭ずつささげた。

¹⁵ バラムはバラクに言った。「あなたはここであなたの全焼のいけにえのそばに立っていなさい。私はあちらで主にお会いします。」

¹⁶ 主はバラムに会われ、その口にことばを置き、そして言われた。「バラクのところに帰れ。あなたはこう告げなければならない。」

¹⁷ それで、彼はバラクのところに行った。すると、モアブのつかさたちといっしょに、彼は全焼のいけにえのそばに立っていた。バラクは言った。「主は何とお告げになりましたか。」

¹⁸ バラムは彼のことわざを唱えて言った。

「立て、バラクよ。そして聞け。
ツィポルの子よ。私に耳を傾けよ。

¹⁹ 神は人間ではなく、偽りを言うことが

舞いをはばんだのです」と書いてある（Ⅱペテ2:16）。

23:19 人間ではなく、偽りを言うことがない・・・悔いることがない 神は信頼できない愚かで気が変りやすい方ではない。神はご自分の約束と責任に対して

ない。
人の子ではなく、悔いることがない。
神は言われたことを、なさらないだろうか。
約束されたことを成し遂げられないだろうか。
20 見よ。祝福せよ、との命を私は受けた。
神は祝福される。
私はそれをくつがえすことはできない。
21 ヤコブの中に不法を見いださず、
イスラエルの中にわざわいを見ない。
＊彼らの神、主は彼らとともにおり、
王をたたえる声が彼らの中にある。
22 彼らをエジプトから連れ出した神は、
彼らにとっては野牛の角のようだ。
23 まことに、ヤコブのうちにまじないはなく、
イスラエルのうちに占いはない。
神のなされることは、
時に応じてヤコブに告げられ、
イスラエルに告げられる。
24 見よ。この民は雌獅子のように起き、
雄獅子のように立ち上がり、
獲物を食らい、
殺したものの血を飲むまでは休まない。」
25 バラクはバラムに言った。「彼らをのろうことも、祝福することもしないでください。」
26 バラムはバラクに答えて言った。「私は主が告げられたことをみな、しなければならない、とあなたに言ったではありませんか。」

バラムの三度目の託宣

27 バラクはバラムに言った。「さあ、私はあなたをもう一つ別の所へ連れて行きます。もしかしたら、それが神の御目にかなって、あなたは私のために、そこから彼らをのろうことができるかもしれません。」
28 バラクはバラムを荒地を見おろすペオルの頂上に連れて行った。

19 ②Ⅱサム7:28, 詩89:34, イザ40:8, 55:11, ロマ11:29
20 ①民22:12, 創12:2, 22:17
②イザ43:13
21 ①民14:19, 詩32:2, 5, エレ50:20
＊直訳「彼」
②出3:12, 29:45, 46, 33:14, 申31:23, レビ26:12, ゼカ2:10
③申33:5, 詩47:6
22①民24:8
②ホセ11:1, マタ2:15
＊直訳「彼」
③申33:17
23①民22:7, 24:1, ヨシ13:22
24①民24:9, 創49:9, ヨナ4:11, イザ30:6, ミカ5:8, ナホ2:12
26①民22:18, 38, 23:12, Ⅰ列22:14
27①民23:13
①民21:20

29①民23:1
1①民22:7, 23:23
②民23:28
2①民2:2
②民11:25, 26, Ⅰサム10:10, 19:20, 23, Ⅱ歴15:1
3①民24:3, 4, 民24:15, 16
②民23:7, 18, 24:15, 20, 23
4①民22:20
②→創49:25
③民24:4, 創15:1
④ダニ8:18, 10:15
⑤①イザ54:2, 3
6①詩45:8
②詩1:3, エレ17:8
③詩104:16
7①民24:20, Ⅰサム15:8
②詩89:27
③Ⅱサム5:12, Ⅰ歴14:2, 詩145:11-13
8①民23:22
②申33:17
③申33:17, 詩2:9, 45:5
9①民23:24, 27:29
②創12:3, 27:29

29 バラムはバラクに言った。「私のためにここに七つの祭壇を築き、七頭の雄牛と七頭の雄羊をここに用意してください。」
30 バラクはバラムが言ったとおりにして、祭壇ごとに雄牛と雄羊とを一頭ずつささげた。

24 1 バラムはイスラエルを祝福することが主の御心にかなうのを見、これまでのように、まじないを求めに行くことをせず、その顔を荒野に向けた。
2 バラムが目を上げて、イスラエルがその部族ごとに宿っているのをながめたとき、神の霊が彼の上に臨んだ。
3 彼は彼のことわざを唱えて言った。

「ベオルの子バラムの告げたことば。
目のひらけた者の告げたことば。
4 神の御告げを聞く者、
全能者の幻を見る者、
ひれ伏して、目のおおいを除かれた者の告げたことば。
5 なんと美しいことよ。
ヤコブよ、あなたの天幕は。
イスラエルよ、あなたの住まいは。
6 それは、延び広がる谷間のように、
川辺の園のように、
主が植えたアロエのように、
水辺の杉の木のように。
7 その手おけからは水があふれ、
その種は豊かな水に潤う。
その王はアガグよりも高くなり、
その王国はあがめられる。
8 彼をエジプトから連れ出した神は、
彼にとっては野牛の角のようだ。
彼はおのれの敵の国々を食い尽くし、
彼らの骨を砕き、彼らの矢を粉々にする。
9 雄獅子のように、また雌獅子のように、
彼はうずくまり、身を横たえる。
だれがこれを起こすことができよう。
あなたを祝福する者は祝福され、
あなたをのろう者はのろわれる。」

忠実な方である。神はこのような特性を持っておられるけれども、ある情況では考えや計画を変えられることもある。たとえば、神は忠実な人々のとりなしの祈りに応えて（→出32:11, 14注）、あるいは悪い人々が悔い改めた結果として（ヨナ3:1-10, 4:2）、さばきの計画を変えられることがある。

24:2 神の霊が彼の上に臨んだ 御霊がバラムの上に下ったのは新約聖書の言う御霊に満たされることと同じではない（使2:1-4）。御霊はバラムに啓示を与えるために下ったのである。それはバラムが神の預言者であることを証言するものではない。神は目的を達成するために、時には神と正しい関係にない人をも用い

¹⁰ そこでバラクはバラムに対して怒りを燃やし、手を打ち鳴らした。バラクはバラムに言った。「私の敵をのろうためにあなたを招いたのに、かえってあなたは三度までも彼らを祝福した。
¹¹ 今、あなたは自分のところに下がれ。私はあなたを手厚くもてなすつもりでいたが、主がもう、そのもてなしを拒まれたのだ。」
¹² バラムはバラクに言った。「私はあなたがよこされた使者たちにこう言ったではありませんか。
¹³ 『たとい、バラクが私に銀や金の満ちた彼の家をくれても、主のことばにそむいては、善でも悪でも、私の心のままにすることはできません。主が告げられること、それを私は告げなければなりません。』
¹⁴ 今、私は私の民のところに帰ります。さあ、私は、この民が後の日にあなたの民に行おうとしていることをあなたのために申し上げましょう。」

バラムの四度目の託宣

¹⁵ そして彼のことわざを唱えて言った。
「ペオルの子バラムの告げたことば。
目のひらけた者の告げたことば。
¹⁶ 神の御告げを聞く者、
いと高き方の知識を知る者、
全能者の幻を見る者、
ひれ伏して、目のおおいを除かれた者の告げたことば。
¹⁷ 私は見る。しかし今ではない。
私は見つめる。しかし間近ではない。
ヤコブから一つの星が上り、
イスラエルから一本の杖が起こり、
モアブのこめかみと、
すべての騒ぎ立つ者の脳天を打ち砕く。
¹⁸ その敵、エドムは所有地となり、
セイルも所有地となる。

¹⁰ ①民23:11, 申23:4, 5, ヨシ24:9, 10, ネヘ13:2
¹¹ ①民22:17, 37
¹² ①民24:12, 13, 民22:18
¹³ ①民16:28
②民22:35, 23:12
¹⁴ ①創49:1, ダニ2:28, 10:14
¹⁵ ①民24:15, 16, 民24:3, 4
②民31:8, 16, ヨシ13:22, ミカ6:5, 黙2:14
¹⁶ ①→創49:25
¹⁷ ①マタ2:2, 黙2:28, 22:16
②創49:10, 詩110:2, イザ9:6
③民21:29, Ⅰサム8:2, Ⅰ歴18:2, イザ15, 16章, エレ48章
＊サマリヤ五書およびエレ48:45による
¹⁸ ①創25:23, 27:29, 40, Ⅱサム8:14, 詩60:8, アモ9:12
②創32:3

²⁰ ①出17:8
Ⅰサム15:3, 8
²¹ ①創15:19, 士1:16, Ⅰサム15:6
²² ①創10:22
²⁴ ①創10:4, エゼ27:6, ダニ11:30, Ⅰ歴1:7
②創10:21, 25
²⁵ ①民24:14, 31:8

¹ ①民25:1-5, 民31:16, 出22:20, 34:15, 16, ヨシ22:17, 詩106:28, 29, ホセ9:10, 黙2:14
②民33:49, ヨシ2:1, 3:1, ヨエ3:18, ミカ6:5
² ①申32:38, Ⅰコリ10:20
³ ①民25:11, 申13:17
⁴ ①出18:21, 25
②Ⅱサム21:6

イスラエルは力ある働きをする。
¹⁹ ヤコブから出る者が治め、
残った者たちを町から消し去る。」

バラムの最後の託宣

²⁰ 彼はアマレクを見渡して彼のことわざを唱えて言った。
「アマレクは国々の中で首位のもの。
しかしその終わりは滅びに至る。」
²¹ 彼はケニ人を見渡して彼のことわざを唱えて言った。
「あなたの住みかは堅固であり、
あなたの巣は岩間の中に置かれている。
²² しかし、カインは滅ぼし尽くされ、
ついにはアシュルがあなたをとりこにする。」
²³ 彼はまた彼のことわざを唱えて言った。
「ああ、神が定められたなら、
だれが生きのびることができよう。
²⁴ 船がキティムの岸から来て、
アシュルを悩まし、エベルを悩ます。
しかし、これもまた滅びに至る。」
²⁵ それからバラムは立って自分のところへ帰って行った。バラクもまた帰途についた。

モアブがイスラエルを誘惑する

25 ¹ イスラエルはシティムにとどまっていたが、民はモアブの娘たちと、みだらなことをし始めた。
² 娘たちは、自分たちの神々にいけにえをささげるのに、民を招いたので、民は食し、娘たちの神々を拝んだ。
³ こうしてイスラエルは、バアル・ペオルを慕うようになったので、主の怒りはイスラエルに対して燃え上がった。
⁴ 主はモーセに言われた。「この民のかしらたちをみな捕らえて、白日のもとに彼らを主の前でさらし者にせよ。主の燃える怒りは

られる（⇒ヨハ11:49-52）。
24:17 一つの星が上り 多くの注解者は24:15-19は歴史の最後にすべての国民をさばき治めるためにキリストが地上へ再び来られる姿を描いていると考えている（⇒創49:10, 詩45:6, マタ2:2, 黙2:28, 19:15, 22:16）。ほかの人々はこれはダビデ王のことだけを言っていると考えている（⇒Ⅱサム7:12）。

25:2 神々を拝んだ イスラエル人を神から引離すことに失敗したあと、バラムはイスラエル人を不道徳な行いと、にせの神々の快楽的(肉欲を満たす)礼拝に誘って神から引離すように、モアブ人に勧めた（→31:16, 黙2:14注）。その罰としてバラムは殺された（31:8, ⇒ヨシ13:22）。
25:4 この民のかしらたちを・・・さらし者にせよ

民数記　25-26章

イスラエルから離れ去ろう。」
5 そこでモーセはイスラエルのさばきつかさたちに言った。「あなたがたは、おのおの自分の配下のバアル・ペオルを慕った者たちを殺せ。」
6 モーセとイスラエル人の全会衆が会見の天幕の入口で泣いていると、彼らの目の前に、ひとりのイスラエル人が、その兄弟たちのところにひとりのミデヤン人の女を連れてやって来た。
7 祭司アロンの子エルアザルの子ピネハスはそれを見るや、会衆の中から立ち上がり、手に槍を取り、
8 そのイスラエル人のあとを追ってテントの奥の部屋に入り、イスラエル人とその女とをふたりとも、腹を刺し通して殺した。するとイスラエル人への神罰がやんだ。
9 この神罰で死んだ者は、二万四千人であった。
10 主はモーセに告げて仰せられた。
11 「祭司アロンの子エルアザルの子ピネハスは、わたしのねたみをイスラエル人の間で自分のねたみとしたことで、わたしの憤りを彼らから引っ込めさせた。わたしは、わたしのねたみによってイスラエル人を絶ち滅ぼすことはしなかった。
12 それゆえ、言え。『見よ。わたしは彼にわたしの平和の契約を与える。
13 これは、彼とその後の彼の子孫にとって、永遠にわたる祭司職の契約となる。それは彼がおのれの神のためにねたみを表し、イスラエル人の贖いをしたからである。』」
14 その殺されたイスラエル人、ミデヤン人の女といっしょに殺された者の名は、シメオン人の父の家の長サルの子ジムリであった。
15 また殺されたミデヤン人の女の名はツルの娘コズビであった。ツルはミデヤンの父の家の氏族のかしらであった。
16 主はモーセに告げて仰せられた。
17 「ミデヤン人を襲い、彼らを打て。
18 彼らは巧妙にたくらんだたくらみで、あなたがたを襲ってペオルの事件を引き起こし、ペオルの事件の神罰の日に殺された彼らの同族の女、ミデヤンの族長の娘コズビの事件を引き起こしたからだ。」

第二回目の人口調査

26 1 この神罰の後、主はモーセと祭司アロンの子エルアザルに告げて仰せられた。
2 「イスラエル人の全会衆につき、父祖の家ごとに二十歳以上で、イスラエルにあって軍務につくことのできる者すべての人口調査をせよ。」
3 そこでモーセと祭司エルアザルは、エリコをのぞむヨルダンのほとりのモアブの草原で彼らに告げて言った。
4 「主がモーセに命じられたように、二十歳以上の者 *を数えなさい。」
エジプトの国から出て来たイスラエル人は、
5 イスラエルの長子ルベン。ルベン族は、エノクからはエノク族、パルからはパル族、
6 ヘツロンからはヘツロン族、カルミからはカルミ族。
7 これがルベン人諸氏族で、登録された者は、四万三千七百三十人であった。
8 パルの子孫はエリアブ。
9 エリアブの子はネムエルとダタンとアビラムであった。このダタンとアビラムは会

この節は神が契約の民のかしらたちのことをどれほど不快に思われたかを示している。極端な行動をとり性的不道徳と偶像礼拝(まことの神の代わりにせの神々やほかのものを拝むこと)から離れないで人々の模範にならなかったために、神はそのいのちを奪われた。

25:11　わたしのねたみを・・・自分のねたみとした
ピネハスは神の民の道徳の退廃と偶像礼拝に、聖い憤りをもって反発した(25:1-8)。(1) 神の名誉と目的を思う熱情(25:13)が正義を愛し罪を憎む心に現れた。このようにしてピネハスは神のご性格を表したの

である。その熱情は神の聖さに対するキリストの熱情を象徴している(→ヘブ1:9注)。(2) 主はピネハスに「永遠にわたる祭司職」を約束された(25:12-13、⇒ Ⅰヘブ6:4～)。主のために心から熱心になるときに、神からの偉大な祝福という報いが必ずある。

26:2　イスラエル人の全会衆につき・・・人口調査をせよ　神は第二回目の人口調査を命じられた(→1:2-3)けれども、それはカナンの地に入ったあとその相続地を所有するために(26:53-56)必要な戦いの準備をさせるためだった。

衆に選ばれた者であったが、彼らはコラの仲間に入り、モーセとアロンに逆らい、主に逆らったのである。

10 そのとき、地は口をあけて、彼らをコラとともにのみこみ、その仲間は死んだ。すなわち火が二百五十人の男を食い尽くした。こうして彼らは警告のしるしとなった。

11 しかしコラの子たちは死ななかった。

12 シメオン族の諸氏族は、それぞれ、ネムエルからはネムエル族、ヤミンからはヤミン族、**ヤキンからはヤキン族、

13 ゼラフからはゼラフ族、サウルからはサウル族。

14 これがシメオン人諸氏族で、二万二千二百人であった。

15 ガド族の諸氏族は、それぞれ、*ツェフォンからはツェフォン族、ハギからはハギ族、シュニからはシュニ族、

16 *オズニからはオズニ族、エリからはエリ族、

17 アロデからはアロデ族、アルエリからはアルエリ族。

18 これがガド諸氏族で、登録された者は、四万五百人であった。

19 ユダの子はエルとオナン。しかしエルとオナンはカナンの地で死んだ。

20 ユダ族の諸氏族は、それぞれ、シェラからはシェラ族、ペレツからはペレツ族、ゼラフからはゼラフ族。

21 ペレツ族は、ヘツロンからはヘツロン族、ハムルからはハムル族。

22 これがユダ諸氏族で、登録された者は、七万六千五百人であった。

23 イッサカル族の諸氏族は、それぞれ、トラからはトラ族、*プワからはプワ族、

24 *ヤシュブからはヤシュブ族、シムロンからはシムロン族。

25 これがイッサカル諸氏族で、登録された者は、六万四千三百人であった。

26 ゼブルン族の諸氏族は、それぞれ、セレデからはセレデ族、エロンからはエロン族、ヤフレエルからはヤフレエル族。

27 これがゼブルン人諸氏族で、登録された者は、六万五百人であった。

28 ヨセフの子孫の諸氏族は、それぞれ、マナセとエフライム。

29 マナセ族は、マキルからはマキル族。マキルはギルアデを生んだ。ギルアデからはギルアデ族。

30 ギルアデ族は次のとおりである。①*イエゼルからはイエゼル族、ヘレクからはヘレク族、

31 アスリエルからはアスリエル族、シェケムからはシェケム族、

32 シェミダからはシェミダ族、ヘフェルからはヘフェル族。

33 ヘフェルの子ツェロフハデには、息子がなく、娘だけであった。ツェロフハデの娘の名は、マフラ、ノア、ホグラ、ミルカ、ティルツァであった。

34 これがマナセ諸氏族で、登録された者は、五万二千七百人であった。

35 エフライム族の諸氏族は、それぞれ、次のとおりである。シュテラフからはシュテラフ族、*ベケルからはベケル族、タハンからはタハン族。

36 シュテラフ族は次のとおりである。エランからはエラン族。

37 これがエフライム諸氏族で、登録された者は、三万二千五百人であった。これがヨセフの子孫の諸氏族である。

38 ベニヤミン族の諸氏族は、それぞれ、ベラからはベラ族、アシュベルからはアシュベル族、*アヒラムからはアヒラム族、

39 *シェフファムからはシュファム族、**フファムからはフファム族。

40 ベラの子はアルデとナアマン。アルデからはアルデ族、ナアマンからはナアマン族。

41 これがベニヤミン族の諸氏族で、登録された者は、四万五千六百人であった。

42 ダン族の諸氏族は、次のとおりである。シュハムからはシュハム族。これがダン族の諸氏族である。

43 すべてのシュハム人諸氏族で、登録された者は、六万四千四百人であった。

44 アシェル族の諸氏族は、それぞれ、イムナからはイムナ族、イシュビからはイシュビ族、ベリアからはベリア族。

45 ベリア族のうち、ヘベルからはヘベル族、マルキエルからはマルキエル族。

46 アシェルの娘の名はセラフであった。

47 これがアシェル諸氏族で、登録された者

---

9 ②民16:2
10 ①民16:35
　②民16:38, Ⅰコリ10:6, Ⅱペテ2:6
11 ①民16:32, 33, 申24:16
12 ①民26:12-14, 民1:22, 23, 創46:10, 出6:15, Ⅰ歴4:24
　＊創46:10「エムエル」
　＊＊Ⅰ歴4:24「ヤリブ」
15 ①民26:15-18, 民1:24, 25, 創46:16
　＊創46:16「ツィフヨン」
16 ＊創46:16「エツボン」
　七十人訳は「アザン」
17 ＊創46:16「アロディ」
19 ①民26:19-22, 民1:26, 27, 創38:2-5, 29, 30, 46:12, Ⅰ歴2:3-5
23 ①民26:23-25, 民1:28, 29, 創46:13
　②土10:1, 2, Ⅰ歴7:1
　＊Ⅰ歴7:1「プア」
24 ＊創46:13「ヨブ」
26 ①民26:26, 27, 民1:30, 31, 創46:14
　②土12:11, 12
28 ①創46:20
29 ①民26:29-34, 民1:34, 35, Ⅰ歴7:14-19
　②ヨシ17:1, 土5:14
30 ①ヨシ17:2, 土6:11, 24, 34
　＊ヨシ17:2「アビエゼル」
　七十人訳は「アヒエゼル」
33 ①民27:1, 36:11, Ⅰ歴7:15
35 ①民26:35-37, 民1:32, 33, Ⅰ歴7:20
　＊ヨシ7:20「ベレデ」
38 ①民26:38-41, 民1:36, 37, 創46:21, Ⅰ歴7:6-12, 8:1-5
　＊Ⅰ歴7:12「アヘル」
39 ＊Ⅰ歴7:12「シュピム」
　＊＊Ⅰ歴7:12「フピム」
42 ①民26:42, 43, 民1:38, 39, 創46:23
　＊創46:23「フシム」
44 ①民26:44-47, 民1:40, 41, 創46:17, Ⅰ歴7:30, 31

は、五万三千四百人であった。
⁴⁸ナフタリ族の諸氏族は、それぞれ、ヤフツェエルからはヤフツェエル族、グニからはグニ族、
⁴⁹エツェルからはエツェル族、シレムからはシレム族。
⁵⁰これがナフタリ族の諸氏族で、登録された者は、四万五千四百人であった。
⁵¹これがイスラエル人の登録された者で、六十万一千七百三十人であった。
⁵²主はモーセに告げて仰せられた。
⁵³「この人々に、その地は、名の数にしたがって、相続地として割り当てられなければならない。
⁵⁴大きい部族にはその相続地を多くし、小さい部族にはその相続地を少なくしなければならない。おのおの登録された者に応じて、その相続地は与えられなければならない。
⁵⁵ただし、その地はくじで割り当て、彼らの父祖の部族の名にしたがって、受け継がなければならない。
⁵⁶その相続地はくじによって、大部族と小部族の間で割り当てられなければならない。」
⁵⁷さてレビ人で氏族ごとに登録された者は、次のとおりである。ゲルションからはゲルション族、ケハテからはケハテ族、メラリからはメラリ族。
⁵⁸レビ諸氏族は次のとおりである。すなわち、リブニ族、ヘブロン族、マフリ族、ムシ族、およびコラ族。ケハテはアムラムを生んだ。
⁵⁹アムラムの妻の名はヨケベデで、レビの娘であった。彼女はエジプトでレビに生まれた者であって、アムラムにアロンとモーセとその姉妹ミリヤムを産んだ。
⁶⁰アロンにはナダブとアビフとエルアザルとイタマルが生まれた。
⁶¹ナダブとアビフは主の前に異なった火をささげたときに死んだ。
⁶²その登録された者は、一か月以上のすべての男子二万三千人であった。彼らは、ほかのイスラエル人の中に登録されなかっ

⁴⁸①民26:48-50, 民1:42, 43, 創46:24, Ⅰ歴7:13
*Ⅰ歴7:13「ヤハツィエル」
⁵¹①民1:46, 11:21, 2:32, 出12:37, 38:26
⁵⁴①民26:54-56, 民33:54
⁵⁵①民34:13, ヨシ13:6, 14:2
⁵⁷①民26:57-62, 民3:17-39, 創46:11, 出6:16-23, Ⅰ歴6:1-48
*Ⅰ歴6:1「ゲルショム」
⁵⁹①出6:20
②出2:2
③出15:20
⁶⁰①民3:2, レビ10:1, 6
⁶¹①民3:4, レビ10:1, 2, Ⅰ歴24:2
⁶²①民3:15, 39
②民1:47, 49

③民18:20, 23, 24, 申10:9, ヨシ13:14, 33, 14:3
⁶³①民26:3
⁶⁴①民26:64, 65, 民14:20-38, 申2:14, 15, Ⅰコリ10:5, ヘブ3:17
②民1章
1①民27:1-11, 民36:1-12, ヨシ17:3, 4
3①民14:35, 26:64, 65
②民16:1, 2
③民26:33
5①民27:1, 9:8, 出18:15, 19

た。彼らにはイスラエル人の間で相続地が与えられていなかったからである。
⁶³これがモーセと祭司エルアザルが、エリコに近いヨルダンのほとりのモアブの草原で、イスラエル人を登録したときにモーセと祭司エルアザルによって登録された者である。
⁶⁴しかし、このうちには、モーセと祭司アロンがシナイの荒野でイスラエル人を登録したときに登録された者は、ひとりもいなかった。
⁶⁵それは主がかつて彼らについて、「彼らは必ず荒野で死ぬ」と言われていたからである。彼らのうち、ただエフネの子カレブとヌンの子ヨシュアのほかには、だれも残っていなかった。

ツェロフハデの娘たち
27:1-11　並行記事－民36:1-12

27 ¹さて、ヨセフの子マナセの一族のツェロフハデの娘たち――ツェロフハデはヘフェルの子、ヘフェルはギルアデの子、ギルアデはマキルの子、マキルはマナセの子――が進み出た。娘たちの名はマフラ、ノア、ホグラ、ミルカ、ティルツァであった。
²彼女たちは、モーセと、祭司エルアザルと、族長たちと、全会衆との前、会見の天幕の入口に立って言った。
³「私たちの父は荒野で死にました。彼はコラの仲間と一つになって主に逆らった仲間には加わっていませんでしたが、自分の罪によって死にました。彼には男の子がなかったのです。
⁴男の子がなかったからといって、なぜ私たちの父の名がその氏族の間から削られるのでしょうか。私たちにも、父の兄弟たちの間で所有地を与えてください。」
⁵そこでモーセは、彼女たちの訴えを、主の前に出した。
⁶すると主はモーセに告げて仰せられた。
⁷「ツェロフハデの娘たちの言い分は正し

27:4　私たちにも・・・所有地を与えてください
ヘブル人の法律では息子がいない場合の相続の規定ができていなかった。そこで神は娘も家族の土地を相続できるという法律を作られた(27:3-11)。この法律は神がイスラエルの女性の価値と特権を認めておられることを表している。

い。あなたは必ず彼女たちに、その父の兄弟たちの間で、相続の所有地を与えなければならない。彼女たちにその父の相続地を渡せ。

8 あなたはイスラエル人に告げて言わなければならない。

人が死に、その人に男の子がないときは、あなたがたはその相続地を娘に渡しなさい。

9 もし娘もないときには、その相続地を彼の兄弟たちに与えなさい。

10 もし兄弟たちもいないときには、その相続地を彼の父の兄弟たちに与えなさい。

11 もしその父に兄弟がないときには、その相続地を彼の氏族の中で、彼に一番近い血縁の者に与え、それを受け継がせなさい。

これを、主がモーセに命じられたとおり、イスラエル人のための定まったおきてとしなさい。」

モーセの後継者ヨシュア

12 ついで主はモーセに言われた。「このアバリム山に登り、わたしがイスラエル人に与えた地を見よ。

13 それを見れば、あなたもまた、あなたの兄弟アロンが加えられたように、あなたの民に加えられる。

14 ツィンの荒野で全会衆が争ったとき、あなたがたがわたしの命令に逆らい、その水のほとりで、彼らの目の前に、わたしを聖なる者としなかったからである。」これはツィンの荒野のメリバテ・カデシュの水のことである。

15 それでモーセは主に申し上げた。

16 「すべての肉なるもののいのちの神、主よ。ひとりの人を会衆の上に定め、

17 彼が、彼らに先立って出て行き、彼らに先立って入り、また彼らを連れ出し、彼らを入らせるようにしてください。主の会衆を、飼う者のいない羊のようにしないでください。」

18 主はモーセに仰せられた。「あなたは神の霊の宿っている人、ヌンの子ヨシュアを取り、あなたの手を彼の上に置け。

19 彼を祭司エルアザルと全会衆の前に立たせ、彼らの見ているところで彼を任命せよ。

20 あなたは、自分の権威を彼に分け与え、イスラエル人の全会衆を彼に聞き従わせよ。

21 彼は祭司エルアザルの前に立ち、エルアザルは彼のために主の前でウリムによるさばきを求めなければならない。ヨシュアと彼とともにいるイスラエルのすべての者、すなわち全会衆は、エルアザルの命令によって出、また、彼の命令によって、入らなければならない。」

22 モーセは主が命じられたとおりに行った。ヨシュアを取って、彼を祭司エルアザルと全会衆の前に立たせ、

23 自分の手を彼の上に置いて、主がモーセを通して告げられたとおりに彼を任命した。

日ごとのささげ物

28

1 主はモーセに告げて仰せられた。

2 「イスラエル人に命じて彼らに言え。あなたがたは、わたしへのなだめのかおりの火によるささげ物として、わたしへの食物のささげ物を、定められた時に、気をつけてわたしにささげなければならない。

3 彼らに言え。

これがあなたがたが主にささげる火によるささげ物である。一歳の傷のない雄の子羊を常供の全焼のいけにえとして、毎日二頭を

4 一頭の子羊を朝ささげ、他の一頭の子羊を夕暮れにささげなければならない。

27:18 神の霊の宿っている人 ここで言われている「霊」は聖霊のことである。ヨシュアには指導者としての能力が多く備わっていたけれども、中でも最もすぐれていたのは神の御霊に導かれていたことである。油注ぎを受け、主の御霊の導きに心を開いていた。これは人々を導くための任命を受け(27:19)、権威を与えられる上で(27:20)最も重要な資格である。

27:21 ウリムによるさばきを求め →出28:30注

28:3 常供の全焼のいけにえとして、毎日 28─29章では神へのいけにえとささげ物を続けることの重要性が強調されている。ささげるのは、(1) 毎日(28:3-8)、(2) 毎週の安息日(28:9-10)、(3) 月の第一日(28:11-15)、(4) 神聖な日や行事のとき(28:16-29:40、→「旧約聖書のいけにえとささげ物」の表p.202)だった。いけにえを絶えず神にささげることは、神の導きと祝福をいつも受けるためには神との首尾一貫した交わりと交流が必要であるという真理を強調している。この霊的原則は今も変っていない。今

民数記　28章

5 穀物のささげ物としては、上質のオリーブ油四分の一ヒンを混ぜた小麦粉十分の一エパとする。
6 これはシナイ山で定められた常供の全焼のいけにえであって、主へのなだめのかおりの火によるささげ物である。
7 それにつく注ぎのささげ物は子羊一頭につき四分の一ヒンとする。聖所で、主への注ぎのささげ物として強い酒を注ぎなさい。
8 他の一頭の子羊は夕暮れにささげなければならない。これに朝の穀物のささげ物や、注ぎのささげ物と同じものを添えてささげなければならない。これは主へのなだめのかおりの火によるささげ物である。

安息日のささげ物

9 安息日には、一歳の傷のない雄の子羊二頭と、穀物のささげ物として油を混ぜた小麦粉十分の二エパと、それにつく注ぎのささげ物とする。
10 これは、常供の全焼のいけにえとその注ぎのささげ物とに加えられる、安息日ごとの全焼のいけにえである。

月ごとのささげ物

11 あなたがたは月の第一日に、主への全焼のいけにえとして若い雄牛二頭、雄羊一頭、一歳の傷のない雄の子羊七頭をささげなければならない。
12 雄牛一頭については、穀物のささげ物として、油を混ぜた小麦粉十分の三エパ。雄羊一頭については、穀物のささげ物として、油を混ぜた小麦粉十分の二エパとする。
13 子羊一頭については、穀物のささげ物として、油を混ぜた小麦粉十分の一エパ。これらはなだめのかおりの全焼のいけにえであって、主への火によるささげ物である。
14 それにつく注ぎのささげ物は、雄牛一頭については二分の一ヒン、雄羊一頭については三分の一ヒン、子羊一頭については四分の一ヒンのぶどう酒でなければならない。これは一年を通して毎月の、新月祭の全焼のいけにえである。

5 ①民28:8, 9, 12, 13, 20, 26, 28, 31, 29:3, 6, 9, 11, 14, 16, 18, 19, 21, 22, 24, 25, 27, 28, 30, 31, 33, 34, 37, 38, 39, →出29:41, レビ2:1, →民5:15
  ＊→民15:4＊
  ②民15:4, 出16:36
  ＊＊1エパは23リットル
6 ①出29:42, エゼ46:15
  ②→民6:11
  ③→民15:3
  ④→民18:17
7 ①→民6:11
  ②→レビ10:9
8 ①→民28:5
  ②→民6:11
  ③→民15:3
  ④→民18:17
9 ①エゼ46:4, 5
  ②民28:5
  ＊🔲「2イサロン」－4.6リットル
  ③→民4:7
10 ①民28:3, ②→民6:11
   ③→民4:7
11 ①民10:10,
   Ⅰサム20:5, Ⅰ歴23:31,
   Ⅱ歴2:4, 8:13, 31:3,
   エズ3:5, ネヘ10:33,
   詩81:3, イザ1:13, 14,
   エゼ45:17, 46:6, 7,
   ホセ2:11, アモ8:5,
   コロ2:16
   ②→民6:11
   ③→民7:15
12 ①→民28:5
13 ①→民28:5
   ②→民15:3
   ③→民6:11
   ④→民18:17
14 ①→民6:11
15 ①民28:3
   ②→民6:11
   ③→民4:7
   ④民15:24
   ⑤民28:22, 29:5, 11, 16, 19, 22, 28, 34, 38,
   →民7:16, →レビ4:3,
   →レビ7:7, →レビ12:6
16 ①民28:16-25, 出12:1-20,
   レビ23:5-8, 申16:1-8, 16,
   エゼ45:21-25
   ②民9:3-5
17 ①出13:6, 23:15, 34:18
19 ①→民18:17
   ②→民6:11
   ③→民7:15
   ④民28:31, 29:8,
   レビ22:20, 申15:21
20 ①→民28:5
   ＊🔲「3イサロン」－6.9リットル
22 ①→民28:15
   ②→民28:15
23 ①民28:3
   ②→民6:11
24 ①→民28:5
   ②→民15:3
   ③→民18:17
   ④民28:3
   ⑤→民6:11
   ⑥→民4:7
26 ①民23:16, 34:22,
   レビ23:15-21,
   申16:9, 10, 16, 使2:1
   ②→民28:5

15 常供の全焼のいけにえとその注ぎのささげ物に加えて、雄やぎ一頭が、主への罪のためのいけにえとしてささげられなければならない。

過越

28:16-25　並行記事―出12:14-20, レビ23:4-8, 申16:1-8

16 第一の月の十四日は、過越のいけにえを主にささげなさい。
17 この月の十五日は祭りである。七日間、種を入れないパンを食べなければならない。
18 その最初の日には、聖なる会合を開き、どんな労役の仕事もしてはならない。
19 あなたがたは、主への火によるささげ物、全焼のいけにえとして、若い雄牛二頭、雄羊一頭、一歳の雄の子羊七頭をささげなければならない。それはあなたがたにとって傷のないものでなければならない。
20 それにつく穀物のささげ物として、油を混ぜた小麦粉を、雄牛一頭につき十分の三エパ、雄羊一頭につき十分の二エパをささげなければならない。
21 子羊七頭には、一頭につき十分の一エパをささげなければならない。
22 あなたがたの贖いのためには、罪のためのいけにえとして、雄やぎ一頭とする。
23 あなたがたは、常供の全焼のいけにえである朝の全焼のいけにえのほかに、これらの物をささげなければならない。
24 このように七日間、毎日主へのなだめのかおりの火によるささげ物を食物としてささげなければならない。これは常供の全焼のいけにえとその注ぎのささげ物とに加えてささげられなければならない。
25 七日目にあなたがたは聖なる会合を開かなければならない。どんな労役の仕事もしてはならない。

七週の祭り

28:26-31　並行記事―レビ23:15-22, 申16:9-12

26 初穂の日、すなわち七週の祭りに新しい穀物のささげ物を主にささげるとき、あ

日、主イエスに従おうとする人は神の臨在、恵み、導きを十分に体験するために、祈りと礼拝を続けなければならない(ルカ18:1, Ⅰテサ5:17, ⇒ヘブ4:16, 7:25)。

なたがたは聖なる会合を開かなければならない。どんな労役の仕事もしてはならない。
27 あなたがたは、主へのなだめのかおりとして、全焼のいけにえ、すなわち、若い雄牛二頭、雄羊一頭、一歳の雄の子羊七頭をささげなさい。
28 それにつく穀物のささげ物としては、油を混ぜた小麦粉を、雄牛一頭につき十分の三エパ、雄羊一頭につき十分の二エパとする。
29 七頭の子羊には、一頭につき十分の一エパとする。
30 あなたがたの贖いのためには、雄やぎ一頭とする。
31 あなたがたは、常供の全焼のいけにえとその穀物のささげ物のほかに、これらのものと——これらは傷のないものでなければならない——それらにつく注ぎのささげ物とをささげなければならない。

ラッパが吹き鳴らされる日
29:1-6　並行記事－レビ23:23-25

29 1 第七月の一日にはあなたがたは聖なる会合を開かなければならない。あなたがたはどんな労役の仕事もしてはならない。これをあなたがたにとってラッパが吹き鳴らされる日としなければならない。
2 あなたがたは、主へのなだめのかおりとして、全焼のいけにえ、すなわち、若い雄牛一頭、雄羊一頭、一歳の傷のない雄の子羊七頭をささげなさい。
3 それにつく穀物のささげ物としては、油を混ぜた小麦粉を、雄牛一頭につき十分の三エパ、雄羊一頭につき十分の二エパとする。
4 七頭の子羊には、一頭につき十分の一エパとする。
5 あなたがたの贖いのためには、罪のいけにえとして、雄やぎ一頭とする。
6 これらは、定めによる新月祭の全焼のいけにえとその穀物のささげ物、常供の全焼のいけにえとその穀物のささげ物、および、それにつく注ぎのささげ物、すなわち、なだめのかおりとしての主への火によるささげ物以外のものである。

26 ③→民28:18
27 ①→民15:3
　②→民6:11
　③→民7:15
28 ①→民28:5
31 ①→民28:3
　②→民6:11
　③→民28:5
　④→民4:7

1 ①→レビ23:24, 25
　②→民28:26
　③→民10:10
　*あるいは「祝いの日」
2 ①→民15:3
　②→民6:11
　③→民7:15
3 ①→民28:5
5 ①→民28:15
6 ①→民28:11
　②→民28:3
　③→民28:3
　④→民6:11
　⑤→民4:7
　⑥→民15:3
　⑦→民18:17

7 ①→レビ16:29, 23:27-32
　②→レビ16:29,
　詩35:13, イザ58:5
8 ①→民15:3
　②→民6:11
　③→民7:15
9 ①→民28:5
11 ①→民28:15
　②→民28:3
　③→民6:11
　④→民28:5
　⑤→民4:7
12 ①→出23:16,
　レビ23:34-36, 39-43,
　申16:13-15, 16,
　エゼ45:25, ヨハ7:2
　②→民29:1
13 ①→民15:3
　②→民18:17
　③→民6:11
　④→民7:15
14 ①→民28:5
16 ①→民28:15
　②→民28:3
　③→民6:11
　④→民4:7
17 ①→民7:15

贖罪の日
29:7-11　並行記事－レビ16:2-34, 23:26-32

7 この第七月の十日には、あなたがたは聖なる会合を開き、身を戒めなければならない。どんな仕事もしてはならない。
8 あなたがたは、主へのなだめのかおりとして、全焼のいけにえ、すなわち、若い雄牛一頭、雄羊一頭、一歳の雄の子羊七頭をささげなさい。これらはあなたがたにとって傷のないものでなければならない。
9 それにつく穀物のささげ物としては、油を混ぜた小麦粉を、雄牛一頭につき十分の三エパ、雄羊一頭につき十分の二エパとする。
10 七頭の子羊には、一頭につき十分の一エパとする。
11 罪のためのいけにえは雄やぎ一頭とする。これらは贖いのための罪のためのいけにえと、常供の全焼のいけにえ、それにつく穀物のささげ物と、これらにつく注ぎのささげ物以外のものである。

仮庵の祭り
29:12-39　並行記事－レビ23:33-43, 申16:13-17

12 第七月の十五日には、あなたがたは聖なる会合を開かなければならない。どんな労役の仕事もしてはならない。あなたがたは七日間、主の祭りを祝いなさい。
13 あなたがたは、主へのなだめのかおりの火によるささげ物として、全焼のいけにえ、すなわち、若い雄牛十三頭、雄羊二頭、一歳の雄の子羊十四頭をささげなさい。これらは傷のないものでなければならない。
14 それにつく穀物のささげ物としては、油を混ぜた小麦粉を、雄牛十三頭のため、雄牛一頭につき十分の三エパ、雄羊二頭のため、雄羊一頭につき十分の二エパ、
15 子羊十四頭のため、子羊一頭につき十分の一エパとする。
16 罪のためのいけにえは雄やぎ一頭とする。これらは常供の全焼のいけにえと、その穀物のささげ物、および注ぎのささげ物以外のものである。
17 二日目には、若い雄牛十二頭、雄羊二頭、一歳の傷のない雄の子羊十四頭、
18 これらの雄牛、雄羊、子羊のための、そ

民数記　29-30章　　293

れぞれの数に応じて定められた穀物のささげ物と注ぎのささげ物とする。
¹⁹罪のためのいけにえは雄やぎ一頭とする。これらは常供の全焼のいけにえと、その穀物のささげ物、および注ぎのささげ物以外のものである。
²⁰三日目には、雄牛十一頭、雄羊二頭、一歳の傷のない雄の子羊十四頭、
²¹これらの雄牛、雄羊、子羊のための、それぞれの数に応じて定められた穀物のささげ物と注ぎのささげ物とする。
²²罪のためのいけにえは雄やぎ一頭とする。これらは常供の全焼のいけにえと、その穀物のささげ物、および注ぎのささげ物以外のものである。
²³四日目には、雄牛十頭、雄羊二頭、一歳の傷のない雄の子羊十四頭、
²⁴これらの雄牛、雄羊、子羊のための、それぞれの数に応じて定められた穀物のささげ物と注ぎのささげ物とする。
²⁵罪のためのいけにえは雄やぎ一頭とする。これらは常供の全焼のいけにえと、その穀物のささげ物、および注ぎのささげ物以外のものである。
²⁶五日目には、雄牛九頭、雄羊二頭、一歳の傷のない雄の子羊十四頭、
²⁷これらの雄牛、雄羊、子羊のための、それぞれの数に応じて定められた穀物のささげ物と注ぎのささげ物とする。
²⁸罪のためのいけにえは雄やぎ一頭とする。これらは常供の全焼のいけにえと、その穀物のささげ物、および注ぎのささげ物以外のものである。
²⁹六日目には、雄牛八頭、雄羊二頭、一歳の傷のない雄の子羊十四頭、
³⁰これらの雄牛、雄羊、子羊のための、それぞれの数に応じて定められた穀物のささげ物と注ぎのささげ物とする。
³¹罪のためのいけにえは雄やぎ一頭とする。これらは常供の全焼のいけにえと、その穀物のささげ物、および注ぎのささげ物以外のものである。
³²七日目には、雄牛七頭、雄羊二頭、一歳の傷のない雄の子羊十四頭、
³³これらの雄牛、雄羊、子羊のための、それぞれの数に応じて定められた穀物のささげ物と注ぎのささげ物とする。
³⁴罪のためのいけにえは雄やぎ一頭とする。これらは常供の全焼のいけにえと、その穀物のささげ物、および注ぎのささげ物以外のものである。
³⁵八日目にあなたがたはきよめの集会を開かなければならない。どんな労役の仕事もしてはならない。
³⁶あなたがたは、主へのなだめのかおりの火によるささげ物として、全焼のいけにえ、すなわち、雄牛一頭、雄羊一頭、一歳の傷のない雄の子羊七頭をささげなさい。
³⁷これらの雄牛、雄羊、子羊のための、穀物のささげ物と注ぎのささげ物とは、それぞれの数に応じて定められる。
³⁸罪のためのいけにえは雄やぎ一頭とする。これらは常供の全焼のいけにえと、その穀物のささげ物、および注ぎのささげ物以外のものである。
³⁹あなたがたは定められた時に、これらのものを主にささげなければならない。これらはあなたがたの誓願、または進んでささげるささげ物としての全焼のいけにえ、穀物のささげ物、注ぎのささげ物および和解のいけにえ以外のものである。」
⁴⁰モーセは、主がモーセに命じられたとおりを、イスラエル人に告げた。

誓願

30

¹モーセはイスラエル人の部族の一族のかしらたちに告げて言った。「これは主が命じられたことである。
²人がもし、主に誓願をし、あるいは、物断ちをしようと誓いをするなら、そのことばを破ってはならない。すべて自分の口から出たとおりのことを実行しなければならない。

30:2　誓願をし　この章が明らかにしているのは、神が神の民に、神と人への約束を守るように要求しておられることである。またこの律法を通して神が強く示されたのは誓約の厳粛さである。不誠実、偽り、偽善が神の民の中にあってはならないと神は指摘された。けれども若者の軽はずみな誓願(30:3-5)と、夫と妻あるいは父と娘の関係に影響を与える誓願には特別な規定が作られた。

³ もし女がまだ婚約していないおとめで、父の家にいて主に誓願をし、あるいは物断ちをする場合、

⁴ その父が彼女の誓願、あるいは、物断ちを聞いて、その父が彼女に何も言わなければ、彼女のすべての誓願は有効となる。彼女の物断ちもすべて、有効としなければならない。

⁵ もし父がそれを聞いた日に彼女にそれを禁じるなら、彼女の誓願、または、物断ちはすべて無効としなければならない。彼女の父が彼女に禁じるのであるから、主は彼女を赦される。

⁶ もし彼女が、自分の誓願、あるいは、物断ちをするのに無慮に言ったことが、まだその身にかかっているうちにとつぐ場合、

⁷ 夫がそれを聞き、聞いた日に彼女に何も言わなければ、彼女の誓願は有効である。彼女の物断ちも有効でなければならない。

⁸ もし彼女の夫がそれを聞いた日に彼女に禁じるなら、彼は、彼女がかけている誓願や、物断ちをするのに無慮に言ったことを破棄することになる。そして主は彼女を赦される。

⁹ やもめや離婚された女の誓願で、物断ちをするものはすべて有効としなければならない。

¹⁰ もし女が夫の家で誓願をし、あるいは、誓って物断ちをする場合、

¹¹ 夫がそれを聞いて、彼女に何も言わず、しかも彼女に禁じないならば、彼女の誓願はすべて有効となる。彼女の物断ちもすべて有効としなければならない。

¹² もし夫が、そのことを聞いた日にそれらを破棄してしまうなら、その誓願も、物断ちも、彼女の口から出たすべてのことは無効としなければならない。彼女の夫がそれを破棄したので、主は彼女を赦される。

¹³ すべての誓願も、身を戒めるための物断ちの誓いもみな、彼女の夫がそれを有効にすることができ、彼女の夫がそれを破棄することができる。

6①民30:8, レビ5:4, 民20:25
13①→レビ16:29

¹⁴ もし夫が日々、その妻に全く何も言わなければ、夫は彼女のすべての誓願、あるいは、すべての物断ちを有効にする。彼がそれを聞いた日に彼女に何も言わなかったので、彼はそれを有効にしたのである。

¹⁵ もし夫がそれを聞いて後、それを破棄してしまうなら、夫が彼女の咎を負う。」

¹⁶ 以上は主がモーセに命じられたおきてであって、夫とその妻、父と父の家にいるまだ婚約していないその娘との間に関するものである。

ミデヤン人に対する復讐

31 ¹ 主はモーセに告げて仰せられた。² 「ミデヤン人にイスラエル人の仇を報いよ。その後あなたは、あなたの民に加えられる。」

³ そこでモーセは民に告げて言った。「あなたがたのうち、男たちは、いくさのために武装しなさい。ミデヤン人を襲って、ミデヤン人に主の復讐をするためである。

⁴ イスラエルのすべての部族から、一部族ごとに千人ずつをいくさに送らなければならない。」

⁵ それで、イスラエルの分団から部族ごとに千人が割り当てられ、一万二千人がいくさのために武装された。

⁶ モーセは部族ごとに千人ずつをいくさに送った。祭司エルアザルの子ピネハスを、聖具と吹き鳴らすラッパをその手に持たせて、彼らとともにいくさに送った。

⁷ 彼らは主がモーセに命じられたとおりに、ミデヤン人と戦って、その男子をすべて殺した。

⁸ 彼らはその殺した者たちのほかに、ミデヤン人の王たち、エビ、レケム、ツル、フル、レバの五人のミデヤン人の王たちを殺した。彼らはベオルの子バラムを剣で殺した。

⁹ イスラエル人はミデヤン人の女、子どもをとりこにし、またその獣や、家畜や、その財産をことごとく奪い取り、

¹⁰ 彼らの住んでいた町々や陣営を全部火で

2①民25:1-5, 17, 18
②出2:15
③民20:24, 26, 27:13
＊あるいは「先祖の人々」
3①レビ26:25
5①士21:10
6①民25:6-13
②民14:44
③民10:8, 9
7①士6:1, 2, 33
②申20:13, 士21:11, Ⅰ列11:15, 16
8①ヨシ13:21
②民25:15
③ヨシ13:22

31:3 ミデヤン人を襲って 罪のために多くのイスラエル人が死んだように(11:1, 14:37, 16:31-34, 25:9, 出32:35, レビ10:2)、ミデヤン人も神の民を堕落させたために死ななければならなかった(31:7-8,

焼いた。
¹¹ そして人も獣も、略奪したものや分捕ったものをすべて取り、
¹² 捕虜や分捕ったもの、略奪したものを携えて、エリコに近いヨルダンのほとりのモアブの草原の宿営にいるモーセと祭司エルアザルとイスラエル人の会衆のところに来た。
¹³ モーセと祭司エルアザルおよびすべての会衆の上に立つ者たちは出て行って宿営の外で彼らを迎えた。
¹⁴ モーセは軍勢の指揮官たち、すなわち戦いの任務から帰って来た千人の長や百人の長たちに対して怒った。
¹⁵ モーセは彼らに言った。「あなたがたは、女たちをみな、生かしておいたのか。
¹⁶ ああ、この女たちはバラムの事件のおり、ペオルの事件に関連してイスラエル人をそそのかして、主に対する不実を行わせた。それで神罰が主の会衆の上に下ったのだ。
¹⁷ 今、子どものうち男の子をみな殺せ。男と寝て、男を知っている女もみな殺せ。
¹⁸ 男と寝ることを知らない若い娘たちはみな、あなたがたのために生かしておけ。
¹⁹ あなたがたは七日間、宿営の外にとどまれ。あなたがたでも、あなたがたの捕虜でも、人を殺した者、あるいは刺し殺された者に触れた者はだれでも、三日目と七日目に罪の身をきよめなければならない。
²⁰ 衣服、皮製品、やぎの毛で作ったもの、木製品はすべてきよめなければならない。」
²¹ 祭司エルアザルは戦いに行った軍人たちに言った。「主がモーセに命じられたおしえのおきては次のとおりである。
²² 金、銀、青銅、鉄、すず、鉛、
²³ すべて火に耐えるものは、火の中を通し、きよくしなければならない。しかし、それは汚れをきよめる水できよめられなければならない。火に耐えないものはみな、水の中を通さなければならない。
²⁴ あなたがたは七日目に自分の衣服を洗うなら、きよくなる。その後、宿営に入ることができる。」

戦利品の分配

²⁵ 主はモーセに次のように言われた。
²⁶ 「あなたと、祭司エルアザルおよび会衆の氏族のかしらたちは、人と家畜で捕虜として分捕ったものの数を調べ、
²⁷ その分捕ったものをいくさに出て取って来た戦士たちと、全会衆との間に二分せよ。
²⁸ いくさに出た戦士たちからは、人や牛やろばや羊を、それぞれ五百に対して一つ、主のためにみつぎとして徴収せよ。
²⁹ 彼らが受ける分のうちからこれを取って、主への奉納物として祭司エルアザルに渡さなければならない。
³⁰ イスラエル人が受ける分のうちから、人や牛やろばや羊、これらすべての家畜を、それぞれ五十に対して一つ、取り出しておき、それらを主の幕屋の任務を果たすレビ人に与えなければならない。」
³¹ そこでモーセと祭司エルアザルは、主がモーセに命じられたとおりに行った。
³² 従軍した民が奪った戦利品以外の分捕りものは、羊六十七万五千頭、
³³ 牛七万二千頭、
³⁴ ろば六万一千頭、
³⁵ 人間は男と寝ることを知らない女がみなで三万二千人であった。
³⁶ この半分がいくさに出た人々への分け前で、羊の数は三十三万七千五百頭。
³⁷ その羊のうちから主へのみつぎは六百七十五頭。
³⁸ 牛は三万六千頭で、そのうちから主へのみつぎは七十二頭。
³⁹ ろばは三万五百頭で、そのうちから主へのみつぎは六十一頭。
⁴⁰ 人間は一万六千人で、そのうちから主へのみつぎは三十二人であった。
⁴¹ モーセは、主がモーセに命じられたとおりに、そのみつぎ、すなわち、主への奉納物を祭司エルアザルに渡した。
⁴² モーセがいくさに出た者たちに折半して与えた残り、すなわち、イスラエル人のものである半分、
⁴³ つまり会衆のものである半分は、羊三十三万七千五百頭、
⁴⁴ 牛三万六千頭、
⁴⁵ ろば三万五百頭、
⁴⁶ 人間は一万六千人であった。

⁴⁷モーセは、このイスラエル人のものである半分から、人間も家畜も、それぞれ五十ごとに一つを取り出し、それらを主がモーセに命じられたとおりに、主の幕屋の任務を果たすレビ人に与えた。

⁴⁸すると、軍団の指揮官たち、すなわち千人の長、百人の長たちがモーセのもとに進み出て、

⁴⁹モーセに言った。「しもべどもは、部下の戦士たちの人員点呼をしました。私たちのうちひとりも欠けておりません。

⁵⁰それで、私たちは、おのおのが手に入れた金の飾り物、すなわち腕飾り、腕輪、指輪、耳輪、首飾りなどを主へのささげ物として持って来て、主の前での私たち自身の贖いとしたいのです。」

⁵¹モーセと祭司エルアザルは、彼らから金を受け取った。それはあらゆる種類の細工を施した物であった。

⁵²千人の長や百人の長たちが、主に供えた①奉納物の金は全部で、一万六千七百五十シェケルであった。

⁵³従軍した人たちは、①戦利品をめいめい自分のものとした。

⁵⁴モーセと祭司エルアザルは、千人の長や百人の長たちから金を受け取り、それを会見の天幕に持って行き、主の前に、イスラエル人のための①記念とした。

ヨルダン川東側の諸部族

32

¹①ルベン族と②ガド族は、非常に多くの家畜を持っていた。彼らがヤゼルの地とギルアデの地を見ると、その場所はほんとうに家畜に適した場所であったので、

²ガド族とルベン族は、モーセと祭司エルアザルおよび会衆の上に立つ者たちのところに来て、次のように言った。

³「アタロテ、ディボン、ヤゼル、ニムラ、②ヘシュボン、エルアレ、＊セバム、ネボ、ベオン。

⁴これら主が①イスラエルの会衆のために打ち滅ぼされた地は、家畜に適した地です。そして、あなたのしもべどもは家畜を持っているのです。」

⁵また彼らは言った。「もし、私たちの願いがかないますなら、どうかこの地をあなたのしもべどもに所有地として与えてください。私たちにヨルダンを渡らせないでください。」

⁶モーセはガド族とルベン族に答えた。「あなたがたの兄弟たちは戦いに行くのに、あなたがたは、ここにとどまろうとするのか。

⁷どうしてあなたがたは、イスラエル人の意気をくじいて、主が彼らに与えた地へ渡らせないようにするのか。

⁸私がカデシュ・バルネアからその地を調べるためにあなたがたの父たちを遣わしたときにも、彼らはこのようにふるまった。

⁹彼らはエシュコルの谷まで上って行き、その地を見て、主が彼らに与えられた地に入って行かないようにイスラエル人の意気をくじいた。

¹⁰その日、主の怒りが燃え上がり、誓って言われた。

¹¹『エジプトから上って来た者たちで二十歳以上の者はだれも、わたしがアブラハム、イサク、ヤコブに誓った地を見ることはできない。彼らはわたしに従い通さなかった。

¹²ただ、ケナズ人エフネの子カレブと、ヌンの子ヨシュアは別である。彼らは主に①従い通したからである。』

¹³主の怒りはイスラエルに向かって燃え上がったのだ。それで主の目の前に悪を行ったその世代の者がみな死に絶えてしまうまで彼らを四十年の間、荒野にさまよわされた。

¹⁴そして今、あなたがた罪人の子らは、あなたがたの父たちに代わって立ち上がり、イスラエルに対する主の燃える怒りをさらに増し加えようとしている。

¹⁵あなたがたが、もしそむいて主に従わなければ、主はまたこの民をこの荒野に見捨てられる。そしてあなたがたはこの民すべてに滅びをもたらすことになる。」

¹⁶彼らはモーセに近づいて言った。「私たちはここに家畜のために羊の囲い場を作り、子どもたちのために町々を建てます。

¹⁷しかし、私たちは、イスラエル人をその場所に導き入れるまで、武装して彼らの先

47①民18:26-28, 31:30
48①民31:48-54,
Ⅰ歴26:26, 士8:24-27
52①→民5:9
53①申20:14
54①民16:40, 申10:16

1①民32章, 申3:12-20,
ヨシ1:12-18, 12:1-6,
13:8-32
②出12:38
3①民21:32, 32:35,
ヨシ13:25, Ⅱサム24:5
3①民32:34
②民21:26, 27, 34,
32:37
③民32:37
＊民32:38「シブマ」
④民32:38

8①民13:3, 26,
申1:19-23
9①民13:23, 24, 申1:24
②民13:31-33
11①民14:28-30,
申1:35, 36
12①民14:24, ヨシ14:8, 9
13①民14:33-35
14①申1:34
15①申30:17,
ヨシ22:16, 18,
Ⅱペテ7:19, 15:2
17①ヨシ4:12, 13

頭に立って急ぎます。私たちの子どもたちは、この地の住民の前で城壁のある町々に住みます。
18 私たちは、イスラエル人がおのおのその相続地を受け継ぐまで、私たちの家に帰りません。
19 私たちは、ヨルダンを越えた向こうでは、彼らとともに相続地を持ちはしません。私たちの相続地は、ヨルダンのこちらの側、東のほうになっているからです。」
20 モーセは彼らに言った。「もしあなたがたがそのようにし、もし主の前に戦いのため武装をし、
21 あなたがたのうちの武装した者がみな、主の前でヨルダンを渡り、ついに主がその敵を御前から追い払い、
22 その地が主の前に征服され、その後あなたがたが帰って来るのであれば、あなたがたは主に対しても、イスラエルに対しても責任が解除される。そして、この地は主の前であなたがたの所有地となる。
23 しかし、もしそのようにしないなら、今や、あなたがたは主に対して罪を犯したのだ。あなたがたの罪の罰があることを思い知りなさい。
24 あなたがたの子どもたちのために町々を建て、その羊のために囲い場を作りなさい。あなたがたの口から出たことは実行しなければならない。」
25 ガド族とルベン族はモーセに答えて言った。「あなたのしもべどもは、あなたの命じるとおりにします。
26 私たちの子どもたちや妻たち、家畜とすべての獣は、そこのギルアデの町々にとどまります。
27 しかし、あなたのしもべたち、いくさのために武装した者はみな、あなたが命じられたとおり、渡って行って、主の前に戦います。」
28 そこで、モーセは彼らについて、祭司エルアザル、ヌンの子ヨシュア、イスラエル人の部族の一族のかしらたちに命令を下した。
29 モーセは彼らに言った。「もし、ガド族とルベン族の戦いのために武装した者がみな、あなたがたとともにヨルダンを渡り、主の前に戦い、その地があなたがたの前に征服されたなら、あなたがたはギルアデの地を所有地として彼らに与えなさい。
30 もし彼らが武装し、あなたがたとともに渡って行かなければ、彼らはカナンの地であなたがたの間に所有地を得なければならない。」
31 ガド族とルベン族は答えて言った。「主があなたのしもべたちについて言われたとおりに、私たちはいたします。
32 私たちは武装して主の前にカナンの地に渡って行きます。それで私たちの相続の所有地はヨルダンのこちら側にありますように。」
33 そこでモーセは、ガド族と、ルベン族と、ヨセフの子マナセの半部族とに、エモリ人の王シホンの王国と、バシャンの王オグの王国、すなわちその町々のある国と、周辺の地の町々のある領土とを与えた。
34 そこでガド族は、ディボン、アタロテ、アロエル、
35 アテロテ・ショファン、ヤゼル、ヨグボハ、
36 ベテ・ニムラ、ベテ・ハランを城壁のある町々として、または羊の囲い場として建て直した。
37 また、ルベン族は、ヘシュボン、エルアレ、キルヤタイム、
38 ネボ、バアル・メオン――ある名は改められる――またシブマを建て直した。彼らは、建て直した町々に新しい名をつけた。
39 マナセの子マキルの子らはギルアデに行ってそこを攻め取り、そこにいたエモリ人を追い出した。
40 それでモーセは、ギルアデをマナセの子マキルに与えたので、彼はそこに住みついた。
41 マナセの子ヤイルは行って、彼らの村々を攻め取り、それらをハボテ・ヤイルと名

18 ①ヨシ22:3
19 ①民32:32, 申29:7, 8, ヨシ13:8, 22:4
20 ①ヨシ1:14, 4:12, 13
23 ①創13:13
   ②創44:16
24 ①民32:16, 36
   ②民30:2
26 ①ヨシ1:14
27 ①ヨシ4:12
   ＊直訳「私の主」

33 ①民21:21, 23, 26, 28, 申29:7
   ②民21:33, 申29:7
34 ①民33:45, 46
   ②民32:3
   ③申2:36
35 ①民21:32, 32:1, 3
   ②士8:11
36 ①ヨシ13:27
   ＊ヨシ13:27「ベテ・ハラム」
37 ①民21:25, 27, 28, 32:3, ヨシ13:27
   ②民32:3
   ③創14:5, ヨシ13:19, エゼ25:9
38 ①Ⅰ歴5:8, イザ15:2
   ②エゼ25:9
39 ①創50:23
40 ①申3:12, 13, 15, ヨシ13:31, 17:1,
   ②民21:21-23
41 ①申3:14, 士10:3-5, Ⅰ歴2:22
   ②ヨシ13:30

25:1-9)。

32:20 もし【主】の前に戦いのため武装をし モーセはルベン族とガド族がヨルダンの東側に定住することを許可したけれども、それはほかの部族がカナンの地を征服するのを助けるという約束を条件とした上だった。ほかの人々が主のためにいのちを投げ出して戦っている間、自分たちだけが利益を追求することは大き

づけた。

⁴²ノバフは行って、ケナテとそれに属する村落を攻め取り、自分の名にちなんで、それをノバフと名づけた。

イスラエルの旅の行程

33 ¹モーセとアロンの指導のもとに、その軍団ごとに、エジプトの地から出て来たイスラエル人の旅程は次のとおりである。

²モーセは主の命により、彼らの旅程の出発地点を書きしるした。その旅程は、出発地点によると次のとおりである。

³彼らは第一月、その月の十五日に、ラメセスから旅立った。すなわち過越のいけにえの翌日、イスラエル人は、全エジプトが見ている前を臆することなく出て行った。

⁴エジプトは、彼らの間で主が打ち殺されたすべての初子を埋葬していた。主は彼らの神々にさばきを下された。

⁵イスラエル人はラメセスから旅立ってスコテに宿営し、

⁶スコテから旅立って荒野の端にあるエタムに宿営した。

⁷エタムから旅立ってバアル・ツェフォンの手前にあるピ・ハヒロテのほうに向きを変え、ミグドルの前で宿営した。

⁸*ピ・ハヒロテから旅立って海の真ん中を通って荒野に向かい、エタムの荒野を三日路ほど行ってマラで宿営した。

⁹彼らはマラから旅立ってエリムに行った。エリムには十二の泉と、七十本のなつめやしの木があり、そこに宿営した。

¹⁰ついでエリムから旅立って葦の海のほとりに宿営し、

¹¹葦の海から旅立ってシンの荒野に宿営した。

¹²シンの荒野から旅立ってドフカに宿営し、

¹³ドフカから旅立ってアルシュに宿営し、

¹⁴アルシュから旅立ってレフィディムに宿営した。そこには民の飲む水がなかった。

¹⁵ついで彼らはレフィディムから旅立ってシナイの荒野に宿営した。

¹⁶シナイの荒野から旅立ってキブロテ・ハタアワに宿営した。

⁴²①士8:11
 ②Ⅰ歴2:23

1①民10:13,
 詩77:20, 105:26,
 ミカ6:4
3①出12:2, 13:4
 ②創47:11, 出12:37
 ③出14:8
4①出12:29
 ②出12:12, 18:11,
 イザ19:1
5①出12:37
6①出13:20
7①出14:2, 9
8*サマリヤ五書による
 □「プネ・ハヒロテ」
 ①出14:22
 ②出15:22
 ③出15:23
 ④出15:27
10*あるいは「紅海」
11①出16:1
14①出17:1, 19:2
15①出19:1, 2
16①民11:34, 35

17①民11:35
18①民12:16
30①申10:6
31①申10:6, Ⅰ歴1:42
33①申10:7
35①申2:8,
 Ⅰ列9:26, 22:48
36①民20:1, 27:14
 ②民20:16
37①民20:14, 24:18
 ②民20:22, 23, 21:4
38①民20:28,
 申10:6, 32:50
40①民13:22, 創20:1
 ②民21:1
41①民21:4
43①民21:10

¹⁷キブロテ・ハタアワから旅立ってハツェロテに宿営し、

¹⁸ハツェロテから旅立ってリテマに宿営した。

¹⁹リテマから旅立ってリモン・ペレツに宿営し、

²⁰リモン・ペレツから旅立ってリブナに宿営した。

²¹リブナから旅立ってリサに宿営し、

²²リサから旅立ってケヘラタに宿営し、

²³ケヘラタから旅立ってシェフェル山に宿営した。

²⁴シェフェル山から旅立ってハラダに宿営し、

²⁵ハラダから旅立ってマクヘロテに宿営した。

²⁶マクヘロテから旅立ってタハテに宿営し、

²⁷タハテから旅立ってテラに宿営し、

²⁸テラから旅立ってミテカに宿営した。

²⁹ミテカから旅立ってハシュモナに宿営し、

³⁰ハシュモナから旅立ってモセロテに宿営した。

³¹モセロテから旅立ってベネ・ヤアカンに宿営し、

³²ベネ・ヤアカンから旅立ってホル・ハギデガデに宿営した。

³³ホル・ハギデガデから旅立ってヨテバタに宿営し、

³⁴ヨテバタから旅立ってアブロナに宿営し、

³⁵アブロナから旅立ってエツヨン・ゲベルに宿営した。

³⁶エツヨン・ゲベルから旅立ってツィンの荒野、すなわちカデシュに宿営した。

³⁷カデシュから旅立ってエドムの国の端にあるホル山に宿営した。

³⁸祭司アロンは主の命令によってホル山に登り、そこで死んだ。それはイスラエル人がエジプトの国を出てから四十年目の第五月の一日であった。

³⁹アロンはホル山で死んだとき、百二十三歳であった。

⁴⁰カナンの地のネゲブに住んでいたカナン人、アラデの王は、イスラエル人がやって来るのを聞いた。

⁴¹さて彼らはホル山から旅立ってツァルモナに宿営し、

⁴²ツァルモナから旅立ってプノンに宿営し、

⁴³プノンから旅立ってオボテに宿営し、

民数記　33-34章

⁴⁴オボテから旅立ってモアブの領土のイエ・ハアバリムに宿営した。
⁴⁵イイムから旅立ってディボン・ガドに宿営し、
⁴⁶ディボン・ガドから旅立ってアルモン・ディブラタイムに宿営した。
⁴⁷アルモン・ディブラタイムから旅立ってネボの手前にあるアバリムの山々に宿営した。
⁴⁸アバリムの山々から旅立ってエリコに近いヨルダンのほとりのモアブの草原に宿営した。
⁴⁹ヨルダンのほとり、ベテ・ハエシモテからアベル・ハシティムに至るまでのモアブの草原に彼らは宿営した。
⁵⁰エリコに近いヨルダンのほとりのモアブの草原で、主はモーセに告げて仰せられた。
⁵¹「イスラエル人に告げて彼らに言え。あなたがたがヨルダンを渡ってカナンの地に入るときには、
⁵²その地の住民をことごとくあなたがたの前から追い払い、彼らの石像をすべて粉砕し、彼らの鋳像をすべて粉砕し、彼らの高き所をみな、こぼたなければならない。
⁵³あなたがたはその地を自分の所有とし、そこに住みなさい。あなたがたが所有するように、わたしがそれを与えたからである。
⁵⁴あなたがたは、氏族ごとに、くじを引いて、その地を相続地としなさい。大きい部族には、その相続地を多くし、小さい部族には、その相続地を少なくしなければならない。くじが当たったその場所が、その部族のものとなる。あなたがたは、自分の父祖の部族ごとに相続地を受けなければならない。
⁵⁵もしその地の住民をあなたがたの前から追い払わなければ、あなたがたが残しておく者たちは、あなたがたの目のとげとなり、わき腹のいばらとなり、彼らはあなたがたの住む土地であなたがたを悩ますようになる。

⁴⁴①民21:11
＊あるいは「アバリムのイイム」
⁴⁵①民32:34
⁴⁶エレ48:22
⁴⁷①申32:49
②民27:12
⁴⁸①民22:1, 26:63
⁴⁹①ヨシ3:13-20、エゼ25:9
②民25:1、ヨシ2:1
⁵¹①民9:1、ヨシ3:17
⁵²①出34:12, 13、申7:2-5, 16、士2:2
②出23:24、レビ26:1、申12:2, 3
⁵³①申11:31, 17:14、ヨシ21:43
⁵⁴①民26:53-56、ヨシ17:14, 15
⁵⁵①出23:23, 33、士2:3、詩106:34-36
②ヨシ23:13、エゼ28:24

2①民34:2-12、出23:31、申1:7, 11:24、ヨシ1:4, 13-19章、士20:1、エゼ47:13-20
②創17:8、申1:7
③詩78:55, 105:11、エゼ47:13, 14
3①民34:3-5、ヨシ15:1-4
②創14:3
4①士1:36
②民13:26, 32:8
5①創15:18、ヨシ15:47、Ⅰ列8:65、イザ27:12
＊あるいは「地中海」
7①民33:37
8①民13:21、ヨシ13:5
9①エゼ48:1
10＊7節による
11①②Ⅱ列23:33、エレ39:5, 6
②申3:17、ヨシ11:2, 13:27, 19:35
＊あるいは「ガリラヤ湖」
12①ヨシ15:5
＊あるいは「死海」

⁵⁶そしてわたしは、彼らに対してしようと計ったとおりをあなたがたにしよう。」

カナンの地の境界線

34 ¹主はモーセに告げて仰せられた。²「イスラエル人に命じて、彼らに言え。

あなたがたがカナンの地に入るとき、あなたがたの相続地となる国、カナンの地の境界は次のとおりである。
³あなたがたの南側は、エドムに接するツィンの荒野に始まる。南の境界線は、東のほうの塩の海の端に始まる。
⁴その境界線は、アクラビムの坂の南から回ってツィンのほうに進み、その終わりはカデシュ・バルネアの南である。またハツァル・アダルを出て、アツモンに進む。
⁵その境界線は、アツモンから回ってエジプト川に向かい、その終わりは海である。
⁶あなたがたの西の境界線は、大海とその沿岸である。これをあなたがたの西の境界線としなければならない。
⁷あなたがたの北の境界線は、次のとおりにしなければならない。大海からホル山まで線を引き、
⁸さらにホル山からレボ・ハマテまで線を引き、その境界線の終わりはツェダデである。
⁹ついでその境界線は、ジフロンに延び、その終わりはハツァル・エナンである。これがあなたがたの北の境界線である。
¹⁰あなたがたの東の境界線としては、ハツァル・エナンからシェファムまで線を引け。
¹¹その境界線は、シェファムからアインの東方のリブラに下り、さらに境界線は、そこから下ってキネレテの海の東の傾斜地に達し、
¹²さらにその境界線は、ヨルダンに下り、その終わりは塩の海である。以上が周囲の境界線によるあなたがたの地である。」
¹³モーセはイスラエル人に命じて言った。

な罪と考えられる（32:23）。

33:55　もしその地の住民を・・・追い払わなければ
もしイスラエル人が邪悪なカナン人を完全に追出さないで、その偶像礼拝の場所を残しておくなら、カナン人はイスラエルにとって悩みの種になる。そして神ご自身のさばきが下ることになる。同じようにもしキリストのからだである教会が罪を見逃しているなら、問題、破壊、死が襲い、全員の霊的生活としあわせに影響を与えることになる。そして神の民は排除しなかったよこしまな世界によって踏みにじられることになる

「これが、あなたがたがくじを引いて相続地とする土地である。主はこれを九部族と半部族に与えよと命じておられる。

14ルベン部族は、その父祖の家ごとに、ガド部族も、その父祖の家ごとに相続地を取っており、マナセの半部族も、受けているからである。

15この二部族と半部族は、ヨルダンのエリコをのぞむ対岸、東の、日の出るほうに彼らの相続地を取っている。」

16主はモーセに告げて仰せられた。
17「この地をあなたがたのための相続地とする者の名は次のとおり、祭司エルアザルとヌンの子ヨシュアである。
18あなたがたは、この地を相続地とするため、おのおのの部族から族長ひとりずつを取らなければならない。
19その人々の名は次のとおりである。ユダ部族からは、エフネの子カレブ。
20シメオン部族からは、アミフデの子サムエル。
21ベニヤミン部族からは、キスロンの子エリダデ。
22ダン部族からは、族長として、ヨグリの子ブキ。
23ヨセフの子孫、マナセ部族からは、族長として、エフォデの子ハニエル。
24エフライム部族からは、族長として、シフタンの子ケムエル。
25ゼブルン部族からは、族長として、パルナクの子エリツァファン。
26イッサカル部族からは、族長として、アザンの子パルティエル。
27アシェル部族からは、族長として、シェロミの子アヒフデ。
28ナフタリ部族からは、族長として、アミフデの子ペダフエル。
29イスラエル人にカナンの地で相続地を持たせるよう主が命じたのはこの人々である。」

13①民34:2, 創15:18, 申11:24, ヨシ14:1
②ヨシ14:2
14①民34:14, 15, 民32:33, ヨシ13章
17①民34:17, 18, ヨシ14:1, 19:51
18①民1:4, 16
19①民34:19-28, 民1:5-15
②民13:5

レビ人の町

35 1エリコに近いヨルダンのほとりのモアブの草原で、主はモーセに告げて仰せられた。
2「イスラエル人に命じて、その所有となる相続地の一部を、レビ人に住むための町々として与えさせなさい。彼らはその町々の回りの放牧地をレビ人に与えなければならない。
3町々は彼らが住むためであり、その放牧地は彼らの家畜や群れや、すべての獣のためである。
4あなたがたがレビ人に与える町々の放牧地は、町の城壁から外側に、回り一千キュビトでなければならない。*
5町の外側に、町を真ん中として東側に二千キュビト、南側に二千キュビト、西側に二千キュビト、北側に二千キュビトを測れ。これが彼らの町々の放牧地である。

のがれの町

35:6-34 参照―申4:41-43, 19:1-13, ヨシ20:1-9

6あなたがたが、レビ人に与える町々、すなわち、人を殺した者がそこにのがれるために与える六つの、のがれの町と、そのほかに、四十二の町を与えなければならない。
7あなたがたがレビ人に与える町は、全部で四十八の町で、放牧地つきである。
8あなたがたがイスラエル人の所有地のうちから与える町々は、大きい部族からは多く、小さい部族からは少なくしなければならない。おのおの自分の相続した相続地に応じて、自分の町々からレビ人に与えなければならない。」

9主はモーセに告げて仰せられた。
10「イスラエル人に告げて、彼らに言え。あなたがたがヨルダンを渡ってカナンの地に入るとき、
11あなたがたは町々を定めなさい。それをあなたがたのために、のがれの町とし、あ

1①民22:1, 26:63, 31:12
2①民35:2-8, レビ25:32-34, ヨシ21章, エゼ48:8, 13
3①ヨシ14:4, 21:2, Ⅱ歴11:14
4 * 1キュビトは約44センチ
6①ヨシ20:7-9, 21:13, 21, 27, 32, 36, 38
7①民21:41
②ヨシ21:3
8①民26:54, 33:54
10①民35:10-15, 申19:1-10, ヨシ20章
11①出21:13
②民35:22

(→マタ5:13注)。

35:11 のがれの町 のがれの町は誤って人を殺してしまった人を保護するために設けられた。殺人を犯した人はそのうちの一つに逃げ込み、裁判の手はずが整うまで避難して保護を受けることができた(35:12)。

もし訴えられた人が故意に殺したことがわかった場合、その人はそのときに死刑にされる(35:16-21)。意図しない殺人または誤って殺人をしたことがわかった場合には、訴えられた人は大祭司が死ぬまでその町にとどまり、それから自分の家に安全に帰ることがで

民数記　35章

やまって人を打ち殺した殺人者がそこにのがれることができるようにしなければならない。
12この町々は、あなたがたが復讐する者から、のがれる所で、殺人者が、さばきのために会衆の前に立つ前に、死ぬことのないためである。
13あなたがたが与える町々は、あなたがたのために六つの、のがれの町としなければならない。
14ヨルダンのこちら側に三つの町を与え、カナンの地に三つの町を与えて、あなたがたののがれの町としなければならない。
15これらの六つの町はイスラエル人、または彼らの間の在住異国人のための、のがれの場所としなければならない。すべてあやまって人を殺した者が、そこにのがれるためである。
16人がもし鉄の器具で人を打って死なせたなら、その者は殺人者である。その殺人者は必ず殺されなければならない。
17もし、人を殺せるほどの石の道具で人を打って死なせたなら、その者は殺人者である。殺人者は必ず殺されなければならない。
18あるいは、人を殺せるほどの木製の器具で、人を打って死なせたなら、その者は殺人者である。殺人者は必ず殺されなければならない。
19血の復讐をする者は、自分でその殺人者を殺してもよい。彼と出会ったときに、彼を殺してもよい。
20もし、人が憎しみをもって人を突くか、あるいは悪意をもって人に物を投げつけて死なせるなら、
21あるいは、敵意をもって人を手で打って死なせるなら、その打った者は必ず殺されなければならない。彼は殺人者である。その血の復讐をする者は、彼と出会ったときに、その殺人者を殺してもよい。

13①民35:6
14①申4:41-43, ヨシ20:8
②ヨシ20:7
15①民15:16
②民5:11, 申4:42
16①民35:31, 出21:12, レビ24:17
19①民35:21, 24, 27, Ⅱサム14:11
20①民35:20, 21, 創9:6, 出21:14, レビ24:17, 申19:11, 12, Ⅱサム3:27, 20:10, Ⅰ列2:31, 32, マタ26:52

22①民35:11, 出21:13
24①申19:6
25①民35:12, ヨシ20:3, 5
②出29:7, レビ4:3, 21:10
③ヨシ20:6
27①出22:2
29①民27:11
30①申17:6, 19:15, マタ18:16, ヨハ8:17, 18, Ⅱコリ13:1, ヘブ10:28
33①詩106:38

22もし敵意もなく人を突き、あるいは悪意なしに何か物を投げつけ、
23または気がつかないで、人を死なせるほどの石を人の上に落とし、それによって死なせた場合、しかもその人が自分の敵でもなく、傷つけようとしたのでもなければ、
24会衆は、打ち殺した者と、その血の復讐をする者との間を、これらのおきてに基づいてさばかなければならない。
25会衆は、その殺人者を、血の復讐をする者の手から救い出し、会衆は彼を、逃げ込んだそののがれの町に返してやらなければならない。彼は、聖なる油をそそがれた大祭司が死ぬまで、そこにいなければならない。
26もし、その殺人者が、自分が逃げ込んだのがれの町の境界から出て行き、
27血の復讐をする者が、そののがれの町の境界の外で彼を見つけて、その殺人者を殺しても、彼には血を流した罪はない。
28その者は、大祭司が死ぬまでは、そののがれの町に住んでいなければならないからである。大祭司の死後には、その殺人者は、自分の所有地に帰ることができる。
29これらのことは、あなたがたが住みつくすべての所で、代々にわたり、あなたがたのさばきのおきてとなる。
30もしだれかが人を殺したなら、証人の証言によってその殺人者を、殺さなければならない。しかし、ただひとりの証人の証言だけでは、死刑にするには十分でない。
31あなたがたは、死刑に当たる悪を行った殺人者のいのちのために贖い金を受け取ってはならない。彼は必ず殺されなければならない。
32のがれの町に逃げ込んだ者のために、贖い金を受け取り、祭司が死ぬ前に、国に帰らせて住まわせてはならない。
33あなたがたは、自分たちのいる土地を汚してはならない。血は土地を汚すからであ

きた(35:22-28)。

35:33　土地を汚してはならない　殺人者を死罪にしないことは土地を汚し、はずかしめることだった。「汚す」ということは、無実の人の死に対して人々が報復をしないので、神がその土地から臨在、祝福、助けを引揚げてしまうことである(→申21:1-9)。神の聖さと正義は、殺人を犯した人々が野放しにされている状態を許さない。殺人者を死刑にすることは、聖い民としての神の民の間に正義といのちの尊厳が保たれるようにというイスラエルに対する神の聖い願いの表れだった(→創9:6注)。

る。土地に流された血についてその土地を贖うには、その土地に血を流させた者の血による以外はない。
34 あなたがたは、自分たちの住む土地、すなわち、わたし自身がそのうちに宿る土地を汚してはならない。主であるわたしが、イスラエル人の真ん中に宿るからである。」

ツェロフハデの娘たちの相続地
36:1-12　並行記事―民27:1-11

36 1 ヨセフ族の一つ、マナセの子マキルの子ギルアデの氏族に属する諸家族のかしらたちが進み出て、モーセとイスラエル人の諸家族のかしらである家長たちに訴えて、
2 言った。「主は、あの土地をくじによってイスラエル人に相続地として与えるように、あなたに命じられました。そしてまた、私たちの親類ツェロフハデの相続地を、彼の娘たちに与えるように、あなたは主に命じられています。
3 もし彼女たちが、イスラエル人の他の部族の息子たちにとついだなら、彼女たちの相続地は、私たちの父祖の相続地から差し引かれて、彼女たちがとつぐ部族の相続地に加えられましょう。こうして私たちの相続の地所は減ることになります。
4 イスラエル人のヨベルの年になれば、彼女たちの相続地は、彼女たちのとつぐ部族の相続地に加えられ、彼女たちの相続地は、私たちの父祖の部族の相続地から差し引かれることになります。」

34①民5:3, 出29:45, 46
　②レビ18:25, 申21:23
1①民36:1-12, 民27:1-11, ヨシ17:3, 4
　②民26:29, 27:1
2①民26:55, 33:54
4①レビ25:10

6①民36:12
7①Ⅰ列21:3
8①Ⅰ歴23:22
11①民26:33, 27:1, ヨシ17:3
13①民22:1, 26:3, 33:50, レビ26:46, 27:34

5 そこでモーセは、主の命により、イスラエル人に命じて言った。「ヨセフ部族の訴えはもっともである。
6 主がツェロフハデの娘たちについて命じて仰せられたことは次のとおりである。『彼女たちは、その心にかなう人にとついでよい。ただし、彼女たちの父の部族に属する氏族にとつがなければならない。
7 イスラエル人の相続地は、一つの部族から他の部族に移してはならない。イスラエル人は、おのおのその父祖の部族の相続地を堅く守らなければならないからである。
8 イスラエル人の部族のうち、相続地を受け継ぐ娘はみな、その父の部族に属する氏族のひとりにとつがなければならない。イスラエル人が、おのおのその父祖の相続地を受け継ぐためである。
9 こうして相続地は、一つの部族から他の部族に移してはならない。イスラエル人の部族は、おのおのその相続地を堅く守らなければならないからである。』」
10 ツェロフハデの娘たちは、主がモーセに命じられたとおりに行った。
11 ツェロフハデの娘たち、マフラ、ティルツァ、ホグラ、ミルカおよびノアは、そのおじの息子たちにとついだ。
12 彼女たちは、ヨセフの子マナセの子孫の氏族にとついだので、彼女たちの相続地は、彼女たちの父の氏族の部族に残った。
13 これらは、エリコに近いヨルダンのほとりのモアブの草原で、主がモーセを通してイスラエル人に命じた命令と定めである。

申命記

概　　要
序言（1:1-5）
I. モーセの第一の説教－イスラエルの歩みの回顧（1:6-4:43）
  A. シナイ山からの出発（1:6-18）
  B. カデシュ・バルネアでの疑い（1:19-46）
  C. 荒野での放浪（2:1-15）
  D. モアブ平原への前進（2:16-3:29）
  E. 神への従順の命令（4:1-43）
II. モーセの第二の説教－イスラエルの契約の復習（4:44-26:19）
  A. 十戒（4:44-5:33）
  B. 神への愛と忠誠（6:1-25）
  C. 実践的な命令、約束、警告（7:1-11:32）
  D. 礼拝についての命令（12:1-32）
  E. にせ預言者についての命令（13:1-18）
  F. 食物、十分の一、安息の年についての命令（14:1-15:23）
  G. 年ごとの祭りについての命令（16:1-17）
  H. 指導者についての命令（16:18-18:22）
  I. 一般人と社会についての規定（19:1-26:19）
III. モーセの第三の説教－契約の更新と承認（27:1-30:20）
  A. 約束の地で契約を守ること（27:1-26）
  B. 従順に対する祝福と不従順に対するのろい（28:1-68）
  C. 契約の回顧と神への立返り（29:1-30:20）
IV. モーセの最後の活動と死（31:1-34:12）
  A. モーセの人々への訴えとヨシュアの任命（31:1-29）
  B. モーセの歌による教え（31:30-32:47）
  C. モーセに対する神の指示（32:48-52）
  D. モーセの各部族に対する祝福（33:1-29）
  E. モーセの死と指導者になったヨシュア（34:1-12）

著　　者：モーセ

主　　題：契約の更新

著作の年代：紀元前1405年頃

著作の背景
　　表題の「申命記」（英語Deuteronomyは旧約聖書のギリシヤ語訳である七十人訳聖書から来ている）は「第二の律法」という意味である（申命は「重ねて命じる」という意味）。この書物はイスラエルに対するモーセのお別れの説教から構成されている。その中で、モーセはイスラエル人の新しい世代のために神と結んだ契約を復習し更新している（この契約についての定義と詳細 →「**イスラエル人との神の契約**」の項 p.351）。荒野の放浪が終り、人々は今や神が先祖たちに約束されたカナンの地に入ろうとしていた。親や祖父母たちが世を去り、この新しい世代の人々には、最初の過越（エジプトに対して行われた初子を殺すという神の最後のさばきからイスラエルを守り、奴隷状態から救い出されたこと）や紅海を横断したこと、シナイ山で律法を授かったことについてあまり教えられてこなかったので個人的な記憶が何もなかった。このイスラエルの新しい世代には神の契約と律法、何

年にもわたる神の誠実さについて、教えられながら復習をすることが必要だった。また服従に対する祝福と不従順に対するのろいがあることにも注意しておくことが必要だった。反抗的な「出エジプト世代」が39年間も荒野をさまよっていたことを記録した民数記と違って、申命記はモアブ平野の一か所での約一か月間のことだけを扱っている。この場所はエリコとヨルダン川の真東だった（→「**出エジプトの経路**」の地図 p.149）。

モーセは前1405年頃、死の直前に申命記を書き終えて（31：9, 24-26, ⇒4：44-46, 29：1）、イスラエル人に伝えた。この書物は契約の文書で、イスラエル人全員に7年ごとに最初から最後まで読んで聞かせるべきものだった（31：10-13）。申命記を書いたのはモーセであるということは次のことによって確定している。（1）モーセ五書とサマリヤ五書（旧約聖書の最初の5冊、律法の書）、（2）旧約聖書の著者たち（ヨシ1：7, I列2：3, Ⅱ列14：6, エズ3：2, ネヘ1：8-9, ダニ9：11）、（3）主イエス（マタ19：7-9, ヨハ5：45-47）と新約聖書のほかの記者たち（使3：22-23, ロマ10：19）、（4）古代のキリスト教の学者たち、（5）現代の保守的学者たち、（6）書物の内部からの証拠。たとえばその書式と構造は同じ地域の同じ時代（前15世紀）のほかの契約書と類似している。モーセの死についての記事（34：）はヨシュアが加筆したことがほぼ確実であるけれども、神のしもべであり、ヨシュア自身のよい指導者だった人の功績をたたえるものになっている。

目　的

モーセがヨシュアに指導権を譲る前に、イスラエルの新しい世代に話した本来の目的は次のようなことを訴え、励まし、指示するためだった。（1）神の力ある行動と約束、（2）信仰と服従によって契約の義務を果すこと、（3）神を恐れ敬い、神の目的のために自分たちの生活を特別に分離すること。モーセは心を尽し、精神を尽し、力を尽して神を愛し、尊ぶという驚くべき責任と特権を人々に気付かせようとしたのである（6：4-5）。

概　観

申命記は契約更新の文書として、古代の近東の契約文書と同じように次のように構成されている。（1）前文（1：1-5）、（2）歴史的序文または緒言（1：6-4：43）、（3）主な要求と条件（4：44-26：19）、（4）のろいと祝福（27：1-30：20）、（5）継続のための取決め（31：1-33：29）。

モーセは霊感された三つの説教を通して、慎重にそして熱心にイスラエルとの神の契約を復習した。

（1）モーセの第一の説教はイスラエルの歴史を復習している。そこではシナイ山を出てから続いた人々の頑固な疑いや反抗が強調されている。そして新しい世代の人々に、過去の過ちを避け、神を恐れて従うようにと呼びかけている（1：6-4：43）。

（2）モーセの第二の説教は安息日、礼拝、貧しい人々、年ごとの祭り、相続と財産権、性的不道徳、公義の維持という問題を扱った多くの契約の律法を復習し実際の生活に適用している（4：44-26：19）。

（3）モーセの第三の説教は、人々が服従したり背いたりした結果体験する祝福とのろいについての預言である（27：1-30：20）。残りの章にはモーセがヨシュアを後継者として任命（権威を与えること）した内容とモーセの死についての証言が記録されている（31：1-34：12）。

特　徴

申命記には四つの大きな特徴がある。

（1）イスラエルの新しい世代に、約束の地を受継ぐために必要な基礎と動機を提供している。それを神の特性と神とイスラエルとの契約に焦点を当てることによって行っている。

（2）「第二の律法の書」として、モーセの前の4冊の書物を通して神が話されたことを繰返し要約している。

（3）これはまた「記憶の書」でもある。申命記を通して人々は「覚えていなさい。・・・忘れてはならない」と訴えられている。何か「新しい真理」を求めたり発見したりするのではなく、神が既に啓示されている変ることのない真理を堅持し従うように申命記は勧めている。

（4）主な強調点の一つは「信仰と服従」の原則である。神に完全に信頼し、妥協なしに神の命令に従うことが必要であると人々に訴えている。「信仰と服従」によって、イスラエルの新しい世代は神の完全な祝福とともに約束を受継ぐことができるようになる。けれども信仰と服従がなければ、失敗とさばきが繰返されることになる。

新約聖書での成就

主イエスは悪魔の誘惑を受けたとき、申命記の聖句を引用して応答された（マタ4：4, 7, 10, 引用は申8：3, 6：16, 6：13）。「たいせつな戒め」について答えられたときには申命記6章5節を指摘された（マタ22：37）。新

申命記

約聖書の書物は申命記を100回近く引用または引照している。救い主についての明確な預言(18:15-19)は使徒の働きに2回出てくる(使3:22-23, 7:37)。申命記にある霊的な原則は新約聖書の啓示の基礎になっている。

申命記の通読

旧約聖書全体を1年間で通読するためには、申命記を次のスケジュールに従って14日間で読まなければならない。
☐1-2 ☐3-4 ☐5-7 ☐8-10 ☐11-12 ☐13-15 ☐16-17 ☐18-21 ☐22-24 ☐25-27 ☐28 ☐29-30 ☐31-32 ☐33-34

メモ

ホレブ出発の命令

1 ^{1} これは、モーセがヨルダンの向こうの地、パランと、トフェル、ラバン、ハツェロテ、ディ・ザハブとの間の、スフの前にあるアラバの荒野で、イスラエルのすべての民に告げたことばである。

^{2} ホレブから、セイル山を経てカデシュ・バルネアに至るのには十一日かかる。

^{3} 第四十年の第十一月の一日にモーセは、主がイスラエル人のために彼に命じられたことを、ことごとく彼らに告げた。

^{4} モーセが、ヘシュボンに住んでいたエモリ人の王シホン、およびアシュタロテに住んでいたバシャンの王オグをエデレイで打ち破って後のことである。

^{5} ヨルダンの向こうの地、モアブの地で、モーセは、このみおしえを説明し始めて言った。

^{6} 私たちの神、主は、ホレブで私たちに告げて仰せられた。「あなたがたはこの山に長くとどまっていた。

^{7} 向きを変えて、出発せよ。そしてエモリ人の山地に行き、その近隣のすべての地、アラバ、山地、低地、ネゲブ、海辺、カナン人の地、レバノン、さらにあの大河ユーフラテス川にまで行け。

^{8} 見よ。わたしはその地をあなたがたの手に渡している。行け。その地を所有せよ。これは、主があなたがたの先祖アブラハム、イサク、ヤコブに誓って、彼らとその後の子孫に与えると言われた地である。」

つかさたちの任命

^{9} 私はあの時、あなたがたにこう言った。「私だけではあなたがたの重荷を負うことはできない。

^{10} あなたがたの神、主が、あなたがたをふやされたので、見よ、あなたは、きょう、空の星のように多い。

^{11} ──どうかあなたがたの父祖の神、主が、あなたがたを今の千倍にふやしてくださるように。そしてあなたがたに約束されたとおり、あなたがたを祝福してくださるように──

^{12} 私ひとりで、どうして、あなたがたのもめごとと重荷と争いを背負いきれよう。

^{13} あなたがたは、部族ごとに、知恵があり、悟りがあり、経験のある人々を出しなさい。彼らを、あなたがたのかしらとして立てよう。」

^{14} すると、あなたがたは私に答えて、「あなたが、しようと言われることは良い」と言った。

^{15} そこで私は、あなたがたの部族のかしらで、知恵があり、経験のある者たちを取り、彼らをあなたがたの上に置き、かしらとした。千人の長、百人の長、五十人の長、十人の長、また、あなたがたの部族のつかさである。

^{16} またそのとき、私はあなたがたのさばきつかさたちに命じて言った。「あなたがたの身内の者たちの間の事をよく聞きなさい。ある人と身内の者たちとの間、また在留異国人との間を正しくさばきなさい。

^{17} さばきをするとき、人をかたよって見てはならない。身分の低い人にも高い人にもみな、同じように聞かなければならない。人を恐れてはならない。さばきは神のものである。あなたがたにとってむずかしすぎる事は、私のところに持って来なさい。私がそれを聞こう。」

^{18} 私はまた、そのとき、あなたがたのなすべきすべてのことを命じた。

斥候の派遣

^{19} 私たちの神、主が、私たちに命じられたとおりに、私たちはホレブを旅立ち、あなたがたが見た、あの大きな恐ろしい荒野を、エモリ人の山地への道をとって進み、カデシュ・バルネアまで来た。

^{20} そのとき、私はあなたがたに言った。「あなたがたは、私たちの神、主が私たちに与えようとされるエモリ人の山地に来た。

^{21} 見よ。あなたの神、主は、この地をあなたの手に渡されている。上れ。占領せよ。あなたの父祖の神、主があなたに告げられたとおりに。恐れてはならない。おののいてはならない。」

^{22} すると、あなたがた全部が、私に近寄っ

1:1 モーセが・・・告げたことば 新約聖書はたびたび申命記の内容を参照している。主イエスはサタンの誘惑を受けられたとき（マタ4:4, 7, 10, ⇒申6:13, 16, 8:3）、また私たちと神との関係は「たいせつな第一の戒め」に表現されていると教えられたときに申命記から引用された（マタ22:37-38, ⇒申6:5, 10:12, 30;

て来て、「私たちより先に人を遣わし、私たちのために、その地を探らせよう。私たちの上って行く道や、入って行く町々について、報告を持ち帰らせよう」と言った。

23 私にとってこのことは良いと思われたので、私は各部族からひとりずつ、十二人をあなたがたの中から取った。
24 彼らは山地に向かって登って行き、エシュコルの谷まで行き、そこを探り、
25 また、その地のくだものを手に入れ、私たちのもとに持って下って来た。そして報告をもたらし、「私たちの神、主が、私たちに与えようとしておられる地は良い地です」と言った。

主への反逆

26 しかし、あなたがたは登って行こうとせず、あなたがたの神、主の命令に逆らった。
27 そしてあなたがたの天幕の中でつぶやいて言った。「主は私たちを憎んでおられるので、私たちをエジプトの地から連れ出してエモリ人の手に渡し、私たちを根絶やしにしようとしておられる。
28 私たちはどこへ上って行くのか。私たちの身内の者たちは、『その民は私たちよりも大きくて背が高い。町々は大きく城壁は高く天にそびえている。しかも、そこでアナク人を見た』と言って、私たちの心をくじいた。」
29 それで、私はあなたがたに言った。「おののいてはならない。彼らを恐れてはならない。
30 あなたがたに先立って行かれるあなたがたの神、主が、エジプトにおいて、あなたがたの目の前で、あなたがたのためにしてくださったそのとおりに、あなたがたのために戦われるのだ。
31 また、荒野では、あなたがたがこの所に

22 ①民13:2
23 ①民13:2
24 ①申1:24, 25,
   民13:21-27
25 ①民13:27
26 ①申9:23, 民14:1-4,
   ヘブ3:16
27 ①詩106:24, 25
   ②申9:28
28 ①民13:28
   ②申2:10, 9:2,
   民13:28, 33
   ③ヨシ2:11
29 ①申31:6, ヨシ1:9
30 ①申3:22, 20:4,
   出14:14, ネヘ4:20,
   イザ31:4
31 ①使13:18

②申32:10, 11, 19:4,
 詩28:9,
 イザ40:11, 46:3, 4, 63:9,
 エレ31:9, ホセ11:1, 3
32 ①詩78:22, 106:24,
   ヘブ3:19, ユダ5
33 ①出13:21,
   民9:15-23, 10:33, 34,
   詩78:14
34 ①申1:34-40,
   民10:20-35
35 ①申2:14, 15, 詩95:11,
   エゼ20:15, ヘブ3:18
36 ①出13:30, 14:6-9
   ②ヨシ14:9
   ③民14:24
37 ①申3:26, 4:21,
   詩106:32
   ②申34:4,
   民20:12, 27:13
38 ①Ⅰサム16:22
   ②申3:28, 31:7, 23,
   出24:13, 33:11,
   民14:30, 27:18, 34:17,
   ヨシ11:23
39 ①申14:3, 31
   ②イザ7:16, ロマ9:11
40 ①民14:25
   * あるいは「紅海」
41 ①申1:41-44,
   民14:39-45

来るまでの、全道中、人がその子を抱くように、あなたの神、主が、あなたを抱かれたのを見ているのだ。

32 このようなことによってもまだ、あなたがたはあなたがたの神、主を信じていない。
33 主は、あなたがたが宿営する場所を捜すために、道中あなたがたの先に立って行かれ、夜は火のうち、昼は雲のうちにあって、あなたがたの進んで行く道を示されるのだ。」

34 主は、あなたがたの不平を言う声を聞いて怒り、誓って言われた。
35 「この悪い世代のこれらの者のうちには、わたしが、あなたがたの先祖たちに与えると誓ったあの良い地を見る者は、ひとりもいない。
36 ただエフネの子カレブだけがそれを見ることができる。彼が踏んだ地を、わたしは彼とその子孫に与えよう。彼は主に従い通したからだ。」
37 主はあなたがたのために、この私に対しても怒って言われた。「あなたも、そこに、入れない。
38 あなたに仕えているヌンの子ヨシュアが、そこに、入るのだ。彼を力づけよ。彼がそこをイスラエルに受け継がせるからだ。
39 あなたがたが、略奪されるだろうと言ったあなたがたの幼子たち、今はまだ善悪のわきまえのないあなたがたの子どもたちが、そこに、入る。わたしは彼らにそこを与えよう。彼らはそれを所有するようになる。
40 あなたがたは向きを変え、葦の海への道を荒野に向かって旅立て。」
41 すると、あなたがたは私に答えて言った。「私たちは主に向かって罪を犯した。私たちの神、主が命じられたとおりに、私たちは上って行って、戦おう。」そして、

6, 申17:6, 19:15とマタ18:16, ヨハ8:17を比較）。

1:26 命令に逆らった イスラエル人は39年前に約束の地に入るはずだったけれども（1:2-3）、不従順で神のみこころを行わなかったために遅くなってしまった（民14:33-34）。神のみこころの中を御霊によって生きるようにしないなら（ロマ8:12-15, ガラ5:16）、私たちのための神のご計画も遅れたり、なくなったりするかもしれない。私たちは主のみこころから外れることと、人生から主の臨在、恵み、守りを失うことの恐ろしさをわきまえるべきである（→**神のみこころ**

の項 p.1207）。

1:35 あの良い地を見る者は、ひとりもいない 約束の地に入ろうとしなかったイスラエル人はみな（→1:26注）この地に入ることを拒まれた。不従順はしばしば悲劇となる。なぜならそれは二度と来ない機会を失うことになるからである。また神のさばきを引起こすことにもなる。

1:36 【主】に従い通した 神の祝福は主に従い「通す」人々のために用意されている。神は「あなたがたのために戦われ」（1:30）、「人がその子を抱くように・・・あ

おのおの武具を身に帯びて、向こう見ずに山地に登って行こうとした。
42 それで主は私に言われた。「彼らに言え。『上ってはならない。戦ってはならない。わたしがあなたがたのうちにはいないからだ。あなたがたは敵に打ち負かされてはならない。』」
43 私が、あなたがたにこう告げたのに、あなたがたは聞き従わず、主の命令に逆らい、不遜にも山地に登って行った。
44 すると、その山地に住んでいたエモリ人が出て来て、あなたがたを迎え撃ち、蜂が追うようにあなたがたを追いかけ、あなたがたをセイルのホルマにまで追い散らした。
45 あなたがたは帰って来て、主の前で泣いたが、主はあなたがたの声を聞き入れず、あなたがたに耳を傾けられなかった。
46 こうしてあなたがたは、あなたがたがとどまった期間だけの長い間カデシュにとどまった。

荒野での放浪

2 1 それから、私たちは向きを変え、主が私に告げられたように、葦の海への道を荒野に向かって旅立って、その後、長らくセイル山のまわりを回っていた。
2 主は私にこう仰せられた。
3 「あなたがたは長らくこの山のまわりを回っていたが、北のほうに向かって行け。
4 民に命じてこう言え。あなたがたは、セイルに住んでいるエサウの子孫、あなたがたの同族の領土内を通ろうとしている。彼らはあなたがたを恐れるであろう。あなたがたは、十分に注意せよ。
5 彼らに争いをしかけてはならない。わたしは彼らの地を、足の裏で踏むほども、あなたがたには与えない。わたしはエサウにセイル山を彼の所有地として与えたからである。
6 食物は、彼らから金で買って食べ、水もまた、彼らから金で買って飲まなければならない。
7 事実、あなたの神、主は、あなたのしたすべてのことを祝福し、あなたの、この広大な荒

43 ① 民14:44
44 ① 詩118:12
45 ① 民13:25
46 ① 民20:1, 22, 士11:17

1 ① 申1:40, 民14:25, 21:4
2 ① 申1:2
4 ① 申2:4, 5, Ⅱ歴20:10
 ② 出15:15, 民20:14-21
5 ① 創36:8, ヨシ24:4
6 ① 申2:28
7 ① 申1:19

② 申2:14, 8:2-4, 29:5, 民14:33, 34, 32:13, ネヘ9:21, アモ2:10
8 ① 申1:1
 ② 民33:35, 36, Ⅰ列9:26, 22:48
 ③ 士11:18
9 ① Ⅱ歴20:10
 ② 創19:36, 37
 ③ 民21:15, 28, イザ15:1
10 ① 申1:28, 9:2, 民13:22, 33, 士1:20
11 ① 申2:20, 創14:5
12 ① 申2:22, 創14:6, 36:20
13 ① 民21:12
14 ① 申2:7, 8:2, 4, 29:5, 民14:33, 34
 ② 申1:35, 民14:29, 35, 26:64, 65, 詩78:33, Ⅰコリ10:5
 ③ エゼ20:15
15 ① ユダ5
16 ① 申2:14
18 ① 申2:9
19 ① 申2:9, 士11:12, Ⅱ歴20:10

野の旅を見守ってくださったのだ。あなたの神、主は、この四十年の間あなたとともにおられ、あなたは、何一つ欠けたものはなかった。」
8 それで私たちは、セイルに住むエサウの子孫である私たちの同族から離れ、アラバへの道から離れ、エラテからも、またエツヨン・ゲベルからも離れて進んで行った。
そして、私たちはモアブの荒野への道を進んで行った。
9 主は私に仰せられた。「モアブに敵対してはならない。彼らに戦いをしかけてはならない。あなたには、その土地を所有地としては与えない。わたしはロトの子孫にアルを所有地として与えたからである。
10 ——そこには以前、エミム人が住んでいた。強大な民で、数も多く、アナク人のように背が高かった。
11 アナク人と同じく、彼らもレファイムであるとみなされていたが、モアブ人は彼らをエミム人と呼んでいた。
12 ホリ人は、以前セイルに住んでいたが、エサウの子孫がこれを追い払い、これを根絶やしにして、彼らに代わって住んでいた。ちょうどイスラエルが主の下さった所有の地に対してしたようにである——
13 今、立ってゼレデ川を渡れ。」そこで私たちはゼレデ川を渡った。
14 カデシュ・バルネアを出てからゼレデ川を渡るまでの期間は三十八年であった。それまでに、その世代の戦士たちはみな、宿営のうちから絶えてしまった。主が彼らについて誓われたとおりであった。
15 まことに主の御手が彼らに下り、彼らをかき乱し、宿営のうちから絶やされた。
16 戦士たちがみな、民のうちから絶えたとき、
17 主は私に告げて仰せられた。
18 「あなたは、きょう、モアブの領土、アルを通ろうとしている。
19 それで、アモン人に近づくが、彼らに敵対してはならない。彼らに争いをしかけて

なたを抱かれ」(1:31)、「あなたがたの先に立って行かれ・・・あなたがたの進んで行く道を示される」(1:33)。
2:7 神・・・は・・・あなたとともにおられ イスラエルは反抗と不信仰の罪に対して報いを受けなければ

ばならなかったけれども(2:15, 1:26-40)、神はある程度ともにいてくださった。それは人々が罪を告白したからである(1:45-46)。神の律法に従って聖い生活をすることを一時的に怠ったとしても、悔い改める

はならない。あなたには、アモン人の地を所有地としては与えない。ロトの子孫に、それを所有地として与えているからである。
20 ──そこもまたレファイムの国とみなされている。以前は、レファイムがそこに住んでいた。アモン人は、彼らをザムズミム人と呼んでいた。
21 これは強大な民であって数も多く、アナク人のように背も高かった。主がこれを根絶やしにされたので、アモン人がこれを追い払い、彼らに代わって住んでいた。
22 それは、セイルに住んでいるエサウの子孫のために、主が彼らの前からホリ人を根絶やしにされたのと同じである。それで彼らはホリ人を追い払い、彼らに代わって住みつき、今日に至っている。
23 また、ガザ近郊の村々に住んでいたアビム人を、カフトルから出て来たカフトル人が根絶やしにして、これに代わって住みついた──

ヘシュボンの王シホンを滅ぼす

24 立ち上がれ。出発せよ。アルノン川を渡れ。見よ。わたしはヘシュボンの王エモリ人シホンとその国とを、あなたの手に渡す。占領し始めよ。彼と戦いを交えよ。
25 きょうから、わたしは全天下の国々の民に、あなたのことでおびえと恐れを臨ませる。彼らは、あなたのうわさを聞いて震え、あなたのことでわななこう。」
26 そこで私は、ケデモテの荒野から、ヘシュボンの王シホンに使者を送り、和平を申し込んで言った。
27「あなたの国を通らせてください。私は大路だけを通って、右にも左にも曲がりません。
28 食物は金で私に売ってください。それを食べます。水も、金を取って私に与えてください。それを飲みます。徒歩で通らせてくださるだけでよいのです。
29 セイルに住んでいるエサウの子孫や、アルに住んでいるモアブ人が、私にしたようにしてください。そうすれば、私はヨルダンを渡って、私たちの神、主が私たちに与

19 ①創19:38
20 ①申2:11、創14:5
21 ①申2:10
22 ①創36:8
②申2:12、創14:6、36:20-30
23 ①ヨシ13:3、エレ25:20
②ヨシ13:4
③エレ47:4、アモ9:7
＊「クレタ島」
④創10:14、Ⅰ歴1:12
24 ①民21:13, 14、土11:18, 22
25 ①申11:25、出23:27, 15:14-16、ヨシ2:9, 10、Ⅱ歴20:29
26 ①申2:26-37、民21:21-32、土11:19-22
②ヨシ1:3:18, 21:37、Ⅰ歴6:79
③民21:21, 23, 土11:19
27 ①申2:6, 民20:19
28 ①民20:18, 21
②申2:9
③申23:3、土11:17, 18

30 ①民21:23
②出4:21, ヨシ11:20
31 ①申1:8
32 ①民21:23, イザ15:4
33 ①申7:2, 詩136:19
34 ①申2:6, 7:2, 26、ヨシ6:17
35 ①申3:7
36 ①申3:12, 4:48、ヨシ13:9
②詩44:3
37 ①申3:16, 創32:22、民21:24
②申25:5, 9, 19

1 ①申3:1-7, 民21:33-35
①申29:7, 民21:33、詩136:20
③申1:4, 3:10, 民21:33

えようとしておられる地に行けるのです。」
30 しかし、ヘシュボンの王シホンは、私たちをどうしても通らせようとはしなかった。それは今日見るとおり、彼をあなたの手に渡すために、あなたの神、主が、彼を強気にし、その心をかたくなにされたからである。
31 主は私に言われた。「見よ。わたしはシホンとその地とをあなたの手に渡し始めた。占領し始めよ。その地を所有せよ。」
32 シホンとそのすべての民が、私たちを迎えて戦うため、ヤハツに出て来たとき、
33 私たちの神、主は、彼を私たちの手に渡された。私たちは彼とその子らと、そのすべての民とを打ち殺した。
34 そのとき、私たちは、彼のすべての町々を攻め取り、すべての町々──男、女および子ども──を聖絶して、ひとりの生存者も残さなかった。
35 ただし、私たちが分捕った家畜と私たちが攻め取った町々で略奪した物とは別である。
36 アルノン川の縁にあるアロエルおよび谷の中の町から、ギルアデに至るまで、私たちよりも強い町は一つもなかった。私たちの神、主が、それらをみな、私たちの手に渡されたのである。
37 ただアモン人の地、ヤボク川の全岸と山地の町々には、私たちの神、主が命じられたとおりに、近寄らなかった。

バシャンの王オグを滅ぼす

3 1 私たちはバシャンへの道を上って行った。するとバシャンの王オグとそのすべての民は、エデレイで私たちを迎えて戦うために出て来た。
2 そのとき、主は私に仰せられた。「彼を恐れてはならない。わたしは、彼と、そのすべての民と、その地とを、あなたの手に渡している。あなたはヘシュボンに住んでいたエモリ人の王シホンにしたように、彼にしなければならない。」
3 こうして私たちの神、主は、バシャンの王オグとそのすべての民をも、私たちの手

人々を神は引き続き祝福し導いてくださる。
2:30【主】が・・・その心をかたくなにされた 神は気まぐれに、あるいは気の向くままに、人の心をか

たくなになさるのではない（ヘブ3:7-13）。神がシホンの心をかたくなにされたのは、シホンが既にイスラエルとイスラエルの神に対して反抗することを決めて

に渡されたので、私たちはこれを打ち殺して、ひとりの生存者をも残さなかった。

4 そのとき、私たちは彼の町々をことごとく攻め取った。私たちが取らなかった町は一つもなかった。取った町は六十、アルゴブの全地域であって、バシャンのオグの王国であった。
5 これらはみな、高い城壁と門とかんぬきのある要害の町々であった。このほかに、城壁のない町々が非常に多くあった。
6 私たちはヘシュボンの王シホンにしたように、これらを聖絶した。そのすべての町々──男、女および子ども──を聖絶した。
7 ただし、すべての家畜と、私たちが取った町々で略奪した物とは私たちのものとした。
8 このようにして、そのとき、私たちは、ふたりのエモリ人の王の手から、ヨルダンの向こうの地を、アルノン川からヘルモン山まで取った。
9 ──シドン人はヘルモンをシルヨンと呼び、エモリ人はこれをセニルと呼んでいる──
10 すなわち、高原のすべての町、ギルアデの全土、バシャンの全土、サルカおよびエデレイまでのバシャンのオグの王国の町々である。
11 ──バシャンの王オグだけが、レファイムの生存者として残っていた。見よ。彼の寝台は鉄の寝台、それはアモン人のラバにあるではないか。その長さは、規準のキュビトで九キュビト、その幅は四キュビトである──

土地の分割

12 この地を、私たちは、そのとき、占領した。アルノン川のほとりのアロエルの一部と、ギルアデの山地の半分と、その町々とを私はルベン人とガド人とに与えた。
13 ギルアデの残りと、オグの王国であったバシャンの全土とは、マナセの半部族に与えた。それはアルゴブの全地域で、そのバシャンの全土はレファイムの国と呼ばれている。
14 マナセの子ヤイルは、ゲシュル人とマアカ人との境界までのアルゴブの全地域を取

③申21:35
④申3:13, 14, Ⅰ列4:13
⑤ネヘ9:25
⑥①申2:34
⑦②申2:35
⑧①民32:33, ヨシ12:1-6, 13:8-12
⑨①申4:48, ヨシ11:17, 詩42:6, 133:3
②詩29:6
③Ⅰ历5:23, 雅4:8
10①ヨシ12:5, 13:11,Ⅰ历5:11
11①申2:11, 20, 創14:5
②申3:11, エレ49:2, エゼ21:20
③アモ2:9
*1キュビトは約44セン
12①民12-17, 29:4, ヨシ13:8-31
②申2:36, 民32:34, ヨシ12:2
③ヨシ12:5
13①民32:33, ヨシ13:8, 29
②申3:4, 14, Ⅰ列4:13
14①民32:41, 士10:3-5,Ⅰ历2:22
②ヨシ13:13,Ⅰサム27:8, Ⅱサム3:3

③民32:41, 士10:4
15①民32:39, 40
②Ⅱサム24:6
16①民21:24, ヨシ12:2
17①民34:11, ヨシ13:27
②申4:49, 創14:3, 民34:12
18①ヨシ1:13
②民32:20, ヨシ4:13
19①出12:38
20①ヨシ22:4
21①民27:18, ヨシ1:1
22①申1:30, 20:4, 出14:14, 15:3, ヨシ10:14, Ⅱ历20:29, ネヘ4:20
24①申11:2, 3, 出15:6, 7
②→出13:9
詩71:19, 86:8, 89:6, 8

り、自分の名にちなんで、バシャンをハボテ・ヤイルと名づけて、今日に至っている。
15 マキルには私はギルアデを与えた。
16 ルベン人とガド人には、ギルアデからアルノン川の、国境にあたる川の真ん中まで、またアモン人の国境ヤボク川までを与えた。
17 またアラバをも与えた。それはヨルダンを境界として、キネレテからアラバの海、すなわち、東のほうのピスガの傾斜地のふもとにある塩の海までであった。
18 私はそのとき、あなたがたに命じて言った。「あなたがたの神、主は、あなたがたがこの地を所有するように、あなたがたに与えられた。しかし、勇士たちはみな武装して、同族、イスラエル人の先に立って渡って行かなければならない。
19 ただし、あなたがたの妻と子どもと家畜は、私が与えた町々にとどまっていてもよい。私はあなたがたが家畜を多く持っているのを知っている。
20 主があなたがたと同じように、あなたがたの同族に安住の地を与え、彼らもまた、ヨルダンの向こうで、あなたがたの神、主が与えようとしておられる地を所有するようになったなら、そのとき、あなたがたは、おのおの私が与えた自分の所有地に帰ることができる。」

モーセがヨルダン川越えを禁じられる

21 私は、そのとき、ヨシュアに命じて言った。「あなたは、あなたがたの神、主が、これらふたりの王になさったすべてのことをその目で見た。主はあなたがたがこれから渡って行くすべての国々にも、同じようにされる。
22 彼らを恐れてはならない。あなたがたのために戦われるのはあなたがたの神、主であるからだ。」
23 私は、そのとき、主に懇願して言った。
24 「神、主よ。あなたの偉大さと、あなたの力強い御手とを、あなたはこのしもべに示し始められました。あなたのわざ、あな

いたからである（→出7:3注）。

3:22　あなたがたのために戦われるのは・・・【主】である　イスラエル人は自分たちの力では負かすことのできない強力な敵に直面していた。イスラエルがみじめな敗北の結果を恐れたのは当然だった。勝利は神を仰ぐことによってのみ可能である（→3:2-3, 1:30, 2:24-25, 31, 33, 36, 20:4）。神に従う人々が解決が不可能に見える困難や圧倒的な反対に直面するとき、神はともにいて力を与えてみこころを成就してくださると約束しておられる（→マタ6:30注, ピリ4:6-7注）。

たの力あるわざのようなことのできる神が、天、あるいは地にあるでしょうか。
²⁵ どうか、私に、渡って行って、ヨルダンの向こうにある良い地、あの良い山地、およびレバノンを見させてください。」
²⁶ しかし主は、あなたがたのために私を怒り、私の願いを聞き入れてくださらなかった。そして主は私に言われた。「もう十分だ。このことについては、もう二度とわたしに言ってはならない。
²⁷ ピスガの頂に登って、目を上げて西、北、南、東を見よ。あなたのその目でよく見よ。あなたはこのヨルダンを渡ることができないからだ。
²⁸ ヨシュアに命じ、彼を力づけ、彼を励ませ。彼はこの民の先に立って渡って行き、あなたの見るあの地を彼らに受け継がせるであろう。」
²⁹ こうして私たちはベテ・ペオルの近くの谷にとどまっていた。

服従の命令

4 ¹ 今、イスラエルよ。あなたがたが行うように私の教えるおきてと定めとを聞きなさい。そうすれば、あなたがたは生き、あなたがたの父祖の神、主が、あなたがたに与えようとしておられる地を所有することができる。
² 私があなたがたに命じることばに、つけ加えてはならない。また、減らしてはならない。私があなたがたに命じる、あなたがたの神、主の命令を、守らなければならない。
³ あなたがたは、主がバアル・ペオルのことでなさったことを、その目で見た。バアル・ペオルに従った者はみな、あなたの神、主があなたのうちから根絶やしにされた。
⁴ しかし、あなたがたの神、主にすがってきたあなたがたはみな、きょう、生きている。
⁵ 見なさい。私は、私の神、主が私に命じられたとおりに、おきてと定めとをあなたがたに教えた。あなたがたが、入って行って、所有しようとしているその地の真ん中で、そのように行うためである。
⁶ これを守り行いなさい。そうすれば、それは国々の民に、あなたがたの知恵と悟りを示すことになり、これらすべてのおきてを聞く彼らは、「この偉大な国民は、確かに知恵のある、悟りのある民だ」と言うであろう。
⁷ まことに、私たちの神、主は、私たちが呼ばわるとき、いつも、近くにおられる。このような神を持つ偉大な国民が、どこにあるだろうか。
⁸ また、きょう、私があなたがたの前に与えようとしている、このみおしえのすべてのように、正しいおきてと定めとを持っている偉大な国民が、いったい、どこにあるだろう。
⁹ ただ、あなたは、ひたすら慎み、用心深くありなさい。あなたが自分の目で見たことを忘れず、一生の間、それらがあなた

3:25 どうか、私に、渡って行って モーセは神にひどく逆らったので、カナンの地に入ることは許されないと言われた(民20:8-12)。けれども考えを変えて、ヨルダン川を渡って約束の地に入らせてくださるように神に訴えた。神はそれを退けられた(3:26)。それは霊的指導者による罪が深刻な結果を招き、より厳しいさばきを招くことを教えるためだった(⇒ヤコ3:1)。もし従順の面で模範を示さないなら、その人々は奉仕の領域で不適格な者とされることになる(⇒民20:12, →民20:8, 12注)。

4:1 聞きなさい。そうすれば、あなたがたは生き イスラエルが生き、祝福され、カナンの地を所有するかどうかは神との関係にかかっていた(4:1, 6, 15-26, 40)。後の世代に対しても神の約束は条件付きである。その条件はそれぞれの世代の人々が、しっかりと主につながっていること(4:4)、主を恐れあがめていること(4:10)、自分の子どもたちに主の道を教えていること(4:9-10)、真実の信仰と愛をもって心を尽し、精神を尽して(4:

29)主を求めることである(5:29, 6:5, →ヨハ14:21注, ロマ1:5注, ガラ5:6注, →ハバ2:4, アモ5:4)。

4:2 つけ加えてはならない。また、減らしてはならない 神に従う人はみことばと矛盾(反対のことを言う)したり、それを修正したり変更したりするものを拒まなければならない。神のことば、聖書そのものが私たちの最高の権威であり、真理への最高で究極の導き手である(12:32, 箴30:6, ガラ3:15, 黙22:18-19, →「聖書の霊感と権威」の項 p.2323)。

4:6 これを守り行いなさい →マタ5:17注

4:6 国々の民 イスラエルが神の律法に忠実でなければならなかった一つの重要な理由は、神の道に従うことによって知恵と祝福を得ることができることを示す実例として生きて、ほかの国の人々を主に近付けることだった(4:5-8)。キリスト者もイスラエルのように、神の誉れと主権を宣べ伝える(人々に知らせる)ために神が召された、「選ばれた種族、王である祭司、聖なる国民、神の所有とされた民」である(Ⅰペテ2:9,

の心から離れることのないようにしなさい。あなたはそれらを、あなたの子どもや孫たちに知らせなさい。

10 あなたがホレブで、あなたの神、主の前に立った日に、主は私に仰せられた。「民をわたしのもとに集めよ。わたしは彼らにわたしのことばを聞かせよう。それによって彼らが地上に生きている日の間、わたしを恐れることを学び、また彼らがその子どもたちに教えることができるように。」

11 そこであなたがたは近づいて来て、山のふもとに立った。山は激しく燃え立ち、火は中天に達し、雲と暗やみの暗黒とがあった。

12 主は火の中から、あなたがたに語られた。あなたがたはことばの声を聞いたが、御姿は見なかった。御声だけであった。

13 主はご自分の契約をあなたがたに告げて、それを行うように命じられた。十のことばである。主はそれを二枚の石の板に書きしるされた。

14 主は、そのとき、あなたがたにおきてと定めとを教えるように、私に命じられた。あなたがたが、渡って行って、所有しようとしている地で、それらを行うためであった。

偶像礼拝の禁止

15 あなたがたは十分に気をつけなさい。主がホレブで火の中からあなたがたに話しかけられた日に、あなたがたは何の姿も見なかったからである。

16 堕落して、自分たちのために、どんな形の彫像をも造らないようにしなさい。男の形も女の形も。

17 地上のどんな家畜の形も、空を飛ぶどんな鳥の形も、

18 地をはうどんなものの形も、地の下の水の中にいるどんな魚の形も。

19 また、天に目を上げて、日、月、星の天の万象を見るとき、魅せられてそれらを拝み、それらに仕えないようにしなさい。それらのものは、あなたの神、主が全天下の国々の民に分け与えられたものである。

20 主はあなたがたを取って、鉄の炉エジプトから連れ出し、今日のように、ご自分の所有の民とされた。

21 しかし、主は、あなたがたのことで私を怒り、私はヨルダンを渡れず、またあなたの神、主が相続地としてあなたに与えようとしておられる良い地に入ることができないと誓われた。

22 私は、この地で、死ななければならない。私はヨルダンを渡ることができない。しかしあなたがたは渡って、あの良い地を所有しようとしている。

23 気をつけて、あなたがたの神、主があなたがたと結ばれた契約を忘れることのないようにしなさい。あなたがたの神、主の命令にそむいて、どんな形の彫像をも造ることのないようにしなさい。

24 あなたの神、主は焼き尽くす火、ねたむ神だからである。

25 あなたが子を生み、孫を得、あなたがた

4:9 忘れず、・・・あなたの子ども・・・に知らせなさい 私たちは自分の人生の中で神が過去にしてくださったみわざに注目し、それをしっかりと記憶し、みことばにとどまり続けなければならない。そして神への愛と霊的な体験が徐々に心から失われていくことがないようにしなければならない。この分野をおろそかにすると私たちの子どもや孫たちに悲劇的な霊的荒廃を残すことになる。霊的な遺産を子どもたちに受継がせるために、私たちは神を愛することと神の律法に従うことに専念しなければならない。

4:9 あなたの子どもや孫たちに →6:7注

4:10 わたしを恐れることを学び →「神への恐れ」の項 p.316

4:16 どんなかたちの彫像をも →出20：4注

4:24 焼き尽くす火 この説明的な表現は神のことばと義から離れて、偶像礼拝に向かう人々に対する神のねたみ、怒り、さばきのことを指している（4:23, ヘブ12:25, 29, ⇒エゼ1:13-14, 27-28, ダニ7:9-10, 黙1:14-15, 19:11-12）。

4:24 ねたむ神 神は「ねたむ神」である。それは神の民の側の不誠実さ（ほかの神々を礼拝する）を決して大目に見ないということである（4:23）。この種のねたみは聖く正しいものである。同じように結婚の結びつきの中に配偶者同士の愛情と愛を守る聖いねたみがあるべきである。結婚している人々はほかの人には抱かないような愛と忠誠心を互いに表さなければならない。そして結婚関係の中で完全に誠実で真実であり続

申命記　4章

がその地に永住し、堕落して、何かの形に刻んだ像を造り、あなたの神、主の目の前に悪を行い、御怒りを買うようなことがあれば、²⁶私は、きょう、あなたがたに対して、天と地とを証人に立てる。あなたがたは、ヨルダンを渡って、所有しようとしているその土地から、たちまちにして滅びうせる。そこで長く生きるどころか、すっかり根絶やしにされるだろう。²⁷主はあなたがたを国々の民の中に散らされる。しかし、ごくわずかな者たちが、主の追いやる国々の中に残される。²⁸あなたがたはそこで、人間の手で造った、見ることも、聞くこともせず、食べることも、かぐこともしない木や石の神々に仕える。²⁹そこから、あなたがたは、あなたの神、主を慕い求め、主に会う。あなたが、心を尽くし、精神を尽くして切に求めるようになるからである。³⁰あなたの苦しみのうちにあって、これらすべてのことが後の日に、あなたに臨むなら、あなたは、あなたの神、主に立ち返り、御声に聞き従うのである。³¹あなたの神、主は、あわれみ深い神であるから、あなたを捨てず、あなたを滅ぼさず、あなたの先祖たちに誓った契約を忘れない。

主だけが神

³²さあ、あなたより前の過ぎ去った時代に尋ねてみるがよい。神が地上に人を造られた日からこのかた、天のこの果てからかの果てまでに、これほど偉大なことが起こったであろうか。このようなことが聞かれたであろうか。³³あなたのように、火の中から語られる神の声を聞いて、なお生きていた民があっただろうか。³⁴あるいは、あなたがたの神、主が、エジプト

25①申4:16
②申4:23, 詩78:58
③申7:4, Ⅱ列17:17
26①申30:19, 31:28, 32:1, イザ1:2, ②申7:4, 8:19, 20, ヨシ23:16
27①申28:64, 29:28, レビ26:33, ネヘ1:8, ゼカ7:14, Ⅱ列17:6
②申28:62, ③申イザ4:3
28①詩115:4-8, 135:15-18, イザ46:7
②申28:36, 64, 29:17, Ⅰサム26:19, エレ16:13
29①→申6:5, Ⅱ歴15:15, エレ29:13, 詩27:8, エレ7:6, マタ7:7, 8
30①Ⅱ歴15:4, 詩18:6, 107:6, 13, ホセ5:15
②申31:29, 創49:1, エレ23:20, ホセ3:5
③申30:1-3, ネヘ1:9, イザ55:7, ヨエ2:12
31①出34:6, Ⅱ歴30:9, ネヘ9:31, 詩116:5, ヨナ4:2, ②申9:14, ヨシ1:5, Ⅰ歴28:20, ヘブ13:5, ③エレ30:11
④レビ26:45
32①レビ32:7, ヨブ8:8
②創1:27, イザ45:12
③申28:64, 30:4, マタ24:31
33①申5:24, 26, 出20:22, 33:20
34①申7:19, 29:3
②出7:3, エゼ32:21
③→出13:9, 申34:12
④申7:6, 33:29, 出14:30, Ⅱサム7:23
④申4:35
35①申4:39, 7:9, 32:39, 出20:3, Ⅰサム2:2, イザ43:10-13, 45:5, 21, マコ12:29, 32
36①申19:9, 20:18, 22, 24:16, ネヘ9:13, ヘブ12:25
37①申7:7, 8, 10:15
②出13:3, 9, 14, 33:14, イザ63:9
38①申7:1, 9:1, 4, 5, 11:23
民34:14, 15
39①ヨシ2:11, Ⅰ列8:23, Ⅱ歴20:6, 詩83:18
④申4:35
40①申4:2, レビ22:31, 詩105:45, ②申5:29, 33, 6:3, 18, 12:25, 28, 22:7, エペ6:3, ③申5:16, 32:47, 出23:26, イザ65:20, ゼカ8:4
41①申41:43, 申19:2-10, 民35:6, 9-15, ヨシ20:7-9
42①申19:4, 6, 民35:6, 13

においてあなたの目の前で、あなたがたのためになさったように、試みと、しるしと、不思議と、戦いと、力強い御手と、伸べられた腕と、恐ろしい力をもって、一つの国民を他の国民の中から取って、あえてご自身のものとされた神があったであろうか。³⁵あなたにこのことが示されたのは、主だけが神であって、ほかには神はないことを、あなたが知るためであった。³⁶主はあなたを訓練するため、天から御声を聞かせ、地の上では、大きい火を見させた。その火の中からあなたは、みことばを聞いた。³⁷主は、あなたの先祖たちを愛して、その後の子孫を選んでおられたので、主ご自身が大いなる力をもって、あなたをエジプトから連れ出された。³⁸それはあなたよりも大きく、強い国々を、あなたの前から追い払い、あなたを彼らの地に入らせ、これを相続地としてあなたに与えるためであった。今日のとおりである。³⁹きょう、あなたは、上は天、下は地において、主だけが神であり、ほかに神はないことを知り、心に留めなさい。⁴⁰きょう、私が命じておいた主のおきてと命令とを守りなさい。あなたも、あなたの後の子孫も、しあわせになり、あなたの神、主が永久にあなたに与えようとしておられる地で、あなたが長く生き続けるためである。

のがれの町

4:41-43　参照─民35:6-34, 申19:1-14, ヨシ20:1-9

⁴¹それからモーセは、ヨルダンの向こうの地に三つの町を取り分けた。東のほうである。⁴²以前から憎んでいなかった隣人を知らずに殺した殺人者が、そこへ、のがれることのできるためである。その者はこれらの町の

けることを互いに要求することは正しいことである。

4:26　天と地とを証人に　人々が不従順になり不誠実になっていくイスラエルの歴史について、モーセは次の六つの予言をしている(4:25-31)。(1)　国々の中への離散(散らされること)(4:26-27)、(2)　捕囚での苦難(4:27-28)、(3)　心を尽し、精神を尽して神を切に求める人々と神との和解(4:29-31)、(4)　苦しみ(4:30)、(5)　「後の日」に神に立返ること(4:30)、(6)　先祖たちとの契約の回復(取戻すこと)(4:31、→

申29:-30: , マタ23:39注, ロマ11:1注)。

4:29　心を尽くし、精神を尽くして　神を見出し、神を十分に知るためには心を込めて神を求めなければならない(⇒6:5, 10:12, 11:13, 13:3, 26:16, 30:6, 10, →ピリ3:8-11注)。神を知ることと神の国の力と祝福と義を体験することは簡単ではない。それは熱心に神を求めて(ヘブ11:6)、神が近くにいてくださることと、聖霊の満たしと永遠のいのちの賜物を願い求める人だけが体験できる。

一つにのがれて、生きのびることができる。
⁴³ルベン人に属する高地の荒野にあるベツェル、ガド人に属するギルアデのラモテ、マナセ人に属するバシャンのゴランである。

律法の紹介

⁴⁴これはモーセがイスラエル人の前に置いたみおしえである。
⁴⁵これはさとしとおきてと定めであって、イスラエル人がエジプトを出たとき、モーセが彼らに告げたのである。
⁴⁶そこは、ヨルダンの向こうの地、エモリ人の王シホンの国のベテ・ペオルの前の谷であった。シホンはヘシュボンに住んでいたが、モーセとイスラエル人が、エジプトから出て来たとき、彼を打ち殺した。
⁴⁷彼らは、シホンの国とバシャンの王オグの国とを占領した。このふたりのエモリ人の王はヨルダンの向こうの地、東のほうにいた。
⁴⁸それはアルノン川の縁にあるアロエルからシーオン山、すなわちヘルモンまで、
⁴⁹また、ヨルダンの向こうの地、東の、アラバの全部、ピスガの傾斜地のふもとのアラバの海までである。

十戒

5:6-21　並行記事―出20:1-17

5 ¹さて、モーセはイスラエル人をみな呼び寄せて彼らに言った。
聞きなさい。イスラエルよ。きょう、私があなたがたの耳に語るおきてと定めとを。これを学び、守り行いなさい。
²私たちの神、主は、ホレブで私たちと契約を結ばれた。
³主が、この契約を結ばれたのは、私たちの先祖たちとではなく、きょう、ここに生きている私たちひとりひとりと、結ばれたのである。
⁴主はあの山で、火の中からあなたがたに顔

46①申3:29
②申1:4, 民21:21-25
47①申4:47-49,
申2:26-3:17
②申3:3, 4, 民21:33-35
48①申2:36, 3:12
②申3:9, 詩133:3
＊シリヤ語訳「シルヨン」
49①申3:17

2①申4:10, マラ4:4
②申4:23, 出19:5
3①民26:63-65
4①申4:33, 36
②申34:10, 民14:14

③出19:9, 19, 20:22
5①出19:16, 20:18, 21
6①出20:2, レビ25:55,
詩81:10, ミカ6:4
7①出20:3
8①申4:15-19, 27:15,
出20:4, レビ26:1
9①申4:24
②申7:10, 出34:7,
民14:18
10①出34:7
11①出20:7
＊別訳「主の御名によって偽りの誓いをしてはならない」
②申6:13, 10:20,
レビ19:12
12①申5:12-15,
出16:23-30, 20:8-11,
31:12-14, エゼ20:12
13①出23:12, 31:15,
34:21, 35:2, レビ23:3
14①創2:2, 出16:29, 30,
ヘブ4:4, マコ2:27
15①出15:15, 16:12,
24:18, 22
②申4:34, 37
③→出13:9

と顔とを合わせて語られた。
⁵そのとき、私は主とあなたがたとの間に立って、主のことばをあなたがたに告げた。あなたがたが火を恐れて、山に登らなかったからである。主は仰せられた。
⁶「わたしは、あなたをエジプトの国、奴隷の家から連れ出した、あなたの神、主である。
⁷あなたには、わたしのほかに、ほかの神々があってはならない。
⁸あなたは、自分のために、偶像を造ってはならない。上の天にあるものでも、下の地にあるものでも、地の下の水の中にあるものでも、どんな形をも造ってはならない。
⁹それらを拝んではならない。それらに仕えてはならない。あなたの神、主であるわたしは、ねたむ神、わたしを憎む者には、父の咎を子に報い、三代、四代にまで及ぼし、
¹⁰わたしを愛し、わたしの命令を守る者には、恵みを千代にまで施すからである。
¹¹あなたは、あなたの神、主の御名を、みだりに唱えてはならない。主は、御名をみだりに唱える者を、罰せずにはおかない。
¹²安息日を守って、これを聖なる日とせよ。あなたの神、主が命じられたとおりに。
¹³六日間、働いて、あなたのすべての仕事をしなければならない。
¹⁴しかし七日目は、あなたの神、主の安息である。あなたはどんな仕事もしてはならない。――あなたも、あなたの息子、娘、あなたの男奴隷や女奴隷も、あなたの牛、ろばも、あなたのどんな家畜も、またあなたの町囲みのうちにいる在留異国人も――そうすれば、あなたの男奴隷も、女奴隷も、あなたと同じように休むことができる。
¹⁵あなたは、自分がエジプトの地で奴隷であったこと、そして、あなたの神、主が力強い御手と伸べられた腕をもって、あなたをそこから連れ出されたことを覚えていなければな

5:2　契約　イスラエルの救いは神の契約の協定に従って与えられた賜物である。神はイスラエル人をご自分の息子、娘として受入れ、必要を備え祝福してくださる。それは神が与えられた地で末永く生きるためである（4:40）。これに対してイスラエルは感謝をもって応答し、生き生きとした信仰をもって神を主として受入れ、礼拝し愛しあがめ、従順に従うべきだった。イスラエルとの神の契約について　→「アブラハム、イサク、ヤコブとの神の契約」の項 p.74、「イスラエル人との神の契約」の項 p.351、キリスト者が結ぶ契約について　→ルカ22:20注、→「旧契約と新契約」の項 p.2363

5:7-21　十戒　この部分では出エジプト記20章に記録されている十戒が繰返されている（→出20:全部の注, →「旧約聖書の律法」の項 p.158）。

らない。それゆえ、あなたの神、主は、安息日を守るよう、あなたに命じられたのである。
16 あなたの父と母を敬え。あなたの神、主が命じられたとおりに。それは、あなたの齢が長くなるため、また、あなたの神、主が与えようとしておられる地で、しあわせになるためである。
17 ①殺してはならない。
18 ①姦淫してはならない。
19 ①盗んではならない。
20 あなたの隣人に対し、偽証してはならない。
21 あなたの隣人の妻を欲しがってはならない。あなたの隣人の家、畑、男奴隷、女奴隷、牛、ろば、すべてあなたの隣人のものを、欲しがってはならない。」
22 ①これらのことばを、主はあの山で、火と雲と暗やみの中から、あなたがたの全集会に、大きな声で告げられた。このほかのことは言われなかった。主はそれを二枚の石の板に書いて、私に授けられた。
23 あなたがたが、暗黒の中からのその御声を聞き、またその山が火で燃えていたときに、あなたがた、すなわちあなたがたの部族のすべてのかしらたちと長老たちとは、私のもとに近寄って来た。
24 そして言った。「私たちの神、主は、今、ご自身の栄光と偉大さとを私たちに示されました。私たちは火の中から御声を聞きました。きょう、私たちは、神が人に語られても、人が生きることができるのを見ました。
25 今、私たちはなぜ死ななければならないのでしょうか。この大きい火が私たちをなめ尽くそうとしています。もし、この上なお私たちの神、主の声を聞くならば、私たちは死ななければなりません。
26 いったい肉を持つ者で、私たちのように、火の中から語られる生ける神の声を聞いて、なお生きている者がありましょうか。
27 あなたが近づいて行き、私たちの神、主が仰せになることをみな聞き、私たちの神、主があなたにお告げになることをみな、私たちに告げてくださいますように。

私たちは聞いて、行います。」
28 主はあなたがたが私に話していたとき、あなたがたのことばの声を聞かれて、主は私に仰せられた。「わたしはこの民があなたに話していることばの声を聞いた。彼らの言ったことは、みな、もっともである。
29 どうか、彼らの心がこのようであって、いつまでも、わたしを恐れ、わたしのすべての命令を守るように。そうして、彼らも、その子孫も、永久にしあわせになるように。
30 さあ、彼らに、『あなたがたは、自分の天幕に帰りなさい』と言え。
31 しかし、あなたは、わたしとともにここにとどまれ。わたしは、あなたが彼らに教えるすべての命令――おきてと定め――を、あなたに告げよう。彼らは、わたしが与えて所有させようとしているその地で、それを行うのだ。」
32 あなたがたは、あなたがたの神、主が命じられたとおりに守り行いなさい。右にも左にもそれてはならない。
33 あなたがたの神、主が命じられたすべての道を歩まなければならない。あなたがたが生き、しあわせになり、あなたがたが所有する地で、長く生きるためである。

あなたの神、主を愛しなさい

6
1 これは、あなたがたの神、主が、あなたがたに教えよと命じられた命令――おきてと定め――である。あなたがたが、渡って行って、所有しようとしている地で、行うためである。
2 それは、あなたの一生の間、あなたも、そしてあなたの子も孫も、あなたの神、主を恐れて、私の命じるすべての主のおきてと命令を守るため、またあなたが長く生きることのできるためである。
3 イスラエルよ。聞いて、守り行いなさい。そうすれば、あなたはしあわせになり、あなたの父祖の神、主があなたに告げられたように、あなたは乳と蜜の流れる国で大いにふえよう。
4 聞きなさい。イスラエル。主は私たちの神。主はただひとりである。
5 心を尽くし、精神を尽くし、力を尽くし

5:29 どうか、彼らの心がこのようであって、いつまでも、わたしを恐れ　聖書の救済史(救いの歴史)は基本的に人々を罪による破滅的な結末から救い出し、神との個人的な関係に導き入れようとする神の恵み深いたゆまない努力の物語である(→「神への恐れ」の項p.316)。

6:4-9　聞きなさい。イスラエル　この節は普通「シェ

神への恐れ

> 「これは、あなたがたの神、【主】が、あなたがたに教えよと命じられた命令――おきてと定め――である。あなたがたが、渡って行って、所有しようとしている地で、行うためである。それは、あなたの一生の間、あなたも、そしてあなたの子も孫も、あなたの神、【主】を恐れて、私の命じるすべての主のおきてと命令を守るため、またあなたが長く生きることのできるためである。」（申命記6:1-2）

「神を恐れる」または「主を恐れる」は旧約聖書で神の民にしばしば与えられた命令である。今日キリストに従う私たちにとって、この命令が何を意味するのかを理解することは大切である。本当に主を恐れるときにのみ、私たちはあらゆる破壊的で悪魔的な恐れから解放される。神を恐れることによって、私たちは自分勝手な道に行き、神に逆らい、魅力的に見える不道徳な行動に引かれる私たちの内にある傾向を避けることができる。

主への恐れの意味

「主を恐れる」という命令を理解するには、信仰者と神との関係について次のことを知っておく必要がある。

(1) 神は愛の方であわれみ深く罪を赦される方であるけれども、同時に聖く公正で正しい方であることをまず認識しなければならない。神を知り、ご性格を理解することは(⇒箴 2:5)、神の公正と聖さ（純粋性、完璧性、完全な品性、悪からの分離）が罪をさばくという事実を受入れることである（神の特性と私たちとの関係について →「神の属性」の項 p.1016)。

(2) 主を恐れることは、その神聖さに恐れおののき最高の敬意を払い、偉大な栄光と荘厳さと聖さと力を持つ方としてあがめることである(→ピリ2:12注)。たとえばシナイ山で「山の上に雷といなずまと密雲があり、角笛の音が非常に高く鳴り響いた」中でイスラエルの人々に神がご自分を現されたとき、その偉大な力を恐れて「民はみな震え上がった」(出19:16)。そして神に直接対面しないですむように、モーセに神のメッセージを伝えてくれるように懇願するほどだった(出20:18-19, 申5:22-27)。また詩篇の記者は創造者としての神について瞑想したときに「全地よ。主を恐れよ。世界に住む者よ。みな、主の前におののけ。まことに、主が仰せられると、そのようになり、主が命じられると、それは堅く立つ」と言っている(詩33:8-9)。

(3) 主を恐れるなら、信仰者は救いを求める信仰と信頼を主だけに置く。たとえばイスラエルの人々が乾いた土地を通って紅海を渡り、追って来たエジプトの軍隊が神に滅ぼされるのを見たとき、人々は「主を恐れ、主・・・を信じた」(→出14:31注)。詩篇の記者は主を恐れる人々に「主に信頼せよ。この方こそ、彼らの助け、また盾である」と呼びかけている(詩115:11)。言い換えれば、主への恐れは神の民の中に主に対する確信と希望と信頼を生み出す。これはあわれみと罪の赦し(ルカ1:50, ⇒詩103:11, 130:4)、霊的救い(詩 85:9)を神に求めるときに必要なものである。

(4) 神を恐れることは神が罪に対して怒る方であり、神に対してごう慢になって律法を破る人々を罰する力を持っておられることを認めることである(⇒詩76:7-8)。アダムとエバがエデンの園で罪を犯したとき、ふたりは恐れて神の臨在から隠れようとした(創3:8-10)。モーセが罪を犯したイスラエル人のために四十日四十夜を祈りの中に過したとき、この神の恐れを体験した。「主が怒ってあなたがたを根絶やしにしようとされた激しい憤りを私が恐れたからだった」(申9:19)。新約聖書でもヘブル人への手紙の著者は迫り来る神の報復と審判を認めて「生ける神の手の中に陥ることは恐ろしいことです」と書いている(ヘブ10:31)。

神を恐れる理由

　主を恐れる理由は先に示した「主への恐れの意味」の中にある。(1) 主はすべてのものとすべての人の創造者として比類のない力を持っておられるので、私たちは主を恐れるべきである(詩33:6-9, 96:4-5, ヨナ1:9)。(2) さらに創造されたもの(人類を含む)の上に驚くべき力を及ぼし続けておられることが神を恐れる理由である(出20:18-20, 伝3:14, ヨナ1:11-16, マコ4:39-41)。(3) 私たちが神の聖さ(純粋性、完璧性、悪からの分離)を認めるとき、人間の霊は神を恐れるという反応を当然示す(黙15:4)。(4) 神の栄光の輝き(目に見える具体的なしるし)を見た、あるいは体験した人はだれでも恐れおののかずにはいられない(マタ17:1-8)。(5) 神から絶えず祝福、特に罪の赦しを受続けるなら(詩103:4)、私たちは神を恐れ神を愛するように導かれていく(Ⅰサム12:24, 詩34:9, 67:7, エレ5:24, →「**神の摂理**」の項 p.110)。(6) 何よりも、主は全人類をさばく正義の神であるという事実こそ神への恐れを生み出す大きな理由である(申17:12-13, イザ59:18-19, マラ3:5, ヘブ10:26-31)。神は私たちの行動と動機を善悪ともに知っておられ、私たちは現在も将来の個人的な審判の日にも自分の行動に対して責任を取らされるということが厳かで決定的な真理なのである。

主への恐れと私たちの生活への影響

　主への恐れは単に聖書の教えや原則、あるいは考えというだけではない。これは多くの意味で私たちの日常生活に直接関係している。

　(1) もし主を恐れるなら、私たちは主の命令に従いみことばに沿う生活をし、罪に対して「ノー」と言うはずである。神がシナイ山でイスラエル人に恐怖を体験させた理由の一つは、人々に罪を避け退けて律法に従うことを学ばせるためだった(出20:20)。モーセはイスラエル人に対する最終説教の中で繰返し神を恐れることと、神に仕え従うこととを関連させて話している(申5:29,6:2, 24, 8:6, 10:12, 13:4, 17:19, 31:12)。詩篇の記者によれば、主を恐れることは主の命令を喜ぶこと(詩112:1)、律法の原則に従うこと(詩119:63)と同じである。ソロモンは、「**主を恐れることによって、人は悪を離れる**」と教えている(箴16:6, ⇒8:13)。伝道者の書では、人類の義務は全部「神を恐れよ。神の命令を守れ」(伝12:13)という二つの簡潔な命令に要約されている。逆に、よこしまな生活をし神に逆らうことに満足している人々がそうするのは「彼の目の前には、神に対する恐れがない」からである(詩36:1-4)。

　(2) 主を恐れることは個人の生活に影響を与えるだけではなく、家族にも影響するはずである。神は従う人々に、その子どもたちに罪を憎み神の命令を愛するように訓練することによって、神を恐れることを教えなければならないと言われた(申4:10, 6:1-2, 6-9)。聖書はしばしば「**主を恐れることは、知恵の初め**」であると言っている(詩111:10, 箴9:10, ⇒ヨブ28:28, 箴1:7)。子どもたちが神の知恵の原理に従って生きて行くようになることを(箴1:1-6)キリスト者は基本的目標にするべきである。まず主を恐れることを子どもたちに教えなければならない(→「**親と子ども**」の項 p.2265)。

　(3) 神のことばの真理を適用したときと同じように(ヨハ17:17)、主を恐れることは神の民に対して聖化(きよめ、罪からの分離、霊的成熟)をもたらす。私たちは罪を憎み悪から離れるようになる(箴3:7, 8:13, 16:6)。そして言うことばにも気をつけるようになる(箴10:19, 伝5:2, 6-7)。また良心と正しいことに対する敏感さが鈍らないように守られる。主を恐れることには霊的にきよめ、純化し、修復する効果があり、それは永遠に変らない(詩19:9)。

　(4) 主への聖い恐れは全存在をもって主を礼拝するように神の民に働きかける。神を恐れる人々は神をすべてのものの主として賛美しあがめる(詩22:23)。ダビデは礼拝をする人々は「主を恐れる人々」と同じだと言った(詩22:25)。歴史の終りに永遠の福音(イエス・キリストに関する「良い知らせ」)を宣べ伝える御使いは地上のあらゆる人々に神を恐れよと呼びかけるとすぐに、「神をあがめよ。‥‥天と地と海と水の源を創造した方を拝め」(黙14:6-7)と付け加えている。

　(5) 神は主を恐れる人々に対して報いることを約束された。「謙遜と、**主を恐れることの報いは、富と誉れといのちである**」(箴22:4)。ほかにも安全と、死からの守り(箴14:26-27)、日々の必要が備えられるこ

と(詩34:9, 111:5)、長寿(箴10:27)などが報いとして約束されている。神を恐れながら生活する人は周囲の世界に何が起きても、「しあわせであることを知っている」(伝8:12-13)。

(6) 主への恐れは謙虚な安心感とあふれるような慰めをもたらす。新約聖書は主への恐れと聖霊の励ましを直接結び付けている(使9:31)。一方、主を恐れない人は神の臨在と守りを感じることがない(→申1:26注)。けれども神を恐れ、みことばに従う人は霊的安心感と聖霊の油注ぎ(力づけ)という深い体験をすることができる。そして神が最終的に「彼らのたましいを死から救い出」すことを確信することができるのである(詩33:18-19, →「**死**」の項 p.850,「**救いの確証**」の項 p.2447)。

申命記 6章

て、あなたの神、主を愛しなさい。
6 私がきょう、あなたに命じるこれらのことばを、あなたの心に刻みなさい。
7 これをあなたの子どもたちによく教え込みなさい。あなたが家にすわっているときも、道を歩くときも、寝るときも、起きるときも、これを唱えなさい。
8 これをしるしとしてあなたの手に結びつけ、記章として額の上に置きなさい。
9 これをあなたの家の門柱と門に書きしるしなさい。
10 あなたの神、主が、あなたの先祖、アブラハム、イサク、ヤコブに誓われた地に

6 ①申11:18, 32:46, 詩37:31, 40:8, 119:11, 箴3:3, 6:21, イザ51:7, エレ31:33
7 ①申4:9, 11:19, 詩78:5, エペ6:4 ②詩71:17, 申30:14 ③申11:18, 出19:3,16, 箴7:3 ④申11:20, ②イザ55:7
10 ①申6:10, 11, ヨシ24:13, ネヘ9:25, 詩105:44, ②創12:7, ③創26:3 ④創28:13
⑤申9:1, 19:1
11 ①申6:11, 12, 8:10-18 申11:15, 14:29, 32:13-15
12 ①申4:9, ②詩78:7
13 ①申13:4, 10:12, 20, マタ4:10, ルカ4:8 ②申10:20, 詩63:11, イザ45:23, 65:16, エレ4:2, 12:16, 5:7, 申5:11

あなたを導き入れ、あなたが建てなかった、大きくて、すばらしい町々、
11 あなたが満たさなかった、すべての良い物が満ちた家々、あなたが掘らなかった掘り井戸、あなたが植えなかったぶどう畑とオリーブ畑、これらをあなたに与え、あなたが食べて、満ち足りるとき、
12 あなたは気をつけて、あなたをエジプトの地、奴隷の家から連れ出された主を忘れないようにしなさい。
13 あなたの神、主を恐れなければならない。主に仕えなければならない。御名によって誓わなければならない。

マ」（ヘ シャマ、「聞く」）と呼ばれている。それは信仰深いユダヤ人が毎日唱え、ユダヤ教の会堂での礼拝でいつも朗読されていたので、主イエスの時代のユダヤ人にとってなじみのあるものだった。「シェマ」は神の一神教的特性を表明するすぐれた告白のことばだった（→6:4注）。それにはイスラエル人に対する次の二重の勧告（守るべき命令）が続いていた。（1）心を尽くし、精神を尽くし、力を尽くして神を愛すること（6:5-6）。（2）子どもたちへ熱心にこの信仰を教えること（6:7-9）。

6:4 【主】は私たちの神。【主】はただひとりである この節は6:5-9、11:13-21、民数記15:37-41とともに一神教を教えている。この教理は神はただ一人のまことの神であり、異なった神々の集まりではないことを宣言している。神は世界の神々やいろいろな霊に比べ全能である（出15:11）。この神こそイスラエルが愛と従順をささげる唯一の対象でなければならない（6:4-5）。この「ひとり」という点がイスラエルがほかの神々を礼拝しないようにさせる根拠になっていた（出20:3）。それは新約聖書が神を三位一体（三人が一人の中にいる）とし、神は本質的（基本的な特性）には一人であるけれども父、子、聖霊であると啓示したことと矛盾するものではない（神の三位一体について →マタ3:17注, マコ1:11注）。

6:5 あなたの神、【主】を愛しなさい 神は神の民と交わりたいと願っておられ、神に結び付けるために絶対に必要なこの命令を与えられた。(1)神の愛に対して愛と感謝と忠誠心をもって応答するなら（4:37）、契約関係の中で神を知り楽しむようになる。(2)この「たいせつな第一の戒め」には、隣人を愛する（⇒レビ19:18）という第二の戒めとともに律法全体と預言者がかかっている（マタ22:37-40）。(3)神と神の戒めに対する心の従順は、神への信仰と愛があるときに可能になる（⇒7:9, 10:12, 11:1, 13, 22, 13:3, 19:9, 30:6, 16, 20,

→マタ22:39注, ヨハ14:15, 21:16, Ⅰヨハ4:19）。

6:6 これらのことばを、あなたの心に 神のことばが神の民の心にとどまることを神は強く願っておられる（⇒詩119:11, エレ31:33, →「心」の項 p.1043）。使徒パウロは「キリストのことばを、あなたがたのうちに豊かに住まわせ・・・なさい」とはっきり言っている（コロ3:16, ⇒Ⅱテモ3:15-17）。このことは日々継続的にみことばをたずね求めることによってのみ達成される（詩119:97-100, ヨハ8:31-32）。神のことばで心を満たす方法の一つは、毎年新約聖書を2回、旧約聖書を1回通読することである（⇒イザ29:13, →ヤコ1:21注）。→「聖書通読プラン」p.2553, それぞれの書物の緒論の最後にある聖書通読表

6:7 これをあなたの子どもたちによく教え込みなさい 神への愛を表現する一つの重要な方法は（6:5）子どもたちの霊的健康に関心を持ち、神との忠実な関係に導き入れるように努力することである。

(1) 子どもたちの信仰的な訓練は親にとって最大の関心事でなければならない（⇒詩103:13, →ルカ1:17注, Ⅱテモ3:3注, →「親と子ども」の項 p.2265）。

(2) 霊的訓練は家庭の中心に置かれ、両親がともに役割を果たさなければならない。家庭の中で主を中心とした生活をすることはしてもしなくてもよいものではなく、主が直接下された命令である（6:7-9, ⇒21:18, 出20:12, レビ20:9, 箴1:8, 6:20, Ⅱテモ1:5）。

(3) 子どもたちに主を恐れること、主の道を歩くこと、主を愛し感謝すること、そして心を尽くし、精神を尽くして主に仕えることを教えること。これを両親は目標とするべきである（10:12, エペ6:4）。

(4) 信仰者は、あらゆることが神と神の道に関係しているという神中心のしつけを子どもたちにしなければならない（⇒4:9, 11:19, 32:46, 創18:19, 出10:2, 12:26-27, 13:14-16, イザ38:19）。

申命記 6-7章

¹⁴ほかの神々、あなたがたの回りにいる国々の民の神に従ってはならない。
¹⁵あなたのうちにおられるあなたの神、主は、ねたむ神であるから、あなたの神、主の怒りがあなたに向かって燃え上がり、主があなたを地の面から根絶やしにされないようにしなさい。
¹⁶あなたがたがマサで試みたように、あなたがたの神、主を試みてはならない。
¹⁷あなたがたの神、主の命令、主が命じられたさとしとおきてを忠実に守らなければならない。
¹⁸主が正しい、また良いと見られることをしなさい。そうすれば、あなたはしあわせになり、主があなたの先祖たちに誓われたあの良い地を所有することができる。
¹⁹そうして、主が告げられたように、あなたの敵は、ことごとくあなたの前から追い払われる。
²⁰後になって、あなたの息子があなたに尋ねて、「私たちの神、主が、あなたがたに命じられた、このさとしとおきてと定めとは、どういうことか」と言うなら、
²¹あなたは自分の息子にこう言いなさい。「私たちはエジプトでパロの奴隷であったが、主が力強い御手をもって、私たちをエジプトから連れ出された。
²²主は私たちの目の前で、エジプトに対し、パロとその全家族に対して大きくてむごいしるしと不思議とを行い、
²³私たちをそこから連れ出された。それは私たちの先祖たちに誓われた地に、私たちを入らせて、その地を私たちに与えるためであった。
²⁴それで、主は、私たちがこのすべてのおきてを行い、私たちの神、主を恐れるように命じられた。それは、今日のように、いつまでも私たちがしあわせであり、生き残るためである。
²⁵私たちの神、主が命じられたように、御前でこのすべての命令を守り行うことは、私たちの義となるのである。」

諸民族の追放

7 ¹あなたが、入って行って、所有しようとしている地に、あなたの神、主が、あなたを導き入れられるとき、主は、多くの異邦の民、すなわちヘテ人、ギルガシ人、エモリ人、カナン人、ペリジ人、ヒビ人、およびエブス人の、これらあなたよりも数多く、また強い七つの異邦の民を、あなたの前から追い払われる。
²あなたの神、主は、彼らをあなたに渡し、あなたがこれを打つとき、あなたは彼らを聖絶しなければならない。彼らと何の契約も結んではならない。容赦してはならない。
³また、彼らと互いに縁を結んではならない。あなたの娘を彼の息子に与えてはならない。彼の娘をあなたの息子にめとってはならない。
⁴彼はあなたの息子を私から引き離すであろう。彼らがほかの神々に仕えるなら、主の怒りがあなたがたに向かって燃え上がり、主はあなたをたちどころに根絶やしにしてしまわれる。
⁵むしろ彼らに対して、このようにしなければならない。彼らの祭壇を打ちこわし、石の柱を打ち砕き、彼らのアシェラ像を切り倒し、彼らの彫像を火で焼かなければならない。
⁶あなたは、あなたの神、主の聖なる民だからである。あなたの神、主は、地の面のすべての国々の民のうちから、あなたを選んでご自分の宝の民とされた。
⁷主があなたがたを恋い慕って、あなたがたを選ばれたのは、あなたがたがどの民よりも数が多かったからではない。事実、あなたがたは、すべての国々の民のうちで最も数が少なかった。
⁸しかし、主があなたがたを愛されたから、また、あなたがたの先祖たちに誓われた誓いを守られたから、主は、力強い御手をもってあなたがたを連れ出し、奴隷の家から、エジプトの王パロの手からあなたを贖い出された。
⁹あなたは知っているのだ。あなたの神、主だけが神であり、誠実な神である。主を

7:3 彼らと互いに縁を結んではならない　神の命令に従わない人々との親しい個人的な付き合い(特に長期にわたる情緒的感情的なかかわりを含む結びつき)はやがて神の民の特殊性と聖さを破壊することになる。未信者との結婚や未信者との親しい交わりによって神の民は神に従うことからそれていくことになるかもしれない(7:4, →「信者の霊的聖別」の項 p.2172)。

7:9 主を愛し・・・守る者には恵みの契約を　神が

申命記　7章

愛し、主の命令を守る者には恵みの契約を千代までも守られるが、
¹⁰主を憎む者には、これに報いて、主はたちどころに彼らを滅ぼされる。主を憎む者には猶予はされない。たちどころに報いられる。
¹¹私が、きょう、あなたに命じる命令――おきてと定め――を守り行わなければならない。
¹²それゆえ、もしあなたがたが、これらの定めを聞いて、これを守り行うならば、あなたの神、主は、あなたの先祖たちに誓われた恵みの契約をあなたのために守り、
¹³あなたを愛し、あなたを祝福し、あなたをふやし、主があなたに与えるとあなたの先祖たちに誓われた地で、主はあなたの身から生まれる者、地の産物、穀物、新しいぶどう酒、油、またあなたの牛の群れのうちの子牛、群れのうちの雌羊をも祝福される。
¹⁴あなたはすべての国々の民の中で、最も祝福された者となる。あなたのうちには、子のない男、子のない女はいないであろう。あなたの家畜も同様である。
¹⁵主は、すべての病気をあなたから取り除き、あなたの知っているあのエジプトの悪疫は、これを一つもあなたにもたらさず、あなたを憎むすべての者にこれを下す。
¹⁶あなたは、あなたの神、主があなたに与えるすべての国々の民を滅ぼし尽くす。彼らをあわれんではならない。また、彼らの神々に仕えてはならない。それがあなたへのわなとなるからだ。
¹⁷あなたが心のうちで、「これらの異邦の民は私よりも多い。どうして彼らを追い払うことができよう」と言うことがあれば、
¹⁸彼らを恐れてはならない。あなたの神、主がパロに、また全エジプトにされたことをよく覚えていなければならない。

¹⁹あなたが自分の目で見たあの大きな試みと、しるしと、不思議と、力強い御手と、伸べられた腕、これをもって、あなたの神、主は、あなたを連れ出された。あなたの恐れているすべての国々の民に対しても、あなたの神、主が同じようにされる。
²⁰あなたの神、主はまた、くまばちを彼らのうちに送り、生き残っている者たちや隠れている者たちを、あなたの前から滅ぼされる。
²¹彼らの前でおののいてはならない。あなたの神、主、大いなる恐るべき神が、あなたのうちにおられるから。
²²あなたの神、主は、これらの国々を徐々にあなたの前から追い払われる。あなたは彼らをすぐに絶ち滅ぼすことはできない。野の獣が増してあなたを襲うことがないためである。
²³あなたの神、主が、彼らをあなたに渡し、彼らを大いにかき乱し、ついに、彼らを根絶やしにされる。
²⁴また彼らの王たちをあなたの手に渡される。あなたは彼らの名を天の下から消し去ろう。だれひとりとして、あなたの前に立ちはだかる者はなく、ついに、あなたは彼らを根絶やしにする。
²⁵あなたがたは彼らの神々の彫像を火で焼かなければならない。それにかぶせた銀や金を欲しがってはならない。自分のものとしてはならない。あなたがわなにかけられないために。それは、あなたの神、主の忌みきらわれるものである。
²⁶忌みきらうべきものを、あなたの家に持ち込んで、あなたもそれと同じように聖絶のものとなってはならない。それをあくまで忌むべきものとし、あくまで忌みきらわなければならない。それは聖絶のものだからである。

イスラエルを選ばれた動機はただ愛されたからである（7:7-8）。さらに神は「主を愛し、主の命令を守る者」には何世代にもわたって契約を忠実に守り、あわれみを示すことを約束された（⇒6:4-9）。これ対して愛と従順による応答がされるなら、神の愛はさらに具体的に表される。さらに神の民に繁栄（7:13-14）、健康（7:15）、戦いの勝利（7:16）などが与えられる。

7:15　悪疫は・・・もたらさず　→出23:25-26注
7:26　忌みきらうべきものを、あなたの家に　「忌みきらうべきもの」とはカナン人の偶像にかぶせてある銀や金を指している（7:25）。偶像礼拝につながるものはみな破壊しなければならない。イスラエル人に与えられたこの厳格な非難は今日にも当てはまられる。罪と不道徳を助長し、神の聖さと相反するものは何一つ私たちの家庭に持込んではならない（⇒エゼ5:7, 9）。人々や娯楽番組を通して不道徳な生き方の影響が家庭に入り込み感化されないように、極力注意しなければならない（⇒12:29-31, 18:12-13, 箴6:16-19）。

主を忘れないように

8 ¹私が、きょう、あなたに命じるすべての命令をあなたがたは守り行わなければならない。そうすれば、あなたがたは生き、その数はふえ、主があなたがたの先祖たちに誓われた地を所有することができる。²あなたの神、主が、この四十年の間、荒野であなたを歩ませられた全行程を覚えていなければならない。それは、あなたを苦しめ、あなたを試み、あなたがその命令を守るかどうか、あなたの心のうちにあるものを知るためであった。³それで主は、あなたを苦しめ、飢えさせて、あなたも知らず、あなたの先祖たちも知らなかったマナを食べさせられた。それは、人はパンだけで生きるのではない、人は主の口から出るすべてのもので生きる、ということを、あなたにわからせるためであった。⁴この四十年の間、あなたの着物はすり切れず、あなたの足は、はれなかった。⁵あなたは、人がその子を訓練するように、あなたの神、主があなたを訓練されることを、知らなければならない。⁶あなたの神、主の命令を守って、その道に歩み、主を恐れなさい。⁷あなたの神、主が、あなたを良い地に導き入れようとしておられるからである。そこは、水の流れと泉があり、谷間と山を流れ出た深い淵のある地、⁸小麦、大麦、ぶどう、いちじく、ざくろの地、オリーブ油と蜜の地。⁹そこは、あなたが十分に食物を食べ、何一つ足りないもののない地、その地の石は鉄であり、その山々からは青銅を掘り出すことのできる地である。¹⁰あなたが食べて満ち足りたとき、主が賜った良い地について、あなたの神、主をほめたたえなければならない。

¹¹気をつけなさい。私が、きょう、あなたに命じる主の命令と、主の定めと、主のおきてとを守らず、あなたの神、主を忘れることがないように。¹²あなたが食べて満ち足り、りっぱな家を建てて住み、¹³あなたの牛や羊の群れがふえ、金銀が増し、あなたの所有物がみな増し加わり、¹⁴あなたの心が高ぶり、あなたの神、主を忘れる、そういうことがないように。──主は、あなたをエジプトの地、奴隷の家から連れ出し、¹⁵燃える蛇やさそりのいるあの大きな恐ろしい荒野、水のない、かわききった地を通らせ、堅い岩から、あなたのために水を流れ出させ、¹⁶あなたの先祖たちの知らなかったマナを、荒野であなたに食べさせられた。それは、あなたを苦しめ、あなたを試み、ついには、あなたをしあわせにするためであった──¹⁷あなたは心のうちで、「この私の力、私の手の力が、この富を築き上げたのだ」と言わないように気をつけなさい。¹⁸あなたの神、主を心に据えなさい。主が

邪悪なものや神を恐れない姿勢を容認するのではなく、それを「あくまで忌むべきものとし、あくまで忌みきらわなければならない」。どんなときにも邪悪なことを容認して楽しむことは、特に家庭の場合、神の怒りを受けることになる（⇒23：14，→ロマ1：32注）。

8：3　人はパンだけで生きるのではない　主は荒野の中で神の民に試練や問題に遭わせて、いのちは物質だけで成立つものではないことを教えられた。ひとりひとりのしあわせ（肉体的にも霊的にも）は神との親しい関係と神のことばに従うかどうかにかかっている。主イエスは誘惑を受けられたときにこのみことばを引用された（マタ4：4，⇒創3：4注）。時に主は親心から、人生に困難が起こるのを容認される。これは私たちを訓練し、より強く主に頼り主のみことばを喜んで受入れるようにさせるためである（8：4-5，⇒ヘブ12：3-13）。

8：7　地・・・水の流れと泉があり　イスラエルがカナンの地に進入したとき、そこは小川や川、泉や池がある地だった。エリヤの時代にイスラエルには水不足があったけれども、それは神のさばきによるものだった（Ⅰ列17：1-18：46）。今日でも神は神の民をへりくだらせ、罪びとにさばきを下すために干ばつを用いられることがある（8：19-20，→11：17）。

8：12-14　食べて満ちたり・・・【主】を忘れる　繁栄して裕福になると人々は地上の生活に満足して、物質的な祝福に楽しみを求めがちである。繁栄は神と神の命令を忘れさせ、霊的な祝福を求めることなく、世界にある罪と悪を忘れてしまうように人々を誘惑する（→「**富と貧困**」の項 p.1835）。

8：18　富を築き上げる力　この節は、神がアブラハムとその子孫と結んだ契約を満たしていることのしる

あなたに富を築き上げる力を与えられるのは、あなたの先祖たちに誓った契約を今日のとおりに果たされるためである。

19 あなたが万一、あなたの神、主を忘れ、ほかの神々に従い、これらに仕え、これらを拝むようなことがあれば、きょう、私はあなたがたに警告する。あなたがたは必ず滅びる。

20 主があなたがたの前で滅ぼされる国々のように、あなたがたも滅びる。あなたがたがあなたがたの神、主の御声に聞き従わないからである。

イスラエルが正しいからではない

9 ¹ 聞きなさい。イスラエル。あなたはきょう、ヨルダンを渡って、あなたよりも大きくて強い国々を占領しようとしている。その町々は大きく、城壁は天に高くそびえている。

² その民は大きくて背が高く、あなたの知っているアナク人である。あなたは聞いた。「だれがアナク人に立ち向かうことができようか。」

³ きょう、知りなさい。あなたの神、主ご自身が、焼き尽くす火として、あなたの前に進まれ、主が彼らを根絶やしにされる。主があなたの前で彼らを征服される。あなたは、主が約束されたように、彼らをただちに追い払って、滅ぼすのだ。

⁴ あなたの神、主が、あなたの前から彼らを追い出されたとき、あなたは心の中で、「私が正しいから、主が私にこの地を得させてくださったのだ」と言ってはならない。これらの国々が悪いために、主はあなたの前

18 ②申7:8, 12
19 ①申4:26, 30:18
20 ①ダ=9:11
　②詩10:16

1 ①申9:1-3, 申7:17-24
　②申11:31,
　　ヨシ3:16, 4:19
　③申4:38, 7:1, 11:23
2 ①申1:28
　②申2:10,
　　民13:22, 28, 33,
　　ヨシ11:21, 22
3 ①申4:24, ヘブ12:29
　②申31:3, ヨシ3:3, 11
　③申7:23
　④申7:22, 出23:31
4 ①申8:17, ロマ11:6,
　　Ⅰコリ4:7
　②申12:31, 民9-14,
　　創15:16, レビ18:24-30

5 ①テト3:5
　②創12:7, 13:15, 15:7,
　　17:8, 26:4, 28:13
6 ①申9:13, 10:16, 31:27,
　　出32:9, 33:3, 34:9
7 ①申31:27,
　　民14:22, エゼ2:3,
　　詩78:8, 81:11,
　　出14:11, 16:2, 17:2,
　　民20:2, 25:2
8 ①申9:8-21, 出32章,
　　詩106:19, 20
9 ①申9:18, 出34:28
　②出24:12, 15
　③→創7:4
10 ①申4:13, 出31:18
　②申4:10, 10:4, 18:18,
　　出19:6, 20:1

から彼らを追い出そうとしておられるのだ。

⁵ あなたが彼らの地を所有することのできるのは、あなたが正しいからではなく、またあなたの心がまっすぐだからでもない。それは、これらの国々が悪いために、あなたの神、主が、あなたの前から彼らを追い出そうとしておられるのだ。また、主があなたの先祖、アブラハム、イサク、ヤコブになさった誓いを果たすためである。

⁶ 知りなさい。あなたの神、主は、あなたが正しいということで、この良い地をあなたに与えて所有させられるのではない。あなたはうなじのこわい民であるからだ。

金の子牛

⁷ あなたは荒野で、どんなにあなたの神、主を怒らせたかを覚えていなさい。忘れてはならない。エジプトの地を出た日から、この所に来るまで、あなたがたは主に逆らいどおしであった。

⁸ あなたがたはホレブで、主を怒らせたので、主は怒ってあなたがたを根絶やしにしようとされた。

⁹ 私が石の板、主があなたがたと結ばれた契約の板を受けるために、山に登ったとき、私は四十日四十夜、山にとどまり、パンを食べず、水も飲まなかった。

¹⁰ その後、主は神の指で書きしるされた石の板二枚を私に授けられた。その上には、あの集まりの日に主が山で火の中から、あなたがたに告げられたことばが、ことごと

し、確証として、時に応じてイスラエルを祝福されたことを明らかにしている。残念なことに、ある人々は信仰的な原則や行動によらないで富を得ているようである（→「**富と貧困**」の項 p.1835）。そのような富は神の祝福のしるしとして理解するべきものではない。

9:4 これらの国々が悪い 神はカナン民族がひどく邪悪だったので滅ぼされた。その神を尊ばない邪悪な不信心は恐ろしいものであり、また増え広がっていたので、私たちが恐ろしいがんを切除するように神は完全に取除くことを決心された。したがってイスラエルによる侵攻とカナン人への徹底的な破壊はまさに民族全体に下す極刑（死刑）のようなものだった。この邪悪はノアの時代にもあったもので（→創6:1-7）その広がりは止められないものだった。それはまた終わりのときに

世界に現れると聖書は教えている（マタ24:37-39, Ⅱテモ3:1-5,黙9:20-21, 19:11-21）。

9:5 あなたが正しいからではなく イスラエルがカナンの地を所有するのは誠実だったことに対する報酬ではない。それは愛とあわれみに基づいた神の恵みの賜物だった。けれどもこの土地を引継き所有できるかどうかは、神への信仰と従順が一貫してあるかどうかによるとモーセは人々に警告した。もしイスラエル人がカナン人のように邪悪になるなら、同じように滅ぼされ、ほかの人々と置き換えられてしまう（30:15-20）。つまり土地を与えられた神の愛とあわれみは条件付きだったのである。もし主から離れてみことばを忘れるなら、滅びが待っている（8:11, 14, 19-20, ⇒11:22-28）。

く、そのまま書かれてあった。

¹¹ こうして四十日四十夜の終わりに、主がその二枚の石の板、契約の板を私に授けられた。¹² そして主は私に仰せられた。「さあ、急いでここから下れ。あなたがエジプトから連れ出したあなたの民が、堕落してしまった。彼らはわたしが命じておいた道から早くもそれて、自分たちのために鋳物の像を造った。」¹³ さらに主は私にこう言われた。「わたしがこの民を見るのに、この民は実にうなじのこわい民だ。¹⁴ わたしのするがままにさせよ。わたしは彼らを根絶やしにし、その名を天の下から消し去ろう。しかし、わたしはあなたを、彼らよりも強い、人数の多い国民としよう。」¹⁵ 私は向き直って山から降りた。山は火で燃えていた。二枚の契約の板は、私の両手にあった。

¹⁶ 私が見ると、見よ、あなたがたはあなたがたの神、主に罪を犯して、自分たちのために鋳物の子牛を造り、主があなたがたに命じられた道から早くもそれてしまっていた。¹⁷ それで私はその二枚の板をつかみ、両手でそれを投げつけ、あなたがたの目の前でこれを打ち砕いた。

¹⁸ そして私は、前のように四十日四十夜、主の前にひれ伏して、パンも食べず、水も飲まなかった。あなたがたが主の目の前に悪を行い、御怒りを引き起こした、その犯したすべての罪のためであり、¹⁹ 主が怒ってあなたがたを根絶やしにしようとされた激しい憤りを私が恐れたからだった。そのときも、主は私の願いを聞き入れられた。²⁰ 主は、激しくアロンを怒り、彼を滅ぼそうとされたが、そのとき、私はアロンのためにも、とりなしをした。²¹ 私はあなたがたが作った罪、その子牛を取って、火で焼き、打ち砕き、ちりになるまでよくすりつぶした。そして私は、そのちりを山から流れ下る川に投げ捨てた。

²² あなたがたはまた、タブエラでも、マサでも、キブロテ・ハタアワでも、主を怒らせた。²³ 主があなたがたをカデシュ・バルネアから送り出されるとき、「上って行って、わ

11 ①→創7:4
12 ①出32:7, 8
　②申31:29, ±2:17
13 ①申9:6, 10:16, 31:27, 出32:9, Ⅱ列17:14, エレ7:26, 17:23, 19:15
14 ①出32:10, 民14:12
②申29:20, 詩9:5, 109:13
15 ①申4:11, 5:23, 出19:18
②出32:15
16 ①出32:19
18 ①申9:9, 出34:28
②出10:10
③→創7:4
④出34:28, 詩106:23
⑤申9:9
⑥出34:9
19 ①出32:10, 11, 詩78:59
②ヘブ12:21
③申10:10, 出32:14, 33:17, 詩106:23
21 ①出32:20, イザ31:7
22 ①民11:3
②出17:7
③民11:34
23 ①民13:25-14:38
②民13:3
③申1:21

　④申1:26, 詩106:24, 25, ヘブ3:16
⑤詩78:22
24 ①申9:7, 31:27
25 ①申9:18
②→創7:4
26 ①申9:26-29, 出32:11-13
②Ⅰ列8:51
③詩78:35
④→出13:9
27 ①Ⅱ列13:23
28 ①民14:16
29 ①Ⅰ列8:51, 詩28:9
②申4:34, ネヘ1:10

1 ①申10:1, 2, 出34:1, 2
②出24:12
2 ①申4:13
②出25:16, 21
3 ①出10:5, 37:1
4 ①申9:10, 18:16
②出24:12, 出34:28
5 ①出34:29
②出40:20, Ⅰ列8:9

たしがあなたがたに与えている地を占領せよ」と言われたが、あなたがたは、あなたがたの神、主の命令に逆らい、主を信ぜず、その御声にも聞き従わなかった。²⁴ 私があなたがたを知った日から、あなたがたはいつも、主にそむき逆らってきた。

²⁵ それで、私は、その四十日四十夜、主の前にひれ伏していた。それは主があなたがたを根絶やしにすると言われたからである。²⁶ 私は主に祈って言った。「神、主よ。あなたの所有の民を滅ぼさないでください。彼らは、あなたが偉大な力をもって贖い出し、力強い御手をもってエジプトから連れ出された民です。²⁷ あなたのしもべ、アブラハム、イサク、ヤコブを覚えてください。そしてこの民の強情と、その悪と、その罪とに目を留めないでください。

²⁸ そうでないと、あなたがそこから私たちを連れ出されたあの国では、『主は、約束した地に彼らを導き入れることができないので、また彼らを憎んだので、彼らを荒野で死なせるために連れ出したのだ』と言うでしょう。²⁹ しかし彼らは、あなたの所有の民です。あなたがその大いなる力と伸べられた腕とをもって連れ出された民です。」

前のような石の板

10 ¹ そのとき、主は私に仰せられた。「前のような石の板を二枚切って作り、山のわたしのところに登れ。また木の箱を一つ作れ。

² その板の上に、わたしは、あなたが砕いた、あの最初の板にあったことばを書きしるそう。あなたはそれを箱の中に納めよ。」³ そこで私はアカシヤ材の箱を一つ作り、前のような石の板を二枚切り取り、その二枚の板を手にして山に登って行った。⁴ 主は、その板に、あの集まりの日に山で火の中からあなたがたに告げた十のことばを、前と同じ文で書きしるされた。主はそれを私に授けた。

⁵ 私は向き直って、山を下り、その板を私が作った箱の中に納めたので、それはそこ

申命記 10-11章

にある。主が命じられたとおりである。

6 ——イスラエル人は、ベエロテ・ベネ・ヤアカンからモセラに旅立った。アロンはそこで死に、そこに葬られた。それで彼の子エルアザルが彼に代わって祭司の職に任じられた。

7 そこから彼らは旅立ってグデゴダに行き、またグデゴダから水の流れる地ヨテバタに進んだ。

8 そのとき、主はレビ部族をえり分けて、主の契約の箱を運び、主の前に立って仕え、また御名によって祝福するようにされた。今日までそうなっている。

9 それゆえ、レビには兄弟たちといっしょの相続地の割り当てはなかった。あなたの神、主が彼について言われたように、主が彼の相続地である——

10 私は最初のときのように、四十日四十夜、山にとどまった。主はそのときも、私の願いを聞き入れ、主はあなたを滅ぼすことを思いとどまられた。

11 そして主は私に、「民の先頭に立って進め。そうすれば、わたしが彼らに与えると彼らの先祖たちに誓った地に彼らは入り、その地を占領することができよう」と言われた。

主を恐れること

12 イスラエルよ。今、あなたの神、主が、あなたに求めておられることは何か。それは、ただ、あなたの神、主を恐れ、主のすべての道に歩み、主を愛し、心を尽くし精神を尽くしてあなたの神、主に仕え、

13 あなたのしあわせのために、私が、きょう、あなたに命じる主の命令と主のおきてとを守ることである。

14 見よ。天ともろもろの天の天、地とそこ

6 * あるいは「ベネ・ヤアカンの井戸」
① ①民33:31, I 歴1:42
② ②民33:30
③ ③民20:28, 33:38
④ ④民33:33

8 ① 申18:1-7, 民8:14, 16:8,9
② 申17:12, 18:5, 21:5, 民3:6
③ 申21:5, レビ9:22, 民6:23

9 ① 申18:1,2, 民18:20,24, エゼ44:28, 詩16:5
② 民9:18, 25, 出34:28

10 ① →創7:4
② 申9:19, 32:14

12 ① ミカ6:8, ② 申6:13
② 申8:6, ④ →申6:5

13 ① 申6:24

14 ① 創14:19, 19:29, 19:5, I 列8:27, ネヘ9:6, 詩68:33, 115:16, 24:1,2, イザ66:1, 2

15 ① 出19:5, 詩24:1
② 申4:37, 申7:7
16 ① 申30:6, レビ26:41, エレ4:4, ロマ2:28, 29, コロ2:11, ②創17:11
③ 詩9:6, 13
17 ① ヨシ22:22, 詩50:1, 136:2, ダニ2:47, 11:36
② I テモ6:15, 黙17:14, 19:16
③ 申7:21, 詩68:35
④ 申1:17, 16:19, ヨブ34:19, 使10:34, ロマ2:11, ガラ2:6, エペ6:9, コロ3:25
⑤ 申16:19, ②歴19:7
18 ① 申24:17, 出22:22-24, 詩68:5, 146:9, ヤコ1:27
19 ① レビ19:33, 34, エゼ47:22, 23
20 ① 申6:13
② マタ4:10, ルカ4:8
③ 申11:22, 13:4, 30:20
④ 申6:13, 詩63:11
21 ① 出15:2, 詩22:3, 109:1, 148:14
② →申4:9
③ I サム12:24, II サム7:23, 詩106:21
22 ① 創46:27, 出1:5, 使7:14
② 申1:10, 28:62, 創15:5, 22:17

11
1 ① 申6:5, 10:12, 30:16, 20
② レビ18:30, 22:9, ゼカ3:7
2 ① 申8:5
② 申3:24, 5:24
③ →出13:9, ④ 詩78:12

にあるすべてのものは、あなたの神、主のものである。

15 主は、ただあなたの先祖たちを恋い慕って、彼らを愛された。そのため彼らの後の子孫、あなたがたを、すべての国々の民のうちから選ばれた。今日あるとおりである。

16 あなたがたは、心の包皮を切り捨てなさい。もううなじのこわい者であってはならない。

17 あなたがたの神、主は、神の神、主の主、偉大で、力あり、恐ろしい神。かたよって愛することなく、わいろを取らず、

18 みなしごや、やもめのためにさばきを行い、在留異国人を愛してこれに食物と着物を与えられる。

19 あなたがたは在留異国人を愛しなさい。あなたがたもエジプトの国で在留異国人であったからである。

20 あなたの神、主を恐れ、主に仕え、主にすがり、御名によって誓わなければならない。

21 主はあなたの賛美、主はあなたの神であって、あなたが自分の目で見たこれらの大きい、恐ろしいことを、あなたのために行われた。

22 あなたの先祖たちは七十人でエジプトへ下ったが、今や、あなたの神、主は、あなたを空の星のように多くされた。

主を愛し、従うこと

11 1 あなたはあなたの神、主を愛し、いつも、主の戒めと、おきてと、定めと、命令とを守りなさい。

2 きょう、知りなさい。私が語るのは、あなたがたの子どもたちにではない。彼らはあなたがたの神、主の訓練、主の偉大さ、その力強い御手、伸べられた腕、そのしるしとみわざを経験も、目撃もしなかった。

3 これらはエジプトで、エジプトの王パロ

10:12 主を愛し、心を尽くし 神は「心」からの愛を持つ必要を繰返し強調された（→4:29注, 6:5注, →「心」の項 p.1043）。(1) 神は人々が心からの愛を、戒めを守ることやいけにえをささげることなどの単なる外面的な宗教の形式に置き換えてしまうことを望まれなかった。神を真剣に愛し尊ぶ心をもって神に従うことが人々には必要だった。今日のキリスト者にとっても、心からの信仰と愛が神との関係の根本的な要素である（→ヨハ21:15注, コロ3:4注）。(2) 神に対する心からの信仰がなくても、聖書を読み、祈り、教会に出席し、聖餐式に参加することは確かに可能である。それが律法主義と言われるものである（→マコ7:6注）。外面的に従順であること、正しい宗教的行動は必要である。けれどもそれはイエス・キリストを心から信じ愛するときに初めて受入れられ、有効となる。その信仰と愛を持つには、主がどのような方であり、私たちのために何をしてくださったかを知らなければならない。

とその全土に対してなさったこと、
4 また、エジプトの軍勢とその馬と戦車とに対してなさったことである。──彼らがあなたがたのあとを追って来たとき、葦の海の水を彼らの上にあふれさせ、主はこれを滅ぼして、今日に至っている──
5 また、あなたがたがこの所に来るまで、荒野であなたがたのためになさったこと、
6 また、ルベンの子エリアブの子であるダタンとアビラムに対してなさったことである。イスラエルのすべての人々のただ中で、地はその口をあけ、彼らとその家族、その天幕、また彼らにつくすべての生き物をのみこんだ。
7 これら主がなされた偉大なわざのすべてをその目で見たのは、あなたがたである。
8 あなたがたは、私が、きょう、あなたに命じるすべての命令を守りなさい。そうすれば、あなたがたは、強くなり、あなたがたが、渡って行って、所有しようとしている地を所有することができ、
9 また、主があなたがたの先祖たちに誓って、彼らとその子孫に与えると言われた地、乳と蜜の流れる国で、長生きすることができる。
10 なぜなら、あなたが、入って行って、所有しようとしている地は、あなたがたが出て来たエジプトの地のようではないからである。あそこでは、野菜畑のように、自分で種を蒔き、自分の力で水をやらなければならなかった。
11 しかし、あなたがたが、渡って行って、所有しようとしている地は、山と谷の地であり、天の雨で潤っている。
12 そこはあなたの神、主が求められる地で、年の初めから年の終わりまで、あなたの神、主が、絶えずその上に目を留めておられる地である。
13 もし、私が、きょう、あなたがたに命じる命令に、あなたがたがよく聞き従って、あなたがたの神、主を愛し、心を尽くし、精神を尽くして仕えるなら、
14「わたしは季節にしたがって、あなたがたの地に雨、先の雨と後の雨を与えよう。あなたは、あなたの穀物と新しいぶどう酒と油を集めよう。
15 また、わたしは、あなたの家畜のため野に草を与えよう。あなたは食べて満ち足りよう。」
16 気をつけなさい。あなたがたの心が迷い、横道にそれて、ほかの神々に仕え、それを拝むことのないように。
17 主の怒りがあなたがたに向かって燃え上がり、主が天を閉ざされないように。そうなると、雨は降らず、地はその産物を出さず、あなたがたは、主が与えようとしておられるその良い地から、すぐに滅び去ってしまおう。
18 あなたがたは、私のこのことばを心とたましいに刻みつけ、それをしるしとして手に結びつけ、記章として額の上に置きなさい。
19 それをあなたがたの子どもたちに教えなさい。あなたが家にすわっているときも、道を歩くときも、寝るときも、起きるときも、それを唱えるように。
20 これをあなたの家の門柱と門に書きしるしなさい。
21 それは、主があなたがたの先祖たちに、与えると誓われた地で、あなたがたの日数と、あなたがたの子孫の日数が、天が地をおおう日数のように長くなるためである。
22 もし、あなたがたが、私の命じるこのすべての命令を忠実に守り行い、あなたがたの神、主を愛して、主のすべての道に歩み、主にすがるなら、
23 主はこれらの国々をことごとくあなたがたの前から追い払い、あなたがたは、自分たちよりも大きくて強い国々を占領することができる。
24 あなたがたが足の裏で踏む所は、ことごとくあなたがたのものとなる。あなたがたの領土は荒野からレバノンまで、あの川、ユーフラテス川から西の海までとなる。
25 だれひとりとして、あなたがたの前に立ちはだかる者はいない。あなたがたの神、主は、あなたがたに約束されたとおり、あなたがたが足を踏み入れる地の全面に、あなたがたに対するおびえと恐れを臨ませられる。
26 見よ。私は、きょう、あなたがたの前に、祝福とのろいを置く。

4①出14:27, 28, 15:10, 詩106:11
　＊あるいは「紅海」
6①民16:1
　②民26:10, 11, 16:31, 32, 詩106:17
7①申4:34, 7:19
8①申4:1, ヨシ1:6, 7
9①申9:5, 31:7, 23, エレ11:5
　②→出3
　③申4:40, 5:16, 33, 6:2, 箴10:27
10①申11:10-12, 申8:7-9
　②Ⅰ列21:2
　＊直訳「足」
11①ゼカ14:17
12①Ⅰ列9:3
13①申6:17, 7:12, 11:22, 28:1, レビ26:3
　②申11:1
14①申28:12, レビ26:4, エレ5:24, ヨエ2:23, 24
　＊七十人訳などは「彼」
　②ホセ6:3
　③→申7:13
15①詩104:14
　②申6:11, ヨエ2:19
16①ヨブ31:27
　②申13:19, 29:18, 30:17
17①申6:15
　②Ⅰ列8:35, Ⅱ歴6:26, 7:13
　③申28:24
　④レビ26:20
　⑤申4:26, 8:19, 20, 30:18, ヨシ23:13, 15, 16
18①申11:18-20, 申6:6-9
　②申32:46
　③申12:14, 13:9, 16, マタ23:5
　＊直訳「目の間」
19①申6:7
　②申4:9, 10, 詩78:4, 6
21①申4:40, 6:2, 申89:29, 箴3:2, 4:10, 9:11
22①申6:17
　②申11:1, 13, 30:16, 20
　③→申8:6
　④申10:20
23①申4:38, 9:5
　②申9:1
24①ヨシ1:3, 4, 14:9
　②申1:7, 創15:18, 出23:31
　＊「地中海」
25①申7:24
　②申2:25, 出23:27
26①申30:1, 19

11:19 それをあなたがたの子どもたちに教えなさい →6:7注

11:26 祝福とのろい 神は祝福かのろいかを選ぶ権利を神の民の前に置かれた。もし神のことばに従い、

申命記 11-12章

²⁷ もし、私が、きょう、あなたがたに命じる、あなたがたの神、主の命令に聞き従うなら、祝福を、
²⁸ もし、あなたがたの神、主の命令に聞き従わず、私が、きょう、あなたがたに命じる道から離れ、あなたの知らなかったほかの神々に従って行くなら、のろいを与える。
²⁹ あなたが、入って行って、所有しようとしている地に、あなたの神、主があなたを導き入れたなら、あなたはゲリジム山には祝福を、エバル山にはのろいを置かなければならない。
³⁰ それらの山は、ヨルダンの向こう、日の入るほうの、アラバに住むカナン人の地にあり、ギルガルの前方、モレの樫の木の付近にあるではないか。
³¹ あなたがたは、ヨルダンを渡り、あなたがたの神、主があなたがたに与えようとしておられる地に入って、それを所有しようとしている。あなたがたがそこを所有し、そこに住みつくとき、
³² 私がきょう、あなたがたの前に与えるすべてのおきてと定めを守り行わなければならない。

礼拝の場所は一つ

12 ¹ これは、あなたの父祖の神、主が、あなたに与えて所有させようとしておられる地で、あなたがたが生きるかぎり、守り行わなければならないおきてと定めである。

² あなたがたが所有する異邦の民が、その神々に仕えた場所は、高い山の上であっても、丘の上であっても、また青々と茂ったどの木の下であっても、それをことごとく必ず破壊しなければならない。
³ 彼らの祭壇をこわし、石の柱を打ち砕き、アシェラ像を火で焼き、彼らの神々の彫像を粉砕して、それらの名をその場所から消し去りなさい。
⁴ あなたがたの神、主に対して、このようにしてはならない。
⁵ ただあなたがたの神、主がご自分の住まいとして御名を置くために、あなたがたの全部族のうちから選ぶ場所を尋ねて、そこへ行かなければならない。
⁶ あなたがたは全焼のいけにえや、いけにえ、十分の一と、あなたがたの奉納物、誓願のささげ物、進んでささげるささげ物、あなたがたの牛や羊の初子を、そこに携えて行きなさい。
⁷ その所であなたがたは家族の者とともに、あなたがたの神、主の前で祝宴を張り、あなたがたの神、主が祝福してくださったあなたがたのすべての手のわざを喜び楽しみなさい。
⁸ あなたがたは、私たちがきょう、ここでしているようにしてはならない。おのおのが自分の正しいと見ることを何でもしている。
⁹ あなたがたがまだ、あなたの神、主のあなたに与えようとしておられる相続の安住地に行っていないからである。
¹⁰ あなたがたは、ヨルダンを渡り、あなた

周辺の民族の罪から離れ続けるなら、どこにいても神の祝福が与えられる(→28:1-14)。けれどももし不信仰の道を徐々にでも受入れていくなら、神ののろいが臨み、いのちと祝福は奪われてしまう(→28:15-68)。(1) 残念ながらイスラエルは神の警告を真剣に受止めなかった。そしてしばしば神を敬わない人々の道を受入れてしまったので、神ののろいを受けることになってしまった。(2) 神は同じ選ぶ権利(祝福とのろい)を今日のキリスト者の前にも置いておられる。もし私たちが罪を憎んで、キリストに従い仕え続けようとするなら、神の祝福と力は私たちのものとなる。けれどももし神と神の義の道から離れるなら、私たちは神の臨在と助け、契約に示された神の守りを失うことになる。

12:2 それをことごとく必ず破壊しなければならない イスラエル人は異教の民族の礼拝所を全部破壊し、神が決められた場所で神が指示された方法で神を礼拝するように命じられた(12:2-15)。異教の礼拝用の祭壇を残しておけば、イスラエル人は異教礼拝を行う誘惑にさらされることになる。

12:5 神・・・が・・・選ぶ場所 イスラエル人は自分たちの家庭だけではなく、神ご自身が選ばれた特定の場所(最終的にはエルサレムの神殿)で、主を礼拝するべきだった。キリスト者は今も、ほかのキリスト者とともに集まり、神を礼拝し、信仰によって神を呼び求める共通の場所を必要としている。それは神が「御名を置く」(12:5)場所でなければならない。それはみことばがそのまま教えられ、御霊が臨在し、聖さを持つ神の民が集まる場所である(⇒Ⅰコリ1:2)。

がたの神、主があなたがたに受け継がせようとしておられる地に住み、主があなたがたの回りの敵をことごとく取り除いてあなたがたを休ませ、あなたがたが安らかに住むようになるなら、

11 あなたがたの神、主が、御名を住まわせるために選ぶ場所へ、私があなたがたに命じるすべての物を持って行かなければならない。あなたがたの全焼のいけにえとそのほかのいけにえ、十分の一と、あなたがたの奉納物、それにあなたがたが主に誓う最良の誓願のささげ物とである。

12 あなたがたは、息子、娘、男奴隷、女奴隷とともに、あなたがたの神、主の前で喜び楽しみなさい。また、あなたがたの町囲みのうちにいるレビ人とも、そうしなさい。レビ人にはあなたがたにあるような相続地の割り当てがないからである。

13 全焼のいけにえを、かって気ままな場所でささげないように気をつけなさい。

14 ただ主があなたの部族の一つのうちに選ぶその場所で、あなたの全焼のいけにえをささげ、その所で私が命じるすべてのことをしなければならない。

15 しかしあなたの神、主があなたに賜った祝福にしたがって、いつでも自分の欲するとき、あなたのどの町囲みのうちでも、獣をほふってその肉を食べることができる。汚れた人も、きよい人も、かもしか、鹿と同じように、それを食べることができる。

16 ただし、血は食べてはならない。それを地面に水のように注ぎ出さなければならない。

17 あなたの穀物や新しいぶどう酒や油の十分の一、あるいは牛や羊の初子、または、あなたが誓うすべての誓願のささげ物や進んでささげるささげ物、あるいは、あなたの奉納物を、あなたの町囲みのうちで食べることはできない。

18 ただ、あなたの神、主が選ぶ場所で、あなたの息子、娘、男奴隷、女奴隷、およびあなたの町囲みのうちにいるレビ人とともに、あなたの神、主の前でそれらを食べなければならない。あなたの神、主の前で、あなたの手のすべてのわざを喜び楽しみなさい。

19 あなたは一生、あなたの地で、レビ人を

10 ① 申11:31
② Ⅱ サム7:1, 詩4:8
11 ① 申14:23, 16:2, 6, 11, 26:2
② 申12:5, 14, 18, 21, 26, 15:20, 17:8, 18:6, 31:11
③ → 申12:6
④ → 申12:6
12 ① 申12:7, 18, 26:11
② 申10:9, 14:27, 29
13 ① → 申12:6
14 ① → 申12:6
15 ① 申12:15, 16, 申12:20-25
② 申14:5, 15:22
16 ① 申15:23, 創9:4, レビ7:26, 17:10-14
17 ① 申12:26
② → 申7:13
③ 申14:22, 23
④ → 申12:6
18 ① 申12:5
② Ⅰ サム1:4
③ 申12:12
④ 申12:7, 12
19 ① 申14:27

20 ① 申11:24, 19:8, 創15:18, 28:14, 出34:24
② 申12:15
21 ① 出20:24
23 ① 創9:4, レビ17:11, 14
25 ① 申4:40, 出15:26, Ⅰ 列11:38, イザ3:10
26 ① 申12:17
27 ① → 申12:6
28 ① 申4:40, 12:25
29 ① 申19:1, 出23:23, ヨシ23:4
30 ① 申7:16
② レビ18:3, 26, 30, Ⅱ 列17:15

ないがしろにしないように気をつけなさい。

20 あなたの神、主が、あなたに告げたように、あなたの領土を広くされるなら、あなたが肉を食べたくなったとき、「肉を食べたい」と言ってよい。あなたは食べたいだけ、肉を食べることができる。

21 もし、あなたの神、主が御名を置くために選ぶ場所が遠く離れているなら、私があなたに命じたように、あなたは主が与えられた牛と羊をほふり、あなたの町囲みのうちで、食べたいだけ食べてよい。

22 かもしかや、鹿を食べるように、それを食べてよい。汚れた人もきよい人もいっしょにそれを食べることができる。

23 ただ、血は絶対に食べてはならない。血はいのちだからである。肉とともにいのちを食べてはならない。

24 血を食べてはならない。それを水のように地面に注ぎ出さなければならない。

25 血を食べてはならない。あなたも、後の子孫もしあわせになるためである。あなたは主が正しいと見られることを行わなければならない。

26 ただし、あなたがささげようとする聖なるものと誓願のささげ物とは、主の選ぶ場所へ携えて行かなければならない。

27 あなたの全焼のいけにえはその肉と血とを、あなたの神、主の祭壇の上にささげなさい。あなたの、ほかのいけにえの血は、あなたの神、主の祭壇の上に注ぎ出さなければならない。その肉は食べてよい。

28 気をつけて、私が命じるこれらのすべてのことばに聞き従いなさい。それは、あなたの神、主がよいと見、正しいと見られることをあなたが行い、あなたも後の子孫も永久にしあわせになるためである。

29 あなたが、入って行って、所有しようとしている国々を、あなたの神、主が、あなたの前から絶ち滅ぼし、あなたがそれらを所有して、その地に住むようになったら、

30 よく気をつけ、彼らがあなたの前から根絶やしにされて後に、彼らにならって、なにかにかけられないようにしなさい。彼らの神々を求めて、「これらの異邦の民は、どのように神々に仕えたのだろう。私もそう

申命記 12-13章

してみよう」と言わないようにしなさい。
31 あなたの神、主に対して、このようにしてはならない。彼らは、主が憎むあらゆる忌みきらうべきことを、その神々に行い、自分たちの息子、娘を自分たちの神々のために、火で焼くことさえしたのである。
32 あなたがたは、私があなたがたに命じるすべてのことを、守り行わなければならない。これにつけ加えてはならない。減らしてはならない。

ほかの神々を礼拝すること

13 1 *あなたがたのうちに預言者または夢見る者が現れ、あなたに何かのしるしや不思議を示し、
2 あなたに告げたそのしるしと不思議が実現して、「さあ、あなたが知らなかったほかの神々に従い、これに仕えよう」と言っても、
3 その預言者、夢見る者のことばに従ってはならない。あなたがたの神、主は、あなたがたが心を尽くし、精神を尽くして、ほんとうに、あなたがたの神、主を愛するかどうかを知るために、あなたがたを試みておられるからである。
4 あなたがたの神、主に従って歩み、主を恐れなければならない。主の命令を守り、御声に聞き従い、主に仕え、主にすがらなければならない。
5 その預言者、あるいは、夢見る者は殺されなければならない。その者は、あなたが

31 ①申9:5
②→申17:1
③レビ18:10,20:2
詩106:37,
エレ32:35, エゼ23:37
32 ①申4:2, 箴30:6,
黙22:18, 19

1 ①マタ24:24,
マコ13:22, Ⅱテサ2:9
*13章中の「あなたがたのうちに」は、直訳「あなたのうち」
②エレ23:13, 14
③ゼカ10:2
2 ①申13:6, 13
②申32:17
3 ①申18:22, エレ28:9
②→申6:5
④申8:2, 16, 出20:20
4 ①Ⅱ列23:3, Ⅱ歴34:31
②申6:13
③申30:20
④申10:20
5 ①申13:9, 15, 18:20,
エレ14:15, ゼカ13:3

②エレ28:16, 29:32
③申13:10
④申17:7, 22:21, 22, 24,
Ⅰコリ5:13
6 ①Ⅰサム18:1, 3, 20:17
②申13:2
③申17:3, 29:18, 32:17
8 ①申7:2
9 ①申13:5, 17:5
②申17:7
10 ①レビ24:14, 使7:58
11 ①申17:13, 19:20

たをエジプトの国から連れ出し、奴隷の家から贖い出された、あなたがたの神、主に、あなたがたを反逆させようとそのかし、あなたの神、主があなたに歩めと命じた道から、あなたを迷い出させようとするからである。あなたがたのうちからこの悪を除き去りなさい。

6 あなたと母を同じくするあなたの兄弟、あるいはあなたの息子、娘、またはあなたの愛妻、またはあなたの無二の親友が、ひそかにあなたをそそのかして、「さあ、ほかの神々に仕えよう」と言うかもしれない。これは、あなたも、あなたの先祖たちも知らなかった神々で、
7 地の果てから果てまで、あなたの近くにいる、あるいはあなたと遠く離れている、あなたがたの回りの国々の民の神である。
8 あなたは、そういう者に同意したり、耳を貸したりしてはならない。このような者にあわれみをかけたり、同情したり、彼をかばったりしてはならない。
9 必ず彼を殺さなければならない。彼を殺すには、まず、あなたが彼に手を下し、その後、民がみな、その手を下すようにしなさい。
10 彼を石で打ちなさい。彼は死ななければならない。彼は、エジプトの地、奴隷の家からあなたを連れ出したあなたの神、主から、あなたを迷い出させようとしたからである。
11 イスラエルはみな、聞いて恐れ、重ねてこのような悪を、あなたがたのうちで行わ

13:3 その預言者・・・に従ってはならない 主とのつながりは神と啓示されたみことばに誠実であることが土台である（8:3）。13:1-5は神への誠実さをゆるがすような誘惑が時には霊的と思われる人から来ることを教えている。私たちは本当のところ何に誠実なのかを調べなければならない。それを試す方法がいくつかある。
(1) 神は時に、神とみことばに対する私たちの愛と献身が誠実であるかどうかを試される（⇒8:2）。
(2) 神は、神に代って話すと主張し、「しるしや不思議」を行う人々を神の民の中に入らせて私たちを試されることがある（13:1, 2）。そのような人々はすばらしい油注ぎのもとで話し、未来を正しく予言し、奇蹟やしるし、不思議を行うかもしれない。けれども同時に聖書の啓示とは違う福音を教えたり、何かをつけ加えたり、あるいは神のことばの一部だけを教えたりする

のである（⇒4:2, 12:32）。もしこのようなにせ指導者に従ったら、神とその霊感されたみことばに対する私たちの絶対的な忠誠心はなくなってしまう（13:5）。
(3) 新約聖書も終りの日にはにせ預言者とにせ教師がキリストの福音をひどくゆがめるだろうと警告している。信仰者は聖書に書かれている神の啓示に対して誠実であり続けるように心と思いを定めなければならない。伝道と教えの正当性（真実と健全さの土台）はその人の説教の賜物や預言の力、奇蹟の働きや受洗者の数などだけで決めてはならない。このような基準は今の時代の終りが近付くにつれてますます信用できないものになる。真理の基準は全く誤りのない神のことばでなければならない（→「**にせ教師**」の項 p.1758,「**聖書の霊感と権威**」の項 p.2323）。

ないであろう。

¹²もし、あなたの神、主があなたに与えて住まわせる町の一つで、¹³よこしまな者たちが、あなたがたのうちから出て、「さあ、あなたがたの知らなかったほかの神々に仕えよう」と言って、町の住民を迷わせたと聞いたなら、¹⁴あなたは、調べ、探り、よく問いたださなければならない。もし、そのような忌みきらうべきことがあなたがたのうちで行われたことが、事実で確かなら、¹⁵あなたは必ず、その町の住民を剣の刃で打たなければならない。その町とそこにいるすべての者、その家畜も、剣の刃で聖絶しなさい。¹⁶そのすべての略奪物を広場の中央に集め、その町と略奪物のすべてを、あなたの神、主への焼き尽くすいけにえとして、火で焼かなければならない。その町は永久に廃墟となり、再建されることはない。¹⁷この聖絶のものは何一つ自分のものにしてはならない。主が燃える怒りをおさめ、あなたにあわれみを施し、あなたをいつくしみ、あなたの先祖たちに誓ったとおり、あなたをふやすためである。¹⁸あなたは、必ずあなたの神、主の御声に聞き従い、私が、きょう、あなたに命じるすべての主の命令を守り、あなたの神、主が正しいと見られることを行わなければならない。

きよい食物と汚れた食物
14:3-20　並行記事－レビ11:1-23

14 ¹あなたがたは、あなたがたの神、主の子どもである。死人のために自分の身に傷をつけたり、また額をそり上げたりしてはならない。²あなたは、あなたの神、主の聖なる民である。主は、地の面のすべての国々の民のうちから、あなたを選んでご自分の宝の民とされた。³あなたは忌みきらうべきものを、いっさい食べてはならない。⁴あなたがたが食べることのできる獣は、牛、羊、やぎ、⁵鹿、かもしか、のろじか、野やぎ、くじか、おおじか、野羊。⁶および、ひづめが分かれ、完全に二つに割れているもので、反芻するものは、すべて食べることができる。⁷反芻するもの、または、ひづめの分かれたもののうち、らくだ、野うさぎ、岩だぬきは、食べてはならない。これらは反芻するが、ひづめが分かれていない。それは、あなたがたには汚れたものである。⁸豚もそうである。ひづめは分かれているが、反芻しないから、あなたがたには汚れたものである。その肉を食べてはならない。またその死体にも触れてはならない。⁹すべて水の中にいるもののうち、次のものをあなたがたは食べることができる。すべて、ひれとうろこのあるものは食べることができる。¹⁰ひれとうろこのないものは何も食べてはならない。それは、あなたがたには汚れたものである。

¹¹すべて、きよい鳥は食べることができる。¹²食べてならないものは、はげわし、はげたか、黒はげたか、¹³黒とび、はやぶさ、とびの類、¹⁴烏の類全部、¹⁵だちょう、よたか、かもめ、たかの類、¹⁶ふくろう、みみずく、白ふくろう、¹⁷ペリカン、野がん、う、¹⁸こうのとり、さぎの類、やつがしら、こうもり。¹⁹羽があって群生するものは、すべてあなたがたには汚れたものである。²⁰羽のあるきよいものはどれも食べることができる。

²¹あなたがたは自然に死んだものを、いっさい食べてはならない。あなたの町囲みのうちにいる在留異国人にそれを与えて、彼がそれを食べるのはよい。あるいは、外国人に売りなさい。あなたは、あなたの神、主の聖なる民である。子やぎをその母の乳で煮てはならない。

十分の一のささげ物

²²あなたは種を蒔いて、畑から得るすべての収穫の十分の一を必ず毎年ささげなければならない。²³主が御名を住まわせるために選ぶ場所、

申命記 14-15章　331

あなたの神、主の前で、あなたの穀物や新しいぶどう酒や油の十分の一と、それに牛や羊の初子を食べなさい。あなたが、いつも、あなたの神、主を恐れることを学ぶために。²⁴もし、道のりがあまりに遠すぎ、持って行くことができないなら、もし、あなたの神、主が御名を置くために選ぶ場所が遠く離れているなら、あなたの神、主があなたを祝福される場合、

²⁵あなたはそれを金に換え、その金を手に結びつけ、あなたの神、主の選ぶ場所に行きなさい。

²⁶あなたは、そこでその金をすべてあなたの望むもの、牛、羊、ぶどう酒、強い酒、また何であれ、あなたの願うものに換えなさい。あなたの神、主の前で食べ、あなたの家族とともに喜びなさい。

²⁷あなたの町囲みのうちにいるレビ人をないがしろにしてはならない。彼には、あなたのうちにあって相続地の割り当てがないからである。

²⁸三年の終わりごとに、その年の収穫の十分の一を全部持ち出し、あなたの町囲み

23 ③→申7:13
④申15:19
⑤申4:10
24①申12:5, 21
26①→レビ10:9
①申12:7, 18, 26:11
27①申12:12, 18, 19
②申10:9, 12:12, 18:1,2, 民18:20
28①申26:12

29①申14:27
②申16:11, 14, 24:19-21, 26:12
③申6:11
④申15:10

1①申31:10, 出21:2, 23:10, 11, レビ25:4, エレ34:14
2①申23:20
4①申28:8

のうちに置いておかなければならない。

²⁹あなたのうちにあって相続地の割り当てのないレビ人や、あなたの町囲みのうちにいる在留異国人や、みなしごや、やもめは来て、食べ、満ち足りるであろう。あなたの神、主が、あなたのすべての手のわざを祝福してくださるためである。

負債の免除の年

15:1-11　参照―レビ25:8-38

15 ¹七年の終わりごとに、負債の免除をしなければならない。
²その免除のしかたは次のとおりである。貸し主はみな、その隣人に貸したものを免除する。その隣人やその兄弟から取り立ててはならない。主が免除を布告しておられる。
³外国人からは取り立てることができるが、あなたの兄弟が、あなたに借りているものは免除しなければならない。
⁴そうすれば、あなたのうちには貧しい者がなくなるであろう。あなたの神、主が相続地としてあなたに与えて所有させようとしておられる地で、主は、必ずあなたを祝福される。

14:26　あなたは・・・ぶどう酒、強い酒・・・あなたの家族とともに　この節は男、女、若者、小さい子どもなど家族全体による礼拝と特別な感謝のときのことを言っている。ここで使われている「ぶどう酒」というヘブル語（《ヘ》ヤイン）は発酵したぶどうの果汁と未発酵のぶどうの果汁の両方を意味する。「強い酒」に使われたヘブル語（《ヘ》シェカール）は「甘い飲み物」とも訳すことができる（ここで使われている二つのヘブル語の通常の意味について　→「旧約聖書のぶどう酒」の項 p.1063）。おとなと子どもが人を酔わせて中毒にさせる飲み物を飲んで神を礼拝するように命令されているのだろうかという疑問はこの説明を見れば解決することができる。この節を正しく解釈しようとするときには以下のことを考慮に入れるとよい。

（1）礼拝の集会の目的は「あなたの神、主を恐れることを学ぶ」ことである（14:23）。神を正しく礼拝し、神を恐れること（尊敬と敬意をもって）を学ぶためには、油断することなく自制をしている必要がある（→エペ5:18注、Ⅰテサ5:6-8注、→「神への恐れ」の項 p.316）。聖さと汚れを見分けるため、また神の命令を正しく教えるため（レビ10:9）、そして私たちが神の教えを忘れて間違ったことを行わないために（→箴31:4-5注）、酔いを招く飲み物を完全に断つこと（自己抑制）を神は求めておられる。

（2）レビ人の祭司たちは礼拝の集会に出なければならなかった（14:27-29）。神は祭司たちに祭司の働きをしている間、酔いを招く飲み物（アルコール飲料）を断つように（死罪にあたる）命令された（レビ10:9）。祭司たちがそばにいるのに礼拝者たちだけがアルコール飲料を自由に飲むように勧めることは、神の聖い特性に反している。

（3）その祭りは収穫祭で、この期間中は採れたての産物が使われた（14:23）。このことは新しい新鮮な果汁（アルコール分がない）が手に入ることを示している。この節にある二つのヘブル語「ぶどう酒」（《ヘ》ヤイン）と「強い酒」（《ヘ》シェカール）がアルコール分のない状態のぶどう酒の意味に使われている古代の例がいくつかある（→「旧約聖書のぶどう酒」の項 p.1063,「新約聖書のぶどう酒」の項 p.1870）。

（4）アルコールが胎児に恐ろしい影響を与えることが現在発見されていることを考えると、すべてを知っておられる神がご自分の前で、イスラエルの父親、母親、子どもたちに酔いを招く飲み物を飲みながら「喜びなさい」と祝福し、是認し、命令されたとは考えられない（→箴23:31注、→「新約聖書のぶどう酒」の項 p.1870）。

⁵ ただ、あなたは、あなたの神、主の御声によく聞き従い、私が、きょう、あなたに命じるこのすべての命令を守り行わなければならない。
⁶ あなたの神、主は、あなたに約束されたようにあなたを祝福されるから、あなたは多くの国々に貸すが、あなたが借りることはない。またあなたは多くの国々を支配するが、彼らがあなたを支配することはない。

⁷ あなたの神、主があなたに与えようとしておられる地で、あなたのどの町囲みのうちででも、あなたの兄弟のひとりが、もし貧しかったなら、その貧しい兄弟に対して、あなたの心を閉じてはならない。また手を閉じてはならない。
⁸ 進んであなたの手を彼に開き、その必要としているものを十分に貸し与えなければならない。
⁹ あなたは心に邪念をいだき、「第七年、免除の年が近づいた」と言って、貧しい兄弟に物惜しみして、これに何も与えないことのないように気をつけなさい。その人があなたのことで主に訴えるなら、あなたは有罪となる。
¹⁰ 必ず彼に与えなさい。また与えるとき、心に未練を持ってはならない。このことのために、あなたの神、主は、あなたのすべての働きと手のわざを祝福してくださる。
¹¹ 貧しい者が国のうちから絶えることはないであろうから、私はあなたに命じて言う。「国のうちにいるあなたの兄弟の悩んでいる者と貧しい者に、必ずあなたの手を開かなければならない。」

奴隷の解放

15:12-18　並行記事ー出21:2-6
15:12-18　参照ーレビ25:38-55

¹² もし、あなたの同胞、ヘブル人の男あるいが女が、あなたのところに売られてきて六年間あなたに仕えたなら、七年目にはあなたは彼を自由の身にしてやらなければならない。
¹³ 彼を自由の身にしてやるときは、何も持たせずに去らせてはならない。
¹⁴ 必ず、あなたの羊の群れと打ち場と酒ぶねのうちから取って、彼にあてがってやらなければならない。あなたの神、主があなたに祝福として与えられたものを、彼に与えなければならない。
¹⁵ あなたは、エジプトの地で奴隷であったあなたを、あなたの神、主が贖い出されたことを覚えていなさい。それゆえ、私は、きょう、この戒めをあなたに命じる。
¹⁶ その者が、あなたとあなたの家族を愛し、あなたのもとにいてしあわせなので、「あなたのところから出て行きたくありません」と言うなら、
¹⁷ あなたは、きりを取って、彼の耳を戸に刺し通しなさい。彼はいつまでもあなたの奴隷となる。女奴隷にも同じようにしなければならない。
¹⁸ 彼を自由の身にしてやるときには、きびしくしてはならない。彼は六年間、雇い人の賃金の二倍分あなたに仕えたからである。あなたの神、主は、あなたのなすすべてのことにおいて、あなたを祝福してくださる。

動物の初子

¹⁹ あなたの牛の群れや羊の群れに生まれた雄の初子はみな、あなたの神、主にささげなければならない。牛の初子を使って働いてはならない。羊の初子の毛を刈ってはならない。
²⁰ 主が選ぶ場所で、あなたは家族とともに、毎年、あなたの神、主の前で、それを食べなければならない。

15:7-11　貧しい兄弟　困窮している人々を助けようという心からの願いは神の律法に従おうという思いにつながるはずである(⇒24:14-15, 箴14:21, 31)。(1) 私たちに貧しく恵まれていない人々を助けようとする姿勢と気持があるかどうかを神は注目しておられる。本当に必要な人々を助けるために持っている物を使わなければならない(→「貧困者への配慮」の項 p.1510)。欲張りで自己中心的で、ほかの人々の必要を無視するなら、神の祝福を失うことになる(15:9-10)。(2) 新約聖書は予期しない、または不運な情況から貧しさと欠乏に苦しむ人々に対して、同情や共感、優しさが必要であることを強調している(マタ25:31-36, ガラ6:2, 10)。

15:13　何も持たせずに去らせてはならない　イスラエル人は奴隷を去らせる場合、十分なものを支給しなければならなかった(⇒15:12)。ほかの人々への愛(⇒レビ19:18)があるなら、自分で生活費を得るようになるまで生活ができるくらい十分な食料と必要なも

²¹ もし、それに欠陥があれば、足がなえたり盲目であったり、何でもひどい欠陥があれば、あなたの神、主にそれをいけにえとしてささげてはならない。
²² あなたの町囲みのうちでそれを食べなければならない。汚れた人もきよい人も、かもしかや、鹿と同じように、それを食べることができる。
²³ ただし、その血を食べてはならない。それを地面に水のように注ぎ出さなければならない。

過越

16:1-8　並行記事―出12:14-20, レビ23:4-8, 民28:16-25

16 ¹ アビブの月を守り、あなたの神、主に過越のいけにえをささげなさい。アビブの月に、あなたの神、主が、夜のうちに、エジプトからあなたを連れ出されたからである。
² 主が御名を住まわせるために選ぶ場所で、羊と牛を過越のいけにえとしてあなたの神、主にささげなさい。
³ それといっしょに、パン種を入れたものを食べてはならない。七日間は、それといっしょに種を入れないパン、悩みのパンを食べなければならない。あなたが急いでエジプトの国を出たからである。それは、あなたがエジプトの国から出た日を、あなたの一生の間、覚えているためである。
⁴ 七日間は、パン種があなたの領土のどこにも見あたらないようにしなければならない。また、第一日目の夕方にいけにえとしてほふったその肉を、朝まで残してはならない。
⁵ あなたの神、主があなたに与えようとしておられるあなたの町囲みのどれでも、その中で過越のいけにえをほふることはできない。
⁶ ただ、あなたの神、主が御名を住まわせるために選ぶその場所で、夕方、日の沈むころ、あなたがエジプトから出た時刻に、過越のいけにえをほふらなければならない。
⁷ そして、あなたの神、主が選ぶその場所で、それを調理して食べなさい。そして

21①申17:1,
　レビ22:19-25
23①申12:16, 23, 24,
　創9:4,
　レビ7:26, 17:10-14,
　19:26

1①申16:1-8, 出12:12-20,
　レビ23:5-8, 民28:16-25
　②出13:4, 34:18, 12:2
2①→申12:11
　②申12:5, 26
3①出12:8, 13:3, 6, 7,
　34:18
　②申4:9
4①申13:7
　②出12:10, 34:25
6①→申12:11
　②申12:6
　③Ⅱ列23:23,
　ヨハ2:13, 23, 11:55
7①出12:8, 9, Ⅱ歴35:13

8①出12:16, 13:6,
　レビ23:8, 36, 民29:35
9①出22:6
10①レビ23:15-21,
　民28:26-31,
　出23:16, 34:22, 使2:1
　②申16:17
　③Ⅰコリ16:2
11①申12:12
　＊直訳「あなたのうち」
　②申14:29
　③→申12:11
　④申12:7, 12, 18, 14:26,
　16:14
12①申15:15
13①→民15:20
　②申16:13-15,
　レビ23:34-43,
　民29:12-39, 出23:16,
　ヨハ7:2
16①出23:14-17, 34:23, 24,
　詩122:4, ルカ2:42
　②出34:20

朝、自分の天幕に戻って行きなさい。
⁸ 六日間、種を入れないパンを食べなければならない。七日目は、あなたの神、主へのきよめの集会である。どんな仕事もしてはならない。

七週の祭り

16:9-12　並行記事―レビ23:15-22, 民28:26-31

⁹ 七週間を数えなければならない。かまを立穂に入れ始める時から、七週間を数え始めなければならない。
¹⁰ あなたの神、主のために七週の祭りを行い、あなたの神、主が賜る祝福に応じ、進んでささげるささげ物をあなたの手でささげなさい。
¹¹ あなたは、あなたの息子、娘、男女の奴隷、あなたの町囲みのうちにいるレビ人、＊あなたがたのうちの在留異国人、みなしご、やもめとともに、あなたの神、主の前で、あなたの神、主が御名を住まわせるために選ぶ場所で、喜びなさい。
¹² あなたがエジプトで奴隷であったことを覚え、これらのおきてを守り行いなさい。

仮庵の祭り

16:13-17　並行記事―レビ23:33-43, 民29:12-39

¹³ あなたの打ち場とあなたの酒ぶねから、取り入れが済んだとき、七日間、仮庵の祭りをしなければならない。
¹⁴ この祭りのときには、あなたも、あなたの息子、娘、男女の奴隷、あなたの町囲みのうちにいるレビ人、在留異国人、みなしご、やもめも共に喜びなさい。
¹⁵ あなたの神、主のために、主が選ぶ場所で、七日間、祭りをしなければならない。あなたの神、主が、あなたのすべての収穫、あなたの手のすべてのわざを祝福されるからである。あなたは大いに喜びなさい。
¹⁶ あなたのうちの男子はみな、年に三度、種を入れないパンの祭り、七週の祭り、仮庵の祭りのときに、あなたの神、主の選ぶ場所で、御前に出なければならない。主の前には、何も持たずに出てはならない。

のを与えなければならないのである。同じように新しい契約の中にある愛と正義の原則も、雇われた人々を同情と公平と正義をもって扱うことを要求している。

16:1　過越　→「過越」の項 p.142
16:10　七週の祭り　イスラエルの「聖なる会合の日」と祭りについて　→レビ23：全部の注

申命記　16-17章

¹⁷あなたの神、主が賜った祝福に応じて、それぞれ自分のささげ物を持って出なければならない。

さばきつかさ

¹⁸あなたの神、主があなたに与えようとしておられるあなたのすべての町囲みのうちに、あなたの部族ごとに、さばきつかさと、つかさたちを任命しなければならない。彼らは正しいさばきをもって民をさばかなければならない。

¹⁹あなたはさばきを曲げてはならない。人をかたよって見てはならない。わいろを取ってはならない。わいろは知恵のある人を盲目にし、正しい人の言い分をゆがめるからである。

²⁰正義を、ただ正義を追い求めなければならない。そうすれば、あなたは生き、あなたの神、主が与えようとしておられる地を、自分の所有とすることができる。

ほかの神々を礼拝すること

²¹あなたが築く、あなたの神、主の祭壇のそばに、どんな木のアシェラ像をも立ててはならない。

²²あなたは、あなたの神、主の憎む石の柱を立ててはならない。

17

¹悪性の欠陥のある牛や羊を、あなたの神、主にいけにえとしてささげてはならない。それは、あなたの神、主の忌みきらわれるものだからである。

²あなたの神、主があなたに与えようとしておられる町囲みのどれでも、その中で、男であれ、女であれ、あなたの神、主の目の前に悪を行い、主の契約を破り、

³行ってほかの神々に仕え、また、日や月や天の万象など、私が命じもしなかったのを拝む者があり、

⁴それがあなたに告げられて、あなたが聞いたなら、あなたはよく調査しなさい。もし、そのことが事実で、確かであり、この忌みきらうべきことがイスラエルのうちに行われたのなら、

⁵あなたは、この悪事を行った男または女を町の広場に連れ出し、男でも女でも、彼らを石で打ちなさい。彼らは死ななければならない。

⁶ふたりの証人または三人の証人の証言によって、死刑に処さなければならない。ひとりの証言で死刑にしてはならない。

⁷死刑に処するには、まず証人たちが手を下し、ついで、民がみな、手を下さなければならない。こうしてあなたがたのうちから悪を除き去りなさい。

法廷

⁸もし、町囲みのうちで争い事が起こり、それが流血事件、権利の訴訟、暴力事件で、あなたのさばきかねるものであれば、ただちに、あなたの神、主の選ぶ場所に上り、

⁹レビ人の祭司たち、あるいは、その時に立てられているさばきつかさのもとに行き、尋ねなさい。彼らは、あなたに判決のことばを告げよう。

¹⁰あなたは、主が選ぶその場所で、彼らが告げる判決によって行い、すべて彼らがあなたに教えることを守り行いなさい。

¹¹彼らが教えるおしえによって、彼らが述べるさばきによって行わなければならない。彼らが告げる判決から右にも左にもそれてはならない。

¹²もし人が、あなたの神、主に仕えてそこに立つ祭司やさばきつかさに聞き従わず、不遜なふるまいをするなら、その者は死ななければならない。あなたがイスラエルのうちから悪を除き去るなら、

¹³民はみな、聞いて恐れ、不遜なふるまいをすることはもうないであろう。

王

¹⁴あなたの神、主があなたに与えようとしておられる地に入って行って、それを占領し、そこに住むようになったとき、あなたが、「回りのすべての国々と同じく、私も自分の上に王を立てたい」と言うなら、

17:7 悪を除き去りなさい　イスラエル人は神を尊ばない生活を送り、契約の命令を破る人々を自分たちの中から取除いて、自分自身を清く保つようにと命じられた。新約聖書も教会は罪を犯している教会員を訓戒し、罪と不道徳の生活を続けている人々を除くように求めている（⇒マタ18:15-17，Ⅰコリ5:1-13，Ⅱコリ2:6-7）。

申命記 17-18章

¹⁵あなたの神、主の選ぶ者を、必ず、あなたの上に王として立てなければならない。あなたの同胞の中から、あなたの上に王を立てなければならない。同胞でない外国の人を、あなたの上に立てることはできない。¹⁶王は、自分のために決して馬を多くふやしてはならない。馬をふやすためだといって民をエジプトに帰らせてはならない。「二度とこの道を帰ってはならない」と主はあなたがたに言われた。¹⁷多くの妻を持ってはならない。心をそらせてはならない。自分のために金銀を非常に多くふやしてはならない。
¹⁸彼がその王国の王座に着くようになったなら、レビ人の祭司たちの前のものから、自分のために、このみおしえを書き写して、¹⁹自分の手もとに置き、一生の間、これを読まなければならない。それは、彼の神、主を恐れ、このみおしえのすべてのことばとこれらのおきてとを守り行うことを学ぶためである。²⁰それは、王の心が自分の同胞の上に高ぶることがないため、また命令から、右にも左にもそれることがなく、彼とその子孫がイスラエルのうちで、長くその王国を治めることができるためである。

祭司とレビ人へのささげ物

18 ¹レビ人の祭司たち、レビ部族全部は、イスラエルといっしょに、相続地の割り当てを受けてはならない。彼らは主への火によるささげ物を、自分への割り当て分として、食べていかなければならない。²彼らは、その兄弟たちの部族の中で相続地を持ってはならない。主が約束されたとおり、主ご自身が、彼らの相続地である。
³祭司たちが民から、牛でも羊でも、いけにえをささげる者から、受けるべきものは次のとおりである。その人は、肩と両方の頬と胃とを祭司に与える。⁴あなたの穀物や、新しいぶどう酒や、油などの初物、羊の毛の初物も彼に与えなければならない。⁵彼とその子孫が、いつまでも、主の御名によって奉仕に立つために、あなたの神、主が、あなたの全部族の中から、彼を選ばれたのである。
⁶もし、ひとりのレビ人が、自分の住んでいたイスラエルのうちのどの町囲みのうちからでも出て、主の選ぶ場所に行きたいなら、望むままに行くことができる。⁷彼は、その所で主の前に仕えている自分の同族レビ人と全く同じように、彼の神、主の御名によって奉仕することができる。⁸彼の分け前は、相続財産を売った分は別として、彼らが食べる分け前と同じである。

忌みきらうべきならわし

⁹あなたの神、主があなたに与えようとしておられる地に入ったとき、あなたはその異邦の民の忌みきらうべきならわしをまねてはならない。¹⁰あなたのうちに自分の息子、娘に火の中を通らせる者があってはならない。占いをする者、卜者、まじない師、呪術者、¹¹呪文を唱える者、霊媒をする者、口寄せ、死人に伺いを立てる者があってはならない。¹²これらのことを行う者はみな、主が忌み

18:9-11　その異邦の民の忌みきらうべきならわし　この箇所にはカナンの宗教で一般的だったオカルト魔術のリストが挙げられている。このようなことは神が嫌悪されること（忌まわしい悪）で禁じられていた。旧約聖書ではこれらのことを行った神の民は処刑されるはずだった（レビ20:27）。新約聖書ではこのようなことを行う人々は神の国に入れないと言明している（ガラ5:20-21, 黙22:15）。

18:10　火の中を通らせる者　モーセはイスラエル人に、カナン人が子どもを異教の神々にいけにえとしてささげている例を見習ってはいけないと注意した（⇒レビ20:2-5）。この慣習は自分の運命を変えようとして行われていたのである。

18:10　占いをする者・・・まじない師　占いを行う人々は悪霊の助けを借りたり、あるいは何か人間的な方法で未来の出来事を予言したり秘密を探ろうとしていた（→黙9:21注）。けれども真理を得るために神が私たちに備えられた方法は、みことばを伝える忠実な預言者たちの言うことに耳を傾けることである（18:14-22）。

18:11　呪文を唱える者、霊媒をする者　ここには霊媒師、降霊術師、死者を呼び出し霊の世界（悪霊）に伺いを立て、秘密を見つけ出し将来を予見し、力を得ようとする人々のリストが挙げられている。死者と話すことは実質的に悪霊と話すことである（⇒Ⅰサム28:8-

きらわれるからである。これらの忌みきらうべきことのために、あなたの神、主は、あなたの前から、彼らを追い払われる。
13 あなたは、あなたの神、主に対して全き者でなければならない。

預言者

14 あなたが占領しようとしているこれらの異邦の民は、卜者や占い師に聞き従ってきたのは確かである。しかし、あなたには、あなたの神、主は、そうすることを許されない。
15 あなたの神、主は、あなたのうちから、あなたの同胞の中から、私のようなひとりの預言者をあなたのために起こされる。彼に聞き従わなければならない。
16 これはあなたが、ホレブであの集まりの日に、あなたの神、主に求めたそのことによるものである。あなたは、「私の神、主の声を二度と聞きたくありません。またこの大きな火をもう見たくありません。私は死にたくありません」と言った。
17 それで主は私に言われた。「彼らの言ったことはもっともだ。
18 わたしは彼らの同胞のうちから、彼らのためにあなたのようなひとりの預言者を起こそう。わたしは彼の口にわたしのことばを授けよう。彼は、わたしが命じることをみな、彼らに告げる。
19 わたしの名によって彼が告げるわたしのことばに聞き従わない者があれば、わたしが彼に責任を問う。
20 ただし、わたしが告げよと命じていないことを、不遜にもわたしの名によって告げたり、あるいは、ほかの神々の名によって告げたりする預言者があるなら、その預言者は死ななければならない。」
21 あなたが心の中で、「私たちは、主が言われたのでないことばを、どうして見分けることができようか」と言うような場合に、
22 預言者が主の名によって語っても、そのことが起こらず、実現しないなら、それは

12 ②レビ18:24, 申9:4
13 ①→創6:9
14 ①イザ2:6
15 ①申18:18, ヨハ1:21, 25, 45, 5:46, 使3:22, 7:37
16 ①申5:23-27, 出20:18, 19
17 ①申5:28
18 ①申18:15
　②イザ51:16, ヨハ1:25, 8:28, 12:49, 50, 17:8, 出4:12
19 ①使3:23, ヘブ12:25
20 ①申17:12
　②申13:1, 2, エレ2:8
　③申13:5, ゼカ13:3
22 ①エレ14:14, 15
　②エレ28:9

③申18:20

1 ①申19:1-10, 出21:13, 民35:10-15, 22-28, ヨシ20章
申12:29
2 ①申4:41, 出21:13, 民35:14, ヨシ20:2
3 ①申4:42, 民35:15
6 ①民35:12
8 ①申12:20, 創15:18

主が語られたことばではない。その預言者が不遜にもそれを語ったのである。彼を恐れてはならない。

のがれの町

19:1-14　参照―民35:6-34, 申4:41-43, ヨシ20:1-9

19 1 あなたの神、主が、あなたに与えようとしておられる地の国々を、あなたの神、主が断ち滅ぼし、あなたがそれらを占領し、それらの町々や家々に住むようになったときに、
2 あなたの神、主があなたに与えて所有させようとしておられるその地に、三つの町を取り分けなければならない。
3 あなたは距離を測定し、あなたの神、主があなたに受け継がせる地域を三つに区分しなければならない。殺人者はだれでも、そこにのがれることができる。
4 殺人者がそこにのがれて生きることができる場合は次のとおり。知らずに隣人を殺し、以前からその人を憎んでいなかった場合である。
5 たとえば、木を切るため隣人といっしょに森に入り、木を切るために斧を手にして振り上げたところ、その頭が柄から抜け、それが隣人に当たってその人が死んだ場合、その者はこれらの町の一つにのがれて生きることができる。
6 血の復讐をする者が、憤りの心に燃え、その殺人者を追いかけ、道が遠いために、その人に追いついて、打ち殺すようなことがあってはならない。その人は、以前から相手を憎んでいたのではないから、死刑に当たらない。
7 だから私はあなたに命じて、「三つの町を取り分けよ」と言ったのである。
8 あなたの神、主が、あなたの先祖たちに誓われたとおり、あなたの領土を広げ、先祖たちに与えると約束された地を、ことごとくあなたに与えられたなら、
9 ――私が、きょう、あなたに命じるこのすべての命令をあなたが守り行い、あなた

14, Ⅱ列21:6, イザ8:19)。

18:15　私のようなひとりの預言者　モーセのような最高の預言者(18:15, 18)はメシヤであるイエス・キリストである(→使3:22注)。この預言者はモーセの

ように、神のことばを伝えるイスラエル人でなければならなかった(18:18-19)。主イエスの時代のユダヤ人はこの偉大な預言者が来られるのを期待していた(ヨハ1:21, 45, 4:19, 29, 6:14, 使3:22-26, 7:37)。

の神、主を愛し、いつまでもその道を歩むなら——そのとき、この三つの町に、さらに三つの町を追加しなさい。
¹⁰あなたの神、主が相続地としてあなたに与えようとしておられる地で、罪のない者の血が流されることがなく、また、あなたが血の罪を負うことがないためである。
¹¹しかし、もし人が自分の隣人を憎み、待ち伏せして襲いかかり、彼を打って、死なせ、これらの町の一つにのがれるようなことがあれば、¹²彼の町の長老たちは、人をやって彼をそこから引き出し、血の復讐をする者の手に渡さなければならない。彼は死ななければならない。¹³彼をあわれんではならない。罪のない者の血を流す罪は、イスラエルから除き去りなさい。それはあなたのためになる。
¹⁴あなたの神、主があなたに与えて所有させようとしておられる地のうち、あなたの受け継ぐ相続地で、あなたは、先代の人々の定めた隣人との地境を移してはならない。

証人

¹⁵どんな咎でも、どんな罪でも、すべて人が犯した罪は、ひとりの証人によっては立証されない。ふたりの証人の証言、または三人の証人の証言によって、そのことは立証されなければならない。
¹⁶もし、ある人に不正な証言をするために悪意のある証人が立ったときには、¹⁷相争うこの二組の者は、主の前に、その時の祭司たちとさばきつかさたちの前に立たなければならない。
¹⁸さばきつかさたちはよく調べたうえで、その証人が偽りの証人であり、自分の同胞に対して偽りの証言をしていたのであれば、¹⁹あなたがたは、彼がその同胞にしようとたくらんでいたとおりに、彼になし、あなたがたのうちから悪を除き去りなさい。²⁰ほかの人々も聞いて恐れ、このような悪を、＊あなたがたのうちで再び行わないであろう。

9①申6:5
②→申8:6
③ヨシ20:7, 8
10①申21:7-9
11①申27:24, 出21:12, 民35:16
12①申19:21
13①申7:2, 13:8, 25:12
②Ⅰ列2:31
14①申27:17,
箴22:28, 23:10,
ヨブ24:2, ホセ5:10
15①申17:6, 民35:30,
マタ18:16, ヨハ8:17,
Ⅱコリ13:1, Ⅰテモ5:19,
ヘブ10:28
16①出23:1,
詩27:12, 35:11
17①申17:9, 21:5
18①箴19:5, 9, ダニ6:24
19＊直訳「あなたのうち」
①申13:5, 17:7, 21:21, 22:21, 24, 24:7
20①申17:13
＊直訳「あなたのうち」

21①申19:13
②出21:23-25

1①詩20:7, イザ31:1
②申3:22, 7:18, 31:6, 8
③民23:21,
Ⅱ歴13:12, 32:7, 8
3①申20:1, 31:6, 8
4①申1:30, 3:22,
ヨシ23:10
＊あるいは「あなたがたを救って」
5①ネヘ12:27, 詩30表題
6①レビ19:23, 24
7①申7:3
8①士7:3

---

²¹あわれみをかけてはならない。①いのちにはいのち、目には目、歯には歯、手には手、足には足。

戦場に行くこと

20 ¹あなたが敵と戦うために出て行くとき、馬や戦車や、あなたよりも多い軍勢を見ても、彼らを恐れてはならない。あなたをエジプトの地から導き上られたあなたの神、主が、あなたとともにおられる。
²あなたがたが戦いに臨む場合は、祭司は進み出て民に告げ、
³彼らに言いなさい。「聞け。イスラエルよ。あなたがたは、きょう、敵と戦おうとしている。弱気になってはならない。恐れてはならない。うろたえてはならない。彼らのことでおじけてはならない。
⁴共に行って、あなたがたのために、あなたがたの敵と戦い、＊勝利を得させてくださるのは、あなたがたの神、主である。」
⁵つかさたちは、民に告げて言いなさい。「新しい家を建てて、まだそれを奉献しなかった者はいないか。その者は家へ帰らなければならない。彼が戦死して、ほかの者がそれを奉献するといけないから。
⁶ぶどう畑を作って、そこからまだ収穫していない者はいないか。その者は家へ帰らなければならない。彼が戦死して、ほかの者が収穫するといけないから。
⁷女と婚約して、まだその女と結婚していない者はいないか。その者は家へ帰らなければならない。彼が戦死して、ほかの者が彼女と結婚するといけないから。」
⁸つかさたちは、さらに民に告げて言わなければならない。「恐れて弱気になっている者はいないか。その者は家に帰れ。戦友たちの心が、彼の心のようにくじけるといけないから。」
⁹つかさたちが民に告げ終わったら、将軍たちが民の指揮をとりなさい。
¹⁰町を攻略しようと、あなたがその町に

19:21 あわれみをかけてはならない ここで言われている原則は、罪に対する処罰はその犯罪に相当するもので、度を過ぎてはならないということである(→出21:23-25、レビ24:17-20)。無実の人や無防備な人に危害を加えてもそれに相当する処罰を受けないなら、この地上に悪と暴力をはびこらすことになる(19:19)。新約聖書は社会の秩序を保つためにこの原則を否定することも削除することもしてはいない(⇒ロマ13:1-4)。けれども個人的な関係で報復することは禁じている(⇒マタ5:38-41)。

近づいたときには、まず降伏を勧めなさい。 ¹¹降伏に同意して門を開くなら、中にいる民は、みな、あなたのために、苦役に服して働かなければならない。 ¹²もし、あなたに降伏せず、戦おうとするなら、これを包囲しなさい。 ¹³あなたの神、主が、それをあなたの手に渡されたなら、その町の男をみな、剣の刃で打ちなさい。 ¹⁴しかし女、子ども、家畜、また町の中にあるすべてのもの、そのすべての略奪物を、戦利品として取ってよい。あなたの神、主があなたに与えられた敵からの略奪物を、あなたは利用することができる。 ¹⁵非常に遠く離れていて、次に示す国々の町でない町々に対しては、すべてこのようにしなければならない。 ¹⁶しかし、あなたの神、主が相続地として与えようとしておられる次の国々の民の町では、息のある者をひとりも生かしておいてはならない。 ¹⁷すなわち、ヘテ人、エモリ人、カナン人、ペリジ人、ヒビ人、エブス人は、あなたの神、主が命じられたとおり、必ず聖絶しなければならない。 ¹⁸それは、彼らが、その神々に行っていたすべての忌みきらうべきことをするようにあなたがたに教え、あなたがたが、あなたがたの神、主に対して罪を犯すことのないためである。

¹⁹長い間、町を包囲して、これを攻め取ろうとするとき、斧をふるって、そこの木を切り倒してはならない。その木から取って食べるのはよいが、切り倒してはならない。まさか野の木が包囲から逃げ出す人間でもあるまい。 ²⁰ただ、実を結ばないとわかっている木だけは、切り倒してもよい。それを切り倒して、あなたと戦っている町が陥落するまでその町に対して、それでとりでを築いてもよい。

犯人不明の殺人のための贖い

21

¹ あなたの神、主があなたに与えて所有させようとしておられる地で、刺し殺されて野に倒れている人が見つかり、だれが殺したのかわからないときは、 ²あなたの長老たちとさばきつかさたちは出て行って、刺し殺された者の回りの町々への距離を測りなさい。 ³そして、刺し殺された者に最も近い町がわかれば、その町の長老たちは、まだ使役されず、まだくびきを負って引いたことのない群れのうちの雌の子牛を取り、 ⁴その町の長老たちは、その雌の子牛を、まだ耕されたことも種を蒔かれたこともない、いつも水の流れている谷へ連れて下り、その谷で雌の子牛の首を折りなさい。 ⁵そこでレビ族の祭司たちが進み出なさい。彼らは、あなたの神、主が、ご自身に仕えさせ、また主の御名によって祝福を宣言するために選ばれた者であり、どんな争いも、どんな暴行事件も、彼らの判決によるからである。 ⁶刺し殺された者に最も近い、その町の長老たちはみな、谷で首を折られた雌の子牛の上で手を洗い、 ⁷証言して言いなさい。「私たちの手は、この血を流さず、私たちの目はそれを見なかった。 ⁸主よ。あなたが贖い出された御民イスラエルをお赦しください。罪のない者の血を流す罪を、御民イスラエルのうちに負わせないでください。」彼らは血の罪を赦される。 ⁹あなたは、罪のない者の血を流す罪をあなたがたのうちから除き去らなければならない。主が正しいと見られることをあなたは行わなければならないからである。

捕虜の女性との結婚

¹⁰あなたが敵との戦いに出て、あなたの神、主が、その敵をあなたの手に渡し、あなたがそれを捕虜として捕らえて行くとき、 ¹¹その捕虜の中に、姿の美しい女性を見、その女を恋い慕い、妻にめとろうとするなら、 ¹²その女をあなたの家に連れて行きなさい。女は髪をそり、爪を切り、 ¹³捕虜の着物を脱ぎ、あなたの家にいて、自分の父と母のため、一か月の間、泣き悲

---

11 *別訳「みつぎを納める者となり、あなたに仕えなければならない」
13 ①民31:7
14 ①ヨシ8:2, 22:8, I 列9:21
16 ①申20:16-18, 申7:1-5
17 ①民21:2, 3, 35, ヨシ11:14
18 ①申12:30, 31, 18:9 ②出23:33

3 ①民19:2, I サム6:7
5 ①申17:8, 9-11, 19:17
②申10:8, I 歴23:13
6 ①詩26:6, マタ27:24
8 ①ヨナ1:14
9 ①申19:13
*直訳「あなたのうち」
12 ①レビ14:8, 9, 民6:9, II サム19:24

21:10 敵 ここで「敵」と言われているのはカナンの地の外にいる人々のことである(⇒20:15)。初めの頃、神の民はカナン人と結婚しないように教えられた(7:1, 3-4)。21:10-14で与えられている指示は、虐待を禁じて捕虜になった女性の尊厳を保護するものだった。

しなければならない。その後、あなたは彼女のところに入り、彼女の夫となることができる。彼女はあなたの妻となる。

14 もしあなたが彼女を好まなくなったなら、彼女を自由の身にしなさい。決して金で売ってはならない。あなたは、すでに彼女を①意のままにしたのであるから、彼女を奴隷として扱ってはならない。

長子の権利

15 ある人がふたりの妻を持ち、ひとりは愛され、ひとりはきらわれており、愛されている者も、きらわれている者も、その人に男の子を産み、長子はきらわれている妻の子である場合、
16 その人が自分の息子たちに財産を譲る日に、長子である、そのきらわれている者の子をさしおいて、愛されている者の子を長子として扱うことはできない。
17 きらわれている妻の子を長子として認め、自分の全財産の中から、二倍の分け前を彼に与えなければならない。彼は、その人の力の初めであるから、長子の権利は、彼のものである。

反抗的な息子

18 かたくなで、逆らう子がおり、父の言うことも、母の言うことも聞かず、父母に懲らしめられても、父母に従わないときは、
19 その父と母は、彼を捕らえ、町の門にいる町の長老たちのところへその子を連れて行き、
20 町の長老たちに、「私たちのこの息子は、かたくなで、逆らいます。私たちの言うことを聞きません。放蕩して、大酒飲みです」と言いなさい。
21 町の人はみな、彼を石で打ちなさい。彼は死ななければならない。あなたがたのうちから②悪を除き去りなさい。イスラエルがみな、聞いて恐れるために。

種々の律法

22 もし、人が死刑に当たる罪を犯して殺

14 ①申22:29, 創34:2, 士19:24
* あるいは「はずかしめた」
15 ①創29:30, 31, Ⅰサム1:2, 5
16 ①Ⅰ歴26:10, Ⅱ歴11:22
17 ①創49:3
②創25:31, 33, Ⅰ歴5:1
21 ①→レビ20:2
* 直訳「あなたのうち」
②申13:5, 19:19, 22:21, 24
③申13:11
22 ①申22:26, マタ26:66, マコ14:64, 使23:29, 25:11, 25, 26:31

②Ⅱサム4:12
23 ①ヨシ8:29, 10:26, 27, ヨハ19:31
②ガラ3:13
③レビ18:25, 民35:34, エゼ39:12
1 ①出23:4, マタ7:12
4 ①出23:5
5 ①→申17:1
6 ①レビ22:28
7 ①申4:40
8 ①Ⅱ列1:2
9 ①レビ19:19

され、あなたがこれを木につるすときは、
23 その死体を次の日まで木に残しておいてはならない。その日のうちに必ず埋葬しなければならない。木につるされた者は、神にのろわれた者だからである。あなたの神、主が相続地としてあなたに与えようとしておられる地を汚してはならない。

22

1 あなたの同族の者の牛または羊が迷っているのを見て、知らぬふりをしていてはならない。あなたの同族の者のところへそれを必ず連れ戻さなければならない。
2 もし同族の者が近くの者でなく、あなたはその人を知らないなら、それを自分の家に連れて来て、同族の者が捜している間、あなたのところに置いて、それを彼に返しなさい。
3 彼のろばについても同じようにしなければならない。彼の着物についても同じようにしなければならない。すべてあなたの同族の者がなくしたものを、あなたが見つけたなら、同じようにしなければならない。知らぬふりをしていることはできない。
4 あなたの同族の者のろば、または牛が道で倒れているのを見て、知らぬふりをしていてはならない。必ず、その者を助けて、それを起こさなければならない。
5 女は男の衣装を身に着けてはならない。また男は女の着物を着てはならない。すべてこのようなことをする者を、あなたの神、主は忌みきらわれる。
6 たまたまあなたが道で、木の上、または地面に鳥の巣を見つけ、それにひなか卵が入っていて、母鳥がひなまたは卵を抱いているなら、その母鳥を子といっしょに取ってはならない。
7 必ず母鳥を去らせて、子を取らなければならない。それは、あなたがしあわせになり、長く生きるためである。
8 新しい家を建てるときは、屋上に手すりをつけなさい。万一、だれかがそこから落ちても、あなたの家は血の罪を負うことがないために。
9 ぶどう畑に二種類の種を蒔いてはなら

21:15　ふたりの妻　複数の妻を持つこと(一夫多妻)は通常人間関係に緊張をもたらす。普通は一方の配偶者がもう一方の配偶者よりも好まれるので、その偏愛が結婚そのものに不幸な影響をもたらすことになる(⇒創29:30)。重婚は族長時代(アブラハム、イサク、ヤコブとその12人の息子の時代)から存在していた。神はそれを認めたのではなく、既に存在していた慣習を規制するための原則を与えられたのである(⇒創2：

契約の重要事項

1.	個　　　性	すべての人の個性は保護されるべきである (出20:13, 申5:17, 出21:16-21, 26-31, レビ19:14, 申24:7, 27:18)
2.	偽りの告発	すべての人は中傷や偽りの告発から保護されるべきである (出20:16, 申5:20, 出23:1-3, レビ19:16, 申19:15-21)
3.	女　　　性	女性はだれも社会での従属的な地位につけこまれることはない (出21:7-11, 20, 26-32, 22:16-17, 申21:10-14, 22:13-30, 24:1-5)
4.	処　　　罰	犯罪に対する処罰は犯罪者の人間性が奪われるほど過酷であってはならない (申25:1-5)
5.	威　　　厳	すべてのイスラエル人が持つ神の自由人、しもべとしての威厳と権利は重んじられ、保護されるべきである　(出21:2, 5-6, レビ25:, 申15:12-18)
6.	相　　　続	約束の地でのすべてのイスラエル人の相続は保証される (レビ25:, 民27:5-7, 36:1-9, 申25:5-10)
7.	財　　　産	すべての人の財産は保証される (出20:15, 申5:19, 出21:33-36, 22:1-15, 23:4-5, レビ19:35-36, 申22:1-4, 25:13-15)
8.	労働の果実	すべての人は労働の果実を受取ることができる (レビ19:13, 申24:14, 25:4)
9.	土地の収穫	すべての人は土地からの収穫を互いに分け合うべきである (出23:10-11, レビ19:9-10, 23:22, 25:3-55, 申14:28-29, 24:19-21)
10.	安息日の休息	最も身分の低い奴隷、在留異国人も含めてすべての人が週ごとの神の安息日の休息を共有するべきである　(出20:8-11, 申5:12-15, 出23:12)
11.	結　　　婚	結婚関係は汚れなく保たれるべきである (出20:14, 申5:18, →レビ18:6-23, 20:10-21, 申22:13-30)
12.	搾　　　取	身体障害者、貧困者、無力な人を含めてすべての人は抑圧され、搾取されることはない (出22:21-27, レビ19:14, 33-34, 25:35-36, 申23:19, 24:6, 12-15, 17, 27:18)
13.	公平な裁判	すべての人は自由に裁判に訴え、公平なさばきを受けることができる (出23:6, 8, レビ19:15, 申1:17, 10:17-18, 16:18-20, 17:8-13, 19:15-21)
14.	社会的身分	神によって与えられた社会的身分はすべて重んじられるべきである (出20:12, 申5:16, 出21:15, 17, 22:28, レビ19:3, 32, 20:9, 申17:8-13, 21:15-21, 27:16)
15.	律　　　法	人はだれも、たとい王でも律法の上に立つことはできない (申17:18-20)
16.	動　　　物	被造物に対する配慮は動物社会にも拡大されるべきである (出23:5, 11, レビ25:7, 申22:4, 6-7, 25:4)

© 1991 Zondervan Publishing House

ない。あなたが蒔いた種、ぶどう畑の収穫が、みな汚れたものとならないために。
10 牛とろばとを組にして耕してはならない。
11 羊毛と亜麻糸とを混ぜて織った着物を着てはならない。
12 身にまとう着物の四隅に、ふさを作らなければならない。

婚姻規定の違反

13 もし、人が妻をめとり、彼女のところに入り、彼女をきらい、
14 口実を構え、悪口を言いふらし、「私はこの女をめとって、近づいたが、処女のしるしを見なかった」と言う場合、
15 その女の父と母は、その女の処女のしるしを取り、門のところにいる町の長老たちのもとにそれを持って行きなさい。
16 その女の父は長老たちに、「私は娘をこの人に、妻として与えましたが、この人は娘をきらいました。
17 ご覧ください。彼は口実を構えて、『あなたの娘に処女のしるしを見なかった』と言いました。しかし、これが私の娘の処女のしるしです」と言い、町の長老たちの前にその着物をひろげなさい。
18 その町の長老たちは、この男を捕らえて、むち打ちにし、
19 銀百シェケルの罰金を科し、これをその女の父に与えなければならない。彼がイスラエルのひとりの処女の悪口を言いふらしたからである。彼女はその男の妻としてとどまり、その男は一生、その女を離縁することはできない。
20 しかし、もしこのことが真実であり、その女の処女のしるしが見つからない場合は、
21 その女を父の家の入口のところに連れ出し、その女の町の人々は石で彼女を打たなければならない。彼女は死ななければならない。その女は父の家で淫行をして、イスラエルの中で恥辱になる事をしたからである。

10①Ⅱコリ6:14
11①レビ19:19
12①民15:38, マタ23:5
13①申24:1
②創29:21, 士15:1
17①ネヘ6:13
21①申23:17, レビ19:29
②創34:7, Ⅱサム13:12, 士20:6

* 直訳「あなたのうち」
22①レビ20:10, ヨブ31:11, エゼ16:38, ヨハ8:5
23①申22:23, 24, レビ19:20-22, マタ1:18, 19
24①申21:14
* 直訳「あなたのうち」
②申22:21, 22
28①申22:28, 29, 出22:16, 17
29①申22:24
30①申27:20, レビ18:8, 20:11, Ⅰコリ5:1
* 直訳「自分の父のすそをあばいてはならない」、「父がおおっているものをあばいてはならない」

1①申23:1-3, イザ56:3-5
2①レビ21:20, 22:15

* あなたがたのうちから悪を除き去りなさい。
22 夫のある女と寝ている男が見つかった場合は、その女と寝ていた男もその女も、ふたりとも死ななければならない。あなたはイスラエルのうちから悪を除き去りなさい。
23 ある人と婚約中の処女の女がおり、他の男が町で彼女を見かけて、これといっしょに寝た場合は、
24 あなたがたは、そのふたりをその町の門のところに連れ出し、石で彼らを打たなければならない。彼らは死ななければならない。これはその女が町の中におりながら叫ばなかったからであり、その男は隣人の妻をはずかしめたからである。*あなたがたのうちから悪を除き去りなさい。
25 もし男が、野で、婚約中の女を見かけ、その女をつかまえて、これといっしょに寝た場合は、女と寝たその男だけが死ななければならない。
26 その女には何もしてはならない。その女には死刑に当たる罪はない。この場合は、ある人が隣人に襲いかかりいのちを奪ったのと同じである。
27 この男が野で彼女を見かけ、婚約中のその女が叫んだが、救う者がいなかったからである。
28 もしある男が、まだ婚約していない処女の女を見かけ、捕らえてこれといっしょに寝て、ふたりが見つけられた場合、
29 女と寝たその男は、この女の父に銀五十シェケルを渡さなければならない。彼女は彼の妻となる。彼は彼女をはずかしめたのであるから、彼は一生、この女を離縁することはできない。
30 だれも自分の父の妻をめとり、自分の*父の恥をさらしてはならない。

集会からの排除

23 1 こうがんのつぶれた者、陰茎を切り取られた者は、主の集会に加

24注、4:19注、29:28注)。
22:17 娘の処女 イスラエル人の女性が結婚するまで純潔で処女であることは重要だった。その責任の多くは両親にあった(22:15)。神は今もキリスト者の親にこの責任を負うようにと命じておられる。親はあらゆる努力を払って娘たち(息子たちも)を婚前の性的行動から守るべきである。子どもたちに純潔に関する神の原則を教え、性的な問題についても神を恐れ、純潔を守る(性的行動をしない)決意をするように導かなくてはならない(→「**性道徳の基準**」の項p.2379)。

23:1-3 集会に加わってはならない これはこの人々がただ共同の礼拝に直接的に参加することが禁じ

申命記　23章

わってはならない。
² 不倫の子は主の集会に加わってはならない。その十代目の子孫さえ、主の集会に加わることはできない。
³ アモン人とモアブ人は主の集会に加わってはならない。その十代目の子孫さえ、決して、主の集会に、入ることはできない。
⁴ これは、あなたがたがエジプトから出て来た道中で、彼らがパンと水とをもってあなたがたを迎えず、あなたをのろうために、アラム・ナハライムのペトルからベオルの子バラムを雇ったからである。
⁵ しかし、あなたの神、主はバラムに耳を貸そうとはせず、かえってあなたの神、主は、あなたのために、のろいを祝福に変えられた。あなたの神、主は、あなたを愛しておられるからである。
⁶ あなたは一生、彼らのために決して平安も、しあわせも求めてはならない。
⁷ エドム人を忌みきらってはならない。あなたの親類だからである。エジプト人を忌みきらってはならない。あなたはその国で、在留異国人であったからである。
⁸ 彼らに生まれた子どもたちは、三代目には、主の集会に入ることができる。

陣営の中の汚れ

⁹ あなたが敵に対して出陣しているときには、すべての汚れたことから身を守らなければならない。
¹⁰ もし、あなたのうちに、夜、精を漏らして、身を汚した者があれば、その者は陣営の外に出なければならない。陣営の中に入って来てはならない。
¹¹ 夕暮れ近くになったら、水を浴び、日没後、陣営の中に戻ることができる。
¹² また、陣営の外に一つの場所を設け、そこへ出て行って用をたすようにしなければならない。
¹³ 武器とともに小さなくわを持ち、外でかがむときは、それで穴を掘り、用をたしてから、排泄物をおおわなければならない。

3①申23:3-6、ネヘ13:1-9
　②哀1:10
4①申2:29
　②歳26:2
　③民22:5, 23:7, Ⅱペテ2:15, ユダ11
5①民24:10
6①申4:37
7①エズ9:12
　②申10:19, 出22:21, 23:9, レビ19:34
10①民5:2
11①レビ15:16
13①Ⅰサム13:20, イザ7:25

14①レビ26:12
　②民5:3
15①Ⅰサム30:15
16 * 直訳「あなたのうち」
　①出22:21
17①申22:21, レビ19:29, ホセ4:14
21①Ⅰ列14:24, 15:12, Ⅱ列23:7, レビ18:22, 20:3, Ⅰコリ6:9
18①一申17:1
19①出22:25, レビ25:36, 37, ネヘ5:7, 10, 詩15:5
20①申15:3
　②申15:10
21①レビ19:12, 民30:2, 歳20:25, 伝5:4, 5, マタ5:33
23①民6:13, 14
25①マタ12:1, マコ2:23, ルカ6:1

¹⁴ あなたの神、主が、あなたを救い出し、敵をあなたに渡すために、あなたの陣営の中を歩まれるからである。あなたの陣営はきよい。主が、あなたの中で、醜いものを見て、あなたから離れ去ることのないようにしなければならない。

その他の律法

¹⁵ 主人のもとからあなたのところに逃げて来た奴隷を、その主人に引き渡してはならない。
¹⁶ あなたがたのうちに、あなたの町囲みのうちのどこでも彼の好むままに選んだ場所に、あなたとともに住まわせなければならない。彼をしいたげてはならない。
¹⁷ イスラエルの女子は神殿娼婦になってはならない。イスラエルの男子は神殿男娼になってはならない。
¹⁸ どんな誓願のためでも、遊女のもうけや犬のかせぎをあなたの神、主の家に持って行ってはならない。これはどちらも、あなたの神、主の忌みきらわれるものである。
¹⁹ 金銭の利息であれ、食物の利息であれ、すべて利息をつけて貸すことのできるものの利息を、あなたの同胞から取ってはならない。
²⁰ 外国人から利息を取ってもよいが、あなたの同胞からは利息を取ってはならない。それは、あなたが、入って行って、所有しようとしている地で、あなたの神、主が、あなたの手のわざのすべてを祝福されるためである。
²¹ あなたの神、主に誓願をするとき、それを遅れずに果たさなければならない。あなたの神、主は、必ずあなたにそれを求め、あなたの罪とされるからである。
²² もし誓願をやめるなら、罪にはならない。
²³ あなたのくちびるから出たことを守り、あなたの口で約束して、自分から進んであなたの神、主に誓願したとおりに行わなければならない。
²⁴ 隣人のぶどう畑に入ったとき、あなたは思う存分、満ち足りるまでぶどうを食べてもよいが、あなたのかごに入れてはならない。
²⁵ 隣人の麦畑の中に入ったとき、あなたは

られたということである。この人々は神との交わりを持つこともできたし、信じる人に神が備えられた祝福にあずかることもできた(⇒イザ56:3-5)。

23:4　バラム　→民22:4-24:25、各注
23:19　利息　→出22:25注
23:21　誓願　→民30:1注

穂を手で摘んでもよい。しかし、隣人の麦畑でかまを使ってはならない。

24

¹ 人が妻をめとり夫となり、妻に何か恥ずべき事を発見したため、気に入らなくなり、離婚状を書いてその女の手に渡し、彼女を家から去らせ、² 彼女が家を出、行って、ほかの人の妻となり、³ 次の夫が彼女をきらい、離婚状を書いてその女の手に渡し、彼女を家から去らせた場合、あるいはまた、彼女を妻としてめとったあとの夫が死んだ場合、⁴ 彼女を出した最初の夫は、その女を再び自分の妻としてめとることはできない。彼女は汚されているからである。これは、主の前に忌みきらうべきことである。あなたの神、主が相続地としてあなたに与えようとしておられる地に、罪をもたらしてはならない。

⁵ 人が新妻をめとったときは、その者をいくさに出してはならない。これに何の義務をも負わせてはならない。彼は一年の間、自分の家のために自由の身になって、めとった妻を喜ばせなければならない。

⁶ ひき臼、あるいは、その上石を質に取ってはならない。いのちそのものを質に取ることになるからである。

⁷ あなたの同族イスラエル人のうちのひとりをさらって行き、これを奴隷として扱い、あるいは売りとばす者が見つかったなら、その人さらいは死ななければならない。あなたがたのうちからこの悪を除き去りなさい。

⁸ ツァラアトの患部には気をつけて、すべてレビ人の祭司が教えるとおりによく守り行わなければならない。私が彼らに命じたとおりに、それを守り行わなければならない。⁹ あなたがたがエジプトから出て来たとき、その道中で、あなたの神、主がミリヤムにされたことを思い出しなさい。

¹⁰ 隣人に何かを貸すときに、担保を取るため、その家に入ってはならない。¹¹ あなたは外に立っていなければならない。あなたが貸そうとするその人が、外にいるあなたのところに、担保を持って出て来なければならない。¹² もしその人が貧しい人である場合は、その担保を取ったままで寝てはならない。¹³ 日没のころには、その担保を必ず返さなければならない。彼は、自分の着物を着て寝るなら、あなたを祝福するであろう。また、それはあなたの神、主の前に、あなたの義となる。

¹⁴ 貧しく困窮している雇い人は、あなたの同胞でも、あなたの地で、あなたの町囲みのうちにいる在留異国人でも、しいたげてはならない。¹⁵ 彼は貧しく、それに期待をかけているから、彼の賃金は、その日のうちに、日没前に、支払わなければならない。彼があなたのことを主に訴え、あなたがとがめを受けることがないように。

¹⁶ 父親が子どものために殺されてはならない。子どもが父親のために殺されてはならない。人が殺されるのは、自分の罪のためでなければならない。

¹⁷ 在留異国人や、みなしごの権利を侵してはならない。やもめの着物を質に取って

24:1 離婚状 離婚は人類の罪の結果である（⇒マタ19:8）。24:1-4の指示は古代のイスラエルで離婚問題を正しく扱うために神が与えられた指針である。この箇所については次のことに注目するべきである。

（1）「恥ずべき事」ということばは姦淫ほど重大ではない恥ずべき不道徳な行為を指していると思われる。姦淫に対する処罰は死刑であるから、ここは姦淫の問題ではない（⇒22:13-22）。

（2）「離婚状」は結婚の契約を破棄し、その女性を守り元の夫に対する義務から全く解放するために女性に与えられた正式の文書だった。

（3）離婚状を受取った後、その女性が再婚することは自由だった。けれどももし二度目の結婚が終っても最初の夫のもとに戻ることはできなかった（24:2-4）。

（4）離婚することは悲劇である（⇒マラ2:16、→創2:24注）。けれども聖書的な理由に基づいているならば罪ではない（→マタ19:9注、Ⅰコリ7:15注）。神ご自身が、不忠実で霊的な姦淫を犯したイスラエルと離婚された（イザ50:1、エレ3:1、6-8）。

24:14 貧しく困窮している 神はしばしばイスラエルに対して、貧しい人々を利用するのではなく、あわれみと尊敬をもって扱うようにと警告された。貧しく困窮している人を公正に扱わない人は、神の非難を受けることになる（24:15、⇒ヤコ5:1-6、→**貧困者への配慮**の項p.1510）。

24:17 在留異国人や、みなしご・・・やもめ 神は

はならない。

¹⁸思い起こしなさい。あなたがエジプトで奴隷であったことを。そしてあなたの神、主が、そこからあなたを贖い出されたことを。だから、私はあなたにこのことをせよと命じる。

¹⁹あなたが畑で穀物の刈り入れをして、束の一つを畑に置き忘れたときは、それを取りに戻ってはならない。それは、在留異国人や、みなしご、やもめのものとしなければならない。あなたの神、主が、あなたのすべての手のわざを祝福してくださるためである。²⁰あなたがオリーブの実を打ち落とすときは、後になってまた枝を打ってはならない。それは、在留異国人や、みなしご、やもめのものとしなければならない。

²¹ぶどう畑のぶどうを収穫するときは、後になってまたそれを摘み取ってはならない。それは、在留異国人や、みなしご、やもめのものとしなければならない。

²²あなたは、自分がエジプトの地で奴隷であったことを思い出しなさい。だから、私はあなたにこのことをせよと命じる。

25

¹人と人との間で争いがあり、彼らが裁判に出頭し、正しいほうを正しいとし、悪いほうを悪いとする判決が下されるとき、

²もし、その悪い者が、むち打ちにすべき者なら、さばきつかさは彼を伏させ、自分の前で、その罪に応じて数を数え、むち打ちにしなければならない。

³四十までは彼をむち打ってよいが、それ以上はいけない。それ以上多くむち打たれて、あなたの兄弟が、あなたの目の前で卑しめられないためである。

⁴脱穀をしている牛にくつこを掛けてはならない。

⁵兄弟がいっしょに住んでいて、そのうちのひとりが死に、彼に子がない場合、死んだ者の妻は、家族以外のよそ者にとついではならない。その夫の兄弟が彼女のところに、入り、これをめとって妻とし、夫の兄弟としての義務を果たさなければならない。⁶そして彼女が産む初めの男の子に、死んだ兄弟の名を継がせ、その名がイスラエルから消し去られないようにしなければならない。

⁷しかし、もしその人が兄弟の、やもめになった妻をめとりたくない場合は、その兄弟のやもめになった妻は、町の門の長老たちのところに行って言わなければならない。「私の夫の兄弟は、自分の兄弟のためにその名をイスラエルのうちに残そうとはせず、夫の兄弟としての義務を私に果たそうとしません。」⁸町の長老たちは彼を呼び寄せ、彼に告げなさい。もし、彼が、「私は彼女をめとりたくない」と言い張るなら、

⁹その兄弟のやもめになった妻は、長老たちの目の前で、彼に近寄り、彼の足からくつを脱がせ、彼の顔につばきして、彼に答えて言わなければならない。「兄弟の家を立てない男は、このようにされる。」¹⁰彼の名は、イスラエルの中で、「くつを脱がされた者の家」と呼ばれる。

¹¹ふたりの者が互いに相争っているとき、一方の者の妻が近づき、自分の夫を、打つ者の手から救おうとして、その手を伸ばし、相手の隠しどころをつかんだ場合は、¹²その女の手を切り落としなさい。容赦してはならない。

¹³あなたは袋に大小異なる重り石を持っていてはならない。

¹⁴あなたは家に大小異なる枡を持っていてはならない。

¹⁵あなたは完全に正しい重り石を持ち、完全に正しい枡を持っていなければならない。あなたの神、主があなたに与えようとしておられる地で、あなたが長く生きるためである。

18①申16:12, 24:22
19①申24:19-21, レビ19:9, 10, 23:22, ルツ2:2
②申14:29, 15:10, 詩41:1, 箴19:17
22①申24:18

1①申17:9
②申1:16, 17, 箴17:15
2①マタ10:17, ルカ12:48
3①Ⅱコリ11:24
4①箴12:10, Ⅰコリ9:9, Ⅰテモ5:18
5①ホセ10:11
5①創38:8, ルツ1:11-13, マタ22:24, マコ12:19, ルカ20:28

6①ルツ4:5, 10, 創38:9
7①ルツ4:1, 2
8①ルツ4:6
9①ルツ4:7, 8
②民12:14
③ルツ4:11
12①申7:2, 19:13
13①申25:13-16, レビ19:35-37, 箴11:1, 20:10, エゼ45:10, アモ8:5, ミカ6:10, 11
14＊①「エパ」
15＊①「エパ」
②出20:12

特に避難民、孤児、やもめに関心を持っておられる（出22:21-22, 23:9）。恵まれない環境にいる人々を助けることは神に喜ばれることである（→ルカ7:13注, ヘブ13:2, ヤコ1:27）。

25:4 牛にくつこを掛けてはならない この命令は仕事をしている動物には体力と健康を維持するために十分なえさ（食物）を与えるようにと言っている。家畜は優しく扱い、その労役に対して報いを与えるべきである。人間はそれ以上にその労役に対して公正な扱いを受けるべきである。新約聖書はこの原則を福音に仕える奉仕者に当てはめている（→Ⅰコリ9:9-11, Ⅰテモ5:17-18）。福音宣教に従事している人やキリスト教団体で働いている人には適切で順当な報酬を支払うべきである。

16 すべてこのようなことをなし、不正をする者を、あなたの神、主は忌みきらわれる。

17 あなたがたがエジプトから出て、その道中で、アマレクがあなたにした事を忘れないこと。 **18** 彼は、神を恐れることなく、道であなたを襲い、あなたが疲れて弱っているときに、あなたのうしろの落後者をみな、切り倒したのである。 **19** あなたの神、主が相続地としてあなたに与えて所有させようとしておられる地で、あなたの神、主が、周囲のすべての敵からあなたを解放して、休息を与えられるようになったときには、あなたはアマレクの記憶を天の下から消し去らなければならない。これを忘れてはならない。

初物と十分の一の供え物

26 **1** あなたの神、主が相続地としてあなたに与えようとしておられる地に入って行き、それを占領し、そこに住むようになったときは、 **2** あなたの神、主が与えようとしておられる地から収穫するその地のすべての産物の初物をいくらか取って、かごに入れ、あなたの神、主が御名を住まわせるために選ぶ場所へ行かなければならない。 **3** そのとき、任務についている祭司のもとに行って、「私は、主が私たちに与えると先祖たちに誓われた地に入りました。きょう、あなたの神、主に報告いたします」と言いなさい。 **4** 祭司は、あなたの手からそのかごを受け取り、あなたの神、主の祭壇の前に供えなさい。 **5** あなたは、あなたの神、主の前で、次のように唱えなさい。「私は、さすらいのアラム人でしたが、わずかな人数を連れてエジプトに下り、そこに寄留しました。しかし、そこで、大きくて強い、人数の多

い国民になりました。 **6** エジプト人は、私たちを虐待し、苦しめ、私たちに過酷な労働を課しました。 **7** 私たちが、私たちの父祖の神、主に叫びますと、主は私たちの声を聞き、私たちの窮状と労苦と圧迫をご覧になりました。 **8** そこで、主は力強い御手と、伸べられた腕と、恐ろしい力と、しるしと、不思議とをもって、私たちをエジプトから連れ出し、 **9** この所に導き入れ、乳と蜜の流れる地、この地を私たちに下さいました。 **10** 今、ここに私は、主、あなたが私に与えられた地の産物の初物を持ってまいりました。」あなたは、あなたの神、主の前にそれを供え、あなたの神、主の前に礼拝しなければならない。 **11** あなたの神、主が、あなたとあなたの家とに与えられたすべての恵みを、あなたは、レビ人およびあなたがたのうちの在留異国人とともに喜びなさい。

12 第三年目の十分の一を納める年に、あなたの収穫の十分の一を全部納め終わり、これをレビ人、在留異国人、みなしご、やもめに与えて、彼らがあなたの町囲みのうちで食べて満ち足りたとき、 **13** あなたは、あなたの神、主の前で言わなければならない。「私は聖なるささげ物を、家から取り出し、あなたが私に下された命令のとおり、それをレビ人、在留異国人、みなしご、やもめに与えました。私はあなたの命令にそむかず、また忘れもしませんでした。 **14** 私は喪のときに、それを食べず、また汚れているときに、そのいくらかをも取り出しませんでした。またそのいくらかでも死人に供えたこともありません。私は、私の神、主の御声に聞き従い、すべてあなたが私に命じられたとおりにいたしました。 **15** あなたの聖なる住まいの天から見おろして、御民イスラエルとこの地を祝福してください。

26:8 【主】は・・・私たちを・・・連れ出し イスラエル人は今自分たちが存在していること、贖われていることは神のみわざによるということをいつも覚えているべきだった。（1）この事実を公に告白し（26:3-9）、ささげ物、感謝、喜び、ほかの人々への親切、神の命令に対する従順を通して礼拝を続けるべきだった（26:12-15）。（2）キリストを信じる私たちも同じように、神のあわれみによりキリストを通していのちと救いを与えられた。キリストの死によって贖われ、買い取られ、神のものとなったのである（⇒エペ1:14、Ⅰペテ1:18-19、2:9-10）。今から後私たちは自分自身を主への生きた供え物として感謝のうちに生き、この世と調子を合せるのではなく、聖霊によって変えられ神のみこころを行う人にならなければならない

申命記 26-27章

これは、私たちの先祖に誓われたとおり私たちに下さった地、乳と蜜の流れる地です。」

主の命令に従うこと

16 あなたの神、主は、きょう、これらのおきてと定めとを行うように、あなたに命じておられる。あなたは心を尽くし、精神を尽くして、それを守り行おうとしている。
17 きょう、あなたは、主が、あなたの神であり、あなたは、主の道に歩み、主のおきてと、命令と、定めとを守り、御声に聞き従うと断言した。
18 きょう、主は、こう明言された。あなたに約束したとおり、あなたは主の宝の民であり、あなたが主のすべての命令を守るなら、
19 主は、賛美と名声と栄光とを与えて、あなたを主が造られたすべての国々の上に高くあげる。そして、約束のとおり、あなたは、あなたの神、主の聖なる民となる。

エバル山の祭壇

27 1 ついでモーセとイスラエルの長老たちとは、民に命じて言った。

私が、きょう、あなたがたに命じるすべての命令を守りなさい。
2 あなたがたが、あなたの神、主が与えようとしておられる地に向かってヨルダンを渡る日には、大きな石を立て、それらに石灰を塗りなさい。
3 あなたが渡ってから、それらの上に、このみおしえのすべてのことばを書きしるしなさい。それはあなたの父祖の神、主が約束されたとおり、あなたの神、主があなたに与えようとしておられる地、乳と蜜の流れる地にあなたが入るためである。
4 あなたがたがヨルダンを渡ったなら、私が、きょう、あなたがたに命じるこれらの石をエバル山に立て、それに石灰を塗らなければならない。
5 そこに、あなたの神、主のために祭壇、石の祭壇を築きなさい。それに鉄の道具を当ててはならない。
6 自然のままの石で、あなたの神、主の祭壇を築かなければならない。その上で、あなたの神、主に全焼のいけにえをささげなさい。
7 またそこで和解のいけにえをささげて、それを食べ、あなたの神、主の前で喜びなさい。
8 それらの石の上に、このみおしえのことばすべてをはっきりと書きしるしなさい。

エバル山からののろい

9 ついで、モーセとレビ人の祭司たちとは、すべてのイスラエル人に告げて言った。
静まりなさい。イスラエルよ。聞きなさい。きょう、あなたは、あなたの神、主の民となった。
10 あなたの神、主の御声に聞き従い、私が、きょう、あなたに命じる主の命令とおきてとを行いなさい。
11 その日、モーセは民に命じて言った。
12 あなたがたがヨルダンを渡ったとき、次の者たちは民を祝福するために、ゲリジム山に立たなければならない。シメオン、レビ、ユダ、イッサカル、ヨセフ、ベニヤミン。
13 また次の者たちはのろいのために、エバル山に立たなければならない。ルベン、ガド、アシェル、ゼブルン、ダン、ナフタリ。
14 レビ人はイスラエルのすべての人々に大声で宣言しなさい。
15「職人の手のわざである、主の忌みきらわれる彫像や鋳像を造り、これをひそかに安置する者はのろわれる。」民はみな、答えて、アーメンと言いなさい。
16「自分の父や母を侮辱する者はのろわれる。」民はみな、アーメンと言いなさい。
17「隣人の地境を移す者はのろわれる。」民はみな、アーメンと言いなさい。
18「盲人にまちがった道を教える者はのろわれる。」民はみな、アーメンと言いなさい。
19「在留異国人、みなしご、やもめの権利を侵す者はのろわれる。」民はみな、アーメンと言いなさい。
20「父の妻と寝る者は、自分の父の恥をさらすのであるから、のろわれる。」民は

(ロマ12:1-2、→エペ2:9注)。
27:15 これをひそかに安置する ここに挙げられている罪の多くはひそかに行われていた(27:15、24)。

したがってイスラエルは、個人の生活で犯した罪でも神に対する罪であるとしたのである。私たちの行動や考えはみな神の目と臨在の前に明らかになっている

みな、アーメンと言いなさい。
21「どんな獣とも寝る者はのろわれる。」
民はみな、アーメンと言いなさい。
22「父の娘であれ、母の娘であれ、自分
の姉妹と寝る者はのろわれる。」民はみな、
アーメンと言いなさい。
23「自分の妻の母と寝る者はのろわれ
る。」民はみな、アーメンと言いなさい。
24「ひそかに隣人を打ち殺す者はのろわ
れる。」民はみな、アーメンと言いなさい。
25「わいろを受け取り、人を打ち殺して
罪のない者の血を流す者はのろわれる。」
民はみな、アーメンと言いなさい。
26「このみおしえのことばを守ろうとせ
ず、これを実行しない者はのろわれる。」
民はみな、アーメンと言いなさい。

従順に対する祝福

28 1もし、あなたが、あなたの神、主の
御声によく聞き従い、私が、きょ
う、あなたに命じる主のすべての命令を守
り行うなら、あなたの神、主は、地のすべ
ての国々の上にあなたを高くあげられよう。
2あなたがあなたの神、主の御声に聞き従
うので、次のすべての祝福があなたに臨
み、あなたは祝福される。
3あなたは、町にあっても祝福され、野に
あっても祝福される。
4あなたの身から生まれる者も、地の産物
も、家畜の産むもの、群れのうちの子牛
も、群れのうちの雌羊も祝福される。
5あなたのかごも、こね鉢も祝福される。
6あなたは、入るときも祝福され、出て行
くときにも祝福される。
7主は、あなたに立ち向かって来る敵を、
あなたの前で敗走させる。彼らは、一つの
道からあなたを攻撃し、あなたの前から七
つの道に逃げ去ろう。
8主は、あなたのために、あなたの穀物倉
とあなたのすべての手のわざを祝福してく
ださることを定めておられる。あなたの
神、主があなたに与えようとしておられる
地で、あなたを祝福される。
9あなたが、あなたの神、主の命令を守り、
主の道を歩むなら、主はあなたに誓われた
とおり、あなたを、ご自身の聖なる民とし
て立ててくださる。
10地上のすべての国々の民は、あなたに主
の名がつけられているのを見て、あなた
を恐れよう。
11主が、あなたに与えるとあなたの先祖た
ちに誓われたその地で、主は、あなたの身
から生まれる者や家畜の産むものや地の産
物を、豊かに恵んでくださる。
12主は、その恵みの倉、天を開き、時にかなっ
て雨をあなたの地に与え、あなたのすべての
手のわざを祝福される。それであなたは多
くの国々に貸すであろうが、借りることはない。
13私が、きょう、あなたに命じるあなたの神、
主の命令にあなたが聞き従い、守り行うなら、
主はあなたをかしらとならせ、尾とはならせ
ない。ただ上におらせ、下へは下されない。
14あなたは、私が、きょう、あなたがたに
命じるこのすべてのことばを離れて右や左
にそれ、ほかの神々に従い、それに仕えて
はならない。

不従順に対するのろい

15もし、あなたが、あなたの神、主の御
声に聞き従わず、私が、きょう、命じる主
のすべての命令とおきてとを守り行わない
なら、次のすべてののろいがあなたに臨
み、あなたはのろわれる。
16あなたは町にあってものろわれ、野に
あってものろわれる。
17あなたのかごも、こね鉢ものろわれる。
18あなたの身から生まれる者も、地の産物
も、群れのうちの子牛も、群れのうちの雌
羊ものろわれる。
19あなたは、入るときものろわれ、出て行
くときにものろわれる。
20主は、あなたのなすすべての手のわざ
に、のろいと恐慌と懲らしめとを送り、つ
いにあなたは根絶やしにされて、すみやか
に滅びてしまう。これはわたしを捨てて、
あなたが悪を行ったからである。

21①出22:19, レビ18:23, 20:15
22①レビ18:9, 20:17
23①レビ18:7, 8, 17, 20:14
24①申19:11, 12, 出20:13, 21:12, レビ24:17, 民35:30, 31
25①申16:19, 出23:7, 8, 箴17:23, エゼ22:12
26①申28:15, 詩119:21, エレ11:3, ガラ3:10

1①申26:19, 28:13
2①申7:12-16, 26:17-19, 出15:26, 23:22-27, レビ26:3-13, イザ1:19, 55:2
3①創39:5
4①申7:13, 28:11, 創22:17, 49:25, ヨブ5:25, 詩107:38, 127:3, 128:3, 4, 箴10:22
5①申28:17 ②出8:3, 12:34
6①詩121:8
7①申28:25, レビ26:7, 8, Ⅱサム22:38, 39, 41, 詩89:23
8①箴3:10 ②申15:10

9①→申8:6 ②申7:6, 26:19, 出19:6
10①イザ63:19, エレ14:9, ダニ9:18, 19 ②申11:25
11①申28:4, 30:9, ヨブ5:25, 詩127:3, 箴10:22
12①申11:14, レビ26:4 ②申14:29, 23:20 ③申15:6, 23:20
13①申28:1, 44
14①申11:16 ②申5:32
15①レビ26:14-39, Ⅰ列9:6-9, エレ26:4-6, ダニ9:10, 11, 13, マラ2:2
16①申28:3
17①申28:5
18①申28:4, ホセ9:11
19①申28:6
20①申28:8 ②マラ2:2 ③Ⅰサム14:20, ゼカ14:13 ④申4:26

(→詩139:)。

28:3　あなたは・・・祝福される　→ルカ24:50注

28:15　あなたに臨み　モーセは神から離れるとどうなるかを預言した。それは非難、破滅、大きな嘆き、捕囚、

申命記　28章

²¹主は、疫病をあなたの身にまといつかせ、ついには、あなたが、入って行って、所有しようとしている地から、あなたを絶滅される。

²²主は、肺病と熱病と高熱病と悪性熱病と、水枯れと、立ち枯れと、黒穂病とで、あなたを打たれる。これらのものは、あなたが滅びうせるまで、あなたを追いかける。

²³またあなたの頭の上の天は青銅となり、あなたの下の地は鉄となる。

²⁴主は、あなたの地の雨をほこりとされる。それで砂ぼこりが天から降って来て、ついにはあなたは根絶やしにされる。

²⁵主は、あなたを敵の前で敗走させる。あなたは一つの道から攻撃するが、その前から七つの道に逃げ去ろう。あなたのことは、地上のすべての王国のおののきとなる。

²⁶あなたの死体は、空のすべての鳥と、地の獣とのえじきとなり、これをおどかして追い払う者もいない。

²⁷主は、エジプトの腫物と、はれものと、湿疹と、かいせんとをもって、あなたを打ち、あなたはいやされることができない。

²⁸主はあなたを打って気を狂わせ、盲目にし、気を錯乱させる。

²⁹あなたは、盲人が暗やみで手さぐりするように、真昼に手さぐりするようになる。あなたは自分のやることで繁栄することがなく、いつまでも、しいたげられ、略奪されるだけである。あなたを救う者はいない。

³⁰あなたは女の人と婚約しても、他の男が彼女と寝る。家を建てても、その中に住むことができない。ぶどう畑を作っても、その収穫をすることができない。

³¹あなたの牛が目の前でほふられても、あなたはそれを食べることができない。あなたのろばが目の前から略奪されても、はあなたに返されない。あなたの羊が敵の手に渡されても、あなたを救う者はいない。

³²あなたの息子と娘があなたの見ているうちに他国の人に渡され、あなたの目は絶えず彼らを慕って衰えるが、あなたはどうすることもできない。

³³地の産物およびあなたの勤労の実はみな、あなたの知らない民が食べるであろう。あなたはいつまでも、しいたげられ、踏みにじられるだけである。

³⁴あなたは、目に見ることで気を狂わされる。

³⁵主は、あなたのひざとももとを悪性の不治の腫物で打たれる。足の裏から頭の頂まで。

³⁶主は、あなたと、あなたが自分の上に立てた王とを、あなたも、あなたの先祖たちも知らなかった国に行かせよう。あなたは、そこで木や石のほかの神々に仕えよう。

³⁷主があなたを追い入れるすべての国々の民の中で、あなたは恐怖となり、物笑いの種となり、なぶりものとなろう。

³⁸畑に多くの種を持って出ても、あなたは少ししか収穫できない。いなごが食い尽くすからである。

³⁹ぶどう畑を作り、耕しても、あなたはそのぶどう酒を飲むことも、集めることもできない。虫がそれを食べるからである。

⁴⁰あなたの領土の至る所にオリーブの木があっても、あなたは身に油を塗ることができない。オリーブの実が落ちてしまうからである。

⁴¹息子や娘が生まれても、あなたのものとはならない。彼らは捕らえられて行くからである。

⁴²こおろぎが、あなたのすべての木と、地の産物とを取り上げてしまう。

⁴³あなたのうちの在留異国人は、あなたの上にますます高く上って行き、あなたはますます低く下って行く。

⁴⁴彼はあなたに貸すが、あなたは彼に貸すことができない。彼はかしらとなり、あなたは尾となる。

⁴⁵これらすべてののろいが、あなたに臨み、あなたを追いかけ、あなたに追いつき、ついには、あなたを根絶やしにする。あなたが、あなたの神、主の御声に聞き従わず、主が命じられた命令とおきてとを守らないからである。

⁴⁶これらのことは、あなたとあなたの子孫に対して、いつまでも、しるしとなり、また不思議となる。

⁴⁷あなたがすべてのものに豊かになっても、あなたの神、主に、心から喜び楽しんで仕えようとしないので、

⁴⁸あなたは、飢えて渇き、裸となって、あらゆるものに欠乏して、主があなたに差し向ける敵に仕えることになる。主は、あな

申命記　28章

たの首に鉄のくびきを置き、ついには、あなたを根絶やしにされる。

49 主は、遠く地の果てから、鷲が飛びかかるように、一つの国民にあなたを襲わせる。その話すことばがあなたにはわからない国民である。
50 その国民は横柄で、老人を顧みず、幼い者をあわれまず、
51 あなたの家畜の産むものや、地の産物を食い尽くし、ついには、あなたを根絶やしにする。彼らは、穀物も、新しいぶどう酒も、油も、群れのうちの子牛も、群れのうちの雌羊も、あなたには少しも残さず、ついに、あなたを滅ぼしてしまう。
52 その国民は、あなたの国中のすべての町囲みの中にあなたを包囲し、ついには、あなたが頼みとする高く堅固な城壁を打ち倒す。彼らが、あなたの神、主の与えられた国中のすべての町囲みの中にあなたを包囲するとき、
53 あなたは、包囲と、敵がもたらす窮乏とのために、あなたの身から生まれた子、あなたの神、主が与えてくださった息子や娘の肉を食べるようになる。
54 あなたのうちの最も優しく、上品な男が、自分の兄弟や、自分の愛する妻や、まだ残っている子どもたちに対してさえ物惜しみをし、
55 自分が食べている子どもの肉を、全然、だれにも分け与えようとはしないであろう。あなたのすべての町囲みのうちには、包囲と、敵がもたらした窮乏とのために、何も残されてはいないからである。
56 * あなたがたのうちの、優しく、上品な女で、あまりにも上品で優しいために足の裏を地面につけようともしない者が、自分の愛する夫や、息子や、娘に、物惜しみをし、
57 自分の足の間から出た後産や、自分が産んだ子どもさえ、何もかも欠乏しているので、ひそかに、それを食べるであろう。あ

48 ③エレ28:13, 14, 哀1:14
49 ①エレ5:26-30,7:18-20, エレ5:15, 6:22
　　②哀4:19, ホセ8:1
　　③イザ33:19
50 ①エレ6:23, ダニ8:23
　　②Ⅱ歴36:17, イザ47:6
51 ①申28:33
　　②イザ1:7, 62:8
　　③→申7:13
52 ①Ⅱ列25:1, 2, 4, エレ10:17
53 ①レビ26:29, Ⅱ列6:28, 29, エレ19:9, 哀2:20, 4:10, エゼ5:10
54 ①申4:26
　　②申15:9
56 ①申28:56, 57, 哀4:10
　　＊直訳「あなたのうち」

58 ①出6:2, 詩61:5
59 ①ダニ9:12
60 ①申7:15, 28:27
61 ①→ヨシ1:8
　　②申4:26
62 ①申1:10, 10:22, ネヘ9:23
　　②申4:27
63 ①申30:9, エレ32:41
　　②歳1:26
　　③エレ12:14, 45:4
64 ①申4:27, レビ26:33, ネヘ1:8, 詩44:11, エレ9:16, 16:13, ダニ9:7, ホセ9:17
　　②申28:36, 29:26, 32:17
65 ①レビ26:36, 哀1:3
67 ①ヨブ7:4

なたの町囲みのうちは、包囲と、敵がもたらした窮乏との中にあるからである。
58 もし、あなたが、この光栄ある恐るべき御名、あなたの神、主を恐れて、この書物に書かれてあるこのみおしえのすべてのことばを守り行わないなら、
59 主は、あなたへの災害、あなたの子孫の災害を下される。大きな長く続く災害、長く続く悪性の病気である。
60 主は、あなたが恐れたエジプトのあらゆる病気をあなたにもたらされる。それはあなたにまといつこう。
61 主は、このみおしえの書にしるされていない、あらゆる病気、あらゆる災害をもあなたの上に臨ませ、ついにはあなたは根絶やしにされる。
62 あなたがたは空の星のように多かったが、あなたの神、主の御声に聞き従わなかったので、少人数しか残されない。
63 かつて主があなたがたをしあわせにし、あなたがたをふやすことを喜ばれたように、主は、あなたがたを滅ぼし、あなたがたを根絶やしにすることを喜ばれよう。あなたがたは、あなたが入って行って、所有しようとしている地から引き抜かれる。
64 主は、地の果てから果てまでのすべての国々の民の中に、あなたを散らす。あなたはその所で、あなたも、あなたの先祖たちも知らなかった木や石のほかの神々に仕える。
65 これら異邦の民の中にあって、あなたは休息することもできず、足の裏を休めることもできない。主は、その所で、あなたの心をおののかせ、目を衰えさせ、精神を弱らせる。
66 あなたのいのちは、危険にさらされ、あなたは夜も昼もおびえて、自分が生きることさえおぼつかなくなる。
67 あなたは、朝には、「ああ夕方であればよいのに」と言い、夕方には、「ああ朝であれば

国々への離散（散り散りになること）だった（28:15-68）。

28:49-57　一つの国民にあなたを襲わせる　この箇所はカナンの地への軍隊の進入を描いている。それはアッシリヤの侵入（ホセ8:1で鷲のようであると描かれている）、バビロンの侵入（エレ48:40で鷲のようであると描かれている ⇒Ⅱ列25:1-21, エレ39:1-10, 52:28-30)、あるいは紀元70年のローマによる包囲

（→ルカ21:20注）に当てはめることができる。

28:64　すべての国々の民の中に、あなたを散らす　イスラエルはその歴史の中で離散を何回か体験した。アッシリヤ人（前722-721 →Ⅱ列17:6）、バビロン人（前586 →Ⅱ列25:21）、ギリシャ人（エジプトのアレキサンドリヤへ 前3世紀）、ローマ人（紀元70 →ルカ21:20-24, →申30:3イスラエルの回復の注）によって

よいのに」と言う。あなたの心が恐れる恐れと、あなたの目が見る光景とのためである。
⁶⁸私がかつて「あなたはもう二度とこれを見ないだろう」と言った道を通って、主は、あなたを舟で、再びエジプトに帰らせる。あなたがたは、そこで自分を男奴隷や女奴隷として、敵に身売りしようとしても、だれも買う者はいまい。

契約の更新

29 ¹これは、モアブの地で、主がモーセに命じて、イスラエル人と結ばせた契約のことばである。ホレブで彼らと結ばれた契約とは別である。

²モーセは、イスラエルのすべてを呼び寄せて言った。

あなたがたは、エジプトの地で、パロと、そのすべての家臣たちと、その全土とに対して、①主があなたがたの目の前でなさった事を、ことごとく見た。
³あなたが、自分の目で見たあの大きな試み、それは大きなしるしと不思議であった。
⁴しかし、主は今日に至るまで、あなたがたに、悟る心と、見る目と、聞く耳を、下さらなかった。
⁵私は、四十年の間、あなたがたに荒野を行かせたが、あなたがたが身に着けている着物はすり切れず、その足のくつもすり切れなかった。
⁶あなたがたはパンも食べず、また、ぶどう酒も強い酒も飲まなかった。それは、「わたしが、あなたがたの神、主である」と、あなたがたが知るためであった。
⁷あなたがたが、この所に来たとき、ヘシュボンの王シホンとバシャンの王オグが出て来て、私たちを迎えて戦ったが、私たちは彼らを打ち破った。
⁸私たちは、彼らの国を取り、これを相続地としてルベン人と、ガド人と、マナセ人の半部族とに、分け与えた。

⁹あなたがたは、この契約のことばを守り、行いなさい。あなたがたのすることがみな、栄えるためである。

¹⁰きょう、あなたがたはみな、あなたがたの神、主の前に立っている。すなわち、あなたがたの部族のかしらたち、長老たち、つかさたち、イスラエルのすべての人々、¹¹あなたがたの子どもたち、妻たち、宿営のうちにいる在留異国人、たきぎを割る者から水を汲む者に至るまで。

¹²あなたが、あなたの神、主の契約と、あなたの神、主が、きょう、あなたと結ばれるろいの誓いとに、入るためである。

¹³さきに主が、あなたに約束されたように、またあなたの先祖、アブラハム、イサク、ヤコブに誓われたように、きょう、あなたを立ててご自分の民とし、またご自身があなたの神となられるためである。

¹⁴しかし、私は、ただあなたがただけと、この契約とのろいの誓いとを結ぶのではない。¹⁵きょう、ここで、私たちの神、主の前に、私たちとともに立っている者、ならびに、きょう、ここに、私たちとともにいない者に対しても結ぶのである。

¹⁶事実、あなたがたは、私たちがエジプトの地に住んでいたこと、また、私たちが異邦の民の中を通って来たことを知っている。¹⁷また、あなたがたは、彼らのところにある忌むべきもの、木や石や銀や金の偶像を見た。¹⁸万が一にも、あなたがたのうちに、きょう、その心が私たちの神、主を離れて、これらの異邦の民の神々に行って、仕えるような、男や女、氏族や部族があってはならない。あなたがたのうちに、毒草や、苦よ

参照欄:
67 ②申28:34
68 ①申17:16, 出14:13
  ②エレ43:7, ホセ8:13, 9:3
  ③出13:14

1 ②申5:2, 3
2 ①出19:4
3 ①→申4:9
4 ②申4:34, 7:19
4 ①イザ6:9, 10, 使28:26, 27, ロマ11:8, エペ4:18, IIテサ2:11, 12
5 ①申2:7, 8:4, アモ2:10
6 ①→レビ10:9
7 ①申2:26-3:7, 民21:21-24, 33-35
8 ①申3:12, 13, 民32:33

9 ①申4:6, ヨシ1:7, 8, I列2:3
11 ①申12:12, 19, 23, 27
12 ①ネヘ10:29
13 ①出6:7
14 ①エレ31:31-33, ヘブ7:8
15 ①使2:39
17 ①申4:28, 28:36, 出20:23
18 ①申11:16, 13:6
  ②申32:32, ホセ10:4
  ③詩69:21, 使8:23, ヘブ12:15

捕虜にされたのである。

29:1 契約のことば →「イスラエル人との神の契約」の項p.351

29:18-21 心が・・・【主】を離れて この箇所は神の民の中の、主から離れた人々を扱っている。

(1) いのちと祝福の約束はイスラエル全体、つまり共同体あるいは民族としてのイスラエルに与えられた (⇒28:1, 30:15-20)。神の選ばれた民の中にいる個人個人は神との信仰の関係に入り、その関係を維持しているときにだけ、約束の祝福を受けることができた(→「選びと予定」の項p.2215)。

(2) 心が神から離れたイスラエル人は永遠のいのちと地上の祝福を失う可能性があった(29:18)。

(3) 神につながっていたけれどもその後に神から離れ(29:18)、頑固に勝手な道を行く(29:19)イスラエル人には、もはや赦しの機会は残っていなかった。神の怒りが注がれ名前が天の下から消されるほかなかった(29:20, →「背教」の項p.2350)。

イスラエル人との神の契約

「これは、モアブの地で、【主】がモーセに命じて、イスラエル人と結ばせた契約のことばである。ホレブで彼らと結ばれた契約とは別である。」(申命記 29:1)

契約の定義

契約とは二組の当事者の間で結ばれる正式で拘束力のある協定または誓約である。それはある意味で約定のようなものである。けれども約定は一定の期間と条件を含む法的協定であるのに対し、契約は当事者が相互に誓約した「終生協定」である。結婚は契約の一つのかたちである。神とその民との契約の場合、神は人々の神となり、人々は自分たちを神の民として保つという誓約だった。この契約は人々に対する神の律法と約束、そして神に対する人々の忠実さと服従を土台としていた。神との「終生協定」の指針と誓約に従って生活する限り、人々は神との特別な関係を楽しみ味わい、神が計画されたいのちと目的を体験することができるのである。

シナイ山（ホレブ）での契約

神はアブラハムと契約を結ばれたけれどもその子イサク、孫のヤコブとの間でそれを更新された（→「アブラハム、イサク、ヤコブとの神の契約」の項 p.74）。イスラエル民族はこの人々の子孫である。神がシナイ山でイスラエルと結んだ契約（→出19:1注）には、アブラハム、イサク、ヤコブに与えた約束が含まれており、その協定と同じ次のような基本的原理を土台としていた。それは第一に、神だけがこの契約の約束と義務を設定するということで、第二に、人々は従順な信仰をもってそれを受入れるということだった。この契約と先の契約が大きく違う点は、神がそれを「終生協定」として確認し設立する前に、その約束と責任の大筋を正式に示されたことである（出24:1-8）。

(1) この契約にある神の約束はアブラハムと結んだものとほとんど同じである（→出19:1注）。神はまずエジプトでの奴隷状態から救い出したあと、イスラエル人にカナンの地を与え（出6:3-6, 19:4, 23:20, 23）、次にイスラエルの神となり、イスラエルをご自分の民とされる（出6:7, 19:6, →申5:2注）と約束された。神の究極の目的は、この契約の民を通してメシヤ（「油そそがれた者」、救い主、キリスト）をこの世界に遣わすことだった。

(2) これらの約束を全部成就する前に、神はイスラエル人がシナイ山のふもとに滞在している間に与えられた律法を全力で守るように求められた。神が十戒とそのほかの多くの契約律法（→「旧約聖書の律法」の項 p.158）を啓示されたとき、イスラエル人は「主の仰せられたことは、みな行います」（出24:3）と誓った。律法の要求を受入れるというこの厳かな約束がされて、イスラエル人と神との契約は「終生協定」として確定したのである（⇒出24:8注）。

(3) 神の律法を守ることは常に契約の条件だった。主の命令に従い、契約で規定されたいけにえをささげるときに、イスラエル人は神の契約の民として祝福を受続けるのである（→出19:5注）。

(4) 神はまた、もし人々が契約の責任を果さない場合、何が起こるかを明瞭に教えられた。不従順に対する罰は追放（強制的に立去らせる）または死刑で、契約共同体から除外されることだった（→出31:14-15）。この罰は過越の指示に従わない人々は民の中から断たれるという出エジプト（イスラエル人の集団出国）のときに神が与えられた警告の繰返しだった（出12:15,19,12:15注）。これは単なる脅しではなかった。たとえばカデシュでイスラエル人が恐れと不信仰のために神に逆らってカナンの地に入るのを拒んだとき、神は怒って、次の39年間荒野をさまようようにされた。その期間中に20歳以上のイスラエル人（神を信頼してカナンの地を征服しようとしたカレブとヨシュアを除く）は死んでしまった（→民13:26-14:39, 14:29注）。人々は不従順と不信仰によって約束の地で受けるはずの相続財産を失った（⇒詩95:7-11, ヘブ3:9-11, 18）。

(5) 神はご自分の民から完璧さを期待しておられたのではない。神が求められたのはただ神が命じ求められたことを全部誠実に力を尽して努力し続けていくことだった。神は人間の弱さを理解し、人々が時には失敗することも認識しておられた(→申30:20注)。そこで人々の罪意識を取除き神との関係を回復するために、神はいけにえの制度を備えられた。それには罪の「おおい」と赦しを一時的でも与える年ごとの「贖罪の日」も含まれていた(→「贖罪の日」の項 p.223)。人々は罪を告白し種々のいけにえをささげて神との関係を更新することができた。けれども意図的に逆らい反抗し、信仰をもって従おうとしない人々を神は厳しく罰せられるのである。

(6) イスラエル人の契約を見て、ほかの国の人々がまことの神に従うことには祝福があることに気が付き、この信仰共同体に加わりたいと思うようになることを神は願われた(→申4:6注)。神はやがて来られる贖い主(救い主、キリスト)を通して世界の諸国民にもこれらの約束を受入れるように招かれた。その意味では、この契約は世界宣教を強調していると言うことができる。

モアブの平原で更新された契約

39年間荒野をさまよう間に、イスラエルの反抗的で不忠実な世代は死んでしまった。それから神は全く新しい世代と契約を更新して約束の地に入るように備えさせられた。カナンの地を征服するためには、民はこの契約に身をゆだね神がともにいてくださる確証を持つことが必要だった。

(1) 申命記の主要点はこの契約の更新である(→申緒論)。申命記は冒頭の前文のあとに(申1:1-5)、シナイ山を出発したあと神がご自分の民を取扱われた歴史を要約している(申1:6-4:43)。そして契約の主要条件を示し(申4:44-26:19)、契約の祝福とのろいをイスラエル人に示し(申27:1-30:20)、契約が継続する方法を説明して閉じている(申31:1-33:29)。この書物には特に記録されていないけれども、前の世代がシナイ山で行ったようにイスラエル民族はみな、契約の条件に対して心を合せて同意したと思われる(⇒出24:1-8, 申27:)。

(2) この契約の基本的な型はシナイ山の契約と同じだった。申命記で繰返し言われている主題は、もし神の民が契約全体に従うなら神は祝福される、けれどももし従わないなら神は民をのろい罰せられるというものだった(→申27:-30:)。民とその子孫が約束の地であるカナンにとどまる方法はただ一つ、契約に忠実であること、つまり神を愛し(→申6:5注)、律法に従うことだった(申30:15-20)。

(3) モーセはある特定の日に契約に関する記憶を新しくするように指示した。7年ごとの仮庵の祭りのときに、イスラエル人はみな、神が選ばれた場所に集まらなければならない。そのとき、その場所で律法が全部朗読され人々はそれを守るという約束を新しくするのである(申31:9-13)。

(4) この契約を思い返し更新することについて旧約聖書はいくつかの例を記録している。イスラエルがカナンの地を征服したあと、ヨシュアは死ぬ前に人々をこのために招集した(ヨシ24:)。人々の反応は「私たちは私たちの神、主に仕え、主の御声に聞き従います」という明らかで間違いのないものだった(ヨシ24:24)。その結果「ヨシュアは、その日、民と契約を結び」、神がモーセを通して与えられた律法の書にそれを記録した(ヨシ24:25-26)。同じようにエホヤダはヨアシュが即位したときに、契約更新の儀式を指導した(Ⅱ列11:17)。これはヨシヤのときも(Ⅱ列23:1-3)、ヒゼキヤのときも(⇒Ⅱ歴29:10)、エズラのときにも(ネヘ8:1-10:39)行われた。

(5) 神の契約を思い返し更新することは今日もなお必要である。新約(新しい契約)は神の御子イエス・キリストの犠牲によって私たちとの間に立てられた新しい「終生協定」である。主イエスは私たちの罪の刑罰を支払うためにご自分のいのちを犠牲にして、私たちが神との個人的関係を持って罪の赦しと新しいいのちを受ける道を備えてくださった。私たちは神のことばである「聖書」を読み学ぶとき、またそれが正しく教えられ宣教されるのを聞くときに、この契約をその約束と条件とともに思い出すのである。主イエスご自身もまた、主の晩餐、つまり聖餐式にあずかるときに、ご自分が私たちのために行われたことを思い出すようにと特別に命じられた(→Ⅰコリ11:17-34)。この記念の儀式によって私たちは主が払われた犠牲を思い起こす。そして心から主を愛し誠実に主に仕える献身を新しくするのである(→Ⅰコリ11:20注)。

申命記 29-30章

もぎを生ずる根があってはならない。
19 こののろいの誓いのことばを聞いたとき、「潤ったものも渇いたものもひとしく滅びるのであれば、私は自分のかたくなな心のままに歩いても、私には平和がある」と心の中で自分を祝福する者があるなら、
20 主はその者を決して赦そうとはされない。むしろ、主の怒りとねたみが、その者に対して燃え上がり、この書にしるされたすべてののろいの誓いがその者の上にのしかかり、主は、その者の名を天の下から消し去ってしまう。
21 主は、このみおしえの書にしるされている契約のすべてののろいの誓いにしたがい、その者をイスラエルの全部族からより分けて、わざわいを下される。
22 後の世代、あなたがたの後に起こるあなたがたの子孫や、遠くの地から来る外国人は、この地の災害と主がこの地に起こされた病気を見て、言うであろう。
23 ――その全土は、硫黄と塩によって焼け土となり、種も蒔かず、芽も出さず、草一本も生えなくなっており、主が怒りと憤りで、くつがえされたソドム、ゴモラ、アデマ、ツェボイムの破滅のようである――
24 すべての国々は言おう。「なぜ、主はこの地に、このようなことをしたのか。この激しい燃える怒りは、なぜなのだ。」
25 人々は言おう。「それは、彼らの父祖の神、主が彼らをエジプトの地から連れ出して、彼らと結ばれた契約を、彼らが捨て、

19 ①→エレ3:17
20 ①詩74:1, 79:5, 80:4 ②申9:14, Ⅱ列14:27, 出32:33
21 ①→ヨシ1:8
22 ①エレ19:8, 49:17, 50:13
23 ①創19:24, イザ34:9 ②エレ17:6, ゼパ2:9, 詩107:34 ③イザ1:7, 64:11
24 ①申29:24-28, Ⅰ列9:7-9, エレ5:19, 16:10-13, 22:8, 9
25 ①Ⅱ列17:9-23, Ⅱ歴36:13-21

27 ①ダニ9:11, 13
28 ①申28:63, Ⅰ列14:15, Ⅱ歴7:20, 詩52:5, 箴2:22, エゼ19:12, 13
29 ①箴25:2

1 ①申11:26, 30:15, 19 ②申28:64, 29:28 ③申4:39
2 ①申4:29, 30, レビ26:40, Ⅰ列8:47,48, ネヘ1:9, イザ55:7, 哀3:40, ヨエ2:12, 13 ②→申6:5
3 ①詩126:1, 4, エレ30:3, アモ9:14 ②申30:1, 申11:10,32:37, エゼ11:17,34:13,36:24, ミカ2:12, ゼカ8:7, 8 ③→ネヘ1:9

26 彼らの知らぬ、また彼らに当てたのでもない、ほかの神々に行って仕え、それを拝んだからである。
27 それで、主の怒りは、この地に向かって燃え上がり、この書にしるされたすべてののろいが、この地にもたらされた。
28 主は、怒りと、憤激と、激怒とをもって、彼らをこの地から根こぎにし、ほかの地に投げ捨てた。今日あるとおりに。」
29 隠されていることは、私たちの神、主のものである。しかし、現されたことは、永遠に、私たちと私たちの子孫のものであり、私たちがこのみおしえのすべてのことばを行うためである。

主に立返ったときの繁栄

30 ¹ 私があなたの前に置いた祝福とのろい、これらすべてのことが、あなたに臨み、あなたの神、主があなたをそこへ追い散らしたすべての国々の中で、あなたがこれらのことを心に留め、
² あなたの神、主に立ち返り、きょう、私があなたに命じるとおりに、あなたも、あなたの子どもたちも、心を尽くし、精神を尽くして御声に聞き従うなら、
³ あなたの神、主は、あなたの繁栄を元どおりにし、あなたをあわれみ、あなたの神、主がそこへ散らしたすべての国々の民の中から、あなたを再び、集める。
⁴ たとい、あなたが、天の果てに追いやら

29:19 かたくなな心のままに歩いても、私には平和がある 神の選民の中には罪深い道を歩んでいても、「私には平和がある」と主張する人がいた。同じように新約聖書は平和、救い、永遠のいのちを持っていると告白しながら、神のみこころに従おうとしない人々が教会の中にいると言っている(→Ⅰヨハ2:4注、黙2:14注)。神はその人々の救いの告白は無効であるとし会衆の間に毒のように汚れと死を広める根になぞらえておられる(⇒ヘブ12:15)。恐ろしい審判がその人々の上に下る(→29:18-21注)。

30:3 すべての国々の民の中から、あなたを再び、集める モーセはイスラエルの回復を預言したけれどもそれには悔い改めて神に立返ること(30:2)、財産が回復され捕因から解放されること(30:3-4)、主のもとに再び集まること(30:5)、霊的に刷新されること(30:6)、繁栄と祝福が与えられること(30:7-10)などが含まれていた。イスラエルの最終的な回復には次のようなことが含まれている。

(1) イスラエルの「残りの人々」が世界的に回復されること(30:3-5, イザ10:21-23, 11:11-12, エレ30:24, 31:1, 8, 10, エゼ39:25, 28)。

(2) 悔い改めてメシヤに立返ること(30:2, 8, 10, イザ11:10, 12, エレ23:5-8, エゼ37:21-25, ホセ5:15, 6:1-3, ロマ11:25-27, →マタ23:39注, →**神の計画の中のイスラエル**」の項 p.2077)。

(3) 霊的刷新(30:3-6, エレ32:37-41, エゼ11:17-20)。

(4) イスラエルの祝福(エレ31:8, 10, 12-13, 28, エゼ28:25-26, アモ9:11-15)。

(5) イスラエルが神に代って諸民族に奉仕すること(イザ49:5-6, 55:3-5, 60:1-5, 61:5-6)。

申命記　30章

れていても、あなたの神、主は、そこからあなたを集め、そこからあなたを連れ戻す。

5 あなたの神、主は、あなたの先祖たちが所有していた地にあなたを連れて行き、あなたはそれを所有する。主は、あなたを栄えさせ、あなたの先祖たちよりもその数を多くされる。

6 あなたの神、主は、あなたの心と、あなたの子孫の心を包む皮を切り捨てて、あなたが心を尽くし、精神を尽くし、あなたの神、主を愛し、それであなたが生きるようにされる。

7 あなたの神、主は、あなたを迫害したあなたの敵や、あなたの仇に、これらすべてののろいを下される。

8 あなたは、再び、主の御声に聞き従い、私が、きょう、あなたに命じる主のすべての命令を、行うようになる。

9 あなたの神、主は、あなたのすべての手のわざや、あなたの身から生まれる者や、家畜の産むもの、地の産物を豊かに与えて、あなたを栄えさせよう。まことに、主は、あなたの先祖たちを喜ばれたように、再び、あなたを栄えさせて喜ばれる。

10 これは、あなたが、あなたの神、主の御声に聞き従い、このみおしえの書にしるされている主の命令とおきてとを守り、心を尽くし、精神を尽くして、あなたの神、主に立ち返るからである。

いのちか死の選択

11 まことに、私が、きょう、あなたに命じるこの命令は、あなたにとってむずかしすぎるものではなく、遠くかけ離れたものでもない。

12 これは天にあるのではないから、「だれが、私たちのために天に上り、それを取っ

---

5 ①エレ29:14, 30:3
　②申7:13, 13:17
6 ①申10:16, エレ4:4, エゼ11:19
　②→申6:5
7 ①申7:15
9 ①申28:11, エレ31:27, 28
　②申28:63, エレ32:41
10 ①→ヨシ1:8
　②→申6:5
11 ①申30:11-14, ヨブ28章, イザ45:19, ロマ10:6-8

14 ①申6:6, 7, ヨハ1:14
15 ①申30:15-20, 申11:26-28
　②エレ21:8
16 ①申6:5
　②→申8:6
　③申4:1, 30:19, 20, 箴8:34, 35, 9:10, 11
18 ①申4:26
19 ①申4:26, 31:28, 32:1
　②申30:1
20 ①申6:5
　②申10:20
　③申4:1, 32:47, 詩27:1, 66:9, ヨハ11:25
　④創12:7
　⑤創26:3
　⑥創28:13
　⑦申32:47

て来て、私たちに聞かせて行わせようとするのか」と言わなくてもよい。

13 また、これは海のかなたにあるのではないから、「だれが、私たちのために海のかなたに渡り、それを取って来て、私たちに聞かせて行わせようとするのか」と言わなくてもよい。

14 まことに、みことばは、あなたのごく身近にあり、あなたの口にあり、あなたの心にあって、あなたはこれを行うことができる。

15 見よ。私は、確かにきょう、あなたの前にいのちと幸い、死とわざわいを置く。

16 私が、きょう、あなたに、あなたの神、主を愛し、主の道に歩み、主の命令とおきてと定めとを守るように命じるからである。確かに、あなたは生きて、その数はふえる。あなたの神、主は、あなたが、入って行って、所有しようとしている地で、あなたを祝福される。

17 しかし、もし、あなたが心をそむけて、聞き従わず、誘惑されて、ほかの神々を拝み、これに仕えるなら、

18 きょう、私は、あなたがたに宣言する。あなたがたは、必ず滅びうせる。あなたがたは、あなたが、ヨルダンを渡り、入って行って、所有しようとしている地で、長く生きることはできない。

19 私は、きょう、あなたがたに対して天と地を、証人に立てる。私は、いのちと死、祝福とのろいを、あなたの前に置く。あなたはいのちを選びなさい。あなたもあなたの子孫も生き、

20 あなたの神、主を愛し、御声に聞き従い、主にすがるためだ。確かに主はあなたのいのちであり、あなたは主が、あなたの先祖、アブラハム、イサク、ヤコブに与えると誓われた地で、長く生きて住む。

---

(6) イスラエルへのさばき(エゼ20:34-38, マラ3:2-5, 4:1)と諸国民のさばき(エレ25:29-33, ダニ2:44-45, ヨエ3:1-2, 12-14, →マタ25:32注, 「大患難」の項p.1690)。

(7) 大患難の後に、キリストのさばきから逃れた人々に注がれる大きな祝福(イザ19:22-24, 49:5, ミカ4:1-4, ゼカ2:10-12, 黙20:1-4, →マタ25:32注)。

(8) イスラエルが平和に安全に、無事に土地を永遠に所有すること(エレ32:37-41)。

(9) 終りの日の回復(ホセ3:4-5)。

(10) キリストと教会がイスラエルと諸国民を支配すること(→黙20:4注)。

30:20 あなたの神、【主】を愛し イスラエル人は神を愛し、神の声を聞くことによって神との関係を保つように命じられた(→6:5注)。けれどもその従順を表すためには、自分たちには神の律法を守る力がないことを認めなければならない。したがってその欠点を贖うためにいけにえをささげなければならなかった(→レビ1:2注, →「贖罪の日」の項 p.223)。けれどもいのちと救いは完全に服従したことへの報酬として約束されたものではない。律法は人間側の信仰と服従が不完全であると想定して、罪を贖う(代価を払う)いけにえによる方法を提供した。イスラエルの最高で最終的な

申命記　31章

モーセの後継者ヨシュア

31 ¹ それから、モーセは行って、次のことばをイスラエルのすべての人々に告げて、
² 言った。

「私は、きょう、百二十歳である。もう出入りができない。主は私に、『あなたは、このヨルダンを渡ることができない』と言われた。³ あなたの神、主ご自身が、あなたの先に渡って行かれ、あなたの前からこれらの国々を根絶やしにされ、あなたはこれらを占領しよう。主が告げられたように、ヨシュアが、あなたの先に立って渡るのである。⁴ 主は、主の根絶やしにされたエモリ人の王シホンとオグおよびその国に対して行われたように、彼らにしようとしておられる。⁵ 主は、彼らをあなたがたに渡し、あなたがたは私が命じたすべての命令どおり、彼らに行おうとしている。⁶ 強くあれ。雄々しくあれ。彼らを恐れてはならない。おののいてはならない。あなたの神、主ご自身が、あなたとともに進まれるからだ。主はあなたを見放さず、あなたを見捨てない。

⁷ ついでモーセはヨシュアを呼び寄せ、イスラエルのすべての人々の目の前で、彼に言った。「強くあれ。雄々しくあれ。主がこの民の先祖たちに与えると誓われた地に、彼らとともに入るのはあなたであり、それを彼らに受け継がせるのもあなたである。⁸ 主ご自身があなたの先に進まれる。主があなたとともにおられる。主はあなたを見放さず、あなたを見捨てない。恐れてはならない。おののいてはならない。」

律法の朗読

⁹ モーセはこのみおしえを書きしるし、主の契約の箱を運ぶレビ族の祭司たちと、イスラエルのすべての長老たちに、これを授けた。¹⁰ そして、モーセは彼らに命じて言った。「七年の終わりごとに、すなわち免除の年の定めの時、仮庵の祭りに、¹¹ イスラエルのすべての人々が、あなたの神、主の御顔を拝するために来るとき、あなたは、イスラエルのすべての人々の前で、このみおしえを読んで聞かせなければならない。¹² 民を、男も、女も、子どもも、あなたの町囲みの中にいる在留異国人も、集めなさい。彼らがこれを聞いて学び、あなたがたの神、主を恐れ、このみおしえのすべてのことばを守り行うためである。¹³ これを知らない彼らの子どもたちもこれを聞き、あなたがたが、ヨルダンを渡って、所有しようとしている地で、*彼らが生きるかぎり、あなたがたの神、主を恐れることを学ばなければならない。」

イスラエルの反逆の預言

¹⁴ それから、主はモーセに仰せられた。「今や、あなたの死ぬ日が近づいている。ヨシュアを呼び寄せ、ふたりで会見の天幕に立て。わたしは彼に命令を下そう。」それで、モーセとヨシュアは行って、会見の天幕に立った。¹⁵ 主は天幕で雲の柱のうちに現れた。雲の柱は天幕の入口にとどまった。¹⁶ 主はモーセに仰せられた。「あなたは間もなく、あなたの先祖たちとともに眠ろうとしている。この民は、入って行こうとし

2①申34:7, 出7:7
②民20:12, Ⅰ列3:7
③申1:37, 3:27
3①申9:3
②申3:28, 民27:18
4①民21:23-25, 33-35
②申3:21
5①申7:2
6①→ヨシ1:6
②申1:29, 7:18, 20:1, ヨシ1:9
③申20:4
④ヨシ1:5, Ⅰ列8:57, Ⅰ歴28:20, ヘブ13:5
7①→ヨシ1:6
8①申9:3, 出13:21, 22
②申31:6, 出33:14, ヨシ1:5, 9, Ⅰ歴28:20

9①申10:8, 31:25, 民4:5, 6, 15, ヨシ3:3, 8:33, Ⅰ歴15:12, 15
10①申15:1, 2
②申16:13, 16, レビ23:34, ヨハ7:2
11①申12:5
12①ヨシ8:34, 35, Ⅱ列23:2, ネヘ8:3
12②申4:10
13①詩78:6, 7
＊七十人訳などによる
〔あなたがた〕
14①申4:22, 32:50, 34:5, 民27:13
②申25:22
③申33:11
15①→出13:21
16①創15:15, Ⅱサム7:12
②申32:6

希望は神のあわれみと恵みの中にあった。

31:8　主はあなたを見放さず、あなたを見捨てない　新約聖書はこの約束を、キリストを主また救い主として誠実に受入れる人々に適用している（ヘブ13:5）。（1）ほかの何ものよりも神を愛し、物質的な安定よりもむしろ神に頼る人々を、主は決して離れたり見捨てたりすることはないと保証しておられる。神は助け手である（⇒Ⅰ列8:57, ヤコ1:5, →マタ6:30, 33注）。
（2）この約束があるから私たちも「強く・・・雄々しく」あり（31:6）、試練に耐え、誘惑に抵抗し、主に信頼して完全に従わなくてはならない。

31:9　モーセはこのみおしえを書きしるし　神の命令はモーセによって書かれて人々に渡された。この命令には申命記のことばだけではなく、モーセ五書全体（旧約聖書の最初の5巻）が含まれていた。それは文字に表された神のことばであり、歴史の中で霊感を受け、保存され、形作られてきた聖い書物である（⇒31:24-26, 出24:4, 7, 民33:2, マタ8:4, ヨハ5:46, 7:19,「聖書の霊感と権威」の項 p.2323）。

31:16　わたしを捨て　主はイスラエルの歴史と、不忠実になるその根本的な性質あるいは傾向を知っておられた（→31:21）。そこで神は将来の背教（自分の信

ている地の、自分たちの中の、外国の神々を慕って淫行をしようとしている。この民がわたしを捨て、わたしがこの民と結んだわたしの契約を破るなら、17 その日、わたしの怒りはこの民に対して燃え上がり、わたしも彼らを捨て、わたしの顔を彼らから隠す。彼らが滅ぼし尽くされ、多くのわざわいと苦難が彼らに降りかかると、その日、この民は、『これらのわざわいが私たちに降りかかるのは、私たちのうちに、私たちの神がおられないからではないか』と言うであろう。18 彼らがほかの神々に移って行って行ったすべての悪のゆえに、わたしはその日、必ずわたしの顔を隠そう。19 今、次の歌を書きしるし、それをイスラエル人に教え、彼らの口にそれを置け。この歌をイスラエル人に対するわたしのあかしとするためである。20 わたしが、彼らの先祖に誓った乳と蜜の流れる地に、彼らを導き入れるなら、彼らは食べて満ち足り、肥え太り、そして、ほかの神々のほうに向かい、これに仕えて、わたしを侮り、わたしの契約を破る。21 多くのわざわいと苦難が彼に降りかかるとき、この歌が彼らに対してあかしをする。彼らの子孫の口からそれが忘れられることはないからである。わたしが誓った地に彼らを導き入れる以前から、彼らが今くらんでいる計画を、わたしは知っているからである。」22 モーセは、その日、この歌を書きしるして、イスラエル人に教えた。

23 ついで主は、ヌンの子ヨシュアに命じて言われた。「強くあれ。雄々しくあれ。あなたはイスラエル人を、わたしが彼らに誓った地に導き入れなければならないのだ。わたしが、あなたとともにいる。」

24 モーセが、このみおしえのことばを書物に書き終えたとき、

16 ③出34:15, 士2:17
   ④申32:15,
   士2:12, 10:6, 13
   ⑤申32:20
17 ①士2:14
   ②Ⅱ歴15:2
   詩30:7, 104:29,
   イザ8:17, 59:2, 64:7,
   エゼ39:23,
   ミカ3:4
   ②ネヘ9:32
   ④士6:13
18 ①士31:17
19 ①申32:1-43
20 ①申6:10-13, 8:10
   ②→出3:8
   ③申32:15, ネヘ9:25,
   ホセ13:6
   ④申6:14, 8:19, 11:16,
   32:16, 17
   ⑤申31:16
21 ①申4:30, 31:17
   ②申31:19
22 ①申31:19
23 ①→ヨシ1:6
   ②出3:12
24 ②Ⅱ列22:8

25 ①申31:9
26 ①→ヨシ1:8
27 ①申9:7, 24, 32:20,
   詩78:8
   ②申9:6, 13
28 ①申4:26, 30:19, 32:1
29 ①申32:15, 18, 30, 31, 37,
   士2:19, ホセ9:9
   ②申4:30, 創49:1,
   民24:14
   ③申28:15

1 ①申4:26, 30:19, 31:28,
   詩50:4, イザ1:2
   ②詩78:1, イザ55:11
2 ①詩72:6, ホセ6:3
   ②詩65:10, 72:6,
   ミカ5:7
3 ②申39:19, 34:5
   ②Ⅰ歴29:11
4 ①申32:15, 18, 30, 31, 37,
   Ⅱサム22:3, 32, 23:3,
   →詩18:2,
   イザ17:10, 26:4, 44:8,
   ハバ1:12
   ②申3:24, 創1:31
   ③創1:28:5,
   Ⅱサム22:3,
   詩145:17, ダニ4:37,
   ホセ14:9, 黙15:3
   ④申7:9, 詩31:5,
   エレ10:10
   ⑤ヨブ34:10, 詩92:15

25 モーセは、主の契約の箱を運ぶレビ人に命じて言った。

26「このみおしえの書を取り、あなたがたの神、主の契約の箱のそばに置きなさい。その所で、あなたに対するあかしとしなさい。27 私は、あなたの逆らいと、あなたのうなじのこわい者であることを知っている。私が、なおあなたがたの間に生きている今ですら、あなたがたは主に逆らってきた。まして、私の死後はどんなであろうか。28 あなたがたの部族の長老たちと、つかさたちとをみな、私のもとに集めなさい。私はこれらのことばを彼らに聞こえるように語りたい。私は天と地を、彼らに対する証人に立てよう。29 私の死後、あなたがたがきっと堕落して、私が命じた道から離れること、また、後の日に、わざわいがあなたがたに降りかかることを私が知っているからだ。これは、あなたがたが、主の目の前に悪を行い、あなたがたの手のわざによって、主を怒らせるからである。」

モーセの歌

30 モーセは、イスラエルの全集会に聞こえるように、次の歌のことばを終わりまで唱えた。

32

1 天よ。耳を傾けよ。私は語ろう。
  地よ。聞け。私の口のことばを。
2 私のおしえは、雨のように下り、
  私のことばは、露のようにしたたる。
  若草の上の小雨のように。
  青草の上の夕立のように。
3 私が主の御名を告げ知らせるのだから、
  栄光を私たちの神に帰せよ。
4 主は岩。主のみわざは完全。
  まことに、主の道はみな正しい。
  主は真実の神で、偽りがなく、
  正しい方、直ぐな方である。

仰または宗教から離れること)とそれに対応した審判を預言としてモーセに示された(31:16-18)。この預言は後の世代に対する神の警告として、歌のかたちで保存された(31:19, 32:)。

31:30 次の歌 モーセの歌(32:)は、イスラエル人が今あるのは神の誠実さとあわれみの結果であること

を強く印象づけるために作られた。主だけが導き、肉体的、感情的、霊的必要を満たしてくださった(⇒32:9-13)。けれどもイスラエルの応答は神の姿勢とは逆で、しばしば悪い愚かな選択をした(32:5-6)。この歌は最後に、将来イスラエルが不忠実になり反抗し背教をするなら、神の厳しいさばきが下ることを警

申命記 32章

5 主をそこない、
　　その汚れで、主の子らではない、
　　よこしまで曲がった世代。
6 あなたがたはこのように主に恩を返すのか。
　　愚かで知恵のない民よ。
　　主はあなたを造った父ではないか。
　　主はあなたを造り上げ、
　　あなたを堅く建てるのではないか。
7 昔の日々を思い出し、
　　代々の年を思え。
　　あなたの父に問え。
　　彼はあなたに告げ知らせよう。
　　長老たちに問え。
　　彼らはあなたに話してくれよう。
8 「いと高き方が、国々に、
　　相続地を持たせ、
　　人の子らを、振り当てられたとき、
　　イスラエルの子らの数にしたがって、
　　国々の民の境を決められた。
9 主の割り当て分はご自分の民であるから、
　　ヤコブは主の相続地である。
10 主は荒野で、
　　獣のほえる荒地で彼を見つけ、
　　これをいだき、世話をして、
　　ご自分のひとみのように、
　　これを守られた。
11 鷲が巣のひなを呼びさまし、
　　そのひなの上を舞いかけり、
　　翼を広げてこれを取り、
　　羽に載せて行くように。
12 ただ主だけでこれを導き、
　　主とともに外国の神は、いなかった。
13 主はこれを、地の高い所に上らせ、
　　野の産物を食べさせた。
　　主は岩からの蜜と、

5①申4:25, 31:29
②イザ63:8, ホセ11:1-4
③詩78:8, マタ17:17, ルカ9:41, ピリ2:15
6①詩116:12, ②申32:28, 詩74:18, エレ4:22
③詩32:15, 詩119:73, イザ44:2, ④イザ63:16
①申1:31
7①詩77:5
②出12:26, 13:14, ヨブ8:8, 詩44:1, 78:3-8
8①創10章, 使17:26
②創11:8, ③詩74:17, ゼカ9:2, 使17:26
9①出15:16, I列8:51,53, 詩74:2, ②I サム10:1, イザ63:17, エレ10:16
10①申1:19,8:15, エレ2:6, ホセ9:10, 13:5
②申1:31, ホセ11:3
③申17:8, 箴7:2, ゼカ2:8, ④詩121:3,4
11①詩28:9, イザ31:5, 46:4, 63:9
②詩91:4, ③出19:4
12①申4:35, 39, 32:39, イザ43:11,12, ホセ13:4
13①申18:33, イザ58:14, エゼ36:2, ハバ3:19
②申8:8, 詩81:16, エゼ16:13
14①詩22:12
②詩81:16, 147:14
③創49:11
15①申6:11, 12, 箴30:9, ホセ13:6
②申33:26, イザ44:2
③申31:20, I サム2:29
④申32:6, イザ44:2, 51:13
⑤→申32:4
16①申4:23-25, 32:21, 詩58
②I コリ10:22
③I 列14:22, 詩106:29
17①詩106:37, I コリ10:20, 黙9:20
②申13:2, 6, 13, 28:64
③士5:8
18①→申32:4
②詩106:21, イザ17:10, エレ2:32, ホセ8:14
19①レビ26:30, 士2:14, 詩106:40, 哀2:6
20①申31:17
②詩9:23, 32:5, 詩78:8,95:10, イザ30:9
21①申32:16, 詩78:58
②申32:17
③ロマ10:19, I コリ10:22
④I 列16:13, 26, エレ8:19
⑤詩31:6, エレ10:8, 14:22, ヨナ2:8
⑥ロマ10:19

14 堅い岩からの油で、これを養い、
　　牛の凝乳と、羊の乳とを、
　　最良の子羊とともに、
　　バシャンのものである雄羊と、雄やぎとを、
　　小麦の最も良いものとともに、食べさせた。
　　あわ立つぶどうの血をあなたは飲んでいた。」
15 エシュルンは肥え太ったとき、足でけった。
　　あなたはむさぼり食って、肥え太った。
　　自分を造った神を捨て、
　　自分の救いの岩を軽んじた。
16 彼らは異なる神々で、
　　主のねたみを引き起こし、
　　忌みきらうべきことで、
　　主の怒りを燃えさせた。
17 神ではない悪霊どもに、
　　彼らはいけにえをささげた。
　　それらは彼らの知らなかった神々、
　　近ごろ出てきた新しい神々、
　　先祖が恐れもしなかった神々だ。
18 あなたは自分を生んだ岩をおろそかにし、
　　産みの苦しみをした神を忘れてしまった。
19 主は見て、彼らを退けられた。
　　主の息子と娘たちへの怒りのために。
20 主は言われた。
　　「わたしの顔を彼らに隠し、
　　彼らの終わりがどうなるかを見よう。
　　彼らは、ねじれた世代、
　　真実のない子らであるから。
21 彼らは、神でないもので、
　　わたしのねたみを引き起こし、
　　彼らのむなしいもので、
　　わたしの怒りを燃えさせた。
　　わたしも、民ではないもので、

告して終っている（31:16注）。

32:15 肥え太ったとき イスラエルが神を忘れ、偶像礼拝を取入れた大きな理由は繁栄にあった（⇒8:7-20）。平和で豊かなときに神の民は神を忘れ、神の御顔を求めることをやめてしまったことを歴史は繰返し示している。けれども問題が起きると熱心に神に近付こうとし、神の助けを求めようとした（⇒士師記）。

32:17 悪霊ども にせの神々や世界の宗教の背後には悪霊の霊的な力がある（詩106:37, I コリ10:20, →「偶像礼拝」の項 p.468）。悪霊は悪霊に従う人々を通して働き、奇蹟を行うことさえある（出7:11, 22, II テサ2:9-10, 黙13:13, 19:20）。新約聖書はそのような悪霊の存在を認め、キリスト者にはキリストの力と権威によって戦うようにとうながしている（エペ6:12,

彼らのねたみを引き起こし、
⑦愚かな国民で、
彼らの怒りを燃えさせよう。
22 わたしの怒りで火は燃え上がり、
よみの底にまで燃えて行く。
地とその産物を焼き尽くし、
山々の基まで焼き払おう。
23 わざわいを彼らの上に積み重ね、
わたしの矢を彼らに向けて使い尽くそう。
24 飢えによる荒廃、災害による壊滅、
激しい悪疫、野獣のきば、
これらを、地をはう蛇の毒とともに、
彼らに送ろう。
25 外では剣が人を殺し、内には恐れがある。
若い男も若い女も乳飲み子も、
白髪の老人もともどもに。
26 わたしは彼らを粉々にし、
人々から彼らの記憶を消してしまおうと
考えたであろう。
27 もし、わたしが敵ののののしりを
気づかっていないのだったら。
──彼らの仇が誤解して、
『われわれの手で勝ったのだ。
これはみな主がしたのではない』
と言うといけない。」
28 まことに、彼らは思慮の欠けた国民、
彼らのうちに、英知はない。
29 もしも、知恵があったなら、
彼らはこれを悟ったろうに。
自分の終わりもわきまえたろうに。
30 彼らの岩が、彼らを売らず、
主が、彼らを渡さなかったなら、
どうして、ひとりが千人を追い、
ふたりが万人を敗走させたろうか。
31 まことに、彼らの岩は、私たちの岩に
は及ばない。
敵もこれを認めている。
32 ああ、彼らのぶどうの木は、
ソドムのぶどうの木から、
ゴモラのぶどう畑からのもの。
彼らのぶどうは毒ぶどう、
そのふさは苦みがある。

21 ⑦詩74:18
22 ⑦民16:35、
詩18:7, 8, 78:21, 63、
エレ15:14, 17:4, 哀4:11
②→創37:35
③レビ26:20
23 ①申29:21, レビ26:21
②詩7:13, 18:14, 45:5、
エゼ7:20
24 ①申28:22, 48
②申28:22, 詩91:6、
ハバ3:5, 哀4:8
③申32:33, エレ8:17、
アモ5:19
25 ①哀1:20, エゼ7:15
②Ⅱコリ7:5
③Ⅱ歴36:17, 哀2:21、
ホセ9:12
26 ①申9:14, ヨブ18:17、
詩34:16
27 ①申9:28, 出32:12、
民14:16、②イザ10:13
28 ①申4:6, 32:6、
イザ27:11, エレ4:22
29 ①申5:29, 詩81:13、
ルカ19:42
②イザ47:7, 哀1:9
30 ①→申32:4
②士2:14, 詩44:12、
イザ50:1, 52:3
③レビ26:7, 8, ヨシ23:10
31 ①→申32:4
②出14:25, Ⅰサム4:8
32 ①イザ1:10, ②申29:18
33 ①詩58:4, ②ヨブ20:16、
詩140:3, ロマ3:13
34 ①エレ44:21、
ホセ13:12, ロマ2:5
②ヨブ14:17
35 ①Ⅱペテ2:3
②詩94:1, ロマ12:19、
ヘブ10:30
＊七十人訳は「復讐の日
にわたしが報いる」
③エレ23:12, エゼ7:5
36 ①詩135:14, ヘブ10:30
②申30:3, ±2:18、
詩106:45, エレ31:20、
ホセ11:8, ヨエ2:13
③Ⅰ列14:10, 21:21、
Ⅱ列9:8, 14:26
37 ①Ⅰサム12:21、
エレ2:28, ②→申32:4
38 ①民25:1, 2
②エレ2:28, 11:12
39 ①イザ41:4, 43:10, 11、
48:12
②申4:35, 詩86:10、
イザ44:6-8, 45:5, 6, 18, 22
③Ⅰサム2:6, Ⅱ列5:7、
詩68:20
④ヨブ5:18、
イザ19:22, ホセ6:1
⑤ヨブ10:7, 詩50:22
40 ①民14:30, エゼ20:5, 6
＊直訳「手を天に上げて」
②エゼ14:20
41 ①詩7:12, イザ34:5、
49:2, エゼ21:8-17
②イザ1:24, エレ50:28-32
③詩31:23
42 ①申32:23
②エレ12:12, 46:10, 14
③士5:2
43 ①ロマ15:10, ②Ⅱ列9:7、
詩79:10, 黙6:10, 19:2

33 そのぶどう酒は蛇の毒、
コブラの恐ろしい毒である。
34 「これはわたしのもとにたくわえてあり、
わたしの倉に閉じ込められているでは
ないか。
35 ＊復讐と報いとは、わたしのもの、
それは、彼らの足がよろめくときのため。
彼らのわざわいの日は近く、
来るべきことが、すみやかに来るからだ。」
36 主は御民をかばい、
主のしもべをあわれむ。
彼らの力が去って行き、
奴隷も、自由の者も、
いなくなるのを見られるときに。
37 主は言われる。
「彼らの神々は、どこにいるのか。
彼らが頼みとした岩はどこにあるのか。
38 彼らのいけにえの脂肪を食らい、
彼らの注ぎのぶどう酒を飲んだ者は
どこにいるのか。
彼らを立たせて、あなたがたを助けさせ、
あなたがたの盾とならせよ。
39 今、見よ。わたしこそ、それなのだ。
わたしのほかに神はいない。
わたしは殺し、また生かす。
わたしは傷つけ、またいやす。
わたしの手から救い出せる者はいない。
40 まことに、わたしは誓って言う。
『わたしは永遠に生きる。
41 わたしがきらめく剣をとぎ、
手にさばきを握るとき、
わたしは仇に復讐をし、
わたしを憎む者たちに報いよう。
42 わたしの矢を血に酔わせ、
わたしの剣に肉を食わせよう。
刺し殺された者や捕らわれた者の血を
飲ませ、
髪を乱している敵の頭を食わせよう。』」
43 諸国の民よ。
御民のために喜び歌え。
主が、ご自分のしもべの血のかたきを

→「サタンと悪霊に勝利する力」の項 p.1726)。

討ち、
ご自分の仇に復讐をなし、
ご自分の民の地の贖いをされるから。

44 モーセはヌンの子ホセアといっしょに行って、この歌のすべてのことばを、民に聞こえるように唱えた。
45 モーセはイスラエルのすべての人々に、このことばをみな唱え終えてから、
46 彼らに言った。「あなたがたは、私が、きょう、あなたがたを戒めるこのすべてのことばを心に納めなさい。それをあなたがたの子どもたちに命じて、このみおしえのすべてのことばを守り行わせなさい。
47 これは、あなたがたにとって、むなしいことばではなく、あなたがたのいのちであるからだ。このことばにより、あなたがたは、ヨルダンを渡って、所有しようとしている地で、長く生きることができる。」

ネボ山でのモーセの死に対する指示

48 この同じ日に、主はモーセに告げて仰せられた。
49 「エリコに面したモアブの地のこのアバリム高地のネボ山に登れ。わたしがイスラエル人に与えて所有させようとしているカナンの地を見よ。
50 あなたの兄弟アロンがホル山で死んでその民に加えられたように、あなたもこれから登るその山で死に、あなたの民に加えられよ。
51 あなたがたがツィンの荒野のメリバテ・カデシュの水のほとりで、イスラエル人の中で、わたしに対して不信の罪を犯し、わたしの神聖さをイスラエル人の中に現さなかったからである。
52 あなたは、わたしがイスラエルの人々に与えようとしている地を、はるかにながめることはできるが、その地へ入って行くことはできない。」

43 ①イザ1:24
 ④詩58:10
44 ①民13:8, 16
46 ①申4:9, 6:6, 11:18, エゼ40:4, 44:5
 ②申4:9
47 ①申8:3, 30:20, ネヘ9:29
 ②申4:40, 30:20, 33:25
49 ①申3:27, 民27:12
50 ①民20:25, 27, 33:38
 ②創25:8
51 ①民20:13, 27:14
 ②民20:12
 ③レビ10:3, エゼ20:41
52 ①申34:1-4, 民27:12,13
 ②申1:37, 3:27

1 ①申33章, 創49章
 ②ヨシ14:6, Ⅰサム9:6, Ⅰ列12:22, Ⅱ列5:8, Ⅱ歴8:14, 詩90表題
2 ①出19:18, 20, 士5:5, 詩68:8, 17
 ②士5:4
 ③民10:12, ハバ3:3
 ④申32:51
 ＊別訳「リベボテ・コデシュから」
3 ①申4:37, 7:8, 10:15, 詩47:4, ホセ11:1, マラ1:2
 ②ヨハ10:28
 ③申7:6, 14:2
 ④ルカ10:39
 ⑤箴2:1
4 ①ヨハ1:17, 7:19
 ②詩78:5
 ③詩119:111
5 ①申32:15, イザ44:2
 ②民23:21
6 ①申32:1, ヨシ13:15
7 ①ヨシ15:1
8 ①出28:30, レビ8:8, 民27:21, Ⅰサム28:6
 ②申6:16, 出17:7, 詩95:8, 9
 ③民20:13, 24, 詩81:7, 106:32
9 ①出32:26-29, 民25:7-13
 ②ヨブ37:24

モーセの各部族に対する祝福

33:1-29　参照─創49:1-28

33 ¹ これは神の人モーセが、その死を前にして、イスラエル人を祝福した祝福のことばである。
2 彼は言った。

「主はシナイから来られ、
セイルから彼らを照らし、
パランの山から光を放ち、
＊メリバテ・カデシュから近づかれた。
その右の手からは、
彼らにいなずまがきらめいていた。
3 まことに国々の民を愛する方、
あなたの御手のうちに、すべての聖徒たちがいる。
彼らはあなたの足もとに集められ、
あなたの御告げを受ける。
4 モーセは、みおしえを私たちに命じ、
ヤコブの会衆の所有とした。
5 民のかしらたちが、
イスラエルの部族とともに集まったとき、
主はエシュルンで王となられた。」
6 「ルベンは生きて、死なないように。
その人数は少なくても。」

7 ユダについては、こう言った。

「主よ。ユダの声を聞き、
その民に、彼を連れ返してください。
彼は自分の手で戦っています。
あなたが彼を、敵から助けてください。」

8 レビについて言った。

「あなたのトンミムとウリムとを、
あなたの聖徒のものとしてください。
あなたはマサで、彼を試み、
メリバの水のほとりで、彼と争われました。
9 彼は、自分の父と母について、
『私は、彼らを顧みない』と言いました。
また彼は自分の兄弟をも認めず、

33:9 自分の兄弟をも認めず　金の子牛の件でイスラエルが罪を犯した後(→出32:)、レビ人は最も近い親戚たちに対立して神のために立上がった。そして契約をしっかりと守り、金の子牛の礼拝に参加した人々に対して、懲らしめ、矯正するために強く訴えた。このように神のために熱心だったことに対して神は報いとして、律法の保護者(33:10)、またいけにえをささげる者として任命された(33:10)。私たちも常に神とみこ

その子どもをさえ無視し、
ただ、あなたの仰せに従って
あなたの契約を守りました。
10 彼らは、あなたの定めをヤコブに教え、
あなたのみおしえをイスラエルに教え
ます。
彼らはあなたの御前で、かおりの良い
香をたき、
全焼のささげ物を、あなたの祭壇にさ
さげます。
11 主よ。彼の資産を祝福し、
その手のわざに恵みを施してください。
彼の敵の腰を打ち、
彼を憎む者たちが、
二度と立てないようにしてください。」

12 ベニヤミンについて言った。
「主に愛されている者。
彼は安らかに、主のそばに住まい、
主はいつまでも彼をかばう。
彼が主の肩の間に住むかのように。」

13 ヨセフについて言った。
「主の祝福が、彼の地にあるように。
天の賜物の露、
下に横たわる大いなる水の賜物、
14 太陽がもたらす賜物、
月が生み出す賜物、
15 昔の山々からの最上のもの、
太古の丘からの賜物、
16 地とそれを満たすものの賜物、
柴の中におられた方の恵み、
これらがヨセフの頭の上にあり、
その兄弟たちから選び出された者の
頭の頂の上にあるように。
17 彼の牛の初子には威厳があり、
その角は野牛の角。
これをもって地の果て果てまで、
国々の民をことごとく突き倒して行く。
このような者がエフライムに幾万、
このような者がマナセに幾千もいる。」

9 ③マラ2:4,5
10 ①申17:9-11, 24:8,
31:9-13, レビ10:11,
エゼ44:23
②マラ2:7
③民16:40, Ⅰサム2:28
④申13:16, レビ6:23
11 ①申8:17, 31:9
12 ①ヨシ18:11
②申4:37, 詩60:5
③申12:10
13 ①ヨシ16:1
①創27:28, 49:25
15 ①創49:26, ハバ3:6
16 ①出3:2-6
②Ⅰ歴5:1
17 ①民23:22, 24:8, 28:4,
詩22:21, 92:10
②創48:19

18 ①ヨシ19:10
②ヨシ19:17
19 ①出15:17, 詩2:6,
イザ2:3
②詩4:5, 51:19
③イザ60:5
20 ①創49:19, ヨシ13:24,
Ⅰ歴5:18, 12:8
21 ①民32:1-5, 31, 32
②ヨシ4:12
③創18:19
22 ①ヨシ19:40, 士18:26
②創49:9, エゼ19:2, 3
23 ①ヨシ19:24
24 ①ヨシ19:24
②申29:6
25 ①詩147:13
②申8:9
＊七十人訳による別訳
「安定」
③申4:40, 32:47
26 ①申32:15, イザ44:2
②出15:11, 詩86:8,
エレ10:6

18 ゼブルンについて言った。
「ゼブルンよ。喜べ。
あなたは外に出て行って。
イッサカルよ。あなたは天幕の中にいて。
19 彼らは民を山に招き、
そこで義のいけにえをささげよう。
彼らが海の富と、砂に隠されている宝
とを、
吸い取るからである。」

20 ガドについて言った。
「ガドを大きくする方は、ほむべきかな。
ガドは雌獅子のように伏し、
腕や頭の頂をかき裂く。
21 彼は自分のために最良の地を見つけた。
そこには、
指導者の分が割り当てられていたから
だ。
彼は民の先頭に立ち、
主の正義と
主の公正をイスラエルのために行った。」

22 ダンについて言った。
「ダンは獅子の子、
バシャンからおどり出る。」

23 ナフタリについて言った。
「ナフタリは恵みに満ち足り、
主の祝福に満たされている。
西と南を所有せよ。」

24 アシェルについて言った。
「アシェルは子らの中で、
最も祝福されている。
その兄弟たちに愛され、
その足を、油の中に浸すようになれ。
25 あなたのかんぬきが、鉄と青銅であり、
あなたの力が、
あなたの生きるかぎり続くように。」

26 「エシュルンよ。
神に並ぶ者はほかにない。

とばを愛し献身することを第一のこととし、友人や家族、教会よりも優先させなければならない（マタ10:37-38, ルカ14:26)。

申命記 33-34章

③神はあなたを助けるため天に乗り、
　威光のうちに雲に乗られる。
27　昔よりの神は、住む家。
　永遠の腕が下に。
　あなたの前から敵を追い払い、
　『根絶やしにせよ』と命じた。
28　こうして、イスラエルは安らかに住まい、
　ヤコブの泉は、
　穀物と新しいぶどう酒の地をひとりで
　占める。
　天もまた、露をしたたらす。
29　しあわせなイスラエルよ。
　だれがあなたのようであろう。
　主に救われた民。
　主はあなたを助ける盾、
　あなたの勝利の剣。
　あなたの敵はあなたにへつらい、
　あなたは彼らの背を踏みつける。」

モーセの死

34 ¹ モーセはモアブの草原からネボ山、エリコに向かい合わせのピスガの頂に登った。主は、彼に次の全地方を見せられた。ギルアデをダンまで、
² ナフタリの全土、エフライムとマナセの地、ユダの全土を西の海まで、
³ ネゲブと低地、すなわち、なつめやしの町エリコの谷をツォアルまで。
⁴ そして主は彼に仰せられた。「わたしが、アブラハム、イサク、ヤコブに、『あなたの子孫に与えよう』と言って誓った地はこれである。わたしはこれをあなたの目に見せたが、あなたはそこへ渡って行くことはできない。」
⁵ こうして、主の命令によって、主のしもべモーセは、モアブの地のその所で死んだ。
⁶ 主は彼をベテ・ペオルの近くのモアブの地の谷に葬られたが、今日に至るまで、その墓を知った者はいない。
⁷ モーセが死んだときは百二十歳であったが、彼の目はかすまず、気力も衰えていなかった。
⁸ イスラエル人はモアブの草原で、三十日間、モーセのために泣き悲しんだ。そしてモーセのために泣き悲しむ喪の期間は終わった。
⁹ ヌンの子ヨシュアは、知恵の霊に満たされていた。モーセが彼の上に、かつて、その手を置いたからである。イスラエル人は彼に聞き従い、主がモーセに命じられたとおりに行った。
¹⁰ モーセのような預言者は、もう再びイスラエルには起こらなかった。彼を主は、顔と顔とを合わせて選び出された。
¹¹ それは主が彼をエジプトの地に遣わし、パロとそのすべての家臣たち、およびその全土に対して、あらゆるしるしと不思議を行わせるためであり、
¹² また、モーセが、イスラエルのすべての人々の目の前で、力強い権威と、恐るべき威力とをことごとくふるうためであった。

34:1　モーセは・・・ネボ山・・・に登った　神との交わりを持ちながら一生を送った人々は死を恐れなかった。神を信頼しているので平安と喜びをもって死を待望むことができたのである（⇒ルカ2:29、ピリ1:23）。その人々はモーセのように約束の地はほんの少ししか見ることができなかったかもしれない（34:1-4）。けれども死んだ後には「堅い基礎の上に建てられ・・・設計し建設されたのは神」である都を相続するのである（ヘブ11:10、→ピリ1:21注）。

34:5　[主]のしもべモーセは・・・死んだ　モーセの死の記録はこの偉大な指導者の死の直後にヨシュアによって書かれたものと思われる（34:9）。モーセは生前に約束の地に入ることを許されなかった（34:4）。けれどもずっと後にモーセはこの地に入っており、変貌の山では主イエスと話し合っている（マタ17:3）。

34:10　モーセのような預言者は、もう再び・・・起こらなかった　モーセの生涯の中でたたえるべき偉大な点は、神と親しい交わりを持ち、神の特性と神の思いを理解していたことである。キリスト者が最も望むことは神を知り、神との親しい交わりを体験することである。それは神の子どもとしての最もすばらしい特権であり権利である（ヨハ1:12、17:3、ロマ8:14-15、ガラ4:6）。献身的な内面生活をし、外面的にも神を敬う信仰生活を送っている人に、神の臨在とあわれみは拒まれることがない。父、御子、御霊の神との交わりこそがキリスト者に与えられる最も優れた約束であり報いである（ヨハ14:15-21、23、26、黙3:20）。

ヨシュア記

概　要
- I．約束の地への侵入の準備と侵入(1:1-5:15)
  - A．ヨシュアへの神の命令(1:1-9)
  - B．エリコ偵察とヨルダン川渡河の準備(1:10-3:13)
  - C．ヨルダン川の渡河(3:14-4:24)
  - D．ギルガルでの聖別と祝い(5:1-15)
- II．カナンの地の征服(6:1-13:7)
  - A．中央部の征服(6:1-8:35)
    1．エリコでの勝利(6:1-27)
    2．アカンの罪によるアイでの敗北(7:1-26)
    3．アイでの勝利(8:1-29)
    4．シェケムでの礼拝と契約更新(8:30-35)
  - B．南部の征服(9:1-10:43)
    1．ギブオン人との協定(9:1-27)
    2．エモリ人の同盟の崩壊(10:1-43)
  - C．北部の征服(11:1-15)
  - D．征服された王たちと領地(11:16-12:24)
  - E．征服されなかった土地(13:1-7)
- III．相続地の分割(13:8-22:34)
  - A．ヨルダン川東側の部族(13:8-33)
  - B．ヨルダン川西側の部族(14:1-19:51)
  - C．特別な割当て(20:1-21:45)
    1．六つののがれの町(20:1-9)
    2．レビ人の町(21:1-45)
  - D．東側の部族の帰還(22:1-34)
- IV．ヨシュアの告別のことば(23:1-24:28)
  - A．イスラエルの指導者たちへのことば(23:1-16)
  - B．全イスラエルへのことばとシェケムでの契約更新(24:1-28)
- V．結論(24:29-33)
  - A．ヨシュアの死と埋葬(24:29-31)
  - B．ヨセフの遺骨の埋葬(24:32)
  - C．エルアザルの死と埋葬(24:33)

著　者：ヨシュア

主　題：カナンの地の征服

著作の年代：紀元前14世紀

著作の背景
　ヨシュア記はモーセ五書(旧約聖書の最初の5冊)に書かれている歴史の続きである。モーセの死後、イスラエルがヨルダン川を渡り、約束の地であるカナンの地に入ったことが記録されている。またヨシュアの指導のもと、イスラエルの十二部族がカナンの地を征服し定住した記録でもある。聖書はイスラエルのカナン侵入は前1405年頃としている。この書物にはその後の25－30年のイスラエルの歴史が記録され、神が「イスラエルの先

祖たちに与えると誓われた地を全部、イスラエルに与えられた」ことが記録されている（21：43）。

　この書物はモーセの死後、神に選ばれて指導者になったヨシュアの人生と働きを追っている。そこで書物の名前は、神に選ばれた指導者として抜きん出た主人公の名前からつけられた。モーセの見習い、または助手としての経歴は、約束の地を征服する指導者になる良い準備だった。ヨシュアはイスラエルがエジプトでの奴隷状態から解放されるのを目撃していた。そして神がさばきの災害を10回も送って、イスラエルをエジプトから脱出させるのを目撃した。最初の過越に参加し、紅海を渡る奇蹟を体験し、イスラエルの荒野の旅の間に現された超自然的しるし（そしてさばき）を見てきた。ヨシュアはエジプトを出た直後、アマレク人との戦いでは戦闘指揮者としてモーセに仕えた（出17：8-16）。神がシナイ山でモーセに十戒を授けられたとき、モーセと一緒にシナイ山へ登ることを許されたのはヨシュアだけだった（出24：12-18）。ヨシュアはモーセの助手として神に深く強く献身し心をささげ、しばしば長時間にわたって神とふたりだけの時間を過した（出33：11）。ヨシュアは主に従う喜びと人々を導く難しさをモーセから確かに多く学んだ。カデシュでは、12人の斥候の一人としてカナンの地を偵察した。そしてカレブとともに、恐れと不信仰に満ちた多数派の報告に強力に反対を表明した（民14：）。イスラエルの指導者としてのモーセの後継者となる何年も前から、ヨシュアは信仰、幻、勇気、忠誠、服従、祈り、神とみことばへの献身の人であることを自ら証明してきた。そしてモーセの後継者に選ばれるまでには、「神の霊の宿っている人」と言われるようになっていた（民27：18 ⇒申34：9）。

　ユダヤ人の伝承（タルムード―古代のユダヤの文書や聖書の解釈を集めたものでユダヤ教の律法の基礎）はヨシュアがこの書物の著者であるとしている。実際にヨシュアが書く作業をしたことが2回記録されている（18：9, 24：26）。さらに書物の内部の証拠自体が、著者はカナンの地征服の目撃者であることを強く示唆している（⇒5：6の「私たち」、ラハブは著者がこれを書いたときにまだ生存していたことに注意 6：25）。15章13-19節（⇒士1：9-13）、24章29-33節などヨシュアの死後に書き加えられた部分は「ヨシュアのあとまで生き残って」いた長老（24：31）の一人によって書かれたと思われる。ヨシュアは前1375年頃110歳で死んだ（24：29）。

目　的

　ヨシュア記はイスラエルとの契約に含まれる約束、特にカナンの地に関する約束を神が忠実に守られた記録として書かれている（23：14, ⇒創12：6-7）。勝利の征服はイスラエルに対する神の贖い（救い、解放）と、腐敗したカナンの文化に対する神のさばきとして描かれている（→申9：4）。この書物に描かれている戦いと暴力は、この観点から見なければならない。イスラエルが代って住むようになったこの地のカナン人は道徳的に乱れており、残虐だった。そのことは考古学によって裏付けられている。

概　観

　ヨシュア記は申命記が終ったところから始まっている。イスラエルはヨルダン川とエリコの真東にあるモアブの草原に宿営していた（申34：1）。この書物は三つの部分に分けることができる。

　（1）第一区分（1：1-5：15）は、神がヨシュアをモーセの後継者に任命されたことと、カナンの地に入るためのイスラエルの準備を説明するところから始まっている（1：1-3：13）。次にヨルダン川の渡河（3：14-4：24）と、カナンの地での最初の契約の儀式を描いている（5：）。神はヨシュアに「あなたがたが足の裏で踏む所はことごとく・・・あなたがたに与えている」と約束された（1：3）。

　（2）第二区分（6：1-13：7）は、イスラエルが神に従って、カナンの中央部（6：-8：）、南部（9：-10：）、北部（11：-12：）にある、充分に武装し守りを固めた立派な都市国家に驚くほどの勝利をしたことを描いている。この一連の戦いを通して、イスラエルは南から北に至る丘陵地帯とネゲブを掌握した。エリコがきわめて異例な方法で征服されたことは、イスラエル軍の指揮官が神であること、そしてその勝利のかぎは神にのみあること（6：）を明らかに示している。アイでイスラエルが敗北したことは、この書物が正直であることと、神に背くときの恐ろしい結果とを示している（7：）。イスラエルが征服したカナンの地の全体像について　→「**カナンの地征服**」の地図 p.384

　（3）第三区分（13：8-22：34）は、ヨシュアがイスラエルの十二部族に土地を分割したことを記録している。またカレブの相続地（40年前にカナンの地を探るために派遣された12人の斥候の一人で、ヨシュアを除いてただ一人忠実だった人物）、六つののがれの町、部族の間に散在する48のレビ人の町についても記録している。

　この書物の最後はヨシュアの二つの告別のメッセージ（23：1-24：28）と、ヨシュアと大祭司エルアザルの追悼文（生涯の功績の要約）で締めくくられている（24：29-33）。

特　徴
ヨシュア記には七つの大きな特徴がある。
（1）旧約聖書の最初の歴史書で、民族としてのイスラエルのパレスチナ地方での歴史を描いている。
（2）モーセが始めた仕事を完成させるために神に選ばれた人としてのヨシュアの驚くべき人生の内容を見せてくれる。ヨシュアの仕事は神の契約の民（神の律法と約束、人々の忠実さと服従に基づく「終生協定」を神が結ばれた人々）をその先祖たちに約束された土地に根付かせることだった。
（3）神がイスラエルのためにされた多くの奇蹟を描いている。その中で最も劇的な奇蹟はエリコの陥落と（6：）ギブオンの戦いで日が延びたことである（10：）。
（4）旧約聖書の中で「聖戦」という概念を扱っている中心的な書物である。聖戦は神が公認された特別な使命のことで、人間の歴史を通して行われる神の救いの全体計画の一部として特定の目的を果すものである。それは短期の戦いで、現在行われている神や宗教の名による争いや戦いを正当化するものではない。今日見られるものは人間的な動機（人を満足させるために人間的理由付けをしたもの）によるものである。
（5）神と契約の民との関係に関する次の三つの重要な真理を強調している。（a）神の忠実さ、（b）神の聖さ、（c）神の救い。
（6）神の救いについてのあかしと受けた資産を次の時代に伝えていくことの重要性を強調している。
（7）アカンの罪と罰についての長い記述（7：）は、ほかの訴え、警告、罰則とともに、神の民が心の中に神への恐れ（畏敬、敬意、完全な服従）を持つことが重要であることを強調している（→「**神への恐れ**」の項 p.316）。

新約聖書での成就
ヨシュアという名前（《ヘ》イエホーシュアまたはイエーシューア）は新約聖書の「イエス」と同じ意味である（→1：1注）。ヨシュアはイスラエルを約束の地へ導く役割を果したけれども、それは「多くの子たちを栄光に導く」（ヘブ2：10, 4：1-13, ⇒Ⅱコリ2：14）役割を持っているイエス・キリストのひな型であり、預言的な象徴である。最初のヨシュアがカナンの地を征服するために神のさばきの「剣」を使ったように、第二のヨシュア（イエス・キリスト）は歴史の終りに諸国民に対して勝利を収められる（黙19：11-16）。

ヨシュア記の通読
旧約聖書を１年間で通読するためには、ヨシュア記を次のスケジュールに従って９日間で読まなければならない。
☐1-2 ☐3-4 ☐5-6 ☐7-9 ☐10-12 ☐13-15 ☐16-19 ☐20-22 ☐23-24

メモ

ヨシュアへの主の命令

1 ¹ さて、主のしもべモーセが死んで後、主はモーセの従者、ヌンの子ヨシュアに告げて仰せられた。
² 「わたしのしもベモーセは死んだ。今、あなたとこのすべての民は立って、このヨルダン川を渡り、わたしがイスラエルの人々に与えようとしている地に行け。
³ あなたがたが足の裏で踏む所はことごとく、わたしがモーセに約束したとおり、あなたがたに与えている。
⁴ あなたがたの領土は、この荒野とあのレバノンから、大河ユーフラテス、ヘテ人の全土および日の入るほうの大海に至るまでである。
⁵ あなたの一生の間、だれひとりとしてあなたの前に立ちはだかる者はいない。わたしは、モーセとともにいたように、あなたとともにいよう。わたしはあなたを見放さず、あなたを見捨てない。
⁶ 強くあれ。雄々しくあれ。わたしが彼らに与えるとその先祖たちに誓った地を、あなたは、この民に継がせなければならないからだ。
⁷ ただ強く、雄々しくあって、わたしのしもべモーセがあなたに命じたすべての律法を守り行え。これを離れて右にも左にもそれてはならない。それは、あなたが行く所で

1①出24:13, 民27:18, 申1:38, 31:23
②申1:13, 民12:7, 申34:5, ②ヨシ1:11
3①ヨシ1:3-5, 申11:24, 25, ヨシ4:9
4①創15:18, 出23:31

②民34:5, 7
5①申7:24, 11:25
②ヨシ1:9, 17, 3:7, 6:27, 出3:12, 申20:1, 31:8, 23, Ⅰサム20:13, Ⅰ列1:37, 8:57, イザ43:2, 5
③申31:6, 8
6①ヨシ1:7, 9, 18, 10:25, 申31:6, 7, 23, Ⅰ歴22:13, 28:20, Ⅱ歴32:7
②申3:20
7①→ヨシ1:6
②ヨシ8:34, 22:5, →Ⅱ列10:31
④申5:32, 28:14

1:1 ヌンの子ヨシュア イスラエルが荒野を40年間さまよっている間、ヨシュアはモーセのそばで忠実に補佐していた（出17:8-13, 24:13, 32:17-19, 民13:8, 16）。聖書にはヨシュアが聖霊に満たされていて、モーセの後任の指導者として任命された（権威を授けられた）と書かれている（民27:18-23, 申34:9）。ここで神はイスラエルを約束の地に導き入れるようにヨシュアを召しておられる（→創12:6-7, 15:18-21）。ヨシュアという名前は「主は救う」（または「主は救い」）という意味である。そのギリシヤ語形は「イエス」である（→マタ1:21注）。ヨシュアは神の民を約束の地へ導き入れ敵に勝利したことから、イエス・キリストの型であり、イエス・キリストを預言的に表している（ヘブ4:1, 6-8, →「旧約聖書のキリスト」の項 p.611）。カナンの地（パレスチナ）の征服は前1405年頃始まったけれどもヨシュアはイスラエルを約25年間導いた。

1:2 このヨルダン川を渡り・・・地に行け カナンの地に入り征服が可能になったことが、荒野でのイスラエルの体験と同じように文書に記録された。これは私たちへの戒めと教訓のためだった（⇒Ⅰコリ10:11）。

（1）約束の地は天国を象徴し、イスラエル人が征服したことは天国に入ることを象徴していると言うのは正しくない。むしろそれは、キリストに従う人々が救いを受けるときに受取る霊的な「相続」を意味している。それには罪の赦しと神との個人的な関係、それらに伴う祝福と恩義がみな含まれている。

（2）キリストに従う人々は既に救いをいただき、「キリストにあって、天にあるすべての霊的祝福をもって」祝福されている（エペ1:3）。けれども生涯を通じて「信仰の戦い」を続けなければならない。戦いは永遠にキリストとともにいるようになるまで続いていく（Ⅰテモ1:18-20, 4:16, 6:12）。カナンの地の征服と同じように、霊的救い、永遠のいのちには、私たちのたましいを滅ぼそうとする悪の力と霊的に戦って勝利する過程が含まれている（→エペ6:10-20）。

（3）ヨシュアとイスラエル人が約束の地を征服して所有することは、神を信じ、みことばに従い、神の敵と戦うことによってのみ可能である（1:7-9, ⇒申28:）。新約時代の信仰者も同じである。新しい契約（御子イエス・キリストの働きを通して行われる霊的救いとキリストとの個人的な関係を持つようにする神の計画）のもとでは、キリストを信じる信仰によって生きること（→「信仰と恵み」の項 p.2062）、みことばに従うこと（→ヨハ3:36注）、サタンの悪い策略と私たちの反抗的な人間性と霊的に戦うこと（ガラ5:16-21, →エペ6:11注）によって、救いと神の祝福にあずかることになる。神を信じる信仰から離れるなら約束の地での立場は失われるとヨシュアは警告したけれども（23:16）、キリスト者も神の約束（1:6）、力（3:14-17）、臨在（1:5, 9）に頼り続けるように注意しなければならない。

1:5 あなたとともにいよう 「あなたとともにいよう。わたしはあなたを見放さず、あなたを見捨てない」というヨシュアに対する神の基本的な約束は、人生の困難な戦いの中を信仰によって歩き続けている人々に与えられている約束と同じである（マタ28:20, ヘブ13:5-6, ⇒申31:6, →出3:14注）。神の変わらない臨在は今では、御子（マタ1:23）と聖霊の賜物（ルカ24:49）を通して現実のものになっている。

1:7 すべての律法を守り行え 約束の地を所有するために、ヨシュアとイスラエル人は文書になったみことばに忠実に従わなければならなかった（→1:8注）。「律法の書」（1:8）に書かれてあるみことばが根本的権威である。人間の考え、伝統、宗教に頼ることはできない。この原則（みことばの権威）は古い契約と新しい契約（私たちの罪のためにいのちを与えようとキリストが世界に来られた前とあと）の中で生きる神に従う

はどこででも、あなたが栄えるためである。 ⁸この律法の書を、あなたの口から離さず、昼も夜もそれを口ずさまなければならない。そのうちにしるされているすべてのことを守り行うためである。そうすれば、あなたのすることで繁栄し、また栄えることができるからである。

⁹わたしはあなたに命じたではないか。強くあれ。雄々しくあれ。恐れてはならない。おののいてはならない。あなたの神、主が、あなたの行く所どこにでも、あなたとともにあるからである。」

¹⁰そこで、ヨシュアは民のつかさたちに命じて言った。

¹¹「宿営の中を巡って、民に命じて、『糧食の準備をしなさい。三日のうちに、あなたがたはこのヨルダン川を渡って、あなたがたの神、主があなたがたに与えて所有させようとしておられる地を占領するために、進んで行こうとしているのだから』と言いなさい。」

¹²ヨシュアは、ルベン人、ガド人、およびマナセの半部族に、こう言った。

¹³「主のしもべモーセがあなたがたに命じて、『あなたがたの神、主は、あなたがたに安住の地を与え、あなたがたにこの地を与える』と言ったことばを思い出しなさい。 ¹⁴あなたがたの妻子と家畜とは、モーセがあなたがたに与えたヨルダン川のこちら側

ヨシ22・5

⁸①ヨシ8:31, 34, 23:6, 24:26,
申28:61, 29:21, 30:10, 31:26,
Ⅱ列14:6, 22:8, 11,
Ⅱ歴17:9, 30:16, 34:14, 15,
ネヘ8:1, 3, 8, 18, 9:3
②詩1:2
③申29:9, 詩1:1-3
9①→ヨシ1:6
②ヨシ8:1
③→ヨシ1:5
10①民11:16, 申16:18
11①ヨシ3:2
②申9:1, 11:31
13①申3:18-20
 (②ヨシ21:44, 22:4

14①ヨシ4:12,
民32:20, 21, 27, 29, 30,
申3:18
15①ヨシ22:1-6, 申3:20
②ヨシ6:2, 6, 7, 申2:5,
民24:18, Ⅱ歴20:11
17①ヨシ1:5
18①→ヨシ1:6

1①ヨシ3:1, 民25:1
②民13章

の地に、とどまらなければならない。しかし、あなたがたのうちの勇士は、みな編隊を組んで、あなたがたの同族よりも先に渡って、彼らを助けなければならない。 ¹⁵主が、あなたがたと同様、あなたがたの同族にも安住の地を与え、彼らもまた、あなたがたの神、主が与えようとしておられる地を所有するようになったなら、あなたがたは、主のしもべモーセがあなたがたに与えたヨルダン川のこちら側、日の上る方にある、あなたがたの所有地に帰って、それを所有することができる。」

¹⁶彼らはヨシュアに答えて言った。「あなたが私たちに命じたことは、何でも行います。また、あなたが遣わす所、どこへでもまいります。 ¹⁷私たちは、モーセに聞き従ったように、あなたに聞き従います。ただ、あなたの神、主が、モーセとともにおられたように、あなたとともにおられますように。 ¹⁸あなたの命令に逆らい、あなたが私たちに命じるどんなことばにも聞き従わない者があれば、その者は殺されなければなりません。ただ強く、雄々しくあってください。」

ラハブと斥候

2 ¹ヌンの子ヨシュアは、シティムからひそかにふたりの者を斥候として遣わして、言った。「行って、あの地とエリコを偵

人々両方に適用されるものである。

1:8 この律法の書 「律法の書」ということばは聖書の最初の5冊のことで、そこには神がモーセに話されたことばと命令、啓示が記録されている（⇒申31:9-12, 24-26）。神はみことばを唱え（⇒申6:7）、それを口ずさみ（⇒詩1:2, 119:97）、完全に従って（⇒エズ7:10, ヤコ1:22-25）、みことばに忠実になるようにとヨシュアに命じられた。

1:8 昼も夜もそれを口ずさまなければならない 「口ずさむ」の原語（ヘ）ハガーは「思い巡らす」とも訳されるけれども、「黙読する」とか、「考えながら自分に言いきかせる」という意味である。みことばを学び注意深く考えて、原則や深い意味を理解することである。そしてその原則を生活のあらゆる分野に生かしていかなければならない（詩1:2は「口ずさむ」、63:6, 77:12, 143:5は「思い巡らす」）。

1:8 繁栄し、また栄える みことばを知ってそれに従う人は繁栄し成功する。それは正しいことを行い、自分の人生に与えられた神の目的を達成する知恵を得るからである（詩14:2, 119:99, 箴1:3, 10:5）。このように成功するには次のことが必要である。(1) 強く雄々しくあること(1:6-7)、(2) みことばを信仰と行動を導く権威とすること(1:7)、(3) みことばを毎日学び口ずさむ（→前の注）こと(1:8)、(4) 生活のあらゆる分野で神の臨在を認め応答すること(1:5, 9)。ヨシュアに与えられたこのメッセージは、人生を導く総合的原則を私たちにも示している。けれどもこの条件を満たせばだれでも必ず豊かになり、物質的に繁栄することが保証されたのではない。私たちにとって最高の人生は、神の目的とご計画を達成することである。けれどもそのために、時には苦難や逆境を通らなければならないこともある（→Ⅲヨハ1:2注）。

2:1 遊女の家 ラハブの家（宿屋と思われる）は、警戒されたり疑われたりしないでよそ者が情報収集をす

察しなさい。」彼らは行って、ラハブという名の遊女の家に入り、そこに泊まった。

² エリコの王に、「今、イスラエル人のある者たちが、今夜この地を探るために、入って来ました」と告げる者があったので、

³ エリコの王はラハブのところに人をやって言った。「あなたのところに来て、あなたの家に入った者たちを連れ出しなさい。その者たちは、この地のすべてを探るために来たのだから。」

⁴ ところが、この女はそのふたりの人をかくまって、こう言った。「その人たちは私のところに来ました。しかし、私はその人たちがどこから来たのか知りませんでした。

⁵ その人たちは、暗くなって、門が閉じられるころ、出て行きました。その人たちがどこへ行ったのか存じません。急いで彼らのあとを追ってごらんなさい。追いつけるでしょう。」

⁶ 彼女はふたりを屋上に連れて行き、屋上に並べてあった亜麻の茎の中に隠していたのである。

⁷ 彼らはその人たちのあとを追って、ヨルダン川の道を渡し場へ向かった。彼らがあとを追って出て行くと、門はすぐ閉じられた。

⁸ ふたりの人がまだ寝ないうちに、彼女は屋上の彼らのところに上って来て、

⁹ その人たちに言った。「主がこの地をあなたがたに与えておられること、私たちはあなたがたのことで恐怖に襲われており、この地の住民もみな、あなたがたのことで震えおののいていることを、私は知っています。

¹⁰ あなたがたがエジプトから出て来られた

1①ヨシ2:3, 6:17, 25,
マタ1:5, ヘブ11:31,
ヤコ2:25
4①Ⅱサム17:19, 20
9①ヨシ9:9, 10, 24,
②創35:5, 出23:27,
申2:25, 11:25
③出15:16
10①民23:22

＊あるいは「紅海」
②ヨシ4:23, 出14:21
③ヨシ5:1, 民21:34
④ヨシ2:10, 6:17, 18,
21, 7:1, 11, 12, 13, 15,
8:26, 10:1, 28, 35, 37,
39, 40, 11:11, 12, 20,
21, 22:20, →士1:17,
→Ⅰサム15:3,
→Ⅰ列9:21,
→イザ34:2
11①ヨシ5:1, 7:5,
イザ13:7, レビ26:36,
詩22:14
②申4:39
12①ヨシ2:14
②ヨシ2:18
14①ヨシ6:22-25
②創24:49
15①Ⅰサム19:12, 使9:25,
Ⅱコリ11:33

とき、主があなたがたの前で、葦の海の水をからされたこと、また、あなたがたがヨルダン川の向こう側にいたエモリ人のふたりの王シホンとオグにされたこと、彼らを聖絶したことを、私たちは聞いているからです。

¹¹ 私たちは、それを聞いたとき、あなたがたのために、心がしなえて、もうだれにも、勇気がなくなってしまいました。あなたがたの神、主は、上は天、下は地において神であられるからです。

¹² どうか、私があなたがたに真実を尽くしたように、あなたがたもまた私の父の家に真実を尽くすと、今、主にかけて私に誓ってください。そして、私に確かな証拠を下さい。

¹³ 私の父、母、兄弟、姉妹、また、すべて彼らに属する者を生かし、私たちのいのちを死から救い出してください。」

¹⁴ その人たちは、彼女に言った。「あなたがたが、私たちのこのことをしゃべらなければ、私たちはいのちにかけて誓おう。主が私たちにこの地を与えてくださるとき、私たちはあなたに真実と誠実を尽くそう。」

¹⁵ そこで、ラハブは綱で彼らを窓からつり降ろした。彼女の家は城壁の中に建て込まれていて、彼女はその城壁の中に住んでいたからである。

¹⁶ 彼女は彼らに言った。「追っ手に出会わないように、あなたがたは山地のほうへ行き、追っ手が引き返すまで三日間、そこで身を隠していてください。それから帰って行かれたらよいでしょう。」

¹⁷ その人たちは彼女に言った。「あなたが

るのに絶好の場所だったようである。

2:1 ラハブ ラハブは以前は神を敬わない罪深い女だった。けれどもイスラエルの神を天と地のまことの神と理解して受入れた（2:10-11）。その結果、ラハブはカナンのにせの神々を捨ててイスラエルの神を信じるようになった（ヘブ11:31, ヤコ2:25）。そして神が約束された地をイスラエルの民が獲得することに協力した。ラハブはメシヤの系図に先祖として入れられている（マタ1:5-6）。ラハブが救われたことは、神がさばきを下しているその時でも、「神を恐れかしこみ、正義を行う人なら、神に受け入れられる」ことを教えている（使10:35）。ラハブの生涯はまた、過去の生活から立返って神に頼るなら、神はどんな人でも救い用

いてくださることを教えている。神は過去の罪や失敗に対して贖いを用意しておられる。

2:5 その人たちがどこへ行ったのか存じません ラハブはうそをついているけれども今日の信仰者に、うそをついても神は受入れてくださると教えているのではない（⇒出20:16, 申5:20）。このときラハブは契約の民ではなかったので、契約の道徳律法に縛られていなかった。聖書はラハブのうそを容認したのではなく、その信仰と行動を賞賛しているのである（ヘブ11:31, ヤコ2:25）。神はうそに頼らなければ契約に含まれる約束を果し、斥候を守ることができないのではない（1:5-6）。

私たちに誓わせたこのあなたの誓いから、私たちは解かれる。
18 私たちが、この地に入って来たなら、あなたは、私たちをつり降ろした窓に、この赤いひもを結びつけておかなければならない。また、あなたの父と母、兄弟、また、あなたの父の家族を全部、あなたの家に集めておかなければならない。
19 あなたの家の戸口から外へ出る者があれば、その血はその者自身のこうべに帰する。私たちは誓いから解かれる。しかし、あなたといっしょに家の中にいる者に手をかけるなら、その血は私たちのこうべに帰する。
20 だが、もしあなたが私たちのこのことをしゃべるなら、あなたが私たちに誓わせたあなたの誓いから私たちは解かれる。」
21 ラハブは言った。「おことばどおりにいたしましょう。」こうして、彼女は彼らを送り出したので、彼らは去った。そして彼女は窓に赤いひもを結んだ。
22 彼らは去って山地のほうへ行き、追っ手が引き返すまで三日間、そこにとどまった。追っ手は彼らを道中くまなく捜したが、見つけることができなかった。
23 ふたりの人は、帰途につき、山を下り、川を渡り、ヌンの子ヨシュアのところに来て、その身に起こったことを、ことごとく話した。
24 それから、ヨシュアにこう言った。「主は、あの地をことごとく私たちの手に渡されました。そればかりか、あの地の住民はみな、私たちのことで震えおののいています。」

ヨルダン川の渡河

3 1 ヨシュアは翌朝早く、イスラエル人全部といっしょに、シティムを出発してヨルダン川の川岸まで行き、それを渡る前に、そこに泊まった。
2 三日たってから、つかさたちは宿営の中を巡り、
3 民に命じて言った。「あなたがたは、あなたがたの神、主の契約の箱を見、レビ人の祭司たちが、それをかついでいるのを見たなら、あなたがたのいる所を発って、そのうしろを進まなければならない。
4 あなたがたと箱との間には、約二千キュビトの距離をおかなければならない。それに近づいてはならない。それは、あなたがたの行くべき道を知るためである。あなたがたは、今までこの道を通ったことがないからだ。」
5 ヨシュアは民に言った。「あなたがたの身をきよめなさい。あす、主が、あなたがたのうちで不思議を行われるから。」
6 ヨシュアは祭司たちに命じて言った。「契約の箱をかつぎ、民の先頭に立って渡りなさい。」そこで、彼らは契約の箱をかつぎ、民の先頭に立って行った。
7 主はヨシュアに仰せられた。「きょうから、わたしはイスラエル全体の見ている前で、あなたを大いなる者としよう。それは、わたしがモーセとともにいたように、あなたとともにいることを、彼らが知るためである。
8 あなたは契約の箱をかつぐ祭司たちに命じてこう言え。『ヨルダン川の水ぎわに来たとき、あなたがたはヨルダン川の中に立たなければならない。』」
9 ヨシュアはイスラエル人に言った。「ここに近づき、あなたがたの神、主のことばを聞きなさい。」
10 ヨシュアは言った。「生ける神があなたがたのうちにおられ、あなたがたの前から、カナン人、ヘテ人、ヒビ人、ペリジ人、ギルガシ人、エモリ人、エブス人を、

17 ① 創24:8
18 ① ヨシ2:12
② ヨシ6:23
19 ① Ⅱサム1:16, マタ10:33
24 ① ヨシ6:2, 21:44, 出23:31
② ヨシ2:9
1 ① ヨシ2:1

2 ① ヨシ1:11
3 ① 申9:3
② ヨシ3:6, 8, 14, 17, 4:9, 3:8, 6:6, 8, 8:33, 民10:33, 申10:8, 士20:27, →Ⅰサム4:3, Ⅱサム15:24, →Ⅰ列3:15, →Ⅰ歴15:25, →Ⅱ歴5:2, エレ3:16, ヘブ9:4, 黙11:19, ヨシ3:13, 4:16, Ⅰサム3:3
5 ① ヨシ7:13, 出19:10, 11, 14, 15, レビ20:7, 民11:18, Ⅰサム16:5
7 ① ヨシ4:14, Ⅰ歴29:25, Ⅱ歴1:1
② ヨシ1:5
8 ① ヨシ3:3
9 ① ヨシ3:17
10 ① →Ⅰサム17:26, マタ16:16, Ⅰテサ1:9

2:21 赤いひも 赤いひもは過越の子羊の血を象徴している。それはイスラエルがエジプトの奴隷から解放される前、エジプトに下る神のさばきから守られるために家に塗ったものである(出12:21-23、⇒「**過越**」の項p.142)。その意味で、ラハブの家から下がった赤いひもは、家族が守られ救い出される期待のしるしだった。そこから、初代教会のある人々は赤いひもをイエス・キリストの血の象徴と考えていた。キリストの血は私たちを罪の結果から救い、神との個人的な関係と

いう安全地帯に導き入れるために流されたのである。

3:3 契約の箱 神は人々の中にご自分を示しておられた。「契約の箱」は神の臨在の目に見える象徴だった(出25:22、⇒民10:35)。人々が約束の地を手に入れる準備をしているときに、神は明瞭な奇蹟をもって臨在を証明されたのである(3:5、14-17、4:18)。

3:5 あなたがたの身をきよめなさい 「身をきよめる」とは汚れたものや不純なものから離れて、神の目的のために区別するという意味である。聖別するとい

ヨシュア記 3-4章

必ず追い払われることを、次のことで知らなければならない。
11 見よ。全地の主の契約の箱が、あなたがたの先頭に立って、ヨルダン川を渡ろうとしている。
12 今、部族ごとにひとりずつ、イスラエルの部族の中から十二人を選び出しなさい。
13 全地の主である主の箱をかつぐ祭司たちの足の裏が、ヨルダン川の水の中にとどまると、ヨルダン川の水は、上から流れ下って来る水がせきとめられ、せきをなして立つようになる。」
14 民がヨルダン川を渡るために、天幕を発ったとき、契約の箱をかつぐ祭司たちは民の先頭にいた。
15 箱をかつぐ者がヨルダン川まで来て、箱をかつぐ祭司たちの足が水ぎわに浸ったとき、――ヨルダン川は刈り入れの間中、岸いっぱいにあふれるのだが――
16 上から流れ下る水はつっ立って、はるかかなたのツァレタンのそばにある町アダムのところで、せきをなして立ち、アラバの海、すなわち塩の海のほうに流れ下る水は完全にせきとめられた。民はエリコに面するところを渡った。
17 主の契約の箱をかつぐ祭司たちがヨルダン川の真ん中のかわいた地にしっかりと立つうちに、イスラエル全体は、かわいた地を通り、ついに民はすべてヨルダン川を渡り終わった。

4 1 民がすべてヨルダン川を渡り終わったとき、主はヨシュアに告げて仰せられた。
2 「民の中から十二人、部族ごとにひとりずつを選び出し、
3 彼らに命じて言え。『ヨルダン川の真ん中で、祭司たちの足が堅く立ったその所から十二の石を取り、それを持って来て、あなたがたが今夜泊まる宿営地にそれを据えよ。』」

4 そこで、ヨシュアはイスラエルの人々の中から、部族ごとにひとりずつ、あらかじめ用意しておいた十二人の者を召し出した。
5 ヨシュアは彼らに言った。「ヨルダン川の真ん中の、あなたがたの神、主の箱の前に渡って行って、イスラエルの子らの部族の数に合うように、各自、石一つずつを背負って来なさい。
6 それがあなたがたの間で、しるしとなるためである。後になって、あなたがたの子どもたちが、『これらの石はあなたがたにとってどういうものなのですか』と聞いたなら、
7 あなたがたは彼らに言わなければならない。『ヨルダン川の水は、主の契約の箱の前でせきとめられた。箱がヨルダン川を渡るとき、ヨルダン川の水がせきとめられた。これらの石は永久にイスラエル人の記念なのだ。』」
8 イスラエルの人々は、ヨシュアが命じたとおりにした。主がヨシュアに告げたとおり、イスラエルの子らの部族の数に合うように、ヨルダン川の真ん中から十二の石を取り、それを宿営地に運び、そこに据えた。
9 ――ヨシュアはヨルダン川の真ん中で、契約の箱をかつぐ祭司たちの足の立っていた場所の下にあった十二の石を、立てたのである。それが今日までそこにある――
10 箱をかつぐ祭司たちは、主がヨシュアに命じて民に告げさせたことがすべて終わるまで、ヨルダン川の真ん中に立っていた。すべてモーセがヨシュアに命じたとおりである。その間に民は急いで渡った。
11 民がすべて渡り終わったとき、主の箱が渡った。祭司たちは民の先頭に立ち、
12 ルベン人と、ガド人と、マナセの半部族は、モーセが彼らに告げたように、イスラエルの人々の先頭を隊を組んで進んだ。
13 いくさのために武装した約四万人が、エリコ

うことは（⇒出19:10, 14-15)、逆に言うと、内側が汚れ、霊的に備えがなく、神の目的に協力をしていないなら、神は力強いみわざをなさらないという原則を示している。私たちの心がきよめられ、思いが聖霊によって導かれていなければ、神に「しるしや奇蹟」を期待することはできない（→使2:38注, 3:26注）。

3:13 水が・・・せきをなして立つようになる 神は紅海でされたようにヨルダン川を二つに分けられた

(出14:)。この奇蹟は神が神の民とともにおられることを示す明らかな証拠だった。偉大な力が示されたとき、人々の信仰は励まされ強められて約束の地を占領するという難問に立向かうことができた。神の力がなければ、人々は城壁で守られた町を征服し、戦いで敵対する人々を打負かし、神が約束された地を所有することはできなかった。

4:6 あなたがたの子どもたち 神はいつも子どもた

の草原で戦うために主の前を進んで行った。
¹⁴その日、主は全イスラエルの見ている前でヨシュアを大いなる者とされたので、彼らは、モーセを恐れたように、ヨシュアをその一生の間恐れた。

¹⁵主がヨシュアに、
¹⁶「あかしの箱をかつぐ祭司たちに命じて、ヨルダン川から上がって来させよ」と仰せられたとき、
¹⁷ヨシュアは祭司たちに、「ヨルダン川から上がって来なさい」と命じた。
¹⁸主の契約の箱をかつぐ祭司たちが、ヨルダン川の真ん中から上がって来て、祭司たちの足の裏が、かわいた地に上がったとき、ヨルダン川の水はもとの所に返って、以前のように、その岸いっぱいになった。

¹⁹民は第一の月の十日にヨルダン川から上がって、エリコの東の境にあるギルガルに宿営した。
²⁰ヨシュアは、彼らがヨルダン川から取って来たあの十二の石をギルガルに立てて、
²¹イスラエルの人々に、次のように言った。「後になって、あなたがたの子どもたちがその父たちに、『これらの石はどういうものなのですか』と聞いたなら、
²²あなたがたは、その子どもたちにこう言って教えなければならない。『イスラエルは、このヨルダン川のかわいた土の上を渡ったのだ。』
²³あなたがたの神、主は、あなたがたが渡ってしまうまで、あなたがたの前からヨルダン川の水をからしてくださった。ちょうど、あなたがたの神、主が葦の海になさったのと同じである。それを、私たちが渡り終わってしまうまで、私たちの前からからしてくださったのである。
²⁴それは、地のすべての民が、主の御手の強いことを知り、あなたがたがいつも、あなたがたの神、主を恐れるためである。」

ギルガルでの割礼

5 ¹ヨルダン川のこちら側、西のほうにいたエモリ人のすべての王たちと、海辺にいるカナン人のすべての王たちとは、主がイスラエル人の前でヨルダン川の水をからし、ついに彼らが渡って来たことを聞いて、イスラエル人のために彼らの心がしなえ、彼らのうちに、もはや勇気がなくなってしまった。

²そのとき、主はヨシュアに仰せられた。「火打石の小刀を作り、もう一度イスラエル人に割礼をせよ。」
³そこで、ヨシュアは自分で火打石の小刀を作り、ギブアテ・ハアラロテで、イスラエル人に割礼を施した。
⁴ヨシュアがすべての民に割礼を施した理由はこうである。エジプトから出て来た者のうち、男子、すなわち戦士たちはすべて、エジプトを出て後、途中、荒野で死んだ。
⁵その出て来た民は、すべて割礼を受けていたが、エジプトを出て後、途中、荒野で生まれた民は、だれも割礼を受けていなかったからである。
⁶イスラエル人は、四十年間、荒野を旅していて、エジプトから出て来た民、すなわち戦士たちは、ことごとく死に絶えてしまったからである。彼らは主の御声に聞き従わなかったので、主が私たちに与えると

13①ヨシ6:8
14①ヨシ3:7
16①ヨシ25:22、レビ16:13、民4:5、ヨシ3:3
17①ヨシ3:15
19①ヨシ5:10
20①ヨシ4:3, 8、出24:4
21①ヨシ4:6
22①ヨシ3:17
23①出14:21、詩106:9
 ＊あるいは「紅海」

24①出15:16、Ⅰ列8:42、Ⅱ列19:19、Ⅰ歴29:12、詩89:13, 106:8
 ②出14:31、申6:2、詩89:7、エレ10:7

1①ヨシ2:10, 11、出23:23、民13:29
 ②出15:15
 ③→ヨシ2:11
2①出4:25
 ②創17:10
4①民14:29, 26:64, 65、申2:14, 16
6①民1:3, 2:7, 14、詩95:10

ちの信仰に関心を持つように神の民に求めておられた（→申6:7注）。ヨルダン川の岸辺に建てられた石の塚は、親たちにとって神の力と誠実さを子どもたちに教える良いきっかけとなった。このような教えによって子どもたちは「あなたがたの神、主を恐れる」ようになる（4:24、→「神への恐れ」の項 p.316）。

4:21 これらの石はどういうものなのですか 記念の石の塚は、神の救いと恵み（受けるにふさわしくない好意）を未来の世代に思い出させるためにしばしば建てられた。キリスト者も神がしてくださったことを思い出させてくれる記念のものや場所を選んで決めることができる。そのような記念のものはほかの人々（自分の子どもたちを含む）に信仰を伝え、感動を与え、神の導きと助けを求めて頼るべきことを教える機会になる。けれどもこのような記念のものが神の代わりになったり、礼拝の対象になったりしてはならない。

5:2 割礼をせよ 割礼とは男性性器の包皮の一部または全部を切取ることである。古い契約では、割礼はアブラハムの子孫であり、主のしもべであることのしるしだった。そして割礼を受ければ契約の祝福にあずかる資格ができた（→創17:11注）。それはまた人々が契約（神の律法と約束、神に対する人々の信仰と服従

ヨシュア記　5-6章

彼らの先祖たちに誓われた地、乳と蜜の流れる地を、主は彼らには見せないと誓われたのであった。

7 主は彼らに代わって、その息子たちを起こされた。ヨシュアは、彼らが無割礼の者で、途中で割礼を受けていなかったので、彼らに割礼を施した。

8 民のすべてが割礼を完了したとき、彼らは傷が直るまで、宿営の自分たちのところにとどまった。

9 すると、主はヨシュアに仰せられた。「きょう、わたしはエジプトのそしりを、あなたがたから取り除いた。」それで、その所の名は、*ギルガルと呼ばれた。今日もそうである。

10 イスラエル人が、ギルガルに宿営しているとき、その月の十四日の夕方、エリコの草原で彼らは過越のいけにえをささげた。

11 過越のいけにえをささげた翌日、彼らはその地の産物、「種を入れないパン」と、炒り麦を食べた。その日のうちであった。

12 彼らがその地の産物を食べた翌日から、マナの降ることはやみ、イスラエル人には、もうマナはなかった。それで、彼らはその年のうちにカナンの地で収穫した物を食べた。

エリコの陥落

13 さて、ヨシュアがエリコの近くにいたとき、彼が目を上げて見ると、見よ、ひとりの人が抜き身の剣を手に持って、彼の前方に立っていた。ヨシュアはその人のところへ行って、言った。「あなたは、私たちの味方ですか。それとも私たちの敵なのですか。」

14 すると彼は言った。「いや、わたしは主の軍の将として、今、来たのだ。」そこで、

6:2→出3:8
③民14:23, 詩95:11, ヘブ3:11
7①民14:31, 33, 申1:39
②創34:14
8①創34:25
9①ヨシ24:14, レビ18:3, エゼ20:7, 23:3, 8
②創34:14, Ⅰサム17:26
③ヨシ4:19
*あるいは「ころがす」
10①出12:6, 18, 民9:5
②→Ⅱ歴30:1
12①出16:35
13①創18:1, 2, 32:24, 30, 民22:31, ゼカ1:8, 使1:10
②民22:23, 31, Ⅰ歴21:16, ミカ5:6
14①ダニ10:13, 21, 12:1, 黙12:7

ヨシュアは顔を地につけて伏し拝み、彼に言った。「わが主は、何をそのしもべに告げられるのですか。」

15 すると、主の軍の将はヨシュアに言った。「あなたの足のはきものを脱げ。あなたの立っている場所は聖なる所である。」そこで、ヨシュアはそのようにした。

6 1 エリコは、イスラエル人の前に、城門を堅く閉ざして、だれひとり出入りする者がなかった。

2 主はヨシュアに仰せられた。「見よ。わたしはエリコとその王、および勇士たちを、あなたの手に渡した。

3 あなたがた戦士はすべて、町のまわりを回れ。町の周囲を一度回り、六日、そのようにせよ。

4 七人の祭司たちが、七つの雄羊の角笛を持って、箱の前を行き、七日目には、七度町を回り、祭司たちは角笛を吹き鳴らさなければならない。

5 祭司たちが雄羊の角笛を長く吹き鳴らし、あなたがたがその角笛の音を聞いたなら、民はみな、大声でときの声をあげなければならない。町の城壁がくずれ落ちたなら、民はおのおのまっすぐ上って行かなければならない。」

6 そこで、ヌンの子ヨシュアは祭司たちを呼び寄せ、彼らに言った。「契約の箱をかつぎなさい。七人の祭司たちが、七つの雄羊の角笛を持って、主の箱の前を行かなければならない。」

7 ついで、彼は民に言った。「進んで行き、あの町のまわりを回りなさい。武装した者たちは、主の箱の前を進みなさい。」

8 ヨシュアが民に言ったとき、七人の祭

②創17:3
15①出3:5, 使7:33
2①ヨシ2:24, 8:1, 申7:23, 24
4①レビ25:9, 士7:16, 22
6①→ヨシ3:3
7①→ヨシ3:13

に基づく終生協定)を受入れ従うことのしるしだった（→**アブラハム、イサク、ヤコブとの神の契約**」の項 p.74,「**イスラエル人との神の契約**」の項 p.351）。約束の地へ入ったあと、実際に征服を開始するまでに人々は割礼と過越(5:10)を守って、霊的準備をしなければならなかった。

5:14　【主】の軍の将　ヨシュアは目に見えない神の臨在がともにあり、神の軍勢が忠実な人々とともに戦う備えをしていることを知られた(⇒出12:5-11, 18:9-10, 23:11, 27:23)。御使いは明らかに神の側に立ち、神の目的を達成するために戦闘を導いていた。けれど

も人々が神に従い協力して神の目的を実現しようとしなければ、神の霊的軍隊の力を得ることはできない。ヨシュアの体験は日々の生活で苦しむときにも私たちはひとりではないことを教えている。私たちに敵対するものがあっても私たちのために戦ってくれる霊的力がある(→ヘブ1:14)。神の聖霊は主に忠実な人々のそばに来て絶えず助け守ってくださる(ヨハ14:16-23)。

6:1　エリコ　エリコの町の面積は約32平方キロだった。城壁で囲まれた都市で人々が逃げ込み守ってもらえる町だった。そこで保護を受けられるのはエリコの住民と周辺に住む人々だった。城壁は高さ9メート

司たちが、七つの雄羊の角笛を持って主の前を進み、角笛を吹き鳴らした。主の契約の箱は、そのうしろを進んだ。
9 武装した者たちは、角笛を吹き鳴らす祭司たちの先を行き、しんがりは箱のうしろを進んだ。彼らは進みながら、角笛を吹き鳴らした。
10 ヨシュアは民に命じて言った。「私がときの声をあげよと言って、あなたがたに叫ばせる日まで、あなたがたは叫んではいけない。あなたがたの声を聞かせてはいけない。また口からことばを出してはいけない。」
11 こうして、彼は主の箱を、一度だけ町のまわりを回らせた。彼らは宿営に帰り、宿営の中で夜を過ごした。
12 翌朝、ヨシュアは早く起き、祭司たちは主の箱をかついだ。
13 七人の祭司たちが七つの雄羊の角笛を持って、主の箱の前を行き、角笛を吹き鳴らした。武装した者たちは彼らの先頭に立って行き、しんがりは主の箱のうしろを進んだ。彼らは進みながら角笛を吹き鳴らした。
14 彼らはその次の日にも、町を一度回って宿営に帰り、六日、そのようにした。
15 七日目になると、朝早く夜が明けかかるころ、彼らは同じしかたで町を七度回った。この日だけは七度町を回った。
16 その七度目に祭司たちが角笛を吹いたとき、ヨシュアは民に言った。「ときの声をあげなさい。主がこの町をあなたがたに与えてくださったからだ。
17 この町と町の中のすべてのものを、主の

8①ヨシ4:13
9①ヨシ6:13, 民5:10,25, イザ52:12
13①ヨシ6:4

17①→ヨシ2:10
②ヨシ2:1
18①ヨシ7:25, Ⅰ列18:17, 18
20①ヨシ6:5, ヘブ11:30
22①ヨシ2:1
23①ヨシ2:1
②ヨシ2:13
24①申20:16-18
②ヨシ6:19

ために聖絶しなさい。ただし遊女ラハブと、その家に共にいる者たちは、すべて生かしておかなければならない。あの女は私たちの送った使者たちをかくまってくれたからだ。
18 ただ、あなたがたは、聖絶のものに手を出すな。聖絶のものにしないため、聖絶のものを取って、イスラエルの宿営を聖絶のものにし、これにわざわいをもたらさないためである。
19 ただし、銀、金、および青銅の器、鉄の器はすべて、主のために聖別されたものだから、主の宝物倉に持ち込まなければならない。」
20 そこで、民はときの声をあげ、祭司たちは角笛を吹き鳴らした。民が角笛の音を聞いて、大声でときの声をあげるや、城壁がくずれ落ちた。そこで民はひとり残らず、まっすぐ町へ上って行き、その町を攻め取った。
21 彼らは町にあるものは、男も女も、若い者も年寄りも、また牛、羊、ろばも、すべて剣の刃で聖絶した。
22 ヨシュアはこの地を偵察したふたりの者に言った。「あなたがたがあの遊女に誓ったとおり、あの女の家に行って、その女とその女に属するすべてのものを連れ出しなさい。」
23 斥候になったその若者たちは、行って、ラハブとその父、母、兄弟、そのほか彼女に属するすべての者を連れ出し、また、彼女の親族をみな連れ出して、イスラエルの宿営の外にとどめておいた。
24 彼らは町とその中のすべてのものを火で焼いた。ただ銀、金、および青銅の器、鉄の器は、主の宮の宝物倉に納めた。

ル、厚さ6メートルもあった。エリコの住民は、この町はカナンの神々に守られているから征服されることはないと考えていた。エリコを占領できるかどうかはヨシュアの戦略全体のかぎだった。占領すればイスラエルの神はカナン人の神々より優れていることが示され、カナン人に対する勝利は確実になるのである。

6:17 この町・・・を【主】のために聖絶しなさい　「聖絶する」(《ヘ》ヘーレム)は神のさばきや神の働きのために自由に使っていただくように、人間やものを区別することである。神はエリコの住民を完全に滅ぼすと宣言しておられた(申13:16)。ヘーレムの原則は、腐敗しきって神に逆らう人々を滅ぼす権利を創造主が持っておられることを教えている(⇒エレ18:6-7, 45:4, マタ10:28, ルカ13:3, →「カナン人の滅亡」の項 p.373)。エリ

コはヨシュアの戦いの「初穂」だった(収穫、家畜、そのほかの収入や祝福の初穂は常に取分けて神にささげなければならなかった ⇒出22:29, 30, 23:16, 19, 34:26)。エリコのような扱いを受けた町はほかにはない。

6:20 城壁がくずれ落ちた　城壁がくずれ落ちたのは神が直接行動されたからである。町が征服されたのは、イスラエルが神の指示に従い奇蹟の力を信じたからである(ヘブ11:30, Ⅰヨハ5:4)。エリコはこの後何百年も再建されなかったので、この当時の破壊の情況を示す遺物はほとんど発見されていない。残されたものの大部分は長い間、雨ざらしになって朽果ててしまった。

6:21 町にあるものは・・・すべて・・・聖絶した　カナンの地を完全に破壊することが神の愛と義と矛盾しないことについて　→「カナン人の滅亡」の項 p.373

カナン人の滅亡

> 「彼らは町にあるものは、男も女も、若い者も年寄りも、また牛、羊、ろばも、すべて剣の刃で聖絶した。」(ヨシュア記 6:21)

　(1) イスラエル民族が約束の地に入る前に、その地の人々への対応について神は厳しいことを指示された。それは極端に見えるけれども、その地の人々を完全に滅ぼすようにという命令だった。「しかし、あなたの神、主が相続地として与えようとしておられる次の国々の民の町では、息のある者をひとりも生かしておいてはならない。すなわち、ヘテ人、エモリ人、カナン人、ペリジ人、ヒビ人、エブス人は、あなたの神、主が命じたとおり、必ず聖絶しなければならない。」(申20:16-17, ⇒民33:51-53)

　(2) イスラエル人がヨルダン川を渡ってカナンの地に入った後に、主はこの命令を繰返された。ヨシュア記の著者は町々とそこに住む人々を聖絶するのはイスラエルに対する主の命令だったと数回にわたって書いている(ヨシ6:2, 8:1-2, 10:8)。新しい契約のもとで生活しているキリスト者は大量虐殺というこの命令が、聖書全体に示されている神の愛や義、公平や神が悪を憎まれることとどのように調和するのかとしばしば不思議に思ってきた。

　(3) エリコの滅亡は極限までに神に挑む非常に邪悪な人々に対して、神が正義のさばきを下されることを証明している(創15:16, 申9:4-5)。言い換えればその町の住民とカナンの地のそのほかの住民が道徳的に完全に堕落してしまったので聖絶されたのである。その邪悪で破壊的な影響がさらに広がる前にそれを除去しなければならなかった。考古学によればカナン人が偶像礼拝、宗教的売春、暴力、子どもをいけにえにすること、交霊術(死者との交流)など、考えられないほどの邪悪な慣習に全部かかわっていたことが明らかになっている(⇒申12:31, 18:9-13, →ヨシ23:12注)。

　(4) カナンの地の悪と偶像礼拝(にせの神々やまことの神に代るものを拝むこと)という強い影響力からイスラエルを守るためにはカナン人の聖絶が必要だった。もし神を敬わない民族を残しておくなら、イスラエル人は不道徳な礼拝の慣習を受入れ、にせの神々に従い、カナン人が日頃行っているほかの様々な罪を行うように感化されることを神は知っておられた。申命記 20章18節には、神の民は神を敬わない慣習から分離し、世的な社会の邪悪な影響を退けなければならないという不変の聖書的原則が示されている(申7:2-4, 12:1-4, →「信者の霊的聖別」の項 p.2172, 「キリスト者とこの世」の項 p.2437)。

　(5) カナン人の町と住民に対する聖絶は、人々の罪が極限に達するとき、神のあわれみはさばきに変るという、さばきの基本原理が具体的に示されている(⇒ヨシ11:20)。洪水のとき(創6:5, 11-12)や邪悪なソドムとゴモラの町が滅亡したとき(創18:20-33, 19:24-25)、人類の罪は同じように極限状態に達していたのでさばかれたのである。

　(6) イスラエルの歴史は反逆の歴史であるけれども、それは同時にこのさばきの原理とともに、異邦の民をみな滅ぼすようにという神の命令がどんなに重要だったかを示している。イスラエルは神の命令に背いてカナンの地に住んでいる人々を完全に追放しなかった。その結果、その間違った信仰と生活様式を受入れ、にせの神々に仕えることになった(→士1:28注, 2:2注, 2:17注)。後に士師記はこの背教(唯一のまことの神を信じる信仰を拒む霊的反抗)に対して神が何をされたかを記録している(→「背教」の項 p.2350)。

　(7) この時代のカナン人の聖絶は、正しくない人々(自分勝手な道を歩み続けて神の赦しを受入れず、神の導きに身をまかせない人々)に対する神の最終的さばきを示す預言的象徴である。神の第二の、本当の「ヨシュア」であるイエス・キリスト(ヨシュアという名前は旧約聖書のヘブル語で、新約聖書のギリシヤ語のイエスと同じ)は、神を恐れない人々と戦い、さばくために天の軍勢を引連れて再び来られる(黙19:11-21)。神の恵み深い救いの提供を拒んで、罪の中にとどまる人々はみなカナン人と同じように滅びる。そのとき神はこの世界の勢力をみなくつがえし、地上に義の王国を確立されるのである(黙18:20-21, 20:4-10, 21:1-4)。

²⁵ しかし、遊女ラハブとその父の家族と彼女に属するすべての者とは、ヨシュアが生かしておいたので、ラハブはイスラエルの中に住んだ。今日もそうである。これは、ヨシュアがエリコを偵察させるために遣わした使者たちを、ラハブがかくまったからである。

²⁶ ヨシュアは、そのとき、誓って言った。①「この町エリコの再建を企てる者は、主の前にのろわれよ。その礎を据える者は長子を失い、その門を建てる者は末の子を失う。」

²⁷ 主がヨシュアとともにおられたので、そのうわさは地にあまねく広まった。

アカンの罪

7 ¹ しかしイスラエルの子らは、聖絶のものことで不信の罪を犯し、ユダ部族のゼラフの子ザブディの子であるカルミの子アカンが、聖絶のもののいくらかを取った。そこで、主の怒りはイスラエル人に向かって燃え上がった。

² ヨシュアはエリコから人々をベテルの東、②ベテ・アベンの近くにあるアイに遣わすとき、その人々に次のように言った。「上って行って、あの地を偵察して来なさい。」そこで、人々は上って行って、アイを偵察した。

³ 彼らはヨシュアのもとに帰って来て言った。「民を全部行かせないでください。二、三千人ぐらいを上らせて、アイを打たせるといいでしょう。彼らはわずかなのですから、民を全部やって、骨折らせるようなことはしないでください。」

⁴ そこで、民のうち、およそ三千人がそこに上っ

25 ①ヨシ2:6
26 ①Ⅰ列16:34
27 ①ヨシ1:5

1 ①→ヨシ2:10
 ②ヨシ22:20、Ⅰ歴2:7
2 ①士1:22
 ②ヨシ18:12、
 Ⅰサム13:5、14:23、
 ホセ4:15

4 ①レビ26:17、申28:25
5 ①ヨシ2:11
6 ①ヨシ7:6-9、
 出32:11-14
 ②創37:29、34、
 民4:12、
 Ⅱサム1:2、13:19、
 ヨブ2:12
 ③民3:13
 ④ネへ9:1、ヨブ2:6、
 哀2:10、黙18:19
7 *子音字は「主」
9 ①出32:12、申9:23、28
 ②詩83:4
11 ①ヨシ6:17-19、7:1
 ②使5:1、2
12 ①民14:45、士2:14
 ②→ヨシ2:10

たが、彼らはアイの人々の前から逃げた。

⁵ アイの人々は、彼らの中の約三十六人を打ち殺し、彼らを門の前からシェバリムまで追って、下り坂で彼らを打ったので、民の心がしなえ、水のようになった。

⁶ ヨシュアは着物を裂き、主の箱の前で、夕方まで地にひれ伏し、自分たちの頭にちりをかぶった。

⁷ ヨシュアは言った。「ああ、神、*主よ。あなたはどうしてこの民にヨルダン川をあくまでも渡らせて、私たちをエモリ人の手に渡して、滅ぼそうとされるのですか。私たちは心を決めてヨルダン川の向こう側に居残ればよかったのです。

⁸ ああ、主よ。イスラエルが敵の前に背を見せた今となっては、何を申し上げることができましょう。

⁹ カナン人や、この地の住民がみな、これを聞いて、私たちを攻め囲み、私たちの名を地から断ってしまうでしょう。あなたは、あなたの大いなる御名のために何をなさろうとするのですか。」

¹⁰ 主はヨシュアに仰せられた。

「立て。あなたはどうしてそのようにひれ伏しているのか。

¹¹ イスラエルは罪を犯した。現に、彼らは、わたしが彼らに命じたわたしの契約を破り、聖絶のものの中から取り、盗み、偽って、それを自分たちのものの中に入れさえした。

¹² だから、イスラエル人は敵の前に立つことができず、敵に背を見せたのだ。彼らが聖絶のものとなったからである。あなたが

7:1-26　アカン・・・【主】の怒り　アカンの家族とイスラエル民族全体にアカンが罪を犯したひどい結果が及んだけれども、このことは神の民の恥知らずな罪を神がさばかれることについていくつかのことを明らかにしている。

（1）神の民がこの種の罪を犯したり受入れたりするなら、神の祝福に影響を与えるか、全く失うことになる。自分たちの間から罪を除かなければ、神は人々を個人としても全体としても祝福してくださらない（7:1、11-13、20-21、25、⇒Ⅰコリ5:1-13）。

（2）神の民全体の中で公然と罪を犯すなら、民全体が敵（サタンと世界にある悪 7:4-13）の破壊的な影響にさらされることになる。

（3）神へのこのような反抗が正されなければ、さばきが下る（7:13）。けれども罪を公けにして告白し取除くなら、神の祝福と臨在は再び戻ってくる（7:22-26、8:1、18-19、⇒使4:31-5:11）。

（4）神の民が犯した罪は深刻に受止めなければならない。キリストに従う人はグループとしても個人としても、道徳的清さを守らなければならない。それが私たちの神への奉仕であり、全く神に従う愛を示すことである。もしこれを怠れば教会の霊的ないのちは十分に成長しない、または成長が全く止まってしまうことになる（⇒黙3:1-3、14-18）。

7:12　敵の前に立つことができず　この真理は神の民全体に当てはまるだけではなく、個々人にも当ては

たのうちから、その聖絶のものを一掃してしまわないなら、わたしはもはやあなたがたとともにはいない。
¹³立て。民をきよめよ。そして言え。
　あなたがたは、あすのために身をきよめなさい。イスラエルの神、主がこう仰せられるからだ。『イスラエルよ。あなたのうちに、聖絶のものがある。あなたがたがその聖絶のものを、あなたがたのうちから除き去るまで、敵の前に立つことはできない。
¹⁴あしたの朝、あなたがたは部族ごとに進み出なければならない。主がくじで取り分ける部族は、氏族ごとに進みいで、主が取り分ける氏族は、家族ごとに進みいで、主が取り分ける家族は、男ひとりひとり進み出なければならない。
¹⁵その聖絶のものを持っている者が取り分けられたなら、その者は、所有物全部といっしょに、火で焼かれなければならない。彼が主の契約を破り、イスラエルの中で恥辱になることをしたからである。』」
¹⁶そこで、ヨシュアは翌朝早く、イスラエルを部族ごとに進み出させた。するとユダの部族がくじで取り分けられた。
¹⁷ユダの氏族を進み出させると、ゼラフ人の氏族が取られた。ゼラフ人の氏族を男ひとりひとり進み出させると、ザブディが取られた。
¹⁸ザブディの家族を男ひとりひとり進み出させると、ユダの部族のゼラフの子ザブディの子カルミの子のアカンが取られた。
¹⁹そこで、ヨシュアはアカンに言った。「わが子よ。イスラエルの神、主に栄光を帰し、主に告白しなさい。あなたが何をしたのか私に告げなさい。私に隠してはいけない。」
²⁰アカンはヨシュアに答えて言った。「ほ

13①ヨシ3:5
14①Ⅰサム14:40-42
　②ヨシ7:16,
　　Ⅰサム10:20, 箴16:33,
　　使1:26
15①ヨシ7:11, 創34:7,
　　申22:21, Ⅱサム13:12
16①Ⅰサム10:20
19①Ⅰサム6:5, エレ13:16,
　　ヨハ9:24
　②エズ10:11

20①民5:6, 7, 詩51:1,
　　ダニ9:5
24①ヨシ7:26, 15:7,
　　イザ65:10, ホセ2:15
25①ヨシ6:18, Ⅰ歴2:7
　②Ⅰ列12:18,
　　Ⅱ歴10:18, 24:21,
　　→レビ20:2,
　　→エゼ16:40
26①ヨシ8:29, Ⅱサム18:17
　②申13:17, 黙14:19
　③ヨシ7:24
　＊「わざわいをもたらす」
　　意の語根「アカル」の派
　　生語

1①ヨシ1:9, 10:8, 25,
　　申1:21

んとうに、私はイスラエルの神、主に対して罪を犯しました。私は次のようなことをいたしました。
²¹私は、分捕り物の中に、シヌアルの美しい外套一枚と、銀二百シェケルと、目方五十シェケルの金の延べ棒一本があるのを見て、欲しくなり、それらを取りました。それらは今、私の天幕の中の地に隠してあり、銀はその下にあります。」
²²そこで、ヨシュアが使いたちを遣わした。彼らは天幕に走って行った。そして、見よ、それらが彼の天幕に隠してあって、銀はその下にあった。
²³彼らは、それらを天幕の中から取り出して、ヨシュアと全イスラエル人のところに持って来た。彼らは、それらを主の前に置いた。
²⁴ヨシュアは全イスラエルとともに、ゼラフの子アカンと、銀や、外套、金の延べ棒、および彼の息子、娘、牛、ろば、羊、天幕、それに、彼の所有物全部を取って、アコルの谷へ連れて行った。
²⁵そこでヨシュアは言った。「なぜあなたは私たちにわざわいをもたらしたのか。主は、きょう、あなたにわざわいをもたらされる。」全イスラエルは彼を石で打ち殺し、彼らのものを火で焼き、それらに石を投げつけた。
²⁶こうして彼らは、アカンの上に、大きな、石くれの山を積み上げた。今日もそのままである。そこで、主は燃える怒りをやめられた。そういうわけで、その所の名は、アコルの谷と呼ばれた。今日もそうである。

アイの滅亡

8 ¹主はヨシュアに仰せられた。「恐れてはならない。おののいてはならな

まる。罪から離れず神に従うことをかたくなに拒む人は、自分自身を神の恵みから切離し神の助けと守りを失うことになる。その結果、たましいを攻撃する霊の敵を撃退することができなくなる。罪が除かれない限り、霊的奴隷状態に陥り霊的な死が訪れることは残念であるが確実なことである（7:13）。

7:24　アカンと・・・彼の息子・・・を取って　神はアカンの家族を罰せられた。それは家族がアカンの罪を知りながら、それを無視していたからと思われる。申命記24:16では親の罪で子どもを罰することが

禁じられている。けれども家族は互いに励まし注意する責任を平等に持っており、だれもが神とその基準に従うべきだった。ここではアカンの息子たちはその責任を果たしていないことが示されている。それでアカンとともに罪の結果を味わわなければならなかった。

7:25　石で打ち殺し　アカンとその家族の死後がどうなったかは不明である。旧約聖書は肉体の死は罪の結果であるけれども、ある罪に対しては死が当然の罰であることを強調している。けれどもそれと最後の永遠のさばきとの関係については明らかではない。

ヨシュア記　8章

い。戦う民全部を連れてアイに攻め上れ。見よ。わたしはアイの王と、その民、その町、その地を、あなたの手に与えた。

2 あなたがエリコとその王にしたとおりに、アイとその王にもせよ。ただし、その分捕り物と家畜だけは、あなたがたの戦利品としてよい。あなたは町のうしろに伏兵を置け。」

3 そこで、ヨシュアは戦う民全部と、アイに上って行く準備をした。ヨシュアは勇士たち三万人を選び、彼らを夜のうちに派遣した。

4 そのとき、ヨシュアは彼らに命じて言った。「聞きなさい。あなたがたは町のうしろから町に向かう伏兵である。町からあまり遠く離れないで、みな用意をしていなさい。

5 私と私とともにいる民はすべて、町に近づく。彼らがこの前と同じように、私たちに向かって出て来るなら、私たちは彼らの前で、逃げよう。

6 彼らが私たちを追って出て、私たちは彼らを町からおびき出すことになる。彼らは、『われわれの前から逃げて行く。前と同じことだ』と言うだろうから。そうして私たちは彼らの前から逃げる。

7 あなたがたは伏している所から立ち上がり、町を占領しなければならない。あなたがたの神、主が、それをあなたがたの手に渡される。

8 その町を取ったら、その町に火をかけなければならない。主の言いつけどおりに行わなければならない。見よ。私はあなたがたに命じた。」

9 こうして、ヨシュアは彼らを派遣した。彼らは待ち伏せの場所へ行き、アイの西方、ベテルとアイの間にとどまった。ヨシュアはその夜、民の中で夜を過ごした。

10 ヨシュアは翌朝早く民を召集し、イスラエルの長老たちといっしょに、民の先頭に立って、アイに上って行った。

11 彼とともにいた戦う民はみな、上って行って、町の前に近づき、アイの北側に陣を敷いた。彼とアイとの間には、一つの谷があった。

12 彼が約五千人を取り、町の西側、ベテルとアイの間に伏兵として配置してから、

13 民は町の北に全陣営を置き、後陣を町の西に置いた。ヨシュアは、その夜、谷の中で夜を過ごした。

1②ヨシ6:2
2①ヨシ8:27, 11:14, 民31:11, 12, 31:27, 32, 申13:16, 20:14
②士20:29
3①ヨシ10:7, 士6:12, Ⅱ歴17:13, 14, 16
5①士20:32
8①ヨシ8:2, 申20:16-18
11①ヨシ8:5

14①ヨシ11:2, 16, 12:1, 3, 8,
申1:1, 7, 2:8, 3:17, 4:49, 11:30,
Ⅰサム23:24,
Ⅱサム2:29, Ⅱ列25:4, エゼ39:4, エゼ47:8, アモ6:14
②士20:34, 伝9:12
15①士20:36
18①ヨシ8:26,
出14:16, 17:9-13
24①申20:16-18
26①→ヨシ2:10

14 アイの王が気づくとすぐ、町の人々は、急いで、朝早くイスラエルを迎えて戦うために、出て来た。王とその民全部はアラバの前の定められた所に出て来た。しかし王は、町のうしろに、伏兵がいることを知らなかった。

15 ヨシュアと全イスラエルは、彼らに打たれて、荒野への道を逃げた。

16 アイにいた民はみな、彼らのあとを追えと叫び、ヨシュアのあとを追って、町からおびき出された。

17 イスラエルのあとを追って出なかった者は、アイとベテルにひとりもないまでになった。彼らは町を明け放しのまま捨てておいて、イスラエルのあとを追った。

18 そのとき、主はヨシュアに仰せられた。「手に持っている投げ槍をアイのほうに差し伸ばせ。わたしがアイをあなたの手に渡すから。」そこで、ヨシュアは手に持っていた投げ槍を、その町のほうに差し伸ばした。

19 伏兵はすぐにその場所から立ち上がり、彼の手が伸びたとき、すぐに走って町に入り、それを攻め取り、急いで町に火をつけた。

20 アイの人々がうしろを振り返ったとき、彼らは気づいた。見よ、町の煙が天に立ち上っていた。彼らには、こちらへも、あちらへも逃げる手だてがなかった。荒野へ逃げていた民は、追って来た者たちのほうに向き直った。

21 ヨシュアと全イスラエルは、伏兵が町を攻め取り、町の煙が立ち上るのを見て、引き返して来て、アイの者どもを打った。

22 ある者は町から出て来て、彼らに立ち向かったが、両方の側から、イスラエルのはさみ打ちに会った。彼らはこの者どもを打ち、生き残った者も、のがれた者も、ひとりもいないまでにした。

23 しかし、アイの王は生けどりにして、ヨシュアのもとに連れて来た。

24 イスラエルが、彼らを追って来たアイの住民をことごとく荒野の戦場で殺し、剣の刃で彼らをひとりも残さず倒して後、イスラエルの全員はアイに引き返し、その町を剣の刃で打った。

25 その日、打ち倒された男や女は合わせて一万二千人で、アイのすべての人々であった。

26 ヨシュアは、アイの住民をことごとく聖

絶するまで、投げ槍を差し伸べた手を引っ込めなかった。
27 ただし、イスラエルは、その町の家畜と分捕り物を、主がヨシュアに命じたことばのとおり、自分たちの戦利品として取った。
28 こうして、ヨシュアはアイを焼いて、永久に荒れ果てた丘とした。今日もそのままである。
29 ヨシュアはアイの王を、夕方まで木にかけてさらし、日の入るころ、命じて、その死体を木から降ろし、町の門の入口に投げ、その上に大きな、石くれの山を積み上げさせた。今日もそのままである。

エバル山での契約更新

30 それからヨシュアは、エバル山に、イスラエルの神、主のために、一つの祭壇を築いた。
31 それは、主のしもべモーセがイスラエルの人々に命じたとおりであり、モーセの律法の書にしるされているとおりに、鉄の道具を当てない自然のままの石の祭壇であった。彼らはその上で、主に全焼のいけにえをささげ、和解のいけにえをささげた。
32 その所で、ヨシュアは、モーセが書いた律法の写しをイスラエルの人々の前で、石の上に書いた。
33 全イスラエルは、その長老たち、つかさたち、さばきつかさたちとともに、それに在留異国人もこの国に生まれた者も同様に、主の契約の箱をかつぐレビ人の祭司たちの前で、箱のこちら側と向こう側とに分かれ、その半分はゲリジム山の前に、あとの半分はエバル山の前に立った。それは、主のしもべモーセが先に命じたように、イスラエルの民を祝福するためであった。
34 それから後、ヨシュアは律法の書にしるされているとおりに、祝福とのろいについての律法のことばを、ことごとく読み上げた。
35 モーセが命じたすべてのことばの中で、ヨシュアがイスラエルの全集会、および女と子どもたち、ならびに彼らの間に来る在留異国人の前で読み上げなかったことばは、一つもなかった。

ギブオン人にだまされる

9 ¹ さて、ヨルダン川のこちら側の山地、低地、およびレバノンの前の大海の全沿岸のヘテ人、エモリ人、カナン人、ペリジ人、ヒビ人、エブス人の王たちはみな、これを聞き、
² 相集まり、一つになってヨシュアおよびイスラエルと戦おうとした。
³ しかし、ギブオンの住民たちは、ヨシュアがエリコとアイに対して行ったことを聞いて、
⁴ 彼らもまた計略をめぐらし、変装を企てた。彼らは古びた袋と古びて破れたのに継ぎを当てたぶどう酒の皮袋とを、ろばに負わせ、
⁵ 繕った古いはきものを足にはき、古びた着物を身に着けた。彼らの食料のパンは、みなかわいて、ぼろぼろになっていた。
⁶ こうして、彼らはギルガルの陣営のヨシュアのところに来て、彼とイスラエルの人々に言った。「私たちは遠い国からまいりました。ですから、今、私たちと盟約を結んでください。」
⁷ イスラエルの人々は、そのヒビ人たちに言った。「たぶんあなたがたは私たちの中に住んでいるのだろう。どうして私たちがあなたがたと盟約を結ぶことができようか。」
⁸ すると、彼らはヨシュアに言った。「私たちはあなたのしもべです。」しかしヨシュア

8:30 ヨシュアは・・・一つの祭壇を築いた ここで祭壇を築き律法を読んだこと(8:34)を通してヨシュア記を理解する四つの原則が示されている。
(1) 約束の地を所有する権利はイスラエルとの神の契約、または「終生協定」に対する忠実さで決まる(申30:15-18)。
(2) イスラエルが神に近付く方法は信仰によって開かれたけれども血のいけにえによる贖い(罪のおおい)によって維持されなければならない(8:30-31)。
(3) 神の祝福を引継ぎ受けられるかどうかは、神を愛し神に忠実に仕えるかどうかによる(申28:-29:, 30:11-20, →ヨシ7:1-26注)。新しい地での生活、繁栄、平安、神との救いの関係は条件付きだった。神の約束を信じる信仰(祭壇、血のいけにえ、戒めなどで表された)が神との契約の関係を保つために必要な条件だった(申29:18-21)。
(4) 文書になった神のことばは人々にとって究極の(最高で最終的)権威であり、祝福を受けるかのろいを受けるかを決める基準だった(8:31-32, 34, 1:8, ⇒申27:-30:, マタ7:24-27)。

は彼らに言った。「あなたがたはだれだ。どこから来たのか。」

9 彼らは言った。「しもべどもは、あなたの神、主の名を聞いて、非常に遠い国からまいりました。私たちは主のうわさ、および主がエジプトで行われたすべての事、

10 主がヨルダン川の向こう側のエモリ人のふたりの王、ヘシュボンの王シホン、およびアシュタロテにいたバシャンの王オグになさったすべての事を聞いたからです。

11 それで、私たちの長老たちや、私たちの国の住民はみな、私たちに言いました。『あなたがたは、旅のための食料を手に持って、彼らに会いに出かけよ。そして彼らに、私たちはあなたがたのしもべです。それで、今、私たちと盟約を結んでくださいと言え。』

12 この私たちのパンは、私たちがあなたがたのところに来ようとして出た日に、それぞれの家から、まだあたたかなのを、食料として準備したのですが、今はもう、ご覧のとおり、かわいて、ぼろぼろになってしまいました。

13 また、ぶどう酒を満たしたこれらの皮袋も、新しかったのですが、ご覧のとおり、破れてしまいました。私たちのこの着物も、はきものも、非常に長い旅のために、古びてしまいました。」

14 そこで*ひとびとは、彼らの食料のいくらかを取ったが、主の指示をあおがなかった。

15 ヨシュアが彼らと和を講じ、彼らを生かしてやるとの盟約を結んだとき、会衆の上に立つ族長たちは、彼らに誓った。

16 彼らと盟約を結んで後三日たったとき、人々は、彼らが近くの者たちで、自分たちの中に住んでいるということを聞いた。

17 それから、イスラエル人は旅立って、三日目に彼らの町々に着いた。彼らの町々とは、ギブオン、ケフィラ、ベエロテ、およびキルヤテ・エアリムであった。

18 会衆の上に立つ族長たちがすでにイスラエルの神、主にかけて彼らに誓っていたので、イスラエル人は彼らを打たなかった。しかし、全会衆は族長たちに向かって不平を鳴らした。

19 そこで族長たちはみな、全会衆に言った。「私たちはイスラエルの神、主にかけて彼らに誓った。だから今、私たちは彼らに触れることはできない。

20 私たちは彼らにこうしよう。彼らを生かしておこう。そうすれば、私たちが彼らに誓った誓いのために、御怒りが私たちの上に下らないだろう。」

21 族長たちが全会衆に、「彼らを生かしておこう」と言ったので、彼らは全会衆のために、たきぎを割る者、水を汲む者となった。族長たちが彼らに言ったとおりである。

22 ヨシュアは彼らを呼び寄せて、彼らに次のように言った。「あなたがたは、私たちの中に住んでいながら、なぜ、『私たちはあなたがたから非常に遠い所にいる』と言って、私たちを欺いたのか。

23 今、あなたがたはのろわれ、あなたがたはいつまでも奴隷となり、私の神の家のために、たきぎを割る者、水を汲む者となる。」

24 すると、彼らはヨシュアに答えて言った。「あなたの神、主がそのしもベモーセに、この全土をあなたがたに与え、その地の住民のすべてをあなたがたの前から滅ぼしてしまうようにと、お命じになったことを、このあなたのしもべどもは、はっきり知らされたのです。ですから、あなたがたの前で私たちのいのちが失われるのを、非常に恐れたので、このようなことをしたのです。

25 ご覧ください。私たちは今、あなたの手の中にあります。あなたのお気に召すように、お目にかなうように私たちをお扱いください。」

26 ヨシュアは彼らにそのようにし、彼らをイスラエル人の手から救って、殺さなかった。

27 こうしてヨシュアは、その日、彼らを会衆のため、また主の祭壇のため、主が選ばれた場所で、たきぎを割る者、水を汲む者

9:14 【主】の指示をあおがなかった ヨシュアとイスラエルの指導者たちは、ギブオン人の扱いについて神の導きを祈り求めなかった。その結果、推論(確実ではないことを推し量って論じること)の上で、後に解除することができない協定(条約)を結んでしまった (9:18)。この間違った浅はかな決断によって、神を敬わないカナン人がイスラエル人社会に入ってくることになった(申命記7章で禁じられている行為)。私たちは人生で決断をするときには必ず知恵と導きを神に求めて、不必要な悲しみや不幸を体験することがない

とした。今日もそうである。

太陽が止まる

10 ¹ さて、エルサレムの王アドニ・ツェデクは、ヨシュアがアイを攻め取って、それを聖絶し、先にエリコとその王にしたようにアイとその王にもしたこと、またギブオンの住民がイスラエルと和を講じて、彼らの中にいることを聞き、² 大いに恐れた。それは、ギブオンが大きな町であって、王国の都の一つのようであり、またアイよりも大きくて、そこの人々はみな勇士たちであったからである。

³ それで、エルサレムの王アドニ・ツェデクは、ヘブロンの王ホハム、ヤルムテの王ピルアム、ラキシュの王ヤフィア、エグロンの王デビルに使いをやって言った。⁴「私のところに上って来て、私を助けてください。私たちはギブオンを打ちましょう。ギブオンがヨシュア、イスラエル人と和を講じたから。」

⁵ それで、エモリ人の五人の王たち、エルサレムの王、ヘブロンの王、ヤルムテの王、ラキシュの王、エグロンの王とその全陣営は、相集まり、上って行って、ギブオンに向かって陣を敷き、それを攻めて戦った。

⁶ ギブオンの人々は、ギルガルの陣営のヨシュアのところに使いをやって言った。「あなたのしもべどもからあなたの手を引かないで、早く、私たちのところに上って来て私たちを救い、助けてください。山地に住むエモリ人の王たちがみな集まって、私たちに向かっているからです。」

1①→ヨシ2:10
②ヨシ8:21, 26, 28
③ヨシ9:3
④ヨシ9:15
2①出15:14-16, 申11:25
3①士1:5
②ヨシ10:23
③ヨシ10:5, 23, 12:11, 15:35, ネヘ11:29
5①民13:29
6①ヨシ9:3-14
②ヨシ5:10

8①ヨシ8:1, 11:6
②ヨシ1:5
10①ヨシ10:10-15, 士5:20
②申7:23, 士4:15, Ⅰサム7:10, 詩18:14
③ヨシ9:3, イザ28:21
11①Ⅰ歴7:24, Ⅱ歴8:5, ヨシ16:5, 3, Ⅰ列9:17
②ヨシ15:35
③出9:18, 23, 26, 10:5, 12, 15, ヨブ38:22, 詩78:47, 48, 105:32, イザ28:17, 30:30, エゼ13:11, 13, 38:22, 黙16:21
12①士12:12
13①ハバ3:11, 12
②Ⅱサム1:18
③イザ38:8
14①Ⅱ列20:10, 11

⁷ そこでヨシュアは、すべての戦う民と、すべての勇士たちとを率いて、ギルガルから上って行った。⁸ 主はヨシュアに仰せられた。「彼らを恐れてはならない。わたしが彼らをあなたの手に渡したからだ。彼らのうち、ひとりとしてあなたの前に立ち向かうことのできる者はいない。」

⁹ それで、ヨシュアは夜通しギルガルから上って行って、突然彼らを襲った。¹⁰ 主が彼らをイスラエルの前でかき乱したので、イスラエルはギブオンで彼らを激しく打ち殺し、ベテ・ホロンの上り坂を通って彼らを追い、アゼカとマケダまで行って彼らを打った。

¹¹ 彼らがイスラエルの前から逃げて、ベテ・ホロンの下り坂にいたとき、主は天から彼らの上に大きな石を降らし、アゼカに至るまでそうしたので、彼らは死んだ。イスラエル人が剣で殺した者よりも、雹の石で死んだ者のほうが多かった。

¹² 主がエモリ人をイスラエル人の前に渡したその日、ヨシュアは主に語り、イスラエルの見ている前で言った。
「日よ。ギブオンの上で動くな。
月よ。アヤロンの谷で。」
¹³ 民がその敵に復讐するまで、
日は動かず、月はとどまった。
これは、ヤシャルの書にしるされているではないか。こうして、日は天のまなかにとどまって、まる一日ほど出て来ることを急がなかった。¹⁴ 主が人の声を聞き入れたこのような日

ようにするべきである。

10:8 彼らを恐れてはならない イスラエルはギブオン人と契約を結ぶ間違いを犯したけれども(→9:14注)、神は民を守り(⇒9:18-20)、誓ったことばを破らなくてもすむように助けてくださった。私たちも時として神の完全なみこころを見失うことがある。けれども神は私たちの失敗さえも用いて、ご自分の忠実さと私たちへの愛を示してくださる。

10:12 ヨシュアは【主】に語り ヨシュアは奇蹟を求めて祈り、神はその祈りに応えられた。キリストに従う人々は今日でも神が奇蹟を行ってくださるように祈ることを恐れてはならない。神の民は信仰に反対し、しばしば敵意を見せる世界に生きている。現在の挑戦的で困難な状況の中でそれを乗越え、神のご計画や目的を達成するためには、時には奇蹟が必要である。

10:13 日は動かず 神がどのように日照時間を延ばされたのかは記録されていない。神は地球の回転を遅くしたか、地軸を傾けたか(北極では一日中太陽が沈まない時期がある)、太陽光線を屈折させた(光線の方向を変えることによって見え方が違ってくる)のかもしれない。その日神が何をされたとしても、それはヨシュアの祈りに対する驚くべき応えだった(10:12-14)。神は地球と天体を創造されたけれどもご自分の目的のためには自然界の動きを変えることもできる方である(⇒イザ38:7-8)。

は、先にもあとにもなかった。主がイスラエルのために戦ったからである。

¹⁵ヨシュアは、全イスラエルを率いてギルガルの陣営に引き揚げた。

5人のエモリ人の王の死

¹⁶これらの五人の王たちは逃げて、マケダのほら穴に隠れた。

¹⁷その後、マケダのほら穴に隠れている五人の王たちが見つかったという知らせがヨシュアに入った。

¹⁸そこでヨシュアは言った。「ほら穴の口に大きな石をころがし、そのそばに人を置いて、彼らを見張りなさい。

¹⁹しかしあなたがたはそこにとどまってはならない。敵のあとを追い、彼らのしんがりを攻撃しなさい。彼らの町に入らせてはならない。あなたがたの神、主が彼らをあなたがたの手に渡されたからだ。」

²⁰ヨシュアとイスラエル人は、非常に激しく打って、彼らを絶ち滅ぼし、ついに全滅させた。彼らのうちの生き残った者たちは、城壁のある町々に逃げ込んだ。

²¹そこで民はみな無事にマケダの陣営のヨシュアのもとに引き揚げたが、イスラエル人に向かってののしる者はだれもなかった。

²²その後、ヨシュアは言った。「ほら穴の口を開いて、ほら穴からあの五人の王たちを私のもとに引き出して来なさい。」

²³彼らはそのとおりにして、ほら穴からあの五人の王たち、エルサレムの王、ヘブロンの王、ヤルムテの王、ラキシュの王、エグロンの王を彼のもとに引き出して来た。

²⁴彼らがその王たちをヨシュアのもとに引き出して来たとき、ヨシュアはイスラエルのすべての人々を呼び寄せ、自分といっしょに行った戦士たちを率いた人たちに言った。「近寄って、この王たちの首に足をかけなさい。」そこで彼らは近寄り、その王たちの首に足をかけた。

²⁵ヨシュアは彼らに言った。「恐れてはならない。おののいてはならない。強くあれ。雄々しくあれ。あなたがたの戦うすべての敵に、主がこのようにされる。」

²⁶このようにして後、ヨシュアは彼らを打って死なせ、彼らを五本の木にかけ、夕方まで木にかけておいた。

²⁷日の入るころになって、ヨシュアは彼らを木から降ろすように命じ、彼らが隠れていたほら穴の中に投げ込み、ほら穴の口に大きな石を置かせた。今日もそうである。

²⁸その日、ヨシュアはマケダを攻め取り、剣の刃で、この地とその王とを打った。彼は、この地とその中にいたすべての者を聖絶し、ひとりも生き残る者がないようにした。彼はエリコの王にしたように、マケダの王にもした。

南部の都市の占領

²⁹ヨシュアは全イスラエルを率いて、マケダからリブナに進み、リブナと戦った。

³⁰主が、その地も、その王も、イスラエルの手に渡されたので、彼は、この地とその中のすべての者を、剣の刃で打ち、その中にひとりも生き残る者がないようにした。彼はエリコの王にしたように、その王にもした。

³¹ヨシュアはまた、全イスラエルを率いて、リブナからラキシュに進み、それに向かって陣を敷き、それと戦った。

³²主がラキシュをイスラエルの手に渡されたので、彼は二日目にそれを取り、それと、その中のすべての者を、剣の刃で打った。すべてリブナにしたとおりであった。

³³そのとき、ゲゼルの王ホラムが、ラキシュを助けるために上って来たので、ヨシュアは、彼とその民を打ち、ひとりも生き残る者のないまでにした。

³⁴ヨシュアはまた、全イスラエルを率いて、ラキシュからエグロンに進み、それに向かって陣を敷き、それと戦った。

³⁵彼らはその日それを取り、剣の刃でそれを打ち、その日、その中のすべての者を聖絶した。すべてラキシュにしたとおりであった。

³⁶ヨシュアはまた、全イスラエルを率いて、エグロンからヘブロンに上り、彼らはそれと戦った。

³⁷彼らは、それを取り、それとその王、およびそのすべての町々とその中のすべての者を、剣の刃で打ち、ひとりも生き残る者がないようにした。すべてエグロンにした

14②ヨシ10:42, 23:3, 出14:14, 申1:30
15①ヨシ10:43
16①ヨシ10:5
20①申20:16
21*あるいは「舌を鋭くする者」
23①ヨシ10:3
24①詩107:40, 110:1, 5, 149:8, 9, イザ26:5, 6, マラ4:3
25①ヨシ8:1
 ②→ヨシ1:6
 ③申3:21, 7:19

26①ヨシ8:29, 申21:22, 23
27①申21:22, 23
 ②Ⅱサム18:17
28①ヨシ6:21
 ②申20:16
36①ヨシ10:39, 11:21, 14:13-15, 15:13, 54, 20:7, 21:11, 13, 士1:10

とおりであった。彼は、それとその中のすべての者を聖絶した。
38 ヨシュアは全イスラエルを率いて、デビルに引き返し、これと戦った。
39 そして彼は、その地とその王、およびその中のすべての町々を取り、剣の刃でこれらを打ち、その中のすべての者を聖絶し、ひとりも生き残る者がないようにした。彼がデビルとその王にしたことは、ヘブロンにしたとおりであり、またリブナとその王にしたとおりであった。
40 こうして、ヨシュアはその全土、すなわち山地、ネゲブ、低地、傾斜地、そのすべての王たちを打ち、ひとりも生き残る者がないようにし、息のあるものはみな聖絶した。イスラエルの神、主が命じられたとおりであった。
41 ヨシュアは、また、カデシュ・バルネアからガザまで、およびゴシェンの全土をギブオンに至るまで打った。
42 ヨシュアはこれらすべての王たちとその地とをいちどきに攻め取った。イスラエルの神、主が、イスラエルのために戦われたからである。
43 それで、ヨシュアは全イスラエルを率いて、ギルガルの陣営に引き揚げた。

北部の王たちの征服

11 1 ハツォルの王ヤビンは、このことを聞いて、マドンの王ヨバブ、シムロンの王、アクシャフの王、
2 また北方の山地、キネレテの南のアラバ、**低地、西方のドルの高地にいる王たち、
3 すなわち、東西のカナン人、エモリ人、ヘテ人、ペリジ人、山地のエブス人、ミツパの地にあるヘルモンのふもとのヒビ人に使いをやった。
4 それで彼らは、その全陣営を率いて出て来た。その人数は海辺の砂のように多く、馬や戦車も非常に多かった。
5 これらの王たちはみな、相集まり、進んで来て、イスラエルと戦うために、メロムの水のあたりに一つになって陣を敷いた。
6 主はヨシュアに仰せられた。「彼らを恐れてはならない。あすの今ごろ、わたし

は彼らをことごとくイスラエルの前で、刺し殺された者とするからだ。あなたは、彼らの馬の足の筋を切り、彼らの戦車を火で焼かなければならない。」
7 そこで、ヨシュアは戦う民をみな率いて、メロムの水のあたりで、彼らを急襲し、彼らに襲いかかった。
8 主が彼らをイスラエルの手に渡されたので、イスラエルは、彼らを打ち、大シドン、およびミスレフォテ・マイムまで追い、さらに東のほうでは、ミツパの谷まで彼らを追い、ひとりも生き残る者がないまでに彼らを打った。
9 ヨシュアは、主が命じたとおりに彼らにして、彼らの馬の足の筋を切り、彼らの戦車を火で焼いた。
10 そのとき、ヨシュアは引き返して、ハツォルを攻め取り、その王を剣で打ち殺した。ハツォルは以前、これらすべての王国の首都だったからである。
11 彼らは、その中のすべての者を剣の刃で打ち、彼らを聖絶した。息のあるものは、何も残さなかった。彼はハツォルを火で焼いた。
12 ヨシュアは、それらの王たちのすべての町々、および、そのすべての王たちを捕らえ、彼らを剣の刃で打ち殺し、聖絶した。主のしもべモーセが命じたとおりであった。
13 ただしイスラエルは、丘の上に立っている町々は焼かなかった。ヨシュアが焼いたハツォルだけは例外である。
14 これらの町々のすべての分捕り物と家畜とは、イスラエル人の戦利品として自分たちのものとした。ただし人間はみな、剣の刃で打ち殺し、彼らを一掃して、息のあるものはひとりも残さなかった。
15 主がそのしもべモーセに命じられたとおりに、モーセはヨシュアに命じたが、ヨシュアはそのとおりに行い、主がモーセに命じたすべてのことばを、一言も取り除かなかった。
16 こうして、ヨシュアはこの地のすべて、すなわち山地、ネゲブの全地域、ゴシェンの全土、低地、アラバ、およびイスラエルの山地と低地を取り、
17 セイルへ上って行くハラク山から、ヘルモン山のふもとのレバノンの谷にあるバア

ル・ガドまでを取った。また、それらの王をことごとく捕らえて、彼らを打って、殺した。
18 ヨシュアは、これらすべての王たちと長い間戦った。
19 ギブオンの住民ヒビ人を除いては、イスラエル人と和を講じた町は一つもなかった。彼らは戦って、すべてのものを取った。
20 彼らの心をかたくなにし、イスラエルを迎えて戦わせたのは、主から出たことであり、それは主が彼らを容赦なく聖絶するためであった。まさに、主がモーセに命じたとおりに彼らを一掃するためであった。
21 そのとき、ヨシュアは行って、アナク人を、山地、ヘブロン、デビル、アナブ、ユダのすべての山地、イスラエルのすべての山地から断ち、彼らをその町々とともに聖絶した。
22 それでイスラエル人の地には、アナク人がいなくなった。ただガザ、ガテ、アシュドデにわずかの者が残っていた。
23 こうしてヨシュアは、その地をことごとく取った。すべて主がモーセに告げたとおりであった。ヨシュアはこの地を、イスラエルの部族の割り当てにしたがって、相続地としてイスラエルに分け与えた。その地に戦争はやんだ。

征服された王たちのリスト

12 1 イスラエル人は、ヨルダン川の向こう側、日の上る方で、アルノン川からヘルモン山まで、それと東アラバの全部を打ち、それを占領したが、その地の王たちは次のとおりである。
2 エモリ人の王シホン。彼はヘシュボンに住み、アルノン川の縁にあるアロエル、川の中部とギルアデの半分、アモン人の国境のヤボク川までを支配していた。
3 またアラバを、東のキネレテ湖まで、東のアラバの海、すなわち塩の海、ベテ・ハエシモテの道まで、南はピスガの傾斜地のふもとまで支配していた。
4 また、レファイムの生き残りのひとりであったバシャンの王オグの領土。彼は、アシュタロテとエデレイに住み、
5 ヘルモン山、サルカ、ゲシュル人とマアカ人の国境に至るバシャンの全土、およびギルアデの半分、ヘシュボンの王シホンの国境までを支配していた。
6 主のしもべモーセとイスラエル人とは彼らを打った。主のしもべモーセは、ルベン人と、ガド人と、マナセの半部族に、これらを所有地として与えた。
7 ヨシュアとイスラエル人とがヨルダン川のこちら側、西のほうで、レバノンの谷にあるバアル・ガドから、セイルへ上って行くハラク山までの地で打った王たちは、次のとおりである。──ヨシュアはこの地をイスラエルの部族に、所有地、その割り当ての地として与えた──
8 これらは、山地、低地、アラバ、傾斜地、荒野、およびネゲブにおり、ヘテ人、エモリ人、カナン人、ペリジ人、ヒビ人、エブス人であった。
9 エリコの王ひとり。ベテルのそばのアイの王ひとり。
10 エルサレムの王ひとり。ヘブロンの王ひとり。
11 ヤルムテの王ひとり。ラキシュの王ひとり。
12 エグロンの王ひとり。ゲゼルの王ひとり。
13 デビルの王ひとり。ゲデルの王ひとり。
14 ホルマの王ひとり。アラデの王ひとり。
15 リブナの王ひとり。アドラムの王ひとり。
16 マケダの王ひとり。ベテルの王ひとり。

11:18 ヨシュアは・・・長い間戦った カナンの制圧には5年という長い戦闘作戦が必要だった。5年という数字は、戦闘開始の頃のカレブの年齢と、ヘブロンを相続地として受けたときの年齢とを比較して割出したものである(→14:6-13, 申2:14)。

11:20 彼らの心をかたくなにし カナン人の悪は極みに達し広がっていたので、神は滅ぼすことにされた(→**カナン人の滅亡**の項 p.373)。そのために神はカナン人の心をかたくなにされたので(→出7:3注, 申 2:30注)、イスラエルに反抗して戦いをしかけてきた。神は人々が神に逆らうように強制はされないけれども反抗心が表面に露出するようにされる。既に神に完全に逆らっているときに神が対決されると、人々はさらに頑固に神に逆らうようになる。人や国があまりにも悪くなると、神のあわれみが注がれなくなる。そうなるとさばきは避けられない(⇒ヘブ10:26-31)。

11:23 ヨシュアは、その地をことごとく取った このことばはヨシュア記を要約している。12章はモー

ヨシュア記 12–13章

¹⁷タプアハの王ひとり。ヘフェルの王ひとり。
¹⁸アフェクの王ひとり。シャロンの王ひとり。
¹⁹マドンの王ひとり。ハツォルの王ひとり。
²⁰シムロン・メロンの王ひとり。アクシャフの王ひとり。
²¹タナクの王ひとり。メギドの王ひとり。
²²ケデシュの王ひとり。カルメルのヨクネアムの王ひとり。
²³ドルの高地にいるドルの王ひとり。ギルガルのゴイムの王ひとり。
²⁴ティルツァの王ひとり。合計三十一人の王である。

占領すべき土地

13 ¹ヨシュアは年を重ねて老人になった。主は彼に仰せられた。「あなたは年を重ね、老人になったが、まだ占領すべき地がたくさん残っている。
²その残っている地は次のとおりである。ペリシテ人の全地域、ゲシュル人の全土、
³エジプトの東のシホルから、北方のカナン人のものとみなされているエクロンの国境まで、ペリシテ人の五人の領主、ガザ人、アシュドデ人、アシュケロン人、ガテ人、エクロン人の地、それに南のアビム人の地、
⁴カナン人の全土、シドン人のメアラからエモリ人の国境のアフェクまでの地。
⁵また、ヘルモン山のふもとのバアル・ガドから、レボ・ハマテまでのゲバル人の地、およびレバノンの東側全部。
⁶レバノンからミスレフォテ・マイムまでの山地のすべての住民、すなわちシドン人の全部。わたしは彼らをイスラエル人の前から追い払おう。わたしが命じたとおりに、ただあなたはその地をイスラエルに相

¹⁷①Ⅰ列4:10
¹⁹①ヨシ11:10
²⁰①ヨシ11:1, 19:15
①ヨシ11:1
²¹①士1:27
²²①ヨシ19:37
*⟨ ⟩「ヨクノアム」
²³①ヨシ11:2
②創14:1

1①ヨシ14:10, 23:1
①士3:1
2①詩83:7, ヨエ3:4
②Ⅰサム27:8
3①エレ2:18
②士3:3, Ⅰサム6:4, 16
③申2:23, アモ1:6, ゼパ2:4
4①ヨシ19:30
5①ヨシ11:17, 12:7
*別訳「ハマテの入口に向かう」民13:21, 34:8, Ⅰ列8:65, Ⅱ列14:25, Ⅰ歴13:5, Ⅱ歴7:8, エゼ47:20, 48:1, アモ6:14
②Ⅰ列5:18, エゼ27:9
6①ヨシ23:13, 士2:21,23
③→ヨシ11:23

8①民32:33, 申3:13
②ヨシ12:1-6, 22:4
9①ヨシ13:16
②民21:30
③ヨシ13:16, Ⅰ列19:7, イザ15:2
10①民21:25, 26
11①ヨシ12:5
12①ヨシ12:4, 申3:11
13①ヨシ13:11
*⟨ ⟩「マアカテ」
①ヨシ13:33, 14:3,4, 申18:1, 2, 民18:20, 23, 24
15①創49:3, 4, 申33:6
*「相続地」は補足
16①ヨシ13:9
③民21:30

続地としてくじで分けよ。
⁷今、あなたはこの地を、九つの部族と、マナセの半部族とに、相続地として割り当てよ。」

ヨルダン川東側の分割

⁸マナセの他の半部族とともにルベン人とガド人とは、ヨルダン川の向こう側、東のほうで、モーセが彼らに与えた相続地を取っていた。主のしもべモーセが彼らに与えたとおりである。
⁹アルノン川の縁にあるアロエルと、その谷の中にある町からディボンまでのメデバの全台地。
¹⁰ヘシュボンを治めていたエモリ人の王シホンの、アモン人の国境までのすべての町々。
¹¹ギルアデと、ゲシュル人、ならびにマアカ人の領土、ヘルモン山の全部、サルカまでのバシャンの全部。
¹²アシュタロテとエデレイを治めていたバシャンのオグの全王国。オグはレファイムの生き残りであった。モーセはこれらを打って、追い払った。
¹³しかし、イスラエル人は、ゲシュル人とマアカ人とを追い払わなかったので、ゲシュルとマアカとは、イスラエルの中に住んだ。今日もそうである。
¹⁴ただレビの部族だけには、相続地が与えられなかった。主が約束されたとおり、イスラエルの神、主への火によるささげ物、それが彼らの相続地であった。
¹⁵モーセはルベン部族の諸氏族に相続地を与えた。
¹⁶彼らの地域は、アルノン川の縁にあるアロエルとその谷の中にある町から、メデバの全台地、

セとヨシュアの征服についての簡単な要約である。

13:1 ヨシュアは・・・老人になった この章からヨシュア記の後半が始まる。イスラエルは土地を占領し組織的抵抗は全部壊滅した。「その地に戦争はやんだ」(11:23)。けれども占領するべき土地はまだ残っていた(13:2-6)。

13:6 わたしは彼らを・・・追い払おう 神はカナン人を追い払うと約束されたけれどもこの約束は条件付きで、イスラエルが神に従うかどうかにかかっていた。イスラエルが先住民を全部追い払わなかったので、神

はいくらかのカナン人がイスラエル人の中に残るのを許された。このことはイスラエルにとってのろいとなり、偶像礼拝(にせの神々やまことの神に代るものを礼拝すること)などの多くの問題を引起こすことになった。

13:7 相続地として割り当てよ イスラエルの十二部族の間での土地分割が13－22章に記録されているけれども、これはイスラエル人にとって深い霊的な体験だった。それは土地についての神の約束の成就だった。また、今の平安と祝福が未来の世代につながるという希望をさらに強めるものだった(⇒詩16:6)。

カナンの地征服

荒野を40年間さまよった後カナンの地に近付いたとき、イスラエルの部族がモーセの指導のもとで最初にしたことはヨルダン川対岸地域を制圧することだった

ヨシュアの戦略は単純で巧妙なものだった。戦略には四つの目標があった。第一、ヨルダン川を渡り、エリコと戦略的に重要な平原、川、道路を占拠してカナンの地に足場を築くこと。第二、ベテル、ギブオン、上ベテ・ホロン周辺の高地を制圧し、分水嶺の北側と南側の丘陵地帯を支配すること。第三、ラキシュのような低地の町を攻撃して中立地帯にすること。最後に、ハツォルに率いられた北の大都市連合の力を打砕くこと。これらはみな紀元前1400年頃に行われた

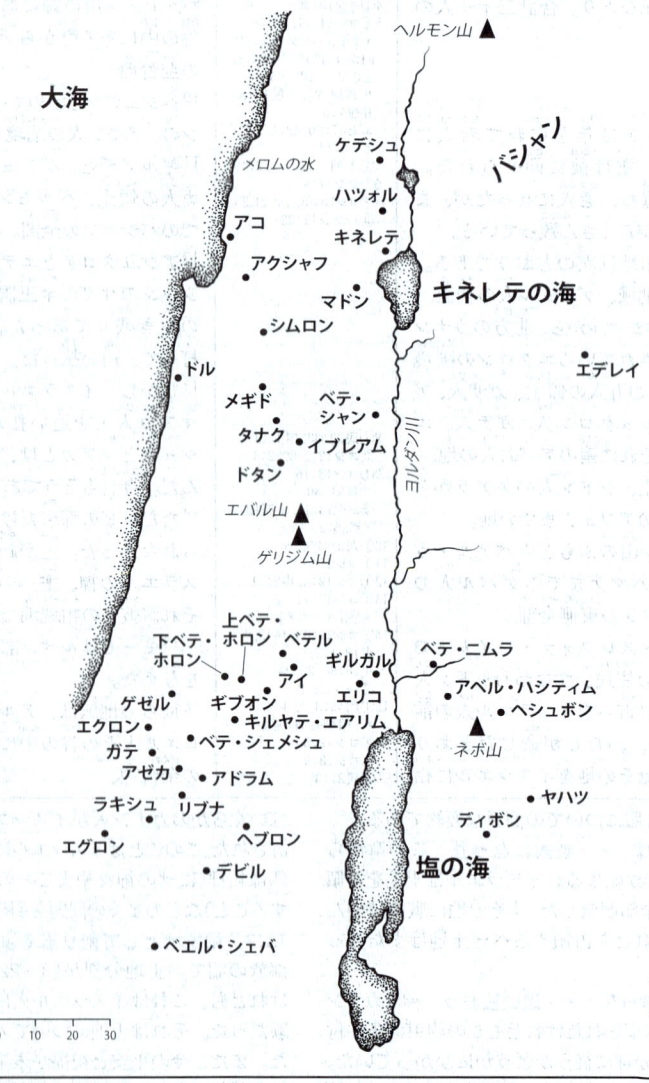

© 1991 Zondervan Publishing House

ヨシュア記　13-14章

17 ヘシュボンとその台地にあるすべての町々、ディボン、バモテ・バアルとベテ・バアル・メオン、
18 ヤハツと、ケデモテと、メファアテと、
19 キルヤタイムと、シブマと、谷の丘にあるツェレテ・ハシャハル、
20 ベテ・ペオルと、ピスガの傾斜地と、ベテ・ハエシモテ、
21 台地のすべての町々と、ヘシュボンを治めていたエモリ人の王シホンの王国の全部。モーセは、シホンと、ミデヤンの君主、エビ、レケム、ツル、フル、レバとを打った。これらは、その地に住んでいたシホンの首長たちであった。
22 イスラエル人は、これらを殺したほか、ベオルの子、占い師のバラムをも剣で殺した。
23 ルベン人の地域は、ヨルダン川とその地域であった。これはルベン族の諸氏族の相続地であり、その町々と村々であった。
24 モーセはまた、ガド部族、ガド族の諸氏族にも相続地を与えた。
25 彼らの地域は、ヤゼルと、ギルアデのすべての町々、アモン人の地の半分で、ラバに面するアロエルまでの地、
26 ヘシュボンからラマテ・ハミツパとベテニムまで、マハナイムからデビルの国境まで。
27 谷の中ではベテ・ハラムと、ベテ・ニムラと、スコテと、ツァフォン。ヘシュボンの王シホンの王国の残りの地、ヨルダン川とその地域でヨルダン川の向こう側、東のほうで、キネレテ湖の端までであった。
28 これらは、ガド族の諸氏族の相続地であり、その町々と村々であった。
29 モーセはまた、マナセの半部族にも、相続地を与えた。マナセの半部族の諸氏族のものである。
30 彼らの地域は、マハナイムからバシャンの全部、バシャンの王オグの王国の全部、バシャンにあるハボテ・ヤイルの全部、その六十の町。
31 またギルアデの半分、バシャンのオグの王国の町であるアシュタロテとエデレイ。これらは、マナセの子マキルの子孫、すなわち、マキル族の半分の諸氏族に与えられた。
32 これらは、エリコのあたりのヨルダン川の向こう側、東のほうのモアブの草原で、モーセが割り当てた相続地である。
33 レビ部族には、モーセは相続地を与えなかった。主が彼らに約束されたとおりにイスラエルの神、主が彼らの相続地である。

ヨルダン川西側の分割

14 1 イスラエル人がカナンの地で相続地の割り当てをした地は次のとおりである。その地を祭司エルアザルと、ヌンの子ヨシュアと、イスラエル人の部族の一族のかしらたちが、彼らに割り当て、
2 主がモーセを通して命じたとおりに、九部族と半部族とにくじによって相続地を割り当てた。
3 モーセはすでに二部族と半部族とに、ヨルダン川の向こう側で相続地を与えており、またレビ人には、彼らの中で相続地を与えなかったからであり、
4 ヨセフの子孫が、マナセとエフライムの二部族になっていたからである。彼らは、レビ族には、その住むための町々と彼らの所有になる家畜のための放牧地を除いては、その地で割り当て地を与えなかった。
5 イスラエル人は、主がモーセに命じたとおりに行って、その地を割り当てた。

カレブにヘブロンが与えられる

6 ときに、ユダ族がギルガルでヨシュアのところに近づいて来た。そして、ケナズ人エフネの子カレブが、ヨシュアに言った。「主がカデシュ・バルネアで、私とあなたについて、神の人モーセに話されたことを、あなたはご存じのはずです。
7 主のしもべモーセがこの地を偵察するために、私をカデシュ・バルネアから遣わしたとき、私は四十歳でした。そのとき、私は自分の心の中にあるとおりを彼に報告しました。
8 私といっしょに上って行った私の身内の者たちは、民の心をくじいたのですが、私は私の神、主に従い通しました。
9 そこでその日、モーセは誓って、『あなたの足が踏み行く地は、必ず永久に、あなたとあなたの子孫の相続地となる。あなたが、私の神、主に従い通したからである』と言いました。

10 今、ご覧のとおり、主がこのことばを告げられた時からこのかた、イスラエルが荒野を歩いた四十五年間、主は約束されたとおりに、私を生きながらえさせてくださいました。今も私は、きょうでもう八十五歳になります。

11 しかも、モーセが私を遣わした日のように、今も壮健です。私の今の力は、あの時の力と同様、戦争にも、また日常の出入りにも耐えるのです。

12 どうか今、主があの日に約束されたこの山地を私に与えてください。あの日、あなたが聞いたように、そこにはアナク人がおり、城壁のある大きな町々があったのです。主が私とともにいてくだされば、主が約束されたように、私は彼らを追い払うことができましょう。」

13 それでヨシュアは、エフネの子カレブを祝福し、彼にヘブロンを相続地として与えた。

14 それで、ヘブロンは、ケナズ人エフネの子カレブの相続地となった。今日もそうである。それは、彼がイスラエルの神、主に従い通したからである。

15 ヘブロンの名は、以前はキルヤテ・アルバであった。アルバというのは、アナク人の中の最も偉大な人物であった。そして、その地に戦争はやんだ。

ユダ族への割当て

15:15-19 並行記事―士1:11-15

15 1 ユダ族の諸氏族が、くじで割り当てられた地は、エドムの国境に至り、その南端は、南のほうのツィンの荒野であった。

2 その南の境界線は、塩の海の端、南に面する入江から、

10①ヨシ23:1
11①申34:7
12①ヨシ15:13, 14, 民13:28, 33, 申2:10, 士1:20
13①ヨシ22:6
②ヨシ10:36, Ⅰ歴6:55, 56
③→ヨシ11:23
14①ヨシ21:12
15①ヨシ15:13, 54, 20:7, 21:11, 創23:2, 35:27, 士1:10, ネヘ11:25
②ヨシ15:14
③ヨシ11:23, 士3:11

1①創49:8-12, 民34:3, 4
②ヨシ14:2
③民20:16
④民33:36, 34:3, 4, 申32:51
2①エゼ47:19

3①民34:4, 士1:36
4①民34:4
2①ヨシ15:47, 民34:5, Ⅰ列8:65, Ⅱ列24:7, イザ27:12
＊七十人訳は「彼らの」
5①ヨシ15:5-9, ヨシ18:15-19
②民34:3
6①ヨシ18:19, 21
②ヨシ15:61, 18:18, 22
③ヨシ18:17
7①ヨシ7:24
②ヨシ18:16, Ⅱサム17:17, Ⅰ列1:9
8①ヨシ18:16, Ⅱ列23:10, エレ19:2, 6
②ヨシ15:63, 18:28, 士1:21, 19:10
③ヨシ18:16
④イザ17:5
9①ヨシ18:15
②Ⅱサム6:2
③士18:12, Ⅱ歴13:6
10①ヨシ19:43, 士14:1, Ⅰ歴28:18
11①ヨシ19:43

3 アクラビムの坂の南に出て、ツィンに進み、カデシュ・バルネアの南から上って、ヘツロンに進み、さらにアダルに上って、カルカに回り、

4 アツモンに進んで、エジプト川に出て、その境界線の終わりは海である。これが、＊あなたがたの南の境界線である。

5 東の境界線は、塩の海であって、ヨルダン川の川口までで、北側の境界線は、ヨルダン川の川口の湖の入江から始まり、

6 境界線は、ベテ・ホグラに上り、ベテ・ハアラバの北に進み、境界線は、ルベンの子ボハンの石に上って行き、

7 境界線はまた、アコルの谷からデビルに上り、川の南側のアドミムの坂の反対側にあるギルガルに向かって北に向かう。また境界線はエン・シェメシュの水に進み、その終わりはエン・ロゲルであった。

8 またその境界線は、ベン・ヒノムの谷を上って、南のほう、エブス人のいる傾斜地、すなわちエルサレムに至る。また境界線は、西のほうヒノムの谷を見おろす山の頂に上る。この谷はレファイムの谷の北のほうの端にある。

9 それからその境界線は、この山の頂から、メ・ネフトアハの泉のほうに折れ、エフロン山の町々に出て、それから境界線は、バアラ、すなわちキルヤテ・エアリムのほうに折れる。

10 またその境界線は、バアラから西に回って、セイル山に至り、エアリム山の北側、すなわちケサロンに進み、ベテ・シェメシュに下り、さらにティムナに進み、

11 その境界線は、エクロンの北側に出て、それから境界線は、シカロンのほうに折れ、バアラ山に進み、ヤブネエルに出て、

14:14 それは、彼が・・・【主】に従い通したからである カレブは神に従い通したので(40年前にカナンの地を探るために派遣された12人の斥候の一人で、ヨシュアとともに前向きな報告をした)、特別な相続地が与えられた(14:9-14)。カレブの人生はキリストに従う人々が新しい契約のもとで、御父の特別な約束である聖霊の賜物を受けることを象徴している(使1:4-5)。罪を悔い改め(背を向け、捨てること)、神の新しい契約を受入れたあと、キリスト者は霊的な賜物をみこころのままに受けることができる(⇒ロマ12:6-8、Ⅰコリ12:4-31)。そして御霊が日々の生活の中に働いておられる証拠、つまり御霊の「実」を示す生き方をするべきである(⇒ガラ5:22-25)。これには神が与えられる知恵を用いることが必要である(⇒使6:3、Ⅰコリ2:6-16、エペ1:17、ヤコ3:13-18)。これらは御霊と力に満たされた人々が受ける当然の「遺産」である(⇒使1:4-8、2:4)。

その境界線の終わりは海であった。
¹²また西の境界線は、大海とその沿岸であった。これが、ユダ族の諸氏族の周囲の境界線であった。

¹³ヨシュアは、主の命令で、エフネの子カレブに、ユダ族の中で、キルヤテ・アルバ、すなわちヘブロンを割り当て地として与えた。アルバはアナクの父であった。¹⁴カレブは、その所からアナクの三人の息子、シェシャイ、アヒマン、タルマイを追い払った。これらはアナクの子どもである。¹⁵その後、その所から彼は、デビルの住民のところに攻め上った。デビルの名は、以前は*キルヤテ・セフェルであった。¹⁶そのとき、カレブは言った。「キルヤテ・セフェルを打って、これを取る者には、私の娘アクサを妻として与えよう。」¹⁷ケナズの子で、カレブの兄弟オテニエルがそれを取ったので、カレブは娘アクサを、彼に妻として与えた。¹⁸彼女がとつぐとき、*オテニエルは彼女をそそのかして、畑を父に求めることにした。彼女がろばから降りたので、カレブは彼女に、「何がほしいのか」と尋ねた。¹⁹彼女は言った。「私に祝いの品を下さい。あなたはネゲブの地に私を送るのですから、水の泉を私に下さい。」そこで彼は、上の泉と下の泉とを彼女に与えた。

²⁰ユダ部族の諸氏族の相続地は次のとおり。

²¹ユダ部族が、エドムの国境のほうに持っていた最南端の町々は、カブツェエル、エデル、ヤグル、²²キナ、ディモナ、アデアダ、²³ケデシュ、*ハツォル、**イテナン、²⁴ジフ、テレム、ベアロテ、²⁵ハツォル・ハダタ、ケリヨテ・ヘツロンすなわちハツォル、²⁶アマム、シェマ、モラダ、²⁷ハツァル・ガダ、ヘシュモン、ベテ・ペレテ、²⁸ハツァル・シュアル、ベエル・シェバ、*ビズヨテヤ、²⁹バアラ、イイム、エツェム、³⁰エルトラデ、ケシル、ホルマ、³¹ツィケラグ、マデマナ、サヌサナ、³²レバオテ、シルヒム、*アイン、リモンであり、二十九の町と、それらに属する村々の全部である。

³³低地では、エシュタオル、ツォルア、アシュナ、³⁴ザノアハ、エン・ガニム、タプアハ、エナム、³⁵ヤルムテ、アドラム、ソコ、アゼカ、³⁶シャアライム、アディタイム、ゲデラとゲデロタイム。すなわち、十四の町と、それらに属する村々。

³⁷ツェナン、ハダシャ、ミグダル・ガド、³⁸ディルアン、ミツパ、ヨクテエル、³⁹ラキシュ、ボツカテ、エグロン、⁴⁰カボン、ラフマス、キテリシュ、⁴¹ゲデロテ、ベテ・ダゴン、ナアマ、マケダ。すなわち、十六の町と、それらに属する村々。

⁴²リブナ、エテル、アシャン、⁴³エフタ、アシュナ、ネツィブ、⁴⁴ケイラ、アクジブ、マレシャ。すなわち、九つの町と、それらに属する村々。

⁴⁵エクロンと、それに属する村落、すなわち、村々。

⁴⁶エクロンから海まで、すべてアシュドデのほとりにある町々と、それらに属する村々。

⁴⁷アシュドデと、それに属する村落、すなわち、村々。ガザと、それに属する村落、すなわち、村々。エジプト川と大海までとその沿岸。

⁴⁸山地では、シャミル、ヤティル、ソコ、⁴⁹ダナ、キルヤテ・サナ、すなわちデビル、⁵⁰アナブ、エシュテモア、アニム、⁵¹ゴシェン、ホロン、ギロ。すなわち、十一の町と、それらに属する村々。

⁵²アラブ、ドマ、エシュアン、⁵³ヤニム、ベテ・タプアハ、アフェカ、⁵⁴フムタ、キルヤテ・アルバ、すなわちヘブロン、ツィオル。すなわち、九つの町と、それらに属する村々。

⁵⁵マオン、カルメル、ジフ、ユタ、⁵⁶イズレエル、ヨクデアム、ザノアハ、⁵⁷カイン、ギブア、ティムナ。すなわち、十の町と、それらに属する村々。

⁵⁸ハルフル、ベテ・ツル、ゲドル、⁵⁹マアラテ、ベテ・アノテ、エルテコン。すなわち、六つの町と、それらに属する村々。

⁶⁰ キルヤテ・バアルすなわちキルヤテ・エアリムと、ラバ。すなわち、二つの町と、それらに属する村々。
⁶¹ 荒野では、ベテ・ハアラバ、ミディン、セカカ、
⁶² *ニブシャン、塩の町、エン・ゲディ。すなわち、六つの町と、それらに属する村々である。
⁶³ ユダ族は、エルサレムの住民エブス人を追い払うことができなかった。それで、エブス人はユダ族とともにエルサレムに住んでいた。今日もそうである。

エフライム族とマナセ族への割当て

16 ¹ ヨセフ族が、くじで割り当てられた地の境界線は、東、エリコのあたりのヨルダン川、すなわちエリコの水から荒野に出、エリコから山地を上ってベテルに至り、
² ベテルからルズに出て、アルキ人の領土アタロテに進み、
³ 西のほう、ヤフレテ人の領土に下り、下ベテ・ホロンの地境、さらにゲゼルに至り、その終わりは海であった。
⁴ こうして、ヨセフ族、マナセとエフライムは、彼らの相続地を受けた。
⁵ エフライム族の諸氏族の地域は、次のとおりである。彼らの相続地の東の境界線は、アタロテ・アダルから上ベテ・ホロンに至り、
⁶ その境界線は、西に向かって、北方のミクメタテに出、その境界線は、東に回ってタアナテ・シロに至り、そこからヤノアハの東に進み、
⁷ ヤノアハからアタロテとナアラに下り、それからエリコに達し、ヨルダン川に出る。
⁸ 西の境界線は、タプアハからカナ川に行き、その終わりは海であった。これが、エフライム部族の諸氏族の相続地であった。
⁹ このほかに、マナセ族の相続地の中に、エフライム族のために取り分けられた町々、そのすべての町々と、それに属する

⁶⁰①ヨシ18:14
⁶¹①ヨシ15:6
⁶²*あるいは「イル・ハメラフ」
⁶³①士1:21, Ⅱサム5:6

1①創49:22-26, 申33:13-17
*「の境界線」は補足
②ヨシ8:15, 18:12
③ヨシ18:13
3①ヨシ10:11
②ヨシ10:33, Ⅰ列9:15,17, Ⅰ歴7:28
4①→ヨシ11:23
5①ヨシ18:13
6①ヨシ17:7
7①Ⅰ歴7:28
8①ヨシ17:8
②ヨシ17:9

10①士1:29, Ⅰ列9:16
②ヨシ17:12,13

1①創41:51, 46:20, 48:17
②ヨシ14:2
③民26:30, Ⅰ歴7:17
④創50:23, 民26:29, 32:39,40, Ⅰ歴7:14
⑤民3:15
2①民26:29-32
②士6:11
3①民26:33, 27:1-7, 36:2
4①民27:1-7
②民14:1
③→ヨシ11:23
5①ヨシ13:30, 31
7①ヨシ16:6
8①ヨシ16:8

村々とがあった。
¹⁰ 彼らはゲゼルに住むカナン人を追い払わなかったので、カナン人はエフライムの中に住んでいた。今日もそうである。カナン人は苦役に服する奴隷となった。

17 ¹ マナセ部族が、くじで割り当てられた地は次のとおりである。マナセはヨセフの長子であった。マナセの長子で、ギルアデの父であるマキルは戦士であったので、ギルアデとバシャンが彼のものとなった。
² さらにそれはマナセ族のほかの諸氏族、アビエゼル族、ヘレク族、アスリエル族、シェケム族、ヘフェル族、シェミダ族のものになった。これらは、ヨセフの子マナセの男子の子孫の諸氏族である。
³ ところが、マナセの子マキルの子ギルアデの子ヘフェルの子ツェロフハデには、娘だけで息子がなかった。その娘たちの名は、マフラ、ノア、ホグラ、ミルカ、ティルツァであった。
⁴ 彼女たちは、祭司エルアザルと、ヌンの子ヨシュアと、族長たちとの前に進み出て、「私たちの親類の間で、私たちにも相続地を与えるように、主はモーセに命じられました」と言ったので、ヨシュアは主の命令で、彼女たちの父の兄弟たちの間で、彼女たちに相続地を与えた。
⁵ こうして、マナセはヨルダン川の向こう側のギルアデとバシャンの地のほかに、なお十の割り当て地があてがわれた。
⁶ マナセの娘たちが、彼の息子たちの間に、相続地を受けたからである。ギルアデの地は、マナセのほかの子孫のものとなった。
⁷ マナセの境界線は、アシェルからシェケムに面したミクメタテに向かい、その境界線は、さらに南に行って、エン・タプアハの住民のところに至った。
⁸ タプアハの地は、マナセのものであったが、マナセの境界に近いタプアハは、エフ

16:1 ヨセフ族が・・・割り当てられた地 ヤコブ（イスラエル）の11番目の息子であるヨセフは、相続地がエフライムとマナセという二人の息子に与えられたので、部族の名前を持っていなかった（創48:14-22）。その結果、エフライムとマナセが別々の部族になったので、ヨセフは二倍の土地を受取った。

17:4 【主】はモーセに命じられました ここで明らかなことは、人々がモーセ五書（旧約聖書の最初の5冊）は神が直接話されたものと認め、細かいところまで従わなければならないとしていたことである。文書になった神のことばはモーセに与えられたけれども、それは祭司エルアザルや指導者ヨシュアなど神の民全

ヨシュア記　17-18章

9 またその境界線は、カナ川に下り、川の南に向かった。そこの町々は、マナセの町々の中にあって、エフライムのものであった。マナセの境界線は、川の北で、その終わりは海であった。

10 その南は、エフライムのもの、北はマナセのものであった。海がその境界となった。マナセは、北はアシェルに、東はイッサカルに達していた。

11 またマナセには、イッサカルとアシェルの中に、ベテ・シェアンとそれに属する村落、*イブレアムとそれに属する村落、ドルの住民とそれに属する村落、エン・ドルの住民とそれに属する村落、タナクの住民とそれに属する村落、メギドの住民とそれに属する村落があった。この第三番目は高地であった。

12 しかしマナセ族は、これらの町々を占領することができなかった。カナン人はこの土地に住みとおした。

13 イスラエル人は、強くなってから、カナン人に苦役を課したが、彼らを追い払ってしまうことはなかった。

14 ヨセフ族はヨシュアに告げて言った。「主が今まで私を祝福されたので、私は数の多い民になりました。あなたはなぜ、私にただ一つのくじによる相続地、ただ一つの割り当て地しか分けてくださらなかったのですか。」

15 ヨシュアは彼らに言った。「もしもあなたが数の多い民であるなら、ペリジ人やレファイム人の地の森に上って行って、そこを自分で切り開くがよい。エフライムの山地は、あなたには狭すぎるのだから。」

16 ヨセフ族は答えた。「山地は私どもには十

① ヨシ16:8
② ヨシ16:9
11 ① ヨシ17:11-14, 士1:27, 28
② I 歴7:29
③ I サム31:10, I 列4:12
④ II 列9:27
* I 歴6:70「バラム」
⑤ ヨシ11:2, 12:23
12 ① 士1:27
13 ① ヨシ16:10
② I 列9:21
14 ① 創48:17-22
15 ① 創15:20
② 創14:5, 15:20

16 ① ヨシ19:18, I 列4:12
② ヨシ17:18, 申20:1, 士1:19, 4:3, 13
18 ① ヨシ17:16

1 ① ヨシ18:8-10, 19:51, 21:2, 22:9, 12, 士18:31, I サム1:3, 詩78:60, エレ7:12
② → I サム2:22
2 ① → ヨシ11:23
3 ① 士18:9
5 ① ヨシ15:1

分ではありません。それに、谷間の地に住んでいるカナン人も、ベテ・シェアンとそれに属する村落にいる者も、イズレエルの谷にいる者もみな、鉄の戦車を持っています。」

17 するとヨシュアは、ヨセフ家の者、エフライムとマナセにこう言った。「あなたは数の多い民で、大きな力を持っている。あなたは、ただ一つのくじによる割り当て地だけを持っていてはならない。

18 山地もあなたのものとしなければならない。それが森であっても、切り開いて、その終わる所まで、あなたのものとしなければならない。カナン人は鉄の戦車を持っていて、強いのだから、あなたは彼らを追い払わなければならないのだ。」

残りの土地の分割

18 ¹ さて、イスラエル人の全会衆はシロに集まり、そこに会見の天幕を建てた。この地は彼らによって征服されていた。

² イスラエル人の中で、まだ自分たちの相続地が割り当てられていない七つの部族が残っていた。

³ そこで、ヨシュアはイスラエル人に言った。「あなたがたの父祖の神、主が、あなたがたに与えられた地を占領しに行くのを、あなたがたはいつまで延ばしているのか。

⁴ 部族ごとに三人の者を選び出しなさい。彼らが立ってその地を行き巡るように、私は彼らを送り出そう。彼らはその地についてその相続地のことを書きしるし、私のところに来なければならない。

⁵ 彼らは、それを七つの割り当て地に分割しなさい。ユダは南側の彼の地域にとどま

員にとっても権威を持つ基準だった。

17:13　彼らを追い払ってしまうことはなかった　イスラエルは土地を全部占領し、カナン人を全部追い払うことができなかった。その理由は二つあった。(1) カナン人から労働力と税金という利益を得ようとした。けれども神のみこころと便利さと金銭欲を妥協(合意するために高価なものを放棄したり交換したりすること)させたことによって、イスラエル人の多くは後に神から離れることになった(⇒士1:21, 27-29, 2:11-13)。(2) カナン人は「鉄の戦車」を持っていて(17:16-18, 士1:19)、イスラエルの軍備よりまさっていた。自分

たちの力ではカナン人にかなわないことを人々は知っていた。イスラエル人は神の力によって敵に打勝つ自信を徐々に失い始めていた(⇒詩20:6-8)。

18:1　会見の天幕を建てた　イスラエルは礼拝の場所をギルガルからシロに移した。そしてそこに会見の天幕(幕屋)を建て、そこに主の契約の箱を入れた。そこは神が特別に臨在を現される場所だった(⇒出25:8, 27:21, 34:26)。幕屋は士師の時代(約300年間)を通じてシロにあったけれども預言者サムエルの時代に契約の箱はペリシテ人に奪われてしまった(I サム4:3-5:1, →**幕屋**の図 p.174,「**幕屋の備品**」の図 p.174)。

り、ヨセフ家は北側の彼らの地域にとどまらなければならない。

6 あなたがたは、その地の七つの割り当て地を書きしるし、それをここの私のところに持って来なければならない。私はここで、私たちの神、主の前に、あなたがたのために、くじを引こう。

7 しかしレビ人には、あなたがたの中で割り当て地がない。主の祭司として仕えることが、その相続地だからである。また、ガドと、ルベンと、マナセの半部族とは、ヨルダン川の向こう側、東のほうで、すでに彼らの相続地を受けている。それは、主のしもべモーセが、彼らに与えたものである。」

8 そこで、その者たちは行く準備をした。ヨシュアは、その地の調査に出て行く者たちに命じて言った。「あなたがたは行って、その地を行き巡り、その地について書きしるし、私のところに帰って来なさい。私はシロで、主の前に、あなたがたのため、ここでくじを引こう。」

9 その者たちは行って、その地を巡り、それを町ごとに七つの割り当て地ごとに書き物にしるし、シロの宿営にいるヨシュアのもとに来た。

10 ヨシュアはシロで主の前に、彼らのため、くじを引いた。こうしてヨシュアは、その地をイスラエル人に、その割り当て地によって分割した。

ベニヤミン族への割当て

11 ベニヤミン部族の諸氏族がくじを引いた。彼らのくじに当たった地域は、ユダ族とヨセフ族の間にあった。

12 彼らの北側の境界線は、ヨルダン川から出て、その境界線は、エリコの北側に上って行き、さらに山地を西のほうに上って行き、その終わりはベテ・アベンの荒野であった。

13 そこから境界線は、ルズに向かい、ルズの南のほうの傾斜地に進む。ルズはベテルである。さらに、境界線は、下ベテ・ホロンの南にある山の近くのアテロテ・アダルに下る。

14 境界線は折れて、西側で、ベテ・ホロンに面する山から、南のほうに回り、その終わりはユダ族の町キルヤテ・バアル、すな

わちキルヤテ・エアリムであった。これが西側であった。

15 南側は、キルヤテ・エアリムの端からで、境界線は西のほうへ出て、メ・ネフトアハの泉に出て、

16 境界線は、北のほう、レファイムの谷間の中のベン・ヒノムの谷を見おろす山の端に下り、ヒノムの谷を、南のほうのエブス人のいる傾斜地に下り、エン・ロゲルに下る。

17 それから北のほうに折れ、エン・シェメシュに出、アドミムの坂に対するゲリロテに出、ルベンの子ボハンの石に下る。

18 それから、北のほう、アラバの近くの傾斜地に進み、アラバに下る。

19 その境界線は、北のほう、ベテ・ホグラの傾斜地に進み、境界線の終わりは塩の海の北の入江、ヨルダン川の南端であった。これが南の境界であった。

20 ヨルダン川が東側の境界線となっていた。これはベニヤミン人の相続地で、その諸氏族の周囲の境界線によるものであった。

21 さて、ベニヤミン部族の諸氏族の町々は、エリコ、ベテ・ホグラ、エメク・ケツィツ、

22 ベテ・ハアラバ、ツェマライム、ベテル、

23 アビム、パラ、オフラ、

24 ケファル・ハアモナ、オフニ、ゲバで、十二の町と、それらに属する村々であった。

25 また、ギブオン、ラマ、ベエロテ、

26 ミツパ、ケフィラ、モツァ、

27 レケム、イルペエル、タルアラ、

28 ツェラ、エレフ、エブスすなわちエルサレム、ギブアテ、キルヤテなど十四の町と、それらに属する村々であった。これがベニヤミン族の諸氏族の相続地であった。

シメオン族への割当て

19:2-9　並行記事―Ⅰ歴4:28-33

19 1 第二番目のくじは、シメオン、すなわちシメオン部族の諸氏族に当たった。彼らの相続地は、ユダ族の相続地の中にあった。

2 彼らの相続地は、ベエル・シェバ、シェバ、モラダ、

3 ハツァル・シュアル、バラ、エツェム、

4 エルトラデ、ベトル、ホルマ、

5 ツィケラグ、ベテ・マルカボテ、ハツァル・スサ、
6 ベテ・レバオテ、シャルヘン*で、十三の町と、それらに属する村々。
7 アイン、リモン、エテル、アシャン。四つの町と、それらに属する村々、
8 および、これらの町々の周囲にあって、バアラテ・ベエル*、南のラマまでのすべての村々であった。これがシメオン部族の諸氏族の相続地であった。
9 シメオン族の相続地は、ユダ族の割り当て地から取られた。それは、ユダ族の割り当て地が彼らには広すぎたので、シメオン族は彼らの相続地の中に割り当て地を持ったのである。

ゼブルン族への割当て

10 第三番目のくじは、ゼブルン族の諸氏族のために引かれた。彼らの相続地となる地域はサリデに及び、
11 その境界線は、西のほう、マルアラに上り、ダベシェテに達し、ヨクネアムの東にある川に達した。
12 また、サリデのほう、東のほう日の上る方に戻り、キスロテ・タボルの地境に至り、ダベラテに出て、ヤフィアに上る。
13 そこから東のほう、ガテ・ヘフェルとエテ・カツィンに進み、ネアのほうに折れてリモンに出る。
14 その境界線は、そこを北のほう、ハナトンに回り、その終わりはエフタ・エルの谷であった。
15 そしてカタテ*、ナハラル、シムロン、イデアラ、ベツレヘムなど十二の町と、それらに属する村々であった。
16 これは、ゼブルン族の諸氏族の相続地で、その町々と、それらに属する村々であった。

イッサカル族への割当て

17 第四番目のくじは、イッサカル、すなわちイッサカル族の諸氏族に当たった。
18 彼らの地域は、イズレエル、ケスロテ、シュネム、
19 ハファライム、シオン、アナハラテ、
20 ラビテ、キシュヨン、エベツ、
21 レメテ、エン・ガニム、エン・ハダ、ベテ・パツェツ。

6 * 七十人訳は「シャルヘン」を欠く
7 ① ヨシ15:42
② Ⅰサム30:30
8 * あるいは「ネゲブのラマ」
9 ① ヨシ19:1
10 ① 創49:13、申33:18、土1:30
11 ① ヨシ12:22、21:34
14 ① ヨシ19:27
15 * 土1:30「キテロン」
① ヨシ21:35、土1:30
② ヨシ11:1
17 ① 創49:14, 15、申33:18, 19
19 ① Ⅰサム28:4、Ⅱ列4:8
20 ① ヨシ21:28
21 ① ヨシ21:29

22 その境界線は、タボルに達し、それからシャハツィマと、ベテ・シェメシュに向かい、その境界線の終わりはヨルダン川であった。十六の町と、それらに属する村々であった。
23 これが、イッサカル部族の諸氏族の相続地で、その町々と、それらに属する村々であった。

アシェル族への割当て

24 第五番目のくじは、アシェル部族の諸氏族に当たった。
25 彼らの地域は、ヘルカテ、ハリ、ベテン、アクシャフ、
26 アラメレク、アムアデ、ミシュアルで、西のほう、カルメルとシホル・リブナテに達する。
27 また、日の上る方、ベテ・ダゴンに戻り、ゼブルンに達し、北のほう、エフタ・エルの谷、ベテ・ハエメク、ネイエルを経て、左のほう、カブルに出て、
28 エブロン、レホブ、ハモン、カナを経て、大シドンに至る。
29 その境界線は、ラマのほうに戻り、城壁のある町ツロに至る。またその境界線は、ホサのほうに戻り、その終わりは海であった。それに、マハレブ、アクジブ、
30 アコ、アフェク、レホブなど、二十二の町と、それらに属する村々であった。
31 これがアシェル部族の諸氏族の相続地で、その町々と、それらに属する村々であった。

ナフタリ族への割当て

32 第六番目のくじは、ナフタリ人、すなわちナフタリ族の諸氏族に当たった。
33 彼らの地域は、ヘレフとツァアナニムの樫の木のところから、アダミ・ハネケブ、ヤブネエルを経てラクムまでで、終わりはヨルダン川であった。
34 その境界線は、西のほう、アズノテ・タボルに戻り、そこからフコクに出る。南はゼブルンに達し、西はアシェルに達し、日の上る方はヨルダン川に達する。
35 その城壁のある町々は、ツィディム、ツェル、ハマテ、ラカテ、キネレテ、
36 アダマ、ラマ、ハツォル、
37 ケデシュ、エデレイ、エン・ハツォル、
38 イルオン、ミグダル・エル、ホレム、ベ

24 ① 創49:20、申33:24, 25、土1:31, 32
25 ① ヨシ21:31
26 ① ヨシ21:30
27 ① ヨシ19:14
28 ① ヨシ19:30、21:31、土1:31、Ⅰ歴6:75
② ヨシ19:28、17:9
③ ヨシ11:8
29 ① Ⅱサム5:11
* 囗「ヘベルから」
② 土1:31
30 * 土1:31による
囗「ウマ」
① ヨシ13:4
32 ① 創49:21、申33:23、土1:33
34 * 「ヨルダン川に達する」七十人訳による
37 ① ヨシ12:22
38 ① 土1:33

テ・アナテ、ベテ・シェメシュなど十九の町と、それらに属する村々であった。
³⁹これが、ナフタリ部族の諸氏族の相続地で、その町々と、それらに属する村々であった。

ダン族への割当て

⁴⁰第七番目のくじは、ダン部族の諸氏族に当たった。
⁴¹彼らの相続地となる地域は、①ツォルア、エシュタオル、イル・シェメシュ、
⁴²*シャアラビン、アヤロン、イテラ、
⁴³エロン、ティムナ、エクロン、
⁴⁴エルテケ、ギベトン、バアラテ、
⁴⁵エフデ、ベネ・ベラク、ガテ・リモン、
⁴⁶メ・ハヤルコン、ラコン、およびヤフォの近くの地境であった。
⁴⁷ダン族の地域は、さらに広げられた。ダン族は上って行き、レシェムと戦って、これを取り、剣の刃で打ち、これを占領して、そこに住み、彼らの先祖ダンの名にちなんで、レシェムをダンと呼んだ。
⁴⁸これがダン部族の諸氏族の相続地で、その町々と、それらに属する村々であった。

ヨシュアへの割当て

⁴⁹この地について地域ごとに、相続地の割り当てを終えたとき、イスラエル人は、彼らの間に一つの相続地をヌンの子ヨシュアに与えた。
⁵⁰彼らは主の命令により、ヨシュアが求めた町、すなわちエフライムの山地にある①*ティムナテ・セラフを彼に与えた。彼はその町を建てて、そこに住んだ。
⁵¹これらは、祭司エルアザル、ヌンの子ヨシュア、およびイスラエル人の部族の一族のかしらたちが、②シロにおいて会見の天幕の入口、主の前で、くじによって割り当てた相続地であった。こうして彼らは、この地の割り当てを終わった。

のがれの町

20:1-9　参照－民35:9-34、申4:41-43、19:1-13

20 ¹主はヨシュアに告げて仰せられた。
²「イスラエル人に告げて言え。わたしがモーセを通してあなたがたに告

⁴⁰①創49:16, 17, 申33:22
⁴¹①士13:25
⁴²*士1:35「シャアルビム」
　①ヨシ21:24, 士1:35
⁴³①ヨシ15:10, 士14:1, Ⅱ歴28:18
　*七十人訳による
　②「ティムナタ」
⁴⁴①ヨシ21:23
⁴⁵①Ⅰ列9:18, Ⅱ歴8:6
⁴⁶①ヨシ21:24, Ⅰ歴6:69
⁴⁶①使9:36
⁴⁷①士1:34, 35, 18:1-31
⁵⁰①ヨシ24:30
　*士2:9「ティムナテ・ヘレス」
⁵¹①ヨシ14:1, 民34:17
　②ヨシ18:1
　③→Ⅰサム2:22

²①出21:13, 民35:6-34, 申4:41, 19:2
³①民35:19
④①ルツ4:2
⁵①民35:11
⁶①民35:12, 25
　②→Ⅱ列12:10
⁷①ヨシ21:32, Ⅰ歴6:76
　②ヨシ21:21, Ⅰ歴6:66
　③ヨシ21:11, ルカ1:39
　④ヨシ14:15
　⑤ヨシ10:36
⁸①申4:43
　②ヨシ21:36, Ⅰ歴6:78
　③ヨシ21:38, Ⅰ列22:3, 4
　④ヨシ21:27
⁹①民35:15
　②→ヨシ8:33
　③ヨシ20:6
¹⁰①ヨシ14:1, 17:4

げておいた、①のがれの町をあなたがたのために定め、
³あやまって、知らずに人を殺した殺人者が、そこに逃げ込むことのできるようにしなさい。その町々は、あなたがたが血の復讐をする者からのがれる場所となる。
⁴人が、これらの町の一つに逃げ込む場合、その者は、その町の門の入口に立ち、その町の①長老たちに聞こえるように、そのわけを述べなさい。彼らは、自分たちの町に彼を受け入れ、彼に一つの場所を与え、彼は、彼らとともに住む。
⁵たとい、血の復讐をする者がその者を追って来ても、殺人者をその手に渡してはならない。彼は知らずに隣人を打ち殺したのであって、以前からその人を憎んでいたのではないからである。
⁶その者は①会衆の前に立ってさばきを受けるまで、あるいは、その時の②大祭司が死ぬまで、その町に住まなければならない。それから後、殺人者は、自分の町、自分の家、自分が逃げて来たその町に帰って行くことができる。」
⁷それで彼らは、ナフタリの山地にあるガリラヤのケデシュと、エフライムの山地にあるシェケムと、ユダの山地にある④キルヤテ・アルバ、すなわちヘブロンとを聖別した。
⁸エリコのあたりのヨルダン川の向こう側、東のほうでは、ルベン部族から、高地の荒野にあるベツェルを、ガド部族から、ギルアデのラモテを、マナセ部族から、バシャンのゴランをこれに当てた。
⁹これらは、すべてのイスラエル人、および、彼らの間の在留異国人のために設けられた町々で、すべて、あやまって人を殺した者が、そこに逃げ込むためである。会衆の前に立たないうちに、血の復讐をする者の手によって死ぬことがないためである。

レビ人の町

21:4-39　並行記事－Ⅰ歴6:54-81

21 ¹そのとき、レビ人の一族のかしらたちは、祭司エルアザルとヌンの子ヨシュアとイスラエル人の部族の一族のかしらたちのところに来て、

ヨシュア記　21章

2 カナンの地のシロで、彼らに告げて言った。「主は、私たちに住むべき町々と、家畜のための放牧地とを与えるよう、モーセを通して命じられました。」

3 それで、イスラエル人は、主の命令で、彼らの相続地から、次の町々とその放牧地とをレビ人に与えた。

4 ケハテ諸氏族のために、くじが引かれたとき、ユダ部族、シメオン部族、ベニヤミン部族のうちから、くじによって、十三の町がレビ人の祭司アロンの子孫のものとなった。

5 エフライム部族、ダン部族、マナセの半部族から、十の町がくじによって残りのケハテ族のものに、

6 イッサカル部族の諸氏族、アシェル部族、ナフタリ部族、バシャンのマナセの半部族から、十三の町がくじによってゲルション族のものに、

7 ルベン部族、ガド部族、ゼブルン部族から、十二の町がメラリ族の諸氏族のものになった。

8 イスラエル人は、主がモーセを通して命じたとおりに、これらの町とその放牧地を、くじによってレビ人に与えるとき、

9 ユダ部族、シメオン部族から、次に名をあげる町を与えた。

10 これらは、レビ人に属するケハテ諸氏族の一つ、アロンの子孫のものとなった。──最初に彼らにくじが当たったからである──

11 彼らには、ユダの山地にあるキルヤテ・アルバ──アルバはアナクの父──、すなわちヘブロンとその周囲の放牧地を与えた。

12 しかし、この町の畑とその村々は、エフネの子カレブに、その所有地として与えられた。

13 祭司アロンの子孫には、殺人者ののがれの町へブロンとその放牧地、それにリブナとその放牧地、

14 ヤティルとその放牧地、エシュテモアとその放牧地、

15 ホロンとその放牧地、デビルとその放牧地、

16 アインとその放牧地、ユタとその放牧地、ベテ・シェメシュとその放牧地。すなわちこれら二つの部族から九つの町を与えた。

17 またベニヤミン部族の中からも、ギブオンとその放牧地、ゲバとその放牧地、

18 アナトテとその放牧地、アルモンとその放牧地、この四つの町を与えた。

19 それでアロンの子孫である祭司たちの町の総数は、十三の町とその放牧地であった。

20 ケハテ族のうち残りのレビ人であるケハテ諸氏族には、エフライム部族からくじによって次の町さえられた。

21 彼らには、エフライムの山地にある殺人者ののがれの町シェケムとその放牧地、ゲゼルとその放牧地、

22 キブツァイムとその放牧地、ベテ・ホロンとその放牧地、この四つの町。

23 ダン部族から、エルテケとその放牧地、ギベトンとその放牧地、

24 アヤロンとその放牧地、ガテ・リモンとその放牧地、この四つの町。

25 マナセの半部族から、タナクとその放牧地、ガテ・リモンとその放牧地、この二つの町を与えた。

26 残りのケハテ諸氏族には、全部で十の町とその放牧地が与えられた。

27 レビ諸氏族の一つゲルション族には、マナセの半部族から、殺人者ののがれの町バシャンのゴランとその放牧地、ベエシュテラとその放牧地、この二つの町。

28 イッサカル部族から、キシュヨンとその放牧地、ダベラテとその放牧地、

29 ヤルムテとその放牧地、エン・ガニムとその放牧地、この四つの町。

30 アシェル部族から、ミシュアルとその放牧地、アブドンとその放牧地、

31 ヘルカテとその放牧地、レホブとその放牧地、この四つの町。

32 ナフタリ部族から、殺人者ののがれの町、ガリラヤのケデシュとその放牧地、ハモテ・ドルとその放牧地、カルタンとその放牧地、この三つの町を与えた。

33 それでゲルション人の諸氏族の町の総数は、十三の町と、その放牧地であった。

34 レビ人の残りのメラリ諸氏族には、ゼブルン部族から、ヨクネアムとその放牧地、カルタとその放牧地、

35 ディムナとその放牧地、ナハラルとその放牧地、この四つの町。

36 ルベン部族から、ベツェルとその放牧地、ヤハツとその放牧地、

³⁷ケデモテとその放牧地、メファアテとその放牧地、この四つの町。
³⁸ガド部族から、殺人者ののがれの町ギルアデのラモテとその放牧地、マハナイムとその放牧地、
³⁹ヘシュボンとその放牧地、ヤゼルとその放牧地、全部で四つの町。
⁴⁰これらの町はみな、レビ諸氏族のうちの残りの諸氏族、メラリ族のもので、くじによって与えられた十二の町であった。
⁴¹イスラエル人の所有のうちで、レビ人の町は、全部で四十八の町と、その放牧地とであった。
⁴²これらの町には、それぞれその周囲に放牧地があった。これらの町はみなそうなっていた。
⁴³こうして主は、イスラエルの先祖たちに与えると誓った地をすべて、イスラエルに与えられたので、彼らはそれを占領して、そこに住んだ。
⁴⁴主は、彼らの先祖たちに誓ったように、周囲の者から守って、彼らに安住を許された。すべての敵の中で、ひとりも彼らの前に立ちはだかる者はいなかった。主はすべての敵を彼らの手に渡された。
⁴⁵主がイスラエルの家に約束されたすべての良いことは、一つもたがわず、みな実現した。

東側の部族の帰還

22 ¹そのとき、ヨシュアはルベン人、ガド人、およびマナセの半部族を呼び寄せて、
²彼らに言った。「あなたがたは、主のしもべモーセがあなたがたに命じたことを、ことごとく守り、また私があなたがたに命じたすべてのことについても、私の声に聞き従った。

³今日まで、この長い間、あなたがたの同胞を捨てず、あなたがたの神、主の戒め、命令を守ってきた。
⁴今すでに、あなたがたの神、主は、あなたがたの同胞に約束したように、彼らに安住を許された。今、主のしもべモーセがあなたがたに与えたヨルダン川の向こう側の所有地、あなたがたの天幕に引き返して行きなさい。
⁵ただ主のしもべモーセが、あなたがたに命じた命令と律法をよく守り行い、あなたがたの神、主を愛し、そのすべての道に歩み、その命令を守って、主にすがり、心を尽くし、精神を尽くして、主に仕えなさい。」
⁶ヨシュアは彼らを祝福して去らせたので、彼らは自分たちの天幕に行った。
⁷――マナセの半部族には、モーセがすでにバシャンに所有地を与えていたが、他の半部族には、ヨシュアはヨルダン川のこちら側、西のほうで、彼らの同胞といっしょに所有地を与えた――さらに、ヨシュアは彼らを天幕に送り返すとき、彼らを祝福して、
⁸次のように彼らに言った。「あなたがたは多くの財宝と、おびただしい数の家畜と、銀、金、青銅、鉄、および多くの衣服とを持って天幕に帰りなさい。敵からの分捕り物はあなたがたの同胞と分け合いなさい。」
⁹それでルベン族、ガド族、マナセの半部族は、カナンの地にあるシロでイスラエル人と別れ、モーセを通して示された主の命令によって、彼らが得た自分の所有地、ギルアデの地へ行くために帰って行った。
¹⁰ルベン族、ガド族、マナセの半部族は、カナンの地にあるヨルダン川のほとりの地に来たとき、そこ、ヨルダン川のそばに一つの祭壇を築いた。それは、大きくて、遠くから見える祭壇であった。

21:45 【主】が・・・約束されたすべての良いことは、一つもたがわず 21:43-45は神がイスラエルの先祖に誓ったことばを守られたことを強調している（創24:7, 26:3, 50:24）。何百年も前に約束された通りに、アブラハムの子孫に今土地が与えられたのである。

（1）ヨシュア記はカナンの地の征服を完了（10:40-42, 11:23, 12:7-24）と未完（13:2-6, 14:12, 17:12-18, 23:5）の両面から書いている。神はイスラエル人への約束を忠実に守られた。けれども人々は自分たちの役割を果

たし、忠実に契約に従わなければならなかった。そうしなければ約束の地は完全に所有できない（1:6-9, 23:6-14）。
（2）同じようにキリストによって結ばれた新しい契約のもとで、神は約束を全部忠実に守ってくださる。けれども、もし神の約束と御国（ルカ12:31）を完全に手に入れたければ、私たちも自分の役割を果し、神に忠実に従わなければならない。神の約束をいただけないなら、それは主の責任ではなく私たちの責任である。神は人々に御国の祝福をみな与えたいと

ヨシュア記 22章

¹¹イスラエル人はこういううわさを聞いた。「ルベン族、ガド族、およびマナセの半部族が、カナンの地の国境、ヨルダン川のほとりの地、イスラエル人に属する側で、一つの祭壇を築いた。」
¹²イスラエル人がそれを聞いたとき、イスラエル人の全会衆は、シロに集まり、彼らといくさをするために上って行こうとした。

¹³それでイスラエル人は、祭司エルアザルの子ピネハスを、ギルアデの地のルベン族、ガド族、およびマナセの半部族のところに送り、¹⁴イスラエルの全部族の中から、一族につき族長ひとりずつ、全部で十人の族長を彼といっしょに行かせた。これらはみな、イスラエルの分団の中で、父祖の家のかしらであった。¹⁵彼らはギルアデの地のルベン族、ガド族、およびマナセの半部族のところに行き、彼らに告げて言った。¹⁶「主の全会衆はこう言っている。『この不信の罪は何か。あなたがたはきょう、主に従うことをやめて、イスラエルの神に不信の罪を犯し、自分のために祭壇を築いて、きょう、主に反逆している。¹⁷ペオルで犯した不義は、私たちにとって小さなことだろうか。私たちは今日まで、自分たちの身をきよめていない。そのために、神罰が主の会衆の上に下ったのだ。¹⁸あなたがたは、きょう、主に従うことをやめようとしている。あなたがたは、きょう、主に反逆しようとしている。あす、主はイスラエルの全会衆に向かって怒られるだろう。¹⁹もしもあなたがたの所有地がきよくないのなら、主の幕屋の立つ主の所有地に渡って来て、私たちの間に所有地を得なさい。

¹³①出6:25、民25:7, 11, 31:6
¹⁴①民1:16, 10:4 ②民1:4
¹⁶①ヨシ22:11, 19
¹⁷①民25:1-9, 申4:3
¹⁸①民16:22
¹⁹①ヨシ18:1

²⁰②ヨシ22:10 ①ヨシ7:1-26 ②→ヨシ2:10
²²①申10:17 ②Ⅰ列8:39, ヨブ10:7, 23:10, 詩44:21, 139:1, 2, エレ12:3, Ⅱコリ11:11, 31
²³①申12:11 ②ヨシ8:31 ③ヨシ22:29, 士13:19, 23, →レビ2:1, →Ⅰサム3:14, →イザ43:23 ④→ヨシ8:31

私たちの神、主の祭壇のほかに、自分たちのために祭壇を築いて、主に反逆してはならない。また私たちに反逆してはならない。²⁰ゼラフの子アカンが、聖絶のもののことで罪を犯し、イスラエルの全会衆の上に御怒りが下ったではないか。彼の不義によって死んだ者は彼ひとりではなかった。』」

²¹すると、ルベン族、ガド族、およびマナセの半部族は、イスラエルの分団のかしらたちに答えて言った。²²「神の神、主。神の神、主は、これをご存じです。イスラエルもこれを知るように。もしこれが主への反逆や、不信の罪をもってなされたのなら、きょう、あなたは私たちを救わないでください。²³私たちが祭壇を築いたことが、主に従うことをやめることであり、また、それはその上で全焼のいけにえや、穀物のささげ物をささげるためであり、あるいはまた、その上で和解のいけにえをささげるためであったのなら、主ご自身が私たちを責めてくださるように。²⁴しかし、事実、私たちがこのことをしたのは、次のことを恐れたからです。後になって、あなたがたの子らが私たちの子らに次のように言うかもしれないと思いました。『あなたがたと、イスラエルの神、主と何の関係があるのか。²⁵主はヨルダン川を、私たちとあなたがた、ルベン族、ガド族との間の境界とされた。あなたがたは主の中に分け前を持っていない。』こうして、あなたがたの子らが私たちの子らに、主を恐れることをやめさせるかもしれません。

願っておられるのである(⇒ルカ12:32)。

22:12　彼らといくさをするために上って行こうとした　イスラエルの部族のほとんどはヨルダン川の対岸にいる同胞のイスラエル人と戦おうとしていた。ほとんどの人は、少数の部族が神に反逆して祭壇を築いたと思ったのである(22:10-11)。この事件はこのような争いの対処方法についていくつかのことを示している。

(1) ヨシュアとイスラエル人は同胞の一部が神の真理から離れつつあると感じた(22:12, 16, 18, ⇒レビ17:8-9, 申13:12-15)。そして神の真理と聖さを守るためにいのちをかけようとした(⇒エペ4:15)。

(2) ヨシュアとイスラエルの残りの人々は同胞のイスラエル人に愛を示すため代表団を送り、問題解決と部族間の一致を保とうとした(22:13-20)。

(3) 人々は互いに理解し合い、戦わないで問題を解決することができた(22:21-34)。その間、人々は神への忠誠と互いへの愛を保ち続けた。

(4) 今日のキリスト者は真理と恵み、正義とあわれみ、断固とした態度と柔軟性をバランスよく保たなければならない。それは妥協しないで大胆に神の真理と聖さを示し、擁護するとともに、反対、敵対する人には愛をもって接しなければならないということである(→エペ4:15注)。

²⁶ それで、私たちは言いました。『さあ、私たちは自分たちのために、祭壇を築こう。全焼のいけにえのためではなく、またほかのいけにえのためでもない。²⁷ ただ私たちとあなたがたとの間、また私たちの後の世代との間の証拠とし、私たちが、全焼のいけにえとほかのいけにえと和解のいけにえをささげて、主の前で、主の奉仕をするためである。こうすれば、後になって、あなたがたの子らは私たちの子らに、「あなたがたは主の中に分け前を持っていない」とは言わないであろう。』²⁸ また私たちは考えました。後になって、もし私たち、また私たちの子孫に、そのようなことが言われたとしても、そのとき、私たちはこう言うことができる。『私たちの先祖が造った主の祭壇の型を見よ。これは全焼のいけにえのためでもなく、またほかのいけにえのためでもなく、これは私たちとあなたがたとの間の証拠なのだ。』²⁹ 私たちが、主の幕屋の前にある私たちの神、主の祭壇のほかに、全焼のいけにえや、穀物のささげ物や、他のいけにえをささげる祭壇を築いて、きょう、主に反逆し、主に従うことをやめるなど、絶対にそんなことはありません。」

³⁰ 祭司ピネハス、および会衆の上に立つ族長たち、すなわち彼とともにいたイスラエルの分団のかしらたちは、ルベン族、ガド族、およびマナセ族が語ったことばを聞いて、それに満足した。³¹ そしてエルアザルの子の祭司ピネハスは、ルベン族、ガド族、およびマナセ族に言った。「きょう、私たちは主が私たちの中におられることを知った。あなたがたが主に対してこの不信の罪を犯さなかったからである。あなたがたは、今、イスラエル人を主の手から救い出したのだ。」³² こうして、エルアザルの子の祭司ピネハスと族長たちは、ギルアデのルベン族およびガド族から別れて、カナンの地のイスラ

²⁷ ① ヨシ22:34, 24:27, 創31:48
²⁹ ① 申12:13, 14

³³ ① Ⅰ歴29:20, ネヘ8:6, ダニ2:19, ルカ2:28
³⁴ ① ヨシ24:17, 創31:47-49, 士6:24

1 ① ヨシ21:44, 22:4
  ② ヨシ13:1, 14:10, 24:29
2 ① ヨシ24:1, 申31:28
  ② Ⅰ歴28:1
3 ① ヨシ10:14, 42, 出14:14, 申1:30
  ④ → ヨシ11:23
  ② ヨシ13:6, 18:10
5 ① 民33:52, 53
  ② ヨシ13:6, 出23:30, 33:2, 34:11, 申11:23
6 ① → ヨシ1:8
  ② ヨシ1:7, 申5:32, 28:14
7 ① 出23:33, 申7:2, 3, 箴4:14
  ② 出23:13, 詩16:4, エレ5:7
  ③ 申6:13, 10:20, ゼパ1:5
  ④ 出20:5

エル人のところに帰り、このことを報告した。³³ そこで、イスラエル人は、これに満足した。それでイスラエル人は、神をほめたたえ、ルベン族とガド族の住んでいる地に攻め上って、これを滅ぼそうとは、もはや言わなかった。³⁴ それでルベン族とガド族は、その祭壇を①「まことにこれは、私たちの間で、主が神であるという証拠だ」と呼んだ。

ヨシュアの指導者たちへの告別のことば

23 ¹ 主が周囲のすべての敵から守って、イスラエルに安住を許されて後、多くの日がたち、ヨシュアは年を重ねて②老人になっていた。² ヨシュアは全イスラエル、その長老たちや、かしらたちや、さばきつかさたち、およびつかさたちを呼び寄せて彼らに言った。「私は年を重ねて、老人になった。³ あなたがたは、あなたがたの神、主が、あなたがたのために、これらすべての国々に行ったことをことごとく見た。あなたがたのために戦ったのは、あなたがたの神、主だからである。⁴ 見よ。私は、ヨルダン川から日の入るほうの大海まで、これらの残っている国々と、すでに私が断ち滅ぼしたすべての国々とを、相続地として、くじによってあなたがたの部族に分け与えた。⁵ あなたがたの神、主ご自身が、あなたがたの前から彼らを追いやり、あなたがたの目の前から追い払う。あなたがたは、あなたがたの神、主があなたがたに告げたように、彼らの地を占領しなければならない。⁶ あなたがたは、モーセの律法の書にしるされていることを、ことごとく断固として守り行い、そこから右にも左にもそれてはならない。⁷ あなたがたは、これらの国民、あなたがたの中に残っているこれらの国民と交わってはならない。彼らの神々の名を口にしてはならない。それらによって誓ってはならない。それらに仕えてはならない。それら

22:34 【主】が神であるという証拠だ ヨルダン川の東側に建てた祭壇は、そこに住む部族が神に忠実に仕えることを誓った（拘束力のある約束をした）ことを子孫に伝える記念碑になった。世代間で受継がれてきた信仰の記念品、目に見える遺品（特別な聖書、贈り物、写真、記念品、家族の伝統）は、キリスト者とその子孫を

を拝んではならない。

⁸ただ、今日までしてきたように、あなたがたの神、主にすがらなければならない。

⁹主が、大きくて強い国々を、あなたがたの前から追い払ったので、今日まで、だれもあなたがたの前に立ちはだかることのできる者はいなかった。

¹⁰あなたがたのひとりだけで千人を追うことができる。あなたがたの神、主ご自身が、あなたがたに約束したとおり、あなたがたのために戦われるからである。

¹¹あなたがたは、十分に気をつけて、あなたがたの神、主を愛しなさい。

¹²しかし、もしもあなたがたが、もう一度堕落して、これらの国民の生き残っている者、すなわち、あなたがたの中に残っている者たちと親しく交わり、彼らと互いに縁を結び、あなたがたが彼らの中に入って行き、彼らもあなたがたの中に入って来るなら、

¹³あなたがたの神、主は、もはやこれらの国民を、あなたがたの前から追い払わないことを、しかと知らなければならない。彼らは、あなたがたにとって、わなとなり、落とし穴となり、あなたがたのわき腹にむちとなり、あなたがたの目にとげとなり、あなたがた

8①ヨシ22:5,
申10:20, 11:22, 13:4
9①出23:23, 30, 申11:23
②ヨシ1:5, 申7:24
10①レビ26:8,
申28:7, 32:30, 士15:15,
Ⅱサム23:8
②ヨシ23:3, 出14:14,
申3:22
11①ヨシ22:5
12①ヘブ10:38, 39,
Ⅱペテ2:20, 21
②出34:15, 16,
詩106:34, 35
③申7:3, 4, エズ9:2,
ネヘ13:25
13①出23:33, 34:12,
申7:16, 士2:3,
ヨブ18:10, 詩69:22,
箴22:5, ロマ11:9
②イザ10:26

14①Ⅰ列2:2, ヘブ9:27
②ヨシ21:45
15①申28:63
16①申4:25, 26

1①ヨシ23:2
②創35:4

はついに、あなたがたの神、主があなたがたに与えたこの良い地から、滅びうせる。

¹⁴見よ。きょう、私は世のすべての人の行く道を行こうとしている。あなたがたは、心を尽くし、精神を尽くして知らなければならない。あなたがたの神、主が、あなたがたについて約束したすべての良いことが一つもたがわなかったことを。それは、一つもたがわず、みな、あなたがたのために実現した。

¹⁵あなたがたの神、主があなたがたについて約束したすべての良いことが、あなたがたに実現したように、主はまた、すべての悪いことをあなたがたにもたらし、ついには、あなたがたの神、主が、あなたがたに与えたこの良い地から、あなたがたを根絶やしにする。

¹⁶主があなたがたに命じたあなたがたの神、主の契約を、あなたがたが破り、行って、ほかの神々に仕え、それらを拝むなら、主の怒りはあなたがたに向かって燃え上がり、あなたがたは主があなたがたに与えられたこの良い地から、ただちに滅びうせる。」

Ⅰ列19:18

シェケムでの契約更新

24 ¹ヨシュアはイスラエルの全部族をシェケムに集め、イスラエルの

神に従い続けるように励ます助けになる(→4:21注)。

23:11 【主】を愛しなさい ヨシュアはイスラエルに、神が愛してくださったように深く聖い情熱で神に仕え、神を愛さなければならないと励ました(⇒申7:7, 13, 11:1, 19:9)。神を愛し感謝をするなら当然、みことばに従い(23:6)、悪の影響を避ける(23:7, 12)ようになる。義務感で神に仕えようとすると喜びがなくなり、自分の不完全な努力に頼るようになる。けれども愛の心で神に仕えるなら、喜びが湧いて霊的に強くなる(⇒ネヘ8:1-17)。聖書はキリスト者ひとりひとりにこのような愛を持ち、献身をするように招いている(⇒マタ22:37, マコ12:30, ヨハ14:15, ガラ5:6, Ⅰヨハ4:19)。

23:12 これらの国民・・・と親しく交わり バアルはカナン人の宗教で重要な「神」だった。けれどもその宗教は極めて異常で破壊的だった。(1) それは男女の神殿売春を奨励し、礼拝の中に性的な儀式やみだらで不道徳な行為が含まれていた。カナン人の預言者と祭司は生れたばかりの赤子を神殿の中でいけにえにするなど殺人を行っていた(→「カナン人の滅亡」の項p.373)。(2) 神の民がカナン人と交われば、後には必ず恥ずべき慣習を取入れるようになることを神は知っておられた。今でも神は人々に、周りにある神を敬わない慣習や行動から離れるようにと勧めておられる(→「キリスト者とこの世」の項p.2437)。

23:13 しかと知らなければならない 神は祝福と友情と力を約束されたけれども(23:3-13)、それはイスラエル人が神を愛し神の戒めに従い、神が必要なものを供給されることを信じ、汚れた生活に決別することが条件だった。人々が神に頼るなら神は神との関係を保つために必要な恵みと力を与えてくださる。

24:1 全部族を・・・集め ヨシュアはその生涯の終りに当たって、契約を更新する最後の儀式に部族全員を集めた。この儀式の中で、人々は神に忠実に仕えていくことを誓った。ヨシュアは指導者としての自分の立場を主張するのではなく、むしろ長年にわたってイスラエルに示された神の慈しみと配慮に注意を向けさせた(23:2-13)。そして神に忠実に仕え続けるように繰返し訴えた(24:14-28)。神の民を導く本当の指導者は、神の栄誉についてこれと同じ思いを示し、深い熱情をもって神を愛し、喜びをもって奉仕をし、聖

長老たち、そのかしらたち、さばきつかさたち、つかさたちを呼び寄せた。彼らが神の前に立ったとき、

2 ヨシュアはすべての民に言った。「イスラエルの神、主はこう仰せられる。『あなたがたの先祖たち、アブラハムの父で、ナホルの父でもあるテラは、昔、ユーフラテス川の向こうに住んでおり、ほかの神々に仕えていた。
3 わたしは、あなたがたの先祖アブラハムを、ユーフラテス川の向こうから連れて来て、カナンの全土を歩かせ、彼の子孫を増し、彼にイサクを与えた。
4 ついで、わたしは、イサクにヤコブとエサウを与え、エサウにはセイルの山地を与えて、それを所有させた。ヤコブと彼の子らはエジプトに下った。
5 それからわたしは、モーセとアロンを遣わし、エジプトに災害を下した。わたしがその真ん中で行ったとおりである。その後、あなたがたを連れ出した。
6 わたしが、あなたがたの先祖たちをエジプトから連れ出し、あなたがたが海に来たとき、エジプト人は、戦車と騎兵とをもってあなたがたの先祖たちのあとを追い、葦の海まで来た。
7 あなたがたが主に叫び求めたので、主はあなたがたとエジプト人との間に暗やみを置き、海に彼らを襲いかからせ、彼らをおおわれた。あなたがたは、わたしがエジプトで行ったことをその目で見てから、長い間、荒野に住んだ。
8 それからわたしはヨルダン川の向こう側に住んでいたエモリ人の地に、あなたがたを導き入れた。彼らはあなたがたと戦ったが、わたしは彼らをあなたがたの手に渡したので、あなたがたはその地を占領した。わたしが、あなたがたの前から彼らを根絶

1 ③ Ⅰサム10:19
2 ① 創31:53
　② 創11:26-32
3 ① 創12:1, 24:7,
　　使7:2, 3
　② 創15:5
　③ 創21:3
4 ① 創25:24-26
　② 創36:8, 申2:5
　③ 創46:1-7, 使7:15
5 ① 出14:14-17
　② 出3:10, 17, 12:42, 51
6 ① 出14:2-31
　② 出14:7, 9
　③ 出13:18
　* あるいは「紅海」
7 * 直訳「彼らが」
　① 出14:10
　② 出14:20
　③ 出14:27, 28
　④ 申4:34, 29:2
　⑤ 申1:46, 2:14
　⑥ ヨシ5:6

9 ① 民22:2, 士11:25
　② 民22:5, ヨシ23:4
10 ① 申23:5
　② 民23:11, 20, 24:10
11 ① ヨシ3:14, 16, 17,
　　4:10-12
　② ヨシ6:1, 10:1
　③ 出23:23, 28, 申7:1
　④ 出23:31
12 ① 出23:28, 申7:20
　② 詩44:3, 6
13 ① 申6:10, 11
14 ① 申10:12, 18:13,
　　Ⅰサム12:24
　* 「ユーフラテス川」
　② エゼ20:7, 8, 23:3
　③ ヨシ24:2, 23,
　　レビ17:7, エゼ20:18
15 ① 出23:24, 32, 33,
　　34:15, 申13:7, 29:18,
　　ルツ1:15
　② 士6:10
16 ① 出19:8, 24:3

やしにしたからである。
9 それから、モアブの王ツィポルの子バラクが立って、イスラエルと戦い、ベオルの子バラムに人をやって彼を呼び寄せ、あなたがたをのろわせようとした。
10 わたしはバラムに聞こうとしなかった。彼は、かえって、あなたがたを祝福し、わたしはあなたがたを彼の手から救い出した。
11 あなたがたはヨルダン川を渡ってエリコに来た。エリコの者たちや、エモリ人、ペリジ人、カナン人、ヘテ人、ギルガシ人、ヒビ人、エブス人があなたがたと戦ったが、わたしは彼らを、あなたがたの手に渡した。
12 わたしは、あなたがたの前にくまばちを送ったので、くまばちがエモリ人のふたりの王をあなたがたの前から追い払った。あなたがたの剣にもよらず、またあなたがたの弓にもよらなかった。
13 わたしは、あなたがたが得るのに労しなかった地と、あなたがたが建てなかった町々を、あなたがたに与えたので、あなたがたはそこに住み、自分で植えなかったぶどう畑とオリーブ畑で食べている。』
14 今、あなたがたは主を恐れ、誠実と真実をもって主に仕えなさい。あなたがたの先祖たちが川の向こう、およびエジプトで仕えた神々を除き去り、主に仕えなさい。
15 もしも主に仕えることがあなたがたの気に入らないなら、川の向こうにいたあなたがたの先祖たちが仕えた神々でも、今あなたがたが住んでいる地のエモリ人の神々でも、あなたがたが仕えようと思うものを、どれでも、きょう選ぶがよい。私と私の家とは、主に仕える。」
16 すると、民は答えて言った。「私たちが主を捨てて、ほかの神々に仕えるなど、

い生き方をするように訴え、また励ますものである。
24:15　私と私の家とは、【主】に仕える　神は人々がみな神との個人的な関係を持つように招いておられる。けれどもそれを強要することはない。神は私たちに選択権を与えられたので、私たちは一生の間だれに従っていくかは自分で決断するのである。ヨシュアとイスラエル人の場合と同じように、神に仕えるという決断は一度すればよいというものではない(⇒1:16-18、申30:19-20)。神に従おうとする人は神のご計画に沿うように行動し、正しいことを実行していくように絶えず決断をし続けなければならない。そのためには神を深く敬い真理に堅く立ち、自分に与えられた神の目的が達成されることを願い、罪の誘惑をきっぱりと拒絶する強い覚悟を持たなければならない(24:14-16)。神を愛することなく神に仕えない人生を選ぶなら、やがてさばきと滅亡を招くことになる(24:20、23:11-13)。

24:16　私たちが【主】を捨て・・・るなど、絶対に・・・ありません　最初のうち人々は神に仕える約

絶対にそんなことはありません。
17 私たちの神、主は、私たちと私たちの先祖たちを、エジプトの地、奴隷の家から導き上られた方、私たちの目の前で、あの数々の大きなしるしを行い、私たちの行くすべての道で、私たちの通ったすべての民の中で、私たちを守られた方だからです。
18 主はまた、すべての民、この地に住んでいたエモリ人をも、私たちの前から追い払われました。私たちもまた、主に仕えます。主が私たちの神だからです。」
19 すると、ヨシュアは民に言った。「あなたがたは主に仕えることはできないであろう。①主は聖なる神であり、ねたむ神である。あなたがたのそむきも、罪も赦さないからである。
20 ①もしあなたがたが主を捨てて、外国の神々に仕えるなら、あなたがたをしあわせにして後も、主はもう一度あなたがたにわざわいを下し、あなたがたを滅ぼし尽くす。」
21 それで民はヨシュアに言った。「いいえ。私たちは主に仕えます。」
22 それでヨシュアは民に言った。「あなたがたは、主を選んで、主に仕えるという、自分自身の証人である。」すると彼らは、「私たちは証人です」と言った。
23 「今、あなたがたの中にある外国の神々を除き去り、イスラエルの神、主に心を傾けなさい。」
24 ①民はヨシュアに言った。「私たちは私たちの神、主に仕え、主の御声に聞き従います。」
25 それでヨシュアは、その日、民と契約を結び、シェケムで、おきてと定めを定めた。
26 ヨシュアは、これらのことばを神の律法

19 ①レビ19:2, 20:7, 26, Ⅰサム6:20, 詩99:5, 9, イザ5:16
②出20:5, 34:14, 申4:24, 6:15
③出23:21
20 ①申4:25, 26, Ⅱ歴15:2, エズ8:22, エレ17:13
②ヨシ23:15, イザ63:10
22 ①詩119:173
23 ①ヨシ24:14, 創35:2, 士6:7, Ⅰサム7:3
② Ⅰ列8:57, 58
24 ①出19:8, 24:3, 7, 申5:27
25 ①出24:8
②出15:25
26 ①→ヨシ1:8

②出24:4
③ヨシ4:3, 創28:18, 士9:6
申12:6, 35:4, 申11:30
27 ①ヨシ22:27, 34, 創31:48, 52
②申32:1
28 ①ヨシ24:28-31, 士2:6-10
②→ヨシ11:23
30 ①ヨシ19:50
＊士2:9「ティムナテ・ヘレス」
32 ①創50:24, 25, 出13:19
②創33:19, ヨハ4:5, 使7:16
33 ①ヨシ22:13, 出6:25, 士20:28

の書にしるし、大きな石を取って、主の聖所にある樫の木の下に、それを立てた。
27 そして、ヨシュアはすべての民に言った。「見よ。この石は、私たちに証拠となる。この石は、主が私たちに語られたすべてのことばを聞いたからである。あなたがたが自分の神を否むことがないように、この石は、あなたがたに証拠となる。」
28 こうしてヨシュアは、民をそれぞれ自分の相続地に送り出した。

約束の地での埋葬
24:29-31　並行記事ー士2:6-9

29 これらのことの後、主のしもべ、ヌンの子ヨシュアは百十歳で死んだ。
30 人々は彼を、エフライムの山地、ガアシュ山の北にある彼の相続の地境ティムナテ・セラフに葬った。
31 イスラエルは、ヨシュアの生きている間、また、ヨシュアのあとまで生き残って、主がイスラエルに行われたすべてのわざを知っていた長老たちの生きている間、主に仕えていた。
32 イスラエル人がエジプトから携え上ったヨセフの骨は、シェケムの地に、すなわちヤコブが百ケシタでシェケムの父ハモルの子らから買い取った野の一画に、葬った。そのとき、そこはヨセフ族の相続地となっていた。
33 アロンの子エルアザルは死んだ。人々は彼を、彼の子ピネハスに与えられていたエフライムの山地にあるギブアに葬った。

束を守った。けれどもヨシュアの死後間もなく約束を破り、神をないがしろにし、ほかの神々を礼拝するようになった（士2:11-19）。

24:25　ヨシュアは・・・民と契約を結び　更新された神とイスラエルとの契約、「終生協定」には、神と人々の両方が積極的に関係しなければならなかった。(1) 神は人々の世話を引受けられた。(2) イスラエル人は主である神にだけ仕えることを決意した。それはイスラエルと神との間の拘束力のある永遠の契約だった。イエス・キリストが私たちの罪のためにいのちを犠牲にして結ばれた新しい契約のもとでも、キリストと信仰者は相互に自分たちをささげている。キリストに従う人はキリストに信仰を置き、罪から離れ、みことばの原則に従って生きることを選ぶ。そうするならイエス・キリストはその人の主、救い主としてご自分を与え、一生を通じて導いて最後には天の家に導き、永遠にともに生きてくださる。神はイスラエルにされたように、私たちに向かって最初の一歩を踏出し、私たちと契約の関係を結ぶために必要なことをみなしてくださった。私たちは新しい契約の恵み深い条件をただ受入れればよいのである（→「旧契約と新契約」の項 p.2363）。

士師記

概　　要
- Ｉ．ヨシュアの後、さばきつかさまでのカナンの地の情況(1:1-3:6)
    - Ａ．不従順－カナンの地を完全に征服できないイスラエル(1:1-2:5)
    - Ｂ．背信－イスラエルの反抗と神の応答(2:6-3:6)
- II．イスラエルへの外国の圧力と解放者であるさばきつかさの歴史(3:7-16:31)
    - Ａ．メソポタミア人の圧力－オテニエルの指導力と救済(3:7-11)
    - Ｂ．モアブ人の圧力－エフデの解放(3:12-30)
    - Ｃ．ペリシテ人の圧力－シャムガルの指導力と救済(3:31)
    - Ｄ．カナン人の圧力－デボラとバラクの指導力と救済(4:1-5:31)
    - Ｅ．ミデヤン人の圧力－ギデオンの指導力と救済(6:1-8:35)
    - Ｆ．アビメレク、トラ、ヤイルのもとでの苦難の時代(9:1-10:5)
    - Ｇ．アモン人の圧力－エフタの指導力と救済(10:6-12:7)
    - Ｈ．イブツァン、エロン、アブドン(12:8-15)
    - Ｉ．ペリシテ人の圧力－サムソンの生涯(13:1-16:31)
        1. サムソンの誕生と召命(13:1-25)
        2. サムソンと不信者との結婚(14:1-20)
        3. サムソンの仕返し(15:1-20)
        4. サムソンの失敗と回復(16:1-31)
- III．イスラエルの霊的、道徳的、社会的混乱の情況(17:1-21:25)
    - Ａ．偶像礼拝(17:1-18:31)
        1. 個人的な偶像礼拝(17:1-13)
        2. 部族としての偶像礼拝(18:1-31)
    - Ｂ．不道徳(19:1-30)
        1. 個人的な不道徳(19:1-9)
        2. 部族としての不道徳(19:10-30)
    - Ｃ．部族の衝突(20:1-21:25)

著　　者：不明

主　　題：反抗と救済

著作の年代：紀元前1050－1000年

著作の背景

　士師記はイスラエルが約束の地を獲得してから王を持つようになるまでの間をつなぐ重要な歴史である。さばきつかさ(士師)の時代は前1375－1050年頃である。この時期のイスラエルは部族の連合体だった。この書物の題名はこの時期にイスラエル人を導き救うために神が用いられた人々からとられている。イスラエルは神に反抗し、その結果、近隣の民族の圧力を受けて苦しんだ。人々が神に向かって叫ぶと神は人々を救うためにさばきつかさを送られた。さばきつかさ(この書物には13人(組)記録されている)は様々な部族の出身で、軍事的指導者または統治者(公の裁判官や論争の裁定者)として活動した。さばきつかさの指導は普通は少数の部族や狭い地域に限定されていたけれども、あるさばきつかさはイスラエルの領土全体で活動した。サムエルは一般にイスラエルの最後のさばきつかさで最初の預言者とされているけれども、この書物には含まれていない。

　この書物を書いたのはだれか明らかではない。書物の内容からは次のように推測される。
　(1) エリとサムエルの時代に契約の箱がシロから取去られた後に書かれた(18:31, 20:27, ⇒ Iサム4:3-

11)。
　(2) 著者はさばきつかさの時代を指して、「そのころ、イスラエルには王がなく」とたびたび書いている(17：6，18：1，19：1，21：25)。これによって、この書物が書かれたときには既にイスラエルに王制(王の時代)が存在していたことがわかる。
　(3) エルサレムをエブス人からまだ奪い取っていなかった(1：21，⇒Ⅱサム5：7)。以上の三つの手がかりから、この書物はサウル王の治世の始め(前1050頃)以降、ダビデ王がエルサレムを攻め取る(前1000頃)以前に書かれたことがわかる。ユダヤのタルムード(ユダヤ教の基盤を形成するユダヤ文書を集めたもの)はこの書物の起源をサムエルと結び付けている。サムエルがこの書物を書くか、編集した可能性は高い。けれどもこれだけは確かである。この書物はイスラエルとの神の契約(2：1-5，契約は神の律法と約束、そして神に対する人々の忠実さと服従に基づいた神とイスラエルとの「終生協定」)という視点からさばきつかさの時代を記録し評価している。モーセは、もし契約の条件に違反するなら、イスラエルは神ののろいとして、諸外国の圧力を受けたり、敵に仕えたりするようになると預言していた(申28：25，33，48)。士師記はこの預言が歴史的に現実となったことを示している。

目　　的

　歴史的には、士師記はヨシュアの死からサムエルの時代までの、約束の地でのイスラエルの主な歴史資料を提供している。神学的には、イスラエルが約束の地に定住してからの各部族の霊的、道徳的衰退を明らかにしている。またイスラエルがまことの神との契約を忘れたときに必ず襲いかかる悲劇的な結果を明らかに示している。神を忘れるなら、にせの神々に従い反抗と不道徳な生活に陥るのである(→「**偶像礼拝**」の項 p.468)。

概　　観

　士師記は基本的に三つの部分に分かれる。
　(1) 第一部(1：1-3：6)は、イスラエルがカナンの地を征服し、その地から不信仰を完全に取除くのに失敗したことを記録している(→「**カナンの地征服**」の地図 p.384)。その結果イスラエルはヨシュアの死後、道徳的にも霊的にも衰退していった。
　(2) 第二部(3：7-16：31)は、この書物の本体である。ここには反抗、外国の圧力、助けを求める神への叫び、神の御霊の力を与えられた指導者による神の救いという、イスラエルで繰返された循環が6回記録されている。13人(組)のさばきつかさ(全部この部分に登場する)のうち最も有名なのはデボラとバラク(協力者)、ギデオン、エフタ、サムソンである(⇒ヘブ11：32)。
　(3) 第三部(17：1-21：25)は、イスラエルが霊的に反抗した結果起きた道徳的、社会的堕落の深刻さを示す詳しい物語で閉じられている。人間は歴史から学ぶことが遅く、同じ過ちを容易に繰返すことを士師記は私たちに警告している。

特　　徴

　士師記には六つの特徴が見られる。
　(1) パレスチナ地方の征服から王制(王の時代)の始めまでのイスラエルの暗黒時代の出来事を記録している。
　(2) 単純ではあるけれども重要な三つの真理を描いている。
　　(a) 神の民であるということは、神を王としてまた主(自分の生涯の絶対的な権威、導き手)として受入れることである。
　　(b) 罪は必ず神の民に破滅をもたらす。
　　(c) 神の民がへりくだり、祈り、悪い道から立返るとき、神は応答してその人との関係を回復してくださる。さらに神はその地に正義を確立してくださる(⇒Ⅱ歴7：14)。
　(3) イスラエルが神の王権のもとで選ばれた民であるという立場を忘れたときには、必ず霊的暗黒、道徳的衰退、社会的不安を周期的に繰返すことになる。聖書はこれを「めいめいが自分の目に正しいと見えることを行っていた」と表現している(21：25，⇒17：6)。
　(4) 神の民の歴史には、古い契約と新しい契約(キリストの前の時代とあとの時代)の両方でいくつかのパターンの繰返しが見られる。
　　(a) 神の民は心を尽して神を愛し従わないなら、霊的にかたくなになり、鈍くなり、神に対して反抗的になる。

(b)　神は非常に忍耐強い。神の民が罪の道から離れて神に助けを求めるときに、神はあわれみをもって応えてくださる。神はひとりひとりを御霊によって召して導き、罪による抑圧から救ってくださる。

　(c)　御霊に導かれた指導者たちでも神との近しい関係を保たないなら危険に直面する。自分自身のプライドに頼り始めた人は堕落する。そのような人は民にとっても祝福にはならなくなる。

　(5)　反抗、圧力、苦悩と解放という循環は6回とも「イスラエル人は主の目の前に悪を行い」という同じことばで紹介されている(2:11, 3:7など)。

　(6)　神はイスラエル人の罪を罰するために、さらに邪悪な諸外国を用いられた。神は人々があわれみと助けと霊的復興を求めて立返ることを望まれたのである。イスラエルが周囲を取囲む悪によって完全に征服され、とりこにならないようにするには、神の介入だけが唯一の道だった。

新約聖書での成就

　士師記は、神がある人を力強く用いて目的を達成なさるとき、その人の力は明らかに神の御霊から与えられたものだという不変の霊的原則を示している(3:10, ⇒6:34, 11:29, 14:6, 19, 15:14)。主イエスが公生涯の初めにバプテスマを受けられたとき神の御霊が下られた(マタ3:16, ルカ3:21-22)。また地上を離れて父のもとに帰る前に、主イエスは弟子たちに父が約束された賜物を待つように教えられた。その賜物は聖霊だった(使1:4-5)。御霊の目的は神の民に力を与えて神の目的を成し遂げ、神のメッセージをほかの人々に伝えるようにさせることである(使1:8, ⇒4:33, →「**聖霊の教理**」の項 p.1970)。古い契約と新しい契約(キリスト以前の時代でも以後の時代でも神が人間との関係を持つ手段)のどちらのもとでも、悪に勝利し目的を前進させる神の方法は聖霊の導きと強さと力である。御霊は神の目的のために献身した人々を通して働いてくださる。

士師記の通読

　旧約聖書全体を1年間で通読するためには、士師記を次のスケジュールに従って10日間で読まなければならない。
☐1-2 ☐3-4 ☐5-6 ☐7-8 ☐9 ☐10-11 ☐12-13 ☐14-16 ☐17-18 ☐19-21

メ　モ

士師記 1章

イスラエルは残りのカナン人と戦う
1:11-15　並行記事―ヨシ15:15-19

1 ¹ さて、ヨシュアの死後、イスラエル人は主に伺って言った。「だれが私たちのために最初に上って行って、カナン人と戦わなければならないでしょうか。」

² すると、主は仰せられた。「ユダが上って行かなければならない。見よ。わたしは、その地を彼の手に渡した。」

³ そこで、ユダは自分の兄弟シメオンに言った。「私に割り当てられた地に私といっしょに上ってください。カナン人と戦うのです。私も、あなたに割り当てられた地にあなたといっしょに行きます。」そこでシメオンは彼といっしょに行った。

⁴ ユダが上って行ったとき、主はカナン人とペリジ人を彼らの手に渡されたので、彼らはベゼクで一万人を打った。

⁵ 彼らはベゼクでアドニ・ベゼクに出会ったとき、彼と戦ってカナン人とペリジ人を打った。

⁶ ところが、アドニ・ベゼクが逃げたので、彼らはあとを追って彼を捕らえ、その手足の親指を切り取った。

⁷ すると、アドニ・ベゼクは言った。「私の食卓の下で、手足の親指を切り取られた七十人の王たちが、パンくずを集めていたものだ。神は私がしたとおりのことを、私に報いられた。」それから、彼らはアドニ・ベゼクをエルサレムに連れて行ったが、彼はそこで死んだ。

⁸ また、ユダ族はエルサレムを攻めて、これを取り、剣の刃でこれを打ち破り、町に火をつけた。

⁹ その後、ユダ族は山地やネゲブや低地に住んでいるカナン人と戦うために下って行った。

¹⁰ ユダはヘブロンに住んでいるカナン人を攻めた。ヘブロンの名は以前はキルヤテ・アルバであった。彼らはシェシャイとアヒマンとタルマイを打ち破った。

¹¹ ユダはそこから進んでデビルの住民を攻めた。デビルの名は以前はキルヤテ・セフェルであった。

¹² そのときカレブは言った。「キルヤテ・セフェルを打って、これを取る者には、私の娘アクサを妻として与えよう。」

¹³ ケナズの子で、カレブの弟オテニエルがそれを取ったので、カレブは娘アクサを彼に妻として与えた。

¹⁴ 彼女がとつぐとき、オテニエルは彼女をそそのかして、畑を父に求めることにした。彼女がろばから降りたので、カレブは彼女に、「何がほしいのか」と尋ねた。

¹⁵ アクサは彼に言った。「どうか私に祝いの品を下さい。あなたはネゲブの地に私を送るのですから、水の泉を私に下さい。」そこでカレブは、上の泉と下の泉とを彼女に与えた。

¹⁶ モーセの義兄弟であるケニ人の子孫は、ユダ族といっしょに、なつめやしの町からアラデの南にあるユダの荒野に上って行って、民とともに住んだ。

¹⁷ ユダは兄弟シメオンといっしょに行って、ツェファテに住んでいたカナン人を打ち、それを聖絶し、その町にホルマという名をつけた。

¹⁸ ついで、ユダはガザとその地域、アシュケロンとその地域、エクロンとその地域を攻め取った。

¹⁹ 主がユダとともにおられたので、ユダは山地を占領した。しかし、谷の住民は鉄の戦車を持っていたので、ユダは彼らを追い払わなかった。

²⁰ 彼らはモーセが約束したとおり、ヘブロ

1:1 ヨシュアの死後　士師記にはサウルが油注ぎを受け、聖霊の力に導かれて王になるまでの前1375年から前1050年頃の出来事が記録されている。この書物には13人(組)のさばきつかさ・士師(紛争のときに軍事的指導者、社会的な決断をする人として神が用いられた人)が登場する。それはオテニエル(3:7-11)、エフデ(3:12-30)、シャムガル(3:31)、デボラとバラク(4:1-5:31)、ギデオン(6:1-8:35)、アビメレク(9:1-56)、トラ(10:1-2)、ヤイル(10:3-5)、エフタ(10:6-12:7)、イブツァン(12:8-10)、エロン(12:11-12)、アブドン(12:13-15)、サムソン(13:1-16:31)である。さばきつかさが治めていたのは狭い地域に限られていたけれども、何人かの指導権はイスラエルの全部族に及んでいた。あるさばきつかさの働きは前のさばきつかさがまだ治めている間に始められたので、働きの期間が重なっている例もある(⇒3:30-4:1)。

1:6 親指を切り取った　これは王が再び戦いを始めないように行われた。

ンをカレブに与えたので、カレブはその所からアナクの三人の息子を追い払った。
²¹ベニヤミン族はエルサレムに住んでいたエブス人を追い払わなかったので、エブス人は今日までベニヤミン族といっしょにエルサレムに住んでいる。
²²ヨセフの一族もまた、ベテルに上って行った。主は彼らとともにおられた。
²³ヨセフの一族はベテルを探った。この町の名は以前はルズであった。
²⁴見張りの者は、ひとりの人がその町から出て来るのを見て、その者に言った。「この町の出入口を教えてくれないか。私たちは、あなたにまことを尽くすから。」
²⁵彼が町の出入口を教えたので、彼らは剣の刃でこの町を打った。しかし、その者とその氏族の者全部は自由にしてやった。
²⁶そこで、その者はヘテ人の地に行って、一つの町を建て、その名をルズと呼んだ。これが今日までその名である。
²⁷マナセはベテ・シェアンとそれに属する村落、タナクとそれに属する村落、ドルの住民とそれに属する村落、イブレアムの住民とそれに属する村落、メギドの住民とそれに属する村落は占領しなかった。それで、カナン人はその土地に住みとおした。
²⁸イスラエルは、強くなってから、カナン人を苦役に服させたが、彼らを追い払ってしまうことはなかった。
²⁹エフライムはゲゼルの住民カナン人を追い払わなかった。それで、カナン人はゲゼルで彼らの中に住んだ。
³⁰ゼブルンはキテロンの住民とナハラルの住民を追い払わなかった。それで、カナ

20①民14:24, 申1:36, ヨシ14:13, 15:13, 14
②民13:22, ヨシ15:14, 申2:10
21①ヨシ15:63, Ⅱサム5:6, Ⅰ歴11:4, 詩106:34, 士1:8
22①創12:8, 13:3, 28:19, 31:13, ヨシ7:2, 12:16
②士1:19
23①ヨシ2:1, 7:2, 士18:2
②創28:19
25①ヨシ6:23, 25
27①ヨシ12:21
 *Ⅰ歴6:70「バラム」
①士1:1
④士1:35, ヨシ17:12
28①士1:17
③士1:30, 33, 35, 申20:11, Ⅰ列11:28
29①ヨシ16:10
②ヨシ10:33, 12:12, Ⅰ列9:16
30①ヨシ19:10-16
 *ヨシ19:15「カタテ」
②ヨシ21:35
 **ヨシ19:15による
②「ナハロル」

31①ヨシ19:24-31
 *「アフラブ」
 **「アフィク」
32①ヨシ19:32, 33
②ヨシ19:38
③士1:32
34①ヨシ19:47
35①士1:27
②ヨシ19:42, 21:24
③Ⅰ列4:9
36①民34:4, ヨシ15:3

1①士2:4, 5:23, 6:11, 12, 21, 22, ヨシ3:13, 15-18, 20, 21, Ⅱサム24:16, Ⅰ列19:7,
Ⅱ列1:3, 15, 19:35, Ⅰ歴21:12, 15, 16, 18, 30, →創16:7
②士2:5
③出20:2
④創17:7, 8, レビ26:42, 44, 申7:9
2①出23:32, 申7:2-5
②申34:12, 13, 申12:3
③申33:55, ヨシ23:13

ン人は彼らの中に住み、苦役に服した。
³¹アシェルはアコの住民や、シドンの住民や、またマハレブ、アクジブ、ヘルバ、アフェク、レホブの住民を追い払わなかった。
³²そして、アシェル人は、その土地に住むカナン人の中に住みついた。彼らを追い払わなかったからである。
³³ナフタリはベテ・シェメシュの住民やベテ・アナテの住民を追い払わなかった。そして、その土地に住むカナン人の中に住みついた。しかし、ベテ・シェメシュとベテ・アナテの住民は、彼らのために苦役に服した。
³⁴エモリ人はダン族を山地のほうに圧迫した。エモリ人は、彼らの谷に降りて来ることを許さなかった。
³⁵こうして、エモリ人はハル・ヘレスと、アヤロンと、シャアルビムに住みとおした。しかし、ヨセフの一族が勢力を得るようになると、彼らは苦役に服した。
³⁶エモリ人の国境はアクラビムの坂から、セラを経て、上のほうに及んだ。

ボキムでの主の使い

2¹さて、主の使いがギルガルからボキムに上って来て言った。「わたしはあなたがたをエジプトから上らせて、あなたがたの先祖に誓った地に連れて来て言った。『わたしはあなたがたとの契約を決して破らない。²あなたがたはこの地の住民と契約を結んではならない。彼らの祭壇を取りこわさなければならない。』ところが、あなたがたはわたしの声に聞き従わなかった。なぜこのようなことをしたのか。
³それゆえわたしは言う。『わたしはあなた

1:28 彼らを追い払ってしまうことはなかった イスラエルはヨシュアの指導のもとで、神に従わない多くのカナン人を滅ぼした(→**カナンの地征服**」の地図 p.384)。けれどもヨシュアの死後、カナン人は多くその土地に残っていた(1:1, 28-30, 32-33, 35)。神はイスラエルに対して、不道徳で性的に乱れた宗教を持つカナン人を完全に滅ぼし尽すように命じておられた(申7:2-4, →**カナン人の滅亡**」の項 p.373)。けれどもイスラエルは神の命令に従わないで、次第にカナン人の慣習を受入れてそれに加わるようになっていった。このことがイスラエルに荒廃と敗北をもたらすことになった。

2:1 【主】の使い 主の使いはカナン人を滅ぼすことに失敗したイスラエルに不満と警告を込めて厳しく伝えた(→出3:2注, →「**御使いたちと主の使い**」の項 p.405)。
2:2 住民と契約を結んではならない イスラエルの民が敵を完全に追出すのを神は助けようとされなかった(2:3)。その主な理由はイスラエルが聖さ(道徳的な清さ、霊的健全性、神の目的に献身すること)を保てなかったことと、神を敬わない周囲の人々の悪い慣習から分離しなかったからである(⇒申7:2, 5, 16, 12:3, 30:16)。
2:3 それゆえ・・・わたしはあなたがたの前から彼らを追い出さない もし神の命令に従わず、神に対す

士師記

御使いたちと主の使い

さて、【主】の使いがギルガルからボキムに上って来て言った。「わたしはあなたがたをエジプトから上らせて、あなたがたの先祖に誓った地に連れて来て言った。『わたしはあなたがたとの契約を決して破らない。・・・』」（士師記2:1）

聖書には御使いについて多く書いてあるけれども、ここでは御使いについて聖書が教えていることを手短に説明する。

御使い

「御使い」《ヘ》マラーク、《ギ》アンゲロスは「使者（メッセンジャー）」を意味している。御使いたちは神の使者であり、しもべであり（ヘブ1:13-14）、天地が造られる前に神によって創造された（ヨブ38:4-7, 詩148:2, 5, コロ1:16）。

（1）聖書には良い御使いと悪い御使いの両方が出てくる。けれどももともと御使いはみな良い、聖いもの、神の目的に仕えるものとして創造された（創1:31）。ところが選択の自由を持っていたために数多くの御使いが神に対するサタンの反抗に加担してしまった（エゼ28:12-17, Ⅱペテ2:4, ユダ1:6, 黙12:9, →マタ4:10注）。神のしもべとしての特権を拒んだその御使いたちは天での役割と地位を失った。新約聖書に出てくる悪霊はこの堕落した御使いと同類である（マタ25:41, →ユダ1:6注, →「サタンと悪霊に勝利する力」の項 p.1726）。

（2）聖書は軍勢、つまり非常に多くの御使いが存在すると言っているけれども（Ⅰ列22:19, 詩68:17, 148:2, ダニ7:9-10, 黙5:11）、名前が記録されているのは「ミカエル」（ダニ12:1, ユダ1:9, 黙12:7）と「ガブリエル」（ダニ9:21, ルカ1:19, 26）だけである。また聖書は、神に仕えてその役割を果す大軍の御使いたちには区分や階級があることを示している。たとえば、ミカエルは御使いのかしら（「主な御使い」, ユダ1:9, ⇒Ⅰテサ4:16）と呼ばれている。「セラフィム」（イザ6:2）や「ケルビム」（エゼ10:1-3）、ある地域や物事に権威や支配力を持つ御使い（エペ3:10, コロ1:16）、また、みこころのままに神に仕える無数の御使いの霊（ヘブ1:13-14, 黙5:11）なども存在する。

（3）霊的存在である良い御使いは神を賛美し（ヘブ1:6, 黙5:11, 7:11）、みこころを行い（民22:22, 詩103:20）、自由に神の前に出ることができ（マタ18:10）、キリストに服従し（Ⅰペテ3:22）、ある意味で人間に勝り（ヘブ2:6-7）、天に住んでいる（マコ13:32, ガラ1:8）。結婚することなく（マタ22:30）、死ぬこともないけれども（ルカ20:34-36）、礼拝をされてはならない（コロ2:18, 黙19:9-10）。また人間の姿で（普通には若者として）現れることができる（⇒創18:2, 16, 19:1, ヘブ13:2）。

（4）御使いたちは神の命令を受けて地上で多くの活動を行う。神の律法をモーセに啓示する際に独自の役割を果した（使7:38, ⇒ガラ3:19, ヘブ2:2）。けれどもその最高の働きは人々を神との関係に回復するキリストの使命に奉仕することである（→マタ1:20-24, 2:13, 28:2, ルカ1:-2：, 使1:10, 黙14:6-7）。また、神の民のために奉仕し（ダニ3:25, 6:22, マタ18:10, ヘブ1:14）、教会の中でのキリスト者の生活を見守り（Ⅰコリ11:10, エペ3:10, Ⅰテモ5:21）。神からのメッセージを伝え（ゼカ1:14-17, 使10:1-8, 27:23-24）、祈りの応えをもたらし（ダニ9:21-23, 使10:4）、時には個人的に預言的夢や幻を解くのを助ける（ダニ7:15-16）。さらに、困難に直面している神の民を強め支援し（マタ4:11, ルカ22:43）、神を敬い悪を憎む人々を守り（詩34:7, 91:11, ダニ6:22, 使12:7-10）、神の敵を罰する（Ⅱ列19:35, 使12:23, 黙14:17-16:21）。聖書には御使いが悪霊の勢力と戦い（黙12:7-9）、罪びとが一人でも神に立返るなら喜び（ルカ15:10）、神を信じる人々を死後、天国に連れて行くこと（ルカ16:22）が書いてある。

（5）終末の出来事の期間中、ミカエルと良い御使いたち対サタンと悪霊の戦いがさらに激しくなる（黙

12：7-9)。御使いたちはキリストの再臨のときにはキリストとともに来て(マタ24：30-31)、全人類のさばきに同席する(ルカ12：8-9)と聖書は言っている。

【主】の使い

これはときどき「神の使い」と言われているけれども、旧約聖書にも新約聖書にも現れる特異な御使いである。

(1) 最初に記録されているのは、荒野の中でハガルに現れたときである(創16：7)。そのほかには、アブラハム(創22：11, 15)、ヤコブ(創31：11-13)、モーセ(出3：2)、エジプトの奴隷状態から脱出するときの全イスラエル(出14：19)、さらに後にはボキムで(士2：1, 4)、バラム(民22：22-36)、ヨシュア(→ヨシ5：13-15, ここでは「主の軍の将」が「主の使い」と思われる)、ギデオン(士6：11)、ダビデ(Ⅰ歴21：16)、エリヤ(Ⅱ列1：3-4)、ダニエル(ダニ6：22)、ヨセフ(マタ1：20, 2：13)などに現れている。

(2) 主の使いは一般の御使いたちの役割に似たいくつかの役割を果している。あるときは主からのメッセージを主の民に伝えるだけだった(創22：15-18, 31：11-13, マタ1：20)。別のときには神の民の必要を供給するために(Ⅰ列19：5-7)、危険から守るために(出14：19, 23：20, ダニ6：22)、敵を滅ぼすために(出23：23, Ⅱ列19：34-35, ⇒イザ63：9)送られた。神の民が激しく反抗するときには滅ぼすために主の使いが送られた(Ⅱサム24：16-17)。

(3) この主の使いが人々に話しかける話し方から、これはだれなのかが今日まで議論されてきた。次のことに注意してもらいたい。

(a) 士師記2章1節で主の使いは、「わたしはあなたがたをエジプトから上らせて、あなたがたの先祖に誓った地に連れて来て言った。『わたしはあなたがたとの契約を決して破らない・・・』と言っている。同じ事件を記録しているほかの聖句と比較してみると、これらのことは神ご自身がなされたことだった。アブラハムとイサクとヤコブに対して子孫がカナンの地を相続する(創13：14-17, 17：8, 26：2-4, 28：13)、そしてこの契約(終生協定)は永遠のものである(創17：7)と約束したのは神だった。イスラエル人をエジプトから連れ出し(出20：1-2)、約束の地へ導いた(ヨシ1：1-2)のも神だった。

(b) 主の使いがヨシュアの前に現れたとき、ヨシュアはひれ伏して拝んだ(ヨシ5：14)。このような反応から、多くの人はこの御使いは主である神ご自身が目に見える姿で現れたのだと信じるようになった。そうでなければほかの場合と同じように、その御使いはヨシュアに拝んではいけないと教えたはずである(⇒黙19：10, 22：8-9)。

(c) もっと明らかなことは、主の使いが燃える柴の中でモーセに現れたとき、「わたしは、あなたの父の神、アブラハムの神、イサクの神、ヤコブの神である」(出3：6, →創16：7注, 出3：2注)と言っていることである。

(4) 主の使いが神のように振舞い、また人間の姿で現れているので、これは処女降誕によって人間としてこの世界に来られる前のイエス・キリスト、三位一体の第二格である永遠のキリスト(三位一体の説明 →マコ1：11注, 「神の属性」の項 p.1016)ではないかとある人々は考えている。

がたの前から彼らを追い出さない。彼らはあなたがたの敵となり、彼らの神々はあなたがたにとってわなとなる。』」
4 主の使いがこれらのことばをイスラエル人全体に語ったとき、民は声をあげて泣いた。
5 それで、その場所の名を*ボキムと呼んだ。彼らはその場所で主にいけにえをささげた。

不服従と敗北
2:6-9　並行記事－ヨシ24:29-31

6 ヨシュアが民を送り出したので、イスラエル人はそれぞれ地を自分の相続地として占領するために出て行った。
7 民は、ヨシュアの生きている間、また、ヨシュアのあとまで生き残って主がイスラエルに行われたすべての大きなわざを見た長老たちの生きている間、主に仕えた。
8 主のしもべ、ヌンの子ヨシュアは百十歳で死んだ。
9 人々は彼を、エフライムの山地、ガアシュ山の北にある彼の相続の地境ティムナテ・ヘレスに葬った。
10 その同世代の者もみな、その先祖のもとに集められたが、彼らのあとに、主を知らず、また、主がイスラエルのためにされたわざも知らないほかの世代が起こった。
11 それで、イスラエル人は主の目の前に悪を行い、バアルに仕えた。
12 彼らは、エジプトの地から自分たちを連れ出した父祖の神、主を捨てて、ほかの神々、彼らの回りにいる国々の民の神々に従い、それらを拝み、主を怒らせた。
13 彼らが主を捨てて、バアルとアシュタロテに仕えたので、
14 主の怒りがイスラエルに向かって燃え上がり、主は彼らを略奪者の手に渡して、略奪させた。主は回りの敵の手に彼らを売り渡した。それで、彼らはもはや、敵の前に立ち向かうことができなかった。
15 彼らがどこへ出て行っても、主の手が彼らにわざわいをもたらした。主が告げ、主が彼らに誓われたとおりであった。それで、彼らは非常に苦しんだ。
16 そのとき、主はさばきつかさを起こして、彼らを略奪する者の手から救われた。
17 ところが、彼らはそのさばきつかさにも聞き従わず、ほかの神々を慕って淫行を行い、それを拝み、彼らの先祖たちが主の命令に

3:①士3:6　②出23:33, 34:12, 申7:16, 詩106:36
4①ヨシ2:1
5*「泣く」意の語根「バカ」の派生語
6①出24:28-31　②士2:9, 18:1, 20:6, 21:23, 24, ルツ4:5, 6, 10, →ヨシ11:23
7①ヨシ24:31
8①ヨシ24:29
9*ヨシ19:50, 24:30「ティムナテ・セラフ」
10①出5:2, Ⅰ サム28:9, エレ9:3, 22:16, ガラ4:8, Ⅱテサ1:8, テト1:16
11①士3:7, 12, 4:1, 6:1, 10:6, 13:1,
→Ⅰ サム15:19,
→Ⅰ 列11:6,
→Ⅱ 列3:2,
→Ⅱ 歴21:6,
→イザ65:12,
→エレ32:30
②士6:25, 8:33, 10:6, 詩106:36
12①申31:16
②申6:14
14①士3:8, 申31:17, 詩106:40-42
②士4:2, Ⅱ列17:20, 詩141:2, イザ50:1
③レビ26:37, ヨシ7:12, 13
15①レビ26:21, 申28:59, 61
16①士3:9, 10, 15, 詩106:44-46, 使13:20
17①出34:15, 16, レビ17:7

る献身を保たないなら、私たちの人生から神の超自然的な助けや力、守りを失うことになる。そして困難やその他、罪を取入れてしまった結果を味わうことになる。したがって私たちが受ける苦しみはある種のさばきかもしれない。けれどもそれはまた、神を信頼するように私たちを立返らせるための手段でもある。

2:10 ほかの世代が起こった　約束を受けた世代が全部死に絶えたあと、イスラエルには霊的な反抗と衰退と刷新という悪循環が始まっていた。既に若い世代は神を忘れていた。ほとんどの人はイスラエルのために神がしてくださったことに全く気付いていなかった。イスラエルの歩みには次のような型が見られる。(1) 新しい世代が主との個人的な関係からさまよい出る(2:10)。(2) 結果として周辺民族の文化の生活様式や価値観を受入れ、最後には神に反抗する(2:11-13)。(3) 神は敵の圧力と苦役によって苦しむことを許しイスラエルをさばかれる(2:14-15)。(4) イスラエル人は悲惨な情況からついに神に泣き叫び、勝手な道を歩んだことを悔い改めて神に立返る(2:15, 18)。(5) 神は御霊によって力を与えられた指導者を立ててイスラエルの民を救い、神との正しい関係へと回復される(2:16, 18)。

2:13 バアルとアシュタロテ　カナン人が礼拝していた中心的な神バアルは豊穣と雨と農作物の神だった。バアル礼拝では祭儀的な売春と子どもをいけにえにしてささげることが行われていたけれども、それは神に対する恐ろしい罪だった。イスラエルの預言者は人々がバアル礼拝と関係を持つことを繰返し非難していた(Ⅰ列17:-18:, 22:17-27, Ⅱ列1:, 13:, 17:, エレ10:12-16, 14:22, ホセ2:8, 16-17)。アシュタロテはカナンの戦争と豊穣の女神で大小様々な像に刻まれていた。アシュタロテはバアルの女性版だった。

2:16 【主】はさばきつかさを起こして　さばきつかさはイスラエルが霊的、社会的、道徳的に衰退していた時期に、部族の指導者や軍事的指導者として活躍した。神はそれぞれに聖霊の力による油注ぎを行って整えられた。これらの指導者はイスラエルが邪悪な振舞を深く後悔し、神に助けを求めて叫んだときに起こされた。この神の助けによってイスラエルは敵に勝利したのである。さばきつかさたちはすばらしい統率力を持っていて、聖霊の力によって偉大な勝利を獲得した(2:18, 6:11-16, 13:24-25, 14:6)。

2:17 彼らの先祖たちが・・・従って歩んだ道から・・・それて　イスラエルが急速に霊的に衰えた原

士師記 2-3章

聞き従って歩んだ道から、またたくまにそれて、先祖たちのようには行わなかった。
¹⁸主が彼らのためにさばきつかさを起こされる場合は、主はさばきつかさとともにおられ、そのさばきつかさの生きている間は、敵の手から彼らを救われた。これは、圧迫し、苦しめる者のために彼らがうめいたので、主があわれまれたからである。
¹⁹しかし、さばきつかさが死ぬと、彼らはいつも逆戻りして、先祖たちよりも、いっそう堕落して、ほかの神々に従い、それに仕え、それを拝んだ。彼らはその行いや、頑迷な生き方を捨てなかった。
²⁰それで、主の怒りがイスラエルに向かって燃え上がった。主は仰せられた。「この民は、わたしが彼らの先祖たちに命じたわたしの契約を破り、わたしの声に聞き従わなかったから、
²¹わたしもまた、ヨシュアが死んだとき残していた国民を、彼らの前から一つも追い払わない。

¹⁸①申32:36, 詩106:45,46
¹⁹①士2:11
²⁰①士2:14, ヨシ23:16
²¹①ヨシ23:4, 5, 13

²²①士3:1, 4, 申8:2, 16, 13:3
¹①士1:1, 2:21, 22
³①ヨシ13:3
＊→ヨシ13:5
²ヨシ9:3, 7, 11:19
⁴①士2:22

²²彼らの先祖たちが主の道を守って歩んだように、彼らもそれを守って歩むかどうか、これらの国民によってイスラエルを試みるためである。」
²³こうして、主はこれらの国民をただちに追い出さないで、残しておき、ヨシュアの手に渡されなかったのである。

3 ¹カナンでの戦いを少しも知らないすべてのイスラエルを試みるために、主が残しておかれた国民は次のとおり。
²——これはただイスラエルの次の世代の者、これまで戦いを知らない者たちに、戦いを教え、知らせるためである——
³すなわち、ペリシテ人の五人の領主と、すべてのカナン人と、シドン人と、バアル・ヘルモン山からレボ・ハマテまでのレバノン山に住んでいたヒビ人とであった。
⁴これは、主がモーセを通して先祖たちに命じた命令に、イスラエルが聞き従うかどうか、これらの者によってイスラエルを試み、そして知るためであった。

因を理解するかぎが2:10-17に見られる。

（1）さばきつかさの時代に、新しい世代は神に仕えた前の世代の人々の献身と教えを拒み軽んじていた。そして神との契約関係を放棄し（2:10）、悪に走った（2:11-13）。また出エジプトをした人々に与えられた律法と規準に疑問を持ち始めた（2:17）。

（2）神のことばに従わないで（2:2, 17）、自分たちの欲求に従って生活をしていた（⇒17:6, 21:25）。

（3）カナン人の邪悪な文化から分離できなかった（2:11-13, 1:28）。反対に、毎日周辺で目にする物質的な富と快楽を慕い求めた（2:12-13, 1:27-28, 30, 33,→「偶像礼拝」の項 p.468）。さらに異民族のカナン人との結婚をし（3:5-6）、間もなくその神であるバアルとアシュタロテを礼拝するようになった（2:13）。そして生活様式は神に従わないカナン人社会のものとほとんど変らないものになっていった。

（4）この歴史はアダムとエバが最初に罪を犯したとき以来、人間の性質がたどってきた下降線をよく表している。個人としてもグループとしても、信仰者の霊的生活は、神との関係を刷新し続けない限り衰退に向かっていく。霊的刷新には、悔い改め（罪から離れて神に向きを変えること）と祈りと再献身が必要である（⇒Ⅱ歴7:14, イザ57:15, マタ5:6, ユダ1:20）。

2:19 先祖たちよりも、いっそう堕落して この節はイスラエルの道徳的、霊的低下が緩やかに進んでいく道を示している。各世代が前の世代よりもさらに霊的に神から離れ反抗的になっている。同じように今日のキリスト者の子どもや孫たちは、親の世代と同じように神に献身しているだろうか、あるいは霊的な遺産を拒んで一般社会の生き方に同化していないだろうかと問い直さなければならない。

2:19 その行い・・・を捨てなかった 神の民の多くが神と神のことばに対して忠実でなかったことを、残念ながら聖書の歴史全体が繰返し示している。

（1）旧約聖書には神の民が何度も神の愛と基準、赦し、啓示を拒んだことが書かれている。アダム（創3:1-7）、アダムの子孫（創6:1-7）、ノアの子孫（創11:1-9）、イスラエルの民（出32:, 士1:-21:, Ⅰ列, Ⅱ列, 使7:34-53）などは不従順の例である。

（2）同じように終りのときには教会の中にいる多くの人がキリストを信じるまことの信仰と聖書にある啓示から離れると新約聖書は示している。その人々はほかの人々や哲学、神のことばに反する生き方などに従っていく（マタ24:10-12, 24, Ⅱテモ1:15, 4:1-4, 黙2:-3:）。

（3）聖書はまた、霊的衰退の時期でも神と神のことばに忠実な人々が必ずいると言っている。聖書に見られる忠実なしもべの例として次の人々が挙げられる。エノク（創5:21-24）、ノア（創6:9-12）、アブラハム（創12:-24:, 18:19）、ヨセフ（創37:-50:）、モーセ（出33:11-14, 申34:）、ヨシュアとカレブ（民14:1-10）、ル

士師記 3章

5 イスラエル人は、カナン人、ヘテ人、エモリ人、ペリジ人、ヒビ人、エブス人の間に住んで、6 彼らの娘たちを自分たちの妻にめとり、また自分たちの娘を彼らの息子たちに与え、彼らの神々に仕えた。

オテニエル

7 こうして、イスラエル人は、主の目の前に悪を行い、彼らの神、主を忘れて、バアルやアシェラに仕えた。8 それで、主の怒りがイスラエルに向かって燃え上がり、主は彼らをアラム・ナハライムの王クシャン・リシュアタイムの手に売り渡された。こうして、イスラエル人は、八年の間、クシャン・リシュアタイムに仕えた。9 イスラエル人が主に叫び求めたとき、主はイスラエル人のために、彼らを救うひとりの救助者、カレブの弟ケナズの子オテニエルを起こされた。10 主の霊が彼の上にあった。彼はイスラエルをさばき、戦いに出て行った。主はアラムの王クシャン・リシュアタイムを彼の手に渡された。それで彼の勢力はクシャン・リシュアタイムを押さえた。11 こうして、この国は四十年の間、穏やかであった。その後、ケナズの子オテニエルは死んだ。

エフデ

12 そうすると、イスラエル人はまた、主の目の前に悪を行った。彼らが主の目の前に悪を行ったので、主はモアブの王エグロンを強くして、イスラエルに逆らわせた。13 エグロンはアモン人とアマレク人を集め、イスラエルを攻めて打ち破り、彼らはなつめやしの町を占領した。14 それで、イスラエル人は十八年の間、モアブの王エグロンに仕えた。15 イスラエル人が主に叫び求めたとき、主は彼らのために、ひとりの救助者、ベニヤミン人ゲラの子で、左ききのエフデを起こされた。イスラエル人は、彼を通してモ

ツ(ルツ2:12)、サムエル(Ⅰサム2:26, 3:19)、エリヤ(Ⅰ列18:20-22, 19:9-18, ロマ11:2-5)、預言者たち(使7:52)、バプテスマのヨハネ(ルカ1:15-17)、シメオンとアンナ(ルカ2:25-38)、弟子たち(使5:27-42)、パウロ(Ⅱテモ4:6-8)。また黙示録2‐3章に書かれている「勝利を得る者」や黙示録14:1-5, 12の「傷のない者」とみなされている人々もいる。それは「その衣を小羊の血で洗って、白くした」あらゆる民族から集められた数え切れないほどの群集である(⇒黙7:9-17)。

3:6 彼らの娘たちを イスラエルは異民族との結婚(ヘブル文化や宗教に属さない人と結婚すること)によって次第にカナンの地の文化になじみ、比類ない神の民であるという自分たちの独自性を失っていった。イスラエルとの神の契約(律法と約束、忠実と服従に基づいた神とイスラエルとの「終生協定」)はこのような異民族との結婚を禁じていた(出34:15-16, 申7:3-4, ヨシ23:12-13)。士師記にはイスラエルの道徳的、霊的妥協がもたらした悲惨な結果が見られる。

3:7 イスラエル人は・・・悪を行い 士師記には背信(霊的な反抗と不信仰によって神から離れること)、苦役、神に泣き叫ぶこと、神による救い、そして再び神から離れるという悪循環を繰り返す中で、イスラエルが変わっていったことが記録されている(→2:10注)。この周期は次の基本的な真理を現している。

(1) 神の民の生まれつきの習慣や傾向はたとい霊的刷新や救いを体験したとしても霊的な衰退に向かっていく。敗北に向かうこの傾向を避ける唯一の手段は、強い信仰と心からの感謝を持ち続けることである。私たちもまた神とのさらに深い関係を築くためにあらゆる努力をしなければならない。そうするなら初めの愛とビジョンと純粋性を保ち続けることができる。

(2) 人間は前の世代の霊的衰退と悲惨な結果からなかなか学ぶことができないことを歴史は証明している。

(3) 反抗と不信仰は神の特性に逆らい、神のさばきを招く重大な問題である。神の民が神から与えられた基準を下げたり妥協したりするなら、神の祝福と導きと守りを失うことになる。

(4) 神はあわれみ深く、心から悔い改める(自分の罪を認め、自分勝手な道から離れて神の主権にゆだねて神に従うこと)人に対して応えてくださる。神に頼る人々は、神の助けによって新しいスタートを切ることがいつでも可能である(→「七つの教会へのキリストのメッセージ」の項 p.2478)。

3:10 【主】の霊が彼の上にあった イスラエルのさばきつかさたちは神の御霊によって超自然的な力を与えられていた(⇒ギデオン-6:34, エフタ-11:29, サムソン-13:25, 14:6, 19, 15:14)。そして話し方も行動も大胆なカリスマ的指導者になった。それは神とイスラエルのために特別な働きを行うように力と知恵を神から与えられたからである(→10:7注)。自分の力に

アブの王エグロンにみつぎものを送った。¹⁶エフデは長さ一キュビトの、一振りのもろ刃の剣を作り、それを着物の下の右ももの上の帯にはさんだ。¹⁷こうして、彼はモアブの王エグロンにみつぎものをささげた。エグロンは非常に太っていた。¹⁸みつぎものをささげ終わったとき、エフデはみつぎものを運んで来た者たちを帰らせ、¹⁹彼自身はギルガルのそばの石切り場から戻って来て言った。「王さま。私はあなたに秘密のお知らせがあります。」すると王は、「今、言うな」と言った。そこで、王のそばに立っていた者たちはみな、彼のところから出て行った。²⁰エフデは王のところへ行った。そのとき、王はひとりで涼しい屋上の部屋に座っていた。エフデが、「私にあなたへの神のお告げがあります」と言うと、王はその座から立ち上がった。²¹このとき、エフデは左手を伸ばして、右ももから剣を取り出し、王の腹を刺した。²²柄も刃も、共に入ってしまった。彼が剣を王の腹から抜かなかったので、脂肪が刃をふさいでしまった。エフデは窓から出て、²³廊下へ出て行き、王のいる屋上の部屋の戸を閉じ、かんぬきで締めた。²⁴彼が出て行くと、王のしもべたちがやって来た。そして見ると、屋上の部屋にかんぬきがかけられていたので、彼らは、「王はきっと涼み部屋で用をたしておられるのだろう」と思った。²⁵それで、しもべたちはいつまでも待っていたが、王が屋上の部屋の戸をいっこうにあけないので、かぎを取ってあけると、なんと、彼らの主人は床の上に倒れて死んでいた。²⁶エフデはしもべたちが手間取っている間にのがれて、石切り場の所を通り過ぎ、セイラにのがれた。

²⁷エフデは行って、エフライムの山地で角笛を吹き鳴らした。すると、イスラエル人は彼といっしょに山地から下って行き、彼はその先頭に立った。²⁸エフデは彼らに言った。「私を追って来なさい。主はあなたがたの敵モアブ人をあなたがたの手に渡された。」それで、彼らはエフデのあとについて下って行き、モアブへのヨルダン川の渡し場を攻め取って、ひとりも渡らせなかった。²⁹このとき彼らは約一万人のモアブ人を打った。彼らはみなたくましい、力ある者たちであったが、ひとりも助からなかった。³⁰このようにして、モアブはその日イスラエルによって征服され、この国は八十年の間、穏やかであった。

シャムガル

³¹エフデのあとにアナテの子シャムガルが起こり、牛の突き棒でペリシテ人六百人を打った。彼もまたイスラエルを救った。

デボラ

4 ¹その後、イスラエル人はまた、主の目の前に悪を行った。エフデは死んでいた。²それで、主はハツォルで治めていたカナンの王ヤビンの手に彼らを売り渡した。ヤビンの将軍はシセラで、彼はハロシェテ・ハゴイムに住んでいた。³彼は鉄の戦車九百両を持ち、そのうえ二十年の間、イスラエル人をひどく圧迫したので、イスラエル人は主に叫び求めた。

⁴そのころ、ラピドテの妻で女預言者デボラがイスラエルをさばいていた。⁵彼女はエフライムの山地のラマとベテルとの間にあるデボラのなつめやしの木の下にいつもすわっていたので、イスラエル人は彼女のところに上って来て、さばきを受けた。

---

15 ④→Ⅱサム8:2
16 *1キュビトは約44センチ
19 *ヨシ4:20
　*別訳「刻んだ像」
22 *あるいは「抜け穴」
24 *Ⅰサム24:3
25 *直訳「恥じるまで」

27 土7:24, 17:1, 19:1, ヨシ17:15
　②土6:34, 7:16, 18, 19
28 土7:9, 16, Ⅰサム17:47
　②土12:5, ヨシ2:7
30 土3:11
31 土5:6
　②Ⅰサム13:21
　③Ⅰサム4:1

1 ①→土2:11
2 ①ヨシ11:10, 19:36
　②ヨシ11:1
　③土2:14
　④Ⅰサム12:9, 詩83:9
　⑤土4:13, 16
3 ①土1:19
4 ①→Ⅱ列22:14

よってはだれもこれだけの働きはできない。

3:21　エフデは・・・剣を取り出し　エフデが行ったことは殺人ではなく、神からの直接の命令による戦闘行為だった(3:15)。キリストに従う人々は神の国の一員として、新しい契約(キリストの生と死と復活に基づいた霊的な救いについての神の計画)のもとでこれとは異なる性質の戦いを進める。私たちは今、サタンとその悪の勢力に対して霊的な戦いを続けているのである(→ロマ8:13注、エペ6:11注)。

4:4　デボラ　デボラは神からのメッセージを聞く能力を与えられた女預言者で、民に対する神の願いと教えを伝えることによって神に仕えていた(4:6-7、→「旧約聖書の預言者」の項 p.1131)。デボラは神との親しい関係を通して民に大きな影響を与えた(4:8)。

Ⅰサム10:5-11

士師記 4-5章

⁶ あるとき、デボラは使いを送って、ナフタリのケデシュからアビノアムの子バラクを呼び寄せ、彼に言った。「イスラエルの神、主はこう命じられたではありませんか。『タボル山に進軍せよ。ナフタリ族とゼブルン族のうちから一万人を取れ。⁷ わたしはヤビンの将軍シセラとその戦車と大軍とをキション川のあなたのところに引き寄せ、彼をあなたの手に渡す。』」
⁸ バラクは彼女に言った。「もしあなたが私といっしょに行ってくださるなら、行きましょう。しかし、もしあなたが私といっしょに行ってくださらないなら、行きません。」
⁹ そこでデボラは言った。「私は必ずあなたといっしょに行きます。けれども、あなたが行こうとしている道では、あなたは光栄を得ることはできません。主はシセラをひとりの女の手に売り渡されるからです。」こうして、デボラは立ってバラクといっしょにケデシュへ行った。
¹⁰ バラクはゼブルンとナフタリをケデシュに呼び集め、一万人を引き連れて上った。デボラも彼といっしょに上った。
¹¹ ケニ人ヘベルは、モーセの義兄弟ホバブの子孫のカインから離れて、ケデシュの近くのツァアナニムの樫の木のそばで天幕を張っていた。
¹² 一方シセラは、アビノアムの子バラクがタボル山に登った、と知らされたので、¹³ シセラは鉄の戦車九百両全部と、自分といっしょにいた民をみな、ハロシェテ・ハゴイムからキション川に呼び集めた。
¹⁴ そこで、デボラはバラクに言った。「さあ、やりなさい。きょう、主があなたの手にシセラを渡される。主はあなたの前に出て行かれるではありませんか。」それで、バラクはタボル山から下り、一万人が彼について行った。
¹⁵ 主がシセラとそのすべての戦車と、すべての陣営の者をバラクの前に剣の刃でかき乱したので、シセラは戦車から飛び降り、徒歩で逃げた。

⁶①ヨシ19:37, 20:7, 21:32, Ⅱ列15:29
②ヘブ11:32
⁷①士5:21, Ⅰ列18:40, 詩83:9
⁹①士4:21
¹⁰①士5:18
②士4:14
③士5:15
¹¹①士1:16, 民24:21
②民10:29
③ヨシ19:33
¹²①士4:6
¹³①士4:3
②士4:2
¹⁴①申9:3, Ⅱサム5:24, 詩68:7, イザ52:12
¹⁵①出14:14, 申7:23, ヨシ10:10
②詩83:9

¹⁶①出14:28
¹⁷①士5:24-27
②詩83:9
¹⁹①士4:19-21, 士5:24-27
²¹①士5:26
¹①出15:1

¹⁶ バラクは戦車と陣営をハロシェテ・ハゴイムに追いつめた。こうして、シセラの陣営の者はみな剣の刃に倒れ、残された者はひとりもいなかった。
¹⁷ しかし、シセラは徒歩でケニ人ヘベルの妻ヤエルの天幕に逃げて来た。ハツォルの王ヤビンとケニ人ヘベルの家とは親しかったからである。
¹⁸ ヤエルはシセラを迎えに出て来て、彼に言った。「お立ち寄りください、ご主人さま。私のところにお立ち寄りください。ご心配には及びません。」シセラが彼女の天幕に入ったので、ヤエルは彼に毛布を掛けた。
¹⁹ シセラはヤエルに言った。「どうか、水を少し飲ませてください。のどが渇いているから。」ヤエルは乳の皮袋をあけて、彼に飲ませ、また彼をおおった。
²⁰ シセラはまた彼女に言った。「天幕の入口に立っていてください。もしだれかが来て、『ここにだれかいないか』とあなたに尋ねたら、『いない』と言ってください。」
²¹ だが、ヘベルの妻ヤエルは天幕の鉄のくいを取ると、手に槌を持ってそっと彼のところへ近づき、彼のこめかみに鉄のくいを打ち込んで地に刺し通した。彼は疲れていたので、熟睡していた。こうして彼は死んだ。
²² ちょうどその時、バラクがシセラを追って来たので、ヤエルは彼を迎えに出て、言った。「さあ、あなたの捜している人をお見せしましょう。」彼がヤエルのところに来ると、そこに、シセラは倒れて死んでおり、そのこめかみには鉄のくいが刺さっていた。
²³ こうして神はその日、イスラエル人の前でカナンの王ヤビンを服従させた。
²⁴ それから、イスラエル人の勢力がますますカナンの王ヤビンを圧するようになり、ついにカナンの王ヤビンを断ち滅ぼした。

デボラの歌

5 ¹ その日、デボラとアビノアムの子バラクはこう歌った。

4:14 【主】はあなたの前に出て行かれるではありませんか 神の導きに従うことは私たちに絶対に必要である。もし従わないなら解決ではなくむしろ問題をさらに増やすことになる。神の時と手段はみな最善である。神の子としての私たちの役割は力と導きを求めて神に頼ることである(⇒出33:15)。

5:1 デボラと・・・バラクはこう歌った これはイスラエルのための神のあわれみと義のみわざ(5:11)

士師記　5章

2　「イスラエルで髪の毛を乱すとき、
　　民が進んで身をささげるとき、
　　主をほめたたえよ。
3　聞け、王たちよ。耳を傾けよ、君主たちよ。
　　私は主に向かって歌う。
　　イスラエルの神、主にほめ歌を歌う。
4　主よ。あなたがセイルを出て、
　　エドムの野を進み行かれたとき、
　　大地は揺れ、天もまた、したたり、
　　雲は水をしたたらせた。
5　山々は主の前に揺れ動いた。
　　シナイもまた、イスラエルの神、主の前に。
6　アナテの子シャムガルのとき、
　　またヤエルのときに、
　　隊商は絶え、旅人はわき道を通った。
7　農民は絶えた。イスラエルに絶えた。
　　私、デボラが立ち、
　　イスラエルに母として立つまでは。
8　新しい神々が選ばれたとき、
　　城門で戦いがあった。
　　イスラエルの四万人のうちに、
　　盾と槍が見られたであろうか。
9　私の心はイスラエルの指導者たちに、
　　民のうちの進んで身をささげる者たち
　　に向かう。
　　主をほめたたえよ。
10　黄かっ色のろばに乗る者、
　　さばきの座に座する者、道を歩く者よ。
　　よく聞け。
11　水汲み場での、水を汲む者たちの声に。
　　そこで彼らは主の正しいみわざと、
　　イスラエルの
　　主の農民の正しいわざを唱えている。
　　そのとき、主の民は城門におりて来た。
12　目ざめよ、目ざめよ。デボラ。
　　目ざめよ、目ざめよ。歌声をあげよ。
　　起きよ。バラク。
　　とりこを捕らえて行け。アビノアムの子。
13　そのとき、生き残った者は
　　貴人のようにおりて来た。
　　主の民は私のために勇士のようにおり
　　て来た。
14　その根がアマレクにある者も
　　エフライムからおりて来た。
　　ベニヤミンはあなたのあとに続いて、
　　あなたの民のうちにいる。
　　指導者たちはマキルからおりて来た。
　　指揮をとる者たちもゼブルンから。
15　イッサカルのつかさたちはデボラとと
　　もにいた。
　　イッサカルはバラクと同じく
　　歩兵とともに谷の中を突進した。
　　ルベンの支族の間では、
　　*心の定めは大きかった。
16　なぜ、あなたは二つの鞍袋の間にす
　　わって、
　　羊の群れに笛吹くのを聞いているのか。
　　ルベンの支族の間では、
　　*心の秘密は大きかった。
17　ギルアデはヨルダン川のかなたに住ん
　　でいた。
　　なぜダンは舟にとどまったのか。
　　アシェルは海辺にすわり、
　　その波止場のそばに住んでいた。
18　ゼブルンは、いのちをも賭して死ぬ民。
　　野の高い所にいるナフタリも、そうで
　　ある。
19　王たちはやって来て、戦った。
　　そのとき、カナンの王たちは、
　　メギドの流れのそばのタナクで戦って、
　　銀の分捕り品を得なかった。
20　天からは、星が下って戦った。
　　その軌道を離れて、シセラと戦った。
21　キション川は彼らを押し流した。
　　昔からの川、キションの川。
　　私のたましいよ。力強く進め。
22　そのとき、馬のひづめは地を踏み鳴らし、
　　その荒馬はけりまくる。

2 ①Ⅱ歴17:16
3 ①詩27:6
4 ①申33:2, 詩68:7, ハバ3:3
　②詩68:8,9, 出19:16, Ⅱサム22:8, ヘブ12:26
5 ①出19:18, 詩97:5, イザ64:1,3, ハバ3:10
　②詩68:8
6 ①土3:31
　②イザ33:8
7 ①レビ26:22, Ⅱ歴33:8, 哀1:4, 4:18
　②イザ49:23
8 ①申32:17
　②土5:11
　③Ⅰサム13:19-22
9 ①土5:2
10 ①土10:4, 12:14
11 ①創24:11, 29:2,3
　②Ⅰサム12:7, ミカ6:5
　③土5:8
12 ①詩57:8
　②詩68:18, エペ4:8
13 ①土5:23
14 ①土12:15
　②土3:27, 12:15
　③詩68:27
　④民26:29, 32:40, ヨシ7:1
　⑤土4:10
15 *あるいは「堅い決意が あった」
16 ①創49:14
　②民32:1,2
　*あるいは「ひどい良心 のとがめがあった」
17 ①ヨシ13:25, 31, 22:9
　②ヨシ19:40
　③ヨシ19:31
18 ①土4:6, 10
　*直訳「そしって」
19 ①土1:27, ヨシ12:21, 17:11, 21:25
　②土5:30
20 ①土4:15
21 ①土4:7, 13
22 ①ヨブ39:19-25

をたたえる神への賛美である(5:3)。旧約聖書全体を通してこのような歌は神への感謝を表し、神がどのように助けてくださったかを人々に思い起こさせるために重要な役割を果たしていた(⇒出15:, Ⅰ歴15:-16:, Ⅱ歴20:22, 詩1:-150:, →「賛美」の項 p.891)。キリスト者もまた神の慈しみと愛のゆえに神を賛美するように教えられている。心からの賛美と礼拝(ヘブ13:15)を神は聖く喜ばしいいけにえであると考えられるけれども、それは歌のかたちをとることが多い(ヘブ2:12, ヤコ5:13, 黙15:3)。キリストに従う人々は、自分のことばや神の御霊が与えてくださることばを用いて(→Ⅰコリ14:15)、霊の歌を歌うことができる

23 主の使いは言った。『メロズをのろえ、
　　その住民を激しくのろえ。
　　彼らは主の手助けに来ず、
　　勇士として主の手助けに来なかったからだ。』
24 女の中で最も祝福されたのはヤエル、
　　ケニ人ヘベルの妻。
　　天幕に住む女の中で最も祝福されている。
25 シセラが水を求めると、
　　ヤエルは乳を与え、
　　高価な鉢で凝乳を勧めた。
26 ヤエルは鉄のくいを手にし、
　　右手に職人の槌をかざし、
　　シセラを打って、その頭に打ち込み、
　　こめかみを砕いて刺し通した。
27 ヤエルの足もとに
　　彼はひざをつき、倒れて、横たわった。
　　その足もとにひざをつき、倒れた。
　　ひざをついた所で、打ち殺された。
28 シセラの母は窓越しに、
　　格子窓越しに外を見おろして嘆いた。
　　『なぜ、あれの車の来るのがおそいのか。
　　なぜ、あれの車の歩みが遅れているのか。』
29 知恵のある姫君たちは彼女に答え、
　　彼女も同じことばをくり返した。
30 『彼らは分捕り物を見つけ出し、
　　それを分けているのではありませんか。
　　めいめいひとりの勇士にひとりかふたりの娘を。
　　シセラには染めた織物の分捕り物を。
　　染めた織物の分捕り物、
　　色とりどりに刺繡した織物を。
　　分捕り物として、
　　首には二枚の刺繡した織物を。』
31 主よ。あなたの敵はみな滅び、
　　主を愛する者は、
　　力強く日がさし出るようにしてください。」

こうして、この国は四十年の間、穏やかであった。

ギデオン

6 1 イスラエル人はまた、主の目の前に悪を行った。そこで、主は七年の間、彼らをミデヤン人の手に渡した。 2 こうして、ミデヤン人の勢力はイスラエルを押さえたので、イスラエル人はミデヤン人を避けて、山々にある洞窟や、ほら穴や、要害を自分たちのものにした。 3 イスラエル人が種を蒔くと、いつでもミデヤン人や、アマレク人や、東の人々が上って来て、イスラエル人を襲った。 4 そしてイスラエル人に対して陣を敷き、その地の産物を荒らして、ガザに至るまで、イスラエルに羊や牛やろばのためのえささえも残さなかった。 5 彼らが自分たちの家畜と天幕を持って上って来たからである。彼らはいなごの大群のようにしてやって来た。彼らとそのらくだは数えきれないほどであった。しかも、彼らは国を荒らすために入って来たのであった。 6 それで、イスラエルはミデヤン人のために非常に弱くなっていった。すると、イスラエル人は主に叫び求めた。

(⇒エペ5：19, コロ3：16)。

6：1 イスラエル人は・・・悪を行った 再び神の民はカナン人から学んだ宗教的な慣習へとそれていった。その結果神はアマレク人や東方の部族の助けを得たミデヤン人が7年間にわたってイスラエルを侵略し虐げることを許された(6：3)。人々は洞穴に隠れ、産物などを隠し家畜を守らなければならなかった(6：2-5)。情況が悪化し耐えられなくなったときに、イスラエルはようやく助けを求めて神に立返った(6：6)。

6：6 【主】に叫び求めた イスラエルは万策尽きて神に立返った。行詰ったのである。残念なことに人間は困難に遭わないとなかなか神に頼るようにはならない。(1) イスラエルの問題の核心は神への信仰が欠けていたことである。自分を満足させることばかり考えていたのである。神を見上げるのは危機に陥ったときだけ、助けてくれる人やものがなくなってからだった。(2) 新約聖書の時代にキリストに従う私たちも、なぜ神を愛するのかという根拠を詳しく吟味しなければならない。私たちの神への愛は本物だろうか。私たちは心から神を神として喜び、神がしてくださったことを喜んでいるだろうか。それとも私たちは基本的には神から何かをいただけるから神に仕えているのだろうか。どのような代価を払ってでもキリストに従おうとするときにキリストに対する愛は初めて本物にな

⁷ イスラエル人がミデヤン人のために主に叫び求めたとき、
⁸ 主はイスラエル人にひとりの預言者を遣わした。預言者は彼らに言った。「イスラエルの神、主はこう仰せられる。

わたしはあなたがたをエジプトから上らせ、あなたがたを奴隷の家から連れ出した。⁹ わたしはあなたがたをエジプト人の手と、すべてあなたがたを圧迫する者の手から助け出し、あなたがたの前から彼らを追い出して、その国をあなたがたに与えた。¹⁰ それでわたしはあなたがたに言った。『わたしはあなたがたの神、主である。あなたがたが住んでいる国のエモリ人の神々を*恐れてはならない。』ところが、あなたがたはわたしの声に聞き従わなかった。」

¹¹ さて主の使いが来て、アビエゼル人ヨアシュに属するオフラにある樫の木の下にすわった。このとき、ヨアシュの子ギデオンはミデヤン人からのがれて、酒ぶねの中で小麦を打っていた。¹² 主の使いが彼に現れて言った。「勇士よ。主があなたといっしょにおられる。」¹³ ギデオンはその御使いに言った。「ああ、主よ。もし主が私たちといっしょにおられるなら、なぜこれらのことがみな、私たちに起こったのでしょうか。私たちの先祖たちが、『主は私たちをエジプトから上らせたではないか』と言って、私たちに話したあの驚くべきみわざはみな、どこにありますか。今、主は私たちを捨てて、ミデヤン人の手に渡されました。」¹⁴ すると、主は彼に向かって仰せられた。「あなたのその力で行き、イスラエルをミデヤン人の手から救え。わたしがあなたを遣わすのではないか。」¹⁵ ギデオンは言った。「ああ、主よ。私にどのようにしてイスラエルを救うことができましょう。ご存じのように、私の分団はマナセのうちで最も弱く、私は父の家で一番若いのです。」¹⁶ 主はギデオンに仰せられた。「わたしはあなたといっしょにいる。だからあなたはひとりを打ち殺すようにミデヤン人を打ち殺そう。」¹⁷ すると、ギデオンは言った。「お願いです。私と話しておられるのがあなたであるというしるしを、私に見せてください。¹⁸ どうか、私が贈り物を持って来て、あなたのところに戻り、御前にそれを供えるまで、ここを離れないでください。」それで、主は、「あなたが戻って来るまで待とう」と仰せられた。

¹⁹ ギデオンはうちに入り、一匹のやぎの子を料理し、一エパの粉で種を入れないパンを作り、その肉をかごに入れ、また吸い物をなべに入れ、*樫の木の下にいる方のところに持って来て、供えた。²⁰ すると、神の使いはギデオンに言った。「肉と種を入れないパンを取って、この岩の上に置き、その吸い物を注げ。」それで彼はそのようにした。²¹ すると主の使いは、その手にしていた杖の先を伸ばして、肉と種を入れないパンに触れた。すると、たちまち火が岩から燃え上がって、肉と種を入れないパンを焼き尽くしてしまった。主の使いは去って見えなくなった。²² これで、この方が主の使いであったことがわかった。それで、ギデオンは言った。「ああ、*神、主よ。私は面と向かって主の

---

⁷① 士3:9
⑧① 申18:15, 18
② 出20:2, I サム10:18
⑨① 詩44:2
¹⁰① II 列17:35, 37, 38,
エレ11:10
＊あるいは「拝んではならない」
¹¹① → 士2:1
② 民26:30, ヨシ17:2
＊あるいは「テレビンの木」
② 士6:15, ヘブ11:32
③ 士6:14
¹²① → 士2:1
② ヨシ10:7,
II 歴17:13, 14, 16, 17
③ ヨシ1:5, 9, II 歴15:2
¹³① 詩89:49
② 士6:1

¹⁴① I サム12:11
¹⁵① 出3:11
② I サム9:21, ミカ5:2
¹⁶① 出3:12, ヨシ1:5
¹⁷① 士6:36, 37, 出3:12,
4:1-9, I サム14:10,
II 列20:8, 詩86:17,
イザ7:11, 38:7, 8
¹⁸① → I サム10:27
¹⁹① 士13:15, 19,
創18:6-8
＊あるいは「テレビンの木」
²⁰① → II サム14:17
²¹① → 士2:1
② レビ9:24,
I 列18:38, I 歴21:26
²²① 士13:21, 22,
創32:30, 出33:20
＊子音字は「主」

る。その代価は困難や苦しみ、迫害、損失であるかもしれない（→「**信仰と恵み**」の項 p.2062）。

6:13　あの驚くべきみわざはみな、どこにありますか　キリスト者も今日この同じ質問を恐れずにするべきである。神は神の民のために、そして神の民を通して力強いみわざを行いたいと望んでおられる。もしそのようなことが起きていないなら、個人の中に、また教会の中に、神の奇蹟的な力が働く証拠を再び見るようになるまで、私たちは自分自身の献身の深さを吟味し、神のご計画に対して再献身しなければならない（→「**信者に伴うしるし**」の項 p.1768,「**神の国**」の項

p.1654,「**神による癒し**」の項 p.1640,→「**キリストの奇蹟**」の表 p.1942）。

6:14　【主】は彼に向かって　明らかに「主」と「主の使い」（6:12）は同一の人物を指している。神学者（宗教や神、神と人との関係などを研究する学者）はこの姿を、神が肉体をとって現れる「顕現」と呼んでいる（⇒6:22,→創12:7注,→「**御使いたちと主の使い**」の項 p.405）。

6:16　わたしはあなたといっしょにいる　いつも心から神に頼っている人はみな、神の臨在の力と平安を体験する。主イエスも新約聖書の信仰者たちにこの約束をされた（マタ28:19-20）。

士師記　6章

使いを見てしまいました。」
²³すると、主はギデオンに仰せられた。「安心しなさい。恐れるな。あなたは死なない。」
²⁴そこで、ギデオンはそこに主のために祭壇を築いて、これを*アドナイ・シャロムと名づけた。これは今日まで、アビエゼル人のオフラに残っている。

²⁵その夜、主はギデオンに仰せられた。「あなたの父の雄牛、七歳の第二の雄牛を取り、あなたの父が持っているバアルの祭壇を取りこわし、そのそばのアシェラ像を切り倒せ。
²⁶そのとりでの頂上に、あなたの神、主のために石を積んで祭壇を築け。あの第二の雄牛を取り、切り倒したアシェラ像の木で全焼のいけにえをささげよ。」
²⁷そこで、ギデオンは、自分のしもべの中から十人を引き連れて、主が言われたとおりにした。彼は父の家の者や、町の人々を恐れたので、昼間それをせず、夜それを行った。

²⁸町の人々が翌朝早く起きて見ると、バアルの祭壇は取りこわされ、そのそばにあったアシェラ像は切り倒され、新しく築かれた祭壇の上には、第二の雄牛がささげられていた。
²⁹そこで、彼らは互いに言った。「だれがこういうことをしたのだろう。」それから、彼らは調べて、尋ね回り、「ヨアシュの子ギデオンがこれをしたのだ」と言った。
³⁰ついで、町の人々はヨアシュに言った。「あなたの息子を引っ張り出して殺しなさい。あれはバアルの祭壇を取りこわし、そ

²³①ダニ10:19
²⁴①創33:20, 出17:15, Ⅰサム14:35
＊あるいは「主は平安」
②士8:32
²⁵①出34:13, 申7:5
²⁶①士11:31, 13:16, 23, 20:26, 21:4, →ヨシ8:31
²⁸①エレ11:13, ホセ9:10
²⁹①ヘブ11:32

³²①士7:1, Ⅰサム12:11
³³①ヨシ17:16
³⁴①→士3:10
②士3:27
③民10:3
³⁵①士4:6, 10, 5:18
³⁶①士6:14, 16, 17

ばにあったアシェラ像も切り倒したのだ。」
³¹すると、ヨアシュは自分に向かって立っているすべての者に言った。「あなたがたは、バアルのために争っているのか。それとも、彼を救おうとするのか。バアルのために争う者は、朝までに殺されてしまう。もしバアルが神であるなら、自分の祭壇が取りこわされたのだから、自分で争えばよいのだ。」
³²こうして、その日、ギデオンはエルバアルと呼ばれた。自分の祭壇が取りこわされたのだから「バアルは自分で争えばよい」という意味である。

³³ミデヤン人や、アマレク人や、東の人々がみな連合して、ヨルダン川を渡り、イズレエルの谷に陣を敷いた。
³⁴主の霊がギデオンをおおったので、彼は角笛を吹き鳴らすと、アビエゼル人が集まって来て、彼に従った。
³⁵ギデオンはマナセの全域に使者を遣わした。それで彼らもまた呼び集められ、彼に従った。彼はまた、アシェル、ゼブルン、そしてナフタリに使者を遣わしたので、彼らは合流して上って来た。

³⁶ギデオンは神に申し上げた。「もしあなたが仰せられたように、私の手でイスラエルを救おうとされるなら、
³⁷今、私は打ち場に刈り取った一頭分の羊の毛を置きます。もしその羊の毛の上にだけ露が降りていて、土全体がかわいていたら、あなたがおことばのとおりに私の手でイスラエルを救われることが、私にわかります。

6:34　【主】の霊がギデオンをおおった　「おおった」という動詞には「服を着せる」という意味がある。そのように神の御霊は来てギデオンをおおい、神の目的を果し神の民に仕えるために力を与えられた(⇒Ⅰ歴12:18、Ⅱ歴24:20、ルカ24:49)。御霊が「臨み」その人のうちに住まわれる体験はイエス・キリストに従う人全部に約束されている（→使2:4, 38-39、→「聖霊のバプテスマ」の項p.1950)。

6:37　羊の毛　ギデオンはイスラエルを救うために神が本当に自分を召しておられるのか確信を得るために羊の毛を置いた(6:36)。多くの人はこれを信仰の行動と考えるけれども、信仰が欠けていたと言う人もいる。けれどもギデオンが再確認を求めたのは信頼と謙遜、神に従おうという態度から出たように見える。

(1) 神は人間の性質を知っておられるので、ギデオンの心もわかっておられた(⇒詩103:14)。そしてやさしくこの要求に応えてくださった。神を信じる人々はみな信仰を強め励ましてくださいと神に求めることが許されている(⇒創17:17-20、出3:2, 4:1-9、マコ9:24)。これは神を試すとか、神の困難な指示に従いたくないので神にご自分を証明するように求めてもよいということではない。けれども神が言われることを本当に行いたいと願うなら、神は様々な方法でみこころを立証してくださる。(2) 神の御霊に満たされ導かれている人は時として困難な情況の中で恐れやためらいを覚えるかもしれない。神のご計画に心から従う用意が私たちにある限り、そのようなときには神は私たちを励まし信仰を強めてくださる(6:38-40)。

38 すると、そのようになった。ギデオンが翌日、朝早く、その羊の毛を押しつけて、その羊の毛から露を絞ると、鉢いっぱいになるほど水が出た。
39 ギデオンは神に言った。「私に向かって御怒りを燃やさないでください。私にもう一回言わせてください。どうぞ、この羊の毛でもう一回だけ試みさせてください。今度はこの羊の毛だけがかわいていて、土全体には露が降りるようにしてください。」
40 それで、神はその夜、そのようにされた。すなわち、その羊の毛の上だけがかわいていて、土全体には露が降りていた。

ギデオンがミデヤン人を撃つ

7 1 それで、エルバアル、すなわちギデオンと、彼といっしょにいた民はみな、朝早くハロデの泉のそばに陣を敷いた。ミデヤン人の陣営は、彼の北に当たり、モレの山沿いの谷にあった。
2 そのとき、主はギデオンに仰せられた。「あなたといっしょにいる民は多すぎるから、わたしはミデヤン人を彼らの手に渡さない。イスラエルが『自分の手で自分を救った』と言って、わたしに向かって誇るといけないから。
3 今、民に聞こえるように告げ、『恐れ、おののく者はみな帰りなさい。ギルアデ山から離れなさい』と言え。」すると、民のうちから二万二千人が帰って行き、一万人が残った。
4 すると、主はギデオンに仰せられた。「民はまだ多すぎる。彼らを連れて水のところに下って行け。わたしはそこで、あなたのために彼らをためそう。わたしがあなたに、『この者はあなたといっしょに行か

39① 創18:32
1① 士6:32、Ⅰサム12:11
2① 申8:17, 18、アモ6:13
3① 申20:8
4① Ⅰサム14:6

7① 詩83:9
9① 士7:13-15、ヨシ2:24, 10:8, 11:6、Ⅰサム14:10
12① 士6:5、出10:14, 15、エレ46:23

なければならない』と言うなら、その者は、あなたといっしょに行かなければならない。またわたしがあなたに、『この者はあなたといっしょに行ってはならない』と言う者はだれも、行ってはならない。」
5 そこでギデオンは民を連れて、水のところに下って行った。すると、主はギデオンに仰せられた。「犬がなめるように、舌で水をなめる者は残らず別にしておき、また、ひざをついて飲む者も残らずそうせよ。」
6 そのとき、口に手を当てて水をなめた者の数は三百人であった。残りの民はみな、ひざをついて水を飲んだ。
7 そこで主はギデオンに仰せられた。「手で水をなめた三百人で、わたしはあなたがたを救い、ミデヤン人をあなたの手に渡す。残りの民はみな、それぞれ自分の家に帰らせよ。」
8 そこで彼らは民の糧食と角笛を手に取った。こうして、ギデオンはイスラエル人をみな、それぞれ自分の天幕に送り返し、三百人の者だけを引き止めた。ミデヤン人の陣営は、彼から見て下の谷にあった。
9 その夜、主はギデオンに仰せられた。「立って、あの陣営に攻め下れ。それをあなたの手に渡したから。
10 しかし、もし下って行くことを恐れるなら、あなたに仕える若い者プラといっしょに陣営に下って行き、
11 彼らが何と言っているかを聞け。そのあとで、あなたは、勇気を出して、陣営に攻め下らなければならない。」そこで、ギデオンと若い者プラとは、陣営の中の編隊の端に下って行った。
12 そこには、ミデヤン人や、アマレク人や、東の人々がみな、いなごのように大ぜ

7:2 あなたといっしょにいる民は多すぎる 32,000人の兵士を300人に減らすという神の指示(7:2-7)を通して、次の四つの聖書的真理を見ることができる。(1) 神の臨在と行動だけが神の民の勝利を保証することができる。神は少人数の献身者を通して力強く働くことができる。「『権力によらず、能力によらず、わたしの霊によって』と万軍の主は仰せられる」のである (ゼカ4:6)。(2) 神にとっては人数よりも霊的な警戒心と献身のほうが重要である(⇒黙3:4-5)。(3) 人生のあらゆる難問に立向かうことができる最大の手段と力は神にしかない(ピリ4:13)。(4) 自分の成功に対する高ぶりがあるなら、最終的にそれが私たちを滅ぼすことになる。なぜなら神の力と助けを受けるのに邪魔になるからである(箴8:13)。

7:11 あなたは、勇気を出して 恐れを取除き信仰を強めるために、神はギデオンを励まされた(⇒7:10)。神のご計画に完全に献身している人々にも、時には神の励ましが必要である。そのようなときには信仰と希望と勇気を御霊によって奮い立たせてくださるよう神に祈るべきである(→Ⅱコリ1:4-11、ピリ4:6-7)。

い、谷に伏していた。そのらくだは、海辺の砂のように多くて数えきれなかった。

13 ギデオンがそこに行ってみると、ひとりの者が仲間に夢の話をしていた。ひとりが言うには、「私は今、夢を見た。見ると、大麦のパンのかたまりが一つ、ミデヤン人の陣営にころがって来て、天幕の中にまで入り、それを打ったので、それは倒れた。ひっくり返って、天幕は倒れてしまった。」14 すると、その仲間は答えて言った。「それはイスラエル人ヨアシュの子ギデオンの剣にほかならない。神が彼の手にミデヤンと、陣営全部を渡されたのだ。」

15 ギデオンはこの夢の話とその解釈を聞いたとき、主を礼拝した。そして、イスラエルの陣営に戻って言った。「立て。主はミデヤン人の陣営をあなたがたの手に下さった。」16 そして、彼は三百人を三隊に分け、全員の手に角笛とからつぼを持たせ、そのつぼの中にたいまつを入れさせた。

17 それから、彼らに言った。「私を見て、あなたがたも同じようにしなければならない。見よ。私が陣営の端に着いたら、私がするように、あなたがたもそうしなければならない。18 私と、私といっしょにいる者がみな、角笛を吹いたなら、あなたがたもまた、全陣営の回りで角笛を吹き鳴らし、『主のためだ。ギデオンのためだ』と言わなければならない。」

19 ギデオンと、彼といっしょにいた百人の者が、真夜中の夜番の始まる時、陣営の端に着いた。ちょうどその時、番兵の交替をしたばかりであった。それで、彼らは角笛を吹き鳴らし、その手に持っていたつぼを打ちこわした。20 三隊の者が角笛を吹き鳴らして、つぼを打ち砕き、それから左手にたいまつを堅く握り、右手に吹き鳴らす角笛を堅く握って、「主の剣、ギデオンの剣だ」と叫び、21 それぞれ陣営の周囲の持ち場に着いたので、陣営の者はみな走り出し、大声をあげて逃げた。

22 三百人が角笛を吹き鳴らしている間に、主は、陣営の全面にわたって、同士打ちが起こるようにされた。それで陣営はツェレラのほうのベテ・ハシタや、タバテの近くのアベル・メホラの端まで逃げた。23 イスラエル人はナフタリと、アシェルと、全マナセから呼び集められ、彼らはミデヤン人を追撃した。

24 ついで、ギデオンはエフライムの山地全域に使者を送って言った。「降りて来て、ミデヤン人を攻めなさい。ベテ・バラまでの流れと、ヨルダン川を攻め取りなさい。」そこでエフライム人はみな呼び集められ、彼らはベテ・バラまでの流れと、ヨルダン川を攻め取った。25 また彼らはミデヤン人のふたりの首長オレブとゼエブを捕らえ、オレブをオレブの岩で、ゼエブをゼエブの酒ぶねで殺し、こうしてミデヤン人を追撃した。彼らはヨルダン川の向こう側にいたギデオンのところに、オレブとゼエブの首を持って行った。

ゼバフとツァルムナ

8 ¹ そのとき、エフライム人はギデオンに言った。「あなたは、私たちに何ということをしたのですか。ミデヤン人と戦いに行ったとき、私たちに呼びかけなかったとは。」こうして彼らはギデオンを激しく責めた。

2 ギデオンは彼らに言った。「今、あなたがたのしたことに比べたら、私がいったい何をしたというのですか。アビエゼルのぶどうの収穫よりも、エフライムの取り残した実のほうが、よかったのではありませんか。3 神はあなたがたの手にミデヤン人の首長オレブとゼエブを渡されました。あなたがたに比べたら、私に何ができたのでしょう。」ギデオンがこのことを話すと、そのとき彼らの怒りは和らいだ。

4 それからギデオンは、彼に従う三百人の人々とヨルダン川を渡った。彼らは疲れていたが、追撃を続けた。5 彼はスコテの人々に言った。「どうか、私について来ている民にパンを下さい。彼らは疲れているが、私はミデヤン人の王ゼバフとツァルムナを追っているのです。」6 すると、スコテのつかさたちは言った。

8:6 あなたの軍団にパンを与えなければならないなどとは ギデオンの軍隊を助けることを拒んだことによってスコテとペヌエルのイスラエル人もまたイスラエルの敵になった(8:8)。その結果この人々は罰せら

「ゼバフとツァルムナの手首を、今、あなたは手にしているのでしょうか。私たちがあなたの軍団にパンを与えなければならないなどとは。」

7 そこでギデオンは言った。「そういうことなら、主が私の手にゼバフとツァルムナを渡されるとき、私は荒野のいばらやとげで、あなたがたを踏みつけてやる。」

8 ギデオンはそこからペヌエルに上って行き、同じように彼らに言った。すると、ペヌエルの人々もスコテの人々が答えたように彼に答えた。

9 それでギデオンはまたペヌエルの人々に言った。「私が無事に帰って来たら、このやぐらをたたきこわしてやる。」

10 ゼバフとツァルムナはカルコルにいたが、約一万五千からなるその陣営の者も彼らといっしょにいた。これは東の人々の陣営全体のうち生き残った者のすべてであった。剣を使う者十二万人が、すでに倒されていたからである。

11 そこでギデオンは、ノバフとヨグボハの東の天幕に住む人々の道に沿って上って行き、陣営を打った。陣営は油断していた。

12 ゼバフとツァルムナは逃げたが、ギデオンは彼らを追って、ミデヤンのふたりの王ゼバフとツァルムナを捕らえ、その全陣営をろうばいさせた。

13 それから、ヨアシュの子ギデオンは、ヘレスの坂道を通って戦いから帰って来た。

14 そのとき、彼はスコテの人々の中からひとりの若者を捕らえ、尋問した。すると、彼はギデオンのために、スコテのつかさたちと七十七人の長老たちの名を書いた。

15 そこで、ギデオンはスコテの人々のところに行って、言った。「あなたがたが、『ゼバフとツァルムナの手首を、今、あなたは手にしているのか。私たちがあなたに従う疲れた人たちにパンを与えなければならないなどとは』と言って、私をそしったそのゼバフとツァルムナが、ここにいる。」

6 ①士8:15
   ②Ⅰサム25:11
7 ①士8:16
8 ①創32:30, 31,
   Ⅰ列12:25
9 ①士8:17
10 ①士7:12
   ②士20:2, 15, 17, 25,
   Ⅱ列3:26
11 ①民32:42
   ②民32:35
   ③士18:27, Ⅰテサ5:3
12 ①士8:5
   ②イザ9:4
15 ①士8:6

16 そしてギデオンは、その町の長老たちを捕らえ、また荒野のいばらや、とげを取って、それでスコテの人々に思い知らせた。

17 また彼はペヌエルのやぐらをたたきこわして、町の人々を殺した。

18 それから、ギデオンはゼバフとツァルムナに言った。「おまえたちがタボルで殺した人たちは、どこにいるのか。」すると彼らは答えた。「あの人たちは、あなたのような人でした。どの人も王の子たちに似ていました。」

19 ギデオンは言った。「彼らは私の兄弟、私の母の息子たちだ。主は生きておられる。おまえたちが彼らを生かしておいてくれたなら、私はおまえたちを殺しはしないのだが。」

20 そしてギデオンは自分の長男エテルに「立って、彼らを殺しなさい」と言ったが、その若者は自分の剣を抜かなかった。彼はまだ若かったので、恐ろしかったからである。

21 そこで、ゼバフとツァルムナは言った。「立って、あなたが私たちに撃ちかかりなさい。人の勇気はそれぞれ違うのですから。」すると、ギデオンは立って、ゼバフとツァルムナを殺し、彼らのらくだの首に掛けてあった三日月形の飾りを取った。

ギデオンのエポデ

22 そのとき、イスラエル人はギデオンに言った。「あなたも、あなたのご子息も、あなたの孫も、私たちを治めてください。あなたが私たちをミデヤン人の手から救ったのですから。」

23 しかしギデオンは彼らに言った。「私はあなたがたを治めません。また、私の息子もあなたがたを治めません。主があなたがたを治められます。」

24 ついで、ギデオンは彼らに言った。「あなたがたに一つ、お願いしたい。ひとりひとり、自分の分捕り物の耳輪を私に下さい。」──殺された者たちはイシュマエル人であったので、金の耳輪をつけていたからである──

25 すると、彼らは「差し上げますとも」と答えて、一枚の上着を広げ、ひとりひとり

16 ①士8:7
17 ①士8:9, Ⅰ列12:25
18 ①士4:6, 詩89:12
21 ①士8:15, 詩83:11
   ②士8:26
23 ①Ⅰサム8:7, 10:19,
   12:12
24 ①創25:13, 37:25, 28

れた(8:15-17)。同じように新約聖書の信仰者が信仰の妥協をし、キリストとみことばに堅く立つことを拒むなら神に敵対することになる(マタ12:30)。

8:16-17　長老たちを捕らえ・・・殺した　ギデオンがスコテとペヌエルのイスラエル人に対して下した罰は厳しく残酷だったけれども正当化された。神の目的を前進させ、神の真理を守るために正しい方法で戦う人々を支えることを神の民が拒むなら、それは神に対

の分捕り物の耳輪をその中に投げ込んだ。
²⁶ギデオンが願った金の耳輪の目方は金で一千七百シェケルであった。このほかに、三日月形の飾りや、垂れ飾りや、ミデヤンの王たちの着ていた赤紫の衣、またほかに、彼らのらくだの首の回りに掛けていた首飾りなどもあった。
²⁷ギデオンはそれで、一つのエポデを作り、彼の町のオフラにそれを置いた。すると、イスラエルはみな、それを慕って、そこで淫行を行った。それはギデオンとその一族にとって、落とし穴となった。

ギデオンの死

²⁸こうしてミデヤン人はイスラエル人によって屈服させられ、二度とその頭を上げなかった。この国はギデオンの時代、四十年の間、穏やかであった。

²⁹ヨアシュの子エルバアルは帰って自分の家に住んだ。³⁰ギデオンには彼から生まれた息子が七十人いた。彼には大ぜいの妻がいたからである。³¹シェケムにいたそばめもまた、彼にひとりの男の子を産んだ。そこで彼はアビメレクという名をつけた。

³²やがて、ヨアシュの子ギデオンは長寿を全うして死に、アビエゼル人のオフラにある父ヨアシュの墓に葬られた。

³³ギデオンが死ぬとすぐ、イスラエル人は再びバアルを慕って淫行を行い、バアル・ベリテを自分たちの神とした。³⁴イスラエル人は、周囲のすべての敵から

27 ①Ⅰ列12:26-32
②士17:5, 18:14-20, 出28:6-35
③士6:24
④詩106:39
⑤申7:16
28 ①Ⅰサム7:13
②士3:11
29 ①士7:1
30 ①士9:2, 5
31 ①士9:3
32 ①士6:24, 8:27
33 ①士2:11-13, 19
②士9:4

34 ①士3:7, 詩78:11, 42, 106:13, 21
35 ①士9:16-18, 伝9:14, 15

1 ①士8:31
2 ①士8:30
②創29:14
4 ①士8:33
②Ⅰ列11:3, Ⅱ歴13:7
③使17:5
5 ①士6:24
②Ⅱ列10:1-17
③Ⅱ列11:1, 2

自分たちを救い出した彼らの神、主を心に留めなかった。³⁵彼らは、エルバアルすなわちギデオンがイスラエルに尽くした善意のすべてにふさわしい真実を、彼の家族に尽くさなかった。

アビメレク

9 ¹さて、エルバアルの子アビメレクは、シェケムにいる自分の母の身内の者たちのところに行き、彼らと母の一族の氏族全員に告げて言った。²「どうかシェケムのすべての者に、よく言って聞かせてください。
エルバアルの息子七十人がみなで、あなたがたを治めるのと、ただひとりがあなたがたを治めるのと、あなたがたにとって、どちらがよいか。私があなたがたの骨肉であることを思い起こしてください。」³アビメレクの母の身内の者たちが、彼に代わって、これらのことをみな、シェケムのすべての者に言って聞かせたとき、彼らの心はアビメレクに傾いた。彼らは「彼は私たちの身内の者だ」と思ったからである。⁴彼らはバアル・ベリテの宮から銀七十シェケルを取り出して彼に与えた。アビメレクはそれで、ごろつきの、ずうずうしい者たちを雇った。彼らはアビメレクのあとについた。⁵それから、アビメレクはオフラにある彼の父の家に行って、自分の兄弟であるエルバアルの息子たち七十人を一つの石の上で殺した。しかし、エルバアルの末子ヨタムは隠れていたので生き残った。

する深刻な罪である(→8:6注)。

8:27 一つのエポデ このエポデは大祭司が神に仕えるときに上に着る装束(出28:6注)の複製と思われる。ギデオンがエポデを作ったのは、イスラエルが敵に勝利したことを記念するという正しい動機に基づいていたと思われる。けれども神はエポデをこのように使うことを許されなかった。人々がギデオンをほめたえイスラエルの勝利を自慢するようになったとき、エポデは人々の偶像になった。そこで神はこの国とギデオンの家に霊的な災害をもたらされた。ギデオンのこの悲しい間違いから次のことを学ぶことができる。(1) すぐれた能力や賜物を持つ教会、組織、人を美化してほめたたえるなら、それは霊的な腐敗と霊的な死に至る。(2) 神のために何かを計画するときには、知恵を求めて祈らなければならない。あとになって神の国に害を与え、さげすむことにならないように事前に認識し、回避できるように祈り求めなければならない。

9:4-5 アビメレクは・・・自分の兄弟である・・・七十人を・・・殺した ギデオンの家族に起きたこの恐ろしい悲劇はギデオンの重婚(多くの妻を持つこと)の結果だった(8:30-31)。シェケムにいたギデオンのそばめ(夫を持っているけれども正妻に従属的な立場にある女性 →19:1注)はアビメレクを生んだけれども、そのアビメレクが後に兄弟70人を殺すことになった。ギデオンは戦場では強い指導力を発揮したけれども、家庭ではそうではなかった。神は家族を大変

6 それで、シェケムの者とベテ・ミロの者はみな集まり、出かけて行って、シェケムにある石の柱のそばの樫の木のところで、アビメレクを王とした。

7 このことがヨタムに告げられたとき、彼は行って、ゲリジム山の頂上に立ち、声を張り上げ、彼らに叫んで言った。「シェケムの者たち。私に聞け。そうすれば神はあなたがたに聞いてくださろう。

8 木々が自分たちの王を立てて油をそそごうと出かけた。彼らはオリーブの木に言った。『私たちの王となってください。』

9 すると、オリーブの木は彼らに言った。『私は神と人とをあがめるために使われる私の油を捨て置いて、木々の上にそよぐために出かけなければならないだろうか。』

10 ついで、木々はいちじくの木に言った。『来て、私たちの王となってください。』

11 しかし、いちじくの木は彼らに言った。『私は、私の甘みと私の良い実を捨て置いて、木々の上にそよぐために出かけなければならないだろうか。』

12 それから、木々はぶどうの木に言った。『来て、私たちの王となってください。』

13 しかし、ぶどうの木は彼らに言った。『私は、神と人とを喜ばせる私の新しいぶどう酒を捨て置いて、木々の上にそよぐために出かけなければならないだろうか。』

14 そこで、すべての木がいばらに言った。『来て、私たちの王となってください。』

15 すると、いばらは木々に言った。『もしあなたがたがまことをもって私に油をそそぎ、あなたがたの王とするなら、来て、私の陰に身を避けよ。そうでなければ、いばらから火が出て、レバノンの杉の木を焼き尽くそう。』

16 今、あなたがたはまことと真心をもって行動して、アビメレクを王にしたのか。あなたがたはエルバアルとその家族とを、ねんごろに取り扱い、彼のてがらに報いたのか。

17 私の父は、あなたがたのために戦い、自分のいのちをかけて、あなたがたをミデヤン人の手から助け出したのだ。

18 あなたがたは、きょう、私の父の家にそむいて立ち上がり、その息子たち七十人を、一つの石の上で殺し、女奴隷の子アビメレクをあなたがたの身内の者だからというので、シェケムの者たちの王として立てた。

19 もしあなたがたが、きょう、エルバアルと、その家族とにまことと真心をもって行動したのなら、あなたがたはアビメレクを喜び、彼もまた、あなたがたを喜ぶがよい。

20 そうでなかったなら、アビメレクから火が出て、シェケムとベテ・ミロの者たちを食い尽くし、シェケムとベテ・ミロの者たちから火が出て、アビメレクを食い尽くそう。」

21 それから、ヨタムは逃げ去り、ベエルに行き、兄弟アビメレクを避けてそこに住んだ。

22 アビメレクは三年間、イスラエルを支配した。

23 神は、アビメレクとシェケムの者たちの間にわざわいの霊を送ったので、シェケムの者たちはアビメレクを裏切った。

24 そのためエルバアルの七十人の息子たちへの暴虐が再現し、彼らの血が、彼らを殺した兄弟アビメレクと、アビメレクに加勢して彼の兄弟たちを殺したシェケムの者たちの上に臨んだ。

25 シェケムの者たちは、山々の頂上に彼を待ち伏せる者たちを置いたので、彼らは道でそばを過ぎるすべての者を略奪した。やがて、このことがアビメレクに告げられた。

26 エベデの子ガアルとその身内の者たちが来て、シェケムを通りかかったとき、シェケムの者たちは彼を信用した。

27 そこで彼らは畑に出て行って、ぶどうを収穫して、踏んだ。そして祭りをし、自分たちの神の宮に入って行って、飲み食いし、アビメレクをののしった。

大切に考えておられる。今日の教会でも自分自身と家族を治められない人は神の民の上に指導者として立つべきではない（Ⅰテモ3：1-5）。

9：13 新しいぶどう酒 ここで使われているヘブル語は「ティーローシュ」で、普通は新鮮で純粋なぶどうの果汁を指す（→イザ65：8注、→**旧約聖書のぶどう酒**」の項 p.1069）。

9：23 神は・・・わざわいの霊を送った アビメレクとシェケムの民がギデオンの息子たちを殺したので、神は悪霊がわざわいをもたらすのを許された。悪霊は民の間に緊張と不信を引起こした（→Ⅰサム16：14、23注）。

士師記 9章

28 そのとき、エベデの子ガアルは言った。「アビメレクとは何者か。シェケムとは何者か。われわれが彼に仕えなければならないとは。アビメレクはエルバアルの子、ゼブルはアビメレクの役人ではないか。シェケムの父ハモルの人々に仕えなさい。なぜわれわれはアビメレクに仕えなければならないのか。29 だれか、この民を私の手に与えてくれないものか。そうすれば私はアビメレクを追い出すのだが。」そして彼はアビメレクに言った。「おまえの軍勢をふやして、出て来い。」

30 この町のつかさゼブルは、エベデの子ガアルの言ったことを聞いて、怒りを燃やし、31 トルマにいるアビメレクのところに使者を送って言わせた。「今、エベデの子ガアルとその身内の者たちがシェケムに来ています。今、彼らは町を、あなたにそむかせようとしています。32 今、あなたとあなたとともにいる民は、夜のうちに立って、野で待ち伏せなさい。33 朝早く、太陽が上るころ、町に突入しなさい。すると、ガアルと、彼とともにいる民は、あなたに向かって出て来るでしょう。あなたは好機をつかんで、彼らを攻撃することができます。」

34 そこでアビメレクと、彼とともにいた民はみな、夜のうちに立って、四隊に分かれてシェケムに向かって待ち伏せた。35 エベデの子ガアルが出て来て、町の門の入口に立ったとき、アビメレクと、彼とともにいた民は、待ち伏せしていた所から立ち上がった。36 ガアルはその民を見て、ゼブルに言った。「あれ、山々の頂から民が降りて来る。」すると、ゼブルは彼に言った。「あなたは、山々の影が人のように見えるのです。」37 ガアルはまた言った。「いや。人々がこの地の一番高い所から降りて来る。また一隊がメオヌニムの樫の木のほうから来る。」38 すると、ゼブルは彼に言った。「『アビメレクとは何者か。われわれが彼に仕えなければならないとは』と言ったあなたの口は、いったいどこにあるのですか。あなたが見くびったのは、この民ではありませんか。さあ、今、出て行って、彼と戦いなさい。」

39 そこで、ガアルはシェケムの者たちの先頭に立って出て行き、アビメレクと戦った。40 アビメレクが彼を追ったので、ガアルは彼の前から逃げた。そして多くの者が刺し殺されて倒れ、門の入口にまで及んだ。41 アビメレクはアルマにとどまったが、ゼブルは、ガアルとその身内の者たちを追い払って、彼らをシェケムに住ませなかった。42 翌日、民は、野に出かけて行って、アビメレクに告げた。43 そこで、アビメレクは自分の民を引き連れて、それを三隊に分け、野で待ち伏せた。すると、民が町から出て来るのが見えたので、彼らを襲って打った。44 アビメレクと、彼とともにいた一隊は突入して、町の門の入口に立った。一方、他の二隊は野にいたすべての者を襲って、打ち殺した。45 アビメレクはその日、一日中、町で戦い、この町を攻め取り、そのうちにいた民を殺し、町を破壊して、そこに塩をまいた。

46 シェケムのやぐらの者たちはみな、これを聞いて、エル・ベリテの宮の地下室に入って行った。47 シェケムのやぐらの者たちがみな集まったことがアビメレクに告げられたとき、48 アビメレクは、自分とともにいた民とツァルモン山に登って行った。アビメレクは手に斧を取って、木の枝を切り、これを持ち上げて、自分の肩に載せ、共にいる民に言った。「私がするのを見たとおりに、あなたがたも急いでそのとおりにしなさい。」49 それで民もまた、みなめいめい枝を切って、アビメレクについて行き、それを地下室の上に置き、火をつけて、地下室を焼いた。それでシェケムのやぐらの人たち、男女約一千人もみな死んだ。

50 それから、アビメレクはテベツに行き、テベツに対して陣を敷き、これを攻め取った。51 この町の中に、一つ、堅固なやぐらがあった。すべての男、女、この町の者たちはみなそこへ逃げて、立てこもり、やぐらの屋根に上った。52 そこで、アビメレクはやぐらのところまで行って、これと戦い、やぐらの戸に近づいて、それを火で焼こうとした。

士師記 9–10章

⁵³そのとき、①ひとりの女がアビメレクの頭にひき臼の上石を投げつけて、彼の頭蓋骨を砕いた。
⁵⁴アビメレクは急いで道具持ちの若者を呼んで言った。「おまえの剣を抜いて、私を殺してくれ。女が殺したのだと私のことを人が言わないように。」それで、若者が彼を刺し通したので、彼は死んだ。
⁵⁵イスラエル人はアビメレクが死んだのを見たとき、ひとりひとり自分のところへ帰った。
⁵⁶こうして神は、アビメレクが彼の兄弟七十人を殺して、その父に行った悪を、彼に報いられた。
⁵⁷神はシェケムの人々のすべての悪を彼らの頭上に報いられた。こうしてエルバアルの子ヨタムののろいが彼らに実現した。

トラ

10 ¹さて、アビメレクの後、イスラエルを救うために、イッサカル人、ドドの子プワの息子トラが立ち上がった。彼はエフライムの山地にあるシャミルに住んだ。
²彼は、二十三年間、イスラエルをさばいて後、死んでシャミルに葬られた。

ヤイル

³彼の後にギルアデ人ヤイルが立ち上がり、二十二年間、イスラエルをさばいた。
⁴①彼には三十人の息子がいて、三十頭のろばに乗り、三十の町を持っていたが、それ②は今日まで、ハボテ・ヤイルと呼ばれ、ギルアデの地にある。
⁵ヤイルは死んでカモンに葬られた。

エフタ

⁶またイスラエル人は、①主の目の前に重ねて②悪を行い、バアルや、アシュタロテ、アラムの神々、シドンの神々、モアブの神々、アモン人の神々、ペリシテ人の神々に仕えた。こうして彼らは主を捨て、主に仕えなかった。
⁷主の怒りはイスラエルに向かって燃え上がり、彼らをペリシテ人の手とアモン人の手に売り渡された。
⁸それで彼らはその年、イスラエル人を打ち砕き、苦しめた。彼らはヨルダン川の向こう側のギルアデにあるエモリ人の地にいたイスラエル人をみな、十八年の間、苦しめた。
⁹アモン人がヨルダン川を渡って、ユダ、ベニヤミン、およびエフライムの家と戦ったとき、イスラエルは非常な苦境に立った。
¹⁰そのとき、イスラエル人は主に叫んで言った。「私たちは、あなたに罪を犯しました。私たちの神を捨ててバアルに仕えたのです。」
¹¹すると、主はイスラエル人に仰せられた。「わたしは、かつてエジプト人、エモリ人、アモン人、ペリシテ人から、あなたがたを救ったではないか。
¹²シドン人、アマレク人、マオン人が、あなたがたをしいたげたが、あなたがたがわたしに叫んだとき、わたしはあなたがたを

53①Ⅱサム11:21
54①土8:21, Ⅰサム31:4
56①土9:24, ヨブ31:3, 詩94:23, 箴5:22
4①土12:14
　②土5:10, 12:14

③民32:41, 申3:14, Ⅰ列4:13, Ⅰ歴2:23
6①一土2:11
　②土2:13
　③申31:16, 17, 32:15, Ⅰ列11:33
7①土2:14, Ⅰサム12:9
11①土21:21, 25
　②民21:24
　③土3:31
　④出14:30
12①土3:13, 6:3

10:6 またイスラエル人は、【主】の目の前に重ねて悪を行い 再びイスラエルの民は主から離れてほかの神々に仕えた(→「**偶像礼拝**」の項 p.468)。
(1) カナン人の宗教では、偶像の神への献身を表すときに宗教的売春(ほかの礼拝者との様々な性的行動)を行った。カナン人は中心的な神(バアルとアシュタロテ)が豊穣を表していたので、罪深い性的快楽が自分たちの宗教に調和すると考えていた。
(2) キリスト者だというある人々も同じように霊的な救いは性的「解放」(結婚という契約関係を超えた性的行動に制限をしない)と調和すると教えている。ある人々は救いをもたらした神の恵みは不道徳な性的罪も自動的に赦すと教えようとしている。これは神のことばを歪めており間違った解釈をしている。主イエスの贖いの犠牲は様々な性的不道徳、飲酒の問題、窃盗、同性愛、虐待、そのほかどんな罪深い生活習慣の問題でも克服する癒しといのちと力をもたらす。神はこの真理をみことばを通して何度も確証しておられる(⇒Ⅰコリ6:9–11)。
(3) このような教えは神の恵みを侮辱し、神がその民との間に望んでおられる関係を破壊する。神とみことばに忠実な人はみな、この道徳的に堕落した考え方を拒まなければならない(→マタ7:21注, Ⅰヨハ2:4注, 黙21:8注, →「**性道徳の基準**」の項 p.2379)。

10:7 【主】の怒りは・・・燃え上がり 罪と悪に対する怒りは神の属性の一つである(→「**神の属性**」の項 p.1016)。これは正しいもの、真実なものに対する神の慈しみと愛の表現である。神の民が罪や残虐、悪、不義に対して怒りを表すことは、神のみこころに反したり、神の特性に恥と不名誉をもたらしたりしない限り、間違った

彼らの手から救った。¹³しかし、あなたがたはわたしを捨てて、ほかの神々に仕えた。だから、わたしはこれ以上あなたがたを救わない。¹⁴行け。そして、あなたがたが選んだ神々に叫べ。あなたがたの苦難の時には、彼らが救うがよい。」¹⁵すると、イスラエル人は主に言った。「私たちは罪を犯しました。あなたがよいと思われることを何でも私たちにしてください。ただ、どうか、きょう、私たちを救い出してください。」¹⁶彼らが自分たちのうちから外国の神々を取り去って、主に仕えたので、主は、イスラエルの苦しみを見るに忍びなくなった。

¹⁷このころ、アモン人が呼び集められ、ギルアデに陣を敷いた。一方、イスラエル人も集まって、ミツパに陣を敷いた。¹⁸ギルアデの民や、その首長たちは互いに言った。「アモン人と戦いを始める者はだれか。その者がギルアデのすべての住民のかしらとなるのだ。」

11 ¹さて、ギルアデ人エフタは勇士であったが、彼は遊女の子であった。エフタの父親はギルアデであった。²ギルアデの妻も、男の子たちを産んだ。この妻の子たちが成長したとき、彼らはエフタを追い出して、彼に言った。「あなたはほかの女の子だから、私たちの父の家を受け継いではいけない。」³そこで、エフタは兄弟たちのところから逃げて行き、トブの地に住んだ。すると、エフタのところに、ごろつきが集まって来て、彼といっしょに出歩いた。

⁴それからしばらくたって、アモン人がイスラエルに戦争をしかけてきた。⁵アモン人がイスラエルに戦争をしかけてきたとき、ギルアデの長老たちはトブの地からエフタを連れて来ようと出かけて行き、⁶エフタに言った。「来て、私たちの首領になってください。そしてアモン人と戦いましょう。」⁷エフタはギルアデの長老たちに言った。「あなたがたは私を憎んで、私の父の家から追い出したではありませんか。あなたがたが苦しみに会ったからといって、今なぜ私のところにやって来るのですか。」⁸すると、ギルアデの長老たちはエフタに言った。「だからこそ、私たちは、今、あなたのところに戻って来たのです。あなたが私たちといっしょに行き、アモン人と戦ってくださるなら、あなたは、私たちギルアデの住民全体のかしらになるのです。」⁹エフタはギルアデの長老たちに言った。「もしあなたがたが、私を連れ戻して、アモン人と戦わせ、主が彼らを私に渡してくださったら、私はあなたがたのかしらになりましょう。」¹⁰ギルアデの長老たちはエフタに言った。「主が私たちの間の証人となられます。私たちは必ずあなたの言われるとおりにします。」¹¹エフタがギルアデの長老たちといっしょに行き、民が彼を自分たちのかしらとし、首領としたとき、エフタは自分が言ったことをみな、ミツパで主の前に告げた。

¹²それから、エフタはアモン人の王に使者たちを送って、言った。「あなたは私と、どういうかかわりがあって、私のところに攻めて来て、この国と戦おうとするのか。」¹³すると、アモン人の王はエフタの使者たちに答えた。「イスラエルがエジプトから上って来たとき、アルノン川からヤボク川、それにヨルダン川に至るまでの私の国を取ったからだ。だから、今、これらの地を穏やかに返してくれ。」¹⁴そこで、エフタは再びアモン人の王に使者たちを送って、¹⁵彼に、エフタはこう言うと言わせた。

ことではない（→マコ3：5、ロマ1：18注、ヘブ1：9注）。
10：16 主は、イスラエルの苦しみを見るに忍びなくなった イスラエル人が直面している困難は当然のものだった。それでも神は民の苦しみについて大変心配された。
（1）神はまるで愛する子どもが苦しんでいるときに父親が心を痛めるように、神の民の苦難を深く悲しまれた。イスラエルの困難によって神はある意味で悲しみに打ちひしがれて（⇒エゼ6：9）、あわれみを注がずにはいられなくなったのである（⇒ホセ11：7-9）。
（2）罪を犯してその罪の結果に苦しんでいる人はみな、ただその道から離れてキリストの赦しを受入れ、その生涯の主権をキリストに明け渡すなら、神のあわれみをいただくことができる。その人がどれほど

「イスラエルはモアブの地も、アモン人の地も取らなかった。

¹⁶イスラエルは、エジプトから上って来たとき、荒野を通って葦の海まで行き、それからカデシュに来た。

¹⁷そこで、イスラエルはエドムの王に使者たちを送って、言った。『どうぞ、あなたの国を通らせてください。』ところが、エドムの王は聞き入れなかった。イスラエルはモアブの王にも使者たちを送ったが、彼も好まなかった。それでイスラエルはカデシュにとどまった。

¹⁸それから、彼らは荒野を行き、エドムの地とモアブの地を回って、モアブの地の東に来て、アルノン川の向こう側に宿営した。しかし、モアブの領土には入らなかった。アルノンはモアブの領土だったから。

¹⁹そこでイスラエルは、ヘシュボンの王で、エモリ人の王シホンに使者たちを送って、彼に言った。『どうぞ、あなたの国を通らせて、私の目的地に行かせてください。』

²⁰シホンはイスラエルを信用せず、その領土を通らせなかったばかりか、シホンは民をみな集めてヤハツに陣を敷き、イスラエルと戦った。

²¹しかし、イスラエルの神、主が、シホンとそのすべての民をイスラエルの手に渡されたので、イスラエルは彼らを打った。こうしてイスラエルはその地方に住んでいたエモリ人の全地を占領した。

²²こうして彼らは、アルノン川からヤボク川までと、荒野からヨルダン川までのエモリ人の全領土を占領した。

²³今、イスラエルの神、主は、ご自分の民イスラエルの前からエモリ人を追い払われた。それをあなたは占領しようとしている。

²⁴あなたは、あなたの神ケモシュがあなたに占領させようとする地を占領しないのか。私たちは、私たちの神、主が、私たちの前から追い払ってくださる土地をみな占領するのだ。

²⁵今、あなたはモアブの王ツィポルの子バラクよりもまさっているのか。バラクは、

イスラエルと争ったことがあるのか。彼らと戦ったことがあるのか。

²⁶イスラエルが、ヘシュボンとそれに属する村落、アロエルとそれに属する村落、アルノン川の川岸のすべての町々に、三百年間住んでいたのに、なぜあなたがたは、その期間中に、それを取り戻さなかったのか。

²⁷私はあなたに罪を犯してはいないのに、あなたは私に戦いをいどんで、私に害を加えようとしている。審判者である主が、きょう、イスラエル人とアモン人との間をさばいてくださるように。」

²⁸アモン人の王はエフタが彼に送ったことばを聞き入れなかった。

²⁹主の霊がエフタの上に下ったとき、彼はギルアデとマナセを通り、ついで、ギルアデのミツパを通って、ギルアデのミツパからアモン人のところへ進んで行った。

³⁰エフタは主に誓願を立てて言った。「もしあなたが確かにアモン人を私の手に与えてくださるなら、

³¹私がアモン人のところから無事に帰って来たとき、私の家の戸口から私を迎えに出て来る、その者を主のものといたします。私はその者を全焼のいけにえとしてささげます。」

³²こうして、エフタはアモン人のところに進んで行き、彼らと戦った。主は彼らをエフタの手に渡された。

³³ついでエフタは、アロエルからミニテに至るまでの二十の町を、またアベル・ケラミムに至るまでを、非常に激しく打った。こうして、アモン人はイスラエル人に屈服した。

³⁴エフタが、ミツパの自分の家に来たとき、なんと、自分の娘が、タンバリンを鳴らし、踊りながら迎えに出て来ているではないか。彼女はひとり子であって、エフタには彼女のほかに、男の子も女の子もなかった。

³⁵エフタは彼女を見るや、自分の着物を引き裂いて言った。「ああ、娘よ。あなたはほんとうに、私を打ちのめしてしまった。あなたは私を苦しめる者となった。私は主

神から遠く離れていても、キリストはその人との関係を修復し、神の祝福を回復してくださる。

（3）罪深い失われた世界に対する深い同情から、

神は御子イエスを送り、罪のために死なせ、人間と神との関係を回復してくださった（ヨハ3:16）。

11:29【主】の霊　→3:10注

に向かって口を開いたのだから、もう取り消すことはできないのだ。」
36 すると、娘は父に言った。「お父さま。あなたは主に対して口を開かれたのです。お口に出されたとおりのことを私にしてください。主があなたのために、あなたの敵アモン人に復讐なさったのですから。」
37 そして、父に言った。「このことを私にさせてください。私に二か月のご猶予を下さい。私は山々をさまよい歩き、私が処女であることを私の友だちと泣き悲しみたいのです。」
38 エフタは、「行きなさい」と言って、娘を二か月の間、出してやったので、彼女は友だちといっしょに行き、山々の上で自分の処女であることを泣き悲しんだ。
39 二か月の終わりに、娘は父のところに帰って来たので、父は誓った誓願どおりに彼女に行った。彼女はついに男を知らなかった。こうしてイスラエルでは、
40 毎年、イスラエルの娘たちは出て行って、年に四日間、ギルアデ人エフタの娘のために嘆きの歌を歌うことがしきたりとなった。

エフタとエフライム

12 1 エフライム人が集まって、ツァフォンへ進んだとき、彼らはエフタに言った。「なぜ、あなたは、あなたとともに行くように私たちに呼びかけずに、進んで行ってアモン人と戦ったのか。私たちはあなたの家をあなたもろとも火で焼き払う。」
2 そこでエフタは彼らに言った。「かつて、私と私の民とがアモン人と激しく争ったとき、私はあなたがたを呼び集めたが、あなたがたは私を彼らの手から救ってくれなかった。
3 あなたがたが私を救ってくれないことがわかったので、私は自分のいのちをかけてアモン人のところへ進んで行った。そのとき、主は彼らを私の手に渡された。なぜ、あなたがたは、きょう、私のところに上っ

35 ②民30:2, 詩15:4, 伝5:4, 5
39 ①士11:30
40 ①Ⅱ歴35:25

1 ①士12:1-6, 士8:1-3
2 ①Ⅰサム12:11
3 ①Ⅰサム19:5, 28:21, ヨブ13:14, 詩119:109

4 ①詩78:9
②イザ15:5
11 ①創46:14, 民26:26, 27

て来て、私と戦おうとするのか。」
4 そして、エフタはギルアデの人々をみな集めて、エフライムと戦った。ギルアデの人々はエフライムを打ち破った。これはエフライムが、「ギルアデ人よ。あなたがたはエフライムとマナセのうちにいるエフライムの逃亡者だ」と言ったからである。
5 ギルアデ人はさらに、エフライムに面するヨルダン川の渡し場を攻め取った。エフライムの逃亡者が、「渡らせてくれ」と言うとき、ギルアデの人々はその者に、「あなたはエフライム人か」と尋ね、その者が「そうではない」と答えると、
6 その者に、「『シボレテ』と言え」と言い、その者が「スィボレテ」と言って、正しく発音できないと、その者をつかまえて、ヨルダン川の渡し場で殺した。そのとき、四万二千人のエフライム人が倒れた。
7 こうして、エフタはイスラエルを六年間、さばいた。ギルアデ人エフタは死んで、ギルアデの町に葬られた。

イブツァン、エロン、アブドン

8 彼の後に、ベツレヘムの出のイブツァンがイスラエルをさばいた。
9 彼には三十人の息子がいた。また彼は三十人の娘を自分の氏族以外の者にとつがせ、自分の息子たちのために、よそから三十人の娘たちをめとった。彼は七年間、イスラエルをさばいた。
10 イブツァンは死んで、ベツレヘムに葬られた。
11 彼の後に、ゼブルン人エロンがイスラエルをさばいた。彼は十年間、イスラエルをさばいた。
12 ゼブルン人エロンは死んで、ゼブルンの地のアヤロンに葬られた。
13 彼の後に、ピルアトン人ヒレルの子アブドンがイスラエルをさばいた。

11:39 彼女はついに男を知らなかった エフタは実際には娘をいけにえとしなかった（殺さなかった）(11:30-31)と思われるけれども、その理由として少なくとも次の二つが考えられる。
(1) 神の律法によって人間をいけにえとすることは厳しく禁じられていたこと、また神はそのような邪悪な行為を黙認されないことをエフタは知っていた（レビ18:21, 20:2-5, 申12:31, 18:10-12）。
(2)「彼女はついに男を知らなかった」（結婚しなかった）という言い方は、全生涯にわたって純潔を守り（処女を保つ、未婚）、イスラエルの聖所で仕えたことを暗示している（⇒出38:8, Ⅰサム2:22）。

¹⁴彼には四十人の息子と三十人の孫がいて、七十頭のろばに乗っていた。彼は八年間、イスラエルをさばいた。
¹⁵ピルアトン人ヒレルの子アブドンは死んで、アマレク人の山地にあるエフライムの地のピルアトンに葬られた。

サムソンの誕生

13 ¹イスラエル人はまた、主の目の前に悪を行ったので、主は四十年間、彼らをペリシテ人の手に渡された。
² さて、ダン人の氏族で、その名をマノアというツォルアの出のひとりの人がいた。彼の妻は不妊の女で、子どもを産んだことがなかった。
³ 主の使いがその女に現れて、彼女に言った。「見よ。あなたは不妊の女で、子どもを産まなかったが、あなたはみごもり、男の子を産む。
⁴ 今、気をつけなさい。ぶどう酒や強い酒を飲んではならない。汚れた物をいっさい食べてはならない。
⁵ 見よ。あなたはみごもっていて、男の子を産もうとしている。その子の頭にかみそりを当ててはならない。その子は胎内にいるときから神へのナジル人であるからだ。彼はイスラエルをペリシテ人の手から救い始める。」
⁶ その女は夫のところに行き、次のように言った。「神の人が私のところに来られました。その姿は神の使いの姿のようで、とても恐ろしゅうございました。私はその方がどちらから来られたか伺いませんでした。その方も私に名をお告げになりませんでした。
⁷ けれども、その方は私に言われました。『見よ。あなたはみごもっていて、男の子を産もうとしている。今、ぶどう酒や強い酒を飲んではならない。汚れた物をいっさい食べてはならない。その子は胎内にいるときから死ぬ日まで、神へのナジル人であるからだ。』」
⁸ そこで、マノアは主に願って言った。「ああ、主よ。どうぞ、あなたが遣わされたあの神の人をまた、私たちのところに来させてください。私たちが、生まれて来る子に、何をすればよいか、教えてください。」
⁹ 神は、マノアの声を聞き入れられたので、神の使いが再びこの女のところに来た。彼女は、畑にすわっており、夫マノアは彼女といっしょにいなかった。
¹⁰ それで、この女は急いで走って行き、夫に告げて言った。「早く。あの日、私のところに来られたあの方が、また私に現れました。」
¹¹ マノアは立ち上がって妻のあとについて行き、その方のところに行って尋ねた。「この女にお話しになった方はあなたなのですか。」その方は言った。「わたしだ。」
¹² マノアは言った。「今、あなたのおことばは実現するでしょう。その子のための定めとならわしはどのようにすべきでしょうか。」
¹³ すると、主の使いはマノアに言った。「わたしがこの女に言ったことすべてに気をつけなければならない。
¹⁴ ぶどうの木からできる物はいっさい食べてはならない。ぶどう酒や、強い酒も飲んではならない。汚れた物はいっさい食べてはならない。わたしが彼女に命令したことはみな、守らなければならない。」
¹⁵ マノアは主の使いに言った。「私たちにあなたをお引き止めできますでしょうか。あ

14①士5:10, 10:4
15①士3:27, 5:14

1①→士2:11
　②ヨシ13:2
2①士13:25, 18:2, 11,
　ヨシ15:33, 19:41,
　Ⅰ歴2:53
3①→士2:1
4①民6:2, 3, ルカ1:15
5①Ⅰサム1:11
　②民6:1-21
　③Ⅰサム7:13,
　Ⅱサム8:1, Ⅰ歴18:1
6①士13:8, 10, 11
　②マタ28:3, ルカ9:29
　③士13:17, 18

9①→Ⅱサム14:17
13①→士2:1
　②士13:4
14①→イザ16:8
　②民6:4
15①士6:18, 創18:3-5

13:1　ペリシテ人　多くのペリシテ人はクレテ(エレ47:4, アモ9:7、「カフトル」はクレテを指す)からカナンの地の南部の海辺に前1200年頃に移住して来たと思われる。前1200－1000年の時代(ダビデの時代)までペリシテ人はヘブル人の最大の敵だった。その軍隊は鉄の武器を作ることができたので、イスラエルの軍隊よりも優れた装備を持っていた(Ⅰサム13:19-22)。今でもこの地域を指す「パレスチナ」ということばは「ペリシテ人」からとられている。

13:4　ぶどう酒や強い酒を飲んではならない　霊的な理由から、サムソンの母は妊娠中にぶどう酒や発酵した飲み物(アルコール飲料)を飲んではいけないと指示された(13:4-5)。現代の医学も健康上の理由から同じような節制を勧告している。妊娠中にアルコールを摂取すると、胎児の健全な発達に影響を及ぼす可能性がある(→**新約聖書のぶどう酒**の項p.1870)。

13:5　その子は・・・神へのナジル人である　神はサムソンがナジル人となって神の民のために神の最高の基準に従って生きることを意図しておられた(詳しいナジル人の誓願についての情報　→民6:2注、→**旧約聖書のぶどう酒**の項p.1069)。

13:7　ぶどう酒や強い酒　→「旧約聖書のぶどう酒」

士師記　13-14章

なたのために子やぎを料理したいのですが。」
16 すると、主の使いはマノアに言った。「たとい、あなたがわたしを引き止めても、わたしはあなたの食物は食べない。もし全焼のいけにえをささげたいなら、それは主にささげなさい。」マノアはその方が主の使いであることを知らなかったのである。
17 そこで、マノアは主の使いに言った。「お名まえは何とおっしゃるのですか。あなたのおことばが実現しましたら、私たちは、あなたをほめたたえたいのです。」
18 主の使いは彼に言った。「なぜ、あなたはそれを聞こうとするのか。わたしの名は①不思議という。」
19 そこでマノアは、子やぎと穀物のささげ物を取り、それを岩の上で主にささげた。主はマノアとその妻が見ているところで、不思議なことをされた。
20 炎が祭壇から天に向かって上ったとき、マノアとその妻の見ているところで、主の使いは祭壇の炎の中を上って行った。彼らは地にひれ伏した。
21 ──主の使いは再びマノアとその妻に現れなかった──そのとき、マノアは、この方が主の使いであったのを知った。
22 それで、マノアは妻に言った。「私たちは神を見たので、必ず死ぬだろう。」
23 妻は彼に言った。「もし私たちを殺そうと思われたのなら、主は私たちの手から、全焼のいけにえと穀物のささげ物をお受けにならなかったでしょう。これらのことをみな、私たちにお示しにならなかったで

17 ①創32:29
18 ①申29:3, 詩139:6, イザ9:6
20 ①エゼ1:28, マタ17:6, 黙1:17
　 ②士6:22, 出33:20
23 ①→士6:26
　 ②→ヨシ22:23

24 ①ヘブ11:32
　 ②Ⅰサム3:19, ルカ1:80, 2:52
25 ①→士3:10
　 ②士3:2
　 ③士18:11, 12

1 ①創38:12, ヨシ15:10, 19:43
　 ②Ⅰサム12:9
3 ①創34:14, Ⅰサム17:26
4 ①Ⅰ列12:15, Ⅱ歴10:15, 22:7, 25:20
　 ②士13:1
5 ①→Ⅰ列21:1

しょうし、いまじがた、こうしたことを私たちにお告げにならなかったでしょう。」
24 その後、この女は男の子を産み、その名をサムソンと呼んだ。その子は大きくなり、主は彼を祝福された。
25 そして、主の霊は、ツォルアとエシュタオルの間のマハネ・ダンで彼を揺り動かし始めた。

サムソンの結婚

14 1 サムソンはティムナに下って行ったとき、ペリシテ人の娘でティムナにいるひとりの女を見た。
2 彼は帰ったとき、父と母に告げて言った。「私はティムナで、ある女を見ました。ペリシテ人の娘です。今、あの女をめとって、私の妻にしてください。」
3 すると、父と母は彼に言った。「あなたの身内の娘たちのうちに、または、私の民全体のうちに、女がひとりもいないというのか。割礼を受けていないペリシテ人のうちから、妻を迎えるとは。」サムソンは父に言った。「あの女を私にもらってください。あの女が私の気に入ったのですから。」
4 彼の父と母は、それが主によることだとは知らなかった。主はペリシテ人と事を起こす機会を求めておられたからである。そのころはペリシテ人がイスラエルを支配していた。
5 こうして、サムソンは彼の父母とともに、ティムナに下って行き、ティムナのぶどう畑にやって来た。見よ。一頭の若い獅子がほえたけりながら彼に向かって来た。

の項 p.1069

14:3　割礼を受けていないペリシテ人のうちから
神はサムソンを祝福し聖霊によって力を与えられたけれども（13:24-25, 14:6, 19, 15:14）、サムソンはいくつもの愚かな決断をした。間違った選択をして霊的な失敗をし、肉体的にも死ぬことになった。その最も深刻で破滅的な失敗は次のようなものである。

（1）自分の生涯を神のことばの中で確立しなかった。神に従わない女性との結婚に関する神の律法（出34:16, 申7:3, ⇒創24:3-4, 26:34-35）を無視して、神の命令や指示に関心がないことを表した。

（2）自分勝手で不道徳な欲望を満たすために、神を敬う両親の教えを無視し、神から与えられた遺産を

引継がなかった（13:5, 8, 14, 24-25）。

（3）はかない罪の楽しみを受けるよりも神の民とともに苦しむことを選んだモーセ（ヘブ11:25）とは違って、神に喜ばれない方法で自分の感情や欲求を表した（14:3, 16:1, 4, →15:7注）。

（4）個人的な利益のために神の賜物と力を悪用した。

14:4　それが【主】によること　これはサムソンに神を信じない人と結婚しようという考えや願いを神が与えたということではない。神の民ではない人々と親密な交わりをしたいという自分の欲求に動かされてしたことである（⇒ヤコ1:13-14）。けれどもその罪にもかかわらず、神はサムソンを用いてペリシテ人に対する目的を達成された（⇒創50:20）。

⁶このとき、**主**の霊が激しく彼の上に下って、彼は、まるで子やぎを引き裂くように、それを引き裂いた。彼はその手に何も持っていなかった。サムソンは自分のしたことを父にも母にも言わなかった。

⁷サムソンは下って行って、その女と話し合った。彼女はサムソンの気に入った。

⁸しばらくたってから、サムソンは、彼女をめとろうと引き返して来た。そして、あの獅子の死体を見ようと、わき道に入って行くと、見よ、獅子のからだの中に、蜜蜂の群れと蜜があった。

⁹彼はそれを手にかき集めて、歩きながら食べた。彼は自分の父母のところに来て、それを彼らに与えたので、彼らも食べた。その蜜を、獅子のからだからかき集めたとは彼らに言わなかった。

¹⁰彼の父がその女のところに下って行ったとき、サムソンはそこで祝宴を催した。若い男たちはそのようにするのが常だった。

¹¹人々は、サムソンを見たとき、三十人の客を連れて来た。彼らはサムソンにつき添った。

¹²サムソンは彼らに言った。「さあ、あなたがたに、一つのなぞをかけましょう。もし、あなたがたが七日の祝宴の間に、それを解いて、私に明かすことができれば、あなたがたに亜麻布の着物三十着と、晴れ着三十着をあげましょう。

¹³もし、それを私に明かすことができなければ、あなたがたが亜麻布の着物三十着と晴れ着三十着とを私に下さい。」すると、彼らは言った。「あなたのなぞをかけて、私たちに聞かせてください。」

¹⁴そこで、サムソンは彼らに言った。
　「食らうものから食べ物が出、
　　強いものから甘い物が出た。」
彼らは三日たっても、そのなぞを明かすことができなかった。

¹⁵＊四日目になって、彼らはサムソンの妻に言った。「あなたの夫をくどいて、あのなぞを私たちに明かしてください。さもな

6①→士3:10
　②Ⅰサム17:34-36,
　　Ⅱサム23:20
12①Ⅰ列10:1, エゼ17:2
　②創29:27
　③創45:22, Ⅱ列5:22
15＊七十人訳による
　①「七日目」

16①士16:15
17①ルカ11:5
19①→士3:10

1①創30:14
　②創38:17

いと、私たちは火であなたとあなたの父の家とを焼き払ってしまう。あなたがたは私たちからはぎ取るために招待したのですか。そうではないでしょう。」

¹⁶そこで、サムソンの妻は夫に泣きすがって言った。「あなたは私を憎んでばかりいて、私を愛してくださいません。あなたは私の民の人々に、なぞをかけて、それを私に解いてくださいません。」すると、サムソンは彼女に言った。「ご覧。私は父にも母にもそれを明かしてはいない。あなたに、明かさなければならないのか。」

¹⁷彼女は祝宴の続いていた七日間、サムソンに泣きすがった。七日目になって、彼女がしきりにせがんだので、サムソンは彼女に明かした。それで、彼女はそのなぞを自分の民の人々に明かした。

¹⁸町の人々は、七日目の日が沈む前にサムソンに言った。
　「蜂蜜よりも甘いものは何か。
　　雄獅子よりも強いものは何か。」
すると、サムソンは彼らに言った。
　「もし、私の雌の子牛で耕さなかったなら、
　　私のなぞは解けなかったろうに。」

¹⁹そのとき、**主**の霊が激しくサムソンの上に下った。彼はアシュケロンに下って行って、その住民三十人を打ち殺し、彼らからはぎ取って、なぞを明かした者たちにその晴れ着をやり、彼は怒りを燃やして、父の家へ帰った。

²⁰それで、サムソンの妻は、彼につき添った客のひとりの妻となった。

ペリシテ人に対するサムソンの仕返し

15 ¹しばらくたって、小麦の刈り入れの時に、サムソンは一匹の子やぎを持って自分の妻をたずね、「私の妻の部屋に入りたい」と言ったが、彼女の父は、入らせなかった。

²彼女の父は言った。「私は、あなたがほんとうにあの娘をきらったものと思って、

14:6【主】の霊　サムソンのすぐれた力はサムソン自身のものではなく、神の御霊が臨んだ結果だった（14:19, 15:14, 16:28-30）。新しい契約（キリストによる霊的救いについての神の計画）のもとで、聖霊はキリストに従う人々の上にも（肉体的に強めるためではないけれども）臨まれる。そしてキリストのために生き、キリストの福音を大胆に人々に伝えるために力を与えてくださる（→**聖霊のバプテスマ**」の項p.1950）。

士師記　15章

あれをあなたの客のひとりにやりました。あれの妹のほうが、あれよりもきれいではありませんか。どうぞ、あれの代わりに妹をあなたのものとしてください。」

3 すると、サムソンは彼らに言った。「今度、私がペリシテ人に害を加えても、私には何の罪もない。」

4 それからサムソンは出て行って、＊ジャッカルを三百匹捕らえ、たいまつを取り、尾と尾をつなぎ合わせて、二つの尾の間にそれぞれ一つのたいまつを取りつけ、

5 そのたいまつに火をつけ、そのジャッカルをペリシテ人の麦畑の中に放して、たばねて積んである麦から、立穂、オリーブ畑に至るまでを燃やした。

6 それで、ペリシテ人は言った。「だれがこういうことをしたのか。」また言った。「あのティムナ人の婿サムソンだ。あれが、彼の妻を取り上げて客のひとりにやったからだ。」それで、ペリシテ人は上って来て、彼女とその父を火で焼いた。

7 すると、サムソンは彼らに言った。「あなたがたがこういうことをするなら、私は必ずあなたがたに復讐する。そのあとで、私は手を引こう。」

8 そして、サムソンは彼らを取りひしいで、激しく打った。それから、サムソンは下って行って、エタムの岩の裂け目に住んだ。

9 ペリシテ人が上って行って、ユダに対して陣を敷き、レヒを攻めたとき、

10 ユダの人々は言った。「なぜ、あなたがたは、私たちを攻めに上って来たのか。」彼らは言った。「われわれはサムソンを縛って、彼がわれわれにしたように、彼にもしてやるために上って来たのだ。」

11 そこで、ユダの人々三千人がエタムの岩の裂け目に下って行って、サムソンに言った。「あなたはペリシテ人が私たちの支配者であることを知らないのか。あなたはど

2 ①士14:20
4 ①士15:4, 5、Ⅱサム14:30
＊あるいは「狐」
5 ＊あるいは「立穂」
6 ①士14:15
9 ①士15:19
11 ①士13:1, 14:4

14 ①→士3:10
16 ＊🔲「ハモル」
＊＊🔲「ハモル、ハモラタイム」直訳「一山、二山」
①ヨシ23:10、レビ26:8、士3:31
＊あるいは「あご骨の高台」
18 ①士16:28
②Ⅰサム17:26
19 ①創45:27、イザ40:29
＊あるいは「呼ばわる者の泉」
20 ①士16:31, 13:1

うしてこんなことをしてくれたのか。」すると、サムソンは彼らに言った。「彼らが私にしたとおり、私は彼らにしたのだ。」

12 彼らはサムソンに言った。「私たちはあなたを縛って、ペリシテ人の手に渡すために下って来たのだ。」サムソンは彼らに言った。「あなたがたは私に撃ちかからないと誓いなさい。」

13 すると、彼らはサムソンに言った。「決してしない。ただあなたをしっかり縛って、彼らの手に渡すだけだ。私たちは決してあなたを殺さない。」こうして、彼らは二本の新しい綱で彼を縛り、その岩から彼を引き上げた。

14 サムソンがレヒに来たとき、ペリシテ人は大声をあげて彼に近づいた。すると、①主の霊が激しく彼の上に下り、彼の腕にかかっていた綱は火のついた亜麻糸のようになって、そのなわめが手から解け落ちた。

15 サムソンは、生新しいろばのあご骨を見つけ、手を差し伸べて、それを取り、それで千人を打ち殺した。

16 そして、サムソンは言った。
「＊ろばのあご骨で、
　＊＊山と積み上げた。
　ろばのあご骨で、①千人を打ち殺した。」

17 こう言い終わったとき、彼はそのあご骨を投げ捨てた。彼はその場所を、ラマテ・レヒと名づけた。

18 そのとき、彼はひどく渇きを覚え、①主に呼び求めて言った。「あなたは、しもべの手で、この大きな救いを与えられました。しかし、今、私はのどが渇いて死にそうで、②無割礼の者どもの手に落ちようとしています。」

19 すると、神はレヒにあるくぼんだ所を裂かれ、そこから水が出た。サムソンは水を飲んで元気を回復して生き返った。それゆえその名は、＊エン・ハコレと呼ばれた。それは今日もレヒにある。

20 こうして、サムソンはペリシテ人の時代に二十年間、イスラエルをさばいた。

Ⅰサム11:6, 7

15:7　私は必ずあなたがたに復讐する　サムソンはペリシテ人と戦いたけれどもその動機は個人的な怒りと仕返しで、神の民を抑圧から救うためではなかった。その勝手さと神への献身を欠いていたことから最終的には自分自身を滅ぼしてしまった(16:1, 20-21)。

15:14　【主】の霊が激しく彼の上に下り　旧約聖書

は霊的な力が与えられても、それは必ずしもその人の振舞や生活を神が容認されたという意味ではなかった(⇒民24:2)。サムソンには多くの性格的弱点があったことが明らかである。

15:20　二十年間、イスラエルをさばいた　サムソンは20年間イスラエルをさばいたけれども一度もペリ

サムソンとデリラ

16 ¹ サムソンは、ガザへ行ったとき、そこでひとりの遊女を見つけ、彼女のところに入った。

² このとき、「サムソンがここにやって来た」と、ガザの人々に告げる者があったので、彼らはサムソンを取り囲み、町の門で一晩中、彼を待ち伏せた。そして、「明け方まで待ち、彼を殺そう」と言いながら、一晩中、鳴りをひそめていた。

³ しかしサムソンは真夜中まで寝て、真夜中に起き上がり、町の門のとびらと、二本の門柱をつかんで、かんぬきごと引き抜き、それを肩にかついで、ヘブロンに面する山の頂へ運んで行った。

⁴ その後、サムソンはソレクの谷にいるひとりの女を愛した。彼女の名はデリラといった。

⁵ すると、ペリシテ人の領主たちが彼女のところに来て、彼女に言った。「サムソンをくどいて、彼の強い力がどこにあるのか、またどうしたら私たちが彼に勝ち、彼を縛り上げて苦しめることができるかを見つけなさい。私たちはひとりひとり、あなたに銀千百枚をあげよう。」

⁶ そこで、デリラはサムソンに言った。「あなたの強い力はどこにあるのですか。どうすればあなたを縛って苦しめることができるのでしょう。どうか私に教えてください。」

⁷ サムソンは彼女に言った。「もし彼らが、まだ干されていない七本の新しい弓の弦で私を縛るなら、私は弱くなり、並みの人のようになろう。」

⁸ そこで、ペリシテ人の領主たちは、干されていない七本の新しい弓の弦を彼女のところに持って来たので、彼女はそれでサムソンを縛り上げた。

⁹ 彼女は、奥の部屋に待ち伏せしている者をおいていた。そこで彼女は、「サムソン。ペリシテ人があなたを襲ってきます」と言った。しかし、サムソンはちょうど麻くずの糸が火に触れて切れるように、弓の弦を断ち切った。こうして、彼の力のもとは知られなかった。

¹⁰ デリラはサムソンに言った。「まあ、あなたは私をだまして、うそをつきました。さあ、今度は、どうしたらあなたを縛れるか、教えてください。」

¹¹ すると、サムソンは彼女に言った。「もし、彼らが仕事に使ったことのない新しい綱で、私をしっかり縛るなら、私は弱くなり、並みの人のようになろう。」

¹² そこで、デリラは新しい綱を取って、それで彼を縛り、「サムソン。ペリシテ人があなたを襲ってきます」と言った。奥の部屋には待ち伏せしている者がいた。しかし、サムソンはその綱を糸のように腕から切り落とした。

¹³ デリラはまた、サムソンに言った。「今まで、あなたは私をだまして、うそをつきました。どうしたらあなたを縛れるか、私に教えてください。」サムソンは彼女に言った。「もしあなたが機の縦糸といっしょに私の髪の毛七ふさを織り込み、機のおさで突き刺しておけば、私は弱くなり、並みの人のようになろう。」

¹⁴ 彼が深く眠っているとき、デリラは彼の髪の毛七ふさを取って、機の縦糸といっしょに織り込み、それを機のおさで突き刺し、彼に言った。「サムソン。ペリシテ人があなたを襲ってきます。」すると、サムソンは眠りからさめて、機のおさと機の縦糸を引き抜いた。

¹⁵ そこで、彼女はサムソンに言った。「あなたの心は私を離れているのに、どうして、あなたは『おまえを愛する』と言えるのでしょう。あなたはこれで三回も私をだまして、あなたの強い力がどこにあるのかを教えてくださいませんでした。」

¹⁶ こうして、毎日彼女が同じことを言って、しきりにせがみ、責め立てたので、彼は死ぬほどつらかった。

¹⁷ それで、ついにサムソンは、自分の心を

1①ヨシ15:47
3①エゼ43:8
5①ヨシ13:3
 ②士14:15
7①詩21:12

13＊あるいは「織物」
 ＊＊13節の「機のおさで突き刺しておけば」と14節の「それを機のおさで突き刺し」の前までは七十人訳による補足
15①士14:16

シテ人の支配から人々を解放できなかった。その指導力についての記録を見ると、20年の間に大勝利を得たのは数回に過ぎなかった。もし神の召しに忠実であり、生涯を完全に心の底から神のご計画にささげていたなら、サムソンはどれほどすばらしく神に用いられたか考えさせられる。

16:1 遊女 サムソンは結局は肉欲のために破滅した（⇒16:4, 19-21）。聖い神に喜ばれることよりも、自分の性的欲望を満たすことに熱心だったのである（16:1-3, →「**性道徳の基準**」の項p.2379）。

士師記 16章

みな彼女に明かして言った。「私の頭には、かみそりが当てられたことがない。私は母の胎内にいるときから、神へのナジル人だからだ。もし私の髪の毛がそり落とされたら、私の力は私から去り、私は弱くなり、普通の人のようになろう。」

18 デリラは、サムソンが自分の心をみな明かしたことがわかったので、人をやって、ペリシテ人の領主たちを呼んで言った。「今度は上って来てください。サムソンは彼女にみな私に明かしました。」ペリシテ人の領主たちは、彼女のところに上って来た。そのとき、彼らはその手に銀を持って上って来た。

19 彼女は自分のひざの上でサムソンを眠らせ、ひとりの人を呼んで、彼の髪の毛七ふさをそり落とさせ、彼を苦しめ始めた。彼の力は彼を去っていた。

20 彼女が、「サムソン。ペリシテ人があなたを襲ってきます」と言ったとき、サムソンは眠りからさめて、「今度も前のように出て行って、からだをひとゆすりしてやろう」と言った。彼は主が自分から去られたことを知らなかった。

21 そこで、ペリシテ人は彼をつかまえて、その目をえぐり出し、彼をガザに引き立てて行って、青銅の足かせをかけて、彼をつないだ。こうしてサムソンは牢の中で臼をひいていた。

22 しかし、サムソンの頭の毛はそり落とされてから、また伸び始めた。

サムソンの死

23 さて、ペリシテ人の領主たちは、自分たちの神ダゴンに盛大ないけにえをささげて楽しもうと集まり、そして言った。「私たちの神は、私たちの敵サムソンを、私たちの手に渡してくださった。」

24 民はサムソンを見たとき、自分たちの神をほめたたえて言った。「私たちの神は、私たちの敵を、この国を荒らし、私たち大ぜいを殺した者を、私たちの手に渡してくださった。」

25 彼らは、心が陽気になったとき、「サムソンを呼んで来い。私たちのために見せものにしよう」と言って、サムソンを牢から呼び出した。彼は彼らの前で戯れた。彼らがサムソンを柱の間に立たせたとき、

26 サムソンは自分の手を堅く握っている若者に言った。「私の手を放して、この宮をささえている柱にさわらせ、それに寄りかからせてくれ。」

27 宮は、男と女でいっぱいであった。ペリシテ人の領主たちもみなそこにいた。屋上にも約三千人の男女がいて、サムソンが演技するのを見ていた。

28 サムソンは主に呼ばわって言った。「神、主よ。どうぞ、私を御心に留めてください。ああ、神よ。どうぞ、この一時でも、私を強めてください。私の二つの目のために、もう一度ペリシテ人に復讐したいのです。」

29 そして、サムソンは、宮をささえている二本の中柱を、一本は右の手に、一本は左の手にかかえ、それに寄りかかった。

30 そしてサムソンは、「ペリシテ人といっしょに死のう」と言って、力をこめて、それを引いた。すると、宮は、その中にいた領主たちと民全体との上に落ちた。こうしてサムソンが死ぬときに殺した者は、彼が生きている間に殺した者よりも多かった。

31 そこで、彼の身内の者や父の家族の者た

16:19 彼の力は彼を去っていた デリラと妥協したサムソンは、カナンの地の邪悪な国々と手を切りなさいという神の教えを無視し続けた（申7:1-4）。偶像礼拝を行う人々や不道徳な人々に妥協すれば、サタンの力の影響を受け霊的に方向を誤り完全に滅びることをサムソンは理解していなかった（16:19-21）。

16:20 【主】が自分から去られた これは聖書の中で最も悲しい記述の一つである。サムソンは頑固に神に反抗し、神がもはや自分とともにおられないことに気付いていなかった。これは、罪深く不道徳な行動を続けているのに、神は自分とともにおられると考えてい

る信仰者たちの例である。サムソンが一貫して不従順だったために神は去られた（⇒Ⅰコリ9:27、ヘブ3:6-19）。罪を犯し続ける人から、主はご自分の力と臨在を取去られるということが強く真剣に警告されている（→「**背教**」の項p.2350）。

16:28 サムソンは【主】に呼ばわって言った サムソンが再びへりくだり悔い改め、神への信仰を新しくするときがついに来た。その結果、神は祈りに応えられた。サムソンはそれまでに様々なことをしてきたけれども、この最後の単純な信仰の行動によって、ほかの信仰の偉人たちと一緒に新約聖書に名前が記録される

ちがみな下って来て、彼を引き取り、ツォルアとエシュタオルとの間にある父マノアの墓に彼を運んで行って葬った。サムソンは二十年間、イスラエルをさばいた。

ミカの偶像

17 ¹ エフライムの山地の出で、その名をミカという人がいた。
² 彼は母に言った。「あなたが、銀千百枚を盗まれたとき、のろって言われたことが、私の耳に入りました。実は、私がその銀を持っています。私がそれを盗んだのです。」すると、母は言った。「主が私の息子を祝福されますように。」
³ 彼が母にその銀千百枚を返したとき、母は言った。「私の手でその銀を聖別して主にささげ、わが子のために、それで彫像と鋳像を造りましょう。今は、それをあなたに返します。」
⁴ しかし彼は母にその銀を返した。そこで母は銀二百枚を取って、それを銀細工人に与えた。すると、彼はそれで彫像と鋳像を造った。それがミカの家にあった。
⁵ このミカという人は神の宮を持っていた。それで彼はエポデとテラフィムを作り、その息子のひとりを任命して、自分の祭司としていた。
⁶ そのころ、イスラエルには王がなく、めいめいが自分の目に正しいと見えることを行っていた。

⁷ ユダのベツレヘムの出の、ユダの氏族に属するひとりの若者がいた。彼はレビ人で、そこに滞在していた。
⁸ その人はユダのベツレヘムの町を出て、滞在する所を見つけて、旅を続けてエフライムの山地のミカの家まで来たとき、
⁹ ミカは彼に言った。「あなたはどこから来たのですか。」彼は答えた。「私はユダのベツレヘムから来たレビ人です。私は滞在する所を見つけようとして、歩いているのです。」
¹⁰ そこでミカは言った。「私といっしょに住んで、私のために父となり、また祭司となってください。あなたに毎年、銀十枚と、衣服ひとそろいと、あなたの生活費をあげます。」それで、このレビ人は同意した。
¹¹ このレビ人は心を決めてその人といっしょに住むことにした。この若者は彼の息子のひとりのようになった。
¹² ミカがこのレビ人を任命したので、この若者は彼の祭司となり、ミカの家にいた。
¹³ そこで、ミカは言った。「私は主が私をしあわせにしてくださることをいま知った。レビ人を私の祭司に得たから。」

ダン族がライシュに定住する

18 ¹ そのころ、イスラエルには王がなかった。そのころ、ダン人の部族は、自分たちの住む相続地を求めてい

ことになった(→ヘブ11:32)。
17:1 ミカ 士師記の歴史の年代順の記録は16章で終る。ミカの話から始まる士師記の最後の部分(17:1-21:25)では、さばきつかさの時代のイスラエルに見られる道徳的水準の低さと、非常に汚れた宗教的慣習、社会的な無秩序を描き出している。この悲しむべきイスラエルの姿は、個人であれ社会であれ神のことばと健全な道徳的基準を無視するなら、滅亡にどれほど近付いているかを示している(⇒箴14:34, 21:7)。士師記には二度も「めいめいが自分の目に正しいと見えることを行っていた」と書かれている(17:6, 21:25, ⇒箴14:12)。このことは私たちの道が神の道と明らかに異なることを示している。神の道を拒むなら絶望と混乱と死に至る。
17:5 神の宮 ミカはモーセを通して与えられた、神の霊感を受けて書かれた啓示の権威に従わなかった。そして神から離れて自分が正しいと感じたことを

行った(17:6, ⇒民11:18-25, ヨシ1:5-8)。神の命令を破っていても神の祝福を受けることができる(17:13)と自分自身をだましていた。その犯した罪は盗み(17:2)、偶像礼拝(17:3-5)、神の命令への不従順(17:6)、そして自分の息子を祭司に任命したことである(17:5-13, 民16:17, 申21:5, ⇒Ⅱテモ4:3)。神との契約(終生協定)を完全に無視したとき、イスラエルの国全体が霊的、道徳的判断力を失ってしまった。
17:6 めいめいが自分の目に正しいと見えることを行っていた 自分の目に正しいと見えることを行う人々は神の目に悪を行うようになる(⇒2:11, 4:1, 6:1, 10:6)。律法に背き反抗的で神を恐れないこのような態度は、ミカの時代と同じように今日も一般的になっている。人々は自分の思う通りにしたいと願い、できることとできないことを示されると、たといそれが神とことばによって示されたことでも憤慨する。人間的な欲求を満たすために真理と正しい行動につい

た。イスラエルの諸部族の中にあって、相続地はその時まで彼らに割り当てられていなかったからである。

2 そこで、ダン族は、彼らの諸氏族全体のうちから五人の者、ツォルアとエシュタオルからの勇士たちを派遣して、土地を偵察し、調べることにした。それで、彼らに言った。「行って、あの地を調べなさい。」彼らはエフライムの山地のミカの家に行って、そこで一夜を明かした。

3 彼らはミカの家のそばに来、あのレビ人の若者の声に気づいた。そこで、そこに立ち寄り、彼に言った。「だれがあなたをここに連れて来たのですか。ここで何をしているのですか。ここに何の用事があるのですか。」

4 その若者は彼らに言った。「ミカが、かくかくのことを私にしてくれて、私を雇い、私は彼の祭司になったのです。」

5 彼らはその若者に言った。「どうぞ、神に伺ってください。私たちのしているこの旅が、成功するかどうかを知りたいのです。」

6 その祭司は彼らに言った。「安心して行きなさい。あなたがたのしている旅は、主が認めておられます。」

7 五人の者は進んで行って、ライシュに着き、そこの住民を見ると、彼らは安らかに住んでおり、シドン人のならわしに従って、平穏で安心しきっていた。この地には足りないものは何もなく、押さえつける者もなかった。彼らはシドン人から遠く離れており、そのうえ、だれとも交渉がなかった。

8 五人の者がツォルアとエシュタオルの身内の者たちのところに帰って来たとき、身内の者たちは彼らに、どうだったかと尋ねた。

9 そこで、彼らは言った。「さあ、彼らのところへ攻め上ろう。私たちはその土地を見たが、実に、すばらしい。あなたがたはためらっている。ぐずぐずせずに進んで行って、あの地を占領しよう。

10 あなたがたが行くときは、安心しきっている民のところに行けるのだ。しかもその地は広々としている。神はそれをあなたがたの手に渡しておられる。その場所には、地にあるもので足りないものは何もない。」

11 そこで、ダン人の氏族の者六百人は武具を身に着けて、そこ、ツォルアとエシュタオルから旅立ち、

12 上って行って、ユダのキルヤテ・エアリムに宿営した。それで、その所はマハネ・ダンと呼ばれた。今日もそうである。それはキルヤテ・エアリムの西にある。

13 彼らはさらにそこからエフライムの山地へと進み、ミカの家に着いた。

14 そのとき、あのライシュの地を偵察に行った五人の者は、その身内の者たちに告げて言った。「これらの建物の中にエポデやテラフィム、彫像や鋳像があるのを知っているか。今あなたがたは何をなすべきかを知りなさい。」

15 そこで、彼らは、そちらのほうに行き、あのレビ人の若者の家ミカの家に来て、彼の安否を尋ねた。

16 武具を身に着けた六百人のダンの人々は、門の入口のところに立っていた。

17 あの地を偵察に行った五人の者は上って行き、そこに入り、彫像とエポデとテラフィムと鋳像を取った。祭司は武具を身に着けた六百人の者と、門の入口のところに立っていた。

18 五人の者がミカの家に入り、彫像とエポデとテラフィムと鋳像を取った。そのとき祭司は彼らに言った。「あなたがたは何をしているのか。」

19 彼らは祭司に言った。「黙っていてください。あなたの手を口に当てて、私たちといっしょに来て、私たちのために父となり、また祭司となってください。あなたはひとりの家の祭司になるのと、イスラエルで部族または氏族の祭司になるのと、どちらがよいですか。」

20 祭司の心ははずんだ。彼はエポデとテラフィムと彫像を取り、この人々の中に入っ

2 ①士13:2
　②民13:17, ヨシ2:1
　③士17:1
　④士17:12
4 ①士17:10, 12
5 ①Ⅰ列22:5, ホセ4:12
7 ①士18:14, 27, 29
　＊直訳「恥じさせるもの」
8 ①士18:2
9 ①民13:30

10 ①申8:9
11 ①士13:2
12 ①ヨシ15:60
　③士13:25
　＊あるいは「ダンの宿営」
14 ①士18:2
　②士17:5
　③Ⅱ列23:24
15 ①創43:27, Ⅰサム17:22
16 ①士18:11
17 ①士18:2, 14
　②士17:4, 5
19 ①ヨブ21:5, 29:9, 40:4, 箴30:32, ミカ7:16
　②士17:10
　③士17:10

ての神の絶対的な基準を無視する人々は、その生涯に霊的、道徳的、社会的混乱を招く。一方、心からキリストに従う人々は、聖書に啓示されている神の基準と価値観とに喜んで従うのである。

18:20　祭司の心ははずんだ　17章、18章には祭司のことが描かれているけれども、人々が神を拒んだだけではなく、献身した霊的指導者までもが堕落していたことが強調されている。この祭司はただお金と地位のために、にせの神々の宗教的行事に仕えていた(17:12)。神に逆らう指導者はしばしば人々の中に霊

て行った。
21 そこで、彼らは子どもや家畜や貴重品を先にして引き返して行った。
22 彼らがミカの家からかなり離れると、ミカは家の近くの家にいた人々を集め、ダン族に追いついた。
23 彼らがダン族に呼びかけたとき、彼らは振り向いて、ミカに言った。「あなたは、どうしたのだ。人を集めたりして。」
24 すると、ミカは言った。「あなたがたは私の造った神々と、それに祭司とを取って行った。私のところには何が残っていますか。私に向かって『どうしたのだ』と言うのは、いったい何事です。」
25 そこで、ダン族はミカに言った。「あなたの声が私たちの中で聞こえないようにせよ。でなければ、気の荒い連中があなたがたに撃ちかかろう。あなたは、自分のいのちも、家族のいのちも失おう。」
26 こうして、ダン族は去って行った。ミカは、彼らが自分よりも強いのを見てとり、向きを変えて、自分の家に帰った。
27 彼らは、ミカが造った物と、ミカの祭司とを取って、ライシュに行き、平穏で安心しきっている民を襲い、剣の刃で彼らを打ち、火でその町を焼いた。
28 その町はシドンから遠く離れており、そのうえ、だれとも交渉がなかったので、救い出す者がいなかった。その町はベテ・レホブの近くの谷にあった。彼らは町を建て、そこに住んだ。
29 そして、彼らはイスラエルに生まれた自分たちの先祖ダンの名にちなんで、その町にダンという名をつけた。その町のもとの名はライシュであった。
30 さて、ダン族は自分たちのために彫像を立てた。モーセの子ゲルショムの子ヨナタ

24 ①士17:4, 5
27 ①士18:7
28 ①士18:7
②Ⅱサム10:6, 民13:21
29 ①士20:1, 創14:14,
ヨシ19:47,
Ⅰ列12:29, 30, 15:20
30 ①士17:3, 5
＊□「マナセ」
②出2:22, 18:3

31 ①士21:12
1 ①士17:6
②士17:7, 19:18
3 ①創34:3
5 ①士19:8, 創18:5,
Ⅰ列21:7
6 ①士19:9, 22

ンとその子孫が、国の捕囚の日まで、ダン部族の祭司であった。
31 こうして、神の宮がシロにあった間中、彼らはミカの造った彫像を自分たちのために立てた。

レビ人とそばめ

19 1 イスラエルに王がなかった時代のこと、ひとりのレビ人が、エフライムの山地の奥に滞在していた。この人は、そばめとして、ユダのベツレヘムからひとりの女をめとった。
2 ところが、そのそばめは彼をきらって、彼のところを去り、ユダのベツレヘムの自分の父の家に行き、そこに四か月の間いた。
3 そこで、彼女の夫は、ねんごろに話をして彼女を引き戻すために、若い者と一くびきのろばを連れ、彼女のあとを追って出かけた。彼女が夫を自分の父の家に連れて入ったとき、娘の父は彼を見て、喜んで迎えた。
4 娘の父であるしゅうとが引き止めたので、彼は、しゅうとといっしょに三日間とどまった。こうして、彼らは食べたり飲んだりして、夜を過ごした。
5 四日目になって朝早く、彼は出かけようとして立ち上がった。すると、娘の父は婿に言った。「少し食事をして元気をつけ、そのあとで出かけなさい。」
6 それで、彼らふたりは、すわって共に食べたり飲んだりした。娘の父はその人に言った。「どうぞ、もう一晩泊まることにして、楽しみなさい。」
7 その人が出かけようとして立ち上がると、しゅうとが彼にしきりに勧めたので、彼はまたそこに泊まって一夜を明かした。
8 五日目の朝早く、彼は出かけようとすると、娘の父は言った。「どうぞ、元気をつ

的反抗を引き起こす原因になる。

19:1　・・・時代のこと　19章の出来事は、一部のイスラエル人が神から離れた後にどれほど邪悪で不道徳になったかを明らかにしている。（1）一部のイスラエル人（ベニヤミン族）は同性愛、暴行、殺人を犯していた（19:22-30）。（2）レビ人（聖職者または奉仕者）は自分を守るために妻を暴行と殺人の被害者として差し出した（19:1, 22, 25-30）。これは人々と指導者たちがともに神の聖い臨在と神のことばの光から離れて、霊的暗黒に深く落ち込んでいたことを示している（⇒ホセ9:9, 10:9）。

19:1　そばめ　旧約聖書では、そばめは法律的に男性と結婚しているけれども正妻よりも低い立場にある女性のことである。旧約聖書の中で重婚（複数の配偶者を持つこと）を認可している箇所はどこにもない（出21:7-11, 申21:10-14, →創29:28注）。

士師記　19章

けて、日が傾くまで、ゆっくりしていなさい。」そこで、彼らふたりは食事をした。⁹それから、その人が自分のそばめと、若い者を連れて、出かけようとすると、娘の父であるしゅうとは彼に言った。「ご覧なさい。もう日が暮れかかっています。どうぞ、もう一晩お泊まりなさい。もう日も傾いています。ここに泊まって、楽しみなさい。あすの朝早く旅立って、家に帰ればいいでしょう。」¹⁰その人は泊まりたくなかったので、立ち上がって出て行き、エブスすなわちエルサレムの向かい側にやって来た。鞍をつけた一くびきのろばと彼のそばめとが、いっしょだった。¹¹彼らがエブスの近くに来たとき、日は非常に低くなっていた。それで、若い者は主人に言った。「さあ、このエブス人の町に寄り道して、そこで一夜を明かしましょう。」¹²すると、彼の主人は言った。「私たちは、イスラエル人ではない外国人の町には立ち寄らない。さあ、ギブアまで進もう。」¹³それから、彼は若い者に言った。「さあ、ギブアかラマのどちらかの地に着いて、そこで一夜を明かそう。」¹⁴こうして、彼らは進んで行った。彼らがベニヤミンに属するギブアの近くに来たとき、日は沈んだ。¹⁵彼らはギブアに行って泊まろうとして、そこに立ち寄り、町に入って行って、広場にすわった。だれも彼らを迎えて家に泊めてくれる者がいなかったからである。¹⁶そこへ、夕暮れになって野良仕事から帰ったひとりの老人がやって来た。この人はエフライムの山地の人で、ギブアに滞在していた。この土地の者たちはベニヤミン族であった。¹⁷目を上げて、町の広場にいる旅人を見たとき、この老人は、「どちらへおいでですか。どちらからおいでになったのですか」と尋ねた。¹⁸そこで、その人は彼に言った。「私たちは、ユダのベツレヘムから、エフライムの山地の

¹⁰ ①ヨシ18:28
¹¹ ①士19:19
　 ②士1:21, ヨシ15:8, 63, Ⅱサム5:6, Ⅰ歴11:4, 5
¹² ①ヨシ18:28
¹⁵ ①士18:25
¹⁶ ①士19:1
　 ②士19:14

¹⁸ ①士19:15
¹⁹ *直訳「あなたのはしため」
　 **直訳「あなたのしもべたち」
　 ①士19:11
²⁰ ①士6:23, 創43:23
　 ②創19:2
²¹ ①創24:32, 33
　 ②創18:4, 43:24, ヨハ13:5
²² ①士19:22-26, 士20:5, ホセ9:9, 10:9, 創19:4-8
　 ②申13:13, Ⅰサム2:12, Ⅰ列21:10
²³ ①士20:6
²⁵ *直訳「知って」
　 ①士20:5

奥まで旅を続けているのです。私はその奥地の者です。ユダのベツレヘムまで行って来ました。今、主の宮へ帰る途中ですが、だれも私を家に迎えてくれる者がありません。¹⁹私たちのろばのためには、わらも飼葉もあり、また、私と*妻と、私たちといっしょにいる若い者とのためにはパンも酒もあります。足りないものは何もありません。」²⁰すると、この老人は言った。「安心なさい。ただ、足りないものはみな、私に任せて。ただ広場では夜を過ごさないでください。」²¹こうして彼は、この人を自分の家に連れて行き、ろばに、まぐさをやった。彼らは足を洗って、食べたり飲んだりした。²²彼らが楽しんでいると、町の者で、よこしまな者たちが、その家を取り囲んで、戸をたたき続けた。そして彼らは、その家の主人である老人に言った。「あなたの家に来たあの男を引き出せ。あの男を知りたい。」²³そこで、家の主人であるその人は彼らのところに出て行って言った。「いけない。兄弟たちよ。どうか悪いことはしないでくれ。この人が私の家に入って後に、そんな恥ずべきことはしないでくれ。²⁴ここに処女の私の娘と、あの人のそばめがいる。今、ふたりを連れ出すから、彼らをはずかしめて、あなたがたの好きなようにしなさい。あの人には、そのような恥ずべきことはしないでくれ。」²⁵しかし、人々は彼に聞こうとしなかった。そこで、その人は自分のそばめをつかんで、外の彼らのところへ出した。すると、彼らは彼女を犯して、夜通し、朝まで暴行を加え、夜が明けかかるころ彼女を放した。²⁶夜明け前に、その女は自分の主人のいるその人の家の戸口に来て倒れ、明るくなるまでそこにいた。²⁷その女の主人は、朝になって起き、家の戸を開いて、旅に出ようとして外に出た。見ると、そこに自分のそばめであるその女が、手を敷居にかけて、家の入口に倒れていた。

19:22　あの男を引き出せ　この最も恐ろしく恥ずべき道徳的堕落はギブアで起きた。一度は主の民だった人々が、同性愛の肉欲と暴行に身をゆだね(⇒ホセ9:9, 10:9)、ソドムの人々のようになっていた(創19:1-11)。聖書によると同性愛は神を拒むことによる最終的な結末の一つである。人々はもし不道徳な自分の欲求に従い続けるなら、自ら選んだことの結果を招くことになる(ロマ1:27-28, →ロマ1:27注)。

28 それで、彼はその女に、「立ちなさい。行こう」と言ったが、何の返事もなかった。それで、その人は彼女をろばに乗せ、立って自分の所へ向かって行った。
29 彼は自分の家に着くと、刀を取り、自分のそばめをつかんで、その死体を十二の部分に切り分けて、イスラエルの国中に送った。
30 それを見た者はみな言った。「イスラエル人がエジプトの地から上って来た日から今日まで、こんなことは起こったこともなければ、見たこともない。このことをよく考えて、相談をし、意見を述べよ。」

イスラエル人とベニヤミン族との戦い

20 ¹ そこで、ダンからベエル・シェバ、およびギルアデの地に至るイスラエル人はみな、出て来て、その会衆は、こぞってミツパの*主のところに集まった。
² イスラエルの全部族、民全体のかしらたち、四十万の剣を使う歩兵が神の民の集まりに出た。
³ ──ベニヤミン族は、イスラエル人がミツパに上って来たことを聞いた──イスラエル人は、「こんな悪い事がどうして起こったのか、話してください」と言った。
⁴ 殺された女の夫であるレビ人は答えて言った。「私は、そばめといっしょに、ベニヤミンに属するギブアに行き、一夜を明かそうとしました。
⁵ すると、ギブアの者たちは私を襲い、夜中に私のいる家を取り囲み、私を殺そうと

29 ① Ⅰ サム 11:7
30 ① 士 20:7

1 ① Ⅰ サム 3:20、
  Ⅱ サム 3:10, 24:2
  *直訳「ひとりの人のように」
  ② Ⅰ サム 7:5, 10:17
  ③ 士 21:5
2 ① 士 8:10, 20:17
4 ① 士 19:15
5 ① 士 19:22

② 士 19:25, 26
6 ① 士 19:29
  ② → 士 2:6
  ③ 創 34:7, 申 22:21、
    ヨシュ 15、Ⅱ サム 13:12
8 * → 士 20:1 *
9 * 七十人訳による
10 * ⌐「ゲバ」
11 * → 士 20:1 *
13 ① 士 19:22
  ② 申 17:12

計りましたが、彼らは私のそばめに暴行を加えました。それで彼女は死にました。
⁶ そこで私は、そばめをつかみ、彼女を切り分け、それをイスラエルの相続地の全地に送りました。これは、彼らがイスラエルの中で、みだらな恥ずべきことを行ったからです。
⁷ さあ、あなたがたイスラエル人のすべてよ。今ここで、意見を述べて、相談してください。」
⁸ そこで、民はみな、こぞって立ち上がって言った。「私たちは、だれも自分の天幕に帰らない。だれも自分の家に戻らない。
⁹ 今、私たちがギブアに対してしようとしていることはこうだ。くじを引いて、*攻め上ろう。
¹⁰ 私たちは、イスラエルの全部族について、百人につき十人、千人につき百人、一万人につき千人をとって、民のための糧食を持って行かせ、民がベニヤミンのギブアに行って、ベニヤミンがイスラエルでしたこのすべての恥ずべき行いに対して、*報復させよう。」
¹¹ こうして、イスラエル人はみな団結し、*こぞってその町に集まって来た。
¹² それから、イスラエルの諸部族は、ベニヤミンの諸部族のすべての人にやって言わせた。「あなたがたのうちに起こったあの悪い事は、何ということか。
¹³ 今、ギブアにいるあのよこしまな者たちを渡せ。彼らを殺して、イスラエルから悪を除き去ろう。」ベニヤミン族は、自分たちの同族イスラエル人の言うことに聞き従おうとしなかった。
¹⁴ それどころか、ベニヤミン族は町々から

20:1 イスラエル人はみな、出て来て イスラエルの各部族は神の律法を守り正しいことを教え励ますことができなかった。その結果は19章にあるような恐ろしい罪となって現れた。ベニヤミン族はこの暗黒の状態を普通のこととして受けとめ、悪を行った人々を罰することを拒んだのである(20:12-14)。イスラエル民族全体が神のことばに誠実に従う生活を捨てていたけれども、中でもベニヤミン族は完全に背教(神に対する霊的反抗)をしていた。その結果、内乱が起きて何千人もの人々が死んだ。そしてベニヤミン族は極めて少人数になってしまった。

20:13 ベニヤミン族は・・・聞き従おうとしなかった ベニヤミン族は、このような残酷な目に遭った無実の被害者にではなく、悪を行った人々に同情を示した(19:25)。

(1) ベニヤミン族は社会の中の悪を罰しなかったため、次のような悪い見本を示すことになってしまった。(a) 正義を尊重しなかった。(b) 道徳的敏感さと神の律法に対する忠誠を失った。このために神はベニヤミン族全体を罰せられた(⇒20:18, 35, 48)。

(2) もし罪を犯してもその罪を悔い改めない人々を大胆に公に懲戒し追放しないなら、教会もベニヤミン族と同じようなことになる。聖書的な懲戒を実行しないなら、それは罪と不道徳を容認することになる。それは教会が道徳的な感性と神と神のことばへの忠誠を失った証拠である。このような地域教会は確実に神のさばきを受けることになる(→マタ13:30注, 18:15注, Ⅰコリ5:1注)。

士師記　20章

ギブアに集まり、イスラエル人との戦いに出て行こうとした。

15 その日、ベニヤミン族は、町々から二万六千人の剣を使う者を召集した。そのほかにギブアの住民のうちから七百人の精鋭を召集した。

16 この民全体のうちに、左ききの精鋭が七百人いた。彼らはみな、一本の毛をねらって石を投げて、失敗することがなかった。

17 イスラエル人は、ベニヤミンを除いて、剣を使う者四十万人を召集した。彼らはみな、戦士であった。

18 イスラエル人は立ち上がって、ベテルに上り、神に伺って言った。「私たちのため、だれが最初に上って行って、ベニヤミン族と戦うのでしょうか。」すると、主は仰せられた。「ユダが最初だ。」

19 朝になると、イスラエル人は立ち上がり、ギブアに対して陣を敷いた。

20 イスラエル人はベニヤミンとの戦いに出て行った。そのとき、イスラエル人はギブアで彼らと戦うための陣ぞなえをした。

21 ベニヤミン族はギブアから出て来て、その日、イスラエル人二万二千人をその場で殺した。

22 しかし、この民、イスラエル人は奮い立って、初めの日に陣を敷いた場所で、再び戦いの備えをした。

23 そしてイスラエル人は上って行って、主の前で夕方まで泣き、主に伺って言った。「私は再び、私の兄弟ベニヤミン族に近づいて戦うべきでしょうか。」すると、主は仰せられた。「攻め上れ。」

24 そこで、イスラエル人は次の日、ベニヤミン族に攻め寄せたが、

25 ベニヤミンも次の日、ギブアから出て来て、彼らを迎え撃ち、再びイスラエル人のうち一万八千人をその場で殺した。これらの者はみな、剣を使う者であった。

26 それで、すべてのイスラエル人は、全民こぞってベテルに上って行って、泣き、そこで主の前にすわり、その日は、夕方まで断食をし、全焼のいけにえと和解のいけにえを主の前にささげた。

27 そして、イスラエル人は主に伺い、──当時、神の契約の箱はそこにあった。

28 当時、アロンの子エルアザルの子ピネハスが、御前に仕えていた──そして言った。「私はまた、出て行って、私の兄弟ベニヤミン族と戦うべきでしょうか。それとも、やめるべきでしょうか。」主は仰せられた。「攻め上れ。あす、わたしはあなたがたの手に渡す。」

29 そこで、イスラエルはギブアの回りに伏兵を置いた。

30 三日目にイスラエル人は、ベニヤミン族のところに攻め上り、先のようにギブアに対して陣ぞなえをした。

31 すると、ベニヤミン族は、この民を迎え撃つために出て来た。彼らは町からおびき出された。彼らは、一つはベテルに、他の一つはギブアに上る大路で、この前のようにこの民を打ち始め、イスラエル人約三十人を戦場で刺し殺した。

32 ベニヤミン族は、「彼らは最初のときのようにわれわれに打ち負かされる」と思った。イスラエル人は言った。「さあ、逃げよう。そして彼らを町から大路におびき出そう。」

33 イスラエル人はみな、その持ち場を立ち、バアル・タマルで陣ぞなえをした。一方、イスラエルの伏兵たちは、自分たちの持ち場、*マアレ・ゲバからおどり出た。

34 こうして、全イスラエルの精鋭一万人がギブアに向かってやって来た。戦いは激しかった。ベニヤミン族は、わざわいが自分たちに迫っているのに気がつかなかった。

35 こうして、主がイスラエルによってベニヤミンを打ったので、イスラエル人は、その日、ベニヤミンのうち二万五千百人を殺した。これらの者はみな、剣を使う者であった。

36 ベニヤミン族は、自分たちが打ち負かされたのを見た。イスラエル人がベニヤミンの前から退却したのは、ギブアに対して伏せていた伏兵を信頼したからであった。

37 伏兵は急ぎギブアに突入した。伏兵はその勢いに乗って、町中を剣の刃で打ちまくった。

38 イスラエル人と伏兵との間には、合図が決めてあって、町からのろしが上げられたら、

39 イスラエル人は引き返して戦うようになっ

---

15 ①民1:36, 37, 2:22, 23, 26:41
16 ①士3:15, Ⅰ歴12:2
17 ①士20:2
18 ①士1:1, 20:23, 27, 出33:7, 民27:21
21 ①創49:27
　②士20:25
23 ①ヨシ7:6, 7
　②士20:18
25 ①士20:21
26 ①士2:4, 20:23, 21:2
　②→士6:26
　③→ヨシ8:31

27 ①士20:18
　②民10:33, 申10:8,
　　→ヨシ3:3,
　　→Ⅰサム4:3,
　　Ⅱサム15:24,
　　→Ⅰ列3:15,
　　→Ⅰ歴15:25,
　　→Ⅱ歴5:2, エレ3:16,
　　ヘブ9:4, 黙11:19,
　　出25:22, ヨシ3:13,
　　Ⅰサム3:3
28 ①民25:7, ヨシ24:33
　②申10:8, 18:5
　③士20:18
29 ①ヨシ8:4
31 ①士8:16
33 ①ヨシ8:19
　*あるいは「ゲバの草原」、「ゲバの西」
34 ①ヨシ8:14, イザ47:11
36 ①ヨシ8:15
37 ①ヨシ8:19
38 ①ヨシ8:20

ていた。ベニヤミンは、約三十人のイスラエル人を打ち殺し始めた。「彼らは、きっと最初の戦いのときのように、われわれに打ち負かされるに違いない」と思ったのである。
⁴⁰ そのころ、のろしが煙の柱となって町から上り始めた。ベニヤミンは、うしろを振り向いた。見よ。町全体から煙が天に上っていた。
⁴¹ そこへ、イスラエル人が引き返して来たので、ベニヤミン人は、わざわいが自分たちに迫っているのを見て、うろたえた。
⁴² それで、彼らはイスラエル人の前から荒野のほうへ向かったが、戦いは彼らに追い迫り、町々から出て来た者も合流して、彼らを殺した。
⁴³ イスラエル人はベニヤミンを包囲して追いつめ、ノアから東のほうギブアの向こう側まで踏みにじった。
⁴⁴ こうして、一万八千人のベニヤミンが倒れた。これらの者はみな、力ある者たちであった。
⁴⁵ また残りの者は荒野のほうに向かってリモンの岩に逃げたが、イスラエル人は、大路でそのうちの五千人を打ち取り、なお残りをギデオムまで追跡して、そのうちの二千人を打ち殺した。
⁴⁶ こうして、その日ベニヤミンの中で倒れた者はみなで二万五千人、剣を使う力ある者たちであった。
⁴⁷ それでも、六百人の者は荒野のほうに向かってリモンの岩に逃げ、四か月間、リモンの岩にいた。
⁴⁸ イスラエル人は、ベニヤミン族のところへ引き返し、無傷のままだった町をはじめ、家畜、見つかったものすべてを剣の刃で打ち、また見つかったすべての町々に火を放った。

ベニヤミン族の妻たち

21 ¹ イスラエル人はミツパで、「私たちはだれも、娘をベニヤミンにとつがせない」と言って誓っていた。
² そこで、民はベテルに来て、そこで夕方まで神の前にすわり、声をあげて激しく泣いた。
³ そして、彼らは言った。「イスラエルの神、主よ。なぜイスラエルにこのようなことが起こって、きょう、イスラエルから一つの部族が欠けるようになったのですか。」
⁴ 翌日になって、民は朝早く、そこに一つの祭壇を築き、全焼のいけにえと和解のいけにえをささげた。
⁵ そこで、イスラエルの人々は、「イスラエルの全部族のうちで、主のところの集まりに上って来なかった者はだれか」と言った。彼らがミツパの主のところに上って来なかった者について、「その者は必ず殺されなければならない」と言って、重い誓いを立てていたからである。
⁶ イスラエル人は、その兄弟ベニヤミンのことで悔やんだ。それで言った。「きょう、イスラエルから、一つの部族が切り捨てられた。
⁷ あの残った者たちに妻をめとらせるにはどうすればよいだろうか。私たちは主にかけて、彼らに娘をとつがせないと誓ったのだ。」
⁸ ついで、彼らは言った。「イスラエルの部族のうちで、どこの者がミツパの主のところに上って来なかったのか。」見ると、ヤベシュ・ギルアデからは、ひとりも陣営に、その集まりに、出ていなかった。
⁹ 民は点呼したが、ヤベシュ・ギルアデの住民はひとりもそこにいなかった。
¹⁰ 会衆は、一万二千人の勇士をそこに送り、彼らに命じて言った。「行って、ヤベシュ・ギルアデの住民を、剣の刃で打て。女や子どもも。
¹¹ あなたがたは、こうしなければならない。男はみな、そして男と寝たことのある女はみな、聖絶しなければならない。」
¹² こうして、彼らはヤベシュ・ギルアデの住民のうちから、男と寝たことがなく、男を知らない若い処女四百人を見つけ出した。彼らは、この女たちをカナンの地にあるシロの陣営に連れて来た。
¹³ それから、全会衆は、リモンの岩にい

21:7 あの残った者たちに 戦いで生き残ったベニヤミン族はたった600人だった（→20:47）。
21:10 住民を、剣の刃で打て ヤベシュ・ギルアデに住むほとんどのイスラエル人はベニヤミン族との戦いに加わらなかったので殺された。その罪は一部の兄弟が犯した最悪の罪（19:22-25）に対抗して、神と神の民とともに立上がらなかったことである。だからと言って、キリスト者が神の名前を使って自分の考えや個人的仕返しをしてもよいということにはならない。しかもキリスト者が霊的攻撃を行うのは、ほとんどの

士師記　21章

るベニヤミン族に使いをやり、彼らに和解を呼びかけたが、
14 そのとき、ベニヤミンは引き返して来たので、ヤベシュ・ギルアデの女のうちから生かしておいた女たちを彼らに与えた。しかし、彼らには足りなかった。
15 民はベニヤミンのことで悔やんでいた。主がイスラエルの部族の間を裂かれたからである。
16 そこで、会衆の長老たちは言った。「あの残った者たちに妻をめとらせるにはどうしたらよかろう。ベニヤミンのうちから女が根絶やしにされたのだ。」
17 ついで彼らは言った。「ベニヤミンののがれた者たちの跡継ぎがなければならない。イスラエルから一つの部族が消し去られてはならない。
18 しかし、私たちの娘を彼らにとつがせることはできない。イスラエル人は、『ベニヤミンに妻を与える者はのろわれる』と言って誓っているからだ。」
19 それで、彼らは言った。「そうだ。毎年、シロで主の祭りがある。」──この町はベテルの北にあって、ベテルからシェケムに上る大路の日の上る方、レボナの南にある──
20 それから、彼らはベニヤミン族に命じて

15 ① 士21:6
18 ① 士21:1
19 ① 士18:31, ヨシ18:1, Ⅰサム1:3

21 ① 士11:34, 出15:20, Ⅰサム18:6, エレ31:13
22 ① 士21:1, 18
23 ① 士20:48
24 ① → 士2:6
25 ① 士17:5

言った。「行って、ぶどう畑で待ち伏せして、
21 見ていなさい。もしシロの娘たちが踊りに出て来たら、あなたがたはぶどう畑から出て、めいめい自分の妻をシロの娘たちのうちから捕らえ、ベニヤミンの地に行きなさい。
22 もし、女たちの父や兄弟が私たちに苦情を言いに来たら、私たちは彼らに、『私たちのため、彼らに情けをかけてやってください。私たちは戦争のときに彼らのひとりひとりに妻をとらせなかったし、あなたがたも娘を彼らに与えませんでした。もしそうしていたら、あなたがたは、罪に定められたでしょう』と言います。」
23 ベニヤミン族はそのようにした。彼らは女たちを自分たちの数にしたがって、連れて来た。踊っているところを、彼らが略奪した女たちである。それから彼らは戻って、自分たちの相続地に帰り、町々を再建して、そこに住んだ。
24 こうして、イスラエル人は、そのとき、そこを去って、めいめい自分の部族と氏族のところに帰って行き、彼らはそこからめいめい自分の相続地へ出て行った。
25 そのころ、イスラエルには王がなく、めいめいが自分の目に正しいと見えることを行っていた。

場合教会の中であることに注意するべきである。
21:25　めいめいが自分の目に正しいと見えることを行っていた　士師記は、士師時代にイスラエルに問題を引起こした根源を再び示して終っている。人々は神の基準を無視して自分たちの道を歩み、自分たちのゆがんだ判断で正しいと思うことを行っていたのである。けれども箴言が示すように、人間の思いや意見は正義を判断するのには貧しく、間違いの多いものである（箴14:12, 16:25）。神のことばではなく自分の意見を生涯の指標とすることは、明らかに神に対する反抗の第一歩である。何年も後にネヘミヤは神の民にこの同じ真理を示している。「彼らは反抗的で、あなたに反抗し、あなたの律法をうしろに投げ捨て、・・・けれども、あなたは大いなるあわれみをかけて、彼らを滅ぼし尽くさず、彼らを捨てられませんでした。あなたは、情け深く、あわれみ深い神であられますから」（ネヘ9:26, 31）。

ルツ記

概　　要
I．ナオミの苦境(1：1-5)
II．ナオミとルツ(1：6-22)
　　A．ナオミはモアブを去る決心をする(1：6-13)
　　B．ルツは愛と忠誠を表明する(1：14-18)
　　C．ナオミとルツはベツレヘムへ行く(1：19-22)
III．ルツは刈入れの畑でボアズに出会う(2：1-23)
　　A．ルツは働き始める(2：1-7)
　　B．ボアズはルツに親切にする(2：8-16)
　　C．ルツはナオミに説明をする(2：17-23)
IV．ルツは打ち場のボアズの所へ行く(3：1-18)
　　A．ナオミはルツにボアズについて指示をする(3：1-5)
　　B．ルツはボアズに買い戻しの権利を訴える(3：6-9)
　　C．ボアズは応答しルツに誓約する(3：10-15)
　　D．ルツはナオミに報告をする(3：16-18)
V．ボアズはルツと結婚する(4：1-13)
　　A．買い戻しの権利のある親類が合意する(4：1-12)
　　　1．ボアズはナオミの親類と交渉する(4：1-8)
　　　2．ボアズはナオミの土地を買い結婚を発表する(4：9-12)
　　B．結婚と息子(4：13)
VI．ナオミの祝福としあわせ(4：14-17)
VII．ペレツからダビデまでの系図(4：18-22)

著　　者：不明

主　　題：私心のない忠誠と贖いの愛

著作の年代：紀元前10世紀

著作の背景
　歴史的にルツ記はさばきつかさ(士師)の時代のイスラエルの一家族の出来事を描いている(1：1，前1375-1050頃，→士緒論・著作の背景)。地理的には1章18節までの舞台はモアブの地(死海の東岸)である。それ以後の出来事はユダのベツレヘム近辺で起きている。ルツ記は公の礼拝で使われる文書としてヘブル語聖書の第三部(ハギオグラファー諸書)にある「五巻」の一つになった。この「五巻」はそれぞれ毎年ユダヤ人の祭りや祝典で朗読された。ルツ記の重要な部分は収穫の時期に起きたことなので、七週の祭り(五旬節－ペンテコステ)と呼ばれる収穫祭(→「旧約聖書の祭り」の表 p.235)の日に朗読することになっていた。
　ルツ記はルツの子孫をダビデ王までたどっているので(4：21-22)、ダビデが王だった時代に書かれたものと考えられる。この書物の著者は聖書の中では明らかにされていないけれども、ユダヤの伝承(タルムード－古代のユダヤの文書や聖書の解釈を集めたものでユダヤ教の律法の基礎)ではサムエルとされている。

目　　的
　ルツ記は深い忠誠心と愛を示した若いモアブ人の女性がどのようにしてイスラエルの王であるダビデの曾祖母になったかを描いている。この書物はまた、さばきつかさの時代の前向きで明るい物語をイスラエルの歴史の中に保存するために書かれている。霊的にも道徳的にも退廃した時代に(→士緒論)生きた神を敬う一家族の誠実さ

を最高の模範として示している。

概　観
　この贖い（救う、救助する、回復する）の愛の物語は、ききんのときにエリメレクがユダからモアブへ家族を連れて移動する情景から始まる（1：1-2）。この父と二人の息子がモアブで死に、情況はさらに悪化する（1：3-5）。母と二人の嫁はやもめとして遺される。このあと四つの重要な出来事が続く。
　（1）ナオミ（エリメレクのやもめ）とモアブ人の誠実な嫁であるルツはユダのベツレヘムへ帰る（1：6-22）。
　（2）神のご計画により、ルツはやがてエリメレクの裕福な親類ボアズに出会う（2：）。
　（3）ナオミに励まされたルツは、買い戻しの権利のある親類のボアズに律法に従った結婚をする気持を表明する（3：）。
　（4）買い戻しの権利のある親類（家族の財産を家族の中に守るために買い戻す権利を相続している人）としてボアズはナオミの財産を買い戻し、ルツと結婚した。ふたりにはオベデという息子が生れた。オベデはダビデ王の祖父である（4：）。ルツ記は深い悲しみで始まっているけれども、最後はナオミ、ルツ、ボアズ、イスラエル全体にとっての大きな喜びとしあわせで終っている。

特　徴
　この書物には六つの大きな特徴がある。
　（1）聖書には女性の名前のついた書物が2巻あるけれども、ルツ記はそのうちの一つである（もう一つはエステル記）。
　（2）さばきつかさの混乱した時代にベツレヘムの神を敬う家族が大変な悲しみと最終的に大きな喜びを体験したことが描かれている。
　（3）神の贖いのご計画（神との正しい関係に人々を戻すこと）を描いている。その中には異邦人（イスラエル人以外の人々）も含まれている。旧約聖書の時代に、異邦人はイスラエル人社会の一員になることができたけれども、それは罪（自分だけの生き方、神への反抗）から離れる姿勢を示し、唯一のまことの神に対する信仰を示すことによって可能だった。
　（4）書物全体を通しての中心テーマは贖い（回復、救い）である。買い戻しの権利のある親類ボアズは、イエス・キリストが十字架でご自分のいのちという代価を払って私たちのいのちを救い、罪から自由にしてくださったことを示す旧約聖書の中の良い例である。
　（5）この書物の中で最も有名な節は、まだモアブにいたときにルツがしゅうとめのナオミに言った「あなたの行かれる所へ私も行き、あなたの住まれる所に私も住みます」ということばである（1：16）。
　（6）人生には現在でも苦しみや悲劇があることが示されている。けれども神と神の目的を信じ頼る人々のために、神は悲劇を勝利に変えてくださることが詳しく描かれている。

新約聖書での成就
　ルツ記は四つの変ることのない霊的真理を教えている。
　（1）困難なときこそ神の目的が達成されるチャンスである（⇒ピリ1：12）。
　（2）ルツが神のご計画の中に入れられたことは、神の御国に入るにはどの民族に生れるかは関係がないことを示している。社会的地位も重要ではない。重要なのは「信仰の従順」によって神のご計画に従うことである（ロマ1：5, ⇒16：26）。
　（3）ダビデ王とイエス・キリストの系図にルツが含まれているけれども（→マタ1：5）、このことはどんな人間でも、偉大な「ダビデの子孫」であるイエス・キリストの御国に入ることができることを示している（黙5：9, 7：9）。
　（4）買い戻しの権利のある親類のボアズは偉大な贖い主、救い主イエス・キリストを預言的に象徴している（マタ20：28, →ルツ4：10注）。

ルツ記の通読
　旧約聖書全体を1年間で通読するためには、ルツ記を1日で読まなければならない。
□ルツ

ナオミとルツ

1 ¹さばきつかさが治めていたころ、この地にききんがあった。それで、ユダのベツレヘムの人が妻とふたりの息子を連れてモアブの野へ行き、そこに滞在することにした。

²その人の名はエリメレク。妻の名はナオミ。ふたりの息子の名はマフロンとキルヨン。彼らはユダのベツレヘムの出のエフラテ人であった。彼らがモアブの野へ行き、そこにとどまっているとき、

³ナオミの夫エリメレクは死に、彼女とふたりの息子があとに残された。

⁴ふたりの息子はモアブの女を妻に迎えた。ひとりの名はオルパで、もうひとりの名はルツであった。こうして、彼らは約十年の間、そこに住んでいた。

⁵しかし、マフロンとキルヨンのふたりもまた死んだ。こうしてナオミはふたりの子どもと夫に先立たれてしまった。

⁶そこで、彼女は嫁たちと連れ立って、モアブの野から帰ろうとした。モアブの野でナオミは主がご自分の民を顧みて彼らにパンを下さったと聞いたからである。

⁷そこで、彼女はふたりの嫁といっしょに、今まで住んでいた所を出て、ユダの地へ戻るため帰途についた。

⁸そのうちに、ナオミはふたりの嫁に、「あなたがたは、それぞれ自分の母の家へ帰りなさい。あなたがたが、なくなった者たちと私にしてくれたように、主があなたがたに恵みを賜り、

⁹あなたがたが、それぞれ夫の家で平和な暮らしができるように主がしてくださいますように」と言った。そしてふたりに口づけしたので、彼女たちは声をあげて泣いた。

¹⁰ふたりはナオミに言った。「いいえ。私たちは、あなたの民のところへあなたといっしょに帰ります。」

¹¹しかしナオミは言った。「帰りなさい。娘たち。なぜ私といっしょに行こうとするのですか。あなたがたの夫になるような息子たちが、まだ、私のお腹にいるとでもいうのですか。

¹²帰りなさい。娘たち。さあ、行きなさい。私は年をとって、もう夫は持てません。たとい私が、自分には望みがあると思って、今晩でも夫を持ち、息子たちを産

1:1 さばきつかさが治めていたころ ルツの物語はさばきつかさの時代に起きたことである（→士緒論）。この書物は道徳的、霊的に最も荒廃していた反抗の時代（⇒士17:6注、21:25注）に、神を愛し神に従い続けた人々がいたことを示している。そして神と神のことばに忠実な人々の人生には、神が生きて働かれることを示している（2:12注）。

1:3 ナオミの夫エリメレクは死に ナオミは神に忠実に従っていた。それでも多くの苦難に遭った。

（1）ナオミと家族はききんの影響を受けて苦しみ、生きるために故郷を出て行かなければならなかった（1:1）。さらに、ナオミは夫に先立たれ（1:3）、二人の息子にも先立たれた。ナオミは神に見捨てられ、神のさばきが下ったかのように見えた（⇒1:13, 21）。

（2）けれども物語は神がナオミを愛し続け、その人生で働き続けておられたことを示している。神は必要なときにほかの人々を愛をもって用いてナオミを助けてくださったのである。ナオミと同じように、今日のキリスト者も神に忠実に従っていても、多くの苦難を体験する。けれども神に忘れられ神から罰を受けているのではない。たといどんなに問題や困難に陥って

も、神は愛をもって働いて益に変えてくださることを聖書は繰返し示している（→ロマ8:28注、36注）。

1:5 ふたりの子どもと夫に先立たれてしまった ナオミは身内の大切な人々を失い、感情的に落ち込み、経済的にどん底に突落された。昔のやもめには自分で生計を立てる権利や機会は与えられていなかった。残された道は社会の底辺で貧困にあえぐ生き方だけだった。大抵の女性には財産がなく、社会的にも法律的にも訴えることができなかった。面倒を見てくれる成人した息子がいなければやもめの人生は悪くなる一方だった。その生活があまりにもひどいので、イスラエルの預言者たちは助けの手を伸べるようにと人々にしばしば説いていた。神に忠実に仕えることはやもめにあわれみと義を示すことであると教えたのである（⇒イザ1:17, マラ3:5）。

1:12 帰りなさい。娘たち さびしくなることは予測されたけれども、ナオミは二人の嫁に郷里にとどまり、新しい人生を歩むように説得した。ふたりがナオミのそばにいても何も与えるものはなく、再婚してしあわせになるチャンスはないと判断したのである。けれどもこの書物はナオミとルツが深い献身と愛で結ば

んだとしても、
13 それだから、あなたがたは息子たちの成人するまで待とうというのですか。だから、あなたがたは夫を持たないままでいるというのですか。娘たち。それはいけません。私をひどく苦しませるだけです。主の御手が私に下ったのですから。」
14 彼女たちはまた声をあげて泣き、オルパはしゅうとめに別れの口づけをしたが、ルツは彼女にすがりついていた。
15 ナオミは言った。「ご覧なさい。あなたの弟嫁は、自分の民とその神のところへ帰って行きました。あなたも弟嫁にならって帰りなさい。」
16 ルツは言った。「①あなたを捨て、あなたから別れて帰るように、私にしむけないでください。あなたの行かれる所へ私も行き、あなたの住まれる所に私も住みます。あなたの民は私の民、あなたの神は私の神です。
17 あなたの死なれる所で私は死に、そこに葬られたいのです。もし死によっても私があなたから離れるようなことがあったら、主が幾重にも私を罰してくださるように。」
18 ナオミは、ルツが自分といっしょに行こうと堅く決心しているのを見ると、もうそれ以上は何も言わなかった。
19 それから、ふたりは旅をして、ベツレヘムに着いた。彼女たちがベツレヘムに着

13 ①士2:15, ヨブ19:21, 詩32:4, 38:2, 39:9, 10
14 ①歳17:17, 18:24
15 ①ヨシ24:15, 士11:24
16 ①Ⅱサム15:21, Ⅱ列2:2, 4, 6
17 ①Ⅰサム3:17, Ⅱサム19:13, 2:23, Ⅱ列6:31
18 ①使21:14

19 ①マタ21:10
*「快い」意の語根「ナアム」の派生語
20 ①出15:23
*「苦しむ」意の語根「マラル」の派生語
②ルツ1:21, 創49:25, →ヨブ5:17, →イザ13:6
21 ＊ 七十人訳による
②ルツ1:20
22 ①ルツ2:23, サム21:9

1 ①ルツ3:2
②ルツ1:2
③ルツ4:21, マタ1:5
2 ①ルツ2:7, レビ19:9, 23:22, 申24:19

くと、町中がふたりのことで騒ぎ出し、女たちは、「まあ。ナオミではありませんか」と言った。
20 ナオミは彼女たちに言った。「私をナオミと呼ばないで、＊マラと呼んでください。全能者が私をひどい苦しみに会わせたのですから。
21 私は満ち足りて出て行きましたが、主は私を素手で帰されました。なぜ私をナオミと呼ぶのですか。主は私を卑しくし、全能者が私をつらいめに会わせられましたのに。」
22 こうして、ナオミは、嫁のモアブの女ルツといっしょに、モアブの野から帰って来て、大麦の刈り入れの始まったころ、ベツレヘムに着いた。

ルツはボアズに出会う

2 1 ナオミには、夫の親戚で、エリメレクの一族に属するひとりの有力者がいた。その人の名はボアズであった。
2 モアブの女ルツはナオミに言った。「どうぞ、畑に行かせてください。私に親切にしてくださる方のあとについて落ち穂を拾い集めたいのです。」すると、ナオミは彼女に、「娘よ。行っておいで」と言った。
3 ルツは出かけて行って、刈る人たちのあとについて、畑で落ち穂を拾い集めたが、それは、はからずもエリメレクの一族に属

れていたことを強調している。神を敬うことは自分の家族を大切にし、家族のために自分を犠牲にすることでもある（→エペ5:21-6:4各注）。

1:13 【主】の御手が私に下ったのですから ナオミは苦難が降りかかるのは神から見捨てられたからだと思った。実際には神が敵対しておられると思っていた（1:13, 20-21）。けれどもナオミの考えが間違いだったことがわかる（2:20, 4:14-15）。逆境、苦難、困難は必ずしも神の罰や非難を示すものではない。時にはサタンやほかの人々が私たちの人生に困難や問題をもたらすのである。これは私たちが神に近付いていても離れていても体験することである（→ルカ13:11注, →「正しい人の苦しみ」の項 p.825）。

1:16 あなたの神は私の神です ルツのことばと行動を見ると、ルツの信仰と神との関係がルツに大きな影響を与えていたことが明らかである（⇒申11:18-19）。ルツも神を信じたのでナオミを愛し誠実に仕えた。ル

ツの生き方はまさに「わたしのために自分のいのちを失った者は、それを自分のものとします」という霊的な原則を表すものである（マタ10:39, ⇒ルツ4:13-17）。

2:1 ひとりの有力者がいた。その人の名はボアズであった ボアズは裕福な地主で、ナオミの死んだ夫の親類だった。

2:2 落ち穂を拾い集めたいのです 神がモーセに与えられた律法によれば、イスラエル人は貧しい人や困窮している人々のために、収穫のあとの畑で落ち穂を自由に拾えるようにしておくことになっていた（レビ19:9, 23:22, 申24:19）。十分な祝福を受けた人は困窮している人々と分ち合うことを神は願っておられる（⇒Ⅱコリ8:13-15, →「貧困者への配慮」の項 p.1510）。けれども注目をするべきことは、ルツが自分とナオミの生活のために落ち穂拾い、つまり畑の余りものをかき集めるという厳しい、そしてしばしば恥ずかしい目に遭う働きをしたことである。

するボアズの畑のうちであった。

4 ちょうどその時、ボアズはベツレヘムからやって来て、刈る者たちに言った。「主があなたがたとともにおられますように。」彼らは、「主があなたを祝福されますように」と答えた。

5 ボアズは刈る者たちの世話をしている若者に言った。「これはだれの娘か。」

6 刈る者たちの世話をしている若者は答えて言った。「あれは、ナオミといっしょにモアブの野から帰って来たモアブの娘です。

7 彼女は、『どうぞ、刈る人たちのあとについて、束の間で、落ち穂を拾い集めさせてください』と言い、ここに来て、朝から今まで家で休みもせず、ずっと立ち働いています。」

8 ボアズはルツに言った。「娘さん。よく聞きなさい。ほかの畑に落ち穂を拾いに行ったり、ここから出て行ったりしてはいけません。私のところの若い女たちのそばを離れないで、ここにいなさい。

9 刈り取っている畑を見つけて、あとについて行きなさい。私は若者たちに、あなたのじゃまをしてはならないと、きつく命じておきました。のどが渇いたら、水がめのところへ行って、若者たちの汲んだのを飲みなさい。」

10 彼女は顔を伏せ、地面にひれ伏して彼に言った。「私が外国人であるのを知りながら、どうして親切にしてくださるのですか。」

11 ボアズは答えて言った。「あなたの夫がなくなってから、あなたがしゅうとめにしたこと、それにあなたの父母や生まれた国を離れて、これまで知らなかった民のところに来たことについて、私はすっかり話を聞いています。

12 主があなたのしたことに報いてくださるように。また、あなたがその翼の下に避け所を求めて来たイスラエルの神、主から、豊かな報いがあるように。」

13 彼女は言った。「ご主人さま。私はあなたのご好意にあずかりとう存じます。私はあなたのはしためのひとりでもありませんのに、あなたは私を慰め、このはしためにねんごろに話しかけてくださったからです。」

14 食事のとき、ボアズは彼女に言った。「ここに来て、このパンを食べ、あなたのパン切れを酢に浸しなさい。」彼女が刈る者たちのそばにすわったので、彼は炒り麦を彼女に取ってやった。彼女はそれを食べ、十分食べて、余りを残しておいた。

15 彼女が落ち穂を拾い集めようとして立ち上がると、ボアズは若者たちに命じて言った。「あの女には束の間でも穂を拾い集めさせなさい。あの女に恥ずかしい思いをさせてはならない。

16 それだけでなく、あの女のために、束からわざと穂を抜き落としておいて、拾い集めさせなさい。あの女をしかってはいけない。」

17 こうして彼女は、夕方まで畑で落ち穂を拾い集めた。拾ったのを打つと、大麦が一エパほどあった。

18 彼女はそれを持って町に行き、しゅうとめにその拾い集めたのを見せ、また、先に十分食べてから残しておいたのを取り出して、彼女に与えた。

19 しゅうとめは彼女に言った。「きょう、どこで落ち穂を拾い集めたのですか。どこで働いたのですか。あなたに目を留めてくださった方に祝福がありますように。」彼女はしゅうとめに自分の働いてきた所のことを告げ、「きょう、私はボアズという名の人の所で働きました」と言った。

20 ナオミは嫁に言った。「生きている者にも、死んだ者にも、御恵みを惜しまれない主が、その方を祝福されますように。」そ

4 ①詩129:7
②詩129:8
③ルカ1:28、Ⅱテサ3:16
6①ルツ1:22
10①Ⅰサム25:23
12①ルツ1:14, 16, 17
12①詩17:8, 36:7, 57:1, 63:7, 91:4

13①Ⅰサム1:18, 25:41
14①レビ23:14
②ルツ2:18
17 ＊ Ⅰエパは23リットル
18①ルツ2:14
19①詩41:1
20①ルツ3:10,
Ⅱサム2:5, ヨブ29:13

2:4 ボアズ 労働者たちへの挨拶のことばやルツとナオミへの配慮(2:8-12)を見ると、ボアズが良い人で神に誠実に従う人だったことがわかる。

2:12 あなたがその翼の下に避け所を求めて来た これはルツ記のかぎのことばである。さばきつかさの時代、ほとんどの人が神に反抗していたけれども、主に信頼して従う人々を主はなお守っておられるのである(⇒詩17:8, 36:7, 63:7)。ルツの物語は神を信頼して従う人を神は導き、必要なものを備えてくださることを示している。何百年も前に、アブラハムが信仰によって神の召しに応答したように、ルツも信仰によって神のご計画に従うために故郷や親族を離れていくことにしたのである(⇒創12:1-4)。

2:20 御恵みを惜しまれない ナオミは神が自分を

れから、ナオミは彼女に言った。「その方は私たちの近親者で、しかも買い戻しの権利のある私たちの親類のひとりです。」
21 モアブの女ルツは言った。「その方はまた、『私のところの刈り入れが全部終わるまで、私の若者たちのそばを離れてはいけない』と私におっしゃいました。」
22 ナオミは嫁のルツに言った。「娘よ。あの方のところの若い女たちといっしょに出かけるのは、けっこうなことです。ほかの畑でいじめられなくても済みます。」
23 それで、彼女はボアズのところの若い女たちのそばを離れないで、大麦の刈り入れと小麦の刈り入れの終わるまで、落ち穂を拾い集めた。こうして、彼女はしゅうとめと暮らした。

打ち場のルツとボアズ

3 1 しゅうとめナオミは彼女に言った。「娘よ。あなたがしあわせになるために、身の落ち着く所を私が捜してあげなければならないのではないでしょうか。
2 ところで、あなたが若い女たちといっしょにいた所のあのボアズは、私たちの親戚ではありませんか。ちょうど今夜、あの方は打ち場で大麦をふるい分けようとしています。
3 あなたはからだを洗って、油を塗り、晴れ着をまとい、打ち場に下って行きなさい。

20 ②ルツ3:9, 12, 4:1, 3, 6, 8, 14, レビ25:25
＊[ゴエル]
23 ①ルツ1:22
②出34:22, Ⅰサム12:17

1 ①Ⅰコリ7:36, Ⅰテモ5:8
①ルツ1:9
2 ①ルツ2:8
②ルツ2:1
3 ①Ⅱサム14:2

7 ①士19:6, 21
②士19:9, Ⅱサム13:28, エス1:10
9 ①エゼ16:8
＊[ゴエル]
10 ①ルツ2:20

しかし、あの方の食事が終わるまで、気づかれないようにしなさい。
4 あの方が寝るとき、その寝る所を見届けてから入って行き、その足のところをまくって、そこに寝なさい。あの方はあなたのすべきことを教えてくれましょう。」
5 ルツはしゅうとめに言った。「私におっしゃることはみないたします。」
6 こうして、彼女は打ち場に下って行って、しゅうとめが命じたすべてのことをした。
7 ボアズは飲み食いして、気持ちがよくなると、積み重ねてある麦の端に行って寝た。それで、彼女はこっそり行って、ボアズの足のところをまくって、そこに寝た。
8 夜中になって、その人はびっくりして起き直った。なんと、ひとりの女が、自分の足のところに寝ているではないか。
9 彼は言った。「あなたはだれか。」彼女は答えた。「私はあなたのはしためルツです。あなたのおおいを広げて、このはしためをおおってください。あなたは買い戻しの権利のある親類ですから。」
10 すると、ボアズは言った。「娘さん。主があなたを祝福されるように。あなたのあとからの真実は、先の真実にまさっています。あなたは貧しい者でも、富む者でも、若い男たちのあとを追わなかったからです。
11 さあ、娘さん。恐れてはいけません。あなたの望むことはみな、してあげましょう。

見捨てておられないことを理解し始めていた。困難な情況の中でも神は愛とやさしさを示しておられた。神が御手を下されたという初めの頃の思いから、ナオミの態度と理解は既に変えられている（→1:3注）。

2:20 買い戻しの権利のある私たちの親類のひとりです 買い戻しの権利のある親類は通常家族に最も近い親類の男性で、家族の土地を買う最初の権利を相続した人である。この権利によって、土地を家族のものとして保ち続けることができる。ボアズはナオミとルツの近い親類なので、親族全体の必要に応じることが神の律法によって求められていた。ふたりを助ける義務があったのである（⇒レビ25:25-28, 47-49, 申25:5-10）。やがてボアズはルツと結婚し、モアブで死んだルツの義父の土地を買い戻してこの義務を果たすことになる（⇒2:20-4:14）。

3:3 打ち場に下って行きなさい 打ち場は石や固く踏みしめられた土でできた広場のことである。収穫者たちは刈取った束から穀物を取出すために、ここで仕事をした。一日が終わると地主は穀物が盗まれないように打ち場に泊まることが多かった。

3:4 その足のところをまくって、そこに寝なさい ルツの行動は当時の慣習に沿って見なければならない。ルツは礼儀正しく行動しており性的な意味合いはない。ルツはこの象徴的な方法を用いてボアズに結婚してもらいたいという希望を伝えた。それは死んだ夫に最も近い親類として（買い戻しの権利のある親類→3:6-9）、この権利がボアズにあるからである。

3:9 あなたのおおいを広げて、このはしためをおおってください ルツの取った行動はボアズの妻になることを望んでいることを示している（→エゼ16:8）。おおいは保護、世話、援助を象徴している。

IIサム9:1-7

この町の人々はみな、あなたがしっかりした女であることを知っているからです。
12 ところで、確かに私は買い戻しの権利のある親類です。しかし、私よりももっと近い買い戻しの権利のある親類がおります。
13 今晩ここで過ごしなさい。朝になって、もしその人があなたに親類の役目を果たすなら、けっこうです。その人に親類の役目を果たさせなさい。しかし、もしその人があなたに親類の役目を果たすことを喜ばないなら、私があなたを買い戻します。主は生きておられる。とにかく、朝までおやすみなさい。」
14 こうして、彼女は朝まで彼の足のところに寝たが、だれかれの見分けがつかないうちに起き上がった。彼は、「打ち場にこの女の来たことが知られてはならない」と思ったので、
15 「あなたの着ている外套を持って来て、それをしっかりつかんでいなさい」と言い、彼女がそれをしっかりつかむうちに、大麦六杯を量って、それを彼女に負わせた。こうして彼は町へ行った。
16 彼女がしゅうとめのところに行くと、しゅうとめは尋ねた。「娘よ。どうでしたか。」ルツは、その人が自分にしたことをみな、しゅうとめに告げて、
17 言った。「あなたのしゅうとめのところに素手で帰ってはならないと言って、あの方は、この大麦六杯を私に下さいました。」
18 しゅうとめは言った。「娘よ。このことがどうおさまるかわかるまで待っていなさい。あの方は、きょう、そのことを決めてしまわなければ、落ち着かないでしょうから。」

ボアズはルツと結婚する

4 ¹ 一方、ボアズは門のところへ上って行って、そこにすわった。すると、ちょうど、ボアズが言ったあの買い戻しの権利のある親類の人が通りかかった。ボアズは、彼にことばをかけた。「ああ、もしもし、こちらに立ち寄って、おすわりになっ

11 ①箴12:4, 31:10
12 ①ルツ2:20
②ルツ4:1
13 ①ルツ4:5, 申25:5, マタ22:24
②Ⅰサム14:39
18 ①詩37:3, 5

1 ①ルツ2:20

2 ①Ⅰ列21:8, 箴31:23
3 ①レビ25:25
4 ①エゼ32:7, 8
5 ①レビ25:25
②ルツ3:13, 創38:8, 申25:5, 6, マタ22:24
③→士2:6
6 ①レビ25:25
②→士2:6
8 *①「ゴエル」

てください。」彼は立ち寄ってすわった。
2 それから、ボアズは、町の長老十人を招いて、「ここにおすわりください」と言ったので、彼らもすわった。
3 そこで、ボアズは、その買い戻しの権利のある親類の人に言った。「モアブの野から帰って来たナオミは、私たちの身内のエリメレクの畑を売ることにしています。
4 私はそれをあなたの耳に入れ、ここにすわっている人々と私の民の長老たちとの前で、それを買いなさいと、言おうと思ったのです。もし、あなたがそれを買い戻すつもりなら、それを買い戻してください。しかし、もしそれを買い戻さないのなら、私にそう言って知らせてください。あなたをさしおいて、それを買い戻す人はいないのです。私はあなたの次なのですから。」すると彼は言った。「私が買い戻しましょう。」
5 そこで、ボアズは言った。「あなたがナオミの手からその畑を買うときには、死んだ者の名をその相続地に起こすために、死んだ者の妻であったモアブの女ルツをも買わなければなりません。」
6 その買い戻しの権利のある親類の人は言った。「私には自分のために、その土地を買い戻すことはできません。私自身の相続地をそこなうことになるといけませんから。あなたが私に代わって買い戻してください。私は買い戻すことができませんから。」
7 昔、イスラエルでは、買い戻しや権利の譲渡をする場合、すべての取り引きを有効にするために、一方が自分のはきものを脱いで、それを相手に渡す習慣があった。これがイスラエルにおける証明の方法であった。
8 それで、この買い戻しの権利のある親類の人はボアズに、「あなたがお買いなさい」と言って、自分のはきものを脱いだ。
9 そこでボアズは、長老たちとすべての民に言った。「あなたがたは、きょう、私がナオミの手から、エリメレクのすべてのもの、それからキルヨンとマフロンのすべて

3:12 買い戻しの権利のある親類 最も近い親類が家族の土地を買い、ルツを妻にする権利を持っていた。もしその人が断れば、ボアズはルツと結婚することができた(→4:1-6)。

ルツ記　4章

のものを買い取ったことの証人です。
¹⁰さらに、死んだ者の名をその相続地に起こすために、私はマフロンの妻であったモアブの女ルツを買って、私の妻としました。死んだ者の名を、その身内の者たちの間から、また、その町の門から絶えさせないためです。きょう、あなたがたはその証人です。」
¹¹すると、門にいた人々と長老たちはみな、言った。「私たちは証人です。どうか、主が、あなたの家に入る女を、イスラエルの家を建てたラケルとレアのふたりのようにされますように。あなたはエフラテで力ある働きをし、ベツレヘムで名をあげなさい。
¹²また、主がこの若い女を通してあなたに授ける子孫によって、あなたの家が、タマルがユダに産んだペレツの家のようになりますように。」

ダビデの系図

4:18-22　並行記事－Ⅰ歴2:5-15, マタ1:3-6, ルカ3:31-33

¹³こうしてボアズはルツをめとり、彼女は彼の妻となった。彼が彼女のところに入ったとき、主は彼女をみごもらせたので、彼女はひとりの男の子を産んだ。

10 ①ルツ4:5
　 ②→土2:6
11 ①創29:23-30
　 ②創35:16, 19
12 ①ルツ4:18,
　 創38:29, 46:12,
　 Ⅰ歴2:4, 5, マタ1:3
13 ①ルツ3:11

14 ①ルカ1:58
15 ①ルツ1:16, 17, 2:11, 12
　 ②Ⅰサム1:8
17 ①ルツ1:58, 59
　 ②Ⅰサム16:1
18 ①ルツ4:18-22,
　 Ⅰ歴2:4, 9-15,
　 マタ1:4-6, ルカ3:31-33
20 ①民1:7
　 *⊠「サルマ」

¹⁴女たちはナオミに言った。「イスラエルで、その名が伝えられるよう、きょう、買い戻す者をあなたに与えて、あなたの跡を絶やさなかった主が、ほめたたえられますように。
¹⁵その子は、あなたを元気づけ、あなたの老後をみとるでしょう。あなたを愛し、七人の息子にもまさるあなたの嫁が、その子を産んだのですから。」
¹⁶ナオミはその子をとり、胸に抱いて、養い育てた。
¹⁷近所の女たちは、「ナオミに男の子が生まれた」と言って、その子に名をつけた。彼女たちは、その名をオベデと呼んだ。オベデはダビデの父エッサイの父である。
　¹⁸ペレツの家系は次のとおりである。ペレツの子はヘツロン、
¹⁹ヘツロンの子はラム、ラムの子はアミナダブ、
²⁰アミナダブの子はナフション、ナフションの子は*サルモン、
²¹サルモンの子はボアズ、ボアズの子はオベデ、
²²オベデの子はエッサイ、エッサイの子はダビデである。

4:10　ルツを買って、私の妻としました　ボアズは二重の意味で贖いを行った。(1) ボアズはルツと結婚し、エリメレク（ナオミの死んだ夫）の家系を引継いだ。ボアズとルツの間に生れる最初の男の子はエリメレクの家系を継ぐ者とされる（→4:5, 10）。(2) ボアズはナオミが売った家族の土地を贖い（買い戻す、救う）、エリメレクの家族に戻した（4:3, 7-10）。ボアズは旧約聖書が示すイエス・キリストのひな型（預言的な象徴）である。新約聖書は主イエスを究極の贖い主として次のように現している。(1) イエス・キリストはご自分の血によって私たちのいのちを買い、罪の中に失われていた私たちのいのちを救い出してくださる（ヨハ3:16, Ⅰペテ1:18-19）。(2) イエス・キリストはそのあわれみ深い行いにより、私たちを神の家族とし、新しい天と新しい地で永遠の相続を受けることができるようにしてくださった（マタ5:5, 黙21:1-7）。

4:14　あなたの跡を絶やさなかった　ナオミは多くの悲しみと困難を体験したけれども、神への信仰を保ち続けた。その結果、神はナオミの情況を導かれ、ナオミは最後には神の慈しみと祝福を受けることになった。ナオミは人生の終りに「主は慈愛に富み、あわれみに満ちておられる方だということです」（ヤコ5:11）とあかしをすることができたに違いない。

4:17　男の子・・・ダビデの父　神は神を敬う若い女性の決心を尊重された。ルツは故郷を離れしゅうとめと神に忠実に仕えた（1:16）。そこで神はイエス・キリストがお生まれになった家系の中にルツを加えてくださったのである（⇒マタ1:5）。

サムエル記　第一

概　　要
I. サムエル―イスラエルの預言者的指導者(1:1-8:22)
　A. 預言者的指導者の誕生(1:1-2:11)
　　1. ハンナの苦しみと祈り(1:1-18)
　　2. ハンナの息子の誕生(1:19-28)
　　3. ハンナの預言的な歌(2:1-11)
　B. 古い指導者の腐敗(2:12-36)
　C. エリからサムエルへの移行(3:1-6:21)
　　1. サムエルの預言者としての召命(3:1-21)
　　2. エリの家族と働きに対するさばき(4:1-22)
　　3. 神の箱が奪われ、戻される(5:1-6:21)
　D. サムエルの指導のもとでの信仰復興(7:1-17)
　E. イスラエルが王を要求する(8:1-22)
　　1. イスラエルが指導者としてのサムエルの息子たちを拒む(8:1-5)
　　2. イスラエルが王としての神を拒む(8:6-22)
II. サウル―イスラエルの最初の王(9:1-15:35)
　A. サムエルからサウルへの移行(9:1-12:25)
　　1. サウルの選び(9:1-27)
　　2. サウルの油注ぎ(10:1-27)
　　3. サウルがアモン人に勝利する(11:1-11)
　　4. サウルが即位し、契約が更新される(11:12-15)
　　5. サムエルの別れのことば(12:1-25)
　B. サウル王の初期(13:1-15:35)
　　1. サウルの戦いと無謀さ(13:1-14:52)
　　2. サウルの不従順と拒絶(15:1-35)
III. ダビデ―二番目の王(16:1-31:13)
　A. サムエルがダビデに油を注ぐ(16:1-13)
　B. 神がサウルから神の御霊を除かれる(16:14-23)
　C. ダビデがゴリヤテと対決して打負かす(17:1-58)
　D. サウルの宮廷でのダビデ(18:1-19:17)
　　1. ダビデとヨナタン(18:1-4)
　　2. ダビデがサウルに仕える(18:5-16)
　　3. ダビデがミカルと結婚する(18:17-28)
　　4. サウルがダビデを恐れて殺そうとする(18:29-19:17)
　E. ダビデがサウルから逃れる(19:18-31:13)
　　1. ダビデがサムエルのもとへ行く(19:18-24)
　　2. ヨナタンがダビデを守る(20:1-42)
　　3. 祭司アヒメレクがダビデを助ける(21:1-9)
　　4. ダビデがガテで狂人のように振舞う(21:10-15)
　　5. 不満分子たちがダビデの周りに集まる(22:1-26:25)
　　6. ダビデがペリシテ人の地に避難する(27:1-30:31)
　　7. サウルが自分のいのちを絶つ(31:1-13)

Ⅰサムエル記

著　　者：不明

主　　題：神のもとでの王政の成立

著作の年代：紀元前10世紀後期

著作の背景

　ヘブル語の旧約聖書ではサムエル記第一、第二は一つの書物である。そして名前はイスラエルの強力な霊的指導者として非常に尊敬されていた預言者サムエルからつけられた。サムエルは神の権威のもとでの王政を築くようにイスラエルを導くために神が用いられた人物だった。サムエル記第一はサムエルの誕生からサウルの死まで（前1105-1010頃）のおよそ100年間にわたるイスラエルの歴史を扱っており、さばきつかさの時代とイスラエルの最初の王との歴史的な橋渡しともなっている。また、国の指導者についてエリからサムエル、サムエルからサウル、サウルからダビデという三つの大きな転換期を扱っている（サムエル記第二はダビデ王だけを扱う）。

　著者問題ではサムエル記第一と第二を一つの単位として扱う。サムエル記第一の一部とサムエル記第二はサムエルの死後に書かれているので、サムエルはこの書物の一部分を書いたに過ぎない（⇒Ⅰサム10：25）。そのほかの部分は神の霊感を受けた歴史家によってサムエルの記録を含むいくつかの資料を用いて書かれた（⇒Ⅱサム1：18，Ⅰ歴27：24，29：29）。その預言者的歴史家がだれであるかはわからない。この書物全体（Ⅰサム、Ⅱサム）は前930年以後そう遅くない時期に完成したようである。完成したときに王国は既に分裂していたと思われる（→Ⅰサム27：6）。さらにサムエル記第一、第二に記録されている出来事はダビデ王の最後の日までのイスラエルの歴史で、この書物が完成する約80年前までのことである（→ダビデの息子ソロモンの治世の直後にイスラエルが分裂王国になった背景と詳細 →Ⅰ列緒論，Ⅱ列緒論，Ⅱ歴緒論，→Ⅰ列12：-14：，Ⅱ歴10：-11：，要約と図解→「**イスラエルとユダの王国**」の地図 p.570）。

目　　的

　サムエル記第一はさばきつかさによる支配（→士師記）から王による支配へというイスラエルの歴史の中の際立った転換点を描いている。そして「ほかのすべての国民のように」（8：5）王を求める人々の願いと、既に神が正当な王であるとする神権政治の原型との対立を示している。この書物は神に従わず、神の要求に逆らったためにサウルが神によって退けられ、王位を交代させられたことをさらに明らかにしている。

概　　観

　サムエル記第一はサムエル、サウル、ダビデという三人の国の指導者に焦点を当てている。

　(1) サムエルは最後のさばきつかさで、預言者「職」を務めた最初の人だった（けれども最初の預言者ではない⇒申34：10，士4：4）。つまり預言者として権威のある立場にあった。強力な預言の賜物を持つ神の人としてサムエルは、(a) まことの礼拝を再興するために知恵をもってイスラエルを指導し（7：）、(b) イスラエルの中に本当の預言者を認めて受入れる基礎を築き（19：20，⇒使3：24，13：20，ヘブ11：32）、(c) 神の権威と定めに基づいてイスラエルの王政による統治形態を設立した（15：1，12，28，16：1）。イスラエルの歴史の大転換期に霊的指導者だったサムエルの影響力は、出エジプト（何世紀もの奴隷生活からのイスラエルの大規模な出国）時代のモーセの影響力に次ぐものだった。

　(2) 人々が「ほかのすべての国民のように」（8：5，20）人間の王を求めた結果、サウルがイスラエルの最初の王になった。けれども神が期待されるようにその役割を果すにはサウルは霊的にふさわしくないことがすぐにはっきりした。そのために神はサウルを王位から退けられた（13：，15：）。

　(3) 神の代理人として王になるように神が次に選ばれたダビデはサムエルによって油を注がれた（神によって聖別され、任命された）（16：）。ダビデは謙遜な人で、サウルの権威に逆らい王座を力と反乱によって奪おうとはしなかった。そして自分の昇進を神の御手にゆだねた。19−30章には、気も狂うほどねたんだサウルから、ダビデがいつも逃れ隠れなければならなかった様子が描かれている。さらに神が定められた時と方法によって王になるのを待つダビデの忍耐も示されている。この書物の最後はサウルの悲劇的な死によって閉じられている（31：）。

特　徴

サムエル記第一には六つの大きな特徴がある。

（1）イスラエルの王に必要な神の聖い基準がはっきり示されている。イスラエルの王は神の律法に従い、イスラエルの本当の王である神に従うべきだった。また王は必要に応じて神の預言者から導きと忠告を受入れるべきだった。

（2）預言者の役割が祭司と霊的に同等であることがイスラエルでどのようにして認められ確立されたかが説明されている。この書物にはまた旧約聖書で初めて預言者の一団が出てくる（10：5, 19：18-24）。

（3）祈り（1：10-28, 2：1-10, 7：5-10, 8：5-6, 9：15, 12：19-23）と、神のことば（1：23, 9：27, 15：1, 10：23）と、本当の霊的預言（2：27-36, 3：20, 10：6, 10, 19：20-24, 28：6）の重要性と力を強調している。

（4）サムエル（1：-7：）、サウル（8：-31：）、ダビデ（16：-31：）というイスラエルのかぎとなる三人の指導者の伝記と特別な事柄を提供している。

（5）神が幼いサムエルに話しかけたこと（3：）、ダビデとゴリヤテ（17：）、ダビデとヨナタン（18：-20：）、サウルがダビデをねたみ恐れたこと（18：-30：）、サウルとエン・ドルの口寄せ（28：）など、有名な聖書物語で満ちている。

（6）次のようななじみのある名前や引用語の起源になっている。「栄光がイスラエルから去った」、「栄光がない」という意味の「イ・カボデ」（4：21）、「助けの石」、「主が私たちを助けてくださった」という意味の「エベン・エゼル」（7：12）、「王様。ばんざい」（10：24）。また「万軍の主」という表現が旧約聖書で最初に使われた書物である（1：3）。

新約聖書での成就

サムエル記第一には預言者、祭司、王としての主イエスの働き（しばしばキリストの三重の職能と言われる）の二つのひな型（預言的な象徴）が記録されている。

（1）サムエルは旧約聖書の中でイスラエルに対する神の重要な預言者的、祭司的代理人だったけれども新約聖書の中の神の究極の預言者的、祭司的代理人としての主イエスの働きのしるしまたは予表だった。

（2）ベツレヘムで生れたダビデは羊飼いとして働き、神に油注がれた王になった。そしてその時代に対する神の目的を果すために仕えた（使13：36）。そのようにして、イスラエルの究極の王として（⇒ヨハ1：49, 12：13）、またメシヤ（「油そそがれた者」、救い主）としてキリストが果される役割をダビデは象徴的に表した。新約聖書はイエス・キリストを「世々の王」（Ⅰテモ1：17）、「王の王」（Ⅰテモ6：15）、「ダビデの子」（マタ9：27, 21：9）、「ダビデの子孫」（マタ1：1, ロマ1：3）、「ダビデの根、また子孫」（黙22：16）と呼んでいる。

サムエル記第一の通読

旧約聖書全体を1年間で通読するためには、サムエル記第一を次のスケジュールに従って11日間で読まなければならない。

☐1-2 ☐3-7 ☐8-10 ☐11-13 ☐14-15 ☐16-17 ☐18-19 ☐20-22 ☐23-25 ☐26-28 ☐29-31

メ　モ

Ⅰサムエル記　1章

サムエルの誕生

1 ¹ エフライムの山地ラマタイム・ツォフィムに、その名をエルカナというひとりの人がいた。この人はエロハムの子、順次さかのぼって、エリフの子、トフの子、エフライム人ツフの子であった。² エルカナには、ふたりの妻があった。ひとりの妻の名はハンナ、もうひとりの妻の名はペニンナと言った。ペニンナには子どもがあったが、ハンナには子どもがなかった。³ この人は自分の町から毎年シロに上って、万軍の主を礼拝し、いけにえをささげていた。そこにはエリのふたりの息子、主の祭司ホフニとピネハスがいた。⁴ その日になると、エルカナはいけにえをささげ、妻のペニンナ、彼女のすべての息子、娘たちに、それぞれの受ける分を与えた。⁵ しかしハンナには特別の受け分を与えていた。主は彼女の胎を閉じておられたが、彼がハンナを愛していたからである。⁶ 彼女を憎むペニンナは、主がハンナの胎を閉じておられるというので、ハンナが気をもんでいるのに、彼女をひどくいらだたせるようにした。⁷ 毎年、このようにして、彼女が主の宮に上って行くたびに、ペニンナは彼女をいらだたせた。そのためハンナは泣いて、食事をしようともしなかった。⁸ それで夫エルカナは彼女に言った。「ハンナ。なぜ、泣くのか。どうして、食べないのか。どうして、ふさいでいるのか。あなたにとって、私は十人の息子以上の者ではないのか。」

⁹ シロでの食事が終わって、ハンナは立ち上がった。そのとき、祭司エリは、主の宮の柱のそばの席にすわっていた。¹⁰ ハンナの心は痛んでいた。彼女は主に祈って、激しく泣いた。¹¹ そして誓願を立てて言った。「万軍の主よ。もし、あなたが、はしための悩みを顧みて、私を心に留め、このはしためを忘れず、このはしために男の子を授けてくださいますなら、私はその子の一生を主におささげします。そして、その子の頭に、かみそりを当てません。」

¹² ハンナが主の前で長く祈っている間、エリはその口もとを見守っていた。¹³ ハンナは心のうちで祈っていたので、くちびるが動くだけで、その声は聞こえなかった。それでエリは彼女が酔っているのではないかと思った。¹⁴ エリは彼女に言った。「いつまで酔っているのか。酔いをさましなさい。」¹⁵ ハンナは答えて言った。「いいえ、祭司さま。私は心に悩みのある女でございます。ぶどう酒も、お酒も飲んではおりません。私は主の前に、私の心を注ぎ出していたのです。¹⁶ このはしためを、よこしまな女と思わないでください。私はつのる憂いといらだちのため、今まで祈っていたのです。」¹⁷ エリは答えて言った。「安心して行きなさい。イスラエルの神が、あなたの願ったその願いをかなえてくださるように。」¹⁸ 彼女は、「はしためが、あなたのご好意にあずかることができますように」と言った。それからこの女は帰って食事をした。彼女の顔は、もはや以前のようではなかった。

¹⁹ 翌朝早く、彼らは主の前で礼拝をし、ラマにある自分たちの家へ帰って行った。エルカナは自分の妻ハンナを知った。主は彼女を心に留められた。

1:5 【主】は彼女の胎を閉じておられた　ハンナの不妊は神の直接的な働きだったことが描かれている。神は定められた時と方法でハンナに息子のサムエルを与えようと備えておられた。神は時に失望を体験させたり、神のご計画を実現するために必要な条件が備わっていないと感じるような情況に私たちを導かれる。そのようなとき私たちはハンナのようにしなければならない。自分の情況と痛みを直接神の前に差し出し、神が最善と思われる方法で処理してくださるのを待たなけ ればならない（⇒1:10-19、→ロマ8:28注）。

1:11 私はその子・・・を【主】におささげします　ハンナは息子を神の働きのためにささげると表明して神への献身を示した。同じように今日のキリスト者も息子や娘を神にささげ神の栄光を表すように育てますと誓うことによって、神とその目的への献身を示すことができる。子どもたちがそれぞれに神の目的を求めるように祈り、支え励ます親たちは主の恵みを受ける。

1:11 頭に、かみそりを当てません　髪を切らないこ

I サムエル記 1-2章

²⁰ 日が改まって、ハンナはみごもり、男の子を産んだ。そして「私がこの子を主に願ったから」と言って、その名をサムエルと呼んだ。

ハンナがサムエルをささげる

²¹ 夫のエルカナは、家族そろって、年ごとのいけにえを主にささげ、自分の誓願を果たすために上って行こうとしたが、²² ハンナは夫に、「この子が乳離れし、私がこの子を連れて行き、この子が主の御顔を拝し、いつまでも、そこにとどまるようになるまでは」と言って、上って行かなかった。²³ 夫のエルカナは彼女に言った。「あなたの良いと思うようにしなさい。この子が乳離れするまで待ちなさい。ただ、主のおことばのとおりになるように。」こうしてこの女は、とどまって、その子が乳離れするまで乳を飲ませた。
²⁴ その子が乳離れしたとき、彼女は雄牛三頭、小麦粉一エパ、ぶどう酒の皮袋一つを携え、その子を連れ上り、シロの主の宮に連れて行った。その子は幼かった。²⁵ 彼らは、雄牛一頭をほふり、その子をエリのところに連れて行った。
²⁶ ハンナは言った。「おお、祭司さま。あなたは生きておられます。祭司さま。私はかつて、ここのあなたのそばに立って、主に祈った女でございます。²⁷ この子のために、私は祈ったのです。主は私がお願いしたとおり、私の願いをかなえてくださいました。²⁸ それで私もまた、この子を主にお渡しいたします。この子は一生涯、主に渡されたものです。」こうして彼らはそこで主を礼拝した。

ハンナの祈り

2 ¹ ハンナは祈って言った。

「私の心は主を誇り、
 私の角は主によって高く上がります。
 私の口は敵に向かって大きく開きます。
 私はあなたの救いを喜ぶからです。
² 主のように聖なる方はありません。
 あなたに並ぶ者はないからです。
 私たちの神のような岩はありません。
³ 高ぶって、多くを語ってはなりません。
 横柄なことばを口から出してはなりません。
 まことに主は、すべてを知る神。
 そのみわざは確かです。
⁴ 勇士の弓が砕かれ、
 弱い者が力を帯び、
⁵ 食べ飽いた者がパンのために雇われ、
 飢えていた者が働きをやめ、
 不妊の女が七人の子を産み、
 多くの子を持つ女が、しおれてしまいます。

とがナジル人の誓願のしるしだった(→民6:5, 14注)。

1:20 男の子を産んだ・・・サムエル この書物の大部分はイスラエルの歴史の中で、さばきつかさによって導かれていた時代から王による統治に変る時代を扱っている。けれども1-8章は最後のさばきつかさであるサムエルの誕生と少年時代、預言者として指導したことに焦点をしぼっている。サムエルは神の預言者として、イスラエルの王より上の立場にあって王政を監督していた。王もサムエルが示した神のことばと神の御霊に服従した(11:14-12:25)。聖書全体を通して神のメッセンジャー、またイスラエルに対する神の代理人としての預言者の役割は王権やそのほかのどんな権力よりも重要だった(⇒マラ4:5-6, ルカ7:24-28)。

1:28 【主】に渡されたものです ハンナは神を敬う模範的な母親である。最初に子どもがほしいと願ったときから、ハンナは祈りの中でまだ生れていない子どもを神の目的の実現のためにささげていた(1:10-28)。そしてその子どもは神からの恵みの賜物であると考え、主にささげて誓願を果した(1:11, 24-28, →「親と子ども」の項 p.2265)。

2:1 ハンナは祈って 預言的な歌の中でハンナは、神に忠実な人々に対して神が配慮をされ必要を備えてくださることをほめたたえている(2:9, ⇒ルカ1:46-55のマリヤの歌)。さらにハンナは神が与えられる救いと神の聖さ、神だけが神であるという事実をほめたたえている(2:2)。主イエスに従う人もみな、自分たちの生涯を導いてくださるように神に頼らなければならない。個人的な問題に直面したときに、私たちは必要と願いと心配を祈りの中で神に訴えるべきである。そして、どんなものも私たちを神の愛から離すことはできないと確信し、どんな状況からでも神は最善のときに良い結果を生み出すことができることを知っているな

6 主は殺し、また生かし、
　＊よみに下し、また上げる。

7 主は、貧しくし、また富ませ、
　低くし、また高くするのです。

8 主は、弱い者をちりから起こし、
　貧しい人を、あくたから引き上げ、
　高貴な者とともに、すわらせ、
　彼らに栄光の位を継がせます。
　まことに、地の柱は主のもの、
　その上に主は世界を据えられました。

9 主は聖徒たちの足を守られます。
　悪者どもは、やみの中に滅びうせます。
　まことに人は、おのれの力によっては勝てません。

10 主は、はむかう者を打ち砕き、
　その者に、天から雷鳴を響かせられます。
　主は地の果て果てまでさばき、
　ご自分の王に力を授け、
　主に油そそがれた者の角を高く上げられます。」

11 その後、エルカナはラマの自分の家に帰った。幼子は、祭司エリのもとで主に仕えていた。

エリのよこしまな息子たち

12 さて、エリの息子たちは、①よこしまな者で、②主を知らず、
13 民にかかわる祭司の定めについてもそうであった。だれかが、いけにえをささげていると、まだ肉を煮ている間に、祭司の子が三又の肉刺しを手にしてやって来て、
14 これを、大なべや、かまや、大がまや、なべに突き入れ、肉刺しで取り上げたものをみな、祭司が自分のものとして取っていた。彼らはシロで、そこに来るすべてのイスラエルに、このようにしていた。
15 それどころか、人々が脂肪を焼いて煙にしないうちに祭司の子はやって来て、いけにえをささげる人に、「祭司に、その焼く肉を渡しなさい。祭司は煮た肉は受け取りません。生の肉だけです」と言うので、
16 人が、「まず、脂肪をすっかり焼いて煙にし、好きなだけお取りなさい」と言うと、祭司の子は、「いや、いま渡さなければならない。でなければ、私は力ずくで取る」と言った。
17 このように、子たちの罪は、主の前で非常に大きかった。主へのささげ物を、この人たちが侮ったからである。
18 サムエルはまだ幼く、亜麻布のエポデを身にまとい、主の前に仕えていた。
19 サムエルの母は、彼のために小さな上着を作り、毎年、夫とともに、その年のいけにえをささげに上って行くとき、その上着を持って行くのだった。
20 エリは、エルカナとその妻を祝福して、「主がお求めになった者の代わりに、主がこの女により、あなたに子どもを賜りますように」と言い、彼らは、自分の家に帰るのであった。
21 事実、主はハンナを顧み、彼女はみごもって、三人の息子と、ふたりの娘を産んだ。少年サムエルは、主のみもとで成長した。
22 エリは非常に年をとっていた。彼は自分の息子たちがイスラエル全体に行っていることの一部始終、それに彼らが会見の天幕の入口で仕えている女たちと寝ているということを聞いた。
23 それでエリは息子たちに言った。「なぜ、おまえたちはこんなことをするのだ。私はこの民全部から、おまえたちのした悪いことについて聞いている。
24 子たちよ。そういうことをしてはいけない。私が主の民の言いふらしているのを聞くそのうわさは良いものではない。
25 人がもし、ほかの人に対して罪を犯すと、神がその仲裁をしてくださる。だが、人が主に対して罪を犯したら、だれが、その者の

---

6 ①申32:39, Ⅱ列5:7, ヨブ1:21, 5:18, ホセ6:1, ヨハ5:21　＊「シェオル」 ②イザ26:19, 詩30:3
7 ①申8:17, 18 ②ヨブ5:11, 詩75:7, ヤコ4:10
8 ①ヨブ42:10-12, 詩113:7, 8 ②Ⅱレビ5:21 ③詩107:41, イザ29:19, ダニ4:17, ヤコ2:5　＊あるいは「灰捨て場」 ③ヨブ36:7 ④ダニ2:48 ⑤ヨブ9:6, 詩75:3 ⑥ヨブ38:4-6, 詩24:2, 102:25, 104:5
9 ①→イザ14:17 ②詩91:11, 12, 121:3, Ⅰペテ1:5, ②マタ8:12 ③詩33:16, 17
10 ①出15:6, 詩2:9 ②Ⅰサム7:10, 詩18:13, 14 ③詩96:13, 98:9, マタ25:31, 32 ④詩21:1, 7 ⑤詩2:2, ⑥詩89:24
11 ①Ⅰサム1:1, 19 ②Ⅰサム1:28, 2:18, 3:1
12 申13:13　＊直訳「ベリヤアルの子」②エレ2:8, 9:3, 6
13 ①レビ7:29-34, 申18:3
14 ①Ⅰサム1:3
15 ①レビ3:3-5, 16
17 ①マラ2:7-9 ②出2:29, 26:19, 創4:4, Ⅰ列18:29, 36, Ⅱ列3:20, Ⅰ歴16:29, エズ9:4, 5, →イザ1:13
18 ①Ⅰサム2:11, 3:1 ②Ⅰサム2:28, 3:1, 18, 21:9, 22:18, 23:6, 9, 30:7, 出28:4, 31, レビ8:7, 士17:5, Ⅱサム6:14
19 ①出28:31 ②Ⅰサム1:3, 21
20 ①申14:19, ルカ2:34 ②Ⅰサム1:11, 27, 28
21 ①創21:1 ②Ⅰサム2:26, 3:19, 士13:24, ルカ1:80, 2:40
22 ①Ⅰサム2:13-17 ②Ⅰサム2:13-17 ②出27:21, レビ1:1, 民1:1, 申31:14, ヨシ18:1, 19:51, Ⅰ列8:4, →Ⅰ歴6:32
25 ①申1:17 ②Ⅰサム3:14, 民15:30, 31, ヘブ10:26, 27

ら、私たちは神に訴えることができる（ロマ8:31-39）。

2:12　よこしまな者　エリの息子たちは神に仕えず聖い生活をしていなかった。自分たちの地位を個人的利得と性的不道徳のために悪用していた（2:13-17, 22, ⇒ピリ3:17-18）。父親である大祭司エリは息子たちを懲らしめることも祭司職から退けることもしなかった（→2:29注）。

2:23　私は・・・悪いことについて聞いている　エリは息子たちとその悪い行いを指摘したけれども祭司職から退けることはしなかった（⇒民15:30-31）。エリは行動しなかったことによって、神の聖さ（清さ、完全さ、悪からの分離）と祭司職の高い基準とを冒瀆したのである（2:30）。不道徳な奉仕者は神の民の指導者になることはできないと神のことばは宣言している。そのような人は指導者の中から除かれなければな

ために仲裁に立とうか。」しかし、彼らは父の言うことを聞こうとしなかった。彼らを殺すことが主のみこころであったからである。
26 一方、少年サムエルはますます成長し、主にも、人にも愛された。

エリの家に対する預言

27 そのころ、神の人がエリのところに来て、彼に言った。「主はこう仰せられる。あなたの父の家がエジプトでパロの家に属していたとき、わたしは、この身を明らかに彼らに示したではないか。
28 また、イスラエルの全部族から、その家を選び、わたしの祭司とし、わたしの祭壇に上り、香をたき、わたしの前でエポデを着るようにした。こうして、イスラエル人のすべての火によるささげ物を、あなたの父の家に与えた。
29 なぜ、あなたがたは、わたしが命じたわたしへのいけにえ、わたしへのささげ物を、わたしの住む所で軽くあしらい、また、あなたは、わたしよりも自分の息子たちを重んじて、わたしの民イスラエルのすべてのささげ物のうち最上の部分で自分たちを肥やそうとするのか。
30 それゆえ、──イスラエルの神、主の御告げだ──あなたの家と、あなたの父の家と

25 ③ヨシ11:20
26 ①ルカ2:52
② 箴3:4、使2:47、ロマ14:18
27 ① Ⅰ サム2:27-36、Ⅰ サム3:11-14
② Ⅰ サム9:6-8, 10、申33:1、ヨシ14:6、Ⅰ 列12:22、Ⅱ 列1:9、Ⅰ 歴23:14、Ⅱ 歴8:14、エズ3:2、詩90篇題、エレ35:4
③ 出4:14-16, 12:1, 43
28 ① 出28:1-4
② 出30:7, 8
③ Ⅰ サム2:18
④ →レビ1:9
29 ① Ⅰ サム2:13-17
② 申12:5-7
③ 詩26:8
④ マタ10:37
⑤ 申32:15
30 ① Ⅰ 列2:27, 35、Ⅰ 歴29:22

② 出29:9, 民25:13
③ Ⅱ サム22:26、詩18:20, 25, 50:23
④ マラ2:9
31 ① Ⅰ サム4:11-18, 22:17-19
② ゼカ8:4
32 ① Ⅰ 列2:26, 27
33 ① Ⅰ サム2:17-19
34 ① Ⅰ サム10:7, 14:10、Ⅰ 列13:3
② マタ4:11, 17
35 ① Ⅰ サム3:1, 7:9, 9:12, 13
② Ⅰ サム7:11, 27、Ⅰ 列11:38
③ Ⅰ サム16:13、詩18:50
36 ＊あるいは「丸型のパン」

は、永遠にわたしの前を歩む、と確かに言ったが、今や、──主の御告げだ──絶対にそんなことはない。わたしは、わたしを尊ぶ者を尊ぶ。わたしをさげすむ者は軽んじられる。
31 見よ。わたしがあなたの腕と、あなたの父の家の腕とを切り落とし、あなたの家には年寄りがいなくなる日が近づいている。
32 イスラエルはしあわせにされるのに、あなたはわたしの住む所で敵を見るようになろう。あなたの家には、いつまでも、年寄りがいなくなる。
33 わたしは、ひとりの人をあなたのために、わたしの祭壇から断ち切らない。その人はあなたの目を衰えさせ、あなたの心をやつれさせよう。あなたの家の多くの者はみな、壮年のうちに死ななければならない。
34 あなたのふたりの息子、ホフニとピネハスの身にふりかかることが、あなたへのしるしである。ふたりとも一日のうちに死ぬ。
35 わたしは、わたしの心と思いの中で事を行う忠実な祭司を、わたしのために起こそう。わたしは彼のために長く続く家を建てよう。彼は、いつまでもわたしに油そそがれた者の前を歩むであろう。
36 あなたの家の生き残った者はみな、賃金とパン一個を求めて彼のところに来ておじ

らない(→「監督の道徳的資格」の項 p.2303)。

2:25 彼らを殺すことが【主】のみこころで エリの息子たちは神に対して心をかたくなにして、公然と罪を犯し続けた(⇒民15:30-31)。したがってエリが注意しても道徳的に何の効果もなかった。ふたりは神に立返ることができるような状態ではなく、自分たちの思いに固執して神のさばきへ向けて進み続けた(⇒ロマ1:21-32、ヘブ3:, 10:26-31)。ふたりが若死にをしたのは頑固に神に従わず、悔い改め(神に対する態度を変えること、罪を認めて自分の生き方から離れて神とその目的に従い始めること)なかった結果である。

2:29 わたしよりも自分の息子たちを重んじて エリは家族に対して霊的指導力を十分に発揮しなかった。これはイスラエルに対するエリの指導力にも影響した。

(1) 父親としてエリは息子たちに正しいことを行うように教えなかった。息子たちが会見の天幕で仕えている女性を誘惑したときでも(2:22)、エリの行動にはふたりを奉仕者からはずそうとする意思も霊的権威も見られなかった(3:13、⇒申21:18-21)。

(2) 父親また奉仕者としてのエリの失敗は次のような

結果を招いた。(a) エリと息子たちと家族に対する神のさばき(2:30-36, 4:17-18)、(b) 祭司職に対する尊敬の低下(2:17)、(c) 神の民全体の霊的な衰退(2:22-24, 4:1-11)、(d) 主の栄光がイスラエルから去る(4:21)。

(3) 神の民を導く人には神を敬う姿勢、心からあがめる気持、尊ぶ態度が必要であることを聖書全体が教えている(⇒ Ⅰ テモ3:1-10)。

2:31 わたしがあなたの腕・・・を切り落とし 不忠実で不道徳なために、神はエリの子孫が霊的指導者である祭司として奉仕するのをもはや許されなかった。エリと息子たちは神を敬う模範をイスラエルに示すことができなかった(⇒2:30-34, 3:13-14)。

2:35 忠実な祭司 このことばは祭司、さばきつかさ(7:6, 15-17)、預言者(3:20-21)として仕えたサムエルに最初に使われた表現である。サムエルは幼いときから大祭司によって聖い務めの訓練を受け(3:1-11, 1:24-28)、やがてエリのあとを継いで大祭司になった。そして一生、神に忠実だった。サムエルは完全な祭司であるメシヤ(「油そそがれた者」詩110:, ヘブ5:6)、主イエスを指し示している。(1) 何よりも祭司

ぎをし、『どうか、祭司の務めの一つでも私にあてがって、一切れのパンを食べさせてください』と言おう。」

主がサムエルに呼びかける

3 ¹ 少年サムエルはエリの前で主に仕えていた。そのころ、主のことばはまれにしかなく、幻も示されなかった。

² その日、エリは自分の所で寝ていた。――彼の目はかすんできて、見えなくなっていた――³ 神のともしびは、まだ消えていず、サムエルは、神の箱の安置されている主の宮で寝ていた。

⁴ そのとき、主はサムエルを呼ばれた。彼は、「はい。ここにおります」と言って、⁵ エリのところに走って行き、「はい。ここにおります。私をお呼びになったので」と言った。エリは、「私は呼ばない。帰って、おやすみ」と言った。それでサムエルは戻って、寝た。

⁶ 主はもう一度、サムエルを呼ばれた。サムエルは起きて、エリのところに行き、「はい。ここにおります。私をお呼びになったので」と言った。エリは、「私は呼ばない。わが子よ。帰って、おやすみ」と言った。

⁷ サムエルはまだ、主を知らず、主のことばもまだ、彼に示されていなかった。

⁸ 主が三度目にサムエルを呼ばれたとき、サムエルは起きて、エリのところに行き、「はい。ここにおります。私をお呼びになったので」と言った。そこでエリは、主がこの少年を呼んでおられるということを悟った。

⁹ それで、エリはサムエルに言った。「行って、おやすみ。今度呼ばれたら、『主よ。お話しください。しもべは聞いております』と申し上げなさい。」サムエルは行って、自分の所で寝た。

¹⁰ そのうちに主が来られ、そばに立って、これまでと同じように、「サムエル。サムエル」と呼ばれた。サムエルは、「お話しくださ

36 ① Ⅱ列23:9
1 ① Ⅰサム2:11, 18, 21
 ② 詩74:9, エゼ7:26, アモ8:11, 12
2 ① Ⅰサム4:15, 創27:1, 48:10
3 ① 出25:31-37, 27:20, 21, レビ24:3, Ⅱ歴13:11
 ② Ⅰサム4:11, 17-19, 21, 22, 5:1, 2, 7, 8, 10, 11, 6:3, →Ⅱサム6:2, →Ⅰ列13:3, Ⅱ歴1:4, Ⅰサム4:3, 6, 出25:22
 ③ Ⅰサム1:9
4 ① 創22:1, イザ6:8

11 ① Ⅰサム3:11-14, Ⅰサム2:27-36
 ② Ⅱ列21:12, エレ19:3
13 ① エゼ7:3, 18:30
 ② Ⅰサム2:12, 17, 22
 ③ Ⅰサム2:22, 申17:12, 21:18-21
14 ① Ⅰ列8:64, Ⅱ列16:13, 15, Ⅰ歴21:23, 23:29, Ⅱ歴7:7, ネヘ10:33, 13:5, 9, →ヨシ22:23
 ② 民15:30, 31, イザ22:14
15 ① Ⅰサム3:10
17 ① Ⅰサム14:44, 20:13, 25:22, Ⅱサム19:13, ルツ1:17, Ⅰ列2:23, Ⅱ列6:31
18 ① ヨブ1:21, 2:10, イザ39:8
 ② Ⅰ列3:10
19 ① Ⅰサム2:21
 ② Ⅰサム16:18, 18:12, 14, 創21:22, 28:15, 39:2, ヨシ6:27
 ③ Ⅰサム9:6
20 ① 士20:1
 ② Ⅰサム9:9, 10:5, 10-12, 19:20, 24, 22:5, 28:6, 15, 創20:7, 士6:8, →Ⅱサム7:2, →Ⅰ列1:8, →Ⅱ列2:3, →Ⅰサム16:22, →Ⅰ歴9:29, →ネヘ6:7, →イザ3:7
21 ① Ⅰサム1:3
 ② Ⅰサム3:10

い。しもべは聞いております」と申し上げた。¹¹ 主はサムエルに仰せられた。「見よ。わたしは、イスラエルに一つの事をしようとしている。それを聞く者はみな、二つの耳が鳴るであろう。¹² その日には、エリの家についてわたしが語ったことをすべて、初めから終わりまでエリに果たそう。¹³ わたしは彼の家を永遠にさばくと彼に告げた。それは自分の息子たちが、みずからのろいを招くようなことをしているのを知りながら、彼らを戒めなかった罪のためだ。¹⁴ だから、わたしはエリの家について誓った。エリの家の咎は、いけにえによっても、穀物のささげ物によっても、永遠に償うことはできない。」

¹⁵ サムエルは朝まで眠り、それから主の宮のとびらをあけた。サムエルは、この黙示についてエリに語るのを恐れた。¹⁶ ところが、エリはサムエルを呼んで言った。「わが子サムエルよ。」サムエルは、「はい。ここにおります」と答えた。¹⁷ エリは言った。「おまえにお告げになったことは、どんなことだったのか。私に隠さないでくれ。もし、おまえにお告げになったことばの一つでも私に隠すなら、神がおまえを幾重にも罰せられるように。」¹⁸ それでサムエルは、すべてのことを話して、何も隠さなかった。エリは言った。「その方は主だ。主がみこころにかなうことをなさいますように。」

¹⁹ サムエルは成長した。主は彼とともにおられ、彼のことばを一つも地に落とされなかった。²⁰ こうして全イスラエルは、ダンからベエル・シェバまで、サムエルが主の預言者に任じられたことを知った。²¹ 主は再びシロで現れた。主のことばによって、主がご自身をシロでサムエルに現

は神とその目的とに忠実であるように召されている。そのためには忠誠と献身、神に喜ばれない様々な影響力を退ける霊的決断力が必要だった。(2) 新約聖書は神への服従をはっきりと具体的に示した人だけが神の民の霊的指導者になるべきだと教えている(⇒マタ24:45, 25:21, Ⅰテモ3:1-13, 4:16, Ⅱテモ2:2)。

3:13 彼の家を永遠にさばく エリは個人的には祭司職での失敗を赦してもらうことができた。けれども神はエリとエリの子孫を祭司の地位に復帰させようとはされなかった。もし召しと責任に見合った生活をしないなら、神はいつでもその人を霊的指導者の立場から取除く権威を持っておられる(→ロマ11:29注)。

3:20【主】の預言者 イスラエル民族全体に神の代弁者として任命されたサムエルは最初に預言者「職

されたからである。

ペリシテ人が神の箱を奪う

4 ¹ サムエルのことばが全イスラエルに行き渡ったころ、イスラエルはペリシテ人を迎え撃つために戦いに出て、エベン・エゼルのあたりに陣を敷いた。ペリシテ人はアフェクに陣を敷いた。² ペリシテ人はイスラエルを迎え撃つ陣ぞなえをした。戦いが始まると、イスラエルはペリシテ人に打ち負かされ、約四千人が野の陣地で打たれた。

³ 民が陣営に戻って来たとき、イスラエルの長老たちは言った。「なぜ主は、きょう、ペリシテ人の前でわれわれを打ったのだろう。シロから主の契約の箱をわれわれのところに持って来よう。そうすれば、それがわれわれの真ん中に来て、われわれを敵の手から救おう。」⁴ そこで民はシロに人を送った。彼らはそこから、ケルビムに座しておられる万軍の主の契約の箱をかついで来た。エリのふたりの息子、ホフニとピネハスも、神の契約の箱といっしょにそこに来た。

⁵ 主の契約の箱が陣営に着いたとき、全イスラエルは大歓声をあげた。それで地はどよめいた。

⁶ ペリシテ人は、その歓声を聞いて、「ヘブル人の陣営の、あの大歓声は何だろう」と言った。そして、主の箱が陣営に着いたと知ったとき、

⁷ ペリシテ人は、「神が陣営に来た」と言って、恐れた。そして言った。「ああ、困ったことだ。今まで、こんなことはなかった。⁸ ああ、困ったことだ。だれがこの力ある神々の手から、われわれを救い出してくれよう。これらの神々は、荒野で、ありとあらゆる災害をもってエジプトを打った神々だ。⁹ さあ、ペリシテ人よ。奮い立て。男らしくふるまえ。さもないと、ヘブル人がおまえたちに仕えたように、おまえたちがヘブル人に仕えるようになる。男らしくふるまって戦え。」

¹⁰ こうしてペリシテ人は戦ったので、イスラエルは打ち負かされ、おのおの自分たちの天幕に逃げた。そのとき、非常に激しい疫病が起こり、イスラエルの歩兵三万人が倒れた。¹¹ 神の箱は奪われ、エリのふたりの息子、ホフニとピネハスは死んだ。

---

1 ① Ⅰサム5:1, 7:12
② Ⅰサム29:1, ヨシ12:18
2 ① ヨシ13:2
3 ① ヨシ7:7, 8
② Ⅰサム1:3
③ Ⅰサム4:4, 5, 民10:33, 申10:8, →ヨシ3:3, Ⅰサム3:3
4 ① 出25:18, 22, 民7:89, Ⅱサム6:2, 詩80:1, 99:1
② → Ⅰサム1:3

5 ① ヨシ6:5, 20
6 ① Ⅰサム5:3, 4, 6:1, 2, 8, 11, 13, 15, 18, 19, 21, 7:1, →ヨシ3:13, Ⅰサム3:3
7 ① 出15:14
9 ① Ⅰサム14:21, 士13:1
10 ① Ⅰサム4:2, レビ26:17, 申28:15, 25
② 申18:17, Ⅱ列14:12
③ 詩78:62
11 ① → Ⅰサム3:3
② Ⅰサム2:34, 詩78:64

(イスラエルでの預言者として権威ある立場を認められた人)に就いた人だった。けれども最初に預言の賜物を持った人ではなかった(⇒アブラハム─創20:7、モーセ─申18:15, 18、デボラ─士4:4)。

(1) 祭司職の堕落と霊的衰退があったため、神はサムエルを召された。それは神のメッセージを伝え(3:19-21)、神のご計画に忠実に従う模範となり(2:35)、悔い改めと霊的刷新を呼びかけ(7:3)、神と人との仲介者として仕える(7:8-9)ためだった。

(2) 訓練を受けているほかの「預言者の一団」、あるいは「預言者のともがら」(19:20、Ⅱ列2:3, 5, 4:38)と呼ばれている預言者や養成中の奉仕者は、サムエルが指導をしていた。ラマの預言者たちはこの人々だった(⇒19:20-22)。サムエルはこの預言者たちにイスラエルに関する神のみこころについて教え訓練した。預言者集団の目標は霊的刷新とこの民族に対する神の目的の回復へ向けてイスラエルを前進させることだった。人々はだれでも参加して預言者たちから神について学ぶことができた。

4:2 イスラエルは・・・打ち負かされ イスラエルは打負かされた。それは祭司たちがあらゆる面で邪悪になり、人々が神の命令に背いていたからである。イスラエルは契約の箱が必ず勝利をもたらすと考えて(→4:3注)戦場に持って行った。けれどももし本当に神の祝福がほしいなら、罪の道から離れて神と神の目的に仕えるべきだった。

4:3 【主】の契約の箱 神の箱(→「**神殿の備品**」の図p.557)はイスラエルの中で神の臨在を象徴していた(⇒出25:10-22、民10:33-36)。人々は自分たちの心が神から離れているのに、この箱が神の好意と力とを保証してくれると考えた。そして霊的な象徴がどれほど意味深くても、それは象徴でしかなく本当の神の臨在と力そのものではないことを理解していなかった。神は人々が契約関係(イスラエルに対する神の律法と約束、そして神に対する人々の忠誠と信仰に基づく「終生協定」)に忠実であるならともにおられた。今日、新しい契約(神の御子イエス・キリストのいのちと犠牲を通して人々に霊的な救いを与え、神との関係の回復を図る神の計画)のもとでも同じことが言える。心から神に従い神が正しいとされることを行わないなら、たとい水のバプテスマを受け、主の晩餐(聖餐式)にあずかり、あるいはそのほかの霊的な活動に参加しても、それらは何の霊的祝福にもならない(⇒Ⅰコリ11:27-30)。

エリの死

12 その日、ひとりのベニヤミン人が、戦場から走って来て、シロに着いた。その着物は裂け、頭には土をかぶっていた。
13 彼が着いたとき、エリは道のそばに設けた席にすわって、見張っていた。神の箱のことを気づかっていたからである。この男が町に入って＊敗戦を知らせたので、町中こぞって泣き叫んだ。
14 エリが、この泣き叫ぶ声を聞いて、「この騒々しい声は何だ」と尋ねると、この者は大急ぎでやって来て、エリに知らせた。
15 エリは九十八歳で、その目はこわばり、何も見えなくなっていた。
16 その男はエリに言った。「私は戦場から来た者です。私は、きょう、戦場から逃げて来ました。」するとエリは、「状況はどうか。わが子よ」と聞いた。
17 この知らせを持って来た者は答えて言った。「イスラエルはペリシテ人の前から逃げ、民のうちに打たれた者が多く出ました。それにあなたのふたりの子息、ホフニとピネハスも死に、神の箱は奪われました。」
18 彼が神の箱のことを告げたとき、エリはその席から門のそばにあおむけに落ち、首を折って死んだ。年寄りで、からだが重かったからである。彼は四十年間、イスラエルをさばいた。
19 彼の嫁、ピネハスの妻は身ごもっていて、出産間近であったが、神の箱が奪われ、しゅうとと、夫が死んだという知らせを聞いたとき、陣痛が起こり、身をかがめて子を産んだ。
20 彼女が死にかけているので、彼女の世話をしていた女たちが、「しっかりしなさい。男の子が生まれましたよ」と言ったが、彼女は答えもせず、気にも留めなかった。
21 彼女は、「栄光がイスラエルから去った」と言って、その子をイ・カボデと名づけた。これは神の箱が奪われたこと、それに、しゅうとと、夫のことをさしたのである。
22 彼女は、「栄光はイスラエルを去りました。神の箱が奪われたから」と言った。

アシュドデとエクロンでの神の箱

5 1 ペリシテ人は神の箱を奪って、それをエベン・エゼルからアシュドデに運んだ。
2 それからペリシテ人は神の箱を取って、それをダゴンの宮に運び、ダゴンのかたわらに安置した。
3 アシュドデの人たちが、翌日、朝早く起きて見ると、ダゴンは主の箱の前に、地にうつぶせになって倒れていた。そこで彼らはダゴンを取り、それをもとの所に戻した。
4 次の日、朝早く彼らが起きて見ると、やはり、ダゴンは主の箱の前に、地にうつぶせになって倒れていた。ダゴンの頭と両腕は切り離されて敷居のところにあり、ダゴンの胴体だけが、そこに残っていた。
5 それで、ダゴンの祭司たちや、ダゴンの宮に行く者はだれでも、今日に至るまで、アシュドデにあるダゴンの敷居を踏まない。
6 さらに主の手はアシュドデの人たちの上に重くのしかかり、アシュドデとその地域の人々とを腫物で打って脅かした。
7 アシュドデの人々は、この有様を見て言った。「イスラエルの神の箱を、私たちのもとにとどめておいてはならない。その神の手が私たちと、私たちの神ダゴンを、ひどいめに会わせるから。」
8 それで彼らは人をやり、ペリシテ人の領主を全部そこに集め、「イスラエルの神の箱をどうしたらよいでしょうか」と尋ねた。彼らは、「イスラエルの神の箱をガテに移したらよかろう」と答えた。そこで彼らはイスラエルの神の箱を移した。
9 それがガテに移されて後、主の手はこの町に下り、非常な大恐慌を引き起こし、この町の人々を、上の者も下の者もみな打ったので、彼らに腫物ができた。

---

12 ① エレ7:12
② ヨシ7:6、Ⅱサム1:2, 13:19, 15:32、ヨブ2:12
③ ネヘ9:1
13 ① Ⅰサム1:9, 4:18
＊「敗戦」は補足
15 ① Ⅰサム3:2, Ⅰ列14:4
16 ① Ⅱサム1:4
18 ① Ⅰサム4:13
20 ① 創35:16-19
21 ① 詩78:61, エレ2:11
② Ⅰサム14:3
＊「栄光はどこに」の意
③ Ⅰサム4:11

1 ① → Ⅰサム3:3
② Ⅰサム4:1, 7:12
③ ヨシ13:3
2 ① 士16:23, Ⅰ歴10:10
3 ① → Ⅰサム4:6
② イザ19:1, 46:1, 2
③ イザ46:7
4 ① エレ50:2, エゼ6:4, 6、ミカ1:7
6 ① Ⅰサム5:7, 9, 11, 6:5、出9:3, 詩32:4, 使13:11
7 ① Ⅰサム5:9, 12、申28:27
8 ① Ⅰサム5:11, 6:4, 16, 29:6, 7, ヨシ13:3、士3:3
② Ⅰサム5:6

4:17 ホフニとピネハスも死に ホフニとピネハスが死んで契約の箱が奪われたことは、不道徳な霊的指導者を受入れた人々を神がさばかれることを示している。神は人々が災難によって苦しむようにさせたり、ご自分の栄光（神の臨在の名誉と恩典）を取去ったりなさるのである。

4:21 イ・カボデ イ・カボデは「栄光が去った」という意味である。神の臨在はイスラエルの栄光だった（出24:16-17注）。ピネハスの妻は神の臨在が人々の中に見られないという現実をはっきりと悟ったのである（4:19-22）。同じように今日のキリスト者も聖霊の臨在と力、賜物が自分たちの生活の中で働き、明らか

10 そこで、彼らは神の箱をエクロンに送った。神の箱がエクロンに着いたとき、エクロンの人たちは大声で叫んで言った。「私たちのところにイスラエルの神の箱を回して、私たちと、この民を殺すのか。」
11 そこで彼らは人をやり、ペリシテ人の領主を全部集めて、「イスラエルの神の箱を送って、もとの所に戻っていただきましょう。私たちと、この民とを殺すことがないように」と言った。町中に死の恐慌があったからである。神の手は、そこに非常に重くのしかかっていた。
12 死ななかった者も腫物で打たれ、町の叫び声は天にまで上った。

神の箱がイスラエルに戻る

6 1 主の箱は七か月もペリシテ人の野にあった。
2 ペリシテ人は祭司たちと占い師たちを呼び寄せて言った。「主の箱を、どうしたらよいだろう。どのようにして、それをもとの所に送り返せるか、教えてもらいたい。」
3 すると彼らは答えた。「イスラエルの神の箱を送り返すのなら、何もつけないで送り返してはなりません。彼に対して償いをしなければなりません。そうすれば、あなたがたはいやされましょう。なぜ、神の手があなたがたから去らないかがわかるでしょう。」
4 人々は言った。「私たちのする償いとは何ですか。」彼らは言った。「ペリシテ人の領主の数によって、五つの金の腫物、すなわち五つの金のねずみです。あなたがたみなと、あなたがたの領主へのわざわいは同じであったからです。
5 あなたがたの腫物の像、すなわちこの地を荒らしたねずみの像を作り、イスラエルの神に栄光を帰するなら、たぶん、あなたがたと、あなたがたの神々と、この国とに下される神の手は、軽くなるでしょう。
6 なぜ、あなたがたは、エジプト人とパロが心をかたくなにしたように、心をかたくなにするのですか。神が彼らをひどいめに会わせたときに、彼らは、イスラエルを自由にして、彼らを去らせたではありませんか。

11 ①Ⅰサム5:8
②Ⅰサム5:6
12 ①出12:30

1 ①→Ⅰサム4:6
2 ①創41:8, 出7:11, イザ2:6, 3:2, ダニ2:2, 5:7
3 ①→Ⅰサム3:3
②出23:15, 申16:16
③Ⅰサム6:4, 8, 17
④Ⅰサム6:6, 9
4 ①Ⅰサム5:8
②Ⅰサム6:17
③Ⅰサム6:18
5 ①ヨシ7:19, イザ42:12, マラ2:2, ヨハ9:24
⑥①出7:13, 9:12, 35
②出12:31

7 ①Ⅱサム6:3
②民19:2, 申21:3
8 ①Ⅰサム6:4, 5
9 ①ヨシ15:10, 21:16
②エレ45:5
12 ①Ⅰサム6:9
②民20:19
14 ①Ⅰサム24:22,
Ⅰ列19:21
②Ⅰサム6:15, 7:9, 10, 10:8, 13:9, 10, 12, 15:22, →ヨシ8:31, →Ⅱサム6:17,
→Ⅰ列3:4, →Ⅱ列3:27, →Ⅰ歴6:49, →Ⅱ歴1:6, →エズ3:2, →ヨブ1:5, →イザ1:11
15 ①出4:14, ヨシ3:3
16 ①Ⅰサム6:4
17 ①→Ⅰサム6:3
②Ⅰサム6:4

7 それで今、一台の新しい車を仕立て、くびきをつけたことのない、乳を飲ませている二頭の雌牛を取り、その雌牛を車につなぎ、子牛は引き離して牛小屋に戻しなさい。
8 また主の箱を取ってその車に載せなさい。償いとして返す金の品物を鞍袋に入れ、そのかたわらに置き、それを行くがままにさせなければならない。
9 あなたがたは、箱がその国への道をベテ・シェメシュに上って行けば、私たちにこの大きなわざわいを起こしたのは、あの箱だと思わなければならない。もし、行かなければ、その手は私たちを打たず、それは私たちに偶然起こったことだと知ろう。」
10 人々はそのようにした。彼らは乳を飲ませている二頭の雌牛を取り、それを車につないだ。子牛は牛小屋に閉じ込めた。
11 そして主の箱を車に載せ、また金のねずみ、すなわち腫物の像を入れた鞍袋を載せた。
12 すると雌牛は、ベテ・シェメシュへの道、一筋の大路をまっすぐに進み、鳴きながら進み続け、右にも左にもそれなかった。ペリシテ人の領主たちは、ベテ・シェメシュの国境まで、そのあとについて行った。
13 ベテ・シェメシュの人々は、谷間で小麦の刈り入れをしていたが、目を上げたとき、神の箱が見えた。彼らはそれを見て喜んだ。
14 車はベテ・シェメシュ人ヨシュアの畑に入り、そこにとどまった。そこには大きな石があった。その人たちは、その車の木を割り、その雌牛を全焼のいけにえとして主にささげた。
15 レビ人たちは、主の箱と、そばにあった金の品物の入っている鞍袋とを降ろし、その大きな石の上に置いた。ベテ・シェメシュの人たちは全焼のいけにえをささげ、その日、ほかのいけにえも主にささげた。
16 五人のペリシテ人の領主たちは、これを見て、その日のうちにエクロンへ帰った。
17 ペリシテ人が、償いとして主に返した金の腫物は、アシュドデのために一つ、ガザのために一つ、アシュケロンのために一つ、ガテのために一つ、エクロンのために一つであった。
18 すなわち金のねずみは、五人の領主のも

であるかどうかを真剣に案じなければならない。
6:12 ベテ・シェメシュへの道…をまっすぐに 神は牛を用いて契約の箱をイスラエルに戻された。ベテ・シェメシュはユダ領内の国境の町だった(⇒ヨシ21:16)。

Ⅰサムエル記　6-7章

のであるペリシテ人のすべての町——城壁のある町から城壁のない村まで——の数によっていた。終わりに主の箱が安置されたアベルの大きな台は、今日までベテ・シェメシュ人ヨシュアの畑にある。

19 主はベテ・シェメシュの人たちを打たれた。主の箱の中を見たからである。そのとき主は、その民五万七十人を打たれた。主が民を激しく打たれたので、民は喪に服した。

20 ベテ・シェメシュの人々は言った。「だれが、この聖なる神、主の前に立ちえようか。私たちのところから、だれのところへ上って行かれるのか。」

21 そこで、彼らはキルヤテ・エアリムの住民に使者を送って言った。「ペリシテ人が主の箱を返してよこしました。下って来て、それをあなたがたのところに運び上げてください。」

7

1 キルヤテ・エアリムの人々は来て、主の箱を運び上げ、それを丘の上のアビナダブの家に運び、彼の子エルアザルを聖別して、主の箱を守らせた。

サムエルがミツパでペリシテ人を制圧する

2 その箱がキルヤテ・エアリムにとどまった日から長い年月がたって、二十年になった。イスラエルの全家は主を慕い求めていた。

3 そのころ、サムエルはイスラエルの全家に次のように言った。「もし、あなたがたが心を尽くして主に帰り、あなたがたの間から外国の神々やアシュタロテを取り除き、心を主に向け、主にのみ仕えるなら、主はあなたがたをペリシテ人の手から救い出されます。」

4 そこでイスラエル人は、バアルやアシュタロテを取り除き、主にのみ仕えた。

5 それで、サムエルは言った。「イスラエル人をみな、ミツパに集めなさい。私はあなたがたのために主に祈りましょう。」

6 彼らはミツパに集まり、水を汲んで主の前に注ぎ、その日は断食した。そうして、その所で言った。「私たちは主に対して罪を犯しました。」こうしてサムエルはミツパでイスラエル人をさばいた。

7 イスラエル人がミツパに集まったことをペリシテ人が聞いたとき、ペリシテ人の領主たちはイスラエルに攻め上った。イスラエル人はこれを聞いて、ペリシテ人を恐れた。

8 そこでイスラエル人はサムエルに言った。「私たちの神、主に叫ぶのをやめないでください。私たちをペリシテ人の手から救ってくださるように。」

9 サムエルは乳離れしていない子羊一頭を取り、焼き尽くす全焼のいけにえとして主にささげた。サムエルはイスラエルのために主に叫んだ。それで主は彼に答えられた。

10 サムエルが全焼のいけにえをささげていたとき、ペリシテ人がイスラエルと戦おうとして近づいて来たが、主はその日、ペリシテ人の上に、大きな雷鳴をとどろかせ、彼らをかき乱したので、彼らはイスラエル人に打ち負かされた。

11 イスラエルの人々は、ミツパから出て、ペリシテ人を追い、彼らを打って、ベテ・

---

18 ①申3:5
②Ⅰサム6:14, 15
19 ①民4:5, 15, 20, Ⅱサム6:7
20 ①レビ11:44, 45
②詩76:7
③Ⅰサム6:9
21 ①ヨシ9:17, 15:9, 60

1 ①→Ⅰサム4:6
②Ⅱサム6:3, 4, Ⅰ歴13:5-7
2 ①Ⅰサム7:2-4, 士6:1-10, 10:10-16
＊別訳「求めて嘆いていた」
3 ①申30:2-10
②ヨエ2:12-14, Ⅰ列8:48, イザ55:7, ホセ6:1
③創35:2, ヨシ24:14, 23, 士10:16
④Ⅰサム31:10, 士2:13
⑤Ⅰ歴19:3, 30:19, ヨブ11:13
申6:13, 10:20, 13:4, マタ4:10, ルカ4:8

4 ①士2:11, 13
5 ①Ⅰサム10:17, 士20:1, Ⅱ列25:23
②Ⅰサム8:6, 12:19
6 ①Ⅰサム1:15, 詩62:8, 哀2:19
②ネヘ9:1, ダニ9:3, ヨエ2:12
③士10:10, Ⅰ列8:47, 詩106:6
7 ①Ⅰサム13:5, 6, 17:11
8 ①Ⅰサム7:8-11, 出17:8-13
②Ⅰサム12:19, 23
9 ①レビ22:27
②→Ⅰサム6:14
③詩99:6, エレ15:1
10 ①Ⅰサム2:10, Ⅱサム22:14, 詩29:3
②ヨシ10:10, 詩18:14
③士4:15

6:19　人たちを打たれた　ベテ・シェメシュの多くの人は神聖なものにふれたり見たりしてはいけないという神の命令を無視した(民4:15, 20)。契約の箱を調べたのは、神への恐れと神聖なものを敬う思いがなかったからである。私たちと神との関係にはいつも栄誉と尊敬、畏敬の思いと聖い恐れ(神がどのような方で、何ができ何を求めておられるかということの認識に基づいたもの)がなければならない。

7:3　【主】に帰・・・るなら主はあなたがたを・・・救い出されます　もし神の助けと守りを受けたいなら、自分たちを完全に神にささげなければならないという聖書の原則をサムエルは強調した。これには神との関係よりも優先したくなるようなものを生活の中から取除くことが必要である(⇒ロマ12:1-2)。心から神に喜ばれる生活を行おうとする人はみな、あらゆる情況で神の顧みと祝福、助けを期待することができる(⇒出23:22, 申20:1-4, ヨシ1:5-9)。

7:8　【主】に叫ぶのをやめないでください　私たちの人生を通して、霊的な妨げや敵に対してどの程度勝利ができるかは、どの程度神に信頼し祈るかにかかっている。祈ることによって、仕事や計画、家族や学校、問題や成功など、私たちの生活のあらゆる領域に神に来ていただくことができる(→ルカ18:1, 7注, →**効果的な祈り**」の項 p.585)。けれども祈りを軽んじるなら、サタンの攻撃に対して無防備になり霊的に敗北することになる。人々の要望に応答してサムエルは主への新しい献身のしるしとして全焼のいけにえをささげ、人々のために祈りをささげた(7:9)。

カルの下にまで行った。

12 そこでサムエルは一つの石を取り、それをミツパとシェンの間に置き、それにエベン・エゼルという名をつけ、「ここまで主が私たちを助けてくださった」と言った。13 こうしてペリシテ人は征服され、二度とイスラエルの領内に、入って来なかった。サムエルの生きている間、主の手がペリシテ人を防いでいた。

14 ペリシテ人がイスラエルから奪った町々は、エクロンからガテまで、イスラエルに戻った。イスラエルはペリシテ人の手から、領土を解放した。そのころ、イスラエル人とエモリ人の間には平和があった。

15 サムエルは、一生の間、イスラエルをさばいた。16 彼は毎年、ベテル、ギルガル、ミツパを巡回し、それらの地でイスラエルをさばき、17 ラマに帰った。そこに自分の家があったからである。彼はそこでイスラエルをさばいた。彼はまた、そこに主のために一つの祭壇を築いた。

イスラエルが王を求める

8 1 サムエルは、年老いたとき、息子たちをイスラエルのさばきつかさとした。2 長男の名はヨエル、次男の名はアビヤである。彼らはベエル・シェバで、さばきつかさであった。3 この息子たちは父の道に歩まず、利得を追い求め、わいろを取り、さばきを曲げていた。

4 そこでイスラエルの長老たちはみな集まり、ラマのサムエルのところに来て、5 彼に言った。「今や、あなたはお年を召され、あなたのご子息たちは、あなたの道を歩みません。どうか今、ほかのすべての国民のように、私たちをさばく王を立ててください。」6 彼らが、「私たちをさばく王を与えてください」と言ったとき、そのことばはサムエルの気に入らなかった。そこでサムエルは主に祈った。7 主はサムエルに仰せられた。「この民があなたに言うとおりに、民の声を聞き入れよ。それはあなたを退けたのではなく、彼らを治めているこのわたしを退けたのであるから。

8:1-3 息子たち サムエルは息子たちをイスラエル南部のさばきつかさに任命したけれどもふたりは父親の良い模範を見習わなかった(8:3)。ところが聖書は息子たちの罪深い行いを容認したとエリを非難した(2:29)ようにはサムエルを非難していない。サムエルは息子たちが祭司として活動するのを許さなかったからに違いない。このことは親が神を敬っていても子どもたちは自分自身で正しい選択をしなければならないことを示している。

8:5 王を立ててください 王を持つことは神がアブラハムと結んだ契約に入っていた(創17:6、→「**アブラハム、イサク、ヤコブとの神の契約**」の項 p.74)。ヤコブ(イスラエルに改名、創32:28)は息子たちを祝福したとき、王権をユダ族に指定した(創49:10)。モーセはイスラエルがもはや神の直接支配に満足しなくなる日が来ることを予告していた(申17:14-15、28:36)。今起きている状況はイスラエルが人間の王を求めるという預言の成就だった。人々はイスラエルの王としての神を拒んだのに神はその求めに応じられた(8:7)。この流れの中で人々は神の選ばれた特別な民族としての役割を失う危険を冒したのである。

(1) 人々は人間の王を求めた。それは「ほかのすべての国民のようになり、私たちの王が私たちをさばき、王が私たちの先に立って出陣し、私たちの戦いを戦ってくれる」(8:20)と考えたからである。人々は最近起きた問題や敗北は制度が貧弱だからだと考えた。でもそれは間違いだった。没落の原因は実際には神への罪(神への反抗、神の基準を無視すること)だった。この選択によって、人々は神に頼らないで周辺の邪悪な社会のあり方に対応し受け入れていくことになった。

(2) ここで王を持つのは神のタイミングではなく動機も正しくなかったけれども、主は人々が求めるものを与えられた。そして神はその後も人々を導こうとされた(12:14-15、19-25)。そして神の愛と、人間の弱さに対する忍耐とを表してくださった。

8:7 このわたしを退けた このときまでイスラエルの政治は神権政治(神ご自身が王としてイスラエルを治める)だった。神は直接導きや特別啓示を与え、文書になったみことばや神を敬う指導者たちを通して人々を導かれた。神の導きはしばしば奇蹟によって確認された。イスラエルが王によって導かれ治められることを求めた後、王たちは神の直接の選びではなく血筋によってその地位に着いていった。その結果何人かの邪悪で不道徳な王が支配するようになり、人々に対する神の主権がさらに弱くなっていった(→「**イスラエルとユダの王**」の表 p.651)。歴史の終りには神はイエス・キリストを通して直接支配を回復される。そして「その国は終わることがありません」(ルカ1:33、⇒Ⅰ

Ⅰサムエル記　8-9章

⁸わたしが彼らをエジプトから連れ上った日から今日に至るまで、彼らのした事といえば、わたしを捨てて、ほかの神々に仕えたことだった。そのように彼らは、あなたにもしているのだ。
⁹今、彼らの声を聞け。ただし、彼らにきびしく警告し、彼らを治める王の権利を彼らに知らせよ。」
¹⁰そこでサムエルは、彼に王を求めることの民に、主のことばを残らず話した。
¹¹そして言った。「あなたがたを治める王の権利はこうだ。王はあなたがたの息子をとり、彼らを自分の戦車や馬に乗せ、自分の戦車の前を走らせる。
¹²自分のために彼らを千人隊の長、五十人隊の長として、自分の耕地を耕させ、自分の刈り入れに従事させ、武具や、戦車の部品を作らせる。
¹³あなたがたの娘をとり、香料作りとし、料理女とし、パン焼き女とする。
¹⁴あなたがたの畑や、ぶどう畑や、オリーブ畑の良い所を取り上げて、自分の家来たちに与える。
¹⁵あなたがたの穀物とぶどうの十分の一を取り、それを自分の宦官や家来たちに与える。
¹⁶あなたがたの奴隷や、女奴隷、それに最もすぐれた若者や、ろばを取り、自分の仕事をさせる。
¹⁷あなたがたの羊の群れの十分の一を取り、あなたがたは王の奴隷となる。
¹⁸その日になって、あなたがたが、自分たちに選んだ王ゆえに、助けを求めて叫んでも、その日、主はあなたがたに答えてくださらない。」
¹⁹それでもこの民は、サムエルの言うことを聞こうとしなかった。そして言った。「いや。どうしても、私たちの上には王がいなくてはなりません。

⁸①Ⅰ列9:9
　②士10:13
⁹①Ⅰサム8:7
⁹①Ⅰサム8:11-18, 10:25
¹⁰①Ⅰサム8:5, 6
¹¹①Ⅰサム8:9, 10:25, 申17:14-20
　②Ⅰサム14:52, Ⅰ列12:21
¹²①Ⅰサム15:1, Ⅰ列1:5
¹³①Ⅱサム22:7, 民31:14
¹⁴①Ⅰ列21:1-16, エゼ46:18
¹⁶①Ⅰサム22:7
　②→Ⅰ列21:1
¹⁷①Ⅰ列12:4
¹⁸①イザ8:21
　②箴1:25-28, イザ1:15, ミカ3:4
¹⁹①エレ44:16

²⁰①Ⅰサム8:5
²¹①士11:11
²²①Ⅰサム8:7
　②ホセ13:11

¹①Ⅰサム14:51, Ⅰ歴8:33, 9:36-39
²①Ⅰサム10:24, 16:7, 12
　②Ⅰサム10:23
⁴①ヨシ24:33
⁵①Ⅱ列4:42
⁶①Ⅰサム10:2
　②Ⅰサム2:27
　②Ⅰサム3:19

²⁰私たちも、ほかのすべての国民のようになり、私たちの王が私たちをさばき、王が私たちの先に立って出陣し、私たちの戦いを戦ってくれるでしょう。」
²¹サムエルは、この民の言うことすべてを聞いて、それを主の耳に入れた。
²²主はサムエルに仰せられた。「彼らの言うことを聞き、彼らにひとりの王を立てよ。」そこで、サムエルはイスラエルの人々に、「おのおの自分の町に帰りなさい」と言った。

サムエルがサウルに油を注ぐ

9 ¹ベニヤミン人で、その名をキシュという人がいた。──キシュはアビエルの子、順次さかのぼって、ツェロルの子、ベコラテの子、アフィアハの子。アフィアハは裕福なベニヤミン人であった──
²キシュにはひとりの息子がいて、その名をサウルと言った。彼は美しい若い男で、イスラエル人の中で彼より美しい者はいなかった。彼は民のだれよりも、肩から上だけ高かった。
³あるとき、サウルの父キシュの雌ろばがいなくなった。そこでキシュは、息子サウルに言った。「若い者をひとり連れて、雌ろばを捜しに行ってくれ。」
⁴そこで、彼らはエフライムの山地を巡り、シャリシャの地を巡り歩いたが、見つからなかった。さらに彼らはシャアリムの地を巡り歩いたが、いなかった。ベニヤミン人の地を巡り歩いたが、見つからなかった。
⁵彼らがツフの地に来たとき、サウルは連れの若い者に言った。「さあ、もう帰ろう。父が雌ろばのことはさておき、私たちのことを心配するといけないから。」
⁶すると、彼は言った。「待ってください。この町には神の人がいます。この人は敬われている人です。この人の言うことはみ

テモ1:17, 黙20:4-6, 21:1-8)。

8:22　彼らにひとりの王を立てよ　この時期にイスラエルに王を立てることはみこころではなかった。けれども神は人々の見当違いの要求に応じられた。これは神の完全なご意思ではなく、許容されたご意思によって人間の歴史が前進していく一例である(→Ⅰテモ2:4注、→「神のみこころ」の項 p.1207)。神は王を立て新しい政治体制を導入することを許されたけれども、これは後に問題と災難をもたらした(8:10-18)。その理由は二つある。(1) 神の完全な王国が必要であることを示し、王の王としてのイエス・キリストをあらかじめ示すため(マタ2:2, 21:5, Ⅰテモ1:17, 6:15, 黙19:16)、(2) 罪深い人間が地上に住む限りどのような政治体制も問題を解決しないし、平和と安全を保障できないことを教えるため。神の民はただ新しい天と新しい地で永遠に神とともに生きるときにしか完全な正

な、必ず実現します。今そこへまいりましょう。たぶん、私たちの行くべき道を教えてくれるでしょう。」

7 サウルは若い者に言った。「もし行くとすると、その人に何を持って行こうか。私たちの袋には、パンもなくなったし、その神の人に持って行く贈り物もない。何かあるか。」

8 その若い者はまたサウルに答えて言った。「ご覧ください。私の手に四分の一シェケルの銀があります。私がこれを神の人に差し上げて、私たちの行く道を教えてもらいましょう。」

9 ──昔イスラエルでは、神のみこころを求めに行く人は、「さあ、予見者のところへ行こう」と言った。今の預言者は、昔は予見者と呼ばれていたからである──

10 するとサウルは若い者に言った。「それはいい。さあ、行こう。」こうして、ふたりは神の人のいる町へ出かけた。

11 彼らはその町の坂道を上って行った。水を汲みに出て来た娘たちに出会って、「ここに予見者がおられますか」と尋ねた。

12 すると、娘たちは答えて言った。「ついこの先におられます。今、急いでください。きょう、町に来られました。きょう、あの高き所で民のためにいけにえをささげますから。

13 町にお入りになると、すぐ、あの方にお会いできるでしょう。あの方が食事のために高き所に上られる前に、民は、あの方が来て、いけにえを祝福されるまでは食事をしません。祝福のあとで招かれた者たちが食事をすることになっています。今、上ってください。すぐ、あの方に会えるでしょう。」

14 彼らが町へ上って行って、町にさしかかったとき、ちょうどサムエルは、高き所に上ろうとして彼らに向かって出て来た。

15 主は、サウルが来る前の日に、サムエルの耳を開いて仰せられた。

16 「あすの今ごろ、わたしはひとりの人をベニヤミンの地からあなたのところに遣わす。あなたは彼に油をそそいで、わたしの民イスラエルの君主とせよ。彼はわたしの民をペリシテ人の手から救うであろう。民の叫びがわたしに届いたので、わたしは自分の民を見たからだ。」

17 サムエルがサウルを見たとき、主は彼に告げられた。「ここに、わたしがあなたに話した者がいる。この者がわたしの民を支配するのだ。」

18 サウルは、門の中でサムエルに近づいたとき、言った。「予見者の家はどこですか。教えてください。」

19 サムエルはサウルに答えて言った。「私がその予見者です。この先のあの高き所に上りなさい。きょう、あなたがたは私といっしょに食事をすることになっています。あしたの朝、私があなたをお送りしましょう。あなたの心にあることを全部、明かしましょう。

20 三日前にいなくなったあなたの雌ろばについては、もう気にかけないように。あれは見つかっています。イスラエルのすべてが望んでいるものは、だれのものでしょう。それはあなたのもの、あなたの父の全家のものではありませんか。」

21 サウルは答えて言った。「私はイスラエルの部族のうちの最も小さいベニヤミン人ではありませんか。私の家族は、ベニヤミンの部族のどの家族よりも、つまらないものではありませんか。どうしてあなたはこのようなことを私に言われるのですか。」

22 しかし、サムエルはサウルとその若い者を広間に連れて入り、三十人ほどの招かれた者の上座に彼らを着かせた。

23 サムエルが料理人に、「取っておくようにと言って渡しておいた分を下さい」と言うと、

24 料理人は、ももとその上の部分とを取り出し、それをサウルの前に置いた。そこでサムエルは言った。「あなたの前に置かれたのは

---

7 ① 士6:18, Ⅰ列14:3, Ⅱ列5:15, 4:42, 8:8, 9
8 ① Ⅰサム9:6
9 ① Ⅰサム9:11, 18, 19, Ⅰ歴9:22, 26:28, 29:29, Ⅱ歴16:7, 10, イザ30:10, アモ7:12 ＊あるいは「見る者」 ② → Ⅰサム3:20
11 ① 創24:11, 15, 29:9, 出2:16
12 ① Ⅰサム7:17, 10:5, 民33:52, Ⅰ歴2:3, 14:23
② Ⅰサム16:2, 創31:54, 民28:11-15
13 ① ルカ9:16, ヨハ6:11
15 ① Ⅰサム9:15-17, Ⅰサム15:1, 使13:21
16 ① Ⅰサム10:1
② 出3:10
③ 出2:23, 3:7, 9
17 ① Ⅰサム16:12
18 ① Ⅰサム10:1
20 ① Ⅰサム9:3
② Ⅰサム8:5, 12:13
21 ① Ⅰサム15:17, 士6:15
② 士20:46-48, 詩68:27
24 ① 出29:22, 27, レビ7:32, 33, 民18:18, エゼ24:4

義と平和、幸福を体験することができない(黙21:-22:)。

9:9 予見者 予見者(《ヘ》ローエ,「見る者」)は霊的領域の中で見たり、将来の出来事を予見する能力を神から特別に与えられた人である(⇒9:19, Ⅱサム24:11, Ⅱ歴29:25, 35:15)。神はしばしば預言者に夢や幻を通して現在や将来の出来事を啓示された(⇒民12: 6)。サムエル記第一の初めでは預言の賜物がまれだったと言われている(⇒3:1,「幻も示されなかった」)。イスラエルの歴史で後になると予見者の役割は預言者よりも減少した。預言者の主な職務は神に対する人々の忠誠心について見たこと、または神から聞いたことを示すことだった(→「**旧約聖書の預言者**」の項 p.1131)。

Ⅰサムエル記　9–10章

取っておいたものです。お食べなさい。私が客を招いたからと民に言って、この時のため、あなたに取っておいたのです。」その日、サウルはサムエルといっしょに食事をした。

25 それから彼らは高き所から町に下って来た。サムエルはサウルと屋上で話をした。26 朝早く、夜が明けかかると、サムエルは屋上のサウルを呼んで言った。「起きてください。お送りしましょう。」サウルは起きて、サムエルとふたりで外に出た。

27 彼らは、町はずれに下って来ていた。サムエルはサウルに言った。「この若い者に、私たちより先に行くように言ってください。若い者が先に行ったら、あなたは、ここにしばらくとどまってください。神のことばをお聞かせしますから。」

10 1 サムエルは油のつぼを取ってサウルの頭にそそぎ、彼に口づけして言った。「主が、ご自身のものである民の君主として、あなたに油をそそがれたではありませんか。* 2 あなたが、きょう、私のもとを離れて行くとき、ベニヤミンの領内のツェルツァフにあるラケルの墓のそばで、ふたりの人に会いましょう。そのふたりはあなたに、『あなたが捜して歩いておられるあの雌ろばは見つかりました。ところで、あなたの父上は、雌ろばのことなどあきらめて、息子のために、どうしたらよかろうと言って、あなたがたのことを心配しておられます』と言うでしょう。3 あなたがそこからなお進んで、タボルの樫の木のところまで来ると、そこでベテ

25 *「サムエルはサウルと屋上で話をした」は、七十人訳では「人々はサウルのために屋上に寝床を用意しており、サウルは寝た」
① 申22:8、Ⅱサム11:2、使10:9

1① 出30:23-33、士9:9
② 詩2:12、③ 申7:6, 9:26, 29, 32:9、詩78:71
④ Ⅰサム9:16, 16:13, 26:9、Ⅱサム1:14、Ⅰ列1:34, 39、Ⅱ列9:3, 6、詩132:10
* 七十人訳は「イスラエルの上に。あなたは主の民を治め、回りの敵の手から彼らを救われる。主があなたに、ご自分のものである民の君主として油をそそがれたことの、あなたへのしるしはこれです」を加える
2① ヨシ18:28
② 創35:16-20, 48:7、エレ31:15、③ Ⅰサム9:3-5
3① 創35:8
② 創28:16-19, 35:1, 3, 6, 7

4① 士18:15
5 * あるいは「神の丘」
① Ⅰサム13:2
② Ⅰ歴25:1, 6
③ 出15:20
④ Ⅰサム9:12、
⑤ → Ⅰサム3:20
6① Ⅰサム10:10, 11:6, 16:13, 14, 19:20, 23, → 士3:10
② Ⅰサム10:19:23, 24
③ Ⅰサム10:9
7① 出4:8、ルカ2:12
② 創39:2、ヨシ1:5、士6:12
8① Ⅰサム13:7
② Ⅰサム11:14, 15, 13:4, 8
③ → Ⅰサム6:14
④ Ⅰサム11:15, 13:9、Ⅱサム6:17, 18, 24:25、→ ヨシ8:31
⑤ Ⅰサム11:15
9① Ⅰサム10:6

の神のもとに上って行く三人の人に会います。ひとりは子やぎ三頭を持ち、ひとりは丸型のパン三つを持ち、ひとりはぶどう酒の皮袋一つを持っています。4 彼らはあなたに安否を尋ね、あなたにパンを二つくれます。あなたは彼らの手から受け取りなさい。

5 その後、ペリシテ人の守備隊のいる神のギブアに着きます。あなたがその町に入るとき、琴、タンバリン、笛、立琴を鳴らす者を先頭に、高き所から降りて来る預言者の一団に出会います。彼らは預言をしていますが、6 主の霊があなたの上に激しく下ると、あなたも彼らといっしょに預言して、あなたは新しい人に変えられます。

7 このしるしがあなたに起こったら、手当たりしだいに何でもしなさい。神があなたとともにおられるからです。

8 あなたは私より先にギルガルに下りなさい。私も全焼のいけにえと和解のいけにえとをささげるために、あなたのところへ下って行きます。あなたは私が着くまで七日間、そこで待たなければなりません。私がなすべきことを教えます。」

サウルが王になる

9 サウルがサムエルをあとにして去って行ったとき、神はサウルの心を変えて新しくされた。こうして、これらすべてのしるしは、その日に起こった。

10 彼らがそこ、ギブアに着くと、なん

10:1 【主】が・・・あなたに油をそそがれた　油注ぎとは普通、神の御霊がある人に特別な役割や任務に力を与えて任命することを象徴して、その人に油を注ぐことだった。サウルに油を注いだ目的は、(1) 召し出された指導者という特別な働きのために神の前に献身をさせるため、(2) 神に任命された働きを完成するために必要な恵みと賜物を与えるためだった。「主に油そそがれた方」ということばは後に一般的にイスラエルの王を指すことばになった(26:9、⇒12:3、哀4:20)。神に油注がれた究極の王はメシヤ(《ヘ》メシヤ、「油そそがれた者」)である主イエスである。この方に神は聖霊をもって油注がれた(ヨハ1:32-33)。主イエスに従う人々も同じ聖霊によって油注がれ(力を与えられ)なければならない(Ⅱコリ1:21、Ⅰヨハ2:

20)。それは「聖なる祭司として、イエス・キリストを通して、神に喜ばれる霊のいけにえをささげる」ために召されているからである(⇒Ⅰペテ2:5, 9)。

10:5 彼らは預言をしています　この預言(10:6, 10-11, 13)は聖霊に霊感された歌と預言的なメッセージを含む神への賛美だったと思われる(⇒民11:25)。

10:6 新しい人　神は聖霊を注いでサウルの内面の性格と考え方、人格を新しくされた(⇒10:9)。けれどもこの変化は無条件に与えられたものでも恒久的なものでもなかった。むしろそれは神に忠実に従うことによって保つべきものだった。サウルが後に神に従うことを拒んだとき、神の御霊は離れて行かれた(13:13-14, 15:11, 16:14)。

10:9 神はサウルの心を変えて新しくされた　サウルには神に仕えてイスラエルを正しく導く能力が神か

と、預言者の一団が彼に出会い、神の霊が彼の上に激しく下った。それで彼も彼らの間で預言を始めた。
11 以前からサウルを知っている者みなが、彼が預言者たちといっしょに預言しているのを見た。民は互いに言った。「キシュの息子は、いったいどうしたことか。サウルもまた、預言者のひとりなのか。」
12 そこにいたひとりも、これに応じて、「彼らの父はだれだろう」と言った。こういうわけで、「サウルもまた、預言者のひとりなのか」ということが、ことわざになった。
13 サウルは預言することを終えて、高き所に行った。
14 サウルのおじは、彼とその若い者に言った。「どこへ行っていたのか。」するとサウルは答えた。「雌ろばを捜しにです。見つからないのでサムエルのところに行って来ました。」
15 サウルのおじは言った。「サムエルはあなたがたに何と言ったか、私に話してくれ。」
16 サウルはおじに言った。「雌ろばは見つかっていると、はっきり私たちに知らせてくれました。」サウルは、サムエルが語った王位のことについては、おじに話さなかった。
17 サムエルはミツパで、民を主のもとに呼び集め、
18 イスラエル人に言った。「イスラエルの神、主はこう仰せられる。『わたしはイスラエルをエジプトから連れ上り、あなたがたを、エジプトの手と、あなたがたをしいたげていたすべての王国の手から、救い出した。』
19 ところで、あなたがたはきょう、すべてのわざわいと苦しみからあなたがたを救ってくださる、あなたがたの神を退けて、『いや、私たちの上に王を立ててください』と言った。今、あなたがたは、部族ごとに、分団ごとに、主の前に出なさい。」
20 こうしてサムエルは、イスラエルの全部族を近づけた。するとベニヤミンの部族がくじで取り分けられた。
21 それでベニヤミンの部族を、その氏族ごとに近づけたところ、マテリの氏族が取り分けられ、そしてキシュの子サウルが取り分けられた。そこで人々はサウルを捜したが、見つからなかった。
22 それで人々がまた、主に、「あの人はもう、ここに来ているのですか」と尋ねた。主は、「見よ、彼は荷物の間に隠れている」と言われた。
23 人々は走って行って、そこから彼を連れて来た。サウルが民の中に立つと、民のだれよりも、肩から上だけ高かった。
24 サムエルは民のすべてに言った。「見よ。主がお選びになったこの人を。民のうちだれも、この人に並ぶ者はいない。」民はみな、喜び叫んで、「王さま。ばんざい」と言った。
25 サムエルは民に王の責任を告げ、それを文書にしるして主の前に納めた。こうしてサムエルは民をみな、それぞれ自分の家へ帰した。
26 サウルもまた、ギブアの自分の家へ帰った。神に心を動かされた勇者は、彼について行った。
27 しかし、よこしまな者たちは、「この者がどうしてわれわれを救おう」と言って軽蔑し、彼に贈り物を持って来なかった。しかしサウルは黙っていた。

サウルがヤベシュの町を救う

11 1 その後、アモン人ナハシュが上って来て、ヤベシュ・ギルアデに対して陣を敷いた。ヤベシュの人々はみな、ナハシュに言った。「私たちと契約を結んでください。そうすれば、私たちはあなたに仕えましょう。」
2 そこでアモン人ナハシュは彼らに言った。「次の条件で契約を結ぼう。おまえたちみなの者の右の目をえぐり取ることだ。それをもって全イスラエルにそしりを負わせよう。」
3 ヤベシュの長老たちは彼に言った。「七日の猶予を与えてください。イスラエルの国中に使者を送りたいのです。もし、私たちを救

10
① Ⅰサム10:6
11 ① Ⅰサム19:24, アモ7:14, 15, マタ13:54-57
② Ⅰサム19:23, 24
14 ① Ⅰサム14:50
② Ⅰサム9:3-6
16 ① Ⅰサム9:20
17 ① Ⅰサム7:5, 6, 士20:1
18 ① 出20:2, レビ25:38, 士6:8, 9
19 ① Ⅰサム8:6, 7, 19, 12:12
② ヨシ7:14-17

20 ① Ⅰサム14:41, 42, ヨシ7:14, 箴16:33, 使1:26
22 ① Ⅰサム23:2, 4, 9-11, 出28:30, 民27:21
23 ① Ⅰサム9:2, 16:7
24 ① 申17:15, Ⅰサム6:21
② Ⅰ列1:25, 34, 39, Ⅱ列11:12
25 ① Ⅰサム8:11-18, 申17:14-20
② ヨシ24:26-28
③ 申31:26
26 ① Ⅰサム11:4, 15:34, 士20:14
27 * → Ⅰサム2:12 *
① Ⅰサム11:12
② 士6:18, Ⅰ列10:25, Ⅱ列8:9, 20:12, 詩72:10, →Ⅰ歴9:24, →イザ39:1

11
1 ① Ⅰサム12:12
② Ⅰサム31:11, 士21:8
③ 出23:32, 創26:28, Ⅰ列20:34, エゼ17:13
2 ① Ⅰサム17:26, 創34:14, 詩44:13, 14
3 ① Ⅰサム8:4

ら多く与えられた。心を変えられ、聖霊の力を与えられ(10:6)、恵まれた肉体を持ち(10:23)、謙遜で(9:21)、サムエルの指導と祈りのもとで出発した(12:23-25)。また預言の賜物を持っていることが示された。それは神に仕えるために神に任命されたしるしだった(10:10-13)。けれどもサウルは後に神とみことばを無視して逆

らう愚かな決断を下す人になった(13:13-14)。

10:25 王の責任 イスラエルの王はほかの国の王と同じではなかった。完全な君主(完全な権力を持って治める王)ではなく、人々を究極的に治められる神に服従する神権政治の王だった(王の義務と責任について →申17:14-20)。

Ⅰサムエル記 11-12章

う者がいなければ、あなたに降伏します。」

4 使者たちはサウルのギブアに来て、このことをそこの民の耳に入れた。民はみな、声をあげて泣いた。

5 そこへ、サウルが牛を追って畑から帰って来た。サウルは言った。「民が泣いているが、どうしたのですか。」そこで、みなが、ヤベシュの人々のことを彼に話した。

6 サウルがこれらのことを聞いたとき、神の霊がサウルの上に激しく下った。それで彼の怒りは激しく燃え上がった。

7 彼は一くびきの牛を取り、これを切り分け、それを使者に託してイスラエルの国中に送り、「サウルとサムエルとに従って出て来ない者の牛は、このようにされる」と言わせた。*民は主を恐れて、いっせいに出て来た。

8 サウルがベゼクで彼らを数えたとき、イスラエルの人々は三十万人、ユダの人々は三万人であった。

9 彼らは、やって来た使者たちに言った。「ヤベシュ・ギルアデの人にこう言わなければならない。あすの真昼ごろ、あなたがたに救いがある。」使者たちは帰って来て、ヤベシュの人々に告げたので、彼らは喜んだ。

10 ヤベシュの人々は言った。「私たちは、あす、あなたがたに降伏します。あなたがたのよいと思うように私たちにしてください。」

11 翌日、サウルは民を三組に分け、夜明けの見張りの時、陣営に突入し、昼までアモン人を打った。残された者もいたが、散って行って、ふたりの者が共に残ることはなかった。

サウルが王として承認される

12 そのとき、民はサムエルに言った。「サウルがわれわれを治めるのか、などと言ったのはだれでしたか。その者たちを引き渡してください。彼らを殺します。」

13 しかしサウルは言った。「きょうは人を

4 ① Ⅰサム10:26, 15:34
② Ⅰサム30:4,
創27:38, 士2:4
6 ①→ Ⅰサム10:6
7 ①士19:29
②士21:5, 8, 10, 11
＊直訳「主への恐れがこの民に下った」
③ Ⅰサム14:15
④士20:1
＊＊直訳「ひとりの人のように」
8 ①士1:5
9 ①Ⅰサム11:3
10 ①→ Ⅰサム1:23
11 ①士7:16
12 ①Ⅰサム10:27
②ルカ19:27
13 ①Ⅱサム19:22, 23

② Ⅰサム19:5,
出14:13, 30
14 ①Ⅰサム7:16, 10:8,
ヨシ4:19
15 ①Ⅰサム10:17
②→ Ⅰサム

1 ①Ⅰサム8:5, 19, 20
② Ⅰサム8:7, 9, 22
③ Ⅰサム10:24, 11:14,
15, 民27:16, 17
2 ①Ⅰサム8:20
② Ⅰサム8:1, 5
③ Ⅰサム8:1-3
④ Ⅰサム3:10, 19, 20
3 ①Ⅰサム10:1, 12:5,
24:6, 10, 26:9, 11, 16,
23, Ⅱサム1:14, 16
②出20:17, 民16:15,
使20:33
③出23:8, 申16:19
④出22:4
5 ①出22:4
②使23:9, 24:20
6 ①出6:26, ミカ6:4
＊七十人訳は「上らせた主が証人である」

殺してはならない。きょう、主がイスラエルを救ってくださったのだから。」

14 それからサムエルは民に言った。「さあ、われわれはギルガルへ行って、そこで王権を創設する宣言をしよう。」

15 民はみなギルガルへ行き、ギルガルで、主の前に、サウルを王とした。彼らはそこで主の前に和解のいけにえをささげ、サウルとイスラエルのすべての者が、そこで大いに喜んだ。

サムエルの別れのことば

12 1 サムエルはすべてのイスラエル人に言った。「見よ。あなたがたが私に言ったことを、私はことごとく聞き入れ、あなたがたの上にひとりの王を立てた。

2 今、見なさい。王はあなたがたの先に立って歩んでいる。この私は年をとり、髪も白くなった。それに私の息子たちは、あなたがたとともにいるようになった。私は若い時から今日まで、あなたがたの先に立って歩んだ。

3 さあ、今、主の前、油そそがれた者の前で、私を訴えなさい。私はだれかの牛を取っただろうか。だれかのろばを取っただろうか。だれかを苦しめ、だれかを迫害しただろうか。だれかの手からわいろを取って自分の目をくらましただろうか。もしそうなら、私はあなたがたにお返しする。」

4 彼らは言った。「あなたは私たちを苦しめたことも、迫害したことも、人の手から何かを取ったこともありません。」

5 そこでサムエルは彼らに言った。「あなたがたが私の手に何も見いださなかったことについては、きょう、あなたがたの間で主が証人であり、主に油そそがれた者が証人である。」すると彼らは言った。「その方が証人です。」

6 サムエルは民に言った。「モーセとアロンを立てて、あなたがたの先祖をエジプトの地から上らせたのは主である。

11:6 神の霊がサウルの上に激しく下った。それで彼の怒りは激しく燃え上がった サウルが王になるために油を注がれたとき、サムエルはサウルが神の御霊によって力を与えられるという約束を話した(10:6)。その約束はここで成就された(→「旧約聖書の聖霊」の項 p.1493)。王としてのサウルは、さばきつかさが行ったのと同じように(⇒士14:6, 同じ表現がサムソンに使われている)、イスラエルの敵に対して作戦を指導した。罪や人々に対する不義が行われているときに聖霊は信仰者の中に働き、それに対して純粋な、正義の怒りを引起こされる。主イエスご自身も罪と悪に対して何度かこのような怒りを表された(→ルカ19:45注, ヨハ11:33注, →「聖霊の働き」の表 p.2187)。

⁷ さあ、立ちなさい。私は、主があなたがたと、あなたがたの先祖とに行われたすべての正義のみわざを、主の前であなたがたに説き明かそう。
⁸ ヤコブがエジプトに行ったとき、あなたがたの先祖は主に叫んだ。主はモーセとアロンを遣わされ、この人々はあなたがたの先祖をエジプトから連れ出し、この地に住まわせた。
⁹ ところが、彼らは彼らの神、主を忘れたので、主は彼らをハツォルの将軍シセラの手、ペリシテ人の手、モアブの王の手に売り渡された。それで彼らが戦いをいどまれたのである。
¹⁰ 彼らが、『私たちは主を捨て、バアルやアシュタロテなどに仕えて罪を犯しました。私たちを敵の手から救い出してください。私たちはあなたに仕えます』と言って、主に叫び求めたとき、
¹¹ 主はエルバアルとベダンとエフタとサムエルを遣わし、あなたがたを周囲の敵の手から救い出してくださった。それであなたがたは安らかに暮らしてきた。
¹² あなたがたは、アンモン人の王ナハシュがあなたがたに向かって来るのを見たとき、あなたがたの神、主があなたがたの王であるのに、『いや、王が私たちを治めなければならない』と私に言った。
¹³ 今、見なさい。あなたがたが選び、あなたがたが求めた王を。見なさい。主はあなたがたの上に王を置かれた。
¹⁴ もし、あなたがたが主を恐れ、主に仕え、主の御声に聞き従い、主の命令に逆らわず、また、あなたがたも、あなたがたを治める王も、あなたがたの神、主のあとに従うなら、それで良い。
¹⁵ もし、あなたがたが主の御声に聞き従わず、主の命令に逆らうなら、主の手があなたがたの先祖たちに下ったように、あなたがたの上にも下る。
¹⁶ 今一度立って、主があなたがたの目の前で行われるこの大きなみわざを見なさい。
¹⁷ 今は小麦の刈り入れ時ではないか。だが私が主に呼び求めると、主は雷と雨とを下される。あなたがたは王を求めて、主のみこころを大いにそこなったことを悟り、心に留めなさい。」
¹⁸ それからサムエルは主に呼び求めた。すると、主はその日、雷と雨とを下された。民はみな、主とサムエルを非常に恐れた。
¹⁹ 民はみな、サムエルに言った。「あなたのしもべどものために、あなたの神、主に祈り、私たちが死なないようにしてください。私たちのあらゆる罪の上に、王を求めるという悪を加えたからです。」
²⁰ サムエルは民に言った。「恐れてはならない。あなたがたは、このすべての悪を行った。しかし主に従い、わきにそれず、心を尽くして主に仕えなさい。
²¹ 役にも立たず、救い出すこともできないむなしいものに従って、わきへそれてはならない。それはむなしいものだ。
²² まことに主は、ご自分の偉大な御名のために、ご自分の民を捨て去らない。主はあえて、あなたがたをご自分の民とされるからだ。
²³ 私もまた、あなたがたのために祈るのをやめて主に罪を犯すことなど、とてもできない。

12:7-18 私は・・・あなたがたに説き明かそう サムエルは人々に神とその命令に忠実になるように訴えて本当の預言者の心を示した。そして生涯、神とその目的とに忠実に従って、高潔さを失うことなく使命とメッセージからそれることもなかった（12:3-5, 2:35）。

12:14 【主】を恐れ・・・聞き従い サムエルは神の祝福と国の繁栄は王を持つことによるのではなく、神を敬い、そのみことばに従うことによることを明らかにした（12:24-25）。

12:21 むなしいものに従って、わきへそれてはならない サムエルはイスラエルの民ににせの神々やその偶像を礼拝してはならないと警告した。主である神だけが危機の際に必要な助けを与えることができる。偶像礼拝の詳細 →「偶像礼拝」の項 p.468

12:22 【主】は・・・ご自分の民を捨て去らない イスラエルは間違った選択をして神の完全なご計画の道からそれたけれども、神はともにいて働き続けられた。感謝なことに私たちが誤った選択をして神のみこころとは違う道を進んだとしても、神はあわれみ深く忍耐をしてくださる。けれども神のご計画からそれたときには、元の地点に戻って神の赦しを求め、心から神に従い直さなければならない（12:24）。そうすれば神は私たちがいるところで会ってくださり、人生に祝福を回復してくださる。けれども私たちが自分の道を要求し続けるなら滅びを招くことになる（12:25）。

12:23 祈るのをやめて【主】に罪を犯すことなど、と

私はあなたがたに、よい正しい道を教えよう。²⁴ただ、主を恐れ、心を尽くし、誠意をもって主に仕えなさい。主がどれほど偉大なことをあなたがたになさったかを見分けなさい。²⁵あなたがたが悪を重ねるなら、あなたがたも、あなたがたの王も滅ぼし尽くされる。」

サムエルがサウルを非難する

13 ¹サウルは三十歳で王となり、**十二年間イスラエルの王であった。

²サウルはイスラエルから三千人を選んだ。二千人はサウルとともにミクマスとベテルの山地におり、千人はヨナタンとともにベニヤミンのギブアにいた。残りの民は、それぞれ自分の天幕に帰した。

³ヨナタンはゲバにいたペリシテ人の守備隊長を打ち殺した。ペリシテ人はこれを聞いた。サウルは国中に角笛を吹き鳴らし、「ヘブル人よ。聞け」と言わせた。

⁴イスラエル人はみな、サウルがペリシテ人の守備隊長を打ち、イスラエルがペリシテ人の恨みを買った、ということを聞いた。こうして民はギルガルのサウルのもとに集合した。

⁵ペリシテ人もイスラエル人と戦うために集まった。戦車三万、騎兵六千、それに海辺の砂のように多い民であった。彼らは上って来て、ベテ・アベンの東、ミクマスに陣を敷いた。

⁶イスラエルの人々は、民がひどく圧迫されて、自分たちが危険を見た。そこで、ほら穴や、奥まった所、岩間、地下室、水ための中に隠れた。

⁷またあるヘブル人はヨルダン川を渡って、ガドとギルアデの地へ行った。サウルはなおギルガルにとどまり、民はみな、震えながら彼に従っていた。

⁸サウルは、サムエルが定めた日によって、七日間待ったが、サムエルはギルガルに来なかった。それで民は彼から離れて散って行こうとした。

⁹そこでサウルは、「全焼のいけにえと和解のいけにえを私のところに持って来なさい」と言った。こうして彼は全焼のいけにえをささげた。

¹⁰ちょうど彼が全焼のいけにえをささげ終わったとき、サムエルがやって来た。サウルは彼を迎えに出てあいさつした。

¹¹サムエルは言った。「あなたは、なんということをしたのか。」サウルは答えた。「民が私から離れ去って行こうとし、また、あなたも定められた日にお見えにならず、ペリシテ人がミクマスに集まったのを見たからです。

¹²今にもペリシテ人がギルガルの私のところに下って来ようとしているのに、私は、まだ*主に嘆願していないと考え、思い切って全焼のいけにえをささげたのです。」

¹³サムエルはサウルに言った。「あなたは愚かなことをしたものだ。あなたの神、**主**が命じた命令を守らなかった。**主**は今、イスラエルに

欄外注

23 ② I 列8:36, II 歴6:27, 箴4:11, エレ6:16
24 ① 伝12:13
② 申10:21, 詩126:2, 3
③ イザ5:12
25 ① I サム31:1-5, ヨシ24:20, イザ1:20
② 申28:36

1 * 「三十」は推定による補足
□ 数を示す語を欠く
** 「十」は「三十」を補足したための補足
□ 「二年間」

2 ① I サム13:5, 11, 16, 23, 14:5, 31, イザ10:28
② I サム10:5, 26
3 ① I サム14:1-15
② I サム13:16, 14:5
③ I サム10:5
4 ① 創34:30, 出5:21, II サム10:6
5 ① ヨシ11:4
② I サム14:23, ヨシ7:2
③ I サム13:2
6 ① I サム14:11, 士6:2
7 ① I サム10:8
8 ① I サム10:8
9 ① → I サム6:14
② I サム10:8
③ II サム24:25, I 列3:4
10 ① I サム15:13
11 ① I サム10:8
12 * → II サム33:12 *
13 ① II 歴16:9
② I サム15:22

てもできない サムエルは祈りの人だった。(1) サムエルは母の祈りの応えとして生れた(1:10-20)。そして神の民のために祈り、敵から救われるのを見た(7:5-14)。イスラエルが神を拒んだときにも祈った(8:6)。さらに神の民が主をあがめ忠実に仕えるように祈り続けた(12:23-24)。(2) 詩篇99:6によるとサムエルは「御名を呼ぶ者の中にいた」。エレミヤ15:1によるとサムエルはとりなし手(祈りを通してほかの人々のために嘆願する人)としてモーセと同じように神との関係を持っていた。(3) サムエルはとりなしの祈りの力と重要性を理解していて祈りをやめることは罪であると考えていた(→**とりなし**の項 p.1454)。

12:24 【主】を恐れ・・・主に仕えなさい 今やサウル王がイスラエルを治めていたけれども、預言者サムエルは引続き神の導きに従うように王と人々に呼びかけていた(12:23)。預言者は神とみことばを代表して、神の代弁者としてイスラエルの王たちから独立していた(3:20, 15:1, 出7:1-2)。王たちは神の権威と教え、預言者による忠告に従わなければならなかった(⇒13:13-14, 15:17-23, II サム12:1-15)。

13:13 【主】が命じた命令を守らなかった 神はサウルが行うべきことをはっきり示しておられた。ギルガルに行って、いけにえをささげて次の指示を与えてくれるサムエルが来るのを待つのである(10:8)。神はサムエルの到着を7日以上遅らせてサウルの服従を試された。絶望的な気持と(13:8)見当違いの仮定と(13:9)ごう慢(13:9)から、サウルは神から与えられた役割を越えて、神のことばに反していけにえをささげてしまった。サウルが神の指示に従わなかったので、神は王国を取去られるとサムエルは伝えた(13:13-14)。サウルは死ぬまで王位にとどまったけれども、息子のヨナタンが王位を継ぐことはなかった。

偶像礼拝

「恐れてはならない。あなたがたは、このすべての悪を行った。しかし【主】に従い、わきにそれず、心を尽くして【主】に仕えなさい。役にも立たず、救い出すこともできないむなしいものに従って、わきへそれてはならない。それはむなしいものだ。」(サムエル記第一 12:20-21)

偶像礼拝の実体

　偶像礼拝は偶像や画像、そのほかの神々の代役(まことの神の代りとするもの)を礼拝することである。それはイスラエル民族の歴史を通して繰返し行われた神に対する重い犯罪であり罪である。最初に記録されている例はヤコブ(イスラエルと改名 創32:28)がベテルに到着する直前、家族全員に異国の神々を取除くように命令したときのことである(創35:1-4)。聖書の中で、イスラエル民族全体が偶像礼拝をした最初の記録はモーセがシナイ山に登っていたときに金の子牛を作り、集まって拝んだときのことだった(出32:1-6)。士師の時代にはしばしばにせの神々に引かれて偶像礼拝に参加した。サウルとダビデの時代には偶像礼拝が行われていたという証拠はないけれども、ソロモン王の治世の晩年にはイスラエルに偶像礼拝が継続していた情況が見られる(Ⅰ列11:1-8)。ソロモンの治世の終りにイスラエルの王国は分裂した(王国が分裂した背景と詳細 →Ⅰ列緒論、Ⅱ列緒論、Ⅱ歴緒論、→Ⅰ列12:-14:，Ⅱ歴10:-11:，要約と図解 →**イスラエルとユダの王国**」の地図 p.570)。分裂のあとで北のイスラエル王国の王はみな偶像礼拝をしたけれども南のユダ王国の多くの王も同じだった。ユダヤ人の間で異国の神々への礼拝が行われなくなったのは捕囚から帰還したあとだった(ユダの捕囚はユダヤ人が70年間バビロンに追放または強制的に移住されて捕虜になったことを指す，捕囚の概要 →Ⅱ列緒論，エズ緒論，→「**ユダ(南王国)の捕囚**」の地図 p.633，「**捕囚からの帰還**」の地図 p.759)。

偶像礼拝の魅力

　イスラエル人にとって偶像礼拝はなぜ魅力的だったのだろうか。それには次のような要素が関連している。

　(1) イスラエル人は異教の民族(神を敬わない、いろいろなかたちの多くのにせの神々に従っている人々)によって取囲まれていた。異教の信仰者は一人の神を礼拝するより多くの神を礼拝するほうが勝っていると考えていた。「多ければ多いほうが良い」ということである。イスラエルは自分たちを聖く(道徳的、霊的に純粋で、神に献身している)保つようにとの神の命令に従わないで、いつも周りの民族の邪悪な宗教的慣習や生活様式をまねし続けた。

　(2) ほかの民族の神々はイスラエルの神が要求したような服従と道徳的清さを要求しなかった。たとえば異教の宗教の多くは宗教儀式の一部分に神殿娼婦との性的不道徳を含めていた。この慣習は多くのイスラエル人の関心を引くようになった。けれども神は神との救いの関係を維持するために、律法に定められた高い道徳基準に従うことを人々に要求された。異教の宗教が容認して実践している不道徳やほかの罪深い慣習に引付ける力は退けるべきだった。

　(3) 偶像は悪魔的性格を持っているので(→次の項)、時には礼拝をする人々の気を引くような結果を生み出すことがあった。悪魔的な力が一時的に物質的、肉体的恩恵を与えることがあったのである。豊穣の神々は出産を約束し、天候の神々(太陽、月、雨など)は豊かな収穫のために適切な条件を約束し、戦争の神々は敵から守られて戦いに勝利することを約束した。このような「利益」はイスラエル人にとって魅力的で、多くの人は偶像礼拝に励むようになった。

偶像礼拝の本質

　偶像礼拝の魅力は偶像礼拝の本質を理解しなければ十分に理解することができない。

　(1) 聖書は偶像それ自体は無であることを明らかにしている(エレ2:11, 16:20)。偶像は人間の手で彫った単なる木や石の破片にすぎない。それ自体には何の力もない。サムエルは偶像を役に立たないものと呼び(Ⅰサム12:21)、パウロも「私たちは、世の偶像の神は実際にはないものであること・・・を知っています」(Ⅰコリ8:4, ⇒10:19-20)とはっきり言っている。偶像は価値がないことから、詩篇の作者(詩115:4-8, 135:15-18)や預言者(Ⅰ列18:27, イザ44:9-20, 46:1-7, エレ10:3-5)は偶像をしばしば侮りあざ笑って、それに頼ることがどんなにこっけいであるかを指摘している。

　(2) けれどもにせの神々の偶像の背後には悪霊(悪魔に支配された霊的存在)がいる。モーセも(→申32:17注)、詩篇の作者も(詩106:36-37)、ともににせの神々と悪霊は同じであると宣言している。パウロは新約聖書のコリント人への手紙の中で、偶像にささげた肉を食べることについて、「彼らのささげる物は、神にではなくて悪霊にささげられている」と同じことを言っている(Ⅰコリ10:20)。偶像礼拝の背後にある力はこの世界で大きな影響力を持っている悪霊の力であり活動なのである。もちろんキリスト者はイエス・キリストの力は悪霊の力よりも無限に強いことを知っている(「**サタンと悪魔に勝利する力**」の項 p.1726)。それでもなお聖書は、サタンは「この世の神」(Ⅱコリ4:4)であり、今日の世界で大きな力を働かせていると示している(→Ⅰヨハ5:19注, ⇒ルカ13:16, ガラ1:4, エペ6:12, ヘブ2:14)。サタンはにせ(本物とそっくりに見えるもの)の奇蹟、しるし、不思議を生み出し(Ⅱテサ2:9, 黙13:2-8, 13, 16:13-14, 19:20)、ある人々に肉体的、物質的恩恵を与える力を持っている。そして時にはよこしまな人々が物質的利益や繁栄を得るようにさせていることが確かである(⇒詩10:2-6, 37:16, 35, 49:6, 73:3-12)。

　(3) 異教の宗教的慣習が交霊術(死者からのメッセージを受ける)、魔術(悪霊による魔術)、占い(未来を予言する)、妖術(のろいをかける)、魔法(魔術を行う)と密接に結び付いていることを知ると、偶像礼拝と悪霊との関係がいっそう明らかになってくる。これらの慣習は(このほかにもあるが)神を敬わない霊的な力や死者と交流して力を受け隠されていたことを知り、将来を決定しようとするものである(⇒Ⅱ列21:3-6, イザ8:19, →申18:9-11注, 黙9:21注)。聖書によればこのようなオカルトの慣習はみな悪霊を礼拝して敬意を払うことに関係している。たとえばサウロがサムエルを死者の中から呼出してほしいと頼んだとき、エン・ドルの口寄せ女はサムエルとされる霊が「地から上って来」るのを見て(Ⅰサム28:8-14)驚いた。それは悪霊が地下の世界から上ってくると予想していたからである(→Ⅰサム28:12注)。

　(4) 新約聖書はむさぼりが偶像礼拝の一つのかたちだとしている(コロ3:5)。それは人々が神よりも富と力を愛し求めるからである。実際にこれらのものはその人の「神」になる。けれどもさらに深い霊的レベルで、悪霊はある程度の物質的利益を提供することができる。それで自分の持っている物で満足しない人々は、ほしいものを得させてくれる腐敗した悪の霊とためらうことなく妥協し自分を「売渡す」のである。そういう人々は木や石で作った神々を礼拝しないかも知れないけれども、実際はむさぼりと悪い欲望の背後にいる悪霊を礼拝しているのである。主イエスはだれも「神にも仕え、また富にも仕えるということはできません」と警告された(マタ6:24)。同じことについてパウロも後に「主の杯を飲んだうえ、さらに悪霊の杯を飲むことは、できない」と信仰者に警告をしている(Ⅰコリ10:21)。

偶像礼拝に対する神の反応

　神はどんなかたちの偶像礼拝も容認されない。
　(1) 神は旧約聖書の中でしばしば警告をされた。
　　(a) 十戒で最初の二つはイスラエルの神、**主**以外のどんな神、どんなものも礼拝することに真っ向から反対している(→出20:3-4注)。
　　(b) このような指示を神は何度も繰返しておられる(出23:13, 24, 34:14-17, 申4:23-24, 6:14, ヨシ23:7, 士6:10, Ⅱ列17:35, 37-38)。
　　(c) ほかの神々に仕えてはならないという命令と関連して、カナンの地にある異教の偶像や石像を全

部破壊することが命令されていた（出23：24, 34：13, 申7：4-5, 12：2-3）。

　（2）イスラエル民族の歴史はほとんどが偶像礼拝の歴史だった。神はご自分の民が約束の地で偶像を破壊しきらないで、むしろ人間が作ったにせの神々の礼拝を受入れたことに対して非常に怒られた。そして敵の国に支配されるという罰を下された。

　　（a）士師記にはしばしば繰返される次のような循環が描かれている。まず滅ぼすことができなかったその土地の民族のにせの神々にイスラエル人は仕え始めた。次に神は敵の民族が力を振うことを許された。最後に人々は助けを求めて主に叫んだ。そこで主は聞いて救うために士師を送られた。

　　（b）北王国の偶像礼拝はほとんど200年にわたって続けられた。ついに神はアッシリヤ人がイスラエルの首都を破壊し10部族を散らすことを許された（Ⅱ列17：6-18, →「**イスラエル（北王国）の捕囚**」の地図 p.633）。

　　（c）南王国ユダにはヒゼキヤやヨシヤのような忠実で神を敬う王が多くいた。けれどもマナセのようなよこしまな王によって偶像礼拝はユダ王国の日常生活で一般的に受入れられるようになってしまった（Ⅱ列21：1-9）。その結果神は預言者たちを送って、エルサレムも滅ぼされると警告された（Ⅱ列 21：10-16）。このような警告にもかかわらず偶像礼拝は継続した（→イザ48：4-5, エレ2：4-30, 16：18-21, エゼ8：）。そしてついに神はバビロンのネブカデネザル王を通してご自分の預言を成就された。ネブカデネザルはエルサレムを占領し、神殿を焼き、町にある貴重なものを全部破壊してしまった（Ⅱ列25：, →「**ユダ（南王国）の捕囚**」の地図 p.633）。

　（3）新約聖書もキリストに従う人々に偶像礼拝の警告をしている。

　　（a）偶像礼拝は今日、いろいろなかたちで見ることができる。それは世界にあるにせの宗教の中にも、魔術（悪霊による魔術）や悪魔礼拝（サタン礼拝）、そのほかのオカルトの中にも明らかに現れている。また人々が神にだけ頼らないでむさぼりと物質主義に身をゆだねるところに現れている。実際に偶像礼拝とは人々の生活の中で最優先にするはずの神の立場を何かがとって代ることを指すのである。もし救いと祝福を体験しながらこの世界の不道徳とよこしまな慣習にも参加できると思うなら、それは最終的には教会の中でも起こることである。

　　（b）したがって新約聖書はむさぼってどん欲になり不道徳にならないように（コロ3：5, ⇒マタ6：19-24, ロマ7：7, ヘブ13：5-6,「**富と貧困**」の項 p.1835）、あらゆる種類の偶像を避けるように私たちに警告をしている（Ⅰコリ10：14, Ⅰヨハ5：21）。どんなかたちでも偶像礼拝にふける人々は神の国を相続できないことを神は明らかにしておられる（Ⅰコリ6：9-10, ガラ5：20-21, 黙22：15）。

Ⅰサムエル記　13-14章

あなたの王国を永遠に確立されたであろうに。14今は、あなたの王国は立たない。主はご自分の心にかなう人を求め、主はその人をご自分の民の君主に任命しておられる。あなたが、主の命じられたことを守らなかったからだ。」15こうしてサムエルは立って、ギルガルからベニヤミンのギブアへ上って行った。
　サウルが彼とともにいる民を数えると、おおよそ六百人であった。

武器を持たないイスラエル

16サウルと、その子ヨナタン、および彼らとともにいた民は、ベニヤミンのゲバにとどまった。ペリシテ人はミクマスに陣を敷いていた。17ペリシテ人の陣営から、三つの組に分かれて略奪隊が出て来た。一つの組はオフラへの道をとってシュアルの地に向かい、18一つの組はベテ・ホロンへの道に向かい、一つの組は荒野のほうツェボイムの谷を見おろす国境への道に向かった。19イスラエルの地のどこにも鍛冶屋がいなかった。ヘブル人が剣や槍を作るといけないから、とペリシテ人が言っていたからである。20それでイスラエルはみな、鋤や、くわや、斧や、かまをとぐために、ペリシテ人のところへ下って行っていた。21鋤や、くわや、三又のほこや、斧や、突き棒を直すのに、その料金は一ピムであった。22戦いの日に、サウルやヨナタンといっしょにいた民のうちだれの手にも、剣や槍が見あたらなかった。ただサウルとその子ヨナタンだけが持っていた。

ヨナタンがペリシテ人を攻撃する

23ペリシテ人の先陣はミクマスの渡しに出た。

14 1ある日のこと、サウルの子ヨナタンは、道具持ちの若者に言った。「さあ、この向こう側のペリシテ人の先陣のところへ渡って行こう。」ヨナタンは、このことを父に知らせなかった。2サウルはギブアのはずれの、ミグロンにある、ざくろの木の下にとどまっていた。彼とともにいた民は、約六百人であった。3シロで主の祭司であったエリの子ピネハスの子イ・カボデの兄弟アヒトブの子であるアヒヤが、エポデを持っていた。民はヨナタンが出て行ったことを知らなかった。

---

14 ① Ⅰサム15:28
　 ② Ⅱサム7:15, 16, 詩78:70, 使13:22
15 ① Ⅰサム13:7, 8
　 ② Ⅰサム13:2
　 ③ Ⅰサム13:2, 6, 7, 14:2
16 ① Ⅰサム13:2, 3, ヨシ18:24
　 ② Ⅰサム13:2
17 ① Ⅰサム14:15
　 ② ヨシ18:23
18 ① ヨシ16:3, 18:13, 14
　 ② ネヘ11:34
19 ① Ⅱ列24:14

20 ＊七十人訳による
22 ① 士5:8
23 ① Ⅰサム14:1, 4, 15, Ⅱサム23:14
　 ② Ⅰサム13:2

1 ① Ⅰサム13:3
2 ① Ⅰサム13:15, 14:16
　 ② イザ10:28
　 ③ Ⅰサム13:15
3 ① Ⅰサム1:3
　 ② Ⅰサム4:21
　 ③ Ⅰサム2:18

13:14　ご自分の心にかなう人　(1) ダビデがこの人だった。ダビデは次のような方法でいつも神との深い関係を求め、自分の人生にある神の目的を知ろうとしていた。(a) 若いときから神を強く信じていたので非常に大胆だった(17:34-37)。(b) 深い霊的飢え渇きと神への情熱を持っていた。その祈りの生活と神との深い関係から数多くの詩篇を生み出していた。(c) サウルとは対照的に、人の目に偉大に見えることよりも神に喜ばれることを求めた。(d) 自分の生涯に対する神の目的と忠実さを確信して、揺らぐことがなかった。(e) 偉大な成功を収めたけれども謙遜だった(18:12-18)。(f) 頑固なまでに神の臨在と助言を求めてこれに頼った(23:2, 4, 30:8, Ⅱサム2:1, 5:19, 23)。(g) 心を尽くして主を礼拝し、イスラエル人全体にも同じように行うように指示した(Ⅰ歴15:-16:)。(h) 人格者で勇敢で(16:18)、忠誠心があり、これらの点でほかの人々にも影響を与えた(20:2, Ⅱサム9:、Ⅰ歴11:)。(i) へりくだった心で、神がイスラエルのまことの王であって自分は神の代理人に過ぎないと認めていた(Ⅱサム5:12)。(j) 公の行動では神に従い、ご計画を実現しようと努力した(⇒使13:22)。今日キリストに従う人はダビデの心を模範としなければならない。

(2) けれどもダビデは完全で汚点がないということではない。後には何度か神を悲しませた。たとえば姦淫と殺人の罪を犯し(Ⅱサム11:)、また神の許可がないのにイスラエルの人口調査(公式に人口を数えること)を行って(Ⅰ歴21:1-17)神の命令を破った。この点でダビデは神の心にかなう人らしくなかった。その結果、恐ろしい体験をした(⇒Ⅱサム12:10-15)。けれどもこのようなときにもダビデはへりくだって、聞く耳を持ち続けた。そして神のさばきと忠告を受入れることができた(Ⅱサム12:7-13, Ⅰ歴21:8-17)。

14:1　ペリシテ人の先陣　この章ではただ神が働かれたからこそ、イスラエルはペリシテ人を打破することができたことが明らかにされている。イスラエルは落胆しており数で圧倒され、このような戦いに必要な武器も持っていなかった(13:19-22)。それでも「その日、主はイスラエルを救」(14:23)ってくださったので戦いに勝利した。情況が私たちにとって不利に見え資金が全く足りないように見えるときでも、私たちは困ったときの助けを求めて神を呼ぶ権利を持っている(⇒ヘブ4:16注)。神は「苦しむとき、そこにある助け」(詩46:1)であり、あらゆる必要に恵み(受けるにふさわしくない好意、助け)をくださると約束しておられる(Ⅱコリ12:9)。

4 ヨナタンがペリシテ人の先陣に渡って行こうとする渡し場の両側には、こちら側にも、向かい側にも、切り立った岩があり、片側の名はボツェツ、他の側の名はセネであった。
5 片側の切り立った岩はミクマスに面して北側に、他の側の切り立った岩はゲバに面して南側にそそり立っていた。

6 ヨナタンは、道具持ちの若者に言った。「さあ、あの割礼を受けていない者どもの先陣のところへ渡って行こう。たぶん、主がわれわれに味方してくださるであろう。大人数によるのであっても、小人数によるのであっても、主がお救いになるのに妨げとなるものは何もない。」
7 すると道具持ちが言った。「何でも、あなたのお心のままにしてください。さあ、お進みください。私もいっしょにまいります。お心のままに。」
8 ヨナタンは言った。「今われわれは、あの者どものところに渡って行って、彼らの前に身を現すのだ。
9 もしも彼らが、『おれたちがおまえのところに行くまで、じっとしていろ』と言ったら、われわれはその場に立ちとどまり、彼らのところに上って行くまい。
10 もし彼らが、『おれたちのところに上って来い』と言えば、われわれは上って行こう。主が彼らを、われわれの手に渡されたのだから。これがわれわれへのしるしである。」
11 こうして、このふたりはペリシテ人の先陣に身を現した。するとペリシテ人が言った。「やあ、ヘブル人が、隠れていた穴から出て来るぞ。」
12 先陣の者たちは、ヨナタンと道具持ちとに呼びかけて言った。「おれたちのところに上って来い。思い知らせてやる。」ヨナタンは、道具持ちに言った。「私について上って来なさい。主がイスラエルの手に彼らを渡されたのだ。」
13 ヨナタンは手足を使ってよじのぼり、道具持ちもあとに続いた。ペリシテ人はヨナタンの前に倒れ、道具持ちもそのあとから彼らを打ち殺した。
14 ヨナタンと道具持ちが最初に殺したのは約二十人で、それも一くびきの牛が一日で耕す畑のおおよそ半分の場所で行われた。

4 ①Ⅰサム13:23
5 ①Ⅰサム13:2
6 ①Ⅰサム17:26, 36, 31:4, 士14:3, 15:18, Ⅱサム1:20, エレ9:25, 26
 ②Ⅰサム17:47, 士7:4-7, Ⅱ歴14:11, 詩33:16, ヘブ11:34
8 ①士7:9-14
10 ①創24:14, 士6:36, 37
11 ①Ⅰサム13:6, 14:22
12 ①士8:16
 ②Ⅰサム17:47

15 ①Ⅰサム13:23
 ②Ⅰサム13:17, 18
 ＊直訳「神の恐れ」
 ③創35:5, ヨブ18:11, Ⅰサム11:7
16 ①Ⅰサム13:15
 ②Ⅰサム14:20
20 ①士7:22, Ⅱ歴20:23
21 ①Ⅰサム29:4
22 ①Ⅰサム13:6
23 ①出14:30, Ⅱ歴32:22, ホセ1:7
 ②Ⅰサム13:5
24 ①ヨシ6:26
26 ①出3:8, 民13:27, マタ3:4

イスラエルがペリシテ人を敗走させる

15 こうして陣営にも、野外にも、また民全体のうちにも恐れが起こった。先陣の者、略奪隊さえ恐れおののいた。地は震え、*非常な恐れとなった。
16 ベニヤミンのギブアにいるサウルのために見張りをしていた者たちが見ると、群集は震えおののいて右往左往していた。
17 サウルは彼とともにいる民に言った。「だれがわれわれのところから出て行ったかを、調べて、見なさい。」そこで彼らが調べると、ヨナタンと道具持ちがそこにいなかった。
18 サウルはアヒヤに言った。「神の箱を持って来なさい。」神の箱は、その日、イスラエル人の間にあったからである。
19 サウルが祭司とまだ話しているうちに、ペリシテ人の陣営の騒動は、ますます大きくなっていった。
 そこでサウルは祭司に、「もう手をしまいなさい」と言った。
20 サウルと、彼とともにいた民がみな、集まって戦場に行くと、そこでは剣をもって同士打ちをしており、非常な大恐慌が起こっていた。
21 それまでペリシテ人につき、彼らといっしょに陣営に上って来ていたヘブル人も転じて、サウルとヨナタンとともにいるイスラエル人の側につくようになった。
22 また、エフライムの山地に隠れていたすべてのイスラエル人も、ペリシテ人が逃げたと聞いて、彼らもまた戦いに加わってペリシテ人に追い迫った。
23 こうしてその日、主はイスラエルを救い、戦いはベテ・アベンに移った。

ヨナタンが蜂蜜を食べる

24 その日、イスラエル人はひどく苦しんだ。サウルが民に誓わせて、「夕方、私が敵に復讐するまで、食物を食べる者はのろわれる」と言い、民はだれも食物を味見もしなかったからである。
25 この地はどこでも、森に入って行くと、地面に蜜があった。
26 民が森に入ると、蜜がしたたっていたが、だれもそれを手につけて口に入れる者はなかった。民は誓いを恐れていたからである。

Ⅰサムエル記 14章

27 ヨナタンは、父が民に誓わせていることを聞いていなかった。それで手にあった杖の先を伸ばして、それを蜜蜂の巣に浸し、それを手につけて口に入れた。すると彼の目が輝いた。
28 そのとき、民のひとりが告げて言った。「あなたの父上は、民に堅く誓わせて、きょう、食物を食べる者はのろわれる、とおっしゃいました。それで民は疲れているのです。」
29 ヨナタンは言った。「父はこの国を悩ませている。ご覧。私の目はこんなに輝いている。この蜜を少し味見しただけで。
30 もしも、きょう、民が見つけた、敵からの分捕り物を十分食べていたなら、今ごろは、もっと多くのペリシテ人を打ち殺していたであろうに。」
31 その日彼らは、ミクマスからアヤロンに至るまでペリシテ人を打った。それで民は非常に疲れていた。
32 そこで民は分捕り物に飛びかかり、羊、牛、若い牛を取り、その場でほふった。民は血のままで、それを食べた。
33 すると、「民が血のままで食べて、主に罪を犯しています」と言って、サウルに告げる者がいた。サウルは言った。「あなたがたは裏切った。今ここに大きな石をころがして来なさい。」
34 サウルはまた言った。「民の中に散って行って、彼らに言いなさい。『めいめい自分の牛か羊かを私のところに連れて来て、ここでそれをほふって食べなさい。血のままで食べて主に罪を犯してはならない。』」そこで民はみな、その夜、それぞれ自分の牛を連れて来て、そこでほふった。
35 サウルは主のために祭壇を築いた。これは彼が主のために築いた最初の祭壇であった。
36 サウルは言った。「夜、ペリシテ人を追って下り、明け方までに彼らをかすめ奪い、ひとりも残しておくまい。」すると民は言った。「あなたのお気に召すことを、何でもしてください。」しかし祭司は言った。「ここで、われわれは神の前に出ましょう。」
37 それでサウルは神に伺った。「私はペリシテ人を追って下って行くべきでしょうか。あなたは彼らをイスラエルの手に渡してくださるのでしょうか。」しかしその日は何の答えもなかった。

38 そこでサウルは言った。「民のかしらたちはみな、ここに寄って来なさい。きょう、どうしてこのような罪が起こったかを確かめてみなさい。
39 まことに、イスラエルを救う主は生きておられる。たとい、それが私の子ヨナタンであっても、彼は必ず死ななければならない。」しかし民のうちだれもこれに答える者はいなかった。
40 サウルはすべてのイスラエル人に言った。「あなたがたは、こちら側にいなさい。私と、私の子ヨナタンは、あちら側にいよう。」民はサウルに言った。「あなたのお気に召すようにしてください。」
41 そこでサウルはイスラエルの神、主に、「みこころをお示しください」と言った。すると、ヨナタンとサウルが取り分けられ、民ははずれた。
42 それでサウルは言った。「私か、私の子ヨナタンかを決めてください。」するとヨナタンが取り分けられた。
43 サウルはヨナタンに言った。「何をしたのか、私に告げなさい。」そこでヨナタンは彼に告げて言った。「私は手にあった杖の先で、少しばかりの蜜を、確かに味見しましたが。ああ、私は死ななければなりません。」
44 サウルは言った。「神が幾重にも罰してくださるように。ヨナタン。おまえは必ず死ななければならない。」
45 すると民はサウルに言った。「このような大勝利をイスラエルにもたらしたヨナタンが死ななければならないのですか。絶対にそんなことはありません。主は生きておられます。あの方の髪の毛一本でも地に落ちてはなりません。神が共におられたので、あの方は、きょう、これをなさったのです。」こうして民はヨナタンを救ったので、ヨナタンは死ななかった。
46 こうして、サウルはペリシテ人を追うのをやめて引き揚げ、ペリシテ人は自分たちの所へ帰って行った。
47 サウルは、イスラエルの王位を取ってから、周囲のすべての敵と戦った。すなわち、モアブ、アモン人、エドム、ツォバの王たち、ペリシテ人と戦い、どこに行っても彼らを懲らしめた。

---

27 ① Ⅰサム14:43
② 雅5:1
③ Ⅰサム30:12
31 ① Ⅰサム13:5
② ヨシ10:12、Ⅰ歴8:13、Ⅱ歴11:10, 28:18
32 ① Ⅰサム15:19
② 創9:4、レビ3:17, 7:26, 27, 17:10-14, 19:26、申12:16, 23, 24, 15:23、使15:20
35 ① Ⅰサム7:17、士6:24
36 ① Ⅰサム13:3
② Ⅰサム14:40、Ⅱサム19:27, 24:22、Ⅱ列10:5、Ⅰ歴21:23
③ Ⅰサム14:3, 18, 19
37 ① Ⅰサム10:22

38 ① Ⅰサム10:19-21、ヨシ7:11, 12, 14
39 ① Ⅰサム14:45, 19:6, 20:21, 25:26, 34, 26:10, 16, 28:10, 29:6、ルツ3:13、→Ⅱサム2:27、→Ⅰ列1:29、→エレ4:2、→エゼ5:11
② Ⅰサム14:24, 44、Ⅱサム12:5
40 ① Ⅰサム14:36
41 ① 士1:24
42 ① Ⅰサム10:20
43 ① ヨシ7:19
② Ⅰサム14:27
44 ① Ⅰサム3:17
45 ① → Ⅰサム14:39
② Ⅱサム14:11、Ⅰ列1:52、伝27:34
47 ① 士1:22
② Ⅰサム11:1-11
③ Ⅱサム14:52
④ Ⅱサム8:6

Ⅰサムエル記　14-15章

⁴⁸彼は勇気を奮って、アマレク人を打ち、イスラエル人を略奪者の手から救い出した。

サウルの家

⁴⁹さて、サウルの息子は、ヨナタン、イシュビ、マルキ・シュア、ふたりの娘の名は、姉がメラブ、妹がミカルであった。⁵⁰サウルの妻の名はアヒノアムで、アヒマアツの娘であった。将軍の名はアブネルでサウルのおじネルの子であった。⁵¹サウルの父キシュとアブネルの父ネルとは、アビエルの子であった。

⁵²サウルの一生の間、ペリシテ人との激しい戦いがあった。サウルは勇気のある者や、力のある者を見つけると、その者をみな、召しかかえた。

主がサウルを王位から退ける

15 ¹サムエルはサウルに言った。「主は私を遣わして、あなたに油をそぎ、その民イスラエルの王とされた。今、主の言われることを聞きなさい。²万軍の主はこう仰せられる。『わたしは、イスラエルがエジプトから上って来る途中、アマレクがイスラエルにしたことを罰する。³今、行って、アマレクを打ち、そのすべてのものを聖絶せよ。容赦してはならない。男も女も、子どもも乳飲み子も、牛も羊も、らくだもろばも殺せ。』」

⁴そこでサウルは民を呼び集めた。テライムで彼らを数えると、歩兵が二十万、ユダの兵士が一万であった。

⁵サウルはアマレクの町へ行って、谷で待ち伏せた。

⁶サウルはケニ人たちに言った。「さあ、あなたがたはアマレク人の中から離れて下って行きなさい。私があなたがたを彼らといっしょにするといけないから。あなたがたは、イスラエルの民がすべてエジプトから上って来るとき、彼らに親切にしてくれたのです。」そこでケニ人はアマレク人の中から離れた。

⁷サウルは、ハビラから、エジプトの東にあるシュルのほうのアマレク人を打ち、⁸アマレク人の王アガグを生けどりにし、その民を残らず剣の刃で聖絶した。

⁹しかし、サウルと彼の民は、アガグと、

15:2 アマレクがイスラエルにしたことを罰する
アマレク人（アマレクの子孫）はイスラエルがエジプトでの奴隷から解放された（出17:8-13）あと、荒野でさまよっていたときに最初に敵対した民族だった。アマレク人は悪の力と、神と神の民と神の真理に敵対するものを代表している。アマレク人は邪悪だったのでそれを滅ぼし尽くすことがサウルの責任だった（15:3）。けれどもサウルはアマレク人に関する神の命令を完全に守らないで、王や最も良い家畜、そのほかの分捕り品を残しておいた。さらにサウルは、そのほうが良いと思って最高のものを神へのいけにえとして残しておいたという言訳をした。けれども主はこの自己中心的な言訳を受入れず、サウルを後に王位から退けられた（15:18-23）。私たちはサウルの悪い例から「部分的な服従」は実際には不服従であることを教えられる。神は完全な服従を求めておられる。

15:3 子どもも乳飲み子も・・・殺せ　アマレク人の邪悪さと残虐さ、頑固な反抗はひどいものだったので、罪のない子どもたちを地上から取除くことはむしろあわれみだった。思い起こせばノアの時代に人々の悪が世界に広がり、はなはだしくなり、支配的だったことを神は悲しまれた。そのため人類の将来にとって残されている希望は人々をみな滅ぼして（創6:5-7）、神を敬う唯一の残された人の家族から再び始めることだった。このたびも神はアマレク人を地上から完全に滅ぼさなければならないと決断された。子どもたちは堕落した邪悪な両親の影響を受けて生きるよりも乳飲み子のまま死ぬほうがよかった。この情況はイスラエルが最初に約束の地に入ったときに、神がカナンの地の邪悪な住民を完全に取除くように求められたときの情況とも似ている（→「**カナン人の滅亡**」の項 p.373）。主はたといわずかな悪でもそのまま残されたら、それが増大して拡がり人々の人格と文化に悪影響を及ぼすことを知っておられた。神はアマレク人の邪悪な影響がわずかでも残って、人々の生活に影響を与えることを望まれなかった。

15:9 サウルと彼の民は・・・聖絶するのを好まず
サウルは神の明らかな命令に従わないで反抗した（15:2-3, 18-19）。心を尽して神のご計画に従おうとしていないことがこれで明らかになった。サウルにとって神の命令は従うべき絶対的なものではなく、単に自分の選択肢の一つに過ぎなかったようである。みことばは神聖で一字一句完全に守るべきものとは思っていなかったのである。サウルは既に不従順を指摘されていたのに（13:13）、ここでも主のことばを拒んだ（15:22-23）。

Ⅰサムエル記 15章

それに、肥えた羊や牛の最も良いもの、子羊とすべての最も良いものを惜しみ、これらを聖絶するのを好まず、ただ、つまらない、値打ちのないものだけを聖絶した。

¹⁰ そのとき、サムエルに次のような主のことばがあった。

¹¹「わたしはサウルを王に任じたことを悔いる。彼はわたしに背を向け、わたしのことばを守らなかったからだ。」それでサムエルは怒り、夜通し主に向かって叫んだ。

¹² 翌朝早く、サムエルがサウルに会いに行こうとしていたとき、サムエルに告げて言う者があった。「サウルはカルメルに行って、もう、自分のために記念碑を立てました。それから、引き返して、進んで、ギルガルに下りました。」

¹³ サムエルがサウルのところに行くと、サウルは彼に言った。「主の祝福がありますように。私は主のことばを守りました。」

¹⁴ しかしサムエルは言った。「では、私の耳に入るあの羊の声、私に聞こえる牛の声は、いったい何ですか。」

¹⁵ サウルは答えた。「アマレク人のところから連れて来ました。民は羊と牛の最も良いものを惜しんだのです。あなたの神、主に、いけにえをささげるためです。そのほかの物は聖絶しました。」

¹⁶ サムエルはサウルに言った。「やめなさい。昨夜、主が私に仰せられたことをあなたに知らせます。」サウルは彼に言った。「お話しください。」

¹⁷ サムエルは言った。「あなたは、自分では小さい者にすぎないと思ってはいても、イスラエルの諸部族のかしらではありませんか。主があなたに油をそそぎ、イスラエルの王とされました。

¹⁸ 主*はあなたに使命を授けて言われました。『行って、罪人アマレク人を聖絶せよ。彼らを絶滅させるまで戦え。』

¹⁹ あなたはなぜ、主の御声に聞き従わず、分捕り物に飛びかかり、主の目の前に悪を行ったのですか。」

²⁰ サウルはサムエルに答えた。「私は主の御声に聞き従いました。主が私に授けられた使命の道を進めました。私はアマレク人の王アガグを連れて来て、アマレクを聖絶しました。

²¹ しかし民は、ギルガルであなたの神、主に、いけにえをささげるために、聖絶すべき物の最上の物として、分捕り物の中から、羊と牛を取って来たのです。」

²² するとサムエルは言った。

「主は主の御声に聞き従うことほどに、
全焼のいけにえや、その他のいけにえを
喜ばれるだろうか。
見よ。聞き従うことは、いけにえにまさり、
耳を傾けることは、雄羊の脂肪にまさる。

²³ まことに、そむくことは占いの罪、
従わないことは偶像礼拝の罪だ。

【参照】
11 ①Ⅰサム15:35, 創6:6, 7, Ⅱサム24:16
②ヨシ22:16, Ⅰ列9:6, 7
③Ⅰサム13:13
④出32:11
12 ①Ⅰサム25:2, ヨシ15:55
②Ⅰサム13:15
13 ①創14:19, 士17:2, ルツ3:10, Ⅰサム2:5
14 ①創3:13, 出32:21
15 ①Ⅰサム15:9, 21

17 ①Ⅰサム9:21
②Ⅰサム10:24
18 *直訳「あなたを道に送って言われました」
①ロマ11:29
②Ⅰサム15:3
③→Ⅰサム15:3
19 ①Ⅰサム14:32
②Ⅱサム11:27, 12:9, Ⅰ歴2:3, →士2:11
20 ①Ⅰサム15:13
21 ①Ⅰサム15:15, 出32:22, 23
22 ①詩40:6-8, 51:16, 17, エレ7:22, 23, ホセ6:6, ミカ6:6-8, マコ12:33, ヘブ10:6-9, 箴21:3, マタ9:13, 12:7
②→Ⅰサム6:14
③箴15:8, イザ1:11-15, アモ5:21, 22
23 ①申18:10, ゼカ10:2
②レビ26:1

15:15 最も良いものを惜しんだのです。・・・【主】に・・・ささげるためです 神は言訳を喜ばず受入れられなかった(15:16)。私たちが善意でしたと見せ掛けたり、不従順が本当は最善の選択だったかのように振舞うなら、神はさらにはっきりとされるに違いない。

15:22 聞き従うことは、いけにえにまさり 心から神のことばに従うことはどのような形式の礼拝や奉仕、個人的ないけにえよりもまさっている。サウルの根本的な罪は神が既に言われたたことよりも、自分が正しい、最善だと考えることのほうがまさっているとしたことだった。主イエスが地上に再び来られる終りのときに、人々の中に見られる罪に対する態度や神への反抗の態度はこれである(マタ24:11, 24, Ⅱテサ2:9-12, Ⅱテモ4:3-4, ⇒Ⅱペテ2:)。人々は自分にとって何が正しいかを自分で決定して、神がみことばの中にはっきりと宣言された真理の基準を拒むのである。神への服従を伴わない礼拝、祈り、賛美、御霊の賜物、神への奉仕はみな無意味であることを私たちは覚えておかなければならない。本当の服従は神が正しいと言われることを行うことである(⇒イザ58:2, 59:2, Ⅰコリ13:)。

15:23 そむくことは占いの罪 「占いの罪」とは死者の霊に相談することによって出来事や人や将来を操ろうとする(個人的な利益のために支配する)罪である(⇒レビ19:26, 申18:9-12)。けれどもこれは実際には悪霊との交流である。神への反抗と神のことばの受入れを拒むことは占いの罪と同じである。どちらも神が主であること(神の主導権と権威)を拒み、自分たちの方法で物事を運ぼうとする試みである。占いと反抗をすることによって人は神の守りを受けられなくなり、サタンと悪霊の破壊的な力と影響をまともに受けることになる(⇒16:14, 18:10, 19:9)。

476　Ⅰサムエル記　15-16章

あなたが主のことばを退けたので、
主もあなたを王位から退けた。」

24 サウルはサムエルに言った。「私は罪を犯しました。私は主の命令と、あなたの*ことばにそむいたからです。私は民を恐れて、彼らの声に従ったのです。
25 どうか今、私の罪を赦し、私といっしょに帰ってください。私は主を礼拝いたします。」
26 すると、サムエルはサウルに言った。「私はあなたといっしょに帰りません。あなたが主のことばを退けたので、主もあなたをイスラエルの王位から退けたからです。」
27 サムエルが引き返して行こうとしたとき、サウルはサムエルの上着のすそをつかんだので、それが裂けた。
28 サムエルは彼に言った。「主は、きょう、あなたからイスラエル王国を引き裂いて、これをあなたよりすぐれたあなたの友に与えられました。
29 実に、イスラエルの栄光である方は、偽ることもなく、悔いることもない。この方は人間ではないので、悔いることがない。」
30 サウルは言った。「私は罪を犯しました。しかし、どうか今は、私の民の長老とイスラエルとの前で私の面目を立ててください。どうか私といっしょに帰って、あなたの神、主を礼拝させてください。」
31 それで、サムエルはサウルについて帰った。こうしてサウルは主を礼拝した。
32 その後、サムエルは言った。「アマレク人の王アガグを私のところに連れて来なさい。」アガグはいやいやながら彼のもとに行き、「ああ、死の苦しみは去ろう」と言った。
33 サムエルは言った。
「あなたの剣が、女たちから子を奪ったように、
女たちのうちであなたの母は、子を奪

23 ① Ⅰ サム13:14
24 ① 民22:34、
② Ⅰ サム12:13, 詩51:4
＊直訳「ことばを越えた」
② 箴29:25、
イザ51:12, 13
25 ① 出10:17
26 ① Ⅰ サム13:14, 16:1
27 ① Ⅰ 列11:30, 31
28 ① Ⅰ サム28:16-18、
Ⅱ サム7:15, 16
29 ① Ⅰ 歴29:11
② 民23:19、
Ⅱ テモ2:13, テト1:2
30 ① ヨハ12:43
② イザ29:13
32 ① 出17:8, 民14:45
＊別訳「喜んで彼のもとに行った。アガグは『確かに、死の苦しみは去った』と思ったからである」
33 ① 創9:6, 士1:7、
マタ7:2

34 ① Ⅰ サム7:17
② Ⅰ サム11:4、
イザ10:29
35 ① Ⅰ サム15:11
② 創6:6

1 ① Ⅰ 歴11:3
② Ⅰ サム15:35
③ Ⅰ サム13:14, 15:23
④ Ⅰ 列1:39、
Ⅰ サム10:1, Ⅱ 列9:1
⑤ ルツ4:17-21、
Ⅰ サム16:18, 17:12, 58、
使13:22
2 ① Ⅰ サム9:12, 20:29
3 ① 出4:15, 使9:6
② サム9:16、
申17:14, 15
4 ① Ⅰ サム17:12, 15、
20:6, 28, 創48:7、
ルカ2:4
② Ⅰ サム21:1
② Ⅰ 列2:13
5 ① 創35:2, 出19:10

われる。」
こうしてサムエルは、ギルガルの主の前で、アガグをずたずたに切った。
34 サムエルはラマへ行き、サウルはサウルのギブアにある自分の家へ上って行った。
35 サムエルは死ぬ日まで、二度とサウルを見なかった。しかしサムエルはサウルのことで悲しんだ。主もサウルをイスラエルの王としたことを悔やまれた。

サムエルがダビデに油を注ぐ

16 1 主はサムエルに仰せられた。「いつまであなたはサウルのことで悲しんでいるのか。わたしは彼をイスラエルの王位から退けている。角に油を満たして行け。あなたをベツレヘム人エッサイのところへ遣わす。わたしは彼の息子たちの中に、わたしのために、王を見つけたから。」
2 サムエルは言った。「私はどうして行けましょう。サウルが聞いたら、私を殺すでしょう。」主は仰せられた。「あなたは群れのうちから一頭の雌の子牛を取り、『主にいけにえをささげに行く』と言え。
3 いけにえをささげるときに、エッサイを招け。あなたのなすべきことを、このわたしが教えよう。あなたはわたしのために、わたしが言う人に油をそそげ。」
4 サムエルは主が告げられたとおりにして、ベツレヘムへ行った。すると町の長老たちは恐れながら彼を迎えて言った。「平和なことでおいでになったのですか。」
5 サムエルは答えた。「平和なことです。主にいけにえをささげるために来ました。私がいけにえをささげるとき、あなたがたは身を聖別して私といっしょに来なさい。」こうして、サムエルはエッサイとその子たちを聖別し、彼らを、いけにえをささげるために招いた。

15:23　主もあなたを王位から退けた　(1) これは神がサウルを永遠に個人的に拒まれたということではない。王位は二度と回復されないけれどもサウル自身は救されて神との救われた関係に入ることができる。それは心から神の赦しを求め自分勝手な道を離れて、主に従うことによって可能になる(15:24-25, 31)。
(2) この原則は新しい契約(神の御子イエス・キリストのいのちと犠牲を通して人々に霊的な救いを与え、神

との関係の回復を図る神の計画)のもとでも有効である。霊的指導者も失敗をして指導者としての以前の資格を永久に失うかも知れない。けれどもその人は完全な赦しと救い、神との親しい関係を求めることができ、受けることができる(→「監督の道徳的資格」の項 p.2303)。

15:35　【主】も・・・悔やまれた　「悔やまれた」(《ヘ》ナハム)ということばはサウルの反抗に対する神の深い感情と悲しみを表す。神の悲しみにはサウルをイス

Ⅰサムエル記　16–17章　　　　　　　　　　　　　　　　　477

⁶彼らが来たとき、サムエルはエリアブを見て、「確かに、主の前で油をそそがれる者だ」と思った。
⁷しかし主はサムエルに仰せられた。「彼の容貌や、背の高さを見てはならない。わたしは彼を退けている。人が見るようには見ないからだ。人はうわべを見るが、主は心を見る。」
⁸エッサイはアビナダブを呼んで、サムエルの前に進ませた。サムエルは、「この者もまた、主は選んでおられない」と言った。
⁹エッサイはシャマを進ませたが、サムエルは、「この者もまた、主は選んではおられない」と言った。
¹⁰こうしてエッサイは七人の息子をサムエルの前に進ませたが、サムエルはエッサイに言った。「主はこの者たちを選んではおられない。」
¹¹サムエルはエッサイに言った。「子どもたちはこれで全部ですか。」エッサイは答えた。「まだ末の子が残っています。あれは今、羊の番をしています。」サムエルはエッサイに言った。「人をやって、その子を連れて来なさい。その子がここに来るまで、私たちは座に着かないから。」
¹²エッサイは人をやって、彼を連れて来させた。その子は血色の良い顔で、目が美しく、姿もりっぱだった。主は仰せられた。「さあ、この者に油をそそげ。この者がそれだ。」
¹³サムエルは油の角を取り、兄弟たちの真ん中で彼に油をそそいだ。主の霊がその日以来、ダビデの上に激しく下った。サムエルは立ち上がってラマへ帰った。

サウルに仕えるダビデ
¹⁴主の霊はサウルを離れ、主からの、わざわいの霊が彼をおびえさせた。
¹⁵そこでサウルの家来たちは彼に言った。

6①Ⅰサム17:13
7①Ⅰサム9:2
　②Ⅰサム10:23
　③ヨブ10:4、イザ55:8, 9
　④Ⅱコリ10:7
　⑤Ⅰサム2:3、Ⅰ列8:39、Ⅰ歴28:9、詩7:9、エレ11:20、17:10、20:12、ルカ16:15、使1:24
8①Ⅰサム17:13
9①Ⅰサム17:13
　＊Ⅰ歴2:13「シムア」
10①Ⅰ歴2:15
11①Ⅰサム17:12
　②Ⅰサム16:19、17:15、34、Ⅱサム7:8、詩78:70
12①Ⅰサム17:42
　②Ⅰサム9:2、創39:6、出2:2、Ⅱサム14:25、使7:20
　③Ⅰサム9:17、詩89:20
　④→Ⅰサム10:1
13①Ⅰ歴9:9
　②Ⅰサム10:6
　③Ⅰサム7:17
14①Ⅰサム11:6, 18:12, 28:15、士16:20、詩51:11
　②Ⅰサム16:15, 16, 23, 18:10, 19:9、士9:23

15①Ⅰサム16:23, 18:10, 19:9
16①Ⅰサム16:21, 22、創41:46、Ⅰ列10:8
　②Ⅱ列3:15
18①Ⅰサム17:32-36
　②Ⅰサム3:19
19①Ⅰサム17:15
20＊約230リットル
　①Ⅰサム10:27, 17:18、創43:11、箴18:16
21①創41:46、箴22:29、
23①Ⅰサム16:14-16

①Ⅰサム13:5、Ⅱサム23:9
　②ヨシ15:35、Ⅰ列4:10、Ⅱサム28:15

「ご覧ください。わざわいをもたらす、神の霊があなたをおびえさせているのです。
¹⁶わが君。どうか御前にはべるこの家来どもに命じて、じょうずに立琴をひく者を捜させてください。わざわいをもたらす、神の霊があなたに臨むとき、その者が琴をひけば、あなたは良くなられるでしょう。」
¹⁷そこでサウルは家来たちに言った。「どうか、私のためにじょうずなひき手を見つけて、私のところに連れて来てくれ。」
¹⁸すると、若者のひとりが答えて言った。「おります。私はベツレヘム人エッサイの息子を見たことがあります。琴がじょうずで勇士であり、戦士です。ことばには分別があり、体格も良い人です。主がこの人とともにおられます。」
¹⁹そこでサウルは使いをエッサイのところに遣わし、「羊の番をしているあなたの子ダビデを私のところによこしてください」と言わせた。
²⁰それでエッサイは、＊ろば一頭分のパンと、ぶどう酒の皮袋一つ、子やぎ一匹を取り、息子ダビデに託して、これをサウルに送った。
²¹ダビデはサウルのもとに来て、彼に仕えた。サウルは彼を非常に愛し、ダビデはサウルの道具持ちとなった。
²²サウルはエッサイのところに人をやり、「どうか、ダビデを私に仕えさせてください。私の気に入ったから」と言わせた。
²³神の霊がサウルに臨むたびに、ダビデは立琴を手に取って、ひき、サウルは元気を回復して、良くなり、わざわいの霊は彼から離れた。

ダビデとゴリヤテ
17 ¹ペリシテ人は戦いのために軍隊を召集した。彼らはユダのソコに

Ⅰ歴12:18

Ⅰ列18:21:39

ラエルの王としたことへの失望も含まれていた。

16:12　さあ、この者に油をそそげ　ダビデは若いときから既に神への情熱と願いを持っていた。そして霊的な羊飼いとしての主に頼っていた（→詩23:）。神がダビデを次の王として選ばれた主な理由は、ダビデが神を知りたい、神の指示に従いたいという思いを抱いていたからである（16:7）。

16:14　【主】の霊はサウルを離れ　サウルは神のご計画と目的に反抗することによって、悪霊の影響に身を

さらすことになった（→15:23）。神は世界を完全に支配しておられるので、悪霊は神が許されたときにしか働くことができない。神はご自分の目的を果すために、人々を試み人々にさばきを送るなど悪霊を用いることさえできるのである（士9:23、Ⅰ列22:19-23、→ルカ11:26注、22:3、ロマ1:21-32、Ⅱテサ2:8-12、→「神のみこころ」の項p.1207）。

16:23　わざわいの霊は彼から離れた　ダビデが奏でる音楽には神の御霊が働いていた。サウルが神のさば

集まり、ソコとアゼカとの間にあるエフェス・ダミムに陣を敷いた。

2 サウルとイスラエル人は集まって、エラの谷に陣を敷き、ペリシテ人を迎え撃つため、戦いの備えをした。

3 ペリシテ人は向こう側の山の上に、イスラエル人はこちら側の山の上に、谷を隔てて相対した。

4 ときに、ペリシテ人の陣営から、ひとりの代表戦士が出て来た。その名はゴリヤテ、ガテの生まれで、その背の高さは六*キュビト半。

5 頭には青銅のかぶとをかぶり、身にはうろことじのよろいを着けていた。よろいの重さは青銅で五千シェケル。*

6 足には青銅のすね当て、背中には青銅の①投げ槍。

7 槍の柄は機織りの巻き棒のようであり、槍の穂先は、鉄で六百シェケル。盾持ちが彼の先を歩いていた。

8 ゴリヤテは立って、イスラエル人の陣に向かって叫んで言った。「おまえらは、なぜ、並んで出て来たのか。おれはペリシテ人だし、おまえらはサウルの奴隷ではないのか。ひとりを選んで、おれのところによこせ。

9 おれと勝負して勝ち、おれを打ち殺すなら、おれたちはおまえらの奴隷となる。もし、おれが勝って、そいつを殺せば、おまえらがおれたちの奴隷となり、おれたちに仕えるのだ。」

10 そのペリシテ人はまた言った。「きょうこそ、イスラエルの陣をなぶってやる。ひとりをよこせ。ひとつ勝負をしよう。」

11 サウルとイスラエルのすべては、このペリシテ人のことばを聞いたとき、意気消沈し、非常に恐れた。

12 ダビデはユダのベツレヘムのエフラテ人でエッサイという名の人の息子であった。エッサイには八人の息子がいた。この人はサウルの時代には、年をとって老人になっていた。

13 エッサイの上の三人の息子たちは、サウルに従って戦いに出て行った。戦いに行った三人の息子の名は、長男エリアブ、次男

1①ヨシ10:10
 ④Ⅰ歴11:13
2①Ⅰサム21:9
 ④Ⅱサム21:19
 ②ヨシ11:22
 *1キュビトは約44センチ
5*1シェケルは11.4グラム
7①Ⅰサム17:45
 ②Ⅱサム21:19、
  Ⅰ歴11:23, 20:5
  ①サム17:41
8①Ⅰサム8:17
9①Ⅱサム2:14
10①Ⅰサム17:26, 36, 45,
  Ⅱサム21:21
12①ルツ1:2、創35:19
 ②ルツ4:22、
  ①サム16:1
 ③Ⅰサム16:10、
  Ⅰ歴2:13-15
13①Ⅰサム16:6, 8, 9

*Ⅰ歴2:13「シムア」
14①Ⅰサム16:11
16①Ⅰサム16:4
17*1エパは23リットル
 ①Ⅰサム26:5
18①ヨブ10:10
 ②創37:13, 14
20①Ⅰサム26:5
22①士18:15
23①Ⅰサム17:8-10
25①Ⅰサム18:17、
  ヨシ15:16
 ②Ⅰサム8:11-18
 *あるいは「自由の身にする」
26①ヨシ5:9
 ②Ⅰサム14:6、士15:18
 ③Ⅰサム17:36、
  申5:26、ヨシ3:10、
  Ⅱ列19:4, 16、
  →イザ37:4
 ④Ⅰサム17:10

アビナダブ、三男シャマであった。

14 ダビデは末っ子で、上の三人がサウルに従って出ていた。

15 ダビデは、サウルのところへ行ったり、帰ったりしていた。ベツレヘムの父の羊を飼うためであった。

16 例のペリシテ人は、四十日間、朝早くと夕暮れに出て来て姿を現した。

17 エッサイは息子のダビデに言った。「さあ、兄さんたちのために、この炒り麦*一エパと、このパン十個を取り、兄さんたちの陣営に急いで持って行きなさい。

18 この十個のチーズは千人隊の長に届け、②兄さんたちの安否を調べなさい。そしてしるしを持って来なさい。

19 サウルと兄さんたち、それにイスラエルの人たちはみな、エラの谷でペリシテ人と戦っているのだから。」

20 ダビデは翌朝早く、羊を番人に預け、エッサイが命じたとおりに、品物を持って出かけた。彼が野営地に来ると、軍勢はときの声をあげて、陣地に出るところであった。

21 イスラエル人とペリシテ人とは、それぞれ向かい合って陣を敷いていた。

22 ダビデは、その品物を武器を守る者に預け、陣地に走って行き、兄たちの安否を尋ねた。

23 ダビデが兄たちと話していると、ちょうどその時、ガテのペリシテ人で、その名をゴリヤテという代表戦士が、ペリシテ人の陣地から上って来て、いつもと同じ文句をくり返した。ダビデはこれを聞いた。

24 イスラエルの人はみな、この男を見たとき、その前を逃げて、非常に恐れた。

25 イスラエルの人たちは言った。「あの①上って来た男を見たか。イスラエルをなぶるために上って来たのだ。あれを殺す者がいれば、王はその者を大いに富ませ、②その者に自分の娘を与え、その父の家にイスラエルでは何も義務を負わせないそうだ。」

26 ダビデは、そばに立っている人たちに、こう言った。「このペリシテ人を打って、イスラエルのそしりをすすぐ者には、どうされるのですか。この割礼を受けていないペリシテ人は何者ですか。生ける神の陣をなぶるとは。」

Ⅰサムエル記　17章

27 民は、先のことばのように、彼を殺した者には、このようにされる、と答えた。

28 兄のエリアブは、ダビデが人々と話しているのを聞いた。エリアブはダビデに怒りを燃やして、言った。「いったいおまえはなぜやって来たのか。荒野にいるあのわずかな羊を、だれに預けて来たのか。私は、おまえのうぬぼれと悪い心がわかっている。戦いを見にやって来たのだろう。」

29 ダビデは言った。「私が今、何をしたというのですか。一言も話してはいけないのですか。」

30 ダビデはエリアブから、ほかの人のほうを振り向いて、同じことを尋ねた。すると民は、先ほどと同じ返事をした。

31 ダビデが言ったことを人々が聞いて、それをサウルに知らせたので、サウルはダビデを呼び寄せた。

32 ダビデはサウルに言った。「あの男のために、だれも気を落としてはなりません。このしもべが行って、あのペリシテ人と戦いましょう。」

33 サウルはダビデに言った。「あなたは、あのペリシテ人のところへ行って、あれと戦うことはできない。あなたはまだ若いし、あれは若い時から戦士だったのだから。」

34 ダビデはサウルに言った。「しもべは、父のために羊の群れを飼っています。獅子や、熊が来て、群れの羊を取って行くと、

35 私はそのあとを追って出て、それを殺し、その口から羊を救い出します。それが私に襲いかかるときは、そのひげをつかんで打ち殺しています。

36 このしもべは、獅子でも、熊でも打ち殺しました。あの割礼を受けていないペリシテ人も、これらの獣の一匹のようになるでしょう。生ける神の陣をなぶったのですから。」

37 ついで、ダビデは言った。「獅子や、熊の爪から私を救い出してくださった主は、あのペリシテ人の手からも私を救い出してくださいます。」サウルはダビデに言った。「行きなさい。主があなたとともにおられるように。」

38 サウルはダビデに自分のよろいとかぶとを着させた。頭には青銅のかぶとをかぶらせ、身にはよろいを着けさせた。

39 ダビデは、そのよろいの上に、サウルの剣を帯び、思い切って歩いてみた。慣れていなかったからである。それから、ダビデはサウルに言った。「こんなものを着けては、歩くこともできません。慣れていないからです。」ダビデはそれを脱ぎ、

40 自分の杖を手に取り、川から五つのなめらかな石を選んできて、それを羊飼いの使う袋、投石袋に入れ、石投げを手にして、あのペリシテ人に近づいた。

41 そのペリシテ人も盾持ちを先に立て、ダビデのほうにじりじりと進んで来た。

42 ペリシテ人はあたりを見おろして、ダビデに目を留めたとき、彼をさげすんだ。ダビデが若くて、紅顔の美少年だったからである。

43 ペリシテ人はダビデに言った。「おれは犬なのか。杖を持って向かって来るが。」ペリシテ人は自分の神々によってダビデをのろった。

44 ペリシテ人はダビデに言った。「さあ、来い。おまえの肉を空の鳥や野の獣にくれてやろう。」

45 ダビデはペリシテ人に言った。「おまえは、剣と、槍と、投げ槍を持って、私に向かって来るが、私は、おまえがなぶったイスラエルの戦陣の神、万軍の主の御名によって、おまえに立ち向かうのだ。

46 きょう、主はおまえを私の手に渡される。私はおまえを打って、おまえの頭を胴体から離し、きょう、ペリシテ人の陣営のしかばねを、空の鳥、地の獣に与える。すべての国は、イスラエルに神がおられることを知るであろう。

47 この全集団も、主が剣や槍を使わずに救うことを知るであろう。この戦いは主の戦いだ。主はおまえたちをわれわれの手に渡される。」

48 そのペリシテ人は、立ち上がり、ダビデを迎え撃とうと近づいて来た。ダビデもすばやく戦場を走って行き、ペリシテ人に立ち向かった。

49 ダビデは袋の中に手を差し入れ、石を一つ取り、石投げでそれを放ち、ペリシテ人の額を打った。石は額に食い込み、彼はうつぶせに倒れた。

50 こうしてダビデは、石投げと一つの石で、このペリシテ人に勝った。ダビデの手

---

27 ①Ⅰサム17:25
30 ①Ⅰサム17:26, 27
32 ①申20:3
　②Ⅰサム16:18
33 ①民13:31, 申9:2
34 ①Ⅰサム16:11
　②士14:5, 箴28:1
35 ①アモ3:12
36 ①→ Ⅰサム17:26
37 ①Ⅱテモ4:17,
　詩18:17, Ⅱコリ1:10
　②Ⅰサム20:13,
　Ⅰ歴22:11, 16

40 ①士20:16
42 ①詩123:3, 4
　②Ⅰサム16:12
43 ①Ⅰサム24:14,
　Ⅱサム3:8, 9:8, 16:9,
　Ⅱ列8:13
　②Ⅰ列20:10, 11
44 ①Ⅰサム17:46,
　申28:26
45 ①Ⅱ歴32:8, 詩124:8
　②→ Ⅰサム1:3
46 ①Ⅰサム17:44
　②ヨシ4:24, Ⅰ列8:43,
　Ⅱ列19:19, イザ37:20
47 ①ホセ1:7,
　Ⅰサム14:6,
　Ⅱ歴11:11, 詩44:6, 7
　②ゼカ4:6
　③Ⅰサム18:17, 25:28,
　民21:14, Ⅱ歴20:15
　＊直訳「主に属する」
48 ①詩27:3

17:50 ダビデは・・・このペリシテ人に勝った
ら一時的に解放されたことがそのしるしである。

には、一振りの剣もなかったが、このペリシテ人を打ち殺してしまった。

51 ダビデは走って行って、このペリシテ人の上にまたがり、彼の剣を奪って、さやから抜き、とどめを刺して首をはねた。ペリシテ人たちは、彼らの勇士が死んだのを見て逃げた。

52 イスラエルとユダの人々は立ち上がり、ときの声をあげて、ペリシテ人をガテに至るまで、エクロンの門まで追った。それでペリシテ人は、シャアライムからガテとエクロンに至る途上で刺し殺されて倒れた。

53 イスラエル人はペリシテ人追撃から引き返して、ペリシテ人の陣営を略奪した。

54 ダビデは、あのペリシテ人の首を取って、エルサレムに持ち帰った。武具は彼の天幕に置いた。

55 サウルは、ダビデがあのペリシテ人に立ち向かって出て行くのを見たとき、将軍アブネルに言った。「アブネル。あの若者はだれの子だ。」アブネルは言った。「王さま。＊私はあなたに誓います。私は存じません。」

56 すると王は命じた。「あなたは、あの少年がだれの子か尋ねなさい。」

57 ダビデが、あのペリシテ人を打って帰って来たとき、アブネルは彼をサウルの前に連れて行った。ダビデはペリシテ人の首を手にしていた。

58 サウルはダビデに言った。「若者。あなたはだれの子か。」ダビデは言った。「私は、あなたのしもべ、ベツレヘム人エッサイの子です。」

I 列18:41・46

50 ① I サム21:9
② 士3:31, 15:15, II サム23:21
51 ① I サム17:51, 52, ヘブ11:34
② I サム21:9
③ II サム23:21
52 ＊七十人訳による
⑦ 「ガイ」「谷」
① ヨシ15:11
② ヨシ15:36, I 歴4:31
54 ① I サム21:9, 31:9
55 ① I サム16:12, 21, 23
＊直訳「あなたのたましいは生きています」
57 ① I サム17:54
58 ① I サム17:12

1 ① I サム19:1, 20:17, II サム1:26
2 ① I サム17:15
3 ① I サム20:8-17
4 ① 創41:42, エス6:8
② I サム21:9
5 ① I サム18:14, 30
6 ① 出15:20, 21, 士11:34, 詩68:25, 149:3
7 ① I サム21:11, 29:5
② II サム18:3
8 ① I サム15:28

ダビデへのサウルのねたみ

18 1 ダビデがサウルと語り終えたとき、ヨナタンの心はダビデの心に結びついた。ヨナタンは、自分と同じほどにダビデを愛した。

2 サウルはその日、ダビデを召しかかえ、父の家に帰らせなかった。

3 ヨナタンは、自分と同じほどにダビデを愛したので、ダビデと契約を結んだ。

4 ヨナタンは、着ていた上着を脱いで、それをダビデに与え、自分のよろいかぶとと、さらに剣、弓、帯までも彼に与えた。

5 ダビデは、どこでもサウルが遣わす所に出て行って、勝利を収めたので、サウルは彼を戦士たちの長とした。このことは、すべての民にも、サウルの家来たちにも喜ばれた。

6 ダビデがあのペリシテ人を打って帰って来たとき、みなが戻ったが、女たちはイスラエルのすべての町々から出て来て、タンバリン、喜びの歌、三弦の琴をもって、歌い、喜び踊りながら、サウル王を迎えた。

7 女たちは、笑いながら、くり返してこう歌った。

「サウルは千を打ち、
ダビデは万を打った。」

8 サウルは、このことばを聞いて、非常に怒り、不満に思って言った。「ダビデには万を当て、私には千を当てた。彼にないのは王位だけだ。」

9 その日以来、サウルはダビデを疑いの目で見るようになった。

ダビデがゴリヤテに勝利したのは神を信じた結果である。その信仰はそれまでの生活の中で既に試され証明されたものだった。ここにダビデを勝利に導いた五つの要因を見ることができる。

（1）ダビデは神に対する深い情熱を持っていて（16:7）、心は主の力と臨在を求める思いで満ちていた（⇒ I 歴16:10-11）。

（2）ダビデは神の名誉と名声を心にかける深い情熱を持っていた（17:26, 36, 46）。そしてゴリヤテはイスラエル軍に立向かっているだけではなく、全能の主に挑んでいると認識した。

（3）神の力を信じるダビデの確信は強かった。別のときに祈ったときにも神の奇蹟的な救いを体験していた（17:34-37, ⇒詩29:3-4）。

（4）ダビデはゴリヤテとペリシテ人に勝つために、自分自身ではなく神に頼っていた（17:37, 45-47, ⇒詩33:16-17, 44:6-7, ホセ1:7）。

（5）主の御霊は驚くべき力を伴ってダビデに下った（16:13, ⇒ゼカ4:6）。

「巨人」のように見える、どうすることもできない問題や情況に直面したとき、神の子たちは次のことを思い出すとよい。それはダビデのように信仰を働かせ聖霊の力に頼るなら、その巨人に勝利することができるということである（→エペ3:20-21, ピリ4:13）。いつの時代にも人々はこのようにダビデの模範にならうように努力するべきである。そうするならその人の生涯も神の情熱と力、臨在に満たされたものになるに違いない。

Ⅰサムエル記 18-19章

¹⁰ その翌日、わざわいをもたらす、神の霊がサウルに激しく下り、彼は家の中で狂いわめいた。ダビデは、いつものように、琴を手にしてひいたが、サウルの手には槍があった。¹¹ サウルはその槍を投げつけた。ダビデを壁に突き刺してやろう、と思ったからである。しかしダビデは二度も身をかわした。

¹² サウルはダビデを恐れた。主はダビデとともにおられ、サウルのところから去られたからである。

¹³ それでサウルはダビデを自分のもとから離し、彼を千人隊の長にした。ダビデは民の先に立って行動していた。¹⁴ ダビデはその行く所、どこでも勝利を収めた。主が彼とともにおられた。¹⁵ ダビデが大勝利を収めるのを見て、サウルは彼を恐れた。

¹⁶ イスラエルとユダの人々はみな、ダビデを愛した。彼が彼らの先に立って行動していたからである。

¹⁷ あるとき、サウルはダビデに言った。「これは、私の上の娘メラブだ。これをあなたの妻として与えよう。ただ、私のために勇敢にふるまい、主の戦いを戦ってくれ。」サウルは、自分の手を下さないで、ペリシテ人の手を彼に下そう、と思ったのである。

¹⁸ ダビデはサウルに言った。「私は何者なのでしょう。私の家族、私の父の氏族もイスラエルでは何者なのでしょう。私が王の婿になるなどとは。」

¹⁹ ところが、サウルの娘メラブをダビデに与える、という時になって、彼女はメホラ人のアデリエルに妻として与えられた。

²⁰ サウルの娘ミカルはダビデを愛していた。そのことがサウルに知らされたとき、サウルはそれはちょうどよいと思った。²¹ サウルは、「ミカルを彼にやろう。ミカルは彼にとって落とし穴となり、ペリシテ人の手が彼に下るだろう」と思った。そこでサウルはもう一度ダビデに言った。「きょう、あなたは私の婿になるのだ。」

²² そしてサウルは家来たちに命じた。「ダビデにひそかにこう告げなさい。『聞いてください。王はあなたが気に入り、家来たちもみな、あなたを愛しています。今、王の婿になってください。』」

²³ それでサウルの家来たちは、このことばをダビデの耳に入れた。するとダビデは言った。「王の婿になるのがたやすいことだと思っているのか。私は貧しく、身分の低い者だ。」

²⁴ サウルの家来たちは、ダビデがこのように言っています、と言ってサウルに報告した。

²⁵ それでサウルは言った。「ダビデにこう言うがよい。王は花嫁料を望んではいない。ただ王の敵に復讐するため、ペリシテ人の陽の皮百だけを望んでいる、と。」サウルは、ダビデをペリシテ人の手で倒そうと考えていた。

²⁶ サウルの家来たちが、このことばをダビデに告げると、ダビデは、王の婿になるために、それはちょうどよいと思った。そこで、期限が過ぎる前に、²⁷ ダビデは立って、彼と部下とで、出て行き、ペリシテ人二百人を打ち殺し、その陽の皮を持ち帰り、王の婿になるためのことを、王に果たした。そこでサウルは娘ミカルを妻としてダビデに与えた。

²⁸ こうして、サウルは、主がダビデとともにおられ、サウルの娘ミカルがダビデを愛していることを見、また、知った。²⁹ それでサウルは、ますますダビデを恐れた。サウルはいつまでもダビデの敵となった。

³⁰ ペリシテ人の首長たちが出て来るときは、そのたびごとに、ダビデはサウルの家来たちのすべてにまさる戦果をあげた。それで彼の名は非常に尊ばれた。

サウルがダビデを殺そうとする

19 ¹ サウルは、ダビデを殺すことを、息子ヨナタンや家来の全部に告げた。しかし、サウルの子ヨナタンはダビデ

18:10 **わざわいをもたらす、神の霊がサウルに激しく下り、彼は・・・狂いわめいた** これは神がサウルの中に悪霊を直接送った(とりつく)ということではなく、悪霊がサウルを支配し影響を与えることを神が許されたということである(→16:14注、→「**神のみこころ**」の項 p.1207)。「狂いわめいた」(英文では「預言した」)と訳されたヘブル語は本当の預言とにせの預言の両方に使われる。この場合、サウルは神の霊によって

を非常に愛していた。
² それでヨナタンはダビデに告げて言った。「私の父サウルは、あなたを殺そうとしています。それで、あしたの朝は、注意して、隠れ場にとどまり、身を隠していてください。³ 私はあなたのいる野原に出て行って、父のそばに立ち、あなたのことについて父に話しましょう。何かわかったら、あなたに知らせましょう。」
⁴ ヨナタンは父サウルにダビデの良いことを話し、父に言った。「王よ。あなたのしもべダビデについて罪を犯さないでください。彼はあなたに対して罪を犯してはいません。かえって、彼のしたことは、あなたにとっては非常な益となっています。⁵ 彼が自分のいのちをかけて、ペリシテ人を打ったので、主は大勝利をイスラエル全体にもたらしてくださったのです。あなたはそれを見て、喜ばれました。なぜ何の理由もなくダビデを殺し、罪のない者の血を流して、罪を犯そうとされるのですか。」
⁶ サウルはヨナタンの言うことを聞き入れた。サウルは誓った。「主は生きておられる。あれは殺されることはない。」
⁷ それで、ヨナタンはダビデを呼んで、このことのすべてを告げた。ヨナタンがダビデをサウルのところに連れて行ったので、ダビデは以前のようにサウルに仕えることになった。
⁸ それからまた、戦いが起こったが、ダビデは出て行って、ペリシテ人と戦い、彼らを打って大損害を与えた。それで、彼らはダビデの前から逃げた。
⁹ ときに、わざわいをもたらす、主の霊がサウルに臨んだ。サウルは自分の家にすわっており、その手には槍を持っていた。ダビデは琴を手にしてひいていた。
¹⁰ サウルが槍でダビデを壁に突き刺そうとしたとき、ダビデはサウルから身を避けた

3①Ⅰサム20:9, 12, 13
4①Ⅰサム20:32,
 詩35:12, 109:5,
 箴17:13, エレ18:20
②創42:22
5①Ⅰサム28:21,
 士9:17, 12:3,
 詩119:109
②Ⅰサム17:49, 50
③Ⅰサム11:13
④Ⅰサム11:13,
 Ⅰ歴11:14
⑤申19:13, 詩94:21,
 マタ27:4
6①→Ⅰサム14:39
7①Ⅰサム16:21, 18:2, 5,
 10, 13
9①Ⅰサム19:9, 10,
 Ⅰサム18:10, 11
②Ⅰサム16:14
③Ⅰサム16:16
10①Ⅰサム20:33

11①Ⅰサム19:11-17,
 Ⅰサム20章
 詩59表題, 士16:2
12①ヨシ2:15, 使9:25,
 Ⅱコリ11:33
13①創31:19,
 士17:5, 18:14, 17
14①ヨシ2:3-5
18①Ⅰサム7:17
20①Ⅰサム19:11, 14
 ②→Ⅰサム3:20
 ③Ⅰサム10:6
 ④民11:25, ヨエ2:28

ので、サウルは槍を壁に打ちつけた。ダビデは逃げ、その夜は難をのがれた。
¹¹ サウルはダビデの家に使者たちを遣わし、彼を見張らせ、朝になって彼を殺そうとした。ダビデの妻ミカルはダビデに告げて言った。「今夜、あなたのいのちを救わなければ、あすは、あなたは殺されてしまいます。」
¹² こうしてミカルはダビデを窓から降ろしたので、彼は逃げて行き、難をのがれた。
¹³ ミカルはテラフィムを取って、それを寝床の上に置き、やぎの毛で編んだものを枕のところに置き、それを着物でおおった。
¹⁴ サウルがダビデを捕らえようと使者たちを遣わしたとき、ミカルは、「あの人は病気です」と言った。
¹⁵ サウルはダビデを見ようとして、「あれを寝床のまま、私のところに連れて来い。あれを殺すのだ」と言って使者たちを遣わした。
¹⁶ 使者たちが入って見ると、なんと、テラフィムが寝床にあり、やぎの毛で編んだものが枕のところにあった。
¹⁷ サウルはミカルに言った。「なぜ、このようにして私を欺き、私の敵を逃がし、のがれさせたのか。」ミカルはサウルに言った。「あの人は、『私を逃がしてくれ。私がどうしておまえを殺せよう』と私に言ったのです。」
¹⁸ ダビデは逃げ、のがれて、ラマのサムエルのところに行き、サウルが自分にしたこといっさいをサムエルに話した。そしてサムエルと、ナヨテに行って住んだ。
¹⁹ ところが、「ダビデは、なんと、ラマのナヨテにいます」とサウルに告げる者がいた。
²⁰ そこでサウルはダビデを捕らえようと使者たちを遣わした。彼らは、預言者の一団が預言しており、サムエルがその監督をする者として立っているのを見た。そのとき、神の霊がサウルの使者たちに臨み、彼らもまた、預言した。

預言しているのではなく、悪霊の力の影響を受けてわめいていたのである。

19:20 預言者の一団 サムエルは預言者の学校を始めたけれども、これは実際には奉仕をする人々の養成所だった。エリヤとエリシャの時代にも何人かの預言者が弟子の一団として訓練されていた記事がある（⇒Ⅰ列20:35, Ⅱ列6:1-7）。このような学校は預言の賜物を与えられた人に神との強い関係を築く訓練を行うために作られた。また神の正しいご計画と目的を悟り、その目的のために神から与えられた能力を用いるように励ますための学校でもあった。預言者の使命は人々が神に対して逆らうのではなく、みことばに従うように強く要求することだった。このような預言者の学校では聖霊の働きを最も重視していた（⇒10:5-6）。

²¹ サウルにこのことが知らされたとき、彼はほかの使者たちを遣わしたが、彼らもまた、預言した。サウルはさらに三度目の使者たちを送ったが、彼らもまた、預言した。
²² そこでサウル自身もまたラマへ行った。彼はセクにある大きな井戸まで来たとき、「サムエルとダビデはどこにいるか」と尋ねた。すると、「今、ラマのナヨテにいます」と言われた。
²³ サウルはそこからラマのナヨテへ出て行ったが、彼にも神の霊が臨み、彼は預言しながら歩いて、ラマのナヨテに着いた。
²⁴ 彼もまた着物を脱いで、サムエルの前で預言し、一昼夜の間、裸のまま倒れていた。このために、②「サウルもまた、預言者のひとりなのか」と言われるようになった。

ダビデとヨナタン

20 ¹ ダビデはラマのナヨテから逃げて、ヨナタンのもとに来て言った。「私がどんなことをし、私にどんな咎があり、私があなたの父上に対してどんな罪を犯したというので、父上は私のいのちを求めておられるのでしょうか。」
² ヨナタンは彼に言った。「絶対にそんなことはありません。あなたが殺されるはずはありません。そうです。私の父は、事の大小を問わず、私の耳に入れないでするようなことはありません。どうして父が、このことを私に①隠さなければならないでしょう。そんなことはありません。」
³ ダビデはなお誓って言った。「あなたの父上は、私があなたのご好意を得ていることを、よくご存じです。それで、ヨナタンが悲しまないように、このことを知らせないでおこう、と思っておられるのです。けれども、②*主とあなたに誓います。私と死との間には、ただ一歩の隔たりしかありません。」
⁴ するとヨナタンはダビデに言った。「あなたの言われることは、何でもあなたのために

23 → Ⅰサム10:6
24 ①イザ20:2、ミカ1:8、
　 Ⅱサム6:20
　 ②Ⅰサム10:10-12

1 ①Ⅰサム20章、
　 Ⅰサム19:11-17
　 ②Ⅰサム7:15
　 ③Ⅰサム20:12
3 ①申6:13
　 ②→Ⅱ列2:2
　 *直訳「主は生きておられる。あなたのいのちも生きている」

5 ①民10:10、28:11-15
　 ②Ⅰサム20:25
　 ③Ⅰサム19:2、20:24
6 ①Ⅰサム16:4
　 ②Ⅰサム9:12
　 ③申12:5
7 ①申1:23
　 ②Ⅰサム25:15、
　 エス7:7
8 ①Ⅰサム20:8-17、18:3、
　 23:18
　 ②Ⅰサム18:3、20:16、
　 23:18
　 ③Ⅰサム14:32
12 ①Ⅰサム20:3

にしましょう。」
⁵ ダビデはヨナタンに言った。「あすはちょうど①新月祭で、私は王といっしょに食事の②席に着かなければなりません。私を行かせて、あさっての夕方まで、③野に隠れさせてください。
⁶ もし、父上が私のことをとがめられたら、おっしゃってください。『ダビデは自分の①町ベツレヘムへ急いで行きたいと、しきりに頼みました。あそこで彼の氏族全体のために、②年ごとのいけにえをささげることになっているからです』と。
⁷ もし、父上が『①よし』とおっしゃれば、このしもべは安全です。もし、激しくお怒りになれば、私に害を加える②決心をしておられると思ってください。
⁸ どうか、このしもべに①真実を尽くしてください。あなたは主に誓って、このしもべと契約を結んでおられるからです。もし、私に咎があれば、あなたが私を殺してください。どうして私を父上のところにまで連れ出す必要がありましょう。」
⁹ ヨナタンは言った。「絶対にそんなことはありません。父があなたに害を加える決心をしていることが確かにわかったら、あなたに知らせないでおくはずはありません。」
¹⁰ ダビデはヨナタンに言った。「もし父上が、きびしい返事をなさったら、だれが私に知らせてくれましょう。」
¹¹ ヨナタンはダビデに言った。「さあ、野原に出ましょう。」こうしてふたりは野原に出た。
¹² ヨナタンはイスラエルの神、主に誓ってダビデに言った。「あすかあさってかの今ごろ、私は父の気持ちを探ってみます。ダビデに対して寛大であれば、必ず人をやって、あなたの①耳に入れましょう。
¹³ もし父が、あなたに害を加えようと思っているのに、それをあなたの耳に入れず、あなたを無事に逃がしてあげなかったな

19:21 彼らもまた、預言した 19:18-24には神の御霊はさばきとしても祝福としても人々の上に下ることが示されている。(1) サウルはダビデを捕えるために人を遣わした。その行動を阻止するために神の御霊は臨在をもって圧倒し、その危険な行動を変えてしまわれた。御霊はその後、サウルを圧倒して一昼夜の間恍惚状態に置かれた。(2) このことから明らかになるのは、聖霊の力を受けて預言やそのほかの霊的活動を行っても、その人が必ずしも神との正しい関係にあることを意味しないということである。サウルは神に逆らっていたけれども、身体的には御霊の力に圧倒されていたのである(⇒マタ7:22-23)。

ら、主がこのヨナタンを幾重にも罰せられるように。主が私の父とともにおられたように、あなたとともにおられますように。

14 もし、私が生きながらえておれば、主の恵みを私に施してください。たとい、私が死ぬようなことがあっても、

15 あなたの恵みをとこしえに私の家から断たないでください。主がダビデの敵を地の面からひとり残らず断ち滅ぼすときも。」

16 こうしてヨナタンはダビデの家と契約を結んだ。「主がダビデの敵に血の責めを問われるように。」

17 ヨナタンは、もう一度ダビデに誓った。ヨナタンは自分を愛するほどに、ダビデを愛していたからである。

18 ヨナタンはダビデに言った。「あすは新月祭です。あなたの席があくので、あなたのいないのが気づかれるでしょう。

19 あさってになれば、*きびしく問いただすでしょうから、あなたは、あの事件の日に隠れたあの場所に行って、エゼルの石のそばにいてください。

20 私は的を射るように、三本の矢をそのあたりに放ちます。

21 いいですか。私が子どもをやって、『行って矢を見つけて来い』と言い、もし私がその子どもに、『それ、矢はおまえのこちら側にある。それを取って来い』と言ったら、そのとき、あなたは出て来てください。主は生きておられます。あなたは安全で、何事もありませんから。

22 しかし、私が少年に、『それ、矢はおまえの向こう側だ』と言ったら、あなたは行きなさい。主があなたを去らせるのです。

23 私とあなたが交わしたことばについては、主が私とあなたとの間の永遠の証人です。」

24 こうしてダビデは野に隠れた。新月祭になって、王は食事の席に着いた。

25 王は、いつものように壁寄りの席の自分の席に着いた。ヨナタンはその向かい側、アブネルはサウルの横の席に着いたが、ダビデの場所はあいていた。

26 その日、サウルは何も言わなかった。「あれに思わぬことが起こって身を汚したのだろう。きっと汚れているためだろう」と

13 ① Ⅰサム3:17
   ② Ⅰサム17:37
14 ① Ⅱサム9:1, 3, 7
16 ① Ⅰサム22:8,
   Ⅱサム21:7
   *「血の」は補足、
   Ⅱサム4:11, エゼ3:18
17 ① 申23:21
   ② Ⅰサム18:1
18 ① Ⅰサム20:5
   ② Ⅰサム20:25
19 ① 七十人訳による
   ② エレ19:2
21 ① → Ⅰサム14:39
22 ① Ⅰサム20:37
23 ① Ⅰサム20:14-16
   *直訳「に永遠におられます」
24 ① Ⅰサム20:5
25 ① Ⅰサム20:18
26 ① レビ7:20, 21, 15:5

28 ① Ⅰサム20:6
30 *あるいは「不貞な女」
31 *直訳「彼は死の子である」
   ① Ⅱサム12:5
32 ① Ⅰサム19:5,
   マタ27:23, ルカ23:22
33 ① Ⅰサム18:11, 19:10
   ② Ⅰサム20:7
36 ① Ⅰサム20:20, 21
37 ① Ⅰサム20:22

思ったからである。

27 しかし、その翌日、新月祭の第二日にも、ダビデの席があいていたので、サウルは息子のヨナタンに尋ねた。「どうしてエッサイの子は、きのうも、きょうも食事に来ないのか。」

28 ヨナタンはサウルに答えた。「ベツレヘムへ行かせてくれと、ダビデが私にしきりに頼みました。

29 『どうか、私を行かせてください。私たちの氏族はあの町で、いけにえをささげるのですが、私の兄弟が私に来るように命じています。今、お願いします。どうか私を行かせて、兄弟たちに会わせてください』と言ったのです。それでダビデは王の食卓に連ならないのです。」

30 サウルはヨナタンに怒りを燃やして言った。「この*ばいたの息子め。おまえがエッサイの子にえこひいきをして、自分をはずかしめ、自分の母親の恥をさらしているのを、この私が知らないとでも思っているのか。

31 エッサイの子がこの地上に生きているかぎり、おまえも、おまえの王位も危うくなるのだ。今、人をやって、あれを私のところに連れて来い。*あれは殺さなければならない。」

32 ヨナタンは父サウルに答えて言った。「なぜ、あの人は殺されなければならないのですか。あの人が何をしたというのですか。」

33 すると、サウルは槍をヨナタンに投げつけて打ち殺そうとした。それでヨナタンは、父がダビデを殺そうと決心しているのを知った。

34 ヨナタンは怒りに燃えて食卓から立ち上がり、新月祭の二日目には食事をとらなかった。父がダビデを侮辱したので、ダビデのために心を痛めたからである。

35 朝になると、ヨナタンは小さい子どもを連れて、ダビデと打ち合わせた時刻に野原に出て行った。

36 そして子どもに言った。「私が射る矢を見つけておいで。」子どもが走って行くと、ヨナタンは、その子の向こうに矢を放った。

37 子どもがヨナタンの放った矢の所まで行くと、ヨナタンは子どものうしろから叫んで言った。「矢は、おまえより、もっと向こうではないのか。」

Ⅰサムエル記　20-21章

38 ヨナタンは子どものうしろから、また叫んだ。「早く。急げ。止まってはいけない。」その子どもは矢を拾って、主人ヨナタンのところに来た。
39 子どもは何も知らず、ヨナタンとダビデだけに、その意味がわかっていた。
40 ヨナタンは自分の弓矢を子どもに渡し、「さあ、これを町に持って行っておくれ」と言った。
41 子どもが行ってしまうと、ダビデは南側のほうから出て来て、地にひれ伏し、三度礼をした。ふたりは口づけして、抱き合って泣き、ダビデはいっそう激しく泣いた。
42 ヨナタンはダビデに言った。「では、安心して行きなさい。私たちふたりは、②『主が、私とあなた、また、私の子孫とあなたの子孫との間の永遠の証人です』と言って、主の御名によって誓ったのです。」こうしてダビデは③立ち去った。ヨナタンは町へ帰って行った。

ノブでのダビデ

21 ¹ダビデはノブの祭司アヒメレクの②ところに行った。アヒメレクはダビデを迎え、④恐る恐る彼に言った。「なぜ、おひとりで、だれもお供がいないのですか。」
² ダビデは祭司アヒメレクに言った。「王は、ある事を命じて、『おまえを遣わし、おまえに命じた事については、何事も人に知らせてはならない』と私に言われました。若い者たちとは、しかじかの場所で落ち合うことにしています。
³ ところで、今、お手もとに何かあったら、五つのパンでも、何か、ある物を私に下さい。」
⁴ 祭司はダビデに答えて言った。「普通のパンは手もとにありません。ですが、もし若い者たちが女から遠ざかっているなら、①聖別されたパンがあります。」
⁵ ダビデは祭司に答えて言った。「確かにこれまでのように、私が出かけて以来、私たちは女を遠ざけています。それで若い者たちは①汚れていません。普通の旅でもそうですから、ましてきょうは確かに汚れていません。」
⁶ そこで祭司は彼に聖別されたパンを与え

42 ①Ⅰサム20:22
　②Ⅰサム20:15, 16, 23
　＊直訳「に永遠におられる訳」
　③Ⅰサム20:22

21 ①Ⅰサム21:1-6,
　　マタ12:3, 4,
　　マコ2:25, 26, ルカ6:3, 4
　②Ⅰサム22:19,
　　イザ10:32
　③マコ2:26
　④Ⅰサム16:4
4 ①出19:15
　②レビ24:5-9, 出25:30
5 ①Ⅰテサ4:4

7 ①Ⅰサム22:9,
　　詩52表題
9 ①Ⅰサム17:2, 19
　②Ⅰサム17:23
　③Ⅰサム17:50, 51, 54
　④Ⅰサム2:18
11 ①Ⅰサム8:7, 29:5
12 ①ルカ2:51
13 ①詩34表題
　②詩56表題

た。そこには、その日、あたたかいパンと置きかえられて、主の前から取り下げられた供えのパンしかなかったからである。
⁷ ──その日、そこにはサウルのしもべのひとりが主の前に引き止められていた。その名はドエグといって、エドム人であり、サウルの牧者たちの中のつわものであった──
⁸ ダビデはアヒメレクに言った。「ここに、あなたの手もとに、槍か、剣はありませんか。私は自分の剣も武器も持って来なかったのです。王の命令があまり急だったので。」
⁹ 祭司は言った。「あなたがエラの谷で打ち殺したペリシテ人ゴリヤテの剣が、ご覧なさい、④エポデのうしろに布に包んであります。よろしければ、持って行ってください。ここには、それしかありませんから。」ダビデは言った。「それは何よりです。私に下さい。」

ガデでのダビデ

¹⁰ ダビデはその日、すぐにサウルからのがれ、ガテの王アキシュのところへ行った。
¹¹ するとアキシュの家来たちがアキシュに言った。「この人は、あの国の王ダビデではありませんか。みなが踊りながら、
　　『サウルは千を打ち、
　　　ダビデは万を打った』
と言って歌っていたのは、この人のことではありませんか。」
¹² ダビデは、このことばを気にして、ガテの王アキシュを非常に恐れた。
¹³ それでダビデは彼らの前で気が違ったかのようにふるまい、捕らえられて狂ったふりをし、門のとびらに傷をつけたり、ひげによだれを流したりした。
¹⁴ アキシュは家来たちに言った。「おい、おまえたちも見るように、この男は気が狂っている。なぜ、私のところに連れて来たのか。
¹⁵ 私に気の狂った者が足りないとでもいうのか。私の前で狂っているのを見せるために、この男を連れて来るとは。この男を私の家に入れようとでもいうのか。」

21:1　ダビデはノブ・・・に行った　21-22章にはダビデがサウルから逃れて、神に全く頼り切れなかった時代のことが描かれている。ダビデはいのちを守るためにうそをつき(21:2)、神を敬わないペリシテ人の間に避難し(21:10-15)、祭司やそのほかの人々を間接的に死なせてしまった(22:11-23, ⇒詩52:)。うそをついたた

アドラムとミツパでのダビデ

22 ¹ダビデはそこを去って、アドラムのほら穴に避難した。彼の兄弟たちや、彼の父の家のみなの者が、これを聞いて、そのダビデのところに下って来た。²また、困窮している者、負債のある者、不満のある者たちもみな、彼のところに集まって来たので、ダビデは彼らの長となった。こうして、約四百人の者が彼とともにいるようになった。

³ダビデはそこからモアブのミツパに*行き、モアブの王に言った。「神が私にどんなことをされるかわかるまで、どうか、私の父と母とを出て来させて、あなたがたといっしょにおらせてください。」⁴こうしてダビデが両親をモアブの王の前に連れて来たので、両親は、ダビデが要害にいる間、王のもとに住んだ。

⁵そのころ、預言者ガドはダビデに言った。「この要害にとどまっていないで、さあ、ユダの地に帰りなさい。」そこでダビデは出て、ハレテの森へ行った。

サウルがノブの祭司を殺す

⁶サウルは、ダビデおよび彼とともにいる者たちが見つかった、ということを聞いた。そのとき、サウルはギブアにある高台の柳の木の下で、槍を手にしてすわっていた。彼の家来たちはみな、彼のそばに立っていた。⁷サウルは、そばに立っている家来たちに言った。「聞け。ベニヤミン人。エッサイの子が、おまえたち全部に畑やぶどう畑をくれ、おまえたち全部を千人隊の長、百人隊の長にするであろうか。⁸それなのに、おまえたちはみな、私に謀反を企てている。きょうのように、息子がエッサイと契約を結んだことも私の耳に入れず、息子が私のあのしもべを私に、はむかわせるようにしたことも、私の耳に入れず、だれも私のことを思って心を痛めない。」⁹すると、サウルの家来のそばに立っていたエドム人ドエグが答えて言った。「私は、エッサイの子が、ノブのアヒトブの子アヒメレクのところに来たのを見ました。¹⁰アヒメレクは彼のために**主**に伺って、彼に食料を与え、ペリシテ人ゴリヤテの剣も与えました。」

¹¹そこで王は人をやって、祭司アヒトブの子アヒメレクと、彼の父の家の者全部、すなわち、ノブにいる祭司たちを呼び寄せたので、彼らはみな、王のところに来た。¹²サウルは言った。「聞け。アヒトブの息子。」彼は答えた。「はい、王さま。ここにおります。」¹³サウルは彼に言った。「おまえとエッサイの子は、なぜ私に謀反を企てるのか。おまえは彼にパンと剣を与え、彼がきょうあるように、私に、はむかうために彼のために神に伺ったりしている。」¹⁴アヒメレクは王に答えて言った。「あなたの家来のうち、ダビデほど忠実な者が、ほかにだれがいるでしょうか。ダビデは王の婿であり、あなたの護衛の長であり、あなたの家では尊敬されているではありませんか。¹⁵私が彼のために神に伺うのは、きょうに始まったことでしょうか。決して、決して。王さま。私や、私の父の家の者全部に汚名を着せないでください。しもべは、この事件については、いっさい知らないのですから。」¹⁶しかし王は言った。「アヒメレク。おまえは必ず死ななければならない。おまえも、おまえの父の家の者全部だ。」¹⁷それから、王はそばに立っていた近衛兵たちに言った。「近寄って、**主**の祭司たちを殺せ。彼らはダビデにくみし、彼が逃げているのを知りながら、それを私の耳に入れなかったからだ。」しかし王の家来たちは、**主**の祭司たちに手を出して撃ちかかろうとはしなかった。¹⁸それで王はドエグに言った。「おまえが近寄って祭司たちに撃ちかかれ。」そこでエドム人ドエグが近寄って、祭司たちに撃ちかかった。その日、彼は八十五人を殺した。それ

- 1 ① Ⅱサム23:13, ヨシ12:15, 15:35
  - ② 詩57表題, 142表題
- 2 ① 士11:3
  - ② Ⅰサム23:13, 25:13
- 3 * △「ミツペ」
- 5 ① → Ⅰサム3:20
  - ② Ⅱサム24:11, Ⅰ歴21:9, 29:29, Ⅱ歴29:25
- 6 ① Ⅰサム31:13, 創21:33
  - ② Ⅰサム14:2, 士4:5
- 7 ① Ⅰサム8:14
  - ② → Ⅰ列21:1
- 8 ① Ⅰサム18:3, 20:16
  - ② Ⅰサム20:2
  - ③ Ⅰサム23:21
- 9 ① Ⅰサム21:7, 詩52表題
  - ② Ⅰサム21:1-9
- 10 ① Ⅰサム21:6
  - ② Ⅰサム21:9
- 12 * 直訳「わが主」
- 13 ① Ⅰサム22:8
- 14 ① Ⅰサム19:4, 5, 20:32
  - ② Ⅱサム23:23
- 15 ① Ⅱサム5:19, 創31:33 ※
- 17 ① Ⅰサム22:17-19, Ⅰサム2:31
  - ② Ⅱ列10:25
- 18 ① Ⅰサム2:31

22:18 彼は八十五人を殺した 神に仕える人々とそのほかの罪のない男女や子どもをドエグが殺すことを神は許された。神を無視して自分勝手な道を行く罪に満ちた世界では、悪と破壊は日常茶飯事である。そのようなときには罪のない人々が不当に苦しむことにもなる。神に従う人々は、よこしまな人々の手にかかって苦しむことがあっても驚いてはならない。神に頼っ

それ亜麻布のエポデを着ていた人であった。
19 彼は祭司の町ノブを、男も女も、子どもも乳飲み子までも、剣の刃で打った。牛もろばも羊も、剣の刃で打った。
20 ところが、アヒトブの子アヒメレクの息子のエブヤタルという名の人が、ひとりのがれてダビデのところに逃げて来た。
21 エブヤタルはダビデに、サウルが主の祭司たちを虐殺したことを告げた。
22 ダビデはエブヤタルに言った。「私はあの日、エドム人ドエグがあそこにいたので、あれがきっとサウルに知らせると思っていた。私が、あなたの父の家の者全部の死を引き起こしたのだ。
23 私といっしょにいなさい。恐れることはない。私のいのちをねらう者は、あなたのいのちをねらう。しかし私といっしょにいれば、あなたは安全だ。」

ダビデがケイラを救う

23 1 その後、ダビデに次のような知らせがあった。「今、ペリシテ人がケイラを攻めて、打ち場を略奪しています。」
2 そこでダビデは主に伺って言った。「私が行って、このペリシテ人を打つべきでしょうか。」主はダビデに仰せられた。「行け。ペリシテ人を打ち、ケイラを救え。」
3 しかし、ダビデの部下は彼に言った。「ご覧のとおり、私たちは、ここユダにいてさえ、恐れているのに、ケイラのペリシテ人の陣地に向かって行けるでしょうか。」
4 ダビデはもう一度、主に伺った。すると主は答えて言われた。「さあ、ケイラに下って行け。わたしがペリシテ人をあなたの手に渡すから。」
5 ダビデとその部下はケイラに行き、ペリシテ人と戦い、彼らの家畜を連れ去り、ペリシテ人を打って大損害を与えた。こうしてダビデはケイラの住民を救った。
6 アヒメレクの子エブヤタルがケイラのダビデのもとに逃げて来たとき、彼はエポデを携えていた。

18 ② Ⅰサム2:18
19 ① Ⅰサム22:9, 11
 ② Ⅰサム15:3
20 ① Ⅰサム23:6, 9, 30:7,
  Ⅰ列2:26, 27
21 ① Ⅰサム2:33
22 ① Ⅰサム21:7
23 ① Ⅰ列2:26

1 ①ヨシ15:44,
  ネヘ3:17, 18
2 ①Ⅰサム23:4, 6, 9-12,
  30:8, Ⅱサム5:19, 23
4 ①ヨシ8:7, 士7:7
6 ①Ⅰサム22:20-23
  ②Ⅰサム2:18

9 ①Ⅰサム22:20
  ②Ⅰサム14:18, 30:7
10 ①Ⅰサム22:19
12 ①Ⅰサム23:20,
  士15:10-13
13 ①Ⅰサム22:2, 25:13
  ②Ⅱサム15:20
14 ①Ⅰサム23:24,
  ヨシ15:55, Ⅱ歴11:8
  ②詩11:1
  ③詩32:7
16 ①Ⅰサム18:1
  ②Ⅰサム30:6

サウルがダビデを追う

7 一方、ダビデがケイラに行ったことがサウルに知らされると、サウルは、「神は彼を私の手に渡された。ダビデはとびらとかんぬきのある町に入って、自分自身を閉じ込めてしまったからだ」と言った。
8 そこでサウルは民をみな呼び集め、ケイラへ下って行き、ダビデとその部下を攻めて封じ込めようとした。
9 ダビデはサウルが自分に害を加えようとしているのを知り、祭司エブヤタルに言った。「エポデを持って来なさい。」
10 そしてダビデは言った。「イスラエルの神、主よ。あなたのしもべは、サウルがケイラに来て、私のことで、この町を破壊しようとしていることを確かに聞きました。
11 ケイラの者たちは私を彼の手に引き渡すでしょうか。サウルは、あなたのしもべが聞いたとおり下って来るでしょうか。イスラエルの神、主よ。どうか、あなたのしもべにお告げください。」主は仰せられた。「彼は下って来る。」
12 ダビデは言った。「ケイラの者たちは、私と私の部下をサウルの手に引き渡すでしょうか。」主は仰せられた。「彼らは引き渡す。」
13 そこでダビデとその部下およそ六百人はすぐに、ケイラから出て行き、そここと、さまよった。ダビデがケイラからのがれたことがサウルに告げられると、サウルは討伐をやめた。
14 ダビデは荒野や要害に宿ったり、ジフの荒野の山地に宿ったりした。サウルはいつもダビデを追ったが、神はダビデをサウルの手に渡さなかった。
15 ダビデは、サウルが自分のいのちをねらって出て来たので恐れていた。そのときダビデはジフの荒野のホレシュにいた。
16 サウルの子ヨナタンは、ホレシュのダビデのところに来て、神の御名によってダビデを力づけた。
17 彼はダビデに言った。「恐れることはありません。私の父サウルの手があなたの身に及ぶことはないからです。あなたこそ、イスラエルの王となり、私はあなたの次に立つ

ていても私たちは地上の人生では苦難や問題、反対に遭う(使14:22)。けれども未来の生活で受ける祝福と報いは現在の苦しみをはるかに超えたものである(ロマ8:18-39, →「**正しい人の苦しみ**」の項 p.825)。

者となるでしょう。私の父サウルもまた、そうなることを確かに知っているのです。」
18 こうして、ふたりは主の前で契約を結んだ。ダビデはホレシュにとどまり、ヨナタンは自分の家へ帰った。

19 さて、ジフ人たちがギブアのサウルのところに上って来て言った。「ダビデは私たちのところに隠れているではありませんか。エシモン*の南、ハキラの丘のホレシュにある要害に。20 王さま。今、あなたが下って行こうとお思いでしたら、下って来てください。私たちは彼を王の手に渡します。」
21 サウルは言った。「主の祝福があなたがたにあるように。あなたがたが私のことを思ってくれたからだ。22 さあ、行って、もっと確かめてくれ。彼がよく足を運ぶ所と、だれがそこで彼を見たかを、よく調べてくれ。彼は非常に悪賢いとの評判だから。23 彼が潜んでいる隠れ場所をみな、よく調べて、確かな知らせを持って、ここに戻って来てくれ。そのとき、私はあなたがたといっしょに行こう。彼がこの地方にいるなら、ユダのすべての分団のうちから彼を捜し出そう。」24 こうして彼らはサウルに先立ってジフへ行った。ダビデとその部下はエシモンの南のアラバにあるマオンの荒野にいた。
25 サウルとその部下がダビデを捜しに出て来たとき、このことがダビデに知らされたので、彼はマオンの荒野の中で、岩のところに下り、そこにとどまった。サウルはこれを聞き、ダビデを追ってマオンの荒野に来た。26 サウルは山の一方の側を進み、ダビデとその部下は山の他の側を進んだ。ダビデは急いでサウルから逃げようとしていた。サウルとその部下が、ダビデとその部下を捕らえようと迫って来ていたからである。27 そのとき、ひとりの使者がサウルのもとに来て告げた。「急いで来てください。ペ

17 ① Ⅰサム20:31, 24:20
18 ① Ⅰサム18:3, 20:8-17, 42
19 ① Ⅰサム26:1, 詩54表題
　＊直訳「右」
　② Ⅰサム26:3
20 ① Ⅰサム23:12
21 ① Ⅰサム23:21
24 ① Ⅰサム25:2, ヨシ15:55
26 ① 詩17:9, 31:21
27 ① Ⅱ列19:9

29 ① ヨシ15:62, Ⅱ歴20:2

1 ① Ⅰサム23:28
　② Ⅰサム23:19
2 ① Ⅰサム26:2
　＊あるいは「やぎの岩」
3 ① 士3:24
　＊直訳「足をおおう」
　② 詩57表題, 142表題
4 ① Ⅰサム26:8
　② → Ⅰサム1:23
　③ Ⅰサム23:17, 25:28-30
5 ① Ⅱサム24:10
6 ① Ⅰサム26:9, 11, Ⅱサム1:14
　② Ⅰサム12:3
　③ Ⅰサム24:10, 26:11, 詩7:3
8 ＊直訳「わが主、王」

リシテ人がこの国に突入して来ました。」
28 それでサウルはダビデを追うのをやめて帰り、ペリシテ人を迎え撃つために出て行った。こういうわけで、この場所は、「仕切りの岩」と呼ばれた。
29 ダビデはそこから上って行って、エン・ゲディの要害に住んだ。

ダビデがサウルのいのちを見逃す

24 1 サウルがペリシテ人討伐から帰って来たとき、ダビデが今、エン・ゲディの荒野にいるということが知らされた。2 そこでサウルは、イスラエル全体から三千人の精鋭をえり抜いて、＊エエリムの岩の東に、ダビデとその部下を捜しに出かけた。3 彼が、道ばたの羊の群れの囲い場に来たとき、そこにほら穴があったので、サウル①＊は用をたすためにその中に入った。そのとき、ダビデとその部下は、そのほら穴の奥のほうにすわっていた。4 ダビデの部下はダビデに言った。「今こそ、主があなたに、『見よ。わたしはあなたの敵をあなたの手に渡す。彼をあなたのよいと思うようにせよ』と言われた、その時です。」そこでダビデは立ち上がり、サウルの上着のすそを、こっそり切り取った。5 こうして後、ダビデは、サウルの上着のすそを切り取ったことについて心を痛めた。6 彼は部下に言った。「私が、主に逆らって、主に油そそがれた方、私の主君に対して、そのようなことをして、手を下すなど、主の前に絶対にできないことだ。彼は主に油そそがれた方だから。」7 ダビデはこう言って部下を説き伏せ、彼らがサウルに襲いかかるのを許さなかった。サウルは、ほら穴から出て道を歩いて行った。8 その後、ダビデもほら穴から出て行き、サウルのうしろから呼びかけ、「王よ」と言った。サウルがうしろを振り向くと、ダ

24:6 【主】**に油そそがれた方** このことばはイスラエルの王として任命されたサウルの役割のことを指している。今もサウルが神の御霊によって油を注がれ承認されていることを意味するものではない。それでも神はサウルを殺して王座から追い出すように、ダビデに指示されることはなかった。けれども神を無視して行動する指導者たちを大目に見ておられるのではない。(1) 道徳的に失敗したり、神のことばの教えを無視する教会指導者には反対し、懲戒をし、指導者の立場から外さなければならない (→ Ⅰテモ3:1-13, 5:19-20, テト1:5-9)。(2) 非難された教会の指導者はほかの指導者や教会全体に対して自分の不適切な行動について

ビデは地にひれ伏して、礼をした。
9 そしてダビデはサウルに言った。「あなたはなぜ、『ダビデがあなたに害を加えようとしている』と言う人のうわさを信じられるのですか。
10 実はきょう、いましがた、主があのほら穴で私の手にあなたをお渡しになったのを、あなたはご覧になったのです。ある者はあなたを殺そうと言ったのですが、私は、あなたを思って、『私の主君に手を下すまい。あの方は主に油そそがれた方だから』と申しました。
11 わが父よ。どうか、私の手にあるあなたの上着のすそをよくご覧ください。私はあなたの上着のすそを切り取りましたが、あなたを殺しはしませんでした。それによって私に悪いこともそむきの罪もないことを、確かに認めてください。私はあなたに罪を犯さなかったのに、あなたは私のいのちを取ろうとつけねらっておられます。
12 どうか、主が、私とあなたの間をさばき、主が私の仇を、あなたに報いられますように。私はあなたを手にかけることはしません。
13 昔のことわざに、『悪は悪者から出る』と言っているので、私はあなたを手にかけることはしません。
14 イスラエルの王はだれを追って出て来られたのですか。あなたはだれを追いかけておられるのですか。それは死んだ犬のあとを追い、一匹の蚤を追っておられるのにすぎません。
15 どうか主が、さばき人となり、私とあなたの間をさばき、私の訴えを取り上げて、これを弁護し、正しいさばきであなたの手から私を救ってくださいますように。」
16 ダビデがこのようにサウルに語り終えたとき、サウルは、「これはあなたの声なのか。わが子ダビデよ」と言った。サウルは声をあげて泣いた。
17 そしてダビデに言った。「あなたは私より正しい。あなたは私に良くしてくれたのに、私はあなたに悪いしうちをした。
18 あなたが私に良いことをしていたことを、きょう、あなたは知らせてくれた。主が私をあなたの手に渡されたのに、私を殺さなかったからだ。
19 人が自分の敵を見つけたとき、無事にその敵を去らせるであろうか。あなたがきょう、私にしてくれた事の報いとして、主があなたに幸いを与えられるように。
20 あなたが必ず王になり、あなたの手によってイスラエル王国が確立することを、私は今、確かに知った。
21 さあ、主にかけて私に誓ってくれ。私のあとの私の子孫を断たず、私の名を私の父の家から根絶やしにしないことを。」
22 ダビデはこれをサウルに誓った。サウルは自分の家へ帰り、ダビデとその部下は要害へ上って行った。

ダビデとナバルとアビガイル

25 1 サムエルが死んだとき、イスラエル人はみな集まって、彼のためにいたみ悲しみ、ラマにある彼の屋敷に葬った。ダビデはそこを立ってパランの荒野に下って行った。
2 マオンにひとりの人がいた。彼はカルメルで事業をしており、非常に裕福であった。彼は羊三千頭、やぎ一千頭を持っていた。そのころ、彼はカルメルで羊の毛の刈り取りの祝いをしていた。
3 この人の名はナバルといい、彼の妻の名はアビガイルといった。この女は聡明で美人であったが、夫は頑迷で行状が悪かった。彼はカレブ人であった。
4 ダビデはナバルがその羊の毛を刈っていることを荒野で聞いた。
5 それで、ダビデは十人の若者を遣わし、その若者たちに言った。「カルメルへ上って行って、ナバルのところに行き、私の名

この聖句を用いながら弁明するべきではない。

25:1 サムエルが死んだ 神に最も忠実なしもべにも死ぬときが来た。(1) サムエルは神への情熱を持ち、神のみこころに従うことについてはその時代のだれよりも熱心だった(2:35, 12:7-25, 15:10-11, 35)。そして誠実、正直、忠実さ、道徳的な清さにおいて最高の模範となった(12:1-5)。(2) サムエルは旧約聖書の偉人に加えられるほどの名声を残した。神はサムエルをモーセと同等に置いておられる(エレ15:1)。古い契約(キリストが来られる前の神とイスラエルとの「終生協定」)のもとで最高の道徳的、霊的指導性を表したのは王ではなく、サムエルや正しい預言者たち

で彼に安否を尋ね、

6 わが同胞に、こうあいさつしなさい。『あなたに平安がありますように。あなたの家に平安がありますように。また、あなたのすべてのものに平安がありますように。

7 私は今、羊の毛を刈る者たちが、あなたのところにいるのを聞きました。あなたの羊飼いたちは、私たちといっしょにいましたが、私たちは彼らに恥ずかしい思いをさせたことはありませんでした。彼らがカルメルにいる間中、何もなくなりませんでした。

8 あなたの若者に尋ねてみてください。きっと、そう言うでしょう。ですから、この若者たちに親切にしてやってください。私たちは祝いの日に来たのですから。どうか、このしもべたちと、あなたの子ダビデに、何かあなたの手もとにある物を与えてください。』」

9 ダビデの若者たちは行って、言われたとおりのことをダビデの名によってナバルに告げ、答えを待った。

10 ナバルはダビデの家来たちに答えて言った。「ダビデとは、いったい何者だ。エッサイの子とは、いったい何者だ。このごろは、主人のところを脱走する奴隷が多くなっている。

11 私のパンと私の水、それに羊の毛の刈り取りの祝いのためにほふったこの肉を取って、どこから来たかもわからない者どもに、くれてやらなければならないのか。」

12 それでダビデの若者たちは、もと来た道を引き返し、戻って来て、これら一部始終をダビデに報告した。

13 ダビデが部下に「めいめい自分の剣を身につけよ」と命じたので、みな剣を身につけた。ダビデも剣を身につけた。四百人ほどの者がダビデについて上って行き、二百人は荷物のところにとどまった。

14 そのとき、ナバルの妻アビガイルに、若者のひとりが告げて言った。「ダビデが私たちの主人にあいさつをするために、荒野から使者たちを送ったのに、ご主人は彼らをののしりました。

15 あの人たちは私たちにたいへん良くしてくれたのです。私たちは恥ずかしい思いをさせられたこともなく、私たちが彼らと野

5①Ⅰサム17:22
6①Ⅰ歴12:18,詩122:7, ルカ10:5
7①Ⅰサム25:2
②Ⅰサム25:15, 21
8①ネヘ8:10, 12
10①士9:28
11①士8:6
13①士23:13
②Ⅰサム30:24
14①Ⅰサム13:10
15①Ⅰサム25:7, 21

16①出14:22, ヨブ1:10
17①士19:22
18①創32:13-15, 箴18:16, 21:14
②Ⅱサム16:1
＊1セアは7.6リットル
19①創32:16, 20
21①詩109:5, 箴17:13
22①Ⅰサム25:34, Ⅰ列14:10, 16:11
＊七十人訳による
23①ヨシ15:18, 士1:14
25＊→Ⅰサム2:12＊
＊＊「愚か」の意

でいっしょにいて行動を共にしていた間中、何もなくしませんでした。

16 私たちが彼らといっしょに羊を飼っている間は、昼も夜も、あの人たちは私たちのために城壁となってくれました。

17 今、あなたはどうすればよいか、よくきまえてください。わざわいが私たちの主人と、その一家に及ぶことは、もう、はっきりしています。ご主人はよこしまな者ですから、だれも話したがらないのです。」

18 そこでアビガイルは急いでパン二百個、ぶどう酒の皮袋二つ、料理した羊五頭、炒り麦五セア、干しぶどう百ふさ、干しいちじく二百個を取って、これをろばに載せ、

19 自分の若者たちに言った。「私の先を進みなさい。私はあなたがたについて行くから。」ただ、彼女は夫ナバルには何も告げなかった。

20 彼女がろばに乗って山陰を下って来ると、ちょうど、ダビデとその部下が彼女のほうに降りて来るのに出会った。

21 ダビデは、こう言ったばかりであった。「私が荒野で、あの男が持っていた物をみな守ってやったので、その持ち物は何一つなくならなかったが、それは全くむだだった。あの男は善に代えて悪を返した。

22 もし私が、あしたの朝までに、あれのもののうちから小わっぱひとりでも残しておくなら、神がこのダビデを幾重にも罰せられるように。」

23 アビガイルはダビデを見るやいなや、急いでろばから降り、ダビデの前で顔を伏せて地面にひれ伏した。

24 彼女はダビデの足もとにひれ伏して言った。「ご主人さま。あの罪は私にあるのです。どうか、このはしためが、あなたにじかに申し上げることをお許しください。このはしためのことばを聞いてください。

25 ご主人さま。どうか、あのよこしまな者、ナバルのことなど気にかけないでください。あの人は、その名のとおりの男ですから。その名はナバルで、そのとおりの愚か者です。このはしための私は、ご主人さまがお遣わしになった若者たちを見ませんでした。

26 今、ご主人さま。あなたが血を流しに行

Ⅰサムエル記　25章

かれるのをとどめ、ご自分の手を下して復讐なさることをとどめられた主は生きておられ、あなたのたましいも生きています。どうか、あなたの敵、ご主人さまに対して害を加えようとする者どもが、ナバルのようになりますように。

27 どうぞ、この女奴隷が、ご主人さまに持ってまいりましたこの贈り物を、ご主人さまにつき従う若者たちにお与えください。

28 どうか、このはしためのそむきの罪をお赦しください。主は必ずご主人さまのために、長く続く家をお建てになるでしょう。ご主人さまは主の戦いを戦っておられるのですから、一生の間、わざわいはあなたに起こりません。

29 たとい、人があなたを追って、あなたのいのちをねらおうとしても、ご主人さまのいのちは、あなたの神、主によって、いのちの袋にしまわれており、主はあなたの敵のいのちを石投げのくぼみに入れて投げつけられるでしょう。

30 主が、あなたについて約束されたすべての良いことを、ご主人さまに成し遂げ、あなたをイスラエルの君主に任じられたとき、

31 むだに血を流したり、ご主人さま自身で復讐されたりしたことが、あなたのつまずきとなり、ご主人さまの心の妨げとなりませんように。主がご主人さまをしあわせにされたなら、このはしためを思い出してください。」

32 ダビデはアビガイルに言った。「きょう、あなたを私に会わせるために送ってくださったイスラエルの神、主がほめたたえられますように。

33 あなたの判断が、ほめたたえられるように。また、きょう、私が血を流す罪を犯し、私自身の手で復讐しようとしたのをやめさせたあなたに、誉れがあるように。

34 私をとどめて、あなたに害を加えさせられなかったイスラエルの神、主は生きておられる。もし、あなたが急いで私に会いに来なかったなら、確かに、明け方までにナバルには小わっぱひとりも残らなかったであろう。」

35 ダビデはアビガイルの手から彼女が持って来た物を受け取り、彼女に言った。「安心して、あなたの家へ上って行きなさい。ご覧なさい。私はあなたの言うことを聞き、*あなたの願いを受け入れた。」

36 アビガイルがナバルのところに帰って来ると、ちょうどナバルは自分の家で、王の宴会のような宴会を開いていた。ナバルが上きげんで、ひどく酔っていたので、アビガイルは明け方まで、何一つ彼に話さなかった。

37 朝になって、ナバルの酔いがさめたとき、妻がこれらの出来事を彼に告げると、彼は気を失って石のようになった。

38 十日ほどたって、主がナバルを打たれたので、彼は死んだ。

39 ダビデはナバルが死んだことを聞いて言った。「私がナバルの手から受けたそしりに報復し、このしもべが悪を行うのを引き止めてくださった主が、ほめたたえられますように。主はナバルの悪を、その頭上に返された。」その後、ダビデは人をやって、アビガイルに自分の妻になるよう申し入れた。

40 ダビデのしもべたちがカルメルのアビガイルのところに行ったとき、次のように話した。「ダビデはあなたを妻として迎えるために私たちを遣わしました。」

41 彼女はすぐに、地にひれ伏して礼をし、そして言った。「まあ。このはしためは、ご主人さまのしもべたちの足を洗う女奴隷となりましょう。」

42 アビガイルは急いで用意をして、ろばに乗り、彼女の五人の侍女をあとに従え、ダビデの使いたちのあとに従って行った。こうして彼女はダビデの妻となった。

43 ダビデはイズレエルの出のアヒノアムをとっていたので、ふたりともダビデの妻となった。

44 サウルはダビデの妻であった自分の娘ミカルを、ガリムの出のライシュの子パルティに与えていた。

---

26 ① Ⅰサム25:33, ロマ12:19, ヘブ10:30
　② → Ⅱ列2:2
　③ Ⅰサム18:32
27 ① Ⅰサム30:26, 創33:10, Ⅱ列5:15
28 ① Ⅰサム25:21
　② Ⅱサム7:11, 16, 27, 歴17:10, 25
　③ Ⅰサム17:47
29 ① 詩69:28, イザ4:3, 黙3:5
　② エレ10:18
30 ① Ⅰサム13:14
31 ① Ⅰサム25:30
　② 創40:14
32 *「⌐」「アビガル」
　① 創24:27, 出18:10, 詩72:18, ルカ1:68
33 ① Ⅰサム25:26
34 ① → Ⅰサム14:39
　② Ⅰサム25:22

35 ① Ⅰサム20:42, Ⅱ列5:19, ルカ7:50, 8:48
*直訳「あなたの顔を上げた」
② 創19:21
36 ① Ⅰサム25:19
38 ① Ⅰサム26:10
39 ① Ⅰサム25:33
　② Ⅰサム25:26, 34
　③ Ⅰサム25:32
　④ Ⅱサム3:29, Ⅰ列12:44, 詩7:16
　⑤ 雅8:8
41 ① Ⅰサム25:23, ルツ2:10
　② マコレ1:7
　③ ルツ2:13
42 ① 創24:61-67
43 ① ヨシ15:56
44 ① Ⅰサム18:27, 19:11-14, 17, Ⅱサム3:14
　② イザ10:30
　③ Ⅱサム3:15

響を与えることを望んでおられる。

25:32　あなたを・・・送ってくださった・・・神　ナバルに仕える人々にダビデが大変な過ちを行うのを止めるために、神はアビガイルを送られた（25:34）。ダビデはこのような極端な仕返しを企てたことがどれほど間違っていたかがわかった。時に神はほかの人々を用いて知恵のある助言を与えて私たちの目を開き、悪いことを行わないように守ってくださる。ほかの人々が助言をしてくれるとき、私たちはそのことばと自分の計画をまず神のことばによって、さらに心と良心の中に働く聖霊の導き

ダビデが再びサウルのいのちを見逃す

26 ¹ジフ人がギブアにいるサウルのところに来て言った。「ダビデはエシモンの東にあるハキラの丘に隠れているではありませんか。」

²そこでサウルはすぐ、三千人のイスラエルの精鋭を率い、ジフの荒野にいるダビデを求めてジフの荒野へ下って行った。

³サウルは、エシモンの東にあるハキラの丘で、道のかたわらに陣を敷いた。一方、ダビデは荒野にとどまっていた。ダビデはサウルが自分を追って荒野に来たのを見たので、⁴斥候を送り、サウルが確かに来たことを知った。

⁵ダビデは、サウルが陣を敷いている場所へ出て行き、サウルと、その将軍ネルの子アブネルとが寝ている場所を見つけた。サウルは幕営の中で寝ており、兵士たちは、その回りに宿営していた。

⁶*そこで、ダビデは、ヘテ人アヒメレクと、ヨアブの兄弟で、ツェルヤの子アビシャイとに言った。「だれが私といっしょに陣営のサウルのところへ下って行く者はいないか。」するとアビシャイが答えた。「私があなたといっしょに下って行きます。」

⁷ダビデとアビシャイは夜、民のところに行った。見ると、サウルは幕営の中で横になって寝ており、彼の槍が、その枕もとの地面に突き刺してあった。アブネルも兵士たちも、その回りに眠っていた。

⁸アビシャイはダビデに言った。「神はきょう、あなたの敵をあなたの手に渡されました。どうぞ私に、あの槍で彼を一気に地に刺し殺させてください。二度することはいりません。」

⁹しかしダビデはアビシャイに言った。「殺してはならない。主に油そそがれた方に手を下して、だれが無罪でおられよう。」

¹⁰ダビデは言った。「主は生きておられる。主は、必ず彼を打たれる。彼はその生涯の終わり

① Ⅰサム23:19,
詩54表題
② Ⅰサム13:2, 24:2
3 * 直訳「前面」
④ Ⅰサム23:15
⑤ Ⅰサム14:50, 51,
17:55
6 * 直訳「彼は答えて」
① 創23:3, 26:34,
ヨシ3:10, Ⅰ列10:29,
Ⅱ列7:6
② Ⅰ歴2:15, 16
③ 士7:10, 11
8① Ⅰサム24:18
9① Ⅰサム24:6,
Ⅱサム1:14
② Ⅰサム12:3
10①→Ⅰサム14:39
②詩94:1, 2, 23,
ロマ12:19

③ Ⅰサム25:38,
創47:29, 申31:14
④ Ⅰサム31:6
11① Ⅰサム24:6
12①創2:21, 15:12
16① Ⅰサム20:31,
Ⅱサム12:5
* 直訳「死の子らだ」
17① Ⅰサム24:16
* → Ⅰサム24:8 *
19 * → Ⅰサム24:8 *

に死ぬか、戦いに下ったときに滅ぼされるかだ。¹¹私が、主に油そそがれた方に手を下すなど、主の前に絶対にできないことだ。さあ、今は、あの枕もとにある槍と水差しとを取って行くことにしよう。」

¹²こうしてダビデはサウルの枕もとの槍と水差しとを取り、ふたりは立ち去ったが、だれひとりとしてこれを見た者も、気づいた者も、目をさました者もなかった。主が彼らを深い眠りに陥れられたので、みな眠りこけていたからである。

¹³ダビデは向こう側へ渡って行き、遠く離れた山の頂上に立った。彼らの間には、かなりの隔たりがあった。

¹⁴そしてダビデは、兵士たちとネルの子アブネルに呼びかけて言った。「アブネル。返事をしろ。」アブネルは答えて言った。「王を呼びつけるおまえはだれだ。」

¹⁵ダビデはアブネルに言った。「おまえは男ではないか。イスラエル中で、おまえに並ぶ者があろうか。おまえはなぜ、自分の主君である王を見張っていなかったのだ。兵士のひとりが、おまえの主君である王を殺しに入り込んだのに。

¹⁶おまえのやったことは良くない。主に誓って言うが、おまえたちは死に値する。おまえたちの主君、主に油そそがれた方を見張っていなかったからだ。今、王の枕もとにあった王の槍と水差しが、どこにあるか見てみよ。」

¹⁷サウルは、それがダビデの声だとわかって言った。「わが子ダビデよ。これはおまえの声ではないか。」ダビデは答えた。「私の声です。王さま。」

¹⁸そして言った。「なぜ、わが君はこのしもべのあとを追われるのですか。私が何をしたというのですか。私の手に、どんな悪があるというのですか。

¹⁹王さま。どうか今、このしもべの言うことを聞いてください。もし私にはむかうよ

26:9 【主】に油そそがれた方 ダビデはサウルを殺すことを拒んだ。それは神ご自身がサウルを取り除き、神が定められたときにダビデが王になることを確信していたからである(→26:10, 13:13-14, 15:23, 16:12-13)。ダビデは神のご計画を自分のものとして好きなように

によって判断しなければならない(→ロマ8:14注)。

実現しようとは考えなかった。そこにダビデの人格がよく表れている。もし神がダビデのために何かを計画されるなら、ご自分の時にご自分の方法で実現されることをダビデは知っていた。けれども教会の霊的指導者がダビデとサウルとのこの関係を理由や言訳にして神に逆らい続けるようにさせてはならない(→24:6注)。

うにあなたに誘いかけられたのが主であれば、主はあなたのささげ物を受け入れられるでしょう。しかし、それが人によるのであれば、主の前で彼らがのろわれますように。彼らはきょう、私を追い払って、主のゆずりの地にあずからせず、行ってほかの神々に仕えよ、と言っているからです。

20 どうか今、私が主の前から去って、この血を地面に流すことがありませんように。イスラエルの王が、山で、しゃこを追うように、一匹の蚤をねらって出て来られたからです。」

21 サウルは言った。「私は罪を犯した。わが子ダビデ。帰って来なさい。私はもう、おまえに害を加えない。きょう、私のいのちがおまえによって助けられたからだ。ほんとうに私は愚かなことをして、たいへんなまちがいを犯した。」

22 ダビデは答えて言った。「さあ、ここに王の槍があります。これを取りに、若者のひとりをよこしてください。

23 主は、おのおの、その人の正しさと真実に報いてくださいます。主はきょう、あなたを私の手に渡されましたが、私は、主に油そそがれた方に、この手を下したくはありませんでした。

24 きょう、私があなたのいのちをたいせつにしたように、主は私のいのちをたいせつにして、すべての苦しみから私を救い出してくださいますように。」

25 サウルはダビデに言った。「わが子ダビデ。おまえに祝福があるように。おまえは多くのことをするだろうが、それはきっと成功しよう。」こうしてダビデは自分の旅を続け、サウルは自分の家へ帰って行った。

ペリシテ人の間でのダビデ

27

1 ダビデは心の中で言った。「私はいつか、いまに、サウルの手によって滅ぼされるだろう。ペリシテ人の地にのがれるよりほかに道はない。そうすれ

19 ①Ⅱサム16:11
②→Ⅰサム2:17
③Ⅰサム24:9
④創8:21
⑤→Ⅱサム14:16
⑥申4:28
20 ①Ⅰサム24:14
21 ①Ⅰサム15:24, 30, 24:17
23 ①Ⅰサム24:19, 詩18:20
②Ⅰサム24:6
24 ①詩54:7
25 ①Ⅰサム24:19
②Ⅰサム24:22

2 ①Ⅰサム27:2, 3, 21:10-15
②Ⅰサム25:13
③Ⅰサム29:2, 3, Ⅰ列2:39
3 ①Ⅰサム30:3, Ⅱサム2:2, 3
②Ⅰサム25:42, 43, 30:5, Ⅱサム2:2
6 ①ヨシ15:31, 19:5, ネヘ11:28
7 ①Ⅰサム29:3
8 ①ヨシ13:2
②ヨシ16:10, 士1:29
③Ⅰサム15:3, 7, 8, 出17:8, 16
④創25:18, 出15:22
9 ①Ⅰサム15:3
②ヨブ1:3
10 ①Ⅰサム30:1
②Ⅰサム30:29, Ⅰ歴2:9, 25
③士1:16, 4:11

ば、サウルは、私をイスラエルの領土内で、くまなく捜すのをあきらめるであろう。こうして私は彼の手からのがれよう。」

2 そこでダビデは、いっしょにいた六百人の者を連れて、ガテの王マオクの子アキシュのところへ渡って行った。

3 ダビデとその部下たちは、それぞれ自分の家族とともに、ガテでアキシュのもとに住みついた。ダビデも、そのふたりの妻、イズレエル人アヒノアムと、ナバルの妻であったカルメル人アビガイルといっしょであった。

4 ダビデがガテへ逃げたことが、サウルに知らされると、サウルは二度とダビデを追おうとはしなかった。

5 ダビデはアキシュに言った。「もし、私の願いをかなえてくださるなら、地方の町の一つの場所を私に与えて、そこに私を住まわせてください。どうして、このしもべが王の都に、あなたといっしょに住めましょう。」

6 それでアキシュは、その日、ツィケラグをダビデに与えた。それゆえ、ツィケラグは今日まで、ユダの王に属している。

7 ダビデがペリシテ人の地に住んだ日数は一年四か月であった。

8 ダビデは部下とともに上って行って、ゲシュル人、ゲゼル人、アマレク人を襲った。彼らは昔から、シュルのほうエジプトの国に及ぶ地域に住んでいた。

9 ダビデは、これらの地方を打つと、男も女も生かしておかず、羊、牛、ろば、らくだ、それに着物などを奪って、いつもアキシュのところに帰って来ていた。

10 アキシュが、「きょうは、どこを襲ったのか」と尋ねると、ダビデはいつも、ユダのネゲブとか、エラフメエル人のネゲブとか、ケニ人のネゲブとか答えていた。

11 ダビデは男も女も生かしておかず、ガテにひとりも連れて来なかった。彼らが、「ダビデはこういうことをした」と言って、自分た

27:1 ペリシテ人の地 精神的に不安定なサウルを恐れるあまり、ダビデは完全に神に頼ることができなかった。その結果、この章に書かれているような不道徳で非人間的な行動をとった。ダビデは神の敵の中に逃れて(27:1)、神にもしもべたちにも栄誉をもたらさないような恥ずかしいことをし(27:8-11)、策略をめぐらした(27:10-12)。著者はダビデの行動を伝えているけれども決してそれを肯定しているのではない。ある出来事が聖書に記録されていても、それは必ずしも聖く正しいと神に認められたのではない(聖書は良いことも悪いことも、そのままの情況を書いている)。軍人としてのダビデの経歴に関する神の評価に

ちのことを告げるといけない、と思ったからである。ダビデはペリシテ人の地に住んでいる間、いつも、このようなやり方をしていた。¹²アキシュはダビデを信用して、こう思った。「ダビデは進んで自分の同胞イスラエル人に忌みきらわれるようなことをしている。彼はいつまでも私のしもべになっていよう。」

サウルとエン・ドルの霊媒女

28 ¹そのころ、ペリシテ人はイスラエルと戦おうとして、軍隊を召集した。アキシュはダビデに言った。「あなたと、あなたの部下は、私といっしょに出陣することになっているのを、よく承知していてもらいたい。」²ダビデはアキシュに言った。「よろしゅうございます。このしもべが、どうするか、おわかりになるでしょう。」アキシュはダビデに言った。「よろしい。あなたをいつまでも、私の護衛に任命しておこう。」

³サムエルが死んだとき、全イスラエルは彼のためにいたみ悲しみ、彼をその町ラマに葬った。サウルは国内から霊媒や口寄せを追い出していた。

⁴ペリシテ人が集まって、シュネムに来て陣を敷いたので、サウルは全イスラエルを召集して、ギルボアに陣を敷いた。

⁵サウルはペリシテ人の陣営を見て恐れ、その心はひどくわななた。

⁶それで、サウルは主に伺ったが、主は夢によっても、ウリムによっても、預言者によっても答えてくださらなかったので、

⁷サウルは自分の家来たちに言った。「霊媒をする女を捜して来い。私がその女のところに行って、その女に尋ねてみよう。」家来たちはサウルに言った。「エン・ドルに霊媒をする女がいます。」

⁸サウルは、変装して身なりを変え、ふたりの部下を連れて、夜、その女のところに行き、そして言った。「霊媒によって、私のために占い、私の名ざす人を呼び出してもらいたい。」

⁹すると、この女は彼に言った。「あなたは、サウルがこの国から霊媒や口寄せを断ち滅ぼされたことをご存じのはずです。それなのに、なぜ、私のいのちにわなをかけて、私を殺そうとするのですか。」

¹⁰サウルは主にかけて彼女に誓って言った。「主は生きておられる。このことにより、あなたが咎を負うことは決してない。」

¹¹すると、女は言った。「だれを呼び出しましょうか。」サウルは言った。「サムエルを呼び出してもらいたい。」

¹²この女がサムエルを見たとき、大声で叫んだ。そしてこの女はサウルに次のように言った。「あなたはなぜ、私を欺いたのですか。あなたはサウルではありませんか。」

¹³王は彼女に言った。「恐れることはない。何が見えるのか。」この女はサウルに言った。「こうごうしい方が地から上って来られるのが見えます。」

¹⁴サウルは彼女に尋ねた。「どんな様子をしておられるか。」彼女は言った。「年老いた方が上って来られます。外套を着ておられます。」サウルは、その人がサムエルであることがわかって、地にひれ伏して、おじぎをした。

11① Ⅰサム23:27

1① Ⅰサム29:1
3① Ⅰサム25:1
② Ⅰサム7:17
③ Ⅰサム28:9,
  レビ19:31, 20:27,
  申18:10, 11,
  Ⅰサム15:23
4①ヨシ19:18, Ⅱ列4:8
② Ⅰサム31:1
5①ヨブ18:11
6① Ⅰサム14:37, 箴1:28
② 出33:7
③ 民12:6, ヨエ2:28
④ 出28:30, 民27:21,
  申33:8
⑤ 哀2:5

7①ヨシ17:11, 詩83:10
②イザ8:19, 使16:16
8① Ⅰサム28:8-19,
  Ⅰ歴10:13, 14
12① Ⅰ列14:2,
  Ⅱ歴18:29, 35:22
9① Ⅰサム28:3
10①→ Ⅰサム14:39
14①① Ⅰサム15:27,
  Ⅱ列2:8, 13
② Ⅰサム24:8

ついて　→Ⅰ歴22:8

28:6 【主】が・・・答えてくださらなかった　サウルは問題から抜け出すために神の預言のことばを求めたけれども何も得られなかった。そして完全に負けるという恐れから、霊媒師（心霊的な力によって死者と交流する人 28:7-25）に頼った。このサウルの例からは、もし自分勝手な道から離れず神が言われることを行おうとしないなら神に助けを求めても無駄であることがわかる（マタ3:2注）。

28:12 この女がサムエルを見た　神はサウルの前に現れるようにサムエルの霊を送られた。次の事実に注意しなければならない。

（1）交霊術は聖書の中で厳しく禁止されている（申18:9-12, ⇒レビ19:31, 20:6）。口寄せは実際に死者と交流するのではない。大抵は人を欺く悪霊と交流するのである。ここの話は死者と交流したり、神に喜ばれない方法で出来事を見極めようとすることを正当化しているのではない。

（2）口寄せ女は実際にサムエルが現れたのを見て驚きまた恐れた。それはサムエルではなく悪霊が出てくると思っていたからである。サムエルが現れたのは口寄せの結果ではなかった。

（3）神の超自然的な行為によってサムエルが現れたのは、この王に対する神の最終的なさばきのメッセージを伝えるためだった。

Ⅰサムエル記 28-29章

¹⁵サムエルはサウルに言った。「なぜ、私を呼び出して、私を煩わすのか。」サウルは言った。「私は困りきっています。ペリシテ人が私を攻めて来るのに、神は私から去っておられます。預言者によっても、夢によっても、もう私に答えてくださらないのです。それで私がどうすればよいか教えていただくために、あなたをお呼びしました。」
¹⁶サムエルは言った。「なぜ、私に尋ねるのか。主はあなたから去り、あなたの敵になられたのに。
¹⁷主は、私を通して告げられたとおりのことをなさったのだ。主は、あなたの手から王位をはぎ取って、あなたの友ダビデに与えられた。
¹⁸あなたは主の御声に聞き従わず、燃える御怒りをもってアマレクを罰しなかったからだ。それゆえ、主はきょう、このことをあなたにされたのだ。
¹⁹主は、あなたといっしょにイスラエルをペリシテ人の手に渡される。あす、あなたも、あなたの息子たちも私といっしょになろう。そして主は、イスラエルの陣営をペリシテ人の手に渡される。」
²⁰すると、サウルは突然、倒れて地上に棒のようになった。サムエルのことばを非常に恐れたからである。それに、その日、一昼夜、何の食事もしていなかったので、彼の力がうせていたからである。
²¹女はサウルのところに来て、サウルが非常におびえているのを見て彼に言った。「あなたのはしためは、あなたの言われたことに聞き従いました。私は自分のいのちをかけて、あなたが言われた命令に従いました。
²²今度はどうか、あなたがこのはしための言うことを聞き入れてください。パンを少し差し上げますから、それを食べてください。お帰りのとき、元気になられるでしょう。」
²³サウルは、これを断って、「食べたくない」と言った。しかし、彼の家来とこの女がしきりに勧めたので、サウルはその言うことを聞き入れて地面から立ち上がり、床の上にすわった。
²⁴この女の家に肥えた子牛がいたので、急いでそれをほふり、また、小麦粉を取って練り、種を入れないパンを焼いた。
²⁵それをサウルとその家来たちの前に差し

15 ① Ⅰサム16:14, 18:12
② → Ⅰサム3:20
③ Ⅰサム28:6
17 ① Ⅰサム15:28
18 ① Ⅰサム15:3-9, 20, 26, エレ48:10
② ホセ11:9
19 ① Ⅰサム31:2-6
21 ① Ⅰサム19:5, 士12:3
22 ① Ⅰ列17:11
23 ① エス1:6
24 ① 創18:7
② 創18:6

1 ① Ⅰサム4:1, ヨシ12:18
② Ⅰサム28:1
③ Ⅰ列18:19, 45, 21:1, Ⅱ列9:30
2 ① Ⅰサム28:1, 2
3 ① Ⅰサム27:7
4 ① Ⅰ歴12:19
② Ⅰサム27:6
③ Ⅰサム14:21
5 ① Ⅰサム18:7, 21:11
6 ① → Ⅰサム14:39
② Ⅰサム29:3, 27:8-12
7 ① → Ⅰサム8:6
8 ① Ⅰサム27:10, 11
* → Ⅰサム24:8 *

出すと、彼らはそれを食べた。その夜、彼らは立ち去った。

アキシュがダビデをツィケラグへ帰らせる

29 ¹さて、ペリシテ人は全軍をアフェクに集結し、イスラエル人はイズレエルにある泉のほとりに陣を敷いた。
²ペリシテ人の領主たちは、百人隊、あるいは千人隊を率いて進み、ダビデとその部下は、アキシュといっしょに、そのあとに続いた。
³すると、ペリシテ人の首長たちは言った。「このヘブル人は何者ですか。」アキシュはペリシテ人の首長たちに言った。「確かにこれは、イスラエルの王サウルの家来ダビデであるが、この一、二年、私のところにいて、彼が私のところに落ちのびて来て以来、今日まで、私は彼に何のあやまちも見つけなかった。」
⁴しかし、ペリシテ人の首長たちはアキシュに対して腹を立てた。ペリシテ人の首長たちは彼に言った。「この男を帰らせてください。あなたが指定した場所に帰し、私たちといっしょに戦いに行かせないでください。戦いの最中に、私たちを裏切るといけませんから。この男は、どんなことをして、主君の好意を得ようとするでしょうか。ここにいる人々の首を使わないでしょうか。
⁵この男は、みなが踊りながら、
　『サウルは千を打ち、
　　ダビデは万を打った』
と言って歌っていたダビデではありませんか。」
⁶そこでアキシュはダビデを呼んで言った。「主は生きておられる。あなたは正しい人だ。私は、あなたに陣営で、私と行動を共にしてもらいたかった。あなたが私のところに来てから今日まで、私はあなたに何の悪いところも見つけなかったのだから。しかし、あの領主たちは、あなたを良いと思っていない。
⁷だから今のところ、穏やかに帰ってくれ。ペリシテ人の領主たちの、気に入らないことはしないでくれ。」
⁸ダビデはアキシュに言った。「私が何をしたというのでしょうか。私があなたに仕えた日から今日まで、このしもべに何か、あやまちでもあったのでしょうか。王さまの敵と戦うために私が出陣できないとは。」

⁹ アキシュはダビデに答えて言った。「私は、あなたが神の使いのように正しいということを知っている。だが、ペリシテ人の首長たちが、『彼はわれわれといっしょに戦いに行ってはならない』と言ったのだ。¹⁰ さあ、あなたは、いっしょに来たあなたの主君のしもべたちと、あしたの朝、早く起きなさい。朝早く起きて、明るくなったら出かけなさい。」
¹¹ そこで、ダビデとその部下は、翌朝早く、ペリシテ人の地に帰って行った。ペリシテ人はイズレエルへ上って行った。

ダビデがアマレク人を滅ぼす

30 ¹ ダビデとその部下が、三日目にツィケラグに帰ってみると、アマレク人がネゲブとツィケラグを襲ったあとだった。彼らはツィケラグを攻撃して、これを火で焼き払い、
² そこにいた女たちを、子どももおとなもみな、とりこにし、ひとりも殺さず、自分たちの所に連れて去った。
³ ダビデとその部下が、この町に着いたとき、町は火で焼かれており、彼らの妻も、息子も、娘たちも連れ去られていた。
⁴ ダビデも、彼といっしょにいた者たちも、声をあげて泣き、ついには泣く力もなくなった。
⁵ ダビデのふたりの妻、イズレエル人アヒノアムも、ナバルの妻であったカルメル人アビガイルも連れ去られていた。
⁶ ダビデは非常に悩んだ。民がみな、自分たちの息子、娘たちのことで心を悩まし、ダビデを石で打ち殺そうと言いだしたからである。しかし、ダビデは彼の神、主によって奮い立った。
⁷ ダビデが、アヒメレクの子、祭司エブヤタルに、「エポデを持って来なさい」と言ったので、エブヤタルはエポデをダビデのところに持って来た。
⁸ ダビデは主に伺って言った。「あの略奪隊を追うべきでしょうか。追いつけるでしょうか。」

⁹①→Ⅱサム14:17
 ②Ⅰサム29:4
11①Ⅱサム4:4

1①Ⅰサム27:6, 29:4, 11
 ②Ⅰサム15:7, 27:8
 ③Ⅰサム27:10, 30:14, 27, 民13:29, ヨシ10:40
 ④Ⅰサム27:8
2①Ⅰサム27:11
 ②Ⅰサム27:3
6①出17:4
 ②Ⅰサム23:16, 詩18:2, 27:14, 42:5, 56:3, 4, 11
7①Ⅰサム22:20-23
 ②Ⅰサム14:18, 23:9
8①Ⅰサム23:2, 4
 ②出15:9

③Ⅰサム30:18, 19
9①Ⅰサム27:2
10①Ⅰサム30:21
12①士15:19
14①Ⅰサム8:18, 列1:38, 44, エゼ25:16, ゼパ2:5
 ②Ⅰサム30:1
 ③Ⅰサム30:16
 ④ヨシ14:13, 15:13, 21:11, 12
 ⑤Ⅰサム30:1
16①Ⅰサム30:14
17①Ⅰサム15:3, 士7:12

するとお答えになった。「追え。必ず追いつくことができる。必ず救い出すことができる。」
⁹ そこでダビデは六百人の部下とともに出て行き、ベソル川まで来た。残された者は、そこにとどまった。
¹⁰ ダビデと四百人の者は追撃を続け、疲れきってベソル川を渡ることのできなかった二百人の者は、そこにとどまった。
¹¹ 彼らはひとりのエジプト人を野原で見つけ、ダビデのところに連れて来た。彼らは彼にパンをやって、食べさせ、水も飲ませた。
¹² さらに、ひとかたまりの干しいちじくと、二ふさの干しぶどうをやると、彼はそれを食べて元気を回復した。三日三晩、パンも食べず、水も飲んでいなかったからである。
¹³ ダビデは彼に言った。「おまえはだれのものか。どこから来たのか。」すると答えた。「私はエジプトの若者で、アマレク人の奴隷です。私が三日前に病気になったので、主人は私を置き去りにしたのです。
¹⁴ 私たちは、ケレテ人のネゲブと、ユダに属する地と、カレブのネゲブを襲い、ツィケラグを火で焼き払いました。」
¹⁵ ダビデは彼に言った。「その略奪隊のところに案内できるか。」彼は答えた。「私を殺さず、主人の手に私を渡さないと、神かけて私に誓ってください。そうすれば、あなたをあの略奪隊のところに案内いたしましょう。」
¹⁶ 彼がダビデを案内して行くと、ちょうど、彼らはその地いっぱいに散って飲み食いし、お祭り騒ぎをしていた。彼らがペリシテ人の地やユダの地から、非常に多くの分捕り物を奪ったからである。
¹⁷ そこでダビデは、その夕暮れから次の夕方まで彼らを打った。らくだに乗って逃げた四百人の若い者たちのほかは、ひとりものがれおおせなかった。
¹⁸ こうしてダビデは、アマレクが奪い取ったものを全部、取り戻した。彼のふたりの妻も取り戻した。
¹⁹ 彼らは、子どももおとなも、また息子、

30:7 エポデ エポデは宝石がつけられた神聖な装束で大祭司が身に着けた。祭司は宝石によって直面している情況での神のみこころを知ることができた。それはウリムとトンミムの使い方と似ていた(→出28:30注)。

娘たちも、分捕り物も、彼らが奪われたものは、何一つ失わなかった。ダビデは、これらすべてを取り返した。

²⁰ ダビデはまた、すべての羊と牛を取った。彼らはこの家畜の先に立って導き、「これはダビデの分捕り物です」と言った。

²¹ ダビデが、疲れてダビデについて来ることができずにベソル川のほとりにとどまっていた二百人の者のところに来たとき、彼らはダビデと彼に従った者たちを迎えに出て来た。ダビデはこの人たちに近づいて彼らの安否を尋ねた。

²² そのとき、ダビデといっしょに行った者たちのうち、意地の悪い、よこしまな者たちがみな、口々に言った。「彼らはいっしょに行かなかったのだから、われわれが取り戻した分捕り物を、彼らに分けてやるわけにはいかない。ただ、めいめい自分の妻と子どもを連れて行くがよい。」

²³ ダビデは言った。「兄弟たちよ。主が私たちに賜った物を、そのようにしてはならない。主が私たちを守り、私たちを襲った略奪隊を私たちの手に渡されたのだ。

²⁴ だれが、このことについて、あなたがたの言うことを聞くだろうか。戦いに下って行った者への分け前も、荷物のそばにとどまっていた者への分け前も同じだ。共に同じく分け合わなければならない。」

²⁵ その日以来、ダビデはこれをイスラエルのおきてとし、定めとした。今日もそうである。

²⁶ ダビデはツィケラグに帰って、友人であるユダの長老たちに分捕り物のいくらかを送って言った。「これはあなたがたへの贈り物で、主の敵からの分捕り物の一部です。」

²⁷ その送り先は、ベテルの人々、ネゲブのラモテの人々、ヤティルの人々、

²⁸ アロエルの人々、シフモテの人々、エシュテモアの人々、

²⁹ ラカルの人々、エラフメエル人の町々の人たち、ケニ人の町々の人たち、

³⁰ ホルマの人々、ボル・アシャンの人々、アタクの人々、

³¹ ヘブロンの人々、および、ダビデとその部下がさまよい歩いたすべての場所の人々であった。

サウルが自分のいのちを断つ
31:1-13　並行記事－Ⅱサム1:4-12, Ⅰ歴10:1-12

31 ¹ ペリシテ人はイスラエルと戦った。そのとき、イスラエルの人々はペリシテ人の前から逃げ、ギルボア山で刺し殺されて倒れた。

² ペリシテ人はサウルとその息子たちに追い迫って、サウルの息子ヨナタン、アビナダブ、マルキ・シュアを打ち殺した。

³ 攻撃はサウルに集中し、射手たちが彼をねらい撃ちにしたので、彼は射手たちのためにひどい傷を負った。

⁴ サウルは、道具持ちに言った。「おまえの剣を抜いて、それで私を刺し殺してくれ。あの割礼を受けていない者どもがやって来て、私を刺し殺し、私をなぶり者にするといけないから。」しかし、道具持ちは、非常に恐れて、とてもその気になれなかった。そこで、サウルは剣を取り、その上にうつぶせに倒れた。

⁵ 道具持ちも、サウルの死んだのを見届けると、自分の剣の上にうつぶせに倒れて、サウルのそばで死んだ。

⁶ こうしてその日、サウルと彼の三人の息子、道具持ち、それにサウルの部下たちはみな、共に死んだ。

⁷ 谷の向こう側とヨルダン川の向こう側にいたイスラエルの人々は、イスラエルの兵士たちが逃げ、サウルとその息子たちが死んだのを見て、町々を捨てて逃げ去った。それでペリシテ人がやって来て、そこに住んだ。

⁸ 翌日、ペリシテ人がその殺した者たちからはぎ取ろうとしてやって来たとき、サ

30:24 とどまっていた者への分け前も同じだ　ダビデはあとに残って兵士たちに必要なものを忠実に供給した人々にも、戦利品を同じように分けることを決めた。この原則はキリストのメッセージを伝えるために宣教師を外国に送ることにも適用される。国に残って忠実に宣教師を支え祈る人々も神に認められ、天での報いにあずかるのである（→マタ10:41注）。

ウルとその三人の息子がギルボア山で倒れているのを見つけた。
⁹彼らはサウルの首を切り、その武具をはぎ取った。そして、ペリシテ人の地にあまねく人を送って、彼らの偶像の宮と民とに告げ知らせた。
¹⁰彼らはサウルの武具をアシュタロテの宮に奉納し、彼の死体をベテ・シャンの城壁にさらした。
¹¹ヤベシュ・ギルアデの住民が、ペリシテ人のサウルに対するしうちを聞いたとき、
¹²勇士たちはみな、立ち上がり、夜通し歩いて行って、サウルの死体と、その息子たちの死体とをベテ・シャンの城壁から取りはずし、これをヤベシュに運んで、そこで焼いた。
¹³それから、その骨を取って、ヤベシュにある柳の木の下に葬り、七日間、断食した。

9①Ⅰサム17:54
　②Ⅱサム5:21, Ⅰ歴10:9, Ⅱ歴24:18, 詩106:38
10①Ⅰサム7:3, 士2:13
　②Ⅰサム31:12, ヨシ17:11, 士1:27, Ⅱサム21:12
11①Ⅰサム31:11-13, Ⅰサム11:1-11

12①アモ6:10
13①Ⅰサム22:6
　②Ⅱサム2:5, 21:12-14
　③創50:10, ④Ⅱサム1:12

サムエル記　第二

概　要
- I．王としてのダビデの輝かしい成功(1:1-10:19)
  - A．ダビデの政治的な成功(1:1-5:25)
    1. ダビデがサウルとヨナタンの死を悲しむ(1:1-27)
    2. ダビデがユダの王として治める(2:1-4:12)
    3. ダビデが全イスラエルの王になる(5:1-5)
    4. ダビデがエルサレムを征服し、政治の中心として確立する(5:6-10)
    5. ダビデが王国を拡大する(5:11-25)
  - B．ダビデの霊的な成功(6:1-7:29)
    1. ダビデがエルサレムを宗教の中心として確立する(6:1-23)
    2. ダビデが神の家の建築を望む(7:1-3)
    3. 神がダビデと契約を結ばれる(7:4-17)
    4. ダビデが祈りによって応答する(7:18-29)
  - C．ダビデの軍事的な成功(8:1-10:19)
    1. ペリシテ、モアブ、ツォバ、アラム、エドムに対するダビデの勝利(8:1-14)
    2. エルサレムでのダビデの公正な統治(8:15-9:13)
    3. アモンに対するダビデの勝利(10:1-19)
- II．ダビデの道徳的失敗と神への罪(11:1-12:14)
  - A．ダビデがバテ・シェバと姦淫をする(11:1-5)
  - B．ダビデがウリヤを殺し、それを隠そうとする(11:6-27)
  - C．預言者ナタンがダビデの罪とさばきを宣告する(12:1-14)
- III．ダビデの罪の結果を刈取る日々(12:15-20:26)
  - A．ダビデの家へのさばき－不道徳と死(12:15-15:6)
    1. ダビデの姦淫による子どもが死ぬ(12:15-25)
    2. ヨアブが忠誠を尽す(12:26-31)
    3. アムノンが異母姉妹タマルに暴行をする(13:1-20)
    4. アブシャロムが報復としてアムノンを殺す(13:21-36)
    5. アブシャロムが逃亡し、戻り、陰謀を計画する(13:37-15:6)
  - B．ダビデの王国へのさばき－反乱と殺害(15:7-20:26)
    1. アブシャロムが父親に反逆する(15:7-12)
    2. ダビデが恥を受けてエルサレムから逃げる(15:13-16:14)
    3. アブシャロムがエルサレムで治める(16:15-17:29)
    4. アブシャロムが打倒され殺される(18:1-32)
    5. ダビデが嘆いて、ヨアブに叱責される(18:33-19:8)
    6. ダビデが王に復帰する(19:9-43)
    7. シェバが反逆して殺される(20:1-26)
- IV．ダビデの王としての最後の日々(21:1-24:25)
  - A．3年間のききん(21:1-14)
  - B．ペリシテ人との戦い(21:15-22)
  - C．ダビデの賛美の詩篇(22:1-51)
  - D．ダビデの最後のことば(23:1-7)
  - E．ダビデの勇士たち(23:8-39)
  - F．ダビデの人口調査と神からの災い(24:1-17)
  - G．ダビデの祈りと神のあわれみ(24:18-25)

II サムエル記

著　　者：不明

主　　題：ダビデの統治

著作の年代：紀元前10世紀後期

著作の背景

　サムエル記第一と第二はヘブル語旧約聖書ではもともと一つの書物だった。そのためサムエル記第二の背景はサムエル記第一の緒論で詳しく論じられている。この記録の中で扱われている時間の枠を理解するために、サムエル記第一の出来事（サムエルの誕生からサウルの死まで）はほとんど100年間（前1105-1010頃）にわたることに注意しなければならない。サムエル記第二はダビデの統治だけを記録していて、その期間は40年である（前1010-970頃）。

目　　的

　サムエル記第二にはイスラエルの神権政治の君主制（神の権威のもとにある王政）の預言的な歴史が続いている。ダビデの王としての記事と個人的な生活の記事にはモーセが申命記に書きとめたイスラエルとの神の契約の条件がはっきりと具体的に描かれている。それは神に従うなら祝福があり、神の律法に背くならのろいとさばきが下るということである（→申27:-30:，→「**イスラエル人との神の契約**」の項 p.351）。

概　　観

　ダビデの生涯の記録はサムエル記第一16章1節から列王記第一2章11節の広範囲にある。サムエル記第二はサウル王が死に、ダビデがヘブロンでユダの王として油を注がれたところから始まる。ヘブロンを中心とした地方（ユダ）をダビデは7年半治めた（1:-4:）。この書物の残りの部分はその後、ダビデがエルサレムを首都とし、全イスラエルを33年間治めたことに焦点を当てている（5:-24:）。この書物とダビデの生涯の転換点はバテ・シェバとの姦淫とその夫ウリヤを殺害したところである（11:）。この悲しい出来事までダビデは神を敬う王の理想的姿をたびたびはっきりと示していた。神の好意と知恵、油注ぎ（力を与える）を受けたダビデは、(1)　エブス人からエルサレムを攻取って首都とし(5:)、(2)　盛大な祝賀とともに契約の箱をエルサレムに持帰り(6:)、(3)　ペリシテ人から始めてイスラエルの敵どもを鎮めた(8:-10:)。「ダビデはますます大いなる者となり、万軍の神、主が彼とともにおられた」(5:10)。ダビデの強力な指導力は「勇士たち」の深い忠誠心を引付けた。ダビデは神が自分をイスラエルの王として立てられたことを理解しており、自分と国に対する神の権威を公に認めて、これに服従した。神は預言によって、ダビデの子孫の一人が最終的にイスラエルを治め、神が直接導かれる王の役割を完全に実現すると約束された（7:12-17、⇒イザ9:6-7、11:1-5、エレ23:5-6、33:14-16）。この約束はイエス・キリストによって果された。

　ところがダビデが姦淫と殺人という悲惨な罪を犯した後、その家（12:-17:）と国全体（18:-20:）には何年も道徳的衰退と反逆の災いが襲った。ダビデは心から悔い改めて神のあわれみと赦しを体験したけれども（12:13、⇒詩51:）、罪の結果は一生続き、またダビデの死後にまで残った（⇒12:7-12）。それでも神はサウルを退けたように（⇒Ⅰサム15:23）、ダビデを王位から退けることはなさらなかった。それはダビデが罪を犯しても最終的に神から離れることがなかったからである。主への情熱（→詩篇に収められたダビデの詩や賛美）と神を敬うまことの礼拝を奪うものへの憎しみを持っていたので、ダビデは後のイスラエルの王たちを評価する基準になった（⇒Ⅱ列18:3、22:2）。サムエル記第二は後に神殿が建てられる場所になった土地をダビデが購入したことで閉じられている（24:18-25）。

特　　徴

　サムエル記第二には五つの特徴がある。

　(1)　エルサレムを攻取ってそれをイスラエルの政治的、宗教的中心に変えたことなど、ダビデ王の40年の治世の主な出来事が記録されている。（→「**エルサレムの町**」の項 p.674）。ダビデの生涯はアブラハムとイエス・キリストとのちょうど中間の時点に当たる。

　(2)　転換点はバテ・シェバと夫ウリヤを巻込んだダビデの悲惨な罪を記録したところである（11:）。預言者的な歴史家である著者は、ダビデは隠れて姦淫と殺人を犯したけれども、神はこれらの罪を公然とさばかれたこと

を強調している。ダビデの生涯は個人、家庭、国家など様々なレベルにわたってこの罪の影響を受けた。
　(3) 神の国の指導者に関する重要で不変の原則を教えている。それは神の好意と力、そして責任と機会が多く与えられていればいるほど、もし指導者が道徳的、倫理的に神の信用を裏切るなら、神はさらに厳しくさばかれるということである。ダビデは神の「心にかなう人」として聖書は高く評価している。けれども罪を犯してからは、神の好意はさばきに変り、祝福はのろいに変ったことも明らかにしている。これはまさにモーセがイスラエルに警告した通りである(⇒申28:)。
　(4) ダビデの罪が遠く家族や国全体に影響を与えたことを描いている部分(12:-21:)は、国全体のしあわせが指導者の霊的、道徳的状態とどれほど直結しているかを示している。
　(5) 成功と繁栄は人々を道徳的に不注意にさせ、さらに霊的な失敗へと導くという道徳的教訓を強調している。ダビデの称賛に値する生涯と統治は、王としての成功と力の絶頂期に悲劇的に汚されてしまった。

新約聖書での成就

　1－10章に描かれている王としてのダビデの正義による統治はメシヤ的な王(メシヤ、救い主、キリスト)の型、あるいは預言的な表現になっている。ダビデがエルサレムを聖い都として建てたこと(ダビデとの神の契約の賜物)と、永遠の王国が預言的に約束されたことはみな、将来の最も偉大な「ダビデの子」であるイエス・キリストと、新約聖書に啓示されている現在と将来のキリストの国をあらかじめ指し示している(⇒イザ9:7, マタ21:9, 22:45, ルカ1:32-33, →「ダビデとの神の契約」の項 p.512)。ダビデに関する新約聖書の考察－　→Ｉサム緒論

サムエル記第二の通読

　旧約聖書全体を１年間で通読するためには、サムエル記第二を次のスケジュールに従って10日間で読まなければならない。
☐1-3　☐4-6　☐7-8　☐9-11　☐12-14　☐15-17　☐18-19　☐20-21　☐22　☐23-24

メモ

ダビデがサウルの死を聞く

1:4-12　並行記事－Ⅰサム31:1-13, Ⅰ歴10:1-12

1 ¹ サウルの死後、ダビデはアマレク人を打ち破って帰り、二日間、ツィケラグに滞在した。
² 三日目に、突然、ひとりの男がサウルの陣営からやって来た。その着物は裂け、頭には土をかぶっていた。彼は、ダビデのところに来ると、地にひれ伏して、礼をした。
³ ダビデは言った。「どこから来たのか。」彼はダビデに言った。「イスラエルの陣営からのがれて来ました。」
⁴ ダビデは彼に言った。「状況はどうか、話してくれ。」すると彼は言った。「民は戦場から逃げ、また民の多くは倒れて死に、サウルも、その子ヨナタンも死にました。」
⁵ ダビデは、その報告をもたらした若者に言った。「サウルとその子ヨナタンが死んだことを、どうして知ったのか。」
⁶ 報告をもたらした若者は言った。「私は、たまたま、ギルボア山にいましたが、ちょうどその時、サウルは槍にもたれ、戦車と騎兵があの方に押し迫っていました。
⁷ サウルが振り返って、私を見て呼びました。私が『はい』と答えると、
⁸ サウルは私に、『おまえはだれだ』と言いましたので、『私はアマレク人です』と答えますと、
⁹ サウルが、『さあ、近寄って、私を殺してくれ。まだ息があるのに、ひどいけいれんが起こった』と言いました。
¹⁰ そこで私は近寄って、あの方を殺しました。もう倒れて生きのびることができないとわかったからです。私はその頭にあった王冠と、腕についていた腕輪を取って、ここに、あなたさまのところに持ってまいりました。」
¹¹ すると、ダビデは自分の衣をつかんで裂いた。そこにいた家来たちもみな、そのようにした。
¹² 彼らは、サウルのため、その子ヨナタンのため、また、主の民のため、イスラエルの家のためにいたみ悲しんで泣き、夕方まで断食した。彼らが剣に倒れたからである。
¹³ ダビデは自分に報告した若者に言った。「おまえはどこの者か。」若者は答えた。「私はアマレク人で、在留異国人の子です。」
¹⁴ ダビデは言った。「主に油そそがれた方に、手を下して殺すのを恐れなかったとは、どうしたことか。」
¹⁵ ダビデは若者のひとりを呼んで言った。「近寄って、これを打て。」そこで彼を打ち殺した。
¹⁶ そのとき、ダビデは彼に言った。「おまえの血は、おまえの頭にふりかかれ。おまえ自身の口で、『私は主に油そそがれた方を殺した』と言って証言したからである。」

サウルとヨナタンへのダビデの哀歌

¹⁷ ダビデは、サウルのため、その子ヨナタンのために、この哀歌を作り、
¹⁸ この弓の歌をユダの子らに教えるように命じた。これはヤシャルの書にしるされている。
¹⁹ 「イスラエルの誉れは、
　おまえの高き所で殺された。
　ああ、勇士たちは倒れた。
²⁰ これをガテに告げるな。
　アシュケロンのちまたに告げ知らせるな。
　ペリシテ人の娘らを喜ばせないために。
　割礼のない者の娘らを勝ち誇らせないために。
²¹ ギルボアの山々よ。
　お前たちの上に、露は降りるな。雨も降るな。
　いけにえがささげられた野の上にも。
　そこでは勇士たちの盾は汚され、
　サウルの盾に油も塗られなかった。
²² ただ、殺された者の血、
　勇士たちのあぶらのほかは。
　ヨナタンの弓は、退いたことがなく、
　サウルの剣は、むなしく帰ったことがなかった。
²³ サウルもヨナタンも、
　愛される、りっぱな人だった。

1:10　私は・・・あの方を殺しました　このアマレク人はサウルの死の様子についてうそをついた（真相は →Ⅰサム31:3-6）。手柄をダビデに認めてもらい、褒美を得ようとしたけれども、この作り話によって死

生きているときにも、
死ぬときにも離れることなく、
鷲よりも速く、雄獅子よりも強かった。
24 イスラエルの娘らよ。
サウルのために泣け。
サウルは紅の薄絹をおまえたちにまとわせ、
おまえたちの装いに金の飾りをつけてくれた。
25 ああ 勇士たちは戦いのさなかに倒れた。
ヨナタンはおまえの高き所で殺された。
26 あなたのために私は悲しむ。
私の兄弟ヨナタンよ。
あなたは私を大いに喜ばせ、
あなたの私への愛は、
女の愛にもまさって、すばらしかった。
27 ああ、勇士たちは倒れた。
戦いの器はうせた。」

ダビデがユダの王として油を注がれる

2 ¹ この後、ダビデは主に伺って言った。「ユダの一つの町へ上って行くべきでしょうか。」すると主は彼に、「上って行け」と仰せられた。ダビデが、「どこへ上るのでしょうか」と聞くと、主は、「ヘブロンへ」と仰せられた。² そこでダビデは、ふたりの妻、イズレエル人アヒノアムと、ナバルの妻であったカルメル人アビガイルといっしょに、そこへ上って行った。³ ダビデは、自分とともにいた人々を、その家族といっしょに連れて上った。こうして彼らはヘブロンの町々に住んだ。⁴ そこへユダの人々がやって来て、ダビデに油をそそいでユダの家の王とした。
ヤベシュ・ギルアデの人々がサウルを

23 ② 士14:5, 6, 18
25 ① Ⅱ サム1:19
26 ① Ⅰ サム18:1-4, 20:17, 41
27 ① Ⅱ サム1:19

1 ① Ⅱ サム5:19, 23, Ⅰ サム23:2, 4, 9-12, 30:7, 8
   ② Ⅱ サム2:11, 5:1, 3, ヨシ14:13, Ⅰ サム30:31, Ⅰ 列2:11
2 ① Ⅰ サム25:42, 43, 30:5
   ② Ⅰ サム30:9, Ⅰ 歴12:1
4 ① Ⅱ サム5:3, 5, Ⅰ サム16:13
   ② Ⅱ サム2:11, 5:5
   ③ Ⅰ サム31:11-13

5 ① Ⅰ サム23:21, ルツ2:20, 3:10, 詩115:15
6 ① 出34:6
8 ① Ⅰ サム14:50
   * Ⅰ 歴8:33, 9:39「エシュバアル」
   ② Ⅱ サム17:24, 創32:2, ヨシ13:26, 21:38
9 ① ヨシ22:9
   ② 士1:32
11 ① Ⅱ サム5:5, Ⅰ 列2:11
12 ① ヨシ10:12, 18:25, エレ41:12
13 ① Ⅱ サム8:16, Ⅰ 歴2:16, 11:6

葬った、ということがダビデに知らされたとき、⁵ ダビデはヤベシュ・ギルアデの人々に使いを送り、彼らに言った。「あなたがたの主君サウルに、このような真実を尽くして、彼を葬ったあなたがたに、主の祝福があるように。⁶ 今、主があなたがたに恵みとまことを施してくださるように。この私も、あなたがたがこのようなことをしたので、善をもって報いよう。⁷ さあ、強くあれ。勇気のある者となれ。あなたがたの主君サウルは死んだが、ユダの家は私に油をそそいで、彼らの王としたのだ。」

ダビデ家とサウル家との戦い

3:2-5　並行記事－Ⅰ歴3:1-4

⁸ 一方、サウルの将軍であったネルの子アブネルは、サウルの子イシュ・ボシェテをマハナイムに連れて行き、⁹ 彼をギルアデ、アシュル人、イズレエル、エフライム、ベニヤミン、全イスラエルの王とした。¹⁰ サウルの子イシュ・ボシェテは、四十歳でイスラエルの王となり、二年間、王であった。ただ、ユダの家だけはダビデに従った。¹¹ ダビデがヘブロンでユダの家の王であった期間は、七年六か月であった。¹² ネルの子アブネルは、サウルの子イシュ・ボシェテの家来たちといっしょにマハナイムを出て、ギブオンへ向かった。¹³ 一方、ツェルヤの子ヨアブも、ダビデの家来たちといっしょに出て行った。こうして彼らはギブオンの池のそばで出会った。一方は池のこちら側に、他方は池の向こう側にとどまった。

を招くことになった（1:15）。

1:26 あなたの私への愛　ダビデはヨナタンとの特別な友情を熱く思い、誠実さ、目的意識の共有などで表現した（ここでの「愛」は性的な意味ではなく、可能な限り最も深い友情、無私無欲の友情を意味する）。ヨナタンは父サウルの王位を継ぐはずだったけれどもダビデを次の王とするという神の選びをねたみや恨みもなく受入れた。

2:4 ダビデに油をそそいでユダの家の王とした　2－4章にはダビデがユダの王になったこと、またイスラエルのほかの部族をしばらくの間治めたサウルの子イシュ・ボシェテと戦ったことを描いている（2:8-11）。7年半後にダビデはイスラエル全土の王になった（5:1-5）。詩篇18篇はこのときのダビデの勝利を祝った歌と考えられる（⇒ Ⅰ サム30:1-31, これはサウルの死とダビデの即位直前のもう一つの勝利を描いている）。ダビデは国全体を急いで支配しようとはしなかった。むしろ祈り（2:1）、神がイスラエル全体の王になる道を開いてくださるまで一部族の王でいようとした。

¹⁴アブネルはヨアブに言った。「さあ、若い者たちを出して、われわれの前で闘技をさせよう。」ヨアブは言った。「出そう。」
¹⁵そこで、ベニヤミンとサウルの子イシュ・ボシェテの側から十二人、ダビデの家来たちから十二人が順番に出て行った。
¹⁶彼らは互いに相手の頭をつかみ、相手のわき腹に剣を刺し、一つになって倒れた。それでその所はヘルカテ・ハツリムと呼ばれた。それはギブオンにある。
¹⁷その日、戦いは激しさをきわめ、アブネルとイスラエルの兵士たちは、ダビデの家来たちに打ち負かされた。
¹⁸そこに、ツェルヤの三人の息子、ヨアブ、アビシャイ、アサエルが居合わせた。アサエルは野にいるかもしかのように、足が早かった。
¹⁹アサエルはアブネルのあとを追った。右にも左にもそれずに、アブネルを追った。
²⁰アブネルは振り向いて言った。「おまえはアサエルか。」彼は答えた。「そうだ。」
²¹アブネルは彼に言った。「右か左にそれて、若者のひとりを捕らえ、その者からはぎ取れ。」しかしアサエルは、アブネルを追うのをやめず、ほか行こうともしなかった。
²²アブネルはもう一度アサエルに言った。「私を追うのをやめて、ほかへ行け。なんでおまえを地に打ち倒すことができよう。どうしておまえの兄弟ヨアブに顔向けができよう。」
²³それでもアサエルは、ほかへ行こうとはしなかった。それでアブネルは、槍の石突きで彼の下腹を突き刺した。槍はアサエルを突き抜けた。アサエルはその場に倒れて、そこで死んだ。アサエルが倒れて死んだ場所に来た者はみな、立ち止まった。
²⁴しかしヨアブとアビシャイは、アブネルのあとを追った。彼らがアマの丘に来たとき太陽が沈んだ。アマはギブオンの荒野の道沿いにあるギアハの手前にあった。
²⁵ベニヤミン人はアブネルに従って集まり、一団となって、そこの丘の頂上に立った。
²⁶アブネルはヨアブに呼びかけて言った。「いつまでも剣が人を滅ぼしてよいものか。

その果ては、ひどいことになるのを知らないのか。いつになったら、兵士たちに、自分の兄弟たちを追うのをやめて帰れ、と命じるつもりか。」
²⁷ヨアブは言った。「神は生きておられる。もし、おまえが言いださなかったなら、確かに兵士たちは、あしたの朝まで、自分の兄弟たちを追うのをやめなかっただろう。」
²⁸ヨアブが角笛を吹いたので、兵士たちはみな、立ち止まり、もうイスラエルのあとを追わず、戦いもしなかった。
²⁹アブネルとその部下たちは、一晩中アラバを通って行き、ヨルダン川を渡り、午前中、歩き続けて、マハナイムに着いた。
³⁰一方、ヨアブはアブネルを追うのをやめて帰った。兵士たちを全部集めてみると、ダビデの家来十九人とアサエルがいなかった。
³¹ダビデの家来たちは、アブネルの部下であるベニヤミン人のうち三百六十人を打ち殺していた。
³²彼らはアサエルを運んで、ベツレヘムにある彼の父の墓に葬った。ヨアブとその部下たちは、一晩中歩いて、夜明けごろ、ヘブロンに着いた。

3 ¹サウルの家とダビデの家との間には、長く戦いが続いた。ダビデはますます強くなり、サウルの家はますます弱くなった。
²ヘブロンでダビデに子どもが生まれた。長子はイズレエル人アヒノアムによるアムノン。
³次男はカルメル人でナバルの妻であったアビガイルによるキルアブ。三男はゲシュルの王タルマイの娘マアカの子アブシャロム。
⁴四男はハギテの子アドニヤ。五男はアビタルの子シェファテヤ。
⁵六男はダビデの妻エグラによるイテレアム。これらはヘブロンでダビデに生まれた子どもである。

アブネルがダビデの側につく

⁶サウルの家とダビデの家が戦っている間に、アブネルはサウルの家で勢力を増し加えていた。
⁷サウルには、そばめがあって、その名は

リツパといい、アヤの娘であった。あるときイシュ・ボシェテはアブネルに言った。「あなたはなぜ、私の父のそばめと通じたのか。」

⁸アブネルはイシュ・ボシェテのことばを聞くと、激しく怒って言った。「この私が、ユダの犬のかしらだとでも言うのですか。今、私はあなたの父上サウルの家と、その兄弟と友人たちとに真実を尽くして、あなたをダビデの手に渡さないでいるのに、今、あなたは、あの女のことで私をとがめるのですか。

⁹主がダビデに誓われたとおりのことを、もし私が彼に果たせなかったなら、神がこのアブネルを幾重にも罰せられますように。¹⁰サウルの家から王位を移し、ダビデの王座を、ダンからベエル・シェバに至るイスラエルとユダの上に堅く立てるということを。」

¹¹イシュ・ボシェテはアブネルに、もはや一言も返すことができなかった。アブネルを恐れたからである。

¹²アブネルはダビデのところに使いをやって言わせた。「この国はだれのものでしょう。私と契約を結んでください。そうすれば、私は全イスラエルをあなたに移すのに協力します。」

¹³ダビデは言った。「よろしい。あなたと契約を結ぼう。しかし、あなたには一つの条件がある。というのは、あなたが私に会いに来るとき、まずサウルの娘ミカルを連れて来なければ、あなたは私に会えないだろう。」

¹⁴それからダビデはサウルの子イシュ・ボシェテに使いをやって言わせた。「私がペリシテ人の陽の皮百をもってめとった私の妻ミカルを返していただきたい。」

¹⁵それでイシュ・ボシェテは人をやり、彼女をその夫、ライシュの子パルティエルから取り返した。¹⁶その夫は泣きながら彼女についてバフリムまで来たが、アブネルが、「もう帰りなさい」と言ったので、彼は帰った。

¹⁷アブネルはイスラエルの長老たちと話してこう言った。「あなたがたは、かねてから、ダビデを自分たちの王とすることを

7①Ⅱサム21:8-11
8①Ⅱサム9:8, 16:9, Ⅰサム24:14
9①Ⅱサム3:17, 18, 5:2, Ⅰサム25:30
②Ⅱサム19:13
10①Ⅰサム15:28, Ⅰ歴12:23
12①Ⅰサム17:11, 24:2, 15, 士20:1, Ⅰサム3:20, Ⅰ列4:25
13①創43:3
②Ⅰサム18:20, 27, 19:11
14①Ⅰサム18:25, 27
15①Ⅰサム25:44
16①Ⅰサム16:5, 17:18, 19:16, Ⅰ列2:8
17①Ⅰサム8:4

18①Ⅰサム9:16
19①Ⅰサム10:20, 21, Ⅰ歴12:29
21①Ⅱサム3:12
②Ⅰ列11:37
22①Ⅰサム27:8

願っていたが、¹⁸今、それをしなさい。主がダビデについて、『わたしのしもべダビデの手によって、わたしはわたしの民イスラエルをペリシテ人の手、およびすべての敵の手から救う』と仰せられているからだ。」

¹⁹アブネルはまた、ベニヤミン人とじかに話し合ってから、ヘブロンにいるダビデのところへ行き、イスラエルとベニヤミンの家全体とが望んでいることをすべて彼の耳に入れた。

²⁰アブネルが二十人の部下を連れてヘブロンのダビデのもとに来たとき、ダビデはアブネルとその部下の者たちのために祝宴を張った。

²¹アブネルはダビデに言った。「私は、全イスラエルをわが主、王のもとに集めに出かけます。そうして彼らがあなたと契約を結び、あなたが、望みどおりに治められるようにしましょう。」それでダビデはアブネルを送り出し、彼は安心して出て行った。

ヨアブがアブネルを暗殺する

²²ちょうどそこへ、ダビデの家来たちとヨアブが略奪から帰り、たくさんの分捕り物を持って来た。しかしそのとき、アブネルはヘブロンのダビデのもとにはいなかった。ダビデがアブネルを送り出し、もう彼は安心して出て行ったからである。

²³ヨアブと彼についていた軍勢がみな帰って来たとき、ネルの子アブネルが王のところに来たが、王がアブネルを送り出したので、彼は安心して出て行った、ということがヨアブに知らされた。

²⁴それでヨアブは王のところに来て言った。「何ということをなさったのですか。ちょうどアブネルがあなたのところに来たのに、なぜ、彼を送り出して、出て行くままにしたのですか。

²⁵ネルの子アブネルが、あなたを惑わし、あなたの動静を探り、あなたのなさることを残らず知るために来たのに、お気づきにならなかったのですか。」

²⁶ヨアブはダビデのもとを出てから使者たちを遣わし、アブネルのあとを追わせ、

彼をシラの井戸から連れ戻させた。しかしダビデはそのことを知らなかった。

27 アブネルがヘブロンに戻ったとき、ヨアブは彼とひそかに話すと見せかけて、彼を門のとびらの内側に連れ込み、そこで、下腹を突いて死なせ、自分の兄弟アサエルの血に報いた。

28 あとになって、ダビデはそのことを聞いて言った。「私にも私の王国にも、ネルの子アブネルの血については、主の前にとこしえまでも罪はない。

29 それは、ヨアブの頭と彼の父の全家にふりかかるように。またヨアブの家に、漏出を病む者、ツァラアトに冒された者、糸巻きをつかむ者、剣で倒れる者、食に飢える者が絶えないように。」

30 ヨアブとその兄弟アビシャイがアブネルを殺したのは、アブネルが彼らの兄弟アサエルをギブオンでの戦いで殺したからであった。

31 ダビデはヨアブと彼とともにいたすべての民に言った。「あなたがたの着物を裂き、荒布をまとい、アブネルの前でいたみ悲しみなさい。」そしてダビデ王は、ひつぎのあとに従った。

32 彼らはアブネルをヘブロンに葬った。王はアブネルの墓で声をあげて泣き、民もみな泣いた。

33 王はアブネルのために悲しみ歌って言った。
「愚か者の死のように、
アブネルは死ななければならなかったのか。

34 あなたの手は縛られず、
あなたの足は足かせにつながれもせずに。
不正な者の前に倒れる者のように、
あなたは倒れた。」
民はみな、また彼のために泣いた。

35 民はみな、まだ日のあるうちにダビデに食事をとらせようとしてやって来たが、ダビデは誓って言った。「もし私が、日の沈む前にパンでも、ほかの何物でも味わったなら、神がこの私を幾重にも罰せられますように。」

36 民はみな、それを認めて、それでよいと思った。王のしたことはすべて、民を満足させた。

37 それで民はみな、すなわち、全イスラエルは、その日、ネルの子アブネルを殺したのは、王から出たことではないことを知った。

38 王は家来たちに言った。「きょう、イスラエルでひとりの偉大な将軍が倒れたのを知らないのか。

39 この私は油そそがれた王であるが、今はまだ力が足りない。ツェルヤの子らであるこれらの人々は、私にとっては手ごわすぎる。主が、悪を行う者には、その悪にしたがって報いてくださるように。」

イシュ・ボシェテが暗殺される

4 ¹ サウルの子イシュ・ボシェテは、アブネルがヘブロンで死んだことを聞いて、気力を失った。イスラエル人もみな、うろたえた。

² サウルの子イシュ・ボシェテのもとに、ふたりの略奪隊の隊長がいた。ひとりの名はバアナ、もうひとりの名はレカブといって、ふたりともベニヤミン族のベエロテ人リンモンの子であった。というのは、ベエロテもベニヤミンに属するとみなされていたからである。

³ ベエロテ人はギタイムに逃げて、寄留者となった。今日もそうである。

⁴ さて、サウルの子ヨナタンに、足の不自由な子がひとりいた。その子は、サウルとヨナタンの悲報がイズレエルからもたらされたとき五歳であった。うばがこの子を抱いて逃げるとき、あまり急いで逃げたので、この子を落とし、そのために足のなえた者になった。この子の名はメフィボシェテといった。

⁵ ベエロテ人リンモンの子のレカブとバアナが、日盛りに、イシュ・ボシェテの家にやって来たが、ちょうどその時、イシュ・ボシェテは昼寝をしていた。

⁶ 彼らは、小麦を取りに家の中まで入り込み、そこで、彼の下腹を突いて殺した。レカブとその兄弟バアナはのがれた。

⁷ 彼らが家に入ったとき、イシュ・ボシェテは寝室の寝床で寝ていたので、彼らは彼を突き殺して首をはね、その首を持って、一晩中、アラバへの道を歩いた。

II サムエル記　4-5章

⁸ 彼らはイシュ・ボシェテの首をヘブロンのダビデのもとに持って来て、王に言った。「ご覧ください。これは、あなたのいのちをねらっていたあなたの敵、サウルの子イシュ・ボシェテの首です。主は、きょう、わが主、王のために、サウルとその子孫に復讐されたのです。」

⁹ すると、ダビデは、ベエロテ人リモンの子レカブとその兄弟バアナに答えて言った。「私のいのちをあらゆる苦難から救い出してくださった主は生きておられる。

¹⁰ かつて私に、『ご覧ください。サウルは死にました』と告げて、自分自身では、良い知らせをもたらしたつもりでいた者を、私は捕らえて、ツィケラグで殺した。それが、その良い知らせの報いであった。

¹¹ まして、この悪者どもが、ひとりの正しい人を、その家の中の、しかも寝床の上で殺したときはなおのこと、今、私は彼の血の責任をおまえたちに問い、この地からおまえたちを除き去らないでおられようか。」

¹² ダビデが命じたので、若者たちは彼らを殺し、手、足を切り離した。そして、ヘブロンの池のほとりで木につるした。しかし、イシュ・ボシェテの首は、ヘブロンにあるアブネルの墓に持って行き、そこに葬った。

ダビデがイスラエルの王になる

5:1-3　並行記事ー Ⅰ歴11:1-3

5 ¹ イスラエルの全部族は、ヘブロンのダビデのもとに来てこう言った。「ご覧のとおり、私たちはあなたの骨肉です。

² これまで、サウルが私たちの王であった時でさえ、イスラエルを動かしていたのは、あなたでした。しかも、主はあなたに言われました。『あなたがわたしの民イスラエルを牧し、あなたがイスラエルの君主

となる。』」

³ イスラエルの全長老がヘブロンの王のもとに来たとき、ダビデ王は、ヘブロンで主の前に、彼らと契約を結び、彼らはダビデに油をそそいでイスラエルの王とした。

⁴ ダビデは三十歳で王となり、四十年間、王であった。

⁵ ヘブロンで七年六か月、ユダを治め、エルサレムで三十三年、全イスラエルとユダを治めた。

ダビデがエルサレムを征服する

5:6-10　並行記事ー Ⅰ歴11:4-9
5:11-16　並行記事ー Ⅰ歴3:5-9, 14:1-7

⁶ 王とその部下がエルサレムに来て、その地の住民エブス人のところに行ったとき、彼らはダビデに言った。「あなたはここに来ることはできない。目の見えない者、足のなえた者でさえ、あなたを追い出せる。」彼らは、ダビデがここに来ることができない、と考えていたからであった。

⁷ しかし、ダビデはシオンの要害を攻め取った。これが、ダビデの町である。

⁸ その日ダビデは、「だれでもエブス人を打とうとする者は、水汲みの地下道を抜けて、ダビデが憎む、目の見えない者、足のなえた者を打て」と言った。このため、「目の見えない者、足のなえた者は宮に入ってはならない」と言われている。

⁹ こうしてダビデはこの要害を住まいとして、これをダビデの町と呼んだ。ダビデはミロから内側にかけて、回りに城壁を建てた。

¹⁰ ダビデはますます大いなる者となり、万軍の神、主が彼とともにおられた。

¹¹ ツロの王ヒラムは、ダビデのもとに使者を送り、杉材、大工、石工を送った。彼らはダビデのために王宮を建てた。

4:12　若者たちは彼らを殺し　ダビデが王位につくためには流血が伴った。そこにはイスラエルの部族との間の内戦や様々な政略があった。これらのことはみな、イスラエルが人間の王を持つことが神の完全なみこころではなかったことを例証している(→Ⅰサム8:5-7, 19-22)。

5:6　エルサレム　ダビデはエルサレムを占領してイスラエルの首都にした。エルサレムは後にこの世界で霊的に最も重要な町になった。神の民を建上げ、全人類との関係を回復するための神の活動の中心地になったのである。イエス・キリストはそこで十字架につけられ死からよみがえられた。またこの町に五旬節の日に集まっていたイエス・キリストの弟子たちの上に最初に聖霊が注がれた(→使2:)。聖書はここを神の都と呼んでいる(→詩46:4, 48:1, 87:3, ヘブ12:22, 黙3:12、→「**エルサレムの町**」の項 p.674)。

¹²ダビデは、主が彼をイスラエルの王として堅く立て、ご自分の民イスラエルのために、彼の王国を盛んにされたのを知った。

¹³ダビデはヘブロンから来て後、エルサレムで、さらにそばめたちと妻たちをめとった。ダビデにはさらに、息子、娘たちが生まれた。

¹⁴エルサレムで彼に生まれた子の名は次のとおり。シャムア、ショバブ、ナタン、ソロモン、

¹⁵イブハル、エリシュア、ネフェグ、ヤフィア、

¹⁶エリシャマ、エルヤダ、エリフェレテであった。

ダビデがペリシテ人を破る

5:17-25　並行記事－Ⅰ歴14:8-17

¹⁷ペリシテ人は、ダビデが油をそそがれてイスラエルの王となったことを聞いた。そこでペリシテ人はみな、ダビデをねらって上って来た。ダビデはそれと聞き、要害に下って行った。

¹⁸ペリシテ人は来て、レファイムの谷間に展開した。

¹⁹そこで、ダビデは主に伺って言った。「ペリシテ人を攻めに上るべきでしょうか。彼らを私の手に渡してくださるでしょうか。」すると主はダビデに仰せられた。「上れ。わたしは必ず、ペリシテ人をあなたの手に渡すから。」

²⁰それで、ダビデはバアル・ペラツィムに行き、そこで彼らを打った。そして言った。「主は、水が破れ出るように、私の前で私の敵を破られた。」それゆえ彼は、その場所の名をバアル・ペラツィムと呼んだ。

²¹彼らが自分たちの偶像を置き去りにして行ったので、ダビデとその部下はそれらを運んで捨てた。

²²ところがペリシテ人は、なおもまた上って来て、レファイムの谷間に展開した。

²³そこで、ダビデが主に伺ったところ、主は仰せられた。「上って行くな。彼らのうしろに回って行き、バルサム樹の林の前から彼らに向かえ。

²⁴バルサム樹の林の上から行進の音が聞えたら、そのとき、あなたは攻め上れ。そのとき、主はすでに、ペリシテ人の陣営を打つために、あなたより先に出ているから。」

²⁵ダビデは、主が彼に命じたとおりにし、ゲバからゲゼルに至るまでのペリシテ人を打った。

神の箱がエルサレムに運ばれる

6:1-11　並行記事－Ⅰ歴13:1-14
6:12-19　並行記事－Ⅰ歴15:25-16:3

6 ¹ダビデは再びイスラエルの精鋭三万をことごとく集めた。

²ダビデはユダのバアラから神の箱を運び上ろうとして、自分につくすべての民とともに出かけた。神の箱は、ケルビムの上に座しておられる万軍の主の名で呼ばれている。

³彼らは、神の箱を、新しい車に載せて、丘の上にあるアビナダブの家から運び出した。アビナダブの子、ウザとアフヨが新しい車を御していた。

⁴丘の上にあるアビナダブの家からそれを神の箱とともに運び出したとき、アフヨは箱の前を歩いていた。

脚注（欄外参照）：
13 ①Ⅱサム5:13-16、Ⅰ歴14:3-7, 3:1-9、Ⅱサム3:2-5
17 ①Ⅱサム5:17-25、Ⅰ歴14:8-16
　②Ⅰサム29:1
　③Ⅱサム23:14、Ⅰ歴11:16
18 ①Ⅱサム23:13、創14:5、ヨシ15:8, 17:15, 18:16、イザ17:5
19 ①Ⅱサム2:1
20 ①Ⅰ歴14:11、イザ28:21

＊「破る」意の語根「パラツ」の派生語
21 ①→Ⅰサム31:9
　②申7:5, 25
22 ①Ⅱサム5:18
23 ①Ⅱサム2:1
24 ①Ⅱ列7:6
　②士4:14
25 ①ヨシ12:12, 16:10, 21:21

1 ①Ⅰサム6:1-11、Ⅰ歴13章
2 ①ヨシ15:9, 10, 60、Ⅰサム7:1
　②Ⅱサム6:12, 7:2, 11:11, 15:29、→Ⅰサム3:3、Ⅱサム6:9, 15:24、出25:22
3 ①出25:22、Ⅰサム4:4、詩80:1
　②Ⅱサム6:18, 7:8、→Ⅰサム1:3
3 ①Ⅱサム6:3, 4、民7:3
　②Ⅱサム6:7
　③Ⅰサム7:1, 2

5:13　ダビデは・・・さらにそばめたちと妻たちをめとった　ここには女性に対する強い欲望というダビデの最も深刻な弱点が示されている（⇒3:1-5, 5:13）。(1) ダビデは性的欲求に抵抗し制御することができなかったので、申命記17:15-17の神の命令（イスラエルの王が多くの妻をめとることを禁じていた）に背いた。そしてミカルとその夫に残酷な仕打ちをし（3:14-16）、バテ・シェバと姦淫の罪を犯し（11:1-5）、夫ウリヤを殺すことになった（11:6-27）。(2) 女性に対するダビデの肉欲がダビデの家族にとって多くの罪と悲しみ、苦しみをもたらした（12:9-14, 13：-18：）。神のさばきを受けて、ダビデはバテ・シェバとの罪の結果に一生苦しむことになった（12:10）。

5:19　ダビデは【主】に伺って　ダビデの強さの一つは、戦いに勝つためには絶対に神の助けと導きが必要であると確信していたことである。ダビデは大きな決断をするときには必ず神に尋ねていた。私たちに対する神のご計画が実現できるかどうかは神の導きにかかっている。したがって私たちはダビデに見習って、いつも、そしてしばしば祈るべきである。そして今、主イエスに従う人々のうちに住んで神の指示に従って導いてくださる聖霊に従わなければならない（⇒ロマ8:1-17）。

Ⅱサムエル記 6章

⁵ ダビデとイスラエルの全家は歌を歌い、立琴、琴、タンバリン、カスタネット、シンバルを鳴らして、主の前で、力の限り喜び踊った。

⁶ こうして彼らがナコンの打ち場まで来たとき、ウザは神の箱に手を伸ばして、それを押さえた。牛がそれをひっくり返しそうになったからである。

⁷ すると、主の怒りがウザに向かって燃え上がり、神は、その不敬の罪のために、彼をその場で打たれたので、彼は神の箱のかたわらのその場で死んだ。

⁸ ダビデの心は激した。ウザによる割りこみに主が怒りを発せられたからである。それで、その場所は*ペレツ・ウザと呼ばれた。今日もそうである。

⁹ その日ダビデは主を恐れて言った。「主の箱を、私のところにお迎えすることはできない。」

¹⁰ ダビデは主の箱を彼のところ、ダビデの町に移したくなかったので、ガテ人オベデ・エドムの家にそれを回した。

¹¹ こうして、主の箱はガテ人オベデ・エドムの家に三か月とどまった。主はオベデ・エドムと彼の全家を祝福された。

¹² 主が神の箱のことで、オベデ・エドムの家と彼に属するすべてのものを祝福された、ということがダビデ王に知らされた。そこでダビデは行って、喜びをもって神の箱をオベデ・エドムの家からダビデの町へ運び上った。

¹³ 主の箱をかつぐ者たちが六歩進んだとき、ダビデは肥えた牛をいけにえとしてささげた。

¹⁴ ダビデは、主の前で、力の限り踊った。ダビデは亜麻布のエポデをまとっていた。

¹⁵ ダビデとイスラエルの全家は、歓声をあげ、角笛を鳴らして、主の箱を運び上った。

¹⁶ 主の箱はダビデの町に入った。サウルの娘ミカルは窓から見おろし、ダビデ王が主の前ではねたり踊ったりしているのを見て、心の中で彼をさげすんだ。

¹⁷ こうして彼らは、主の箱を運び込み、ダビデがそのために張った天幕の真ん中の場所に安置した。それから、ダビデは主の前に、全焼のいけにえと和解のいけにえをささげた。

¹⁸ ダビデは、全焼のいけにえと和解のいけにえをささげ終えてから、万軍の主の御名によって民を祝福した。

¹⁹ そして民全部、イスラエルの群衆全部に、男にも女にも、それぞれ、輪型のパン一個、なつめやしの菓子一個、干しぶどうの菓子一個を分け与えた。こうして民はみな、それぞれ自分の家に帰った。

²⁰ ダビデが自分の家族を祝福するために戻ると、サウルの娘ミカルがダビデを迎えに出て来て言った。「イスラエルの王は、きょう、ほんとうに威厳がございましたね。ごろつきが恥ずかしげもなく裸になるよう

---

⁵①詩68:24, 25, 150:3-5
 *Ⅰ歴13:8による
 「すべてのもみ材のもので、立琴、……、シンバルを鳴らして、喜び踊った」
 ②Ⅰサム18:6
⁶①民4:15, 19, 20
 ⑦Ⅰサム6:19
⁸*「割りこむ」意の語根「パラツ」の派生語
⁹①→Ⅱサム6:10, 11, 13, 15-17、→ヨシ3:13
¹⁰①→Ⅰサム5:7
 ②Ⅰ歴26:4-8
¹¹①創30:27, 39:5
¹²①Ⅱサム6:12-23、Ⅰ歴15, 16章
 ②→Ⅱサム5:7

¹³①Ⅰ列8:5
¹⁴①出15:20, 21、士11:34、詩30:11, 87:7、Ⅰ列8:26
 ②Ⅰサム2:18, 28
¹⁶①→Ⅱサム5:7
 ②Ⅰサム18:20, 27
¹⁷①→Ⅱサム6:9
 ②Ⅰ列8:62-64
 ③Ⅱサム6:18, 24:22, 24, 25、→Ⅰサム6:14
 ④→Ⅰサム10:8
¹⁸①→Ⅱサム6:2
 ②Ⅰ列8:14, 15, 55、Ⅰ歴16:2
²⁰①Ⅱサム6:14, 16
 ②Ⅰサム19:24

6:7 【主】の怒り ダビデと大祭司が、神が命じられたように(民1:49-53)レビ人に契約の箱を正しく取扱わせなかったので、神はウザを打たれた。

(1) 神の臨在と尊厳の象徴である契約の箱に触れてはならないと神は命じられた(民4:15、⇒Ⅰ歴15:13-15)。ウザが箱に触れたのは神のことばを無視したか、神を恐れ敬う思い(聖く、恐れに満ちた神への尊敬)が欠けていたからに違いない(⇒Ⅰ歴15:2)。

(2) ウザの例は神のことばを知らないまま、あるいは神がどのように働かれるのかを理解しないままで神に熱心になることが危険であることを表している。ダビデが神の箱をエルサレムに持帰ろうとした計画も、ウザが神の箱を車から落ちないようにしたことも、ふたりが神の国への情熱を持っていたことを示している。けれども同時にふたりが神の基準に不注意だったことも示している。神の基準を知らなかったこ

とは、適切で聖い恐れを持たないで神に近付いたことの言訳にはならない。霊感された神のことば(聖書)は生活全般に関係する神のみこころ(神の願い、計画、目的)を現している。神に従うと言う人々は同じように尊敬と聖い恐れをもって、神のことばの中にはっきりと書かれている教えと模範に従わなければならない(⇒レビ10:1-3、ヨシ7:, 使5:1-11)。

6:12 神の箱を・・・ダビデの町へ ダビデは神の箱をエルサレム(⇒5:6-7)へ運んで、この町をイスラエルの首都、礼拝の中心地に作り変えた。このときには主の指示に従ってレビ人に神の箱を運ばせた(Ⅰ歴15:12)。ダビデが王として行った偉大な業績は二つとも「ダビデの町」を中心にしたものだった。(1) イスラエルを堅固な要塞都市エルサレムを首都とする強大な統一王国にした。(2) 主を礼拝することをイスラエルの最優先事項として、エルサレムを国の礼拝の

に、きょう、あなたは自分の家来のはしための目の前で裸におなりになって。」
21 ダビデはミカルに言った。「あなたの父よりも、その全家よりも、むしろ私を選んで主の民イスラエルの君主に任じられた主の前なのだ。私はその主の前で喜び踊るのだ。
22 私はこれより、もっと卑しめられよう。私の目に卑しく見えても、あなたの言うのはしためたちに、敬われたいのだ。」
23 サウルの娘ミカルには死ぬまで子どもがなかった。

ダビデへの神の約束
7:1-17　並行記事－Ⅰ歴17:1-15

7 ¹ 王が自分の家に住み、主が周囲のすべての敵から守って、彼に安息を与えられたとき、
² 王は預言者ナタンに言った。「ご覧ください。この私が杉材の家に住んでいるのに、神の箱は天幕の中にとどまっています。」
³ すると、ナタンは王に言った。「さあ、あなたの心にあることをみな行いなさい。主があなたとともにおられるのですから。」
⁴ その夜のことである。次のような主のことばがナタンにあった。
⁵ 「行って、わたしのしもべダビデに言え。主はこう仰せられる。あなたはわたしのために、わたしの住む家を建てようとしているのか。
⁶ わたしは、エジプトからイスラエル人を導き上った日以来、今日まで、家に住んだことはなく、天幕、すなわち幕屋にいて、歩んできた。
⁷ わたしがイスラエル人のすべてと歩んできたどんな所ででも、わたしが、民イスラ

エルを牧せよと命じたイスラエル部族の一つにでも、『なぜ、あなたがたはわたしのために杉材の家を建てなかったのか』と、一度でも、言ったことがあろうか。
⁸ 今、わたしのしもベダビデにこう言え。万軍の主はこう仰せられる。わたしはあなたを、羊の群れを追う牧場からとり、わたしの民イスラエルの君主とした。
⁹ そして、あなたがどこに行っても、あなたとともにおり、あなたの前であなたのすべての敵を断ち滅ぼした。わたしは地上の大いなる者の名に等しい大いなる名をあなたに与える。
¹⁰ わたしが、わたしの民イスラエルのために一つの場所を定め、民を住みつかせ、民がその所に住むなら、もはや民は恐れおののくことはない。不正な者たちも、初めのころのように重ねて民を苦しめることはない。
¹¹ それは、わたしが、わたしの民イスラエルの上にさばきつかさを任命したころのことである。わたしはあなたをすべての敵から守って、安息を与える。さらに主はあなたに告げる。『主はあなたのために一つの家を造る。』
¹² あなたの日数が満ち、あなたがあなたの先祖たちとともに眠るとき、わたしは、あなたの身から出る世継ぎの子を、あなたのあとに起こし、彼の王国を確立させる。
¹³ 彼はわたしの名のために一つの家を建て、わたしはその王国の王座をとこしえまでも堅く立てる。
¹⁴ わたしは彼にとって父となり、彼はわたしにとって子となる。もし彼が罪を犯すときは、わたしは人の杖、人の子のむちをもって彼を懲らしめる。

中心地にした (⇒7:1-29、Ⅰ歴15:1-17:27)。

6:20　裸におなりになって　ミカルはダビデがした振舞はイスラエルの王としてふさわしくないと感じた (⇒6:16)。「裸になる」はダビデが王衣を脱いで、奴隷が着ているような簡素な服で人前に出たことを意味する。裸になったのではなかった。そのようなことが見苦しいことぐらいダビデはわきまえていたはずである。神を敬うダビデの性格からして、自分を見せびらかして神から栄光を奪い取ろうとするようなこともなかったと思われる。けれどもミカルはそのように考えて怒ったのである。

7:12　わたしは・・・彼の王国を確立させる　神はナタンを仲介者（複数の人々の間に立ってそれぞれのために話をする人）として立ててダビデと契約を結ばれた。神の契約はダビデとの個人的な「終生協定」だった（契約が複数の関係者の間での「正式の協定」であるのと同じ意味で)。この契約で神は約束と恩典、規定について詳細を示された。ダビデとその子孫は契約の祝福を体験するために、神に従順で忠実であることを求められた（詳細 →「ダビデとの神の契約」の項 p.512)。

IIサムエル記 7-8章

15 しかし、わたしは、あなたの前からサウルを取り除いて、わたしの恵みをサウルから取り去ったが、わたしの恵みをそのように、彼から取り去ることはない。
16 あなたの家とあなたの王国とは、わたしの前にとこしえまでも続き、あなたの王座はとこしえまでも堅く立つ。』
17 ナタンはこれらすべてのことばと、これらすべての幻とを、そのままダビデに告げた。

ダビデの祈り
7:18-29　並行記事－I歴17:16-27

18 ダビデ王は行って主の前に座し、そして言った。「神、主よ。私がいったい何者であり、私の家が何であるからというので、あなたはここまで私を導いてくださったのですか。
19 神、主よ。この私はあなたの御目には取るに足りない者でしたのに、あなたは、このしもべの家にも、はるか先のことまで告げてくださいました。神、主よ。これが人の定めでしょうか。
20 神、主よ。このダビデは、このうえ、あなたに何をつけ加えて申し上げることができましょう。あなたはこのしもべをよくご存じです。
21 あなたは、ご自分の約束のために、あなたのみこころのままに、この大いなることのすべてを行い、このしもべにそれを知らせてくださいました。
22 それゆえ、神、主よ。あなたは大いなる方です。私たちの耳に入るすべてについて、あなたのような方はほかになく、あなたのほかに神はありません。
23 また、地上のどの国民があなたの民のよう、イスラエルのようでしょう。神ご自身が来られて、この民を贖い、これをご自身の民とし、これにご自身の名を置かれました。あなたは、ご自身の国のために、あな

たの民の前で、大いなる恐るべきことを行い、この民をあなたのためにエジプトから、そして国々とその神々から贖ってくださいました。
24 こうして、あなたの民イスラエルをとこしえまでもあなたの民として立てられました。主よ。あなたは彼らの神となられました。
25 どうか、神、主よ。あなたが、このしもべとその家について約束されたことを、とこしえまでも守り、あなたの約束どおりに行ってください。
26 あなたの御名がとこしえまでもあがめられ、『万軍の主はイスラエルの神』と言われますように。あなたのしもべダビデの家が御前に堅く立つことができますように。
27 イスラエルの神、万軍の主よ。あなたは、このしもべの耳にはっきり、『わたしが、あなたのために家を建てる』と言われました。それゆえ、このしもべは、この祈りをあなたに祈る勇気を得たのです。
28 今、神、主よ。あなたこそ神であられます。あなたのおことばはまことです。あなたは、このしもべに、この良いことを約束してくださいました。
29 今、どうぞあなたのしもべの家を祝福して、とこしえに御前に続くようにしてください。神、主よ。あなたが、約束されました。あなたの祝福によって、あなたのしもべの家はとこしえに祝福されるのです。」

ダビデの勝利
8:1-14　並行記事－I歴18:1-13

8 １ その後、ダビデはペリシテ人を打って、これを屈服させた。ダビデはメテグ・ハアマをペリシテ人の手から奪った。
２ 彼はモアブを打ったとき、彼らを地面に伏させて、なわで彼らを測った。なわ二本を伸ばして測った者を殺し、なわ一本を

7:16　あなたの王国とは・・・とこしえまでも続く
ダビデとの神の契約は最高のかたちでイエス・キリストによって成就した（→「**ダビデとの神の契約**」の項 p.512）。

7:18　私がいったい何者であり・・・あなたはここまで私を導いてくださったのですか　主がダビデと契約をしたのは、ダビデが優れていて立派であり、良い行いをしたからではなかった。むしろ神の慈しみとあ

われみ、恵み（受けるにふさわしくない好意と助け、祝福）とによって与えられた。神が契約を結ばれたのはまた、みことばを成就し（7:21）、御名があがめられ（7:26）、神の民としてのイスラエルの将来が確立され（5:12）、最終的にはあらゆる国の人々が霊的救いを受ける（イザ11:1, 10）ためだった。ダビデは謙遜と信仰とをもって神の約束を受け入れた。

ダビデとの神の契約

「あなたの家とあなたの王国とは、わたしの前にとこしえまでも続き、あなたの王座はとこしえまでも堅く立つ。」(サムエル記第二 7:16)

ダビデとの契約の本質

　約定(コントラクト)は法律上の一つの同意であるけれども、契約は複数の関係者による「終生協定」である。神が契約を結ばれるときには条件は神の約束、標準、規則を土台としている。このような契約の恩典は、神に対する人々の服従、信頼、忠実さにかかっている。

　(1) サムエル記第二7章には「契約」ということばが実際にはないけれども、神がここでダビデと厳粛な「終生協定」を結ばれたことを明らかにしている。たとえば詩篇89篇3-4節で神は「わたしは、わたしの選んだ者と契約を結び、わたしのしもべダビデに誓っている。わたしは、おまえのすえを、とこしえに堅く立て、おまえの王座を代々限りなく建てる」と言っておられる(→詩89:34-36)。神の民を治める王座はダビデの子孫によって永遠に確立されるというこの約束は、サムエル記第二7章(特に16節)で神がダビデへ約束されたのと同じである。後にサムエル記第二の中でダビデ自身、神がダビデと結ばれた「とこしえの契約」について触れているけれども(Ⅱサム23:5)、それは7章を指していることが確かである。

　(2) 旧約聖書の契約に適用されている二つの原理がここでも明らかである。それは神だけがこの契約の約束と義務を定められたこと、そして人々は従順な信仰をもってその条件を受入れるように期待されていることである(→「アブラハム、イサク、ヤコブとの神の契約」の項 p.74, 「イスラエル人との神の契約」の項 p.351)。

　　(a) ダビデとのこの契約の取決めの中で神はダビデの息子ソロモンの王国を確立することを約束された。そしてソロモンが主の家、神殿を建てる人になる(Ⅱサム7:11-13, →「**ソロモンの神殿**」の図 p.557)。

　　(b) 同時にダビデの家、ダビデ王朝が永遠に続くという神の約束が条件付で与えられている。それはダビデとその子孫が忠実に従うかどうかである。この契約が永遠であるということは、治める人々が神に忠実に従順である限り、神はダビデの子をエルサレムの王座につけるつもりであるという意味である。

　(3) 次の400年間にわたってダビデの家系はユダの王座に断絶しないで続いた。ユダはイスラエル民族の分裂の結果生れた南部の王国である。分裂は最初サウル王の死後に起き(2:-4:)、次にダビデの息子のソロモンの死後に再び起きた(「**イスラエルとユダの王国**」の地図 p.570)。ユダ王国という名前は南王国の大部分をユダ族が構成していたことからつけられた。ユダ族は神が契約の民を守り、永遠の王権を確立し、後にメシヤを送るため用いられる部族である(⇒ゼカ10:4, マタ2:6, ヘブ7:14, 黙5:5)。ユダ王国の首都はエルサレムにあった。けれどもよこしまなマナセや、ヨシヤのあとに治めたユダの王たちは神に逆らい偶像を礼拝し神の律法を守らなかった。そこで神はついに王座からおろされた。そしてバビロンのネブカデネザル王がユダの地に侵入してエルサレムの町を攻撃し(前586)、最後に神殿とともに町を破壊する(前586)のを神は許された(→Ⅱ列25:, Ⅱ歴36:)。それはイスラエルにとってエジプトの奴隷のとき以来初めて、外国の支配者の支配を受けることだった。

イエス・キリストとこの契約

　ダビデとの神の契約には条件付ではない部分が一つあった。神は終りの日にダビデの王国を永遠に確立されると言われた部分である。

　(1) 神の約束の重要な点はメシヤ(「油そそがれた方」、救い主)、永遠の王が、ダビデの家系から来られるということだった。この王はただイスラエルだけではなく、神に従うあらゆる国の人々を治めるのである(⇒イザ9:6-7, 11:1, 10, ミカ5:2, 4)。この人はベツレヘムの町から出て来られて(ミカ5:2, 4)、その支

配は地の果てにまで及ぶ(ゼカ9:10)。そして「主は私たちの正義」(エレ23:5-6)と呼ばれ、罪からの救いをもたらしてくださる(ゼカ13:1)。ダビデへの約束の成就は、ダビデの家系の神を敬う女性であるマリヤに天使ガブリエルがイエス・キリストの誕生を告知したことによって始まった(ルカ1:30-33, ⇒使2:29-35)。

　(2) ダビデへの神の約束は、エバの子孫によってサタンが敗北することを予告した創世記3章15節にある約束を拡大したものだった(→創3:15注)。それはまたアブラハムとその子孫に与えられた契約の継続でもあった(→「**アブラハム、イサク、ヤコブとの神の契約**」の項 p.74)。

　(3) この約束の成就には、キリストが死からよみがえり、神の右という当然の場所(使2:29-33)、天での最高の名誉の場所に引上げられることが含まれていた。そこからキリストは今、王の王、主の主として治めておられる。高く挙げられた主としてのキリストの最初の任務は聖霊を注ぎ、弟子たちの中に住み、福音を広めるために力を与えることだった(使1:8, 2:4, 33, →「**聖霊の働き**」の表 p.2187)。

　(4) キリストの王としての統治の中には、罪から離れてキリストを救い主(罪を赦す方, 人生の導き手)、主として受入れ、聖霊を受けるようにというすべての人に対する招きと召しが含まれている(使2:32-40)。

　(5) キリストの永遠の王権には次のことが含まれている。(a) 神の国に対する現在の支配権(→「**神の国**」の項 p.1654)と教会のかしらであること、(b) 地上の諸国民に対する未来の千年王国(1,000年間)の支配(黙2:26-27, 20:4)、(c) 新しい天と新しい地での永遠の王国(黙21:-22:)。

II サムエル記 8-9章

伸ばして測った者を生かしておいた。こうしてモアブはダビデのしもべとなり、みつぎものを納める者となった。

3 ダビデは、ツォバの王レホブの子ハダデエゼルが、ユーフラテス川流域にその勢力を回復しようと出て来たとき、彼を打った。4 ダビデは、彼から騎兵千七百、歩兵二万を取った。ダビデは、その戦車全部の馬の足の筋を切った。ただし、戦車の馬百頭を残した。

5 ダマスコのアラムがツォバの王ハダデエゼルを助けに来たが、ダビデはアラムの二万二千人を打った。6 ダビデはダマスコのアラムに守備隊を置いた。アラムはダビデのしもべとなり、みつぎものを納める者となった。こうして主は、ダビデの行く先々で、彼に勝利を与えられた。

7 ダビデはハダデエゼルの家来たちの持っていた金の丸い小盾を奪い取り、エルサレムに持ち帰った。

8 ダビデ王は、ハダデエゼルの町ベタフと*ベロタイから、非常に多くの青銅を奪い取った。

9 ハマテの王トイ*は、ダビデがハダデエゼルの全軍勢を打ち破ったことを聞いた。10 そこでトイは、その子ヨラムをダビデ王のもとにやって、安否を尋ねさせ、ダビデがハダデエゼルと戦ってこれを打ち破ったことについて、祝福のことばを述べさせた。ハダデエゼルがトイに戦いをいどんでいたからである。ヨラムは銀の器、金の器、青銅の器を手にして来た。11 ダビデ王は、それもまた、彼の征服したすべての国々から取って聖別する銀や金とともに主に聖別してささげた。

12 それらは、アラム、モアブ、アモン人、ペリシテ人、アマレクから取った物、およびツォバの王レホブの子ハダデエゼルの分捕り物であった。

2②Ⅱサム8:6,
士3:15, 17, 18,
Ⅰ列4:21, Ⅱ列17:3, 4,
Ⅱ歴26:8
3①Ⅱサム8:3-8,
Ⅰ歴18:15-19
②Ⅱサム10:6,
Ⅰ列11:23, 詩60表題
③Ⅱサム10:16, 19
④創15:18, Ⅰ歴19:16
4①ヨシ11:6, 9
6①Ⅱサム8:2, 14
②Ⅱサム3:18, 7:9
7①Ⅰ列11:10
8＊エゼ47:16「ベロタ」
9①Ⅰ列8:65, Ⅱ列8:4
＊Ⅰ歴18:9「トウ」
10＊Ⅰ歴18:10「ハドラム」
11①Ⅰ列7:51
12①Ⅱサム10:14
②Ⅱサム10:14
③Ⅱサム5:17-25
④Ⅱサム27:8,
30:18-20

13①Ⅱ列14:7, Ⅱ歴25:11,
詩60表題
②Ⅰ列11:15
＊七十人訳、およびⅠ歴
18:12による
①「アラム人」
②Ⅱサム7:9
14①民24:17, 18, 詩60:8
②Ⅱサム8:6
16①Ⅱサム8:16-18,
Ⅱサム20:23-26,
Ⅰ列4:1-6
②Ⅱサム19:13, 20:23,
Ⅱ歴11:6, 18:15
17①Ⅰ歴6:4-8, 16:39,
40, 24:3
＊Ⅰ歴18:16「アビメレ
ク」
18①Ⅱサム23:20-23,
Ⅰ列4:4,
Ⅰ歴15:18, 18:17
②Ⅱサム15:18, 20:7,
23, Ⅰサム30:14,
Ⅰ列1:38, 44
＊Ⅰ歴18:17による
1①Ⅱサム21:1, 7
②Ⅱサム20:5,
20:15-17, 42
2①Ⅱサム16:1-4,
19:17, 29
3①Ⅱサム20:14
4①Ⅱサム17:27-29

13 ダビデが塩の谷でエドム人一万八千を打ち殺して帰って来たとき、彼は名をあげた。14 彼はエドムに守備隊を、すなわち、エドム全土に守備隊を置いた。こうして、エドムの全部がダビデのしもべとなった。このように主は、ダビデの行く先々で、彼に勝利を与えられた。

ダビデの高官たち
8:15-18　並行記事―Ⅰ歴18:14-17

15 ダビデはイスラエルの全部を治め、その民のすべての者に正しいさばきを行った。16 ツェルヤの子ヨアブは軍団長、アヒルデの子ヨシャパテは参議、17 アヒトブの子ツァドクとエブヤタルの子*アヒメレクは祭司、セラヤは書記、18 エホヤダの子ベナヤはケレテ人とペレテ人の*上に立つ者、ダビデの子らは祭司であった。

ダビデとメフィボシェテ

9 1 ダビデが言った。「サウルの家の者で、まだ生き残っている者はいないか。私はヨナタンのために、その者に恵みを施したい。」

2 サウルの家にツィバという名のしもべがいた。彼がダビデのところに召し出されたとき、王は彼に尋ねた。「あなたがツィバか。」すると彼は答えた。「はい、このしもべです。」

3 王は言った。「サウルの家の者で、まだ、だれかいないのか。私はその者に神の恵みを施したい。」ツィバは王に言った。「まだ、ヨナタンの子で足の不自由な方がおられます。」

4 王は彼に言った。「彼は、どこにいるのか。」ツィバは王に言った。「今、ロ・デバルのアミエルの子マキルの家におられます。」

5 そこでダビデ王は人をやり、ロ・デバルのアミエルの子マキルの家から彼を連れて来

9:1 ヨナタンのために・・・恵みを施したい　9章にはダビデが親友のヨナタンとの約束を守ったことが記録されている。ダビデはヨナタンの家族にはいつでも親切にするという契約を結んでいた（Ⅰサム20:11-23）。メフィボシェテはヨナタンの息子だった（9:3, 6, ⇒4:4）。これは父親同士の関係をもとに、ダビデが親切を示した二つの例の最初のものである（⇒10:1-5）。ここで示されたダビデの注目するべき親切は、このあと続くよこしまで残酷な二つの行為（姦淫と殺人）と全く対照的である（11:1-27）。

II サムエル記　9–10章

させた。

6 サウルの子ヨナタンの子メフィボシェテは、ダビデのところに来て、ひれ伏して礼をした。ダビデは言った。「メフィボシェテか。」彼は答えた。「はい、このしもべです。」

7 ダビデは言った。「恐れることはない。私は、あなたの父ヨナタンのために、あなたに恵みを施したい。あなたの祖父サウルの地所を全部あなたに返そう。あなたはいつも私の食卓で食事をしてよい。」

8 彼は礼をして言った。「このしもべが何者だというので、あなたは、この死んだ犬のような私を顧みてくださるのですか。」

9 そこで王はサウルのしもべツィバを呼び寄せて言った。「サウルと、その一家の所有になっていた物をみな、私はあなたの主人の子に与えた。

10 あなたも、あなたの息子たちも、あなたの召使いたちも、彼のために地を耕して、作物を得たなら、それはあなたの主人の子のパン、また食物となる。あなたの主人の子メフィボシェテは、私の食卓で、いつも食事をすることになる。」ツィバには十五人の息子と二十人の召使いがあった。

11 ツィバは王に言った。「王さま。あなたが、このしもべに申しつけられたとおりに、このしもべはいたします。」こうして、メフィボシェテは王の息子たちのひとりのように、王の食卓で食事をすることになった。

12 メフィボシェテにはミカという名の小さな子どもがいた。ツィバの家に住む者はみな、メフィボシェテのしもべとなった。

13 メフィボシェテはエルサレムに住み、いつも王の食卓で食事をした。彼は両足が共になえていた。

ダビデがアモン人を破る

10:1–19　並行記事―Ⅰ歴19:1–19

10 1 この後、アモン人の王が死に、その子ハヌンが代わって王となった。

2 ダビデは、「ナハシュの子ハヌンに真実を尽くそう。彼の父が私に真実を尽くしてくれたように」と考えた。そこで、ダビデは家来を派遣して、彼の父の悔やみを言わせた。ダビデの家来たちがアモン人の地に来たとき、

3 アモン人のつかさたちは、彼らの主君ハヌンに言った。「ダビデがあなたのもとに悔やみの使者をよこしたからといって、彼が父君を敬っているとでもお考えですか。この町を調べ、探り、くつがえすために、ダビデはあなたのところに家来をよこしたのではありませんか。」

4 そこでハヌンはダビデの家来たちを捕らえ、彼らのひげを半分そり落とし、その衣を半分に切って尻のあたりまでにし、彼らを送り返した。

5 ダビデにこのことが知らされたので、彼は彼らを迎えに人をやった。この人たちが非常に恥じていたからである。王は言った。「あなたがたのひげが伸びるまで、エリコにとどまり、それから帰りなさい。」

6 アモン人は、自分たちがダビデに憎まれるようになったのを見て取った。そこでアモン人は使いをやって、ベテ・レホブのアラムとツォバのアラムの歩兵二万、マアカの王の兵士一千、トブの兵士一万二千を雇った。

7 ダビデはこれを聞き、ヨアブと勇士たちの全軍を送った。

8 アモン人は出て、門の入口に戦いの備えをした。ツォバとレホブのアラムおよびトブとマアカの人たちは、別に野にいた。

9 ヨアブは、彼の前とうしろに戦いの前面があるのを見て、イスラエルの精鋭全員からさらに兵を選び、アラムに立ち向かう陣ぞなえをし、

10 民の残りの者は彼の兄弟*アブシャイの手に託して、アモン人に立ち向かう陣ぞなえをした。

11 ヨアブは言った。「もし、アラムが私より強ければ、おまえが私を救ってくれ。もし、アモン人がおまえより強かったら、私がおまえを救いに行こう。

12 強くあれ。われわれの民のため、われわれの神の町々のために全力を尽くそう。主はみこころにかなうことをされる。」

13 ヨアブと彼の部下の兵士たちがアラムと戦おうとして近づいたとき、アラムは彼の前から逃げた。

¹⁴アモン人はアラムが逃げるのを見て、アビシャイの前から逃げて、町に入り込んだ。そこでヨアブはアモン人を打つのをやめて、エルサレムに帰った。

¹⁵アラムは、自分たちがイスラエルに打ち負かされたのを見て団結した。

¹⁶ハダデエゼルは使いを送り、川向こうのアラムを連れ出したので、彼らはヘラムに来た。ハダデエゼルの将軍ショバクが彼らを率いていた。

¹⁷このことがダビデに報告された。すると、彼は全イスラエルを集結し、ヨルダン川を渡って、ヘラムへ行った。アラムはダビデに立ち向かう陣ぞなえをして、彼と戦った。

¹⁸アラムがイスラエルの前から逃げたので、ダビデはアラムの戦車兵七百と騎兵四万をほふり、将軍ショバクを打って、その場で殺した。

¹⁹ハダデエゼルに仕えていた王たちはみな、自分たちがイスラエルに打ち負かされたのを見て、イスラエルと和を講じ、彼らのしもべとなった。アラムは恐れて、それからはもう、アモン人を救おうとはしなかった。

14＊Ⅰ歴19:15「アブシャイ」
15) Ⅱサム10:15-19, Ⅱサム8:3-8
16＊Ⅰ歴19:16「ショファク」
19) Ⅱサム8:6

1) ①Ⅰ歴20:1, Ⅱサム11:1-12:25, 詩51篇
②Ⅱ歴36:10
③Ⅱサム10:7
エレ49:2, 3, アモ1:14
2) ①申22:8, Ⅰサム9:25, マタ24:17, 使10:9
②創34:2, ヨブ31:1, マタ5:28
3) ①Ⅱサム23:39
②Ⅰ歴3:5
4) ①ヤコ1:14, 15, レビ20:10, ヘブ22:22
②レビ15:19, 28, 18:19

ダビデとバテ・シェバ

11 ¹年が改まり、王たちが出陣するころ、ダビデは、ヨアブと自分の家来たちとイスラエルの全軍とを戦いに出した。彼らはアモン人を滅ぼし、ラバを包囲した。しかしダビデはエルサレムにとどまっていた。

²ある夕暮れ時、ダビデは床から起き上がり、王宮の屋上を歩いていると、ひとりの女が、からだを洗っているのが屋上から見えた。その女は非常に美しかった。

³ダビデは人をやって、その女について調べたところ、「あれはヘテ人ウリヤの妻で、エリアムの娘バテ・シェバではありませんか」との報告を受けた。

⁴ダビデは使いの者をやって、その女を召し入れた。女が彼のところに来たので、彼はその女と寝た。──その女は月のものの汚れをきよめていた──それから女は自分の家へ帰った。

⁵女はみごもったので、ダビデに人をやって、告げて言った。「私はみごもりました。」

⁶ダビデはヨアブのところに人をやって、「ヘテ人ウリヤを私のところに送れ」と言わ

11:1 ダビデはエルサレムにとどまっていた 11章にはダビデの悲しい罪と道徳的失敗が記録されている。ダビデは以前のように自分の軍隊を率いて戦場に出かけずに、エルサレムに残っていた。ダビデは以前には積極的に主の戦いに参加して、王国の発展のために働いた。けれども関心と精力がもはや戦いに向けられなくなったときに、怠け者になったようである。自分の立場に満足するにつれ、心と思いは不健全なものへと傾いていった。そして神の心にかなう人の姿からどんどん遠い考えと行動をとるようになった(→Ⅰサム13:14)。ダビデの失敗(⇒ガラ5:4)はキリスト者にとっても「ですから、立っていると思う者は、倒れないように気をつけなさい」(Ⅰコリ10:12)という厳かな警告になっている。私たちは絶えず神との個人的な関係を成長させ大切にし、神の目的達成に積極的に参加しなければならない。そうしなければ霊的に自己満足に陥ることになる。そして霊的な妥協や失敗に身をさらしやすくなっていく。

11:2 ひとりの女が・・・見えた 11－24章には、深刻なダビデの霊的な失敗と神のさばきのことば、終生ダビデについて回る長期間にわたる結果とが記録されている。

(1) 罪とその結果としてダビデ個人とその家庭に起きた悲劇はキリスト者への悪い見本となり警告となっている。パウロは新約聖書の信仰者たちに心が悪に満たされる危険について警告をして、イスラエルが荒野をさまよったときの悪い例を挙げてこう言っている。「これらのことが彼らに起こったのは、戒めのためであり、それが書かれたのは、世の終わりに臨んでいる私たちへの教訓とするためです」(Ⅰコリ10:11)。つまり、聖書の中の人々に起きたことを見ることは、私たちにはその失敗から学ぶ責任があるということである。よこしまな欲望を克服するために必要なことを行い不道徳を避け、神の忍耐を試すようなことは避けなければならない(⇒Ⅰコリ10:6-9)。

(2) ダビデの体験から、神から離れて聖霊の導きを無視すると、人はどれほど堕落するのかがわかる。神は最初にダビデを王として選んだとき、「ご自分の心にかなう人」(Ⅰサム13:14, 使13:22)と言われた。ところがウリヤの妻を自分の妻にするためにウリヤを殺す詳細な計画を立てることによって、ダビデは全能の神、主とみことばをおろそかにして拒む姿勢を強く表したのである(12:9-10, ⇒Ⅰコリ10:12)。

(3) ダビデは罪を悔い改めて赦されたけれども、神は罪の結果を取消されなかった。これは意図的にひどい罪を犯して、後に心から悲しみ悔い改めた(自分

IIサムエル記　11章

せた。それでヨアブはウリヤをダビデのところに送った。

7 ウリヤが彼のところに入って来ると、ダビデは、ヨアブは無事でいるか、兵士たちも変わりないか、戦いもうまくいっているか、と尋ねた。

8 それからダビデはウリヤに言った。「家に帰って、あなたの足を洗いなさい。」ウリヤが王宮から出て行くと、王からの贈り物が彼のあとに続いた。

9 しかしウリヤは、王宮の門のあたりで、自分の主君の家来たちみなといっしょに眠り、自分の家には帰らなかった。

10 ダビデは、ウリヤが自分の家には帰らなかった、という知らせを聞いて、ウリヤに言った。「あなたは遠征して来たのではないか。なぜ、自分の家に帰らなかったのか。」

11 ウリヤはダビデに言った。「神の箱も、イスラエルも、ユダも仮庵に住み、私の主人ヨアブも、私の主人の家来たちも戦場で野営しています。それなのに、私だけが家に帰り、飲み食いして、妻と寝ることができましょうか。あなたの前に、あなたのたましいの前に誓います。私は決してそのようなことをいたしません。」

8 ①創18:4, 19:2, 43:24, ルカ7:44
9 ①Ⅰ列14:27
11 ①→Ⅱサム6:2　②Ⅱサム20:6　③Ⅱサム14:19

12 ダビデはウリヤに言った。「では、きょうもここにとどまるがよい。あすになったらあなたを送り出そう。」それでウリヤはその日と翌日エルサレムにとどまることになった。

13 ダビデは彼を招いて、自分の前で食べたり飲んだりさせ、彼を酔わせた。夕方、ウリヤは出て行って、自分の主君の家来たちといっしょに自分の寝床で寝た。そして自分の家には行かなかった。

14 朝になって、ダビデはヨアブに手紙を書き、ウリヤに持たせた。

15 その手紙にはこう書かれてあった。「ウリヤを激戦の真っ正面に出し、彼を残してあなたがたは退き、彼が打たれて死ぬようにせよ。」

16 ヨアブは町を見張っていたので、その町の力ある者たちがいると知っていた場所に、ウリヤを配置した。

17 その町の者が出て来てヨアブと戦ったとき、民のうちダビデの家来たちが倒れ、ヘテ人ウリヤも戦死した。

18 そこでヨアブは、使いを送って戦いの一部始終をダビデに報告するとき、

19 使者に命じて言った。「戦いの一部始終を王に報告し終わったとき、

13 ①創19:33, 35　②Ⅱサム11:9
14 ①Ⅰ列21:8-10
15 ①Ⅱサム12:9
17 ①Ⅱサム11:21

の道を神の道へと完全に変えること）人々に対しても用いられる神の方法である。神は恵みと赦しを与えられる。けれども神との関係が更新されても、罰や長期間にわたる結果を免れるという約束にはつながらない（12:10-11, 14）。

（4）神はダビデも人間に過ぎないという言訳を用いて、その罪を見過したり無視したりされなかった。その罪は単にダビデの弱さの現れとして受入れることもされなかった。また、王である重圧から不本意にこのような行動をとったのだからその罪は仕方がないと感じさせることもさらなかった。ダビデはこのような罪を犯す必要はなかったはずである。自制心を用いたなら罪を避けることができた。旧約聖書全体を通して神を敬う人、たとえばダビデもよく知っていた預言者サムエルのような人々は神に忠実であることを目指し、神の助けと力に頼って誘惑を退けることができた（⇒Ⅰサム12:1-5, 23, →Ⅰサム25:1注）。ダビデの罪はどんな言訳も受入れられない意図的な選択だったとこの書物の著者ははっきり示している。

（5）罪に対する正しい対応は心から悔い改めて（→マタ3:2注）、神のあわれみに頼って赦しを受け（詩51:, ヘブ4:16, 7:25）、反感を持つことや反抗をすることなく、神の罰を受入れることである。醜い行為に対して弁明を求められたとき、ダビデは自分がひどく間違っていたことに気が付いて罪を認めた。そして心を神に向け、へりくだって神の叱責と罰を受入れた（12:9-13, 20, 16:5-12, 24:10-25, 詩51:）。

11:11　神の箱も、イスラエルも　この状況でウリヤはダビデよりも優れた人であると証明されている。その行動は神への献身と主のために戦っている仲間の兵士たちへの忠誠心に基づいている。ウリヤはいのちをかけて献身を貫いた。

11:15　彼が打たれて死ぬようにせよ　ダビデは罪を告白してそれが明るみに出る危険を冒すより、ウリヤを殺してその妻を奪おうと決めた。使徒ヨハネ（イエスの弟子の一人で初代教会の指導者）がカインやそのほかの殺人者について言ったことば（Ⅰヨハ3:12-15）が、ここではダビデに当てはまる。「兄弟を憎む者はみな、人殺しです。いうまでもなく、だれでも人を殺す者のうちに、永遠のいのちがとどまっていることはないのです」（Ⅰヨハ3:15）。真実な心からの悔い改めをしない限り、ダビデは神のもとに回復されることはない（→12:, 詩51:）。

²⁰ もし王が怒りを発して、おまえに『なぜ、あなたがたはそんなに町に近づいて戦ったのか。城壁の上から彼らが射かけてくるのを知らなかったのか。²¹ エルベシェテの子アビメレクを打ち殺したのはだれであったか。ひとりの女が城壁の上からひき臼の上石を投げつけて、テベツで彼を殺したのではなかったか。なぜ、そんなに城壁に近づいたのか』と言われたら、『あなたの家来、ヘテ人ウリヤも死にました』と言いなさい。」

²² こうして使者は出かけ、ダビデのところに来て、ヨアブの伝言をすべて伝えた。
²³ 使者はダビデに言った。「＊敵は私たちより優勢で、私たちに向かって野に出て来ましたが、私たちは門の入口まで彼らを攻めて行きました。²⁴ すると城壁の上から射手たちが、あなたの家来たちに矢を射かけ、王の家来たちが死に、あなたの家来、ヘテ人ウリヤも死にました。」
²⁵ ダビデは使者に言った。「あなたはヨアブにこう言わなければならない。『このことで心配するな。剣はこちらの者も、あちらの者も滅ぼすものだ。あなたは町をいっそう激しく攻撃して、それを全滅せよ。』あなたは、彼を力づけなさい。」
²⁶ ウリヤの妻は、夫ウリヤが死んだことを聞いて、夫のためにいたみ悲しんだ。
²⁷ 喪が明けると、ダビデは人をやり、彼女を自分の家に迎え入れた。彼女は彼の妻となり、男の子を産んだ。しかし、ダビデの行ったことは主のみこころをそこなった。

ナタンがダビデを叱責する

12 ¹ 主がナタンをダビデのところに遣わされたので、彼はダビデのところに来て言った。「ある町にふたりの人

21① 士9:50-54
23＊ 直訳「あの人々」
26① 創50:10、申34:8
27① Ⅱサム12:9
② 詩51:4

1① Ⅱサム7:2, 4, 17
② Ⅱサム14:3、Ⅰ列21:17, 18

5① → Ⅱサム2:27
② Ⅰサム26:11
6① 出22:1, ルカ19:8
7① Ⅰサム16:13
8① Ⅰサム9:7
9① 民15:31
Ⅰサム15:23, 26
② Ⅰサム15:19
③ Ⅱサム11:14-17
④ Ⅱサム11:27

がいました。ひとりは富んでいる人、ひとりは貧しい人でした。
² 富んでいる人には、非常に多くの羊と牛の群れがいますが、
³ 貧しい人は、自分で買って来て育てた一頭の小さな雌の子羊のほかは、何も持っていませんでした。子羊は彼とその子どもたちといっしょに暮らし、彼と同じ食物を食べ、同じ杯から飲み、彼のふところでやすみ、まるで彼の娘のようでした。
⁴ あるとき、富んでいる人のところにひとりの旅人が来ました。彼は自分のところに来た旅人のために自分の羊や牛の群れから取って調理するのを惜しみ、貧しい人の雌の子羊を取り上げて、自分のところに来た人のために調理しました。」
⁵ すると、ダビデは、その男に対して激しい怒りを燃やし、ナタンに言った。「①主は生きておられる。そんなことをした男は②死刑だ。
⁶ その男は、あわれみの心もなく、そんなことをしたのだから、その雌の子羊を①四倍にして償わなければならない。」
⁷ ナタンはダビデに言った。「あなたがその男です。イスラエルの神、①主はこう仰せられる。『わたしはあなたに油をそそいで、イスラエルの王とし、サウルの手からあなたを救い出した。
⁸ さらに、あなたの主人の家を与え、あなたの主人の妻たちをあなたのふところに渡し、イスラエルとユダの家も与えた。それでも少ないというのなら、わたしはあなたにもっと多くのものを増し加えたであろう。
⁹ それなのに、どうしてあなたは①主のことばをさげすみ、わたしの目の前に悪を行ったのか。あなたは②ヘテ人ウリヤを剣で打ち、③その妻を自分の妻にした。あなたが彼を④アモン人の剣で切り殺したのだ。

11:27 【主】のみこころをそこなった 姦淫と冷酷な殺人、自分の行為を隠そうと試みるダビデの罪は、神にとってひどく邪悪なものだった。この一つの罪によってダビデは十戒の第六、第七、第八、第九、第十を破った(出20:13-17)。そして神の選ばれた民族の指導者であり保護者だったので、その罪はさらに深刻だった(5:2)。王には人々に正義を示し、その生涯を通し

て何が正しいかを人々に示す責任があった(8:15)。

12:9 どうしてあなたは【主】のことばをさげすみ ダビデが姦淫と殺人を犯し、うそをついたことによって「主のことば」を嫌いさげすむという罪を犯したと預言者ナタンは宣言した(12:10)。「さげすむ」(《ヘ》バザ)は疎んじ荒々しく話し、人や物を大切ではないかのようにみなすという意味である。ダビデはその行動

Ⅱサムエル記　12章

¹⁰今や剣は、いつまでもあなたの家から離れない。あなたがわたしをさげすみ、ヘテ人ウリヤの妻を取り、自分の妻にしたからである。』
¹¹主はこう仰せられる。『聞け。わたしはあなたの家の中から、あなたの上にわざわいを引き起こす。あなたの妻たちをあなたの目の前で取り上げ、あなたの友に与えよう。その人は、白昼公然と、あなたの妻たちと寝るようになる。
¹²あなたは隠れて、それをしたが、わたしはイスラエル全部の前で、太陽の前で、このことを行おう。』」
¹³ダビデはナタンに言った。「私は主に対して罪を犯した。」ナタンはダビデに言っ

10①Ⅱサム13:28, 18:14, Ⅰ列2:25
11①Ⅱサム16:21, 22
12①Ⅱサム11:4-15
13①Ⅱサム24:10, Ⅰサム15:24, 30, 詩32:5, 51:4, 箴28:13

②レビ20:10, 24:17
14①イザ52:5, エゼ36:20, 23, ロマ2:24
15①Ⅰサム25:38
16①Ⅱサム13:31, 21:10, Ⅰ列21:27, ネヘ1:4

た。「主もまた、あなたの罪を見過ごしてくださった。あなたは死なない。
¹⁴しかし、あなたはこのことによって、主の敵に大いに侮りの心を起こさせたので、あなたに生まれる子は必ず死ぬ。」
¹⁵こうしてナタンは自分の家へ戻った。
　主は、ウリヤの妻がダビデに産んだ子を打たれたので、その子は病気になった。
¹⁶ダビデはその子のために神に願い求め、断食をして、引きこもり、一晩中、地に伏していた。
¹⁷彼の家の長老たちは彼のそばに立って、彼を地から起こそうとしたが、ダビデは起きようともせず、彼らといっしょに食事を取ろうともしなかった。

によって神の名声を汚して、神は愛したり献身したりする価値がないものとしたのである。

　（1）今日、神の奉仕者で姦淫やそのほかの性的罪を犯す人は、神と神の聖いみことばに対して同じように憎しみと拒否の姿勢をとっていることになる。その行為はキリストの犠牲を傷つけ価値を損なうものである。また神のメッセージを辱めている。その生き方は「神も神のことばも私が献身するほどの価値はない」と言っているようなものである。

　（2）聖書は不倫の関係を持っているキリスト者は霊的指導者の立場にふさわしくないとはっきりと書いている（Ⅰテモ3:2, →「監督の道徳的資格」の項 p.2303）。このような指導者は神と神の民から自分たちを引離す機会をサタンに与えている。もし間違った方向にそのまま歩き続けるなら、救いをも失う危険性がある。そして神のさばきを受けることになる（ヘブ13:4）。けれども神は悔い改めて神とその目的に立返る人にはあわれみを与えてくださる。

12:10　剣は、いつまでもあなたの家から離れない　ダビデが大胆にも主である神と神のご計画を拒んで、ウリヤを殺してその妻を自分の妻にしたので、神はダビデとその家族にさばきを宣言された。残された生涯（およそ25年間）には暴力と不和と殺人がダビデの国と家を苦しめる。そのうち少なくとも次の四つの出来事を聖書は記録している。ダビデとバテ・シェバの子の死（12:14）、アブシャロムによるアムノン（ダビデの息子たち）の殺害（13:29）、父に反抗したアブシャロムの殺害（18:9-17）、アドニヤ（ダビデの息子）の死刑（Ⅰ列2:24-25）。

12:11-12　【主】はこう仰せられる　ナタンが預言した恐ろしいダビデの罰は罪の自然的結果として起こったものではない。この罰はこれらの罪に対する神の直接的行動によることを聖書は明らかにしている。神はご自分の考えを次のような表現で3回も明らかにしておられる。「わたしは・・・わざわいを引き起こす」、「あなたの妻たちをあなたの目の前で取り上げ」、「わたしはイスラエル全部の前で・・・このことを行おう」。ダビデは子どもたちから大きな苦痛を受けることになる。娘のタマルは異母兄弟のアムノンに暴行され（13:7-14, →13:1注）、息子のアブシャロムはダビデの妻たちに性的に不正なことを行った（16:22）。

12:12　イスラエル全部の前で　イスラエルでは姦淫と殺人の罪には死刑が科せられる（レビ20:10, 24:17）。けれども今回、神は死の罰を下さなかった。それはダビデが悔い改めたからではなく、神が公にご自分の基準を擁護し、罪に対する神の義をイスラエルとほかの国々全部に明らかに示す必要があったからである。その後ダビデは一生涯、ひどい罪を犯した霊的指導者には神の正しいさばきが下ることを示す見本になった。

12:13　【主】もまた、あなたの罪を見過ごしてくださった　神はダビデの罪を赦し、死刑にしないで永遠の罰を加えられなかった（⇒Ⅰヨハ3:15）。ダビデの個人的評価には永遠にしみがついたけれども、神との個人的な関係は回復された（⇒詩51:）。けれども罪の影響はダビデの生涯、また家族の歴史に残った。神が人々をあわれむのは当然とする人々にダビデの体験は次のことを示している。神に対する罪と不従順を神がすぐに赦し忘れてくださると考えてはならない。

12:15　ナタンは自分の家へ戻った　ダビデはナタンの前で罪を認めた（12:13）。そしてその直後、神に直接悔い改めて神のさばきを受入れた（ダビデの告白と悔い改めの祈り →詩51:, 悔い改めの意味について →マタ3:2注）。

¹⁸ 七日目に子どもは死んだが、ダビデの家来たちは、その子が死んだことをダビデに告げるのを恐れた。「王はあの子が生きている時、われわれが話しても、言うことを聞かなかった。どうしてあの子が死んだことを王に言えようか。王は何か悪い事をされるかもしれない」と彼らが思ったからである。

¹⁹ しかしダビデは、家来たちがひそひそ話し合っているのを見て、子どもが死んだことを悟った。それでダビデは家来たちに言った。「子どもは死んだのか。」彼らは言った。「なくなられました。」

²⁰ するとダビデは地から起き上がり、からだを洗って身に油を塗り、着物を着替えて、主の宮に入り、礼拝をしてから、自分の家へ帰った。そして食事の用意をさせて、食事をとった。

²¹ すると家来たちが彼に言った。「あなたのなさったこのことは、いったいどういうことですか。お子さまが生きておられる時は断食をして泣かれたのに、お子さまがなくなられると、起き上がり、食事をなさるとは。」

²² ダビデは言った。「子どもがまだ生きている時に私が断食をして泣いたのは、もしかすると、主が私をあわれみ、子どもが生きるかもしれない、と思ったからだ。

²³ しかし今、子どもは死んでしまった。私はなぜ、断食をしなければならないのか。あの子をもう一度、呼び戻せるであろうか。私はあの子のところに行くだろうが、あの子は私のところに戻っては来ない。」

²⁴ ダビデは妻バテ・シェバを慰め、彼女のところに入り、彼女と寝た。彼女が男の子を産んだとき、彼はその名をソロモンと名づけた。主はその子を愛されたので、

²⁵ 預言者ナタンを遣わして、主のために、その名をエディヤと名づけさせた。*

²⁶ さて、ヨアブはアモン人のラバと戦い、この王の町を攻め取った。

²⁷ ヨアブはダビデに使者を送って言った。「私はラバと戦って、水の町を攻め取りました。

²⁸ しかし今、民の残りの者たちを集めて、この町に対して陣を敷き、あなたがこれを攻め取ってください。私がこの町を取り、この町に私の名がつけられるといけませんから。」

²⁹ そこでダビデは民のすべてを集めて、ラバに進んで行き、これと戦って、攻め取った。

³⁰ 彼は彼らの王の冠をその頭から取った。その重さは金一タラントで、宝石がはめ込まれていた。その冠はダビデの頭に置かれた。彼はまた、その町から非常に多くの分捕り物を持ってきた。

³¹ 彼はその町の人々を連れてきて、石のこぎりや、鉄のつるはし、鉄の斧を使う仕事につかせ、れんが作りの仕事をさせた。ダビデはアモン人のすべての町々に対して、このようにした。こうして、ダビデと民のすべてはエルサレムに帰った。

アムノンとタマル

13 ¹ その後のことである。ダビデの子アブシャロムに、タマルという名の美しい妹がいたが、ダビデの子アムノンは彼女を恋していた。

20①ルツ3:3
　②ヨブ1:20
22①イザ38:1, 5
　②ヨナ3:9
23①創37:35
　②ヨブ7:9

24①Ⅰ歴22:9, マタ1:6
25①→Ⅱサム7:2
　＊「主に愛される者」の意
26①Ⅱサム12:26-31,
　　Ⅰ歴21:1-3
　②申3:11
30＊七十人訳は「ミルコム」
　①詩21:3

1①Ⅱサム3:3, Ⅰ歴3:2
　②詩3:9
　③Ⅱサム3:2

12:24　妻バテ・シェバ　ダビデは欲望と殺人の罪によって利益を得たのだろうか。バテ・シェバの夫を殺す計画を立てて、望む女性を手に入れることができた。この後25年間、神の厳しい罰が下されたけれども、それにはダビデがウリヤの妻を自分の妻としたことに原因があるのかもしれない。ダビデにはそのようにする道徳的権利も法律的権利もなかった。(1) 王は複数の妻を持ってはならないと神は命じておられる（申17:17）。(2) この一度の出来事でダビデは十戒の複数の戒めを破った（→11:27注）。そこで神は「今や剣は、いつまでもあなたの家から離れない・・・ヘテ人ウリヤの妻を取り、自分の妻にしたからである」と宣言された（12:10）。

13:1　タマル・・・アムノン　13-22章の一連の物語は主として神がダビデの生涯にさばきを下しておられることを示している。(1) 13章はダビデの肉欲と姦淫と殺人がどれほど大きな結果を生み出したかを示す最初の記録である（⇒ガラ6:7）。ダビデの肉欲はほどなく息子アムノンに再現され、家庭の中で暴行と殺人が起きたのである。(2) ダビデがウリヤの家のしあわせを壊したので、神はダビデの家の調和を壊された。神はしばしば罪びとが悲しみと困難のために苦しむことを許される。それは本人や周囲の人々が神を恐れて（神の清さと力、さばきに対する心からの尊敬の

² アムノンは、妹タマルのために、苦しんで、わずらうようになった。というのは、彼女が処女であって、アムノンには、彼女に何かするということはとてもできないと思われたからである。

³ アムノンには、ダビデの兄弟シムアの子でヨナダブという名の友人がいた。ヨナダブは非常に悪賢い男であった。

⁴ 彼はアムノンに言った。「王子さま。あなたは、なぜ、朝ごとにやつれていくのか、そのわけを話してくれませんか。」アムノンは彼に言った。「私は、兄弟アブシャロムの妹タマルを愛している。」

⁵ ヨナダブは彼に言った。「あなたは床に伏せて、仮病を使いなさい。あなたの父君が見舞いに来られたら、こう言いなさい。『どうか、妹のタマルをよこして、私に食事をさせ、私に見えるように、この目の前で病人食を作らせてください。タマルの手から、それを食べたいのです。』」

⁶ そこでアムノンは床につき、仮病を使った。王が見舞いに来ると、アムノンは王に言った。「どうか、妹のタマルをよこし、目の前で二つの甘いパンを作らせてください。私は彼女の手から食べたいのです。」

⁷ そこでダビデは、タマルの家に人をやって言った。「兄さんのアムノンの家に行って、病人食を作ってあげなさい。」

⁸ それでタマルが兄アムノンの家に行ったところ、彼は床についていた。彼女は粉を取って、それをこね、彼の目の前で甘いパンを作って、それを焼いた。

⁹ 彼女は平なべを取り、彼の前に甘いパンを出したが、彼は食べようとしなかった。アムノンが、「みな、ここから出て行け」と言ったので、みなアムノンのところから出て行った。

¹⁰ アムノンはタマルに言った。「食事を寝室に持って来ておくれ。私はおまえの手からそれを食べたい。」タマルは自分が作った甘いパンを兄のアムノンの寝室に持って

3 ①Ⅱサム21:21、Ⅰサム16:9
* Ⅰサム16:9「シャマ」
5 ①Ⅱ列8:29
6 * あるいは「ハート形のパン」

11 ①創39:12
12 ①レビ20:17, 18:9, 11
　②士19:23, 20:6, 10, エレ29:23
18 ①創37:3, 23
19 ①Ⅱサム1:2, ヨシ7:6, Ⅰサム4:12, エス4:1, ヨブ2:12
　②Ⅱサム1:11, 創37:29
　③エレ2:37
20 * ㊁「アミノン」
　①Ⅱサム14:24

行った。

¹¹ 彼女が食べさせようとして、彼に近づくと、彼は彼女をつかまえて言った。「妹よ。さあ、私と寝ておくれ。」

¹² 彼女は言った。「いけません。兄上。乱暴してはいけません。イスラエルでは、こんなことはしません。こんな愚かなことをしないでください。

¹³ 私は、このそしりをどこに持って行きましょう。あなたもイスラエルで、愚か者のようになるのです。今、王に話してください。きっと王が私をあなたに会わせてくださいます。」

¹⁴ しかし、アムノンは彼女の言うことを聞こうとはせず、力ずくで、彼女をはずかしめて、これと寝た。

¹⁵ ところがアムノンは、ひどい憎しみにかられて、彼女をきらった。その憎しみは、彼がいだいた恋よりもひどかった。アムノンは彼女に言った。「さあ、出て行け。」

¹⁶ 彼女は言った。「それはなりません。私を追い出すなど、あなたが私にしたあのことより、なおいっそう、悪いことです。」しかし、彼は彼女の言うことを聞こうともせず、

¹⁷ 召使いの若い者を呼んで言った。「この女をここから外に追い出して、戸をしめてくれ。」

¹⁸ 彼女は、そでつきの長服を着ていた。昔、処女である王女たちはそのような着物を着ていたからである。召使いは彼女を外に追い出して、戸をしめてしまった。

¹⁹ タマルは頭に灰をかぶり、着ていたそでつきの長服を裂き、手を頭に置いて、歩きながら声をあげて泣いていた。

²⁰ 彼女の兄アブシャロムは彼女に言った。「おまえの兄アムノンが、おまえといっしょにいたのか。だが妹よ。今は黙っていなさい。あれはおまえの兄なのだ。あのことで心配しなくてもよい。」それでタマルは、兄アブシャロムの家で、ひとりわびしく暮らしていた。

²¹ ダビデ王は、事の一部始終を聞いて激し

姿勢）自分たちの罪から離れ、神に立返るためである（⇒民14:20-36）。

13:21 ダビデ王は・・・激しく怒った ダビデは一番上の息子が娘に暴行をしたと聞いて激しく怒っ

た（Ⅰ歴3:1）。ダビデはアムノンを当然懲らしめ罰するべきだったけれども、それができなかった（→レビ20:17）。(1) ダビデ自身がバテ・シェバと性的に不道徳なことをしていたので、息子を叱責して自分の家

²²アブシャロムは、アムノンにこのことが良いとも悪いとも何も言わなかった。アブシャロムは、アムノンが妹タマルをはずかしめたことで、彼を憎んでいたからである。

アブシャロムがアムノンを殺す

²³それから満二年たって、アブシャロムがエフライムの近くのバアル・ハツォルで羊の毛の刈り取りの祝いをしたとき、アブシャロムは王の息子たち全部を招くことにした。²⁴アブシャロムは王のもとに行って言った。「このたび、このしもべが羊の毛の刈り取りの祝いをすることになりました。どうか、王も、あなたの家来たちも、このしもべといっしょにおいでください。」²⁵すると王はアブシャロムに言った。「いや、わが子よ。われわれ全部が行くのは良くない。あなたの重荷になってはいけないから。」アブシャロムは、しきりに勧めたが、ダビデは行きたがらず、ただ彼に祝福を与えた。²⁶それでアブシャロムは言った。「それなら、どうか、私の兄弟アムノンを私どもといっしょに行かせてください。」王は彼に言った。「なぜ、彼があなたといっしょに行かなければならないのか。」²⁷しかし、アブシャロムが、しきりに勧めたので、王はアムノンと王の息子たち全部を彼といっしょに行かせた。

²⁸アブシャロムは自分に仕える若い者たちに命じて言った。「よく注意して、アムノンが酔って上きげんになったとき、私が『アムノンを打て』と言ったら、彼を殺せ。恐れてはならない。この私が命じるのではないか。強くあれ。力ある者となれ。」²⁹アブシャロムの若い者たちが、アブシャロムの命じたとおりにアムノンにしたので、王の息子たちはみな立ち上がって、おのおのの自分の騾馬に乗って逃げた。

³⁰彼らがまだ道の途中にいたとき、ダビデのところに次のような知らせが着いた。「アブシャロムは王の子たちを全部殺しました。残された方はひとりもありません。」³¹そこで王は立ち上がり、着物を裂き、地に伏した。かたわらに立っていた家来たちもみな、着物を裂いた。

³²しかしダビデの兄弟シムアの子ヨナダブは、証言をして言った。「王さま。彼らが王の子である若者たちを全部殺したとお思いなさいませんように。アムノンだけが死んだのです。それはアブシャロムの命令によるので、アムノンが妹のタマルをはずかしめた日から、胸に持っていたことです。³³今、王さま。王子たち全部が殺された、という知らせを心に留めないでください。アムノンだけが死んだのです。」

³⁴一方、アブシャロムは逃げた。見張りの若者が目を上げて見ると、見よ、彼のうしろの山沿いの道から大ぜいの人々がやって来るところであった。³⁵ヨナダブは王に言った。「ご覧ください。王子たちが来られます。このしもべが申し上げたとおりになりました。」³⁶彼が語り終えたとき、そこに王子たちが来て、声をあげて泣いた。王もその家来たちもみな、非常に激しく泣いた。

22 ①創24:50, 31:24
② レビ19:17, 18
28 ①Ⅰサム25:36, エス1:10, 詩104:15
29 ①Ⅱサム18:9, Ⅰ列1:33, 38
31 ①Ⅱサム1:11
② Ⅱサム12:16
32 ①Ⅱサム13:3-5
＊直訳「わが主」
33 ＊直訳「わが主、王」
①Ⅱサム19:19
34 ①Ⅱサム18:24

を治める力が弱まっていた。自分の失敗から（→箴6:32-33）息子に向き合う道徳的権威と勇気を失っていた。悪い見本がことばよりも雄弁に物語っていたのである。(2) 今日の教会の指導者たちは聖さ（霊的健全性、悪からの分離、神への献身）と道徳的清さの模範にならなければならない。そうするなら妥協を恐れることなく、また自分の生涯の道徳的な失敗が発覚することを恐れることもなく、ほかの人々の罪の問題に触れることができる（Ⅰテモ3:1-13）。

13:28 『アムノンを打て』と言ったら、彼を殺せ タマルに対するアムノンの罪を罰するアブシャロムの仕返しを神は許された。神は時にさばきの手段として人の罪を用い、間違った行いを別の人の罪を通して罰せられることがある。

13:36 王も・・・非常に激しく泣いた アブシャロムがアムノンを殺したために、ダビデは悲しみに打ちひしがれた。ダビデの苦しみは聖書の歴史の中で例を見ないほどである。ダビデはこれが神のさばきであると知っていた。その人生で深い苦しみを味わうのを神は許された。ダビデは神の赦しを受け、罪に対する永遠の罰で苦しむことはなかった（→12:13注）。けれども一生の間、一時的な地上でのさばき（当然なものと

Ⅱサムエル記　13–14章

37 アブシャロムは、ゲシュルの王アミフデの子タルマイのところに逃げた。ダビデは、いつまでもアムノンの死を嘆き悲しんでいた。
38 アブシャロムは、ゲシュルに逃げて行き、三年の間そこにいた。
39 ダビデ王はアブシャロムに会いに出ることはやめた。アムノンが死んだので、アムノンのために悔やんでいたからである。

アブシャロムがエルサレムに戻る

14 1 ツェルヤの子ヨアブは、王がアブシャロムに敵意をいだいているのに気づいた。
2 ヨアブはテコアに人をやって、そこからひとりの知恵のある女を連れて来て、彼女に言った。「あなたは喪に服している者を装い、喪服を着て、身に油も塗らず、死んだ人のために長い間、喪に服している女のようになって、
3 王のもとに行き、王にこのように話してくれまいか。」こうしてヨアブは彼女の口にことばを授けた。
4 テコアの女は、王に話したとき、地にひれ伏し、礼をして言った。「お救いください。王さま。」
5 それで、王は彼女に言った。「いったい、どうしたのか。」彼女は答えた。「実は、この私は、やもめで、私の夫はなくなりました。
6 このはしためには、ふたりの息子がありましたが、ふたりが野原でけんかをして、だれもふたりを仲裁する者がいなかったので、ひとりが相手を打ち殺してしまいました。
7 そのうえ、親族全体がこのはしためにつめ寄って、『兄弟を打った者を引き渡せ。あれが殺した兄弟のいのちのために、あれを殺し、この家の世継ぎをも根絶やしにしよう』と申します。あの人たちは残された私の一つの火種を消して、私の夫の名だけではなく、残りの者までも、この地上に残さないようにするのです。」
8 王は女に言った。「家に帰りなさい。あなたのことで命令を出そう。」
9 テコアの女は王に言った。「王さま。刑罰は私と私の父の家に下り、王さまと王位には罪がありませんように。」
10 王は言った。「あなたに文句を言う者がいるなら、その者を、私のところに連れて来なさい。そうすれば、もう二度とあなたを煩わすことはなくなる。」
11 そこで彼女は言った。「どうか王さま。あなたの神、主に心を留め、血の復讐をする者が殺すことをくり返さず、私の息子を根絶やしにしないようにしてください。」王は言った。「主は生きておられる。あなたの息子の髪の毛一本も決して地に落ちることはない。」
12 するとその女は言った。「このはしために、一言、王さまに申し上げさせてください。」王は言った。「言いなさい。」
13 女は言った。「あなたはどうして、このような神の民に逆らうようなことを、計られたのですか。王は、先のようなことを語られて、ご自分を罪ある者とされています。王は追放された者を戻しておられません。
14 私たちは、必ず死ぬ者です。私たちは地面にこぼれて、もう集めることのできない水のようなものです。神は死んだ者をよみがえらせてはくださいません。どうか追放されている者を追放されたままにしておかないように、ご計画をお立てください。
15 今、私が、このことを王さまにお話しにまいりましたのも、人々が私をおどしたからです。それで、このはしためは、こう思いました。『王さまにお話ししてみよう。王さまは、このはしための願いをかなえてくださるかもしれない。
16 王さまは聞き入れて、私と私の子を神のゆずりの地から根絶やしにしようとする者の手から、このはしためをきっと助け出してくださるでしょうから。』
17 それで、このはしためは、『王さまのことばは私の慰めとなろう』と思いました。王さまは、神の使いのように、善と悪とを聞

37 ①Ⅱサム3:3
②Ⅱサム3:3, Ⅰ歴3:2
③Ⅱサム13:34

1①Ⅱサム13:39
2①Ⅱサム23:26,
Ⅰ歴11:6, アモ1:1
②Ⅱサム12:20,
ルツ3:3
3①Ⅱサム14:19, 出4:15
4①Ⅰサム1:2,
Ⅰサム25:23
②Ⅱ列6:26
7①民35:19,申19:11-13
②マタ21:38

9＊直訳「わが主、王」
①創27:13, 43:9,
Ⅰサム25:24,
マタ27:25
②Ⅱサム3:28,
Ⅰ列2:33
11①民35:19, 21, 申19:6
②→Ⅱサム2:27
③Ⅰサム14:45,
Ⅰ列1:52, 使27:34
12＊→Ⅱサム14:9＊
13①士20:2
②Ⅱサム13:37, 38
14①申14:10, 30:23,
34:15, ヘブ9:27
②詩58:7
③詩88:5, 10, ヨブ7:9
15＊→Ⅱサム14:9＊
16①Ⅱサム20:1, 19, 21:3,
Ⅰサム26:19,
Ⅰ列8:36, 12:16, 21:3,
4, Ⅰ歴16:18,
Ⅱ列6:12, 10:16,
ネヘ11:20,
→ヨシ11:23
17＊→Ⅱサム14:9＊
①Ⅱサム14:20, 19:27,
創21:17, 31:11,
出14:19,
士6:20, 13:6, 9,
Ⅰサム29:9

神が送られたものの両方)に耐えなければならなかった。アブシャロムとアムノンのことは神がダビデにもたらされる悲劇の始まりに過ぎなかった(12:11)。そ

れはバテ・シェバとの罪を隠すためにウリヤを殺して神とみことばとを侮ったからである(12:9-10)。

き分けられるからです。あなたの神、主が、あなたとともにおられますように。」

18 すると、王はこの女に答えて言った。「私が尋ねることを、私に隠さず言ってくれ。」女は言った。「王さま。どうぞおっしゃってください。」

19 王は言った。「これは全部、ヨアブの指図によるのであろう。」女は答えて言った。「王さま。あなたのたましいは生きておられます。王さまが言われることから、だれも右にも左にもそれることはできません。確かにあなたの家来ヨアブが私に命じ、あの方がこのはしための口に、これらすべてのことばを授けたのです。

20 あなたの家来ヨアブは、事の成り行きを変えるために、このことをしたのです。あなたさまは、神の使いの知恵のような知恵があり、この地上のすべての事をご存じですから。」

21 それで、王はヨアブに言った。「よろしい。その願いを聞き入れた。行って、若者アブシャロムを連れ戻しなさい。」

22 ヨアブは地にひれ伏して、礼をし、王に祝福のことばを述べて言った。「きょう、このしもべは、私があなたのご好意にあずかっていることがわかりました。王さま。王さまはこのしもべの願いを聞き入れてくださったからです。」

23 そこでヨアブはすぐゲシュルに出かけて行き、アブシャロムをエルサレムに連れて来た。

24 王は言った。「あれは自分の家に引きこもっていなければならない。私の顔を見ることはならぬ。」それでアブシャロムは家に引きこもり、王の顔を見なかった。

25 さて、イスラエルのどこにも、アブシャロムほど、その美しさをほめはやされた者はいなかった。足の裏から頭の頂まで彼には非の打ちどころがなかった。

26 彼が頭を刈るとき、──毎年、年の終わりには、それが重いので刈っていた──その髪の毛を量ると、王のはかりで二百シェケルもあった。

27 アブシャロムに、三人の息子と、ひとりの娘が生まれた。その娘の名はタマルと

いって非常に美しい娘であった。

28 アブシャロムは二年間エルサレムに住んでいたが、王には一度も会わなかった。

29 それで、アブシャロムは、ヨアブを王のところに遣わそうとして、ヨアブのもとに人をやったが、彼は来ようとしなかった。アブシャロムはもう一度、人をやったが、それでもヨアブは来ようとはしなかった。

30 アブシャロムは家来たちに言った。「見よ。ヨアブの畑は私の畑のそばにあり、そこには大麦が植えてある。行ってそれに火をつけよ。」アブシャロムの家来たちは畑に火をつけた。

31 するとヨアブはアブシャロムの家にやって来て、彼に言った。「なぜ、あなたの家来たちは、私の畑に火をつけたのですか。」

32 アブシャロムはヨアブに答えた。「私はあなたのところに人をやり、ここに来てくれ、と言わせたではないか。私はあなたを王のもとに遣わし、『なぜ、私をゲシュルから帰って来させたのですか。あそこにとどまっていたほうが、まだ、ましでしたのに』と言ってもらいたかったのだ。今、私は王の顔を拝したい。もし私に咎があるなら、王に殺されてもかまわない。」

33 それで、ヨアブは王のところに行き、王に告げたので、王はアブシャロムを呼び寄せた。アブシャロムは王のところに来て、王の前で地にひれ伏して礼をした。王はアブシャロムに口づけした。

アブシャロムの陰謀

15 1 その後、アブシャロムは自分のために戦車と馬、それに自分の前を走る者五十人を手に入れた。

2 アブシャロムはいつも、朝早く、門に通じる道のそばに立っていた。さばきのために王のところに来て訴えようとする者があると、アブシャロムは、そのひとりひとりを呼んで言っていた。「あなたはどこの町の者か。」その人が、「このしもべはイスラエルのこれこれの部族の者です」と答えると、

3 アブシャロムは彼に、「ご覧。あなたの訴えはよいし、正しい。だが、王の側にはあなたのことを聞いてくれる者はいない」と言い、

⁴ さらにアブシャロムは、「ああ、だれかが私をこの国のさばきつかさに立ててくれたら、訴えや申し立てのある人がみな、私のところに来て、私がその訴えを正しくさばくのだが」と言っていた。
⁵ 人が彼に近づいて、あいさつしようとすると、彼は手を差し伸べて、その人を抱き、①口づけをした。
⁶ アブシャロムは、さばきのために王のところに来るすべてのイスラエル人にこのようにした。こうしてアブシャロムはイスラエル人の心を盗んだ。
⁷ それから*四年たって、アブシャロムは王に言った。「私が主に立てた誓願を果たすために、どうか私をヘブロンへ行かせてください。
⁸ このしもべは、アラムのゲシュルにいたときに、『もし主が、私をほんとうにエルサレムに連れ帰ってくださるなら、私は主に仕えます』と言って誓願を立てたのです。」
⁹ 王が、「元気で行って来なさい」と言ったので、彼は立って、ヘブロンへ行った。
¹⁰ そのとき、アブシャロムはイスラエルの全部族に、ひそかに使いを送って言った。「角笛の鳴るのを聞いたら、『アブシャロムがヘブロンで王になった』と言いなさい。」
¹¹ アブシャロムは二百人の人々を連れてエルサレムを出て行った。その人たちはただ単に、招かれて行った者たちで、何も知らなかった。
¹² アブシャロムは、いけにえをささげている間に、人をやって、ダビデの議官をしていたギロ人アヒトフェルを、彼の町ギロから呼び寄せた。この謀反は根強く、アブシャロムにくみする民が多くなった。

ダビデが逃げる
¹³ ダビデのところに告げる者が来て、

4①士9:2, 29
5①Ⅱサム14:33, 20:9
7＊シリヤ語訳などによる
②「四十年」
②Ⅱサム3:2, 3
8①Ⅱサム13:38
②創28:20, 21
10①Ⅰ列1:34, Ⅱ列9:13
12①Ⅱサム15:31, 16:23
②ヨシ15:51
③詩3:1

13①Ⅱサム15:6, 士9:3
14①詩3篇
15＊直訳「わが主、王」
16①Ⅱサム19:9
17①Ⅱサム16:21, 22, 20:3
18①Ⅱサム8:18
19①Ⅱサム18:2
20①Ⅰサム23:13
②Ⅱサム2:6
21①ルツ1:16, 17
②Ⅱサム2:27
＊→Ⅱサム15:15

「イスラエル人の心はアブシャロムになびいています」と言った。
¹⁴ そこでダビデはエルサレムにいる自分の家来全部に言った。「さあ、逃げよう。そうでないと、アブシャロムからのがれる者はなくなるだろう。すぐ出発しよう。彼がすばやく追いついて、私たちに害を加え、剣の刃でこの町を打つといけないから。」
¹⁵ 王の家来たちは王に言った。「私たち、あなたの家来どもは、*王さまの選ばれるままにいたします。」
¹⁶ こうして王は出て行き、家族のすべての者も王に従った。しかし王は、王宮の留守番に十人のそばめを残した。
¹⁷ 王と、王に従うすべての民は、出て行って町はずれの家にとどまった。
¹⁸ 王のすべての家来は、王のかたわらを進み、すべてのケレテ人と、すべてのペレテ人、それにガテから王について来た六百人のガテ人がみな、王の前を進んだ。
¹⁹ 王はガテ人イタイに言った。「どうして、あなたもわれわれといっしょに行くのか。戻って、あの王のところにとどまりなさい。あなたは外国人で、それに、あなたは、自分の国からの亡命者なのだから。
²⁰ あなたは、きのう来たばかりなのに、きょう、あなたをわれわれといっしょにさまよわせるに忍びない。私はこれから、①あてどもなく旅を続けるのだから。あなたはあなたの同胞を連れて戻りなさい。恵みとまことが、あなたとともにあるように。」
²¹ イタイは王に答えて言った。「*主の前に誓います。王さまの前にも誓います。王さまがおられるところに、生きるためでも、死ぬためでも、しもべも必ず、そこにいます。」
²² ダビデはイタイに言った。「それでは来なさい。」こうしてガテ人イタイは、彼の部下全部と、いっしょにいた子どもたち全

15:6 アブシャロムは・・・人の心を盗んだ アブシャロムは父の王座を奪うために4年間に渡って陰謀を企てた。その結果人々はダビデにひどく不満を持つようになった。多くの人は後にダビデに逆らった(15:1-15)。アブシャロムのこの成功によって明らかになったのはダビデが人々の尊敬を失ったことである。それは自分の家を治めることができなかったから

である。ダビデの評判は罪のために大きく傷ついた。そのため神に対する忠実さに基づくダビデの統率力は次第に弱まっていった(12:9-10)。

15:14 さあ、逃げよう ダビデはいのちと王座を狙う自分の息子から逃げなければならなかった。ダビデは「泣きながら」エルサレムを離れた(15:30)。ダビデは自分の罪を思い起こして、これもまた神のさばきの一

部とを連れて、進んだ。

23 この民がみな進んで行くとき、国中は大きな声をあげて泣いた。王はキデロン川を渡り、この民もみな、荒野のほうへ渡って行った。

24 ツァドクも、すべてのレビ人といっしょに、神の契約の箱をかついでいたが、神の箱をそこに降ろした。エブヤタルも来て、民が全部、町から出て行ってしまうまでいた。

25 王はツァドクに言った。「神の箱を町に戻しなさい。もし、私が主の恵みをいただくことができれば、主は、私を連れ戻し、神の箱とその住まいとを見せてくださろう。

26 もし主が、『あなたはわたしの心にかなわない』と言われるなら、どうか、この私に主が良いと思われることをしてくださるように。」

27 王は祭司ツァドクにまた言った。「先見者よ。あなたは安心して町に帰りなさい。あなたがたのふたりの子、あなたの子アヒマアツとエブヤタルの子ヨナタンも、あなたがたといっしょに。

28 よく覚えていてもらいたい。私は、あなたがたから知らせのことばが来るまで、荒野の草原で、しばらく待とう。」

29 そこで、ツァドクとエブヤタルは神の箱をエルサレムに持ち帰り、そこにとどまっていた。

30 ダビデはオリーブ山の坂を登った。彼は泣きながら登り、その頭をおおい、はだしで登った。彼といっしょにいた民もみな、頭をおおい、泣きながら登った。

31 ダビデは、「アヒトフェルがアブシャロムの謀反に荷担している」という知らせを受けたとき、そのとき、ダビデは言った。「主よ。どうかアヒトフェルの助言を愚かなものにしてください。」

32 ダビデが、神を礼拝する場所になっていた山の頂に来た、ちょうどその時、アルキ人フシャイが上着を裂き、頭に土をか

ぶってダビデに会いに来た。

33 ダビデは彼に言った。「もしあなたが、私といっしょに行くなら、あなたは私の重荷になる。

34 しかしもし、あなたが町に戻って、アブシャロムに、『王よ。私はあなたのしもべになります。これまであなたの父上のしもべであったように、今、私はあなたのしもべになります』と言うなら、あなたは、私のために、アヒトフェルの助言を打ちこわすことになる。

35 あそこには祭司のツァドクとエブヤタルも、あなたといっしょにいるではないか。あなたは王の家から聞くことは何でも、祭司のツァドクとエブヤタルに告げなければならない。

36 それにあそこには、彼らのふたりの息子、ツァドクの子アヒマアツとエブヤタルの子ヨナタンがいる。彼らをよこして、あなたがたが聞いたことを残らず私に伝えてくれ。」

37 それで、ダビデの友フシャイは町へ帰った。そのころ、アブシャロムもエルサレムに着いた。

ダビデとツィバ

16 1 ダビデは山の頂から少し下った。見ると、メフィボシェテのしもべツィバが王を迎えに来ていた。彼は、鞍を置いた一くびきのろばに、パン二百個、干しぶどう百ふさ、夏のくだもの百個、ぶどう酒一袋を載せていた。

2 王はツィバに尋ねた。「これらは何のためか。」ツィバは答えた。「二頭のろばは王の家族がお乗りになるため、パンと夏のくだものは若い者たちが食べるため、ぶどう酒は荒野で疲れた者が飲むためです。」

3 王は言った。「あなたの主人の息子はどこにいるか。」ツィバは王に言った。「今、エルサレムにおられます。あの人は、『きょうとしていたに違いない。何年も前にサウル王から逃げているときにもダビデはそのようにしていた。

16:3 エルサレムにおられます メフィボシェテに対する非難の詳細 →19:24-30 ツィバとメフィボシェテの関係の詳細 →9:1-13

部であると認めた(⇒12:9-12, 16:10-11)。屈辱的な逃亡者(安全を得るために常に場所を転々とする人)に落ちぶれても、この王はへりくだって神の選ばれた取扱いを受けれた(15:25-26, ⇒16:9-13)。もし神が引続き王にしてくださるなら、ダビデはそのご計画に従って生

う、イスラエルの家は、私の父の王国を私に返してくれる』と言っていました。」
4 すると王はツィバに言った。「メフィボシェテのものはみな、今、あなたのものだ。」ツィバが言った。「王さま。あなたのご好意にあずかることができますように、伏してお願いいたします。」

シムイがダビデを呪う

5 ダビデ王がバフリムまで来ると、ちょうど、サウルの家の一族のひとりが、そこから出て来た。その名はシムイといってゲラの子で、盛んにのろいのことばを吐きながら出て来た。
6 そしてダビデとダビデ王のすべての家来たちに向かって石を投げつけた。民と勇士たちはみな、王の右左にいた。
7 シムイはのろってこう言った。
「出て行け、出て行け。
血まみれの男、*よこしまな者。
8 主がサウルの家のすべての血を
おまえに報いたのだ。
サウルに代わって王となったおまえに。
主はおまえの息子アブシャロムの手に
王位を渡した。
今、おまえはわざわいに会うのだ。
おまえは血まみれの男だから。」
9 すると、ツェルヤの子アビシャイが王に言った。「この死に犬が、王さまを*のろってよいものですか。行って、あの首をはねさせてください。」
10 王は言った。「ツェルヤの子らよ。これは私のことで、あなたがたには、かかわりのないことだ。彼がのろうのは、主が彼に、『ダビデをのろえ』と言われたからだ。だれが彼に、『おまえはどうしてこういうことをするのだ』と言えようか。
11 ダビデはアビシャイと彼のすべての家来たちに言った。「見よ。私の身から出た私の子さえ、私のいのちをねらっている。今、このベニヤミン人としては、なおさらのことだ。ほうっておきなさい。彼にのろわせなさい。主が彼に命じられたのだから。

12 たぶん、主は私の*心をご覧になり、主は、きょうの彼ののろいに代えて、私にしあわせを報いてくださるだろう。」
13 ダビデと彼の部下たちは道を進んで行った。シムイは、山の中腹をダビデと平行して歩きながら、のろったり、石を投げたり、ちりをかけたりしていた。
14 王も、王とともに行った民もみな、疲れたので、そこでひと息ついた。

フシャイとアヒトフェルの助言

15 アブシャロムとすべての民、イスラエル人はエルサレムに入った。アヒトフェルもいっしょであった。
16 ダビデの友アルキ人フシャイがアブシャロムのところに来たとき、フシャイはアブシャロムに言った。「王さま。ばんざい。王さま。ばんざい。」
17 アブシャロムはフシャイに言った。「これが、あなたの友への忠誠のあらわれなのか。なぜ、あなたは、あなたの友といっしょに行かなかったのか。」
18 フシャイはアブシャロムに答えた。「いいえ、主と、この民、イスラエルのすべての人々とが選んだ方に私はつき、その方といっしょにいたいのです。
19 また、私はだれに仕えるべきでしょう。私の友の子に仕えるべきではありませんか。私はあなたの父上に仕えたように、あなたにもお仕えいたします。」
20 それで、アブシャロムはアヒトフェルに言った。「あなたがたは相談して、われわれはどうしたらよいか、意見を述べなさい。」
21 アヒトフェルはアブシャロムに言った。「父上が王宮の留守番に残したそばめたちのところにお入りください。全イスラエルが、あなたは父上に憎まれるようなことをされたと聞くなら、あなたに、くみする者はみな、勇気を出すでしょう。」
22 こうしてアブシャロムのために屋上に天幕が張られ、アブシャロムは全イスラエルの目の前で、父のそばめたちのところに入った。

16:22 父のそばめたち アブシャロムはダビデの妻たちに姦淫を行って公然と父に挑戦した。アブシャロムはこのよこしまな行いを「屋上」で、また「全イスラエルの目の前で」行ったと聖書は言っている。これは

²³当時、アヒトフェルの進言する助言は、人が神のことばを伺って得ることばのようであった。アヒトフェルの助言はみな、ダビデにもアブシャロムにもそのように思われた。

17

¹アヒトフェルはさらにアブシャロムに言った。「私に一万二千人を選ばせてください。私は今夜、ダビデのあとを追って出発し、²彼を襲います。ダビデは疲れて気力を失っているでしょう。私が、彼を恐れさせれば、彼といっしょにいるすべての民は逃げましょう。私は王だけを打ち殺します。³私はすべての民をあなたのもとに連れ戻します。すべての者が帰って来るとき、あなたが求めているのはただひとりだけですから、民はみな、穏やかになるでしょう。」
⁴このことばはアブシャロムとイスラエルの全長老の気に入った。
　⁵しかしアブシャロムは言った。「アルキ人フシャイを呼び出し、彼の言うことも聞いてみよう。」
⁶フシャイがアブシャロムのところに来ると、アブシャロムは彼に次のように言った。「アヒトフェルはこのように言ったが、われわれは彼のことばに従ってよいものだろうか。もしいけなければ、あなたの意見を述べてみなさい。」
⁷するとフシャイはアブシャロムに言った。「このたびアヒトフェルの立てたはかりごとは良くありません。」
⁸フシャイはさらに言った。「あなたは父上とその部下が戦士であることをご存じです。しかも彼らは、野で子を奪われた雌熊のように気が荒くなっています。また、あなたの父上は戦いに慣れた方ですから、民といっしょには夜を過ごさないでしょう。⁹きっと今、ほら穴か、どこか、そんな所に隠れておられましょう。もし、民のある者が最初に倒れたら、それを聞く者は、

²³①Ⅱサム15:12, 31, 17:14, 23
2①Ⅱサム16:14
　②Ⅰ列22:31
7①Ⅱサム15:32-37
7①Ⅱサム17:1-3
8①箴17:12, ホセ13:8
　②士18:25

10①詩89:19, 20
11①Ⅱサム3:10
　②創22:17, Ⅰサム13:5
14①Ⅱサム15:31
15①Ⅱサム15:35, 36
16①Ⅱサム15:28
17①Ⅱサム15:27, 36
　②ヨシ15:7, 18:16

『アブシャロムに従う民のうちに打たれた者が出た』と言うでしょう。¹⁰そうなると、たとい、獅子のような心を持つ力ある者でも、気がくじけます。全イスラエルは、あなたの父上が勇士であり、彼に従う者が力ある者であるのをよく知っています。
¹¹私のはかりごとはこうです。全イスラエルをダンからベエル・シェバに至るまで、海辺の砂のように数多くあなたのところに集めて、あなた自身が戦いに出られることです。¹²われわれは、彼を見つけしだい、その場で彼を攻め、露が地面に降りるように彼を襲い、彼や、共にいるすべての兵士たちを、ひとりも生かしておかないのです。¹³もし彼がさらにどこかの町に入るなら、全イスラエルでその町に綱をかけ、その町を川まで引きずって行って、そこに一つの石ころも残らないようにしましょう。」
¹⁴アブシャロムとイスラエルの民はみな言った。「アルキ人フシャイのはかりごとは、アヒトフェルのはかりごとよりも良い。」これは主がアブシャロムにわざわいをもたらそうとして、主がアヒトフェルのすぐれたはかりごとを打ちこわそうと決めておられたからであった。
¹⁵フシャイは祭司ツァドクとエブヤタルに言った。「アヒトフェルは、アブシャロムとイスラエルの長老たちにこれこれの助言をしたが、私は、これこれの助言をした。¹⁶今、急いで人をやり、ダビデに、『今夜は荒野の草原で夜を過ごしてはいけません。ほんとうに、ぜひ、あちらへ渡って行かなければなりません。でないと、王をはじめ、いっしょにいる民全部にわざわいが降りかかるでしょう』と告げなさい。」
¹⁷ヨナタンとアヒマアツはエン・ロゲルにとどまっていたが、ひとりの女奴隷が行って彼らに告げ、彼らがダビデ王に告げに行くようになっていた。これは彼らが町に入

ナタンが預言したダビデへの神のさばきの一部の成就だった。「わたしはあなたの家の中から、あなたの上にわざわいを引き起こす。あなたの妻たちをあなたの目の前で取り上げ、あなたの友に与えよう。その人は、白昼公然と、あなたの妻たちと寝るようになる。あなたは隠れて、それをしたが、わたしはイスラエル全部の前で、太陽の前で、このことを行おう」(12:11-12)。息子が父の妻たちに暴行をする(性的な関係を持つ)ことは父に対する最大の侮辱だった。ダビデの犯した罪は大きく、またそのための苦しみも大きかった。

るのを見られることのないためであった。
18 ところが、ひとりの若者が彼らを見て、アブシャロムに告げた。そこで彼らふたりは急いで去り、バフリムに住むある人の家に行った。その人の庭に井戸があったので、彼らはその中に降りた。
19 その人の妻は、おおいを持って来て、井戸の口の上に広げ、その上に麦をまき散らしたので、だれにも知られなかった。
20 アブシャロムの家来たちが、その女の家に来て言った。「アヒマアツとヨナタンはどこにいるのか。」女は彼らに答えた。「あの人たちは、ここを通り過ぎて川のほうへ行きました。」彼らは、捜したが見つけることができなかったので、エルサレムへ帰った。
21 彼らが去って後、ふたりは井戸から上がって来て、ダビデ王に知らせに行った。彼らはダビデに言った。「さあ、急いで川を渡ってください。アヒトフェルがあなたがたに対してこれこれのはかりごとを立てたからです。」
22 そこで、ダビデと、ダビデのもとにいたすべての者たちとは出発して、ヨルダン川を渡った。夜明けまでにヨルダン川を渡りきれなかった者はひとりもいなかった。
23 アヒトフェルは、自分のはかりごとが行われないのを見て、ろばに鞍を置き、自分の町の家に帰って行き、家を整理して、首をくくって死に、彼の父の墓に葬られた。
24 ダビデがマハナイムに着いたとき、アブシャロムは、彼とともにいるイスラエルのすべての人々とヨルダン川を渡った。
25 アブシャロムはアマサをヨアブの代わりに軍団長に任命していた。アマサは、ヨアブの母ツェルヤの妹ナハシュの娘アビガルと結婚したイシュマエル人イテラという人の息子であった。
26 こうして、イスラエルとアブシャロムはギルアデの地に陣を敷いた。
27 ダビデがマハナイムに来たとき、アモン人でラバの出のナハシュの子ショビと、ロ・デバルの出のアミエルの子マキルと、ログリムの出のギルアデ人バルジライとは、
28 寝台、鉢、土器、小麦、大麦、小麦粉、炒り麦、そら豆、レンズ豆、炒り麦、

29 蜂蜜、凝乳、羊、牛酪を、ダビデとその一行の食糧として持って来た。彼らは民が荒野で飢えて疲れ、渇いていると思ったからである。

アブシャロムの死

18 ¹ ダビデは彼とともにいる民を調べて、彼らの上に千人隊の長、百人隊の長を任命した。
² ダビデは民の三分の一をヨアブの指揮のもとに、三分の一をヨアブの兄弟ツェルヤの子アビシャイの指揮のもとに、三分の一をガテ人イタイの指揮のもとに配置した。王は民に言った。「私自身もあなたがたといっしょに出たい。」
³ すると民は言った。「あなたが出てはいけません。私たちがどんなに逃げても、彼らは私たちのことは何とも思わないでしょう。たとい私たちの半分が死んでも、彼らは私たちのことは心に留めないでしょう。しかし、あなたは私たちの一万人に当たります。今、あなたは町にいて私たちを助けてくださるほうが良いのです。」
⁴ 王は彼らに言った。「あなたがたが良いと思うことを、私はしよう。」王は門のそばに立ち、すべての民は、百人、千人ごとに出て行った。
⁵ 王はヨアブ、アビシャイ、イタイに命じて言った。「私に免じて、若者アブシャロムをゆるやかに扱ってくれ。」民はみな、王が隊長たち全部にアブシャロムのことについて命じているのを聞いていた。
⁶ こうして、民はイスラエルを迎え撃つために戦場へ出て行った。戦いはエフライムの森で行われた。
⁷ イスラエルの民はそこでダビデの家来たちに打ち負かされ、その日、その場所で多くの打たれた者が出、二万人が倒れた。
⁸ 戦いはこの地一帯に散り広がり、この日、剣で倒された者よりも、密林で行き倒れになった者のほうが多かった。
⁹ アブシャロムはダビデの家来たちに出会った。アブシャロムは騾馬に乗っていたが、騾馬が大きな樫の木の茂った枝の下を通ったとき、アブシャロムの頭が樫の木に

引っ掛かり、彼は宙づりになった。彼が乗っていた騾馬はそのまま行った。 ¹⁰ひとりの男がそれを見て、ヨアブに告げて言った。「今、アブシャロムが樫の木に引っ掛かっているのを見て来ました。」 ¹¹ヨアブはこれを告げた者に言った。「いったい、おまえはそれを見ていて、なぜその場で地に打ち落とさなかったのか。私がおまえに銀十枚と帯一本を与えたのに。」 ¹²その男はヨアブに言った。「たとい、私の手に銀千枚をいただいても、王のお子さまに手は下せません。王は私たちの聞いているところで、あなたとアビシャイとイタイとに、『若者アブシャロムに手を出すな』と言って、お命じになっているからです。 ¹³もし、私が自分のいのちをかけて、命令にそむいていたとしても、王には、何も隠すことはできません。そのとき、あなたは知らぬ顔をなさるでしょう。」 ¹⁴ヨアブは、「こうしておまえとぐずぐずしてはおられない」と言って、手に三本の*槍を取り、まだ樫の木の真ん中に引っ掛かったまま生きていたアブシャロムの心臓を突き通した。 ¹⁵ヨアブの道具持ちの十人の若者たちも、アブシャロムを取り巻いて彼を打ち殺した。 ¹⁶ヨアブが角笛を吹き鳴らすと、民はイスラエルを追うのをやめて帰って来た。ヨアブが民を引き止めたからである。 ¹⁷人々はアブシャロムを取り降ろし、森の中の深い穴に投げ込み、その上に非常に大きな石くれの山を積み上げた。イスラエルはみな、おのおの自分の天幕に逃げ帰っていた。 ¹⁸アブシャロムは存命中、王の谷に自分のために一本の柱を立てていた。「私の名を覚えてくれる息子が私にはいないから」と考えていたからである。彼はその柱に自分の名をつけていた。それは、アブシャロムの記念碑と呼ばれた。今日もそうである。

ダビデの嘆き

¹⁹ツァドクの子アヒマアツは言った。「私は王のところへ走って行って、主が敵の手から王を救って王のために正しいさば

9 *直訳「天と地との間に残された」
12 ①Ⅱサム18:5
13 ①Ⅱサム14:19, 20
14 *直訳「杖」
15 ①Ⅰサム14:13
16 ①Ⅱサム2:28, 20:22
17 ①ヨシ10:27
　②ヨシ7:26, 8:29
　③Ⅱサム19:8, 20:1, 22
18 ①創14:17
　②Ⅰサム14:27
　③Ⅰサム15:12
19 ①Ⅱサム15:36
　②Ⅱサム18:31

23 *あるいは「ヨルダンの低地」
24 ①Ⅱサム19:8
　②Ⅱサム13:34, Ⅱ列9:17
25 *直訳「吉報がその口に」
27 ①Ⅰ列1:42
28 *「〜」「シャローム」
　**「わが主、王」
29 ①Ⅱサム20:9,
　 Ⅰ列4:26

きをされたと知らせたいのですが。」 ²⁰ヨアブは彼に言った。「きょう、あなたは知らせるのではない。ほかの日に知らせなさい。きょうは、知らせないがよい。王子が死んだのだから。」 ²¹ヨアブはクシュ人に言った。「行って、あなたの見たことを王に告げなさい。」クシュ人はヨアブに礼をして、走り去った。 ²²ツァドクの子アヒマアツは再びヨアブに言った。「どんなことがあっても、やはり私もクシュ人のあとを追って走って行きたいのです。」ヨアブは言った。「わが子よ。なぜ、あなたは走って行きたいのか。知らせに対して、何のほうびも得られないのに。」 ²³「しかしどんなことがあっても、走って行きたいのです。」ヨアブは「走って行きなさい」と言った。アヒマアツは低地への道*を走って行き、クシュ人を追い越した。 ²⁴ダビデは二つの門の間にすわっていた。見張りが城壁の門の屋根に上り、目を上げて見ていると、ただひとりで走って来る男がいた。 ²⁵見張りが王に大声で告げると、王は言った。「ただひとりなら、*吉報だろう。」その者がしだいに近づいて来たとき、 ²⁶見張りは、もうひとりの男が走って来るのを見た。見張りは門衛に叫んで言った。「ひとりで走って来る男がいます。」すると王は言った。「それも吉報を持って来ているのだ。」 ²⁷見張りは言った。「先に走っているのは、どうやらツァドクの子アヒマアツのように見えます。」王は言った。「あれは良い男だ。良い知らせを持って来るだろう。」 ²⁸アヒマアツは大声で王に「*ごきげんはいかがでしょうか」と言って、地にひれ伏して、王に礼をした。彼は言った。「あなたの神、主がほめたたえられますように。主は、王さまに手向かった者どもを、引き渡してくださいました。」 ²⁹王が、「若者アブシャロムは無事か」と聞くと、アヒマアツは答えた。「ヨアブが王の家来のこのしもべを遣わすとき、私は、何か大騒ぎの起こるのを見ましたが、何が

30 王は言った。「わきへ退いて、そこに立っていなさい。」そこで彼はわきに退いて立っていた。

31 するとクシュ人が入って来て言った。「王さまにお知らせいたします。主は、きょう、あなたに立ち向かうすべての者の手から、あなたを救って、あなたのために正しいさばきをされました。」

32 王はクシュ人に言った。「若者アブシャロムは無事か。」クシュ人は答えた。「王さまの敵、あなたに立ち向かって害を加えようとする者はすべて、あの若者のようになりますように。」

33 すると王は身震いして、門の屋上に上り、そこで泣いた。彼は泣きながら、こう言い続けた。「わが子アブシャロム。わが子よ。わが子アブシャロム。ああ、私がおまえに代わって死ねばよかったのに。アブシャロム。わが子よ。わが子よ。」

19

1 そうこうするうちに、ヨアブに、「今、王は泣いて、アブシャロムのために、喪に服しておられる」という報告がされた。

2 それで、この日の勝利は、すべての民の嘆きとなった。この日、民が、王がその子のために悲しんでいる、ということを聞いたからである。

3 民はその日、まるで戦場から逃げて恥じている民がこっそり帰るように、町にこっそり帰って来た。

4 王は顔をおおい、大声で、「わが子アブシャロム。アブシャロムよ。わが子よ。わが子よ」と叫んでいた。

5 ヨアブは王の家に行き、王に言った。「あなたは、きょう、あなたのいのちと、あなたの息子、娘たちのいのち、それに、あなたの妻やそばめたちのいのちを救ったあなたの家来たち全部に、きょう、恥をかかせました。

6 あなたは、あなたを憎む者を愛し、あなたを愛する者を憎まれるからです。あなたは、きょう、隊長たちも家来たちも、あなたにとっては取るに足りないことを明らかにされました。今、私は知りました。もしアブシャロムが生き、われわれがみな、きょう死んだのなら、あなたの目にかなったのでしょう。

7 それで今、立って外に行き、あなたの家来たちに、ねんごろに語ってください。私は主によって誓います。あなたが外においでにならなければ、今夜、だれひとりあなたのそばに、とどまらないでしょう。そうなれば、そのわざわいは、あなたの幼いころから今に至るまでにあなたに降りかかった、どんなわざわいよりもひどいでしょう。」

8 それで、王は立って、門のところにすわった。人々がすべての民に、「見よ。王は門のところにすわっておられる」と知らせたので、すべての民は、王の前にやって来た。

ダビデがエルサレムに戻る

一方、イスラエル人は、おのおの自分たちの天幕に逃げ帰っていた。

9 民はみな、イスラエルの全部族の間で、こう言って争っていた。「王は敵の手から、われわれを救い出してくださった。王はわれわれをペリシテ人の手から助け出してくださった。ところが今、王はアブシャロムのために国外に逃げておられる。

10 われわれが油をそそいで王としたアブシャロムは、戦いで死んでしまった。それなのに、あなたがたは今、王を連れ戻すために、なぜ何もしないでいるのか。」

11 ダビデ王は祭司ツァドクとエブヤタルに人をやって言わせた。「ユダの長老たちにこう言って告げなさい。『全イスラエルの言っていることが、ここの家にいる王の耳に届いたのに、あなたがたは、なぜ王をその王宮に連れ戻すのをためらっているのか。

12 あなたがたは、私の兄弟、私の骨肉だ。それなのに、なぜ王を連れ戻すのをため

31 *→Ⅱサム18:28**
 ① Ⅱサム18:19
32 ① Ⅱサム18:29
 *→Ⅱサム18:28**
33 ① Ⅱサム19:4

1 ① Ⅱサム18:5, 14
4 ① Ⅱサム18:33

8 ① Ⅱサム15:2, 18:24
 ② Ⅱサム18:17
9 ① Ⅱサム8:1-14
 ② Ⅱサム5:19, 20, 8:1
 ③ Ⅱサム15:14
11 ① Ⅱサム15:29
12 ① Ⅱサム5:1

18:33 アブシャロム。ああ、私がおまえに代わって死ねばよかったのに ダビデの激しい悲しみは子どもを亡くした父の通常の痛みを超えていた。それは、息子が反逆と罪を行って殺されたことを知ったための苦痛だった。父としての自分の罪深い行為によってこれらの悲劇が家族にもたらされたことを知った悲しみはさらに深まったに違いない。

らっているのか。』
¹³またアマサにも言わなければならない。『あなたは、私の骨肉ではないか。もしあなたが、ヨアブに代わってこれからいつまでも、私の将軍にならないなら、神がこの私を幾重にも罰せられるように。』」
¹⁴こうしてダビデは、すべてのユダの人々を、あたかもひとりの人の心のように自分になびかせた。ユダの人々は王のもとに人をやって、「あなたも、あなたの家来たちもみな、お帰りください」と言った。
¹⁵そこで王は帰途につき、ヨルダン川に着くと、ユダの人々は、王を迎えてヨルダン川を渡らせるためにギルガルに来た。
¹⁶バフリムの出のベニヤミン人、ゲラの子シムイは、ダビデ王を迎えようと、急いでユダの人々といっしょに下って来た。
¹⁷彼は千人のベニヤミン人を連れていた。サウルの家のしもべツィバも、十五人の息子、二十人の召使いを連れて、王が渡る前にヨルダン川に駆けつけた。
¹⁸そして彼は、王の家族を渡らせるために渡しを渡って行き、王が喜ぶことをした。ゲラの子シムイは、ヨルダン川を渡って行って、王の前に倒れ伏して、
¹⁹王に言った。「わが君。どうか私の咎を罰しないでください。*王さまが、エルサレムから出て行かれた日に、このしもべが犯した咎を、思い出さないでください。王さま。心に留めないでください。
²⁰このしもべは、自分の犯した罪を認めましたから、ご覧のとおり、きょう、ヨセフのすべての家に先立って、王さまを迎えに下ってまいりました。」
²¹ツェルヤの子アビシャイは口をはさんで言った。「シムイは、主に油そそがれた方をのろったので、そのために死に値するのではありませんか。」
²²しかしダビデは言った。「ツェルヤの子らよ。あれは私のことで、あなたがたには、かかわりのないことだ。あなたがたは、きょう、私に敵対しようとでもするのか。きょう、イスラエルのうちで、人が殺されてよいだろうか。私が、きょう、イスラエルの王であることを、私が知らないとでも

13①Ⅰサム17:25
②Ⅱサム3:23-39, 8:16, 17:25, 18:10-14, 19:5-7
③ルツ1:17, Ⅰサム3:17, Ⅰ列2:23, Ⅱ列6:31
14①士20:1
15①ヨシ5:9, Ⅰサム11:14, 15
16①Ⅰサム19:16-23, Ⅰ列2:8, Ⅱサム16:5-13
②Ⅱサム16:5, Ⅰ列2:8
17①Ⅱサム9:2, 3, 10, 16:1-4, 19:26, 27
19①Ⅰサム16:5-8, 13
*直訳「わが主、王」
②Ⅰサム13:33
20*→Ⅱサム19:19*
21①Ⅱサム16:7-9, 出22:28
22①Ⅱサム3:39, 16:9, 10
②Ⅰサム11:13

23①Ⅰ列2:8
24①Ⅱサム9章, 16:1-4
25①Ⅱサム16:17
26*→Ⅱサム19:19*
①Ⅱサム9:3
27*→Ⅱサム19:19*
①Ⅱサム16:3
②→Ⅰサム14:17
③→Ⅰサム14:36
28①Ⅱサム21:6-9
→Ⅱサム19:19
②Ⅱサム9:7
30*→Ⅱサム19:19*
31①Ⅱサム17:27-29, Ⅰ列2:7, エズ2:61
32①Ⅱサム17:27-29

いうのか。」
²³そして王はシムイに、「あなたを殺さない」と言って彼に誓った。
²⁴サウルの孫メフィボシェテは、王を迎えに下って来た。彼は、王が出て行った日から無事に帰って来た日まで、自分の足の手入れもせず、ひげもそらず、着物も洗っていなかった。
²⁵彼が王を迎えにエルサレムから来たとき、王は彼に言った。「メフィボシェテよ。あなたはなぜ、私といっしょに来なかったのか。」
²⁶彼は答えた。「*王さま。私の家来が、私を欺いたのです。このしもべは『私のろばに鞍をつけ、それに乗って、王といっしょに行こう』と思ったのです。しもべは足のなえた者ですから。
²⁷ところが彼は、このしもべのことを、王さまに中傷しました。しかし、王さまは、神の使いのような方です。あなたのお気に召すようにしてください。
²⁸私の父の家の者はみな、*王さまから見れば、死刑に当たる者に過ぎなかったのですが、あなたは、このしもべをあなたの食卓で食事をする者のうちに入れてくださいました。ですから、この私に、どうして重ねて王さまに訴える権利がありましょう。」
²⁹王は彼に言った。「あなたはなぜ、自分の弁解をくり返しているのか。私は決めている。あなたとツィバとで、地所を分けなければならない。」
³⁰メフィボシェテは王に言った。「*王さまが無事に王宮に帰られた後なら、彼が全部でも取ってよいのです。」
³¹ギルアデ人バルジライは、ログリムから下って、ヨルダン川で王を見送るために、王といっしょにヨルダン川まで進んで来た。
³²バルジライは非常に年をとっていて八十歳であった。彼は王がマハナイムにいる間、王を養っていた。彼は非常に富んでいたからである。
³³王はバルジライに言った。「私といっしょに渡って行ってください。エルサレムで私のもとであなたを養いたいのです。」

34 バルジライは王に言った。「王といっしょにエルサレムへ上って行っても、私はあと何年生きられるでしょう。35 私は今、八十歳です。私はもう善悪をわきまえることができません。しもべは食べる物も飲む物も味わうことができません。歌う男や女の声を聞くことさえできません。どうして、このうえ、しもべが王さまの重荷になれましょう。36 このしもべは、王とともにヨルダン川を渡って、ほんの少しだけまいりましょう。それ以上、王はどうして、そのような報酬を、この私にしてくださらなければならないのでしょうか。37 このしもべを帰らせてください。私は自分の町で、私の父と母の墓の近くで死にたいのです。しかしここに、あなたのしもべキムハムがおります。彼が、王さまといっしょに渡ってまいります。どうか彼に、あなたの良いと思われることをなさってください。」38 王は言った。「キムハムは私といっしょに渡って来てよいのです。私は、あなたが良いと思うことを彼にしましょう。あなたが、私にしてもらいたいことは何でも、あなたにしてあげましょう。」39 こうして、みなはヨルダン川を渡った。王も渡った。それから、王はバルジライに口づけをして、彼を祝福した。バルジライは自分の町へ帰って行った。40 王はギルガルへ進み、キムハムもいっしょに進んだ。ユダのすべての民とイスラエルの民の半分とが、王といっしょに進んだ。41 するとそこへ、イスラエルのすべての人が王のところにやって来て、王に言った。「われわれの兄弟、ユダの人々は、なぜ、あなたを奪い去り、王とその家族に、また王といっしょにダビデの部下たちに、ヨルダン川を渡らせたのですか。」42 ユダのすべての人々はイスラエルの人々に言い返した。「王は、われわれの身内だからだ。なぜ、このことでそんなに怒るのか。いったい、われわれが王の食物を食べたとでもいうのか。王が何かわれわれに贈り物をしたとでもいうのか。」

43 イスラエルの人々はユダの人々に答えて言った。「われわれは、王に十の分け前を持っている。だからダビデにも、あなたがたよりも多くを持っているはずだ。それなのに、なぜ、われわれをないがしろにするのか。われわれの王を連れ戻そうと最初に言いだしたのは、われわれではないか。」しかし、ユダの人々のことばは、イスラエルの人々のことばより激しかった。

シェバがダビデに反逆する

20 ¹ たまたまそこに、よこしまな者で、名をシェバという者がいた。彼はベニヤミン人ビクリの子であった。彼は角笛を吹き鳴らして言った。

「ダビデには、
われわれのための割り当て地がない。
エッサイの子には、
われわれのためのゆずりの地がない。
イスラエルよ。おのおの自分の天幕に帰れ。」

² そのため、すべてのイスラエル人は、ダビデから離れて、ビクリの子シェバに従って行った。しかし、ユダの人々はヨルダン川からエルサレムまで、自分たちの王につき従って行った。

³ ダビデはエルサレムの自分の王宮に入った。王は、王宮の留守番に残しておいた十人のそばめをとり、監視つきの家を与えて養ったが、王は彼女たちのところには通わなかった。それで彼女たちは、一生、やもめとなって、死ぬ日まで閉じ込められていた。

⁴ さて、王はアマサに言った。「私のために、ユダの人々を三日のうちに召集し、あなたも、ここに帰って来なさい。」⁵ そこでアマサは、ユダの人々を召集するために出て行ったが、指定された期限に間に合わなかった。

⁶ ダビデはアビシャイに言った。「今や、ビクリの子シェバは、アブシャロムよりも、もっとひどいわざわいを、われわれにしかけるに違いない。あなたは、私の家来を引き連れて彼を追いなさい。でないと彼は城壁のある町に入って、のがれてしまうだろう。」

⁷それで、ヨアブの部下と、ケレテ人と、ペレテ人と、すべての勇士たちとは、アビシャイのあとに続いて出て行った。彼らはエルサレムを出て、ビクリの子シェバのあとを追った。

⁸彼らがギブオンにある大きな石のそばに来たとき、アマサが彼らの前にやって来た。ヨアブは自分のよろいを身に着け、さやに納めた剣を腰の上に帯で結びつけていた。彼が進み出ると、剣が落ちた。

⁹ヨアブはアマサに、「兄弟。おまえは元気か」と言って、アマサに口づけしようとして、右手でアマサのひげをつかんだ。

¹⁰アマサはヨアブの手にある剣に気をつけていなかった。ヨアブが彼の下腹を刺したので、はらわたが地面に流れ出た。この一突きでアマサは死んだ。

それからヨアブとその兄弟アビシャイは、ビクリの子シェバのあとを追った。

¹¹そのとき、ヨアブに仕える若い者のひとりがアマサのそばに立って言った。「ヨアブにつく者、ダビデに味方する者は、ヨアブに従え。」

¹²アマサは大路の真ん中で、血まみれになってころがっていた。この若い者は、民がみな立ち止まるのを見て、アマサを大路から野原に運んだ。そのかたわらを通る者がみな、立ち止まるのを見ると、彼の上に着物を掛けた。

¹³アマサが大路から移されると、みなヨアブのあとについて進み、ビクリの子シェバを追った。

¹⁴シェバはイスラエルの全部族のうちを通って、＊アベル・ベテ・マアカへ行った。すべてのベリ人は集まって来て、彼に従った。

¹⁵しかし、人々はアベル・ベテ・マアカに来て、彼を包囲し、この町に向かって塁を築いた。それは外壁に向かって立てられた。ヨアブにつく民はみな、城壁を破壊して倒そうとしていた。

¹⁶そのとき、この町から、ひとりの知恵のある女が叫んだ。「聞いてください。聞いてください。ヨアブにこう言ってください。ここまで近づいてください。あなたと

7 ① Ⅱサム8:18, 15:18, Ⅰ列1:38
② Ⅱサム23:8-39
8 ① Ⅱサム2:13, 3:30
9 ① マタ26:49, ルカ22:47
10 ① Ⅱサム3:27, Ⅰ列2:5
② Ⅱサム2:23, 3:27
14 ＊ Ⅱサム20:15,
Ⅰ列15:20,
Ⅱ列15:29による
□「アベルとベテ・マアカ」
15 ① Ⅰ列19:32, エゼ4:2
16 ① Ⅱサム14:2

19 ① → Ⅰサム14:16
21 ① Ⅱサム20:1, 2
② ヨシ24:33
22 ① Ⅱサム20:16, 伝9:13-16
② Ⅱサム18:16
23 ① Ⅱサム8:16, 18
② Ⅰ列4:4
24 ① Ⅰ列4:6, 12:18
＊ Ⅰ列4:6「アドニラム」
② Ⅰ列4:3
25 ＊ Ⅰ列4:3「シシャ」
Ⅰ歴18:16「シャウシャ」
26 ① Ⅱサム23:38

1 ① Ⅱサム24:13,
創12:10, 26:1, 42:5

お話ししたいのです。」

¹⁷ヨアブが彼女のほうに近づくと、この女は、「あなたがヨアブですか」と尋ねた。彼は答えた。「そうだ。」すると女は言った。「このはしためのことばを聞いてください。」彼は答えた。「私が聞こう。」

¹⁸すると女はこう言った。「昔、人々は『アベルで尋ねてみなければならない』と言って、事を決めるのがならわしでした。

¹⁹私は、イスラエルのうちで平和な、忠実な者のひとりです。あなたは、イスラエルの母である町を滅ぼそうとしておられます。あなたはなぜ、主のゆずりの地を、のみ尽くそうとされるのですか。」

²⁰ヨアブは答えて言った。「絶対にそんなことはない。のみ尽くしたり、滅ぼしたりするなど、とてもできないことだ。

²¹そうではない。実はビクリの子で、その名をシェバというエフライムの山地の出の男が、ダビデ王にそむいたのだ。この男だけを引き渡してくれたら、私はこの町から引き揚げよう。」するとこの女はヨアブに言った。「では、その男の首を城壁の上からあなたのところに投げ落としてごらんにいれます。」

²²この女はその知恵を用いてすべての民のところに行った。それで彼らはビクリの子シェバの首をはね、それをヨアブのもとに投げた。ヨアブが角笛を吹き鳴らしたので、人々は町から散って行って、めいめい自分の天幕へ帰った。ヨアブはエルサレムの王のところに戻った。

²³さて、ヨアブはイスラエルの全軍の長であった。エホヤダの子ベナヤはケレテ人とペレテ人の長。

²⁴＊アドラムは役務長官。アヒルデの子ヨシャパテは参議。

²⁵シェワは書記。ツァドクとエブヤタルは祭司。

²⁶ヤイル人イラもダビデの祭司であった。

ギブオン人が復讐する

21

¹ダビデの時代に、三年間引き続いてききんがあった。そこでダビデ

21:1 ききんがあった 21-24章にはダビデの治世に関するそのほかのことが記録されている。それらは年代

II サムエル記　21章

が主のみこころを伺うと、主は仰せられた。「サウルとその一族に、血を流した罪がある。彼がギブオン人たちを殺したからだ。」
2 そこで王はギブオン人たちを呼び出して、彼らに言った。──ギブオンの人たちはイスラエル人ではなく、エモリ人の生き残りであって、イスラエル人は、彼らと盟約を結んでいたのであるが、サウルが、イスラエルとユダの人々への熱心のあまり、彼らを打ち殺してしまおうとしたのであった。──
3 ダビデはギブオン人たちに言った。「あなたがたのために、私は何をしなければならないのか。私が何を償ったら、あなたがたは主のゆずりの地を祝福できるのか。」
4 ギブオン人たちは彼に言った。「私たちとサウル、およびその一族との間の問題は、銀や金のことではありません。また私たちがイスラエルのうちで、人を殺すことでもありません。」そこでダビデが言った。「それでは私があなたがたに何をしたらよいと言うのか。」
5 彼らは王に言った。「私たちを絶ち滅ぼそうとした者、私たちを滅ぼしてイスラエルの領土のどこにも、おらせないようにたくらんだ者、
6 その者の子ども七人を、私たちに引き渡してください。私たちは、主の選ばれたサウルのギブアで、主のために、彼らをさらし者にします。」王は言った。「引き渡そう。」
7 しかし王は、サウルの子ヨナタンの子②メフィボシェテを惜しんだ。それは、ダビデとサウルの子ヨナタンとの間で主に誓った誓いのためであった。
8 王は、アヤの娘リツパがサウルに産んだ

2①ヨシ9:3-21
　②出34:11-16, 申7:1, 2
3①→Ⅱサム14:16
4①民35:31, 32
6①Ⅰサム10:24
　②民25:4
7①ヨシ9:1-7
　②Ⅱサム4:4, 9:6, 10, 13
　Ⅰサム18:3, 20:8,
　12-17, 42, 23:16-18
8①Ⅱサム3:7

ふたりの子アルモニとメフィボシェテ、それに、サウルの娘メラブがメホラ人バルジライの子アデリエルに産んだ五人の子を取って、
9 彼らをギブオン人の手に渡した。それで彼らは、この者たちを山の上で主の前に、さらし者にした。これら七人はいっしょに殺された。彼らは、刈り入れ時の初め、大麦の刈り入れの始まったころ、死刑に処せられた。
10 アヤの娘リツパは、荒布を脱いで、それを岩の上に敷いてすわり、刈り入れの始まりから雨が天から彼らの上に降るときまで、昼には空の鳥が、夜には野の獣が死体に近寄らないようにした。
11 サウルのそばめアヤの娘リツパのしたことはダビデに知らされた。
12 すると、ダビデは行って、サウルの骨とその子ヨナタンの骨を、ヤベシュ・ギルアデの者たちのところから取って来た。これは、ペリシテ人がサウルをギルボアで殺した日に、ペリシテ人が彼らをさらしたベテ・シャンの広場から、彼らが盗んで行ったものであった。
13 ダビデがサウルの骨とその子ヨナタンの骨をそこから携えて上ると、人々は、さらし者にされた者たちの骨を集めた。
14 こうして、彼らはサウルとその子ヨナタンの骨を、＊ベニヤミンの地のツェラにあるサウルの父キシュの墓に葬り、すべて王が命じたとおりにした。その後、神はこの国の祈りに心を動かされた。

ペリシテ人との戦い
21:15-22　並行記事─Ⅰ歴20:4-8
15 ペリシテ人はまた、イスラエルに戦い

＊Ⅰサム18:19による
②Ⅰ列19:16
10①Ⅱサム13:31, 12:16
　②Ⅱサム3:7, 21:8
　③Ⅰサム17:44, 46
12①Ⅰサム31:8-13
　②ヨシ17:11,
　Ⅰサム31:10
13①Ⅰサム31:4
14＊七十人訳は「および、さらし者にされた者たちの骨を」を加える
①ヨシ18:28
②Ⅱサム24:25
15①Ⅱサム5:17-25

順(出来事が起きた正しい順序)になっていない。この部分はサムエル記第一、第二に関連する追加の情報である。いくつかの出来事はダビデの治世の初期に起きている。

21:1　彼がギブオン人たちを殺したからだ　ヨシュアとイスラエルはギブオン人をほかのカナン人のように殺さないという盟約(国家間の協定または契約)を結んでいた(ヨシ9:15-21)。けれどもここではサウルがこの盟約を破ったようである(21:2)。神の律法によると、誓いを破ることは深刻な犯罪だった(民30:1-2)。「サウルとその一族に、血を流した罪がある」という表現からすると、サウルの息子たちもギブオン人殺害に加わったようである(21:8, →21:14注)。

21:14　その後、神は・・・祈りに心を動かされた　サウルの7人の子孫の死後(21:8-9)、神は再び人々の祈りに応えられた(⇒ヨシ7:-8:)。この箇所は7人がギブオン人殺害に加わっていたことをほのめかしている。父の罪に加わっていない子どもたちは罰せられない(→申24:16, Ⅱ列14:6, エゼ18:1-4, 14-17)。

をしかけた。ダビデは自分の家来たちを連れて下り、ペリシテ人と戦ったが、ダビデは疲れていた。

16 それで、ラファの子孫のひとりであったイシュビ・ベノブは、ダビデを殺そうと考えた。彼の槍の重さは青銅で三百シェケル。そして彼は新しい剣を帯びていた。

17 しかし、ツェルヤの子アビシャイはダビデを助け、このペリシテ人を打ち殺した。そのとき、ダビデの部下たちは彼に誓って言った。「あなたは、もうこれから、われわれといっしょに、戦いに出ないでください。あなたがイスラエルのともしびを消さないために。」

18 その後、ゴブでまたペリシテ人との戦いがあり、そのとき、フシャ人シベカイは、ラファの子孫のサフを打ち殺した。

19 ゴブでまたペリシテ人との戦いがあったとき、ベツレヘム人ヤイルの子エルハナンは、ガテ人ゴリヤテの兄弟ラフミを打ち殺した。ラフミの槍の柄は、機織りの巻き棒のようであった。

20 さらにガテで戦いがあったとき、そこに、手の指、足の指が六本ずつで、合計二十四本指の闘士がいた。彼もまた、ラファの子孫であった。

21 彼はイスラエルをそしったが、ダビデの兄弟シムアの子ヨナタンが彼を打ち殺した。

22 これら四人はガテのラファの子孫で、ダビデとその家来たちの手にかかって倒れた。

ダビデの賛美の歌
22:1-51　並行記事ー詩18:1-50

22 ①主が、ダビデのすべての敵の手、特にサウルの手から彼を救い出された日に、ダビデはこの歌のことばを主に歌った。

2 彼はこう歌った。

「①主はわが巌、わがとりで、わが救い主、
3 わが身を避けるわが岩なる神。
②わが盾、わが救いの角、わがやぐら。
私を暴虐から救う私の救い主、私の逃げ場。
4 ほめたたえられる方、この主を呼び求めると、
私は、敵から救われる。

16 ①Ⅱサム21:18-22
17 ①Ⅱサム20:6-10
　②Ⅱサム18:3
　③Ⅰ列11:36, 15:4,
　Ⅱ列8:19, 詩132:17
18 ①Ⅱサム21:18-22,
　Ⅰ歴20:4-8
　②Ⅱサム23:27
19 ①Ⅰ歴11:29, 27:11
　＊Ⅰ歴20:4「シパイ」
19＊Ⅱサム20:5による
　□「ヤレ・オルギム」
　＊＊Ⅰ歴20:5による
　□「ゴリヤテ」
　①Ⅰサム17:7,
　Ⅰ歴11:23
20 ①Ⅰサム5:8
　②Ⅰサム21:6
21 ①Ⅱサム13:3
　＊Ⅰサム16:9「シャマ」

1 ①Ⅱサム22章, 詩18篇
　②出15:1, 申31:30,
　士5:1
2 ①詩31:3, 71:3
　②詩22:33,
　詩9:9, 46:7, 11, 59:16,
　91:2, 144:2, エレ16:19
3 ①Ⅱサム22:32, 47,
　23:3, 申32:4,
　Ⅰサム2:2, 詩89:26
　②Ⅱサム22:31, 創15:1,
　申33:29,
　詩3:3, 28:7, 33:20,
　59:11, 84:11
　③申33:17, Ⅰサム2:1,
　ルカ1:69
　④詩59:16
4 ①詩48:1, 96:4

5 ①詩93:4, ヨナ2:3
　＊直訳「ベリアルの川」
　②詩93:3
6 ＊□「シェオル」
　①詩116:3
7 ①詩116:4, 120:1,
　ヨナ2:2
　②出3:7, 詩34:6, 15, 17
8 ①士5:4,
　詩68:8, 77:18, 97:4,
　イザ64:3
　②ヨブ26:11
9 ①詩97:3, ヘブ12:29
　②Ⅱサム22:13
10 ①詩144:5, イザ64:1
　②出20:21, Ⅰ列8:12,
　詩97:2
11 ①Ⅱサム6:2, 出25:22
　②詩104:3
　＊ある写本、および詩18:10は「に乗って飛びかけられた」
12 ①出19:16, ナホ1:3
13 ①Ⅱサム22:9
14 ①ヨブ37:2-5, 詩29:3,
　イザ30:30
　出19:16,
　Ⅰサム7:10, 7:10
15 ①詩144:6
　②申32:23,
　詩7:13, 77:17,
　ハバ3:11
16 ①詩106:9, ナホ1:4
　②出15:8
17 ①詩144:7
　②詩32:6
18 ①Ⅱサム22:1
19 ①出23:4
　②詩31:8, 118:5

5 死の波は私を取り巻り、
　＊滅びの川は、私を恐れさせた。
6 よみの綱は私を取り囲み、
　死のわなは私に立ち向かった。
7 私は苦しみの中に主を呼び求め、
　わが神に叫んだ。
　主はその宮で私の声を聞かれ、
　私の叫びは、御耳に届いた。

8 すると、地はゆるぎ、動いた。
　①また、天の基も震え、揺れた。
　主がお怒りになったのだ。
9 煙は鼻から立ち上り、
　その口から出る火はむさぼり食い、
　炭火は主から燃え上がった。
10 主は、天を押し曲げて降りて来られた。
　②暗やみをその足の下にして。
11 主は、①ケルブに乗って飛び、
　②風の翼の上に現れた。
12 主は、やみを回りに置かれた。
　仮庵は水の集まりと、濃い雲。
13 御前の輝きから、炭火が燃え上がった。
14 ①主は、天から雷鳴を響かせ、
　いと高き方は御声を発せられた。
15 ①主は、矢を放って彼らを散らし、
　②いなずまで彼らをかき乱された。
16 こうして、①海の底が現れ、
　地の基があらわにされた。
　主のとがめにより、
　その鼻の荒いいぶきによって。

17 ①主は、いと高き所から御手を伸べて私を捕らえ、
　②私を大水から引き上げられた。
18 主は、私の強い敵と、私を憎む者とから
　私を救い出された。
　彼らは私より強かったから。
19 彼らは私のわざわいの日に私に立ち向かった。
　だが、①主は私のささえであった。
20 主は、①私を広い所に連れ出し、私を助け出された。

IIサムエル記　22章

主が私を喜びとされたから。
21 主は、私の義にしたがって私に報い、
　私の手のきよさに従って私に償いをされた。
22 私は主の道を守り、
　私の神に対して悪を行わなかった。
23 主のすべてのさばきは私の前にあり、
　そのおきてから私は遠ざからなかった。
24 私は主の前に全く、
　私の罪から身を守る。
25 主は、私の義にしたがって、
　また、御目の前の私のきよさにしたがって
　私に償いをされた。

26 あなたは、恵み深い者には、恵み深く、
　＊全き者には、全くあられ、
27 きよい者には、きよく、
　曲がった者には、ねじ曲げる方。
28 あなたは、悩む民を救われますが、
　高ぶる者に目を向けて、これを低くされます。
29 主よ。あなたは私のともしび、
　主は、私のやみを照らされます。
30 あなたによって私は軍勢に襲いかかり、
　私の神によって私は城壁を飛び越えます。

31 神、その道は完全。
　主のみことばは純粋。
　主はすべて彼に身を避ける者の盾。
32 まことに、主のほかにだれが神であろうか。
　私たちの神のほかにだれが岩であろうか。
33 この神こそ、私の力強いとりで。
　私の道を完全に探り出される。
34 彼は私の足を雌鹿のようにし、
　私を高い所に立たせてくださる。
35 戦いのために私の手を鍛え、
　私の腕を青銅の弓でも引けるようにされる。
36 こうしてあなたは、御救いの盾を私に下さいました。
　あなたの謙遜は、私を大きくされます。
37 あなたは私を大またで歩かせます。

私のくるぶしはよろけませんでした。
38 私は、敵を追って、これを根絶やしにし、
　絶ち滅ぼすまでは、引き返しませんでした。
39 私が彼らを絶ち滅ぼし、打ち砕いたため、
　彼らは立てず、私の足もとに倒れました。
40 あなたは、戦いのために、私に力を帯びさせ、
　私に立ち向かう者を私のもとにひれ伏させました。
41 また、敵が私に背を見せるようにされたので、
　私は私を憎む者を滅ぼしました。
42 彼らが叫んでも、救う者はなかった。
　主に叫んでも、答えはなかった。
43 私は、彼らを地のちりのように打ち砕き、
　道のどろのように、粉々に砕いて踏みつけた。
44 あなたは、私の民の争いから、私を助け出し、
　私を国々のかしらとして保たれます。
　私の知らなかった民が私に仕えます。
45 外国人らは、私におもねり、
　耳で聞くとすぐ、
　私の言うことを聞き入れます。
46 外国人らはしなえて、
　彼らのとりでから震えて出て来ます。

47 主は生きておられる。
　ほむべきかな。わが岩。
　あがむべきかな。わが救いの岩なる神。
48 この神は私のために、復讐する方。
　諸国の民を私のもとに下らせる方。
49 私の敵から私を携え出される方。
　あなたは私に立ち向かう者から
　私を引き上げ、
　暴虐の者から私を救い出されます。
50 それゆえ、主よ。
　私は、国々の中であなたをほめたたえ、

22:22　私は【主】の道を守り　ダビデは罪を犯したことがないとか完全であると言っているのではない。ただ自分の実際の生涯と、主にかなう人でありたいという願いを表現したに過ぎない。ここまでダビデは神に対する熱い思いと服従と信仰を示し続けてきた。この詩篇（賛美または詩）は神がサウルの手から救ってくださった直後(2:4、Ⅰサム31:6)、まだ姦淫と殺人の罪を犯す前(11:1-12:15)に作られたと思われる。

あなたの御名を、ほめ歌います。
51 主は、王に救いを増し加え、
　油そそがれた者、ダビデとそのすえに、
　とこしえに恵みを施されます。」

ダビデの最後のことば

23 1 これはダビデの最後のことばである。

エッサイの子ダビデの告げたことば。
高くあげられた者、
ヤコブの神に油そそがれた者の告げたことば。
イスラエルの麗しい歌。

2 「主の霊は、私を通して語り、
　そのことばは、私の舌の上にある。

3 イスラエルの神は仰せられた。
　イスラエルの岩は私に語られた。
　『義をもって人を治める者、
　神を恐れて治める者は、

4 太陽の上る朝の光、
　雲一つない朝の光のようだ。
　雨の後に、
　地の若草を照らすようだ。』

5 まことにわが家は、このように神とともにある。
　とこしえの契約が私に立てられているからだ。
　このすべては備えられ、また守られる。
　まことに神は、私の救いと願いとを、
　すべて、育て上げてくださる。

6 よこしまな者は
　いばらのように、みな投げ捨てられる。
　手で取る値うちがないからだ。

7 これに触れる者はだれでも、
　鉄や槍の柄でこれを集め、
　その場で、これらはことごとく
　火で焼かれてしまう。」

ダビデの勇士たち

23:8-39　並行記事―Ⅰ歴11:10-47

8 ダビデの勇士たちの名は次のとおりで

あった。補佐官のかしら、*ハクモニの子ヤショブアム。彼は槍をふるって一度に八百人を刺し殺した。

9 彼の次は、アホアハ人ドドの子エルアザル。ダビデにつく三勇士のひとりであった。彼がペリシテ人の間でそしったとき、ペリシテ人は戦うためにそこに集まった。そこで、イスラエル人は攻め上った。

10 彼は立ち上がり、自分の手が疲れて、手が剣について離れなくなるまでペリシテ人を打ち殺した。主はその日、大勝利をもたらされ、兵士たちが彼のところに引き返して来たのは、ただ、はぎ取るためであった。

11 彼の次はハラル人アゲの子シャマ。ペリシテ人が隊をなして集まったとき、そこにはレンズ豆の密生した一つの畑があり、民はペリシテ人の前から逃げたが、

12 彼はその畑の真ん中に踏みとどまって、これを救い、ペリシテ人を打ち殺した。こうして、主は大勝利をもたらされた。

13 三十人のうちのこの三人は、刈り入れのころ、アドラムのほら穴にいるダビデのところに下って来た。ペリシテ人の一隊は、レファイムの谷に陣を敷いていた。

14 そのとき、ダビデは要害におり、ペリシテ人の先陣はそのとき、ベツレヘムにあった。

15 ダビデはしきりに望んで言った。「だれか、ベツレヘムの門にある井戸の水を飲ませてくれたらなあ。」

16 すると三人の勇士は、ペリシテ人の陣営を突き抜けて、ベツレヘムの門にある井戸から水を汲み、それを携えてダビデのところに持って来た。ダビデは、それを飲もうとはせず、それを注いで主にささげて、

17 言った。「主よ。私がこれを飲むなど、絶対にできません。いのちをかけて行った人たちの血ではありませんか。」彼は、それを飲もうとはしなかった。三勇士は、このようなことをしたのである。

18 ツェルヤの子ヨアブの兄弟アビシャイ、彼は三人のかしらであった。彼は槍

23:8　ダビデの勇士たち　ほかの人々の支援や貢献なしに、霊的にもそのほかの面でも成功することはまれである。そして大抵は献身的で能力のある人々の影響を受けている。ダビデの情熱と忠誠と謙遜は多くの人の献身を引起こした。その人々がダビデ王の周りにいてダビデの計画と努力を最善を尽して支えたのである。私たちも神の目的を果すために心から仕え、周りの人々を大切にするなら、その人々を奮い立たせること

ふるって三百人を刺し殺し、あの三人とともに名をあげた。

19 彼は三人の中で最も誉れが高かった。そこで彼らの長になった。しかし、あの三人には及ばなかった。

20 エホヤダの子ベナヤは、カブツェルの出で、多くのてがらを立てた力ある人であった。彼は、モアブのふたりの英雄を打ち殺した。また、ある雪の日に、ほら穴の中に降りて行って雄獅子を打ち殺した。

21 彼はまた、あの堂々としたエジプト人を打ち殺した。このエジプト人は、手に槍を持っていた。彼は杖を持ってその男のところに下って行き、エジプト人の手から槍をもぎ取って、その槍で彼を殺した。

22 エホヤダの子ベナヤは、これらのことをして、三勇士とともに名をあげた。

23 彼はあの三十人の中で最も誉れが高かったが、あの三人には及ばなかった。ダビデは彼を自分の護衛長にした。

24 あの三十人の中には次の者がいた。ヨアブの兄弟アサエル。ベツレヘムの出のドドの子エルハナン。

25 ハロデ人シャマ。ハロデ人エリカ。

26 *ペレテ人ヘレツ。テコア人イケシュの子イラ。

27 アナトテ人アビエゼル。フシャ人メブナイ。

28 アホアハ人ツァルモン。ネトファ人マフライ。

29 ネトファ人バアナの子ヘレブ。ギブアの出のベニヤミン族リバイの子イタイ。

30 ピルアトン人ベナヤ。ガアシュの谷の出のヒダイ。

31 アラバ人アビ・アルボン。バルフム人アズマベテ。

32 シャアルビム人エルヤフバ。ヤシェンの子ら。ヨナタン。

33 ハラル人シャマ。アラル人シャラルの子アヒアム。

34 マアカ人アハスバイの子エリフェレテ。ギロ人アヒトフェルの子エリアム。

35 カルメル人ヘツライ。アラブ人パアライ。

36 ツォバの出のナタンの子イガル。ガド人バニ。

37 アモン人ツェレク。ツェルヤの子ヨアブの道具持ちベエロテ人ナフライ。

38 エテル人イラ。エテル人ガレブ。

39 ヘテ人ウリヤ。全部で三十七人である。

ダビデが兵士を数える

24:1-17　並行記事ーⅠ歴21:1-17

24 ¹さて、再び主の怒りが、イスラエルに向かって燃え上がった。主は「さあ、イスラエルとユダの人口を数えよ」と言って、ダビデを動かして彼らに向

---

20 ①Ⅱサム8:18, 20:23,
　Ⅰ列2:29-35,
　Ⅰ歴27:5,6
　②ヨシ15:21
22 ①Ⅱサム8:18, 20:23,
　23:20
23 ①Ⅱサム22:14
24 ①Ⅰサム23:24-39,
　Ⅰ歴11:26-47
　②Ⅱサム2:18-23,
　Ⅱサム2:7
25 ①士7:1
26 *Ⅰ歴27:10「ペロン人」
　①Ⅱサム14:2
　②Ⅰ歴27:9
27 ①ヨシ21:18
　②Ⅱサム21:18

28 ①Ⅱ列25:23
　②Ⅰ歴27:13
29 ①Ⅱ列25:23
　②ヨシ18:28
30 ①士12:13, 15
　②ヨシ24:30, 士2:9
31 ①Ⅱサム3:16
33 ①Ⅰサム23:11
34 ①Ⅱサム10:6, 8, 20:14
　②Ⅱサム15:12
　③Ⅱサム11:3
35 ①ヨシ15:55
36 ①Ⅱサム8:3, 10:6, 8
37 ①Ⅱサム4:2
38 ①Ⅰ歴2:53
　②Ⅱサム20:26
39 ①Ⅱサム11:3, 6

1 ①Ⅰサム24:1-9,
　Ⅰ歴21:1-6

ができる。

24:1　イスラエルとユダの人口を数えよ　人口調査を行ったダビデの罪について次の問題に注意しなければならない。

（1）ここでは神がダビデを動かし思いを刺激したと書かれているけれども、歴代誌Ⅰ 21:1にある同じ出来事の記事は、サタンが「ダビデを誘い込んで、イスラエルの人口を数えさせた」となっている。神はサタンに対して完全な権威を持っておられ、時にはサタンを用いて神の民を試すことを許して、ご自分の目的を達成されることもある（⇒ヨブ1:12, 2:6, マタ4:1-11, Ⅰペテ4:19, 5:8）。神はダビデがおごり神を信じる信仰に欠けていたために、サタンが誘惑するのを許されたようである。けれどもダビデは自分で決断し（24:3-4, Ⅰ歴21:3-4）、この誘惑に抵抗することができたはずである。

（2）「主の怒りが、イスラエルに向かって燃え上

がった」とあるけれども、これはイスラエルが神に対して深刻な罪を犯したので神が応答されたということである。人々が罪を犯したとき以外に神はこれほどひどく怒られることはない。人々はこの罰に値することをしたに違いない（どのような罪かは書いてない）。

（3）ダビデの罪は高ぶりだと思われる。(a) 人口を数えて多くの人が自分の主導権のもとにいると知って、自分には力があると感じたと思われる。(b) 自分の功績と力に注意を向けることによって人間の能力をたたえ、神の力と保護に頼るのではなく大きな数に安心をしようとしたのである。

（4）兵士を数えることは神を信じる信仰が足りないことをも表していた。神が軍事的な成功の背後におられる実際の力であるのに、ダビデはまるで軍隊の力と能力に頼ろうとしているようである。後に出てくる王の多くも自分の成功で高ぶって神に頼らなくなる。人間の力が成功のかぎと考えて、自分自身の力やほか

²王は側近の軍隊の長ヨアブに言った。「さあ、ダンからベエル・シェバに至るまでのイスラエルの全部族の間を行き巡り、その民を登録し、私に、民の数を知らせなさい。」

³すると、ヨアブは王に言った。「あなたの神、主が、この民を今より百倍も増してくださいますように。王さまが、親しくこれをご覧になりますように。ところで、王さまは、なぜ、このようなことを望まれるのですか。」

⁴しかし王は、ヨアブと将校たちを説き伏せたので、ヨアブと将校たちは、王の前から去って、イスラエルの民を登録しに出かけた。

⁵彼らはヨルダン川を渡って、ガドの谷の真ん中にある町、ヤゼルに向かって右側にあるアロエルに宿営し、

⁶それから、ギルアデとタフティム・ホデシの地に行き、さらにダン・ヤアンに行き、シドンに回った。

⁷そしてツロの要塞に行き、ヒビ人やカナン人のすべての町々に行き、それからユダのネゲブへ出て行って、ベエル・シェバに来た。

⁸こうして彼らは全土を行き巡り、九か月と二十日の後にエルサレムに帰って来た。

⁹そして、ヨアブは民の登録人数を王に報告した。イスラエルには剣を使う兵士が八十万、ユダの兵士は五十万人であった。

¹⁰ダビデは、民を数えて後、良心のとがめを感じた。そこで、ダビデは主に言った。「私は、このようなことをして、大きな罪を犯しました。主よ。今、あなたのしもべの咎を見のがしてください。私はほんとうに愚かなことをしました。」

¹¹朝ダビデが起きると、次のような主のことばがダビデの先見者である預言者ガドにあった。

¹²「行って、ダビデに告げよ。『主はこう仰せられる。わたしがあなたに負わせる三つのことがある。そのうち一つを選べ。わたしはあなたのためにそれをしよう。』」

¹³ガドはダビデのもとに行き、彼に告げて言った。「七年間のききんが、あなたの国に来るのがよいか。三か月間、あなたは仇の前を逃げ、仇があなたを追うのがよいか。三日間、あなたの国に疫病があるのがよいか。今、よく考えて、私を遣わされた方に、何と答えたらよいかを決めてください。」

¹⁴ダビデはガドに言った。「それは私には非常につらいことです。主の手に陥ることにしましょう。主のあわれみは深いからです。人の手には陥りたくありません。」

¹⁵すると、主は、その朝から、定められた時まで、イスラエルに疫病を下されたので、ダンからベエル・シェバに至るまで、民のうち七万人が死んだ。

¹⁶御使いが、エルサレムに手を伸べて、これを滅ぼそうとしたとき、主はわざわいを下すことを思い直し、民を滅ぼしている御使いに仰せられた。「もう十分だ。あなたの手を引け。」主の使いは、エブス人アラウナの打ち場のかたわらにいた。

¹⁷ダビデは、民を打っている御使いを見たとき、主に言った。「罪を犯したのは、この私です。私が悪いことをしたのです。この羊の群れがいったい何をしたというのでしょう。どうか、あなたの御手を、私と私の一家に下してください。」

ダビデが祭壇を築く

24:18-25　並行記事─Ⅰ歴21:18-27

¹⁸その日、ガドはダビデのところに来て、彼に言った。「エブス人アラウナの打ち場に上って行って、主のために祭壇を築きなさい。」

¹⁹そこでダビデは、ガドのことばのとおりに、主が命じられたとおりに、上って行った。

²⁰アラウナが見おろすと、王とその家来たちが自分のほうに進んで来るのが見えた。

24:17　あなたの御手を、私…に下してください
ダビデは自分がイスラエルの指導者であるので、自分の罪は人々の罪よりも重いとわきまえていた。そして人々を思いやる心から罰を全部ひとりで受けるつもりだった。ダビデの最も優れた性質は、自分の過ちについては進んで責任を負い、へりくだって神のさばきを受けようとしたことである（⇒15:26, 16:10-12）。

IIサムエル記　24章　541

それで、アラウナは出て来て、地にひれ伏して、王に礼をした。
21 アラウナは言った。「なぜ、王さまは、このしもべのところにおいでになるのですか。」そこでダビデは言った。「あなたの打ち場を買って、主のために祭壇を建てるためです。神罰が民に及ばないようになるためです。」
22 アラウナはダビデに言った。「王さま。お気に召す物を取って、おささげください。ご覧ください。ここに全焼のいけにえのための牛がいます。たきぎにできる打穀機や牛の用具もあります。
23 王さま。このアラウナはすべてを王に差し上げます。」アラウナはさらに王に言った。「あなたの神、主が、あなたのささげ物を受け入れてくださいますように。」
24 しかし王はアラウナに言った。「いいえ、私はどうしても、代金を払って、あなたから買いたいのです。費用もかけずに、私の神、主に、全焼のいけにえをささげたくありません。」そしてダビデは、打ち場と牛とを銀五十シェケルで買った。
25 こうしてダビデは、そこに主のために祭壇を築き、全焼のいけにえと和解のいけにえとをささげた。主が、この国の祈りに心を動かされたので、神罰はイスラエルに及ばないようになった。

21 * 直訳「わが主、王」
① 民16:48
22 * →IIサム24:21 *
① →Iサム14:36
② I サム6:14、
I 列19:21

24 ① 創23:8-16
② マラ1:13, 14
25 ① → IIサム6:17
② → Iサム10:8
③ IIサム21:14
④ IIサム24:21

24:24　費用もかけずに・・・いけにえを　ダビデのことばには偉大な霊的な真理が表されている。それは私たちが神に従っている限り（→Iサム15:22）、神へのささげ物と奉仕の価値は個人的な犠牲と支払われた代価によって計られるということである。キリストの御国では自己否定と、神の目的のためなら進んで苦しみを受けるという姿勢こそが根本的原則である（マタ5:10-12、マコ8:34, 10:21-27）。神に対して、代価の伴わない行為には価値がない（⇒イザ1:11）。

列王記　第一

概　　要
- Ｉ．ソロモンの治世(1:1-11:43)
    - Ａ．ソロモンがダビデの王位を継承する(1:1-2:11)
    - Ｂ．ソロモンが王位を強固なものにする(2:12-46)
    - Ｃ．ソロモンの知恵と行政(3:1-4:34)
    - Ｄ．ソロモンの成功と名声(5:1-10:29)
        1. 神殿建築の準備(5:1-18)
        2. 神殿の建築(6:1-38)
        3. ソロモンの宮殿建築(7:1-12)
        4. 神殿の備品(7:13-51)
        5. 神殿の奉献(8:1-66)
        6. ダビデ契約の確認(9:1-9)
        7. ソロモンの事業と名声(9:10-10:29)
    - Ｅ．ソロモンの没落と死(11:1-43)
        1. ソロモンの目に余る重婚と偶像礼拝(11:1-8)
        2. 神が予告された王国分裂のさばき(11:9-13)
        3. 神が起こされるソロモンの敵(11:14-28)
        4. アヒヤの預言(11:29-40)
        5. ソロモンの死(11:41-43)
- ＩＩ．王国の分裂－イスラエルとユダ(12:1-22:53)
    - Ａ．分裂のさばき(12:1-24)
    - Ｂ．ヤロブアムの治世(イスラエル)(12:25-14:20)
    - Ｃ．レハブアムの治世(ユダ)(14:21-31)
    - Ｄ．アビヤムの治世(ユダ)(15:1-8)
    - Ｅ．アサの治世(ユダ)(15:9-24)
    - Ｆ．ナダブの治世(イスラエル)(15:25-31)
    - Ｇ．バシャの治世(イスラエル)(15:32-16:7)
    - Ｈ．エラの治世(イスラエル)(16:8-14)
    - Ｉ．ジムリの治世(イスラエル)(16:15-20)
    - Ｊ．オムリの治世(イスラエル)(16:21-28)
    - Ｋ．アハブの治世(イスラエル)(16:29-22:40)
        1. アハブの治世の始まり(16:29-34)
        2. アハブと預言者エリヤ(17:1-19:21)
        3. アハブのアラムとの戦い(20:1-43)
        4. アハブとナボテのぶどう畑(21:1-29)
        5. アハブとアラムとの決戦(22:1-40)
    - Ｌ．ヨシャパテの治世(ユダ)(22:41-50)
    - Ｍ．アハズヤの治世(イスラエル)(22:51-53)

著　　者：不明

主　　題：イスラエルとユダの王たち

著作の年代：紀元前560－550年頃

I 列王記

著作の背景

　列王記第一、第二の内容はサムエル記第一、第二に記録されている歴史につながるものである。この4冊の書物を合せるとイスラエルとユダの王たちの歴史全体が扱われていて（前1050頃-586）、列王記第一と第二ではその歴史の400年分が年代順（出来事が起こった順序）に扱われている。それはソロモン王の時代（前970）からバビロン捕囚（前586）までの期間である。列王記第一だけでもソロモンの治世の40年間（前970-930）と王国分裂に続く80年間（前930頃-852）の約120年間を扱っている。

　列王記第一と第二はもともとヘブル語旧約聖書では1冊だった。そのため、著者問題を議論するときにはこれを1冊の書物の記録として検討する。この記録に含まれた最後の出来事（Ⅱ列25:27）はエホヤキン王がバビロンの牢獄から釈放されたことである（前560頃）けれども、そのことは列王記第一と第二が1冊の書物として前560-550年の10年間に完成したことを意味している。著者は特定されていない。けれどもこの霊感された預言者的歴史家はイスラエルとユダの王たちの治世を神がヘブル人と結ばれた契約の視点から解釈している。またこの記録を書くために用いた資料の名前を次のように挙げている。（1）「ソロモンの業績の書」（11:41）、（2）「イスラエルの王たちの年代記の書」（14:19）、（3）「ユダの王たちの年代記の書」（14:29）。これらの資料は正式の宮廷年代記（記録）ではなく、預言者が保存していた文書記録だったと思われる。著者は歴代誌第一29章29節に挙げられているようなほかの預言者の資料も参考にしたようである。イスラエルとユダの王の全体像　→「イスラエルとユダの王」の表 p.651

目　的

　列王記第一と第二はバビロンに捕囚となっているヘブル人にその歴史を預言者的に解釈して示すために書かれた。この記録は、前930年に王国が分裂した理由、なぜ前722年に北イスラエル王国が滅んだのか、なぜ前586年にダビデ王国とエルサレムが滅んだのかを示している。著者が強調しているのは、王国が分裂してイスラエル王国とユダ王国が滅んだのは王たちと民族全体が偶像礼拝と不義に流れた当然で直接の結果だということである。そこで著者は、それぞれの王の成功か失敗かを、神とその契約に対して忠実だったか不忠実だったかによって評価している。政治的、経済的にどんなに成功しても、もし神との契約を保ち続けなければその王は失敗したと判断された。預言者としてのこの見解は捕囚の人々に提示されたけれど、もそれは将来の世代が偶像礼拝から離れて神に立ち返り神の戒めに従うためだった。

概　観

　列王記第一は二つの大きな部分に分けられる。
　（1）第一部はソロモンの治世を描いている（1:-11:）。最初にソロモンが王になったときの情況（1:-2:）と国を治めるために知恵を求めたことが描かれている（3:）。それに続く七つの章にはソロモンの世界的な名声が描かれている。またイスラエル最大の繁栄と平和、力と栄光の時代が詳しく記録されている。これらはみなソロモンの治世の最初の20年間のことだった。この時期にソロモンはエルサレムに神殿を建築して奉献した（6:-8:）。11章にはソロモンの治世の次の20年間の道楽と極端な一夫多妻（同時に複数の妻を持つこと）の生活、偶像礼拝と国の基盤が腐敗していく様子が描かれている。国の分裂と衰退の種はソロモンが死ぬまでに既に蒔かれていたのである。
　（2）第二部にはソロモンの息子であるレハブアムのもとで王国が分裂したことが描かれている。そして分裂した王国が王位を継承した人々のもとで政治的、霊的に衰退していく次の80年間のことが記録されている（12:-22:）。この第二部の主な人物は南王国ではレハブアムで、北王国ではヤロブアムとアハブ王、アハブの邪悪な妻イゼベルと預言者エリヤである。

特　徴

　列王記第一には四つの大きな特徴がある。
　（1）預言者たちをイスラエルとユダの王に対する神の代理人、代弁者として示している。それはアヒヤ（11:29-40、14:5-18）とシェマヤ（12:22-24）、ミカヤ（22:8-28）、特にエリヤ（17:-19:）などである。
　（2）王たちの歴史の中で預言がされ、それが成就したことを強調している。そして記録されていた預言が成就したと何回も言われている（Ⅱサム7:13とⅠ列8:20、Ⅰ列11:29-39と12:15、Ⅰ列13:とⅡ列23:16-18）。
　（3）ソロモンの知恵（3:-4:）、神殿の奉献（8:）、シェバの女王のエルサレム訪問（10:）、エリヤの働き、特にカルメル山でのバアル教とバアルの預言者たちとの対決（18:）など、有名な聖書の物語が多く含まれている。

（4）イスラエルとユダの王についての多くの年代記（主な出来事を起きた順に記録したもの）的資料を含んでいる。けれどもどの王がどの時代のどの出来事につながるのか結び付けるのが難しいところもある。けれども治世が重なっていて、時には父親が王としての治世を終える前に息子がともに治め始めた（共同統治）ことを理解すれば、ほとんどの問題は解決される。別の要因として、王の統治の始まりの数え方に違いがあったことも考慮しなければならない。

新約聖書での成就
　新約聖書には主イエスが「見なさい。ここにソロモンよりもまさった者がいるのです」（マタ12：42）と言って、主イエスの生涯と神の国の重要性と目的がソロモンとその統治の知恵や権威、栄光や栄華よりも偉大であると当時の人々に話されたことが記録されている。さらに神殿奉献のときにソロモンの神殿を満たした神の栄光は父のひとり子であるイエス・キリストによって人類の中に宿り住まわれた（ヨハ1：14）とある。神の聖霊は今、神の御子イエス・キリストを通してひとりひとりのキリスト者のうちに住んでおられる。

列王記第一の通読
　旧約聖書全体を１年間で通読するためには、列王記第一を次のスケジュールに従って11日間で読まなければならない。
□1 □2-3 □4-6 □7-8 □9 □10-11 □12-14 □15-17 □18-19 □20-21 □22

メ　モ

アドニヤが自分を王にする

1 ¹ダビデ王は年を重ねて老人になっていた。それで夜着をいくら着せても暖まらなかった。
²そこで、彼の家来たちは彼に言った。「王さまのためにひとりの若い処女を捜して来て、王さまにはべらせ、王さまの世話をさせ、あなたのふところに寝させ、*王さまを暖めるようにいたしましょう。」
³こうして、彼らは、イスラエルの国中に美しい娘を捜し求め、シュネム人の女アビシャグを見つけて、王のもとに連れて来た。
⁴この娘は非常に美しかった。彼女は王の世話をするようになり、彼に仕えたが、王は彼女を知ろうとしなかった。
⁵一方、ハギテの子アドニヤは、「私が王になろう」と言って、野心をいだき、戦車、騎兵、それに、自分の前を走る者五十人を手に入れた。
⁶──彼の父は存命中、「あなたはどうしてこんなことをしたのか」と言って、彼のことで心を痛めたことがなかった。そのうえ、彼は非常な美男子で、アブシャロムの次に生まれた子であった──
⁷彼はツェルヤの子ヨアブと祭司エブヤタルに相談をしたので、彼らはアドニヤを支持するようになった。
⁸しかし、祭司ツァドクとエホヤダの子ベナヤと預言者ナタン、それにシムイとレイ、および、ダビデの勇士たちは、アドニヤにくみしなかった。
⁹アドニヤは、エン・ロゲルの近くにあるゾヘレテの石のそばで、羊、牛、肥えた家畜をいけにえとしてささげ、王の子らである自分の兄弟たちすべてと、王の家来であるユダのすべての人々とを招いた。
¹⁰しかし、預言者ナタンや、ベナヤ、それに勇士たちや、彼の兄弟ソロモンは招かなかった。
¹¹それで、ナタンはソロモンの母バテ・シェバにこう言った。「私たちの君ダビデが知らないうちに、ハギテの子アドニヤが王となったということを聞きませんでしたか。
¹²さあ、今、私があなたに助言をいたしますから、あなたのいのちとあなたの子ソロモンのいのちを助けなさい。
¹³さあ、ダビデ王のもとに行って、『王さま。あなたは、このはしために、必ず、あなたの子ソロモンが私の跡を継いで王となる。彼が私の王座に着く、と言って誓われたではありませんか。それなのに、なぜ、アドニヤが王となったのですか』と言いなさい。
¹⁴あなたがまだそこで王と話しているうちに、私もあなたのあとから入って行って、あなたのことばの確かなことを保証しましょう。」
¹⁵そこで、バテ・シェバは寝室の王のもとに行った。──王は非常に年老いて、シュネム人の女アビシャグが王に仕えていた──
¹⁶バテ・シェバがひざまずいて、王におじぎをすると、王は、「何の用か」と言った。
¹⁷彼女は答えた。「わが君。あなたは、あなたの神、**主**にかけて『必ず、あなたの子ソロモンが私の跡を継いで王となる。彼が私の王座に着く』と、このはしためにお誓いになりました。
¹⁸それなのに、今、アドニヤが王となっています。*王さま。あなたはそれをご存じな

1① I 歴23:1
2＊直訳「わが主、王」
3①①ヨシ19:18,
I サム28:4, II 列4:8
②I 列2:21, 22
5①I サム8:11
②II サム3:4, I 歴3:2
③I サム15:1
6①II サム3:3, 4
7①I 歴11:6
②II サム22:20, 21,
II サム20:25
③I 列2:22, 28
8①II サム20:25,
I 歴16:39
②II サム8:18
③I 列11:29, 13:11,
14:2, 16:7, 19:16,
20:13, → I サム3:20
④II サム12:1
⑤I 列4:18
⑥II サム23:8-39
9①①ヨシ15:7, 18:16,
II サム17:17

10①I 列1:30,
II サム12:24
11①II サム12:24
13＊→ I 列1:2＊
①I 列1:17, 30,
I 歴22:9-13
15①I 列1:1
17①I 列1:13
18①I 列1:5-9, 25
＊→ I 列1:2＊

1:6 彼の父は・・・心を痛めたことがなかった 神とダビデはソロモンを次の王に指名していたけれども、ダビデの四男のアドニヤは父親に反抗して、自分がイスラエルの王だと宣言した(1:5, 17, 30, 2:15)。ダビデの家では問題が続いていた。

(1) ダビデは一生の間、息子たちの問題を抱えていた。統治者としては立派な業績を残したけれども、父親としては大きな失敗をした。息子たちを申命記6:1-9で命じられているように教え、導き、しつけをしていなかった。その結果、ダビデの一生は苦悩と悲しみに満ちるものになった。長男のアムノンは異母姉妹のタマルを暴行して異母兄弟のアブシャロムに殺され(II サム13:1-33)、三男のアブシャロムは父親の王位を奪って殺そうとした(II サム15:-18:)。ここでは四男が反乱を起こしており、後にソロモンによって殺される(2:23-25)。

(2) 家族についての神のみこころに従わなかったためにダビデは一生の間、次から次へと悲しい体験をした。キリストの弟子(キリストに従って学ぶ人)にとって何よりも大切なことは配偶者や子どもたちに誠実なことである。そして教えたり模範を示したりして、神に従う生活とすぐれた品性を育てるように導かなければならない(→「親と子ども」の項p.2265)。

いのです。
19 彼は、牛や肥えた家畜や羊をたくさん、いけにえとしてささげ、王のお子さま全部と、祭司エブヤタルと、将軍ヨアブを招いたのに、あなたのしもべソロモンは招きませんでした。
20 王さま。王さまの跡を継いで、だれが王さまの王座に着くかを告げていただきたいと、今や、すべてのイスラエルの目はあなたの上に注がれています。
21 そうでないと、王さまがご先祖たちとともに眠りにつかれるとき、私と私の子ソロモンは罪を犯した者とみなされるでしょう。」
22 彼女がまだ王と話しているうちに、預言者ナタンが入って来た。
23 家来たちは、「預言者ナタンがまいりました」と言って王に告げた。彼は王の前に出て、地にひれ伏して、王に礼をした。
24 ナタンは言った。「王さま。あなたは『アドニヤが私の跡を継いで王となる。彼が私の王座に着く』と仰せられましたか。
25 実は、きょう、彼は下って行って、牛と肥えた家畜や羊とをたくさん、いけにえとしてささげ、王のお子さま全部と、将軍たちと、祭司エブヤタルとを招きました。そして、彼らは、彼の前で飲み食いし、『アドニヤ王。ばんざい』と叫びました。
26 しかし、あなたのしもべのこの私や祭司ツァドクやエホヤダの子ベナヤや、それに、あなたのしもべソロモンは招きませんでした。
27 このことは、王さまから出たことなのですか。あなたは、だれが王の跡を継いで、王さまの王座に着くかを、このしもべに告げておられませんのに。」

ダビデがソロモンを王にする
1:28-53 並行記事―Ⅰ歴29:21-25

28 ダビデ王は答えて言った。「バテ・シェバをここに呼びなさい。」彼女が王の前に来て、王の前に立つと、
29 王は誓って言った。「私のいのちをあらゆる苦難から救い出してくださった主は生きておられる。
30 私がイスラエルの神、主にかけて、『必ず、あなたの子ソロモンが私の跡を継いで王となる。彼が私に代わって王座に着く』

19 ① Ⅰ列1:9, 10
20 * 直訳「あなた」
21 * → Ⅰ列1:2 *
   ① Ⅰ列2:10, 申31:16, Ⅱサム7:12
24 * → Ⅰ列1:2 *
25 ① Ⅰ列1:9, 19
26 ① Ⅰサム10:24
27 ① Ⅰ列1:8, 10
   * → Ⅰ列1:36 *
29 ① Ⅱサム4:9
   ② Ⅰ列2:24, 17:1, 12, 18:10, 15, 22:14, Ⅱ列3:14, 5:16, 20, Ⅱ歴18:13,
   → Ⅰサム14:39,
   → Ⅱ列2:2
30 ① Ⅰ列1:13

31 ① ネヘ2:3, ダニ2:4, 3:9
32 ① Ⅰ列1:8
33 ① Ⅱサム20:6, 7
   ② Ⅱ歴32:30, 33:14
34 ① Ⅰ列19:16,
   Ⅰサム10:1, 16:3, 13,
   Ⅱサム2:4, 5:3,
   Ⅱ列9:3, 11:12,
   詩89:20
   ② Ⅱサム15:10,
   Ⅱ列9:13, 11:14
   ③ Ⅰ列1:25, 39,
   Ⅰサム10:24,
36 * 直訳「わが主、王」
37 * → Ⅰ列1:36 *
   ① ヨシ1:5, 17,
   Ⅰサム20:13
   ② Ⅰ列1:47
38 ① Ⅰ列1:8
   ② Ⅱサム8:18, 23:20-23
   ③ Ⅱサム8:18
   ④ Ⅰ列1:33
39 ① Ⅰ列11:12
   ② Ⅰサム10:1, 16:1
   ③ Ⅰ歴29:22

と言ってあなたに誓ったとおり、きょう、必ずそのとおりにしよう。」
31 バテ・シェバは地にひれ伏して、王に礼をし、そして言った。「わが君、ダビデ王さま。いつまでも生きておられますように。」
32 それからダビデ王は言った。「祭司ツァドクと預言者ナタン、それに、エホヤダの子ベナヤをここに呼びなさい。」彼らが王の前に来ると、
33 王は彼らに言った。「あなたがたの主君の家来たちを連れ、私の子ソロモンを私の雌騾馬に乗せ、彼を連れてギホンへ下って行きなさい。
34 祭司ツァドクと預言者ナタンは、そこで彼に油をそそいでイスラエルの王としなさい。そうして、角笛を吹き鳴らし、『ソロモン王。ばんざい』と叫びなさい。
35 それから、彼に従って上って来なさい。彼は来て、私の王座に着き、彼が私に代わって王となる。私は彼をイスラエルとユダの君主に任命した。」
36 エホヤダの子ベナヤが王に答えて言った。「アーメン。王さまの神、主も、そう言われますように。
37 主が、王さまとともにおられたように、ソロモンとともにおられ、彼の王座を、わが君、ダビデ王の王座よりもすぐれたものとされますように。」
38 そこで、祭司ツァドクと預言者ナタンとエホヤダの子ベナヤ、それに、ケレテ人とペレテ人とが下って行き、彼らはソロモンをダビデ王の雌騾馬に乗せ、彼を連れてギホンへ行った。
39 祭司ツァドクは天幕の中から油の角を取って来て、油をソロモンにそそいだ。そうして彼らが角笛を吹き鳴らすと、民はこぞって、「ソロモン王。ばんざい」と叫んだ。
40 民はみな、彼のあとに従って上って来た。民が笛を吹き鳴らしながら、大いに喜んで歌ったので、地がその声で裂けた。
41 アドニヤと、彼に招待された者たちはみな、食事を終えたとき、これを聞いた。ヨアブは角笛の音を聞いて言った。「なぜ、都で騒々しい声が起こっているのだろう。」
42 彼がまだそう言っているうちに、祭司エブ

Ⅰ列王記　1-2章

ヤタルの子ヨナタンがやって来た。アドニヤは言った。「入りなさい。あなたは勇敢な人だから、良い知らせを持って来たのだろう。」
43 ヨナタンはアドニヤに答えて言った。「いいえ、私たちの君、ダビデ王はソロモンを王としました。
44 ダビデ王は、祭司ツァドクと預言者ナタンとエホヤダの子ベナヤ、それに、ケレテ人とペレテ人とをソロモンにつけて送り出しました。彼らはソロモンを王の雌騾馬に乗せ、
45 祭司ツァドクと預言者ナタンがギホンで彼に油をそそいで王としました。こうして彼らが大喜びで、そこから上って来たので、都が騒々しくなったのです。あなたがたの聞いたあの物音はそれです。
46 しかも、ソロモンはすでに王の座に着きました。
47 そのうえ、王の家来たちが来て、『神が、ソロモンの名をあなたの名よりも輝かせ、その王座をあなたの王座よりもすぐれたものとされますように』と言って、私たちの君、ダビデ王に祝福のことばを述べました。すると王は寝台の上で礼拝をしました。
48 また、王はこう言われました。『きょう、私の王座に着く者を与えてくださって、私がこの目で見るようにしてくださったイスラエルの神、主はほむべきかな。』」
49 すると、アドニヤの客たちはみな、身震いして立ち上がり、おのおのの帰途についた。
50 アドニヤもソロモンを恐れて立ち上がり、行って、祭壇の角をつかんだ。
51 そのとき、ソロモンに次のように言って告げる者がいた。「アドニヤはソロモン王を恐

42 ①Ⅱサム15:27, 36, 17:17
②Ⅱサム18:27
45 ①Ⅰ列1:40
46 ①Ⅰ歴29:23
47 ①Ⅰ列1:37
②創47:31
48 ①Ⅰ列3:6,
Ⅱサム7:12, 13,
詩132:11, 12
50 ①Ⅰ列2:28, 出27:2

52 ①Ⅰサム14:45,
Ⅱサム14:11, 使27:34
1 ①創47:29, 申31:14
2 ①ヨシ23:14
②申31:7, 23,
ヨシ1:6, 7, Ⅰ歴22:13
3 ①申17:18-20, 29:9,
Ⅰ歴22:12, 13
②Ⅱ列23:25,
Ⅱ列23:18,
エズ3:2, 7:6,
ダニ9:11, 13, マラ4:4
4 ①Ⅰ列8:25, 9:5,
Ⅱ列7:11-16
②詩132:12
③Ⅰ列20:3
5 ①Ⅰ列2:5, 6, Ⅰ列2:31
-33, Ⅱサム3:27-29
②Ⅱサム2:13, 18,
3:39, 18:5, 12, 14, 19:5
③Ⅱサム20:10

れ、祭壇の角をしっかり握って、『ソロモン王がまず、このしもべを剣で殺さないと私に誓ってくださるように』と言っています。」
52 すると、ソロモンは言った。「彼がりっぱな人物であれば、彼の髪の毛一本でも地に落ちることはない。しかし、彼のうちに悪があれば、彼は死ななければならない。」
53 それから、ソロモン王は人をやってアドニヤを祭壇から降ろさせた。彼がソロモン王の前に来て礼をすると、ソロモンは彼に言った。「家へ帰りなさい。」

ソロモンに対するダビデの命令
2:1-12　並行記事－Ⅰ歴22:6-16

2 1 ダビデの死ぬ日が近づいたとき、彼は息子のソロモンに次のように言いつけた。
2 「私は世のすべての人の行く道を行こうとしている。強く、男らしくありなさい。
3 あなたの神、主の戒めを守り、モーセの律法に書かれているとおりに、主のおきてと、命令と、定めと、さとしとを守って主の道を歩まなければならない。あなたが何をしても、どこへ行っても、栄えるためである。
4 そうすれば、主は私について語られた約束を果たしてくださろう。すなわち『もし、あなたの息子たちが彼らの道を守り、心を尽くし、精神を尽くして、誠実をもってわたしの前を歩むなら、あなたには、イスラエルの王座から人が断たれない。』
5 また、あなたはツェルヤの子ヨアブが私にしたこと、すなわち、彼がイスラエルのふたりの将軍、ネルの子アブネルとエテルの子アマサとにしたことを知っている。彼は

1:50　祭壇の角　これは祭壇の四隅にある隆起部、または先のとがった突起部で、神のあわれみと赦し、保護を象徴していた。アドニヤはソロモンがこのような神聖な場所で殺すことはないだろうと思って祭壇に避難したのである(⇒出21:13-14)。

2:4　もし、あなたの息子たちが彼らの道を守り　本当の成功と神の祝福とは神とみことばとご計画に忠実であるかどうかによることを、ダビデはつらい体験と懲らしめを通して学んだ。そこでソロモンが神に対して従順で忠実でいることができるかどうかを心配した。それなのにソロモンとその子どもたちはダビデの思いに沿わなくなってしまった。これらの若者たちは

神とその契約から離れていった(⇒Ⅱ歴7:17-22)。その結果ソロモンに対する神のさばき(11:1-13)、王国の分裂(12:1-33)、北と南両方の王国の滅亡がやってきた。(イスラエル王国分裂の背景と詳細 → Ⅰ列緒論、Ⅱ列緒論、Ⅱ歴緒論、→ Ⅰ列12:-14:、Ⅱ歴10:-11:、要約と図解 → **イスラエルとユダの王国**」の地図 p.570)。ダビデの家系に王位が継承されるという約束はダビデの子孫であるイエス・キリスト(使15:16-18)によって最終的にそして完全に実現した(→「**ダビデとの神の契約**」の項 p.512)。

2:5　ヨアブが・・・ふたりの将軍・・・にしたこと　ソロモンが統治を始めるに当たってダビデは、アブネ

彼らを虐殺し、平和な時に、戦いの血を流し、自分の腰の帯と足のくつに戦いの血をつけたのだ。
⁶ だから、あなたは自分の知恵に従って行動しなさい。彼のしらが頭を安らかによみに下らせてはならない。
⁷ しかし、ギルアデ人バルジライの子らには恵みを施してやり、彼らをあなたの食事の席に連ならせなさい。私があなたの兄弟アブシャロムの前から逃げたとき、彼らは私の近くに来てくれたからだ。
⁸ また、あなたのそばには、バフリムの出のベニヤミン人ゲラの子シムイがいる。彼は、私がマハナイムに行ったとき、非常に激しく私をのろった。しかし、彼は私を迎えにヨルダン川に下って来たので、私は主にかけて、『あなたを剣で殺さない』と言って彼に誓った。
⁹ だが、今は、彼を罪のない者としてはならない。あなたは知恵のある人だから、彼にどうすれば彼のしらが頭を血に染めてよみに下らせるかを知るようになろう。」
¹⁰ こうして、ダビデは彼の先祖たちとともに眠り、ダビデの町に葬られた。
¹¹ ダビデがイスラエルの王であった期間は四十年であった。ヘブロンで七年治め、エルサレムで三十三年治めた。
¹² ソロモンは父ダビデの王座に着き、その王位は確立した。

ソロモンの王座が確立する

¹³ あるとき、ハギテの子アドニヤがソロモンの母バテ・シェバのところにやって来た。彼女は、「平和なことで来たのですか」と尋ねた。彼は「平和なことです」と答えて、
¹⁴ さらに言った。「あなたにお話ししたいことがあるのですが。」すると彼女は言った。「話してごらんなさい。」
¹⁵ 彼は言った。「ご存じのように、王位は私の

⁶①Ⅰ列2:9
②箴20:26
*▽「シェオル」
⁷①Ⅱサム17:27-29, 19:31-39, エズ2:61
②Ⅱサム19:31-40, 19:28
⁸①Ⅱサム16:5-13, 19:16-23
⁹①ヨブ9:28
②Ⅰ列2:6, 創42:38, 44:31
*→Ⅰ列2:6
¹⁰①Ⅱ使2:29, 13:36
①Ⅰ列1:21
③Ⅰ列3:1, 8:1, 9:24, 11:27, 43, 14:31, 15:8, 24, 22:50, →Ⅰサム5:7
¹¹①Ⅱサム5:4, 5,
Ⅰ歴3:4, 29:26, 27
¹²①Ⅰ歴29:23, Ⅱ歴1:1
①Ⅰサム20:31
¹³①Ⅰサム16:4
¹⁵①Ⅱサム2:2,
Ⅱサム3:2-4, Ⅰ歴3:2, 5

ものであるはずですし、すべてのイスラエルは私が王となるのを期待していました。それなのに、王位は転じて、私の弟のものとなりました。主によって彼のものとなったからです。
¹⁶ 今、あなたに一つのお願いがあります。断らないでください。」彼女は彼に言った。「話してごらんなさい。」
¹⁷ 彼は言った。「どうかソロモン王に頼んでください。あなたからなら断らないでしょうから。シュネム人の女アビシャグを私に与えて私の妻にしてください。」
¹⁸ そこで、バテ・シェバは、「よろしい。私から王にあなたのことを話してあげましょう」と言った。

¹⁹ バテ・シェバは、アドニヤのことを話すために、ソロモン王のところに行った。王は立ち上がって彼女を迎え、彼女におじぎをして、自分の王座に戻った。王の母のためにほかの王座を設けさせたので、彼女は彼の右にすわった。
²⁰ そこで、彼女は言った。「あなたに一つの小さなお願いがあります。断らないでください。」王は彼女に言った。「母上。その願い事を聞かせてください。お断りしないでしょうから。」
²¹ 彼女は言った。「シュネム人の女アビシャグをあなたの兄のアドニヤに妻として与えてやってください。」
²² ソロモン王は母に答えて言った。「なぜ、あなたはアドニヤのためにシュネム人の女アビシャグを求めるのですか。彼は私の兄ですから、彼のために、王位を求めたほうがよいのではありませんか。彼のためにも祭司エブヤタルやツェルヤの子ヨアブのためにも。」
²³ ソロモン王は主にかけて誓って言った。「アドニヤがこういうことを言って自分のいのちを失わなかったら、神がこの私を幾重にも罰せられるように。

②Ⅰ列1:5, 25
③Ⅰ列1:38-48
④創4:4, 5
⑤Ⅰ歴22:9, 10, 28:5-7
¹⁷①Ⅰ列1:3, 4
¹⁹①Ⅰ列15:13
②詩45:9
²⁰①Ⅰ列2:16
²²①Ⅰ列1:5, 6, 2:15,
Ⅰ歴3:2, 5
②Ⅰ列1:7
²³①ルツ1:17, Ⅰサム3:17,
Ⅱサム19:13, Ⅱ列6:31

ルとアマサを殺したために死に値するとしてヨアブに対して正義を行うように指示した（Ⅱサム3:27, 20:9-10, ⇒マタ26:52）。

2:9 血に染めてよみに下らせる ソロモンに対するダビデの最後の指示には赦しがなく、報復心に満ちていたことは悲しいことである。ダビデ自身はシムイを

殺さないと誓っていた（Ⅱサム19:23）。ところがここでダビデは間接的にこの約束を破って、シムイに対して報復を行えとソロモンに言っている。シムイは罰を受けるべき人だったかもしれない。けれどもこの赦そうとしない行動は神に喜ばれるものではなく正当化されるものでもない。

I 列王記 2章

24 私の父ダビデの王座に着かせて、私を堅く立て、お約束どおりに、王朝を建ててくださった主は生きておられる。アドニヤは、きょう、殺されなければなりません。」

25 こうして、ソロモン王は、エホヤダの子ベナヤを遣わしてアドニヤを打ち取らせたので、彼は死んだ。

26 それから、王は祭司エブヤタルに言った。「アナトテの自分の地所に帰りなさい。あなたは死に値する者であるが、きょうは、あなたを殺さない。あなたは私の父ダビデの前で神である主の箱をかつぎ、父といつも苦しみを共にしたからだ。」

27 こうして、ソロモンはエブヤタルを主の祭司の職から罷免した。シロでエリの家族について語られた主のことばはこうして成就した。

28 この知らせがヨアブのところに伝わると、――ヨアブはアドニヤについたが、アブシャロムにはつかなかった――ヨアブは主の天幕に逃げ、祭壇の角をつかんだ。

29 ヨアブが主の天幕に逃げて、今、祭壇のかたわらにいる、とソロモン王に知らされたとき、ソロモンは、「行って、彼を打ち取れ」と命じて、エホヤダの子ベナヤを遣わした。

30 そこで、ベナヤは主の天幕に入って、彼に言った。「王がこう言われる。『外に出よ。』」彼は、「いやだ。ここで死ぬ」と言った。ベナヤは王にこのことを報告して言った。「ヨアブはこう言って私に答えました。」

31 王は彼に言った。「では、彼が言ったとおりにして、彼を打ち取って、葬りなさい。こうして、ヨアブが理由もなく流した血を、私と、私の父の家から取り除きなさい。

32 主は、彼が流した血を彼の頭に注ぎ返されるであろう。彼は自分よりも正しく善良なふたりの者に撃ちかかり、剣で彼らを虐殺したからだ。彼は私の父ダビデが知らないうちに、ネルの子、イスラエルの将軍アブネルと、エテルの子、ユダの将軍アマサを虐殺した。

33 ふたりの血は永遠にヨアブの頭と彼の子孫の頭とに注ぎ返されよう。しかし、ダビデとその子孫、およびその家と王座にはとこしえまで、主から平安が下されよう。」

34 エホヤダの子ベナヤは上って行って、彼を打ち取った。彼は荒野にある自分の家に葬られた。

35 王はエホヤダの子ベナヤを彼の代わりに軍団長とし、王は祭司ツァドクをエブヤタルの代わりとした。

36 王は人をやって、シムイを呼び寄せ、彼に言った。「自分のためにエルサレムに家を建てて、そこに住むがよい。だが、そこからどこへも出てはならない。

37 出て、キデロン川を渡ったら、あなたは必ず殺されることを覚悟しておきなさい。あなたの血はあなた自身の頭に帰するのだ。」

38 シムイは王に言った。「よろしゅうございます。しもべは、王さまのおっしゃるとおりにいたします。」このようにして、シムイは長い間エルサレムに住んだ。

39 それから、三年たったころ、シムイのふたりの奴隷が、ガテの王マアカの子アキシュのところへ逃げた。シムイに、「あなたの奴隷たちが今、ガテにいる」という知らせがあったので、

40 シムイはすぐ、ろばに鞍をつけ、奴隷たちを捜しにガテのアキシュのところへ行った。シムイは行って、奴隷たちをガテから連れ戻して帰って来た。

41 シムイがエルサレムからガテに行って帰って来たことは、ソロモンに告げられた。

42 すると、王は人をやって、シムイを呼び出して言った。「私はあなたに、主にかけて誓わせ、『あなたが出て、どこかへ行ったなら、あなたは必ず殺されることをよく承知しておくように』と言って警告しておいたではないか。すると、あなたは私に、『よろしゅうございます。従います』と言った。

43 それなのに、なぜ、主への誓いと、私があなたに命じた命令を守らなかったのか。」

44 王はまた、シムイに言った。「あなたは自

---

24 ① II サム7:11-16, I 歴22:10
   ② → I 列1:29
25 ① I 列2:29, 34, 46, II サム8:18, 23:20-23
26 ① ヨシ21:18, エレ1:1
   ② I サム26:16
   ③ I サム15:24-29
   *子音字は「主」
   ④ I サム22:20-23, 23:6, 9
27 ① I サム2:27-36, 3:12-14
28 ① I 列1:7
   ② II サム17:25
   ③ I 列1:50
29 ① I 列2:25
31 ① II サム3:28
   ② I 列2:5, 7:16
32 ① 創9:6, 士9:24, 57, 詩7:16
   ② II サム21:13
   ③ I サム3:27
   ② I 列2:5, II サム20:10, I 歴2:17

33 ① 箴25:5
34 ① I 列2:25
   ② 出21:14
35 ① I 列4:4
   ② I 歴6:53, 24:3, 29:22
   ③ I 列2:27
36 ① I 列2:8, II サム16:5
37 ① I サム15:23
   ② I サム1:16
38 *直訳「わが主、王」
39 ① I サム21:10, 27:2
44 ① II サム16:5-13

2:27 【主】のことばはこうして成就した これよりおよそ120年前に一人の神の人が大祭司エリに、エリの家に下る神のさばきについて預言した(⇒ I サム2:27-36)。その預言の一部はまもなく実現した(I サム4:10-22)。けれども残りの部分は長い年月がたってから起きた。この時期にエブヤタルが祭司の職から退けられたことは、エリに対する神のことばの成就でもあった。神のことばは何十年、何世代という長い年月が

分の心に、あなたが私の父ダビデに対してなしたすべての悪を知っているはずだ。主はあなたの悪をあなたの頭に返されるが、45ソロモン王は祝福され、ダビデの王座は主の前でとこしえまでも堅く立つであろう。」
46王はエホヤダの子ベナヤに命じた。彼は出て行って、シムイを打ち取った。こうして、王国はソロモンによって確立した。

ソロモンが知恵を求める

3:4-15 並行記事－Ⅱ歴1:2-13

3 1ソロモンはエジプトの王パロと互いに縁を結び、パロの娘をめとって、彼女をダビデの町に連れて来、自分の家と主の宮、および、エルサレムの回りの城壁を建て終わるまで、そこにおらせた。
2当時はまだ、主の名のための宮が建てられていなかったので、民はただ、高き所でいけにえをささげていた。
3ソロモンは主を愛し、父ダビデのおきてに歩んでいたが、ただし、彼は高き所でいけにえをささげ、香をたいていた。
4王はいけにえをささげるためにギブオンへ行った。そこは最も重要な高き所であったからである。ソロモンはそこの祭壇の上に一千頭の全焼のいけにえをささげた。
5その夜、ギブオンで主は夢のうちにソロモンに現れた。神は仰せられた。「あなたに何を与えようか。願え。」
6ソロモンは言った。「あなたは、あなたのしもべ、私の父ダビデに大いなる恵みを施されました。それは、彼が誠実と正義と真心とをもって、あなたの御前を歩んだからです。あなたは、この大いなる恵みを彼のために取っておき、きょう、その王座に着く子を彼にお与えになりました。
7わが神、主よ。今、あなたは私の父ダビデに代わって、このしもべを王とされました。しかし、私は小さい子どもで、出入りするすべを知りません。
8そのうえ、しもべは、あなたの選んだあなたの民の中におります。しかも、彼らはあまりにも多くて、数えることも調べることもできないほど、おびただしい民です。
9善悪を判断してあなたの民をさばくために聞き分ける心をしもべに与えてください。さもなければ、だれに、このおびただしいあなたの民をさばくことができるでしょうか。」
10この願い事は主の御心にかなった。ソロモンがこのことを願ったからである。
11神は彼に仰せられた。「あなたがこのことを求め、自分のために長寿を求めず、自分のために富を求めず、あなたの敵のいのちも求めず、むしろ、自分のために正しい訴えを聞き分ける判断力を求めたので、
12今、わたしはあなたの言ったとおりにする。見よ。わたしはあなたに知恵の心と判断する心とを与える。あなたの先に、あなたのような者はなかった。また、あなたのあとに、あなたのような者も起こらない。

3:2 高き所でいけにえをささげていた エルサレムに礼拝の中心として神殿が建てられるまで、イスラエル人は丘の上やそのほかの高い所でいけにえをささげていた。そういう場所の中にはカナン人が以前に邪悪な宗教の行事や神々の礼拝に使っていた所もあった。カナン人の「高き所」は全部破壊するはずで、旧約聖書の律法はそこでいけにえをささげることを禁じていた(レビ17:3-5, 申7:5, 12:3, →**カナン人の滅亡**の項p.373)。まことの神にささげる礼拝といけにえのための祭壇は、神が選ばれた所に建てなければならなかった(出20:24, 申12:5, 8, 13-14)。

3:9 聞き分ける心をしもべに与えてください ソロモンは主を堅く信じ、深く愛して統治を始めた(3:3)。そして人々を治め、正しいことと間違い、善と悪、義と不義の違いを見極めることができるように、知恵と聞き分ける(洞察力のある)心とを求めて祈った(3:5-9)。神はその求めを喜んで(3:10)、祈りに応えられた(3:11-14)。けれども知恵が与えられてもソロモンがいつも神に従順で忠実であるという保証にはならなかった。それで神は「わたしの道を歩むなら」長生きすると言われたのである(3:14)。晩年にソロモンは不忠実になったため、神が願っておられることと目的を完全に体験することができなくなってしまった(11:1-8)。

3:10 主の御心にかなった 神に従う人々が神の知恵と聞き分ける心を真剣に求めて用いるなら、神は喜ばれる。「あなたがたの中に知恵の欠けた人がいるなら、その人は、だれにでも惜しげなく、とがめることなくお与えになる神に願いなさい」(ヤコ1:5, ⇒箴2:2-6, 3:15, ルカ12:31, エペ5:17, ヤコ3:17)。

I 列王記　3章

13 そのうえ、あなたの願わなかったもの、富と誉れとをあなたに与える。あなたの生きているかぎり、王たちの中であなたに並ぶ者はひとりもないであろう。
14 また、あなたの父ダビデが歩んだように、あなたもわたしのおきてと命令を守って、わたしの道を歩むなら、あなたの日を長くしよう。」
15 ソロモンが目をさますと、なんと、それは①夢であった。そこで、彼はエルサレムに行き、主の②契約の箱の前に立って、③全焼のいけにえをささげ、④和解のいけにえをささげ、すべての家来たちを招いて⑤祝宴を開いた。

賢明なさばき

16 そのころ、ふたりの遊女が王のところに来て、①その前に立った。
17 ひとりの女が言った。「わが君。私とこの女とは同じ家に住んでおります。私はこの女と

13 ① I 列4:21-24, 10:23, 25, 27, 伝2:4-10
14 ① I 列3:6
② 詩91:16, 箴3:1, 2
15 ① 創41:7
② I 列6:19, 8:1, 6, →ヨシ3:3, I 列8:4, 出25:22
③ → I 列3:4
④ I 列8:63, 64, 9:25, II 列16:13, →ヨシ8:31
⑤ 創40:20, エス1:3, ダニ5:1, マコ6:21
16 ① 民27:2

いっしょに家にいるとき子どもを産みました。
18 ところが、私が子どもを産んで三日たつと、この女も子どもを産みました。家には私たちのほか、だれもいっしょにいた者はなく、家にはただ私たちふたりだけでした。
19 ところが、夜の間に、この女の産んだ子が死にました。この女が自分の子の上に伏したからです。
20 この女は夜中に起きて、はしためが眠っている間に、私のそばから私の子を取って、自分のふところに抱いて寝かせ、自分の死んだ子を私のふところに寝かせたのです。
21 朝、私が子どもに乳を飲ませようとして起きてみると、どうでしょう、子どもは死んでいるではありませんか。朝、その子をよく見てみると、まあ、その子は私が産んだ子ではないのです。」
22 すると、もうひとりの女が言った。「い

ソロモン時代のエルサレム

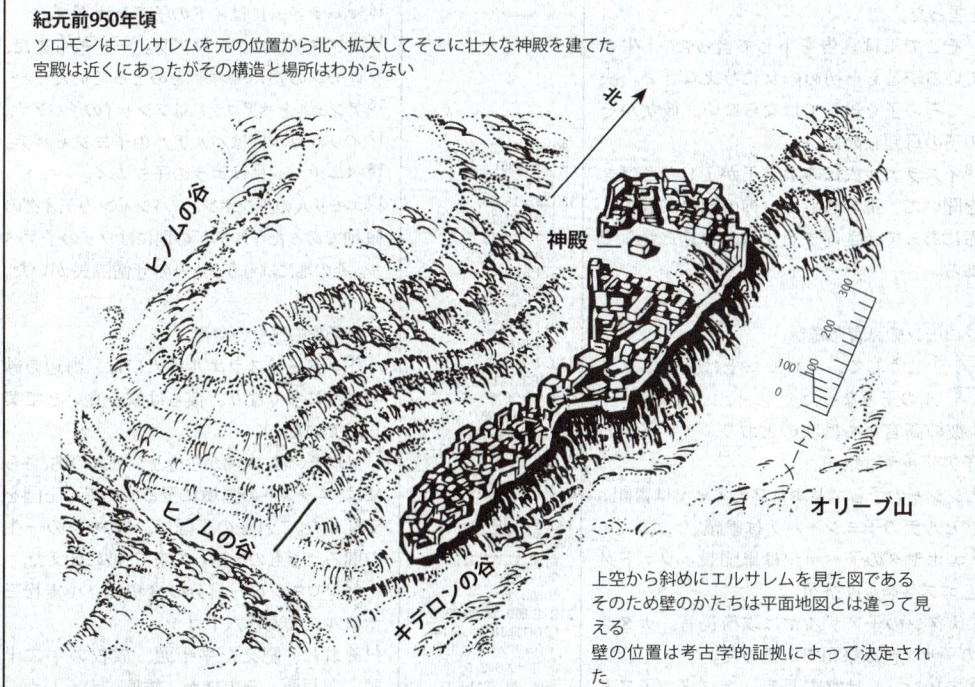

紀元前950年頃
ソロモンはエルサレムを元の位置から北へ拡大してそこに壮大な神殿を建てた
宮殿は近くにあったがその構造と場所はわからない

上空から斜めにエルサレムを見た図である
そのため壁のかたちは平面地図とは違って見える
壁の位置は考古学的証拠によって決定された

© 1991 Zondervan Publishing House　　© 1981 Hugh Claycombe

いえ、生きているのが私の子で、死んでいるのはあなたの子です。」先の女は言った。「いいえ、死んだのがあなたの子で、生きているのが私の子です。」こうして、女たちは王の前で言い合った。

²³そこで王は言った。「ひとりは『生きているのが私の子で、死んでいるのはあなたの子だ』と言い、また、もうひとりは『いや、死んだのがあなたの子で、生きているのが私の子だ』と言う。」

²⁴そして、王は、「剣をここに持って来なさい」と命じた。剣が王の前に持って来られると、

²⁵王は言った。「生きている子どもを二つに断ち切り、半分をこちらに、半分をそちらに与えなさい。」

²⁶すると、生きている子の母親は、自分の子を哀れに思って胸が熱くなり、王に申し立てて言った。「わが君、どうか、その生きている子をあの女にあげてください。決してその子を殺さないでください。」しかし、もうひとりの女は、「それを私のものにも、あなたのものにもしないで、断ち切ってください」と言った。

²⁷そこで王は宣告を下して言った。「生きている子どもを初めの女に与えなさい。決してその子を殺してはならない。彼女がその子の母親なのだ。」

²⁸イスラエル人はみな、王が下したさばきを聞いて、王を恐れた。神の知恵が彼のうちにあって、さばきをするのを見たからである。

ソロモンの高官と総督

4 ¹こうして、ソロモン王は全イスラエルの王となった。

²彼の高官たちは次のとおり。ツァドクの子アザルヤは祭司。

³シシャの子らエリホレフとアヒヤは書記。アヒルデの子ヨシャパテは参議。

⁴エホヤダの子ベナヤは軍団長。ツァドクとエブヤタルは祭司。

⁵ナタンの子アザルヤは政務長官。ナタンの子ザブデは祭司で、王の友。

⁶アヒシャルは宮内長官。アブダの子アドニラムは役務長官。

26①創43:30、エレ31:20、ホセ11:8
28①Ⅰ列3:9, 11, 12

2①Ⅰ歴6:10
3＊①Ⅱサム20:25「シェワ」、Ⅰ歴18:16「シャウシャ」
　①Ⅱサム20:24
4①Ⅰ列2:35
　②Ⅰ列2:27
5①Ⅰ列4:7
　②Ⅱサム15:37, 16:16、Ⅰ歴27:33
6①Ⅰ列5:13, 14, 12:18

8①ヨシ24:33
9①士1:35
10①ヨシ21:16
　②ヨシ15:35、Ⅰサム17:1
　②Ⅰ列12:17
11①ヨシ11:2
12①士5:19
　②ヨシ3:16
　③ヨシ17:11
　④Ⅰ列19:16
　⑤Ⅰ列6:68
13①Ⅰ列22:3
　①民32:41
　②申3:4
14①ヨシ13:26
15①Ⅱサム15:27
16＊あるいは「アロテに」、「高地に」
　①Ⅱサム15:32
18①Ⅰ列1:8
19①申3:10
20①Ⅰ列3:8、創22:17, 32:12、箴14:28
　②伝3:13
21①Ⅱサム9:26、詩72:8
　②創15:18、ヨシ1:4「ユーフラテス川」
　③Ⅱサム8:2, 6、詩68:29, 72:10, 11
　④→Ⅱサム8:2
22＊1コルは230リットル

⁷ソロモンは、イスラエルの全土に十二人の守護を置いた。彼らは王とその一族に食糧を納めていた。すなわち、一年に一か月間、おのおのの食糧を納めていた。

⁸彼らの名は次のとおり。
エフライムの山地にはフルの子。

⁹マカツ、シャアルビム、ベテ・シェメシュ、エロン・ベテ・ハナンにはデケルの子。

¹⁰アルボテにはヘセデの子。──彼にはソコとヘフェルの全地が任せられていた──

¹¹ドルの全高地にはアビナダブの子。──ソロモンの娘タファテが彼の妻であった──

¹²タナク、メギド、それに、イズレエルの下ツァレタンのそばのベテ・シェアンの全土、ベテ・シェアンからアベル・メホラ、ヨクモアムの向こうまでの地には、アヒルデの子バアナ。

¹³ラモテ・ギルアデにはゲベルの子。──彼にはギルアデのマナセの子ヤイルの村々と、バシャンにあるアルゴブの地域で、城壁と青銅のかんぬきを備えた六十の大きな町々が任せられた──

¹⁴マハナイムにはイドの子アヒナダブ。

¹⁵ナフタリにはアヒマアツ。──彼もまた、ソロモンの娘バセマテをめとっていた──

¹⁶アシェルとベアロテにはフシャイの子バアナ。

¹⁷イッサカルにはパルアハの子ヨシャパテ。

¹⁸ベニヤミンにはエラの子シムイ。

¹⁹エモリ人の王シホンと、バシャンの王オグの領地であったギルアデの地にはウリの子ゲベル。その地にはもうひとりの守備隊長がいた。

ソロモンの日々の食糧

²⁰ユダとイスラエルの人口は、海辺の砂のように多くなり、彼らは飲み食いして楽しんでいた。

²¹ソロモンは、大河からペリシテ人の地、さらには、エジプトの国境に至るすべての王国を支配した。これらの王国は、ソロモンの一生の間みつぎものを持って来て、彼に仕えた。

²²ソロモンの一日分の食糧は、小麦粉三十コル、大麦粉六十コル。

²³それに、肥えた牛十頭、放牧の牛二十頭、羊百頭。そのほか、雄鹿、かもしか、のろじかと、肥えた鳥であった。

I 列王記　4-5章

²⁴これはソロモンが、大河の西側、ティフサフからガザまでの全土、すなわち、大河の西側のすべての王たちを支配し、周辺のすべての地方に平和があったからである。²⁵ユダとイスラエルは、ソロモンの治世中、ダンからベエル・シェバまで、みな、おのおの自分のぶどうの木の下や、いちじくの木の下で安心して住むことができた。²⁶ソロモンは戦車用の馬のための馬屋四万、騎兵一万二千を持っていた。²⁷守護たちは、それぞれ自分の当番月にソロモン王、およびソロモン王の食事の席に連なるすべての者たちのために、食糧を納め、不足させなかった。²⁸彼らはまた、引き馬や早馬のために、それぞれ割り当てに従って、馬のいる所に大麦とわらを持って来た。

ソロモンの知恵

²⁹神は、ソロモンに非常に豊かな知恵と英知と、海辺の砂浜のように広い心とを与えられた。³⁰それでソロモンの知恵は、東のすべての人々の知恵と、エジプト人のすべての知恵とにまさっていた。³¹彼は、すべての人、すなわち、エズラフ人エタンや、ヘマンや、カルコルや、マホルの子ダルダよりも知恵があった。それで、彼

24 ① 士1:18
② II 歴9:26
③ I 歴22:9, II サム7:1
25 ① エレ23:6, ミカ4:4, ゼカ3:10
② 士20:1, I サム3:20
③ イザ16:8
④ 士9:10
26 ① I 列10:26, II 歴1:14, 9:25
＊II 歴9:25「四千」
27 ① I 列4:7
28 ① エス8:10, 14, ミカ1:13
29 ① I 歴3:12, 伝1:16
② I 列4:20
30 ① I 列4:30, 31, I 歴3:12
② 創29:1, 士6:33
③ イザ19:13, 使7:22
31 ① I 列15:19, 詩89表題
② I 歴6:33, 15:19, 詩88表題, I 歴2:6

32 ① 箴1:1, 10:1, 25:1, 伝12:9, 雅1:1
34 ① I 列10:1, II 歴9:1, 23

1 ① I 列5章, II 歴2章
② II サム5:11, I 歴14:1
3 ① I 歴22:8, 28:2, 3
4 ① I 列4:24, I 歴22:9

の名声は周辺のすべての国々に広がった。³²彼は三千の箴言を語り、彼の歌は一千五首もあった。³³彼はレバノンの杉の木から、石垣に生えるヒソプに至るまでの草木について語り、獣や鳥やはうものや魚についても語った。³⁴ソロモンの知恵を聞くために、すべての国の人々や、彼の知恵のうわさを聞いた国のすべての王たちがやって来た。

神殿建築の準備

5:1-18　並行記事－II 歴2:1-18

5 ¹さて、ツロの王ヒラムは、ソロモンが油をそそがれ、彼の父に代わって王となったことを聞いて、自分の家来たちをソロモンのところへ遣わした。ヒラムはダビデといつも友情を保っていたからである。²そこで、ソロモンはヒラムのもとに人をやって言わせた。³「あなたがご存じのように、私の父ダビデは、彼の回りからいつも戦いをいどまれていたため、主が彼らを私の足の裏の下に置かれるまで、彼の神、主の名のために宮を建てることができませんでした。⁴ところが、今、私の神、主は、周囲の者から守って、私に安息を与えてくださり、敵対する者なく、わざわいを起こす者もありません。

4:24　すべての地方に平和があった　ソロモンが治めている間にイスラエルの国は権力、平和、繁栄の最高峰に達した(4:20-28, →「**ソロモン時代のエルサレム**」の地図 p.551)。政治的にも物質的にもソロモンの治世は成功だった。けれどもソロモンは晩年に神から離れていった。それはまず異国の神々の礼拝を許すことから始まり、後には自分からこの禁止されていた礼拝にのめり込んでいった(→「**偶像礼拝**」の項 p.468)。神はこの行動を厳しく非難され、最後にソロモンの治世は失敗だったと判定された(11:1-8)。

4:29-34　神は、ソロモンに・・・知恵・・・を与えられた　ソロモンには知恵とともに人生と王としての責任についての広範囲にわたる理解と聞き分ける心が与えられた(⇒3:9)。ソロモンは3,000もの格言、または真理や賢明な助言を短文にしたものを書いた(4:32)。その多くは聖書の箴言に収められている。
(1) このような神に従う知恵を与えられたソロモ

ンがどうして後に主から離れてほかの神々に従ったのだろうか。知恵を持っていることと知恵を用いることは別問題であることがその生涯で明らかにされている。ソロモンの最大の失敗は知恵が生活のあらゆる分野に適用されなかったことである。ソロモンはその時代の最も賢い人だった。けれども神に忠実なほかの人々のように賢く生きることをしなかった。

(2) ソロモンの霊的生活の最大の障害は、人間が作ったにせの神々に仕える外国の女性たちと結婚したことである(11:1-8)。それには次の二つの要因があった。(a) 政治的、軍事的同盟(政治連合)を築こうとした。実際には、外国の敵から国を守るために神に完全に頼っていなかったからである。(b) 女性に対する肉体的な欲求に抵抗することが困難だった。これは父親のダビデと同じ弱点だった。

5 今、私は、私の神、主の名のために宮を建てようと思っています。主が私の父ダビデに『わたしが、あなたの代わりに、あなたの王座に着かせるあなたの子、彼がわたしの名のために宮を建てる』と言われたとおりです。

6 どうか、私のために、レバノンから杉の木を切り出すように命じてください。私のしもべたちも、あなたのしもべたちといっしょに働きます。私はあなたのしもべたちに、あなたが言われるとおりの賃金を払います。ご存じのように、私たちの中にはシドン人のように木を切ることに熟練した者がいないのです。」

7 ヒラムはソロモンの申し出を聞いて、非常に喜んで言った。「きょう、主はほむべきかな。このおびただしい民を治める知恵ある子をダビデに授けられたとは。」

8 そして、ヒラムはソロモンのもとに人をやって言わせた。「あなたの申し送られたことを聞きました。私は、杉の木材ともみの木材なら、何なりとあなたのお望みどおりにいたしましょう。

9 私のしもべたちはそれをレバノンから海へ下らせます。私はそれをいかだに組んで、海路、あなたが指定される場所まで送り、そこで、それを解かせましょう。あなたはそれを受け取ってください。それから、あなたは、私の一族に食物を与え、私の願いをかなえてください。」

10 こうしてヒラムは、ソロモンに杉の木材ともみの木材とを彼の望むだけ与えた。

11 そこで、ソロモンはヒラムに、その一族

5 ① Ⅱサム7:12, 13, Ⅰ歴17:11, 12, 22:10, 28:6, 7
6 ① イザ60:13
10 ① Ⅰ列9:11

12 ① Ⅰ列3:12 ② アモ1:9
13 ① Ⅰ列4:6, 9:15, 12:18
14 ① Ⅰ列4:6, 9:15
16 ① Ⅰ列9:23
17 ① Ⅰ歴22:2
18 ① ヨシ13:5, エゼ27:9

1 ① Ⅰ列6章, Ⅱ歴3:1-14 ② 使7:47
2 * 1キュビトは 約44センチ

の食糧として、小麦二万コルを与え、また、上質のオリーブ油二十コルを与えた。ソロモンはこれだけの物を毎年ヒラムに与えた。

12 主は約束どおり、ソロモンに知恵を賜ったので、ヒラムとソロモンとの間には平和が保たれ、ふたりは契約を結んだ。

13 ソロモン王は全イスラエルから役務者を徴用した。役務者は三万人であった。

14 ソロモンは彼らを一か月交替で、一万人ずつレバノンに送った。すなわち、一か月はレバノンに、二か月は家にいるようにした。役務長官はアドニラムであった。

15 ソロモンには荷役人夫が七万人、山で石を切り出す者が八万人あった。

16 そのほか、ソロモンには工事の監督をする者の長が三千三百人あって、工事に携わる者を指揮していた。

17 王は、切り石を神殿の礎に据えるために、大きな石、高価な石を切り出すように命じた。

18 ソロモンの建築師と、ヒラムの建築師と、ゲバル人たちは石を切り、宮を建てるために木材と石材とを準備した。

ソロモンが神殿を建築する
6:1-29 並行記事─Ⅱ歴3:1-14

6 ¹ イスラエル人がエジプトの地を出てから四百八十年目、ソロモンがイスラエルの王となってから四年目のジブの月、すなわち第二の月に、ソロモンは主の家の建設に取りかかった。

2 ソロモン王が主のために建設した神殿は、長さ六十キュビト、幅二十キュビト、高さ

5:5 【主】の名のために宮を建てよう 5～8章には神が臨在と栄光をいつも現してくださる神殿を建てるためにソロモンが行ったことが順に記録されている。神殿は神の住まいを示すとともに、人々が神を礼拝するために集まる場所でもある（⇒8:15-21、Ⅱサム7:12-13）。これはエルサレムのモリヤ山に建てられたけれども（Ⅱ歴3:1、⇒創22:2）、完成するのに7年かかった（6:38、→6:2注）。神は聖霊を通してダビデに神殿の計画を啓示しておられた（Ⅰ歴28:12）ので、ダビデは死ぬ前に多くの資材を準備した（→**ソロモンの神殿**の図 p.557）。

6:1 四百八十年目 この節はイスラエルの出エジプト（エジプトに対する神のさばきに続いて、何世紀もの奴隷の生活から奇蹟的に解放され集団で出国したこと）の年代を確定するために不可欠である。ソロモンは前966年頃に神殿を建て始めた。この年代は聖書の記録とアッシリヤの年代記の記録を比較することによって決定された。出エジプトはその480年前に起きたので、それは前1446年頃と考えられる（⇒使13:19-20）。

6:2 【主】のために建設した神殿 契約の箱（→出25:16）を納めた神殿は神の臨在と特性を象徴していた。そして神の民の間に住みたいという神の思いを表していた（レビ26:12、⇒ヨハ14:21-23）。これは神と人々との契約関係を目に見えるかたちで示すしるしで

三十キュビトであった。
3 神殿の本堂の前につく玄関は、長さが神殿の幅と同じ二十キュビト、幅が神殿の前方に十キュビトであった。
4 神殿には格子を取りつけた窓を作った。
5 さらに、神殿の壁の回り、つまり、本堂と内堂の回りの神殿の壁に脇屋を建て増しし、こうして階段式の脇間を造りめぐらした。
6 脇屋の一階は幅五キュビト、二階は幅六キュビト、三階は幅七キュビトであった。それは、神殿の外側の回りの壁に段を作り、神殿の壁を梁でささえないようにするためであった。
7 神殿は、建てるとき、石切り場で完全に仕上げられた石で建てられたので、工事中、槌や、斧、その他、鉄の道具の音は、いっさい神殿の中では聞かれなかった。
8 二階の脇間に通ずる入口は神殿の右側にあり、らせん階段で、二階に上り、二階から三階に上るようになっていた。
9 彼は神殿を建て、これを完成するにあたって、神殿の天井を杉材のたるきと厚板でおおった。
10 神殿の側面に脇屋を建てめぐらし、その各階の高さは五キュビトにして、これを杉材で神殿に固着させた。
11 そのとき、ソロモンに次のような主のことばがあった。
12 「あなたが建てているこの神殿については、もし、あなたがわたしのおきてに歩み、わたしの定めを行い、わたしのすべての命令を守り、これによって歩むなら、わたしがあなたの父ダビデにあなたについて約束したことを成就しよう。
13 わたしはイスラエルの子らのただ中に住み、わたしの民イスラエルを捨てることはしない。」
14 こうして、ソロモンは神殿を建て、これを完成した。

5①Ⅰ列6:16, 19, 20, 21, 31
7①出20:25, 申27:5, 6
9①Ⅰ列6:14, 38
12①Ⅰ列2:4, 9:4, 5, Ⅱサム7:5-16, Ⅰ歴22:10
13①出25:8, レビ26:11, Ⅱコリ6:16, 黙21:3
②申31:6, ヨシ1:5, ヘブ13:5
14①Ⅰ列6:9, 38

15①Ⅰ列6:9, 16, Ⅱサム7:7
16①Ⅰ列7:7
②Ⅰ列8:6, 出26:33, 34, レビ16:2, エゼ45:3, ヘブ9:3
18①Ⅰ列7:24
19①→Ⅰ列3:15
20①Ⅰ列6:20-22, Ⅰ列7:48-50, Ⅱ列18:16
23①Ⅰ列6:23-28, 出25:18-20, Ⅱ歴3:10-13
27①Ⅰ列8:7, Ⅱ歴5:8

15 彼は神殿の内側の壁を杉の板で張り、神殿の床から天井の壁に至るまで、内側を板で張った。なお神殿の床はもみの木の板で張った。
16 ついで、彼は神殿の奥の部分二十キュビトを、床から天井の壁に至るまで、杉の板で張った。このようにして、彼は神殿に内堂、すなわち、至聖所を造り上げた。
17 神殿、すなわち、前面の本堂の長さは四十キュビトであった。
18 神殿内部の杉の板には、ひょうたん模様と花模様が浮き彫りにされており、全部、杉の板で、石は見えなかった。
19 それから、彼は神殿内部の奥に内堂を設け、そこに主の契約の箱を置くことにした。
20 内堂の内部は、長さ二十キュビト、幅二十キュビト、高さ二十キュビトで、純金をこれに着せた。さらに杉材の祭壇にも純金を着せた。
21 ソロモンは神殿の内側を純金でおおい、内堂の前に金の鎖を渡し、これを金でおおった。
22 神殿全体を、隅々まで金で張り、内堂にある祭壇もすっかり金をかぶせた。
23 内堂の中に二つのオリーブ材のケルビムを作った。その高さは十キュビトであった。
24 そのケルブの一方の翼は五キュビト、もう一方の翼も五キュビト。一方の翼の端からもう一方の翼の端まで十キュビトであった。
25 他のケルブも十キュビトあり、両方のケルビムは全く同じ寸法、同じ形であった。
26 一方のケルブは高さ十キュビト、他方のケルブも同じであった。
27 そのケルビムは奥の神殿の中に置かれた。ケルビムの翼は広がって、一つのケルブの翼は一方の壁に届き、もう一つのケルブの翼はもう一方の壁に届き、また彼らの翼は神殿の真ん中に届いて翼と翼が触れ合っていた。

あり証拠でもあった（出29:45-46, →「イスラエル人と神の契約」の項 p.351）。そして神をあがめるために建てられた（5:5, 8:16, 9:3）。神の名は「聖」である（レビ20:3, Ⅰ歴16:10, 35, エゼ39:7）。それは完全、完璧、純粋、あらゆる悪から分離しているという意味である。したがって神は聖い方、その民を聖別する方（成長させ、完成させ、きよめ、区別する方）としてイスラエル人にご自分を示し、そのように礼拝されることを望んでおられた（出29:43-46, エゼ37:26-28）。
詳細　→「神殿」の項 p.707

6:12　もし、あなたがわたしのおきてに歩み　列王記第一と第二に記録されている歴史は神が求められる服従の条件（⇒2:3-4, 3:14）に神の民が繰返し従わなかったことを明らかにしている。

²⁸彼はこのケルビムに金をかぶせた。
²⁹神殿の周囲の壁には、すべて、奥の間も外の間も、ケルビムの彫刻、なつめやしの木と花模様の彫り物を彫った。
³⁰神殿の床には、奥の間も外の間も、金をかぶせた。
³¹彼は内堂の入口を、オリーブ材のとびらと五角形の戸口の柱で作った。
³²二つのオリーブ材のとびらである。彼はその上に、ケルビムの彫刻と、なつめやしの木と花模様を彫り、金をかぶせた。ケルビムと、なつめやしの木の上に金を延ばしつけたのである。
³³同じように、本堂の入口にも四角形のオリーブ材の戸口の柱を作った。
³⁴もみの木の二つのとびらである。一方のとびらの二枚の戸は折りたたみ戸、片方のとびらの二枚の戸も折りたたみ戸であった。
³⁵彼はケルビムと、なつめやしの木と花模様を彫りつけ、その彫り物の上に、ぴったりと金を張りつけた。
³⁶それから、彼は、切り石三段、杉角材一段の仕切りで内庭を造った。
³⁷第四年目のジブの月に、主の神殿の礎を据え、
³⁸第十一年目のブルの月、すなわち第八の月に、神殿のすべての部分が、その明細どおりに完成した。これを建てるのに七年かかった。

ソロモンが自分の宮殿を建築する

7 ¹ソロモンは自分の宮殿を建て、十三年かかって宮殿全部を完成した。
²彼はレバノンの森の宮殿を建てた。その長さは百キュビト、幅は五十キュビト、高さは三十キュビトで、それは四列の杉材の柱の上にあり、その柱の上には杉材の梁があった。
³また四十五本の柱――一列に十五本ずつ――の上の階段式脇間の屋根は杉材でふかれていた。
⁴戸口は三列、三階になって、向かい合っていた。
⁵戸口のとびらと戸口の柱とはすべて四辺形で、三階になって向かい合っていた。
⁶彼はまた、柱の広間を造った。その長さは五十キュビト、その幅は三十キュビトであった。その前に玄関があり、その前に柱とひさしとがあった。
⁷彼はまた、さばきをするための王座の広間、さばきの広間を造り、床の隅々から天井まで杉材を張りつめた。
⁸彼の住む家は、その広間のうしろの庭にあり、同じ造作であった。また、ソロモンは、彼がめとったパロの娘のためにも、この広間と同じような家を建てた。
⁹これらはすべて、内側も外側も、寸法どおりにのこぎりで切りそろえた切り石、高価な石で造られていた。礎から頂上に至るまで、さらに外庭から大庭に至るまでそうであった。
¹⁰礎は高価な石、大きな石で、十キュビトも八キュビトもあった。
¹¹その上には寸法どおりの切り石、高価な石と杉材が使われていた。
¹²大庭の周囲には、三段の切り石と一段の杉角材とが使われ、主の宮の内庭や、神殿の玄関広間と同じであった。

神殿の備品

7:23-26 並行記事－Ⅱ歴4:2-5
7:38-51 並行記事－Ⅱ歴4:6, 10-5:1

¹³ソロモン王は人をやって、ツロからヒラムを呼んで来た。
¹⁴彼はナフタリ族のやもめの子であった。彼の父はツロの人で、青銅の細工師であった。それでヒラムは青銅の細工物全般に関する知恵と、英知と、知識とに満ちていた。彼はソロモン王のもとにやって来て、そのいっさいの細工を行った。
¹⁵彼は青銅で二本の柱を鋳造した。その一本の柱の高さは十八キュビト。周囲は他の柱といっしょに、ひもで測って十二キュビトであった。
¹⁶彼は青銅で鋳造した二つの柱頭を作り、柱の頂に載せた。一つの柱頭の高さは五キュビト、もう一つの柱頭の高さも五キュビトであった。
¹⁷柱の頂の柱頭に取りつけて、鎖で編んだ、ふさになった格子細工の網を、一方の柱頭に七つ、他の柱頭に七つ作った。

I 列王記

ソロモンの神殿

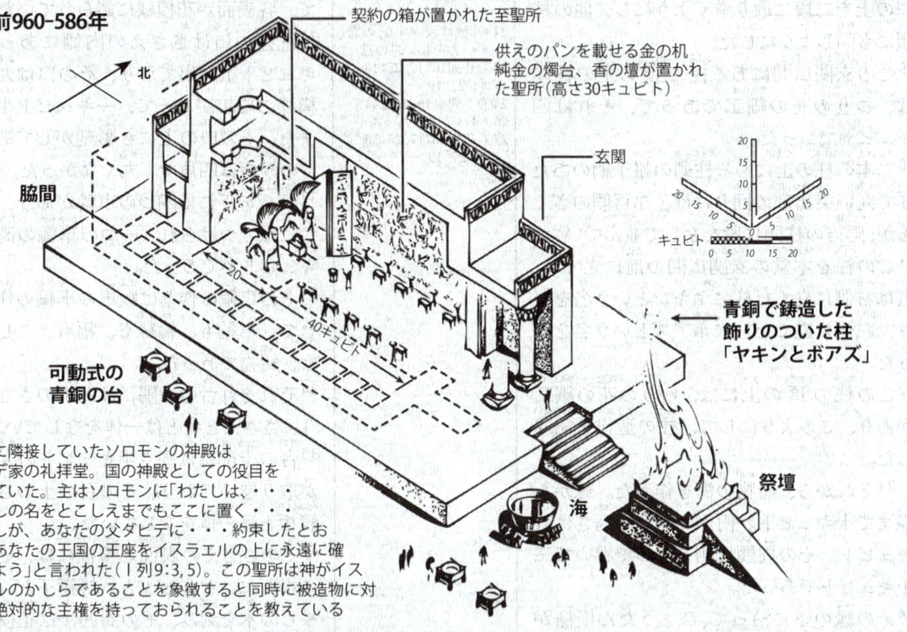

紀元前960-586年

- 契約の箱が置かれた至聖所
- 供えのパンを載せる金の机 純金の燭台、香の壇が置かれた聖所（高さ30キュビト）
- 玄関
- 脇間
- 北
- 20キュビト
- 40キュビト
- キュビト
- 可動式の青銅の台
- 青銅で鋳造した飾りのついた柱「ヤキンとボアズ」
- 海
- 祭壇

宮殿に隣接していたソロモンの神殿はダビデ家の礼拝堂。国の神殿としての役目を果していた。主はソロモンに「わたしは、・・・わたしの名をとこしえまでもここに置く・・・わたしが、あなたの父ダビデに・・・約束したとおり、あなたの王国の王座をイスラエルの上に永遠に確立しよう」と言われた（Ⅰ列9:3, 5）。この聖所は神がイスラエルのかしらであることを象徴すると同時に被造物に対して絶対的な主権を持っておられることを教えている

© 1991 Zondervan Publishing House　　　© 1986 Hugh Claycombe

神殿の備品

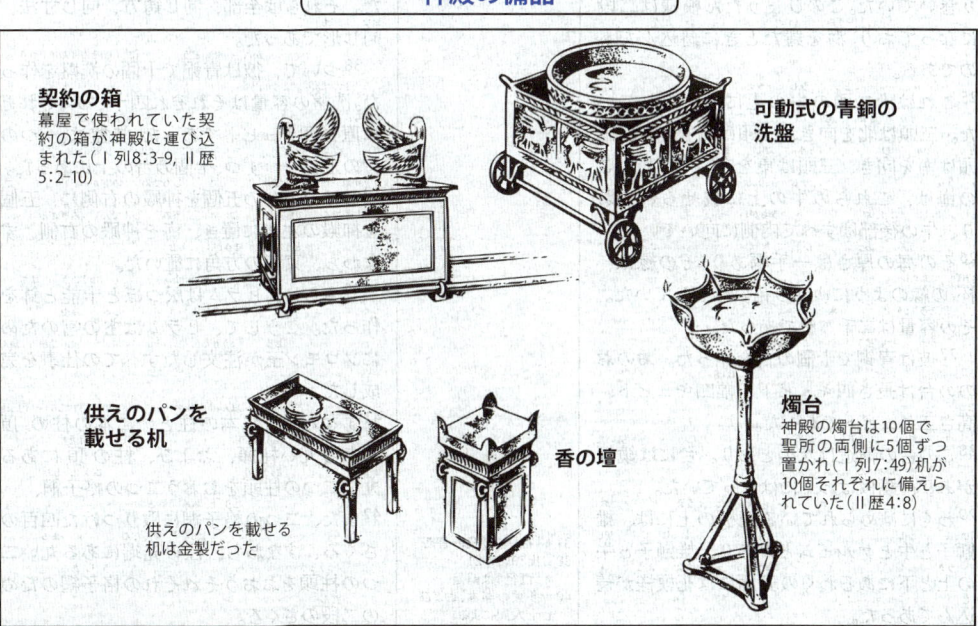

契約の箱 幕屋で使われていた契約の箱が神殿に運び込まれた（Ⅰ列8:3-9, Ⅱ歴5:2-10）

可動式の青銅の洗盤

供えのパンを載せる机 供えのパンを載せる机は金製だった

香の壇

燭台 神殿の燭台は10個で聖所の両側に5個ずつ置かれ（Ⅰ列7:49）机が10個それぞれに備えられていた（Ⅱ歴4:8）

© 1991 Zondervan Publishing House

18 こうして彼は柱を作り、*柱の頂にある柱頭をおおうために、青銅のざくろが格子網の上を二段取り巻くようにし、他の柱頭にも同じようにした。
19 この玄関広間にある柱の頂の上の柱頭は、ゆりの花の細工であって、それは四キュビトであった。
20 二本の柱の上にある柱頭の格子網のあたりで丸い突出部の回りには、二百個のざくろが、両方の柱頭に段をなして並んでいた。
21 この柱を本堂の玄関広間の前に立てた。彼は右側に立てた柱にヤキンという名をつけ、左側に立てた柱に**ボアズという名をつけた。
22 この柱の頂の上には、ゆりの花の細工があり、このようにして、柱の造作を完成した。

23 それから、鋳物の海を作った。縁から縁まで十キュビト。円形で、その高さは五キュビト。その周囲は測りなわで巻いて三十キュビトであった。
24 その縁の下に沿って、ひょうたん模様が回りを取り巻いていた。すなわち、一キュビトにつき十ずつの割りでその海の周囲を取り巻いていた。このひょうたん模様は二段になっており、海を鋳たときに鋳込んだものである。
25 これは十二頭の牛の上に据えられていた。三頭は北を向き、三頭は西を向き、三頭は南を向き、三頭は東を向いていた。この海は、これらの牛の上に載せられており、牛の後部はすべて内側に向いていた。
26 その海の厚さは一手幅あり、その縁は、杯の縁のようにゆりの花の形をしていた。その容量は二千バテであった。
27 彼は青銅で十個の台を作った。おのおのの台は長さ四キュビト、幅四キュビト、高さ三キュビトであった。
28 この台の構造は次のとおり。台には鏡板があり、鏡板はわくにはまっていた。
29 わくにはめられている鏡板の上には、雄獅子と牛とケルビムとがあり、雄獅子と牛の上と下にあるわくの表面には花模様が鋳込んであった。
30 それぞれ台には青銅の車輪四つと、青銅の軸がついており、台の四隅には洗盤のささえがあり、そのささえは洗盤の下にあって、各表面が花模様に鋳られていた。
31 洗盤の口はささえの内側にあって、一キュビト上に出ており、その口は丸く、花模様の細工があって、一キュビト半あり、また、その口の上にも彫刻がしてあり、わくの鏡板は四角で、丸くなかった。
32 鏡板の下には四つの車輪があり、車軸は台に取りつけられ、一つの車輪の高さは一キュビト半であった。
33 その車輪の作りは戦車の車輪の作りと同じで、車軸も、輪縁も、輻も、こしきもみな、鋳物であった。
34 それぞれ台の四隅には四本のささえがあり、ささえと台とは一体をなしていた。
35 台の上部には高さ半キュビトの丸い部分が取り巻いており、その台の上のささえと鏡板とは一体をなしていた。
36 そのささえの表面と鏡板には、それぞれの場所に、ケルビムと、雄獅子と、なつめやしの木を刻み、その周囲には花模様を刻んだ。
37 彼は、以上のように、十個の台を作った。それらは全部、同じ鋳方、同じ寸法、同じ形であった。

38 ついで、彼は青銅で十個の洗盤を作った。洗盤の容量はそれぞれ四十バテ、それぞれ直径四キュビトであった。洗盤は、一つの台の上に一つずつ、十個の台の上にあった。
39 彼はその台の五個を神殿の右側に、五個を神殿の左側に置き、海を神殿の右側、すなわち、東南の方角に置いた。

40 さらに、ヒラムは灰つぼと十能と鉢を作った。こうして、ヒラムは主の宮のためにソロモン王が注文したすべての仕事を完成した。
41 すなわち、二本の柱と、二本の柱の頂にある丸い柱頭、および、柱の頂にある丸い二つの柱頭をおおう二つの格子網、
42 また、二つの格子網に取りつけた四百のざくろ、すなわち、柱の先端にある丸い二つの柱頭をおおうそれぞれの格子網のための二段のざくろ。
43 また、十個の台と、その台の上の十個の

---

18 *多数の写本、およびシリア語訳による
  **「青銅のざくろが」は七十人訳による
21 *「彼は設立する」の意
  **「力をもって」の意
23 ①Ⅱ列16:17, 25:13, エレ27:19
24 ①Ⅰ列6:18, Ⅱ歴4:3
26 *1バテは23リットル
27 ①Ⅱ列16:17, 25:13, エレ27:19
㋱「ざくろ」

31 *「柱頭」の読み替え
38 ①出30:17-21
  *「直径」は補足
40 *多数の写本、および七十人訳による
㋱「洗盤」
43 ①Ⅰ列7:27-37

②洗盤、
44 一つの海と、その海の下の十二頭の牛、
45 また、灰つぼと十能と鉢であった。ヒラムがソロモン王の注文により主の宮のために作ったすべての用具は、みがきをかけた青銅であった。
46 王は、ヨルダンの低地、スコテとツァレタンとの間の粘土の地で、これらを鋳造した。
47 ソロモンは、この用具があまりにも多かったので、みなそれを量らないままにしておいた。青銅の重さは量られなかった。
48 ついで、ソロモンは主の宮にあるすべての用具を作った。すなわち、金の祭壇と供えのパンを載せる金の机、
49 純金の燭台——内堂の右側に五つ、左側に五つ——、金の花模様、ともしび皿、心切りばさみを作った。
50 また、純金の皿と、心取りばさみ、鉢、平皿、火皿を純金で作った。また、至聖所に通じる神殿のとびらのちょうつがい、神殿の本堂に通じるとびらのちょうつがいも金で作った。
51 こうして、ソロモン王が主の宮のためにしたすべての工事が完成した。そこで、ソロモンは父ダビデが聖別した物、すなわち、銀、金、各種の器具類を運び入れ、主の宮の宝物倉に納めた。

神の箱が神殿に運ばれる
8:1-21　並行記事—Ⅱ歴5:2-6:11

8 1 そのとき、ソロモンはイスラエルの長老たち、およびイスラエル人の部族のかしらたちと一族の長たちをすべて、エルサレムのソロモン王のもとに召集した。ダビデの町シオンから主の契約の箱を運び上るためであった。
2 イスラエルのすべての人々は、エタニムの月、すなわち第七の新月の祭りに、ソロモン王のもとに集まった。
3 こうして、イスラエルの長老全員が到着したところで、祭司たちは箱をにない、
4 主の箱と、会見の天幕と、天幕にあったすべての聖なる用具とを運び上った。これらの物を祭司たちとレビ人たちが運び上った。
5 ソロモン王、そして彼のところに集まったイスラエルの全会衆が彼とともに、箱の前に行き、羊や牛をいけにえとしてささげたが、その数があまりに多くて数えることも調べることもできなかった。
6 それから、祭司たちは主の契約の箱を、定めの場所、すなわち神殿の内堂である至聖所のケルビムの翼の下に運び入れた。
7 ケルビムは箱の所の上に翼を広げた。ケルビムは箱とそのかつぎ棒とを上からおおった。
8 そのかつぎ棒は長かったので、棒の先が内堂の前の聖所から見えていたが、外からは見えなかった。それは今日までそこにある。
9 箱の中には、二枚の石の板のほかには何も入っていなかった。これは、イスラエル人がエジプトの地から出て来たとき、主が彼らと契約を結ばれたときに、モーセがホレブでそこに納めたものである。
10 祭司たちが聖所から出て来たとき、雲が主の宮に満ちた。

8:1 【主】の契約の箱　契約の箱は至聖所に安置された唯一の備品だった（→「**神殿の備品**」の図 p.557）。契約の箱は長方形の大きな箱で長さ約1.1メートル、幅約0.7メートル、高さ約0.7メートルだった。アカシヤ材で作られ、内側と外側は純金でおおわれていた。契約の箱の中には、イスラエル人に神が王であることを意識させるために次の三つの品が入っていた。(1) 十戒が刻まれた石の板（⇒出25:16, 21, 40:20、→出25:10注）。(2) イスラエル人が荒野を旅していたときに神が日ごとに食物として与えてくださったマナを入れた金のつぼ。(3) 超自然的に芽を出したアロンのアーモンドの杖。けれどもソロモンの時代には契約の箱には2枚の石の板しか入っていなかった（Ⅱ歴5:10）。契約の箱の上には「贖いのふた」があった。そこに大祭司は一年に一度の贖罪の日にいけにえの血を振りかけた（→「**贖罪の日**」の項 p.223）。二つの金のケルビム（天使のかたちをしたもの）は一体として作られていて、互いに向き合い翼を前に広げて贖いのふたを弓なりにおおっていた。贖いのふたの中央に神はシェキーナーと呼ばれる超自然的な光を輝かして、ご臨在を象徴的に現された（→「**神の栄光**」の項 p.1366）。

8:4 会見の天幕　会見の天幕はイスラエル人が荒野をさまよっていたときに礼拝所として使われた移動式の構築物だった。イスラエル人が約束の地に定住した

¹¹ 祭司たちは、その雲にさえぎられ、そこに立って仕えることができなかった。主の栄光が主の宮に満ちたからである。

¹² そのとき、ソロモンは言った。
「主は、暗やみの中に住む、と仰せられました。

¹³ そこで私はあなたのお治めになる宮を、あなたがとこしえにお住みになる所を確かに建てました。」

¹⁴ それから王は振り向いて、イスラエルの全集団を祝福した。イスラエルの全集団は起立していた。

¹⁵ 彼は言った。「イスラエルの神、主はほむべきかな。主は御口をもって私の父ダビデに語り、御手をもってこれを成し遂げて言われた。

¹⁶ 『わたしの民イスラエルを、エジプトから連れ出した日からこのかた、わたしはわたしの名を置く宮を建てるために、イスラエルの全部族のうちのどの町をも選ばなかった。わたしはダビデを選び、わたしの民イスラエルの上に立てた。』

¹⁷ それで私の父ダビデは、イスラエルの神、主の名のために宮を建てることをいつも心がけていた。

¹⁸ ところが、主は、私の父ダビデにこう仰せられた。『あなたは、わたしの名のために宮を建てることを心がけていたために、あなたはよくやった。あなたは確かに、そう心がけていた。

¹⁹ しかし、あなたがその宮を建ててはならない。あなたの腰から出るあなたの子どもが、わたしの名のために宮を建てる。』

²⁰ 主は、お告げになった約束を果たされたので、私は父ダビデに代わって立ち、主の

約束どおりイスラエルの王座に着いた。そして、イスラエルの神、主の名のために、この宮を建て、

²¹ 主の契約が納められている箱のために、そこに一つの場所を設けた。その契約は、主が、私たちの先祖をエジプトの地から連れ出されたときに、彼らと結ばれたものである。」

ソロモンの奉献の祈り
8:22-53　並行記事―Ⅱ歴6:12-42

²² ソロモンはイスラエルの全集団の前で、主の祭壇の前に立ち、両手を天に差し伸べて、

²³ 言った。「イスラエルの神、主。上は天、下は地にも、あなたのような神はほかにありません。あなたは、心を尽くして御前に歩むあなたのしもべたちに対し、契約と愛とを守られる方です。

²⁴ あなたは、約束されたことを、あなたのしもべ、私の父ダビデのために守られました。それゆえ、あなたは御口をもって語られました。また御手をもって、これを今日のように、成し遂げられました。

²⁵ それで今、イスラエルの神、主よ。あなたのしもべ、私の父ダビデに約束して、『あなたがわたしの前に歩んだように、もしあなたの子孫がその道を守り、わたしの前に歩みさえするなら、あなたには、イスラエルの王座に着く人が、わたしの前から断たれない』と仰せられたことを、ダビデのために守ってください。

²⁶ 今、イスラエルの神。どうかあなたのしもべ、私の父ダビデに約束されたみことばが堅く立てられますように。

²⁷ それにしても、神ははたして地の上に住

8:13　あなたが…お住みになる所　神が神殿に住まわれるということは、ほかの場所には住まわれないということではない。神はどこにでもおられる（⇒8:27）。けれどもそれは、神殿の中で特別なかたちで神の臨在と力に触れることができるということである。同じようにキリスト者が主をあがめ礼拝するために主の御名によって集まるときに、キリストも特別なかたちでともにいてくださる（マタ18:20）。

8:27　神ははたして地の上に住まわれるでしょうか　ソロモンは奉献の祈りの中で神の臨在を求める強い願

後、ダビデは主を礼拝するための恒久的な場所を建てたいという願いを表明した（→Ⅱサム7:1-13, →「神殿」の項 p.707）。

8:11　【主】の栄光　契約の箱が神殿に運び込まれた後、神殿は雲のような目に見える主の栄光（荘厳さ、壮麗さ、輝き）で満たされた（8:5-11）。みことばが実際に尊重され守られているところには、たとい目には見えなくても神の栄光が今も臨在し働いておられる（→出40:34注, ⇒ヨハ15:7-11, 17:17-22, →「神の栄光」の項 p.1366）。

I 列王記 8章

まわれるでしょうか。実に、天も、天の天も、あなたをお入れすることはできません。まして、私の建てたこの宮など、なおさらのことです。
28 けれども、あなたのしもべの祈りと願いに御顔を向けてください。私の神、主よ。あなたのしもべが、きょう、御前にささげる叫びと祈りを聞いてください。
29 そして、この宮、すなわち、あなたが『わたしの名をそこに置く』と仰せられたこの所に、夜も昼も御目を開いていてくださって、あなたのしもべがこの所に向かってささげる祈りを聞いてください。
30 あなたのしもべとあなたの民イスラエルが、この所に向かってささげる願いを聞いてください。あなたご自身が、あなたのお住まいになる所、天にいまして、これを聞いてください。聞いて、お赦しください。
31 ある人が隣人に罪を犯し、のろいの誓いを立てさせられることになって、この宮の中にあるあなたの祭壇の前に来て誓うとき、
32 あなたご自身が天でこれを聞き、あなたのしもべたちにさばきを行って、悪者にはその生き方への報いとして、その頭上に悪を下し、正しい者にはその正しさにしたがって義を報いてください。
33 また、あなたの民イスラエルが、あなたに罪を犯したために敵に打ち負かされたとき、彼らがあなたのもとに立ち返り、御名をほめたたえ、この宮で、あなたに祈り願ったなら、
34 あなたご自身が天でこれを聞き、あなたの民イスラエルの罪を赦し、あなたが彼らの先祖たちにお与えになった地に、彼らを帰らせてください。
35 彼らがあなたに罪を犯したため、天が閉ざされて雨が降らない場合、彼らがこの所に向かって祈り、御名をほめたたえ、あなたの懲らしめによって彼らがその罪から立ち返るなら、
36 あなたご自身が天でこれを聞き、あなたのしもべたち、あなたの民イスラエルの罪を赦し、彼らの歩むべき良い道を彼らに教え、あなたの民に相続地としてお与えになったあなたの地に雨を降らせてください。
37 もし、この地に、ききんが起こり、疫病や立ち枯れや、黒穂病、いなごや油虫が発生した場合、また、敵がこの地の町々を攻め囲んだ場合、どんなわざわい、どんな病気の場合にも、
38 だれでも、あなたの民イスラエルがおのおの自分の心の悩みを知り、この宮に向かって両手を差し伸べて祈るとき、どのような祈り、願いも、
39 あなたご自身が、あなたの御住まいの所である天で聞いて、赦し、またかなえてください。ひとりひとりに、そのすべての生き方にしたがって報いてください。あなたはその心を知っておられます。あなただけがすべての人の子の心を知っておられるからです。
40 それは、あなたが私たちの先祖に賜った地の上で彼らが生きながらえる間、いつも彼らがあなたを恐れるためです。
41 また、あなたの民イスラエルの者でない外国人についても、彼があなたの御名のゆえに、遠方の地から来て、
42 ――彼らは、あなたの大いなる御名と、力強い御手と、伸べられた腕について聞きますから――この宮に来て祈るとき、
43 あなたご自身が、あなたの御住まいの所である天でこれを聞き、その外国人があな

28 ① I 列8:29, 38, 45, 49, 54, 9:3, II サム7:27, ネヘ1:6, 11, →イザ1:15
29 ① 申4:7 ② I 列8:16 ③ II 歴7:15, ネヘ1:6 ④ II 歴20:9, ダニ6:10
32 ① 申25:1, 2
33 ① I 列8:33, 34, レビ26:40-42, ネヘ1:9 ② レビ26:14, 17, 23, 25, 申28:15, 25, 48, ヨシ7:1-5, 11, 12
35 ① レビ26:19, 申11:16, 17, 28:23, II サム24:10-13

36 ① I サム12:23, 詩25:4, 27:11, 143:8 ② → II サム14:16 ③ I 列18:1, 41-45, エレ14:22
37 ① 申28:21, 22, 38-42, 51, I 列8:37-39, II 歴20:9
38 ① → I 列8:28
39 ① 詩130:4 ② I サム2:3, 16:7, I 歴28:9, 詩11:4, エレ11:20, 17:10, ヨハ2:24, 25, 使1:24
40 ① 申12:1
41 ① →イザ48:9 ② 使8:27
42 ① II 歴6:32, ネヘ1:10, →出13:9, →エレ32:21
43 ① 申26:15

いを表明した。また人間の手によって建てられた地上の場所には全能の神の臨在を納めることができる場所はないと言って独自の理解をしている(⇒使17:24)。けれども神は神の民の間に住むことを選ばれ、神を愛して神の目的に仕える人々の心といのちの中にご自分が住む場所を造られた。キリストに心から従い自分をささげる人々こそが、神の聖霊が宿る「神殿」であると聖書は教えている(I コリ3:16, 6:19, II コリ6:16)。聖霊はその人々の中に、またその人々を通して住んでおられる。

8:29 わたしの名 神の名前は神の臨在と力、特性と栄光(荘厳さ、壮麗さ、輝き)を表している。

8:39 赦し、またかなえてください。ひとりひとりに、そのすべての生き方にしたがって報いてください もし人々が心から悔い改め(自分の罪を認めて完全に変ることを決断すること)、罪から離れて神に従うなら、神は赦してくださることをソロモンは理解していた(8:35-36)。また「地の上で彼らが生きながらえる

たに向かって願うことをすべてかなえてください。そうすれば、この地のすべての民が御名を知り、あなたの民イスラエルと同じように、あなたを恐れるようになり、私の建てたこの宮では、御名が呼び求められなくてはならないことを知るようになるでしょう。

44 あなたの民が、敵に立ち向かい、あなたが遣わされる道に出て戦いに臨むとき、あなたの選ばれた町、私が御名のために建てた宮の方向に向かって、主に祈るなら、

45 天で、彼らの祈りと願いを聞いて、彼らの言い分を聞き入れてやってください。

46 彼らがあなたに対して罪を犯したため──罪を犯さない人間はひとりもいないのですから──あなたが彼らに対して怒られ、彼らを敵に渡し、彼らが、遠い、あるいは近い敵国に捕虜として捕らわれていった場合、

47 彼らが捕らわれていった地で、みずから反省して悔い改め、捕らわれていった地で、あなたに願い、『私たちは罪を犯しました。悪を行って、咎ある者となりました』と言って、

48 捕らわれていった敵国で、心を尽くし、精神を尽くして、あなたに立ち返り、あなたが彼らの先祖に与えられた彼らの地、あなたが選ばれたこの町、私が御名のために建てたこの宮のほうに向かって、あなたに祈るなら、

49 あなたの御住まいの所である天で、彼らの祈りと願いを聞き、彼らの言い分を聞き入れ、

50 あなたに対して罪を犯したあなたの民を赦し、あなたにそむいて犯したすべてのそむきの罪を赦し、彼らを捕らえていった者たちが、あわれみの心を起こし、彼らをあ

43 ②ヨシ4:24、
Ⅰサム17:46、
申19:19、
詩67:2, 102:15
44 ① Ⅰ列8:44, 45、
民14:9-12
②詩5:7, 28:2
45 ①→ Ⅰ列8:28
46 ①詩130:3, 箴20:9、
伝7:20, ロマ3:23、
Ⅰヨハ1:8-10, ヤコ3:2
②レビ26:34-39, 41, 44、
申28:36, 63, 64、
Ⅱ列17:6, 18, 25:21
47 ① Ⅰ列8:47-49、
レビ26:40-42、
申30:1-3、
Ⅰサム7:3, ネヘ1:9、
エレ29:12-14
②エズ9:6, 7、
ネヘ1:6, 9:2, 詩106:6、
ダニ9:5
48 ① Ⅰ列8:44, ダニ6:10
50 ① Ⅱ歴30:9, 詩106:46

51 出19:5, 32:11、
申4:20, 9:26-29
②エレ11:4
③申14:2, 32:9、
ネヘ1:10
52 ①詩8:29
53 ①出19:5, 6、
申7:6, 9:26-29
*子音字は「主」
54 ①→ Ⅰ列8:28
②Ⅱ歴7:1
③Ⅱ歴6:13
55 ① Ⅰ列8:14, 民6:23、
Ⅱサム6:18
56 ①ヨシ21:44, 45
②申12:10
③ヨシ23:14、
イザ55:10, 11
57 ①申31:6, ヨシ1:5、
Ⅰサム12:22, ヘブ13:5
58 ①詩119:36, エレ31:33
60 ① Ⅰ列8:43, 18:39、
申4:35, 39、
Ⅰサム17:46、
Ⅱ列19:19, エレ10:10

われむようにしてください。

51 彼らは、あなたの民であり、あなたがエジプトから、すなわち鉄の炉の中から連れ出されたあなたご自身のものであるからです。

52 どうか、あなたのしもべの願いと、あなたの民イスラエルの願いとに、御目を開き、彼らがあなたに叫び求めるとき、いつも彼らの願いを聞き入れてください。

53 あなたが彼らを地上のすべての国々の民から区別してご自身のものとされたのです。神、主よ。あなたが私たちの先祖をエジプトから連れ出されたとき、あなたのしもべモーセを通して告げられたとおりです。」

54 こうして、ソロモンは、この祈りと願いをことごとく主にささげ終わった。彼はそれまで、ひざまずいて、両手を天に差し伸ばしていた主の祭壇の前から立ち上がり、

55 まっすぐ立って、イスラエルの全集団を大声で祝福して言った。

56 「約束どおり、ご自分の民イスラエルに安住の地をお与えになった主はほむべきかな。しもべモーセを通して告げられた良い約束はみな、一つもたがわなかった。

57 私たちの神、主は、私たちの先祖とともにおられたように、私たちとともにいて、私たちを見放さず、私たちを見捨てられませんように。

58 私たちの心を主に傾けさせ、私たちが主のすべての道に歩み、私たちの先祖にお命じになった命令と、おきてと、定めとを守るようにさせてください。

59 私が主の御前で願ったことばが、昼も夜も、私たちの神、主のみそば近くにあって、日常のことにおいても、しもべの言い分や、御民イスラエルの言い分を正しく聞き入れてくださいますように。

60 地上のすべての国々の民が、主こそ神で

間、いつも彼らがあなた（神）を恐れるため」に、神が懲らしめを与えられることも理解していた（8:40）。

8:46　罪を犯さない人間はひとりもいない　ソロモンは神に対する自分やイスラエルの罪の言訳をしているのではない。むしろ罪が世界中に存在している（全世界に影響を与える）ので、神から離れる危険性は神の民にとっていつもあるという真実を表現したのである（8:46-50, ⇒ロマ3:23, Ⅰヨハ1:10）。けれども反

抗して神から離れ神に対する信仰を失った人でも、もし心から悔い改めて神のもとに立ち返るなら、神との関係を回復することができる（8:46-51, 悔い改めについての詳しい説明 →マタ3:2注）。

8:57　私たちの神、【主】は・・・私たちとともにいて　ソロモンの祈り（8:22-54）は、キリスト者が霊的生活や神との関係の中で何を求めるべきかを示している理想的な祈りである。その祈りには次のようなこと

I 列王記　8-9章

あり、ほかに神はないことを知るようになるためです。
61 あなたがたは、私たちの神、主と心を全く一つにし、主のおきてに歩み、今日のように、主の命令を守らなければならない。」

神殿の奉献
8:62-66　並行記事－Ⅱ歴7:1-10

62 それから、王と王のそばにいたイスラエル人はみな、主の前にいけにえをささげた。
63 ソロモンは主へのいけにえとして和解のいけにえをささげた。すなわち牛二万二千頭と羊十二万頭。こうして、王とすべてのイスラエル人は主の宮を奉献した。
64 その日、王は主の神殿の前の庭の中央部を聖別し、そこで、全焼のいけにえと、穀物のささげ物と、和解のいけにえの脂肪とをささげた。主の前にあった青銅の祭壇は、全焼のいけにえと、穀物のささげ物と、和解のいけにえの脂肪とを受け入れるには小さすぎたからである。
65 ソロモンは、このとき、彼とともにいた全イスラエル、すなわち、レボ・ハマテからエジプト川に至るまでの大集団といっしょに、七日と七日、すなわち十四日間、私たちの神、主の前で祭りを行った。
66 八日目に、彼は民を去らせた。民は王に祝福のことばを述べ、主がそのしもべダビデと、その民イスラエルとに下さったすべての恵みを喜び、心楽しく彼らの天幕へ帰って行った。

61① I 列11:4, 15:14
62① I 列8:62-66,
　　Ⅱ歴7:4-10,
　　Ⅱサム6:17-19,
　　エズ6:16, 17, ネヘ12:27
63① → I 列3:15
64① → I 列3:4
　　② I サム3:14
　　③ Ⅱ 列16:14, Ⅱ歴4:1
65① 士20:1
　　② 民34:8, ヨシ13:5,
　　　士3:3, Ⅱ列14:25
　　＊→ ヨシ13:5
　　＊＊ 創15:18, 民34:5
　　＊＊ 七十人訳、およびⅡ
　　　歴7:9 は「七日間」
　　④ I 列8:2, 12:32, 33,
　　　出23:18, Ⅱ歴5:3, 7:8,
　　　ネヘ8:14, 18,
　　　→ イザ29:1

1① I 列9:1-9,
　　Ⅱ歴7:11-22
② I 列7:1
③ I 列9:19, Ⅱ歴8:6
2① I 列3:5-15, 11:9,
　　Ⅱ歴1:7
3① → I 列8:28
② Ⅱ 列20:5, 詩10:17
③ I 列8:29
④ 詩93:5
⑤ 申11:12, Ⅱ歴6:40
4① I 列9:4, 5,
　　I 列2:4, 6:12,
　　詩132:12
② I 列3:14, 11:4-8
③ 創17:1
5① Ⅱ サム7:12, 16,
　　I 歴22:10
6① I 列9:6, 7, 申28:15,
　　I 歴28:9
7① 申4:26, Ⅱ列17:23
② エレ7:4-14

主がソロモンに現れる
9:1-9　並行記事－Ⅱ歴7:11-22

9 ¹ ソロモンが、主の宮と王宮、およびソロモンが造りたいと望んでいたすべてのものを完成したとき、
² 主は、かつてギブオンで彼に現れたときのように、ソロモンに再び現れた。
³ 主は彼に仰せられた。「あなたがわたしの前で願った祈りと願いをわたしは聞いた。わたしは、あなたがわたしの名をとこしえまでもここに置くために建てたこの宮を聖別した。わたしの目とわたしの心は、いつもそこにある。
⁴ あなたが、あなたの父ダビデが歩んだように、全き心と正しさをもって、わたしの前に歩み、わたしがあなたに命じたことをすべてそのまま実行し、わたしのおきてと定めとを守るなら、
⁵ わたしが、あなたの父ダビデに、『あなたには、イスラエルの王座から人が断たれない』と言って約束したとおり、あなたの王国の王座をイスラエルの上に永遠に確立しよう。
⁶ もし、あなたがたとあなたがたの子孫が、わたしにそむいて従わず、あなたがたに授けたわたしの命令とわたしのおきてとを守らず、行ってほかの神々に仕え、これを拝むなら、
⁷ わたしが彼らに与えた地の面から、イスラエルを断ち、わたしがわたしの名のために聖別した宮を、わたしの前から投げ捨て

が含まれていた。(1) 神がともにいて守り助けてくださるように(8:57)。(2) 神が約束を果してみことばを確証(真実、現実として示すこと)してくださるように(8:26, 56)。(3) 神の恵み(受けるにふさわしくない好意、親切、助け)と力が与えられ、人々が神の命令、導き、基準に従って生きることができるように(8:58)。(4) 神が祈りに応えて日ごとの必要を備えてくださるように(8:59)。(5) 神の偉大さとすばらしいご性格をさらに理解できるように(8:60)。(6) 神と神の目的が果されるために心が完全にささげられるように(8:61)。祈りについての詳細　→「効果的な祈り」の項 p.585

9:3　【主】は彼に仰せられた　ソロモンの祈りに対し神は応答し、祈りは聞かれ答えられたと言われた。け

れども神はソロモンの治世とイスラエル王国の安全が守られるのは、ソロモンと人々が神の命令に忠実である間だけだということをつけ加えられた(9:4-9)。神に従い、そのご計画に従って生きるなら約束を果してくださるという原則を、神はみことば全体を通して言っておられる(→ヨハ14:13-21, 15:7)。

9:7　宮を、わたしの前から投げ捨てよう　もし真心をもって神に従わないなら、神殿で神の臨在、力、栄光を見ることも体験することもできないようにすると神は言われた(9:6-9)。この警告は今日のキリスト者にも適用される。もし教会や信仰者のグループが神に従わない信仰、間違った教え、この世の邪悪な道へとそれるなら神はその人々の中から御霊と力を取去られる。さらにそのような地域教会は神の国からも除かれ

I 列王記　9-10章

よう。こうして、イスラエルはすべての国々の民の間で、物笑いとなり、なぶりものとなろう。

8 この宮も廃墟となり、そのそばを通り過ぎる者はみな、驚いて、ささやき、『なぜ、主はこの地とこの宮とに、このような仕打ちをされたのだろう』と言うであろう。

9 すると人々は、『あの人たちは、エジプトの地から自分たちの先祖を連れ出した彼らの神、主を捨てて、ほかの神々にたより、これを拝み、これに仕えた。そのために、主はこのすべてのわざわいをこの人たちに下されたのだ』と言うようになる。」

ソロモンのそのほかの活動
9:10-28　並行記事－Ⅱ歴8:1-18

10 ソロモンが主の宮と王宮との二つの家を二十年かかって建て終わったとき、11 ツロの王ヒラムが、ソロモンの要請に応じて、杉の木材、もみの木材、および、金をソロモンに用立てたので、ソロモン王はガリラヤの地方の二十の町をヒラムに与えた。12 しかし、ヒラムがツロからやって来て、ソロモンが彼に与えた町々を見たが、それは彼の気に入らなかった。13 それで彼は、「兄弟よ。あなたが私に下さったこの町々は、いったい何ですか」と言った。そのため、これらの町々はカブルの地と呼ばれた。今日もそうである。14 ヒラムは王に金百二十タラントを贈っていた。

15 ソロモン王は役務者を徴用して次のような事業をした。彼は主の宮と、自分の宮殿、ミロと、エルサレムの城壁、ハツォルとメギドとゲゼルを建設した。16 ──エジプトの王パロは、かつて上って来て、ゲゼルを攻め取り、これを火で焼き、この町に住んでいたカナン人を殺し、ソロモンの妻である自分の娘に結婚の贈り物としてこれを与えていたので、17 ソロモンは、このゲゼルを再建した──また、下ベテ・ホロンと、

18 バアラト、およびこの地の荒野にあるタデモル、19 ソロモンの所有のすべての倉庫の町々、戦車のための町々、騎兵のための町々、ソロモンがエルサレムや、レバノンや、すべての領地に建てたいと切に願っていたものを建設した。

20 イスラエル人でないエモリ人、ヘテ人、ペリジ人、ヒビ人、エブス人の生き残りの民全員、21 すなわち、イスラエル人が聖絶することのできなかった人々の跡を継いで、この地に生き残った彼らの子孫を、ソロモンは奴隷の苦役に徴用した。今日もそうである。22 しかし、ソロモンはイスラエル人を奴隷にはしなかった。彼らは戦士であり、彼の家来であり、隊長であり、補佐官であり、戦車隊と騎兵隊の長であったからである。

23 ソロモンの工事を監督する者の長は五百五十人であって、工事に携わる民を指揮していた。

24 パロの娘が、ダビデの町から、彼女のために建てた家に上って来たとき、ソロモンはミロを建てた。

25 ソロモンは、主のために建てた祭壇の上に、一年に三度、全焼のいけにえと和解のいけにえをささげ、また、主の前にある壇で香をたいた。彼は宮を完成した。

26 また、ソロモン王は、エドムの地の葦の海の岸辺にあるエラテに近いエツヨン・ゲベルに船団を設けた。27 この船団に、ヒラムは自分のしもべであり、海に詳しい水夫たちを、ソロモンのしもべたちといっしょに送り込んだ。28 彼らはオフィルへ行き、そこから、四百二十タラントの金を取って、これをソロモン王のもとに持って来た。

シェバの女王がソロモンを訪れる
10:1-13　並行記事－Ⅱ歴9:1-12

10 １ ときに、シェバの女王が、主の名に関連してソロモンの名声を伝

エルサレムから1,900キロほど離れた南アラビア(イエメン)に定住した。この国は主に香辛料の取引によって富を得ていた。

10:1 シェバの女王　シェバの人々はノアの息子であるセムの家系につながっていた(創10:28)。そして

え聞き、難問をもって彼をためそうとして、やって来た。

2 彼女は、非常に大ぜいの有力者たちを率い、らくだにバルサム油と、非常に多くの金および宝石を載せて、エルサレムにやって来た。彼女はソロモンのところに来ると、心にあったすべてのことを彼に質問した。

3 ソロモンは、彼女のすべての質問を説き明かした。王がわからなくて、彼女に説き明かせなかったことは何一つなかった。

4 シェバの女王は、ソロモンのすべての知恵と、彼が建てた宮殿と、

5 その食卓の料理、列席の家来たち従者たちが仕えている態度とその服装、彼の献酌官たち、および、彼が主の宮でささげた全焼のいけにえを見て、息も止まるばかりであった。

6 彼女は王に言った。「私が国であなたの事績とあなたの知恵とについて聞き及んでおりましたことはほんとうでした。

7 実は、私は、自分で来て、自分の目で見るまでは、そのことを信じなかったのですが、驚いたことに、私にはその半分も知らされていなかったのです。あなたの知恵と繁栄は、私が聞いていたうわさよりはるかにまさっています。

8 なんとしあわせなことでしょう。あなたにつく人たちは。なんとしあわせなことでしょう。いつもあなたの前に立って、あなたの知恵を聞くことのできる家来たちは。

9 あなたを喜ばれ、イスラエルの王座にあなたを着かせられたあなたの神、主はほむべきかな。主はイスラエルをとこしえに愛しておられるので、あなたを王とし、公正と正義とを行わせられるのです。」

10 彼女は百二十タラントの金と、非常にたくさんのバルサム油と宝石とを王に贈った。シェバの女王がソロモン王に贈ったほどに多くのバルサム油は、二度と入って来なかった。

11 オフィルから金を積んで来たヒラムの船団も、非常に多くのびゃくだんの木材と宝石とをオフィルから運んで来た。

12 王はこのびゃくだんの木材で、主の宮と王宮の柱を造り、歌うたいたちのために、立琴と十弦の琴を作った。今日まで、この

1 ① 士14:12-14
5 ① → Ⅰ列3:4
7 ① 伝1:16, 2:8
8 ① 箴8:34
9 ① Ⅰ列5:7
 ② Ⅱ歴2:11
 ③ Ⅱサム8:15, 23:3, 詩72:1, 2, 箴8:15
10 ① Ⅰ列10:2, 詩72:10, 15
11 ① Ⅰ列9:27, 28
 ② Ⅱ歴2:8

13 ① Ⅱ歴9:13-28
14 ① Ⅰ列10:14-29, Ⅱ歴9:13-28
16 ① Ⅰ列10:16, 17, Ⅰ列14:26, Ⅱ歴12:9
 * 1シェケルは11.4グラム
17 * 1ミナは570グラム
 ① 詩7:2
18 ① Ⅰ列10:22, 詩45:8
19 * 七十人訳による
 Ⅰ「の頭は丸く」
21 ① Ⅰ列7:2
 ② 申17:17
22 ① Ⅰ列9:26-28
 ② Ⅰ列22:48, 創10:4, Ⅱ歴20:36
23 ① Ⅰ列10:23-25, Ⅰ列3:12, 13, 28, 4:21-24, 30, 31, 伝2:4-10

ようなびゃくだんの木材が入って来たこともなく、だれもこのようなものを見たこともなかった。

13 ソロモン王は、その豊かさに相応したものをシェバの女王に与えたが、それ以外にも、彼女が求めた物は何でもその望みのままに与えた。彼女は、家来たちを連れて、自分の国へ戻って行った。

ソロモンの栄華

10:14-29　並行記事―Ⅱ歴1:14-17, 9:13-28

14 一年間にソロモンのところに入って来た金の重さは、金の目方で六百六十六タラントであった。

15 このほかに、交易商人から得たもの、貿易商人の商いで得たもの、アラビヤのすべての王たち、およびその地の総督たちからのものがあった。

16 ソロモン王は、延べ金で大盾二百を作り、その大盾一個に六百シェケルの金を使った。

17 また、延べ金で盾三百を作り、その盾一個に三ミナの金を使った。王はそれらを、レバノンの森の宮殿に置いた。

18 王は大きな象牙の王座を作り、これに純粋な金をかぶせた。

19 その王座には六つの段があり、王座の背には子牛の頭があり、座席の両側にひじかけがあり、そのひじかけのわきには二頭の雄獅子が立っていた。

20 また、十二頭の雄獅子が、六つの段の両側に立っていた。このような物は、どこの王国でも作られたためしがなかった。

21 ソロモン王が飲み物に用いる器はみな金であった。レバノンの森の宮殿にあった器物もすべて純金であって、銀の物はなかった。銀はソロモンの時代には、価値あるものとはみなされていなかった。

22 王は海に、ヒラムの船団のほか、タルシシュの船団を持っており、三年に一度、タルシシュの船団が金、銀、象牙、さる、くじゃくを運んで来たからである。

23 ソロモン王は、富と知恵とにおいて、地上のどの王よりもまさっていた。

24 全世界の者は、神が彼の心に授けられた

知恵を聞こうとして、ソロモンに謁見を求めた。²⁵彼らはおのおのの贈り物として、銀の器、金の器、衣服、武器、バルサム油、馬、騾馬などを、毎年きまって携えて来た。

²⁶ソロモンは戦車と騎兵を集めたが、戦車一千四百台、騎兵一万二千人が彼のもとに集まった。そこで、彼はこれらを戦車の町々に配置し、また、エルサレムの王のもとにも置いた。

²⁷王は銀をエルサレムで石のように用い、杉の木を低地のいちじく桑の木のように大量に用いた。

²⁸ソロモンの所有していた馬は、エジプトとケベの輸出品であった。それは王の御用達が代価を払って、ケベから手に入れたものであった。

²⁹エジプトから買い上げられ、輸入された戦車は銀六百、馬は銀百五十であった。同様に、ヘテ人のすべての王も、アラムの王たちも、彼らの仲買で輸入した。

25①→Ⅰサム10:27
26①Ⅰ列10:26-29,
Ⅱ歴1:14-17, 9:25-28
*直訳「あった」
②Ⅰ列9:19
27①申17:17
28①申17:16
29*「エジプトから……銀六百」は直訳「戦車はエジプトから銀六百で上って出て来た」
①ヨシ1:4, Ⅱ列7:6

2①出23:31-33,
34:12-16, 申7:2-5
3①申17:17,
ネヘ13:23-27
4①Ⅰ列21:25
②Ⅰ列8:61

ソロモンの妻たち

11¹ソロモン王は、パロの娘のほかに多くの外国の女、すなわちモアブ人の女、アモン人の女、エドム人の女、シドン人の女、ヘテ人の女を愛した。²この女たちは、主がかつてイスラエル人に、「あなたがたは彼らの中に入って行ってはならない。彼らもあなたがたの中に入れてはならない。さもないと、彼らは必ずあなたがたの心を転じて彼らの神々に従わせる」と言われたその国々の者であった。それなのに、ソロモンは彼女たちを愛して、離れなかった。³彼には七百人の王妃としての妻と、三百人のそばめがあった。その妻たちが彼の心を転じた。⁴ソロモンが年をとったとき、その妻たちが彼の心をほかの神々のほうへ向けたので、彼の心は、父ダビデの心とは違って、彼の神、主と全く一つにはなっていなかった。

11:1 ソロモン王は・・・多くの外国の女・・・を愛した 11章にはソロモンの霊的衰退とその結果が描かれている。

（1）ソロモンは最初に神を愛して神の律法に従っていた。そして神殿の建築さえもした（3:3, 6:1）。ソロモンは神の愛と好意、救い（敵からの自由と神との個人的な関係）を体験した。強く神に結び付いていたので、特別な霊的理解力を与えられ（3:10-14, Ⅱサム12:24c）、聖霊の霊感を受けて聖書の一部を書いた（→4:29-34注）。その知恵のことばの多くは聖書の箴言に入れられている。

（2）ソロモンは神から多くの祝福と好意を受けていたのに霊的に不注意になった。そしてほかの宗教とその神々の誘惑に対して警戒を弱めた。最後には罪によって心がかたくなになった。そしてさらに一歩進めて、まことの神から離れて異教の神々を礼拝し始めた。このことに神は怒って、ついにソロモンに罰を下された（11:1-13, ⇒申29:14-21, 30:15-20, ヘブ3:12-14）。

（3）ソロモンの最大の間違いは、神がイスラエルに与えられた教えを神に従わない人々の生き方と置換えたり組合せたりして王としての地位を確保し、自己満足を得ようとしたことである。ソロモンは次のことに頼った。(a) 外国（ツロ 9:10-14、エジプト 3:1, 10:28-29、ほかの国々 9:25-10:13）との醜い同盟（政治同盟）。(b) これらの同盟を確実にするための多くの外国の妻やそばめ（妻のような存在だが妻よりも地位が低い女性）たち（11:1-8, →11:2注, 創29:28注）。

(c) さらに多くの富と名誉と力（10:14-19、⇒Ⅰテモ6:9）。→「**偶像礼拝**」の項 p.468

（4）外国との同盟（政治同盟）、エジプトから馬を買うこと、多くの妻を迎えること、富を蓄えることについて神は王たちに禁止の命令を出しておられた（⇒申17:14-20）。ソロモンが罪を悔い改めたことを示唆するしるしや明らかな記述は見当たらない（→11:43注）。けれども伝道者の書12:13-14は生涯の最後に心の変化が起きたことを示唆していると思われる。

11:2 あなたがたは彼らの中に入って行ってはならない 多くの妻を持ってはならないという王に対する神の禁令を無視して（⇒申17:17）、ソロモンは多くの女性と結婚した。さらに悪いことには、ほかの神々に従って罪深い宗教的慣習に浸っているカナン人と結婚してはならないという神の禁令にも背いたのである（出34:12-16, ヨシ23:12-13）。

11:4 父ダビデの心・・・全く一つに ダビデの心は「主と全く一つになって」いた。ダビデは神に対して大きな罪を犯したけれども、偶像礼拝（人間が作ったにせの神々またはまことの神の代りにほかのものを拝むこと）にはそれがなかった。ダビデは神とみことばを侮って、バテ・シェバとの姦淫をし、またそれを隠そうとするひどい行動をとった（Ⅱサム12:9-10）。けれども多くのイスラエルの王たちとは違って、ほかの神々を礼拝したり頼ったりはしなかった（⇒15:5）。

5 ソロモンはシドン人の神アシュタロテと、アモン人のあの忌むべきミルコムに従った。
6 こうしてソロモンは、主の目の前に悪を行い、父ダビデのようには、主に従い通さなかった。
7 当時、ソロモンは、モアブの、忌むべきケモシュと、アモン人の、忌むべきモレクのために、エルサレムの東にある山の上に高き所を築いた。
8 彼は外国人の自分のすべての妻のためにも、同じようなことをしたので、彼女たちは自分たちの神々に香をたき、いけにえをささげた。
9 主はソロモンに怒りを発せられた。それは彼の心がイスラエルの神、主から移り変わったからである。主は二度も彼に現れ、
10 このことについて、ほかの神々に従って行ってはならないと命じておられたのに、彼は主の命令を守らなかったからである。
11 それゆえ、主はソロモンに仰せられた。「あなたがこのようにふるまい、わたしが命じたわたしの契約とおきてとを守らなかったので、わたしは王国をあなたから必ず引き裂いて、あなたの家来に与える。
12 しかし、あなたの父ダビデに免じて、あなたの存命中は、そうしないが、あなたの子の手からそれを引き裂こう。
13 ただし、王国全部を引き裂くのではなく、わたしのしもべダビデと、わたしが選んだエルサレムのために、一つの部族だけをあなたの子に与えよう。」

ソロモンの敵

14 こうして、主は、ソロモンに敵対する者としてエドム人のハダデを起こされた。彼はエドムの王の子孫であった。
15 ダビデがかつてエドムにいたころ、将軍ヨアブが戦死者を葬りに上って来て、エドムの男子をみな打ち殺したことがあった。
16 ——ヨアブは全イスラエルとともに六か月の間、そこにとどまり、エドムの男子をみな断ち滅ぼした——
17 しかしそのとき、ハダデは、彼の父のしもべの数人のエドム人と逃げ去ってエジプトへ行った。当時、ハダデは少年であった。
18 彼らはミデヤンを出立し、パランに行き、パランから幾人かの従者を従えてエジプトへ行き、エジプトの王パロのところに行った。するとパロは彼に家を与え、食料をあてがい、さらに、土地をも与えた。
19 ハダデはパロにことのほか愛された。パロは自分の妻の妹、すなわち王妃タフペネスの妹を彼に妻として与えた。
20 タフペネスの妹は彼に男の子ゲヌバテを産んだ。タフペネスはその子をパロの宮殿で育てた。ゲヌバテはパロの宮殿でパロ

---

① Ⅰ列11:5-8, Ⅰ列11:33, 士2:13, 10:6, Ⅰサム7:3, 4, Ⅱ列23:13
② ゼパ1:5
⑥ ① Ⅰ列14:22, 15:26, 34, 16:7, 19, 25, 30, 21:20, 25, 22:52, →士2:11
⑦ 民21:29, 士11:24
② レビ20:2-5,
Ⅱ列23:10, 使7:43
③ 民33:52
⑨ ① Ⅰ列11:2, 4
② Ⅰ列3:5, 9:2
⑩ Ⅰ列6:12, 9:6, 7
⑪ Ⅰ列29-31, 12:15, 16, 20,
Ⅰサム2:30, 15:26-28
⑬ Ⅰサム7:15, 16,
Ⅰ歴17:13, 14,
詩89:33-37

② Ⅰ列11:32, 36
③ Ⅰ列14:21
④ Ⅰ列12:20
14 ① Ⅰ列11:23
15 Ⅱサム8:13, 14,
Ⅰ歴18:12, 13
17 * ㋥「アダデ」
18 ① 民10:12, 申1:1

11:5-7 アシュタロテと・・・ミルコムに従った 最初ソロモンは妻たちの偶像を黙認しているだけだった。けれども後には自分でもそれらの神々に頼り始めた(11:2-9)。

(1) 中途半端に神を礼拝しながら、ソロモンはシドン人の女神アシュタロテ(この礼拝には不道徳な宗教儀式と星の礼拝があった)やモアブ人の神ケモシュ(太陽の神)やアモン人の神ミルコム(この礼拝では子どものいけにえが行われていた ⇒レビ18:21, 20:1-5)礼拝も行った。ソロモンは契約の主こそが自分の唯一のまことの神であると言うことができなくなっていた(⇒申6:4, →**「イスラエル人との神の契約」**の項 p.351, 「**ダビデとの神の契約」**の項 p.512)。

(2) ソロモンの行動からわかることは、ただ神について知っており、みことばになじんでいるだけでは罪と霊的反抗に対抗する力があるとは言えないということである。罪(自分勝手な生き方をし、神に背き神に逆らうこと)は心から始まる。心を神にささげないで神に忠実ではなく、神を愛していないなら罪を退けることはできない(申6:4-9, ⇒Ⅰ列3:9注)。ソロモンは人々に警告をする説教者だったのに、罪に巻き込まれ、交霊術(死者との交流をしようとする儀式)を認めて奨励し、不道徳と残虐な行動を奨励し、イスラエルを霊的な暗黒へ導いて、唯一まことの神の名を汚したのである。

11:11 王国をあなたから必ず引き裂いて ソロモンに対する神のさばきの結果、イスラエルは二つの王国に分裂し、ソロモンの子孫はその一つだけを治めることになった(11:9-13, 31)。南王国にはユダ部族(シメオン部族を含む ⇒ヨシ19:1)とベニヤミン部族がいた。その国はソロモンの息子のレハブアムに与えられたけれども、それは統一王国の一部をダビデの家系に残すためだった(11:13, 32)。キリストはダビデの家系から来られる。残りの10部族はヤロブアムに与えられた(11:31-36)。

21 さてハダデは、ダビデが彼の先祖たちとともに眠ったこと、また、将軍ヨアブも死んだことを、エジプトで聞いた。ハダデがパロに、「私を国へ帰らせてください」と言うと、22 パロは彼に言った。「あなたは、私に何か不満があるのか。自分の国へ帰ることを求めるとは。」すると、答えた。「違います。ただ、とにかく、私を帰らせてください。」
23 神はまた、ソロモンに敵対する者として、エリヤダの子レゾンを起こされた。彼は、自分の主人、ツォバの王ハダデエゼルのもとから逃亡した者であった。24 ダビデがハダデエゼルの兵士たちを殺害して後、彼は、人々を自分のところに集め、略奪隊の隊長となった。彼らはダマスコに行って、そこに住みつき、ダマスコを支配した。25 彼は、ソロモンの生きている間、ハダデの悪を行って、イスラエルに敵対し、イスラエルを憎んだ。こうして彼は、アラムを支配していた。

ヤロブアムがソロモンに反逆する

26 ツェレダの出のエフライム人ネバテの子ヤロブアムはソロモンの家来であった。彼の母の名はツェルアといい、やもめであった。ところが彼も王に反逆した。27 彼が王に反逆するようになった事情はこうである。ソロモンはミロを建て、彼の父ダビデの町の破れ口をふさいでいた。28 ヤロブアムは手腕家であった。ソロモンはこの若者の働きぶりを見て、ヨセフの家のすべての役務を管理させた。29 そのころ、ヤロブアムがエルサレムから出て来ると、シロ人で預言者であるアヒヤが道で彼に会った。アヒヤは新しい外套を着ていた。そして彼らふたりだけが野原にいた。30 アヒヤは着ていた新しい外套をつかみ、それを十二切れに引き裂き、31 ヤロブアムに言った。「十切れを取りなさい。イスラエルの神、主は、こう仰せられます。『見よ。わたしはソロモンの手から王国を引き裂き、十部族をあなたに与える。

21 ① I 列 2:10
23 ① I 列 11:14
24 ① II サム 8:3, 10:16, 19
26 * あるいは「エフラテ人」
 ① I 列 11:11, 28, 12:2, 20, II 歴 13:6
 ② II サム 20:21
27 ① I 列 9:15
 ② → I 列 2:10
29 ① I サム 1:3
 ② → I 列 1:8
 ③ I 列 12:15, 14:2, II 歴 9:29
30 ① I サム 15:27, 28
31 ① I 列 11:11, 12
 ② II サム 19:43

32 ① I 列 11:13, 12:20
 ② I 列 14:21
33 ① I 列 11:5-8
 * 直訳「彼ら」
 ② ゼパ 1:5
 ③ → I 列 11:38
35 ① I 列 11:12, 12:16, 17
36 ① I 列 11:13
 ② → 詩 132:17, II サム 21:17
38 ① I 列 11:33, 14:8, 15:5, 11, 22:43, エレ 27:5, → I 列 10:30, → II 歴 20:32
 ② 申 31:8, ヨシ 1:5
 ③ II サム 7:11, 27
40 ① I 列 14:25, II 歴 12:2-9
41 ① I 列 11:41-43, II 歴 9:29-31

32 しかし、彼には一つの部族だけが残る。それは、わたしのしもべダビデと、わたしがイスラエルの全部族の中から選んだ町、エルサレムに免じてのことである。33 というのは、彼がわたしを捨て、シドン人の神アシュタロテや、モアブの神ケモシュや、アモン人の神ミルコムを拝み、彼の父ダビデのようには、彼は、わたしの見る目にかなうことを行わず、わたしのおきてと定めを守らず、わたしの道を歩まなかったからである。34 しかし、わたしは、彼の手から、王国全部は取り上げない。わたしが選び、わたしの命令とおきてとを守ったわたしのしもべダビデに免じて、ソロモンが生きている間は、彼を君主としておこう。35 しかし、わたしは彼の子の手から王位を取り上げ、十部族をあなたに与える。36 彼の子には一つの部族を与える。それはわたしの名を置くために選んだ町、エルサレムで、わたしのしもベダビデがわたしの前にいつも一つのともしびを保つためである。37 わたしがあなたを召したなら、あなたは自分の望むとおりに王となり、イスラエルを治める王とならなければならない。38 もし、わたしが命じるすべてのことにあなたが聞き従い、わたしの道に歩み、わたしのしもべダビデが行ったように、わたしのおきてと命令とを守って、わたしの見る目にかなうことを行うなら、わたしはあなたとともにおり、わたしがダビデのために建てたように、長く続く家をあなたのために建て、イスラエルをあなたに与えよう。39 このために、わたしはダビデの子孫を苦しめる。しかし、それを永久に続けはしない。』」
40 ソロモンはヤロブアムを殺そうとしたが、ヤロブアムは立ち去り、エジプトにのがれ、エジプトの王シシャクのもとに行き、ソロモンが死ぬまでエジプトにいた。

ソロモンの死

11:41-43　並行記事－II 歴 9:29-31

41 ソロモンのその他の業績、彼の行ったすべての事、および彼の知恵、それはソロ

ンの業績の書にしるされているではないか。
42 ソロモンがエルサレムで全イスラエルの王であった期間は四十年であった。
43 ソロモンは彼の先祖たちとともに眠り、彼の父ダビデの町に葬られた。彼の子レハブアムが代わって王となった。

イスラエルがレハブアムに反逆する
12:1-24　並行記事－Ⅱ歴10:1-11:4

12 1 レハブアムはシェケムへ行った。全イスラエルが彼を王とするため、シェケムに来ていたからである。
2 ネバテの子ヤロブアムが、そのことを聞いたころは、ヤロブアムはソロモン王の顔を避けてのがれ、まだエジプトにおり、エジプトに住んでいた。
3 人々は使いをやって、彼を呼び寄せた。それで、ヤロブアムはイスラエルの全集団とともにやって来て、レハブアムに言った。
4「あなたの父上は、私たちのくびきをかたくしました。今、あなたは、父上が私たちに負わせた過酷な労働と重いくびきとを軽くしてください。そうすれば、私たちはあなたに仕えましょう。」
5 すると、彼はこの人々に、「行って、もう三日したら私のところに戻って来なさい」と言った。そこで、民は出て行った。
6 レハブアム王は、父ソロモンが生きている間ソロモンに仕えていた長老たちに相談して、「この民にどう答えたらよいと思うか」と言った。
7 彼らは王に答えて言った。「きょう、あなたが、この民のしもべとなって彼らに仕え、彼らに答え、彼らに親切なことばをかけてやってくださるなら、彼らはいつまでもあなたのしもべとなるでしょう。」
8 しかし、彼はこの長老たちの与えた助言を退け、彼とともに育ち、彼に仕えている

43 ① Ⅰ列2:10
② Ⅰ列14:21, マタ1:7

1 ① Ⅰ列12:1-20, Ⅱ歴10章
② 士9:6
2 ① Ⅰ列11:26, 40
4 ① Ⅰ列4:7, 22, 23, 9:15, Ⅰサム8:11-18
5 ① Ⅰ列12:12
6 ① Ⅰ列4:1-6
7 ① 箴15:1

12 ① Ⅰ列12:5
13 ① 箴15:1
14 ① 出1:13, 14, 5:5-9, 16-18
15 ① Ⅰ列12:24
② Ⅰ列11:29-31
③ Ⅰ列12:24, 申2:30, 士14:4, Ⅱ歴22:7, 25:20
16 ① Ⅱサム20:1

若者たちに相談して、
9 彼らに言った。「この民に何と返答したらよいと思うか。彼らは私に『あなたの父上が私たちに負わせたくびきを軽くしてください』と言って来たのだが。」
10 彼とともに育った若者たちは答えて言った。「『あなたの父上は私たちのくびきを重くした。だから、あなたは、それを私たちの肩から、軽くしてください』と言ってあなたに申し出たこの民に、こう答えたらいいでしょう。あなたは彼らにこう言ってやりなさい。『私の小指は父の腰よりも太い。
11 私の父はおまえたちに重いくびきを負わせたが、私はおまえたちのくびきをもっと重くしよう。私の父はおまえたちをむちで懲らしめたが、私はさそりでおまえたちを懲らしめよう』と。」
12 ヤロブアムと、すべての民は、三日目にレハブアムのところに来た。王が、「三日目に私のところに戻って来なさい」と言って命じたからである。
13 王は荒々しく民に答え、長老たちが彼に与えた助言を退け、
14 若者たちの助言どおり、彼らに答えてこう言った。「私の父はおまえたちのくびきを重くしたが、私はおまえたちのくびきをもっと重くしよう。父はおまえたちをむちで懲らしめたが、私はさそりでおまえたちを懲らしめよう。」
15 王は民の願いを聞き入れなかった。それは、主がかつてシロ人アヒヤを通してネバテの子ヤロブアムに告げられた約束を実現するために、主がそうしむけられたからである。
16 全イスラエルは、王が自分たちに耳を貸さないのを見て取った。民は王に答えて言った。
「ダビデには、

11:43　ソロモンは・・・眠り　ソロモンの霊的反抗に焦点を当てたこの章はソロモンの死も示している。けれどもソロモンが悔い改めて神に立返ったことを示すものは何もない（心の変化の可能性 ➡伝12:13-14）。歴代誌第一にはソロモンに対するダビデの警告が次のように書かれている。「もし、あなたが神を離れるなら、神はあなたをとこしえまでも退けられる」（Ⅰ歴28:9)。ここに啓示されている聖書の真理は、一度は神との関係を持っていたソロモンが神の恵みを乱用して神との関係を失ったことである。これは、このように大きな祝福、霊的な好意、神への奉仕を体験した王でさえ神から離れることがあるなら、なおさらへりくだった心で神の恵みに頼り続け、主に忠実になれるよう助けていただかなければならないという警告である（Ⅰコリ10:12）。

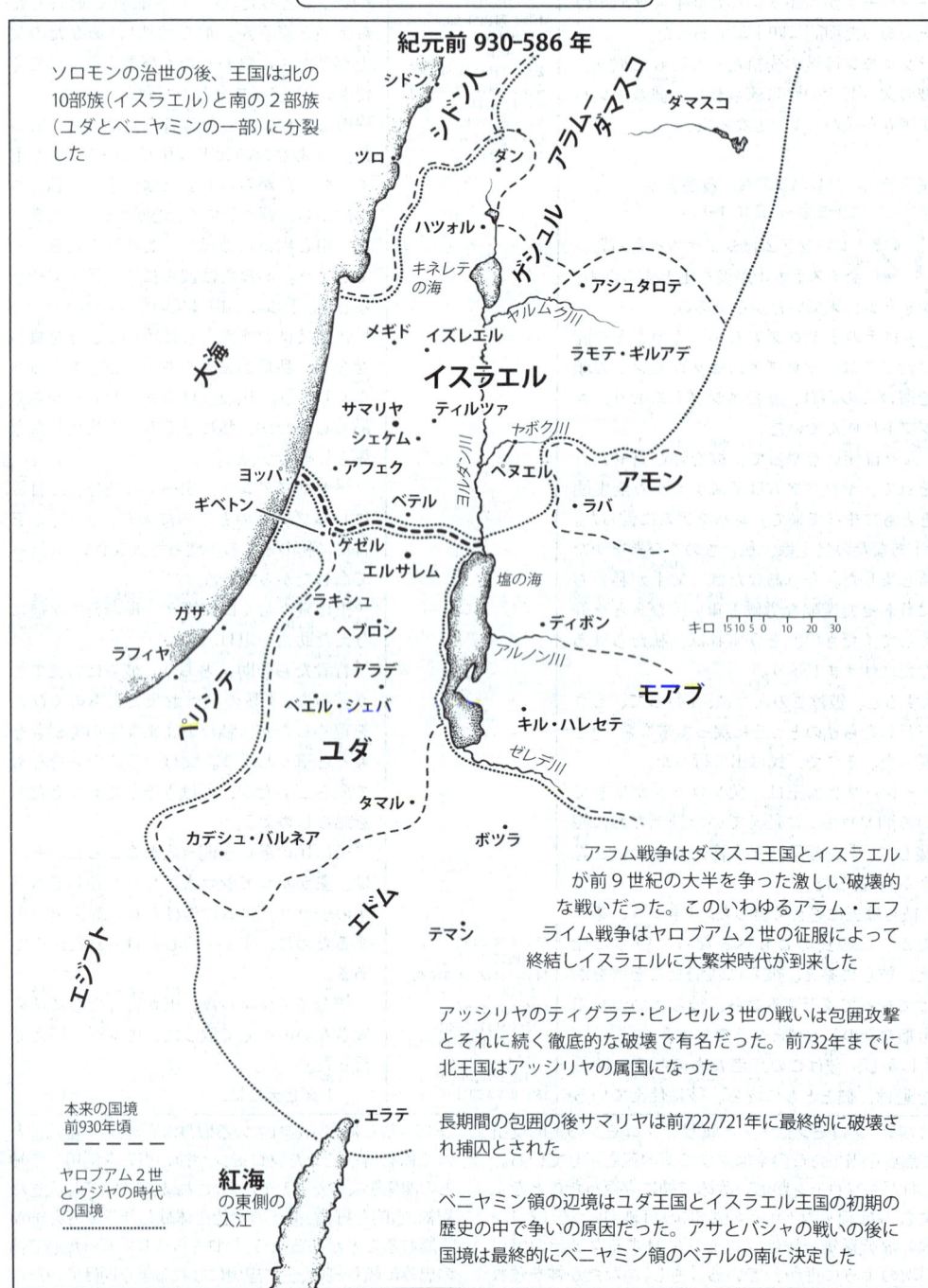

Ⅰ列王記　12章

われわれへのどんな割り当て地があろう。
エッサイの子には、ゆずりの地がない。
イスラエルよ。あなたの天幕に帰れ。
ダビデよ。今、あなたの家を見よ。」
こうして、イスラエルは自分たちの天幕へ帰って行った。

17 しかし、ユダの町々に住んでいるイスラエル人は、レハブアムがその王であった。

18 レハブアム王は役務長官アドラムを遣わしたが、全イスラエルは、彼を石で打ち殺した。それで、レハブアム王は、ようやくの思いで戦車に乗り込み、エルサレムに逃げた。

19 このようにして、イスラエルはダビデの家にそむいた。今日もそうである。

20 全イスラエルは、ヤロブアムが戻って来たことを聞き、人をやって彼を会衆のところに招き、彼を全イスラエルの王とした。ユダの部族以外には、ダビデの家に従うものはなかった。

21 レハブアムはエルサレムに帰り、ユダの全家とベニヤミンの部族から選抜戦闘員十八万を召集し、王位をソロモンの子レハブアムのもとに取り戻すため、イスラエルの家と戦おうとした。

22 すると、神の人シェマヤに次のような神のことばがあった。

23「ユダの王、ソロモンの子レハブアム、ユダとベニヤミンの全家、および、そのほかの民に告げて言え。

24『主はこう仰せられる。上って行ってはならない。あなたがたの兄弟であるイスラエル人と戦ってはならない。おのおの自分の家に帰れ。わたしがこうなるようにしむけたのだから。』」そこで、彼らは主のことばに聞き従い、主のことばのとおりに帰って行った。

ベテルとダンの金の子牛

25 ヤロブアムはエフライムの山地にシェケムを再建し、そこに住んだ。さらに、彼はそこから出て、ペヌエルを再建した。

26 ヤロブアムは心に思った。「今のままなら、この王国はダビデの家に戻るだろう。

27 この民が、エルサレムにある主の宮でいけにえをささげるために上って行くことになっていれば、この民の心は、彼らの主君、ユダの王レハブアムに再び帰り、私を殺し、ユダの王レハブアムのもとに帰るだろう。」

28 そこで、王は相談して、金の子牛を二つ造り、彼らに言った。「もう、エルサレムに上る必要はない。イスラエルよ。ここに、あなたをエジプトから連れ上ったあなたの神々がおられる。」

29 それから、彼は一つをベテルに据え、一

---

16 ②→Ⅱサム14:16
17 ①Ⅰ列11:13, 32, 36
18 ①Ⅰ列4:6, Ⅱサム20:24
②→ヨシ7:25,
→レビ20:2,
→エゼ16:40
19 ①Ⅱ列17:21
20 ①Ⅰ列11:13, 32, 36,
Ⅱ列17:18
21 ①Ⅰ列12:21-24,
Ⅱ歴11:1-4
22 ①Ⅱ歴12:5
23 ①Ⅰ列12:17

24 ①Ⅰ列12:15
25 ①士9:46-49
②創32:30, 31,
士8:8, 17
27 ①申12:5, 14
28 ①Ⅰ列12:28-30,
申17:16,
ホセ8:4-6, 13:2,
出32:4, 8, 士8:27
29 ①Ⅰ列13:32,
アモ3:14, 7:10-13,
創28:19, 31:13

12:20　ヤロブアム・・・全イスラエルの王　ソロモンの死んだ後（11:43）、ヘブル人の国は二つに分裂した。（1）北の王国はイスラエルと呼ばれ、ヤロブアムが最初の王になった。南の王国はユダと呼ばれ、最初はソロモンの息子のレハブアムが治めた（12:17）。この分裂は北の10部族が前722年にアッシリヤによって捕囚にされるまで続いた。南王国は前586年にバビロニヤ人によって捕囚にされた。この二つの国の歴史は列王記Ⅰ12－22章、列王記Ⅱ1－25章、歴代誌Ⅱ10－36章に書かれている。

（2）イスラエルとユダの話は人々が引続きかたくなで、神の契約（イスラエルに対する神の律法と約束、神に対する人々の服従と忠実に基づく「終生協定」→「イスラエル人との神の契約」の項 p.351）を破り続けたことを示している。北王国の王はみな「主の目の前に悪を行った」と聖書は言っている（16:25, 30, 22:52, Ⅱ列3:3, 10:29）。ユダ王国のほとんどの王も神の契約を守らなかった。けれども神の民にとって幸いなことに、ヒゼキヤ（Ⅱ列18:1-20:21）とヨシヤ（Ⅱ列22:1-23:29）は「主の目にかなうことを行った」（Ⅱ列18:3, 22:2）。王たちの全体像　→「イスラエルとユダの王」の表 p.651

12:24　わたしがこうなるようにしむけた　王国の分裂は人々の反抗の結果である。けれどもそれは神がなされたことでもあった。イスラエルが今や二つの国になったことは、（1）偶像礼拝（ほかの「神々」を礼拝し従い頼ること）に対する罰であり、（2）ユダ王国を通して少なくとも神を敬う少数の忠実な人々の家系を保つための手段だった（11:13）。イスラエル全体は神を拒んだけれども、ユダには契約に忠実な人々もいた。その人々を通して神はあらゆる国の人々を神との関係に引戻すという約束と目的を果すことができた。

12:28　金の子牛を二つ・・・あなたの神々がおられる　北王国のヤロブアムは別の宗教組織を設立した。そして偶像によって人々をにせの神々の礼拝に導いていった（12:27-30, ⇒出20:3-4）。その偶像は大昔にアロンが荒野で造った金の子牛と同じようなものだった（出32:8）。ヤロブアムはさらに自分の基準に従って祭

I 列王記　12–13章

つをダンに安置した。30 このことは罪となった。民はこの一つを礼拝するためダンにまで行った。
31 それから、彼は高き所の宮を建て、レビの子孫でない一般の民の中から祭司を任命した。
32 そのうえ、ヤロブアムはユダでの祭りにならって、祭りの日を第八の月の十五日と定め、祭壇でいけにえをささげた。こうして彼は、ベテルで自分が造った子牛にいけにえをささげた。また、彼が任命した高き所の祭司たちをベテルに常住させた。
33 彼は自分で勝手に考え出した月である第八の月の十五日に、ベテルに造った祭壇でいけにえをささげ、イスラエル人のために祭りの日を定め、祭壇でいけにえをささげ、香をたいた。

ユダから来た神の人

13 1 ひとりの神の人が、主の命令によって、ユダからベテルにやって来た。ちょうどそのとき、ヤロブアムは香をたくために祭壇のそばに立っていた。
2 すると、この人は、主の命令によって祭壇に向かい、これに呼ばわって言った。「祭壇よ。祭壇よ。主はこう仰せられる。『見よ。ひとりの男の子がダビデの家に生まれる。その名はヨシヤ。彼は、おまえの上で香をたく高き所の祭司たちをいけにえ

29 ① 士18:27-31,
　 II 列10:29
30 ① I 列13:34,
　 II 列17:21
　 ＊七十人訳のある写本では「民はベテルへ行って一つを礼拝し、ダンへ行ってもう一つを礼拝したからである」
31 ① I 列13:32
　 ② I 列13:33,
　 II 列17:32,
　 II 歴11:14, 15, 13:9,
　 エゼ44:7, 8, 民3:10
32 ① I 列8:2
　 ② I 列8:65,
　 レビ23:33, 34, 民29:12
　 ③ ホセ8:5, 13:2
　 ④ アモ7:10-13
33 ① I 列8:2
1 ① I 列12:22,
　 II 列23:16, 17,
　 I サム9:6
2 ① II 列23:15, 16, 20

3 ① 出4:8, 士6:17,
　 イザ7:14, ヨハ2:18,
　 I コリ1:22
4 ① アモ3:14
6 ① 出8:8, 28, 9:28,
　 10:17, 民21:7, 使8:24
　 ＊→II 歴33:12＊
7 ① I サム9:7, 8,
　 II 列5:15
8 ① I 列13:16, 17
　 ② 民22:18, 24:13

としておまえの上にささげ、人の骨がおまえの上で焼かれる。』」
3 その日、彼は次のように言って一つのしるしを与えた。「これが、主の告げられたしるしである。見よ。祭壇は裂け、その上の灰はこぼれ出る。」
4 ヤロブアム王は、ベテルの祭壇に向かって叫んでいる神の人のことばを聞いたとき、祭壇から手を伸ばして、「彼を捕らえよ」と言った。すると、彼に向けて伸ばした手はしなび、戻すことができなくなった。
5 神の人が主のことばによって与えたしるしのとおり、祭壇は裂け、灰は祭壇からこぼれ出た。
6 そこで、王はこの神の人に向かって言った。「どうか、あなたの神、主にお願いをして、私のために祈ってください。そうすれば、私の手はもとに戻るでしょう。」神の人が主に願ったので、王の手はもとに戻り、前と同じようになった。
　　　　　　　　　　　　　　　　　　　　I 列17:17-24
7 王は神の人に言った。「私といっしょに家に来て、食事をして元気をつけてください。あなたに贈り物をしたい。」
8 すると、神の人は王に言った。「たとい、あなたの家の半分を私に下さっても、あなたといっしょにまいりません。また、この所ではパンを食べず、水も飲みません。
9 主の命令によって、『パンを食べてはならない。水も飲んではならない。また、も

司制度を整え、レビ人ではない人々が祭司として仕えるようにした（12:31）。つまり神の律法によると資格がない人々を奉仕者に任命したのである（→12:31注）。

この間違った宗教組織は二つの結果を生み出した。(1) 北王国に残っていたほとんどの人々がバアル礼拝（カナン人の主神で、自然、天候、豊穣の神）をその不道徳な神殿娼婦の慣習とともに受け入れた。(2) 神とその律法に忠実でいたいと願う北王国にいた人々は非常に苦しんで「自分たちの放牧地と所有地を捨て」て、主を自由に正しいかたちで礼拝するために南王国に移った（II 歴11:13-14）。「さらに、彼ら（レビ人）のあとに続いて、イスラエルの全部族の中から、その心をささげてイスラエルの神、主を尋ね求める者たちが、その父祖の神、主にいけにえをささげるためエルサレムに出て来た」（II 歴11:16, ⇒II 歴15:9）。

12:31　レビの子孫でない・・・祭司を任命した　ヤロブアムは民数記3:6-9、8:5-20にある神の基準によると資格がない祭司を任命した。その当時、礼拝の指導者や奉仕者はレビ部族、レビの家系の人でなければならなかった。新しい契約（神の御子イエス・キリストのいのちと犠牲を通して人々に霊的な救いを与え神との関係の回復を図る神の計画）では、レビ系の祭司はもはや存在しない。けれども神は牧師や教会の指導者に任命される人々について一定の資格を定めておられる。その霊的、道徳的資格はテモテ I 3:1-7、テトス1:5-9に列記されている（→「監督の道徳的資格」の項 p.2303）。

13:2　ヨシヤ　この預言はヨシヤが生まれる約300年前に与えられた。預言の成就　→II 列23:15-20

13:9　【主】の命令　預言者は神の代弁者として神のことばに完全に従い、神のメッセージを完全に伝える義務があった。この預言者は後に神の指示に従わな

Ⅰ列王記　13章

と来た道を通って帰ってはならない』と命じられているからです。」
10 こうして、彼はベテルに来たときの道は通らず、ほかの道を通って帰った。
11 ひとりの年寄りの預言者がベテルに住んでいた。その息子たちが来て、その日、ベテルで神の人がしたことを残らず彼に話した。また、この人が王に告げたことばも父に話した。
12 すると父は、「その人はどの道を行ったか」と彼らに尋ねた。息子たちはユダから来た神の人の帰って行った道を知っていた。
13 父は息子たちに、「ろばに鞍を置いてくれ」と言った。彼らがろばに鞍を置くと、父はろばに乗り、
14 神の人のあとを追って行った。その人が樫の木の下にすわっているのを見つけると、「あなたがユダからおいでになった神の人ですか」と尋ねた。その人は、「私です」と答えた。
15 彼はその人に、「私といっしょに家に来て、パンを食べてください」と言った。
16 するとその人は、「私はあなたといっしょに引き返し、あなたといっしょに行くことはできません。この所では、あなたといっしょにパンも食べず、水も飲みません。
17 というのは、私は主の命令によって、『そ

11 ① Ⅰ列13:25,
Ⅱ列23:18
② → Ⅰ列1:8
16 ① Ⅰ列13:8, 9
17 ① Ⅰ列20:35,
Ⅰテサ4:15

こではパンを食べてはならない。水も飲んではならない。もと来た道を通って帰ってはならない』と命じられているからです。」
18 彼はその人に言った。「私もあなたと同じく預言者です。御使いが主の命令を受けて、私に『その人をあなたの家に連れ帰り、パンを食べさせ、水を飲ませよ』と言って命じました。」こうしてその人をだました。
19 そこで、その人は彼といっしょに帰り、彼の家でパンを食べ、水を飲んだ。
20 彼らが食卓についていたとき、その人を連れ戻した預言者に、主のことばがあったので、
21 彼はユダから来た神の人に叫んで言った。「主はこう仰せられる。『①あなたは主のことばにそむき、あなたの神、主が命じられた命令を守らず、
22 主があなたに、パンを食べてはならない、水も飲んではならない、と命じられた場所に引き返して、そこであなたはパンを食べ、水を飲んだので、あなたのなきがらは、あなたの先祖の墓には、入らない。』」
23 彼はパンを食べ、水を飲んで後、彼が連れ帰った預言者のために、ろばに鞍を置いた。
24 その人が出て行くと、獅子が道でその人に会い、その人を殺した。死体は道に投げ出され、ろばはそのそばに立っていた。獅

21 ① Ⅰ列20:36
24 ① Ⅰ列20:36

かったので、そのためにいのちを落とした(13:11-24)。

13:21-22　あなたは【主】のことばにそむき　この不従順な預言者の話は今日、主に従う人々への実例、警告として記録されている(⇒Ⅰコリ10:1-13)。

（1）キリスト者はそれぞれの生涯に対する神のご計画と目的について責任があることを神のことばは明らかに示している。文書にされた神のことばである聖書に既に啓示されている教えや基準に矛盾するなら、どんな人（または天使）が教える教理や信条であっても決して受入れてはならない。神が霊感されて書かれた聖書にはキリストと、キリストが訓練して初期の教会を導くために霊感を与えた人々の直接のあかしが記録されている(Ⅰコリ14:29, ガラ1:8-9, → Ⅰヨハ4:1注)。神に頼ったこの人々を神は導いて、真理と健全な教えに基づいた信仰と実際生活を土台として教会を建上げてくださった(→「**聖書の霊感と権威**」の項p.2323)。

（2）もし神の直接の命令と指示に従わないなら、過去にどんなに忠実であっても、また奉仕をしたとしても罰を受けることになる(13:20-25)。

（3）神のことばに対して不注意な態度を取るようになることは信仰者にとって最も危険なことである。神の民の間に見られる道徳的、霊的失敗の最大の原因は神のことばを重く受止めなかったことにある。これは生きるか死ぬかの問題である(→創3:4注)。

（4）人々を導き神のことばを説教し教える奉仕者に、神は最高基準の行動と神の命令に対する忠実さを要求しておられる(⇒Ⅰテモ3:1-11, テト1:5-9, ヤコ3:1)。奉仕者たちは神の民の前に模範を示さなければならない(→「**監督の道徳的資格**」の項 p.2303)。

13:24　獅子が・・・その人を殺した　この預言者は死んだ後にも永遠の罰（神から離され天国から除外されること）を受けたとは考えられない。その不従順は、モーセが一つの失敗をして地上での一時的結果に苦しんだのと同じ種類のものである(→民20:12注)。

子も死体のそばに立っていた。25 そこを、人々が通りかかり、道に投げ出されている死体と、その死体のそばに立っている獅子を見た。彼らはあの年寄りの預言者の住んでいる町に行って、このことを話した。

26 その人を途中から連れ帰ったあの預言者は、それを聞いて言った。「それは、主のことばにそむいた神の人だ。主が彼に告げたことばどおりに、主が彼を獅子に渡し、獅子が彼を裂いて殺したのだ。」

27 そして息子たちに、「ろばに鞍を置いてくれ」と言ったので、彼らは鞍を置いた。28 彼は出かけて行って、道に投げ出されている死体と、その死体のそばに立っているろばと獅子とを見つけた。獅子はその死体を食べず、ろばを裂き殺してもいなかった。29 そこで、預言者は、神の人の死体を取り上げ、それをろばに乗せてこの年寄りの預言者の町に持ち帰り、いたみ悲しんで、葬った。30 彼がなきがらを自分の墓に納めると、みなはその人のために、「ああ、わが兄弟」と言って、いたみ悲しんだ。31 彼はその人を葬って後、息子たちに言った。「私が死んだら、あの神の人を葬った墓に私を葬り、あの人の骨のそばに私の骨を納めてくれ。32 あの人が主の命令によって、ベテルにある祭壇と、サマリヤの町々にあるすべての高き所の宮とに向かって呼ばわったことばは、必ず成就するからだ。」

33 このことがあって後も、ヤロブアムは悪い道から立ち返ることもせず、引き続いて、一般の民の中から高き所の祭司たちを任命し、だれでも志願する者を任職して高き所の祭司にした。34 このことによって、ヤロブアムの家が罪を犯すこととなり、ついには、地の面から根絶やしにされるようになった。

ヤロブアムに対するアヒヤの預言

14 1 このころ、ヤロブアムの子アビヤが病気になったので、2 ヤロブアムは妻に言った。「さあ、変装し

25 ①Ⅰ列13:11
30 ①Ⅱサム18:33,
　エレ22:18
31 ①Ⅰ列23:17, 18
32 ①Ⅰ列12:33, 13:2
　②Ⅰ列16:24
　③Ⅰ列12:31,
　Ⅱ列23:19
33 ①Ⅰ列12:31, 士17:5,
　Ⅱ歴11:15, 13:9
34 ①Ⅰ列12:30,
　Ⅱ列17:21
　②Ⅰ列14:10, 15:29, 30

2 ①Ⅰサム28:8,
　Ⅱサム14:2, Ⅱ歴18:29

②ヨシ18:1, 士18:31,
Ⅰサム1:3, エレ41:5
③Ⅰ列11:29-31
④→Ⅰ列1:8
3 ①Ⅰ列13:7,
　Ⅰサム9:7, 8, Ⅱ列4:42
4 ①Ⅰ列11:29
5 ①Ⅰサム3:2, 4:15
6 ①Ⅱサム14:2,
　Ⅱ歴18:29
7 ①Ⅰ列16:2-4, 21:20-24
8 ①Ⅰ列11:28-31
　②Ⅰ列11:33, 38, 15:5
　③→Ⅰ列11:38
9 ①出20:3-5
　②Ⅰ列12:28,
　Ⅱ歴11:15,
　→Ⅱ歴28:2
　③ネヘ9:26, 詩50:17,
　エゼ23:35
10 ①Ⅰ列15:27-30
　②Ⅰ列12:28
　③Ⅰサム25:22, Ⅱ列9:8
　④申32:36, Ⅰ列14:26

て、ヤロブアムの妻だと悟られないようにしてシロへ行ってくれ。そこには、③私がこの民の王となることを私に告げた預言者アヒヤがいる。3 パン十個と菓子数個、それに、蜜のびんを持って彼のところへ行ってくれ。彼は子どもがどうなるか教えてくれるだろう。」

4 ヤロブアムの妻は言われたとおりにして、シロへ出かけ、アヒヤの家に行ったが、アヒヤは年をとって目がこわばり、見ることができなかった。5 しかし、主はアヒヤに言われた。「今、ヤロブアムの妻が子どものことで、あなたに尋ねるために来ている。その子が病気だからだ。あなたはこれこれのことを彼女に告げなければならない。入って来るときには、彼女は、ほかの女のようなふりをしている。」

6 アヒヤは戸口に入って来る彼女の足音を聞いて言った。「お入りなさい。ヤロブアムの奥さん。なぜ、ほかの女のようなふりをしているのですか。私はあなたにきびしいことを伝えなければなりません。7 帰って行ってヤロブアムに言いなさい。イスラエルの神、主は、こう仰せられます。『わたしは民の中からあなたを高くあげ、わたしの民イスラエルを治める君主とし、8 ダビデの家から王国を引き裂いてあなたに与えた。あなたは、わたしのしもべダビデのようではなかった。ダビデは、わたしの命令を守り、心を尽くしてわたしに従い、ただ、わたしの見る目にかなったことだけを行った。9 ところが、あなたはこれまでのだれよりも悪いことをし、行って、自分のためにほかの神々と、鋳物の像を造り、わたしの怒りを引き起こし、わたしをあなたのうしろに捨て去った。10 だから、見よ、わたしはヤロブアムの家にわざわいをもたらす。ヤロブアムに属する小わっぱから奴隷や自由の者に至るまで、イスラエルにおいて断ち滅ぼし、糞を残らず焼き去るように、ヤロブアムの家のあとを除き去る。11 ヤロブアムに属する者で、町で死ぬ者は犬

Ⅰ列王記　14章

がこれを食らい、野で死ぬ者は空の鳥がこれを食らう。』主がこう仰せられたのです。
①12さあ、家へ帰りなさい。あなたの足が町に入るとき、あの子は死にます。
13イスラエルのすべてがその子のためにいたみ悲しんで葬りましょう。ヤロブアムの家の者で、墓に葬られるのは、彼だけでしょう。ヤロブアムの家で、彼は、イスラエルの神、主の御心にかなっていたからです。
①14主はご自分のためにイスラエルの上にひとりの王を起こされます。彼は、その日、そしてただちに、ヤロブアムの家を断ち滅ぼします。
①15主は、イスラエルを打って、水に揺らぐ葦のようにし、彼らの先祖たちに与えられたこの良い地からイスラエルを引き抜き、②ユーフラテス川の向こうに散らされるでしょう。彼らがアシェラ像を造って主の怒りを引き起こしたからです。
16ヤロブアムが自分で犯した罪と、彼がイスラエルに犯させた罪のために、主はイスラエルを捨てられるのです。」
17ヤロブアムの妻は立ち去って、ティルツァに着いた。彼女が家の敷居に来たとき、その子どもは死んだ。
①18人々はその子を葬り、全イスラエルは彼のためにいたみ悲しんだ。主がそのしもべ、預言者アヒヤによって語られたことばのとおりであった。
19ヤロブアムのその他の業績、彼がいかに戦い、いかに治めたかは、イスラエルの王た

12① Ⅰ列14:17
14① Ⅰ列15:27-29
15① Ⅱ列17:6, 詩52:5
② Ⅱ列15:29, 17:6
③出34:13, 14, 申12:3, 4
16① Ⅰ列12:30, 13:34, 15:30, 34, 16:2
17① Ⅰ列15:21, 33, 16:6, 9, 15, 23, 雅6:4
② Ⅰ列14:12
18① Ⅰ列14:13
19① Ⅱ歴13:1-20
② Ⅰ列15:31, 16:5, 14, 20, 27, 22:39,
Ⅱ列1:18, 10:34, 13:8, 12, 14:15, 28, 15:11, 15, 21, 26, 31

21① Ⅱ歴12:13
② Ⅰ列11:13, 32, 36
③ Ⅰ列14:31
22① Ⅱ歴12:1, 14
② → Ⅰ列11:6
23①申12:2, Ⅱ列17:10
② Ⅱ列17:9, 10,
Ⅰサム9:12
③ イザ57:5, エレ2:20
④創28:18, 出23:24, レビ26:1, 申7:5,
→ Ⅱ列3:2, →イザ19:19
⑤ Ⅰ列14:15
24① Ⅰ列15:12, 22:46, 申23:17, Ⅱ列23:7
25① Ⅰ列14:25-28, Ⅱ歴12:2-12
② Ⅰ列11:40
26① Ⅰ列15:18
② Ⅰ列10:16, 17, Ⅱ列9:15, 16
27① Ⅰサム22:17

ちの年代記の書にまさしくしるされている。
20ヤロブアムが王であった期間は二十二年であった。彼は先祖たちとともに眠り、その子ナダブが代わって王となった。

ユダの王レハブアム
14:21, 25-31　並行記事－Ⅱ歴12:9-16

21ユダではソロモンの子レハブアムが王になっていた。レハブアムは四十一歳で王となり、主がご自分の名を置くためにイスラエルの全部族の中から選ばれた都、エルサレムで十七年間、王であった。彼の母の名はナアマといい、アモン人であった。
22ユダの人々は主の目の前に悪を行い、彼らの先祖たちよりひどい罪を犯して主を怒らせた。
①23彼らもまた、すべての高い丘の上や②青木の下に、③高き所や、石の柱や、④アシェラ像を立てた。
24この国には神殿男娼もいた。彼らは、主がイスラエル人の前から追い払われた異邦の民の、すべての忌みきらうべきならわしをまねて行っていた。
25レハブアム王の第五年に、エジプトの王シシャクがエルサレムに攻め上って来て、
26主の宮の財宝、王宮の財宝を奪い取り、何もかも奪って、ソロモンが作った金の盾も全部奪い取った。
27それで、レハブアム王は、その代わりに青銅の盾を作り、これを王宮の門を守る近衛兵の隊長の手に託した。

14:15　川の向こうに散らされる　アヒヤはイスラエルの捕囚を預言したけれども、それは前722年に成就した。イスラエルは負けて何千もの人々がアッシリヤ人によってユーフラテス川の向こうへ連れ去られた（⇒Ⅱ列15:29, 17:6, 18）。この出来事の概観　→「イスラエル（北王国）の捕囚」の地図 p.633。

14:22　ユダの人々は・・・悪を行い　レハブアムが治めるユダ部族は（14:21）イスラエルの10部族と同じように行動した。神に反抗して恥ずべき罪を公に犯したのである（→14:24注,⇒Ⅱ歴11:-12:）。

14:24　神殿男娼　霊的に反抗したユダは同性愛や男娼を持つような罪を犯すまでになった（⇒ロマ1:25-28）。神の民は周囲の「異邦の民の、すべての忌みきらうべきならわし」を受入れて、ついに神に従わない国々によって文化的、政治的に完全に征服されてしまった（14:25-26）。キリストのことばは今日のキリスト者に対して同じさばきのメッセージを伝えている（→マタ5:13注）。神の民が神のことばに背いて、神に従わないこの世界の信仰、行動、生活様式に倣うなら、最初は容認していただけのものによって滅ぼされることになる（→「信者の霊的聖別」の項 p.2172,「キリスト者とこの世」の項 p.2437）。

14:26　宮の財宝・・・を奪い取り　神はエジプトの王シシャクが神殿に侵入してその財宝を奪うのを許された。これはソロモンの治世の初期に神が臨在と栄光を現されたあの神殿である（8:11）。それがソロモンの死のわずか5年後に不名誉な場所になってしまった。これはみな神ご自身の民が神の命令と善悪の基準

28 王が主の宮に入るたびごとに、近衛兵が、これを運んで行き、また、これを近衛兵の控え室に運び帰った。
29 レハブアムのその他の業績、彼の行ったすべての事、それはユダの王たちの年代記の書にしるされているではないか。
30 レハブアムとヤロブアムとの間には、いつまでも戦いがあった。
31 レハブアムは彼の先祖たちとともに眠り、先祖たちとともにダビデの町に葬られた。彼の母の名はナアマといい、アモン人であった。彼の子アビヤムが代わって王となった。

ユダの王アビヤム

15:1-2, 6-8　並行記事＝Ⅱ歴13:1-2, 22-14:1

15 1 ネバテの子ヤロブアム王の第十八年に、*アビヤムはユダの王となり、
2 エルサレムで三年間、王であった。彼の母の名はマアカといい、**アブシャロムの娘であった。
3 彼は父がかつて犯したすべての罪を行い、彼の心は父ダビデの心のようには、彼の神、主と全く一つにはなっていなかった。
4 しかし、ダビデに免じて、彼の神、主は、エルサレムにおいて彼に一つのともしびを与え、彼の跡を継ぐ子を起こし、エルサレムを堅く立てられた。
5 それはダビデが主の目にかなうことを行い、ヘテ人ウリヤのことのほかは、一生の間、主が命じられたすべてのことにそむか

29 ① Ⅰ列14:29-31,
 Ⅱ歴12:15, 16
 ② Ⅰ列15:7, 23, 22:45,
 Ⅱ歴8:33, 12:19,
 14:18, 15:6, 36, 16:19,
 20:20, 21:17, 25,
 23:28, 24:5
30 ① Ⅰ列12:21-24, 15:6
31 ① → Ⅰ列12:10
 ② Ⅰ列14:21, Ⅱ歴12:13
 ③ マタ1:7
 * Ⅱ歴12:16「アビヤ」

1 ① Ⅰ列15:1, 2,
 Ⅱ歴13:1, 2
 * Ⅱ歴13:1「アビヤ」
2 ① Ⅱ歴11:20-22
 ** Ⅱ歴13:2「ミカヤといい、ギブアの出のウリエルの娘であった」
 ** 図「アビシャロム」
3 ① Ⅰ列11:4
4 ① → 詩132:17,
 Ⅱサム21:17
5 ① Ⅰ列9:4, 14:8
 ② → Ⅰ列11:38
 ③ Ⅱサム11章, 12:9, 10

6 ① Ⅰ列14:30
7 * Ⅱ歴13:2, 22「アビヤ」
 ① → Ⅰ列14:29
 ② Ⅱ歴13:1-20
8 ① Ⅱ歴14:1
9 ① Ⅰ列15:9-12,
 Ⅱ歴14:1-5
10 ① Ⅰ列15:2
11 ① → Ⅰ列11:38
12 ① Ⅰ列14:24
 ② Ⅰ列11:7, 14:23
 ③ Ⅱ歴23:24
13 ① Ⅰ列15:13-15,
 Ⅱ歴15:16-18
 ② 出32:20
14 ① Ⅱ歴14:2
 ② Ⅰ列8:61, 15:3,
 22:43
15 ① Ⅰ列7:51

なかったからである。
6 レハブアムとヤロブアムとの間には、一生の間、争いがあった。
7 *アビヤムのその他の業績、彼の行ったすべての事、それはユダの王たちの年代記の書にしるされているではないか。アビヤムとヤロブアムとの間には争いがあった。
8 アビヤムは彼の先祖たちとともに眠り、人々は彼をダビデの町に葬った。彼の子アサが代わって王となった。

ユダの王アサ

15:9-22　並行記事＝Ⅱ歴14:2-3, 15:16-16:6
15:23-24　並行記事＝Ⅱ歴16:11-17:1

9 イスラエルの王ヤロブアムの第二十年に、ユダの王アサが王となった。
10 彼はエルサレムで四十一年間、王であった。彼の母の名はマアカといい、アブシャロムの娘であった。
11 アサは父ダビデのように、主の目にかなうことを行った。
12 彼は神殿男娼を国から追放し、先祖たちが造った偶像をことごとく取り除いた。
13 彼はまた、彼の母マアカがアシェラのために憎むべき像を造ったので、彼女を王母の位から退けた。アサはその憎むべき像を切り倒し、これをキデロン川で焼いた。
14 高き所は取り除かれなかったが、アサの心は一生涯、主と全く一つになっていた。
15 彼は、彼の父が聖別した物と、彼が聖別した物、すなわち、銀、金、器類を、主の

を無視し、拒んだために起きたのである。

15:3　心は・・・全く一つにはなっていなかった
「全く一つにはなって」いない心とは偶像礼拝をする人（人間が作った神々を受入れて礼拝をする人）の心を指している。偶像礼拝の罪を犯すとは、外見的に偶像を敬い尊ぶだけではない。それは唯一のまことの神の代りにほかのものを最優先にすることである（→「偶像礼拝」の項 p.468）。ダビデの心は神と全く一つだったと言われているのは一度もほかの神々にそれなかったからである。心が神と全く一つだということは道徳的に完全なことではなく（⇒15:5、→11:4注）、心を尽くして神に従うことを指すのである。

15:4　一つのともしび　ここで使われている「ともしび」ということばは、神は決してダビデの家系を絶や

さない、あるいはその家系に王位を継承させるというダビデと結んだ契約を忘れないと決意されたことを意味している（→「**ダビデとの神の契約**」の項 p.512）。最終的にこのともしびはイエス・キリストによって「世の光」となった（ヨハ8:12、⇒ルカ2:4）。

15:9　アサ　アサは良い王で、その治世は神に対して忠実なものだった。けれども晩年には完全に神に信頼することができなかった。そして力と保護を求めてほかの国々との同盟（政治連合）を求めた（→Ⅱ歴16:）。アサの治世は重要だった。なぜなら人々に不信仰な生活をやめさせ、カナン人の邪悪な慣習から離れさせたからである。本当のリバイバルは必ず人々に、神に逆らってみことばに違反する行動をしていたことに気付かせ、それを改めさせることになる（アサ

宮に運び入れた。

16 アサとイスラエルの王バシャとの間には、彼らの生きている間、争いがあった。
17 イスラエルの王バシャはユダに上って来て、ユダの王アサのもとにだれも出入りできないようにするためにラマを築いた。
18 アサは主の宮の宝物倉と王宮の宝物倉とに残っていた銀と金をことごとく取って、自分の家来たちの手に渡した。アサ王は、彼らをダマスコに住んでいたアラムの王ヘズヨンの子タブリモンの子ベン・ハダデのもとに遣わして言わせた。
19 「私の父とあなたの父上の間にあったように、私とあなたの間に同盟を結びましょう。ご覧ください。私はあなたに銀と金の贈り物をしました。どうか、イスラエルの王バシャとの同盟を破棄し、彼が私のもとから離れ去るようにしてください。」
20 ベン・ハダデはアサ王の願いを聞き入れ、自分の配下の将校たちをイスラエルの町々に差し向け、イヨンと、ダンと、アベル・ベテ・マアカ、および、キネレテ全土と、ナフタリの全土とを打った。
21 バシャはこれを聞くと、ラマを築くのをやめて、ティルツァにとどまった。
22 アサ王はユダ全土にもれなく布告し、バシャが建築に用いたラマの石材と木材を運び出させた。アサは、これを用いてベニヤミンのゲバとミツパとを建てた。
23 アサのその他のすべての業績、すべての功績、彼の行ったすべての事、彼が建てた町々、それはユダの王たちの年代記の書にしるされているではないか。ただ、彼は年をとったとき、足の病気にかかった。
24 アサは彼の先祖たちとともに眠り、先祖たちとともに父ダビデの町に葬られた。彼の子ヨシャパテが代わって王となった。

イスラエルの王ナダブ

25 ユダの王アサの第二年に、ヤロブアムの子ナダブがイスラエルの王となり、二年間、イスラエルの王であった。
26 彼は主の目の前に悪を行い、彼の父の道に歩み、父がイスラエルに犯させた彼の罪の道に歩んだ。
27 それでイッサカルの家のアヒヤの子バシャは、彼に謀反を企てた。バシャはペリシテ人のギベトンで彼を打った。ナダブと全イスラエルはギベトンを攻め囲んでいた。
28 こうしてバシャはユダの王アサの第三年に、彼を殺し、彼に代わって王となった。
29 彼は、王となったとき、ヤロブアムの全家を打ち、ヤロブアムに属する息のある者をひとりも残さず、根絶やしにした。主がそのしもべ、シロ人アヒヤを通して言われたことばのとおりであった。
30 これはヤロブアムが犯した罪のため、またイスラエルに犯させた罪のためであり、またイスラエルの神、主の怒りを引き起こしたその怒りによるのであった。
31 ナダブのその他の業績、彼の行ったすべての事、それはイスラエルの王たちの年代記の書にしるされているではないか。
32 アサとイスラエルの王バシャとの間には、彼らの生きている間、争いがあった。

イスラエルの王バシャ

33 ユダの王アサの第三年に、アヒヤの子バシャがティルツァで全イスラエルの王となった。治世は二十四年。
34 彼は主の目の前に悪を行い、ヤロブアムの道に歩み、ヤロブアムがイスラエルに犯させた彼の罪の道に歩んだ。

16

1 そのとき、ハナニの子エフーにバシャに対する次のような主のことばがあった。
2 「わたしはあなたをちりから引き上げ、わたしの民イスラエルの君主としたが、あなたはヤロブアムの道に歩み、わたしの民イスラエルに罪を犯させ、その罪によってわたしの怒りを引き起こした。
3 それで今、わたしはバシャとその家族とを除き去り、あなたの家をネバテの子ヤロブアムの家のようにする。
4 バシャに属する者で、町で死ぬ者は犬がこれを食らい、野で死ぬ者は空の鳥がこれ

15:24 ヨシャパテ ヨシャパテは人々に神のことば

を食らう。」

5 バシャのその他の業績、彼の行った事、およびその功績、それはイスラエルの王たちの年代記の書にしるされているではないか。

6 バシャは彼の先祖たちとともに眠り、ティルツァに葬られた。彼の子エラが代わって王となった。

7 主のことばはまた、ハナニの子、預言者エフーを通して、バシャとその家とに向けられた。それは、彼が主の目の前にあらゆる悪を行い、その手のわざによって主の怒りを引き起こし、ヤロブアムの家のようになり、また、彼がヤロブアムを打ち殺したからである。

イスラエルの王エラ

8 ユダの王アサの第二十六年に、バシャの子エラがティルツァで、イスラエルの王となった。治世は二年である。

9 彼がティルツァにいて、ティルツァの王の家のつかさアルツァの家で酒を飲んで酔っていたとき、彼の家来で、戦車隊の半分の長であるジムリが彼に謀反を企てた。

10 ユダの王アサの第二十七年に、ジムリは入って来て、彼を打ち殺し、彼に代わって王となった。

11 彼が王となり、王座に着くとすぐ、彼はバシャの全家を打ち、小わっぱから、親類、友人に至るまで、ひとりも残さなかった。

12 こうして、ジムリはバシャの全家を根絶やしにした。預言者エフーによってバシャに言われた主のことばのとおりであった。

13 これは、バシャのすべての罪と、その子エラの罪のためであって、彼らが罪を犯し、また、彼らがイスラエルに罪を犯させ、彼らのむなしい神々によって、イスラエルの神、主の怒りを引き起こしたためである。

14 エラのその他の業績、彼の行ったすべての事、それはイスラエルの王たちの年代記の書にしるされているではないか。

5 ① Ⅱ歴16:1
② → Ⅰ列14:19
6 ① Ⅰ列14:17, 15:21
7 ① → Ⅰ列1:8
② → Ⅰ列16:1
③ → Ⅰ列11:6
④ Ⅰ列14:14, 15:29
9 ① Ⅰ列18:3,
創24:2, 39:4
② イザ5:11
③ Ⅱ列9:31
12 ① Ⅰ列16:1,
Ⅰ歴19:2, 20:34
② Ⅰ列16:3
13 ① Ⅰ列15:34, 16:7
② Ⅰ列16:26,
エレ10:8, 14:22,
Ⅰサム12:21,
イザ41:29, ヨナ2:8,
Ⅰコリ8:4, 10:19
③ Ⅰ列15:30, 16:7,
申32:21
14 ① → Ⅰ列14:19

15 ① Ⅰ列15:27
18 ① Ⅰ列15:25
② Ⅰサム31:4, 5,
Ⅱサム17:23
19 ① Ⅰ列15:34
② → Ⅰ列11:6
20 ① → Ⅰ列14:19
23 ① Ⅰ列15:21
24 ① Ⅰ列16:28, 29, 32,
22:37, 38, Ⅱ列17:5, 6,
イザ7:9, エゼ16:46,
アモ3:12, ヨハ4:4,
使8:1
* 脚注「ショムロン」
25 ① ミカ6:16
② Ⅰ列11:6
③ Ⅰ列14:9, 16:30-33

イスラエルの王ジムリ

15 ユダの王アサの第二十七年に、ジムリが七日間ティルツァで王となった。そのとき、民はペリシテ人のギベトンに対して陣を敷いていた。

16 陣を敷いていたこの民は、「ジムリが謀反を起こして王を打ち殺した」と言うことを聞いた。すると、全イスラエルがその日、その陣営で将軍オムリをイスラエルの王とした。

17 オムリは全イスラエルとともにギベトンから上って来て、ティルツァを包囲した。

18 ジムリは町が攻め取られるのを見ると、王宮の高殿に入り、みずから王宮に火を放って死んだ。

19 これは、彼が罪を犯して主の目の前に悪を行い、ヤロブアムの道に歩んだその罪のためであり、イスラエルに罪を犯させた彼の罪のためであった。

20 ジムリのその他の業績、彼の企てた謀反、それはイスラエルの王たちの年代記の書にしるされているではないか。

イスラエルの王オムリ

21 当時、イスラエルの民は二派に分裂していた。民の半分はギナテの子ティブニに従って彼を王にしようとし、あとの半分はオムリに従った。

22 オムリに従った民は、ギナテの子ティブニに従った民より強かったので、ティブニが死ぬとオムリが王となった。

23 ユダの王アサの第三十一年に、オムリはイスラエルの王となり、十二年間、王であった。六年間はティルツァで王であった。

24 彼は銀二タラントでシェメルからサマリヤの山を買い、その山に町を建て、彼が建てたこの町の名を、その山の持ち主であったシェメルの名にちなんでサマリヤと名づけた。

25 オムリは主の目の前に悪を行い、彼以前のだれよりも悪いことをした。

を教えるために努力し、主に忠実に仕え続けた良い王だった（ヨシャパテの治世の詳細 →22:41-50、Ⅱ歴17:1-21:1）。

16:7　預言者エフー　神によって立てられた指導者や人々が神の律法を拒んで、神に従わないカナン人の生活様式を取入れたとき、神は預言者を送って神の真理と義を伝えるようにされた。そのような預言者は今日でも必要である（→「旧約聖書の預言者」の項

26 彼はネバテの子ヤロブアムのすべての道に歩み、イスラエルに罪を犯させ、彼らのむなしい神々によってイスラエルの神、主の怒りを引き起こした。
27 オムリの行ったその他の業績、彼の立てた功績、それはイスラエルの王たちの年代記の書にしるされているではないか。
28 オムリは彼の先祖たちとともに眠り、サマリヤに葬られた。彼の子アハブが代わって王となった。

アハブがイスラエルの王になる

29 オムリの子アハブは、ユダの王アサの第三十八年に、イスラエルの王となった。オムリの子アハブはサマリヤで二十二年間、イスラエルの王であった。
30 オムリの子アハブは、彼以前のだれよりも主の目の前に悪を行った。
31 彼にとっては、ネバテの子ヤロブアムの罪のうちを歩むことは軽いことであった。それどころか彼は、シドン人の王エテバアルの娘イゼベルを妻にめとり、行ってバアルに仕え、それを拝んだ。
32 さらに彼は、サマリヤに建てたバアルの宮に、バアルのために祭壇を築いた。
33 アハブはアシェラ像も造った。こうしてアハブは、彼以前のイスラエルのすべての王たちにまして、ますますイスラエルの神、主の怒りを引き起こすようなことを行った。
34 アハブの時代に、ベテル人ヒエルがエリコを再建した。彼は、その礎を据えるとき、長子アビラムを失い、門を建てるとき、末の子セグブを失った。ヌンの子ヨシュアを通して語られた主のことばのとおりであった。

エリヤが烏によって養われる

17 1 ギルアデのティシュベの出のティシュベ人エリヤはアハブに言った。「私の仕えているイスラエルの神、主は生きておられる。私のことばによらなければ、ここ二、三年の間は露も雨も降らないであろう。」
2 それから、彼に次のような主のことばがあった。

脚注参照:
26 ① I 列15:34 ② → I 列16:13
27 → I 列14:19
28 ①ミカ6:16
30 ① I 列14:9, 16:25 ② → I 列11:6
31 ① I 列15:30 ② I 列11:1, 5, 士18:7 ③ I 列21:25 ④ II 列10:18, 17:16
32 ① II 列10:21, 26, 27
33 ①出34:13, II 列13:6, 17:10, 21:3, エレ17:2 ② I 列14:9, 16:30, 21:25
34 ①ヨシ6:26

1 * 七十人訳による
① → I 列1:29
② I 列18:1, ルカ4:25, ヤコ5:17

---

p.1131, 「奉仕の賜物」の項 p.2225)。

16:30 アハブ イスラエルではアハブ王の時代に霊的反抗と悪がさらにひどくなった。人々は大胆に神に背き、神の命令はあまり意味を持たなくなった。そしてバアル礼拝が盛んになった(→16:31注)。このような霊的反抗に直面して、神は力のある預言者エリヤを送られた。エリヤは堕落した宗教組織に立向かって、この国に対する神の目的を宣言した(17:1)。

16:31 バアル バアルはカナン人が礼拝していた神で、豊穣、雨、農業の神だった。その礼拝では神殿娼婦や子どもをいけにえにするなど、ぞっとするような慣習が行われていた(→ヨシ23:12注、士2:13注)。

17:1 エリヤ エリヤはアハブとその子であるアハズヤの時代に北王国(イスラエル)で預言した預言者である。エリヤという名前は「主は私の神である」という意味で、一生の間揺らぐことのなかったこの人の信仰と献身をよく表している(18:21, 39)。エリヤの生涯の主な出来事は列王記 I 17－19章、21:17-29、列王記 II 1－2章に見ることができる。

(1) エリヤの生涯はまことの神を礼拝するか、バアルを礼拝するかという国家的な対立問題を巡って展開された。その使命はイスラエル人に霊的反抗を気付かせ、まことの神へ忠誠を誓って立返るように呼びかけることだった(18:21, 36-37)。エリヤは人々が神に立返り、神との契約関係を更新するように訴え続けた(→「イスラエル人との神の契約」の項 p.351)。

(2) 旧約聖書は「主の大いなる恐ろしい日が来る前に」エリヤが再び現れるという預言で終わっている(マラ4:5)。この預言はエリヤと同じ霊によって奉仕したバプテスマのヨハネの出現によって部分的に成就した(マタ11:7-14, ルカ1:17)。そして最終的にはキリストの再臨の前に成就されると思われる(⇒マタ17:11, 黙11:3-6, →黙11:3注)。

(3) エリヤの神への献身は揺らぐことも妥協することもなかった。そのため厳しい反対や迫害の中で信仰、勇気、忠誠を持つことを示すすぐれた模範とされている。エリヤの生涯は間違った宗教とその使者にどのように抵抗し続けるかを示す模範でもある。エリヤの生涯と働きの概観 →「エリヤとエリシャの生涯」の地図 p.590

17:1 露も雨も エリヤは神の使者として、不従順なイスラエルに対して神のさばきを宣告した。神は3年半の間雨を降らせないと言われた(⇒申11:13-17)。このさばきはバアルをあざ笑うものだった。なぜならバアルの礼拝者たちはバアルが天候を支配し穀物を豊かに実らせてくれると信じていたからである。新約聖書はこの干ばつ(長い間雨が降らないこと)はエリヤの力ある祈りの結果だったと言っている(ヤコ5:17)。

³「ここを去って東へ向かい、ヨルダン川の東にあるケリテ川のほとりに身を隠せ。⁴そして、その川の水を飲まなければならない。わたしは烏に、そこであなたを養うように命じた。」
⁵それで、彼は行って、主のことばのとおりにした。すなわち、彼はヨルダン川の東にあるケリテ川のほとりに行って住んだ。⁶幾羽かの烏が、朝になると彼のところにパンと肉とを運んで来、また、夕方になるとパンと肉とを運んで来た。彼はその川から水を飲んだ。

ツァレファテのやもめ

⁷しかし、しばらくすると、その川がかれた。その地方に雨が降らなかったからである。
⁸すると、彼に次のような主のことばがあった。
⁹「さあ、シドンのツァレファテに行き、そこに住め。見よ。わたしは、そこのひとりのやもめに命じて、あなたを養うようにしている。」
¹⁰彼はツァレファテへ出て行った。その町の門に着くと、ちょうどそこに、たきぎを拾い集めているひとりのやもめがいた。そこで、彼は彼女に声をかけて言った。「水差しにほんの少しの水を持って来て、私に飲ませてください。」¹¹彼女が取りに行こうとすると、彼は彼女

6 ① 出16:12-15, 35
8 ① Ⅰ列17:8-16、Ⅱ列4:1-7
9 ① オバ20, ルカ4:25, 26 ② Ⅰ列17:4
10 ① 創24:17, ヨハ4:7

12 ① → Ⅰ列1:29
17 ① Ⅰ列17:17-24, Ⅱ列4:18-37, ルカ7:11-17

を呼んで言った。「一口のパンも持って来てください。」
¹²彼女は答えた。「あなたの神、主は生きておられます。私は焼いたパンを持っておりません。ただ、かめの中に一握りの粉と、つぼにほんの少しの油があるだけです。ご覧のとおり、二、三本のたきぎを集め、帰って行って、私と私の息子のためにそれを調理し、それを食べて、死のうとしているのです。」
¹³エリヤは彼女に言った。「恐れてはいけません。行って、あなたが言ったようにしなさい。しかし、まず、私のためにそれで小さなパン菓子を作り、私のところに持って来なさい。それから後に、あなたとあなたの子どものために作りなさい。
¹⁴イスラエルの神、主が、こう仰せられるからです。『主が地の上に雨を降らせる日までは、そのかめの粉は尽きず、そのつぼの油はなくならない。』」
¹⁵彼女は行って、エリヤのことばのとおりにした。彼女と彼、および彼女の家族も、長い間それを食べた。¹⁶エリヤを通して言われた主のことばのとおり、かめの粉は尽きず、つぼの油はなくならなかった。
¹⁷これらのことがあって後、この家の主婦の息子が病気になった。その子の病気は非常に重くなり、ついに息を引き取った。

17:4　烏に、そこであなたを養うように命じた
人々の反抗に対してエリヤは神とともに立向かったので、神はケリテ川でエリヤを養われた(17:3-7、⇒詩25:10)。キリスト者が神の目的に参加するとき、神はその必要にも配慮してくださる(⇒詩68:19-20、→「神の摂理」の項 p.110)。

17:7　その川がかれた　川がかれたとき、神はエリヤをバアルの礼拝者が占めている地域へ行くように導かれた。そこで神は貧しいやもめを通してエリヤを養われた(17:9)。この体験によってエリヤは神の配慮と導きをさらに強く確信するようになった。キリスト者が神のご計画の中を歩いていても大きな困難にぶつかることがある。けれども神はそのような体験を用いて信仰を強くし、期待以上のことをしてくださる。

17:15　長い間それを食べた　神は貧しいやもめの必要と惨めな状態に無関心ではなかった。むしろ神は、

あらゆるものを失ったと感じたときにエリヤを送り、信仰を励まし、物質的な祝福を与えてくださった(17:12)。神を信じて、預言者エリヤを通して伝えられたみことばを信じることによって、やもめは手元にある確かなものを不確かなものに、目に見えるもの(粉と油)を見えないもの(約束)に交換しようと決断した(17:10-16、⇒ヘブ11:27)。神はやもめの信仰を尊重して、物質的な祝福だけではなく霊的な祝福をも与えてくださった。

17:17　息子が・・・息を引き取った　この情況は人生に起きる理解しにくいことの一つである。やもめは神に完全に忠実であり、神は奇蹟的に絶望的な情況から救われた。けれどもそれらのことのただ中で、以前よりもひどいと思えるようなことが起きたのである。神のために生き、神の目的に積極的に仕えている人々に病気やさらにひどい悲劇がやってくることがある。そのようなと

18 彼女はエリヤに言った。「神の人よ。あなたはいったい私にどうしようとなさるのですか。あなたは私の罪を思い知らせ、私の息子を死なせるために来られたのですか。」
19 彼は彼女に、「あなたの息子を私によこしなさい」と言って、その子を彼女のふところから受け取り、彼が泊まっていた屋上の部屋にかかえて上がり、その子を自分の寝台の上に横たえた。
20 彼は主に祈って言った。「私の神、主よ。私を世話してくれたこのやもめにさえもわざわいを下して、彼女の息子を死なせるのですか。」
21 そして、彼は三度、その子の上に身を伏せて、主に祈って言った。「私の神、主よ。どうか、この子のいのちをこの子のうちに返してください。」
22 主はエリヤの願いを聞かれたので、子どものいのちはその子のうちに返り、その子は生き返った。
23 そこで、エリヤはその子を抱いて、屋上の部屋から家の中に降りて来て、その子の母親に渡した。そして、エリヤは言った。「ご覧、あなたの息子は生きている。」
24 その女はエリヤに言った。「今、私はあなたが神の人であり、あなたの口にある主のことばが真実であることを知りました。」

エリヤとオバデヤ

18 ¹ それから、かなりたって、三年目に、次のような主のことばがエリヤにあった。「アハブに会いに行け。わたしはこの地に雨を降らせよう。」
2 そこで、エリヤはアハブに会いに出かけた。そのころ、サマリヤではききんがひどかった。
3 アハブは王宮をつかさどるオバデヤを呼び寄せた。──オバデヤは非常に主を恐れていた。
4 イゼベルが主の預言者たちを殺したとき、オバデヤは百人の預言者を救い出し、五十人ずつほら穴の中にかくまい、パンと水で彼らを養った──
5 アハブはオバデヤに言った。「国のうちのすべての水の泉や、すべての川に行ってみよ。たぶん、馬と騾馬とを生かしておく草を見つけて、家畜を殺さないで済むかもしれない。」
6 ふたりはこの国を二分して巡り歩くことにし、アハブはひとりで一つの道を行き、オバデヤはひとりでほかの道を行った。
7 オバデヤがその道にいたところ、そこへ、エリヤが彼に会いに来た。彼にはそれがエリヤだとわかったので、ひれ伏して言った。「あなたは私の主人エリヤではありませんか。」
8 エリヤは彼に答えた。「そうだ。行って、エリヤがここにいると、あなたの主人に言いなさい。」
9 すると、オバデヤが言った。「私がどんな罪を犯したというので、あなたはこのしもべをアハブの手に渡し、私を殺そうとされるのですか。
10 あなたの神、主は生きておられます。私の主人があなたを捜すために、人をやらなかった民や王国は一つもありません。彼らがあなたはいないと言うと、主人はその王国や民に、あなたが見つからないという誓いをさせるのです。
11 今、あなたは『行って、エリヤがここにいると、あなたの主人に言え』と言われます。
12 私があなたから離れて行っている間に、主の霊はあなたを私の知らない所に連れて行くでしょう。私はアハブに知らせに行きますが、彼があなたを見つけることができないなら、彼は私を殺すでしょう。しもべは子どものころから主を恐れています。
13 あなたさまには、イゼベルが主の預言者

---

18 ①Ⅰ列12:22
19 ①使9:37
21 ①使20:10
22 ①ヘブ11:35
24 ①ヨハ2:11, 3:2

1 ①Ⅰ列17:1,
Ⅰサム12:17, ルカ4:25,
ヤコ5:17
3 ①Ⅰ列16:9

4 ①Ⅰ列18:13
② Ⅰ列18:13, 22, 19:10,
22:7, → Ⅰサム3:20,
→ Ⅱ歴18:6
10 ①→ Ⅰ列1:29
12 ①Ⅰ列22:24,
Ⅱ列2:16, → 士3:10,
マタ4:1, 使8:39
13 ①Ⅰ列18:4
＊直訳「わが主」

きにも神に頼り続けなければならない。神はそのような情況の中でもほかの場合と同じように、助けることがおできになる（→「正しい人の苦しみ」の項 p.825）。

17:22 【主】はエリヤの願いを聞かれた 神はエリヤの祈りに応えて男の子を生き返らせてくださった。これは聖書に記録されている死者が生き返った最初の例である（⇒Ⅱ列4:34, 使20:10）。17章に書かれている三つの奇蹟は神の力と愛をはっきりと示している。これらの奇蹟はエリヤとやもめに、悲劇的な情況の中でも神を愛して神の目的に仕える人々のために神は積極的に働いておられることを示すものだった（→ロマ8:28注）。

たちを殺したとき、私のしたことが知らされていないのですか。私は主の預言者百人を五十人ずつほら穴に隠し、パンと水で彼らを養いました。

14 今、あなたは『行って、エリヤがここにいると、あなたの主人に言え』と言われます。彼は私を殺すでしょう。」

15 するとエリヤは言った。「私が仕えている万軍の主は生きておられます。必ず私は、きょう、彼の前に出ましょう。」

カルメル山でのエリヤ

16 そこで、オバデヤは行ってアハブに会い、彼に告げたので、アハブはエリヤに会うためにやって来た。

17 アハブがエリヤを見るや、アハブは彼に言った。「これはおまえか。イスラエルを煩わすもの。」

18 エリヤは言った。「私はイスラエルを煩わしません。あなたとあなたの父の家こそそうです。現にあなたがたは主の命令を捨て、あなたはバアルのあとについています。

19 さあ、今、人をやって、カルメル山の私のところに、全イスラエルと、イゼベルの食卓につく四百五十人のバアルの預言者と、四百人のアシェラの預言者とを集めなさい。」

20 そこで、アハブはイスラエルのすべての人に使いをやり、預言者たちをカルメル山に集めた。

21 エリヤはみなの前に進み出て言った。「あなたがたは、いつまでどっちつかずによろめいているのか。もし、主が神であれば、それに従い、もし、バアルが神であれば、それに従え。」しかし、民は一言も彼に答えなかった。

22 そこで、エリヤは民に向かって言った。「私ひとりが主の預言者として残っている。しかし、バアルの預言者は四百五十人だ。

23 彼らは、私たちのために、二頭の雄牛を用意せよ。彼らは自分たちで一頭の雄牛を選び、それを切り裂き、たきぎの上に載せよ。彼らは火をつけてはならない。私は、もう一頭の雄牛を同じようにして、たきぎの上に載せ、火をつけないでおく。

24 あなたがたは自分たちの神の名を呼べ。私は主の名を呼ぼう。そのとき、火をもって答える神、その方が神である。」民はみな答えて、「それがよい」と言った。

25 エリヤはバアルの預言者たちに言った。「あなたがたで一頭の雄牛を選び、あなたがたのほうからまず始めよ。人数が多いのだから。あなたがたの神の名を呼べ。ただし、火をつけてはならない。」

26 そこで、彼らは与えられた雄牛を取ってそれを整え、朝から真昼までバアルの名を呼んで言った。「バアル。私たちに答えてください。」しかし、何の声もなく、答える者もなかった。そこで彼らは、自分たちの造った祭壇のあたりを、*踊り回った。

27 真昼になると、エリヤは彼らをあざけって言った。「もっと大きな声で呼んでみよ。彼は神なのだから。きっと何かに没頭しているか、席をはずしているか、旅に出ているのだろう。もしかすると、寝ているのか

---

15 ①Ⅱ列3:14, 19:31, Ⅰ歴11:9, 17:7, 24, →Ⅰサム1:3
②→Ⅰ列1:29
17 ①ヨシ7:25, 使16:20
18 ①Ⅰ列9:9, 16:30, 31, 21:25, 26, 士2:13
19 ①ヨシ19:26, Ⅱ列2:25
21 ①ヨシ24:14, 15, Ⅱ列17:41, マタ6:24
22 ①Ⅰ列19:10, 14
②→Ⅰ列18:4
24 ①Ⅰ列18:38, Ⅰ歴21:26
26 ①詩115:5, エレ10:5, Ⅰコリ8:4, 12:2
＊直訳「足を引きずって回った」

18:18【主】の命令を捨て 勇気をもってアハブに立ち向かい、イスラエルにある悪と反抗に対して大胆に立ち上がったエリヤは模範的な預言者とされている。また主イエスの前に来て、キリストの働きのために道を備える人(バプテスマのヨハネ⇒マラ4:5-6, ルカ1:17)の旧約聖書の原型とされたのも当然だった。

(1) エリヤは人におもねる(評判が良くなるように、心地よく聞こえることを話す)ようにではなく、神の忠実なしもべとして話す本当の「神の人」(17:24)だった(⇒ガラ1:10, Ⅰテサ2:4, →ルカ1:17注)。

(2) エリヤが神の真理を守るために召されたように、福音(「良い知らせ」とイエス・キリストのメッセージ)に仕える人はみな、間違った主張や妥協、腐敗に対してキリストのメッセージを擁護するために召されている(→ピリ1:16注, ユダ1:3注)。

18:21 もし、【主】が神であれば、それに従い エリヤは人々に神に従うかバアルに従うかはっきりと選ぶように迫った(⇒エゼ20:31, 39)。イスラエル人は両方の神を同時に礼拝できると思っていた。二人の主人に仕えようとして二心の罪を犯していたのである(⇒申6:4-5)。この致命的な間違った霊的態度についてはキリストご自身が警告しておられる(マタ6:24, ⇒申30:19, ヨシ24:14-15, →**「信者の霊的聖別」**の項 p.2172)。

18:27 エリヤは彼らをあざけって バアルの預言者たちに対してエリヤはあざけり、ひやかした。けれど

Ⅰ列王記　18章

28 彼らはますます大きな声で呼ばわり、彼らのならわしに従って、剣や槍で血を流すまで自分たちの身を傷つけた。
29 このようにして、昼も過ぎ、ささげ物をささげる時まで騒ぎ立てたが、何の声もなく、答える者もなく、注意を払う者もなかった。
30 エリヤが民全体に、「私のそばに近寄りなさい」と言ったので、民はみな彼に近寄った。それから、彼はこわれていた主の祭壇を建て直した。
31 エリヤは、主がかつて、「あなたの名はイスラエルとなる」と言われたヤコブの子らの部族の数にしたがって十二の石を取った。
32 その石で彼は主の名によって一つの祭壇を築き、その祭壇の回りに、二セアの種を入れるほどのみぞを掘った。
33 ついで彼は、たきぎを並べ、一頭の雄牛を切り裂き、それをたきぎの上に載せ、
34 「四つのかめに水を満たし、この全焼のいけにえと、このたきぎの上に注げ」と命じた。ついで「それを二度せよ」と言ったので、彼らは二度そうした。そのうえに、彼は、「三度せよ」と言ったので、彼らは三度そうした。
35 水は祭壇の回りに流れ出した。彼はみぞにも水を満たした。
36 ささげ物をささげるころになると、預言者エリヤは進み出て言った。「アブラハム、イサク、イスラエルの神、主よ。あなたがイスラエルにおいて神であり、私があなたのしもべであり、あなたのみことばによって私がこれらのすべての事を行ったということが、きょう、明らかになりますように。
37 私に答えてください。主よ。私に答えてください。この民が、あなたこそ、主よ、神であり、あなたが彼らの心を翻してくださることを知るようにしてください。」
38 すると、主の火が降って来て、全焼のいけにえと、たきぎと、石と、ちりとを焼き尽くし、みぞの水もなめ尽くしてしまった。
39 民はみな、これを見て、ひれ伏し、「主こそ神です。主こそ神です」と言った。
40 そこでエリヤは彼らに命じた。「バアルの預言者たちを捕らえよ。ひとりものがすな。」彼らがバアルの預言者たちを捕らえると、エリヤは彼らをキション川に連れて下り、そこで彼らを殺した。

---

29 ① Ⅰ列18:36, Ⅱ列3:20, Ⅰ歴16:29, エズ9:4,5, → Ⅰサム2:17
＊あるいは「夕暮れのささげ物をささげる時まで」② Ⅰ列18:26
30 ① Ⅰ列19:10, 14
31 ① 創32:28, 35:10, Ⅱ列17:34
32 ＊1セアは7.6リットル ① 創22:9, レビ1:7, 8
34 ① → Ⅰ列3:4
35 ① Ⅰ列18:32, 38
36 ① → Ⅰ列18:29 ② 出3:6, 4:5 ③ 民6:28
38 ① レビ9:24, 10:2, 民1:1, 16:35, Ⅱ列1:12, Ⅰ歴21:26, Ⅱ歴7:1, ヨブ1:16
39 ① Ⅰ列18:21, 24
40 ① 申18:20, Ⅱ列10:19 ② 士4:7, 5:21

ヨブ1:6-22

もそれはイスラエルが受入れた残酷で不道徳な礼拝と生活様式に対する強い怒り、憤慨を表したものだった。またその皮肉と妥協のない態度は、エリヤが愛し仕えている神に対する強い忠誠の表れでもあった。このような反応は、エルサレムで神殿の目的を汚している人々に対する主イエスの我慢できない気持と怒りにも見ることができる（→マコ11:17, ルカ19:45注）。

18:36　エリヤは・・・言った。「アブラハム・・・の神、【主】よ　イスラエル人の歴史全体を通して見てもエリヤの信仰と勇気に並ぶものはない。エリヤはただ神を信じる信仰と祈りという武器だけで王に挑戦し（18:16-19）、イスラエル全体を非難し（18:21-24）、450人のバアルの預言者と対決した（18:22, 27）。神に対するエリヤの確信と神との親しい関係は祈りの単純さと短さ（ヘブル語で41語）によく表されている（18:36-37, →「効果的な祈り」の項 p.585）。

18:37　彼らの心を翻して　エリヤがバアルの預言者たちと対決して祈った目的は神の民に対する神の力と恵み（受けるにふさわしくない好意）を示すことだった。そして人々の心を神に立返らせたかったのである（18:37）。同じように新約聖書の「エリヤ」であるバプテスマのヨハネ（→17:1注）の目的もイスラエルの多くの人の心を神に立返らせ、キリストが来られるための準備をさせることだった。

18:38　【主】の火が降って来て　神は奇蹟的に火を下し、いけにえだけではなく水も焼き尽くされた（⇒Ⅰ歴21:26, Ⅱ歴7:1）。この奇蹟はエリヤが神の本当の預言者であることを疑う余地なく示した。またイスラエルの神こそが仕えるべき唯一でまことの生きた神であることを証明した。同じように今日のキリスト者も、神が聖霊を通して人々に神の力と目的を示してくださることを期待して祈るべきである（→Ⅰコリ12:4-11, 14:1-40）。

18:40　そこで彼らを殺した　バアルの預言者を殺したことについて次のことに注意したい。

（1）死刑判決は公正で妥当だった。これは神がモーセを通してイスラエルに与えられた律法に従って行われた（申13:6-9, 17:2-5）。新約聖書にはこのような命令はない。神はにせ教師たちを拒み避けるように言われたけれども（マタ24:23-24, Ⅱコリ6:14-18, ガラ1:6-9, Ⅱヨハ1:7-11, ユダ1:3-4, →**にせ教師**の項 p.1758）、暴力は禁じられた（マタ5:44）。

（2）にせ預言者に対するエリヤの厳しい行動は、神の民の信仰と霊的遺産を破壊しようとする人々への神

Ⅰ列王記　18-19章

⁴¹それから、エリヤはアハブに言った。「上って行って飲み食いしなさい。激しい大雨の音がするから。」⁴²そこで、アハブは飲み食いするために上って行った。エリヤはカルメル山の頂上に登り、地にひざまずいて自分の顔をひざの間にうずめた。⁴³それから、彼は若い者に言った。「さあ、上って行って、海のほうを見てくれ。」若い者は上って、見て来て、「何もありません」と言った。すると、エリヤが言った。「七たびくり返しなさい。」⁴⁴七度目に彼は、「あれ、人の手のひらほどの小さな雲が海から上っています」と言った。それでエリヤは言った。「上って行って、アハブに言いなさい。『大雨に閉じ込められないうちに、車を整えて下って行きなさい。』」⁴⁵しばらくすると、空は濃い雲と風で暗くなり、やがて激しい大雨となった。アハブは車に乗ってイズレエルへ行った。⁴⁶主の手がエリヤの上に下ったので、彼は腰をからげてイズレエルの入口までアハブの前を走って行った。

エリヤがホレブへ逃げる

19 ¹アハブは、エリヤがしたすべての事と、預言者たちを剣で皆殺しにしたこととを残らずイゼベルに告げた。²すると、イゼベルは使者をエリヤのところに遣わして言った。「もしも私が、あすの今ごろまでに、あなたのいのちをあの人たちのひとりのいのちのようにしなかったなら、神々がこの私を幾重にも罰せられるように。」³*彼は恐れて立ち、自分のいのちを救うため立ち去った。ユダのベエル・シェバに来たとき、若い者をそこに残し、

⁴²① Ⅰ列18:20

⁴⁵① ヤコ5:17, 18
② ヨシ17:16, 士6:33, ホセ1:4
⁴⁶① Ⅱ列3:15, イザ8:11, エゼ1:3

¹① Ⅰ列18:40
²① Ⅰ列2:23
³ * 七十人訳などによる
①「彼は見て立ち」
①創21:14, 31

の怒り（神の正当な怒りとさばき）を表している。これはまたエリヤ自身の主への愛と忠誠の表れでもある。エリヤの霊と心は神と一致していたので、イスラエルが自分たちを愛し、特別な関係に入れてくださった方を裏切ったことに対してひどく怒ったのである。

（3）エリヤがにせ預言者たちを殺害したことには、間違った宗教によってイスラエル人が霊的に破壊されたことに対する深い懸念が示されていた。主イエスも同じ態度を持っておられたし（マタ23：，→ルカ19：27）、新約聖書の多くの手紙（書物）を書いたパウロも同じだった（ガラ1：6-9、→ガラ1：9注）。神は人々に対して忍耐をしておられるけれども、頑固で反抗的で悔い改めない人々には神の怒りとさばきを「そそがれる」日が近付いている。聖書はこれを「御怒りの日、すなわち、神の正しいさばきの現れる日」と言っている（ロマ2：5、⇒ロマ11：22、黙19：11-21、20：7-10）。

18：42　エリヤは・・・自分の顔をひざの間にうずめた　新約聖書ではエリヤの信仰と堅い信念による祈りは神を信じる人々に対して祈りの力を教える模範とされている（ヤコ5：18、→「**効果的な祈り**」の項 p.585）。エリヤの祈りは、（1）義人の祈り（ヤコ5：16、⇒詩66：18）、（2）同じ人間的な限界を持つ人の祈り（ヤコ5：17）、（3）熱烈で粘り強い信仰の祈り（18：42-44、ヤコ5：17、⇒マタ21：21-22、マコ9：23、ルカ18：1、エペ6：18、ヘブ11：6）、（4）大きな力のある祈り（18：45、ヤコ5：16-17）だった。

18：43　エリヤが言った。「七たび　聖書の中の7という数字は完全なものを象徴している。この章ではエリヤが3回、3種類のかたちでとりなし（祈りを通してほかの人々のために訴えること）をしたことが示されている。（1）この地に神の名誉と祭壇が回復されるようにとりなした（18：21, 24, 30-39）。（2）間違った宗教であるバアルとアシェラと霊的に戦うことによってとりなした（18：19, 27, 40）。（3）干ばつの災害を受けた土地を再び潤すように雨を求めてとりなした（18：41-46）。

旧約聖書は神の御霊が注がれることを雨が降ることになぞらえている（ホセ6：1-3、ヨエ2：23-29）。今日の教会に必要な聖霊の霊的な雨を降らせるためには、エリヤのような深いとりなしの祈りが必要である。新約聖書のキリスト者の祈りには次の3種類のとりなしの祈りがある。（1）霊的復興が必要なときに、神の名誉と栄光が人々の間に回復される、あるいは現されるようにというとりなし。（2）悪魔の力ととりで（悪魔の力が支配権を握っているように見える場所）に対する霊的戦いのとりなし。（3）神の御霊の注ぎと霊的目覚めによって霊的乾燥、渇きが癒され、満たされるようにというとりなし（→「**とりなし**」の項 p.1454）。

19：3　彼は恐れて立ち、自分のいのちを救うため立ち去った　18章にはエリヤの力強い信仰と超自然的な勝利があった。けれどもその後にエリヤらしくない恐れと落胆の記事が続いている。これはイゼベルがエリヤを殺そうとしたからである（19：2）。エリヤの反応は意外なものに思えるけれども、キリスト者もしばしば偉大な霊的高まりと勝利の後にこのような感情に陥りやすい。け

効果的な祈り

［エリヤはカルメル山の頂上に登り、地にひざまずいて自分の顔をひざの間にうずめた。それから、彼は若い者に言った。「さあ、上って行って、海のほうを見てくれ。」若い者は上って、見て来て、「何もありません」と言った。すると、エリヤが言った。「七たびくり返しなさい。」七度目に彼は、「あれ。人の手のひらほどの小さな雲が海から上っています」と言った。それでエリヤは言った。「上って行って、アハブに言いなさい。『大雨に閉じ込められないうちに、車を整えて下って行きなさい。』」しばらくすると、空は濃い雲と風で暗くなり、やがて激しい大雨となった。アハブは車に乗ってイズレエルへ行った。］（列王記第一18：42-45）

基本的に、祈りとは神と人々とのコミュニケーションまたは会話のことである。けれども祈りには多くの複雑な面がある。会話と同じようにいろいろなかたちをとり、いくつかの異なった要素を持っている。聖書の中では神との会話は次のようなことばで表されている。神を「呼び求め」る（詩17：6）、「主の御名によって祈る」（創4：26）、「声をあげて、主に呼ばわる」（詩3：4）、たましいが主を「仰」ぐ（詩25：1）、「主を求め」る（イザ55：6）、「大胆に恵みの御座に近づ」く（ヘブ4：16）、「神に近づ」く（ヘブ10：22）などである。

祈る理由
聖書は人々、特に神に従っていると言う人々はなぜ祈らなければならないか、その理由をはっきり教えている。

(1) 神が祈るように命じておられる。神はこの命令を詩篇の作者（Ⅰ歴16：11、詩105：4）、預言者（イザ55：6、アモ5：4, 6）、使徒や初代教会の指導者たち（エペ6：17-18、コロ4：2、Ⅰテサ5：17）、主イエスご自身（マタ26：41、ルカ18：1、ヨハ16：24）を通して与えられた。神は人々との交わりを求め、ともに過すときを持ちたいと願っておられる。祈りは神との深い関係を育てていく方法である。

(2) 祈りは、人生に対する神のご計画を知り理解するため、神の祝福を受け神の約束の成就を受けるために必要な結びつきである。さらに祈りは神の目的に人々を結び付ける。聖書にはこの原理を描写していることばが多くある。たとえば主イエスは、従う人々が切に求める心で願い続けるなら聖霊を受けると約束された。それは応えられるまで天の父の門を叩き続けるようなものだと言われた（ルカ11：5-13）。そこで主イエスの昇天後、弟子たちは教えられた通りに（⇒使1：4）一つになって祈り続けた（使1：14）。そして聖霊が五旬節の日に「注がれる」（主イエスに仕える力を与えるために中に入って来られる）まで祈った（使2：1-4, 8）。何人かのリーダーがユダヤの当局者によって逮捕されて釈放された後、弟子たちは集まってきた。そして主イエスを大胆に伝え人々に影響を与えることができるように、聖霊を求めて長時間熱心に祈った。「彼らがこう祈ると、その集まっていた場所が震い動き、一同は聖霊に満たされ、神のことばを大胆に語りだした」（使4：31）。使徒パウロ（新約聖書の多くの教会を開拓し、新約聖書の多くの手紙を書いた宣教師）は人々に祈ってくれるようにしばしば求めた。キリスト者の祈りによる支援がなければ、自分の働きは成功しないことを知っていたのである。そして一緒に神に頼った（ロマ15：30-32、Ⅱコリ1：11、エペ6：18-20、ピリ1：19、コロ4：3-4、→「とりなし」の項 p.1454）。主イエスの異父兄弟でエルサレムの最初の教会の指導者だったヤコブはその手紙の中で、「信仰による祈り」の応答として肉体の癒しを受けることができるとはっきり言っている（ヤコ5：14-15）。

(3) 人類を霊的に救うご計画を立てられた神は、人々を神との個人的関係に導き入れるためにキリスト者を神の協働者にされた。信仰者たちが忠実に忍耐強く祈りの活動をするように、神はある意味でご自分を制限された。そしてその人々の祈りによって霊的活動が始まるようにされたのである。信仰者の祈りがなけ

れば神の国には実現しないことが多くある(→出33:11注)。たとえば待っている多くの人に罪の赦しと新しいいのちを与えるメッセージを伝える働き人を神は霊的な「収穫」の場に送り出したいと願っておられる。けれどもキリストは「だから、収穫の主に、収穫のために働き手を送ってくださるように祈りなさい」(マタ9:38)と言って、このことは人々の祈りによってのみ完全に成就することを教えられた。つまり神の目的が成就するように人々が心を込めて祈るときにのみ、神は力を発揮してそれを行われるのである。もし祈らなければ、個人や教会全体に対する神のご計画は実際に遅れたり妨げられたりすることになる。

効果的な祈りの条件

祈りにはある特別なかたちやことばがあるわけではない。けれども効果的な祈りをするためにはいくつかの条件を満たさなければならない。

(1) 神は祈りを聞いてくださるし、必要なことを実現する能力を持っておられ、その情況の中で最も良いことをしてくださると心から信じる信仰を持たなければならない。主イエスははっきりと「祈って求めるものは何でも、すでに受けたと信じなさい。そうすれば、そのとおりになります」と言われた(マコ11:24)。悪霊に取付かれた少年の父親に対しても「信じる者には、どんなことでもできるのです」と言われた(マコ9:23)。ヘブル人への手紙の著者は「全き信仰をもって、真心から神に近づこう」と勧めている(ヘブ10:22)。ヤコブもまた「少しも疑わずに、信じて願いなさい」(ヤコ1:6, ⇒5:15)と励ましている。

(2) 祈りは主イエスの御名によってしなければならない。これは神に聞いてもらうために祈りの最後に「主イエスのお名前によって」と付け加えるということではない。聖書の中ではだれかの名前によって何かを行うということはその人の承認を受け、その人の権威をもって行うことを意味している。またその人がどういう人であるか、そしてその名前が何を表すかを意識することでもある。したがってキリスト者は祈るときに、主イエスが人々の必要や求めに応えたいという思い、同情心、そして力を持っておられることを意識して祈らなければならないのである。このことを覚えて祈るなら、信仰が強められ、主はあらゆることを支配しておられるという平安が与えられる。主イエスご自身が「またわたしは、あなたがたがわたしの名によって求めることは何でも、それをしましょう。父が子によって栄光をお受けになるためです。あなたがたが、わたしの名によって何かをわたしに求めるなら、わたしはそれをしましょう」と言ってくださった(ヨハ14:13-14)。これは主のご性格と気持に調和して(主がどういう方で人々を通して何を行おうとしておられるかを意識する)祈りをするなら、その祈りは非常に効果があるということである(→ヨハ14:13注)。

(3) 祈りは神の完全なみこころ(願い、意図、計画、目的)に沿って願うときに最も効果的である。「何事でも神のみこころにかなう願いをするなら、神はその願いを聞いてくださるということ、これこそ神に対する私たちの確信です」(Ⅰヨハ5:14, →**神のみこころ**の項 p.1207)。主イエスはこの原則を「みこころが天で行われるように地でも行われますように」という模範的祈り(しばしば「主の祈り」と呼ばれている)の中で教えられた(マタ6:10, ⇒ルカ11:2, →死の直前のゲッセマネでのご自身の祈り マタ26:42)。多くの場合神のみこころは聖書に啓示されているので容易に知ることができる。そして神のことばにある約束と動機に基づいた祈りは最も効果的であると確信できる。エリヤは主の預言のことばが既に示されていたので、神が祈りに応えて火を下し、雨を降らせてくださることを確信していた(Ⅰ列18:1)。そして異教の神々はイスラエルの神と同じではなく力も持っていないと確信をしていた(Ⅰ列18:21-24)。神のみこころは時にはそれを知ろうと真剣に求めるときに明瞭になる。そして祈ること、聖書を読むこと、神が既に行っておられるように見えることに目をとめることなどを通してわかるようになる。そこである問題や情況について神のみこころがわかったと感じたら、神が応えてくださるという確信と信仰をもって祈ることができるようになる(→Ⅰヨハ5:14注)。

(4) 神のみこころに沿って祈らなければならないだけではなく、もし応えていただきたいなら、神のみこころの中で生活しなければならない。願いが神の願いと調和していて動機が正しく純粋であるなら、神は求めるものを与えてくださる。主イエスは「神の国とその義とをまず第一に求めなさい」(→マタ6:33注)、そうすれば面倒を見、必要なものを与えてくださると言われた。使徒ヨハネ(主イエスが地上におられたと

きの最も近い弟子の一人)は、「また求めるものは何でも神からいただくことができます。なぜなら、私たちが神の命令を守り、神に喜ばれることを行っているからです」と書いている(→Ⅰヨハ3:22注)。神の命令を守り、その教えに従い、神を愛し神に喜ばれることを行うことなどは、祈りの応えをいただくためにみな必要な条件である。ヤコブは「義人の祈りは働くと、大きな力がある」と書いているけれども、その「義人」には２種類あることを示している。第一はキリストを信じる信仰によって神と正しい関係に入れられたという意味の義人である。第二は預言者エリヤのように正しく神の基準を守って生きているという意味での義人である(ヤコ5:16-18, ⇒詩34:13-14)。モーセも良い模範の一人である。神に忠実で従順な関係を持っていたので、モーセがイスラエル人のためにした祈りは効果的であると神は言われた(→出33:17注)。けれども詩篇の作者はもし罪を犯し続けているなら、主は祈りをお聞きにならないと言っている(詩66:18, →ヤコ4:3注)。主が時にイスラエル人の祈りに応えられなかったのはこのような態度が理由だった。人々がよこしまな生活をし、ほかの神々を拝んでいるとき神は祈りを聞こうとされなかった(イザ1:15)。けれども神はまた「わたしの民がみずからへりくだり、祈りをささげ、わたしの顔を慕い求め、その悪い道から立ち返るなら、わたしが親しく天から聞いて、彼らの罪を赦し、彼らの地をいやそう」とも言っておられる(Ⅱ歴7:14, ⇒6:36-39, ルカ18:14)。祈りには神との正しい関係が非常に重要だった。それは贖罪の日に罪の赦しを求める大祭司の祈りも、まず自分自身の罪をきよめる儀式を行っていないなら聞かれなかったほどである(→出26:33注,→「贖罪の日」の項 p.223)。

(5) 祈りが聞かれるためには執拗でなければならない。応えていただくまで願い続けるのである。ルカ18章1－7節に描かれているやもめの話の要点はこれである(→ルカ18:1注)。「求めなさい・・・捜しなさい・・・たたきなさい」という主イエスの教えは(マタ7:7-8)、忍耐強く根気よく祈るように教えている(→マタ7:7-8注)。けれどもそれは繰返し繰返し神にお願いしなければならないという意味ではない。また神は祈りを聞き応えてくださるという信仰が人々にないということでもない。粘り強く祈るということは現在の情況を思い煩うのではなく、思い出すたびに神はあらゆることを支配しておられ、一番良いことをしてくださることを認めてそれを神に持っていくことである。使徒パウロも「たゆみなく祈りなさい」と勧めている(コロ4:2注, Ⅰテサ5:17注)。歴史を通して神を信じる忠実な人々はこの原則を認めてきた。たとえばあるときイスラエルはアマレク人との戦いに勝利をした。けれどもその勝利はモーセが両手を神に向けて上げて祈り続けたから与えられたものだった(→出17:11注)。エリヤは雨が降るという預言のことばを受けた後、実際に雨が降るまで祈り続けた(Ⅰ列18:41-45)。この大預言者はこれ以前にもやもめの死んだ息子を神が生き返らせてくださるように長時間、熱心に祈っていた。神が祈りに応えてくださるまで神を呼び続けたのである(Ⅰ列17:17-23)。

効果的な祈りの聖書的要素と方法
(1) 効果的な祈りに必要なものは何か。
　(a) 真心から(ことばや歌だけではなく、日々の生活の仕方で)神を賛美し、たたえなければならない。生活全体が神への愛を反映し、神があがめられるものにならなければならない(詩150:, 使2:47, ロマ15:11,→「賛美」の項 p.891)。
　(b) 賛美と密接に関係があって同じように重要なのは、神に感謝することである。それは神が神であり、今までに多くのものを与えてくださったことに絶えず感謝を表すことである(→詩100:4, マタ11:25-26, ピリ4:6)。
　(c) 罪を心から告白すること(罪を認めてそれから離れる気持を持つこと)が信仰による祈りにとって重要である(ヤコ5:15-16, ⇒詩51:, ルカ18:13, Ⅰヨハ1:9)。
　(d) 必要なものを遠慮することなく求めるようにと神は教えておられる。ヤコブはしばしばほしいものを受けられないのは求めないからであり、間違った動機から求めるからであると示している(ヤコ4:2-3, ⇒詩27:7-12, マタ7:7-11, ピリ4:6)。
　(e) ほかの人々のために熱情をもって祈らなければならない(民14:13-19, 詩122:6-9, ルカ22:31-

32, 23：34, →「とりなし」の項 p.1454）。

　　(2) どのように祈ったらよいか。
　　　(a) 主イエスは心の誠実さについて多く話された。どんなに霊的に聞こえても、空しいことばに神は応えて下さらない（マタ6：7）。
　　　(b) 静かに祈ることもできるし（Ⅰサム1：13）、大きな声で祈ることもできる（ネヘ9：4, エゼ11：13）。
　　　(c) 自分のことばで祈ることもできるし、聖書のことばや短文、思想をそのまま使って祈ることもできる。
　　　(d) 理解しながら祈ることもできるし、御霊によって祈る（異言で Ⅰコリ14：14-18）こともできる。これは必要なことをはっきりと自分のことばで表現できないときに、神の御霊が内側から祈り出してくださる方法である。もちろん御霊は神のご計画と完全に調和したかたちで訴えてくださる。
　　　(e) 御霊が必要と求めを完全に神に伝えてくださることを知っていれば、うめくこと（人間のことばを使わない ロマ8：26）によって祈ることもできる。
　　　(f) 祈りのもう一つの方法は主に向かって歌うことである（詩92：1-2, エペ5：19-20, コロ3：16）。
　　　(g) 熱心に祈りを継続する場合、時には断食をすることが必要である。「断食する」とは神と神の願いに集中するために食事やそのほかの物質的必要、したいことなどを脇に置くことを意味する（エズ8：21, ネヘ1：4, ダニ9：3-4, ルカ2：37, 使14：23, →マタ6：16注）。

　　(3) 祈りに最も適切な姿勢はどれか。
　　聖書には人々がいろいろな姿勢で祈っていることが書かれている。立って祈る（Ⅰ列8：22, ネヘ9：4-5）、座って祈る（Ⅰ歴17：16, ルカ10：13）、ひざまずいて祈る（エズ9：5, ダニ6：10, 使20：36）、床の上で寝ながら祈る（詩63：6）、地にひざまずいて祈る（出34：8, 詩95：6）、地に伏して祈る（Ⅱサム12：16, マタ26：39）、両手を天に上げて祈る（詩28：2, イザ1：15, Ⅰテモ2：8）などである。姿勢に関係なく、祈りはいつでもどこででもすることができる。

効果的な祈りの模範

　　聖書には力強い効果的な祈りの模範例が満ちている。
　　(1) 神はモーセにほかの人々とは違う道を行くようになることを示しておられたけれども、ほかの人々のための数多くのとりなしの祈りには応えてくださった（→「とりなし」の項 p.1454）。
　　(2) 惨めな状態になって悲しむサムソンは、ペリシテ人を打負かすという生涯の使命を成就するためにもう一度機会を求めて祈った。神はそれに応えて超自然的な力を与えられた。そしてペリシテ人が神々を祝っている建物の柱を引倒すことができた（士16：21-30）。
　　(3) 預言者エリヤがささげた力強い四つの祈りの応えが示されている。それはみなイスラエルの神の栄光を現すものだった（→Ⅰ列17：-18：, ⇒ヤコ5：17-18）。
　　(4) ヒゼキヤ王は病気になり、預言者イザヤによって死を宣告された（Ⅱ列20：1, イザ38：1）。けれども自分の生涯と働きはまだ完成していないことを感じたヒゼキヤは、時間をもっと与えてくださいと心から祈った。そこで神は預言者をヒゼキヤのところに送り返し、病気が癒され、いのちが15年延ばされると告げられた（Ⅱ列20：2-6, イザ38：2-6）。
　　(5) ダニエルはライオンの穴の中で、安全に守り解放してくださるように祈ったに違いない。神はその願いを聞き入れてくださった（ダニ6：10, 16-22）。
　　(6) 新約聖書の教会のキリスト者たちはペテロが牢獄から救い出されるように熱心に祈った。神は御使いを送ってペテロを解放してくださった（使12：3-11, ⇒12：5注）。
　　以上の模範を見ることによって神を信じる人々の信仰は励まされ、どのようにしたら聖書に描かれている原則に従って効果的に祈ることができるか理解できるようになるに違いない。

Ⅰ列王記　19章

⁴自分は荒野へ一日の道のりを入って行った。彼は、えにしだの木の陰にすわり、自分の死を願って言った。「主よ。もう十分です。私のいのちを取ってください。私は先祖たちにまさっていませんから。」
⁵彼がえにしだの木の下で横になって眠っていると、ひとりの御使いが彼にさわって、「起きて、食べなさい」と言った。
⁶彼は見た。すると、彼の頭のところに、焼け石で焼いたパン菓子一つと、水の入ったつぼがあった。彼はそれを食べ、そして飲んで、また横になった。
⁷それから、主の使いがもう一度戻って来て、彼にさわり、「起きて、食べなさい。

4①民11:15, ヨブ6:9, 7:15, ヨナ4:3, 8
7①→士2:1

8①→創7:4
②出3:1, 詩68:15, エゼ28:16
10①ロマ11:3, 4
②出20:5, 34:14
③→Ⅰ列18:4

旅はまだ遠いのだから」と言った。
⁸そこで、彼は起きて、食べ、そして飲み、この食べ物に力を得て、四十日四十夜、歩いて神の山ホレブに着いた。

主がエリヤに現れる

⁹彼はそこにあるほら穴に入り、そこで一夜を過ごした。すると、彼への主のことばがあった。主は「エリヤよ。ここで何をしているのか」と仰せられた。
¹⁰エリヤは答えた。「私は万軍の神、主に、熱心に仕えました。しかし、イスラエルの人々はあなたの契約を捨て、あなたの祭壇をこわし、あなたの預言者たちを剣で殺し

れどもそのようなときにも神はあらゆるものを支配しておられる。そしてエリヤにされたように導いてくださる。

（1）神はエリヤにイズレエルにとどまるようにという指示を特にしておられない。もしエリヤがそこにとどまっていたらいのちの危険があったと思われる（⇒18:1）。このときエリヤの行くべき所はホレブ山（シナイ山）だった。

（2）イスラエルを出てユダと荒野へ逃げなければならなかったときのエリヤは、新約聖書が「義のために」（→マタ5:10注）迫害され、「荒野と山とほら穴と地の穴とをさまよ」わなければならなかった（ヘブ11:37-38）と描いている人のようだった。エリヤのように罪に対して大胆に立向かったために教会を去らなければならなかった預言者や説教者、教室から追放された教師たち、奉仕をあきらめなければならなかった忠実な教会員たちがいる。けれども神のことばを守ってキリストのメッセージを伝えるために真理の道を歩み続ける人々には天で大きな報いが待っている（マタ5:10-12）。

19:4　私のいのちを取ってください　エリヤは疲れ果て落胆し、深い悲しみに圧倒されて、生きることと預言者としての働きの重圧から自分を解放して天に迎えてくださいと祈った。

（1）エリヤは絶望して祈っていた。その気持は次の人々にも見られるものだった。(a) 使徒パウロ（新約聖書の多くの教会を開拓し、新約聖書の多くの手紙を書いた開拓宣教師）は「世を去ってキリストとともにいること」を願っていると言った（ピリ1:23）。(b) 信仰の英雄たちは「さらにすぐれた故郷、すなわち天の故郷にあこがれていた」（ヘブ11:16, ⇒民11:15のモーセ）。

（2）エリヤはひどく落ち込んでいた。それは次のような理由からと思われる。(a) 外見上の失敗―バアルの預言者に対して決定的に勝利した後、エリヤは

イスラエル全体（できればイゼベルも）が神に立返ることを期待していたと思われる。ところが反対に、イゼベルがエリヤを殺そうとさらに強く出たので、エリヤは逃げなければならなかった。全生涯をかけた希望、目的、闘争が失敗に終ったように見えた（19:1-4）。(b) 感情的な孤独感―エリヤは一人で神の真理と基準とのために戦っていると感じていた（19:10, ⇒Ⅱテモ4:16のパウロ）。(c) 肉体的な疲労―エリヤは長くつらい旅をしていた（19:3-4, 18:46）。キリスト者も落胆と戦い克服しようとするときには、このような要素に注意しなければならない。

19:5　ひとりの御使いが彼にさわって　神は落胆したエリヤを理解し、配慮をもって次のように扱われた（⇒ヘブ4:14-15）。(1) 神はエリヤを眠らせてくださった（19:5-6）。(2) 食物を与えて養われた（19:5-7）。(3) 恐ろしいばかりの力と臨在を啓示してエリヤを見舞われた（19:11-13）。(4) 更なる指示を与えられた（19:15-18）。(5) 励みになる忠実な仲間を与えられた（19:16, 19-21）。神のご計画を達成するために懸命に努力し、その結果落胆したときにも、神の子たちはなお神に力、助け、励ましを与えてくださるように頼むことができる。そしてどのような情況の中でも神から与えられた使命を完成するためにふさわしく整えてくださるように頼むことができる（→ヘブ2:18, 3:6, 7:25）。

19:8　四十日四十夜　ある人々はこの断食をモーセの断食（出34:28）とキリストの断食（マタ4:2）とともに、長期間の断食（祈りと霊的な事柄に専念するために食物をとらないで過ず期間）の模範として考える。けれどもこの人々は普通の意味での断食をしたのではない。モーセは山にいて神の臨在の雲に囲まれている間、神によって超自然的に支えられていた。エリヤは超自然的な食物を2回受け、40日間を過す力を与え

ました。ただ私だけが残りましたが、彼らは私のいのちを取ろうとねらっています。」 11 主は仰せられた。「外に出て、山の上で主の前に立て。」すると、そのとき、主が通り過ぎられ、主の前で、激しい大風が山々を裂き、岩々を砕いた。しかし、風の中に主はおられなかった。風のあとに地震が起こったが、地震の中にも主はおられなかった。12 地震のあとに火があったが、火の中にも主はおられなかった。火のあとに、かすかな細い声があった。13 エリヤはこれを聞くと、すぐに外套で顔

10 ④ Ⅰ列18:22
11 ① 出19:20, 24:12, 18
② 出33:21

13 ① 出3:6, 33:20, 創3:8

られた(19:6-8)。主イエスは悪魔の試みを受けるために御霊によって荒野に導かれたけれども、40日が過ぎるまで空腹になったとは書かれていない(→マタ4:2注, 6:16注)。これらの例は明らかに特別である。通常の断食ではそのような支援はない。空腹を感じるはずである。けれども断食によって自己否定がされるなら、それは人格形成につながるのである。

19:11-12　そのとき、【主】が通り過ぎられ　エリヤの信仰を励まし強めるために神はホレブ山(シナイ山、神がモーセに律法を最初に啓示された場所)でエリヤのところに来られた。この遭遇には激しい大風、地震、火が伴ったけれども、その中に主はおられなかった。けれども神の啓示は「かすかな細い声」の中で与えられた。エリヤは神の働きが「権力によらず、能力によらず、わたしの霊によって」(⇒ゼカ4:6)前進していることを知った。神は神の預言者や神に忠実な人々

エリヤとエリシャの生涯

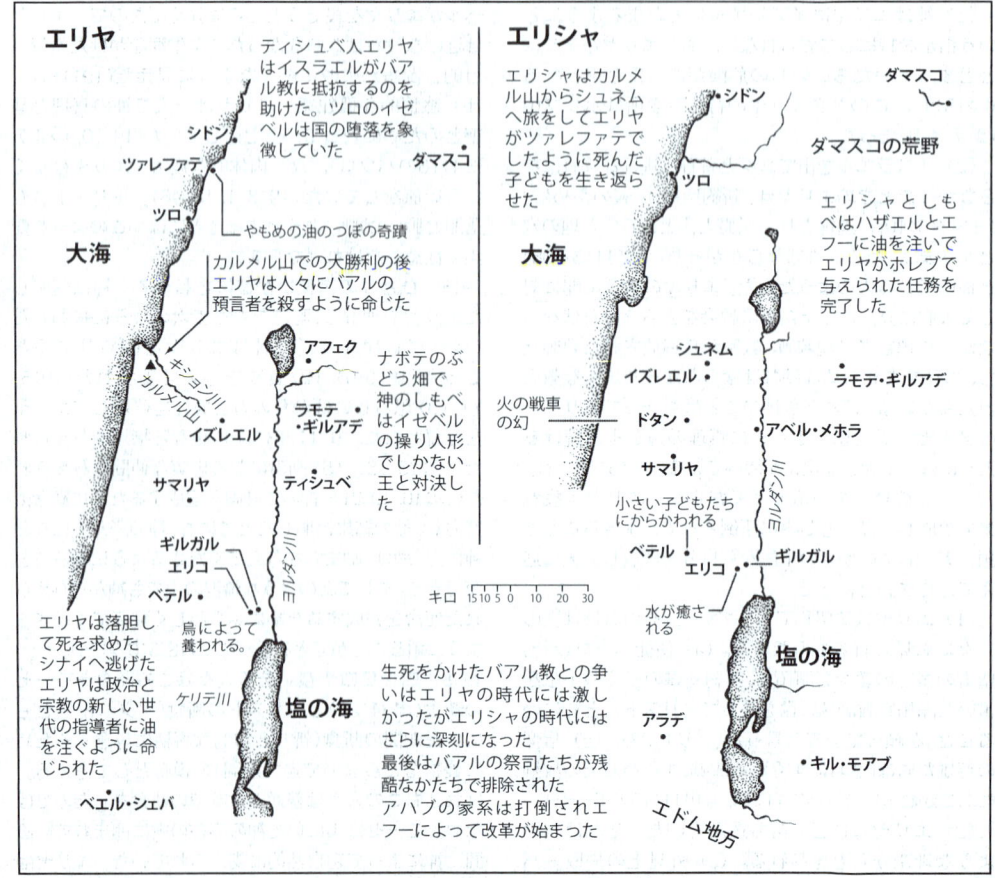

© 1991 Zondervan Publishing House

をおおい、外に出て、ほら穴の入口に立った。すると、声が聞こえてこう言った。「エリヤよ。ここで何をしているのか。」

14 エリヤは答えた。「私は万軍の神、主に、熱心に仕えました。しかし、イスラエルの人々はあなたの契約を捨て、あなたの祭壇をこわし、あなたの預言者たちを剣で殺しました。ただ私だけが残りましたが、彼らは私のいのちを取ろうとねらっています。」

15 主は彼に仰せられた。「さあ、ダマスコの荒野へ帰って行け。そこに行き、ハザエルに油をそそいで、アラムの王とせよ。16 また、ニムシの子エフーに油をそそいで、イスラエルの王とせよ。また、アベル・メホラの出のシャファテの子エリシャに油をそそいで、あなたに代わる預言者とせよ。17 ハザエルの剣をのがれる者をエフーが殺し、エフーの剣をのがれる者をエリシャが殺す。

18 しかし、わたしはイスラエルの中に七千人を残しておく。これらの者はみな、バアルにひざをかがめず、バアルに口づけしなかった者である。」

エリシャの召命

19 エリヤはそこを立って行って、シャファテの子エリシャを見つけた。エリシャは、十二くびきの牛を先に立て、その十二番目のくびきのそばで耕していた。エリヤが彼のところを通り過ぎて自分の外套を彼に掛けたので、20 エリシャは牛をほうっておいて、エリヤのあとを追いかけて行って言った。「私の父と母とに口づけさせてください。それから、あなたに従って行きますから。」エリヤは彼に言った。「行って来なさい。私があなたに何をしたというのか。」21 エリシャは引き返して来て、一くびきの牛を取り、それを殺し、牛の用具でその肉を調理し、家族の者たちに与えてそれを食べさせた。それから、彼は立って、エリヤについて行って、彼に仕えた。

ベン・ハダデがサマリヤを攻める

20 1 アラムの王ベン・ハダデは彼の全軍勢を集めた。彼には三十二人の王と、馬と戦車とがあった。彼はサマリヤに上って来て、これを包囲して攻め、2 町に使者たちを遣わし、イスラエルの王アハブに、3 言わせた。「ベン・ハダデはこう言われる。『あなたの銀と金は私のもの。あなたの妻たちや子どもたちの最も美しい者も私のものだ。』」

---

13 ② Ⅰ列19:9
14 ② Ⅰ列19:10, ロマ11:3, 4
15 ① Ⅱ列8:7-15
16 ① Ⅱ列9:1:6
   ② Ⅰ列19:19-21, Ⅱ列2:9, 15, ルカ4:27
   ③ → Ⅰ列1:8
18 ① ロマ11:4
   ② ホセ13:2

19 ① Ⅱ列2:8, 13, 14,
20 ① マタ8:21, 22,
   ルカ9:61, 62
21 ② Ⅱ サム24:22

1 ① Ⅰ列15:18, 20,
   Ⅱ列6:24
   ② Ⅰ列22:31
   ④ Ⅰ列16:24,
   Ⅱ列6:24, 25

を見捨てておられなかった。絶望的な情況に陥ったときに人々は神に明らかで並外れた方法で姿を現してくださるように求める。けれども本当に行うべきことは、ただひとりで神とともに過し自分を静め、気になっていることから考えを引離すことである。そしておだやかな平安を心の中に注いでいただくことである。

19:16 エリシャに油をそそいで、あなたに代わる預言者とせよ 　神はエリシャに油を注いで(任命する、委任する、力を与える)後継者にするようにエリヤに指示をされた。務めのために油を注がれたのは祭司と王だけではなく預言者も同じだった(→「**旧約聖書の預言者**」の項 p.1131)。エリシャの働きは、(1) エリヤに仕えること、(2) ハザエル(アラムの王)とエフー(イスラエルの王)が敵を打破るのを助けること(19:16-17)、(3) 引続き神に忠実な人々に神のメッセージを伝えること(19:18)だった。エリヤとエリシャの働きは75年間にわたった(前875-800、アハブ、アハズヤ、ヨラム、エフー、エホアハズ、ヨアシュの時代)。エリシャは先輩の預言者に忠実であり、「エリヤの手に水を注いだ者」(Ⅱ列3:11)と言われるようになった。

19:18 イスラエルの中に七千人 　イスラエルにはバアル礼拝に屈しなかった人が7,000人いた。このように霊的な反抗、妥協、世俗的振舞などに巻込まれないで、神を敬う忠実な人々はどの時代にも見られる。この人々は愛、信仰、神とみことばへの服従を示し続けた。それは大患難の時代の厳しい迫害に耐える人々と同じである(キリストがキリストに従う人々を世界から引上げ、終りのときのさばきを始められた後にキリスト者になる人々)。この大胆な人々は「その衣を小羊の血で洗って、白くした」人々として描かれている(黙7:14、→「**大患難**」の項 p.1690)。この人々が大変苦しむのは信仰(マタ5:10)と「いのちに至る」狭い道にとどまることにしたからである(マタ7:14、→「**信者の霊的聖別**」の項 p.2172、「**キリスト者とこの世**」の項 p.2437)。キリストのために苦しむとき、神はご自分につながるその人々を知っており(Ⅱテモ2:19)、御

⁴イスラエルの王は答えて言った。「王よ。仰せのとおりです。この私、および、私に属するものはすべてあなたのものです。」

⁵使者たちは再び戻って来て言った。「ベン・ハダデはこう言われる。『私は先に、あなたに人を遣わし、あなたの銀と金、および、あなたの妻たちや子どもたちを私に与えよ、と言った。

⁶あすの今ごろ、私の家来たちを遣わす。彼らは、あなたの家とあなたの家来たちの家とを捜し、たとい、あなたが最も大事にしているものでも、彼らは手に入れて奪い取るだろう。』」

⁷そこで、イスラエルの王は国のすべての長老たちを呼び寄せて言った。「あの男が、こんなにひどいことを要求しているのを知ってほしい。彼は人を遣わして、私の妻たちや子どもたち、および、私の銀や金を求めたが、私はそれを断りきれなかった。」

⁸すると長老たちや民はみな、彼に言った。「聞かないでください。承諾しないでください。」

⁹そこで、彼はベン・ハダデの使者たちに言った。「王に言ってくれ。『初めに、あなたが、このしもべに言ってよこされたことはすべて、そのようにするが、このたびのことはできません。』」使者たちは帰って行って、このことを報告した。

¹⁰するとベン・ハダデは、彼のところに人をやって言わせた。「サマリヤのちりが私に従うすべての民の手を満たすほどでもあったら、神々がこの私を幾重にも罰せられるように。」

¹¹そこでイスラエルの王は答えて言った。「彼にこう伝えてくれ。『武装しようとする者は、武装を解く者のように誇ってはならない。』」

¹²ベン・ハダデは、このことばを聞いたとき、王たちと仮小屋で酒を飲んでいたが、家来たちに、「配置につけ」と命じたので、彼らは、この町に向かう配置についた。

4＊直訳「わが主、王」
9＊→Ⅰ列20:4＊
10①Ⅰ列2:23
12①Ⅰ列16:9, 20:16

13①→Ⅰ列1:8
　②Ⅰ列20:28
　③Ⅰ列18:36
16①Ⅰ列16:9, 20:12
21＊七十人訳による
　□「打ち滅ぼし」
22①Ⅰ列20:13
　②Ⅰ列20:26

アハブがベン・ハダデを打破る

¹³ちょうどそのころ、ひとりの預言者がイスラエルの王アハブに近づいて言った。「主はこう仰せられる。『あなたはこのおびただしい大軍をみな見たか。見よ。わたしは、きょう、これをあなたの手に引き渡す。あなたは、わたしこそ主であることを知ろう。』」

¹⁴アハブが、「それはだれによってでしょうか」と尋ねると、その預言者は言った。「主はこう仰せられる。『諸国の首長に属する若い者たちによって。』」アハブが、「だれが戦いをしかけるのでしょうか」と尋ねると、「あなただ」と答えた。

¹⁵彼が諸国の首長に属する若い者たちを調べてみると、二百三十二人いた。そのほか、民の全部、すなわちイスラエル人全部を調べたところ、七千人いた。

¹⁶彼らは真昼ごろ出陣した。そのとき、ベン・ハダデは味方の三十二人の王たちと仮小屋で酒を飲んで酔っていた。

¹⁷諸国の首長に属する若い者たちが最初に出て行った。ベン・ハダデが人を遣わしてみると、「人々がサマリヤから出て来ている」との報告を受けた。

¹⁸それで彼は言った。「和平のために出て来ても、生けどりにし、戦うために出て来ても、生けどりにせよ。」

¹⁹町から出て来たのは、諸国の首長に属する若い者たちと、これに続く軍勢であった。

²⁰彼らはおのおのその相手を打ったので、アラムは逃げ、イスラエル人は追った。アラムの王ベン・ハダデは馬に乗り、騎兵たちといっしょに、のがれた。

²¹イスラエルの王は出て来て、馬と戦車を＊分捕り、アラムを打って大損害を与えた。

²²その後、あの預言者がイスラエルの王に近寄って来て言った。「さあ、奮い立って、これからなすべきことをわきまえ知りなさい。来年の今ごろ、アラムの王があなたを攻めに上って来るから。」

²³そのころ、アラムの王の家来たちは王に

力によって守ることを約束し（Ⅰペテ1:5）、最後にはともに住むために天の家へ導いてくださる（黙7:17）。ここに大きな慰めがある。

20:13　わたしは・・・これをあなたの手に引き渡す　アハブとイスラエル人は不忠実だったけれども、神はあわれみを示してアラムの軍隊からサマリヤ（イスラエルの首都）を救われた（20:20）。約１年後に神はヨルダン川の東のアフェクという町の近くでアラムに対

言った。「彼らの神々は山の神です。だから、彼らは私たちより強いのです。しかしながら、私たちが平地で彼らと戦うなら、私たちのほうがきっと彼らより強いでしょう。

24 こういうようにしてください。王たちをそれぞれ、その地位から退かせ、彼らの代わりに総督を任命し、

25 あなたは失っただけの軍勢と馬と戦車とをそれだけ補充してください。彼らと平地で戦うなら、きっと私たちのほうが彼らより強いでしょう。」彼は彼らの言うことを聞き入れて、そのようにした。

26 翌年、ベン・ハダデはアラムを召集し、イスラエルと戦うために、アフェクに上って来た。

27 一方イスラエル人も召集され、糧食を受けて出て行き、彼らを迎えた。イスラエル人は彼らと向かい合って陣を敷いた。彼らは二つの群れのやぎのようであったが、アラムはその地に満ちていた。

28 ときに、ひとりの神の人が近づいて来て、イスラエルの王に言った。「主はこう仰せられる。『アラムが、主は山の神であって、低地の神でない、と言っているので、わたしはこのおびただしい大軍を全部あなたの手に渡す。それによって、あなたがたは、わたしこそ主であることを知るであろう。』」

29 両軍は互いに向かい合って、七日間、陣を敷いていた。七日目になって、戦いを交えたが、イスラエル人は一日のうちにアラムの歩兵十万人を打ち殺した。

30 生き残った者たちはアフェクの町に逃げたが、その二万七千人の残った者の上に城壁がくずれ落ちた。ベン・ハダデは逃げて町に入り、奥の間に入った。

31 家来たちは彼に言った。「イスラエルの家の王たちはあわれみ深い王である、と聞いています。それで、私たちの腰に荒布をまとい、首になわをかけ、イスラエルの王のもとに出て行かせてください。そうすれば、あなたのいのちを助けてくれるかもしれません。」

32 こうして彼らは腰に荒布を巻き、首になわをかけ、イスラエルの王のもとに行って願った。「あなたのしもべ、ベン・ハダデが、『どうか私のいのちを助けてください』と申しています。」するとアハブは言った。「彼はまだ生きているのか。彼は私の兄弟だ。」

33 この人々は、これは吉兆だと見て、すぐにそのことばにより事が決まったと思い、「ベン・ハダデはあなたの兄弟です」と言った。王は言った。「行って、彼を連れて来なさい。」ベン・ハダデが彼のところに出て来ると、王は彼を戦車に乗せた。

34 ベン・ハダデは彼に言った。「私の父が、あなたの父上から奪い取った町々をお返しします。あなたは私の父がサマリヤにしたように、ダマスコに市場を設けることもできます。」「では、契約を結んであなたを帰そう。」こうして、アハブは彼と契約を結び、彼を去らせた。

預言者がアハブを非難する

35 預言者のともがらのひとりが、主の命令によって、自分の仲間に、「私を打ってくれ」と言った。しかし、その人は彼を打つことを拒んだ。

36 それで彼はその人に言った。「あなたは主の御声に聞き従わなかったので、あなたが私のもとから出て行くなら、すぐ獅子があなたを殺す。」その人が彼のそばから出て行くと、獅子がその人を見つけて殺した。

37 ついで、彼はもうひとりの人に会ったので、「私を打ってくれ」と頼んだ。すると、その人は彼を打って傷を負わせた。

38 それから、その預言者は行って道ばたで王を待っていた。彼は目の上にほうたいをして、だれかわからないようにしていた。

39 王が通りかかったとき、彼は王に叫んで言った。「しもべが戦場に出て行くと、ちょうどそこに、ある人がひとりの者を連

する大勝利を与えられた(20:22-29)。それなのにアハブはまことの神に従い礼拝することを拒んだ。

20:35 預言者のともがら これは預言者の生徒たちで、エリシャのような年配の、経験豊かな有名な預言者が訓練している弟子(教えを受け指導され助言を受ける)のような人々だった(⇒II列2:3, 5, 7, 15, 4:1, 38, 5:22, 6:1, 9:1)。そしてエリシャの働きに深く関

れてやって来て、こう言いました。『この者を見張れ。もし、この者を逃がしでもしたら、この者のいのちの代わりにあなたのいのちを取るか、または、銀一タラントを払わせるぞ。』
40 ところが、しもべが何やかやしているうちに、その者はいなくなってしまいました。」すると、イスラエルの王が彼に言った。「あなたはそのとおりにさばかれる。あなた自身が決めたとおりに。」
41 彼は急いで、ほうたいを目から取り除いた。そのとき、イスラエルの王は、彼が預言者のひとりであることを見た。
42 彼は王に言った。「主はこう仰せられる。『わたしが聖絶しようとした者をあなたが逃がしたから、あなたのいのちは彼のいのちの代わりとなり、あなたの民は彼の民の代わりとなる。』」
43 イスラエルの王は不きげんになり、激しく怒って、自分の家に戻って行き、サマリヤに着いた。

ナボテのぶどう畑

21 ¹ このことがあって後のこと。イズレエル人ナボテはイズレエルにぶどう畑を持っていた。それはサマリヤの王アハブの宮殿のそばにあった。
² アハブはナボテに次のように言って頼んだ。「あなたのぶどう畑を私に譲ってもらいたい。あれは私の家のすぐ隣にあるので、私の野菜畑にしたいのだが。その代わりに、あれよりもっと良いぶどう畑をあげよう。もしあなたがそれでよいと思うなら、それ相当の代価を銀で支払おう。」
³ ナボテはアハブに言った。「主によって、私には、ありえないことです。私の先祖のゆずりの地をあなたに与えるとは。」
⁴ アハブは不きげんになり、激しく怒りながら、自分の家に入った。イズレエル人ナボテが彼に、「私の先祖のゆずりの地をあなたに譲れません」と言ったからである。彼は寝台に横になり、顔をそむけて食事もしようとはしなかった。
⁵ 彼の妻イゼベルは彼のもとに入って来て言った。「あなたはどうしてそんなに不きげんで、食事もなさらないのですか。」
⁶ そこで、アハブは彼女に言った。「私がイズレエル人ナボテに『金を払うからあなたのぶどう畑を譲ってほしい。それとも、あなたが望むなら、その代わりのぶどう畑をやってもよい』と言ったのに、彼は『私のぶどう畑はあなたに譲れません』と答えたからだ。」
⁷ 妻イゼベルは彼に言った。「今、あなたはイスラエルの王権をとっているのでしょう。さあ、起きて食事をし、元気を出してください。この私がイズレエル人ナボテのぶどう畑をあなたのために手に入れてあげましょう。」
⁸ 彼女はアハブの名で手紙を書き、彼の印で封印し、ナボテの町に住む長老たちとおもだった人々にその手紙を送った。
⁹ 手紙にはこう書いていた。「断食を布告し、ナボテを民の前に引き出してすわらせ、
¹⁰ 彼の前にふたりのよこしまな者をすわらせ、彼らに『おまえは神と王をのろった』と言って証言させなさい。そして、彼を外に引き出し、石打ちにして殺しなさい。」
¹¹ そこで、その町の人々、つまり、その町に住んでいる長老たちとおもだった人々は、イゼベルが彼らに言いつけたとおり、彼女が手紙に書き送ったとおりを行った。
¹² 彼らは断食を布告し、ナボテを民の前に引き出してすわらせた。
¹³ そこに、ふたりのよこしまな者が入って来て、彼の前にすわった。よこしまな者たちは民の前で、ナボテが神と王をのろった、と言って証言した。そこで人々は彼を

21:10 神と王をのろった 「のろった」と訳されていることば（《ヘ》ベラクタ）は字義的には「あなたは祝福した」ということばで皮肉に使われている。非難する人々はこのことばを「あなたはのろった」の婉曲表現（攻撃的なことばの代用）として使った。「神をのろった」ということばを使うと神のさばきを受けるのではないかと恐れたのである。ヨブ記2:9ではヨブの妻が「祝福する」ということばをここと同じように皮肉として使っているけれども、この場合も「のろって」と訳さ

町の外に引き出し、石打ちにして殺した。

14 こうして、彼らはイゼベルに、「ナボテは石打ちにされて殺された」と言ってよこした。

15 イゼベルはナボテが石打ちにされて殺されたことを聞くとすぐ、アハブに言った。「起きて、イズレエル人ナボテが、あなたに売ることを拒んだあのぶどう畑を取り上げなさい。もうナボテは生きていません。死んだのです。」

16 アハブはナボテが死んだと聞いてすぐ、立って、イズレエル人ナボテのぶどう畑を取り上げようと下って行った。

17 そのとき、ティシュベ人エリヤに次のような主のことばがあった。

18 「さあ、サマリヤにいるイスラエルの王アハブに会いに下って行け。今、彼はナボテのぶどう畑を取り上げようと、そこに下って来ている。

19 彼にこう言え。『主はこう仰せられる。あなたはよくも人殺しをして、取り上げたものだ。』また、彼に言え。『主はこう仰せられる。犬どもがナボテの血をなめたその場所で、その犬どもがまた、あなたの血をなめる。』」

20 アハブがエリヤに、「あなたはまた、私を見つけたのか。わが敵よ」と言うと、エリヤは答えた。「あなたが裏切って主の目の前に悪を行ったので、私は見つけたのだ。

21 今、わたしはあなたにわざわいをもたら

13 ① II 列9:26
15 ① II 列9:7
16 ① イザ5:8
18 ① 詩9:12
 ② I 列13:32, II 歴22:9
 ③ I 列16:29
19 ① II 列9:25, 26
 ② I 列22:38
20 ① I 列18:17
 ② I 列14:7-11, 16:2-4
 ③ → I 列11:6
21 ① I 列21:21-24,
 II 列9:8-10, 10:10, 11

② I 列14:10,
 I サム25:22
22 ① I 列15:29
 ② I 列16:3, 11
 ③ I 列12:30, 13:34, 14:16
23 ① II 列9:10, 36
24 ① I 列16:30-33
 ② → I 列11:6
 ③ I 列11:4, 16:31, 創3:12
26 ① II 列17:12, 21:21
 ② 創15:16, II 列21:11
 ③ レビ18:25-30
27 ① 創37:34,
 II サム3:31, II 列6:30
 ② レビ12:16
29 ① レビ26:41,
 II 列22:19, → II 歴7:14

す。わたしはあなたの子孫を除き去り、アハブに属する小わっぱも奴隷も、自由の者も、イスラエルで断ち滅ぼし、

22 あなたの家をネバテの子ヤロブアムの家のようにし、アヒヤの子バシャの家のようにする。それは、あなたがわたしの怒りを引き起こしたその怒りのため、イスラエルに罪を犯させたためだ。

23 また、イゼベルについても主はこう仰せられる。『犬がイズレエルの領地でイゼベルを食らう。』

24 アハブに属する者で、町で死ぬ者は犬どもがこれを食らい、野で死ぬ者は空の鳥がこれを食らう。」

25 アハブのように、裏切って主の目の前に悪を行った者はだれもいなかった。彼の妻イゼベルが彼をそそのかしたからである。

26 彼は偶像につき従い、主がイスラエル人の前から追い払われたエモリ人がしたとおりのことをして、忌みきらうべきことを大いに行った。

27 アハブは、これらのことばを聞くとすぐ、自分の外套を裂き、身に荒布をまとい、断食をし、荒布を着て伏し、また、打ちしおれて歩いた。

28 そのとき、ティシュベ人エリヤに次のような主のことばがあった。

29 「あなたはアハブがわたしの前にへりくだっているのを見たか。彼がわたしの前にへりくだっているので、彼の生きている間

れている。

21:17 エリヤに・・・【主】のことばがあった 神の民の間で残酷なことや不義が行われることを神は嫌われる。罪のないナボテを殺したので、アハブとイゼベルは神のさばきを受けるとエリヤは預言した(21:17-29)。正義の原則と、ほかの人々に対して悪を行えば罰が下るという神の原則は今日まで変っていない。たとえばパウロは「不正を行う者は、自分が行った不正の報いを受けます。それには不公平な扱いはありません」と言っている(→コロ3:25注)。神の民は互いに正しく公平にあわれみ深く接しなければならない(ミカ6:8, コロ4:1, ⇒ガラ6:7)。

21:19 犬どもがまた、あなたの血をなめる この預言はアハブが戦死して、アハブの戦車から洗い流された血を犬がなめたときに成就した(22:35, 38)。アハ

ブの息子たちもひどい死に方をした。たとえばアハズヤは屋上から落ちて怪我をして、その後死に(II列1:2, 17)、ヨラムはエフーによって殺されて、そのからだはナボテの土地に捨てられた(II列9:22-26)。アハブの妻イゼベルもまたひどい死に方をした(→II列9:30-37)。

21:25 イゼベル アハブのこの邪悪な妻が目標としたことは主ではなく、ツロのバアルをイスラエルの最高の神として礼拝するようにさせることだった(→ヨシ23:12注、士2:13注、I 列16:31注)。けれどもそれはできなかった。逆にイゼベルの名前が邪悪、魔法、裏切り、霊的な誘惑などの代名詞として使われるようになった。ヨハネはテアテラの教会で、世的で不道徳な行動に神の民を導いていたにせ女預言者のことをイゼベルの名前を使って描いている(黙2:20注)。

は、わざわいを下さない。しかし、彼の子の時代に、彼の家にわざわいを下す。」

ミカヤがアハブに預言する
22:1-28 並行記事－Ⅱ歴18:1-27

22 ¹ アラムとイスラエルとの間には戦いがないまま三年が過ぎた。

² しかし、三年目になって、ユダの王ヨシャパテがイスラエルの王のところに下って来ると、

³ イスラエルの王は自分の家来たちに言った。「あなたがたは、ラモテ・ギルアデが私たちのものであることを知っているではないか。それなのに、私たちはためらっていて、それをアラムの王の手から奪い返していない。」

⁴ それから、彼はヨシャパテに言った。「私といっしょにラモテ・ギルアデに戦いに行ってくれませんか。」ヨシャパテはイスラエルの王に言った。「私とあなたとは同じようなもの、私の民とあなたの民、私の馬とあなたの馬も同じようなものです。」

⁵ ヨシャパテは、イスラエルの王に言った。「まず、主のことばを伺ってみてください。」

⁶ そこで、イスラエルの王は約四百人の預言者を召し集めて、彼らに尋ねた。「私はラモテ・ギルアデに戦いに行くべきだろうか。それとも、やめるべきだろうか。」彼らは答えた。「上って行きなさい。そうすれば、主は王の手にこれを渡されます。」

⁷ ところが、ヨシャパテは、「ここには、私たちがみこころを求めることのできる主の預言者がほかにいないのですか」と言った。

⁸ イスラエルの王はヨシャパテに答えた。「いや、ほかにもうひとり、私たちが主のみこころを求めることのできる者がいます。しかし、私は彼を憎んでいます。彼は私について良いことは預言せず、悪いことばかりを預言するからです。それは、イムラの子ミカ

29② Ⅱ列9:21-37, Ⅱサム12:13-15
1① Ⅰ列22:1-35, Ⅱ歴18章
2① Ⅰ列15:24
3① Ⅰ列4:13, 申43, ヨシ21:38, Ⅰ列8:28, 9:14
4① Ⅱ列3:7
7① Ⅱ列3:11
　② → Ⅰ列18:4
8①①イザ30:10, アモ2:12

10①Ⅰ列22:6
11①Ⅰ列22:24
14①→ Ⅰ列1:29
　②民22:18, 38, 24:13
15①Ⅰ列22:3
17①Ⅰ列22:34-36

ヤです。」すると、ヨシャパテは言った。「王よ。そういうふうには言わないでください。」

⁹ そこで、イスラエルの王はひとりの宦官を呼び寄せ、「急いで、イムラの子ミカヤを呼んで来なさい」と命じた。

¹⁰ イスラエルの王と、ユダの王ヨシャパテは、おのおの王服を着て、サマリヤの門の入口にある打ち場の王の座に着き、預言者はみな、ふたりの前で預言していた。

¹¹ そのとき、ケナアナの子ゼデキヤは、王のために鉄の角を作って言った。「主はこう仰せられます。『これらの角で、あなたはアラムを突いて、絶滅させなければならない。』」

¹² ほかの預言者たちもみな、同じように預言して言った。「ラモテ・ギルアデに攻め上って勝利を得なさい。主は王の手にこれを渡されます。」

¹³ さて、ミカヤを呼びに行った使いの者はミカヤに告げて言った。「いいですか。お願いです。預言者たちは口をそろえて、王に対し良いことを述べています。お願いですから、あなたもみなと全く同じように語り、良いことを述べてください。」

¹⁴ すると、ミカヤは答えた。「主は生きておられる。主が私に告げられることを、そのまま述べよう。」

¹⁵ 彼が王のもとに着くと、王は彼に言った。「ミカヤ。私たちはラモテ・ギルアデに戦いに行くべきだろうか。それとも、やめるべきだろうか。」すると、彼は王に答えた。「攻め上って勝利を得なさい。主は王の手にこれを渡されます。」

¹⁶ すると、王は彼に言った。「いったい、私が何度あなたに誓わせたら、あなたは主の名によって真実だけを私に告げるようになるのか。」

¹⁷ 彼は答えた。
「私は全イスラエルが、
山々に散らされているのを見た。

22:6 四百人 アハブの400人の預言者（→22:22-23）は神の本当の預言者ではなかった。王が聞きたいと思っていることを預言するにせものだった（⇒22:8, →「旧約聖書の預言者」の項 p.1131）。

22:15 攻め上って勝利を得なさい まじめに話していないことがアハブにもわかるような方法でミカヤはにせ預言者たちが予告したことをまねして話した（⇒22:16）。それから自分が受けた本当の預言的幻を示した（22:17）。その意味ははっきりしていた。アハブは死に、イスラエルの軍隊は戻って来る。

まるで、飼い主のいない羊の群れのように。
そのとき、主は仰せられた。
『彼らには主人がいない。
彼らをおのおの
その家に無事に帰さなければならない。』」

18 イスラエルの王はヨシャパテに言った。「彼は私について良いことを預言せず、悪いことばかりを預言すると、あなたに言っておいたではありませんか。」

19 すると、ミカヤは言った。「それゆえ主のことばを聞きなさい。私は主が御座にすわり、天の万軍がその右左に立っているのを見ました。

20 そのとき、主は仰せられました。『だれか、アハブを惑わして、攻め上らせ、ラモテ・ギルアデで倒れさせる者はいないか。』すると、あれこれと答えがありました。

21 それからひとりの霊が進み出て、主の前に立ち、『この私が彼を惑わします』と言いますと、主が彼に『どういうふうにやるのか』と尋ねられました。

22 彼は答えました。『私が出て行き、彼のすべての預言者の口で偽りを言う霊となります。』すると、『あなたはきっと惑わすことができよう。出て行って、そのとおりにせよ』と仰せられました。

23 今、ご覧のとおり、主はここにいるあなたのすべての預言者の口に偽りを言う霊を授けられました。主はあなたに下るわざわいを告げられたのです。」

24 すると、ケナアナの子ゼデキヤが近寄って来て、ミカヤの頬をなぐりつけて言った。「どのようにして、主の霊が私を離れて行き、おまえに語ったというのか。」

25 ミカヤは答えた。「いまに、あなたが奥の間に入って身を隠すときに、思い知るであろう。」

17 ②民27:17, マタ9:36, マコ6:34
18 ① I 列22:8
19 ①イザ6:1, エゼ1:26-28, ダニ7:9, 10
22 ①士9:23, I サム16:14, 18:10, 19:9
23 ①ヨブ12:16, イザ19:14, エゼ14:9, II テサ2:11
24 ① I 列22:11 ②→ I 列18:12
25 ① I 列20:30

27 ② II 歴16:10 ② II 歴18:26, イザ30:20 *直訳「しいたげの」
28 ①民16:29, 申18:20-22
29 ① I 列22:3, 4
30 ① I 列38:22
31 *直訳「小さい者や大きい者」
34 ① I 歴35:23

26 すると、イスラエルの王は言った。「ミカヤを連れて行け。町のつかさアモンと王の子ヨアシュのもとに下がらせよ。

27 王が『この男を獄屋に入れ、私が無事に帰って来るまで、わずかなパンと、わずかな水をあてがっておけ』と命じたと言え。」

28 ミカヤは言った。「万が一、あなたが無事に戻って来られることがあるなら、主は私によって語られなかったのです。」そして、「みなの人々よ。聞いておきなさい」と言った。

アハブがラモテ・ギルアデで殺される
22:29-36 並行記事－ II 歴18:28-34

29 こうして、イスラエルの王とユダの王ヨシャパテは、ラモテ・ギルアデに攻め上った。

30 そのとき、イスラエルの王はヨシャパテに言った。「私は変装して戦いに行こう。でも、あなたは、自分の王服を着ていてください。」こうして、イスラエルの王は変装して戦いに行った。

31 アラムの王は、自分の配下の戦車隊長たち三十二人に命じて言った。「兵や将校とは戦うな。ただイスラエルの王を目ざして戦え。」

32 戦車隊長たちはヨシャパテを見つけたとき、「確かにあれはイスラエルの王に違いない」と思ったので、彼のほうに向かって行って戦おうとした。すると、ヨシャパテは助けを叫び求めた。

33 それで、戦車隊長たちは、彼がイスラエルの王ではないことを知ったとき、彼を追うことをやめ、引き返した。

34 ところが、ひとりの兵士が何げなく弓を放つと、イスラエルの王の胸当てと草摺の間を射抜いた。そこで、王は自分の戦車の御者に言った。「手綱を返して、私を敵陣から抜け出させてくれ。傷を負ってしまった。」

35 その日、戦いはますます激しくなった。

22:23 偽りを言う霊 この霊はサタンの手下の一つと考えられる。神はサタンの手下さえも支配し用いることができる。それはご自分の目的を達成するためである。この場合、霊はアハブとにせ預言者を罰するために送られた。心が真理に対してかたくなになっていたので、その罪の罰として神はついに致命的なうそのとりこにされたのである(⇒ロマ1:21-27)。終わりのときにキリストが再臨される前に、同じ種類のさばきが行われる。神は「真理への愛を受け入れ」ないで「悪を喜んでいた」(II テサ2:10, 12)人々に、「惑わす力」を送られる(II テサ2:11)。偽りは「サタンの働き」で、「真理を信じない・・・者が、さばかれるため」である

王はアラムに向かって、戦車の中に立っていたが、夕方になって死んだ。傷から出た血は戦車のくぼみに流れた。
36 日没のころ、陣営の中に、「めいめい自分の町、自分の国へ帰れ」という叫び声が伝わった。
37 王は死んでからサマリヤに着いた。人々はサマリヤで王を葬った。
38 それから、戦車をサマリヤの池で洗った。すると、犬が彼の血をなめ、遊女たちがそこで身を洗った。主が語られたことばのとおりであった。
39 アハブのその他の業績、彼の行ったすべての事、彼が建てた象牙の家、彼が建てたすべての町々、それはイスラエルの王たちの年代記の書にしるされているではないか。
40 アハブは彼の先祖たちとともに眠り、その子アハズヤが代わって王となった。

ユダの王ヨシャパテ
22:41-50　並行記事－Ⅱ歴20:31-21:1

41 アサの子ヨシャパテがユダの王となったのは、イスラエルの王アハブの第四年であった。
42 ヨシャパテは三十五歳で王となり、エルサレムで二十五年間、王であった。その母の名はアズバといい、シルヒの娘であった。
43 彼はその父アサのすべての道に歩み、その道からそれることなく、主の目にかなうことを行った。しかし、高き所は取り除かなかった。民はなおも、その高き所でいけにえをささげたり、香をたいたりしていた。
44 ヨシャパテはイスラエルの王と友好関係を保っていた。
45 ヨシャパテのその他の業績、彼の立てた功績とその戦績、それはユダの王たちの年代記の書にしるされているではないか。
46 彼は、父アサの時代にまだ残っていた神殿男娼をこの国から除き去った。
47 そのころ、エドムには王がなく、守護が王であった。
48 ヨシャパテはタルシシュの船団をつくり、金を得るためにオフィルへ行こうとしたが、行けなかった。船団がエツヨン・ゲベルで難破したからである。
49 そのとき、アハブの子アハズヤはヨシャパテに、「私の家来をあなたの家来といっしょに船で行かせましょう」と言ったが、ヨシャパテは承知しなかった。
50 ヨシャパテは彼の先祖たちとともに眠り、先祖たちとともに父ダビデの町に葬られた。その子ヨラムが代わって王となった。

イスラエルの王アハズヤ

51 アハブの子アハズヤは、ユダの王ヨシャパテの第十七年にサマリヤでイスラエルの王となり、二年間、イスラエルの王であった。
52 彼は主の目の前に悪を行い、彼の父の道と彼の母の道に、それに、イスラエルに罪を犯させたネバテの子ヤロブアムの道に歩んだ。
53 すなわち、彼はバアルに仕え、それを拝み、彼の父が行ったと全く同じように行って、イスラエルの神、主の怒りを引き起こした。

---

36 ① Ⅰ列22:17, Ⅱ列14:12
38 ① Ⅰ列21:19
39 ① アモ3:15　② → Ⅰ列14:19
41 ① Ⅰ列22:41-50, Ⅱ歴20:31-21:1
43 ① Ⅰ列15:11, 12, Ⅱ歴17:3, 4　② Ⅰ列11:38　③ Ⅰ列14:23, 15:14, Ⅱ列12:3
44 ① Ⅰ列22:2-4, Ⅱ列8:16

45 ① Ⅱ歴19:1-20:30　② → Ⅰ列14:29
46 ① Ⅰ列14:24, 15:12, 申23:17
47 ① Ⅱサム8:14, Ⅱ列3:9, 8:20
48 ① Ⅰ列10:22　② Ⅰ列9:28　③ Ⅰ列9:26
50 ① → Ⅰ列2:10
51 ① Ⅰ列22:40
52 ① Ⅰ列15:26　② Ⅰ列11:6　③ Ⅰ列21:25
53 ① Ⅰ列16:31, 32, 士2:11

（Ⅱテサ2:9, 12, → Ⅱテサ2:10-12注）。
22:41　アサの子ヨシャパテがユダの王となった　ヨシャパテの治世の詳細　→15:24注

列王記　第二

概　要
I. 分裂した王国－イスラエルとユダ（1:1-17:41）
   A. アハズヤの治世が続く（イスラエル）（1:1-18,⇒I列22:51-53）
   B. ヨラムの治世（イスラエル）（2:1-8:15）
      1. エリヤからエリシャへの預言者による指導体制の移行（2:1-25）
      2. ヨラムの評価（3:1-3）
      3. ヨラムによるモアブの征服（3:4-27）
      4. エリシャの奇蹟を伴った働き（4:1-8:15）
   C. ヨラムの治世（ユダ）（8:16-24）
   D. アハズヤの治世（ユダ）（8:25-29）
   E. エフーの治世（イスラエル）（9:1-10:36）
      1. エリシャがエフーに油を注ぐ（9:1-10）
      2. エフーがイスラエルを力をもってきよめる（9:11-10:36）
   F. アタルヤの治世（ユダ）（11:1-16）
   G. ヨアシュの治世（ユダ）（11:17-12:21）
   H. エホアハズの治世（イスラエル）（13:1-9）
   I. ヨアシュの治世（イスラエル）（13:10-25）
   J. アマツヤの治世（ユダ）（14:1-22）
   K. ヤロブアム2世の治世（イスラエル）（14:23-29）
   L. アザルヤの治世（ユダ）（15:1-7）
   M. ゼカリヤの治世（イスラエル）（15:8-12）
   N. シャルムの治世（イスラエル）（15:13-15）
   O. メナヘムの治世（イスラエル）（15:16-22）
   P. ペカフヤの治世（イスラエル）（15:23-26）
   Q. ペカの治世（イスラエル）（15:27-31）
   R. ヨタムの治世（ユダ）（15:32-38）
   S. アハズの治世（ユダ）（16:1-20）
   T. ホセアの治世（イスラエル）（17:1-41）
      1. ホセアの評価と投獄（17:1-4）
      2. イスラエルの最終的崩壊（17:5-23）
      3. イスラエルの捕囚と再定住（17:24-41）
II. 一つの王国－イスラエル崩壊後のユダ（18:1-25:21）
   A. ヒゼキヤの治世（18:1-20:21）
      1. 復興と改革（18:1-8）
      2. イスラエル滅亡の回顧とアッシリヤの侵攻からの神によるユダの救出（18:9-19:37）
      3. ヒゼキヤの病気と癒し（20:1-11）
      4. ヒゼキヤの愚かさと死（20:12-21）
   B. マナセの治世（21:1-18）
   C. アモンの治世（21:19-26）
   D. ヨシヤの治世（22:1-23:30）
      1. 回復と改革（22:1-23:25）
      2. 遅れても避けられないさばきとヨシヤの死（23:26-30）
   E. エホアハズの治世（23:31-33）
   F. エホヤキムの治世（23:34-24:7）

G. エホヤキンの治世（24：8-16）
  H. ゼデキヤの治世（24：17-25：21）
    1. エルサレムの陥落（25：1-7）
    2. 神殿と城壁の破壊（25：8-10, 13-17）
    3. バビロンへの最終的移送（25：11-21）
III. 結論（25：22-30）

著　　者：不明

主　　題：イスラエルとユダの王たち

著作の年代：紀元前560－550年頃

著作の背景
　列王記第一と第二は一つの連続した歴史なので、列王記第二の重要な背景は列王記第一の緒論に含まれている。列王記第二はイスラエルとユダ両国の前852年以後の道徳的、霊的、政治的衰退の歴史をたどっている（ソロモン王の死後に分裂した王国はイスラエルが北側の10部族からなり、ユダは主にユダ族、ベニヤミン族、シメオン族の一部からなる南王国になった。→「イスラエルとユダの王国」の地図 p.570）。この書物にはイスラエルとユダの王国を崩壊に導いた民族全体の悲劇が二つ記録されている。（1）前722年のイスラエルの首都サマリヤの破壊とアッシリヤへの強制移住（人々が捕えられ移住させられること）。（2）前586年のユダの首都エルサレムの破壊とバビロンへの強制移住（→「イスラエル（北王国）の捕囚」の地図 p.633，「ユダ（南王国）の捕囚」の地図 p.633）。列王記第二はユダ王国の345年の歴史の中の最後の130年間を扱っている。イスラエル王国がかなり不安定だったことは、210年の歴史の中で王（19人）と王朝（それぞれの王の家系、9王朝）が絶えず変っていたことによって証明されている。このことは、ユダには345年を超える歴史の中で、一つの王朝（一時中断されたけれども）の王が20人いたことと比較される。これらの王たちの全体像　→「イスラエルとユダの王」の表 p.651
　旧約聖書の預言者の多くは列王記第二の時代に活動し、その書いたものが聖書の中に見られる。神の代理人としての預言者たちは、神に対する責任を王たちに思い出させ、警告し訴え励ました（→「旧約聖書の預言者」の項 p.1131）。アモスとホセアはイスラエルで預言し、ヨエル、イザヤ、ミカ、ナホム、ハバクク、ゼパニヤ、エレミヤはユダで預言した。その預言の書物は（旧約聖書の後半に置かれている）両方の国の霊的、道徳的衰退について、列王記第二にはない重要な歴史的啓示を提供している。

目　　的
　列王記第二は列王記第一と同じ目的を持っている（→Ⅰ列緒論）。基本的には、ヘブル人、特に捕囚の人々（捕えられてバビロンに移住させられた人々）に対して、王国が分裂した時代の預言者的に解釈し理解した歴史を提供している。その目的は人々が過去の失敗から学んで、先祖が犯した罪（神に対する霊的反抗、不従順、敵対）を繰り返さないようにすることだった。

概　　観
　列王記第二の歴史は二つの時代に大きく分けられる。
　（1）前722年のイスラエル（10部族）の崩壊、滅亡以前の両国の歴史（1：-17：）。
　（2）イスラエルの滅亡から前586年にユダが崩壊するまでのユダの歴史（18：-25：）。
　両方の国を比較すると、「主の目の前に悪を行った」（3：2）王たちがユダよりもイスラエルに絶えず続いていた。列王記第二はイスラエルが引続き反抗しているときに、神がエリヤやエリシャのような強力な預言者を起こして、神に立返り、その契約に再び忠実になるように国と指導者たちに訴えたことを記録している（1：-9：）（契約とは、神の律法と約束、神に対する人々の忠実と服従に基づく神とイスラエルとの「終生協定」である　→「イスラエル人との神の契約」の項 p.351）。
　対照的にユダにはヒゼキヤ（18：-20：）やヨシヤ（22：-23：）のような信仰深い指導者がいて、国を神に立返らせるよう努力をしていた。けれどもそのような王たちも、人々が人間の作った神々に従い不道徳なことを行い、暴

力に訴えるのを永久に止めさせることはできなかった。ヨシヤの死後(23:)、ユダは急速に滅びに向かい、前586年にはネブカデネザル王が人々を捕えエルサレムを破壊したことによって滅亡した(25:)。

特　徴
　列王記第二には五つの大きな特徴がある。
　(1) 列王記第一と同じように、イスラエルとユダの王たちと人々に対して神のメッセージを伝える預言者の重要性が強調されている。神を敬うこの人々の中にはエリヤとエリシャ(1:-13:, →**エリヤとエリシャの生涯**」の地図 p.590)、ヨナ(14:25)、イザヤ(19:1-7, 20-34)、フルダ(22:14-20)などがいた。
　(2) エリシャの奇蹟を伴った働きは、この書物の前半(2:-13:)で強調されている。
　(3) 神と人々に対して忠実であると神に認められたイスラエルとユダの王を二人しか描いていない。それはヒゼキヤ(18:1-20:21)とヨシヤ(22:1-23:30)である。
　(4) よこしまな指導者は、最後には人々を破滅に導くということが示されている。これは「正義は国を高め、罪は国民をはずかしめる」(箴14:34)という永遠の原則を描いている。
　(5) たつまきに乗って天に上ったエリヤ(2:)、エリシャがシュネム人の息子を生き返らせたこと(4:)、ナアマンの癒し(5:)、斧の頭が浮いたこと(6:)、エリヤが預言した通りのイゼベルのむごたらしい死(9:)、ヒゼキヤ(18:)とヨシヤ(23:)の時代の霊的復興と、ヒゼキヤの重い病気と癒し(20:)など、有名な聖書物語が多く描かれている。

新約聖書での成就
　列王記第二はユダの王たち(ダビデの子孫)の罪と不忠実さが、エルサレムとダビデ王国の崩壊という結果を招いたことをはっきり示している。けれども新約聖書は、神が忠実で、ダビデに対する契約を「ダビデの子」イエス・キリスト(マタ1:1, 9:27-31, 21:9)を通して成就されたことを同じようにはっきり示している。その治世と王国は終ることがない(ルカ1:32-33, ⇒イザ9:7, →「**ダビデとの神の契約**」の項 p.512)。

列王記第二の通読
　旧約聖書全体を1年間で通読するためには、列王記第二を次のスケジュールに従って10日間で読まなければならない。
☐1-3　☐4-5　☐6-7　☐8-9　☐10-12　☐13-15　☐16-17　☐18-19　☐20-22　☐23-25

メ　モ

アハズヤに対する主のさばき

1 ¹ アハブの死後、モアブがイスラエルにそむいた。

² さて、アハズヤはサマリヤにある彼の屋上の部屋の欄干から落ちて病気になった。彼は使者たちを遣わし、「行って、エクロンの神、バアル・ゼブブに、私のこの病気が直るかどうか、伺いを立てなさい」と命じた。

³ そのころ、**主**の使いがティシュベ人エリヤに告げた。「さあ、上って行って、サマリヤの王の使者たちに会い、彼らに言え。『あなたがたがエクロンの神、バアル・ゼブブに伺いを立てに行くのは、イスラエルに神がいないためか。

⁴ それゆえ、**主**はこう仰せられる。あなたは上ったその寝台から降りることはない。あなたは必ず死ぬ。』」それで、エリヤは出て行った。

⁵ 使者たちがアハズヤのもとに戻って来ると、彼は、「なぜあなたがたは帰って来たのか」と彼らに尋ねた。

⁶ 彼らは答えた。「ひとりの人が私たちに会いに上って来て、こう言いました。『あなたがたを遣わした王のところに帰って行き、彼に告げなさい。**主**はこう仰せられる。あなたが人をやって、エクロンの神、バアル・ゼブブに伺いを立てるのは、イスラエルに神がいないためか。それゆえ、あなたは上ったその寝台から降りることはない。あなたは必ず死ぬ。』」

⁷ アハズヤは彼らに尋ねた。「あなたがたに会いに上って来て、そんなことをあなたがたに告げた者は、どんな様子をしていたか。」

⁸ 彼らが、「毛衣を着て、腰に皮帯を締めた人でした」と答えると、アハズヤは、「それはティシュベ人エリヤだ」と言った。

⁹ そこで、アハズヤは五十人隊の長を、その部下五十人とともにエリヤのところに遣わした。彼がエリヤのところに上って行くと、そのとき、エリヤは山の頂にすわっていた。彼はエリヤに、「神の人よ。王のお告げです。降りて来てください」と言った。

¹⁰ エリヤはその五十人隊の長に答えて言った。「もし、私が神の人であるなら、天から火が下って来て、あなたと、あなたの部下五十人を焼き尽くすだろう。」すると、天から火が下って来て、彼と、その部下五十人を焼き尽くした。

¹¹ 王はまた、もうひとりの五十人隊の長を、その部下五十人とともにエリヤのところに遣わした。彼はエリヤに答えて言った。「神の人よ。王がこう申しております。急いで降りて来てください。」

¹² エリヤは彼らに答えて言った。「もし、私が神の人であるなら、天から火が下って来て、あなたと、あなたの部下五十人を焼き尽くすだろう。」すると、天から神の火が下って来て、彼と、その部下五十人を焼き尽くした。

¹³ 王はまた、第三の五十人隊の長と、その部下五十人を遣わした。この三人目の五十人隊の長は上って行き、エリヤの前にひざまずき、懇願して言った。「神の人よ。どうか私のいのちと、このあなたのしもべ五十人のいのちとをお助けください。

¹⁴ ご承知のように、天から火が下って来て、先のふたりの五十人隊の長と、彼らの部下五十人ずつとを、焼き尽くしてしまいました。今、私のいのちはお助けください。」

¹⁵ **主**の使いがエリヤに、「彼といっしょに降りて行け。彼を恐れてはならない」と言ったので、エリヤは立って、彼といっしょに王のところに下って行き、

¹⁶ 王に言った。「**主**はこう仰せられる。『あなたが使者たちをエクロンの神、バアル・ゼブブに伺いを立てにやったのは、イスラエルにみことばを伺う神がいないためか。それゆえ、あなたは、上ったその寝台から降りることはない。あなたは必ず死ぬ。』」

¹⁷ 王はエリヤが告げた**主**のことばのとおりに死んだ。そしてヨラムが代わって王と

1:8 **毛衣** 羊またはやぎの皮、あるいはらくだの毛で作った毛羽立った衣服は、エリヤから始まってバプテスマのヨハネを含めた預言者のしるしだった（⇒ゼカ13:4, マタ3:4, ヘブ11:37）。エリヤの皮帯は貧しい人が通常身につけているものだった。この粗野な衣服は、裕福な上級階級の物質主義的な生活様式を嫌っているしるしでもあった（⇒イザ20:2, マタ11:7-8）。

1:10 **天から火が下って来て** 神と神のメッセージに反抗した王と兵士たちは、エリヤを捕えようとした。神と預言者にかたくなに敵対するアハズヤに対して神

なった。それはユダの王ヨシャパテの子ヨラムの第二年であった。アハズヤには男の子がなかったからである。
18 アハズヤの行ったその他の業績、それはイスラエルの王たちの年代記の書にしるされているではないか。

エリヤが天に上げられる

2 ¹ 主がエリヤをたつまきに乗せて天に上げられるとき、エリヤはエリシャを連れてギルガルから出て行った。
² エリヤはエリシャに、「ここにとどまっていなさい。主が私をベテルに遣わされたから」と言ったが、エリシャは言った。「主は生きておられ、あなたのたましいも生きています。私は決してあなたから離れません。」こうして、彼らはベテルに下って行った。
³ すると、ベテルの預言者のともがらがエリシャのところに出て来て、彼に言った。「きょう、主があなたの主人をあなたから取り上げられることを知っていますか。」エリシャは、「私も知っているが、黙っていてください」と答えた。
⁴ それからエリヤは彼に、「エリシャ。ここにとどまっていなさい。主が私をエリコに遣わされたから」と言った。しかし、彼は言った。「主は生きておられ、あなたのたましいも生きています。私は決してあなたから離れません。」こうして、彼らはエリコに来た。
⁵ エリコの預言者のともがらがエリシャに近づいて来て、彼に言った。「きょう、主があな

18 ① → Ⅰ列14:19

1 ① Ⅱ列2:11
② Ⅰ列19:16-21
2 ① Ⅱ列2:4, 6, 4:30,
Ⅰサム20:3, 25:26,
→ Ⅰサム14:39
② ルツ1:16
③ Ⅰ列12:29
3 ① Ⅱ列2:5, 7, 15, 4:1,
38, 5:22, 6:1, 9:1,
Ⅰ列20:35,
→ Ⅰサム3:20
4 ① Ⅱ列2:2, 6
② → Ⅱ列2:2
③ ヨシ6:26

6 ① ヨシ3:8, 15-17
② → Ⅱ列2:2
7 ① Ⅱ列2:15, 16
8 ① Ⅰ列19:13, 19
② Ⅱ列2:14
③ 出14:16, 21, 22,
ヨシ3:17
9 ① 民11:17, 25
② 申21:17
11 ① Ⅱ列6:17
② 創5:24, 使1:9
12 ① Ⅱ列13:14

たの主人をあなたから取り上げられることを知っていますか。」エリシャは、「私も知っているが、黙っていてください」と答えた。
⁶ エリヤは彼に、「ここにとどまっていなさい。主が私をヨルダンへ遣わされたから」と言った。しかし、彼は言った。「主は生きておられ、あなたのたましいも生きています。私は決してあなたから離れません。」こうして、ふたりは進んで行った。
⁷ 預言者のともがらのうち五十人が行って、遠く離れて立っていた。ふたりがヨルダン川のほとりに立ったとき、
⁸ エリヤは自分の外套を取り、それを丸めて水を打った。すると、水は両側に分かれた。それでふたりはかわいた土の上を渡った。
⁹ 渡り終わると、エリヤはエリシャに言った。「私はあなたのために何をしようか。私があなたのところから取り去られる前に、求めなさい。」すると、エリシャは、「では、あなたの霊の、二つの分け前が私のものになりますように」と言った。
¹⁰ エリヤは言った。「あなたはむずかしい注文をする。しかし、もし、私があなたのところから取り去られるとき、あなたが私を見ることができれば、そのことがあなたにかなえられよう。できないなら、そうはならない。」
¹¹ こうして、彼らがなお進みながら話していると、なんと、一台の火の戦車と火の馬とが現れ、このふたりの間を分け隔て、エリヤは、たつまきに乗って天へ上って行った。
¹² エリシャはこれを見て、「わが父。わが父。

はさばきとして直接火を下された（1:12）。

2:3 預言者のともがら 預言者の集団（→ Ⅰ列20:35注）はギルガル、ベテル、エリコという三つの比較的重要な場所にあった（→ Ⅱ列2:3, 5, 15, 4:38）。この預言者たちの多くは、有名な熟練した預言者に学ぶ学生または弟子だった。そしてエリヤの働きと密接にかかわっていたと思われる。この集団をもう一度励まし、エリシャが新しい指導者になることを公表するためにエリヤは神によって遣わされた（⇒2:1, 15）。

2:9 あなたの霊の、二つの分け前 「二つの分け前」ということばは必ずしもエリヤの二倍の霊的力という意味ではない。これは長男がほかの息子たちの二倍の相続を受取るという親子の関係を表している（申21:17）。エリシャは霊の父であり助言者であるエリヤ

預言の霊と権威を豊かに授けてエリヤの使命を続けさせてほしいと願ったのである。神はエリシャの願いに応えられた。それはこの若い預言者が自分を取囲む霊的、道徳的な反抗に向き合いながら、主に忠実であり続けることを決意していたからである。

2:11-12 火の戦車と火の馬 エリヤはエノクのように（創5:24）、死を体験することなく天に上げられた。（1）この奇蹟はこの預言者の人格、霊、働きを神が認めておられたことを明らかに示すしるし、あるいは保証だった。エリヤは神のことばと目的のためにいつも完全に献身をし、その働きを進めていた。そして最後まで神の名誉のために生きていた。反抗的な人々の悪と偶像礼拝（人間が作った神々を拝むこと）に対して立上がり、神に対して忠実な人々を励ました。そして

「イスラエルの戦車と騎兵たち」と叫んでいたが、彼はもう見えなかった。そこで、彼は自分の着物をつかみ、それを二つに引き裂いた。
¹³それから、彼はエリヤの身から落ちた外套を拾い上げ、引き返してヨルダン川の岸辺に立った。
¹⁴彼はエリヤの身から落ちた外套を取って水を打ち、「エリヤの神、主はどこにおられるのですか」と言った。彼も水を打つと、水が両側に分かれたので、エリシャは渡った。
¹⁵エリコの預言者のともがらは、遠くから彼を見て、「エリヤの霊がエリシャの上にとどまっている」と言い、彼を迎えに行って、地に伏して彼に礼をした。
¹⁶彼らはエリシャに言った。「しもべたちのところに五十人の力ある者がいます。どうか彼らをあなたのご主人を捜しに行かせてください。主の霊が彼を運んで、どこかの山か谷に彼を投げられたのかもしれません。」するとエリシャは、「人をやってはいけません」と言った。
¹⁷しかし、彼らがしつこく彼に願ったので、ついにエリシャは、「やりなさい」と言った。それで、彼らは五十人を遣わした。彼らは、三日間、捜したが、彼を見つけることはできなかった。
¹⁸彼らはエリシャがエリコにとどまっているところへ帰って来た。エリシャは彼らに言った。「行かないようにと、あなたがたに言ったではありませんか。」

水の癒し

¹⁹この町の人々がエリシャに言った。「あなたさまもご覧のとおり、この町は住むのには良いのですが、水が悪く、この土地は流産が多いのです。」
²⁰すると、エリシャは言った。「新しい皿に塩を盛って、私のところに持って来なさい。」人々は彼のところにそれを持って来た。
²¹エリシャは水の源のところに行って、塩をそこに投げ込んで言った。「主はこう仰せられる。『わたしはこの水をいやした。ここからは、もう、死も流産も起こらない。』」
²²こうして、水は良くなり、今日に至っている。エリシャが言ったことばのとおりである。

エリシャがからかわれる

²³エリシャはそこからベテルへ上って行った。彼が道を上って行くと、この町から小さい子どもたちが出て来て、彼をからかって、「上って来い、はげ頭。上って来い、はげ頭」と言ったので、
²⁴彼は振り向いて、彼らをにらみ、主の名によって彼らをのろった。すると、森の中

12 ②創37:34, ヨブ1:20
13 ①Ⅰ列19:19
14 ①Ⅱ列2:8
15 ①→Ⅱ列2:3
16 ①→Ⅰ列18:12
17 *直訳「恥じるまでに」

19 *直訳「わが主」
21 ①Ⅱ列4:41, 6:6, 出15:25

劇的で勝利に満ちた天への旅に出かけた。(2) エリヤとエノクが死ぬことなく天に上げられたことは、キリストに忠実に従う人々を天に携え上げるためにキリストが再び来られる未来に起こることに類似している（Ⅰテサ4:16-17、→「**携挙**」の項 p.2278）。

2:23 彼をからかって あざけったこのグループ（英語聖書では「若者たち」）はエリシャの働きに敵対した組織的な一味だったとある人は考えている。けれどもそうではないだろう。ヘブル語の「ナアル」ということばは普通「少年」という意味で使われ、単独で使われるときは年長の若者のことをしばしば意味していた（⇒創22:5、41:12）。けれどもここのヘブル語は「ナアリム　カタニム（幼い少年たち）」である。年長の若者たちは畑で働いていたと思われる。外部の人、特に有名な人が来たとき少年たちの注意を引くことは珍しいことではない。預言者を「はげ頭」（髪が豊かなことは力と活力のしるしと見なされていた）と呼ぶことによって、子どもたちは主の使者に対して憎しみに満ちた軽べつを表していた。このような態度は北の王たちの異教の中心だったベテルでは一般に見られるものだった（Ⅰ列12:29、アモ7:13）。子どもたちはエリシャが王と対決するためにサマリヤの首都に上っていくと考えたのかもしれない。またエリヤが天に上ったうわさを親たちがあざ笑ったり、からかったりするのを聞いていたのかもしれない。そして「エリシャがそう言うのなら、どうやってできるのか見せてもらおう。上ってみろ、老いぼれのはげ頭」などと言ったのかもしれない。その言い方は預言者への軽べつと、神ご自身をさげすむものだった（⇒Ⅱ歴36:16、使5:4）。

2:24【主】の名によって彼らをのろった 主の名誉を守るために、エリシャは神の契約に含まれている祝福とのろいの中のさばきを宣告した（レビ26:21-22、申30:19）。結果は恐ろしいもので、神を無視し続けるなら、神の契約にあるのろいを受けることになるという警告になった（⇒申30:15-20）。記録されているエリシャの最初の行動は、その奉仕の働き全体を貫

から二頭の雌熊が出て来て、彼らのうち、四十二人の子どもをかき裂いた。
25 こうして彼は、そこからカルメル山に行き、そこからさらに、サマリヤへ帰った。

モアブの反乱

3 1 ユダの王ヨシャパテの第十八年に、アハブの子ヨラムがサマリヤでイスラエルの王となり、十二年間、王であった。
2 彼は主の目の前に悪を行ったが、彼の父母ほどではなかった。彼は父が造ったバアルの石の柱を取り除いた。
3 しかし、イスラエルに罪を犯させたネバテの子ヤロブアムの罪を彼も犯し続け、それをやめようとはしなかった。
4 モアブの王メシャは羊を飼っており、子羊十万頭と、雄羊十万頭分の羊毛とをイスラエルの王にみつぎものとして納めていた。
5 しかし、アハブが死ぬと、モアブの王はイスラエルの王にそむいた。
6 そこで、ヨラム王は、ただちにサマリヤを出発し、すべてのイスラエル人を動員した。
7 そして、ユダの王ヨシャパテに使いをやって言った。「モアブの王が私にそむきました。私といっしょにモアブに戦いに行ってくれませんか。」ユダの王は言った。「行きましょう。私とあなたとは同じようなもの、私の民とあなたの民、私の馬とあなたの馬も同じようなものです。」
8 そして言った。「私たちはどの道を上って行きましょうか。」するとヨラムは、「エドムの荒野の道を」と答えた。
9 こうして、イスラエルの王は、ユダの王とエドムの王といっしょに出かけたが、七日間も回り道をしたので、陣営の者と、あとについて来る家畜のための水がなくなった。
10 それで、イスラエルの王は、「ああ、主が、この三人の王を召されたのは、モアブの手に渡すためだったのだ」と言った。
11 ヨシャパテは言った。「ここには主のみこころを求めることのできる主の預言者は

25 ① Ⅱ列4:25、Ⅰ列18:19, 20

1 ① Ⅱ列1:17
2 ① Ⅱ列8:18, 27, 13:2, 11, 14:24, 15:9, 18, 17:2, 17, 21:2, 6, 15, 16, 20, 23:32, 37, 24:9, 19, →士2:11
② Ⅱ列10:18, 19, 26-28、Ⅰ列16:31, 32
③ Ⅱ列10:26, 27, 17:10, 18:4, 23:14, →Ⅰ列14:23
4 ① Ⅱ列12:26-32, 14:16, 16:31
4 ① Ⅰ列1:1, Ⅱサム8:2, イザ15:1
5 ① Ⅰ列1:1
7 ① Ⅰ列22:4
9 ① Ⅰ列22:47
11 ① Ⅰ列22:7

② Ⅱ列2:15, Ⅰ列19:21
13 ① Ⅰ列18:19, 22:6-12
14 ① Ⅰ列18:15
② →Ⅰ列1:29
15 ① Ⅰサム10:5, 16:23, Ⅰ歴25:1
② Ⅰ列18:46, エゼ1:3, 3:14, 22, 8:1
19 ① Ⅱ列3:25
② Ⅰサム6:18
20 ① → Ⅰ列18:29

いないのですか。」すると、イスラエルの王の家来のひとりが答えて言った。「ここには、シャファテの子エリシャがいます。エリヤの手に水を注いだ者です。」
12 ヨシャパテが、「主のことばは彼とともにある」と言ったので、イスラエルの王と、ヨシャパテと、エドムの王とは彼のところに下って行った。
13 エリシャはイスラエルの王に言った。「私とあなたとの間に何のかかわりがありましょうか。あなたの父上の預言者たちと、あなたの母上の預言者たちのところにおいでください。」すると、イスラエルの王は彼に言った。「いや、主がこの三人の王を召されたのは、モアブの手に渡すためだから。」
14 エリシャは言った。「私が仕えている万軍の主は生きておられる。もし私がユダの王ヨシャパテのためにするのでなかったなら、私は決してあなたに目も留めず、あなたに会うこともしなかったでしょう。
15 しかし、今、立琴をひく者をここに連れて来てください。」立琴をひく者が立琴をひき鳴らすと、主の手がエリシャの上に下り、
16 彼は次のように言った。「主はこう仰せられる。『この谷にみぞを掘れ。みぞを掘れ。』
17 主がこう仰せられるからだ。『風も見ず、大雨も見ないのに、この谷には水があふれる。あなたがたも、あなたがたの家畜も、獣もこれを飲む。』
18 これは主の目には小さなことだ。主はモアブをあなたがたの手に渡される。
19 あなたがたは、城壁のある町々、りっぱな町々をことごとく打ち破り、すべての良い木を切り倒し、すべての水の源をふさぎ、すべての良い畑を石ころでだいなしにしよう。」
20 朝になって、ささげ物をささげるころ、なんと、水がエドムのほうから流れて来て、この地は水で満たされた。
21 モアブはみな、王たちが彼らを攻めに上って来たことを聞いた。よろいを着るこ

3:15 立琴をひく者が立琴をひき鳴らすと 音楽は、周りの邪魔なものや、精神的、霊的な混乱によってエリシャの心が乱されないようにするために役立ったと思われる。預言者は神からメッセージを受取るため

く、神を敬う人には祝福が与えられ(2:19-22)、神を拒む人にはのろいが来るというメッセージを具体的に示していた。熊は多くの少年を傷つけたけれども、殺したとは書いていない。

とのできるほどの者は全部、呼び集められ、国境の守備についた。
22 彼らが翌朝早く起きてみると、太陽が水の面を照らしていた。モアブは向こう側の水が血のように赤いのを見て、
23 言った。「これは血だ。きっと王たちが切り合って、同士打ちをしたに違いない。さあ今、モアブよ、分捕りに行こう。」
24 彼らがイスラエルの陣営に攻め入ると、イスラエルは立ってモアブを打った。モアブはイスラエルの前から逃げた。それで、イスラエルは攻め入って、モアブを打った。
25 さらに、彼らは町々を破壊し、すべての良い畑にひとりずつ石を投げ捨てて石だらけにし、すべての水の源をふさぎ、すべての良い木を切り倒した。ただキル・ハレセテにある石だけが残ったが、そこも、石を投げる者たちが取り囲み、これを打ち破った。
26 モアブの王は、戦いが自分に不利になっていくのを見て、剣を使う者七百人を引き連れ、エドムの王のところに突き入ろうとしたが、果たさなかった。
27 そこで、彼は自分に代わって王となる長男をとり、その子を城壁の上で全焼のいけにえとしてささげた。このため、イスラエル人に対する大きな怒りが起こった。それ

25 ① Ⅱ列3:19
 ＊ イザ16:11「キル・ヘレス」
26 ① イザ16:7, 11, エレ48:31, 36
 ② Ⅱ列8:20
27 ① Ⅱ列5:17, 10:24, 25, 16:13, 15,
 → Ⅰサム6:14

1 ① Ⅱ列4:1-7,
 Ⅰ列17:8-16
 ② → Ⅱ列2:3
 ③ レビ25:39

でイスラエル人は、そこから引き揚げて、自分の国へ帰って行った。

やもめの油
4 1 預言者のともがらの妻のひとりがエリシャに叫んで言った。「あなたのしもべである私の夫が死にました。ご存じのように、あなたのしもべは、主を恐れておりました。ところが、貸し主が来て、私のふたりの子どもを自分の奴隷にしようとしております。」
2 エリシャは彼女に言った。「何をしてあげようか。あなたには、家にどんな物があるか、言いなさい。」彼女は答えた。「はしための家には何もありません。ただ、油のつぼ一つしかありません。」
3 すると、彼は言った。「外に出て行って、隣の人みなから、器を借りて来なさい。からの器を。それも、一つ二つではいけません。
4 家に入ったなら、あなたと子どもたちのうしろの戸を閉じなさい。そのすべての器に油をつぎなさい。いっぱいになったものはわきに置きなさい。」
5 そこで、彼女は彼のもとから去り、子どもたちといっしょにうしろの戸を閉じ、子どもたちが次々に彼女のところに持って来る器に油をついだ。

に、たましいが開かれ霊が開かれなければならない。

3:27　長男をとり・・・いけにえとしてささげた
モアブの王は戦いで勝つために長男を殺していけにえとしてケモシュの神にささげた（→Ⅰ列11:7）。この人間のいけにえはサタンと悪霊にささげられるもので（「**偶像礼拝**」の項 p.468）、新約聖書の中で「彼らのささげる物は、神にではなくて悪霊にささげられている」（Ⅰコリ10:20）と書かれている通りである。考古学者はモアブの王が実際にこの恐ろしいことをしていたことを証明するモアブの石を発見している。

3:27　イスラエル人に対する大きな怒りが起こった
イスラエルの軍隊は速やかに退却した。モアブの軍隊の強い抵抗と怒りは、王が息子をいけにえにしてささげた結果と思われる（→前の注）。血のいけにえは霊的領域（良いものであれ悪いものであれ）の力を引出すように見える。十字架の上のキリストの犠牲はこれ以上ない最高のものだった。けれどもサタンは血のいけにえの意味を変えてにせの宗教や異教の儀式を通して、大きな悪のために使わせようとした。この節が示しているのはまさしくそのようなことである。悪の力にささげられた血のいけにえが、主の霊的力と戦うために悪霊の力を活動的にさせたのではないかと思われる（⇒エペ6:12）。神とその目的に抵抗するように人々をけしかけるために、サタンがあらゆる機会を用いることは疑いがない。

4:1　預言者のともがらの妻のひとり　4章に書かれているエリシャを通して神がなさった奇蹟は、霊的真理の具体的な例である。やもめと二人の子どもの話は、貧しく困難の中にいる忠実な人々に神は配慮しておられることを示している。このやもめと子どもたちは見捨てられ抑圧された人々を象徴している。旧約聖書と新約聖書はともに神への純粋な信仰は困っている人々に同情して行動することによって表されると言っている（出22:22-24, 申10:18, 14:29, ヨブ29:12, ヤコ1:27,→「**貧困者への配慮**」の項 p.1510）。良い行いが人々を霊的に救うのではない。けれどもそれは神との関係があるなら当然現れるものである。

6 器がいっぱいになったので、彼女は子どもに言った。「もっと器を持って来なさい。」子どもが彼女に、「もう器はありません」と言うと、油は止まった。
7 彼女が神の人に知らせに行くと、彼は言った。「行って、その油を売り、あなたの負債を払いなさい。その残りで、あなたと子どもたちは暮らしていけます。」

シュネム人の息子が生き返る

8 ある日、エリシャがシュネムを通りかかると、そこにひとりの裕福な女がいて、彼を食事に引き止めた。それからは、そこを通りかかるたびごとに、そこに寄って、食事をするようになった。
9 女は夫に言った。「いつも私たちのところに立ち寄って行かれるあの方は、きっと神の聖なる方に違いありません。
10 ですから、屋上に壁のある小さな部屋を作り、あの方のために寝台と机といすと燭台とを置きましょう。あの方が私たちのところにおいでになるたびに、そこをお使いになれますから。」
11 ある日、エリシャはそこに来て、その屋上の部屋に入り、そこで横になった。
12 彼は若い者ゲハジに言った。「ここのシュネムの女を呼びなさい。」彼が呼ぶと、彼女は彼の前に立った。
13 エリシャはゲハジに言った。「彼女にこう伝えなさい。『ほんとうに、あなたはこのように、私たちのことでいっしょうけんめいほねおってくれたが、あなたのために何をしたらよいか。王か、それとも、将軍に、何か話してほしいことでもあるか。』」彼女は答えた。「私は私の民の中で、しあわせに暮らしております。」
14 エリシャは言った。「では、彼女のために何をしたら良いだろうか。」ゲハジは言った。「彼女には子どもがなく、それに、彼女の夫も年をとっています。」
15 エリシャが、「彼女を呼んで来なさい」と言ったので、ゲハジが彼女を呼ぶと、彼女は入口のところに立った。
16 エリシャは言った。「来年の今ごろ、あなたは男の子を抱くようになろう。」彼女は言った。「いいえ。あなたさま。神の人よ。このはしために偽りを言わないでください。」
17 しかし、この女はみごもり、エリシャが彼女に告げたとおり、翌年のちょうどそのころ、男の子を産んだ。
18 その子が、大きくなって、ある日、刈り入れ人といっしょにいる父のところに出て行ったとき、
19 父親に、「私の頭が、頭が」と言ったので、父親は若者に、「この子を母親のところに抱いて行ってくれ」と命じた。
20 若者はその子を抱いて、母親のところに連れて行った。この子は昼まで母親のひざの上に休んでいたが、ついに死んだ。
21 彼女は屋上に上がって行って、神の人の寝

---

7 ①Ⅱ列1:9
8 ①ヨシ19:18,
　Ⅰサム28:4, Ⅰ列1:3
　②Ⅰサム25:2,
　Ⅱサム19:32
12 ①Ⅱ列4:29-31,
　5:20-27, 8:4, 5

16 ①創18:10, 14
　②Ⅱ列4:28
18 ①Ⅱ列4:18-37,
　Ⅰ列17:17-24
21 ①Ⅱ列1:9
　②Ⅱ列4:10, 32, 35

4:8 シュネム・・・裕福な女 この裕福な女性の話には三つの段階がある。(1) 神は息子を与えて忠実な女性を祝福された(4:8-17)。(2) 息子の死を通して厳しい試練を受けることを神は許された(4:18-21)。(3) この女性が神の約束に固く頼っていたので神は息子を生き返らせてくださった(4:22-37)。神は忠実な人々にしばしば説明できないような問題と困難の中を通らせられる(⇒ヘブ11:17-40, ヨブ1:-2:)。神の目的は、その人々が困難な情況の中でも神に頼ることを学んで信仰が成長し、神の大きな愛、恵み、愛情の深さを体験するようになることである(⇒詩25:10, ロマ8:28, ヘブ11:6, →「正しい人の苦しみ」の項p.825)。

4:21 神の人 エリシャはあらゆる階層の人々から「神の人」と言われていた(4:9, 16, 22, 25, 27, 40, 5:8, 6:6, 9-10, 7:18, 8:4, 8, 11)。「神の人」とされることは神の奉仕者に与えられる最高の賛辞と名誉である。「神の人」エリシャの生涯には次のような五つの特徴が見られる。(1) 神との強く深い関係を持っていた。エリシャは神を個人的に知っており、神もエリシャを信頼しておられた。(2) 聖い人だった。道徳的に純粋であり霊的に健全だった。エリシャは周りの宗教的妥協や腐敗から身を守っていた。自分を完全に主にささげていた。(3) 人々の罪に対する神の悲しみを理解し共有していた。そしてイスラエルの中の偶像礼拝(人間が作った神々を礼拝すること)、よこしまな礼拝、霊的反抗の流れに逆らった。(4) 主の御霊がエリシャの上にあった(エリシャの中で力強く働く)。したがってエリシャは神の代理人として大胆に霊的権威を持って話し、はっきりと神のメッセージを

²²彼女は夫に呼びかけて言った。「どうぞ、若者のひとりと、雌ろば一頭を私によこしてください。私は急いで、神の人のところに行って、すぐ戻って来ますから。」
²³すると彼は、「どうして、きょう、あの人のところに行くのか。新月祭でもなく、安息日でもないのに」と言ったが、彼女は、「それでも、かまいません」と答えた。
²⁴彼女は雌ろばに鞍を置き、若者に命じた。「手綱を引いて、進んで行きなさい。私が命じなければ、手綱をゆるめてはいけません。」
²⁵こうして、彼女は出かけ、カルメル山の神の人のところへ行った。神の人は、遠くから彼女を見つけると、若い者ゲハジに言った。「ご覧。あのシュネムの女があそこに来ている。
²⁶さあ、走って行き、彼女を迎え、『あなたは無事ですか。あなたのご主人は無事ですか。お子さんは無事ですか』と言いなさい。」それで彼女は答えた。「無事です。」
²⁷それから、彼女は山の上の神の人のところに来て、彼の足にすがりついた。ゲハジが彼女を追い払おうと近寄ると、神の人は言った。「そのままにしておきなさい。彼女の心に悩みがあるのだから。主はそれを私に隠され、まだ、私に知らせておられないのだ。」
²⁸彼女は言った。「私があなたさまに子どもを求めたでしょうか。この私にそんな気休めを言わないでくださいと申し上げたではありませんか。」
²⁹そこで、彼はゲハジに言った。「腰に帯を引き締め、手に私の杖を持って行きなさい。たといだれに会っても、あいさつしてはならない。また、たといだれがあいさつしても、答えてはならない。そして、私の杖をあの子の顔の上に置きなさい。」
³⁰その子の母親は言った。「主は生きておられ、あなたのたましいも生きています。私は決してあなたを離しません。」そこで、彼は立ち上がり、彼女のあとについて行った。
³¹ゲハジは、ふたりより先に行って、その杖を子どもの顔の上に置いたが、何の声もなく、何の応答もなかったので、引き返して、エリシャに会い、「子どもは目をさましませんでした」と言って彼に報告した。
³²エリシャが家に着くと、なんと、その子は死んで、寝台の上に横たわっていた。
³³エリシャは中に入り、戸をしめて、ふたりだけになって、主に祈った。
³⁴それから、寝台の上に上がり、その子の上に身を伏せ、自分の口を子どもの口の上に、自分の目を子どもの目の上に、自分の両手を子どもの両手の上に重ねて、子どもの上に身をかがめると、子どものからだが暖かくなってきた。
³⁵それから彼は降りて、部屋の中をあちら、こちらと歩き回り、また、寝台の上に上がり、子どもの上に身をかがめると、子どもは七回くしゃみをして目を開いた。
³⁶彼はゲハジを呼んで、「あのシュネムの女を呼んで来なさい」と言いつけた。ゲハジが彼女を呼んだので、彼女はエリシャのところに来た。そこで、エリシャは、「あなたの子どもを抱き上げなさい」と言った。
³⁷彼女は入って来て、彼の足もとにひれ伏し、地に伏しておじぎをした。そして、子どもを抱き上げて出て行った。

かまの中の毒

³⁸エリシャがギルガルに帰って来たとき、この地にききんがあった。預言者のともがらが彼の前にすわっていたので、彼は若い者に命じた。「大きなかまを火にかけ、預言

宣言することができた。(5) 評判が高く大きな影響力を持ち、神から与えられた能力を持つ預言者だった。けれども力強い明らかなしるしと奇蹟をもってその働きを確実なものとしてくださったのは神だった。今日キリストに従う人々はみな、それぞれの人生の中でこのような特徴が現れるように求めるべきである。

4:38-44　この地にききんがあった　「預言者のともがら」の必要を神が満たしてくださったというここにある二つの物語は、「主の目は主を恐れる者に注がれる。その恵みを待ち望む者に。彼らのたましいを死から救い出し、ききんのときにも彼らを生きながらえさせるために」(詩33:18-19)という真理を描き出している。たといほかの人々が神から離れ神を捨てるようなときにも、神はみことばに忠実な人々の面倒を見てくださる(⇒マコ16:18)。

者のともがらのために、煮物を作りなさい。」
39 彼らのひとりが食用の草を摘みに野に出て行くと、野生のつる草を見つけたので、そのつるから野生のうりを前掛けにいっぱい取って、帰って来た。そして、彼は煮物のかまの中にそれを切り込んだ。彼らはそれが何であるか知らなかったからである。
40 彼らはみなに食べさせようとして、これをよそった。みながその煮物を口にするや、叫んで言った。「神の人よ。かまの中に毒が入っています。」彼らは食べることができなかった。
41 エリシャは言った。「では、麦粉を持って来なさい。」彼はそれをかまに投げ入れて言った。「これをよそって、この人たちに食べさせなさい。」その時にはもう、かまの中には悪い物はなくなっていた。

百人の給食
42 ある人がバアル・シャリシャから来て、神の人に初穂のパンである大麦のパン二十個と、一袋の新穀とを持って来た。神の人は、「この人たちに与えて食べさせなさい」と命じた。
43 彼の召使いは、「これだけで、どうして百人もの人に分けられましょう」と言った。しかし、エリシャは言った。「この人たちに与えて食べさせなさい。主はこう仰せられる。『彼らは食べて残すだろう。』」
44 そこで、召使いが彼らに配ると、彼らは食べた。主のことばのとおり、それはあり余った。

ナアマンのツァラアトが癒される
5 1 アラムの王の将軍ナアマンは、その主君に重んじられ、尊敬されていた。主がかつて彼によってアラムに勝利を得させられたからである。この人は勇士で、ツァラアトに冒されていた。
2 アラムはかつて略奪に出たとき、イスラエルの地から、ひとりの若い娘を捕らえて来ていた。彼女はナアマンの妻に仕えていたが、
3 その女主人に言った。「もし、ご主人さまがサマリヤにいる預言者のところに行かれたら、きっと、あの方がご主人さまのツァラアトを直してくださるでしょうに。」
4 それで、ナアマンはその主君のところに行き、イスラエルの地から来た娘がこれこれのことを言いました、と告げた。
5 アラムの王は言った。「行って来なさい。私がイスラエルの王にあてて手紙を送ろう。」そこで、ナアマンは銀十タラントと、金六千シェケルと、晴れ着十着とを持って出かけた。
6 彼はイスラエルの王あての次のような手紙を持って行った。「さて、この手紙があなたに届きましたら、実は家臣ナアマンをあなたのところに送りましたので、彼のツァラアトを直してくださいますように。」
7 イスラエルの王はこの手紙を読むと、自分の服を引き裂いて言った。「私は殺したり、生かしたりすることのできる神であろうか。この人はこの男を送って、ツァラアトを直せと言う。しかし、考えてみなさい。彼は私に言いがかりをつけようとしているのだ。」
8 神の人エリシャは、イスラエルの王が服を引き裂いたことを聞くと、王のもとに人をやって言った。「あなたはどうして服を引き裂いたりなさるのですか。彼を私のところによこしてください。そうすれば、彼はイス

---

40 *直訳「死」
41 ① II列2:21, 出15:25
42 ① II列4:42-44, マタ14:16-21, 15:32-38, マコ6:37-44, 8:1-9, ルカ9:13-17, ヨハ6:5-13
② I サム9:4
③ 出23:16, レビ2:14, 民28:26
④ I サム9:7

1 ① ルカ4:27

2 ① II列6:23, 13:20, 21
5 ① II列4:42, I サム9:7
*1タラントは34キログラム
**1シェケルは11.4グラム
② II列5:22, 23, 士14:12
7 ① 創37:29
② 申32:39, I サム2:6, ヨハ5:21
③ I 列20:7, ルカ11:54
8 ① II 列1:9

4:39 草を摘みに 金持のぜいたくな生活とは違ってこの預言者たちの生活は質素でつましく(→I列20:35注)、忠実に奉仕し、自己鍛錬をし自制をするものだった(⇒IIコリ4:7-12, 6:4-10)。

4:42 神の人に・・・新穀とを持って来た バアル・シャリシャから来た男は堕落した祭司やレビ人にささげ物をすることを拒んだ(I列12:28-31)。その代りに、神を敬うこの人は神に忠実で、その務めを果している本当の主の預言者たちにささげ物を持って来た。キリスト者も忠実にまた効果的にキリストのメッセージを広めている奉仕の働きのためにささげて、神の働

きを支えるようにするべきである。

5:1 ナアマン ナアマンの物語は神が配慮し必要を満たしてくださること(5:1-14)、その救いの力とあわれみ(5:15-19)、罪に対するさばき(5:20-27)などを具体的に現している。この実例は神の恵みと救い(神との関係を持ち祝福を体験する機会を持つこと)はイスラエル人だけに与えられるものではないことをも表している。神はすべての人を愛しておられ、神ただ一人をまことの神と信頼して従う人と個人的な関係を結んでくださる(→ルカ4:18-19, 25-27)。

ラエルに預言者がいることを知るでしょう。」
⁹こうして、ナアマンは馬と戦車をもって来て、エリシャの家の入口に立った。
¹⁰エリシャは、彼に使いをやって、言った。「ヨルダン川へ行って七たびあなたの身を洗いなさい。そうすれば、あなたのからだが元どおりになってきよくなります。」
¹¹しかしナアマンは怒って去り、そして言った。「何ということだ。私は彼がきっと出て来て、立ち、彼の神、主の名を呼んで、この患部の上で彼の手を動かし、このツァラアトに冒された者を直してくれると思っていたのに。
¹²ダマスコの川、アマナやパルパルは、イスラエルのすべての川にまさっているではないか。これらの川で洗って、私がきよくなれないのだろうか。」こうして、彼は怒って帰途についた。
¹³そのとき、彼のしもべたちが近づいて彼に言った。「わが父よ。あの預言者が、もしも、むずかしいことをあなたに命じたとしたら、あなたはきっとそれをなさったのではありませんか。ただ、彼はあなたに『身を洗って、きよくなりなさい』と言っただけではありませんか。」

10①ヨハ9:7
13①Ⅱ列2:12, 6:21, 8:9
 ＊直訳「大きなこと」

14①Ⅱ列5:10
  ②ヨブ33:25
  ③ルカ4:27, 5:13
15①Ⅱ列5:8, ヨシ2:11,
  Ⅰサム17:46,
  ダニ2:47, 3:29, 6:26, 27
  ②創33:11,
  Ⅰサム9:7, 8, 25:27
16①→Ⅰ列1:29
  ②Ⅱ列5:20, 26,
  創14:22, 23
17①出20:24
  ②→Ⅱ列3:27
18①Ⅱ列7:2, 17

¹⁴そこで、ナアマンは下って行き、神の人の言ったとおりに、ヨルダン川に七たび身を浸した。すると彼のからだは元どおりになって、幼子のからだのようになり、きよくなった。
¹⁵そこで、彼はその一行の者を全部連れて神の人のところに引き返し、彼の前に来て、立って言った。「私は今、イスラエルのほか、世界のどこにも神はおられないことを知りました。それで、どうか今、あなたのしもべからの贈り物を受け取ってください。」
¹⁶神の人は言った。「私が仕えている主は生きておられる。私は決して受け取りません。」それでも、ナアマンは、受け取らせようとしきりに彼に勧めたが、彼は断った。
¹⁷そこでナアマンは言った。「だめでしたら、どうか二頭の騾馬に載せるだけの土をしもべに与えてください。しもべはこれからはもう、ほかの神々に全焼のいけにえや、その他のいけにえをささげず、ただ主にのみささげますから。
¹⁸主が次のことをしもべにお許しくださいますように。私の主君がリモンの神殿に入って、そこで拝む場合、私の腕に寄りか

5:10 ヨルダン川へ行って・・・あなたの身を洗いなさい エリシャはナアマンに、謙遜と従順を簡単に示すためにヨルダン川の濁った水でからだを洗うように命じた。そうすればナアマンはあの人によってとかこの方法で癒されたなどと言えなくなる。イスラエル人もアラム人もツァラアト（皮膚と神経を冒す病気でしばしばからだの一部の感覚が失われ痛みが増し、ついに外観が損なわれる恐れがある）が川で治るものではないことがわかっていた。ナアマンはこの癒しが預言者の働きを通して行われた神の奇蹟であることを知る必要があった（→「神による癒し」の項 p.1640）。

5:13-14 身を洗って、きよくなりなさい このことばは旧約聖書のほかの多くの箇所とともに神の約束されたメシヤ（「油そそがれた者」、救い主）であるイエス・キリストの働きを預言することばである。主イエスは世界に霊的なきよめと救いをもたらされる。この主題に関するより詳しい学び →「旧約聖書のキリスト」の項 p.611

5:15 イスラエルのほか、世界のどこにも神はおられない 異国人であるナアマンのツァラアトが奇蹟的に癒されたことは驚くべきことである。イスラエルには多くのツァラアト患者がいたけれども、この奇蹟はナアマンをまことの神を信じる信仰へと導いたようである（→5:17）。主イエスは後に、神の民が信じることも従うこともやめるなら、神の国は取去られる可能性があることを示し、ナアマンのことにも触れて警告をされた（ルカ4:27）。けれども主イエスを受入れ頼る人々には愛、救い、力などが与えられることを明らかにされた（⇒マタ8:10-13, 23:37-39）。

5:16 私は決して受け取りません 神は人が支払う金額に応じて祝福を与えられるのではない。神の祝福をお金で手に入れることはできない。祝福をくださるのは神が恵み深い方だからである。したがってエリシャは神がなされたことから利益を得ることは正しくないと思った（⇒マタ10:8, Ⅱコリ2:17）。ナアマンの癒しは神のあわれみによるものでお金に換算できるものではなかった。ナアマンは今や受けるにふさわしくない神の好意の「負債」を負ったのであって、これは生涯を通じて神を礼拝し仕えることによってのみ返済できるものである（5:17）。

旧約聖書のキリスト

> 「そこで、ナアマンは下って行き、神の人の言ったとおりに、ヨルダン川に七たび身を浸した。すると彼のからだは元どおりになって、幼子のからだのようになり、きよくなった。」（列王記第二5:14）

　新約聖書は基本的教えとして、イエス・キリスト（メシヤ）は旧約聖書をご自分で成就された（律法、預言、目的を成就した）と教えている。新約聖書のヘブル人への手紙の著者は、神は過去には預言者を通して人々に話されたけれども、御子イエスが地上に来られてからはこの主イエスを通してご自分の計画を啓示されたと言っている（ヘブ1:1-2）。主イエスご自身も律法と預言者を成就するために来たと強調された（マタ5:17）。奇蹟的に死から復活された後、主イエスは弟子たちにモーセの律法と預言者と詩篇（ヘブル語旧約聖書の主要な三区分）がご自分の死と復活についてはっきりと預言していたと説明された（ルカ24:25-27, 44-46）。イエス・キリストについての旧約聖書の預言をよりよく理解するためには予型論（預言的象徴）を理解しなければならない。神学（神、神に関する事柄、神と人との関係などについての学問）では「予型（型）」は後に来るもの、後に起こること、あるいは現されるものを示す預言的象徴または実例のことである。

予型論の原理

　旧約聖書を注意深く研究すると、象徴（「型（タイプ）」−《ギ》テュポス）というものがあり、それらはメシヤ（「原型」−象徴、例証、表現などが指し示す「本物」）が来られることによって成就したことがわかる。つまり旧約聖書には新約聖書のイエス・キリストを何らかのかたちで示す、あるいは予表する人物、事件、事柄などがある。この預言と成就の関係については二つの基本的な原則がある。

　(1) 旧約聖書の聖句がキリストを指し示していることを知るためには、人々を霊的に救い、神との関係に回復する神のご計画の歴史にその人物、場所、事件がどのように当てはまるかというところから考え始めなければならない。特に約束のメシヤ（「油そそがれた者」、救い主）としてイエス・キリストが来られることをその聖句がどのように指し示しているかを調べなければならない。

　(2) 主イエスが旧約聖書の聖句を成就したのは、通常旧約聖書が示す事件そのものよりももっと霊的に深いレベルでだったことを認めなければならない。実際に元の物語にかかわった人々は自分たちが体験している事柄が神の大計画の一部分であるとか、やがて来られる神の子について預言をしているなどとは全く意識していなかった。たとえばダビデが詩篇22篇を書いたとき、自分の苦しみが十字架の上のキリストの苦しみを象徴したり預言したりしているとは考えていなかったに違いない。もう一つの例として（反抗に対する神のさばきの結果として）神の民が捕えられ、バビロンに追放された（捕虜として移住させられた）ときのことがある。バビロンへ連れて行かれる途中でラマにあるラケル（イスラエルつまりヤコブの妻の一人、したがってイスラエル民族の重要な先祖の一人）の墓の前を通り過ぎた人々は、自分たちの苦しい情況を悲しんで激しく泣いた（エレ31:15）。新約聖書ではマタイがこの文章はベツレヘムで二歳以下の男の子がみな殺されるというこの地域の人々の悲しみを預言したものだったと明らかにしている（マタ2:18）。この事件はヘロデ王が赤子の主イエスを殺そうとして行ったことである。旧約聖書の人物や事件の象徴や預言的意味の多くは、新約聖書が主イエスについて明らかにしたことと比較してみたときに初めて理解することができる（→「キリストによって成就した旧約聖書の預言」の表 p.1029）。

預言の型の分類

　キリストがやがて来られることを預言的に指し示している旧約聖書の記事には、少なくとも4種類の異なった形式がある。

(1) **新約聖書にしばしば引用されている聖句** 旧約聖書のある文は新約聖書の中でキリストを預言しているとして引用されているのではっきりしている。たとえばマタイはイザヤ書7章14節を引用して旧約聖書がキリストの処女降誕を預言していたことを証明し（マタ1：23）、ミカ書5章2節を用いて主イエスがベツレヘムに生れることを証明している（マタ2：6）。マルコはキリストの先駆者（先触れをするために派遣されるメッセンジャー）としてバプテスマのヨハネが来ること（マコ1：2-3）がイザヤ（イザ40：3）とマラキ（マラ3：1）によって預言されていたと示している。ゼカリヤはしゅろの日曜日に主イエスがエルサレムに来られる様子を予告していた（ゼカ9：9, ⇒マタ21：1-5, ヨハ12：14-15）。詩篇22篇18節に描かれているダビデの体験は十字架の下で兵士たちが主イエスの衣服を分けるのを予想しており（ヨハ19：23-24）、詩篇16篇8-11節にあるダビデのことばは主イエスの復活の明らかな予言として解釈されている（使2：25-32, 13：35-37）。ヘブル人への手紙の著者は祭司メルキゼデク（⇒創14：18-20, 詩110：4）が永遠の大祭司であるキリストの預言的象徴であると主張している。これ以外にも多くの聖句を挙げることは可能である。

(2) **新約聖書の著者がしばしば指し示す事柄** キリストが来られることとその働きが旧約聖書の中で暗示されている例は、実際にそれを示す聖句が引用されてはいないけれども、人物や事件や事柄がキリストを預言するものとして扱われている部分である。たとえば聖書の最初の預言的なことばの中で（創3：15）、神は女の子孫（処女から生れるキリスト）がへび（サタン）の子孫とその働きを滅ぼすことを約束しておられる。パウロは神の律法を守ることができない人々を救い出すためにキリストは女から生れたと言っているけれども（ガラ4：4-5, ⇒ロマ16：20）、この部分を念頭においていたと思われる。使徒ヨハネも神の子が来たのは「悪魔のしわざを打ちこわすためです」と言っている（Ⅰヨハ3：8）。バプテスマのヨハネが主イエスを「世の罪を取り除く神の小羊」（ヨハ1：29, 36）と言ったことは、レビ記16章とイザヤ書53章7節を指し示している。またパウロが主イエスを「私たちの過越の小羊」（Ⅰコリ5：7）と言ったことは、ユダヤ人の過越の祭りでささげられる中心的いけにえである過越の子羊が、人々のためにキリストが死なれることを預言的に描いていたことを示している（出12：1-14）。イスラエルが荒野で不平を言ったときに神ののろいを止めるためにモーセが銅の蛇を作ったことは（民21：4-9）、主イエスご自身も罪ののろいを止めるために十字架にかけられることを預言していると言われた。またヨハネが神のことばである主イエスは万物の創造にかかわられた（ヨハ1：1-3）と言うとき、「主のことばによって、天は造られた」という詩篇33篇6節に同じ真理があることを見ることができる（⇒ヘブ1：3, 10-12）。以上は、新約聖書が示している、キリストにかかわる旧約聖書のほんの一例に過ぎない。

(3) **贖い（人々を罪の結果から救い出し神との関係を回復する神の計画）という主題に焦点を合せる人物、事件、事柄** イスラエル民族がエジプトから解放されたことは旧約聖書全体を通して古い契約の中では最大の贖いの事件だったとされている。それはまたキリストと、キリストが新しい契約（「旧契約と新契約」の項p.2363）のもとで可能にされた罪からの救いを予表している。出エジプト記にはキリストとその働きを予表する型としてこのほかにモーセ、過越、紅海横断、マナ（神が奇蹟的に送られた食物）、岩からの水、幕屋とその備品、大祭司などが描かれている。

(4) **新契約（神の御子イエス・キリストのいのちと犠牲を通して人々に霊的救いを与え神との関係を回復する神の計画）のもとで神がキリストに従う人々になさることやその方法を予表する物語や事件** 旧約聖書の多くの事件は実際にはイエス・キリストによって成就された。具体的には次のような例がある。

(a) アブラハムは神がサラに子ども（イサク）を与えられるまで25年近く忍耐して待たなければならなかった。アブラハムは自分の計画や行動によって神の約束を急がせることはできなかった。これは最も良いときに（ガラ4：4）神が御子を世界の救い主として送られたことによって成就した型である。人間は主イエスの来られるのを早めたり阻止したりすることができなかった。霊的救いは人間の努力によってではなく、神のみこころによってのみ与えられる（⇒ヨハ3：16）。

(b) 神がイスラエル人を恵みの力によってエジプトから救い出される前に、人々は敵から解放してくださいと必死になって神に叫ばなければならなかった（出2：23-24, 3：7）。これは神の霊的救いを受ける方法を預言している。人々は神の恵みによって罪から解放される前に、悔い改めて叫び、罪を赦して救ってく

ださいと願い求めなければならない(⇒使2:37-38, 16:29-33, 17:30-31)。「主の御名を呼び求める者は、だれでも救われる」のである(ロマ10:13)。

　(c) アラム人ナアマンがイスラエルの神にツァラアトを癒してもらいたいと願ったとき、ヨルダン川で7回からだを洗うように言われた。この奇妙な要求にナアマンは最初は怒ったけれども、癒されるためにはへりくだって神の指示に従わなければならなかった(Ⅱ列5:1-14)。この話は主イエスと新しい契約の両方を予表している。まず神の救いの恵みはイスラエル民族以外の人にも及ぶこと(⇒ルカ4:27, 使22:21, ロマ15:8-12)。次に霊的救いと神との新しい関係をいただくためには自分の誇りを捨ててへりくだり(⇒ヤコ4:10, Ⅰペテ5:6)、罪と霊的汚れからきよめてくださるように主イエスに頼らなければならないことを示している(⇒使22:16, Ⅰコリ6:11, テト3:5, Ⅰヨハ1:7, 9, 黙1:5)。

　要約すると旧約聖書は神を敬う過去の人々の物語を単に模範として伝えているだけではない(⇒Ⅰコリ10:1-13, ヘブ11:, ヤコ5:16-18)。預言的約束、人物、事件、神によって目的をもって細部まで計画され設計された事物(幕屋とその備品など)をやがて起こること(キリストによって最終的に成就すること)の予告として記録しているのである。このような旧約聖書にあるキリストの例はみな、古い契約、新しい契約(キリストが来られる前とあとの両方、→「旧契約と新契約」の項 p.2363)それぞれのもとにいる神の民にとって深い霊的意味と意義を持つものとして啓示されたのである。

かります。それで私もリモンの神殿で身をかがめます。私がリモンの神殿で身をかがめるとき、どうか、主がこのことをしもべにお許しくださいますように。」
19 エリシャは彼に言った。「安心して行きなさい。」そこでナアマンは彼から離れて、かなりの道のりを進んで行った。
20 そのとき、神の人エリシャに仕える若い者ゲハジはこう考えた。「なんとしたことか。私の主人は、あのアラム人ナアマンが持って来た物を受け取ろうとはしなかった。主は生きておられる。私は彼のあとを追いかけて行き、必ず何かをもらって来よう。」
21 ゲハジはナアマンのあとを追って行った。ナアマンは、うしろから駆けて来る者を見つけると、戦車から降りて、彼を迎え、「何か変わったことでも」と尋ねた。
22 そこで、ゲハジは言った。「変わったことはありませんが、私の主人は私にこう言ってよこしました。『たった今、エフライムの山地から、預言者のともがらのふたりの若い者が私のところにやって来ましたから、どうぞ、彼らに銀一タラントと、晴れ着二着をやってください。』」
23 するとナアマンは、「どうぞ。思い切って二タラントを取ってください」と言って、しきりに勧め、二つの袋に入れた銀二タラントと、晴れ着二着を、自分のふたりの若い者に渡した。それで彼らはそれを背負ってゲハジの先に立って進んだ。
24 ゲハジは丘に着くと、それを彼らから受け取って家の中にしまい込み、ふたりの者を帰らせたので、彼らは去って行った。
25 彼が家に入って主人の前に立つと、エリシャは彼に言った。「ゲハジ。あなたはど

19 ①出4:18、Ⅰサム1:17、マコ5:34
20 ①Ⅱ列4:12, 13, 31, 36 ②→Ⅰ列1:29
22 ①ヨシ24:33
　*1タラントは34キログラム
　②Ⅱ列5:5
24 ①ヨシ7:1, 11, 12, 21

26 ①Ⅰ列5:16、Ⅰテモ6:10
②Ⅱ列18:32, 19:29、Ⅰ歴27:27、ネヘ5:3, 4, 5:11, 9:25、→イザ5:1
27 ①Ⅱ列15:5、出4:6、民12:10

1 →Ⅱ列2:3
6 ①Ⅱ列1:9
②Ⅱ列2:21, 4:41、出15:25

こへ行って来たのか。」彼は答えた。「しもべはどこへも行きませんでした。」
26 エリシャは彼に言った。「あの人があなたを迎えに戦車から降りて来たとき、私の心もあなたといっしょに行っていたではないか。今は銀を受け、着物を受け、オリーブ畑やぶどう畑、羊や牛、男女の奴隷を受ける時だろうか。
27 ナアマンのツァラアトは、いつまでもあなたとあなたの子孫とにまといつく。」彼はツァラアトに冒され、雪のようになって、エリシャの前から出て来た。

斧の頭が浮かぶ

6 1 預言者のともがらがエリシャに、「ご覧のとおり、私たちがあなたといっしょに住んでいるこの場所は狭くなりましたので、
2 ヨルダン川に行きましょう。そこからめいめい一本ずつ材木を切り出して、そこに、私たちの住む所を作りましょう」と言うと、エリシャは、「行きなさい」と言った。
3 すると、そのひとりが、「あなたもどうか、思い切ってしもべたちといっしょに行ってください」と言ったので、エリシャは、「では、私も行こう」と言って、
4 彼らといっしょに出かけた。彼らは、ヨルダン川に着くと、木を切り倒した。
5 ひとりが材木を倒しているとき、斧の頭を水の中に落としてしまった。彼は叫んで言った。「ああ、わが主。あれは借り物です。」
6 神の人は言った。「どこに落としたのか。」彼がその場所を示すと、エリシャは一本の枝を切って、そこに投げ込み、斧の頭を浮

5:20　何かをもらって来よう　エリシャのしもべゲハジは自分勝手だった。神の恵みのわざを物質的利益に使おうとした。ゲハジはエリシャを裏切ってナアマンとエリシャにうそを言い、神のわざと評判を損なう罪を犯した。新約聖書も神のことばを個人的な利益のために使う人のことについて触れている（Ⅱコリ2:17）。悲しいことに、富と権力を得るためだけに働く奉仕者がいる。キリストが救い、癒し、祝福を与えてくださることを説いていても、自己中心的な動機からしているのである。それは「キリストの測りがたい富」（エペ3:8）を「エジプトの宝」（ヘブ11:26）に変えようとすることである。

6:5　斧の頭　斧の頭をなくしたこの話は、重要ではないと思えることにも神の関心があることを示す一例である。鉄製の斧の頭は非常に高価だった。それに加えてこの貧しい男はそれを借りていたので責任を感じていた。この奇蹟は、(1) この男に対する神の愛情を表し、(2) 神はエリシャを通して力を現してその権威と働きを確実なものとし、(3) エリシャとともにいた若い預言者たちの信仰を増すことになった（⇒6:1-7）。

⁷彼が、「それを拾い上げなさい」と言ったので、その人は手を伸ばして、それを取り上げた。

エリシャが盲目のアラム人たちを捕らえる

⁸アラムの王がイスラエルと戦っていたとき、王は家来たちと相談して言った。「これこれの所に陣を敷こう。」
⁹そのとき、神の人はイスラエルの王のもとに人をやって言った。「あの場所を通らないように注意しなさい。あそこにはアラムが下って来ますから。」
¹⁰イスラエルの王は神の人が告げたその場所に人をやった。神の人が警告すると、王はそこを警戒した。このようなことは一度や二度ではなかった。
¹¹このことで、アラムの王の心は怒りに燃え、家来たちを呼んで言った。「われわれのうち、だれが、イスラエルの王と通じているのか、あなたがたは私に告げないのか。」
¹²すると家来のひとりが言った。「いいえ、*王さま。イスラエルにいる預言者エリシャが、あなたが寝室の中で語られることばまでもイスラエルの王に告げているのです。」
¹³王は言った。「行って、彼がどこにいるかを突き止めなさい。人をやって、彼をつかまえよう。」そのうちに、「今、彼はドタンにいる」という知らせが王にもたらされた。

12 * 直訳「わが主、王」
13 ①創37:17

¹⁴そこで王は馬と戦車と大軍とをそこに送った。彼らは夜のうちに来て、その町を包囲した。
¹⁵神の人の召使いが、朝早く起きて、外に出ると、なんと、馬と戦車の軍隊がその町を包囲していた。若い者がエリシャに、「ああ、ご主人さま。どうしたらよいのでしょう」と言った。
¹⁶すると彼は、「恐れるな。私たちとともにいる者は、彼らとともにいる者よりも多いのだから」と言った。
¹⁷そして、エリシャは祈って主に願った。「どうぞ、彼の目を開いて、見えるようにしてください。」主がその若い者の目を開かれたので、彼が見ると、なんと、火の馬と戦車がエリシャを取り巻いて山に満ちていた。
¹⁸アラムがエリシャに向かって下って来たとき、彼は主に祈って言った。「どうぞ、この民を打って、盲目にしてください。」そこで主はエリシャのことばのとおり、彼らを打って、盲目にされた。
¹⁹エリシャは彼らに言った。「こちらの道でもない。あちらの町でもない。私について来なさい。あなたがたの捜している人のところへ連れて行ってやろう。」こうして、彼らをサマリヤへ連れて行った。
²⁰彼らがサマリヤに着くと、エリシャは言った。「主よ。この者たちの目を開いて、見えるようにしてください。」主が彼らの目

16 ①Ⅱ歴32:7, 8, 出14:13, ロマ8:31
17 ①Ⅱ列6:20 ②Ⅱ列2:11, 7:6, 詩34:7, 68:17, ゼカ6:1-7
18 ①創19:11
20 ①Ⅰ列6:17

6:16-17 彼らとともにいる者よりも多い 目に見えない霊の領域が存在する。それは実際の世界で見、聞き、触れることができるものと同じように、あらゆる点でリアルである。それは神の民の生活の中で活動する数えきれないほどの大群の御使いたちから成立っている（創32:2、イザ63:9）。この出来事から次のような霊の原則を見ることができる。

（1）神ご自身が人々の生活の中で働かれるだけではなく（ロマ8:31）、御使いの大群も神の民と目的を支え守るために備えている（6:17、詩34:7、→「**御使いたちと主の使い**」の項 p.405）。

（2）聖書を信じるキリスト者はみな霊の目が開かれるように神に祈り続けるべきである。神の国（地とその上にあるものに対する神の権威、力、目的 ⇒ ルカ24:31、エペ1:18-21）の霊的現実をもっとはっきりと見ることができるように「（心の）目」を開いてくださるように神に求めなければならない。霊の目を大きく開いて、世界で神がしておられること、人々を通して実現しようとしておられることを見るべきである。

（3）神に仕える霊（御使い）はいつもそばにいて（創32:1-2）、神の民の行動と信仰を見守り、神の民のために働いている（使7:55-60、Ⅰコリ4:9、エペ3:10、Ⅰテモ5:21）。

（4）神の国の戦いは人間や目に見える勢力との戦いではない。それは「主権、力、この暗やみの世界の支配者たち、また、天にいるもろもろの悪霊に対する」霊的戦いである（エペ6:12、⇒黙12:7-9、→エペ6:11注）。

（5）霊の戦いには原因と結果の関係があり、人々は重要な役割を果している。これは最後の結果はある程度、神の民の信仰と祈りによって決まるということである（6:16-20、エペ6:18-19、→マタ9:38注）。

を開かれたので、彼らが見ると、なんと、彼らはサマリヤの真ん中に来ていた。

²¹イスラエルの王は彼らを見て、エリシャに言った。「私が打ちましょうか。私が打ちましょうか。わが父よ。」

²²エリシャは言った。「打ってはなりません。あなたは自分の剣と弓でとりこにした者を打ち殺しますか。彼らにパンと水をあてがい、飲み食いさせて、彼らの主君のもとに行かせなさい。」

²³そこで、王は彼らのために盛大なもてなしをして、彼らに飲み食いをさせて後、彼らを帰した。こうして彼らは自分たちの主君のもとに戻って行った。それからはアラムの略奪隊は、二度とイスラエルの地に侵入して来なかった。

包囲されたサマリヤのききん

²⁴この後、アラムの王ベン・ハダデは全軍を召集し、サマリヤに上って来て、これを包囲した。

²⁵そのころ、サマリヤには、ひどいききんがあった。そのうえ、彼らが包囲していたので、ろばの頭一つが銀八十シェケルで売られ、鳩の糞一カブの四分の一が銀五シェケルで売られるようになった。

²⁶イスラエルの王が城壁の上を通りかかると、ひとりの女が彼に叫んで言った。「王さま。お救いください。」

²⁷王は言った。「主があなたを救われないのなら、どのようにして、私があなたを救うことができようか。打ち場の物をもってか。それとも、酒ぶねの物をもってか。」

²⁸それから王は彼女に尋ねた。「いったい、どうしたというのか。」彼女は答えた。「この女が私に『あなたの子どもをよこしなさい。私たちはきょう、それを食べて、あすは私の子どもを食べましょう』と言ったのです。

²⁹それで、私たちは、私の子どもを煮て、食べました。その翌日、私は彼女に『さあ、

21 ① Ⅱ列2:12, 5:13, 8:9
22 ① Ⅱ歴28:8-15, ロマ12:20
23 ① Ⅱ列5:2, 24:2
24 ① Ⅰ列20:1
25 *1シェケルは11.4グラム
　　**1カブは1.3リットル
26 → Ⅱ列6:12 *
28 ① レビ26:27-29,
　　申28:53-57, 哀4:10

30 ① Ⅰ列21:27
31 ① ルツ1:17,
　　Ⅰサム3:17,
　　Ⅱサム19:13, Ⅰ列2:23
32 ① エゼ8:1, 14:1, 20:1
　　② Ⅰ列18:4, 13, 14
33 ① ヨブ2:10

1 ① Ⅱ列7:1, 2, Ⅱ列7:18,
　　*1セアは7.6リットル
2 ① Ⅱ列5:18, 7:17
　　② 詩78:23, マラ3:10,
　　創7:11, 8:2, イザ24:18
3 ① レビ13:45, 46,
　　民5:2-4, 12:10-14

あなたの子どもをよこしなさい。私たちはそれを食べましょう』と言ったのですが、彼女は自分の子どもを隠してしまったのです。」

³⁰王はこの女の言うことを聞くと、自分の服を引き裂いた。彼は城壁の上を通っていたので、民が見ると、なんと、王は服の下に荒布を着ていた。

³¹彼は言った。「きょう、シャファテの子エリシャの首が彼の上についていれば、神がこの私を幾重にも罰せられますように。」

³²エリシャは自分の家にすわっており、長老たちも彼といっしょにすわっていた。王はひとりの者を自分のもとから遣わした。しかし、その使者がエリシャのところに着く前に、エリシャは長老たちに言った。「あの人殺しが、私の首をはねに人を遣わしたのをご存じですか。気をつけなさい。使者が来たら、戸をしめ、戸を押しても入れないようにしなさい。そのうしろに、彼の主君の足音がするではありませんか。」

³³彼がまだ彼らと話しているうちに、使者が彼のところに下って来て言った。「見よ。これは、主からのわざわいだ。これ以上、何を私は主に期待しなければならないのか。」

7

¹エリシャは言った。「主のことばを聞きなさい。主はこう仰せられる。『あすの今ごろ、サマリヤの門で、上等の小麦粉一セアが一シェケルで、大麦二セアが一シェケルで売られるようになる。』」

²しかし、侍従で、王がその腕に寄りかかっていた者が、神の人に答えて言った。「たとい、主が天に窓を作られるにしても、そんなことがあるだろうか。」そこで、彼は言った。「確かに、あなたは自分の目でそれを見るが、それを食べることはできない。」

包囲が解かれる

³さて、四人のツァラアトに冒された人が、町の門の入り口にいた。彼らは互いに言った。「私たちはどうして死ぬまでここに

6:28 私たちはきょう、それを食べて イスラエルが神との契約関係(神の律法と約束、そして神への服従と忠実に基づく特別な関係)を捨てたために、この厳しいききんの中で自分の子どもたちに対して恐ろしいことをしてしまった。神とみことばを拒んだ重大な結果、家族への愛も愛情も失ってしまったのである(⇒申28:15, 53-57)。

7:1 上等の小麦粉一セアが一シェケルで・・・売られるようになる エリシャは食料の不足はすぐに終わり、食料の価格が普通の値段まで下がることを預言し

すわっていなければならないのだろうか。
4 たとい、私たちが町に入ろうと言っても、町はききんなので、私たちはそこで死ななければならない。ここにすわっていても死んでしまう。さあ今、アラムの陣営に入り込もう。もし彼らが私たちを生かしておいてくれるなら、私たちは生きのびられる。もし殺すなら、そのときは死ぬまでのことだ。」
5 こうして、彼らはアラムの陣営に行こうと、夕暮れになって立ち上がり、アラムの陣営の端まで来た。見ると、なんと、そこにはだれもいなかった。
6 主がアラムの陣営に、戦車の響き、馬のいななき、大軍勢の騒ぎを聞かせられたので、彼らは口々に、「あれ。イスラエルの王が、ヘテ人の王たち、エジプトの王たちを雇って、われわれを襲うのだ」と言って、
7 夕暮れになると、彼らは立って逃げ、彼らの天幕や馬やろば、すなわち、陣営をそのまま置き去りにして、いのちからがら逃げ去ったのであった。
8 このツァラアトに冒された人たちは、陣営の端に来て、一つの天幕に入り、食べたり飲んだりして、そこから、銀や金や衣服を持ち出し、それを隠しに行った。また、戻って来ては、ほかの天幕に入り、そこから持ち出し、それを隠しに行った。
9 彼らは話し合って言った。「私たちのしていることは正しくない。きょうは、良い知らせの日なのに、私たちはためらっている。もし明け方まで待っていたら、私たちは罰を受けるだろう。さあ、行って、王の家に知らせよう。」
10 彼らは町に行って、門衛を呼び、彼らに告げて言った。「私たちがアラムの陣営に入ってみると、もう、そこにはだれもおらず、人の声もありませんでした。ただ、馬やろばがつながれたままで、天幕もそっくりそのままでした。」
11 そこで門衛たちは叫んで、門のうちの王の家に告げた。

4① Ⅱ列6:24
6① Ⅱ列6:17, 19:35, Ⅱサム5:24, 詩68:17
② Ⅱ列19:7, ヨブ15:21
③ Ⅰ列10:29
④ Ⅱ歴12:2,3, イザ31:1, 36:9
8① ヨシ7:21
9① Ⅰ列6:30

12 王は夜中に起きて家来たちに言った。「アラムが私たちに対して計ったことをあなたがたに教えよう。彼らは私たちが飢えているのを知っているので、陣営から出て行って野に隠れ、あいつらが町から出て来たら、生けどりにし、それから町に押し入ろう、と考えているのだ。」
13 すると、家来のひとりが答えて言った。「それでは、だれかにこの町に残っている馬の中から五頭だけ取らせ、その者たちを遣わして偵察してみましょう。どうせ彼らはこの町に残っているイスラエルの全民衆と同じめに会い、または、すでに滅ぼされたイスラエルの全民衆と同じめに会うのですから。」
14 彼らが二台分の戦車の馬を取ると、王は、「行って、偵察して来なさい」と命じ、アラムの陣営のあとを追わせた。
15 彼らはアラムのあとを追って、ヨルダン川まで行った。ところが、なんと、道に至る所、アラムがあわてて逃げるとき捨てていった衣服や武具でいっぱいであった。使者たちは帰って来て、このことを王に報告した。
16 そこで、民は出て行き、アラムの陣営をかすめ奪ったので、主のことばのとおり、上等の小麦粉一セアが一シェケルで、大麦二セアが一シェケルで売られた。
17 王は例の侍従、その腕に王が寄りかかっていた侍従を門の管理に当たらせたが、民が門で彼を踏みつけたので、彼は死んだ。王が神の人のところに下って行ったとき話した神の人のことばのとおりであった。
18 神の人が王に、「あすの今ごろ、サマリヤの門で、大麦二セアが一シェケルで、上等の小麦粉一セアが一シェケルで売られるようになる」と言ったとき、
19 侍従は神の人に答えて、「たとい、主が天に窓を作られるにしても、そんなことがあるだろうか」と言った。そこで、彼は、「確かに、あなたは自分の目でそれを見る

12① Ⅱ列6:25-29
16① Ⅱ列7:1
＊1セアは7.6リットル
＊＊1シェケルは11.4グラム
17① Ⅰ列7:2
18① Ⅱ列7:18, 19, Ⅱ列7:1, 2

た(⇒7:16)。

7:16 【主】のことばのとおり このききんの中で神が働かれたことによって、イスラエル人は主がご自分のことばを守る方だということを理解した。神があわれみをもって完全な滅びから救われたのは人々が悔い改めて(罪を認めて自分勝手な道から戻ること)、神に立返るためだった。けれどももしそれを拒んで不信仰のまま神のことばに従わないなら、一層のさばきが下

が、それを食べることはできない」と言った。 ²⁰ そのとおりのことが彼に実現した。民が門で彼を踏みつけたので、彼は死んだ。

シュネム人の土地が返される

8 ¹ エリシャは、かつて子どもを生き返らせてやったあの女に言った。「あなたは家族の者たちと旅に立ち、あなたがとどまっていたい所に、しばらくとどまっていなさい。主がききんを起こされたので、この国は七年間、ききんに見舞われるから。」
² そこで、この女は神の人のことばに従って出発し、家族の者を連れてペリシテ人の地に行き、七年間滞在した。
³ 七年たって後、彼女はペリシテ人の地から戻って来て、自分の家と畑を得ようと王に訴え出た。
⁴ そのころ、王は神の人に仕える若い者ゲハジに、「エリシャが行ったすばらしいことを、残らず私に聞かしてくれ」と言って、話していた。
⁵ 彼が王に、死人を生き返らせたあのことを話していると、ちょうどそこに、子どもを生き返らせてもらった女が、自分の家と畑のことについて王に訴えに来た。そこで、ゲハジは言った。「王さま。これがその女です。これが、エリシャが生き返らせたその子どもです。」
⁶ 王が彼女に尋ねると、彼女は王にそのことを話した。そこで、王は彼女のためにひとりの宦官に命じて言った。「彼女の物は全部返してやりなさい。それに、彼女がこの地を離れた日から、きょうまでの畑の収穫もみな、返してやりなさい。」

ハザエルがベン・ハダデを殺す

⁷ エリシャがダマスコに行ったとき、アラムの王ベン・ハダデは病気であったが、彼に「神の人がここまで来ました」という知らせがあった。
⁸ 王はハザエルに言った。「贈り物を持って行って、神の人を迎え、私のこの病気が直るかどうか、あの人を通して主のみこころを求めてくれ。」
⁹ そこで、ハザエルはダマスコのあらゆる良い物をらくだ四十頭に載せ、贈り物として携えて、彼を迎えに行った。彼は神の人の前に行って立ち、そして言った。「あなたの子、アラムの王ベン・ハダデが、『この病気は直るであろうか』と言ってあなたのところへ私をよこしました。」
¹⁰ エリシャは彼に言った。「行って、『あなたは必ず直る』と彼に告げなさい。しかし、主は私に、彼が必ず死ぬことも示された。」
¹¹ 神の人は、彼が恥じるほど、じっと彼を見つめ、そして泣き出したので、
¹² ハザエルは尋ねた。「あなたさまは、なぜ泣くのですか。」エリシャは答えた。「私は、あなたがイスラエルの人々に害を加えようとしていることを知っているからだ。あなたは、彼らの要塞に火を放ち、その若い男たちを剣で切り殺し、幼子たちを八つ裂きにし、妊婦たちを切り裂くだろう。」
¹³ ハザエルは言った。「しもべは犬にすぎ

側注:
1 ① Ⅱ列4:32-37
②創41:27, 54,
詩105:16, ハガ1:11
4 ① Ⅱ列4:12, 5:20-27
5 ① Ⅱ列4:35-37
＊直訳「わが主、王」

7 ① Ⅰ列11:24
② Ⅱ列6:24
8 ① Ⅱ列5:5, 15,
Ⅰサム9:7, Ⅰ列14:2, 3
② Ⅱ列1:2
9 ① Ⅱ列5:13
10 ① Ⅱ列8:14
② Ⅱ列8:15
11 ① ルカ19:41
12 ＊直訳「わが主」
① Ⅱ列10:32, 33, 12:17,
13:3, 7, 22, 25,
Ⅰ列19:17, アモ1:3
② ホセ13:16, ナホ3:10
③ Ⅱ列15:16, アモ1:13
13 ① Ⅰサム17:43,
Ⅱサム9:8

ることになる(7:2, 17-20)。

8:1　ききんを起こされた　イスラエルの反抗に対する罰として神はききんを送られた(⇒申11:16-17, 28:38-40)。そのききんがいつ起きたのかは書いてないけれども、ゲハジのさばきの前で(8:5, 5:27)、シュネム人の息子が生き返った(8:1, 4:32-37)あとと思われる。それは4:38で言われているききんと同じものと思われる。

8:2　この女は・・・従って出発し　この女性は本当の信仰を持ち、国中が霊的に反抗しているときも預言者に対して忠実だった(4:8-37)。それで神は困ったときに助けてくださった(⇒マタ10:41, 黙3:10)。

8:11-12　神の人は・・・泣き出した　神から与えられた幻を通して、エリシャはハザエルがアラムの王になり、イスラエルに恐ろしいことを行うのを知った(8:12-13)。そして霊的反抗の結果イスラエルに起ころうとしていることを知って、エリシャは泣いた。主の心と目的を知る神の人エリシャはご自分の民によって捨てられた神の深い悲しみを感じた。また今や罪のために厳しいさばきを受けなければならない神の民のために悲しんだ。同じように主イエスはエルサレムのために泣かれ(ルカ19:41)、パウロは教会のために泣いた(使20:28-31)。エリシャのことばはハザエルが後に残酷なことを行うのを認めたものではない。それは戦いでは不道徳な人が恐ろしい行動をすることをそのまま描いているだけである(⇒イザ13:15, ホセ10:14)。

ないのに、どうして、そんなだいそれたことができましょう。」しかし、エリシャは言った。「主は私に、あなたがアラムの王になると、示されたのだ。」

14 彼はエリシャのもとを去り、自分の主君のところに帰った。王が彼に、「エリシャはあなたに何と言ったか」と尋ねると、彼は、「あなたは必ず直る、と彼は言いました」と答えた。

15 しかし、翌日、ハザエルは毛布を取って、それを水に浸し、王の顔にかぶせたので、王は死んだ。こうして、ハザエルは彼に代わって王となった。

ユダの王ヨラム
8:16-24　並行記事―Ⅱ歴21:5-10, 20

16 イスラエルの王アハブの子ヨラムの第五年に――ヨシャパテがユダの王であったが――ユダの王ヨシャパテの子ヨラムが王となった。

17 彼は三十二歳で王となり、エルサレムで八年間、王であった。

18 彼はアハブの家の者がしたように、イスラエルの王たちの道に歩んだ。アハブの娘が彼の妻であったからである。彼は主の目の前に悪を行ったが、

19 主は、そのしもべダビデに免じて、ユダを滅ぼすことを望まれなかった。主はダビデとその子孫にいつまでもともしびを与えようと、彼に約束されたからである。

20 ヨラムの時代に、エドムがそむいて、ユダの支配から脱し、自分たちの上に王を立てた。

21 ヨラムは、すべての戦車を率いてツァイルへ渡って行き、夜襲を試み、彼を包囲していたエドムと戦車隊長たちを打ったので、その民は自分の天幕に逃げ帰った。

22 しかしなお、エドムはそむいて、ユダの支配から脱した。今日もそうである。リブナもまた、その時にそむこうとした。

23 ヨラムのその他の業績、彼の行ったすべての事、それはユダの王たちの年代記の書にしるされているではないか。

24 ヨラムは彼の先祖たちとともに眠り、先祖たちとともにダビデの町に葬られた。彼

13 ② Ⅰ 列 19:15
14 ① Ⅱ 列 8:10
15 ① Ⅱ 列 8:10
② Ⅰ 列 19:15
16 ① Ⅱ 列 1:17, 3:1
17 ① Ⅱ 列 8:17-22, Ⅱ 歴 21:5-10
18 ① Ⅱ 列 8:27
② → Ⅰ 列 3:2
19 ① Ⅱ サム 7:11-16
② → 詩 132:17
20 ① Ⅱ 列 6:29, 27, 8:22, Ⅰ 列 22:47
21 ① Ⅰ サム 18:17, 19:8
22 ① Ⅱ 列 27:40
② Ⅰ 列 19:8, ヨシ 21:13
23 ① → Ⅰ 列 14:29
24 ① Ⅰ 列 9:28, 12:21, 14:20, 15:7, 38, 16:20, → Ⅱ サム 5:7

25 ① Ⅱ 列 8:25-29, Ⅱ 歴 22:1-6
27 ① → Ⅰ 列 3:2
28 ① Ⅱ 列 8:15
② Ⅰ 列 22:3
③ Ⅰ 列 9:14, 15
29 ① → Ⅰ 列 9:16

1 ① → Ⅱ 列 2:3
② Ⅱ 列 4:29, エレ 1:17
③ Ⅰ サム 16:1
2 ① Ⅱ 列 9:14, 20, Ⅰ 列 19:16, 17
3 ① Ⅰ サム 10:1, Ⅰ 列 1:39
② Ⅰ 列 19:16, Ⅱ 歴 22:7
4 ① Ⅱ 列 9:1

の子アハズヤが代わって王となった。

ユダの王アハズヤ
8:25-29　並行記事―Ⅱ歴22:1-6

25 イスラエルの王アハブの子ヨラムの第十二年に、ユダの王ヨラムの子アハズヤが王となった。

26 アハズヤは二十二歳で王となり、エルサレムで一年間、王であった。彼の母の名はアタルヤといい、イスラエルの王オムリの孫娘であった。

27 彼はアハブの家の道に歩み、アハブの家にならって主の目の前に悪を行った。彼自身アハブ家の婿になっていたからである。

28 彼はアハブの子ヨラムとともに、アラムの王ハザエルと戦うため、ラモテ・ギルアデに行ったが、アラム人はヨラムに傷を負わせた。

29 ヨラム王は、アラムの王ハザエルと戦ったときにラマでアラム人に負わされた傷をいやすため、イズレエルに帰って来た。ユダの王ヨラムの子アハズヤは、アハブの子ヨラムが病気であったので、彼を見舞いにイズレエルに下って行った。

油注がれたイスラエルの王エフー

9 ¹ 預言者エリシャは預言者のともがらのひとりを呼んで言った。「腰に帯を引き締め、手にこの油のつぼを持って、ラモテ・ギルアデに行きなさい。

² そこに行ったら、ニムシの子ヨシャパテの子エフーを見つけ、家に入って、その同僚たちの中から彼を立たせ、奥の間に連れて行き、

³ 油のつぼを取って、彼の頭の上に油をそそいで言いなさい。『主はこう仰せられる。わたしはあなたに油をそそいでイスラエルの王とする。』それから、戸をあけて、ぐずぐずしていないで逃げなさい。」

⁴ そこで、その若い者、預言者に仕える若い者は、ラモテ・ギルアデに行った。

⁵ 彼が来てみると、ちょうど、将校たちが会議中であった。彼は言った。「隊長。あなたに申し上げることがあります。」エフーは言った。「このわれわれのうちのだれにか。」若い者は、「隊長。あなたにです」と答えた。

⁶ エフーは立って、家に入った。そこで若

者は油をエフーの頭にそそいで言った。「イスラエルの神、主は、こう仰せられる。『わたしはあなたに油をそそいで、主の民イスラエルの王とする。 7 あなたは、主君アハブの家の者を打ち殺さなければならない。こうしてわたしは、わたしのしもべである預言者たちの血、イゼベルによって流された主のすべてのしもべたちの血の復讐をする。 8 それでアハブの家はことごとく滅びうせる。わたしは、アハブに属する小わっぱから奴隷や自由の者に至るまでを、イスラエルで断ち滅ぼし、 9 アハブの家をネバテの子ヤロブアムの家のようにし、アヒヤの子バシャの家のようにする。 10 犬がイズレエルの地所でイゼベルを食らい、だれも彼女を葬る者がいない。』」こう言って彼は戸をあけて逃げた。

11 エフーが彼の主君の家来たちのところに出て来ると、ひとりが彼に尋ねた。「何事もなかったのですか。あの気の狂った者は何のために来たのですか。」すると、エフーは彼らに答えた。「あなたがたは、あの男も、あの男の言ったことも知っているはずだ。」 12 彼らは言った。「あなたは偽っている。われわれに教えてくれ。」そこで、彼は答えた。「あの男は私にこんなことを言った。『主はこう仰せられる。わたしはあなたに油をそそいでイスラエルの王とする』と。」 13 すると、彼らは大急ぎで、みな自分の上着を脱ぎ、入口の階段の彼の足もとに敷き、角笛を吹き鳴らして、「エフーは王である」と言った。

エフーがヨラムとアハズヤを殺す
9:21-29　並行記事－Ⅱ歴22:7-9

14 こうして、ニムシの子ヨシャパテの子エフーは、ヨラムに対して謀反を起こした。
──ヨラムは全イスラエルを率いて、ラモテ・ギルアデでアラムの王ハザエルを防いだが、 15 ヨラム王は、アラムの王ハザエルと戦ったときにアラム人に負わされた傷をいやすため、イズレエルに帰って来ていた──エフーは言った。「もし、これがあなたがたの本心であれば、だれもこの町からのがれ出て、イズレエルに知らせに行ってはならない。」 16 それから、エフーは車に乗って、イズレエルへ行った。ヨラムがそこで床についており、ユダの王アハズヤもヨラムを見舞いに下っていたからである。

17 イズレエルのやぐらの上に、ひとりの見張りが立っていたが、エフーの軍勢がやって来るのを見て、「軍勢が見える」と言った。ヨラムは、「騎兵ひとりを選んで彼らを迎えにやり、お元気ですかと、尋ねさせなさい」と言った。 18 そこで、騎兵は彼を迎えに行って言った。「王が、お元気ですかと尋ねておられます。」エフーは言った。「元気かどうか、あなたの知ったことではない。私のうしろについて来い。」一方、見張りは報告して言った。「使者は彼らのところに着きましたが、帰って来ません。」 19 そこでヨラムは、もうひとりの騎兵を送った。彼は彼らのところに行って言った。「王が、お元気ですかと尋ねておられます。」すると、エフーは言った。「元気かどうか、あなたの知ったことではない。私のうしろについて来い。」 20 見張りはまた、報告して言った。「あれは彼らのところに着きましたが、帰って来ません。しかし、車の御し方は、ニムシの子

9:7　アハブの家の者を打ち殺さなければならない
何年も前に、エリシャはアハブの子孫が完全に滅ぼされることを予告していた（Ⅰ列21:19-24）。

9:8　アハブの家はことごとく滅びうせる
神はアハブの家族をさばき、滅ぼされた。それは引続きかたくなで神に反抗して人間が作ったにせの「神々」に従ってイスラエルの国全体を堕落させたからである（⇒ロマ2:5-6）。アハブの家(10:)、アハブの息子ヨラム(9:22-26、→Ⅰ列21:19)、アハブの妻イゼベル(9:30-37)への神の正義によるさばきは、神の民に悪を行わせて神に反抗させる人を神は確かにさばかれるという警告だった。聖書は、神は人々をそれぞれの動機と行いに従って報いたり罰を与えたりされること(ロマ2:6,⇒Ⅱテモ4:14)、「患難と苦悩とは・・・悪を行うすべての者の上に下る」こと(ロマ2:9)をはっきりと教えている。

子エフーの御し方に似ています。気が狂ったように御しています。」

²¹ ヨラムは、「馬をつけよ」と命じた。馬を戦車につけると、イスラエルの王ヨラムとユダの王アハズヤは、おのおの自分の戦車に乗って出て行き、エフーを迎えに出て行った。彼らはイズレエル人ナボテの所有地で彼に出会った。

²² ヨラムはエフーを見ると、「エフー。元気か」と尋ねた。エフーは答えた。「何が元気か。あなたの母イゼベルの姦淫と呪術とが盛んに行われているかぎり。」

²³ それでヨラムは手綱を返して逃げ、アハズヤに、「アハズヤ。悪巧みだ」と叫んだ。

²⁴ エフーは弓を力いっぱい引き絞り、ヨラムの両肩の間を射た。矢は彼の心臓を射抜いたので、彼は車の中にくずおれた。

²⁵ エフーは侍従のビデカルに命じた。「これを運んで行き、イズレエル人ナボテの所有地であった畑に投げ捨てよ。私とあなたが馬に乗って彼の父アハブのあとに並んで従って行ったとき、主が彼にこの宣告を下されたことを思い出すがよい。

²⁶ 『わたしは、きのう、ナボテの血とその子らの血を確かに見届けた。──主の御告げだ──わたしは、この地所であなたに報復する。──主の御告げだ──』それで今、彼を運んで行って、主のことばのとおり、あの地所に彼を投げ捨てよ。」

²⁷ ユダの王アハズヤはこれを見ると、ベテ・ハガンの道へ逃げた。エフーはそのあとを追いかけて、「あいつも打ち取れ」と叫んだので、彼らはイブレアムのそばのグルの坂道で、車の上の彼に傷を負わせた。それでも彼はメギドに逃げたが、そこで死んだ。

²⁸ 彼の家来たちは彼を車に載せて、エルサレムに運び、ダビデの町の彼の墓に先祖たちといっしょに葬った。

²⁹ アハズヤはアハブの子ヨラムの第十一年に、ユダの王となっていた。

イゼベルが殺される

³⁰ エフーがイズレエルに来たとき、イゼベルはこれを聞いて、目の縁を塗り、髪を結い直し、窓から見おろしていた。

³¹ エフーが門に入って来たので、彼女は、「元気かね。主君殺しのジムリ」と言った。

³² 彼は窓を見上げて、「だれか私にくみする者はいないか。だれかいないか」と言った。二、三人の宦官が彼を見おろしていたので、

³³ 彼が、「その女を突き落とせ」と言うと、彼らは彼女を突き落とした。それで彼女の血は壁や馬にはねかかった。エフーは彼女を踏みつけた。

³⁴ 彼は内に入って飲み食いし、それから言った。「あののろわれた女を見に行って、彼女を葬ってやれ。あれは王の娘だから。」

³⁵ 彼らが彼女を葬りに行ってみると、彼女の頭蓋骨と両足と両方の手首しか残っていなかったので、

³⁶ 帰って来て、エフーにこのことを知らせた。すると、エフーは言った。「これは、主がそのしもべティシュベ人エリヤによって語られたことばのとおりだ。『イズレエルの地所で犬どもがイゼベルの肉を食らい、

³⁷ イゼベルの死体は、イズレエルの地所で畑の上にまかれた肥やしのようになり、だれも、これがイゼベルだと言えなくなる。』」

アハブの家族が殺される

10 ¹ アハブにはサマリヤに七十人の子どもがあった。エフーは手紙を書いてサマリヤに送り、イズレエルのつかさたちや長老たち、および、アハブの子の養育係たちにこう伝えた。

² 「この手紙が届いたら、あなたがたのとこ

---

20 ① I 列19:17
21 ① II 歴22:7
　② II 列9:26、I 列21:1-19
22 ① I 列16:30-33、18:19、II 歴21:13
23 ① II 列11:14
25 ① I 列21:19, 24-29
26 ① I 列21:13, 19
　② II 列9:21, 25、I 列21:19
27 ① II 列9:27, 28、II 歴22:7-9
　② ヨシ17:11、士1:27
　③ II 列23:30
28 ① II 列23:30
　② → II 列8:24

29 ① II 列8:25
30 ① エレ4:30、エゼ23:40
31 ① I 列16:9-20
34 ① I 列21:23, 25
　② I 列16:31
35 ① 士9:53
36 ① II 列9:10、I 列21:23、詩68:23
37 ① 詩83:10、エレ8:2
1 ① I 列16:24, 29

9:25 ナボテの所有地であった畑に ヨラム王の両親であるアハブとイゼベルはナボテの畑を盗むために、残酷にもナボテをだました（I 列21:1-24）。今やふたりの息子の死体がその同じ畑に捨てられた。親の罪は死後何年かたっても子どもたちに影響を与える。子どもが親と同じ罪の道を行くなら、これとほとんど同じことが起こる。

10:1 エフーは手紙を書いて エフーはサマリヤの高官たちに、アハブの息子の一人を王として、その上でエフーとの戦いに備えて出て来るように挑戦した（10:1-4）。ところが高官たちはエフーのこの心理作戦に恐れおののいた。そこでその代りに、正式に忠誠を誓ってアハブの子孫たちを殺すという命令に従った（10:5-8）。

ろに、あなたがたの主君の子どもたちがおり、戦車も馬も城壁のある町も武器もあなたがたのところにあるのだから、すぐ、

3 あなたがたの主君の子どもの中から最もすぐれた正しい人物を選んで、その父の王座に着かせ、あなたがたの主君の家のために戦え。」

4 彼らは非常に恐れて言った。「ふたりの王たちでさえ、彼に当たることができなかったのに、どうしてこのわれわれが当たることができよう。」

5 そこで、宮内長官、町のつかさ、長老たち、および、養育係たちは、エフーに人を送って言った。「私どもはあなたのしもべです。あなたが私どもにお命じになることは何でもいたしますが、だれをも王に立てるつもりはありません。あなたのお気に召すようにしてください。」

6 そこで、エフーは再び彼らに手紙を書いてこう言った。「もしあなたがたが私に味方し、私の命令に従うのなら、あなたがたの主君の子どもたちの首を取り、あすの今ごろ、イズレエルの私のもとに持って来い。」そのころ、王の子どもたち七十人は、彼らを養育していた町のおもだった人たちのもとにいた。

7 その手紙が彼らに届くと、彼らは王の子どもたちを捕らえ、その七十人を切り殺し、その首を幾つかのかごに入れ、それをイズレエルのエフーのもとに送り届けた。

8 使者が来て、「彼らは王の子どもたちの首を持ってまいりました」とエフーに報告した。すると、彼は、「それを二つに分けて積み重ね、朝まで門の入口に置いておけ」と命じた。

9 朝になると、エフーは出て行って立ち、すべての民に言った。「あなたがたには罪はない。聞け。私が主君に対して謀反を起こして、彼を殺したのだ。しかしこれらの者を皆殺しにしたのはだれか。

10 だから知れ。主がアハブの家について告げられた主のことばは一つも地に落ちないことを。主は、そのしもべエリヤによってお告げになったことをなされたのだ。」

11 そして、エフーは、アハブの家に属する者でイズレエルに残っていた者全部、身分の高い者、親しい者、その祭司たちを、みな打ち殺し、ひとりも生き残る者がないまでにした。

12 それから、エフーは立ってサマリヤへ行った。彼は途中、羊飼いのベテ・エケデという所にいた。

13 その間に、エフーはユダの王アハズヤの身内の者たちに出会った。彼が「あなたがたはだれか」と聞くと、彼らは、「私たちはアハズヤの身内の者です。王の子どもたちと、王母の子どもたちの安否を気づかって下って来たのです」と答えた。

14 エフーは「彼らを生けどりにせよ」と言った。それで人々は彼らを生けどりにした。そして、ベテ・エケデの水ためのところで、彼ら四十二人を殺し、ひとりも残さなかった。

15 彼がそこを去って行くと、彼を迎えに来たレカブの子ヨナダブに出会った。エフーは彼にあいさつして言った。「私の心があなたの心に結ばれているように、あなたの心もそうですか。」ヨナダブは、「そうです」と答えた。「それなら、こちらに手をよこしなさい。」ヨナダブが手を差し出すと、エフーは彼を戦車の上に引き上げて、

16 「私といっしょに来て、私の主に対する熱心さを見なさい」と言った。ふたりは、彼の戦車に乗って、

17 サマリヤに行った。エフーはアハブに属する者で、サマリヤに残っていた者を皆殺しにし、その一族を根絶やしにした。主がエリヤにお告げになったことばのとおりであった。

バアルの祭司たちが殺される

18 エフーは民全部を集めて、彼らに言った。「アハブは少ししかバアルに仕えなかったが、エフーは大いに仕えるつもりだ。

19 だから今、バアルの預言者や、その信者、および、その祭司たちをみな、私のところに呼び寄せよ。ひとりでも欠けてはならない。私は大いなるいけにえをバアルにささげるつもりである。列席しない者は、だれでも生かしてはおかない。」これは、エフーがバアルの信者たちを滅ぼすために、悪巧みを計ったのである。

Ⅱ列王記　10章

²⁰エフーが、「バアルのためにきよめの集会を催しなさい」と命じると、彼らはこれを布告した。
²¹エフーが全イスラエルに人を遣わしたので、バアルの信者たちはみなやって来た。残っていて、来なかった者はひとりもいなかった。彼らがバアルの宮に入ると、バアルの宮は端から端までいっぱいになった。
²²エフーが衣装係に、「バアルの信者全部に祭服を出してやりなさい」と命じたので、彼らのために祭服を取り出した。
²³エフーとレカブの子ヨナダブは、バアルの宮に入り、バアルの信者たちに言った。「よく捜して見て、ここに、あなたがたといっしょに、主のしもべたちがひとりもいないようにし、ただ、バアルの信者たちだけがいるようにしなさい。」
²⁴こうして、彼らはいけにえと、全焼のいけにえをささげる準備をした。エフーは八十人の者を宮の外に配置して言った。「私があなたがたの手に渡す者をひとりでものがす者があれば、そのいのちを、＊のがれた者のいのちに代える。」
²⁵全焼のいけにえをささげ終わったとき、エフーは近衛兵と侍従たちに言った。「入って行って、彼らを打ち取れ。ひとりも外に出すな。」そこで、近衛兵と侍従たちは剣の刃で彼らを打ち、これを外に投げ捨て、バアルの宮の奥の間にまで踏み込んだ。
²⁶そしてバアルの宮の石の柱を運び出して、これを焼き、
²⁷バアルの石の柱をこわし、バアルの宮もこわし、これを公衆便所とした。それは今日まで残っている。
²⁸このようにして、エフーはバアルをイスラエルから根絶やしにした。
²⁹ただし、エフーは、イスラエルに罪を犯させたネバテの子ヤロブアムの罪、すなわち、ベテルとダンにあった金の子牛に仕えることをやめようとはしなかった。
³⁰主はエフーに仰せられた。「あなたはわたしの見る目にかなったことをよくやり遂げ、アハブの家に対して、わたしが心に定めたことをことごとく行ったので、あなたの子孫は四代目まで、イスラエルの王座に着こう。」
³¹しかし、エフーは、心を尽くしてイスラエルの神、主の律法に歩もうと心がけず、イスラエルに罪を犯させたヤロブアムの罪から離れなかった。
³²そのころ、主はイスラエルを少しずつ削り始めておられた。ハザエルがイスラエルの全領土を打ち破ったのである。
³³すなわち、ヨルダン川の東側、ガド人、ルベン人、マナセ人のギルアデ全土、つまり、アルノン川のほとりにあるアロエルからギルアデ、バシャンの地方を打ち破った。
³⁴エフーのその他の業績、彼の行ったすべての事、および彼のすべての功績、それはイスラエルの王たちの年代記の書にしるされているではないか。
³⁵エフーは彼の先祖たちとともに眠り、人々は彼をサマリヤに葬った。彼の子エホアハズが代わって王となった。
³⁶エフーがサマリヤでイスラエルの王であった期間は二十八年であった。

---

²⁰①出32:2-6
　②レビ23:36, 民29:35, 申16:8, Ⅱ歴7:9, ネヘ8:18, →イザ1:13
　＊直訳「聖別しなさい」
²¹①Ⅱ列11:18, Ⅰ列16:32
²⁴①→Ⅱ列3:27
　②Ⅰ列20:39
　＊直訳「彼」
²⁵①Ⅰサム22:17
　②Ⅰ列18:40
²⁷①→Ⅱ列3:2
　②エズ6:11, ダニ2:5,3:29
²⁹①Ⅰ列12:28-30
　②Ⅰ列13:33, 34
³⁰①Ⅱ列12:2, 14:3, 15:3, 34, 16:2, 18:3, 22:2, →Ⅰ列11:38
　②Ⅱ列10:35, 13:1, 10, 14:23, 15:8, 12
³¹①Ⅱ列17:13, 34, 37, 21:8, 23:24, →ヨシ1:7, →Ⅰ列2:3,
　→Ⅰ歴16:40,
　→Ⅰ歴6:16,
　→エズ7:10,
　→ネヘ8:7, →イザ1:10
　②Ⅱ列10:29, Ⅰ列14:16
³²①Ⅱ列8:12
³³①アモ1:3
　②申2:36
³⁴①→Ⅰ列14:19

10:28　エフーはバアルを・・・根絶やしにした　エフーは神に従わないアハブ王朝（同じ家につながる一連の支配者が出る）を倒すために神に選ばれた（⇒10:30, 9:6-10）。神が与えられた使命の一つはバアル教を廃止させることだった。これは不品行、酔酔い、人間をいけにえにすることなどと結び付いた非常に堕落したひどい宗教だった（10:18-28、→士2:13注）。アハブ家とバアルの宗教とを完全に破壊することはイスラエルに対する神のあわれみだった。もしこれらのことが継続されていたら、民族全体がさばきと破滅に向かう道を歩み続けたに違いない。

10:31　律法に歩もうと心がけず　エフーは神の働きに大変熱心だったけれども、心の底から神に仕えてはいなかった。政治的な理由からエフーはある偶像（金の子牛）礼拝は続けることを許して（10:29）、神の律法にはほとんど興味を示さなかった。個人的な野望と権力こそが最も重要なことだった。神が意図されたイスラエルの霊的改革は、エフーが指導者として失敗したために妨げられてしまった。偉大なリバイバルと改革（霊的変革と改善）のときに、自分勝手な願いが神の目的よりも優先されるとそれは止まってしまう。エフーの動機は誠実でも真実でもなく、自分の利益を求める不純なものだった。そのために神は後にその子孫をも同じようにさばかれた（⇒ホセ1:4）。

アタルヤとヨアシュ

11:1-21　並行記事－Ⅱ歴22:10-23:21

11 ¹ アハズヤの母アタルヤは、自分の子が死んだと知ると、ただちに王の一族をことごとく滅ぼした。

² しかし、ヨラム王の娘で、アハズヤの姉妹のエホシェバが、殺される王の子たちの中から、アハズヤの子ヨアシュを盗み出し、彼とそのうばとを寝具をしまう小部屋に入れて、彼をアタルヤから隠した。それで、彼は殺されなかった。

³ こうして、彼はうばとともに、主の宮に六年間、身を隠していた。その間、アタルヤがこの国の王であった。

⁴ その第七年目に、エホヤダは使いを遣わして、カリ人、近衛兵の百人隊の長たちを主の宮の自分のもとに連れて来させ、彼らと契約を結び、主の宮で彼らに誓いを立てさせ、彼らに王の子を見せた。

⁵ それから、彼は命じて言った。「あなたがたのなすべきことはこうです。あなたがたのうちの三分の一は、安息日に勤務して王宮の護衛の任務につく者となる。

⁶ 三分の一はスルの門におり、他の三分の一は近衛兵舎の裏の門にいる。あなたがたは交互に王宮の護衛の任務につく。

⁷ あなたがたのうち二組は、みな、安息日に勤務しない者であるが、主の宮で王の護衛の任務につかなければならない。

⁸ おのおのの武器を手にし、王の回りを取り囲みなさい。その列を侵す者は殺されなければならない。あなたがたは、王が出るときにも、入るときにも、いつも王とともにいなさい。」

⁹ 百人隊の長たちは、すべて祭司エホヤダが命じたとおりに行った。おのおの自分の部下、すなわち安息日に勤務する者、安息日に勤務しない者を率いて、祭司エホヤダのところに来た。

¹⁰ 祭司は百人隊の長たちに、主の宮にあったダビデ王の槍と丸い小盾を与えた。

¹¹ 近衛兵たちは、ひとりひとり武器を手にして、神殿の右側から神殿の左側まで、祭壇と神殿に向かって王の回りに立った。

¹² こうしてエホヤダは、王の子を連れ出し、彼に王冠をかぶらせ、さとしの書を渡した。彼らは彼を王と宣言した。そして、彼に油をそそぎ、手をたたいて、「王さま。ばんざい」と叫んだ。

¹³ アタルヤは近衛兵と民の声を聞いて、主の宮の民のところに行った。

¹⁴ 見ると、なんと、王が定めのとおりに、柱のそばに立っていた。王のかたわらに、隊長たちやラッパ手たちがいた。一般の人々がみな喜んでラッパを吹き鳴らしていた。アタルヤは自分の衣服を引き裂き、「謀反だ。謀反だ」と叫んだ。

¹⁵ すると、祭司エホヤダは、部隊をゆだねられた百人隊の長たちに命じて言った。「この女を列の間から連れ出せ。この女に従って来る者は剣で殺せ。」祭司が「この女は主の宮で殺されてはならない」と言ったからである。

¹⁶ 彼らは彼女を取り押さえた。彼女が馬の出入口を通って、王宮に着くと、彼女はそこで殺された。

¹⁷ エホヤダは、主と王と民との間で、主の

1①Ⅱ列11:1-3,
　Ⅱ歴22:10-12
②Ⅱ列8:26
③Ⅱ列10:6,7
2①土9:5
4①Ⅱ列11:4-21,
　Ⅱ歴23章
②Ⅱ列11:19,
　Ⅰサム20:23

9①Ⅰ歴9:25
10①Ⅱサム8:7, Ⅰ歴18:7
12①Ⅰ列1:39
　②Ⅱサム1:10
　③出25:16, 31:18,
　申17:18
　④Ⅰサム10:24
14①Ⅱ列23:3
　②Ⅰ列1:39, 40
　③創37:29, 44:13
　④Ⅱ列9:23
15①ヨシ24:25,
　Ⅱ歴15:13,14,34:31,32

11:1 アタルヤは・・・王の一族をことごとく滅ぼした　アタルヤはユダの歴史の中でダビデの家系出身ではない唯一の支配者で、6年間の恐怖時代の女王だった。アタルヤはアハブとイゼベルのよこしまな娘で、ユダの王ヨシャパテの息子ヨラムと結婚した。ヨラムとアタルヤのひとり息子のアハズヤ王(→9:27)がアハブ家に対するエフーの報復で殺されたときに、ユダ王朝を支配したのはこの反逆的な女性だった。その後アタルヤは自分の孫を含めて、ダビデの子孫をみな殺そうとした。その騒ぎの中で祭司長エホヤダの妻エホシェバはアハズヤの幼子(ヨアシュ)を隠してダビデの血筋を守った。この家系から後にメシヤ(「油そそがれた者」、救い主、キリスト)が生れたのである(11:2-3, Ⅱサム7:11, 16, Ⅰ列8:25, ⇒マタ1:8-9)。

11:4 エホヤダ　エホヤダはエホシェバの夫であり、南王国でのアタルヤの統治時代に祭司長だった(11:2, ⇒Ⅱ歴22:11)。エホヤダはアタルヤを王位から追放しようと努力し始めた(⇒Ⅱ歴23:)。ヨアシュを王位につけ、この若い指導者を神への献身に導いた(11:12, Ⅱ歴23:11)。エホヤダの忠実な行いによってイエス・キリストがお生まれになるダビデの家系は救われて守られた。エホヤダは若い王をよく導いて神と民との契約(「終生協定」)を更新し、バアルの宗教を破壊した(11:17-18)。

民となるという契約を結び、王と民との間でも契約を結んだ。

18 一般の人々はみなバアルの宮に行って、それを取りこわし、その祭壇とその像を徹底的に打ち砕き、バアルの祭司マタンを祭壇の前で殺した。祭司エホヤダは、主の宮の管理を定めた。

19 彼は百人隊の長たち、カリ人、近衛兵たちとすべての一般の人々を率いた。彼らは王を主の宮から連れ下り、近衛兵の門を通って、王宮に入った。彼は王を王座に着けた。

20 一般の人々はみな喜び、この町は平穏であった。彼らはアタルヤを王宮で剣にかけて殺したからである。

21 ヨアシュは七歳で王となった。

ヨアシュが神殿を修理する
12:1-21　並行記事－Ⅱ歴24:1-14, 23-27

12 1 ヨアシュはエフーの第七年に王となり、エルサレムで四十年間、王であった。彼の母の名はツィブヤといい、ベエル・シェバの出であった。
2 ヨアシュは、祭司エホヤダが彼を教えた間はいつも、主の目にかなうことを行った。
3 ただし、高き所は取り除かなかった。民はなおも、その高き所でいけにえをささげたり、香をたいたりしていた。
4 ヨアシュは祭司たちに言った。「主の宮にささげられる聖別されたすべての金、すなわち、各人に割り当てを課せられた金や、自発的に主の宮にささげられるすべての金は、
5 祭司たちが、めいめい自分の担当する者から受け取り、宮のどこかが破損していれば、その破損の修理にそれを当てなければならない。」
6 しかし、ヨアシュ王の第二十三年になっても、祭司たちは宮の破損を修理しなかった。
7 それでヨアシュ王は、祭司エホヤダと、祭司たちを呼んで彼らに言った。「なぜ、宮の破損を修理しないのか。もう、あなたがたは、自分の担当する者たちから金を受け取ってはならない。宮の破損に、それを当てなければならないから。」
8 祭司たちは、民から金を受け取らないことと、宮の破損の修理の責任を持たないことに同意した。
9 祭司エホヤダは、一つの箱を取り、そのふたに穴をあけ、それを祭壇のわき、主の宮の入口の右側に置いた。入口を守る祭司たちは、主の宮に納められる金をみな、そこに置いた。
10 箱の中に金が多くなるのを見て、王の書記と大祭司は、上って来て、それを袋に入れ、主の宮に納められている金を計算した。
11 こうして、勘定された金は、主の宮で工事をしている監督者たちの手に渡された。彼らはそれを主の宮で働く木工や建築師たち、
12 石工や石切り工たちに支払い、また、主の宮の破損修理のための木材や切り石を買うために支払った。つまり、宮の修理のための出費全部のために支払った。
13 ただし、主の宮に納められる金で、主の宮のために銀の皿、心切りばさみ、鉢、ラッパなど、すべての金の器、銀の器を作ることはなかった。
14 ただ、これを工事する者に渡し、これを主の宮の修理に当てた。
15 また、工事する者に支払うように金を渡した人々と、残高を勘定することもしなかった。彼らが忠実に働いていたからである。
16 罪過のためのいけにえの金と、罪のためのいけにえの金とは、主の宮に納められず、祭司たちのものとなった。
17 そのとき、アラムの王ハザエルが上って来てガテを攻め、これを取った。それから、ハザエルはエルサレムを目ざして攻め上った。
18 それでユダの王ヨアシュは、自分の先祖であるユダの王ヨシャパテ、ヨラム、アハズヤが聖別してささげたすべての物、および自分自身が聖別してささげた物、主の宮

12:2　ヨアシュ　ヨアシュは祭司長エホヤダが助言者である間神に仕えた。けれどもエホヤダが死ぬと、ヨアシュは主から離れて偶像に仕え始めた（Ⅱ歴24:17-18）。さらにヨアシュが神を拒んだことについて非難したエホヤダの息子ゼカリヤを殺すというひどい罪を犯した（Ⅱ歴24:20-22）。そのためヨアシュは自分の家来たちに殺された（12:20, Ⅱ歴24:25, →12:20注）。ヨアシュは王として最初は良かったのに最後には

と王宮との宝物倉にあるすべての金を取って、アラムの王ハザエルに送ったので、ハザエルはエルサレムから去って行った。

19 ヨアシュのその他の業績、彼の行ったすべての事、それはユダの王たちの年代記の書にしるされているではないか。
20 ヨアシュの家来たちは立ち上がって謀反を起こし、シラに下って行くヨアシュをミロの家で打ち殺した。
21 彼の家来シムアテの子ヨザバデとショメルの子エホザバデが彼を打った。それで彼は死んだ。人々は彼をダビデの町に先祖たちといっしょに葬った。彼の子アマツヤが代わって王となった。

イスラエルの王エホアハズ

13 ¹ ユダの王アハズヤの子ヨアシュの第二十三年に、エフーの子エホアハズがサマリヤでイスラエルの王となり、十七年間、王であった。
2 彼は主の目の前に悪を行い、イスラエルに罪を犯させたネバテの子ヤロブアムの罪を犯し続けて、それをやめなかった。
3 それで、主の怒りがイスラエルに向かって燃え上がり、主は彼らをアラムの王ハザエル、および、ハザエルの子ベン・ハダデの手にいつまでも渡しておられた。
4 しかし、エホアハズが主に願ったので、主はこれを聞き入れられた。アラムの王のしいたげによって、イスラエルがしいたげられているのを見られたからである。
5 主がイスラエル人にひとりの救い手を与えられたとき、イスラエルの人々はアラムの支配を脱し、以前のように、自分たちの天幕に住むようになった。

6 それにもかかわらず、彼らはイスラエルに罪を犯させたヤロブアム家の罪を離れず、なおそれを行い続け、アシェラ像もサマリヤに立ったままであった。
7 また、アラムの王が彼らを滅ぼして、打穀のときのちりのようにしたので、エホアハズには騎兵五十、戦車十台、歩兵一万だけの軍隊しか残されていなかった。
8 エホアハズのその他の業績、彼の行ったすべての事、およびその功績、それはイスラエルの王たちの年代記の書にしるされているではないか。
9 エホアハズは彼の先祖たちとともに眠り、人々は彼をサマリヤに葬った。彼の子ヨアシュが代わって王となった。

イスラエルの王ヨアシュ

10 ユダの王ヨアシュの第三十七年に、エホアハズの子ヨアシュがサマリヤでイスラエルの王となり、十六年間、王であった。
11 彼は主の目の前に悪を行い、イスラエルに罪を犯させたネバテの子ヤロブアムのすべての罪から離れず、なおそれを行い続けた。
12 ヨアシュのその他の業績、彼の行ったすべての事、およびユダの王アマツヤと戦ったその功績、それはイスラエルの王たちの年代記の書にしるされているではないか。
13 ヨアシュは彼の先祖たちとともに眠り、ヤロブアムがその王座に着いた。ヨアシュはイスラエルの王たちとともにサマリヤに葬られた。
14 エリシャが死の病をわずらっていたときのことである。イスラエルの王ヨアシュは、彼のところに下って行き、彼の上に泣き伏して、「わが父。わが父。イスラエルの戦車と騎兵たち」と叫んだ。

霊的に破滅した(⇒マタ24:13, ガラ3:3, 黙2:10)。

12:20　ヨアシュを・・・打ち殺した　ヨアシュに対する陰謀は、主を拒んでほかの神々を礼拝し始め、ゼカリヤを殺したことによって起こされた(Ⅱ歴24:17-22, 25)。

13:14　エリシャが死の病をわずらっていた　エリシャを通して神は多くの不思議な奇蹟をなさったけれども、エリシャは後に病気になって死んだ。神を敬う偉大な信仰の人々や、癒しの奉仕で神に用いられた人でも病気で死ぬことがある。罪が病気と死とともに世界に入ってきた結果、だれでも何かのかたちで影響を受ける。主に携え上げられない限り(→「携挙」の項p.2278)、死と向き合うことになる(ヘブ9:27)。

13:14　イスラエルの戦車と騎兵たち　ヨアシュ王はエリシャの神こそがイスラエルの守護者(⇒2:12)であり、エリシャの影響なしにはイスラエルの力と安全は去っていくことを知っていた。いつの時代でも神の民に訴え感動を与える預言的ことばがないときには、必ず霊的な反抗と死が起こる(⇒エレ21:-22:, →「奉仕の賜物」の項p.2225)。

---

19 ①→ Ⅰ列14:29
20 ①→ Ⅱ列14:5
　　②士9:6, Ⅱサム5:9, Ⅱ列11:27
21 ①→ Ⅱ列8:24
　　②Ⅱ列14:1

2 ①→ Ⅰ列15:34
　②→ Ⅰ列3:2
　③→ Ⅰ列12:26-33, 13:33, 34
3 ①士2:14
　②→ Ⅱ列8:12
　③→ Ⅱ列13:24, 25
4 ①→出32:11
　* →Ⅱ歴33:12 *
5 ①→ Ⅱ列14:26, 出3:7, 9
　②Ⅱ列13:12, 13, 14:25-27, 士3:9, ネヘ9:27

6 ①出34:13, Ⅰ列16:33
8 ①→ Ⅰ列14:19
11 ①→ Ⅱ列3:2
12 ①→ Ⅱ列13:12, 13, Ⅱ列14:15, 16
　　②→ Ⅰ列14:19
14 ①Ⅰ列2:12

15 エリシャが王に、「弓と矢を取りなさい」と言ったので、彼は弓と矢をエリシャのところに持って行った。
16 彼はイスラエルの王に、「弓に手をかけなさい」と言ったので、彼は手をかけた。すると、エリシャは自分の手を王の手の上にのせて、
17 「東側の窓をあけなさい」と言ったので、彼がそれをあけると、エリシャはさらに言った。「矢を射なさい。」彼が矢を射ると、エリシャは言った。「主の勝利の矢。アラムに対する勝利の矢。あなたはアフェクでアラムを打ち、これを絶ち滅ぼす。」
18 ついにエリシャは、「矢を取りなさい」と言った。彼が取ると、エリシャはイスラエルの王に、「それで地面を打ちなさい」と言った。すると彼は三回打ったが、それでやめた。
19 神の人は彼に向かい怒って言った。「あなたは、五回、六回、打つべきだった。そうすれば、あなたはアラムを打って、絶ち滅ぼしたことだろう。しかし、今は三度だけアラムを打つことになろう。」
20 こうして、エリシャは死んで葬られた。モアブの略奪隊は、年が改まるたびにこの国に侵入していた。
21 人々が、ひとりの人を葬ろうとしていたちょうどその時、略奪隊を見たので、その人をエリシャの墓に投げ入れて去って行った。その人がエリシャの骨に触れるや、その人は生き返り、自分の足で立ち上がった。
22 アラムの王ハザエルは、エホアハズの生きている間中、イスラエル人をしいたげたが、
23 主は、アブラハム、イサク、ヤコブとの契約のために、彼らを恵み、あわれみ、顧みて、彼らを滅ぼし尽くすことは望まず、今日まで彼らから御顔をそむけられなかった。
24 アラムの王ハザエルは死に、その子ベン・ハダデが代わって王となった。
25 エホアハズの子ヨアシュは、その父エホアハズの手からハザエルが戦い取った町々を、ハザエルの子ベン・ハダデの手から取り返した。すなわち、ヨアシュは三度彼を打ち破って、イスラエルの町々を取り返した。

ユダの王アマツヤ

14:1-7　並行記事－Ⅱ歴25:1-4, 11-12
14:8-22　並行記事－Ⅱ歴25:17-26:2

14 1 イスラエルの王エホアハズの子ヨアシュの第二年に、ユダの王ヨアシュの子アマツヤが王となった。
2 彼は二十五歳で王となり、エルサレムで二十九年間、王であった。彼の母の名はエホアダンといい、エルサレムの出であった。
3 彼は主の目にかなうことを行ったが、彼の父祖、ダビデのようではなく、すべて父ヨアシュが行ったとおりに行った。
4 ただし、高き所は取り除かなかった。民はなお、その高き所でいけにえをささげたり、香をたいたりしていた。
5 王国が彼の手によって強くなると、彼は自分の父、王を打った家来たちを打ち殺した。
6 しかし、その殺害者の子どもたちは殺さなかった。モーセの律法の書にしるされているところによったのである。主はこう命じておられた。「父親が子どものために殺されてはならない。子どもが父親のために殺さ

13:17-18　東側の窓・・・矢　東（アラムが支配する地域 10:32-33）に向けて矢を射ることは、イスラエルがアラムの抑圧に打勝つという象徴的な予言だった。それは神がイスラエルを安全に守られるという約束のしるしでもあった。地面に向けて矢を3回しか射なかったために、ヨアシュ王はこの約束を主に守っていただくために必要な情熱、献身、信仰が不足していることを示してしまった。結果として、ヨアシュはアラム人を完全に打ち負かすことができなかった（13:19）。

13:21　エリシャの骨に触れるや、その人は生き返り　エリシャは死んで葬られた。ところが墓の中でも神はエリシャのすぐれた人格に対するあかしとして、ご自分の力を示された。預言者エリシャは生前に死者を生き返らせていた（⇒4:32-37, Ⅰ列17:17-24）。神を敬う人の影響力は、必ずしも死によって終るものではないことをこの奇蹟は示している。

14:1　アマツヤ　この王は初めは良かったのに後には偶像（人間が作った神々）礼拝を受入れた（Ⅱ歴25:14）。「全き心をもって」神に従っていなかったからである（Ⅱ歴25:2）。アマツヤには代償がどんなに大きくても神のご計画に従うという決意がなかった。信仰を保ち神が意図されたように周りに影響を与える人になるには、神への忠誠を守り、地上での時が終るまで神の命令に従い続けなければならない。そして何が起

れてはならない。人が殺されるのは、ただ、自分の罪のためにでなければならない。」

7 アマツヤは塩の谷で一万人のエドム人を打ち殺し、セラを取り、その所をヨクテエルと呼んだ。今日もそうである。

8 そのとき、アマツヤは、エフーの子エホアハズの子、イスラエルの王ヨアシュに、使者を送って言った。「さあ、勝敗を決めようではないか。」

9 すると、イスラエルの王ヨアシュは、ユダの王アマツヤに使者を送って言った。「レバノンのあざみが、レバノンの杉に使者を送って、『あなたの娘を私の息子の嫁にくれないか』と言ったが、レバノンの野の獣が通り過ぎて、そのあざみを踏みにじった。

10 あなたは、エドムを打ちに打って、それであなたの心は高ぶっている。誇ってもよいが、自分の家にとどまっていなさい。なぜ、争いをしかけてわざわいを求め、あなたもユダも共に倒れようとするのか。」

11 しかし、アマツヤが聞き入れなかったので、イスラエルの王ヨアシュは攻め上った。それで彼とユダの王アマツヤは、ユダのベテ・シェメシュで対戦したが、

12 ユダはイスラエルに打ち負かされ、おのおの自分の天幕に逃げ帰った。

13 イスラエルの王ヨアシュは、アハズヤの子ヨアシュの子、ユダの王アマツヤを、ベテ・シェメシュで捕らえ、エルサレムに来て、エルサレムの城壁をエフライムの門から隅の門まで、四百キュビトにわたって打ちこわした。

14 彼は、主の宮と王宮の宝物倉にあったすべての金と銀、およびすべての器具、それに人質を取って、サマリヤに帰った。

15 ヨアシュの行ったその他の業績、その功績、およびユダの王アマツヤと戦った戦績、それはイスラエルの王たちの年代記の

7 ① Ⅱ 歴25:11
8 ① Ⅱ サム8:13、Ⅰ 歴18:12
② イザ16:1
③ ヨシ15:38
8 ① Ⅱ 列14:8-14、Ⅱ 歴25:17-24、Ⅱ 列13:12
② Ⅱ サム2:14
＊あるいは「対戦しよう」
9 ① 士9:8
② Ⅰ 列4:33
10 ① Ⅰ 列14:7
② 申8:14、Ⅱ 歴26:16、32:25、エゼ28:2、5、17
11 ① ヨシ21:16
12 ① Ⅱ サム18:17
13 ＊ Ⅱ 歴25:23「エホアハズ」
① ネヘ8:16、12:39
② エレ31:38、ゼカ14:10
14 ① Ⅰ 列12:18、Ⅰ 列7:51、14:26
15 ① Ⅱ 列14:15、16、Ⅱ 列13:12、13
② → Ⅰ 列14:19
17 ① Ⅱ 列14:17-20、Ⅱ 歴25:25-28
18 ① → Ⅰ 列14:29
19 ① Ⅱ 列18:14、17、ヨシ10:31
20 ① → Ⅱ 列8:24
21 ① Ⅱ 列14:21、22、Ⅱ 歴26:1
＊ → Ⅱ 列15:1＊
22 ＊直訳「王」
① Ⅱ 列16:6、Ⅰ 列9:26、Ⅱ 歴8:17
24 ① → Ⅰ 列3:2
25 ① 民13:21、34:8、Ⅰ 列8:65
＊ → Ⅱ 列13:5＊
② 申3:17
＊＊「死海」
③ Ⅰ 列10:32、13:25
④ ヨナ1:1、マタ12:39、40

書にしるされているではないか。

16 ヨアシュは彼の先祖たちとともに眠り、イスラエルの王たちとともにサマリヤに葬られた。彼の子ヤロブアムが代わって王となった。

17 ユダの王ヨアシュの子アマツヤは、イスラエルの王エホアハズの子ヨアシュが死んで後、なお十五年生きながらえた。

18 アマツヤのその他の業績、それはユダの王たちの年代記の書にしるされているではないか。

19 エルサレムで人々が彼に対して謀反を企てたとき、彼はラキシュに逃げた。しかし、彼らはラキシュまで追いかけて、そこで彼を殺した。

20 彼らは彼を馬にのせて行った。彼はエルサレムで先祖たちとともにダビデの町に、葬られた。

21 ユダの民はみな、当時十六歳であったアザルヤを立てて、その父アマツヤの代わりに王とした。

22 彼は、アマツヤが先祖たちとともに眠って後、エラテを再建し、それをユダに復帰させた。

イスラエルの王ヤロブアム2世

23 ユダの王ヨアシュの子アマツヤの第十五年に、イスラエルの王ヨアシュの子ヤロブアムが王となり、サマリヤで四十一年間、王であった。

24 彼は主の目の前に悪を行い、イスラエルに罪を犯させたネバテの子ヤロブアムのすべての罪をやめなかった。

25 彼は、レボ・ハマテからアラバの海までイスラエルの領土を回復した。それは、イスラエルの神、主が、そのしもべ、ガテ・ヘフェルの出の預言者アミタイの子ヨナを通して仰せられたことばのとおりであった。

ころうとも忠実でなければならない(ピリ3:8-16)。

14:25　領土を回復した イスラエルは領土を取戻し、ヤロブアム2世の治世の間、物質的に繁栄した(⇒アモ6:4-6、ホセ12:8)。預言者アモスとホセアがこの時代にイスラエルで奉仕をした。ふたりはイスラエルの繁栄の土台になっていたものが腐敗していることをはっきりと見た。そしてその繁栄が長く続かないことを知って、滅びが近付いていることを率直に予告した。

実際にヤロブアムの治世中の繁栄は霊的怠惰、道徳的堕落、社会的不正、宗教的反抗などを引出し、約28年後のイスラエルの滅亡につながった(→14:26注)。

14:25　ヨナ アミタイの子ヨナは大きな魚にのみ込まれた預言者として有名である。ヨナはアッシリヤ人に悔い改めのメッセージを伝えた(ヨナ1:1、17、3:1-10)。そしてヤロブアム2世の治世に予言し、預言者ホセアとアモスと同じ時代に生きた。

26 主がイスラエルの悩みが非常に激しいのを見られたからである。そこには、奴隷も自由の者もいなくなり、イスラエルを助ける者もいなかった。
27 主はイスラエルの名を天の下から消し去ろうとは言っておられなかった。それで、ヨアシュの子ヤロブアムによって彼らを救われたのである。
28 ヤロブアムのその他の業績、彼の行ったすべての事、および彼が戦いにあげた功績、すなわち、かつてユダのものであったダマスコとハマテをイスラエルに取り戻したこと、それはイスラエルの王たちの年代記の書にしるされているではないか。
29 ヤロブアムは、彼の先祖たち、イスラエルの王たちとともに眠り、その子ゼカリヤが代わって王となった。

ユダの王アザルヤ

15:1-7 並行記事—Ⅱ歴26:3-4, 21-23

15 ¹イスラエルの王ヤロブアムの第二十七年に、ユダの王アマツヤの子アザルヤ*が王となった。
² 彼は十六歳で王となり、エルサレムで五十二年間、王であった。彼の母の名はエコルヤといい、エルサレムの出であった。
³ 彼はすべて父アマツヤが行ったとおりに、主の目にかなうことを行った。
⁴ ただし、高き所は取り除かなかった。民はなおも、その高き所でいけにえをささげたり、香をたいたりしていた。
⁵ 主が王を打たれたので、彼は死ぬ日までツァラアトに冒された者となり、隔ての家に住んだ。王の子ヨタムが宮殿を管理し、この国の人々をさばいていた。
⁶ アザルヤのその他の業績、彼の行ったすべての事、それはユダの王たちの年代記の書にしるされているではないか。
⁷ アザルヤが彼の先祖たちとともに眠ったとき、人々は彼をダビデの町に先祖たちといっしょに葬った。彼の子ヨタムが代わって王となった。

イスラエルの王ゼカリヤ

⁸ ユダの王アザルヤの第三十八年に、ヤロブアムの子ゼカリヤがサマリヤでイスラエルの王となり、六か月間、王であった。
⁹ 彼は先祖たちがしたように、主の目の前に悪を行い、イスラエルに罪を犯させたネバテの子ヤロブアムの罪を離れなかった。
¹⁰ ヤベシュの子シャルムは、彼に対して謀反を企て、民の前で彼を打ち、彼を殺して、彼に代わって王となった。
¹¹ ゼカリヤのその他の業績は、イスラエル

14:26 イスラエルの悩みが非常に激しい 人々をあわれんだ神はヤロブアムを用いてイスラエルを助けられた（14:26-27）。

（1）けれども神の慈しみが注がれても人々は罪を捨てて神に立ち返らなかった。物質的に繁栄している間、イスラエルは道徳的、社会的、霊的にますます反抗的で不信仰になった。アモスとホセアはふたりとも（→14:25領土の注）、非常によこしまになった人々のことを書いている（→アモス書とホセア書）。あらゆる種類のぜい沢、不道徳、不潔、不正、暴力、不誠実が当り前になっていた（アモ2:6-8, 3:9, 5:11-13, 6:4-7）。イスラエルの歴史の中のこの時代を反映してホセアは「この地には真実がなく、誠実がなく、神を知ることもないからだ。ただ、のろいと、欺きと、人殺しと、盗みと、姦通がはびこり、流血に流血が続いている」と書いている（ホセ4:1-2）。

（2）これは神と預言者にとってひどく苦しい時代だった（ホセ1:1-2, 3:1-5, 11:1-2）。預言者たちはみことばを伝えたけれども、イスラエル人は聞こうとしなかった。警告をしたけれども人々は応答しなかった。そこで神はイスラエル人が「自分の土地からアッシリヤへ引いて行かれ」るようにされた（17:23）。

15:1 アザルヤ ウジヤとも呼ばれる（Ⅱ歴26:）アザルヤは52年間ユダの王だった（15:2）。ウジヤが死んだ年に、神は預言者イザヤを使者としてユダとイスラエルの両方の国に派遣された（イザ6:, アザルヤの一生について →Ⅱ歴26:）。

15:5 王を打たれた アザルヤはツァラアトにかかった。これは皮膚と神経の組織を変え感覚がなくなる病気で、手足に怪我をすると変形するようになる（「ツァラアト」と訳されているヘブル語は時に、皮膚に影響を与える様々なほかの病気についても使われている）。これは、（1）アザルヤが権限を与えられていないのに、祭司の仕事をして神に従わなかったことと、（2）高ぶってこの罪を悔い改めることを拒んだことによって起きた（→Ⅱ歴26:16-21）。

の王たちの年代記の書にまさしくしるされている。
12 主がかつてエフーに告げて仰せられたことばは、「あなたの子孫は四代までイスラエルの王座に着く」ということであったが、はたして、そのとおりになった。

イスラエルの王シャルム

13 ユダの王ウジヤの第三十九年に、ヤベシュの子シャルムが王となり、サマリヤで一か月間、王であった。
14 ガディの子メナヘムは、ティルツァから上ってサマリヤに至り、ヤベシュの子シャルムをサマリヤで打ち、彼を殺して、彼に代わって王となった。
15 シャルムのその他の業績、彼の企てた謀反は、イスラエルの王たちの年代記の書にまさしくしるされている。
16 そのとき、メナヘムはティルツァから出て行って、ティフサフ、その住民、その地境を打ち破った。彼らが城門を開かなかったのでこれを打ち、その中のすべての妊婦たちを切り裂いた。

イスラエルの王メナヘム

17 ユダの王アザルヤの第三十九年に、ガディの子メナヘムがイスラエルの王となり、サマリヤで十年間、王であった。
18 彼は主の目の前に悪を行い、一生、イスラエルに罪を犯させたネバテの子ヤロブアムの罪から離れなかった。
19 アッシリヤの王プルがこの国に来たとき、メナヘムは銀一千タラントをプルに与えた。それは、プルの援助によって、王国を強くするためであった。
20 メナヘムは、イスラエルのすべての有力な資産家にそれぞれ銀五十シェケルを供出させ、これをアッシリヤの王に与えたので、

12 ① II 列10:30
13 ① マタ1:8, 9
 ＊ II 列15:1「アザルヤ」
 ② I 列16:24
14 ① I 列14:17
15 ① → I 列14:19
16 ＊ 七十人訳は「タプアハ」
 ① II 列8:12、アモ1:13
18 ① → II 列3:2
19 ① I 歴5:26

21 ① → I 列14:19
25 ① I 列16:18
26 ① I 列14:19
27 ① II 列15:1, 8, 13, 17, 23
 ② イザ7:1
29 ① I 歴5:26
 ② II サム20:14, 15
 ③ ヨシ20:7、21:32、I 歴6:76、イザ9:1
 ④ 士4:6、I 列15:20
30 ① II 列17:6

アッシリヤの王は引き返して行き、この国にとどまらなかった。
21 メナヘムのその他の業績、彼の行ったすべての事、それはイスラエルの王たちの年代記の書にしるされているではないか。
22 メナヘムは彼の先祖たちとともに眠り、その子ペカフヤが代わって王となった。

イスラエルの王ペカフヤ

23 ユダの王アザルヤの第五十年に、メナヘムの子ペカフヤがサマリヤでイスラエルの王となり、二年間、王であった。
24 彼は主の目の前に悪を行い、イスラエルに罪を犯させたネバテの子ヤロブアムの罪を離れなかった。
25 彼の侍従、レマルヤの子ペカは、彼に対して謀反を企て、サマリヤの王宮の高殿で、ペカフヤとアルゴブとアルエとを打ち殺した。ペカには五十人のギルアデ人が加わっていた。ペカは彼を殺し、彼に代わって王となった。
26 ペカフヤのその他の業績、彼の行ったすべての事は、イスラエルの王たちの年代記の書にまさしくしるされている。

イスラエルの王ペカ

27 ユダの王アザルヤの第五十二年に、レマルヤの子ペカがサマリヤでイスラエルの王となり、二十年間、王であった。
28 彼は主の目の前に悪を行い、イスラエルに罪を犯させたネバテの子ヤロブアムの罪を離れなかった。
29 イスラエルの王ペカの時代に、アッシリヤの王ティグラテ・ピレセルが来て、イヨン、アベル・ベテ・マアカ、ヤノアハ、ケデシュ、ハツォル、ギルアデ、ガリラヤ、ナフタリの全土を占領し、その住民をアッシリヤへ捕らえ移した。
30 そのとき、エラの子ホセアは、レマルヤ

15:16 すべての妊婦たちを切り裂いた 何人かのイスラエルの王は非常に冷酷で野蛮なことを行った(⇒イザ13:18、ホセ10:14, 13:16、アモ1:13)。神は王たちが神の民を霊的反抗へ導くことを予測しておられた(→ I サム8:7, 10:19)。この時点でイスラエルは非常によこしまになり、破壊と滅亡は確実になった。滅びは急速に近付いていた(→15:29注)。

15:29 その住民をアッシリヤへ捕らえ移した このアッシリヤ王ティグラテ・ピレセルの侵攻は(前733)、イスラエルの捕囚と国外移送(人々が捕らえられ移住させられること)の第一段階だった。イスラエルの北部と東部に住んでいた人々は自分たちの土地からメソポタミヤに連れて行かれた(⇒16:5-9、II 歴28:16-21、イザ7:1-17)。これは北王国(イスラエル)の滅亡の始

の子ペカに対して謀反を企て、彼を打って、彼を殺し、ウジヤの子ヨタムの第二十年に、彼に代わって王となった。
31 ペカのその他の業績、彼の行ったすべての事は、イスラエルの王たちの年代記の書にまさしくしるされている。

ユダの王ヨタム
15:33-38　並行記事－Ⅱ歴27:1-9

32 イスラエルの王レマルヤの子ペカの第二年に、ユダの王ウジヤの子ヨタムが王となった。
33 彼は二十五歳で王となり、エルサレムで十六年間、王であった。彼の母の名はエルシャといい、ツァドクの娘であった。
34 彼は、すべて父ウジヤが行ったとおり、主の目にかなうことを行った。
35 ただし、高き所は取り除かなかった。民はなおも高き所でいけにえをささげたり、香をたいたりしていた。彼は主の宮の上の門を建てた。
36 ヨタムの行ったその他の業績、それはユダの王たちの年代記の書にしるされているではないか。
37 そのころ、主はアラムの王レツィンとレマルヤの子ペカをユダに送って、これを攻め始めておられた。
38 ヨタムは彼の先祖たちとともに眠り、先祖たちとともにその父ダビデの町に葬られた。彼の子アハズが代わって王となった。

ユダの王アハズ
16:1-20　並行記事－Ⅱ歴28:1-27

16 ¹レマルヤの子ペカの第十七年に、ユダの王ヨタムの子アハズが王となった。
² アハズは二十歳で王となり、エルサレムで十六年間、王であった。彼はその父祖ダビデとは違って、彼の神、主の目にかなう

30 ①ホセ10:3, 7, 15
31 ①→Ⅰ列14:19
32 ①②Ⅱ列15:32-38, Ⅱ歴27章
34 ①②Ⅱ列15:3, Ⅱ歴26:4
　　②→Ⅱ列10:30
35 ①②Ⅱ列12:3, 15:4
　　②Ⅱ歴23:20
36 ①→Ⅰ列14:29
37 ①②Ⅱ列16:5, イザ7:1
　　②Ⅰ列15:27
38 ①→Ⅱ列8:24

1 ①②Ⅱ列16:1-4, Ⅱ歴28:1-4
2 ①→Ⅱ列10:30

3 ①②Ⅱ列21:2, 11, 申12:31
　　②Ⅱ列17:17, 21:6, レビ18:21, 20:2, 詩106:37, 38
4 ①②Ⅱ列14:4, 申12:2
5 ①②Ⅱ列15:37, イザ7:1, 4, 8:6
6 ①②Ⅱ列14:22, Ⅱ歴26:2
　　＊⊠「エロテ」
　　②Ⅱ歴28:17
7 ①②Ⅱ列16:7-9, Ⅱ歴28:16-21
　　②Ⅱ列15:29
8 ①②Ⅱ列12:18, 18:15, 16
9 ①アモ1:3-5
　　②イザ22:6, アモ9:7
10 ①②Ⅱ列16:10-20, Ⅱ歴28:22-27
　　②Ⅱ列15:29
　　③イザ8:2
12 ①②Ⅱ歴26:16, 19, 28:23, 24

ことを行わず、
3 イスラエルの王たちの道に歩み、主がイスラエル人の前から追い払われた異邦の民の、忌みきらうべきならわしをまねて、自分の子どもに火の中をくぐらせることまでした。
4 さらに彼は、高き所、丘の上、青々と茂ったすべての木の下で、いけにえをささげ、香をたいた。
5 このとき、アラムの王レツィンと、イスラエルの王レマルヤの子ペカが、エルサレムに戦いに上って来てアハズを包囲したが、戦いに勝つことはできなかった。
6 そのころ、アラムの王レツィンはエラテをアラムに取り返し、ユダ人をエラテから追い払った。ところが、エドム人がエラテに来て、そこに住みついた。今日もそのままである。
7 アハズは使者たちをアッシリヤの王ティグラテ・ピレセルに遣わして言った。「私はあなたのしもべであり、あなたの子です。どうか上って来て、私を攻めているアラムの王とイスラエルの王の手から私を救ってください。」
8 アハズが主の宮と王宮の宝物倉にある銀と金を取り出して、それを贈り物として、アッシリヤの王に送ったので、
9 アッシリヤの王は彼の願いを聞き入れた。そこでアッシリヤの王はダマスコに攻め上り、これを取り、その住民をキルへ捕らえ移した。彼はレツィンを殺した。
10 アハズ王がアッシリヤの王ティグラテ・ピレセルに会うためダマスコに行ったとき、ダマスコにある祭壇を見た。すると、アハズ王は、詳細な作り方のついた、祭壇の図面と模型を、祭司ウリヤに送った。
11 祭司ウリヤは、アハズ王がダマスコから送ったものそっくりの祭壇を築いた。祭司ウリヤは、アハズ王がダマスコから帰って来るまでに、そのようにした。
12 王はダマスコから帰って来た。その祭壇を見て、王は祭壇に近づき、その上でいけ

まりだった。繰返される罪と反抗によってついに神のさばきがもたらされたのである。北王国の首都サマリヤは11年後に占領された(17:6)。

16:3　自分の子どもに火の中をくぐらせる　アハズの治世のもとでユダは霊的混沌と堕落の暗い時代に入った。神に対する反抗はひどく、王自身が人間をいけにえとして作ったにせの神々に子どもをささげるという恐ろしい宗教的行為を行ったほどである(⇒レビ18:21, Ⅱ歴28:3, エレ19:5)。

16:9　アッシリヤ・・・聞き入れ・・・ダマスコに攻め上り　アモスはアッシリヤがダマスコを攻略することについて預言した(→アモ1:3-5, ⇒イザ8:4, 17:1)。

にえをささげた。
¹³彼は全焼のいけにえと、穀物のささげ物とを焼いて煙にし、注ぎのささげ物を注ぎ、自分のための和解のいけにえの血を祭壇の上に振りかけた。
¹⁴主の前にあった青銅の祭壇を、神殿の前から、すなわち、この祭壇と主の神殿との間から持って来て、この祭壇の北側に据えた。
¹⁵それから、アハズ王は祭司ウリヤに命じて言った。「朝の全焼のいけにえと夕方の穀物のささげ物、また、王の全焼のいけにえと穀物のささげ物、すべてのこの国の人々の全焼のいけにえとその穀物のささげ物、ならびにこれらに添える注ぎのささげ物を、この大祭壇の上で焼いて煙にしなさい。また全焼のいけにえの血と、他のいけにえの血はすべて、この祭壇の上に振りかけなければならない。青銅の祭壇は、私が伺いを立てるためである。」
¹⁶祭司ウリヤは、すべてアハズ王が命じたとおりに行った。
¹⁷アハズ王は、車輪つきの台の鏡板を切り離し、その台の上から洗盤をはずし、またその下にある青銅の牛の上から海も降ろして、それを敷石の上に置いた。
¹⁸彼は宮の中に造られていた安息日用のおおいのある道も、外側の王の出入口も、アッシリヤの王のために主の宮から取り除いた。
¹⁹アハズの行ったその他の業績、それはユダの王たちの年代記の書にしるされているではないか。
²⁰アハズは彼の先祖たちとともに眠り、先

13①→Ⅱ列3:27
②→Ⅰサム3:14
③Ⅱ列16:15, 出25:29, レビ23:13, →エレ7:18
④→Ⅰ列3:15
14①出27:1,2, Ⅰ列8:64, Ⅱ歴4:1
②Ⅱ列16:10, 11
15①出29:39-41, 民28:4
17①Ⅰ列7:27-39
②Ⅰ列23:8, Ⅱ歴4:6
③Ⅰ列7:23-26, Ⅱ歴4:2-5
19①→Ⅰ列14:29
20①イザ14:28

②→Ⅱ列8:24
1①Ⅱ列15:30
2①→Ⅱ列3:2
3①Ⅱ列17:3-8, Ⅱ列18:9-12, 申4:27, 28:36, 64, 29:27, 28, ヨシ23:16, ホセ13:16
②→Ⅰサム8:2
6①Ⅱ列19:12, イザ37:12
②イザ13:17, 21:2
*創10:2[マダイ]
7①出14:15-31

祖たちとともにダビデの町に葬られた。彼の子ヒゼキヤが代わって王となった。

イスラエルの最後の王ホセア
17:3-6 並行記事—Ⅱ列18:9-12

17 ¹ユダの王アハズの第十二年に、エラの子ホセアがサマリヤでイスラエルの王となり、九年間、王であった。
²彼は主の目の前に悪を行ったが、彼以前のイスラエルの王たちのようではなかった。
³アッシリヤの王シャルマヌエセルが攻め上って来た。そのとき、ホセアは彼に服従して、みつぎものを納めた。
⁴しかし、アッシリヤの王はホセアの謀反に気がついた。ホセアがエジプトの王ソに使者たちを遣わし、アッシリヤの王には年々のみつぎものを納めなかったからである。それで、アッシリヤの王は彼を逮捕して牢獄につないだ。
⁵アッシリヤの王はこの国全土に攻め上り、サマリヤに攻め上って、三年間これを包囲した。
⁶ホセアの第九年に、アッシリヤの王はサマリヤを取り、イスラエル人をアッシリヤに捕らえ移し、彼らをハラフと、ハボル、すなわちゴザンの川のほとり、メディヤの町々に住ませた。

イスラエルが罪のため捕囚になる
⁷こうなったのは、イスラエルの人々が、彼らをエジプトの地から連れ上り、エジプトの王パロの支配下から解放した彼らの神、主に対して罪を犯し、ほかの神々を恐れ、

17:6 イスラエル人をアッシリヤに捕らえ移し 210年間霊的に反抗し、道徳的に腐敗し、人間が作った神々に頼ってきたイスラエルは前722年に、まことの神に反抗した最終結果を刈取ることになった。イスラエルの国全部(北王国の10部族)が占領され、人々はアッシリヤ帝国の領地へ移された(→「イスラエル(北王国)の捕囚」の地図 p.633)。神の民は自分勝手な動機からよこしまなことを追い求め、それはついに頂点に達した。これに対して聖く正しい神はさばきを下し人々を抹消するほかなかった。その結果、神に忠実なわずかな人だけが残されて、神の約束の成就を見ることになる(⇒ロマ9:27)。

17:7 【主】に対して罪を犯し 17:7-41で聖霊はなぜ神が契約の民(イスラエル)を没落させ、「彼らを御前から除いた」(17:18)のかを再び明らかにしている。(1) イスラエルは神が愛と好意を示され、エジプトでの奴隷状態から解放してくださったことを忘れた(17:7, →出5:-12:)。(2) イスラエルは周りの社会の神々を礼拝して、繁栄としあわせと導きを祈り求めた(17:7, 12, 15, 17, →コロ3:5注)。(3) イスラエルは周りの国々で普通に行われていた、神を敬わない慣習と生活様式を受け入れた(17:8-11, 15-17)。(4) イスラエルは預言者、預言者のメッセージ、神のことばに沿って正しく生きなければならないという神の訴えを拒んだ(17:13-15, ⇒使7:51)。(5) イスラエルは神に頼らないで、神の啓示と契約に公然と反抗した

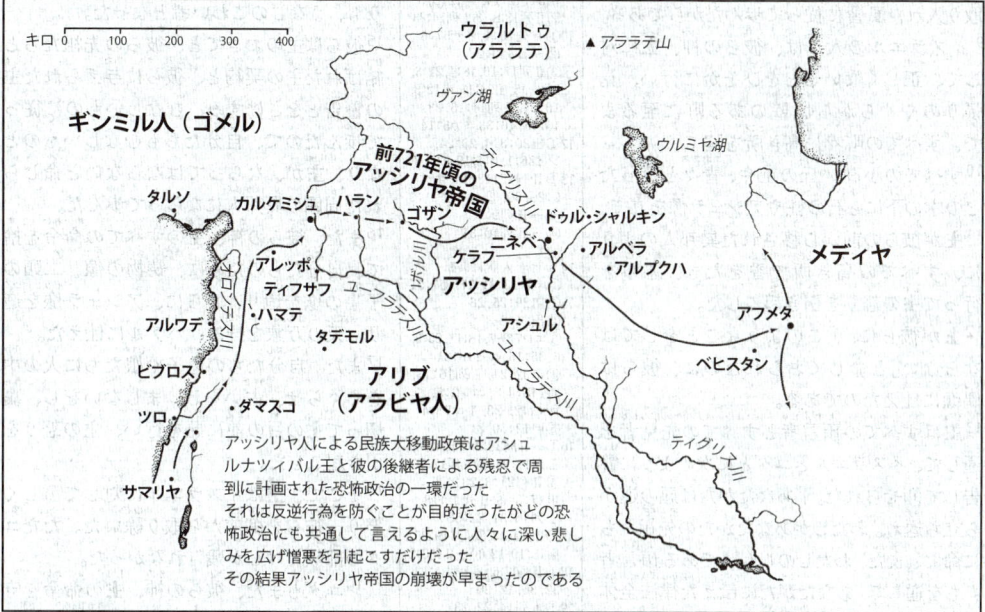

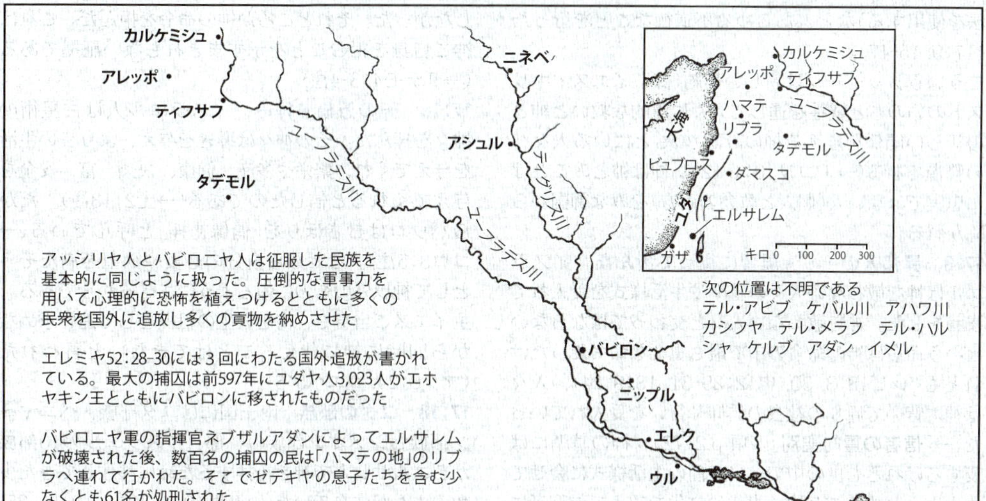

8 主がイスラエルの人々の前から追い払われた異邦人の風習、イスラエルの王たちが取り入れた風習に従って歩んだからである。
9 イスラエルの人々は、彼らの神、主に対して、正しくないことをひそかに行い、見張りのやぐらから城壁のある町に至るまで、すべての町々に高き所を建て、
10 すべての小高い丘の上や、青々と茂ったどの木の下にも石の柱やアシェラ像を立て、
11 主が彼らの前から移された異邦人のように、すべての高き所で香をたき、悪事を行って主の怒りを引き起こした。
12 主が彼らに、「このようなことをしてはならない」と命じておられたのに、彼らは偶像に仕えたのである。
13 主はすべての預言者とすべての先見者を通して、イスラエルとユダとに次のように警告して仰せられた。「あなたがたは悪の道から立ち返れ。わたしがあなたがたの先祖たちに命じ、また、わたしのしもべである預言者たちを通して、あなたがたに伝えた律法全体に従って、わたしの命令とおきてとを守れ。」

8 ①Ⅱ列16:3, 17:19
②レビ18:3, 申18:9
9 ①Ⅱ列17:9-12, 出34:12-14, 申12:2, 3
②Ⅱ列18:8, Ⅰ列14:23
10 ①Ⅱ列16:4, イザ57:5
②→Ⅱ列17:10
③Ⅱ列17:16, 18:4, 21:3, 23:6, 15, 申16:21, Ⅰ列14:15, 23, 15:13, 16:33, ミカ5:14
12 ①出23:24, 27, レビ26:1, 申4:19, 5:7, 8
13 ①Ⅱ列17:13, 14, ネヘ9:29, 30, ②→Ⅰ列21:9
③→Ⅱ列9:7
④→Ⅱ列10:31

14 *七十人訳による
①申9:13, 31:27, 使7:51
15 ①申29:25, 26
②出24:3-8
③エレ7:3-7, 18:11, 25:5, 6, 35:15, エゼ18:31
④申32:21, Ⅰ列16:13, 詩115:4-8, エレ2:5, ロマ1:21-23, Ⅰコリ8:4
⑤レビ12:30, 31
16 ①→Ⅱ歴28:2, ②出32:8, Ⅰ列12:28, ⑤Ⅱ列17:10
④Ⅱ列21:3, 23:4, 5, 申17:3, ⑤Ⅱ列11:18, Ⅰ列16:31, 22:53
17 ①Ⅱ列16:3, レビ19:26, 申18:10-12, ③→Ⅱ列3:2
18 ①Ⅱ列17:6, 2, Ⅰ列11:13, 32, 36, 12:20
19 ①申14:22, 23, エレ3:8, ②Ⅱ列16:3

14 しかし、彼らはこれを聞き入れず、彼らの神、主を信じなかった彼らの先祖たちよりも、うなじのこわい者となった。
15 彼らは主のおきてと、彼らの先祖たちと結ばれた主の契約と、彼らに与えられた主の警告とをさげすみ、むなしいものに従って歩んだので、自分たちもむなしいものとなり、主が、ならってはならないと命じられた周囲の異邦人にならって歩んだ。
16 また、彼らの神、主のすべての命令を捨て、自分たちのために、鋳物の像、二頭の子牛の像を造り、さらに、アシェラ像を造り、天の万象を拝み、バアルに仕えた。
17 また、自分たちの息子や娘たちに火の中をくぐらせ、占いをし、まじないをし、裏切って主の目の前に悪を行い、主の怒りを引き起こした。
18 そこで、主はイスラエルに対して激しく怒り、彼らを御前から取り除いた。ただユダの部族だけしか残されなかった。
19 ユダもまた、彼らの神、主の命令を守らず、イスラエルが取り入れた風習に従っ

(17:13-16、→「**イスラエル人との神の契約**」の項 p.351)。(6)イスラエルは占い(運勢判断)や魔術(魔法を使用する)など、あらゆる不道徳なことを行った(17:9, 15-17)。
こういうメッセージは新しい契約(御子イエス・キリストのいのちと犠牲を通して人々に霊的な救いと神との新しい関係を与える神の計画)のもとにいる人々への警告である(→Ⅰコリ10:1-12)。神は神とみことばに忠実ではない人(個人と教会の両方)をみな御国から除かれる。

17:8 異邦人の・・・風習に従って歩んだ イスラエルは神を敬わない人々の基準や生活様式を受入れてまねをした。神を敬わない人々と交わってはならないという命令は神の命令の中で最も重要な命令だったけれども(レビ18:3, 30, 申12:29-31, 18:9-14)、人々は神に背いて周りの社会の信仰や行いを受入れていった(→「信者の霊的聖別」の項 p.2172)。神の基準には反するけれども世の中では当り前の生活様式に合せて生きようとすることは、世代や文化を超えて信仰者にとって最も危険なことである(→ロマ12:2、→「**キリスト者とこの世**」の項 p.2437)。

17:13 預言者たち エリヤ、エリシャ、アモス、ホセアなどの預言者は罪を暴き、悔い改めてみことばに従うことを求めたけれどもイスラエルはそれを拒んだ

(士6:8-10, Ⅰ列13:1-3, 14:6-16, ⇒使7:51-53)。人々は神のメッセージに耳を傾けることも従うこともしなかった。それどころか神の命令を拒んだ。これは神ご自身を拒むことを示すまぎれもない証拠である(→Ⅱテモ4:3-4注)。

17:16 天の万象を拝み イスラエル人は占星術の神々を拝んだ。その神々は導きを与え、より良い生活を与えてくれ、繁栄や多産、健康、快楽、富、安全を与えてくれると信じたのである(→士2:13注)。だからパウロはむさぼりを「偶像礼拝」と呼んでいる(→コロ3:5注)。なぜなら自分の必要や欲望を満たそうとして神以外のものに頼るようにさせるからである。主イエスご自身も、富を人生の目標として追い求めながら同時に神に仕えることはできないと言われた(マタ6:24、⇒エペ5:5)。

17:18 ユダの部族 南王国にはユダ部族、ベニヤミン部族とシメオン部族の一部、イスラエルの10部族からエルサレムで神を礼拝するために移住してきた少数の人々が住んでいた(→Ⅱ歴19:4, 30:1, 10-11, 25-26, 34:5-7, 35:17-18)。ユダの国は神がヘブル人との契約を保ち続けるために用いられる民族になった。新約聖書の時代にイスラエル(北王国)の部族の子孫が聖地に住んでいたことは注目するべきことである(使26:7, ⇒ルカ2:36, ピリ3:5)。

II列王記　17章

て歩んだ。
20 そこで、主はイスラエルのすべての子孫をさげすみ、彼らを苦しめ、略奪者たちの手に渡し、ついに彼らを御前から投げ捨てられた。
21 主がイスラエルをダビデの家から引き裂かれたとき、彼らはネバテの子ヤロブアムを王としたが、ヤロブアムは、イスラエルを主に従わないようにしむけ、彼らに大きな罪を犯させた。
22 イスラエルの人々は、ヤロブアムの犯したすべての罪に歩み、それをやめなかったので、
23 ついに、主は、そのしもべであるすべての預言者を通して告げられたとおり、イスラエルを御前から取り除かれた。こうして、イスラエルは自分の土地からアッシリヤへ引いて行かれた。今日もそのままである。

サマリヤの再定住

24 アッシリヤの王は、バビロン、クテ、アワ、ハマテ、そして、セファルワイムから人々を連れて来て、イスラエルの人々の代わりにサマリヤの町々に住ませた。それで、彼らは、サマリヤを占領して、その町々に住んだ。
25 彼らがそこに住み始めたとき、彼らは主を恐れなかったので、主は彼らのうちに獅子を送られた。獅子は彼らの幾人かを殺した。
26 そこで、彼らはアッシリヤの王に報告して言った。「あなたがサマリヤの町々に移した諸国の民は、この国の神に関するならわしを知りません。それで、神が彼らのうちに獅子を送りました。今、獅子が彼らを殺しています。彼らがこの国の神に関するならわしを知らないからです。」
27 そこで、アッシリヤの王は命じて言った。「あなたがたがそこから捕らえ移した祭司のひとりを、そこに連れて行きなさい。行かせて、そこに住ませ、その国の神に関するならわしを教えさせなさい。」
28 こうして、サマリヤから捕らえ移された祭司のひとりが来て、ベテルに住み、どのようにして主を*礼拝するかを教えた。
29 しかし、それぞれの民は、めいめい自分たちの神々を造り、サマリヤ人が造った高き所の宮にそれを安置した。それぞれの民は自分たちの住んでいる町々でそのようにした。
30 バビロンの人々はスコテ・ベノテを造り、クテの人々はネレガルを造り、ハマテの人々はアシマを造り、
31 アワ人はニブハズとタルタクを造り、セファルワイム人はセファルワイムの神々アデラメレクとアナメレクとに自分たちの子どもを火で焼いてささげた。
32 彼らは主を礼拝し、自分たちの中から高き所の祭司たちを自分たちで任命し、この祭司たちが彼らのために高き所の宮で祭儀を行った。
33 彼らは主を礼拝しながら、同時に、自分たちがそこから移された諸国の民のならわしに従って、自分たちの神々にも仕えていた。
34 彼らは今日まで、最初のならわしのとおりに行っている。彼らは主を恐れているのでもなく、主が、その名をイスラエルと名づけたヤコブの子らに命じておきてや、定めや、律法や、命令のとおりに行っているのでもない。
35 主は、イスラエル人と契約を結び、命じて言われた。「ほかの神々を恐れてはならない。これを拝みこれに仕えてはならない。これにいけにえをささげてはならない。

---

20 ① II 列 13:3, 15:29
21 ① I 列 11:11, 31
　② I 列 12:20
　③ I 列 12:26-33, 14:16
23 ① → II 列 9:7
　② II 列 17:6, アモ 7:17
24 ① エズ 4:2, 10
　② II 列 17:30
　③ II 列 18:34
　④ I 列 8:65

28 * 直訳「恐れる」
　　 II 列 17:32, 33
29 ① I 列 12:31, 13:32
30 ① II 列 17:30, 31, II 列 17:24
　② アモ 8:14
31 ① II 列 17:17, レビ 18:21, 申 12:31
32 ① ゼパ 1:5
　② II 列 12:31, 13:33
34 ① 創 32:28, 35:10, I 列 18:31
　② → II 列 10:31
35 ① 出 19:4-8, 24:3-8
　② 出 20:5, 申 5:9, 士 6:10

17:24　サマリヤの町々に住ませた　アッシリヤの王は外国の捕虜を連れて来て、「サマリヤの町々」（北王国全体）に住まわせた。これはイスラエル人の民族としての意識と忠誠心を打砕くためだった（→**「イスラエル（北王国）の捕囚」**の地図 p.633）。追放されなかった（捕えられて移住させられなかった）イスラエル人と、アッシリヤ人が連れて来た外国人との結婚によって生れた人々は「サマリヤ人」と呼ばれるようになった。サマリヤ人は外国文化の伝統とヘブル人の慣習と信仰を混合させた宗教活動を生み出した（17:29-33）。その結果、ユダヤ人とサマリヤ人の間には何世紀にもわたって緊張と憎しみがかもし出された。それは新約聖書の時代まで続いていた（⇒ルカ 9:51-56）。ところが新約聖書の時代に近付くと多くのサマリヤ人は異教の宗教の慣習を捨てて、モーセ五書（旧約聖書の最初の5冊）だけに基づいた信仰を持つようになった。ある時、主イエスはサマリヤ人の女性に、サマリヤ人の宗教的伝統だけでは不十分であると話された（ヨハ 4:4-26）。後には多くのサマリヤ人がピリポの奉仕の働きを通してキリストを信じるようになった（使 8:5-25）。

36 大きな力と、差し伸べた腕をもって、あなたがたをエジプトの地から連れ上った主だけを恐れ、主を礼拝し、主にいけにえをささげなければならない。
37 主があなたがたのために書きしるしたおきてと、定めと、律法と、命令をいつも守り行わなければならない。ほかの神々を恐れてはならない。
38 わたしがあなたがたと結んだ契約を忘れてはならない。ほかの神々を恐れてはならない。
39 あなたがたの神、主だけを恐れなければならない。主はすべての敵の手からあなたがたを救い出される。」
40 しかし、彼らは聞かず、先の彼らのならわしのとおりに行った。
41 このようにして、これらの民は主を恐れ、同時に、彼らの刻んだ像に仕えた。その子たちも、孫たちも、その先祖たちがしたとおりに行った。今日もそうである。

ユダの王ヒゼキヤ

18:2-4　並行記事ーⅡ歴29:1-2, 31:1
18:5-7　並行記事ーⅡ歴31:20-21
18:9-12　並行記事ーⅡ列17:3-6

18 ¹イスラエルの王エラの子ホセアの第三年に、ユダの王アハズの子ヒゼキヤが王となった。
² 彼は二十五歳で王となり、エルサレムで二十九年間、王であった。彼の母の名はアビといい、ゼカリヤの娘であった。
³ 彼はすべて父祖ダビデが行ったとおりに、主の目にかなうことを行った。
⁴ 彼は高き所を取り除き、石の柱を打ちこわし、アシェラ像を切り倒し、モーセの作った青銅の蛇を打ち砕いた。そのころまでイスラエル人は、これに香をたいていたからである。これはネフシュタンと呼ばれていた。
⁵ 彼はイスラエルの神、主に信頼していた。彼のあとにも彼の先にも、ユダの王たちの中で、彼ほどの者はだれもいなかった。
⁶ 彼は主に堅くすがって離れることなく、主がモーセに命じられた命令を守った。
⁷ 主は彼とともにおられた。彼はどこへ出陣しても勝利を収めた。彼はアッシリヤの王に反逆し、彼に仕えなかった。
⁸ 彼はペリシテ人を打ってガザにまで至り、見張りのやぐらから城壁のある町に至るその領土を打ち破った。
⁹ ヒゼキヤ王の第四年、すなわち、イスラエルの王エラの子ホセアの第七年に、アッシリヤの王シャルマヌエセルがサマリヤに攻め上って、包囲し、
¹⁰ 三年の後、これを攻め取った。つまり、ヒゼキヤの第六年、イスラエルの王ホセアの第九年に、サマリヤは攻め取られた。
¹¹ アッシリヤの王はイスラエル人をアッシリヤに捕らえ移し、彼らをハラフと、ハボル、すなわちゴザンの川のほとり、メディヤの町々に連れて行った。
¹² これは、彼らが彼らの神、主の御声に聞き従わず、その契約を破り、主のしもべモーセが命じたすべてのことに聞き従わず、これを行わなかったからである。
¹³ ヒゼキヤ王の第十四年に、アッシリヤの王セナケリブが、ユダのすべての城壁のある町々を攻めて、これを取った。

18:5　【主】に信頼していた　著者はサマリヤと北王国の陥落を伝えたあと、再びユダ（南王国）の歴史に戻って、ヒゼキヤという良い王の治世から書き出した。ヒゼキヤは神に頼っていたのでユダの中で偉大な王の一人と考えられている。ヒゼキヤは神を深く信頼し神の命令を守って生き（18:3-6）、人々に罪をやめて神に立返るように説いた（Ⅱ歴30:6-9）。治世の初めには神殿をきよめ修復し、祭司とレビ人の働きを復活させ、過越の祭りも復活させた（Ⅱ歴29:3, 30:5, →「過越」の項 p.142）。そして聖い情熱をもってにせの神々の祭壇や礼拝所を破壊した（18:4）。ヒゼキヤの治世　→18:-20:、Ⅱ歴29:-32:、イザ36:-39:

18:7　アッシリヤの王に反逆し　ユダの歴史の中でこの頃、南王国もアッシリヤ人に制圧され、一年に一度アッシリヤに税金を納めることを要求された。けれどもヒゼキヤはアッシリヤに対して国際的な陰謀を企て、これ以上税金を納めることを拒んだ。この独立をしようとした結果については18:13-19:37に書かれている。

18:13　ユダの・・・町々を攻めて、これを取った　前701年にユダが反逆するとアッシリヤの王セナケリブは重要な都市を占領してこれに応酬した。セナケリブ自身の記録によると46の武装した都市を制圧し、200,146人を捕虜にしたということである（恐らくバ

II列王記　18章

¹⁴そこでユダの王ヒゼキヤはラキシュのアッシリヤの王のところに人をやって、言った。「私は罪を犯しました。私のところから引き揚げてください。あなたが私に課せられるものは何でも負いますから。」そこで、アッシリヤの王は銀三百タラントと、金三十タラントを、ユダの王ヒゼキヤに要求した。
¹⁵ヒゼキヤは主の宮と王宮の宝物倉にある銀を全部渡した。
¹⁶そのとき、ヒゼキヤは、*ユダの王が金を張りつけた主の本堂のとびらと柱から金をはぎ取り、これをアッシリヤの王に渡した。

セナケリブがエルサレムを脅かす
18:13, 17-37　並行記事―イザ36:1-22
18:17-35　並行記事―Ⅱ歴32:9-19

¹⁷アッシリヤの王は、タルタン、ラブ・サリス、およびラブ・シャケに大軍をつけて、ラキシュからエルサレムのヒゼキヤ王のところに送った。彼らはエルサレムに上って来た。彼らはエルサレムに上って来たとき、布さらしの野への大路にある上の池の水道のそばに立った。
¹⁸彼らが王に呼びかけたので、ヒルキヤの子である宮内長官エルヤキム、書記シェブナ、アサフの子である参議ヨアフが、彼らのもとに出て行った。
¹⁹ラブ・シャケは彼らに言った。「ヒゼキヤに伝えよ。大王、アッシリヤの王がこう言っておられる。
いったい、おまえは何に拠り頼んでいるのか。
²⁰口先だけのことばが、戦略であり戦力だと思い込んでいるのか。今、おまえはだれに拠り頼んで私に反逆するのか。
²¹今、おまえは、あのいたんだ葦の杖、エジプトに拠り頼んでいるが、これは、それに寄りかかる者の手を刺し通すだけだ。エジプトの王、パロは、すべて彼に拠り頼む者にそうするのだ。

14 ① Ⅱ列18:7
15 ① Ⅱ列18:15, 16, Ⅱ列12:18, 16:8, Ⅰ列15:18, 19
16 *〔?〕ユダの王ヒゼキヤ
　① Ⅱ列6:20-22
17 ① エレ39:3, 13
　② イザ7:3
　③ Ⅱ列20:20
18 ① Ⅱ列19:2, イザ22:20
　② イザ22:15-19
　③ Ⅱ列18:7
21 ① イザ42:3
　② イザ30:2, 3, 7, 31:1-3, エゼ29:6, 7
22 ① Ⅱ列18:4, Ⅱ歴31:1
26 ① エズ4:7, ダニ2:4

²²おまえたちは私に『われわれは、われわれの神、主に拠り頼む』と言う。その主とは、ヒゼキヤが高き所と祭壇を取り除いておいて、ユダとエルサレムに向かい『エルサレムにあるこの祭壇の前で拝め』と言ったそういう主ではないか、と。
²³さあ、今、私の主君、アッシリヤの王と、かけをしないか。もしおまえのほうで乗り手をそろえることができれば、私はおまえに二千頭の馬を与えよう。
²⁴おまえは戦車と騎兵のことでエジプトに拠り頼んでいるが、私の主君の最も小さい家来のひとりの総督をさえ撃退することはできないのだ。
²⁵今、私がこの所を滅ぼすために上って来たのは、主をさしおいてのことであろうか。主が私に『この国に攻め上って、これを滅ぼせ』と言われたのだ。」
²⁶ヒルキヤの子エルヤキムとシェブナとヨアフとは、ラブ・シャケに言った。「どうかしもべたちには、アラム語で話してください。われわれはアラム語がわかりますから。城壁の上にいる民の聞いている所では、われわれにユダのことばで話さないでください。」
²⁷すると、ラブ・シャケは彼らに言った。「私の主君がこれらのことを告げに私を遣わされたのは、おまえの主君や、おまえのためだろうか。むしろ、城壁の上にすわっている者たちのためではないか。彼らはおまえたちといっしょに、自分の糞を食らい、自分の尿を飲むようになるのだ。」
²⁸こうして、ラブ・シャケはつっ立って、ユダのことばで大声に呼ばわって、語って言った。「大王、アッシリヤの王のことばを聞け。
²⁹王はこう言われる。ヒゼキヤにごまかされるな。あれはおまえたちを私の手から救い出すことはできない。
³⁰ヒゼキヤが、主は必ずわれわれを救い出してくださる、この町は決してアッシリヤの王の手に渡されることはない、と言って、おまえたちに主を信頼させようとする

ビロンに連れて行かれて、既に捕らえられていた208,000人と交替させられたものと思われる)。これ以上抵抗しても無駄だと悟ったヒゼキヤはセナケリブに降伏して、ユダの宝物倉を空にしてアッシリヤに税金を納めた(18:14-16)。

18:30　ヒゼキヤが・・・【主】を信頼させようとするが、そうはさせない　理由はわからないけれどもアッシリヤのセナケリブ王は大軍を率いて再びユダに侵入

が、そうはさせない。
31 ヒゼキヤの言うことを聞くな。アッシリヤの王はこう言っておられるからだ。私と和を結び、私に降参せよ。そうすれば、おまえたちはみな、自分のぶどうと自分のいちじくを食べ、また、自分の井戸の水を飲めるのだ。32 その後、私が来て、おまえたちの国と同じような国におまえたちを連れて行こう。そこは穀物とぶどう酒の地、パンとぶどう畑の地、オリーブの木と蜜の地である。それはおまえたちが生きながらえて死なないためである。たとい、ヒゼキヤが、主がわれわれを救い出してくださると言って、おまえたちをそそのかしても、ヒゼキヤに聞き従ってはならない。33 国々の神々が、だれか、自分の国をアッシリヤの王の手から救い出しただろうか。34 ハマテやアルパデの神々は今、どこにいるのか。セファルワイムやヘナやイワの神々はどこにいるのか。彼らはサマリヤを私の手から救い出したか。35 国々のすべての神々のうち、だれが自分たちの国を私の手から救い出しただろうか。主がエルサレムを私の手から救い出すとでもいうのか。」
36 民は黙っており、彼に一言も答えなかった。「彼に答えるな」というのが、王の命令だったからである。
37 ヒルキヤの子である宮内長官エルヤキム、書記シェブナ、アサフの子である参議ヨアフは、自分たちの衣を裂いてヒゼキヤのもとに行き、ラブ・シャケのことばを告げた。

エルサレムの解放が預言される
19:1-13　並行記事—イザ37:1-13

19 1 ヒゼキヤ王は、これを聞いて、自分の衣を裂き、荒布を身にまとって、主の宮に入った。2 彼は、宮内長官エルヤキム、書記シェブナ、

31 ① Ⅰ列4:20, 25
② →エレ6:9
③ →士9:10
32 ① 申8:7-9, 11:11, 12
② →Ⅱ列5:26
③ →エレ11:16
33 ① Ⅱ列19:12
34 ① Ⅱ列19:13
② イザ10:9
③ Ⅱ列17:24
④ Ⅱ列17:5, 6, 24
⑤ ダニ3:15
37 ① Ⅱ列18:18, 26

1 ① Ⅱ列19:1-7, イザ37:1-7
② Ⅱ列6:30, Ⅱサム3:31, Ⅰ列21:27

2 ① イザ1:1, 2:1, ルカ3:4
3 *直訳「子どもが産道に入った」
4 ① →Ⅰサム17:26
② Ⅱ列18:35
③ →Ⅰ列8:28
6 ① Ⅱ列18:17
② Ⅱ列18:22, 25, 30, 35
7 ① Ⅱ列7:6
8 ① Ⅰ列19:8-13, イザ37:8-13, Ⅱ歴32:17-19
② ヨシ10:29
③ Ⅱ列18:14
9 *「エチオピヤ」
イザ20:3-5
10 ① イザ10:5-19
② Ⅱ列18:35
③ Ⅱ列18:30

年長の祭司たちに、荒布をまとわせて、アモツの子、預言者イザヤのところに遣わした。3 彼らはイザヤに言った。「ヒゼキヤはこう言っておられます。『きょうは、苦難と、懲らしめと、侮辱の日です。子どもが生まれようとするのに、それを産み出す力がないのです。4 おそらく、あなたの神、主は、ラブ・シャケのすべてのことばを聞かれたことでしょう。彼の主君、アッシリヤの王が、生ける神をそしるために彼を遣わしたのです。あなたの神、主は、その聞かれたことばを責められますが、あなたはまだいる残りの者のため、祈りをささげてください。』」
5 ヒゼキヤ王の家来たちがイザヤのもとに来たとき、6 イザヤは彼らに言った。「あなたがたの主君にこう言いなさい。
　主はこう仰せられる。『あなたが聞いたあのことば、アッシリヤの王の若い者たちがわたしを冒瀆したあのことばを恐れるな。7 今、わたしは彼のうちに一つの霊を入れる。彼は、あるうわさを聞いて、自分の国に引き揚げる。わたしは、その国で彼を剣で倒す。』」
8 ラブ・シャケは退いて、リブナを攻めていたアッシリヤの王と落ち合った。王がラキシュから移動したことを聞いたからである。9 *王は、クシュの王ティルハカについて、「今、彼はあなたと戦うために出て来ている」ということを聞いたとき、再び使者たちをヒゼキヤに送って言った。10 「ユダの王ヒゼキヤにこう伝えよ。『おまえの信頼するおまえの神にごまかされるな。おまえは、エルサレムはアッシリヤの王の手に渡されないと言っている。11 おまえは、アッシリヤの王たちがすべての国々にしたこと、それらを絶滅させたことを聞いている。それでも、おまえは救い出されるというのか。

してエルサレムを攻撃した（18:17）。アッシリヤの将軍たちはヒゼキヤとエルサレムの住民を脅そうとしてイスラエルの神を汚すような暴言を吐き、神に頼る人々を馬鹿にした。セナケリブが神を冒瀆（汚す）した結果、御使いが奇蹟的に介入してセナケリブ軍の兵士185,000人を殺して、ユダを救い出してくれた（19:6-37, Ⅱ歴32:21-22, イザ37:14-20, 33-38）。

19:1　ヒゼキヤ王は・・・【主】の宮に入った　ヒゼキヤは神を非常に信頼していた（18:5）。アッシリヤ人の脅しに遭い（18:17-37）、アッシリヤ人が神をあざ笑ったことに驚き恐れをなしたヒゼキヤは（18:30-35）、イザヤにエルサレムと神の忠実な民のために祈

II列王記　19章

12 私の先祖たちはゴザン、ハラン、レツェフ、および、テラサルにいたエデンの人々を滅ぼしたが、その国々の神々は彼らを救い出したのか。
13 ハマテの王、アルパデの王、セファルワイムの町の王、また、ヘナやイワの王は、どこにいるか。』」

ヒゼキヤの祈り
19:14-19　並行記事－イザ37:14-20

14 ヒゼキヤは、使者の手からその手紙を受け取り、それを読み、主の宮に上って行って、それを主の前に広げた。
15 ヒゼキヤは主の前で祈って言った。「ケルビムの上に座しておられるイスラエルの神、主。ただ、あなただけが、地のすべての王国の神です。あなたが天と地を造られました。
16 主よ。御耳を傾けて聞いてください。主よ。御目を開いてご覧ください。生ける神をそしるために言ってよこしたセナケリブのことばを聞いてください。
17 主よ。アッシリヤの王たちが、国々と、その国土とを廃墟としたのは事実です。
18 彼らはその神々を火に投げ込みました。それらは神ではなく、人の手の細工、木や石にすぎなかったので、滅ぼすことができたのです。
19 私たちの神、主よ。どうか今、私たちを彼の手から救ってください。そうすれば、地のすべての王国は、主よ、あなただけが神であることを知りましょう。」

イザヤがセナケリブの敗北を預言する
19:20-37　並行記事－イザ37:21-38
19:35-37　並行記事－II歴32:20-21

20 アモツの子イザヤはヒゼキヤのところ

12 ① II列17:6
② 創11:31、エゼ27:23
③ II列18:33
13 ① II列18:34
14 ① II列19:14-19、II歴32:20、イザ37:14-20
15 ① 出25:18, 22、I サム4:4、詩80:1
② II列5:15、I列18:39、イザ44:6、エレ10:10, 11
16 ① II歴6:40、詩31:2、ダ9:18
② I 列8:29
③ → I サム17:26
17 ① II列19:17-19、エレ10:1-10
18 ① イザ40:20, 44:9-20、詩115:4-7、使17:29
19 ① I列8:42, 43、詩83:18
20 ① II列19:20-34、イザ37:21-35

② II列20:5、詩65:2
21 ① エレ14:17、哀2:13
② ヨブ16:4、詩22:7, 109:25、哀2:15、マタ27:39
22 ② II列19:4, 6
② 詩71:22、イザ1:4、エレ51:5、エゼ39:7
23 ① II列18:17
② II歴26:10
24 ① イザ19:6
＊「マツォル」
25 ① イザ45:7

に人をやって言わせた。「イスラエルの神、主は、こう仰せられます。『あなたがアッシリヤの王セナケリブについて、わたしに祈ったことを、わたしは聞いた。』
21 主が彼について語られたことばは次のとおりである。

　処女であるシオンの娘は
　　あなたをさげすみ、あなたをあざける。
　エルサレムの娘は
　　あなたのうしろで、頭を振る。
22 あなたはだれをそしり、ののしったのか。
　だれに向かって声をあげ、
　高慢な目を上げたのか。
　イスラエルの聖なる方に対してだ。
23 あなたは使者たちを使って、
　主をそしって言った。
　『多くの戦車を率いて、
　私は山々の頂に、
　レバノンの奥深く上って行った。
　そのそびえる杉の木と
　美しいもみの木を切り倒し、
　私はその果ての宿り場、
　木の茂った園にまで入って行った。
24 私は井戸を掘って、他国の水を飲み、
　足の裏で
　＊エジプトのすべての川を干上がらせた』と。
25 あなたは聞かなかったのか。
　昔から、それをわたしがなし、
　大昔から、それをわたしが計画し、
　今、それを果たしたことを。
　それであなたは城壁のある町々を荒らして
　廃墟の石くれの山としたのだ。
26 その住民は力うせ、おののいて、恥を見、

(ピリ4:6-7、→「効果的な祈り」の項 p.585)。

19:15　ヒゼキヤは・・・祈って　ヒゼキヤはエルサレムの降伏を要求する挑戦的な手紙を取って神の前に広げ、心を尽くして信仰をもって神に祈った。人生に問題が起こってどうしようもない情況になったとき、私たちもヒゼキヤのように神に頼って熱心に祈らなければならない。神は霊的な敵の手から神の民を救い出し、神のご計画が邪魔されるのを許さないと約束しておられる（マタ6:25-34）。信仰によって神にすがり続けるなら、神の平安が心と思いを守ってくださる

19:19　【主】よ、あなただけが神であることを知りましょう　ヒゼキヤの祈りは、神を愛する人は何を願うようになるかを示す良い模範である。ヒゼキヤは神があがめられ、歴史の中で神の目的が証明され成就することを望んだ。モーセ（出32:12、民14:13-16、申9:26-29）とダビデ（詩59:13, 83:18）も祈りの中でこのような願いを表している。キリストに従う人々も神と神の目的とに結び付かなければならない。また神の御名と名誉を高く掲げることに最大の関心を払わなけれ

野の草や青菜、
育つ前に干からびる屋根の草のようになった。

27 あなたがすわるのも、出て行くのも、
入るのも、わたしは知っている。
あなたがわたしに向かっていきりたつのも。

28 あなたがわたしに向かっていきりたち、
あなたの高ぶりが、わたしの耳に届いたので、
あなたの鼻には鉤輪を、
あなたの口にはくつわをはめ、
あなたを、もと来た道に引き戻そう。

29 あなたへのしるしは次のとおりである。
ことしは、落ち穂から生えたものを食べ、
二年目も、またそれから生えたものを食べ、
三年目は、種を蒔いて刈り入れ、
ぶどう畑を作ってその実を食べる。

30 ユダの家ののがれて残った者は
下に根を張り、上に実を結ぶ。

31 エルサレムから、残りの者が出て来、
シオンの山から、
のがれた者が出て来るからである。
万軍の主の熱心がこれをする。

32 それゆえ、アッシリヤの王について、
主はこう仰せられる。
彼はこの町に侵入しない。
また、ここに矢を放たず、
これに盾をもって迫らず、
塁を築いてこれを攻めることもない。

33 彼はもと来た道から引き返し、
この町には入らない。
――主の御告げだ――

34 わたしはこの町を守って、これを救おう。
わたしのために、
わたしのしもべダビデのために。」

35 その夜、主の使いが出て行って、アッシリヤの陣営で、十八万五千人を打ち殺した。人々が翌朝早く起きて見ると、なんと、彼らはみな、死体となっていた。

36 アッシリヤの王セナケリブは立ち去り、帰ってニネベに住んだ。

37 彼がその神ニスロクの宮で拝んでいたとき、その子のアデラメレクとサルエツェルは、剣で彼を打ち殺し、アララテの地へのがれた。それで彼の子エサル・ハドンが代わって王となった。

ヒゼキヤの病気
20:1-11 並行記事－Ⅱ歴32:24-26, イザ38:1-8

20 ¹ そのころ、ヒゼキヤは病気になって死にかかっていた。そこへ、アモツの子、預言者イザヤが来て、彼に言った。「主はこう仰せられます。『あなたの家を整理せよ。あなたは死ぬ。直らない。』」

² そこでヒゼキヤは顔を壁に向けて、主に祈って、言った。

³ 「ああ、主よ。どうか思い出してください。私が、まことを尽くし、全き心をもって、あなたの御前に歩み、あなたがよいと見られることを行ってきたことを。」こうして、ヒゼキヤは大声で泣いた。

⁴ イザヤがまだ中庭を出ないうちに、次のような主のことばが彼にあった。

⁵ 「引き返して、わたしの民の君主ヒゼキヤに告げよ。
あなたの父ダビデの神、主は、こう仰せられる。『わたしはあなたの祈りを聞いた。あなたの涙も見た。見よ。わたしはあなたをいやす。三日目には、あなたは主の宮に上る。

⁶ わたしは、あなたの寿命にもう十五年を

ばならない(⇒ヨハ17:4-6)。そして主イエスが示された模範に従って「御名があがめられますように」と祈らなければならない(マタ6:9)。

19:35 【主】の使い ユダがアッシリヤ人の手から奇蹟的に救われたことは、旧約聖書の歴史の中でも偉大な贖いの瞬間(神が神の民を救助し救い出されるとき)だった。聖書にはこのことが何回も記録されている(19:35-36, Ⅱ歴32:21-22, イザ37:36)。世界で最も強大な王国が弱小国のユダを攻撃してきた。絶体絶命の情況で負けることが確実なときに、神がユダを救ってくださった。神はこのようにして人々が神に頼りきるときにあわれみを示し、人々との関係を回復し、ユダの神でありユダを守る方であることを示されたのである。

20:1 あなたは死ぬ →イザ38:1注
20:5 あなたの祈りを聞いた・・・わたしはあなたをいやす →イザ38:5注

加えよう。わたしはアッシリヤの王の手から、あなたとこの町を救い出し、わたしのために、また、わたしのしもべダビデのためにこの町を守る。』」
7 イザヤが、「干しいちじくをひとかたまり、持って来なさい」と命じたので、人々はそれを持って来て、腫物に当てた。すると、彼は直った。
8 ヒゼキヤはイザヤに言った。「**主**が私をいやしてくださり、私が三日目に**主**の宮に上れるしるしは何ですか。」
9 イザヤは言った。「これがあなたへの**主**からのしるしです。主は約束されたことを成就されます。影が十度進むか、十度戻るかです。」
10 ヒゼキヤは答えた。「影が十度伸びるのは容易なことです。むしろ、影が十度あとに戻るようにしてください。」
11 預言者イザヤが**主**に祈ると、主はアハズの日時計におりた日時計の影を十度あとに戻された。

バビロンの使者
20:12-19　並行記事ーイザ39:1-8
20:20-21　並行記事ーⅡ歴32:32-33

12 そのころ、バルアダンの子、バビロンの王メロダク・バルアダンは、使者を遣わし、手紙と贈り物をヒゼキヤに届けた。ヒゼキヤが病気だったことを聞いていたからである。
13 ヒゼキヤは、彼らのことを聞いて、すべての宝庫、銀、金、香料、高価な油、武器庫、彼の宝物倉にあるすべての物を彼らに見せた。ヒゼキヤがその家の中、および国中で、彼らに見せなかった物は一つもなかった。
14 そこで預言者イザヤが、ヒゼキヤ王のところに来て、彼に尋ねた。「あの人々は何を言いましたか。どこから来たのですか。」ヒゼキヤは答えた。「遠い国、バビロンから来たのです。」
15 イザヤはまた言った。「彼らは、あなたの家で何を見たのですか。」ヒゼキヤは答えた。「私の家の中のすべての物を見ました。私の宝物倉の中で彼らに見せなかった物は一つもありません。」
16 すると、イザヤはヒゼキヤに言った。「**主**のことばを聞きなさい。
17 見よ。あなたの家にある物、あなたの先祖たちが今日まで、たくわえてきた物がすべて、バビロンへ運び去られる日が来ている。何一つ残されまい、と**主**は仰せられます。
18 また、あなたの生む、あなた自身の息子たちのうち、捕らえられてバビロンの王の宮殿で宦官となる者があろう。」
19 ヒゼキヤはイザヤに言った。「あなたが告げてくれた**主**のことばはありがたい。」彼は、自分が生きている間は、平和で安全ではなかろうか、と思ったからである。
20 ヒゼキヤのその他の業績、彼のすべての功績、彼が貯水池と水道を造り、町に水を引いたこと、それはユダの王たちの年代記の書にしるされているではないか。
21 こうして、ヒゼキヤは彼の先祖たちとともに眠り、その子マナセが代わって王となった。

ユダの王マナセ
21:1-11　並行記事ーⅡ歴33:1-10
21:17-18　並行記事ーⅡ歴33:18-20

21 1 マナセは十二歳で王となり、エルサレムで五十五年間、王であった。彼の母の名はヘフツィ・バハといった。
2 彼は、**主**がイスラエル人の前から追い払われた異邦の民の忌みきらうべきならわしをまねて、**主**の目の前に悪を行った。
3 彼は、父ヒゼキヤが打ちこわした高き所を築き直し、バアルのために祭壇を立て、イスラエルの王アハブがしたようにアシェラ像を造り、天の万象を拝み、これに仕えた。
4 彼は、**主**がかつて、「エルサレムにわたしの名を置く」と言われた**主**の宮に、祭壇を築いたのである。
5 こうして、彼は、**主**の宮の二つの庭に、天の万象のために祭壇を築いた。

20:11 日時計の影を十度あとに戻された →イザ38:8注

20:17 バビロンへ運び去られる　イザヤはユダがバビロンに捕囚になること（捕虜、国外追放、移住）を予告したけれども、それは115年後にバビロンの王ネブカデネザルがエルサレムを破壊し、国と神殿から富をみなはぎ取り、人々を捕虜にしてバビロンに連れ去ったときに成就した（⇒24:10-13、Ⅱ歴33:11、ダニ1:1-

6 また、自分の子どもに火の中をくぐらせ、卜占をし、まじないをし、霊媒や口寄せをして、主の目の前に悪を行い、主の怒りを引き起こした。
7 さらに彼は、自分が造ったアシェラの彫像を宮に安置した。主はかつてこの宮について、ダビデとその子ソロモンに言われた。「わたしは、この宮に、そしてわたしがイスラエルの全部族の中から選んだエルサレムに、わたしの名をとこしえに置く。
8 もし彼らが、わたしの命じたすべてのこと、わたしのしもべモーセが彼らに命じたすべての律法を、守り行いさえするなら、わたしはもう二度と、彼らの先祖に与えた地から、イスラエルの足を迷い出させない。」
9 しかし、彼らはこれに聞き従わず、マナセは彼らを迷わせて、主がイスラエル人の前で根絶やしにされた異邦人よりも、さらに悪いことを行わせた。
10 主は、そのしもべ預言者たちによって、次のように告げられた。
11「ユダの王マナセは、これらの忌みきらうべきことを、彼以前にいたエモリ人が行ったすべてのことよりもさらに悪いことを行い、その偶像でユダにまで罪を犯させた。

6 ①Ⅱ列17:17、レビ19:26, 31、申18:10-14
②Ⅱ列16:3
③Ⅱ列23:24
7 ①Ⅱ列23:6、申16:21
②申4:16、士17:3、Ⅱ歴33:7、イザ42:17
①Ⅰ列9:3-5、Ⅱ歴7:12-18
②Ⅱ列23:27、Ⅱサム7:13、Ⅰ列8:16, 29, 9:3、エレ32:34、詩132:13, 14
8 ①Ⅱ列18:11, 12
②→Ⅱ列10:31
9 ①Ⅱ列21:2, 23:26, 24:3, 4、エレ15:4
10 ①→Ⅱ列9:7
11 ①創15:16、Ⅰ列21:26

12 それゆえ、イスラエルの神、主は、こう仰せられる。見よ。わたしはエルサレムとユダにわざわいをもたらす。だれでもそれを聞く者は、二つの耳が鳴るであろう。
13 わたしは、サマリヤに使った測りなわと、アハブの家に使ったおもりとをエルサレムの上に伸ばし、人が皿をぬぐい、それをぬぐって伏せるように、わたしはエルサレムをぬぐい去ろう。
14 わたしは、わたしのものである民の残りの者を捨て去り、彼らを敵の手に渡す。彼らはそのすべての敵のえじきとなり、奪い取られる。
15 それは、彼らの先祖がエジプトを出た日から今日まで、わたしの目の前に悪を行い、わたしの怒りを引き起こしたからである。」
16 マナセは、ユダに罪を犯させ、主の目の前に悪を行わせて、罪を犯したばかりでなく、罪のない者の血まで多量に流し、それがエルサレムの隅々に満ちるほどであった。
17 マナセのその他の業績、彼の行ったすべての事、および彼の犯した罪、それはユダの王たちの年代記の書にしるされているではないか。
18 マナセは彼の先祖たちとともに眠り、そ

12 ①Ⅰサム3:11、エレ19:3
13 ①アモ7:7, 8
14 ①ミカ7:18
16 ①Ⅱ列24:3, 4、Ⅰ列21:11
17 ①Ⅱ列21:17, 18、Ⅱ歴33:18-20
②→Ⅰ列14:29

3、→「ユダ（南王国）の捕囚」の地図 p.633）。
21:9　マナセは彼らを迷わせて　マナセは55年間の長い在位期間中、ユダを最も暗い偶像礼拝（人間が作ったにせの神々やまことの神の代りにほかのものに頼って礼拝すること）の時代に引ずり込んだ。この邪悪な王は、父ヒゼキヤが仕えたまことの神をあなどることしか行わなかった。そしてイスラエルがこの地に最初に来たときにヨシュアが滅ぼした異教の民よりさらによこしまなことを神の民に行わせた（→「カナン人の滅亡」の項 p.373）。なぜマナセがユダに悪い影響を与えるのを神は許されたのだろうか。答は、神は必ずしも神を敬わない指導者を影響力のある地位から除かれるわけではないということである。指導者のもとにいる人々は（良い指導者も悪い指導者もいるけれども）自分の行動と決断に責任を持たなければならない。多くの場合人々は自分たちの好む指導者を得ようとする。けれども霊的な面から見れば、神とみことばに忠実な指導者を求める責任があるのである。またみことばの教えに忠実ではない指導者を見極めて拒むことを神は望んでおられる。このようにして神は人々が神と

神の基準に忠実かどうかを試されるのである（→申13:3注）。
21:10　預言者たち　イザヤはマナセの時代にも預言していたと思われる。預言者はまず何よりも真理と正しいことを伝える声でなければならなかった。神の民が神に従わない人々の信仰や行動や生活様式をまねし始めるとき、預言者ははっきり発言するのである（→「旧約聖書の預言者」の項 p.1131）。
21:14　わたしのものである民の残りの者を捨て去り　ユダはこのとき贖いの歴史の焦点（人々を神との関係に連れ戻す神の計画の中心）になっていて、神が選ばれた民の残りの人々を代表していた。けれどもユダの人々の多くは北王国と同じように、にせの神々を拝むようになり、神が用意された救いからそれていった。御国を受継ぐことができるのは純粋で忍耐深い信仰を持つ人々だけである（→「選びと予定」の項 p.2215）。
21:17　マナセのその他の業績　人生の最後でマナセが悔い改めたこと（神に対する態度を変え、罪を認め、自分勝手な生き方をやめて神に立返ること）やそのほかの業績について　→Ⅱ歴33:1-19

ユダの王アモン
21:19-26　並行記事－Ⅱ歴33:21-25

19 アモンは二十二歳で王となり、エルサレムで二年間、王であった。彼の母の名はメシュレメテといい、ヨテバの出のハルツの娘であった。
20 彼は、その父マナセが行ったように、主の目の前に悪を行った。
21 彼は、父の歩んだすべての道に歩み、父が仕えた偶像に仕え、それらを拝み、
22 彼の父祖の神、主を捨てて、主の道に歩もうとはしなかった。
23 アモンの家来たちは彼に謀反を起こし、その宮殿の中でこの王を殺した。
24 しかし、民衆はアモン王に謀反を起こした者をみな打ち殺した。民衆はアモンの子ヨシヤを代わりに王とした。
25 アモンの行ったその他の業績、それはユダの王たちの年代記の書にしるされているではないか。
26 人々は彼をウザの園にある彼の墓に葬った。彼の子ヨシヤが代わって王となった。

律法の書が発見される
22:1-20　並行記事－Ⅱ歴34:1-2, 8-28

22
1 ヨシヤは八歳で王となり、エルサレムで三十一年間、王であった。彼の母の名はエディダといい、ボツカテの出のアダヤの娘であった。
2 彼は主の目にかなうことを行って、先祖ダビデのすべての道に歩み、右にも左にもそれなかった。
3 ヨシヤ王の第十八年に、王はメシュラムの子アツァルヤの子である書記シャファンを主の宮に遣わして言った。
4 「大祭司ヒルキヤのもとに上って行き、主の宮に納められた金、すなわち、入口を守る者たちが民から集めたものを彼に計算させ、
5 それを主の宮で工事している監督者たちの手に渡しなさい。それを主の宮で工事している者たちに渡し、宮の破損の修理をさせなさい。
6 木工、建築師、石工に渡し、また宮の修理のための木材や切り石を買わせなさい。
7 ただし、彼らの手に渡した金を彼らといっしょに勘定してはならない。彼らは忠実に働いているからである。」
8 そのとき、大祭司ヒルキヤは書記シャファンに、「私は主の宮で律法の書を見つけました」と言って、その書物をシャファンに渡したので、彼はそれを読んだ。
9 書記シャファンは王のもとに行って、王に報告して言った。「しもべたちは、宮にあった金を箱からあけて、これを主の宮で工事している監督者たちの手に渡しました。」
10 ついで、書記シャファンは王に告げて、言った。「祭司ヒルキヤが私に一つの書物を渡してくれました。」そして、シャファンは王の前でそれを読み上げた。

22:1　ヨシヤ　ヨシヤはユダの最後の正しい王だった。若い頃(16歳)から神との関係を熱心に求め、神のご計画を理解しようとした(Ⅱ歴34:3)。4年後にヨシヤは神に逆らう礼拝をユダから取除き始めた(Ⅱ歴34:3-4)。神殿を修復しているときにヒルキヤはモーセが書いた律法の書物を発見した(Ⅱ歴34:15)。この発見によって人々は再び神のことばに従うようになり、国全体に霊的改革が徹底的に行われた(23:1-30)。預言者エレミヤとハバククは人々を神に立返らせようとするヨシヤを援助した(ヨシヤの時代の人々の霊的な状態について　→エレ1:-12:、ハバ1:2-4)。ヨシヤは神を敬う指導者が人々にどのような影響を及ぼすかを示すすぐれた例である。

22:3　ヨシヤ王の第十八年　ヨシヤの神への強い献身は、若い人が(このときヨシヤは26歳だった)神に熱心になり、多くの年配者よりはるかに大きな良い影響力を与えることができることを示している。

22:8　律法の書　ヒルキヤが発見した律法の書はもともと神がモーセを通して与えられたものだった(Ⅱ歴34:14、→「旧約聖書の律法」の項 p.158)。それは旧約聖書の最初の5冊だったと思われる(⇒申31:9-12, 24-26)。神の霊感されたみことばがないがしろにされ、拒まれていたときにも神はそれを守り、保つように導き配慮し、調整しておられたことがこの発見によって明らかになった。神は霊感を与えたみことばが(完全で純粋なかたちで)人々の手に入るようにいつも注意深く見守っておられるのである(イザ40:8、→「聖書の霊感と権威」の項 p.2323)。

11 王は律法の書のことばを聞いたとき、自分の衣を裂いた。
12 王は祭司ヒルキヤ、シャファンの子アヒカム、ミカヤの子アクボル、書記シャファン、王の家来アサヤに命じて言った。
13 「行って、この見つかった書物のことばについて、私のため、民のため、ユダ全体のために、主のみこころを求めなさい。私たちの先祖が、この書物のことばに聞き従わず、すべて私たちについてしるされているとおりに行わなかったため、私たちに向かって燃え上がった主の憤りは激しいから。」
14 そこで、祭司ヒルキヤ、アヒカム、アクボル、シャファン、アサヤは、女預言者フルダのもとに行った。彼女は、ハルハスの子ティクワの子、装束係シャルムの妻で、エルサレムの第二区に住んでいた。彼らが彼女に伝えると、
15 彼女は彼らに答えた。「イスラエルの神、主は、こう仰せられます。『あなたがたをわたしのもとに遣わした人に告げよ。
16 主はこう仰せられる。見よ、わたしは、この場所とその住民の上にわざわいをもたらす。ユダの王が読み上げた書物のすべてのことばを成就する。
17 彼らはわたしを捨て、ほかの神々に香をたき、彼らのすべての手のわざで、わたしの怒りを引き起こすようにした。わたしの憤りはこの場所に燃え上がり、消えることがない。』
18 主のみこころを求めるために、あなたがたを遣わしたユダの王には、こう言わなければなりません。『あなたが聞いたことばについて、イスラエルの神、主は、こう仰せられます。
19 あなたが、この場所とその住民について、これは恐怖となり、のろいとなると、わたしが言ったのを聞いたとき、あなたは心を痛め、主の前にへりくだり、自分の衣を裂き、わたしの前で泣いたので、わたしもまた、あなたの願いを聞き入れる。——主の御告げです——
20 それゆえ、見よ、わたしは、あなたを先祖たちのもとに集めよう。あなたは安らかに自分の墓に集められる。それで、あなたは自分の目で、わたしがこの場所にもたらすすべてのわざわいを見ることがない。』」
彼らはそれを王に報告した。

ヨシヤが契約を更新する

23:1-3　並行記事―Ⅱ歴34:29-32
23:4-20　参照記事―Ⅱ歴34:3-7, 33
23:21-23　並行記事―Ⅱ歴35:1, 18-19
23:28-30　並行記事―Ⅱ歴35:20-36:1

23

1 すると、王は使者を遣わして、ユダとエルサレムの長老をひとり残らず彼のところに集めた。
2 王は主の宮へ上って行った。ユダのすべての人、エルサレムの住民のすべて、祭司と預言者、および、下の者も上の者も、すべての民が彼とともに行った。そこで彼は、主の宮で発見された契約の書のことばをみな、彼らに読み聞かせた。
3 それから、王は柱のわきに立ち、主の前に

11①→ヨシ1:8
②創37:34, ヨシ7:6
12①Ⅱ列25:22,
＊Ⅱ歴34:20「ミカの子アブドン」
13①申29:23-28, 31:17, 18, ダニ9:11-14
14①Ⅱ列22:14-20, Ⅱ歴34:22-28
②出15:20, 士4:4, Ⅱ歴34:22, ネヘ6:14, イザ8:3
＊Ⅱ歴34:22「ハスラの子トクハテ」
17①Ⅰ列21:22
②Ⅱ列24:20

19①申28:57
②エレ26:6, 44:22
③Ⅰサム24:5, 詩51:17
④→Ⅰ列21:29
⑤Ⅱ列22:11
20①Ⅱ列23:30

1①Ⅱ列23:1-3, Ⅱ歴34:29-32
2①Ⅱ列22:8
②申31:10-13
3①Ⅱ列11:14

22:13　行って・・・【主】のみこころを求めなさい　ヨシヤはユダの罪と霊的反抗が頂点に達したときに神のさばきが本当に下るかどうか知りたいと思った。(1) イスラエルの民がいつか敵に捕えられると神は女預言者フルダの口を通して言われた(22:14-17)。それは、人々が神に反抗し続けて従わないなら、さばきを避けることができないときが来るということである。(2) あまりにも長い間神の民は「神の使者たちを笑いものにし、そのみことばを侮り、その預言者たちをばかにしたので、ついに、主の激しい憤りが、その民に対して積み重ねられ、もはや、いやされることがないまでになった」(Ⅱ歴36:16)。ヨシヤのリバイバルはユダへのさばきとエルサレムの崩壊をただ遅らせただけだった(22:18-20, 23:24-27)。

22:19　あなたは・・・へりくだり　ヨシヤは神の前にへりくだって神のご計画に従ったので神に喜ばれた。神の前にへりくだって神に従うことは個人的に霊的に更新され、神の恵み(受けるにふさわしくない神の好意と助け)を受ける基本的な条件である。そのためには次のことが必要である。(1) 神のさばきは正しく公平であると信じること(22:13)。(2) 神の恵みがなければ自分たちは罪の奴隷であり、神に頼らなければあわれみも良いものもみな受けられないことを知ること(⇒箴3:7, ロマ12:3, Ⅰコリ1:4)。(3) 神の完全な基準に照らして、間違いを犯しやすく無価値であることを認識すること(詩51:17, ⇒レビ26:40-41, 民12:3, Ⅱ歴12:5-6, 箴22:4)。(4) あらゆることの中で神のことばを心から尊重し、真剣に従うこと(22:

II列王記 23章

契約を結び、主に従って歩み、心を尽くし、精神を尽くして、主の命令と、あかしと、おきてを守り、この書物にしるされているこの契約のことばを実行することを誓った。民もみな、この契約に加わった。

4 それから、王は大祭司ヒルキヤと次席祭司たち、および、入口を守る者たちに命じて、バアルやアシェラや天の万象のために作られた器物をことごとく主の本堂から運び出させ、エルサレムの郊外、キデロンの野でそれを焼き、その灰をベテルへ持って行った。

5 彼はまた、ユダの王たちが任命して、ユダの町々やエルサレム周辺の高き所で香をたかせた、偶像に仕える祭司たちを、また、バアルや太陽や月や星座や天の万象に香をたく者どもを取り除いた。

6 彼は、アシェラ像を主の宮から、エルサレムの郊外、キデロン川に運び出し、それをキデロン川で焼いた。彼はそれを粉々に砕いて灰にし、その灰を共同墓地にまき散らした。

7 さらに、彼は主の宮の中にあった神殿男娼の家をこわした。そこでは、女たちがアシェラ像のための蔽いを織っていたからである。

8 彼はユダの町々から祭司たちを全部連れて来て、ゲバからベエル・シェバに至るまでの、祭司たちが香をたいていた高き所を*汚し、門にあった高き所をこわした。それは町のつかさヨシュアの門の入口にあり、町の門に入る人の左側にあった。

9 高き所の祭司たちは、エルサレムの主の祭壇に上ることはできなかったが、その同輩たちの間で種を入れないパンを食べた。

10 彼は、ベン・ヒノムの谷にあるトフェテを*汚し、だれも自分の息子や娘を火の中をくぐらせて、モレクにささげることのないようにした。

11 ついで、ユダの王たちが太陽に献納した馬を、前庭にある宦官ネタン・メレクの部屋のそばの主の宮の入口から取り除き、太陽の車を火で焼いた。

12 王は、ユダの王たちがアハズの屋上の部屋の上に造った祭壇と、マナセが主の宮の二つの庭に造った祭壇を取りこわし、そこから走っていって、そして、その灰をキデロン川に投げ捨てた。

13 王は、イスラエルの王ソロモンがシドン人の、忌むべき、アシュタロテ、モアブの、忌むべきケモシュ、アモン人の、忌みきらうべきミルコムのためにエルサレムの東、破壊の山の南に築いた高き所を*汚した。

14 また、石の柱を打ち砕き、アシェラ像を切り倒し、その場所を人の骨で満たした。

15 なお彼は、ベテルにある祭壇と、イスラエルに罪を犯させたネバテの子ヤロブアムの造った高き所、すなわち、その祭壇も高き所もこわした。高き所を焼き、粉々に砕いて灰にし、アシェラ像を焼いた。

16 ヨシヤが向き直ると、山の中に墓があるのが見えた。そこで彼は人をやってその墓から骨を取り出し、それを祭壇の上で焼き、祭壇を汚れたものとした。かつて、神の人がこのことを預言して呼ばわった主のことばのとおりであった。

17 彼は言った。「あそこに見える石碑は何か。」すると、町の人々は彼に答えた。「ユダから出て来て、あなたがベテルの祭壇に対してされた、あのことを預言した神の人

---

3 ②Ⅱ列11:17
 ③申13:4
4 ①Ⅱ列23:4-20,
 Ⅱ歴34:3-7, 33
 ②→Ⅱ列12:10
 ③Ⅱ列25:18,
 エレ52:24
 ④Ⅱ列17:16, ゼパ1:5
 ⑤Ⅰ列23:15
5 ①ホセ10:5, ゼパ1:4
6 ①Ⅱ列17:10
7 ①申23:17,
 Ⅰ列15:12, 15:12
 出35:25, 26
8 ①ヨシ21:17,
 Ⅰ列15:22
 *あるいは「礼拝できないようにし」
9 ①エゼ44:10-14

10 ①エレ7:31, 32, 32:35
 ②ヨシ15:8, エレ19:1, 6
 ③エレ19:11-14
 *→Ⅱ列23:8 *
 ④レビ18:21, 申18:10,
 エゼ23:37, 39
 ⑤Ⅰ列11:7
12 ①エレ19:13, ゼパ1:5
 ②Ⅱ列21:5, Ⅱ列33:5
 *あるいは「それを、そこで取りはずし」
 ③Ⅱ列23:4, 6
13 ①Ⅰ列11:5-8
 ②民21:29
 ③ゼパ1:5
 *→Ⅱ列23:8
14 ①→Ⅱ列3:2
15 ①Ⅰ列12:29, 33, 13:1, 2
 ①Ⅰ列12:31
16 ①Ⅱ列23:16-20,
 Ⅰ列12:33-13:32
17 ①Ⅰサム9:6

11, Ⅱ歴34:18-19)。

23:4 王は・・・それを焼き ヨシヤの改革はリバイバルに関して聖書が教える最も重要な原則に従うものだった。心から罪を悔い改めること（罪を認めて離れやめること）はリバイバルをもたらすためにこの上なく重要である。心からの悔い改めが起こると具体的罪が明るみに出され、にせ教師や間違った動機を持つ人々が追放され、世的な慣習が取除かれ、神を敬う基準が回復する。リバイバルの必要性を説きながら改めるべきことを改めようとしない教会や信仰者は霊的リバイバルを求めているとは言えない。そういう人々は人々の心や生活様式を変えることができない。

23:5 高き所 これは丘の上に設置されていることが多く、人間が作ったにせの神々を礼拝するために設けられた地方の聖所、祭壇、礼拝所のことである。神の律法は間違ってもこのような場所を使用してはならないと禁じていた（→12:3, 14:4, 15:4, 35, 17:9, Ⅰ列22:43）。神は祭司が行う礼拝が神が定められた中央の場所でだけ行われることを求められた。まことの神はただ一人であることに注意を向けるためである。

の墓です。」
¹⁸王は言った。「そのままにしておきなさい。だれも彼の骨を移してはならない。」それで人々は彼の骨を、サマリヤから出て来たあの預言者の骨といっしょにそのままにしておいた。
¹⁹なお、ヨシヤはイスラエルの王たちが造って主の怒りを引き起こした、サマリヤの町々の高き所の宮をすべて取り除き、彼がベテルでしたと全く同じように、それらに対してもした。
²⁰それから、彼は、そこにいた高き所の祭司たちをみな、祭壇の上でほふり、その祭壇の上で人間の骨を焼いた。こうして、彼はエルサレムに帰った。
²¹王は民全体に命じて言った。「①この契約の書にしるされているとおりに、あなたがたの神、主に、②過越のいけにえをささげなさい。」
²²事実、さばきつかさたちがイスラエルをさばいた時代からこのかた、イスラエルの王たちとユダの王たちのどの時代にも、このような過越のいけにえがささげられたことはなかった。
²³ただ、ヨシヤ王の第十八年に、エルサレムでこの過越のいけにえが主にささげられただけであった。
²⁴さらにヨシヤは、霊媒、口寄せ、テラフィム、④偶像、それに、ユダの地とエルサレムに見られるすべての忌むべきものも除き去った。これは、祭司ヒルキヤが主の宮で見つけた書物にしるされている律法のことばを実行するためであった。
²⁵ヨシヤのように心を尽くし、精神を尽くし、力を尽くしてモーセのすべての律法に従って、主に立ち返った王は、彼の先には

²¹①Ⅱ列23:21-23,
Ⅱ歴35:1-19
②レビ23:5, 民9:2-4,
申16:1-8
③→Ⅱ歴30:1
²⁴①申18:10-12
②Ⅱ列21:6,
レビ19:31, 20:27
③創31:19
④Ⅱ列21:11, 21
⑤Ⅱ列22:8
⑥→Ⅱ列10:31
²⁵①申6:5
②→Ⅰ列2:3
③→Ⅱ列18:5

²⁶①Ⅱ列21:11-16,
エレ15:4
②Ⅱ列17:18, 21:15,
24:20
²⁷①Ⅱ列17:20, 18:11,
21:13, 14
②Ⅱ列21:7
²⁸①Ⅱ歴35:26, 27
②→Ⅰ列14:29
²⁹①Ⅱ歴29:30,
Ⅱ歴35:20-24
②エレ46:2
③士5:19, ゼカ12:11
³⁰①Ⅱ列9:28, 21:24
②Ⅱ歴36:1-4
³¹①Ⅱ列23:31-34,
Ⅱ歴36:2-4
②Ⅰ列3:15, エレ22:11
③Ⅰ列24:18, エレ52:1
³²①Ⅱ列21:2-9
②→Ⅱ歴3:2
³³①Ⅰ列8:65,
エレ52:9, 27
②Ⅱ列25:6

いなかった。彼の後にも彼のような者は、ひとりも起こらなかった。
²⁶それにもかかわらず、マナセが主の怒りを引き起こしたのあのいらだたしい行いのために、主はユダに向けて燃やされた激しい怒りを静めようとはされなかった。
²⁷主は仰せられた。「わたしがイスラエルを移したと同じように、ユダもまた、わたしの前から移す。わたしが選んだこの町エルサレムも、わたしの名を置く、と言ったこの宮も、わたしは退ける。」
²⁸ヨシヤのその他の業績、彼の行ったすべての事、それはユダの王たちの年代記の書にしるされているではないか。
²⁹彼の時代に、エジプトの王パロ・ネコが、アッシリヤの王のもとに行こうとユーフラテス川のほうに上って来た。そこで、ヨシヤ王は彼を迎え撃ちに行ったが、パロ・ネコは彼を見つけてメギドで殺した。
³⁰ヨシヤの家来たちは、彼の死体を戦車にのせ、メギドからエルサレムに運んで来て、彼の墓に葬った。この国の民は、ヨシヤの子エホアハズを選んで、彼に油をそそぎ、彼の父に代えて、彼を王とした。

ユダの王エホアハズ
23:31-34　並行記事=Ⅱ歴36:2-4
³¹エホアハズは二十三歳で王となり、エルサレムで三か月間、王であった。彼の母の名はハムタルといい、リブナの出のエレミヤの娘であった。
³²彼は、その先祖たちがしたように、主の目の前に悪を行った。
³³パロ・ネコは、彼をエルサレムで王であったときに、ハマテの地リブラに幽閉し、この国に銀百タラントと金一タラント

23:25　彼の先にはいなかった。彼の後にも・・・ひとりも起こらなかった　ヨシヤはダビデと同じように、神の民を治めた王たちの中で最も神に忠実に従って献身した王であると書かれている(→Ⅱサム12:7-15)。その治世中、みことばに個人的に献身して忠実に従った点で、ヨシヤは最もすぐれていた(⇒18:5, 申6:5, エレ22:15-16)。神に献身し霊的に多くの影響を与えたヨシヤの生き方は、若いときから始まっていた(⇒22:1, 2, Ⅱ歴34:3)。

23:26　激しい怒りを静めようとはされなかった　ヨシヤの道徳面での指導性や大リバイバル、宗教改革にもかかわらず、国としてのユダの腐敗は進んで、もはや国としての徹底した長続きする変革は不可能になっていた。ユダの人々の心も祭司の心も悪で満ちていた。ユダに対する神のさばきは延期されても避けることはできなかった(→エレ11:, 13:27)。ヨシヤの死んだあと、霊的、道徳的衰退は急速に進んだ。神は王国を滅ぼすことを決断された。

の科料を課した。

34 ついで、パロ・ネコは、ヨシヤの子エホヤキムをその父ヨシヤに代えて王とし、その名をエホヤキムと改めさせた。エホアハズは捕らえられて、エジプトに来て、そこで死んだ。

35 エホヤキムは銀と金をパロに贈ったが、パロの要求するだけの銀を与えるためには、この国に税を課さなければならなかった。彼は、パロ・ネコに贈るために、ひとりひとりに割り当てて、銀と金をこの国の人々から取り立てた。

ユダの王エホヤキム

23:36-24:6　並行記事－Ⅱ歴36:5-8

36 エホヤキムは二十五歳で王となり、エルサレムで十一年間、王であった。彼の母の名はゼブダといい、ルマの出のペダヤの娘であった。
37 彼は、その先祖たちがしたとおり、主の目の前に悪を行った。

34 ① Ⅰ歴3:15
② Ⅱ列24:17、Ⅰ歴3:15、ダニ1:7
③ エレ22:11, 12
④ エゼ19:4
36 ② Ⅱ列23:36-24:6、Ⅱ歴36:5-8、エレ22:13-19、エレ25, 26, 35, 36, 45章
37 ① Ⅱ列23:32
② → Ⅱ列3:2

1 ① Ⅱ列24:1, 2、ダニ1:1, 2
2 ① エレ35:11
② Ⅱ列6:23
③ Ⅱ列13:20
④ エレ25:9, 32:28
⑤ → Ⅱ列9:7
⑥ Ⅱ列20:17、21:12-14, 23:27
3 ① Ⅱ列23:26
4 ① Ⅱ列21:16
5 ① → Ⅰ列14:29

24

1 エホヤキムの時代に、バビロンの王ネブカデネザルが攻め上って来た。エホヤキムは三年間彼のしもべとなったが、その後、再び彼に反逆した。
2 そこで主は、カルデヤ人の略奪隊、アラムの略奪隊、モアブの略奪隊、アモン人の略奪隊を遣わしてエホヤキムを攻められた。ユダを攻めて、これを滅ぼすために彼らを遣わされた。主がそのしもべである預言者たちによって告げられたことばのとおりであった。
3 ユダを主の前から除くということは、実に主の命令によることであって、それは、マナセが犯したすべての罪のためであり、
4 また、マナセが流した罪のない者の血のためであった。マナセはエルサレムを罪のない者の血で満たした。そのため主はその罪を赦そうとはされなかった。
5 エホヤキムのその他の業績、彼の行ったすべての事、それはユダの王たちの年代記の書にしるされているではないか。

24:1　バビロン　バビロンは新バビロニヤ帝国とも呼ばれ、アッシリヤの強大な支配力を破って、前605－539年に世界を支配した。バビロニヤ帝国の支配は70年間続いたけれども、これはユダの70年間の捕囚と同じ年月である。バビロンは後にペルシヤのクロス王に征服された（前539）。クロス王はユダヤ人が故国へ帰ることを許した（Ⅱ歴36:22-23, エズ1:1-4）。捕囚からの帰還の概観について　→エズ緒論、ネヘ緒論、「**捕囚からの帰還**」の地図 p.759

24:1　バビロンの王ネブカデネザル　新バビロニヤ帝国の強大な王であるネブカデネザルは前605－562年に支配した。前605年にネブカデネザル王はユダに攻め入り、エルサレムから人々をバビロンに移した。これがエレミヤによって予言されたユダの70年の捕囚の始まりである（エレ25:11-12）。ネブカデネザル王の時代にはエレミヤ、エゼキエル、ダニエルの三人が預言者として活躍していた。ネブカデネザル王によるユダの破壊と捕囚は3段階に分けて行われた。
（1）前605年にエホヤキム王が征服された。王族（ダニエルと三人の友人を含む　ダニ1:1-7）とともに神殿から宝物が運び出された。王は鎖につながれてバビロンへ連れて行かれた（24:1-7, Ⅱ歴36:6-7）。
（2）前597年にエルサレムは再び侵略されて、神殿の残りの宝物とともにエホヤキム王と一万人の男たち（24:14-16）がバビロンへ連れて行かれた。その中に預言者エゼキエルがいた。
（3）前586年にバビロニヤ人はエルサレムに最後の攻撃を仕掛け町と神殿を破壊した。ゼデキヤ王と、最も貧しい人々以外の人々がみな捕えられバビロンへ移された（25:1-12, エレ52:29, →「**ユダ（南王国）の捕囚**」の地図 p.633）。

24:2　【主】が・・・告げられたことばのとおりであった　バビロンによる南王国の捕囚は150年前に既に予告されていた（イザ6:11-12, 39:6）。エレミヤは捕囚が70年間続くだろうと予告した（エレ25:11-12）。

24:3　主の前から除く　ユダが崩壊したのは、かたくなな人々がマナセ王の恐ろしい罪に従ってよこしまな道から立返ろうとしなかったことに対して神がさばきを下されたからである。（1）人々の神への霊的反抗は限界に達した。祭司と預言者のほとんどはうそつきだった（エレ5:31, 6:13）。人々の生活様式はむさぼりと偽り（エレ6:13）、不道徳と売春（エレ5:8-9）、不正と暴力（エレ6:7）、みことばの拒絶（エレ8:9-10）と裏切り（エレ9:2-3）に満ちていた。（2）当時の神の民に対する神の厳しいさばきは今日の信仰者への警告でもある。もし神が最初に選ばれた人々を惜しまなかったら、後に御国を受継ぐことになった人々も惜しまれないだろう。神から離れて、この世界の罪深い生活様式に合せるなら、私たちもやはり神のさばきを受けることになる（→ロマ11:18-25）。

6 エホヤキムは彼の先祖たちとともに眠り、その子エホヤキンが代わって王となった。
7 エジプトの王は自分の国から再び出て来ることがなかった。バビロンの王が、エジプト川からユーフラテス川に至るまで、エジプトの王に属していた全領土を占領していたからである。

ユダの王エホヤキン

24:8-17　並行記事―Ⅱ歴36:9-10

8 エホヤキンは十八歳で王となり、エルサレムで三か月間、王であった。彼の母の名はネフシュタといい、エルサレムの出のエルナタンの娘であった。
9 彼は、すべて先祖たちがしたとおり、主の目の前に悪を行った。
10 そのころ、バビロンの王ネブカデネザルの家来たちがエルサレムに攻め上り、町は包囲された。
11 バビロンの王ネブカデネザルが町にやって来たときに、家来たちは町を包囲していた。
12 ユダの王エホヤキンは、その母や、家来たちや、高官たち、宦官たちといっしょにバビロンの王に降伏したので、バビロンの王は彼を捕虜にした。これはネブカデネザルの治世の第八年であった。
13 彼は主の宮の財宝と王宮の財宝をことごとく運び出し、イスラエルの王ソロモンが造った主の本堂の中のすべての金の用具を断ち切った。主の告げられたとおりであった。
14 彼はエルサレムのすべて、つまり、すべての高官、すべての有力者一万人、それに職人や、鍛冶屋もみな、捕囚として捕らえ移した。貧しい民衆のほかは残されなかった。
15 彼はさらに、エホヤキンをバビロンへ引いて行き、王の母、王の妻たち、その宦官たち、この国のおもだった人々を、捕囚として

7 ①エレ37:5-7
　②エレ46:2
　③創15:18
8 ①Ⅱ列24:8-17, Ⅱ歴36:9,10
　②Ⅰ歴3:16
9 ①Ⅰ列21:2-9
　②→Ⅱ列3:2
10 ①Ⅱ列24:10-16, エレ24:1, 29:2, エゼ17:12
　②Ⅰ列25:27, エレ22:24-28
13 ①Ⅰ列20:17, 25:13-15, イザ39:6, エレ20:5, 哀1:10, ダニ5:2, 3
　②Ⅰ列7:48-50
14 ①Ⅱ列24:16, エレ52:28
　②Ⅱ列25:12, エレ40:7
15 ①エレ22:24-28

17 ①エレ37:1, エゼ17:13
18 ①Ⅰ列24:18-25:21, Ⅱ歴36:11-20, エレ52:1-30
　②エレ27:1, 28:1
　③Ⅱ歴23:31, エレ52:1
19 ①Ⅰ列3:2
　②→Ⅰ列3:2
20 ①Ⅰ列22:17, 23:26, 27
　②エゼ17:15

1 ①エレ24:1, 2, Ⅱ列25:1-7, エレ34:1-5, Ⅰ列25:1-12, エレ21:1-10, 39:1-10
　②エゼ21:22
3＊「第四の」はエレ52:6による補足
　①Ⅱ列6:24, 25, 哀4:9, 10
　②エレ33:21
　③ネヘ5:3

エルサレムからバビロンへ連れて行った。
16 バビロンの王は、すべての兵士七千人、職人と鍛冶屋千人、勇敢な戦士を、すべて、捕囚としてバビロンへ連れて行った。
17 バビロンの王は、エホヤキンのおじマタヌヤをエホヤキンの代わりに王とし、その名をゼデキヤと改めさせた。

ユダの王ゼデキヤ

24:18-20　並行記事―Ⅱ歴36:11-16, エレ52:1-3

18 ゼデキヤは二十一歳で王となり、エルサレムで十一年間、王であった。彼の母の名はハムタルといい、リブナの出のエレミヤの娘であった。
19 彼は、すべてエホヤキムがしたように、主の目の前に悪を行った。
20 エルサレムとユダにこのようなことが起こったのは、主の怒りによるもので、ついに主は彼らを御前から投げ捨てられたのである。その後、ゼデキヤはバビロンの王に反逆した。

エルサレムの陥落

25:1-12　並行記事―エレ39:1-10
25:1-21　並行記事―Ⅱ歴36:17-20, エレ52:4-27
25:22-26　並行記事―エレ40:7-9, 41:1-3, 16-18

25 1 ゼデキヤの治世の第九年、第十の月の十日に、バビロンの王ネブカデネザルは、その全軍勢を率いてエルサレムを攻めに来て、これに対して陣を敷き、周囲に塁を築いた。
2 こうして町はゼデキヤ王の第十一年まで包囲されていたが、
3 第四の月の九日、町の中では、ききんがひどくなり、民衆に食物がなくなった。
4 そのとき、町が破られ、戦士たちはみな夜のうちに、王の園のほとりにある二重の

24:20　ゼデキヤは・・・王に反逆した　ゼデキヤは反逆したけれども、それはにせ預言者たちが神はユダではなくバビロンを滅ぼすだろうと預言したからである。これに対してエレミヤのメッセージは評判が良くなかった。それは正反対の内容で、神は反逆の民をバビロンの支配下に置くと言ったからである。正しかったのはエレミヤのメッセージだった。こうしてエレミヤこそが神の本当の預言者であることが証明された

(⇒申18:21-22, →「旧約聖書の預言者」の項 p.1131)。

25:1　周囲に塁を築いた　エルサレムに対する軍事攻撃は前588年に始まり、18か月間続いた(25:1-3)。その破壊のすさまじさは哀歌2:20-21, 4:3-20, 5:2-15, エゼキエル5:10に描かれている。三分の一の人々は飢えと疫病で死に、さらに三分の一の人々は「剣に倒れ」た(エゼ5:12, →エレ38:17-19, 39:1, 52:4, エゼ24:1-2)。

II列王記　25章

城壁の間の門の道から町を出た。カルデヤ人が町を包囲していたので、王はアラバへの道を行った。

5 カルデヤの軍勢が王のあとを追い、エリコの草原で彼に追いついたとき、王の軍隊はみな王から離れて散ってしまった。

6 そこでカルデヤ人は王を捕らえ、リブラにいるバビロンの王のところへ彼を連れ上り、彼に宣告を下した。

7 彼らはゼデキヤの子らを彼の目の前で虐殺した。王はゼデキヤの目をつぶし、彼を青銅の足かせにつないで、バビロンへ連れて行った。

8 第五の月の七日——それは、バビロンの王ネブカデネザル王の第十九年であった——バビロンの王の家来、侍従長ネブザルアダンがエルサレムに来て、

9 主の宮と王宮とエルサレムのすべての家を焼き、そのおもだった建物をことごとく火で焼いた。

10 侍従長といっしょにいたカルデヤの全軍勢は、エルサレムの回りの城壁を取りこわした。

11 侍従長ネブザルアダンは、町に残されていた残りの民と、バビロンの王に降伏した者たちと、残りの群衆を捕らえ移した。

12 しかし、侍従長は国の貧民の一部を残し、ぶどう作りと農夫とにした。

13 カルデヤ人は、主の宮の青銅の柱と、主の宮にある青銅の車輪つきの台と、海とを砕いて、その青銅をバビロンへ運んだ。

14 また、灰つぼ、十能、心切りばさみ、平皿、奉仕に用いるすべての青銅の器具を奪った。

15 また、侍従長は火皿、鉢など、純金、純銀のものを奪った。

16 ソロモンが主の宮のために作った二本の柱、一つの海、車輪つきの台、これらすべての器具の青銅の重さは、量りきれなかった。

17 一本の柱の高さは十八キュビトで、その上の柱頭も青銅で、その柱頭の高さは三キュビトであり、柱頭の回りに網細工と、ざくろがあって、それもみな青銅で、他の柱も、網細工までも同様であった。

18 侍従長はさらに、祭司のかしらセラヤと次席祭司ゼパニヤと三人の入口を守る者を捕らえ、

19 戦士の指揮官であったひとりの宦官と、町にいた王の五人の側近と、一般の人々を徴兵する将軍の書記と、町にいた一般の人々六十人を、町から捕らえ去った。

20 侍従長ネブザルアダンは彼らを捕らえ、リブラにいるバビロンの王のところへ連れて行った。

21 バビロンの王は彼らを打ち、ハマテの地のリブラで殺した。こうして、ユダはその国から捕らえ移された。

22 バビロンの王ネブカデネザルは、シャファンの子アヒカムの子ゲダルヤを、ユダの地に残った残りの民の上に総督とした。

23 将校たちと、その部下たちはみな、バビロンの王がゲダルヤを総督としたことを聞いて、ミツパにいるゲダルヤのもとに来た。すなわち、ネタヌヤの子イシュマエル、カレアハの子ヨハナン、ネトファ人タヌフメテの子セラヤ、マアカ人の子ヤアザヌヤ、これらとその部下たちであった。

24 そこでゲダルヤは彼らとその部下たちに誓って、彼らに言った。「カルデヤ人の家来たちを恐れてはならない。この国に住んで、バビロンの王に仕えなさい。そうすれば、あなたがたはしあわせになる。」

25:7 ゼデキヤの子らを・・・虐殺した ヨシヤの一番下の息子であるゼデキヤは11年間治めた。けれども父の信仰と神を尊ぶ道を棄てて、しばしば預言者エレミヤを迫害した。もしエレミヤの言うことに聞き従っていたら、ゼデキヤは悲劇に遭うことはなかったと思われる（→エレ38:14-28）。同じように教会や教会員たちが神に従う牧師のことばに聞き従わないなら教会は崩壊し、子どもたちはこの世界のよこしまな影響に染まってしまうに違いない。

25:21 ユダはその国から捕らえ移された ユダが捕囚の民となった時、地上のダビデの王国は終った。国は崩壊した。けれども神はダビデの子孫についての約束を忠実に守られた（→Ⅱサム7:14-16、→「**ダビデとの神の契約**」の項 p.512）。神はダビデの子孫であるキリストをこの世界に送るための準備を続けられた（ルカ1:33）。この方の国は終ることがない。ダビデの子孫であるメシヤ（「油そそがれた者」）によって神はやがて「選ばれた種族、王である祭司、聖なる国民、神の所有とされた民」を形成されることになる（Ⅰペテ2:9）。

²⁵ところが第七の月に、王族のひとり、エリシャマの子ネタヌヤの子イシュマエルは、十人の部下を連れてやって来て、ゲダルヤを打ち殺し、ミツパで彼といっしょにいたユダ人たちと、カルデヤ人たちを打ち殺した。
²⁶そこで、身分の下の者から上の者まで、民はみな、将校たちとともに、エジプトへ立って行った。カルデヤ人を恐れたからである。

エホヤキンが解放される
25:27-30　並行記事－エレ52:31-34

²⁷ユダの王エホヤキンが捕らえ移されて三十七年目の第十二の月の二十七日に、バビロンの王エビル・メロダクは、彼が王となったその年のうちに、ユダの王エホヤキンを牢獄から釈放し、
²⁸彼に優しいことばをかけ、彼の位をバビロンで彼とともにいた王たちの位よりも高くした。
²⁹彼は囚人の服を着替え、その一生の間、いつも王の前で食事をした。
³⁰彼の生活費は、その一生の間、日々の分をいつも王から支給されていた。

27①Ⅱ列25:27-30, エレ52:31-34
　②Ⅱ列24:12, 15
29①Ⅱサム9:7, ダニ1:5
30①ネヘ12:47

イスラエルとユダの王

この表はイスラエルのヤロブアムとユダのレハブアム以降のイスラエルとユダの王の統治をエルサレム陥落まで網羅している。年代はそれぞれの王の統治期間を可能な限り正確に表しており、ほかの王との共同統治は含んでいない。中央の欄は20年ごとに区分されており、外側の欄にそれぞれの王の統治を記録している列王記第一、第二、歴代誌第二の聖句が挙げられている。この表を用いればそれぞれの統治の長さと、同時代に統治したイスラエルとユダの王を一目で見ることができる。一番右側の欄には主な預言者の生存期間と活躍したときが示されている。

聖 句	イスラエルの王	年代 B.C.	ユダの王	聖 句		預言者
I 列王記				I 列王記	II 歴代誌	
12:25-14:20	ヤロブアム1世	930	レハブアム	12:1-24 14:21-31	10:1-12:16	
			アビヤム(アビヤ)	15:1-8	13:1-14:1	
15:25-31	ナダブ	910	アサ	15:9-24	14:2-16:14	
15:32-16:7	バシャ					
		890				
16:8-14	エラ					
16:15-22	ジムリ, ティブニ/オムリ					
16:23-28	オムリ					
16:29-22:40	アハブ					
		870	ヨシャパテ	22:41-50	17:1-21:3	エリヤ
II 列王記						
1:1-18	アハズヤ					エリシャ
3:1-8:15	ヨラム	850				

© 1991 Zondervan Publishing House

イスラエルとユダの王

聖句 II列王記	イスラエルの王	年代 B.C.	ユダの王	聖句 II列王記	II歴代誌	預言者
		850	ヨラム	8:16–24	21:4–20	エリシャ（続）
9:30–10:36	エフー		アハズヤ	8:25–29	22:1–9	
			アタルヤ	11:1–21	22:10–23:21	
			ヨアシュ	12:1–21	24:1–27	
		830				
13:1–9	エホアハズ					
		810				
13:10–25	ヨアシュ		アマツヤ	14:1–22	25:1–28	
		790				
14:23–29	ヤロブアム2世		アザルヤ（ウジヤ）	15:1–7	26:1–23	ヨナ
		770				アモス
						ホセア
15:8–15	ゼカリヤ, シャルム					
15:16–22	メナヘム	750				

© 1991 Zondervan Publishing House

イスラエルとユダの王

聖　句　II列王記	イスラエルの王	年代 B.C.	ユダの王	聖　句　II列王記	II歴代誌	預言者
		750				イザヤ／ホセア（続）／ミカ
15:23–26	ペカフヤ		ヨタム	15:32–38	27:1–9	
15:27–31	ペカ					
17:1–6	ホセア		アハズ	16:1–20	28:1–27	
		730				
	サマリヤ陥落	722				
			ヒゼキヤ	18:1–20:21	29:1–32:33	
		710				
		690	マナセ	21:1–18	33:1–20	
		670				
		650				

© 1991 Zondervan Publishing House

イスラエルとユダの王

聖句	イスラエルの王	年代 B.C.	ユダの王	聖句		預言者
				II列王記	II歴代誌	
		650				
			アモン	21:19-26	33:21-25	
			ヨシヤ	22:1-23:30	34:1-35:27	ゼパニヤ / ナホム / エレミヤ
		630				
		610	エホアハズ	23:31-33	36:1-4	ハバクク
			エホヤキム	23:36-24:7	36:5-8	
			エホヤキン	24:8-17	36:9-10	ダニエル / エゼキエル
			ゼデキヤ	24:18-25:21	36:11-21	
		590				
		586	エルサレム陥落	25:8-17	36:15-19	
		570				
		550				

© 1991 Zondervan Publishing House

歴代誌　第一

概　　要
- I. 系図－アダムからバビロン捕囚以後まで(1:1-9:44)
  - A. アダムからアブラハムまで(1:1-27)
  - B. アブラハムからヤコブまで(1:28-54)
  - C. ヤコブからダビデまで(2:1-55)
  - D. ダビデからバビロン捕囚まで(3:1-24)
  - E. 十二部族の系図(4:1-8:40)
  - F. 故郷に帰還した人々の系図(9:1-34)
    1. 帰還した部族(9:1-9)
    2. 帰還した祭司(9:10-13)
    3. 帰還したレビ族の奉仕者(9:14-34)
  - G. サウルの系図(9:35-44)
- II. ダビデ－王位の永続的な意味(10:1-29:30)
  - A. サウルとサウルの息子たちの死(10:1-14)
  - B. エルサレム占領(11:1-9)
  - C. ダビデの勇士たち(11:10-12:40)
  - D. 神の箱の帰還、礼拝の回復、王国の確立(13:1-16:43)
  - E. 神の約束とダビデの祈り(17:1-27)
  - F. ダビデの軍事的勝利(18:1-20:8)
  - G. ダビデの人口調査の罪(21:1-30)
  - H. ダビデの神殿建築への準備(22:1-19)
  - I. ダビデの神殿の奉仕をするレビ人の組織作り(23:1-26:32)
  - J. ダビデの行政の組織作り(27:1-34)
  - K. ダビデの神殿建築への最後の準備と新しい王(28:1-29:20)
  - L. ソロモン王の油注ぎとダビデの死(29:21-30)

著　者：エズラ(？)

主　題：神の契約の民であるイスラエルの歴史

著作の年代：紀元前450－420年

著作の背景

　歴代誌第一、第二に記録されている歴史は、バビロン捕囚(ユダヤ人が制圧され捕えられてバビロン帝国の各地に移住させられたこと、出来事の順序　→II列24:1注，エズ緒論，→「ユダ(南王国)の捕囚」の地図 p.633)以前に起きた出来事である。けれども歴代誌は捕囚のあとに、ユダヤ人の捕囚の第二次の大きなグループがエズラ(著者と考えられている)とともにバビロニヤとペルシヤから帰還した(前457)あとの観点から書かれている。ネブカデネザル王によるエルサレム破壊(前605-586)とその後約70年間続いたバビロン捕囚によって、神の契約の民としてのユダヤ人の希望と理想は打砕かれてしまった。このような理由から、エルサレムと神殿の再建のために帰還した人々には新しい霊的な基盤が必要だった。神に選ばれた民(選民)としての自覚は過去の歴史観とともに失われていた。そこで未来に向けて神の約束を信じる信仰と希望が回復される必要があった。歴代誌第一、第二は捕囚から帰還した人々のこのような必要に応えるために書かれた。

　歴代誌、エズラ記、ネヘミヤ記はみなパレスチナに帰還した人々のために書かれた(→エズ緒論，ネヘ緒論，→「捕囚からの帰還」の地図 p.759)。この３冊は文体、用語、観点、目的が非常に似ている。それは一人の著者が

書いたか、編集者（様々な文書を一つの主題にまとめる人）が一人だったからというのが学者たちの一致した見解である。その特別な人物は祭司であり律法学者だったエズラと考えられている。エズラが著者であることは、タルムード（古代のユダヤ文書を集めたものでユダヤ教の律法の基盤を形成するもの）と古代のユダヤ教とキリスト教のほとんどの学者たちによって支持されている。歴代誌第一と第二は祭司の観点（祭司の考え方、理解の仕方）からエズラの時代に書かれたと思われる。さらに歴代誌第二の最後（36：22-23）がエズラ記1章1－3節で繰返されているので、「歴代誌記者」はエズラだという伝統的な見解は強く支持されるのである。

　著者は歴代誌を書くに当たって多くの文献から情報を得ている。用いられた資料は旧約聖書のいくつかの書物や王や預言者たちの記録などだった（→Ⅰ歴29：29，Ⅱ歴9：29，12：15，20：34，32：32）。歴代誌を書くに当たってエズラはどのようにして必要な記録を手に入れたのか、学者たちは研究を重ねてきた。その一つはアポクリファ（ラテン語訳とギリシヤ語訳聖書に入っているけれどもプロテスタントが用いる聖書やヘブル語聖書には入っていない書物）だと思われる。アポクリファのマカベア書第二（2：13-15）によると、ユダヤ人の総督ネヘミヤはエルサレムに図書館を建てて王や預言者の膨大な記録を収めた。霊的指導者であるエズラはそれらの資料を全部手にすることができた。この伝統的な考え方によって、歴代誌の編集を聖霊が導き霊感を与えられたいきさつが明らかにされているように思える。

目　　的

　歴代誌は、帰還したユダヤ人を神の契約の民として、その先祖と歴史に再び結び付けるために書かれた。そして次の三つの点を強調している。

（1）ユダヤ人の民族的遺産と霊的遺産を維持する重要性

（2）日常の神との関係の中で律法、神殿、祭司職を維持する重要性－これは地上の王に忠誠を誓うよりはるかに重要なことである。

（3）メシヤ（神に「油そそがれた方」、救い主）についての神の約束を待つイスラエルの究極の希望－このメシヤはダビデの子孫で永遠に治める方である（Ⅰ歴17：14）。

概　　観

　歴代誌第一、第二はユダヤ人の捕囚のあとにその時代の観点から書かれているけれども、アダムからペルシヤ王クロスの勅令（前538年頃、バビロニヤを制圧した直後にユダヤ人に帰還を許した）までの旧約聖書の歴史の概観を記録している。歴代誌第一はイスラエルの系図または古代の歴史（1：-9：）とダビデ王の治世（10：-29：）という二つの題目を中心に構成されている。

（1）1－9章にはイスラエルと神との関係を示す独特の歴史と、ユダヤ人が神に選ばれたいきさつが書かれている。またアダムからアブラハム、ダビデ、バビロン捕囚までの出来事を概観している。ヤコブ（イスラエル）の12人の息子たちの中ではユダ族が最初に置かれているけれども、それはダビデの家族、神殿、メシヤ（キリスト）がみなユダ族から出たことによる。系図（家系）を見ると、ユダヤ人が捕囚からパレスチナの故郷へ帰るまでの間、人類の歴史の初めから神がどのようにユダヤ人を特別な民として選んで守られた（生き長らえさせた）かがわかる。多くの章で祭司の家族とレビ人（レビ族で、神殿で奉仕をし礼拝の指導をする人々）が特に注目されている。このことから歴代誌が祭司の観点から書かれたことが明らかである。

（2）10－29章にはダビデ王の治世について書かれている。ダビデの勇士たち（11：-12：）と軍事的な大勝利（14：，18：-20：）がたたえられている。またダビデの治世でのレビ族の奉仕者、祭司、音楽家が詳しく記録されている（23：-26：）。著者はダビデが契約の箱（イスラエルの中の神の臨在を表す）を取戻して、エルサレムを礼拝の中心地に定めたいきさつに焦点を当てている（13：-16：，22：，28：-29：）。歴代誌第一にあるダビデの治世についての記述はサムエル記第二の記事とは違っている。ダビデの姦淫と殺人の罪は詳細に書かれてはいないし、ダビデの罪によって引起こされた悲劇も書かれていない。逆にサムエル記第二に書かれていないことが詳細に挿入されている。ここには神殿建築（→「ソロモンの神殿」の図 p.557）とエルサレム（→「エルサレムの町」の項 p.674）とエルサレムでの礼拝を確立するために、ダビデが立てた詳細な計画とそのために集めた多くの材料のことが書かれている。歴代誌第一とサムエル記第二で記述が違うのは聖霊に導かれたことによるので、それなりの重要な理由がある。歴代誌は捕囚から帰還したユダヤ人社会に必要な情報を提供するために書かれたからである。

特　　徴

　歴代誌第一には五つの大きな特徴がある。

I 歴代誌

(1) サムエル記第一、第二と同じ時期の歴史が書かれている。
(2) この系図（1:-9:）は聖書の中で最も長く最も完全なイスラエル民族の先祖の記録（家族の歴史）である。歴代誌第一、第二はヘブル語聖書の原本では最後に置かれている。そのことから歴代誌は新約聖書の冒頭のイエス・キリストの系図を知る示唆、また背景を提供するものになっている。
(3) ダビデが契約の箱をエルサレムに持帰ったときに起きたすばらしいリバイバルと、神を敬う本当の意味での礼拝が完全に回復されたことが詳しく描かれている（15:-16:）。このように詳しく書かれたリバイバルは、ほかには見られないものである。
(4) ダビデに約束された契約（17:）が、約束のメシヤを待つイスラエルにとって希望の中心だったことが指摘されている（→「ダビデとの神の契約」の項 p.512）。
(5) 捕囚から帰還した後に神殿、律法、祭司職がエルサレム社会で再建、復活したことについて祭司としての観点が反映されている（帰還の概要 →エズ緒論, ネヘ緒論）。

新約聖書での成就

アダムからバビロン捕囚までのユダヤ人の先祖の記録は、ダビデ家のユダの王とともに（3:-4:）、新約聖書のイエス・キリストの系図を補足する情報を提供している。それはマタイが「ダビデの子孫、イエス・キリストの系図」を書くときの土台になった（マタ1:1-17）。ルカにとっては神の子イエス・キリストの生涯を書くときの背景になった（ルカ3:23-38）。歴代誌第一の中でダビデは王位について神の王国（17:14）を支配していたけれども、それは「ダビデの子孫」であるイエス・キリスト、メシヤの出現を予告するものだった。

歴代誌の歴史的信憑性

軽はずみな批評家たちは歴代誌が勝手に創作されたものとか、不正確な歴史の記録であるとしてきた。そしてサムエル記や列王記の記録より信頼性が低いと主張した。けれども歴代誌は題材を極めて限定して、ユダヤ人の歴史の明るい部分を強調している。だからと言って真理や事実の資料として正確性に欠けているわけではない。事実、神の民の失敗を否定していない（Ⅰ歴21:）。サムエル記や列王記に出てくる記述が歴代誌にない場合、著者（歴史家）は読者がその物語について既に知っていると推定しているのである。歴代誌はイスラエルの歴史を違う観点から提供しているだけである。列王記第一、第二など前に書かれたものがイスラエルの王たちが神を汚し人々に災害をもたらしたことを書いているのに対し、歴代誌は悪いことには触れていない。たとえば北王国の王たちはみな悪い王だったけれども、ほとんど書かれていない。その代り、神が望まれたことを大胆に行ったユダの王たち何人かに焦点を当てている。その人々は完全な人間ではなかったけれども、心から神を礼拝し従う人々を神が祝福されたことを示している。捕囚から帰還して、自分たちの生活と神への献身を再構築しようとしているユダヤ人にとって、これは前向きで希望を与えるものだった。

サムエル記と列王記には神のさばきが預言として書かれているけれども、歴代誌には祭司の立場から見た希望が書かれている。この両方の歴史観と記録がユダヤ人の歴史のなくてはならない真実の部分になっている。歴代誌第一にしか書かれていない歴史的記録の多くは考古学的発見によって確実で信頼性が高いことが証明されており、否定されたものは何もない。さらに歴代誌で使われている大きな数字は、学者たちの綿密な研究によって合理的に説明されている。古い契約や神とイスラエルとの関係の歴史を収めている神の霊感を受けた記録（旧約聖書）の中で、歴代誌第一は重要で信頼性の高い書物である。

歴代誌第一の通読

旧約聖書全体を1年間で通読するためには、歴代誌第一を次のスケジュールに従って11日間で読まなければならない。
☐1-2 ☐3-4 ☐5-6 ☐7-8 ☐9-10 ☐11-13 ☐14-16 ☐17-19 ☐20-22 ☐23-25 ☐26-29

メ モ

アダムからアブラハムまでの記録

ノアの子まで

1 ¹ アダム、セツ、エノシュ、² ケナン、マハラルエル、エレデ、³ エノク、メトシェラ、レメク、⁴ ノア、セム、ハム、それにヤペテ。

ヤペテの子孫

1:5-7　並行記事―創10:2-5

⁵ ヤペテの子孫は、ゴメル、マゴグ、マダイ、ヤワン、トバル、メシェク、ティラス。⁶ ゴメルの子孫は、アシュケナズ、*ディファテ、トガルマ。⁷ ヤワンの子孫は、エリシャ、タルシュ、キティム人、*ロダニム人。

ハムの子孫

1:8-16　並行記事―創10:6-20

⁸ ハムの子孫は、クシュ、ミツライム、プテ、カナン。⁹ クシュの子孫は、セバ、ハビラ、サブタ、ラマ、サブテカ。ラマの子孫は、シェバ、デダン。¹⁰ クシュはニムロデを生んだ。ニムロデは地上で最初の権力者となった。¹¹ ミツライムは、ルデ人、アナミム人、レハビム人、ナフトヒム人を生み、¹² パテロス人、カスルヒム人――これからペリシテ人が出た――、カフトル人を生んだ。¹³ カナンは、長子シドン、ヘテ、¹⁴ エブス人、エモリ人、ギルガシ人、¹⁵ ヒビ人、アルキ人、シニ人、¹⁶ アルワデ人、ツェマリ人、ハマテ人を生んだ。

セムの子孫

1:17-23　並行記事―創10:21-31, 11:10-26

¹⁷ セムの子孫は、エラム、アシュル、アルパクシャデ、ルデ、アラム、ウツ、フル、ゲテル、*メシェク。¹⁸ アルパクシャデはシェラフを生み、シェラフはエベルを生んだ。¹⁹ エベルにはふたりの男の子が生まれ、ひとりの名はペレグであった。彼の時代に地が分けられたからである。もうひとりの兄弟の名はヨクタンであった。²⁰ ヨクタンは、アルモダデ、シェレフ、ハツァルマベテ、エラフ、²¹ ハドラム、ウザル、ディクラ、²² *エバル、アビマエル、シェバ、²³ オフィル、ハビラ、ヨバブを生んだ。これらはみなヨクタンの子孫であった。²⁴ セム、アルパクシャデ、シェラフ、

1① Ⅰ歴1:1-4, 創5章
②創4:25
5① Ⅰ歴1:5-7, 創10:1-5
6 *創10:3「リファテ」
7 *創10:4「ドダニム人」
8① Ⅰ歴1:8-16, 創10:6-20
12①申2:23
17① Ⅰ歴1:17-23, 創10:21-32
*創10:23「マシュ」
19 ⓔ「分ける」意の語根「パラグ」の派生語
22 *創10:28「オバル」
24① Ⅰ歴1:24-27, 創11:10-26, ルカ3:34-36

1:1　系図　歴代誌第一にある系図（先祖の記録または家族の歴史）にはいくつかの目的があった。

（1）系図には歴代誌第一全体の目的と同じように、70年間のバビロン捕囚（神のさばきの結果として移住させられた所）から帰還したユダヤ人を、神に選ばれた民として先祖とその歴史に結び付ける役割があった。これらの記録は霊的な基盤と遺産を再確認させるのに役に立つものだった。捕囚と帰還のいきさつについての概略　→Ⅱ列24:1注、エズ緒論

（2）系図は人類の歴史の始まりから捕囚の後にパレスチナの郷里に帰還するまで、神がユダヤ人を特別な民として選んで守り続けられたことを示している。捕囚からの帰還の概略　→エズ緒論、ネヘ緒論（→「**捕囚からの帰還**」の地図 p.759）

（3）系図が書かれた第一の目的は、イスラエル人の家族を以前の所有地（⇒レビ25:）に落ち着かせ、将来祭司や神殿の奉仕者になるレビ族を区別するためだった。

（4）系図の最も重要な目的は、世界に救いをもたらすという神の最大の目的が達成される家系をたどることである。神はアブラハムを選び（1:27）、アブラハムの家族からヤコブ（神は後にイスラエルと改名された）を選ばれた（1:34）。そしてイスラエルの家族（2:1）からユダ族が選ばれ、ユダ族からダビデ王の家系が生まれた（3:1）。ダビデ王の家系から神はメシヤ（神の「油そそがれた者」、救い主）が誕生すると約束された。メシヤは信じる人々に、神との個人的な関係を持つ機会を与えてサタンと罪の力から解放してくださるのである（→創3:15注、「**アブラハム、イサク、ヤコブとの神の契約**」の項 p.74、「**ダビデとの神の契約**」の項 p.512）。

1:1-4　アダム、セツ、エノシュ　これらの名前は創世記5:1-32にあるけれども、歴代誌の著者は創世記の最初の数章が信頼できる歴史であって伝説ではないと考えていたことが明らかである。

²⁵エベル、ペレグ、レウ、
²⁶セルグ、ナホル、テラ、
²⁷アブラム、すなわちアブラハム。

アブラハムの家族

²⁸①アブラハムの子は、イサク、イシュマエル。

ハガルの子孫

1:29-31　並行記事―創25:12-16

²⁹これは彼らの歴史である。イシュマエルの長子はネバヨテ。ケダル、アデベエル、ミブサム、
³⁰ミシュマ、ドマ、マサ、ハダデ、テマ、
³¹エトル、ナフィシュ、ケデマ。これがイシュマエルの子孫である。

ケトラの子孫

1:32-33　並行記事―創25:1-4

³²アブラハムのそばめケトラの息子たち。彼女は、ジムラン、ヨクシャン、メダン、ミデヤン、イシュバク、シュアハを産んだ。ヨクシャンの子は、シェバ、デダン。
³³ミデヤンの子は、エファ、エフェル、エノク、アビダ、エルダア。これらはみな、ケトラの子孫である。

サラの子孫

³⁴①アブラハムはイサクを生んだ。イサクの子は、②エサウ、③イスラエル。

エサウの子たち

1:35-37　並行記事―創36:10-14

³⁵エサウの子は、エリファズ、レウエル、エウシュ、ヤラムとコラ、
³⁶エリファズの子は、テマン、オマル、*ツェフィとガタム、ケナズ、ティムナ、アマレク。
³⁷レウエルの子は、ナハテ、ゼラフ、シャマとミザ。

エドムの地のセイルの子孫

1:38-42　並行記事―創36:20-30

³⁸①セイルの子は、ロタン、ショバル、ツィブオン、アナ、ディション、エツェル、ディシャン。
³⁹ロタンの子は、ホリ、*ホマム。ロタンの妹はティムナ。
⁴⁰ショバルの子は、アルヤンとマナハテとエバル、**シェフィ、オナム。ツィブオンの子は、アヤ、アナ。
⁴¹アナの子は、ディション。ディションの子は、*ハムラン、エシュバン、イテラン、ケラン。
⁴²エツェルの子は、ビルハン、ザアワン、*ヤアカン。ディションの子は、**ウツ、アラン。

エドムの地の王たち

1:43-54　並行記事―創36:31-43

⁴³イスラエル人の王が治める以前、エドムの地で治めた王たちは次のとおりである。ベオルの子ベラ。その町の名はディヌハバであった。
⁴⁴ベラが死ぬと、代わりに、ボツラから出たゼラフの子ヨバブが王となった。
⁴⁵ヨバブが死ぬと、代わりに、テマン人の地から出たフシャムが王となった。
⁴⁶フシャムが死ぬと、代わりに、モアブの野でミデヤン人を打ち破ったベダデの子ハダデが王となった。その町の名はアビテであった。
⁴⁷ハダデが死ぬと、代わりに、マスレカから出たサムラが王となった。
⁴⁸サムラが死ぬと、代わりに、レホボテ・ハナハルから出たサウルが王となった。
⁴⁹サウルが死ぬと、代わりに、アクボルの子バアル・ハナンが王となった。
⁵⁰バアル・ハナンが死ぬと、代わりに、*ハダデが王となった。その町の名は**パイであった。彼の妻の名はメヘタブエルといい、メ・ザハブの娘マテレデの娘であった。
⁵¹そして、ハダデも死んだ。
エドムから出た首長たちは、首長ティムナ、首長アルワ、首長エテテ、
⁵²首長オホリバマ、首長エラ、首長ピノン、
⁵³首長ケナズ、首長テマン、首長ミブツァル、
⁵⁴首長マグディエル、首長イラム。これらがエドムから出た首長である。

27①創17:5
28①Ⅰ歴1:28-34, 創25:9
　②創21:3, 25:19
　③創16:11, 15
29①Ⅰ歴1:29-31,
　創25:13-18
32①Ⅰ歴1:32, 33,
　創25:1-4, 6
34①Ⅰ歴1:28
　②創25:25
　③創25:26, 32:28
35①Ⅰ歴1:35-37,
　創36:1-19
36 *創36:11「ツェフォ」
38①Ⅰ歴1:38-42,
　創36:20-30

39 *創36:22「ヘマム」
40 *創36:23「アルワン」
　**創36:23「シェフォ」
41 *創36:26「ヘムダン」
42 *創36:27「アカン」
　**創36:28「ディシャン」
43①Ⅰ歴1:43-54,
　創36:31-43
44①イザ34:6
48 *あるいは「ユーフラテス川のレホボテ」
50 *創36:39「ハダル」
　**創36:39「パウ」

イスラエルの子たち

2:1-2　並行記事→創35:23-26

2 ¹イスラエルの子は次のとおりである。ルベン、シメオン、レビ、ユダ、イッサカル、ゼブルン、

²ダン、ヨセフ、ベニヤミン、ナフタリ、ガド、アシェル。

ユダの子孫

2:3-15　並行記事→ルツ4:18-22、マタ1:3-6

³ユダの子は、エル、オナン、シェラ。この三人は、カナンの女シュアの娘から彼に生まれた。しかし、ユダの長子エルは主の目の前に悪を行ったため、主が彼を殺された。

⁴彼の嫁タマルは彼にペレツとゼラフとを産んだ。ユダの子は全部で五人。

⁵ペレツの子は、ヘツロン、ハムル。

⁶ゼラフの子は、ジムリ、エタン、ヘマン、カルコル、ダラで、全部で五人。

⁷カルミの子は、聖絶のもののことで罪を犯し、イスラエルにわざわいをもたらす者となったアカル。

⁸エタンの子は、アザルヤ。

⁹ヘツロンの子として生まれた者は、エラフメエル、ラム、カレブ。

ヘツロンの子ラム

¹⁰ラムはアミナダブを生み、アミナダブはユダ族の長ナフションを生み、

¹¹ナフションはサルマを生み、サルマはボアズを生み、

¹²ボアズはオベデを生み、オベデはエッサイを生んだ。

¹³エッサイは、長子エリアブ、次男アビナダブ、三男シムア、

¹⁴四男ネタヌエル、五男ラダイ、

¹⁵六男オツェム、七男ダビデを生んだ。

¹⁶彼らの姉妹はツェルヤとアビガイルであり、ツェルヤの子は、アブシャイ、ヨアブ、アサエルの三人であった。

¹⁷アビガイルはアマサを産んだが、アマサの父親はイシュマエル人エテルであった。

ヘツロンの子カレブ

¹⁸ヘツロンの子カレブは妻アズバとエリオテによって子を生んだ。彼女の子は次のとおりである。エシェル、ショバブ、アルドン。

¹⁹アズバが死んだので、カレブはエフラテをめとった。彼女は彼にフルを産んだ。

²⁰フルはウリを生み、ウリはベツァルエルを生んだ。

²¹その後、ヘツロンは、ギルアデの父マキルの娘のもとに行き、彼女をめとった。彼は六十歳であった。彼女は彼にセグブを産んだ。

²²セグブはヤイルを生んだ。彼はギルアデの地に二十三の町を持っていた。

²³ところが、ゲシュルとアラムは、その中からハボテ・ヤイルおよびケナテとそれに属する村落など六十の町を取った。これらはみな、ギルアデの父マキルの子であった。

²⁴ヘツロンがエフラテのカレブで死んで後、ヘツロンの妻アビヤは、彼にテコアの父アシュフルを産んだ。

ヘツロンの子エラフメエル

²⁵ヘツロンの長子エラフメエルの子は、長子ラム、ブナ、オレン、オツェム、アヒヤ。

²⁶エラフメエルには、もうひとり妻があった。その名はアタラ。彼女はオナムの母であった。

²⁷エラフメエルの長子ラムの子は、マア

---

①Ⅰ歴2:1, 2, 創35:22-26, 46:8-25
②創29:32
③①Ⅰ歴2:3-5, 4:1, 21, 創38:2-10, 46:12, 民26:19-21
②→Ⅰサム15:19
④①創38:13-30, マタ1:3
⑤①Ⅰ歴4:1, 創46:12, ルツ4:18
⑥*ヨシ7:1「ザブディ」
①Ⅰ列4:31
**Ⅰ列4:31「ダルダ」
⑦①→Ⅰ歴2:7
*ヨシ7:1「アカン」
⑨①Ⅰ歴2:9-15, ルツ4:18-21, マタ1:3-6
②Ⅰ歴2:18による「ケルバイ」
10①民1:7, 2:3
12①ルツ4:21「サルモン」
13①Ⅰ歴2:13-15, Ⅰサム16:6-13

15①Ⅰサム16:10
16①Ⅱサム2:18
*Ⅰサム26:6「アビシャイ」
*Ⅱサム17:25「アビガル」
①Ⅱサム17:25
②Ⅰ歴2:5, 32
18①Ⅰ歴2:50
20①出31:2, Ⅱ歴1:5
21①民27:1
22①民32:41
23①ヨシ3:14, ヨシ13:30
②民32:42
24①Ⅰ歴4:5
25①Ⅰサム27:10

2:1　イスラエルの子　1章で著者はアダム(1:1)からアブラハム(1:27)、そしてイスラエル(1:34)までの系図を表示している。イスラエル(前はヤコブだったけれども神が改名された)の子孫から神の民が誕生した。この民を通して神は「地上のすべての民族」を祝福すると約束された(創12:3)。2－8章で著者はヤコブの12人の息子の家族の歴史をたどっている。十二部族の中でユダの家族が最初に書かれているけれど

(2:3)、それは贖いの歴史(人々を救い神との正しい関係を回復する神の計画)がユダ族、特にダビデの子孫を通して(⇒3:1、Ⅱサム23:5)、イエス・キリストまで続くからである。

2:5　・・・の子　この書物の中の系図は特定の子孫の名前だけを表示している。「〜の子」という表現は「〜の子孫」という意味でもあり、ある息子や世代は省略されていることを後代の人に伝えようとしている。

ツ、ヤミン、エケル。

28 オナムの子は、シャマイ、ヤダ。シャマイの子は、ナダブ、アビシュル。

29 アビシュルの妻の名はアビハイルで、彼女は彼にアフバンとモリデを産んだ。

30 ナダブの子は、セレデとアパイムで、セレデは子がないままで死んだ。

31 アパイムの子孫は、イシュイ。イシュイの子孫は、シェシャン。シェシャンの子孫は、アフライ。

32 シャマイの兄弟ヤダの子は、エテルとヨナタンで、エテルは子がないままで死んだ。

33 ヨナタンの子は、ペレテとザザ。これらがエラフメエルの子孫であった。

34 シェシャンには息子がなく、娘だけであった。シェシャンにはエジプト人のしもべがいた。その名はヤルハ。

35 シェシャンは彼の娘をそのしもべヤルハに妻として与えたので、彼女は彼にアタイを産んだ。

36 アタイはナタンを生み、ナタンはザバデを生み、

37 ザバデはエフラルを生み、エフラルはオベデを生み、

38 オベデはエフーを生み、エフーはアザルヤを生み、

39 アザルヤはヘレツを生み、ヘレツはエルアサを生み、

40 エルアサはシセマイを生み、シセマイはシャルムを生み、

41 シャルムはエカムヤを生み、エカムヤはエリシャマを生んだ。

カレブの一族

42 エラフメエルの兄弟カレブの子孫は、長子メシャ。彼はジフの父であった。ヘブロンの父マレシャの子たち。

43 ヘブロンの子は、コラ、タプアハ、レケム、シェマ。

44 シェマは、ヨルコアムの父ラハムを生み、レケムはシャマイを生んだ。

28 ① I 歴 2:32
31 ① I 歴 2:34, 35
　② I 歴 2:35
32 ① I 歴 2:28
35 ① I 歴 2:31
36 ① I 歴 11:41
40 * 区「シスマイ」
42 ① I 歴 2:18-20
　* あるいは「その子はマレシャ、ヘブロンの父」と読み替える

49 ① ヨシ 15:31
50 * 区「エフラタ」
　① I 歴 2:19, 4:1
52 * あるいは「予見者」
53 ① 士 18:2
55 ① II 列 10:15、エレ 35:2
　② 民 24:21、士 1:16

1 ① I 歴 3:1-3、
　II サム 3:2-5
　② ヨシ 15:56
2 ① II サム 13:37

45 シャマイの子はマオン。マオンはベテ・ツルの父であった。

46 カレブのそばめエファは、ハラン、モツァ、ガゼズを産んだ。ハランはガゼズを生んだ。

47 ヤフダイの子は、レゲム、ヨタム、ゲシャン、ペレテ、エファ、シャアフ。

48 カレブのそばめマアカは、シェベルとティルハナを産み、

49 マデマナの父シャアフと、マクベナの父でありギブアの父であるシェワを産んだ。カレブの娘はアクサであった。

50 カレブの子孫は次のとおりである。*エフラテによる長子フルの子はキルヤテ・エアリムの父ショバル、

51 ベツレヘムの父サルマ、ベテ・ガデルの父ハレフ。

52 キルヤテ・エアリムの父ショバルにも子どもたちがあった。メヌホテの半分*のハロエであった。

53 キルヤテ・エアリムの諸氏族は、エテル人、プテ人、シュマ人、ミシュラ人で、彼らの中から、ツォルア人とエシュタオル人が出た。

54 サルマの子孫は、ベツレヘムとネトファ人、アテロテ・ベテ・ヨアブとマナハテ人の半氏族、ツォルア人、

55 ヤベツに住んでいた書記の諸氏族は、ティルア人、シムア人、スカ人。彼らはレカブ家の父祖ハマテから出たケニ人である。

ダビデの子たち

3:1-4　並行記事－II サム 3:2-5
3:5-8　並行記事－II サム 5:14-16、I 歴 14:4-7

3 ¹ヘブロンで生まれたダビデの子は次のとおりである。長子はイズレエル人アヒノアムによるアムノン。次男はカルメル人アビガイルによるダニエル。

² 三男はゲシュルの王タルマイの娘マアカの子アブシャロム。四男はハギテの子アドニヤ。

3:1　ダビデの子　著者はダビデの子孫に特に注目している。ダビデの家系から神の民を永遠に治める王が誕生すると神は約束しておられた（→II サム 7:12-17）。著者はダビデの地上の王国は滅亡したけれども、その子孫は生き長らえており、神はその人々を通して約束を成就されることを示そうとしたのである。

³ 五男はアビタルによるシェファテヤ。六男は彼の妻エグラによるイテレアム。
⁴ 六人の子がヘブロンで彼に生まれた。ダビデはそこで七年六か月治め、エルサレムで三十三年治めた。
⁵ エルサレムで彼に生まれた者は次のとおりである。シムア、ショバブ、ナタン、ソロモン。この四人はアミエルの娘バテ・シュアによる子である。
⁶ イブハル、エリシャマ、エリフェレテ、
⁷ ノガハ、ネフェグ、ヤフィア、
⁸ エリシャマ、エルヤダ、エリフェレテの九人。
⁹ みなダビデの子であるが、別にそばめたちの子もあり、タマルは彼らの姉妹であった。

ユダの王たち

¹⁰ ソロモンの子はレハブアム。その子はアビヤ、その子はアサ、その子はヨシャパテ、
¹¹ その子はヨラム、その子はアハズヤ、その子はヨアシュ、
¹² その子はアマツヤ、その子はアザルヤ、その子はヨタム、
¹³ その子はアハズ、その子はヒゼキヤ、その子はマナセ、
¹⁴ その子はアモン、その子はヨシヤ。
¹⁵ ヨシヤの子は、長子ヨハナン、次男エホヤキム、三男ゼデキヤ、四男シャルム。
¹⁶ エホヤキムの子孫は、その子、エコヌヤ、その子のゼデキヤ。

捕囚後の王の系図

¹⁷ 捕らわれ人エコヌヤの子は、その子シェアルティエル、
¹⁸ マルキラム、ペダヤ、シェヌアツァル、エカムヤ、ホシャマ、ネダブヤ。
¹⁹ ペダヤの子は、ゼルバベル、シムイ。ゼルバベルの子は、メシュラム、ハナニヤ。シェロミテは彼らの姉妹。
²⁰ それにハシュバ、オヘル、ベレクヤ、ハサデヤ、ユシャブ・ヘセデの五人。
²¹ ハナネヤの子たちは、ペラテヤ、エシャヤ、レファヤの子たち、アルナンの子たち、オバデヤの子たち、シェカヌヤの子たち。
²² シェカヌヤの子たちは、シェマヤ。シェマヤの子は、ハトシュ、イグアル、バリハ、ネアルヤ、シャファテなど六人。
²³ ネアルヤの子は、エルヨエナイ、ヒゼキヤ、アズリカムの三人。
²⁴ エルヨエナイの子は、ホダブヤ、エルヤシブ、ペラヤ、アクブ、ヨハナン、デラヤ、アナニの七人。

そのほかのユダ族

4 ¹ ユダの子孫は、ペレツ、ヘツロン、カルミ、フル、ショバル。
² ショバルの子レアヤはヤハテを生み、ヤハテはアフマイとラハデを生んだ。これらはツォルア人の諸氏族である。
³ エタムの父の子は次のとおりである。イズレエル、イシュマ、イデバシュ。彼らの姉妹の名はハツェレルポニ。
⁴ ゲドルの父ペヌエルとフシャの父エゼル。これらがベツレヘムの父、エフラテの長子、フルの子である。
⁵ テコアの父アシュフルにはふたりの妻、ヘルアとナアラがいた。
⁶ ナアラは彼に、アフザム、ヘフェル、テメニ、アハシュタリを産んだ。これらがナアラの子である。
⁷ ヘルアの子は、ツェレテ、ツォハル、エテナン。
⁸ コツは、アヌブ、ツォベバ、それにハルムの子アハルヘルの諸氏族を生んだ。
⁹ ヤベツは彼の兄弟たちよりも重んじられた。彼の母は、「私が悲しみのうちにこの子を産んだから」と言って、彼にヤベツという名をつけた。
¹⁰ ヤベツはイスラエルの神に呼ばわって言った。「私を大いに祝福し、私の地境を

4:10　ヤベツはイスラエルの神に呼ばわって言った
ヤベツについての記述は短いけれども、神に頼る人、祝福を求めて大胆に祈り神を尊ぶ人々を神は祝福してくださるという永遠の真理を教えている。ヤベツはつらい過去（4:9）があってもそれによって将来を左右されることがなかった。「ヤベツは彼の兄弟たちよりも重んじられた」（4:9）とある。これこそヤベツの人生と性格のあかしである。神の特別な祝福と守りの御手

I 歴代誌　4章

広げてくださいますように。御手が私とともにあり、わざわいから遠ざけて私が苦しむことのないようにしてくださいますように。」そこで神は彼の願ったことをかなえられた。

11 シュハの兄弟ケルブはメヒルを生んだ。彼はエシュトンの父であった。

12 エシュトンは、ベテ・ラファ、パセアハ、イル・ナハシュの父テヒナを生んだ。これらはレカの人々である。

13 ケナズの子たちは、オテニエル、セラヤ。オテニエルの子たちは、ハタテとメオノタイ。

14 メオノタイはオフラを生み、セラヤはゲ・ハラシムの父ヨアブを生んだ。彼らは職人だったのである。

15 エフネの子カレブの子たちは、イル、エラ、ナアム。エラの子たちは、ケナズ。

16 エハレルエルの子は、ジフ、ジファ、ティルヤ、アサルエル。

17 エズラの子は、エテル、メレデ、エフェル、ヤロン。彼女はみごもって、ミリヤムとシャマイとエシュテモアの父イシュバフを産んだ。

18 彼のユダヤ人の妻は、ゲドルの父エレデ、ソコの父へベル、ザノアハの父エクティエルを産んだ。これらはメレデがめとったパロの娘ビテヤの子であった。

19 ナハムの姉妹に当たるホディヤの妻の子は、ガルミ人ケイラの父とマアカ人エシュテモア。

20 シモンの子は、アムノン、リナ、ベン・ハナン、ティロン。イシュイの子は、ゾヘテ、ベン・ゾヘテ。

21 ユダの子シェラの子孫は、レカの父エル、マレシャの父ラダ、および、アシュベア家に属する、白亜麻布業を営む家の氏族、

22 モアブを治めたヨキム、コゼバの人々、ヨアシュ、サラフ、ヤシュビ・ラヘム。この記録は古い。

23 彼らは陶器師で、ネタイムとゲデラの住民であり、王の仕事をするため、王とともにそこに住んだ。

13 ①ヨシ15:17, 士1:13 * 七十人訳による補足
14 ①ネヘ11:35 * ▣「ハラシム」
15 ①民13:6
17 ①「ビテヤ」
19 ①▣「アビ」
21 ①Ⅰ歴2:3, 創38:5

24 * 創46:10, 出6:15「エムエル」
** 民26:12「ヤキン」
*** 創46:10, 出6:15「ツォハル」
28 ①Ⅰ歴4:28-33, ヨシ19:1-8
31 ①ヨシ15:36, Ⅰサム17:52

シメオン
並行記事－ヨシ19:2-9

24 シメオンの子は、ネムエル*、ヤミン、ヤリブ**、ゼラフ***、サウル。

25 その子はシャルム、その子はミブサム、その子はミシュマ。

26 ミシュマの子孫は、その子、ハムエル、その子のザクル、その子のシムイ。

27 シムイには十六人の息子と、六人の娘があったが、彼の兄弟たちには多くの息子がなかった。彼らの全氏族は、ユダの子らほどには多くならなかった。

28 彼らは、ベエル・シェバ、モラダ、ハツァル・シュアルに住み、

29 ビルハ、エツェム、トラデ、

30 ベトエル、ホルマ、ツィケラグ、

31 ベテ・マルカボテ、ハツァル・スシム、ベテ・ビルイ、シャアライムに住んだ。これはダビデの治世に至るまで、彼らの町であった。

32 また、彼らの村々は、エタム、アイン、リモン、トケン、アシャンの五つの町であり、

33 その町々の回りにあってバアルにまで及ぶ彼らのすべての村々であった。これが彼らの住まいであった。彼らは系図に載せられた者であった。

34 メショバブ、ヤムレク、アマツヤの子ヨシャ、

35 ヨエル、アシエルの子セラヤの子ヨシブヤの子エフー、

36 エルヨエナイ、ヤアコバ、エショハヤ、アサヤ、アディエル、エシミエル、ベナヤ、

は自動的に与えられるものではないことをヤベツの人生は示している。祝福は神とその目的に献身することによって与えられ、大胆で誠意ある祈りによって受取ることができる（→マタ6:13,→「**効果的な祈り**」の項p.585）。神の祝福を受けるために、キリスト者は「あなたがたの神、**主**を信じ、忠誠を示」さなければならない（Ⅱ歴20:20）。神のために大きな影響を人々に与えるようになりたいと願う人にとって、ヤベツの祈りは良い模範である。

4:10　わざわいから遠ざけて　→マタ6:13注

I 歴代誌　4-5章

37 ジザ。彼はシフイの子、順次さかのぼって、アロンの子、エダヤの子、シムリの子、シェマヤの子。
38 ここに名まえの出てくるこれらの人々は、彼らの諸氏族の長であった。彼ら一族は大いにふえた。
39 彼らは、その群れのために牧場を捜し求めて、ゲドルの入口に行き、谷の東方にまで行って、
40 豊かな良い牧場を発見した。その土地は広々としていて、静かで安らかだった。以前そこに住んでいた者はハム系の人々だったからである。
41 そこで、ユダの王ヒゼキヤの時代に、ここに名のしるされた人々が来て、彼らの天幕と、そこにいたメウニム人を打ち、彼らを聖絶した。今日もそのままである。彼らはこの人々に代わってそこに住みついた。そこには、彼らの群れのために牧場があったからである。
42 また、彼らシメオン族のうち、五百人の人々が、イシュイの子ペラテヤ、ネアルヤ、レファヤ、ウジエルを彼らのかしらとして、セイル山に行った。
43 そして、アマレクの残っていた者、のがれた者を打ち、そこに住んだ。今日もそのままである。

ルベン

5 1 イスラエルの長子ルベンの子孫——彼は長子であったが、父の寝床を汚したことにより、その長子の権利はイスラエルの子ヨセフの子に与えられた。系図の記載は長子の権利に従って行うものではない。
2 ユダは彼の兄弟たちにまさる者となり、君たる者も彼から出るのであるが、長子の権利はヨセフに帰したからである——
3 イスラエルの長子ルベンの子は、エノク、パル、ヘツロン、カルミ。
4 ヨエルの子は、その子はシェマヤ、その子はゴグ、その子はシムイ、
5 その子はミカ、その子はレアヤ、その子はバアル、
6 その子はアッシリヤの王ティグラテ・ピレセルが引いて行ったベエラ。彼はルベン

38 ①民1:2
40 ①士18:7, 10
41 ①I 歴4:34-38
　　→ I 歴9:21
42 ①創36:8, 9
43 ①出17:14,
　　I サム15:7, 8, 30:1, 17, 18

1 ①I 歴2:1, 創49:3
　②創35:22, 49:4
　③創48:15-22
2 ①創49:8-10,
　　詩60:7, 108:8
　②ミカ5:2, マタ2:6
3 ①創46:9, 出6:14,
　　民26:5-9
6 ＊□「ティルガテ・ピルネエセル」

7 ①創25:13, 出28:10
　②I 歴5:17
8 ①I 歴5:4
　②ヨシ13:15, 16,
　　民32:34, ヨシ12:2
　③民32:38
9 ①ヨシ22:8, 9
10 ①詩83:6
　②I 歴5:18-21
11 ①ヨシ13:24-29
　②申3:10, ヨシ13:11
17 ①II 列15:5, 32
　②II 歴14:16, 28
18 ①民1:3
19 ①I 歴5:10, 詩83:6
　②I 歴1:31
　③I 歴1:31, 創25:15
20 ①II 歴14:11-13

人の族長であった。
7 また、彼の兄弟たちは、氏族ごとに生まれた順に系図に載せられたかしらはエイエル、それにゼカリヤ、
8 ベラ。彼はヨエルの子シェマの子アザズの子で、アロエルに住み、ネボやバアル・メオンにまで及び、
9 東は、ユーフラテス川から荒野の入口に及ぶ地に住んだ。ギルアデの地で彼らの家畜がふえたからである。
10 彼らはサウルの時代に、ハガル人と戦いを交え、ハガル人は彼らの手に倒れた。そこで、彼らは、ギルアデの東方一帯に、天幕を張って住んだ。

ガド

11 ガド族は、彼らの真向かいに当たるバシャンの地に住み、サルカにまで及んだ。
12 かしらヨエル、二番目のシャファム、そして、ヤナイ、シャファテが、バシャンに住んだ。
13 彼ら一族に属する彼らの兄弟たちは、ミカエル、メシュラム、シェバ、ヨライ、ヤカン、ジア、エベルの七人。
14 これらは、アビハイルの子である。アビハイルはフリの子、順次さかのぼって、ヤロアハの子、ギルアデの子、ミカエルの子、エシシャイの子、ヤフドの子、ブズの子。
15 アヒ。彼はグニの子アブディエルの子で、彼ら一族のかしらであった。
16 そして、彼らはギルアデとバシャンとそれに属する村落、およびシャロンの放牧地全域にわたって、その境に住んだ。
17 彼らはみな、ユダの王ヨタムの時代、イスラエルの王ヤロブアムの時代に系図に載せられた。
18 ルベン族、ガド人、マナセの半部族で、盾と剣を取り、弓を引き、戦いの訓練を受けた勇者たちのうち、従軍する者は、四万四千七百六十人であった。
19 ここに、彼らはハガル人およびエトル、ナフィシュ、ノダブと戦いを交えたが、
20 助けを得てこれらに当たった。それで、ハガル人およびこれとともにいた者はみな彼らの手に渡された。それは、彼らがその

I 歴代誌 5-6章

戦いのときに、神に呼ばわったからである。彼らが神に拠り頼んだので、神は彼らの願いを聞き入れられた。
21 彼らはこの人々の家畜を奪い去った。らくだ五万、羊二十五万、ろば二千、人十万。
22 この戦いは神から出ていたため、多くの者が刺し殺されて倒れたからである。彼らはこの人々に代わって、捕囚の時まで、そこに住んだ。

マナセの半部族

23 マナセの半部族の人々は、この地、すなわち、バシャンからバアル・ヘルモン、②セニル、ヘルモン山に至る地に住み、その数はふえた。
24 彼らの一族のかしらたちは次のとおり。エフェル、イシュイ、エリエル、アズリエル、エレミヤ、ホダブヤ、ヤフディエル。この人たちは、勇士であり、名のある人々であって、彼らの一族のかしらであった。
25 ところが、彼らは、その父祖の神に対して不信の罪を犯し、神が彼らの前からぬぐい去って滅ぼされたその地の民の神々を慕って不貞を犯した。
26 そこで、イスラエルの神は、アッシリヤの王プルの霊と、②*アッシリヤの王ティグラテ・ピレセルの霊を奮い立たせられた。それで、彼はルベン人とガド人、およびマナセの半部族を捕らえ移し、彼らをハラフと、ハボルとハラとゴザンの川に連れて行った。今日もそのままである。

レビ

6 1 レビの子は、*ゲルション、ケハテ、メラリ。
2 ケハテの子は、アムラム、イツハル、ヘブロン、ウジエル。
3 アムラムの子は、アロン、モーセ、ミリヤム。アロンの子は、ナダブ、アビフ、エルアザル、イタマル。
4 エルアザルはピネハスを生み、ピネハスはアビシュアを生み、
5 アビシュアはブキを生み、ブキはウジを生み、
6 ウジはゼラヘヤを生み、ゼラヘヤはメラヨテを生み、
7 メラヨテはアマルヤを生み、アマルヤはアヒトブを生み、
8 アヒトブはツァドクを生み、ツァドクは①アヒマアツを生み、
9 アヒマアツはアザルヤを生み、アザルヤはヨハナンを生み、
10 ヨハナンはアザルヤを生んだ。これは、ソロモンがエルサレムに建てた宮で、祭司の務めを果たしたアザルヤのことである。
11 アザルヤはアマルヤを生み、アマルヤはアヒトブを生み、
12 アヒトブはツァドクを生み、ツァドクは*シャルムを生み、
13 シャルムはヒルキヤを生み、ヒルキヤはアザルヤを生み、
14 アザルヤはセラヤを生み、セラヤはエホツァダクを生んだ。
15 エホツァダクは、主がネブカデネザルの手によってユダとエルサレムとを捕らえ移したとき、連れ去られた。
16 レビ族は、ゲルショム、ケハテ、メラリ。
17 ゲルショム族の名は次のとおり。リブニとシムイ。
18 ケハテ族は、アムラム、イツハル、ヘブロン、ウジエル。
19 メラリ族は、マフリ、ムシ。これが父祖

---

20 ②詩9:10, 20:7, 8, 22:4, 5
22 ① I 歴4:41
   ② II 列15:29, 17:6
23 ① 士3:3
   ② 申3:9, エゼ27:5
25 ① 出34:15, I 列17:17
26 ① II 列15:19, 29
   ② I 列15:19, 29
   *〔㊁〕「ティルガテ・ピルネセル」
   ③ II 列17:6, 18:11, オバ20

1 ① 民23:6, 創46:11, 民26:57, I 歴6:1-4, 出6:16, 18, 20, 23, 25
   * I 歴6:16「ゲルション」
2 ① I 歴6:18, 22, 38

3 ① I 歴6:3-14, エズ7:1-5, I 歴6:50-53
   ② レビ10:1
8 ① II サム15:27
10 ① I 列6章, II 歴3, 4章
11 ① II 歴26:17
12 * I 歴9:11「メシュラム」
14 ① ネヘ11:11
15 ① II 歴25:8
16 ① I 歴6:16-19, 出6:16-19, 民3:17-20
   * I 歴6:1, 出6:16「ゲルション」
18 ① I 歴6:2, 22, 38

5:25-26　その父祖の神に対して不信の罪を犯し　歴代誌全体を通して著者は、神に逆らい背く人はさばきを受け、ついには災難を受けるという真理を強調している。けれども神に従う忠実な人々は平和と祝福を受けることも同じように強調している（→II歴7:14, 15:2-7, 19:2, 21:12-15, 24:20, 28:9, 34:24-25）。この霊的な原則は新約聖書でも変わらない。私たちにも妥協することなく神を尊び、聖霊の導きに従うことを勧めている（→ロマ2:6-10, 8:5-17, I コリ10:1-13）。

6:1　レビの子　6章にはレビの子孫の一覧表が示されているけれども、この部族から大祭司が選ばれる。この家族の名前は王国が捕囚にされるまで続いていた（捕囚の概要　→II列24:1注, エズ緒論）。ここにはレビ族に与えられた町についても書いてある。神はレビの子孫を幕屋（民3:-4:）と神殿（I 歴23:-26:）での霊的奉仕のために選ばれた。6章は神のご計画と指示に従って礼拝をすることが重要であることを強調している（→「礼拝」の項 p.789）。

I 歴代誌 6章

の家ごとのレビ人の諸氏族である。

20 ゲルショムに属する者は、その子、リブニ、その子のヤハテ、その子のジマ、

21 その子のヨアフ、その子のイド、その子のゼラフ、その子のエオテライ。

22 ケハテ族は、その子、アミナダブ、その子のコラ、その子のアシル、

23 その子のエルカナ、その子のエブヤサフ、その子のアシル、

24 その子のタハテ、その子のウリエル、その子のウジヤ、その子のサウル。

25 エルカナの子孫は、アマサイ、アヒモテ、

26 エルカナの子、エルカナ、その子のツォファイ、その子のナハテ、

27 その子のエリアブ、その子のエロハム、その子のエルカナ。

28 サムエルの子は、長子ヨエル、次男アビヤ。

29 メラリの子は、マフリ、その子、リブニ、その子のシムイ、その子のウザ、

30 その子のシムア、その子のハギヤ、その子のアサヤ。

主の宮の音楽家たち

6:54-81　並行記事—ヨシ21:4-40

31 箱が安置所に納められて後、ダビデが主の宮の歌をつかさどらせるために立てた人々は次のとおりである。

32 彼らはソロモンがエルサレムに主の宮を建てるまでは、会見の天幕である幕屋の前で、歌をもって仕え、おのおのその定めに従って、奉仕を担当した。

33 仕えた者たちとその一族は次のとおりである。ケハテ族からは歌い手ヘマン。彼はヨエルの子、順次さかのぼって、サムエルの子、

34 エルカナの子、エロハムの子、エリエルの子、トアハの子、

35 ツフの子、エルカナの子、マハテの子、アマサイの子、

36 エルカナの子、ヨエルの子、アザルヤの

20 ① 歴6:42
21 * 歴6:41「アダヤ」
  ① 歴6:41
22 ① 歴6:2, 18, 38
  ② 出6:24
23 ① 歴6:37, 9:19
  ② 歴6:37
24 ① 歴6:37
25 ① 歴6:23, 出6:24
26 ① 歴6:35
  * マソラの読みは「子たち」
  ** I 歴6:35「ツフ」
27 * 歴6:34「エリエル」
  ① 歴6:34, I サム1:1
  ② 歴6:34, I サム1:1
28 * I サム8:2による補足
29 ① 出6:19, 民26:58
31 ① I 歴15:25-16:1, II サム6:17
  ② I 歴15:16-22, 27, 16:4-6
32 ① I 歴9:21, 23:32, II 歴3, 6, 13, 5:5,
  → I サム2:22
33 ① I サム8:2
34 ① I 歴6:27, I サム1:1
  ② I 歴6:26
  * I サム1:1「トフ」
35 ① I 歴6:26「ツォファイ」

37 * 出6:24「アビアサフ」
38 ① I 歴6:2, 18, 22
41 ① I 歴6:21
43 ① I 歴6:21
44 * I 歴6:17「クシャヤ」
49 ① I 歴16:1, 2, 40, 21:23, 24, 26, 29, 22:1, 23:31, 29:21,
  → I サム6:14
  ② 出27:1-8
  ③ 出31:1-8
  ④ 出30:10-16, レビ1:1
50 ① I 歴6:50-53, I 歴5:3-14, エズ7:1-5
54 ① I 歴6:54-60, ヨシ21:4, 9-19
  ② ヨシ21:4, 10

子、ゼパニヤの子、

37 タハテの子、アシルの子、エブヤサフの子、コラの子、

38 イツハルの子、ケハテの子、レビの子、イスラエルの子。

39 ヘマンの兄弟アサフは、彼の右に立って仕えた。アサフはベレクヤの子、順次さかのぼって、彼はシムアの子、

40 ミカエルの子、バアセヤの子、マルキヤの子、

41 エテニの子、ゼラフの子、アダヤの子、

42 エタンの子、ジマの子、シムイの子、

43 ヤハテの子、ゲルショムの子、レビの子。

44 左側には、彼らの同胞、メラリ族のエタンがいた。彼はキシの子、順次さかのぼって、アブディの子、マルクの子、

45 ハシャブヤの子、アマツヤの子、ヒルキヤの子、

46 アムツィの子、バニの子、シェメルの子、

47 マフリの子、ムシの子、メラリの子、レビの子。

48 彼らの同胞のレビ人は、神の宮である幕屋のあらゆる奉仕につけられた。

49 アロンとその子らは、全焼のいけにえの壇と香の壇の上に煙を立ち上らせて、至聖所のすべての仕事に当たり、イスラエルを贖った。すべて、神のしもべモーセが命じたとおりである。

50 アロンの子孫は次のとおりである。その子、エルアザル、その子のピネハス、その子のアビシュア、

51 その子のブキ、その子のウジ、その子のゼラヘヤ、

52 その子のメラヨテ、その子のアマルヤ、その子のアヒトブ、

53 その子のツァドク、その子のアヒマアツ。

54 彼らの居住地はおのおのの地域内の宿営ごとに次のとおりである。ケハテ氏族に属するアロンの子孫には、彼らにくじが当たったので、

55 ユダの地にあるヘブロンとその回りの放

6:32 歌をもって仕え 音楽によって神を礼拝することは神に仕えることであり(⇒エペ5:18-20)、神に大変喜ばれることである。歌うことによって私たちは神への献身を表し、信仰と愛をもって自分をささげることができる(→エペ5:19注)。楽器を弾くことも神に栄光をささげることになる(→詩33:2, 98:5, 150:3, 黙5:8)。

牧地を与えた。

しかし、この町の畑とその村々は、エフネの子カレブに与えた。

⁵⁷アロンの子孫には、のがれの町ヘブロン、それにリブナとその放牧地、ヤティル、エシュテモアとその放牧地、
⁵⁸ヒレズとその放牧地、デビルとその放牧地、
⁵⁹アシャンとその放牧地、ベテ・シェメシュとその放牧地、
⁶⁰ベニヤミン部族から、ゲバとその放牧地、アレメテとその放牧地、アナトテとその放牧地を与えた。彼らの諸氏族の町は、全部で十三の町であった。
⁶¹残りのケハテ族には、あの半部族、すなわち、マナセの半部族に属する氏族から、くじによって十の町を与えた。
⁶²ゲルショム族の諸氏族には、イッサカル部族、アシェル部族、ナフタリ部族、バシャンに住むマナセ部族から十三の町を与えた。
⁶³メラリ族の諸氏族には、ルベン部族、ガド部族、ゼブルン部族から、くじによって十二の町を与えた。
⁶⁴イスラエル人は、レビ人に町とその放牧地とを与えるとき、
⁶⁵ユダ部族、シメオン部族、ベニヤミン部族から、これらの町々をくじによって与えた。彼らは、その町々の名を読み上げた。
⁶⁶ケハテ諸氏族のうちのあるものには、エフライム部族からその地域の町々が与えられた。
⁶⁷彼らには、エフライムの山地にあるのがれの町シェケムとその放牧地、それに、ゲゼルとその放牧地、
⁶⁸ヨクメアムとその放牧地、ベテ・ホロンとその放牧地、
⁶⁹アヤロンとその放牧地、ガテ・リモンとその放牧地を与えた。
⁷⁰残りのケハテ族の氏族には、マナセの半部族から、アネルとその放牧地、バラムとその放牧地を与えた。
⁷¹ゲルショム族には、マナセの半部族に属する氏族から、バシャンのゴランとその放牧地、アシュタロテとその放牧地、
⁷²イッサカル部族から、ケデシュとその放

牧地、ダベラテとその放牧地、
⁷³ラモテとその放牧地、アネムとその放牧地、
⁷⁴アシェル部族から、マシャルとその放牧地、アブドンとその放牧地、
⁷⁵フコクとその放牧地、レホブとその放牧地、
⁷⁶ナフタリ部族から、ガリラヤにあるケデシュとその放牧地、ハモンとその放牧地、キルヤタイムとその放牧地を与えた。
⁷⁷残りのメラリ族には、ゼブルン部族から、リモノとその放牧地、タボルとその放牧地、
⁷⁸エリコからヨルダン川を渡った地方、すなわち、ヨルダン川の東では、ルベン部族から、荒野にあるベツェルとその放牧地、ヤハツとその放牧地、
⁷⁹ケデモテとその放牧地、メファアテとその放牧地、
⁸⁰ガド部族から、ギルアデのラモテとその放牧地、マハナイムとその放牧地、
⁸¹ヘシュボンとその放牧地、ヤゼルとその放牧地を与えた。

イッサカル

7 ¹イッサカル族の者は、トラ、プア、ヤシュブ、シムロンの四人。
²トラの子は、ウジ、レファヤ、エリエル、ヤフマイ、イブサム、シェムエル。これは彼ら一族の、すなわち、トラのかしらであって、彼らの家系の勇士であった。その数はダビデの時代には二万二千六百人であった。
³ウジの子たちは、イゼラヘヤ。イゼラヘヤの子たちは、ミカエル、オバデヤ、ヨエル、イシヤ。合わせて五人。彼らはみなかしらであった。
⁴この人々に加えて、彼ら一族の者、彼らの家系の者で、戦いに備えた軍隊は三万六千人であった。彼らは多くの妻子を得たからである。
⁵イッサカル全氏族の同胞で、系図に載せられた勇士は全部で八万七千人であった。

ベニヤミン

⁶ベニヤミンは、ベラ、ベケル、エディアエルの三人。

⁷ ベラの子は、エツボン、ウジ、ウジエル、エリモテ、イリの五人。これらは彼ら一族のかしらであり、勇士であった。系図に載せられた者は二万二千三十四人であった。

⁸ ベケルの子は、ゼミラ、ヨアシュ、エリエゼル、エルヨエナイ、オムリ、エレモテ、アビヤ、アナトテ、アレメテ。これらはみなベケルの子であった。

⁹ その子孫のうち、彼らの系図に載せられた一族のかしらで勇士である者の数は、二万二百人であった。

¹⁰ エディアエルの子たちは、ビルハン。ビルハンの子たちは、エウシュ、ベニヤミン、エフデ、ケナアナ、ゼタン、タルシシュ、アヒシャハル。

¹¹ これらはみなエディアエルの子であった。彼らは、一族のかしらであり勇士であって、一万七千二百人、従軍して戦いに出る者であった。

¹² シュピムとフピムは、**イルの子であり、フシムが***アヘルの子であった。

ナフタリ

¹³ ナフタリの子は、*ヤハツィエル、グニ、エツェル、シャルム。これらはビルハの子であった。

マナセ

¹⁴ マナセの子は、①アスリエル、──彼のアラム人のそばめが産んだ。彼女はギルアデの父マキルを産んだ。

¹⁵ マキルはフピムとシュピムのために妻をめとった。彼の妹の名をマアカと言った──それから次男の名はツェロフハデ。ツェロフハデには女の子どもたちがあった。

¹⁶ マキルの妻マアカは男の子を産み、その名をペレシュと呼んだ。その弟の名はシェレシュであり、その子はウラムとレケムであった。

¹⁷ ウラムの子は、ベダン。これらがマナセの子マキルの子ギルアデの子であった。

¹⁸ また、彼の妹モレケテは、イシュホデ、①*アビエゼル、マフラを産んだ。

¹⁹ それから、シェミダの子は、アフヤン、シェケム、リクヒ、アニアムであった。

12 *民26:39「シェフファム……フファム」
　** I 歴7:7「イリ」
　*** 民26:38「アヒラム」
13 ①創46:24, 民26:48, 49
　*民46:24,
　民26:48「ヤフツェエル」
　**創46:24「シレム」
14 ①民26:31, ヨシ17:2
17 ①民26:29
18 ①士6:11
　*民26:30「イエゼル」
19 ①民26:32, ヨシ17:2

20 ①民26:35, 36
23 *「リア」は「わざわい」の意の①「ラア」の派生語、「ベラア」は「わざわいの中」の意
24 ①ヨシ16:3, 5
25 ①民26:35
26 ①民1:10, 2:18, 7:48, 53
27 *①「ノン」
　①出17:9-14, 24:13, 33:11
28 ① I 歴7:28, 29,
　ヨシ16:1-9, 17:7-11
　*ヨシ16:7「ナアラ」
30 ① I 歴7:30, 31,
　創46:17, 民26:44-46
34 ①I歴7:32
　*①「シャメル」

エフライム

²⁰ ①エフライムの子たちは、シュテラフ、その子、ベレデ、その子のタハテ、その子のエルアダ、その子のタハテ、

²¹ その子のザバデ、その子のシュテラフ。それに、エゼル、エルアデであるが、彼らはこの地の生まれであるガテの人々に殺された。彼らが家畜を奪おうとして下って行ったからである。

²² 彼らの父エフライムは、何日もの間、喪に服したので、彼の兄弟たちが来て、彼を慰めた。

²³ その後、エフライムは、妻のところに入った。彼女はみごもって男の子を産んだ。彼はその子を*ベリアと名づけた。その家がわざわいのさなかにあったからである。

²⁴ 彼の娘はシェエラであった。彼女は上および下ベテ・ホロン、およびウゼン・シェエラを建てた。

²⁵ 彼の子はレファフ、レシェフ。その子はテラフ、その子はタハン、

²⁶ その子はラダン、その子はアミフデ、その子はエリシャマ、

²⁷ その子は*ヌン、その子はヨシュア。

²⁸ ①また、彼らの所有地と居住地は、ベテルとそれに属する村落、東方では*ナアラン、西方ではゲゼルとそれに属する村落、それからシェケムとそれに属する村落、そしてアヤとそれに属する村落に至る。

²⁹ マナセ族との境では、ベテ・シェアンとそれに属する村落、タナクとそれに属する村落、メギドとそれに属する村落、ドルとそれに属する村落であった。これらの地に、イスラエルの子ヨセフの子孫は住んだ。

アシェル

³⁰ ①アシェルの子は、イムナ、イシュワ、イシュビ、ベリアと彼らの姉妹セラフ。

³¹ ベリアの子は、ヘベル、マルキエル。マルキエルはビルザイテの父。

³² ヘベルは、ヤフレテ、ショメル、ホタムと彼らの姉妹シュアを生んだ。

³³ ヤフレテの子は、パサク、ビムハル、アシュワテ。これがヤフレテの子らであった。

³⁴ ①*ショメルの子は、アヒ、ロフガ、フバ、

アラム。
35 彼の兄弟ヘレムの子は、ツォファフ、イムナ、シェレシュ、アマル。
36 ツォファフの子は、スアハ、ハルネフェル、シュアル、ベリ、イムラ、
37 ベツェル、ホデ、シャマ、シルシャ、イテラン、ベエラ。
38 エテルの子は、エフネ、ピスパ、アラ。
39 ウラの子は、アラフ、ハニエル、リツヤ。
40 これらはみなアシェルの子で、一族のかしら、えり抜きの勇士、長たちのかしらであった。戦いのとき軍務につく者として彼らの系図に載せられた者の数は、二万六千人であった。

ベニヤミン族サウルの系図
8:28-38 並行記事―Ⅰ歴9:34-44

8 ¹ ベニヤミンは、その長子ベラ、次男アシュベル、三男アフラフ、
² 四男ノハ、五男ラファを生んだ。
³ ベラの子は、アダル、ゲラ、アビフデ、
⁴ アビシュア、ナアマン、アホアハ、
⁵ ゲラ、シェフファンとフラムであった。
⁶ エフデの子は次のとおりである。——彼らはゲバの住民の一族のかしらで、マナハテに捕らえ移された者たちである。
⁷ すなわち、この人々を捕らえ移したのはナアマンとアヒヤとゲラである——エフデは、ウザとアヒフデを生んだ。
⁸ シャハライムは、その妻フシムとバアラを去らせて後、モアブの野で子をもうけた。
⁹ 彼は、その妻ホデシュによって、ヨバブ、ツィブヤ、メシャ、マルカム、
¹⁰ エウツ、サケヤ、ミルマを生んだ。これらは彼の子であって、一族のかしらであった。
¹¹ 彼はフシムによって、アビトブとエルパアルを生んだ。
¹² エルパアルの子は、エベル、ミシュアム、シェメデ、——彼はオノとロデおよびそれに属する村落を建てた——
¹³ ベリア、シェマ、——彼らはアヤロンの住民の一族のかしらで、ガテの住民を追い払った者。
¹⁴ アフヨ、シャシャク、エレモテ、
¹⁵ ゼバデヤ、アラデ、エデル、

37 ① Ⅰ歴7:38
38 ① Ⅰ歴7:37

1 ① Ⅰ歴8:1-5, Ⅰ歴7:6-12, 創46:21, 民26:38-40
3 * 創46:21「アルデ」
11 ① Ⅰ歴8:12, 18
13 ① Ⅰ歴8:16
   ② Ⅰ歴8:21
   ③ Ⅰサム14:31, Ⅱ歴11:10, 28:18

16 ① Ⅰ歴8:13
18 ① Ⅰ歴8:11
21 * Ⅰ歴8:13「シェマ」
29 ① Ⅰ歴8:29-38, Ⅰ歴9:35-44
31 * Ⅰ歴9:37「ゼカリヤ」
32 * Ⅰ歴9:38「シムアム」
33 ① Ⅰサム14:49-51
   * Ⅰサム14:49「イシュビ」
   ** Ⅱサム2:8「イシュ・ボシェテ」
34 * Ⅱサム4:4, 9:6, 10「メフィボシェテ」
35 * Ⅰ歴9:41「タフレア」
36 * Ⅰ歴9:42「ヤラ」
37 * Ⅰ歴9:43「レファヤ」

16 ミカエル、イシュパ、ヨハはベリアの子——
17 ゼバデヤ、メシュラム、ヒズキ、ヘベル、
18 イシュメライ、イズリア、ヨバブ。これらはエルパアルの子であった。
19 ヤキム、ジクリ、ザブディ、
20 エリエナイ、ツィルタイ、エリエル、
21 アダヤ、ベラヤ、シムラテ。これらはシムイの子であった。
22 イシュパン、エベル、エリエル、
23 アブドン、ジクリ、ハナン、
24 ハナヌヤ、エラム、アヌトティヤ、
25 イフデヤ、ペヌエル。これらはシャシャクの子であった。
26 シャムシェライ、シェハルヤ、アタルヤ、
27 ヤアレシュヤ、エリヤ、ジクリ。これらはエロハムの子であった。
28 これらは、彼らの家系の一族のかしらで、おもだった者たちである。彼らはエルサレムに住んだ。
29 ギブオンにはギブオンの父が住んだ。その妻の名はマアカ。
30 その子は、長子がアブドン、それにツル、キシュ、バアル、ナダブ、
31 ゲドル、アフヨ、ゼケル。
32 ミクロテはシムアを生んだ。彼らも、その兄弟たちとともにエルサレムに住み、その兄弟たちのすぐ前にいた。
33 ネルはキシュを生み、キシュはサウルを生み、サウルはヨナタン、マルキ・シュア、アビナダブ、エシュバアルを生んだ。
34 ヨナタンの子はメリブ・バアル。メリブ・バアルはミカを生んだ。
35 ミカの子は、ピトン、メレク、タアレア、アハズ。
36 アハズはエホアダを生み、エホアダは、アレメテ、アズマベテ、ジムリを生み、ジムリはモツァを生んだ。
37 モツァはビヌアを生んだ。その子はラファ、その子はエルアサ、その子はアツェル。
38 アツェルには六人の子がいた。その名えは次のとおりである。アズリカム、ボクル、イシュマエル、シェアルヤ、オバデヤ、ハナン。これらはみな、アツェルの子であった。

39 彼の兄弟エシェクの子は、長子がウラム、次男がエウシュ、三男がエリフェレテ。40 ウラムの子たちは勇士であり、弓を引く人々であった。子や孫が多く、百五十人であった。以上はみな、ベニヤミン族の者であった。

エルサレムの住人
9:1-17　並行記事—ネヘ11:3-19

9 ¹ 全イスラエルは系図に載せられた。それはイスラエルの王たちの書にまさしくしるされている。ユダは、不信の罪のために、バビロンに捕らえ移されていた。² ところで、彼らの所有地である彼らの町々に最初に住みついたのは、イスラエル、祭司たち、レビ人および宮に仕えるしもべたちであった。

³ エルサレムには、ユダ族、ベニヤミン族、エフライムおよびマナセ族の者が住みついた。

⁴ すなわち、ウタイ。彼はアミフデの子、順次さかのぼって、オムリの子、イムリの子、バニの子、バニはユダの子ペレツの子孫である。

⁵ シェラ人からは、長子アサヤとその子孫。

⁶ ゼラフ族からは、エウエルとその同族、六百九十人。

⁷ ベニヤミン族からは、サル、彼はセヌアの子ホダブヤの子メシュラムの子。

⁸ それにエロハムの子イブネヤ。ミクリの子ウジの子エラ。シェファテヤの子メシュラ。シェファテヤはイブニヤの子レウエルの子である。

⁹ 彼らの家系の同族九百五十六人。これはみな、父祖の家ごとの一族のかしらに当たる人々であった。

¹⁰ 祭司たちからは、エダヤ、エホヤリブ、ヤキン、

¹¹ *アザルヤ。彼はヒルキヤの子、順次さかのぼって、メシュラムの子、ツァドクの子、メラヨテの子、神の宮のつかさアヒトブの子。

¹² アダヤ。彼はマルキヤの子パシュフルの子エロハムの子。マサイ。彼はアディエルの子、順次さかのぼって、ヤフゼラの子、メシュラムの子、メシレミテの子、イメルの子。

¹³ 彼らの同族で一族のかしらたち、千七百六十人。彼らは神の宮の奉仕の仕事に熟練した、力のある人々であった。

¹⁴ レビ人からは、メラリ族のハシャブヤの子アズリカムの子ハシュブの子シェマヤ。

¹⁵ それにバクバカル、ヘレシュ、ガラル、マタヌヤ、彼はアサフの子ジクリの子ミカの子。

¹⁶ *オバデヤ。彼はエドトンの子ガラルの子**シェマヤ。それにベレクヤ。彼はネトファ人の村々に住んだエルカナの子アサの子。

¹⁷ 門衛はシャルム、アクブ、タルモン、アヒマンで、彼らの兄弟シャルムがかしらであった。

¹⁸ 彼は今日に至るまで、東方にある王の門にいる。この人々はレビ族の宿営の門衛であった。

¹⁹ コラの子エブヤサフの子コレの子シャルム、その父の家に属する彼の兄弟たち、すなわちコラ人は、その奉仕の仕事につき、天幕の入口を守る者となった。彼らの一族は主の宿営をつかさどり、その門口を守る者であった。

²⁰ かつてはエルアザルの子ピネハスが彼らのつかさであり、主は彼とともにおられた。

²¹ メシェレムヤの子ゼカリヤは会見の天幕の戸口を守る門衛であった。

²² 入口にいる門衛として選ばれたこれらの人々は、全部で二百十二人であった。彼らは、彼らの村々で系図に載せられた。ダビデと予見者サムエルが彼らの職責を定めたのである。

²³ 彼らとその子らは、守衛として主の宮すなわち天幕の家の門をつかさどった。

²⁴ 四方、すなわち、東方、西方、北方、南

脚注欄（中央）

12 ① エズ2:59
② II 歴16:11, 20:34, 24:27, 25:26, 27:7, 28:26, 32:32, 35:27, 36:8
2 ① I 歴5:25, 26
② エズ2:70, ネヘ7:72, 11:1, 3, I 歴9:2-34, ネヘ11:3-22
② エズ2:43, ネヘ3:26
9 ① I 歴11:8
10 ① I 歴24:7
11 *ネヘ11:11「セラヤ」
① I 歴6:12
② エレ20:1

12 ① エズ2:37, 10:20, ネヘ7:40
15 ① II 歴20:14, ネヘ12:8, 25, 35
*ネヘ11:17「ザブディ」
16 *ネヘ11:17「アブダ」
**ネヘ11:17「シャムア」
17 ① I 歴26:1
18 ① エゼ46:1, 2
19 ① I 歴6:23, 37
＋出6:24「アビアサフ」
② I 歴9:17
③ I 歴26:1, II 歴31:2
20 ① 民25:7-13, 31:6
21 ① I 歴26:2
*I 歴9:17「シャルム」
② I 歴26:2, 14
③ → I 歴6:32
22 ① I 歴26:28, 29, 31, II 歴16:7, 10, イザ30:10, → I サム9:9
24 ① I 歴26:14-18

9:1 全イスラエル　9章はバビロン捕囚から帰還した神の民全体（全イスラエル）に関することである（帰還の概観 →エズ緒論）。帰還したイスラエル人は捕囚の前の系図との関係で説明されている（⇒ネヘ9:）。9:1は捕囚の理由を示している。9章のあとの部分は捕囚の間に失われた礼拝の正しいかたちを復活するために任命された「祭司たち、レビ人および宮に仕えるしもべたち」(9:2)の責任が描かれている。

I 歴代誌　9-10章

方に門衛がいた。
25 彼らの村々の同胞は、七日目ごとに来て、決まった時から決まった時まで彼らとともにいなければならなかった。
26 その職責では、彼らは、門衛の勇士たちの四人で、レビ人であり、脇部屋および神の宮の宝物倉をつかさどった。
27 彼らは神の宮の回りで夜を過ごした。彼らには任務が課せられており、彼らは朝ごとにかぎをあけた。
28 彼らの中のある者は、務めの器具をつかさどった。数を合わせてこれらを運び入れ、数を合わせてこれらを運び出した。
29 彼らの中のある者は、器具、すなわち聖所のすべての器具と、小麦粉、ぶどう酒、油、乳香、バルサム油の管理を割り当てられた。
30 祭司の子の中には、バルサム油の香料を調合する者たちもいた。
31 レビ人のひとり、コラ人シャルムの長男マティテヤは、その職責として手なべの仕事をつかさどった。
32 また、ケハテ族の彼らの同胞のうちには、並べ供えるパンをつかさどり、安息日ごとにこれを用意する者たちもいた。
33 この人々は歌うたいであって、レビ人の一族のかしらであり、各部屋にいて、自由にされていた。昼となく夜となく彼らはその仕事に携わったからである。
34 この人々は、レビ人の一族のかしらであって、その家系のうちのおもだった者であった。この人々はエルサレムに住んだ。

サウルの系図
9:35-44　並行記事－I 歴8:28-38

35 ギブオンにはギブオンの父エイエルが住んだ。その妻の名はマアカ。
36 その子は、長子がアブドン、それにツル、キシュ、バアル、ネル、ナダブ、
37 ゲドル、アフヨ、*ゼカリヤ、ミクロテ。

25① I 歴9:16
27① I 歴23:30-32
29① I 歴23:29
30① 出30:23-25
31① I 歴9:22, 26
②レビ2:5, 6
32① I 歴23:29, 出25:30, レビ24:5-8
33① I 歴6:31
②詩134:1
③ I 歴25:1
35① I 歴9:35-44, I 歴8:29-38
37 * I 歴8:31「ゼケル」

39 * II サム2:8「イシュ・ボシェテ」
40 * ☒「メリ・バアル」
41 * I 歴8:35「タアレア」
42 * I 歴8:36「エホアダ」
43 * I 歴8:37「ラファ」

1① I 歴10:1-6, I サム31:1-6

38 ミクロテはシムアムを生んだ。彼らも、その兄弟たちとともにエルサレムに住み、その兄弟たちのすぐ前にいた。
39 ネルはキシュを生み、キシュはサウルを生み、サウルはヨナタン、マルキ・シュア、アビナダブ、*エシュバアルを生んだ。
40 ヨナタンの子はメリブ・バアル。*メリブ・バアルはミカを生んだ。
41 ミカの子は、ピトン、メレク、タフレア。
42 *アハズはヤラを生み、ヤラは、アレメテ、アズマベテ、ジムリを生み、ジムリはモツァを生んだ。
43 モツァはビヌアを生んだ。その子は*レファヤ、その子はエルアサ、その子はアツェル。
44 アツェルには六人の子がいた。その名まえは次のとおりである。アズリカム、ボクル、イシュマエル、シェアルヤ、オバデヤ、ハナン。これらはアツェルの子であった。

サウルが自分のいのちを断つ
10:1-12　並行記事－I サム31:1-13, II サム1:4-12

10 1 ペリシテ人はイスラエルと戦った。そのときイスラエル人は、ペリシテ人の前から逃げ、ギルボア山で刺し殺されて倒れた。
2 ペリシテ人はサウルとその息子たちに追い迫って、サウルの息子ヨナタン、アビナダブ、マルキ・シュアを打ち殺した。
3 攻撃はサウルに集中し、射手たちが彼をねらい撃ちにしたので、彼は射手たちのために傷を負った。
4 サウルは、道具持ちに言った。「おまえの剣を抜いて、それで私を刺し殺してくれ。あの割礼を受けていない者どもがやって来て、私をなぶり者にするといけないから。」しかし、道具持ちは、非常に恐れて、とてもその気になれなかった。そこで、サウルは剣を取り、その上にうつぶせに倒れた。
5 道具持ちも、サウルの死んだのを見届け

10:1　ペリシテ人はイスラエルと戦った　10章で著者はイスラエルの歴史の概略を王の時代から書いている。そしてなぜ神がサウル王を退けて王国をダビデに譲られたのか、その理由を説明している（10:13, 14）。この書物の残りの部分はダビデ王の歴史を扱って、その治世が後の時代までどのような意義を持っていたかを示している。

ると、剣の上にうつぶせに倒れて死んだ。 ⁶こうしてサウルは死に、彼の三人の息子も、彼の全家も、共に死んだ。

⁷谷にいたイスラエル人はみな、彼らが逃げ、サウルとその息子たちが死んだのを見て、彼らの町々を捨てて逃げた。それで、ペリシテ人がやって来て、そこに住んだ。

⁸翌日、ペリシテ人が、その殺した者たちからはぎ取ろうとしてやって来たとき、サウルとその息子たちがギルボア山で倒れているのを見つけた。 ⁹彼らは、彼の衣服をはぎ取り、彼の首と彼の武具を取った。そしてペリシテ人の地にあまねく人を送って、彼らの偶像と民とに告げ知らせた。 ¹⁰彼らはサウルの武具を彼らの神々の宮に奉納し、彼の首をダゴンの宮にさらした。

¹¹全ヤベシュ・ギルアデが、ペリシテ人のサウルに対するしうちをことごとく聞いたとき、 ¹²勇士たちはみな、立ち上がり、サウルのなきがらとその息子たちのなきがらとを取り上げ、これをヤベシュに運んで、彼らの骨をヤベシュにある樫の木の下に葬り、七日間、断食した。

¹³このように、サウルは主に逆らったみずからの不信の罪のために死んだ。主のことばを守らず、そのうえ、霊媒によって伺いを立て、

7①Ⅰサム31:7
8①Ⅰ歴10:8-12, Ⅰサム31:8-13
9①→Ⅰサム31:9
13①Ⅰサム13:8-14, 15:1-23
②レビ19:31, 20:6, Ⅰサム28:7, 8

14①Ⅰ歴12:23, Ⅰサム15:28

1①Ⅰ歴11:1-3, Ⅱサム5:1-3
②Ⅰ歴12:23, 38, Ⅱサム2:3
2①Ⅱサム7:7, 詩78:71
3①Ⅰサム16:1, 3, 12, 13
4①Ⅰ歴11:4-9, Ⅱサム5:6-10
②ヨシ15:8, 士19:10
③ヨシ15:63, 士1:21
5①Ⅰ歴11:7, 13:13, 15:1, 29, →Ⅰサム5:7

¹⁴主に尋ねなかった。それで、主は彼を殺し、王位をエッサイの子ダビデに回された。

ダビデが全イスラエルの王になる
11:1-3　並行記事―Ⅱサム5:1-3

11 ¹全イスラエルは、ヘブロンのダビデのもとに集まって来て言った。「ご覧のとおり、私たちはあなたの骨肉です。 ²これまで、サウルが王であった時でさえ、イスラエルを動かしていたのは、あなたでした。しかもあなたの神、主は、あなたに言われました。『あなたがわたしの民イスラエルを牧し、あなたがわたしの民イスラエルの君主となる。』」

³イスラエルの全長老がヘブロンの王のもとに来たとき、ダビデは、ヘブロンで主の前に彼らと契約を結び、彼らは、サムエルによる主のことばのとおりに、ダビデに油をそそいでイスラエルの王とした。

ダビデがエルサレムを制圧する
11:4-9　並行記事―Ⅱサム5:6-10

⁴ダビデと全イスラエルがエルサレム――それはエブスのことで、そこには、この地の住民エブス人がいた――に行ったとき、 ⁵エブスの住民はダビデに言った。「あなたはここに来ることはできない。」しかし、ダビデはシオンの要害を攻め取った。これがダビデの町である。

10:13　サウルは・・・みずからの不信の罪のために死んだ　神がサウルを退けられたことについて　→Ⅰサム15:23注　サウルがエン・ドルの口寄せを訪ねたことについて　→Ⅰサム28:12注

11:1　ダビデ　11章からダビデの物語が始まる。ダビデがどのようにしてユダの王になり、やがて全イスラエルの王になったかについてはサムエル記第二（2:-5:）に詳しく書かれている。

（1）サムエル記第二と歴代誌第一を比較すると、歴代誌第一の著者はダビデ王の歴史の明るい部分に焦点を当てていることがわかる。個人的な道徳的失敗や恥など、ダビデの苦難のほとんどは書かれていない（Ⅱサム1:-4:、11:-21:）。これらのことを省くことによって著者は二つの目的を達成している。（a）神に忠実な人には神が霊的な救いと祝福を与えるという神のご計画を明らかにするために重要な出来事を書く

こと。（b）バビロンとペルシヤでの70年間の捕囚（捕虜と移住）の後、故国に再び定住しようとしているユダヤ人社会を励ますこと（帰還と再建の概要　→エズ緒論、ネヘ緒論）。

（2）著者はソロモンの神殿建築に焦点を当てて、列王記Ⅰ11章に書かれている霊的反抗を省略することによっても同じ目的を果している。

11:1　全イスラエルは・・・集まって来て　ダビデがヘブロンで王として2部族を7年間治めたことは、この記録の読者が既に理解していることとしてここでは省略されている（→Ⅱサム2:-4:）。したがって物語はダビデがイスラエルの統一国家の王になるところから始まっている。

11:5　シオンの要害　シオンはエルサレムが建てられた丘の一つである。そこには以前エブス人の要害があったけれどもダビデが占領した（Ⅱサム5:6-9, →

Ⅰ歴代誌　11章

6 そのとき、ダビデは言った。「だれでも真っ先にエブス人を打つ者をかしらとし、つかさとしよう。」ツェルヤの子ヨアブが真っ先に上って行ったので、彼がかしらとなった。
7 こうしてダビデはこの要害を住まいとした。このため、これはダビデの町と呼ばれた。
8 彼は、ミロから周辺に至るまで、町の周囲を建て上げ、町の他の部分はヨアブが再建した。
9 ダビデはますます大いなる者となり、万軍の主が彼とともにおられた。

ダビデの勇士たち
11:10-41　並行記事－Ⅱサム23:8-39

10 ダビデの勇士のかしらたちは次のとおりである。彼らは、彼とともに全イスラエルに対する彼の王権を強固にし、イスラエルについての主のことばのとおりに、彼を王とした人々である。
11 ダビデの勇士たちの名簿は次のとおりである。補佐官のかしら、ハクモニの子ヤショブアム。彼は槍をふるって一度に三百人を刺し殺した。
12 彼の次は、アホアハ人ドドの子エルアザル。彼は三勇士のひとりであった。
13 彼はダビデとともにパス・ダミムにいた。ペリシテ人はそこに集まって来て戦いをいどんだ。そこには大麦の密生した一つの畑があり、民はペリシテ人の前から逃げたが、
14 彼らはその畑の真ん中に踏みとどまって、これを救い、ペリシテ人を打ち殺した。こうして、主は大勝利を収められた。
15 三十人のうちのこの三人は、岩場にあるアドラムのほら穴にいるダビデのところに下って来た。ペリシテ人の陣営は、レファイムの谷に張られていた。
16 そのとき、ダビデは要害におり、ペリシテ人の守備隊長はそのとき、ベツレヘムにいた。
17 ダビデはしきりに望んで言った。「だれか、ベツレヘムの門にある井戸の水を飲ませてくれたらなあ。」
18 すると、この三人は、ペリシテ人の陣営を突き抜けて、ベツレヘムの門にある井戸から水を汲み、それを携えてダビデのところに持って来た。ダビデはそれを飲もうとはせず、それを注いで主にささげて、
19 言った。「そんなことをするなど、わが神の御前に、絶対にできません。これらいのちをかけた人たちの血が、私に飲めましょうか。彼らはいのちをかけてこれを運んで来たのです。」彼は、それを飲もうとはしなかった。三勇士は、このようなことをしたのである。
20 ヨアブの兄弟アブシャイ*、彼は三人のかしらであった。彼は槍をふるって三百人に向かい、これを刺し殺したが、あの三人の中には、その名がなかった。
21 彼は三人の中で最も誉れが高かった。そこで彼らの長になった。しかし、あの三人には及ばなかった。
22 エホヤダの子ベナヤは、カブツェエルの出で、多くのてがらを立てた力ある人であった。彼は、モアブのふたりの英雄を打ち殺した。また、ある雪の日に、ほら穴の中に降りて行って雄獅子を打ち殺した。
23 彼はまた、あのエジプト人*――背の高い男で、五キュビトあった――を打ち殺した。このエジプト人は、手に機織りの巻き棒に似た槍を持っていた。彼は杖を持ってその男のところに下って行き、エジプト人の手から槍をもぎ取って、その槍で彼を殺した。
24 エホヤダの子ベナヤは、これらのことをして、三勇士とともに名をあげた。
25 彼は、実に、あの三十人の中で最も誉れが高かったが、あの三人には及ばなかった。ダビデは彼を自分の護衛長にした。
26 勇士たちは、ヨアブの兄弟アサエル。ベツレヘムの出のドドの子エルハナン。
27 ハロリ人シャモテ。ペロニ人ヘレツ。
28 テコア人イケシュの子イラ。アナトテ人

6①Ⅱサム8:16
9①Ⅱサム3:1
②→Ⅰ列18:15
10①Ⅰ歴11:10-47,
　Ⅱサム23:8-39
②①Ⅰサム11:3
11①Ⅰ歴27:2
12①Ⅰ歴27:4
15①Ⅰサム14:9
16①Ⅰサム10:5

20 * Ⅰサム26:6「アビシャイ」
21 * シリヤ語訳、およびⅡサム23:19による
22①Ⅱサム8:18
23 * 1キュビトは約44センチ
　①Ⅰ歴20:5,
　Ⅰサム17:7,
　Ⅱサム21:19
26①Ⅰ歴11:26-47,
　Ⅱサム23:24-39
27①Ⅰ歴27:10
28①Ⅰ歴27:9

「エルサレムの町」の項 p.674）。丘はダビデが主の箱を運び入れたときに聖地（聖い場所）になった。後にシオンという名前はエルサレムの町（Ⅱ列19:21, 詩48:, イザ1:8）、ユダ王国（イザ33:14, 34:8）、天そのもの（ヘブ12:22, ⇒黙14:1）を指すのに使われるようになった。

エルサレムの町

「こうしてダビデはこの要害を住まいとした。このため、これはダビデの町と呼ばれた。彼は、ミロから周辺に至るまで、町の周囲を建て上げ、町の他の部分はヨアブが再建した。」(歴代誌第一 11:7-8)

エルサレムの町の歴史

エルサレムの町が最初に記録されているのは創世記14章18節で、メルキゼデクがシャレム(エルサレム→創14:18注)の王として描かれているところと思われる。イスラエル人が約束の地に入るためにヨルダン川を渡ろうとしていたとき、この町は「エブス人のいる・・・地」(ヨシ15:8)または「エブス」(Ⅰ歴11:4)と呼ばれていた。けれどもヨシュアがカナンの地を征服したときには占領されないで、ダビデが王になるまでカナン人の手の中にあった。ダビデの軍隊がエブスを攻撃して占領してから、ダビデはそこを首都にした(Ⅱサム5:5-7, Ⅰ歴11:4-7)。エルサレムは王国が統一されていたときには政治の首都だったけれども、王国が分裂した(分裂の背景と詳細 →Ⅰ列緒論, Ⅱ列緒論, Ⅱ歴緒論 →Ⅰ列12:-14:, Ⅱ列10:-11:, 要約と図解 →「**イスラエルとユダの王国**」の地図 p.570)あとも引き続き南(ユダ)王国の首都だった。ダビデの息子のソロモンは王位を継いで、エルサレムに主の神殿を建設した(Ⅰ列5:-8:, Ⅱ歴2:-5:,「**神殿**」の項 p.707,「**ソロモンの神殿**」の図 p.557)。こうしてこの町は神を礼拝するための宗教的中心地にもなった。

イスラエルが神に背き続けたために、前586年にバビロニヤのネブカデネザルがこの町を包囲して、ついにその神殿もろとも破壊するのを神は許された(Ⅱ列25:1-11, Ⅱ歴36:17-19)。ユダヤ人(バビロニヤ人によって捕えられ捕囚にされていた人々)が紀元前536年に神殿とこの町を再建するためにペルシヤの地から戻るまでは、エルサレムは依然として廃墟だった(エズ3:8-13, 5:1-6:15, ネヘ3:-4:)。その後新約聖書の時代までに、エルサレムは再びユダヤ人の政治と宗教生活の中心になった。けれどもローマの政府に対してユダヤ人が何回も反抗したために、この町と神殿は紀元70年に再び破壊された。

ダビデがエルサレムを首都にしてから、この町はいろいろな名前で呼ばれるようになった。それは「シオン」(Ⅱサム5:7)、「ダビデの町」(Ⅰ列2:10)、「聖なる都」(ネヘ11:1)、「神の都」(詩46:4)、「大王の都」(詩48:2)、「正義の町、忠信な都」(イザ1:26)、「主の町」(イザ60:14)、「主はここにおられる」(エゼ48:35)、「真実の町」(ゼカ8:3)などで、町の性格を表している。いくつかの名前は新約聖書の黙示録に描かれている未来のエルサレムの町を預言したものである。

イスラエル人にとってのエルサレムの意義

旧約聖書の中でエルサレムの町は神の民にとって特別な意味を持っていた。

(1) カナンの地との境界線でイスラエル人に再度律法を教えられたとき、神は将来のある時期にご自分の「御名を置く」場所を選ぶとモーセを通して預言された(申12:5, 11, 21, 14:23-24)。その場所がエルサレム(Ⅰ列11:13, 14:21)で、そこに生きておられる神の宮が建てられた。こうしてその町は「聖なる町」、「神の都」、「主の町」と呼ばれるようになった。イスラエルの男子はみな毎年3回エルサレムへ旅行して、「種を入れないパンの祭り、七週の祭り、仮庵の祭りのときに、あなたの神、主の選ぶ場所で、御前に出なければならない」(申16:16, ⇒16:2, 6, 15, →「旧約聖書の祭り」の表 p.235)と言われていた。

(2) エルサレムは神がご自分の民にメッセージを啓示された町だった(イザ2:3)ので、「幻の谷」(イザ22:1)と言われた。そこはまた神がご自分の民イスラエルを治められる場所だった(詩99:1-2, ⇒詩48:1-3, 12-14)。だからイスラエル人は「町・・・に向かって」祈るように命じられている(Ⅰ列8:44, ⇒ダニ6:10)。エルサレムの周りの山々は主が永遠に人々を取囲んで守っておられることを象徴していた(詩125:1-2)。つまりエルサレムは、神がご自分の民に望んでおられること全部を象徴するものだった。だから神の

民はエルサレムにいるときにはいつも、神の権威、力、聖さ、真実、そして自分たちの神であることを思い返すべきだった。

(3) 神の民が絶えず反抗して偶像礼拝に強く引かれ、命令に従わないで神との関係を損なったとき(「偶像礼拝」の項 p.468)、バビロニヤ人が来て神殿とともにエルサレムを破壊することを主は許された。ご自分が絶えず臨在していることを長期間象徴してきたものが破壊されるのを許すことによって、神はご自分の民から身を引かれたことを知らせようとされたのである。ご自分の民との「とこしえの契約」という約束は人々がいつも神に従うことを条件にしていた(→「イスラエル人との神の契約」の項 p.351)。もし神の祝福と約束を引続き体験したいなら、神に対して忠実であり続けなければならないと、神は当時の人々に警告されたけれども、今日の信仰者にも同じように警告し続けておられる。

キリスト教会にとってのエルサレムの意義

エルサレムの町は、キリスト教会にとっても重要だった。

(1) エルサレムはキリスト教の誕生の地だった。そこでイエス・キリストは十字架につけられ、死からよみがえられた。そして高く上げられた(賛美と名誉とともに引上げられた)。キリストが五旬節の日に弟子たちに聖霊を「注がれた」(奉仕のために満たし力を与えられた 使2:)のもこのエルサレムだった。その町からイエス・キリストのメッセージは「地の果てにまで」広まった(使1:8, ⇒ルカ24:47)。エルサレムの教会は新約聖書の全部の教会の母教会であり、弟子たちの最初の指導者である使徒たちの母教会でもあった(使1:12-26, 8:1)。主イエスを信じた異邦人(ユダヤ人以外の人々)もユダヤ教の律法を守らなければならないかという議論が起きたとき、エルサレムでこの問題を解決するための最初の重要な教会会議が召集された(使15:1-31, ガラ2:1-10)。

(2) 新約聖書の著者たちは旧約聖書にあるエルサレムの意義のほとんどを受入れていたけれども、天の都を示す象徴であることも認めていた。つまり新約聖書がエルサレムを「聖なる都」と言うときは単に地上の場所のことを言っているのではなく、神が住み、キリストが神の右(最高の名誉と権威の場所)で治めておられる天を指していたのである。そこから主イエスは祝福を送り、そこから再び来られるのである。パウロはエルサレムについて、「上にあるエルサレムは・・・私たちの母です」(ガラ4:26)と言っている。新約聖書のヘブル人への手紙の著者は、救いを求めてイエス・キリストのところに来る信仰者は地上の山ではなく、「シオンの山、生ける神の都、天にあるエルサレム・・・に近づいているのです」(ヘブ12:22)と教えている。そして、神は忠実な弟子たちのために地上に都を準備するのではなく、やがて「夫のために飾られた花嫁のように整えられて、神のみもとを出て、天から下って来る」新しいエルサレムを準備しておられるのである(黙21:2, ⇒黙3:12)。その大いなる日に神の契約は完全に成就される。「見よ。神の幕屋が人とともにある。神は彼らとともに住み、彼らはその民となる。また、神ご自身が彼らとともにおられ」る(黙21:3)。黙示録はまた「神と小羊との御座が都の中にあって、そのしもべたちは神に仕え」(黙22:3)、神とともに永遠に治めると言っている。

(3) エルサレムという地上の町は神の未来の千年王国(または「千年期」、反キリストの勢力に勝利して最後の審判の前にキリストが地上に再び来られ1,000年間治めるとき →イザ11:1-11, 黙20:)でも役割を持っているのだろうか。イザヤは「新しい天と新しい地」について預言をしたけれども(イザ65:17)、現在のエルサレムは神のご計画の成就の中でなお役割を持っていると示している。イザヤ書65章の残りの部分は千年王国(キリストが地上で1,000年間治めるとき)の状態を取扱っている。多くの人はキリストが地上を治めるために再び来られるときには(黙20:1-6)、ご自分の御座をエルサレムの町に置かれると信じている。大きな白い御座のさばきの後(黙20:11-15) ── これはキリストを拒んだ人々全部(そして千年期にキリストを受入れた人)の最後の審判であるけれども ── 新しいエルサレムが天から新しい地に下ってきて神の永遠の王国の本部になる(→黙21:2注)。

アビエゼル。
29 フシャ人シベカイ。アホアハ人イライ。
30 ネトファ人マフライ。ネトファ人バアナの子ヘレデ。
31 ギブアの出のベニヤミン族リバイの子イタイ。ピルアトン人ベナヤ。
32 ガアシュの谷の出のフライ。アラバ人アビエル。
33 バハルム人アズマベテ。シャアルビム人エルヤフバ。
34 ギゾ人ハシェムの子ら。ハラル人シャゲの子ヨナタン。
35 ハラル人サカルの子アヒアム。ウルの子エリファル。
36 メケラ人ヘフェル。ペロニ人アヒヤ。
37 カルメル人ヘツロ。エズバイの子ナアライ。
38 ナタンの兄弟ヨエル。ハグリの子ミブハル。
39 アモン人ツェレク。ツェルヤの子ヨアブの道具持ちベロテ人ナフライ。
40 エテル人イラ。エテル人ガレブ。
41 ヘテ人ウリヤ。アフライの子ザバデ。
42 ルベン人シザの子アディナ、すなわちルベン人のかしらで、三十人の上に立つ者であった。
43 マアカの子ハナン。ミテニ人ヨシャパテ。
44 アシュタロテ人ウジヤ。アロエル人ホタムの子らシャマとエイエル。
45 ティツ人シムリの子エディアエルとその兄弟ヨハ。
46 マハビム人エリエル。エルナアムの子らエリバイとヨシャブヤ。モアブ人イテマ。
47 エリエル、オベデ。それにメツォバヤ人ヤアシエル。

勇士たちがダビデに加わる

12 1 ダビデがキシュの子サウルのゆえに、まだツィケラグに引きこもっていたとき、ツィケラグの彼のもとに来た人々は次のとおりである。彼らは勇士たちの中で、戦いの加勢をした人々であり、
2 弓を持った者、石投げ、弓矢、右手

30 ① I 歴27:13
33 ① II サム23:31
39 * II サム23:37「ベエロテ人」
42 * シリヤ語訳による

1 ① I サム27:2-6
2 ① 詩78:9

② 士3:15, 20:16
③ I 歴12:29
8① 申33:20
② II サム2:18
14① 申32:30
15① ヨシ3:15, 4:18

も左手も使う者で、サウルの同族、ベニヤミンの出であった。
3 かしらはアヒエゼル、次はヨアシュ。彼らはギブア人シェマの子。エジエル、ペレテ。彼らはアズマベテの子。次にベラカとアナトテ人エフー。
4 ギブオン人イシュマヤ、彼は三十人の中の勇士で、三十人の長であった。
次に、エレミヤ、ヤハジエル、ヨハナン、ゲデラ人エホザバデ、
5 エルウザイ、エリモテ、ベアルヤ、シェマルヤ、ハリフ人シェファテヤ、
6 エルカナ、イシヤ、アザルエル、ヨエゼル、ヤショブアム。これらはコラ人である。
7 ヨエラ、ゼバデヤ。これらはゲドルから出たエロハムの子らである。
8 また、ガド人から離れて、荒野の要害をさしてダビデのもとに来た人々は、勇士であって戦いのために従軍している人であり、大盾と槍の備えのある者であった。彼らの顔は獅子の顔で、早く走ることは、山のかもしかのようであった。
9 そのかしらはエゼル。第二はオバデヤ。第三はエリアブ。
10 第四はミシュマナ。第五はエレミヤ。
11 第六はアタイ。第七はエリエル。
12 第八はヨハナン。第九はエルザバデ。
13 第十はエレミヤ。第十一はマクバナイ。
14 これらはガド族から出た軍のかしらたちで、その最も小さい者もひとりが百人に匹敵し、最も大いなる者は千人に匹敵した。
15 この人々は、第一の月、すなわちヨルダン川がどこの岸もいっぱいにあふれるとき、これを渡った者たちである。彼らは谷にいた人々を全部、東に西に追い払った。
16 さらに、ベニヤミン族とユダ族からも、要害のダビデのもとに来た者があった。
17 そこで、ダビデは彼らの前に出て行き、彼らに答えて言った。「もし、あなたがたが穏やかな心で、私を助けるために私のもとに来たのなら、私の心はあなたがたと一つ

11:41 ヘテ人ウリヤ ウリヤはダビデの忠実な勇士の一人で、ダビデの王権を強力に支えた人として挙げられている(11:10)。それなのにダビデはウリヤの妻を自分の妻とし、ウリヤが殺されるようにした(→ II サム11:)。ダビデの罪は大変恐ろしい罪であり、結果として神のさばきを受けて、一生苦しみながら過すことになった。この罪については新約聖書の最初の章にも記録されている(マタ1:6、ダビデの罪 →

Ⅰ歴代誌　12章

だ。もし、私の手に暴虐がないのに、私を欺いて、私の敵に渡すためなら、私たちの父祖の神が見て、おさばきくださるように。」

18 そのとき、御霊が補佐官の長アマサイを捕らえた。

　「ダビデよ。私たちはあなたの味方。
　エッサイの子よ。
　私たちはあなたとともにいる。
　平安があるように。
　あなたに平安があるように。
　あなたを助ける者に平安があるように。
　まことにあなたの神はあなたを助ける。」

そこで、ダビデは彼らを受け入れ、隊のかしらとした。

19 ダビデがペリシテ人とともに、サウルとの戦いに出たとき、マナセからも、何人かの者がダビデをたよって来た。しかし、彼らはペリシテ人を助けなかった。ペリシテ人の領主たちが、「彼はわれわれの首を持って、主君サウルのもとに下って行くのだ」と言い、わざわざ彼を送り返したからである。

20 彼がツィケラグに行ったとき、マナセからアデナフ、エホザバデ、エディアエル、ミカエル、エホザバデ、エリフ、ツィルタイが彼をたよって来た。彼らは、マナセに属する千人隊のかしらであった。

21 彼らはダビデを助けて、あの略奪隊に当

18 ① 士3:10, 6:34
　② Ⅰサム25:6
19 ① Ⅰサム29:2-9
21 ① Ⅰサム30:1

たった。みな勇士であり、将軍であった。

22 日に日に、人々がダビデを助けるため彼のもとに来て、ついに神の陣営のような大陣営となった。

ヘブロンでダビデに加わった勇士たち

23 主のことばのとおり、サウルの支配をダビデに回そうと、ヘブロンにいるダビデのもとに来た、武装した者のかしらの数は次のとおりである。

24 ユダ族で、大盾と槍を手にし武装した者六千八百人。

25 シメオン族から軍務につく勇士七千百人。

26 レビ族から四千六百人。

27 エホヤダはアロンのつかさで、彼とともにいた者は三千七百人。

28 ツァドクは若い勇士で、その一族には二十二人のつかさがいた。

29 サウルの同胞、ベニヤミン族から三千人。これまで、彼らの大多数は、サウルの家の任務についていた。

30 エフライム族から二万八百人。勇士で、その一族に名のある人々であった。

31 マナセの半部族から、ダビデを王にしようとしてやって来た名の示された者一万八千人。

32 イッサカル族から、時を悟り、イスラエルが何をなすべきかを知っている彼らのか

22 ① 創32:2
23 ① Ⅰ歴11:3
　② Ⅰ歴10:14
　③ Ⅰ歴11:1
27 ① Ⅰ歴27:17
28 ① Ⅱサム8:17
29 ① Ⅰ歴12:2
　② Ⅱサム2:8, 9

Ⅱサム12: 各注)。

12:18　御霊が・・・アマサイを捕らえた　古い契約（イエス・キリストが来られる前、神が聖霊を送り、キリスト者を満たし力を与えるようになる前）では、聖霊は選ばれた人々にだけ力を与えられた。そして神の特別な働きを行う能力が与えられた（→出31:1-5, 士3:10, 6:34, 11:29, 13:25, Ⅰサム10:10, 11:6, 16:13）。アマサイの場合には預言をする霊感が与えられた。新しい契約（御子イエス・キリストのいのちと犠牲を通して神の霊的な救いと、人々との新しい関係を築く神の計画）では、主イエスはすべてのキリスト者に「聖霊があなたがたの上に臨まれるとき、あなたがたは力を受けます」と約束された（使1:8, ⇒使2:4, →「**聖霊のバプテスマ**」の項 p.1950）。

12:32　時を悟り　偉大な知恵を持っておられる神はご自分の計画と約束をみな成就する時間、場所、方法を知っておられる（⇒伝3:1）。これは自然界で、また

神の国で見ることができ、そこには明らかに時間（詩102:13）と季節の変化（イザ43:18-19）がある。この変化の過程は人々を罪から救い出し、神との個人的な関係に導き入れるという神の進行中の目的の中で最も重要なものである。

（1）聖書は、神が行っておられること、また行おうとしておられることを神の民が見ていない（気が付かない）事実を何回も示している。イスラエルは全体的に霊的に盲目だった。神が御子をメシヤ、救い主として最も適切なときに送られたときも気が付かなかった。同じように今日のキリスト者も、神が教会でご計画を進めておられるとき、特に個人個人の中に働いておられるときにそれを認めたり理解したりしていないことが多い。

（2）イッサカル族のことが特別に記録されているけれども、それは十二部族の中でイッサカル族だけが、神がダビデを王にされることとその時期を理解

しら二百人。彼らの同胞はみな、彼らの命令に従った。

33 ゼブルンから、従軍する者で、完全に武装し、戦いの備えをした者五万人。彼らは心を一つにして集まった。

34 ナフタリから、つかさ一千人。彼らのもとに、大盾と槍を持つ者三万七千人。

35 ダン人から、戦いの備えをした者二万八千六百人。

36 アシェルから、従軍する者で、戦いの備えをした者四万人。

37 ヨルダン川の向こう側、ルベン人、ガド人、マナセの半部族から、戦いのために完全軍装をした者十二万人。

38 誠実な心で、並び集まったこれらの戦士たちは、ヘブロンに来て、ダビデを全イスラエルの王にした。イスラエルの残りの者たちもまた、心を一つにしてダビデを王にした。

39 彼らはそこに、ダビデとともに三日間とどまり、飲み食いした。彼らの兄弟たちが彼らのために用意したからである。

40 彼らに近い者たちも、イッサカル、ゼブルン、ナフタリに至るまで、ろば、らくだ、騾馬、牛に載せて食べ物を運んで来た。小麦粉の菓子、干しいちじく、干しぶどう、ぶどう酒、油、牛、羊などがたくさん運ばれた。イスラエルに喜びがあったからである。

神の箱を持帰る
13:1-14　並行記事－Ⅱサム6:1-11

13 1 ここに、ダビデは千人隊の長、百人隊の長たち、すべての隊長と合議し、
2 イスラエルの全集団に向かって、言った。

38 ① Ⅰ歴11:1
② Ⅰ歴12:33

1① Ⅰ歴13章、
Ⅱサム6:1-11

3① Ⅰ歴13:5, 6, 7, 12, 14, 15:1, 2, 15, 16:1,
→ Ⅰ歴15:2, 25, 出25:22
② Ⅰサム7:1, 2
5① Ⅰサム15:3
② Ⅰサム6:21, 7:1, 2
③ Ⅰ列8:65, 士20:1
＊→ヨシ13:5＊
6① ヨシ15:9, 60
②Ⅰサム6:2, Ⅱ列19:15, 出25:22
7① Ⅰサム7:1
② 出25:14
③ Ⅰ歴15:2, 13
8① Ⅰ歴15:16
9① Ⅱサム6:6
10① Ⅰ歴15:13, 民4:15
② レビ10:2

「もしも、このことが、あなたがたによく、私たちの神、主の御旨から出たことなら、イスラエル全土に残っている私たちの同胞にいっせいに使者を送ろう。彼らのうちには、放牧地のある町々の祭司やレビ人もいる。彼らを私たちのもとに集めよう。

3 私たちの神の箱を私たちのもとに持ち帰ろう。私たちは、サウルの時代には、これを顧みなかったから。」

4 すると全集団は、そうしようと言った。すべての民がそのことを正しいと見たからである。

5 そこで、ダビデは、神の箱をキルヤテ・エアリムから運ぶため、エジプトのシホルからレボ・ハマテに至るまでの全イスラエルを召集した。

6 ダビデと全イスラエルは、バアラ、すなわち、ユダに属するキルヤテ・エアリムに上って行き、そこから、「ケルビムに座しておられる主」と呼ばれていた神の箱を運び上ろうとした。

7 そこで彼らはアビナダブの家から神の箱を新しい車に載せた。ウザとアフヨがその車を御していた。

8 ダビデと全イスラエルは、歌を歌い、立琴、十弦の琴、タンバリン、シンバル、ラッパを鳴らして、神の前で力の限り喜び踊った。

9 こうして彼らがキドンの打ち場まで来たとき、ウザは手を伸ばして、箱を押さえた。牛がそれをひっくり返しそうになったからである。

10 すると、主の怒りがウザに向かって燃え上がり、彼を打った。彼が手を箱に伸べたからである。彼はその場で神の前に死んだ。

し、わきまえていた（賢明な判断をし応答できるように注意して見ていた）からである。不安定な変革のときに神に協力し、神から与えられたビジョンに向かって進むためには神の目的と時を悟ることが必要である。

13:3　私たちの神の箱を・・・持ち帰ろう　契約の箱（イスラエルの定められた場所に置かれたときに神の臨在と守りがあることを表していた）はペリシテ人によって奪われ7か月間ペリシテ人の地にあった（Ⅰサム4:11, 6:1, →Ⅰサム4:3, 21注）。そのあと契約の箱はイスラエルに戻り、エルサレムから16キロ離れたキルヤテ・エアリムに保管された（Ⅰサム7:2）。サウルが治めていたときには契約の箱は見向きもされないで、だれも知らない場所に放置されたままだった。

13:10　【主】の怒りがウザに向かって燃え上がり　ウザは契約の箱についての神の命令に逆らったので神に打たれて死んだ（→Ⅱサム6:1-8, ⇒Ⅰ歴15:2, 13, 15, 神の箱の扱い方についての神の特別な指示　→出25:12-15, 民4:15）。この話は神を礼拝し神に仕えるときには軽い気持でしたり、不注意に行ってはならない

11 ダビデの心は激した。ウザによる割りこみに主が怒りを発せられたからである。それでその場所はペレツ・ウザと呼ばれた。今日もそうである。
12 その日ダビデは神を恐れて言った。「私はどうして、私のところに神の箱をお運びできましょうか。」
13 そこで、ダビデは箱を彼のところダビデの町には移さず、ガテ人オベデ・エドムの家にそれを回した。
14 このようにして、神の箱はオベデ・エドムの家族とともに、彼の家に三か月間とどまった。主はオベデ・エドムの家と、彼に属するすべてのものを祝福された。

ダビデの家と家族
14:1-7 並行記事－Ⅱサム5:11-16、Ⅰ歴3:5-8

14 ¹ ツロの王ヒラムは、ダビデのもとに使者を送り、ダビデの王宮を建てるために杉材、石工、大工を送った。
² ダビデは、主が彼をイスラエルの王として堅く立て、主の民イスラエルのために、彼の王権がいよいよ盛んにされているのを知った。
³ ダビデはエルサレムで、さらに妻たちをめとった。ダビデはさらに、息子、娘たちを生んだ。
⁴ エルサレムで彼に生まれた子の名は次のとおり。シャムア、ショバブ、ナタン、ソロモン、

11 *「割りこむ」意の語根「パラツ」の派生語
13 ① → Ⅰ歴11:5
  ② Ⅰ歴13:14, 15:25
14 ① Ⅰ歴26:4-8

1 ① Ⅰ歴14:1, 2,
  Ⅱサム5:11, 12
3 ① Ⅰ歴14:3-7, Ⅰ歴3:5-8, Ⅱサム5:13-16

5 * Ⅰ歴3:6「エリシャマ」
  ** Ⅰ歴3:6「エリフェレテ」
7 * Ⅰ歴3:8,
  Ⅱサム5:16「エルヤダ」
8 ① Ⅰ歴14:8-16,
  Ⅱサム5:17-25
9 ① Ⅰ歴11:15, 14:13
11 *「破る」意の語根「パラツ」の派生語
13 ① Ⅰ歴14:9

5 イブハル、*エリシュア、**エルペレテ、
6 ノガハ、ネフェグ、ヤフィア、
7 エリシャマ、ベエルヤダ、*エリフェレテ。

ダビデがペリシテ人を打破る
14:8-17 並行記事－Ⅱサム5:17-25

⁸ ペリシテ人は、ダビデが油をそそがれて全イスラエルの王となったことを聞いた。そこでペリシテ人はみな、ダビデをねらって上って来た。ダビデはそれを聞き、彼らを迎え撃ちに出た。
⁹ ペリシテ人は来て、レファイムの谷間に突入した。
10 そこで、ダビデは神に伺って言った。「ペリシテ人を攻めに上るべきでしょうか。彼らを私の手に渡してくださるでしょうか。」すると主は彼に仰せられた。「上れ。わたしは彼らをあなたの手に渡す。」
11 それで、みなはバアル・ペラツィムに上り、ダビデはそこで彼らを打った。そして、ダビデは言った。「神は、水が破れ出るように、私の手を用いて私の敵を破られた。」それゆえ、その場所の名はバアル・*ペラツィムと呼ばれた。
12 彼らが自分たちの神々を置き去りにして行ったので、ダビデは命じて、これを火で焼いた。
13 ところがペリシテ人は、なおもまたその谷間に突入して来た。
14 そこで、ダビデがさらに神に伺ったとこ

ことを教えている。私たちはみことばの中で神が啓示されたことに沿って礼拝をしなければならない(この情況での神の行動について →Ⅱサム6:7注)。

13:14 家・・・を祝福された 主はオベデ・エドムの家族を祝福された。それは敬意を払い神に従って契約の箱を受け入れたからだと思われる。一方で死をもたらしたものが別のところでは祝福となっている。

14:2 主の民イスラエルのために ダビデの王国は大いに祝福され非常に繁栄したけれども、それはダビデのためではなく神の民全体のためだった。ダビデは謙虚にこのことを理解した。ダビデの役割はイスラエルの地位を世界に確立することだった。神に仕え神の真理の基準に従って生きるとはどういうことか、神の民は模範を示さなければならなかった(→Ⅱサム7:18注)。今も神は権威と影響力のある地位に人々をつか

せられるけれども、それはその人々のためや、その資格があるからではなく、むしろ神の民が道徳的に霊的に成長するように奉仕するためである。

14:3 ダビデは・・・さらに妻たちをめとった ダビデは多くの妻を持った(→Ⅱサム5:13注)。ダビデのこの個人的な大失敗はやがてダビデ自身とその家族に恐ろしい悲劇をもたらすことになる(→Ⅱサム12:13注、13:1注)。

14:14 ダビデがさらに神に伺った 以前ペリシテ人を討つのは神のみこころだった。ダビデはそれを知っていたけれども、今回も同じだと勝手に判断をしなかった(14:10)。このダビデの模範から学べることは、神に頼り神の意向を示してくださるように求め続けなければ人生の成功はないということである。神に助けと導きを求めて祈ることは人生で日々必要なこと

ろ、神は彼に仰せられた。「彼らを追って上って行くな。彼らには面と向かわず、回って行き、バルサム樹の林の前から彼らに向かえ。¹⁵バルサム樹の林の上から行進の音が聞えたら、そのとき、あなたは戦いに行け。神はすでに、ペリシテ人の陣営を打つために、あなたより先に出ているから。」

¹⁶ダビデは、神が彼に命じたとおりにし、彼らはギブオンからゲゼルまでのペリシテ人の陣営を打った。

¹⁷こうして、ダビデの名声はあまねく全地に及んだ。主はすべての国々に、彼に対する恐怖を起こされた。

神の箱がエルサレムに運ばれる
15:25-16:3　並行記事－Ⅱサム6:12-19

15 ¹彼はダビデの町に自分のために家を造り、また、神の箱のために場所を定め、そのために天幕を張った。

²そのとき、ダビデは言った。「レビ人でなければ、神の箱をかついではならない。主は、主の箱をかつがせ、とこしえまでも、ご自身に仕えさせるために、彼らを選ばれたからである。」

³ダビデは全イスラエルをエルサレムに呼び出して、主の箱を定めておいた場所へ運び上らせようとした。

⁴そこで、ダビデは、アロンの子らとレビ人とを集めた。

17①ヨシ6:27, Ⅱ歴26:8
②出15:14-16, 申2:25, 11:25

1①Ⅰ歴15,16章, Ⅱサム6:12-23
②→Ⅰ歴11:5
③→Ⅰ歴13:3
④Ⅰ歴15:3, 16:1, 17:1-5
2①民4:15, 7:9, 申10:8, 31:9, 25
②Ⅰ歴15:3, 12, 14, 16:4, →ヨシ3:13, Ⅰ歴13:3
3①Ⅰ歴13:5, Ⅰ列8:1
④Ⅰ歴15:1
4①Ⅰ歴6:16-30, 12:26-28

7*Ⅰ歴6:1, 出6:16「ゲルション」
11①Ⅰサム22:20-23, Ⅰ列2:26, 35
12①Ⅰ歴19:14, 15, Ⅱ歴29:34, 35:6
②Ⅰ歴15:1, 3
13①Ⅰ歴13:7, Ⅱサム6:3
②Ⅰ歴13:10, 11
14①Ⅰ歴15:12
15①出25:14, 民4:6
②民7:9, Ⅱ歴35:3

⁵ケハテ族から、そのつかさウリエルと、彼の同族の者百二十人。

⁶メラリ族から、そのつかさアサヤと、彼の同族の者二百二十人。

⁷ゲルショム族から、そのつかさヨエルと、彼の同族の者百三十人。

⁸エリツァファン族から、そのつかさシェマヤと、彼の同族の者二百人。

⁹ヘブロン族から、そのつかさエリエルと、彼の同族の者八十人。

¹⁰ウジエル族から、そのつかさアミナダブと、彼の同族の者百十二人。

¹¹ダビデは祭司ツァドクとエブヤタル、それにレビ人たち、ウリエルとアサヤ、ヨエルとシェマヤ、エリエル、アミナダブを呼び、¹²彼らに言った。「あなたがたはレビ人の家のかしらです。あなたがた自身も、あなたがたの同族の者たちも、身を聖別し、イスラエルの神、主の箱を、私がそのために定めておいた所に運び上りなさい。

¹³最初の時には、あなたがたがいなかったため、私たちの神、主が、私たちに怒りを発せられたのです。私たちがこの方を定めのとおりに求めなかったからです。」

¹⁴そこで、祭司たちとレビ人たちは、イスラエルの神、主の箱を運び上るために身を聖別した。

¹⁵そして、レビ族は、モーセが主のことばに従って命じたとおり、神の箱をにない棒で肩にかついだ。

である。神に祈らなかったり、頼らないなら、聖霊の臨在と力がないまま、人生の問題や厳しい要求に一人で対決することになる(→Ⅱサム5:19注)。

15:1　神の箱のために場所を定め　神の箱(契約の箱とも呼ばれる →「**幕屋の備品**」の図 p.174)には神の戒めが書かれた2枚の石の板、マナ(イスラエルの民が約束の地へ入る前、荒野を旅していたときに神が奇蹟的に与えられた食物)を入れたつぼ、アロンの杖(→出25:10-22, 申10:2-5)が入っていた。これらの物は、契約、あるいは「終生協定」を忠実に守る人々に神が与えられた指示と備え、力とあわれみを表していた。神の契約は神の律法と約束、人々の誠実さと服従に基づいていた(→詩132:8, ヘブ9:)。ダビデはエルサレムに契約の箱を安置したけれども、これはイスラエルの民を神とみことばを中心にして生きるという、その存在目的の中心に戻したいという気持の現れだった(→出25:10注)。

15:12　身を聖別し　主のご計画に従って主の働きを行うためには、神に喜ばれないものから全く離れて「義の器」となるようにという神の意向に従わなければならない(⇒ロマ6:17-22, 12:1-2, →「**信者の霊的聖別**」の項 p.2172)。神は聖い方だから、優れた奉仕をするためには私たちも自分を聖く(道徳的純粋性、霊的健全性、悪からの分離、神への献身)保たなければならない。そうして初めて神の目的に従う備えが整う。そして私たちに対する神の完全な計画に従うことができるのである(→「**神のみこころ**」の項 p.1207)。

15:13　私たちがこの方を・・・求めなかったからです　→13:10注

I 歴代誌 15-16章

16 ここに、ダビデはレビ人のつかさたちに、彼らの同族の者たちを十弦の琴、立琴、シンバルなどの楽器を使う歌うたいとして立て、喜びの声をあげて歌わせるよう命じた。

17 そこで、レビ人は、ヨエルの子ヘマン、彼の同族からベレクヤの子アサフ、メラリ族から彼らの同族クシャヤの子エタンを立てた。

18 第二の部類に属する彼らの同族の者たちも、彼らとともにいた。すなわち、ゼカリヤ、ベン、ヤアジエル、シェミラモテ、エヒエル、ウニ、エリアブ、ベナヤ、マアセヤ、マティテヤ、エリフェレフ、ミクネヤ、門衛オベデ・エドムとエイエル。

19 歌うたいは、ヘマン、アサフ、エタン。彼らは青銅のシンバルを用いて歌った。

20 ゼカリヤ、アジエル、シェミラモテ、エヒエル、ウニ、エリアブ、マアセヤ、ベナヤは、十弦の琴を用いてアラモテに合わせた。

21 マティテヤ、エリフェレフ、ミクネヤ、オベデ・エドム、エイエル、アザズヤは、八弦の立琴に合わせて指揮した。

22 レビ人のつかさケナヌヤは荷物の係りで、荷物のことを指図した。彼はそれに通じていたからである。

23 ベレクヤとエルカナは、箱を守る門衛であった。

24 祭司たち、すなわち、シェバヌヤ、ヨシャパテ、ネタヌエル、アマサイ、ゼカリヤ、ベナヤ、エリエゼルは、神の箱の前でラッパを吹き鳴らす者、オベデ・エドムとエヒヤは箱を守る門衛であった。

25 こうして、ダビデとイスラエルの長老たち、千人隊の長たちは行って、喜びをもって主の契約の箱をオベデ・エドムの家から運び上ろうとした。

26 神が、主の契約の箱をかつぐレビ人を助けられたとき、彼らは七頭の雄牛と七頭の雄羊をいけにえとしてささげた。

27 ダビデは白亜麻布の衣を身にまとっていた。箱をかつぐすべてのレビ人、歌うたいたち、荷物係長ケナヌヤ、歌うたいたちも、同様であった。ダビデは亜麻布のエポデを着けていた。

28 全イスラエルは、歓声をあげ、角笛、ラッパ、シンバルを鳴らし、十弦の琴と立琴とを響かせて、主の契約の箱を運び上った。

29 こうして、主の契約の箱はダビデの町に入った。サウルの娘ミカルは、窓から見おろし、ダビデ王がとびはねて喜び踊っているのを見て、心の中で彼をさげすんだ。

16 ¹ こうして、彼らは、神の箱を運び込み、ダビデがそのために張った天幕の真ん中に安置した。それから、彼らは神の前に、全焼のいけにえと和解のいけにえをささげた。

² ダビデは、全焼のいけにえと和解のいけにえをささげ終えてから、主の名によって民を祝福した。

³ そしてイスラエルのひとりひとりみなに、男にも女にも、それぞれ、丸型のパン、なつめやしの菓子、干しぶどうの菓子を分け与えた。

⁴ それから、レビ人の中のある者たちを、主の箱の前で仕えさせ、イスラエルの神、主を覚えて感謝し、ほめたたえるようにした。

⁵ かしらはアサフ、彼に次ぐ者は、ゼカリヤ、エイエル、シェミラモテ、エヒエル、マティテヤ、エリアブ、ベナヤ、オベデ・エドム、エイエル。彼らは十弦の琴や、立琴などの楽器を携え、アサフはシンバルを響かせた。

⁶ 祭司ベナヤとヤハジエルは、ラッパを携え、常に神の契約の箱の前にいた。

ダビデの感謝の詩篇

16:8-22　並行記事→詩105:1-15
16:23-33　並行記事→詩96:1-13
16:34-36　並行記事→詩106:1, 47-48

⁷ その日その時、ダビデは初めてアサフとその兄弟たちを用いて、主をほめたたえた。

16:7【主】をほめたたえた この詩篇(詩または歌)は詩篇105:1-15, 96:1-13, 106:1, 47-48を組合せたものである。ダビデはこの賛美と感謝の形式を用いて、イスラエルに対する神の恵みとすばらしいみわざをほめたたえた。新しい契約では、今日キリストに従う人はみな神の祭司と考えられている(Ⅰペテ2:5, 9,

8 主に感謝して、御名を呼び求めよ。
　そのみわざを国々の民の中に知らせよ。
9 主に歌え。主にほめ歌を歌え。
　そのすべての奇しいみわざに思いを潜めよ。
10 主の聖なる名を誇りとせよ。
　主を慕い求める者の心を喜ばせよ。
11 主とその御力を尋ね求めよ。
　絶えず御顔を慕い求めよ。
12 主が行われた奇しいみわざを思い起こせ。
　その奇蹟と御口のさばきとを。
13 主のしもべイスラエルのすえよ。
　主に選ばれた者、ヤコブの子らよ。
14 この方こそ、私たちの神、主。
　そのさばきは全地にわたる。

15 覚えよ。
　主の契約をとこしえに。
　お命じになったみことばは千代にも及ぶ。
16 その契約はアブラハムと結んだもの、
　イサクへの誓い。
17 主はヤコブのためにそれをおきてとして立て、
　イスラエルに対する永遠の契約とされた。
18 そのとき主は仰せられた。
　「わたしはあなたがたの相続地として
　あなたに、カナンの地を与える。」
19 そのころ、あなたがたの数は少なかった。
　まことにわずかで、そのうえそこでは、

寄留の他国人であった。
20 彼らは、国から国へ、
　一つの王国から他の民へと渡り歩いた。
21 しかし主は、だれにも彼らをしいたげさせず、
　かえって、彼らのために王たちを責められた。
22 「わたしの油そそがれた者たちに触れるな。
　わたしの預言者たちに危害を加えるな。」

23 全地よ。主に歌え。
　日から日へと、
　御救いの良い知らせを告げよ。
24 主の栄光を国々の中で語り告げよ。
　その奇しいみわざを、すべての国々の民の中で。
25 まことに主は大いなる方、
　大いに賛美されるべき方。
　すべての神々にまさって恐れられる方だ。
26 まことに、国々の民の神々はみな、むなしい。
　しかし主は天をお造りになった。
27 尊厳と威光は御前にあり、
　力と歓喜はみもとにある。

28 国々の民の諸族よ。主にささげよ。
　栄光と力を主にささげよ。
29 御名の栄光を主にささげよ。
　ささげ物を携えて、御前に行け。
　聖なる飾り物を着けて、主にひれ伏せ。

黙20:6)。そして神に賛美と感謝の霊的な奉仕をささげることができるし、またささげる責任がある。「ですから、私たちはキリストを通して、賛美のいけにえ、すなわち御名をたたえるくちびるの果実を、神に絶えずささげようではありませんか」(ヘブ13:15)。キリスト者はことばと行動の両方で神を賛美し礼拝しなければならない。神があがめられるような生き方をするとき、私たちの礼拝は神への心からのいけにえとなる(→16:29注)。賛美をささげる人がみことばに全く従って、神に従わないこの世界と調子を合せることなく生きているとき、その賛美は神を喜ばせるものになる(ロマ12:1-2、→「礼拝」の項 p.789)。

16:10 【主】を慕い求める者の心を喜ばせよ　神に信頼して感謝をささげることと個人的に祈る生活をすることによって、私たちは喜びと安心を持ち、不安から解放される(16:8-11)。絶えず感謝の心で祈る人は神がいつもそばにいて、人生のあらゆる面で助けてくださるという確信を持つことができる(詩46:1、→ピリ4:6-7注、→「効果的な祈り」の項 p.585)。

16:29 聖なる飾り物を着けて　純粋な礼拝は「聖さ」の中で行われなければならない(⇒Ⅱ歴20:21)。重要なのはどれだけエネルギーのある賛美ができるかではない(15:28)。道徳的に清く、霊的に誠実で、神が喜ばれないことは全力で拒む心から生れる礼拝を主は受入れてくださる(→16:7注)。

30 全地よ。主の御前に、おののけ。
まことに、世界は堅く建てられ、
揺らぐことはない。
31 天は喜び、地は、こおどりせよ。
国々の中で言え。主は王である。
32 海とそれに満ちているものは鳴りとどろけ。
野とその中にあるものはみな、勝ち誇れ。
33 そのとき、森の木々も、
主の御前で、喜び歌おう。
確かに、主は地をさばくために来られる。
34 主に感謝せよ。
主はまことにいつくしみ深い。
その恵みはとこしえまで。
35 言え。
「私たちの救いの神よ。
私たちをお救いください。
国々から私たちを集め、
私たちを救い出してください。
あなたの聖なる御名に感謝し、
あなたの誉れを誇るために。」
36 ほむべきかな。イスラエルの神、主。
とこしえから、とこしえまで。
それから、すべての民はアーメンと言い、
主をほめたたえた。
37 彼は、その場所、すなわち、主の契約の箱の前に、アサフとその兄弟たちをとどめておき、毎日の日課として、常に箱の前で仕えさせた。
38 オベデ・エドムと彼らの兄弟たちは六十八人いたが、エドトンの子オベデ・エドムとホサを門衛とした。
39 祭司ツァドクと彼の兄弟である祭司たちを、ギブオンの高き所にある主の住まいの前におらせた。
40 全焼のいけにえを、朝ごと、夕ごとに、絶えず、また、すべて主のイスラエルに命じた律法に書かれているとおりに、全焼のいけにえの壇上で、主にささげさせた。
41 彼らとともにヘマン、エドトン、その他、はっきりと名の示された者で、選ばれた者たちを置き、主をほめたたえさせた。

30 ①詩76:8
②詩93:1
③→イザ14:17
31 ①イザ44:23, 49:13
②詩93:1
32 ①詩98:7
34 ①Ⅱ歴5:13, 7:3, エズ3:11,
詩100:5, 107:1, 118:1, 136:1, エレ33:11,
Ⅰ歴16:34-36,
詩106:1, 47, 48
35 ①詩106:47
②詩25:5
36 ①Ⅰ列8:15, 56,
詩72:18
②申27:15, ネヘ8:6
37 ①Ⅰ歴16:4, 5
②→Ⅰ歴15:25
③Ⅰ歴25:1
④Ⅱ歴8:14
38 ①Ⅰ歴26:4
②Ⅰ歴26:10
39 ①Ⅰ歴15:11
②Ⅰ歴21:29, Ⅰ列3:4,
Ⅰ歴1:3
40 ①出29:38-42, 民28:3, 4
②Ⅰ歴22:12,
→Ⅱ歴10:31
③→Ⅰ歴6:49
41 ①Ⅰ歴6:33
②詩39表題, 62表題
③Ⅰ歴25:1-6

④Ⅰ歴16:34
42 ①Ⅰ歴25:7,
Ⅱ歴7:6, 29:27
1 ①Ⅰ歴17:1-14, Ⅰ歴28:2-7, Ⅰ歴17章,
Ⅱサム7章
②→Ⅰ歴16:22
③→Ⅰ歴15:25
5 ①出40:2, 3
＊「幕屋」には補足
7 ①→Ⅰ列18:15

④「まことに主の恵みは、とこしえまで。」
42 ヘマンとエドトンの手には、歌う者たちのためにラッパとシンバルとがあり、また、神の歌に用いる楽器があった。また、エドトンの子らは門にいた。
43 民がみなそれぞれ自分の家に帰ってから、ダビデは自分の家族を祝福するために戻って行った。

ダビデに対する神の約束
17:1-15 並行記事ーⅡサム7:1-17

17 ¹ ダビデが自分の家に住んでいたとき、ダビデは預言者ナタンに言った。「ご覧のように、この私が杉材の家に住んでいるのに、主の契約の箱は天幕の下にあります。」

² すると、ナタンはダビデに言った。「あなたの心にあることをみな行いなさい。神があなたとともにおられるのですから。」

³ その夜のことである。次のような神のことばがナタンにあった。

⁴「行って、わたしのしもベダビデに言え。主はこう仰せられる。あなたはわたしのために住む家を建ててはならない。

⁵ わたしは、イスラエルを導き上った日以来、今日まで、家に住んだことはなく、天幕から天幕に、幕屋から幕屋にいた。

⁶ わたしが全イスラエルと歩んできたどんな所ででも、わたしの民を牧せよとわたしが命じたイスラエルのさばきつかさのひとりにでも、『なぜ、あなたがたはわたしのために杉材の家を建てなかったのか』と、一度でも、言ったことがあろうか。

⁷ 今、わたしのしもベダビデにこう言え。万軍の主はこう仰せられる。わたしはあなたを、羊の群れを追う牧場からとり、わたしの民イスラエルの君主とした。

⁸ そして、あなたがどこに行っても、あなたとともにおり、あなたの前で、あなたのすべての敵を断ち滅ぼした。わたしは地上の大いなる者の名に等しい名をあなたに与える。

17:1-27　ダビデとの神の契約　17章はサムエル記Ⅱ7:1-29とほぼ一致する（神がダビデとした約束 →「ダビデとの神の契約」の項 p.512）。

⁹わたしが、わたしの民イスラエルのために一つの場所を定め、民を住みつかせ、民がその所に住むなら、もはや民は恐れおののくことはない。不正な者たちも、初めのころのように、重ねて民を押さえつけることはない。
¹⁰それは、わたしが、わたしの民イスラエルの上にさばきつかさを任命したころのことである。わたしはあなたのすべての敵を屈服させる。わたしはあなたに告げる。『主があなたのために一つの家を建てる。』
¹¹あなたの日数が満ち、あなたがあなたの先祖たちのもとに行くようになるなら、わたしは、あなたの息子の中から、あなたの世継ぎの子を、あなたのあとに起こし、彼の王国を確立させる。
¹²彼はわたしのために一つの家を建て、わたしはその王座をとこしえまでも堅く立てる。
¹³わたしは彼にとって父となり、彼はわたしにとって子となる。わたしはわたしの恵みをあなたの先にいた者から取り去ったが、わたしの恵みをそのように、彼から取り去ることはない。
¹⁴わたしは、彼をわたしの家とわたしの王国の中に、とこしえまでも立たせる。彼の王座は、とこしえまでも堅く立つ。」
¹⁵ナタンはこれらすべてのことばと、これらすべての幻とを、そのままダビデに告げた。

ダビデの祈り

17:16-27　並行記事―Ⅱサム7:18-29

¹⁶ダビデ王は行って、主の前に座し、そして言った。「神、主よ。私がいったい何者であり、私の家が何であるからというので、あなたはここまで私を導いてくださったのですか。
¹⁷神よ。この私はあなたの御目には取るに足りない者でしたのに、あなたは、このしもべの家について、はるか先のことまで告げてくださいました。神、主よ。あなたは私を、高い者として見ておられます。
¹⁸このしもべに誉れを与えてくださったことについて、ダビデはこのうえあなたに向かって何をつけ加えることができましょう。あなたはこのしもべをよくご存じです。

9＊直訳「植え」
13①Ⅰ歴22:10, ヘブ1:5, 黙21:7, Ⅱコリ6:18
②Ⅰ歴10:14
14①ルカ1:32, 33, ヘブ1:8

19①イザ37:35
21①出19:5, 6
＊「行って」は補足
24①→ Ⅰ列18:15
27①詩21:6

1①Ⅰ歴18章, Ⅱサム8章

¹⁹主よ。あなたは、このしもべのために、あなたのみこころのままに、この大いなることのすべてを行い、この大いなることをすべて知らせてくださいました。
²⁰主よ。私たちの耳に入るすべてについて、あなたのような方はほかになく、あなたのほかに神はありません。
²¹また、地上のどの国民があなたの民イスラエルのようでしょう。神ご自身が来られて、この民を贖い、これをご自身の民となさいました。あなたがエジプトから贖い出してくださったあなたの民の前から、国々を追い払うという大いなる恐るべきことを行って、名を得られるためでした。
²²こうして、あなたの民イスラエルをとこしえまでもあなたの民とされました。主よ。あなたは彼らの神となられました。
²³どうか、主よ。あなたが、このしもべとその家について約束されたことが、とこしえまでも真実をもって行われますように。あなたの約束どおりに行ってください。
²⁴あなたの御名がとこしえまでも真実なものとされ、あがめられ、『イスラエルの神、万軍の主は、イスラエルの神』と言われますように。あなたのしもべダビデの家が御前に堅く立ちますように。
²⁵わが神よ。あなたは、このしもべの耳にはっきり、しもべのために家を建てようと言われました。それゆえ、このしもべは、御前に祈りえたのです。
²⁶今、主よ。あなたこそ神であられます。あなたは、このしもべに、この良いことを約束してくださいました。
²⁷今、あなたは、おぼしめしにより、あなたのしもべの家を祝福して、とこしえに御前に続くようにしてくださいました。主よ。あなたが、祝福してくださいました。それはとこしえに祝福されています。」

ダビデの勝利

18:1-13　並行記事―Ⅱサム8:1-14

18 ¹その後、ダビデはペリシテ人を打って、これを屈服させ、ガテとそれに属する村落をペリシテ人の手から奪った。

² 彼がモアブを打ったとき、モアブはダビデのしもべとなり、みつぎものを納める者となった。

³ ダビデは、ツォバの王ハダデエゼルが、ユーフラテス川流域にその勢力を確保しようと出て来たとき、ハマテに出て、彼を打った。

⁴ ダビデは、彼から戦車一千、騎兵七千、歩兵二万を取った。ダビデは、その戦車全部の馬の足の筋を切った。ただし、戦車の馬百頭を残した。

⁵ ダマスコのアラムが、ツォバの王ハダデエゼルを助けに来たが、ダビデはアラムの二万二千人を打った。

⁶ ダビデはダマスコのアラムに*守備隊を置いた。アラムはダビデのしもべとなり、みつぎものを納める者となった。こうして主は、ダビデの行く先々で、彼に勝利を与えられた。

⁷ ダビデはハダデエゼルの家来たちの持っていた金の丸い小盾を奪い取り、エルサレムに持ち帰った。

⁸ ダビデは、ハダデエゼルの町ティブハテとクンから、非常に多くの①青銅を奪い取った。これを用いて、ソロモンは青銅の海や柱、および青銅の器を作った。

⁹ ハマテの王トウは、ダビデがツォバの王ハダデエゼルの全軍勢を打ち破ったことを聞いた。

¹⁰ そこで、その子*ハドラムをダビデ王のもとにやって、安否を尋ねさせ、ダビデがハダデエゼルと戦ってこれを打ち破ったことについて、祝福のことばを述べさせた。ハダデエゼルがトウに戦いをいどんでいたからである。トウは金、銀、青銅のすべての器を贈り物とした。

¹¹ ダビデ王は、それもまた、彼がすべての異邦の民、すなわちエドム、モアブ、アモン人、ペリシテ人、アマレクのところから運んで来た銀や金とともに、主に聖別してささげた。

4 ① Ⅰ歴19:6
5 ① Ⅰ歴19:6
6 *「守備隊を」はⅡサム8:6による補足
8 ① Ⅰ歴22:3
  ② Ⅰ列7:40-47、Ⅱ歴4:11-18
9 * Ⅱサム8:9「トイ」
10 * Ⅱサム8:10「ヨラム」
11 ① Ⅰ歴26:26, 27

12 * Ⅰサム26:6「アビシャイ」
  ① 詩60表題、Ⅱ列14:7、Ⅱ歴25:11
15 ① Ⅰ歴11:6
16 ① Ⅰサム8:17「アビメレク」
17 ① Ⅰサム8:18

1 ① Ⅰ歴19章、Ⅱサム10章

¹² また、ツェルヤの子*アブシャイは、塩の谷でエドム人一万八千を打ち殺した。

¹³ 彼はエドムに守備隊を置いた。こうして、エドムの全部がダビデのしもべとなった。このように主は、ダビデの行く先々で、彼に勝利を与えられた。

ダビデの高官たち
18:14-17　並行記事－Ⅱサム8:15-18

¹⁴ ダビデはイスラエルの全部を治め、その民のすべての者に正しいさばきを行った。

¹⁵ ツェルヤの子ヨアブは軍団長、アヒルデの子ヨシャパテは参議、

¹⁶ アヒトブの子ツァドクとエブヤタルの子*アビメレクは祭司、シャウシャは書記、

¹⁷ エホヤダの子ベナヤはケレテ人とペレテ人の上に立つ者、ダビデの子らは王の側近の者であった。

アモン人との戦い
19:1-19　並行記事－Ⅱサム10:1-19

19 ¹ この後、アモン人の王ナハシュが死に、その子が代わって王となった。

² ダビデは、「ナハシュの子ハヌンに真実を尽くそう。彼の父が私に真実を尽くしてくれたのだから」と考えた。そこで、ダビデは使者を送って、彼の父の悔やみを言わせた。ダビデの家来たちがハヌンに悔やみを言うため、彼のもと、アモン人の地に来たとき、

³ アモン人のつかさたちは、ハヌンに言った。「ダビデがあなたのもとに悔やみの使者をよこしたからといって、彼が父君を敬っているとでもお考えですか。この地を調べ、くつがえし、探るために、彼の家来たちがあなたのところに来たのではありませんか。」

⁴ そこでハヌンはダビデの家来たちを捕らえ、彼らのひげをそり落とし、その衣を半分に切って腰のあたりまでにし、彼らを送

18:6　行く先々で、彼に勝利を　神は忠実な人々を助け、守り、勝利を与えようとされる。私たちが御力を求めて祈り頼るとき(16:11)、神は私たちの中に祝福を豊かに注いでくださる。そして困難なときの助け、サタンの力からの解放、御霊による導きを与えてくださる。

り返した。
⁵人々が来て、ダビデにこの人たちのことを告げたので、彼は彼らを迎えに人をやった。この人たちが非常に恥じていたからである。王は言った。「あなたがたのひげが伸びるまで、エリコにとどまり、それから帰りなさい。」

⁶アモン人は、自分たちがダビデの憎しみを買ったのを見て取った。そこでハヌンおよびアモン人は、銀一千タラント*を送って、アラム・ナハライムとアラム・マアカとツォバとから戦車と騎兵を雇った。⁷彼らは自分たちのもとに、戦車三万二千台とマアカの王とその軍勢を雇った。彼らは出て来て、メデバの前に陣を敷いた。アモン人も、彼らの町々から集まり、いくさに臨もうと出て来た。
⁸ダビデはこれを聞き、ヨアブと勇士たちの全軍を送った。
⁹アモン人は出て、町の入口に戦いの備えをした。共に来た王たちは、別に野にいた。¹⁰ヨアブは、彼の前とうしろに戦いの前面があるのを見て、イスラエルの精鋭全員からさらに兵を選び、アラムに立ち向かう陣ぞなえをし、¹¹民の残りの者は彼の兄弟アブシャイの手*に託して、アモン人に立ち向かう陣ぞなえをした。¹²ヨアブは言った。「もし、アラムが私より強ければ、おまえが私を救ってくれ。もし、アモン人がおまえより強かったら、私がおまえを救おう。¹³強くあれ。われわれの民のため、われわれの神の町々のために全力を尽くそう。①主はみこころにかなうことをされる。」¹⁴ヨアブと彼の部下の兵士たちが戦おうとしてアラムの前方に近づいたとき、アラムは彼の前から逃げた。¹⁵アモン人はアラムが逃げるのを見て、彼らもまた、ヨアブの兄弟アブシャイの前から逃げて、町に入り込んだ。そこでヨアブはエルサレムに帰った。
¹⁶アラムは、自分たちがイスラエルに打ち負かされたのを見て、使いを送り、川向こうのアラムを連れ出した。ハダドエゼル

6 * 1タラントは34キログラム
①Ⅰ歴18:5, 9
②Ⅰ歴18:4
7①民21:30, ヨシ13:9, 16, イザ15:2
11 * Ⅰサム26:6「アビシャイ」
13①Ⅰサム3:18, Ⅱサム10:12, Ⅰ列3:10

16 * Ⅱサム10:16「ショバク」
1①Ⅱサム11:1, Ⅰ歴20:1-3, Ⅱサム12:26-31
3 * Ⅱサム12:31による
4①Ⅰ歴20:4-8, Ⅱサム21:18-22
②Ⅰ歴11:29
③申2:10, 11
5①Ⅰ歴11:23

の将軍ショファクが彼らを率いていた。¹⁷このことがダビデに報告された。すると、彼は全イスラエルを集結し、ヨルダン川を渡って、彼らのほうに進み、彼らに向かって陣ぞなえをした。ダビデはアラムに立ち向かうために戦いの備えをした。彼らは彼と戦った。¹⁸アラムがイスラエルの前から逃げたので、ダビデはアラムの戦車兵七千と歩兵四万をほふり、将軍ショファクを殺した。¹⁹ハダドエゼルのしもべたちは、彼らがイスラエルに打ち負かされたのを見て、ダビデと和を講じ、彼のしもべとなった。アラムはそれからはもう、アモン人を救おうと思わなかった。

ラバの占領

20:1-3　並行記事－Ⅱサム11:1, 12:29-31

20 ¹年が改まり、王たちが出陣するころ、ヨアブは軍勢を率いてアモン人の地を荒らし、さらに進んで、ラバを包囲した。ダビデはエルサレムにとどまっていた。ヨアブはラバを打ち、これを破壊した。²ダビデが、彼らの王の冠をその頭から取ったとき、それは金一タラントの重さがあり、それには宝石がはめ込まれているのがわかった。その冠はダビデの頭に置かれた。彼はまた、その町から非常に多くの分捕り物を持って来た。³彼はその町の人々を連れて来て、石のこぎりや、鉄のつるはしや斧を使う仕事につかせた。ダビデはアモン人のすべての町に対して、このようにした。こうして、ダビデと民のすべてはエルサレムに帰った。

ペリシテ人との戦い

20:4-8　並行記事－Ⅱサム21:15-22

⁴その後、ゲゼルでペリシテ人との戦いが起こり、そのとき、フシャ人シベカイは、③ラファの子孫のひとりシパイを打ち殺した。こうして、彼らは征服された。
⁵またペリシテ人との戦いがあったとき、ヤイルの子エルハナンは、ガテ人ゴリヤテの兄弟ラフミを打ち殺した。ラフミの槍の柄は、機織りの巻き棒のようであった。

6 さらに、ガテで戦いがあったとき、そこに、指が六本ずつ、二十四本ある背の高い男がいた。彼もまたラファの子孫であった。
7 彼はイスラエルをそしったが、ダビデの兄弟シムアの子ヨナタンが彼を打ち殺した。
8 これらはガテのラファの子孫で、ダビデとその家来たちの手にかかって倒れた。

ダビデが兵士を数える

21：1-27　並行記事－Ⅱサム24：1-25

21 1 ここに、サタンがイスラエルに逆らって立ち、ダビデを誘い込んで、イスラエルの人口を数えさせた。
2 ダビデはヨアブと民のつかさたちに言った。「さあ、ベエル・シェバからダンに至るまでのイスラエルを数えなさい。そして、その人数を私に報告して、知らせてほしい。」
3 すると、ヨアブは言った。「主が、御民を今より百倍も増してくださいますように。*王さま。彼らはみな、わが君のもの、その

1① Ⅰ歴21:1-6,
　Ⅱサム24:1-9
2① Ⅰ歴27:23, 24
3① 申1:11
＊直訳「わが主、王」

6① Ⅰ歴27:24
7① Ⅰ歴21:7-17,
　Ⅱサム24:10-17
　② Ⅰ歴27:24
8① Ⅱサム12:13

しもべではないのでしょうか。なぜ、わが君はこんなことを要求なさるのですか。なぜ、イスラエルに対し罪過ある者となられるのですか。」
4 王はヨアブを説き伏せた。そこでヨアブは出て行って、イスラエルをあまねく行き巡り、エルサレムに帰って来た。
5 そして、ヨアブは民の登録人数をダビデに報告した。全イスラエルには剣を使う者が百十万人、ユダには剣を使う者が四十七万人であった。
6 彼はレビとベニヤミンとを、その中に登録しなかった。ヨアブは王の命令を忌みきらったからである。
7 この命令で、王は神のみこころをそこなった。神はイスラエルを打たれた。
8 そこで、ダビデは神に言った。「私は、このようなことをして、大きな罪を犯しました。今、あなたのしもべの咎を見のがしてください。私はほんとうに愚かなことをしました。」

21:1　サタンが・・・ダビデを誘い込んで・・・人口を数えさせた　ダビデが多くのことを成し遂げ大勝利をしたあと、サタンがダビデを誘惑するのを神は許された（→Ⅱサム24:1注）。ダビデがサタンの誘惑を受けたことから、次の真理を学ぶことができる。
　（1）「サタン」とは「責めたてる者」の意味である（⇒ヨブ1:6）。これはサタンが私たちの欠点や失敗を指摘して罪悪感で満たし、神のご計画に従って神の基準通りに生きようと努力することに反対することを示唆している（→エペ6:11-12, Ⅰペテ5:8, 黙12:17）。
　（2）サタンは大抵は惑わしやにせの主張をして人々の思いを攻撃する（→創3:1-7, 13, Ⅱコリ4:4, エペ2:2, Ⅰテモ4:1）。ここではサタンはダビデをだまして、この人口調査（全住民を数えること）を神が承認すると思い込ませた（人口調査は神に逆らうことの説明　→21:8注）。
　（3）サタンは人々を高ぶりと自己宣伝の罪に陥れようとする（→創3:5, →Ⅰ歴21:8注）。これは神に逆らって天から追放された最初のときからサタンがいつも犯している罪である。サタンがダビデ王の中に霊的な足がかりを築くことができたのは、ダビデが大勝利をして成功したあと（14:-21:）だった（21:7-8, →Ⅰテモ3:6）。物事がうまくいって成功しているときに私たちは霊的集中力を失って、神ではなく自分の力

に頼るようになる。そういうときにこそ、高慢になったり惑わされたりしないように特別に注意をしなければならない。

21:7　神はイスラエルを打たれた　イスラエルの民の大部分はダビデの人口調査に賛成していたようである。けれどもヨアブは人口調査をすることが神のみこころではないこと、これをすればイスラエル全体に罪過をもたらすことを知っていた（21:3）。国全体が間違った誇りを持ってダビデの罪に協力した結果、さばきを受けることになった（→21:8注）。

21:8　私は・・・大きな罪を犯しました　ダビデは国が繁栄して、イスラエルの国にある大きな神のご計画に自分が用いられたことでおごり高ぶり罪を犯した。人口調査をすることによってイスラエルがどんなに大きくなったかを自慢しようとした。この国は自分の力に頼り始めたと考えたのである。このような高慢な態度は自己満足や優越感を生み、まことの信仰と謙遜を失わせる。ダビデはイスラエルの勝利は神の助けによって得られたこと、そしてこれからも同じであることを覚えておくべきだった。同じようにキリスト者も神の国の中では自分の才能や力、偉大さを自慢したり、おごったりしてはならない。むしろ「キリストの力が・・・おおうために」自分の弱さを思うべきである（Ⅱコリ12:9）。

⁹ そこで、主はダビデの先見者ガドに告げて仰せられた。

¹⁰「行って、ダビデに告げて言え。『主はこう仰せられる。わたしがあなたに出す三つのことがある。そのうち一つを選べ。わたしはあなたのためにそれをしよう。』」

¹¹ ガドはダビデのもとに行き、彼に言った。「主はこう仰せられる。『受け入れよ。

¹²＊三年間のききんか。三か月間、あなたが仇の前で取り去られ、あなたに敵の剣が追い迫ることか。あるいは三日間、主の剣、疫病がこの地に及び、主の使いがイスラエルの国中を荒らすことか。』今、私を遣わされた方に何と答えたらよいかを決めてください。」

¹³ ダビデはガドに言った。「それは私には非常につらいことです。私を主の手に陥らせてください。主のあわれみは深いからです。人の手には陥りたくありません。」

¹⁴ すると、主はイスラエルに疫病を下されたので、イスラエルのうち七万の人が倒れた。

¹⁵ 神はエルサレムに御使いを遣わして、これを滅ぼそうとされた。主は御使いが滅ぼしているのをご覧になって、わざわいを下すことを思い直し、滅ぼしている御使いに仰せられた。「もう十分だ。あなたの手を引け。」主の使いは、エブス人＊＊オルナンの打ち場のかたわらに立っていた。

¹⁶ ダビデは、目を上げたとき、主の使いが、抜き身の剣を手に持ち、それをエルサレムの上に差し伸べて、地と天の間に立っているのを見た。ダビデと長老たちは、荒布で身をおおい、ひれ伏した。

¹⁷ ダビデは神に言った。「民を数えよと命じたのは私ではありませんか。罪を犯したのは、はなはだしい悪を行ったのは、この私です。この羊の群れがいったい何をしたというのでしょう。わが神、主よ。どうか、あなたの御手を、私と私の一家に下してください。あなたの民は、疫病に渡さないでください。」

¹⁸ すると、主の使いはガドに、ダビデに言うようにと言った。「ダビデは上って行って、エブス人オルナンの打ち場に、主のために祭壇を築かなければならない。」

¹⁹ そこでダビデは、ガドが主の御名によって語ったことばに従って上って行った。

²⁰ オルナンが振り返ると御使いが見えた。彼とともにいた彼の四人の子は身を隠し、オルナンは小麦の打穀をしていた。

²¹ ダビデがオルナンのもとに行くと、オルナンは目を留めてダビデを見、打ち場から出て来て、地にひれ伏して、ダビデに礼をした。

²² そこで、ダビデはオルナンに言った。「私に打ち場の地所を下さい。そこに主のために祭壇を建てたいのです。十分な金額で、それを私に下さい。神罰が民に及ばないようになるためです。」

²³ オルナンはダビデに言った。「王さま。どうぞ、お取りになってお気に召すようになさってください。ご覧ください。私は、全焼のいけにえのための牛、たきぎにできる打穀機、穀物のささげ物のための小麦を差し上げます。すべてを差し上げます。」

²⁴ しかし、ダビデ王はオルナンに言った。「いいえ、私はどうしても、十分な金額を払って買いたいのです。あなたのものを主にささげるわけにはいきません。費用もかけずに全焼のいけにえをささげたくないのです。」

---

9 ① I 歴25:5, 29:29,
Ⅱサム24:11,
Ⅱ列17:13,→Ⅱ歴9:29,
→イザ29:10
② I 歴29:29
12＊Ⅱサム24:13「七年間」
①→士2:1
13①詩51:1, 130:4, 7
15＊「御使いが」は補足
①出32:14, ヨナ3:10
②→士2:1
＊＊Ⅱサム24:16「アラウナ」
16①→士2:1
②→民22:23
③ I 列21:27
17①詩74:1
18① I 歴21:18-27,
Ⅱサム24:18-25
②→士2:1
③Ⅱ歴3:1
23＊直訳「わが主、王」
①→ I サム14:36
②→ I 歴6:49
③イザ41:15
④→ I サム3:14

21:14 【主】は・・・疫病を下された ダビデは罪を告白して心から悔い改めたので赦された(21:8)。けれども神はダビデと民を罰せられた。人々は罰を受け罪を告白して赦される。けれどもその罪の結果として痛い思いをさせられることは、みことばの中で何度も繰返し言われている聖書の原則である(→Ⅱサム11:2注, 12:13注)。神に逆らった後に罪の痛い結果を体験させることによって、神はご自分の律法を推進し、権威を掲げ、ご自分が正義の統治者であることを証明されるのである。このような体験をすることによって神の民は賢明な選択をし、正しいことを行うことを学ぶようになる。

21:15 もう十分だ。あなたの手を引け 神は罰を受けるはずの人々にもあわれみ深く同情してくださる。そして与えようとしていた罰を愛と恵みをもって軽くしたり中止したりなさるのである(⇒ヨナ3:)。

21:24 費用もかけずに全焼のいけにえを →Ⅱサム24:24注

I 歴代誌　21-22章

25 そしてダビデは、その地所代として、金のシェケルで重さ六百シェケルに当たるものを、オルナンに与えた。
26 こうしてダビデは、そこに主のために祭壇を築き、全焼のいけにえと和解のいけにえとをささげて、主に呼ばわった。すると、主は全焼のいけにえの祭壇の上に天から火を下して、彼に答えられた。
27 主が御使いに命じられたので、御使いは剣をさやに納めた。
28 そのとき、ダビデは主がエブス人オルナンの打ち場で彼に答えられたのを見て、そこでいけにえをささげた。
29 モーセが荒野で造った主の幕屋と全焼のいけにえの祭壇は、その時、ギブオンの高き所にあった。
30 ダビデは神を求めて、その前に出て行くことができなかった。主の使いの剣を恐れたからである。

22 1 そこで、ダビデは言った。「これこそ、神である主の宮だ。これこそ、イスラエルの全焼のいけにえの祭壇だ。」

主の宮の建築準備

2 そして、ダビデは命じて、イスラエルの地にいる在留異国人を召集し、神の宮を建てるため石材を切り出す石切り工を任命した。
3 ダビデは、門のとびらの釘および留め金用の鉄をたくさん用意し、青銅も、量りきれないほどおびただしく用意した。
4 また、杉の木も数えきれないほど用意した。シドン人とツロ人がダビデのもとに杉の木をおびただしく運んで来たからである。
5 ダビデは言った。「わが子ソロモンは、まだ若く力もない。主のために建てる宮は、全地の名となり栄えとなるように大いなるものとしなければならない。それで私は、そのために用意をしておく。」こうして、ダビデは彼が死ぬ前に多くの用意をしておいた。

26 ①レビ9:24, 士6:21, I列18:38, II歴7:1
29 ①I歴16:39, 40, I列3:4, II歴1:3
30 ①→士2:1

1 ①I歴21:18-28, II歴3:1
　②→I列6:49
2 ①→ヨシ8:33
　②I列9:20, 21, II歴2:17, 18
　③I列5:17, 18
3 ①I歴22:3, 4, I歴22:14, 29:2
　②I歴18:8, 29:7
4 ①I列5:6-10, エズ3:7
5 ①I歴29:1, I列3:7

7 ①申12:5, 11
　②I歴17:2, 28:2, IIサム7:2, 3, I列8:17, 詩132:3-5
8 ①I歴28:3
　②I列5:3
9 ①I列5:4
　②I歴28:5, IIサム12:24
　＊〈〉「シェロモ」、「平和」の意の「シャロム」の派生語
　③I列4:20, 24, 25
10 ①I歴17:12, 13, 28:6, IIサム7:12-14
　②I列5:5
　③I歴17:13
11 ①I歴22:16
12 ①I列3:11, 12, I列1:11, 12
　②詩119:34
　③→I列16:40
13 ①I歴28:7
　②→ヨシ1:5
14 ①I歴29:4
　②I歴22:3

6 彼はその子ソロモンを呼び、イスラエルの神、主のために宮を建てるように彼に命じた。
7 ダビデはソロモンに言った。「わが子よ。私は、わが神、主の御名のために宮を建てようとする志を持ち続けてきた。
8 ある時、私に次のような主のことばがあった。『あなたは多くの血を流し、大きな戦いをしてきた。あなたはわたしの名のために家を建ててはならない。あなたは、わたしの前に多くの血を地に流してきたからである。
9 見よ。あなたにひとりの子が生まれる。彼は穏やかな人になり、わたしは、彼に安息を与えて、回りのすべての敵に煩わされないようにする。彼の名がソロモンと呼ばれるのはそのためである。彼の世に、わたしはイスラエルに平和と平穏を与えよう。
10 彼がわたしの名のために家を建てる。彼はわたしにとって子となり、わたしは彼にとって父となる。わたしはイスラエルの上に彼の王座をとこしえまでも堅く立てる。』
11 そこで今、わが子よ、主があなたとともにおられ、主があなたについて語られたとおり、あなたが、あなたの神、主の宮をりっぱに建て上げることができるように。
12 ただ、主があなたに思慮と分別を与えて、あなたをイスラエルの上に任命し、あなたの神、主の律法を守らせてくださるように。
13 主がイスラエルについてモーセに命じられたおきてと定めをあなたが守り行うなら、あなたは栄える。強くあれ。雄々しくあれ。恐れてはならない。おののいてはならない。
14 見なさい。私は困難な中にも主の家のために、金十万タラント、銀百万タラントを用意した。また、青銅と鉄はあまりに多くて量りきれない。それに、木材と石材も用意した。あなたが、これらにもっと加えてほしい。
15 あなたのもとには、石を切り出す者、石

22:11　そこで今、わが子よ　ダビデは神殿の建築を許されなかったけれども（22:7-8）、忠実に建築の準備に力を注いだ。ダビデの関心は神殿建築だけではなく、建築を監督指揮する息子のソロモンにも向けられた。そして息子ソロモンが何よりも神の律法に注意深く従って、神との深い関係を熱心に求めるように指導した（22:11-13, 19, 親は子どものために祈るべきであることについて　→ヨハ17:1注）。

や木に細工する者、各種の仕事に熟練した者など、多くの仕事をする者がいて、16 金、銀、青銅、鉄を扱うが、その人数は数えきれない。立ち上がって、行いなさい。主があなたとともにおられるように。」

17 そして、ダビデはイスラエルのすべてのつかさたちに、その子ソロモンを助けるよう命じた。18「あなたがたの神、主は、あなたがたとともにおられ、周囲の者から守ってあなたがたに安息を与えられたではありませんか。主はこの地の住民を私の手に渡され、この地は主の前とその民の前に服したからです。19 そこで今、あなたがたは心を尽くし、精神を尽くして、あなたがたの神、主に求めなさい。立ち上がって、神である主の聖所を建て上げ、主の御名のために建てられた宮に、主の契約の箱と神の聖なる器具を運び入れなさい。」

レビ人

23 1 ダビデは老年を迎え、長寿を全うして、その子ソロモンをイスラエルの王とした。

2 ついで、彼はイスラエルのすべてのつかさ、祭司、レビ人を集めた。

3 レビ人のうち、三十歳以上の者を数えたところ、ひとりずつ人数を調べた合計は三万八千であった。

4「そのうち、主の宮の仕事を指揮する者は二万四千、つかさとさばきつかさは六千、5 そして、四千人は門衛となり、四千人は私が賛美するために作った楽器を手にして、主を賛美する者となりなさい。」

6 そして、ダビデは彼らを組に分けた。レビ族を、*ゲルション、ケハテ、メラリに分け、

ゲルション族

7 ゲルション人をラダンとシムイに分けた。

8 ラダンの子は、そのかしらエヒエルと、ゼタム、ヨエルの三人。

9 シムイの子は、シェロミテ、ハジエル、ハランの三人。これらはラダンの一族のかしらであった。

10 シムイの子は、ヤハテ、*ジザ、エウシュ、ベリアの四人。これらの四人はシムイの子であった。

11 ヤハテはそのかしら、ジザはその次であった。エウシュとベリアは子どもを多く持たなかった。そこで父の家にいて、同じ役についた。

ケハテ族

12 ケハテの子は、アムラム、イツハル、ヘブロン、ウジエルの四人。

13 アムラムの子は、アロンとモーセ。アロンは、至聖所を聖別するために取り分けられた。それは、彼とその子らが、とこしえまでも主の前に香をたき、主に仕え、主の御名によって、とこしえまでも祝福するためである。

14 神の人モーセの子孫は、レビ部族の者として名を呼ばれた。

15 モーセの子は、ゲルショムとエリエゼル。

16 ゲルショムの子は、かしらがシェブエル。

17 エリエゼルの子は、かしらがレハブヤで、エリエゼルにはほかに男の子がなかった。レハブヤの子は非常に多かった。

18 イツハルの子は、かしらがシェロミテ。

19 ヘブロンの子は、かしらがエリヤ、第二はアマルヤ、第三はヤハジエル、第四はエカムアム。

20 ウジエルの子は、かしらがミカ、第二はイシヤ。

メラリ族

21 メラリの子は、マフリとムシ。マフリの子はエルアザルとキシュ。

22 エルアザルは死に、彼には息子がなく、

23:2 すべてのつかさ・・・を集めた ダビデは指導力を最大限に発揮して、自分の死後も、神を敬う正しい礼拝が継続されるようにした。さらに多くのことをしたけれども、中でもレビ人の責任を詳細に整備した(23:4-5)。レビ人は幕屋と神殿で仕えるために神が任命し選ばれた部族である。ダビデはこのようにして指導力の基盤を築いてこの国の宗教と政治の機構を強化していった。

娘だけであったので、彼らのいとこであるキシュの子らが彼らをめとった。
23 ムシの子は、マフリ、エデル、エレモテの三人。
24 これは、それぞれ父祖の家に属するレビ族で二十歳以上になり、主の宮の奉仕の仕事をした者であり、ひとりひとり、その名が数えられ登録された一族のかしらたちであった。
25 ダビデがこう言ったからである。「イスラエルの神、主は、御民に安息を与え、とこしえまでもエルサレムに住まわれる。
26 レビ人も、幕屋を運んだり、奉仕に用いるすべての器具を運んだりする必要はない。」
27 これらは、ダビデの最後のことばに従って数えられた二十歳以上のレビ族の数である。
28 彼らの役目は、アロンの子らを助け、庭のこと、脇部屋のこと、きよめて聖なるものとすることに関する主の宮の奉仕をし、神の宮で奉仕をすることである。
29 並べ供えるパン、穀物のささげ物である小麦粉、種を入れないせんべい、平なべ、混ぜ合わせたもの、また、各種の量や大きさを計ること。
30 立って朝ごとに主をほめたたえ、賛美し、夕べにも同じようにすること。
31 安息日、新月の祭りおよび例祭の時に、定められた数にしたがって絶やさずに主の前にささげる主へのすべての全焼のいけにえのこと。
32 彼らは、会見の天幕の任務、聖所の任務、および、主の宮で奉仕をする彼らの同族アロンの子らの任務を果たさなければならない。

22 ①民36:6, 8
　②Ⅰ歴24:29
23 ①Ⅰ歴24:30
24 ①Ⅰ歴23:27
25 ①Ⅰ歴22:18
26 ①申10:8, 民4:15, 7:9
27 ①Ⅰ歴23:24
28 ①Ⅰ歴23:28-32, 民3:5-9
29 ①Ⅰ歴9:32
　②→Ⅰサム3:14
　③民9:29, 出29:2, 40, レビ6:20
　④レビ2:4, 7:12, 民6:15
　⑤レビ2:5, 7, 6:21
　⑥レビ19:35, 36
30 ①詩134:1
31 ①民28:9-29:39
　②→Ⅱ歴7:3
　③→Ⅰ歴6:49
32 ①→Ⅰ歴6:32, 出27:21

1 ①Ⅰ歴24:1, 2, 民3:2-4
　②出6:23, 民26:60
2 ①レビ10:1, 2, 民26:61
3 ①Ⅰ歴18:16, 24:31
5 ①Ⅰ歴24:31
6 * 幾つかの写本では
11 *「エシュア」

祭司の分団

24

1 アロンの子らの組分け。アロンの子らは、ナダブ、アビフ、エルアザル、イタマル。
2 ナダブとアビフはその父に先立って死に、彼らには子どもがなかったので、エルアザルとイタマルが祭司の務めについた。
3 ダビデは、エルアザルの子孫のひとりツァドク、およびイタマルの子孫のひとりアヒメレクと協力して、彼らをそれぞれの奉仕に任命し、それぞれの組に分けた。
4 エルアザルの子孫のほうが、イタマルの子孫よりも一族のかしらが多かったので、エルアザルの子孫は、父祖の家のかしらごとに十六組に、イタマルの子孫は、父祖の家ごとに八組に分けられた。
5 彼らはくじを引いて互いにそれぞれの組に分かれた。聖所の組のつかさたち、神の組のつかさたちは、エルアザルの子孫の中にも、イタマルの子孫の中にもいたからである。
6 レビ人の出の書記、ネタヌエルの子シェマヤが、王とつかさたち、および祭司ツァドクとエブヤタルの子アヒメレク、それに祭司とレビ人の一族のかしらたちの前で、それらを書きしるした。エルアザルの父祖の家を一つ一つ、イタマルのを一つ*一つ*。
7 第一のくじは、エホヤリブに当たった。第二はエダヤに、
8 第三はハリムに、第四はセオリムに、
9 第五はマルキヤに、第六はミヤミンに、
10 第七はコツに、第八はアビヤに、
11 第九*はヨシュアに、第十はシェカヌヤに、
12 第十一はエルヤシブに、第十二はヤキムに、
13 第十三はフパに、第十四はエシェブアブに、
14 第十五はビルガに、第十六はイメルに、

24:1 アロンの子らの組分け 24章は祭司の構成を書いている。祭司の主な仕事はいけにえをささげることである。それによって人々は神に近づき、罪を告白し、赦しを受け、自分自身を神の目的にささげることができた。この種のいけにえとささげ物はイエス・キリストがこの世界に来られて、ご自分の血を流して犠牲となり新しい契約を立てられたときに終了した。現在はイエス・キリストの血によってのみ人々は霊的にきよめられ個人的な救いの関係に入ることができる（→ヘブ3:1, 4:14-16, 7:23-25, 8:1-13、→「旧契約と新契約」の項 p.2363）。祭司たちは不信仰になり、新約聖書の時代には真理と神のことばが示していることから遠く離れてしまい、イエス・キリストの処刑を最も強く要求するほどになっていた（マタ27:1, 6, 20）。今日のキリスト者はみな「聖なる祭司として、イエス・キリストを通して、神に喜ばれる霊のいけにえをささげ」る者とされている（→Ⅰペテ2:5注）。

¹⁵第十七はヘジルに、第十八はピツェツに、
¹⁶第十九はペタフヤに、第二十はエヘズケルに、
¹⁷第二十一はヤキンに、第二十二はガムルに、
¹⁸第二十三はデラヤに、第二十四はマアズヤに当たった。
¹⁹これは主の宮に入る彼らの奉仕のために登録された者たちで、彼らの先祖アロンがイスラエルの神、主の彼に命じられたところによって、定めたとおりである。

そのほかのレビ人

²⁰残りのレビ族については、アムラムの子孫ではシュバエル。シュバエルの子ではエフデヤ。
²¹レハブヤについて、レハブヤの子では、そのかしらイシヤ。
²²イツハル人では、シェロミテ。シェロミテの子ではヤハテ。
²³ヘブロンの子は、そのかしらがエリヤ、第二はアマルヤ、第三はヤハジエル、第四はエカムアム。
²⁴ウジエルの子孫はミカ。ミカの子ではシャミル。
²⁵ミカの兄弟はイシヤ。イシヤの子ではゼカリヤ。
²⁶メラリの子はマフリとムシ。彼の子ヤアジヤの子孫、
²⁷すなわち、メラリの子孫で、彼の子ヤアジヤから出た者は、ショハム、ザクル、イブリ。
²⁸マフリからは、エルアザル。彼には子もがなかった。
²⁹キシュからは、キシュの子孫のエラフメエル。
³⁰ムシの子孫は、マフリ、エデル、エリモテ。これが、それぞれその父祖の家に属するレビの子孫である。

²⁰ * Ⅰ歴23:16「シェブエル」
²¹① Ⅰ歴23:17, 26:25
²²① Ⅰ歴23:18
 * Ⅰ歴23:18による「シェロモテ」
²³① Ⅰ歴23:19
 * Ⅰ歴23:19による
② 民26:31
²⁶① Ⅰ歴23:21, 出6:19
²⁸① Ⅰ歴23:22
³⁰① Ⅰ歴23:23
 * Ⅰ歴23:23「エレモテ」

³¹彼らもまた、彼らの同族であるアロンの子らと全く同じように、ダビデ王とツァドクとアヒメレク、および祭司とレビ人の一族のかしらたちの前で、くじを引いた。一族では、かしらもその弟と全く同じであった。

賛美をする人々

25¹また、ダビデと将軍たちは、アサフとヘマンとエドトンの子らを奉仕のために取り分け、立琴と十弦の琴とシンバルをもって預言する者とした。その奉仕に従って、仕事についた者の数は次のとおりである。

²アサフの子では、ザクル、ヨセフ、ネタヌヤ、アサルエラ。これらはアサフの子で、王の指揮に従って、預言するアサフの指揮下にあった。

³エドトンについて。エドトンの子は、ゲダルヤ、ツェリ、エシャヤ、シムイ、ハシャブヤ、マティテヤの六人。立琴をもって主をほめたたえ、賛美しながら預言する彼らの父エドトンの指揮下にあった。

⁴ヘマンについて。ヘマンの子は、ブキヤ、マタヌヤ、ウジエル、シェブエル、エリモテ、ハナヌヤ、ハナニ、エリヤタ、ギダルティ、ロマムティ・エゼル、ヨシュベカシャ、マロティ、ホティル、マハジオテ。
⁵これらはみな、神のことばに従って、角笛を高く上げる王の先見者ヘマンの子らであった。神はヘマンに息子十四人と、娘三人を与えられた。

⁶これらはみな、その父の指揮下にあって、シンバル、十弦の琴、立琴を手に、主の宮で歌を歌って、王の指揮の下に神の宮の奉仕に当たる者たちである。アサフ、エドトン、ヘマン。

⁷彼らおよび主にささげる歌の訓練を受けた彼らの同族——彼らはみな達人であった

³¹① Ⅰ歴24:3
② Ⅰ歴24:5

1① Ⅰ歴25:1-7, Ⅰ歴23:5
② Ⅰ歴6:39
③ Ⅰ歴6:33, 16:41, 42
④ Ⅰ歴16:41, 42
⑤ Ⅰ歴15:16
* Ⅰサム10:5
2① Ⅰ歴25:10, ネヘ12:35
② Ⅰ歴25:14
3① Ⅰ歴25:11
 *「シムイ」は七十人訳による補足
4① Ⅰ歴25:18
 * Ⅰ歴25:20「シュバエル」
 ** Ⅰ歴25:22「エレモテ」
② Ⅰ歴25:22
*** [ ] Ⅰ歴25:22「エリアタ」
③ Ⅰ歴25:29
④ Ⅰ歴25:31
⑤ Ⅰ歴25:30
5①→ Ⅰ歴21:9
6① Ⅰ歴25:2, 3
② Ⅰ歴15:16
③ Ⅰ歴15:19

25:1 立琴・・・をもって預言する　「預言する」はふつう、神のため、その栄誉のために、特に神の御霊の霊感と導きによって声を出すことを意味している。ここでは預言のことばは神への賛美として歌を歌い、楽器を弾くことによって表現されている。これは聖霊の直接的働きかけによって行われたと思われる。新しい契約（御子イエス・キリストのいのちと犠牲を通して行われた神の霊的救いの計画）では、預言は聖霊に満たされて強められたキリスト者の間に聖霊が働いて話される方法の一つとして考えられている（→使2:17注、→「御霊の賜物」の項 p.2138）。

25:7【主】にささげる歌　歌は主として神を賛美し、神の御名をたたえる手段として用いられた（→エペ5:19注）。

——の人数は二百八十八人であった。
8 彼らは、下の者も上の者も、達人も弟子も、みな同じように任務のためのくじを引いた。

9 第一のくじは、アサフに属するヨセフに当たり、第二はゲダルヤに当たった。彼と兄弟たち、子たち、十二人。
10 第三はザクル、その子たち、兄弟たち、十二人。
11 第四はイツェリ、その子たち、兄弟たち、十二人。
12 第五はネタヌヤ、その子たち、兄弟たち、十二人。
13 第六はブキヤ、その子たち、兄弟たち、十二人。
14 第七はエサルエラ、その子たち、兄弟たち、十二人。
15 第八はエシャヤ、その子たち、兄弟たち、十二人。
16 第九はマタヌヤ、その子たち、兄弟たち、十二人。
17 第十はシムイ、その子たち、兄弟たち、十二人。
18 第十一はアザルエル、その子たち、兄弟たち、十二人。
19 第十二はハシャブヤ、その子たち、兄弟たち、十二人。
20 第十三はシュバエル、その子たち、兄弟たち、十二人。
21 第十四はマティテヤ、その子たち、兄弟たち、十二人。
22 第十五はエレモテ、その子たち、兄弟たち、十二人。
23 第十六はハナヌヤ、その子たち、兄弟たち、十二人。
24 第十七はヨシュベカシャ、その子たち、兄弟たち、十二人。
25 第十八はハナニ、その子たち、兄弟たち、十二人。
26 第十九はマロティ、その子たち、兄弟たち、十二人。
27 第二十はエリヤタ、その子たち、兄弟たち、十二人。
28 第二十一はホティル、その子たち、兄弟たち、十二人。
29 第二十二はギダルティ、その子たち、兄

7 ① Ⅰ 歴23:5
8 ① Ⅰ 歴26:13
10 ① Ⅰ 歴25:2, ネヘ12:35
11 ① Ⅰ 歴25:3
14 * Ⅰ 歴25:2「アサルエラ」
18 ① Ⅰ 歴25:4
20 * Ⅰ 歴25:4「シェブエル」
22 ① Ⅰ 歴25:4
29 ① Ⅰ 歴25:4

30 ① Ⅰ 歴25:4
31 ① Ⅰ 歴25:4

1 ① Ⅰ 歴26:1-19, Ⅰ 歴23:5
  * Ⅰ 歴9:19「エブヤサフ」
  ② Ⅰ 歴9:19
  ③ Ⅰ 歴9:21, 26:2, 9, 14
  ** Ⅰ 歴9:19「シャルエラ」
4 ① Ⅰ 歴26:4-8, Ⅰ 歴13:14, Ⅱ サム6:10-12
  ② Ⅰ 歴15:24, 16:38, 26:8, 15
9 ① Ⅰ 歴9:21, 26:1, 2
10 ① Ⅰ 歴16:38, 26:11, 16
   ② 創48:13-20
13 ① Ⅰ 歴25:8
14 ① Ⅰ 歴26:14-18, Ⅰ 歴9:24
   ② Ⅰ 歴26:1
   * Ⅰ 歴9:17「シャルム」

弟たち、十二人。
30 第二十三はマハジオテ、その子たち、兄弟たち、十二人。
31 第二十四はロマムティ・エゼル、その子たち、兄弟たち、十二人に当たった。

門衛

26 1 門衛の組分け。コラ人では*アサフ族のコレの子メシェレムヤ。
2 メシェレムヤには子どもがあった。長男ゼカリヤ、次男エディアエル、三男ゼバデヤ、四男ヤテニエル、
3 五男エラム、六男ヨハナン、七男エルエホエナイ。
4 オベデ・エドムには子どもがあった。長男シェマヤ、次男エホザバデ、三男ヨアフ、四男サカル、五男ネタヌエル、
5 六男アミエル、七男イッサカル、八男ペウルタイ。神が彼を祝福されたからである。
6 彼の子シェマヤに子どもたちが生まれた。彼らは勇士だったので、その父の家を治める者となった。
7 シェマヤの子は、オテニ、レファエル、オベデ、エルザバデ——彼の兄弟は勇者、エリフとセマクヤ。
8 これはみな、オベデ・エドムの子たちで、彼らとその子、兄弟たちは、その奉仕にふさわしい力のある勇敢な人であった。オベデ・エドムに属する者は六十二人であった。
9 メシェレムヤには子どもと兄弟たちがあり、彼らは勇者で、十八人であった。
10 また、メラリ族のホサには、子どもがあり、そのかしらはシムリであった。彼は長男ではなかったが、父が彼をかしらにしたからである。
11 第二はヒルキヤ、第三はテバルヤ、第四はゼカリヤであった。ホサの子ども、兄弟たちは合計十三人であった。
12 門衛のこれらの各組に対し、主の宮で仕える任務が、彼らのかしらごとに、彼らの兄弟たちと全く同じように割り当てられた。
13 こうして、彼らは、下の者も上の者もひとしく、その父祖の家ごとに、一つ一つの門についてくじを引いた。
14 すると、東方のくじはシェレムヤに当たっ

た。彼の子で思慮深い議官ゼカリヤのためにくじが引かれ、彼のくじは北方と出た。
¹⁵オベデ・エドムには南方、彼の子らには倉、
¹⁶シュピムとホサには西方、それに上り坂の大路のシャレケテ門が当たった。見張りの組と組とは並び合っていた。
¹⁷東方には六人のレビ人、北方には毎日四人、南方には毎日四人、倉にはふたりずつ、
¹⁸西方の前庭には、大路に四人、前庭にふたりであった。
¹⁹以上は、コラ族とメラリ族の門衛の組分けである。

宝物係とそのほかの高官たち

²⁰レビ人のアヒヤは、神の宮の宝物倉および聖なるささげ物の宝物倉をつかさどった。
²¹ゲルション族でラダンに属するラダンの子ら、ゲルション人ラダンに属する一族のかしらたち、すなわちエヒエル人、
²²エヒエル人の子孫、その兄弟ゼタムとヨエルは、主の宮の宝物倉をつかさどった。
²³アムラム人、イツハル人、ヘブロン人、ウジエル人については、
²⁴モーセの子ゲルショムの子シェブエルが宝物倉のつかさであった。
²⁵彼の同族で、エリエゼルに属する者は、その子レハブヤ、その子エシャヤ、その子ヨラム、その子ジクリ、その子シェロミテであるが、
²⁶このシェロミテと彼の兄弟たちは、ダビデ王と一族のかしらたち、および、千人隊の長、百人隊の長たち、将軍たちが聖別してささげた聖なるささげ物のすべての宝物倉をつかさどった。
²⁷彼らは、戦いで得た分捕り物を、主の宮を修理するために聖別してささげた。
²⁸すべて予見者サムエル、キシュの子サウル、ネルの子アブネル、ツェルヤの子ヨアブが聖別してささげた物、すなわち、すべての聖なるささげ物は、シェロミテと兄弟たちにゆだねられた。
²⁹イツハル人のうち、ケナヌヤとその子らは、イスラエルに関する外の仕事につき、つかさとさばきつかさとなった。
³⁰ヘブロン人のうち、ハシャブヤとその同

16 ① I 歴16:38, 26:10, 11
18 * □「パルバル」
　　II 列23:11
20 ① I 歴28:12, マラ3:10
　　② I 歴26:22, 24, 26
21 ① I 歴23:8
23 ① I 歴23:16
25 ① I 歴26:26
26 ① I 歴26:25
　　* □「シェリモテ」
　　① I 歴18:11,
　　II サム8:11
28 ① → I サム9:9
29 ① I 歴15:22
　　② ネヘ11:16
　　③ I 歴23:4

31 ① I 歴23:19
　　② I 歴6:81, ヨシ21:39
32 ① II 歴19:11

2 ① I 歴11:11
4 ① I 歴11:12
5 ① I 歴12:27
　　② I 歴11:22,
　　II サム23:20, 22
7 ① I 歴11:26,
　　II サム2:18-23, 23:24
9 ① I 歴11:28,
　　I サム23:26

族の者は勇者であり、千七百人いたが、ヨルダン川を渡った所から西方に至る地域のイスラエルの管理に当たり、すべての主の仕事、王への奉仕に当たった。
³¹ヘブロン人のうち、エリヤは、その一族その家系によるヘブロン人のかしらであった。ダビデの治世の第四十年に、彼らは調べられ、そのとき彼らのうちにギルアデのヤゼルで勇士が見いだされた。
³²彼の同族の者たちは勇者であって、二千七百人いたが、一族のかしらたちであった。ダビデ王は彼らを、ルベン人、ガド人、マナセ人の半部族の上に任命し、すべて神に関する事がら、王に関する事がらに当たらせた。

軍隊の分団

27 ¹イスラエル人、すなわち、一族のかしらたち、千人隊の長、百人隊の長たち、および彼らのつかさたちは、王に仕えて一年のすべての月を通じ、月ごとの交替制にしたがって、各分団のすべての事に当たったが、その人数は一つの分団が二万四千人であった。
²第一の月、第一分団の長、ザブディエルの子ヤショブアム。彼の分団は二万四千人。
³彼はペレツの子孫のひとりで、第一の月を受け持つ将軍たちすべてのかしらであった。
⁴第二の月、分団の長、アホアハ人ドダイ、——彼の分団といえば、つかさミクロテがいた。彼の分団は二万四千人。
⁵第三の月、第三軍団の長は祭司エホヤダの子ベナヤ。彼がかしらであった。彼の分団は二万四千人。
⁶彼は、あの三十人の勇士のひとり、三十人の長のベナヤである。彼の分団には、その子アミザバデがいた。
⁷第四の月、第四軍は、ヨアブの兄弟アサエル。その子ゼバデヤが彼の跡を継いだ。彼の分団は二万四千人。
⁸第五の月、第五軍は、あの長イズラフ人シャムフテ。彼の分団は二万四千人。
⁹第六の月、第六軍は、テコア人イケシュの子イラ。彼の分団は二万四千人。
¹⁰第七の月、第七軍は、エフライム族の出

であるペロニ人ヘレツ。彼の分団は二万四千人。

11 第八の月、第八軍は、ゼラフ人に属するフシャ人シベカイ。彼の分団は二万四千人。

12 第九の月、第九軍は、ベニヤミン人に属するアナトテ人アビエゼル。彼の分団は二万四千人。

13 第十の月、第十軍は、ゼラフ人に属するネトファ人マフライ。彼の分団は二万四千人。

14 第十一の月、第十一軍は、エフライム族の出であるピルアトン人ベナヤ。彼の分団は二万四千人。

15 第十二の月、第十二軍は、オテニエルに属するネトファ人ヘルダイ。彼の分団は二万四千人。

部族の長たち

16 なお、イスラエルの各部族の長は、ルベン人では、ジクリの子エリエゼルがつかさ。シメオン人ではマアカの子シェファテヤ。

17 レビではケムエルの子ハシャブヤ。アロンではツァドク。

18 ユダではダビデの兄弟のひとりエリフ。イッサカルではミカエルの子オムリ。

19 ゼブルンではオバデヤの子イシェマヤ。ナフタリではアズリエルの子エリモテ。

20 エフライム族ではアザズヤの子ホセア。マナセの半部族ではペダヤの子ヨエル。

21 ギルアデのマナセの半部族ではゼカリヤの子イド。ベニヤミンではアブネルの子ヤアシエル。

22 ダンではエロハムの子アザルエル。これがイスラエル各部族のつかさたちであった。

23 ダビデは二十歳以下の人々は数に入れなかった。主がイスラエルを天の星のようにふやそうと言われたからである。

24 ツェルヤの子ヨアブが数え始めたが、終わらなかった。このため、御怒りがイスラエルの上に下って、その数はダビデ王の年代記の統計には載らなかった。

王の監督官たち

25 王の宝物倉をつかさどったのは、アディエルの子アズマベテ。野と町々と村々とおのおののやぐらにある宝物倉をつかさ

10 * Ⅱサム23:26「ペレテ人」
① Ⅰ歴11:27
11 ① Ⅰ歴11:29、Ⅱサム21:18, 23:27
12 ① Ⅰ歴11:28、Ⅱサム23:27
13 ① Ⅰ歴11:30、Ⅱサム23:28
14 ① Ⅰ歴11:31
18 * Ⅰサム16:6「エリアブ」
22 ① Ⅰ歴28:1
23 ① Ⅰ歴27:23, 24、Ⅰ歴21:1-14
② 創13:16, 15:5, 22:17, 26:4

27 ① → Ⅱ列5:26
28 * 区「シェフェラ」
→ エレ11:16
② Ⅰ列10:27, Ⅱ歴1:15
31 ① Ⅰ歴5:10
33 ① Ⅱサム15:12
② Ⅱサム15:32, 37, 16:16, 17
34 ① Ⅰ歴27:5
② Ⅰ列1:7
③ Ⅰ歴11:6

1 ① Ⅰ歴23:2
② Ⅰ歴27章
① Ⅰ歴11:10-47
2 ① Ⅰ歴28:2-7, Ⅰ歴17:1-14, Ⅱサム7:1-16
② Ⅰ歴15:25
③ 詩99:5, 132:7, イザ66:1
3 ① Ⅰ歴22:8, Ⅰ列5:3

どったのは、ウジヤの子ヨナタン。

26 土地を耕して畑仕事をする者たちをつかさどったのは、ケルブの子エズリ。

27 ぶどう畑をつかさどったのは、ラマ人シムイ。ぶどう酒の倉にあるぶどう畑の産物をつかさどったのは、シェファム人ザブディ。

28 低地にあるオリーブの木といちじく桑の木をつかさどったのは、ゲデル人バアル・ハナン。油の倉をつかさどったのはヨアシュ。

29 シャロンで飼われる牛の群れをつかさどったのは、シャロン人シルタイ。谷にいる牛の群れをつかさどったのは、アデライの子シャファテ。

30 らくだをつかさどったのは、イシュマエル人オビル。雌ろばをつかさどったのは、メロノテ人エフデヤ。

31 羊の群れをつかさどったのは、ハガル人ヤジズ。これらはみな、ダビデ王の所有する財産の係長であった。

32 ダビデのおじヨナタンは議官であり、英知の人で、彼は書記でもあった。ハクモニの子エヒエルは王の子らとともにいた。

33 アヒトフェルは王の議官で、アルキ人フシャイは王の友であった。

34 アヒトフェルの跡を継いだのは、ベナヤの子エホヤダとエブヤタルであり、王の将軍はヨアブであった。

ダビデによる主の宮の建築計画

28

1 さて、ダビデはイスラエルのすべてのつかさ、すなわち、各部族のつかさ、王に仕える各組のつかさ、千人隊の長、百人隊の長、王とその子らが所有している財産、家畜全体の係長たち、宦官たち、勇士たち、つまり、すべての勇士をエルサレムに召集した。

2 ダビデ王は立ち上がって、こう言った。「私の兄弟たち、私の民よ。私の言うことを聞きなさい。私は主の契約の箱のため、私たちの神の足台のために、安息の家を建てる志を持っていた。私は建築の用意をした。

3 しかし、神は私に仰せられた。『あなたはわたしの名のために家を建ててはならない。あなたは戦士であって、血を流してき

たからである。』

4 けれども、イスラエルの神、主は、私の父の全家から私を選び、とこしえにイスラエルを治める王としてくださった。ユダの中から君たる者を選ばれたからである。私の父の家はユダの家に属している。主は私の父の子どもたちのうちで、私を愛し、全イスラエルを治める王としてくださった。

5 主は私に多くの子どもを授けてくださったが、私のすべての子どもの中から、私の子ソロモンを選び、イスラエルを治める主の王座に着けてくださった。

6 そして、私にこう仰せられた。『あなたの子ソロモンが、わたしの家とわたしの庭を建てる。わたしが彼をわたしの子として選び、わたしが彼の父となるからだ。

7 もし彼が今日のようにわたしの命令と定めを行おうと堅く決心しているなら、わたしは彼の王位をとこしえまでも確立しよう。』

8 今、主の集会、全イスラエルの前で、私たちの神が聞いてくださるこの所で、あなたがたは、あなたがたの神、主の命令をことごとく守り、求めなさい。それは、あなたがたがこの良い地を所有し、あなたがたの後、とこしえまでもあなたがたの子たちにゆずりとして与えるためである。

9 わが子ソロモンよ。今あなたはあなたの父の神を知りなさい。全き心と喜ばしい心持ちをもって神に仕えなさい。主はすべての心を探り、すべての思いの向かうところを読み取られるからである。もし、あなたが神を求めるなら、神はあなたにご自分を現される。もし、あなたが神を離れるなら、神はあなたをとこしえまでも退けられる。

10 今、心に留めなさい。主は聖所となる宮を建てさせるため、あなたを選ばれた。勇気を出して実行しなさい。」

11 ダビデはその子ソロモンに、玄関広間、その神殿、宝物室、屋上の間、内部屋、贖いの間などの仕様書を授けた。

12 御霊により彼が示されていたすべてのものの仕様書であった。すなわち、主の宮の庭のこと、回りにあるすべての脇部屋のこと、神の宮の宝物倉のこと、聖なるささげ物の宝物倉のこと、

13 祭司とレビ人の組分けのこと、主の宮の奉仕のすべての仕事のこと、主の宮の奉仕に用いるすべての器具のことである。

14 金については、各種の奉仕に用いるすべての器具に使う金の目方が、すべての銀の器具については、各種の奉仕に用いるすべての器具の目方が示され、

15 金の燭台とその上にある金のともしび皿の目方は、一つ一つの燭台とその上にあるともしび皿の目方が、銀の燭台については、一つ一つの燭台の用途別に燭台とその上にあるともしび皿の目方が示されていた。

16 また、並べ供えるパンの机、一つ一つの机に使う金の目方、銀の机に使うその銀、

17 純金の肉刺し、鉢、びん、金の杯については、それぞれの杯の目方、銀の杯について、それぞれの目方、

18 精金の香の壇についてはその目方、主の契約の箱の上で翼を伸べ、防ぎ守っているケルビムの車のひな型の金のことが示されていた。

19 「これらすべては、私に与えられた主の手による書き物にある。彼は、この仕様書のすべての仕事を賢く行う。」

20 それから、ダビデはその子ソロモンに言った。「強く、雄々しく、事を成し遂げなさい。恐れてはならない。おののいては

28:8 命令をことごとく守り ソロモンが王国を築く条件は神に従う忠実な人生を歩むことだった。最初のうちソロモンは父の忠告を守っていたけれども、後には神への献身を失ってしまった（→ I 列2:4, 11:1注）。

28:9 あなたの父の神を知りなさい ダビデはソロモンに、いつも神を認めるようにと訴え指示をした。

(1) 神を認めるということは神の偉大さを認めて神の導きに頼り、「全き心と喜ばしい心持ちをもって」神の目的に仕えることである。そして実際の生活の中で神の特性と目的を具体的に知ることによって、神とみことばとに深く結び付き、それを保つことである（→ヨハ17:3注, ⇒ヨハ15:4注）。

(2) 神に仕えるとは、私たちの中にある神の目的が実現するように神の導きと力に頼ることである。それにはみことばによって正しい判断をして、私たちの中に神が働かれるように祈り続けることが必要である（義に飢え乾くことについて →マタ5:6注）。

ならない。神である主、私の神が、あなたとともにおられるのだから――。主は、あなたを見放さず、あなたを見捨てず、主の宮の奉仕のすべての仕事を完成させてくださる。
21 見なさい。神の宮のあらゆる奉仕のために祭司とレビ人の各組がいる。あらゆる奉仕のために知恵のある、進んで事に当たるすべての人が、どんな仕事にも、あなたとともにいる。つかさたちとすべての民は、あなたのすべての命令に従う。」

主の宮を建築するためのささげ物

29 1 次に、ダビデ王は全集団に言った。「わが子ソロモンは、神が選ばれたただひとりの者であるが、まだ若く、力もなく、この仕事は大きい。この城は、人のためでなく、神である主のためだからである。
2 私は全力を尽くして、私の神の宮のために用意をした。すなわち、金製品のための金、銀製品のための銀、青銅製品のための青銅、鉄製品のための鉄、木製品のための木、しまめのう、色とりどりのモルタルの石の象眼細工、あらゆる宝石、大理石をおびただしく用意した。
3 そのうえ、私は、私の神の宮を喜ぶあまり、聖なる宮のために私が用意したすべてのものに加えて、私の宝としていた金銀を、私の神の宮のためにささげた。
4 家々の壁に着せるため、オフィルの金の中から金三千＊タラントと、精銀七千タラントを、
5 金は金製品のため、銀は銀製品のため、またすべて職人の手による仕事のために、ささげる。そこで、きょう、だれか、みずから進んでその手にあふれるほど、主にささげる者はないだろうか。」
6 すると、一族の長たち、イスラエル各部族の長たち、千人隊、百人隊の長たち、王の仕事の係長たちは、みずから進んで、
7 神の宮の奉仕のために、金五千タラント一万ダリク、銀一万タラント、青銅一万八千タラント、鉄十万タラントをささげた。
8 宝石を持っている者は、これを主の宮の宝物倉にささげ、ゲルション人エヒエルの手に託した。
9 こうして、民は自分たちのみずから進んでささげた物について喜んだ。彼らは全き心を持ち、みずから進んで主にささげたからである。ダビデ王もまた、大いに喜んだ。

ダビデの祈り

10 ダビデは全集団の目の前で主をほめたたえた。ダビデは言った。「私たちの父イスラエルの神、主よ。あなたはとこしえからとこしえまでほむべきかな。
11 主よ。偉大と力と栄えと栄光と尊厳とはあなたのものです。天にあるもの地にあるものはみなそうです。主よ。王国もあなたのものです。あなたはすべてのものの上に、かしらとしてあがむべき方です。
12 富と誉れは御前から出ます。あなたはすべてのものの支配者であられ、御手には勢いと力があり、あなたの御手によって、すべてが偉大にされ、力づけられるのです。
13 今、私たちの神、私たちはあなたに感謝し、あなたの栄えに満ちた御名をほめたたえます。
14 まことに、私は何者なのでしょう。私の民は何者なのでしょう。このようにみずから進んでささげる力を保っていたとしても。すべてはあなたから出たのであり、私たちは、御手から出たものをあなたにささ

脚注:
20 ②ヨシ1:5、ヘブ13:5
21 ①Ⅰ歴28:13
②出35:25, 26, 30-35, 36:1, 2
③出35:21, 29

1 ①Ⅰ歴22:5、Ⅰ列3:7、箴4:3
②Ⅰ歴29:19
2 ①Ⅰ歴22:3-5
②イザ54:11, 12、黙21:18-21
③エス1:6、雅5:15、黙18:12
4 ①Ⅰ列9:28
②Ⅰ歴22:14
＊1タラントは34キログラム

6 ①Ⅰ歴29:6-9、Ⅱ歴35:8, 9、民7:1-3, 10, 11
②Ⅰ歴27:1
③Ⅰ歴28:1
④Ⅰ歴27:25-31
7 ①エズ2:69、ネヘ7:70
8 ①Ⅰ歴23:8
9 ①→Ⅱ列20:3
②Ⅱコリ9:7
11 ①黙5:13、マタ6:13
②詩89:11
12 ①Ⅰ歴29:12
②ロマ11:36
③Ⅱ歴20:6

29:5　きょう・・・ささげる者　29章は神の国（地上での神の計画と目的のこと。永遠の意義を持っている）の働きに関わるときに、どのような態度をとるべきかを教えている。私たちは次のことをしなければならない。（1）神の国を喜び、神の国に献身すること（29:3, 17）。（2）自分のいのちと財産を神の御用と目的のために進んでささげること（29:5-6）。（3）真心から神にささげることを喜びとすること（29:9）。（4）正しい方法で手に入れたものはみな神から与えられたものであることを認めること（29:12）。（5）神の永遠の目的の中に入れられている特権をへりくだって感謝すること（29:13-15）。（6）正しい動機を持ち、誠実な心と正しい生活が反映されたささげ物をすること（29:17）。（7）神と神のみこころに従うときには神が導き続けてくださるように祈ること（29:18、→Ⅱコリ9:）。

げたにすぎません。

15 私たちは、すべての父祖たちのように、あなたの前では異国人であり、居留している者です。地上での私たちの日々は影のようなもので、望みもありません。

16 私たちの神、主よ。あなたの聖なる御名のために家をお建てしようと私たちが用意をしたこれらすべてのおびただしいものは、あなたの御手から出たものであり、すべてはあなたのものです。

17 私の神。あなたは心をためされる方で、直ぐなことを愛されるのを私は知っています。私は直ぐな心で、これらすべてをみずから進んでささげました。今、ここにいるあなたの民が、みずから進んであなたにささげるのを、私は喜びのうちに見ました。

18 私たちの父祖アブラハム、イサク、イスラエルの神、主よ。御民のその心に計る思いをとこしえにお守りください。彼らの心をしっかりとあなたに向けさせてください。

19 わが子ソロモンに、全き心を与えて、あなたの命令とさとしと定めを守らせ、すべてを行わせて、私が用意した城を建てさせてください。」

20 そして、ダビデは全集団に向かって、「あなたがたの神、主をほめたたえなさい」と言った。すると全集団は、父祖の神、主をほめたたえ、ひざまずいて、主と王とを礼拝した。

ソロモンが王とされる

29:21-25　並行記事－Ⅰ列1:28-53

21 その日の翌日、彼らは主にいけにえをささげ、全焼のいけにえをささげた。雄牛千頭、雄羊千頭、子羊千頭、これらに添える

15①詩39:12, ヘブ11:13, Ⅰペテ2:11, レビ25:23
②ヨブ14:1, 2, 10-12, 詩90:9, 102:11, 144:4
17①Ⅰ歴28:9
②歴11:20, 詩15:1, 2
19①→Ⅱ列20:3
②詩72:1
③Ⅰ歴22:14, 29:2
④Ⅰ歴29:1
20①ヨシ22:33
21①Ⅰ王8:62, 63
②→Ⅰ歴6:49

③→エレ7:18
22①Ⅰ列1:33-39
23①Ⅰ歴23:1
24①Ⅱ歴2:12
25①伝8:2
②伝2:9, Ⅱ歴1:1, 12, Ⅰ歴3:13
26①Ⅰ歴18:14
27①Ⅰ歴3:4, Ⅱサム5:4, 5, Ⅰ列2:11
28①創15:15, 25:8
②Ⅰ歴23:1
29①→Ⅰサム9:9
②→Ⅰ歴16:22
③Ⅱサム7:2-4, 12:1-15
④Ⅰ歴21:9
⑤Ⅰサム22:5
30①ダニ2:23, 37

③ぶそ注ぎのぶどう酒、それに全イスラエルのためのおびただしいいけにえをささげた。

22 彼らはその日、大いに喜んで、主の前に食べたり飲んだりし、あらためてダビデの子ソロモンを王とし、油をそそいで、主のために、君主とし、ツァドクを祭司とした。

23 こうしてソロモンは、主の設けられた王座に着き、父ダビデに代わって、王となって、栄えた。全イスラエルは彼に聞き従った。

24 すべてのつかさたち、勇士たち、および、ダビデ王のすべての子たちまでも、ソロモン王に服した。

25 主はソロモンを全イスラエルの目の前に非常に大いなる者とし、彼より先にイスラエルを治めたどの王にも見られなかった王の尊厳を、彼に与えられた。

ダビデの死

29:26-28　並行記事－Ⅰ列2:10-12

26 このようにして、エッサイの子ダビデは全イスラエルを治めた。

27 彼がイスラエルの王であった期間は四十年であった。ヘブロンで七年治め、エルサレムで三十三年治めた。

28 彼は長寿に恵まれ、齢も富も誉れも満ち満ちて死んだ。彼の子ソロモンが代わって王となった。

29 ダビデ王の業績は、最初から最後まで、予見者サムエルの言行録、預言者ナタンの言行録、先見者ガドの言行録にまさしくしるされている。

30 それには、彼のすべての統治、彼の力、また、彼およびイスラエル、それに各地の諸王国が過ごした時代についてしるされている。

29:20　あなたがたの神、【主】をほめたたえなさい

「主をほめたたえ」るとは神を尊び深く愛し、感謝を表すことである。そして全知全能の創造者である神の偉大さとすばらしさを公に話すことである（詩103:1-2）。神をほめたたえるときは慈愛、あわれみ、誠実さ、同情、聖さ、威厳など、神の特性に注意を集中することが望ましい。そうするなら神への応答として愛と感謝の思いがあふれ流れ出るようになる（→「礼拝」の項 p.789,「賛美」の項 p.891,「神の属性」の項 p.1016）。

歴代誌　第二

概　　要
I. ソロモン―その治世の重要な貢献(1:1-9:31)
   A. ソロモンの指導力の確立と知恵を求める祈り(1:1-17)
   B. 神殿の建築(2:1-5:1)
   C. 神殿の奉献(5:2-7:22)
      1. 契約の箱の神殿安置(5:2-14)
      2. ソロモンの奉献のことば(6:1-11)
      3. ソロモンの祈りと神の栄光(6:12-7:3)
      4. 奉献のいけにえと祝宴(7:4-11)
      5. 神の約束と警告(7:12-22)
   D. ソロモンの名声(8:1-9:28)
      1. 業績、財産、政策(8:1-18)
      2. シェバの女王の称賛(9:1-12)
      3. ソロモンの富(9:13-28)
   E. ソロモンの死(9:29-31)
II. レハブアムから捕囚までのユダの王たち(10:1-36:23)
   A. 分裂とレハブアムの治世(10:1-12:16)
   B. アビヤとアサの治世(13:1-16:14)
   C. ヨシャパテの治世(17:1-20:37)
   D. ヨラム、アハズヤ、アタルヤの治世(21:1-23:15)
   E. ヨアシュの治世(23:16-24:27)
   F. アマツヤ、ウジヤ、ヨタムの治世(25:1-27:9)
   G. アハズの治世(28:1-27)
   H. ヒゼキヤの治世と改革(29:1-32:33)
   I. マナセとアモンの治世(33:1-25)
   J. ヨシヤの治世と改革(34:1-35:27)
   K. ヨシヤの後継者と捕囚(36:1-21)
   L. クロスの神殿再建の布告(36:22-23)

著　　者：エズラ(？)

主　　題：本当の礼拝、リバイバル、改革

著作の年代：紀元前450－420年

著作の背景

　歴代誌第一と第二はヘブル語聖書ではもともと1冊の書物だった。そのため、歴代誌第二の背景は歴代誌第一の緒論で詳しく説明されている。歴代誌第二は列王記第一、第二と同じ時代の歴史、つまりソロモンの治世(前971-931)と分裂した王国(前930-586)を扱っている。イスラエルの王国はソロモンの治世の後、内紛を繰返して、ついに二つの国に分裂する。北の王国(イスラエルの名前を継承した)はイスラエルの12部族のうちの10部族で構成されていた。南の王国(ユダと呼ばれた)はユダ族とベニヤミン族、シメオン族の一部で成立していた。北の10部族の中にはエルサレムで神を礼拝するために南の王国へ移住した人々もいた。分裂した王国の両方の歴史を扱っている列王記第一、第二と異なり、歴代誌第二はユダ王国のたどった道だけに焦点を当てている。歴代誌の著者は南の王国ユダをイスラエルの「贖いの歴史」(人々を罪の結果から救い、神との関係に導き入れると

いう神の計画の歴史)の主流と考えている。それは次の理由による。
　(1) エルサレムの神殿は引続き神の礼拝の中心であったこと。
　(2) ユダの王たちはダビデの子孫であり、神が永遠の王国を約束されていること(Ⅰ歴17：9-14, →「ダビデとの神の契約」の項 p.512)。
　(3) 捕囚(当時はペルシヤ帝国の捕囚だった)から帰還してエルサレムの町と神殿を再建した人々の大部分がユダ族だったこと(捕囚に関する簡単な概要と図解 →Ⅱ列緒論, エズ緒論, →Ⅱ列15：29注, 17：6注, 24：1注,「イスラエル(北王国)の捕囚」の地図 p.633, 「ユダ(南王国)の捕囚」の地図 p.633)。歴代誌第二は神殿、祭司職、ダビデへの神の契約の約束など、それぞれの重要性が人々の間で回復されたときに祭司の観点から、前5世紀の後半に書かれたものである。

目　　的

　歴代誌第二は第一と同じく、捕囚から母国へ帰還したユダヤ人のグループのために書かれた(→エズ緒論, ネヘ緒論, →「捕囚からの帰還」の地図 p.759)。長年自分たちの民族性を否定されてきた人々は、早急に文化的な遺産と霊的遺産を取戻すことが必要だった。したがって歴代誌第二は過去の悪い面ではなく、王国やその歴史の肯定的要素を強調している。そして霊的リバイバル、改革、神に忠実に従う指導者たちに与えられた神の祝福などについて書いている。疲れた捕囚の人々もこれによって、未来に向かって新しい希望を見つけることができた。また自分たちが神の契約の民であること(神の契約は神の律法と約束、そして人々の服従と忠誠に基づいている)、そして神のご計画は神の力と目的を世界に示すことであることを思い出させたのである。

概　　観

　歴代誌第二の歴史は大きく二つに分けることができる。
　(1) 1－9章はソロモン王の治世を扱っている。それはイスラエルの黄金時代で、平和、力、富、影響力において最高のときだった(→「ソロモン時代のエルサレム」の図 p.551)。この部分の三分の二(2：-7：)は、この書物全体の目的に合せて、神を礼拝する中心としての神殿建築と、神殿奉献についての詳しい記録になっている(→「神殿」の項 p.707, 「ソロモンの神殿」の図 p.557)。
　(2) 10－36章ではソロモンのあとのユダの王たちの物語と王国の分裂について、かなり選択して書かれている(→「イスラエルとユダの王」の表 p.651)。ユダは大変な霊的反抗をして国全体が衰退したけれども、歴代誌第二は神とその目的に大体において忠実だった王たちに焦点を当てている。それはアサ(14：-15：)、ヨシャパテ(17：, 19：-20：)、ヨアシュ(24：)、ヒゼキヤ(29：-32：)、ヨシヤ(34：-35：)などである。この王たちは大きなリバイバルと改革の最初から、神を敬う模範になっていた。10－36章の70パーセントは霊的なリバイバルと改革に関係した王たちの話であるけれども、王国の腐敗と崩壊を引起こした悪い王たちの行いもまた詳しく記録されている(10：-36：の30パーセント)。歴代誌第二は、ペルシヤのクロス王が捕囚のユダヤ人に、母国に帰ってエルサレムの神殿を再建することを許可する布告を出したところで終っている(36：22-23)。

特　　徴

　歴代誌第二には四つの大きな特徴がある。
　(1) 列王記第一、第二とほぼ同じ時代の歴史を扱っている。
　(2) エルサレムの神殿に焦点を当てているので、ヘブル語聖書ではサムエル記や列王記とは違う区分に入れられている(サムエル記と列王記は預言者の区分に入れられている。それは預言者と王とのやりとり、預言者のメッセージの意味と効果、人々の行動の影響などを直接記録しているという意味で、明らかに預言的だからである)。
　(3) 五つの全国的リバイバルを扱っている。その中には、(a) ヒゼキヤの治世で起きた旧約聖書で一番詳しい霊的リバイバルの記録(29：-32：)、(b) ヨシヤの治世で起きた劇的なリバイバル、「律法の書」が発見されて人々の前で朗読され、その結果、神との契約が再確認されて過越の祭りが行われたリバイバル(34：-35：, →「イスラエル人との神の契約」の項 p.351, 「過越」の項 p.142)が含まれている。
　(4) 「主を求める」ということが訴えと奨励の中心になっている。神を信じる人はみな、神により深い関係を持つことを心から、深い思い、熱い思いで求めなければならないと教えている。また、神が何をしておられるかを理解したいという強い願いと、神の目的に参加したいという積極的姿勢を持たなければならないと教えている。著者は熱心に心を尽して主を求めることの重要性を繰返し強調している(1：6-13, 6：14, 7：14, 12：14,

15:1-2, 12-15, 16:9, 12, 17:4, 19:3, 20:3-4, 20, 31:21, 32:20-22, 34:26-28)。

新約聖書での成就
　ダビデの王国は最終的には破壊されたけれども、ダビデの家系は続いて、やがて「ダビデの子」と呼ばれるイエス・キリストによって完全に成就する(マタ21:9、→マタ1:1-17とルカ3:23-38のイエス・キリストの系図)。エルサレムの神殿もまた主イエスとの関係で特別な預言的意味を持っている。主イエスはご自分を指して「ここに宮より大きな者がいるのです」(マタ12:6)と言われた。さらにご自分のからだを神殿と比較して「この神殿をこわしてみなさい。わたしは、三日でそれを建てよう」(ヨハ2:19)と言われた。最後に、新しいエルサレムでは神と小羊(世界の罪のために犠牲になられたイエス・キリスト)が神殿の代りとなられる。「私は、この都の中に神殿を見なかった。それは、万物の支配者である、神であられる主と、小羊とが都の神殿だからである」(黙21:22)。

歴代誌第二の通読
　旧約聖書全体を1年間で通読するためには、歴代誌第二を次のスケジュールに従って12日間で読まなければならない。
☐1-4　☐5-7　☐8-11　☐12-15　☐16-19　☐20-22　☐23-25　☐26-28　☐29-30　☐31-32　☐33-34　☐35-36

メモ

ソロモンが知恵を求める

1:2-13　並行記事－Ⅰ列3:4-15
1:14-17　並行記事－Ⅰ列10:26-29, Ⅱ歴9:25-28

1 ¹さて、ダビデの子ソロモンは、ますます王権を強固にした。彼の神、主は彼とともにおられ、彼を並はずれて偉大な者とされた。

²ソロモンは全イスラエル、千人隊、百人隊の長、さばきつかさ、および一族のかしらである、全イスラエルの上に立つ者すべてに向かって語り、

³ソロモンおよび彼とともにいた全集団はギブオンにある高き所に行った。そこには、主のしもべモーセが荒野で造った神の会見の天幕があったからである。

⁴──しかし、神の箱については、ダビデはこれをキルヤテ・エアリムから、ダビデがそのために定めておいた場所に運び上らせた。箱のために天幕をエルサレムに張っておいたからである──

⁵また、フルの子ウリの子のベツァルエルが造った青銅の祭壇を主の幕屋の前に置き、ソロモンと会衆は主に求めた。

⁶ソロモンはその所で主の前にある青銅の祭壇の上に──その壇は会見の天幕の所にあった──いけにえをささげた。すなわち、その上で一千頭の全焼のいけにえをささげた。

1 ① Ⅰ列2:12, 46,
　　Ⅰ歴29:25
　② 創39:2
2 ① Ⅱ歴27:1, 28:1
3 ① Ⅱ歴1:3-6, Ⅰ歴3:4
　② Ⅰ歴16:39, 21:29
　③ Ⅰ歴6:32
4 ① Ⅱサム6:1-17,
　　Ⅰ歴13:5-14,
　　15:25-16:1
　② → Ⅰサム3:3,
　　Ⅱ歴5:2, 8:11, 出25:22
5 ① 出31:2
　② 出27:1, 2, 38:1-7
6 ① Ⅱ歴2:4, 4:6, 7:1, 7,
　　8:12, 13:11, 23:18,
　　24:14, 29:7, 18, 24, 27,
　　28:3, 14, 34, 35, 30:15,
　　31:2, 3, 35:12, 14, 16,
　　→ Ⅰサム6:14

7 ① Ⅱ歴1:7-13,
　　Ⅰ列3:5-15
8 ① Ⅰ歴28:5
9 ① Ⅱサム7:12-16
　② 創13:16, 22:17,
　　28:14
10 ① 民27:17, Ⅱサム5:2
12 ① Ⅱ歴9:22
　② Ⅰ歴29:25, 伝2:9
13 ① Ⅰ歴1:3
　*七十人訳などによる
　別訳「高き所へ」

⁷その夜、神が彼に現れて、彼に仰せられた。「あなたに何を与えようか。願え。」

⁸ソロモンは神に言った。「あなたは私の父ダビデに大いなる恵みを施されましたが、今度は父に代わって私を王とされました。

⁹そこで今、神、主よ、私の父ダビデになさったあなたの約束を堅く守ってください。あなたは、地のちりのようにおびただしい民の上に、私を王とされたからです。

¹⁰今、知恵と知識を私に下さい。そうすれば、私はこの民の前に出はいりいたします。さもなければ、だれに、この大いなる、あなたの民をさばくことができましょうか。」

¹¹神はソロモンに仰せられた。「そのようなことがあなたの心にあり、あなたが富をも、財宝をも、誉れをも、あなたを憎む者たちのいのちをも求めず、さらに長寿をも求めず、むしろ、わたしがあなたを立ててわたしの民の王とした、その民をさばくことができるようにと、自分のために知恵と知識を求めたので、

¹²その知恵と知識とはあなたのものとなった。そのうえ、わたしはあなたの前の、また後の王たちにもないほどの富と財宝と誉れとをあなたに与えよう。」

¹³こうして、ソロモンはギブオンにある高*き所から出て行き、会見の天幕の前を去ってエルサレムに行き、イスラエルの王と

1:7　あなたに何を与えようか　神は神の子どもたちに良いものを与えてくださる(⇒マタ7:7-11)。けれどもソロモンには何でも望むものを与えると言われた。私たちも主に良いものを求めることができる。主は私たちの人生に必要なものをみな与えたいと思っておられるからである(マタ6:25-34)。その中には人生のあらゆる場面で私たちを助けてくださる聖霊の臨在と力(ルカ11:9-13)、完全な救い(神との永遠の関係)による祝福(ヘブ4:16, 7:25)がみな含まれている。

1:10　知恵・・・を私に下さい　神とみことばの視点から物事を見て評価し、価値を判断する賢明で識別できる心は、人間にとって最も望ましい素質である。そのような心は確かに人生の最大の宝である(箴3:15)。ソロモンには神の民を指導する上ですぐれた知恵が必要だった。人生に対する神の目的を実現するためには私たちにも神の知恵が必要である。神はすべてのキリスト者にこの種の知恵を与えようと願っておら

れる。それは祈り(1:7, ヤコ1:5)、聖霊の導き(ロマ8:5-15, ガラ5:16-25, エペ5:17-18)、丁寧にみことばを学んでみこころを知ること(詩25:4, 119:2-3, 使17:11)によって与えられる。

1:12　その知恵と知識とはあなたのものとなった　神はソロモンに並外れた知恵と知識を与えられたけれども(→Ⅰ列3:9-10, 4:29-34)、それは神に忠実であり続けるという保証ではなかった。そこで神はソロモンに注意深く神に聞き従い神の命令を守るように言われた(→Ⅰ列3:14)。知恵を持ち神のことばのすぐれた知識を持っていても、その人が神を知り神のために生きるとは限らない。知恵を持つことと知恵を用いることとは同じではない。本当の知恵とは毎日の生活に適用するものである。ソロモンは晩年、神に背いて、行うべきとわかっていることを行わなかった(→Ⅰ列11:1-11)。その結果、神はソロモンとソロモンの道に歩んだ息子たちを退けられた(→Ⅰ列11:1注)。

II 歴代誌 1-2章

なった。
14 ソロモンは戦車と騎兵を集めたが、戦車一千四百台と、騎兵一万二千人が彼のもとに集まった。そこで、彼はこれらを戦車の町々に配置し、また、エルサレムの王のもとにも置いた。
15 王は銀と金とをエルサレムで石のように用い、杉の木を低地のいちじく桑の木のように大量に用いた。
16 ソロモンの所有していた馬は、エジプトとケベの輸出品であった。それは王の御用達が代価を払って、ケベから手に入れたものであった。
17 彼らはエジプトから、戦車を銀六百、馬を銀百五十で買い上げ、輸入していた。同様に、ヘテ人のすべての王も、アラムの王たちも、彼らの仲買で輸入した。

神殿建築の準備
2:1-18　並行記事—Ⅰ列5:1-16

2 1 さて、ソロモンは主の名のための宮と自分の王国のための宮殿とを建てようと考えた。
2 ソロモンは、荷役人夫七万人、山で石を切り出す者八万人、彼らを指揮する者三千六百人の人数をそろえた。
3 ソロモンはツロの王フラムのもとに人をやって言わせた。「あなたが私の父ダビデに行い、父の住む家を建てるための杉材を送ってくださったように、私にもしていただけないでしょうか。
4 実は、私も、私の神、主の名のために宮を建てて、これを主にささげ、主の前にかおりの高い香をたき、パンを常に並べ供え、また、朝ごと夕ごとに、また安息日ごと新月の祭りごとに、私たちの神、主の例祭ごとに、全焼のいけにえをささげようとしています。このことは、とこしえにイスラエルに命じられているのです。
5 私が建てる宮は壮大な宮です。私たちの神は、すべての神々にまさって偉大な神だからです。

14 ①Ⅱ歴1:14-17、Ⅱ歴9:25-28、Ⅰ列10:26-29
　②Ⅰ列4:26
15 ①中17:17
　＊▢「シェフェラ」
16 ①申17:16
17 ①直訳「上げ」

1 ①Ⅱ歴2章、Ⅰ列5章
2 ①Ⅱ歴2:17, 18
　＊直訳「数えた」
3 ①Ⅱ歴2:10
　＊Ⅱサム5:11「ヒラム」
　②Ⅰ歴14:1
4 ①出30:7
　②出25:30、レビ24:5-8
　③申29:38-42
　④民28:9, 10
　⑤Ⅰ歴8:13, 31:3、レビ23:2、Ⅰ歴23:31、エズ3:5、ネヘ10:33、→エズ36:38
　⑥→Ⅱ歴1:6
5 ①出15:11、Ⅰ歴16:25、詩135:5

6 ①Ⅱ歴6:18、Ⅰ列8:27、イザ66:1
7 ①Ⅱ歴2:13, 14
　②Ⅰ列22:15、出31:3-6
8 ①Ⅰ列5:10, 11
10 ①エズ3:7
　＊Ⅰ列5:11による
　＊＊「打撃」
　＊＊1コル は230リットル
　＊＊1パテは23リットル
11 ①Ⅱ歴9:8、Ⅰ列10:9
12 ①創1:1、詩33:6, 102:25, 124:8, 136:5, 6、使4:24, 14:15、黙10:6
　②Ⅱ歴2:1
13 ①Ⅱ歴2:13, 14、Ⅰ列7:13, 14
　＊あるいは「フラム・アビ」、「私の父フラム」
14 ①出31:4

6 天も、天の天も主をお入れできないのに、いったいだれが主のために宮を建てる力を持っているというのでしょうか。また、主のために宮を建てるというこの私は、いったい何者でしょう。ただ主の前に香をたくためだけの者です。
7 そこで今、私のもとに、金、銀、青銅、鉄の細工に長じ、紫、紅、青などの製造に熟練した人で、各種の彫り物の技術を心得ている人を送ってください。私の父ダビデが備えておいたユダとエルサレムにいるこちらの熟練した者たちもいっしょに働きます。
8 それから、私のもとに、杉、もみ、びゃくだんの木材をレバノンから送ってください。私はあなたのしもべたちがレバノンの木を切ることに熟練していることを知っております。もちろん、私のしもべたちも、あなたのしもべたちといっしょに働きます。
9 私のために、木材を多量に用意させるためです。私の建てる宮は壮大であり、みごとなものだからです。
10 お聞きください。私は、木を切り出し、材木を切る者たちのため、あなたのしもべたちのために食糧として小麦二万コル、大麦二万コル、ぶどう酒二万バテ、油二万バテを提供します。」
11 ツロの王フラムは文書を送ってソロモンに言った。「主はご自身の民を愛しておられるので、あなたを彼らの上に立てて王とされました。」
12 さらに、フラムは言った。「天と地とをお造りになったイスラエルの神、主はほむべきかな。主はダビデ王に、思慮と悟りとを備えた知恵ある子を授け、主のための宮と、自分の王国のための宮殿とを建てさせられるのです。
13 今、私は才知に恵まれた熟練工、職人の長フラムを遣わします。
14 彼はダンの娘たちのうちのひとりの女から生まれた者であり、彼の父はツロの人です。彼は、あなたの熟練工と、あなたの父、私の主ダビデの熟練工とともに、金、銀、

2:1 【主】の名のための宮　ソロモンは「主の名のための宮」を建てるという父ダビデの願いを実行した。神を尊び、地上で神の御国を前進させたいと願う心こそ、父親が子どもに残すことのできる最大の遺産である。

青銅、鉄、石材、木材の細工を心得、紫、青、白亜麻布、紅などの製造を心得、彼にゆだねられたあらゆる種類の彫り物を刻み、彼の創案に任されたすべてのものを巧みに設計することのできる男です。

15 今、私の主が語られた小麦と大麦、油とぶどう酒を、そのしもべたちにお送りください。

16 私たちのほうでは、お入用なだけレバノンから木材を切り、これをいかだに組んで、海路をヤフォまであなたのもとにお届けします。そこからあなたがこれをエルサレムに運び上ってください。」

17 ソロモンは、彼の父ダビデが行った人口調査の後、イスラエルの地にいる在留異国人全員の人数を調べたが、十五万三千六百人いた。

18 彼は、その中から七万人を荷役人夫に、八万人を山で石を切り出す者に、三千六百人を民の労働を指揮する者にした。

ソロモンが神殿を建築する

3:1-14 並行記事―Ⅰ列6:1-30

3 1 こうして、ソロモンは、*主がその父ダビデにご自身を現された所、すなわちエルサレムのモリヤ山上で主の家の建設に取りかかった。彼はそのため、エブス人①オルナンの打ち場にある、ダビデの指定した所に、場所を定めた。

2 彼が建設に取りかかったのは、その治世の第四年、第二の月の二日であった。

3 神の家を建てるために、ソロモンの据えた*礎は次のとおりである。長さは先代の尺度のキュビトにしたがって六十キュビト。幅は二十キュビト。

4 前の玄関は、長さが神殿の幅と同じ二十キュビト、高さは百二十キュビトとし、その内側には純金を着せた。

5 この大きな家はもみの木材でおおい、良質の金を着せ、さらに、その上になつめやしの木の彫刻と鎖を置き、

6 宝石の装飾でこの神殿をおおった。ここに用いた金はパルワイムの金であった。

7 この神殿の梁にも、敷居にも、壁にも、とびらにも金を着せ、壁にはケルビムを刻んだ。

8 ついで、至聖所を造ったが、その長さはこの神殿の幅と同じ二十キュビト、その幅も二十キュビトとし、これに六百タラントに当たる良質の金を着せた。

9 釘の重さは金五十シェケルであった。屋上の間にも金を着せた。

10 至聖所の中に、鋳物のケルビムを二つ作り、これに金を着せた。

---

15 ①Ⅱ歴2:10
17 ①→ヨシ8:33
18 ①Ⅱ歴2:2
  ②Ⅰ列9:23

1 ①Ⅱ歴3:1-14、Ⅰ列6章
  *「主」が七十人訳による補足

② Ⅰ歴21:15、18
3 *1キュビトは 約44センチ
8 ①代26:33、34
  *1タラントは34キログラム
9 ①Ⅰ歴28:11
10 ①Ⅱ歴3:10 13、出25:18-20

3:1 ソロモンは・・・建設に取りかかった ソロモンの神殿とキリストの「神殿」である教会を比べると次のことが明らかになる。

(1) ソロモンの神殿はダビデの子によって建てられた(2:1)。教会はダビデの子孫である主イエス・キリストによって建てられている(ヘブ3:3-6)。

(2) ソロモンの神殿は金、銀、宝石を使って建てられた(Ⅰ歴29:3-8)。教会はキリストの尊い血の代価によって贖われた(救われた、救い出された、買い取られた)人々のいのちで建てられている(Ⅰペテ1:18-19、2:5)。

(3) ソロモンの神殿はモリヤ山の上に建てられた(3:1)。教会は主イエスの完全ないのちと品性、犠牲の死という岩の上に建てられている(マタ16:18、エペ2:20)。

(4) ソロモンの神殿には神と人との間を仲介する祭司(代弁者の役割をする)がいた(Ⅰ歴24:)。教会にはキリストが神の前に出て個人的に神に近付き、神と話ができるようにしてくださる天の大祭司(イエス・キリスト)がおられる(ヘブ2:17、7:25)。

(5) ソロモンの神殿は金や装飾品で美しく飾られていた(Ⅰ歴22:5)。教会はキリスト者に宿る聖霊の高潔さと力によって美しくされている(使1:8、2:4、ガラ5:22、⇒Ⅰペテ3:3-4)。

(6) ソロモンの神殿は人々の中に神の特別な臨在が宿る場所だった。教会と教会につながるひとりひとりは聖霊がこの地上で宿られる特別な場所、聖霊の「宮」である(Ⅰコリ3:16、6:19)。

(7) ソロモンの神殿は地上のもので一時的なものである(Ⅱ列25:8-9)。キリストの神殿は天上のもので永遠である(黙21:-22:)。

(8) これらのことはみな、目に見えるかたちで神が住まわれる場所として造られた旧約聖書の幕屋と神殿の実際の目的は新約聖書の教会によって達成されることを示している(→「**神殿**」の項 p.707、「**教会**」の項 p.1668)。

3:1 オルナンの打ち場 神殿の建設予定地の詳細とそれを手に入れた経緯について →Ⅰ歴21:16-30

II 歴代誌　3-4章

11 そのケルビムの翼は、長さが二十キュビトあった。一方のケルブの一つの翼は五キュビトであって、神殿の壁にまで届いており、片方の翼も五キュビトであって、他方のケルブの翼にまで届いていた。
12 もう一方のケルブの一つの翼も五キュビトであって、神殿の壁にまで届いており、片方の翼も五キュビトであって、他方のケルブの翼につながっていた。
13 これらのケルビムの翼は、広げられており、二十キュビトあった。これらは、その足で立ち、その顔は神殿のほうに向いていた。
14 それから彼は、青、紫、紅、および白亜麻布の垂れ幕を作り、その上にケルビムの模様を縫いつけた。
15 彼は、神殿の前に柱を二本作った。三十五キュビトの高さのもので、その頂にある柱頭は五キュビトであった。
16 さらに、彼は内堂に鎖を作り、これを柱の頂に取りつけ、ざくろを百作り、鎖のところに取りつけた。
17 それから、彼はこれらの柱を本堂の前に、一つを右側に、もう一つを左側に立てた。右側の柱にヤキンという名をつけ、左側の柱にボアズという名をつけた。

神殿の備品
4:2-6, 4:10-5:1　並行記事－Ⅰ列7:23-26, 38-51

4 ¹ さらに、青銅の祭壇を作った。その長さは二十キュビト、幅も二十キュビト、高さは十キュビトであった。
² それから、鋳物の海を作った。縁から縁まで十キュビト。円形で、その高さは五キュビト。その周囲は細なわで巻いて三十キュビトであった。
³ その下に沿って、*牛の型が回りを取り巻いていた。すなわち、一キュビトにつき十ずつの割りでその海の周囲を取り巻いていた。この牛は二段になっており、海を鋳たときに鋳込んだものである。
⁴ これは、十二頭の牛の上に据えられていた。三頭は北を向き、三頭は西を向き、三頭は南を向き、三頭は東を向いていた。この海は、これらの牛の上に載せられており、牛の後部はすべて内側に向いていた。

14 ①出26:31
②Ⅱ歴2:7, 14
③ヘブ9:3
15 ①Ⅱ歴3:15-5:1,
Ⅰ列7:15-51,
エレ52:17-23

1 ①出27:1, 2, Ⅱ列16:14
3 * Ⅰ列7:24「ひょうたん模様が」

5 * 1バテは23リットル
6 ①出30:18
②→Ⅱ歴1:6
7 ①出25:31-40
8 ①出25:23-30,
Ⅰ歴28:16
16 * あるいは「フラム・アビ」、「私の父フラム」
①Ⅱ歴2:13,
Ⅰ列7:14, 45
20 ①出27:20, 21
②Ⅱ歴4:7, 出25:31-40,
民4:9

⁵ その海の厚さは一手幅あり、その縁は、杯の縁のようにゆりの花の形をしていた。*その容量は三千バテであった。
⁶ それから、洗盤を十個作り、五個を右側に、五個を左側に置いた。その中で洗うためである。全焼のいけにえに用いるものは、その中ですすぎ清めた。海は祭司たちがその中で身を洗うためのものであった。
⁷ さらに、金の燭台十個を、規格どおりに作って、本堂の中に置き、五個を右側に、五個を左側に置いた。
⁸ 机を十個作り、本堂の中に置き、五個を右側に、五個を左側に置いた。それから、金の鉢を百個作った。
⁹ さらに、祭司たちの庭と大庭およびその庭の戸を作り、その戸に青銅を着せた。
10 海は右側、すなわち、東南の方角に置いた。
11 さらに、フラムは灰つぼと十能と鉢を作った。こうして、フラムは神の宮のためにソロモン王が注文した仕事を完成した。
12 すなわち、二本の柱と、二本の柱の頂にある丸い柱頭、および、柱の頂にある丸い二つの柱頭をおおう二つの格子網、
13 また、二つの格子網に取りつけた四百のざくろ、すなわち、柱の先端にある丸い二つの柱頭をおおうそれぞれの格子網のための二段のざくろ。
14 また、台を作り、またその台の上の洗盤を作り、
15 一つの海と、その下の十二頭の牛、
16 また、灰つぼと十能と肉刺し、およびそれらに属するすべての用具を、ソロモン王の注文により主の宮のために、彼の職人の長フラムがみがき上げた青銅で作った。
17 王は、ヨルダンの低地、スコテとツェレダとの間の粘土層の地で、これらを鋳造した。
18 こうして、ソロモンはこれらすべての用具を大量に作った。青銅の重さは量りきれなかった。
19 ついで、ソロモンは神の宮にあるすべての用具を作った。すなわち、金の祭壇と供えのパンを載せる机、
20 内堂の前で火をともすための燭台と、その上のともしび皿を規格どおりに純金で作った。

²¹ さらに、金の花模様、ともしび皿、心切りばさみ。この金は混じりけのない純金であった。
²² また、心取りばさみ、鉢、平皿、火皿を純金で作った。また、神殿の開き戸は、至聖所に通じるとびらも、本堂に通じる神殿のとびらも、金で作った。

5 ¹ こうして、ソロモンが主の宮のためにしたすべての工事が完成した。そこで、ソロモンは父ダビデが聖別した物、すなわち、銀、金、各種の器具類を運び入れ、神の宮の宝物倉に納めた。

神の箱が神殿に運ばれる
5:2-6:11　並行記事─Ⅰ列8:1-21

² そのとき、ソロモンはイスラエルの長老たち、およびイスラエル人の部族のかしらたちと一族の長たちをすべて、エルサレムに召集した。ダビデの町シオンから主の契約の箱を運び上るためであった。
³ イスラエルのすべての人々は、第七の新月の祭りに王のもとに集まった。
⁴ こうして、イスラエルの長老全員が到着したところで、レビ人たちは箱をにない、
⁵ 箱と会見の天幕と天幕にあったすべての聖なる用具とを運び上った。これらのものを祭司たち、レビ人たちが運び上った。
⁶ ソロモン王と彼のところに集まったイスラエルの全会衆は、箱の前に行き、羊や牛の群れをいけにえとしてささげたが、その数があまりに多くて数えることも調べることもできなかった。
⁷ それから、祭司たちは主の契約の箱を、定めの場所、すなわち神殿の内堂である至聖所のケルビムの翼の下に運び入れた。
⁸ ケルビムは箱の所の上に翼を広げた。ケルビムは箱とそのかつぎ棒とを上からおおった。
⁹ そのかつぎ棒は長かったので、棒の先が内堂の前の聖所から見えていたが、外からは

① ① Ⅱ歴8:11,
　Ⅰ列18:11
② ① Ⅱ歴5:2-6:2,
　Ⅰ列8:1-13
③ ① Ⅱ歴8:11, 9:31,
　12:16, 14:1, 16:14,
　21:1, 20, 24:16, 25,
　27:9, 32:5, 30, 33:14,
　→Ⅰ列8:1
③ ② Ⅱ歴5:7,→ヨシ3:3,
　Ⅱ歴1:4
④ ① Ⅰサム6:12-15,
　Ⅰ歴15:25-28
③ → Ⅰ列8:65
④ Ⅰ歴35:3
⑤ → Ⅰ歴6:32
⑦ → Ⅱ歴5:2
9 ＊ 七十人訳などによる
　□「箱」

10 ① Ⅱ歴6:11, 申10:2-5,
　　ヘブ9:4
11 ① Ⅰ歴24章
12 ① Ⅰ歴25:1-8, 16:42
　　② Ⅱ歴7:6, Ⅰ歴15:24
13 ① Ⅰ歴13:8, 15:16
　　② Ⅰ歴7:3,
　　Ⅰ歴16:34, 41,
　　エズ3:11,
　　詩100:5, 106:1, 107:1,
　　118:1, 136:1,
　　エレ33:11
14 ① Ⅰ列8:10, 出40:34, 35
　　② → Ⅰ列8:11

1 ① 出20:21, 申4:11,
　　Ⅰ列8:12
2 ① Ⅱ歴6:3-11,
　　Ⅰ列8:14-21
3 ① Ⅱ歴6:4-9,
　　Ⅱサム7:1-13,
　　Ⅰ歴17:1-12

見えなかった。それは、今日までそこにある。
¹⁰ 箱の中には、二枚の板のほかには何も入っていなかった。これは、イスラエル人がエジプトから出て来たとき、主が彼らと契約を結ばれたときに、モーセがホレブで入れたものである。
¹¹ 祭司たちが聖所から出て来たとき、──列席したすべての祭司が各組の務めの順序にかかわらず身を聖別した。
¹² また、歌うたいであるレビ人全員も、すなわち、アサフもヘマンもエドトンも彼らの子らも彼らの兄弟たちも、白亜麻布を身にまとい、シンバル、十弦の琴および立琴を手にして、祭壇の東側に立ち、百二十人の祭司たちも彼らとともにいて、ラッパを吹き鳴らしていた──
¹³ ラッパを吹き鳴らす者、歌うたいたちが、まるでひとりでもあるかのように一致して歌声を響かせ、主を賛美し、ほめたたえた。そして、ラッパとシンバルとさまざまの楽器をかなでて声をあげ、「主はまことにいつくしみ深い。その恵みはとこしえまで」と主に向かって賛美した。そのとき、その宮、すなわち主の宮は雲で満ちた。
¹⁴ 祭司たちは、その雲にさえぎられ、そこに立って仕えることができなかった。主の栄光が神の宮に満ちたからである。

6 ¹ そのとき、ソロモンは言った。
　「主は、暗やみの中に住む、と仰せられました。
² そこでこの私が
　あなたのお治めになる宮を建てました。
　あなたがとこしえにお住みになる所を。」
³ それから王は振り向いて、イスラエルの全集団を祝福した。イスラエルの全集団は起立していた。
⁴ 彼は言った。「イスラエルの神、主はほむべきかな。主は御口をもって私の父ダビデに語り、御手をもってこれを成し遂げ

5:1　宮　旧約聖書はたびたび神殿に注目しているけれども、それは神殿がイスラエルの信仰や神との関係の中で中心的な存在だったからである（幕屋の意味と重要性、象徴としての幕屋と新しい契約との関係 → 出25:9注、→「神殿」の項 p.707、→「ソロモンの神殿」の図 p.557、「神殿の備品」の図 p.557）。

5:14　【主】の栄光　→出40:34注、Ⅰ列8:11注、→「神の栄光」の項 p.1366

神　殿

「こうして、ソロモンが【主】の宮のためにしたすべての工事が完成した。そこで、ソロモンは父ダビデが聖別した物、すなわち、銀、金、各種の器具類を運び入れ、神の宮の宝物倉に納めた。」(歴代誌第二5:1)

神殿の歴史

(1) 神殿が建てられる前にイスラエルには幕屋があった。幕屋はイスラエル人が荒野の中のシナイ山にいたときに神が建てるように指示されたテントである(出25:-27:, 30:, 36:-38:, 39:32-40:33, →「幕屋」の図 p.174,「幕屋の備品」の図 p.174)。イスラエル人は出エジプトの奇蹟によって何百年ものエジプトでの奴隷生活から完全に解放された。そのあと荒野での生活をした。そして約束の地であるカナンに入ってからもこの運搬できる聖所をソロモン王の時代まで維持していた。ソロモンはその治世の初期に何万人もの人に神の宮の建設に加わるように命令した(→Ⅰ列5:13-18)。治世の第四年目に基礎が置かれ、7年後に神殿は完成した(Ⅰ列6:37-38, →「ソロモンの神殿」の図 p.557,「神殿の備品」の図 p.557)。こうして礼拝をし、神へのいけにえをささげる常設の場所がエルサレムにできた。事実、神殿ができることによってエルサレムは全イスラエルの礼拝の中心地になった(→「エルサレムの町」の項 p.674)。

(2) 王朝時代には、神殿は冒瀆(腐敗、侮辱、荒廃)と回復を何回も繰返し体験した。神殿はレハブアム王の治世のときにエジプトのシシャクによって襲撃された(Ⅱ歴12:9)。けれども、その後アサ王によって修築された(Ⅱ歴15:8, 18)。さらに霊的反抗と衰退の後にヨアシュ王が再び神殿を修築した(Ⅱ歴24:4-14)。後にアハズ王は政策の一部として神殿の備品をいくつか取ってアッシリヤ王に送り、その後神殿の戸を閉めてしまった(Ⅱ歴28:21, 24)。その息子のヒゼキヤは再び神殿を開いて修築をし、具体的にも霊的にもきよめたけれども(Ⅱ歴29:1-19)、息子のマナセによって再び汚され、使えなくされてしまった(Ⅱ歴33:1-7)。最後に神殿を修復したのはマナセの孫のヨシヤ王だった(Ⅱ歴34:1, 8-13)。そのあとユダの王たちは主に逆らって偶像の神々を礼拝し続けたので、ついに神はバビロンのネブカデネザル王が前586年に神殿を完全に破壊することを許された(Ⅱ列25:13-17, Ⅱ歴36:18-19)。この破壊の前後にバビロニヤ人はユダヤ人を帝国の各地方に追放(捕虜にして流刑にする)してしまった(→エズ緒論、Ⅱ列24:1注　捕囚の経過　→「ユダ(南王国)の捕囚」の地図 p.633)。

(3) 50年後にペルシヤのクロス王(バビロニヤ人を支配した)は、ユダヤ人がバビロンから母国へ戻って神殿を再建することを許可した(エズ1:1-4, →「捕囚からの帰還」の地図 p.759)。再建の努力を指導したのはゼルバベルだった(エズ3:8)けれども、その土地に住む人々からの反対に遭い非常に苦しめられた(エズ4:1-4)。10年前後遅れたあとで、人々は計画を再開することを許されて(エズ4:24-5:2)、神殿は前516年に完成して奉献された(エズ6:14-18)。新約聖書の時代の最初の頃、ヘロデ王は多くの時間と経費を使ってこの第二神殿を修復し美しくした(ヨハ2:20)。これは主イエスが訪ね、うまく利用している商人や両替人たちを2度にわたって追出した神殿である。彼らの強欲によって神殿は人々の祈りと礼拝のために使えなくなっていた(→マタ21:12-13, ヨハ2:13-21)。けれどもユダヤ人がローマの政府に繰返し反乱した結果、紀元70年に神殿はエルサレムの町全体とともに再び破壊されて礼拝は不可能になってしまった。

イスラエル人にとっての神殿の意味

神殿はイスラエル人にとってエルサレムの町と同じように多くの重要な意味を持つものだった(→「エルサレムの町」の項 p.674)。

(1) 神殿はイスラエル人の間に神の臨在と守りがあることを象徴していた(⇒出25:8, 29:43-46)。神殿がささげられたとき「火が天から下って来て、全焼のいけにえと、数々のいけにえとを焼き尽くした。そし

て、主の栄光がこの宮に満ちた」(Ⅱ歴7:1-2, ⇒出40:34-38)。実際に神の臨在があまりにも満ちていたので、祭司たちは入って奉仕することができなかった。永遠の報酬として神はご自分の名前をそこに置くと約束された(Ⅱ歴6:20, 33)。それは神殿が正しく用いられる限り、神が神殿と一つになってご自分の特性と臨在を表すということである。こういうわけで聖書はたびたび神の民が宮に向かって祈り(Ⅱ歴6:24, 26, 29, 32)、神が「その宮で」祈りを聞かれる(詩18:6)と説明しているのである。

(2) 神殿はまたご自分の民に対する神の贖い(罪の最終的結果から救い、解放し、神との関係を回復すること)を象徴していた。神殿には二つの重要な機能があった。それは毎日青銅の祭壇の上で罪のためのいけにえをささげることと、毎年贖罪の日を守ることだった(→「贖罪の日」の項 p.223)。贖罪の日は1年に1度のことで、大祭司が至聖所に入って契約の箱のふたに血を注ぐのである。これは人々の罪を償う(おおう、弁償する)ことだった(⇒レビ16:, Ⅰ列8:6-9)。このような神殿の儀式を通してイスラエル人は罪、赦し、神との関係修復に対する代価が高いことを教えられた。

(3) 神の民の歴史を通して神が住まわれる場所、神殿は必ず一つしかなかった。このことは神がただ一人、全能の主、イスラエルの契約の神であることを例証していた(→「イスラエル人との神の契約」の項 p.351)。

(4) けれども神殿が神の臨在を絶対的に保証していたのではなかった。それは人々がほかの神々を拒んで、神の律法と教えに従うときに限って神の臨在を象徴するものだった。たとえば預言者ミカは、乱暴で物質的なのに自分たちの中に神の臨在を象徴するものがある限りは災難を逃れることができると考えている指導者たちを批判した(ミカ3:9-11)。そして神はエルサレムと神殿を破壊することによって、教訓を与えるだろうと預言した。エレミヤは後に、ユダの反抗している人々が「これは主の宮、主の宮、主の宮だ」と絶えずぞんざいに言っているのを非難している(エレ7:2-4, 8-12)。なぜなら主の宮は人々にとって何の意味も持っていなかったからである。人々はこのことばをただ気休めに繰返していたのである。人々が神を敬わない生活をしていたため、神はご臨在の象徴である神殿を破壊される(エレ7:14-15)。そして祈りを聞くつもりはないからユダのために祈るのは無駄であるとエレミヤに言われた(エレ7:16)。残された唯一の希望は人々がその生き方を変えて神の道に従うように戻ることだった(エレ7:5-7)。

キリスト教会にとっての神殿の意味

新約聖書での神殿の役割は、旧約聖書で神殿が象徴していることとの関係で理解しなければならない。

(1) 主イエスは旧約聖書の預言者と同じように神殿の乱用を批判された。最初(ヨハ2:13-17)と最後(マタ21:12-13)の公の行動で主イエスは、霊的目的をよこしまな行動で隠してしまっている人々を強引に追出してしまった(→ルカ19:45注)。そしてさらに神殿が完全に破壊される日が来ることを予告された(マタ24:1-2, マコ13:1-2, ルカ21:5-6)。

(2) エルサレムの最初の教会の信仰者たちは祈りの時間にしばしば神殿に行った(使2:46, 3:1, 5:21, 42)。それは習慣として行ったことだった。けれども、信仰者が祈れる場所はそこだけではないことはわかっていた(→使4:23-31)。ステパノ(教会の指導者の一人でキリストを信じる信仰のために最初に殺され殉教した人)とパウロ(新約聖書の多くの書物を書いた人)は、生きておられる神は人間の手で造った神殿に閉じ込め(壁で囲み込む、一定の場所に限定する)られないことをあかしした(使7:48-50, 17:24)。

(3) キリスト者の礼拝の焦点は神殿からイエス・キリストご自身に移った。今では神殿ではなく、イエス・キリストが神の民の中にある神の臨在を表している。実際に主イエスは単に象徴ではなく、インマヌエル(「神は私たちとともにおられる」)として地上に来られたのである(マタ1:23)。この方は人間のかたちをした神のことばであり(ヨハ1:14)、その中に神の満ち満ちた特性が宿っている(コロ2:9)。事実主イエスはご自分のことを神殿であると言われた(ヨハ2:19-22)。そして十字架の上で死ぬことによって、神殿でささげられたどのいけにえもできなかった最高の目的を完成された。いけにえは人々の罪からのきよめを主イエスのようにただ一度で行うことはなかった(⇒ヘブ9:1-10:8)。サマリヤの女との会話の中で主イエスは真実の礼拝は建物の中で行うことではなく、「霊とまことによって」行われるものになると言われた。それ

は本当の礼拝は霊的体験で、真心から神のことばの真理を受入れ、キリストとの関係を通して神の御霊を受入れた人々に与えられた特権であるということである(→ヨハ4:23注)。

(4) イエス・キリストは神殿の本当の意味と目的を成就した方であり、教会はキリストの「からだ」である(ロマ12:5, Iコリ12:12-27, エペ1:22-23, コロ1:18)。したがって教会は主イエスが住む場所、「神の宮(または神殿)」と呼ばれている(Iコリ3:16, IIコリ6:16, ⇒エペ2:21-22)。キリストは御霊を通して教会(グループとしての人々の間と個人としての人の中)に住まわれる。その理由から教会には聖く(道徳的清さ、霊的健全、罪からの分離、神の目的に献身していること, →「**教会**」の項 p.1668)なることが求められている。旧約聖書と同じように神は宮の中に腐敗や汚れたものが入るのを許されない。つまり神はご自分の教会とこれにつながる人々やその目的を破壊するものがあるなら、それを滅ぼすと約束されたのである(Iコリ3:16-17, 教会を腐らせ滅ぼす方法 →Iコリ3:17注)。

(5) 聖霊は教会全体の中に生きて働いているだけではなく、ひとりひとりのキリスト者の中にも生きて働いておられる。そこでひとりひとりの信仰者も神の宮である(Iコリ6:19)。この真理からパウロは不道徳や破壊的行動にからだを乱用したり悪用したりしないように強く警告している(→Iコリ6:18注, 19注)。

(6) 新しい天のエルサレムには神殿が必要とされていない(黙21:22)。それは神殿が神の実際の臨在ではなく、人々の間にある象徴でしかないからである。神が実際にそこで人々の間に生きておられるなら神殿は必要ではなくなる。「神であられる主と、小羊とが都の神殿だからである」(黙21:22)。この小羊は、世界の罪のためにいのちを犠牲にされたけれども今は教会の中に生きて活動しておられるキリストのことである。この方は神の民の間で永遠に王として治められる(黙11:15, 22:5)。

て言われた。
5『わたしの民を、エジプトの地から連れ出した日からこのかた、わたしはわたしの名を置く宮を建てるために、イスラエルの全部族のうちのどの町をも選ばず、また、わたしの民イスラエルの上に立つ君主とするためにどんな人も選ばず、
6 ただ、エルサレムを選んでそこにわたしの名を置き、ダビデを選んでわたしの民イスラエルの上に立てた。』
7 それで、私の父ダビデは、イスラエルの神、主の名のために宮を建てることを、いつも心がけていた。
8 ところが、主は、私の父ダビデにこう仰せられた。『あなたは、わたしの名のために宮を建てることを心がけていたために、よくやった。あなたは確かに、そう心がけていた。
9 しかし、あなたがその宮を建ててはならない。あなたの腰から出るあなたの子どもが、わたしの名のためにその宮を建てる。』
10 主は、お告げになった約束を果たされたので、私は父ダビデに代わって立ち、主の約束どおりイスラエルの王座に着いた。そして、イスラエルの神、主の名のために、この宮を建て、
11 主がイスラエル人と結ばれた主の契約が納められている箱をそこに置いた。」

ソロモンの奉献の祈り

6:12-40　並行記事－Ⅰ列8:22-53
6:41-42　並行記事－詩132:8-10

12 彼はイスラエルの全集団の前で、主の祭壇の前に立ち、両手を差し伸べた。
13 ソロモンは、長さ五キュビト、幅五キュ

6 ①Ⅱ歴12:13
　②Ⅰ歴28:4
7 ①Ⅰサム7:2, 3,
　Ⅰ歴17:1, 2, 28:2
9 ①Ⅰ列5:3
11 ①Ⅰ歴5:7, 10
12 ①Ⅱ歴6:12-42,
　Ⅰ列8:22-53

13 ①ネヘ8:4
14 ①申7:9
10 出15:11,
　申3:24, 4:39
15 ①Ⅰ歴22:9, 10
16 ①Ⅱ歴7:17, 18,
　Ⅰ列2:4, 詩132:12
　②Ⅱ歴1, 14:4,
　15:3, 19:10, 25:4,
　31:3, 4, 21, 33:8,
　34:19, 35:26,
　→Ⅱ列10:31
18 ①Ⅱ歴2:5, 6,
　イザ66:1, 使7:49
19 ①Ⅱ歴6:20, 29, 35, 39,
　40, 7:12, 15, 30:27,
　33:18, 19, →Ⅰ列8:28

ビト、高さ三キュビトの青銅の足台を作って、これを庭の中央に据えておいたが、その上に立って、イスラエルの全集団の前でひざまずき、両手を天に差し伸べて、
14 言った。「イスラエルの神、主。天にも地にも、あなたのような神はほかにありません。あなたは、心を尽くして御前に歩むあなたのしもべたちに対し、契約と愛とを守られる方です。
15 あなたは、約束されたことを、あなたのしもべ、私の父ダビデのために守られました。それゆえ、あなたは御口をもって語られました。また御手をもって、これを今日のように、成し遂げられました。
16 今、イスラエルの神、主よ。あなたのしもべ、私の父ダビデに約束して、『あなたがわたしの前に歩んだように、あなたの子孫がその道を守り、わたしの律法に歩みさえするなら、あなたには、イスラエルの王座に着く者が、わたしの前から、絶えることはない』と仰せられたことを、ダビデのために守ってください。
17 今、イスラエルの神、主よ。あなたのしもべダビデに約束されたみことばが堅く立てられますように。
18 それにしても、神ははたして人間とともに地の上に住まわれるでしょうか。実に、天も、天の天も、あなたをお入れすることはできません。まして、私の建てたこの宮など、なおさらのことです。
19 けれども、あなたのしもべの祈りと願いに御顔を向けてください。私の神、主よ。あなたのしもべが御前にささげる叫びと祈りを聞いてください。

6:10 【主】の名のために、この宮　神の民の歴史を通して、また霊的救いのご計画との関連で聖書はたびたび神殿について触れている。聖書に書かれている神の住まわれる場所(神の臨在が現される場所)は幕屋、ソロモンの神殿、エゼキエルの神殿、ゼルバベルの神殿、ヘロデの神殿、キリストのからだ、教会、個々のキリスト者の肉体、新しいエルサレム(黙21:22)である。詳細　→「神殿」の項 p.707

6:11 箱　→Ⅰ列8:1注

6:18 神ははたして・・・地の上に住まわれるでしょうか　ソロモンの奉献の祈りは神の臨在を求める強い願いを反映している。ソロモンはどこにでもおられる全能の神をお入れすることのできる建物も場所も地上にはないことをよく承知していた。人間の手で建てた建物で、神が住まわれるのにふさわしいものは存在しない(⇒使17:24)。けれども神は、神を愛し、その目的に仕える人々の心といのちの中に住む場所を造られた。キリストに献身している信仰者こそが聖霊の「神殿」であり、聖霊はキリスト者の中に、そしてキリスト者の間に生きておられると聖書は言っている(Ⅰコリ3:16, 6:19, Ⅱコリ6:16)。

6:18 天も・・・あなたをお入れすることはできま

²⁰そして、この宮、すなわち、あなたが御名をそこに置くと仰せられたこの所に、昼も夜も御目を開いていてくださって、あなたのしもべがこの所に向かってささげる祈りを聞いてください。
²¹あなたのしもべとあなたの民イスラエルが、この所に向かってささげる願いを聞いてください。あなたご自身が、あなたのお住まいになる所、天からこれを聞いてください。聞いて、お赦しください。
²²もし、ある人が隣人に罪を犯し、のろいの誓いを立てさせられることになって、この宮の中にあるあなたの祭壇の前に来て、誓うなら、
²³あなたご自身が天からこれを聞き、あなたのしもべたちにさばきを行って、悪者にはその生き方への報いをその頭上に返し、正しい者にはその正しさにしたがって義を報いてください。
²⁴また、もし、あなたの民イスラエルが、あなたに罪を犯したため、敵に打ち負かされるようなとき、立ち返って御名をほめたたえ、この宮で、御前に祈り願うなら、
²⁵あなたご自身が天からこれを聞き、あなたの民イスラエルの罪を赦し、あなたが彼らとその先祖たちにお与えになった地に、彼らを帰らせてください。
²⁶彼らがあなたに罪を犯したため、天が閉ざされ、雨が降らない場合、彼らがこの所に向かって祈り、御名をほめたたえ、あなたの懲らしめによって、彼らがその罪から立ち返るなら、
²⁷あなたご自身が天でこれを聞き、あなたのしもべたち、あなたの民イスラエルの罪を赦し、彼らの歩むべき良い道を彼らに教え、あなたの民に相続地としてお与えになったあなたの地に、雨を降らせてください。
²⁸もし、この地に、ききんが起こり、疫病や立ち枯れや、黒穂病、いなごや油虫が発生した場合、また、敵がこの地の町々を攻め囲んだ場合、どんなわざわい、どんな病気の場合にも、

20①申12:11
21①ミカ7:18
26①Ⅱ歴6:26-30, Ⅱ歴7:13-15
　②Ⅰ列17:1
27①→Ⅱサム14:16
28①Ⅱ歴6:28-30, Ⅱ歴20:9
　②申28:22, アモ4:9, ハガ2:17
　③詩78:46, イザ33:4

29①→Ⅱ歴6:19
30①Ⅰサム16:7, Ⅰ歴28:9
32①Ⅱ歴6:32,33, ヨハ12:20, 使8:27
　②Ⅰ列8:42
36①ヨブ15:14-16, 伝7:20, ロマ3:23, Ⅰヨハ1:8-10

²⁹だれでも、あなたの民イスラエルがおのおの自分の疫病と痛みを思い知らされて、この宮に向かって両手を差し伸べて祈るとき、どのような祈り、願いも、
³⁰あなたご自身が、あなたの御住まいの所である天から聞いて、赦し、ひとりひとりに、そのすべての生き方にしたがって報いてください。あなたはその心を知っておられます。あなただけが人の子らの心を知っておられるからです。
³¹それは、あなたが私たちの先祖に賜った地の上で彼らが生きながらえる間、いつも彼らがあなたを恐れて、あなたの道に歩むためです。
³²また、あなたの民イスラエルの者でない外国人についても、彼があなたの大いなる御名と、力強い御手と、伸べられた腕のゆえに、遠方の地から来て、この宮に来て祈るとき、
³³あなたご自身が、あなたの御住まいの所である天からこれを聞き、その外国人があなたに向かって願うことをすべてかなえてください。そうすれば、この地のすべての民が御名を知り、あなたの民イスラエルと同じように、あなたを恐れるようになり、私の建てたこの宮では、御名が呼び求められなくてはならないことを知るようになるでしょう。
³⁴あなたの民が、敵に立ち向かい、あなたが遣わされる道に出て戦いに臨むとき、あなたの選ばれたこの町、私が御名のために建てた宮の方向に向かって、あなたに祈るなら、
³⁵天から彼らの祈りと願いを聞いて、彼らの言い分を聞き入れてやってください。
³⁶彼らがあなたに対して罪を犯したため──罪を犯さない人間はひとりもいないのですから──あなたが彼らに対して怒り、彼らを敵に渡し、彼らが、遠くの地、あるいは近くの地に、捕虜として捕らわれていった場合、
³⁷彼らが捕らわれていった地で、みずから反省して悔い改め、その捕囚の地で、あな

せん →Ⅰ列8:13注
6:21 お赦しください →Ⅰ列8:39注

6:37 悔い改め 「悔い改める」(《ヘ》シャヴ)ということばには「引返す」、完全に変更するという意味があ

たに願い、『私たちは罪を犯しました。悪を行って、咎ある者となりました』と言って、38捕らわれていった捕囚の地で、心を尽くし、精神を尽くして、あなたに立ち返り、あなたが彼らの先祖に与えられた彼らの地、あなたが選ばれたこの町、私が御名のために建てたこの宮のほうに向いて祈るなら、39あなたの御住まいの所である天から、彼らの祈りと願いを聞き、彼らの言い分を聞き入れ、あなたに対して罪を犯したあなたの民をお赦しください。

40今、私の神よ。お願いします。どうか、この所でささげる祈りに目を開き、耳を傾けてください。

41そこで今、神、主よ。あなたもあなたの御力の箱も立ち上がって、休み所にお入りください。神、主よ。あなたの祭司たちの身に救いをまとわせてください。あなたの聖徒たちにいつくしみを喜ばせてください。

42神、主よ。あなたに油そそがれた者たちの顔を退けないでください。あなたのしもべダビデの忠実なわざの数々を思い起こしてください。」

神殿の奉献

7:1-10　並行記事─Ⅰ列8:62-66

7 1 ソロモンが祈り終えると、火が天から下って来て、全焼のいけにえと、数々のいけにえとを焼き尽くした。そして、主の栄光がこの宮に満ちた。2 祭司たちは主の宮に入ることができなかった。主の栄光が主の宮に満ちたからである。3 イスラエル人はみな、火が下り、主の栄光がこの宮の上に現れたのを見て、ひざをかがめて顔を地面の敷石につけ、伏し拝んで、「主はまことにいつくしみ深い。その恵みはとこしえまで」と主をほめたたえた。4 それから、王と民はみな、主の前にいけにえをささげた。

40 ①Ⅱ歴7:15、ネヘ1:6、11
②Ⅱ歴6:19
③詩17:1、130:2
41 ①Ⅱ歴6:41、42、詩132:8-10、16
②→詩35:2
③Ⅰ歴28:2

1 ①Ⅰ列8:54
②レビ9:24、土6:21、Ⅰ歴21:26
3→Ⅰ列8:11
3①→Ⅰ列8:11
2 ①Ⅱ歴5:13
4 ①Ⅱ歴7:4-10、Ⅰ列8:62-66

6 ①Ⅱ歴5:12、Ⅰ歴15:16-24
＊直訳「手」
②詩136:1
7 ①→Ⅱ歴1:6
②Ⅱ歴25:30、30:22、31:2、33:16、→ヨシ8:31
8 ①ヨシ13:5、Ⅰ歴13:5
②→Ⅰ列8:65
9 ①→Ⅱ歴10:20
11 ①Ⅱ歴7:11-22、Ⅰ列9:1-9
12 ①→Ⅱ歴6:19
②申12:5、11

5 ソロモン王は牛二万二千頭と羊十二万頭のいけにえをささげた。こうして、王とすべての民は、神の宮を奉献した。6 祭司たちは、その務めに従って立ち、レビ人も、主の楽を奏する楽器を手にして立っていた。これは、ダビデ王が作ったものであり、ダビデが彼らの奏楽によって賛美したとき、「主の恵みはとこしえまで」と主をほめたたえるための楽器であった。また、祭司たちは、彼らの前でラッパを吹き鳴らしており、全イスラエルは起立していた。

7 ソロモンは、主の神殿の前の庭の中央部を聖別し、そこで、全焼のいけにえと、和解のいけにえの脂肪とをささげた。ソロモンが作った青銅の祭壇では、全焼のいけにえと、穀物のささげ物と、脂肪とを受け入れることができなかったからである。

8 ソロモンは、このとき、彼とともにいた全イスラエル、すなわち、レボ・ハマテからエジプト川に至るまでの大集団といっしょに、七日間の祭りを行った。9 彼らは第八日目にきよめの集会を開いた。七日間、祭壇の奉献を行い、七日間、祭りを行ったからである。10 第七の月の二十三日に、彼は民をおのおのの天幕に帰した。彼らは主がダビデと、ソロモンと、その民イスラエルに下った恵みを喜び、心楽しく帰って行った。

主がソロモンに現れる

7:11-22　並行記事─Ⅰ列9:1-9

11 こうしてソロモンは、主の宮と、王宮とを建て終え、主の宮と自分の宮殿に対して実施しようとソロモンが思っていたすべてのことをみごとに実現した。12 すると、主が夜ソロモンに現れ、彼に仰せられた。「わたしはあなたの祈りを聞いた。また、わたしのために、この所をいけにえをささげる宮として選んだ。

る。人々は神から離れて自分勝手な道を進んで神に背いていた。けれども今、その罪を悔い改めて（心からの後悔とともにはっきり罪を認めること）、心を尽くして神に立返って祈り、礼拝し、神に仕えるように神から声をかけられている。新約聖書の「悔い改め」の詳細

→マタ3:2注

7:1 【主】の栄光　ここで言う「主の栄光」は、神の臨在と輝きが目に見えるかたちで現れたものを指す（→「神の栄光」の項 p.1366）。

7:12 【主】が夜ソロモンに現れ　→Ⅰ列9:3注

13 もし、わたしが天を閉ざしたため雨が降らなくなった場合、また、いなごに命じてこの地を食い尽くさせた場合、また、もし、わたしの民に対して疫病を送った場合、14 わたしの名を呼び求めているわたしの民がみずからへりくだり、祈りをささげ、わたしの顔を慕い求め、その悪い道から立ち返るなら、わたしが親しく天から聞いて、彼らの罪を赦し、彼らの地をいやそう。

15 今や、わたしはこの所でささげられる祈りに目を留め、耳を傾けよう。

16 今、わたしは、とこしえまでもそこにわたしの名を置くためにこの宮を選んで聖別した。わたしの目とわたしの心は、いつもそこにある。

17 あなたが、あなたの父ダビデが歩んだように、わたしの前に歩み、わたしがあなたに命じたことをすべてそのまま実行し、わたしのおきてと定めとを守るなら、18 わたしが、あなたの父ダビデに、『あなたには、イスラエルを支配する者となる人が絶えることはない』と言って契約を結んだとおり、あなたの王座を確立しよう。

19 しかし、もし、あなたがたがそむいて、あなたがたに授けたわたしのおきてとわたしの命令とを捨て去り、行ってほかの神々に仕え、これを拝むなら、20 わたしが彼らに与えた地から、彼らを根こぎにし、わたしがわたしの名のために聖別したこの宮をわたしの前から投げ捨て、

---

13 ①Ⅱ歴7:13-15, Ⅱ歴6:26-30
14 ①Ⅱ歴12:6, 7, 12, 30:11, 32:26, 33:12, 19, 23, 34:27, 36:12, →Ⅰ列21:29
  ②Ⅱ歴6:39
  ③詩60:2
15 ①Ⅱ歴6:20, 40
  ②詩130:2

18 ①Ⅱ歴6:16, Ⅰ列2:4
19 ①レビ26:14, 申28:15
20 ①申29:28, Ⅰ列14:15

7:14 わたしの民が・・・へりくだり、祈り・・・慕い求め・・・立ち返るなら 人々が道徳的に退廃し霊的関心を失ったとき、神は時として旱魃や疫病（7:13）、経済的破綻を送ったり、祝福をとどめたりしてさばきを下されることがある。祈りを聞き、応答し、介入するという神の約束は（→次の注）、もともとイスラエルにされた約束だったけれども、あらゆる時代の信仰者にも次の四つの条件を満たすときに適用される。霊的リバイバルを求め、目的を再確認し、祝福を回復（⇒使3:19）したい人は次のことをしなければならない。

(1)「みずからへりくだり」─神の民は自分の失敗や無力さを知って罪を心から悲しみ、神の願い、ご計画、目的に沿って生きる献身を新しくしなければならない。自らへりくだるとは、自分の霊的乏しさと神のあわれみが徹底的に必要なことを認めることである（11:16, 15:12-13, 15, 34:15-19, 詩51:17, マタ5:3）。

(2)「祈りをささげ」─神の民は神のあわれみを必死に祈り求め、神が助けてくださるように完全に頼り依存しなければならない。祈りは忠実な心から出るものでなければならない。そして神が応えてくださるまで私たちは神を呼び求め続けなければならない（⇒ルカ11:1-13, 18:1-8, ヤコ5:17-18）。

(3)「わたしの顔を慕い求め」─神の民は神に向きを変え神の臨在を熱く求めなければならない。けれどもそれを自分勝手な理由や、ただ困難や危険を避けるために行うのではなく、神の目的を達成し御国を前進させるために行わなければならない（11:16, 19:3, Ⅰ歴16:11, 22:19, イザ55:6-7）。「主を慕い求める」ことについて →14:4注

(4)「その悪い道から立ち返る」─神の民は自分勝手な生き方をして神のみこころに抵抗していたことを心から悔い改め（引返す、完全に変更する）なければならない。これは具体的な罪や、神よりも大切にしていたものを告白してやめることである。またあわれみ、赦し、霊的なきよめを求めて神にすがることである（29:6-11, Ⅱ列17:13, エレ25:5, ゼカ1:4, ヘブ4:16）。国全体が霊的に逆らって悪の道に進んでいるときに神への献身を守ろうとする人々は、神が忠実な人々を通して霊的リバイバルを広範囲に起こしてくださるように祈り求めるべきである。

7:14 わたしが・・・聞いて・・・赦し・・・いやそう 霊的なリバイバルと回復のための四つの条件が満たされたとき（→前の注）、リバイバルに関する神の三つの約束が実現する。

(1) 神は怒ることなく、人々の必死の祈りに耳を傾けてくださる（7:15）。最初に見られるリバイバルの証拠は、神が祈りに応え（7:14-15）、同情をもって応答してくださることである（⇒詩85:4-7, 102:1-2, 13, エレ33:3, ヨエ2:12-13, 18-19, →「信仰と恵み」の項p.2062）。

(2) 神は罪を赦して霊的にきよめてくださる。人々の中に好意、臨在、平安、真理、力を回復してくださる（⇒詩85:9-13, エレ33:7-8, ホセ10:12, ヨエ2:25, Ⅱコリ6:14-18）。

(3) 神は人々を霊的に癒し元気にしてくださる。そして聖霊を注いで人々を霊的に目覚めさせ、まだ神を知らない人々に霊的救いをもたらされる（⇒詩51:12-13, ホセ5:14-6:3, 11, ヨエ2:28-32）。神は再び雨を降らせ（実際的好意と祝福）、土地を生き返らせてくださる。

7:20 この宮を・・・投げ捨て →Ⅰ列9:7注

これをすべての国々の民の間で、物笑いとし、なぶりものとする。
²¹かつては並びもなく高かったこの宮も、そのときには、そのそばを通り過ぎる者がみな、驚いて、『どういうわけで、主はこの地とこの宮とに、このような仕打ちをされたのだろう』と言うであろう。
²²すると人々は、『あの人たちは、エジプトの地から連れ出した彼らの父祖の神、主を捨てて、ほかの神々にたより、これを拝み、これに仕えた。そのために、主はこのすべてのわざわいをこの人たちに下されたのだ』と言うようになる。」

ソロモンのそのほかの活動
8:1-18　並行記事－Ⅰ列9:10-28

8 ¹ソロモンが主の宮と自分の宮殿を二十年かかって建て終わったとき、
²ソロモンは、フラムがソロモンに返した町々を建て直し、そこにイスラエル人を住ませた。
³ソロモンはハマテ・ツォバに出て行き、これに打ち勝った。
⁴ついで、彼は荒野にタデモルを建て、倉庫の町々はすべて、これをハマテに建てた。
⁵さらに、彼は上ベテ・ホロンと下ベテ・ホロンを建てた。これは、城壁と門とかんぬきのある防備の町々であった。
⁶バアラテ、およびソロモンの所有のすべての倉庫の町々、戦車のためのすべての町々、騎兵のための町々、ソロモンがエルサレムや、レバノンや、すべての領地に建てたいと切に願っていたものすべてを彼は建設した。
⁷イスラエルの出でないヘテ人、エモリ人、ペリジ人、ヒビ人、エブス人の生き残りの民全員、
⁸すなわち、イスラエル人が滅ぼし尽くさ

20②申28:37
21①Ⅱ歴7:21, 22, 申29:24-28, エレ22:8, 9

1①Ⅱ歴8:1-10, Ⅰ列9:10-23
5①Ⅰ列9:17, Ⅰ歴7:24
7①Ⅱ歴14:7
6①ヨシ19:44
7①創15:20

11①Ⅰ列3:1, 7:8, 9:24
②→Ⅱ歴5:2
③→ヨシ3:13, Ⅱ歴1:4
12①Ⅱ歴4:1, Ⅰ列9:25
①Ⅰ歴1:6
13①民28, 29章
②出29:38-42
③出23:14-17, 34:22, 23, 申16:16
④→Ⅱ歴2:4
⑤Ⅱ歴30:13, 21, 35:17, 出23:15, エズ6:22
⑥⑦レビ23:34, エズ3:4, ゼカ14:16, 18, 19
14①Ⅰ歴23-26章, ネヘ12:45
②ネヘ12:24, 36, 46
③→Ⅱ歴14:7
⑤Ⅰ歴9:17-27

なかった人々の跡を継いでこの地に生き残った彼らの子孫に当たる人々を、ソロモンは苦役に徴用した。今日もそうである。
⁹しかし、ソロモンはイスラエル人を自分の仕事をさせる奴隷にはしなかった。彼らは戦士であり、彼の補佐官の長であり、戦車隊と騎兵隊の長であったからである。
¹⁰また、ソロモン王に属する者で、監督をする者の長は二百五十人であって、民を指揮していた。
¹¹ソロモンはパロの娘を、ダビデの町から彼女のために建てた家に連れ上った。「私の妻はイスラエルの王ダビデの家に住んではならない。主の箱を迎え入れた所は聖なる所だからである」と彼が言ったからである。
¹²それから、ソロモンは、彼が玄関の前に建てた主の祭壇の上に、主のために全焼のいけにえをささげた。
¹³すなわち、モーセの命令どおりに、毎日の日課により、これをささげ、安息日ごとに、新月の祭りごとに、年三回の例祭、すなわち、種を入れないパンの祭り、七週の祭り、仮庵の祭りごとに、これをささげた。
¹⁴彼はその父ダビデの定めに従い、祭司たちの組分けを定めてその務めにつかせ、レビ人もその任務につかせ、毎日の日課として、祭司たちの前で賛美と奉仕をさせた。門衛たちも、その組分けに従って、おのおのの門に立たせた。神の人ダビデの命令がこうだったからである。
¹⁵彼らは、王がすべてのことにつき、また宝物倉のことについて、祭司たちとレビ人たちに命じたことにそむかなかった。
¹⁶このように、ソロモンの工事は、主の宮の礎を据える日まで、また、その完成まで、すべてが整えられていた。主の宮は完全であった。

8:11　パロの娘　ソロモンはパロの娘と結婚したけれども、これは神の律法に背いていた（→申17:17, 出34:16）。ソロモンは神のために宮を建て、神の多くの命令を守ったけれども、人生の全部の領域で神の権威に従っていなかったことがこれによって示された。この強い誘惑に負けたために崩壊がやってきた。ソロモンは人生の基本的な非常に重要な部分をサタンに明け渡したのである（→Ⅰ列4:29-34注, 11:1注）。信仰生活の中でささげていない、あるいは解決していないものが一つでもあれば、サタンはそこに足場を築いて、その人を神から引離すことができる。

¹⁷ それから、ソロモンはエドムの地の海岸にあるエツヨン・ゲベルとエラテへ行った。
¹⁸ フラムはそのしもべたちを通して、何隻かの船と海に詳しいしもべたちを彼のもとに送り届けた。彼らはソロモンのしもべたちといっしょにオフィルへ行き、そこから、金四百五十タラントを取って、これをソロモン王のもとに持って来た。

シェバの女王がソロモンを訪れる
9:1-12　並行記事—Ⅰ列10:1-13

9 ¹ ときに、シェバの女王が、ソロモンの名声を伝え聞き、難問をもってソロモンをためそうとして、非常に大ぜいの有力者たちを率い、らくだにバルサム油と、多くの金および宝石を載せて、エルサレムにやって来た。彼女は、ソロモンのところに来ると、心にあるすべてのことを彼に質問した。
² ソロモンは、彼女のすべての質問を説き明かした。ソロモンがわからなくて、彼女に説き明かせなかったことは何一つなかった。
³ シェバの女王は、ソロモンの知恵と、彼が建てた宮殿と、
⁴ その食卓の料理、列席の家来たち従者たちが仕えている態度とその服装、彼の献酌官たちとその服装、主の宮に上る階段を見て、息も止まるばかりであった。
⁵ 彼女は王に言った。「私が国であなたの事績とあなたの知恵とについて聞き及んでおりましたことはほんとうでした。
⁶ 実は、私は、自分で来て、自分の目で見るまでは、彼らの言うことを信じなかったのですが、驚いたことに、私にはあなたの知恵の半分も知らされていなかったのです。あなたは、私の聞いていたうわさを上回る方でした。
⁷ なんとしあわせなことでしょう。あなたにつく人たちは。なんとしあわせなことでしょう。いつもあなたの前に立って、あなたの知恵を聞くことのできるこの、あなたの家来たちは。
⁸ あなたを喜ばれ、その王座にあなたを着かせて、あなたの神、主のために王とされたあなたの神、主はほむべきかな。あなた

17①Ⅱ歴8:17, 18, Ⅰ列9:26-28
②Ⅱ歴26:2, Ⅱ列14:22
＊🔲「エロテ」
18①Ⅱ歴9:10, 13
＊1タラントは34キログラム

1①Ⅱ歴9:1-12, Ⅰ列10:1-13
②マタ12:42, ルカ11:31
8①Ⅰ歴28:5, 29:23

の神はイスラエルを愛して、これをとこしえにゆるがぬものとされたので、彼らの上にあなたを王として与え、公正と正義とを行わせられるのです。」
⁹ 彼女は百二十タラントの金と、非常に多量のバルサム油と宝石とを王に贈った。シェバの女王がソロモン王に贈ったこのバルサム油のようなものはなかった。
¹⁰ オフィルから金を運んで来たフラムのしもべたちと、ソロモンのしもべたちも、びゃくだんの木材と宝石とを運んで来た。
¹¹ 王はこのびゃくだんの木材で、主の宮と王宮への大路を造り、歌うたいたちのために、立琴と十弦の琴を作った。このようなものは、これまで、ユダの地でだれも見たことがなかった。
¹² ソロモン王は、シェバの女王に、彼女が王のもとに携えて来た品物以外のもので、彼女が求めた物は何でもその望みのままに与えた。彼女は、家来たちを連れて、自分の国へ戻って行った。

ソロモンの栄華
9:13-28　並行記事—Ⅰ列10:14-29, Ⅱ歴1:14-17

¹³ 一年間にソロモンのところに入って来た金の重さは、金の目方で六百六十六タラントであった。
¹⁴ このほかに、交易商人や仕入れ商人たちが携えて来たものがあり、また、アラビヤのすべての王たち、およびその地の総督たちも、ソロモンのもとに金銀を携えて来た。
¹⁵ ソロモン王は、延べ金で大盾二百を作り、その大盾一個に六百シェケルの延べ金を使った。
¹⁶ また、延べ金で盾三百を作り、その盾一個に三百シェケルの金を使った。王はそれらを、レバノンの森の宮殿に置いた。
¹⁷ 王は大きな象牙の王座を作り、これに純金をかぶせた。
¹⁸ その王座には六つの段があり、その王座には金の足台が取りつけられており、座席の両側にはひじかけがあり、そのひじかけのわきには二頭の雄獅子が立っていた。
¹⁹ また、十二頭の雄獅子が、六つの段の両側に立っていた。このような物は、どこの

②Ⅱ歴2:11, 申7:8
10①Ⅱ歴8:18
13①Ⅱ歴9:13-24, Ⅰ列10:14-25

王国でも作られたためしがなかった。
²⁰ソロモン王が飲み物に用いる器はみな金であった。レバノンの森の宮殿にあった器物もすべて純金であった。銀はソロモンの時代には、価値あるものとはみなされていなかった。
²¹王は、フラムのしもべたちを乗せてタルシシュへ行く船を持っており、三年に一度、タルシシュの船が金、銀、象牙、さる、くじゃくを運んで来たからである。
²²ソロモン王は、富と知恵とにおいて、地上のどの王よりもまさっていた。
²³地上のすべての王は、神が彼の心に授けられた知恵を聞こうとして、ソロモンに謁見を求めた。
²⁴彼らはおのおのの贈り物として、銀の器、金の器、衣服、武器、バルサム油、馬、騾馬などを、毎年きまって携えて来た。
²⁵ソロモンは四千の馬屋と戦車、および騎兵一万二千を持っていた。彼はこれらを戦車の町々に配置し、またエルサレムの王のもとにも置いた。
²⁶彼は大河からペリシテ人の地、さらには、エジプトの国境に至るすべての王を支配していた。
²⁷王は銀をエルサレムで石のように用い、杉の木を低地のいちじく桑の木のように大量に用いた。
²⁸人々は馬をエジプトや諸国からソロモンのもとに運んで来た。

21 ①Ⅱ歴20:36, 37, 詩72:10
22 ①Ⅱ歴1:12, Ⅰ列3:13
24 ①Ⅱ歴17:5, 11, 32:23, →Ⅰサム10:27
25 ①Ⅱ歴9:25-28, Ⅱ歴1:14-17, Ⅰ列10:26-29
②Ⅰ列4:26
26 ①Ⅱ歴4:21, 24, 詩72:8
②創15:18
27 ①申17:17
* ▢「シェフェラ」
28 ①申17:16

29 ①Ⅱ歴9:29-31, Ⅰ列11:41-43
②Ⅱ歴12:15, 13:22, 21:12, 24:19, 25:15, 26:22, 32:32, 35:18, 36:12, →Ⅱ歴18:6, →Ⅰ歴29:29
④Ⅰ列12:15
⑤Ⅱ歴12:15, 19:2, 29:25, 30, 33:18, 35:15, →Ⅰ列21:9
⑥Ⅱ歴12:15, 13:22
* ▢「エド」
31 ①→Ⅱ歴5:2

1 ①Ⅱ歴10章, Ⅰ列12:1-20
2 ①Ⅰ列11:40

ソロモンの死
9:29-31　並行記事─Ⅰ列11:41-43
²⁹そのほか、ソロモンの業績、それは最初から最後まで、預言者ナタンの言行録、シロ人アヒヤの預言、および、先見者イドが見たネバテの子ヤロブアムについての幻の記録にしるされているではないか。
³⁰ソロモンはエルサレムで、四十年の間、全イスラエルの王であった。
³¹ソロモンは彼の先祖たちとともに眠り、人々は彼をその父ダビデの町に葬った。彼の子レハブアムが代わって王となった。

イスラエルがレハブアムに反抗する
10:1-11:4　並行記事─Ⅰ列12:1-24

10 ¹レハブアムはシェケムへ行った。全イスラエルが彼を王とするため、シェケムに来ていたからである。
²ネバテの子ヤロブアムがそのことを聞くと、──彼はソロモン王の顔を避けて逃げて行き、エジプトにいたのである──ヤロブアムはエジプトから戻って来た。
³人々が使いをやって、彼を呼び寄せたので、ヤロブアムは全イスラエルとともにやって来て、レハブアムに言った。
⁴「あなたの父上は、私たちのくびきをかたくしました。今、父上が私たちに負わせた過酷な労働と重いくびきを軽くしてください。そうすれば、私たちはあなたに仕えましょう。」
⁵すると、彼はこの人々に、「もう三日した

9:29　そのほか、ソロモンの業績　歴代誌の著者はソロモンのそのほかの業績について触れているけれども、それは列王記Ⅰ11章にさらに詳しく記録されている。ソロモンは晩年、霊的に衰えて神から離れていった。このことはソロモン個人だけではなく、イスラエルの国全体に影響を及ぼした。ソロモンが選択したことはイスラエルの分裂と衰退を招くことになった。それはソロモンの死後、直ちに起きた。晩年のソロモンの悲惨な霊的状態　→Ⅰ列11: 全体の注

10:1　王国の分裂　10章はイスラエルが二つの王国に分裂した時点のことを示している(10:15-19, →Ⅰ列12:20, 24注)。北の王国はイスラエルと呼ばれ、南の王国はユダと呼ばれた(大部分がユダ族によって構成されていたため)。この書物の中のヘブル人の歴史はほとんど、南のユダ王国の視点から書かれていて、著者は北王国の歴史にはほとんど触れていない。南王国に焦点を当てた理由は三つある。(1) バビロンとペルシヤ全土の長年の捕囚から帰還した人のほとんどはユダ族だった(→エズ緒論、ネヘ緒論)。歴代誌は当初この人々に向けて書かれていた。(2) ユダは神を礼拝する中心だった(神殿は首都エルサレムにあって礼拝の中心だった)。(3) ユダの王たちはダビデの子孫で、神が永遠の王国を約束された契約に含まれていた(Ⅱサム7:16, →「ダビデとの神の契約」の項p.512)。ユダ族についての約束と預言の詳細　→創49:8-12, 申33:7, Ⅱサム2:4, ホセ1:7, ゼカ10:4, マタ2:6, ヘブ7:14, 8:8, 黙5:5

ら、私のところに戻って来なさい」と言った。そこで、民は出て行った。

⁶ レハブアム王は、父ソロモンが生きている間ソロモンに仕えていた長老たちに相談して、「この民にどう答えたらよいと思うか」と言った。
⁷ 彼らは王に答えて言った。「もし、あなたがこの民に優しくし、彼らに好意を示し、彼らに親切なことばをかけてやってくださるなら、彼らはいつまでもあなたのしもべとなるでしょう。」
⁸ しかし、彼はこの長老たちの与えた助言を退け、彼とともに育ち、彼に仕えている若者たちに相談して、
⁹ 彼らに言った。「この民に何と返答したらよいと思うか。彼らは私に『あなたの父上が私たちに負わせたくびきを軽くしてください』と言って来たのだが。」
¹⁰ 彼とともに育った若者たちは彼に答えて言った。「『あなたの父上は私たちのくびきを重くした。だから、あなたは、それを私たちの肩から軽くしてください』と言ってあなたに申し出た民に、こう答えたらいいでしょう。あなたは彼らにこう言いなさい。『私の小指は父の腰よりも太い。
¹¹ 私の父はおまえたちに重いくびきを負わせたが、私はおまえたちのくびきをもっと重くしよう。私の父はおまえたちをむちで懲らしめたが、私はさそりを使うつもりだ』と。」
¹² ヤロブアムと、すべての民は、三日目にレハブアムのところに来た。王が、「三日目に私のところに戻って来なさい」と言って命じたからである。
¹³ 王は彼らに荒々しく答えた。レハブアム王は長老たちの助言を退け、
¹⁴ 若者たちの助言どおり、彼らに答えてこう言った。「私はおまえたちのくびきを重くする。私はそれをもっと重くしよう。私の父はおまえたちをむちで懲らしめたが、

8①Ⅱ歴22:4
14①Ⅱ歴10:11

15①Ⅰ列11:29-39
 ②Ⅱ歴25:20,
 Ⅰサム2:25,
 Ⅰ列12:15, 24
16＊「見て取った」はⅠ列12:16による補足
 ①Ⅱサム20:1
 →Ⅱサム14:16
18①Ⅰ列4:6, 5:14
 ＊Ⅰ列4:6「アドニラム」,
 Ⅰ列12:18「アドラム」
 ②→ヨシ7:25,
 →レビ20:2,
 →エゼ16:40

1①Ⅱ歴11:1-4,
 Ⅰ列12:21-24
2①Ⅱ歴12:5, 15
4①Ⅱ歴28:8-11
 ②Ⅱ歴10:15

私はさそりを使うつもりだ。」
¹⁵ 王は民の願いを聞き入れなかった。それは、かつてシロ人アヒヤを通してネバテの子ヤロブアムに告げられた約束を主が実現するために、神がそうしむけられたからである。
¹⁶ 全イスラエルは、王が自分たちに耳を貸さないのを見て取った。民は王に答えた。

「ダビデには、
 われわれへのどんな割り当て地があろう。
エッサイの子には、ゆずりの地がない。
イスラエルよ。おのおのあなたの天幕に帰れ。
ダビデよ。今、あなたの家を見よ。」

こうして、全イスラエルは自分たちの天幕へ帰って行った。
¹⁷ しかし、ユダの町々に住んでいるイスラエル人は、レハブアムがその王であった。
¹⁸ レハブアム王は、役務長官ハドラムを遣わしたが、イスラエル人は、彼を石で打ち殺した。それで、レハブアム王は、ようやくの思いで戦車に乗り込み、エルサレムに逃げた。
¹⁹ このようにして、イスラエルはダビデの家にそむいた。今日もそうである。

11

¹ レハブアムはエルサレムに帰り、ユダとベニヤミンの家から選抜戦闘員十八万を召集し、王国をレハブアムのもとに取り戻すため、イスラエルと戦おうとした。
² すると、神の人シェマヤに次のような主のことばがあった。
³ 「ユダの王、ソロモンの子レハブアム、および、ユダとベニヤミンに属する全イスラエルに告げて言え。
⁴ 『主はこう仰せられる。上って行ってはならない。あなたがたの兄弟たちと戦ってはならない。おのおの自分の家に帰れ。わたしがこうなるようにしむけたのだから。』」

11:4 わたしがこうなるようにしむけたのだから
ユダ族を神に忠実に保つためにイスラエルを分裂させたのは神だった。ほかの部族に見られる、ひどくなる一方の霊的腐敗からユダ族を離しておきたいと神は思われた。神は時として悪い影響から神の民を守るために分裂が起こるのを許される。神がそうなさるのは、真理を保ち正義の基準を押し進めて神に忠実でいたいと思う人々の品性を保つためである(→Ⅰ列12:24注,

そこで、彼らは主のことばに聞き従い、ヤロブアムを目ざして進む行軍を中止して、引き返した。

レハブアムはユダの防御を固める

5 レハブアムはエルサレムに住み、ユダの中に防備の町々を建てた。
6 すなわち、ベツレヘムとエタムとテコア、
7 ベテ・ツルとソコとアドラム、
8 ガテとマレシャとジフ、
9 アドライムとラキシュとアゼカ、
10 ツォルアとアヤロンとヘブロン。これらはユダとベニヤミンの中にあり、防備の町々であった。
11 さらに、彼は防備を固めて、その中に隊長を置き、糧食、油、ぶどう酒をたくわえた。
12 またすべての町ごとに大盾と槍を置き、これらの町をますます強固にした。こうして、ユダとベニヤミンは彼の側についた。
13 イスラエル全土の祭司たち、レビ人たちは、あらゆる地域から出て来て、彼の側についた。
14 実は、レビ人は自分たちの放牧地と所有地を捨てて、ユダとエルサレムに来たのである。ヤロブアムとその子らが、主の祭司としての彼らの職を解き、
15 自分のために祭司たちを任命して、彼が造った高き所と雄やぎと子牛に仕えさせたからである。
16 さらに、彼らのあとに続いて、イスラエルの全部族の中から、その心をささげてイスラエルの神、主を尋ね求める者たちが、その父祖の神、主にいけにえをささげるためエルサレムに出て来た。

5 ① II 歴8:2-6, 11:23
7 ① ヨシ15:58, ネヘ3:16
　② II 歴28:18, ヨシ15:35
8 ① II 歴20:37, ヨシ15:44, ミカ1:15
10 ① II 歴28:18, ヨシ10:12, Ⅰサム14:31, Ⅰ歴8:13
14 ① 民35:2-5
15 ① Ⅰ列12:31,32, 13:33
　② レビ17:7
　③ Ⅰ列12:28, ホセ13:2
16 ① II 歴15:9, 30:11
　② II 歴30:19

17 ① II 歴12:1
18 ① Ⅰサム16:6
20 ① Ⅰ列15:2
21 ① 申17:17, Ⅰ列11:3
22 ① 申21:15-17
　＊「考えた」は補足

1 ① II 歴11:17, 12:13
　② Ⅰ列14:22-24
　③ → II 歴6:16

17 彼らは三年の間、ユダの王権を強固にし、ソロモンの子レハブアムを励ました。三年の間、彼らがダビデとソロモンの道に歩んだからである。

レハブアムの家族

18 レハブアムは、ダビデの子エリモテとエッサイの子エリアブの娘アビハイルとの間にできた娘マハラテをめとって妻とした。
19 彼女は彼に男の子を産んだ。エウシュ、シェマルヤ、ザハムである。
20 彼女をめとって後、彼はアブシャロムの娘マアカをめとった。彼女はアビヤとアタイとジザとシェロミテを産んだ。
21 レハブアムは彼のすべての妻、そばめにまさってアブシャロムの娘マアカを愛した。彼は妻を十八人、そばめを六十人持っており、二十八人の息子、六十人の娘をもうけた。
22 レハブアムはマアカの子アビヤを立ててかしらとし、彼の兄弟たちの間でつかさとした。彼を王にしようと＊考えたからである。
23 彼は賢く事を行い、その子どもたちを全部、ユダとベニヤミンの全土、すなわちすべての防備の町々に分散させたうえ、彼らにたくさんの食糧を供給し、多くの妻を捜し与えた。

シシャクがエルサレムを攻撃する

12:9-16　並行記事＝Ⅰ列14:21, 25-31

12

1 レハブアムの王位が確立し、彼が強くなるに及んで、彼は主の律法を捨て去った。そして、全イスラエルが彼にならった。

マタ10:34注, エペ4:3, 5, 13, 15注)。

11:14-15　ヤロブアム・・・自分のために祭司たちを任命して　→Ⅰ列12:28注

11:16　その心をささげて・・・【主】を尋ね求める
ヤロブアムと北王国は、みことばとイスラエルとの神の契約に定められていた主への礼拝をやめてしまった(→「イスラエル人との神の契約」の項 p.351)。そして唯一のまことの神の代りに人間が作った神々やほかのものを礼拝した(→Ⅰ列12:28注)。

(1) このような理由から、神に真実でありたいと思う人々は自分たちの家を離れ北王国を離れて、南のユダ王国に行った(11:14, 16)。いつの時代にも周囲が霊的、社会的、道徳的に退廃するときに、神の民は神に真実であり続けられるか挑戦を受けてきた(→黙2:7注)。

(2) 神とみことばに忠実に従おうとすると、時にはある人間関係から(教会からも)離れて、キリストの中に示されている神の本来の真実の目的のために生きている人々と合流することが必要になる(神の国は信仰のない人々から取去られて福音に応答する人々に与えられるというイエス・キリストの教え　→マタ21:43注, エペ4:13注, →「信者の霊的聖別」の項 p.2172)。

12:1　全イスラエル　著者は「全イスラエル」という

II 歴代誌　12章

² レハブアム王の第五年に、エジプトの王シシャクがエルサレムに攻め上って来た。彼らが主に対して不信の罪を犯したからである。
³ 戦車一千二百台、騎兵六万がこれに従った。また、彼とともにエジプトから出陣した民、すなわちルブ人、スキ人、クシュ人の人数は数えきれないほどであった。
⁴ 彼はユダに属する防備の町々を攻め取り、エルサレムまで攻め寄せて来た。
⁵ そのとき、預言者シェマヤが、レハブアムと、シシャクを前にしてエルサレムに集まったユダのつかさたちのもとに来て、彼らに言った。「主はこう仰せられる。『あなたがたがわたしを捨て去ったので、わたしもまたあなたがたを捨ててシシャクの手に渡した。』」
⁶ すると、イスラエルのつかさたちと王はへりくだり、「主は正しい」と言った。
⁷ 主が、彼らのへりくだった様子をご覧になると、シェマヤに次のような主のことばがあった。「彼らがへりくだったので、わたしは彼らを滅ぼさない。間もなく彼らに救いを与えよう。シシャクの手によって、わたしの怒りをエルサレムに注ぐことはやめよう。
⁸ ただし、彼らは彼のしもべとなる。わたしに仕えることと地の諸王国に仕えることとの違いを思い知るためである。」

⁹ エジプトの王シシャクはエルサレムに攻め上って来て、主の宮の財宝、王宮の財宝を奪い取り、何もかも奪って、ソロモンが作った金の盾をも奪い取った。
¹⁰ それで、レハブアム王は、その代わりに青銅の盾を作り、これを王宮の門を守る近衛兵の隊長の手に託した。
¹¹ 王が主の宮に入るたびごとに、近衛兵が来て、これを運んで行き、また、これを近衛兵の控え室に運び帰った。
¹² このように、彼がへりくだったとき、主の怒りは彼の身を離れ、彼を徹底的に滅ぼすことはされなかった。ユダにも良いことがあったからである。
¹³ こうして、レハブアム王はエルサレムで勢力を増し加え、国を治めた。レハブアムは四十一歳で王となり、主がご自分の名を置くためにイスラエルの全部族の中から選ばれた都、エルサレムで十七年間、王であった。彼の母の名はナアマといい、アモン人であった。
¹⁴ 彼は悪事を行った。すなわち、その心を定めて常に主を求めることをしなかった。
¹⁵ レハブアムの業績、それは最初から最後まで、預言者シェマヤと先見者イドの言行録にしるされて、系図に載せられているではないか。レハブアムとヤロブアムとの間には、いつまでも争いがあった。

2①Ⅱ歴12:2-12, Ⅰ列14:25-28
②Ⅰ列11:40
3①Ⅱ歴16:8, ナホ3:9　*「エチオピヤ人」
4①Ⅱ歴11:5-12
5①Ⅱ歴11:2
②Ⅱ歴15:2, 申28:15
6①→Ⅱ歴7:14
②出9:27, ダニ9:14
7①Ⅱ歴34:27, 28, Ⅰ列21:29, 詩78:38
8①イザ26:13
9①Ⅱ歴9:15, 16, Ⅰ列10:16, 17
10＊直訳「走る者」
12①→Ⅱ歴7:14
②Ⅱ歴19:3
13①Ⅱ歴12:13, 14, Ⅰ列14:21, 22
②Ⅱ歴6:6
14①Ⅱ歴19:3
15①Ⅱ歴12:15, 16, Ⅰ列14:29-31
②→Ⅱ歴9:29
③Ⅱ歴12:5
④→Ⅱ歴9:29
⑤Ⅱ歴13:22

ことばをここでは南のユダ王国にだけ使っている（⇒12:4）。ほかの場所では北王国か（10:16）、南と北の両方を指している（9:30）。どちらを指すかはことばの前後から判断しなければならない。

12:5　あなたがたがわたしを捨て去ったので　歴代誌の著者は従う人々には神の祝福が与えられ（11:17）、従わない人には罰が下ることを（12:1-6）たびたび指摘している。レハブアム王が忠実でなくなったとき、神は敵から守るのをやめられた（12:5）。神に対して忠実でないなら、私たちも人生の危険やサタンの攻撃から神に守っていただけると期待することはできなくなる。神の守りは、キリストを信じる生きた信仰、神に自分をゆだね、ご計画に心を尽くして従う信仰だけを通して与えられる（→ロマ8:28注，Ⅰペテ1:5注）。「あなたがたが主とともにいる間は、主はあなたがたとともにおられます」（15:2）。

12:7　彼らがへりくだった　もし神に逆らってその罰を受けるときには、自分のプライドを捨てて神のさばきが公平で正しいことを認めるべきである（12:6, ⇒7:14注）。主は罪を赦し、恵み（受けるにふさわしくない神からの好意）を回復してくださる。そしてさらに罰や懲らしめを軽くしてくださるかもしれない。

12:14　彼は悪事を行った・・・その心を定めて常に【主】を求めることをしなかった　神との深い交わりを求めることと悪を退けることとは結び付いている。強い信仰を育てて維持するためには、たゆまぬ祈り（神との継続的な交わり）が必要である。私たちは神の導きと力に頼ることによって罪を自覚して退けることができる。そうして初めてこの世界の影響に打勝ち、神のことばに従い神のもとに行く日まで聖霊の導きに従い続けることができる。このような信仰と神への献身がないなら、神から離れて救いを拒み、神を敬わない社会の流れに従うことになっていく。

II 歴代誌　12-13章

16 レハブアムは彼の先祖たちとともに眠り、ダビデの町に葬られた。彼の子アビヤが代わって王となった。

ユダの王アビヤ
13:1-2, 13:22-14:1　並行記事―Ⅰ列15:1-2, 6-8

13 ¹ ヤロブアム王の第十八年に、アビヤはユダの王となり、² エルサレムで三年間、王であった。彼の母の名はミカヤといい、ギブアの出のウリエルの娘であった。

アビヤとヤロブアムとの間には争いがあった。

³ アビヤは精鋭四十万の勇敢な戦士の部隊を率いて戦争を始めた。一方、ヤロブアムも八十万の精鋭、勇士を率いて彼に対抗し、戦いの備えをした。

⁴ アビヤはエフライムの山地にあるツェマライム山の頂上に立って、言った。「ヤロブアムおよび全イスラエルよ。私の言うことを聞け。

⁵ イスラエルの神、主が、イスラエルの王国をとこしえにダビデに与えられたこと、すなわち、塩の契約をもって、彼とその子らとに与えられたことは、あなたがたが知らないはずはあるまい。

⁶ ところが、ダビデの子ソロモンのしもべであったネバテの子ヤロブアムが立ち上がって、自分の主君に反逆したが、⁷ 彼のもとに、ごろつき、よこしまな者たちが集まり、ソロモンの子レハブアムより優勢となった。それに、レハブアムは若くて、おくびょうであり、彼らに対抗して自分の力を増し加えることがなかった。

⁸ そこで今、あなたがたは、ダビデの子らの支配下にある主の王国に敵対して、力を増し加えようとしており、また、あなたがたはおびただしい群れをなしており、ヤロブアムが造ってあなたがたのために神とした金の子牛もあなたがたとともにある。

⁹ あなたがたは、アロンの子らである主の祭司たちとレビ人を追放し、諸国の民にならって自分たちのために祭司を任命したではないか。だれでも若い雄牛一頭と雄羊七頭を携えて来て祭司職につこうとする者は、神ならぬものの祭司となったのである。

¹⁰ しかし、私たちの場合は、主が私たちの神である。私たちはこの方を捨てなかった。また、アロンの子らである祭司たちが主に仕えており、レビ人が仕事をしている。¹¹ 彼らは朝ごとに夕ごとに全焼のいけにえを主にささげ、かおりの高い香をたき、並べ供えたパンを純金の机の上に整え、金の燭台とその上のともしび皿には、夕ごとに火をともしている。私たちは、私たちの神、主の戒めを守っている。それに反し、あなたがたはこの方を捨て去った。

¹² 見よ。神は私たちとともにいて、かしらとなっておられる。また、神の祭司たちも私たちの側におり、合図のラッパを手にして、あなたがたに対し進撃の合図を吹き鳴らそうとしている。イスラエル人よ。あなたがたの父祖の神、主と戦ってはならない。とうてい勝ち目はないからである。」

¹³ ヤロブアムは伏兵を回して、この人々の背後から攻めるようにさせた。こうして、彼らはユダの正面におり、伏兵はその背後にいた。

¹⁴ ユダが向き直ると、見よ、戦いは前後から迫っていた。それで、彼らは主に叫び求め、祭司たちはラッパを吹き鳴らした。

¹⁵ そして、ユダの人々はときの声をあげた。ユダの人々がときの声をあげたとき、神はヤロブアムと全イスラエルを、アビヤとユダの前に打ち破られた。

¹⁶ こうして、イスラエル人はユダの前から

16①→Ⅱ歴5:2
　②Ⅱ歴11:20
　＊Ⅰ列14:31, 15:1, 7
　「アビヤム」

1①Ⅱ歴13:1, 2,
　　Ⅰ列15:1, 2
2①Ⅱ歴11:20
　＊Ⅰ列15:2「マアカといい、アブシャロムの娘であった」
　②Ⅰ列15:7
5①Ⅱサム7:12-16
　②レビ2:13, 民18:19
6①Ⅱ歴11:26, 12:20
7①士9:4, 11:3
　＊直訳「ベリヤアルの子ら」
　②Ⅱ歴12:13

8①Ⅱ歴11:15,
　　Ⅰ列12:28, 32,
　　ホセ8:5, 6
9①Ⅱ歴11:14, 15
　②出29:31-33
　③エレ2:11, 5:7
11①Ⅱ歴2:4, 出29:38
　②→Ⅰ列1:6
　③出25:30, レビ24:5-9
　④出25:31-39
　⑤出27:20, 21,
　　レビ24:2, 3
12①民10:8, 9
13①ヨシ8:4
14①Ⅱ歴13:14, 15, Ⅱ歴14:11, 12

13:1　アビヤはユダの王となり　歴代誌の著者は、アビヤの勝利はアビヤとユダの人々が神に頼った結果であるとしている (13:18)。けれども列王記の著者はこの事件を記録しないで、アビヤは「父がかつて犯したすべての罪を行い」(Ⅰ列15:3) と書いている。歴代誌と列王記の記述がこのように違うのは、著作の目的がそれぞれ違うからである。列王記では、それぞれの王の治世の全体的な結果を評価することに関心を持っている。それに対して歴代誌は信仰や従順な生活の中での特別な事件を強調しようとしている。それは神に信頼して従えば、神は助け救い出してくださることをイスラエルに示すためだった。

逃げ去り、神はこの人々を彼らの手に渡された。
¹⁷アビヤとその民は彼らをおびただしく打ち殺した。その結果、イスラエルのうち、精鋭五十万が殺されて倒れた。
¹⁸イスラエル人は、このとき征服され、ユダ人は、勝利を得た。彼らがその父祖の神、主に拠り頼んだからである。
¹⁹アビヤはヤロブアムのあとを追い、ベテルとそれに属する村落、エシャナとそれに属する村落、エフラインとそれに属する村落など、幾つかの町々を彼から取った。
²⁰こうして、ヤロブアムはアビヤの時代には、もはや力をとどめておくことができなかった。主が彼を打たれたので、彼は死んだ。
²¹一方、アビヤは勢力を増し加えた。十四人の妻をめとり、二十二人の息子、十六人の娘をもうけた。
²²アビヤのその他の業績、彼の行いとことばは、預言者イドの注解にしるされている。

14 ¹アビヤは彼の先祖たちとともに眠り、人々は彼をダビデの町に葬った。彼の子アサが代わって王となった。彼の時代には、この地は十年の間、平安を保った。

ユダの王アサ
14:2-3　並行記事－Ⅰ列15:11-12
²アサは、彼の神、主がよいと見られるこ

16①Ⅱ歴16:8
18①Ⅰ歴14:11,
　Ⅰ歴5:20, 詩22:5
20①Ⅰサム25:38
　②Ⅰ列14:20
22①Ⅱ歴13:22, 14:1,
　Ⅰ歴15:7, 8
　②→Ⅱ歴9:29
　③Ⅰ歴9:29, 12:15
　④Ⅱ歴24:27

1①Ⅱ歴14:1-5,
　Ⅰ列15:9-12
　②→Ⅱ歴5:2
2①Ⅱ列20:3, イザ38:3

3①Ⅰ歴33:15, 34:3,
　出23:24, 34:13, 申7:5
4①→Ⅱ歴6:16
5①Ⅱ歴34:4, 7
6①Ⅰ歴11:5
　②Ⅰ歴15:15
7①Ⅰ歴8:5, 6
8①Ⅰ歴13:3, Ⅰ歴8:40
9①Ⅱ歴14:9-12, Ⅱ歴6:34, 35
　②Ⅱ歴12:2, 3, 16:8
　＊「エチオピヤ人」
　③Ⅱ歴11:8, ヨシ15:44

と、御目にかなうことを行い、
³異教の祭壇と高き所を取り除き、柱を砕き、アシェラ像を打ちこわした。
⁴それから、ユダに命じて、彼らの父祖の神、主を求めさせ、その律法と命令を行わせた。
⁵さらに、彼はユダのすべての町々から高き所と香の台を取り除いた。こうして、王国は彼の前に平安を保った。
⁶彼はユダに防備の町々を築いた。当時数年の間、その地は平安を保ち、主が彼に安息を与えられたので、彼に戦いをいどむ者はなかったからである。
⁷彼はユダに向かってこう言った。「さあ、これらの町々を建てようではないか。そして、その回りに城壁とやぐらと門とかんぬきを設けよう。この地はなおも私たちの前にある。私たちが私たちの神、主を求めたからである。私たちが求めたところ、神は、周囲の者から守って私たちに安息を下さった。」こうして、彼らは建設し、繁栄した。
⁸アサには、ユダの、大盾と槍を帯びる軍勢が三十万、ベニヤミンの、盾を持ち、弓を引く者が二十八万あって、これらすべてが勇士であった。
⁹時がたって、クシュ人ゼラフが、百万の軍勢と三百台の戦車を率いて、彼らに向かって出陣し、マレシャにまで寄せて来た。
¹⁰そこで、アサは彼に対抗して出陣し、マ

14:2 アサは・・・よいと見られること・・・を行い　レハブアム(12:)とアビヤ(13:, Ⅰ列15:1-8)の治世の間に、ユダではまことの神への礼拝が極端に減少した。これは偶像礼拝(人間が作った神々や「神の代用品」など、神に代るものを礼拝すること)が増加したからである。偶像礼拝のために様々な場所が設けられた(Ⅰ列14:21-24, 15:3)。アサは王になったとき、偶像礼拝と邪悪な宗教を排除して、神に従い神の命令を守ることをユダに力説した(14:3-5)。

14:4 【主】を求めさせ　改革やリバイバルが神の民の間で起こるためには、主を求めることが大切である(→7:14注)。歴代誌の著者は14－16章の間で「主を求める」ということばを8回(14:4, 7, 15:2, 4, 12-13, 15, 16:12)、歴代誌全体では30回使っている。「主を求める」とは、神との交わりが深まり、神の目的に沿った生き方ができるように必死に願い、心を尽して求めることである。そのためには悪い影響を避けて、清いもの、神聖なものに人生をゆだねなければならない(Ⅰ歴16:11)。それには次のことが含まれている。(1) 神との関係を持つことに情熱を注ぎ忠実に祈ることによって神への思いを示すこと(イザ55:6, エレ29:12-13)。(2) 正しいことを行いたい、神の臨在を体験したいという深い願いを持つこと(15:2, 詩24:3-6, イザ51:1, ⇒マタ5:8, ヨハ4:14, →マタ5:6注)。(3) 個人個人に対する神のご計画に自分自身をしっかりとゆだね、神に背くことはみな退けること(14:2-7, 7:14)。(4) 偉大な助け手である神に頼り(ヘブ13:6)、神は「神を求める者には報いてくださる」ことを確信すること(ヘブ11:6, Ⅱ歴14:11, →15:2注)。

レシャにあるツェファテの谷で戦いの備えをした。

¹¹アサはその神、主に叫び求めて言った。「主よ。力の強い者を助けるのも、力のない者を助けるのも、あなたにあっては変わりはありません。私たちの神、主よ。私たちを助けてください。私たちはあなたに拠り頼み、御名によってこの大軍に当たります。主よ。あなたは私たちの神です。人間にすぎない者に、あなたに並ぶようなことはできないようにしてください。」

¹²主はアサの前とユダの前に、クシュ人を打ち破られたので、クシュ人は逃げ去った。¹³アサおよび彼とともにいた民は、彼らをゲラルまで追いつめた。クシュ人は倒れ、生きている者はなかった。主の前、その宿営の前に、打ち砕かれたからである。そこで、彼らは非常に多くの分捕り物を持ち帰った。

¹⁴さらに、彼らはゲラル周辺のすべての町々を攻め打った。主の恐れが彼らに臨んだからである。そこで、彼らはすべての町々をかすめ奪った。その中には多くの獲物があったからである。¹⁵また、彼らは家畜の天幕も打ち、多くの羊とらくだを奪い去って、エルサレムに帰って来た。

アサの改革
15:16-19　並行記事－Ⅰ列15:13-16

15 ¹すると、神の霊がオデデの子ザルヤの上に臨んだ。

¹¹①Ⅱ歴14:11, 12, Ⅱ歴13:14, 15
②Ⅱ歴14:10, 詩22:5
③詩79:9
④Ⅱ歴13:18, 32:7, 詩20:7, 8, 60:11, 12
¹³①創10:19, 20:1
¹⁴①Ⅱ歴17:10, 創35:5

1①Ⅱ歴18:23, 20:14, 24:20, →士3:10

2①Ⅰ歴28:9, ヤコ4:8
②Ⅱ歴20:17
③Ⅱ歴15:4, 15, 33:12, 13, 詩34:4, エレ29:13, 14
④Ⅱ歴24:20, Ⅰ歴28:9
3①ホセ3:4
②Ⅰ列12:28-33
③Ⅱ歴17:7-9, レビ10:8-11
④→Ⅱ歴6:16
4①Ⅱ歴15:2, 15, 申4:29, 30
6①イザ19:2, マタ24:7
7①ヨシ1:7, 9
②エレ31:16

²そこで、彼はアサの前に出て行き、彼に言った。「アサおよび、すべてユダとベニヤミンの人々よ。私の言うことを聞きなさい。あなたがたが主とともにいる間は、主はあなたがたとともにおられます。もし、あなたがたがこの方を求めるなら、あなたがたにご自身を示してくださいます。もし、あなたがたがこの方を捨て去るなら、この方はあなたがたを捨ててしまわれます。

³長年の間、イスラエルにはまことの神なく、教師となる祭司もなく、律法もありませんでした。⁴しかし、その悩みのときに、彼らがイスラエルの神、主に立ち返り、この方を尋ね求めたところ、彼らにご自身を示してくださいました。

⁵この時期には、出て行く者にも、入って来る者にも平安がありませんでした。国々に住むすべての人々に大きな恐慌があったからです。

⁶そして彼らは、民は民に、町は町に相逆らい、共に打ち砕かれてしまいました。神があらゆる苦しみをもって、彼らをかき乱されたからです。

⁷しかし、あなたがたこそ強くあってほしいのです。力を落としてはなりません。あなたがたの働きには報いが伴っているからです。」

⁸アサは、これらのことばと預言者オデデによって預言されたことを聞いたとき、奮い立って、ユダとベニヤミンの全地から、また彼がエフライムの山地で攻め取った町々

15:2　もし、あなたがたがこの方を求めるなら　信仰をもって主を求めるなら(→14:4注)すばらしい結果が生れる。

(1) 主を求める人々は神の平安と守りを体験することができる(14:6-7)。平安とは争いがないことだけではない。それは赦し、澄んだ良心(使24:16, Ⅰテモ3:9)、しあわせな気持を持つこともある。これらはみな神と正しい関係を持つことによって得られる(⇒イザ26:3, 使10:36, ロマ5:1, ガラ5:22, →ロマ8:1注, 「神の平和」の項 p.1301)。

(2) 主を求める人々は困ったときの助けとなるあわれみと恵み(受けるにふさわしくない好意、助け、力)を受ける(→ヘブ4:16注, ⇒Ⅱ歴14:11-15)。

(3) 主を求める人々は神の臨在を強く体験する(15:1-4)。心から熱心に求める人は神を見つけると神は約束された。イエス・キリストの赦しを受けてイエス・キリストの導きに従う人には新しい契約が与えられたけれども、その契約では神の臨在によって慰めが与えられ真理が現され、神に似た人格が成長し御霊による力が与えられる(→ヨハ14:16-26, 15:26-27, 使2:4, ロマ8:5-16, ガラ4:6)。

(4) 主を求める人々は困難や敵に勝利して堅く立つことができる(14:9-15, 16:7-8)。キリスト者は偉大な力を得て誘惑を退け、サタンやその霊的勢力に対抗して霊的戦いを効果的に進めることができる(⇒エペ6:10-18, →マタ4:10注)。

から、忌むべき物を除いた。そして、主の玄関の前にあった主の祭壇を新しくした。

9 さらに、彼はユダとベニヤミンのすべての人々、および、エフライム、マナセ、シメオンから来て彼らのもとに身を寄せている人々を集めた。彼の神、主が彼とともにおられるのを見て、イスラエルから多くの人々が彼をたよって来たからである。

10 こうして、アサの治世の第十五年の第三の月に、彼らはエルサレムに集まった。

11 その日、自分たちが携えて来た分捕り物の中から、牛七百頭と羊七千頭を主にいけにえとしてささげた。

12 さらに、彼らは、心を尽くし、精神を尽くしてその父祖の神、主を求め、

13 だれでもイスラエルの神、主に求めようとしない者は、小さな者も大きな者も、男も女も、殺されるという契約を結んだ。

14 それから、彼らは、大声をあげ、喜び叫び、ラッパと角笛を吹いて、主に誓いを立てた。

15 ユダの人々はみなその誓いを喜んだ。彼らは心を尽くして誓いを立て、ただ一筋に喜んで主を慕い求め、主は彼らにご自身を示されたからである。主は周囲の者から守って彼らに安息を与えられた。

16 アサ王の母マアカがアシェラのために憎むべき像を造ったので、彼は王母の位から彼女を退けた。アサはその憎むべき像を切り倒し、粉々に砕いて、キデロン川で焼いた。

17 高き所はイスラエルから取り除かれなかったが、アサの心は一生涯、完全であった。

18 彼は、彼の父が聖別した物と、彼が聖別した物、すなわち、銀、金、器類を、神の宮に運び入れた。

19 アサの治世の第三十五年まで、戦いは起こらなかった。

アサの晩年
16:1-6　並行記事＝Ⅰ列15:17-22
16:11-17:1　並行記事＝Ⅰ列15:23-24

16 ¹ アサの治世の第三十六年に、イスラエルの王バシャはユダに上って来て、ユダの王アサのもとにだれも出入りできないようにするためにラマを築いた。

² アサは主の宮と王宮との宝物倉から銀と金を取り出し、ダマスコに住むアラムの王ベン・ハダデのもとに送り届けて言った。

³ 「私の父とあなたの父上との間にあったように、私とあなたの間に同盟を結びましょう。ご覧ください。私はあなたに銀と金を送りました。どうか、イスラエルの王バシャとの同盟を破棄し、彼が私のもとから離れ去るようにしてください。」

⁴ ベン・ハダデはアサ王の願いを聞き入れ、自分の配下の将校たちをイスラエルの町々に差し向けたところ、彼らはイヨンと、ダンと、アベル・マイム、および、ナフタリに属するすべての倉庫の町々を打った。

⁵ バシャはこれを聞くと、ラマを築くのを中止し、その工事をやめさせた。

⁶ アサ王はユダの人々をみな連れて行き、バシャが建築に用いたラマの石材と木材を運び出させたうえ、これを用いてゲバとミツパを建てた。

⁷ そのとき、予見者ハナニがユダの王アサのもとに来て、彼に言った。「あなたはアラムの王に拠り頼み、あなたの神、主に拠り頼みませんでした。それゆえ、アラム王

15:17　アサの心は一生涯、完全であった　アサは忠実に偶像礼拝（異教の神々やまことの神に代わるものを礼拝すること）を退けた。けれども人生のほかの分野でいつも忠実だったわけではなかった（→16:7注）。

16:7　【主】に拠り頼みませんでした。それゆえ　アサは神に頼って歩んでいたけれども、晩年には神に背いた。信仰によって生き、神に頼る生活をしなくなったのである。信仰は当然あるものとして侮ってはならないことをアサの人生は警告している。霊的リバイバルのような大きなものを体験したあとでも神に不忠実になる可能性があるのである。16章にはアサがたどった霊的下降線の三つの段階が書いてある。（1）主に頼ることをやめて、人間の力や同盟（政治的結合）に頼り始めた（16:7-9）。（2）神の預言者を拒んで迫害をした（16:10）。非難や矯正のメッセージを伝えるために神が送った人のことばを聞こうとしなくなるのは霊的に下降していることの明らかなしるしである（16:7-10、→ルカ6:23注）。（3）病気になったときにすぐに神に助けを求めないで、医者という人間の力に助けを求めた（16:12）。医者は無意味なまじないや儀式、オ

の軍勢はあなたの手からのがれ出たのです。

⁸ あのクシュ人とルブ人は大軍勢ではなかったでしょうか。戦車と騎兵は非常におびただしかったではありませんか。しかし、あなたが主に拠り頼んだとき、主は彼らをあなたの手に渡されたのです。

⁹ 主はその御目をもって、あまねく全地を見渡し、その心がご自分と全く一つになっている人々に御力をあらわしてくださるのです。あなたは、このことについて愚かなことをしました。今から、あなたは数々の戦いに巻き込まれます。」

¹⁰ すると、アサはこの予見者に対して怒りを発し、彼に足かせをかけた。このことで、彼に対し激しい怒りをいだいたからである。アサはこのとき、民のうちのある者を踏みにじった。

¹¹ 見よ。アサの業績は、最初から最後まで、ユダとイスラエルの王たちの書にまさしくしるされている。

¹² それから、アサはその治世の第三十九年に、両足とも病気にかかった。彼の病は重かった。ところが、その病の中でさえ、彼は主を求めることをしないで、逆に医者を求めた。

¹³ アサは、彼の先祖たちとともに眠った。すなわち、その治世の第四十一年に死んだ。

¹⁴ そこで、人々は、彼が自分のためにダビデの町に掘っておいた墓に彼を葬り、香料の混合法にしたがって作ったかおりの高い香油や香料に満ちたふしどに彼を横たえた。そして、彼のために非常にたくさんの香をたいた。

8①＊Ⅱ歴14:9
＊「エチオピヤ人」
②Ⅱ歴12:3, イザ31:1
③Ⅱ歴13:16, 18
9①ヨブ34:21,
詩33:13-15,
箴5:21, 15:3,
エレ16:17, 23:24,
ゼカ4:10
②Ⅰサム13:13
③Ⅰ列15:32
10①→Ⅰサム9:9
11①→Ⅰ歴9:1
12①エレ17:5
14①→Ⅱ歴5:2
②Ⅱ歴21:19,
エレ34:5

1①Ⅰ列15:24
2①Ⅱ歴19:5
3①Ⅱ歴15:8
4①Ⅰ列15:12
5①→Ⅱ歴9:24
②Ⅱ歴18:1
6①Ⅱ歴15:17, 19:3,
20:32, 33,
Ⅰ列22:43, 44
7①Ⅱ歴15:3, 35:3
8①Ⅱ歴19:8
9①エズ7:25
②→ヨシ1:8
②Ⅱ歴14:14, 創35:5

ユダの王ヨシャパテ

17 ¹ そこで、彼の子ヨシャパテが代わって王となり、イスラエルに対して勢力を増し加えた。

² 彼はユダにあるすべての城壁のある町々に軍隊を置き、ユダの地と、彼の父アサが攻め取ったエフライムの町々に守備隊を置いた。

³ 主はヨシャパテとともにおられた。彼がその先祖ダビデの最初の道に歩んで、バアルに求めず、

⁴ その父の神に求め、その命令に従って歩み、イスラエルのしわざにならわなかったからである。

⁵ そこで、主は、王国を彼の手によって確立された。ユダの人々はみなヨシャパテに贈り物をささげた。彼には、富と誉れが豊かに与えられた。

⁶ 彼の心は主の道にいよいよ励み、彼はさらに、高き所とアシェラ像をユダから取り除いた。

⁷ それから、彼はその治世の第三年に、彼のつかさたち、すなわち、ベン・ハイル、オバデヤ、ゼカリヤ、ネタヌエル、ミカヤなどを遣わし、ユダの町々で教えさせた。

⁸ また、彼らとともにレビ人も同行した。すなわち、シェマヤ、ネタヌヤ、ゼバデヤ、アサエル、シェミラモテ、ヨナタン、アドニヤ、トビヤ、トブ・アドニヤなどのレビ人である。それから、彼らとともにエリシャマ、ヨラムなどの祭司も同行した。

⁹ 彼らはユダで教えた。すなわち、主の律法の書を携えて行き、ユダのすべての町々を巡回して、民の間で教えた。

¹⁰ そこで、主の恐れが、ユダの回りの地

カルト(病気などを治すためにサタンの力や悪霊の力に頼る)を使って病気を治そうとした。

16:9　【主】はその御目をもって、あまねく全地を見渡し　神は聞き従う人々を大事にされる。そして絶えず全地を見渡して神を愛して神の目的と一つになっている人々を見守っておられる(エゼ9:3-6)。このような人々が危険(→出14:15-20, Ⅱ列19:35)や困難(創37:34, 出2:23-25)、霊的な試練(創22:1-14)に遭うとき、神は支え助けてくださる。

16:9　その心がご自分と全く一つになっている　その心が完全に神にささげられている人と、神とこの世とに気持が分かれている人との違いを神は見ておられる。主イエスは黙示録2－3章の七つの教会を同じように考えておられる。そこでは忠実な勝利をする人と、心を注いでいない(中途半端な－「なまぬるい」)人を比較しておられる(黙3:15, 21, →**七つの教会へのキリストのメッセージ**の項 p.2478)。神に対して本気ではない、不誠実で偽善的な「献身」はキリストにとって不快極まるものである(黙3:16)。

17:9　彼らは・・・律法の書を・・・教えた　霊的

のすべての王国に臨んだため、ヨシャパテに戦いをしかける者はだれもなかった。

11 また、ペリシテ人の中から、ヨシャパテに贈り物とみつぎの銀を携えて来る者があり、アラビヤ人も、彼のもとに羊の群れ、すなわち、雄羊七千七百頭、雄やぎ七千七百頭を携えて来た。

12 こうして、ヨシャパテはしだいに並はずれて強大になり、ユダに城塞や倉庫の町々を築いた。

13 彼には、ユダの町々で多くの工事があり、エルサレムには勇士である戦士たちをかかえていた。

14 彼らの父祖の家ごとの登録は次のとおりである。ユダでは、千人隊の長たちは、隊長アデナ。その配下には勇士三十万人。

15 *王の指揮下に、隊長ヨハナン。その配下には二十八万人。

16 その指揮下に、みずから進んで主に身をささげたジクリの子アマスヤ。その配下には二十万人の勇士。

17 ベニヤミンには、勇士エルヤダ。その配下には、弓と盾を持った者が二十万人。

18 *王の指揮下に、隊長エホザバデ。その配下には十八万人の武装した者。

19 これらは、王がユダ全国にある城壁のある町々に配属した人々とは別に、王に仕えた人々であった。

ミカヤがアハブに悪い預言をする
18:1-27 並行記事―Ⅰ列22:1-28

18 ¹ こうして、ヨシャパテには富と誉れとが豊かに与えられたが、彼はアハブと縁を結んだ。

² 何年かたって後、彼が、サマリヤに下ってアハブのもとに行ったとき、アハブは彼および彼とともにいた民のために、おびただしい羊や牛の群れをほふったうえ、彼を誘い込んで、ラモテ・ギルアデに攻め上らせようとした。

³ そのとき、イスラエルの王アハブはユダの王ヨシャパテに言った。「私とともにラモテ・ギルアデに行ってくれませんか。」すると、彼は答えた。「私とあなたとは同じようなもの、私の民はあなたの民と同じようなものです。あなたとともに戦いに臨みましょう。」

⁴ ヨシャパテは、イスラエルの王に言った。「まず、主のことばを伺ってみてください。」

⁵ そこで、イスラエルの王は四百人の預言者を召し集めて、彼らに尋ねた。「私たちはラモテ・ギルアデに戦いに行くべきだろうか。それとも、私はやめるべきだろうか。」彼らは答えた。「上って行きなさい。そうすれば、神は王の手にこれを渡されます。」

⁶ ところが、ヨシャパテは、「ここには、私たちがみこころを求めることのできる主の預言者がほかにいないのですか」と言った。

⁷ イスラエルの王はヨシャパテに答えた。「いや、ほかにもうひとり、私たちが主のみこころを求めることのできる者がいます。しかし、私は彼を憎んでいます。彼は私について、決して良いことは預言せず、いつも悪いことばかりを預言するからです。それは、イムラの子ミカヤです。」すると、ヨシャパテは言った。「王よ。そういうふうには言わないでください。」

⁸ そこで、イスラエルの王はひとりの宦官を呼び寄せ、「急いで、イムラの子ミカヤを呼んで来なさい」と命じた。

⁹ イスラエルの王と、ユダの王ヨシャパテは、おのおの王服を着て、王の座に着き、サマリヤの門の入口にある打ち場にすわっていた。預言者はみな、ふたりの前で預言していた。

---

11 ①→Ⅱ歴9:24
②Ⅱ歴9:14, 26:8, Ⅱサム8:2
15 *直訳「彼」
16 ①士5:2, 9, Ⅰ歴29:9
②Ⅰ歴8:40
18 *直訳「彼」
19 ①Ⅱ歴17:2

1 ①Ⅱ歴18章, Ⅰ22:1-35
②Ⅱ歴17:5
③*Ⅱ列8:18

4 ①Ⅰサム23:2, 4
6 ①Ⅱ歴28:9, 29:25, ネへ9:26, →Ⅰ列18:4
9 ①ルツ4:1

なリバイバルは、完全に神のことばを土台としてその教えにしっかりと従うものでなければすぐに終ってしまう。新しい契約(イエス・キリストのいのちと犠牲を通して与えられる神の救いと神との新しい関係をもたらす神の計画)のもとにいる現代のキリスト者も同じである。どんな霊的運動、宗教的信仰でも、キリスト ご自身のメッセージと聖書のみことばを伝えるために神が用いられた人々の教えの上に建てられていなければ、すぐに失敗に終るだろう。にせの霊的メッセージには感情をかきたてるものが多い。知的な興味を刺激しても神の超自然的権威を伴っていないのである。(→34:30注, エペ2:20注)。

¹⁰ そのとき、ケナアナの子ゼデキヤは、王のために鉄の角を作って言った。「主はこう仰せられます。『これらの角で、あなたはアラムを突いて、絶滅させなければならない。』」
¹¹ ほかの預言者たちもみな、同じように預言して言った。「ラモテ・ギルアデに攻め上って勝利を得なさい。主は王の手にこれを渡されます。」
¹² さて、ミカヤを呼びに行った使いの者はミカヤに告げて言った。「いいですか。預言者たちは口をそろえて、王に対し良いことを述べています。お願いですから、あなたもみなと同じように語り、良いことを述べてください。」
¹³ すると、ミカヤは答えた。「主は生きておられる。私の神が告げられることを、そのまま述べよう。」
¹⁴ 彼が王のもとに着くと、王は彼に言った。「ミカヤ。私たちはラモテ・ギルアデに戦いに行くべきだろうか。それとも、私はやめるべきだろうか。」すると、彼は答えた。「攻め上って勝利を得なさい。彼らはあなたがたの手に渡されます。」
¹⁵ すると、王は彼に言った。「いったい、私が何度あなたに誓わせたら、あなたは主の名によって真実だけを私に告げるようになるのか。」
¹⁶ 彼は答えた。
「私は全イスラエルが、
　山々に散らされているのを見た。
まるで、飼い主のいない羊の群れのように。
そのとき、主は仰せられた。
『彼らには主人がいない。
　彼らをおのおの
　その家に無事に帰さなければならない。』」
¹⁷ イスラエルの王はヨシャパテに言った。「彼は私について良いことを預言せず、悪いことばかりを預言すると、あなたに言っておいたではありませんか。」
¹⁸ すると、ミカヤは言った。「それゆえ主

¹³① 民22:18-20, 35, 23:12, 26, 24:13
　② → Ⅰ列1:29
¹⁶① 民27:17,
　エゼ34:5-8, マタ9:36, マコ6:34

¹⁸① イザ6:1, ダニ7:9
²⁰① ヨブ1:6
²²① ヨブ12:16,
　イザ19:14, エゼ14:9
²³① エレ20:2,
　マコ14:65, 使23:2
　② → Ⅱ歴15:1
²⁵① Ⅱ歴18:8
　② Ⅱ歴34:4
²⁶① Ⅱ列16:10
　② Ⅰ列22:27,
　イザ30:20
　＊直訳「しいたげの」
²⁷① ミカ1:2

のことばを聞きなさい。私は主が御座に着き、天の万軍がその右左に立っているのを見ました。
¹⁹ そのとき、主は仰せられました。『だれか、イスラエルの王アハブを惑わして、攻め上らせ、ラモテ・ギルアデで倒れさせる者はいないか。』すると、ある者は一つの案を述べ、他の者は別の案を述べました。
²⁰ それから、ひとりの霊が進み出て、主の前に立ち、『この私が彼を惑わします』と言いますと、主が彼に『どういうふうにやるのか』と尋ねられました。
²¹ 彼は答えました。『私が出て行き、彼のすべての預言者の口で偽りを言う霊となります。』すると、『あなたはきっと惑わすことができよう。出て行って、そのとおりにせよ』と仰せられました。
²² 今、ご覧のとおり、主はここにいるあなたの預言者たちの口に偽りを言う霊を授けられました。主はあなたに下るわざわいを告げられたのです。」
²³ すると、ケナアナの子ゼデキヤが近寄って来て、ミカヤの頬をなぐりつけて言った。「どの道を通って、主の霊が私を離れて行き、おまえに語ったというのか。」
²⁴ ミカヤは答えた。「いまに、あなたが奥の間に入って身を隠すときに、思い知るであろう。」
²⁵ すると、イスラエルの王は言った。「ミカヤを連れて行け。町のつかさアモンと王の子ヨアシュのもとに下がらせよ。
²⁶ 王が『この男を獄屋に入れ、私が無事に戻って来るまで、わずかなパンとわずかな水をあてがっておけ』と命じたと言え。」
²⁷ ミカヤは言った。「万が一、あなたが無事に戻って来られることがあるなら、主は私によって語られなかったのです。」そして、「みなの人々よ。聞いておきなさい」と言った。

アハブがラモテ・ギルアデで殺される
18:28-34　並行記事－Ⅰ列22:29-36

²⁸ こうして、イスラエルの王とユダの王

II 歴代誌　18-19章

ヨシャパテは、ラモテ・ギルアデに攻め上った。29 そのとき、イスラエルの王はヨシャパテに言った。「私は変装して戦いに行こう。でも、あなたは、自分の王服を着ていてください。」こうして、イスラエルの王は変装し、彼らは戦いに行った。30 アラムの王は、自分の配下の戦車隊長たちに命じて言った。「*兵や将校とは戦うな。ただイスラエルの王を目ざして戦え。」31 戦車隊長たちはヨシャパテを見たとき、「あれはイスラエルの王に違いない」と思ったので、彼を取り囲んで戦おうとした。すると、ヨシャパテは助けを叫び求めた。主は彼を助けられた。神は彼らを、彼から離れるように仕向けられた。32 戦車隊長たちは、彼がイスラエルの王ではないことを知ったとき、彼を追うことをやめ、引き返した。33 ところが、ひとりの兵士が何げなく弓を放つと、イスラエルの王の胸当てと草摺の間を射抜いた。そこで、王は戦車の御者に言った。「手綱を返して、私を敵陣から抜け出させてくれ。傷を負ってしまった。」34 その日、戦いはますます激しくなった。イスラエルの王はアラムに向かって、夕方まで戦車の中に立っていたが、日没のころになって死んだ。

19

1 ユダの王ヨシャパテは無事に自分の家に帰り、エルサレムに戻った。2 すると、先見者ハナニの子エフーが彼の前に出向いて来て、ヨシャパテ王に言った。「悪者を助けるべきでしょうか。あなたは主を憎む者たちを愛してよいのでしょうか。これによって、あなたの上に、主の前から怒りが下ります。3 しかし、あなたには、良いことも幾つか見られます。あなたはこの地からアシェラ像を除き去り、心を定めて常に神を求めて来られました。」

30 *直訳「小さい者や大きい者」
31 ① II 歴13:14, 15
33 ① II 歴35:23

2 ① → II 歴9:29
  ② II 歴20:34, I 列16:1
  ③ II 歴18:1, 3
  ④ 詩139:21
  ⑤ II 歴24:18, 32:25
3 ① II 歴17:6
  ② II 歴12:14, 30:19

4 ① II 歴15:8-15
5 ① II 歴19:5-11, 申16:18-20, 17:8-13
7 ① 創18:25, 申32:4, ロマ9:14
  ② レビ19:15, 申1:17, 10:17, ヨブ34:19, 使10:34, ガラ2:6, エペ6:9, I ペテ1:17
8 ① II 歴17:8, 9
  *直訳「彼らがエルサレムに」
9 ① I サム23:3, 4
10 ① II 歴6:16
  ② エゼ3:18
11 ① I 歴26:30

ヨシャパテがさばきつかさを任命する

4 ヨシャパテはエルサレムに住んだ。それから、彼はもう一度ベエル・シェバからエフライムの山地に至る民の中へ出て行き、彼らをその父祖の神、主に立ち返らせた。5 さらに、彼はこの地、すなわち、ユダにあるすべての城壁のある町々にさばきつかさを立て、町ごとにこれを任命し、6 さばきつかさたちにこう言った。「あなたがたは自分のする事に注意しなさい。あなたがたがさばくのは、人のためではなく、主のためだからです。この方は、さばきが行われるとき、あなたがたとともにおられるのです。7 今、主への恐れがあなたがたにあるように。忠実に行いなさい。私たちの神、主には、不正も、えこひいきも、わいろを取ることもないからです。」

8 なお、ヨシャパテはエルサレムでは、レビ人と祭司の中から、またイスラエルに属する一族のかしらたちの中から、主のさばき、および訴訟に携わる者たちを任命していた。*エルサレムに帰ったとき、9 彼はこの人々に次のように命じた。「あなたがたは、主を恐れ、忠実に、また全き心をもって、このように行わなければなりません。10 おのおのの町に住んでいるあなたがたの兄弟たちから、あるいは互いの流血事件について、あるいは律法、命令、おきて、定めなどについて、あなたがたのところに訴訟が持ち込まれた場合には、いつでも、あなたがたは、彼らが主に対して罪を負い、その結果、あなたがたとあなたがたの兄弟たちの上に御怒りが下ることのないよう、彼らに警告を与えなければなりません。あなたがたはこのように行いなさい。そうすれば罪を負わずに済むのです。11 ご覧なさい。あなたがたの上のかしら、祭司アマルヤは、主の事がら全体に当たります。また、ユダの家のつかさイシュマエ

19:2 悪者を助けるべきでしょうか エフーはヨシャパテがアハブと共同で神の敵を助けるのを厳しく非難した(⇒18:)。神を敬わない行動を押し進めて、神のことばの真理を変えるようになるなら、神を信じる人々は神を敬わない人々と関係を持ってはならない。

ルの子ゼバデヤは王の事がら全体に当たってくれます。さらに、あなたがたの前のレビ人はつかさです。勇気を出して実行しなさい。主が善人とともにいてくださるように。」

ヨシャパテがモアブ人とアモン人を打ち破る

20 ¹ この後、モアブ人とアモン人、および彼らに合流したアモン人*の一部が、ヨシャパテと戦おうとして攻めて来た。

² そこで、人々は来て、ヨシャパテに告げて言った。「海の向こうの*アラムからおびただしい大軍があなたに向かって攻めて来ました。早くも、彼らはハツァツォン・タマル、すなわちエン・ゲディに来ています。」

³ ヨシャパテは恐れて、ただひたすら主に求め、ユダ全国に断食を布告した。

⁴ ユダの人々は集まって来て、主の助けを求めた。すなわち、ユダのすべての町々から人々が出て来て、主を求めた。

⁵ ヨシャパテは、主の宮にある新しい庭の前で、ユダとエルサレムの集団の中に立って、

⁶ 言った。「私たちの父祖の神、主よ。あなたは天におられる神であり、また、あなたはすべての異邦の王国を支配してなさる方ではありませんか。あなたの御手には力があり、勢いがあります。だれも、あなたと対抗してもちこたえうる者はありません。

⁷ 私たちの神よ。あなたはこの地の住民をあなたの民イスラエルの前から追い払い、これをとこしえにあなたの友アブラハム

11 ② I 歴28:20

1 * 七十人訳によると「メウニム人」I 歴4:41
2 * ある写本には「エドム」
 ① 創14:7
 ② ヨシ15:62
3 ① II 歴19:3
 ② I サム7:6,
  列21:9, エズ8:21,
  エレ36:9, ヨエ1:14,
  ダニ3:5
6 ① 申4:39, ヨシ2:11,
  I 列8:23, マタ6:9
 ② 代上17:2, 8,
  ダニ4:17, 25, 32
 ③ I 歴29:11, 12,
  詩62:11
7 ① 詩80:8
 ② イザ41:8, ヤコ2:23

9 ① II 歴6:28-30,
  I 列8:33, 34, 37-39
 ② II 歴6:20
10 ① 申2:4-19
 ② I 歴20:1, 22, 23,
  詩83:6, 7
11 ① 詩83:12
 ② → ヨシ1:15
12 ① 士11:27
 ② 詩25:15, 121:1, 2,
  123:1, 2, 141:8
14 ① → II 歴15:1
 ② I 歴9:51

すえに賜ったのではありませんか。

⁸ 彼らはそこに住み、あなたのため、御名のために、そこに聖所を建てて言いました。

⁹『もし、剣、さばき、疫病、ききんなどのわざわいが私たちに襲うようなことがあれば、私たちはこの宮の前、すなわち、あなたの御前に立って——あなたの御名はこの宮にあるからです——私たちの苦難の中から、あなたに呼ばわります。そのときには、あなたは聞いてお救いくださいます。』

¹⁰ ところが今、アモン人とモアブ人、およびセイル山の人々をご覧ください。この者たちは、イスラエルがエジプトの地を出て来たとき、イスラエルがそこに侵入することをあなたがお許しにならなかった者たちです。事実、イスラエルは彼らから離れ去り、これを根絶やしにすることはしませんでした。

¹¹ ご覧ください。彼らが私たちにしようとしていることを。彼らは、あなたが私たちに得させてくださったあなたの所有地から私たちを追い払おうとして来ました。

¹² 私たちの神よ。あなたは彼らをさばいてくださらないのですか。私たちに立ち向かって来たこのおびただしい大軍に当たる力は、私たちにはありません。私たちとしては、どうすればよいかわかりません。ただ、あなたに私たちの目を注ぐのみです。」

¹³ ユダの人々は全員主の前に立っていた。彼らの幼子たち、妻たち、子どもたちも共にいた。

¹⁴ ときに、主の霊が集団の中で、アサフ族の出のレビ人ヤハジエルの上に臨んだ。

20:3 ヨシャパテは恐れて・・・求め 人生で最大の危機に直面したヨシャパテ(20:1-2)は、ひたすら神に頼って、不可能な情況に立向かった。ヨシャパテは祈り、断食をして主に頼った(→次の注)。またほかの人々にも祈りと断食を呼びかけた(20:4)。そして自分の無力さを神に訴えて(20:12)、御霊に従い(20:14-18)、神とみことばに頼った(20:20)。そして神に感謝をささげた(20:21-22)。

20:3 断食を布告した 主を求めるとき(→15:2注)、断食(霊的な事柄に一層集中するために、一定期間、食物やそのほかのものを断つこと)は力になる。断食は正しく行えばキリスト者の祈りの生活で重要な役割

を果す。そして神のみこころが行われるようにという願いを表明するものになる(→エズ8:23, ネヘ9:1-2, ダニ9:3, →マタ4:2, 6:16注)。

20:6 私たちの父祖の神、【主】よ ヨシャパテは五つの基本的な真理に基づいて神に祈って確信を持った。(1) 神はすべての人間と情況に対して力を持っておられる(20:6-7)。(2) 神は過去と現在において神の民に忠実な方である(20:7-9)。(3) 神の民は神なしには無力である(20:12)。(4) 神の約束は信仰の固い基礎である(20:14-17, 20)。(5) 神の明らかな臨在が神の民の中にあるとき、それは安全、自由、勝利を意味する(20:17)。

II 歴代誌 20章

彼はマタヌヤの子エイエルの子ベナヤの子ゼカリヤの子である。

15 彼は言った。「ユダのすべての人々とエルサレムの住民およびヨシャパテ王よ。よく聞きなさい。主はあなたがたにこう仰せられます。『あなたがたはこのおびただしい大軍のゆえに恐れてはならない。気落ちしてはならない。この戦いはあなたがたの戦いではなく、神の戦いであるから。

16 あす、彼らのところに攻め下れ。見よ。彼らはツィツの上り道から上って来る。あなたがたはエルエルの荒野の前の谷のはずれで、彼らに会う。

17 この戦いではあなたがたが戦うのではない。しっかり立って動かずにいよ。あなたがたとともにいる主の救いを見よ。ユダおよびエルサレムよ。恐れてはならない。気落ちしてはならない。あす、彼らに向かって出陣せよ。主はあなたがたとともにいる。』」

18 それで、ヨシャパテは地にひれ伏した。ユダのすべての人々とエルサレムの住民も主の前にひれ伏して主を礼拝し、

19 ケハテ族、コラ族のレビ人たちが立ち上がり、大声を張り上げてイスラエルの神、主を賛美した。

20 こうして、彼らは翌朝早く、テコアの荒野へ出陣した。出陣のとき、ヨシャパテは立ち上がって言った。「ユダおよびエルサレムの住民よ。私の言うことを聞きなさい。あなたがたの神、主を信じ、忠誠を示しなさい。その預言者を信じ、勝利を得なさい。」

21 それから、彼は民と相談し、主に向かって歌う者たち、聖なる飾り物を着けて賛美する者たちを任命した。彼らが武装した者の前に出て行って、こう歌うためであった。
「主に感謝せよ。
そのめぐみはとこしえまで。」

14 ①ネヘ11:17, 22
15 ①Ⅱ歴20:15-17, 申20:1-4
  ②Ⅱ歴32:7, 8, 出14:13, 14, 申1:29, 30, 31:6, 8
  ③Ⅰサム17:47
17 ①出14:13, 14
  ②Ⅱ歴15:2, 32:8, 申20:4, イザ8:10
18 ①Ⅰ歴7:3, 出4:31
19 ①出6:18
  ②Ⅰ歴9:19
21 ①→詩29:2
  ②Ⅱ歴5:13

22 ①Ⅱ歴13:13
23 ①→Ⅰ列9:21
  ②士7:22, Ⅰサム14:20, エゼ38:21
26 *「祝福」「ほめたたえること」の意
27 ①ネヘ12:43
29 ①Ⅱ歴14:14, 17:10, 申2:25
30 ①Ⅱ歴14:6, 7, 15:15
31 ①Ⅱ歴20:31-21:1, Ⅰ列22:41-50

22 彼らが喜びの声、賛美の声をあげ始めたとき、主は伏兵を設けて、ユダに攻めて来たアモン人、モアブ人、セイル山の人々を襲わせたので、彼らは打ち負かされた。

23 アモン人とモアブ人はセイル山の住民に立ち向かい、これを聖絶し、根絶やしにしたが、セイルの住民を全滅させると、互いに力を出して滅ぼし合った。

24 ユダが荒野に面した物見の塔に上ってその大軍のほうを見渡すと、なんと、死体が野にころがっている。のがれた者はひとりもない。

25 ヨシャパテとその民が分捕りをしに行くと、その所に、武具、死体、高価な器具を数多く見つけたので、これを負いきれないほど、はぎ取って、自分のものとした。あまりにも多かったので、彼らはその分捕りに三日かかった。

26 四日目に、彼らは*ベラカの谷に集まり、その所で主をほめたたえた。それゆえ、人々はその所の名をベラカの谷と呼んだ。今日もそうである。

27 それから、ユダとエルサレムの人々はひとり残らず、ヨシャパテを先頭にして、喜びのうちにエルサレムに凱旋した。主が彼らに、その敵のことについて喜びを与えられたからである。

28 彼らは、十弦の琴、立琴、ラッパを携えてエルサレムに入り、主の宮に行った。

29 地のすべての王国が、主はイスラエルの敵と戦われたということを聞いたとき、神の恐れが彼らの上に臨んだ。

30 このようなわけで、ヨシャパテの治世は平穏であった。彼の神は、周囲の者から守って、彼に安息を与えられた。

Ⅱ歴32:20-23

ヨシャパテの治世の終り
20:31-21:1　並行記事―Ⅰ列22:41-50

31 このようにして、ヨシャパテはユダを

20:15　この戦いはあなたがたの戦いではなく、神の戦いである　この場合、信仰の強さと力は戦いの中で神を賛美することによって現された（20:18-19）。新約聖書でパウロはキリスト者がサタンの力と悪霊に対抗するとき、「主にあって、その大能の力によって強められなさい」（エペ6:10）と励ましている。礼拝は悪霊の力を砕く際の最も強力な霊的武器の一つである。困難な状況に直面したときに神を礼拝することを忘れなければ、サタンが恐れや失望を持ってきてもそれに打勝つことができる（→「礼拝」の項 p.789,「賛美」の項

治めた。彼は三十五歳で王となり、エルサレムで二十五年間、王であった。その母の名はアズバといい、シルヒの娘であった。

³²彼はその父アサの道に歩み、その道からそれることなく、主の目にかなうことを行った。

³³しかし、高き所は取り除かなかったので、民はなおも、彼らの父祖の神にその心を定めようとしなかった。

³⁴ヨシャパテのその他の業績は、最初から最後まで、イスラエルの王たちの書に載せられたハナニの子エフーの言行録にまさしくしるされている。

³⁵その後、ユダの王ヨシャパテは、悪事を行ったイスラエルの王アハズヤと同盟を結んだ。

³⁶彼はタルシシュへ行くための船団をつくるためにこの王と結んだ。彼らはエツヨン・ゲベルで船団をつくった。

³⁷そのとき、マレシャの出のドダワの子エリエゼルがヨシャパテに向かって預言し、こう言った。「あなたがアハズヤと同盟を結んだので、主はあなたの造ったものを打ちこわされました。」そうこうするうちに、船は難破し、タルシシュへそのまま行くことができなかった。

21

¹ヨシャパテは彼の先祖たちとともに眠り、先祖たちとともにダビデの町に葬られた。その子ヨラムが代わって王となった。

²彼には、兄弟たちがいた。ヨシャパテの子たちで、アザルヤ、エヒエル、ゼカリヤ、アザルヤ、ミカエル、シェファテヤであった。これらはみな、ユダの王ヨシャパテの子たちであった。

³彼らの父は、彼らに銀、金、えりすぐりの品々など多くの賜り物を与え、また、それとともにユダにある防備の町々を与えたが、王国はヨラムに与えた。彼は長男だったからである。

32①Ⅱ歴17:6
 ②Ⅱ歴24:2, 25:2,
  26:4, 27:2, 28:1, 29:2,
  34:2, →Ⅰ列11:38
34①→Ⅰ列9:1
 ②Ⅱ歴19:2,
  Ⅰ列16:1, 7
36①Ⅱ歴9:21
37①Ⅱ歴11:8,
  ヨシ15:44, ミカ1:15

1①→Ⅱ歴5:2
2*☒「イスラエル」
3①Ⅱ歴11:5

5①Ⅱ歴21:5-10,
  Ⅱ列8:17-22
6①Ⅱ歴22:4, 29:6,
  33:2, 6, 22, 36:5, 9, 12,
  →士2:11
7①Ⅱサム7:12-16,
  Ⅰ列11:13,
  詩132:11, 12
 ②→詩132:17
10①詩83:5, 6
11①Ⅱ歴21:13,
  レビ17:7, 20:5
12①→Ⅱ歴9:29
 ②Ⅱ歴17:3, 4
 ③Ⅱ歴14:2-5
13①Ⅰ列16:30-33
 ③Ⅱ歴21:11, 出34:15,
  申31:16

ユダの王ヨラム
21:5-10, 20　並行記事－Ⅱ列8:16-24

⁴ヨラムはその父の王国に立つと勢力を増し加え、その兄弟たちをひとり残らず剣にかけて殺し、また、イスラエルのつかさたちのうち幾人かを殺した。

⁵ヨラムは三十二歳で王となり、エルサレムで八年間、王であった。

⁶彼はアハブの家の者がしたように、イスラエルの王たちの道に歩んだ。アハブの娘が彼の妻であったからである。彼は主の目の前に悪を行ったが、

⁷主は、ダビデと結ばれた契約のゆえに、ダビデの家を滅ぼすことを望まれなかった。主はダビデとその子孫にいつまでもともしびを与えようと、約束されたからである。

⁸ヨラムの時代に、エドムがそむいて、ユダの支配から脱し、自分たちの上に王を立てた。

⁹ヨラムは、彼のつかさたちとともに、すべての戦車を率いて渡って行き、夜襲を試み、彼を包囲していたエドムと戦車隊長たちを打った。

¹⁰しかしなお、エドムはそむいて、ユダの支配から脱した。今日もそうである。リブナもまた、その時にそむいて、その支配から脱しようとした。これは彼がその父祖の神、主を捨て去ったからである。

¹¹そのうえ、彼はユダの山々に高き所を造り、エルサレムの住民に淫行を行わせ、ユダを迷わせた。

¹²ときに、預言者エリヤのもとから彼のところに書状が届いたが、そこには次のようにしるされていた。「あなたの父ダビデの神、主は、こう仰せられます。『あなたが、あなたの父ヨシャパテの道にも、ユダの王アサの道にも歩まず、

¹³イスラエルの王たちの道に歩み、アハブの家が淫行を行わせたように、ユダとエルサレムの住民に淫行を行わせたので、また、そればかりでなく、あなたは、自分

p.891）。
20:33　高き所　これは丘の上などの高い所のことで、異教の礼拝に使われていた。人々が邪悪な礼拝に引かれないように神はこれらの場所を完全に破壊することを望んでおられた（民33:52）。このような場所に人々が引寄せられたということは、まことの神に対

りも善良なあなたの兄弟たち、あなたの父の家の者を殺したので、
14 見よ、主は大きな災害をもってあなたの民、あなたの子たち、あなたの妻たち、あなたの全財産を打つ。
15 あなた自身は、内臓の病気で大病をわずらい、日々にその病が進んで、内臓が外に出るまでになる。』」
16 *主はクシュ人の近くにいたペリシテ人とアラビヤ人の霊を奮い立たせて、ヨラムに敵対させられたので、
17 彼らは、ユダに上って攻め入り、王宮の中で目に留まったすべての財産と彼の子や妻たちを奪い去った。その結果、彼には末子のエホアハズのほか、男の子はだれも残らなかった。
18 これらすべてのことの後、主は彼を、その内臓を打たれた。彼は不治の病になった。
19 年は巡り、二年の終わりが来ると、彼の内臓は病のために外に出てしまい、ついに彼は重病の床で死んだ。彼の民は、彼の父祖たちのために香をたいたようには、彼のために香をたかなかった。
20 彼は三十二歳で王となり、エルサレムで八年間、王であった。彼は人々に愛されることなく世を去った。人々は彼をダビデの町に葬ったが、王たちの墓には納めなかった。

ユダの王アハズヤ

22:1-6　並行記事－Ⅱ列8:25-29
22:7-9　並行記事－Ⅱ列9:21-29

22 1 エルサレムの住民は、彼の末子 *アハズヤを彼の代わりに王とした。アラビヤ人とともに陣営に攻めて来た略奪隊が年長の子らを全部殺してしまったからである。こうして、ユダの王ヨラムの子アハズヤが王となった。
2 アハズヤは四十二歳で王となり、エルサレムで一年間、王であった。彼の母の名はアタルヤといい、オムリの孫娘であった。
3 彼もまた、アハブの家の道に歩んだ。彼の母が彼の助言者で、悪を行わせたからで

13 ④→Ⅱ歴21:4
15 ①→Ⅱ歴21:18, 19
16 ①→Ⅱ歴33:11
　　＊「エチオピヤ人」
　　②→Ⅱ歴17:11, 22:1
18 ①→Ⅱ歴21:15
19 ①→Ⅱ歴16:14
20 ①→Ⅱ歴5:2

1 ①→Ⅱ歴22:1-6,
　　Ⅱ王8:25-29
　　＊→Ⅱ歴21:17「エホアハズ」
　　②→Ⅱ歴21:16
2 ＊七十人訳のある写本、および Ⅱ歴8:26は「二十二歳」
　　＊＊直訳「娘」
3 ①→Ⅱ歴21:6

4 ①→Ⅱ歴21:6
　　②→Ⅱ歴10:8
6 ①→Ⅱ王9:15
　　＊幾つかの写本、古代訳、および Ⅱ王8:29による
　　⊠「アザルヤ」
7 ①→Ⅱ歴22:7-9,
　　Ⅱ王9:21-28, 10:12-14
　　②→Ⅱ王10:15, 士14:4, Ⅰ王12:15
8 ①→Ⅱ王9:6-10
9 ①→Ⅱ王10:10, 11, 17
　　②→Ⅱ歴17:3, 4
10 ①→Ⅱ歴22:10-12,
　　Ⅱ王11:1-3
　　＊Ⅱ王11:1による
11 ＊あるいは「寝室」

ある。
4 彼はアハブの家にならって①主の目の前に悪を行った。その父の死後、彼らが助言者となって、彼を滅びに至らせたのである。
5 彼はこの人々の助言を重んじて行動し、イスラエルの王アハブの子ヨラムとともに、アラムの王ハザエルと戦うため、ラモテ・ギルアデに行ったが、アラム人はヨラムに傷を負わせた。
6 彼は、アラムの王ハザエルと戦ったときにラマで負わされた傷をいやすため、イズレエルに帰って来た。ユダの王ヨラムの子 *アハズヤは、アハブの子ヨラムが病気であったので、彼を見舞いにイズレエルに下って行った。
7 ヨラムのもとに行くことによって、アハズヤが滅びたのは、神から出たことであった。彼はそこに着くと、ヨラムとともにニムシの子エフーに向かって出て行った。これは、①主がアハブの家を断ち滅ぼすために油をそそがれた人である。
8 ①エフーは、アハブの家にさばきを行ったとき、アハズヤに仕えていたユダのつかさたちと、アハズヤの兄弟たちの子らとを見つけたので、これらの人々を殺した。
9 彼がアハズヤを捜したので、人々は彼を捕らえた。彼はサマリヤに身を隠していたのである。こうして、人々は、彼をエフーのもとに引いて来て殺したが、これは心を尽くして主を求めたヨシャパテの子であると言って、彼を葬った。アハズヤの家は王国を治める力を失った。

アタルヤとヨアシュ

22:10-23:21　並行記事－Ⅱ列11:1-21

10 アハズヤの母アタルヤは、自分の子が死んだと知ると、ただちにユダの家に属する王の一族をことごとく滅ぼした。
11 しかし、王の娘エホシェバが、殺される王の子たちの中から、アハズヤの子ヨアシュを盗み出し、彼とそのうばとを寝具をしまう小部屋に入れた。こうして、ヨラム

る固い完全な献身が欠けていたことを示している。　→Ⅱ列9:8, 10:28注

22:7　エフー・・・【主】が・・・油をそそがれた人　　**22:10**　アタルヤ　→Ⅱ列11:1注

王の娘、祭司エホヤダの妻、エホシェバは、――彼女がアハズヤの妹であったので――ヨアシュをアタルヤから隠した。アタルヤはこの子を殺さなかった。
¹²こうして、彼はこの人々とともに、神の宮に六年の間、身を隠していた。その間、アタルヤがこの国の王であった。

23

¹その第七年目に、エホヤダは奮い立って、エロハムの子アザルヤ、ヨハナンの子イシュマエル、オベデの子アザルヤ、アダヤの子マアセヤ、ジクリの子エリシャファテなど、百人隊の長たちを連れて来て、彼と契約を結ばせた。
²それで彼らはユダを巡回し、ユダのすべての町々からレビ人を集め、イスラエルの一族のかしらたちを集めたので、彼らはエルサレムに来た。
³こうして、全集団が神の宮で王と契約を結んだ。そのとき、彼はこう言った。「ご覧のとおり、主がダビデの子孫について約束されたように、王の子が王となるのです。
⁴あなたがたのなすべきことはこうです。あなたがた、祭司、レビ人の三分の一は安息日に勤務し、入口にいる門衛となる。
⁵三分の一は王宮におり、他の三分の一は礎の門にいる。すべての民は主の宮の庭にいる。
⁶祭司と、レビ人で仕えている者たちは聖であるから、入ってもよいが、それ以外の者は、主の宮に入ってはならない。すべての民は主の戒めを守らなければならない。
⁷レビ人は、おのおのの武器を手にし、王の回りを取り囲みなさい。宮に入って来る者は殺されなければならない。あなたがたは、王が入るときにも、出るときにも、いつも王とともにいなさい。」
⁸レビ人およびすべてのユダの人々は、すべて祭司エホヤダが命じたとおりに行った。おのおの自分の部下、すなわち安息日に勤務する者、安息日に勤務しない者を率いていた。祭司エホヤダが各組の任を解かなかったからである。
⁹祭司エホヤダは百人隊の長たちに、神の宮にあったダビデ王の槍、盾、および丸い小盾を与えた。
¹⁰彼はすべての民にひとりひとり手に投げ槍を持たせて、神殿の右側から神殿の左側まで、祭壇と神殿に向かって王の回りに立たせた。
¹¹こうして彼らは、王の子を連れ出し、彼に王冠をかぶらせ、さとしの書を渡して、彼を王と宣言した。そしてエホヤダとその子たちが彼に油をそそぎ、「王さま。ばんざい」と叫んだ。

¹²アタルヤは、王をほめたたえている民と近衛兵の声を聞いて、主の宮の民のところに行った。
¹³見ると、なんと、王が入口の柱のそばに立っていた。王のかたわらに、隊長たちやラッパ手たちがいた。一般の人々がみな喜んでラッパを吹き鳴らしており、歌うたいたちが楽器を手にし、賛美の拍子をとっていた。アタルヤは自分の衣服を引き裂き、「謀反だ。謀反だ」と言った。
¹⁴すると、祭司エホヤダは、部隊をゆだねられた百人隊の長たちを呼び出して、彼らに言った。「この女を列の間から連れ出せ。この女に従って来る者は剣で殺されなければならない。」祭司が「この女を主の宮で殺してはならない」と言ったからである。
¹⁵彼らは彼女を取り押さえ、彼女が馬の門の出入口を通って、王宮に着いたとき、そこで彼女を殺した。
¹⁶エホヤダは、彼とすべての民と王との間で、主の民となるという契約を結んだ。
¹⁷民はみなバアルの宮に行って、それを取りこわし、その祭壇とその像を打ち砕き、バアルの祭司マタンを祭壇の前で殺した。
¹⁸エホヤダは、主の宮の管理を定めて、これをレビ人の祭司の手にゆだねた。彼らは、モーセの律法にしるされているとおり、ダビデの指示に基づいて、喜びと歌とをもって主の全焼のいけにえをささげさせるようにと、ダビデが組分けをして主の宮に配属した人々である。
¹⁹さらに、彼は主の宮の門に、門衛たちを

脚注:
1 ① Ⅱ歴23章,Ⅱ列11:4-21
3 ① Ⅱ歴6:16,7:18,21:7, Ⅱサム7:12, Ⅰ列2:4,9:5
6 ① Ⅰ歴23:28-32
11 ① 出25:16,21,申17:18
15 ① ネヘ3:28,エレ31:40
17 ① Ⅱ列18:40
18 ① Ⅱ歴5:5,Ⅰ歴23:2-6,25-32,25:1-8
  ② → Ⅰ列2:3
  ③ → Ⅱ歴1:6
19 ① Ⅰ歴9:22,26:1

23:1 エホヤダ　エホヤダのアタルヤ転覆(23:10-15)とヨアシュ王の即位　→Ⅱ列11:4注

立て、どんなことで汚れた者であっても、だれひとり入り込ませないようにした。
20 彼は百人隊の長たち、貴人たち、民の支配者たちとすべての一般の人々を率いて、王を主の宮から連れ下った。彼らは上の門をくぐって王宮に入り、王を王国の王座に着かせた。
21 一般の人々はみな喜び、この町は平穏であった。彼らはアタルヤを剣にかけて殺したからである。

ヨアシュが神殿を修復する

24:1-14　並行記事＝Ⅱ列12:1-16
24:23-27　並行記事＝Ⅱ列12:17-21

24

1 ヨアシュは七歳で王となり、エルサレムで四十年間、王であった。彼の母の名はツィブヤといい、ベエル・シェバの出であった。
2 ヨアシュは、祭司エホヤダの生きている間は、主の目にかなうことを行った。
3 エホヤダは、彼のためにふたりの妻をめとらせた。彼は息子たちと娘たちを生んだ。
4 その後のことであるが、ヨアシュは主の宮を新しくすることを志し、
5 祭司とレビ人を集めて、彼らに言った。「ユダの町々へ出て行き、毎年あなたがたの神の宮を修理するために、全イスラエルから金を集めて来なさい。あなたがたは急いでそのことをしなければならない。」ところが、レビ人は急がなかった。
6 それで、王はかしらエホヤダを呼んで彼に言った。「なぜ、あなたはレビ人に要求して、主のしもベモーセとイスラエルの集団の、あかしの天幕のための税金を、ユダとエルサレムから持って来させないのですか。」
7 というのは、あの悪女アタルヤ、その子たちが、神の宮を打ちこわし、主の宮の聖なるものをもすべてバアルのために用いた

1 ① Ⅱ歴24:1-16,
　Ⅱ列12:1-16
2 ① Ⅱ歴26:4, 5
　② → Ⅱ列20:32
6 ① 出25:1-9, 30:11-16,
　38:24-31,
　ネヘ10:32, 33
　② → 民9:15, 使7:44
7 ＊ 七十人訳は「アタルヤと」

14 ① → Ⅱ歴1:6
16 ① → Ⅱ歴5:2

からである。
8 王は命令した。すると、彼らは一つの箱を作り、それを主の宮の門の外側に置いた。
9 そして、神のしもベモーセが荒野でイスラエルに課した税金を主のみもとに持って来るように、ユダとエルサレムに布告した。
10 すると、すべてのつかさたち、すべての民が喜んで、それを持って来て、箱に投げ入れ、ついにいっぱいにした。
11 金が多くなったのを見て、レビ人たちが箱を王の役所に運んで行ったとき、王の書記と祭司のかしらに仕える管理人が来て、箱をからにし、それを持ち上げ、もとの場所に返した。彼らは毎日このように行い、多くの金を集めた。
12 そこで、王とエホヤダは、これを主の宮の奉仕の仕事を行う者に渡した。彼らは、主の宮を新しくするために石切り工と木工を、主の宮を修理するために鉄と青銅の細工師を雇った。
13 こうして、仕事をする人々は仕事をし、彼らの手によって、細工物の修復がされた。彼らは、神の宮を元のとおりに建て、これを堅固にした。
14 彼らは、完工の際、残った金を王とエホヤダの前に持って来た。彼らは、それで、主の宮の器具、すなわち、ささげる務めに用いる用具、深皿、金銀の器などを作った。こうして、人々はエホヤダの生きている間、絶えず、主の宮で全焼のいけにえをささげた。
15 さて、エホヤダは老年を迎え、長寿を全うして死んだ。彼は死んだとき、百三十歳であった。
16 人々は彼をダビデの町に王たちといっしょに葬った。彼がイスラエルにあって、神とその宮とに対して良いことを行ったからである。

24:14　全焼のいけにえをささげた　神への最初のささげ物はアダムとエバが罪を犯したあとでささげられた（創4:3-4）。後に神は様々なかたちのいけにえを定められた。そして罪の重大さ、罪の代価の大きさとともに神を礼拝することの意味を理解することを望まれた（→レビ1:2注,→「旧約聖書のいけにえとささげ物」の表 p.202）。ここに書かれている全焼のいけにえに加えて（⇒レビ1:3-17）、罪のためのいけにえ（レビ4:3-21）、罪過のためのいけにえ（レビ5:14-6:7）、和解のいけにえ（レビ3:1-17）を神は求められた。いけにえを神にささげるときに大切な要素は、持っているものの中で最良のものをささげたいという誠実な心から行うことである（→レビ22:21）。神はマラキ書の中で足のなえた動物や病気の動物をささげることを厳

ヨアシュの悪い行い

17 エホヤダが死んで後、ユダのつかさたちが来て、王を伏し拝んだ。それで、王は彼らの言うことを聞き入れた。 18 彼らはその父祖の神、主の宮を捨て、アシェラと偶像に仕えたので、彼らのこの罪過のため、御怒りがユダとエルサレムの上に下った。 19 主は、彼らを主に立ち返らせようと預言者たちを彼らの中に遣わし、預言者たちは彼らを戒めたが、彼らは耳を貸さなかった。 20 神の霊が祭司エホヤダの子ゼカリヤを*捕らえたので、彼は民よりも高い所に立って、彼らにこう言った。「神はこう仰せられる。『あなたがたは、なぜ、主の命令を犯して、繁栄を取り逃がすのか。』あなたがたが主を捨てたので、主もあなたがたを捨てられた。」 21 ところが、彼らは彼に対して陰謀を企て、主の宮の庭で、王の命令により、彼を石で打ち殺した。 22 ヨアシュ王は、ゼカリヤの父エホヤダが自分に尽くしてくれたまことを心に留めず、かえってその子を殺した。その子は死ぬとき、「主がご覧になり、言い開きを求められるように」と言った。

23 その年の改まるころ、アラムの軍勢が彼に向かって攻め上り、ユダとエルサレムに来て、民の中の、民のつかさをひとり残らず殺し、分捕り物を全部、ダマスコの王のもとに送った。 24 アラムの軍勢は少人数で来たが、主が、非常に大きな軍勢を彼らの手に渡されたからである。それは、この人々がその父祖の神、主を捨てたからである。彼らはヨアシュを裁判にかけた。 25 彼らが重病の状態にあるヨアシュを捨てて、離れて行ったとき、彼の家来たちは、祭司エホヤダの子らの血のために、彼に謀反を企てた。彼らは、病床で彼を殺し、彼が死んだので、彼をダビデの町に葬ったが、王たちの墓には葬らなかった。 26 彼に謀反を企てたのは次の者たちである。アモンの女シムアテの子ザバデ、モアブの女シムリテの子エホザバデ。 27 彼の子たちのこと、彼について述べられた多くの預言のこと、神の宮の再建のことなどは、王たちの書の注解にまさしくしるされている。

ついで彼の子アマツヤが代わって王と

しく戒めておられる(マラ1:6-14)。

24:17 エホヤダが死んで後 → Ⅱ列12:2注

24:19 預言者たちを・・・遣わし・・・彼らは耳を貸さなかった 古い契約(イエス・キリストが来られて死なれる前に、神が忠実な人々との関係を保たれた方法)では、神は預言者を遣わして人々に人生のあらゆる分野で神の律法と命令に忠実であるようにと強調された(→「旧約聖書の預言者」の項 p.1131)。新しい契約(イエス・キリストのいのちと犠牲を通して与えられる救いと神との新しい関係についての神の計画)では、預言者と預言のメッセージは教会生活で引き続き重要な役割を果す。神のメッセージを伝える人々を無視するなら、教会に霊的死がもたらされることになる(→「奉仕の賜物」の項 p.2225)。

24:20 神の霊が・・・ゼカリヤを捕らえた 聖霊がゼカリヤを「捕らえた」(直訳は「おおった」)。そしてゼカリヤはヨアシュとつかさたちの罪を暴いて非難した。罪を暴いて人々に神のあわれみが必要であることを知らせ、キリストに導くのが聖霊の大切な働きである(ヨハ16:8-9)。御霊はしばしば神に従ってメッセージを伝える人々を通して働き、罪を暴いて人々を悔い改め(罪を自覚させ、勝手な生き方から立返って神の目的に沿って生きること)に導かれる。そのようにして初めて、人々は御子イエス・キリストの犠牲によって可能になった赦しを受けることができる。

24:21 彼らは・・・彼を石で打ち殺した これは神に仕えたためにユダの預言者が殉教(人や信仰や目的などに忠実だったために殺されること)した最初の記録である。ゼカリヤは神に忠実に仕え、王や民衆の霊的な反抗に立向かったので殺された。主イエスは後に、ゼカリヤの殉教を引用しながら当時の反抗的な世代に神のさばきが計画されていることを話された(マタ23:35, ルカ11:51)。主イエスはゼカリヤの血を「正しい血」と言われた。それは大部分の民が神を捨てたときに、この預言者だけが神とともに立上がったからである。ゼカリヤは「祭壇と神の家との間で殺された」(ルカ11:51)と書かれているけれども、これは祭司の庭で最も神聖な場所だった。神の預言者のメッセージを拒んだイスラエルはやがて崩壊し、神からも拒まれることになった(→36:16)。

なった。

ユダの王アマツヤ
25:1-4　並行記事－Ⅱ列14:1-6
25:11-12　並行記事－Ⅱ列14:7
25:17-28　並行記事－Ⅱ列14:8-20

25 ¹ アマツヤは二十五歳で王となり、エルサレムで二十九年間、王であった。彼の母の名はエホアダンといい、エルサレムの出であった。
² 彼は主の目にかなうことを行ったが、全き心をもってではなかった。
³ 彼の王国が強くなると、彼は自分の父、王を打ち殺した家来たちを殺した。
⁴ しかし、彼らの子どもたちは殺さなかった。それは、モーセの書の律法にしるされているところによったからである。主はこう命じておられた。「父親が子どものために殺されてはならない。子どもが父親のために殺されてはならない。人が殺されるのは、自分の罪のためでなければならないからである。」
⁵ アマツヤはユダを召集し、ユダおよびベニヤミン全員を、千人隊の長、百人隊の長の下に、父祖の家ごとに整列させた。こうして、二十歳以上の者を登録し、従軍して槍と大盾を手にする精鋭三十万人を得た。
⁶ さらに、彼はイスラエルから、銀百タラントで、十万人の勇士を雇った。
⁷ 神の人が彼のもとに来て言った。「王よ。イスラエルの軍勢をあなたとともに行かせてはなりません。主は、イスラエル、すなわち、すべてのエフライム族とは、共におられないからです。
⁸ それでも、あなたが行くと言われるのなら、そうしなさい。雄々しく戦いなさい。神は敵の前にあなたをつまずかせられます。神には、助ける力があり、つまずかせる力もあるからです。」

1①Ⅱ歴25:1-4、
　Ⅱ列14:1-6
2①Ⅱ歴25:14
　②→Ⅱ歴20:32
　③→Ⅱ列20:3
4①→Ⅱ歴6:16
　②申24:16、
　エレ31:29、30、
　エゼ18:20
5①民1:3
　②Ⅱ歴26:13
6＊1タラントは34キログラム
8①Ⅱ歴14:11

11①Ⅱサム8:13、
　Ⅱ列14:7、Ⅰ歴18:12、
　詩60表題
14①Ⅱ歴28:23、申20:3,5
15①→Ⅱ歴9:29
　②Ⅱ歴25:11、12、
　詩96:5
　＊直訳「民の神々」
17①Ⅱ歴25:17-24、
　Ⅱ列14:8-14

⁹ アマツヤは神の人に言った。「では、イスラエルの軍勢に与えた百タラントはどうしたらよいのか。」神の人は答えた。「主はそれよりも多くのものをあなたに与えることがおできになります。」
¹⁰ そこで、アマツヤは、エフライムから彼のもとに来た軍隊を取り分けて、彼らの所に帰したので、彼らはユダに向かって怒りを激しく燃やし、怒りに燃えながら、自分たちのところへ帰った。
¹¹ アマツヤは奮い立って、その民を率いて塩の谷に行き、セイルの者たち一万人を打った。
¹² ユダ族は一万人を生けどりにして、彼らを岩の頂上に連れて行き、その岩の頂上から、彼らを投げ落とした。彼らはひとり残らず砕かれてしまった。
¹³ アマツヤが自分とともに戦いに行かせずに帰した軍隊の者たちは、サマリヤからベテ・ホロンに及ぶユダの町々に突入し、三千人を打って、多くの物をかすめ奪った。
¹⁴ アマツヤは、エドム人を打ち殺して帰って来て後、セイルの者たちの神々を持ち帰り、これを自分の神々として立て、その前に伏し拝み、これに香をたいた。
¹⁵ そこで、主はアマツヤに向かって怒りを燃やし、彼のもとに預言者を遣わして、彼に仰せられた。「なぜ、あなたは、あなたの手からその民を救い出すこともできないような神々を求めたのか。」
¹⁶ 彼が王に語っているうちに、王は彼に言った。「私たちはあなたを王の議官に任じたのか。身のためを思ってやめなさい。なぜ、打ち殺されるようなことをするのか。」そこで、預言者はやめて言った。「私は神があなたを滅ぼそうと計画しておられるのを知りました。あなたがこれを行い、私の勧めを聞かなかったからです。」
¹⁷ そののち、ユダの王アマツヤは、よく

25:2　全き心をもってではなかった　→Ⅱ歴14:1注
25:7　イスラエルの軍勢をあなたとともに行かせてはなりません　ユダが外国と同盟(政治的結合)を結ぶことによって神に頼っていないことが明らかになった。神はこのことを悲しまれたことを歴代誌の著者は強調している(⇒16:2-9、22:5、エズ4:3)。神の民が神に敵対している人々と結び付くことにこだわるなら、敵に打負かされるようになる(25:7-8)。神の預言者はしばしば人々や指導者たちにこの結果を警告していた(→イザ57:13、エレ17:5-8、39:18)。

考えたうえで、エフーの子エホアハズの子、イスラエルの王ヨアシュに、使者を送って言った。「さあ、勝負を決めようではないか。」
18 すると、イスラエルの王ヨアシュは、ユダの王アマツヤに使者を送って言った。「レバノンのあざみが、レバノンの杉に使者を送って、『あなたの娘を私の息子の嫁にくれないか』と言ったが、レバノンの野の獣が通り過ぎて、そのあざみを踏みにじった。
19 あなたは、どうだ、自分はエドムを打ち破ったと言った。あなたの心は高ぶり、誇っている。今は、自分の家にとどまっていなさい。なぜ、争いをしかけてわざわいを求め、あなたもユダも共に倒れようとするのか。」
20 しかし、アマツヤは聞き入れなかった。それは、①神から出たことで、彼らがエドムの神々を求めたので、彼らを敵の手に渡すためであった。
21 そこで、イスラエルの王ヨアシュは攻め上った。それで彼とユダの王アマツヤは、ユダのベテ・シェメシュで対戦したが、
22 ユダはイスラエルに打ち負かされ、おのおの自分の天幕に逃げ帰った。
23 イスラエルの王ヨアシュは、*エホアハズの子ヨアシュの子、ユダの王アマツヤを、ベテ・シェメシュで捕らえ、エルサレムに連れて来たうえ、エルサレムの城壁をエフライムの門から隅の門まで、四百キュビトにわたって打ちこわした。
24 またオベデ・エドムの管理していた神の宮にあったすべての金と銀、およびすべての器具、それに王宮の財宝と人質を取って、サマリヤに帰った。
25 ユダの王ヨアシュの子アマツヤは、イスラエルの王エホアハズの子ヨアシュの死んだ後、なお十五年生きながらえた。
26 アマツヤのその他の業績は、最初から

17 * あるいは「対戦しよう」
18 ① 士9:8
19 ① II 歴26:16, 32:25
20 ① II 歴22:7, II 列12:15
② II 歴25:14
* 「敵の」は補足
23 * II 列14:13「アハズヤ」
** 1キュビトは約44センチ
24 * 「取って」はII 列14:14 による補足
25 ① II 歴25:25-28, II 列14:17-20

26 ① → I 歴9:1

1 ① II 歴26:1, 2, II 列14:21, 22
* II 列14:21「アザルヤ」
2 * ⌐「エロテ」
3 ① II 歴26:3-5, II 列15:1-3
4 ① → II 歴20:32
5 ① II 歴24:2
* 「恐れる」とする写本もある
6 ① アモ1:8
7 ① II 歴21:16
② II 歴20:1
8 ① → II サム8:2
9 ① II 歴25:23, II 列14:13, ゼカ14:10
② ネヘ2:13, 15, 3:15
③ ネヘ3:19

後まで、ユダとイスラエルの王たちの書にまさしくしるされているではないか。
27 アマツヤが①主から離れた時、エルサレムで人々が彼に対して謀反を企てたので、彼はラキシュに逃げた。しかし、彼らはラキシュまで追いかけて、そこで彼を殺した。
28 彼らは、彼を馬にのせて行って、ユダの町に先祖たちといっしょに葬った。

ユダの王ウジヤ
26:1-4　並行記事 — II 列14:21-22, 15:1-3
26:21-23　並行記事 — II 列15:5-7

26 1 ユダの民はみな、当時十六歳であった*ウジヤを立てて、その父アマツヤの代わりに王とした。
2 彼は、アマツヤが先祖たちとともに眠って後、エラテを再建し、それをユダに復帰させた。
3 ウジヤは十六歳で王となり、エルサレムで五十二年間、王であった。彼の母の名はエコルヤといい、エルサレムの出であった。
4 彼はすべて父アマツヤが行ったとおりに、主の目にかなうことを行った。
5 彼は神を認めることを教えたゼカリヤの存命中は、神を求めた。彼が主を求めていた間、神は彼を栄えさせた。
6 彼は出陣してペリシテ人と戦ったとき、ガテの城壁、ヤブネの城壁、アシュドデの城壁を打ちこわし、アシュドデの中の、ペリシテ人たちの間に、町々を築いた。
7 神は彼を助けて、ペリシテ人、グル・バアルに住むアラビヤ人、メウニム人に立ち向かわせた。
8 アモン人はウジヤのもとにみつぎものを納めた。こうして、彼の名はエジプトの入口にまで届いた。その勢力が並みはずれて強くなったからである。
9 ウジヤはエルサレムの隅の門、谷の門および曲がりかどの上にやぐらを建て、これ

26:1　ウジヤ　ウジヤの治世は神に頼った時期と神に背いた時期の二つに分けられる。聖書全体を通して言えることは、神に頼るなら祝福と助けが与えられるけれども、神に頼らないでご計画に従わないなら霊的衰退が起こり、さばきが下される(→26:5-7, 16-20, →15:2注)。

26:5　彼が【主】を求めていた間　神に頼って、神の目的を求め続けていたときにウジヤは神の好意と助け、ユダの王として治める力を受けて良い成果を残した(→14:4注)。

を強固にし、
10 荒野にやぐらを建て、多くの水ためを掘った。彼は低地にも平野にも多くの家畜を持っていたからである。山地や果樹園には農夫やぶどう作りがいた。彼が農業を好んだからである。

11 さらに、ウジヤは戦闘部隊をかかえていたが、彼らは、書記エイエルとつかさマアセヤによって登録された人数にしたがって各隊に分かれ、王の隊長のひとり、ハナヌヤの指揮下にいくさに出る者たちであった。

12 勇士である一族のかしらたちの数はみなで二千六百人であった。

13 その指揮下には三十万七千五百人の軍勢があり、王を助けて敵に当たる強力な戦闘部隊であった。

14 ウジヤは、彼ら全軍のために、盾、槍、かぶと、よろい、弓および石投げの石を用意した。

15 さらに、彼はエルサレムで、巧みに考案された兵器を作り、矢や大石を打ち出すために、やぐらの上や、城壁のかどにある塔の上にこれを据えた。こうして、彼の名は遠くにまで鳴り響いた。彼がすばらしいしかたで、助けを得て強くなったからである。

16 しかし、彼が強くなると、彼の心は高ぶり、ついに身に滅びを招いた。彼は神、主に対して不信の罪を犯した。彼は香の壇の上で香をたこうとして主の神殿に入った。

17 すると彼のあとから、祭司アザルヤが、主に仕える八十人の有力な祭司たちとともに入って来た。

18 彼らはウジヤ王の前に立ちふさがって、彼に言った。「ウジヤよ。主に香をたくのはあなたのすることではありません。香をたくのは、聖別された祭司たち、アロンの子らのすることです。聖所から出てください。あなたは不信の罪を犯したのです。あなた

10 *〈〉「シェフェラ」
13 ①Ⅱ歴25:5
15 *直訳「出て行った」
16 ①Ⅰサム13:9、
Ⅰ歴12:33, 13:1,
Ⅱ列16:12,
Ⅱ歴26:16-23,
Ⅱ列15:5-7
②Ⅱ歴25:19
③申32:15, 16
18 ①出30:7, 8, 民3:10,
16:39, 40, 18:7
*別訳「香をたくために聖別されたアロンの子らである祭司の務めです」

19 ①民12:10, Ⅱ列5:27
21 ①レビ13:46, 民5:2
22 ①イザ1:1
②→Ⅱ歴9:29
23 ①イザ6:1
②Ⅱ歴21:20, 28:27

1 ①Ⅱ歴27章,
Ⅱ列15:32-38
2 ①→Ⅱ歴20:32
②Ⅱ歴26:16
3 ①Ⅱ歴33:14, ネヘ3:26
4 ①Ⅱ歴11:5

には神である主の誉れは与えられません。」
19 ウジヤは激しく怒って、手に香炉を取って香をたこうとした。彼が祭司たちに対して激しい怒りをいだいたとき、その祭司たちの前、主の神殿の中、香の壇のかたわらで、突然、彼の額にツァラアトが現れた。

20 祭司のかしらアザルヤと祭司たち全員が彼のほうを見ると、なんと、彼の額はツァラアトに冒されていた。そこで彼らは急いで彼をそこから連れ出した。彼も自分から急いで出て行った。主が彼を打たれたからである。

21 ウジヤ王は死ぬ日までツァラアトに冒され、ツァラアトに冒された者として隔ての家に住んだ。彼は主の宮から絶たれたからである。その子ヨタムが王宮を管理し、この国の人々をさばいていた。

22 ウジヤのその他の業績は、最初から最後まで、アモツの子預言者イザヤが書きしるした。

23 ウジヤは彼の先祖たちとともに眠った。人々は彼を王たちの墓地の野に先祖たちとともに葬った。彼がツァラアトに冒された者だと言われていたからである。彼の子ヨタムが代わって王となった。

ユダの王ヨタム
27:1-4, 7-9　並行記事－Ⅱ列15:32-38

27 1 ヨタムは、二十五歳で王となり、エルサレムで十六年間、王であった。彼の母の名はエルシャといい、ツァドクの娘であった。

2 彼はすべて、主の目にかなうことを行った。父ウジヤが行ったとおりである。ただし、彼は、主の神殿に入るようなことはしなかった。民はなお滅びに向かっていた。

3 彼は主の宮の上の門を建てた。また、オフェルの城壁上に、多くのものを建てた。

4 彼はユダの山地に町々を建て、森林地帯

26:16　彼の心は高ぶり、ついに身に滅びを招いた
ウジヤは自分の行ったことはみな神の助けによること(26:5, 7)、人々を通して神から与えられた好意によることを(26:8, 11-13)忘れてしまったようである。その結果高慢になり、さらに自己過信と不忠実の罪に陥った(→ピリ2:3注)。神を信じる人々も成功を手にしたあと、どのようにして成功をしたのか(神の御手による)をしばしば忘れてしまう。その結果、神に頼ることをやめてしまい、失敗に向かって進むことになるのである。

には城塞とやぐらを築いた。
5 彼はアンモン人の王と戦い、彼らに打ち勝ったので、アンモン人は、その年に、銀百タラント*、小麦一万コル、大麦一万コルを彼に贈った。アンモン人はこれだけのものを彼に納めた。第二年にも第三年にも同様にした。
6 このように、ヨタムは勢力を増し加えた。彼が、彼の神、主の前に、自分の道を確かなものとしたからである。
7 ヨタムのその他の業績、彼の戦いと彼の行いは、イスラエルとユダの王たちの書にまさしくしるされている。
8 彼は二十五歳で王となり、エルサレムで十六年間、王であった。
9 ヨタムは彼の先祖たちとともに眠り、人々は彼をダビデの町に葬った。彼の子アハズが代わって王となった。

ユダの王アハズ

28:1-27　並行記事─Ⅱ列16:1-20

28

1 アハズは二十歳で王となり、エルサレムで十六年間、王であった。彼はその父祖ダビデとは違って、主の目にかなうことを行わず、
2 イスラエルの王たちの道に歩み、そのうえ、バアルのために鋳物の像を造った。
3 彼は、ベン・ヒノムの谷で香をたき、主がイスラエル人の前から追い払われた異邦の民の、忌みきらうべきならわしをまねて、自分の子どもたちに火の中をくぐらせた。
4 さらに彼は、高き所、丘の上、青々と茂ったすべての木の下で、いけにえをささげ、香をたいた。
5 彼の神、主は、彼をアラムの王の手に渡されたので、彼らは彼を打ち、彼のところから多くのとりこを捕らえて行き、ダマスコへ帰った。彼はイスラエルの王の手にも渡されたので、イスラエルの王は彼を打って大損害を与えた。

5＊1タラントは34キログラム
＊＊1コルは230リットル
6①Ⅱ列26:5
7①→Ⅰ列9:1
8①Ⅱ歴27:1

1①Ⅱ歴28:1-4、Ⅱ列16:1-4
2①→Ⅱ歴20:32
2①Ⅱ歴22:3
②士2:11
3①出34:17、レビ19:4、申9:12、Ⅰ列14:9、Ⅱ列17:16、Ⅱ歴34:3,4、ネヘ9:18、詩106:19、イザ30:22、ホセ13:2
3①Ⅱ歴33:6、ヨシ15:8、Ⅱ列23:10
②Ⅱ歴33:2
③Ⅱ歴33:6、レビ18:21
5①Ⅱ歴24:24

6①Ⅱ列15:27
8①Ⅱ歴11:4
9①→Ⅱ歴18:6
②Ⅱ歴25:15、イザ10:5
③エズ9:6、黙18:5
10①レビ25:39、42、44、46
11①詩88:16

6 レマルヤの子ペカはユダで一日のうちに十二万人を殺した。みな勇者たちであった。彼らはその父祖の神、主を捨て去っていた。
7 ついで、エフライムの勇士ジクリは、王の子マアセヤ、その家のつかさアズリカム、王の補佐官エルカナを殺した。
8 さらに、イスラエル人は、自分の同胞の中から女たち、男女の子どもたちを二十万人とりこにし、また、彼らの中から多くの物をかすめ奪って、その分捕り物をサマリヤに持って行った。
9 そこには主の預言者で、その名をオデデという者がいた。この人はサマリヤに入って来た軍勢の前に出て行って、彼らに言った。「見よ。あなたがたの父祖の神、主がユダに対して憤られたため、主はあなたがたの手に彼らを渡された。ところが、あなたがたは天に達するほどの激しい怒りをもって彼らを殺した。
10 今、あなたがたはユダとエルサレムの人々を従えて自分たちの男女の奴隷にしようとしている。しかし、実はあなたがた自身にも、あなたがたの神、主に対して罪過があるのではないか。
11 今、私に聞きなさい。あなたがたが自分の同胞をとりこにしたそのとりこを帰しなさい。主の燃える怒りがあなたがたに臨むからです。」
12 そのとき、エフライム族のかしらたちの中から、ヨハナンの子アザルヤ、メシレモテの子ベレクヤ、シャルムの子ヒゼキヤ、ハデライの子アマサなどの人々が、いくさから帰って来た者たちに向かって立ち上がり、
13 彼らに言った。「あなたがたは、とりこをここに連れて来てはならない。私たちを、主に対して罪過のある者とするようなことをあなたがたは考えて、私たちの罪と私たちの罪過に、もう一つを加えようとしている。私たちの罪過は大きい。燃える怒

28:3　自分の子どもたちに火の中をくぐらせた　アハズ王は偶像礼拝とオカルトに深入りして、自分の子どもたちを人間の作ったにせの神々にいけにえとしてささげた（→レビ20:1-5、エレ7:31-32、→Ⅱ列16:3注）。現代でも子どもたちはひどい虐待を受けている。肉体的には人工中絶や虐待の罪により、霊的には聖書を土台とした神の道を教えてもらえないことや（→申6:7注）、世界の悪い影響から守られていないことが

14 そこで、武装した者はつかさたちと全集団の前で、とりこ、かすめ奪った物を手放した。
15 指名された人々が立ち上がって、とりこの世話をし、その中で裸の者にはみな、分捕り物を用いて衣服を着せた。彼らに衣服を着せてから、くつをはかせ、食べさせ、飲ませ、油を塗ってやった。そのうえ、足の弱い者はみな、ろばに乗せて運び、彼らの兄弟たちのもと、なつめやしの町エリコに連れて行った。こうして、彼らはサマリヤに帰った。
16 その時、アハズ王はアッシリヤの王たちに人を遣わして、助けを求めた。
17 エドム人はなおも攻めて来て、ユダを打ち、とりこを捕らえて行った。
18 ペリシテ人は、ユダの低地およびネゲブにある町々に突入し、ベテ・シェメシュとアヤロンとゲデロテ、およびソコとそれに属する村落、ティムナとそれに属する村落、ギムゾとそれに属する村落を取って、そこに住んだ。
19 これは、主がユダの王アハズのゆえにユダを低くされたためであり、彼がユダでほしいままに事を行い、主に対して不信の罪を犯したからである。
20 アッシリヤの王ティグラテ・ピレセルは、彼を攻め、彼を悩ました。彼の力にはならなかった。
21 アハズは主の宮と王およびつかさたちの家から物を取って、アッシリヤの王に贈ったが、何の助けにもならなかったのである。
22 アッシリヤの王が彼を悩ましたとき、このアハズ王は、ますます主に対して不信の罪を犯した。
23 彼は自分を打ったダマスコの神々にいけにえをささげて言った。「アラムの王たちの神々は彼らを助けている。この神々に私もいけにえをささげよう。そうすれば私を助けてくれるだろう。」この神々が彼を、また全イスラエルをつまずかせるものとなった。
24 ついで、アハズは神の宮の器具を集めた。彼は神の宮の器具を断ち切ってから、主の宮の戸を閉じ、エルサレムの町かどの至る所に祭壇を造った。
25 ユダの町という町にはすべて、ほかの神々に香をたくため高き所を造り、彼の父祖の神、主の怒りをひき起こした。
26 彼のその他の業績と彼のすべての行いは、最初から最後まで、ユダとイスラエルの王たちの書にまさしくしるされている。
27 アハズは彼の先祖たちとともに眠り、人々は彼をエルサレムの町に葬った。彼をイスラエルの王たちの墓に運び入れなかったからである。彼の子ヒゼキヤが代わって王となった。

ヒゼキヤが神殿を聖別する
29:1-2　並行記事－Ⅱ列18:1-3

29 ¹ ヒゼキヤは二十五歳で王となり、エルサレムで二十九年間、王であった。彼の母の名はアビヤといい、ゼカリヤの娘であった。
² 彼はすべて父祖ダビデが行ったとおりに、主の目にかなうことを行った。
³ 彼はその治世の第一年の第一の月に主の宮の戸を開き、これらを修理した。
⁴ さらに、彼は祭司とレビ人を連れて来て、東側の広場に集め、
⁵ 彼らに言った。「レビ人たち。聞きなさい。今、あなたがたは自分自身を聖別しなさい。あなたがたの父祖の神、主の宮を聖別し、聖所から忌まわしいものを出してしまいなさい。

---

15 ① Ⅱ列6:22
  ＊ 直訳「よろめく者」
  ② 申34:3
16 ① Ⅱ列28:16-21、Ⅱ列16:7-9
17 ① オバ10-14
18 ① エゼ16:27, 57
  ＊ シェフェラ
19 ＊ 幾つかの写本、および七十人訳などによる
  ① 「イスラエル」
20 ① Ⅰ列5:6, 26、Ⅱ列15:29
  ＊ ティルガテ・ピルネエセル
22 ① Ⅱ歴28:22-27、Ⅱ列16:10-20
23 ① Ⅱ列25:14、イザ10:20
  ② エレ44:17, 18

24 ① Ⅱ歴29:3, 6, 7
  ② Ⅱ歴30:14, 33:3-5
26 ① → Ⅰ歴9:1
27 ① イザ14:28
  ② Ⅱ歴24:25

1 ① Ⅰ歴29:1, 2、Ⅱ列18:1-3
  ② Ⅱ列18:2「アビ」
2 ① → Ⅱ歴20:32
3 ① Ⅱ歴28:24, 29:7
5 ① Ⅱ歴29:15, 34, 35:6、Ⅰ歴15:12

それである（→**キリスト者とこの世**の項 p.2437）。
29:1 ヒゼキヤ → Ⅱ列18:5注
29:5 あなたがたは自分自身を聖別しなさい・・・忌まわしいものを出してしまいなさい　神を信じる人々が霊的なリバイバルと刷新を体験するために必要な条件は次の四つである。
（1）罪を具体的に告白すること。生活の中で神のご計画をないがしろにし、みことばの原則を無視している部分を認める必要がある。その後、具体的な失敗や欠点を認めなければならない（29:6-7、→詩51:3、⇒マタ5:24）。
（2）神の家を聖別すること（29:5, 18）。新しい契約では、教会と信仰者は神の家である（Ⅱコリ6:16、エペ2:21-22、Ⅰテモ3:15）。もし教会生活、教会の

6 というのも、私たちの父たちが不信の罪を犯し、私たちの神、主の目の前に悪を行い、この方を捨て去って、その顔を主の御住まいからそむけ、背を向けたからです。
7 また、彼らは玄関の戸を閉じ、ともしびの火を消し、聖所でイスラエルの神に香をたかず、全焼のいけにえをささげることをしなかったのです。
8 そこで、主の怒りがユダとエルサレムの上に下り、あなたがたが自分の目で見るとおり、主は彼らを人々のおののき、恐怖、あざけりとされました。
9 見なさい。私たちの父たちは剣に倒れ、そのため、私たちの息子たち、娘たち、妻たちは、とりこになっています。
10 今、私の願いは、イスラエルの神、主と契約を結ぶことです。そうすれば、主の燃える怒りが私たちから離れるでしょう。
11 子たちよ。今は、手をこまねいていてはなりません。主はあなたがたを選んでご自分の前に立たせ、ご自分に仕えさせ、ご自分のために、仕える者、香をたく者とされたからです。」
12 そこで、レビ人は立ち上がった。ケハテ族からはアマサイの子マハテとアザルヤの子ヨエル、メラリ族からはアブディの子キシュとエハレルエルの子アザルヤ、ゲルション族からはジマの子ヨアフとヨアフの子エデン、
13 エリツァファン族からはシムリとエイエル、アサフ族からはゼカルヤとマタヌヤ、
14 ヘマン族からはエヒエルとシムイ、エドトン族からはシェマヤとウジエルであった。
15 こうして、彼らは自分の兄弟たちを集

6①→Ⅱ歴21:6
　②エレ2:27、エゼ8:16
7①Ⅰ列6:3
　②Ⅱ歴28:24
　③→Ⅱ歴1:6
8①Ⅱ歴24:18
　②Ⅱ歴30:7
　③レビ26:32、申28:25、Ⅰ列9:8、エレ18:16、19:8、25:9、18、29:18
9 レビ25:5-8、17
10①Ⅱ歴15:12、23:16
11①民3:6、8:6、14、18:2、
　＊直訳「身を休めていては」
12①民3:19
　②Ⅱ歴31:13、Ⅰ歴6:35
　③民3:20

15①Ⅱ歴29:5
　②Ⅱ歴30:12
　③Ⅰ歴23:28
16①Ⅱ歴15:16
17①Ⅱ歴29:3
　②Ⅱ歴29:7
18①→Ⅱ歴1:6
　②Ⅱ歴28:24
19①Ⅱ歴28:24
21①→Ⅰ列12:16
22①レビ4:18、8:14、15、19、24、ヘブ9:21

め、身を聖別して、主のことばによる王の命令のとおりに、主の宮をきよめに来た。
16 祭司たちが主の宮の中に入って、これをきよめ、主の本堂にあった汚れたものをみな、主の宮の庭に出すと、レビ人が受け取って外に持ち出し、キデロン川へ持って行った。
17 彼らは第一の月の一日に聖別し始めた。その月の八日に主の玄関に入り、八日間にわたって主の宮を聖別した。第一の月の十六日に終わった。
18 そこで、彼らは中に入って、ヒゼキヤ王のところに行って言った。「私たちは主の宮を全部きよめました。全焼のいけにえの祭壇とそのすべての器具、並べ供えるパンの机とそのすべての器具をきよめました。
19 また、アハズ王が、その治世に、不信の罪を犯して取り除いたすべての器具を整えて、聖別しました。ご覧ください。それらは主の祭壇の前にあります。」
20 そこで、ヒゼキヤ王は朝早く、この町のつかさたちを集め、主の宮に上って行った。
21 彼らは、王国と聖所とユダのための、罪のためのいけにえとして七頭の雄牛、七頭の雄羊、七頭の子羊、七頭の雄やぎを引いて来たので、彼は祭司であるアロンの子らに命じて、主の祭壇の上でいけにえをささげさせた。
22 彼らが牛をほふり、祭司たちがその血を受け取って、祭壇に注ぎかけた。ついで雄羊をほふり、その血を祭壇に注ぎかけた。ついで子羊をほふり、その血を祭壇に注ぎかけた。
23 それから、彼らは王および集団の前に、

教え、礼拝、生活様式などで明らかに神を悲しませ、みことばにそぐわないものがあれば、それらを取除かなければならない。同じようにキリスト者自身も聖霊の宮であるから（Ⅰコリ6:19）、神に従わないものや不道徳なものから自分をきよめなければならない（→Ⅰヨハ1:9注、→「**神殿**」の項p.707、「**聖化**」の項p.2405）。

（3）契約を更新すること（29:10-11）。私たちは神のことばの命令、原則、基準に対する熱い思い、地上で神の目的を推進するための献身を新しくしなければならない。そのためには世界の邪悪な影響を避けて、神への反抗に引きずりこもうとする人間的力を拒まなければならない。

（4）贖い（赦し、罪の代価に対する「おおい」29:20-24）のために血のいけにえを宣言すること。今日、神の新しい契約では、これは罪の代価を払うために十字架の上で苦しみ死なれたときにささげられたイエス・キリストの犠牲を信仰によって受入れることである。私たちはイエス・キリストに頼る人々に、赦しと新しいいのちがその犠牲によって与えられることを宣べ伝えなければならない（→ヘブ9:11-14、→Ⅰコリ10:16注）。

罪のためのいけにえとする雄やぎを引いて来て、それらの上に自分たちの手を置いた。²⁴それから、祭司たちはこれらをほふり、その血を祭壇にささげて、罪のためのいけにえとし、全イスラエルのために贖いをした。全焼のいけにえと罪のためのいけにえを、王が全イスラエルのために命じたからである。

²⁵さらに、彼は、ダビデおよび王の先見者ガド、預言者ナタンの命令のとおりに、レビ人にシンバルと十弦の琴と立琴を持たせて、主の宮に立たせた。この命令は主から出たものであり、その預言者たちを通して与えられたものだからである。

²⁶こうして、レビ人はダビデの楽器を手にし、祭司はラッパを手にして立った。²⁷そこで、ヒゼキヤは全焼のいけにえを、祭壇でささげるよう命じた。全焼のいけにえをささげ始めた時に、主の歌が始まり、ラッパがイスラエルの王ダビデの楽器とともに鳴り始めた。²⁸全集団は伏し拝み、歌うたいは歌い、*ラッパ手はラッパを吹き鳴らした。これらはみな、全焼のいけにえが終わるまで、続いた。²⁹ささげ終わると、王および彼とともにいたすべての者はひざをかがめ、伏し拝んだ。³⁰ヒゼキヤ王とつかさたちが、ダビデおよび先見者アサフのことばをもって主をほめたたえるようにレビ人に命じると、彼らは喜びつつほめたたえた。そして、一同はひざまずき、伏し拝んだ。

³¹そのようなことのあとで、ヒゼキヤは言った。「今、あなたがたは主に身をささげました。近寄って来て、感謝のいけにえを主の宮に携えて来なさい。」そこで集団は感謝のいけにえを携えて来た。心から進んでささげる者がみな、全焼のいけにえを携えて来た。³²集団が携えて来た全焼のいけにえの数は、牛七十頭、雄羊百頭、子羊二百頭であり、これらはみな、主への全焼のいけにえであった。

³³また、聖なるささげ物は、牛六百頭、羊三千頭であった。

³⁴ただ、祭司たちは、少なかったので、すべての全焼のいけにえの皮をはぎ尽くすことができなかった。そこで、彼らの兄弟に当たるレビ人が、その仕事を終え、祭司たちが身を聖別し終わるまで、彼らに加勢した。レビ人は、祭司たちよりも直ぐな心をもって、身を聖別したからである。

³⁵また、多くの全焼のいけにえ、その全焼のいけにえに添える和解のいけにえの脂肪、注ぎのぶどう酒。こうして、主の宮の奉仕の用意ができた。

³⁶ヒゼキヤとすべての民は、神が民のために整えてくださったことを喜んだ。このことが即座に行われたからである。

ヒゼキヤが過越の祭りを祝う

30 ¹さて、ヒゼキヤは全イスラエルとユダに使いを遣わし、またエフライムとマナセに手紙を書いて、エルサレムにある主の宮に来て、イスラエルの神、主に過越のいけにえをささげるよう呼びかけた。²王とそのつかさたちとエルサレムの全集団は、第二の月に過越のいけにえをささげようと決議した。³というのは、身を聖別した祭司たちは十分な数に達しておらず、民もエルサレムに集まっていなかったので、そのときには、ささげることができなかったからである。⁴こうして、王と、全集団がこれを正しいと見たので、⁵彼らはベエル・シェバからダンに至るまで、全イスラエルにおふれを出し、上って来て、エルサレムでイスラエルの神、主に過越のいけにえをささげるよう呼びかけることに決定した。しるされているとおりにささげる者が、多くはいなかったからである。

⁶そこで、近衛兵は、王とそのつかさたちの手紙を携えて、イスラエルとユダの全土を行き巡り、王の命令のとおりに言った。「イスラエルの人たちよ。アブラハム、イサク、イスラエルの神、主に立ち返りなさ

30:6 【主】に立ち返りなさい　リバイバルには自分たちの罪深い生き方をやめて心から主に立返ることが

い。そうすれば、主は、あなたがたに残された、アッシリヤの王たちの手をのがれた者たちのところに、帰って来てくださいます。7 あなたがたは、父祖の神、主に対して不信の罪を犯したあなたがたの父たち、兄弟たちのようになってはいけません。あなたがたが自分の目で見ているとおり、主は彼らを恐怖に渡されたのです。

8 今、あなたがたは、自分の父たちのようにうなじのこわい者であってはなりません。主に服従しなさい。主がとこしえに聖別された聖所に入り、あなたがたの神、主に仕えなさい。そうすれば、主の燃える怒りがあなたがたから離れるでしょう。

9 あなたがたが主に立ち返るなら、あなたがたの兄弟や子たちを、彼らをとりこにした人々のあわれみを受け、この地に帰って来るでしょう。あなたがたの神、主は、情け深く、あわれみ深い方であり、もし、あなたがたが主に立ち返るなら、あなたがたから御顔をそむけるようなことは決してなさいません。」

10 こうして、近衛兵は、エフライムとマナセから、ゼブルンの地に至るまで、町から町へと行き巡ったが、人々は彼らを物笑いにし、あざけった。

11 ただ、アシェル、マナセおよびゼブルンのある人々はへりくだって、エルサレムに上って来た。

エズ4:1-5

6 ③Ⅱ列15:29
7 ①エゼ20:13
  ②詩78:8, 使7:51
  ③Ⅱ歴29:8
8 ①出32:9, ロマ10:16
  * 直訳「手を与えなさい」
  ②Ⅱ歴29:10
9 ①Ⅱ歴34:6, 7, 申30:2, 3, Ⅰ列8:50,
  詩106:45, 46, イザ55:7
  ②Ⅱ歴34:6, 34:6,
  ネヘ9:17, 31, 詩86:15,
  ヨエ2:13, ヨナ4:2
10 ①Ⅱ歴36:16
11 ①Ⅱ歴31:16, 30:18-21, 25
  ②→Ⅱ歴7:14

13 ①Ⅱ歴30:2
  ②→Ⅱ歴8:13
14 ①Ⅱ歴28:24, 25
  ②Ⅱ歴15:16
15 ①Ⅱ歴30:2, 3
  ②→Ⅱ歴30:1
  ③Ⅱ歴29:34
  ④→Ⅰ歴6:1
16 ①Ⅱ歴35:10, 15
17 ①Ⅱ歴29:34
  ②Ⅱ歴35:3-6
18 ①Ⅱ歴30:10, 11, 25
  ②出12:43-49

12 また、ユダには、神の御手が臨み、人々は心を一つにして、主のことばのとおりに王とそのつかさたちの命令を行った。

13 こうして、多くの民が第二の月に、種を入れないパンの祭りを行おうとエルサレムに集まった。おびただしい大集団であった。

14 彼らは立ち上がり、エルサレムにあった祭壇を取り除き、すべての香の壇を取り除いて、キデロン川に投げ捨てた。

15 そして、第二の月の十四日に、過越のいけにえをほふった。祭司とレビ人は恥じて身を聖別し、全焼のいけにえを主の宮に携えて来た。

16 彼らは、神の人モーセの律法に従って、おのおのその定めの場所に立った。祭司はレビ人の手から受け取った血を注いだ。

17 集団の中には、身を聖別していなかった者が多かったので、レビ人が、きよくないすべての人々のために、過越のいけにえをほふる役目につき、これを聖別して主にささげた。

18 民のうち大ぜいの者、すなわち、エフライムとマナセ、イッサカルとゼブルンの多くの者は、身をきよめておらず、しかも、しるされているのと異なったやり方で、過越のいけにえを食べてしまったので、ヒゼキヤは、彼らのために祈って言った。「いつくしみ深い主よ。このことの贖いをしてください。

必要である(⇒ゼカ1:4)。6－9節の間に「立ち返る」ということばが3回出てくるけれども、それは神の民が神に背いていたことを指摘している。神を敬わない生き方を受入れていた人々にとっては神の目的は重要なものではなくなっていた。悔い改め(自分の罪を認め罪から離れて神に立返ること)のメッセージは、神への献身を失い、非聖書的教えを受入れ、世界と妥協して生きるキリスト者や教会の会衆全員に対して言われるものでもある(→**七つの教会へのキリストのメッセージ**」の項 p.2478)。

30:8 【主】に服従しなさい ヒゼキヤは悔い改めについて四つの真理を挙げている。

(1) もし神の好意を再び得たいと思うなら、罪の人生を取除きたいと心から願って神に立返り、神が唯一の主であることを認めなければならない(30:6-8)。霊的に不純で神を悲しませることを喜んでいるなら、

神はそのような人を受入れたり祝福したりなさらない(ホセ5:4, 15)。

(2) 神を信じる人々は神の命令に従いたいという純真な気持で神に立返らなければならない。みことばに従わないで罪深い生き方をしているなら、神はその人や家族に困難や破滅を与えられるに違いない(→30:7, マタ5:13注)。

(3) 神を信じる人々は謙遜な態度、心からの礼拝、心を尽して神に仕えたいという願いを持って立返らなければならない。そうすれば、神の怒りを避けることができる。「主に服従」するとは「**主に手を差出す**」という意味である。これは神に対する忠誠、信仰、頼ることの誓約として手が差出されたことを象徴している(⇒Ⅱ列10:15, エズ10:19, エゼ17:18)。

(4) 神を信じる人々は熱心に祈り続けて神に立返らなければならない。そうすれば神の同情、喜び、祝

II 歴代誌 30–31章

¹⁹彼らは、心を定めて神、彼らの父祖の神、主を求めたのですが、聖なるもののきよめのとおりにはいたしませんでした。」
²⁰主はヒゼキヤの願いを聞かれ、民をいやされた。
²¹こうして、エルサレムにいたイスラエル人は、大きな喜びをもって七日の間、種を入れないパンの祭りを行った。レビ人と祭司は、毎日、主に向かって強い調べの楽器をかなで、主をほめたたえた。
²²ヒゼキヤは、主の務めによく通じているすべてのレビ人の心に語りかけた。そこで彼らは、和解のいけにえをささげ、彼らの父祖の神、主に告白をしつつ、七日間、祝いの食物にあずかった。
²³それから、全集団は、あと七日間祭りを行うことを決議し、喜びをもって七日間、祭りを行った。
²⁴ユダの王ヒゼキヤは集団に一千頭の雄牛と七千頭の羊を贈り、つかさたちは集団に雄牛一千頭と羊一万頭を贈り、多くの祭司は身を聖別した。
²⁵こうして、ユダの全集団と祭司とレビ人、およびイスラエルから来た全集団、イスラエルの地から来た在留異国人、ユダに在住している者たちは、喜んだ。
²⁶エルサレムには大きな喜びがあった。イスラエルの王、ダビデの子ソロモンの時代からこのかた、こうしたことはエルサレムになかった。
²⁷それから、レビ人の祭司たちが立ち上がって民を祝福した。彼らの声は聞き届けられ、彼らの祈りは、主の聖なる御住まい、天に届いた。

31

¹これらすべてのことが終わると、そこにいた全イスラエルは、ユダの町々に出て行き、石の柱を打ちこわし、アシェラ像を切り落とし、全ユダとベニヤミンの中から、エフライムとマナセの中から、高き所と祭壇を取りこわして、絶ち滅ぼした。そして、イスラエル人はみな、おのおのその所有地、それぞれの町へ帰って行った。

礼拝への貢献
31:20-21　並行記事—II列18:5-7

²ヒゼキヤは、祭司とレビ人の組を定め、祭司とレビ人に、それぞれその奉仕に応じて、おのおのの組ごとに、全焼のいけにえと和解のいけにえをささげさせ、さらに、主の宿営の門で仕え、感謝し、ほめたたえさせた。
³また、主の律法にしるされているとおりに、朝夕の全焼のいけにえ、安息日、新月の祭り、例祭ごとにささげる全焼のいけにえのため、王の分は王の財産から出した。
⁴さらに彼は、エルサレムに住む民に、祭司とレビ人の分を与えるように命じた。祭司とレビ人が主の律法に専念するためであった。
⁵この命令が広まるとともに、イスラエルの人たちは、穀物、新しいぶどう酒、油、蜜など、すべての野の収穫の初物をたくさん持って来た。彼らはすべてのものの十分の一を豊富に携えて来た。
⁶ユダの町々に住むイスラエルと、ユダの人たちもまた、牛や羊の十分の一と、彼らの神、主に聖別した聖なるささげ物の十分の一を携えて来て、あちらこちらに山と積んだ。
⁷第三の月に、彼らは積み始め、第七の月に終わった。
⁸ヒゼキヤとつかさたちは、入って来て、積んだ山を見、主とその民イスラエルをほめたたえ、祝福した。
⁹それから、ヒゼキヤは、その積んだ山について、祭司とレビ人に説明を求めた。
¹⁰すると、ツァドクの家のかしら、祭司ア

19①Ⅱ歴19:3
21①出12:15, 13:6,
　→Ⅱ歴8:13
22①→Ⅱ歴7:7
　②エズ10:11
　③→Ⅰ列8:65
24①Ⅱ歴35:7, 8
　②Ⅱ歴29:34, 30:3
25①Ⅱ歴30:11, 18
　②→ヨシ8:33
26①Ⅱ歴7:8-10
27* 幾つかの写本、および古代訳に「レビ人と祭司」
　①Ⅱ歴23:18
　②民6:23
　③→Ⅰ歴6:19
　④申26:15, 詩68:5
1①Ⅱ歴34:3,
　Ⅱ列18:4, 23:6

2①Ⅰ歴24:1
　②Ⅰ歴23:28-31
　③→Ⅱ歴1:6
　④→Ⅱ歴7:7
3①エゼ45:17
　②民28, 29章
　③→民2:4
　④→Ⅱ歴35:7, Ⅰ歴29:3
4①Ⅱ歴31:4-6,
　民18:8, 12-14, 21,
　ネヘ12:44-47, 13:10-13
　②マラ2:7
　③→Ⅱ歴6:16
5①レビ27:30, 申14:22
7*直訳「基を定め始め」
10①Ⅱ歴6:8-10

福を受けることになる(30:9, 19-20, 27, →14:4注)。

31:4　律法に専念する　ヒゼキヤは人々に収穫の什一(十分の一)を最良の初物として祭司とレビ人のところに持ってくるように命じた(→出23:19, レビ27:30-33, 民18:12, 20-24, 申26:)。これらのささげ物によって祭司や神殿の奉仕者たちは神とみことばの奉仕にさらに専念できるようになる(→「**十分の一とささげ物**」の項 p.1603)。同じように現代の霊的指導者や奉仕者は神を信じる人々の什一や献金によって経済的なサポートを受けるべきである。そうすることによって「祈りとみことばの奉仕に励む」ことができるようになる(使6:4, →ガラ6:6-10注)。

ザルヤが彼に答えて言った。「人々が奉納物を主の宮に携えて来始めてから、食べて、満ち足り、たくさん残りました。主が御民を祝福されたからです。その残りがこんなにたくさんあるのです。」

11 そこで、ヒゼキヤが主の宮の脇部屋を整えるよう命じたので、彼らは整えて、12 その奉納物と十分の一と聖なるささげ物を忠実に携え入れた。彼らを指図するつかさは、レビ人カナヌヤであり、その兄弟シムイは、副指揮者であった。13 エヒエル、アザズヤ、ナハテ、アサエル、エリモテ、エホザバデ、エリエル、イスマクヤ、マハテ、ベナヤは、ヒゼキヤ王と神の宮のつかさアザルヤの任命によって、カナヌヤとその兄弟シムイを助けて、管理者となった。14 また、レビ人イムナの子コレは東の門の門衛であったが、神に進んでささげるささげ物をつかさどり、主の奉納物と最も聖なるささげ物を分配した。15 彼の下には、エデン、ミヌヤミン、ヨシュア、シェマヤ、アマルヤ、シェカヌヤがいて、忠実に祭司の町々にとどまり、彼らの兄弟たちに、各組にしたがい、上の者にも下の者にも分配した。16 ただし、三歳以上の男子で、すべて毎日の日課として、組ごとに任務につき奉仕に当たるために、主の宮に入る者として系図に載せられた人々は、別であった。17 父祖の家ごとに祭司として系図に載せられた者、および、二十歳以上のレビ人で系図に載せられた者で、組別にその任務につく人々も別であった。18 また、全集団のうち、すべて系図に載せられた幼児、妻たち、息子たち、娘たちに分配した。彼らは、聖なるささげ物を、忠実に、聖なる物として扱ったからである。19 おのおのの町の放牧地の野にいたアロンの子らである祭司たちのためには、どの町にも、その名の示された者たちがいて、祭司たちのすべての男子、および、レビ人ですべて系図に載せられている者に、その受ける分を与えた。

20 ヒゼキヤはユダ全国にこのように行い、その神、主の目の前に、良いこと、正しいこと、誠実なことを行った。21 彼は、彼が始めたすべてのわざにおいて、すなわち、神の宮の奉仕、律法、命令において神に求め、心を尽くして行い、その目的を果たした。

セナケリブがエルサレムを脅迫する
32:9-19　並行記事―Ⅱ列18:17-35, イザ36:2-20
32:20-21　並行記事―Ⅱ列19:35-37, イザ37:36-38

32 1 これらの誠実なことが示されて後、アッシリヤの王セナケリブが来て、ユダに入り、城壁のある町々に対して陣を敷いた。そこに攻め入ろうと思ったのである。2 ヒゼキヤは、セナケリブが攻め入って、エルサレムに向かって戦おうとしているのを見たので、3 彼のつかさたち、勇士たちと相談し、この町の外にある泉の水をふさごうとした。彼らは王を支持した。4 そこで、多くの民が集まり、すべての泉と、この地を流れている川をふさいで言った。「アッシリヤの王たちに、攻め入らせ、豊富な水を見つけさせてたまるものか。」5 それから、彼は奮い立って、くずれていた城壁を全部建て直し、さらに、やぐらを上に上げ、外側にもう一つの城壁を築き、ダビデの町ミロを強固にした。そのうえ、

脚注：
10 ②マラ3:10　③Ⅱ歴31:12, 14, 出25:2, レビ7:16, →ネヘ10:37
12＊Ⅰネヘ13:13
13＊Ⅱ歴31:10
14＊Ⅱ歴35:8, 出35:29, レビ7:16, 民15:3, 申12:6, 詩54:6, →エズ1:4
15①Ⅱ歴29:12　＊△「エシュア」　＊＊ヨシ21:9-19　＊＊あるいは「老人にも年少の者にも」
16①エズ3:4
17①Ⅰ歴23:24, 27
19＊レビ25:34, 民35:2-5
20①Ⅱ列20:3　②Ⅱ列22:2
21①詩119:2, 3

1①Ⅱ歴32:1-16, ①Ⅱ列18:13-37, イザ36章
4＊七十人訳は「町」　②Ⅱ歴32:30, Ⅱ列20:20
5＊Ⅱ歴25:23　＊直訳「やぐらの上に上げる」　②Ⅱ列25:4, イザ22:11　③→Ⅱ歴5:2　④Ⅱサム5:9, Ⅰ列9:24

31:10 【主】が御民を祝福された　神の祝福と恩典を体験するための条件として私たちは自分の財源から国内や国外の神の働きのためにささげる気持を持ち、実際にささげなければならない(⇒Ⅰコリ9:14, ピリ4:15-18)。ささげることは神への感謝と信仰を表明することである。また私たちの中の優先順位を示して、何を大切にしているかを示すものでもある。神はお金ではなく、私たちが神に仕え頼る心の姿勢を望んでおられる(⇒マタ6:24, →Ⅰコリ8:-9:注)。

32:1 これらの・・・示されて後　歴代誌の著者はヒゼキヤが忠実に行動したあとにセナケリブがユダを攻撃したと書いている(→Ⅱ列18:-19:, イザ36:-37:)。神に対して忠実に従っている人にも問題や霊的試練が襲うことがしばしばある。けれども主に忠実であるなら、私たちとともにおられる主は敵が投げつけてくるものに対して勝利させてくださると確信する

II 歴代誌　32 章

彼は大量の投げ槍と盾を作った。

6 彼は、民の上に戦時の隊長たちを立て、彼らを町の門の広場に召集し、彼らに励ましのことばを与えて言った。

7「強くあれ。雄々しくあれ。アッシリヤの王に、彼とともにいるすべての大軍に、恐れをなしてはならない。おびえてはならない。彼とともにいる者よりも大いなる方が私たちとともにおられるからである。

8 彼とともにいる者は肉の腕であり、私たちとともにおられる方は、私たちの神、主、私たちを助け、私たちの戦いを戦ってくださる方である。」民はユダの王ヒゼキヤのことばによって奮い立った。

9 この後、アッシリヤの王セナケリブは、その家来たちをエルサレムに遣わして、──彼自身はその全軍を率いてラキシュを攻めていた──ユダの王ヒゼキヤとエルサレムにいたすべてのユダの人々に向かって言わせた。

10「アッシリヤの王セナケリブはこう言っておられる。おまえたちは何に拠り頼んで、エルサレムの包囲の中でじっとしているのか。

11 ヒゼキヤは、『私たちの神、主は、アッシリヤの王の手から私たちを救い出される』と言って、おまえたちをそそのかし、飢えと渇きで、おまえたちを死なせようとしているではないか。

12 あの主ではないのか。その高き所と祭壇をヒゼキヤは取り除いておいて、ユダとエルサレムに向かい、『あなたがたは、ただ一つの祭壇の前で拝み、その上で香をたかなければならない』と言ったのだ。

13 おまえたちは、私と私の先祖たちが地のすべての国々の民に対して、何をしてきたかを知らないのか。地の国々の神々が彼らの国を私の手から救い出すことができたか。

14 私の先祖たちが聖絶したこれらの国々の神々のうち、どの神が私の手からその民を救い出すことができたか。おまえたちの神が私の手からおまえたちを救い出すことができるというのか。

15 今、おまえたちは、ヒゼキヤにごまかされるな。このようにそそのかされてはならない。彼を信じてはならない。どのような国、どのような王国のどのような神も、その民を私の手から、私の先祖たちの手から救い出すことはできない。まして、おまえたちの神は、おまえたちを私の手から救い出すことはできない。」

16 彼の家来たちは、なおも、神である主とそのしもべヒゼキヤに逆らって弁舌をふるった。

17 彼は手紙を書いて、イスラエルの神、主をそしり、主に逆らって言った。『私の手から自分たちの民を救い出さなかった地の国々の神々と同じように、ヒゼキヤの神も、その民を私の手から救い出せない。』

18 さらに、彼らは城壁の上にいたエルサレムの民に向かい、ユダのことばで大声に呼ばわり、彼らを恐れさせ、おじけさせて、この町を取ろうとした。

19 このように、彼らは、エルサレムの神について、人の手で造ったこの地の民の神々についてと同じように、語ったのである。

20 そこで、ヒゼキヤ王とアモツの子預言者イザヤは、このことのゆえに、祈りをささげ、天に叫び求めた。

21 すると、主はひとりの御使いを遣わし、

7①→ヨシ1:6
　②Ⅱ歴20:15
　③Ⅱ歴20:6-12, Ⅱ列6:16, Ⅰヨハ4:4
8①エレ17:5
　②Ⅱ歴13:12, 20:17
12①Ⅱ歴31:1

14①→Ⅰ列9:21
17①Ⅱ歴32:17-19, Ⅱ列19:8-13, イザ37:8-13
　②Ⅱ歴32:14
18①Ⅰ列18:26-28
19①Ⅱ列19:18
20①Ⅱ列19:15-19, イザ37:15-20
21①Ⅱ歴32:21, 22, Ⅱ列19:35-37, イザ37:36-38

ことができる(32:7, ⇒Ⅰヨハ4:4)。

32:7 恐れをなしてはならない　ヒゼキヤの信仰のことばは預言者エリシャのことばと体験から示唆を受けたと思われる(Ⅱ列6:16)。「私たちとともにおられる方は、私たちの神、主、私たちを助け、私たちの戦いを戦ってくださる方である」(32:8)という励ましのことばと神の約束は神に従う人だれにも当てはまる。愛と誠実な信仰と純粋な心でイエス・キリストに仕える私たちもこのことばによって励ましを受ける。イザヤのことばによれば「罪人たちはシオンでわなな」くけれども(イザ33:14)、「正義を行う者・・・は、高い所に住」むのである(イザ33:15-16)。

32:19 彼らは、エルサレムの神について・・・語ったのである　→Ⅱ列18:30注

32:20 祈りをささげ・・・叫び求めた　ヒゼキヤの祈り　→Ⅱ列19:1-34, イザ37:1-35(→Ⅱ列19:15, 19注)

32:21 【主】はひとりの御使いを遣わし　→Ⅱ列19:35注

アッシリヤの王の陣営にいたすべての勇士、隊長、首長を全滅させた。そこで、彼は恥じて国へ帰り、彼の神の宮に入ったが、自分の身から出た子どもたちが、その所で、彼を剣にかけて倒した。

22 こうして、主は、アッシリヤの王セナケリブの手、および、すべての者の手から、ヒゼキヤとエルサレムの住民とを救い、四方から彼らを守り導かれた。

23 多くの人々が主への贈り物を携え、ユダの王ヒゼキヤに贈るえりすぐりの品々を持って、エルサレムに来るようになり、この時以来、彼はすべての国々から尊敬の目で見られるようになった。

ヒゼキヤの高ぶりと成功と死

32:24-33　並行記事－Ⅱ列20:1-21, イザ37:21-38, 38:1-8

24 そのころ、ヒゼキヤは病気になって死にかかったが、彼が主に祈ったとき、主は彼に答え、しるしを与えられた。

25 ところが、ヒゼキヤは、自分に与えられた恵みにしたがって報いようとせず、かえってその心を高ぶらせた。そこで、彼の上に、また、ユダとエルサレムの上に御怒りが下った。

26 しかしヒゼキヤが、その心の高ぶりを捨ててへりくだり、彼およびエルサレムの住民もそうしたので、主の怒りは、ヒゼキヤの時代には彼らの上に臨まなかった。

27 さて、ヒゼキヤは、富と誉れに非常に恵まれた。彼は銀、金、宝石、バルサム油、盾、すべての尊い器を納める宝物倉

28 穀物、新しいぶどう酒、油の収穫のための倉庫、および、すべての家畜のそれぞれの小屋、群れの小屋を造った。

29 彼は町々を建て、羊や牛の家畜もおびただしいものであった。神が、非常に多くの財産を彼に与えられたからである。

30 このヒゼキヤこそ、ギホンの上流の水の源をふさいで、これをダビデの町の西側に向けて、まっすぐに流した人である。こうして、ヒゼキヤはそのすべての仕事をみごとに成し遂げた。

31 バビロンのつかさたちが彼のもとに代言者を遣わし、この地に示されたしるしについて説明を求めたとき、神は彼を試みて、その心にあることをことごとく知るために彼を捨て置かれた。

32 ヒゼキヤのその他の業績、その忠実な行いは、アモツの子預言者イザヤの幻、すなわちユダとイスラエルの王たちの書に、まさしくしるされている。

33 こうして、ヒゼキヤは彼の先祖たちとともに眠り、人々は彼をダビデの子らの墓地の上り坂に葬った。ユダのすべての人々とエルサレムの住民は、彼が死んだとき、彼に栄光を与えた。彼の子マナセが代わって王となった。

ユダの王マナセ

33:1-10　並行記事－Ⅱ列21:1-10
33:18-20　並行記事－Ⅱ列21:17-18

33 1 マナセは十二歳で王となり、エルサレムで五十五年間、王であった。
2 彼は、主がイスラエル人の前から追い払

32:24　ヒゼキヤは病気になって　ヒゼキヤの病気と癒しの奇蹟のしるしについて　→Ⅱ列20:1-11(⇒イザ38:1-8, →イザ38:1, 5注)

32:31　彼を試みて　ヒゼキヤがバビロンの代表をどのように扱ったかについては列王記Ⅱ20:12－19とイザヤ書39章に書かれている。時として神は近くにおられず助けてくださらないように見えることがある。それは、私たちの人格と信仰の決意を試し、あるいは献身を試すためで、それによって謙遜を教え、より大きな責任を受ける備えをさせるためである。

（1）神が人々を試される方法には次のようなものがある。(a) エジプトのヨセフのように長期間の困難な情況(創39:-40:)。(b) ヨブのように肉体と精神の苦痛(ヨブ1:-2:)。(c) アブラハムとサラ(創15:-21:)やヨセフの夢のように(創37: , 42:6, ⇒詩105:17-19)神の約束の成就の遅延。(d) アブラハムとイサク(創22:)、またはサウル王のように(Ⅰサム15:)服従の厳しい試練。(e) 神を信じる多くの人が人生のどこかで体験する霊的な乾燥状態または闇。

（2）困難なときに神を信頼し忠実であり続けるなら私たちは強い信仰、神に似た人格、成熟した服従を育成することができる。それはまた神に認められることでもある(⇒Ⅱコリ12:7-10)。ヨブは非常に困難なときに、「神は、私の行く道を知っておられる。神は

II 歴代誌 33章

われた異邦の民の忌みきらうべきならわしをまねて、主の目の前に悪を行った。
3 彼は、父ヒゼキヤが取りこわした高き所を築き直し、バアルのために祭壇を立て、アシェラ像を造り、天の万象を拝み、これに仕えた。
4 彼は、主がかつて、「エルサレムにわたしの名がとこしえにあるように」と言われた主の宮に、祭壇を築いたのである。
5 こうして、彼は、主の宮の二つの庭に、天の万象のために、祭壇を築いた。
6 また、彼はベン・ヒノムの谷で、自分の子どもたちに火の中をくぐらせ、卜占をし、まじないをし、呪術を行い、霊媒や口寄せをして、主の目の前に悪を行い、主の怒りを引き起こした。
7 さらに、彼は自分が造った偶像の彫像を神の宮に安置した。神はかつてこの宮について、ダビデとその子ソロモンに言われた。「わたしは、この宮に、わたしがイスラエルの全部族の中から選んだエルサレムに、わたしの名をとこしえに置く。
8 もし彼らが、わたしの命じたすべてのこと、わたしがモーセを通して与えたすべての律法とおきてと定めとを、守り行いさえするなら、わたしは、もう二度と、わたしがあなたがたの先祖たちのものと定めた地から、*イスラエルを取り除かない。」
9 しかし、マナセはユダとエルサレムの住民を迷わせて、主がイスラエル人の前で根絶やしにされた異邦人よりも、さらに悪いことを行わせた。
10 主はマナセとその民に語られたが、彼らは聞こうともしなかった。
11 そこで、主はアッシリヤの王の配下にある将軍たちを彼らのところに連れて来られ

2 ② II 歴28:3, 申18:9
→ II 歴21:6
3 ① II 列23:4-6
② II 歴31:1
③ II 歴31:1, 申16:21, II 列18:4
④ 申17:3
4 ① II 歴6:6, 7:16, 申12:11, II サム7:13, I 列8:29, 9:3
② II 歴28:24
5 ① II 歴4:9
② II 歴33:3
6 ① 申18:10, 11
② II 歴28:3, レビ18:21, II 列23:10, エゼ19:31, 20:27
③ レビ19:31, 20:27
④ → II 歴21:6
7 ① II 歴33:15, 22, II 列7:12-18, I 列9:3-5
② II 歴33:15
③ II 歴33:4, 詩132:14
8 ① → II 歴6:16
　*直訳「イスラエルの足を移さない」
10 ① II 歴33:10-13, ヨブ36:7-11, 詩107:10-15
11 ① 申28:36

・エゼ19:9
12 *直訳「主の御顔をなだめ」
出32:11, I サム13:12, I 列13:6, II 列13:4, エレ26:19, ダニ9:13, ゼカ7:2, 8:21, 22, マラ1:9
① II 歴7:14
13 ① I 列5:20, エズ8:23
② ダニ4:32
14 ① II 歴5:2
② I 列1:33
③ ネヘ3:3, 12:39, ゼパ1:10
④ II 歴27:3
15 ① II 歴33:3-7
16 ① → II 歴7:7
② レビ7:12
17 ① II 歴32:12
18 ① II 歴33:18-20, II 列21:17, 18
② II 歴6:19
③ II 歴9:29
19 ① II 歴12, 13
② II 歴33:3
③ II 歴33:22, 34:3, 4, 7, II 列17:41, 詩78:58
→ イザ10:19,
→ エレ8:19,
→ ホセ11:2
*七十人訳は「先見者たち」

た。彼らはマナセを鉤で捕らえ、青銅の足かせにつないで、バビロンへ引いて行った。
12 しかし、悩みを身に受けたとき、彼はその神、主に嘆願し、その父祖の神の前に大いにへりくだって、
13 神に祈ったので、神は彼の願いを聞き入れ、その切なる求めを聞いて、彼をエルサレムの彼の王国に戻された。こうして、マナセは、主こそ神であることを知った。
14 その後、彼はダビデの町に外側の城壁を築いた。それはギホンの西側の谷の中に、さらには、魚の門の入口に達し、オフェルを取り巻いた。彼はこれを非常に高く築き上げた。そして、彼はすべてのユダの城壁のある町々に将校を置いた。
15 さらに、彼は主の宮から外国の神々と偶像、および、彼が主の宮のある山とエルサレムに築いたすべての祭壇を取り除いて、町の外に投げ捨てた。
16 そして、主の祭壇を築き、その上で和解のいけにえと感謝のいけにえをささげ、ユダに命じてイスラエルの神、主に仕えさせた。
17 しかし、民は、彼らの神、主にではあったが、高き所でなおいけにえをささげていた。
18 マナセのその他の業績、彼が神にささげたその祈り、イスラエルの神、主の名によって彼に語った先見者たちのことばは、まさしくイスラエルの王たちの言行録にある。
19 彼の祈り、その願いが聞き入れられたこと、および、彼がへりくだる前に犯したその罪、その不信の罪、高き所を築き、アシェラ像と刻んだ像を立てた場所については、*ホザイの言行録にまさしくしるされている。
20 マナセは彼の先祖たちとともに眠り、人々は彼をその家に葬った。彼の子アモンが代わって王となった。

私を調べられる。私は金のように、出て来る」(ヨブ23:10, ⇒ゼカ13:9)と言った。神の試練を受けるのは神に嫌われてさばかれているしるしではない。むしろ神が大きな目的を持っておられるしるしかもしれない。

33:13　神に祈った　マナセは父ヒゼキヤの神を拒んで、ユダの歴史の中で最も悪い王になった。けれども危機や激しい苦痛のときに(33:11-12)心から悔い改めて神にあわれみを叫び求めた(33:12-13)。マナセが深く悔い改めた後、神はマナセを赦された。これはどんな邪悪で反逆を重ねた罪びとでも心からへりくだって神を呼び求めれば必ず赦されるという美しい真理を示している。けれども列王記IIの著者が書いているように、マナセはその長期間にわたる神を敬わない在位期間中に多くの人を罪と堕落に導き(II 列21:9-15)、国を滅亡の道に乗せてしまった。マナセは悔い改めて神に立返り王位を回復したけれども、それ以前の悪い行動の結果と影響が継続するのを止めることはできなかった(⇒II 列24:3-4, →23:26注)。

ユダの王アモン

33:21-25　並行記事－Ⅱ列21:19-24

21 アモンは二十二歳で王となり、エルサレムで二年間、王であった。
22 彼は、その父マナセが行ったように、主の目の前に悪を行った。彼は、その父マナセが造ったすべての刻んだ像にいけにえをささげ、これに仕えた。
23 彼はその父マナセがへりくだったようには、主の前にへりくだらず、かえって、彼アモンは罪過を大きくした。
24 彼の家来たちは彼に謀反を起こし、その宮殿の中で彼を殺した。
25 しかし、民衆はアモン王に謀反を起こした者をみな打ち殺した。民衆はアモンの子ヨシヤを代わりに王とした。

ヨシヤの改革

34:1-2　並行記事－Ⅱ列22:1-2
34:3-7　並行記事－Ⅱ列23:4-20
34:8-13　並行記事－Ⅱ列22:3-7

34 1 ヨシヤは八歳で王となり、エルサレムで三十一年間、王であった。
2 彼は主の目にかなうことを行って、先祖ダビデの道に歩み、右にも左にもそれなかった。
3 彼の治世の第八年に、彼はまだ若かったが、その先祖ダビデの神に求め始め、第十二年には、ユダとエルサレムをきよめ始めて、高き所、アシェラ像、刻んだ像、および、鋳物の像を除いた。
4 人々は彼の面前で、バアルの祭壇を取りこわした。彼は、その上にあった香の台を切り倒し、アシェラ像と刻んだ像と鋳物の像を打ちこわし、粉々に砕いて、これらのいけにえをささげた者たちの墓の上にまき散らした。
5 彼は、祭司たちの骨を彼らの祭壇の上で焼いて、ユダとエルサレムをきよめた。
6 彼は、マナセ、エフライム、シメオン、さらにはナフタリの町々でも、至る所で、彼らの剣を用いて同様にした。
7 イスラエルの全地で、祭壇を取りこわし、アシェラと刻んだ像を粉々に砕き、すべての香の台を切り倒してから、彼はエルサレムに帰った。
8 この地とこの宮とをきよめたのは、彼の治世の第十八年で、彼は、その神、主の宮を修理するため、アツァルヤの子シャファン、この町のつかさマアセヤ、エホアハズの子参議ヨアフを遣わした。
9 彼らは、大祭司ヒルキヤのもとに来て、神の宮に納められた金を渡した。これは入口を守るレビ人が、マナセとエフライム、すべてのイスラエルの残りの者、全ユダとベニヤミンから集めたものである。それから、彼らはエルサレムに帰って、
10 主の宮で工事している監督者たちの手に渡し、さらにそれを主の宮で行われる工事をしている者たちに渡して、宮を繕い、修理させた。
11 彼らは、木工や建築師たちに渡して、切り石やつなぎ材を買わせ、ユダの王たちが荒らした家々に、梁を置いて、これを建てさせた。
12 この人々は、この仕事を忠実に行った。彼らの上には、監督者、メラリ族のレビ人ヤハテとオバデヤ、ケハテ族のゼカリヤとメシュラムがいて、指揮をした。また、すべて楽器を奏するのに巧みなレビ人がいた。
13 彼らはまた、荷をになう者たちをもつかさどり、各分野の仕事に当たるすべての職人たちの指揮をする役目についた。レビ人の中には、書記、つかさ、門衛などもいた。

律法の書が発見される

34:14-28　並行記事－Ⅱ列22:8-20
34:29-32　並行記事－Ⅱ列23:1-3

14 彼らが、主の宮に携え入れられた金を取り出していたとき、祭司ヒルキヤは、モーセを通して示された主の律法の書を発見した。
15 そのときすぐ、ヒルキヤは書記シャファンに対してこう言った。「私は主の宮で律

34:1　ヨシヤ　→Ⅱ列22:1注　　　　　　　　　　　　→Ⅱ列22:8注
34:14　【主】の宮・・・【主】の律法の書を発見した

法の書を見つけました。」ヒルキヤがその書物をシャファンに渡すと、

16 シャファンは、その書物を王のもとに携えて行き、さらに王に報告して言った。「しもべにゆだねられたことは、すべてやらせております。

17 彼らは主の宮にあった金を箱からあけて、これを監督者たちの手に、工事をしている者たちの手に渡しました。」

18 ついで、書記シャファンは王に告げて、言った。「祭司ヒルキヤが私に一つの書物を渡してくれました。」そして、シャファンは王の前でそれを朗読した。

19 王は律法のことばを聞いたとき、自分の衣を裂いた。

20 王はヒルキヤ、シャファンの子アヒカム、*ミカの子アブドン、書記シャファン、王の家来アサヤに命じて言った。

21「行って、見つかった書物のことばについて、私のため、イスラエルとユダの残りの者のために、主のみこころを求めなさい。私たちの先祖が、主のことばを守らず、すべてこの書にしるされているとおりに行わなかったため、私たちの上に注がれた主の憤りは激しいから。」

22 そこで、ヒルキヤ、および、王の指名した人々は、女預言者フルダのもとに行った。彼女は、ハスラの子トクハテの子、装束係シャルムの妻で、エルサレムの第二区に住んでいた。彼らがその旨を彼女に伝えると、

23 彼女は彼らに答えた。「イスラエルの神、主は、こう仰せられます。『あなたがたをわたしのもとに遣わした人に告げよ。

24 主はこう仰せられる。見よ。わたしは、この場所とその住民の上にわざわいをもたらす。彼らがユダの王の前で読み上げた書物にしるされているすべてののろいをもたらす。

25 彼らはわたしを捨て、ほかの神々に香をたき、彼らのすべての手のわざで、わたしの怒りを引き起こすようにした。わたしの憤りはこの場所に注がれ、消えることがない。』

26 主に尋ねるために、あなたがたを遣わしたユダの王には、こう言わなければなりません。『あなたが聞いたことばについて、イスラエルの神、主は、こう仰せられます。

27 あなたが、この場所とその住民についての神のことばを聞いたとき、あなたは心を痛め、神の前にへりくだり、わたしの前にへりくだって自分の衣を裂き、わたしの前で泣いたので、わたしもまた、あなたの願いを聞き入れる。――主の御告げです――

28 見よ。わたしは、あなたを先祖たちのもとに集めよう。あなたは安らかに自分の墓に集められる。それで、あなたは自分の目で、わたしがこの場所とその住民にもたらすすべてのわざわいを見ることがない。』」彼らはそれを王に報告した。

29 すると、王は使者を遣わして、ユダとエルサレムの長老をひとり残らず集めた。

30 王は主の宮へ上って行った。ユダのすべての人、エルサレムの住民、祭司とレビ人、および、上の者も下の者も、すべての民が行った。そこで彼は主の宮で発見された契約の書のことばをみな、彼らに読み聞かせた。

---

19 ① → Ⅱ歴6:16
② ヨシ7:6
20 * Ⅱ歴22:12「ミカヤの子アクボル」
21 ① Ⅱ歴29:8
22 ① Ⅱ歴34:22-28, Ⅱ列22:14-20
*「指名した」は七十人訳による補足
② → Ⅱ列22:14
** Ⅱ列22:14「ハルハスの子ティクワ」

24 ① Ⅱ歴36:15-20
② 申28:15-68
25 ① Ⅱ歴28:3, 33:3, 6
27 ① Ⅱ歴12:7, 32:26
② → Ⅱ歴7:14
29 ① Ⅱ歴34:29-32, Ⅱ列23:1-3
30 ① ネヘ8:1-3

34:24 この場所・・・にわざわいをもたらす 人々の罪が極限に達し、神のさばきの破壊はもはや食い止めることができなかった（→Ⅱ列22:13注）。

34:27 あなたは・・・神の前にへりくだり →7:14注, Ⅱ列22:19注

34:30 彼は・・・契約の書のことばをみな・・・読み聞かせた 旧約聖書に記録されている霊的なリバイバルはみな、みことばに立返ることによって起きている。(1) ヨシヤは民の前で「契約の書のことば」を読み、人々は主に立返った（34:30-33）。(2) 先にヨシャパテとレビ人たちは「主の律法の書を携えて行き、ユダのすべての町々を巡回して、民の間で教えた」(17:9)。(3) 後にエズラは神の律法の書を1日に6時間ずつ7日間人々の前で朗読して（ネヘ8:3, 18)、人々が「読まれたことを理解」できるように説明した（ネヘ8:8)。長く続く本当のリバイバルは、みことばの権威と栄光を回復することによって起こされる（→「**聖書の霊感と権威**」の項 p.2323）。聖書に啓示されている神のことばを聞き、学び、従いたいという気持が大きくなっているなら、それは神を信じる人々の間でリバイバルが起こり始めている確かな証拠と言うことができる（→使2:42)。

31 それから、王はその定めの場所に立ち、主の前に契約を結び、主に従って歩み、心を尽くし、精神を尽くして、主の命令と、あかしと、おきてを守り、この書物にしるされている契約のことばを行うことを誓った。
32 彼はエルサレムとベニヤミンにいるすべての者を堅く立たせた。エルサレムの住民は、その父祖の神である神の契約に従って行動した。
33 ヨシヤはイスラエル人の全地から、忌みきらうべきものを除き去り、イスラエルにいるすべての者を、その神、主に仕えさせた。彼の生きている間、彼らはその父祖の神、主に従う道からはずれなかった。

ヨシヤが過越の祭りを祝う

35:1, 18-19　並行記事－Ⅱ列23:21-23

35 ¹ さて、ヨシヤはエルサレムで主に過越のいけにえをささげた。人々は第一の月の十四日に過越のいけにえをほふった。
² 彼は祭司たちを任命してその任務につかせ、彼らを力づけて、主の宮の奉仕に当たらせた。
³ それから、彼は、全イスラエルを教え導く者であり、主の聖なる者であるレビ人たちに言った。「聖なる箱を、イスラエルの王ダビデの子ソロモンが建てた宮に据えなさい。もう、あなたがたにとって肩の重荷にはなるまい。そこで今、あなたがたの神、主と、主の民イスラエルに仕えなさい。
⁴ イスラエルの王ダビデの文書およびその子ソロモンの書きつけのとおりに、父祖の家ごとに、組分けに従って、用意をしなさい。
⁵ あなたがたの同胞であるこの民の者たちが属している父祖の家の区分に従って、聖所に立ちなさい。レビ人にとって、一族の分があるようにしなさい。
⁶ それから、過越のいけにえをほふり、身を聖別し、あなたがたの同胞のために用意をして、モーセを通して示された主のことばのとおりに行いなさい。」
⁷ ヨシヤは民の者たちに羊の群れ、すな

31 ①Ⅱ列11:14
②Ⅱ歴23:16, 29:10
33 ①Ⅱ歴34:3-7, Ⅱ列23:4-20
②Ⅱ歴33:2-7

1 ①Ⅱ歴35:1-19, Ⅱ列23:21-23
②→Ⅱ歴30:1
③出12:6, 民9:3, エズ6:19
2 ①Ⅱ歴23:18, 29:5, 11
3 ①Ⅱ歴17:8, 9, 30:22, 申33:10, ネヘ8:7, 8, マラ2:7
②Ⅱ歴5:4, 7, Ⅰ歴15:2, 14, 15
③Ⅰ歴23:26
4 ①Ⅱ歴35:4, 5, Ⅱ歴5:14, Ⅰ歴23-26章
②エズ6:18
6 ①Ⅱ歴30:17
②→Ⅱ歴30:1
③Ⅱ歴29:5, 15, 34, 30:3, 15, エズ6:20
7 ①Ⅱ歴30:24

②出12:5
8 ①Ⅱ歴35:8, 9, 民7:1-3, 10, 17, Ⅰ歴29:6-9
②→Ⅱ歴35:8
③Ⅱ歴31:13
＊「羊」は補足
9 ＊「羊」は七十人訳による補足
10 ①Ⅱ歴35:4, 5, エズ6:18
11 ①Ⅱ歴29:22
＊「血」は七十人訳による補足
②Ⅱ歴29:34
12 ①民1:6
②レビ2:7, Ⅰサム2:13, 14
15 ①Ⅰ歴25:1, ネヘ12:46, 47
②民9:29
③Ⅰ歴9:17-27, 26:12-19

わち、子羊とやぎの子を贈った。すべては、そこにいたすべての人の過越のいけにえのためであった。その数は三万、牛は三千。これらは王の財産の中から出された。
⁸ 彼のつかさたちも、民および祭司たち、レビ人たちに、進んでささげるささげ物として贈り物をした。神の宮のつかさ、ヒルキヤ、ゼカリヤ、エヒエルも、祭司たちに過越のいけにえとして羊二千六百頭、牛三百頭を与えた。
⁹ さらに、レビ人のつかさたち、すなわち、カナヌヤとその兄弟シェマヤ、ネタヌエル、およびハシャブヤ、エイエル、エホザバデも、レビ人に過越のいけにえとして羊五千頭、牛五百頭を贈った。
¹⁰ こうして、奉仕の用意ができたので、王の命令のとおりに、祭司たちはおのおのの定めの場所に立ち、レビ人はおのおのの組分けに従って立った。
¹¹ 彼らが過越のいけにえをほふると、祭司たちは彼らの手から血を受け取って注ぎかけ、レビ人は皮をはいだ。
¹² それから、彼らは全焼のいけにえを取り除き、これを民の者たちの父祖の家の各区分に渡し、モーセの書にしるされているとおりに主にささげさせた。牛についても同様にした。
¹³ それから、彼らは定めのとおりに、過越のいけにえに火を加えて調理し、聖別されたささげ物を、なべ、かま、平なべなどで調理して、民たち全員のもとに急いで運んだ。
¹⁴ そのあとで、彼らは自分たちや祭司たちのための用意をした。アロンの子らである祭司たちは、夜になるまで、全焼のいけにえと脂肪をささげていたからである。そこでレビ人は、自分たちや、アロンの子らである祭司たちのための用意をした。
¹⁵ アサフの子らである歌うたいたちは、ダビデ、アサフ、ヘマン、および、王の先見者エドトンの命令のとおりに、その役目についていた。また、門衛たちは、それぞれの門を守っていた。彼らのうちだれも、その奉仕を離れる必要がなかった。彼らの同

35:1　ヨシヤは・・・過越のいけにえをささげた　→「過越」の項 p.142

II 歴代誌　35-36章

族であるレビ人が彼らのための用意をしたからである。

16 こうして、この日に、すべて主への奉仕の用意ができ、ヨシヤ王の命令のとおりに過越のいけにえをささげ、主の祭壇で全焼のいけにえをささげるばかりになったので、17 そこにいたイスラエル人は、そのとき、過越のいけにえをささげ、七日間、種を入れないパンの祭りを行った。18 預言者サムエルの時代からこのかた、イスラエルでこのような過越のいけにえがささげられたことはなかった。イスラエルのどの王も、ここでヨシヤが行い、祭司たちとレビ人、および、そこにいた全ユダとイスラエル、さらに、エルサレムの住民たちがささげたような過越のいけにえをささげたことはなかった。19 ヨシヤの治世の第十八年に、この過越のいけにえがささげられた。

ヨシヤの死

35:20-36:1　並行記事―II列23:28-30

20 すべてこのように、ヨシヤが宮を整えて後、エジプトの王ネコが、ユーフラテス河畔のカルケミシュで戦うために上って来た。そこでヨシヤは、彼を迎え撃ちに出て行った。21 ところが、ネコは彼のもとに使者を遣わして言った。「ユダの王よ。私とあなたと何の関係があるのですか。きょうは、あなたを攻めに来たのではありません。私の戦う家へ行くところなのです。神は、早く行けと命じておられます。私とともにおられる神に逆らわず、控えていなさい。さもなければ、神があなたを滅ぼされます。」22 しかし、ヨシヤは身を引かず、かえって、彼と戦おうとして変装し、神の御口から出たネコのことばを聞かなかった。そして、メギドの平地で戦うために行った。23 射手たちがヨシヤ王を射たとき、王は家来たちに言った。「私を降ろしてくれ。傷

17 ① II歴30:21,
　出12:14-20, 13:6
　② → II歴8:13
18 ① II歴30:5
　② → II歴9:29
　③ → II歴30:1
20 ① II歴35:20-24,
　II列23:29, 30
　② エレ46:2
　③ イザ10:9
21 ① II歴25:19
22 * 直訳「彼から顔をそむけず」
　① II歴18:29,
　I列22:30
　② 士5:19, ゼカ12:11
23 ① II歴18:33

26 ① II歴35:26, 27,
　II列23:28
　② → II歴6:16
27 ① → I歴9:1

1 ① I歴3:15, エレ22:11
2 ① II歴36:2-4,
　II列23:31-34
3 * 1タラントは34キログラム
4 ① エレ22:10-12
5 ① II歴36:5-8,
　II列23:36-24:6,
　エレ22:13-19,
　エレ25, 26, 35, 36, 45章
　② → II歴21:6

を負ったのだ。」24 そこで、家来たちは彼を戦車から降ろし、彼の持っていた第二の車に乗せた。そして、彼をエルサレムに連れ帰った。彼は死んだので、その先祖たちの墓に葬られた。全ユダとエルサレムはヨシヤのために喪に服した。

25 エレミヤはヨシヤのために哀歌を作った。そして、男女の歌うたいはみな、今日に至るまで、彼らの哀歌の中でヨシヤのことを語り、これをイスラエルのために慣例としている。これらは哀歌にまさしくしるされている。

26 ヨシヤのその他の業績、すなわち、主の律法にしるされているところに従った彼の忠実な行為、27 彼の業績は、最初から最後まで、イスラエルとユダの王たちの書にまさしくしるされている。

36 1 さて、この国の民は、ヨシヤの子エホアハズを選んで、彼の父に代えて、エルサレムで彼を王とした。

ユダの王エホアハズ

36:2-4　並行記事―II列23:31-34

2 エホアハズは二十三歳で王となり、エルサレムで三か月間、王であった。3 しかし、エジプトの王は、エルサレムで彼を退け、この国に、銀百タラントと金一*タラントの科料を課した。4 ついで、エジプトの王は、彼の兄弟エルヤキムをユダとエルサレムの王とし、その名をエホヤキムと改めさせた。ネコは、その兄弟エホアハズを捕らえて、エジプトへ連れて行った。

ユダの王エホヤキム

36:5-8　並行記事―II列23:36-24:6

5 エホヤキムは二十五歳で王となり、エルサレムで十一年間、王であった。彼は、その神、主の目の前に悪を行った。

35:22　神の御口から出たネコのことばを聞かなかった　台頭するバビロン勢力に対抗して繰り広げられたネコの軍事作戦は神のご計画だった。ヨシヤは正しい人だったけれども、このことについて神のみこころを理解することができず、ネコの軍隊を止めようとした。神のご計画と目的を探り悟ることができなかったヨシ

⁶この彼のもとに、バビロンの王ネブカデネザルが攻め上って来て、彼を青銅の足かせにつなぎ、バビロンへ引いて行った。
⁷ネブカデネザルは、主の宮の器具をバビロンに持ち去り、バビロンにある彼の宮殿に置いた。
⁸エホヤキムのその他の業績、彼の行った忌みきらうべきしわざ、彼について露見したことは、イスラエルとユダの王たちの書にまさしくしるされている。彼の子エホヤキンが代わって王となった。

ユダの王エホヤキン

36:9-10　並行記事―Ⅱ列24:8-17

⁹エホヤキンは十八歳で王となり、エルサレムで三か月と十日の間、王であった。彼は主の目の前に悪を行った。
¹⁰年が改まるに及んで、ネブカデネザル王は使者を遣わし、彼を主の宮にあった尊い器とともにバビロンに連れて行った。そして、エホヤキンの兄弟ゼデキヤをユダとエルサレムの王とした。

ユダの王ゼデキヤ

36:11-16　並行記事―Ⅱ列24:18-20、エレ52:1-3

¹¹ゼデキヤは二十一歳で王となり、エルサレムで十一年間、王であった。

¹²彼はその神、主の目の前に悪を行い、主のことばを告げた預言者エレミヤの前にへりくだらなかった。
¹³彼はまた、ネブカデネザルが、彼に、神にかけて誓わせたにもかかわらず、この王に反逆した。このように、彼はうなじのこわい者となり、心を閉ざして、イスラエルの神、主に立ち返らなかった。
¹⁴そのうえ、祭司長全員と民も、異邦の民の、忌みきらうべきすべてのならわしをまねて、不信に不信を重ね、主がエルサレムで聖別された主の宮を汚した。

エルサレム陥落

36:17-20　並行記事―Ⅱ列25:1-21、エレ52:4-27
36:22-23　並行記事―エズ1:1-3

¹⁵彼らの父祖の神、主は、彼らのもとに、使者たちを遣わし、早くからしきりに使いを遣わされた。それは、ご自分の民と、ご自分の御住まいをあわれまれたからである。
¹⁶ところが、彼らは神の使者たちを笑いものにし、そのみことばを侮り、その預言者たちをばかにしたので、ついに、主の激しい憤りが、その民に対して積み重ねられ、もはや、いやされることがないまでになった。
¹⁷そこで、主は、彼らのもとにカルデヤ人の王を攻め上らせた。彼は、剣で、彼ら

ヤはそのためにいのちを失った。

36:6　ネブカデネザルが攻め上って来て　ネブカデネザルによるユダの破壊と捕囚の三つの段階について→Ⅱ列24:1注

36:14　忌みきらうべきすべてのならわしをまねて、不信に不信を　罪からの解放を提供する神のご計画の歴史を通して見られる神の民の共通の弱さは、神を敬わない周囲の人々や社会からの影響を避けられなかったことである。自分たちの住んでいる地域の文化が持つ悪い影響力を退けるべきなのにむしろしばしばそれに引かれ、まねをした。その結果神を敬わず、神の家を汚すことになった(→Ⅱ列24:3注)。神を敬わない信仰やこの世界の風習に染まると、悲しいことにその結果として自分自身や家族が破滅することになる(36:5-21、→ロマ12:2注、→**キリスト者とこの世**の項p.2437)。

36:15　それは・・・あわれまれたからである　神を敬わない世界(→36:14注)の流れに従っている人々を暴いて非難する神の本当の預言者は神の慈しみと同情に動かされている。自分を高めたり自分の好きなことを話すのではない。むしろ人々が罪を認めて告白し、神に立ち返って永遠のさばきを逃れることを願って神のメッセージを伝えるのである。神を敬わない世界の生き方を受入れるように勧めるにせの預言者は神への侮辱である(→Ⅱテモ4:3-4)。

36:16　彼らは神の使者たちを笑いものにし　神に遣わされて、神の民に悔い改めて神に立返るように求める人々の中にはイザヤ、エレミヤ、エゼキエルなどがいた(⇒エレ25:3-7、35:12-15)。神の預言者に激しい憎しみを向けることは、神のメッセージをさげすむのと同じことである(36:16)。罪、犯罪、反抗などを暴く預言者を拒む人々は神ご自身を拒んでいるのである(→使9:4)。イスラエル人はあまりにも長い間このことをしてきた。その結果心が固くなり、神に立ち返って物事を是正するという希望すら失っていた(→「**旧約聖書の預言者**」の項 p.1131)。

のうちの若い男たちを、その聖所の家の中で殺した。若い男も若い女も、年寄りも老衰の者も容赦しなかった。主は、すべての者を彼の手に渡された。
¹⁸彼は、神の宮のすべての大小の器具、主の宮の財宝と、王とそのつかさたちの財宝、これらすべてをバビロンへ持ち去った。
¹⁹彼らは神の宮を焼き、エルサレムの城壁を取りこわした。その高殿を全部火で燃やし、その中の宝としていた器具を一つ残らず破壊した。
²⁰彼は、剣をのがれた残りの者たちをバビロンへ捕らえ移した。こうして、彼らは、ペルシヤ王国が支配権を握るまで、彼とその子たちの奴隷となった。
²¹これは、エレミヤにより告げられた主のことばが成就して、この地が安息を取り戻すためであった。この荒れ果てた時代を通じて、この地は七十年が満ちるまで安息を得た。

²²ペルシヤの王クロスの第一年に、エレミヤにより告げられた主のことばを実現するために、主はペルシヤの王クロスの霊を奮い立たせたので、王は王国中におふれを出し、文書にして言った。
²³「ペルシヤの王クロスは言う。『天の神、主は、地のすべての王国を私に賜った。この方はユダにあるエルサレムに、ご自分のために宮を建てることを私にゆだねられた。あなたがた、すべて主の民に属する者はだれでも、その神、主がその者とともにおられるように。その者は上って行くようにせよ。』」

18①Ⅱ歴36:7, 10
19①Ⅰ列9:8, 詩74:6, 7, 79:1
21①エレ25:11, 12, 29:10, ダニ9:2
②レビ25:4, 5, 26:33-35, 43
22①Ⅱ歴36:22, 23, エズ1:1-3
23①イザ44:28

36:21　この地は・・・安息を得た　シナイ山で与えられた神の戒めによれば、土地は7年ごとに耕作をやめ、作物の栽培をやめなければならなかった（レビ25:1-7）。イスラエルとユダはこの命令を守る必要はないとして、休息と救済の年を守らなかった。そこで神は捕囚の70年間をもって安息の年を強制的に守るようにされた（→エレ25:11-12, 29:10）。

36:22-23　【主】は・・・クロスの霊を奮い立たせた　著者はユダは神に罪を犯し反抗したけれども、忠実な人々に神はなお約束を成就するように働いておられることを強調して、明るい希望を描いて歴代誌を閉じている。神は目的を成し遂げ、みことばを成就するために、世界の最強の支配者さえも奮い立たせ、動かされるのである（⇒エズ1:1-3, エレ25:11-14, 27:22, 29:10, 33:7-11）。

エズラ記

概　　要
I．捕囚からの第一次帰還と神殿の再建（1：1-6：22）
　　A．クロス王の宣言と備え（1：1-11）
　　B．帰還した人々の名簿（2：1-70）
　　C．神殿再建着手（3：1-13）
　　　　1．祭壇の再建といけにえの再開（3：1-6）
　　　　2．神殿再建の開始（3：7-13）
　　D．妨害のため神殿建築が止まる（4：1-24）
　　E．神殿再建が再開され完成する（5：1-6：18）
　　　　1．預言者たちの励まし（5：1-2）
　　　　2．総督の抗議（5：3-17）
　　　　3．ダリヨス王が神殿建築を再度確約する（6：1-12）
　　　　4．神殿が完成し奉献される（6：13-18）
　　F．過越の祭り（6：19-22）
II．エズラに導かれた捕囚からエルサレムへの第二次帰還（7：1-10：44）
　　A．アルタシャスタ王から授けられたエズラの任務（7：1-28）
　　B．エズラと一緒に帰還した人々の旅（8：1-36）
　　C．エルサレムでのエズラの改革（9：1-10：44）
　　　　1．神を敬わない民族との結婚という罪（9：1-4）
　　　　2．エズラの告白と人々のための祈り（9：5-15）
　　　　3．公の悔い改めと改革（10：1-44）

著　　者：エズラ

主　　題：再出発

著作の年代：紀元前450－420年

著作の背景

　　エズラ記は70年間のバビロン捕囚の後に書かれたユダヤ人の歴史（歴代誌第一、第二、エズラ記、ネヘミヤ記からなる）の一部である（ユダヤ人の敗北と捕虜、バビロンへの追放または捕囚に先立つ出来事 →II列緒論、II列24：1注）。ヘブル語の旧約聖書では、歴代誌第一と第二と同じようにエズラ記とネヘミヤ記は最初1冊だった。この4冊の書物に記録されている歴史の大部分は神の霊感を受けた一人の著者によって書かれたとほとんどの聖書学者たちは信じている。聖書の中にはその著者の名前は出てこないけれども、古代ユダヤ教とキリスト教の資料のほとんどは多くの現代の学者たちと同じように、祭司であり律法学者（聖書を書き写したり記述する人）だったエズラだと信じている。著者としてのエズラの役割についての詳細　→I歴緒論

　　伝承によると、エズラは旧約聖書の書物を一つのまとまりとして収集した人物だった。またユダヤ教の会堂で使用されている礼拝形式を作り、エルサレムのユダヤ教の「大会堂」を創設したと信じられている。それは旧約聖書の正典（完全に信憑性があり権威があるものとして旧約聖書とされた書物）にどの書物が入るのかを決定した場所である。エズラは主のみことばに対する忠誠心を保ち、深い情熱を持った信仰深い指導者だった。エズラが書いた歴代誌、エズラ記、ネヘミヤ記にある歴史では神の民のための希望とリバイバル、改革と回復という主題が中心になっている。この歴史全体は前5世紀の後半に書かれた。

　　エズラ記は預言者エレミヤを通して約束されたことを神がどのように成就されたかを記録している（エレ29：10-14）。神の約束は70年の捕囚の後にユダヤ人を故国に連れ戻して復興するということだった（1：1）。国とし

エズラ記

てのユダの滅亡（国として続かなくなる）とバビロンへの捕囚（国として神に不忠実だった結果）は３段階にわたって行われた。第一段階（前605）では政府の高官やダニエルを含むユダの上流階級の青年たちが捕囚とされた。第二段階（前597）ではエゼキエルを含む11,000人以上が捕囚とされた。第三段階（前586）ではエレミヤと最も貧しい人々を除いたユダの残りの人々が連れて行かれた（→「**ユダ（南王国）の捕囚**」の地図 p.633）。捕囚から故国への帰還も同じように３段階に分かれて行われた。第一段階（前538）ではゼルバベルとヨシュアに導かれて５万人が帰還した（⇒エズ2:）。第二段階（前457）では1,700人以上の男性（女性と子どもたちを加えると合計5,000-10,000人のユダヤ人）がエズラに導かれて帰還した（⇒8:1-14, 18-21）。第三段階（前444）ではネヘミヤが別のグループを連れて戻った（⇒ネヘ2:1-10）。前538年に最初に帰還したユダヤ人は、最初に捕虜となってバビロンに捕囚とされたときから約70年後にエルサレムに戻ったのである（→「**捕囚からの帰還**」の地図 p.759）。

　バビロニヤ帝国が敗北して、ペルシヤ帝国（前539）になってから約２年後に、ユダヤ人はペルシヤ王クロスの勅令（支配者による命令）によって故国に帰還した（1:1-11, Ⅱ歴36:22-23）。エズラ記はこの民族回復の第一段階と第二段階を記録している。これには３人のペルシヤ王（クロス、ダリヨス、アルタシャスタ）と次の５人の重要な霊的指導者たちが関係している。（1）ゼルバベル―最初に帰還した人々がエルサレムに落ち着いて神殿を再建するのを指導した。（2）ヨシュア―ゼルバベルを補佐した信仰深い大祭司。（3）ハガイと（4）ゼカリヤ―このふたりの預言者は人々を励まして神殿の再建を完成させた。（5）エズラ―捕囚の人々を導いてエルサレムへの第二次帰還を指導した。神は人々の霊性と道徳性を回復させるためにエズラを用いられた。もしエズラがこの書物の著者なら、聖霊による霊感のもとで様々な公式の書簡や文書（1:2-4, 4:11-22, 5:7-17, 6:1-12）、系図や家族史（2:1-70）、個人の回想録や自伝（7:27-9:15）から情報を得てこの歴史をまとめたのである。この書物はヘブル語で書かれたけれども、４章８節－６章18節と７章12－26節は捕囚の民の公用語だったアラム語で書かれた。

目　　的

　この書物は神がユダヤ人の一部を故国に戻らせ回復させることによって、神が愛情深く必要を満たしてくださること、忠実であることを示すために書かれた。それは具体的に次のことによって行われた。（1）神は３人のペルシヤ王の心を動かされて神の民が故国に戻り、エルサレムに落ち着いて神殿を再建するのを助けるようにされた。（2）神を敬う能力のある指導者たちを備えて、帰還したユダヤ人に礼拝を復興して神のことばへ献身をし、神に不忠実だったことへの悔い改めを指導するようにされた。

概　　観

　エズラ記には10章あるけれども、二つの大きな部分に分けられる。（1）第一部（1:-6:）はユダヤ人のエルサレムへの最初の帰還と神殿の再建を記録している。（2）第二部（7:-10:）はエズラに導かれた第二次帰還とそれに続く霊的改革を描いている。

　（1）第一部は歴代誌第二の終りから続いていて、ユダヤ人の捕囚と、ユダヤ人を故国に戻すことを許可するペルシヤ王クロスの詔勅あるいは命令（前538）とで始まっている（1:1-11）。２章は最初に帰還した人々の名簿である。100万人以上の捕囚の人々のうち最初のグループに入ったユダヤ人は５万人だけだった（1:5, 2:64-65）。３章ではゼルバベル（ダビデ王の子孫）とヨシュア（大祭司）が人々を奮起させて、破壊された神殿を再建し始めている。ずる賢い敵は政治的な手段を用いてしばらくの間この工事を中止させてしまった（4:）。けれども工事はやがて再開して神殿は前516年に完成した（5:-6:）。

　（2）６章と７章の間には約60年間の空白がある。この間にエステル（聖書のエステル記の名前のもとになったユダヤ人の女性）はペルシヤ王クセルクセス１世の王妃だった。エステルは前478年頃に王妃になった（→エス緒論）。７－８章には20年後にエズラの指導のもとで少数の捕囚の人々がペルシヤからエルサレムに帰還したときの出来事が記録されている。捕囚から最初に帰還した人々は神の家の再建という仕事を完成したけれども、エズラは人々の心に神の律法への献身を回復させようとした（⇒ネヘ8:1-8）。その過程で、エズラはユダヤ人の男たちの間に広まっている霊的、道徳的問題に直面した。神に従わない周辺民族の女性たちと自由に結婚していたのである。深い苦悩の中で、エズラはその罪を神に告白して、この反抗的な人々のために祈った（9:）。この書物の最後は神に従わない妻たちとの結婚を完全に断ち切って、公に悔い改めるようにとエズラが人々を導いたところで終っている（10:）。この女性たちは、国が崩壊して捕囚になる原因になった偶像礼拝に人々を再び引戻す可能性があった。

特　徴

エズラ記には四つの大きな特徴がある。

（1）エズラ記とネヘミヤ記は捕囚のあとでユダヤ人がパレスチナに回復されたことについて書いてある、聖書の中で唯一の歴史的記録である。

（2）顕著な特徴は二つの部分（1:-6: と7:-10:）の間に約60年の歴史的空白があることである。書物全体では約100年間を扱っている（→「**エズラとネヘミヤ時代の歴史年表**」p.777）。

（3）エズラは神がどのようにみことばを成就されるかを明らかにした（⇒エレ1:12，29:10）。神はペルシャの王たちを動かしてユダヤ人が故国を回復するために保護を与え、必要な物資を提供するようにされた（1:1，7:11-28，⇒箴21:1）。

（4）ユダヤ人の男たち（祭司も含めて）が神の命令に違反して結婚した、神を敬わない女性たちに対してエズラがとった行動は以下の霊的原則を反映している。(a) 神はその民が神に従わないこの世界の慣習や生活様式から手を切ることを求めておられる。(b) 神の民の間にある危険な妥協を取扱う場合に神は過激な方法を使われることがある。エズラの行動によって、神の民は「祭司の王国、聖なる国民」（出19:6）になるという大きな召しを受けていることを強く思い起こさせられた。神の民はこの地上のありきたりの民族ではないのである。今日キリストに従っている人々に関連するこの問題についての詳しい注釈　→「信者の霊的聖別」の項 p.2172、「**キリスト者とこの世**」の項 p.2437

新約聖書での成就

ユダヤ人の故国への帰還と神殿の再建の出来事は、神が霊的にわがままな人々との関係を回復したいといつも願っておられることを教えている。神は戻る機会を与えないまま審判を下して見捨てることはなさらない。謙虚に信仰をもって神に立返る人には、赦しと希望を与えられる。そしてその人々を通して神は罪による破滅からさらに多くの人を救うために、またあらゆる国民を神との関係に戻すために働かれるのである。この原則は新約聖書の中で明らかである。主イエスをメシヤ（「油そそがれた者」、救い主）として受入れた信仰深いユダヤ人はほんの少数だったけれども、そのことによってキリスト教会が始まって信仰を持つ異邦人（ユダヤ人以外の人々）に贖いの道が広く開かれたのである。

エズラ記の通読

旧約聖書全体を１年間で通読するためには、エズラ記を次のスケジュールに従って４日間で読まなければならない。
☐1-3　☐4-6　☐7-8　☐9-10

メモ

クロス王が捕囚の帰還を助ける
1:1-3　並行記事－Ⅱ歴36:22-23

1 ¹ペルシヤの王クロスの第一年に、エレミヤにより告げられた主のことばを実現するために、主はペルシヤの王クロスの霊を奮い立たせたので、王は王国中におふれを出し、文書にして言った。

²「ペルシヤの王クロスは言う。『天の神、主は、地のすべての王国を私に賜った。この方はユダにあるエルサレムに、ご自分のために宮を建てることを私にゆだねられた。

³あなたがた、すべて主の民に属する者はだれでも、その神がその者とともにおられるように。その者はユダにあるエルサレムに上り、イスラエルの神、主の宮を建てるようにせよ。この方はエルサレムにおられる神である。

⁴残る者はみな、その者を援助するようにせよ。どこに寄留しているにしても、その所から、その土地の人々が、エルサレムにある神の宮のために進んでささげるささげ物のほか、銀、金、財貨、家畜をもって援助せよ。』」

⁵そこで、ユダとベニヤミンの一族のかしらたち、祭司たち、レビ人たち、すなわち、神にその霊を奮い立たされた者はみな、エルサレムにある主の宮を建てるために上って行こうと立ち上がった。

⁶彼らの回りの人々はみな、銀の器具、金、財貨、家畜、えりすぐりの品々、そのほか進んでささげるあらゆるささげ物をもって彼らを力づけた。

⁷クロス王は、ネブカデネザルがエルサレムから持って来て、自分の神々の宮に置いていた主の宮の用具を運び出した。

⁸すなわち、ペルシヤの王クロスは宝庫係ミテレダテに命じてこれを取り出し、その数を調べさせ、それをユダの君主シェシュバツァルに渡した。

⁹その数は次のとおりであった。金の皿三十、銀の皿一千、香炉二十九、

¹⁰金の鉢三十、二級品の銀の鉢四百十、その他の用具一千。

¹¹金、銀の用具は全部で五千四百あった。捕囚の民がバビロンからエルサレムに連れて来られたとき、シェシュバツァルはこれらの物をみないっしょに携えて上った。

1:1　エレミヤにより告げられた【主】のことばを実現する　ユダヤ人は、ユダに戻るまで70年間バビロンの地で捕囚になるとエレミヤは預言していた（エレ25:11-12, 29:10）。70年間の捕囚期間は前605年、ユダのエホヤキムの治世の第三年（Ⅱ列24:1, ダニ1:1）にあったバビロンの第一回侵攻から、人々が故国に戻り始めた前538年（約70年後）までと計算することができる（→2:1注）。バビロンの侵攻とユダヤ人捕囚の概観　→Ⅱ列24:1注、25:1注、エズ緒論

1:1　【主】は・・・クロスの霊を奮い立たせた　救いの計画を実現する過程で、みことばを成就して目的を達成するために、神は時として偉大な支配者を卑しめ（ネブカデネザル王　ダニ4:）、支配者の上に壊滅的な審判を下し（出エジプトのときのパロ－出14:、バビロンのベルシャツァル王－ダニ5:）、または国際的な指導者を起こされる（ペルシヤのクロス王－1:2）。神はクロス王の霊に働きかけて、征服された神の民に対して優しく寛大になるようにされた（→エズ緒論）。そしてエレミヤを通して与えられた約束が時間通りに実現するようにされた。箴言には、「王の心は主の手の中にあって、水の流れのようだ。みこころのままに向きを変えられる」（箴21:1）と書かれている。最高の計画、特に人々を救う計画が人類の歴史を通して確かに達成されるために、神は思いのままに支配者を導くことがおできになる。

1:2　ペルシヤの王クロス　クロス王の時代の約160年前に、イザヤはクロスという名前の支配者がユダヤ人の故国への帰還を許可するという予言をしていた。そしてエルサレムと神殿を再建することも予言した（イザ44:26-28, 45:1, 13, →イザ41:2, 45:4-5）。

1:5　神にその霊を奮い立たされた者　聖霊を通して、神は忠実な人々の心に働きかけて故国に戻りたいという願いを起こされた（⇒ピリ2:13注）。約5万人が神の導きに応答して、ユダの地に戻るこの最初の旅に参加した。捕囚の地に残った多くの人は（1:4, 6）、ユダの地に戻って行く人々を励まし支援するという役割を果たしたことに注意してほしい。

1:8　シェシュバツァル　捕囚から帰還した人々の上に任命された最初の総督であるシェシュバツァルは（⇒5:14, 16）、別名ゼルバベルと思われる（⇒2:2, 3:2, 8, 4:3）。

捕囚から帰還した人々の名簿
2:1-70　並行記事─ネヘ7:6-72

2 ¹バビロンの王ネブカデネザルがバビロンに引いて行った捕囚の民で、その捕囚の身から解かれて上り、エルサレムとユダに戻り、めいめい自分の町に戻ったこの州の人々は次のとおりである。
②***
²ゼルバベルといっしょに帰って来た者は、ヨシュア、ネヘミヤ、セラヤ、レエラヤ、モルデカイ、ビルシャン、ミスパル、ビグワイ、***レフム、バアナ。
イスラエルの民の人数は次のとおりである。
³パルオシュ族、二千百七十二名。
⁴シェファテヤ族、三百七十二名。
⁵アラフ族、七百七十五名。
⁶ヨシュアとヨアブの二族からなるパハテ・モアブ族、二千八百十二名。
⁷エラム族、一千二百五十四名。
⁸ザト族、九百四十五名。
⁹ザカイ族、七百六十名。
¹⁰*バニ族、六百四十二名。
¹¹ベバイ族、六百二十三名。
¹²アズガデ族、一千二百二十二名。
¹³アドニカム族、六百六十六名。
¹⁴ビグワイ族、二千五十六名。
¹⁵アディン族、四百五十四名。
¹⁶ヒゼキヤ族、すなわちアテル族、九十八名。
¹⁷ベツァイ族、三百二十三名。
¹⁸*ヨラ族、百十二名。
¹⁹ハシュム族、二百二十三名。
²⁰*ギバル族、九十五名。
²¹ベツレヘムの人、百二十三名。
²²ネトファの人々、五十六名。
²³アナトテの人々、百二十八名。

1①エズ2章、ネヘ7:6-72
②Ⅱ列24:14-16、25:11、Ⅱ歴36:20
2①エズ3:2、8、4:2、3、5:2、ネヘ7:7、ハガ1:1、マタ1:12、ルカ3:27、エズ1:8
＊エズ1:8の「シェシュバツァル」
②エズ3:2
＊＊この書の「ヨシュア」は全部①「エシュア」
＊＊＊ネヘ7:7「ラアムヤ……ミスペレテ……ネフシ」
10＊ネヘ7:15「ビヌイ」
18＊ネヘ7:24「ハリフ」
20＊ネヘ7:25「ギブオン」

25＊ヨシ15:9「キルヤテ・エアリム」
31①エズ2:7
35①ネヘ3:3
36①Ⅰ歴24:7
37①Ⅰ歴24:14
38①Ⅰ歴9:12
39①Ⅰ歴24:8
40①エズ3:9、ネヘ12:24
41①エズ3:10
43①エズ2:58、70、7:7、24、8:17、20、Ⅰ歴9:2、ネヘ3:26、ヨシ9:21、23、27
44＊ネヘ7:47「シア」
50＊ネヘ7:52「ネフィシェシム」

²⁴アズマベテの人、四十二名。
²⁵*キルヤテ・アリムの人、ケフィラと、ベエロテの人、七百四十三名。
²⁶ラマとゲバの人、六百二十一名。
²⁷ミクマスの人々、百二十二名。
²⁸ベテルとアイの人々、二百二十三名。
²⁹ネボの人、五十二名。
³⁰マグビシュ族、百五十六名。
³¹別のエラム族、一千二百五十四名。
³²ハリム族、三百二十名。
³³ロデと、ハディデと、オノの人、七百二十五名。
³⁴エリコの人、三百四十五名。
³⁵セナアの人、三千六百三十名。
³⁶祭司は、ヨシュアの家系のエダヤ族、九百七十三名。
³⁷イメル族、一千五十二名。
³⁸パシュフル族、一千二百四十七名。
³⁹ハリム族、一千十七名。
⁴⁰レビ人は、ホダブヤ族のヨシュアとカデミエルの二族、七十四名。
⁴¹歌うたいは、アサフ族、百二十八名。
⁴²門衛の人々は、シャルム族、アテル族、タルモン族、アクブ族、ハティタ族、ショバイ族、合計百三十九名。
⁴³宮に仕えるしもべたちは、ツィハ族、ハスファ族、タバオテ族、
⁴⁴ケロス族、シアハ族、パドン族、
⁴⁵レバナ族、ハガバ族、アクブ族、
⁴⁶ハガブ族、サルマイ族、ハナン族、
⁴⁷ギデル族、ガハル族、レアヤ族、
⁴⁸レツィン族、ネコダ族、ガザム族、
⁴⁹ウザ族、パセアハ族、ベサイ族、
⁵⁰アスナ族、メウニム族、ネフシム族、
⁵¹バクブク族、ハクファ族、ハルフル族、

2:1　捕囚の身から解かれて上り　エズラ記はユダに帰還したイスラエルの3グループの中の2グループを取巻く出来事を描いている(→「**捕囚からの帰還**」の地図 p.759)。

(1) 最初の帰還は前538年にゼルバベルの指導のもとで行われた(2:2、3:8、⇒ハガ1:1、14、ゼカ4:9)。5万人近くの人々が帰還して(2:64-65)、神殿を再建し、前516年に神殿を完成した(→6:15注)。預言者ハガイとゼカリヤはこの帰還したユダヤ人のために奉仕した(5:1-2)。

(2) 第二回目の帰還は前457年エズラの指導で行われた(7:-10:)。指導者としてエズラは人々の間で霊的訓練を始めることと神の律法に対して従順になるように励ますことに集中した(7:10、10:1-6)。

(3) 第三回目の帰還は城壁を再建するためにエルサレムに行ったネヘミヤの指導のもとで前444年に行われた(ネヘ2:17)。エズラとネヘミヤの晩年には預言者マラキがユダで活動したと思われる。これらの出来事の概観　→「**エズラとネヘミヤ時代の歴史年表**」p.777

捕囚からの帰還

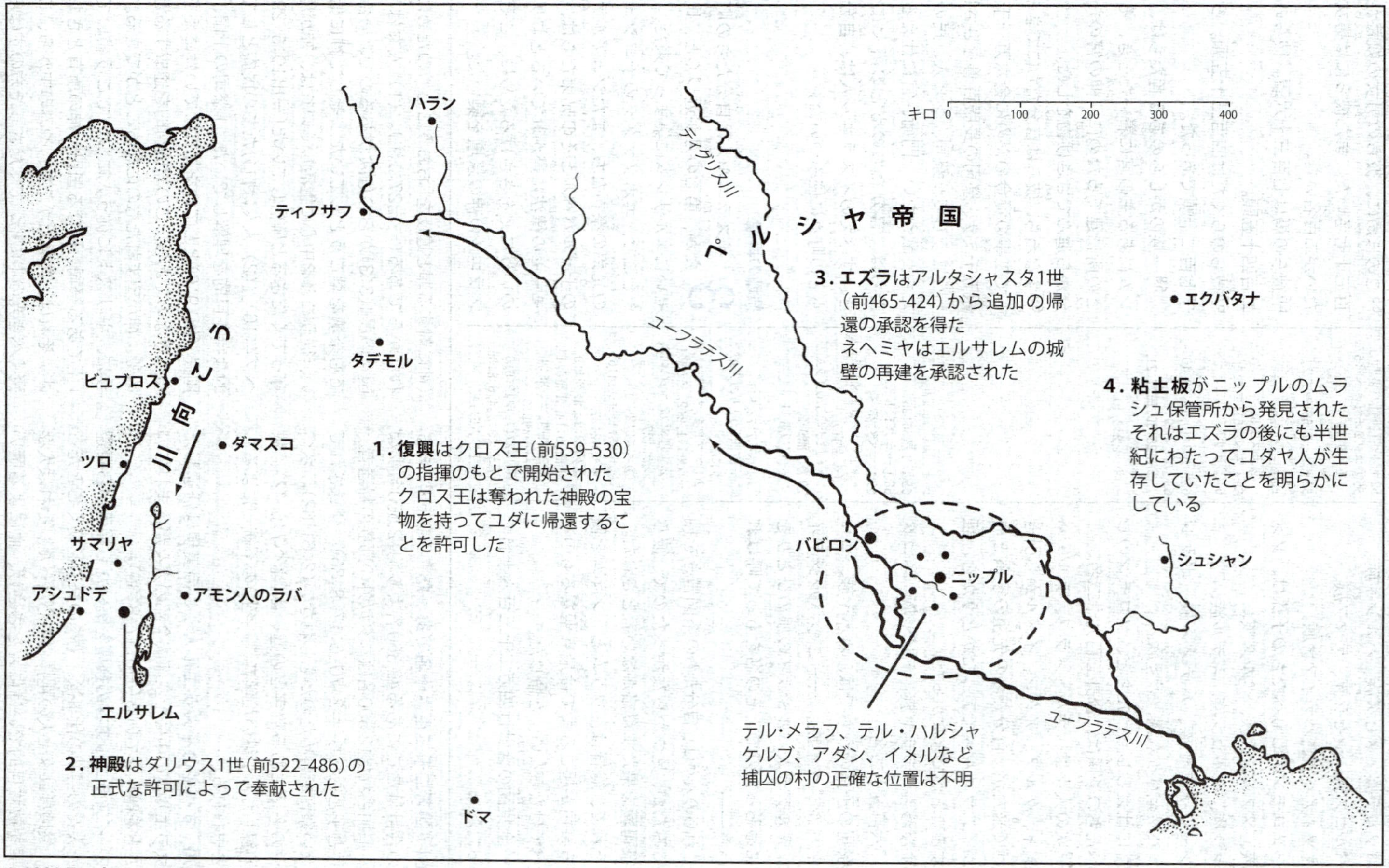

1. 復興はクロス王（前559-530）の指揮のもとで開始された クロス王は奪われた神殿の宝物を持ってユダに帰還することを許可した

2. 神殿はダリウス1世（前522-486）の正式な許可によって奉献された

3. エズラはアルタシャスタ1世（前465-424）から追加の帰還の承認を得た ネヘミヤはエルサレムの城壁の再建を承認された

4. 粘土板がニップルのムラシュ保管所から発見された それはエズラの後にも半世紀にわたってユダヤ人が生存していたことを明らかにしている

テル・メラフ、テル・ハルシャ、ケルブ、アダン、イメルなど捕囚の村の正確な位置は不明

© 1989 Zondervan Corporation

エズラ記 2–3章

⁵²バツルテ族、メヒダ族、ハルシャ族、
⁵³バルコス族、シセラ族、テマフ族、
⁵⁴ネツィアハ族、ハティファ族。
⁵⁵ソロモンのしもべたちの子孫は、ソタイ族、ソフェレテ族、ペルダ族、
⁵⁶ヤラ族、ダルコン族、ギデル族、
⁵⁷シェファテヤ族、ハティル族、ポケレテ・ハツェバイム族、アミ族。
⁵⁸宮に仕えるしもべたちと、ソロモンのしもべたちの子孫は、合計三百九十二名。
⁵⁹次の人々は、テル・メラフ、テル・ハルシャ、ケルブ、アダン、イメルから引き揚げて来たが、自分たちの先祖の家系と血統がイスラエル人であったかどうかを、証明することができなかった。
⁶⁰すなわち、デラヤ族、トビヤ族、ネコダ族、六百五十二名。
⁶¹祭司の子孫のうちでは、ホバヤ族、コツ族、バルジライ族。——このバルジライは、ギルアデ人バルジライの娘のひとりを妻にめとったので、その名をもって呼ばれていた——
⁶²これらの人々は、自分たちの系図書を捜してみたが、見つからなかったので、彼らは祭司職を果たす資格がない者とされた。
⁶³それで、総督は、ウリムとトンミムを使える祭司が起こるまでは最も聖なるものを食べてはならない、と命じた。
⁶⁴全集団の合計は四万二千三百六十名であった。

⁵²①ネヘ7:54「バツリテ」
⁵⁵①エズ2:58、ネヘ7:57、Ⅰ列9:21
＊ネヘ7:57「ペリダ」
⁵⁶①ネヘ7:58「ヤアラ」
⁵⁷①エズ2:59「アモン」
⁵⁸①エズ2:43
②エズ2:55
⁵⁹①ネヘ7:61「アドン」
⁶¹①Ⅱサム17:27、19:31-39、Ⅰ列2:7
⁶²①民3:10、16:39,40
⁶³①ネヘ8:9
②出28:30、民27:21、申33:8
③レビ2:3,10

⁶⁵①Ⅱ歴35:25
⁶⁸①→エズ1:4
⁶⁹①エズ8:25-34
＊1ダリクは約8.5グラム（の金貨）
＊＊1ミナは570グラム
⁷⁰①Ⅰ歴9:2、ネヘ7:72、11:3

3:1①ネヘ7:72、8:1
＊直訳「ひとりの人のように」
②①エズ2:2、ネヘ12:1,8、ハガ1:1, 2:2、ゼカ3:1
②Ⅰ歴3:17、マタ1:12、ルカ3:27
③エズ2:2
④申33:1、ヨシ14:6、Ⅰ列12:22、Ⅱ列1:9、申23:14、Ⅱ歴8:14、詩90表題、エレ35:4
⑤→Ⅰ列2:3
⑥出27:1、申12:5,6
⑦エズ3:3, 4, 6, 8, 13、→Ⅰサム6:14

⁶⁵このほかに、彼らの男女の奴隷が七千三百三十七名いた。また彼らには男女の歌うたいが二百名いた。
⁶⁶彼らの馬は七百三十六頭。彼らの騾馬は二百四十五頭。
⁶⁷彼らのらくだは四百三十五頭。ろばは六千七百二十頭であった。
⁶⁸一族のかしらのある者たちは、エルサレムにある主の宮に着いたとき、それをもとの所に建てるために、神の宮のために自分から進んでささげ物をした。
⁶⁹すなわち、彼らは自分たちにできることとして工事の資金のために金六万一千ダリク、銀五千ミナ、祭司の長服百着をささげた。
⁷⁰こうして、祭司、レビ人、民のある者たち、歌うたい、門衛、宮に仕えるしもべたちは、自分たちのもとの町々に住みつき、すべてのイスラエル人は、自分たちのもとの町々に住みついた。

祭壇の再建

3 ¹イスラエル人は自分たちの町々にいたが、第七の月が近づくと、民はいっせいにエルサレムに集まって来た。
²そこで、エホツァダクの子ヨシュアとその兄弟の祭司たち、またシェアルティエルの子ゼルバベルとその兄弟たちは、神の人モーセの律法に書かれているとおり、全焼のいけにえをささげるために、こぞってイスラエルの神の祭壇を築いた。

2:64 四万二千三百六十名であった 2:3-63にある数の合計はここにある42,360名より約12,500名少ない。追加された12,500名はユダ以外の部族の帰還者、女性と子どもたち（⇒2:70, 6:17, 8:35）、登録されていない祭司を含めたのかもしれない（2:61-62）。ネヘミヤの名簿にある数字との違いは（ネヘ7:6-72）、数を記録したり引継いだ学者（写字生）の不統一によるものと思われる。

2:70 すべてのイスラエル人 この表現は帰還したイスラエル人の中に十二部族全部の人々が含まれていたことを暗示している（→6:17, 8:35）。

3:2 イスラエルの神の祭壇を築いた 捕囚から帰還した人々の最初の仕事は、主への祭壇を築くことだった。祭壇はユダヤ人の礼拝の中心だった。それは人々の罪を赦す目的でいけにえをささげ、血による贖い（神に対する罪と違反を「おおうこと」）のために用いられたからである（→出27:1注）。(1) 人々は「回りの国々の民」（3:3）からの危険があるので、一部分だけでも祭壇を築こうとしていた。そして神に信頼し敬い、従うことを中心に生活していれば、神が危険から守ってくださると確信していた（→出19:5, 29:43, ⇒ヘブ4:16）。(2) 人々は自分たちの民族としての基本的な存在目的を理解していた。「祭司の王国、聖なる国民」（出19:6）として神を礼拝していけにえをささげるべきなのである。この霊的目的を達成するときに初めて、神が望まれたものになることができる。同じように、キリストに従う人についてこう書いてある。「王である祭司、聖なる国民、神の所有とされた民です。それは、あなたがたを、やみの中から、ご自分の驚くべき光の中に招いてくださった方のすばらしいみ

エズラ記　3章

3 彼らは回りの国々の民を恐れていたので、祭壇をもとの所に設けた。彼らはその上で主に全焼のいけにえ、すなわち、朝ごと夕ごとの全焼のいけにえをささげた。
4 彼らは、書かれているとおりに仮庵の祭りを祝い、毎日の分として定められた数にしたがって、日々の全焼のいけにえをささげた。
5 その後、常供の全焼のいけにえと、新月の祭りのいけにえと、主の例祭のすべての聖なるささげ物、それからめいめいが喜んで進んでささげるささげ物を主にささげた。
6 彼らは第七の月の第一日から全焼のいけにえを主にささげ始めたが、主の神殿の礎はまだ据えられていなかった。

神殿の再建

7 彼らは石切り工や木工には金を与え、シドンとツロの人々には食べ物や飲み物や油を与えた。それはペルシヤの王クロスが与えた許可によって、レバノンから海路、ヤフォに杉材を運ぶためであった。
8 彼らがエルサレムにある神の宮のところに着いた翌年の第二の月に、シェアルティエルの子ゼルバベルと、エホツァダクの子ヨシュアと、その他の兄弟たちの祭司とレビ人たち、および捕囚からエルサレムに帰って来たすべての人々は、主の宮の工事を指揮するために二十歳以上のレビ人を立てて工事を始めた。
9 こうして、ユダヤ人ヨシュアと、その子、その兄弟たち、カデミエルと、その子たちは、一致して立ち、神の宮の工事をする者を指揮した。レビ人ヘナダデの一族と、その子、その兄弟たちもそうした。
10 建築師たちが主の神殿の礎を据えたとき、イスラエルの王ダビデの規定によって主を賛美するために、祭服を着た祭司たちはラッパを持ち、アサフの子らのレビ人たちはシンバルを持って出て来た。
11 そして、彼らは主を賛美し、感謝しながら、互いに、

　「主はいつくしみ深い。
　　その恵みはとこしえまでもイスラエルに」

と歌い合った。こうして、主の宮の礎が据えられたので、民はみな、主を賛美して大声で喜び叫んだ。
12 しかし、祭司、レビ人、一族のかしらたちのうち、最初の宮を見たことのある多くの老人たちは、彼らの目の前でこの宮の基が据えられたとき、大声をあげて泣いた。一方、ほかの多くの人々は喜びにあふれて声を張り上げた。
13 そのため、だれも喜びの叫び声と民の泣き声とを区別することができなかった。民

3 ①エズ4:4
　②エズ2:68
　③民28:3, 4
4 ①出23:16, レビ23:34, 42
　②→Ⅰ列8:13, ネヘ8:14, 17
　③出29:38, 民28:3
　④民29:12-38
5 ①民28:3, ネヘ10:33, エゼ46:15
　②民28:11-14
　③→Ⅱ歴2:4, 民29:39
　④→エズ1:4
7 ①Ⅰ歴22:4
　②Ⅱ歴2:10, 15, 使2:10
　③エズ1:1, 2
　④Ⅰ列5:6, 9, Ⅱ歴2:16
　⑤使9:36
8 ①エズ2:2
　②Ⅰ歴23:24, 27
　③Ⅰ歴23:4, 24
9 ①エズ2:40
　②エズ2:40
10 ①Ⅰ歴6:31, 16:4, 25:1
　②Ⅰ歴16:6, 42
　③エズ2:41
11 ①Ⅰ歴16:5, 42, 25:1
　②ネヘ12:24, 40
　③Ⅰ歴16:34, Ⅱ歴5:13, 7:3, 詩100:5, 106:1, 107:1, 118:1, 136:1, エレ33:11
　④Ⅰ歴16:41
　⑤出15:21, ネヘ12:24
12 ①ハガ2:3

わざを、あなたがたが宣べ伝える」べきである（Ⅰペテ2:9）。そして「イエス・キリストを通して、神に喜ばれる霊のいけにえをささげ」るのである（Ⅰペテ2:5, →ヘブ13:10）。これは新約聖書の神の民（教会）も人生のあらゆる分野で神を礼拝し尊ぶという古代イスラエル人と同じ目的を受継いでいるということである。

3:4　仮庵の祭り　→レビ23:34-43注, →「旧約聖書の祭り」の表 p.235

3:8　【主】の宮　エルサレムに帰還した後に人々が最優先にすることは神への正しい礼拝を新しく始め、実行できるように神殿を再建することだった。もし神を第一にしないなら、神は守ることも助けることもされないことを人々は長年の捕囚期間を通して学んでいた。キリスト者も、もし態度や願うこと、生活様式などが神の願い、原則、目的と調和していないなら、助けと祝福を失うことになる（マタ6:33注）。

3:11　彼らは【主】を賛美し、感謝しながら　神殿の基礎が据えられたとき人々は神への賛美の歌を歌った。それが祈りに対する神の応えであり、慈しみを現すものだったからである。本当の賛美は主と主の働きをあがめるものである。そして礼拝の中で神の民がみな参加するべき部分である（→「礼拝」の項 p.789, 「賛美」の項 p.891）。

3:12　多くの・・・は・・・大声をあげて泣いた。・・・ほかの多くの人々は喜びにあふれて声を張り上げた　神の律法は順序正しい礼拝を奨励していたけれども、一定のかたちや型に制限してはいなかった。神殿破壊の恥はもう過ぎ去ったという安心感からか、ソロモンの建てた元の神殿の栄華を見た人々の中には涙にむせぶ人々もいた。喜んで叫ぶ人々もいた。神への礼拝は神への愛を様々なかたちで表せるように柔軟であるべきである。神はひとりひとりをみな別々に造られたのだから、聖霊に応答して神に礼拝をささげるときに多様性があって当然である。

エズラ記　3-4章

詩9:1-2
が大声をあげて喜び叫んだので、その声は遠い所まで聞こえた。

1 ①エズ4:7-10
　②エズ1:11
2 ①エズ2:2
　②Ⅱ列19:37, イザ37:38
　③Ⅱ列17:24
　④Ⅱ列17:31-33, 41

再建の妨害

4 1 ユダとベニヤミンの敵たちは、捕囚から帰って来た人々が、イスラエルの神、主のために神殿を建てていると聞いて、2 ゼルバベルと一族のかしらたちのところに近づいて来て、言った。「私たちも、あなたがたといっしょに建てたい。私たちは、あなたがたと同様、あなたがたの神を求めているのです。アッシリヤの王エサル・ハドンが、私たちをここに連れて来た時以来、私たちはあなたがたの神に、いけにえをささげてきました。」3 しかし、ゼルバベルとヨシュアとその他のイスラエルの一族のかしらたちは、彼らに言った。「私たちの神のために宮を建てることについて、あなたがたと私たちとは

3 ①ネヘ2:20
　②エズ1:1, 2
　＊「宮」は補足
4 ①エズ3:3
　②Ⅱサム4:1
5 ①エズ6:12
　②エズ1:1, ダ=9:1
　③ヨブ31:35
6 ①エズ4:8, 11, 23, 6:14, 7:1
　②エズ1:8
　＊イザ7:6「タベアル」

何の関係もない。ペルシヤの王、クロス王が私たちに命じたとおり、私たちだけで、イスラエルの神、主のために宮を建てるつもりだ。」
4 すると、その地の民は、建てさせまいとして、ユダの民の気力を失わせ、彼らをおどした。
5 さらに、議官を買収して彼らに反対させ、この計画を打ちこわそうとした。このことはペルシヤの王クロスの時代からペルシヤの王ダリヨスの治世の時まで続いた。

アハシュエロス王とアルタシャスタ王のもとでのさらなる妨害

6 アハシュエロスの治世、すなわちその治世の初めに、彼らはユダとエルサレムの住民を非難する一通の告訴状を書いた。
7 また、アルタシャスタの時代に、ビシュラム、ミテレダテ、＊タベエルとその他

4:1　ユダ・・・の敵たち　神に従う人はいつでも神を敬わない人々から何らかの反対や拒絶に遭う（Ⅱコリ11:13-15, エペ6:12, Ⅱテモ3:12）。真理のために立つ人はこれらの脅しに対して絶えず祈り、神のご計画を信頼し、信仰を堅く持って応じていく必要がある（→エペ6:11注）。

4:2　私たちも、あなたがたといっしょに建てたい　神の敵（サマリヤ人と思われる　→Ⅱ列17:24-34）はユダヤ人の間に入り込んで神殿の再建を何とか止めようとしていた。そしてあたかも重荷を分かち合い、神の働きにユダヤ人と協力するふりをした。

（1）ユダの敵は（4:1）ユダヤ人と同じようにまことの神を礼拝していけにえをささげると主張した。けれども自分たちが作ったにせの神々も同じように礼拝し続けていた。また文書になった神のことばを最高で最終的な権威のあるものとして受入れていなかった（→Ⅱ列17:24注）。この計画は忠実な人々の信仰と献身を弱めたり打砕くための策略だった。

（2）悪魔は神のメッセージに付け加えたり、あるいは取除いたりして神の聖い民を霊的に滅ぼそうとすると聖書は警告している。悪魔は神のことばに対して忠実ではないにせの信仰者からの協力の申し出をしばしば用いるのである（→マタ24:24, 使20:27-31, Ⅱコリ11:13-15, 黙2:-3:）。

（3）神を礼拝する人々の間での一致は重要であり必要である。けれどもそれは信仰と神の命令に対する服従、神のことばの中に示された真理への忠誠に基づ

いていなければならない（→エペ4:3-13注）。

4:3　私たちとは何の関係もない　ゼルバベルとヨシュアは「その地の民」（4:4）とかかわることを拒否した。それは偶像礼拝（人間が作った神々や唯一のまことの神の代りのものを礼拝すること）や、神を敬わない人々と妥協したり混じったりすることなく分離するという聖書の原則に従って生きていたからである（→「信者の霊的聖別」の項 p.2172）。この多元主義、あるいは「多神論」的宗教を拒んだ結果として神に忠実な人々に対する反対や迫害が起きた（4:4-24, →Ⅱテモ3:12注）。騒ぎを起こした人々は脅しやうそで人々を落胆させ恐れさせた（4:4-6）。

4:5　ペルシヤの王ダリヨスの治世の時まで　この「ダリヨスの治世」ということばは4:24でも繰返されている。これは4:24が4:5につながっていることを示す旧約聖書が用いた方法である。この二つの節の間にある情報は追加の説明で、サマリヤ人の抵抗がエズラの時代まで続いたことをさらに描写している。著者はそれから神殿再建の話に戻る。4:7-23では神殿ではなく町が再建されることを書いている。エズラが町を再建するようにとの命令を受けていたのでサマリヤ人はそれを中止させたかったことが明らかである。

4:6　アハシュエロスの治世・・・一通の告訴状を書いた　アハシュエロス王（《ヘ》アハシュエロス、クセルクセスあるいはアハスロスとしても知られている）はペルシヤ帝国を前486－465年の間治めた。エステル記の出来事はこの時期に起きた。

エズラ記　4-5章

の同僚は、ペルシヤの王アルタシャスタに書き送った。その手紙はアラム語の文字で書かれ、アラム語で述べられていた。
8 参事官レフム、書記官シムシャイはエルサレムを非難して、次のような手紙をアルタシャスタ王に書き送った。
9 すなわち、参事官レフム、書記官シムシャイ、その他の同僚、裁判官、使節、役人、官吏、エレク人、バビロン人、シュシャンの人々、すなわち、エラム人、
10 その他、名声高い大王オスナパルがサマリヤの町と川向こうのその他の地に引いて行って住まわせた民たちが、書き送った。さて、
11 彼らが送ったその手紙の写しは次のとおりである。

「川向こうの者、あなたのしもべたちから、アルタシャスタ王へ。さて、
12 王にお知らせいたします。あなたのところから、こちらに来たユダヤ人たちはエルサレムに行き、あの反抗的で危険な町を再建しています。その城壁を修復し、その礎もすでに据えられています。
13 今、王にお知らせいたします。もしこの町が再建され、城壁が修復されたら、彼らはみつぎ、関税、税金を納めなくなるでしょう。そうすれば、王の収入に損害を与えることになりましょう。
14 さて、私たちは王宮の恩恵を受けておりますから、王のはずかしめを見るのに耐えられません。それゆえ、私たちは人を遣わして、王にお知らせするのです。
15 あなたの先祖の記録文書をお調べになれば、この町が反抗的な町で、王たちと諸州に損害を与え、また昔からこの町で反逆が行われたことを、その記録文書の中に見て、おわかりになるでしょう。この町が滅

7 ③Ⅱ列18:26、イザ36:11、ダニ2:4
8 ＊エズ4:8-6:18はアラム語でしるされている
9 ①創10:10
②Ⅱ列17:30
10 ①Ⅱ列17:24
②エズ5:6, 6:6
③エズ4:17
12 ①Ⅱ歴36:13
②エズ5:3,9
13 ①エズ4:20, 7:24
14 ＊直訳「塩を食べて」

ぼされたのも、そのためです。
16 私たちは王にお知らせします。もしこの町が再建され、城壁が修復されたら、あなたはこのために川向こうの領土を失ってしまわれるでしょう。」
17 王は参事官レフム、書記官シムシャイ、およびサマリヤと川向こうのその他の地に住んでいる彼らの同僚に返事を送った。

「平安があるように。さて、
18 あなたがたが、私たちに送ったあの書状は、私の前で説明して読まれた。
19 私は命令を下し、調べさせたところ、その町が昔から王たちに対して謀反を企て、その町で暴動と反逆が行われたことがわかった。
20 またエルサレムにはかつて勢力のある王たちがいて、川向こうの地を全部支配し、みつぎ、関税、税金が彼らに納められていたこともわかった。
21 今、あなたがたは命令を下して、その者たちの働くのをやめさせ、私が再び命令を下すまで、この町が再建されないようにせよ。
22 あなたがたは、よく注意してこのことを怠ってはならない。損害を増して王を傷つけるといけないから。」
23 アルタシャスタ王の書状の写しがレフムと、書記官シムシャイと、その同僚の前で読まれると、彼らは急いでエルサレムのユダヤ人のところに行って、武力をもって彼らの働きをやめさせた。
24 こうして、エルサレムにある神の宮の工事は中止され、ペルシヤの王ダリヨスの治世の第二年まで中止された。

18 ①ネヘ8:8
20 ①Ⅰ列4:21、Ⅰ歴18:3
②エズ4:13, 7:24
24 ①ハガ1:1、ゼカ1:1

1 ①ハガ1:1
②ゼカ1:1
③→ネヘ6:7

ダリヨス王へのタテナイの手紙

5 ¹ さて、預言者ハガイとイドの子ゼカリヤの、ふたりの預言者は、ユダとエ

4:11 彼らが送ったその手紙の写し　エズラはユダの敵が反対してアハシュエロス王に向かって何を言ったのか詳しく書いていないけれども（4:6）、その手紙の写しはエズラの時代に次の王であるアルタシャスタ（前465-424年に統治した）に送られた。残念なことにその手紙にはある真実（エルサレムがバビロニヤ人に対して一度ならず反逆したという事実）が書かれていた。

4:23 武力をもって彼らの働きをやめさせた　この節

はサマリヤ人がどのようにユダヤ人に敵対して迫害したかについて描写して終っている（⇒4:5注）。ネヘミヤ記1:3にはユダヤ人に敵対した人々が城壁工事の進展を止めるためにしたことがより詳しく書かれている。

4:24 工事は中止され　前538年に始まった神殿の工事はすぐに止まり、18年後の前520年まで再開しなかった。

ルサレムにいるユダヤ人に、彼らとともにおられるイスラエルの神の名によって預言した。
² そこで、シェアルティエルの子ゼルバベルと、エホツァダクの子ヨシュアは立ち上がり、エルサレムにある神の宮を建て始めた。神の預言者たちも彼らといっしょにいて、彼らを助けた。
³ そのとき、川向こうの総督タテナイと、シェタル・ボズナイと、その同僚とがやって来て、こう言った。「だれがあなたがたに命令を下して、この宮を建て、この城壁を修復させようとしたのか。」
⁴ そしてまた、「この建物を建てている者たちの名は何というのか」と尋ねた。
⁵ しかし、ユダヤ人の長老たちの上には神の目が注がれていたので、このことがダリヨスに報告され、ついで、このことについての書状が来るまで、この者たちは彼らの働きをやめさせることができなかった。
⁶ 川向こうの総督タテナイと、シェタル・ボズナイと、その同僚の川向こうにい

1④ エズ6:14
2① エズ2:2
 ② ゼカ3:1
 ③ エズ6:14、ハガ2:1-9、ゼカ4:6-9
3① エズ4:24、6:6、13
 ② エズ5:9
 ③ エズ1:3
 ④ エズ4:12
4① エズ5:10
 ＊直訳「われわれは言った」
5① エズ7:6、28、詩33:18
6① エズ4:10、6:6
 ② エズ5:3、6:6、13

 ③ エズ6:6
9① エズ5:3
10① エズ5:4
11① Ⅰ列6:1、38

る知事たちが、ダリヨス王に書き送った手紙の写しは次のとおりである。
⁷ すなわち、彼らが王に送った報告には次のように書かれてあった。
「ダリヨス王に全き平安がありますように。⁸ 王にお知らせいたします。私たちはユダの州に行き、あの大いなる神の宮に行ってみましたが、それは大きな石で建てられており、壁には木材が組まれていました。この工事は彼らの手で着々と進められ、順調にはかどっています。
⁹ そこで、私たちはその長老たちに尋ねて、彼らに次のように言いました。『だれがあなたがたに命令を下して、この宮を建て、この城壁を修復させようとしたのか。』
¹⁰ 私たちはまた、あなたにお知らせするために彼らにその名を尋ねました。それは、彼らのかしらになっている者の名を書きしるすためでした。
¹¹ すると、彼らは次のように私たちに返事をよこして言いました。『私たちは天と地の神のしもべであり、ずっと昔から建てら

5:1 ユダヤ人に・・・預言した 神殿の工事は預言者ハガイとゼカリヤの働きと励ましによって再開して完成した（→ハガ1:9-11）。ふたりの預言には次のようなことが含まれていた。(1) 直接的な命令（ハガ1:8）、(2) 警告と非難（ハガ1:9-11）、(3) 励まし（ハガ2:4）、(4) 将来の祝福の約束による感動（ハガ2:6-9注、ゼカ8:3注）。再建工事は預言者エレミヤを通して与えられた神のメッセージによって始まった（1:1）。ハガイとゼカリヤによる神のメッセージは神殿の完成に向けて霊感を与えた（6:14）。これらの出来事の概要 →「**エズラとネヘミヤ時代の歴史年表**」p.777

5:2 預言者たちも・・・彼らを助けた 神殿の再建は総督ゼルバベルと大祭司ヨシュアという神を敬う指導者たちによって進められた。ところがエズラは神の家が順調に回復するために貢献した別の二つの要因に注意している。
(1) 預言者ハガイとゼカリヤのメッセージと働きは多くの障害や停滞にもかかわらず、この計画が完成するために影響を与えた（→5:1注）。神の働きにはいつも神の預言者の参加が求められている。その挑戦と励ましのメッセージは、各世代への神の目的を明らかにするために用いられる。
(2) 人々と霊的指導者の献身は復興のために必要

なもう一つの重要な要因だった（5:5、8、⇒7:23）。のんきに構えたり、無関心になったり、挑戦につぶされたりしないで、人々は強い決意をもってその仕事に取組んだ。そこで神は人々の働きを祝福されたのである。献身的な指導者の励ましのことばと行動、さらにそれぞれの世代に神の目的に従って喜んで一緒に働く人々の助けによって神の国は絶えず前進する。

5:3 だれがあなたがたに・・・修復させようとしたのか 人々は預言者によって与えられた神のメッセージに従った（5:1）。そして神の名誉のために献身して働き（5:2）、神も特別な方法でともにおられた（5:5）。それでも敵はやって来て仕事の妨害をした（5:3）。霊的な努力をしているときはいつも悪魔やキリストの敵からの妨害がある。神の民はそれに対して祈り続け、神に頼ってその働きが完了するまで努力し続けなければならない（→エペ6:11注）。

5:5 長老たちの上には神の目が注がれていた 神の目的と働きのために自分の生活をささげる人は、神が特別な導きを与え、必要なものを供給し配慮してくださることを体験する。もし神の国とその正しい目的を大切にしようとするなら、神は必要をいつも満たしてくださる（ヨブ36:7、⇒マタ6:33）。「**主の目は正しい者に向き**」（詩34:15）というこの約束はあなたのもの

れていた宮を建て直しているのです。それはイスラエルの大王が建てて、完成させたものです。

12 しかし、私たちの先祖が、天の神を怒らせたので、神は彼らをカルデヤ人であるバビロンの王ネブカデネザルの手に渡されました。そこで、彼はこの宮を破壊し、民を捕らえてバビロンに移したのです。

13 しかし、バビロンの王クロスの第一年に、クロス王はこの神の宮を再建するよう命令を下しました。

14 クロス王はまた、ネブカデネザルがエルサレムの神殿から取って、バビロンの神殿に運んで来た神の宮の金、銀の器具を、バビロンの神殿から取り出し、自分が総督に任命したシェシュバツァルという名の者にそれを渡しました。

15 そして、シェシュバツァルに、これらの器具を携えて行って、エルサレムの神殿に納め、神の宮をもとの所に再建せよと言いました。

16 そこで、このシェシュバツァルは来て、エルサレムの神の宮の礎を据えました。その時から今に至るまで、建て続けていますが、まだ完成していません。』

17 ですから今、王さま、もしもよろしければ、あのバビロンにある王の宝物倉を捜させて、エルサレムにあるこの神の宮を建てるためにクロス王からの命令が下されたかどうかをお調べください。そして、このことについての王のご意見を私たちにお伝えください。」

ダリヨス王の命令

6 1 それで、ダリヨス王は命令を下し、宝物を納めてあるバビロンの文書保管所を調べさせたところ、

2 メディア州の城の中のアフメタで、一つの巻き物が発見された。その中に次のように書かれていた。

「記録。

3 クロス王の第一年に、クロス王は命令を下した。エルサレムにある神の宮、いけに

12 ① Ⅱ 歴36:16
　② Ⅱ 列25:8-11,
　Ⅱ 歴36:17-20,
　エレ52:12-15
　③ Ⅱ 列24:2
13 ① エズ1:1-3, 6:3
14 ① エズ1:7, 8, 6:5
　② Ⅱ 列24:13,
　Ⅱ 歴36:7, ダニ5:2
16 ① エズ3:8, 10
　② エズ6:15
17 ① エズ6:1, 2

1 ① エズ7:5
2 ① Ⅱ 列17:6
＊七十人訳の古い校訂本で「城の中の町エクバタナで」とするものがある
① エズ1:1-3, 5:13
＊別訳「いけにえがささげられ、火によるささげ物がささげられる宮を再建せよ」

4 ① Ⅰ 列6:36
5 ① エズ1:7, 8, 5:14, 15
6 ① エズ4:10, 5:6
7 ① エズ5:3, 6, 6:13
8 ① エズ6:4, 7:15-22
9 ① エズ1:2
　② エズ7:22
10 ① エズ7:23
＊直訳「いのち」
② エズ29:7,
Ⅰ テモ2:1, 2
11 ① エズ7:26
② ダニ2:5, 3:29
12 ① 申12:5, 11, Ⅰ 列9:3

えがささげられる宮を建て、その礎を定めよ。宮の高さは六十キュビト、その幅も六十キュビト。

4 大きな石の層は三段。木材の層は一段にする。その費用は王家から支払う。

5 また、ネブカデネザルがエルサレムの神殿から取って、バビロンに運んで来た神の宮の金、銀の器具は返し、エルサレムの神殿に運び、一つ一つもとの所に戻す。こうして、それらを神の宮に納める。」

6 「それゆえ、今、川向こうの総督タテナイと、シェタル・ボズナイと、その同僚で川向こうにいる知事たちよ。そこから遠ざかれ。

7 この神の宮の工事をそのままやらせておけ。ユダヤ人の総督とユダヤ人の長老たちにこの神の宮をもとの所に建てさせよ。

8 私は、さらに、この神の宮を建てるために、あなたがたがこれらユダヤ人の長老たちにどうすべきか、命令を下す。王の収益としての川向こうの地のみつぎの中から、その費用をまちがいなくそれらの者たちに支払って、滞らぬようにせよ。

9 また、その必要とする物、すなわち、天の神にささげる全焼のいけにえのための子牛、雄羊、子羊、また、小麦、塩、ぶどう酒、油を、エルサレムにいる祭司たちの求めに応じて、毎日怠りなく彼らに与えよ。

10 こうして彼らが天の神になだめのかおりをささげ、王と王子たちの長寿を祈るようにせよ。

11 私は命令を下す。だれであれ、この法令を犯す者があれば、その家から梁を引き抜き、その者をその上にはりつけにしなければならない。このことのため、その家はごみの山としなければならない。

12 エルサレムに御名を住まわせられた神は、この命令をあえて犯しエルサレムにあるこの神の宮を破壊しようとして手を出す王や民をみな、くつがえしますように。私ダリヨスは命令を下す。まちがいなくこれを守れ。」

神殿の完成と奉献

13 このように、ダリヨス王が書き送ったので、川向こうの総督タテナイと、シェタル・ボズナイと、その同僚たちとは、これをまちがいなく行った。
14 ユダヤ人の長老たちは、預言者ハガイとイドの子ゼカリヤの預言によって、これを建てて成功した。彼らはイスラエルの神の命令により、また、クロスと、ダリヨスと、ペルシヤの王アルタシャスタの命令によって、これを建て終えた。
15 こうして、この宮はダリヨス王の治世の第六年、アダルの月の三日に完成した。
16 そこで、イスラエル人、すなわち、祭司、レビ人、その他、捕囚から帰って来た人々は、この神の宮の奉献式を喜んで祝った。
17 彼らはこの神の宮の奉献式のために、牛百頭、雄羊二百頭、子羊四百頭をささげた。また、イスラエルの部族の数にしたがって、イスラエル人全体の罪のためのいけにえとして、雄やぎ十二頭もささげた。
18 また彼らは、エルサレムでの神への奉仕のため、祭司をその区分にしたがって、レビ人をその組にしたがってそれぞれ任命した。モーセの書にしるされているとおりである。

過越の祭り

19 捕囚から帰って来た人々は、第一の月の十四日に過越のいけにえをささげた。
20 祭司とレビ人たちは、ひとり残らず身をきよめて、みなきよくなっていたので、彼らは捕囚から帰って来たすべての人々のため、また、彼らの兄弟の祭司たちのため、また、彼ら自身のために、過越のいけにえをほふった。
21 捕囚から戻って来たイスラエル人と、イスラエルの神、【主】を求めて、この国の異邦人の汚れから縁を絶って彼らに加わったすべての者たちとは、これを食べた。
22 そして、彼らは七日間、種を入れないパンの祭りを喜んで守った。これは、【主】が彼らを喜ばせ、また、アッシリヤの王の心を彼らに向かわせて、イスラエルの神である神の宮の工事にあたって、彼らを力づけるようにされたからである。

エズラがエルサレムに到着する

7 ¹ これらの出来事の後、ペルシヤの王アルタシャスタの治世に、エズラという人がいた。このエズラはセラヤの子、順次さかのぼって、アザルヤの子、ヒルキヤの子、
² シャルムの子、ツァドクの子、アヒトブの子、
³ アマルヤの子、アザルヤの子、メラヨテの子、
⁴ ゼラヘヤの子、ウジの子、ブキの子、
⁵ アビシュアの子、ピネハスの子、エルアザルの子、このエルアザルは祭司のかしらアロンの子である。
⁶ エズラはバビロンから上って来た者であるが、イスラエルの神、【主】が賜ったモーセの律法に通じている学者であった。彼の神、【主】の御手が彼の上にあったので、王は彼の願いをみなかなえた。

---

13 ①エズ5:3, 6, 6:6
14 →ネヘ6:7
②ハガ1:1
②ゼカ1:1
④エズ5:1, 2
⑤エズ1:1, 2
⑥エズ6:12
⑦エズ4:7
15 ①エズ4:24
②エズ3:7
16 ①Ⅰ列8:63, Ⅱ歴7:5, 9, 詩30表題
17 ①エズ8:35
18 * あるいは「礼拝」
①Ⅱ歴35:5
②Ⅰ歴23:6, 24:1
③民3:6, 8:9, 10
19 ①エズ1:11, 2:1
②→Ⅱ歴30:1
20 ①Ⅱ歴29:34, 30:15

21 ①エズ9:11
②ネヘ9:2, 10:28
22 →Ⅱ歴8:13
②エズ1:1, 7:27,
箴21:1

1 ①エズ7:1-5,
Ⅰ歴6:3-14, 50-53
②エズ4:7, 5:7, 7:11, 12,
21, 8:1, ネヘ2:1
6 →Ⅰ列2:3
②エズ7:11, 12, 21,
ネヘ8:1
③エズ7:9, 28, 8:18, 22,
31

6:15 この宮は・・・完成した 土台が据えられて(3:10)から21年後に工事は完了した。契約の箱(神の臨在を表し、神の十戒が書かれた２枚の石の板が入っていた特別な箱)はその新しい神殿にはなかった。ユダの歴史の初期のある時期に失われたか、あるいは壊されたと思われる。

7:1 エズラ ６章と７章の間には約60年間の空白があるけれども、その時期にエステル記に書かれている出来事がペルシヤで起きた。７－８章はエズラの指導のもとでペルシヤからエルサレムへ第二次のグループが帰還したことを記録している(前457頃)。９－10章はエルサレムに着いてからエズラによってもたらされた霊的変化を描いている。

7:6 彼の神、【主】の御手が彼の上にあった この章は「主の御手が彼(エズラ)の上にあった」と３回言っている(7:6, 9, 28, ⇒8:18, 22, 31)。これは神がエズラの目的を導き、努力を祝福しておられることを示している。その理由が10節で三つ挙げられている。エズラは熱心に、(1)神のことばを学び、(2)それを実行し、(3)それをほかの人々に教えようとしていた(→7:10注)。神とみことばに誠実であるなら必ず神の祝福と助けを受けることができる。この原則は新約聖書でも(マタ5:6, ヨハ14:21, 15:7-10, 使10:1-4, Ⅱコリ6:16-18, ヘブ11:6, ヤコ1:21-25, 黙3:7-10な

エズラ記　7章

⁷アルタシャスタ王の第七年にも、イスラエル人のある者たち、および、祭司、レビ人、歌うたい、門衛、宮に仕えるしもべたちのある者たちが、エルサレムに上って来た。

⁸エズラは王の第七年の第五の月にエルサレムに着いた。

⁹すなわち、彼は第一の月の一日にバビロンを出発して、第五の月の一日にエルサレムに着いた。彼の神の恵みの御手が確かに彼の上にあった。

¹⁰エズラは、主の律法を調べ、これを実行し、イスラエルでおきてと定めを教えようとして、心を定めていたからである。

エズラへのアルタシャスタ王の手紙

¹¹アルタシャスタ王が、祭司であり、学者であるエズラに与えた手紙の写しは次のとおりである。——エズラは、主の命令のことばと、イスラエルに関する主のおきてに精通した学者であった——

¹²「王の王アルタシャスタ。天の神の律法の学者である祭司エズラへ。**この件は完了した。さて、

¹³私は命令を下す。私の国にいるイスラエルの民、その祭司、レビ人のうち、だれでも自分から進んでエルサレムに上って行きたい者は、あなたといっしょに行ってよい。

¹⁴なぜなら、あなたは、あなたの手にあるあなたの神の律法に従ってユダとエルサレムを調査するよう、王とその七人の議官によって遣わされており、

¹⁵また、王とその議官たちが、エルサレムに住まれるイスラエルの神に進んでささげた銀と金、

¹⁶バビロンのすべての州で、あなたが得るすべての銀と金、それに、エルサレムにある自分たちの神の宮のために、民と祭司たちが進んでささげたささげ物をも合わせて携えて行くために遣わされているからである。

¹⁷それゆえ、あなたはその献金で、牛、雄羊、子羊、また、そのための穀物のささげ物と注ぎのぶどう酒を心して買い求め、エルサレムにあるあなたがたの神の宮の祭壇の上で、それをささげなければならない。

¹⁸また、残りの銀と金の使い方については、あなたとあなたの兄弟たちがよいと思うことは何でも、あなたがたの神の御心に従って行うがよい。

¹⁹また、あなたの神の宮での礼拝のために、あなたに与えられた器具は、エルサレムの神の前に供えよ。

²⁰その他、あなたの神の宮のために必要なもので、どうしても調達しなければならないものは、王の宝物倉からそれを調達してよい。

²¹私、アルタシャスタ王は、川向こうの宝庫係全員に命令を下す。

天の神の律法の学者である祭司エズラが、あなたがたに求めることは何でも、心してそれを行え。

²²すなわち、銀は百タラントまで、小麦は百コルまで、ぶどう酒は百バテまで、油も百バテまで、塩は制限なし。

²³天の神の宮のために、天の神によって命じられていることは何でも、熱心に行え。

ど)繰返されている。8：22でエズラは主の恵みの御手がその民の上にあるもう一つの情況を示している。それは人々が完全に主に頼ったことである。完全に献身して神との関係を持ち続けている人々、完全に神の目的を求め、また純粋に神のことばへの忠誠を示している人々は、神の祝福と配慮を体験する。

7：10　律法を調べ、これを実行し、・・・教えよう

エズラは神のことばを学び、実行し、教えるために献身する人々の模範である(⇒7：6, 9)。

（1）エズラは律法が、神ご自身からモーセを通して与えられた神の民にとって最高の権威であると信じていた(7：6, ⇒ネヘ8：14)。

（2）エズラは神のことばを熱心に学んだ(直訳は「探した」)。そして世界と神の民のための神の考えと目的を知ろうと決意していた。このために神は知恵を与えられた(7：25)。

（3）エズラは神のことばに献身的に従い、善悪の基準としてそれによって生活した。自分の教えた通りに生きたのである(⇒使1：1, Ⅰコリ9：27, Ⅰテモ4：12, 16)。

（4）エズラは神の民の間に真理と正義、純潔を保ち、さらに推進するために神のことばを熱心に教えた(→10：10-11, ネヘ8：2-18, →Ⅰテモ1：5注, →「**信徒の聖書的訓練**」の項 p.2318)。

御怒りが王とその子たちの国に下るといけないから。
24 また、次のことを知らせる。祭司、レビ人、歌うたい、門衛、宮に仕えるしもべたち、つまり、この神の宮に仕える者にはだれにも、みつぎ、関税、税金を課してはならない。
25 エズラよ。あなたは、あなたの手にあるあなたの神の知恵にしたがってさばきつかさや裁判官を任命し、川向こうにいるすべての民、すなわち、あなたの神の律法を知っているすべての者をさばかせよ。また、これを知らない者に、あなたがたは教えよ。
26 あなたの神の律法と、王の律法を守らない者には、だれにでも、死刑でも、追放でも、財産の没収でも、または投獄でも、その判決を厳格に執行せよ。」
27 私たちの父祖の神、主はほむべきかな。主はエルサレムにある主の宮に栄光を与えるために、このようなことを王の心に起こさせ、
28 王と、その議官と、すべての王の有力な首長の好意を私に得させてくださった。私の神、主の御手が私の上にあったので、私は奮い立って、私といっしょに上るイスラエル人のかしらたちを集めることができた。

エズラと一緒に帰還した一族のかしらの名簿

8 1 アルタシャスタ王の治世に、バビロンから私といっしょに上って来た一族のかしらとその系図の記載は次のとおりである。
2 ピネハス族からはゲルショム。イタマル族からはダニエル。ダビデ族からは、ハトシュ。
3 *ハトシュはシェカヌヤの孫。パルオシュ族からは、ゼカリヤと、系図に載せられた同行の者、男子百五十名。
4 パハテ・モアブ族からは、ゼラヘヤの子エルエホエナイと、同行の男子二百名。
5 ザト族からは、ヤハジエルの子シェカヌヤと、同行の男子三百名。
6 アディン族からは、ヨナタンの子エベデ

と、同行の男子五十名。
7 エラム族からは、アタルヤの子エシャヤと、同行の男子七十名。
8 シェファテヤ族からは、ミカエルの子ゼバデヤと、同行の男子八十名。
9 ヨアブ族からは、エヒエルの子オバデヤと、同行の男子二百十八名。
10 *バニ族からは、ヨシフヤの子シェロミテと、同行の男子百六十名。
11 ベバイ族からは、ベバイの子ゼカリヤと、同行の男子二十八名。
12 アズガデ族からは、カタンの子ヨハナンと、同行の男子百十名。
13 アドニカム族からの者は最後の者たちで、その名はエリフェレテ、エイエル、シェマヤ、および彼らと同行の男子六十名。
14 ビグワイ族からは、ウタイとザクルと、同行の男子七十名。

エルサレムへの帰還

15 私はアハワに流れる川のほとりに彼らを集め、私たちはそこに三日間、宿営した。私はそこに、民と祭司たちとを認めたが、レビ人をひとりも見つけることができなかった。
16 それで、私はかしらのエリエゼル、アリエル、シェマヤ、エルナタン、ヤリブ、エルナタン、ナタン、ゼカリヤ、メシュラムと、教師エホヤリブ、エルナタンを呼び集め、
17 彼らをカシフヤ地方のかしらイドのもとに遣わした。私は彼らにことばを授けて、私たちの神の宮に仕える者たちを連れて来るように、カシフヤ地方にいるイドとその兄弟の宮に仕えるしもべたちに命じた。
18 私たちの神の恵みの御手が私たちの上にあったので、彼らはイスラエルの子、レビの子、マフリの子孫のうちから思慮深い人、シェレベヤと、その子たち、およびその兄弟たち十八名を私たちのところに連れて来た。
19 また、ハシャブヤとともに、メラリの子孫の中からエシャヤと、その兄弟と、その子たち二十名、
20 および、ダビデとつかさたちにより、レビ人に奉仕するよう任命されていた宮に仕

エズラ記 8章

えるしもべたちのうちから、二百二十名の宮に仕えるしもべたちを連れて来た。これらの者はみな、指名された者であった。

21 そこで、私はその所、アハワ川のほとりで断食を布告した。それは、私たちの神の前でへりくだり、私たちのために、私たちの子どもたちと、私たちのすべての持ち物のために、道中の無事を神に願い求めるためであった。

22 私は道中の敵から私たちを助ける部隊と騎兵たちを王に求めるのを恥じたからである。私たちは、かつて王に、「私たちの神の御手は、神を尋ね求めるすべての者の上に幸いを下し、その力と怒りとは、神を捨てるすべての者の上に下る」と言っていたからである。

23 だから、私たちはこのことのために断食して、私たちの神に願い求めた。すると神は私たちの願いを聞き入れてくださった。

24 私は祭司長たちのうちから十二人、すなわち、シェレベヤとハシャブヤ、および彼らの同僚十人を選び出し、

25 王や、議官たち、つかさたち、および、そこにいたすべてのイスラエル人がささげた、私たちの神の宮への奉納物の銀、金、器類を量って彼らに渡した。

26 私は銀六百五十タラント、また、百タラント相当の銀の器類、および、金百タラントを量って彼らに渡した。

27 それにまた、一千ダリク相当の金の鉢二十。また、金のように高価な、光り輝くみ

ごとな青銅の器類二個を彼らに渡した。

28 ついで、私は彼らに言った。「あなたがたは主の聖なるものである。この器類も聖なるものとされている。この銀と金は、あなたがたの父祖の神、主への進んでささげるささげ物である。

29 あなたがたは、エルサレムの主の宮の部屋で、祭司長たち、レビ人たち、イスラエルの一族の長たちの前で量るまで、寝ずの番をして守りなさい。」

30 祭司とレビ人たちは、その銀、金、器類を、エルサレムの私たちの神の宮に持って行くために、量って、受け取った。

31 私たちはエルサレムに行こうと、第一の月の十二日にアハワ川を出発した。私たちの神の御手が私たちの上にあって、その道中、敵の手、待ち伏せする者の手から、私たちを救い出してくださった。

32 こうして、私たちはエルサレムに着いて、そこに三日間とどまった。

33 四日目に銀と金と器類が、私たちの神の宮の中で量られ、ウリヤの子の祭司メレモテの手に渡された。彼とともにピネハスの子エルアザルがおり、彼らとともにレビ人であるヨシュアの子エホザバデと、ビヌイの子ノアデヤがいた。

34 全部が数えられ、量られた。そのとき、全重量が書き留められた。

35 捕囚の人々で、捕囚から帰って来た者は、イスラエルの神に全焼のいけにえをささげた。すなわち、イスラエル全体のため

8:21 私は・・・断食を布告した 断食とは祈りと霊的な問題に一層専念するために一定の期間食物を控えることである(→マタ6:16注)。旧約聖書の中で神の民は謙遜や自己否定、神への服従を表すために断食をした。これは神の助けや保護、好意を求めるための方法だった(8:21, 31)。断食をしたのは、(1) 大きな心配事に圧倒されていたとき(Ⅱサム12:16-23, Ⅰ列21:20-27, 詩35:13, 69:10)、(2) 贖罪の日に神を礼拝するとき(⇒レビ16:29-31, 23:26-32)、(3) 罪の悔い改めと悲しみを表したいとき(Ⅰ列21:27-29, ネヘ9:1-2, ヨエ2:12-13, ヨナ3:4-10)、(4) 危険(Ⅱ歴20:3, エズ8:21-23)、病気(Ⅱサム12:15-16)、死(Ⅰサム31:13)などに直面したとき、(5) 主の働きに備えているとき(出34:28, 申9:9-18)、(6) 霊的な復興と回復を必要としているとき(ダニ9:3-19)などだった。

8:21 道中の無事を神に願い求める 旅に出るときに神の助けと守りがあるようにと祈るのはいつでも賢明なことであり、神に受入れられることである。神の助けは当然あるものと考えてはならない。神は祈りを通して私たちを導き守られる。目的地に安全に到着したときには(8:32)、神に感謝することを決して忘れてはならない。

8:23 断食して、私たちの神に願い求めた 神は人々が重要な問題に直面したときに謙虚に、誠実に断食して祈ることを喜ばれる(⇒ネヘ1:4)。ちょうどエズラの求めに対して恵みをもって応えられたように、神はこのようにしっかりと焦点を当ててまじめに神に向かう人をみな大切にしてくださる(→8:21注)。

に雄牛十二頭、雄羊九十六頭、子羊七十七頭、罪のためのいけにえとして雄やぎ十二頭をささげた。これはすべて主への全焼のいけにえであった。

36 それから、彼らは王の命令書を、王の太守たちと、川向こうの総督たちに渡した。この人たちは、この民と神の宮とに援助を与えた。

異民族との結婚についてのエズラの祈り

9 1 これらのことが終わって後、つかさたちが私のところに近づいて来て次のように言った。「イスラエルの民や、祭司や、レビ人は、カナン人、ヘテ人、ペリジ人、エブス人、アモン人、モアブ人、エジプト人、エモリ人などの、忌みきらうべき国々の民と縁を絶つことなく、2 かえって、彼らも、その息子たちも、これらの国々の娘をめとり、聖なる種族がこれらの国々の民と混じり合ってしまいました。しかも、つかさたち、代表者たちがこの不信の罪の張本人なのです。」3 私はこのことを聞いて、着物と上着を裂き、髪の毛とひげを引き抜き、色を失って

35 ③→Ⅱ列12:16
④→エズ3:2
36 ①エズ7:21-23
②エズ5:6

1 ①申7:1-4、ネヘ9:2
②レビ18:24-30
③エズ6:21、ネヘ9:2
2 ①出34:16、申7:3、エズ10:2、18、ネヘ13:23
②申19:6、22:31、申7:6、14:2
③ネヘ13:3
3 ①Ⅱ列18:37、ヨブ1:20

9:1 民と縁を断つことなく ユダヤ人は過去に周りの罪深い社会から分離しなかったためにまことの神に反抗するようになった。そして人間の作ったにせの神々を礼拝して不道徳な行動をとるようになった。これらのことがやがて捕虜になり捕因になる原因だった（Ⅱ歴36:14-21、→Ⅱ列15:29注、17:6注、24:1注）。ところが小グループのユダヤ人は神によって故国に連れ戻されたあと（9:8、9）、神の律法と命令を無視して昔の道に戻り、周りの人々のやり方に従い始めたのである。縁を切っていなかったのである。

9:2 これらの国々の娘をめとり エズラがエルサレムに到着したとき、祭司やレビ人（神の奉仕者や礼拝の指導者）、そのほかの指導者たちを初めとして、多くの人がにせの神々を礼拝し、忌嫌うべき宗教的な慣習を守っている女性たちと結婚していることをエズラは知った（9:1-2、11）。罪深い異なる民族との結婚は、モーセを通して与えられた神の律法で厳しく禁止されていた（出34:11-16、申7:1-4、⇒詩106:35）。新約聖書は、キリストに従う人々が未信者と結婚することに対して引き続き警告を発している（Ⅰコリ7:39、⇒Ⅱコリ6:14）。

9:2 聖なる種族 イスラエルに与えられた崇高な召しと目的は「聖なる種族」（⇒出19:6、イザ6:13、マラ2:15）になることだった。この霊的な目標はこの人々がある特別な種族や民族になることではなく、霊的に純粋で悪から離れた人になるということだった（→「神の計画の中のイスラエル」の項p.2077）。(1) 人々は神の義と聖い特性を反映する神の宝物になるべきだった。だから神に従わない人々の不道徳な生き方から離れなければならなかった（申7:1-11）。(2) 新約聖書のキリスト者も周りの世界の人とは違う生き方をするために召されている（Ⅱコリ6:14-18）。主イエスに仕え従おうとする人は「聖なる国民」（Ⅰペテ2:9-12）、つまり霊的に純粋で神に完全に献身して神の聖い働き

と目的とのために分離されていなければならない。神の聖霊は神の民を助けて正しいことを保ち妥協を避けて、キリストと本当に深い関係を持っていることが証明できるような生き方をさせてくださる（→使2:40、Ⅰコリ6:9-11、→「**信者の霊的聖別**」の項p.2172）。

9:3 私はこのことを聞いて ここにはエズラの深い苦しみと力ある祈りがある。神の求めておられる聖さから人々が離れているのを見るときに、神の奉仕者や神の民の指導者はこのように祈りをするべきである。

(1) エズラは人々の罪のために非常に怒り、恥ずかしく思い、また深く悲しんだ（9:3-6、→Ⅰサム15:35、エレ9:、Ⅱコリ11:29）。

(2) エズラは神の純粋さ、正しさ、愛という深い感性を持っていた。人々はそれらを当然のこととして大切にしていなかった（9:4、8-10）。エズラは人々がしていることを見過せなかった（9:3、5、10:1、→ネヘ9:のネヘミヤの祈り、ダニ9:のダニエルの祈り）。

(3) エズラは謙虚に、本当に悲しみながら神に祈った（9:3、5、10:1）。

(4) エズラは祈っている人々と一つになった。そして「私たちの咎」、「私たちの悪い行い」（9:6-15）と言っている。神との深い関係があったので、エズラはほかのだれよりも深く民族の恥と咎を感じていた（⇒イザ53:12、→「**とりなし**」の項p.1454）。

(5) 神のことばに従わなければ、人々を帰還させ、新しい希望と将来への幻を与えてくださった神の恵み（受けるにふさわしくない好意、あわれみ、助け）と愛、優しさと守りを失う危険性があることをエズラは理解していた（9:8-15）。

(6) エズラは神のあわれみと優しさをよく知っていたので、神が人々を赦し神との関係を回復してくださると信じていた（9:8-9、12-14）。

(7) エズラの深い悲しみは、「イスラエルの神のことばを恐れている」（9:4）人々、罪が人々とその家族

エズラ記　9章

すわってしまった。

4 捕囚から帰って来た人々の不信の罪のことで、イスラエルの神のことばを恐れている者はみな、私のところに集まって来た。私は夕方のささげ物の時刻まで、色を失ってじっとすわっていた。

5 夕方のささげ物の時刻になって、私は気を取り戻し、着物と上着を裂いたまま、ひざまずき、私の神、主に向かって手を差し伸ばし、祈って、

6 言った。「私の神よ。私は恥を受け、私の神であるあなたに向かって顔を上げるのも恥ずかしく思います。私たちの咎は私たちの頭より高く増し加わり、私たちの罪過は大きく天にまで達したからです。

7 私たちの先祖の時代から今日まで、私たちは大きな罪過の中にありました。私たちのその咎のため、私たちや、私たちの王、祭司たちは、よその国々の王たちの手に渡され、剣にかけられ、とりこにされ、かすめ奪われ、恥を見せられて、今日あるとおりです。

8 しかし、今、しばらくの間、私たちの神、主のあわれみによって、私たちに、のがれた者を残しておき、私たちのためにご自分の聖なる所の中に一つの釘を与えてくださいました。これは、私たちの神が私たちの目を明るくし、奴隷の身の私たちをしばらく生き返らせてくださるためでした。

9 事実、私たちは奴隷です。しかし、私たちの神は、この奴隷の身の私たちを見捨てることなく、かえって、ペルシヤの王たちによって、私たちに恵みを施し、私たちを生かして、私たちの神の宮を再建させ、その廃墟を建て直させ、ユダとエルサレムに石垣を下さいました。

10 今、こうなってからは、何と申し上げたらよいのでしょう。私たちの神よ。私たちはあなたの命令を捨てたからです。

11 あなたは、あなたのしもべ、預言者たちによって、こう命じておられました。『あなたがたが、入って行って所有しようとしている地は、そこの国々の民の、忌みきらうべき行いによって汚された汚らわしい地であり、その隅々まで、彼らの汚れで満たされている。

12 だから、今、あなたがたの娘を彼らの息子にとつがせてはならない。また、彼らの娘をあなたがたの息子にめとってはならない。永久に彼らの平安も、しあわせも求めてはならない。そうすれば、あなたがたは強くなり、その地の良い物を食べ、これを永久にあなたがたの子孫のために所有することができる』と。

13 私たちの悪い行いと、大きな罪過のために、これらすべてのことが私たちの上に起こって後、——事実、私たちの神、あなたは、私たちの咎の受けるべき刑罰よりも軽く罰し、このようにのがれた者を私たちに残してくださいました——

14 私たちは再び、あなたの命令を破って、忌みきらうべき行いをするこれらの民と互いに縁を結んでよいのでしょうか。あなたは私たちを怒り、ついには私たちを絶ち滅ぼし、生き残った者も、のがれた者もいないようにされるのではないでしょうか。

15 イスラエルの神、主。あなたは正しい方です。まことに、今日あるように、私たちは、のがれた者として残されています。ご覧ください。私たちは罪過の中であなたの御前におります。このような状態で、だれもあなたの御前に立つことはできないのに。」

に悲惨な結果をもたらすことを理解している人々に影響を与えた(9:7, 13-15)。

9:8　私たちに、のがれた者を残しておき　「のがれた者」(《ヘ》「ペレイタ」)と訳されたことばは「残りの者」あるいは「分離された者」という意味である。聖書は「のがれた者」について64か所で話している。神はアッシリヤとバビロンの侵攻(→Ⅱ列15:29注、17:6注、24:1注)とそれに続いて起こった民の捕囚(イザ11:11, エレ23:3, ゼカ8:12)から「のがれた者」を残しておくと約束された。さらに神を敬う「のがれた者」たちはメシヤ(キリスト)に引寄せられると神は約束された。パウロはイエス・キリストをメシヤ(「油そそがれた者」、救い主 ロマ11:5)として受入れた現代の「のがれた者」について話している。

イスラエルの罪の告白

10 ¹エズラが神の宮の前でひれ伏し、涙ながらに祈って告白しているとき、イスラエルのうちから男や女や子どもの大集団が彼のところに集まって来て、民は激しく涙を流して泣いた。

²そのとき、エラムの子孫のひとりエヒエルの子シェカヌヤが、エズラに答えて言った。「私たちは、私たちの神に対して不信の罪を犯し、この地の民である外国の女をめとりました。しかし、このことについては、イスラエルに、今なお望みがあります。³今、私たちは、私たちの神に契約を結び、主の勧告と、私たちの神の命令を恐れる人々の勧告に従って、これらの妻たちと、その子どもたちをみな、追い出しましょう。律法に従ってこれを行いましょう。⁴立ち上がってください。このことはあなたの肩にかかっています。私たちはあなたに協力します。勇気を出して、実行してください。」

⁵そこで、エズラは立ち上がり、祭司や、レビ人や、全イスラエルのつかさたちに、この提案を実行するように誓わせたので、彼らは誓った。

⁶エズラは神の宮の前を去って、エルヤシブの子ヨハナンの部屋に行き、パンも食べず、水も飲まずにそこで夜を過ごした。捕囚から帰って来た人々の不信の罪を嘆き悲しんでいたからである。

⁷そこで、彼らは、捕囚から帰って来た者はみなエルサレムに集合するようにと、ユダとエルサレムにおふれを出した。⁸それには、つかさたちや長老たちの勧告に従って、三日のうちに出頭しない者はだれでも、その全財産は聖絶され、その者は、捕囚から帰って来た人々の集団から切り離されることになっていた。

⁹それで、ユダとベニヤミンの男はみな、三日のうちに、エルサレムに集まって来た。それは第九の月の二十日であった。こうして、すべての民は神の宮の前の広場にすわり、このことと、大雨のために震えていた。¹⁰祭司エズラは立ち上がって、彼らに言った。「あなたがたは、不信の罪を犯した。外国の女をめとって、イスラエルの罪過を増し加えた。¹¹だから今、あなたがたの父祖の神、**主**に告白して、その御旨にかなったことをしなさい。この地の民と、外国の女から離れなさい。」

脚注:
1①Ⅱ歴20:9
②ダニ9:4, 20
2①エズ9:2, ネヘ13:27
3①Ⅱ歴34:31
②エズ9:4
③エズ10:44
④→エズ7:10
4①Ⅰ歴28:10
5①ネヘ5:12, 13:25

6①エズ10:1
②申9:18
＊七十人訳による
8①→Ⅰ列9:21
9①エズ9:4, 10:3
②Ⅰサム12:18
11①レビ26:40, ヨシ7:19, 蔵28:13
②エズ10:3, ネヘ9:2

10:3 これらの妻たち・・・をみな、追い出し この情況でエズラは次のような理由で離婚を要求した。(1) 神に従わない外国の女性と結婚することは神とみことばに対する不誠実な行動である(10:10, 10:2, →9:2注)。悔い改めには(自分自身の罪の道から神の正しい道へと変ること)、ものごとを正しく変えるために悪の影響から離れることが必要だった。(2)「聖なる国民」としてのイスラエルの目的を維持するためには外国人の妻と離婚することが必要だった。人々は神のために分離されているべきであり、神の救いの計画を周りの人々に示さなければならなかった(→9:2注, →「**神の計画の中のイスラエル**」の項p.2077)。(3) 人々が偶像礼拝とほかの国々の不道徳な生き方を取入れないようにするためには離婚が必要だった。「彼らと互いに縁を結んではならない。・・・あなたの息子を私から引き離すであろう」(申7:3-4)とモーセは言った。この改善のための大胆な行動は大きな外科手術のようなものだった。けれども未来の世代が霊的に反抗するようになり、しかも神の厳しいさばきを体験しないようにさせるためにはこれを実行しなければならなかった。

10:4 勇気を出して、実行してください 神の民の世的な傾向に抵抗して退けるためには、霊的指導者に勇気と行動するための賢明な決定力が必要である。罪深い生き方をやめて神に立返り、みことばに従うようにと人々に挑戦し励ますためにはこのような大胆さが必要である。ユダヤ人に「この地の民と、外国の女から」(10:11)離れることを要求したエズラにはこの資質が備わっていた。

10:11 離れなさい 歴史のこの時点でエズラとイスラエル社会がとった行動は、今日のキリスト者にとって基準とはならない。新約聖書のキリスト者の結婚と離婚について聖書は次のように教えている。

(1) 信仰者(キリストに従う人々)は未信者と結婚してはならない(Ⅰコリ7:39, ⇒Ⅱコリ6:14)。

(2) 結婚後に信仰者になったけれどもその伴侶がキリストに従わない場合、もしその未信者の伴侶が結婚生活を続けることを願うなら、信仰者になった人は離婚を求めてはならない(Ⅰコリ7:12, →7:14注)。

(3) 離婚は不品行、不貞、あるいは放棄の場合に

エズラ記　10章

¹²全集団は大声をあげて答えて言った。「必ずあなたの言われたとおりにします。¹³しかし、民は大ぜいであり、また、大雨の季節ですから、私たちは外に立っていることができません。しかも、これは一日や二日の仕事でもありません。このことでは、私たちの多くの者がそむいているのですから。¹⁴私たちのつかさたちは全集団に代わって、ここにとどまっていただきたい。そして、私たちの町で外国の女をめとった者がみな、定まった時に、それぞれの町の長老たちとさばきつかさたちといっしょに出て来るようにしていただきたい。そうすれば、このことについての私たちの神の燃える怒りは、私たちから遠ざかるでしょう。」

¹⁵アサエルの子ヨナタンとティクワの子ヤフゼヤだけは、メシュラムとレビ人シャベタイの支持を得て、これに反対したが、¹⁶捕囚から帰って来た人々は、その提案どおりにした。祭司エズラは、彼らの一族のために、一族のかしらのある者たちをみな、名ざしで選び出した。こうして、彼らはこのことを調べるために、第十の月の一日に会議を始め、¹⁷第一の月の一日までに、外国の女をめとった男たちについて、みな調べ終えた。

異民族結婚の罪を犯した人々

¹⁸祭司の子らのうちで、外国の女をめとった者がわかったが、それはエホツァダクの子ヨシュアの子たちと、その兄弟たちのうちから、マアセヤ、エリエゼル、ヤリブ、ゲダルヤであった。¹⁹彼らはその妻を出すという誓いをして、彼らの罪過のために、雄羊一頭を罪過のためのいけにえとしてささげた。²⁰イメル族のうちでは、ハナニとゼバデヤ。²¹ハリム族のうちでは、マアセヤ、エリヤ、シェマヤ、エヒエル、ウジヤ。²²パシュフル族のうちでは、エルヨエナイ、マアセヤ、イシュマエル、ネタヌエル、エホザバデ、エルアサ。

²³レビ人のうちでは、エホザバデ、シムイ、ケラヤ──すなわちケリタ──、ペタヘヤ、ユダ、エリエゼル。²⁴歌うたいのうちでは、エルヤシブ。門衛のうちでは、シャルム、テレム、ウリ。²⁵一般のイスラエル人のうち、パルオシュ族のうちでは、ラムヤ、イジヤ、マルキヤ、ミヤミン、エルアザル、マルキヤ、ベナヤ。²⁶エラム族のうちでは、マタヌヤ、ゼカリヤ、エヒエル、アブディ、エレモテ、エリヤ。²⁷ザト族のうちでは、エルヨエナイ、エルヤシブ、マタヌヤ、エレモテ、ザバデ、アジザ。²⁸ベバイ族のうちでは、ヨハナン、ハナヌヤ、ザバイ、アテライ。²⁹バニ族のうちでは、メシュラム、マルク、アダヤ、ヤシュブ、シェアル、ラモテ。³⁰パハテ・モアブ族のうちでは、アデナ、ケラル、ベナヤ、マアセヤ、マタヌヤ、ベツァルエル、ビヌイ、マナセ。³¹ハリム族のうちでは、エリエゼル、イシヤ、マルキヤ、シェマヤ、シメオン、³²ベニヤミン、マルク、シェマルヤ。³³ハシュム族のうちでは、マテナイ、マタタ、ザバデ、エリフェレテ、エレマイ、マナセ、シムイ。³⁴バニ族のうちでは、マアダイ、アムラム、ウエル、³⁵ベナヤ、ベデヤ、ケルフ、³⁶ワヌヤ、メレモテ、エルヤシブ、³⁷マタヌヤ、マテナイ、ヤアサイ。³⁸ビヌイ族のうちでは、シムイ、³⁹シェレムヤ、ナタン、アダヤ、⁴⁰マクナデバイ、シャシャイ、シャライ、⁴¹アザルエル、シェレムヤ、シェマルヤ、⁴²シャルム、アマルヤ、ヨセフ。⁴³ネボ族のうちでは、エイエル、マティテヤ、ザバデ、ゼビナ、ヤダイ、ヨエル、ベナヤ。⁴⁴これらの者はみな、外国の女をめとった者である。彼らの妻たちのうちには、すでに子どもを産んだ者もいた。

ネヘミヤ記

概　要
I. エルサレムの城壁再建－ネヘミヤの指導による(1:1-7:72)
   A. ネヘミヤがエルサレムのために祈り、王に嘆願する(1:1-2:8)
      1. 悲しみを神に訴える(1:1-3)
      2. 神に願う(1:4-11)
      3. アルタシャスタ王に嘆願する(2:1-8)
   B. ネヘミヤが総督としてエルサレムへ赴任する(2:9-20)
   C. ネヘミヤが城壁再建を指導する(3:1-7:4)
      1. 工事をする人々（3:1-32）
      2. 妨害(4:1-6:14)
         a. 侮辱と落胆(4:1-6)
         b. 陰謀と脅し(4:7-23)
         c. 強要とむさぼり(5:1-19)
         d. 妥協と欺き(6:1-4)
         e. 中傷と恐れ(6:5-9)
         f. 策略と脅迫(6:10-14)
      3. 完成(6:15-7:4)
   D. ネヘミヤが捕囚から帰還した人々を登録する(7:5-72)
II. エルサレムの人々の信仰が復興する－エズラの指導による(8:1-10:39)
   A. 神のことばの朗読と仮庵の祭り(8:1-18)
   B. 断食、過去の罪の回想、公の告白(9:1-37)
   C. 神に従う盟約(9:38-10:39)
III. 国の改革－ネヘミヤの指導による(11:1-13:31)
   A. エルサレムの再定住(11:1-12:26)
   B. 城壁の奉献(12:27-47)
   C. ネヘミヤの第二期執務期間中の改革(13:1-31)

著　　者：エズラとネヘミヤ(？)

主　　題：エルサレムの城壁再建

著作の年代：紀元前430－420年頃

著作の背景
　ネヘミヤ記はバビロンとペルシヤでの捕囚からユダヤ人が故国に帰還するのを許可されたことを描いている旧約聖書の歴史部分の最後の書物である(捕虜、捕囚、帰還の背景 →エズ緒論)。旧約聖書のこのあとの書物はネヘミヤ記の時代とそれまでに活躍した預言者たちのことを書いている。預言書はイスラエルとユダが最終的に崩壊し、捕えられ捕囚とされたいきさつを詳細に描いている(この時期の国の崩壊について →Ⅱ列17:-25:)。ヘブル語聖書ではエズラ記とネヘミヤ記は一冊の書物で、ユダの地とエルサレムの町へ帰還した三つのグループの歴史を記録している。エズラ記は最初の二つの帰還についての出来事を扱っている(前538, 前457)。ネヘミヤ記は第三次の帰還について記録している(前444, →「捕囚からの帰還」の地図 p.759)。エズラ記は神殿再建に焦点を絞っているけれども、ネヘミヤ記はエルサレムの城壁再建に絞っている。けれどもこの二冊とも霊的刷新と神とみことばへの献身が重要であることに焦点を当てている。また霊的に反抗して神のさばきを受ける生活を長年続けてきた民族が再出発をし、物事を正常化する機会が与えられたことが書かれている(この時期の概要 →

ネヘミヤ記

「エズラとネヘミヤ時代の歴史年表」p.777)。

ネヘミヤはエズラ(第二次帰還を指導した祭司で預言者)と同じ時代に生きていた。ペルシヤの王アルタシャスタ1世の高官として仕えていたネヘミヤはユダに帰還したユダヤ人が困っており、エルサレムの城壁が崩れたままであるという知らせを受けた。この情況について祈ったあと、ネヘミヤはアルタシャスタ王に自分の心配を訴えた。アルタシャスタ王はネヘミヤが総督としてエルサレムへ行って城壁を再建することを快く許可した。感動した指導者ネヘミヤはユダヤ人の心を奮い立たせて、破壊された城壁をわずか52日間で再建した(多くの障害にぶつかったけれども、この大工事が止まることはなかった)。ネヘミヤは総督として12年間働いた。ペルシヤには短期間帰ったけれども、その後ユダの総督として第二回目の働きをした(⇒2:1, 13:6-7)。

祭司であるエズラはネヘミヤを補佐して、捕囚から帰還したユダヤ人の間に霊的リバイバルと改革を推進した。ネヘミヤはエズラがこの書物を書くのを助けたのかもしれない。ネヘミヤ記の歴史的真実性(著者の確実性)は1903年に発見されたエレファンティン・パピルス文書という古代文書によって確証された。この文書にはサヌバラテ(2:19)とヨハナン(12:23)のことと前410年に総督ネヘミヤが交代したことが書いてある。

目　的

ネヘミヤ記は二つの大きな目的をもって書かれている。

(1) ユダヤ人がバビロン捕囚から故国へ帰還したときの様子はエズラ記に描かれているけれども、そこで始まった歴史の記録がここで完結している(この頃にはペルシヤのクロス王がバビロン帝国を転覆させ、ユダヤ人を解放する指令を出していた →エズ緒論)。

(2) ネヘミヤとエズラはユダヤ人のエルサレム定住を指導したけれども、その指導を通して神が行われたことを示している。ネヘミヤ記は主としてユダヤ人の第三次帰還に焦点を当てている。

概　観

1-7章はエルサレムの城壁再建のときの総督、指導者としてのネヘミヤの役割を描いている。1章は祈りに専念する人としてネヘミヤの霊的深さを示している。ペルシヤ王に仕えていたネヘミヤはエルサレムに帰還したユダヤ人が困っているという知らせを受けた。それを聞いたネヘミヤはすぐにエルサレムと住民たちのためにとりなしの祈り(人々の情況を訴え、その必要と心配事のために祈ること)を始めた。2章は神がペルシヤのアルタシャスタ王を用いて、ネヘミヤをエルサレムの総督に任命されたこと(公的な地位に就かせること)を描いている。3章1節-7章1節はユダヤ人の心を奮い立たせて破壊された城壁をわずか52日間で再建した、大胆で賢明で用意周到なネヘミヤのリーダーシップを明らかにしている。人々は町の内外の敵からの強固な反対に立向かわなければならなかったけれども、城壁を再建することができた。

ネヘミヤ記の後半には次のことが描かれている。

(1) エルサレムの住民の間に起きた霊的なリバイバルと刷新。これは祭司エズラによって指導された(8:-10:)。

(2) ネヘミヤが示した民族全体の問題点(11:-13:)。霊的なリバイバルの中心には神の律法の朗読、罪の悔い改め、神の契約(神の律法と約束、そして神に対する人々の服従と忠実に基づく「終生協定」→「旧約聖書の律法」の項 p.158、「イスラエル人との神の契約」の項 p.351)に沿って生きる新しい決意などが見られた。最後の章には、ネヘミヤが総督として第二期目のときに始まった最後の改革が記録されている(13:)。

特　徴

ネヘミヤ記には五つの大きな特徴がある。

(1) ユダヤ人の旧約聖書の歴史の最後の出来事が記録されている。そのあと新約聖書との間にはしばらくの期間がある(この期間の出来事の概要 →「マラキ書からキリストまでの歴史年表」p.1607)。

(2) 旧約聖書の最後の書物であるマラキ書の歴史的背景を提供している。ネヘミヤとマラキは同じ時代に奉仕した。

(3) ネヘミヤは知恵、原則、勇気、誠実性、信仰、同情心、献身、組織力を備えた人で神を敬う政治的指導者として優れた模範である。総督だった期間、名声、地位、権力を得ても、ネヘミヤは謙遜で金銭欲とは無縁で、犠牲の精神を持ち、おごることなく神に誠実に仕えた。

(4) ネヘミヤは旧約聖書の模範的な祈りの指導者だった(⇒ダニエル)。そのときの情況や人々のために神に祈り求めたことが11回も書かれている(1:4-11, 2:4, 4:4, 9, 5:19, 6:9, 14, 13:14, 22, 29, 31)。ネヘミヤ

は完全に神に頼ることによって不可能に見えることを成し遂げることができた。
　(5) 神から与えられたビジョンを実現させるためには、祈り、犠牲、厳しい労働、やり抜く意志が一体とならなければならないことを詳しく教えている(→「**効果的な祈り**」の項 p.585)。

新約聖書での成就
　ネヘミヤ記は、新約聖書の時代の冒頭でキリストが来られるために必要だったユダヤ教の基本構造(ユダヤ教の宗教的慣例、礼拝、文化)の回復と完成について記録している。つまり、(1) エルサレムと神殿が再建された。(2) 律法が回復した。(3) 神との契約が更新された。(4) ダビデ王の家系が途切れなかった(その家系からメシヤ、キリストが来られる)。メシヤ到来のために必要なことがみな整えられた(⇒ダニ9:25)。ネヘミヤ記に描かれている時代は、主が主の宮に間もなく来られるという預言的希望で終っている(⇒マラ3:1)。新約聖書はこの期待と希望の成就で始まる。

ネヘミヤ記の通読
　旧約聖書全体を1年間で通読するためには、ネヘミヤ記を次のスケジュールに従って5日間で読まなければならない。
☐1-3 ☐4-6 ☐7-8 ☐9-10 ☐11-13

メモ

エズラとネヘミヤ時代の歴史年表

下の日付はニサンからニサンまでのユダヤの暦による(→「ヘブルの暦と主な出来事」の図 p.167)。漢数字はヘブル暦の月を、アラビア数字は暦の月日を表している。

年	月	日	出来事	参照聖句
前539	10月	12日	バビロンの陥落	ダニ5:30
538	3月	24日	クロス王の第1年	エズ1:1-4
537	3月	11日まで		
537(?)			シェシュバツァルのもとでの帰還	エズ1:11
537	第七		祭壇の建築	エズ3:1
536	第二		神殿再建工事の開始	エズ3:8
536-530			クロス王治世中の妨害	エズ4:1-5
530-520			神殿工事の中止	エズ4:24
520	第六 =9月	24日 21日	ダリヨス王統治下で工事再開	エズ5:2, ハガ1:14
516	アダル =3月	3日 12日	神殿の完成	エズ6:15
458	第一 =4月	1日 8日	エズラのバビロン出発	エズ7:6-9
	第五 =8月	1日 4日	エズラのエルサレム到着	エズ7:8-9
	第九 =12月	20日 19日	人々の集合	エズ10:9
	第十 =12月	1日 29日	委員会の調査開始	エズ10:16
457	第一 =3月	1日 27日	委員会の調査終了	エズ10:17
445	4月	13日	アルタシャスタ1世の第20年	ネヘ1:1
444	4月	2日まで		
445	ニサン =3月-4月		ネヘミヤの王への嘆願	ネヘ2:1
	8月(?)		ネヘミヤのエルサレム到着	ネヘ2:11
	エルル =10月	25日 2日	城壁の完成	ネヘ6:15
	第七=10月 -11月	8日 5日まで	民全体の集合	ネヘ7:72-8:1
	第七 =10月	15-22日 22-28日	仮庵の祭り	ネヘ8:14
	第七 =10月	24日 30日	断食	ネヘ9:1
433	4月	1日	アルタシャスタ王の第32年	ネヘ5:14, 13:6
432	4月	19日まで	ネヘミヤへの呼戻しと帰還	

© 1991 Zondervan Publishing House

ネヘミヤの祈り

1 ¹ ハカルヤの子ネヘミヤのことば。
第二十年のキスレウの月に、私がシュシャンの城にいたとき、
² 私の親類のひとりハナニが、ユダから来た数人の者といっしょにやって来た。そこで私は、捕囚から残ってのがれたユダヤ人とエルサレムのことについて、彼らに尋ねた。
³ すると、彼らは私に答えた。「あの州の捕囚からのがれて生き残った残りの者たちは、非常な困難の中にあり、またそしりを受けています。そのうえ、エルサレムの城壁はくずされ、その門は火で焼き払われたままです。」
⁴ 私はこのことばを聞いたとき、すわって泣き、数日の間、喪に服し、断食して天の神の前に祈って、
⁵ 言った。「ああ、天の神、主。大いなる、恐るべき神。主を愛し、主の命令を守る者に対しては、契約を守り、いつくしみを賜る方。
⁶ どうぞ、あなたの耳を傾け、あなたの目を開いて、このしもべの祈りを聞いてください。私は今、あなたのしもべイスラエル人のために、昼も夜も御前に祈り、私たちがあなたに対して犯した、イスラエル人の罪を告白しています。まことに、私も私の父の家も罪を犯しました。
⁷ 私たちは、あなたに対して非常に悪いことをして、あなたのしもべモーセにお命じになった命令も、おきても、定めも守りませんでした。
⁸ しかしどうか、あなたのしもべモーセにお命じになったことばを、思い起こしてください。『あなたがたが不信の罪を犯すなら、わたしはあなたがたを諸国民の間に散らす。
⁹ あなたがたがわたしに立ち返り、わたしの命令を守り行うなら、たとい、あなたがたのうちの散らされた者が天の果てにいても、わたしはそこから彼らを集め、わたしの名を住ませるためにわたしが選んだ場所に、彼らを連れて来る』と。
¹⁰ これらの者たちは、あなたの偉大な力とその力強い御手をもって、あなたが贖われたあなたのしもべ、あなたの民です。
¹¹ ああ、主よ。どうぞ、このしもべの祈りと、あなたの名を喜んで敬うあなたのしもべたちの祈りとに、耳を傾けてください。どうぞ、きょう、このしもべに幸いを見せ、この人の前に、あわれみを受けさせてくださいますように。」そのとき、私は王の献酌官であった。

1①ネヘ10:1
②ネヘ2:1
③ゼカ7:1
2①エズ1:2、ダニ8:2
②ネヘ7:2
3①ネヘ7:6
②ネヘ2:17
③ネヘ2:13、Ⅱ歴25:8-10、Ⅱ歴36:19、エレ52:12-14
4①エズ9:3、10:1
②ネヘ2:4、20
5①ネヘ4:14、9:32、申10:17、ダニ9:4
②出20:6、申7:9、12
③Ⅱ歴6:40、ダニ9:17、18
⑦→Ⅰ列8:28
③Ⅰ列8:28、29
④エズ10:1、ダニ9:20
⑤Ⅱ歴29:6、詩106:6
7①申28:14、15、ダニ9:5
8①レビ26:33、申4:27、28:64
9①申30:1-5
10①出32:11、申9:29、ダニ9:15
②→Ⅰ列8:42
11①→Ⅰ列8:28
②ネヘ2:1、創40:21

1:1 ネヘミヤ ネヘミヤはユダの総督となるために、前444年にペルシヤを離れてエルサレムに向かった。これはエズラが捕囚から帰還するユダヤ人の第二次グループと一緒にエルサレムに到着した13年後のことだった(→「捕囚」についての概略 →エズ緒論、ネヘ緒論 →**捕囚からの帰還**の地図 p.759)。ネヘミヤはペルシヤの王にエルサレムの城壁の修復と町の強化を求めて、そのための任命(公式な命令または決定)を受けた(2:7-8)。その後多くの障害に直面したけれども、城壁を52日間で完成させた(6:15)。ネヘミヤには能力、勇気、決断力があり、また祈りの人だった(→2:4注)。ネヘミヤとエズラ(祭司で律法学者)は一緒に働いて故国に帰還した人々に霊的刷新をもたらした(8:)。

1:4 喪に服し、断食して・・・祈って ネヘミヤはユダにいる人々と神の働きのことを心から心配していた。そして四か月の間(⇒1:1と2:1)熱心に神の前に心を注ぎ出した。そしてエルサレムとユダの全地域で神の民が体験している困難について頻繁に断食(神を求めることに専念するための一つの方法として食事をしないで過すこと)をして祈った(⇒使20:31)。その祈りの中でネヘミヤは罪の告白をし(1:6-7)、神が以前に与えられた命令と約束を思い返し(1:8、⇒レビ26:40-45、申30:1-6)、神の名誉と目的について心配を表明し(1:5-8)、イスラエル人のためにとりなし(ほかの人々の必要や心配のために祈り訴えること)をしていた(1:6、→**とりなし**の項p.1454)。

1:11 この人の前に、あわれみを 「この人」とはペルシヤのアルタシャスタ王のことである(2:1)。ネヘミヤは王の高官として仕えていたけれども、ユダヤ人のために神が王に働きかけてくださるように祈る必要があると思った。ほかの人々に何かをしてもらいたいと思うときはまず神にその願いを持出すべきである。そのとき神はご自分の目的を実行するために、知恵を与え、ほかの人々の心を感動させ、強力な指導者も起こしてくださる(→エス4:16、箴21:1)。

アルタシャスタ王がネヘミヤをエルサレムに送る

2 ¹ アルタシャスタ王の第二十年のニサンの月に、王の前に酒が出たとき、私は酒を取り上げ、それを王に差し上げた。これまで、私は王の前でしおれたことはなかった。

² そのとき、王は私に言った。「あなたは病気でもなさそうなのに、なぜ、そのように悲しい顔つきをしているのか。きっと心に悲しみがあるに違いない。」私はひどく恐れて、

³ 王に言った。「王よ。いつまでも生きられますように。私の先祖の墓のある町が廃墟となり、その門が火で焼き尽くされているというのに、どうして悲しい顔をしないでおられましょうか。」

⁴ すると、王は私に言った。「では、あなたは何を願うのか。」そこで私は、天の神に祈ってから、

⁵ 王に答えた。「王さま。もしもよろしくて、このしもべをいれてくださいますなら、私をユダの地、私の先祖の墓のある町へ送って、それを再建させてください。」

⁶ 王は私に言った。――王妃もそばにすわっていた――「旅はどのくらいかかるのか。いつ戻って来るのか。」私が王にその期間を申し出ると、王は快く私を送り出

⁷ それで、私は王に言った。「もしも、王さまがよろしければ、川向こうの総督たちへの手紙を私に賜り、私がユダに着くまで、彼らが私を通らせるようにしてください。

⁸ また、王に属する御園の番人アサフへの手紙も賜り、宮の城門の梁を置くため、また、あの町の城壁と、私が入る家のために、彼が材木を私に与えるようにしてください。」私の神の恵みの御手が私の上にあったので、王はそれをかなえてくれた。

⁹ 私は、川向こうの総督たちのところに行き、王の手紙を彼らに手渡した。それに、王は将校たちと騎兵を私につけてくれた。

¹⁰ ホロン人サヌバラテと、アモン人で役人のトビヤは、これを聞いて、非常に不きげんになった。イスラエル人の利益を求める人がやって来たからである。

ネヘミヤがエルサレムの城壁を調査する

¹¹ こうして、私はエルサレムにやって来て、そこに三日間とどまった。

¹² あるとき、私は夜中に起きた。ほかに数人の者もいっしょにいた。しかし、私の神が、私の心を動かしてエルサレムのためにさせようとされることを、私はだれにも告げなかった。また、私が乗った獣のほかには、一頭の獣も連れて行かなかった。

1①ネヘ5:14, 13:6, エズ7:1
 ②ネヘ1:1
 ③ネヘ1:11
2①歳15:13
3①Ⅰ列1:31, ダニ2:4
4①ネヘ1:4
6①ネヘ5:14, 13:6
7①ネヘ3:7, エズ7:21, 8:36
8①ネヘ2:18, エズ7:9
9①ネヘ2:7
 ②エズ8:22
10①ネヘ2:19, 4:1, 7, 6:1, 2, 5, 12, 14, 13:28
 ＊あるいは「しもべ」「家来」
11①エズ8:32

2:4 そこで私は、天の神に祈って どの局面でもネヘミヤが最初に考えたことは祈ることだった。そして王の質問に応える前に、助けと知恵を求めて神を見上げた。このほかにも、ネヘミヤがすぐに神に向かって導きを求めた例はこの書物の中に多くある（⇒4:4-5, 9, 5:19, 6:9, 14, 13:14, 22, 29, 31）。これは「瞬発的な祈り」と呼ばれるもので、ある情況に直面したとき即座に（通常短く）祈る祈りである。

（1）この場合、ネヘミヤは王の前に立っていて、心の中で無言で祈る時間しかなかった。緊急のときには通常長い祈りをする時間がない。ネヘミヤは神との関係を持続けていたので簡潔な祈りで十分だった。既に四か月間も祈りと断食をしていたのである（→「**効果的な祈り**」の項 p.585）。

（2）一日を通して祈る習慣があれば必要なときに神の力、助け、知恵、平安が流れ出るようになる。信仰も強められ鼓舞される（→「**信仰と恵み**」の項

p.2062）。反対に、一日を通して神に頼らず神の臨在も認めないで過すなら、生活の中で聖霊が働かれるのを制限することになる（→エペ6:18, Ⅰテサ5:17）。

2:8 私の神の恵みの御手が私の上にあった ネヘミヤの上に神の御手があったことが五つの面で明らかになった。(1) 神の目的を共有していた（1:）。(2) 神が積極的に導いておられた（2:12）。(3) 神は祝福と助けを与えておられた（2:18, ⇒ヘブ4:16）。(4) 神がともにおられ、繁栄し仕事が成功するようにされた（2:20, ⇒ルカ24:50注）。(5) 神が与えてくださった勇気と信仰を感じていた（4:14, 20）。

2:12 だれにも告げなかった ネヘミヤはペルシヤ王の全権を持って働くためにユダの総督として到着したけれども、三日間は何もしなかった。そして神が与えられた計画をだれにも明かさなかった。神の具体的な導きを待っていたのであり、急いだり自分の知識や能力に頼るべきではないことをわきまえていた（→イ

¹³ 私は夜、谷の門を通って竜の泉のほう、糞の門のところに出て行き、エルサレムの城壁を調べると、それはくずされ、その門は火で焼き尽きていた。
¹⁴ さらに、私は泉の門と王の池のほうへ進んで行ったが、私の乗っている獣の通れる所がなかった。
¹⁵ そこで、私は夜のうちに流れを上って行き、城壁を調べた。そしてまた引き返し、谷の門を通って戻って来た。
¹⁶ 代表者たちは、私がどこへ行っていたか、また私が何をしていたか知らなかった。それに、私は、それをユダヤ人にも、祭司たちにも、おもだった人たちにも、代表者たちにも、その他工事をする者たちにも、まだ知らせていなかった。
¹⁷ それから、私は彼らに言った。「あなたがたは、私たちの当面している困難を見ている。エルサレムは廃墟となり、その門は火で焼き払われたままである。さあ、エルサレムの城壁を建て直し、もうこれ以上そしりを受けないようにしよう。」
¹⁸ そして、私に恵みを下さった私の神の御手のことと、また、王が私に話したことばを、彼らに告げた。そこで彼らは、「さあ、再建に取りかかろう」と言って、この良い仕事に着手した。
¹⁹ ところが、ホロン人サヌバラテと、アモン人で役人のトビヤ、および、アラブ人ゲシェムは、これを聞いて、私たちをあざけり、私たちをさげすんで言った。「おまえたちのしているこのことは何だ。おまえたちは王に反逆しようとしているのか。」
²⁰ そこで、私は彼らにことばを返して言った。「天の神ご自身が、私たちを成功させてくださる。だから、そのしもべである私たちは、再建に取りかかっているのだ。しかし、あなたがたにはエルサレムの中に何の分け前も、権利も、記念もないのだ。」

城壁の工事をする人々

3 ¹ こうして、大祭司エルヤシブは、その兄弟の祭司たちと、羊の門の再建に取りかかった。彼らはそれを聖別して、とびらを取りつけた。彼らはメアのやぐらまで聖別し、ハナヌエルのやぐらにまで及んだ。
² 彼の次にエリコの人々が建て、その次にイムリの子ザクルが建てた。
³ 魚の門はセナアの子らが建てた。彼らは梁を置き、とびら、かんぬき、横木を取りつけた。
⁴ 彼らの次に、コツの子ウリヤの子であるメレモテが修理し、その次に、メシェザブエルの子ベレクヤの子であるメシュラムが修理し、その次に、バアナの子ツァドクが修理した。

ザ40:29-31)。そこでサマリヤ人の妨害による城壁の損害を注意深く調査した(→エズ4:23注、24注)。同時に費用を計算していたと思われる(⇒ルカ14:28-30)。最も重要なことは、人々の問題や失望を批判するのではなく、人々の目線で情況を見て理解するまで何も言わなかったことである。

2:19　私たちをあざけり、私たちをさげすんで　キリストを信じ、みことばを確信して生きようとする人はしばしばあざけられ拒絶される。キリストを信じない人々が主に仕える人々に反対する理由の一つはキリスト者の道徳基準にあり、キリスト者が主イエスに信頼していることを批判する。けれども私たちはネヘミヤのように今もいつまでも「天の神ご自身が、私たちを成功させて(助けて、守って)くださる」と応えなければならない(2:20、→黙2:7注、21:1注、2注、4注、7注)。

2:20　私たちを成功させてくださる　神の国と目的にかかわるときに、成功するかどうかは神の恵みに頼るか頼らないかにかかっている。ネヘミヤは町の城壁を再建することが神のみこころ(神の願い、計画、目的)であると知っていたので工事を始めた。したがって神がこのことを成功させてくださるという確信があった。神は人々がご自分の同労者になることを願っておられる。私たちは神とともに神の目的を達成することができるのである(⇒ピリ2:12-13)。4章には三つの成功の要因が示されている。それには人々の努力も含まれている。(1) 人々は仕事に全力を注いだ(4:6)。(2) 仕事をする人々は祈り深く、注意深く、勤勉だった(4:9)。(3) 人々は妨害に直面したとき、勇気、決意、信仰を具体的に示した(4:14)。エルサレムの城壁がわずか52日で完成したとき、ユダヤ人の敵でさえこの働きは神の助けによって成し遂げられたと告白するほかなかった(6:15-16)。神はいつもご自分の役割に忠実である。私たちも自分の役割に忠実でなければならない。

ネヘミヤ記 3章

5 その次に、テコア人たちが修理したが、そのすぐれた人たちは彼らの主人たちの工事に協力しなかった。

6 エシャナの門はパセアハの子エホヤダと、ベソデヤの子メシュラムが修理した。彼らは梁を置き、とびら、かんぬき、横木を取りつけた。

7 彼らの次に、ギブオン人メラテヤと、メロノテ人ヤドン、それに川向こうの総督の管轄に属するギブオンとミツパの人々が修理した。

8 その次に、金細工人のハルハヤの子ウジエルが修理し、その次に、香料作りのひとりハナヌヤが修理した。こうして、彼らはエルサレムを、広い城壁のところまで修復した。

9 彼らの次に、エルサレム地区の半区の長、フルの子レファヤが修理した。

10 その次に、ハルマフの子エダヤが自分の家に面する所を修理し、その次に、ハシャブネヤの子ハトシュが修理した。

11 ハリムの子マルキヤと、パハテ・モアブの子ハシュブは、その続きの部分と炉のやぐらを修理した。

12 その次に、エルサレムの残りの半区の長、ロヘシュの子シャルムが、自分の娘たちといっしょに修理した。

13 谷の門はハヌンと、ザノアハの住民が修理した。彼らはそれを建て直し、とびら、かんぬき、横木を取りつけ、糞の門までの城壁一千キュビトを修理した。

14 糞の門はベテ・ハケレム地区の長、レカブの子マルキヤが修理した。彼はそれを建て直し、とびら、かんぬき、横木を取りつけた。

15 泉の門はミツパ地区の長、コル・ホゼの子シャルンが修理した。彼はそれを建て直し、屋根をつけ、とびら、かんぬき、横木を取りつけた。また、王の園のシェラフの池の城壁を、ダビデの町から下って来る階段のところまで修理した。

16 そのあとに、ベテ・ツル地区の半区の長、アズブクの子ネヘミヤが、ダビデの墓地に面する所と、人工貯水池と、勇士たちの家のところまで修理した。

17 そのあとに、バニの子レフムなど、レビ人たちが修理した。その次に、ケイラ地区の半区の長、ハシャブヤが、自分の区域のために修理した。

18 そのあとに、ケイラの残りの半地区の長、ヘナダデの子バワイなど、彼らの同僚たちが修理した。

19 そのあとに、ミツパの長、ヨシュアの子エゼルが、城壁の曲がりかどにある武器倉への上り坂に面した続きの部分を修理した。

20 そのあとに、ザカイの子バルクが、城壁の曲がりかどから大祭司エルヤシブの家の門のところまでの続きの部分を、熱心に修理した。

21 そのあとに、コツの子ウリヤの子メレモテが、エルヤシブの家の門からエルヤシブの家の端までの続きの部分を修理した。

22 そのあとに、低地の人々である祭司たちが修理した。

23 そのあとに、ベニヤミンとハシュブが、彼らの家に面する所を修理した。そのあとに、アナネヤの子マアセヤの子アザルヤが、自分の家の近くを修理した。

24 そのあとに、ヘナダデの子ビヌイが、アザルヤの家から城壁の曲がりかどの、隅までの続きの部分を修理した。

25 ウザイの子パラルは、城壁の曲がりかどに面した所と、監視の庭のそばにあって、王宮から高く突き出ているやぐらを修理した。そのあとに、パルオシュの子ペダヤと、

26 オフェルの住民で宮に仕えるしもべたちとは、東のほうの水の門、および突き出ているやぐらに面する所までを修理した。

27 そのあとに、テコア人が、突き出ている大きなやぐらに面している所から、オフェルの城壁までの続きの部分を修理した。

28 馬の門から上のほうは、祭司たちがそれぞれ、自分の家に面する所を修理した。

29 そのあとに、イメルの子ツァドクが、自分の家に面する所を修理した。そのあとに、シェカヌヤの子、東の門を守る者シェマヤが修理した。

30 そのあとに、シェレムヤの子ハナヌヤと、ツァラフの六男ハヌンが、その続きの部分を修理した。そのあとに、ベレクヤの子メ

シュラムが、自分の部屋に面する部分を修理した。
31 そのあとに、金細工人のひとりマルキヤは、召集の門の向かい側にある宮に仕えるしもべたちや商人たちの家を、かどの二階の部屋のところまで修理した。
32 かどの二階の部屋と羊の門の間は、金細工人と商人たちが修理した。

再建に対する妨害

4 ¹ サヌバラテは私たちが城壁を修復していることを聞くと、怒り、また非常に憤慨して、ユダヤ人たちをあざけった。
² 彼はその同胞と、サマリヤの有力者たちの前で言った。「この哀れなユダヤ人たちは、いったい何をしているのか。あれを修復して、いけにえをささげようとするのか。一日で仕上げようとするのか。焼けてしまった石をちりあくたの山から生き返らせようとするのか。」
³ 彼のそばにいたアモン人トビヤもまた、「彼らの建て直している城壁なら、一匹の狐が上っても、その石垣をくずしてしまうだろう」と言った。
⁴「お聞きください、私たちの神。私たちは軽蔑されています。彼らのそしりを彼らの頭に返し、彼らが捕囚の地でかすめ奪われるようにしてください。
⁵ 彼らの咎を赦すことなく、彼らの罪を御前からぬぐい去らないでください。彼らは建て直す者たちを侮辱したからです。」
⁶ こうして、私たちは城壁を建て直し、城壁はみな、その高さの半分まで継ぎ合わされた。民に働く気があったからである。
⁷ ところが、サヌバラテ、トビヤ、アラブ人、アモン人、アシュドデ人たちは、エルサレムの城壁の修復がはかどり、割れ目

31 ①ネヘ3:8, イザ46:6, エレ10:9
32 ①ネヘ3:1, 12:39, ヨハ5:2

1 ①ネヘ2:10
2 ①エズ4:9, 10
   ②ネヘ4:10
   ③ネヘ4:10, 19
4 ①詩123:3, 4
   ②詩79:12, 箴3:34
5 ①詩69:27
   ②詩109:14, エレ18:23
6 *「高さの」は補足
7 ①ネヘ4:1

9 ①詩50:15
   ②ネヘ4:11
12 *七十人訳は「『彼らはどこからでも私たちを攻めに上って来る』と言った」
13 ①ネヘ4:17, 18
14 *「彼らが恐れているのを」は補足
   ①ネヘ2:16
   ②民14:9, 申1:29
   ③ネヘ1:5
   ④Ⅱサム10:12
15 ①Ⅱサム17:14, ヨブ5:12
16 *別訳「城壁を築いている隊長たちは、ユダの全家のうしろにいた」

もふさがり始めたことを聞いたとき、非常に怒り、
⁸ 彼らはみな共にエルサレムに攻め入り、混乱を起こそうと陰謀を企てた。
⁹ しかし私たちは、私たちの神に祈り、彼らに備えて日夜見張りを置いた。
¹⁰ そのとき、ユダの人々は言った。
「荷をになう者の力は衰えているのに、
ちりあくたは山をなしている。
私たちは城壁を築くことはできない。」
¹¹ 一方、私たちの敵は言った。「彼らの知らないうちに、また見ないうちに、彼らの真ん中に入り込んで、彼らを殺し、その工事をやめさせよう。」
¹² そこで、彼らの近くに住んでいたユダヤ人たちがやって来て、四方から十回も私たちに言った。「私たちのところに戻って来てほしい。」
¹³ そこで私は、民をその家族ごとに、城壁のうしろの低い所の、空地に、剣や槍や弓を持たせて配置した。
¹⁴ 私は彼らが恐れているのを見て立ち上がり、おもだった人々や、代表者たち、およびその他の人々に言った。「彼らを恐れてはならない。大いなる恐るべき主を覚え、自分たちの兄弟、息子、娘、妻、また家のために戦いなさい。」
¹⁵ 私たちの敵が、彼らのたくらみは私たちに悟られ、神がそれを打ちこわされたということを聞いたとき、私たちはみな、城壁に帰り、それぞれ自分の工事に戻った。
¹⁶ その日以来、私に仕える若い者の半分は工事を続け、他の半分は槍や、盾、弓、よろいで身を固めていた。一方、隊長たちはユダの全家を守った。
¹⁷ 城壁を築く者たち、荷をかついで運ぶ者たちは、片手で仕事をし、片手に投げ槍

4:1 サヌバラテは・・・ユダヤ人たちをあざけった
ユダヤ人の敵はエルサレムの城壁が再建されるのを妨害した。ネヘミヤと人々はあざけり（4:1-6）、暴力の脅し（4:7-9）、落胆（4:10）、恐れ（4:11-13）に直面した。この章は神の働きに対する妨害をどのように乗越えることができるかを教えている。(1) 祈りと決断はあざけりを克服する（4:4-6）。(2) 祈りとよく計画された安全対策は暴力の脅しを克服する（4:7-9、→マコ14:38、エペ6:18）。(3) 信仰、神を敬う指導者からの励まし、敵を退けるための賢明な準備があれば落胆と恐れを克服できる（4:12-18、→エペ6:11注）。

4:4 彼らの頭に返し 敵の攻撃に対するネヘミヤの祈りは、神への信仰と、神の働きと神の民への深い愛によるものだった（⇒エレ18:23、黙6:10）。神の働きを壊し神の民を傷つけようとする敵とその意図を打砕くように神に祈ってもそれは間違いではない。

ネヘミヤ記　4-5章

堅く握っていた。
18築く者は、それぞれ剣を腰にして築き、角笛を吹き鳴らす者は、私のそばにいた。
19私はおもだった人々や、代表者たち、およびその他の人々に言った。「この工事は大きく、また広がっている。私たちは城壁の上で互いに遠く離れ離れになっている。
20どこででも、あなたがたが角笛の鳴るのを聞いたら、私たちのところに集まって来なさい。私たちの神が私たちのために戦ってくださるのだ。」
21こうして、私たちはこの工事を進めたが、その半分の者は、夜明けから星の現れる時まで、槍を手に取っていた。
22そのときまた、私は民に言った。「だれでも自分に仕える若い者といっしょにエルサレムのうちで夜を明かすようにしなさい。そうすれば、夜にも見張りがおり、昼には働くことができる。」
23私も、私の親類の者も、私に仕える若い者たちも、私を守る見張りの人々も、私たちのうちのだれも、服を脱がず、それぞれ*投げ槍**を手にしていた。

ネヘミヤが貧しい人々を助ける

5 1ときに、民とその妻たちは、その同胞のユダヤ人たちに対して強い抗議の声をあげた。
2ある者は、「私たちには息子や娘が大ぜいいる。私たちは、食べて生きるために、穀物を手に入れなければならない」と言い、

20①出14:14, 25, 申1:30, 3:22, 20:4, ヨシ23:10
23＊別訳「水を汲むときにも、それぞれ投げ槍を持っていた」
＊＊「水」の読み替え

2①ネヘ5:2-5, レビ25:35, 申15:7

3①イザ58:7
　②→Ⅱ列5:26
4①エズ4:13, 7:24
5①創37:27
　②レビ25:39
7①出22:25, レビ25:36, 37, 申23:19, 20, エゼ22:12
8①レビ25:48
＊直訳「彼らは私たちに売られ」

3またある者は、「このききんに際し、穀物を手に入れるために、私たちの畑も、ぶどう畑も、家も抵当に入れなければならない」と言った。
4またある者は言った。「私たちは、王に支払う税金のために、私たちの畑とぶどう畑をかたにして、金を借りなければならなかった。
5現に、私たちの肉は私たちの兄弟の肉と同じであり、私たちの子どもも彼らの子どもと同じなのだ。それなのに、今、私たちは自分たちの息子や娘を奴隷に売らなければならない。事実、私たちの娘で、もう奴隷にされている者もいる。しかし、私たちの畑もぶどう畑も他人の所有となっているので、私たちにはどうする力もない。」
6私は彼らの不平と、これらのことばを聞いて、非常に怒った。
7私は十分考えたうえで、おもだった者たちや代表者たちを非難して言った。「あなたがたはみな、自分の兄弟たちに、担保を取って金を貸している」と。私は大集会を開いて彼らを責め、
8彼らに言った。「私たちは、異邦人に売られた私たちの兄弟、ユダヤ人を、できるかぎり買い取った。それなのに、あなたがたはまた、自分の兄弟たちを売ろうとしている。＊私たちが彼らを買わなければならないのだ。」すると、彼らは黙ってしまい、一言も言いだせなかった。
9私は言い続けた。「あなたがたのしている

4:20　私たちの神が私たちのために戦ってくださるのだ　私たちが神を尊び、神の目的を推進するために謙虚に働き、聖霊を通して使えるようになる御霊の武器に頼るなら（→Ⅱコリ10:4注）、困難がどれほど大きくても、神が私たちのために戦ってくださることを確信することができる。

5:1　強い抗議の声　5章はユダヤ人の間の経済的不公平を描いている。（1）金持と権力者は貧しい人々の土地を抵当に取って苦しめていた（5:7）。これは多くの人がただ食物を買うために、自分の土地を裕福な人に引渡したり、極端に高い利子でお金を借りなければならなかったことを意味する（5:7）。ある例では、飢えから逃れるために貧しい人々が自分の子どもたちを奴隷として差出さなければならなかった（5:1-5）。ネヘミヤは怒ってこの不公平さに公然と向き合った（5:6）。その結果、弱い人々につけこんでいた人々を悔い改めて正しいことを行うように納得させることができた（5:12-13）。（2）ほかの人々が困っているときにつけこむどん欲（ほかの人々のものをほしがる）の罪は、人間の本来の姿が道徳的に堕落していることを示している。神がそのような不正をさばかれることは確かである（⇒箴28:27，→コロ3:25注，→「貧困者への配慮」の項 p.1510）。

5:6　非常に怒った　不公平さと悪に対するネヘミヤの怒りは正しい心からの怒りである。極度の不正、あるいは無力な人や無実の人への虐待に怒りを感じない人は、弱い立場にいる人の苦しみを自分のものとしたり同情したりできるに違いない（→ルカ19:45注）。

ことは良くない。あなたがたは、私たちの敵である異邦人のそしりを受けないために、私たちの神を恐れながら歩むべきではないか。
10 私も、私の親類の者も、私に仕える若い者たちも、彼らに金や穀物を貸してやったが、私たちはその負債を帳消しにしよう。
11 だから、あなたがたも、きょう、彼らの畑、ぶどう畑、オリーブ畑、家、それにまた、あなたがたが彼らに貸していた金や、穀物、新しいぶどう酒、油などの利子を彼らに返してやりなさい。」
12 すると彼らは、「私たちは返します。彼らから何も要求しません。私たちはあなたの言われるとおりにします」と言った。そこで、私は祭司たちを呼び、彼らにこの約束を実行する誓いを立てさせた。
13 私はまた、私のすそを振って言った。「この約束を果たさない者を、ひとり残らず、神がこのように、その家とその勤労の実とから振り落としてくださいますように。このように、その者は振り落とされて、むなしいものとなりますように。」すると全集団は、「アーメン」と言って、主をほめたたえた。こうして、民はこの約束を実行した。
14 また、私がユダの地の総督として任命された時から、すなわち、アルタシャスタ王の第二十年から第三十二年までの十二年間、私も私の親類も、総督としての手当を受けなかった。
15 私の前任の総督たちは民の負担を重くし、民から、パンとぶどう酒のために取り立て、そのうえ、銀四十シェケルを取っ

9 ① Ⅰ ペテ2:12, Ⅱ サム12:14, ロマ2:24
② レビ25:36
11 *直訳「百分の一」
12 ① Ⅱ 歴28:8-15
② ネヘ10:31
③ エズ10:5
13 ① 使18:6
② ネヘ8:6
14 ① ネヘ5:15, 18, 7:65, 69, 8:9, 10:1, 12:26
② ネヘ2:1
③ ネヘ1:1
④ ネヘ13:6
⑤ Ⅰ コリ9:4, 15, Ⅱ テサ3:8
*直訳「パンを食べなかった」
15 *別訳「銀四十シェケル以外にパンとぶどう酒を取った」

① ネヘ5:9
② Ⅱ コリ11:9, 12:13
17 ① Ⅱ サム9:7,
② 列上18:19
18 ① Ⅰ 列4:22, 23
② ネヘ5:14
19 ① ネヘ13:14, 22, 31

1 ① イザ58:12
② ネヘ2:10
③ ネヘ2:19, 6:6
④ ネヘ1:3, 1, 3
2 ① ネヘ11:35, Ⅰ 歴8:12
*七十人訳による
〔□〕「ケフィリム」
② 詩37:12, 32, 箴26:24, 25

た。しかも、彼らに仕える若い者たちは民にいばりちらした。しかし、私は神を恐れて、そのようなことはしなかった。
16 また、私はこの城壁の工事に専念し、私たちは農地を買わなかった。私に仕える若い者たちはみな、工事に集まっていた。
17 ユダヤ人の代表者たち百五十人と、私たちの回りの国々から来る者が、私の食卓についていた。
18 それで、一日に牛一頭、えり抜きの羊六頭が料理され、私のためには鶏が料理された。それに、十日ごとに、あらゆる種類のぶどう酒をたくさん用意した。それでも私は、この民に重い労役がかかっていたので、総督としての手当を要求しなかった。
19 私の神。どうか私がこの民のためにしたすべてのことを覚えて、私をいつくしんでください。

再建へのさらなる妨害

6 1 さて、私が城壁を建て直し、破れ口は残されていないということが、サヌバラテ、トビヤ、アラブ人ゲシェム、その他の私たちの敵に聞こえると、──その時まで、私はまだ、門にとびらを取りつけていなかった──
2 サヌバラテとゲシェムは私のところに使いをよこして言った。「さあ、オノの平地にある村の一つで会見しよう。」彼らは私に害を加えようとたくらんでいたのである。
3 そこで、私は彼らのところに使者たちをやって言った。「私は大工事をしているから、下って行けない。私が工事をそのまま

5:15 神を恐れて 神を敬っていたネヘミヤは前任者のように、人々の弱みにつけこむようなことはしなかった。神を敬うなら自分たちには神への責任があることを知り、どんなかたちでもほかの人々をだましたり利用したりすることはなくなる。

5:18 あらゆる種類のぶどう酒 旧約聖書の時代には、新しいもの、古いもの、混じりけのないもの、混ぜ合せたものなどいろいろな種類のぶどう酒があった。あるものはぶどうからの搾りたてで、あるものは煮て凝縮したもの、あるものは甘くて蜂蜜のように濃いもの、あるものは水や薬と混ぜたものだった。この中のあるぶどう酒は発酵しており（アルコール分があって酔うもの）、あるぶどう酒は発酵していなかった（→箴23:31注、→「旧約聖書のぶどう酒」の項 p.1069、「新約聖書のぶどう酒」の項 p.1870）。

6:3 大工事をしている 神の民は自分が召された働きについてそれにかかわる大きな幻とその永遠の重要性を把握していなくてはならない。個人としての仕事や貢献は小さくて重要ではないように見えても、神の民が協力するなら、私たちは「大工事をしている」のである。ネヘミヤは城壁の再建という目的に完全に集中していたので、完成するまで勤勉に働き注意をそらされなかった。信仰を伴った大きな幻を持つなら私たちは自分の人生と今の時代の人々のために神が計画され

ネヘミヤ記 6章

にして、あなたがたのところへ下って行っ
たため、工事が止まるようなことがあって
よいものだろうか。」
4 すると、彼らは同じようにして、四度も
私のところに人をよこした。それで私も同
じように彼らに答えた。
5 サヌバラテは五度目にも同じようにして、
若い者を私のところによこした。その手に
は一通の開封した手紙を持っていた。
6 それには次のように書いてあった。「諸国
民の間に言いふらされ、また、ゲシェムも
言っているが、あなたとユダヤ人たちは反
逆をたくらんでおり、そのために、あなたは
城壁を建て直している。このうわさによれ
ば、あなたは彼らの王になろうとしている。
7 また、あなたはエルサレムで、自分につい
て宣言させるために、預言者たちを任命し
て、『ユダに王がいる』と言わせている。今
にこのようなことが王に聞こえるであろう。
さあ、来なさい。いっしょに相談しよう。」
8 そこで、私は彼のところに人をやって言
わせた。「あなたが言っているようなこと
はされていない。あなたはそのことを自分
でかってに考え出したのだ」と。
9 事実、これらのことはみな、「あの者たち
が気力を失って工事をやめ、中止するだろ
う」と考えて、私たちをおどすためであっ
た。ああ、今、私を力づけてください。
10 私がメヘタブエルの子デラヤの子シェ
マヤの家に行ったところ、彼は引きこもっ
ており、そして言った。「私たちは、神の

6 ①ネヘ6:1
  *☒「ガシュム」
  ②ネヘ2:19
7 ①ネヘ9:26, 30, 32,
  エズ5:1, 6:14,
  Ⅰサム3:20
10 ①エレ36:5

13 ①ネヘ6:6, 申22:14
14 ①→Ⅱ列22:14,
  エゼ13:17
  ②ネヘ13:29
15 ①ネヘ4:1, 2
16 ①ネヘ2:10, 4:1, 7
  *あるいは「力を落とし
  た」
  ②詩127:1
  ③出14:25

宮、本堂の中で会い、本堂の戸を閉じてお
こう。彼らがあなたを殺しにやって来るか
らだ。きっと夜分にあなたを殺しにやって
来る。」
11 そこで、私は言った。「私のような者が
逃げてよいものか。私のような者で、だれ
が本堂に入って生きながらえようか。私は
入って行かない。」
12 私にはわかっている。今、彼を遣わした
のは、神ではない。彼がこの預言を私に伝
えたのは、トビヤとサヌバラテが彼を買収
したからである。
13 彼が買収されたのは、私が恐れ、言われ
るとおりにして、私が罪を犯すようにする
ためであり、彼らの悪口の種とし、私をそ
しるためであった。
14 わが神よ。トビヤやサヌバラテのあのし
わざと、また、私を恐れさせようとした女
預言者ノアデヤや、その他の預言者たちの
しわざを忘れないでください。

城壁の完成

15 こうして、城壁は五十二日かかって、
エルルの月の二十五日に完成した。
16 私たちの敵がみな、これを聞いたとき、
私たちの回りの諸国民はみな恐れ、大いに
面目を失った。この工事が、私たちの神に
よってなされたことを知ったからである。
17 また、そのころ、ユダのおもだった人々は、
トビヤのところにひんぱんに手紙を送って
おり、トビヤも彼らに返事をしていた。

エス4・14、5・2

にネヘミヤは耐えていた。信仰者が体験する悲劇の中
には、自分は神に仕えていると偽る人々から加えられ
るものがある。そのような人々はいつも神のご計画を
邪魔しているのである（→使20:28-31, Ⅱコリ11:
26）。

6:15　城壁は・・・完成した　城壁は完成した。そ
れは、（1）神が人々とともにおられ（2:20, 4:15,
20）、（2）勇気を持ち、献身的で決意の固い指導者が
おり（ネヘミヤは神の導き、守り、力に完全に頼って
いた）（6:3, 9, 5:14-19）、（3）人々が心を込めて働き
（4:6）、任務が完成するまで指導者の勇気ある模範に
従ったからである。

**6:12　私にはわかっている。今、彼を遣わしたのは、
神ではない**　ひとりの人を本当の神の使者かどうか判
断するには、神からの知恵と識別力（洞察力のある認
識と判断）が必要である。ある人々は自分は神を信じ
ており、自分の行いは神に認められていると主張する
かもしれない。けれども神がくださる識別力によると
その人々が自分の栄光と繁栄を求めているに過ぎない
ことがわかるかもしれない。神のために話していると
主張する人々の人格と神への忠誠心を判断する知恵が
神の民には必要である（→「にせ教師」の項 p.1758）。

6:14　私を恐れさせようとした・・・預言者たち
神の栄誉のために働いていると主張しながら、実際は
神の敵と一緒に行動している人々から加えられる迫害

18 それは、トビヤがアラフの子シェカヌヤの婿であり、また、トビヤの子ヨハナンもベレクヤの子メシュラムの娘を妻にめとっていたので、彼と誓いを立てていた者がユダの中に大ぜいいたからである。
19 彼らはまた、私の前でトビヤの善行を語り、私の言うことを彼に伝えていた。トビヤは私をおどそうと、たびたび手紙を送って来た。

7 1 城壁が再建され、私がとびらを取りつけたとき、門衛と、歌うたいと、レビ人が任命された。
2 私は、兄弟ハナニと、この城のつかさハナヌヤとに、エルサレムを治めるように命じた。これは、ハナヌヤが誠実な人であり、多くの人にまさって神を恐れていたからである。
3 私はふたりに言った。「太陽が高く上って暑くなる前に、エルサレムの門をあけてはならない。そして住民が警備に立っている間に、門を閉じ、かんぬきを差しなさい。エルサレムの住民のうちから、それぞれの見張り所と自分の家の前に見張りを立てなさい。」

捕囚から帰還した人々の名簿
7:6-72　並行記事－エズ2:1-70

4 この町は広々としていて大きかったが、そのうちの住民は少なく、家もまだ十分に建てられていなかった。
5 私の神は、私の心を動かして、私がおもだった人々や、代表者たちや、民衆を集めて、彼らの系図を記載するようにされた。私は最初に上って来た人々の系図を発見し、その中に次のように書かれているのを見つけた。
6 バビロンの王ネブカデネザルが引いて行った捕囚の民で、その捕囚の身から解かれて上り、エルサレムとユダに戻り、めいめい自分の町に戻ったこの州の人々は次のとおりである。
7 ゼルバベルといっしょに帰って来た者は、ヨシュア、ネヘミヤ、アザルヤ、＊ラアムヤ、ナハマニ、モルデカイ、ビルシャン、ミスペレテ、ビグワイ、＊ネフム、バアナ。
　イスラエルの民の人数は次のとおりである。
8 パルオシュ族、二千百七十二名。
9 シェファテヤ族、三百七十二名。
10 アラフ族、六百五十二名。
11 ヨシュアとヨアブの二族からなるパハテ・モアブ族、二千八百十八名。
12 エラム族、一千二百五十四名。
13 ザト族、八百四十五名。
14 ザカイ族、七百六十名。
15 ＊ビヌイ族、六百四十八名。
16 ベバイ族、六百二十八名。
17 アズガデ族、二千三百二十二名。
18 アドニカム族、六百六十七名。
19 ビグワイ族、二千六十七名。
20 アディン族、六百五十五名。
21 ヒゼキヤ族、すなわちアテル族、九十八名。
22 ハシュム族、三百二十八名。
23 ベツァイ族、三百二十四名。
24 ＊ハリフ族、百十二名。
25 ＊ギブオン族、九十五名。
26 ベツレヘムとネトファの人々、百八十八名。
27 アナトテの人々、百二十八名。
28 ベテ・アズマベテの人々、四十二名。
29 ＊キルヤテ・エアリムと、ケフィラと、ベエロテの人々、七百四十三名。
30 ラマとゲバの人々、六百二十一名。
31 ミクマスの人々、百二十二名。
32 ベテルとアイの人々、百二十三名。

1) ネヘ6:1, 15
2) ネヘ1:2
＊ ネヘ13:13, 出18:21
6) ネヘ7:6-72, エズ2:1-70

② ネヘ1:3
7) ネヘ12:1, 47, エズ2:2, ハガ1:1
＊ エズ2:2「レエラヤ……ミスパル……レフム」
15 ＊ エズ2:10「バニ」
24 ＊ エズ2:18「ヨラ」
25 ＊ エズ2:20「ギバル」
29 ＊ エズ2:25「キルヤテ・アリム」

7:2　誠実な人であり・・・神を恐れていた　「誠実」と訳されたことばは(《ヘ》エメト)「信頼できること、真理、忠実なこと」を指している。人に使われるときには「誠実な」とか「本心」という意味になる。神に使われるときは変わることのない愛、忠実さ、導きの確かさを指している。聖書的基準による誠実さは指導者に求められるものであり、神とみことばに忠実な人々の中にこそ見られるはずのものである。そのような人々は妥協することなく、ほかの人々に対して誠実でなければならない。そして罪は悪いことであり、神への大きな違反であるということを真理として理解し、それによって生きなければならない。生活の中にわずかな罪が浸入することも神の聖さは許さない(Ⅰテサ5:22、→「監督の道徳的資格」の項 p.2303、「信徒の聖書的訓練」の項 p.2318)。

ネヘミヤ記 7-8章

33 別のネボの人々、五十二名。
34 別のエラム族、一千二百五十四名。
35 ハリム族、三百二十名。
36 エリコの人、三百四十五名。
37 ロデと、ハディデと、オノの人、七百二十一名。
38 セナアの人、三千九百三十名。
39 祭司は、ヨシュアの家のエダヤ族、九百七十三名。
40 イメル族、一千五十二名。
41 パシュフル族、一千二百四十七名。
42 ハリム族、一千十七名。
43 レビ人は、ホデヤ族のヨシュアとカデミエルの二族、七十四名。
44 歌うたいは、アサフ族、百四十八名。
45 門衛は、シャルム族、アテル族、タルモン族、アクブ族、ハティタ族、ショバイ族、百三十八名。
46 宮に仕えるしもべたちは、ツィハ族、ハスファ族、タバオテ族、
47 ケロス族、*シア族、パドン族、
48 レバナ族、ハガバ族、サルマイ族、
49 ハナン族、ギデル族、ガハル族、
50 レアヤ族、レツィン族、ネコダ族、
51 ガザム族、ウザ族、パセアハ族、
52 ベサイ族、メウニム族、ネフィシェシム族、
53 バクブク族、ハクファ族、ハルフル族、
54 *バツリテ族、メヒダ族、ハルシャ族、
55 バルコス族、シセラ族、テマフ族、
56 ネツィアハ族、ハティファ族、
57 ソロモンのしもべたちの子孫は、ソタイ族、ソフェレテ族、ペリダ族、
58 ヤアラ族、ダルコン族、ギデル族、
59 シェファテヤ族、ハティル族、ポケレテ・ハツェバイム族、*アモン族。
60 宮に仕えるしもべたちと、ソロモンのしもべたちの子孫は、合計三百九十二名。
61 次の人々は、テル・メラフ、テル・ハルシャ、ケルブ、アドン、イメルから引き揚げて来たが、自分たちの先祖の家系と血統がイスラエル人であったかどうかを、証

34 ①ネヘ7:12
39 ① I 歴24:7
40 ① I 歴24:14
41 ① I 歴9:12、エズ10:22
42 ① I 歴24:8
43 *エズ2:40「ホダブヤ」
    ①エズ3:9
46 ①ネヘ3:26
47 *エズ2:44「シアハ」
52 *エズ2:50「ネフシム」
54 *エズ2:52「バツルテ」
57 ①ネヘ7:60、11:3、
    エズ2:55、I 列9:21
58 *エズ2:56「ヤラ」
59 *エズ2:57「アミ」
61 *エズ2:59「アダン」

65 ①エズ2:63
   ②出28:30、申33:8
67 *七十人訳は、エズ2:66 に相当する句を加える
69 ①ネヘ7:65
   *1ダリクは約8.5グラム（の金貨）
70 *1ミナは570グラム
72 ①ネヘ9:2
   ②エズ3:1
1 ①エズ3:1
  *直訳「ひとりの人のように」
  ②ネヘ3:26

明することができなかった。
62 すなわち、デラヤ族、トビヤ族、ネコダ族、六百四十二名。
63 祭司のうちでは、ホバヤ族、コツ族、バルジライ族。——このバルジライは、ギルアデ人バルジライの娘のひとりを妻にめとったので、その名をもって呼ばれていた

64 これらの人々は、自分たちの系図書きを捜してみたが、見つからなかったので、彼らは祭司職を果たす資格がない者とされた。
65 それで、総督は、ウリムとトンミムを使える祭司が起こるまでは最も聖なるものを食べてはならない、と命じた。
66 全集団の合計は四万二千三百六十名であった。
67 このほかに、彼らの男女の奴隷が七千三百三十七名いた。また彼らには男女の歌うたいが二百四十五名いた。
68 らくだは四百三十五頭。ろばは六千七百二十頭であった。
69 一族のかしらの何人かは、工事のためにささげ物をした。総督は資金のために金*一千ダリク、鉢五十、祭司の長服五百三十着をささげ、
70 また、一族のかしらのある者は、工事の資金のために金二万ダリク、銀二千二百*ミナをささげた。
71 そのほかの民のささげたものは、金二万ダリク、銀二千ミナ、祭司の長服六十七着であった。
72 こうして、祭司、レビ人、門衛、歌うたい、民のある者たち、宮に仕えるしもべたち、および、すべてのイスラエル人は、自分たちのもとの町々に住みついた。

エズラが律法を朗読する

イスラエル人は自分たちの町々にいたが、第七の月が近づくと、

8 1 民はみな、いっせいに、水の門の前の広場に集まって来た。そして彼ら

8:1 民はみな、いっせいに・・・集まって来た
8-10章は旧約聖書時代の最大のリバイバルを描いており、また霊的刷新のいくつかの基本的要因を示している。本当のリバイバルは神からだけ来るものであり、みことば(8:1-8)、祈り(8:6)、罪の告白(9:)、本物のへりくだりと悔い改め(8:9)、罪深い信仰と社

は、主がイスラエルに命じたモーセの律法の書を持って来るように、学者エズラに願った。

2 そこで、第七の月の一日目に祭司エズラは、男も女も、すべて聞いて理解できる人たちからなる集団の前に律法を持って来て、

3 水の門の前の広場で、夜明けから真昼まで、男や女で理解できる人たちの前で、これを朗読した。民はみな、律法の書に耳を傾けた。

4 学者エズラは、このために作られた木の台の上に立った。彼のそばには、右手にマティテヤ、シェマ、アナヤ、ウリヤ、ヒルキヤ、マアセヤが立ち、左手にペダヤ、ミシャエル、マルキヤ、ハシュム、ハシュバダナ、ゼカリヤ、メシュラムが立った。

5 エズラはすべての民の面前で、その書を開いた。彼はすべての民よりも高い所にいたからである。彼がそれを開くと、民はみな立ち上がった。

6 エズラが大いなる神、主をほめたたえると、民はみな、手を上げながら、「アーメン、アーメン」と答えてひざまずき、地にひれ伏して主を礼拝した。

7 ヨシュア、バニ、シェレベヤ、ヤミン、アクブ、シャベタイ、ホディヤ、マアセヤ、ケリタ、アザルヤ、エホザバデ、ハナン、ペラヤなどレビ人たちは、民に律法を解き明かした。その間、民はそこに立っていた。

8 彼らが神の律法の書をはっきりと読んで説明したので、民は読まれたことを理解した。

9 総督であるネヘミヤと、祭司であり学者であるエズラと、民に解き明かすレビ人たちは、民全部に向かって言った。「きょうは、あなたがたの神、主のために聖別された日である。悲しんではならない。泣いてはならない。」民が律法のことばを聞いたときに、みな泣いていたからである。

10 さらに、ネヘミヤは彼らに言った。「行って、上等な肉を食べ、甘いぶどう酒を飲みなさい。何も用意できなかった者にはごちそうを贈ってやりなさい。きょうは、

会的慣習の拒絶(9:2)、神のご計画に従う新しい献身と神のことばを生活の最終的な権威とすることの結果である(10:29、→「**聖書の霊感と権威**」の項 p.2323)。

8:3 耳を傾けた リバイバルは神のことばに新しく焦点をあて、その意味することと、毎日の生活にどのように適用するかを理解しようとするまじめな努力によって起こる(8:8)。7日間、毎日6時間、エズラは律法の書を朗読した(8:3, 18)。神の民の間にあるリバイバルが本物であるかどうかは、神のことばを聞き、読み、個人生活に適用することへの深い霊的な飢え渇きがあるかどうかによって証明される。

8:6 地にひれ伏して【主】を礼拝した この章は過去最高の礼拝を描いている。人々が神に対する深い愛を心を開いて表すことを神は望んでおられる。そして定期的に神を礼拝するように招いておられる(⇒詩29:2, 96:9、→「**礼拝**」の項 p.789)。

8:7 民に律法を解き明かした 神のことばが人々に伝えられるときには必ず何かが起こる。ここでのエズラとレビ人(イスラエルのレビ族出身の奉仕者や礼拝の指導者)はその具体例を示している。捕囚から帰還した人々の多くは既にヘブル語を理解できなかった。アラム語が自分たちのことばになっていた。そこでヘブル語の聖書が読まれたとき献身したあるグループの人々がそれをアラム語に訳し、人々が理解して生活に適用できるようにその意味を説明した。その結果として人々は「彼らが教えられたことを理解し」て喜んだ(8:12)。神に力づけられたメッセンジャーが神のことばをはっきりと力強く、情熱的に伝えるときに、啓示、悔い改め、リバイバル、喜びなどがみな聖霊によって実現するのである。

8:9 聞いたときに、みな泣いていた 神のことばを聞いて理解したとき、人々は自分たちの罪を深く自覚(罪を認め、罪悪感を持ち、あわれみを神に求める意識)した。レビ記26章と申命記28章がそのような深い罪の自覚を導き出した律法の部分だったと思われる。そこには神のことばに対して従順であるなら神の祝福が、不従順ならさばきが下ることが示されている。霊的なリバイバルの中で罪を深く悲しんで(⇒9:)泣くことは、神の聖霊が働いておられるしるしである(→ヨハ16:8注)。そして誠実に罪(自分勝手な道、神を無視すること)から方向転換するなら、神の赦しと霊的救いに伴う深い喜びが与えられる(→8:10注, マタ5:4)。

8:10 上等な肉を食べ、甘いぶどう酒を飲みなさい ユダヤ人は脂肪の多い食物と甘い飲み物を好んだ。古代のぶどう酒の多くは煮て蜂蜜のようにとても甘く濃くなるまで凝縮されたものだった。それを大量に薄めて提供した(→5:18注)。

礼　　拝

「エズラはすべての民の面前で、その書を開いた。彼はすべての民よりも高い所にいたからである。彼がそれを開くと、民はみな立ち上がった。エズラが大いなる神、【主】をほめたたえると、民はみな、手を上げながら、『アーメン、アーメン』と答えてひざまずき、地にひれ伏して【主】を礼拝した。」(ネヘミヤ記8：5-6)

まことの神の礼拝の定義

「礼拝」とは神が偉大な方であることを喜びあがめる行動と態度のことで、神に対して驚きと敬愛の思いを表現するものである。まことの礼拝は人間中心ではなく神中心である。そして神の特性に焦点を合せる(→「神の属性」の項 p.1016)。キリスト教の礼拝の中では主イエスに従う人々は神の特性と臨在とに対して聖い愛とあがめ敬う心をもって応答し、神の特性と神がしてくださったことに感謝を表明するのである。偽りのない、まことの心からの礼拝では神が全能の、天と地の創造者であることを告白し、信仰をもって身をささげることが要求される。それは神が人生のただ一人の主(導き手、最高の権威)であると知り告白することである。人間は神を尊び礼拝するために創造されたのである(詩100：2, 3, イザ43：6, 7, ロマ12：1, コロ1：16, 17, 黙4：11)。

まことの神の礼拝の小史

人類は歴史の初めから神を礼拝してきた。アダムとエバはエデンの園の中で、神と個人的な関係を持ち交わりを楽しんでいた(⇒創3：8)。息子のカインとアベルも主にささげ物(《ヘ》ミンハー—「貢物」、「贈り物」の意)を持ってきた。カインは植物のいのちを、アベルは動物のいのちを持ってきた(創4：3-4)。セツの子孫たちは「主の御名によって」祈り始めた(創4：26)。ノアは洪水の後、主に祭壇を築いて全焼のいけにえをささげた(創8：20)。アブラハムは後にイスラエルの約束の地になる地域の至る所に祭壇を築いて神にささげ物をした(創12：7-8, 13：4, 18, 22：9)。そして神と個人的に親しく話し合った(創18：23-33, 22：11-18)。
ところが公の礼拝が正式の儀式あるいは神を尊ぶ活動になったのは出エジプト(イスラエル人が奴隷状態だったエジプトから出国したこと)の後、イスラエルが幕屋(可動式の建物で礼拝の場所、神の臨在を表す場所)を建ててからのことだった。そのときから絶えず、特に安息日(神が休息と礼拝のために特に定めた日、→「旧約聖書のいけにえとささげ物」の表 p.202)にいけにえがささげられることになった。神はまた年ごとの宗教的な祭りをいくつか定めて、イスラエルが公に礼拝をするときとされた(出23：14-17, レビ1：-7：, 16：, 23：4-44, 申12：, 16：, →「旧約聖書の祭り」の表 p.235)。この礼拝は後に、エルサレムの神殿を中心として行われるようになった(ダビデの計画がⅠ歴22：-26：にある)。神殿が前586年に破壊されたあと、ユダヤ人は捕囚(捕囚の概要 →エズ緒論)の間、定住した地域で教育と礼拝の場所として会堂(シナゴグ)を建てた。これらの建物はゼルバベルの指導のもとに第二神殿が建設されたあとも、礼拝のために続けて用いられた(エズ3：-6：)。新約聖書の時代にも会堂はユダヤ地方全体とローマ帝国の至る所に存在した(ルカ4：16, ヨハ6：59, 使6：9, 13：14, 14：1, 17：1, 10, 18：4, 19：8, 22：19)。
新約聖書の教会の礼拝は初期にはエルサレムの神殿と個人の家で行われていた(使2：46-47)。エルサレム以外では、キリスト者たちは許される限り会堂で礼拝をした。それが許されなくなるとほかの場所に集まって礼拝をした。大抵は人々の家だったけれども(⇒使18：7, ロマ16：5, コロ4：15, ピレ1：2)、時には公的な施設を使うこともあった(使19：9-10)。

キリスト者の礼拝の表現

聖書はまことの心からの礼拝には様々なかたちや姿勢があったことを描いている。それは伏す(Ⅰ列1：

47, 48)、立つ(出33:10)、踊る(Ⅱサム6:14)、手をたたき叫ぶ(詩47:1)、手を上げる(詩134:2, Ⅰテモ2:8)、ひざまずく(ダニ6:10)、歩いたりはねたりする(使3:8)、ひれ伏す(黙5:14)などである。このような表現はその情況に合ったものであり、威厳のある神の臨在に対する心からの応答である限り神に受入れられた。姿勢は様々であっても、神を敬うまことの礼拝にはいくつかの共通の要素がその特徴として見られる。礼拝はみな、礼拝をする当人ではなく主を高めるものである。

(1) キリスト者の礼拝を導くかぎとなる原則が二つある。(a) まことの礼拝は霊とまことによって行われる(→ヨハ4:23注)。つまり礼拝は単なる肉体的、精神的活動ではない。まことの礼拝は霊的行動で、神がご自分を啓示してくださったこと、特に御子イエス・キリストを通して啓示してくださったことに対して応答することである(⇒ヨハ14:6)。礼拝では人間の霊と神の聖霊との間に心からの交わりが持たれる(Ⅰコリ12:7-12)。(b) キリスト者の礼拝の実際は新約聖書の教会の型に合ったものでなければならない(→使7:44注)。今日キリストに従う人々は新約聖書全体に描かれている礼拝と同じ種類の表現と体験を願い求め期待するべきである(→使緒論 解釈の原則)。

(2) 旧約聖書の礼拝の特徴はいけにえをささげることである(→民28:-29:)。キリストは十字架の上で犠牲を払ってこの制度を完全に成就されたので、キリスト者の礼拝で血を流す必要はなくなった(→ヘブ9:1-10:18)。主の晩餐(聖餐式)の聖礼典(象徴的儀式)を通して、新約聖書の教会はキリストの一度限りの犠牲を記念して絶えず祝い続けて来た(Ⅰコリ11:23-26)。教会はまた「賛美のいけにえ、すなわち御名をたたえるくちびるの果実を、神に絶えずささげ」るように勧められている(ヘブ13:15)。私たちもまた「あなたがたのからだを、神に受け入れられる、聖い、生きた供え物としてささげ」るべきなのである(ロマ12:1注)。

(3) キリスト者の礼拝には神を賛美することが必要である。イスラエル人の神礼拝でも賛美は重要な要素だった(詩100:4, 106:1, 111:1, 113:1, 117:)。それは初期のキリスト者の礼拝でも同じだった(使2:46-47, 16:25, ロマ15:10-11, ヘブ2:12、→「賛美」の項 p.891)。

(4) 神を賛美する上で大切なのは、詩と賛美と霊の歌を歌うことである。旧約聖書には、主に対して歌うようにとの勧めが満ちている(Ⅰ歴16:23, 詩95:1, 96:1-2, 98:1, 5-6, 100:1-2)。主イエスの誕生のとき、天の全軍勢が突然賛美の歌を歌い出した(ルカ2:13-14)。新約聖書の教会は賛美をする共同体だった(Ⅰコリ14:15, エペ5:19, コロ3:16, ヤコ5:13)。新約聖書のキリスト者は知性のことば(人間のことば)で歌い、霊によって(霊のことばまたは「異言」→Ⅰコリ14:15注)歌ったと聖書は記録している。賛美を礼拝の名前を借りた催し物のように考えたり、実際にそのように行うことはなかった。歌と音楽は礼拝の重要な表現ではあるけれども、音楽が礼拝の根本であると見なさないようにしなければならない。音楽がまことの礼拝の代りになってはならないのである。音楽は確かに人々を感動させ心を動かし、まことの礼拝をささげるようにさせるけれども、時には感情を圧倒することもある。そうすると人々の注意は神からそれていくことになる。そして神ではなく、音楽や歌い手、感情などを礼拝することになってしまう。

(5) 祈りは礼拝のもう一つの重要な部分である。旧約聖書の聖徒たちは祈りを通して絶えず神と交わっていた(創20:17, 民11:2, Ⅰサム8:6, Ⅱサム7:27, ダニ9:3-19, ⇒ヤコ5:17-18)。新約聖書の教会の指導者たちも主イエスが天に昇られたあと祈り続けた(使1:14)。そして祈りはキリスト者の礼拝の中で無くてはならない部分になった(使2:42, 20:36, Ⅰテサ5:17、→「効果的な祈り」の項 p.585)。この祈りは自分自身のための祈りや(使4:24-30)、ほかの人々のために祈るとりなしの祈りだった(ロマ15:30-32, エペ6:18)。キリスト者の祈りにはいつも神への感謝が含まれなければならない(エペ5:20, ピリ4:6, コロ3:15, 17, Ⅰテサ5:18)。賛美と同じように祈りも人間のことばや異言で祈ることができる(Ⅰコリ14:13-15)。

(6) 罪の告白(神に対する罪を公に認めること)は明らかに旧約聖書の礼拝では重要だった。神はイスラエル人のために「贖罪の日」を定めて(レビ16:、→「贖罪の日」の項 p.223)、神に対する罪を民族全員が告白するときにされた。神殿奉献の祈りの中でソロモンは罪の告白が重要であることを認識していた(Ⅰ列8:30-39)。神の民が律法をどれほどないがしろにしていたかを知ったとき、エズラとネヘミヤはユダヤ民族

全体を熱烈な公の告白の祈りに導いた(ネヘ9:)。主イエスは弟子たちに祈りの模範を示されたとき(主の祈りと言われることが多い)罪の赦しを求めるように教えられた(マタ6:12)。ヤコブは信仰者たちに互いに罪を告白するように教えている(ヤコ5:16)。私たちは霊的失敗や間違いを認めることによって責任感が生れ、神の慈しみ深い赦しを確信できるようになる(Ⅰヨハ1:9)。

(7) 礼拝の中には神のことばの朗読とその真理の解き明かし(説教)もある。旧約聖書の時代には7年ごとの仮庵の祭りのときにイスラエルの民がみなモーセの律法の朗読のために集まるように神は命令された(申31:9-13)。旧約聖書の礼拝のこの部分を最も明らかに示している例は、エズラとネヘミヤのときである(→ネヘ8:1-12)。聖書朗読は安息日の会堂での礼拝でも無くてはならない部分になった(→ルカ4:16-19, 使13:15)。同じように新約聖書の信仰者が礼拝のために集ったときには、神のことばを聞き(Ⅰテモ4:13, ⇒コロ4:16, Ⅰテサ5:27)、みことばの真理に基づいた教えと説教と実際的な勧めを受けたのである(Ⅰテモ4:13, Ⅱテモ4:2, ⇒使19:8-10, 20:7)。

(8) 旧約聖書の神の民が主の庭(礼拝の場所)に集まるときはいつでも十分の一(収入または収穫の十分の一)とささげ物を持って来るように教えられていた(詩96:8, マラ3:10)。新約聖書ではパウロがコリントのキリスト者たちにエルサレムの教会の資金を集めるために、「あなたがたはおのおの、いつも週の初めの日に、収入に応じて、手もとにそれをたくわえておきなさい」と言っている(Ⅰコリ16:2)。これは神へのまことの礼拝は計画的でなければならないこと、特に十分の一と神へのささげ物をささげることにおいてはそうでなければならないことを示す例である(→「**十分の一とささげ物**」の項 p.1603」)。

(9) 新約聖書の礼拝には独特の要素があった。それは(今も)聖霊の働きとキリストの弟子たちを通して現される聖霊の様々な現れだった。キリストをあがめ、教会を建上げるための御霊の「賜物」とその現れの中には、知恵のメッセージ、知識のメッセージ、特別な信仰、癒しの賜物、奇蹟の力、預言、霊を見分ける力、異言を話すこと、異言を解くことなどがあった(Ⅰコリ12:7-10)。初期のキリスト者の礼拝のカリスマ的(御霊に導かれる、情熱的)性格についてパウロはさらに詳しく描写している。「あなたがたが集まるときには、それぞれの人が賛美したり、教えたり、黙示を話したり、異言を話したり、解き明かしたりします」(Ⅰコリ14:26)。パウロはコリント人への手紙の中でこのような礼拝の賜物を導き制御する原則を提供している(→Ⅰコリ14:1-33注)。その中で最も重要な原則は礼拝の中での聖霊の賜物の現れは会衆全体を強め助けるものでなければならないということだった(Ⅰコリ12:7, 14:26, →「**御霊の賜物**」の項 p.2138)。

(10) 新約聖書の礼拝にあるもう一つの独特な要素は聖礼典、つまり洗礼と主の晩餐(聖餐式)という象徴的な式を行うことだった。主の晩餐(「パンを裂く」→使2:42)は五旬節(弟子たちを満たし力を与えるために神が聖霊を送られた日 使2:46-47)の直後、信仰者の間で毎日守られていたと思われる。後には少なくとも毎週行われていた(使20:7, 11)。キリストが命じられたバプテスマは(マタ28:19-20)、キリストを信じる回心者が起こり教会に加えられるたびに行われた(使2:41, 8:12, 9:18, 10:48, 16:30-33, 19:1-5)。

まことの礼拝者への神の祝福

まことの礼拝が行われるときに神は多くの祝福をもって応答してくださる。神は次のような約束をしておられる。

(1) ともにいて(マタ18:20)、親密な交わりをしてくださる(黙3:20)。
(2) ご自分の栄光をもって導き、取囲んでくださる(⇒出40:35, Ⅱ歴7:1, Ⅰペテ4:14)。
(3) 祝福を雨のように注がれる(エゼ34:26)。特に平和をくださる(詩29:11, →「**神の平和**」の項 p.1301)。
(4) あふれる喜びを与えられる(詩122:1, ヨハ15:11)。
(5) 心からの信仰をもって祈る祈りに応えられる(マコ11:24, ヤコ5:15, →「**効果的な祈り**」の項 p.585)。
(6) 聖霊の新しい満たしとキリストのために生き、人々にキリストを伝える大胆さを与えられる(使4:31)。

（7）聖霊を通して特別で明らかなかたちで働かれる（Ⅰコリ12：7-13）。
（8）聖霊によってすべての真理に導かれる（ヨハ15：26, 16：13）。
（9）みことばと聖霊の教えと力によってきよめ、成長させ、神の目的のために分離される（ヨハ17：17-19）。
（10）慰め、励まし、力づける（イザ40：1, Ⅰコリ14：26, Ⅱコリ1：3-4, Ⅰテサ5：11）。
（11）罪と義とさばきの現実性をさらけ出される（→ヨハ16：8注）。
（12）礼拝の中で罪が示され信仰によって応答した人々を霊的に救われる（Ⅰコリ14：22-25）。

まことの礼拝の障害

　神の民が礼拝に集まり、見た目にはよいと思われることをしていても、まことの礼拝が行われているとか、神が賛美を受入れ祈りを聞いておられるという保証はない。
　（1）もし礼拝が単に口先だけ、かたちだけのものであって、人々の心が神に向けられていないなら、神はその礼拝を受入れてくださらない。キリストはパリサイ人の偽善を厳しく非難された。パリサイ人は神の律法の規則に宗教的には従っていたけれども、心は神から遠く離れていた（マタ15：7-9, 23：23-28, マコ7：5-7）。エペソの教会にも同じような非難が向けられている。人々は主を礼拝し続けていたけれども、キリストへの本当の愛を失っていた（黙2：1-5）。パウロはコリント人への手紙の中で、罪を悔い改めず、仲間のキリスト者のことを配慮しないで主の晩餐にあずかる人々は自分たちにさばきを招いていると警告している（Ⅰコリ11：28-30, →11：27注）。神を礼拝することについての基本的なことは、心が神と正しい関係にありさえすれば、神はその礼拝を受入れてくださるということである（ヤコ4：8, ⇒詩24：3-4）。
　（2）まことの礼拝に対するもう一つの障害は、霊的に妥協した生活、罪、不道徳である。サウル王が神の命令に従わなかったとき、神はそのいけにえを拒まれた（Ⅰサム15：1-23）。神の民はいけにえをささげ、聖い日を祝っていたけれども、イザヤは「罪を犯す国、咎重き民、悪を行う者どもの子孫、堕落した子ら」と叱った（イザ1：4）。そういう訳で、主はイザヤを通して次のように宣告された。「あなたがたの新月の祭りや例祭を、わたしの心は憎む。それはわたしの重荷となり、わたしは負うのに疲れ果てた。あなたがたが手を差し伸べて祈っても、わたしはあなたがたから目をそらす。どんなに祈りを増し加えても、聞くことはない。あなたがたの手は血まみれだ」（イザ1：14-15）。新約聖書の中で主イエスはサルデスの礼拝者たちに「わたしは、あなたの行いが、わたしの神の御前に全うされたとは見ていない」（黙3：2）ので、目を覚ますように勧めている。同じようにヤコブも主イエスの弟子たちに、この世界のよこしまな信仰や行いから離れない人々の利己的な祈りには神は聞かれないことを示している（ヤコ4：1-5, →「**効果的な祈り**」の項 p.585）。神の民が自分たちの生活を霊的に純粋に保つなら、神は力強い臨在を現し礼拝を受入れてくださると期待することができる（詩24：3-4, ヤコ4：8）。礼拝は単なる集会や儀式であってはならない。それはあらゆる情況の中で、ことばと行動をもって、神を最高に尊び、敬い、あがめる生き方そのものでなければならない（ロマ12：1, ヘブ13：15, 16）。

私たちの主のために聖別された日である。悲しんではならない。**あなたがたの力を主が喜ばれるからだ。」
11 レビ人たちも、民全部を静めながら言った。「静まりなさい。きょうは神聖な日だから。悲しんではならない。」
12 こうして、民はみな、行き、食べたり飲んだり、ごちそうを贈ったりして、大いに喜んだ。これは、彼らが教えられたことを理解したからである。
13 二日目に、すべての民の一族のかしらたちと、祭司たち、レビ人たちは、律法のことばをよく調べるために、学者エズラのところに集まって来た。
14 こうして彼らは、主がモーセを通して命じた律法に、イスラエル人は第七の月の祭りの間、仮庵の中に住まなければならない、と書かれているのを見つけ出した。
15 これを聞くと、彼らは、自分たちのすべての町々とエルサレムに、次のようなおふれを出した。「山へ出て行き、オリーブ、野生のオリーブの木、ミルトス、なつめやし、また、枝の茂った木などの枝を取って来て、書かれているとおりに仮庵を作りなさい。」
16 そこで、民は出て行って、それを持って帰り、それぞれ自分の家の屋根の上や、庭の中、または、神の宮の庭や、水の門の広場、エフライムの門の広場などに、自分たちのために仮庵を作った。
17 捕囚から帰って来た全集団は、仮庵を作り、その仮庵に住んだ。ヌンの子ヨシュアの時代から今日まで、イスラエル人はこのようにしていなかったので、それは非常に

10＊＊別訳「主を喜ぶことは、あなたがたの力であるから」
12 ①ネヘ8:10
　②申16:11, 14, 15
　③ネヘ8:7, 8
14 ①ネヘ8:14, 15,
　レビ23:33-36, 39-43,
　申16:13-15
16 ①民22:8, エレ32:29
　②申12:37
　③ネヘ12:39,
　Ⅱ列14:13
17 ①ネヘ7:8
　＊［　］「エシュア」
　②Ⅱ歴7:8, 8:13

③Ⅱ歴30:21
18 ①→ヨシ1:8
　②申31:10, 11
　③→Ⅰ列8:65
　④→Ⅱ歴10:20

1 ①ネヘ8:10
　②エズ8:23, ダニ9:3
　③Ⅰサム4:12,
　Ⅱサム1:2, ヨシ7:6,
　ヨブ2:12
2 ①エズ9:1, 2, 10:11,
　ネヘ13:3, 30
3 ①ネヘ8:4
　②→ヨシ1:8
4 ①ネヘ8:7
5 ①ネヘ8:7
　②Ⅰ歴29:10, ダニ2:20
6 ①申6:4, Ⅱ列19:15, 19,
　詩86:10, イザ37:16, 20
　②申10:14, Ⅰ列8:27,
　Ⅱ歴2:6
　③創1:1, 出20:11,
　コロ1:16, 黙14:7
　④申32:39

③大きな喜びであった。
18 神の律法の書は、最初の日から最後の日まで、毎日朗読された。祭りは七日間、祝われ、八日目には定めに従って、きよめの集会が行われた。

イスラエル人が罪を告白する

9 1 ①その月の二十四日に、イスラエル人は②断食をし、荒布を着け、土をかぶって集まった。
2 そして、すべての外国人との縁を絶ったイスラエルの子孫は立ち上がって、自分たちの罪と、先祖の咎を告白した。
3 彼らはその所に立ったままで、昼の四分の一は、彼らの神、主の律法の書を朗読し、次の四分の一は、①告白をして、彼らの神、主を②礼拝した。
4 ヨシュア、バニ、カデミエル、シェバヌヤ、ブニ、シェレベヤ、バニ、ケナニは、レビ人の台の上に立ち上がり、彼らの神、主に対し大声で叫んだ。
5 それからまた、レビ人のヨシュア、カデミエル、バニ、ハシャブネヤ、シェレベヤ、ホディヤ、シェバヌヤ、ペタヘヤは言った。「立ち上がって、とこしえからとこしえまでいますあなたがたの神、主をほめたたえよ。すべての祝福と賛美を越えるあなたの栄光の御名はほむべきかな。」
6 「ただ、①あなただけが②主です。あなたは天と、天の天と、その万象、地とその上のすべてのもの、海とその中のすべてのものを③造り、そのすべてを④生かしておられます。そして、天の軍勢はあなたを伏し拝ん

8:10　あなたがたの力を【主】が喜ばれるからだ　ここは「主を喜ぶことは、あなたがたの力であるから」とも訳すことができる。神のことばが伝えられ、それに従いたいという思いが湧くところに本当の喜びが与えられる。この喜びは神と和解をして心の中に御霊が臨在しておられることに基づくものである。そしてキリストによって罪を赦され、神との交わりが回復され、今は神のみこころに一致した生活をしているという確信によって維持されていく（8:10-13, ⇒ルカ7:50）。このような喜びは、（1）毎日襲ってくる問題や誘惑から守る要塞となり（⇒詩119:165, ガラ5:22, ピリ4:4）、（2）最後まで信仰をもって耐え忍ぶ力と原動力となる。

9:2　縁を絶った・・・自分たちの罪・・・を告白した　この章に記録されている行動は人々の悔い改めが深くて継続していたことを表している。人々は本当に生き方を変え神とのより深い関係に向けて心を開き始めた。そして断食（祈りと霊的な事柄に集中するためにある一定期間食物をとらないこと）をし、へりくだって霊的弱さを告白し、神に完全に頼ることによって神への献身を表した。そうすることによって神に喜ばれないあらゆるものから自分たちを引離すことができた（9:1-3）。

9:6-37　ただ、あなただけが【主】です　このすばらしい祈りは、神が恵みを注いで絶えず人々にご自分と

ネヘミヤ記 9章

でおります。
7 あなたこそ神である主です。あなたはアブラムを選んでカルデヤ人のウルから連れ出し、彼にアブラハムという名を与えられました。
8 あなたは、彼の心が御前に真実であるのを見て、カナン人、ヘテ人、エモリ人、ペリジ人、エブス人、ギルガシ人の地を、彼と彼の子孫に与えるとの契約を彼と結び、あなたの約束を果たされました。あなたは正しい方だからです。
9 あなたはエジプトで私たちの先祖が受けた悩みを見、また、葦の海のほとりでの彼らの叫びを聞かれました。
10 あなたは、パロとそのすべての家臣、その国のすべての民に対して、しるしと不思議を行われました。これは、彼らが私たちの先祖に対して、かってなことをしていたのをあなたが知られたからです。こうして、今日あるとおり、あなたは名をあげられました。
11 あなたが彼らの前で海を分けたので、彼らは海の中のかわいた地を通って行きました。しかし、あなたは、奔流に石を投げ込むように、彼らの追っ手を海の深みに投げ込まれました。
12 昼間は雲の柱によって彼らを導き、夜は火の柱によって彼らにその行くべき道を照らされました。
13 あなたはシナイ山の上に下り、天から彼らと語り、正しい定めと、まことの律法、良きおきてと命令を彼らにお与えになりました。
14 あなたの聖なる安息を彼らに教え、あなたのしもベモーセを通して、命令とおきてと律法を彼らに命じられました。
15 彼らが飢えたときには、天からパンを彼らに与え、彼らが渇いたときには、岩から水を出し、こうして、彼らに与えると誓われたその地を所有するために進んで行くよう彼らに命じられました。
16 しかし、彼ら、すなわち私たちの先祖は、かってにふるまい、うなじをこわくし、あなたの命令に聞き従いませんでした。
17 彼らは聞き従うことを拒み、あなたが彼らの間で行われた奇しいみわざを記憶もせず、かえってうなじをこわくし、ひとりのかしらを立ててエジプトでの奴隷の身に戻ろうとしました。それにもかかわらず、あなたは赦しの神であり、情け深く、あわれみ深く、怒るのにおそく、恵み豊かであられるので、彼らをお捨てになりませんでした。
18 彼らが自分たちのために、一つの鋳物の子牛を造り、『これがあなたをエジプトから導き上ったあなたの神だ』と言って、ひどい侮辱を加えたときでさえ、
19 あなたは、大きなあわれみをかけ、彼らを荒野に見捨てられませんでした。昼間は雲の柱が彼らから離れないで、道中、彼らを導き、夜には火の柱が彼らの行くべき道を照らしました。
20 あなたは、彼らに悟らせようと、あなたのいつくしみ深い霊を賜り、彼らの口からあなたのマナを絶やさず、彼らが渇いたときには、彼らに水を与えられました。
21 四十年の間、あなたは彼らを荒野で養われたので、彼らは何も不足することなく、彼らの着物もすり切れず、足もはれませんでした。
22 あなたは彼らに王国や国々の民を与え、それらを領地として割り当てられました。こうして、彼らはシホンの地、すなわちヘシュボンの王の地と、バシャンの王オグの地を占領しました。
23 あなたは彼らの子孫を空の星のようにふ

の関係を新しくする道を備えてくださることを強調している。けれどもまた神の愛とあわれみに対するイスラエルの恩知らずな応答が歴史を通して表されたことも示している。この主題と傾向は旧約聖書の中で何度も繰返されている（→ダニ9:3-19, アモ2:9-12, ミカ6:1-8, ⇒ルカ13:34）。

9:17 情け深く、あわれみ深く 神から離れて神の基準に逆らった人でももし心から悔い改める（神に対する態度を変え、罪を認めて自分勝手な生き方を変え、神に明け渡して神の目的に従い始めること）なら、神はあわれみを示して赦してくださる。また心から神を知って従い、罪とサタンとこの世界の悪に対して勝利する生き方を望むなら、神の子どもたちの過ちや失敗を神は忍耐してくださる（→「**聖化**」の項 p.2405）。

9:20 彼らに悟らせようと、あなたのいつくしみ深い霊を 聖霊は私たちとともに歩き導いてくださる指

ネヘミヤ記　9章

やし、彼らの先祖たちに、入って行って所有せよ、と言われた地に、彼らを導き入れられました。
24 こうして、その子孫は、入って行って、その地を所有しました。あなたは、彼らの前でこの地の住民、カナン人を屈服させ、これを彼らの手に渡し、その王たちや、この地の人々も渡して、これを思いどおりに扱うようにされました。
25 こうして、彼らは城壁のある町々と、肥えた土地を攻め取り、あらゆる良い物の満ちた家、掘り井戸、ぶどう畑、オリーブ畑、および果樹をたくさん手に入れました。それで、彼らは食べて、満腹し、肥え太って、あなたの大いなる恵みを楽しみました。
26 しかし、彼らは反抗的で、あなたに反逆し、あなたの律法をうしろに投げ捨て、あなたに立ち返らせようとして彼らを戒めたあなたの預言者たちを殺し、ひどい侮辱を加えました。
27 そこで、あなたは彼らを敵の手に渡され、敵が彼らを苦しめました。彼らがその苦難の時にあなたに叫び求めると、あなたは天からこれを聞き入れ、あなたの大いなるあわれみによって、彼らに救う者たちを与え、彼らを敵の手から救ってくださいました。
28 しかし、ひと息つくと、彼らはまた、あなたの前に悪事を行いました。そこで、あなたは彼らを敵の手にゆだねられ、敵が彼らを支配しました。しかし、彼らが立ち返って、あなたに叫び求めると、あなたは天からこれを聞き入れ、あなたのあわれみによって、たびたび彼らを救い出されました。
29 あなたは彼らを戒めて、彼らをあなたの律法に立ち返らせようとされましたが、彼らはかってなふるまいをして、あなたの命令に聞き従わず、もし人がこれを行うな

23 ②申1:8,
　　ヨシ1:2, 3:14-17
24 ①ヨシ11:23, 21:43,
　　詩44:2,3
　②ヨシ18:1
25 ①申6:10, 11
　②申3:5
　③ネヘ9:35,
　　民31:20, 27,
　　申8:7, 8, 11:11,
　　エゼ20:6
　④→Ⅱ列5:26
　⑤申32:15
　⑥Ⅰ列8:66
26 ①ネヘ9:26-28,
　　士2:11-19
　②エゼ20:21
　③Ⅰ列14:9, 詩50:17
　④Ⅱ歴36:16
　⑤Ⅰ列18:4, 19:10,
　　Ⅱ歴24:20, 21,
　　マタ23:37, 使7:52
　⑥ネヘ9:18
27 ①士3:8, 詩106:41
　②申4:29
　③詩106:44
　④士3:9, 15
28 ①士3:11, 30
　②士3:12, 4:1, 6:1
　③詩106:44
　④ネヘ9:26, 30
29 ①ネヘ9:10, 16

　　③レビ18:5,
　　申30:16, 32:47,
　　エゼ20:11, ロマ10:5,
　　ガラ3:12
　④ゼカ7:11
　⑤ネヘ9:16
30 ①Ⅱ列17:13-18,
　　Ⅱ歴36:15, 16
　②ネヘ9:26
　③ネヘ9:20, 使7:51,
　　Ⅰペテ1:11, Ⅱペテ1:21
　④ネヘ9:26
　⑤エレ7:25, 26, 25:4
31 ①エレ4:27, 5:10, 18
　②申9:17
　③→Ⅱ歴30:9
32 ①ネヘ1:5, 出34:6, 7
　②ネヘ9:5
　③Ⅱ列15:19, 29,
　　エズ3:7, 3-6, エズ4:2
33 ①詩119:137,
　　エレ12:1, ダニ9:14
34 ①詩106:6, ダニ9:6, 8
　②→ネヘ8:7
35 ①ネヘ9:25
　②申28:47
36 ①エズ9:9, 申28:48

ら、これによって生きる、というあなたの定めにそむいて罪を犯し、肩を怒らして、うなじをこわくし、聞き入れようとはしませんでした。
30 それでも、あなたは何年も彼らを忍び、あなたの預言者たちを通して、あなたの霊によって彼らを戒められましたが、彼らは耳を傾けませんでした。それであなたは、彼らを国々の民の手に渡されました。
31 しかし、あなたは大いなるあわれみをかけて、彼らを滅ぼし尽くさず、彼らを捨てられませんでした。あなたは、情け深く、あわれみ深い神であられますから。
32 私たちの神、契約と恵みを守られる大いなる、力強い、恐るべき神よ。アッシリヤの王たちの時代から今日まで、私たちと私たちの王たち、私たちのつかさ、祭司、預言者たち、また、私たちの先祖と、あなたの民全部に降りかかったすべての困難を、どうか今、小さい事とみなさないでください。
33 私たちに降りかかって来たすべての事において、ただ、あなたは正しかったのです。あなたは誠実をもって行われたのに、私たちは悪を行ったのです。
34 私たちの王たち、つかさたち、祭司たち、先祖たちは、あなたの律法を守らず、あなたの命令と、あなたが彼らに与えた警告を心に留めませんでした。
35 彼らは、自分たちの王国のうちと、あなたが彼らに与えたその大きな恵みのうちに、また、あなたが彼らの前に置かれた広くて肥えた土地のうちにありながら、あなたに仕えず、また自分たちの悪い行いから、立ち返りもしませんでした。
36 ご覧ください。私たちは今、奴隷です。あなたが私たちの先祖に与えて、その実りと、その良い物を食べるようにされたこの地で、ご覧ください、私たちは奴隷です。

イザ61:1-3

導者である。聖霊は私たちが神の真理を悟り、神が正しいと言われることを実行するように励ましてくださる（→ヨハ14:17注、16:13注、ロマ8:5-14注、→「**聖霊の教理**」の項 p.1970）。

9:30　あなたの霊によって彼らを戒められました

旧約聖書での聖霊の大きな役割は神の民に訴え訓練することと、忠実な預言者たちを通して罪を暴くことだった。新しい契約（御子イエス・キリストのいのちと犠牲を通して人々に霊的救いを与え、神との関係の回復を図る神の計画）のもとで御霊は引続いて働き、

796　ネヘミヤ記　9-10章

37 私たちが罪を犯したので、あなたは私たちの上に王たちを立てられましたが、その王たちのために、この地は多くの収穫を与えています。彼らは私たちのからだと、私たちの家畜を思いどおりに支配しております。それで私たちは非常な苦しみの中におります。」

人々の盟約

38 これらすべてのことのゆえに、私たちは堅い盟約を結び、それを書きしるした。そして、私たちのつかさたち、レビ人たち、祭司たちはそれに印を押した。

10 1 印を押した者は次のとおりである。ハカルヤの子の総督ネヘミヤ、およびゼデキヤ、

2 セラヤ、アザルヤ、エレミヤ、

3 パシュフル、アマルヤ、マルキヤ、

4 ハトシュ、シェバヌヤ、マルク、

5 ハリム、メレモテ、オバデヤ、

6 ダニエル、ギネトン、バルク、

7 メシュラム、アビヤ、ミヤミン、

8 マアズヤ、ビルガイ、シェマヤ。以上は祭司たちであった。

9 次にレビ人たちでは、アザヌヤの子ヨシュア、ヘナダデの子らのうちのビヌイ、カデミエル、

10 および、彼らの親類シェバヌヤ、ホディヤ、ケリタ、ペラヤ、ハナン、

11 ミカ、レホブ、ハシャブヤ、

12 ザクル、シェレベヤ、シェバヌヤ、

13 ホディヤ、バニ、ベニヌ。

14 次に民のかしらたちでは、パルオシュ、パハテ・モアブ、エラム、ザト、バニ、

15 ブニ、アズガデ、ベバイ、

16 アドニヤ、ビグワイ、アディン、

17 アテル、ヒゼキヤ、アズル、

18 ホディヤ、ハシュム、ベツァイ、

19 ハリフ、アナトテ、ネバイ、

20 マグピアシュ、メシュラム、ヘジル、

21 メシェザブエル、ツァドク、ヤドア、

22 ペラテヤ、ハナン、アナヤ、

23 ホセア、ハナヌヤ、ハシュブ、

24 ロヘシュ、ピルハ、ショベク、

25 レフム、ハシャブナ、マアセヤ、

26 アヒヤ、ハナン、アナン、

27 マルク、ハリム、バアナ。

28 このほかの民、祭司、レビ人、門衛、歌うたい、宮に仕えるしもべたち、また、国々の民と縁を絶って神の律法についた者全員、その妻、息子、娘たち、すべて理解できるまでになった者は、

29 彼らの親類のすぐれた人々にたより、神のしもべモーセを通して与えられた神の律法に従って歩み、私たちの主、主のすべての命令、その定めとおきてを守り行うための、のろいと誓いとに加わった。

30 すなわち、私たちの娘をこの地の民たちにとつがせず、また、彼らの娘を私たちの息子にめとらない。

31 たとい、この地の民たちが安息日に、品物、すなわち、いろいろな穀物を売りに持って来ても、私たちは安息日や聖日には彼らから買わない。また、私たちは七年目には土地を休ませ、すべての負債を取り立てない。

32 私たちは、私たちの神の宮の礼拝のために、毎年シェケルの三分の一をささげるとの命令を自分たちで定めた。

33 これは、並べ供えるパンと、常供の穀物のささげ物、また常供の全焼のいけにえ、また、安息日、新月の祭り、例祭のいけにえ、聖なるささげ物、また、イスラエルの贖いをなす罪のためのいけにえ、さらに、私たちの神の宮のすべての用途のためであった。

罪とキリストが与えてくださる罪の赦しが必要であることに人々を気付かせてくださる(→ヨハ16:8注, 13注, 「**奉仕の賜物**」の項p.2225)。

10:29　誓いとに加わった　エズラによって導かれたリバイバル(8:-10:)の結果、人々は神のことばに従い、その基準に沿って生きることを堅く約束した。人々は、(1)神の命令と規則に忠実に従い(10:29)、(2)自分たちを霊的に純粋に保ち、周りの不信仰な文化から汚されないようにし(10:30-31, ⇒ヤコ1:27)、(3)時間、お金、財産をもって神の働きを支援することに献身することを表明した(10:32-39)。

ネヘミヤ記 10-11章

³⁴また私たち、祭司とレビ人と民とは、律法にしるされているとおり、私たちの神、主の、祭壇の上で燃やすたきぎのささげ物についてのくじを引き、毎年、定まった時に、私たちの父祖の家ごとに、それを私たちの神の宮に携えて来ることに決めた。

³⁵また、私たちの土地の初なりと、あらゆる木の初なりの果実とをみな、毎年、主の宮に携えて来ることに決めた。

³⁶また、律法にしるされているとおり、私たちの子どもと家畜の初子、および、私たちの牛や羊の初子を、私たちの神の宮に、私たちの神の宮で仕えている祭司たちのところに携えて来ることに決めた。

³⁷また、私たちの初物の麦粉と、私たちの奉納物、およびあらゆる木の果実、新しいぶどう酒と油を、祭司たちのところに、私たちの神の宮の部屋に携えて来ることにした。また、私たちの土地の十分の一はレビ人たちのものとした。レビ人が、彼ら自身で私たちの農耕するすべての町から、その十分の一を集めることにした。

³⁸レビ人が十分の一を集めるとき、アロンの子孫である祭司が、そのレビ人とともにいなければならない。レビ人はその十分の一の十分の一を、私たちの神の宮へ携え上り、宝物倉の部屋に納めなければならない。

³⁹この部屋に、イスラエルとレビ人たちは、穀物や、新しいぶどう酒や油の奉納物を携えて来るようになっているからである。そこには聖所の器具があり、また、当番の祭司や門衛や歌うたいもいる。こうして私たちは、私たちの神の宮をなおざりにしないのである。

エルサレムの新しい住人
11:3-19　並行記事－Ⅰ歴9:1-17

11 ¹民のつかさたちはエルサレムに住んでいたが、ほかの民は、くじを引いて、十人のうちからひとりずつ、聖なる都エルサレムに来て住むようにし、あとの九人をほかの町々に住まわせた。

²すると民は、自分から進んでエルサレムに住もうとする人々をみな、祝福した。

³エルサレムに住んだこの州のかしらたちは次のとおりである。ユダの町々には、イスラエル人、祭司、レビ人、宮に仕えるしもべたち、ソロモンのしもべたちの子孫が、それぞれ、自分たちの町々の自分の所有地に住んだ。

⁴ユダ族とベニヤミン族のうちのある者は、エルサレムに住んだ。すなわち、ユダ族では、ウジヤの子アタヤであった。このウジヤはゼカリヤの子、順次さかのぼって、アマルヤの子、シェファテヤの子、マハラルエルの子。マハラルエルはペレツの子孫のひとりである。

⁵次にバルクの子マアセヤであった。このバルクはコル・ホゼの子、順次さかのぼって、ハザヤの子、アダヤの子、エホヤリブの子、ゼカリヤの子。ゼカリヤはシェラ人の子孫である。

⁶エルサレムに住んだペレツの子孫は合計四百六十八名の勇士であった。

⁷ベニヤミン族では次のとおりである。メシュラムの子サル。このメシュラムはヨエデの子、順次さかのぼって、ペダヤの子、コラヤの子、マアセヤの子、イティエルの子、エシャヤの子である。

⁸彼の次には、ガバイとサライで、九百二十八名。

⁹ジクリの子ヨエルが彼らの監督者であり、セヌアの子ユダが、彼の副監督者としてこの町を治めた。

¹⁰祭司のうちでは、エホヤリブの子エダヤと、ヤキン、

¹¹神の宮のつかさセラヤであった。このセラヤはヒルキヤの子、順次さかのぼって、メシュラムの子、ツァドクの子、メラヨテの子、アヒトブの子である。

¹²なお、宮の務めをする彼らの同族で、八百二十二名。また、エロハムの子アダヤがいた。このエロハムはペラルヤの子、順次さかのぼって、アムツィの子、ゼカリヤの子、パシュフルの子、マルキヤの子である。

¹³アダヤの同族で一族のかしらたちは二百四十二名。また、アザルエルの子アマシュサイがいた。このアザルエルはアフザイの子、順次さかのぼって、メシレモテの子、イメルの子である。

---

34 ①ネ13:31, レビ6:12, イザ40:16
②ネ11:1
35 ①出23:19, 34:26, 民18:13, エゼ26:2
36 ①出13:2, 12, 13, レビ27:26, 27, 民18:15
37 ①民15:20, 21, 申18:4
②ネ10:39, 12:44, 13:5, エズ8:25,
→Ⅱ歴31:10,
→エゼ20:40
③ネ13:5, 9
④ネ13:5, 10-12, 民18:21, 24
38 ①民18:26
②ネ13:12, 13
39 ①ネ13:12, 申12:6, 11, Ⅱ歴31:12
②ネ13:10, 11

1 ①ネ7:4
②ネ10:34
③ネ11:18, イザ48:2, マタ4:5, 27:53, 黙21:10
2 ①上5:9
3 ①ネ7:72, ネ11:3-22, Ⅰ歴9:2-34

②ネ3:26
③ネ7:57
4 ①創38:29
5 ①民26:20
8 ①ネ12:7

¹⁴彼らの同族の勇士たちは百二十八名。彼らの監督者はハゲドリムの子ザブディエルであった。

¹⁵レビ人のうちでは、ハシュブの子シェマヤ。このハシュブはアズリカムの子、順次さかのぼって、ハシャブヤの子、ブニの子である。

¹⁶また、レビ人のかしらのシャベタイとエホザバデは、神の宮の外の仕事を監督していた。

¹⁷また、ミカの子マタヌヤがいた。ミカはアサフの子のザブディの子である。マタヌヤは、祈りのために感謝の歌を始める指揮者、バクブクヤはその兄弟たちの副指揮者であった。またシャムアの子アブダがいた。シャムアは、エドトンの子のガラルの子である。

¹⁸聖なる都にいるレビ人は合計二百八十四名であった。

¹⁹門の見張りをする門衛では、アクブとタルモン、および、彼らの同族百七十二名であった。

²⁰そのほかのイスラエル人、祭司、レビ人たちは、ユダのすべての町々で、それぞれ自分のゆずりの地にいた。

²¹宮に仕えるしもべたちはオフェルに住み、ツィハとギシュパは宮に仕えるしもべたちを監督していた。

²²エルサレムにいるレビ人の監督者はバニの子ウジであった。バニはハシャブヤの子、ハシャブヤはマタヌヤの子、マタヌヤはミカの子である。ウジはアサフの子孫の歌うたいのひとりで、神の宮の礼拝を指導していた。

²³彼らについては王の命令があり、歌うたいたちには日課が定められていた。

²⁴またユダの子ゼラフの子孫のひとりで、メシェザブエルの子ペタヘヤは、王に代わって民に関するすべての事がらを取り扱った。

²⁵ユダの子孫のある者は、自分の畑に近い村々に住んだ。すなわち、キルヤテ・アルバとそれに属する村落、ディボンとそれに属する村落、エカブツエルとその村々、
²⁶ヨシュア、モラダ、ベテ・ペレテ、
²⁷ハツァル・シュアル、およびベエル・シェバとそれに属する村落、
²⁸ツィケラグ、およびメコナとそれに属する村落、
²⁹エン・リモン、ツォルア、ヤルムテ、
³⁰ザノアハ、アドラムとその村々、ラキシュとその農地、アゼカとそれに属する村落。こうして、彼らはベエル・シェバとヒノムの谷の間に住みついた。

³¹ベニヤミンの子孫は、ゲバから、ミクマス、アヤ、およびベテルとそれに属する村落、
³²アナトテ、ノブ、アナネヤ、
³³ハツォル、ラマ、ギタイム、
³⁴ハディデ、ツェボイム、ネバラテ、
³⁵ロデとオノ、および職人の谷に住んだ。
³⁶レビ人のうち、ユダにいたある組はベニヤミンに加わった。

祭司とレビ人

12 ¹シェアルティエルの子ゼルバベル、およびヨシュアといっしょに上って来た祭司とレビ人は次のとおりである。セラヤ、エレミヤ、エズラ、
²アマルヤ、マルク、ハトシュ、
³シェカヌヤ、レフム、メレモテ、
⁴イド、ギネトイ、アビヤ、
⁵ミヤミン、マアデヤ、ビルガ、
⁶シェマヤ、エホヤリブ、エダヤ、
⁷サル、アモク、ヒルキヤ、エダヤ。以上はヨシュアの時代に、祭司たちとその同族のかしらであった。

⁸また、レビ人では、ヨシュア、ビヌイ、カデミエル、シェレベヤ、ユダ、マタヌヤで、マタヌヤはその兄弟たちといっしょに感謝の歌を受け持っていた。

⁹また彼らの兄弟のバクブクヤとウニは、務めのときには、彼らの向かい側に立った。

¹⁰ヨシュアはエホヤキムを生み、エホヤキムはエルヤシブを生み、エルヤシブはエホヤダを生み、

¹¹エホヤダはヨナタンを生み、ヨナタンはヤドアを生んだ。

¹²次に、エホヤキムの時代に祭司で一族のかしらであった者は次のとおりである。

セラヤ族ではメラヤ。エレミヤ族ではハナヌヤ。

13 エズラ族ではメシュラム。アマルヤ族ではヨハナン。

14 メリク族ではヨナタン。シェバヌヤ族ではヨセフ。

15 ハリム族ではアデナ。メラヨテ族ではヘルカイ。

16 イド族ではゼカリヤ。ギネトン族ではメシュラム。

17 アビヤ族ではジクリ。ミヌヤミン族、モアデヤ族ではピルタイ。

18 ビルガ族ではシャムア。シェマヤ族ではヨナタン。

19 エホヤリブ族ではマテナイ。エダヤ族ではウジ。

20 サライ族ではカライ。アモク族ではエベル。

21 ヒルキヤ族ではハシャブヤ。エダヤ族ではネタヌエル。

22 エルヤシブの時代に、レビ人エホヤダ、ヨハナン、ヤドアは、一族のかしらとして登録され、また、ペルシャ人ダリヨスの治世に祭司として登録された。

23 レビの子孫で、一族のかしらたちは、エルヤシブの子ヨハナンの時代まで、年代記の書にしるされていた。

24 レビ人のかしらたちは、ハシャブヤ、シェレベヤ、およびカデミエルの子ヨシュアであり、その前方に彼らの兄弟がいて、組と組相応じて、神の人ダビデの命令に従い、賛美をし、感謝をささげた。

25 マタヌヤ、バクブクヤ、オバデヤ、メシュラム、タルモン、アクブは門衛で、門の倉を見張っていた。

26 以上はエホツァダクの子ヨシュアの子エホヤキムの時代と、総督ネヘミヤ、および、学者である祭司エズラの時代の人々である。

エルサレムの城壁の奉献

27 彼らはエルサレムの城壁の奉献式のときに、レビ人を、彼らのいるすべての所から捜し出してエルサレムに来させ、シンバルと十弦の琴と立琴に合わせて、感謝の歌を歌いながら喜んで、奉献式を行おうとした。

28 そこで、歌うたいたちは、エルサレムの周辺の地方や、ネトファ人の村々から集まって来た。

29 また、ベテ・ギルガルや、ゲバとアズマベテの農地からも集まって来た。この歌うたいたちは、エルサレムの周辺に自分たちの村々を建てていたからである。

30 祭司とレビ人は、自分たちの身をきよめ、また民と門と城壁をきよめた。

31 そこで私は、ユダのつかさたちを城壁の上に上らせ、二つの大きな聖歌隊を編成した。一組は城壁の上を右のほうに糞の門に向かって進んだ。

32 彼らのうしろに続いて進んだ者は、ホシャヤと、ユダのつかさたちの半分、

33 アザルヤ、エズラ、メシュラム、

34 および、ユダ、ベニヤミン、シェマヤとエレミヤであった。

35 祭司のうちのある者もラッパを持って進んだ。すなわち、ヨナタンの子ゼカリヤであった。このヨナタンはシェマヤの子、順次さかのぼって、マタヌヤの子、ミカヤの子、ザクルの子、アサフの子である。

36 また、ゼカリヤの兄弟たちシェマヤ、アザルエル、ミラライ、ギラライ、マアイ、ネタヌエル、ユダ、ハナニであって、神の人ダビデの楽器を持って続いて行った。学者エズラが彼らの先頭に立った。

37 彼らは泉の門のところで、城壁の上り口にあるダビデの町の階段をまっすぐに上って行き、ダビデの家の上を通って、東のほうの水の門に来た。

38 もう一組の聖歌隊は左のほうに進んだ。私は民の半分といっしょに、そのうしろに従った。そして城壁の上を進んで、炉のやぐらの上を通り、広い城壁のところに行き、

39 エフライムの門の上を過ぎ、エシャナの門を過ぎ、魚の門と、ハナヌエルのやぐらと、メアのやぐらを過ぎて、羊の門に行った。そして彼らは監視の門で立ち止まった。

40 こうして、二つの聖歌隊は神の宮でその位置に着いた。私も、私とともにいた代表者たちの半分も位置に着いた。

41 また祭司たち、エルヤキム、マアセヤ、

ミヌヤミン、ミカヤ、エルヨエナイ、ゼカリヤ、ハナヌヤも、ラッパを持って位置に着いた。

42 また、マアセヤ、シェマヤ、エルアザル、ウジ、ヨハナン、マルキヤ、エラム、エゼルも位置に着いた。それから、歌うたいたちは、監督者イゼラフヤの指揮で歌った。43 こうして、彼らはその日、数多くのいけにえをささげて喜び歌った。神が彼らを大いに喜ばせてくださったからである。女も子どもも喜び歌ったので、エルサレムの喜びの声ははるか遠くまで聞こえた。

44 その日、備品や、奉納物、初物や十分の一を納める部屋を管理する人々が任命され、彼らは祭司とレビ人のために、律法で定められた分を、町々の農地からそこに集めた。これは、職務についている祭司とレビ人をユダ人が見て喜んだからである。45 彼らおよび歌うたいや門衛たちは、ダビデとその子ソロモンの命令のとおりに、彼らの神への任務と、きよめの任務を果たした。46 昔から、ダビデとアサフの時代から、神に賛美と感謝をささげる歌うたいたちのかしらがいた。

47 ゼルバベルの時代とネヘミヤの時代には、イスラエル人はみな、歌うたいと門衛のために定められた日当を支給していた。彼らはまた、レビ人には聖別したささげ物を与え、レビ人はその聖別したささげ物をアロンの子孫に渡していた。

42 ＊Ⅰ歴7:3「イゼラヘヤ」
44 ① ネ13:5, 9
② → ネ10:37
③ ネ13:12
④ ネ13:4, 13, Ⅱ歴31:11, 12
45 ① Ⅱ歴8:14
② Ⅰ歴25:1, 6
③ Ⅰ歴26:1, 12
④ Ⅰ歴25:1
46 ② Ⅱ歴29:30, 35:15
47 ① 民18:21, 24
② 民18:25-29

1 ① ネ13:1, 2, 申23:3-5
② ネ9:3
③ ネ8:3, 8, 9:3, 申31:11, 12, Ⅱ列23:2, イザ34:16
④ ネ13:23
2 ① 民22:3-11, 23:11, 24:10, ヨシ24:9
3 ① → ネ8:7
② エレ25:20, 50:37, ゼカ9:6
③ ネ9:2, 10:28
4 ① ネ2:10, 6:1, 17, 18
5 ① ネ12:44
② → Ⅰサム3:14
③ ネ10:37
④ → ネ10:37
6 ① ネ2:1
② ネ5:14
7 ① ネ13:4
① ネ13:8, 9, マタ21:12, 13, ヨハ2:13-17

ネヘミヤの最後の改革

13 1 その日、民に聞こえるように、モーセの書が朗読されたが、その中に、アモン人とモアブ人は決して神の集会に加わってはならない、と書かれているのが見つかった。2 それは、彼らがパンと水をもってイスラエル人を迎えず、かえって彼らをのろうためにバラムを雇ったからである。しかし、私たちの神はそののろいを祝福に変えられた。3 彼らはこの律法を聞くと、混血の者をみな、イスラエルから取り分けた。

4 これより以前、私たちの神の宮の部屋を任されていた祭司エルヤシブは、トビヤと親しい関係にあったので、5 トビヤのために大きな部屋を一つあてがった。その部屋にはかつて、穀物のささげ物、乳香、器物、および、レビ人や歌うたいや門衛たちのために定められていた穀物と新しいぶどう酒と油の十分の一、および祭司のための奉納物が保管されていた。6 その間、私はエルサレムにいなかった。私は、バビロンの王アルタシャスタの三十二年に、王のところに行き、その後しばらくたって、王にいとまを請い、7 エルサレムに帰って来たからである。そのとき、エルヤシブがトビヤのために行った悪、すなわち、神の宮の庭にある一つの部屋を彼にあてがったことに気づいた。8 私は大いにきげんを悪くし、トビヤ家の

13:3 混血の者をみな・・・取り分けた 周辺諸国の風習や慣行は神の律法に照らすとあまりにも悪いものだったので、この時点ではユダヤ人と外国人を完全に分ける必要があった。外国人の悪い行いが少しずつイスラエル共同体の中に受入れられ実行されているのを神は知っておられた。これは敵に征服され追放されることを神が許された過去の時点にもう一度人々を引戻すことになる（→Ⅱ列15:29注、17:6注、24:1注、→「イスラエル（北王国）の捕囚」の地図 p.633、「ユダ（南王国）の捕囚」の地図 p.633）。（1）人間の性質は明らかに破壊的である楽しみや生活様式に容易に誘惑されるように見える。（2）神の民に要求されていることはいつも聖い（道徳的純潔、霊的健全性、悪からの分離、神への献身）ことである。このことは神の基準に沿わないあらゆる信仰、態度、価値観を拒むことを意味している。また悪い通俗的な表現を避け反対することでもある。注意して自分を守らないなら神の祝福と、神が私たちに与えようと決めておられる良いものを失うことになりかねない（→ロマ12:2注、→「信者の霊的聖別」の項 p.2172）。

13:7 エルサレムに帰って来た ネヘミヤはペルシヤに戻り、エルサレムからしばらくの間離れていた（13:6-7）。けれども帰って来るとエルサレムのユダヤ人が神に対する道徳的、霊的献身に無関心になっていることに気付いた。13章にはこういう霊的失敗が数多く記録されている。

13:7 エルヤシブが・・・行った悪 前にアモン人トビヤはサマリヤの総督サヌバラテと、エルサレムの城壁を再建しているユダヤ人の努力をあざけって妨害をした（2:10、19）。ところが今や、トビヤは大祭司

ネヘミヤ記　13章

器具類を全部、その部屋から外へ投げ出し、
9 命じて、その部屋をきよめさせた。そして、私は、神の宮の器物を、穀物のささげ物や乳香といっしょに、再びそこに納めた。
10 私は、レビ人の分が支給されないので、仕事をするレビ人と歌うたいたちが、それぞれ自分の農地に逃げ去ったことを知った。
11 私は代表者たちを詰問し、「どうして神の宮が見捨てられているのか」と言った。そして私はレビ人たちを集め、もとの持ち場に戻らせた。
12 ユダの人々はみな、穀物と新しいぶどう酒と油の十分の一を宝物倉に持って来た。
13 そこで私は、祭司シェレムヤと、学者ツァドクと、レビ人のひとりペダヤに宝物倉を管理させ、マタヌヤの子ザクルの子ハナンを彼らの助手とした。彼らは忠実な者と認められていたからであった。彼らの任務は、兄弟たちに分け前を分配することであった。
14 私の神。どうか、このことのために私を覚えていてください。私の神の宮と、その務めのためにしたいろいろな私の愛のわざを、ぬぐい去らないでください。
15 そのころ私は、ユダのうちで安息日に酒ぶねを踏んでいる者や、麦束を運んでいる者、また、ろばに荷物を負わせている者、さらに、ぶどう酒、ぶどうの実、いちじくなど、あらゆる品物を積んで、安息日にエルサレムに運び込んでいる者を見つけた。それで私は、彼らが食物を売ったその日、彼らをとがめた。
16 また、そこに住んでいたツロの人々も、魚や、いろいろな商品を運んで来て、安息日に、しかもエルサレムで、ユダの人々に売っていた。
17 そこで私は、ユダのおもだった人たちを詰問して言った。「あなたがたはなぜ、このような悪事を働いて安息日を汚しているのか。
18 あなたがたの先祖も、このようなことをしたので、私たちの神はこのすべてのわざわいを、私たちとこの町の上に送られたではないか。それなのに、あなたがたは安息日を汚して、イスラエルに下る怒りを加えている。」
19 安息日の前、エルサレムの門に夕やみが迫ると、私は命じて、とびらをしめさ

9 ① Ⅱ歴29:5, 15, 16, 18
　② → Ⅰサム3:14
10 ① 申12:19, マラ3:8, ネヘ10:37
　② ネヘ12:28, 29, 民35:2
11 ① ネヘ13:17, 25
　② ネヘ10:39
12 ① ネヘ10:37, 12:44, レビ27:30, Ⅱ歴31:6, マラ3:10
13 ① ネヘ12:44, Ⅱ歴31:12
　② ネヘ7:2, Ⅰコリ4:2
14 ① ネヘ5:19, 13:22, 31

15 ① 出20:8, 10, 34:21, 申5:12, 14
　② → 士9:10
　③ ネヘ10:31, エレ17:21, 22
　④ ネヘ9:29, 13:21
17 ① ネヘ13:11, 25
18 ① エズ9:13
19 ① レビ23:32

エリヤシブと近い関係にある祭司の家の人と結婚していた。そこでエリヤシブは神殿の広い部屋をトビヤの部屋として気前よく飾り立てて与えていた。神殿がこのように汚されているのを見たとき、ネヘミヤは非常に怒り、トビヤの持物やぜいたくな家具を投げ出した。ネヘミヤはエリヤシブが神を辱め、神の家を軽んじたことで傷つき腹を立てた。今日神の国とその目的に沿うことも高めることもしない活動に場所を提供している教会はこのことに注意をするべきである。

13:12　ユダの人々はみな・・・十分の一を・・・持って来た　ネヘミヤはレビ人と歌の奉仕を含む完全で適切な神殿の礼拝を回復した。その結果人々はエリヤシブがトビヤに与えた部屋に十分の一のささげ物（収入の十分の一）を持って行くことができるようになった（→13:4-5）。本当の礼拝によって神の働きと人々が祝福されるのを見たとき、神を敬う人々はもっと多くのものをささげようとした。またこの頃神は預言者マラキを通して働かれ、「十分の一」（什一とも言う）をもって神に感謝を表すように促された。神は什一を忠実にささげる人に祝福を約束される（マラ3:10）。また神は什一を、単に律法の要求ではなく特権と祝福と見なされるように願っておられた（→**十分の一とささげ物**の項 p.1603）。神がシナイ山で律法を与える前に、アブラハムは持っているものの十分の一をメルキゼデク（神の祭司であり、後にエルサレムになったサレムの王　創14:19-20）にささげた。神の御霊に満たされ導かれているキリスト者は、初期の信仰者たちと同じように、神の働きにささげることができることを喜ぶのである（使2:44-45, 4:34-37, 11:28-30）。

13:17　安息日を汚している　神の民は商売の利益や物質的利益を求めて、神への献身をやめ命令に従わなくなっていた。お金をもうける努力をしながら、安息日を休息日にする神の指示は無視していた。このことは今日主イエスに従う私たちにとっても、最も深刻な弱点の一つになっている。神をあがめ神を礼拝したいという思いに代わるものがほかにあってはならない。私たちが「神の国とその義とをまず第一に求め」るとき（マタ6:33, →マタ12:1注）、必要なものをみな備えてくださると神は約束しておられる。

せ、安息日が済むまでは開いてはならないと命じた。そして、私の若い者の幾人かを門の見張りに立て、安息日に荷物が持ち込まれないようにした。

20 それで、商人や、あらゆる品物を売る者たちは、一度か二度エルサレムの外で夜を過ごした。

21 そこで、私は彼らをとがめて言った。「なぜあなたがたは、城壁の前で夜を過ごすのか。再びそうするなら、私はあなたがたに手を下す。」その時から、彼らはもう、安息日には来なくなった。

22 私はレビ人に命じて、身をきよめさせ、安息日をきよく保つために、門の守りにつかせた。私の神。どうか、このことにおいてもまた、私を覚えていてください。そして、あなたの大いなるいつくしみによって私をあわれんでください。

23 そのころまた、私はアシュドデ人、アモン人、モアブ人の女をめとっているユダヤ人たちのいるのに気がついた。

24 彼らの子どもの半分はアシュドデのことばを話し、あるいは、それぞれ他の国語を話して、ユダヤのことばがわからなかった。

25 そこで、私は彼らを詰問してのろい、のうちの数人を打ち、その毛を引き抜き、彼らを神にかけて誓わせて言った。「あな

たがたの娘を彼らの息子にとつがせてはならない。また、あなたがたの息子、あるいは、あなたがた自身が、彼らの娘をめとってはならない。

26 イスラエルの王ソロモンは、このことによって罪を犯したではないか。多くの国々のうちで彼のような王はいなかった。彼は神に愛され、神は彼をイスラエル全土を治める王としたのに、外国の女たちが彼に罪を犯させてしまった。

27 だから、あなたがたが外国の女をめとって、私たちの神に対して不信の罪を犯し、このような大きな悪を行っていることを聞き流しにできようか。」

28 大祭司エルヤシブの子エホヤダの子のひとりは、ホロン人サヌバラテの婿であった。それで、私は彼を私のところから追い出した。

29 私の神。どうか彼らのことを思い出してください。彼らは祭司職を汚し、祭司やレビ人たちの契約を汚したからです。

30 私はすべての異教的なものから彼らをきよめ、祭司とレビ人のそれぞれの務めの規程を定め、

31 定まった時に行うたきぎのささげ物と、初物についての規程も定めた。私の神。どうか私を覚えて、いつくしんでください。

19 ② エレ17:19-21
   ③ ネヘ13:15
21 ① ネヘ13:15
22 ① ネヘ12:30,
     I 歴15:12
   ③ ネヘ13:14, 31
23 ① ネヘ13:23-25,
     出34:11-16, 申7:1-5
   ② ネヘ4:7
   ③ ネヘ13:1, 申23:3
   ④ ネヘ10:30, エズ9:1,2
25 ① ネヘ13:11, 17, 箴28:4
   ② 申25:2
   ③ ネヘ10:29, 30,
     エズ10:5

26 ① I 列11:1-12
   ② I 列3:13, II 歴1:12
   ③ II サム1:24
27 ① ネヘ13:23, エズ10:2
28 ① ネヘ12:10, 11, 22
   ② ネヘ2:10
29 ① ネヘ6:14
   * 直訳「祭司職」
   ② 民25:13,
     マラ2:4, 10, 11
30 ① ネヘ10:30
31 ① ネヘ10:34
   ② ネヘ10:35
   ③ ネヘ13:14, 22

13:25　私は彼らを詰問して　本当に神に仕えているなら、指導者は不信仰や悪に対して正当で純粋な怒りを表さなければならないときがある。それは状況を正す思い切った行動をとることかもしれない。神とその目的に対してあからさまに反抗がされているときに恥ずかしがったり、だれも傷つけないようにとあいまいな態度をとることは、弱さのしるしであり、霊的妥協にほかならない。ネヘミヤがとった懲戒的行動は神のための情熱を表している。これはキリストがエルサレムの神殿から、商売人(いけにえにするものを人々に売る人)や両替人を追出したときによく似ている(マタ21:12-13, ヨハ2:13-16, →ルカ19:45注)。

エステル記

概　　要
- I. 神が適切なときに新しい王妃を立てられる(1:1-2:18)
  - A. ワシュティがペルシヤの王妃の位から退けられる(1:1-22)
    1. アハシュエロス王の宴会と命令(1:1-9)
    2. 王妃ワシュティの拒絶と退位(1:10-22)
  - B. エステルがペルシヤの王妃に選ばれる(2:1-18)
    1. アハシュエロス王の王妃探し(2:1-4)
    2. エステルの同意(2:5-11)
    3. 新王妃の指名(2:12-18)
- II. 神が陰謀を暴くために王妃のいとこを用いられる(2:19-4:17)
  - A. モルデカイが王のいのちを救う(2:19-23)
  - B. ハマンがユダヤ人に対して陰謀をたくらむ(3:1-15)
  - C. モルデカイがエステルに介入を説得する(4:1-17)
- III. 神が神の民を救うために勇気のある王妃を用いられる(5:1-9:32)
  - A. エステルが宴会を催して嘆願する(5:1-8)
  - B. ハマンの陰謀が進む(5:9-14)
  - C. 王の眠れない夜(6:1-14)
  - D. エステルが再び宴会を催してハマンの陰謀を暴く(7:1-10)
  - E. 王が詔書を発令して神がユダヤ人に勝利を与えられる(8:1-9:16)
  - F. ユダヤ人が勝利を祝ってプリムの祭りの伝統を作る(9:17-32)
- IV. 神がモルデカイの忠実さを祝して昇進をさせられる(10:1-3)

著　　者：不明

主　　題：神の最高の配慮と王妃の大胆な行動

著作の年代：紀元前460-400年

著作の背景

　　バビロニヤ帝国が滅ぼされてペルシヤ帝国が前539年に支配し始めたため、ユダヤ人の捕囚を支配する政府はペルシヤになっていた。バビロニヤはユダヤ人を征服して、バビロニヤ帝国各地に捕囚として送っていた(→II列24:1注，エズ緒論)。クロス王のもとでペルシヤ人が帝国全体を支配するようになったけれども、そのクロス王はユダヤ人に故国へ帰ることを許可する最初の布告を出した。エステル記の舞台はそのペルシヤの首都シュシャンであり、前486-465年のアハシュエロス王(ヘブル名)の統治時代のことである。このアハシュエロス王(ヘブル名)はクセルクセス1世(ギリシャ名)とも、クシャヤールシャン王(ペルシヤ名)とも呼ばれた。この書物はアハシュエロス王の治世(1:3, 3:7)の前483-473年の出来事を書いているけれども、ほとんどの出来事は前473年に起きている。エステルは前478年にペルシヤの王妃になった(2:16)。

　　年代順(事件が起きた順序)に見るとペルシヤでのエステルの出来事はエズラ記6章と7章の間のことである。それはゼルバベルのもとで前538年に行われたユダヤ人捕囚のエルサレムへの第一次帰還(エズ1:-6:)と、エズラによる前457年の第二次帰還(エズ7:-10:)の間の出来事である。この時代の概略は「**エズラとネヘミヤ時代の歴史年表**」(p.777)にある。エステル記は旧約聖書ではネヘミヤ記のあとに置かれているけれども、この出来事は実際にはネヘミヤが城壁を再建するためにエルサレムに帰還する(前444)約30年前に起きた(→ネヘ緒論)。エズラ記とネヘミヤ記はエルサレムに帰還したユダヤ人の問題を扱うけれども、エステル記はペルシヤに残ったユダヤ人の間での大きな変化を記録している。

王妃エステルの役割は同胞を滅びから救ったことだけではなく、外国にいるユダヤ人が安全と尊敬を得るようになったことでも重要だった（⇒8：17, 10：3）。エステルの行動を通して、神はネヘミヤが数十年後に王宮で高官として奉仕できるようにしてくださった。さらにネヘミヤは後に総督としてユダに帰還してエルサレムの城壁を再建することができた。もしエステルとユダヤ人が（ネヘミヤも含めて）ペルシヤで滅ぼされていたら、エルサレムで困難にぶつかっていたユダヤ人は町を再建できなかったと思われる。ユダヤ人の歴史も全く違ったものになっていたに違いない。

エステル記の著者は不明であるけれども、ペルシヤの慣習とシュシャンの宮殿やアハシュエロス王について熟知していたことが書物の内容から明らかである。このことから著者はこの書物に描かれている時代にはペルシヤに住んでいたと考えられる。さらに、ユダヤ人の慣習に対する関心と知識があることから、著者はユダヤ人であると考えられる。おそらく著者はエステルの親戚であるモルデカイと同時代に生きた青年だったに違いない。この書物の第一次資料の多くはモルデカイが提供したものと考えられる。そして現在のかたちになったのはモルデカイの死後と考えられるけれども（⇒10：1-3）、この書物の詳細な歴史と用語から前400年以後とは考えられない。アポクリファ（外典または旧約聖書続編－紀元後初期に書かれたとされるキリスト教文書で、あるものはラテン語やギリシヤ語聖書に含まれている）の中の「エステル記（残篇）」はプロテスタントの聖書やヘブル語聖書に含まれている信頼できるエステル記の記録よりもかなり後の時代のものである。

目　　的

エステル記には二つの目的がある。

（1）王妃エステルの勇気を通して、神がユダヤ人を大量虐殺（滅ぼし尽すこと）からどのように守り救ってくださったかを示すこと。書物の中に神の名前は書かれていないけれども、神が配慮し支配しておられる例が全体を通じて数多く見られる。

（2）世代を超えて受継がれてきたユダヤ人の祝日であるプリムの祭り（3：6-7, 9：26-28）の歴史的背景を示すこと。過越の祭りがイスラエルのエジプト大脱出を思い出させるように、プリムの祭りは神がユダヤ人をペルシヤから救い守ってくださったことを祝うものである。ここには年ごとのプリムの祭りでユダヤ人に求められる義務が挙げられている（9：24, 28-32）。

概　　観

エステル記には5人の中心的な人物が登場する。（1）ペルシヤの王ノアハシュエロス、（2）アハシュエロスの高官ハマン、（3）エステルの前の王妃ワシュティ、（4）ペルシヤ帝国の王妃になった美しいユダヤ人の孤児エステル、（5）エステルを養子とし娘として育てた正しい人でエステルのいとこモルデカイ。もちろんヒロイン（女主人公）はエステルで、ハマンは悪党、モルデカイはハマンの邪悪な陰謀が実行されるのを妨害して回避したヒーローである。最後にモルデカイはハマンが以前に就いていた地位に昇進した。この書物の事件の背後に存在し、かぎとなる人物はモルデカイである。神を敬うその姿勢が王妃エステルを導いたのである。

神は情況を支配し配慮をされ、必要を備えてくださることが書物全体を通して明らかである。第一にハダッサ（ヘブル名、ペルシヤ名とギリシヤ名ではエステル）という名前のユダヤ人の若い女性が選ばれることに神の御手が働いていたことが見られる。エステルはユダヤ人の歴史の中で最も大切なときにペルシヤの王妃に取立てられた（1：-2：, 4：14）。エステルを育てたいとこモルデカイ（2：7）が偶然に王を暗殺する陰謀を立聞きしたことにも神の支配がはっきり表れている。モルデカイは邪悪な陰謀を暴露して王のいのちを救った。その結果モルデカイの勇気ある行動は王の個人的記録にも書き込まれた（2：19-23）。そして王はこの事実を夜眠れなかったときにタイミングよく発見した（6：1-14）。

モルデカイに対するハマンの憎悪はユダヤ人全体に向けられた。ハマンはユダヤ人を滅ぼすという邪悪な計画を考え出し、巧みにアハシュエロス王を説得してアダルの月の13日にユダヤ人を完全に滅ぼすという詔書（最高権力者からの公式の命令）を発令させた（3：13）。同胞のユダヤ人のことを心配したモルデカイはエステルと連絡をとった。そしてこのような時代にエステルがこの国で影響力のある立場に就いたのは偶然ではないと筋道を立てて話した。そしてユダヤ人を代表して王と話すように説得した。ユダヤ人がみな三日間断食をしたあとでエステルはいのちをかけて、王の招待を受けていないのに王の前に出て行った（4：）。エステルは慣習に反していたけれども王の好意を得て（5：1-4）ハマンの陰謀を暴くことができた。最終的に王はハマンがモルデカイをつるすために作った木（人を絞首刑にするために作られた木）にハマンをつるした（7：1-10）。それから王は第二の詔書を発令して、ユダヤ人が敵に勝利できるようにした（8：1-9：16）。この偉大な勝利によって年ごとのプリムの祭

エステル記

りが始まることになった(9:17-32)。この書物は仲間のユダヤ人とモルデカイがペルシヤ全土で有名になったことで終っている。モルデカイはアハシュエロス王に次ぐ地位に昇進した(10:1-3)。

特　徴
　エステル記には五つの特徴がある。
　(1) 聖書の中で女性の名前がつけられている書物が2冊あるけれども、これはそのうちの一つである。もう一つはルツ記である。
　(2) 宴会で始まり祭りで終っているけれども、全体では合計10回の宴会や祭りが記録されている。ドラマの大部分はこれらの宴会の最中かその周辺で展開している。
　(3) ヘブル語聖書のハギオグラファ(「聖なる書物」、または「諸書」)と呼ばれる第三区分にある五つの巻物の最後に置かれている。この5巻の書物は年ごとのユダヤの祭りでそれぞれ公に朗読されるけれども、エステル記は王妃エステルのもとでユダヤ人がペルシヤで奇蹟的に救われたことを祝う、アダルの月の14－15日に行われるプリムの祭り(→「**ヘブルの暦と主な出来事**」の表 p.167)で朗読される。
　(4) 三日間の断食(あることに集中するために食物をとらずに過すことで大抵の場合祈りを伴う)について書いてあるけれども、神、礼拝、祈りについて直接には何も言われていない(このためにこの書物の霊的価値について疑問を持つ批評家もいる)。
　(5) 神の名前はどこにも出てこないけれども、神の配慮、備え、支配は至るところで明らかである(2:7, 17, 22, 4:14, 4:16-5:2, 6:1, 3-10, 9:1)。聖書の中で、敵の悪魔的な憎悪にもかかわらず、神の御手がユダヤ人を守る姿がこれほど力強く示されているところはほかにない。

新約聖書での成就
　新約聖書では直接的にも間接的にもエステル記について書いているところはない。けれどもユダヤ人に対するハマンの憎悪と、ペルシヤ帝国でユダヤ人を全滅させようとするハマンの陰謀(3:, 7:4)は、新約聖書での反キリストの型(預言的象徴)である。反キリストは歴史の終りにはユダヤ人とキリスト者をみな滅ぼそうとするのである(→黙示録)。

エステル記の通読
　旧約聖書全体を1年間で通読するためには、エステル記を次のスケジュールに従って3日間で読まなければならない。
☐1-4 ☐5-7 ☐8-10

メ　モ

王妃ワシュティが退けられる

1 ¹ アハシュエロスの時代のこと——こ①のアハシュエロスは、ホド②から**クシュ**まで百二十七州を治めていた——

² アハシュエロス王がシュシャンの城で、王座に着いていたころ、

³ その治世の第三年に、彼はすべての首長と家臣たちのために宴会を催した。それにはペルシヤとメディヤの有力者、貴族たちおよび諸州の首長たちが出席した。

⁴ そのとき、王は輝かしい王国の富と、そのきらびやかな栄誉を幾日も示して、百八十日に及んだ。

⁵ この期間が終わると、王は、シュシャンの城にいた身分の高い者から低い者に至るまですべての民のために、七日間、王宮の園の庭で、宴会を催した。

⁶ そこには白綿布や青色の布が、白や紫色の細ひもで大理石の柱の銀の輪に結びつけられ、金と銀でできた長いすが、緑色石、白大理石、真珠貝や黒大理石のモザイクの床の上に置かれていた。

⁷ 彼は金の杯で酒をふるまったが、その杯は一つ一つ違っていた。そして王の勢力にふさわしく王室の酒がたくさんあった。

⁸ それを飲むとき、法令によって、だれも強いられなかった。だれでもめいめい自分の好みのままにするようにと、王が宮殿のすべての役人に命じておいたからである。

⁹ 王妃ワシュティも、アハシュエロス王の王宮で婦人たちのために宴会を催した。

¹⁰ 七日目に、王は酒で心が陽気になり、アハシュエロス王に仕える七人の宦官メフマン、ビゼタ、ハルボナ、ビグタ、アバグタ、ゼタル、カルカスに命じて、

¹¹ 王妃ワシュティに王冠をかぶらせ、彼女を王の前に連れて来るようにと言った。それは、彼女の容姿が美しかったので、その美しさを民と首長たちに見せるためであった。

¹² しかし、王妃ワシュティが宦官から伝えられた王の命令を拒んで来ようとしなかったので、王は非常に怒り、その憤りが彼のうちで燃え立った。

¹³ そこで王は法令に詳しい、知恵のある者たちに相談した。——このように、法令と裁判に詳しいすべての者に計るのが、王のならわしであった。

¹⁴ 王の側近の者はペルシヤとメディヤの七人の首長たちカルシェナ、シェタル、アデマタ、タルシシュ、メレス、マルセナ、メムカンで、彼らは王と面接ができ、王国の最高の地位についていた——

¹⁵ 「王妃ワシュティは、宦官によって伝えられたアハシュエロス王の命令に従わなかったが、法令により、彼女をどう処分すべきだろうか。」

¹⁶ メムカンは王と首長たちの前で答えた。「王妃ワシュティは王ひとりにではなく、すべての首長とアハシュエロス王のすべての州の全住民にも悪いことをしました。

¹⁷ なぜなら、王妃の行いが女たちみなに知れ渡り、『アハシュエロス王が王妃ワシュティに王の前に来るようにと命じたが、来なかった』と言って、女たちは自分の夫を軽く見るようになるでしょう。

¹⁸ きょうにでも、王妃のことを聞いたペルシヤとメディヤの首長の夫人たちは、王のすべての首長たちに、このことを言って、ひどい軽蔑と怒りが起こることでしょう。

¹⁹ もしも王によろしければ、ワシュティはアハシュエロス王の前に出てはならないという勅令をご自身で出し、ペルシヤとメ

脚注欄:

1 ① エズ4:6、ダニ9:1
 ② エズ8:9
 * 「インド」
 ** 「エチオピヤ」
 ③ エズ8:9, 9:30
2 ① ネヘ1:1
 ② I 列1:46
3 ① エズ2:18、創40:20、マコ6:21
5 ① エズ7:7, 8
6 ① I 歴29:2、雅5:15、黙18:12
 ② エズ7:8、アモ3:12, 6:4
 ③ エズ2:18
10 ① II サム13:28、士16:25
 ② エズ7:9
11 ① エズ2:17, 6:8
13 * 「時」の読み替え
 ① エレ10:7、ダニ2:12、マタ2:1
14 ① II 列25:19
 ② エズ7:14

1:1 アハシュエロスの時代のこと アハシュエロスは前486－465年にペルシヤの王だった。エステル記で重要な年代は次の通りである。(1) 前586年のバビロンの王ネブカデネザルによるユダヤ人捕囚(II 列25:)。(2) 前538年にユダヤ人が捕囚から帰還することがペルシヤの王クロスによって許可されたこと(エズ1:)。(3) 前478年にエステルがペルシヤの王妃になったこと(2:16-17)。(4) 前457年にエズラが承認を受けてバビロンからエルサレムに旅をしたこと(エズ7:)。エステル記に描かれている出来事はエズラが第二次のグループを率いて捕囚からエルサレムに帰還する約21年前に起きた(→**エズラとネヘミヤ時代の歴史年表** p.777)。

1:13 法令に詳しい ここの「法令」は「時」とも訳すことができるので、時に詳しい知恵のある人々とも考えられる。神を信じる人々の指導者よりも神を知らない人々のほうが時をよく知っていることがある。時を知ることについて →I 歴12:32注

エステル記　1-2章

ディヤの法令の中に書き入れて、変更することのないようにし、王は王妃の位を彼女よりもすぐれた婦人に授けてください。
²⁰王が出される詔勅が、この大きな王国の隅々まで告げ知らされると、女たちは、身分の高い者から低い者に至るまでみな、自分の夫を尊敬するようになりましょう。」
²¹この進言は、王と首長たちの心にかなったので、王はメムカンの言ったとおりにした。
²²そこで王は、王のすべての州に書簡を送った。各州にはその文字で、各民族にはそのことばで書簡を送り、男子はみな、一家の主人となること、また、自分の民族のことばで話すことを命じた。

エステルが王妃になる

2 ¹この出来事の後、アハシュエロス王の憤りがおさまると、王は、ワシュティのこと、彼女のしたこと、また、彼女に対して決められたことを思い出した。
²そのとき、王に仕える若い者たちは言った。「王のために容姿の美しい未婚の娘たちを捜しましょう。
³王は、王国のすべての州に役人を任命し、容姿の美しい未婚の娘たちをみな、シュシャンの城の婦人部屋に集めさせ、女たちの監督官である王の宦官ヘガイの管理のもとに置き、化粧に必要な品々を彼女たちに与えるようにしてください。
⁴そして、王のお心にかなうおとめをワシュティの代わりに王妃としてください。」このことは王の心にかなったので、彼はそのようにした。

⁵シュシャンの城にひとりのユダヤ人がいた。その名をモルデカイといって、ベニヤミン人キシュの子シムイの子ヤイルの子であった。
⁶このキシュは、バビロンの王ネブカデネザルが捕らえ移したユダの王エコヌヤといっしょに捕らえ移された捕囚の民とともに、エルサレムから捕らえ移された者であった。
⁷モルデカイはおじの娘ハダサ、すなわち、エステルを養育していた。彼女には父も母もいなかったからである。このおとめは、姿も顔だちも美しかった。彼女の父と母が死んだとき、モルデカイは彼女を引き取って自分の娘としたのである。
⁸王の命令、すなわちその法令が伝えられて、多くのおとめたちがシュシャンの城に集められ、ヘガイの管理のもとに置かれたとき、エステルも王宮に連れて行かれて、女たちの監督官ヘガイの管理のもとに置かれた。

---

¹⁹①エス8:8,
　　ダニ6:8, 12, 15
²⁰①エス5:22, 23,
　　コロ3:18, Ⅰペテ3:1
²²①エス3:12, 8:9,
　　ダニ3:4, 6:25

1①エス7:10
2①エス1:19-21
3①エス1:1
　②エス1:2, 2:8, 9:12
　③エス2:8, 15
　＊☒「ヘゲ」

④エス2:9, 12
5①エス3:2
6①Ⅱ列24:10-16,
　Ⅱ歴36:10, エレ24:1
7①エス2:15
2エペ6:4
8①エス2:3
②エス2:3, 15

2:4　ワシュティの代わりに王妃としてください　エステル記は直接神について書いていないけれども、ここには神がユダヤ人に配慮をし続け、守り（生かすための配慮と保護）続けておられることが示されている。神は人々の行動を導き支配し用いて、ご自分の目的を達成し、ご自分の選びの民を救われる（→**「神の摂理」**の項 p.110）。現在と将来にかかわる神の知識とご計画、摂理はエステル記全体にわたって次のように見られる。(1) 王妃ワシュティが王の宴会に「来ようとしなかった」(1:12)ので、若いユダヤ人女性のエステルが王妃に選ばれた(2:15-18)。(2) ユダヤ人であり、エステルの近い親戚だったモルデカイが王を暗殺する陰謀を暴いた(2:21-23)。(3) 王は特にエステルが気に入り特別の好意を示した(5:2, 8)。(4) ちょうど良いタイミングで王はモルデカイが王のいのちを救ったことを知った(6:1-2, ⇒2:21-23)。(5) モルデカイの敵であるハマンが部屋に入って来たその時に、王はモルデカイに栄誉を与えたいという望みを話した(6:1-11)。(6) まさに滅ぼされようとしていたエステルとユダヤ人を王は助けた(7:-8:)。(7) モルデカイは王に対して強い影響力を持つようになり、権威のある地位に昇進した(9:4, 10:2-3)。

2:5　ひとりのユダヤ人・・・その名をモルデカイといって　「ユダヤ人」ということば(《ヘ》イェフディ)は、字義的には「ユダヤ出身」という意味である。このことばは南王国ユダの人々を指して最初に使われた（分裂した北王国はイスラエルという名前を維持した→Ⅰ列12:-14:,→**「イスラエルとユダの王国」**の地図 p.570）。けれどもエステルの時代にはユダヤ人以外の人々、つまり異邦人(《ヘ》「ゴイーム」、「国々」)と対照的にイスラエル人全体を指すことばとして使われるようになった。新約聖書でユダヤ人と言えばイスラエルの十二部族全部を含んでいる(使26:7)。

2:6　捕らえ移した　前597年にバビロン人によってエホヤキン王と一緒にエルサレムから捕囚にされた（追放される、連れ去られる）のはモルデカイ自身では

⁹ このおとめは、ヘガイの心にかない、彼の好意を得た。そこで、彼は急いで化粧に必要な品々とごちそうを彼女に与え、また王宮から選ばれた七人の侍女を彼女にあてがった。そして、ヘガイは彼女とその侍女たちを、婦人部屋の最も良い所に移した。
¹⁰ エステルは自分の民族をも、自分の生まれをも明かさなかった。モルデカイが、明かしてはならないと彼女に命じておいたからである。
¹¹ モルデカイは毎日婦人部屋の庭の前を歩き回り、エステルの安否と、彼女がどうされるかを知ろうとしていた。
¹² おとめたちは、婦人の規則に従って、十二か月の期間が終わって後、ひとりずつ順番にアハシュエロス王のところに、入って行くことになっていた。これは、準備の期間が、六か月は没薬の油で、次の六か月は香料と婦人の化粧に必要な品々で化粧することで終わることになっていたからである。
¹³ このようにして、おとめが王のところに入って行くとき、おとめの願うものはみな与えられ、それを持って婦人部屋から王宮に行くことができた。
¹⁴ おとめは夕方入って行き、朝になると、ほかの婦人部屋に帰っていた。そこは、そばめたちの監督官である王の宦官シャアシュガズの管理のもとにあった。そこの女は、王の気に入り、指名されるのでなければ、二度と王のところには行けなかった。
¹⁵ さて、モルデカイが引き取って、自分の娘とした彼のおじアビハイルの娘エステルが、王のところに入って行く順番が来たとき、彼女は女たちの監督官である王の宦官ヘガイの勧めたもののほかは、何一つ求めなかった。こうしてエステルは、彼女を見るすべての者から好意を受けていた。

⁹ ①エス2:3, 12
　*直訳「受ける分」
¹⁰ ①エス2:20
¹⁴ ①エス4:11
¹⁵ ①エス2:7
　②エス9:29
　③エス2:3, 8

¹⁷ ①エス1:11
¹⁸ ①エス1:3
　②エス1:7
¹⁹ ①エス2:3, 4
　②エス2:21,3:2,3,4:2,
　　6,5:9, 13, 6:12
²⁰ ①エス2:10
　②エス2:7
²¹ ①エス2:21-23、エス6:2
²³ ①エス6:1, 10:2,
　　ネヘ12:23

⁹ ①エス3:10, 8:3
　②エス5:11

¹⁶ エステルがアハシュエロス王の王宮に召されたのは、王の治世の第七年の第十の月、すなわちテベテの月であった。
¹⁷ 王はほかのどの女たちよりもエステルを愛した。このため、彼女はどの娘たちよりも王の好意と恵みを受けた。こうして、王はついに王冠を彼女の頭に置き、ワシュティの代わりに彼女を王妃とした。
¹⁸ それから、王はすべての首長と家臣たちの大宴会、すなわち、エステルの宴会を催し、諸州には休日を与えて、王の勢力にふさわしい贈り物を配った。

モルデカイが陰謀を暴く

¹⁹ 娘たちが二度目に集められたとき、モルデカイは王の門のところにすわっていた。
²⁰ エステルは、モルデカイが彼女に命じていたように、まだ自分の生まれをも、自分の民族をも明かしていなかった。エステルはモルデカイに養育されていた時と同じように、彼の言いつけに従っていた。
²¹ そのころ、モルデカイが王の門のところにすわっていると、入口を守っていた王のふたりの宦官ビグタンとテレシュが怒って、アハシュエロス王を殺そうとしていた。
²² このことがモルデカイに知れたので、彼はこれを王妃エステルに知らせた。エステルはこれをモルデカイの名で王に告げた。
²³ このことが追及されて、その事実が明らかになったので、彼らふたりは木にかけられた。このことは王の前で年代記の書に記録された。

ユダヤ人を滅ぼすハマンの陰謀

3 ¹ この出来事の後、アハシュエロス王は、アガグ人ハメダタの子ハマンを重んじ、彼を昇進させて、その席を、彼とと

なく、モルデカイの曽祖父であるキシュだった（2:5）。

2:17 彼女を王妃とした ペルシヤの王がエステルを王妃にしたことにより、神がご自分の目的のために、神を敬わない人々の心にも影響を与えることができることがわかる（⇒箴21:1、→エズ1:1注）。こうして約5年後に危機が襲ったときに、エステルは同胞を助ける立場に立つことができた。神は神の民を守り救うために、それにかかわる人々がそれぞれ独自に決定

したことを用いられた（4:14）。

2:20 モルデカイが彼女に命じていたように エステルは選ばれて強大なペルシヤ帝国の王妃になったけれども（2:17）、尊大になったり高慢になったりすることはなかった。いとこの忠告を無視したり、自分の民族的、霊的遺産をないがしろにしたりすることもなかった。エステルは王妃になってからも以前と同じように、寛容と謙遜と服従の態度を示し続けた。

エステル記　3章

もにいるすべての首長たちの上に置いた。
² それで、王の門のところにいる王の家来たちはみな、ハマンに対してひざをかがめてひれ伏した。王が彼についてこのように命じたからである。しかし、モルデカイはひざもかがめず、ひれ伏そうともしなかった。
³ 王の門のところにいる王の家来たちはモルデカイに、「あなたはなぜ、王の命令にそむくのか」と言った。
⁴ 彼らは、毎日そう言ったが、モルデカイが耳を貸さなかったので、モルデカイのこの態度が続けられてよいものかどうかを見ようと、これをハマンに告げた。モルデカイは自分がユダヤ人であることを彼らに打ち明けていたからである。
⁵ ハマンはモルデカイが自分に対してひざもかがめず、ひれ伏そうともしないのを見て、憤りに満たされた。
⁶ ところが、ハマンはモルデカイひとりに手を下すことだけで満足しなかった。彼らがモルデカイの民族のことを、ハマンに知らせていたからである。それでハマンは、アハシュエロスの王国中のすべてのユダヤ人、すなわちモルデカイの民族を、根絶やしにしようとした。
⁷ アハシュエロス王の第十二年の第一の月、すなわちニサンの月に、日と月とを決めるためにハマンの前で、プル、すなわちくじが投げられ、くじは第十二の月、すなわちアダルの月に当たった。
⁸ ハマンはアハシュエロス王に言った。「あなたの王国のすべての州にいる諸民族の間に、散らされて離れ離れになっている一つの民族がいます。彼らの法令は、どの民族のものとも違っていて、彼らは王の法令を守っていません。それで、彼らをそのままに

2①エス2:5, 5:9
　②エス3:5
3①エス2:19
　②エス3:2
5①エス3:2
　②エス5:9, ダニ3:19

6①詩83:4
7①エス9:24-26
　②エス3:13, 8:12, 9:1, 15, 17, 19, 21, エズ6:15
8①エス4:12-15, ダニ3:8-12, 使16:20, 21

3:2 モルデカイはひざもかがめず　神に対して忠誠を守るモルデカイはハマンにひれ伏すことを拒んだ（3:4）。それは王のしもべたちやほかの人々がハマンにささげた栄誉がふさわしくないものだったからか、あるいはユダヤ人が神にしかささげない栄誉や礼拝と同じ種類のものを求められたからではないかと考えられる。ダニエルの三人の仲間も神に対する信念と忠誠を同じように示した（ダニ3:1-12）。

3:4 ユダヤ人であること　モルデカイの周りの人々はモルデカイがひざをかがめないわけを知りたがった。モルデカイはその理由を一つだけ挙げて、自分はユダヤ人であると答えた。（1）神はユダヤ人を捕囚に送られたけれども、それは神を敬わない国に従う誘惑やその国々の偶像を礼拝する誘惑から引離すためだった。エズラ記やネヘミヤ記を見ると、エルサレムに帰還したユダヤ人はこの弱点について改めて思い知らされた。そして神への純粋な礼拝を取戻したいと望んだ。エステル記はエルサレムに帰らなかった人々もそのことを学んだことを示している。これらのユダヤ人は神にささげる誉れはほかのだれに対しても、何に対してもささげることはしなかった。モルデカイとエステルの時代にはユダヤ人であることは特別な意味を持っていた。神のために分離された者として、人や偶像にひざをかがめることを拒んだのである。（2）今の時代にキリスト者であることは特別な意味を持つ。モルデカイのように、たとい神を知らず受入れない社会からどのような圧力を受けても、キリストとみことばの真理が示す正しい基準に対して大胆にまた堅く立

たなければならない。

3:6 ユダヤ人・・・根絶やしにしよう　聖書の中でペルシヤの首相であるハマンは、自分の影響と権威が及ぶ範囲に住むユダヤ人全体を滅ぼそうという邪悪な計画を進めた最初の政治家だった。このユダヤ人に対する大量虐殺（特定の民族、国家、宗教団体の人を全部殺そうとする組織的な試み）の計画は、前2世紀のアンティオコス・エピファネスの計画（→ダニ11:28注）や20世紀のヨーロッパでのアドルフ・ヒトラーの企てや、歴史の終りにユダヤ人とキリスト者を滅ぼそうとしている反キリストの計画とよく似ている（黙13:15-18,→「**反キリストの時代**」の項 p.2288）。

3:7 プル、すなわちくじが投げられ　「くじ」はさいころと同じようなものである。ハマンはユダヤ人を滅ぼす「吉日」を決めるためにこれを使った。ハマンが決意してから計画が実行されるまで約1年かかった。そこでモルデカイとエステルは神の導きのもとでハマンの邪悪な企てを暴露し、それに対して身を守る準備をする時間を得ることができた。

3:8 彼らの法令は・・・違っていて　神が律法をイスラエルに与えられた目的の一つは、イスラエルをほかの民族から区別することだった。ハマンはユダヤ人がユニークであることを認識して、それを嫌った。新しい契約（キリストのいのちと犠牲による神の霊的な救いの計画）のもとでも、この世の神を敬わないものから神の民が良い意味で分離することを神は今もなお望んでおられる。神の民が神に所属する聖い純粋な民になることを神は求めておられる（⇒Ⅰペテ2:9）。

させておくことは、王のためになりません。*
9 もしも王さま、よろしければ、彼らを滅ぼすようにと書いてください。私はその仕事をする者たちに銀一万タラントを量って渡します。そうして、それを王の金庫に納めさせましょう。」
10 そこで、王は自分の手から指輪をはずして、アガグ人ハメダタの子で、ユダヤ人の敵であるハマンに、それを渡した。
11 そして、王はハマンに言った。「その銀はあなたに授けよう。また、その民族もあなたの好きなようにしなさい。」
12 そこで、第一の月の十三日に、王の書記官が召集され、ハマンが、王の太守や、各州を治めている総督や、各民族の首長たちに命じたことが全部、各州にはその文字で、各民族にはそのことばでしるされた。それは、アハシュエロスの名で書かれ、王の指輪で印が押された。
13 書簡は急使によって王のすべての州へ送られた。それには、第十二の月、すなわちアダルの月の十三日の一日のうちに、若い者も年寄りも、子どもも女も、すべてのユダヤ人を根絶やしにし、殺害し、滅ぼし、彼らの家財をかすめ奪えとあった。
14 各州に法令として発布される文書の写しが、この日の準備のために、すべての民族に公示された。
15 急使は王の命令によって急いで出て行った。この法令はシュシャンの城でも発布された。このとき、王とハマンは酒をくみかわしていたが、シュシャンの町は混乱に陥った。

モルデカイがエステルを説得する

4 ¹ モルデカイは、なされたすべてのことを知った。すると、モルデカイは着物を引き裂き、荒布をまとい、灰をかぶり、大声でひどくわめき叫びながら町の真ん中に出て行き、
2 王の門の前まで来た。だれも荒布をまとったままでは、王の門に入ることができなかったからである。
3 王の命令とその法令が届いたどの州においても、ユダヤ人のうちに大きな悲しみと、断食と、泣き声と、嘆きとが起こり、多くの者は荒布を着て灰の上にすわった。
4 そのとき、エステルの侍女たちと、その宦官たちが入って来て、彼女にこのことを告げたので、王妃はひどく悲しみ、モルデカイに着物を送って、それを着させ、荒布を脱がせようとしたが、彼はそれを受け取らなかった。
5 そこでエステルは、王の宦官のひとりで、王が彼女に仕えさせるために任命していたハタクを呼び寄せ、モルデカイのところへ行って、これはどういうわけか、また何のためかと聞いて来るように命じた。
6 それで、ハタクは王の門の前の町の広場にいるモルデカイのところへ出て行った。
7 モルデカイは自分の身に起こったことを全部、彼に告げ、ハマンがユダヤ人を滅ぼすために、王の金庫に納めると約束した正確な金額をも告げた。
8 モルデカイはまた、ユダヤ人を滅ぼすためにシュシャンで発布された法令の文書の写しをハタクに渡し、それをエステルに見せて、事情を知らせてくれと言い、また、彼女が王のところに行って、自分の民族のために王にあわれみを求めるように彼女に言いつけてくれと頼んだ。
9 ハタクは帰って来て、モルデカイの伝言をエステルに伝えた。
10 するとエステルはハタクに命じて、モルデカイにこう伝えさせた。
11 「王の家臣も、王の諸州の民族もみな、男でも女でも、だれでも、召されないで内庭に入り、王のところに行く者は死刑に処

エステルの時代と同じように、今でも神の民は世間とは異なるので(⇒ヨハ15:18-25)、世間の人々は神の民を憎み続けている。神に喜ばれる性格や振舞は、世界のほとんどの人が受入れている生活様式や慣習とは鋭く対立する。キリストに従う人々は従わない一般の人とは考え方、話し方、行動の仕方が違う。キリスト者はわざと異常になり挑戦的になろうとしているのではない。むしろ人々が神のいのちと希望と義の基準を見ることができるような生き方をしようとするのである。そうすれば人々は聖霊に引寄せられてキリストを受入れる決断をするようになるに違いない。

エステル記 4-5章

せられるという一つの法令があることを知っております。しかし、王がその者に金の笏を差し伸ばせば、その者は生きます。でも、私はこの三十日間、まだ、王のところへ行くようにと召されていません。」
12 彼がエステルのことばをモルデカイに伝えると、
13 モルデカイはエステルに返事を送って言った。「あなたはすべてのユダヤ人から離れて王宮にいるから助かるだろうと考えてはならない。
14 もし、あなたがこのような時に沈黙を守るなら、別の所から、助けと救いがユダヤ人のために起ころう。しかしあなたも、あなたの父の家も滅びよう。あなたがこの王国に来たのは、もしかすると、この時のためであるかもしれない。」
15 エステルはモルデカイに返事を送って言った。
16 「行って、シュシャンにいるユダヤ人をみな集め、私のために断食をしてください。三日三晩、食べたり飲んだりしないように。私も、私の侍女たちも、同じように断食をしましょう。たとい法令にそむいても私は王のところへまいります。私は、死ななければならないのでしたら、死にます。」
17 そこで、モルデカイは出て行って、エス

11 ③ エス5:2, 8:4
12 * 直訳「彼ら」
14 ① 創45:4, 5, 7
16 ① エス5:1
   ② 創43:14

① エス4:16
  ② エス4:11, 6:4
2 ① エス2:9
  ② エス4:11, 8:4
3 ① エス5:6, 7:2,
   マコ6:23
4 ① エス6:14
5 ① エス6:14
6 ① エス5:3, 7:2

テルが彼に命じたとおりにした。

エステルが王に嘆願する

5 1 さて、三日目にエステルは王妃の衣装を着て、王室の正面にある王宮の内庭に立った。王は王室の入口の正面にある王宮の玉座にすわっていた。
2 王が、庭に立っている王妃エステルを見たとき、彼女は王の好意を受けたので、王は手に持っていた金の笏をエステルに差し伸ばした。そこで、エステルは近寄って、その笏の先にさわった。
3 王は彼女に言った。「どうしたのだ。王妃エステル。何がほしいのか。王国の半分でも、あなたにやれるのだが。」
4 エステルは答えた。「もしも、王さまがよろしければ、きょう、私が王さまのために設ける宴会にハマンとごいっしょにお越しください。」
5 すると、王は、「ハマンをせきたてて、エステルの言ったようにしよう」と言った。王とハマンはエステルが設けた宴会に出た。
6 その酒宴の席上、王はエステルに尋ねた。「あなたは何を願っているのか。それを授けてやろう。何を望んでいるのか。王国の半分でも、それをかなえてやろう。」
7 エステルは答えて言った。「私が願い、

ヨブ13:15

4:14 あなたがこのような時に沈黙を守るなら モルデカイはイスラエルを救うためにエステルを用いることが神のみこころであり、エステルはこのために王妃になったと信じた。けれどももし神のご計画の中でエステルが自分の役割を果さないなら、最も大切なときに用いられなくなることもモルデカイは知っていた。もしエステルがユダヤ人を助けるのを拒むなら、自分自身もまた滅びる(4:14)。神はみこころのままにあらゆる力と権威を用いることができる。けれども神の最高の目的には大抵多くの人がかかわり、その責任ある立場が活用されるのである(⇒マタ26:24, →出33:3注, ピリ2:12注)。

4:14 あなたがこの王国に来たのは、もしかすると、この時のため これはエステル記の基本的なメッセージである。神はご自分の民を救うために世界で起こる出来事にかかわられる。それは霊的に失われた人々をご自分との関係に導くという目的を果すためである。また神は普通の人々に特別な影響を、適切なときに与えることができることが示されている。神は偉大なことを行う方法をご存じなのである。キリストに従う人はみな、神は生活を取巻くあらゆる出来事の中に働いておられることを覚えなければならない。それは信じる人々を守り、信じる人々を通して働き、信じる人々を祝福し、永遠に神とともにいるようにさせるためである(ロマ8:29-39, ガラ1:4, ユダ1:24)。

4:16 私は、死ななければならないのでしたら、死にます エステルは同胞を救うためにいのちを差出そうとした。エステルは正しいと思われることを行って、結果を神にゆだねた。自分自身とその地位を守るために迫害のときに黙っている人々を神は評価されない。神は神とみことばのために犠牲を払ってでも真理を伝える人々を評価される。モルデカイとエステルは悪の力との戦いで必要なら死ぬ覚悟だった。ふたりは神に従順であり忠誠を尽す人々、また神の原則に対する情熱を持つ人として最高の模範だった(個性と信念—バプテスマのヨハネの強い信仰と原則 →ルカ1:17注)。

望んでいることは、
⁸ もしも王さまのお許しが得られ、王さまがよろしくて、私の願いをゆるし、私の望みをかなえていただけますなら、私が設ける宴会に、ハマンとごいっしょに、もう一度お越しください。そうすれば、あす、私は王さまのおっしゃったとおりにいたします。」

モルデカイに対するハマンの怒り

⁹ ハマンはその日、喜び、上きげんで出て行った。ところが、ハマンは、王の門のところにいるモルデカイが立ち上がろうともせず、自分を少しも恐れていないのを見て、モルデカイに対する憤りに満たされた。
¹⁰ しかし、ハマンはがまんして家に帰り、人をやって、友人たちと妻ゼレシュを連れて来させた。
¹¹ ハマンは自分の輝かしい富について、また、子どもが大ぜいいることや、王が自分を重んじ、王の首長や家臣たちの上に自分を昇進させてくれたことなどを全部彼らに話した。
¹² そして、ハマンは言った。「しかも、王妃エステルは、王妃が設けた宴会に、私のほかはだれも王といっしょに来させなかった。あすもまた、私は王といっしょに王妃に招かれている。
¹³ しかし、私が、王の門のところにすわっているあのユダヤ人モルデカイを見なければならない間は、これらのことはいっさい*私のためにならない。」
¹⁴ すると、彼の妻ゼレシュとすべての友人たちは、彼に言った。「高さ五十キュビトの柱を立てさせ、あしたの朝、王に話して、モルデカイをそれにかけ、それから、

⁸①エス7:3
　②エス6:14
⁹①エス2:19
　②エス3:5
¹⁰①エス6:13
¹¹①エス9:7-10
　②エス2:23
¹²①エス5:8
¹³①エス5:9
　*あるいは「私にふさわしくない」
¹⁴*1キュビトは約44センチ
　①エス6:4, 7:9, 10

王といっしょに喜んでその宴会においでなさい。」この進言はハマンの気に入ったので、彼はその柱を立てさせた。

モルデカイが栄誉を受ける

6 ¹ その夜、王は眠れなかったので、記録の書、年代記を持って来るように命じ、王の前でそれを読ませた。
² その中に、入口を守っていた王のふたりの宦官ビグタナとテレシュが、アハシュエロス王を殺そうとしていることをモルデカイが報告した、と書かれてあるのが見つかった。
³ そこで王は尋ねた。「このために、栄誉とか昇進とか、何かモルデカイにしたか。」王に仕える若い者たちは答えた。「彼には何もしていません。」
⁴ 王は言った。「庭にいるのはだれか。」ちょうど、ハマンが、モルデカイのために準備した柱に彼をかけることを王に上奏しようと、王宮の外庭に入って来たところであった。
⁵ 王に仕える若い者たちは彼に言った。「今、庭に立っているのはハマンです。」王は言った。「ここに通せ。」
⁶ ハマンが入って来たので、王は彼に言った。「王が栄誉を与えたいと思う者には、どうしたらよかろう。」そのとき、ハマンは心のうちで思った。「王が栄誉を与えたいと思われる者は、私以外にだれがあろう。」
⁷ そこでハマンは王に言った。「王が栄誉を与えたいと思われる人のためには、
⁸ 王が着ておられた王服を持って来させ、また、王の乗られた馬を、その頭に王冠をつけて引いて来させてください。

1)①エス5:8
　②ダニ6:18
　③エス2:23, 10:2, ネヘ12:23
2)①エス2:21-23
　*エス2:21「ビグタン」
4)①エス5:14
　②エス4:11, 5:1
6)①エス6:7-9, 11
　②Ⅰ列1:33
7)②エス1:11, 2:17

5:13 いっさい私のためにならない ハマンは富も名誉も力も地位も持っていたけれども、幸福で満足している人ではなかった。対照的にモルデカイは強い人格と神を敬う価値観と原則を持つ人だった。モルデカイは完全に神に信頼していた。ハマンはモルデカイが自分よりも優れていることを心の中では知っていた。その人格が高潔なことを知ってモルデカイを憎みねたんでいた。神の目から見るなら人の偉大さは富や名誉や地位にはない。それはいつも神への忠実さと献身と地上での神の目的を達成する姿にこそ見られるもので

ある(→ルカ22:24-30注)。

6:1 年代記を持って来るように命じ 6章には背後(だれも見ることができない隠れた場所)で働かれる神の姿がはっきり示されている。神は王が眠れなかったことを用いてモルデカイを栄誉を受ける場所へとついに導かれた。神は敵をも用いて多くの良いことを忠実な人々にしてくださる(6:2-11)。そしてそのような忠実な人々を神は昼も夜も探し続けておられる(→Ⅰサム2:8, 詩121：, 使5:17-19, 18:9-10, 黙3:8-9)。

9 その王服と馬を、貴族である王の首長のひとりの手に渡し、王が栄誉を与えたいと思われる人に王服を着させ、その人を馬に乗せて、町の広場に導かせ、その前で『王が栄誉を与えたいと思われる人はこのとおりである』と、ふれさせてください。」
10 すると、王はハマンに言った。「あなたが言ったとおりに、すぐ王服と馬を取って来て、王の門のところにすわっているユダヤ人モルデカイにそうしなさい。あなたの言ったことを一つもたがえてはならない。」
11 それで、ハマンは王服と馬を取って来て、モルデカイに着せ、彼を馬に乗せて町の広場に導き、その前で「王が栄誉を与えたいと思われる人はこのとおりである」と叫んだ。
12 それからモルデカイは王の門に戻ったが、ハマンは嘆いて、頭をおおい、急いで家に帰った。
13 そして、ハマンは自分の身に起こった一部始終を妻ゼレシュとすべての友人たちに話した。すると、彼の知恵のある者たちと、妻ゼレシュは彼に言った。「あなたはモルデカイに負けかけておいでですが、このモルデカイが、ユダヤ民族のひとりであるなら、あなたはもう彼に勝つことはできません。きっと、あなたは彼に負けるでしょう。」
14 彼らがまだハマンと話しているうちに、王の宦官たちがやって来て、ハマンを急がせ、エステルの設けた宴会に連れて行った。

ハマンが処刑される

7 1 王とハマンはやって来て、王妃エステルと酒をくみかわした。
2 この酒宴の二日目にもまた、王はエステルに尋ねた。「あなたは何を願っているのか。王妃エステル。それを授けてやろう。何を望んでいるのか。王国の半分でも、それをかなえてやろう。」
3 王妃エステルは答えて言った。「もしも王さまのお許しが得られ、王さまがよろしければ、私の願いを聞き入れて、私にいのちを与え、私の望みを聞き入れて、私の民族

9①創41:42, 43,
Ⅰ列1:33, 34
12①エス2:19
②Ⅱサム15:30,
エレ14:3, 4
②Ⅱ歴26:20
13①エス5:10
14①エス5:8

2①エス5:6
3①エス5:8

4①エス3:8, 9, 13
6①エス3:10
7①エス1:12
②エス1:5
8①エス1:5
＊直訳「家」
②エス1:6
③ヨブ9:24
9①エス1:10
②エス2:22
＊1キュビトは約44センチ
③エス5:14
10①ダニ6:24,
詩7:16, 94:23,
箴11:5, 6
②エス7:7, 8

1①エス7:6
②エス2:7, 15
2①エス3:10

にもいのちを与えてください。
4 私も私の民族も、売られて、根絶やしにされ、殺害され、滅ぼされることになっています。私たちが男女の奴隷として売られるだけなら、私は黙っていたでしょうに。事実、その迫害者は王の損失を償うことができないのです。」
5 アハシュエロス王は王妃エステルに尋ねて言った。「そんなことをあえてしようとたくらんでいる者は、いったいだれか。どこにいるのか。」
6 エステルは答えた。「その迫害する者、その敵は、この悪いハマンです。」ハマンは王と王妃の前で震え上がった。
7 王は憤って酒宴の席を立って、宮殿の園に出て行った。ハマンは王妃エステルにいのち請いをしようとして、居残った。王が彼にわざわいを下す決心をしたのがわかったからである。
8 王が宮殿の園から酒宴の広間＊に戻って来ると、エステルのいた長いすの上にハマンがひれ伏していたので、王は言った。「私の前で、この家の中で、王妃に乱暴しようとするのか。」このことばが王の口から出るやいなや、ハマンの顔はおおわれた。
9 そのとき、王の前にいた宦官のひとりハルボナが言った。「ちょうど、王に良い知らせを告げたモルデカイのために、ハマンが用意した高さ五十＊キュビトの柱がハマンの家に立っています。」すると王は命じた。「彼をそれにかけよ。」
10 こうしてハマンは、モルデカイのために準備しておいた柱にかけられた。それで王の憤りはおさまった。

ユダヤ人のための王の詔書

8 1 その日、アハシュエロス王は王妃エステルに、ユダヤ人を迫害する者ハマンの家を与えた。モルデカイは王の前に来た。エステルが自分と彼との関係を明かしたからである。
2 王はハマンから取り返した自分の指輪をはずして、それをモルデカイに与え、エステルはモルデカイにハマンの家の管理を任せた。

³ エステルが再び王に告げて、その足もとにひれ伏し、アガグ人ハマンがユダヤ人に対してたくらんだわざわいとそのたくらみを取り除いてくれるように、泣きながら嘆願したので、

⁴ 王はエステルに金の笏を差し伸ばした。そこで、エステルは身を起こして、王の前に立って、

⁵ 言った。「もしも王さま、よろしくて、お許しが得られ、このことを王さまがもっともとおぼしめされ、私をおいれくださるなら、アガグ人ハメダタの子ハマンが、王のすべての州にいるユダヤ人を滅ぼしてしまえと書いたあのたくらみの書簡を取り消すように、詔書を出してください。

⁶ どうして私は、私の民族に降りかかるわざわいを見てがまんしておられましょう。また、私の同族の滅びるのを見てがまんしておられましょうか。」

⁷ アハシュエロス王は、王妃エステルとユダヤ人モルデカイに言った。「ハマンがユダヤ人を殺そうとしたので、今、私はハマンの家をエステルに与え、彼は柱にかけられたではないか。

⁸ あなたがたはユダヤ人についてあなたがたのよいと思うように、王の名で書き、王の指輪でそれに印を押しなさい。王の名で書かれ、王の指輪で印が押された文書は、だれも取り消すことができないのだ。」

⁹ そのとき、王の書記官が召集された。それは第三の月、すなわちシワンの月の二十三日であった。そしてすべてモルデカイが命じたとおりに、ユダヤ人と、太守や、総督たち、およびホドからクシュまで百二十七州の首長たちとに詔書が書き送られた。各州にはその文字で、各民族にはそのことばで、ユダヤ人にはその文字とことばで書き送られた。

¹⁰ モルデカイはアハシュエロス王の名で書き、王の指輪でそれに印を押し、その手紙を、速く走る御用馬の早馬に乗る急使に託して送った。

¹¹ その中で王は、どこの町にいるユダヤ人にも、自分たちのいのちを守るために集まって、彼らを襲う民や州の軍隊を、子どもも女たちも含めて残らず根絶やしにし、殺害し、滅ぼすことを許し、また、彼らの家財をかすめ奪うことも許した。

¹² このことは、アハシュエロス王のすべての州において、第十二の月、すなわちアダルの月の十三日の一日のうちに行うようになっていた。

¹³ 各州に法令として発布される文書の写しが、すべての民族に公示された。それはユダヤ人が、自分たちの敵に復讐するこの日の準備をするためであった。

¹⁴ 御用馬の早馬に乗った急使は、王の命令によってせきたてられ、急いで出て行った。この法令はシュシャンの城でも発布された。

¹⁵ モルデカイは、青色と白色の王服を着、大きな金の冠をかぶり、白亜麻布と紫色のマントをまとって、王の前から出て来た。するとシュシャンの町は喜びの声にあふれた。

¹⁶ ユダヤ人にとって、それは光と、喜びと、楽しみと、栄誉であった。

¹⁷ 王の命令とその法令が届いたどの州、どの町でも、ユダヤ人は喜び、楽しみ、祝宴を張って、祝日とした。この国の民のうちで、自分がユダヤ人であることを宣言する者が大ぜいいた。それは彼らがユダヤ人を恐れるようになったからである。

8:3 わざわいとそのたくらみを取り除いて 神の民のために神が介入された結果ハマンは絞首刑にされた（7:10）。けれどもユダヤ人を滅ぼすという王の最初の命令はまだ効力があった。王自身も公の詔書を翻すことはできなかった（8:8）。そこでエステルの嘆願に応えて第二の詔書が書かれ、ユダヤ人を滅ぼす日として定められた日にユダヤ人が身を守るために応戦する権利を与えられた（8:9-17）。神は人の助けを借りなくても人々を救うことができる。けれどもほとんどの場合、忠実に参加する人がいるときに、そのことを通して働かれる。これは神の目的を達成して人々を悪の力とその影響から解放することに参与できるように、キリスト者にも与えられた特権である。この情況では神と神に従う忠実な人々がともに働いた結果、ユダヤ民族が救われたのである（→ピリ2:12-13）。

8:17 ユダヤ人を恐れるようになった 神はユダヤ

ユダヤ人の勝利

9 ¹第十二の月、すなわちアダルの月の十三日、この日に王の命令とその法令が実施された。この日に、ユダヤ人の敵がユダヤ人を征服しようと望んでいたのに、それが一変して、ユダヤ人が自分たちを憎む者たちを征服することとなった。

²*その日、ユダヤ人が自分たちに害を加えようとする者たちを殺そうと、アハシュエロス王のすべての州にある自分たちの町々で集まったが、だれもユダヤ人に抵抗する者はいなかった。民はみなユダヤ人を恐れていたからである。

³諸州の首長、太守、総督、王の役人もみな、ユダヤ人を助けた。彼らはモルデカイを恐れたからである。

⁴というのは、モルデカイは王宮で勢力があり、その名声はすべての州に広がっており、モルデカイはますます勢力を伸ばす人物だったからである。

⁵ユダヤ人は彼らの敵をみな剣で打ち殺し、虐殺して滅ぼし、自分たちを憎む者を思いのままに処分した。

⁶ユダヤ人はシュシャンの城でも五百人を殺して滅ぼし、

⁷また、パルシャヌダタ、ダルフォン、アスパタ、

⁸ポラタ、アダルヤ、アリダタ、

⁹パルマシュタ、アリサイ、アリダイ、ワイザタ、

¹⁰すなわち、ハメダタの子で、ユダヤ人を迫害する者ハマンの子十人を虐殺した。しかし、彼らは獲物には手をかけなかった。

¹¹その日、シュシャンの城で殺された者の数が王に報告されると、

¹²王は王妃エステルに尋ねた。「ユダヤ人はシュシャンの城で、五百人とハマンの子十人を殺して滅ぼした。王のほかの諸州では、彼らはどうしたであろう。あなたは何を願っているのか。それを授けてやろう。あなたはなお何を望んでいるのか。それをかなえてやろう。」

¹³エステルは答えた。「もしも王さま、よろしければ、あすも、シュシャンにいるユダヤ人に、きょうの法令どおりにすることを許してください。また、ハマンの十人の子を柱にかけてください。」

¹⁴そこで王が、そのようにせよ、と命令したので、法令がシュシャンで布告され、ハマンの十人の子は柱にかけられた。

¹⁵シュシャンにいるユダヤ人は、アダルの月の十四日にも集まって、シュシャンで三百人を殺したが、獲物には手をかけなかった。

¹⁶王の諸州にいるほかのユダヤ人も団結して、自分たちのいのちを守り、彼らの敵を除いて休みを得た。すなわち、自分たちを憎む者七万五千人を殺したが、獲物には手をかけなかった。

¹⁷これは、アダルの月の十三日のことであって、その十四日には彼らは休んで、その日を祝宴と喜びの日とした。

プリムの祭り

¹⁸しかし、シュシャンにいるユダヤ人は、その十三日にも十四日にも集まり、その十五日に休んで、その日を祝宴と喜びの日とした。

¹⁹それゆえ、城壁のない町々に住むいなかのユダヤ人は、アダルの月の十四日を喜びと祝宴の日、つまり祝日とし、互いにごちそうを贈りかわす日とした。

²⁰モルデカイは、これらのことを書いて、アハシュエロス王のすべての州の、近い所や、遠い所にいるユダヤ人全部に手紙を送った。

²¹それは、ユダヤ人が毎年アダルの月の十四日と十五日を、

²²自分たちの敵を除いて休みを得た日、悲しみが喜びに、喪の日が祝日に変わった月として、祝宴と喜びの日、互いにごちそう

9:5 敵をみな…打ち殺し アダルの月の13日にユダヤ人の敵を滅ぼしたことは自己防衛だった。ユダヤ人は自分たちが生き延びるためには戦うほかなかった。自分たちを滅ぼそうとする敵には応戦したけれど人が自分たちを守るだけではなく(→8:3注)、その地の人々がユダヤ人を恐れるようにまでしてくださった(⇒9:2、ネヘ6:16)。ハマンの邪悪な陰謀を通して実際には神の民が力と影響力を得たのである。

を贈り、貧しい者に贈り物をする日と定めるためであった。

23 ユダヤ人は、すでに守り始めていたことを、モルデカイが彼らに書き送ったとおりに実行した。

24 なぜなら、アガグ人ハメダタの子で、全ユダヤ人を迫害する者ハマンが、ユダヤ人を滅ぼそうとたくらんで、プル、すなわちくじを投げ、彼らをかき乱し、滅ぼそうとしたが、

25 そのことが、王の耳に入ると、王は書簡で命じ、ハマンがユダヤ人に対してたくらんだ悪い計略をハマンの頭上に返し、彼とその子らを柱にかけたからである。

26 こういうわけで、ユダヤ人はプルの名を取って、これらの日をプリムと呼んだ。こうして、この書簡のすべてのことばにより、また、このことについて彼らが見たこと、また彼らに起こったことにより、

27 ユダヤ人は、彼らと、その子孫、および彼らにつく者たちがその文書のとおり、毎年定まった時期に、この両日を守って、これを廃止してはならないと定め、これを実行することにした。

28 また、この両日は、代々にわたり、すべての家族、諸州、町々においても記念され、祝われなければならないとし、これらのプリムの日が、ユダヤ人の間で廃止されることがなく、この記念が彼らの子孫の中

24	①エス3:6, 7
25	①エス7:4-10, 9:13, 14
	②エス8:3
	③エス3:6-15
	④詩7:16
26	①エス9:20
27	①エス8:17
	②エス9:21
29	①エス2:15
	②エス9:20
30	①エス1:1
31	①エス4:3, 16
32	①エス9:26
1	①詩72:10, イザ11:11, 24:15
2	①エス8:15, 9:4
	②エス2:23, 6:1, ネヘ12:23
3	①創41:40, 43, 44
	②詩122:8, 9

でとだえてしまわないようにした。

29 アビハイルの娘である王妃エステルと、ユダヤ人モルデカイは、プリムについてのこの第二の書簡を確かなものとするために、いっさいの権威をもって書いた。

30 この手紙は、平和と誠実のことばをもって、アハシュエロスの王国の百二十七州にいるすべてのユダヤ人に送られ、

31 ユダヤ人モルデカイと王妃エステルがユダヤ人に命じたとおり、また、ユダヤ人が自分たちとその子孫のために断食と哀悼に関して定めたとおり、このプリムの両日を定まった時期に守るようにした。

32 エステルの命令は、このプリムのことを規定し、それは書物にしるされた。

モルデカイの偉大さ

10 1 後に、アハシュエロス王は、本土と海の島々に苦役を課した。

2 彼の権威と勇気によるすべての功績と、王に重んじられたモルデカイの偉大さについての詳細とは、メディヤとペルシヤの王の年代記の書にしるされているではないか。

3 それはユダヤ人モルデカイが、アハシュエロス王の次に位し、ユダヤ人の中でも大いなる者であり、彼の多くの同胞たちに敬愛され、自分の民の幸福を求め、自分の全民族に平和を語ったからである。

も、ユダヤ人は特有の自制力も示した。敵の財産を破壊したり盗んだりした人はだれもいなかった(9:10, 15-16)。

9:26 プリム ユダヤ人を完全に滅ぼそうとするハマンの邪悪な陰謀から神が人々を救ってくださったことを祝うためにモルデカイは二日間のプリムの祭りを設定した(⇒9:20-23)。(1) この祭りは、ハマンがユダヤ人を滅ぼす日を決めるために「プル」(さいころやくじのようなもの)を使ったことにちなんで「プリム」と呼ばれた(→3:7注)。(2) プリムの祭りは神が人間の計画や情況を支配できる方であることを教えている。神の行動は行き当たりばったりのものではない。目的のないものでもない。神の民は、自分は運命や偶然に翻弄されている被害者だなどと考えてはいけない。むしろ神はひとりひとりの生涯にはっきりしたご計画を持っておられるという強い信仰を持つべきである。キリスト者に対する神の目的は人々を救い、神との個人的な関係に導き入れるという神の最高の目的と一つになっている。したがってモルデカイやエステルのように、神とともに立つという姿勢をはっきりさせなければならない。

ヨブ記

概　　要
I. 散文のプロローグ、舞台、背景－危機が始まる（1：1-2：13）
  A. ヨブの正しさ（1：1-5）
  B. ヨブの災いと試練（1：6-2：10）
    1. サタンがヨブを非難し、神がヨブを推奨する（1：6-12）
    2. 家族と財産を失っても忠実なヨブ（1：13-22）
    3. サタンが再びヨブを非難する（2：1-6）
    4. 苦しみの中でも忠実なヨブ（2：7-10）
  C. ヨブの三人の友人が到着する（2：11-13）
II. ヨブと友人との対話と論争－答の探求（3：1-31：40）
  A. ヨブの悲しみの表現（3：1-26）
  B. 一巡目の会話－神の正しさを考える/ヨブの品性を誤解する（4：1-14：22）
    1. エリファズが話す（4：1-5：27）
    2. ヨブが応える（6：1-7：21）
    3. ビルダデが話す（8：1-22）
    4. ヨブが応える（9：1-10：22）
    5. ツォファルが話す（11：1-20）
    6. ヨブが応える（12：1-14：22）
  C. 二巡目の会話－悪人の運命を考える/ヨブの情況を誤解する（15：1-21：34）
    1. エリファズが話す（15：1-35）
    2. ヨブが応える（16：1-17：16）
    3. ビルダデが話す（18：1-21）
    4. ヨブが応える（19：1-29）
    5. ツォファルが話す（20：1-29）
    6. ヨブが応える（21：1-34）
  D. 三巡目の会話－間違った告発をする/無罪を主張する（22：1-31：40）
    1. エリファズが結論する（22：1-30）
    2. ヨブが応える（23：1-24：25）
    3. ビルダデが結論する（25：1-6）
    4. ヨブが応える（26：1-14）
    5. ヨブが自分の立場を要約し、正義を求める（27：1-31：40）
      a. 自分の潔白さを弁護する（27：1-23）
      b. 知恵を求める（28：1-28）
      c. 過去の祝福と名誉を回想する（29：1-25）
      d. 現在の苦しみと不名誉を嘆く（30：1-31）
      e. 自分の無罪を神にゆだねる（31：1-40）
III. エリフの発言－洞察の始め（32：1-37：24）
  A. エリフの緒論（32：1-5）
  B. 第一回の発言－苦しみを通しての神の教え（32：6-33：33）
  C. 第二回の発言－神の正義とヨブの推測（34：1-37）
  D. 第三回の発言－神の超越性とヨブの誤解（35：1-16）
  E. 第四回の発言－神の偉大さとヨブの知識不足（36：1-37：24）
IV. 神がヨブに応えられる－直接の啓示（38：1-42：6）
  A. 神がヨブの知識不足を指摘される（38：1-40：2）

  B．ヨブの謙遜(40:3-5)
  C．世界での神の正義についてのヨブの批判に神が挑戦される(40:6-41:34)
  D．ヨブが神の道について自分の知識不足を告白する(42:1-6)
 Ⅴ．散文のエピローグ－危機が終る(42:7-17)
  A．神の評決(42:7-9)
  B．三人の友人のためのヨブの祈り(42:7-9)
  C．ヨブの情況と名誉の回復(42:10-17)

著　　者：不明

主　　題：なぜ正しい人が苦しむのか

著作の年代：不確定

著作の背景

  ヨブ記は旧約聖書の知恵文学や詩歌書として分類されている。「知恵文学」というのは人間が最も困惑する重要な問いについて集中的に検討しているからで、「詩歌書」というのは内容のほとんどが詩のかたちで書かれているからである。けれどもこの詩的な物語は実在の歴史上の人物(→エゼ14:14, 20)と実際の歴史的出来事(→ヤコ5:11)に基づいている。舞台は後にエドム領(死海の南東、北アラビヤ ⇒哀4:21)になった「ウツの地」(1:1)である。つまりヨブの歴史的背景はヘブルではなくアラブである。
  ヨブ記について考えるべき二つの重要な年代がある。それは、(1)ヨブ自身とヨブ記に描かれている出来事の年代と、(2)この書物が霊感を受けて書かれた年代である。
  いくつかの事実からヨブはアブラハムの時代(前2000)か、その少し前に生きていたと考えられる。さらに最も重要な事実が次のように挙げられる。(1)ヨブはこの書物にある出来事の後、140年生きた(42:16)。このことからヨブの一生は200年近かったと思われる(アブラハムは175歳まで生きた)。(2)ヨブの財産は家畜の数で表されている(1:3, 42:12)。(3)アブラハム、イサク、ヤコブのように、ヨブは家族の祭司の役割をしている(1:5)。(4)ヨブは家父長制(父親主導)の氏族の長だったけれども、これはアブラハムの時代に存在していた社会の基本的単位と同じである(1:4-5, 13)。(5)シェバ人(1:15)とカルデヤ人(1:17)の襲撃はアブラハムの時代に当てはまる。(6)イスラエルの族長(アブラハム、イサク、ヤコブなど部族の創始者たち)時代に一般的に使われていた神の名前はシャダイ(全能者)であるけれども、ヨブ記では31回使われている。(7)イスラエルの歴史や律法が出てこない。それはイスラエルに対する神の律法をモーセが受取り、伝えた時代(前1500以前)以前のものであることをほのめかしている。
  ヨブ記が書かれた年代については主に三つの意見がある。推定される年代は、(1)族長時代(前2000頃、アブラハム、イサク、ヤコブの時代)で、ヨブ自身によって書かれた。それはこの書物に描かれている出来事が起きてから間もない頃である。(2)ソロモンの時代かその後間もなく(前950-900頃)。この書物の文学様式と文体がソロモン時代の知恵文学に似ている。(3)ユダヤ人のバビロン捕囚時代(前586-538頃、→エズ緒論)。その頃神の民は自分たちにかかわる大きな問題の意味やその理由を探ろうと取組んでいた。不明の著者(ヨブでないとすれば)はヨブの時代から伝わる口伝(口伝えされたもの)と書かれた情報のどちらか、あるいは両方から詳しい記録を持っていたに違いない。それが現在のかたちのヨブ記を書くために神の霊感のもとで使われたと思われる。ある部分は神の直接啓示によって与えられたに違いない(1:6-2:10)。

目　　的

  ヨブ記は昔から問われてきた問題をあらゆる面から見ている。それは「もし神が公平で愛の方であるなら、なぜヨブのように正しい人(1:1, 8)がこれほどひどく苦しむのを許されたのか」という問いである。これを探求する中で著者は次の真理を明らかにしている。
  (1)神の敵であるサタンは災いをもって神を敬う人々の信仰の性質を試すために神の許可を得なければならなかった。けれども神の恵みは苦しみに打勝った。そして健康状態や財産の情況から見れば何の利点もなく、神に頼り続ける理由がないように見えるのにヨブは信仰を守ったのである。
  (2)神の行動と論理は人間の知性が理解できる範囲を越えている(37:5)。人間は神の完全で完璧な視点に

立って見ることができないので、神ご自身と神の目的について啓示していただかなければならない。
　(3) 神を信じる信仰の土台は神の祝福や、知性によって理解できる状況や答などの上に据えられていない。それは神を完全に信頼することと神がご自分を啓示された姿（ほとんどが神のことばによる）に頼ることの上に据えられている。
　(4) サタンがひどい試練によって神を敬う人々を試みることを神は時として許される。これは信仰を強め生活をきよめるためで、火によって金が精錬され美しくなるようなものである(23:10, ⇒Ⅰペテ1:6-7)。この種の霊的な試練は神の民の中に高潔さ（道徳的資質）と謙遜を育て上げる(42:1-10)。
　(5) 神のなさることは時には暗く残酷に見えるけれども（ヨブ自身が思ったように）、最後には神のあわれみと慈しみが明らかになる(42:7-17, ⇒ヤコ5:11)。

概　観

　ヨブ記の構造には五つの区切りがある。(1) プロローグまたは緒論。ヨブの問題とその背後にある原因を描く(1:-2:)。(2) ヨブと三人の友人との間の三巡の対話。ヨブの情況について知的な答を探求する(3:-31:)。(3) ヨブや三人の友人よりも若いエリフの四つの発言。これはヨブの問題の意味（原因ではない）についてかすかな光をもたらす(32:-37:)。(4) 神ご自身の応答。ヨブの無知と不平を指摘し、ヨブの応答に耳を傾けられる(38:1-42:6)。(5) エピローグまたは結論(42:7-17)。ヨブの祝福と名誉がどのように回復されたかを描いている。ヨブ記は次の三つの部分を除いて全体が詩文で書かれている。(a) プロローグ（緒論）、(b) 32:1-6a、(c) エピローグ（結論）。
　1章でヨブは潔白で正しく神を恐れる人として描かれている(1:1, 8)。そして「東の人々の中で一番の富豪」と言われている(1:3)。けれどもその情況は突然、全く変ってしまった。次々に襲う災難によって財産も子どもたちも健康も失ってしまう(1:13-22, 2:7-10)。ヨブは大変混乱するけれども、自分が神とサタンとの霊的対立の真中に置かれていることに気付いていなかった(1:6-12, 2:1-6)。エリファズ、ビルダデ、ツォファルというヨブの三人の友人がヨブを慰めるために訪ねて来たけれども、むしろなぜこのような災難が起きたのか多くの理由を挙げて議論することになった。神は正しく公平だから、ヨブの苦しみは隠れた罪への罰のしるしに違いないと三人は主張した。そしてヨブのただ一つの望みは罪を認めて罪から立返ることだと考えた。ヨブは何が起きているのか、またなぜ起きているのかわからないと告白した。けれども友人の見当違いの応えや助言を拒んで自分の無罪を主張した(3:-31:)。エリフは別の視点から話した。そしてこの苦しみはヨブをさらに成長させ、きよめるための神のより高い目標の一部であると主張した(32:-37:)。
　最後にヨブも含めてみな沈黙した。ついに神が創造者としてご自分の知恵と力について話された(38:-41:)。ヨブはへりくだって自分の無知を告白した。そして全能の神に対して挑戦したことを悔い改めたあと(40:1-4, 8, 42:5-6)、厳しく非難した友人のために祈った(42:8, 10)。そのときヨブは苦痛から解放され、以前持っていたものの二倍の祝福を受けた(42:10)。神はヨブが「真実を」話したとしてヨブの品性を弁護された(42:7)。ヨブの残りの生涯はこの大きな試練以前よりも祝福されたものになった(42:12-17)。神はヨブの苦しみの理由を明らかにされなかった。けれども神のことばはさらに大きな情景を見せているので(→1:-2:)、読む人はヨブの信仰の試練をよりよく理解し、またそこから学ぶことができる。

特　徴

　ヨブ記には七つの大きな特徴がある。
　(1) 北アラビヤ出身のヨブは正しい人で、神をあがめる非イスラエル人であり、イスラエル民族の創始者（アブラハム）の家族よりも前に生きていたと思われる(1:1)。
　(2) 苦しみという神秘を扱った過去のどの書物よりも深く、洞察に富む書物である。劇的な詩としてこのドラマには心痛むような悲劇と刺激的で知的な対話、神があらゆるものにまさる方であり、人々のための目的を果すために働いておられるという喜ばしい知らせが含まれている。
　(3) 神に従う人々が大きな問題を体験するときに適用できる人生の重要な原則が明らかにされている。それはサタンが人々の信仰を打砕こうと試みるけれども、神はその信仰を証明し、深め、強めるために働いておられるということである。ヨブの信仰が堅かったので、情況が絶望的に見えても神の目的はサタンの攻撃にも勝利した(⇒ヤコ5:11)。
　(4) 神、人間、創造、サタン、罪、義、苦しみ、公正、悔い改め、信仰など聖書の重要な主題についてよりよく理解できるように貴重な貢献をしている。

(5) 大部分はヨブの品性と苦しみについての友人による間違った判断や議論の記録である。なぜヨブは苦しむのかについて人間の不完全な議論がたびたび繰返されている。信仰者がみな（全人類も）困難な情況とその理由について誤解をする様子を鏡に映すように描き出し、このところから考え方を修正するようになることを神は望んでおられる（→「正しい人の苦しみ」の項 p.825）。
　(6) 旧約聖書のどの書物よりも正しい人の「告発者」としてのサタンの役割が示されている。旧約聖書では19回、サタンが名指しで出てくるけれども、そのうち14回はヨブ記にある。
　(7) 人々は自分たちの情報ではなく、神の啓示によって完全に変えられるという聖書の原則が劇的に示されている（42：5-6）。

新約聖書での成就
　ヨブが告白した「贖う方」（19：25-27）、求めた「仲裁者」（9：32-33）、最も深刻な疑問への回答はみなイエス・キリストを預言的に指している。神が定められた贖い主（救い主、救助者、回復者）、仲保者、癒し主として主イエスは人の苦しみと完全に一つにされた（⇒ヘブ4：15-16，5：8）。そのキリストの来臨と、苦しみと死に対する最終的な勝利についての預言が19章25－27節に見られる。ヨブは新約聖書に2回出てくる。(1) コリント人への手紙第一3章19節にはヨブ記の一部（5：13）が引用されている。(2) 苦しみを耐え忍んでついに神のあわれみに満ちた目的を現すことになった模範としてヨブは取上げられている（ヤコ5：11）。キリスト者は苦しみや迫害を体験するときに、ちょうど主イエスが苦難のときに御父に頼ったように（Ⅰペテ2：23）、信仰を堅く保ち、神に頼り続けてその情況を乗越えなければならないという真理を新約聖書は示しているけれども、ヨブ記はそれを最も明瞭に描いている旧約聖書の書物である。ヨブ記1章6節－2章10節は敵であるサタンの姿と、ペテロの手紙第一5章8－9節にあるサタンが人々を滅ぼそうとしている姿とを最もよく描写している。

ヨブ記の通読
　旧約聖書全体を1年間で通読するためには、ヨブ記を次のスケジュールに従って13日間で読まなければならない。
☐1-2 ☐3-5 ☐6-8 ☐9-11 ☐12-14 ☐15-18 ☐19-21 ☐22-24 ☐25-28 ☐29-31 ☐32-35 ☐36-39 ☐40-42

メ　モ

ヨブ記 1章

プロローグ

1 ¹ウツの地にヨブという名の人がいた。この人は潔白で正しく、神を恐れ、悪から遠ざかっていた。²彼には七人の息子と三人の娘が生まれた。³彼は羊七千頭、らくだ三千頭、牛五百びき、雌ろば五百頭、それに非常に多くのしもべを持っていた。それでこの人は東の人々の中で一番の富豪であった。⁴彼の息子たちは互いに行き来し、それぞれ自分の日に、その家で祝宴を開き、人をやって彼らの三人の姉妹も招き、彼らといっしょに飲み食いするのを常としていた。⁵こうして祝宴の日が一巡すると、ヨブは彼らを呼び寄せ、聖別することにしていた。彼は翌朝早く、彼らひとりひとりのために、それぞれの全焼のいけにえをささげた。ヨブは、「私の息子たちが、あるいは罪を犯し、心の中で神をのろったかもしれない」と思ったからである。ヨブはいつもこのようにしていた。

ヨブの一回目の試練

⁶ある日、神の子らが主の前に来て立ったとき、サタンも来てその中にいた。⁷主はサタンに仰せられた。「おまえはどこ

1①創22:21、エレ25:20、哀4:21
②エゼ14:14, 20、ヤコ5:11
③ヨブ1:8, 2:3、創6:9, 17:1、申18:13
④ヨブ1:8, 2:3、創8:13, 16:6、創22:12, 42:18、出18:21
⑤Ⅰテサ5:22
2①ヨブ42:13
3①ヨブ42:12
②士6:3
③ヨブ29:25
5①ヨブ42:8、→Ⅰサム6:14
②ヨブ8:4
6①ヨブ1:6-12, ヨブ2:1-6
②ヨブ38:7, 詩89:6
③Ⅰ歴21:1, ゼカ3:1

ヨブ23:10-12

1:1 ヨブ ヨブは族長（イスラエル民族の先祖となったアブラハム、イサク、ヤコブなど）の時代（前2100-1800）に生きていたようである。ほとんどの学者はウツの地はヨルダン川と死海の南東か、あるいは北アラビヤの広い地域だったと信じている（→ヨブ緒論）。またある人々はウツの地がガリラヤ湖の北東でダマスコ方面に広がっていたと考えている。

1:1 潔白で正しく、神を恐れ、悪から遠ざかっていた　(1) ヨブは義人として知られている。それは神に対して心からの尊敬と聖い恐れを持ち、悪を避ける強い決意を持っていたからである（⇒箴1:7、→「神への恐れ」の項 p.316）。「潔白」ということはヨブが道徳的に完全（正直、信頼できる、忠実、美徳、二心のない忠誠）で、心を尽くして神に献身していたことを指している。「正しく」とはヨブのことば、考え、行動が神の基準に達していたことを指している。(2) ヨブの人格について神ご自身が1:8と2:3でこのように言っておられる。神は人々の中に働いてその人を本当に良い、正しい、勝利に満ちた人にすることがおできになる。その証拠としてヨブのことが挙げられている。このような美徳があればよこしまな欲望や罪の影響に勝利することができる。ヨブはそのような人物と言われているけれども罪が全くなかったわけではない。このことはまた神の民は道徳的に清く正しい生活ができるし、またしなければならないことを示している。(a) 潔白で正しく生きることはできないとか、(b) キリスト者はことばや思い、行動の中でいつも罪を犯しているから誘惑に勝利する望みはあり得ないなどという教えは、霊的に不健康で聖書的には間違っている。ヨブがあかししたように、キリスト者は自分の人間的な性質と罪の誘惑を克服できる力が聖霊の助けと導きによって与えられているから、神の前に潔白で正しく歩むことができるのである（⇒ロマ8:9-14、ガラ5:16, 24、Ⅰヨハ3:6）。

1:5 私の息子たちが　神を敬うヨブは親として子どもたちの霊的生活をいつも心配していた。子どもたちの振舞と生活ぶりに目を注ぎ、悪を避けて神との関係を保って祝福を受けるように祈っていた。そして子どもたちの霊的健康のために時間をとって祈り、注意を向けていた。それは子どもたちに愛を注ぐ模範的な父親の姿だった（→ルカ1:17注、→「親と子ども」の項 p.2265）。

1:6-7 サタン　ここの記録によるとキリストが死んで復活される前の時代には、サタンが時として神に近付くことがあったようである。サタンはその機会を利用して神を信じる人々の誠実さや品格に疑問を持たせるようにした（→1:6-12, 2:1-6, 38:7, 黙12:10）。けれども聖書は新しい契約（キリストが来られて霊的な救いを与え、神と個人的に交わることができるようにされてから →マタ4:10注）のもとではサタンが神に直接触れることができるとは書いてない。サタンは人間、特にキリストに従う人々を打負かすために非難をしてくる。これはサタンの基本的な姿である。サタンは「告発者」である（黙12:10〜）。けれども神のことばはキリスト者に、サタンとその告発に対してはキリストの血（もしキリストの赦しと指導権を認めるなら、その人のために罪の代価を支払って神との正しい関係を作るためにささげられたキリストの犠牲）、キリストについての大胆なあかし、キリストのためにいのちをささげる姿勢、きよい良心を保つこと、神のことばの規準と原則に従って生きることなどによって勝利することができると保証している（⇒マタ4:3-11、ヤコ4:7、黙12:11）。また主イエスが御父である神に絶えずとりなし（ほかの人々の助けと必要のために神に嘆願する）ておられるので、励ましを受けることができる（ヘブ7:25、Ⅰヨハ2:1）。

ヨブ記 1章

から来たのか。」サタンは主に答えて言った。「地を行き巡り、そこを歩き回って来ました。」

8 主はサタンに仰せられた。「おまえはわたしのしもべヨブに心を留めたか。彼のように潔白で正しく、神を恐れ、悪から遠ざかっている者はひとりも地上にはいないのだが。」

9 サタンは主に答えて言った。「ヨブはいたずらに神を恐れましょうか。

10 あなたは彼と、その家とそのすべての持ち物との回りに、垣を巡らしたではありませんか。あなたが彼の手のわざを祝福されたので、彼の家畜は地にふえ広がっています。

11 しかし、あなたの手を伸べ、彼のすべての持ち物を打ってください。彼はきっと、あなたに向かってのろうに違いありません。

12 主はサタンに仰せられた。「では、彼のすべての持ち物をおまえの手に任せよう。ただ彼の身に手を伸ばしてはならない。」そこで、サタンは主の前から出て行った。

13 ある日、彼の息子、娘たちが、一番上の兄の家で食事をしたり、ぶどう酒を飲んだりしていたとき、

14 使いがヨブのところに来て言った。「牛が耕し、そのそばで、ろばが草を食べていましたが、

15 シェバ人が襲いかかり、これを奪い、若い者たちを剣の刃で打ち殺しました。私ひとりだけがのがれて、お知らせするのです。」

16 この者がまだ話している間に、他のひとりが来て言った。「神の火が天から下り、羊

7 ① Ⅰペテ5:8
8 ①ヨブ42:7, 8, 民12:7, ヨシ1:2, 7
②ヨブ1:1
③ヨブ1:1
9 ①黙12:10
10 ①ヨブ29:2-6, 詩34:7
②ヨブ31:25, 創26:12, 箴10:22
②ヨブ1:3
11 ①黙12:10
②ヨブ19:21

③イザ8:21
15 ①ヨブ1:15-19, 伝9:12
②ヨブ6:19, Ⅰ列10:1, イザ60:6
16 ①ヨブ20:26, 創19:24, レビ10:2, 民11:1-3, Ⅱ列1:10

1:8 おまえはわたしのしもべヨブに心を留めたか このことばによって神と神の敵であるサタンとの闘争が始まった。神の恵み(赦しを与えること、受けるにふさわしくない好意、愛、慈しみ、あわれみ)と主への忠実な関係があれば人々がどのように罪の性質と誘惑に勝利できるか、その模範としてヨブを観察するようにと神はサタンに挑戦された。人類を罪と悪から救う神のご計画は必ず完成することを神はこの忠実なしもべヨブの生涯を通して示されたのである。

1:9 ヨブはいたずらに神を恐れましょうか ヨブは神を敬う人であるという神の主張にサタンは反応して、ヨブと神、両方の品性と動機を攻撃した。

(1) ヨブの神への愛は実際には自分の利益のためだとサタンは言ってヨブの動機を疑った。ヨブが神を礼拝するのは個人的に利益があるからで、ヨブの神への愛は本当の愛でも純粋な愛でもないと言っている。

(2) サタンはまた、神がヨブについて単純に考え過ぎていると言っている。ヨブは神から祝福を受けたから神に仕えているに過ぎないとサタンは言う(1:10-11)。この言い方は、人類を神との正しい関係に回復しようとする神の試みは失敗していると神を非難しているのである。そしてもし神がヨブに保護、富、健康、幸福などを与えるのをやめるなら、ヨブは「きっと、あなたに向かってのろうに違いありません」(1:11)と主張した。

1:10 垣を巡らしたではありませんか サタンが盗み、殺し、滅ぼしに来るので(⇒ヨハ10:10)、神はサタンの攻撃から神の民を守るために防御線を設けられる。もちろんこれは神の民が誘惑や霊的戦いを絶対に体験しないということではない。けれども敵が神が許可された範囲(あるいは人が自分の生活の中で許可する範囲)を越えて侵入することはできない。神に従う人々が、神の助けがあっても負うことも耐えることもできないような試練に遭うのは許さないと神は約束された(Ⅰコリ10:13)。(1)「垣」は神に忠実な人々の周りを取り囲んでサタンによって滅ぼされないようにする霊的な「防火壁」のようなものである。「しかし、わたしが、それを取り巻く火の城壁となる。――主の御告げ」(ゼカ2:5)。(2) この守りをあって当然のことと考えてはならない。「垣」は祈りと神との関係を深めることによって成長する。けれども罪深い欲望や行いが思いや生活の中に入り込むのを許すと、敵はその壁を通り抜けることができる。忠実に神を愛し、正しく生活し、聖霊の導きに従うキリスト者にはだれでも、この守りの壁を自分と家族の周りに置いてくださるように神に期待し求める権利が与えられている。

1:11 彼はきっと、あなたに向かってのろうに違いありません 1:6-12にはこの書物の中心的な疑問が示されている。それは「神の民は単に神の賜物や利益のためではなく、神が神であるので神を愛し、神に仕えることができるだろうか」、「理解できないような悲劇といわれのない苦しみの真最中にも正しい人は神への信仰と愛を保つことができるか」というものである。

1:12 手を伸ばしてはならない 神はヨブの財産と家族を奪う権威をサタンに与えられた。けれどもサタンの攻撃に制限を設けられた。サタンにはヨブを殺す力がなかった。そこで荒々しい天候と環境、また凶暴な人々をヨブのところに送った(1:13-19)。

1:16 神の火 「神の火」は稲妻のことと思われる(→民11:1, Ⅰ列18:38)。

ヨブ記 1-2章

と若い者たちを焼き尽くしました。私ひとりだけがのがれて、お知らせするのです。」
17 この者がまだ話している間に、また他のひとりが来て言った。「カルデヤ人が三組になって、らくだを襲い、これを奪い、若い者たちを剣の刃で打ち殺しました。私ひとりだけがのがれて、お知らせするのです。」
18 この者がまだ話している間に、また他のひとりが来て言った。「あなたのご子息や娘さんたちは一番上のお兄さんの家で、食事をしたりぶどう酒を飲んだりしておられました。
19 そこに荒野のほうから大風が吹いて来て、家の四隅を打ち、それがお若い方々の上に倒れたので、みなさまは死なれました。私ひとりだけがのがれて、あなたにお知らせするのです。」
20 このとき、ヨブは立ち上がり、その上着を引き裂き、頭をそり、地にひれ伏して礼拝し、
21 そして言った。
「私は裸で母の胎から出て来た。

17 ①創11:28, 31
18 ①ヨブ1:4, 13
19 ①イザ21:1
20 ①創27:29, 34, ヨシ7:6, エズ9:3
 ②イザ15:2, ミカ1:16
 ③Ⅰペテ5:6

21 ①伝5:15, 詩49:17, Ⅰテモ6:7
 ②ヨブ2:10, Ⅰサム2:7, 8, 伝5:19, 6:2
 ③ヨブ2:10, ロマ12:12, ヤコ5:10, 11

1 ①ヨブ2:1-6, ヨブ1:6-12
3 ①ヨブ1:1
 ②ヨブ1:1
 ③ヨブ2:9
 ④ヨブ27:6
 ⑤ヨブ9:17
4 ①黙12:10

また、裸で私はかしこに帰ろう。
主は与え、主は取られる。
主の御名はほむべきかな。」
22 ヨブはこのようになっても罪を犯さず、神に愚痴をこぼさなかった。

詩91:1-13

ヨブの二回目の試練

2 ¹ ある日のこと、神の子らが主の前に来て立ったとき、サタンもいっしょに来て、主の前に立った。
² 主はサタンに仰せられた。「おまえはどこから来たのか。」サタンは主に答えて言った。「地を行き巡り、そこを歩き回って来ました。」
³ 主はサタンに仰せられた。「おまえはわたしのしもべヨブに心を留めたか。彼のように潔白で正しく、神を恐れ、悪から遠ざかっている者はひとりも地上にはいない。彼はなお、自分の誠実を堅く保っている。おまえは、わたしをそそのかして、何の理由もないのに彼を滅ぼそうとしたが。」
⁴ サタンは主に答えて言った。「皮の代わ

1:20 地にひれ伏して礼拝し ヨブは災害を受けて深く悲しんだ。けれども並外れた謙遜を示して神に従い、この災害の中でも神を礼拝し続けた(1:21, 2:10)。(1) しばらく苦しみ、困惑したあとでヨブは疑問と怒りを表し、神から距離を置くような反応を見せた(7:11)。けれどもこの暗闇と不確実なときにも神に逆らうことなく、むしろ抗議と疑問と感情とをはっきりと神に対して表現した。(2) ヨブ記は神に忠実に従う人々は人生の問題や災害にどのように対処したらよいかを示している。私たちは自分では理解できないような苦しみや惨事を体験するときにも、神が許されたことを受入れることができるように、恵みと謙遜を求めて祈るべきである。さらにその情況の中で何を学べるか、それを通してどのように成長できるかを神に尋ねなければならない。様々な感情と不満を神に訴えるなら、神はそれに対応してくださる。私たちは反抗するのではなく、最善を知っておられる愛の神に心から頼りながら、不満を訴えることが許されている(→「**正しい人の苦しみ**」の項の「**苦しみを通しての成長**」の部分 p.825)。(3) 神がヨブの問いを受入れて(38:-41:)、最後には「真実」(42:7)を話したとしてほめておられることをこの書物は示している。

2:3 何の理由もないのに彼を滅ぼそうとしたが 罪がないのに苦しむヨブの生涯は、イエス・キリストと、新しい契約(神の御子イエス・キリストのいのちと犠牲を通して人々に霊的な救いを与え神との関係の回復を図る神の計画)のもとで、信仰の理由で苦しむキリストに従う正しい人々を預言的に指し示している。

(1) ヨブは正しいのに苦しむ人々の姿を旧約聖書の中で最もよく表している。また罪がないのに苦しまれた、完全に正しい人であるキリストの予型(預言的な象徴あるいは代表)だった(→「**旧約聖書のキリスト**」の項 p.611)。罪がないのにキリストは人々の罪(神に対する反抗と違反)と悪の結果に苦しまれた。「彼は」私たちのために「神に打たれ」たのである(イザ53:4, ⇒Ⅰペテ2:24, 4:1)。

(2) ヨブはキリストに従う人々にも必要な粘り強い忍耐を示している(ヤコ5:11, ⇒ヘブ11:—神の計画と約束の完全な成就を見ないで苦しみ世を去った多くの信仰の勇者のリスト)。ちょうどヨブが神に忠実だったために罪がないのに苦しんだように、神に従う人々はみな何かのかたちで信仰のために苦しむ。新約聖書は「キリスト・イエスにあって敬虔に生きようと願う者はみな、迫害を受けます」と言っている(Ⅱテモ3:12)。パウロは「キリストの苦しみにあずかること」によってキリストを知ると言っている(ピリ3:10, ⇒コロ1:24)。このように罪がないけれどもキリストのために苦しむ人々は神の友である(⇒Ⅰペテ4:1, 5:

りには皮をもってします。人は自分のいのちの代わりには、すべての持ち物を与えるものです。

⁵ しかし、今あなたの手を伸べ、彼の骨と肉とを打ってください。彼はきっと、あなたをのろうに違いありません。」

⁶ 主はサタンに仰せられた。「では、彼をおまえの手に任せる。ただ彼のいのちには触れるな。」

⁷ サタンは主の前から出て行き、ヨブの足の裏から頭の頂まで、悪性の腫物で彼を打った。

⁸ ヨブは土器のかけらを取って自分の身をかき、また灰の中にすわった。

⁹ すると彼の妻が彼に言った。「それでもなお、あなたは自分の誠実を堅く保つのですか。神をのろって死になさい。」

¹⁰ しかし、彼は彼女に言った。「あなたは愚かな女が言うようなことを言っている。私たちは幸いを神から受けるのだから、わざわいをも受けなければならないではないか。」ヨブはこのようになっても、罪を犯すようなことを口にしなかった。

ヨブの三人の友人

¹¹ そのうちに、ヨブの三人の友は、ヨブに降りかかったこのすべてのわざわいのことを聞き、それぞれ自分の所からたずねて来た。すなわち、テマン人エリファズ、シュアハ人ビルダデ、ナアマ人ツォファルである。彼らはヨブに悔やみを言って慰めようと互いに打ち合わせて来た。

¹² 彼らは遠くから目を上げて彼を見たが、それがヨブであることが見分けられないほどだった。彼らは声をあげて泣き、おのおの、自分の上着を引き裂き、ちりを天に向

5①ヨブ19:20
7①イザ1:6
　②ヨブ7:5, 13:28, 30:18, 30, 出9:9, 申28:35
8①ヨブ42:6, エレ6:26, エゼ27:30, ヨナ3:6, マタ11:21
9①ヨブ2:5

10①ヨブ1:21
　②ヨブ1:22, 詩39:1
11①ヨブ42:11, ロマ12:15
12①ヨブ1:20
　②ヨシ7:6, ネヘ9:1, 哀2:10, エゼ27:30

---

10. →Ⅰペテ2:21注、4:13注、→「**正しい人の苦しみ**」の項 p.825）。

2:6　彼をおまえの手に任せる　神はサタンがヨブをさらにひどく苦しませるのを許された。神はこれによってヨブを救い、神との信頼ある関係を続けさせ、ヨブの神への完全な献身と神の完全な力を証明できると考えられた。人類を救う神のみわざと、人々と神との関係は苦しみによって十分に示され深められるのである。苦しいときにこそ信仰の本当の姿が現れる。(1) 正しい人の信仰が苦しみによって試されることは大切である。なぜなら神には人を救い、サタンの計略を砕き、どのような状況でも最善の目的を成就する能力があることが示されるからである。(2) 苦しみはまた人々の信仰を強め精錬する。使徒ペテロは新約聖書の視点からこのように書いている。「いまは、しばらくの間、様々な試練の中で、悲しまなければならないのですが、あなたがたの信仰の試練は、火で精錬されつつなお朽ちて行く金よりも尊く、イエス・キリストの現れのときに称賛と光栄と栄誉になることがわかります」（Ⅰペテ1:6-7）。

2:9　神をのろって死になさい　「のろう」と訳されていることばは実際は「祝福する」という意味である。ヨブの妻は「口に出せないほど聖い名前のこの方に何でも必要なことを言って、この恐ろしい状態から抜け出しなさい」と言ったのである。妻のこのひどい助言はヨブの霊的葛藤と信仰の試みの核心を表している。ヨブの限られた視点から見ると痛みと苦悶は神から来ているように見えたけれども、その理由がわからないのである。ヨブはこの書物全体を通して神に忠誠を尽くすことをやめ、慈愛豊かであわれみ深い主に頼ることをやめるようにという誘惑を受けている（⇒ヤコ5:11）。

2:10　わざわいをも受けなければならないではないか　キリスト者は良いものによって祝福されるのと同じように、敵対するものによって試みられることにも備えなければならない。神を信じているから神がいつも問題を遠ざけてくださったり、神に忠実であるから目に見える繁栄や成功が保証されるわけではない（→2:3注、Ⅲヨハ1:2注）。罪も神への反抗も覚えのないキリスト者は、逆境に直面したときに自分の生涯と情況とをゆだねて、神が最善をご存じであり、神の目的が成就すると信じるべきである。困難や痛みから逃げるなら信仰の強さは証明されない。痛みの中で神に頼るときにこそ最高の信仰は示される。苦しみを通して神に忠実であることは信仰の最大の勝利である（Ⅰペテ1:3-9）。

2:11　ヨブの三人の友　ヨブが逆境にいることを聞いた三人の友人は同情と慰めのことばをかけるために訪れた。ヨブ記の大部分は苦しんでいるヨブとこの三人の対話または会話の記録である。ヨブの情況に対する三人の見解は、神と神の働きを多くの人がどのように見ているかをよく表している。神を敬う人々には良いことしか起こらないけれども、悪いことはその人が罪を犯しているしるしと信じていたのである。そして深刻な罪を認めるように説得することによってヨブを助けられると思った。神は最後に三人の友人の努力は見当違いだと叱責された（42:7）。

ヨブ記

正しい人の苦しみ

「サタンは【主】の前から出て行き、ヨブの足の裏から頭の頂まで、悪性の腫物で彼を打った。ヨブは土器のかけらを取って自分の身をかき、また灰の中にすわった。」（ヨブ記2:7-8）

人間は神に忠実であっても日々の生活で問題、苦痛、苦難に遭わないという保証はない（→使28：16注）。むしろ主イエスは人生の中で困難や試練が来るのを予期しなければならないと教えられた（ヨハ16：1-4, 33，→IIテモ3：12注）。聖書には神を敬う人がいろいろな理由からひどく苦しんだ例が非常に多く記録されている。苦しんだ人の中でも有名なのはヨセフ、ダビデ王、ヨブ、預言者エレミヤ、使徒パウロなどである。もちろんだれよりも最大の苦しみを通ったのはイエス・キリストであり、それはすべての人に霊的救いを提供するという神の最高の慈しみを実現するためだった（→イザ53：, Iペテ3：18）。

苦しみについての疑問と現実

「神が愛ならどうして悪や苦難が続くのか」、「なぜ良い人に悪いことが起こるのか」、「悲劇が起きるとき神はどこにいるのか」、そのほか多くの疑問が出されるけれども、それはみな神の優れた力と慈しみを理解しようとする心の葛藤を表したものである。神が造られた世界に広がっている苦痛と悲惨な状態を見ると、神の特性とは矛盾しているように見える。愛であり全能である神がどうしてこのような悪いことが起こるのを許されるのか理解しにくい。ある人々は悲劇を見て、神は愛であっても全能ではないのではないか、もし全能なら苦難が来ないようにできるのではないかと考える。またある人々は罪のない人々や弱い人々が苦しむのを見て、神が全能でありながら罪のない人々を苦しませるのは、神が愛ではないからだと全く逆のことを考える。ところが愛は苦難を帳消しにするものではない。過去の歴史を通して人間はこのような問題と取組んできた。けれども混乱するのは質問が間違っているからかもしれない。人間は神に逆らい自分勝手な道を選んだため罪と悪が世界を握り、物事を逆さまにしてしまった。これは最初神が計画されたことではなかった。こうして神を敬わない世界では無秩序と破壊が「当たり前」のことになったのである。良いことが少しでも存在していること、あるいは苦難の中から良いことが生れるということは、絶えず神に挑み逆らっている世界に対して神が愛を持ち忍耐をしておられる証拠である。

苦しみの理由と源

だれもが問題にぶつかるのは事実である。人はみな外見も異なるし、行動や考えもそれぞれ違うけれども、苦しみは世界共通の問題である。だれもがとげが刺さった痛さ、心の痛み、病気、災害、試練、悲劇などを知っている。ここでそれぞれの問題の理由を完全に理解することはできないとしても、なぜ神は苦しみを許されるのかという一般的理由を理解しておくことは重要である。多くの人はこの問題が理解できないので神を信じないし、キリストを受入れないようである。なぜ世界に問題があるのかと言って、神を信じているのに直接的にあるいは間接的に神に文句を言う人がいる。けれども問題を阻止しないと言って神を責める人々は、悪の原因、またはなぜ神が苦しみを許されるのかその理由を完全に理解していない。世界に悪がどのようにして入り込んだのか、それはだれのせいであるかを神のことばははっきり書いている。神は人間に選択権を与えられた。けれども人間は神が提供された祝福と自由を悪用した（→創1：26-31, 2：15-22, 3：1-8）。神が最初に造られたものはみな（アダムとエバも）良かった。完全な創造の働きの中で、神は人間に自由意志（選ぶ能力）を与えられた。けれども神が人間を守るために与えられた命令をその自由意志を使って無視したときに、悪が全人類に影響を与える門が開かれてしまった（ロマ5：12）。罪と悪は人間が間違った選択をした当然の結果だった。世界に苦しみをもたらしたのは神の選択ではなく、本当は人間の選択だった

のである。

　「神は悪と苦しみを簡単に取除くことができたはずだ」と多くの人は言うかもしれない。けれどももし神がそうされたら、同時に人間の不完全さもみな取除かれ、罪を犯すことなく完全に生きることが要求されるようになる。そして神が人間に与えられた、神に従うか拒むかを決める自由な意思も取除かれることになる。神は人々が神を愛して従うようになることを望んでおられる。キリスト教は、神が強制的に神を選ぶようにさせるとか、人間が選んだことの結果を変えてしまうというようなものではない。むしろキリスト教の信仰は、情況がどんなに難しくても悪いものではなく良いものを自分から進んで絶えず選択できるようにさせようとするものである。神はしばしば困難なところを通るのを許されるけれども、それは人々が成長して、ほかの困難も乗越える力を求めて神に頼ることを学ぶためである。ヨブは潔白だったと書かれている（ヨブ1：8, 2：3）。それでも神はサタンがヨブの生活に悲劇を起こすのを許された。それは環境がどんなに困難であっても、ヨブの真実の愛と神に依存している姿を明らかにするためだった。

正しい人が苦しむ理由

　神を信じる人々が苦しむ理由はいろいろある。

　(1) ほかの人々と同じように、神に従う人もアダムとエバが犯した最初の罪の結果としての苦しみを体験する。ふたりが神の命令を通して与えられた導きを意識的に無視すると決めたとき、罪がこの世界に入ってきた。それとともに苦痛、悲しみ、葛藤、そして最終的に死がやってきた。今これらのものは全人類の生活の中に広がっている（創3：16-19）。パウロは「そういうわけで、ちょうどひとりの人によって罪が世界に入り、罪によって死が入り、こうして死が全人類に広がった・・・それというのも全人類が罪を犯したからです」と説明している（→ロマ5：12注）。事実、全宇宙の被造物は罪の恐ろしい結果のもとでうめき、新しい天と新しい地ができるのを待ちこがれていると神のことばは言っている（ロマ8：20-23、Ⅱペテ3：10-13）。**応答**　私たちは神の恵みにいつも頼って、罪深い態度や行いを退けることができるし、また退けなければならない。希望や答がないように見えるときでも、神の助け、力、慰めによって正しい選択をすることができる（⇒Ⅰコリ10：13）。

　(2) 人々は時には自分自身の行動の結果として苦しむ（→「**神の摂理**」の項 p.110）。「人は種を蒔けば、その刈り取りもすることになります」（ガラ6：7）という原則は一般的な意味でだれにも当てはまる。もし無謀な運転をすれば大変な事故を起こすかも知れない。経済的に愚かな決断をすれば多額の借金を背負うことになるかもしれない。神はそのような苦しみを訓練（自制、克己）の手段として用いて、「平安な義の実を結」ぶことを教えてくださる（ヘブ12：3-11、→ヘブ12：5注）。けれども悪いことは必ずしも自分が選んだ直接的結果ということではない。ある人の苦しみは別の人が選択したことの結果（連鎖反応のように）かもしれない。たとえばだれかが酒を飲んで車を運転し事故を起こして人を死亡させたら、その死亡した人は他人の間違った選択によって被害を受けたのである。また抑圧的な政府の高官は人々の自由を奪うかもしれない。世界にある苦しみの多くは人間がよこしまで愚かな選択をした結果である。**応答**　私たちは知恵を用い、神のことばの導きに従って神の守りから離そうとするものを避けなければならない。

　(3) キリスト者もキリスト者ではない人もみな罪深く腐敗した世界の中で生活しているので苦しむ。罪の影響が私たちを取巻いている。神の天地創造の計画には不幸、個人的危害、災害などは含まれていなかった。したがって苦しみは何かが間違っていることを教える警告になっている。そして人間はみな神の助けが必要であることを示している。悪がこんなに多くの人の生活を支配しているのを見るとき、神を信じる人々は心を痛め悲しみを覚える（→エズ9：4、使17：16、Ⅱペテ2：8注）。**応答**　私たちは人々の生活の中にある罪の力に対して勝利をし、人々に良い影響を与えることができるように私たちを用いてくださいと信じて祈らなければならない。

　(4) 人々は悪魔の働きの結果によって苦しむ。悪魔の第一の標的は神に従う人々である。

　(a) 聖書は、サタンが「この世の神」（Ⅱコリ4：4）として、今の世界を支配していることを明らかにしている（→Ⅰヨハ5：19注、⇒ガラ1：4、ヘブ2：14）。サタンは種々の方法で人々を苦しめる（⇒Ⅰペテ5：8-9）。

ヨブの物語は神の許可によってサタンが激しく苦しめた、神を敬う正しい人を中心に展開している(→ヨブ1:-2:)。主イエスは癒された一人の女性がサタンによって18年間縛られていたと証言しておられる(⇒ルカ13:11, 16)。新約聖書の多くの書物を書いたパウロは自分の肉体のとげ(詳しく書かれていないけれども、肉体的病気か不具合と思われる)は、「私を打つための、サタンの使いです」(Ⅱコリ12:7)と言っている。「この暗やみの世界の支配者たち」(エペ6:12)に対して霊的戦いをする場合、当然戦いは激しくなる。そこで自分を守るために、神は霊的武具(エペ6:10-18, →6:11注)と霊的武器(Ⅱコリ10:3-8)を与えてくださった。**応答** 私たちは完全な神の武具を身に着けてそれを用い(エペ6:10-18)、勝利に向けて神の力に忠実に頼らなければならない。

(b) サタンとサタンに従う人々はいつも神を信じる人々をあざ笑い迫害してきた。主イエスを愛し、真理の原則と基準に従おうとする人はその信仰のために苦しめられる。実際に信仰のために苦しむことは、しばしばキリストに対する純粋な献身のしるしなのである(→マタ5:10注, Ⅰペテ4:12注)。**応答** キリストに従う人はみな主とその基準に従うので批判と反対に遭うはずである。だから信仰に堅く立って、主が最後にはすべてのことを正しく解決してくださると頼り続けなければならない(マタ5:10-11, Ⅰコリ15:58, Ⅰペテ2:23)。

(5) さらに積極的に言えば、キリスト者が苦しむもう一つの理由は「キリストの心」(→Ⅰコリ2:16注)を持つからである。キリスト者になることはキリストに従うこと、キリストに似ることだけではなく、キリストと一つになることでもある。その結果としてキリストに従う人はキリストの苦難をともにする(→Ⅰペテ2:21注)。たとえば、エルサレムの町がキリストの救いを受入れることを拒んだときにキリストが苦しみ悲しまれたように(→ルカ19:41注)、今日のキリスト者も霊的に失われた人間の姿を悲しむべきである。パウロはキリストのための自分の苦しみは、それまでに築いてきた教会に対する日々の心配であるとして(Ⅱコリ11:23-32, →Ⅱコリ11:23注)、「だれかが弱くて、私が弱くない、ということがあるでしょうか。だれかがつまずいていて、私の心が激しく痛まないでおられましょうか」(Ⅱコリ11:29)と言っている。愛して導いている人々の気持を知り、痛みを共有できるようになることが生活の一部にならなければならない(⇒ロマ12:15)。キリストの苦しみをともにすることは、キリストとともに栄光を受ける機会につながることを覚えるべきである(ロマ8:17)。**応答** キリストのために苦しむなら、必要なときにキリストの慰めをいただくことができる(Ⅱコリ1:5)。このことを私たちは感謝しなければならない。

(6) 生活の中の苦しみを、霊的に成長または変化するために神ご自身が用いられることがある。ある人々は神が同情をしてくれないから人間の苦しみがあるとか、人生に試練があるのは神が快適な生活よりほかに重要なものがあると考えておられる証拠と考えている。けれども苦しみや痛みを通さなければ育たない、人生に益となる霊的なものがある。

(a) 神は霊的にさまよっている人々が罪から離れて、神に対する信仰と信頼を新しくするために、苦しみをしばしば用いられる(→士師記)。**応答** 私たちの中に聖霊が喜ばれないものがあるかを調べ、気付いた罪を神の前で認めなければならない。

(b) 私たちがいつまでも主に忠実であるかどうかを調べるために、神は苦しみを用いて信仰を試されることがある。サタンにヨブを苦しめることを神が許されたのはこのためだった(→ヨブ1:6-12, 2:1-6)。ヤコブは直面する困難を「信仰がためされる」ためと言っている(ヤコ1:3, →1:2注)。試みを通して、キリストを信じる人の信仰はさらに強くなり成熟するからである(→申8:3注, Ⅰペテ1:7注)。**応答** 信仰は、「イエス・キリストの現れのときに称賛と光栄と栄誉」(Ⅰペテ1:7)を生み出すことを覚えて、困難なときにこそ私たちの信仰が強められるようにするべきである。

(c) キリスト者の信仰を強めるためだけではなく、霊的に成長し品性を成熟させるために神は苦しみを用いられる。パウロとヤコブによれば、神は苦しみを通して忍耐を学ぶことを願っておられる(ロマ5:3-5, ヤコ1:3)。苦しみを通して自分自身に頼るのではなく、神により一層頼ることを学ぶのである(ロマ5:3注, Ⅱコリ12:9注)。**応答** 苦しみを通して何を学んでほしいと神が望んでおられるかを感じ取り、それを受入れるべきである。

(d) ほかの苦しんでいる人々を慰め励ますことができるように、神は私たちを困難と痛みの中を通らせると考えられる(→Ⅱコリ1：4注)。このことによって奉仕の働きの効果は深まり増加するようになる(Ⅱコリ4：7-12, →4：11-12注)。**応答**　私たちは苦痛の体験を用いてほかの人々を励まし強めなければならない。

　(7) 神は正しい人の苦しみを用いて神の国を発展させ、人々を神との関係に導き入れる目的を達成される。

　(a) たとえば、ヨセフが兄たちのねたみによって体験した不当な出来事はみな神のご計画の一部だった。それをヨセフは「あなたがたのために残りの者をこの地に残し、また、大いなる救いによってあなたがたを生きながらえさせるため」に神が働いておられたと説明した(創45：7, →「**神の摂理**」の項 p.110)。このことの最高の例は、神の救いの計画が成就するために、迫害と苦悶と死を体験された「このきよい、正しい方」(使3：14)であるキリストの苦しみである。このことはキリストを十字架につけた人々の不法(使2：23)を容認するものではなく、罪びとの手によって正しい人が苦しむのを神がどのようにしてご自分の目的と誉れのために用いることができるかを示している。**応答**　苦しみを通して私たちはほかの人々、特に私たちの苦しみの原因(一部でも)になっている人々にキリストのいのちと愛を伝える方法を探すべきである。

　(b) 神はしばしば苦しんでいる人を神に立返らせるために、その苦しみが長引くようにされる。信仰者、未信仰者に関係なく、苦しみは人間の弱さを明らかにする。このことに気が付く人は神が提供しておられる救いと助けに心を開くようになる。また謙遜になって神とほかの人々に対して感謝して生きるようになる。神は人々が何もかも理解するようにではなく、神に頼るようになることを求めておられる。苦しみは最終的に人間には神が必要であることを教えてくれる。そしてこの世界は腐敗していること、そして定められた滅びに向かう道から救われるためにはキリストが必要であることを教えてくれる。**応答**　苦しむときには(自分でも、ほかの人々でも)助け、救い、平安を神に求めるように励ますべきである(ピリ4：6-7, Ⅰペテ5：7)。

信仰者の苦しみに対する神のかかわり方

　(1) 記憶するべきことは、神が苦しみの中にもおられ働いておられることである。たとえサタンが「この世の神」(Ⅱコリ4：4)だとしても、人々を苦しめるのは神が許される範囲だけである(⇒ヨブ1：-2：, →「**神の摂理**」の項 p.110, 「**神のみこころ**」の項 p.1207)。さらに耐えられないような試練に遭わせることはないと神はみことばの中で約束しておられる(Ⅰコリ10：13)。

　(2) 神は、神を愛して従う人には苦しみと迫害の中から良い結果を生み出してくださると約束しておられる(→ロマ8：28注)。ヨセフは自分の苦しみを通してこの真理を確認した(⇒創50：20)。ヘブル人への手紙の著者もまた人生の中の苦痛に満ちた部分を用いて神がどのように成長させ益を与えてくださるかを示している(→ヘブ12：5注)。耐え忍ぶなら、苦しみは人々を良い方向に変え、人生の中でより良いより強いものを生み出すのである。

　(3) 神は苦痛のときにもそばにいて、「死の陰の谷」を通るときにも(詩23：4, ⇒イザ43：2)ともに歩いてくださると約束された。神は聖霊によってこのことをしてくださり、あらゆる問題の中で慰めてくださる(→Ⅱコリ1：4注)。そしてご自分の子たちに十分な恵みと力を与え、人生のあらゆる問題に耐えることができるようにしてくださる(Ⅰコリ10：13, →Ⅱコリ12：9注)。

　(4) 主イエスは痛みをともにしてくださることを忘れてはならない。人間が直面するあらゆる試練と苦痛を体験されて同情してくださる大祭司(父である神との間の仲介者)である方にキリスト者は祈るのである(ヘブ4：15)。この方は罪の誘惑と圧力に負けないで、人々が体験しないような苦しみに遭い耐え忍ばれた。そして全人類の罪の重荷を背負って身代りに死んでくださった。「私たちの病を負い、私たちの痛みをになった」(イザ53：4)、その忍ばれた苦しみを通して、救いと助けと癒しが与えられる(イザ53：5)。

ヨブ記

苦しみを通しての成長

　苦しい体験はその人の対応の仕方によって滅びにもなるし祝福にもなる。問題は多くの人がなぜ自分は苦しむのかその理由を探ることばかりに時間をかけて、どのように対応したらよいかを考えないところにある。原因ばかり考えていると結局は完全に理解できないので、神に恨みを持つようになる。聖書は絶えず困難や苦しい情況を通して神に近付くことに集中するように教えている。キリスト者は「この問題には神がかかわっているのだろうか」と論じてはならない。「私はどのように対応したら、神が願っておられるような人になることができるのか」に集中するべきである。

　もし神に頼っているなら、苦難は次のような建設的な目的を果すことになる。(1) 注目をする。(2) 神に力を現していただく（ヨハ9：1-3）。(3) 潔白さ、または最高の品性を試す（ヨブ2：1-3）。(4) 忍耐と品性を生み出す（ロマ5：3-5）。(5) 鍛錬をする（ヘブ12：10, 11）。(6) 高ぶりを取除く（Ⅱコリ12：7）。(7) 成熟させる（ヤコ1：2-4）。(8) 信仰を強める（Ⅰペテ1：3-7）。(9) キリストに近付き、キリストに似るものとなる（ロマ8：28, 29）。(10) ほかの人々に仕え、慰める機会を提供する（Ⅱコリ1：3-6）。(11) 地上のものから永遠のものへ焦点を移す（Ⅱコリ4：17, 18）。(12) 神に逆らう人々を神に立返らせる（Ⅰコリ5：1-5）。(13) より大きな永遠の報いに向けて希望を持ち、それを受ける機会を提供する。けれども困難に遭ってもこのような目的とは無関係で、地上の生涯では何の答も出ないように見えるときがある。そこでさらに神に頼るなら、永遠の世界でキリストに会うときにさらに大きな誉れを受けることになる。そのとき、「今の時のいろいろの苦しみは、将来私たちに啓示されようとしている栄光に比べれば、取るに足りない」（ロマ8：18）ことが理解できるようになる。

苦しみに対する勝利

　苦痛と苦悩の原因である試練を体験するとき、そのような苦しみに対処して勝利するためにはどのような方策を取ったらよいのだろうか。

　(1) 人間が苦しむ種々の理由（上記）を考え、その理由が自分にどのように当てはまるかを考えてみる。もし理由がわかったら、その応答の部分に従って行動し、その体験を積極的に生かしたらよい。

　(2) 環境がどんなに厳しくても、神が深く愛して見守っておられることを信じる（→ロマ8：36注, Ⅱコリ1：8-10注, ヤコ5：11注, Ⅰペテ5：7注）。情況がどんなに困難でも神の愛を否定したり、神が救い主であり主であること、罪を赦して人生を導いてくださる方であることを否定してはならない。

　(3) 心を込めた熱心な祈りをもって神に向かい、神との一層深い関係を求める。そして神がその情況から解放してくださるまで忍耐をもって待望むべきである（→詩27：8-14, 40：1-3, 130：）。

　(4) 最善のときに苦痛から解放してくださるまで困難に耐える力を神が与えてくださることを期待する（Ⅰコリ10：13, Ⅱコリ12：7-10）。「私たちを愛してくださった方によって、これらすべてのことの中にあっても、圧倒的な勝利者となる」（ロマ8：37, ⇒ヨハ16：33）ことをいつも覚えておくべきである。神の最大の誉れと私たちの強い信仰は、苦しみを除いたり苦しみから逃げたりすることによってではなく、人間の弱さを通して働く神の力によって証明されるのである（→Ⅱコリ4：7注）。

　(5) 神のことば、特に苦しみのときに慰めを与えてくれる詩篇を読む（詩11：, 16：, 23：, 27：, 40：, 46：, 61：, 91：, 121：, 125：, 138：）。

　(6) 祈り、聖書、聖霊の導き、神を敬う成熟したキリスト者のカウンセリングなどを求め、それを通して自分の特別な情況について神から知恵と識別力を求める。

　(7) もし苦痛が肉体的なものなら**神による癒し**の項（p.1640）に書かれている方策に従うとよい。

　(8) 困難や苦しみを通っているとき、主に従う人は苦しみに遭うとキリストが言われたことばを思い出す（ヨハ16：33）。神が「彼らの目の涙をすっかりぬぐい取ってくださる。もはや死もなく、悲しみ、叫び、苦しみもない」（黙21：4）と言っておられるときを熱心に期待をもって待望むとよい。

ヨブ記　2-3章

かって投げ、自分の頭の上にまき散らした。13 こうして、彼らは彼とともに七日七夜、地にすわっていたが、だれも一言も彼に話しかけなかった。彼の痛みがあまりにもひどいのを見たからである。

ヨブが話す

3 1 その後、ヨブは口を開いて自分の生まれた日をのろった。

2 ヨブは声を出して言った。

3 　私の生まれた日は滅びうせよ。
　　「男の子が胎に宿った」と言ったその夜も。

4 　その日はやみになれ。
　　神もその日を顧みるな。
　　光もその上を照らすな。

5 　やみと暗黒がこれを取り戻し、
　　雲がこの上にとどまれ。
　　昼を暗くするものもそれをおびやかせ。

6 　その夜は、暗やみがこれを奪い取るように。
　　これを年の日のうちで喜ばせるな。
　　月の数のうちにも入れるな。

7 　ああ、その夜は、はらむことのないように。
　　その夜には喜びの声も起こらないように。

8 　日をのろう者、
　　レビヤタンを呼び起こせる者が
　　これをのろうように。

9 　その夜明けの星は暗くなれ。
　　光を待ち望んでも、それはなく、
　　暁のまぶたのあくのを見ることがない

10 　それは、私の母の胎の戸が閉じられず、
　　私の目から苦しみが隠されなかったからだ。

11 　なぜ、私は、胎から出たとき、
　　死ななかったのか。
　　なぜ、私は、生まれ出たとき、
　　息絶えなかったのか。

12 　なぜ、ひざが私を受けたのか。
　　なぜ、私の吸う乳房があったのか。

13 　今ごろ、私は安らかに横になり、眠って休み、

14 　自分たちのためにあの廃墟を築いたこの世の王たち、また議官たち、

15 　あるいは黄金を持ち、自分の家を銀で満たした
　　首長たちといっしょにいたことであろうに。

16 　それとも、私は、
　　ひそかにおろされた流産の子のよう、
　　光を見なかった嬰児のようでなかったのか。

17 　かしこでは、悪者どもはいきりたつのをやめ、
　　かしこでは、力のなえた者はいこい、

18 　捕らわれ人も共に休み、
　　追い使う者の声も聞かない。

19 　かしこでは、下の者も上の者も同じで、
　　奴隷も主人から解き放たれる。

20 　なぜ、苦しむ者に光が与えられ、
　　心の痛んだ者にいのちが与えられるの

3:1　自分の生まれた日をのろった　ヨブは大切にしていたものをほとんど全部失った。恥をかかされ、肉体的にも苦しんでいた。最大の痛みは神がヨブを見捨てられたように見えることだった。（1）何日も悲しみ沈黙していたあとで初めて口を開いたヨブは、自分が感じていることをそのまま神に訴えた（3:2-26）。今体験している現実があまりにも惨めなので、生れたことさえ後悔しているということからヨブは言い始めた。この惨めな状態の中でもヨブは神をのろわなかったことに注目したい。叫びは苦痛と絶望の表れであるけれども、神への反抗（権威と目的に対する大胆な抵抗）の叫びではなかった。（2）キリスト者にとって最も良いことは神への疑問や感情を祈りの中で正直に言い表すことである。神の慈愛を受け、ご計画を理解するためにも精神的苦痛や心の痛みを神のもとへ持って行くことは間違いではない。主イエスも最大の苦しみの中で御父である神に「わが神、わが神。どうしてわたしをお見捨てになったのですか」と尋ねている（マタ27:46、⇒エレ20:14-18、哀3:1-18）。

3:13　眠って休み　ヨブは自分が求めている解放は死んだら与えられると感じた。自分が存在しなくなると信じたのではなく、死がこの恐ろしい人生から平安な存在へ前進させてくれると信じたのである（3:13-19、→詩16:10注の「よみ」）。

ヨブ記　3-4章

21 死を待ち望んでも、死は来ない。
　それを掘り求めても、
　隠された宝を掘り求めるのにすぎない
　とは。
22 彼らは墓を見つけると、
　なぜ、歓声をあげて喜び、楽しむのだ
　ろう。
23 神が囲いに閉じ込めて、
　自分の道が隠されている人に、
　なぜ、光が与えられるのだろう。
24 実に、私には食物の代わりに嘆きが来て、
　私のうめき声は水のようにあふれ出る。
25 私の最も恐れたものが、私を襲い、
　私のおびえたものが、
　私の身にふりかかったからだ。
26 私には安らぎもなく、
　休みもなく、いこいもなく、
　心はかき乱されている。

エリファズ

4 ¹ すると、テマン人エリファズが話し
かけて言った。

21 ①黙9:6
　②箴2:4
23 ①ヨブ19:6, 8, 12,
　詩88:8, 哀3:7
　②ヨブ19:8
24 ①ヨブ6:7, 33:20,
　詩42:3, 80:5
25 ①ヨブ9:28, 30:15
26 ①ヨブ7:13, 14,
　エレ15:17, 18

2 ①ヨブ32:18-20
　＊直訳「ことばを閉じ込
　めて」
3 ①ヨブ4:3, 4, 29:15, 16,
　21, 25
　②イザ35:3, ヘブ12:12
4 ①イザ35:3, ヘブ12:12
5 ①箴24:10
　②ヨブ19:21
6 ①ヨブ1:1, 6:14
　＊「神を」は補足
7 ①ヨブ36:6, 7, 箴12:21
　②ヨブ8:20, 詩37:25
8 ①箴22:8, ホセ10:13,
　ガラ6:7, 8
　②ホセ8:7
9 ①ヨブ15:30, イザ11:4,
　30:33, Ⅱテサ2:8
　②詩59:13, エゼ13:13
　③ヨブ40:11-13
10 ①詩22:13, 21, 箴28:15

2 もし、だれかがあなたにあえて語りか
　けたら、
　あなたはそれに耐えられようか。
　しかし、だれが黙っておられよう。
3 見よ。あなたは多くの人を訓戒し、
　弱った手を力づけた。
4 あなたのことばはつまずく者を起こし、
　くずおれるひざをしっかり立たせた。
5 だが、今これがあなたにふりかかると、
　あなたは、これに耐えられない。
　これがあなたを打つと、あなたはおび
　えている。
6 あなた*が神を恐れていることは
　あなたの確信ではないか。
　あなたの望みは
　あなたの潔白な行いではないか。
7 さあ思い出せ。
　だれか罪がないのに滅びた者があるか。
　どこに正しい人で絶たれた者があるか。
8 私の見るところでは、不幸を耕し、
　害毒を蒔く者が、それを刈り取るのだ。
9 彼らは神のいぶきによって滅び、
　その怒りの息によって消えうせる。
10 獅子のほえる声、たける獅子の声は共

3:25　私の最も恐れたものが、私を襲い　ヨブが恐れたのは所有物や富を失うことではなかった。それらのものは最も重要なものではない。ヨブが最も願っていたことは神の臨在と恵みとが自分と家族の上にあることだった。ところが今その最も恐れていたことが起きたのである。神はヨブを見捨てられたようであり、ヨブにはその理由が全くわからない。それでもヨブは神をのろわないで、あわれみと救いを求めて祈り続けた(6:8-9)。

4:1　テマン人エリファズが話しかけて言った　4章からヨブとエリファズ、ビルダデ、ツォファルという三人の友人との一巡目の対話または会話が始まる。対話を読むときに次のことに注意するとよい。

(1) ヨブの三人の友人のことばが記録されているけれども、それは必ずしも全部が真理ではない。聖霊がこれらのことばを聖書に記録させたのは、神についてのいくつかの考え方がなぜ正しくないのか、また神についての三人の考えは見当違いとして神が認められないことを教えるためである。ヨブ記の最後で三人の意見の多くは正しくないと神が言っておられる(42:7-8)。

(2) 三人の意見のあるものは真理であり、新約聖書でも繰返されている(5:13のエリファズのことばの一部はⅠコリ3:19に見られる)。

(3) 三人の助言者の視点と神学(神と神が人間と世界にかかわる方法についての見解と論理)は間違っているし不正確である。三人は、(a) 罪びとは苦しむけれども、正しい人、神を敬う人はいつも繁栄し、(b) 繁栄と成功は正しさのしるしであるけれども、貧しさと苦しみはいつでも罪が深いことのしるしであると信じていた。神はこの態度は誤りであり、ここに示されている考え方は「恥辱」(愚かさ)であることを後に明らかにされた(42:7-9)。

4:7　どこに正しい人で絶たれた者があるか　神に従う人々が滅びることはなく、よこしまな人々はさばかれるという考え方は永遠の世界から見ると真理である(→ガラ6:7, ヘブ10:13)。最終的には神の正義が行われる。けれどもこの地上では正義がいつも通るわけではなく、罪のない人も苦しむ。この真理を認めなかったことがエリファズの考えの基本的な間違いだった(マタ23:35, ルカ13:4-5, ヨハ9:1-3, Ⅰペテ2:19-20)。

にやみ、
　若い獅子のきばも砕かれる。
11　雄獅子は獲物がなくて滅び、
　雌獅子の子らは散らされる。

12　一つのことばが私に忍び寄り、
　そのささやきが私の耳を捕らえた。
13　夜の幻で思い乱れ、
　深い眠りが人々を襲うとき、
14　恐れとおののきが私にふりかかり、
　私の骨々は、わなないた。
15　そのとき、一つの霊が私の顔の上を通り過ぎ、
　私の身の毛がよだった。
16　それは立ち止まったが、
　私はその顔だちを見分けることができなかった。
　しかし、その姿は、私の目の前にあった。
　静寂…、そして私は一つの声を聞いた。
17　人は神の前に正しくありえようか。
　人はその造り主の前にきよくありえようか。
18　見よ、神はご自分のしもべさえ信頼せず、
　その御使いたちにさえ誤りを認められる。
19　まして、
　ちりの中に土台を据える泥の家に住む者は
　なおさらのことである。
　彼らはしみのようにたやすく押しつぶされ、
20　彼らは朝から夕方までに打ち砕かれ、
　永遠に滅ぼされて、だれも顧みない。
21　彼らの幕屋の綱も
　彼らのうちから取り去られないであろうか。
　彼らは知恵がないために死ぬ。

5

1　さあ、呼んでみよ。

10 ②詩58:6, ヨブ5:15, 29:17
11 ①詩5:4, 20:10, 27:14
12 ①ヨブ4:12-17, 33:15-18
　②詩26:14
14 ①詩119:120
　②ハバ3:16, エレ23:9
16 ①Ⅰ列19:12
17 ①詩143:2, ヨブ4:17-19, ヨブ15:14-16, 25:4-6
　＊別訳「よりも」
　②ヨブ31:15, 32:22, 35:10, 36:3
　③箴20:9
18 ①Ⅱペテ2:4
19 ①ヨブ10:9, 創2:7, 3:19
　②ヨブ22:16
　③ヨブ10:9, 33:6, Ⅱコリ4:7, 5:1
20 ①ヨブ14:2, 詩90:5, 6
　②ヨブ20:7
21 ①ヨブ36:12, ホセ4:6, 箴5:23

1 ①ヨブ15:15, 詩89:5, 7
2 ①一箴1:7
3 ①詩37:35, 36
　②エレ12:2
　＊七十人訳による
　□「私はその住みかをたちまちのろった」
4 ①ヨブ4:11
　②詩119:155
　＊直訳「安全から遠くなり」
　③ヨブ29:7, 詩127:5, 箴22:22, アモ5:12
5 ＊「わな」の読み替え
6 ①ヨブ4:8
7 ①ヨブ14:1, 創3:17-19
8 ①ヨブ13:2, 3
　②詩35:23, 哀3:59
9 ①ヨブ9:10, ロマ11:33
　②詩145:3
　③ヨブ5:9, わざわざ1:7, 42:3, 詩40:5, 72:18
10 ①ヨブ28:26, 36:27-29, 37:6, 11, 38:26, 詩65:9, 104:13, 147:8, エレ5:24, 10:13, 使14:17
11 ①ヨブ22:29, Ⅰサム2:7, 8, 詩18:27, 107:41, 113:7, 138:6, 箴3:34, イザ2:11, マタ23:12, ヤコ4:6, Ⅰペテ5:5
12 ①ネヘ4:15, 詩33:10, イザ8:10
13 ①Ⅰコリ3:19, ヨブ37:24, 詩9:15
14 ①ヨブ12:25, 24:13, ヨハ12:35
　②申28:29, イザ59:10
15 ①ヨブ29:17, 34:28, 36:6, 15, 詩35:10, 72:4
　②詩57:4, 64:3
16 ①詩63:11, 107:42

だれかあなたに答える者があるか。
　聖者のうちのだれに
　あなたは向かって行こうとするのか。
2　憤りは愚か者を殺し、
　ねたみはあさはかな者を死なせる。
3　私は愚か者が根を張るのを見た。
　しかし、その住みかは、たちまち腐った。
4　その子たちは危険にさらされ、
　門で押しつぶされても、
　彼らを救い出す者もいない。
5　彼の刈り入れる物は飢えた人が食べ、
　いばらの中からさえこれを奪う。
　渇いた者が彼らの富をあえぎ求める。
6　なぜなら、不幸はちりから出て来ず、
　苦しみは土から芽を出さないからだ。
7　人は生まれると苦しみに会う。
　火花が上に飛ぶように。
8　私なら、神に尋ね、私のことを神に訴えよう。
9　神は大いなる事をなして測り知れず、
　その奇しいみわざは数えきれない。
10　神は地の上に雨を降らし、
　野の面に水を送る。
11　神は低い者を高く上げ、
　悲しむ者を引き上げて救う。
12　神は悪賢い者のたくらみを打ちこわす。
　それで彼らの手は、何の効果ももたらさない。
13　神は知恵のある者を
　彼ら自身の悪知恵を使って捕らえる。
　彼らのずるいはかりごとはくつがえされる。
14　彼らは昼間にやみに会い、
　真昼に、夜のように手さぐりする。
15　神は貧しい者を剣から、彼らの口から、
　強い者の手から救われる。
16　こうして寄るべのない者は望みを持ち、
　不正はその口をつぐむ。

4:13　夜の幻で思い乱れ　エリファズの夢は神が示されたものとは言われていない。確かにこれは神が与えられたものではない。なぜなら神は人間に無頓着であると言っているからである(4:17-21)。聖書に記録された神の啓示によって裏付けられないような夢や幻に基づいて、神や神が人々とかかわる方法などについて見解や理論を展開することは間違いであり、また危険である。

ヨブ記　5-6章　833

17 ああ、幸いなことよ。神に責められる
　　その人は。
　　だから全能者の懲らしめを
　　ないがしろにしてはならない。
18 神は傷つけるが、それを包み、
　　打ち砕くが、その手でいやしてくださるからだ。
19 神は六つの苦しみから、あなたを救い出し、
　　七つ目のわざわいはあなたに触れない。
20 ききんのときには死からあなたを救い、
　　戦いのときにも剣の力からあなたを救う。
21 舌でむち打たれるときも、あなたは隠され、
　　破壊の来るときにも、あなたはそれを恐れない。
22 あなたは破壊とききんとをあざ笑い、
　　地の獣をも恐れない。
23 野の石とあなたは契りを結び、
　　野の獣はあなたと和らぐからだ。
24 あなたは自分の天幕が安全であるのを知り、
　　あなたの牧場を見回っても何も失っていない。
25 あなたは自分の子孫が多くなり、
　　あなたのすえが地の草のようになるのを知ろう。
26 あなたは長寿を全うして墓に入ろう。
　　あたかも麦束がその時期に収められるように。
27 さあ、私たちが調べ上げたことはこのとおりだ。
　　これを聞き、あなた自身でこれを知れ。

ヨブ6

1 ヨブは答えて言った。
2 ああ、私の苦悶の重さが量られ、
　　私の災害も共にはかりにかけられたら。
3 それは、きっと海の砂よりも重かろう。
　　だから、私のことばが激しかったのだ。
4 全能者の矢が私に刺さり、
　　私のたましいがその毒を飲み、
　　神の脅かしが私に備えられている。
5 野ろばは若草の上で鳴くだろうか。
　　牛は飼葉の上でうなるだろうか。
6 味のない物は塩がなくて食べられようか。
　　*卵のしろみに味があろうか。
7 私はそんなものに触れるまい。
　　それは私には腐った食物のようだ。
8 ああ、私の願いがかなえられ、
　　私の望むものを神が与えてくださるとよいのに。
9 私を砕き、
　　御手を伸ばして私を絶つことが
　　神のおぼしめしであるなら、
10 私はなおも、それに慰めを得、
　　容赦ない苦痛の中でも、こおどりして喜ぼう。
　　私は聖なる方のことばを
　　拒んだことがないからだ。

---

17 ①→箴3:13
　②詩94:12
　③ヨブ6:4, 14, 8:3, 5, 11:7, 13:3, 15:25, 21:15, 20, 22:3, 17, 23, 25, 26, 23:16, 24:1, 27:2, 10, 11, 13, 29:5, 31:2, 35, 32:8, 33:4, 34:10, 12, 35:13, 37:23, 40:2, 詩68:14, 91:1, →創49:25, →ルツ1:20, →イザ13:6
　④箴3:11, 12, ヘブ12:5-11, 黙3:19
18 ①申32:39, Ⅰサム2:6, ホセ6:1
　②ヨブ34:19, イザ30:26
19 ①ヨブ34:19, 91:3, 10, 箴3:26, 24:16
20 ①詩33:19, 37:19
　②詩144:10, エレ39:18
21 ①詩31:20
22 ①詩91:5, 6
　②詩91:13, エゼ34:25
23 ①イザ11:6-9, 65:25, ホセ2:18
24 ①ヨブ21:9
25 ①申28:4, 11, 詩112:2, イザ44:3, 4
　②詩72:16, イザ48:19
26 ①ヨブ42:17
　* 直訳「気力の中で」

2 ①ヨブ31:6
3 ①ヨブ23:2
4 ①→ヨブ5:17
　②ヨブ16:13, 詩38:2
　③ヨブ20:16
　④ヨブ30:15, 詩88:15, 16
5 ①ヨブ39:5-8
6 * あるいは「すべりひゅのしるに」
7 ①ヨブ3:24, 33:20
8 ①ヨブ7:15, 16, 14:13, 民11:15, Ⅰ列19:4
10 ①レビ19:2, イザ6:3, 57:15, ホセ11:9
　②ヨブ23:11, 12

5:17-27　神に責められるその人は　エリファズの考えでは、もし神がある人に注意を与えてその人がそれに正しく応答するなら、神はその人をあらゆる苦難から救ってくださるはずである。(1) ヘブル人への手紙の著者は、旧約聖書の信仰の偉人の中には迫害を受けて貧しくなり、不当に扱われ殺された人々がいたことを示して、この考えが間違っていることを教えている。これらの正しい人々は地上の人生では苦しみから完全に自由になることはなかった(ヘブ11:36-39)。(2) 神は正しい人々の地上の生涯から問題や苦しみを完全に取除かれるとは聖書のどこにも教えられない。地上の生涯では神を敬う人々が困難な情況からいつも救われるわけではない。

6:4　全能者の矢が私に刺さり　ヨブは自分の苦しみの理由や原因を理解していなかったけれども、神の知らないところで神が許されないのに起こるはずがないとも考えていた。ヨブの最大の苦悶は神が自分に敵対しているように思え、その理由がわからないことである。心から神に愛されるように努力しているのに苦難を体験したときに、神はもう関心を持っておられないなどと考えてはならない。なぜ神はこのようなことが起きるのを許されるのかわからないかもしれない。けれども最終的には神ご自身が強め勝利へと導いてくださることを(ヨブと同じように)知ることができるはずである(⇒ロマ8:35-39, ヤコ5:11, Ⅰペテ5:10)。

6:10　私は聖なる方のことばを拒んだことがないか

11 私にどんな力があるからといって、
私は待たなければならないのか。
私にどんな終わりがあるからといって、
私は耐え忍ばなければならないのか。
12 私の力は石の力であろうか。
私の肉は青銅であろうか。
13 私のうちには、何の助けもないではないか。
① すぐれた知性も
私から追い散らされているではないか。
14 ①落胆している者には、その友から友情を。
さもないと、彼は②全能者への恐れを捨てるだろう。
15 私の兄弟たちは川のように①裏切った。
流れている川筋の流れのように。
16 氷で黒ずみ、
雪がその上を隠している。
17 炎天のころになると、それはなくなり、
暑くなると、その所から消える。
18 隊商はその道を変え、
荒地に行って、滅びる。
19 ①テマの隊商はこれを目当てとし、
②シェバの旅人はこれに期待をかける。
20 彼らはこれにたよったために恥を見、
そこまで来て、はずかしめを受ける。
21 今あなたがたは、そのようになった。
あなたがたは恐ろしいことを見ておびえている。
22 私が言ったことがあるか。
「私に与えよ」とか、
「あなたがたの持ち物の中から、
私のために贈り物をせよ」と。
23 あるいは「敵の手から私を救い出せ。

11 ①詩39:4
②ヨブ21:4
13 ①ヨブ11:6, 12:16, 26:3, 30:22, →箴2:7
14 ①ヨブ4:5
＊あるいは「変わらぬ愛」
②→ヨブ5:17
③ヨブ15:4
15 ①詩41:9, エレ15:18
19 ①創25:15, Ⅰ歴1:30, イザ21:14, エレ25:23
②ヨブ1:15, Ⅰ列10:1, 詩72:10, エゼ27:22
20 ①エレ14:3

25 ①伝12:10, 11
26 ①ヨブ8:2, 15:2, 16:3
27 ①ヨブ24:3, 9
②ヨエ3:3, ナホ3:10
28 ①ヨブ27:4
29 ①ヨブ13:15, 18, 23:4, 27:5
30 ①ヨブ27:4

1 ①ヨブ14:1, 14
②ヨブ14:6
2 ①レビ19:13
3 ①ヨブ29:2
②詩6:6, 夜1:2, 7
4 ①ヨブ7:13, 14
5 ①ヨブ2:7
②ヨブ21:26, イザ14:11

横暴な者の手から私を贖え」と。
24 私に教えよ。そうすれば、私は黙ろう。
私がどんなあやまちを犯したか、
私に悟らせよ。
25 まっすぐなことばはなんと痛いことか。
あなたがたは何を責めたてているのか。
26 あなたがたはことばで私を責めるつもりか。
絶望した者のことばは①風のようだ。
27 あなたがたはみなしごをくじ引きにし、
自分の友さえ売りに出す。
28 今、思い切って私のほうを向いてくれ。
あなたがたの顔に向かって、
私は決してまやかしを言わない。
29 どうか、思い直してくれ。
不正があってはならない。
もう一度、思い返してくれ。
私の正しい訴えを。
30 私の舌に不正があるだろうか。
私の口はわざわいをわきまえないだろうか。

7

1 地上の人には苦役があるではないか。
その日々は日雇い人の日々のようではないか。
2 日陰をあえぎ求める奴隷のように、
①賃金を待ち望む日雇い人のように、
3 私には①むなしい月々が割り当てられ、
苦しみの夜が定められている。
4 横たわるとき、私は言う。
「私はいつ起きられるだろうか」と。
夜は長く、
私は暁まで寝返りをうち続ける。
5 ①私の肉はうじと土くれをまとい、

らだ　あらゆる苦しみの中にいるヨブの唯一の慰めは自分が主から離れていないという確信である。表立った罪も隠された罪も全く身に覚えがないので、ヨブはあらゆる体験を通して自分は無実であると主張し続けた（→16:17, 27:6）。自分はいつも神をあがめ、神に従い続けていると確信していた。このことが心の深いところにあるので、ヨブは苦難の中でも平和と喜びを体験していた。

7:1　ヨブは神に訴える　友人たちは理解しないようなので、ヨブは主に祈るほかなかった。この祈りによるとヨブが一番気にしたのは自分のことでもほかの人々が今の情況をどう考えているかでもなかった。ヨブの最大の関心事は神だった。神について三人称（「あなた」ではない）を用いて話すときでも、ヨブはいつも神の臨在を感じていた。その心は愛する神から離れることはなかった。

ヨブ記　7章

私の皮は固まっては、またくずれる。
6　私の日々は機の杼よりも速く、
　　望みもなく過ぎ去る。
7　思い出してください。
　　私のいのちはただの息であることを。
　　私の目は再び幸いを見ないでしょう。
8　私を見る者の目は、
　　私を認めることができないでしょう。
　　あなたの目が私に向けられても、
　　私はもういません。
9　霊が消え去ってしまうように、
　　よみに下る者は、もう上って来ないでしょう。
10　彼はもう自分の家に帰らず、
　　彼の家も、もう彼を認めないでしょう。
11　それゆえ、私も自分の口を制することをせず、
　　私の霊の苦しみの中から語り、
　　私のたましいの苦悩の中から嘆きます。
12　私は海でしょうか、海の巨獣でしょうか、
　　あなたが私の上に見張りを置かれるとは。
13　「私のふしどが私を慰め、
　　私の寝床が私の嘆きを軽くする」と私

が言うと、
14　あなたは夢で私をおののかせ、
　　幻によって私をおびえさせます。
15　それで私のたましいは、むしろ窒息を選び、
　　私の骨よりも死を選びます。
16　私はいのちをいといます。
　　私はいつまでも生きたくありません。
　　私にかまわないでください。
　　私の日々はむなしいものです。
17　人とは何者なのでしょう。あなたがこれを尊び、
　　これに御心を留められるとは。
18　また、朝ごとにこれを訪れ、
　　そのつどこれをためされるとは。
19　いつまで、
　　あなたは私から目をそらされないのですか。
　　つばをのみこむ間も、
　　私を捨てておかれないのですか。
20　私が罪を犯したといっても、
　　人を見張るあなたに、
　　私は何ができましょう。
　　なぜ、私をあなたの的とされるのですか。
　　私が重荷を負わなければならないのですか。

6 ①ヨブ9:25, 詩39:5, 90:5, 6, 9, 10, 103:15, 16, 14:4, イザ40:6, 7, ヤコ4:14
　②ヨブ14:19, 17:15, 16, 19:10
7 ①ヨブ7:16, 10:20, 詩78:39, 89:47
　②ヨブ9:25
8 ①ヨブ7:8-10, ヨブ3:13-19
　②ヨブ20:9, 詩37:36
　③ヨブ7:21
9 ①ヨブ30:15, ホセ13:3
　②ヨブ11:8, 14:13, 17:13, 16, 21:13, 24:19, 26:6
　＊㊁「シェオル」
　③ヨブ14:14, Ⅱサム12:23
10 ①ヨブ10:21
　②ヨブ8:18, 20:9, 詩37:10, 103:16
11 ①ヨブ10:1, 21:4, 23:2, 詩39:1, 9
　②詩77:3
13 ①ヨブ7:13, 14, ヨブ7:4, 詩6:6
14 ヨブ9:28, 34, 35
15 ①Ⅰ列19:4
16 ①ヨブ9:21, 10:1
　＊「いのちを」は補足
　②ヨブ10:20, 14:6
　③ヨブ7:7
　＊＊あるいは「息です」
　詩78:33
17 ①詩8:4, 144:3, ヘブ2:6
18 ①詩73:14
19 ①ヨブ14:3, 6, 詩39:13
　②ヨブ9:18
20 ①ヨブ35:3, 6
　②ヨブ16:12, 哀3:12

7:11　私の霊の苦しみ　ヨブはたびたび霊やたましいの悲しみや苦しみについて話している（⇒10:1, 27:2）。ヨブは人生のあらゆる面で深く苦しんでいた。（1）物質的な面では子どもと健康と富を失った（1:13-19, 2:7-8）。（2）社会的にはよそ者（部外者、外国人）のようで、友人や家族から完全に誤解されていた（2:9-10, 19:13-19）。世間はヨブを快く思わず（16:10, 30:1-10）、親友たちからも裏切られた（6:14-23）。（3）霊的には神が自分に敵対していると信じ、神から見捨てられたと感じていた（7:17-19, 6:4）。（4）あらゆる問題の中でヨブは心配（7:4, 13-14）、不確実さ（9:20）、拒絶と裏切り（10:3, 12:4）、恐れ（6:4, 9:28）、寂しさ（19:13-19）、死を願うほどの絶望（3:）など、様々な感情を持った。

7:16　私にかまわないでください　ヨブは不公平感と拒絶と疑いの気持を正直に神に訴えた。自分には構わないでほしいとさえ神に願った（神が災難をもたらしていると考えたから 7:16-19）。けれども別のときには神が自分に話しかけてくださることを強く望んで

いる（14:15, 23:3, 5）。厳しい試練や苦しみを通るとき、感情はあらゆる方向へと引かれる。けれどもその感情を隠さずに祈りの中で言い表したらよい。服従の態度をもって自分の苦悩を心から神に言うことは間違いではない。ハンナは心配と不満から、自分の心を神の前に注ぎ出した（Ⅰサム1:13-16）。主イエスご自身も「大きな叫び声と涙とをもって祈りと願いをささげ」られた（ヘブ5:7）。そして死の直前には御父から捨てられたという思いを体験されたけれども、これは表現できないほどのものだった（マタ27:46）。

7:20　私が罪を犯したといっても　ヨブはほかの人々の言っていることが正しく、自分には気付いていない罪があるので神が怒っておられる可能性を考えてみた。けれども神が不満ではなく同情と賞賛をもって見守っておられることに気付いていなかった。限界まで誘惑を受けながらもヨブは神を拒絶してのろうことを拒み続けた（⇒2:9）。これはヨブの信仰のあかしであり、人々をご自分との個人的な関係に導き入れる神の力を示すあかしでもある。やがて試練が終ったとき

21 どうして、あなたは私のそむきの罪を
　　赦さず、
　　私の不義を除かれないのですか。
　　今、私はちりの中に横たわります。
　　あなたが私を捜されても、
　　私はもうおりません。

ビルダデ

8

1 シュアハ人ビルダデが答えて言った。
2 いつまであなたはこのようなことを語るのか。
　　あなたが口にすることばは激しい風のようだ。
3 神は公義を曲げるだろうか。
　　全能者は義を曲げるだろうか。
4 もし、あなたの子らが神に罪を犯し、
　　神が彼らを
　　そのそむきの罪の手中に送り込まれたのなら、
5 もし、あなたが、熱心に神に求め、
　　全能者にあわれみを請うなら、
6 もし、あなたが純粋で正しいなら、
　　まことに神は今すぐあなたのために起き上がり、
　　あなたの義の住まいを回復される。
7 あなたの始めは小さくても、
　　その終わりは、はなはだ大きくなる。
8 さあ、先代の人に尋ねよ。
　　その先祖たちの探究したことを確かめよ。
9 私たちは、きのう生まれた者で、
　　何も知らず、
　　私たちの地上にある日は影だからである。
10 彼らはあなたに教え、あなたに語りかけ、
　　　その心からことばを出さないだろうか。
11 パピルスは沼地でなくても育つだろうか。
　　　葦は水がなくても伸びるだろうか。
12 これは、まだ若芽のときには刈られないのに、
　　　ほかの草に先立って枯れる。
13 すべて神を忘れる者の道はこのようだ。
　　　神を敬わない者の望みは消えうせる。
14 その確信は、くもの糸、
　　　その信頼は、くもの巣だ。
15 彼が自分の家に寄りかかると、
　　　家はそれに耐えきれない。
　　　これにすがりつくと、
　　　それはもちこたえない。
16 彼が日に当たって青々と茂り、
　　　その若枝は庭に生えいで、
17 その根は石くれの山にからまり、
　　＊それが岩間に生えても、
18 神がもし、その場所からそれを取り除くと、
　　　その場所は
　　　「私はあなたを見たことがない」と否む。
19 見よ。これが彼の道の喜びである。
　　　ほかのものがその地から芽を出そう。
20 見よ。神は潔白な人を退けない。
　　　悪を行う者の手を取らない。
21 ついには、神は笑いをあなたの口に満たし、
　　　喜びの叫びをあなたのくちびるに満たす。
22 あなたを憎む者は恥を見、
　　　悪者どもの天幕は、なくなってしまう。

21 ①ヨブ3:13-19
　②ヨブ8:4, 13:23, 14:17, 31:33, 33:9, 34:6, 37, 35:6, 36:9, →箴10:12, →イザ24:20
　③ヨブ9:28, 10:14
　④ヨブ20:11, 21:26, 10:9, ダニ12:2
　⑤ヨブ7:8

2 ①ヨブ6:26
3 ①ヨブ34:10, 12, 17, 37:23, 創18:25, 申32:4, Ⅱ歴19:7, 詩92:15, ロマ3:5, 6, 9:14
　②→ヨブ5:17
4 ①ヨブ1:5
　②ヨブ1:18, 19
　③→ヨブ7:21
5 ①ヨブ5:8, 11:13
　②→ヨブ5:17
6 ①ヨブ22:27, 34:28, 詩7:6, 35:23, 44:23
　②ヨブ5:24
7 ①ヨブ42:12
9 ①ヨブ14:2, Ⅰ歴29:15, 詩102:11, 伝6:12

11 ①出2:3
　②創41:2, イザ18:2
12 ①詩37:2, 129:6, エレ17:6
13 ①エレ9:17, 50:22
　②ヨブ11:20, 13:16, 15:34, 20:5, 27:8, 詩112:10, 箴10:28, 11:7
14 ①イザ59:5, 6
15 ①ヨブ8:22, 27:18, 詩49:11, 12
16 ①詩37:35, エレ11:16
　②詩80:11
17 ＊七十人訳による
　「石の家を見る」
18 ①ヨブ7:10
19 ①ヨブ20:5
　②詩113:7
20 ①ヨブ4:7
21 ①詩126:2
　②詩132:16
22 ①詩6:10, 35:26, 109:29, 132:18
　②ヨブ15:34, 21:28, 箴14:11

に、神はヨブを公に認められた（42:8）。

8:6 もし、あなたが純粋で正しいなら ビルダデの議論はほとんどエリファズと同じだった。ビルダデは、もしヨブが本当に潔白なら神はヨブをあらゆる問題から守ってそれを証明されるはずだと主張した。けれどもヨブの情況は少しも改善されないから何か悪いことを隠しているに違いないと言うのである。ビルダデの議論は、神のさばきは正しくて公平だから正しい人に問題をもたらすことはないという信念を土台にしていた（8:3-4, 20）。確かに神のさばきはいつも正しい。けれどもヨブの問題は神のさばきによるものではなかった。神は後にビルダデの間違った考えを明るみに出された（42:7-8）。神が御子を十字架の苦しみと死（人間の罪に対する完全な正義 マタ27:31-50）に渡されたのは個人の苦しみを通して神が最高の目的を成し遂げ、最高の正義とあわれみを実現できることを示す証拠である。

ヨブ 9

1 ヨブは答えて言った。

2 まことに、
そのとおりであることを私は知っている。
しかし、どうして人は自分の正しさを神に訴えることができようか。

3 たとい神と言い争おうと思っても、
千に一つも答えられまい。

4 神は心に知恵のある方、力の強い方。
神に身をこわくして、
だれがそのままで済むだろうか。

5 神が山々を移されるが、
だれもこれに気づかない。
神は怒ってこれをくつがえされる。

6 神が地をその基から震わすと、
その柱は揺れ動く。

7 神が太陽に命じると、それは上らない。
星もまた封じ込められる。

8 神はただひとりで天を張り延ばし、
海の大波を踏まれる。

9 神は*おうし座、オリオン座、すばる座、
**みなみの天の室を造られた。

10 神は大いなることを行って測り知れず、
その奇しいみわざは数えきれない。

11 たとい神が私のそばを通り過ぎても、
私には見えない。
神が進んで行っても、私は認めることができない。

12 ああ、神が奪い取ろうとするとき、
だれがそれを引き止めることができようか。
だれが神に向かって、
「何をされるのか」と言えよう。

13 神は怒りを翻さない。
ラハブを助ける者たちは、
みもとに身をかがめる。

14 いったい、この私が神に答えられようか。
私が神とことばを交せようか。

15 たとい、私が正しくても、
神に答えることはできない。
私をさばく方にあわれみを請うだけだ。

16 たとい、私が呼び、
私に答えてくださったとしても、
神が私の声に耳を傾けられたとは、
信じられない。

17 神はあらしをもって私を打ち砕き、
理由もないのに、私の傷を増し加え、

18 私に息もつかせず、
私を苦しみで満たしておられる。

19 もし、力について言えば、見よ、神は力強い。
もし、さばきについて言えば、
だれが私を呼び出すことができるか。

20 たとい私が正しくても、
私自身の口が私を罪ある者とし、
たとい私が潔白でも、
神は私を曲がった者とされる。

21 私は潔白だ。
しかし、私には自分自身がわからない。
私は自分のいのちをいとう。

22 みな同じことだ。だから私は言う。
神は、潔白な者をも悪者をも
共に絶ち滅ぼされる。

23 にわか水が突然出て人を殺すと、

9:2 自分の正しさを神に 9章でヨブは、神の基準によると自分は完全に正しいはずがないと認めている。神の目から見れば本質的に自己中心で罪深く、間違いのない者ではないことをヨブは理解していた(⇒7:21)。けれども心とたましいを尽くしてヨブはあらゆる悪に抵抗し避けていた(1:1, 8, 2:3)。神に逆らっていないからこのような苦しみを受ける理由はないと確信していた(6:24, 7:20)。だからヨブは神が理由なく罰していると不平を漏らしている(9:16-20、けれどもヨブの苦しみは神の罰ではなかった)。このときもまだヨブの信仰は堅く、神に頼り続けた(→10:2, 8-12, ⇒ヤコ5:11)。サタンが予告したこと(1:11, 2:5)に反して、ヨブは神をのろったり拒んだりしなかった。けれどもあとで後悔するようなことをいくつか言っている(9:17, 20, 22-23, 30-31, 42:3-6)。

9:17 理由もないのに、私の傷を増し加え ヨブにとって最も受入れにくいことは、目的がないように見える状況で神が黙り続けておられることだった。神が沈黙し、深刻な問題に耐えさせるときには、神は人々の生涯にご計画を持っておられる。キリスト者は神を信頼し続けなければならない。

神は罪のない者の受ける試練をあざける。

24 地は悪者の手にゆだねられ、
神はそのさばきつかさらの顔をおおう。
もし、神がそうするのでなければ、
そうするのはだれか。

25 私の日々は飛脚よりも速い。
それは飛び去って、しあわせを見ない。

26 それは葦の舟のように通り過ぎ、
獲物に襲いかかる鷲のように通り過ぎる。

27 たとい「不平を忘れ、＊憂うつな顔を捨てて、
明るくなりたい」と私が言いましても、

28 私の受けたすべての苦痛を思うと、
私はおびえます。
私は知っています。
あなたは、私を罪のない者とはしてくださいません。

29 私はきっと、罪ある者とされましょう。
ではなぜ、
私はいたずらに労するのでしょうか。

30 たとい私が雪の水で身を洗っても、
灰汁で私の手をきよめても、

31 あなたは私を墓の穴に突き落とし、
私の着物は私を忌みきらいます。

32 神は私のように人間ではないから、
私は「さあ、さばきの座にいっしょに行こう」
と申し入れることはできない。

33 私たちふたりの上に手を置く仲裁者が
私たちの間にはいない。

34 神がその杖を私から取り去られるように。
その恐ろしさで私をおびえさせないように。

35 そうすれば、私は語りかけ、神を恐れまい。
いま私はそうではないからだ。

10

1 私は自分のいのちをいとう。
私は自分の不平をぶちまけ、
私のたましいの苦しみを語ろう。

2 私は神に言おう。
「私を罪ある者となさらないように。
なぜ私と争われるかを、知らせてください。

9:33 私たちふたりの上に手を置く仲裁者 ヨブは自分と神との間に立って合意させてくれる仲裁者、ヨブの主張を全能者に訴えることのできる人が必要だと感じていた。この時点でヨブは主イエスの役割を預言的に見ていなかったかもしれない。むしろこの情況では自分の無罪を証言してくれる人について考えていたと思われる。それでもヨブの必死のことばは人々の仲裁者となったイエス・キリストを指しているようである。人としてこの世界に来られたことによって主イエスは、人々の情況と神から離れている姿を共有された。神である主イエスは神の目的を悟り、人々のためにこれを成し遂げることができた。主イエスの死は人々の無罪を弁護するのではなく、罪を取除く代価を支払うものだった。十字架での死によって人々の罪の代価が支払われただけではなく、神と人間との隔たりに橋が架けられた。そして死と復活によって主イエスは神との個人的な関係を人々に回復してくださった（Ⅰテモ2:5、ヘブ9:15）。

10:1 私のたましいの苦しみ 10章でもヨブは続けて悲しみと不当に扱われているという気持を神に伝えている。もはや神は自分を愛しておられないと感じていたけれども、ヨブはまだ神に頼り、問題解決のために神と格闘していた。

10:2 なぜ私と争われるか ヨブの祈りには直接癒しを求める祈りは見られない。ヨブが最も気にかけているのは「なぜ」苦しんでいるのか、なぜ神が自分を見捨てられたのかということである。この答を得ることがヨブにとっては災難に耐えることよりも重要だった。苦しみの中でも受入れられ愛され、神との平和を持っていることが人生において一番大切なことだった。ヨブが苦しむ理由を神が一度も説明されなかったのは意外に思える。けれども神はヨブを弁護し、その正しさを認め、最後には名誉を回復してくださった。神に「なぜ自分は苦しむのか」と尋ねることは間違ってはいないけれども、地上の生涯では答が得られないかもしれないことも学ばなければならない。問題はなぜ苦しむのかを探ることに長い時間を費やして、それにどう対応するかを考えないことである。理由ばかりにこだわっていると神に対して敵意を持つことになる。なぜなら理由は完全に理解できることではないからで

ヨブ記 10章

3 あなたが人をしいたげ、御手のわざを
さげすみ、
悪者のはかりごとに光を添えることは
良いことでしょうか。
4 あなたは肉の目を持っておられるので
すか。
あるいは、人間が見るように、
あなたも見られるのですか。
5 あなたの日々は人間の日々と同じです
か。
あるいは、あなたの年は人の年と同じ
ですか。
6 それで、あなたは私の咎を捜し、
私の罪を探られるのですか。
7 あなたは、私に罪のないことを知って
おられ、
だれもあなたの手から
救い出せる者はいないのに。
8 あなたの御手は私を形造り、造られま
した。
それなのにあなたは私を滅ぼそうとさ
れます。
9 思い出してください。
あなたは私を粘土で造られました。
あなたは、私をちりに帰そうとされる
のですか。
10 あなたは私を乳のように注ぎ出し、
チーズのように固め、
11 皮と肉とを私に着せ、
骨と筋とで私を編まれたではありませ
んか。
12 あなたはいのちと恵みとを私に与え、
私を顧みて私の霊を守られました。
13 しかし、あなたはこれらのことを
御心に秘めておられました。
私はこのことがあなたのうちにあるのを
知っています。
14 もし、私が罪を犯すと、
あなたは私を待ちもうけておられ、
私の咎を見のがされません。
15 もし、私が罪ある者とされるのなら、
ああ、悲しいことです。
私は、正しくても、
私の頭をもたげることはできません。
自分の恥に飽き飽きし、
私の悩みを見ていますから。
16 *私の頭が上がると、あなたはたける獅
子のように、
私を駆り立て、
再び私に驚くべき力をふるわれるで
しょう。
17 あなたは私の前に
あなたの新しい証人たちを立て、
私に向かってあなたの怒りを増し、
私をいよいよ苦しめられるでしょう。
18 なぜ、あなたは
私を母の胎から出されたのですか。
私が息絶えていたら、
だれにも見られなかったでしょうに。

---

3 ①ヨブ9:22-24, 16:11, 19:6, 27:2
②ヨブ10:8, 14:15, 詩100:3, 138:8, イザ64:8
③ヨブ21:16, 22:18
4 ①Ⅰサム16:7, ヨブ28:24, 34:21, 詩139:12
5 ①ヨブ36:26, 詩90:4, 102:24, Ⅱペテ3:8
7 ①ヨブ9:21
②ヨブ9:12, 申32:39, イザ43:13, ホセ2:10
8 ①詩100:3, 119:73, ヨブ10:3
②詩33:15
③ヨブ9:22
9 ①ヨブ4:19, 33:6, イザ64:8
②ヨブ4:19, 7:21, 17:16, 34:15, 詩104:29, 146:4, 伝3:20, 12:7
10 ①Ⅰサム17:18
11 ①詩139:13

12 ①ヨブ33:4
14 ①ヨブ7:20
②ヨブ7:21, 9:28
15 ①ヨブ9:15, 20, 21
②詩83:16
16 *「私の頭が」は補足
①イザ38:13, 哀3:10, ホセ5:14, 13:7
②ヨブ5:9
18 ①ヨブ10:18, 19, ヨブ3:11, 12

ある。しばしば聖書は、試練を通してどのように神に近付けるかということに目を向けさせる。キリスト者にとって本当の問題は、「私の問題に神がかかわっているのではないか」ではない。最大の焦点は「神のみこころにかなう人になるためにはどのように対応するべきか」である。

10:16 あなたはたける獅子のように、私を駆り立て
ヨブはひどい苦しみのために神が自分に敵対していると感じた。新約聖書は苦難の理由を(その利点さえも)詳しく説明している。そして苦しみの中でどのように安らぎ、喜ぶことさえできるかを教えている。

(1) パウロはコリント人に「私たちは、非常に激しい、耐えられないほどの圧迫を受け、ついにいのちさえも危なくなり」と書いている(Ⅱコリ1:8)。けれどもこれらの困難を通してパウロは神を賛美した。それは神の臨在があり御霊もともにおられて慰めてくださったからである(Ⅱコリ1:3-4, 22)。さらにパウロは「キリストの苦難」を共有することはある意味で名誉であると考えた(Ⅱコリ1:5, ⇒Ⅱコリ4:10, ピリ3:10, コロ1:24, Ⅰペテ4:13)。

(2) 神は忠実に神に従う人々に次のような聖書の真理を教えておられる。神と深く交わり神の目的を追い求めていても、地上で苦しみに遭わないという保証はない。けれども神を知ることによって困難を通り抜ける力が与えられる。そして困難な試練を体験するときは、キリストとより良い関係を築く機会となり、永遠の世界でより良いものを期待することができる(→ヘブ13:12-13, ヤコ5:10-11, Ⅰペテ2:21, 4:1, →「**正しい人の苦しみ**」の項 p.825)。

19 私が生まれて来なかったかのように、
母の胎から墓に運び去られていたら
よかったものを。
20 私の生きる日はいくばくもないのですか。
それではやめてください。
私にかまわないでください。
私はわずかでも明るくなりたいのです。
21 私が、再び帰らぬところ、
やみと死の陰の地に行く前に。
22 そこは暗やみのように真っ暗な地、
死の陰があり、秩序がなく、
光も暗やみのようです。」

ツォファル

11 1 ナアマ人ツォファルが答えて言った。
2 ことば数が多ければ、
言い返しがないであろうか。
舌の人が義とされるのだろうか。
3 あなたのおしゃべりは人を黙らせる。
あなたはあざけるが、
だれもあなたを恥じさせる者がない。
4 あなたは言う。
「私の主張は純粋だ。
あなたの目にも、きよい」と。
5 ああ、神がもし語りかけ、
あなたに向かって
くちびるを開いてくださったなら、
6 神は知恵の奥義をあなたに告げ、
すぐれた知性を倍にしてくださるものを。
知れ。神はあなたのために、
あなたの罪を忘れてくださることを。
7 あなたは神の深さを見抜くことができようか。
全能者の極限を見つけることができようか。
8 それは天よりも高い。あなたに何ができよう。
それはよみよりも深い。あなたが何を知りえよう。
9 それを計れば、地よりも長く、海よりも広い。
10 もし、神が通り過ぎ、
あるいは閉じ込め、あるいは呼び集めるなら、
だれがそれを引き止めえようか。
11 神は不信実な者どもを知っておられる。
神はその悪意を見て、
これに気がつかないであろうか。
12 無知な人間も賢くなり、
野ろばの子も、人として生まれる。
13 もし、あなたが心を定め、
あなたの手を神に向かって差し伸べるなら、
14 ——あなたの手に悪があれば、それを捨て、
あなたの天幕に不正を住まわせるな——
15 そうすれば、あなたは必ず、

11:1 ツォファル ツォファルはヨブの自己義（11:4-6）と強情（11:13-20）を厳しく責めた。そしてヨブは今まで以上に苦しむべきだと言う（11:6）。もしヨブが罪から離れるなら、苦しみはすぐに終り安全と繁栄と幸福が戻ってくると考えているのである（11:13-19）。ツォファルの議論には重大な欠陥があった。聖書は忠実な人々に「真昼よりも輝」く（11:17）人生を保証してはいない。むしろ「私たちが神の国に入るには、多くの苦しみを経なければならない」（使14:22）と教えている。

11:5 神がもし語りかけ ツォファルはヨブに対して非常にいらだっていた。ヨブが純粋で（11:4）、潔白だ（9:21）と主張していると感じたからである。けれどもヨブは一度も罪がなく完全だと主張したことはない。ただ友人が非難しているような隠れた罪は犯していない（10:7, 15）という立場をとっていただけである。神もこれについては、ヨブは「潔白」である（1:8, 2:3）と宣言しておられた。最後には神はヨブではなくツォファルに対して不満を示された（42:7）。キリスト者も自分はいつもほかの人々のことを理解しており、その行動の動機もわかっていると決めつけないように注意しなければならない。人間の理解力は限られているのだから、だれかの罪を神に「立証して」もらおうなどと考えることは危険である。訴えた自分のほうが完全に誤解していたということになるかもしれない。神と神のことばが正しいという信仰を堅く保つとともに、ほかの人々の苦しんでいる情況を見てその原因と目的について結論を出すことには謙虚でなければならない。

ヨブ記 11–12章

汚れのないあなたの顔を上げることができ、
堅く立って恐れることがない。
16 こうしてあなたは労苦を忘れ、
流れ去った水のように、これを思い出そう。
17 あなたの一生は真昼よりも輝き、
暗くても、それは朝のようになる。
18 望みがあるので、あなたは安らぎ、
あなたを守られて、安らかに休む。
19 あなたが横たわっても、
だれもあなたを脅かさない。
多くの者があなたの好意を求める。
20 しかし悪者どもの目は衰え果て、
彼らは逃げ場を失う。
彼らの望みは、あえぐ息に等しい。

ヨブ 12

1 そこでヨブが答えて言った。
2 確かにあなたがたは人だ。
あなたがたが死ぬと、知恵も共に死ぬ。
3 私にも、あなたがたと同様に、悟りがある。
私はあなたがたに劣らない。
だれかこれくらいのことを
知らない者があろうか。
4 私は、神を呼び、

神が答えてくださった者であるのに、
私は自分の友の物笑いとなっている。
潔白で正しい者が物笑いとなっている。
5 安らかだと思っている者は
衰えている者をさげすみ、
足のよろめく者を押し倒す。
6 荒らす者の天幕は栄え、
神を怒らせる者は安らかである。
神がご自分の手でそうさせる者は。
7 しかし、獣に尋ねてみよ。
それがあなたに教えるだろう。
空の鳥に尋ねてみよ。
それがあなたに告げるだろう。
8 あるいは地に話しかけよ。
それがあなたに教えるだろう。
海の魚もあなたに語るだろう。
9 これらすべてのもののうち、
主の御手がこれをなさったことを、
知らないものがあろうか。
10 すべての生き物のいのちと、
すべての人間の息とは、その御手のうちにある。
11 口が食物の味を知るように、
耳はことばを聞き分けないだろうか。
12 老いた者に知恵があり、
年のたけた者に英知があるのか。
13 知恵と力とは神とともにあり、
思慮と英知も神のものだ。

12:5 安らかだと思っている者は・・・さげすみ
ヨブは豊かな人々（特にヨブの時代に）が持っていた一般的な考え方を非難している。貧しい人々や恵まれない人々に対して同情する心がないことを知っていたからである。豊かな人々は自分たちが正しいと感じ、貧しい人々は自分で問題を作り出していると信じていたのである。そして神が自分たちの信仰と良い行いに報いておられ、自分たちの生き方は良い（安定している）と思っているとヨブは感じていた。この考えは両方とも間違っている。どちらにも多くの例外がある。ある人々は良い行いのために苦しみ、またある人々はふさわしくないのに繁栄している。

12:13 知恵と力とは神とともにあり 神は知恵があり全能で、あらゆる情況の中で最も良いことが何かを知っておられる（⇒9:4, 36:5, イザ40:26, 28, ダニ2:20, ロマ16:25–27, →ロマ8:28注）。

(1) 神に従う人々の人生には、問題が起こらないと神が約束されたなどと考えてはならない（⇒詩34:19）。神は喜びと悲しみの両方を用いて、私たちの愛をこの世界のことよりも神に向けるようにしてくださる。

(2) 神は神の民に起こる事柄を導き支配される。それは霊的な成長を促すためである。神の国に仕えて生きる人々に神の目的が達成されるように神はいつも働いておられる（⇒創28:–35: のヤコブ, 創37:28のヨセフ → 創37:28注, →「**神の摂理**」の項 p.110）。

(3) 地上の生涯では神がどのようにすべてのことを働かせて益とされるのか、いつもはっきりとわかるわけではない（伝3:11, 7:13, 11:5, ロマ8:28）。そのようなときにはキリストが十字架にかけられた日にされたように（⇒マタ27:46, ルカ23:46）、自分の生涯も情況も結果もみな天の父にゆだねるべきである。

14 見よ。神が打ちこわすと、
　　それは二度と建て直せない。
　　人を閉じ込めると、それはあけられない。
15 見よ。神が水を引き止めると、それはかれ、
　　水を送ると、地をくつがえす。
16 力とすぐれた知性とは神とともにあり、
　　あやまって罪を犯す者も、迷わす者も、
　　神のものだ。
17 神は議官たちをはだしで連れて行き、
　　さばきつかさたちを愚かにし、
18 王たちの帯を解き、
　　その腰に腰布を巻きつけ、
19 祭司たちをはだしで連れて行き、
　　勢力ある者を滅ぼす。
20 神は信頼されている者の弁舌を取り除き、
　　長老たちの分別を取り去り、
21 君主たちをさげすみ、
　　力ある者たちの腰帯を解き、
22 やみの中から秘密をあらわし、
　　暗黒を光に引き出す。
23 神は国々を富ませ、また、これを滅ぼし、
　　国々を広げ、また、これを連れ去り、
24 この国の民のかしらたちの悟りを取り除き、
　　彼らを道のない荒地にさまよわせる。
25 彼らは光のない所、やみに手さぐりする。
　　神は彼らを酔いどれのように、よろけさせる。

13

1 見よ。私の目はこれをことごとく見た。
　　私の耳はこれを聞いて悟った。
2 あなたがたの知っていることは
　　私も知っている。
　　私はあなたがたに劣っていない。

3 だが、私は全能者に語りかけ、
　　神と論じ合ってみたい。
4 しかし、あなたがたは偽りをでっちあげる者、
　　あなたがたはみな、能なしの医者だ。
5 ああ、あなたがたが全く黙っていたら、
　　それがあなたがたの知恵であったろうに。
6 さあ、私の論ずるところを聞き、
　　私のくちびるの訴えに耳を貸せ。
7 あなたがたは神の代わりに、
　　なんと、不正を言うのか。
　　神の代わりに、欺きを語るのか。
8 神の顔を、あなたがたは立てるつもりなのか。
　　神の代わりに言い争うのか。
9 神があなたがたを調べても、大丈夫か。
　　あなたがたは、人が人を欺くように、
　　神を欺こうとするのか。
10 もし、あなたがたが隠れて
　　自分の顔を立てようとするなら、
　　神は必ずあなたがたを責める。
11 神の威厳は
　　あなたがたを震え上がらせないだろうか。
　　その恐れがあなたがたを襲わないだろうか。
12 あなたがたの格言は灰のことわざだ。
　　あなたがたの盾は粘土の盾だ。
13 黙れ。私にかかわり合うな。
　　この私が話そう。
　　何が私にふりかかってもかまわない。
14 それゆえ、私は自分の肉を自分の歯にのせ、
　　私のいのちを私の手に置こう。
15 見よ。神が私を殺しても、
　　私は神を待ち望み、
　　なおも、私の道を神の前に主張しよう。

---

14 ①ヨブ19:10
②イザ25:2
③ヨブ37:7, イザ22:22, 黙3:7
15 ①申11:17,
Ⅰ列8:35, 17:1
②創7:11-24
16 ①ヨブ12:13
②→ヨブ6:13
17 ①ヨブ3:14
②ヨブ9:24, イザ29:14,
Ⅰコリ1:19
19 ①ヨブ22:8, 35:9,
34:20, 24-28, ルカ1:52
20 ①ヨブ12:24, 17:4
21 ①詩107:40
＊直訳「に侮蔑を注げ」
②ヨブ12:18
22 ①ダニ2:22, マタ10:26,
Ⅰコリ4:5
＊あるいは「死の陰」
23 ①イザ9:3, 26:15
②申2:21, エレ25:9,
ゼカ12:9
③出34:24, 申12:20
④エゼ29:7, エゼ39:28,
アモ5:27
24 ①ヨブ12:20
②詩107:40
25 ①ヨブ5:14, 申28:29
②詩107:27, イザ24:20

2 ①ヨブ12:3

3 ①→ヨブ5:17
②ヨブ13:15, 22, 23:4
4 ①詩119:69
②エレ23:32
5 ①箴17:28
②ヨブ13:13
8 ①ヨブ32:21, 34:19
9 ①詩44:21, ガラ6:7
10 ①ヨブ13:8
11 ①ヨブ31:23
12 ①ヨブ15:3
13 ①ヨブ13:5
②ヨブ10:1
14 ①士12:3,
Ⅰサム19:5, 28:21,
詩119:109

13:15 神が私を殺しても、私は神を待ち望み これは神の慈しみについての最も驚くべきことばである。どんな災いを神が許されても、どのような苦しみを耐えなければならないとしても、たとい神に殺されても、神は最終的に自分を見捨てられないとヨブは信じた。パウロも忠実な民への神の愛に対して同じ確信を表している(ロマ8:)。たとい快適な生活が取去られても、健康が損なわれることになっても、また大変な苦難を通らされることがあっても、神は決して見捨てておられない。神を信じて頼り続け、神は正しい方で人々にとって最も良いことを願っておられると確信するなら、神の力と愛が苦難を乗越えさせて勝利に導いてくれる(⇒ロマ8:37-39)。

ヨブ記 13－14章

16 神もまた、私の救いとなってくださる。
   神を敬わない者は、
   神の前に出ることができないからだ。
17 あなたがたは私の言い分をよく聞け。
   私の述べることをあなたがたの耳に入れよ。
18 今、私は訴えを並べたてる。
   私が義とされることを私は知っている。
19 私と論争する者はいったいだれだ。
   もしあれば、
   そのとき、私は黙って息絶えよう。
20 ただ二つの事を私にしないでください。
   そうすれば、私は御顔を避けて隠れません。
21 あなたの手を私の上から遠ざけてください。
   あなたの恐ろしさで
   私をおびえさせないでください。
22 呼んでください。私は答えます。
   あるいは、私に言わせ、
   あなたが私に答えてください。
23 私の不義と罪とはどれほどでしょうか。
   私のそむきの罪と咎とを私に知らせてください。
24 なぜ、あなたは御顔を隠し、
   私をあなたの敵とみなされるのですか。
25 あなたは吹き散らされた木の葉をおどし、
   かわいたわらを追われるのですか。
26 実にあなたは私に対してひどい宣告を書きたて、
   私の若い時の咎を
   私に受け継がせようとされます。
27 あなたは私の足にかせをはめ、
   私の歩く小道をことごとく見張り、
   私の足跡にしるしをつけられます。
28 そのような者は、腐った物のように朽ち、

16①ヨブ34:21-23, 詩5:5
17①ヨブ21:2
18①ヨブ6:29, 23:4
   ②ヨブ9:21
19①ヨブ40:4
   ②ヨブ7:21, 10:8
21①ヨブ9:34
   ②詩39:10
22①ヨブ14:15
23①ヨブ7:20, 21, Iサム26:18
   ②→ヨブ7:21
24①詩13:1, 44:24, 88:14, 申32:20
   ②ヨブ19:11, 33:10
25①レビ26:36
   ②ヨブ21:18, エレ13:24
26＊「宣告を」は補足
   ①詩25:7
27①ヨブ33:11
28①ヨブ2:7, 8

②イザ50:9, 51:8, 詩39:11, ヤコ5:2

1①ヨブ15:14
 ②ヨブ10:20, 創47:9, 詩89:47
 ③詩5:7
2①詩90:5, 6, 103:15, イザ40:6-8, Iペテ1:24, ヤコ1:10, 11, 詩37:2
 ＊別訳「枯れ」
 ②ヨブ8:9
3①詩8:4, 144:3
 ②ヨブ22:4, 詩143:2
4①ヨブ4:17, 15:14, 25:4, 詩51:5, ロマ7:14
5①詩31:15
 ②詩39:5
 ③ヨブ21:21
 ＊直訳「あなたとともにあり」
 ④使17:26
6①ヨブ7:19, 詩39:13
 ②ヨブ7:16, 10:20
 ③ヨブ7:1
7＊直訳「なおも新しい力を得」
 ①イザ55:10
10①ヨブ14:10-15, ヨブ3:13-19
 ②ヨブ14:14
 ③ヨブ13:19
11①イザ19:5
12①マタ5:18
 ②ヨハ11:11

②しみが食い尽くす着物のようになります。

14

1 女から生まれた人間は、日が短く、
  心がかき乱されることでいっぱいです。
2 花のように咲き出ては切り取られ、
  影のように飛び去ってとどまりません。
3 あなたはこのような者にさえ、
  あなたの目を開き、
  私をご自身とともに、
  さばきの座に連れて行かれるのですか。
4 だれが、きよい物を汚れた物から出せましょう。
  だれひとり、できません。
5 もし、彼の日数が限られ、
  その月の数もあなたが決めておられ、
  越えることのできない限界を、
  あなたが定めておられるなら、
6 彼から目をそらして、かまわないでください。
  そうすれば、彼は日雇い人のように
  自分の日を楽しむでしょう。
7 木には望みがある。
  たとい切られても、また芽を出し、
  その若枝は絶えることがない。
8 たとい、その根が地中で老い、
  その根株が土の中で枯れても、
9 水分に出会うと芽をふき、
  苗木のように枝を出す。
10 しかし、人間は死ぬと、倒れたきりだ。
   人は、息絶えると、どこにいるか。
11 水は海から消え去り、
   川は干上がり、かれる。
12 人は伏して起き上がらず、
   天がなくなるまで目ざめず、
   また、その眠りから起きない。

14:1 心がかき乱されることでいっぱいです 神の民の心をかき乱すものは迫害や不正、健康を損ねることや信仰に対するサタンの攻撃など、様々な事柄かもしれない（→「正しい人の苦しみ」の項 p.825）。問題の理由は何であってもキリストに従う人々には復活（→14:14注）と勝利の日、そして永遠に神とともにいるときが来ると神は保証された（→黙21:1注, 21:4注）。そのときには、「今の時のいろいろの苦しみは、将来私たちに啓示されようとしている栄光に比べれば、取るに足りない」ことを知って喜ぶことができる

13 ああ、あなたが私をよみに隠し、
あなたの怒りが過ぎ去るまで私を潜ませ、
私のために時を定め、
私を覚えてくだされば よいのに。
14 人が死ぬと、生き返るでしょうか。
私の苦役の日の限り、
私の代わりの者が来るまで待ちましょう。
15 あなたが呼んでくだされば、私は答えます。
あなたはご自分の手で造られたものを慕っておられるでしょう。
16 今、あなたは私の歩みを数えておられますが、
私の罪に目を留めず、
17 私のそむきの罪を袋の中に封じ込め、
私の咎をおおってください。
18 しかし、山は倒れてくずれ去り、
岩もその所から移される。
19 水は石をうがち、大水は地の泥を押し流す。
そのようにあなたは
人の望みを絶ち滅ぼされます。
20 あなたは、いつまでも人を打ち負かすので、
人は過ぎ去って行きます。
あなたは彼の顔を変えて、彼を追いやられます。
21 自分の子らが尊ばれても、彼にはそれがわからず、
彼らが卑しめられても、
彼には見分けがつきません。
22 ただ、彼は自分の肉の痛みを覚え、
そのたましいは自分のために嘆くだけ

13 ①ヨブ7:9, アモ9:2
 *⌂「シェオル」
 ②イザ26:20
14 ①ヨブ14:10
 ②ヨブ7:1
15 ①ヨブ13:22
 ②ヨブ10:3
16 ①ヨブ31:4, 34:21, 詩139:3
 ②ヨブ10:6, 14
17 ①→ヨブ7:21
 ②申32:34, ホセ13:12
19 ①ヨブ7:6
20 ①ヨブ4:20, 34:20
21 ①伝9:5

2 *直訳「風の知識」
 ①ヨブ6:26
5 ①ヨブ11:6
 ②ヨブ5:12
6 ①ヨブ9:20
 ②箴16:23
7 ①ヨブ38:4, 詩90:2, 箴8:25
8 ①エレ23:18, ロマ11:34
 ②イザ40:13
9 ①ヨブ12:3, 13:2, ヨブ15:9, 10, ヨブ12:12, 32:6-9
11 ①ヨブ5:17-19, 36:15, 16, Ⅱコリ1:3, 4

です。

エリファズ

15

1 テマン人エリファズが答えて言った。
2 知恵のある者は
*むなしい知識をもって答えるだろうか。
東風によってその腹を満たすだろうか。
3 彼は無益なことばを使って論じ、
役に立たない論法で論じるだろうか。
4 ところが、あなたは信仰を捨て、
神に祈ることをやめている。
5 それは、あなたの罪があなたの口に教え、
あなたが悪賢い人の舌を選び取るからだ。
6 あなたの口があなたを罪に定める。私ではない。
あなたのくちびるがあなたに不利な証言をする。
7 あなたは最初に生まれた人か。
あなたは丘より先に生み出されたのか。
8 あなたは神の会議にあずかり、
あなたは知恵をひとり占めにしているのか。
9 あなたが知っていることを、
私たちは知らないのだろうか。
あなたが悟るものは、
私たちのうちに、ないのだろうか。
10 私たちの中には白髪の者も、老いた者もいる。
あなたの父よりもはるかに年上なのだ。
11 ①神の慰めと、
あなたに優しく話しかけられたことばとは、

(→ロマ8:18注)。

14:14　人が死ぬと、生き返るでしょうか　ヨブは自分が死んで墓に入った後(14:13)、神が再び自分を呼び出されると信じていた(14:15, ⇒Ⅰコリ15:20, Ⅰテサ4:16-17)。これは死から生き返る希望を表すヨブの言い方だった(→19:25注, 19:26注, →**肉体の復活**」の項 p.2151)。この期待は「あなたはご自分の手で造られたものを慕っておられるでしょう」(14:15)という神の民に対する神の情熱的な愛と、永遠の関係を持ちたいという強い望みに基づいていた。ヨブは絶望を越えて神が自分のために備えておられることを、一瞬垣間見たのである。

15:1　テマン人エリファズが答えて言った　15-21章では四人の人が議論を続け、論じるたびに自分の意見をさらに強く主張している。ヨブは神を信じ続けたけれども、自分は神に対して罪を犯していないことを知っているので、苦しみに遭っているのは不公平だと感じていた(16:19-21)。

ヨブ記 15–16章

あなたにとっては取るに足りないもの
だろうか。
12 *なぜ、あなたは理性を失ったのか。
なぜ、あなたの目はぎらつくのか。
13 あなたが神に向かっていらだち、
口からあのようなことばを吐くとは。
14 人がどうして、きよくありえようか。
女から生まれた者が、
どうして、正しくありえようか。
15 見よ。神はご自身の聖なる者たちをも
信頼しない。
天も神の目にはきよくない。
16 まして忌みきらうべき汚れた者、
不正を水のように飲む人間は、なおさ
らだ。

17 私はあなたに告げよう。私に聞け。
私の見たところを述べよう。
18 それは知恵のある者たちが告げたもの、
彼らの先祖が隠さなかったものだ。
19 彼らにだけ、この地は与えられ、
他国人はその中を通り過ぎなかった。
20 悪者はその一生の間、もだえ苦しむ。
横暴な者にも、ある年数がたくわえら
れている。
21 その耳には恐ろしい音が聞こえ、
平和なときにも荒らす者が彼を襲う。
22 彼はやみから帰って来ることを信ぜず、
彼は剣につけねらわれている。
23 彼は食物を求めて、
「どこだ」と言いながら、さまよい、
やみの日がすぐそこに用意されている
のを
知っている。
24 苦難と苦悩とが彼をおびえさせ、
戦いの備えをした王のように彼に打ち
勝つ。
25 それは彼が神に手向かい、
全能者に対して高慢にふるまい、
26 厚い盾の取っ手を取って
おこがましくも神に向かって馳せかか
るからだ。
27 また、彼は顔をあぶらでおおい、
腰の回りは脂肪でふくれさせ、
28 荒らされた町、人の住まない家に、

12 *直訳「あなたの心が
あなたを取ったのか」
14 ①ヨブ15:14-16, ヨブ4:
17-19, 25:4-6
②ヨブ14:4
③詩51:5
④Ⅰ列8:46, Ⅱ歴6:36,
詩14:3, 53:3, 伝7:20,
Ⅰヨハ1:8, 10
15 ①ヨブ5:1
16 ①詩14:1
②ヨブ34:7, 箴19:28
18 ①ヨブ8:8, 10,
詩78:3, 4
20 ①ヨブ15:24
21 ①ヨブ18:11, 20:25,
22:10, 27:20
②ヨブ20:21,
Ⅰテサ5:3
22 ①ヨブ15:30
②ヨブ19:29, 27:14,
36:12
23 ①詩37:25
②詩59:15, 109:10
③ヨブ15:30
25 ①→ヨブ5:17
②ヨブ36:9,
詩17:10, 75:5
27 ①詩73:7, 119:70

28 ①ヨブ3:14, イザ5:8, 9
29 ①ヨブ27:16, 17
*七十人訳による「地に
根を張らない」とする古
代訳もある
30 ①ヨブ5:14, 15:22
②ヨブ15:34, 20:26,
22:20
③ヨブ4:9
31 ①ヨブ35:13, イザ59:4
32 ①ヨブ22:16, 伝7:17
②ヨブ18:16
33 ①ハバ3:17
②→雅2:13
③詩52:8, 128:3,
→イザ24:13
④ヨブ14:2
34 ①ヨブ8:13
②ヨブ8:22
35 ①詩7:14
②イザ59:4
③ホセ10:13
④ヨブ13:4

2 ①ヨブ13:4, 21:34
②詩69:20
3 ①ヨブ6:26
4 ①詩22:7, 109:25,
イザ37:22, 哀2:15,
マタ27:39
5 *七十人訳による

石くれの山となる所に、住んだからだ。
29 彼は富むこともなく、その財産も長く
もたず、
*その影を地上に投げかけない。
30 彼はやみからのがれることができず、
炎がその若枝を枯らし、
神の御口の息によって彼は追い払われ
る。
31 迷わされて、むなしいことに信頼する
な。
その報いはむなしい。
32 彼の時が来ないうちに、それは成し遂
げられ、
その葉は茂らない。
33 彼は、ぶどうの木のように、
その未熟の実は振り落とされ、
オリーブの木のように、その花は落と
される。
34 実に、神を敬わない者の仲間には実り
がない。
わいろを使う者の天幕は火で焼き尽く
される。
35 彼らは害毒をはらみ、悪意を生み、
その腹は欺きの備えをしている。

ヨブ
16

1 ヨブは答えて言った。
2 そのようなことを、私は何度も聞いた。
あなたがたはみな、煩わしい慰め手だ。
3 むなしいことばに終わりがあろうか。
あなたは何に興奮して答えるのか。
4 私もまた、
あなたがたのように語ることができる。
もし、あなたがたが私の立場にあった
なら、
私はことばを連ねてあなたがたを攻撃
し、
あなたがたに向かって、頭を振ったこ
とだろう。
5 私は口先だけであなたがたを強くし、
私のくちびるでの慰めを
*やめなかったことだろう。
6 たとい、私が語っても、

① 私の痛みは押さえられない。
たとい、私が忍んでも、
どれだけ私からそれが去るだろう。

7 まことに神は今、私を疲れさせた。
あなたは私の仲間の者を
ことごとく荒らされました。

8 あなたは私を、つかみました。
私のやせ衰えた姿が、証人となり、
私に向かって立ち、
面と向かって答えをします。

9 神は怒って私を①引き裂き、私を攻めたて、
私に向かって②歯ぎしりした。
③私の敵は私に向かって目をぎらつかせる。

10 彼らは①私に向かって口を大きくあけ、
そしって私の頬を打ち、
相集まって私を攻める。

11 神は私を小僧っ子に渡し、
悪者の手に投げ込まれる。

12 私は安らかな身であったが、
神は私を打ち砕き、
私の首をつかまえて粉々にし、
私を立ててご自分の的とされた。

13 ①その射手たちは私を巡り囲み、
神は私の②内臓を容赦なく射抜き、
私の胆汁を地に流した。

6 ①ヨブ9:27, 28
7 ①ヨブ16:20, 19:13-15, 17, 19
8 ①ヨブ19:20, 詩109:24
9 ①ヨブ19:11
　①ホセ6:1
　②あらぬか
　②詩35:16, 112:10, 哀2:16, 使7:54
　③ヨブ19:11, 13:24, 33:10
10 ①詩22:13, 35:21
　①イザ50:6, 撒3:30, ミカ5:1, 使23:2
　②詩35:15
　③ヨブ30:12
11 * 七十人訳は「よこしまな者」
12 ①ヨブ9:17
　②ヨブ7:20, 哀3:12
13 ①ヨブ19:12, 25:3
　②ヨブ20:25
　* 直訳「腎臓」
　③ヨブ6:4

14 ①ヨエ2:7
15 ①創37:34, 詩69:11
　②詩75:10
　②ヨブ30:19
16 ①ヨブ16:20, 17:7
17 ①イザ59:6, ヨナ3:8
　②→箴15:8
　③ヨブ9:21
18 ①創4:10, イザ26:21, エゼ24:7
　* 「休み」は補足
19 ①ヨブ19:25-27, 創31:50, ロマ1:9, ピリ1:8, ヘブ11:4, 詩89:37
20 ①ヨブ31:2, 詩9:4
　①ヨブ16:16, 17:7
21 * あるいは「主張して」
22 ①ヨブ3:13-19

1 ①詩143:4
　②詩88:3, 4
2 ①ヨブ12:4, 16:10

14 神は私を打ち破って、破れに破れを加え、
①勇士のように私に向かって馳せかかる。

15 私は荒布をはだに縫いつけ、
②私の角をちりの中に突き刺した。

16 私の顔は泣いて赤くなり、
私のまぶたには死の陰がある。

17 しかし、①私の手には暴虐がなく、
②私の祈りはきよい。

18 ①地よ。私の血をおおうな。
私の叫びに休み*場所を与えるな。

19 今でも天には、①私の証人がおられます。
私を保証してくださる方は高い所におられます。

20 ①私の友は私をあざけります。
しかし、②私の目は神に向かって涙を流します。

21 その方が、人のために
神にとりなしをしてくださいますように。
人の子がその友のために。

22 ①数年もたてば、
私は帰らぬ旅路につくからです。

17

1 ①私の霊は乱れ、私の日は尽き、
②私のものは墓場だけ。

2 しかも、①あざける者らが、私とともに

16:9 怒って私を引き裂き　ヨブはひどく傷つき混乱したので、神はもはやあわれみを持っておられないとしばし考えた。そして神は暴君で独裁者だと表現した。自分は正しくきよい生活を守ってきたと強く信じていたので(16:17)、神の義を疑い始めた(⇒19:6)。けれども心の底では自分が個人的に知っている神は真実で正しい方だということを否定できなかった。もしヨブが直接神と話すことができて自分の立場を訴えることができるか(13:13-27, 23:1-7)、だれか訴えてくれる人を見つけることができたら(→9:33注)、神はヨブの無実を認めてくださるに違いないと思われた(16:19-21, →16:19注)。

16:19 天には、私の証人がおられます　信仰によってヨブは証人を求めて天に目を向けた。ヨブは生きている間に友人や仲間の前で正しいと認められるとは考えていなかったかもしれない。けれども天には自分を支持してくれる友がいることに望みをおいた。完全に

義と認められる確信がある天の法廷に立つ日をヨブは切望した。弁護して神に訴えてくれる仲介者を求めるこの願いは、神と「私たちを・・・和解させ」た(Ⅱコリ5:18, →ヨブ9:33注)イエス・キリストにおいて実現した。今「御父の前で弁護する方がいます。義なるイエス・キリストです」(Ⅰヨハ2:1)。

17:1 私の霊は乱れ　人生をめちゃめちゃにされ、希望が粉々に砕かれたヨブは自分が間もなく死ぬと思った。そして自分は神に見捨てられ、友人たちに拒まれたと感じていた。そこで自分の道(17:9)が正しかったという確信にしがみつくよりほかなかった。ヨブは熱心に無罪を訴えたけれども、ごう慢にはなっていなかった。いつも神に対して、また友人たちの前でへりくだる用意ができていた。ほかの人々は理解してくれなくても、ヨブは最後にはきっと平安が見つかると信じていた(16:19-22)。けれどもこのときの情況ではありえないことのように見えた。

ヨブ記 17–18章

おり、
私の目は彼らの敵意の中で夜を過ごす。

3 どうか、私を保証する者を
あなたのそばに置いてください。
ほかにだれか誓ってくれる者がありましょうか。

4 あなたが彼らの心を閉じて
悟ることがないようにされたからです。
それゆえ、あなたは彼らを高められないでしょう。

5 分け前を得るために友の告げ口をする者、
その子らの目は衰え果てる。

6 神は私を民の物笑いとされた。
私は顔につばきをかけられる者となった。

7 私の目は悲しみのためにかすみ、
私のからだは影のようだ。

8 正しい者はこのことに驚き、
罪のない者は神を敬わない者に向かって憤る。

9 義人は自分の道を保ち、
手のきよい人は力を増し加える。

10 だが、あなたがたはみな、帰って来るがよい。
私はあなたがたの中に
ひとりの知恵のある者も見いだすまい。

11 私の日は過ぎ去り、
私の企て、私の心に抱いたことも破れ去った。

12 「夜は昼に変えられ、
やみから光が近づく」と言うが、

13 もし私が、よみを私の住みかとして望み、
やみに私の寝床をのべ、

14 その穴に向かって、
「おまえは私の父だ」と言い、
うじに向かって、
「私の母、私の姉妹」と言うのなら、

15 私の望みはいったいどこにあるのか。
だれが、私の望みを見つけよう。

16 よみの深みに下っても、
あるいは、共にちりの上に降りて行ってても。

ビルダデ

18 1 そこでシュアハ人ビルダデが答えて言った。

2 いつ、あなたがたはその話にけりをつけるのか。
まず悟れ。それから私たちは語り合おう。

3 なぜ、私たちは獣のようにみなされるのか。
なぜ、あなたがたの目には汚れて見えるのか。

4 怒って自分自身を引き裂く者よ。
あなたのために地が見捨てられようか。
岩がその所から移されようか。

5 悪者どもの光は消え、
その火の炎も輝かない。

6 彼の天幕のうちでは、光は暗くなり、
彼を照らすともしびも消える。

7 彼の力強い歩みはせばめられ、
おのれのはかりごとが彼を投げ倒す。

8 彼は自分の足で網にかかる。
落とし穴の上を歩むからだ。

9 わなは彼のかかとを捕らえ、
しかけ網は彼をつかまえる。

10 地には彼のための輪縄が、
その通り道には彼のためのわなが隠されている。

11 恐怖が回りから彼を脅かし、
彼の足を追い立てる。

12 彼の精力は飢え、
わざわいが
彼をつまずかせようとしている。

13 彼の皮膚を食らおうとしている。
死の初子が彼のからだを食らおうとしている。

14 彼はその拠り頼む天幕から引き抜かれ、
恐怖の王のもとへ追いやられる。

15 彼の天幕には、彼のものではない者が住み、
硫黄が彼の住まいの上にまき散らされる。

16 下ではその根が枯れ、
上ではその枝がしなびる。
17 彼についての記憶は地から消えうせ、
彼の名はちまたから消える。
18 彼は光からやみに追いやられ、
世から追い出される。
19 彼には自分の民の中に親類縁者がなくなり、
その住みかにはひとりの生存者もなくなる。
20 西に住む者は彼の日について驚き、
東に住む者は恐怖に取りつかれる。
21 不正をする者の住みかは、
まことに、このようであり、
これが神を知らない者の住まいである。

ヨブ 19

1 そこでヨブは答えて言った。
2 いつまで、あなたがたは私のたましいを悩まし、
そんな論法で私を砕くのか。
3 もう、十度もあなたがたは
私に恥ずかしい思いをさせ、
恥知らずにも私をいじめる。
4 もし、私がほんとうに
あやまって罪を犯したとしても、
私のあやまって犯した罪が
私のうちにとどまっているだろうか。
5 あなたがたがほんとうに私に向かって
高ぶり、
私の受けたそしりのことで、私を責めるのなら、
6 いま知れ。「神が私を迷わせ、
神の網で私を取り囲まれた」ことを。

7 見よ。私が、「これは暴虐だ」と叫んでも
答えはなく、
助けを求めて叫んでも、それは正されない。
8 神が私の道をふさがれたので、
私は過ぎ行くことができない。
私の通り道にやみを置いておられる。
9 神は私の栄光を私からはぎ取り、
私の頭から冠を取り去られた。
10 神が四方から私を打ち倒すので、
私は去って行く。
神は私の望みを木のように根こそぎにする。
11 神は私に向かって怒りを燃やし、
私をご自分の敵のようにみなされる。
12 その軍勢は一つとなって進んで来、
私に向かって彼らの道を築き上げ、
私の天幕の回りに陣を敷く。
13 神は私の兄弟たちを私から遠ざけた。
私の知人は全く私から離れて行った。
14 私の親族は来なくなり、
私の親しい友は私を忘れた。
15 私の家に寄宿している者も、
私のはしためたちも、
私を他国人のようにみなし、
私は彼らの目には外国人のようになった。
16 私が自分のしもべを呼んでも、
彼は返事もしない。
私は私の口で彼に請わなければならない。
17 私の息は私の妻にいやがられ、
私の身内の者らにきらわれる。
18 小僧っ子までが私をさげすみ、

19:11 私をご自分の敵のようにみなされる ヨブはひどい苦難のために神が直接苦しみを引起こしていると誤って考えた（⇒19:8-13）。（1）ヨブは神が敵になってたましいに苦痛と苦悶をもたらして喜んでおられると考えた。際限ない苦しみの原因がサタンであることに気付いていなかったのである。サタンがヨブを苦しめることを許されたのは神である。けれども実際に残酷に苦しめたのはサタンだった。（2）神は許可されただけだから、誤って神を責めないよう注意しなければならない（→「正しい人の苦しみ」の項の「苦しみの理由と源」の部分 p.825）。この罪に満ちた世界では多くの悪いことが起こる。神はこれらのことを見て喜ばれる方ではない。むしろ人間がひどい体験をするとき、神はこれを見て心を痛め同情を示される（→Ⅰテモ2:4注，→「神のみこころ」の項 p.1207）。けれどもこれらの苦難を通して神の民の忠実さが証明され、神には苦難から良いものを引出す力と能力があることが具体的に示されるのである（→「正しい人の苦しみ」の項 p.825）。

ヨブ記 19–20章

19 　私が起き上がると、私に言い逆らう。
　　私の親しい仲間はみな、私を忌みきらい、
　　私の愛した人々も私にそむいた。
20 　私の骨は皮と肉とにくっついてしまい、
　　私はただ歯の皮だけでのがれた。
21 　あなたがた、私の友よ。
　　私をあわれめ、私をあわれめ。
　　神の御手が私を打ったからだ。
22 　なぜ、あなたがたは神のように、
　　私を追いつめ、
　　私の肉で満足しないのか。
23 　ああ、今、できれば、
　　私のことばが書き留められればよいのに。
　　ああ、書き物に刻まれればよいのに。
24 　鉄の筆と鉛とによって、
　　いつまでも岩に刻みつけられたい。
25 　私は知っている。
　　私を贖う方は生きておられ、
　　後の日に、ちりの上に立たれることを。
26 　私の皮が、このようにはぎとられて後、
　　私は、私の肉から神を見る。
27 　この方を私は自分自身で見る。
　　私の目がこれを見る。ほかの者の目ではない。
　　私の内なる思いは私のうちで
　　絶え入るばかりだ。
28 　もし、あなたがたが、
　　事の原因を私のうちに見つけて、
　　「彼をどのようにして追いつめようか」
　　と言うなら、
29 　あなたがたは剣を恐れよ。
　　その剣は刑罰の憤りだから。
　　これによって、あなたがたは
　　さばきのあることを知るだろう。

ツォファル

20 　そこでナアマ人ツォファルは答えて言った。
2 　それで、いらだつ思いが私に答えを促し、
　　そのため、私は心あせる。
3 　私の侮辱となる訓戒を聞いて、

19①詩41:9, 88:8
20①ヨブ16:8, 33:21, 詩102:5, 哀4:8
21①ヨブ6:14
　②ヨブ1:11, 詩38:2, 69:26
22①詩69:26
　②詩27:2
23①イザ30:8, エレ36:2
24①エレ17:1
25①ヨブ16:19, 詩78:35, 箴23:11, イザ43:14, エレ50:34
　②詩18:46

26①詩17:15, マタ5:8, Ⅰコリ13:12, Ⅰヨハ3:2
27＊直訳「腎臓」
　①詩73:26, 84:2
28①ヨブ19:22
29①ヨブ15:22
　②詩1:5, 9:7, 58:11, 伝12:14

1①ヨブ20章, ヨブ27:13–23
3①ヨブ19:3

19:25　私は知っている。私を贖う方は生きておられ　この信仰告白は聖書の中で最もすばらしい宣言の一つである。苦しみと苦悩のただ中で、最後には神は自分を回復してくださるという確信をヨブは堅持していた(13:15, 14:14-15)。ヨブは自分を「贖う方」、苦しみから助け出し、破滅から救う方として神を見ていた。聖書の時代に「贖う方」は苦難や迫害のときに失われたものを親切に保護し、防御し、回復してくれる親類(→ルツ2:20注)だった(→レビ25:25, 申25:5-10, ルツ1:-4:, →創48:16, 出6:6, イザ43:1, ホセ13:14)。

19:25　後の日に、ちりの上に立たれる　ヨブのあかしは、聖霊の霊感によって贖い主であるイエス・キリストを指していた。主イエスは罪とその永遠の結果から人々を救い(ロマ3:24, ガラ3:13, 4:5, エペ1:7, テト2:14)、死の恐れから解放し(ヘブ2:14-15, ロマ8:23)、永遠のいのちを与え(ヨハ3:16, ロマ6:23)、やがて来る怒りから救い出す(Ⅰテサ1:10)、悪に対する勝利を公に示す(⇒黙19:11-21, 20:1-6)ために来られる。このヨブのことばは、主イエスがこの世界に来られること(一度目は人々にいのちを与えるため、二度目は終りのときに悪を完全に永遠に打砕くため)を預言的に言ったものである(→黙19:-20:)。

19:26　私は、私の肉から神を見る　ヨブは死によって自分の存在が終るのではないことを知っていた。からだは墓の中で朽果てるけれども、肉体をもって再び生かされて自分の贖い主である神を復活のからだで見るという信仰を預言的に表明した。この部分は預言的で、将来起こるいくつかの大きな出来事を示している。それは終りのときにキリストが来られること、キリスト者が神とともにある新しいいのちによみがえり、邪悪な世界に対して最終的に勝利することである(→前の注, ⇒詩16:10, 49:15, イザ26:19, ダニ12:2, ホセ13:14, →「死」の項 p.850, 「肉体の復活」の項 p.2151)。

19:27　この方を私は自分自身で見る　自分の贖い主である神(→19:25注)を見たいという望みはヨブ記の中で表現されているどの望みよりもはっきりしたものだった(→23:3注)。ヨブは顔と顔を合せて主を見、人生のあらゆる苦しみから救われる日を待望んだ。同じように新約聖書でキリストに従う人々も、救い主の再臨(Ⅰコリ1:7, Ⅱテモ4:8)と神のご計画が完全に成し遂げられる日を待望んでいる。キリスト者は大きな期待をもって「神の幕屋が人とともにある。神は彼らとともに住み、彼らはその民となる」(黙21:3)ときと「神の御顔を仰ぎ見る」(黙22:4)ときを待望んでいる。

死

「私は知っている。私を贖う方は生きておられ、後の日に、ちりの上に立たれることを。私の皮が、このようにはぎとられて後、私は、私の肉から神を見る。」（ヨブ記19：25-26）

信仰者であってもなくても、人間はだれでも死を免れない。けれども聖書の中の「死」ということばにはいくつかの意味がある。そこで神との関係を持つ人にとってそれぞれの意味がどのようにかかわるかを理解することが大切である。

罪の結果としての死

創世記2－3章は罪（人間が神に逆らい自分勝手な道を行くこと）によって死がこの世界に入ってきたと教えている。人間の先祖であるアダムとエバは永遠に生きるものとして創造された。けれども神の指示を拒んだとき、神が願っておられたいのちの祝福を失ってしまった。神の直接の命令に逆らうことによって、罪の刑罰とのろい、つまり死を受けることになったのである。

（1）アダムとエバは肉体的に死ぬものになった。初めに神はエデンの園の中にいのちの木を植えて（⇒創2：9注）、人間が絶えずそれを食べることによって死なないようにされた。けれども神は初めから人間に神の教えを受入れて従うかどうかを決める能力と機会を備えておられた。アダムとエバはその選ぶ能力を用いて神に背いて（反対の態度をとる）しまった。ふたりが善悪を知る木の実を食べたあと、神は「あなたはちりだから、ちりに帰らなければならない」（創3：19）と宣言された。ふたりは食べたその日に肉体的には死ななかったけれども、神ののろいの結果として死の法則に支配されるようになった。

（2）アダムとエバは道徳的死を体験した。神はアダムに対して禁断の実を食べるなら必ず死ぬと警告された（創2：17）。これは重大な警告だった。アダムと妻は罪を犯したその瞬間に肉体的には死ななかったけれども、道徳的死が瞬間的に始まって人間性は腐敗し罪深いものになり、神に逆らうものになった。アダムとエバが神に逆らってその本性が変えられたときから、人間はみなその罪の性質を持って生れて来る（ロマ8：5-8）。つまり、神やほかの人々のことについては関心を持たないで、自分自身の勝手な道を進もうとする生来（持って生れた、継承した）の欲望を持って生れている（→創3：6注、ロマ3：10-18注、エペ2：3、コロ2：13）。

（3）アダムとエバは神に逆らったとき、霊的死も体験した。つまり神との親密な関係が破壊されてしまった（創3：6注）。ふたりはエデンの園の中を神と一緒に歩いたり話し合ったりすることを楽しもうとしなくなり、神の臨在から身を隠してしまった（創3：8）。キリストから離れた人はみな神と神が与えてくださる究極のいのちから遠く離れていると聖書は教えている（エペ4：17-18）。それが霊的に死んでいるという意味である。

（4）罪の結果としての死には永遠の死がある。アダムとエバが神の警告（⇒創3：22）を受入れていたらその結果は永遠のいのちだった。ところがその代りに永遠の死の原理が働くようになった。永遠の死は霊的に罪の宣告を受けて永遠に神から離されることである。この死は神を拒み、その教えに背いた結果である（→創3：4注）。このことを聖書は「そのような人々は、主の御顔の前とその御力の栄光から退けられて、永遠の滅びの刑罰を受けるのです」と言っている（Ⅱテサ1：9、→ロマ6：16注）。

（5）死のあらゆる面に勝利する方法はただ一つ、イエス・キリストを信じることである。この方は「死を滅ぼし、福音によって、いのちと不滅をあきらかに示されました」（Ⅱテモ1：10）。主イエスはその死によって罪の罰を完全に支払って、人々を神と和解（神との個人的関係を持つ機会を回復すること）させてくださった。そして罪の結果である、霊的に分離されたのろいを逆転させてくださったのである（→創3：24注、Ⅱコ

リ5：18注）。キリストは超自然的に復活して、サタンの力と罪の力、肉体の死の力と支配権を打破り克服された（→創3：15注，ロマ6：10注，⇒ロマ5：18-19，Ⅰコリ15：12-28，Ⅰヨハ3：8）。神に従う人々は永遠の死の苦しみを受けることはなく主イエスとともによみがえるという信仰は、既に旧約聖書の神の民の信仰になっていた（→ヨブ19：25-26，詩16：9-11，→「**肉体の復活**」の項 p.2151）。

信仰者にとっての肉体の死の意味

キリストを信じる人々は復活のいのちの確信を持っていても（ヨハ11：25-26）、肉体の死を通らなければならない。けれどもキリストにいのちをゆだねた人々はキリストを受入れていない人とは違った意味で死に近付く。神を知り従う人々の死について聖書は次のような真理を啓示している。

（1）キリスト者にとって死はいのちの終りではなく、新しい始まりである。死は恐ろしい何か（Ⅰコリ15：55-57）ではなく、より充実した完全ないのちへの移行点である。死はキリスト者をこの世界のわずらわしさ（Ⅱコリ4：17）と地上の肉体から解放して、天のいのちと栄光を身に着けさせてくれる（Ⅱコリ5：1-5）。パウロは肉体の死を眠りと呼んで（Ⅰコリ15：6, 18, 20，Ⅰテサ4：13-15）、死は地上の労働と苦痛からの休息であると説明した（⇒黙14：13）。それは信仰を持って先に世を去った人々と一緒になることである（→創25：8注）。また、肉体の死は生きた神の臨在の中に入る入口である（ピリ1：23）。

（2）聖書は信仰者の死を慰めに満ちたことばで説明している。神を敬う人の死は「主の目に尊い」（詩116：15）。死は「平安」（イザ57：1-2）への入口、「栄光」（詩73：24）への入口であり、「パラダイス」（ルカ23：43）に入ること、「住まいがたくさんあ」る（ヨハ14：2）私たちの父の家に行くこと、「キリストとともにいる」（ピリ1：23）祝福された門出、「主のみもとにいる」（Ⅱコリ5：8）こと、「キリストにあって眠」る（Ⅰコリ15：18，⇒ヨハ11：11，Ⅰテサ4：13）こと、「はるかにまさってい」る（ピリ1：21, 23）ことであり、「義の栄冠」（→Ⅱテモ4：8注）を受けるときである。

（3）キリスト者の死と肉体の復活の間の期間について聖書は次のように教えている。

（a）死の瞬間にキリストに従う人はすぐに主のみもとに入れられる（Ⅱコリ5：8，ピリ1：23）。

（b）信仰者は完全な意識を持って存在し（ルカ16：19-31）、神の愛と慈しみによる喜びを体験する（⇒エペ2：7）。

（c）天国は家庭のように休息と安全の場所であり（黙6：11）、ほかの信仰者とともにいて交わる場所（ヨハ14：2注）である。

（d）天国には礼拝と祝典と賛美（詩87：，黙14：2-3, 15：3）、定められた務め（ルカ19：17）、飲食（ルカ14：15, 22：14-18, 黙22：2）などの活動がある。

（e）肉体の復活を待つ間の信仰者は肉体を持たない目に見えない霊ではなく、天のからだを身に着けている（ルカ9：30-32，Ⅱコリ5：1-4）。

（f）天国で信仰者は個性を持ち続けている（マタ8：11，ルカ9：30-32）。

（g）地上の生活から移った信仰者は、地上での神の目的が完成するのを待続け期待し続けている（黙6：9-11）。

（4）神を信じる人々は大きな希望と喜びをもって死とその向こう側を見ることができるけれども、人々、特に愛する人々が死ぬときには悲しむものである。たとえばヤコブが死んだときヨセフは父のために深く嘆いた。ヨセフが父親に対して示した愛と尊敬の姿は愛する人々の死を体験する信仰者へのよい模範を示している（→創50：1注）。

私の悟りの霊が私に答えさせる。
4 あなたはこのことを知っているはずだ。
　昔から、地の上に人が置かれてから、
5 悪者の喜びは短く、
　神を敬わない者の楽しみはつかのまだ。
6 たとい彼の高ぶりが天まで上り、
　その頭が雲まで及んでも、
7 彼は自分の糞のようにとこしえに滅びる。
　彼を見たことのある者たちは言う。
　彼はどこにいるのかと。
8 彼は夢のように飛び去り、
　だれにも彼は見つけられない。
　彼は夜の幻のように追い払われ、
9 彼を見慣れていた目は再び彼を見ず、
　彼のいた所はもはや彼を認めない。
10 彼の子らは貧民たちにあわれみを請い、
　彼の手は自分の財産を
　取り戻さなければならない。
11 彼の骨が若さに満ちても、
　それも彼とともにちりに横たわる。
12 たとい悪が彼の口に甘く、
　彼がそれを舌の裏に隠しても、
13 あるいは、彼がこれを惜しんで、捨てず、
　その口の中にとどめていても、
14 彼の食べた物は、彼の腹の中で変わり、
　彼の中でコブラの毒となる。
15 彼は富をのみこんでも、またこれを吐き出す。
　神がこれを彼の腹から追い払われる。
16 彼はコブラの毒を吸い、まむしの舌が彼を殺す。
17 彼は川を見ることがない。
　すなわち、蜜と凝乳の流れる川を見ることがない。
18 彼は骨折って得たものを取り戻しても、
　それをのみこめない。
　商いで得た富によっても楽しめない。
19 彼が寄るべのない者を踏みにじって見捨て、
　自分で建てなかった家をかすめたからだ。
20 彼の腹は足ることを知らないので、

4 ①申4:32
5 ①ヨブ8:13, 詩37:35, 36
　②詩73:19, 箴6:15
6 ①イザ14:13, 14, オバ3
7 ①ヨブ4:20
　②詩7:10, 8:18
8 ①詩73:20
　②ヨブ18:18
9 ①詩7:10
　＊「彼を見」は補足
　②ヨブ37:10
10 ①詩5:4
　②ヨブ20:18
11 ①ヨブ21:23, 24
　②ヨブ7:21
12 ①詩15:16
　②箴20:17
　③詩10:7
13 ①民11:33
14 ①ヨブ20:23
　②申32:24, 33
15 ①ヨブ20:20, 21
17 ①エレ17:6
　②ヨブ29:6, 申32:13, 14
　③詩36:8
18 ①詩109:11
　②ヨブ20:10
　③ヨブ20:15
19 ①詩109:16
　②ヨブ24:2-4, 35:9

20 ①伝5:15
21 ①ヨブ15:29
22 ①ヨブ15:21
23 ①ヨブ20:14
　②民11:33, 詩78:30, 31
　＊別訳「彼のはらわたに」、または「食物として」
24 ①イザ24:18, アモ5:19
　②Ⅱサム22:35
25 ①申32:41
　＊あるいは「胆」
　②ヨブ15:21, 27:20
26 ①ヨブ18:18
　②ヨブ15:30
27 ①ヨブ31:28
28 ＊七十人訳は「彼の家を引いて行く。全く滅ぼすために」
　①ヨブ21:30
29 ①ヨブ27:13, 31:2, 3, 黙21:8
　＊直訳「神のことばによる相続財産」
　②ヨブ27:13, 31:2, 42:15, →ヨシ11:23

3 ＊「あなたがた」とする古代訳もある
　①ヨブ11:3, 17:2
4 ①ヨブ7:11
　②ヨブ6:11
5 ①ヨブ29:9, 40:4, 士18:19

　欲しがっている物は何一つ、彼はのがさない。
21 彼のむさぼりからのがれる物は一つもない。
　だから、彼の繁栄は続かない。
22 満ち足りているときに、
　彼は貧乏になって苦しみ、
　苦しむ者の手がことごとく彼に押し寄せる。
23 彼が腹を満たそうとすると、
　神はその燃える怒りを彼の上に送り、
　憤りを彼の上に降らす。
24 彼は鉄の武器を免れても、
　青銅の弓が彼を射通す。
25 彼がそれを引き抜くと、それは彼の背中から出る。
　きらめく矢じりが腹から出て、
　恐れが彼を襲う。
26 すべてのやみが彼の宝として隠され、
　人が吹きおこしたのではない火が
　彼を焼き尽くし、
　彼の天幕に生き残っているものをもそこなってしまう。
27 天は彼の罪をあらわし、
　地は彼に逆らって立つ。
28 彼の家の作物はさらわれ、
　御怒りの日に消えうせる。
29 これが悪者の、神からの分け前、
　神によって定められた彼の相続財産である。

ヨブ 21

1 ヨブは答えて言った。
2 あなたがたは、私の言い分をよく聞け。
　これをあなたがたの私への慰めとしてくれ。
3 まず、私が語るのを許してくれ。
　私が語って後、あなたはあざけってもよい。
4 私の不平は人に向かってであろうか。
　なぜ、私がいらだってはならないのか。
5 私のほうを見て驚け。
　そして手を口に当てよ。
6 私は思い出すとおびえ、

ヨブ記　21章

7　おののきが私の肉につかみかかる。
なぜ悪者どもが生きながらえ、
年をとっても、なお力を増すのか。

8　彼らのすえは彼らとともに堅く立ち、
その子孫は彼らの前に堅く立つ。

9　彼らの家は平和で恐れがなく、
神の杖は彼らの上に下されない。

10　その牛は、はらませて、失敗することがなく、
その雌牛は、子を産んで、仕損じがない。

11　彼らは自分の幼子たちを
羊の群れのように自由にさせ、
彼らの子どもたちはとびはねる。

12　彼らはタンバリンと立琴に合わせて歌い、
笛の音で楽しむ。

13　彼らはしあわせのうちに寿命を全うし、
すぐによみに下る。

14　しかし、彼らは神に向かって言う。
「私たちから離れよ。
私たちは、あなたの道を知りたくない。

15　全能者が何者なので、
私たちが彼に仕えなければならないのか。
私たちが彼に祈って、
どんな利益があるのか」と。

16　見よ。彼らの繁栄はその手の中にない。
悪者のはかりごとは、私と何の関係もない。

17　幾たび、悪者のともしびが消え、
わざわいが彼らの上に下り、
神が怒って彼らに滅びを分け与えることか。

18　彼らは、風の前のわらのではないか。
つむじ風に吹き去られる
もみがらのようではないか。

19　神はそのような者の子らのために、
彼のわざわいをたくわえておられるのか。
彼自身が報いを受けて
思い知らなければならない。

20　彼の目が自分の滅びを見、
彼が全能者の憤りをのまなければならない。

21　彼の日の数が短く定められているのに、
自分の後の家のことに何の望みがあろうか。

22　彼は神に知識を教えようとするのか。
高い所におられる方がさばきを下すのだ。

23　ある者は元気盛りの時に、
全く平穏のうちに死ぬだろう。

24　彼のからだは脂肪で満ち、
その骨の髄は潤っている。

25　ある者は苦悩のうちに死に、
何の幸いも味わうことがない。

26　彼らは共にちりに伏し、うじが彼らをおおう。

27　ああ、私はあなたがたの計画を知っている。
私をそこなおうとするたくらみを。

28　あなたがたは言う。「権門の家はどこにあるか。
悪者の住んだ天幕はどこにあるか」と。

29　あなたがたは道行く人に尋ねなかったか。
彼らのあかしをよく調べないのか。

30　「悪人はわざわいの日を免れ、
激しい怒りの日から連れ出される」*という。

31　だれが彼に面と向かって彼の道を告げえようか。
だれが彼のなしたことを彼に報いようか

21:7　なぜ悪者どもが生きながらえ　ヨブはなぜ人生では多くのことが不公平なのかという疑問を持った。なぜ多くの悪人が繁栄し成功し、幸せそうなのだろうかといぶかった。詩篇73篇も同じ疑問を扱っている。しばしば「心のきよい人たち」(詩73:1)が「打たれどおしで」(詩73:14)あるのに、悪人は栄え、「苦痛がな」い(詩73:3-5)。けれども神はこの地上の生涯の終りには神を敬う人々にも邪悪な人々にも正しいさばきが行われると説明された(詩73:16-28)。そのときに神は物事をきちんと正される。そして神の愛にどのように応えたかによって神はそれぞれの人をさばかれる(ロマ2:5-11)。悪人は罰を受け、正しい人は報いを受けることになる(ロマ2:5-11, 黙2:10)。

32 彼は墓に運ばれ、
その塚の上には見張りが立つ。
33 谷の土くれは彼に快く、
すべての人が彼のあとについて行く。
彼より先に行った者も数えきれない。
34 どうしてあなたがたは、
私を慰めようとするのか。むだなことだ。
あなたがたの答えることは、ただ不信実だ。

エリファズ

22

1 テマン人エリファズが答えて言った。
2 人は神の役に立つことができようか。
賢い人さえ、ただ自分自身の役に立つだけだ。
3 あなたが正しくても、
それが全能者に何の喜びであろうか。
あなたの道が潔白であっても、
それが何の益になろう。
4 あなたとともに、さばきの座に、入って行かれ、
あなたを責められるのは、
あなたが神を恐れているためか。
5 いや、それはあなたの悪が大きくて、
あなたの不義が果てしないからではないか。
6 あなたは理由もないのに
あなたの兄弟から質を取り、
裸の者から着物をはぎ取り、
7 疲れている者に水も飲ませず、
飢えている者に食物を拒んだからだ。
8 土地を持っている有力者のように、
そこに住む有名人のように、
9 あなたはやもめを素手で去らせ、
みなしごの腕を折った。
10 それでわなががあなたを取り巻き、
恐れが、にわかにあなたを脅かす。
11 あるいは、
やみがあって、あなたは見ることもできず、
みなぎる水があなたをおおう。
12 神は天の高きにおられるではないか。
見よ、星の頂を。それはなんと高いことか。
13 あなたは言う。「神に何がわかろうか。
黒雲を通してさばくことができようか。
14 濃い雲が神をおおっているので、
神は見ることができない。
神は天の回りを歩き回るだけだ」と。
15 あなたは悪人が歩いたあの昔からの道を
守っていこうとするのか。
16 彼らは時がまだ来ないうちに取り去られ、
彼らの土台は流れに押し流された。
17 彼らは神に向かって言った。
「私たちから離れよ。
全能者が私たちに何ができようか」と。
18 しかし、神は彼らの家を良い物で満たされた。
だが、悪者のはかりごとは私と何の関係もない。
19 正しい者は見て喜び、
罪のない者は彼らをあざけって言う。
20 「まことに、私たちに立ち向かった者は滅ぼされ、
彼らの残した物は火が焼き尽くした。」
21 さあ、あなたは神と和らぎ、平和を得よ。
そうすればあなたに幸いが来よう。

22:21-30 あなたに幸いが来よう エリファズもヨブに悔い改めるように迫ったけれども、悔い改めについてのエリファズの理解はあまりにも伝統的で単純だった。もしヨブが神のもとへ立返るつもりなら、神は再び祝福されるとエリファズは提案した。それはヨブが罪から立返り、神のことばに従い、へりくだって地上のことよりも神を喜びとしなければならないということだった。そうするなら神はヨブを癒して再び豊かにしてくださるとエリファズは信じていた。これは確かに悔い改めに違いない。けれどもエリファズの神学(神の特性と人間の間での神の働きについての考え方)は三つの領域で間違っていた。

(1) 悔い改め(罪を認めて罪から立返り神に服従して神へ立返ること)と霊的な救いは必ずしも肉体的、物質的な繁栄につながるものではない。時には神を敬う人々はその信仰のために見捨てられ迫害を受け、不

ヨブ記 22-23章

22 神の御口からおしえを受け、
　そのみことばを心にとどめよ。
23 あなたがもし全能者に立ち返るなら、
　あなたは再び立ち直る。
　あなたは自分の天幕から不正を遠ざけ、
24 宝をちりの上に置き、
　＊オフィルの金を川の小石の間に置け。
25 そうすれば全能者はあなたの黄金となり、
　尊い銀があなたのものとなる。
26 そのとき、あなたは全能者をあなたの喜びとし、
　神に向かってあなたの顔を上げる。
27 あなたが神に祈れば、神はあなたに聞き、
　あなたは自分の誓願を果たせよう。
28 あなたが事を決めると、それは成り、
　あなたの道の上には光が輝く。
29 ＊あなたが低くされると、
　あなたは高められたと言おう。
　神はへりくだる者を救われるからだ。
30 神は罪ある者さえ救う。
　その人はあなたの手のきよいことによって
　救われる。

22 ①ヨブ23:12, 申8:3, 詩138:4, 箴2:6
　②→ヨシ1:7
　③詩119:11
23 ①→ヨブ5:17
　②ヨブ8:5, 11:13, イザ19:22, 31:6, ゼカ1:3
　③ヨブ11:14
24 ①ヨブ31:24, 25, マタ6:19
　＊「金」は補足
25 ①イザ33:6, マタ6:20
　②→ヨブ5:17
26 ①→ヨブ5:17
　②ヨブ27:10, 詩4:7, 37:4, イザ58:14
　③ヨブ11:14
27 ①ヨブ11:13, 33:26, 詩145:19, イザ58:9
　②ヨブ34:28
　③詩22:25, 50:14
28 ①ヨブ11:17, 詩112:4
29 ①ヨブ5:11
　＊直訳「彼らが低くすると」
30 ①詩18:20, 24:5

2 ①ヨブ7:11
　②ヨブ6:2, 3, 詩32:4
3 ①エレ29:13, ホセ5:6
4 ①ヨブ13:18
5 ①ヨブ13:3
6 ①イザ27:8, 57:16
7 ①ヨブ13:3
　②ヨブ22:10
8 ①ヨブ23:8, 9, 35:14, 詩139:7-10
9 ＊「彼のなすときに」の読み替え、「尋ねても」とする古代訳もある

ヨブ 23

1 ヨブは答えて言った。
2 きょうもまた、私はそむく心でうめき、
　私の手は自分の嘆きのために重い。
3 ああ、できれば、どこで神に会えるかを知り、
　その御座にまで行きたい。
4 私は御前に訴えを並べたて、
　ことばの限り討論したい。
5 私は神が答えることばを知り、
　私に言われることが何であるかを悟りたい。
6 神は力強く私と争われるだろうか。
　いや、むしろ私に心を留めてくださろう。
7 そこでは正しい人が神と論じ合おう。
　そうすれば私は、とこしえにさばきを免れる。
8 ①ああ、私が前へ進んでも、神はおられず、
　うしろに行っても、神を認めることができない。
9 左に向かって行っても、私は神を見ず、
　右に向きを変えても、私は会うことができない。

当に扱われる（ヘブ11:37）。神の約束を信じていても、いつでもすぐに、あるいは生きている間に約束の実現を見るわけではない（ヘブ11:39）。

（2）健康と繁栄とを回復するために悔い改めるようにエリファズはヨブに迫ったけれども、それはサタンと同じ考えだった。サタンは以前、ヨブは神から祝福されたから神に仕えているだけだと非難した（1:9-11）。そこでもしヨブが神に祝福されるために隠れた罪を悔い改めるなら、ヨブは個人的な利得のためにだけ神に仕えていたことになる。

（3）エリファズのことばは悔い改めの重要性をはっきりと説明しているけれども、それを言う動機が間違っていた。その心には苦しんでいる友人に対する同情心がなかった。弱い人や苦しんでいる人々に悔い改めのメッセージを話すときには同情に満ちたことばで話さなければならない。

23:3 ああ、できれば、どこで神に会えるかを知り
精神的に打ちひしがれるような体験の中でヨブが最も望んだことは神の臨在に触れることだった。

（1）財産を失ったことについてヨブはほとんど何も言っていない。子どもたちを失った悲しみもほとんど口にしていない。ヨブが悲しんでいたのは神の臨在を失ったことである。精神的苦痛の中でヨブは神を見出し、再び親しい関係を持ちたいと望んだのである（⇒13:24, 16:19-21, 29:2-5）。ヨブは神が近くにおられると感じていなかった。けれども神はヨブを見捨てておられなかった。

（2）これと同じように信仰者は神を必死に慕い求める。「鹿が谷川の流れを慕いあえぐように、神よ。私のたましいはあなたを慕いあえぎます。私のたましいは、神を、生ける神を求めて渇いています」（詩42:1-2）。「神よ。あなたは私の神。私はあなたを切に求めます。水のない、砂漠の衰え果てた地で、私のたましいは、あなたに渇き、私の身も、あなたを慕って気を失うばかりです」（詩63:1）。

ヨブ記　23-24章

10 しかし、神は、私の行く道を知っておられる。
　　神は私を調べられる。
　　私は金のように、出て来る。
11 私の足は神の歩みにつき従い、
　　神の道を守って、それなかった。
12 私は神のくちびるの命令から離れず、
　　私の定めよりも、御口のことばをたくわえた。
13 しかし、みこころは一つである。
　　だれがそれを翻すことができようか。
　　神はこころの欲するところを行われる。
14 神は、私について定めたことを、
　　成し遂げられるからだ。
　　このような多くの定めが神のうちにある。
15 だから、私は神の前でおびえ、
　　これを思って、神を恐れているのだ。
16 神は私の心を弱くし、
　　全能者は私をおびえさせた。
17 私はやみによって消されず、
　　彼が、暗黒を私の前からなくされたからだ。

24

1 なぜ、全能者によって時が隠されていないのに、
　　神を知る者たちがその日を見ないのか。
2 ある者は地境を動かし、
　　群れを奪い取ってこれを飼い、
3 みなしごのろばを連れ去り、
　　やもめの牛を質に取り、
4 貧しい者を道から押しのける。
　　その地の哀れな人々は、共に身を隠す。
5 見よ。荒野の野ろばを。
　　彼らは、出て行き、
　　荒れた地で獲物を求めて捜し回り、
　　自分の子らのためにえさを求める。
6 飼葉を畑で刈り取り、
　　悪者のぶどう畑をかすめる。
7 彼らは着る物もなく、裸で夜を明かし、
　　寒さの中でも身をおおう物がない。
8 山のあらしでずぶぬれになり、
　　避け所もなく、岩を抱く。
9 彼らはみなしごを乳房からもぎ取り、
　　貧しい者の持ち物を質に取る。
10 彼らは着る物もなく、裸で歩き、
　　飢えながら麦束をになう。
11 その植え込みの間で油をしぼり、
　　酒ぶねを踏みながら、なお渇く。
12 人の住む町からうめき声が起こり、
　　傷ついた者のたましいは助けを求めて叫ぶ。
　　しかし、神はその愚痴に心を留められない。
13 これらの者は光に反逆する者で、
　　光の道を認めず、
　　また、その通り道にとどまらない。
14 人殺しは、夜明けに起き上がり、
　　哀れな者や貧しい者を殺し、
　　夜には盗人のようになる。
15 姦通する者の目は夕暮れを待ちもうけ、
　　「私に気づく目はない」と言い、
　　その顔におおう物を当てる。

23:10-12　神は私を調べられる　ここでヨブの確信は強くなっていく。神が自分の生涯に今も配慮しておられると再び信じることができた。またどのような苦しみも敵も、自分が神に頼るのを邪魔することはできないと悟った。

（1）ヨブは自分の苦しみが神に対する信仰と愛の試練であるとわかり始めたようである。この試練はアブラハムが息子イサクをささげるように命じられたときの試練と似ている（創22：）。

（2）イエス・キリストも苦しみに遭うことによって試みを受けられた（ヘブ5：8）。そして罪のない人々は苦しみにどのように対処したらよいかを具体的に示された（Ⅰペテ2：21）。神の民はキリストの足跡に従って、神を拒むこの堕落した世界の中で神に従い喜んで苦しみを受けるべきである（ヘブ5：8, 13：12-13）。

（3）試練を乗越え自分の主を捨てないというヨブの堅い信仰は、(a) 過去に神に忠実に従っていたこと（23：11-12）、(b) 神のことばに対する愛（23：12）、(c) 神への驚きと敬意と恐れ（23：13-15, →**神への恐れ**の項 p.316）に基づいていた。同じようにキリスト者は、揺らぐことなく神に服従するように決意しなければならない。そして神に背いたときの結果を恐れなければならない。また何にもまして神とみことばを愛さなければならない（⇒詩40：8, 119：11, →ヤコ1：21注）。妥協することなく神に仕えるために最も効果的な原動力はただ一つ、神を愛する愛である。

ヨブ記 24-26章

16 彼は暗くなってから、家々に侵入する。
　昼間は閉じこもって光を知らない。
17 すべて彼にとっては暗黒が朝である。
　彼は暗黒の恐怖と親しいからだ。
18 彼は水の面をすばやく過ぎ去り、
　彼の割り当ての地は国の中でのろわれる。
　彼はぶどう畑の道のほうに向かわない。
19 ひでりと暑さは雪の水を奪い、
　よみは罪を犯した者を奪う。
20 母の胎は彼を忘れ、うじは彼を好んで食べ、
　彼はもう思い出されない。
　不正な者は木のように折られてしまう。
21 彼は子を産まない不妊の女を食いものにし、
　やもめによくしてやらない。
22 しかし、神は力をもって
　暴虐な者たちを生きのびるようにされる。
　彼はいのちがあるとは信じられないときにも
　立ち上がる。
23 神が彼に安全を与える。
　それで、彼は休むことができる。
　神の目は彼らの道の上に注がれる。
24 彼らはしばらくの間、高められるが、消えうせる。
　彼らは低くされ、
　ほかのすべての者と同じように刈り集められる。
　麦の穂先のように枯れてしまう。
25 今そうでないからといって、
　だれが私をまやかし者だと言えよう。
　だれが私のことばを
　たわごとにしようとするのか。

ビルダデ

25 1 シュアハ人ビルダデが答えて言った。
2 主権と恐れとは神のもの。
　神はその高き所で平和をつくる。
3 その軍勢の数ほどのものがほかにあろ

うか。
　その光に照らされないものがだれかいようか。
4 人はどうして神の前に正しくありえようか。
　女から生まれた者が、
　どうしてきよくありえようか。
5 ああ、神の目には
　月さえも輝きがなく、星もきよくない。
6 ましてうじである人間、
　虫けらの人の子はなおさらである。

ヨブ

26 1 ヨブは答えて言った。
2 あなたは無力な者をどのようにして助けたのか。
　力のない腕をどのようにして救ったのか。
3 知恵のない者をどのようにしていさめ、
　豊かなすぐれた知性を示したのか。
4 あなたはだれに対してことばを告げているのか。
　だれの息があなたから出たのか。
5 死者の霊は、
　水とそこに住むものとの下にあって震える。
6 よみも神の前では裸であり、
　滅びの淵もおおわれない。
7 神は北を虚空に張り、
　地を何もない上に掛けられる。
8 神は水を濃い雲の中に包まれるが、
　その下の雲は裂けない。
9 神は御座の面をおおい、
　その上に雲を広げ、
10 水の面に円を描いて、
　光とやみとの境とされた。
11 神がしかると、
　天の柱は震い、恐れる。
12 神は御力によって海をかき立て、
　神の英知をもってラハブを打ち砕く。
13 その息によって天は晴れ渡り、
　御手は逃げる蛇を刺し通す。
14 見よ。これらはただ神の道の外側にす

ぎない。
私たちはただ、
神についてのささやき①しか聞いていない。
だれが、その力ある雷②を聞き分けえようか。

27

1 ヨブはまた、自分の格言①を取り上げて言った。
2 私の権利を取り去った神、
私のたましいを苦しめた全能者*をさして誓う。
3 私の息が私のうちにあり、
神の霊①が私の鼻にあるかぎり、
4 私のくちびるは不正を言わず、
私の舌は決して欺きを告げない。
5 あなたがたを義と認めることは、
私には絶対にできない。
私は息絶えるまで、
自分の潔白を離さない。
6 私は自分の義を堅く保って、手放さない。
私の良心②は生涯私を責めはしない。
7 私の敵は不正をする者のようになれ。
私に立ち向かう者はよこしまな者のようになれ。
8 神を敬わない者の望みはどうなるであろうか。
神が彼を断ち切り、
そのいのち②を取り去るときは。
9 苦しみが彼にふりかかるとき、

14 ①ヨブ4:12
②ヨブ36:29, 37:4, 5

1 ①ヨブ29:1
2 ①ヨブ34:5
②ヨブ9:18
③→ヨブ5:17
＊直訳「は生きている」
3 ①ヨブ33:4
4 ①ヨブ6:28
5 ①ヨブ9:21
6 ①ヨブ9, 13:18
②使24:16, Ⅰヨハ3:21
8 ①ヨブ8:13
②ヨブ12:10
9 ①箴1:27, 28

②ヨブ35:12, 13,
詩18:41, 66:18,
箴28:9, イザ1:15,
エレ14:12, エゼ8:18,
ミカ3:4, ヨハ9:31
10 ①→ヨブ5:17
②ヨブ22:26, 27,
詩37:4, イザ58:14
11 ①ヨブ27:13-23
12 ①→ヨブ5:17
13 ①ヨブ27:13-23, ヨブ20章
②ヨブ20:29
③→ヨブ5:17
④→ヨブ5:17
⑤→ヨブ20:29
14 ①申28:41, ホセ9:16
②ヨブ15:22
③ヨブ20:10
15 ①詩8:64
16 ①ゼカ9:3,
ヨブ27:16, 17, 箴28:8,
伝2:26,
ヨブ20:18-21
18 ①ヨブ8:14
②イザ1:8, 哀2:6
19 ＊直訳「彼は消えうせる」
①ヨブ20:7
20 ①ヨブ15:21, 20:25
②ヨブ34:20
③ヨブ37:9, 詩58:9

神は彼の叫びを聞かれるであろうか。
10 彼は全能者を彼の喜びとするだろうか。
どんな時にも神を呼ぶだろうか。
11 私は神の御手について
あなたがたに教えよう。
全能者のもとにあるものを私は隠すまい。
12 ああ、あなたがたはみな、それを見たのに、
なぜ、あなたがたは全くむなしいことを言うのか。

13 悪者の神からの分け前、
横暴な者が全能者から受け取る相続財産は
次のとおりだ。
14 たとい、彼の子どもたちがふえても、
剣にかかる。
その子孫はパンに飽き足ることはない。
15 その生き残った者も死んで葬られ、
そのやもめらは泣きもしない。
16 彼が銀をちりのように積み上げ、
衣装を土のようにたくわえても、
17 彼がたくわえたものは、正しい者がこれを着、
銀は、罪のない者が分け取る。
18 彼はしみが建てるような家を建てる。
それは番人が作る仮小屋のようだ。
19 富む者が寝ると、もうそれきりだ。＊
彼が目を開くと、もうそれはない。
20 恐怖が洪水のように彼を襲い、
夜にはつむじ風が彼を運び去る。

27:4 私のくちびるは不正を言わず 信仰による忍耐と道徳的価値観についてヨブはすぐれた模範を示した(→ヤコ5:11)。高潔さ(真理と正しさについての道徳的資質)を保ち、神に忠実でいようとする決意を持ち続けたことによってヨブは聖書の中で高く評価されている。誘惑や苦しみ、神の沈黙も、神とみことばへのヨブの忠誠を崩すことはなかった(⇒イザ45:21)。ヨブは神をのろって死ぬこと(2:9)を拒んだ。

(1) 同じようにキリスト者は、誘惑と悲しみと人生の暗黒の日々を通して妥協することなく神に献身し続けなければならない。どれほど情況が厳しくても神の愛に希望を持ち、神のことばに頼ることをあきらめてはならない(コロ1:23)。そして神と人の前で良心の

とがめがないようにしなければならない(使24:16, ⇒使23:1, Ⅰコリ4:4, Ⅱテモ1:3, Ⅰヨハ3:21)。

(2) 主イエスに従う人々は、神に対して忠実に信仰と希望と愛を保つ決意を持たなければならない(ヘブ3:14, 10:35-39, ユダ1:21)。これは迫害や誘惑やそのほかのサタンの攻撃に直面したときに霊的、感情的に破壊されないようにする安全装置である(Ⅰテモ1:18-20, ⇒Ⅰテモ6:11-14, Ⅱテモ4:5-8, →ピリ3:8-16)。

(3) 神の側では、神に忠実な人々をかくまい守り、神の助けと力を与えて耐えられないような誘惑に遭わせないと約束された(Ⅰコリ10:13)。神の目標は「終わりのときに現されるように用意されている救い」(Ⅰペテ1:5注)を得させることである。

ヨブ記 27–28章

21 東風が彼を吹き上げると、彼は去り、
  彼をそのいる所から吹き払う。
22 神は容赦なくそれを彼に投げつけ、
  彼は御手からなんとかしてのがれようとする。
23 人々は彼に向かって手をたたき、
  彼をあざけって、そのいる所から追い出す。

28

1 まことに、銀には鉱山があり、
  金には精錬する所がある。
2 鉄は土から取られ、
  銅は石を溶かして取る。
3 人はやみを目当てとし、
  その隅々にまで行って、
  暗やみと暗黒の石を捜し出す。
4 彼は、人里離れた所に、縦坑を掘り込み、
  行きかう人に忘れられ、
  人から離れてそこにぶら下がり、揺れ動く。
5 地そのものは、そこから食物を出すが、
  その下は火のように沸き返っている。
6 その石はサファイヤの出るもと、
  そのちりには金がある。
7 その通り道は猛禽も知らず、
  はやぶさの目もこれをねらったことがない。
8 誇り高い獣もこれを踏まず、
  たける獅子もここを通ったことがない。
9 彼は堅い岩に手を加え、
  山々をその基からくつがえす。
10 彼は岩に坑道を切り開き、
  その目はすべての宝を見る。
11 彼は川をせきとめ、
  したたることもないようにし、
  隠されている物を明るみに持ち出す。
12 しかし、知恵はどこから見つけ出されるのか。
  悟りのある所はどこか。
13 人はその評価ができない。
  それは生ける者の地では見つけられな

14 深い淵は言う。「私の中にはそれはない。」
  海は言う。「私のところにはない。」
15 それは純金をもってしても得られない。
  銀を量ってもその代価とすることができない。
16 オフィルの金でも
  その値踏みをすることができず、
  高価なしまめのうや、サファイヤでもできない。
17 金も玻璃もこれと並ぶことができず、
  純金の器とも、これは取り替えられない。
18 さんごも水晶も言うに足りない。
  知恵を獲得するのは真珠にまさる。
19 クシュのトパーズもこれと並ぶことができず、
  純金でもその値踏みをすることはできない。
20 では、知恵はどこから来るのか。
  悟りのある所はどこか。
21 それはすべての生き物の目に隠され、
  空の鳥にもわからない。
22 滅びの淵も、死も言う。
  「私たちはそのうわさを
  この耳で聞いたことがある。」
23 しかし、神はその道をわきまえておられ、
  神はその所を知っておられる。
24 神は地の隅々まで見渡し、
  天の下をことごとく見られるからだ。
25 神は風を重くし、
  水をはかりで量られる。
26 神は、雨のためにその降り方を決め、
  いなびかりのために道を決められた。
27 そのとき、神は知恵を見て、これを見積もり、
  これを定めて、調べ上げられた。
28 こうして、神は人に仰せられた。
  「見よ。主を恐れること、これが知恵である。

28:28 主を恐れること、これが知恵である　神を恐れ敬うこと（神の偉大な力と純粋さと正しい判断を認

悪から離れることは悟りである。」

29

1 ヨブはまた、自分の格言を取り上げて言った。

2 ああ、できれば、私は、
昔の月日のようであったらよいのに。
神が私を守ってくださった
日々のようであったらよいのに。

3 あのとき、神のともしびが私の頭を照らし、
その光によって私はやみを歩いた。

4 私がまだ壮年であったころ、
神は天幕の私に語りかけてくださった。

5 全能者がまだ私とともにおられたとき、
私の子どもたちは、私の回りにいた。

6 あのとき、私の足跡は乳で洗われ、
岩は私に油の流れを注ぎ出してくれたのに。

7 私は町の門に出て行き、
私のすわる所を広場に設けた。

8 若者たちは私を見て身をひき、
年老いた者も起き上がって立った。

9 つかさたちは黙ってしまい、
手を口に当てていた。

10 首長たちの声もひそまり、
その舌は上あごについた。

11 私について聞いた耳は、私を賞賛し、
私を見た目は、それをあかしした。

12 それは私が、
助けを叫び求める貧しい者を助け出し、
身寄りのないみなしごを助け出したからだ。

13 死にかかっている者の祝福が私に届き、
やもめの心を私は喜ばせた。

14 私は義をまとい、
義は私をおおった。
私の公義は上着であり、かぶり物であった。

15 私は目の見えない者の目となり、
足のなえた者の足となった。

16 私は貧しい者の父であり、
見知らぬ者の訴訟を調べてやった。

17 私はまた、不正をする者のあごを砕き、
その歯の間から獲物を引き抜いた。

18 そこで私は考えた。
私は私の巣とともに息絶えるが、
*不死鳥のように、私は日をふやそう。

19 私の根は水に向かって根を張り、
夜露が私の枝に宿ろう。

20 私の栄光は私とともに新しくなり、
私の弓は私の手で次々に矢を放つ。

21 人々は、私に聞き入って待ち、
私の意見にも黙っていた。

22 私が言ったあとでも言い返さず、
私の話は彼らの上に降り注いだ。

23 彼らは雨を待つように私を待ち、
後の雨を待つように
彼らは口を大きくあけて待った。

24 私が彼らにほほえみかけても、

---

1 ①ヨブ27:1
3 ①詩18:28
4 ①詩25:14, 箴3:32
5 →ヨブ5:17
②詩127:3-5, 128:3
6 ①申32:14
②申32:13, 詩81:16
③申33:24
7 *ヨブ5:4, 31:21
8 ①レビ19:32
9 *直訳「ことばを閉じ込め」
①ヨブ21:5
10 ①詩22:15, 137:6
11 ①ヨブ29:11-17, ヨブ31:16-22, 22:6-9
①ヨブ4:3, 4
12 ①ヨブ29:16, 30:25, 31:19, 20, 詩72:12, 箴24:11

14 ①ヨブ9:21
②ヨブ27:6, 申24:13, 詩132:9, イザ61:10, エペ6:14
16 ①ヨブ29:12
②箴29:7
17 ①詩3:7, 58:6
②箴30:14
18 *別訳「砂」
19 ①ヨブ18:16
②詩1:3, エレ17:8
③ホセ14:5
20 ①創49:24, ヨブ18:34
21 ①ヨブ29:9, 10
23 ①ゼカ10:1
*あるいは「春の雨」
②詩81:10

めること)はキリスト者が神との関係を保つ上で重要である(詩61:5, 箴1:7)。

(1) 神を恐れるなら聖い神に逆らわないよう注意深くなる。さらに賢明な判断ができるようになり、試練と誘惑に耐えられる神との強い関係を築くことができる。

(2) 神を敬う心とことばに基づく知恵があるなら悪を避け、聖霊の力と励ましを受けることができる(→使9:31注)。

(3) 一方で神を恐れながら、もう一方で自分自身の道を主張して神を拒み続けることはできない。神の最高の権威と力を認め、神が悪に反対しておられることを知っている人々は、罪を拒み、神に喜ばれないものから遠ざかるようにあらゆる努力をする(詩4:4, 箴3:7, 8:13, 16:6, イザ1:16)。本当に「主を恐れ」る人は神のことばの中に人生のいかりを下ろす(詩112:1, 119:63, 箴14:2, 16, Ⅱコリ7:1, エペ5:21, Ⅰペテ1:17, →「**神への恐れ**」の項 p.316)。

29:2 神が私を守ってくださった日々 ヨブは以前に体験した神との親しい関係を望み続けていた(→23:3注)。そして、(1) 神の特別の配慮と守り(⇒民6:24-26, 詩91:11, 121:7-8) (2) 暗く困難な情況の中で道を示す神の光(29:3)、(3) 神との親しい交わりと神の愛(29:4-5, ⇒箴3:32)、(4) 正しいことを行うように助けてくれる神の力(29:12-17)、(5) ほかの人々と分ち合える神の知恵(29:21-25)などを望んだ。ヨブが望んだこれらのことはみなイエス・キリストを自分の罪を赦す方、生涯の導き手として受入れた人々にも提供されている(→ヨハ15:15, ロマ8:1, 31, 33, Ⅱテサ3:3, Ⅰペテ3:13)。

彼らはそれを信じることができなかった。
私の顔の光はかげらなかった。
25 私は彼らの道を選んでやり、
首長として座に着いた。
また、王として軍勢とともに住まい、
しかも、嘆く者を慰める者のようであった。

30

1 しかし今は、私よりも若い者たちが、
私をあざ笑う。
彼らの父は、私が軽く見て、
私の群れの番犬とともにいさせたものだ。
2 彼らの手の力も私に何の役に立とうか。
彼らから気力が消えうせた。
3 彼らは欠乏とききんでやつれ、
荒れ果てた廃墟の暗やみで砂漠をかじる。
4 彼らはやぶの中のおかひじきを摘み、
えにしだの根を彼らの食物とする。
5 彼らは世間から追い出され、
人々は盗人を追うように、彼らに大声で叫ぶ。
6 彼らは谷の斜面や、
土や岩の穴に住み、
7 やぶの中でつぶやき、
いらくさの下に群がる。
8 彼らはしれ者の子たち、つまらぬ者の子たち、
国からむちでたたき出された者たちだ。
9 それなのに、今や、
私は彼らのあざけりの歌となり、
その笑いぐさとなっている。
10 彼らは私を忌みきらって、
私から遠ざかり、
私の顔に惜しげ容赦もなくつばきを吐く。

24 ①箴16:15
25 ①ヨブ1:3
 ②ヨブ4:3,4, 創37:35, ヨハ11:19

1 ①ヨブ12:4, 詩35:16
2 ①申34:7
4 ①ヨブ30:7
7 ①ヨブ30:4
8 ①箴24:31, ゼパ2:9
9 ①詩69:12, 哀3:63
 ②ヨブ12:4, 17:6, 詩69:11, 哀3:14
10 ①ヨブ17:6, 民12:14, 申25:9, イザ50:6, マタ26:67, 27:30

11 ①ヨブ12:18
 ②詩88:7, ルツ1:20, 21
 ③詩32:9
12 ①詩35:15
 ②詩109:6, ゼカ3:1
 ③詩140:4, 5
 ④ヨブ19:12
13 ①イザ3:12
 *「助け手」の読み替え
15 ①ヨブ3:25, 詩55:4, 5
 ②ヨブ7:9, ホセ13:3
16 ①詩22:14
17 ①ヨブ30:30
18 ①ヨブ2:7
19 ①詩69:2, 14
 ②ヨブ42:6, 創18:27
20 ①ヨブ19:7
21 ①ヨブ10:3, 16:9, 14, 19:6
22 →ヨブ6:13

かける。
11 神が私の綱を解いて、
私を悩まされたので、
彼らも手綱を私の前に投げ捨てた。
12 この悪童どもは、私の右手に立ち、
私の足をもつれさせ、
私に向かって滅びの道を築いた。
13 彼らは私の通り道をこわし、
私の滅びを推し進める。
だれも彼らを押し止める者はいない。
14 彼らは、広い破れ口から入って来るように、
あらしの中を押し寄せて来る。
15 恐怖が私にふりかかり、
私の威厳を、あの風のように追い立てる。
私の繁栄は雨雲のように過ぎ去った。
16 今、私は心を自分に注ぐ。
悩みの日に私は捕らえられた。
17 夜は私の骨を私からえぐりとり、
私をむしばむものは、休まない。
18 それは大きな力で、私の着物に姿を変え、
まるで長服のように
私に巻きついている。
19 神は私を泥の中に投げ込み、
私はちりや灰のようになった。
20 私はあなたに向かって叫びますが、
あなたはお答えになりません。
私が立っていても、
あなたは私に目を留めてくださいません。
21 あなたは、私にとって、残酷な方に変わられ、
御手の力で、私を攻めたてられます。
22 あなたは私を吹き上げて風に乗せ、
すぐれた知性で、私をきりもみにされ

30:20 私はあなたに向かって叫びますが、あなたはお答えになりません 助けを求めて叫んだけれども神が応えてくださらないように思える体験を神の民はだれでも持っている(マタ27:46)。(1) このようなときにあきらめないなら、信仰が試され強められる(→マタ15:21-28, ルカ18:1-7, Ⅰペテ1:7)。(2) ヨブへの(歴史上の忠実な信仰者を含めて)神の接し方を見るとき、神に従う人々を神は決して見捨てることなく(ヘブ13:5)、心からの祈りを聞いてくださることがわかる(⇒ヘブ10:32-39)。

23 ます。
私は知っています、
あなたは私を死に帰らせ、
すべての生き物の集まる家に帰らせる
ことを。

24 それでも、廃墟の中で
人は手を差し伸べないだろうか。
その衰えているとき、
助けを叫ばないだろうか。

25 私は不運な人のために
泣かなかっただろうか。
私のたましいは貧しい者のために
悲しまなかっただろうか。

26 ①私が善を望んだのに、悪が来、
光を待ち望んだのに、暗やみが来た。

27 私のはらわたは、休みなく煮えたぎる。
悩みの日が私に立ち向かっている。

28 私は、日にも当たらず、
①泣き悲しんで歩き回り、
②つどいの中に立って助けを叫び求める。

29 私はジャッカルの兄弟となり、
だちょうの仲間となった。

---

23 ①ヨブ9:22, 10:8, ヘブ9:27
②ヨブ3:19, 17:13, 伝12:5
24 ①ヨブ19:7
25 ①詩35:13, 14, ロマ12:15
②ヨブ29:12
26 ①エレ8:15, ヨブ3:25
②ヨブ19:8
27 ①哀2:11
28 ①詩38:6, 42:9, 43:2
②ヨブ30:24
29 ①詩44:19, ミカ1:8

30 ①哀3:4, 4:8, 5:10
②ヨブ2:7
詩102:3
31 ①詩137:2, イザ24:8

1 ①出20:14, 17, 申5:18, 21, マタ5:27, 28
2 ①ヨブ20:29
②→ヨブ31:17
③→ヨブ20:29
3 ①ヨブ18:12, 21:30
②ヨブ34:22
4 ①詩139:2
②ヨブ24:23, 34:21, 36:7, 箴15:3, エレ32:19
③ヨブ31:24,
Ⅱ歴16:9, 箴15:3
④ヨブ14:16, 31:37
5 ①ミカ2:11
6 ①ヨブ6:2, 3, 箴11:1
②ヨブ9:21, 23:10

---

30 私の皮膚は黒ずんではげ落ち、
骨は熱で焼けている。

31 私の立琴は喪のためとなり、
私の笛は泣き悲しむ声となった。

31

1 私は自分の目と契約を結んだ。
どうしておとめに目を留めよう。

2 神が上から分けてくださる分け前は何か。
②全能者が高い所から下さる相続財産は何か。

3 ①不正をする者にはわざわいが、
②不法を行う者には
災難が来るのではないか。

4 ①神は私の道を見られないのだろうか。
私の歩みをことごとく
数えられないのだろうか。

5 もし私がうそとともに歩み、
この足が欺きに急いだのなら、

6 ①正しいはかりで私を量るがよい。
そうすれば神に私の②潔白がわかるだろう。

31:1-34 私は自分の目と契約を結んだ この部分でヨブは自分の霊的潔白さと、神と神のご計画に対する自分の献身、人々への神の慈しみと清さを再び確認している。

(1) 神のみわざはヨブの生活のあらゆる分野に及んでいる。みだらな欲望や不潔な考え(31:1-4)、うそやごまかし(31:5-8)、結婚生活での不貞(31:9-12)などの領域では、心と思いの中でも自分は無罪であると言っている。ヨブは労働者を公平に扱い(31:13-15)、貧しい人や困っている人々を助けるためにできるだけのことをした(31:16-23)と認めている。ほかの人々の所有物をうらやむこともしなかった(31:24-25)。ほかの神々を拝むことも、神より何かを優先することもなかった(31:26-28)。仕返しをしたり(31:29-32)、偉ぶることもなかった(31:33-34)。

(2) ここで言われている道徳的品性と心の純粋さはキリスト者も見習うべき優れた模範である。新しい契約(神の御子イエス・キリストのいのちと犠牲を通して人々に霊的な救いを与え、神との関係の回復を図る神の計画)ができる前の時代にヨブが行っていた神を敬う生活は、今日キリストに従う人ならだれでもさらに深く体験することができる。それはキリストが死と復活を通して救いと霊感と力を与えてくださったからであり、聖霊の臨在が内にあるからである(ロマ8:1-17, ガラ2:20)。

(3) ヨブのように個人的な清さを保つ「誓約」をするためには、慎重な決断と誘惑を退ける積極的で絶え間ない努力が必要である。さらに神に喜ばれないような思いや行動につながる情況を避けるようにしなければ、このような契約を守り切ることはできない(Ⅱテモ2:22, →31:1注)。

31:1 どうしておとめに目を留めよう ヨブは内面の清さを守る誓いを立てていたけれども、これは後にキリストが山上の説教で詳しく話されたことである(マタ5:28)。内面の鍛錬によって、ヨブはみだらな欲望を引起こすようなかたちで若い女性を見ることを避けていた(⇒創3:6, 民15:39)。情欲の道を選ぶことは神の名前を汚し、神やほかの人々との関係があいまいになることをヨブは知っていた(31:2-4)。この原則は個人的な接触についても、テレビや映画、ゲームやインターネット、雑誌その他のメディアに見られる魅惑的な画像についても当てはまる。欲情をかき立てるような画像にキリスト者は意識的に近付くべきではない。不健康で失礼な会話や、みことばに従わず神の栄光を現さないような見苦しい行いを避けるべきである(→エペ5:3-6, コロ3:3, Ⅱテモ2:22, Ⅰヨハ2:

ヨブ記 31章

7 もし、私の歩みが道からそれ、
　私の心が自分の目に従って歩み、
　私の手によごれがついていたなら、
8 私が種を蒔いて他の人が食べるがよい。
　私の作物は根こぎにされるがよい。
9 もしも、私の心が女に惑わされ、
　隣人の門で待ち伏せしたことがあったなら、
10 私の妻が他人のために粉をひいてもよい。
　また、他人が彼女と寝てもよい。
11 これは恥ずべき行い、
　裁判にかけて罰せられる罪だ。
12 実に、それは滅びの淵まで焼き尽くす火だ。
　私の収穫をことごとく根こぎにする。
13 私のしもべや、はしためが、
　私と争ったとき、
　もし、私が彼らの言い分を
　ないがしろにしたことがあるなら、
14 神が立たれるとき、
　私はどうすればよいか。
　また、神がお調べになるとき、
　何と答えたらよいか。
15 私を胎内で造られた方は、
　*彼らをも造られたのではないか。
　私たちを母の胎内に形造られた方は、
　ただ②ひとりではないか。
16 もし、私が寄るべのない者の望みを退け、
　やもめの目を衰え果てさせ、
17 私ひとりだけで食物を食べて、
　みなしごにそれを食べさせなかったのなら、
18 ——私の若いときから、
　彼は私を父のようにして育ち、
　私は、母の胎にいたときから、
　彼女を導いた——
19 もし、私が、

7 ①ヨブ23:11
　②民15:39, 伝11:9,
　エゼ6:9, マタ5:29
8 ①ヨブ20:18,
　申28:30, 33, 38,
　ミカ6:15
　②ヨブ31:12
9 ①ヨブ24:15, 31:1,
　箴7章
10 ①士16:21, イザ47:2
　②申28:30,
　Ⅱサム12:11, エレ8:10
11 ①レビ20:10,
　申22:22-24,
　箴6:32-35, ヨハ8:4, 5
　②ヨブ31:28
12 ①ヨブ26:6
　②箴6:27-29
　③ヨブ31:8
13 ①申24:14
15 ①ヨブ10:3,
　箴14:31, 17:5, 22:2,
　エペ6:9
　*直訳「彼」
　②マラ2:10
16 ①ヨブ31:16-22, ヨブ29:11-17, 22:6-9
　②ヨブ5:16, イザ58:7
　③出22:22-24
17 ①出22:22-24

19 ①ヨブ29:12
20 ①申18:4, 士6:37
22 ①ヨブ38:15
23 ①ヨブ31:3
　②詩88:15
　③ヨブ13:11
24 ①詩49:6, 52:7,
　箴11:28, マタ6:24
25 ①ヨブ1:3, 10,
　詩62:10, 箴11:28,
　Ⅰテモ6:17
26 ①ヨブ31:26, 27,
　申4:19, 11:16, 17:3,
　エレ8:2, エゼ8:16
28 ①ヨブ31:11, ホフ17:2-7
　②ヨシュ24:27, イザ59:13
29 ①箴17:5, 24:17,
　オバ12, マタ5:44
31 ①ヨブ22:7

着る物がなくて死にかかっている者や、
身をおおう物を持っていない
①貧しい者を見たとき、
20 彼の腰が私にあいさつをせず、
　私の子羊の毛で
　それが暖められなかったのなら、
21 あるいは、私を助ける者が
　門のところにいるのを見ながら、
　みなしごに向かって私の手を
　振り上げたことがあるなら、
22 私の肩の骨が肩から落ち、
　私の腕がつけ根から折れてもよい。
23 神からのわざわいは私をおびえさせ、
　その威厳のゆえに、
　私は何もすることができないからだ。
24 もし、私が金をおのれの頼みとし、
　黄金に向かって、
　私の拠り頼むもの、と言ったことがあるなら、
25 あるいは、私の富が多いので喜び、
　私の手が多くの物を得たので、
　喜んだことがあるなら、
26 あるいは、輝く日の光を見、
　照りながら動く月を見て、
27 私の心がひそかに惑わされ、
　手をもって口づけを投げかけたことが
　あるなら、
28 これもまた裁判にかけて罰せられる罪だ。
　私が上なる神を否んだためだ。
29 あるいは、私を憎む者の衰えているのを
　私が見て喜び、
　彼にわざわいが下ったとき、
　喜び勇んだことがあろうか。
30 私は自分の口に罪を犯させなかった。
　のろって彼のいのちを求めようともしなかった。
31 いったい、私の天幕の人々で、
　「だれか、彼の肉に

---

16)。

31:13 私のしもべや、はしため・・・彼らの言い分を 雇い主は雇われている人々にどのように配慮したらよいのか、ヨブは良い模範を示している。公正に親切に平等に扱って働き人の言い分を聞き、その必要に応じて不平に応えていた(⇒レビ25:42-43, 55, 申15:12-15, 16:12)。人々をどのように扱ったかについて神に報告をしなければならない日がいつか来るこ

飽き足りなかった者はいないか」
と言わなかったことがあろうか。
32 異国人は外で夜を過ごさず、
私は戸口を通りに向けてあけている。
33 あるいは、私がアダムのように、
自分のそむきの罪をおおい隠し、
自分の咎を胸の中に秘めたことがあろ
うか。
34 私が群集の騒ぎにおびえ、
一族のさげすみを恐れて黙り、
門を出なかったことがあろうか。
35 だれか私に聞いてくれる者はないもの
か。
見よ。＊私を確認してくださる方、
全能者が私に答えてくださる。
私を訴える者が書いた告訴状があれば、
36 私はそれを肩に負い、
冠のように、それをこの身に結びつけ、
37 私の歩みの数をこの方に告げ、
君主のようにして近づきたい。
38 もし、私の土地が私に向かって叫び、
そのうねが共に泣くことがあるなら、
39 あるいは、私が金を払わないで
その産物を食べ、
その持ち主のいのちを失わせたことが
あるなら、
40 小麦の代わりにいばらが生え、
大麦の代わりに雑草がはびこるように。
ヨブのことばは終わった。

エリフ
32 ¹ この三人の者はヨブに答えるの
をやめた。それはヨブが自分①正
しいと思っていたからである。
² すると、ラム族のブズ人、バラクエルの
子エリフが怒りを燃やした。彼がヨブに向
かって怒りを燃やしたのは、ヨブが神より

32 ①創19:2, 3,
士19:20, 21,
マタ25:35, ロマ12:13,
ヘブ13:2, Ⅰペテ4:9
33 ①創3:8, 10, ホセ6:7
②→ヨブ7:21
③詩32:5, 箴28:13
35 ①創19:7, 30:20, 24,
28
＊直訳「私のしるし」
②→ヨブ5:17
③ヨブ13:22
④ヨブ27:7
⑤エズ4:6
37 ①ヨブ31:4
38 ①創4:10
39 ①レビ19:13, ヤコ5:4
② Ⅰ列21:19
40 ①創3:18, イザ5:6

1 ①ヨブ10:7, 13:18,
31:6, 33:9
2 ①エレ25:23
②ヨブ27:5, 6, 30:21,
34:5, 40:8

3 ①ヨブ11:6, 15:6, 22:5
6 ①ヨブ15:10
7 ①ヨブ32:7-9, ヨブ12:
12, 詩119:100
8 ①→ヨブ5:17
②ヨブ34:3
③ヨブ38:36,
Ⅰ列3:12, 4:29, 箴2:6,
伝2:26, ダニ1:17, 2:21,
ヤコ1:5
9 ①伝4:15

もむしろ自分自身を義としたからである。
³ 彼はまた、その三人の友に向かっても怒
りを燃やした。彼らがヨブを罪ある者とし
ながら、言い返すことができなかったから
である。
⁴ エリフはヨブに語りかけようと待ってい
た。彼らが自分よりも年長だったからである。
⁵ しかし、エリフは三人の者の口に答えが
ないのを見て、怒りを燃やした。
⁶ ブズ人、バラクエルの子エリフは答えて
言った。
私は若く、あなたがたは年寄りだ。
だから、わきに控えて、遠慮し、
あなたがたに私の意見を述べなかった。
⁷ 私は思った。
「日を重ねた者が語り、
年の多い者が知恵を教える」と。
⁸ しかし、人の中には確かに霊がある。
全能者の息が人に悟りを与える。
⁹ 年長者が知恵深いわけではない。
老人が道理をわきまえるわけでもない。
10 だから、私は言う。
「私の言うことを聞いてくれ。
私も、また私の意見を述べよう。」
11 今まで私はあなたがたの言うことに期
待し、
あなたがたの言い分を調べ上げるまで、
あなたがたの意見に耳を傾けていた。
12 私はあなたがたに注意を払っていたの
に、
ヨブに罪を認めさせる者はなく、
あなたがたのうちで
彼のことばに答える者もいない。
13 だが、おそらくあなたがたは言おう。
「私たちは知恵を見いだした。
人ではなく、神が彼を吹き払った」と。
14 彼はまだ私に向かって

とをヨブは知っていた（31:14, →コロ3:25注）。

32:2 エリフ ここで新しい助言者としてエリフが
会話に加わった。ほかの人々よりも若かったのでエリ
フはここまでは聞いているだけだった（32:4）。けれ
どもヨブの苦しみの理由を悟ったので、ヨブが神の前
に正しい態度を保てるように助けることができるとい
う自信があった。エリフの発言はほかの人々とは違っ
て、苦しみは霊的理解を成長させる助けであって

（33:30）、さらに神との深い関係に導く神の方法であ
ると指摘した（36:7-10, →「正しい人の苦しみ」の項
p.825）。けれどもほかの助言者たちと同じようにエ
リフも、ヨブが神に罪を犯したのでこのような情況を
自分から招いていると考えていた。

32:8 人の中には確かに霊がある 神によって霊的
真理を見抜かせていただいたとエリフは主張したけれ
ども（⇒33:4）、神についてのエリフの主張と考え方

ことばを並べたててはいない。
私はあなたがたのような言い方では
彼に答えまい。

15 彼らはあきれて、もう答えない。
彼らの言うことばもなくなった。
16 彼らが語らず、
そのままじっと答えないからといって、
私は待っていなければならないだろうか。
17 私は私で自分の言い分を言い返し、
私の意見を述べてみよう。
18 私にはことばがあふれており、
一つの霊が私を圧迫している。私の腹を。
19 今、私の腹は抜け口のないぶどう酒のようだ。
新しいぶどう酒の皮袋のように、
今にも張り裂けようとしている。
20 私は語って、気分を晴らしたい。
くちびるを開いて答えたい。
21 私はだれをもひいきしない。
どんな人にもへつらわない。
22 へつらうことを知らないから。
そうでなければ、私を造った方は
今すぐ、私を奪い去ろう。

33

1 そこでヨブよ。
どうか、私の言い分を聞いてほしい。
私のすべてのことばに耳を傾けてほしい。
2 さあ、私は口を開き、
私の舌はこの口の中で語ろう。
3 私の言うことは真心からだ。
私のくちびるは、きよく知識を語る。
4 神の霊が私を造り、
全能者の息が私にいのちを与える。
5 あなたにできれば、私に返事をし、
ことばを並べたて、私の前に立ってみよ。
6 実に、神にとって、私はあなたと同様だ。
私もまた粘土で形造られた。
7 見よ。私のおどしも、
あなたをおびえさせない。
私が強く圧しても、あなたには重くない。
8 確かにあなたは、この耳に言った。
私はあなたの話す声を聞いた。
9 「私はきよく、そむきの罪を犯さなかった。
私は純潔で、よこしまなことがない。
10 それなのに、神は私を攻める口実を見つけ、
私を敵のようにみなされる。
11 神は私の足にかせをはめ、
私の歩みをことごとく見張る。」
12 聞け。私はあなたに答える。
このことであなたは正しくない。
神は人よりも偉大だからである。
13 なぜ、あなたは神と言い争うのか。
自分のことばに
神がいちいち答えてくださらないといって。
14 神はある方法で語られ、
また、ほかの方法で語られるが、
人はそれに気づかない。
15 夜の幻と、夢の中で、
または深い眠りが人々を襲うとき、
あるいは寝床の上でまどろむとき、
16 そのとき、神はその人たちの耳を開き、
このような恐ろしいかたちで彼らをおびえさせ、
17 人にその悪いわざを取り除かせ、
人間から高ぶりを離れさせる。
18 神は人のたましいが、
よみの穴に、入らないようにし、
そのいのちが槍で滅びないようにされる。

は正確ではなかった。

33:9 私はきよく、そむきの罪を犯さなかった ほかの友人たちと同じようにエリフもヨブは道徳的に完全だと主張していると誤解していた。けれども自分に罪がないなどとヨブは一度も主張していなかった（→13:26）。ヨブはただ心を尽して神の道に従ってきているので、このような厳しい罰を受けるような罪を犯したことを思い出せないと言っていただけである（27:5-6, 31:1-40）。

19 あるいは、人を床の上で痛みによって
　責め、
　その骨の多くをしびれさせる。
20 彼のいのちは食物をいとい、
　そのたましいはうまい物をいとう。
21 その肉は衰え果てて見えなくなり、
　見えなかった骨があらわになる。
22 そのたましいはよみの穴に近づき、
　そのいのちは殺す者たちに近づく。
23 もし彼のそばに、ひとりの御使い、
　すなわち千人にひとりの代弁者がおり、
　それが人に代わって
　その正しさを告げてくれるなら、
24 神は彼をあわれんで仰せられる。
　「彼を救って、
　よみの穴に下って行かないようにせよ。
　わたしは身代金を得た。」
25 彼の肉は幼子のように、まるまる太り、
　彼は青年のころに返る。
26 彼が神に祈ると、彼は受け入れられる。
　彼は喜びをもって御顔を見、
　神はその人に彼の義を報いてくださる。
27 彼は人々を見つめて言う。
　「私は罪を犯し、正しい事を曲げた。
　しかし、神は私のようではなかった。
28 神は私のたましいを贖ってよみの穴に
　下らせず、
　*私のいのちは光を見る」と。
29 見よ。神はこれらすべてのことを、
　二度も三度も人に行われ、
30 人のたましいをよみの穴から引き戻し、
　いのちの光で照らされる。
31 耳を貸せ。ヨブ。私に聞け。
　黙れ。私が語ろう。
32 もし、言い分があるならば、私に言い
　返せ。
　言ってみよ。
　あなたの正しいことを示してほしいか
　らだ。

19 ①ヨブ30:17
　②申8:5、箴3:12
　①詩38:3
　＊七十人訳による
　〔□「が続いている」
20 ①ヨブ3:24, 6:7,
　詩107:18
21 ①ヨブ16:8
　②ヨブ19:20, 詩22:17
22 ①ヨブ33:18, 詩88:3
　②箴16:14, 出12:23
23 ①イザ43:27
24 ①ヨブ33:18,
　イザ38:17
　②ヨブ36:18, 詩49:7
25 ①Ⅱ列5:14
　①詩103:5
26 ①ヨブ22:27, 34:28
　②ヨブ22:26, 詩51:12
27 *別訳「人々にくり返し
　て言う」、または「人々の
　前に歌って言う」と読み
　替える
　①Ⅱサム12:13,
　ルカ15:21
28 *マソラの読みは「彼の」
　①詩103:4
　②ヨブ33:18
29 ①ヨブ33:14
30 ①詩33:19
　②ヨブ33:18
　①詩56:13, 49:19
31 ①ヨブ33:33

33 ①詩34:11
3 ①ヨブ12:11
4 ①Ⅰテサ5:21
5 ①ヨブ33:9
　②ヨブ27:2
6 ①→ヨブ7:21
　②ヨブ6:4, 9:17,
　エレ15:18, 30:12
7 ①ヨブ15:16
8 ①詩50:18
　②ヨブ22:15
9 ①ヨブ21:15, マラ3:14
10 ①ヨブ8:3
　②ヨブ15:17
11 ①ヨブ34:25
　②詩62:12, 箴24:12,
　エレ17:10, 32:19,
　マタ16:27, ロマ2:6,
　Ⅱコリ5:10,
　Ⅱテモ4:14, 黙22:12
12 ①ヨブ34:10
　②→ヨブ5:17
　①ヨブ8:3
13 ①ヨブ38:4
　②ヨブ37:12, 詩8:3,
　箴8:31、→イザ14:17
14 ①ヨブ12:10, 33:4
15 ①ヨブ9:22,
　創6:3, 7:21

33 そうでなければ私に聞け。
　黙れ。あなたに知恵を教えよう。

34

1 エリフは続けて言った。
2 知恵のある人々よ。私の言い分を聞け。
　知識のある人々よ。私に耳を傾けよ。
3 口が食物の味を知るように、
　耳はことばを聞き分ける。
4 さあ、私たちは一つの定めを選び取り、
　私たちの間で
　何が良いことであるかを見分けよう。
5 ヨブはかつてこう言った。
　「私は正しい。
　神が私の正義を取り去った。
6 私は自分の正義に反して、
　まやかしを言えようか。
　私はそむきの罪を犯していないが、
　私の矢傷は直らない。」
7 ヨブのような人がほかにあろうか。
　彼はあざけりを水のようにのみ、
8 不法を行う者どもとよく交わり、
　悪人たちとともに歩んだ。
9 彼は言った。「神と親しんでも、
　それは人の役に立たない。」
10 だから、あなたがた分別のある人々よ。
　私に聞け。
　神が悪を行うなど、
　全能者が不正をするなど、
　絶対にそういうことはない。
11 神は、人の行いをその身に報い、
　人に、それぞれ自分の道を見つけるよ
　うにされる。
12 神は決して悪を行わない。
　全能者は公義を曲げない。
13 だれが、この地を神にゆだねたのか。
　だれが、全世界を神に任せたのか。
14 もし、神がご自分だけに心を留め、
　その霊と息をご自分に集められたら、
15 すべての肉なるものは共に息絶え、

33：27　しかし、神は私のようではなかった　エリフはヨブの苦しみの理由を誤解していたけれども、そのことばにはある真理があった。エリフが言うように、人間は罪を犯しているから地上の生活では今以上の厳しい罰を受けて当然である。けれども神は懲らしめを与えて人々が滅ぼされないように守っておられるのである（33：29-30）。ところがエリフはこの原則をヨブの情況に当てはめているから、やはり正しいとは言えない。ヨブは罪の結果苦しんでいるのではない。

ヨブ記 34章

　人はちりに帰る。

16 あなたに悟りがあるなら、これを聞け。
　私の話す声に耳を傾けよ。
17 いったい、公義を憎む者が
　治めることができようか。
　正しく力ある方を、
　あなたは罪に定めることができようか。
18 人が王に向かって、「よこしまな者」と言い、
　高貴な人に向かって、「悪者」と言えるだろうか。
19 この方は首長たちを、えこひいきせず、
　貧民よりも上流の人を重んじることはない。
　なぜなら、彼らはみな、
　神の御手のわざだから。
20 彼らはまたたくまに、
　それも真夜中に死に、
　民は震えて過ぎ去る。
　強い者たちも人の手によらないで取り去られる。
21 神の御目が人の道の上にあり、
　その歩みをすべて見ているからだ。
22 不法を行う者どもが身を隠せるような、
　やみもなく、＊暗黒もない。
23 人がさばきのときに神のみもとに出るのに、
　神は人について、
　そのほか何も定めておられないからだ。
24 神は力ある者を取り調べることなく打ち滅ぼし、
　これに代えて他の者を立てられる。
25 神は彼らのしたことを知っておられるので、
　夜、彼らをくつがえされる。
　こうして彼らは砕かれる。
26 神は、人々の見ているところで、
　彼らを、悪者として打たれる。
27 それは、彼らが神にそむいて従わず、

---

15 ②ヨブ10:9
17 ①ヨブ34:10
　　②ヨブ34:30, Ⅱサム23:3
　　③ヨブ40:8
18 ①出22:28
19 ①申10:17, Ⅱ歴19:7, 使10:34, ロマ2:11, ガラ2:6, エペ6:9, コロ3:25, Ⅰペテ1:17
　　②ヨブ10:3
　　③ヨブ31:15
20 ①ヨブ34:25, 36:20, 出12:29, 30
　　②ヨブ12:19
　　③哀4:6, ダニ2:34, 45, 8:25
21 ①ヨブ34:21, 22, ヨブ11:11
　　②ヨブ24:23, Ⅱ歴16:9, 詩33:14, 34:15, 箴5:21, 15:3, エレ16:17, 32:19, ヘブ4:13
　　③ヨブ31:4
　　④詩33:15
22 ①詩139:11, 12, アモ9:2, 3
　　＊あるいは「死の陰」
24 ②ヨブ12:19
　　②ダニ2:21
25 ①ヨブ34:11
　　②ヨブ34:20
26 ①詩9:5
27 ①Ⅰサム15:11

②ヨブ21:14
③詩28:5, イザ5:12
28 ①ヨブ35:9, ヤコ5:4
　　②ヨブ22:27, 出22:23
30 ①ヨブ20:5
　　②ヨブ34:17
31 ①ダニ9:7-14
32 ①ヨブ35:11, 詩25:4, 119:33, イザ2:3
　　②ヨブ33:27
35 ①ヨブ35:16
37 ①→ヨブ7:21

　神のすべての道に心を留めなかったからである。
28 こうして彼らは寄るべのない者の叫びを
　神の耳に入れるようにし、
　神は悩める者の叫びを聞き入れられる。
29 神が黙っておられるとき、
　だれが神をとがめえよう。
　神が御顔を隠されるとき、
　だれが神を認めえよう。
　一つの国民にも、ひとりの人にも同様だ。
30 神を敬わない人間が治めないために、
　民をわなにかける者がいなくなるために。
31 神に向かってだれが言ったのか。
　「私は懲らしめを受けました。
　私はもう罪を犯しません。
32 私の見ないことをあなたが私に教えてください。
　私が不正をしたのでしたら、
　もういたしません」と。
33 あなたが反対するからといって、
　神はあなたの願うとおりに報復なさるだろうか。
　私ではなく、あなたが選ぶがよい。
　あなたの知っていることを言うがよい。
34 分別のある人々や、
　私に聞く、知恵のある人は私に言う。
35 「ヨブは知識がなくて語る。
　彼のことばには思慮がない」と。
36 どうか、ヨブが最後までためされるように。
　彼は不法者のように
　言い返しをするから。
37 彼は、自分の罪にそむきの罪を加え、
　私たちの間で手を打ち鳴らし、
　神に対してことば数を多くする。

34:37 彼は、自分の罪にそむきの罪を加え ヨブの質問と不平(19:6, 27:2)は神への明らかな反抗のしるしであるとエリフは思った。そしてヨブは神を尊ばないで自分を正当化していると感じた。確かにヨブは情況を誤解していたので、神に対して誤った不平をいくつか言ったかもしれない。けれども心は神へさざきついていた(19:25-27, 23:8-12, 27:1-6)。神を弁護することに熱心だったエリフには、ヨブが心の奥にある感情を言い表す必要があることを理解できなかった(⇒詩42:9, 43:2)。

35

1 エリフはさらに続けて言った。
2 あなたはこのことを正義によると思うのか。
「私の義は神からだ」とでも言うのか。
3 あなたは言っている。
「何があなたの役に立つのでしょうか。
私が罪を犯さないと、
どんな利益がありましょうか」と。
4 私はあなたと、
またあなたとともにいるあなたの友人たちに
答えて言おう。
5 天を仰ぎ見よ。
あなたより、はるかに高い雲を見よ。
6 あなたが罪を犯しても、神に対して何ができよう。
あなたのそむきの罪が多くても、
あなたは神に何をなしえようか。
7 あなたが正しくても、
あなたは神に何を与ええようか。
神は、あなたの手から何を受けられるだろうか。
8 あなたの悪は、ただ、あなたのような人間に、
あなたの正しさは、ただ、人の子に、
かかわりを持つだけだ。
9 人々は、多くのしいたげのために泣き叫び、
力ある者の腕のために助けを叫び求める。
10 しかし、だれも問わない。
「私の造り主である神はどこにおられるか。
夜には、ほめ歌を与え、
11 地の獣よりも、むしろ、私たちに教え、
空の鳥よりも、むしろ、私たちに知恵を授けてくださる方は」と。
12 そこでは、彼らが泣き叫んでも答えはない。
悪人がおごり高ぶっているからだ。
13 神は決してむなしい叫びを聞き入れず、
全能者はこれに心を留めない。
14 しかも、あなたは
神を見ることができないと言っている。
訴えは神の前にある。
あなたは神を待て。
15 しかし今、神は怒って罰しないだろうか。
ひどい罪を知らないだろうか。
16 ヨブはいたずらに口を大きく開き、
知識もなく、自分の言い分を述べたてる。

36

1 エリフはさらに続けて言った。
2 しばらく待て。あなたに示そう。
まだ、神のために言い分があるからだ。
3 私は遠くから私の意見を持って来て、
私の造り主に義を返そう。
4 確かに私の言い分は偽りではない。
完全な知識を持つ方が
あなたのそばにいるからだ。
5 見よ。神は強い。
だが、だれをもさげすまない。
その理解の力は強い。
6 神は悪者を生かしてはおかず、

35:6 あなたが罪を犯しても、神に対して何ができよう 神ははるかに高い所におられ、人々から遠く離れておられるから(35:5)、人間が何をしても(良いことも悪いことも)神には全く影響を与えないとエリフは考えていた。確かに人間の行動が神の完全な特性に何かを加えたり取去ったりすることはない。けれどもエリフは神の特性、性質を誤解していた。

(1) 聖書は神は感情を持っておられると啓示している。人が神の愛を拒むなら神は傷つかれる。人が神に背いて自分の道を進むなら、神はその罪を深く悲しまれる(創6:6, 詩78:40, ルカ19:41-44, エペ4:30)。

(2) 反対に神の民が愛と忠誠心をもって心から神に従うとき、神は大変喜ばれる(Ⅱコリ9:7)。神は深い思いをもって神の民を顧み、「ふところに抱」かれる(イザ40:11)。神は乳飲み子を養い育てる母親(イザ49:15)よりもやさしく愛される。尽きることのない神の愛についてイザヤはすばらしいことばを記録している。「彼らが苦しむときには、いつも主も苦しみ、ご自身の使いが彼らを救った。その愛とあわれみによって主は彼らを贖い、昔からずっと、彼らを背負い、抱いて来られた」(イザ63:9, ⇒イザ53：, ヘブ4:14-15)。

ヨブ記 36–37章

しいたげられている者には権利を与えられる。
7 神は、正しい者から目を離さず、
彼らを王たちとともに王座に着け、
永遠に座に着かせて、高められる。
8 もし、彼らが鎖で縛られ、
悩みのなわに捕らえられると、
9 そのとき、神は、彼らのしたことを彼らに告げ、
彼らがおごり高ぶったそむきの罪を告げる。
10 神は彼らの耳を開いて戒め、
悪から立ち返るように命じる。
11 もし彼らが聞き入れて仕えるなら、
彼らはその日々をしあわせのうちに全うし、
その年々を楽しく過ごす。
12 しかし、もし聞き入れなければ、
彼らは槍によって滅び、
知識を持たないで息絶える。
13 心で神を敬わない者は、怒りをたくわえ、
神が彼らを縛るとき、
彼らは助けを求めて叫ばない。
14 彼らのたましいは若くして死に、
そのいのちは＊腐れている。
15 神は悩んでいる者をその悩みの中で助け出し、
そのしいたげの中で彼らの耳を開かれる。
16 まことに、神はあなたを苦しみの中から誘い出し、
束縛のない広い所に導き、
あなたの食卓には、
あぶらぎった食物が備えられる。
17 しかし、あなたには
悪者の受けるさばきが満ちている。
それでさばきと公義があなたをつかまえる。
18 だから、あなたは憤って、
懲らしめに誘い込まれないようにせよ。
身代金が多いといって、
あなたはそれに惑わされないようにせよ。
19 あなたの叫びが並べたてられても、
力の限りが尽くされても、
それが役に立つだろうか。
20 国々の民が取り去られる夜を
あえぎ求めてはならない。
21 悪に向かわないように注意せよ。
あなたは悩みよりも、これを選んだのだから。
22 見よ。神は力にすぐれておられる。
神のような教師が、だれかいようか。
23 だれが、神にその道を指図したのか。
だれが、「あなたは不正をした」と言ったのか。
24 人々がほめ歌った神のみわざを覚えて
賛美せよ。
25 すべての人がこれを見、
人が遠くからこれをながめる。
26 見よ。神はいと高く、
私たちには知ることができない。
その年の数も測り知ることができない。
27 神は水のしずくを引き上げ、
それが神の霧となって雨をしたたらせる。
28 雨雲がこれを降らせ、
人の上に豊かに注ぐ。
29 いったい、だれが雲の広がりと、
その幕屋のとどろきとを悟りえよう。
30 見よ。神はご自分の光をその上にまき散らし、
また、海の底をおおう。
31 神はこれらによって民をさばき、
食物を豊かに与える。
32 神はいなずまを両手に包み、
これに命じて的を打たせる。
33 その雷鳴は、神について告げ、
家畜もまた、その起こることを告げる。

37

1 これによって私の心はおののき、
その所からとびのく。
2 しかと聞け。その御声の荒れ狂うのを。
その御口から出るとどろきを。
3 神はそのいなずまを全天の下、

まっすぐに進ませる。
①それを地の果て果てまでも。

4 そのあとでかみなりが鳴りとどろく。
神はそのいかめしい声で雷鳴をとどろかせ、
その声の聞こえるときも、
＊いなずまを引き止めない。

5 神は、御声で驚くほどに雷鳴をとどろかせ、
私たちの知りえない①大きな②事をされる。

6 神は雲に向かって、地に降れ、と命じ、
②夕立に、激しい大雨に命じる。

7 神はすべての人の手を封じ込める。
神の造った①人間が知るために。

8 獣は巣にもぐり、ほら穴にうずくまる。

9 つむじ風は天の室から吹き、寒さは北から来る。

10 神の息によって氷が張り、広い水が凍りつく。

11 神は濃い雲に水気を負わせ、
②雲が、そのいなずまをまき散らす。

12 これは神の指図によって巡り動り、
①命じられるままに②世界の地の面で事を行う。

13 ①神がこれを起こさせるのは、懲らしめのため、
あるいは、ご自身の地のため、
④あるいは、恵みを施すためである。

14 これに耳を傾けよ。ヨブ。
神の奇しいみわざを、じっと考えよ。

15 あなたは知っているか。
神がどのようにこれらに命じ、
その雲にいなずまをひらめかせるかを。

16 あなたは濃い雲のつり合いを知っているか。
①完全な②知識を持つ方の不思議なみわざを。

17 また、南風で地がもだすとき、
あなたの着物がいかに熱くなるかを。

18 あなたは、鋳た鏡のように堅い大空を
神とともに張り延ばすことができるのか。

19 神に何と言うべきかを私たちに教えよ。
やみのために、
私たちはことばを並べることができない。

20 私が語りたいと、
神にどうして伝えられようか。
人が尋ねるなら、必ず彼は滅ぼされる。

21 今、雨雲の中に輝いている光を
見ることはできない。
しかし、風が吹き去るとこれをきよめる。

22 北から黄金の輝きが現れ、
神の回りには恐るべき①尊厳がある。

23 私たちが見つけることのできない全能者は、
力とさばきにすぐれた方。
④義に富み、苦しめることをしない。

24 だから、人々は神を恐れなければならない。
神は心のこざかしい者を決して顧みない。

3 ①ヨブ28:24, 37:12, 38:13
4 ①ヨブ26:14, 詩18:13, 29:3
　＊「いなずまを」は補足
5 ①ヨブ5:9, 9:10, 37:14, 16, 黙15:3
6 ①ヨブ38:22, 詩147:16
　②ヨブ36:27
7 ①ヨブ12:14
　②詩109:27
8 ①ヨブ104:22
9 ①ヨブ38:40
　②ヨブ27:20
10 ①ヨブ38:29, 30, 詩147:17
11 ①ヨブ36:27-29
　②ヨブ36:29, 37:15
　③ヨブ36:32
12 ①ヨブ36:29, 詩148:8
　②→ヨブ34:13
　③イザ14:21, 27:6
13 ①ヨブ36:31
　②出9:18, 23, Ⅰサム12:18, 19
　＊直訳「むち」
　③ヨブ38:26, 27
　④使14:17
　①詩111:2
15 ①ヨブ36:29, 37:11

16 ①ヨブ36:4
　②ヨブ37:5
18 ①創1:6, 歳8:28
　②ヨブ9:8, 詩104:2, イザ44:24, 45:12, エレ10:12, ゼカ12:1
19 ①ロマ8:26
　②ヨブ32:14, 33:5
22 ＊「輝き」は補足
　①詩104:1
23 ①ヨブ11:7, 8, Ⅰテモ6:16
　②→ヨブ5:17
　③ロマ11:33
　④ヨブ8:3
　⑤イザ63:9, 哀3:33
24 ①マタ10:28
　②ヨブ5:13, マタ11:25, Ⅰコリ1:26

1 ①ヨブ40:6
　②Ⅰ列19:11, エゼ1:4, ナホ1:3
2 ①ヨブ34:35, 35:16
　②ヨブ42:3, Ⅰテモ1:7

主が話される

38 1 ①主はあらしの中からヨブに答えて仰せられた。
2 知識もなく言い分を述べて、
①摂理を②暗くするこの者はだれか。

38:1【主】は・・・ヨブに答えて仰せられた ここで神は議論に介入してヨブに直接話された。神がどのように現れてご自分を啓示されたのか完全にはわからない。けれども間違いなく神の臨在とメッセージがあった。エリフのことば(37:22)によってヨブは嵐の中で神が現れることに対して備えができたと思われる。神はまず、起きていること全体を通して主がどのような役割を果たしているか、ヨブは理解していないことを示された。人間は全能の神についてわずかしか知らないし理解していないことを啓示して、神はヨブを謙虚にされた。けれども神は直接ヨブに神の臨在とあわれみと愛を啓示された。これはまさにヨブが必要としていたことだった。

（1）ヨブの祈りと神に会いたいという最も深刻な願いはついに応えられ(→23:3注, 29:2注)、ヨブと神との間には何も問題がないことが確認された。

（2）神がヨブに応答されたことによって、心を込めて神を呼び続ける人々に神は悲惨な出来事の終りにご自身を啓示されることが示された。たとい祈りが混乱と疑いと不満、あるいは怒りから出たものであって

ヨブ記　38章

3　さあ、あなたは勇士のように腰に帯を
　　締めよ。
　　わたしはあなたに尋ねる。わたしに示せ。
4　わたしが地の基を定めたとき、
　　あなたはどこにいたのか。
　　あなたに悟ることができるなら、告げ
　　てみよ。
5　あなたは知っているか。
　　①だれがその大きさを定め、
　　②だれが測りなわをその上に張ったかを。
6　その台座は何の上にはめ込まれたか。
　　その隅の石はだれが据えたか。
7　そのとき、①明けの星が共に喜び歌い、
　　②神の子たちがみな③喜び叫んだ。
8　①海がふき出て、胎内から流れ出たとき、
　　だれが戸でこれを閉じ込めたか。
9　そのとき、わたしは雲をその着物とし、
　　黒雲をそのむつきとした。
10　わたしは、これをくぎって境を定め、
　　かんぬきと戸を設けて、
11　言った。「ここまでは来てもよい。

3 ①ヨブ40:7
 4 ①創1:1, 詩104:5,
　　箴8:29, エレ10:12
　　②ヨブ15:7
 5 ①箴30:4, イザ40:12
　　①ゼカ1:16
 6 ①ヨブ26:7
　　②詩118:22
 7 ①詩148:2, 3
　　②ヨブ1:6
　　③エズ3:11
 8 ①詩33:7
 9 ①ヨブ26:8
10 ①詩38:10, 11,
　　創1:9, 詩104:9,
　　箴8:29, エレ5:22

12 ①詩74:16
　　②詩57:8
13 ①ヨブ28:24, 37:3
14 *「立つ」の読み替え
15 ①詩18:5, 6,
　　24:13-17
　　②詩10:15, 37:17
16 ①創7:11, 8:2,
　　箴8:24, 28
17 ①詩9:13, イザ38:10
　　②ヨブ10:21, 22, 26:6

　　しかし、これ以上はいけない。
　　あなたの高ぶる波はここでとどまれ」と。
12　あなたが生まれてこのかた、
　　①朝に対して命令を下し、
　　暁に対してその所をさし示し、
13　これに地の果て果てをつかまえさせ、
　　①悪者をそこから振り落とさせたことが
　　あるか。
14　地は刻印を押された粘土のように変わ
　　り、
　　衣服のように*色づけられる。
15　①悪者からはその光が退けられ、
　　②振りかざす腕は折られる。

16　あなたは海の①源まで行ったことがあ
　　るのか。
　　深い淵の奥底を歩き回ったことがある
　　のか。
17　①死の門があなたに現れたことがある
　　か。
　　あなたは死の②陰の門を見たことがある
　　のか。

も、さらに深い関係を心から求める人々に神はご自分
が定められたときに応答してくださる。

　（3）神との関係で最も大切なことは、神がどのよ
うに働かれるかを知的に理解することではない。最も
大切なことは神の臨在の確かさであり、神と良い関係
にあるという確信である。神に頼って従うことによっ
てこの謙虚な確信が与えられ、直面するあらゆる問題
や困難に耐えて克服する力が与えられる。

38:3　あなたは勇士のように腰に帯を締めよ　ヨブ
への神のことば、特に話されなかったことに注目をし
たい。(1) 神は一度もヨブがなぜ苦しんだのかを話
さず、神の正義についてのヨブの論争にも応えられな
かった。ヨブは自分の苦しみが神の名誉と関係してい
ることと、神と人々との関係はどんな困難にも耐える
ほど強く誠実なものになることをサタンに対して証明
するものになるとは考えてもいなかった。また、神の
みわざは罪深い人間の間でも効果があることが示され
た(→1:8注, 1:9注)。またヨブの苦しみの背景につい
て神が黙っておられるのは、ここでの最も重要な問題
はヨブの苦しみではないことを意味している(→「**正
しい人の苦しみ**」の項 p.825)。(2) ヨブが言った不注意
で極端な発言についても神は触れておられない。神は
ヨブの苦しみを理解し同情し、慈愛をもってそのこと
ばと感情を受止められたのである。

38:4　地の基　神の応答は全部天地創造と自然界に
関するものだった。宇宙の神秘と複雑さについて話
し、世界を治める神の方法は人間の理解力をはるかに
超えていることを示された。そして自然界での神の活
動は世界の道徳的、霊的秩序の中での神の支配と似て
いることを神はヨブに理解するように求められた。人
生には人間が完全には理解できないことが多くあるこ
とをヨブは理解しなければならなかった。けれどもつ
いにあらゆる真理が明らかになるときに、神の道と行
動は完全で正しかったとわかるようになることをヨブ
記は明らかにしている。

38:4　あなたに悟ることができるなら、告げてみよ
ヨブが知識がないのに発言したことを神は強く注意さ
れ(38:2)、人間の理屈は永遠で無限の神の知恵には
かなわないことを証明してヨブを謙遜にされた
(⇒40:1-5)。道徳的に完全であるというヨブの主張
を神は否定されなかったけれども、神は世界を正しく
治めていないのではないか(21:, 24:)というヨブの
言い分には反論された。ところがヨブと友人との会話
の中で、神についてヨブが言ったことは正しかったと
言われた(42:7)。ヨブの判断が誤っていたのは正し
く理解していなかったからで、主に対する信仰と愛が
欠けていたからではないと神は考えられた。

18 あなたは地の広さを見きわめたことが
あるのか。
そのすべてを知っているなら、告げて
みよ。
19 光の住む所に至る道はどこか。
やみのあるその場所はどこか。
20 あなたはわたしを
その国まで連れて行くというのか。
また、その家に至る通り道を見分ける
というのか。
21 あなたが知っている……
そのとき、あなたが生まれ、
あなたの日数が多い、といって。
22 あなたは雪の倉に入ったことがあるか。
霰の倉を見たことがあるか。
23 これらは苦難の時のために、
いくさと戦いの日のために、
わたしが押さえているのだ。
24 光が分かれる道はどこか。
東風が地の上で散り広がる道はどこか。
25 だれが、大水のために水路を通し、
いなびかりのために道を開き、
26 人のいない地にも、人間のいない荒野
にも、
雨を降らせ、
27 荒れ果てた廃墟の地を満ち足らせ、
それに若草を生やすのか。
28 雨に父があるか。露のしずくはだれが
生んだか。
29 氷はだれの胎から生まれ出たか。
空の白い霜はだれが生んだか。
30 水は姿を変えて石のようになり、
深い淵の面は凍る。
31 あなたはすばる座の鎖を
結びつけることができるか。
オリオン座の綱を解くことができるか。

18 ①ヨブ28:24
19 ①ヨブ24:13
21 ①ヨブ15:7
22 ①ヨブ37:6
　 ②詩135:7
　 ③出9:18, ヨシ10:11,
　 イザ28:17, 30:30,
　 エゼ13:11, 13, 黙16:21
24 ①ヨブ①ホセ10:12
　 ②ヨブ27:21, 出14:21,
　 イザ27:8
25 ①ヨブ38:25, 26, ヨブ
　 28:26, 詩135:7
26 ①ヨブ36:27, 28
27 ①詩104:13, 14, 107:35
　 ②Ⅱサム23:4, 詩147:8
28 ①ヨブ36:27, 28,
　 エレ14:22
29 ①ヨブ37:10, 詩147:17
　 ②詩147:16
30 ①ヨブ37:10
31 ①アモ5:8,
　 ヨブ38:31, 32, ヨブ9:9
　 *あるいは「プレアデス」

32 *→ヨブ9:9*
33 ①詩148:6,
　 エレ31:35, 36
34 ①ヨブ22:11
35 ①ヨブ36:32, 37:3
36 *詩51:6による
　 △語意不明確
　 ①ヨブ9:4, 詩51:6,
　 伝2:26
　 ②ヨブ32:8
37 ①ヨブ38:34
39 ①詩145:15
　 ②詩104:21
40 ①ヨブ37:8
　 ②詩17:12
41 ①詩147:9, ルカ12:24,
　 マタ6:26
　 ②創1:30

1 ①申14:5, 詩104:18
　 ②詩29:5

32 あなたは十二宮をその時々にしたがって
引き出すことができるか。
*牡牛座をその子の星とともに
導くことができるか。
33 あなたは天の法令を知っているか。
地にその法則を立てることができるか。
34 あなたの声を雲にまであげ、
みなぎる水に
あなたをおおわせることができるか。
35 あなたはいなずまを向こうに行かせ、
「私たちはここです」と
あなたに言わせることができるか。
36 *だれが心のうちに知恵を置いたか。
*だれが心の奥に悟りを与えたか。
37 だれが知恵をもって
雨雲を数えることができるか。
だれが天のかめを傾けることができる
か。
38 ちりが溶け合ってかたまりとなり、
土くれが堅く固まるとき。
39 あなたは雌獅子のために獲物を狩り、
若い獅子の食欲を満たすことができる
か。
40 それらがほら穴に伏し、
茂みの中で待ち伏せしているときに。
41 烏の子が神に向かって鳴き叫び、
食物がなくてさまようとき、
烏にえさを備えるのはだれか。

39

1 あなたは岩間の野やぎが子を産む時を
知っているか。
雌鹿が子を産むのを見守ったことがあ
るか。
2 あなたはこれらがはらんでいる月を
数えることができるか。

39:1 あなたは・・・時を知っているか ヨブが応えられないとわかっている質問を神は次々と投げかけられた。これによって、ヨブが神と議論をしたいと言ったことは愚かだったことが証明された。ヨブはへりくだらされ口をつぐんだ。けれども同時に最も大切なことを再び確信した。それは神がヨブを見捨てておられなかったということである。主はそこにおられて直接話しかけてくださったのである。

39:2 あなたは・・・月を数えることができるか 神がこの世界でどのように働いておられるか理解できない人間の限界を神の助けによって理解できたら、たといヨブの生涯の中で神がどのように働いておられるのか理解できなくても、神の正義とあわれみをヨブはよりよく理解できたはずである。

ヨブ記 39–40章

3 それらが子を産む時を知っているか。
　それらは身をかがめて子を産み落とし、
　その胎児を放り出す。
4 その子らは強くなり、野原で大きくなると、
　出て行って、もとの所には帰らない。
5 だれが野ろばを解き放ったのか。
　だれが野生のろばの綱をほどいたのか。
6 わたしは荒れた地をそれの家とし、
　不毛の地をその住みかとした。
7 それは町の騒ぎをあざ笑い、
　追い立てる者の叫び声を聞かない。
8 山岳地帯はその牧場、
　それは青い物を何でも捜す。
9 野牛は喜んであなたに仕え、
　あなたの飼葉おけのそばで夜を過ごすだろうか。
10 あなたはあぜみぞで
　野牛に手綱をかけることができるか。
　それが、あなたに従って
　谷間を耕すだろうか。
11 その力が強いからといって、
　あなたはそれに拠り頼むだろうか。
　また、あなたの働きをこれに任せるだろうか。
12 あなたはそれがあなたの穀物を持ち帰り、
　あなたの打ち場で、これを集めるとでも
　信じているのか。
13 だちょうの翼は誇らしげにはばたく。
　しかし、それらはこうのとりの羽と
　羽毛であろうか。
14 だちょうは卵を土に置き去りにし、
　これを砂で暖めさせ、
15 足がそれをつぶすことも、
　野の獣がこれを踏みつけることも忘れている。
16 だちょうは自分の子を
　自分のものでないかのように荒く扱い、
　その産みの苦しみが

3 ①Ⅰサム4:19
5 ①ヨブ39:5-8、ヨブ6:5、11:12、24:5、詩104:11、ホセ8:9
6 ①エレ2:24
8 ①イザ32:14
9 ①民23:22、申33:17、詩22:21、29:6、92:10、イザ34:7
13 ①レビ11:16、イザ13:21
16 ①哀4:3

17 むだになることも気にしない。
　①神がこれに知恵を忘れさせ、
　悟りをこれに授けなかったからだ。
18 それが高くとびはねるとき、
　馬とその乗り手をあざ笑う。
19 あなたが①馬に力を与えるのか。
　その首にたてがみをつけるのか。
20 あなたは、これをいなごのように、
　とびはねさせることができるか。
　そのいかめしいいななきは恐ろしい。
21 馬は谷で前掻きをし、力を喜び、
　武器に立ち向かって出て行く。
22 それは恐れをあざ笑って、ひるまず、
　剣の前から退かない。
23 矢筒はその上でうなり、
　槍と投げ槍はきらめく。
24 ①つのぶえ それはいきりたって、地を駆け回り、
　角笛の音を聞いても信じない。
25 角笛が鳴るごとに、ヒヒーンといななき、
　遠くから戦いをかぎつけ、
　隊長の怒号と、ときの声を聞きつける。
26 あなたの悟りによってか。
　たかが舞い上がり、南にその翼を広げるのは。
27 あなたの命令によってか。
　鷲が高く上がり、①す その巣を高い所に作るのは。
28 それは岩に宿って住み、
　近寄りがたい切り立つ岩の上にいる。
29 そこから獲物をうかがい、
　その目は遠くまで見通す。
30 そのひなは血を吸い、
　殺されたものがある所に、それはいる。

17 ①ヨブ35:11
19 ①詩147:10
20 ①ヨエ2:5
　②エレ8:16
21 ①エレ8:6、ゼカ10:3
23 ①詩127:5
24 ①ヨシ6:5、エレ4:19、アモ3:6、エゼ7:14
25 ①アモ1:14、2:2
27 ①エレ49:16、オバ4
29 ①ヨブ9:26
30 ①マタ24:28、ルカ17:37

2 ①→ヨブ5:17
　②ヨブ9:3
　③ヨブ13:3、23:4、31:35

40

1 ①主はさらに、ヨブに答えて仰せられた。
2 非難する者が①全能者と②争おうとするのか。
　神を責める者は、それを言いたててみよ。

40:2 非難する者が全能者と争おうとするのか　神は不正で不合理な方法で世界を治めているという意見

3 ヨブは主に答えて言った。
4 ああ、私はつまらない者です。
　あなたに何と口答えできましょう。
　私はただ手を口に当てるばかりです。
5 一度、私は語りましたが、もう口答え
　しません。
　二度と、私はくり返しません。

6 ①主はあらしの中からヨブに答えて仰せら
　れた。
7 さあ、あなたは勇士のように腰に帯を
　締めよ。
　わたしはあなたに尋ねる。わたしに示
　せ。
8 あなたはわたしのさばきを無効にする
　つもりか。
　自分を義とするために、わたしを罪に
　定めるのか。

9 あなたには神のような①腕があるのか。
　神のような声で雷鳴をとどろき渡らせ
　るのか。
10 さあ、誉れ、気高さで身を装い、
　　尊厳と威光を身につけよ。
11 あなたの①激しい怒りを吐き散らし、
　　すべて②高ぶる者を見て、これを③低くせ
　　よ。
12 すべて高ぶる者を見て、これを押さえ、
　　悪者どもを、その場で踏みにじれ。
13 彼らを共にちりの中に隠し、
　　その顔を隠れた所につなぎとめよ。
14 そうすれば、わたしはあなたをたたえ
　　言おう。
　　あなたの①右の手があなたを救えると。
15 さあ、①河馬を見よ。
　　これはあなたと並べてわたしが造った
　　もの、

4 ①ヨブ42:6
　②ヨブ21:5, 29:9
6 ①ヨブ38:1
7 ①ヨブ38:3
8 ①ヨブ13:18, 27:6,
　32:2
　②ヨブ10:3-7, 16:11,
　19:6, 27:2

9 ①申33:27, 詩89:13
　②ヨブ37:4, 5, 詩29:3
10 ①→詩21:5
11 ①イザ42:25, ナホ1:6, 8
　②イザ2:12, 13:11,
　ダニ4:37
　③Ⅰサム2:7
12 ①イザ63:3
13 ①ヨブ10:9
14 ①詩20:6, 60:5, 108:6
15 ①ヨブ40:19

を説明できるのかと神はヨブに挑戦された。

（１）神が創造されたものがどのように働き、なぜ物事は今のように起きているのか理解できないなら、まして人々の間で神がなさることを、そして神がヨブに苦しみを許された理由についてどのようにしてヨブは神に問うことができるだろうか。

（２）苦しむしもべに神が示されたことは、神は世界を知恵によって創造し、知恵と正義によって治めておられるということだった。神が人間に思うままに生きることを許されたことによってこの世界に多くの問題が起きた。けれども最後には神の道が正しいことが証明される。ヨブは災難に遭ったけれども、それは神から見捨てられたからではなく、愛されていないからでもなかった。

（３）正しい人はたとい苦しんでも神の慈しみを失うことはない。隠されていても知恵に満ちている神の目的が実現するために、正しい人が苦しむことを神はしばしば許される（→「正しい人の苦しみ」の項 p.825,「神のみこころ」の項 p.1207）。困難な情況に直面しても神の愛を信じる信仰を失ってはならない。苦しいときにも神は働いて最も良いことをしてくださる（ロマ8:28注）。

40:3 ヨブは【主】に答えて言った 自分は何年もの間、礼拝と服従をして神に忠実だったのに神の扱いは不当だという主張を続けるかどうかヨブは今、決断を迫られていた。現在の情況に対する答をまだ聞いていないけれどもヨブは神を信じ続けるのだろうか。それ

とも神が自分に敵対しているという思いを持ち続けるのだろうか。

40:4 私はただ手を口に当てるばかりです ヨブは神の新しい啓示に圧倒された。そしてついに、無限で何でも知っておられる神の知恵に比べて人間の知識がどんなに限られたものであるかをよく理解した（⇒Ⅰコリ2:7）。もう何も言えないことにヨブは気が付いた。けれども不当に扱われたという気持を消すことはできなかった（ヨブの最後の応答－42:2-6）。それでもヨブは自分の不思議な苦しみは神にとっては不思議ではないこと、これらのことを通して神はなお信じ頼ることのできる方であると悟ることができた。

40:6 【主】は・・・ヨブに答えて仰せられた ヨブが神の権威と摂理に完全に服従するようになるために神はさらに論じ続けられた。また神はヨブがまだ心に残っている疑いを乗越えて神の愛を完全に知るように助けようとされた。神は間断なくヨブに呼びかけられた。それは神の忍耐と苦しむ人々への配慮を示している。

40:8 わたしを罪に定めるのか 先にヨブは不満な気持と不公平に対する思いを言い表したいと求めたけれども、これは神との争いになりかねないものだった（→19:6）。ここで神はヨブに自分の立場をなお弁護するかどうか、そうするなら明らかに神の知恵と支配と慈しみを否定することになるけれども、それでも主張したいのかと直接尋ねられた。

40:15 河馬 これは実際の生き物か、実在しないものを指しているのかわからない。ヘブル語では「ベ

牛のように草を食らう。
16 見よ。その力は腰にあり、
  その強さは腹の筋にある。
17 尾は杉の木のように垂れ、
  ももの筋はからみ合っている。
18 骨は青銅の管、
  肋骨は鉄の棒のようだ。
19 これは神が造られた第一の獣、
  これを造られた方が、
  ご自分の剣でこれに近づく。
20 山々は、これのために産物をもたらし、
  野の獣もみな、そこで戯れる。
21 彼ははすの下、
  あるいは、葦の茂みや沼に横たわる。
22 はすはその陰で、これをおおい、
  川の柳はこれを囲む。
23 たとい川があふれても、それはあわてない。
  その口にヨルダン川が注ぎ込んでも、動じない。
24 だれがその目をつかんでこれを捕らえようか。
  だれがわなにかけて、
  その鼻を突き通すことができようか。

41

1 あなたは釣り針で
  レビヤタンを釣り上げることができるか。
  輪縄でその舌を押さえつけることができるか。
2 あなたは葦をその鼻に通すことができるか。
  鉤をそのあごに突き通すことができるか。
3 これがあなたに、しきりに哀願し、
  優しいことばで、あなたに語りかけるだろうか。
4 これがあなたと契約を結び、

19 * 「獣」は補足
  ① ヨブ40:15
  20 ① 詩104:26
  21 ① 詩68:30
  22 ① イザ44:4

1 ① ヨブ3:8,
  詩74:14, 104:26,
  イザ27:1
  * あるいは「わに」
  ② Ⅱ列19:28,
  イザ37:29
2 ① エゼ19:4, 9, 29:4
4 ① 出21:6, 申15:17

6 * 「漁師」は補足
  ** あるいは「カナン人」
7 ① ヨブ41:26
  * 直訳「満たす」
10 ① ヨブ3:8
11 ① ヨブ35:7, ロマ11:35
  ② ヨブ9:5-10, 26:6-14,
  出19:5, 申10:14,
  詩24:1, 50:12,
  Ⅰコリ10:26
12 * マソラの読みは「彼に黙っている」
13 * 七十人訳による
  ☒「二重のくつわ」
15 * 「誇り」の読み替え

あなたはこれを捕らえて
いつまでも奴隷とすることができようか。
5 あなたは鳥と戯れるようにこれと戯れ、
  あなたの娘たちのために
  これをつなぐことができるか。
6 *漁師仲間はこれを売りに出し、
  **商人たちの間でこれを分けるだろうか。
7 あなたはもりでその皮を、
  やすでその頭を十分に突くことができようか。
8 その上にあなたの手を置いてみよ。
  その戦いを思い出して、二度と手を出すな。
9 見よ。その望みは裏切られる。
  それを見ただけで投げ倒されるではないか。
10 これを起こすほどの狂った者はいない。
  だから、だれがいったい、
  わたしの前に立つことができよう。
11 だれがわたしにささげたのか、
  わたしが報いなければならないほどに。
  天の下にあるものはみな、わたしのものだ。
12 わたしは彼のおしゃべりと、雄弁と、美辞麗句に
  *黙っていることはできない。
13 だれがその外套をはぎ取ることができるか。
  だれがその胸当ての折り目の間に、入れるか。
14 だれがその顔の戸をあけることができるか。
  その歯の回りは恐ろしい。
15 その背は並んだ盾、
  封印したように堅く閉じている。
16 一つ一つぴったりついて、

ヘーモース」であるけれども、大きな陸上の動物という意味にすぎない。多くの注解者は河馬か象であると考えている。レビヤタン（41:）は海に住む大型の動物で、しばしば巨大なワニかくじらと考えられている。神がこれらのものを例に挙げられたのはヨブが自分では世界の大型の被造物を支配することも制御することもできないのだから、これらの生き物を創造された方に疑問を投げかけたり議論したりする立場にはない（41:10）ことを理解させるためだった。全世界と人間に起こる出来事と、神に従う人々の一生を治める神の統治にヨブは信頼し服従しなければならない。良いときも悪いときも、苦しみのときも祝福のときもヨブは

17 互いにくっつき合い、堅くついて離せない。
18 そのくしゃみはいなずまを放ち、
その目は暁のまぶたのようだ。
19 その口からは、たいまつが燃え出し、
火花を散らす。
20 その鼻からは煙が出て、
煮え立つかまや、燃える葦のようだ。
21 その息は炭火をおこし、その口から炎が出る。
22 その首には力が宿り、その前には恐れが踊る。
23 その肉のひだはくっつき合い、
その身にしっかりついて、動かない。
24 その心臓は石のように堅く、
臼の下石のように堅い。
25 それが起き上がると、力ある者もおじけづき、
ぎょっとしてとまどう。
26 それを剣で襲っても、ききめがなく、
槍も投げ槍も矢じりもきめがない。
27 それは鉄をわらのように、
青銅を腐った木のようにみなす。
28 矢もそれを逃げさせることができず、
石投げの石も、それにはわらのようになる。
29 こん棒もわらのようにみなし、
投げ槍のうなる音をあざ笑う。
30 その下腹は鋭い土器のかけら、
それは打穀機のように泥の上に身を伸

18 ① ヨブ3:9
19 ① 創15:17、ダニ10:6、ナホ2:4、ゼカ12:6
20 ① 詩18:8
21 ① 黙9:17、11:5
26 ① ヨブ41:7
29 ① 箴25:18
30 ① イザ28:27

34 ① ヨブ28:8

2 ① Ⅱ歴20:6、イザ14:27、43:13、ダニ4:35
② 創18:14、エレ32:17、マタ19:26、マコ10:27、14:36、ルカ18:27
3 ① ヨブ38:2
② 詩131:1、139:6
4 ① ヨブ38:3、40:7
5 ① ヨブ26:14
② 士13:22、イザ6:5

ばす。
31 それは深みをかまのように沸き立たせ、
海を香油をかき混ぜるなべのようにする。
32 その通ったあとは輝き、
深い淵は白髪のように思われる。
33 地の上には、これと似たものはなく、
恐れを知らないものとして造られた。
34 それは、すべて高いものを見おろし、
それは、すべての誇り高い獣の王である。

ヨブ 42

1 ヨブは主に答えて言った。
2 あなたには、すべてができること、
あなたは、どんな計画も成し遂げられることを、
私は知りました。
3 知識もなくて、摂理をおおい隠す者は、だれか。
まことに、私は、
自分で悟りえないことを告げました。
自分でも知りえない不思議を。
4 さあ聞け。わたしが語る。
わたしがあなたに尋ねる。わたしに示せ。
5 私はあなたのうわさを耳で聞いていました。
しかし、今、この目であなたを見ました。
6 それで私は自分をさげすみ、

神に頼り続けなければならない。

42:1 ヨブは【主】に答えて言った 最終的にヨブは完全にへりくだり、神に服従して応えた。ヨブは、(1) 神はあらゆることを完全に行われ、(2) 神が許される出来事はみな神の知恵と目的にかなうものであり、(3) 神を敬う人々の苦しみにも意味と目的があると告白した。

42:3 自分で悟りえないことを告げました 神の方法は人間の理解を超えていて、「神の道は正しくない」と言ったのは自分が無知だったからだとヨブは認めた。
(1) ヨブは苦しみと祈りの中で神に反抗はしなかった(1:22, 2:10)。けれども神に対する誤解と不平は大きくなって愚かな自尊心になり、神は必ずしも完全に善ではないと思うまでになっていた。けれども

神がご自分を啓示され話しかけられたあと(⇒42:5)、ヨブの考え方は完全に変えられた。
(2) ヨブは間違いを認めて、何が起きても神に服従し仕える用意ができた。健康であってもなくても、また個人的利益に関係なく、ヨブは神を愛しあがめ続けるつもりになった(42:6, 13:15)。
(3) 苦しみはまだ続いていて、その理由もわかっていなかったけれども、信仰と希望と愛によって神に献身することを通してヨブはサタンが間違っている(1:9-11)ことを証明した。そして神の力は人々をいつまでも続く神との本当の関係に回復することを示すすぐれた模範例になったのである(→1:8注, 9注)。

42:5 今、この目であなたを見ました 前にヨブは贖い主を見たいと祈ったけれども(19:27)、今その強

ヨブ記 42章　　877

ちりと灰の中で悔いています。

7①ヨブ32:3

エピローグ
7 さて、主がこれらのことばをヨブに語られて後、主はテマン人エリファズに仰せられた。「わたしの怒りはあなたとあなたのふたりの友に向かって燃える。それは、あなたがたがわたしについて真実を語らず、わたしのしもべヨブのようではなかったからだ。

8①民23:1, Ⅰ歴15:26
②→ヨブ1:5
③ヤコ5:15, 16,
　Ⅰヨハ5:16

8 今、あなたがたは雄牛七頭、雄羊七頭を取って、わたしのしもべヨブのところに行き、あなたがたのために全焼のいけにえをささげよ。わたしのしもべヨブはあなたがたのために祈ろう。わたしは彼を受け入れるので、わたしはあなたがたの恥辱となることはしない。あなたがたはわたしについて真実を語らず、わたしのしもべヨブのようではなかったが。」
9 テマン人エリファズと、シュアハ人ビ

い願いは満たされた。神のことばと臨在はヨブに慰めを与え、神の特性と目的をはっきり理解できるようになった。この一連の体験によってヨブは全く造り変えられ、神の赦しについて新しく悟り、神の慈しみについて改めて確信し、無条件の神の愛を再確認することができた。(1) 神がヨブに現れたことによってヨブの誠実さが確認された。そして忠実な信仰者たちが説明できないような苦しみと困難を体験するときに投げかける、心からの問いを主が受入れてくださることが保証された。(2) 神は人々に対して忍耐強く、その弱さ、誤解、怒りにも同情してくださる(ヘブ4:15)。ヨブのように忠実であるなら、神はやがてすばらしい方法でご自分の臨在と配慮を現してくださる。

42:6　ちりと灰の中で悔いています　神の啓示(何かを明らかにする行為)に応えて、ヨブははっきりとへりくだった。この場合の「悔いる」ということばは考え方を変えて、以前の考え方や行動を本当に後悔していることを表すことである。ヨブは自分自身も自分の道徳性も聖い神(⇒イザ6:)の前では「ちりと灰」に過ぎないと考えた。ヨブは自分は正しい、そして道徳的にも潔白な生活をしていると主張したことを撤回しなかった(それらは真実だった)。けれども神を告発し不平を言ったことは不適切だったと認め、それを悔い改めた(⇒創18:27)。

42:7　【主】が・・・語られて後　ヨブ記はなぜ正しい人が苦しむのかという問いに答えていない。本当の答は知性や神学的議論では得られない。それは神と忠実な苦しむ人との個人的な対話によってだけ得られる。(1) 人々の生涯の最高の目的を成就するために必要な慰めと確信は、愛の神が個人的に臨在を現してくださることによってのみ与えられる。キリストを受入れて従う人に、神は助け手、助言者として聖霊を送ってくださる(→ヨハ14:16注)。(2) 聖霊による神の臨在は苦しみのとき祝福のときに関係なく神の愛を確信するように教え、感動を与えてくださる。聖霊はキリストが臨在されることを保証し、人々のための神

の愛と犠牲を思い起こさせてくださる。そのようにして私たちは神がいつも味方であり、私たちに最も良いことを願っておられると確信することができる(→ロマ8:28注、「**正しい人の苦しみ**」の項p.825)。

42:7　あなたがたがわたしについて真実を語らず　主はヨブの三人の友人が神について不信仰で間違った考え方を示し、ヨブに対して間違った非難をしたことに対して厳しく責められた。三人の間違いは次の三つだった。

(1) 繁栄と苦しみの関係についての極端な考え方に固執した。正しい人がいつも祝福を受けるわけではなく、よこしまな人がいつも苦しみを受けるわけではない(→ヨハ9:3注)。この点で三人は間違っていた。

(2) 苦しみから解放されて神の祝福を再び受けることができるように、ヨブが実際には犯していない罪を認めるように強く迫った。三人は気付かないまま、実際には個人的利益のために神を利用するようにヨブを誘惑していたのである。もしその忠告に従っていたらヨブは、(a) 自分に対する神の信用を傷つけ、(b) 自分の利益のためだけに神に仕えているというサタンの主張を証明することになった。

(3) 考えは間違っていたのに自分たちは神に代って話していると主張した三人はごう慢だった。

42:7　わたしのしもべヨブのようではなかった　ヨブが言ったことは正しかったと神は宣言された。これはヨブが言ったことは全部完全に正確で適切だったということではなく、三人の友人に対する応えは完全に正直で、その態度は神に喜ばれるものだったという意味である。もし心が神にささげられているなら、祈りの中で時には間違った理論を進め、神の方法について問いかけても神は許してくださる。

42:8　わたしのしもべヨブ　神はヨブを「わたしのしもべ」と呼んで(42:7-8)、その祈りは受入れられたと2回も言われた(42:8-9)。謙遜で献身をしていたので神はヨブに特別の好意と霊的権威を与え栄誉を与えられた。ヨブが神との正しい関係を持っていたので神

ルダデと、ナアマ人ツォファルが行って、主が彼らに命じたようにすると、主はヨブの祈りを受け入れられた。
10 ヨブがその友人たちのために祈ったとき、主はヨブの繁栄を元どおりにされた。主はヨブの所有物もすべて二倍に増された。
11 こうして彼のすべての兄弟、すべての姉妹、それに以前のすべての知人は、彼のところに来て、彼の家で彼とともに食事をした。そして彼をいたわり、主が彼の上にもたらしたすべてのわざわいについて、彼を慰めた。彼らはめいめい一ケシタと金の輪一つずつを彼に与えた。
12 主はヨブの前の半生よりあとの半生をもっと祝福された。それで彼は羊一万四千頭、らくだ六千頭、牛一千くびき、雌ろば一千頭を持つことになった。
13 また、息子七人、娘三人を持った。
14 彼はその第一の娘をエミマ、第二の娘をケツィア、第三の娘をケレン・ハプクと名づけた。
15 ヨブの娘たちほど美しい女はこの国のどこにもいなかった。彼らの父は、彼女たちにも、その兄弟たちの間に相続地を与えた。
16 この後ヨブは百四十年生き、自分の子と、その子の子たちを四代目まで見た。
17 こうしてヨブは老年を迎え、長寿を全うして死んだ。

9 *直訳「顔を上げられた」
10 ①ヨブ1:3 ②イザ61:7
11 ①ヨブ19:13 ②ヨブ2:11 ③創33:19 ④創24:22
12 ①ヨブ1:10, ヤコ5:11
②ヨブ1:3
13 ①ヨブ1:2
15 ①→ヨブ20:29
16 ①歳3:16 ②創50:23
17 ①ヨブ5:26 ②創15:15, 25:8, 35:29

は三人の友人のためにヨブが祈ることを受入れてくださった（42:8-9）。祈りと祈りがほかの人々の生活に影響を及ぼす効力について →「**効果的な祈り**」の項 p.585

42:10　ヨブの所有物もすべて二倍に増された　ヨブの祝福が回復されたことは神を信じる人々に対する神の目的（物質的な富や利益ではなく、ヨブの霊性を通して神が成し遂げられること）を明らかにしている。(1) この辛い体験を通してヨブは以前にも増して神との親しい関係を持つことができた。理由のわからない苦しみによってヨブはさらに深く神を信頼することを学んだのである。生きている間に理解することはないかもしれないけれども、神は霊的な目的なしに神の民を苦しめることはなさらない。私たちはどのような状況でも神は完全に正義であり、人々と神の国のために永遠に最も良いことをされることを知って、神に頼らなければならない。(2) ヨブが神との関係を回復して祝福を受続けたことによって、どれほどの困難や苦しみを体験しても信仰を守り通した人々を神はご自分が定められたときに救い、回復してくださることを私たちは知ることができる。「あなたがたは、ヨブの忍耐のことを聞いています。また、主が彼になさったことの結末を見たのです。主は慈愛に富み、あわれみに満ちておられる方だということです」（ヤコ5:11）。(3) 地上の生涯の中でたとい試練と苦しみを受けても神に忠実だった人はみな、最後には永遠に神とともに過す祝福と喜びを体験することになる（→Ⅱテモ4:7-8, Ⅰペテ5:10, 黙21：, 22:1-5）。苦しみとの関係でキリストに従う人々が持つ問い、原因、理由、成長の機会、最終的な勝利について →「**正しい人の苦しみ**」の項 p.825

詩篇

概　要
- I．第一巻：詩篇1:-41:（41:13）
- II．第二巻：詩篇42:-72:（72:19）
- III．第三巻：詩篇73:-89:（89:52）
- IV．第四巻：詩篇90:-106:（106:48）
- V．第五巻：詩篇107:-150:（150:1-6）

上に示した概要についてはさらに次のように言うことができる。
（1）150ある詩篇は昔から5巻にまとめられていて、それぞれに祝禱、または祝福で終っている。詩篇150篇は最後にある詩篇で第五巻を閉じる祝禱であるだけではなく、礼拝の祈りまたは神をたたえる賛美としての頌栄でもある。これによって詩篇全体（全5巻）が終っている。
（2）下の表はそれぞれの巻の特徴を示すものである。

	第一巻 1:-41:	第二巻 42:-72:	第三巻 73:-89:	第四巻 90:-106:	第五巻 107:-150:
総　　数	41	31	17	17	44
著　　者	主にダビデ	主にダビデと コラの子たち	主にアサフ	主に不明	主にダビデ、 または不明
主な神の名前	ヤハウェ（「主」）	エル／エロー ヒーム（「神」）	エル／エロー ヒーム（「神」）	ヤハウェ（「主」）	ヤハウェ（「主」）
内容の中心主題	人類と創造	救出と贖い	礼拝と聖所	荒野と神の道	神のことばと 賛美
モーセ五書との類似	創世記	出エジプト記	レビ記	民数記	申命記

著　者：ダビデ、その他

主　題：祈りと賛美

著作の年代：大部分は紀元前10－5世紀

著作の背景
　ヘブル語での詩篇の表題は「賛美」を意味する「テヒリーム」である。七十人訳聖書（ヘブル語旧約聖書のギリシャ語訳で前200年頃に完成）では「弦楽器を伴う歌」を意味する「プサルモイ」（英語の聖書のサームズPsalmsはそこから来ている）である。
　昔のイスラエルの礼拝で音楽は重要な役割を果していた（⇒149:-150:，I歴15:16-21）。詩篇はイスラエルの賛美歌であり礼拝の歌だった。大抵の詩や歌は韻と韻の基本的な形式を使って書かれるけれども、旧約聖書の詩と歌は並行的な思考の形式に従っていた。これは詩の2行目（それ以降）では普通次のようになっている。（1）1行目のことばやその考えを別のことばで言い換える（同義的並行法）、（2）1行目のことばやその考えとは反対か別の側面を言って対比する（反語的並行法）、（3）1行目のことばやその考えを完成し拡大し、さらに定義する（統合的並行法）。この三種類の並行法全部が詩篇全体を通して使われている。最も古い詩篇は前15世紀のモーセによるもの（90:）で、最も後代のものは前6－5世紀のものである（137:）。けれどもほとんどの詩篇はイスラエルの詩歌の「黄金時代」（最良のものが最も多く生み出された時期）である前10世紀に書かれている。

編集者の表題または短いメモ（詩篇についての短い情報）がほとんどの詩篇の本文の前につけられている。それは神の霊感を受けた原本に含まれた部分ではない。けれども重要であって、ギリシヤ語に翻訳されるはるか前から本文につけられていた。その表題には次のようなものが書かれている。（1）作者の名前（47：,「コラの子たち」）、（2）詩篇の型（32：,「マスキール」これは示唆に富んだ教訓的な詩篇につけられた文学または音楽用語と思われる）、（3）音楽用語（4：,「指揮者のために。弦楽器に合わせて」）、（4）特別な礼拝のための式文の注意や儀式のためのメモ（45：,「愛の歌」）、（5）簡単な歴史メモ（3：,「ダビデがその子アブシャロムからのがれたときの賛歌」）。

詩篇の作者については、編集者の表題によるとダビデのものが73で、アサフ（音楽と預言の賜物を持っていたレビ人で礼拝の指導者　→Ⅰ歴15：16-19, Ⅱ歴29：30）によるものが12、コラの子たち（音楽の賜物を持っていた家族）によるものが11、ソロモンによるものが2、ヘマンによるものが1、エタンによるものが1、モーセによるものが1である。モーセ、ダビデ、ソロモンを除いて、名前が挙げられているほかの作者はみな祭司かレビ人（イスラエルのレビ族出身の奉仕者や礼拝の指導者）だった。この音楽の賜物を持った人々はダビデの統治時代に神聖な礼拝の儀式でその賜物を用いた。50の詩篇は作者不明（著者がわからない）である。聖書と歴史の記録によるとダビデ（⇒Ⅰ歴15：16-21）、ヒゼキヤ（⇒Ⅱ歴29：25-30, 箴25：1）、エズラ（⇒ネヘ10：39, 11：22, 12：27-36, 45-47）がそれぞれエルサレムでの公の礼拝で使用するために詩篇を収集したと思われる。詩篇全体はエズラとネヘミヤの時代（前450-400）に現在のかたちにまとめられたと思われる。

目　　的

聖霊に霊感された祈りと賛美である詩篇は、神との関係の中で人間の深い心の思いを表現するものとして書かれた。（1）その多くは、神への祈りとして書かれて、次のようなものを表している。（a）信頼、愛、崇拝、感謝、賛美、神とのより親密な関係を求める願い、（b）落胆、深い悩み、恐れ、心配、屈辱、自由、癒しや敵からの守りなどを求める叫び、（2）ほかには賛美、感謝、礼拝を表現したり、神の偉大さや神のなさった偉大なみわざをたたえるものなどがある。（3）いくつかの詩篇には預言的にメシヤ（救い主、キリスト）を示す部分を含むものがある。

概　　観

150もの詩が収集されたものであるから、詩篇全体は神の啓示、天地創造、人類、救い、罪と悪、公平と正義、礼拝と賛美、祈りとさばきなど広範囲にわたる内容を含んでいる。詩篇の作者は神についても様々な見方をしている。神は堅固な要塞、岩、盾、羊飼い、兵士、創造者、支配者、審判者、贖い主、支える方、癒し主、報復をする方などである。神はまた愛や怒り、あわれみを表す方としても描かれている。神の特性はどこにでもおられ（遍在）、全部のことを知り（全知）、何でもできる（全能）存在として現されている（→「神の属性」の項 p.1016）。神の民もいろいろな方法で描かれている。ひとみ、羊、聖徒たち、滅びの穴から神が引上げ、足を岩の上に置き、その口に新しい歌を与えられた正しい人などである。神はその人々の歩みを導き、深い霊的な渇きを満ち足らせ、罪をみな赦し、あらゆる病気を癒し、永遠の家を備えておられる。

詩篇を調べ学ぶときに全体の区分を見ることが重要である。それは詩篇を分類する方法である（区分が重なることもある）。種類は大きく分けて13ある。

（1）「ハレルヤまたは賛美の歌」－神の御名、威厳、慈しみ、偉大さ、救いなどを強調する（8：, 21：, 33：, 34：, 103：-106：, 111：-113：, 115：-117：, 135：, 145：-150：）。

（2）「感謝の歌」－個人やイスラエルの民になさった神の救い、解放、助け、救出のみわざを伝える（18：, 30：, 34：, 41：, 66：, 92：, 100：, 106：, 116：, 118：, 124：, 126：, 136：, 138：）。

（3）「祈りと嘆願の歌」－苦しみの表現、必要を満たしてくださいとの神への求め、神の臨在と交わりへの願い、神の民のための祈りなどが含まれる（3：-6：, 13：, 43：, 54：, 67：, 69：, 70：, 79：, 80：, 85：, 86：, 88：, 90：, 102：, 141：-143：）。

（4）「悔い改めの歌」－悔いるとは罪を犯したことに対して心からの悲しみを表現することである。この詩は罪を認め告白して深い悲しみと後悔の態度を表すことに集中している（6：, 32：, 38：, 51：, 130：, 143：）。

（5）「神聖な歴史の歌」－神がイスラエルを民族として扱われたことを思い起こさせる（78：, 105：, 106：, 108：, 114：, 126：, 137：）。

（6）「主の即位の歌」－この詩は「主が統治される」ことをはっきりと宣言する（24：, 47：, 93：, 96：-99：）。

（7）「礼拝式の歌」－礼拝式とは公の礼拝集会の儀式の順序または方法のことである。特別な礼拝、儀式、祭

りのために作られた（15:、24:、45:、68:、113:-118:、最後の6篇は過越の儀式で毎年用いられた）。
　（8）「信頼と献身の歌」－(a) 神の真実（誠実な特性）と神の力に対する個人的な信頼と、(b) 神への心からの献身を表明している（11:、16:、23:、27:、31:、32:、40:、46:、56:、62:、63:、91:、119:、130:、131:、139:）。
　（9）「巡礼の歌」－「シオンの歌」または「都上りの歌」とも呼ばれる。毎年の過越、五旬節、仮庵の祭りのためにエルサレムに行く旅の間、旅行者が歌った（43:、46:、48:、76:、84:、87:、120:-134:、→「**旧約聖書の祭り**」の表 p.235）。
　（10）「創造の歌」－天と地を創造した神のみわざを描いている（8:、19:、29:、33:、65:、104:）。
　（11）「知恵と教訓の歌」－神のみわざと目的を反映し、神の基準に従って何が良いことで何が悪いのかを教える（1:、34:、37:、73:、112:、119:、133:）。
　（12）「王またはメシヤの歌」－ダビデ王とソロモン王の体験の中で預言的意味を持ち、メシヤであるイエス・キリストによって最終的に成就したものを描いている（2:、8:、16:、22:、40:、41:、45:、68:、69:、72:、89:、102:、109:、110:、118:）。
　（13）「のろいを求める歌」－この祈りはのろいやさばきが下ることを求めるものである。よこしまな人々の上に神ののろいとさばきを求めている（7:、35:、55:、58:、59:、69:、109:、137:、139:19-22）。この詩篇によって混乱させられてきたキリスト者が多くいる（それは厳しく同情心に欠けているため）けれども、神の御名、名誉、公平、正義、悪に対する憎しみなどを強調する熱心さから書かれたということに心を留めるべきである。報復を求める自己中心的な願いを表現したものではない。基本的に神の正義を尊び、悪者を卑しめて打負かすように神を求めるものである。

特　　徴
　詩篇には九つの大きな特徴がある。
　（1）聖書の中で一番長い書物である。また一番長い章（119:1-176）と一番短い章（117:1-2）があり、真ん中の節は118篇8節である。
　（2）ヘブル語の歌の本であり礼拝の書物なので、時代を通じて多く読まれてきた。また霊的に深く、扱っている主題の幅が広いので、多くの信仰者が旧約聖書の中で最も親しみ最も大切にしてきた書物である。
　（3）ヘブル語の「ハレルヤ」（「主をほめたたえよ」と訳されている）は神に従う人々の間でよく知られていることばであるけれども、そのことばは聖書の中に28回出てくる。その内の24回は詩篇にある。この宣言は150篇で頂点に達し、詩篇が神への賛美を完全に、またバランスのとれた完璧な表現をしていることを伝えている。
　（4）神といのちにかかわる人間の感情や必要をみなこれほど完璧に現している書物は聖書の中でもほかにはない。賛美と献身のコーラスは高い山々から流れ下り、絶望的な叫びは谷間の底から湧上がっている。
　（5）約半分は困難や妨害の中にいるときの信仰の祈りである。
　（6）新約聖書の中で最も頻繁に引用されている書物である。
　（7）1、23、24、34、37、84、91、103、119、121、139、150篇などは多くの人の「お気に入りの聖句」である。
　（8）119篇は独特な歌である。それは(a) 長さ（176節）、(b) 神のことばへの愛情のこもった表現の仕方、(c) それぞれが8節からなる22連（詩の区分）の文学形式で、連はヘブル語のアルファベットの順序になっていて、それぞれの連の各節はその連の同じヘブル語の文字で始まっている。これは聞く人々が記憶するのに効果的だった。
　（9）主要な文学的、作詩上の特徴は並行法と呼ばれる詩の形式である。それは韻やリズムではなくむしろ思想のリズムによる（この様式についての詳細　→著作の背景の項）。このような特徴があるのでメッセージを別の言語へ容易に翻訳することができる。

新約聖書での成就
　新約聖書には詩篇からの引用が186か所あり、旧約聖書のどの書物よりもはるかに多い。主イエスと新約聖書の著者たちは詩篇をよく知っていたことが明らかである。聖霊はしばしば主イエスの教えや主イエスが預言を成就されたことを指摘するところで詩篇を使用するようにされた。たとえば簡潔な110篇（合計7節）は新約聖書に最も多く引用されたものの一つである。それはメシヤとして、神の御子として、またメルキゼデク（古代の祭司で、後にエルサレムとして知られるようになったサレムの王）の位に等しい永遠の祭司としての主イエスについ

ての預言を含んでいる。新約聖書で主イエスに当てはめられているそのほかの「メシヤ的」または預言的な詩篇は2、8、16、22、40、41、45、68、69、72、89、102、109、110、118篇である。これらの詩篇は次のことを教えている。(1) 預言者、祭司、王としての主イエス、(2) 主の第一降臨と再臨の両方、(3) 神の御子としての主の地位と特性、(4) 私たちの罪のための苦しみと死、(5) 主の復活。要約すると、詩篇は旧約聖書全体の中でキリストに関する預言を最も詳しく伝えており、新約聖書の著者たちのメッセージの中に多く含まれている。

詩篇の通読

旧約聖書全体を1年間で通読するためには、詩篇を次のスケジュールに従って44日間で読まなければならない。
☐1-6 ☐7-10 ☐11-16 ☐17-18 ☐19-20 ☐21-22 ☐23-25 ☐26-29 ☐30-31 ☐32-34 ☐35-37 ☐38-41 ☐42-44 ☐45-48 ☐49-51 ☐52-55 ☐56-59 ☐60-63 ☐64-67 ☐68-69 ☐70-73 ☐74-77 ☐78 ☐79-81 ☐82-84 ☐85-88 ☐89 ☐90-93 ☐94-98 ☐99-101 ☐102-103 ☐104-106 ☐107-108 ☐109-112 ☐113-116 ☐117-118 ☐119：1-88 ☐119：89-176 ☐120-127 ☐128-134 ☐135-138 ☐139-141 ☐142-145 ☐146-150

メモ

詩篇 1篇

第一巻
詩篇 1 ― 41篇

正しい人の道

1

¹ 幸いなことよ。
悪者のはかりごとに歩まず、
罪人の道に立たず、
あざける者の座に着かなかった、その人。
² まことに、その人は主のおしえを喜びとし、
昼も夜もそのおしえを口ずさむ。
³ その人は、
水路のそばに植わった木のようだ。
時が来ると実がなり、その葉は枯れない。
その人は、何をしても栄える。

1:1 幸いなことよ 1篇は詩篇の緒言の役割を果している。ここでは二種類の人々が対比されているけれども、それぞれのグループは神について独自の原則を持っている。(1) 神を愛し、神のことばが正しいとすることを行う人々は5―6節の中で「正しい者」と呼ばれている。その人々は世間では一般的な、神に逆らう考えや行動には一緒にならない(1:1-2)。(2) 神を無視する考えや行動をとり、神のことばを拒む人々は「悪者」と呼ばれている(1:4-6)。神はご自分に従う人々を知っていて祝福されるけれども、神を敬わない人々は神の国にあずかることができないで(Ⅰコリ6:9)滅びる(1:6)。この二種類の人々の違いはいつの時代にも存在し、そのまま永遠の世界につながっている。神との壊れた関係を回復するために神が提供された機会を受入れるか、それとも拒むかによってどちらのグループに所属するかが決定する。

1:1 悪者のはかりごとに歩まず 詩篇の最初の節は正しい者(神を信頼してその道に従う人々)と悪者(神を拒んで自分の道を行く人々)の違いを強調している。神に従う人々は何をするか、どこに行ってだれと交わるかによってある程度見分けられる。神の祝福と好意を体験するためには、霊的に有害なものや反抗的なことを避ける必要がある。

1:2 おしえを喜びとし 神に従う人々は邪悪なものを避けるだけではなく、神のことばを中心にした生活を建上げて神の目的に積極的に仕える。そして神が愛し望まれるものを喜びとし、神に従い神のご計画に沿っていこうとする(→Ⅱテサ2:10, 悪者たちは「真理への愛を受け入れなかった」ので滅びる)。神を敬う人々は神への愛と神のことばの真理によって変えられて新しくされた心に従って行動する。

1:2 昼も夜もそのおしえを口ずさむ 神の祝福と好意を受けて生活をしたいと思う人々は自分の考えや態度、行動を確実なものにするために、神の教え(みことば)を口ずさむ。神のことばを口ずさむということは、意味を知るためにその箇所を読んで長く真剣に考えることである。そして聖書のほかの箇所と見比べ、その真理をどのように正しく生活に適用するかを決める。聖書のことばを口ずさむ、または熟考するときには次のような質問を考えるとよい。

自分の今の情況に、神の御霊はこの節をどのように当てはめようとしておられるのだろうか。

神の特性についてこの節は自分に何を教えているのだろうか。

自分が理解して求めるべき約束がここにあるだろうか。

自分が避けなければならない罪がこの節に示されているだろうか。

自分が従わなくてはならない命令を神は与えておられるだろうか。

この真理はほかの人々との関係にどのような影響を与えるのだろうか。

自分の霊は聖霊が言っておられることに同調しているだろうか。

自分は聖霊の助けによって神、救い、罪、世界、自分の個人的態度などの真理をよりよく理解する必要があるけれども、この部分はそれを示しているだろうか。

この部分には神に感謝し、賛美できるものが含まれているだろうか。

みことばを通して示されている光に照らされて、自分はどのように神に近付くことができるだろうか。

1:3 水路 神のことばとの関係を深め、さらによく理解したいと熱心に求める人々は聖霊の導きを受けることができる。(聖書の中では)水はしばしば神の御霊を表すので(ヨハ7:38-39)、神のことばを学んでその教えに従う人々は、水を飲んで渇きを癒すように聖霊によって霊的に新しくされ生きる力を与えられる。「その人は、何をしても栄える」ということばは問題や失敗が決して起こらないという意味ではない。神を敬う人は神の目的を知り、神の臨在を体験し、神の平安を受取る。つまり、その人のための神のご計画の中に生き、それが成就するということである(→Ⅲヨハ1:2注)。

4 悪者は、それとは違い、
　まさしく、風が吹き飛ばすもみがらのようだ。
5 それゆえ、悪者は、さばきの中に立ちおおせず、
　罪人は、正しい者のつどいに立てない。
6 まことに、主は、正しい者の道を知っておられる。
　しかし、悪者の道は滅びうせる。

王の勝利

2

1 なぜ国々は騒ぎ立ち、
　国民はむなしくつぶやくのか。
2 地の王たちは立ち構え、
　治める者たちは相ともに集まり、
　主と、主に油をそそがれた者とに逆らう。

3「さあ、彼らのかせを打ち砕き、
　彼らの綱を、解き捨てよう。」
4 天の御座に着いている方は笑い、
　主はその者どもをあざけられる。
5 ここに主は、怒りをもって彼らに告げ、
　燃える怒りで彼らを恐れおののかせる。
6「しかし、わたしは、わたしの王を立てた。
　わたしの聖なる山、シオンに。」
7「わたしは主の定めについて語ろう。
　主はわたしに言われた。
　『あなたは、わたしの子。
　きょう、わたしがあなたを生んだ。
8 わたしに求めよ。
　わたしは国々をあなたへのゆずりとして与え、

4 ①→詩1:6, ②詩35:5, 83:13, イザ17:13, 40:24, 41:12, ヨブ21:18, エレ13:24, ホセ13:3
5 ①→詩1:6, ②詩9:7,8,16, →詩36:6,③詩5:5
　④→詩104:35
　⑤→詩37:12
6 ①→詩37:12, ②ナホ1:7, Ⅱテモ2:19, ③詩1:1,4,5, 146:9, →詩34:21, 箴4:14, 19, 12:26, 15:9, エレ12:1 ④詩68:2, 112:10, 146:4

1 ①詩2:1, 2, 使4:25, 26 ②詩46:6, 65:7, 83:2
2 ①詩48:4, ②詩31:13 ③詩18:50, 20:6, 28:8, →詩84:9, 4詩74:23

3 ①詩107:14, エレ5:5 詩129:4
4 ①詩123:1, ②詩37:13 ③詩59:8
5 ①詩21:9, 76:7, 78:49, 50, ②詩83:17
6 ①詩45:6, ②詩3:4, 15:1, 43:3, 48:1, 87:1, 99:9, 24:3, 3→詩48:2
7 ①使13:33, ヘブ1:5, 5:5
8 ①詩21:2, 2詩27, 67:7, 3→詩37:18

1:4-6　悪者　1篇は、神に逆らって自分勝手な道を選ぶ人々を三つの示唆に富む描写で描いている。（1）目に見えない力によって吹き飛ばされる（1:4, →エペ2:2注）「もみがら」（穀物あるいは草の種の乾いた殻）。（2）さばきの日に罪に定められる（1:5, ⇒76:7, マラ3:2, マタ25:31-46, 黙6:17）。（3）永遠に滅びる（1:6, →マタ10:28注）。

2:1-12　なぜ国々は騒ぎ立ち　この詩篇は人々の間に絶えず見られる四つの情景を表している。

（1）この詩篇の作者は神が「油をそそがれた者」に敵対する人々のグループや世界の指導者たちのことから始めている（2:1-3, ⇒使4:25-27, →2:2注）。これは神、神の律法、人々を救おうとする計画、メシヤ（「油そそがれた者」、救い主　→2:2注）とみことばの道徳についての教えなどに逆らう人間のごう慢な反抗の姿である。新約聖書の記者たちはキリストとキリストに従う人々に反対する態度が世界にあることを認めている（ヨハ15:19, エペ6:12）。

（2）神に挑戦するこの世界のむなしい努力に対して神は応えておられる（2:4-6）。その努力を神はあざけられる。それは人間の反乱を終らせて、終りのときに地上に神の王国を完全に打建てられるときが来るからである（→ロマ1:18, Ⅰテサ5:1-11, Ⅱテサ2:8, 黙19:11-21）。

（3）父である神は御子を送られると約束される（2:7-9）。それは国々を正しく支配して（→使13:33, ヘブ1:5, 5:5, ⇒マタ3:17, 17:5, Ⅱペテ1:17）、神に逆らう人々をみな打倒すためである。この約束はキリスト

が再臨されて、神の敵を打破するときに成就する（→黙12:5, 19:15）。そのとき忠実に従う人々はキリストとともに諸国を治めることになる（黙2:26-27, 20:1-6）。

（4）詩篇の作者を通して聖霊は、人々に全能の神を敬う賢明な人になり、恐ろしい神のさばきの日が来る前に神との関係を持ってさばきを避けるようにと呼びかけている（2:10-12, ⇒ヘブ3:7-19）。

2:2　主に油をそそがれた者　2篇は、神のメシヤ（「油そそがれた者」）であるイエス・キリストが来られることを預言しているメシヤ詩篇である。神は主イエスに力を与えて人々を罪から救い出して神との関係を回復し、神の国を治めるようにされた（→2:7注, →マタ1:1注）。

2:7　わたしの子。きょう、わたしがあなたを生んだ　「あなたを生んだ」は、女性が出産することを描くことばであるけれども、王が人々の前に王子を紹介する専門的な用語でもある。王は王子を自分と一緒に王であると宣言または公式に布告した（⇒Ⅰ列1:32-35, ダビデは息子ソロモンのためにこれをした）。ここでは、主イエスが神の子であるという公の宣言、そして究極の預言者、祭司、王としての油注ぎ（任命、力を与えること、権威）を受けることを指している（→マタ3:17, 使13:33, ヘブ1:5, 5:5, 7:28, Ⅱペテ1:17）。

2:8　国々をあなたへのゆずりとして　国々をみな相続する権威を約束された王はいない。これはメシヤである王、主イエスだけに実現する約束である（→ゼカ9:10）。

詩篇　2-4篇

地をその果て果てまで、あなたの所有として与える。
9 あなたは鉄の杖で彼らを打ち砕き、焼き物の器のように粉々にする。』」

10 それゆえ、今、王たちよ、悟れ。
　地のさばきづかさたちよ、慎め。
11 恐れつつ主に仕えよ。
　おののきつつ喜べ。
12 御子に口づけせよ。
　主が怒り、おまえたちが道で滅びないために。
　怒りは、いまにも燃えようとしている。
　幸いなことよ。
　すべて主に身を避ける人は。

敵に直面するときの確信

3 ダビデがその子アブシャロムからのがれたときの賛歌

1 主よ。なんと私の敵がふえてきたことでしょう。
　私に立ち向かう者が多くいます。
2 多くの者が私のたましいのことを言っています。
　「彼に神の救いはない」と。　　セラ

---

8 ④→詩22:27
9 ①詩28:5, 52:5, 72:4, 110:5, 6,
　黙2:27, 12:5, 19:15
10 ①イザ40:23
11 ①→詩19:9
12 ①詩110:5
　②→詩1:1
　③詩5:11, 7:1, 11:1, 16:1, 18:2, 30, 25:20, 31:1, 19, →詩34:8

題 ①Ⅱサム15-17章
1 ①詩69:4, Ⅱサム15:12
2 ①詩22:7, 8, 71:11

3 ①詩7:10, 18:2, 30, 35, 28:7, 33:20, 35:2, 47:10, →詩59:11, 創15:1, 箴30:5
　②詩62:7, 106:20
　③詩9:13, 27:6
4 ①詩4:3
　②→詩2:6
　③詩4:3
5 ①詩4:8, 箴3:24
　②詩139:18
6 ①詩37:17, 24, 51:12, 54:5, 145:14, →詩20:2
7 ①詩23:4, 27:3
7 ①→詩35:2
　②詩6:4, 22:21, 119:146
　③ヨブ16:10
　④詩57:4, 58:6, →詩34:21
8 ①詩28:8, 35:3
　②詩29:11
1 ①詩4:3, 20:9, 22:2, 27:7, 99:6, 118:5, 119:145, 146
　②詩3:4, 17:6

---

3 しかし、主よ。
　あなたは私の回りを囲む盾、私の栄光、そして私のかしらを高く上げてくださる方です。
4 私は声をあげて、主に呼ばわる。
　すると、聖なる山から私に答えてくださる。　　セラ
5 私は身を横たえて、眠る。
　私はまた目をさます。
　主がささえてくださるから。
6 私を取り囲んでいる幾万の民をも私は恐れない。
7 主よ。立ち上がってください。
　私の神。私をお救いください。
　あなたは私のすべての敵の頬を打ち、悪者の歯を打ち砕いてくださいます。
8 救いは主にあります。
　あなたの祝福があなたの民の上にありますように。　　セラ

夜の思案

4 指揮者のために。弦楽器に合わせて。ダビデの賛歌

1 私が呼ぶとき、答えてください。

3:1-8 なんと私の敵がふえてきたことでしょう この詩篇は神にささげられた哀歌(悲しみ、後悔、困難の表現)である。詩篇の三分の一近くがこの型のものである。(1) この型の詩篇の基本的構造には、激しい情熱的な神への叫び(3:1)、困難、苦しみまたは不正の描写(3:1-2)、神への信頼の表現(3:3-6)、助けの要請(3:7)、賛美または感謝の表現(3:8)が含まれている。(2) 聖書の中に哀歌が多くあることは人々が必要なときに助けを叫び求めることを神が願っておられるしるしである(→ヘブ4:16)。

3:2 セラ このことばは詩篇に71回、ハバクク書に3回出てくる(ハバ3:3, 9, 13)。その意味は確かではないけれども、大抵は表題に旋律が指定されている詩篇に出てくる。休止、音楽の間奏、音楽の最高潮などを合図する音楽用語か儀式用語のようである。

3:3 あなたは・・・盾、私の栄光 神の目的に従う信仰者は困難と反対に遭う(3:1-2, →Ⅱサム15:12-30)。けれども神は完全な目的を成就するとともに人々のために行動されるという確信を持って神を呼ぶことができる。(1)「盾」は神の守りのことである(→神はアブラハムの盾である－創15:1, 神はイスラエルの盾である－申33:29)。(2) 神の臨在の中に避難する人々に神は栄光(誉れ、助け、励まし)を与えられる。神の配慮と保護に頼るなら人生の困難を乗越える力と確信が与えられる。

3:5 私は身を横たえて、眠る 神を呼び、神が自分たちの情況を配慮してくださるといつも信頼している人々は(3:4)、心の中に平安、休息、安心感を持つことができる(⇒4:8)。神は眠っている間でも見張り、配慮をし、元気づけてくださる(→127:2, 箴3:24)。

4:1-8 答えてください この詩篇は悩みのときに神の声を聞く希望を持てるのはだれかを示している。それは神に信頼を置いて(4:5, 8)、神の助けを心から求め(4:1, 3, 6)、神に喜ばれる生き方をして(4:3-5, →4:3注)、神との個人的な関係を持っている人々である。もちろんまだ神との関係を持っていない人で

私の義なる神。
あなたは、私の苦しみのときに
ゆとりを与えてくださいました。
私をあわれみ、私の祈りを聞いてください。

2 人の子たちよ。いつまでわたしの栄光を
はずかしめ、
むなしいものを愛し、
まやかしものを慕い求めるのか。
　　　　　　　　　　　　　　セラ

3 知れ。主は、
ご自分の聖徒を特別に扱われるのだ。
私が呼ぶとき、主は聞いてくださる。
4 恐れおののけ。そして罪を犯すな。
床の上で自分の心に語り、静まれ。
　　　　　　　　　　　　　　セラ
5 義のいけにえをささげ、主に拠り頼め。

6 多くの者は言っています。
「だれかわれわれに
良い目を見せてくれないものか。」
主よ。どうか、あなたの御顔の光を、
私たちの上に照らしてください。
7 あなたは私の心に喜びを下さいました。
それは穀物と新しいぶどう酒が
豊かにあるときにもまさっています。
8 平安のうちに私は身を横たえ、
すぐ、眠りにつきます。

1①→詩35:24
④詩18:19
⑤25:16, 123:3
⑥詩17:6, 39:12
2①詩19:1,24;7:8,9,10, 26:8, 29:3, 57:5, 11, 詩63:2, →詩102:15, 詩66:2, 104:31
②詩97-12, 19-21
③詩31:6
④詩12:2, 31:18, 62:4
3①詩12:1, 16:10, 30:4, 31:23, →詩32:6, →詩85:8, →詩145:10, 詩18:25,②詩135:4
③詩6:8, 9, 17:6
4①詩99:1
②詩119:11, エペ4:26
③詩63:6,④詩77:6
5①詩51:19, 詩33:19, →詩35:24
②詩37:3, 5, 62:8
6①詩7:9, 9:25
②詩44:3,67:1,80:3,7, 19, 119:135, 民6:25, 26
7①詩97:11, 12
8①詩3:5, ヨブ11:19

②詩16:9, 申12:10

1①詩54:2, 141:1
②詩88:13
3①詩84:3, 145:1
2①詩59:16, 88:13
②詩130:5
4①詩11:5, 34:16
②詩92:15
5①詩73:3, 75:4
②詩1:5
③詩6:8, 14:4, 28:3, 53:4, 59:2, 64:2, 92:7, 94:4, 16, 101:8, 125:5, 141:4, 9, 56:7, →詩36:12
④詩11:5, 45:7
6①詩52:3-5, 101:7, 黙21:8
②詩26:9, 55:23, 59:2, 139:19, 79:3, 106:38
③詩38:12, 43:1, 52:2
7①詩69:13

主よ。あなただけが、
私を安らかに住まわせてくださいます。

朝の祈り

5 指揮者のために。フルートに合わせて。
ダビデの賛歌

1 私の言うことを耳に入れてください。主
よ。
私のうめきを聞き取ってください。
2 私の叫びの声を心に留めてください。
私の王、私の神。
私はあなたに祈っています。
3 主よ。朝明けに、私の声を聞いてください。
朝明けに、私はあなたのために備えをし、
見張りをいたします。

4 あなたは悪を喜ぶ神ではなく、
わざわいは、あなたとともに住まないからです。
5 誇り高ぶる者たちは
御目の前に立つことはできません。
あなたは不法を行うすべての者を憎まれます。
6 あなたは偽りを言う者どもを滅ぼされます。
主は血を流す者と欺く者とを忌みきらわれます。
7 しかし、私は、豊かな恵みによって、

も、へりくだって神に人生を支配していただく気持ちがあるなら神を呼ぶことができる。

4:3 私が呼ぶとき、【主】は聞いてくださる　助けを呼ぶ声に応えてくださるという確信を持つためには、神に喜ばれる人生を生きるようにあらゆる努力を真剣にしなければならない（⇒箴15:29, ヨハ9:31, 15:7）。自分を神に忠実にささげる人々は神の宝物として特別扱いをされているから、保護者であり扶養者である神に絶えず近付くことができる（⇒ヘブ10:22, Ⅰヨハ3:21-22）。

5:3 私の声を聞いてください　神との関係を深めたいという強い決意を持ってダビデは祈りに専念していた（5:1-2, ⇒申4:29）。「朝明けに」祈るということは、ダビデが神中心に生活をしていて、神に頼っていることを言い表して一日を始めていることを示している。朝は、神に話しまた聞く時間を持つとき、みこと

ばによって霊的に養われるとき（⇒119:9-16）、神に対する献身を新しくするときである（55:16-17, 88:13, 119:147）。このような関係は、祈りの答を受ける「備え」をすることでもある。さらに一日を通してひとりひとりの生活の中に神が働いておられるしるしを見逃してはならない。

5:5-6 あなたは不法を行うすべての者を憎まれます　人々が罪を犯すこと、神を無視し、みことばを拒み、自分のかたくなな道を行くことを神は喜ばれない。悪いことを行ったり、行わせたり、けしかけたりする人々に神は公然と敵対される。けれども同時に神はあらゆるものの造り主であり、罪びとを愛し、同情とあわれみをもって近付き、罪の結果から救い出される方であると聖書は明らかにしている。神の愛は御子イエス・キリストの犠牲を通して最大限に表された。この方は人々の罪の代価を支払って、救しと神との関係を持つ

詩篇　5-6篇　　887

あなたの家に行き、
あなたを恐れつつ、
あなたの聖なる宮に向かってひれ伏します。

8 主よ。私を待ち伏せている者がおりますから、
あなたの義によって私を導いてください。
私の前に、あなたの道をまっすぐにしてください。

9 彼らの口には真実がなく、
その心には破滅があるのです。
彼らののどは、開いた墓で、
彼らはその舌でへつらいを言うのです。

10 神よ。彼らを罪に定めてください。
彼らがおのれのはかりごとで倒れますように。
彼らのはなはだしいそむきのゆえに
彼らを追い散らしてください。
彼らはあなたに逆らうからです。

11 こうして、あなたに身を避ける者がみな喜び、
とこしえまでも喜び歌いますように。
あなたが彼らをかばってくださり、
御名を愛する者たちが
あなたを誇りますように。

7 ②→詩19:9
　③詩65:4, 79:1, 138:2
8 ①詩27:11
　②詩31:1
　③詩31:3, 139:24
　④詩107:7, イザ40:3, 4
9 ①詩52:3
　②詩7:14
　③詩55:11
　④ロマ3:13
　⑤詩52:2
10 ①詩9:16
　②詩107:11
11 ①→詩2:12
　②詩64:10
　③詩33:1
　④詩12:7
　⑤詩69:36

12 ①→詩37:12
　②詩29:11
　③→詩91:4
　④詩32:7, 10

1 ①詩38:1
　②詩118:18
2 ①詩41:4, 56:1, 57:1, 119:58
　②詩102:4, 11
　③詩41:4, 147:3
　④詩22:14, 31:10
3 ①詩88:3, ヨハ12:27
　②詩90:13
4 ①→詩90:13
　②詩17:13
　③詩33:5
5 ①詩30:9, 88:10-12, 115:17, 伝9:10, イザ38:18
　＊㉈「シェオル」
　②→詩31:17
6 ①→詩31:10
　②詩69:3

12 主よ。まことに、あなたは正しい者を祝福し、
大盾で囲むように愛で彼を囲まれます。

苦難のときにあわれみを求める祈り

6 指揮者のために。八弦の立琴に合わせて。ダビデの賛歌

1 主よ。御怒りで私を責めないでください。
激しい憤りで私を懲らしめないでください。
2 主よ。私をあわれんでください。
私は衰えております。
主よ。私をいやしてください。
私の骨は恐れおののいています。
3 私のたましいはただ、恐れおののいています。
主よ。いつまでですか。あなたは。

4 帰って来てください。主よ。
私のたましいを助け出してください。
あなたの恵みのゆえに、私をお救いください。
5 死にあっては、
あなたを覚えることはありません。
よみにあっては、
だれが、あなたをほめたたえるでしょう。
6 私は私の嘆きで疲れ果て、

詩41：1-3

ことができるように死んでくださった（ヨハ3:16）。
5:10　彼らを追い散らしてください　→35:1-28注、神の敵の滅びを求める詩篇作者の祈り
6:1-10　御怒りで私を責めないでください　この詩篇は六つある悔い改めの詩篇の一つである（悲しみと罪の後悔の詩篇　32:、38:、51:、130:、143:）。ここで聖霊は神の懲らしめによって長い間苦しんだ人々、赦しと癒しと回復を必要とする人々を励ましている。
6:2　私をいやしてください　悩みと神の懲らしめ（詩篇の作者はそれに値することを知っている）によって作者は肉体的にも影響を受けた。けれどもそれ以上の悩みは、神の臨在（6:4）と霊的平安（6:3）を失ったと感じることである。そして長い間苦しみ、激しい悲しみを体験しているようである。この作者は懲らしめるのを止めるように神に求めているのではない。一番望んでいることは神があわれみを示してくださって、奉仕と忠実な歩みを続けられるようになることである（⇒エレ10:23-24）。

6:4　私のたましいを助け出してください　詩篇の作者はへりくだってからだの癒しを求めているけれども（6:2）、最も求めているのはたましいの癒しである。霊的に回復されて神の臨在と好意を再び体験できるようになることを願っている。神が近くにいてくださることと、神のあわれみと愛を必死になって求めている（6:2, 4）。あわれみと愛は神の特性の一部だから、神がご自分の特性をいつもどおり現してくださるように信仰者は訴えることができる。
6:6　私は私の嘆きで疲れ果て　悩みと悲しみがいつまでも続くので、作者は文字通り疲れ果ててしまった。「いつまでですか」（6:3）ということばは6－7節とともに、霊的平安を神がすぐには回復されなかったことを裏付けている。けれどもこの詩篇の最大の希望は、絶望する必要がないことを教えている8－9節にある。助けを求める叫びに神は最も良いときに応えてくださる。私たちが行うべきことは忍耐強く待ち、神を信頼し続けることである（⇒13:1, 74:9）。

私の涙で、夜ごとに私の寝床を漂わせ、
私のふしどを押し流します。
7 私の目は、いらだちで衰え、
私のすべての敵のために弱まりました。

8 不法を行う者ども。みな私から離れて行け。
主は私の泣く声を聞かれたのだ。
9 主は私の切なる願いを聞かれた。
主は私の祈りを受け入れられる。

10 私の敵は、みな恥を見、
ただ、恐れおののきますように。
彼らは退き、恥を見ますように。またたくまに。

不当に扱われた人の祈り

7
ベニヤミン人クシュのことについてダビデが主に歌ったシガヨンの歌

1 私の神、主よ。私はあなたのもとに身を避けました。
どうか、追い迫るすべての者から
私を救ってください。
私を救い出してください。
2 救い出す者がいない間に
彼らが獅子のように、私のたましいを引き裂き、
さらって行くことがないように。

3 私の神、主よ。
もし私がこのことをしたのなら、
もし私の手に不正があるのなら、
4 もし私が親しい友に悪い仕打ちをしたのなら、
また、私に敵対する者から、ゆえなく奪ったのなら、
5 敵に私を追わせ、追いつかせ、

---

6 ③詩42:3
7 ①詩31:9, 38:10, 88:9
8 ①詩119:115, 139:19, マタ7:23, ルカ13:27, 詩5:5
  ②詩28:6
9 ①詩28:6, 116:1
  ②詩66:19, 20
10 ①詩71:24
   ②詩73:19

1 ①→詩2:12
  ②詩119:157
  ③詩31:15
2 ①詩71:11
  ②詩10:9, 17:12, 57:4
  ③詩50:22
3 ①詩7:3, 4, 詩59:3, Ⅰサム24:11
  ②詩7:1
  ③詩109:4, 5
5 ①詩18:37, 143:3

6 ①→詩35:2
  ②詩138:7
  ③詩35:23, 44:23, 59:4
  ④詩36:6
7 ①詩22:27
8 ①詩96:13, 98:9
  ②詩7:8
  ③詩26:1, 35:24, 72:4, 82:3, 10:18, →詩51:4, →詩7:11, Ⅰサム24:15
9 ①→詩34:21
  ②詩37:12
  ③詩37:23, 40:2
  ＊直訳「腎臓」
  ④詩11:4, 5, 17:3, 26:2, 66:10, 139:23, エレ11:20
10 ①→詩3:3
   ②詩11:2, 32:11, 33:1, 36:10, 64:10, 94:15, 97:11, 125:4, →詩11:7
   ③詩97:10
11 ①詩9:4, 50:6, 94:2, →詩51:4, 詩7:9
   ②詩90:9
   ＊あるいは「宣告を下す神」
12 ①詩7:12, 13, 詩64:7
   ②申32:41
   ③詩64:7
13 ①詩18:14, 45:5, 144:6
14 ①詩10:7, 55:10
   ②ヨブ15:35, イザ59:4, ヤコ1:15
15 ①詩9:15, 57:6, 141:10, エス7:10, 箴5:22, 26:27, 伝10:8
16 ①詩140:9
   ②詩140:11
17 ①→詩35:24

私のいのちを地に踏みにじらせてください。
私のたましいをちりの中に
とどまらせてください。　　　　　セラ

6 主よ。御怒りをもって立ち上がってください。
私の敵の激しい怒りに向かって立ち、
私のために目をさましてください。
あなたはさばきを定められました。
7 国民のつどいをあなたの回りに集め、
その上の高いみくらにお帰りください。
8 主は諸国の民をさばかれる。
主よ。私の義と、私にある誠実とにしたがって、
私を弁護してください。
9 どうか、悪者の悪があとを絶ち、
あなたが正しい者を堅く立てられますように。
正しい神は、心と思いを調べられます。

10 私の盾は神にあり、神は心の直ぐな人を救われる。
11 神は正しい審判者、日々、怒る神。
12 悔い改めない者には
剣をとぎ、弓を張って、ねらいを定め、
13 その者に向かって、死の武器を構え、
矢を燃える矢とされる。

14 見よ。彼は悪意を宿し、
害毒をはらみ、偽りを生む。
15 彼は穴を掘って、それを深くし、
おのれの作った穴に落ち込む。
16 その害毒は、おのれのかしらに戻り、
その暴虐は、おのれの脳天に下る。

17 その義にふさわしく、

7:1-17　追い迫るすべての者から・・・私を救い出してください　この詩篇は不当に扱われたり間違って訴えられたり憎まれて攻撃されている人々に祈りの模範を示している。この祈りはほかの人々や自分のこと、また最大の敵であるサタンとその勢力のことに触れている(エペ6:11-12, Ⅰペテ5:8)。サタンは獅子のように絶え間なく人々を引裂こうとしている(7:2)。したがって邪悪な者から救ってくださいという祈りはいつもしなければならない(→マタ6:13注)。

7:1　私はあなたのもとに身を避けました　心から神に従っている人は悩みのときや不正が行われるときに神に身を避けることができる。そして忠実に従っているなら神の助けと守りを求めて訴えることができる(7:3-5, 8)。

7:10　心の直ぐな人を救われる　神に仕え神に信頼する人々は悩みのときに神が助け救い出してくださる

主を、私はほめたたえよう。
いと高き方、主の御名をほめ歌おう。

神の栄光と人の誉れ

8 指揮者のために。ギテトの調べに合わせて。ダビデの賛歌

1 私たちの主、主よ。
あなたの御名は全地にわたり、
なんと力強いことでしょう。
あなたのご威光は天でたたえられています。

2 あなたは幼子と乳飲み子たちの口によって、
力を打ち建てられました。
それは、あなたに敵対する者のため、
敵と復讐する者とをしずめるためでした。

3 あなたの指のわざである天を見、
あなたが整えられた月や星を見ますのに、

4 人とは、何者なのでしょう。

17 ②詩9:2, 66:2, 4

1 ①詩57:5, 11, 113:4, 148:13
2 ①マタ21:16
②詩29:1, 118:14
③詩44:16
3 ①詩89:11, 144:5, ネヘ9:6
②詩136:9
4 ①詩144:3, ヨブ7:17, ヘブ2:6-8

5 ①創1:26
＊別訳「御使い」
＊＊あるいは「足りなくする」
②詩21:5
③詩65:11, 103:5
6 ①詩1:26, 28
②Ⅰコリ15:27
1 ①詩86:12, 111:1, 138:1
②詩26:7
②詩26:3

あなたがこれを心に留められるとは。
人の子とは、何者なのでしょう。
あなたがこれを顧みられるとは。

5 あなたは、人を、神よりいくらか劣るものとし、
これに栄光と誉れの冠をかぶらせました。

6 あなたの御手の多くのわざを人に治めさせ、
万物を彼の足の下に置かれました。

7 すべて、羊も牛も、また、野の獣も、

8 空の鳥、海の魚、海路を通うものも。

9 私たちの主、主よ。
あなたの御名は全地にわたり、
なんと力強いことでしょう。

救いについての神への賛美

9 指揮者のために。「ムテ・ラベン」の調べに合わせて。ダビデの賛歌

1 私は心を尽くして主に感謝します。
あなたの奇しいわざを余すことなく語り ♪

ことを期待できると神のことばは教えている。澄んだ良心を保ち、心を神との正しい状態に保つように熱心に努力しているなら、困難なときに神は応えてくださるという確信を持つことができる。

（1）この詩篇の作者は「主よ。私の義と、私にある誠実とにしたがって、私を弁護してください」（7:8, ⇒ヨブ29:14）と祈っているけれども、私たちも祈るときには自分の霊的高潔さ（人格、献身、正直、誉れ、信頼性）を強調することができる。このような主張はまじめな心からするなら、自己義でもごう慢でもない。そのような人は神を愛し、頼り、神のことばの原則によって生きている（⇒Ⅰヨハ3:21, ヤコ5:16）。

（2）神の助けを求めるときに謙遜で従順な心をもって率直に罪を告白し、罪の誘惑を拒んで祈ることは大きな祝福につながる（6:）。神や人々から隔てるような悪いものが何もなければ、信仰者は全く信頼して聖い神の前に立つことができる。

（3）「私はいつも、神の前にも人の前にも責められることのない良心を保つように、と最善を尽くしています」とパウロは言っている（使24:16, ⇒Ⅱコリ1:12, Ⅰテモ1:5, Ⅱテモ1:3, Ⅰペテ3:21）。主イエスも心が正しく神に向けられているときに祈りは応えられると確約された。「あなたがたがわたしにとどまり、わたしのことばがあなたがたにとどまるなら、何でもあなたがたのほしいものを求めなさい。そうすれば、あなたがたのためにそれがかなえられます」（ヨハ15:

7）。答は必ずしも自分たちが期待する時や方法で与えられるとは限らないことも覚えておくべきである。

8:4-6 人の子 新約聖書では、七十人訳聖書（ヘブル語旧約聖書のギリシヤ語訳）によるこの節が主イエスに当てはめられている（ヘブ2:6-8, ⇒エペ1:19-22）。ここに示されている真理は主イエスによって完全に実現された。この方こそが人類の代表として、被造物すべてに対して十分な力と権威を持っておられるのである（8:6-8, ⇒ピリ2:10）。

8:5 栄光と誉れ この詩篇は神が人間に驚くべき誉れを与えられたことを表している。神は人間をすばらしい目的のために造られた。人間はただの動物でもなければ、自然の進化と偶然の産物でもない（8:5, →「天地創造」の項 p.29）。むしろ神の特性を反映し、その目的を成就するために神のかたちに造られたのである（→「人間性」の項 p.1100）。人間は神にとって非常に価値のある存在で、神の愛と好意を示す特別な対象である（8:4）。そして神は被造物を治めるために人間を選ばれた（8:6-8, ⇒創1:28, 2:15, 19）。このように神との好ましい立場に置かれたけれども、それが勝手に誇ってよい理由にはならない。むしろ神がそれだけ信頼しておられるのだから、個人的に責任を負わなければならない。何よりも創造主に対して感謝と誉れをささげるべきである（8:9）。

9:1-2 私は・・・【主】に感謝します 信仰者と神との関係の中心には、神をほめたたえるという求め、願

詩篇 9篇

告げます。
2 私は、あなたを喜び、誇ります。
　いと高き方よ。あなたの御名をほめ歌います。
3 私の敵は退くとき、つまずき、
　あなたの前で、ついえ去ります。
4 あなたが私の正しい訴えを支持し、
　義の審判者として王座に着かれるからです。
5 あなたは国々をお叱りになり、悪者を滅ぼし、
　彼らの名を、とこしえに、消し去られました。
6 敵は、絶え果てて永遠の廃墟。
　あなたが根こぎにされた町々、
　その記憶さえ、消えうせました。
7 しかし、主はとこしえに御座に着き、
　さばきのためにご自身の王座を堅く立てられた。
8 主は義によって世界をさばき、
　公正をもって国民にさばきを行われる。
9 主はしいたげられた者のとりで、
　苦しみのときのとりで。
10 御名を知る者はあなたに拠り頼みます。
　主よ。あなたはあなたを尋ね求める者をお見捨てになりませんでした。
11 主にほめ歌を歌え、

2 ①詩91:1, 92:1
②詩66:2
3 ①詩56:9
②詩27:2, 64:8
③詩68:2
4 ①詩140:12
②→詩35:24,
→詩119:7
*あるいは「正しくさばいて」
③→詩7:11
5 ①詩119:21
②詩34:21
③詩69:28, 109:13
6 ①詩34:16
7 ①詩29:10, 102:12
②詩36:6
8 ①詩96:13, 98:9,
→詩35:24
②詩51:4, →詩75:2,
→詩96:3
9 ①詩10:18, 74:21,
→詩103:6
②→詩46:7
③→詩46:1
10 ①詩91:14
②詩14:2, 22:26, 24:6,
34:10, 53:2, 69:32,
77:2, 78:34, 105:4,
119:2, 10
③詩37:28, 94:14

11 ①詩76:2
②詩105:1, 107:22
12 ①詩72:14, 創9:5
②詩136:23, →詩9:18
13 ①詩38:19
②詩30:3, 86:13,
107:18
14 ①詩79:13, 106:2
②詩122:2
③詩13:5, 20:5, 35:9,
51:12, イザ25:9
15 ①詩7:15, 55:23
②詩57:6
16 ①→詩36:6
②→詩10:2
17 ①→詩31:17
→詩6:5
②詩50:22
18 ①詩9:12
②詩62:5, 71:5
19 ①→詩35:2, 民10:35
②詩9:16
20 ①詩14:5

① シオンに住まうその方に。
② くにぐに たみ
国の民にみわざを告げ知らせよ。
12 血に報いる方は、彼らを心に留め、
　貧しい者の叫びをお忘れにならない。
13 主よ。私をあわれんでください。
　私を憎む者から来る私の悩みを見てください。
　主は死の門から私を引き上げてくださる。
14 私は、あなたのすべての誉れを語り告げるために、
　シオンの娘の門で、
　あなたの救いに歓声をあげましょう。
15 国々はおのれの作った穴に陥り、
　おのれの隠した網に、わが足をとられる。
16 主はご自身を知らせ、さばきを行われた。
　悪者はおのれの手で作ったわなにかかった。　ヒガヨン　セラ
17 悪者どもは、よみに帰って行く。
　神を忘れたあらゆる国々も。
18 貧しい者は決して忘れられない。
　悩む者の望みは、いつまでもなくならない。
19 主よ。立ち上がってください。
　人間が勝ち誇らないために。
　国々が御前で、さばかれるために。
20 主よ。彼らに恐れを起こさせてください。
　おのれが、ただ、人間にすぎないことを、

いがある(→「賛美」の項 p.891)。

9:5　悪者を滅ぼし　ダビデはここに書かれていることが既に起きたように言っている。このことが起こると確信していたので、既に実現したかのように書いたのである(→9:15-16)。

9:8　義によって世界をさばき　神はご自分に頼る人々をいつか完全に救い出してくださるから、ダビデは主に感謝をささげ、賛美をささげた(9:8-14)。確かに神はご自分の敵にさばきを下される(9:3-8, 15-20)。(1) この世界では悪の勢力が繁栄しているように見えるので失望させられるかもしれないけれども、みことばによって主が最後にはあらゆることを正常化されるということを神の民は覚えなければならない。ほかの人々や情況が神への信仰を弱めたり破壊したりしようとしても、神に対して忠実であり続けるなら神はそれを尊重してくださる(9:7-10, →黙19:-21:)。
(2) 今日の信仰者たちはこの箇所をキリストと教会との敵に当てはめることができる。悪の力と正義の力の闘争が激しくなるにつれて、キリスト者はみなサタンや世界、教会の中にいるにせの信仰者たちからも反対されるかもしれない(→Ⅱテモ3:12注)。

9:18　貧しい者は決して忘れられない　神はご自分の民の中にいる貧しい人々、弱い立場にいる人々、困っている人々に特別に配慮される(9:9-10, 12)。神はその人々を見捨てないと約束され(9:10)、祈りを聞かれ(9:12)、最も良いときに希望をかなえてくださる(9:18)。キリスト者も同じく、人々の必要に応える責任がある(→「**貧困者への配慮**」の項 p.1510)。

賛　美

「私は心を尽くして【主】に感謝します。あなたの奇しいわざを余すことなく語り告げます。私は、あなたを喜び、誇ります。いと高き方よ。あなたの御名をほめ歌います。」(詩篇9:1-2)

賛美の重要性

聖書はしばしば、神の民に主を賛美するように励ましている。

(1) 旧約聖書の記者たちは次の三つの基本的用語を用いてイスラエル人に神を賛美するように勧めている。「バーラク」(「祝福する」と訳すことができる)、「ハーラル」(「主を賛美する」という「ハレルヤ」はここから来ている)、「ヤーダー」(「感謝をする」と訳されるときもある)。

(2) 聖書に最初に記録された歌はイスラエル人が紅海を渡ったすぐあとに歌ったものである。それはエジプトの軍隊から奇蹟的に救われたことに対して神へささげた感謝と賛美の歌だった(出15; →15:2)。後にモーセはイスラエル人に、約束の地を与えてくださる神の慈愛を覚えて神を賛美するように命じた(申8:10)。デボラの歌は特に敵に勝利したことに対して主を賛美するように人々に呼びかけている(士5:9)。ダビデの神への賛美は生涯の物語にも(Ⅱサム22:4, 47, 50, Ⅰ歴16:4, 9, 25, 35-36, 29:20)、ダビデが作った詩篇の中にも(詩9:1-2, 18:3, 22:23, 52:9, 108:1, 3, 145:)記録されている。詩篇のほかの作者も神を賛美し神を尊ぶような生き方をするように神の民に訴えている(詩33:1-2, 47:6-7, 75:9, 96:1-4, 100:, 150:)。さらに旧約聖書の預言者たちも神を賛美するように神の民に指示している(イザ42:10, 12, エレ20:13, ⇒イザ12:1, 25:1, エレ33:9, ヨエ2:26, ハバ3:3)。

(3) 神を賛美するという呼びかけは新約聖書全体に鳴り響き繰返されている。主イエスは天におられる父を賛美された(マタ11:25, ルカ10:21)。パウロはあらゆる国民が神を賛美することを期待し(ロマ15:9-11, エペ1:3, 6, 12)、ヤコブも神を賛美するようにと言っている(ヤコ3:9, 5:13)。そして黙示録は、数えきれないほど多くの聖徒と天使がいつまでも神を賛美し続けている姿を描いている(黙4:9-11, 5:8-14, 7:9-12, 11:16-18)。

(4) 神を賛美することは天使たちの主な働きの一つである(詩103:20, 148:2)。また子どもであれ(マタ21:16, ⇒詩8:2)、若者であれ、おとなであれ(詩30:4, 135:1-2, 19-21)、神の民の特権でもある。神はあらゆる民族に神を賛美するように招いておられる(詩67:3-5, 117:1, 148:11-13, イザ42:10-12, ロマ15:11)。息のあるものはみな大声で神を賛美するようにと言われている(詩150:6)。神は自然界でご自分が造られたもの全部、太陽や月や星(詩148:3-4, ⇒19:1-2)、雷やひょうや雪や風(詩148:8)、山や丘や川や海(詩98:7-8, 148:9, イザ44:23)、あらゆる種類の木(詩148:9, イザ55:12)、あらゆる生きもの(詩69:34, 148:10)などに神を賛美するように命じられた。神が造られたものはみな神の栄光を示し、神は賛美を受けるにふさわしい方であることを示している。

賛美の方法

神を賛美するためにはいろいろな方法がある。

(1) 賛美は公の礼拝の重要な要素である(詩100:4, →「礼拝」の項 p.789)。

(2) 教会やそのほかの場所での礼拝の場合、詩と賛美と霊の歌を歌うことは、神への賛美を表す一つの方法である(詩96:1-4, 147:1, エペ5:19-20, コロ3:16-17)。賛美は知性でも(人間のことばで)、霊によってでも(霊の祈りのことばである異言で Ⅰコリ14:14-16, →14:15注)表すことができる。

(3) 音楽による賛美の表現には種々の楽器を使うことができる。たとえば角笛やラッパ(Ⅰ歴15:28, 詩150:3)、笛などの管楽器(Ⅰサム10:5, 詩150:4)、十弦の琴や立琴などの弦楽器(Ⅰ歴13:8, 詩149:3,

150：3)、タンバリンとシンバルなどの打楽器(出15：20, 詩150：4-5)などである。

(4) 神のすばらしいみわざをほかの人々に話すことも神への賛美の方法である。たとえば神の赦しを体験したダビデは、主がしてくださったことを人々に熱心に伝えた(詩51：12-13, 15)。聖書のほかの記者たちは神の民の会衆の中で(詩22：22-25, 111：1, ヘブ2：12)、諸国民の中で(詩18：49, 96：3-4, イザ42：10-12)、神の栄光を伝え賛美するように勧めている。ペテロは「あなたがたを、やみの中から、ご自分の驚くべき光の中に招いてくださった方のすばらしいみわざを・・・宣べ伝える」(Ⅰペテ2：9)ように神に選ばれた民に求めている。言い換えれば、ほかの国や文化の人々にキリストのメッセージを伝える宣教の働きは神を賛美する一つの方法である。

(5) 神の栄光と誉れのために生きる生き方そのものが、主を賛美する一つのかたちである。主イエスはもし私たちが「光」を輝かすなら、人々は私たちの良い行いを見て神をあがめ賛美をささげるだろうと言われた(マタ5：16, ⇒ヨハ15：8)。パウロは「義の実」(神の愛を示し神が言われたことを正しいとする品性と行動)に満ちた生活は神を賛美することであると言っている(ピリ1：11)。

賛美する理由

人々はなぜ主を賛美するのだろうか。

(1) 神の臨在を感じ、神のすばらしさをたたえるために神を賛美する。天と地を創造された方の力、栄光、不思議さ、威光を歌う(詩96：4-6, 145：3, 148：13)。この方は聖い方であがめられるにふさわしい方だから賛美する(詩99：3, イザ6：3)。

(2) 神の愛や力強い働きを自分たちの中に体験したので神を賛美する。神は赦しと救いと個人的交わりを与えてくださった(詩96：1-3, 106：1-2, 148：14, 150：2, ルカ1：68-75, 2：14, 20)。また神の変ることのないあわれみと恵みと愛に感謝を表したいので賛美する(詩57：9-10, 89：1-2, 117：, 145：8-10, エペ1：6, →「**神の属性**」の項 p.1016)。

(3) 神が人々を解放したり、敵から救い出したり、病気を癒したりされた特別なことを覚えて神を賛美する(詩9：1-5, 40：1-3, 59：16, 124：, エレ20：13, ルカ13：13, 使3：7-9)。

(4) 神が肉体的にも霊的にも日々の配慮をしてくださり、必要を絶えず備えてくださるので神を賛美する。

これ以外にもさらに多くの理由に動かされた人は歌とあかしをもって神を賛美し、あかしをし、何にも勝ってあがめられるべき方に奉仕をするのである(詩68：19, 103：, 147：, イザ63：7 →「**神の摂理**」の項 p.110)。

国々に思い知らせてください。セラ

神は聞き、行動される
10
1 主よ。なぜ、あなたは遠く離れてお立ちなのですか。
苦しみのときに、なぜ、身を隠されるのですか。
2 ①悪者は高ぶって、②悩む人に追い迫ります。
彼らが、おのれの設けたくらみに
みずから捕らえられますように。
3 ①悪者はおのれの心の欲望を誇り、
貪欲な者は、主をのろい、また、侮る。
4 ①悪者は高慢を顔に表して、神を尋ね求めない。
その思いは「③神はいない」の一言に尽きる。
5 彼の道はいつも栄え、
あなたのさばきは高くて、彼の目に、入らない。
敵という敵を、彼は吹き飛ばす。
6 ①彼は心の中で言う。
「私はゆるぐことがなく、
代々にわたって、わざわいに会わない。」

1①詩22:1, 71:12
 ②詩13:1, 55:1
2①詩73:6, 8, 10:3, 4, 13, 15, →詩34:21
 ②→詩36:11
 ③詩21:11, 140:8
 ④詩9:16, 94:4
3①→詩10:2
 ②詩49:6, 94:3, 4
 ③詩10:13
4①→詩10:2
 ②詩10:13
 ③詩14:1, 53:1
5①詩52:7
 ②詩36:6
 ③詩28:5
6①詩49:11

7①詩50:19, 59:12, 73:8, 109:2, 140:3, ヨブ20:12, ロマ3:14
8①詩64:4
 ②詩15:5, 94:21
9①詩17:12
 ②詩10:2
 ③詩59:3, ミカ7:2
 ④詩57:6, 140:5
11①詩73:11, 94:7, ヨブ22:13, 14
 ②詩13:1, 22:24, 27:9, 30:7, 44:24, 51:9, 69:17, 88:14, 102:2, 104:29, 143:7, ヨブ13:24
12①→詩35:2
 ②詩17:7, ミカ5:9
 ③詩9:12
13①→詩10:2
 ②詩10:3

7 彼の口は、のろいと欺きとしいたげに満ち、
彼の舌の裏には害毒と悪意がある。
8 彼は村はずれの待ち伏せ場にすわり、
隠れた所で、罪のない人を殺す。
彼の目は不幸な人をねらっている。
9 彼は茂みの中の獅子のように
隠れ場で待ち伏せている。
彼は悩む人を捕らえようと待ち伏せる。
悩む人を、その網にかけて捕らえてしまう。
10 不幸な人は、強い者によって砕かれ、うずくまり、
倒れる。
11 彼は心の中で言う。
「①神は忘れている。②顔を隠している。
彼は決して見はしないのだ。」

12 主よ。立ち上がってください。
神よ。御手を上げてください。
どうか、①貧しい者を、②忘れないでください。
13 なぜ、①悪者は、神を侮るのでしょうか。
彼は心の中で、あなたは追い求めない
と言っています。

14 あなたは、見ておられました。

10:1-18 あなたは遠く離れてお立ちなのですか この祈りはなぜ神はさばきを遅らせて（⇒黙6:9-10に見られるキリストを信じたために殺された人々の叫び）、邪悪な人々が繁栄するのを許しておられるのかを知りたいという叫びである。今の時代は不義とあらゆる悪に満ちていて、神を敬わない人々がさばかれることなく自由に歩きまわっているように見える。神はしばしば「遠く離れて」立っているように見える。けれども神が悪と苦しみを止めてくださるよう神の民は祈りを続ける一方で、正義とさばきの日が来るという確信を持って安らぐことができる。そのときまでに主は神に頼る人々を高く引上げてくださる（10:17-18）。困難な情況にある正しい人の希望について →「**正しい人の苦しみ**」の項 p.825

10:2 悪者は高ぶって・・・追い迫ります 詩篇の作者は無慈悲で邪悪な人々が高慢で繁栄していることを悲しんでいる（10:3-11）。（1）そして神が悪者たちを打倒して無力な人々を助け、罪と暴虐を地上から永遠に取去って王として治めてくださるように祈っている（10:12-18）。（2）キリストに従う人々は特に邪悪な人々が神に立返ることに関心を持たなければならない。けれども一方ではキリストが再び来られて悪を全く滅ぼされるまで罪と悪は完全には滅ぼされないし、真理と正義が完全に勝利しないことも理解しなければならない（黙19:11-20:10）。そのときまで神が早く悪を滅ぼしてキリストが永遠の王座につかれ、罪と悲しみが止むように祈り続けるべきである（→黙19:-22:）。

10:8-10 隠れた所で、罪のない人を殺す この部分は多くの人を肉体的、感情的、霊的に崩壊させるようなことに関係する、神を敬わない人々に当てはめることができる。

（1）このような人々はむさぼりから貧しい人や若者や不注意で軽率な人々をわなにかける（⇒10:3）。悪賢い人々は自分たちの産物や利益と快楽を宣伝するけれども、それに乗ってくる人々をわなにかけて苦しませようとねらっている（10:9）。

（2）このような邪悪でごう慢な人々は神に対する自分たちの道徳的責任に気付いていないようである（10:3-4, 11, 13）。けれどもその行き着くところは破滅である（→73:）。神を信じる人はほかの人々を傷つけるようなものには絶対にかかわるべきではない。正しい人は思いやりをもってほかの人々を助けること、特に有害な誘惑を避けるように励まさなければならない。

害毒と苦痛を。
彼らを御手の中に収めるために
じっと見つめておられました。
不幸な人は、あなたに身をゆだねます。
あなたはみなしごを助ける方でした。
15 悪者と、よこしまな者の腕を折り、
その悪を捜し求めて
一つも残らぬようにしてください。

16 主は世々限りなく王である。
国々は、主の地から滅びうせた。
17 主よ。あなたは貧しい者の願いを
聞いてくださいました。
あなたは彼らの心を強くしてくださいます。
耳を傾けて、
18 みなしごと、しいたげられた者を
かばってくださいます。
地から生まれた人間が
もはや、脅かすことができないように。

主は私たちの避け所

11 指揮者のために。ダビデによる

1 主に私は身を避ける。
どうして、あなたたちは私のたましいに
言うのか。
「鳥のように、おまえたちの山に飛んで
行け。
2 それ、見よ。悪者どもが弓を張り、
弦に矢をつがえ、暗やみで
心の直ぐな人を射ぬこうとしている。
3 拠り所がこわされたら正しい者に何がで
きようか。」

14 ①詩10:7
②詩72:12
③詩10:18, 68:5, 146:9
15 ①詩37:17, →詩10:2
16 ①詩29:10, 145:13, 146:10
②申8:20
17 ①詩9:18
②→詩11:2
③詩34:15
18 ①→詩10:14
②詩9:9
③詩7:8
④イザ29:20

1 ①→詩2:12
2 ①詩11:5, 6, →詩34:21
②詩7:12, 37:14
③詩64:3
④→詩7:10
⑤詩64:4
3 ①詩87:1
②→詩37:12

4 ①詩18:6, ミカ1:2, ハバ2:20
②詩103:19, 123:1, イザ66:1, マタ5:34, 黙4:2
③詩34:15, 66:7
④→詩7:9
5 ①→詩37:14
②詩11:2
③→詩7:9
④詩5:5
⑤→詩18:48
6 ①詩18:13, 14
②創19:24, エゼ38:22
③エレ4:11, 12
④→詩16:5
7 ①詩7:9, 11
②詩33:5, →詩99:4
③詩37:37, 49:14, 107:42, 111:1, 112:2, 4, 140:13, →詩7:10
④詩17:15, マタ5:8, ヘブ12:14, 黙22:4

1 ①イザ57:1, ミカ7:2, →詩4:3
2 ①詩41:6, 144:8, 11
②詩5:9, 28:3, 55:21, エレ9:8, ロマ16:18
3 ①ダニ7:8, 黙13:5
4 ①詩73:8, 9
5 ①詩9:9, 10:18, 69:33, 140:12
②→詩35:2, イザ33:10

4 主は、その聖座が宮にあり、
主は、その王座が天にある。
その目は見通し、
そのまぶたは、人の子らを調べる。
5 主は正しい者と悪者を調べる。
そのみこころは、暴虐を好む者を憎む。
6 主は、悪者の上に網を張る。
火と硫黄、
燃える風が彼らの杯への分け前となろう。
7 主は正しく、正義を愛される。
直ぐな人は、御顔を仰ぎ見る。

悪いときの良い思い

12 指揮者のために。八弦の立琴に合わせて。ダビデの賛歌

1 主よ。お救いください。
聖徒はあとを絶ち、
誠実な人は人の子らの中から消え去りました。
2 人は互いにうそを話し、
へつらいのくちびると、二心で話します。
3 主が、へつらいのくちびると傲慢の舌とを、
ことごとく断ち切ってくださいますように。
4 彼らはこう言うのです。
「われらはこの舌で勝つことができる。
われらのくちびるはわれらのものだ。
だれが、われらの支配者なのか。」
5 主は仰せられる。
「悩む人が踏みにじられ、貧しい人が嘆くから、
今、わたしは立ち上がる。

11:1-7 【主】に私は身を避ける この詩篇は聖書的原則が脇へ追いやられたり、無視されたりするときに、妥協したり屈服しそうになる人々に訴えている(11:1-3)。忠実な人々は困難なとき(11:1)、そして「拠り所がこわされ」るとき(11:3)、神を敬う道を歩むことができるように神が助けてくださることを信じ続ける。「直ぐな人は、御顔を仰ぎ見る」という確信を持っているからである(11:7, ⇒16:8-11, 17:15, 23:6)。

11:5 そのみこころは、暴虐を好む者を憎む 主はあわれみ深く「正義を愛される」(11:7)ので、暴虐に加わりそれに喜びを感じる人々を嫌われる。これは今日娯楽メディアを通してしばしば、そして簡単に入り込む有害なものに心を開いている信仰者に対する明らかな警告である。警戒を怠るなら、神が非難される悪い行動や原則に気持が少しずつ引かれていくようになる(→ルカ23:35注, ロマ1:32注)。

12:1-8 【主】よ。お救いください この詩篇は神に献身する人々が神を敬わない悪者たちの行動に深く悩まされている状態を描いている。神の民はいつの時代にもこのことを体験してきたけれども、キリストが再

詩篇　12-14篇　　　895

わたしは彼を、その求める救いに入れよう。」
6 主のみことばは混じりけのないことば。
　土の炉で七回もためされて、純化された
　銀。

7 あなたが、主よ、彼らをお守りになります。
　あなたはこの時代からとこしえまでも
　彼らを保たれます。
8 人の子の間で、
　卑しいことがあがめられているときには、
　悪者が、至る所で横行します。

荒野のたましい

13
指揮者のために。ダビデの賛歌

1 主よ。いつまでですか。
　あなたは私を永久にお忘れになるのです
　か。
　いつまで御顔を私からお隠しになるので
　すか。
2 いつまで私は自分のたましいのうちで
　思い計らなければならないのでしょう。
　私の心には、一日中、悲しみがあります。
　いつまで敵が私の上に、勝ちおごるので

5 ①詩34:6, 35:10, 119:117
6 ①詩18:30, 19:8, 10, 119:140, 箴30:5
7 ①詩97:10, 37:28
8 ①イザ32:5
　②詩55:10, 11, →詩34:21

1 ①詩89:46, ハバ1:2
　②詩42:9, 44:24
　③→詩10:11

3 ①詩18:28, Ⅰサム14:27, 29, エズ9:8, ヨブ33:30
4 ①詩25:2, 38:16
　②詩12:4
　③詩38:16
5 ①詩52:8, →詩33:5
　②→詩9:14
6 ①詩96:1, 2
　②詩116:7, 119:17, 142:7

1 ①詩14:1-7, 詩53:1-6
　②詩14:1-3, ロマ3:10-12
　③詩10:4, 53:1
　④詩14:3, 36:3, 53:1, 3

しょう。

3 私に目を注ぎ、私に答えてください。
　私の神、主よ。私の目を輝かせてください。
　私が死の眠りにつかないように。
4 また私の敵が、「おれは彼に勝った」
　と言わないように。
　私がよろめいた、と言って私の仇が喜ば
　ないように。

5 私はあなたの恵みに拠り頼みました。
　私の心はあなたの救いを喜びます。
6 私は主に歌を歌います。
　主が私を豊かにあしらわれたゆえに。

† 詩18:1-3

愚か者の運命
14:1-7　並行記事－詩53:1-6

14
指揮者のために。ダビデによる

1 愚か者は心の中で、「神はいない」と言っ
　ている。
　彼らは腐っており、忌まわしい事を行っ
　ている。
　善を行う者はいない。

臨される前の終末のときには、このような情況はごく当り前のことになり、全人類の間に根付くことになる（Ⅰテモ4:1）。けれどもキリストに従う人々は悪が最高潮のときにも神の力と臨在が自分たちを守り励ましてくれるという確信を持っている（12:5）。神は「とこしえまでも・・・保たれ」る（12:7, →Ⅰペテ1:5注）。

13:1　あなたは私を永久にお忘れになるのですか　この詩篇の作者は意気消沈し、落胆し、絶望的な悩みの中にいる。神は遠くに離れ助けようとなさらないように見える。けれども神の民は二つの大切なことを心に留めておくべきである。

（1）神を敬う人々の祈りはすぐには応えられないかもしれない。けれども神は祈りを聞いておられる。神に見捨てられたという気持は病気や経済的問題、家族や仕事、学校や教会などに深刻な悩みがあるときにやってくる。そのようなときには、聖霊が平安と忍耐を与えてくださるように祈るべきである。キリスト者には霊的に救われ、神との個人的な関係を持っているという喜ぶ理由があることを聖書は教えている（13:5-6）。それは感情や情況に基づくものではない。

（2）もしイエス・キリストにある信仰を通して神に信頼しているなら、神の対応が遅れたとしても見捨

てられたのではない。神はだれも知らない別の目的を完成しようとしておられるのかもしれない（⇒Ⅱコリ12:7-10, ヘブ12:10-11, ヤコ1:2-4, Ⅰペテ1:6-7, →「正しい人の苦しみ」の項 p.825）。

13:5　私の心はあなたの救いを喜びます　神の応答が遅れても神の変らない愛にますます強く頼るべきである。神が今まで何度も祝福し守ってくださったという体験をだれもがしているはずである。これからも神はご自分の方法でご自分の時にご自分の民へ大きな愛を表してくださる（→ロマ8:28注）。

14:1-7　愚か者　愚か者とはまるで神がおられないかのように生きる人のことである。愚か者は次の二つの方法で神に対する反抗心を表す。

（1）聖書が神について教えていることを信じないで神の啓示を拒む。そして悪いことと良いこととを自分たちの考えで判断して、神のことばが示す道徳的原則をあざけり、公に軽べつし拒む（14:1-3）。

（2）神とは全く関係を持とうとしない。神を認めることも助けを求めて祈ることもしない。

この詩篇は邪悪な人々の道徳的に堕落した姿を描いて、人間は生まれつき神から離れ、神に反対するものであることを教えている（⇒エペ2:2-3）。パウロはこ

2 主は天から人の子らを見おろして、
　神を尋ね求める、悟りのある者が
　いるかどうかをご覧になった。
3 彼らはみな、離れて行き、
　だれもかれも腐り果てている。
　善を行う者はいない。ひとりもいない。

4 不法を行う者らはだれも知らないのか。
　彼らはパンを食らうように、わたしの民
　を食らい、
　主を呼び求めようとはしない。
5 見よ。彼らが、いかに恐れたかを。
　神は、正しい者の一族とともにおられる
　からだ。
6 おまえたちは、悩む者のはかりごとを
　はずかしめようとするだろう。
　しかし、主が彼の避け所である。

7 ああ、イスラエルの救いがシオンから来
　るように。
　主が御民の繁栄を元どおりにされるとき、
　ヤコブは楽しめ。
　イスラエルは喜べ。

聖い人の幸福

15
ダビデの賛歌

1 主よ。
　だれが、あなたの幕屋に宿るのでしょうか。

2 ①詩33:13, 14, 102:19
　②→詩9:10,
　Ⅰ歴22:19, ロマ3:11
3 ①詩58:3
　②詩143:2, ロマ3:12
4 ①→詩5:6
　②詩82:5, 92:6
　③詩27:2, エレ10:25,
　アモ8:4, ミカ3:3
　④詩79:6, イザ64:7
5 ①→詩37:12
6 ①詩20:4
　②詩46:1, 142:5,
　イザ25:4
7 ①詩53:6, イザ35:10
　②ヨブ42:10,
　詩53:6, 85:1, 126:1

1 ①詩15:1, 2, 詩24:3, 4
　②詩27:5, 6, 61:4,
　→詩19:4

③→詩2:6
2 ①詩24:4, イザ33:15
　②→詩35:24
　②→詩51:6, ゼカ8:16,
　エペ4:25
3 ①出23:1, レビ19:16
　②詩50:20
4 ①詩53:5
　②詩33:18, 使28:10
　③士11:35
5 ①出22:25, レビ25:36,
　申23:20, エゼ18:8
　②出23:8, 申16:19
　③詩16:8, 21:7, 30:6,
　詩55:22, →詩112:6,
　→詩38:16

1 ①詩17:8
　②→詩2:12
2 ①詩73:25, 詩25:13
3 ①詩34:9, 89:5, 7,
　106:16
4 ①詩32:10

詩篇 14-16篇

　だれが、あなたの聖なる山に住むので
　しょうか。
2 正しく歩み、義を行い、
　心の中の真実を語る人。
3 その人は、舌をもってそしらず、
　友人に悪を行わず、
　隣人への非難を口にしない。
4 神に捨てられた人を、その目はさげすみ、
　主を恐れる者を尊ぶ。
　損になっても、立てた誓いは変えない。
5 金を貸しても利息を取らず、
　罪を犯さない人にそむいて、わいろを取
　らない。
　このように行う人は、決してゆるがされ
　ない。

神の臨在の中にいる喜び

16
ダビデのミクタム

1 神よ。私をお守りください。
　私は、あなたに身を避けます。
2 私は、主に申し上げました。
　「あなたこそ、私の主。
　私の幸いは、あなたのほかにはありませ
　ん。」
3 地にある聖徒たちには威厳があり、
　私の喜びはすべて、彼らの中にあります。
4 ほかの神へ走った者の痛みは

の詩篇の最初の3節を引用して「すべての人は、罪を犯したので、神からの栄誉を受けることができ」ないという真理(ロマ3:23, →ロマ3:10-12)を支持している。

15:1　だれが、あなたの幕屋に宿るのでしょうか
この詩篇は「どのような人が神との深い関係や神の強い臨在を体験するのか」という質問に答えている。そこには神を敬わない態度、不誠実やごまかし、中傷や自己中心的態度をとるなら、神の臨在感を失い、神ご自身が臨在を引揚げられることさえあることが暗示されている。だからキリスト者は毎日行動を吟味し、罪を告白し悔い改めて神に認められるように生きなくてはならない(⇒Ⅱテモ2:15)。神との交わりを失うことはすべてを失うことである(⇒Ⅰヨハ1:6-7, 2:3-6, 3:21-24)。

15:4　損になっても、立てた誓いは変えない　神は個人的な高潔さ(人格、誠実、名誉、忠実)を何よりも重視しておられる。それは神やほかの人々に対して約束を守り、献身をし続けるかどうかと関係しているからである(⇒申23:21-23)。約束をしてもそれを破るなら約束をしないほうがよい。神はことばを大切にされるのでご自分に従う人々にもことばを大切にすることを期待しておられる。これは旧約聖書の教える真理であるけれども、新約聖書の信仰者にとっても真実である。キリストに従うと言いながらうそをつき約束を破る人々によって、キリスト教の評判はすぐに落ちてしまう。約束を破る例としては、期日までに支払いをしない、家庭、学校、職場などで最善の努力をしない、ほかの人々との関係で誠実ではないなどが挙げられる。約束をしたなら、それが予想以上に困難なことになったときでも守り続けなければならない。

16:2　私の幸いは、あなたのほかにはありません
詩篇の作者は神から離れたら人生の意味も個人的幸福

詩篇 16–17篇

増し加わりましょう。
私は、彼らの注ぐ血の酒を注がず、
その名を口に唱えません。
5 主は、私へのゆずりの地所、また私への杯です。
あなたは、私の受ける分を、
堅く保っていてくださいます。

6 測り綱は、私の好む所に落ちた。
まことに、私への、すばらしいゆずりの地だ。
7 私は助言を下さった主をほめたたえる。
まことに、夜になると、私の心が私に教える。
8 私はいつも、私の前に主を置いた。
主が私の右におられるので、
私はゆるぐことがない。
9 それゆえ、私の心は喜び、
私のたましいは楽しんでいる。

4 ①詩106:37, 38
③ 出23:13, ヨシ23:7
5 ①詩73:26, 119:57, 142:5, 哀3:24
②詩11:6, 23:5, 75:8, 116:13
6 ①詩78:55
②エレ3:19, →詩37:18
7 ①詩73:24
②詩42:8, 63:6, 77:6, 119:55, ヨブ35:10
＊直訳「腎臓」
8 ①詩16:8-11, 使2:25-28
②詩54:3, 123:1, 2
③詩73:23, 109:31, 110:5, 121:5④→詩15:5
9 ①詩47:7, 13:5
②詩30:12, 57:8, 108:1

③詩4:8
10 ①詩49:15, 86:13, →詩31:17
＊→詩6:5＊
②→詩4:3
③詩49:9, 使13:35
11 ①詩139:24, マタ2:19, マタ7:14, ②詩25:4
③詩21:6, 43:4, 46:4
④詩36:8

1 ①詩9:4
②詩61:1, 142:6
③イザ29:13

4 ②詩106:37, 38

私の身もまた安らかに住まおう。

10 まことに、あなたは、私のたましいを
よみに捨ておかず、
あなたの聖徒に墓の穴をお見せにはなりません。
11 あなたは私に、いのちの道を
知らせてくださいます。
あなたの御前には喜びが満ち、
あなたの右には、楽しみがとこしえにあります。

悪者からの救い

17
ダビデの祈り

1 主よ。聞いてください、正しい訴えを。
耳に留めてください、私の叫びを。
耳に入れてください、欺きのくちびるからでない

も見出せないと言っている。神の臨在と祝福なしにはこの人生には良いものも満足できるものもない。作者はにせの神々から離れて神を何よりも優先させようとしていた（16:4）。まことの神との関係が作者にとってはすべてだった。パウロはこれと同じ真理を表現して「私にとっては、生きることはキリスト」と言っている（ピリ1:21、⇒ガラ2:20）。

16:5 私へのゆずりの地所、また私への杯です この節でダビデは神の民が約束の地に入ったときに受取った遺産あるいは「地所」のことを示している。その意味するところは土地（民16:14）と神の臨在の両方である。「杯」は隠喩（二つの物事がどれほど似ているかを比較して象徴的に表すこと）で、客を親切にもてなして振舞う、気分をさわやかにする飲み物のことである。この場合、主は「地所」であり「杯」である（⇒73:26, 民18:20, 申18:2）。主は私たちの遺産、祝福の源、そして幸せであり続けるためにつながるべき唯一の方である（ヨハ14:23）。

16:8 いつも、私の前に【主】を置いた 神の民は何よりも主との親密な関係を求め、大切にするべきである。右（誉れ、権威、力の位置を表す）におられる神の臨在は、導き（16:7, 11）、守り（16:8）、喜び（16:9）、復活（16:10）、永遠の喜び（16:11）を与えてくれる。

16:10 私のたましいをよみに捨ておかず 神との個人的関係を持つなら未来のいのちを神とともに過すという確信と、よみ（《ヘ》シェオル）の中に捨て置かれない（⇒73:26）という確信が与えられる。使徒（初代教会の開拓をした指導者たち）であるペテロとパウロはこの節をキリストと復活に当てはめている（使2:25-31, 13:34-37）。

（1）旧約聖書に65回出てくる「シェオル」ということばは「墓」や「死」を意味することもある。

（2）一般的に旧約聖書では「シェオル」は刑罰と関連がある場所とされている。(a) ヤコブが息子ヨセフを失ったためによみ（シェオル）に下ると言ったとき（創37:35）、神のさばきが下ったに違いないと感じていた。したがって慰められることを拒んだ。そしてヨセフが生きていることを聞くまで何も神に求めていない。(b) ダビデはよみ（シェオル）は「悪者」が行く場所であるとはっきり言っている（9:17）。神を敬わないバビロンの王は死んだとき、自分が征服した王たちのいる恐ろしい所に行くとイザヤは告げている（イザ14:9-10）。(c) イスラエル人は死後「シェオル」には行かないで神の臨在を楽しむことができる所に行くと期待していたことがいくつかの聖書箇所で示されている。ダビデは死んだ後「いつまでも、主の家に」生きることを期待している（23:6）。別の詩篇の作者は、神がいのちをよみ（シェオル）から救い、天国に連れて行ってくださると信じている（49:15, ⇒73:14-15）。さらにソロモンは、知恵深く神を恐れる人の道は「下にあるよみを離れるため」上っていくと証言している（箴15:24）。

17:1 【主】よ。聞いてください 祈りを聞いてくださいとダビデは主に叫んだけれども、それは神のあわ

私の祈りを。
2 私のためのさばきが御前から出て、
公正に御目が注がれますように。
3 あなたは私の心を調べ、
夜、私を問いただされました。
あなたは私をためされましたが、
何も見つけ出されません。
私は、口のあやまちをしまいと心がけました。
4 人としての行いについては、
あなたのくちびるのことばによりました。
私は無法な者の道を避けました。
5 私の歩みは、あなたの道を堅く守り、
私の足はよろけませんでした。
6 神よ。私はあなたを呼び求めました。
あなたは私に答えてくださるからです。
耳を傾けて、私の申し上げることを聞いてください。
7 あなたの奇しい恵みをお示しください。
立ち向かう者から身を避けて右の手に来る者を
救う方。
8 私を、ひとみのように見守り、
御翼の陰に私をかくまってください。
9 私を襲う悪者から。私を取り巻く貪欲な敵から。
10 彼らは、鈍い心を堅く閉ざし、
その口をもって高慢に語ります。
11 彼らは、あとをつけて来て、今、
私たちを取り囲みました。

1①詩88:2
2①→詩36:6
②詩98:9, 99:4
3①→詩7:9, 詩26:2
②詩26:2, 105:19,
ゼカ13:9, マラ3:2, 3,
Ⅰペテ1:7
③エレ50:20
④詩39:1
4①詩119:9, 101
5①詩44:18, ヨブ23:11
②→詩38:16
6①詩86:7
7①→詩33:5
②詩18:35, 20:6, 21:8,
→詩44:3, →詩74:11,
→詩98:1, →詩108:6
8①申32:10, ゼカ2:8
②詩36:7, 57:1, 61:4,
63:7, 91:1, 4, ルツ2:12
②詩31:20
9①詩27:12, 31:20
10①詩73:7, 119:70,
ヨブ15:27
②詩31:18, 73:8,
Ⅰサム2:3
11①詩56:6
②詩88:17

彼らは目をすえて、
私たちを地に投げ倒そうとしています。
12 彼は、あたかも、引き裂こうとねらっている獅子、
待ち伏せしている若い獅子のようです。
13 主よ。立ち上がってください。
彼に立ち向かい、彼を打ちのめしてください。
あなたの剣で、悪者から私のたましいを
助け出してください。
14 主よ。人々から、あなたの御手で。
相続分がこの世のいのちであるこの世の人々から。
彼らの腹は、あなたの宝で満たされ、
彼らは、子どもらに満ち足り、
その豊かさを、その幼子らに残します。
15 しかし、私は、正しい訴えで、御顔を仰ぎ見、
目ざめるとき、あなたの御姿に満ち足りるでしょう。

③詩37:14
12①→詩7:2
13①→詩35:2
②詩7:12
③詩22:20, 116:1,
119:133, 140:1
14①詩17:7
②詩49:6, 73:3-7,
ルカ16:25
15①詩11:7
②民12:8, Ⅰヨハ3:2
題①詩18篇, Ⅱサム22章
10①詩28:7, 31:4, 43:2,
59:17
②詩116:1

苦難の中からの神への叫び

18: 題-50　並行記事－Ⅱサム22:1-51

18 指揮者のために。主のしもべダビデによる。主が、彼のすべての敵の手、特にサウルの手から彼を救い出された日に、この歌のことばを主に歌った

1 彼はこう言った。
主、わが力。私は、あなたを慕います。

れみとダビデ自身の神への忠誠を根拠にしていた(⇒17:1-5)。神はダビデの心を探り、ダビデの努力は正しく真実であることを認められた(⇒Ⅰヨハ3:19-21)。ダビデが自分の忠実さに基づいて神に訴えたことから、神を愛し尊ぶ人々の祈りを神は聞いてくださると約束されたことがわかる(→ヨハ15:7注)。澄んだ良心ときよい生活から祈る祈りは応えられる(→Ⅰヨハ3:22注、→「**効果的な祈り**」の項 p.585)。

17:8 ひとみのように　詩篇の作者は二つの例を使って忠実な民に対する神の愛と配慮を教えている。(1)「ひとみ」は眼球のことで大切で価値あるものを示すヘブル語の隠喩(たとえ、象徴、比喩)である。(2)「御翼の陰」はめんどりが翼の下でひなを守っていることをもとにした隠喩で、愛に満ちた神の配慮と

備えを表している(⇒36:7, 57:1, 61:4, 63:7)。キリストはイスラエルに対する愛を表現するためにこの象徴を用いられた(マタ23:37)。信仰者には神の力強い腕による守りと支えを祈り求める特権がある(⇒申32:10, 箴7:2, ゼカ2:8)。

18:1-50【主】・・・私は、あなたを慕います　この詩篇は多少の違いはあるけれどもサムエル記第二22章にも記録されている。これはダビデ王が統治の初期に(⇒Ⅱサム8:14)、恐ろしい姦淫の罪を犯してその後一生涯その結果に苦しむようになる前に書かれたものと思われる(→Ⅱサム12:1-14)。またこの詩篇は預言的にキリストを指していると思われる。パウロは49節を引用して、主イエスのなされたことに対して諸国民が神の御名をほめたたえることを描いている

詩篇 18篇

2 主はわが巌、わがとりで、わが救い主、
身を避けるわが岩、わが神。
わが盾、わが救いの角、わがやぐら。
3 ほめたたえられる方、この主を呼び求めると、
私は、敵から救われる。

4 *死の綱は私を取り巻き、
滅びの川は、私を恐れさせた。
5 *よみの綱は私を取り囲み、
死のわなは私に立ち向かった。
6 私は苦しみの中に主を呼び求め、
助けを求めてわが神に叫んだ。
主はその宮で私の声を聞かれ、
御前に助けを求めた私の叫びは、御耳に届いた。

7 すると、地はゆるぎ、動いた。
また、山々の基も震え、揺れた。
主がお怒りになったのだ。
8 煙は鼻から立ち上り、
その口から出る火はむさぼり食い、
炭火は主から燃え上がった。
9 主は、天を押し曲げて降りて来られた。
暗やみをその足の下にして。
10 主は、ケルブに乗って飛び、
風の翼に乗って飛びかけられた。
11 主はやみを隠れ家として、回りに置かれた。
その仮庵は雨雲の暗やみ、濃い雲。
12 御前の輝きから、密雲を突き抜けて来たもの。
それは雹と火の炭。
13 主は天に雷鳴を響かせ、
いと高き方は御声を発せられた。
雹、そして、火の炭。
14 主は、矢を放って彼らを散らし、
すさまじいいなずまで彼らをかき乱された。
15 こうして、水の底が現われ、
地の基があらわにされた。

主よ。あなたのとがめ、あなたの鼻の荒いいぶきで。
16 主は、いと高き所から御手を伸べて私を捕らえ、
私を大水から引き上げられた。
17 主は私の強い敵と、私を憎む者とから私を救い出された。
彼らは私より強かったから。
18 彼らは私のわざわいの日に私に立ち向かった。
だが、主は私のささえであった。
19 主は私を広い所に連れ出し、私を助け出された。
主が私を喜びとされたから。

20 主は私の義にしたがって私に報い、
私の手のきよさにしたがって私に償いをされた。
21 私は主の道を守り、
私の神に対して悪を行わなかった。
22 主のすべてのさばきは私の前にあり、
主のおきてを私は遠ざけなかった。
23 私は主の前に全く、
私の罪から身を守る。
24 主は、私の義にしたがって、
また、御目の前の私の手のきよさにしたがって
私に償いをされた。

25 あなたは、恵み深い者には、恵み深く、
全き者には、全くあられ、
26 きよい者には、きよく、
曲がった者には、ねじ曲げる方。
27 あなたは、悩む民をこそ救われますが、
高ぶる目は低くされます。
28 あなたは私のともしびをともされ、
主、私の神は、私のやみを照らされます。
29 あなたによって私は軍勢に襲いかかり、
私の神によって私は城壁を飛び越えます。

30 神、その道は完全。
主のみことばは純粋。

(⇒ロマ15:9)。

18:2 わが巌、わがとりで、わが救い主 この節に ある象徴的なことばは人生の実際的、また霊的戦いに当てはめることができる。神の配慮は六つの象徴で描

詩篇 18-19篇

主はすべて彼に身を避ける者の盾。
31 まことに、主のほかにだれが神であろうか。
　私たちの神を除いて、だれが岩であろうか。
32 この神こそ、私に力を帯びさせて
　私の道を完全にされる。
33 彼は私の足を雌鹿のようにし、
　私を高い所に立たせてくださる。
34 戦いのために私の手を鍛え、
　私の腕を青銅の弓をも引けるようにされる。
35 こうしてあなたは、御救いの盾を私に下さいました。
　あなたの右の手は私をささえ、
　あなたの謙遜は、私を大きくされます。
36 あなたは私を大またで歩かせます。
　私のくるぶしはよろけませんでした。
37 私は、敵を追って、これに追いつき、
　絶ち滅ぼすまでは引き返しませんでした。
38 私が彼らを打ち砕いたため、
　彼らは立つことができず、私の足もとに倒れました。
39 あなたは、戦いのために、私に力を帯びさせ、
　私に立ち向かう者を私のもとにひれ伏させました。
40 また、敵が私に背を見せるようにされたので、
　私は私を憎む者を滅ぼしました。
41 彼らが叫んでも、救う者はなかった。
　主に叫んでも、答えはなかった。
42 私は、彼らを風の前のちりのように、打ち砕き、
　道のどろのように除き去った。
43 あなたは、民の争いから、私を助け出し、
　私を国々のかしらに任ぜられました。
　私の知らなかった民が私に仕えます。
44 彼らは、耳で聞くとすぐ、
　私の言うことを聞き入れます。
　外国人らは、私におもねります。
45 外国人らはしなえて、
　彼らのとりでから震えて出て来ます。
46 主は生きておられる。
　ほむべきかな。わが岩。
　あがむべきかな。わが救いの神。
47 この神は私のために、復讐する方。
　神は諸国の民を私のもとに従わせてくださる。
48 神は、私の敵から私を助け出される方。
　まことに、あなたは私に立ち向かう者から
　私を引き上げ、
　暴虐の者から私を救い出されます。
49 それゆえ、主よ。
　私は、国々の中であなたをほめたたえ、
　あなたの御名を、ほめ歌います。
50 主は、王に救いを増し加え、
　油そそがれた者、ダビデとそのすえに、
　とこしえに恵みを施されます。

神のみわざとみことば

19 指揮者のために。ダビデの賛歌

1 天は神の栄光を語り告げ、
　大空は御手のわざを告げ知らせる。
2 昼は昼へ、話を伝え、
　夜は夜へ、知識を示す。
3 話もなく、ことばもなく、
　その声も聞かれない。
4 しかし、その呼び声は全地に響き渡り、

30 ① 詩2:12
　② 詩3:3
31 ① 詩86:8-10, イザ45:5
　② →詩18:2, 申32:31, Ⅰサム2:2
32 ① 詩18:39
　② →詩18:30, →詩37:18
33 ① ハバ3:19
34 ① 詩144:1
　② ヨブ29:20
35 ① 詩3:3
　② 詩17:7
　③ →詩20:2
　④ 詩138:6
　⑤ 詩71:21
36 ① 詩66:9
37 ① →詩7:5
　② 詩37:20
38 ① 詩36:12
　② 詩47:3
39 ① 詩18:32
　② 詩18:47, 144:2
40 ① 詩21:12
　② 詩54:5, 73:27, 94:23, 101:5
41 ① 詩50:22
　② 詩66:18, ヨブ27:9, 箴1:28
42 ① 詩83:13
43 ① 詩35:1, Ⅱサム3:1, 19:9
　② 詩89:27
　③ イザ55:5
44 ① 詩144:7, 11
　② 詩66:3
45 ① 詩37:2
　② ミカ7:17
46 ① Ⅱサム22:47, ヨブ19:25
　② →詩18:2
　③ →詩25:5
47 ① 詩94:1
　② 詩18:43, 47:3, 144:2
48 ① 詩3:7, 59:1, 143:9
　② 詩27:6
　③ 詩7:16, 11:5, 25:19, 35:11, 55:9, 58:2, 72:14, 73:6, 74:20, 140:1, 4, 11
49 ① ロマ15:9
　② 詩6:5, 42:5
　③ 詩108:1
50 ① 詩21:1, 144:10
　② →詩2:2
　③ 詩89:4
　④ →詩33:5

1 ① 詩50:6, 145:10-12, ロマ1:19, 20
　② 詩4:2
　③ 詩150:1, 創1:6, 7
2 ① 詩74:16
　② 詩139:12
4 ① ロマ10:18

詩37:1-6

かれている。(1)「わが巌」－神の不動の強さによる安全性と防御を表している(⇒31:2-3, 42:9, 62:7)。(2)「わがとりで」－敵が入り込めない避難場所と安全な場所を表している。(3)「わが救い主」－人々を困難から救い、自由にする神の能力を表している。(4)「わが盾」－神が私たちと危害の間に入り込んでくださることを表している(⇒創15:1)。(5)「わが救いの角」－私たちを救う神の強さと勝利する力を表している。(6)「わがやぐら」－神に堅くつかまり、正しい関係を保ち続けるなら神は安全を備え、人生の危険から引上げてくださることを表している。

19:1　天は神の栄光を語り告げ　ユダヤ・キリスト教的世界観(ユダヤ教とキリスト教の伝統と信仰)では物質世界が神の栄光と創造の力を宣言、または反映し

詩篇　19篇

そのことばは、地の果てまで届いた。
神はそこに、太陽のために、幕屋を設けられた。
5 太陽は、部屋から出て来る花婿のようだ。
勇士のように、その走路を喜び走る。
6 その上るのは、天の果てから、
行き巡るのは、天の果て果てまで。
その熱を、免れるものは何もない。
7 主のみおしえは完全で、たましいを生き返らせ、
主のあかしは確かで、わきまえのない者を賢くする。
8 主の戒めは正しくて、人の心を喜ばせ、
主の仰せはきよくて、人の目を明るくする。
9 主への恐れはきよく、
とこしえまでも変わらない。

4② 詩15:1, 27:5, 52:5, 61:4, 78:60, 118:15
6① 詩113:3
7①→詩119:150
　②→詩18:30
　③詩23:3
　④→詩81:5
　⑤詩93:5, 111:7
　⑥詩116:6, 119:130
　⑦詩119:98-100
8①→詩119:27
　②詩119:14
　③→詩119:32
　④詩12:6
　⑤詩36:9
9① 詩2:11, 5:7, 34:11, 86:11, 90:11, 111:10, 119:38, →詩33:18
　②→詩36:6
　③詩111:8, 119:142
　④詩119:138
10①詩119:72, 127
　②詩119:103
11①レビ18:5, 箴29:18
12①詩44:21, 90:8
　②詩51:1, 2
13①詩119:133
　②詩18:25, →詩37:18
　③詩25:11

主のさばきはまことであり、ことごとく正しい。
10 それらは、金よりも、多くの純金よりも好ましい。
蜜よりも、蜜蜂の巣のしたたりよりも甘い。
11 また、それによって、あなたのしもべは戒めを受ける。
それを守れば、報いは大きい。
12 だれが自分の数々のあやまちを
悟ることができましょう。
どうか、隠れている私の罪をお赦しください。
13 あなたのしもべを、傲慢の罪から守ってください。
それらが私を支配しませんように。
そうすれば、私は全き者となり、
大きな罪を、免れて、きよくなるでしょう。

ていると考えている（⇒148:3-5, ⇒ロマ1:18-20）。対照的に、この世界の多くの人の世界観では被造物そのものが「神」あるいは神的な存在である（→申4:19, Ⅱ列23:5）。この世俗的信仰は「母なる自然」がいのちの源で、自然あるいは宇宙にある目に見えない力が人間の運命を支配していると信じる（→イザ47:13）。別の人々は、世界は偶然に現れたとか創造主なしにでき上がったと信じている。神に従う人々はこのような見解を拒み、宇宙と人間の起源についての聖書の記述を受入れる。この信仰を持てば創造主をほめたたえないではいられなくなる（89:5-8, →「天地創造」の項p.29）。

19:7 【主】のみおしえは完全で、たましいを生き返らせ　神のことばとそこに含まれている命令、教え、指針はみな完全である。それらは生きるための完全で効果的指針である。それを生活に適用するなら、神のことばは神が計画された通りの目的を達成する。神の基準に従って生きることは重荷でも厳しい義務でもなく、神を愛して信頼し、神の力に頼る人々にとっては特権である（Ⅰヨハ5:3）。実際に神の教えに従うことによって新しいいのちが与えられ、気分も新しくされる体験をすることができる。それは人生の最高の目的を成就させ、絶え間ない失敗や罪責感、霊的空虚感から守るものである。単に神の律法の規制に従うだけでは救われない（ロマ8:3, ヘブ7:18-19）。どんなに良い行いや努力をしても救われることはない（エペ2:9, テト3:5）。律法は人間の失敗と弱さを明らかにし、人間には赦しと神との正しい関係が必要であることを

指し示す。そして人々を霊的生活と救いの基本へと引戻してくれる（ロマ7:12-13, ガラ3:24）。神のことばは完全に頼る人々の生活を導いてくれる。またみことばを学び従うなら本当の知恵を得ることができる。

19:7-11 【主】のみおしえは完全で　この部分ではみことばに現された神の律法の特色、祝福、価値などが説明されている。そして神のことばの五つの面が示されている。

（1）「みおしえ」（19:7）－明らかにされた神のご計画と目的を指す一般的な用語である。「みおしえ」は命令と導きを通して示されている。神との正しい関係を持つ方法を教えてくれる。

（2）「あかし」（19:7）－神の特性と目的を表す真理と定めのことである（⇒Ⅰヨハ5:9）。神のあかしを学ぶなら賢くなる。

（3）「戒め」（19:8）－神に従う人々に喜びを与える正しい生き方についての明らかな規則のことである。

（4）「仰せ」（19:8）－神の道をはっきりと見て従いたいと思う人々を導く信頼できる根拠である（⇒使26:18）。神の「仰せ」に対する正しい応答は【主】への恐れ」（19:9）である。それは人々を神に従わせ、悪を避けるようにさせ、霊的な平安と自由を与える恐れであり、神を敬うことである。

（5）「さばき」（19:9）－社会生活と人々との関係を定める法律で公平と正義に導くものである。

19:12 どうか、隠れている私の罪をお赦しください　信仰者は心を尽して神を愛し神に仕えようと努力する（申6:5）。けれども地上の生活はまだ不完全なので、

14 私の口のことばと、私の心の思いとが
　御前に、受け入れられますように。
　わが岩、わが贖い主、主よ。

王のための祈り

20

指揮者のために。ダビデの賛歌

1 苦難の日に
　主があなたにお答えになりますように。
　ヤコブの神の名が、あなたを高く上げますように。
2 主が聖所から、あなたに助けを送り、
　シオンから、あなたをささえられますように。
3 あなたの穀物のささげ物をすべて心に留め、
　あなたの全焼のいけにえを
　受け入れてくださいますように。　セラ

4 主があなたの願いどおりに
　してくださいますように。
　あなたのすべてのはかりごとを
　遂げさせてくださいますように。
5 私たちは、あなたの勝利を喜び歌いましょう。
　私たちの神の御名により旗を高く掲げましょう。
　主があなたの願いのすべてを

遂げさせてくださいますように。
6 今こそ、私は知る。
　主は、油をそそがれた者を、お救いになる。
　主は、右の手の救いの力をもって
　聖なる天から、お答えになる。
7 ある者はいくさ車を誇り、ある者は馬を誇る。
　しかし、私たちは私たちの神、主の御名を誇ろう。
8 彼らは、ひざをつき、そして倒れた。
　しかし、私たちは、立ち上がり、まっすぐに立った。

9 主よ。*王をお救いください。
　私たちが呼ぶときに私たちに答えてください。

王の壮麗さと成功

21

指揮者のために。ダビデの賛歌

1 主よ。王はあなたの御力を、喜びましょう。
　あなたの御救いをどんなに楽しむことでしょう。
2 あなたは彼の心の願いをかなえ、
　彼のくちびるの願いを、退けられません。
　　　　　　　　　　　　セラ

14①詩104:34
　②→詩18:2
　③詩31:5, 78:35
1①詩50:15
　②詩46:7, 11
　③詩54:1, 91:14
　④詩59:1, 69:29
2①詩3:4
　②詩110:2, 128:5
　③詩18:35, 41:3, 94:18, 104:15, 119:117, →詩3:5
3①使10:4
　②詩51:19
4①詩21:2, 145:19
　②詩14:6
5①詩9:14
　②詩60:4

③Ⅰサム1:17
6①詩41:11
　②→詩2:2
　③→詩17:7
　④イザ58:9
7①詩33:17
　②Ⅱ歴32:8
8①イザ2:11, 17
　②詩37:24
　③ミカ7:8
9＊あるいは「王に勝利をお与えください」
　①詩3:7
　②詩17:6

1①詩63:11
2①詩20:4, 37:4, 145:19

知らないうちに神の基準や目的に届かない状態になる。そこで隠れた罪や意図しないで犯した罪について神に赦しを求めることが必要になる（→レビ5:2-4）。けれども故意に神の基準、規定、命令に逆らうことは神を見下げ、みことばをないがしろにする「大きな罪」（19:13）である。そのような態度をとり続ける人は神の国に入る機会を失うことになる（→民15:30-31, ガラ5:19-21）。

19:14 私の口・・・私の心・・・とが御前に、受け入れられますように 神が霊的救いを与えてくださったことに対する応答は、心、ことば、生活を神に喜ばれるものにして、罪を犯さないように守ってくださいと絶えず祈り求めることである。考えること、実際に話すことの両方が神に喜ばれるものにならなければならない。

19:14 わが岩、わが贖い主、【主】よ 「岩」と訳されていることば（《ヘ》ツル）は大きな硬い岩または大きな絶壁を意味している。石灰岩の国であるイスラエルでは、このような岩は日陰や防護になり、人々の道しるべにもなった。またサムエル記Ⅰ23:24-25でダビデが避難したような、人が避難できるほら穴があった。けれどもダビデは主こそが霊的岩であると信じた（Ⅱサム22:2-3, 詩28:1）。イスラエルが荒野にいたとき、神はホレブで岩から水を出された（出17:6, 詩78:20, 105:41）。新約聖書は「彼らについて来た御霊の岩から飲んだからです。その岩とはキリストです」（Ⅰコリ10:4）と言っている。神は避難場所でありいのちの源であることに加えて、堅固で信頼できる不変で頼りになる方である。神を「贖い主」と言うのは、ダビデが自分のいのちを滅びから救い出してくださる方として神を見ていることを表している。そして神によって悩みと危険から救われたこと、霊的圧迫からたましいが解放されたこと、霊的失敗をした後に神との関係が回復されたことを喜んでいる。

20:1-21:13 苦難の日に・・・あなたにお答えになりますように 20篇と21篇は一組の詩篇として一緒

3 あなたは彼を迎えてすばらしい祝福を与え、
彼のかしらに純金の冠を置かれます。
4 彼はあなたに、いのちを請い求めました。
あなたは彼に、
とこしえまでの長い日々を与えられました。
5 御救いによって彼の栄光は、大きい。
あなたは、尊厳と威光を彼の上に置かれます。
6 あなたは、とこしえに彼を祝福し、
御前の喜びで彼を楽しませてくださいます。
7 まことに、王は主に信頼し、
いと高き方の恵みによってゆるがないでしょう。
8 あなたの手は、あなたのすべての敵を見つけ出し、
あなたの右の手は、あなたを憎む者どもを見つけ出します。
9 あなたの御怒りのとき、
彼らを、燃える炉のようにされましょう。
主は御怒りによって彼らをのみ尽くし、
火は彼らを食い尽くすでしょう。
10 あなたは、地の上から、
彼らのすえを滅ぼされましょう。
また、人の子らの中から、彼らの子孫をも。
11 彼らが、あなたに対して悪を企て、
たくらみを設けたとしても、
彼らには、できません。
12 あなたは彼らが背を見せるようにし、
弓弦を張って彼らの顔をねらわれるでしょう。

13 主よ。御力のゆえに、
あなたがあがめられますように。
私たちは歌い、あなたの威力をほめ歌います。

苦痛の叫び

22

指揮者のために。「暁の雌鹿」の調べに合わせて。ダビデの賛歌

1 わが神、わが神。
どうして、私をお見捨てになったのですか。
遠く離れて私をお救いにならないのですか。

に見るべきで、神の民と敵との戦いについて神にささげた祈りである。20篇は戦いの前の祈りで、21篇は戦いのあとの賛美である。キリストに従う人々は20篇を自分たちが戦っている霊的戦いに当てはめることができる。目には見えないけれども実際にある悪の力と戦うとき、サタンと悪霊の力に勝利するよう心から望み、神に頼らなければならない(→エペ6:12注, →「サタンと悪霊に勝利する力」の項p.1726)。

22:1-31 わが神 この詩篇は新約聖書に最も多く引用されている詩篇の一つで、「十字架の詩篇」と呼ばれている。十字架の上でのキリストの大変な苦しみを鮮明に、そして正確に描いているからである。この詩篇について少なくとも二つの点に注意しなければならない。(1) これはまだ困難と苦しみから解放されていない信仰者の苦痛と悲しみの叫びである。キリスト者はみな苦しむときにこの祈りのことばに共感を覚える。(2) この詩篇のことばは普通の人間が体験しないような体験を表現している。そして作者は聖霊の霊感を受けて、イエス・キリストが人々の罪のために十字架の上で死なれたときの苦しみを予告している。また同時にキリストの三日目の復活をも示している(十字架刑の記述 →マタ27:35注)。

22:1 わが神、わが神。どうして、私をお見捨てになったのですか 主イエスは十字架につけられて死のうとしているときに、このせっぱ詰まった恐ろしい叫びを叫ばれた。だれも体験したことのないような神に見捨てられた(神の臨在から完全に断絶された)という気持に圧倒されたのである(イザ53:10-12, Ⅱコリ5:21, →マタ27:46注)。神の子、宇宙の創造者がご自分の造られたものから拒まれ、あらゆる所に臨在している神から断絶されたという気持に圧倒されたのである。この最後のときに主イエスを守る神の臨在は取去られた。「神は、罪を知らない方を、私たちの代わりに罪とされ」たからである(Ⅱコリ5:21)。主イエスご自身には罪はなかったけれども、神に反抗する人間に対するさばきを全部背負って「私たちのためにのろわれたものと」なられた(ガラ3:13)。心と霊とからだ、負わされた過去、現在、未来のあらゆる罪の重みによる重荷と心の痛みを背負って主イエスは聖い御父から完全に孤立された。この節を引用することによって主イエスはこの詩篇全体がご自分について描いていることを主張されたのである。

私のうめきのことばにも。
2 わが神。昼、私は呼びます。
　しかし、あなたはお答えになりません。
　夜も、私は黙っていられません。
3 けれども、あなたは聖であられ、
　イスラエルの賛美を住まいとしておられます。
4 私たちの先祖は、あなたに信頼しました。
　彼らは信頼し、あなたは彼らを助け出されました。
5 彼らはあなたに叫び、彼らは助け出されました。
　彼らはあなたに信頼し、彼らは恥を見ませんでした。
6 しかし、私は虫けらです。人間ではありません。
　人のそしり、民のさげすみです。
7 私を見る者はみな、私をあざけります。
　彼らは口をとがらせ、頭を振ります。
8 「主に身を任せよ。
　彼が助け出したらよい。
　彼に救い出させよ。
　彼のお気に入りなのだから。」
9 しかし、あなたは私を母の胎から取り出した方。
　母の乳房に拠り頼ませた方。
10 生まれる前から、私はあなたに、ゆだねられました。
　母の胎内にいた時から、あなたは私の神

11 どうか、遠く離れないでください。
　苦しみが近づいており、助ける者がいないのです。
12 数多い雄牛が、私を取り囲み、
　バシャンの強いものが、私を囲みました。
13 彼らは私に向かって、その口を開きました。
　引き裂き、ほえたける獅子のように。
14 私は、水のように注ぎ出され、
　私の骨々はみな、はずれました。
　私の心は、ろうのようになり、私の内で溶けました。
15 私の力は、土器のかけらのように、かわききり、
　私の舌は、上あごにくっついています。
　あなたは私を死のちりの上に置かれます。
16 犬どもが私を取り囲み、
　悪者どもの群れが、私を取り巻き、
　私の手足を引き裂きました。
17 私は、私の骨を、みな数えることができます。
　彼らは私をながめ、私を見ています。
18 彼らは私の着物を互いに分け合い、
　私の一つの着物を、くじ引きにします。
19 主よ。あなたは、遠く離れないでください。
　私の力よ、急いで私を助けてください。
20 私のたましいを、剣から救い出してください。
　私のいのちを、犬の手から。

22:2 私は呼びます・・・あなたはお答えになりません 主イエスのように、キリスト者も神から見捨てられた、または断絶されたと感じるときがあるかもしれない。そのようなときには神と神の慈しみに対する信仰を堅く握り、祈り続け、頼り続けるべきである（22:2-5）。自分の罪のためにキリストが犠牲になられたことを受入れ、神の赦しを受けて自分の生涯を神にささげた人は、主イエスが耐え忍んでくださったので神に頼る人々を神は見捨てることはないと信頼を置くことができる（マタ28:20, ヘブ13:5）。

22:7 頭を振ります マタイ27:39には「道を行く人々は、頭を振りながらイエスをののしって」と書かれている。神のことばは確実に成就する。主イエスの敵の身振りさえも旧約聖書で予告されていた。

22:8 【主】に身を任せよ ここには十字架刑が行われた場所で主イエスの敵が主イエスに言うことばを正確に記録している（マタ27:43）。

22:11-17 助ける者がいないのです 主イエスが残虐なむち打ち（骨や金属が付けられた皮ひもでむち打つこと）と十字架刑（むち打ちと十字架刑について → マタ27:26注, マタ27:35注）に耐えていたときの無力感が描かれている。

22:16 私の手足を引き裂きました これもまた十字架についての預言的なことばである（⇒ヨハ20:25, 処刑の方法について →マタ27:35注）。

22:18 私の着物を互いに分け合い ローマの兵士たちはこの節が予告している通りに行った。驚くべき預言の実現だった（→マタ27:35, マコ15:24, ルカ23:

詩篇 22-23篇

²¹私を救ってください。
　獅子の口から、野牛の角から。
　あなたは私に答えてくださいます。
²²私は、御名を私の兄弟たちに語り告げ、
　会衆の中で、あなたを賛美しましょう。
²³主を恐れる人々よ。主を賛美せよ。
　ヤコブのすべてのすえよ。主をあがめよ。
　イスラエルのすべてのすえよ。主の前に
　おののけ。
²⁴まことに、主は悩む者の悩みを
　さげすむことなく、いとうことなく、
　御顔を隠されもしなかった。
　むしろ、彼が助けを叫び求めたとき、
　聞いてくださった。
²⁵大会衆の中での私の賛美は
　あなたからのものです。
　私は主を恐れる人々の前で私の誓いを果
　たします。
²⁶悩む者は、食べて、満ち足り、
　主を尋ね求める人々は、主を賛美しま
　しょう。

あなたがたの心が、いつまでも生きるよ
うに。
²⁷地の果て果てもみな、思い起こし、
　主に帰って来るでしょう。
　また、国々の民もみな、
　あなたの御前で伏し拝みましょう。
²⁸まことに、王権は主のもの。
　主は、国々を統べ治めておられる。
²⁹地の裕福な者もみな、食べて、伏し拝み、
　ちりに下る者もみな、主の御前に、ひれ
　伏す。
　おのれのいのちを保つことのできない人
　も。
³⁰子孫たちも主に仕え、
　主のことが、次の世代に語り告げられよう。
³¹彼らは来て、主のなされた義を、
　生まれてくる民に告げ知らせよう。

羊飼いの歌

23

ダビデの賛歌

¹主は私の羊飼い。
　私は、乏しいことがありません。

22:22　私の兄弟たちに　ヘブル2:11-12はこの節をイエス・キリストに結び付けている。イエス・キリストが十字架の死によって罪に勝利されたことが指摘されている。主イエスは今や高く挙げられた贖い主、信じる人々を罪の永遠の結果から救い、解放し、神との関係へと回復する方である。そして周囲に「兄弟たち」（キリストを信じてキリストが自分のために払われた犠牲を受入れる人々　→ヨハ20:17）を集め、ともに神をあがめる。同じ理由から、私たちも今日主イエスをあがめるべきである。その理由はイエス・キリストの犠牲が苦しんでいる人々の助けとなり（22:24）、神を知る人々には永遠のいのちになって（22:26）、赦しと新しいいのちのメッセージがあらゆる国々に広がり（22:27）、その権威は全世界に広がっていき（22:27-29）、みわざに対して誉れと栄光がささげられる（22:30-31）からである。

22:30-31　主のことが、次の世代に語り告げられよう　この部分には忠実にキリストに従う人々がキリストとそのみわざを伝えるメッセージを広めることが預言されている。聖霊の力と導きと霊感によってその人々は「次の世代」（22:30）と「生まれてくる民」（22:31）に、キリストを信じる信仰によって希望と赦しと新しいいのちが与えられるというメッセージを伝える伝道の計画を作成し実行するのである。

23:1-6　【主】　神は詩篇の作者を用いて、神に従う人々に対して配慮をし必要なものを供給されるという約束を宣言された。神はその人々を慈しみ、完全で変ることのない愛を与えられる。そしてご自分を子どもたちに配慮する愛に満ちた父として、また羊の世話をする羊飼いとして示された。

23:1　私の羊飼い　旧約聖書に数多く見られる隠喩（比喩的なことば、象徴）を使ってダビデは神を羊飼いになぞらえている（→28:9, 79:13, 80:1, 95:7, イザ40:11, エレ31:10, エゼ34:6-19）。それは人々に対する神の大きな愛を表すイメージを描き出すためだった。主イエスも従う人々との関係を表すために同じ隠喩を用いられた（ヨハ10:11-16, ⇒ヘブ13:20, ヘブ5:4, 黙7:17）。ここには二つの真理が示されている。

（1）神の子たちに対する神の愛は深く、ひとりひとりを守り導き、そば近くにいてくださる。それは羊飼いが自分の羊を扱う方法と同じである（→ヨハ10:

2 主は私を緑の牧場に伏させ、
　　いこいの水のほとりに伴われます。
3 主は私のたましいを生き返らせ、
　　御名のために、私を義の道に導かれます。
4 たとい、死の陰の谷を歩くことがあっても、
　　私はわざわいを恐れません。
　　あなたが私とともにおられますから。
　　あなたのむちとあなたの杖、
　　それが私の慰めです。

5 私の敵の前で、あなたは私のために食事
　　をととのえ、
　　私の頭に油をそそいでくださいます。
　　私の杯は、あふれています。
6 まことに、私のいのちの日の限り、いつくしみと
　　恵みとが、私を追って来るでしょう。
　　私は、いつまでも、主の家に住まいましょう。

2①詩65:11-13、エゼ34:14、②詩36:8、46:4
3①詩19:7、②詩25:11、31:3、79:9、106:8、109:21、143:11、③→詩35:24、箴4:11、8:20、④詩5:8、143:10
4①詩107:14、138:7、②詩27:1、46:2、49:5、118:6 ③詩16:8、イザ43:2
④ミカ7:14、⑤詩71:21
5①詩78:19、②詩92:10、141:5、③→詩16:5
6①詩25:7
　②→詩33:5
　③詩27:4-6、61:4

11注、10:14注)。神の最高の愛と慈しみは御子イエスの生涯と死によって示された。神は今も聖霊を通して私たちの生涯を導き配慮してくださる。
　(2) キリスト者は主の羊である。私たちは主のものになり、主の特別な愛情と注目を受けている。「私たちはみな、羊のようにさまよ」った(イザ53:6)。けれども主は反抗がもたらす永遠の結果から私たちを解放し救ってくださった。それはイエス・キリストの流された血と犠牲によってである(Ⅰペテ1:18-19)。私たちは今主のものになり、主の羊として主の声に応え従うことができる(→ヨハ10:3-5、→10:28注)。

23:1 私は、乏しいことがありません 「乏しいことがありません」とは次のような意味である。(1) 神に従う人々の生涯の中で神の目的を実現するために必要なもので不足するものは何もない(→Ⅲヨハ1:2注)。(2) 個人的に困難に遭うときでも、良い羊飼いが配慮必要を満たしてくださるので満ち足りている。羊飼いの愛と献身を信頼しているからである(⇒ヨハ10:11、ピリ4:11-13)。

23:2 主は私を・・・伏させ 羊飼いが近くにいるので神の羊(神の民)はあらゆる恐れから解放されて静かに伏すことができる。神の御子イエスは、ご自分に従う人々に同じ約束を与えるために来られた。慰め主であり助言者であり助け主である聖霊はそれぞれのキリスト者にキリストの配慮と臨在を知らせてくださる(ヨハ14:16-18、⇒Ⅱテモ1:7)。(1)「緑の牧場」(人を成長させ繁栄させるものをたとえた表現)には確信と平安に満ちた憩いがある。成長といのちは、主イエスと神のことばとの個人的な関係を持つことによって与えられる。これは満たされた人生にとって必要なものである(ヨハ6:32-35、63、8:31、10:9、15:7)。(2)「いこいの水のほとりに伴われます」は平安といのちと聖霊によって新しくされることを表している(→1:3注、⇒エレ2:13、ヨハ7:37-39)。

23:3 主は私のたましいを生き返らせ 神の民が落胆するとき(42:11)、良い羊飼いはご自分の力と慈しみによって生き返らせ、再び力を与えてくださる(箴25:13)。そして神の御霊によって(ロマ8:14)、選ばれた道を「導かれ」る(23:3)。またひとりひとりに対する完全な目的を完成する道に導いてくださる(⇒ロマ8:5-14)。羊はこれに応答して服従する。私たちも羊飼いに従い、その声を聞く(ヨハ10:3-4)。「ほかの人」の声には従わない(ヨハ10:5)。

23:4 あなたが私とともにおられますから 危険なとき、困難なとき、死ぬときにも神に従う人々はわざわいを恐れない。それは人生のどんなときにも「あなたが私とともにおられ」るからである(⇒マタ28:20)。「むち」(短いこん棒)は襲うものから守るための武器であり、また羊をしつけるための道具でもある。それは神の強さと力と権威を象徴している。「杖」(細長い棒で先がかぎ型になっている)は羊を羊飼いのそばに引寄せたり、正しい道に導いたり、事故から救ったりするために使われる。神のむちと杖は神の愛と導きを私たちの生涯の中で確実にするものである(⇒71:21、86:17)。

23:5 食事をととのえ 敵が神の子たちのいのちとたましいを滅ぼそうとしているときにも、神はそれぞれの必要を満たしてくださる(→ロマ8:31-39)。(1) 毎日サタンと向き合い、神を敬わない社会に囲まれているキリスト者たちを、神は肉体的にも霊的にも養ってくださる。そして生きて、神の臨在を楽しむことができるように必要なものを与えてくださる(→Ⅱコリ12:9-10)。ご自分の羊のためにいのちを差出してくださった羊飼いである主イエスがこれを可能にしてくださった(→Ⅰコリ11:23)。(2)「私の頭に油をそそいでくださいます」というのは、祝宴のときに立派な客に対して行われた習慣である。これは神の聖霊が心と霊に注がれる(新しくする、力を与える)ことによって与えられる神の特別な好意と祝福を指している(→エペ5:18注)。(3)「私の杯は、あふれています」は、字義的には「私の杯は豊かな飲み物です」となる。これは大きな石をくりぬいて作った約150－190リットル入りの羊飼いの持っている器のことと思われる。羊はここから飲んだ。

23:6 いつくしみと恵み 人生の旅路に羊飼いがと

詩篇 24–25 篇　907

栄光の王の歌

24　ダビデの賛歌

1 地とそれに満ちているもの、
　世界とその中に住むものは主のものである。
2 まことに主は、海に地の基を据え、
　また、もろもろの川の上に、それを築き上げられた。
3 だれが、主の山に登りえようか。
　だれが、その聖なる所に立ちえようか。
4 手がきよく、心がきよらかな者、
　＊そのたましいをむなしいことに向けず、
　欺き誓わなかった人。
5 その人は主から祝福を受け、
　その救いの神から義を受ける。
6 これこそ、神を求める者の一族、
　あなたの御顔を慕い求める人々、ヤコブである。　セラ
7 門よ。おまえたちのかしらを上げよ。
　永遠の戸よ。上がれ。
　栄光の王が入って来られる。
8 栄光の王とは、だれか。
　強く、力ある主。

①詩50:12, 89:11, 申10:14, Ⅰコリ10:26
②詩104:5, 136:6, 創1:9
②詩78:69, 102:25
③詩15:1
②詩68:15, 78:54, 2:6, 48:2, ③詩65:4, 申12:5
④詩26:2, ヨブ17:9, 22:30
⑤詩51:10, 73:1, マタ5:8
＊マソラの読みは「わたしの」、エゼ18:15
③レビ6:3, 19:12, エレ5:2, マタ5:33
5①詩112:2, 115:13
②→詩25:5
③詩36:10, 72:1
6①→詩9:10, ②詩27:8, 105:4, 40:16, 83:16
7①詩118:19, 20, イザ26:2
2→詩4:2, 29:3, 使7:2, Ⅰコリ2:8, ヤコ2:1
8①申4:34

②詩76:3-6, 出15:3, 6
10①詩46:7, 11, 48:8, 69:6, 84:1, 3, 12,
→詩59:5, →詩80:7, →詩69:6, Ⅱサム5:10, ネヘ9:6, エレ32:18
②詩86:4, 143:8
2①詩31:6, 55:23, 143:8
②詩25:20, 31:1, 119:116, ③詩41:11
3①詩37:9, 40:1, イザ49:23
②詩119:158, イザ21:2, ハバ1:13
4①詩27:11, 32:8, 86:11, 25:9, 143:8
5①詩25:10, 43:3

②たたか 戦いに力ある主。
9 門よ。おまえたちのかしらを上げよ。
　永遠の戸よ。上がれ。
　栄光の王が入って来られる。
10 その栄光の王とはだれか。
　万軍の主。これぞ、栄光の王。　セラ

導きと守りの祈り

25　ダビデによる

1 主よ。
　私のたましいは、あなたを仰いでいます。
2 わが神。
　私は、あなたに信頼いたします。
　どうか私が恥を見ないようにしてください。
　私の敵が私に勝ち誇らないようにしてください。
3 まことに、あなたを待ち望む者は
　だれも恥を見ません。
　ゆえもなく裏切る者は恥を見ます。
4 主よ。あなたの道を私に知らせ、
　あなたの小道を私に教えてください。
5 あなたの真理のうちに私を導き、

もにいてくださるなら、いつも導きと助け、慈しみと支援を受けることができる。何が起きてもあらゆる情況で神が益になるように働いてくださると信頼することができる(ロマ8:28, ヤコ5:11)。羊飼いに従い、その慈しみと愛を体験しながら目指す目的地は、やがて永遠に主とともにいて(Ⅰテサ4:17)、主の御顔を仰ぎ見て(黙22:4)、主に仕える所である(→黙22:3, ⇒ヨハ14:2-3)。

24:4　手がきよく、心がきよらかな者　神を礼拝し、神に仕えて神の祝福を受けたいと願う人々は、純粋な心と神を敬う性格と正しい生活を神に育てていただかなければならないとダビデは教えている。「手がきよい」とは霊的に汚れていることや神に喜ばれないことに加わらないことである(→イザ1:15, 33:15, Ⅰテモ2:8)。「心がきよらかな者」は内面的な聖さ、純粋さ、正しい動機、立派な目標を持っていることである。「心のきよい者」だけが神を見る(マタ5:8)。神よりもほかのものを大切にしている人々の礼拝を神は受入れられないし、そのような人々が神の臨在にとどまることも許されない。

24:5　その人は・・・祝福を受け　きよい手ときよらかな心(24:4)をもって神とのさらに深い関係を求

める「神を求める」(24:6)人々は、「主から祝福を受け」る。神に祈るとき、主の家で礼拝をするとき、主の晩餐(聖餐式)で神の恵みを祝うときにはいつもこのことを思い起こさなければならない(→Ⅰコリ11:23-27, Ⅱコリ6:14-18, ヘブ12:14)。

24:7-10　栄光の王　栄光の王は主イエスであるから(⇒ヨハ1:14)、この部分はメシヤについての預言である。「神を求める者の一族」(キリストに従う忠実な人々)は「栄光の王」が来られるように祈らなければならない。神の御国が来るようにという祈りはただ神の目的が地上で完成することを求めるだけではなく、キリストの永遠の支配と悪の最終的な滅亡のときに目を向けている(→ゼカ9:9, マタ6:10, 黙19:-22:)。

25:4　あなたの道を私に知らせ　詩篇の作者はモーセと同じように(出33:13)、どのように神が働かれるのかを知り、神のご計画と目的を理解したいと強く望んだ。キリスト者も神の行動(救い、奇蹟 ⇒103:7)についてある程度知ることはできるけれども、本当の意味で個人的に神を知り、その道(神が私たちの内に働き導かれる知恵の原則)を理解することはできない。けれどもここで詩篇の作者は神の道を知って成功するための原則を次のように示している。

私を教えてください。
あなたこそ、私の救いの神、
私は、あなたを一日中待ち望んでいるのです。
6 主よ。あなたのあわれみと恵みを
覚えていてください。
それらはとこしえからあったのですから。
7 私の若い時の罪やそむきを
覚えていないでください。
あなたの恵みによって、私を覚えていてください。
主よ。あなたのいつくしみのゆえに。

8 主は、いつくしみ深く、正しくあられる。
それゆえ、罪人に道を教えられる。

9 主は貧しい者を公義に導き、
貧しい者にご自身の道を教えられる。
10 主の小道はみな恵みと、まことである。
その契約とそのさとしを守る者には。

11 主よ。御名のために、
私の咎をお赦しください。大きな咎を。

12 主を恐れる人は、だれか。
主はその人に選ぶべき道を教えられる。
13 その人のたましいは、しあわせの中に住み、
その子孫は地を受け継ごう。
14 主はご自身を恐れる者と親しくされ、
ご自身の契約を彼らにお知らせになる。
15 私の目はいつも主に向かう。

5②詩18:46,24:5,27:9,65:5, 79:9, 85:4, 88:1, Ⅰ歴16:35, ミカ7:7, ハバ3:18
6①詩103:4, ②詩33:5
②詩98:3, 4、詩103:17
7①ヨブ13:26, エレ3:25
②詩33:5, ⑤詩27:13, 145:7, 68:10, 86:17, 23:6, →詩51:18, →詩123:3
8①→詩52:9, ②詩92:15
③→詩104:35, 詩1:1
9①→詩37:28
10①詩26:3, 40:10, 11, 57:3, 10, 61:7, 85:10, 86:15, 89:14, 115:1, 117:2, 138:2, →詩33:5, ②詩50:5, 103:18, 3→詩32:10
11①詩31:3, 79:9, 109:21, 143:11, ②出34:9
12①→詩33:18
13①詩34:12, 73:28, 112:5, 119:71, 128:2, 106:5, →詩16:2, 箴1:33, エレ23:6
②詩37:11, 69:36
14①詩25:10, ②ヨブ29:4, 箴3:32, ③創17:1, 2
15①詩123:2, 141:8

---

(1) みことばの真理の基準に従って正しいと示される道へ導いていただきたいという願いを心から持たなければならない。

(2) 「一日中」神に信頼と望みを置くようにしなければならない(25：5)。

(3) 貧しい人々と同じようにへりくだって神に服従し(25：9)、神を敬う生活に全力を尽し(25：10)、主を恐れ(心からあがめ、敬い、すばらしい力と権威を認めること)なければならない(25：12-14)。

(4) 神と神の道を知るには罪が障害になるから、生活の中から神に逆らい神の基準を拒むものを取除いて、神に赦していただき、霊的にきよめていただかなければならない(25：4-8)。「もしも私の心にいだく不義があるなら、主は聞き入れてくださらない」(66：18, ⇒Ⅰヨハ2：1-6)。

(5) 生活の中に困難が起こるのは必ずしも神が非難しておられるということではない(⇒34：19)。神を知って神の目的を追い求めることによって苦しみと損失を受けることもある(使14：22, 20：22-23)。その最も良い例は主イエスである。主イエスは神のご計画に完全に従われたけれども悲しみを受け、裏切りと十字架の死を味わわれた。神のご計画と目的の中で生きる人は、問題や反対、拒絶や迫害に遭うことを覚悟しておかなければならない(マタ10：24)。

25：11　私の咎をお赦しください　「咎」と訳されていることば(《ヘ》アボーン)は「倒錯」または「曲がった振舞」という意味で、「ねじる」、「ゆがめる」という語源から来ている。今まで良かったものをねじ曲げることを指し、間違った動機や自己中心的な目的を意味していた。また意図的に行われた罪の意識と、それに伴う罰にも使われる。

25：12　主はその人に・・・教えられる　この詩篇の主題は忠実に従う人々を神が知恵をもって導かれることである。次の真理に注意しなければならない。

(1) 神はひとりひとりにご計画を持っておられる。アダムに対して(創1：28, 2：18-25)、アブラハムに対して(創12：1-3)、ヨセフに対して(創45：4-9)、神の民イスラエルに対して(創50：24, 出6：6-8)、ご計画を持っておられた。また主イエスに対しても(ルカ18：31)、パウロに対しても(使21：10-14, 22：14-15, 26：16-19, →21：14注)、ご計画を持っておられた。神はだれに対しても確かなご計画を持っておられる(Ⅰコリ12：, エペ1：10, 2：10, 3：11, 4：11-13)。

(2) 神のご計画は夢、幻、預言などの不思議な方法で伝えられる(使2：17, 9：12, 10：3, 13：2, Ⅰコリ14：1, →使21：10注)。けれども通常神が導き知恵をくださる方法は、神のことば(Ⅱテモ3：16)と私たちの内に住まわれる聖霊を通してである(使8：29, 10：19, 13：2, 15：28, 16：6, Ⅰヨハ2：20, 27)。

(3) みことばを無視したり拒んだり間違った使い方をしたりすれば神のご計画を見逃すことにもなる。そのようなことをすれば神のご計画と神のみこころに反する決断をすることになるかもしれない。

(4) 神の導きを求めるなら、最も重要なことは正義(神が正しいと言われることを正しい理由で行うこと、そして神との正しい関係を保つこと)である(⇒25：21, ロマ8：11-14)。なぜなら神は私たちを「義の道に」(23：3)導きたいと望んでおられるからである。

25：14　ご自身を恐れる　神を知り、神との親しい個人的な関係を楽しむことは、神を恐れ悪を避ける人々に与えられた特権である(⇒箴3：5-7, →「**神への恐れ**」の項p.316)。

詩篇 25-27篇

主が私の足を網から引き出してくださるから。
16 私に御顔を向け、私をあわれんでください。
　私はただひとりで、悩んでいます。
17 私の心の苦しみが大きくなりました。
　どうか、苦悩のうちから私を引き出してください。
18 私の悩みと労苦を見て、
　私のすべての罪を赦してください。
19 私の敵がどんなに多いかを見てください。
　彼らは暴虐な憎しみで、私を憎んでいます。
20 私のたましいを守り、私を救い出してください。
　私が恥を見ないようにしてください。
　私はあなたに身を避けています。
21 誠実と正しさが私を保ちますように。
　私はあなたを待ち望んでいます。
22 神よ。イスラエルを、
　そのすべての苦しみから贖い出してください。

さばきの根拠

26 ダビデによる

1 私を弁護してください。主よ。
　私が誠実に歩み、
　よろめくことなく、主に信頼したことを。
2 主よ。私を調べ、私を試みてください。
　私の思いと私の心をためしてください。
3 あなたの恵みが私の目の前にあり、
　私はあなたの真理のうちを歩み続けました。
4 私は、不信実な人とともにすわらず、
　偽善者とともに行きません。
5 私は、悪を行う者の集まりを憎み、

悪者とともにすわりません。
6 主よ。私は手を洗ってきよくし、
　あなたの祭壇の回りを歩きましょう。
7 感謝の声を聞こえさせ、あなたの奇しいみわざを
　余すことなく、語り告げましょう。
8 主よ。私は、あなたのおられる家と、
　あなたの栄光の住まう所を愛します。
9 どうか私のたましいを罪人とともに、
　また、私のいのちを血を流す人々とともに、
　取り集めないでください。
10 彼らの両手には放らつがあり、
　彼らの右の手はわいろで満ちています。
11 しかし、私は、誠実に歩みます。
　どうか私を贖い出し、私をあわれんでください。
12 私の足は平らな所に立っています。
　私は、数々の集まりの中で、
　主をほめたたえましょう。

ダビデの信頼の歌

27 ダビデによる

1 主は、私の光、私の救い。だれを私は恐れよう。
　主は、私のいのちのとりで。だれを私はこわがろう。
2 悪を行う者が私の肉を食らおうと、
　私に襲いかかったとき、
　私の仇、私の敵、彼らはつまずき、倒れた。
3 たとい、私に向かって陣営が張られても、
　私の心は恐れない。
　たとい、戦いが私に向かって起こっても、
　それにも、私は動じない。
4 私は一つのことを主に願った。

26:8 私は、あなたのおられる家・・・を愛します ダビデの幸福の源は軍事的な成功でも、王としての恩典でも、世界への影響力でもなかった(26:4-5, 9-10)。ダビデの喜びは主の「家」と「集まり」にあった(26:12)。つまり神の臨在がはっきりとある所にいることが最大の喜びだった。神の民の中で神がたたえられ、神の「栄光の住まう所」(→**神の栄光**の項p.1366)にいることをダビデは求めた。だから神の真理によって生きる信仰の仲間と一緒にいることを楽しんだ。

27:4 私は一つのことを・・・願った 26篇と同じように、この詩篇の作者は神の臨在の中にいることを心から求めており、これが祈りの中心課題だった。私たちもこの同じ目的のために召されている。「顔を、慕い求め」る(27:8)とは神とのより深い個人的な関係を求めることである。神の臨在を感じながら生きるこ

私はそれを求めている。
　私のいのちの日の限り、主の家に住むことを。
　主の麗しさを仰ぎ見、
　その宮で、思いにふける、そのために。

5 それは、主が、
　悩みの日に私を隠れ場に隠し、
　その幕屋のひそかな所に私をかくまい、
　岩の上に私を上げてくださるからだ。

6 今、私のかしらは
　私を取り囲む敵の上に高く上げられる。
　私は、その幕屋で、喜びのいけにえをささげ、
　歌おう、主に、ほめ歌を歌おう。

7 聞いてください。主よ。私の呼ぶこの声を。
　私をあわれみ、私に答えてください。
8 あなたに代わって、私の心は申します。
　「わたしの顔を、慕い求めよ」と。
　主よ。あなたの御顔を私は慕い求めます。
9 どうか、御顔を私に隠さないでください。
　あなたのしもべを、
　怒って、押しのけないでください。
　あなたは私の助けです。
　私を見放さないでください。見捨てないでください。
　私の救いの神。
10 私の父、私の母が、私を見捨てるときは、
　主が私を取り上げてくださる。

11 主よ。あなたの道を私に教えてください。
　私を待ち伏せている者どもがおりますから、
　私を平らな小道に導いてください。
12 私を、私の仇の意のままに、させないで

4 ①→詩23:6
　②詩61:4
　③詩63:2
5 ①詩41:1, 49:5
　②詩31:20
　③→詩19:4
　④詩17:8
　⑤詩40:2
6 ①詩3:3, 110:7
　②詩50:14, 107:22, 116:17
　③詩13:6
7 ①詩61:1
8 ①→詩24:6
9 ①詩141:8
　②詩10:11
　③詩6:1
　④詩40:17, 63:7, 70:5
　⑤詩94:14
　⑥詩37:28, 138:8
　⑦→詩25:5
10 ①イザ49:15
11 ①詩5:8
　②詩25:4, 86:11, 119:15, 143:8
　③詩26:12
12 ①詩41:2

②詩35:11, 申19:18, マタ26:60
13 ①詩52:5, 116:9, 142:5, ヨブ28:13, イザ38:11, エレ11:19
　②→詩25:7
14 ①詩5:3, 37:34, 40:1, 62:1, 5, 130:5, 黙20:22, イザ25:9
　②詩31:24

1 ①→詩18:2
　②詩35:22, 39:12, 83:1, 109:1
　③詩88:4, 143:7, 黙1:12
2 ①詩28:2, 119:170, 130:2, 140:6
　②詩63:4, 134:2, 141:2, 哀2:19, Iテモ2:8, 詩106:26
3 ①→詩5:5
　②詩34:21
　③→詩5:5
　④詩12:2, 55:21, 62:4, エレ9:8
4 ①詩62:12, IIテモ4:14

ください。
　偽りの証人どもが私に立ち向かい、
　暴言を吐いているのです。

13 ああ、私に、
　生ける者の地で主のいつくしみを見ることが
　信じられなかったなら──
14 待ち望め。主を。
　雄々しくあれ。心を強くせよ。
　待ち望め。主を。

助けを求める祈り

28
ダビデによる

1 主よ。私はあなたに呼ばわります。
　私の岩よ。どうか私に耳を閉じないでください。
　私に口をつぐまれて、
　私が、穴に下る者と同じにされないように。

2 私の願いの声を聞いてください。
　私があなたに助けを叫び求めるとき。
　私の手をあなたの聖所の奥に向けて上げるとき。

3 どうか、悪者どもや不法を行う者どもといっしょに、私をかたづけないでください。
　彼らは隣人と平和を語りながら、
　その心には悪があるのです。

4 彼らのすることと、彼らの行う悪にしたがって、
　彼らに報いてください。
　その手のしわざにしたがって彼らに報い、
　その仕打ちに報復してください。

とを求めている人は、主が離れて行かれることは決してないと知るようになる(27:9-10)。失望する理由はない。神の慈しみは確保されている(27:13-14)。

27:13　信じられなかったなら──　信仰を保つためには神に頼り、神の慈しみを個人的に体験することが絶対に必要である。キリストに従う人は厳しい試練を受けても信仰と希望を持って目を神に向け続けるなら落胆して敗北することはない。暗闇と困難を通るときには、主を「待ち望」み(27:14, →42:5, 11, 43:5, 62:5, イザ40:27-31, ミカ7:8)、主に近付き、聖霊に

よって堅く立つことが(→エペ6:10, IIテモ2:1, ヤコ5:11)必要である。神はご自分が定められたときに慈しみを示されると確信できる。

28:1-9　口をつぐまれて　ここで詩篇の作者は神が自分の祈りを聞いておられるのかを疑っている(28:1-3)。けれども作者と同じように今日のキリスト者もイエス・キリストを通して神とのより深い関係へ進んでいかなければならない。キリストを通してこそ神に近付くことができる(→ヘブ4:16, 7:25)。ちょうど羊飼いが羊の世話をするように主は応えて慰め、助

5 彼らは、主のなさることも
　その御手のわざをも悟らないので、
　主は、彼らを打ちこわし、建て直さない。
6 ほむべきかな。主。
　まことに主は私の願いの声を聞かれた。
7 主は私の力、私の盾。
　私の心は主に拠り頼み、私は助けられた。
　それゆえ私の心はこおどりして喜び、
　私は歌をもって、主に感謝しよう。
8 主は、彼らの力。
　主は、その油そそがれた者の、救いのとりで。

9 どうか、御民を救ってください。
　あなたのものである民を祝福してください。
　どうか彼らの羊飼いとなって、
　いつまでも、彼らを携えて行ってください。

雷鳴の主

29

ダビデの賛歌

1 力ある者の子らよ。主に帰せよ。
　栄光と力とを主に帰せよ。
2 御名の栄光を、主に帰せよ。
　聖なる飾り物を着けて主にひれ伏せ。
3 主の声は、水の上にあり、
　栄光の神は、雷鳴を響かせる。
　主は、大水の上にいます。
4 主の声は、力強く、主の声は、威厳がある。
5 主の声は、杉の木を引き裂く。
　まことに、主はレバノンの杉の木を打ち砕く。
6 主は、それらを、子牛のように、はねさせる。
　レバノンとシルヨンを若い野牛のように。
7 主の声は、火の炎を、ひらめかせる。
8 主の声は、荒野をゆすぶり、

5 ①イザ5:12
7 ①詩18:1, 28:8, 31:4, 43:2, 46:1, 59:9, 17, 62:7, 81:1, 89:17, 118:14, 138:3, 140:7
　②詩3:3
　③詩13:5, 112:7
　④詩16:9
　⑤詩69:30
8 ＊七十人訳は「御民の力」
　①→詩28:7
　②→詩2:2
　③詩27:1, イザ25:4
9 ①詩106:47
　②詩33:12, →詩74:2, →詩94:5, →詩37:18, 申9:29, 32:9, Ⅰ列8:51
　③詩80:1
　④申1:31,
　イザ40:11, 46:3, 63:9

1 ①詩29:1, 2, 詩96:7-9, Ⅰ歴16:28, 29
　＊別訳「神の子ら」
　②→詩96:7
2 ①詩96:9, 110:3,
　Ⅰ歴16:29, Ⅱ歴20:21
3 ①詩24:7, 8, →詩4:2
　②詩18:13, 104:7, ヨブ37:4, 5
　③詩8:16
4 ①詩68:33
5 ①詩104:16, 士9:15,
　Ⅰ列5:6,
　イザ2:13, 14:8
6 ①詩114:4, 6
　②申3:9

8 ①民13:26
9 ①ヨブ39:1
　②詩26:8
10 ①創6:17
　②詩145:13
11 ①詩28:8, 68:28, 35,
　イザ40:29
　②詩122:6, 147:14

1 ①詩66:17, 118:28, 145:1
　②詩25:2, 35:19, 24
2 ①詩88:13
　②詩6:2, 103:3, 107:20
3 ①→詩31:17
　＊→詩6:5＊
　②詩28:1
　③詩33:19, 41:2, 49:9, 72:15
4 ①→詩4:3
　②詩97:12, 135:13, 出3:15, ホセ12:5
5 ①詩103:9,
　イザ26:20, 54:7, 8
　②詩126:5, Ⅱコリ4:17
6 ①詩15:5
7 ①詩30:5
　②詩104:29, →詩10:11, 申31:17
　③詩48:5, 90:7, 104:29

主は、カデシュの荒野を、ゆすぶられる。
9 主の声は、雌鹿に産みの苦しみをさせ、
　大森林を裸にする。
　その宮で、すべてのものが、「栄光」と言う。
10 主は、大洪水のときに御座に着かれた。
　まことに、主は、とこしえに王として
　御座に着いておられる。
11 主は、ご自身の民に力をお与えになる。
　主は、平安をもって、ご自身の民を祝福される。

私の助け主である主

30

ダビデの賛歌。家をささげる歌

1 主よ。私はあなたをあがめます。
　あなたが私を引き上げ、
　私の敵を喜ばせることはされなかったからです。
2 私の神、主よ。
　私があなたに叫び求めると、
　あなたは私を、いやされました。
3 主よ。あなたは私のたましいをよみから引き上げ、
　私が穴に下って行かないように、
　私を生かしておかれました。

4 聖徒たちよ。主をほめ歌え。
　その聖なる御名に感謝せよ。
5 まことに、御怒りはつかの間、
　いのちは恩寵のうちにある。
　夕暮れには涙が宿っても、
　朝明けには喜びの叫びがある。
6 私が栄えたときに、私はこう言った。
　「私は決してゆるがされない。」
7 主よ。あなたはご恩寵のうちに、私の山を強く立たせてくださいました。
　あなたが御顔を隠され、
　私はおじ惑っていましたが。

30:6 栄えたときに 神が与えられた成功を確信して、詩篇の作者は自分の安全を壊すものは何もないと考えていた。けれども神が守りの手を引かれ、深刻な問題が起こることを許されたとき、継続的な配慮と守りと導きを神に求めて頼らなければならないことに気付いた（30:8-10）。神に忠実であり頼り続けるためには、時に困難を体験する必要がある。この詩篇は自分の力に頼って安全だと感じ始めた人々に対する警告である。神や神の国や神のご計画よりも何か別のものが

8 主よ。私はあなたを呼び求めます。
　私の主にあわれみを請います。
9 私が墓に下っても、
　私の血に何の益があるのでしょうか。
　ちりが、あなたを、ほめたたえるでしょうか。
　あなたのまことを、告げるでしょうか。
10 聞いてください。主よ。
　私をあわれんでください。
　主よ。私の助けとなってください。
11 あなたは私のために、
　嘆きを踊りに変えてくださいました。
　あなたは私の荒布を解き、
　喜びを私に着せてくださいました。
12 私のたましいがあなたをほめ歌い、
　黙っていることがないために。
　私の神、主よ。
　私はとこしえまでも、あなたに感謝します。

私の時はあなたの御手の中にある
31:1-4　並行記事－71:1-3

31 指揮者のために。ダビデの賛歌
1 主よ。私はあなたに身を避けています。
　私が決して恥を見ないようにしてください。
　あなたの義によって、私を助け出してください。
2 私に耳を傾け、早く私を救い出してください。
　私の力の岩となり、強いとりでとなって、
　私を救ってください。
3 あなたこそ、私の巌、私のとりです。
　あなたの御名のゆえに、

私を導き、私を伴ってください。
4 私をねらってひそかに張られた網から、
　私を引き出してください。
　あなたは私の力ですから。
5 私の霊を御手にゆだねます。
　真実の神、主よ。
　あなたは私を贖い出してくださいました。
6 私は、むなしい偶像につく者を憎み、
　主に信頼しています。
7 あなたの恵みを私は楽しみ、喜びます。
　あなたは、私の悩みをご覧になり、
　私のたましいの苦しみを知っておられました。
8 あなたは私を敵の手に渡さず、
　私の足を広い所に立たせてくださいました。
9 私をあわれんでください。主よ。
　私には苦しみがあるのです。
　私の目はいらだちで衰えてしまいました。
　私のたましいも、また私のからだも。
10 まことに私のいのちは悲しみで尽き果てました。
　私の年もまた、嘆きで。
　私の力は私の咎によって弱まり、
　私の骨々も衰えてしまいました。
11 私は、敵対するすべての者から、非難されました。
　わけても、私の隣人から。
　私の親友には恐れられ、
　外で私に会う者は、私を避けて逃げ去ります。
12 私は死人のように、人の心から忘れられ、

優先されるようになるとき、人生の安定感は失われてしまう。

31:1-24　私を助け出してください　この詩篇は敵（31:4, 8）、病気（31:9-10）、友人に拒まれたこと（31:11-13）などによって絶望し悲しんでいることを表した非常に個人的な祈りである。エレミヤは自分の悲しみと恐れを表すためにこの詩篇の一部（31:13）を用いた（⇒エレ6:25, 20:10）。主イエスも十字架で息を引取るときに（ルカ23:46）この詩篇から引用された（31:5の最初の部分）。この祈りは病気や問題、この世界の反対や霊的な敵によって神に従う人々が苦しむ

ときに叫ぶ絶望的な叫びを表している。けれども深刻な問題にぶつかったときには「あなたのおられるひそかな所に」隠れることができることも啓示されている（31:20）。

31:5　私の霊を御手にゆだねます　これは主イエスが息を引取る前に言われた最後のことばである（ルカ23:46）。キリストに忠実に従った多くの人も最後のときにこのことばを口にした（→使7:59）。そして神への信頼と神の慈しみへの信仰を最後まで言い表した（→Ⅱサム24:14, ロマ8:28）。どのように危険で困難なときにも自分自身を神の配慮にゆだねることこそ最

詩篇 31-32篇　　913

こわれた器のようになりました。
13 私は多くの者のそしりを聞きました。
「四方八方みな恐怖だ」と。
彼らは私に逆らって相ともに集まったとき、
私のいのちを取ろうと図りました。

14 しかし、主よ。私は、あなたに信頼しています。
私は告白します。
「あなたこそ私の神です。」

15 私の時は、御手の中にあります。
私を敵の手から、また追い迫る者の手から、
救い出してください。

16 御顔をあなたのしもべの上に
照り輝かせてください。
あなたの恵みによって私をお救いください。

17 主よ。私が恥を見ないようにしてください。
私はあなたを呼び求めていますから。
悪者をはずかしめてください。
彼らをよみで静まらせてください。

18 偽りのくちびるを封じてください。
それは正しい者に向かって、横柄に語っています。
高ぶりとさげすみをもって。

19 あなたのいつくしみは、なんと大きいことでしょう。
あなたはそれを、

13 ①詩50:20
②詩2:2
③詩41:7, 62:4, 71:10, マタ27:1
14 ①詩140:6
15 ①ヨブ14:5, 24:1
②詩143:9
16 ①詩4:6, 67:1, 80:3, 7, 19, 119:135, 民6:25
②詩6:4
17 ①詩25:20, 119:116
②→詩34:21
②詩25:3
④詩6:5, 9:17, 16:10, 18:5, 30:3, →詩49:14, →詩86:13, →詩116:3
＊→詩6:5＊
18 ①詩109:2, 120:2
②→詩37:12
③詩94:4, Ⅰサム2:3, ユダ15
④→詩36:11
19 ①詩145:7, ロマ2:4, 11:22

②→詩33:18
③→詩2:12
20 ①詩27:5
②ヨブ5:21
21 ①詩28:6
②Ⅰサム23:7
③詩33:5
22 ①詩116:11
②詩88:5, イザ38:11, 12, 哀3:54
③詩18:6, 66:19, 145:19
23 ①→詩4:3
②詩145:20
③黙2:10
④→詩36:11
※詩94:2, Ⅱ申32:41
24 ①詩27:14

1 ①詩32:1, 2, ロマ4:7, 8
②→詩1:1
③詩103:3, →詩25:18
2 ①→詩1:1
②Ⅱコリ5:19
③ヨハ1:47

あなたを恐れる者のためにたくわえ、
あなたに身を避ける者のために
人の子の前で、それを備えられました。

20 あなたは彼らを人のそしりから、
あなたのおられるひそかな所にかくまい、
舌の争いから、隠れ場に隠されます。

21 ほむべきかな。主。
主は包囲された町の中で
私に奇しい恵みを施されました。

22 私はあわてて言いました。
「私はあなたの目の前から断たれたのだ」
と。
しかし、あなたは私の願いの声を聞かれました。
私があなたに叫び求めたときに。

23 すべて、主の聖徒たちよ。主を愛しまつれ。
主は誠実な者を保たれるが、
高ぶる者には、きびしく報いをされる。

24 雄々しくあれ。心を強くせよ。
すべて主を待ち望む者よ。

悩みのときの祈り

32
ダビデのマスキール

1 幸いなことよ。
そのそむきを赦され、罪をおおわれた人は。

2 幸いなことよ。
主が、咎をお認めにならない人、
その霊に欺きのない人は。

善である。

32： マスキール　これは詩的用語または音楽用語と思われる。このヘブル語は、「賢い、熟練した」という意味の「サーカル」ということばに関係していると思われる。表題に「マスキール」が使われているのは、教えることや指示を与えるときに通常使われたことを示唆している。この詩篇は罪（自分の道を歩んで神を拒むこと）の性質と、それを隠して罪から立返ることを拒むとどうなるか（32:3-4）、また罪を告白して罪から離れて（32:5-7）、赦しを見出そうとするとどうなるか（32:1-2, 7）を描いている。このほかの「マスキール」の詩篇は42、44、45、52-55、74、78、88、89、142篇である。

32:1　幸いなことよ。そのそむきを赦され・・・た人は　本当に幸せな人とは神から赦しを受けた人々だ

けである。神に対する罪の罪悪感がその人々の心や思いに重くのしかかることはない。良心ももはや苦しむことはない。あわれみを求めて神を見上げる人々にはこの種の解放感と平安が与えられる（マタ11:28-29）。この詩篇は神の赦しを三つのかたちで説明している。(1) 罪の赦免をもたらす。それによって罪の最終的で永遠の結果から救われる。(2) 罪の力と人々の生活に対する影響力を取除いて罪をおおうか、または目の前から追い出す。(3) 神がその人の罪を認めないで（32:2）、その結果、罪の負債の記録を取消して取除く。これによってその人は本当の喜びを持つことができ、創造者との個人的な関係が実現する。

32:2　咎をお認めにならない人　ロマ4:6-8は32:1-2を引用して、神は心から悔い改めた罪びと（後悔して罪を犯すことをやめ、神に身をゆだねて完全に自分

3 私は黙っていたときには、一日中、うめいて、
　私の骨々は疲れ果てました。
4 それは、御手が昼も夜も私の上に重くのしかかり、
　私の骨髄は、夏のひでりでかわききったからです。　　　　　　　　　セラ

5 私は、自分の罪を、あなたに知らせ、
　私の咎を隠しませんでした。
　私は申しました。
　「私のそむきの罪を主に告白しよう。」
　すると、あなたは私の罪のとがめを赦されました。　　　　　　　　セラ

6 それゆえ、聖徒は、みな、あなたに祈ります。
　あなたにお会いできる間に。
　まことに、大水の濁流も、彼の所に届きません。
7 あなたは私の隠れ場。
　あなたは苦しみから私を守り、
　救いの歓声で、私を取り囲まれます。
　　　　　　　　　　　　　　セラ

8 わたしは、あなたがたに悟りを与え、
　行くべき道を教えよう。
　わたしはあなたがたに目を留めて、
　助言を与えよう。
9 あなたがたは、

3①詩39:2、②詩38:8、39:3、③詩31:10
④詩38:2、39:10、Ⅰサム5:6、②ヨブ23:2、33:7、③詩22:15
5①詩31:33、箴28:13
②詩38:18、レビ26:40、Ⅱサム12:13、Ⅰヨハ1:9
③→詩25:18
6①詩37:28、50:5、52:9、79:2、→詩43:3、→詩85:8、→詩145:10、②詩69:13
③詩46:3、69:1、124:4、5、144:7、イザ43:2
7①詩31:20、91:1、119:114、②詩121:7
③新訳「あなた」
①詩25:8、143:8
②詩33:18
9①箴26:3
10①→詩34:21
②詩16:4、38:17、69:26、ロマ2:9、③詩34:8、84:12、箴16:20、エレ17:7
④→詩33:5、⑤詩5:12
11①詩33:1、→詩37:12
②→詩7:10

1①詩32:11、→詩37:12
②詩32:11、ピリ3:1、4:4
③→詩7:10
④詩92:1、147:1
2①詩71:22、144:9、147:7、156:3
3①詩40:3、96:1、98:1、144:9、149:1、イザ42:10、黙5:9、②詩98:4
4①詩19:8、②詩119:90
5①詩11:7、→詩99:4
②詩72:1、→詩119:64
④詩6:4、13:5、17:7、18:50、21:7、23:6、25:6、7、10、26:3、31:7、21、32:10、33:18、22、36:5、7、10、40:10、11、→詩51:1、→詩85:7、→詩90:14、→詩130:7
6①詩148:5、創2:1、ヘブ11:3
②詩148:2、詩104:30
7①創1:6、7、9、ヨブ38:8
②詩78:13、出15:8、ヨシ3:16

悟りのない馬や騾馬のようであってはならない。
それらは、くつわや手綱の馬具で押さえなければ、
あなたに近づかない。

10 悪者には心の痛みが多い。
　しかし、主に信頼する者には、
　恵みが、その人を取り囲む。
11 正しい者たち。主にあって、喜び、楽しめ。
　すべて心の直ぐな人たちよ。喜びの声をあげよ。

主は与え、救われる

33

1 正しい者たち。主にあって、喜び歌え。
　賛美は心の直ぐな人たちにふさわしい。
2 立琴をもって主に感謝せよ。
　十弦の琴をもって、ほめ歌を歌え。
3 新しい歌を主に向かって歌え。
　喜びの叫びとともに、巧みに弦をかき鳴らせ。
4 まことに、主のことばは正しく、
　そのわざはことごとく真実である。
5 主は正義と公正を愛される。
　地は主の恵みに満ちている。
6 主のことばによって、天は造られた。
　天の万象もすべて、御口のいぶきによって。
7 主は海の水をせきのように集め、

の行いを変えた人々)を正しい人として扱ってくださることを示している。これは自分たちの良い行いによって神の好意を得たからではなく、自分の罪を認め(⇒32:5)、神に自分の生涯を導いていただくように頼って、赦しと新しい出発を神の賜物として受取ったからである。

32:3-4　黙っていたときには・・・私の骨々は疲れ果てました　ここは罪を隠そうとして罪にしがみついた結果と悲しみについて描いている。ダビデが自分の罪を隠し否定していたときには健康、心の平安、幸せ、そして最も大切な神の好意など生涯で大切な多くのものを失った。そしてこれらの祝福の代りに罪責感や苦悩や神からの厳しい懲らしめを体験した。

32:5　私は、自分の罪を・・・知らせ　変ろうとい

う心構えをもって罪と間違いを認めるなら、必ず神のあわれみ深い赦しが与えられ、罪悪感が除かれて神の愛に満ちた臨在が与えられる。

32:8　わたしは、あなたがたに悟りを与え　主はご自分に従う人々(罪を赦された人々)に悟りを与えて導くと約束された。神に従う人々とはへりくだった素直な心を持つ人々である。この人々は神の臨在と忠告(⇒32:7)を尊び、完全に神に頼り(32:10)、神にあって喜び(32:11)、正しいことを行い続ける(32:11)。

33:6　ことば・・・いぶき　「いぶき」と訳されていることば(《ヘ》ルアハ)は「霊」という意味でもある。その意味で神の息は神の御霊の活動と同じである。ここには大切な聖書の真理が含まれている。それは神のことばの力は神の御霊の力と結び付いて(信仰

深い水を倉に収められる。
8 全地よ。主を恐れよ。
世界に住む者よ。みな、主の前におののけ。
9 まことに、主が仰せられると、そのようになり、
主が命じられると、それは堅く立つ。
10 主は国々のはかりごとを無効にし、
国々の民の計画をむなしくされる。
11 主のはかりごとはとこしえに立ち、
御心の計画は代々に至る。
12 幸いなことよ。
主をおのれの神とする、その国は。
神が、ご自身のものとしてお選びになった、
その民は。
13 主は天から目を注ぎ、
人の子らを残らずご覧になる。
14 御住まいの所から
地に住むすべての者に目を注がれる。
15 主は、彼らの心をそれぞれみな造り、
彼らのわざのすべてを読み取る方。
16 王は軍勢の多いことによっては救われない。
勇者は力の強いことによっては救い出されない。
17 軍馬も勝利の頼みにはならない。
その大きな力も救いにならない。
18 見よ。主の目は主を恐れる者に注がれる。
その恵みを待ち望む者に。
19 彼らのたましいを死から救い出し、

きんのときにも
彼らを生きながらえさせるために。
20 私たちのたましいは主を待ち望む。
主は、われらの助け、われらの盾。
21 まことに私たちの心は主を喜ぶ。
私たちは、聖なる御名に信頼している。
22 主よ。あなたの恵みが私たちの上にありますように。
私たちがあなたを待ち望んだときに。

賛美と信頼の詩篇

34

ダビデによる。彼がアビメレクの前で気が違ったかのようにふるまい、彼に追われて去ったとき

1 私はあらゆる時に主をほめたたえる。
私の口には、いつも、主への賛美がある。
2 私のたましいは主を誇る。
貧しい者はそれを聞いて喜ぶ。
3 私とともに主をほめよ。
共に、御名をあがめよう。
4 私が主を求めると、主は答えてくださった。
私をすべての恐怖から救い出してくださった。
5 彼らが主を仰ぎ見ると、彼らは輝いた。
「彼らの顔をはずかしめないでください。」
6 この悩む者が呼ばわったとき、
主は聞かれた。
こうして、主はすべての苦しみから彼を救われた。
7 主の使いは主を恐れる者の回りに陣を張り、

よって認めて入れる)神の創造の力を引出して必ず神の民の中で、また神の民を通して働くということである。

33:18-19 主を恐れる者に 「主の目」はすべての人々に注がれているけれども(33:13-14)、「主を恐れる者」、神の力と聖さ(純粋性、完全性、悪からの分離)への恐れと尊敬で心が満たされている人々を特別な仕方で見守っておられる(→34:15)。神の「目」とは神の愛に満ちた配慮と人々の生涯への見守りのことである。「彼らのたましいを死から救い出し、ききんのときにも」とは主を恐れ、主に望みを置き、神が働かれることを忍耐強く待ち、神のご計画に従う限り、神は見守り助けられるということである。私たちは神の

ご計画でない限り死ぬことがない。聖書が示すキリストにある希望の意味 →「**聖書的希望**」の項 p.943、神を恐れることの意味 →「**神への恐れ**」の項 p.316

34:1-22 私は・・・【主】をほめたたえる この詩篇の作者は大きな問題から奇蹟的に救ってくださった神をほめたたえ、興奮と熱狂に満たされている。神が作者の祈りを聞いて応えてくださったので、神に従うほかの人々も非常に困難なときにも神の慈しみと配慮を体験できると信じるように励まされる。

34:7【主】の使いは・・・陣を張り 主の使いとは天にいる多くの御使いのことと思われる。それは「仕える霊であって、救いの相続者となる人々に仕えるため遣わされた」ものである(ヘブ1:14, ⇒創32:1-2, Ⅱ

彼らを助け出される。
8 主のすばらしさを味わい、これを見つめよ。
　　　幸いなことよ。彼に身を避ける者は。
9 主を恐れよ。その聖徒たちよ。
　　　彼を恐れる者には乏しいことはないからだ。
10 若い獅子も乏しくなって飢える。
　　　しかし、主を尋ね求める者は、
　　　良いものに何一つ欠けることはない。
11 来なさい。子たちよ。私に聞きなさい。
　　　主を恐れることを教えよう。
12 いのちを喜びとし、しあわせを見ようと、
　　　日数の多いのを愛する人は、だれか。
13 あなたの舌に悪口を言わせず、
　　　くちびるに欺きを語らせるな。
14 悪を離れ、善を行え。
　　　平和を求め、それを追い求めよ。
15 主の目は正しい者に向き、
　　　その耳は彼らの叫びに傾けられる。
16 主の御顔は悪をなす者からそむけられ、
　　　彼らの記憶を地から消される。
17 彼らが叫ぶと、主は聞いてくださる。

8 ①詩119:103、ヘブ6:5、Ⅰペテ2:3、②→詩1:1
9 ①→詩34:22、36:7、37:40、57:1、61:4、64:10、91:4、118:8,9、141:8、→詩2:12
9 ①→詩5:3、31:23
10 ①→詩33:18、③詩23:1
11 ①→詩9:10、②詩84:11、85:12、103:5、104:28、107:9、65:4
11 ①→詩46:8、②詩66:1
③→詩19:9
12 ①詩34:12-16、Ⅰペテ3:10-12、②→詩25:13
13 ①詩141:3、箴13:3、ヤコ1:26、②Ⅰペテ2:22
14 ①詩37:27、→エパ1:16、17
②詩37:3、27
③ロマ14:19、ヘブ12:14
15 ①→詩37:12
16 ①詩9:6、109:15、ヨブ18:17
17 ①詩34:6、54:7
18 ①詩51:17、147:3、イザ57:15、61:1
②詩119:151、145:18
19 ①詩71:20、Ⅱテモ3:11、12
②→詩37:12、②詩34:4、6、17
21 ①詩94:23、140:11、箴24:16
②詩1:6、3:7、7:9、9:5、10:2、11:2、12:8、17:13、26:5、28:3、31:17、32:10、36:5、37:10、39:1、→詩50:16、→詩73:3、→91:8、→詩147:6
③→詩37:12
22 ①詩71:23

1 ①詩18:43、イザ49:5
②詩56:2
2 ①→詩3:3

　　　そして、彼らをそのすべての苦しみから救い出される。
18 主は心の打ち砕かれた者の近くにおられ、
　　　霊の砕かれた者を救われる。
19 正しい者の悩みは多い。
　　　しかし、主はそのすべてから彼を救い出される。
20 主は、彼の骨をことごとく守り、
　　　その一つさえ、砕かれることはない。
21 悪は悪者を殺し、
　　　正しい者を憎む者は罪に定められる。
22 主はそのしもべのたましいを贖い出される。
　　　主に身を避ける者は、だれも罪に定められない。

さばきを求める訴え

35 ダビデによる

1 主よ。私と争う者と争い、
　　　私と戦う者と戦ってください。
2 盾と大盾とを手に取って、

列6:17、→「御使いたちと主の使い」の項 p.405)。神の民を肉体的にも霊的にも危害から守り救うために、神は御使いたちに権限(特定の働きや機能のために与えられる権威)を与えられた。神は生活の情況全体にかかわって奇蹟的な助けを与えてくださることを神を恐れる人々に約束してくださった(→34:9注)。

34:9 彼を恐れる者には乏しいことはない この詩篇にある約束には条件があることに注意するべきである。つまりこの約束は本当に主を恐れる人々にだけ有効である(詳しい意味 →「**神への恐れ**」の項 p.316)。神は次のことを約束された。地上の恐れから私たちを解放する(34:4)、苦しみから救う(34:6, 17)、御使いを送って守る(34:7)、必要を満たす(34:9)、生活を充実させる(34:12)、祈りを聞く(34:15)、神の臨在によって慰める(34:18)、神との関係を刷新する(34:22)などである。けれどもこれらはみな次のことを行うかどうかにかかっている。このような関係を求める(34:4, 10)、神に叫ぶ(34:6)、神を恐れ、たたえる(34:7, 9)、うそをつかない(34:13)、この世界の悪を避ける(34:14)、善を行い平和を求める(34:14)、打砕かれてへりくだった心を持つ(34:18)、主のしもべになる(34:22)などである。

34:19 悩みは多い 旧約聖書で神は律法に従う人々に祝福と繁栄を約束された。けれどもこの約束があっても正しい人に「悩みは多い」という現実がある(→ヘブ11:33-38、12:5-10、→「**正しい人の苦しみ**」の項 p.825)。(1) 神を信じて正しく生きることは物質的な利益を保証したり、問題や苦しみに一生遭わないと保証するものではない。むしろ神に献身するとしばしば迫害や霊的な試練に遭うことになる(→マタ5:10注)。神の国に入るためには多くの困難を通らなければならないと神は定められた(使14:22、⇒Ⅰコリ15:19、Ⅱテモ3:12)。このような困難は何かの罰でもないし、神の国に入るための手段でもない。それは学んで成長するための道具であり、感情的に霊的に強められるための手段である。(2) 苦しむときには、神があらゆる問題から私たちを救いたいと願っておられることを知る必要がある。問題を通して神の目的が達成されると、神は直接奇蹟的行動(⇒ヘブ11:33-35)によって救い出してくださるか、または神とともに永遠を過すために勝利の死を通して救い出してくださる(⇒ヘブ11:35-37)。

35:1-28 私と戦う者と戦ってください この詩篇は聖書の中の祈りの詩篇として分類される。敵に対する神のさばきと邪悪な人々が打負かされることを叫び求める信仰者の祈りである(→35:、69:、109:、137:、

詩篇　35篇

私を助けに、立ち上がってください。
3 槍を抜き、私に追い迫る者を封じてください。
私のたましいに言ってください。
「わたしがあなたの救いだ」と。
4 私のいのちを求める者どもが恥を見、卑しめられますように。
私のわざわいを図る者が退き、はずかしめを受けますように。
5 彼らを風の前のもみがらのようにし、主の使いに押しのけさせてください。
6 彼らの道をやみとし、また、すべるようにし、
主の使いに彼らを追わせてください。
7 まことに、彼らは
ゆえもなく、私にひそかに網を張り、
ゆえもなく、私のたましいを陥れようと、穴を掘りました。
8 思わぬときに、滅びが彼を襲いますように。
ひそかに張ったおのれの網が彼を捕らえ、
滅びの中に彼が落ち込みますように。
9 こうして私のたましいは、主にあって喜び、
御救いの中にあって楽しむことでしょう。
10 私のすべての骨は言いましょう。
「主よ。だれか、あなたのような方があるでしょうか。
悩む者を、彼よりも強い者から救い出す方。
そうです。悩む者、貧しい者を、奪い取る者から。」
11 暴虐な証人どもが立ち

2 ②詩3:7, 7:6, 9:19, 10:12, 12:5, 17:13, →詩44:26, →詩74:22, →詩102:13, →詩132:8, 民10:35, Ⅱ歴6:41
3 ①詩62:2
4 ①→詩40:14, 詩54:3, 63:9, ②詩35:26, 40:14, 70:2, 71:24, 83:17
③詩36:4, 52:2
5 ①→詩1:4, ②→詩34:7
6 ①詩18:28, 82:5, 88:12, 104:20, 105:28, 107:10, 14, 112:4
②詩73:18, エレ23:12
③→詩34:7
7 ①詩69:4, 109:3
②詩57:6, 140:5
8 ①イザ47:11, Ⅰテサ5:3
②詩9:15
③詩55:23, 73:18
9 ①イザ61:10
②詩9:14, 13:5
10 ①詩51:8, ②詩40:5, 71:19, 86:8, 89:6, 113:5, 出15:11, ミカ7:18, ③詩18:17, ④詩37:14, 109:16, 140:12
11 ①→詩18:48, ②詩27:12

ネヘ6:14, 13:29, エレ15:15, 17:18, ガラ5:12, Ⅱテモ4:14, 黙6:10）。神の民は敵を赦し（ルカ23:34）、霊的な救いのために祈りなさい（マタ5:39, 44）と教えられているけれども、悪が除かれ、罪のない人々のために正義が行われるように祈らなければならないときもある。残酷な行為や迫害や悪の被害を受けている人々のためにとりなしの祈りは続けなければならない。神のさばきと邪悪な人々が打負かされることを求める祈りについて、詩篇からさらに次のことを見ることができる。

（1）それは不正や犯罪や残虐な行為からの解放を求める祈りである。神に従う人々は邪悪な人々からの保護を求めて祈る権利がある。

（2）それは正義をもたらし、邪悪な人々の犯罪に見合った方法で罰することを求める（→28:4）神への嘆願である。神またはその国の政府が公平な罰を加えないなら、暴力と混乱が社会を占領することになる（→申25:1-3, ロマ13:3-4, Ⅰペテ2:13-14）。

（3）この祈りを読むとき、詩篇の作者はさばきや報復を自分の手で行うのではなく、神が行われるように頼っていたことがわかる（⇒申32:35, 箴20:22, ロマ12:19）。

（4）この種の詩篇は邪悪な人々の罪が限度に達したときに主は正しくさばき、滅ぼされるという力強い真理を教えている（→創15:16, レビ18:24, 黙6:10, 17）。

（5）これらの祈りは聖霊の霊感を受けたものであって（⇒Ⅱテモ3:16-17, Ⅱペテ1:19-21）、単なる人間の願いを表したものではないことを覚えておきたい。

（6）このような祈りが目指している最も大切な点は不正と残酷な行いが終り、悪が滅ぼされて正義が行われ、神の目的が成就されることである。これは新約聖書でも最も関心のあることである。キリストに従う人々は自分たちを守り、自分たちの主張を証明してくださるように祈ってよいとキリストは言われた。やもめの「私の相手をさばいて、私を守ってください」（ルカ18:3）という祈りに応えて、主イエスは神が「夜昼神を呼び求めている選民のためにさばきをつけ」ることを保証された（ルカ18:7, 黙6:9-10）。

（7）信仰者は次の二つの聖書的原則をバランスよく守らなければならない。それは、(a) 人々がみな神の赦しを受入れて御子イエス・キリストとの個人的な関係を受取るようになってほしいという願いと（⇒Ⅱペテ3:9）、(b) 悪が滅ぼされて神の目的が行渡り、神の国が勝利するのを見たいという願いである。私たちはキリストを知らない人々の霊的な救いのために祈り続けなければならない。同時にキリストのメッセージを拒む人々のことを悲しく感じなければならない。けれども神の完全なご計画によると悪が滅ぼされ、サタンとサタンに従う人々が永遠に取除かれない限り、完全な正義と慈しみと愛は確立されない（→黙6:10, 17, 19:-21:）。そのときまで神に従う人々は「アーメン。主イエスよ、来てください」（黙22:20）と祈らなければならない。なぜなら主が来られるときにこそ神の民は祝福に満ちた解放を与えられ、この世界の悪に対する神の最終的な解決が実現されるからである。

35:4 恥を見、卑しめられますように　キリストに従う人々は神が戦ってくださることを求めてこのような祈りをすることができる。特に最大の敵であるサタ

私の知らないことを私に問う。
12 彼らは善にかえて悪を報い、
　私のたましいは見捨てられる。
13 しかし、私は――、
　彼らの病のとき、私の着物は荒布だった。
　私は断食してたましいを悩ませ、
　私の祈りは私の胸を行き来していた。
14 私の友、私の兄弟にするように、私は歩き回り、
　母の喪に服するように、
　私はうなだれて泣き悲しんだ。
15 だが、彼らは私がつまずくと喜び、相つどい、
　私の知らない攻撃者どもが、
　共に私を目ざして集まり、
　休みなく私を中傷した。
16 私の回りの、あざけり、ののしる者どもは
　私に向かって歯ぎしりした。

17 わが主よ。いつまでながめておられるのですか。
　どうか私のたましいを彼らの略奪から、
　私のただ一つのものを若い獅子から、
　奪い返してください。
18 私は大きな会衆の中で、あなたに感謝し、
　強い人々の間で、あなたを賛美します。
19 偽り者の、私の敵を、
　私のことで喜ばせないでください。
　ゆえもなく私を憎む人々が
　目くばせしないようにしてください。
20 彼らは平和を語らず、
　地の平穏な人々に、欺きごとをたくらむからです。
21 彼らは私に向かって、大きく口を開き、
　「あはは、あはは。この目で見たぞ」と言います。
22 主よ。あなたはそれをご覧になったのです。
　黙っていないでください。
　わが主よ。私から遠く離れないでください。

23 奮い立ってください。目をさましてください。
　私のさばきのために。
　わが神、わが主よ。私の訴えのために。
24 あなたの義にしたがって、私を弁護してください。
　わが神、主よ。
　彼らを私のことで喜ばせないでください。
25 彼らに心のうちで言わせないでください。
　「あはは。われわれの望みどおりだ」と。
　また、言わせないでください。
　「われわれは彼を、のみこんだ」と。
26 私のわざわいを楽しんでいる者らは、
　みな恥を見、はずかしめを受けますように。
　私に向かって高ぶる者は、
　恥と侮辱をこうむりますように。
27 私の義を喜びとする者は、
　喜びの声をあげ、楽しむようにしてください。
　彼らにいつも言わせてください。
　「ご自分のしもべの繁栄を喜ばれる主は、
　大いなるかな」と。
28 私の舌はあなたの義とあなたの誉れを
　日夜、口ずさむことでしょう。

悪者が神の恵みに対面する

36

指揮者のために。主のしもべ、ダビデによる

1 罪は悪者の心の中に語りかける。
　彼の目の前には、神に対する恐れがない。
2 彼はおのれの目で自分にへつらっている。
　おのれの咎を見つけ出し、それを憎むことで。
3 彼の口のことばは、不法と欺きだ。
　彼は知恵を得ることも、善を行うこともやめてしまっている。
4 彼は寝床で、不法を図り、
　よくない道に堅く立っていて、
　悪を捨てようとしない。

ンに対する戦いの場合にそうである。この祈りには罪と悪に対する信仰者の嫌悪感(罪びとに対する嫌悪ではなく、罪と罪が人々に及ぼす悲惨な影響に対する嫌悪)が反映されている。

36:4 悪を捨てようとしない 神を敬わない人々は正義感をもって悪を憎むことがない。そしてしばしば

詩篇 36-37篇　　919

5 主よ。あなたの恵みは天にあり、
　あなたの真実は雲にまで及びます。
6 あなたの義は高くそびえる山のようで、
　あなたのさばきは深い海のようです。
　あなたは人や獣を栄えさせてくださいます。主よ。
7 神よ。あなたの恵みは、なんと尊いことでしょう。
　人の子らは御翼の陰に身を避けます。
8 彼らはあなたの家の豊かさを
　心ゆくまで飲むでしょう。
　あなたの楽しみの流れを、
　あなたは彼らに飲ませなさいます。
9 いのちの泉はあなたにあり、
　私たちは、あなたの光のうちに光を見るからです。
10 注いでください。
　あなたの恵みを、あなたを知る者に。
　あなたの義を、心の直ぐな人に。
11 高ぶりの足が私に追いつかず、
　悪者の手が私を追いやらないようにしてください。

5 ①詩57:10, 103:11, 108:4
　②詩88:11, 89:1, 24, 33, 49, 92:2, 98:3, 100:5, →詩33:5, ②詩119:90
6 ①詩71:19, →詩119:7
　＊別訳「神の山々」
　②詩1:5, 7:6, 9:7, 16, 10:5, 17:2, 18:22, 19:9, 35:23, 37:6, →詩48:11, →詩76:9, →詩94:15, →詩119:7, ロマ11:33
　③詩104:14, 15, 145:16
7 ①→詩33:5, ②→詩17:8, ルツ2:12, ③→詩2:12
8 ①詩63:5, 65:4, エレ31:12-14, ②詩46:4, ヨブ20:17, 黙22:1, 2
　②エレ2:13, ヨハ4:14
9 ①詩43:3
10 ①→詩33:5, ②エレ22:16
　②詩24:5, ④→詩7:10
11 ①詩10:2, 31:18, 23, 73:6, ②→詩36:1

12 ①詩36:3, 4, →詩5:5
　②詩140:10

1 ①箴23:17, 24:19
2 ①詩90:5, 6, 92:7, 129:6
3 ①詩62:8, 115:9
　②→詩34:14, ③申30:20
　③イザ40:11, エゼ34:13, 14
4 ①詩94:19, ヨブ22:26, イザ58:14, ②詩21:2, 145:19, マタ7:11
5 ①詩55:22, 箴16:3, Ⅰペテ5:7, ②詩62:8
6 ①→詩119:7, →詩35:24
　②詩97:11, イザ58:8, 10, ミカ7:9, ③→詩36:5
7 ①ヨブ11:17
　②詩40:1, 62:1, 5

12 そこでは、不法を行う者は倒れ、
　押し倒されて立ち上がれません。

正しい人への祝福

37 　ダビデによる

1 悪を行う者に対して腹を立てるな。
　不正を行う者に対してねたみを起こすな。
2 彼らは草のようにたちまちしおれ、
　青草のように枯れるのだ。
3 主に信頼して善を行え。
　地に住み、誠実を養え。
4 主をおのれの喜びとせよ。
　主はあなたの心の願いをかなえてくださる。
5 あなたの道を主にゆだねよ。
　主に信頼せよ。主が成し遂げてくださる。
6 主は、あなたの義を光のように、
　あなたのさばきを真昼のように輝かされる。
7 主の前に静まり、耐え忍んで主を待て。

詩
49
・
13
-
15

罪深い振舞を自分の中に、またほかの人々の中にも受入れる。罪を見てうんざりすることはない。むしろあらゆるかたちの罪を歓迎する。けれども神の民は次のことを覚えなければならない。（1）罪を嫌悪することは神の根本的な特性である（箴6:16, エレ44:4, ハバ1:13）。これはキリストの働きと王権の中心でもある（45:7, →ヘブ1:9注）。（2）人々は貧しい人をあわれんで親切にするかもしれない。けれども不正を無視し、不道徳な行いを悲しむことなく、神を敬う生活に情熱を示さないなら神と同じ立場に立っていない。このような人々は聖霊への応答もしていない（⇒ガラ5:16-24）。「主を愛する者たちよ。悪を憎め」（97:10）。

37:1-40 腹を立てるな　この詩篇は祈りではなく、神を敬う知恵に関する様々な重要な表現や教えである。主題は邪悪な人々の繁栄や神に従う人々にしばしば襲いかかる困難に対して神を敬う人々がとる態度についてである（→49:, 73:）。そしてこの詩篇は、神を拒む人はしばらくすると没落して地上で得たものを失うだろうと教えている。それに対して正しいことを行い神に忠実な人々は、地上で神の臨在と助けと導きを楽しむことができる。さらに霊的な救いと永遠の報い（約束の地－37:3, 11, 27, 29, 34）を受継ぐことができる。新約聖書によると、キリスト者が受継ぐ相続財産は「新しい天と新しい地」（→黙21:1）である。

37:4 【主】をおのれの喜びとせよ　これは神との個人的な関係の中に最大の喜びと満足を見つけるようにという意味である。主を喜びとする人は神がそば近くにおられることを感じ、神のことばの真理によって生きることを大きな喜びとしている（⇒ヨブ22:26, 27:10, イザ58:14）。このような人々は神が望まれるものを求めるので、神はその願いに応えられる。（1）神の望みと目的に一致しているなら神は最も深い叫びに応えられる（→ヨハ15:7注）。（2）神を喜びとし、私たちに対する神の目的の中に最大の満足を見出すなら、神ご自身が私たちの心に正しい望みを置き、それを成し遂げてくださる（→ピリ2:13）。

37:6 あなたの義を光のように・・・輝かされる　神と正しい関係を持ち、世界にある罪を悲しむ人々には次のものが約束されている。（1）祈りの答（37:4-5）、（2）正しい基準を神が守られること（37:6）、（3）天の相続財産（37:9, 11, 34）、（4）主の支えと助け（37:17-19, 39）、（5）主の導きと守りと臨在（37:23-25, 28）、（6）救い（37:39）など。

37:7 耐え忍んで主を待て　この詩篇は邪悪な人や

詩篇 37篇

おのれの道の栄える者に対して、
悪意を遂げようとする人に対して、
腹を立てるな。

8 怒ることをやめ、憤りを捨てよ。
腹を立てるな。それはただ悪への道だ。

9 悪を行う者は断ち切られる。
しかし主を待ち望む者、彼らは地を受け継ごう。

10 ただしばらくの間だけで、悪者はいなくなる。
あなたが彼の居所を調べても、
彼はそこにはいないだろう。

11 しかし、貧しい人は地を受け継ごう。
また、豊かな繁栄をおのれの喜びとしよう。

12 悪者は正しい者に敵対して事を図り、
歯ぎしりして彼に向かう。

13 主は彼を笑われる。
彼の日が迫っているのをご覧になるから。

14 悪者どもは剣を抜き、弓を張った。
悩む者、貧しい人を打ち倒し、
行いの正しい者を切り殺すために。

15 彼らの剣はおのれの心臓を貫き、
彼らの弓は折られよう。

16 ひとりの正しい者の持つわずかなものは、
多くの悪者の豊かさにまさる。

17 なぜなら、悪者の腕は折られるが、
主は正しい者をささえられるからだ。

18 主は全き人の日々を知っておられ、
彼らのゆずりは永遠に残る。

19 彼らはわざわいのときにも恥を見ず、
ききんのときにも満ち足りよう。

20 しかし悪者は滅びる。
主の敵は牧場の青草のようだ。
彼らは消えうせる。煙となって消えうせる。

21 悪者は、借りるが返さない。
正しい者は、情け深くて人に施す。

22 主に祝福された者は地を受け継ごう。
しかし主にのろわれた者は断ち切られる。

23 人の歩みは主によって確かにされる。
主はその人の道を喜ばれる。

24 その人は倒れてもまっさかさまに倒されはしない。
主がその手をささえておられるからだ。

25 私が若かったときも、また年老いた今も、
正しい者が見捨てられたり、
その子孫が食べ物を請うのを見たことがない。

26 その人はいつも情け深く人に貸す。
その子孫は祝福を得る。

27 悪を離れて善を行い、
いつまでも住みつくようにせよ。

28 まことに、主は公義を愛し、
ご自身の聖徒を見捨てられない。
彼らは永遠に保たれるが、
悪者どもの子孫は断ち切られる。

29 正しい者は地を受け継ごう。
そして、そこにいつまでも住みつこう。

30 正しい者の口は知恵を語り、
その舌は公義を告げる。

神を敬わない人々が、邪悪で不道徳な行動や生活をしながら繁栄するのを見るときに、神を敬う正しい人々はどのように対処したらよいかを示している。神が正義をもたらし、正しい人の立場を守ってくださるまで、私たちは神に対する信仰をしっかり握っていなければならない(⇒37:1, 73:, 箴3:31, 23:17, 24:1, エレ12:)。問題や苦しみの中でも忍耐をして、神に頼り切ることは聖霊の助けによって可能である(ガラ5:22, ロマ8:3-4, ⇒エペ4:1-2, コロ1:11, 3:12)。もし聖霊に聞くなら、神に従う人々には神の報いが与えられ、神を拒む人々には罰が下ることを聖霊は保証しておられる(⇒ロマ8:28, ヘブ12:1-2, 5-13)。

詩篇　37-38篇

31 心に神のみおしえがあり、
　彼の歩みはよろけない。
32 悪者は正しい者を待ち伏せ、
　彼を殺そうとする。
33 主は、彼をその者の手の中に捨ておかず、
　彼がさばかれるとき、彼を罪に定められない。
34 主を待ち望め。その道を守れ。
　そうすれば、主はあなたを高く上げて、
　地を受け継がせてくださる。
　あなたは悪者が断ち切られるのを見よう。
35 私は悪者の横暴を見た。
　彼は、おい茂る野生の木のようにはびこっていた。
36 だが、*彼は過ぎ去った。見よ。彼はもういない。
　私は彼を捜し求めたが見つからなかった。
37 全き人に目を留め、直ぐな人を見よ。
　平和の人には子孫ができる。
38 しかし、そむく者は、相ともに滅ぼされる。
　悪者どもの子孫は断ち切られる。
39 正しい者の救いは、主から来る。
　苦難のときの彼らのとりでは主である。
40 主は彼らを助け、彼らを解き放たれる。
　主は、悪者どもから彼らを解き放ち、
　彼らを救われる。
　彼らが主に身を避けるからだ。

31 ①詩40:8,119:11,申6:6,イザ51:7,エレ31:33
　　②→詩119:150
　　③詩26:1,37:23
32 ①→詩37:10
　　②詩10:8
　　③詩37:14,109:16
33 ①詩31:8,②詩37:25
　　②詩109:7
　　③詩34:22,109:31
34 ①詩27:14,37:9
　　②→詩37:10
　　③→詩37:9
　　④詩52:6,91:8
35 ①→詩37:10
　　②ヨブ5:3,8:16,エレ12:2
　　* 七十人訳は「レバノンの杉のように」
36 * 七十人訳は「私」
37 ①詩64:4,→詩37:18
　　②詩11:7
38 ①詩37:9,20,28,52:5,73:17,②→詩37:10
　　③詩37:9
39 ①詩3:8,62:1
　　②詩37:19,9:9
40 ①詩46:5,54:4
　　②→詩37:10
　　③詩22:4,ダニ3:17,6:23
　　④詩34:22

1 ①詩6:1
2 ①ヨブ6:4,②詩32:4
3 ①詩69:24,78:49,102:10,②イザ1:6
　　③詩6:2,31:10,ヨブ33:19
4 ①詩40:12,65:3,エズ9:6
5 ①詩69:5
6 ①詩35:14,107:39
　　②詩42:9,43:2,ヨブ30:23
7 ①詩102:3
　　②詩38:3,ヨブ7:5
8 ①哀1:13,5:17
　　②詩55:4
　　③詩22:1,32:3,ヨブ3:24
9 ①詩10:17
　　②詩6:6,102:5
10 ①詩10:1
　　②詩6:7,69:3,88:9
11 ①詩31:11,69:8,88:15
　　②ルカ10:31,32

苦しみの重荷

38
記念のためのダビデの賛歌

1 主よ。あなたの大きな怒りで
　私を責めないでください。
　あなたの激しい憤りで
　私を懲らしめないでください。
2 あなたの矢が私の中に突き刺さり、
　あなたの手が私の上に激しく下って来ました。
3 あなたの憤りのため、
　私の肉には完全なところがなく、
　私の罪のため
　私の骨には健全なところがありません。
4 私の咎が、私の頭を越え、
　重荷のように、私には重すぎるからです。
5 私の傷は、悪臭を放ち、ただれました。
　それは私の愚かしさのためです。
6 私はかがみ、深くうなだれ、
　一日中、嘆いて歩いています。
7 私の腰はやけどでおおい尽くされ、
　私の肉には完全なところがありません。
8 私はしびれ、砕き尽くされ、
　心の乱れのためにうめいています。
9 主よ。私の願いはすべてあなたの御前にあり、
　私の嘆きはあなたから隠されていません。
10 私の心はわななきにわななき、
　私の力は私を見捨て、
　目の光さえも、私にはなくなりました。
11 私の愛する者や私の友も、私のえやみを
　避けて立ち、

38:1-22　私を責めないでください　この詩篇は罪に対する神の罰と厳しい懲らしめを取除いてほしいという神への必死の要望である。ダビデは神の怒り（正当な神の怒りと罰）とさばきに圧倒されていた（38:1-2）。からだは病気になり、力は失われていた（38:3-10）。ダビデは自分の愚かな振舞の結果苦しんでいることを知っていたので（38:3-5, 18）、罪を告白して罰を受入れ、助けと解放と神との新しい関係を求めて神を見上げた（38:18, 21-22）。罪を犯して罪悪感と後悔と神のさばきに苦しむ人はこのように祈るとよい。

38:3　私の肉には完全なところがなく　神との個人的な関係を体験して神のあわれみを受けたあとで、重大で意図的な罪を犯した場合の二つの結果を詩篇の作者は強調している。

（1）神の怒りとさばき－心から悔い改めた人を神は懲らしめることなくいつも赦して、その罪を忘れてくださるという教えは聖書的ではない。失敗を心から告白して自分の行いを神の助けによって変えようとする人々を神は確かに赦してくださるけれども、その人が再び神の恵みを体験するまでには時間がかかるかもしれない。神は赦した罪を思い出さないことにされた（79:8, イザ42:25, エレ31:34）。けれども赦されたあ

私の近親の者も遠く離れて立っています。
12 私のいのちを求める者はわなを仕掛け、
　私を痛めつけようとする者は私の破滅を告げ、
　一日中、欺きを語っています。

13 しかし私には聞こえません。
　私は耳の聞こえない者のよう。
　口を開かず、話せない者のよう。
14 まことに私は、耳が聞こえず、
　口で言い争わない人のようです。
15 それは、主よ、
　私があなたを待ち望んでいるからです。
　わが神、主よ。あなたが答えてください
　ますように。
16 私は申しました。
　「私の足がよろけるとき、彼らが私のことで喜ばず、
　私に対して高ぶらないようにしてください。」

17 私はつまずき倒れそうであり、
　私の痛みはいつも私の前にあります。
18 私は自分の咎を言い表し、
　私の罪で私は不安になっています。
19 しかし私の敵は、活気に満ちて、強く、
　私を憎む偽り者が多くいます。
20 また、善にかえて悪を報いる者どもは、
　私が善を追い求めるからといって、
　私をなじっています。
21 私を見捨てないでください。主よ。
　わが神よ。私から遠く離れないでください。

11 ③ルカ23:49
12 ①→詩40:14
　②詩140:5, 141:9
　③詩71:13
　④伝10:13
　⑤詩5:6, 35:20, 43:1, 52:2, 101:7
13 ①詩39:2, 9
15 ①詩39:7
　②詩17:6
16 ①詩17:5, 66:9, 94:18, 121:3, →詩15:5
　②詩35:26
17 ①詩35:15
　②→詩32:10
18 ①詩32:5, 箴28:13, Ⅱコリ7:9, 10
19 ①詩18:17
　②詩35:19
20 ①詩35:12
　②詩109:4
21 ①詩119:8
　②詩22:19, 35:22, 71:12

22 ①詩22:19, 40:13, 17, 141:1
　②詩27:1

題 ①Ⅰ歴16:41
1 ①詩119:9, Ⅰ列2:4
　②詩34:13, ヨブ2:10, ヤコ3:5-12
　③詩141:3, ヤコ3:2, 3
　④→詩34:21
2 ①詩38:13
　②詩92:1, 147:1
3 ①Ⅰコリ7:31, →エレ20:9, ルカ24:32
4 ①詩90:12, 119:84, ヨブ6:11
　②詩78:39, 103:14
5 ①詩62:9, 89:47, 144:4, ヨブ14:1, 2, 伝6:12
6 ①Ⅰコリ7:31, ヤコ1:10, 11, Ⅰペテ1:24
　②詩127:2, 伝5:17
　③詩49:10, 伝2:18, 21, 26, 5:14, ルカ12:20

22 急いで私を助けてください。
　主よ、私の救いよ。

苦難のときに

39
指揮者エドトンのために。
ダビデの賛歌

1 私は言った。
　「私は自分の道に気をつけよう。
　私が舌で罪を犯さないために。
　私の口に口輪をはめておこう。
　悪者が私の前にいる間は。」
2 私はひたすら沈黙を守った。
　よいことにさえ、黙っていた。
　それで私の痛みは激しくなった。
3 私の心は私のうちで熱くなり、
　私がうめく間に、火は燃え上がった。
　そこで私は自分の舌で、こう言った。

4 主よ。お知らせください。
　私の終わり、私の齢が、どれだけなのか。
　私が、どんなに、はかないかを
　知ることができるように。
5 ご覧ください。あなたは
　私の日を手幅ほどにされました。
　私の一生は、あなたの前では、ないのも同然です。
　まことに、人はみな、盛んなときでも、
　全くむなしいものです。　セラ
6 まことに、人は幻のように歩き回り、
　まことに、彼らはむなしく立ち騒ぎます。
　人は、積みたくわえるが、
　だれがそれを集めるのかを知りません。

とでも、何か月もあるいは何年も結果は残るかもしれない（→Ⅱサム12:9-13各注）。

（2）肉体の痛みと精神的な苦悩―罪がその人の感情に苦しみと精神的な重圧を加え、それによって霊性にも影響を与える。神の命令や教えを拒むときに、その結果として神はひどい病気や死さえも許されることがある（→38:3-10, ⇒使12:21-23, Ⅰコリ11:29-30）。

38:21　私から遠く離れないでください　意図的に犯した罪の結果は恐ろしい。その一つは私たちと神との関係が断たれて、神の臨在感を失うことである（⇒22:19, 35:22, 71:12）。神のあわれみを知り、聖霊を受け入れたあとで故意に罪を犯すことはひどく苦しい体験である。

39:1-13　私は自分の道に気をつけよう　この詩篇は38篇の主題を引継いでいる。詩篇の作者は神の厳しい懲らしめを受けている。そして主から罰を受けていることを認識して「あなたの手に打たれて、私は衰え果てました」と言っている（39:10）。またいつまでこのような神からの直接の懲らしめを受けなければならないのか知りたいと望んでいる。さらに神と神のあわれみから引離されたまま死にたくないと祈っている（39:12-13）。

39:4-6　私の終わり　ダビデは自分の短い地上の一生の意味と目的を十分に理解させてくださいと主に

詩篇 39-40篇

7 主よ。今、私は何を待ち望みましょう。
　私の望み、それはあなたです。
8 私のすべてのそむきの罪から
　私を助け出してください。
　私を愚か者のそしりとしないでください。
9 私は黙し、口を開きません。
　あなたが、そうなさったからです。
10 どうか、あなたのむちを私から取り除いてください。
　あなたの手に打たれて、私は衰え果てました。
11 あなたは、不義を責めて人を懲らしめ、
　その人の望むものを、
　しみが食うように、なくしてしまわれます。
　まことに、人はみな、むなしいものです。
　　　　　セラ

12 私の祈りを聞いてください。主よ。
　私の叫びを耳に入れてください。
　私の涙に、黙っていないでください。
　私はあなたとともにいる旅人で、
　私のすべての先祖たちのように、寄留の者なのです。
13 私を見つめないでください。
　私が去って、いなくなる前に、
　私がほがらかになれるように。

7 ①詩38:15
8 ①詩51:9, 14, 79:9
　②詩44:13, 79:4, 119:22
9 ①詩39:2
　②Ⅱサム16:10, ヨブ2:10
10 ①ヨブ9:34, 13:21
　②詩32:4
　＊直訳「手の敵対で」
11 ①エゼ5:15, Ⅱペテ2:16
　②詩90:7, ヨブ13:28, イザ50:9
　③詩39:5, 144:4
12 ①詩61:1, 102:1, 143:1
　②詩56:8, Ⅱ列20:5
　③詩119:19, レビ25:23, Ⅰ歴29:15, ヘブ11:13, Ⅰペテ2:11
13 ①ヨブ7:19, 14:6
　②ヨブ10:20

1 ①詩25:5, 27:14, 37:7, 130:5
　②詩34:15, 116:2
2 ①詩69:2, エレ38:6
　②詩27:5
　③詩37:23, 119:5
3 ①詩33:3, 96:1, 144:9
　②詩52:6
　③詩64:9
4 ①→詩1:1
　②詩138:6
5 ①詩136:4, 139:14, ヨブ5:9
　②詩92:5, 139:17, イザ55:8, 9
　③→詩35:10, 詩89:6
　④詩71:15, 139:18
6 ①詩50:8, 51:16, Ⅰサム15:22, イザ1:11, 66:3, エレ6:20, 7:22, 23, ホセ6:6, アモ5:22, ミカ6:6-8, マタ9:13, 12:7, ヘブ10:5-7
　②→詩37:23

主のみこころの中にいる喜び
40:13-17　並行記事─70:1-5

40

指揮者のために。ダビデの賛歌

1 私は切なる思いで主を待ち望んだ。
　主は私のほうに身を傾け、私の叫びを聞き、
2 私を滅びの穴から、泥沼から、
　引き上げてくださった。
　そして私の足を巌の上に置き、
　私の歩みを確かにされた。
3 主は、私の口に、新しい歌、
　われらの神への賛美を授けられた。
　多くの者は見、そして恐れ、主に信頼しよう。
4 幸いなことよ。主に信頼し、
　高ぶる者や、偽りに陥る者たちのほうに
　向かなかった、その人は。
5 わが神、主よ。
　あなたがなさった奇しいわざと、
　私たちへの御計りは、数も知れず、
　あなたに並ぶ者はありません。
　私が告げても、また語っても、
　それは多くて述べ尽くせません。
6 あなたは、いけにえや穀物のささげ物を
　お喜びにはなりませんでした。

祈っている(⇒39:11, 62:9, 144:4, ヨブ7:7)。神は私たちひとりひとりに好機と試練のときとして地上でのほんの短い時間を与えられた。その目的は神とみことばに反対する堕落した世界の中で私たちが神に忠実であるかどうかを見極めることである。私たちは本当の家は神とともに過す天にあることを深く考えもしないで、この世の快楽を求めて生きることもできる。あるいはより良いものを求めて巡礼者のような姿勢で一生を旅することもできる。そのためには神に喜ばれない快楽や行いを捨てて神の基準に従って生き、神の目的に自分をささげ、ほかの人々が神との関係を見つけられるようにキリストのメッセージを広めることが必要である。なぜなら神のために行うこと(キリストのためにほかの人々に仕える)だけが永遠に残るからである(→ルカ12:20, ヤコ4:14)。私たちはみな、持っている時間を最大限に活用して賢く生きること(90:12)を学ばなければならない。

40:6　あなたは、いけにえや穀物のささげ物をお喜

びにはなりませんでした　神が旧約聖書の律法で要求されたいけにえや形式的な儀式だけでは罪の永遠の代価を払いきれないことを詩篇の作者は理解していた。いけにえや儀式は決して真実な心や聖い献身や神への服従の代わりにはならない(→Ⅰサム15:22, イザ1:11-17, エレ7:22-23, ミカ6:6-8, →「**旧約聖書の律法**」の項 p.158)。神は「古い契約」を定めて人々が罪を告白し、神への服従と献身を言い表す手段とされた。そのようなことを人々がするなら神の祝福と約束を受けることができる。けれども律法の目的は自分の力で神の基準に合う生活はできないことをはっきりさせて、御子イエス・キリストの犠牲による神の完全な救いが必要なことを示すことだった(→ガラ3:24)。ところがキリストの生涯と死と復活を通して定められた「新しい契約」のもとでも、本当に心を神にささげないで水のバプテスマや聖餐にあずかり、礼拝やそのほかの活動に参加する人がいる。宗教儀礼や宗教活動は神を信じる生きた信仰による本物の服従の代わりにはならない

あなたは私の耳を開いてくださいました。
あなたは、
全焼のいけにえも、罪のためのいけにえも、
お求めになりませんでした。

7 そのとき私は申しました。
「今、私はここに来ております。
巻き物の書に私のことが書いてあります。

8 わが神。私はみこころを行うことを喜び
とします。
あなたのおしえは私の心のうちにあります。」

9 私は大きな会衆の中で、
義の良い知らせを告げました。
ご覧ください。私は私のくちびるを押さえません。
主よ。あなたはご存じです。

10 私は、あなたの義を心の中に隠しませんでした。
あなたの真実とあなたの救いを告げました。
私は、あなたの恵みとあなたのまことを
大いなる会衆に隠しませんでした。

11 あなたは、主よ。私にあわれみを
惜しまないでください。
あなたの恵みと、あなたのまことが、
絶えず私を見守るようにしてください。

12 数えきれないほどのわざわいが私を取り
囲み、
私の咎が私に追いついたので、
私は見ることさえできません。
それは私の髪の毛よりも多く、
私の心も私を見捨てました。

13 主よ。どうかみこころによって
私を救い出してください。
主よ。急いで、私を助けてください。

14 私のいのちを求め、滅ぼそうとする者
どもが、
みな恥を見、はずかしめを受けますように。
私のわざわいを喜ぶどもが退き、
卑しめられますように。

15 私を「あはは」とあざ笑う者どもが、
おのれの恥のために、色を失いますように。

16 あなたを慕い求める人がみな、
あなたにあって楽しみ、喜びますように。
あなたの救いを愛する人たちが、
「主をあがめよう」と、いつも言いますように。

17 私は悩む者、貧しい者です。
主よ。私を顧みてください。
あなたは私の助け、私を助け出す方。
わが神よ。遅れないでください。

(⇒ロマ1:5)。「耳を開いてくださいました」を「耳を貫いて」と訳すなら、奴隷が生涯愛する主人に仕える誓願をしたしるしのことを指している。「開いてくださいました」と訳すなら神の律法に聞き従う能力と気持のことを指していると思われる。

40:8 私はみこころを行うことを喜びとします ヘブル10:5-10は七十人訳聖書（ヘブル語旧約聖書のギリシヤ語訳）から40:6-8を引用してイエス・キリストに当てはめている。6節は旧契約の儀式や規定は不完全だった（→40:6注）という事実を言っているけれども、律法全体はキリストを通して成就した（マタ5:17, ヘブ10:1-10）。7節はキリストがこの世界に来られ、霊的な救いをもたらして神との壊れた関係を修復されたことを預言的に言っている（⇒ルカ24:27, ヨハ5:46）。8－10節では御父に対するキリストの従順と、義についてのキリストの教えが強調されている

（⇒ピリ2:5-8）。主イエスの生涯のテーマは「わたしはあなたのみこころを行うために来ました」（ヘブ10:9）だった。キリストが死に至るまで従順だったのでキリストを信じる人々はきよくされる（霊的にきよく傷がなく神の目的のために分離されていること ヘブ10:10）。今や神は律法をその人々の心と思いの中に置くことができる（ヘブ10:16）。このことから、キリストに従う人はみな、自分の生活の中で「わたしはあなたのみこころを行うために来ました」というキリストのことばを確認しなければならない。

40:8 あなたのおしえは私の心のうちにあります 神に従い心の中に神の律法を持つ人々は単なる義務としてではなく、愛と献身から神に従いたいという願いを持つ。その信仰は積極的になり、神のご計画に従うことを心から喜ぶ。その喜びは神のことばを覚え、また聖霊の助けをいただきながら神の真理を生活に当て

詩篇 41-42篇

あわれみの詩篇

41 指揮者のために。ダビデの賛歌

1 幸いなことよ。
　弱っている者に心を配る人は。
　主はわざわいの日にその人を助け出され

2 主は彼を見守り、彼を生きながらえさせ、
　地上でしあわせな者とされる。
　どうか彼を敵の意のままにさせないでください。

3 主は病の床で彼をささえられる。
　病むときにどうか彼を
　全くいやしてくださるように。

4 私は言った。
　「主よ、あわれんでください。
　私のたましいをいやしてください。
　私はあなたに罪を犯したからです。」

5 私の敵は、私の悪口を言います。
　「いつ、彼は死に、その名は滅びるのだろうか。」

6 たとい、人が見舞いに来ても、その人は
　うそを言い、
　その心のうちでは、悪意をたくわえ、
　外に出ては、それを言いふらす。

7 私を憎む者はみな、私について共にささやき、
　私に対して、悪をたくらむ。

8 「邪悪なものが、彼に取りついている。
　彼が床に着いたからには、
　もう二度と起き上がれまい。」

1 ① →詩1:1
　② 詩82:3, 4, 箴14:21
　③ 詩27:5, 37:19
2 ① 詩121:3
　② 詩30:3
　③ 詩27:12
3 ① →詩20:2
　② 詩6:2, 103:3, 147:3, Ⅱ歴30:20
4 ① →詩6:2
　② 詩51:4
5 ① 詩38:12, 109:20
6 ① 詩12:2, 62:4, 144:8, 11, 箴26:24-26
7 ① 詩47:8, 71:10, 11
　② 詩56:5
8 * 凵「ベリヤアル」

9 ① 詩55:13, 20, ヨブ19:13, 19, エレ20:10, ミカ7:5, ヨハ13:18
11 ① 詩56:9
　② →詩37:23
　③ 詩25:2
12 ① 詩37:17, 54:4, 63:8, 18:32
　② 詩21:6, 61:7, ヨブ36:7
13 ① 詩72:18, 19, 89:52, 106:48

1 ① 詩119:131
2 ① 詩84:2, ヨシ3:10, エレ10:10, ダニ6:26, マタ26:63, ロマ9:26, Ⅰテサ1:9
　② 詩63:1, 143:6, 84:2
　③ 詩84:7, 43:4, 出23:17, 34:23, 申16:16

9 私が信頼し、私のパンを食べた親しい友までが、
　私にそむいて、かかとを上げた。

10 しかし、主よ。あなたは私をあわれんでください。
　私を立ち上がらせてください。
　そうすれば私は、彼らに仕返しができます。

11 このことによって、
　あなたは私を喜んでおられるのが、わかります。
　私の敵が私に勝ちどきをあげないからです。

12 誠実を尽くしている私を強くささえ、
　いつまでも、あなたの御顔の前に立たせてください。

13 ほむべきかな。イスラエルの神、主。
　とこしえから、とこしえまで。
　　　　　アーメン。アーメン。

第二巻
詩篇42-72篇

神への切なる思い

42 指揮者のために。コラの子たちのマスキール

1 鹿が谷川の流れを慕いあえぐように、
　神よ。私のたましいはあなたを慕いあえぎます。

2 私のたましいは、神を、生ける神を求めて渇いています。
　いつ、私は行って、神の御前に出ましょ

はめようと絶えず努力することの中に具体的に現されている(⇒119:11, ヨハ15:7)。

41:1　幸いなことよ。弱っている者に心を配る人は　神は弱っている人や無力な人を特別に配慮される。そして困っている人々に愛と親切を示す人々を祝福される。1－3節にはマタイ5:7に見られる「あわれみ深い者は幸いです。その人たちはあわれみを受けるから」という原則が一層はっきりと表されている(→「**貧困者への配慮**」の項 p.1510)。困っている人々と神のあわれみを分ち合うなら、問題に直面しているときに神は私たちを助け救ってくださり(41:1)、害から守り(41:2)、祝福し(41:2)、サタンと敵の力を破壊し(41:2)、病気のときには面倒を見、癒してくださる

と確信を持って祈ることができる(41:3, ⇒72:2, 4, 12, 申15:7-11, 箴29:14, イザ11:4, エレ22:16, →マタ6:30注)。

41:9　私にそむいて、かかとを上げた　主イエスは信用していた友だったイスカリオテ・ユダの裏切りについて話されたときにこの節(ヨハ13:18)を引用された(マタ26:14-16, 20-25, →ルカ22:3注)。

42:　コラの子たち　この人々はイスラエルのレビ族出身の歌い手であり、礼拝の指導をする家族だった(⇒Ⅱ歴20:19)。「マスキール」について　→32:注

42:2　私のたましいは、神を・・・求めて渇いています　肉体のいのちに水が必要なように、霊的ないのちと生活のあらゆる面で完全に満足してしあわせにな

うか。
3 私の涙は、昼も夜も、私の食べ物でした。
人が一日中
「おまえの神はどこにいるのか」と私に言
う間。

4 私はあの事などを思い起こし、
私の前で心を注ぎ出しています。
私があの群れといっしょに行き巡り、
喜びと感謝の声をあげて、祭りを祝う群
集とともに
③神の家へとゆっくり歩いて行ったことな
どを。

5 ①わがたましいよ。
なぜ、おまえはうなだれているのか。
②私の前で思い乱れているのか。
③神を待ち望め。私はなおも神をほめたた
える。
④御顔の救いを。

6 ①*私の神よ。私のたましいは
私の前でうなだれています。
それゆえ、ヨルダンとヘルモンの地から、
またミツァルの山から
私はあなたを思い起こします。

7 あなたの大滝のとどろきに、淵が淵を呼
び起こし、
あなたの波、あなたの大波は、
みな私の上を越えて行きました。

8 昼には、**主**が恵みを施し、
②夜には、その歌が私とともにあります。
私のいのち、神への、祈りを。

3①詩80:5, 102:9
②詩42:10, 79:10,
115:2, ヨエ2:17,
ミカ7:10
4①詩62:8, 102表題,
142:2, Ⅰサム1:15,
哀2:19
②詩100:4
③詩55:14, 122:1, 2:6,
43:3, 46:4, イザ30:29
5①詩42:11, 43:5
②詩8:6
③詩71:14, 哀3:24
④詩44:3
6①詩61:2
*別訳「私の神」として5
節の終わりに置く
②Ⅱサム17:22
③申3:8
7①詩69:1, 2, 88:7,
ヨナ2:3
8①→詩51:1
②→詩16:7

9①→詩18:2
②詩44:24
③詩17:9
④詩38:6, 43:2
10①詩74:10, 18, 102:8
②詩42:3
11①→詩42:5

1①詩74:22, 119:154
②詩5:6, 38:12, 52:2,
101:7
2①詩18:1, 28:7, 31:4
②詩44:9, 88:14
③詩38:6, 42:9
④詩36:5

9 私は、わが巌の神に申し上げます。
「なぜ、あなたは私をお忘れになったの
ですか。
なぜ私は敵のしいたげに、嘆いて歩くの
ですか。」

10 私に敵対する者どもは、
私の骨々が打ち砕かれるほど、私をそし
り、
一日中、「おまえの神はどこにいるのか」と
私に言っています。

11 わがたましいよ。
なぜ、おまえはうなだれているのか。
なぜ、私の前で思い乱れているのか。
神を待ち望め。私はなおも神をほめたた
える。
私の顔の救い、私の神を。

さばきを求める訴え

43

1 神よ。私のためにさばいてください。
私の訴えを取り上げ、
神を恐れない民の言い分を退けてくださ
い。
欺きと不正の人から私を助け出してくだ
さい。

2 あなたは私の力の神であられるからです。
なぜあなたは私を拒まれたのですか。
なぜ私は敵のしいたげに、嘆いて歩き回
るのですか。

3 どうか、あなたの光とまことを送り、

るためには神と神の臨在が必要である。神を信頼する人々は神とのさらに深い関係や神の好意、生活中での超自然的な働きなどに飢え渇くのである。

（1）神への渇きが止まることは霊的に死ぬことである。したがって神と神の目的を知りたいという強い願いを失ってはならない。また心配、貧困、成功、魅力的なもの、快楽などの生活環境によって邪魔されないようにしなければならない。これらのものは神に対する飢え渇きを閉ざしてしまう。またみことばと祈りを通して神とのより深い関係を追い求める願いと姿勢を奪い取ってしまう（マコ4:19）。

（2）神の臨在を求める思いがさらに強くなるように祈らなければならない。このためには聖霊の賜物と導きと力に対して心を開くことが求められる（→「聖霊の働き」の表 p.2187）。キリストの地上での目的が成就されるのを見たいという情熱がさらに深められて熱心に祈り、日照りのときに「鹿が谷川の流れを慕いあえぐように」、霊的な飢え渇きを覚えるようにならなければならない（42:1, →マタ5:6注, 6:33注）。

42:6 私のたましいは・・・うなだれています 神に飢え渇き、神の臨在をさらにはっきり求める人は、物事が正しく進んでいないように見えるときにもしばしば神を待望んでいる。けれども忠実なキリスト者は、自分の感情や周りの情況がどうであっても神とのさらに深い関係を求め続ける。主は、「義に飢え渇く者」（マタ5:6）を祝福すると約束された。神が沈黙し

詩篇 43-44篇

私を導いてください。
あなたの聖なる山、あなたのお住まいに
向かって
それらが、私を連れて行きますように。
4 こうして、私は神の祭壇、私の最も喜び
とする
神のみもとに行き、
立琴に合わせて、あなたをほめたたえま
しょう。
神よ。私の神よ。

5 わがたましいよ。
なぜ、おまえはうなだれているのか。
なぜ、私の前で思い乱れているのか。
神を待ち望め。私はなおも神をほめたた
える。
私の顔の救い、私の神を。

解放を求める神への訴え

44
指揮者のために。
コラの子たちのマスキール

1 神よ。私たちはこの耳で、
先祖たちが語ってくれたことを聞きまし
た。
あなたが昔、彼らの時代になさったみわ
ざを。
2 あなたは御手をもって、国々を追い払い、
そこに彼らを植え、
国民にわざわいを与え、
そこに彼らを送り込まれました。
3 彼らは、自分の剣によって地を得たので
もなく、
自分の腕が彼らを救ったのでもありませ
ん。
ただあなたの右の手、あなたの腕、
あなたの御顔の光が、そうしたのです。
あなたが彼らを愛されたからです。

3 ②→詩2:6
 ③詩42:4, 46:4, 84:1, 132:7
4 ①詩26:6
 ②詩21:6
 ③→詩42:2
 ④詩33:2, 49:4, 57:8, 71:22
5 ①→詩42:5

1 ①詩78:3, 出12:26, 27, 申6:20-25, 士6:13
 ②詩77:5, 申32:7, イザ51:9, 63:9
 ③詩78:12, 90:16
2 ①詩78:55, 80:8, ヨシ3:10
 ②出15:17, Ⅱサム7:10, エレ24:6, アモ9:15
 ③詩135:10-12
3 ①ヨシ24:12
 ②詩48:10, 60:5, 63:8, →詩17:7, →詩74:11, →詩98:1, →詩108:6
 ③詩77:15, 136:12
 ④詩4:6, 89:15
 ⑤詩106:4, 申4:37, 7:7, 8, 10:15

4 ①詩74:12
5 ①詩60:12, 108:13
 ②ゼカ10:5
6 ①詩33:16, Ⅰサム17:47, ホセ1:7
7 ①詩136:24
 ②詩53:5
8 ①詩34:2
 ②→詩30:12
9 ①詩60:10, 108:11
 ②詩43:2, 60:1, 74:1, 89:38
 ③詩35:4, 69:19
10 ①詩89:43, レビ26:17, ヨシ7:8, 12
 ②詩89:41
11 ①詩44:22
 ②詩106:27, レビ26:33, 申4:27, 28:64, エゼ20:23
12 ①申32:30, 士2:14, 3:8
13 ①詩79:4, 89:41
 ②詩79:4, 80:6, 123:4, 22:7, 35:16, エゼ23:32
14 ①詩64:8, 69:11, 109:25, Ⅱ列19:21, ヨブ17:6, エレ24:9
15 ①詩69:7
16 ①詩74:10
 ②詩8:2

4 神よ。あなたこそ私の王です。
ヤコブの勝利を命じてください。
5 あなたによって私たちは、敵を押し返し、
御名によって私たちに立ち向かう者どもを
踏みつけましょう。
6 私は私の弓にたよりません。
私の剣も私を救いません。
7 しかしあなたは、敵から私たちを救い、
私たちを憎む者らをはずかしめなさいま
した。
8 私たちはいつも神によって誇りました。
また、あなたの御名をとこしえにほめた
たえます。　　　　　　　　　セラ

9 それなのに、あなたは私たちを拒み、
卑しめました。あなたはもはや、
私たちの軍勢とともに出陣なさいません。
10 あなたは私たちを敵から退かせ、
私たちを憎む者らは思うままにかすめ奪
いました。
11 あなたは私たちを食用の羊のようにし、
国々の中に私たちを散らされました。
12 あなたはご自分の民を安値で売り、
その代価で何の得もなさいませんでした。
13 あなたは私たちを、隣人のそしりとし、
回りの者のあざけりとし、笑いぐさとさ
れます。
14 あなたは私たちを国々の中で物笑いの種
とし、
民の中で笑い者とされるのです。
15 私の前には、一日中、はずかしめがあって、
私の顔の恥が私をおおってしまいました。
16 それはそしる者とののしる者の声のため、
敵と復讐者のためでした。

17 これらのことすべてが私たちを襲いました。

ているように見えるときでも神との関係を深め続け、より近く導いていただいている間にも聖霊によって人格を育てていただかなければならない(⇒ホセ6:1-3, 使2:38-39, エペ4:11-13)。神の変ることのない愛を求めるときには、途中であきらめてはならない(42:8-11)。

44:9 あなたは・・・拒み 神の民が苦しみ、挫折しているのは、神が見捨てられたからだと詩篇の作者は信じている(44:9-16)。けれども少し混乱しているようである。それはこのように拒まれるような罪や反抗を示す証拠が見つからないからである。人々はむしろ忠実だった。神の律法に従い心をきよく保っていた(44:17-19)。神を敬う人々が神の基準に従って正しく生きているのに大変な困難にぶつかり、神がもはやともにおられないように見える体験をしているのを詩篇の作者は自分のことのようにして言っている(→ヨ

しかし私たちはあなたを忘れませんでした。
また、あなたの契約を無にしませんでした。
18 私たちの心はたじろがず、
私たちの歩みはあなたの道からそれませんでした。
19 しかも、あなたはジャッカルの住む所で
私たちを砕き、
死の陰で私たちをおおわれたのです。
20 もし、私たちが私たちの神の名を忘れ、
ほかの神に私たちの手を差し伸ばしたなら、
21 神はこれを探り出されないでしょうか。
神は心の秘密を知っておられるからです。
22 だが、あなたのために、
私たちは一日中、殺されています。
私たちは、ほふられる羊とみなされています。
23 起きてください。
主よ。なぜ眠っておられるのですか。
目をさましてください。
いつまでも拒まないでください。
24 なぜ御顔をお隠しになるのですか。
私たちの悩みといたげをお忘れになるのですか。
25 私たちのたましいはちりに伏し、
私たちの腹は地にへばりついています。
26 立ち上がって私たちをお助けください。
あなたの恵みのために
私たちを贖い出してください。

17 ①詩78:7, 119:61, 83, 109, 141, 153, 176
18 ①詩17:5
②詩119:51, 157, ヨブ23:11
19 ①ヨブ30:29, イザ13:22, エレ9:11
②詩51:8, 94:5
③ヨブ3:5
20 ①詩78:11
②詩81:9
21 ①詩69:5, 139:1, 2, 23, エレ17:10
22 ①ロマ8:36
②詩44:11, イザ53:7, エレ12:3
23 ①→詩35:23, 詩7:6, 78:65
②詩74:1, 77:7
24 ①詩10:11
②詩42:9, 哀5:20
25 ①詩119:25
26 ①詩68:1, →詩35:2, →詩74:22, →詩102:13, →詩132:8
②詩25:22

2 ①詩21:6
3 ①イザ9:6
②→詩21:5
4 ①ゼパ2:3
 ＊七十人訳による
②→詩72:2
③詩21:8, 89:25, 91:7
④詩65:5
5 ①詩18:14, 120:4, イザ5:28
6 ＊別訳「さばく者よ」
①詩93:2, 哀5:19, ヘブ1:8
②詩98:9
7 ①詩11:7, 33:5, →詩72:2
②詩2:2, 23:5, 92:10
8 ①雅4:14, ヨハ19:39

王の結婚

45

指揮者のために。「ゆりの花」の調べに合わせて。コラの子たちのマスキール。愛の歌。

1 私の心はすばらしいことばでわき立っている。
私は王に私の作ったものを語ろう。
私の舌は巧みな書記の筆。

2 あなたは人の子らにまさって麗しい。
あなたのくちびるからは優しさが流れ出る。
神がとこしえにあなたを祝福しておられるからだ。

3 雄々しい方よ。あなたの剣を腰に帯びよ。
あなたの尊厳と威光を。

4 あなたの威光は、真理と柔和と義のために、
勝利のうちに乗り進め。
あなたの右の手は、恐ろしいことをあなたに教えよ。

5 あなたの矢は鋭い。
国々の民はあなたのもとに倒れ、王の敵は気を失う。

6 ＊神よ。あなたの王座は世々限りなく、
あなたの王国の杖は公正の杖。

7 あなたは義を愛し、悪を憎んだ。
それゆえ、神よ。あなたの神は喜びの油をあなたのともがらにまして、あなたにそそがれた。

8 あなたの着物はみな、
没薬、アロエ、肉桂のかおりを放ち、

ブ記全体各注)。このような体験への答は44:22にある(→44:22注)。

44:22 あなたのために、私たちは一日中、殺されています 神に忠実な人々が苦しむ理由の一つは、神に敵対する世界に生きているからであると聖霊は啓示しておられる。使徒パウロ(初代教会の開拓伝道者、指導者)はこの節をロマ8:36に引用している。その目的は神を敬わない悪いこの世界の慣習や生活様式にならないで、キリストと一つになる人々はみな反対や迫害、苦しみを受けることを教えるためだった。神の民には、イエス・キリストと信仰による関係を持つことによって勝利が保証されている。なぜならどのような敵も神の愛から離すことはできないからである(→ロマ8:17注, 8:36注)。

45:6-7 神よ。あなたの王座は世々限りなく 6－7節はイエス・キリストを示しているので預言的である(ヘブ1:8)。ヘブル人への手紙の著者はここをキリストの王権と特性に当てはめている。

(1) キリストの支配と権威は「とこしえに」続く(ルカ1:6)。メシヤである王(主イエス、メシヤ、「油そそがれた者」)はこの詩篇では6節で「神」として描かれており、7節の「あなたの神」(御父である神)とは区別されている。これはキリストと御父はともに完全な神であるという新約聖書の教えと一致している。

象牙のやかたから聞こえる緒琴は
あなたを喜ばせた。
9 王たちの娘があなたの愛する女たちの中
にいる。
王妃はオフィルの金を身に着けて、
あなたの右に立つ。
10 娘よ。聞け。心して、耳を傾けよ。
あなたの民と、あなたの父の家を忘れよ。
11 そうすれば王は、あなたの美を慕おう。
彼はあなたの夫であるから、彼の前にひ
れ伏せ。
12 ツロの娘は贈り物を携えて来、
民のうちの富んだ者はあなたの好意を求
めよう。
13 王の娘は奥にいて栄華を窮め、
その衣には黄金が織り合わされている。
14 彼女は綾織物を着て、王の前に導かれ、
彼女に付き添うおとめらも
あなたのもとに連れて来られよう。
15 喜びと楽しみをもって彼らは導かれ、

王の宮殿に入って行く。
16 あなたの息子らがあなたの父祖に代わろ
う。
あなたは彼らを全地の君主に任じよう。
17 わたしはあなたの名を
代々にわたって覚えさせよう。
それゆえ、国々の民は世々限りなく、
あなたをほめたたえよう。

災難の中での神の臨在

46 指揮者のために。コラの子たちによる。
アラモテに合わせて。歌

1 神はわれらの避け所、また力。
苦しむとき、そこにある助け。
2 それゆえ、われらは恐れない。
たとい、地は変わり山々が海のまなかに
移ろうとも。
3 たとい、その水が立ち騒ぎ、あわだっても、
その水かさが増して山々が揺れ動いて
も。 セラ

8 ②詩150:4
9 ①雅6:8
　②Ⅰ列9:28, イザ13:12
　③Ⅰ列2:19
11 ①エペ5:33
12 ①詩87:4
　②詩68:29, 72:10, 96:8
　③詩22:29
13 ①出39:2, 3
14 ②士5:30, エゼ16:10
　②雅1:4

17 ①マラ1:11

1 ①詩14:6, 59:16, 62:7, 8
　②→詩28:7, 138:5
　③詩9:9
　④詩145:18, 申4:7
2 ①詩23:4, 27:1
　②詩82:5
　③詩18:7
3 ①詩93:3, 4, エレ5:22
　②詩68:8, 77:18

(2) この詩篇の中でキリストは、ご自分の愛するもの、憎むものという面から描かれている。(a) キリストは義（神の基準に従って一貫して義を行う）を愛する。なぜなら義は神の国の特徴だからである。地上におられたとき、主イエスはご自分の最大の喜びは御父のみこころを行うことだと証言された（ヘブ10:7）。主イエスの義はあらゆる情況でいろいろな方法で示され、神のみこころを行いたいという願いを表していた（⇒エペ5:26, ヘブ13:12）。(b) 主イエスは義を愛されるのと同じくらいに悪を憎まれた。このことを示す最大の証明は罪の負債を支払い、悪の力を砕き、人々を霊的に救うために十字架で死なれたことである（マタ1:21）。地上にいる間、主イエスはあらゆる罪に立向かわれた。それは社会にある反逆や不信仰（マタ12:39）、悪魔的な力（マコ1:34-39）や偽善（不誠実、二重規格）などだった（マタ23:）。いつの日か主イエスはこれらのことを終わらせるために再び来られ、地上に義を打立ててくださる（黙19:–22:）。

(3) 義を愛して悪を憎まれたので、神は主イエスを特別な油注ぎによってだれよりも高く挙げられた。この油注ぎは神によって認められたこと、目的と権威が与えられたことを表している。通常油注ぎの儀式は油（オリーブ油のような）を使って行われるけれども、聖書では油は大抵聖霊を象徴する。たとえば「喜びの油」は主イエスが聖霊によって導かれ力を与えられたことを指している（→マタ3:16-17, ガラ5:22-23, →ヘブ1:9注）。

(4) キリストに従う人々がキリストの義に対する深い愛を共有するなら、神は同じように聖霊の力を豊かに「そそがれ」る。またキリストのように義を愛する心を持って絶えず悪を退け続けるなら、霊的な指導者として奉仕する権利が与えられる（Ⅰテモ3:1-7）。

46:1-2 われらの避け所、また力 私たちはみな霊的に渇いてむなしく非生産的になっていると感じることがある（⇒44:）。けれどもキリスト者がいつもこの状態であってはならない。神は神の民の中で活発に働きたいと願っておられる。この詩篇は生活情況が不安定で、不確実な中でも神への信頼と確信を表明している。

(1) 人生の中で困難や不確実な情況に直面する力と能力は神の中に見つけることができる。「避け所」ということばは危険からの避難所を思わせる。神こそが人生の嵐の中での本当の安全である（→イザ4:5-6）。「力」は霊的な敵と戦っているときの神の力を指している（21:8, 出15:13）。もし忍耐強く神に頼るなら神はこの力を私たちを通して現し、人生の障害物を乗越えさせてくださる（コロ1:29）。

(2) 最終的には神が「苦しむとき、そこにある助

4 川がある。その流れは、
　いと高き方の聖なる住まい、神の都を喜
　ばせる。
5 神はそのまなかにいまし、その都はゆる
　がない。
　神は夜明け前にこれを助けられる。
6 国々は立ち騒ぎ、諸方の王国は揺らいだ。
　神が御声を発せられると、地は溶けた。
7 万軍の主はわれらとともにおられる。
　ヤコブの神はわれらのとりでである。
　　　　　　　　　　　　　　セラ

8 来て、主のみわざを見よ。
　主は地に荒廃をもたらされた。
9 主は地の果てまでも戦いをやめさせ、
　弓をへし折り、槍を断ち切り、戦車を火
　で焼かれた。
10「やめよ。
　わたしこそ神であることを知れ。
　わたしは国々の間があがめられ、
　地の上があがめられる。」
11 万軍の主はわれらとともにおられる。
　ヤコブの神はわれらのとりでである。
　　　　　　　　　　　　　　セラ

イザ28・16

全地の王である神

47
指揮者のために。コラの子たちの賛歌

1 すべての国々の民よ。手をたたけ。
　喜びの声をあげて神に叫べ。

4 ①詩36:8, 65:9,
　イザ8:6, 黙22:1
　②詩2:6, 42:4, 43:3
　③詩48:1, 87:3, 101:8,
　イザ60:14, 黙3:12
5 ①申23:14, イザ12:6,
　エゼ43:7,9, ホセ11:9,
　ヨエ2:27, ゼカ2:5
　②詩46:6, 60:2, 82:5,
　93:1, 96:10, 104:5
　③詩37:40, イザ41:14,
　ルカ1:54
6 ①詩2:1, →詩46:5
　②詩18:13, 68:33, エレ25:
　30, ヨエ2:11, アモ1:2
　③詩97:5, アモ9:5,
　ミカ1:4, ナホ1:5
7 ①詩46:11, →詩24:10
　②民14:9, Ⅱ歴13:12
　③詩9:9, 46:11, 59:9,
　16, 17, 94:22, →詩18:2
8 ①詩34:11, 66:5, 16
　②エレ51:43
9 ①イザ2:4, ミカ4:3
　②詩76:3, Ⅰサム2:4
　③詩9:5, エゼ39:9
10 ①詩100:3, M4:35
　②イザ2:11, 17
11 ①詩24:10, 2→詩46:7

1 ①詩98:8

2 ①詩66:3,5, 68:35, ヘブ7:
　21, ネヘ1:5, ②マラ1:14
3 ①→詩18:47
4 ①詩68:9, →詩37:18,
　→詩78:55, →詩111:6,
　Ⅰペテ1:4, ②アモ6:8,
　8:7, ナホ2:2
5 ①詩98:6, ②詩68:18
6 ①詩68:4, 2→詩47:1
7 ①ゼカ14:9, 2Ⅰコリ14:15
8 ①詩22:28, Ⅰ歴16:31
9 ①詩72:11, イザ49:7,23
　②ロマ4:11, 12
10 ①詩3:3, 89:18
　②詩97:9

1 ①詩86:10, 96:4, 99:2,
　135:5, 145:3, 147:5,
　Ⅰ歴16:25, ②イザ2:3,
　ミカ4:1, ゼカ8:3, ④詩46:4

2 まことに、いと高き方主は、恐れられる
　方、
　全地の大いなる王。
3 国々の民を私たちのもとに、
　国民を私たちの足もとに従わせる。
4 主は、私たちのためにお選びになる。
　私たちの受け継ぐ地を。主の愛するヤコ
　ブの誉れを。　　　　　　　　セラ
5 神は喜びの叫びの中を、主は角笛の音の
　中を、
　上って行かれた。
6 神にほめ歌を歌え。ほめ歌を歌え。
　われらの王にほめ歌を歌え。ほめ歌を歌
　え。
7 まことに神は全地の王。巧みな歌でほめ
　歌を歌え。
8 神は国々を統べ治めておられる。
　神はその聖なる王座に着いておられる。
9 国々の民の尊き者たちは、
　アブラハムの神の民として集められた。

10 まことに、地の盾は神のもの。
　神は大いにあがめられる方。

シオンの山の歌

48
歌。コラの子たちの賛歌

1 主は大いなる方。大いにほめたたえられ
　るべき方。
　その聖なる山、われらの神の都において。

け」である。神はいつでもそこにおられて困ったとき
には呼んでほしいと望んでおられる(ヘブ4:16)。神
の力と臨在はどんな情況にも十分に対処することがで
きる。神は私たちから絶対に離れない。したがって何
も恐れることはない(23:4, ヘブ13:5)。

46:4 川がある　神の「川」は神の恵み(受けるにふさ
わしくない好意とあわれみと助け)と霊感と忠実な
人々の中にある力の流れのことである(⇒46:11, イザ
8:6, エゼ47:1, 黙22:1)。この清らかないのちを与え
る川は御父である神(エレ2:13)と、御子である神(ゼ
カ13:1, ヨハ4:14)と、聖霊である神(ヨハ7:38-39)
から流れ出る。それは神の御座から流れ出て地上(ヨ
ハ4:13-14, 7:38)と天(黙22:1)にいる神の民をいつ
でも元気づけると描かれている。この川の最大の祝福
は神の民の間に神の臨在があることを証明することで

ある(46:5)。「万軍の主はわれらとともにおられる」
(46:7, 11)。

46:10 やめよ　このヘブル語は「静まれ」、「もうよ
い」という意味で、邪魔をしたり霊的に引落とすよう
なもの、つまり神をあがめて正しい位置に置くのを妨
げるようなものに「しがみつくのをやめよ」などと訳す
ことができる。神のことばと人々の生活の中で神の民
のために働く神の臨在と力を示す証拠を私たちは十分
に見てきた(46:7-9)。だから神があらゆるものを支
配しておられるという事実を土台として平安でいるこ
とができる。神は全能である。そしていつの日か人々
はみなこの事実を知り認めることになる。

48:1 われらの神の都　「われらの神の都」、「大王の
都」(48:2)はエルサレムである(マタ5:35)。これは
「とこしえに」(48:8)建てられる。旧約聖書で始めら

2 高嶺の麗しさは、全地の喜び。
　北の端なるシオンの山は大王の都。
3 神は、その宮殿で、ご自身をやぐらとし
　て示された。
4 見よ。王たちは相つどい、
　ともどもにそこを通り過ぎた。
5 彼らは、見るとたちまち驚き、
　おじ惑って急いで逃げた。
6 その場で恐怖が彼らを捕らえた。
　産婦のような苦痛。
7 あなたは東風でタルシシュの船を打ち砕
　かれる。
8 私たちは、聞いたとおりを、そのまま見た。
　万軍の主の都、われらの神の都で。
　神は都を、とこしえに堅く建てられる。
　　　　　　　セラ
9 神よ。私たちは、あなたの宮の中で、
　あなたの恵みを思い巡らしました。
10 神よ。あなたの誉れはあなたの御名と同
　じく、
　地の果てにまで及んでいます。
　あなたの右の手は義に満ちています。
11 あなたのさばきがあるために、シオンの
　山が喜び、
　ユダの娘が楽しむようにしてください。
12 シオンを巡り、その回りを歩け。
　そのやぐらを数えよ。
13 その城壁に心を留めよ。その宮殿を巡り
　歩け。
　後の時代に語り伝えるために。
14 この方こそまさしく神。
　世々限りなくわれらの神であられる。
　神は私たちをとこしえに導かれる。

2①詩50:2, 哀2:15
②詩2:6, 48:11, 74:2, 78:68, 125:1, 133:3
③マタ5:35
3①詩122:7
②詩18:2, 62:2, 6, 144:2
4①Ⅱサム10:6-19
5①詩30:7
6①出15:15
②イザ13:8
③エレ18:17
④詩72:10, Ⅰ列10:22, エゼ27:25
⑤Ⅰ列22:48
8①→詩24:10
②詩87:5
9①→詩51:1
10①申28:58, ヨシ7:9, マラ1:11
②詩65:5
③→詩44:3, イザ41:10
④詩72:2
11①→詩36:6, →詩76:9, →詩94:15, →詩119:7
②詩36:6, ゼパ3:14
12①詩61:3, ネヘ3:1, 11, 25-27
13①詩122:7
②詩78:5-7, 102:18
14①→詩51:1
　　＊ 七十人訳による
　②詩23:5, イザ58:11

1①詩50:7
②詩33:8
③詩78:1, イザ1:2, ミカ1:2
2①詩62:9
3①詩37:30
②詩119:130
4①詩78:2
②詩33:2, 43:4, 57:8, 71:22, Ⅱ列3:15
③民12:8
5①詩23:4, 27:1
6①詩52:7, 62:10, ヨブ31:24, 箴11:28, マコ10:25
7①ヨブ36:18, 19
9①→詩30:3
②詩16:10, 89:48
10①伝2:16
②詩92:6, 94:8
③詩39:6, 伝2:18, 21, ルカ12:20
11①詩10:6, 64:6
②申3:14
12①詩49:20

富に頼る愚かさ

49 指揮者のために。コラの子たちの賛歌

1 すべての国々の民よ。これを聞け。
　世界に住むすべての者よ。耳を傾けよ。
2 低い者も、尊い者も、
　富む者も、貧しい者も、ともどもに。
3 私の口は知恵を語り、私の心は英知を告
　げる。
4 私はたとえに耳を傾け、
　立琴に合わせて私のなぞを解き明かそう。
5 どうして私は、わざわいの日に、
　恐れなければならないのか。
　私を取り囲んで中傷する者の悪意を。
6 おのれの財産に信頼する者どもや、
　豊かな富を誇る者どもを。
7 人は自分の兄弟をも買い戻すことはでき
　ない。
　自分の身代金を神に払うことはできない。
8 ――たましいの贖いしろは、高価であり、
　永久にあきらめなくてはならない――
9 人はとこしえまでも生きながらえるであ
　ろうか。
　墓を見ないであろうか。
10 彼は見る。知恵のある者たちが死に、
　愚か者もまぬけ者もひとしく滅び、
　自分の財産を他人に残すのを。
11 彼らは、心の中で、彼らの家は永遠に続き、
　その住まいは代々にまで及ぶと思い、
　自分たちの土地に、自分たちの名をつけ
　る。
12 しかし人は、その栄華のうちにとどまれ
　ない。
　人は滅びうせる獣に等しい。

れたことを神は終わりのときに新しいエルサレムで完成される（黙21:10-22:5, →「**エルサレムの町**」の項p.674）。

48:14　私たちをとこしえに導かれる　主は忠実に従う人々を生涯を通して、またそれを越えて、永遠に主とともにあるとこしえの家へと導かれる（ヨハ14:1-3, Ⅰテサ4:17, 黙21:3, →ピリ1:21注,「**死**」の項p.850）。

49:1-20　これを聞け　この詩篇は富やそのほかこの世界にあるものに頼ることがなぜ役に立たないのかに焦点を当てている。どれも永続きしないのである。詩篇の作者は自分たちがいくら持っているか、何ができるか、どれだけ有名かなどによって評価しようとする人々の没落について描いている（マタ6:19-21, ルカ12:15）。けれども神のみこころを成し遂げようと生きる人々はこの世界から去った後に充実したいのちを体験する。そのことを詩篇の作者は喜んでいる（49:15, →「**富と貧困**」の項p.1835）。

13 これが愚か者どもの道、
　彼らに従い、彼らの言うことを受け入れる者どもの道である。　セラ

14 彼らは羊のようによみに定められ、
　死が彼らの羊飼いとなる。
　朝は、直ぐなる者が彼らを支配する。
　彼らのかたちはなくなり、
　＊よみがその住む所となる。

15 しかし神は私のたましいを
　＊よみの手から買い戻される。
　神が私を受け入れてくださるからだ。　セラ

16 恐れるな。人が富を得ても、
　その人の家の栄誉が増し加わっても。
17 人は、死ぬとき、何一つ持って行くことができず、
　その栄誉も彼に従って下っては行かないのだ。
18 彼が生きている間、自分を祝福できても、
　また、あなたが幸いな暮らしをしているために、
　人々があなたをほめたたえても。
19 あなたは、自分の先祖の世代に行き、
　彼らは決して光を見ないであろう。
20 人はその栄華の中にあっても、悟りがなければ、
　滅びうせる獣に等しい。

本当の宗教と偽りの宗教

50 アサフの賛歌

1 神の神、主は語り、地を呼び寄せられた。
　日の上る所から沈む所まで。
2 麗しさの窮み、シオンから、
　神は光を放たれた。
3 われらの神は来て、黙ってはおられない。
　御前には食い尽くす火があり、
　その回りには激しいあらしがある。

4 神はご自分の民をさばくため、
　上なる天と、地とを呼び寄せられる。
5 「わたしの聖徒たちをわたしのところに集めよ。
　いけにえにより、わたしの契約を結んだ者たちを。」
6 天は神の義を告げ知らせる。
　まことに神こそは審判者である。　セラ

7 「聞け。わが民よ。わたしは語ろう。
　イスラエルよ。わたしはあなたを戒めよう。
　わたしは神、あなたの神である。
8 いけにえのことで、あなたを責めるのではない。
　あなたの全焼のいけにえは、
　いつも、わたしの前にある。
9 わたしは、あなたの家から、
　若い雄牛を取り上げはしない。
　あなたの囲いから、雄やぎをも。
10 森のすべての獣は、わたしのもの、
　千の丘の家畜らも。
11 わたしは、山の鳥も残らず知っている。
　野に群がるものもわたしのものだ。
12 わたしはたとい飢えても、あなたに告げない。
　世界とそれに満ちるものはわたしのものだから。
13 わたしが雄牛の肉を食べ、
　雄やぎの血を飲むだろうか。
14 感謝のいけにえを神にささげよ。
　あなたの誓いをいと高き方に果たせ。
15 苦難の日にはわたしを呼び求めよ。
　わたしはあなたを助け出そう。
　あなたはわたしをあがめよう。」

16 しかし、悪者に対して神は言われる。
　「何事か。おまえがわたしのおきてを語り、
　わたしの契約を口にのせるとは。
17 おまえは戒めを憎み、

50:15　苦難の日にはわたしを呼び求めよ　苦難と問題の日に主に頼り主を見上げるように、主は忠実に従う人々を招いておられる。神は私たちの祈りに応えて、ご自分の民を救う方であることを人々が知り神をあがめるようになってほしいと願っておられる。

50:16-23　何事か。おまえがわたしのおきてを語り　神は偽善者に対して厳粛に警告をされた。この人々は神に献身したふりをして神のことばの約束が実行され

わたしのことばを自分のうしろに投げ捨てた。
18 おまえは盗人に会うと、これとくみし、姦通する者と親しくする。
19 おまえの口は悪を放ち、おまえの舌は欺きを仕組んでいる。
20 おまえは座して、おのれの兄弟の悪口を言い、
おのれの母の子をそしる。
21 こういうことをおまえはしてきたが、わたしは黙っていた。
わたしがおまえと等しい者だとおまえは、思っていたのだ。
わたしはおまえを責める。
おまえの目の前でこれを並べ立てる。
22 神を忘れる者よ。
さあ、このことをよくわきまえよ。
さもないと、わたしはおまえを引き裂き、救い出す者もいなくなろう。
23 感謝のいけにえをささげる人は、わたしをあがめよう。
その道を正しくする人に、

17 ②Ⅰ列14:9、ネヘ9:26
18 ①ロマ1:32、Ⅰテモ5:22
19 ①詩10:7、36:3、52:2
20 ①詩19:18、マタ10:21
②詩101:5
21 ①伝8:11、イザ42:14、57:11
②詩90:8
22 ①詩7:2、ヨブ8:13
②詩7:2
23 ①詩50:14
②詩85:13

③詩91:16

題 ①Ⅱサム12:1
1 ①詩42:8、48:9、52:1、8、57:3、10、59:10、16、17、61:7、62:12、63:3、66:20、69:13、16、→詩33:5、→詩85:7、→詩90:14、→詩130:7
②詩69:16
③詩51:9、イザ43:25、44:22、使3:19、コロ2:14
2 ①詩51:7、イザ1:16、4:4、エレ14、使22:16
②エレ33:8、エゼ36:33、ヘブ1:3、Ⅰヨハ1:7、9
3 ①イザ59:12
4 ①詩41:4、創20:6、39:9、Ⅱサム12:13、ルカ15:21
②ロマ3:4
③詩58:11、67:4、→詩9:8、→詩75:2、→詩96:13、→詩7:11、→詩7:8

わたしは神の救いを見せよう。」

悔い改める人の詩篇

51

指揮者のために。ダビデの賛歌。ダビデがバテ・シェバのもとに通ったのちに、預言者ナタンが彼のもとに来たとき

1 神よ。御恵みによって、私に情けをかけ、
あなたの豊かなあわれみによって、
私のそむきの罪をぬぐい去ってください。
2 どうか私の咎を、私から全く洗い去り、
私の罪から、私をきよめてください。
3 まことに、私は自分のそむきの罪を知っています。
私の罪は、いつも私の目の前にあります。
4 私はあなたに、ただあなたに、罪を犯し、
あなたの御目に悪であることを行いました。
それゆえ、
あなたが宣告されるとき、あなたは正しく、
さばかれるとき、あなたはきよくあられます。

るのを求めている。けれども同時に神の命令を無視し、神を敬わない社会の考えや行動に同調している。神はその人々を滅ぼすと強く迫っておられる。そこから救える人はだれもいない(50:22)。実際にこのような人々はさらに厳しく罰せられ、より大きな永遠の罰を受けることになる(マタ23:14、→Ⅰコリ11:27注)。

51：ダビデの賛歌 この罪の告白の詩篇は、預言者ナタンによって姦淫と殺人の罪について面と向かって指摘されたあとにダビデが書いたものとされている(⇒Ⅱサム12:1-13)。(1) これは神を知っていたけれども深刻なかたちで神を冒瀆し、神の臨在から切捨てられたと感じている人が書いた詩篇であることに注意したい(⇒51:11)。(2) この詩篇はダビデが悔い改めてナタンが神の赦しを確約したあとに書かれたと思われる(Ⅱサム12:13)。けれども詩篇の作者は神との関係が完全に回復されるように、まだ真剣に嘆願している(51:7-13)。

51:1-19 私に情けをかけ 罪を犯して罪悪感に圧倒された人はだれでも、赦しと霊的なきよめと神との新しい関係をいただくことができる。この詩篇はどのようにしてあわれみを受けることができるかを示している。ダビデは神の恵み(受けるにふさわしくない好意)

とあわれみと変ることのない愛(51:1)を根拠に霊的刷新を求めた。へりくだって(51:17)、罪を告白し、いのちを神にゆだねて、罪深い振舞を変えてくださるように神に頼る人々には、罪のために死なれたキリストによって赦しが与えられる(Ⅰヨハ2:1-2)。

51:3 私の罪は、いつも私の目の前にあります 時には罪が赦されたことを信じ受入れられないことがある。神の祝福が回復していないように思えるときには特にそうである。霊的な救いの喜びを知ってから霊的失敗の深みに落ちた人は、神との関係が完全に回復されたと感じられないで、悲しみと霊的な戦いを引続き体験するかもしれない。神の寛大な祝福を知ったあとで神を拒むことはどれほど厳粛で恐ろしく、感情的に荒廃するものかをダビデの体験は明らかにしている。

51:4 私はあなたに・・・罪を犯し ダビデは深刻な犯罪(姦淫と殺人 ⇒Ⅱサム12:1-13)を犯したけれどもほかの人々に対しては罪を犯していないとここで弁解しているのではない。最大の罪は神と神のことばに対して犯したものだと言っているのである(→Ⅱサム12:9-10)。

5 ああ、私は咎ある者として生まれ、
　罪ある者として母は私をみごもりました。
6 ああ、あなたは心のうちの真実を喜ばれます。
　それゆえ、私の心の奥に知恵を教えてください。
7 ヒソプをもって私の罪を除いてきよめてください。
　そうすれば、私はきよくなりましょう。
　私を洗ってください。
　そうすれば、私は雪よりも白くなりましょう。
8 私に、楽しみと喜びを、聞かせてください。
　そうすれば、あなたがお砕きになった骨が、喜ぶことでしょう。
9 御顔を私の罪から隠し、
　私の咎をことごとく、ぬぐい去ってください。
10 神よ。私にきよい心を造り、
　ゆるがない霊を私のうちに新しくしてください。
11 私をあなたの御前から、投げ捨てず、
　あなたの聖霊を、私から取り去らないで

5 ①詩58:3, ヨブ14:4, 15:14, エペ2:3
6 ①詩15:2
　②→詩37:23
　③箴2:6, 伝2:26, ヤコ1:5
7 ①出12:22, レビ14:4, 民19:18, ヘブ9:19
　②イザ1:18
8 ①イザ35:10, ヨエ1:16
9 ①→詩10:11
　②エレ16:17
10 ①詩24:4, マタ5:8, 使15:9
　②エペ2:10
11 ①Ⅱ列13:23, 24:20, エレ7:15
　②イザ63:10, 11
12 ①詩13:5
　②詩110:3
　③→詩3:5
13 ①→詩104:35
　②詩22:27
14 ①詩25:5
　②詩26:9, 94:21, Ⅱサム12:9
　③詩35:28, 71:15
　④詩69:27, 74:2, 15, 16, 19, 72:1, 3, →詩40:10, →詩88:12, 詩98:2, →詩111:3
　⑤詩65:8, 71:23, 89:12, 101:1, 145:7, 149:5
15 ①出4:15, 2詩9:14
16 ①→詩37:23
17 ①詩34:18
18 ①詩69:35, 102:16, イザ51:3
　②詩119:68, 125:4, →詩25:7, →詩52:9

ください。
12 あなたの救いの喜びを、私に返し、
　喜んで仕える霊が、私をささえますように。
13 私は、そむく者たちに、
　あなたの道を教えましょう。
　そうすれば、罪人は、あなたのもとに帰りましょう。
14 神よ。私の救いの神よ。
　血の罪から私を救い出してください。
　そうすれば、私の舌は、
　あなたの義を、高らかに歌うでしょう。
15 主よ。私のくちびるを開いてください。
　そうすれば、私の口は、
　あなたの誉れを告げるでしょう。
16 たとい、私がささげても、
　まことに、あなたはいけにえを喜ばれません。
　全焼のいけにえを、望まれません。
17 神へのいけにえは、砕かれた霊。
　砕かれた、悔いた心。
　神よあなたは、それをさげすまれません。
18 どうか、ご恩寵により、シオンにいつく

51:5　私は咎ある者として生まれ　神に反抗する罪の傾向は生まれつき持っているとダビデは認めている。けれどもこれを弁解にはしていない。ダビデは自分の罪深い性質に完全に責任を感じている。世界に罪が入り込んでから(創3:)、人はみな、たといほかの人々に苦痛や苦しみを負わせてでも自分の道を歩んで自分の快楽を満たしたいという自己中心な願いを持って生れた(→ロマ5:12注)。この罪深い振舞は神の赦し(私たちの罪のための主イエスの死によって与えられる)を受入れ、主イエスに生涯をささげた人々を通して働く聖霊の力(→「**新生－霊的誕生と刷新**」の項p.1874)に頼ることによって克服することができる。

51:10　私にきよい心を造り　神に従う人はみな聖霊によって心をきよめていただくことが必要である。変化が起きると神に向けて心が開かれて、罪を憎んで退け、それぞれの人生に神の最高の目的が実現することを願うようになる。そして霊的に新しくされ、神の臨在に敏感になり、神に仕える力を与える霊を必要とする。最初に私たちを創造された神だけが、私たちを内側から再び創造し、神を敬う人に回復することができる(ヨハ3:3, Ⅱコリ5:17, →「心」の項 p.1043,「**新生－霊的誕生と刷新**」の項p.1874)。

51:11　あなたの聖霊を、私から取り去らないでください　罪をあばき、人々を神のもとへ導き、神の目的に仕える力を与える聖霊の力と臨在をもし神が取去られるなら、神との関係を回復する希望は全くなくなってしまうことをダビデは知っていた(→ヨハ16:8注)。

51:12　あなたの救いの喜びを、私に返し　主はダビデの喜びを回復してくださったけれども、ダビデの生涯については次のことに注意するべきである。(1) 人は蒔いたものを刈取ると聖書ははっきりと教えている(ガラ6:7)。つまり、私たちの行動はその結果起こることに明らかな影響を与える。「自分の肉のために蒔く者は、・・・滅びを刈り取り、御霊のために蒔く者は、・・・永遠のいのちを刈り取るのです」(ガラ6:8)。ダビデは罪を犯したため、自分の生活と家庭生活、そして自分の王国の中でその結果に一生涯苦しんだ(Ⅱサム12:1-14)。(2) ダビデが体験した恐ろしい結果から私たちは正しい聖い恐れを持たなければならない。そして神を拒み、神が既に御子イエス・キリストを通して示してくださったあわれみから心が離れないようにしなければならない(→Ⅱサム12:各注)。

51:17　砕かれた、悔いた心　人々は良い動機から個人的な犠牲を払うこともあれば、悪い動機から犠牲を

しみを施し、
エルサレムの城壁を築いてください。
19 そのとき、あなたは、
全焼のいけにえと全焼のささげ物との、
義のいけにえを喜ばれるでしょう。
そのとき、
雄の子牛があなたの祭壇にささげられましょう。

悪者の最後

52
指揮者のために。ダビデのマスキール。エドム人ドエグがサウルのもとに来て、彼に告げて「ダビデがアヒメレクの家に来た」と言ったときに

1 なぜ、おまえは悪を誇るのか。勇士よ。
神の恵みは、いつも、あるのだ。
2 欺く者よ。おまえの舌は破滅を図っている。
さながら鋭い刃物のようだ。
3 おまえは、善よりも悪を、
義を語るよりも偽りを愛している。
　　　　　　　　　　　　　セラ
4 欺きの舌よ。
おまえはあらゆるごまかしのことばを愛している。
5 それゆえ、神はおまえを全く打ち砕き、
打ち倒し、おまえを幕屋から引き抜かれる。
こうして、生ける者の地から、
おまえを根こぎにされる。　セラ
6 正しい者らは見て、恐れ、彼を笑う。
7 「見よ。彼こそは、神を力とせず、
おのれの豊かな富にたより、おのれの悪に強がる。」
8 しかし、この私は、
神の家にあるおい茂るオリーブの木のようだ。
私は、世々限りなく、神の恵みに拠り頼む。

18 ③詩147:2
19 ①詩66:13, 15
　 ②→詩4:5, →詩72:2
　 ③→詩37:23
題 ①Ⅰサム21:7, 22:9
1 ① 詩94:4
　 ②→詩51:1
2 ① 詩43:1, 101:7
　 ② 詩5:9, 57:4, 59:7
　 ③ 詩35:4
3 ① 詩35:12
　 ② 詩58:1, →詩72:2
4 ① 詩52:4, 5, 101:7
　 ② 詩120:2, 3
5 ① 詩19:4
　 ②→詩27:13
　 ③ 箴2:22
6 ① 詩72:7
　 ② 詩37:34, 40:3
　 ③ ヨブ22:19
7 ① 詩49:6
　 ② 詩10:6
8 ① 詩128:3, エレ11:16
　 ② 詩1:3, 92:12
　 ③ 詩13:5
　 ④→詩51:1

9 ①→詩30:12
　 ②→詩52:9
　 ③ 詩25:8, 54:6, 73:1,
　　 86:5, 100:5, 106:1,
　　 107:1, 118:1, 29,
　　 119:68, 135:3, 136:1,
　　 143:10, 145:9,
　　 →詩25:7, →詩51:18

1 ① 詩53:1-6, 詩14:1-7
　 ②→詩14:1
2 ① 詩14:2, 102:19,
　　 申26:15
　 ②→詩9:10
3 ①→詩5:5
5 ① レビ26:17, 36,
　　 箴28:1
　 ② 詩141:7, エレ8:1, 2,
　　 エゼ6:5
　 ③ 詩44:7
　 ④ Ⅱ列17:20, エレ6:30,
　　 哀5:22

9 私は、とこしえまでも、あなたに感謝します。
あなたが、こうしてくださったのですから。
私は、あなたの聖徒たちの前で、
いつくしみ深いあなたの御名を待ち望みます。

愚か者の最後

53:1-6　並行記事―14:1-7

53
指揮者のために。「マハラテ」の調べに合わせて。ダビデのマスキール

1 愚か者は心の中で「神はいない」と言っている。
彼らは腐っており、忌まわしい不正を行っている。
善を行う者はいない。
2 神は天から人の子らを見おろして、
神を尋ね求める、悟りのある者がいるかどうかをご覧になった。
3 彼らはみな、そむき去り、
だれもかれも腐り果てている。
善を行う者はいない。ひとりもいない。

4 不法を行う者らは知らないのか。
彼らはパンを食らうように、わたしの民を食らい、
神を呼び求めようとはしない。
5 見よ。彼らが恐れのないところで、
いかに恐れたかを。
それは神が、あなたに対して陣を張る者の骨を
まき散らされたからだ。
あなたは彼らをはずかしめた。
それは神が彼らを捨てられたからだ。
6 ああ、イスラエルの救いがシオンから来るように。
神が御民の繁栄を元どおりにされるとき、
ヤコブは楽しめ。
イスラエルは喜べ。

払うこともある。だから人が何をしても神はあまり感動をなさらない。本当に神が求めておられることは、人々が神の力なしには何もできないことを認識して、自分たちの情況を神にゆだねるようになることである。罪を悲しみ悔いるへりくだった心を神は見捨てられない。人々が自己中心な思いと誇りを捨てて神の赦しを求めて叫ぶなら神は必ず受け入れてくださる（⇒イザ57:15, ルカ18:10-14）。

53:1-6　愚か者　この詩篇は14篇とほとんど同じである（→14:1-7注）。

救いを求める祈り

54

指揮者のために。弦楽器に合わせて。ダビデのマスキール。ジフの人たちが来て、「ダビデはわれらの所に隠れているではないか」とサウルに言ったとき

1 神よ。御名によって、私をお救いください。
　あなたの権威によって、私を弁護してください。
2 神よ。私の祈りを聞いてください。
　私の口のことばに、耳を傾けてください。
3 見知らぬ者たちが、私に立ち向かい、
　横暴な者たちが私のいのちを求めます。
　彼らは自分の前に神を置いていないからです。　　　　　　　　　　　セラ

4 まことに、神は私を助ける方、
　主は私のいのちをささえる方です。
5 神は、私を待ち伏せている者どもに
　わざわいを報いられます。
　あなたの真実をもって、彼らを滅ぼしてください。
6 私は、進んでささげるささげ物をもって、
　あなたにいけにえをささげます。
　主よ。いつくしみ深いあなたの御名に、
　感謝します。
7 神は、すべての苦難から私を救い出し、
　私の目が私の敵をながめるようになったからです。

主は与えられる

55

指揮者のために。弦楽器に合わせて。ダビデのマスキール

1 神よ。私の祈りを耳に入れ、
　私の切なる願いから、身を隠さないでください。
2 私に御心を留め、私に答えてください。
　私は苦しんで、心にうめき、泣きわめいています。
3 それは敵の叫びと、悪者の迫害のためです。
　彼らは私にわざわいを投げかけ、
　激しい怒りをもって私に恨みをいだいています。
4 私の心は、うちにもだえ、
　死の恐怖が、私を襲っています。
5 恐れとおののきが私に臨み、
　戦慄が私を包みました。
6 そこで私は言いました。
　「ああ、私に鳩のように翼があったなら。
　そうしたら、飛び去って、休むものを。
7 ああ、私は遠くの方へのがれ去り、
　荒野の中に宿りたい。　　　　セラ
8 あらしとはやてを避けて、
　私ののがれ場に急ぎたい。」

9 主よ。どうか、彼らのことばを混乱させ、
　分裂させてください。
　私はこの町の中に暴虐と争いを見ています。
10 彼らは昼も夜も、町の城壁の上を歩き回り、
　町の真ん中には、罪悪と害毒があります。
11 破滅は町の真ん中にあり、
　虐待と詐欺とは、その市場から離れません。

12 まことに、私をそしる者が敵ではありません。

題①Ⅰサム23:19, 26:1
1①詩20:1
　②Ⅱ歴20:6
2①詩5:1, 17:6, 55:1
3①詩86:14
　②→詩40:14,
　　Ⅰサム20:1, 25:29
　③詩36:1
4①詩30:10, 37:40,
　118:7
　②→詩3:5
5①詩94:23
　②詩89:49, 96:13,
　イザ42:3
　③→詩18:40
6①詩116:17, 民15:3
　②詩52:9
7①詩34:6
　②詩59:10, 91:8,
　92:11, 112:8, 118:7

1①詩54:2, 61:1, 86:6
　②詩27:9

2①詩66:19, 86:6
　②詩64:1, 77:3, 142:2,
　Ⅰサム1:16,
　イザ38:14, 59:11,
　エゼ7:16
3①→詩50:16
4①詩38:3
　②詩18:4, 5, 116:3
5①詩119:120, ヨブ21:6,
　イザ21:4, エゼ7:18
6①ヨブ3:13
7①Ⅰサム23:14
8①イザ4:6, 25:4, 29:6
9①創11:9
　②詩18:48, エレ6:7
11①詩5:9

54:4 神は私を助ける方 この詩篇は神を信じていながら危険や災難に直面している人々にとって祈りの模範になる。詩篇の作者は神が救いと癒しの力をもって応えてくださることを期待して助けを求めている。今日、主は私たちの助け主また励まし手として聖霊を送ってくださる（→ヨハ14:16注）。

55:4 私の心は、うちにもだえ この詩篇はダビデの息子アブシャロムが王国を奪おうとしてダビデを裏切ったときにダビデが書いたものと思われる。アブシャロムの反乱はバテ・シェバと姦淫をしたダビデが受けた恐ろしい結果の一つだった（→Ⅱサム12:11-12注）。

55:6 鳩のように翼があったなら・・・飛び去って 落胆し悩み疲れ、恐れに圧倒されたときに（55:2-5）、私たちは逃げようとする（⇒エレ9:2）。けれどもほとんどの場合、逃げることはできない。本当の解決は神を避け所にすることによって得られる。私たちも詩篇の作者と同じようにすることができる。つまり神に呼ばわり続け（55:16-18）、心配を神にゆだねて、神の時に神の方法で全部良いようにしてくださると信じる

それなら私は忍べたでしょう。
私に向かって高ぶる者が
私を憎む者ではありません。
それなら私は、彼から身を隠したでしょう。

13 そうではなくて、おまえが。
私の同輩、私の友、私の親友のおまえが。
14 私たちは、いっしょに仲良く語り合い、
神の家に群れといっしょに歩いて行ったのに。
15 死が、彼らをつかめばよい。
彼らが生きたまま、よみに下るがよい。
悪が、彼らの住まいの中、彼らのただ中にあるから。

16 私が、神に呼ばわると、
主は私を救ってくださる。
17 夕、朝、真昼、私は嘆き、うめく。
すると、主は私の声を聞いてくださる。
18 主は、私のたましいを、敵の挑戦から、
平和のうちに贖い出してくださる。
私と争う者が多いから。
19 神は聞き、彼らを悩まされる。
昔から王座に着いている者をも。
　　　　　　　　　　　　　　セラ
彼らは改めず、彼らは神を恐れない。
20 彼は、自分の親しい者にまで手を伸ばし、
自分の誓約を破った。
21 彼の口は、バタよりもなめらかだが、
その心には、戦いがある。
彼のことばは、油よりも柔らかいが、
それは抜き身の剣である。

22 あなたの重荷を主にゆだねよ。
主は、あなたのことを心配してくださる。
主は決して、正しい者がゆるがされるようには
なさらない。
23 しかし、神よ。あなたは彼らを、
滅びの穴に落とされましょう。
血を流す者と欺く者どもは、
おのれの日数の半ばも生きながらえないでしょう。
けれども、私は、あなたに拠り頼みます。

悩む人のための歌

56

指揮者のために。「遠くの人の、もの言わぬ鳩」の調べに合わせて。ダビデのミクタム。ペリシテ人が、ガテでダビデを捕らえたときに

1 神よ。私をあわれんでください。
人が私を踏みつけ、一日中、戦って、
私をしいたげます。
2 私の敵は、一日中、私を踏みつけています。
誇らしげに私に戦いをいどんでいる者が、
多くいます。
3 恐れのある日に、私は、あなたに信頼します。
4 神にあって、私はみことばを、ほめたたえます。
私は神に信頼し、何も恐れません。
肉なる者が、私に何をなしえましょう。

5 一日中、彼らは私のことばを痛めつけています。
彼らの思い計ることはみな、
私にわざわいを加えることです。

ことである（55:22, →55:22注）。
55:22　あなたの重荷を【主】にゆだねよ　手に負えないほどの困難に直面したとき、心配の重荷を神のもとに置くようにと神は招いておられる。どのような情況の中でも神がそれを背負って私たちのそばを歩いてくださる。歴史を通して聖霊は神の民にこのように招き続けておられる。主イエスもマタイ11:28-30でこの招きをしておられる。弟子のペテロはキリストに従う人々に、神の前にへりくだって「あなたがたの思い煩いを、いっさい神にゆだねなさい。神があなたがたのことを心配してくださるからです」（Ⅰペテ5:7）と言っている。パウロも祈りながら一切の心配を神のもとに持っていくように勧め、神の平安が心と思いを心配と落胆から守ってくださると約束している（→ピリ4:7注）。

56:4　私はみことばを、ほめたたえます　恐れと悩みの中で、助けと指示と導きを与えるという神の約束のことば（→119:）に感謝を言い表すなら慰めが与えられる。神の約束を実行するなら神に喜ばれ、神を喜ぶことによって恐れが信頼に変ることになる（56:11）。私たちは神の助けと自由（56:13）を見出し、何よりも「神が私の味方である」（56:9, →56:8注, ⇒ロ

6 彼らは襲い、彼らは待ち伏せ、
　私のあとをつけています。
　私のいのちをねらっているように。
7 神よ。彼らの不法のゆえに、
　彼らを投げつけてください。
　御怒りをもって、国々の民を打ち倒して
　ください。
8 あなたは、私のさすらいをしるしておら
　れます。
　どうか私の涙を、
　あなたの皮袋にたくわえてください。
　それはあなたの書には、ないのでしょうか。
9 それで、私が呼ばわる日に、私の敵は退
　きます。
　神が私の味方であることを私は知ってい
　ます。
10 神にあって、私はみことばをほめたたえ
　ます。
　主にあって、私はみことばをほめたたえ
　ます。
11 私は、神に信頼しています。それゆえ、
　恐れません。
　人が、私に何をなしえましょう。
12 神よ。あなたへの誓いは、私の上にあり
　ます。
　私は、感謝のいけにえを、あなたにささ
　げます。
13 あなたは、私のいのちを死から、まこと
　に私の足を、
　つまずきから、
　救い出してくださいました。
　それは、私が、いのちの光のうちに、
　神の御前を歩むためでした。

6 ①詩59:3, 94:21, 140:2
　②詩17:11
　③詩71:10
7 ①→詩5:5
　②詩36:12
8 ①詩139:3
　②詩39:12, Ⅱ列20:5
　③マラ3:16
9 ①詩102:2
　②詩9:3
　③詩118:6, ロマ8:31
12 ①詩50:14
13 ①詩33:19, 49:15,
　86:13, 116:8
　②ヨブ33:30
　③詩116:9

題①Ⅰサム22:1, 24:3
1①→詩6:1
　②→詩2:12
　③イザ26:20
　④→詩17:8
2①詩138:8
3①詩18:16, 144:5, 7
　②詩56:2
　③→詩25:10,
　→詩51:1
4①詩35:17, 58:6
　②箴30:14
　③詩55:21, 59:7, 64:3,
　箴12:18
5①詩57:11, 108:5
　②→詩4:2
6①詩10:9, 31:4, 35:7,
　140:5
　②詩145:14
　③詩7:15
　④箴26:27, 28:10,
　伝10:8
7①詩57:7-11,
　詩108:1-5
　②詩112:7

神のあわれみと真実

57:7-11　並行記事－108:1-5

57

指揮者のために。「滅ぼすな」の調べに
合わせて。ダビデのミクタム。ダビデが
サウルからのがれて洞窟にいたときに

1 神よ。私をあわれんでください。
　私をあわれんでください。
　私のたましいはあなたに身を避けていま
　すから。
　まことに、滅びが過ぎ去るまで、
　私は御翼の陰に身を避けます。
2 私はいと高き方、神に呼ばわります。
　私のために、すべてを成し遂げてくださ
　る神に。
3 神は、天からの送りで、私を救われます。
　神は私を踏みつける者どもを、責めてお
　られます。　　　　　　　　　　セラ
　神は恵みとまことを送られるのです。
4 私は、獅子の中にいます。
　私は、人の子らをむさぼり食う者の中で
　横になっています。
　彼らの歯は、槍と矢、彼らの舌は鋭い剣
　です。
5 神よ。あなたが、天であがめられ、
　あなたの栄光が、全世界であがめられま
　すように。
6 彼らは私の足をねらって網を仕掛けまし
　た。
　私のたましいは、うなだれています。
　彼らは私の前に穴を掘りました。
　そして自分で、その中に落ちました。
　　　　　　　　　　　　　　　セラ
7 神よ。私の心はゆるぎません。

マ8:31）という真理を思い起こすことができる。
**56:8　どうか私の涙を、あなたの皮袋にたくわえて
ください**　神はあらゆる問題を見、知り、書留めてお
られる（⇒139:16, マタ6:25-32）。（1）神に忠実に従
う人々が流した涙をみな神は覚えて大切にしておられ
る。厳しい情況の中でも神に忠実でいるなら天で神の
前に出るときに大きな賞賛を受けることになる（→ロ
マ8:17注、Ⅰペテ4:14注）。（2）困難を体験している
とき、神は同情をもってそれを見ておられることを忘
れてはならない。神の子どもたちが予想もしない体験

や病気、眠れない夜や経済的苦境、学校、家庭、職場
での問題などを体験しても、神は全部見ておられ理解
しておられる。神は信じる人々の益になるように働か
れ、あらゆる情況を通して神の目的を成就してくださ
る（ロマ8:28）。

57:1　御翼の陰に　この絵のようなことばは神の愛
と守り、人生の嵐からの避難所の姿を描いている。祈
りながら神のもとに来て、信仰によって神に頼るとき
に、神の御翼の下に避難することができる（→17:8,
36:7, 91:4）。それは人生の中で神の目的に逆らって

私の心はゆるぎません。
私は歌い、ほめ歌を歌いましょう。
8 私のたましいよ。目をさませ。
十弦の琴よ。立琴よ、目をさませ。
私は暁を呼びさましたい。
9 主よ。私は国々の民の中にあって、あなたに感謝し、
国民の中にあって、あなたにほめ歌を歌いましょう。
10 あなたの恵みは大きく、天にまで及び、
あなたのまことは雲にまで及ぶからです。
11 神よ。あなたが、天であがめられ、
あなたの栄光が、全世界であがめられますように。

悪者どもの罰

58

指揮者のために。「滅ぼすな」の調べに合わせて。ダビデのミクタム

1 *力ある者よ。ほんとうに、おまえたちは
①義を語り、
人の子らを公正にさばくのか。
2 いや、心では不正を働き、
地上では、おまえたちの手の暴虐を、
はびこらせている。
3 悪者どもは、母の胎を出たときから、踏み迷い、
偽りを言う者どもは
生まれたときからさまよっている。
4 彼らは蛇の毒のような毒を持ち、
耳をふさぐ、耳の聞こえないコブラのよう。
5 これは、蛇使いの声も、
巧みに呪文を唱える者の声も、聞こうとしない。
6 神よ。彼らの歯を、その口の中で折ってください。
主よ。若獅子のきばを、打ち砕いてください。
7 彼らを、流れて行く水のように
消え去らせてください。

8①→詩16:9
②詩150:3
10①→詩36:5, 103:11
②詩25:10, →詩51:1
11①→詩4:2

1 *マソラの読みは「黙って」
①詩52:3, →詩72:2
②詩82:2
2①詩37:1
3①→詩50:16
②詩51:5, イザ48:8
4①詩140:3, 申32:33
②エレ8:17
5①伝10:11
②詩81:11
6①詩3:7
②ヨブ4:10
7①詩112:10,
ヨシ2:11, 7:5,
イザ13:7, エゼ21:7

②詩64:3
8①ヨブ3:16, 伝6:3
9①詩118:12, 伝7:6
*「火」は補足
②詩83:15, ヨブ27:20,
箴10:25
10①→詩72:7, ヨブ22:19
②詩91:8, 申32:43,
エレ11:20, 20:12
③詩68:23
④→詩50:16
⑤詩68:23
11①→詩72:7
②詩18:20, 19:11,
イザ3:10, ルカ6:23, 35
③→詩51:4

題①Ⅰサム19:11
1①詩143:9
②詩20:1, 69:29, 91:14
2①→詩5:5
②→詩5:6, 箴29:10
3①詩56:6, 94:21
4①詩7:6

彼が矢を放つときは、
それを折れた矢のようにしてください。
8 彼らを、溶けて、消えていくかたつむりのように、
また、日の目を見ない、死産の子のようにしてください。
9 おまえたちの釜が、いばらの火を感じる前に、
神は、生のものも、燃えているものも、
ひとしくつむじ風で吹き払われる。

10 正しい者は、復讐を見て喜び、
その足を、悪者の血で洗おう。
11 こうして人々は言おう。
「まことに、正しい者には報いがある。
まことに、さばく神が、地におられる。」

敵に対する勝利

59

指揮者のために。「滅ぼすな」の調べに合わせて。ダビデのミクタム。ダビデを殺そうと、サウルが人々を遣わし、彼らがその家の見張りをしたときに

1 わが神。私を敵から救い出してください。
私に立ち向かう者が届かぬほど、
私を高く上げてください。
2 不法を行う者どもから、私を救い出してください。
血を流す者どもから、私を救ってください。
3 今や、彼らは私のいのちを取ろうと、
待ち伏せています。
力ある者どもが、私に襲いかかろうとしています。
主よ。それは私のそむきの罪のためでもなく、
私の罪のためでもありません。
4 私には、咎がないのに、
彼らは走り回り、身を構えているのです。
どうか目をさまして、私を助けてください。

働くあらゆるものから神が守ってくださるということである(57:2, →17:8注)。
58:10 正しい者は、復讐を見て喜び この節には悪が敗北するときに神の民が体験する喜びと満足が表現されている。そのとき神はさばきを行って、あらゆるものを正常化してくださる。キリストに従う人々は、悪がみな取除かれて新しい天と新しい地に神の国が打建てられるときのために祈り、待望まなければならな

5 どうか、見てください。
　あなたは万軍の神、主。イスラエルの神。
　どうか目をさまして、
　すべての国々を罰してください。
　悪い裏切り者は、だれをもあわれまない
　でください。　　　　　　　　　セラ

6 彼らは、夕べには帰って来て、犬のよう
　にほえ、
　町をうろつき回る。
7 見よ。彼らは自分の口で放言し、
　彼らのくちびるには、剣がある。
　そして、「だれが聞くものか」と言ってい
　る。
8 しかし主よ。あなたは、彼らを笑い、
　すべての国々を、あざけられます。
9 私の力、あなたを私は、見守ります。
　神は私のとりです。

10 私の恵みの神は、私を迎えに来てくださ
　る。
　神は、私の敵の敗北を見せてくださる。
11 彼らを殺してしまわないでください。
　私の民が、忘れることのないためです。
　御力によって、彼らを放浪させてくださ
　い。
　彼らを打ち倒してください。
　主よ。私たちの盾よ。
12 彼らの口の罪は、彼らのくちびるのこと
　ばです。
　彼らは高慢に取りつかれるがよい。
　彼らの述べる、のろいとへつらいのため
　に。
13 激しい憤りをもって滅ぼし尽してくだ
　さい。

5①詩80:4, 19, 84:8, 89:8, →詩24:10
②→詩35:23
③詩9:5, イザ26:14
④イザ2:9, エレ18:23
6①詩22:16
7①詩94:4, 箴15:2, 28
②詩57:4
③詩10:11, 73:11, 94:7, ヨブ22:13
＊補足
8①→詩2:4
②→詩2:4
9＊他の多くの写本による。マソラの読みは「彼
の力」
①→詩28:7
②詩46:7
10①→詩51:1
②詩21:3
③詩54:7
11①申4:9, 6:12
②詩106:27, 144:6, イザ33:3
③詩84:11, 89:18, 115:9, 10, 11, 119:114, 144:2
12①箴12:13
②ゼパ3:11
③詩10:7
13①詩104:35

②詩83:18
14①詩59:6
16①詩21:13
②詩5:3, 88:13, 92:2
③詩61:1
④詩101:1
⑤→詩46:1, II サム22:3
17①詩28:7
②詩46:7
③→詩51:1

題①詩80表題, →詩78:5
②II サム8:3, 13, I 歴18:12
1①詩44:9
②II サム5:20
③詩79:5
2①詩18:7
②II ペテ3:7:14, イザ30:26

滅ぼし尽くして、彼らをなくしてください。
そうして、神が地の果て果てまでも
ヤコブを治められることを、
彼らが知るようにしてください。
セラ

14 こうして、彼らは夕べには帰って来て、
犬のようには、町をうろつき回る。
15 彼らは、食を求めて、うろつき回り、
満ち足りなければ、うなる。
16 しかし、この私は、あなたの力を歌います。
まことに、朝明けには、あなたの恵みを
喜び歌います。
それは、私の苦しみの日に、あなたは私
のとりで、
また、私の逃げ場であられたからです。
17 私の力、あなたに、私はほめ歌を歌います。
神は私のとりで、私の恵みの神であられ
ます。

国全体の救いを求める祈り
60:5-12　並行記事 ─ 108:6-13

60 指揮者のために。「さとしは。ゆりの花」の調べに合わせて。教えのためのダビデのミクタム。ダビデがアラム・ナハライムやアラム・ツォバと戦っていたとき、ヨアブが帰って来て、塩の谷でエドムを一万二千人打ち殺したときに

1 神よ。あなたは私たちを拒み、
私たちを破り、
怒って、私たちから顔をそむけられました。
2 あなたは地をゆるがせ、それを引き裂かれました。
その裂け目を、いやしてください。

ない(→黙6:9-10, 11:15-17, 18:20, 19:1-4, 13-18, 21:1-7)。

59:13　激しい憤りをもって滅ぼし尽くしてください
神の民の敵に神がさばきを下されることを求める祈り
→35:1-28注

60:1-12　あなたは私たちを拒み・・・怒って　神に頼ることも神のご計画に従うこともできなかったに神の民が戦いで負けたことをダビデは認めている。この悲劇的な情況の解決は祈りによって必死に神を求め、主に赦していただき、正しい態度を心の中に作っていただくことだった(60:4)。もし聖霊の言われることを聞かず、自分の誇りに従い、社会に同調し、聖書の教える真理の規準を無視するなら、教会や家族や個人的生活の中で霊的な敗北を体験するかもしれない(→「七つの教会へのキリストのメッセージ」の項p.2478)。このようなことが起こるときに私たちは神から離れたと感じ、助けを求めて神に近付くことを恐れるようになる。けれどもそのような情況で最も必要なこと、そして神が最も求めておられることは、赦しと助けを求めて神に向き直ることである。そうすれば

詩篇 60-62篇

地がぐらついているのです。
3 あなたは、御民に苦難をなめさせられました。
よろめかす酒を、私たちに飲ませられました。
4 あなたは、あなたを恐れる者のために
旗を授けられました。
それは、弓にかえて、これをひらめかせるためです。　セラ
5 あなたの愛する者が助け出されるために、
あなたの右の手で救ってください。
そして私に答えてください。
6 神は聖所から告げられた。
「わたしは、喜び勇んで、シェケムを分割し、
スコテの谷を配分しよう。
7 ギルアデはわたしのもの。
マナセもわたしのもの。
エフライムもまた、わたしの頭のかぶと。
ユダはわたしの杖。
8 モアブはわたしの足を洗うたらい。
エドムの上に、わたしのはきものを投げつけよう。
ペリシテよ。わたしのゆえに大声で叫べ。」
9 だれが私を防備の町に連れて行くでしょう。
だれが私をエドムまで導くでしょう。
10 神よ。あなたご自身が
私たちを拒まれたのではありませんか。
神よ。あなたは、
もはや私たちの軍勢とともに、
出陣なさらないのですか。
11 どうか、敵から私たちを助けてください。
まことに、人の救いはむなしいものです。
12 神によって、私たちは力ある働きをします。
神こそ、私たちの敵を踏みつけられる方です。

悩む心の祈り

61
指揮者のために。弦楽器に合わせて。ダビデによる

1 神よ。私の叫びを聞き、
私の祈りを心に留めてください。
2 私の心が衰え果てるとき、
私は地の果てから、あなたに呼ばわります。
どうか、私の及びがたいほど高い岩の上に、
私を導いてください。
3 まことに、あなたは私の避け所、
敵に対して強いやぐらです。
4 私は、あなたの幕屋に、いつまでも住み、
御翼の陰に、身を避けたいのです。　セラ
5 まことに、神よ。あなたは私の誓いを聞き入れ、
御名を恐れる者の受け継ぐ地を
私に下さいました。
6 どうか王のいのちを延ばし、
その齢を代々に至らせてください。
7 彼が、神の御前で、いつまでも
王座に着いているようにしてください。
恵みとまこととを彼に授け、
彼を保つようにしてください。
8 こうして、私は、あなたの御名を、
とこしえまでもほめ歌い、
私の誓いを日ごとに果たしましょう。

神への信頼

62
指揮者のために。エドトンによって。ダビデの讃歌

1 私のたましいは黙って、ただ神を待ち望む。
私の救いは神から来る。
2 神こそ、わが岩。わが救い。わがやぐら。
私は決して、ゆるがされない。
3 おまえたちは、いつまでひとりの人を襲うのか。

62:1　私の救いは神から来る　この詩篇はキリスト者ならだれもが生きる土台にするべき真理を表している。問題や苦しみや反対に遭うときに避け所また救い

神は受入れ（→51:17注）、最後には勝利を与えてくださる。

61:4　御翼の陰に　→35:1-28注, 57:1注

おまえたちはこぞって打ち殺そうとして
いる。
あたかも、傾いた城壁か、ぐらつく石垣
のように。
4 まことに、彼らは彼を高い地位から
突き落とそうとたくらんでいる。
彼らは偽りを好み、
口では祝福し、心の中ではのろう。
　　　　　　　　　　　　　　セラ

5 私のたましいは黙って、ただ神を待ち望
む。
私の望みは神から来るからだ。
6 神こそ、わが岩。わが救い。わがやぐら。
私はゆるがされることはない。
7 私の救いと、私の栄光は、神にかかって
いる。
私の力の岩と避け所は、神のうちにある。
8 民よ。どんなときにも、神に信頼せよ。
あなたがたの心を神の御前に注ぎ出せ。
神は、われわれの避け所である。セラ

9 まことに、身分の低い人々は、むなしく、
高い人々は、偽りだ。
はかりにかけると、彼らは上に上がる。
彼らを合わせても、息より軽い。

10 圧制にたよるな。
略奪にむなしい望みをかけるな。
富がふえても、それに心を留めるな。
11 神は、一度告げられた。
二度、私はそれを聞いた。
力は、神のものであることを。

12 主よ。恵みも、あなたのものです。
あなたは、そのしわざに応じて、人に報
いられます。

渇いたたましい

63

ダビデの賛歌。彼がユダの荒野にい
たときに

1 神よ。あなたは私の神。
私はあなたを切に求めます。
水のない、砂漠の衰え果てた地で、
私のたましいは、あなたに渇き、
私の身も、あなたを慕って気を失うばか
りです。
2 私は、あなたの力と栄光を見るために、
こうして聖所で、あなたを仰ぎ見ていま
す。
3 あなたの恵みは、いのちにもまさるゆえ、
私のくちびるは、あなたを賛美します。

主である神に頼らなければならない。神に頼る人はみな次のように言うことができる。

（1）どんな問題や危機や苦しみが来ても、神への信頼はゆるがされない（62:2, 6）。神は救い（神との関係）を与えてくださるだけではなく（62:1）、私の岩、安定の源、人生のあらゆる嵐から守り、かくまってくださる方である（62:6-7）。

（2）心配や恐怖の中で私は自分を神にゆだね、本当に正直に心の中にあるものを神に打明ける（→ピリ4:6注）。

（3）神が状況に対して知恵と同情をもって応えてくださることを知り、主の時に主の方法によって主が働いてくださるのを私は忍耐強く待つ（62:11-12）。

63:1-11　私はあなたを切に求めます　キリスト者はみなダビデがこの詩篇の中で祈っているように祈るべきである。（1）ここには神を求める思い、神との親しい個人的な関係によってだけ満たされるものが描かれている（→42:各注）。（2）神を知っていると主張する人々は次のように問いながら自分自身を調べる必要がある。本当に神の臨在と目的が自分の人生で第一になることを求めているだろうか。この世界の一時的な目標や楽しみに焦点を当てて生きていないだろうか。個人の欲求が祈りや聖書の学び、神への心からの奉仕と置き換えられていないだろうか（→マタ5:6注, 6:33注）。

63:2　あなたの力と栄光を見る　個人的生活の中で神の臨在を必死に求めるだけではなく、ほかの人々とともに礼拝をする場所にも神の御霊の力と臨在がはっきりと現れるように求めなければならない。そしてサタンの力と悪霊の影響（マタ12:28, マコ1:34, 39）と罪（ロマ6:）と病気（マタ4:23, 9:35, 使4:30, 8:7）に対して神が強く働かれるように祈らなければならない。またキリストのメッセージが人々に伝えられ、人々が救われて（ヨハ16:8-11, 使4:33）、霊的に成長して自分たちの目的を見出し（ヨハ17:17）、聖霊の大きな力によって感動を受けて整えられるように（使1:8, 2:4, →「**神の国**」の項 p.1654）、積極的に求めなければならない。

聖書的希望

「私のたましいは黙って、ただ神を待ち望む。私の望みは神から来るからだ。神こそ、わが岩。わが救い。わがやぐら。私はゆるがされることはない。」(詩篇62:5-6)

聖書的希望の定義

　希望というものは未来を指し示す(⇒ロマ8:24-25)。けれども未来の何かをただ単に願ったり望んだりするだけではない。聖書的希望は未来の事柄についての強い保証と固い確信を土台にしている。もちろんこれらの事柄はみことばを通して啓示された神の約束に基づいている。つまり聖書的希望は堅い信仰(ロマ15:13、ヘブ11:1)と神に対する完全な信頼(詩33:21-22)に直接つながっていて離すことができない。詩篇の作者は「君主たちにたよってはならない。救いのない人間の子に。・・・幸いなことよ。ヤコブの神を助けとし、その神、主に望みを置く者は」(詩146:3-5、⇒エレ17:7)と歌って、「信頼」と「希望」を関連付けている。この詩篇は信仰者の確実な希望は「失望に終わることがありません」(ロマ5:5、⇒詩22:4-5、イザ49:23)と教えている。希望は人生のあらゆる環境の中で私たちをしっかり支える錨のようなものである(ヘブ6:19-20)。

信仰者の希望の土台

　確かな希望は聖書に啓示されている神と御子イエス・キリスト、神のことばの性質と特性を土台にしている(→「神の属性」の項 p.1016)。
　(1) 神がご自分の民のために過去にどれ程真実だったかを聖書は啓示している。たとえば、詩篇22篇は自分のいのちがおびやかされる情況の中でダビデが思い悩んでいる姿を示している。けれども過去にあった神の助けを振返ってみたダビデは、神が助け出してくださると確信した。そして「私たちの先祖は、あなたに信頼しました。彼らは信頼し、あなたは彼らを助け出されました」(詩22:4)と言っている。確かに神はイスラエルの出エジプト(エジプトの奴隷状態からイスラエルが救い出されたこと)、カナン(神がイスラエルに約束された土地)の征服、主イエスと新約聖書の初期の教会の開拓指導者たちが行った奇蹟、その後の数多くのキリスト者たちの生涯などの中でご自分の忠実な民のために偉大な力を現された(→**キリストの奇蹟**」の表 p.1942、「**使徒たちの奇蹟**」の表 p.1941)。このような解放、救出、救い、癒しなどに表された力強いわざを見るとき、主こそ助けであるという確信が強まってくる(⇒詩105:、124:8、ヘブ13:6、→出6:7注)。けれども神との個人的関係を持たない人々には希望を持つ理由も確かな土台もない(エペ2:12、Ⅰテサ4:13)。
　(2) イエス・キリストによって完全に啓示された新しい契約(御子イエス・キリストのいのちと死と復活を通して霊的救いと神との新しい関係を提供する神の計画)は神に対して確かな希望を持つことができるさらなる理由になっている。神の御子は「この世の神」(Ⅱコリ4:4、⇒ガラ1:4、ヘブ2:14、→Ⅰヨハ5:19注、→「**正しい人の苦しみ**」の項 p.825)と呼ばれる悪魔のわざ(Ⅰヨハ3:8)を滅ぼして人々を自由にするために来られた。そしてこの地上におられたときに、悪霊を追放する(人の中に住んでいた悪霊に出て来るように命じる)ことによってサタンに対する権威と力を示された(→「**サタンと悪霊に勝利する力**」の項 p.1726)。最終的に主イエスは死と復活によってサタンの霊的王国の力を打砕いて(⇒ヨハ12:31)、神の国の力を示された(→「**神の国**」の項 p.1654)。ペテロは希望について次のように叫んでいる。「私たちの主イエス・キリストの父なる神がほめたたえられますように。神は、ご自分の大きなあわれみのゆえに、イエス・キリストが死者の中からよみがえられたことによって、私たちを新しく生まれさせて、生ける望みを持つようにしてくださいました」(Ⅰペテ1:3)。この理由から主イエスは私たちの希望と呼ばれている(コロ1:27、Ⅰテモ1:1)。そして導き、力づけるために送られた聖霊の力によって私たちは主イエスの力をいただくことができる(ロマ15:12-13、⇒Ⅰペテ1:13、→出17:11注)。主イエスの救いの働きは今も継続し、「あなたがたの

うちに良い働きを始められた方は、キリスト・イエスの日が来るまでにそれを完成させてくださることを・・・堅く信じ」(ピリ1:6)させてくださる。最もすばらしい部分はその日「キリストも・・・二度目は、罪を負うためではなく、彼を待ち望んでいる人々の救いのために来られる」(ヘブ9:28)ことである。

(3) 神のことばは希望の三番目の土台である。神は預言者と使徒(教会の初期の時代に福音を伝えた開拓期の指導者で、何人かは新約聖書の一部になった手紙を書いた)を通してみことばを啓示された。神の御霊はこのメッセンジャーたちに霊感を与えて、神が人々に伝えたいと願っておられることをその通り、誤りなく書くように導かれた(Ⅱテモ3:16, Ⅱペテ1:19-20, →「聖書の霊感と権威」の項 p.2323)。聖書ほど歴史の中で調べられ、試され、否定され、破壊されようとした書物はほかにない。けれども聖書はあらゆるテストに耐え、歴史の中の多くの人の人生の中で真実であることが証明されてきた。今日までその約束と預言は成就し続けてきた。みことばの中で神が予告されたことのうち実現しなかったものは一つもないし、また未来に実現しないものも一つもない(⇒マタ5:18, ルカ21:32-33, →「キリストによって成就した旧約聖書の預言」の表 p.1029、「終末の事件」の表 p.2471)。神の「ことばは、とこしえから、天において定まって」いるので(詩119:89)、そこに完全な希望を置かなければならない(詩119:49, 74, 81, 114, 147, 130:5, ⇒使26:6, ロマ15:4)。事実、神とイエス・キリストについて私たちが知っていることはみなこの霊感されたみことばの中に啓示されている。

信仰者の希望の中心

キリスト者の希望はほかの人々や(詩33:16-17, 147:10-11)、所有物や富(詩20:7, マタ6:19-21, ルカ12:13-21, Ⅰテモ6:17, →民18:20注, →「富と貧困」の項 p.1835)を中心としたものではない。それは神、御子イエス、みことばを中心としたものである。ではこの希望にはどのようなものが含まれているのだろうか。

(1) 神の恵み(受けるにふさわしくない好意, あわれみ, 親切, 助け)と、現在の生活の中で受ける困難や苦しみを耐え抜くことができるように神が助けてくださるという事実に希望がある(詩33:18-19, 42:1-5, 71:1-5, 13-14, エレ17:17-18)。神は時にはその状況から助け出してくださるけれども、時には力を与えて長く続く問題に耐えさせてくださる。

(2) 地上の苦しみは終るときが来るという希望がある。罪が地上にもたらした問題と腐敗はそのときに終了し、肉体は復活して永遠に生きるようになる(ロマ8:18-25, ⇒詩16:9-10, Ⅱペテ3:12, →使24:15注, →「肉体の復活」の項 p.2151)。

(3) 霊的に成長させ、救いを完成してくださるという希望がある。そのとき私たちはこの世界から抜け出して神との交わりを永遠に続けることができる(Ⅰテサ5:8, →「救いについての聖書用語」の項 p.2045)。

(4) 新しい天に永遠の家があるという希望がある(Ⅱコリ5:1-5, Ⅱペテ3:13, →ヨハ14:2注)。「その都を設計し建設されたのは神です」(ヘブ11:10)。

(5) 聖書が「祝福された望み」と言っている希望(テト2:13)がある。それは主イエスが再び来られて忠実なキリスト者たちが地上から引上げられて空中で主に会う時である(Ⅰテサ4:13-18, →「携挙」の項 p.2278)。その時キリスト者は主をそのままの姿で見、主と同じ姿に変えられる(ピリ3:20-21, Ⅰヨハ3:2-3)。

(6) 地上で神に忠実に奉仕したことに対する報酬として義の冠(Ⅱテモ4:8)、栄光の冠(Ⅰペテ5:4)、いのちの冠(黙2:10)を受けるという希望がある。

(7) 永遠のいのちの希望がある(テト1:2, 3:7)。これは主イエス・キリストに頼り従う人々全員に保証されている(ヨハ3:16, 36, 6:47, Ⅰヨハ5:11-13)。永遠のいのちの祝福は神と御子イエス・キリスト(ヨハ17:3)を知ることによって今からでも体験することができる。そしてその関係は地上の生活を終えてキリストと永遠に過すときまでいつまでも続くのである。

神と御子イエス・キリストに対して希望を持っている人にはこのようにすばらしい約束が備えられているので、キリスト者はこの希望をほかの人々と分け合いたいという切なる願いを持つべきである。ペテロはキリスト者に「あなたがたのうちにある希望について説明を求める人には、だれにでもいつでも弁明できる用意をしていなさい」(Ⅰペテ3:15)と勧めている。

4 それゆえ私は生きているかぎり、
　あなたをほめたたえ、
　あなたの御名により、両手を上げて祈り
　ます。
5 私のたましいが脂肪と髄に満ち足りるか
　のように、
　私のくちびるは喜びにあふれて賛美しま
　す。
6 ああ、私は床の上であなたを思い出し、
　夜ふけて私はあなたを思います。
7 あなたは私の助けでした。
　御翼の陰で、私は喜び歌います。
8 私のたましいは、あなたにすがり、
　あなたの右の手は、私をささえてくださ
　います。
9 しかし、＊①私のいのちを求める者らは滅ん
　でしまい、
　②地の深い所に行くでしょう。
10 彼らは、剣の力に渡され、
　②きつねのえじきとなるのです。
11 しかし①王は、神にあって喜び、
　神にかけて誓う者は、みな誇ります。
　偽りを言う者の口は封じられるからです。

敵と戦うための援助の訴え

64

指揮者のために。ダビデの賛歌

1 神よ。私の嘆くとき、その声を聞いてく
　ださい。
　恐るべき敵から、私のいのちを守ってく
　ださい。
2 悪を行う者どものはかりごとから、
　不法を行う者らの騒ぎから、
　私をかくまってください。
3 彼らは、その舌を剣のように、とぎすまし、

4 ①詩104:33, 146:2
　②詩28:2, 134:2, 143:6
5 ①詩36:8
　②詩71:23
6 ①詩4:4
　②詩16:7
7 ①詩27:9
　②→詩17:8
8 ①→詩63:1
　②詩18:35, 41:12
9 ＊ 別訳「私のいのちを
　滅ぼそうと捜し求める者
　らは」
　①詩40:14
　②詩139:15
10 ①エレ18:21, エゼ35:5
　②哀5:18
11 ①詩21:1
　②申6:13,
　イザ45:23, 65:16
　③詩107:42, ヨブ5:16,
　ロマ3:19

1 ①詩55:2, 142:2
　②詩140:1
2 ①詩56:6
　②→詩5:5
3 ①詩140:3

②詩58:7
4 ①詩37:37
　②詩10:8
　③詩11:2, 91:5
　②詩55:19
5 ①詩140:5
　②ヨブ22:13
6 ①詩49:11
7 ①詩7:12, 13
8 ①箴12:13, 18:7
　②詩9:3
　③詩22:7, 44:14,
　エレ18:16, 48:27,
　哀2:15
9 ①詩40:3
10 ①→詩72:7, ヨブ22:19
　②→詩2:12
　③→詩7:10

1 ①詩116:18

　苦いことばの矢を放っています。
4 ①全き人に向けて、②隠れた所から射掛け、
　③不意に射て恐れません。
5 彼らは悪事に凝っています。
　語り合ってひそかにわなをかけ、
　「だれに、見破ることができよう」と言っ
　ています。
6 彼らは不正をたくらみ、
　「たくらんだ策略がうまくいった」
　と言っています。
　人の内側のものと心とは、深いもので
　す。
7 しかし神は、①矢を彼らに射掛けられるの
　で、
　彼らは、不意に傷つきましょう。
8 彼らは、おのれの舌を、
　みずからのつまずきとしたのです。
　彼らを見る者はみな、頭を振ってあざけ
　ります。
9 こうして、すべての人は恐れ、
　神のみわざを告げ知らせ、
　そのなさったことを悟ります。
10 ①正しい者は主にあって喜び、
　②主に身を避けます。
　③心の直ぐな人はみな、誇ることができま
　しょう。

心を養われる神

65

指揮者のために。ダビデの賛歌。歌

1 神よ。あなたの御前には静けさがあり、
　シオンには賛美があります。
　あなたに①誓いが果たされますように。
2 祈りを聞かれる方へ。

**63:6 私は・・・あなたを思い出し・・・私はあな
たを思います** 祈り、みことばを読むとともに昼も夜
も神を思い続けることが必要である。日々の生活の中
で神を覚え、神の臨在を体験しなければならない。そ
うすれば感謝と信仰が増し、キリストの導きに従うこ
とができるようになる。また神との交わりがさらに効
果的になり、神との関係が強められる。朝最初に考え
ることが神の愛と私たちに対する神のご計画で、夜最
後に考えることも神の愛と私たちに対する神のご計画

であればすばらしい。眠りにくい夜にも思いを神に向
けるなら神の慰めと平安を体験することができる。

64:1-10 私のいのちを守ってください 詩篇の作者
は隠されている敵の破壊的な計画から守ってくださる
ように祈っている。この祈りはサタンとの霊的戦いに
適用することができる。邪悪な者やサタンが私たちに
対して送り込む様々な人から守ってくださるように神
に祈らなければならない(→マタ6:13注)。このよう
な苦しみの中でも私たちは神が助け救ってくださるこ

みもとにすべての肉なる者が参ります。
3 咎が私を圧倒しています。
　　しかし、あなたは、私たちのそむきの罪を
　　赦してくださいます。
4 幸いなことよ。
　　あなたが選び、近寄せられた人、
　　あなたの大庭に住むその人は。
　　私たちは、あなたの家、あなたの聖なる
　　宮の
　　良いもので満ち足りるでしょう。

5 私たちの救いの神よ。
　　あなたは、恐ろしい事柄をもって、
　　義のうちに私たちに答えられます。
　　あなたは、地のすべての果て果て、
　　遠い大海の、信頼の的です。
6 あなたは、御力によって山々を堅く建て、
　　力を帯びておられます。
7 あなたは、海のとどろき、その大波のと
　　どろき、
　　また国々の民の騒ぎを静められます。
8 地の果て果てに住む者も
　　あなたの数々のしるしを恐れます。
　　あなたは、朝と夕べの起こる所を、
　　高らかに歌うようにされます。

9 あなたは、地を訪れ、水を注ぎ、
　　これを大いに豊かにされます。
　　神の川は水で満ちています。
　　あなたは、こうして地の下ごしらえをし、
　　彼らの穀物を作ってくださいます。
10 地のあぜみぞを水で満たし、そのうねを
　　ならし、
　　夕立で地を柔らかにし、
　　その生長を祝福されます。
11 あなたは、その年に、御恵みの冠をか

2 ①詩86:9, 145:21, イザ66:23
3 ①詩38:4, 40:12
　②詩79:9
4 ①→詩1:1, →詩84:4, →詩94:12, →詩112:1
　②→詩92:13
　③→詩5:7
　④詩34:10
　⑤詩36:8, 90:14
5 ①→詩2:1
　②詩45:4, 66:3
　③→詩72:2
　④詩22:27, 48:10
　⑤詩107:23
6 ①詩95:4
　②詩93:1
7 ①詩89:9, 93:3, 4, 107:29, マタ8:26
　②詩2:1, 74:23, イザ17:12, 13
8 ①詩2:8, 139:9, イザ24:16
　②詩51:14
9 ①詩68:9, 104:13, 147:8, レビ26:4, ヨブ5:10
　②詩104:24
　③詩46:4
　④詩72:16, 104:14, 147:14
10 ①詩72:6, 申32:2
11 ①→詩8:5

12 ①ヨブ38:26, 27, ヨエ2:22
　②詩98:8, イザ55:12
13 ①詩96:1, イザ35:1, 55:12, 13
　②詩144:13, イザ30:23
　③詩72:16
　④詩98:8, イザ44:23

1 ①詩98:4, 100:1
　②詩81:1, 95:1, 98:6
2 ①詩79:9, 96:8, →詩4:2, イザ42:8
　②イザ42:10-12
3 ①詩47:2, 65:5, 145:6
　②詩18:44, 81:15
4 ①詩22:27, 86:9, ゼカ14:16
5 ①→詩46:8
　②詩106:22
6 ①詩69:1, 出14:21
　②詩114:3, ヨシ3:16
　③詩105:43
7 ①詩145:13
　②詩11:4
　③詩140:8

　　ぶらせ、
　　あなたの通られた跡には
　　あぶらがしたたっています。
12 荒野の牧場はしたたり、
　　もろもろの丘も喜びをまとっています。
13 牧草地は羊の群れを着、
　　もろもろの谷は穀物をおおいとしています。
　　まことに喜び叫び、歌っています。

神の力とみわざ

66
指揮者のために。歌。賛歌

1 全地よ。神に向かって喜び叫べ。
2 御名の栄光をほめ歌い、
　　神への賛美を栄光に輝かせよ。
3 神に申し上げよ。
　　「あなたのみわざは、なんと恐ろしいこ
　　とでしょう。
　　偉大な御力のために、
　　あなたの敵は、御前にへつらい服します。
4 全地はあなたを伏し拝み、
　　あなたにほめ歌を歌います。
　　あなたの御名をほめ歌います。」セラ

5 さあ、神のみわざを見よ。
　　神の人の子らになさることは恐ろしい。
6 神は海を変えて、かわいた地とされた。
　　人々は川の中を歩いて渡る。
　　さあ、私たちは、神にあって喜ぼう。
7 神はその権力をもってとこしえに統べ治
　　め、
　　その目は国々を監視される。
　　頑迷な者を、高ぶらせないでください。
　　　　　　　　　　　　　　　　　セラ

とを確信することができる（64:9-10, →「**サタンと悪霊に勝利する力**」の項 p.1726）。

65:4　幸いなことよ。あなたが・・・近寄せられた人　私たちの最大の喜びは、神の臨在を感じて神と個人的に話し合い、交わりをすることである。これはイエス・キリストが罪のために払われた犠牲を受け入れた人ならだれでも味わうことができる（ヘブ10:10-22）。聖霊はキリストの赦しを受け入れ、一生の導き手として頼る人々の中に住まわれる（Ⅰコリ6:19, Ⅱコリ1:22,

Ⅰヨハ3:24, 4:13）。この聖霊を通して私たちはいつでも神の臨在を体験し続けることができる（エペ5:18）。苦しいときには神のあわれみと力を受けるように、いつも神の近くに来ることを聖書は勧めている（ヘブ4:16, 7:25）。この特権を当然のこととみなしたり、逆に神が絶えず注意を払うほど私たちには価値がないと思って神の臨在を無視する人がいるなら、残念である（⇒ヘブ10:36-39）。

66:5　さあ、神のみわざを見よ　神を敬う人々が集

8 国々の民よ。私たちの神をほめたたえよ。
神への賛美の声を聞こえさせよ。
9 神は、私たちを、いのちのうちに保ち、
私たちの足をよろけさせない。
10 神よ。まことに、あなたは私たちを調べ、
銀を精錬するように、私たちを練られました。
11 あなたは私たちを網に引き入れ、
私たちの腰に重荷をつけられました。
12 あなたは人々に、
私たちの頭の上を乗り越えさせられました。
私たちは、火の中を通り、水の中を通りました。
しかし、あなたは豊かな所へ
私たちを連れ出されました。
13 私は全焼のいけにえを携えて、あなたの家に行き、
私の誓いを果たします。
14 それは、私の苦しみのときに、
私のくちびるが言ったもの、
私の口が申し上げた誓いです。
15 私はあなたに肥えた獣の全焼のいけにえを、
雄羊のいけにえの煙とともにささげます。
雄牛を雄やぎといっしょに、ささげます。
セラ
16 さあ、神を恐れる者は、みな聞け。
神が私のたましいになさったことを語ろう。
17 私は、この口で神に呼ばわり、

8 ①詩98：4
9 ①詩30：3
②詩38：16
10 ①→詩7：9, ヨブ23：10
②イザ48：10, ゼカ13：9, マラ3：3, Ⅰペテ1：7
11 ①哀1：13, エゼ12：13
12 ①イザ51：23
②詩78：21, イザ43：2
③詩18：19
13 ①詩96：8, エレ17：26
②詩22：25, 116：14
14 ①詩18：6
15 ①民6：14
②詩51：19
16 ①→詩46：8
②詩60：4
③詩71：15, 24

17 ①詩30：1
18 ①ヨブ36：21
②詩18：41, ヨブ27：9, 箴1：28, 28：9, イザ1：15, ヤコ4：3
19 ①詩18：6, 116：1, 2
20 ①詩68：35
②詩22：24
③→詩51：1

1 ①詩4：6, 31：16, 80：3, 7, 19, 119：135, 民6：25
2 ①使18：25
②詩98：2, テト2：11
3 ①詩66：4
4 ①詩100：1, 2
①詩51：4
5 ①詩67：3
6 ①詩85：12, レビ26：4, エゼ34：27, ゼカ8：12
②詩29：11, 115：12

この舌であがめた。
18 もしも私の心にいだく不義があるなら、
主は聞き入れてくださらない。
19 しかし、確かに、神は聞き入れ、
私の祈りの声を心に留められた。
20 ほむべきかな。神。
神は、私の祈りを退けず、
御恵みを私から取り去られなかった。

国々を治められる神

67
指揮者のために。弦楽器によって。
賛歌。歌

1 どうか、神が私たちをあわれみ、祝福し、御顔を私たちの上に照り輝かしてくださるように。 セラ
2 それは、あなたの道が地の上に、
あなたの御救いが
すべての国々の間に知られるためです。
3 神よ。国々の民があなたをほめたたえ、
国々の民がこぞって
あなたをほめたたえますように。
4 国民が喜び、また、喜び歌いますように。
それはあなたが公正をもって国々の民をさばかれ、
地の国民を導かれるからです。
セラ
5 神よ。国々の民があなたをほめたたえ、
国々の民がこぞって
あなたをほめたたえますように。
6 地はその産物を出しました。
神、私たちの神が、
私たちを祝福してくださいますように。

まる所にはいつも聖霊の力強い働きという特徴がある。したがって神をあがめ、またほかの人々に「さあ、神のみわざを見なさい」と言うことができる（→「御霊の賜物」の項 p.2138）。神の民は神の力が完全に表されることを求めるべきである。神の力は霊的に失われている人々にキリストのメッセージは真実で、人生を変えるキリストの力は現実であると納得させてくれる（→「信者に伴うしるし」の項 p.1768）。キリストに従う人々は個人的にも自分の信仰を人々に伝え、自分の生涯に神が配慮し続けておられることを話さなければならない（66：16）。

66：18 もしも私の心にいだく不義があるなら 神のことばが示す命令や基準に反するものを楽しんでいる人の祈りは応えられると思ってはならない。神は人々が罪や神を敬わないあらゆる行いを避けて離れるように願っておられる。それから離れたときに初めて神の特別な好意と力を体験することができる（Ⅱコリ6：14-18, →ヤコ4：3注, Ⅰヨハ3：22注, →「効果的な祈り」の項 p.585）。

67：1-2 どうか、神が私たちを・・・祝福し・・・あなたの道が・・・知られるためです この詩篇は最初アブラハムに啓示されたときから続いている神の民

7 神が私たちを祝福してくださって、
地の果て果てが、ことごとく神を恐れますように。

イスラエルの神

68

指揮者のために。ダビデの賛歌。歌

1 神よ。立ち上がってください。
神の敵は、散りうせよ。
神を憎む者どもは御前から逃げ去れ。

2 煙が追い払われるように
彼らを追い払ってください。
悪者どもは火の前で溶け去るろうのように、
神の御前から滅びうせよ。

3 しかし、正しい者たちは喜び、
神の御前で、こおどりせよ。
喜びをもって楽しめ。

4 神に向かって歌い、御名をほめ歌え。
雲に乗って来られる方のために道を備えよ。
その御名は、***主**。その御前で、こおどりして喜べ。

5 みなしごの父、やもめのさばき人は
聖なる住まいにおられる神。

6 神は孤独な者を家に住まわせ、
捕らわれ人を導き出して栄えさせられる。
しかし、頑迷な者だけは、焦げつく地に住む。

7 神よ。あなたが御民に先立って出て行かれ、
荒れ地を進み行かれたとき、　セラ

8 地は揺れ動き、天もまた神の御前に雨を降らせ、
シナイもイスラエルの神であられる神の御前で
震えました。

9 神よ。あなたは豊かな雨を注ぎ、
疲れきったあなたのゆずりの地を
しっかりと立てられました。

10 あなたの群れはその地に住みました。
神よ。あなたは、いつくしみによって
悩む者のために備えをされました。

11 主はみことばを賜る。
良いおとずれを告げる女たちは
大きな群れをなしている。

12 万軍の王たちは逃げ去り、また逃げ去る。
そして家に居残っている女が獲物を分ける。

---

7 ①→詩22:27
②詩33:8, 102:15, Ⅰ列8:43

1 ①→詩44:26, 民10:35
②詩9:2
②詩37:20, イザ9:18, ホセ13:3
②→詩50:16
③→詩22:14, ミカ1:4
④→詩1:6, 詩9:3, 37:2, 80:16
3 ①→詩72:7
4 ①詩66:2
②詩18:10, 68:33
③イザ40:3, 57:14, 62:10
④詩83:18
 * 🔲「ヤハ」
5 ①詩10:14, 146:9, 申10:18
②申26:15

6 ①詩113:9
②詩69:33, 102:20, 107:10, 14, 146:7, 使12:7, 16:26
③詩78:17, 107:34, 40
7 ①詩78:14, 出13:21, ハバ3:13
②詩78:52, 士5:4
8 ①→詩18:7, 46:3, 出19:18, 士5:4, 5, Ⅱサム22:8, エレ10:10
②士5:4, イザ45:8
9 ①レビ26:4, ヨブ5:10, エゼ34:26
②→詩47:4
10 ①→詩25:7
②詩65:9, 78:20
11 ①→出15:20, Ⅰサム18:6
②詩135:11, 士5:19
②士5:30, Ⅰサム30:24

に対する神のご計画を示している(→創12:1-3, ⇒民6:24)。

(1) 神がアブラハムを選ばれたのはその子孫を通して世界のあらゆる国の人々が神を知るようになるためだった(→「**アブラハム、イサク、ヤコブとの神の契約**」の項p.74)。神がイスラエルに対して好意をもって祝福を注ぐことによって、神を敬わない国々が気付いて神をあがめ、真実と正しいことに関する神の基準を受入れるようになることを神は望まれた。

(2) キリストに従う人々は神が自分たちや家族、置かれている情況を通して働いてくださるように、そして神の臨在と愛、導きと癒し、神の特性などが周囲の人々にはっきりとわかるように祈るべきである。その結果キリストを知らない人々が神の真理について考え始め、主、救い主として受入れるようになるかもしれない(マタ5:14-16)。

(3) 効果的な宣教(近隣や世界中の人々に神の愛と赦しとキリストによる新しいいのちのメッセージを届けること)のかぎは、神の力と祝福が目に見えるかたちで神の民の間に現されることである(67:2, 7)。新約聖書は、聖霊によってこういうことが起きていることを描いている(ガラ3:14)。神はこの聖霊を神に従う人々に与えると約束され、父である神は「御子の御霊を、私たちの心に遣わす」すと約束された(ガラ4:6)。私たちの内に住まわれる神の御霊はあらゆる国々にキリストのメッセージを広めるために力を与えてくださる(⇒使1:8)。

68:1-35　神よ。立ち上がってください　この詩篇は神の王としての支配と選びの民イスラエルに対する配慮、また敵に対する勝利を祝っている。それは、(1) 終りのときにキリストが悪とサタンを滅ぼされること、(2) 神に忠実な人々が永遠に神の臨在にひたる体験をするときにキリストによって勝利をすること(→黙19:-21:)、とを預言していると思われる。

68:5　みなしごの父　神が父であることは旧約聖書と新約聖書の両方で強調されている。神は弱い人や恵

詩篇　68篇

13 あなたがたは羊のおりの間に横たわるとき、
　銀でおおわれた、鳩の翼。
　その羽はきらめく黄金でおおわれている。
14 全能者が王たちをかしこで散らされたとき、
　ツァルモンには雪が降っていた。
15 神の山はバシャンの山。
　峰々の連なる山はバシャンの山。
16 峰々の連なる山々。
　なぜ、おまえたちは神がその住まいとして望まれた
　あの山を、ねたみ見るのか。
　まことに、主はとこしえに住まわれる。
17 神のいくさ車は幾千万と数知れず、
　主がその中に、おられる。
　シナイが聖の中にあるように。
18 あなたは、いと高き所に上り、
　捕らわれた者をとりこにし、
　人々から、みつぎを受けられました。
　頑迷な者どもからさえも。
　神であられる主が、そこに住まわれるために。
19 ほむべきかな。日々、私たちのために、
　重荷をになわれる主。
　私たちの救いであられる神。　セラ
20 神は私たちにとって救いの神。
　死を免れるのは、私の主、神による。
21 神は必ず敵の頭を打ち砕かれる。
　おのれの罪過のうちを歩む者の毛深い脳天を。
22 主は仰せられた。
　「わたしはバシャンから彼らを連れ帰る。
　わたしは海の底から連れ帰る。

13 ①創49:14, 士5:16
14 ①ヨシ10:10
　②士9:48
15 ①詩24:3
16 ①詩87:1, 2, 132:13, 申12:5
　②詩132:14
17 ①Ⅱ列6:17, ハバ3:8
　②ダニ7:10
18 ①→詩18:16, エペ4:8
　②士5:12
　＊「ヤハ」
19 ①詩55:22, イザ46:1
　②詩65:5
20 ①詩106:43
　②詩49:15, 56:13
21 ①詩110:6, ハバ3:13
22 ①アモ9:1-3

23 ①詩58:10
　②Ⅰ列21:19, エレ15:3
24 ①詩63:2
25 ①詩47:5,
　Ⅰ歴13:8, 15:16
　②出15:20, 士11:34
26 ①詩22:22, 26:12
　②詩22:22, 申33:28, イザ48:1
27 ①士5:14, Ⅰサム9:21
　②士5:18
28 ①詩29:11, 44:4
　＊七十人訳による
　イザ26:12
29 ①詩45:12, 72:10,
　Ⅱ歴32:23, イザ18:7
30 ①ヨブ40:20, 21,
　エゼ29:3
　②詩22:12
　＊または「金と銀とを」、あるいは「みつぎ物をむさぼる者たちを」と読み替える
　③詩18:14, 89:10
31 ＊七十人訳による
　㈠「青銅の器」
　①イザ19:19
　②イザ45:14, ゼパ3:10
　＊「エチオピヤ」
32 ①詩102:22
　②詩67:4

23 それは、あなたが、足を血に染めて、
　彼らを打ち砕くために。
　あなたの犬の舌が敵からその分け前を得るために。」
24 神よ。人々は、あなたの行列を見ました。
　聖所でわが王が神の行列を。
25 歌う者が先に立ち、楽人があとになり、
　その間にタンバリンを鳴らしておとめらが行く。
26 「相つどうて、神をほめたたえよ。
　イスラエルの泉から出た者よ。主をほめたたえよ。」
27 そこには、彼らを導く末子のベニヤミンがおり、
　その群れの中にはユダの君主たち、
　ゼブルンの君主たち、ナフタリの君主たちもいる。
28 神よ。御力を奮い起こしてください。
　私たちのために、事を行われた神よ。
　御力を示してください。
29 エルサレムにあるあなたの宮のために、
　王たちは、あなたに贈り物を持って来ましょう。
30 葦の中の獣、それに、国々の民の子牛とともにいる雄牛の群れを、叱ってください。
　銀の品々を踏み汚す
　戦いを喜ぶ、国々の民を散らしてください。
31 使節らはエジプトから来、
　クシュはその手を
　神に向かって急いで差し伸ばす。
32 この世の王国よ。神に向かって歌え。

まれない人、抑圧された人や傷ついた人、寂しい人、特に神に頼る人々を喜んで守ってくださる。もしこの世界で孤独を感じるなら、天におられる父である神に特別な配慮と守りの中に入れてくださるように求めるとよい（→ルカ7:13注）。

68:18　あなたは、いと高き所に上り　この節は神を戦場で勝利した王として描いている。勝利した王は戦いの戦利品と捕えた敵を陳列している。これはイスラエルの歴史を通して神が勝利をし続けたこと、そして

エルサレムに王座が据えられて最高潮に達したことを指している。このことは歴史の終りに神が1,000年間地上を治めるときに完全に実現する（黙20:）。その後新しい天と新しい地の一部である新しいエルサレムで神は永遠に治められる（黙21:）。この部分はまたキリストが天に昇り、教会のかしらとして治め、多くの人を神の国に加えることを示している（→エペ4:8）。

68:19　日々、私たちのために、重荷をになわれる
→55:22注

主に、ほめ歌を歌え。　　　セラ
33 昔から、いと高き天に乗っておられる方に向かい、
ほめ歌を歌え。
聞け。神は御声を発せられる。力強い声を。
34 神の力を認めよ。
みいつはイスラエルの上に、御力は雲の上にある。

35 神よ。あなたはご自身の聖なる所におられ、
恐れられる①方です。
イスラエルの神こそ
力と勢いとを御民にお与えになる方です。
ほむべきかな。神。

救いを求める祈り

69
指揮者のために。「ゆりの花」の調べに合わせて。ダビデによる

1 神よ。私を救ってください。
水が、私ののどにまで、入って来ましたから。
2 私は深い①泥沼に沈み、足がかりもありません。
私は大水の底に陥り
奔流が私を押し流しています。
3 私は呼ばわって疲れ果て、のどが渇き、
私の目は、わが神を待ちわびて、衰え果てました。

33 ①詩148:4, 申10:14, Ⅰ列8:27
②詩18:10, 104:3, 申33:26
③詩46:6
④詩29:4
34 ①詩150:1
35 ①詩47:2, 66:5, 申7:21, 10:17
②詩29:11, イザ40:29
③詩66:20, Ⅱコリ1:3

1 ①詩32:6, 42:7, 69:14, 15, ヨブ22:11
2 ①詩40:2
②詩69:14, ヨナ2:3
3 ①詩38:10, 119:82, 123, 申28:32, イザ38:14

4 ①詩35:19, ヨハ15:25
②詩38:19
③詩35:11, エレ15:10
5 ①詩38:5
②詩44:21
6 ①→詩24:10
②詩40:16
7 ①エレ15:15
②詩44:15, イザ50:6, エレ51:51
8 ①詩31:11, 38:11, ヨブ19:13-15
9 ①詩119:139, ヨハ2:17
②詩89:41, 50, ロマ15:3
10 ①詩35:13
11 ①詩35:13, Ⅰ列20:31

4 ゆえなく私を憎む者は私の髪の毛よりも多く、
私を滅ぼそうとする者、
偽り者の私の敵は強いのです。
それで、私は盗まなかった物をも
返さなければならないのですか。

5 神よ。あなたは私の愚かしさをご存じです。
私の数々の罪過は、あなたに隠されてはいません。
6 万軍の神、主よ。あなたを待ち望む者たちが、
私のために恥を見ないようにしてください。
イスラエルの神よ。あなたを慕い求める者たちが、
私のために卑しめられないようにしてください。
7 私は、あなたのためにそしりを負い、
侮辱が私の顔をおおっていますから。
8 私は自分の兄弟からは、のけ者にされ、
私の母の子らにはよそ者となりました。
9 それは、あなたの家を思う熱心が私を食い尽くし、
あなたをそしる人々のそしりが、
私に降りかかったからです。
10 私が、断食して、わが身を泣き悲しむと、
それが私へのそしりとなりました。
11 私が荒布を自分の着物とすると、

69:1-36　私を救ってください　この詩篇は22篇と同じように新約聖書で最も頻繁に引用されている。69篇は次のように引用されている。69:4－ヨハ15:25、69:9－ヨハ2:17, ロマ15:3、69:22-23－ロマ11:9-10、69:25－使1:20。

（1）詩篇の作者は神に献身したために絶望のどん底に落ち込み、あらゆる苦しみに遭っている人を描いている（69:7-12）。その人は神が教えられた方法に従って神を礼拝したいと望んでいる（69:9-12）。伝説ではダビデがこの詩篇を書いたと言われている（→神に霊感された聖書本文にないこの詩篇の表題）けれども、ヒゼキヤ（⇒Ⅱ列18：-20：, Ⅱ歴29：-32：）かエレミヤ（⇒エレ11:19, 12:1）が書いたのかもしれない。また捕囚の後に神殿が再建されるのを望んでいる名もないユダヤ人かもしれない（⇒69:9, バビロンとペルシ

ヤの捕囚からのユダヤ人の帰還について　→エズ緒論）。

（2）この詩篇の一部は主イエスの苦難を予想しているけれども、69:5の告白や69:22-28ののろいはキリストには適用できない。

69:1-4　神よ。私を救ってください　ここには神を敬う人が苦しみと虐待を受けていることが表現されているけれども、神に背く人々からの迫害に耐え、十字架の死の苦痛を体験したときのキリストの気持も描いている。同じように、問題を体験し、出口が見えない状態の中にいる神を敬う人々はだれでも神に叫ぶことができる。最後にはキリストをあらゆる苦しみから解放されたように、神は最善のときに最善の方法で神に従う人々も解放してくださると確信できる。

69:9　あなたの家を思う熱心が私を食い尽くし　神を礼拝し、神の目的に仕えたいという情熱があるので

詩篇 69篇   951

私は彼らの物笑いの種となりました。
12 門にすわる者たちは私のうわさ話をしています。
私は酔いどれの歌になりました。
13 しかし主よ。この私は、あなたに祈ります。
神よ。みこころの時に。
あなたの豊かな恵みにより、
御救いのまことをもって、私に答えてください。
14 私を泥沼から救い出し、
私が沈まないようにしてください。
私を憎む者ども、また大水の底から、
私が救い出されるようにしてください。
15 大水の流れが私を押し流さず、
深い淵は私をのみこまず、
穴がその口を
私の上で閉じないようにしてください。
16 主よ。私に答えてください。
あなたの恵みはまことに深いのです。
あなたの豊かなあわれみにしたがって
私に御顔を向けてください。
17 あなたのしもべに御顔を隠さないでください。
私は苦しんでいます。早く私に答えてください。
18 どうか、私のたましいに近づき、贖ってください。
私の敵のゆえに、私を贖ってください。
19 あなたは私へのそしりと、
私の恥と私への侮辱とをご存じです。
私に敵対する者はみな、あなたの御前にいます。
20 そしりが私の心を打ち砕き、
私は、ひどく病んでいます。
私は同情者を待ち望みましたが、ひとりもいません。
慰める者を待ち望みましたが、

見つけることはできませんでした。
21 彼らは私の食物の代わりに、苦味を与え、
私が渇いたときには酢を飲ませました。
22 彼らの前の食卓はわなとなれ。
彼らが栄えるときには、それが落とし穴となれ。
23 彼らの目は暗くなって、見えなくなれ。
彼らの腰をいつもよろけさせてください。
24 あなたの憤りを彼らの上に注いでください。
あなたの燃える怒りが、
彼らに追いつくようにしてください。
25 彼らの陣営を荒れ果てさせ、彼らの宿営には
だれも住む者がないようにしてください。
26 彼らはあなたが打った者を迫害し、
あなたに傷つけられた者の痛みを
数え上げるからです。
27 どうか、彼らの咎に咎を加え、
彼らをあなたの義の中に入れないでください。
28 彼らがいのちの書から消し去られ、
正しい者と並べて、書きしるされることがありませんように。
29 しかし私は悩み、痛んでいます。
神よ。御救いが私を高く上げてくださるように。
30 私は神の御名を歌をもってほめたたえ、
神を感謝をもってあがめます。
31 それは雄牛、
角と割れたひづめのある若い雄牛にまさって
主に喜ばれるでしょう。
32 心の貧しい人たちは、見て、喜べ。
神を尋ね求める者たちよ。あなたがたの心を生かせ。
33 主は、貧しい者に耳を傾け、
その捕らわれ人らをさげすみなさらない

11 ①詩44:14、Ⅰ列9:7、ヨブ17:6、エレ24:9
12 ①創19:1、ルツ4:1 ②ヨブ30:9
13 ①詩32:6、イザ49:8、Ⅱコリ6:2 ②詩6:2
14 ①詩69:2
②詩51:1
15 ①詩124:4,5 ②詩28:1、民16:33
16 ①詩51:1
②詩51:1, 106:45 ③→詩25:16
17 ①→詩10:11 ②詩31:9, 66:14 ③詩143:7
18 ①詩26:11, 49:15, 119:134、Ⅱサム4:9
19 ①詩22:6, 31:11
20 ①エレ23:9 ②詩142:4 ③ヨブ16:2

21 ①申29:18 ②マタ27:34, 48、マコ15:36、ルカ23:36、ヨハ19:28-30
22 ①詩69:22, 23、ロマ11:9, 10 ②Ⅰテサ5:3
*別訳「和解のいけにえをささげる」
23 ①イザ6:10、哀5:17 ②ダニ5:6
24 ①→詩33:3 ②詩79:6、エレ10:25、エゼ20:8、ホセ5:10
25 ①マタ23:38、ルカ13:35、使1:20
26 ①イザ53:4 ②Ⅱ歴28:9、ゼカ1:15 ③詩109:22 ④→詩32:10
*七十人訳は「苦しめる」
27 ①詩109:14、ネヘ4:5、ロマ1:28 ②→詩51:14
28 ①ピリ4:3、黙13:8, 20:15 ②出32:33、黙3:5 ③→詩72:7 ④詩87:6、エゼ13:9、ルカ10:20、ヘブ12:23
29 ①詩70:5 ②詩20:1, 59:1
30 ①詩28:7 ②詩50:14 ③詩34:3
31 ①詩50:13, 14, 51:16
32 ①詩34:2 ②→詩9:10
33 ①詩12:5 ②詩68:6

詩篇の作者は拒絶や恥や孤独を我慢しようとしている（69:6-9）。そして罪に反対して、神の民の中に霊的刷新、きよめ、変化が起きることを嘆願している。そのために現状維持に満足している人々からあざけられ辱められた（69:9-11）。

69:22-28 食卓はわなとなれ 詩篇の作者は神に反抗し、神に従う人々を虐待する人々の上にさばきが下ることを求めて祈っている。パウロは主イエスを拒み続け、また神との関係を新しくするように提供された機会を拒み続けるユダヤ人に対してこの部分を当ては

のだから。

34 天と地は、主をほめたたえよ。
海とその中に動くすべてのものも。
35 まことに神がシオンを救い、
ユダの町々を建てられる。
こうして彼らはそこに住み、
そこを自分たちの所有とする。
36 主のしもべの子孫はその地を受け継ぎ、
御名を愛する者たちはそこに住みつこう。

迫害する者からの救い

70:1-5　並行記事－40:13-17

70
指揮者のために。ダビデによる。
記念のために

1 神よ。私を救い出してください。
主よ。急いで私を助けてください。
2 私のいのちを求める者どもが、
恥を見、はずかしめを受けますように。
私のわざわいを喜ぶ者どもが
退き卑しめられますように。
3 「あはは」とあざ笑う者どもが、
おのれの恥のためにうしろに退きますように。
4 あなたを慕い求める人がみな、
あなたにあって楽しみ、喜びますように。
あなたの救いを愛する人たちが、
「神をあがめよう」と、いつも言いますように。
5 私は、悩む者、貧しい者です。
神よ。私のところに急いでください。
あなたは私の助け、私を救う方。
主よ。遅れないでください。

老人の祈り

71:1-3　並行記事－31:1-4

71

1 主よ。私はあなたに身を避けています。

34 ①詩96:11, 98:7, 148:1-13,
イザ44:23, 49:13
②詩8:8, 104:25
35 ①詩46:5, 51:18
②詩147:2, イザ44:26
③オバ17
36 ①詩25:13, 37:29,
102:28
②→詩5:11

1 ①詩70:1-5, 詩40:13-17
②詩22:19
2 ①→詩40:14
②→詩35:4
3 ①→詩35:21
4 ①詩40:16
5 ①詩70:1, 141:1

1 ①詩71:1-3, 詩31:1-3

2 ①→詩51:14
3 ①詩90:1, 91:9
②→詩62:2
＊七十人訳による
③→詩18:2
④→詩18:2
4 ①詩140:1, 4
②詩50:16
5 ①詩39:7,
エレ14:8, 17:13, 50:7
②詩22:9, エレ17:7
6 ①詩22:9, 10, イザ46:3
7 ①イザ8:18, Ｉコリ4:9
8 ①詩63:5
9 ①詩71:18, 92:14,
イザ46:4
10 ①詩56:6
②詩31:13, 83:3,
マタ27:1
11 ①詩3:2, 7:2
12 ①詩10:1, 22:11,
35:22, 38:21

私が決して恥を見ないようにしてください。
2 あなたの義によって、私を救い出し、
私を助け出してください。
あなたの耳を私に傾け、私をお救いください。
3 私の住まいの岩となり、
*つよい とりでとなり、私を救ってください。
あなたこそ私の巌、私のとりでです。
4 わが神よ。私を悪者の手から助け出してください。
不正をする者や残虐な者の手からも。
5 神なる主よ。
あなたは、私の若いころからの私の望み、
私の信頼の的です。
6 私は生まれたときから、
あなたにいだかれています。
あなたは私を母の胎から取り上げた方。
私はいつもあなたを賛美しています。
7 私は多くの人にとっては奇蹟と思われました。
あなたが、私の力強い避け所だからです。
8 私の口には一日中、あなたの賛美と、
あなたの光栄が満ちています。
9 年老いた時も、私を見放さないでください。
私の力の衰え果てたとき、
私を見捨てないでください。
10 私の敵が私のことを話し合い、
私のいのちをつけねらう者どもが
共にたくらんでいるからです。
11 彼らはこう言っています。
「神は彼を見捨てたのだ。追いかけて、
彼を捕らえよ。
救い出す者はいないから。」
12 神よ。私から遠く離れないでください。
わが神よ。急いで私を助けてください。

めている (ロマ11:9-10)。

71:1-24　私は・・・身を避けています　この詩篇には問題に直面して、敵や困難から救われるために神の助けを必要としている老人 (71:9) の祈りが含まれている (71:1-2, 18)。この人は子どものときから神に従ってきて (71:5-6, 17)、その生涯の中で大きな困難を体験してきたけれども (71:20)、神への信仰を保ち続けている。そして残りの人生も神が力と慈しみを示し続けてくださるという確信を持って生きることに決めている。

71:9　年老いた時も　次第に力が衰えて老化が明らかになるときに、過去に神が導いてくださり必要を満

詩篇　71-72篇

¹³私をなじる者どもが恥を見、消えうせま
　すように。
　私を痛めつけようとする者どもが、
　そしりと侮辱で、おおわれますように。
¹⁴しかし、私自身は絶えずあなたを待ち望
　み、
　いよいよ切に、あなたを賛美しましょう。

¹⁵私の口は一日中、あなたの義と、あなた
　の救いを
　語り告げましょう。
　私は、その全部を知ってはおりませんが。
¹⁶神なる主よ。
　私は、あなたの大能のわざを携えて行き、
　あなたの義を、ただあなただけを心に留
　めましょう。
¹⁷神よ。あなたは、私の若いころから、
　私を教えてくださいました。
　私は今もなお、
　あなたの奇しいわざを告げ知らせています。
¹⁸年老いて、しらがになっていても、
　神よ、私を捨てないでください。
　私はなおも、あなたの力を次の世代に、
　あなたの大能のわざを、
　後に来るすべての者に告げ知らせます。
¹⁹神よ、あなたの義は天にまで届きます。
　あなたは大いなることをなさいました。
　神よ、だれが、あなたと比べられましょ
　うか。
²⁰あなたは私を多くの苦しみと悩みとに、
　会わせなさいましたが、
　私を再び生き返らせ、
　地の深みから、再び私を引き上げてくだ
　さいます。

13 ①詩35:4, 26, 40:14,
　109:29
　②→詩109:6
　→詩38:12, 71:24,
　エス9:2
14 ①詩42:5, 130:7
　②詩71:8
15 ①詩35:28
　②→詩51:14
　③詩96:2
　④詩40:5
16 ①詩106:2
　②→詩51:14
17 ①申4:5, 6:7
　②詩26:7, 40:5, 119:27
18 ①詩71:9
　②詩22:31, 78:4, 6
19 ①→詩51:14
　②詩36:6, 57:10
　③詩126:2, ルカ1:49
　④詩35:10, 申3:24
20 ①詩60:3
　②詩80:18, 85:6,
　119:25, 138:7, ホセ6:2
　③詩86:13

21 ①詩18:35
　②詩23:4, 86:17,
　イザ12:1, 49:13
22 ①詩33:2, 81:2, 144:9,
　147:7
　②詩78:41, 89:18,
　イザ1:4
23 ①→詩51:14
　②詩34:22, 55:18,
　103:4
24 ①詩35:28
　②→詩51:14
　③詩71:13, →詩35:4

1 ①詩33:5, 72:2, 89:14,
　111:7, 119:121,
　→詩37:28, Ⅰ歴22:13,
　Ⅰ列3:9
　②→詩51:14
2 ①詩45:4, 7, 48:10,
　50:6, 51:19, 52:3,
　58:1, 65:5, →詩35:24
　→詩85:10, →詩96:13,
　→詩118:19
　②詩82:3
　③イザ9:7, 11:2-5,
　32:1
3 ①→詩51:14
　②イザ2:4, 9:6, 7,
　ミカ4:3, 4, ゼカ9:10
4 ①→詩7:8
　②イザ11:4
5 ①詩89:36, 37

²¹あなたが私の偉大さを増し、
　ふり向いて私を慰めてくださいますよう
　に。
²²私もまた、六弦の立琴をもって、
　あなたをほめたたえます。
　わが神よ。あなたのまことを。
　イスラエルの聖なる方よ。
　私は、立琴をもって、あなたにほめ歌を
　歌います。
²³私があなたにほめ歌を歌うとき、
　私のくちびるは、高らかに歌います。
　また、あなたが贖い出された私のたまし
　いも。
²⁴私の舌もまた、一日中、
　あなたの義を言い表しましょう。
　それは彼らが恥を見、
　私を痛めつけようとする者どもが
　はずかしめを受けるからです。

王のための祈り

72

ソロモンによる

1 神よ。あなたの公正を王に、
　あなたの義を王の子に授けてください。
2 彼があなたの民を義をもって、
　あなたの、悩む者たちを
　公正をもってさばきますように。
3 山々、丘々は義によって、
　民に平和をもたらしますように。
4 彼が民の悩む者たちを弁護し、
　貧しい者の子らを救い、
　しいたげる者どもを、打ち砕きますよう
　に。
5 彼らが、日と月の続くかぎり、代々にわ
　たって、

たしてくださったことを思い起こすなら、神を信じ続
けるように勇気づけられる。神は人生の終りのときに
も引続いて保護者であり助け手であり、必要を満たし
てくださる方である。死ぬときにも神は私たちを見捨
てることなくそばにいて（71:12, 18）、御使いたちに
よって天へ連れて行ってくださる（ルカ16:22）。
**71:18　あなたの力を次の世代に・・・告げ知らせま
す**　私たちの希望と人生の目的は神をよく知り、御霊
に導かれ、神の力と好意が日々の生活に明らかに表さ
れることである。そうすれば同世代の人々をキリスト

に従うように励ますことができる。そしてそれ以上
に、人々がキリストを受入れて従うように促すような
遺産を残すことができる（マタ6:33, ⇒使1:8, 4:30-
33, 11:24）。この詩篇の作者が切に願ったのは人々
が神を信じるようにできるだけのことをやり遂げてか
らこの世を去りたいということだった。自分の人生が
次の世代に影響を与えるような力強いあかしになるこ
とを願っていた。

72:1-19　王　表題によるとこの詩篇はソロモン王が
イスラエルを治めるために祈った祈りである。ソロモ

6 彼は牧草地に降る雨のように、
地を潤す夕立のように下って来る。
7 彼の代に正しい者が栄え、
月のなくなるときまで、
豊かな平和がありますように。
8 彼は海から海に至るまで、
また、川から地の果て果てに至るまで
統べ治めますように。
9 荒野の民は彼の前にひざをつき、
彼の敵はちりをなめますように。
10 タルシシュと島々の王たちは贈り物をささげ、
シェバとセバの王たちは、みつぎを納めましょう。
11 こうして、すべての王が彼にひれ伏し、
すべての国々が彼に仕えましょう。
12 これは、彼が、助けを叫び求める貧しい者や、
助ける人のない悩む者を救い出すからです。
13 彼は、弱っている者や貧しい者をあわれみ、
貧しい者たちのいのちを救います。
14 彼はしいたげと暴虐とから、
彼らのいのちを贖い出し、
彼らの血は彼の目に尊ばれましょう。
15 それゆえ、彼は生きながらえ、
彼にシェバの黄金がささげられますように。
彼のためにいつも彼らは祈り、
一日中、彼をほめたたえますように。
16 地では、山々の頂に穀物が豊かにあり、
その実りはレバノンのように豊かで、

町の人々は地の青草のように栄えますように。
17 彼の名はとこしえに続き、
その名は日の照るかぎり、いや増し、
人々は彼によって祝福され、
すべての国々は彼をほめたたえますように。
18 ほむべきかな。神、主、イスラエルの神。
ただ、主ひとり、奇しいわざを行う。
19 とこしえに、ほむべきかな。その栄光の御名。
その栄光は地に満ちわたれ。
アーメン。アーメン。

20 エッサイの子ダビデの祈りは終わった。

第三巻

詩篇73-89篇

神が正しい人を救われる

73

アサフの賛歌

1 まことに神は、イスラエルに、
心のきよい人たちに、いつくしみ深い。
2 しかし、私自身は、この足がたわみそうで、
私の歩みは、すべるばかりだった。
3 それは、私が誇り高ぶる者をねたみ、
悪者の栄えるのを見たからである。
4 彼らの死には、苦痛がなく、
彼らのからだは、あぶらぎっているからだ。
5 人々が苦労するとき、彼らはそうではなく、

73:1-28 神は、イスラエルに・・・いつくしみ深い
この詩篇は気になる問題を扱っている。神が至高(望むことを成し遂げる絶対的な力と権威を持つ)の方であり、その正義は完全であるけれども、邪悪な人々が栄え(73:3-12)、神に仕える人々がさらに苦しんでいるように見える(73:13-14)ことがしばしばある。神に忠実に仕える詩篇の作者は(73:1, 13)、自分の問題と神を拒んで神に従わない人々が楽に生活し幸福でいることとを比べてがっかりしている(73:2-3)。けれども邪悪な人々を待つ悲惨な運命と神に忠実な人々が受

ンは知恵と公正、正義と平和、悪の滅亡と問題を持つ人や抑圧されている人々の解放などを求めた。いくつかの節はキリストにだけ適用されていて(72:8, 11, 17, ⇒イザ11:1-5, 60:-62:)、歴史の終りと永遠に続く主イエスの支配をも指している(→黙20:-22:)。この祈りは新約聖書の「御国が来ますように。みこころが天で行われるように地でも行われますように」(マタ6:10)という主イエスの祈りと似ている。これはキリストの平和と正義の支配が地上に建てられることを願う人々の心からの祈りでなければならない(→黙21:1注)。

ほかの人のようには打たれない。
6 それゆえ、高慢が彼らの首飾りとなり、
　暴虐の着物が彼らをおおっている。
7 彼らの目は脂肪でふくらみ、
　心の思いはあふれ出る。
8 彼らはあざけり、悪意をもって語り、
　高い所からしいたげを告げる。
9 彼らはその口を天にすえ、
　その舌は地を行き巡る。
10 それゆえ、その民は、ここに帰り、
　豊かな水は、彼らによって飲み干された。
11 こうして彼らは言う。
　「どうして神が知ろうか。
　いと高き方に知識があろうか。」
12 見よ。悪者とは、このようなものだ。
　彼らはいつまでも安らかで、富を増している。
13 確かに私は、むなしく心をきよめ、
　手を洗って、きよくしたのだ。
14 私は一日中打たれどおしで、
　朝ごとに責められた。
15 もしも私が、「このままを述べよう」と言ったなら、
　確かに私は、あなたの子らの世代の者を裏切ったことだろう。
16 私は、これを知ろうと思い巡らしたが、
　それは、私の目には、苦役であった。
17 私は、神の聖所に入り、
　ついに、彼らの最後を悟った。

5 ①詩73:14
6 ①→詩36:11
　②創41:42, 箴1:9
　③→詩18:48
　④詩109:18, 19
7 ①ヨブ15:27
8 ①詩1:1
　②詩17:10
11 ①詩59:7, ヨブ22:13
12 ①→詩73:3
　②エレ49:31,
　エゼ23:42
　③詩49:6, 52:7
13 ①詩21:15, 34:9
　②詩26:6
14 ①詩38:6
　②詩118:18, ヨブ33:19
16 ①伝8:17
17 ①詩150:1
　②詩37:38

18 ①詩35:6
　②詩35:8, 36:12, 55:23
19 ①民16:21, イザ47:11
　②ヨブ18:11
20 ①ヨブ20:8
　②Ⅰサム2:30
21 ①土10:16
　②使2:37
22 ①詩49:10, 92:6
　②詩49:20, ヨブ18:3,
　伝3:18
23 ①→詩16:8
24 ①詩106:13, 107:11
　②詩32:8, 48:14,
　イザ58:11
　③→詩63:2
　④詩49:15, 創5:24
25 ①詩16:2
　＊「あなたのほかに」は補足
26 ①詩38:10, 40:12,
　84:2, 119:81, 143:7
　②詩78:35, 89:26,
　→詩18:2, →詩62:2,
　→詩92:15, →詩144:1
　③詩16:5, 142:5
27 ①詩37:20

18 まことに、あなたは彼らをすべりやすい所に置き、
　彼らを滅びに突き落とされます。
19 まことに、彼らは、またたくまに滅ぼされ、
　突然の恐怖で滅ぼし尽くされましょう。
20 目ざめの夢のように、
　主よ、あなたは、奮い立つとき、
　彼らの姿をさげすまれましょう。
21 私の心が苦しみ、
　私の内なる思いが突き刺されたとき、
22 私は、愚かで、わきまえもなく、
　あなたの前で獣のようでした。
23 しかし私は絶えずあなたとともにいました。
　あなたは私の右の手を
　しっかりつかまえられました。
24 あなたは、私をさとして導き、
　後には栄光のうちに受け入れてくださいましょう。
25 天では、あなたのほかに、
　だれを持つことができましょう。
　地上では、あなたのほかに私はだれをも望みません。
26 この身とこの心とは尽き果てましょう。
　しかし神はとこしえに私の心の岩、
　私の分の土地です。
27 それゆえ、見よ。
　あなたから遠く離れている者は滅びます。

ける本当の報いが何であるかを啓示されたとき、神に対して新しい確信を持つことができた(73:16-28)。

73:17 私は・・・彼らの最後を悟った 神は邪悪な人々の最後を啓示された。(1) この啓示によって詩篇の作者は自分の問題をそれまでよりバランスのとれた見方で見ることができた。そして自分や神に仕える人々は永遠で最高のものを楽しむことができること(73:17-20)、そして現在の生活でも同じように最大の祝福を受けることを悟った。神の力と臨在に触れることができるのである(73:25-28)。最後にはすべてのことが是正される。神の民はみな神とともに勝利する。けれども邪悪な人々は滅びる。(2) 人生の短さを考えるとき、単に地上の限られた人間的視点からだけ物事を評価するなら、ほとんど確実に落胆することになる。生涯の旅路を信仰と神の慈しみと公正への信頼をもって終えるためには神のことばと聖霊に頼らなければならない。

73:23-28 しかし私は絶えずあなたとともにいました 詩篇の作者は勝利の信仰へ導くのに必要な態度を発見した。多くの問題を抱える地上の生涯で与えられている最大の特権と目的は神との深い関係を持つことである(73:28)。邪悪な人々は栄えるかもしれないけれども、私たちは神ご自身の中に最大の希望と最も価値のある宝を持っている。主はいつもともにいて、みことばと聖霊によって導き、ご自分の力によって支えてくださる(73:23-24)。そして最後には天の栄光の中に受入れてくださる(73:24)。人生の悩みに直面するときに、初代教会の偉大な宣教者で開拓者だったパウロと同じように、「私にとっては、生きることはキリスト、死ぬことも益です」(ピリ1:21)という姿勢を

詩篇　73-74篇

あなたはあなたに不誠実な者をみな滅ぼされます。
28 しかし私にとっては、
　神の近くにいることが、しあわせなのです。
　私は、神なる主を私の避け所とし、
　あなたのすべてのみわざを語り告げましょう。

救済の訴え

74

アサフのマスキール

1 神よ。なぜ、いつまでも拒み、
　あなたの牧場の羊に御怒りを燃やされるのですか。
2 どうぞ思い起こしてください。
　昔あなたが買い取られた、あなたの会衆、
　あなたがご自分のものである部族として
　贖われた民を。
　また、あなたがお住まいになったシオンの山を。
3 永遠の廃墟に、あなたの足を向けてください。
　敵は聖所であらゆる害を加えています。
4 あなたに敵対する者どもは、
　あなたの集会のただ中でほえたけり、
　おのれらの目じるしを、しるしとして掲げ、
5 森の中で斧を振り上げるかのようです。
6 そうして今や、手斧と槌で、
　聖所の彫り物をことごとく打ち砕き、
7 あなたの聖所に火を放ち、
　あなたの御名の住まいを、その地まで汚しました。
8 彼らは心の中で、
　「彼らを、ことごとく征服しよう」と言い、
　国中の神の集会所をみな、焼き払いました。
9 もう私たちのしるしは見られません。
　もはや預言者もいません。
　いつまでそうなのかを知っている者も、
　私たちの間にはいません。
10 神よ。いつまで、仇はそしるのでしょうか。
　敵は、永久に御名を侮るのでしょうか。
11 なぜ、あなたは御手を、右の御手を、
　引っ込めておられるのですか。
　その手をふところから出して
　彼らを滅ぼし尽くしてください。
12 確かに、神は、昔から私の王、
　地上のただ中で、救いのわざを行われる方です。
13 あなたは、御力をもって海を分け、
　海の巨獣の頭を砕かれました。
14 あなたは、レビヤタンの頭を打ち砕き、
　荒野の民のえじきとされました。
15 あなたは泉と谷を切り開き、
　絶えず流れる川をからされました。
16 昼はあなたのもの、夜もまたあなたのもの。
　あなたは月と太陽とを備えられました。
17 あなたは地のすべての境を定め、
　夏と冬とを造られました。
18 主よ。どうか、心に留めてください。
　敵がそしり、
　愚かな民が御名を侮っていることを。
19 あなたの山鳩のいのちを
　獣に引き渡さないでください。
　あなたの悩む者たちのいのちを
　永久に忘れないでください。
20 どうか、契約に目を留めてください。
　地の暗い所には暴虐が横行していますから。
21 しいたげられる者が卑しめられて帰ることがなく、
　悩む者、貧しい者が御名をほめたたえますように。
22 神よ。立ち上がり、
　あなたの言い分を立ててください。
　愚か者が一日中あなたをそしっていることを
　心に留めてください。
23 あなたに敵対する者どもの声や、

74:1-23　なぜ・・・拒み　詩篇の作者は神のさばきと懲らしめがいつまでも続かないようにと祈っている。神は忍耐強いけれども、罪を永遠に容認されないことをこの祈りは警告している。やがて災難、悲しみ、さばきが来る。

詩篇 74-76篇

あなたに立ち向かう者どもの絶えずあげる叫びを、
お忘れにならないでください。

神の正義
75
指揮者のために。「滅ぼすな」の調べに合わせて。アサフの賛歌。歌

1 私たちは、あなたに感謝します。
神よ。私たちは感謝します。
御名は、近くにあり、
人々は、あなたの奇しいわざを語り告げます。

2 「わたしが、定めの時を決め、
わたしみずから公正にさばく。
3 地とこれに住むすべての者が揺らぐとき、
わたしは地の柱を堅く立てる。　セラ
4 わたしは、誇る者には、『誇るな』と言い、
悪者には、
『角を上げるな。
5 おまえたちの角を、高く上げるな。
横柄な態度で語るな』と言う。」

6 高く上げることは、東からでもなく、
西からでもなく、荒野からでもない。
7 それは、神が、さばく方であり、
これを低くし、かれを高く上げられるからだ。
8 主の御手には、杯があり、
よく混ぜ合わされた、あわだつぶどう酒がある。
主が、これを注ぎ出されると、
この世の悪者どもは、こぞって、
そのかすまで飲んで、飲み干してしまう。

9 しかし私は、とこしえまでも告げよう。
ヤコブの神を、ほめ歌おう。

23 ②詩65:7

1 ①詩79:13
②詩145:18
③詩26:7, 44:1, 71:17
2 ①詩102:10
②詩75:7, 82:1, 3, 8,
→詩9:8, →詩51:4,
③詩46:6, イザ24:19
② Ⅰサム2:8
4 ①→詩73:3
②詩75:5, 10, 89:17, 24,
→詩18:2, →詩92:10,
→詩112:9, ゼカ1:21
5 ①→詩75:4
②詩31:18, 94:4,
Ⅰサム2:3
＊直訳「首」
6 ①詩3:3, 113:7
7 ①→詩75:2
②詩147:6, Ⅰサム2:7,
ダニ2:21
8 ①→詩16:5,
ヨブ21:20, エレ25:15
②箴23:30
③→詩73:3
④オバ16
9 ①→詩30:12
②詩22:22, 40:10

10 ①→詩73:3
②→詩75:4, エレ48:25
③→詩37:12,
→詩72:7, →詩92:12,
→詩146:8

1 ①詩48:3
②詩99:2
2 ①→詩18:11, 哀2:6
②創14:18
③詩9:11, 132:13,
135:21
3 ①詩46:9
4 ＊七十人訳は「永遠の」
5 ①イザ10:12, 46:12
6 ①詩104:7, →詩18:15
②詩78:53, 出15:1, 21
7 ①詩89:7, 96:4,
Ⅰ歴16:25
②詩90:11
③詩130:3, エズ9:15,
ナホ1:6, マラ3:2,
黙6:17
8 ①詩33:8, Ⅰ歴16:30
9 ①→詩36:6,
→詩48:11, →詩94:15,
→詩119:7
②→詩74:22
10 ①出9:16, ロマ9:17
11 ①詩50:14

10 悪者どもの角を、ことごとく切り捨てよう。
しかし、正しい者の角は、高く上げられる。

神の勝利の力
76
指揮者のために。弦楽器によって。アサフの賛歌。歌

1 神はユダにおいて知られ、
御名はイスラエルにおいて大きい。
2 神の仮庵はシャレムにあり、
その住まいはシオンにある。
3 その所で神は弓につがえる火矢、盾と剣、
また戦いを打ち砕かれた。　セラ
4 あなたは輝かしく、
＊えじきの山々にまさって威厳があります。
5 剛胆な者らは略奪に会い、
彼らは全く眠りこけました。
勇士たちはだれも、
手の施しようがありませんでした。
6 ヤコブの神よ。
あなたが、お叱りになると、
騎手も馬も、深い眠りに陥りました。
7 あなたは、あなたは、恐ろしい方。
あなたが怒られたら、だれが御前に立ちえましょう。

8 あなたの宣告が天から聞こえると、
地は恐れて、沈黙を守りました。
9 神が、さばきのために、
そして地上の貧しい者たちをみな、救うために、
立ち上がられたそのときに。　セラ
10 まことに、人の憤りまでもが、あなたをほめたたえ、
あなたは、憤りの余りまでをも身に締められます。

11 あなたがたの神、主に、誓いを立て、そ

75:8【主】の御手には、杯があり　神が邪悪な人々に酔わせる飲み物を与えるという描写は神の怒り（正当な怒りと罰）を象徴している。ダビデは「あなたは・・・よろめかす酒を、私たちに飲ませられました」と言っている（60:3, ⇒イザ51:17, 22, エレ51:7, 黙14:10）。

76:10 あなたをほめたたえ　(1) 神に従う人々を抑圧したり虐待する人々に神がさばきを下されるとき、神に忠実な人々は解放されて、神をほめたたえる。(2) 邪悪な人々の残酷さは、現実には神が神の民を救い、偉大なことを行われる機会になる。たとえばパロがイスラエル人に対して過酷な扱いをしたときは神

れを果たせ。
主の回りにいる者はみな、恐るべき方に、
②贈り物をささげよ。
12 主は君主たちのいのちを絶たれる。
地の王たちにとって、恐ろしい方。

神に助けを求める叫び

77

指揮者のために。エドトンの調べによって。アサフの賛歌

1 私は神に向かい声をあげて、叫ぶ。
私が神に向かって声をあげると、神は聞かれる。
2 苦難の日に、私は主を尋ね求め、
夜には、たゆむことなく手を差し伸ばしたが、
私のたましいは慰めを拒んだ。
3 私は神を思い起こして嘆き、
思いを潜めて、私の霊は衰え果てる。
セラ
4 あなたは、私のまぶたを閉じさせない。
私の心は乱れて、もの言うこともできない。
5 私は、昔の日々、遠い昔の年々を思い返した。
6 夜には私の歌を思い起こし、
自分の心と語り合い、私の霊は探り求める。
7 「主は、いつまでも拒まれるのだろうか。
もう決して愛してくださらないのだろうか。
8 主の恵みは、永久に絶たれたのだろうか。
約束は、代々に至るまで、果たされないのだろうか。
9 神は、いつくしみを忘れたのだろうか。
もしや、怒って
あわれみを閉じてしまわれたのだろうか。」
セラ
10 そのとき私は言った。
「私の弱いのは
いと高き方の右の手が変わったことによる。」
11 私は、*主のみわざを思い起こそう。
まことに、昔からの
あなたの奇しいわざを思い起こそう。
12 私は、あなたのなさったすべてのことに
思いを巡らし、
あなたのみわざを、静かに考えよう。
13 神よ。あなたの道は聖です。
神のように大いなる神が、ほかにありましょうか。
14 あなたは奇しいわざを行われる神、
国々の民の中に御力を現される方です。
15 あなたは御腕をもって、ご自分の民、
ヤコブとヨセフの子らを贖われました。
セラ
16 神よ。水はあなたを見たのです。
水はあなたを見て、わななきました。
わたつみもまた、震え上がりました。
17 雲は水を注ぎ出し、雷雲は雷をとどろかし、
あなたの矢もまた、ひらめき飛びました。
18 あなたの雷の声は、いくさ車のように鳴り、
いなずまは世界を照らし、
地は震え、揺れ動きました。
19 あなたの道は海の中にあり、
あなたの小道は大水の中にありました。
それで、あなたの足跡を見た者はありません。
20 あなたは、ご自分の民を、
モーセとアロンの手によって、

11 ②詩68:29
12 ①詩110:5
　②詩47:2

1 ①詩3:4, 142:1
2 ①詩50:15, 86:7, 142:2
　②→詩9:10
　③詩63:6, イザ26:9
　④詩88:9, ヨブ11:13
　⑤創37:35
3 ①詩42:5, 11, 43:5, 55:2
　②詩107:5, 142:3, 143:4
4 ①詩39:9
5 ①詩44:1, 143:5, 申32:7, イザ51:9
6 ①→詩16:7
　②詩4:4
7 ①詩77:11, 9, 23
　②詩85:5
8 ①詩89:49
　②→詩85:7
　③Ⅱペテ3:9
9 ①出34:6
　②イザ49:15

③詩25:6, 40:11, 51:1
10 ①詩31:22
　②詩74:11
11 ①詩77:11, 12, 105:5, 143:5, 145:5
　*㊀ヤハ
12 ①詩143:5
13 ①詩71:19, 86:8, 出15:11
14 ①詩72:18
　②詩106:8
15 ①詩44:3
　②詩80:1
　③詩74:2, 78:42, 出6:6
16 ①詩114:3, 出14:21, ハバ3:8, 10
17 ①士5:4
　②詩18:14
18 ①詩18:13, 68:33, 104:7
　②詩97:4
　③詩18:7, →詩46:3, 士5:4
19 ①イザ51:10, ハバ3:15
20 ①詩105:26, 出6:26

が奇蹟的な力を示してエジプトの奴隷状態から救う機会になった(出5:‐12:)。

77:1-20　私は神に向かい声をあげて、叫ぶ　この詩篇は大きな問題の中にいるのに神に叫んでも神が応えてくださらないように感じている人のことを描いている(77:7-9)。もし私たちも同じような情況にいるなら、詩篇の作者のように過去に神が愛を示してくださったあらゆることを思い出しながら、昼も夜も神に叫び続けるべきである(77:1-2)。御子イエスを通して神がしてくださったことから、「私たちすべてのために、ご自分の御子をさえ惜しまずに死に渡された方が、どうして、御子といっしょにすべてのものを、私たちに恵んでくださらないことがありましょう」(ロマ8:32)と確信することができる。

詩篇 77-78篇

羊の群れのように導かれました。

神の民を導く神

78 アサフのマスキール

1 私の民よ。私の教えを耳に入れ、
  私の口のことばに耳を傾けよ。
2 私は、口を開いて、たとえ話を語り、
  昔からのなぞを物語ろう。
3 それは、私たちが聞いて、知っていること、
  私たちの先祖が語ってくれたこと。
4 それを私たちは彼らの子孫に隠さず、
  後の時代に語り告げよう。
  主への賛美と御力と、
  主の行われた奇しいわざとを。
5 主はヤコブのうちにさとしを置き、
  みおしえをイスラエルのうちに定め、
  私たちの先祖たちに命じて、

20 ②詩78:52, 80:1, 出13:21, 14:19, イザ63:11-13

1 ①イザ51:4
  ②詩5:1, ③イザ55:3
2 ①詩49:4, マタ13:35
  ②詩49:4
3 ①詩44:1
4 ①詩22:30,26:7,71:17,18, 145:4, 出12:26, 申11:19, ヨブ15:18, イザ38:19, ヨエ1:3
5 ①詩81:4,5,②詩25:10,60表題,78:56,80表題,99:7, 119:2, 132:12,③→詩119:150, イザ8:20
  ④申6:4-9
5 ①申4:9
  ②詩22:31
  ②詩71:18, 申11:19
7 ①詩44:17, 申4:9,6:12, 8:14,②→詩119:32,申4:2,5:1,29,27:1,ヨシ22:5
8 ①Ⅱ歴30:7,エゼ20:18,②申9:7, 24, 31:27, 士2:19, イザ30:9,③詩78:17,40,56,④詩78:37,ヨブ11:13,⑤詩78:37
9 ①Ⅰ歴12:2
10 ①士2:20, Ⅰ列11:11, Ⅱ列18:12, ②→詩119:150, エレ32:23, 44:10, 23

6 これをその子らに教えるようにされた。
  後の世代の者、生まれてくる子らが、これを知り、
  彼らが興り、これをその子らにまた語り告げるため、
7 彼らが神に信頼し、神のみわざを忘れず、
  その仰せを守るためである。
8 また先祖たちのように、
  彼らが、かたくなで、逆らう世代の者、
  心定まらず、その霊が神に忠実でない世代の者とならないためである。

9 エフライムの人々は、
  矢をつがえて弓を射る者であったが、
  戦いの日には退却した。
10 彼らは、神の契約を守らず、
  神のおしえに従って歩むことを拒み、
11 神の数々のみわざを、

詩119:1-16

78:1 私の民よ。私の教えを耳に入れ この詩篇はなぜイスラエルの歴史を通して神の破滅的なさばきが多く下ったのかを思い起こさせるために書かれた。(1) この詩篇は先祖たちの霊的な失敗から学び、疑いと不信仰と反抗という同じ道を避けるためにできることをするように警告している。(2) 今日の神の民もこの詩篇に注意をするべきである。多くの教会や組織がみことばに対する不信仰と不従順によって神の臨在と力を失っている。真理と正しい行動の基礎としての聖書の命令と基準や具体的例を認めなかったため、徐々に神から離れて自分たちの道へ進んだのである。(⇒イザ53:6)。

78:5 その子らに教える 自分の子どもたちに、そして私たちに模範を求めているほかの人々にも、神のことばの原則と指針を教えるかどうか、これは選択の問題ではない。神が神の民全員に与えられた命令である。神が何かを求められるときには必ずそれを成し遂げる力と能力を与えてくださるので、私たちはこの責任を果すことができる(→申6:7注、→「**親と子ども**」の項 p.2265)。

78:8 先祖たちのように・・・ならないため この節は不忠実な霊的先祖の歩みに習わないようにと神の民に警告をしている。同じように今日の教会も、聖書的キリスト教を捨てて自分独自の目的を追求するようになった教会や団体や交わりを見習わないように注意しなくてはならない。

ある教会が霊的に破壊された原因には次のような間違いがあった。(1) 過去にほかの教会を破壊したような非聖書的な道をたどり始めたことに指導者が気付かないで警告できなかったこと。(2) 新約聖書に啓示されているキリストのメッセージと教えを教会のいのち、真理、指針の権威ある源としなかったこと(→エペ2:20注)。(3) 教理(信条と教え)の真理と純粋性を守り、道徳問題を解決するように努力しなかったこと(→「**監督とその務め**」の項 p.2021)。(4) 個人としても問題を是正するための行動をとらないで、教会が新約聖書の規範からどんどん遠くへそれてしまったこと。(5) キリストに対する親密な献身と熱心な祈りを教会生活の中心に置いて励まなかったこと(黙2:4)。(6) 過去には厳しく扱われていた罪(霊的、道徳的な妥協)が教会の指導者や教師全員の間で大目に見られていること(黙2:14-15, 20)。(7) 神を敬う知恵や道徳的な純粋さ、積極的な同情や人々の間で働く聖霊の力などの霊性ではなく、うわべの成功や人数、財政的豊かさに焦点が向けられたこと(→「**七つの教会へのキリストのメッセージ**」の項 p.2478)。

78:8 心定まらず、その霊が神に忠実でない 心を備えて神とのより深い関係を求めず、みことばの真理を悟らず、神が正しいとされることができなければ、どの世代も神の目的と力を十分に体験し受取ることはできない。反対に、深く神を愛し、腐敗した信仰やこの世界の慣習を避ける人は神のすばらしいみわざや力、不思議を体験することができる(78:4, →「**信者の霊的聖別**」の項 p.2172)。

78:11 神の数々のみわざ・・・を忘れてしまった イスラエルは初期の先祖たちの間で神が行われたみわ

神が見せてくださった多くの奇しいこと
とを
忘れてしまった。
12 神は、彼らの先祖たちの前で、
　エジプトの地、ツォアンの野で、
　奇しいわざを行われた。
13 神は海を分けて彼らを通らせ、
　せきのように水を立てられた。
14 神は、昼は雲をもって、彼らを導き、
　夜は、夜通し炎の光で彼らを導いた。
15 荒野では岩を割り、
　深い水からのように豊かに飲ませられた。
16 また、岩から数々の流れを出し、
　水を川のように流された。

17 それなのに、彼らはなおも神に罪を犯し、
　砂漠で、いと高き方に逆らった。
18 彼らは欲するままに食べ物を求め、
　心のうちで神を試みた。
19 そのとき彼らは神に逆らって、こう言った。
「神は荒野の中で食事を備えることがで
きようか。
20 確かに、岩を打たれると、水がほとばし
り出て
　流れがあふれた。
　だが、神は、パンをも与えることができ
ようか。
　ご自分の民に肉を備えることができよう
か。」
21 それゆえ、主は、これを聞いて激しく怒
られた。
　火はヤコブに向かって燃え上がり、
　怒りもまた、イスラエルに向かって立ち
上った。
22 これは、彼らが神を信ぜず、
　御救いに信頼しなかったからである。
23 しかし神は、上の雲に命じて天の戸を開き、

11 ①詩44:20, 106:13
12 ①詩44:1, 106:22,
　出7-12章
　②詩78:43, 民13:22,
　イザ19:11, 30:4,
　エゼ30:14
13 ①詩74:13, 136:13,
　出14:21
　②詩33:7, 出15:8
14 ①詩68:7, 105:39,
　出13:21, 14:24,
　ネヘ9:12, イザ4:5
15 ①詩78:15, 16, 105:41,
　114:8, 出17:6,
　民20:8, 10, 11,
　イザ48:21, Ⅰコリ10:4
17 ①詩68:6
　②申9:22, イザ63:10
18 ①詩105:40, 民11:4
　②詩78:41, 56, 95:9,
　106:14, 出17:7,
　申6:16, Ⅰコリ10:9
19 ①出16:3,
　民11:4, 5, 20:3-5, 21:5
　②詩23:5
20 ①詩78:15, 16, 105:41,
　出17:6
　②詩68:10, 民11:18
21 ①民11:1
22 ①申1:32, 9:23,
　ヘブ3:19
23 ①創7:11, マラ3:10

24 ①詩105:40, 出16:4,
　ネヘ9:15, ヨハ6:31
25 ＊七十人訳による
　▷「強い者」
　①出16:3
26 ①詩78:26, 27, 民11:31
29 ①民11:19, 20
30 ①詩78:30, 31,
　民11:33, ヨブ20:23
31 ①イザ10:16
32 ①詩78:22, 民14:11
33 ①詩90:9
34 ①民21:7, ホセ5:15
　②→詩9:10
　③詩63:1
35 ①→詩73:26, 申32:4
　②詩74:2, 出15:13,
　申9:26
36 ①出24:7, 8, 32:7, 8,
　エゼ33:31
37 ①詩78:5

24 食べ物としてマナを、彼らの上に降らせ、
　天の穀物を彼らに与えられた。
25 それで人々は御使いのパンを食べた。
　神は飽きるほど食物を送られた。
26 神は、東風を天に起こし、
　御力をもって、南風を吹かせられた。
27 神は彼らの上に肉をちりのように、
　翼のある鳥をも海辺の砂のように降らせ
た。
28 それを宿営の中、住まいの回りに落とした。
29 そこで彼らは食べ、十分に満ち足りた。
　こうして彼らの欲望を、かなえてくだ
さった。
30 彼らがその欲望から離れず、
　まだ、その食べ物が口にあるうちに、
31 神の怒りは彼らに向かって燃え上がり、
　彼らのうちの最もがんじょうな者たちを
殺し、
　イスラエルの若い男たちを打ちのめされ
た。

32 このすべてのことにもかかわらず、
　彼らはなおも罪を犯し、
　神の奇しいわざを信じなかった。
33 それで神は、彼らの日をひと息のうちに、
　彼らの齢を、突然の恐怖のうちに、終わ
らせた。
34 神が彼らを殺されると、彼らは神を尋ね
求め、
　立ち返って、神を切に求めた。
35 彼らは、神が自分たちの岩であり、
　いと高き神が自分たちを贖う方であるこ
とを
　思い出した。
36 しかしまた彼らは、その口で神を欺き、
　その舌で神に偽りを言った。
37 彼らの心は神に誠実でなく、
　神の契約にも忠実でなかった。

ざと奇蹟を忘れたので霊的に失敗した。これを教訓に
して、みことばに書かれているキリストに従う忠実な
人々の間で神が行われた力強いみわざと奇蹟を忘れな
いようにしなければならない。聖霊は過去に行われた
のと同じようなしるしや力あるみわざ、奇蹟を今日も
行いたいと願っておられる。キリストにある新しいい
のちのメッセージが私たちの生活と教会を通して同じ
力と効力をもって流れ出ることを望んでおられる(→
使1:8注, →「**聖霊のバプテスマ**」の項 p.1950)。

**78:37 彼らの心は神に誠実でなく、神の契約にも忠
実でなかった**　イスラエル人は一生を通して神に忠実
に従うことができなかった(→「**イスラエル人との神の
契約**」の項 p.351)。神との正しい関係を保つためには
神に忠実であり続けるという固い決心をしなければな

詩篇 78篇

38 しかし、あわれみ深い神は、彼らの咎を赦して、
滅ぼさず、幾度も怒りを押さえ、
憤りのすべてをかき立てられはしなかった。
39 神は、彼らが肉にすぎず、
吹き去れば、返って来ない風であることを
心に留めてくださった。
40 幾たび彼らは、荒野で神に逆らい、
荒れ地で神を悲しませたことか。
41 彼らはくり返して、神を試み、
イスラエルの聖なる方を痛めた。
42 彼らは神の力をも、
神が敵から贖い出してくださった日をも、
覚えてはいなかった。
43 神が、エジプトでしるしを、
ツォアンの野で奇蹟を行われたことを。
44 神がそこの川を血に変わらせたので、
その流れを飲むことができなかった。
45 神は彼らに、あぶの群れを送って彼らを
食わせ、
かえるを送って彼らを滅ぼされた。
46 また、彼らの作物を、油虫に、
彼らの勤労の実を、いなごに与えられた。
47 神は、雹で、彼らのぶどうの木を、
＊いなずまで、彼らのいちじく桑の木を滅
ぼされた。
48 神は、彼らの家畜を、雹に、
彼らの家畜の群れを、疫病に渡された。
49 神は、彼らの上に、燃える怒りと激しい
怒り、
憤りと苦しみ、
それに、わざわいの御使いの群れを送ら
れた。
50 神は御怒りのために道をならし、
彼らのたましいに死を免れさせず、
彼らのいのちを疫病に渡された。
51 また、エジプトのすべての初子、

ハムの天幕の彼らの力の初めの子らを
打ち殺された。
52 しかし神は、ご自分の民を、
羊の群れのように連れ出し、
家畜の群れのように荒野の中を連れて行
かれた。
53 彼らを安らかに導かれたので、彼らは恐
れなかった。
彼らの敵は、海が包んでしまった。
54 こうして神は、ご自分の聖なる国、
右の御手で造られたこの山に、
彼らを連れて行かれた。
55 神はまた、彼らの前から国々を追い出し、
その地を相続地として彼らに分け与え、
イスラエルの諸族をおのおのの天幕に住
まわせた。
56 それなのに、彼らはいと高き神を試み、
神に逆らって、神のさとしを守らず、
57 もとに戻って、
彼らの先祖たちのように裏切りをし、
たるんだ弓の矢のようにそれてしまった。
58 また彼らは、高き所を築いて神の怒りを
引き起こし、
刻んだ像で、神のねたみを引き起こした。
59 神は、聞いて激しく怒り、
イスラエルを全く捨てられた。
60 それで、シロの御住まい、
人々の中にお建てになったその幕屋を見
放し、
61 御力をとりこに、御栄えを敵の手に、ゆ
だねられた。
62 神はまた、御民を剣に渡し、
ご自分のものである民に対して激しく怒
られた。
63 火は彼らの若い男たちを食い尽くし、
その若い女たちは婚姻の歌を歌わなかっ
た。
64 その祭司たちは剣に倒れ、

ない。それはこの世を去って永遠に神のもとに行くときまで、約束と命令、みことばの基準と原則によって生きるという決心である。

78:38 あわれみ深い神は、彼らの咎を赦して 神の忍耐とあわれみがこの詩篇の中にはっきりと示されている。神の民は何度も神に反抗したけれども神は怒りを抑えられた。神を完全に喜ばせることができないというだけでは神は神の子たちを見捨てられない。けれども神の忍耐と赦しを当然のことと考えて、意図的に神に不従順になったり反抗したりしてはならない。罪

やもめたちは泣き悲しむこともできなかった。
65 そのとき主は眠りから目をさまされた。
ぶどう酒に酔った勇士がさめたように。
66 その敵を打ち退け、
彼らに永遠のそしりを与えられた。
67 それで、ヨセフの天幕を捨て、
エフライム族をお選びにならず、
68 ユダ族を選び、
主が愛されたシオンの山を、選ばれた。
69 主はその聖所を、高い天のように、
ご自分が永遠に基を据えた堅い地のように、
お建てになった。
70 主はまた、しもべダビデを選び、
羊のおりから彼を召し、
71 乳を飲ませる雌羊の番から彼を連れて来て、
御民ヤコブとご自分のものであるイスラエルを
牧するようにされた。
72 彼は、正しい心で彼らを牧し、
英知の手で彼らを導いた。

エルサレムのための嘆き

79
アサフの賛歌

1 神よ。国々は、ご自身のものである地に侵入し、
あなたの聖なる宮をけがし、
エルサレムを廃墟としました。
2 彼らは、あなたのしもべたちのしかばねを
空の鳥のえじきとし、
あなたの聖徒たちの肉を野の獣に与え、
3 聖徒たちの血を、エルサレムの回りに、
水のように注ぎ出しました。
彼らを葬る者もいません。

64 ②ヨブ27:15, エゼ24:23
65 ①詩44:23, 73:20 ②イザ42:13
66 ①Ⅰサム5:6
67 ①詩78:60
68 ①詩114:2 ②→詩48:2
69 ①Ⅰ列6:1-38 ②→詩24:2 ③詩127:1
70 ①Ⅰサム16:11, 12
71 ①創33:13 ②Ⅱサム7:8 ③詩74:2, Ⅰサム10:1 ④詩28:9, Ⅱサム5:2, Ⅰ歴11:2
72 ①詩101:2, 創20:5, 6, Ⅰ列9:4

1 ①哀1:10 ②→詩74:2 ③→詩5:7, 詩74:3, 7 ④Ⅱ列25:9, 10, エレ26:18, ミカ3:12
2 ①申28:26, エレ7:33, 16:4, 19:7, 34:20 ②→詩32:6
3 ①エレ14:16, 16:4

4 ①詩44:13, 80:6, 123:4, ダニ9:16
5 ①詩13:1, 74:1, 10, 85:5, 89:46 ②詩60:1 ③詩89:46, エゼ36:5, 38:19
6 ①詩147:20, Ⅰテサ4:5, Ⅱテサ1:8 ②エレ14:4, 53:4 ③詩69:24, エゼ21:31, ゼパ3:8
7 ①詩53:4 ②Ⅱ歴36:19, エレ39:8
8 ①詩106:6, イザ64:9 ②詩21:3 ③詩116:6, 142:6, 申28:43, イザ26:5
9 ①→詩25:5 ②→詩66:2 ③Ⅱ歴14:11 ④→詩25:11 ⑤詩65:3
10 ①詩42:3, 115:2, ミカ7:10 ②詩113:1 ③詩94:1, 2
11 ①詩102:20

4 私たちは隣人のそしりとなり、
回りの者のあざけりとなり、
笑いぐさとなりました。

5 主よ。いつまででしょうか。
あなたは、いつまでもお怒りなのでしょうか。
いつまで、あなたのねたみは
火のように燃えるのでしょうか。
6 どうか、あなたを知らない国々に、
御名を呼び求めない王国の上に、
あなたの激しい憤りを注ぎ出してください。
7 彼らはヤコブを食い尽くし、
その住む所を荒らしたからです。
8 先祖たちの咎を、
私たちのものとして、思い出さないでください。
あなたのあわれみが、すみやかに、
私たちを迎えますように。
私たちは、ひどくおとしめられていますから。

9 私たちの救いの神よ。
御名の栄光のために、私たちを助けてください。
御名のために、
私たちを救い出し、私たちの罪をお赦しください。
10 なぜ、国々は、
「彼らの神はどこにいるのか」と言うのでしょう。
あなたのしもべたちの、流された血の復讐が、
私たちの目の前で、国々に思い知らされますように。
11 捕らわれ人のうめきが御前に届きますように。

を犯して神を悲しませ続けるなら、最終的には神はイスラエルをさばかれたように私たちをさばかれる(⇒ヘブ3:7-19)。

79:1-13 国々は・・・侵入し この詩篇の作者はイスラエルの反抗を赦し(79:8-9)、エルサレムと神の神殿を破壊した国々を罰することを求めて(79:6-7, エルサレムはバビロニヤ人によって前586年に破壊された →Ⅱ列24:1注, 25:1注)、神にとりなして(祈りによってほかの人々のために願うこと)いる。イスラエルをさばくために神を敬わない国々を神が用いられたこと(79:5)を作者は理解している。けれどもその国々がイスラエルに行ったことは神と神の選びの民に対する憎しみからだった(79:1-7, ⇒イザ10:5-11, 47:6-7)。詩篇の作者は神を信じない国々の間で神の

詩篇 79-80篇

あなたの偉大な力によって、
死に定められた人々を
生きながらえさせてください。
12 主よ。あなたをそしった、そのそしりの
七倍を、
私たちの隣人らの胸に返してください。
13 そうすれば、あなたの民、あなたの牧場
の羊である私たちは、
とこしえまでも、あなたに感謝し、
代々限りなくあなたの誉れを語り告げま
しょう。

神に助けを求める叫び

80 指揮者のために。「さとしは、ゆりの花」の調べに合わせて。アサフの賛歌

1 イスラエルの牧者よ。聞いてください。
ヨセフを羊の群れのように導かれる方よ。
光を放ってください。
ケルビムの上の御座に着いておられる方
よ。
2 エフライムとベニヤミンとマナセの前で、
御力を呼びさまし、
私たちを救うために来てください。
3 神よ。私たちをもとに返し、
御顔を照り輝かせてください。
そうすれば、私たちは救われます。
4 万軍の神、主よ。
いつまで、あなたの民の祈りに
怒りを燃やしておられるのでしょう。
5 あなたは彼らに涙のパンを食べさせ、
あふれる涙を飲ませられました。
6 あなたは、私たちを隣人らの争いの的とし、
私たちの敵は敵で、私たちをあざけって

います。
7 万軍の神よ。私たちをもとに返し、
御顔を照り輝かせてください。
そうすれば、私たちは救われます。
8 あなたは、エジプトから、ぶどうの木を
携え出し、
国々を追い出して、それを植えられました。
9 あなたがそのために、地を切り開かれた
ので、
ぶどうの木は深く根を張り、地にはびこ
りました。
10 山々もその影におおわれ、
神の杉の木もその大枝におおわれました。
11 ぶどうの木はその枝を海にまで、
若枝をあの川にまで伸ばしました。
12 なぜ、あなたは、石垣を破り、
道を行くすべての者に、
その実を摘み取らせなさるのですか。
13 林のいのししはこれを食い荒らし、
野に群がるものも、これを食べます。
14 万軍の神よ。どうか、帰って来てください。
天から目を注ぎ、よく見てください。
そして、このぶどうの木を育ててください。
15 また、あなたの右の手が植えた苗と、
ご自分のために強くされた枝とを。
16 それは火で焼かれ、切り倒されました。
彼らは、御顔のとがめによって、滅びる
のです。
17 あなたの右の手の人の上に、御手が、
ご自分のため強くされた人の子の上に、
御手が
ありますように。

名誉と名声が汚されることに配慮して訴えている(79:9-13)。

80:1-19 イスラエルの牧者よ。聞いてください こ のとりなし(ほかの人々の必要や心配のための祈り)の 詩篇は神の民の中に霊的復興を求めている。そして詩 篇の作者は神が人々を祝福の場へ回復し、好意を与え てくださるように叫び求めている。

(1) この詩篇は神の守りを失い、外からの攻撃に さらされている人々について描いている(80:12-13)。 その人々は悲しみに押しつぶされ、あざけりを受けて いる(80:5-6)。詩篇の作者は神のあわれみと救いを

求めて叫ぶ人々に対してもう一度好意を示してくださ るようにと、へりくだって何度も神に求めている(80: 1, 3, 7, 14-15, 19)。

(2) 大きな霊的復興が起きる前の神の民の情況と その祈りについて作者は描いている。またへりくだっ て罪を告白し、神の民の間に臨在の力を新しくしてい ただきたいという必死の願いを描いている。

(3) この詩篇はみことばに約束されている神の完 全ないのち、力、目的を体験していない信仰者(個人、 グループ、会衆)に訴えている。もし私たちも同じな ら神があわれんでその偉大な力によって霊的に生か

詩篇 80-82篇

18 そうすれば、私たちはあなたを裏切りません。
私たちを生かしてください。
私たちは御名を呼び求めます。
19 万軍の神、主よ。私たちをもとに返し、
御顔を照り輝かせてください。
そうすれば、私たちは救われます。

イスラエルに対する神の慈しみ

81

指揮者のために。ギテトの調べに合わせて。アサフによる

1 われらの力であられる神に喜び歌え。
ヤコブの神に喜び叫べ。
2 声高らかにほめ歌を歌え。
タンバリンを打ち鳴らせ。
六弦の琴に合わせて、良い音の立琴をかき鳴らせ。
3 われらの祭りの日の、新月と満月に、
角笛を吹き鳴らせ。
4 それは、イスラエルのためのおきて、
ヤコブの神の定めである。
5 神が、エジプトの地に出て行かれたとき、
ヨセフの中に、それをあかしとして授けられた。

私は、まだ知らなかったことばを聞いた。
6 「わたしは、彼の肩から重荷を取り除き、
彼の手を荷かごから離してやった。
7 あなたは苦しみのときに、呼び求め、
わたしは、あなたを助け出した。
わたしは、雷の隠れ場から、あなたに答え、
メリバの水のほとりで、あなたをためした。 セラ
8 聞け。わが民よ。
わたしは、あなたをたしなめよう。
イスラエルよ。よくわたしの言うことを聞け。
9 あなたのうちに、ほかの神があってはならない。
あなたは、外国の神を拝んではならない。
10 わたしが、あなたの神、主である。

18 ①イザ50:5
②詩71:20
②詩116:13
19 ①→詩59:5
②→詩31:16

1 ①→詩28:7
②詩51:14, 59:16, 95:1
③詩84:2
④詩66:1, 95:2, 98:4
2 ①詩149:3, 出15:20
②詩92:3, 98:5, 108:2, 144:9, 147:7
3 ①レビ23:24
②民10:10
4 ①詩78:5
②→詩119:64
③→詩119:52
5 ①出11:4
②詩19:7, 93:5, 119:152, 122:4
③申28:49, エレ5:15
6 ①詩39:10, 119:29, イザ9:4, 10:27
7 ①詩50:15, 出2:23, 14:10
②詩50:15
③出19:19, 20:18
④詩95:8, 出17:6, 7
8 ①詩50:7
②詩95:7
9 ①詩44:20, 出20:3, 申32:12, イザ43:12
10 ①出20:2

②詩119:131, ヨブ29:23
③詩37:4, 78:25, 107:9
11 ①詩106:25
②詩58:5
12 ①ヨブ8:4, 使7:42, ロマ1:24, 26
13 ①申5:29
②詩81:8, イザ48:18
③詩128:1, イザ42:24, エレ7:23
14 ①詩18:47, 47:3
②アモ1:8
15 ①詩18:44, 66:3
*「刑罰」の]は補足
16 ①詩147:14, 申32:14
②申32:13

1 * あるいは「さばく者」
①→詩75:2, イザ3:13
2 ①詩58:1, 申1:17, 箴18:5
3 ①詩10:18, 72:2, 140:12, 申24:17, イザ11:4, エレ22:16
②→詩75:2
4 ①ヨブ29:12
②→詩73:3
5 ①詩54:5, エレ4:22, ミカ3:1
②→詩35:6, 箴2:13, イザ59:9, エレ23:12
③→詩46:5
6 ①詩82:1, ヨハ10:34
②詩89:26

わたしはあなたをエジプトの地から連れ上った。
あなたの口を大きくあけよ。
わたしが、それを満たそう。
11 しかしわが民は、わたしの声を聞かず、
イスラエルは、わたしに従わなかった。
12 それでわたしは、
彼らをかたくなな心のままに任せ、
自分たちのおもんぱかりのままに歩ませた。
13 ああ、ただ、わが民がわたしに聞き従い、
イスラエルが、わたしの道を歩いたのだったら。
14 わたしはただちに、彼らの敵を征服し、
彼らの仇に、わたしの手を向けたのに。」
15 主を憎む者どもは、主にへつらっているが、
彼らの刑罰の時は永遠に続く。
16 しかし主は、最良の小麦を
イスラエルに食べさせる。
「わたしは岩の上にできる蜜で、
あなたを満ち足らせよう。」

不正なさばきへの叱責

82

アサフの賛歌

1 神は神の会衆の中に立つ。
神は*神々の真ん中で、さばきを下す。
2 いつまでおまえたちは、不正なさばきを行い、
悪者どもの顔を立てるのか。 セラ
3 弱い者とみなしごのためにさばき、
悩む者と乏しい者の権利を認めよ。
4 弱い者と貧しい者とを助け出し、
悪者どもの手から救い出せ。
5 彼らは、知らない。また、悟らない。
彼らは、暗やみの中を歩き回る。
地の基は、ことごとく揺らいでいる。
6 わたしは言った。「おまえたちは神々だ。
おまえたちはみな、いと高き方の子らだ。

し、新しくしてくださるようにとへりくだって祈らなければならない。

82:6 わたしは言った。「おまえたちは神々だ・・・」

「神々」(《ヘ》エローヒーム)ということばはイスラエルの政府の権力者や裁判官を指していると思われる。その人々は神の代理人として正義を行い、弱い人々を守

詩篇 82-84篇

7 にもかかわらず、おまえたちは、人のように死に、
君主たちのひとりのように倒れよう。」

8 神よ。立ち上がって、地をさばいてください。
まことに、すべての国々は
あなたが、ご自分のものとしておられます。

イスラエルの防衛を求める祈り

83

歌。アサフの賛歌

1 神よ。沈黙を続けないでください。
黙っていないでください。
神よ。じっとしていないでください。

2 今、あなたの敵どもが立ち騒ぎ、
あなたを憎む者どもが頭をもたげています。

3 彼らは、あなたの民に対して
悪賢いはかりごとを巡らし、
あなたのかくまわれる者たちに
悪だくみをしています。

4 彼らは言っています。
「さあ、彼らの国を消し去って、
イスラエルの名が
もはや覚えられないようにしよう。」

5 彼らは心を一つにして悪だくみをし、
あなたに逆らって、契約を結んでいます。

6 それは、エドムの天幕の者たちとイシュマエル人、
モアブとハガル人、

7 ゲバルとアモン、それにアマレク、
ツロの住民といっしょにペリシテもです。

8 アッシリヤもまた、彼らにくみし、
彼らはロトの子らの腕となりました。
セラ

7 ①詩49:12, ヨブ21:32, エゼ31:14
②詩83:11
8①詩12:5
②→詩75:2
③黙11:15

1①詩28:1, 35:22, 109:1
2①詩2:1, イザ17:12
②士8:28, ゼカ1:21
3①詩64:2, 71:10, イザ29:15
②詩27:5, 31:22
エス3:6, エレ48:2
②詩41:5
5①詩2:2, ダニ6:7
6①Ⅱ歴21:10, 詩137:7
②創25:12-16
②Ⅱ歴20:10
④Ⅰ歴5:10
7①ヨシ13:5, エゼ27:9
②Ⅱ歴20:10
③Ⅰサム15:2
④エゼ27:3, アモ1:9
⑤Ⅰサム4:1, 29:1
8①Ⅱ列15:19
②申2:9

9①士7:23
②士4:22, 23
11①士7:25
②士8:21
12①Ⅱ歴20:11
13①詩1:4, 35:5, ヨブ21:18, イザ17:13, 40:24, エレ13:24, ホセ13:3
14①イザ9:18
②出19:18, 申32:22
15①詩58:9, ヨブ9:17
16①詩109:29, 132:18, ヨブ10:15
詩24:6
17①詩2:5, 6:2, 3, 10, 30:7, 83:15
②→詩35:4
18①詩59:13
②詩68:4
③詩86:10, イザ45:21

1①→詩24:10
②詩43:3, 132:5
2①→詩92:13
②詩42:2, 63:1, 143:6
③詩119:81, 82, 123

9 どうか彼らを、ミデヤンや、キション川での
シセラとヤビンのようにしてください。

10 彼らは、エン・ドルで滅ぼされ、
土地の肥やしとなりました。

11 彼らの貴族を、オレブとゼエブのように、
彼らの君主らをみな、
ゼバフとツァルムナのようにしてください。

12 彼らは言っています。
「神の牧場をわれわれのものとしよう。」

13 わが神よ。彼らを
吹きころがされる枯れあざみのように、
風の前の、わらのようにしてください。

14 林を燃やす火のように、
山々を焼き尽くす炎のように、

15 そのように、あなたのはやてで、彼らを追い、
あなたのあらしで
彼らを恐れおののかせてください。

16 彼らの顔を恥で満たしてください。
主よ。彼らがあなたの御名を
慕い求めるようにしてください。

17 彼らが恥を見、いつまでも恐れおののきますように。
彼らがはずかしめを受け、滅びますように。

18 こうして彼らが知りますように。
その名、主であるあなただけが、
全地の上にいますいと高き方であることを。

聖所へのあこがれ

84

指揮者のために。ギテトの調べに合わせて。コラの子たちの賛歌

1 万軍の主。あなたのお住まいは
なんと、慕わしいことでしょう。

2 私のたましいは、主の大庭を恋い慕って
絶え入るばかりです。

り、自分で身を守れない人々の自由を守るためにその役職に任じられている。これは人間を神にしているのではなく、正義を行うために地上の力と権威を持った神の代理人になっているという意味である（→ヨハ10:34注）。

84:1-12 あなたのお住まいはなんと、慕わしいことでしょう この詩篇は深く神に献身して、何よりも神の家にいること（⇒42:）、神が近くにおられることを体験すること、ほかの忠実な人々とともに神を礼拝すること（84:10）、またほかの人々へのあかしとして神の慈しみの祝福を受けること（→84:4注）を望んでいる人々のことを描いている。

84:2 私のたましいは、【主】の大庭を恋い慕って 神との緊密さを求める飢え渇きについて →42:2注

私の心も、身も、生ける神に喜びの歌を歌います。
3 雀さえも、住みかを見つけました。
つばめも、ひなを入れる巣、
あなたの祭壇を見つけました。
万軍の主。私の王、私の神よ。
4 なんと幸いなことでしょう。
あなたの家に住む人たちは。
彼らは、いつも、あなたをほめたたえています。　　　　　　　　　　セラ
5 なんと幸いなことでしょう。
その力が、あなたにあり、
その心の中にシオンへの大路のある人は。
6 彼らは涙の谷を過ぎるときも、
そこを泉のわく所とします。
初めの雨もまたそこを祝福でおおいます。
7 彼らは 力から力へと進み、
シオンにおいて、神の御前に現れます。
8 万軍の神、主よ。
私の祈りを聞いてください。
ヤコブの神よ。耳を傾けてください。
　　　　　　　　　　　　　　セラ
9 神よ。われらの盾をご覧ください。
あなたに油そそがれた者の顔に
目を注いでください。
10 まことに、あなたの大庭にいる一日は
千日にまさります。
私は悪の天幕に住むよりは
むしろ神の宮の門口に立ちたいのです。
11 まことに、神なる主は太陽です。盾です。

主は恵みと栄光を授け、
正しく歩く者たちに、良いものを拒まれません。
12 万軍の主よ。
なんと幸いなことでしょう。
あなたに信頼するその人は。

イスラエルへのあわれみを求める祈り

85
指揮者のために。コラの子たちの賛歌

1 主よ。あなたは御国に恵みを施し、
ヤコブの繁栄を元どおりにされました。
2 あなたは、御民の咎を赦し、
彼らのすべての罪を、おおわれました。
　　　　　　　　　　　　　　セラ
3 あなたは、激しい怒りをことごとく取り去り、
燃える御怒りを、押しとどめられました。
4 われらの救いの神よ。
どうか、私たちを生き返らせ、
私たちに対する御怒りをやめてください。
5 あなたは、いつまでも、
私たちに対して怒っておられるのですか。
代々に至るまで、
あなたの御怒りを引き延ばされるのですか。
6 あなたは、私たちを再び生かされないのですか。
あなたの民があなたによって喜ぶために。
7 主よ。私たちに、あなたの恵みを示し、
あなたの救いを私たちに与えてください。

42:6注

84:4 なんと幸いなことでしょう。あなたの家に住む人たちは　神の臨在を求め、その備えをしている人々は祝福を受ける。その祝福とは神が近くにおられることを体験し、霊的な力を新しくされ(84:5-7)、祈りが応えられ(84:8)、神から賞賛を受けること(84:11、→ルカ24:50注)などである。

84:11 良いものを拒まれません　この約束は神のことばが正しいと示すことを行いながら、神を敬う生活をすることを目標にしている人々に特に与えられている。神のことばは真理である。したがって私たちには神のことばの原則と指針に従って生き、全生涯を神に

ゆだねる責任がある。そうするときに神は今も、そしていつまでも良いものを肉体的にも霊的にも備えてくださる(→34:10、マタ6:33、ロマ8:28、Iコリ2:9、Iテモ4:8)。

85:6 あなたは、私たちを再び生かされないのですか　神の民が霊的な渇きとむなしさを感じるとき、個人の場合でもグループの場合でも神が再び生かしてくださるように祈るべきである。救いと霊的生活は神のあわれみと赦しと力、そしていのちを与える御霊にかかっている。けれどもこれらを体験するためには神のみこころを行うこと、つまり私たちの人生に対する神の願いと目的を達成することを本気で求めなければな

詩篇 85-86篇

8 私は、主であられる神の仰せを聞きたい。
主は、御民と聖徒たちに平和を告げ、
彼らを再び愚かさには戻されない。
9 まことに御救いは主を恐れる者たちに近い。
それは、栄光が私たちの国にとどまるためです。
10 恵みとまこととは、互いに出会い、
義と平和とは、互いに口づけしています。
11 まことは地から生えいで、
義は天から見おろしています。
12 まことに、主は、良いものを下さるので、
私たちの国は、その産物を生じます。
13 義は、主の御前に先立って行き、
主の足跡を道とします。

救いを求める祈り

86
ダビデの祈り

1 主よ。あなたの耳を傾けて、
私に答えてください。
私は悩み、そして貧しいのです。
2 私のたましいを守ってください。
私は神を恐れる者です。
わが神よ。どうかあなたに信頼する
あなたのしもべを救ってください。
3 主よ。私をあわれんでください。
私は一日中あなたに呼ばわっていますから。
4 あなたのしもべのたましいを喜ばせてください。
主よ。私のたましいはあなたを仰いでいますから。
5 主よ。まことにあなたは
いつくしみ深く、赦しに富み、
あなたを呼び求めるすべての者に、
恵み豊かであられます。
6 主よ。私の祈りを耳に入れ、
私の願いの声を心に留めてください。
7 私は苦難の日にあなたを呼び求めます。
あなたが答えてくださるからです。
8 主よ。神々のうちで、あなたに並ぶ者はなく、
あなたのみわざに比ぶべきものはありません。
9 主よ。あなたが造られたすべての国々は
あなたの御前に来て、伏し拝み、
あなたの御名をあがめましょう。
10 まことに、あなたは大いなる方、
奇しいわざを行われる方です。
あなただけが神です。
11 主よ。あなたの道を私に教えてください。
私はあなたの真理のうちを歩みます。
私の心を一つにしてください。
御名を恐れるように。

12 わが神、主よ。私は心を尽くしてあなたに感謝し、とこしえまでも、あなたの御名をあがめましょう。
13 それは、あなたの恵みが私に対して大きく、
あなたが私のたましいを、
よみの深みから救い出してくださったからです。
14 神よ。高ぶる者どもは私に逆らって立ち、
横暴な者の群れは私のいのちを求めます。

らない（→ヨハ3:16, Ⅰコリ15:10, ピリ2:13, Ⅰテモ1:15-16）。祈るときには正直に、へりくだって霊的な貧しさを告白して、神が再び生かしてくださるように祈るべきである（→Ⅱ歴17:9注, 29:5注, 34:30注）。

86:1 私は悩み、そして貧しいのです 辱めと困難と深刻な必要との中からささげられた祈りを神は聞いて応えてくださる。傷つき、困り、神に頼る神の民に神は特別な配慮をしてくださる（⇒35:10, 74:21, マタ6:25-34, →ルカ11:3注）。

86:11 あなたの道を私に教えてください 問題のただ中で、詩篇の作者は神の道と神の真理を教えてください、そして完全に神に献身し続けることができるように助けてくださいと謙遜に求めている。自分の一生が神をあがめ、神のすばらしい力を反映するものになるようにという願いからこのことを求めた。私たちはこのような体験から学ぶ知恵とみことばによって生き続け、これを貫くための力を神に求めるべきである。これは神をあがめ、神の真理を喜ぶ人の心から出る祈りである。

彼らは、あなたを自分の前に置いていません。
15 しかし主よ。あなたは、あわれみ深く、情け深い神。
 怒るのにおそく、恵みとまことに富んでおられます。

16 私に御顔を向け、私をあわれんでください。
 あなたのしもべに御力を与え、
 あなたのはしための子をお救いください。
17 私に、いつくしみのしるしを行ってください。
 そうすれば、私を憎む者らは見て、
 恥を受けるでしょう。
 まことに主よ。
 あなたは私を助け、私を慰めてくださいます。

シオンで生きる特権

87

コラの子たちの賛歌。歌

1 主は聖なる山に基を置かれる。
2 主は、ヤコブのすべての住まいにまさって、
 シオンのもろもろの門を愛される。
3 神の都よ。あなたについては、
 すばらしいことが語られている。 セラ
4 「わたしはラハブとバビロンを
 わたしを知っている者の数に入れよう。
 見よ。ペリシテとツロ、それにクシュもともに。
 これらもここで生まれた者として。」
5 しかし、シオンについては、こう言われる。

15 ①詩78:38, 86:5, 103:8, 145:8, 出34:6, ネヘ9:17, ヨエ2:13, ヨナ4:2
 ②詩103:8, 145:8
 ③→詩25:10, →詩85:7
16 ①→詩25:16
 ②詩116:16, 119:122
 ③詩68:35
 ④詩116:16
17 ①→詩25:7
 ②士6:17
 ③詩129:5
 ④詩118:13
 ⑤詩71:21

1 ①詩68:16, 87:1, 2
 ②詩2:6
 ③詩78:69, イザ28:16
2 ①詩78:67, 68
3 ①イザ60:1
 ②詩46:4, 48:8
4 ①詩89:10, ヨブ9:13, イザ30:7, 51:9
 ②詩45:12
 ③詩68:31
 ＊「エチオピヤ」

5 ①詩48:8
6 ①詩69:28, イザ4:3
7 ①詩30:11, 149:3, Ⅱサム6:14
 ②詩68:25
 ③詩36:9

1 ①→詩25:5
 ②詩22:2, ルカ18:7
2 ①詩18:6
 ②詩31:2, 86:1
 ③詩107:18, 26, 116:3, 141:7
 ②→詩86:13
 ＊→詩6:5＊
4 ①詩28:1, 143:7
 ②詩22:11, ヨブ29:12
5 ①詩31:12
 ②詩31:22, イザ53:8

「だれもかれもが、ここで生まれた」と。
こうして、いと高き方ご自身が
シオンを堅くお建てになる。
6 主が国々の民を登録されるとき、
「この民はここで生まれた」としるされる。 セラ
7 踊りながら歌う者は、
「私の泉はことごとく、あなたにある」と言おう。

死に直面したときの祈り

88

歌。コラの子たちの賛歌。指揮者のため。マハラテ・レアノテの調べに合わせて。エズラフ人ヘマンのマスキール

1 主、私の救いの神。
 私は昼は、叫び、
 夜は、あなたの御前にいます。
2 私の祈りがあなたの御前に届きますように。
 どうか、あなたの耳を私の叫びに傾けてください。
3 私のたましいは、悩みに満ち、
 私のいのちは、よみに触れていますから。
4 私は穴に下る者とともに数えられ、
 力のない者のようになっています。
5 死人の中でも見放され、
 墓の中に横たわる
 殺された者のようになっています。
 あなたは彼らをもはや覚えてはおられません。
 彼らはあなたの御手から断ち切られています。

88:1-18　私は昼は、叫び、夜は　ある人々はこれは詩篇の中で最も悲しい詩篇だと考えている。作者はツァラアト(皮膚と神経の病気で感覚を失い、しばしばからだが変形する病気 ⇒88:8)のためにひどく悩んでいると思われる(88:3)。そして死が近付いていて、神が自分を拒んでいるように感じている(88:7, 14, 16-18)。昼も夜も神に叫んでも応えがないように見える(88:1-2, 13)。落胆して希望もほとんどない。けれども信仰によって神を手離さない。そして主は今も自分の救い主であると認めている(88:1)。

(1) この場合、苦しみと神の沈黙の理由は書かれていないけれども、詩篇の作者の体験はヨブの体験に似ている。

(2) この詩篇は時には悲しみや絶望が襲うのを神が許されることを示している。問題の理由がわからず、神が遠く離れているように見えるときにそれは特に暗くて困難な体験になる。実際に天国で神とともに過すようになるまでこういう情況やその背後にある理由を完全には理解できないかもしれない。したがってこの地上の生涯で問題を切抜けていくためには、神が救い主であるという信仰と神との正しい関係が絶対に必要である。「死も、いのちも、・・・今あるものも、後に来るものも・・・私たちの主キリスト・イエスにある神の愛から、私たちを引き離すことはできませ

6 あなたは私を最も深い穴に置いておられます。
そこは暗い所、深い淵です。
7 あなたの激しい憤りが私の上にとどまり、
あなたのすべての波で
あなたは私を悩ましておられます。
　　　　　　　　　　　　　　セラ
8 あなたは私の親友を私から遠ざけ、
私を彼らの忌みきらう者とされました。
私は閉じ込められて、出て行くことができません。
9 私の目は悩みによって衰えています。
主よ。私は日ごとにあなたを呼び求めています。
あなたに向かって私の両手を差し伸ばしています。
10 あなたは死人のために奇しいわざを
行われるでしょうか。
亡霊が起き上がって、
あなたをほめたたえるでしょうか。　セラ
11 あなたの恵みが墓の中で宣べられましょうか、
あなたの真実が滅びの中で。
12 あなたの奇しいわざが、
やみの中で知られるでしょうか、
あなたの義が忘却の地で。
13 しかし、主よ。
この私は、あなたに叫んでいます。
朝明けに、私の祈りはあなたのところに届きます。
14 主よ。なぜ、私のたましいを拒み、

6 ① 詩86:13, 哀3:55
　② → 詩74:20
　③ 詩69:15
7 ① 詩32:4, 39:10
　② 詩42:7, ヨナ2:3
　③ 詩116:10
8 ① 詩31:11,
　　ヨブ19:13, 14, 19
　② ヨブ30:10
　③ 詩142:7,
　　エレ32:2, 36:5
9 ① 詩6:7, 31:9
　② 詩22:2, 86:3
　③ 詩143:6, ヨブ11:13
10 ① 詩6:5, 30:9
11 ① → 詩36:5, → 詩85:7
12 ① → 詩35:6, ヨブ10:21
　② 詩89:16, → 詩41:10,
　　→ 詩51:14, → 詩98:2,
　　→ 詩111:3
13 ① 詩30:2
　② 詩5:3, 55:17, 59:16,
　　119:147
14 ① 詩43:2, 44:9

　② → 詩10:11
15 ① 詩129:1
　② 箴24:1
　③ ヨブ6:4, 31:23
16 ① Ⅱ歴28:11,
　　イザ13:13, 哀1:12
　② 哀3:54, エゼ37:11
17 ① 詩124:4
　② 詩17:11, 22:12,
　　118:10-12
　③ 詩2:16
18 ① 詩31:11, 38:11, 88:8,
　　ヨブ19:13
　② 詩31:11

1 ① → 詩36:5, → 詩85:7
　② 詩59:16, 101:1
　③ 詩36:5, 88:11, 89:5,
　　8, 24, 33, 49, 92:2,
　　119:90, 143:1,
　　イザ25:1, 哀3:23
　④ 詩40:10
2 ① 詩103:17
3 ① Ⅰ列8:16
　② 詩16
4 ① 詩102:28,
　　Ⅱサム7:16
　② イザ9:7, ルカ1:33

私に御顔を隠されるのですか。
15 私は若いころから悩み、そして死にひんしています。
私はあなたの恐ろしさに耐えてきて、
心が乱れています。
16 あなたの燃える怒りが私の上を越え、
あなたからの恐怖が私を滅ぼし尽くしました。
17 これらが日夜、大水のように私を囲み、
私を全く取り巻いてしまいました。
18 あなたは私から愛する者や友を
遠ざけてしまわれました。
私の知人たちは暗い所にいます。

ダビデとの神の契約

89
　　　　エズラフ人エタンのマスキール

1 私は、主の恵みを、とこしえに歌います。
あなたの真実を代々限りなく私の口で知らせます。
2 私はこう言います。
「御恵みは、とこしえに建てられ、
あなたは、その真実を天に堅く立てられる」と。

3 「わたしは、わたしの選んだ者と契約を結び、
わたしのしもべダビデに誓っている。
4 わたしは、おまえのすえを、とこしえに堅く立て、
おまえの王座を代々限りなく建てる。」
　　　　　　　　　　　　セラ

」（ロマ8:38-39）ということを忘れてはならない。
89:1-52　あなたの真実　この詩篇はエルサレムの破壊（→Ⅱ列25:）と、ダビデ王朝の衰退、ダビデ王家は永遠に続くという神の約束（89:29, 34-37, ⇒Ⅱサム7:8-16, →89:4注）にかかわる祈りである。ある時点で、作者は神が誓いを破られたのだろうかと聞いている。そして神が神の民を回復し、ダビデの王国を保ち、怒りをイスラエルから除いてくださるように祈っている（89:46-52）。詩篇の作者は、神はイスラエルを罪のためにさばかれるけれどもご自分の約束をイエス・キリストを通して成就されることを理解していなかった。このイエス・キリストはダビデ王家の出身で、その御国は終ることがない（ルカ1:31-33）。

89:4　わたしは、おまえのすえを、とこしえに堅く立て　ダビデとの神の契約は、ダビデの「すえ」（一家系による王朝）がとこしえに治めるということだった（→89:29, 36-37, →「**ダビデとの神の契約**」の項p.512）。

（1）神の約束にはダビデの子孫全員が含まれていないことは明らかである。ダビデ家の王たちが神に背いたとき、神は彼らを取除き、その王国（ユダ）が敵に負けるのを許された。それはちょうど北王国（イスラエル）の人々が神に反抗し続けたために敵の手に渡されて、捕囚に送られたのと同じである（89:38-51）。イスラエルが前722年にアッシリヤの手に落ちたことと、ユダが前586年にバビロニヤの手に落ちたことに

5 主よ。天は、あなたの奇しいわざを
ほめたたえます。
また、聖徒たちの集まりで、あなたの真
実をも。
6 まことに、雲の上では
だれが主と並びえましょう。
力ある者の子らの中で
だれが主に似ているでしょう。
7 主は、聖徒たちのつどいで大いに恐れら
れている神。
主の回りのすべての者にまさって
恐れられている方です。
8 万軍の神、主。
だれが、あなたのように力がありましょう。
*主よ。あなたの真実はあなたを取り囲ん
でいます。
9 あなたは海の高まりを治めておられます。
その波がさかまくとき、
あなたはそれを静められます。
10 あなたご自身が、
ラハブを殺された者のように打ち砕き、
あなたの敵を力ある御腕によって散らさ
れました。

11 天はあなたのもの、地もあなたのもの。
世界とそれを満たすものは、
あなたがその基を据えられました。
12 北と南、これらをあなたが造られました。
タボルとヘルモンは
あなたの御名を高らかに歌います。
13 あなたは力ある腕を持っておられます。
あなたの御手は強く、
あなたの右の手は高く上げられています。
14 義と公正は、あなたの王座の基。
恵みとまことは、御前に先立ちます。
15 幸いなことよ、喜びの叫びを知る民は。

5 ①詩19:1, 50:6, 97:6
②→詩16:3, 149:1
6 ①詩40:5, →詩35:10
②詩29:1, 82:1
③→詩35:10
7 ①→詩16:3
②詩47:2, 68:35
③詩96:4
8 ①詩59:5
②詩35:10, 71:19
＊〔┌┘〕「ヤハ」
9 ①詩65:7, 107:29
10 ①詩87:4,
イザ30:7, 51:9
②詩18:14, 68:1, 30,
144:6
11 ①詩24:1, 96:5, 115:16,
創1:1, Ⅰ歴29:11
12 ①ヨブ26:7
②ヨシ19:22, 士4:6,
エレ46:18
③詩133:3, 申3:8,
ヨシ11:17, 雅4:8
④→詩51:14
13 ①詩98:1, 118:15, 16
②詩74:11
14 ①詩97:2, →詩85:10,
イザ42:3, ミカ7:9
②詩72:1
③→詩25:10, →詩85:7
15 ①→詩84:4
②詩98:6, レビ23:24,
民10:10

③詩4:6, 44:3, 67:1,
80:3, 90:8
16 ①詩105:3
②→詩88:12
17 ①→詩75:4, ②→詩75:4
18 ①→詩3:3, ②詩47:6
③→詩71:22
19 ①詩85:8, ②Ⅱサム17:10
③詩78:70, Ⅰ列11:34
20 ①使13:22
②Ⅰサム16:13
21 ①詩18:32, 35, 80:17
22 ①詩125:3, Ⅱサム7:10
②詩107:42, 37:1
23 ①詩18:40, Ⅱサム7:9
24 ①→詩89:1
②→詩85:7
③→詩75:4
25 ①詩72:8, 80:11
②詩45:4
26 ①Ⅱサム7:14,
Ⅰ歴22:10, エレ3:19
②詩62:2, 95:1,
Ⅱサム22:3
③詩73:26
27 ①詩2:7, 出4:22,
エレ31:9
②詩72:11, 民24:7,
黙19:16

主よ。彼らは、あなたの御顔の光の中を
歩みます。
16 彼らは、あなたの御名をいつも喜び、
あなたの義によって、高く上げられます。
17 あなたが彼らの力の光栄であり、
あなたのご恩寵によって、
私たちの角が高く上げられているからで
す。
18 私たちの盾は主のもの、
私たちの王は
イスラエルの聖なる方のものだからです。
19 あなたは、かつて、幻のうちに、
あなたの敬虔な者たちに告げて、仰せら
れました。
「わたしは、ひとりの勇士に助けを与え、
民の中から選ばれた者を高く上げた。
20 わたしは、わたしのしもべダビデを見い
だし、
わたしの聖なる油を彼にそそいだ。
21 わたしの手は彼とともに堅く立てられ、
わたしの腕もまた彼を強くしよう。
22 敵が彼に害を与えることはなく、
不正な者も彼を悩ますことはない。
23 わたしは彼の前で彼の仇を打ち砕き、
彼を憎む者を打ち倒そう。
24 わたしの真実とわたしの恵みとは彼とと
もにあり、
わたしの名によって、彼の角は高く上げ
られる。
25 わたしは彼の手を海の上に、
彼の右の手を川の上に置こう。
26 彼は、わたしを呼ぼう。
『あなたはわが父、わが神、わが救いの
岩』と。
27 わたしもまた、彼をわたしの長子とし、
地の王たちのうちの最も高い者としよう。

ついて →Ⅱ列15:29, 17:6, 24:1, 25:1, →「イスラエル(北王国)の捕囚」の地図 p.633,「ユダ(南王国)の捕囚」の地図 p.633

(2) 新約聖書によると、この節は主イエス・キリストによって成就された。使徒パウロは「神は、このダビデの子孫から、約束に従って、イスラエルに救い主イエスをお送りになりました」(使13:23)と言っている。そして天使ガブリエルは主イエスの母マリヤに対して「神である主は彼(主イエス)にその父ダビデの王位をお与えになります・・・その国は終わることがありません」と啓示した(ルカ1:32-33, ⇒ルカ1:69)。

89:19-37 わたしは・・・選ばれた者を高く上げた
詩篇の作者は神がダビデの子孫を選んでイスラエルを治めさせるという祝福と、イスラエルが不忠実であるのにダビデ王朝はいつまでも続くという約束(89:27-29)を思い起こしている(→89:4注)。

28 わたしの恵みを彼のために永遠に保とう。
わたしの契約は彼に対して真実である。
29 わたしは彼の子孫をいつまでも、
彼の王座を天の日数のように、続かせよう。
30 もし、その子孫がわたしのおしえを捨て、
わたしの定めのうちを歩かないならば、
31 また、もし彼らがわたしのおきてを破り、
わたしの命令を守らないならば、
32 わたしは杖をもって、彼らのそむきの罪を、
むちをもって、彼らの咎を罰しよう。
33 しかし、わたしは恵みを彼からもぎ取らず、
わたしの真実を偽らない。
34 わたしは、わたしの契約を破らない。
くちびるから出たことを、わたしは変えない。
35 わたしは、かつて、わが聖によって誓った。
わたしは決してダビデに偽りを言わない。
36 彼の子孫はとこしえまでも続き、
彼の王座は、太陽のようにわたしの前にあろう。
37 それは月のようにとこしえに、堅く立てられる。
雲の中の証人は真実である。」 セラ

38 しかし、あなたは拒んでお捨てになりました。
あなたによって油そそがれた者に向かって、
あなたは激しく怒っておられます。
39 あなたは、あなたのしもべの契約を廃棄し、
彼の冠を地に捨てて汚しておられます。
40 あなたは彼の城壁をことごとく打ちこわし、
その要塞を廃墟とされました。
41 道を通り過ぎる者はみな、彼から奪い取り、

28 ①→詩85:7
　 ②詩89:3, 34
29 ①詩18:50, 89:4, 36, 132:12, Ⅰ列2:4, エレ33:17
　 ②詩122:5, イザ9:7
30 ①→詩119:150
　 ②→詩119:52
31 ①→詩119:9
32 ①ヨブ9:34, 21:9
　 ②Ⅱサム7:14
33 ①→詩36:5, →詩85:7, Ⅱサム7:15
34 ①詩55:20, 申7:9, エレ33:20, 21
　 ②民23:19
35 ①アモ4:2
　 ②詩132:11
　 ③詩78:36
36 ①詩89:29
　 ②詩72:5
37 ①詩72:5
　 ②ヨブ16:19, イザ8:2
38 ①詩44:9
　 ②→詩2:2
39 ①詩78:59, 哀2:7
　 ②哀5:16
　 ③詩74:7
40 ①詩80:12
　 ②哀2:2, 5
41 ①詩80:12

　 ②詩44:13, 69:9, 79:4
42 ①詩13:2, 80:6, 44:10
　 ②→詩26:10
43 ①詩44:10
44 ①エゼ28:7
45 ①詩102:23
　 ②詩44:15, 71:13, 109:29
46 ①詩79:5
　 ②詩13:1, 44:24
　 ③詩78:38, 79:5, 80:4
47 ①ヨブ7:7, 10:9, 14:1
　 ②詩39:5, 62:9, 伝1:2
48 ①詩49:9
　 ②→詩86:13
　 ＊→詩6:5 ＊
49 ①詩36:5, →詩85:7
　 ②エレ30:9, エゼ34:23
50 ①詩69:9, 74:18, 22, 79:12
51 ①詩74:10
　 ②→詩2:2
52 ①詩41:13, 72:18, 19, 106:48

彼は隣人のそしりとなっています。
42 あなたは彼の仇の右の手を高く上げ、
彼の敵をみな喜ばせておられます。
43 そればかりか、あなたは彼の剣の刃を折り曲げ、
彼が戦いに立てないようにされています。
44 あなたは、彼の輝きを消し、
彼の王座を地に投げ倒してしまわれました。
45 あなたは、彼の若い日を短くし、
恥で彼をおおわれました。　　セラ
46 いつまでですか。主よ。
あなたがどこまでも身を隠し、
あなたの憤りが火のように燃えるのは。
47 どうか、心に留めていてください。
私がどれだけ長く生きるかを。
あなたはすべての人の子らを
いかにむなしいものとして創造されたかを。
48 いったい、生きていて死を見ない者はだれでしょう。
だれがおのれ自身を、
よみの力から救い出せましょう。
　　セラ
49 主よ。あなたのさきの恵みは
どこにあるのでしょうか。
それはあなたが真実をもって
ダビデに誓われたものです。
50 主よ。心に留めてください。
あなたのしもべたちの受けるそしりを。
私が多くの国々の民のすべてをこの胸にこらえていることを。
51 主よ。あなたの敵どもは、そのようにそしり、
そのように、あなたに油そそがれた者の足跡を
そしりました。
52 ほむべきかな。主。とこしえまでも。
　　アーメン。アーメン。

89:30 もし、その子孫がわたしのおしえを捨て
89:30-37の神の約束はダビデの子孫が王として永遠に治めることを保証していないし、これらの王たちの

個人的な救い（神との個人的関係と神への忠実さ）についても触れていない。むしろイスラエルとその王の不信仰によってダビデの子孫のひとり（イエス・キリス

第四卷
詩篇90－106篇

永遠の神と限りのある人間

90 神の人モーセの祈り

1 主よ。あなたは代々にわたって
　私たちの住まいです。
2 山々が生まれる前から、
　あなたが地と世界とを生み出す前から、
　まことに、とこしえからとこしえまで
　あなたは神です。

3 あなたは人をちりに帰らせて言われます。
　「人の子らよ、帰れ。」
4 まことに、あなたの目には、
　千年も、きのうのように過ぎ去り、
　夜回りのひとときのようです。
5 あなたが人を押し流すと、
　彼らは、眠りにおちます。
　朝、彼らは移ろう草のようです。
6 朝は、花を咲かせているが、また移ろい、
　夕べには、しおれて枯れます。

7 まことに、私たちは
　あなたの御怒りによって消えうせ、
　あなたの激しい憤りにおじ惑います。
8 あなたは私たちの不義を御前に、
　私たちの秘めごとを御顔の光の中に置かれます。
9 まことに、私たちのすべての日は
　あなたの激しい怒りの中に沈み行き、
　私たちは自分の齢をひと息のように終わらせます。

10 私たちの齢は七十年。
　健やかであっても八十年。
　しかも、その誇りとするところは
　労苦とわざわいです。
　それは早く過ぎ去り、私たちも飛び去るのです。
11 だれが御怒りの力を知っているでしょう。
　だれがあなたの激しい怒りを知っているでしょう。
　その恐れにふさわしく。

12 それゆえ、私たちに
　自分の日を正しく数えることを教えてください。
　そうして私たちに
　知恵の心を得させてください。

13 帰って来てください。
　主よ。いつまでこのようなのですか。
　あなたのしもべを、あわれんでください。
14 どうか、朝には、あなたの恵みで
　私たちを満ち足らせ、
　私たちのすべての日に、喜び歌い、
　楽しむようにしてください。
15 あなたが私たちを悩まされた日々と、
　私たちがわざわいに会った年々に応じて、
　私たちを楽しませてください。

16 あなたのみわざをあなたのしもべらに、
　あなたの威光を彼らの子らに見せてくだ

---

1 ①→詩71:3, 申33:27
2 ①ヨブ15:7, 箴8:25
　②詩102:25, 104:5, 創1:1
　③詩93:2, 102:24,27, エレ10:10
3 ①詩104:29, 創3:19, ヨブ34:14, 15
4 ①Ⅱペテ3:8
　②出14:24, 士7:19
5 ①ヨブ22:16, 27:20
　②詩92:7, 103:15, イザ40:6
6 ①詩92:7, ヨブ14:2, マタ6:30, ヤコ1:11
7 ①詩39:11
　②→詩30:7
8 ①詩19:12, 伝12:14
　②詩50:21, エレ16:17
9 ①詩78:33

10 ①Ⅱサム19:35
　＊七十人訳は「一生」
　②伝12:2-7, エレ20:18
　③詩78:39, ヨブ20:8
11 ①詩76:7
　②→詩19:9, ネヘ5:9
12 ①詩39:4, 申32:29
　②箴2:1-6
13 ①詩6:4, 80:14
　②詩6:3, 74:10
　③詩106:45, 135:14, 申32:36
14 ①詩92:2, 94:18, 98:3, 100:5, 101:1, 103:4, 106:1, 7, →詩33:5, →詩11:1, →詩85:7, →詩130:7
　②詩65:4, 36:8, 103:5, エレ31:14
　③詩31:7, 85:6
15 ①詩31:10, 申2:14-16
　②詩86:4
16 ①詩44:1, 77:12, 92:4, 申32:4, ハバ3:2
　②Ⅰ列8:11, イザ6:3

ト)を永遠に王として固く立てるという神の目的が妨げられないことを保証するために、神はダビデに約束を与えられたのである(89:36-37)。

90:1-17　あなたは・・・私たちの住まいです　このモーセの祈りはイスラエルが40年間荒野をさまよっていたときに書かれたと思われる。荒野の生活は神に対して不忠実で、神に頼らなかったことへの罰だった(申8:15)。不従順な世代はこの期間に死んだ(⇒90:7-11, →民14:22-33)。神に対する自分たちの反抗とその結果を認めた上で、モーセは好意と祝福を回復してくださるようにと神に祈った。

90:2　とこしえからとこしえまで　このことばは神が永遠の存在であることを指している。神には初めも終わりもない。(1)「とこしえ」(《ヘ》オラム)とは神が完全に時間の外で働かれるということではなく、むしろ時間の中で神の存在には終わりがないことを示唆している(⇒48:14, 創21:33, ヨブ10:5, 36:26)。神のことばは、過去も未来もないある種の永遠の現在の中に神が存在されるとは教えていない。(2) 神の永遠性を確証する聖書の部分では、無時間ではなく、限りなく終わりのない時間の継続を表すことばが使われている。神は過去を過去として、現在を現在として、未来を未来として知っておられる。

90:12　私たちに自分の日を正しく数えることを教えてください　地上の一生は平均70年から80年である(⇒90:10)。けれども永遠に比べると大変短い。そこ

詩篇　90-91篇　　　973

さい。
17 私たちの神、主のご慈愛が
　　私たちの上にありますように。
　　そして、私たちの手のわざを
　　確かなものにしてください。
　　どうか、私たちの手のわざを
　　確かなものにしてください。

神を敬う人の安全
91
1 いと高き方の隠れ場に住む者は、
　全能者の陰に宿る。
2 私は主に申し上げよう。
　「わが避け所、わがとりで、
　私の信頼するわが神」と。
3 主は狩人のわなから、
　恐ろしい疫病から、
　あなたを救い出されるからである。
4 主は、ご自分の羽で、あなたをおおわれる。

17①詩37:23, イザ26:12

1①詩27:5, 31:20, 32:7
　②→詩17:8,
　　イザ25:4, 32:2
2①詩14:6, 91:9, 94:22,
　142:5
　②→詩18:2, エレ16:19
　③詩22:2, 56:4
3①詩124:7, 箴6:5
　②詩91:6, Ⅰ列8:37,
　　Ⅱ歴20:9

4①→詩17:8
　②→詩2:12
　③詩40:11
　④詩5:12, 35:2, 3:3
5①雅3:8, ②詩64:4
6①詩23:4, 27:1,
　　ヨブ5:19-23
6①詩91:3, 10
　②ヨブ5:22
7①→詩45:4
8①詩92:7, 94:3, 13,
　97:10, 101:8, 104:35,
　106:18, →詩34:21,
　→詩50:16, →詩73:3,
　→詩147:6
9①→詩91:2
　②詩71:3
10①詩121:7, 箴12:21
11①詩34:7, マタ4:6,
　　ルカ4:10, 11

　　あなたは、その翼の下に身を避ける。
　　主の真実は、大盾であり、とりでである。
5 あなたは夜の恐怖も恐れず、
　　昼に飛び来る矢も恐れない。
6 また、暗やみに歩き回る疫病も、
　　真昼に荒らす滅びをも。
7 千人が、あなたのかたわらに、
　　万人が、あなたの右手に倒れても、
　　それはあなたには、近づかない。
8 あなたはただ、それを目にし、
　　悪者への報いを見るだけである。
9 それはあなたが私の避け所である主を、
　　いと高き方を、あなたの住まいとしたからである。
10 わざわいは、あなたにふりかからず、
　　えやみも、あなたの天幕に近づかない。
11 まことに主は、
　　あなたのために、御使いたちに命じて、
　　すべての道で、あなたを守るようにされる。

で一生が短いことを理解しそのことを心にとめて、神が与えてくださる一日一日を賢く用いることができるように助けてくださいと神に祈らなければならない（⇒39:4）。地上の一生は永遠のときを過す次のいのちの準備のときでなければならない。つまり自分の人生で神が成し遂げようとしておられることを行い、神の国の役に立ち、人々に永遠の影響を及ぼすことに時間をとることである。地上の時間が終るときに、人は神と神の目的との関係でどのように生きたか、生きなかったかについて神のさばきを受ける。したがって正しい選択をするための知恵と、神に対する正しい恐れ（90:11）を求めて祈らなければならない。これによって罪深い行いを避け、自分の人生と神のための働きに神の恵みを求めることができる（90:13-17）。

91:1-16　全能者の陰に　この詩篇は神に完全に頼ることによって安全が与えられることを表している。これは神が私たちの避け所となり、霊的危険、肉体的危険に遭うときに神の守りを求めることができることを保証している。

91:1　いと高き方の隠れ場に住む者は　この詩篇は神の子たちに安全を提供している。神の子とは神のご計画と守りに自分自身をゆだねて、神の臨在をいつも意識しながら生きている人のことである。キリストと多く交わり、神のことばから学び、神の目的に仕える

なら平安も大きくなる。また困難と危険の中にいるときにもより大きな自由を知り体験することができる（⇒17:8, マタ23:37, ヨハ15:1-11）。

91:1-2　いと高き方　この詩篇の中にある四つの神の名前は神の守りをそれぞれ別の面から描いている。(1)「いと高き方」は、直面するどんな脅威よりも神が偉大であることを示している（⇒創14:19）。(2)「全能者」は、あらゆる敵に立向かい、滅ぼすことができる神の力を強調している（⇒出6:3）。(3)「主」は、生涯の導き手、権威として、臨在と導きがいつもともにあることを保証している。(4)「わが神」は、神に頼る人々と個人的な深い関係を神が持ってくださるという真理を表している。

91:10　わざわいは、あなたにふりかからず　神が許されない限り、忠実な神のしもべに災いが降りかかることはない（⇒91:7-10）。これは不愉快なことや困難が絶対にないということではない（⇒ロマ8:35-37）。けれども生涯の導き手、権威者、避け所としての神に従い頼る限り、神はあらゆることを通して働いて、すべてのことを益してくださる（→ロマ8:28注）。

91:11　あなたのために、御使いたちに命じて　神は御使いたちに、神に忠実な人々の人生と問題を注意深く見守るように命じられた。(1) 熱心に神を知り、神に仕える人々に御使いたちは特別な注意を払い、肉

12 彼らは、その手で、あなたをささえ、
　　あなたの足が
　　石に打ち当たることのないようにする。
13 あなたは、獅子とコブラとを踏みつけ、
　　若獅子と蛇とを踏みにじろう。

14 彼がわたしを愛しているから、
　　わたしは彼を助け出そう。
　　彼がわたしの名を知っているから、
　　わたしは彼を高く上げよう。
15 彼が、わたしを呼び求めれば、
　　わたしは、彼に答えよう。
　　わたしは苦しみのときに彼とともにいて、
　　彼を救い彼に誉れを与えよう。
16 わたしは、彼を長いいのちで満ち足らせ、
　　わたしの救いを彼に見せよう。

主の慈しみへの賛美

92
賛歌。安息日のための歌

1 主に感謝するのは、良いことです。
　　いと高き方よ。あなたの御名にほめ歌を
　　歌うことは。
2 朝に、あなたの恵みを、
　　夜ごとに、あなたの真実を言い表すことは。
3 十弦の琴や六弦の琴、
　　それに立琴によるたえなる調べに合わせ
　　て。
4 主よ。あなたは、あなたのなさったことで、
　　私を喜ばせてくださいましたから、

13 ①士14:6、ダニ6:22、ルカ10:19
14 ①詩145:20
　　②詩9:10
　　③詩59:1
15 ①詩50:15、ヨブ12:4
16 ①詩21:4、申6:2
　　②詩50:23

1 ①詩147:1
　　②→詩39:2
　　③→詩135:3
2 ①→詩36:5、→詩90:14
　　②詩89:1
3 ①詩33:2、144:9、Ⅰサム10:5、Ⅰ歴13:8、ネヘ12:27
4 ①詩40:5、90:16

②詩8:6、111:7、143:5
5 ①詩40:5、111:2、黙15:3
②詩33:11、40:5、139:17
③ロマ11:33、詩36:6
6 ①詩49:10、94:8
7 ①→詩91:8
②→詩90:5
③→詩5:5
④詩37:38
9 ①詩37:20、45:5
②詩68:1、89:10
10 ①→詩18:2、→詩75:4、→詩112:9
＊「角の」は補足
②詩23:5、45:7
11 ①→詩54:7
＊「の悲鳴」は補足
12 ①詩94:21、97:11、12、→詩37:12、→詩72:7、→詩75:10、→詩146:8、民24:6、エレ17:8、ホセ14:5、6
②詩1:3、52:8
③詩104:16、エゼ31:3
13 ①詩80:15、イザ60:21

　　私は、あなたの御手のわざを、喜び歌い
　　ます。
5 主よ。あなたのみわざは
　　なんと大きいことでしょう。
　　あなたの御計らいは、いとも深いのです。
6 まぬけ者は知らず、
　　愚か者にはこれがわかりません。
7 悪者どもが青草のようにもえいでようと、
　　不法を行う者どもがみな栄えようと、
　　それは彼らが永遠に滅ぼされるためです。
8 しかし主よ。
　　あなたはとこしえに、いと高き所におら
　　れます。
9 おお、主よ。今、あなたの敵が、
　　今、あなたの敵が滅びます。
　　不法を行う者どもがみな、散らされるの
　　です。
10 しかし、あなたは私の角を
　　野牛の角のように高く上げ、
　　私に新しい油をそそがれました。
11 私の目は私を待ち伏せている者どもを見
　　下し、
　　私の耳は
　　私に立ち向かう悪人どもの悲鳴を聞きま
　　す。
12 正しい者は、なつめやしの木のように栄え、
　　レバノンの杉のように育ちます。
13 彼らは、主の家に植えられ、

体的にも霊的にも守ってくれる。（2）神を信じて神の目的に従う限り、この神の使いたちはあらゆることから私たちを守ることができる。問題の中から助け出し（91:12）、霊的な敵に直面したときには支えてくれる（エペ6:10-12、Ⅰペテ5:8、→マタ18:10注、「御使いたちと主の使い」の項 p.405）。

91:14　彼がわたしを愛しているから　ここでは神ご自身が忠実なしもべたちに話しておられる。その人々が心から神を愛しているので、問題にぶつかったときには神ご自身が来て助けてくださると約束された。神の守りを受ける秘訣は、主に心から熱心に献身することと、神と神の働き全部に対して感謝することである。神はそのような人を知っておられ、問題が起きたときにはともにいてくださる。そして祈りを聞いて必要を満たしてくださる。また神の臨在のある、際立って充実した一生を送る力を与えてくださる（→ヨハ14:12-21、15:1-10）。

92:1　【主】に感謝するのは、良いことです　賛美と感謝は神を敬う人の生活になくてはならない要素である（⇒ピリ4:6、コロ4:2、Ⅰテモ2:1、→「賛美」の項 p.891）。キリスト者は、神が御子イエスを通して霊的な救いを与えてくださったことをいつも主に感謝しなければならない（コロ1:12）。神の愛と好意、変らない導きと配慮に感謝の気持を表すべきである（92:2）。また神のことば（Ⅰテサ2:13）と、さらに効果的に奉仕できるようにさせてくださる霊的な賜物（Ⅰコリ14:18）についても感謝を表すべきである（→「御霊の賜物」の項 p.2138）。キリストに従う人はいつも主

私たちの神の大庭で栄えます。
14 彼らは年老いてもなお、実を実らせ、
みずみずしく、おい茂っていましょう。
15 こうして彼らは、主の正しいことを告げましょう。
主は、わが岩。主には不正がありません。

主の威光

93

1 主は、王であられ、みいつをまとっておられます。
主はまとっておられます。
力を身に帯びておられます。
まことに、世界は堅く建てられ、
揺らぐことはありません。
2 あなたの御座は、いにしえから堅く立ち、
あなたは、とこしえからおられます。
3 主よ。川は、声をあげました。
川は、叫び声をあげました。
川は、とどろく声をあげています。
4 大水のとどろきにまさり、
海の力強い波にもまさって、
いと高き所にいます主は、力強くあられます。
5 あなたのあかしは、まことに確かです。
聖なることがあなたの家にはふさわしいのです。
主よ、いつまでも。

復讐を求める神への訴え

94

1 復讐の神、主よ。
復讐の神よ。光を放ってください。

13①詩65:4, 84:2, 10, 96:8, 100:4, 116:19, 135:2
14①箴11:30, イザ37:31, ヨハ15:2, ヤコ3:18
15①詩25:8, ヨブ34:10
②詩94:22, 95:1, →詩18:2, →詩62:2, →詩73:26, →詩144:1
③ロマ9:14

1①詩96:10, 97:1, 99:1
②詩104:1
③詩65:6, イザ51:9
④詩96:10
⑤→詩46:5
2①詩45:6, 哀5:19
②詩90:2
3①詩96:1, 98:7, 8, 46:3
4①→詩18:16
5①詩81:5
②詩22:9, 96:9, Ⅰコリ3:17

1①詩18:47, 申32:35, イザ35:4, ナホ1:2, ロマ12:19
②詩50:2, 80:1

2①→詩7:11, 創18:25
②詩7:6
③詩31:23
3①→詩91:8, ヨブ20:5
4①詩31:18, 75:5
②詩5:5
③詩10:3, 52:1
5①詩44:19, 79:1, イザ3:15
②詩94:14, 106:5, 40, →詩28:9, →詩74:2
6①イザ10:2
7①詩10:11, 59:7, 64:5, ヨブ22:13, イザ29:15, エゼ8:12
* ☒「ヤハ」
8①詩92:6, 49:10
9①出4:11, 箴20:12
10①詩44:2
②ヨブ35:11, イザ28:26
11①Ⅰコリ3:20
12 * ☒「ヤハ」
①詩119:71, 申8:5, 詩5:17, 箴3:11, 12, ヘブ12:5, 6
②詩119:171
13①詩49:5

2 地をさばく方よ。立ち上がってください。
高ぶる者に報復してください。
3 主よ。悪者どもはいつまで、
いつまで、悪者どもは、勝ち誇るのでしょう。
4 彼らは放言し、横柄に語り、
不法を行う者はみな自慢します。
5 主よ。彼らはあなたの民を打ち砕き、
あなたのものである民を悩まします。
6 彼らは、やもめや在留異国人を殺し、
みなしごたちを打ち殺します。
7 こうして彼らは言っています。
「主は見ることはない。ヤコブの神は気づかない。」
8 気づけ。民のうちのまぬけ者ども。
愚か者ども。おまえらは、
いつになったら、わかるのか。
9 耳を植えつけられた方が、
お聞きにならないだろうか。
目を造られた方が、ご覧にならないだろうか。
10 国々を戒める方が、お責めにならないだろうか。
人に知識を教えるその方が。
11 主は、人の思い計ることがいかにむなしいかを、
知っておられる。
12 *主よ。
なんと幸いなことでしょう。
あなたに、戒められ、
あなたのみおしえを教えられる、その人は。
13 わざわいの日に、あなたがその人に
平安を賜るからです。

イエスの名前によって感謝をささげなければならない（コロ3:17）。キリストが私たちのために行ってくださったことすべてと、行おうとしておられることすべてに対して感謝の態度をもって、主イエスに積極的に目を向けるべきである。

94:1-23 復讐の神 世界には不正と暴虐と邪悪がはびこっているので悪の増加を止め、悪の本当の姿をさらけ出し、物事が正されるように神の民は神に祈り続けなければならない。主イエスはご自分の民が「すみやかに・・・正しいさばき」が行われるように夜昼神

を呼び求めなければならないと言われた（ルカ18:7-8, →黙6:10-11）。この世界の状態を見ると、キリスト者はキリストの再臨とキリストが悪を滅ぼして平和と公正と義によって地上を治められるときを求めていつも祈らなければならない（マタ6:10, →イザ11:3-9, 黙20:1-6）。

94:12 なんと幸いなことでしょう。あなたに、戒められ・・・る、その人は 神の子たちに対する神の戒めについて →ヘブ12:5注

その間に、悪者のためには穴が掘られます。
¹⁴まことに、主は、ご自分の民を見放さず、
ご自分のものである民を、お見捨てになりません。
¹⁵さばきは再び義に戻り、
心の直ぐな人はみな、これに従うでしょう。

¹⁶だれが、私のために、悪を行う者に向かって
立ち上がるのでしょうか。
だれが、私のために、不法を行う者に向かって
堅く立つのでしょうか。
¹⁷もしも主が私の助けでなかったなら、
私のたましいはただちに
沈黙のうちに住んだことでしょう。
¹⁸もしも私が、
「私の足はよろけています」と言ったとすれば、
主よ、あなたの恵みが
私をささえてくださいますように。
¹⁹私のうちで、思い煩いが増すときに、
あなたの慰めが、
私のたましいを喜ばしてくださいますように。

²⁰おきてにしたがって悪をたくらむ破滅の法廷が、
あなたを仲間に加えるでしょうか。
²¹彼らは、正しい者のいのちを求めて共に集まり、
罪に定めて、罪を犯さない人の血を流します。

13 ②→詩91:8
   ③詩9:15, 55:23
14 Ⅰサム12:22, 哀3:31, ロマ11:2
   ②→詩94:5
15 ①詩97:2, 8, 99:4, 106:3, →詩36:6, →詩48:11, →詩76:9, →詩119:7, ミカ7:9
   ②詩119:7, →詩96:13
   ③→詩7:10
16 詩17:13, 民10:35, イザ28:21, 33:16
   ②→詩5:5
17 詩124:1, 2
18 ①詩38:16, 73:2
   ②→詩90:14
   ③詩20:2
19 ①イザ57:18, 66:13
   ②詩119:64
   ③→カンショ
20 ①→アモ6:3
21 ①→詩92:12
   ②詩56:6, 59:3
   ③詩106:38, 出23:7, 箴17:15, マタ27:4

22 ①→詩46:7
   ②→詩92:15
23 詩7:16, 54:5, 109:20, 140:9, 11
   ②創19:15

1 ①詩66:1, 81:1, 147:7
  ②→詩92:15
2 ①詩100:4, 147:7, ヨナ2:9
  ②ミカ6:6
3 ①詩81:2, エペ5:19, ヤコ5:13
  ①詩48:1, 135:5, 145:3
  ②詩96:4, 97:9, 135:5, 出81:11
5 ①詩146:6, 創1:9, 10, ヨナ1:9
6 ①詩22:29
  ②詩100:3, 149:2, イザ17:7, ホセ8:14
  ③Ⅱ歴6:13, ダニ6:10
7 ①詩74:1, 100:3
  ②ヘブ3:7-11, 15, 4:7
8 ①詩81:7, 出17:7, 民20:13
  ②出17:7, 申6:16

²²しかし主は、わがとりでとなり、
わが神は、わが避け所の岩となられました。
²³主は彼らの不義をその身に返し、
彼らの悪のゆえに、彼らを滅ぼされます。
われらの神、主が、彼らを滅ぼされます。

主を賛美する招き

95

1 さあ、主に向かって、喜び歌おう。
  われらの救いの岩に向かって、喜び叫ぼう。
2 感謝の歌をもって、御前に進み行き、
  賛美の歌をもって、主に喜び叫ぼう。
3 主は大いなる神であり、
  すべての神々にまさって、
  大いなる王である。

4 地の深みは主の御手のうちにあり、
  山々の頂も主のものである。
5 海は主のもの。主がそれを造られた。
  陸地も主の御手が造られた。
6 来たれ。
  私たちは伏し拝み、ひれ伏そう。
  私たちを造られた方、主の御前に、ひざまずこう。
7 主は、私たちの神。
  私たちは、その牧場の民、その御手の羊である。
  きょう、もし御声を聞くなら、
8 メリバでのときのように、
  荒野のマサでの日のように、
  あなたがたの心をかたくなにしてはならない。

95:1-11　さあ・・・喜び歌おう　礼拝と賛美(神の誉れと高貴さを表現すること)を神に従う純粋な心と聖い生活からささげるようにこの詩篇は訴えている。神が約束されたものを受取ることができなかった例として、荒野でのイスラエルの反抗が描かれている。間違った動機と欲望によって、イスラエルは神の基準が正しいと示すことからそれて行った(→民14:22-23, 28, 30, 申1:34-35、→「礼拝」の項p.789、「賛美」の項p.891)。

95:7-11　きょう、もし御声を聞くなら　新約聖書はこの部分を、キリストのメッセージに応えてキリストに従う人々に当てはめている。その場合95:11の「安息」はカナン(約束の地)ではなく、主イエスとの個人的な関係を通して与えられる霊的な救いを指している(→ヘブ3:7-4:12各注)。

95:8　あなたがたの心をかたくなにしてはならない　神を礼拝し賛美する人は神の声を聞いて従うことも学ばなければならない(95:7, 10)。神のことばが伝えられたことにこたえなければならないし、自分の中におられる聖霊の導きと促しを無視してはいけない。神に抵抗したり拒んだりするなら、心がかたくなになり、ますます聖霊の求めと指示とに鈍感になる(→ヘブ3:8注)。神に対してかたくなになる人や教会は懲らしめ

詩篇 95-97篇

9 あのとき、あなたがたの先祖たちは
　すでにわたしのわざを見ておりながら、
　わたしを試み、わたしをためした。
10 わたしは四十年の間、
　その世代の者たちを忌みきらい、そして
　言った。
　「彼らは、心の迷っている民だ。
　彼らは、わたしの道を知ってはいない」と。
11 それゆえ、わたしは怒って誓った。
　「確かに彼らは、わたしの安息に、入れ
　ない」と。

主を礼拝する招き
96:1-13　並行記事－Ⅰ歴16:23-33

96

1 新しい歌を主に歌え。
　全地よ。主に歌え。
2 主に歌え。
　御名をほめたたえよ。
　日から日へと、御救いの良い知らせを告
　げよ。
3 主の栄光を国々の中で語り告げよ。
　その奇しいわざを、すべての国々の民の
　中で。
4 まことに主は大いなる方、
　大いに賛美されるべき方。
　すべての神々にまさって恐れられる方だ。
5 まことに、国々の民の神々はみな、むな
　しい。
　しかし主は天をお造りになった。
6 尊厳と威光は御前にあり、
　力と光栄は主の聖所にある。
7 国々の民の諸族よ。主にささげよ。

9① 民14:22, Ⅰコリ10:9
10① 使7:36, 13:18,
　　ヘブ3:17
11① 民14:23, 28-30,
　　申1:34, 35,
　　ヘブ3:11, 4:3, 5
② 申12:9

1① 詩40:3
2① 詩100:4
② 詩71:15
3① → 詩63:2
② 詩98:1
4① → 申81:1
② 詩89:7
5① Ⅰ歴16:26
② 詩102:25, 115:15,
　イザ42:5
6① → 詩21:5
7① 詩22:27

② 詩29:1, 2, 63:2,
　115:1, Ⅰ歴16:28, 29
8① → 詩66:2
② 詩45:12, 72:10
③ → 詩92:13
9① → 詩29:2
② 詩95:6
③ 詩33:8, 97:4, 114:7
10① → 詩93:1
② → 詩93:1
③ 詩9:8, 58:11, 67:4,
　98:9
11① イザ49:13
② 詩97:1
③ 詩98:7
12① イザ44:23
13① 詩98:9, → 詩9:8,
　→ 詩51:4, → 詩75:2

1① → 詩93:1
② 詩96:11
　 ＊あるいは「沿岸」
② イザ42:10, 12,
　詩72:10
2① 詩18:9, 11, 出19:9,
　申4:11, Ⅰ列8:12
② 詩89:14, → 詩119:7,
　→ 詩96:13
③ 詩94:15
3① 詩18:8, 50:3,
　ダニ7:10
② マラ4:1, ヘブ12:29
4① 詩77:18
② 詩96:9
5① 詩22:14, 46:6,
　アモ9:5, ミカ1:4,
　ナホ1:5
② ヨシ3:11, 13
6① 詩50:6
② → 詩96:13

② 栄光と力を主にささげよ。
8 御名の栄光を主にささげよ。
　ささげ物を携えて、主の大庭に入れ。
9 聖なる飾り物を着けて、主にひれ伏せ。
　全地よ。主の御前に、おののけ。
10 国々の中で言え。
　「主は王である。
　まことに、世界は堅く建てられ、揺らぐ
　ことはない。
　主は公正をもって国々の民をさばく。」
11 天は喜び、地は、こおどりし、
　海とそれに満ちているものは鳴りとどろ
　け。
12 野とその中にあるものはみな、喜び勇め。
　そのとき、森の木々もみな、
　主の御前で、喜び歌おう。
13 確かに、主は来られる。
　確かに、地をさばくために来られる。
　主は、義をもって世界をさばき、
　その真実をもって国々の民をさばかれる。

主の力と主権

97

1 主は、王だ。
　地は、こおどりし、多くの島々は喜べ。
2 雲と暗やみが主を取り囲み、
　義とさばきが御座の基である。
3 火は御前に先立って行き
　主を取り囲む敵を焼き尽くす。
4 主のいなずまは世界を照らし、
　地は見て、おののく。
5 山々は主の御前に、ろうのように溶けた。
　全地の主の御前に。
6 天は主の義を告げ、

箴
11
30

とさばきを受けることになる(95:10-11)。

96:2-3　主の栄光を国々の中で語り告げよ　神の救い(罪の赦しと神との個人的な関係)を受けて、神のすばらしいみわざを体験し必要を満たされた人々は積極的に神の慈しみを人々に伝えるべきである。「主の栄光を国々の中で語り告げよ」という命令は、全世界に出て行ってあらゆる国々に福音(主イエスについての良い知らせ)を伝えなさいという主イエスが与えられた大宣教命令を指し示している(→マタ28:19注)。

97:1-12　【主】は、王だ　この詩篇には神の国の四つ

の要素が次のように描かれている。神の支配は義とさばきに基づいている(97:2)。神の支配力は全世界に及ぶ(97:1-6, 9)。にせの神々に対する神の勝利は確実である(97:7)。神に従う人々(神が望まれることを行い神との正しい関係を保つ人)は自由と守護と喜びを体験する(97:8-12)。この詩篇は歴史の終りに起きるキリストの最後の来臨と、御国の建設についても預言している(黙19:-22:)。キリストの再臨は神を冒瀆する人々には死と滅びとなり、神を信じて仕える人々には大きな喜びとなる(⇒イザ25:9, 黙11:15-17,

すべての国々の民は主の栄光を見る。
7 偶像に仕える者、
むなしいものを誇りとする者は、みな恥を見よう。
すべての神々よ。主にひれ伏せ。

8 シオンは聞いて、喜び、
ユダの娘たちも、こおどりしました。
主よ。あなたのさばきのために。

9 まことに主よ。
あなたは全地の上に、すぐれて高い方。
すべての神々をはるかに抜いて、高きにおられます。

10 主を愛する者たちよ。悪を憎め。
主は聖徒たちのいのちを守り、
悪者どもの手から、彼らを救い出される。

11 光は、正しい者のために、*種のように蒔かれている。
喜びは、心の直ぐな人のために。

12 正しい者たち。主にあって喜べ。
その聖なる御名に感謝せよ。

義である主への賛美

98 賛歌

1 新しい歌を主に歌え。
主は、奇しいわざをなさった。
その右の御手と、その聖なる御腕とが、
主に勝利をもたらしたのだ。

2 主は御救いを知らしめ、
その義を国々の前に現された。

6 ③→詩4:2
7 ①詩78:58, 106:36, イザ42:17, 44:9, 11, エレ10:14, 50:2, ハバ2:18, ②ヘブ1:6
8 ①詩48:11, ゼパ3:14 ②→詩94:15
9 ①詩83:18, 113:4 ②詩95:3, 96:4, 135:5, 出18:11
10 ①箴8:13, アモ5:15, ロマ12:9, ②→詩85:8, 箴2:8, ③→詩91:8, エレ15:21, ダニ6:16
11 ①詩112:4, ヨブ22:28, 箴4:18, ②→詩92:12
＊「種のように」は補足
②→詩7:10
12 ①詩32:11, 68:3
②詩30:4

1 ①詩33:3
②詩40:5, 96:3
③→詩17:7, →詩44:3, →詩74:11, →詩108:6, 出15:6
④→イザ52:10
2 ①詩103:17, 106:31, →詩40:10, →詩51:14, →詩88:12, →詩111:3, ロマ3:25

3 ①→詩36:5, →詩90:14
②ルカ1:54, 72, 73
③→詩22:27
4 ①詩66:1, 8, 100:1, イザ44:23
5 ①→詩92:3, ②イザ51:3
6 ①民10:10, Ⅱ歴15:14
②詩47:5, 150:3
③詩47:7, 66:1
④詩24:1
7 ①詩69:34, 96:11
②詩24:1
8 ①詩93:3
②詩47:1, イザ55:12
③詩65:12, 89:12
9 ①→詩96:13
②詩17:2, 45:6, 67:4, 96:10, 99:4
1 ①→詩93:1
②詩18:10, 80:1, 出25:22, Ⅰサム4:4, Ⅱサム6:2
2 ①→詩48:1, イザ12:6
②詩97:9, 113:4

3 主はイスラエルの家への
恵みと真実を覚えておられる。
地の果て果てまでもが、みな、
われらの神の救いを見ている。

4 全地よ。主に喜び叫べ。
大声で叫び、喜び歌い、ほめ歌を歌え。

5 立琴に合わせて、主にほめ歌を歌え。
立琴と歌の調べに合わせて。

6 ラッパと角笛の音に合わせて、
主である王の御前で喜び叫べ。

7 海と、それに満ちているもの。
世界と、その中に住むものよ。鳴りとどろけ。

8 もろもろの川よ。手を打ち鳴らせ。
山々も、こぞって主の御前で喜び歌え。

9 確かに、主は地をさばくために来られる。
主は義をもって世界をさばき、
公正をもって国々の民を、さばかれる。

聖い神への賛美

99

1 主は王である。
国々の民は恐れおののけ。
主は、ケルビムの上の御座に着いておられる。
地よ、震えよ。

2 主はシオンにおいて、大いなる方。
主はすべての国々の民の上に高くいます。

18:20, 19:1-3)。

97:10 【主】を愛する者たちよ。悪を憎め 神を愛すると主張する人は地上で生きている間にどれほど悪に抵抗し、拒み、対立して行動するかを試される。人生を作り変えられた人々(キリストの姿にさらに似たものと変えられた人)、そしてキリストと霊的に結ばれ、聖霊が用いられる人々は神が愛されるものを愛し、神が憎まれるものを憎む。この世界にある悪と暴虐と神を敬わない状態に対して怒り、悪が多くのいのちを滅ぼしていることを悲しむことは間違いではない。さらに神の家の中で、また神の民の間で罪と不道徳が容認されているときには深く落胆して当然である(⇒Ⅰコリ5:2注, ヘブ1:9注)。

98:1-9 新しい歌 この詩篇はイスラエルを通して主の勝利と救いがあらゆる国の人々に知らされ、提供されていることを賛美する預言の歌である(98:1-3)。今やこの預言は、キリストに従う人々に聖霊の力が与えられることによって成就されつつある。聖霊は私たちに感動を与えて主イエスについてのメッセージを効果的に広めさせてくださる(使1:8, 2:4)。

98:9 主は地をさばくために来られる 世界の終りに主イエスが世界をさばき(→黙19:-22:)、罪と悲しみを取除き、天と地を新しくされるときにこの節は成就する。キリストが完全な義と平和と公正によって地を治められるときに(→イザ55:12-13, ロマ8:19-22)、自然界も腐敗から解放されて喜ぶ(98:8)。

詩篇　99-100篇

3 国々の民よ。
　大いなる、おそれおおい御名をほめたたえよ。
　主は聖である。
4 王の力は、さばきを愛する。
　あなたは公正を堅く立てられた。
　あなたは、ヤコブの中で、
　さばきと正義を行われた。
5 われらの神、主をあがめよ。
　その足台のもとにひれ伏せ。
　主は聖である。
6 モーセとアロンは主の祭司の中に、
　サムエルは御名を呼ぶ者の中にいた。
　彼らは主を呼び、主は彼らに答えられた。
7 主は、雲の柱から、彼らに語られた。
　彼らは、主のさとしと、
　彼らに賜ったおきてとを守った。
8 われらの神、主。あなたは、彼らに答えられた。
　あなたは、彼らにとって赦しの神であられた。

3 ①詩76:1, 申28:58
　②詩111:9, 詩22:3, 111:9, レビ19:2, ヨシ24:19, Ⅰサム2:2, イザ6:3
4 ①→詩94:15, ②詩17:2, 96:10,98:9, ③詩103:6, 146:7, エレ23:5, ④詩11:7, 33:5, 103:6, 106:3
5 ①詩30:1, 34:3, 107:32, 118:28, ②詩132:7, ③→詩99:3
6 ①エレ15:1, ②出24:6-8,29:26, 40:23-27, レビ8:1-30,③エレ15:1, ②詩22:4,5, Ⅰサム7:9, 12:8, ⑤出15:25, 32:30-34
7 ①出33:9, 民12:5
　②→詩78:5, ③→詩119:64
8 ①→詩25:18, 78:38, 民14:20
　詩95:1, 107:12, 出32:28, 民20:12
9 ①→詩2:6, ②→詩95:6

題 * あるいは「感謝のいけにえの」
1 ①詩98:4, 6, 66:4
2 ①申12:11,12,28:47, ②詩95:2
3 ①詩46:10, 申4:35, Ⅰ列18:39, ②詩95:6, 119:73, 149:2
＊「私たちは主のもの」のところ、七十人訳には「私たちではない」とある
　③詩74:1, 2, 95:7, イザ40:11, エゼ34:30, 31
4 ①詩95:2, 147:7, ヨナ2:9 ＊あるいは「感謝のいけにえを持って」, ②→詩92:13, 96:8, ③詩96:2
5 ①→詩52:9, エレ33:11, ナホ1:7, ②→詩36:5, →詩90:14
　③詩119:90, 117:2

9 しかし、彼らのしわざに対しては
　それに報いる方であった。
9 われらの神、主をあがめよ。
　その聖なる山に向かって、ひれ伏せ。
　われらの神、主は聖である。

賛美と喜びの歌

100
*感謝の賛歌

1 全地よ。主に向かって喜びの声をあげよ。♪
2 喜びをもって主に仕えよ。
　喜び歌いつつ御前に来たれ。
3 知れ。主こそ神。
　主が、私たちを造られた。
＊
　私たちは主のもの、主の民、
　その牧場の羊である。
4 感謝しつつ、主の門に、
　賛美しつつ、その大庭に、入れ。
　主に感謝し、御名をほめたたえよ。
5 主はいつくしみ深く
　その恵みはとこしえまで、
　その真実は代々に至る。

詩113

99:3　大いなる、おそれおおい御名・・・主は聖である　主である神は恐れ多く（驚くべき、賞賛に値する）、聖い（純粋、完璧、完全、悪からの分離）方であるから、神の名前も最高の敬意と尊敬をもって扱われなければならない。神は決して人間と同じレベルで人間と同じように扱われてはならない。神はすべてのものの創造者で、あらゆる誉れと栄光を受けるにふさわしい方である。神の力と権威、純粋性と正義は人間の理解をはるかに超えている（→「**神の属性**」の項 p.1016）。私たちは神を愛しまた恐れなければならない（99:1-3）。つまり完全に神に頼るのであれば、神に背いて神にさばかれるようなものはみな避けて、神をあがめ尊敬しなければならない。日常の感情表現として神や主イエスの名前を気軽に使わないこともその一つである（→出20:7注, マタ6:9注）。

99:6　[主]を呼び、主は彼らに答えられた　神は聖い方で最高の誉れと敬意を受けるにふさわしい方であるけれども（99:1-2）、御子イエス・キリストを通して私たちにご自分を啓示してくださった。この御子もまた最高の誉れと敬意を受けるにふさわしい方である。そして神は人々と個人的な関係を持つことを望んでおられ、人々の祈りを聞き、それに応えることを喜ばれる。モーセとアロンとサムエルはとりなしの祈り（ほかの人々のために心から力強く祈ること →「**とりなし**」の項 p.1454, →「**効果的な祈り**」の項 p.585）を通して神と特別な関係を持った人として名前が挙げられている。

99:8　赦しの神であられた。しかし、彼らのしわざに対してはそれに報いる方であった　神は人を赦し、また罰することが同時におできになる。つまり神は人を赦して神との関係を回復されるけれども、それでもその人が犯した罪の結果を体験するようにされる（→Ⅱサム12:13注, Ⅰ歴21:14注）。

100:2　喜び歌いつつ御前に来たれ　神の慈しみと人生の導きを祝う歌を歌うときこそ、個人にとっても会衆にとっても神を賛美する最高の機会である。神が私たちを創造し、神との関係を回復してくださったことを歌を通して思い起こし、今は神の民であり、神が導き手であることを私たちはほめたたえる（100:3）。そして永遠に続く神の愛と真実を歌う（100:5, →エペ5:19注）。歌は賛美の力強い表現方法である。そのように私たちの情熱と感情を放出させてくれるものは多

完全な心

101 ダビデの賛歌

1 私は、恵みとさばきを歌いましょう。
　主よ。あなたに、ほめ歌を歌いましょう。
2 私は、まっき道に心を留めます。
　いつ、あなたは私のところに来てくださいますか。
　私は、正しい心で、自分の家の中を歩みます。
3 私の目の前に卑しいことを置きません。
　私は曲がったわざを憎みます。
　それは私にまといつきません。
4 曲がった心は私から離れて行きます。
　私は悪を知ろうともしません。
5 陰で自分の隣人をそしる者を、
　私は滅ぼします。
　高ぶる目と誇る心の者に、
　私は耐えられません。
6 私の目は、国の中の真実な人たちに注がれます。
　彼らが私とともに住むために。
　全き道を歩む者は、私に仕えます。
7 欺く者は、私の家の中には住みえず、
　偽りを語る者は、
　私の目の前に堅く立つことができません。
8 朝ごとに、私は国の中の悪者を

1 ①→詩90:14
　②詩51:14, 59:16, 89:1, 145:7
2 ①→詩18:30
　②Ⅱサム6:9
　③→詩78:72, Ⅰ列9:4
3 * あるいは「ベリヤアルのことば」
　④箴11:20
5 ①詩50:20, エレ9:4
　②詩101:8, →詩18:40
　③詩10:4, 18:27, 138:6, 箴6:17
　④詩131:1
6 ①→詩18:30
7 ①詩43:1, 52:2
　②詩52:4, 5
8 ①→詩91:8

　②→詩46:4
　③詩5:5
　④詩118:10-12

1 ①詩39:12, 61:1
　②詩119:169, 出2:23, Ⅰサム9:16
2 ①詩120:1
　②→詩10:11
　③詩12:2
　④詩56:9
3 ①詩31:10
　②詩37:20, ヤコ4:14
　③ヨブ30:30, 哀1:13
4 ①詩37:2, 90:5, 6, 102:11, イザ40:7
　②詩107:18, Ⅰサム1:7, Ⅱサム12:17, エズ10:6, ヨブ33:20
5 ①ヨブ19:20, 哀4:8
6 ①イザ34:11, ゼパ2:14
8 ①詩42:10

ことごとく滅ぼします。
それは主の都から、不法を行う者を
ことごとく断ち切るためです。

神の年と人の日々

102 悩む者の祈り。彼が気落ちして、自分の嘆きを主の前に注ぎ出したときのもの

1 主よ。私の祈りを聞いてください。
　私の叫びが、あなたに届きますように。
2 私が苦しんでいるときに、
　御顔を私に隠さないでください。
　私に耳を傾けてください。
　私が呼ぶときに、早く私に答えてください。
3 私の日は煙の中に尽き果て、
　私の骨は炉のように燃えていますから。
4 私の心は、青菜のように打たれ、しおれ、
　パンを食べることさえ忘れました。
5 私の嘆く声で
　私の骨と皮はくっついてしまいました。
6 私は荒野のペリカンのようになり、
　廃墟のふくろうのようになっています。
7 私はやせ衰えて、
　屋根の上のひとりぼっちの鳥のようになりました。
8 私の敵は一日中私をそしり、

くはない。

101:1-8　恵みとさばき　この詩篇はイスラエルの王が神のご計画と目的に従って国を治めようとするときに持たなければならない心を描いている。ここに表されている態度は今日の神の教会の指導的立場にある人々にも適用することができる（⇒使20:28, 24:16）。

101:2　私は、正しい心で、自分の家の中を歩みます　忠実に神に従う人々は神に喜ばれることを家庭の中で最も大切なこととする。家族関係は神を敬う姿が最初に深められ、毎日実践されるところである。祈りの中で神を求めること、自分だけではなく家族とともに神のことばを学ぶこと、家族に愛と配慮を示すことが心の中の願い、目的でなければならない。これは非難されない生活をし、人々を神から引離すような神が喜ばれないものを見ないようにすることでもある（→101:3注）。

101:3　私の目の前に卑しいことを置きません　多くの人は今日、不道徳で邪悪で、残虐で暴力的でわいせつなあらゆるよこしまな画像を見ることに夢中になっている。そして肉欲を満たし、楽しみ、娯楽を得ようとしている。テレビ、映画、本、雑誌、インターネットなどを通して人々はあらゆる種類の悪を目にすることができる。けれども神が正しいとされることを行い、神との正しい関係を保つ人々は様々なかたちで現れる悪を避ける（→97:10注）。そして神に喜ばれないものを楽しむことなく、聖霊を悲しませるようなことにはかかわらないで、自分と家族を霊的に守るようにする（→101:2注, ロマ1:32注）。

102:2　私が苦しんでいるときに　ひどく苦しみ、ほとんどのことが悪い方向に向かい、自分では情況を変えることができないようなときに、唯一できることは神を呼び求めて自分のいのちと情況を御手にゆだねることである（⇒39:12, 54:2, 61:1, 64:1）。詩篇の作者はこのことを実行して神のあわれみと介入を求めて主に叫び求めている。そして神は自分を見捨てることなく祈りに応えてくださると確信している。

私をあざける者は私を名指して毒づきます。
9 これはみな、私が、パンを食べるように
灰を食べ、
私の飲み物に涙を混ぜ合わせたからです。
10 それはあなたの憤りと怒りとのゆえに、
あなたが私を持ち上げ、投げ出されたか
らです。
11 私の日は、伸びていく夕影のようです。
私は、青菜のようにしおれています。
12 しかし、主よ。あなたはとこしえに御座
に着き、
あなたの御名は代々に及びます。
13 あなたは立ち上がり、
シオンをあわれんでくださいます。
今やいつくしみの時です。
定めの時が来たからです。
14 まことに、あなたのしもべはシオンの石
を愛し、
シオンのちりをいつくしみます。
15 こうして、国々は主の御名を恐れ、
地のすべての王はあなたの栄光を恐れま
しょう。
16 なぜなら、主はシオンを建て、
その栄光のうちに現れ、
17 窮した者の祈りを顧み、
彼らの祈りをないがしろにされなかった
からです。
18 次のことが、後の時代のために書きしる
され、
新しく造られる民が
＊主を賛美しますように。
19 主はその聖なるいと高き所から見おろし、
天から地の上に目を注がれました。

9 ①詩42:3, 80:5
10 ①詩38:3
②ヨブ27:21, 30:22
11 ①詩109:23, 144:4,
ヨブ14:2
②→詩102:4
12 ①詩9:7, 10:16, 哀5:19
②詩135:13, 出3:15
13 ①→詩35:2
②イザ60:10, ゼカ1:12
③詩119:126
④詩75:2, ダニ8:19
15 ①詩67:7, Ⅰ列8:43
②詩138:4, 148:11
③詩102:16, 108:5,
113:4, →詩4:2,
→詩63:2
16 ①詩147:2
②→詩102:15,
イザ60:1, 2
17 ①詩22:24, ネヘ1:6
18 ①詩22:30, 48:13
②申31:19, Ⅰコリ10:11
③詩22:31
＊「ヤハ」
19 ①詩14:2, 33:13, 53:2,
申26:15
②→詩18:16

20 ①詩79:11
②詩146:7
21 ①詩22:22
22 ①詩22:27, 86:9,
イザ49:22, 23, 60:3,
ゼカ8:20-23
23 ①詩39:5
24 ①詩39:13, イザ38:10
②詩102:12, 90:2,
ヨブ36:26, ハバ1:12
25 ①→詩24:2, 創1:1,
ネヘ9:6, ヘブ1:10-12
②詩96:5
26 ①イザ34:4, 51:6,
マタ24:35, Ⅱペテ3:10,
黙20:11
27 ①マラ3:6, ヤコ1:17
28 ①詩69:36
②詩89:4

1 ①詩104:1, 35, 146:1
②詩33:21, 105:3,
145:21, エゼ36:21, 39:7
2 ①詩116:7, 12
②申6:12, 8:11

20 捕らわれ人のうめきを聞き、
死に定められた者を解き放つために。
21 人々が、主の名をシオンで語り、
エルサレムで主を賛美するために。
22 また、国々の民や、王国が共に集められ
るとき、
主に仕えるために。
23 主は私の力を道の途中で弱くされ、
私の日数を短くされました。
24 私は申しました。
「わが神よ。私の日の半ばに
私を取り去らないでください。
あなたの年は代々に至ります。
25 あなたははるか以前に地の基を据えられ
ました。
天も、あなたの御手のわざです。
26 これらのものは滅びるでしょう。
しかし、あなたはながらえられます。
すべてのものは衣のようにすり切れます。
あなたが着物のように取り替えられると、
それらは変わってしまいます。
27 しかし、あなたは変わることがなく、
あなたの年は尽きることがありません。
28 あなたのしもべらの子孫は住みつき、
彼らのすえは、
あなたの前に堅く立てられましょう。」

神の祝福

103 ダビデによる

1 わがたましいよ。主をほめたたえよ。
私のうちにあるすべてのものよ。
聖なる御名をほめたたえよ。
2 わがたましいよ。主をほめたたえよ。
主の良くしてくださったことを何一つ忘

102:25-26　あなたは・・・地の基を据えられました
この節はヘブル1:10-12に引用されているけれども、この詩篇に描かれている苦しみの体験(102:1-11)はイエス・キリストにも当てはまるとしている。12-28節は地上の主の御国と天地創造のみわざ、神の永遠の存在について書いている。現在の天と地は完全に新しい天と新しい地に代えられる(着物を取替えることによって象徴されている)。けれども神は変ることがない。いつまでも同じである。

103:1-2　わがたましいよ。【主】をほめたたえよ
この詩篇は神の命令と約束を受取り、神との真実な関係を守る人々に対して、神が与えられた好意と祝福を覚えてささげる賛美と感謝を表現している。私たちは決して神のあわれみを忘れてはならない(⇒申8:12-14, Ⅱ歴32:25)。また聖霊を通して神が寛大に与えてくださった祝福を感謝するのを忘れてはならない(→103:3-16注, ⇒使2:38-39, 9:17-18, →ヨハ14:16注)。

れるな。
3 主は、あなたのすべての咎を赦し、
あなたのすべての病をいやし、
4 あなたのいのちを穴から贖い、
あなたに、恵みとあわれみとの冠をかぶらせ、
5 あなたの一生を良いもので満たされる。
あなたの若さは、鷲のように、新しくなる。

6 主はすべてしいたげられている人々のために、
正義とさばきを行われる。
7 主は、ご自身の道をモーセに、
そのみわざをイスラエルの子らに知らされた。
8 主は、あわれみ深く、情け深い。
怒るのにおそく、恵み豊かである。
9 主は、絶えず争ってはおられない。
いつまでも、怒ってはおられない。
10 私たちの罪にしたがって私たちを扱うことをせず、
私たちの咎にしたがって
私たちに報いることもない。
11 天が地上はるかに高いように、
御恵みは、主を恐れる者の上に大きい。
12 東が西から遠く離れているように、
私たちのそむきの罪を私たちから遠く離される。

13 父がその子をあわれむように、
主は、ご自分を恐れる者をあわれまれる。
14 主は、私たちの成り立ちを知り、
私たちがちりにすぎないことを
心に留めておられる。
15 人の日は、草のよう。
野の花のように咲く。
16 風がそこを過ぎると、それは、もはやない。
その場所すら、それを、知らない。
17 しかし、主の恵みは、とこしえから、とこしえまで、
主を恐れる者の上にある。
主の義はその子らの子に及び、
18 主の契約を守る者、
その戒めを心に留めて、行う者に及ぶ。
19 主は天にその王座を堅く立て、
その王国はすべてを統べ治める。
20 主をほめたたえよ。御使いたちよ。
みことばの声に聞き従い、
みことばを行う力ある勇士たちよ。
21 主をほめたたえよ。
主のすべての軍勢よ。
みこころを行い、主に仕える者たちよ。
22 主をほめたたえよ。
すべて造られたものたちよ。
主の治められるすべての所で。
わがたましいよ。主をほめたたえよ。

103:3-16　赦し・・・いやし　最初の人間が神の指示に逆らってから全人類は罪ののろいと病気と死を体験することになった。けれども神はこののろいの結果に勝利する方法を備えてくださった。この詩篇には神の民に対する罪の赦し、病気の癒し、霊的自由、永遠のいのちなど神の慈しみが列記されている。赦しは神から受取ることができる第一で最も大切な祝福である。なぜならそれによって神との関係が回復され、霊的な滅びから救われるからである（103:4）。肉体の癒しも神の完全な救いの一部で、罪の赦しと神との個人的関係を受取った人々に与えられる恵みである（→ヤコ5:15-16注,「神による癒し」の項 p.1640）。

103:13　ご自分を恐れる者をあわれまれる　神の力とさばき、悪を許さない姿勢を認めて心から神をあがめ尊敬する人々に神はあわれみを示される。神を「恐れる」ことは悪を避けて神のことばに従い、神のあわれみと神が近くにおられることを意識しながら生きるようにする恐れである（→「**神への恐れ**」の項 p.316）。この聖書の部分によると神を恐れる人々に対して神が与えられる祝福は、（1）神のあわれみと愛と赦し（103:11-12, 17, ⇒イザ1:18, 38:17, エレ31:14）、（2）父としての神の情け深さ（103:13-14）、（3）家族と子孫に対する神の真実と慈しみ（103:17）などである。

103:14　主は、私たちの成り立ちを知り　神は人間の弱さとはかなさを知っておられるからあわれんでくださる。最も忠実な人にも神の慈しみは必要である。良い父親が自分の子どもが失敗したり苦しんだり不当な扱いを受けるときに同情をするのと同じように、天の父もご自分の子たちが傷つくときには心を痛められる。問題や失敗や苦しみなどに遭ったときに神が遠く離れているとか、無関心でおられるなどと考えてはな

全地の創造者である神

104

1 わがたましいよ。主をほめたたえよ。
　わが神、主よ。あなたはまことに偉大な方。
　あなたは尊厳と威光を身にまとっておられます。
2 あなたは光を衣のように着、
　天を、幕のように広げておられます。
3 水の中にご自分の高殿の梁を置き、
　雲をご自分の車とし、
　風の翼に乗って歩かれます。
4 風をご自分の使いとし、
　焼き尽くす火をご自分の召使いとされます。

5 また地をその基の上に据えられました。
　地はそれゆえ、とこしえにゆるぎません。
6 あなたは、深い水を衣のようにして、
　地をおおわれました。
　水は、山々の上にとどまっていました。
7 水は、あなたに叱られて逃げ、
　あなたの雷の声で急ぎ去りました。
8 山は上がり、谷は沈みました。
　あなたが定めたその場所へと。
9 あなたは境を定め、
　水がそれを越えないようにされました。
　水が再び地をおおうことのないようにされました。

10 主は泉を谷に送り、山々の間を流れさせ、
11 野のすべての獣に飲ませられます。
　野ろばも渇きをいやします。

12 そのかたわらには空の鳥が住み、
　枝の間でさえずっています。
13 主はその高殿から山々に水を注ぎ、
　地はあなたのみわざの実によって
　満ち足りています。
14 主は家畜のために草を、
　また、人に役立つ植物を生えさせられます。
　人が地から食物を得るために。
15 また、人の心を喜ばせるぶどう酒をも。
　油によるよりも顔をつややかにするために。
　また、人の心をささえる食物をも。
16 主の木々は満ち足りています。
　主の植えたレバノンの杉の木も。
17 そこに、鳥は巣をかけ、
　こうのとりは、もみの木をその宿としています。
18 高い山は野やぎのため、
　岩は岩だぬきの隠れ場。

19 主は季節のために月を造られました。
　太陽はその沈む所を知っています。
20 あなたがやみを定められると、夜になります。
　夜には、あらゆる森の獣が動きます。
21 若い獅子はおのれのえじきのためにほえたけり、
　神におのれの食物を求めます。
22 日が上ると、彼らは退いて、
　自分のねぐらに横になります。
23 人はおのれの仕事に出て行き、
　夕暮れまでその働きにつきます。

らない。むしろ神は同情をもって見ておられ、必要とすることは何でも助けてくださることを忘れてはならない(⇒ルカ7:12-13)。

104:1-35　神・・・あなたはまことに偉大な方　この詩篇は神があらゆるものを創造されたこと、そしてそのみわざへ配慮しておられることを賛美したものである。神は造られたもの全部にかかわっておられ、被造物へ配慮をし、その必要とするものを満たしてくださると書いている(→「**神の摂理**」の項 p.110)。神が宇宙で行い続けておられることを見ると、神がどれほどすばらしい方であるかがわかる。けれども神が創造されたものは罪と悪によって損傷を受けた。それでこの詩篇は悪いことをみな、そして罪を犯す人々をみな神の造られた世界から取除いてくださいという祈りで閉じられている(⇒ロマ8:19-23, →創1:-2: 各注)。

104:15　人の心を喜ばせるぶどう酒　「ぶどう酒」(《ヘ》ヤイン)ということばは「植物」から直接取れたものを指しているので(104:14)、人間が醗酵させたもの(アルコール飲料になり酔わせるもの)ではなく、絞りたての果汁であると考えられる。自然のぶどうの果汁(聖書の中ではこれも「ぶどう酒」と呼ばれている)は味が良く、飲み物としても栄養があり、神も許しておられる(⇒アモ9:14, →「**旧約聖書のぶどう酒**」の項 p.1069)。

24 主よ。あなたのみわざはなんと多いことでしょう。
あなたは、それらをみな、
知恵をもって造っておられます。
地はあなたの造られたもので満ちています。
25 そこには大きく、広々広がる海があり、
その中で、はうものは数知れず、
大小の生き物もいます。
26 そこを船が通い、
あなたが造られたレビヤタンも、
そこで戯れます。
27 彼らはみな、あなたを待ち望んでいます。
あなたが時にしたがって
食物をお与えになることを。
28 あなたがお与えになると、彼らは集め、
あなたが御手を開かれると、
彼らは良いもので満ち足ります。
29 あなたが御顔を隠されると、彼らはおじ惑い、
彼らの息を取り去られると、
彼らは死に、おのれのちりに帰ります。
30 あなたが御霊を送られると、彼らは造られます。
また、あなたは地の面を新しくされます。
31 主の栄光が、とこしえにありますように。
主がそのみわざを喜ばれますように。
32 主が地に目を注がれると、地は震え、
山々に触れられると、山々は煙を上げます。
33 私は生きているかぎり、主に歌い、
いのちのあるかぎり、
私の神にほめ歌を歌いましょう。
34 私の心の思いが神のみこころにかないま

すように。
私自身は、主を喜びましょう。
35 罪人らが地から絶え果て、
悪者どもが、もはやいなくなりますように。
わがたましいよ。主をほめたたえよ。
ハレルヤ。

契約を覚えておられる神
105:1-15　並行記事－Ⅰ歴16:8-22

105

1 主に感謝して、御名を呼び求めよ。
そのみわざを国々の民の中に知らせよ。
2 主に歌え。主にほめ歌を歌え。
そのすべての奇しいみわざに思いを潜めよ。
3 主の聖なる名を誇りとせよ。
主を慕い求める者の心を喜ばせよ。
4 主とその御力を尋ね求めよ。
絶えず御顔を慕い求めよ。
5 主が行われた奇しいみわざを思い起こせ。
その奇蹟と御口のさばきとを。
6 主のしもべアブラハムのすえよ。
主に選ばれた者、ヤコブの子らよ。
7 この方こそ、われらの神、主。
そのさばきは全地にわたる。
8 主は、ご自分の契約をとこしえに覚えておられる。
お命じになったみことばは千代にも及ぶ。
9 その契約はアブラハムと結んだもの、
イサクへの誓い。
10 主はヤコブのためにそれをおきてとして立て、
イスラエルに対する永遠の契約とされた。
11 そのとき主は仰せられた。

105:1-45 【主】に感謝して この詩篇は神を礼拝し、賛美し、神とのさらに深い関係を追い求めるようにイスラエル人に呼びかけている(105:1-4)。個人の生涯と民族としてのイスラエルの歴史を神が奇蹟的に導かれたからである(105:5-45)。それは神のご計画のために選ばれた民族としてイスラエルを確立し保つためだった。この詩篇は主の配慮に対して感謝し、約束の地を所有していることを喜び、神と神のことばに忠実であるようにと促している。私たちもともに歩んでいく

ださった神の歴史を振返ることによって神に感謝し、ご自分を与えてくださったキリストへの忠誠を深めることができる(ロマ8:32, ガラ2:20)。また自分の生活の中で神がしてくださった良いことをほかの人々に話したくなる(105:1)。このように神への感謝は神のメッセージを伝えたいという思いに密接につながるものである。

105:4 【主】とその御力を尋ね求めよ 神の臨在を喜ぶだけではなく、神の力と強さに頼るように私たちは

詩篇　105篇

「わたしはあなたがたの相続地として
　あなたに、カナンの地を与える。」
12 そのころ彼らの数は少なかった。
　まことにわずかで、そのうえそこでは、
　寄留の他国人であった。
13 彼らは、国から国へ、
　一つの王国から他の民へと渡り歩いた。
14 しかし主は、だれにも彼らをしいたげさせず、
　かえって、彼らのために王たちを責められた。
15 「わたしの油そそがれた者たちに触れるな。
　わたしの預言者たちに危害を加えるな。」
16 こうして主はききんを地の上に招き、
　パンのための棒をことごとく折られた。
17 主はひとりの人を彼らにさきがけて送られた。
　ヨセフが奴隷に売られたのだ。
18 彼らは足かせで、ヨセフの足を悩まし、
　ヨセフは鉄のかせの中に入った。
19 彼のことばがそのとおりになる時まで、
　主のことばは彼をためした。
20 王は人をやってヨセフを解放し、
　国々の民の支配者が、彼を自由にした。
21 王はヨセフを自分の家のかしらとし、
　自分の全財産の支配者とした。
22 これはヨセフが意のままに王の高官を縛り、
　王の長老たちに知恵を与えるためだった。
23 イスラエルもエジプトに行き、
　ヤコブはハムの地に寄留した。
24 主はその民を大いにふやし、
　彼らの敵よりも強くされた。
25 主は人々の心を変えて、御民を憎ませ、

11 ①→詩78:55, ヨシ23:4
　②創13:15, 15:18
12 ①創34:30, 申7:7
　②創23:4, ヘブ11:9
14 ①創20:7, 35:5
　②創12:17, 20:3, 7
15 ①創26:11
　②→詩2:2
16 ①創41:54
　②レビ26:26, イザ3:1,
　　エゼ4:16, 5:16, 14:13
17 ①創45:5
　②創37:28, 36, 使7:9
18 ①創39:20
19 ①創40:20, 21
　②→詩17:3
20 ①創41:14
21 ①創41:40-44
22 ①詩119:100, 創41:44
23 ①創46:4, 使7:15
24 ①出1:7, 9
25 ①出1:8, 4:21

②出1:10, 使7:19
①出4:14, 4:12
②出4:14,
　民16:5, 17:5-8
27 ①詩105:27-36, 詩78:43-51
28 ①出10:21, 22
29 ①詩99:7
30 ①出8:3, 6
31 ①出8:21
　②出8:16
32 ①出9:23-25
34 ①出10:12-15
36 ①出13:8, 136:10,
　　出12:29, 13:15
　②詩78:51
37 ①出12:35, 36
38 ①出12:33
　②出15:16
39 ①詩78:14,
　　出13:21, 40:38,
　　ネヘ9:12, イザ4:5

彼らに主のしもべたちに、ずるくあしらわせた。
26 主は、そのしもべモーセと、
　主が選んだアロンを遣わされた。
27 彼らは人々の間で、主の数々のしるしを行い、
　ハムの地で、もろもろの奇蹟を行った。
28 主はやみを送って、暗くされた。
　彼らは主のことばに逆らわなかった。
29 主は人々の水を血に変わらせ、
　彼らの魚を死なせた。
30 彼らの地に、かえるが群がった。
　王族たちの奥の間にまで。
31 主が命じられると、あぶの群れが来た。
　ぶよが彼らの国中に入った。
32 主は雨にかえて雹を彼らに降らせ、
　燃える火を彼らの地に下された。
33 主は彼らのぶどうの木と、いちじくの木を打ち、
　彼らの国の木を砕かれた。
34 主が命じられると、いなごが来た。
　若いいなごで、数知れず、
35 それが彼らの国の青物を食い尽くし、
　彼らの地の果実を食い尽くした。
36 主は彼らの国の初子をことごとく打たれた。
　彼らのすべての力の初めを。
37 主は銀と金とを持たせて御民を連れ出された。
　その部族の中でよろける者はひとりもなかった。
38 エジプトは彼らが出たときに喜んだ。
　エジプトに彼らへの恐れが生じたからだ。
39 主は、雲を広げて仕切りの幕とし、
　夜には火を与えて照らされた。

招かれている。(1) 神との関係を保ち、神に喜ばれる生活をして、ほかの人々に神を伝えていくためには神の力が必要である。この力は聖霊を通してキリストに従う人々に与えられる（→使1:8注, 2:4注, →「**信仰と恵み**」の項 p.2062）。(2) キリスト者は毎日神と神の恵み（受けるにふさわしくない神の好意と祝福）に頼らなければならない。そうでなければ霊的に弱くなり敗北することになる。したがって絶えず祈りのときを持ち、心から神の導きを求めてより深い神との関係を

築かなければならない（→マタ7:7-8注, ルカ18:1注, 18:7注）。そうすれば神の臨在と力を生活の中に期待することができる（→申4:29注, Ⅱ歴26:5注, マタ7:7, ヘブ11:6）。

105:15　わたしの油そそがれた者たちに触れるな
ここで言われている「油そそがれた者たち」（奉仕または目的のために分離された人々）はアブラハム、イサク、ヤコブ（新しい名前はイスラエル）、ヨセフのことである（105:9-10, 17）。これはイスラエルの基礎と

40 民が願い求めると、主はうずらをもたらし、
また、天からのパンで彼らを満ち足らわせた。
41 主が岩を開かれると、水がほとばしり出た。
水は砂漠を川となって流れた。
42 これは主が、そのしもべアブラハムへの
聖なることばを、覚えておられたからである。
43 主は御民を喜びのうちに連れ出された。
その選ばれた民を喜びの叫びのうちに。
44 主は、彼らに国々の地を与えられた。
彼らが国々の民の労苦の実を
自分の所有とするために。
45 これは、彼らが主のおきてを守り、
そのみおしえを守るためである。
ハレルヤ。

イスラエルへの神のあわれみ
106：1、47-48　並行記事ー Ⅰ歴16：34-36

106

1 ハレルヤ。主に感謝せよ。
主はまことにいつくしみ深い。
その恵みはとこしえまで。
2 だれが主の大能のわざを語り、
そのすべての誉れをふれ知らせることができよう。
3 幸いなことよ。
さばきを守り、正義を常に行う人々は。
4 主よ。あなたが御民を愛されるとき、私を心に留め、
あなたの御救いのとき、私を顧みてください。

40 ①詩78：18、②詩78：27、出16：13、民11：31
　 ③詩78：24、出16：15、ネヘ9：15、ヨハ6：31
41 ①詩78：15、114：8、出17：6、民20：11、イザ48：21、Ⅰコリ10：4
42 ①詩105：8
43 ①詩106：12、出15：1
44 ①詩78：55、申6：10、11、ヨシ13：7
45 ①→詩119：64
　 ②詩119：150
　 ③詩104：35、106：48
　 *＊詩104：35＊

1 ①詩105：1、107：1、118：1、29、136：1、②→詩52：9、Ⅰ歴16：34、41
　 ②→詩90：14、詩138：8
2 ①詩71：16、145：4、12、150：2
3 ①詩94：12、②→詩94：15、③→詩99：4
4 ①詩44：3、119：132

5 ①詩105：6、135：4、Ⅰ歴16：13
　 ②→詩25：13
　 ③詩118：15
　 ④→詩94：5
　 ⑤詩105：3
6 ①詩78：8、57、Ⅱ歴30：7、ネヘ9：2、ゼカ1：4
　 ②Ⅰ列8：47、エズ9：7、ネヘ1：7、エレ3：25、ダニ9：5
7 ①→詩90：14
　 ②詩78：11、42、士3：7
　 *あるいは「紅海」
　 ③詩78：17、出14：11、12
8 ①→詩23：3、エゼ20：9
　 ②出9：16
9 *あるいは「紅海」
　 ①出18：15、104：7、イザ50：2、ナホ1：4
　 ②詩66：6、出14：21、イザ51：10
　 ③イザ63：11-13
10 ①出14：30
　 ②詩78：42、107：2
11 ①出14：28、15：5
　 ②詩78：53、136：15、出14：28、15：5
12 ①出14：31
13 ①出15：24、16：2、17：2
　 ②詩107：1
14 ①詩78：18、民11：4、Ⅰコリ10：6
　 ②出17：2、Ⅰコリ10：9
15 ①詩78：29、民11：31
　 ②イザ10：16
16 ①民16：3

5 そうすれば、私は
あなたに選ばれた者たちのしあわせを見、
あなたの国民の喜びを喜びとし、
あなたのものである民とともに、
誇ることができるでしょう。
6 私たちは先祖と同じように罪を犯し、
不義をなし、悪を行った。
7 私たちの先祖はエジプトにおいて、
あなたの奇しいわざを悟らず、
あなたの豊かな恵みを思い出さず、
かえって、海のほとり、葦の海で、逆らった。
8 しかし主は、御名のために彼らを救われた。
それは、ご自分の力を知らせるためだった。
9 主が*葦の海を叱ると、海は干上がった。
主は、彼らを行かせた。深みの底を。
さながら荒野を行くように。
10 主は、憎む者の手から彼らを救い、
敵の手から彼らを贖われた。
11 水は彼らの仇をおおい、
そのひとりさえも残らなかった。
12 そこで、彼らはみことばを信じ、
主への賛美を歌った。
13 しかし、彼らはすぐに、みわざを忘れ、
そのさとしを待ち望まなかった。
14 彼らは、荒野で激しい欲望にかられ、
荒れ地で神を試みた。
15 そこで、主は彼らにその願うところを与え、
また彼らに病を送ってやせ衰えさせた。
16 彼らが宿営でモーセをねたみ、

なった家系である。けれどもこの節に基づいて自分は油注がれている（神から権威を与えられ、委任され、能力と力を与えられた）と主張する人がいても、その人に聞き従わなければならないわけではない。

106：1-48　その恵みはとこしえまで　この詩篇はイスラエルが何度も神と神のことばに反抗したパターンを思い返している。またこの詩篇は不信仰の告白であり、神が再び救い（神との関係）を回復し、罪から離れて神に立ち返る人々に祝福を更新してくださることを求

める祈りである。神の民が民族としても個人としても霊的な間違いと失敗を神に告白し、自分たちの生き方を神のご計画に沿ったものに変えるなら、本当のリバイバルと変革が起こる（→「七つの教会へのキリストのメッセージ」の項 p.2478）。

106：15　病を送ってやせ衰えさせた　神のご計画の中に入っていないものを願い、追い求めることについては注意しなければならない。自己中心な願いを満たすことにこだわると神はそれがかなうようにされるこ

詩篇 106篇

主の聖徒、アロンをねたんだとき、
17 地は開き、ダタンをのみこみ、
アビラムの仲間を包んでしまった。
18 その仲間の間で火が燃え上がり、
炎が悪者どもを焼き尽くした。
19 彼らはホレブで子牛を造り、
鋳物の像を拝んだ。
20 こうして彼らは
彼らの栄光を、草を食らう雄牛の像に取り替えた。
21 彼らは自分たちの救い主である神を忘れた。
エジプトで大いなることをなさった方を。
22 ハムの地では奇しいわざを、
*葦の海のほとりでは恐ろしいわざを、
行われた方を。
23 それゆえ、神は、
「彼らを滅ぼす」と言われた。
もし、神に選ばれた人モーセが、
滅ぼそうとする激しい憤りを避けるために、
御前の破れに立たなかったなら、
どうなっていたことか。
24 しかも彼らは麗しい地をさげすみ、
神のみことばを信ぜず、
25 自分たちの天幕でつぶやき、
主の御声を聞かなかった。
26 それゆえ、主は彼らにこう誓われた。
彼らを荒野で打ち倒し、
27 その子孫を国々の中に投げ散らし、
彼らをもろもろの地にまき散らそうと。
28 彼らはまた、バアル・ペオルにつき従い、
死者へのいけにえを食べた。
29 こうして、その行いによって御怒りを引き起こし、
彼らの間に神罰が下った。
30 そのとき、ピネハスが立ち、
なかだちのわざをしたので、その神罰はやんだ。
31 このことは、代々永遠に、
彼の義と認められた。
32 彼らはさらにメリバの水のほとりで主を怒らせた。
それで、モーセは彼らのために
わざわいをこうむった。
33 彼らが主の心に逆らったとき、
彼が軽率なことを口にしたからである。
34 彼らは、主が命じたのに、国々の民を滅ぼさず、
35 かえって、異邦の民と交わり、
そのならわしにならい、
36 その偶像に仕えた。
それが彼らに、わなであった。
37 彼らは自分たちの息子、娘を
悪霊のいけにえとしてささげ、
38 罪のない血を流した。
カナンの偶像のいけにえにした
彼らの息子、娘の血。
こうしてその国土は血で汚された。
39 このように彼らは、
その行いによっておのれを汚し、
その行いによって姦淫を犯した。
40 それゆえ、主の怒りは御民に向かって燃え上がり、
ご自分のものである民を忌みきらわれた。
41 それで彼らを国々の手に渡し、
彼らを憎む者たちが彼らを支配した。
42 敵どもは彼らをしいたげ、

16 ②→詩16:3
17 ①民16:32
18 ①民16:35
　②→詩91:8
19 ①詩81:9, 出32:4, 申9:8, 使7:41
20 ①エレ2:11, ロマ1:23
　②→詩3:3
21 ①詩78:11, 106:7, 8
　②申10:21
22 * あるいは「紅海」
　①詩145:6
23 ①出32:10, 申9:14, エゼ20:8
　②出32:11-14, 申9:25-29
24 ①申8:7, エレ3:19, エゼ20:6
　②民14:31
　③民1:32, 9:23
25 ①民14:2, 申1:27
26 ①詩95:11, 民14:28-35, エゼ20:15, ヘブ3:11
27 ①申4:27
　②詩44:11
28 ①民25:3, 申4:3, ホセ9:10
　②民25:2
29 ①詩78:58, 106:39, 40, 民25:4
30 ①民25:7
　②民25:8
31 ①→詩98:2, 創15:6, 民25:11-13
32 ①詩81:7, 95:9, 民20:2-13
　②民20:12
33 * あるいは「モーセの心」
　①詩78:40, 107:11, 民20:3, 10
34 ①申7:2, 16
　②士1:21, 27-36
35 ①士3:5, 6
36 ①士2:12
37 ①申12:31, 32:17, Ⅱ列17:17, エゼ16:20, 21, Ⅰコリ10:20
38 ①詩10:8, 94:21, 出23:7, 哀17:15, マタ27:4
　②申18:10
　③民35:33, イザ24:5, エレ3:1, 2
39 ①レビ18:24, エゼ20:18
　②レビ17:7, 民15:39, 士2:17, ホセ4:12
40 ①詩78:59, 士2:14
　②→詩94:5
41 ①士2:14, ネヘ9:27
42 ①士4:3, 10:12

とがある。同時にその結果を霊的にあるいは肉体的に体験するようにもされる。既に示されている神の願いや指針や導きに反することを私たちが追い求めるのを神は許されるかもしれない。たとえば職業や未信者との結婚や、この世の楽しみなど間違った選択を許されるかもしれない。けれどもそういうものは最後には破滅的な結果をもたらす(創13:12-13, 19:, ホセ13:11)。

106:37 自分たちの息子・・・を悪霊のいけにえとしてささげ 旧約聖書の時代に人間が作ったにせの神々を礼拝し仕えていた人々は、実際には悪霊と接触していた。なぜならそれらのにせの宗教の背後には悪霊の力と影響があったからである(→「偶像礼拝」の項p.468)。(1) 同じように今日キリストを信じる人が神を敬わない信仰やこの世の生き方を受入れてそれに従って生きるなら、その人は実際には悪霊の圧力と

その力のもとに彼らは征服された。
43 主は幾たびとなく彼らを救い出されたが、
彼らは相謀って、逆らい、
自分たちの不義の中におぼれた。
44 それでも彼らの叫びを聞かれたとき、
主は彼らの苦しみに目を留められた。
45 主は、彼らのために、ご自分の契約を思い起こし、
豊かな恵みゆえに、彼らをあわれまれた。
46 また、彼らを、捕らえ移したすべての者たちから、
彼らがあわれまれるようにされた。

① 47 私たちの神、主よ。私たちをお救いください。
国々から私たちを②集めてください。
あなたの聖なる御名に感謝し、
あなたの誉れを勝ち誇るために。
48 ほむべきかな。イスラエルの神、主。
とこしえから、とこしえまで。

すべての民が、「アーメン」と言え。
② * ハレルヤ。

第五巻
詩篇 107-150 篇

人間に対する神の慈しみ

107

1 「主に感謝せよ。主はまことにいつくし

43 ①士2:16-18
②詩81:12
44 ①士3:9, 6:7, 10:10
45 ①詩105:8, レビ26:42
②士2:18
46 ①Ⅰ列8:50, Ⅱ歴30:9, エズ9:9, ネヘ1:11, エレ42:12
47 ①Ⅰ歴16:35, 36
②詩107:3, 147:2
48 ①詩41:13, 72:18, 19, 89:52
②詩104:35, 105:45
＊→詩104:35＊

1 ①→詩106:1
② →詩52:9

3 ①→詩130:7
2 ①イザ35:9, 10, 62:12
②詩78:42, 106:10
3 ①詩106:47, 申30:3, ネヘ1:9, イザ11:12, 43:5, 56:8, エゼ11:17, 20:34
4 ①民14:33, 32:13, 申2:7, ヨシ5:6, 14:10
②詩107:7, 36
5 ①→詩77:3
6 ①詩107:13, 19, 28, 50:15
7 ①詩5:8, エズ8:21, エレ31:9
②詩107:4, 36
8 ①詩107:15, 21, 31
② →詩130:7
9 ①詩22:26, 34:5, 103:5, 132:15
②詩146:7, マタ5:6, ルカ1:53
③ →詩34:10
10 ①詩35:6, 詩107:14, イザ42:7, ミカ7:8, ルカ1:79
②ヨブ36:8
11 ①詩78:40, 106:7
②民15:31, Ⅱ歴36:16, 箴1:25, イザ5:24
12 ①詩22:11, 72:12
13 ①詩107:19, →詩107:6

み深い。
その恵みはとこしえまで。」
2 主に贖われた者はこのように言え。
主は彼らを敵の手から贖い、
3 彼らを国々から、
東から、西から、北から、南から、集められた。

4 彼らは荒野や荒れ地をさまよい、
住むべき町へ行く道を見つけなかった。
5 飢えと渇きに彼らのたましいは衰え果てた。
6 この苦しみのときに、彼らが主に向かって叫ぶと、
主は彼らを苦悩から救い出された。
7 また彼らをまっすぐな道に導き、
住むべき町へ行かせられた。
8 彼らは、主の恵みと、
人の子らへの奇しいわざを主に感謝せよ。
9 まことに主は渇いたたましいを満ち足らせ、
飢えたたましいを良いもので満たされた。

10 やみと死の陰に座す者、
悩みと鉄のかせとに縛られている者、
11 彼らは、神のことばに逆らい、
いと高き方のさとしを侮ったのである。
12 それゆえ主は苦役をもって彼らの心を低くされた。
彼らはよろけたが、だれも助けなかった。
13 この苦しみのときに、彼らが主に向かって叫ぶと、

影響に降伏したのである(Ⅰコリ10:19-22、→エペ2:2注)。(2) 今日教会の中で自分の子どもたちが神を敬わないことやこの世界の不道徳なものの影響を受けることを許している人は、子どもたちを霊的に破滅させようとしているのである。そのような影響はある種の娯楽メディア(テレビ、映画、本、雑誌、インターネットなど)や、破壊的な友人関係、聖書の真理に反する指導などの中にはっきり見ることができる。

107:1-43　感謝せよ　この詩篇は神が救われた人々に、絶望的で危険な情況から救われたことで神を賛美するように訴えている。詩篇の作者はひどい情況の中で神の民が祈った祈りに神がどのように応えられたかを次の四つの情況を挙げて示している。それは飢えと

渇き(107:4-9)、束縛(107:10-16)、重い病気(107:17-22)、ひどい嵐の危険(107:23-32)などである。この詩篇は問題と不幸に直面して神に助けを叫び求める今日の人々にも当てはまる。神の介入が必要なとき、または神に働いていただかなければならないときにこのメッセージは信仰を強め励ましてくれる。

107:6　【主】に向かって叫ぶ　この表現はこの詩篇の中に4回使われていて、その都度神が「苦悩から」救い出されたと書かれている(107:6, 13, 19, 28)。神はしばしばご自分の子たちを、自分の努力や能力に頼って失敗し、まただれにも助けてもらえないような情況に置かれる。これは神に頼ることを学び、神が最も良いことを行ってくださると信じて謙虚に助けを叫び求め

詩篇　107-108篇

主は彼らを苦悩から救われた。
14 主は彼らをやみと死の陰から連れ出し、
　彼らのかせを打ち砕かれた。
15 彼らは、主の恵みと、
　人の子らへの奇しいわざを主に感謝せよ。
16 まことに主は青銅のとびらを打ち砕き、
　鉄のかんぬきを粉々に砕かれた。

17 愚か者は、自分のそむきの道のため、
　また、その咎のために悩んだ。
18 彼らのたましいは、あらゆる食物を忌み
　きらい、
　彼らは死の門にまで着いていた。
19 この苦しみのときに、彼らが主に向かっ
　て叫ぶと、
　主は彼らを苦悩から救われた。
20 主はみことばを送って彼らをいやし、
　その滅びの穴から彼らを助け出された。
21 彼らは、主の恵みと、
　人の子らへの奇しいわざを主に感謝せよ。
22 彼らは、感謝のいけにえをささげ、
　喜び叫びながら主のみわざを語れ。

23 船に乗って海に出る者、大海であきない
　する者、
24 彼らは主のみわざを見、
　深い海でその奇しいわざを見た。
25 主が命じてあらしを起こすと、
　風が波を高くした。
26 彼らは天に上り、深みに下り、
　そのたましいはみじめにも、溶け去った。
27 彼らは酔った人のようによろめき、
　ふらついて分別が乱れた。
28 この苦しみのときに、彼らが主に向かっ
　て叫ぶと、
　主は彼らを苦悩から連れ出された。
29 主があらしを静めると、波はないだ。
30 波がないので彼らは喜んだ。
　そして主は、彼らをその望む港に導かれ
　た。
31 彼らは、主の恵みと、

14 ①→詩35:6, 詩107:10
　②詩2:3, 116:16,
　エレ2:20, 30:8,
　ナホ1:13, ルカ13:16,
　使12:7
15 ①→詩107:8
　②→詩130:7
16 ①イザ45:1, 2
17 ①イザ65:6, 7,
　エレ30:14, 15,
　エゼ24:23
18 ①詩102:4, ヨブ33:20
　②詩9:13, 88:3,
　ヨブ33:22, 38:17
19 ①詩107:13, →詩107:6
20 ①詩147:15, 18,
　マタ8:8
　②詩30:2, 103:3,
　147:3, Ⅱ列20:5
　③詩30:3, 49:15, 56:13,
　103:4, ヨブ33:28, 30
21 ①→詩107:8
　②→詩130:7
22 ①詩50:14, 116:17,
　27:6, レビ7:12
　②詩91, 73:28,
　118:17
23 ①イザ42:10
25 ①詩105:31, 34
　②詩148:8, ヨナ1:4
26 ①詩124, 119:28
27 ①ヨブ12:25,
　イザ24:20
28 ①→詩107:6
29 ①詩65:7, 89:9,
　マタ8:26, ルカ8:24
31 ①→詩107:8
　②→詩130:7
32 ①詩22:22, 25
　②詩34:3, 99:5,
　イザ25:1
　③詩35:18
33 ①詩74:15,
　イザ42:15, 50:2
34 ①創13:10, 19:24, 25
　②ヨブ39:6, エレ17:6
　* あるいは「塩地」
35 ①詩105:41, 114:8,
　イザ35:6, 7, 41:18
36 ①詩107:4, 7
37 ①Ⅱ列19:29,
　イザ65:21, アモ9:14
38 ①創12:2, 17:20, 出1:7,
　申1:10
　②申7:14
39 ①エゼ5:11, 29:15
　②詩38:6, 57:6
40 ①ヨブ12:21
　②ヨブ12:24
41 ①詩59:1, 113:7, 8,
　Ⅰサム2:8
　②ヨブ21:11, 詩113:9
42 ①ヨブ11:7, ヨブ22:19
　②詩89:22
　③詩63:11, ヨブ5:16,
　ロマ3:19
43 ①ホセ14:9
　②→詩130:7

1 ①詩108:1-5, 57:7-11,
112:7
　②→詩16:9

人の子らへの奇しいわざを主に感謝せよ。
32 また、主を民の集会であがめ、
　長老たちの座で、主を賛美せよ。

33 主は川を荒野に、
　水のわき上がる所を潤いのない地に、
34 肥沃な地を不毛の地に変えられる。
　その住民の悪のために。
35 主は荒野を水のある沢に、
　砂漠の地を水のわき上がる所に変え、
36 そこに飢えた者を住まわせる。
　彼らは住むべき町を堅く建て、
37 畑に種を蒔き、ぶどう畑を作り、
　豊かな実りを得る。
38 主が祝福されると、彼らは大いにふえ、
　主はその家畜を減らされない。

39 彼らが、しいたげとわざわいと悲しみに
　よって、
　数が減り、またうなだれるとき、
40 主は君主たちをさげすみ、
　道なき荒れ地に彼らをさまよわせる。
41 しかし、貧しい者を悩みから高く上げ、
　その一族を羊の群れのようにされる。
42 直ぐな人はそれを見て喜び、
　不正な者はすべてその口を閉じる。
43 知恵のある者はだれか。
　その者はこれらのことに心を留め、主の
　恵みを悟れ。

神への信頼の歌

108:1-5　並行記事－57:7-11
108:6-13　並行記事－60:5-12

108
歌。ダビデの賛歌

1 神よ。私の心はゆるぎません。
　私は歌い、
　私のたましいもまた、ほめ歌を歌いま
　しょう。
2 十弦の琴よ、立琴よ。目をさませ。
　私は暁を呼びさましたい。

107:13　主は彼らを苦悩から救われた　私たちが自分の責任で招いた問題にぶつかったときにも、神は私たちを救いたいと思っておられる(107:1-13, 17-22)。

それは神の懲らしめやさばきが絶対に来ないということではない。そのようなときでもなお神のあわれみに頼り、赦しと助けを求めて神に叫ぶことができる。

108:1-13　私の心はゆるぎません　この詩篇は57:7-

3 主よ。私は、国々の民の中にあって、あなたに感謝し、国民の中にあって、あなたにほめ歌を歌いましょう。
4 あなたの恵みは大きく、天の上にまで及び、
あなたのまことは雲にまで及ぶからです。
5 神よ。あなたは天であがめられ、
あなたの栄光が全世界であがめられますように。
6 あなたの愛する者が助け出されるために、
あなたの右の手で救ってください。
そして私に答えてください。
7 神は聖所から告げられた。
「わたしは、喜び勇んで、シェケムを分割し、
スコテの谷を配分しよう。
8 ギルアデはわたしのもの。マナセもわたしのもの。
エフライムもまた、わたしの頭のかぶと。
ユダはわたしの杖。
9 モアブはわたしの足を洗うたらい。
エドムの上に、わたしのはきものを投げつけよう。
ペリシテの上で、わたしは大声で叫ぼう。」

10 だれが私を要塞の町に連れて行くでしょう。
だれが私をエドムまで導くでしょう。
11 神よ。あなたは
私たちを拒まれたのではありませんか。
神よ。あなたは、もはや
私たちの軍勢とともに、*出陣なさらないのですか。
12 どうか敵から私たちを助けてください。
まことに、人の救いはむなしいものです。

4 ①→詩130:7
 ②詩113:4
5 ①→詩57:5
 ②詩102:15
6 ①詩108:6-13, 60:5-12
 ②詩118:15, 16, 138:7, 139:10, →詩17:7,
 →詩44:3, →詩74:11,
 →詩98:1
7 * あるいは「ご自分の聖によって」
11 ①→詩44:9
 * 別訳「出陣なさいません」

1 ①詩148:14, 申10:21
 ②詩28:1, 83:1
2 ①詩10:7, 52:4
 ②詩120:2
3 ①詩69:4
4 ①詩38:20
 ②→詩109:6
 ③詩69:13, 141:5
5 ①→詩35:12
 ②ヨハ7:7
6 ①→詩147:6
 ②詩38:20, 71:13,
 109:4, 20, 29, ゼカ3:1
 * [✡]「サタン」
7 ①詩1:5, 37:33
 ②歳28:9
8 ①詩55:23
 ②使1:20
9 ①出22:24, エレ18:21
10 ①詩59:15, 創4:12,
 ヨブ30:5-8
 ②詩37:25
11 ①詩54:3, イザ1:7,
 哀5:2, エゼ7:21
 ②詩78:46

13 神によって、私たちは力ある働きをします。
神が私たちの敵を踏みつけられます。

神に助けを求める叫び

109 指揮者のために。ダビデの賛歌

1 私の賛美する神よ。
②黙っていないでください。
2 彼らは邪悪な口と、欺きの口を、私に向けて開き、
①偽りの舌をもって、私に語ったからです。
3 彼らはまた、憎しみのことばで私を取り囲み、
①ゆえもなく私と戦いました。
4 彼らは、私の愛への報いとして私をなじります。
③私は祈るばかりです。
5 彼らは、①善にかえて悪を、
私の愛にかえて②憎しみを、私に報いました。

6 どうか、①悪者を彼に遣わしてください。
②*なじる者が彼の右に立つようにしてください。
7 彼がさばかれるとき、彼は罪ある者とされ、
その祈りが①罪となりますように。
8 彼の日はわずかとなり、彼の仕事は他人が取り、
9 その子らはみなしごとなり、
彼の妻はやもめとなりますように。
10 彼の子らは、さまよい歩いて、
②物ごいをしますように。
その荒れ果てた家から離れて、
物ごいをしますように。
11 ①債権者が、彼のすべての持ち物を没収し、
②見知らぬ者が、その勤労の実をかすめま

11と60:5-12のことばをつなぎ合せている。そして最後には神がご自分の民を救い、あらゆる敵に対して勝利させてくださるという確信を表している。
108:9 モアブ・・・エドム・・・ペリシテ これはイスラエルの東(モアブ)、南(エドム)、西(ペリシテ)の国境に接する敵である。

109:1-31 黙っていないでください この詩篇は邪悪でずるい人々をさばき、罰するように神に求めている。この祈りには、自分の利益のためにほかの人々を傷つけるひどい犯罪者を正しく罰するという正義を願う思いが反映されている。これは罪のない人々を守り、社会の中で律法と秩序が守られることを保証する

すように。
12 彼には恵みを注ぐ者もなく、
そのみなしごをあわれむ者もいませんように。
13 その子孫は断ち切られ、
次の世代には彼らの名が消し去られますように。
14 彼の父たちの咎が、主に覚えられ、
その母の罪が消し去られませんように。
15 それらがいつも主の御前にあり、
主が彼らの記憶を地から消されますように。
16 それは、彼が愛のわざを行うことに心を留めず、
むしろ、悩む者、貧しい人、
心ひしがれた者を追いつめ、殺そうとしたからです。
17 彼はまたのろうことを愛したので、
それが自分に返って来ました。
祝福することを喜ばなかったので、
それは彼から遠く離れました。
18 彼はおのれの衣のように
のろいを身にまといました。
それは水のように彼の内臓へ、
油のように、その骨々にしみ込みました。
19 それが彼の着る着物となり、
いつも、締めている帯となりますように。
20 このことが、私をなじる者や
私のたましいについて悪口を言う者への、
主からの刑罰でありますように。
21 しかし、私の主、神よ。
どうかあなたは、御名のために
私に優しくしてください。
あなたの恵みは、まことに深いですから、
私を救い出してください。
22 私は悩み、そして貧しく、
私の心は、私のうちで傷ついています。
23 私は、伸びていく夕日の影のように去り

12 ①→詩130:7
②ヨブ5:4, イザ9:17
13 ①→詩37:9
②詩9:5, 箴10:7
14 ①詩69:27, 出20:5,
民14:18, イザ65:6, 7,
エレ32:18
②ネヘ4:5, エレ18:23
15 ①詩109:6, エレ16:17
②→詩34:16
*あるいは「名」
16 ①詩37:14
②詩37:32, 94:6
17 ①マタ7:2
18 ①詩73:6, 109:29,
エゼ7:27
②民5:22
19 ①→詩109:6
20 ①→詩109:6
*凹「サタン」
②詩41:5
②詩54:5, 94:23,
イザ3:11, IIテモ4:14
**直訳「なさること」
21 ①詩25:11,
エゼ36:22
*直訳「ことをなさる」
②詩69:16
③→詩130:7
22 ①詩40:17, 86:1
②詩143:4, ヨブ24:12
*あるいは「刺し貫かれている」
23 ①詩102:11, 144:4

24 ①ヘブ12:12
②詩35:13
25 ①詩22:6, 31:11, 44:14
②詩22:7, エレ18:16,
哀2:15
26 ①詩119:86
②→詩130:7
27 ①ヨブ37:7
28 ①IIサム16:11, 12
②イザ65:14
29 ①詩35:26, ヨブ8:22
②詩109:6
30 ①詩22:22
31 ①詩16:8, 110:5
②詩37:33

1 ①マタ22:44,
マコ12:36,
ルカ20:42, 43,
使2:34, 35, ヘブ1:13
② I コリ15:25,
エペ1:22
③マタ26:64, エペ1:20,
コロ3:1,
ヘブ1:3, 8:1, 10:12,
12:2
2 ①詩45:6, エレ48:17,
エゼ19:14
②詩72:8, ダニ7:13, 14
3 ①士5:2, ネヘ11:2
②→詩29:2, I 歴16:29
*直訳「朝の胎内から」
③詩51:12
④ II サム17:12, ミカ5:7

行き、
②
いなごのように振り払われます。
24 私のひざは、断食のためによろけ、
私の肉は脂肪がなく、やせ衰えています。
25 私はまた、彼らのそしりとなり、
彼らは私を見て、その頭を振ります。
26 わが神、主よ。私を助けてください。
あなたの恵みによって、私を救ってください。
27 こうして、これがあなたの手であること、
主よ、あなたがそれをなされたことを
彼らが知りますように。
28 彼らはのろいましょう。
しかし、あなたは祝福してください。
彼らは立ち上がると、恥を見ます。
しかしあなたのしもべは喜びます。
29 私をなじる者が侮辱をこうむり、
おのれの恥を上着として着ますように。
30 私は、この口をもって、大いに主に感謝します。
私は多くの人々の真ん中で、賛美します。
31 主は貧しい者の右に立ち、
死刑を宣告する者たちから、
彼を救われるからです。

祭司、勝利者としての王

110 ダビデの賛歌

1 主は、私の主に仰せられる。
「わたしがあなたの敵をあなたの足台とするまでは、
わたしの右の座に着いていよ。」
2 主は、あなたの力強い杖をシオンから伸ばされる。
「あなたの敵の真ん中で治めよ。」
3 あなたの民は、あなたの戦いの日に、
聖なる飾り物を着けて、夜明け前から喜んで仕える。
あなたの若者は、あなたにとっては、朝露のようだ。

ただ一つの方法である(→ロマ13:1注, 13:4注)。この祈りは歴史の終りに神が御子イエスを再び送り、あらゆる悪を滅ぼして地を治めるときに初めて完全に成就する(黙19:-22:, →詩35:1-28注)。

110:1-7 【主】は、私の主に仰せられる この詩篇はメシヤ(「油そそがれた者」、救い主、キリスト)の権威

4 主は誓い、そしてみこころを変えない。
「あなたは、メルキゼデクの例にならい、
とこしえに祭司である。」
5 あなたの右にいます主は
御怒りの日に、王たちを打ち砕かれる。
6 主は国々の間をさばき、
それらをしかばねで満たし、
広い国を治めるかしらを打ち砕かれる。
7 主は道のほとりの流れから水を飲まれよう。
それゆえ、その頭を高く上げられる。

主のすばらしいみわざ

111

1 *ハレルヤ。
私は心を尽くして主に感謝しよう。
直ぐな人のつどいと集会において。
2 主のみわざは偉大で、
みわざを喜ぶすべての人々に尋ね求められる。

4①ヘブ7:21,②民23:19
③ヘブ5:6, 10, 6:20,
7:17, ゼカ6:13
5①→詩16:8,②詩2:5,
12, ロマ2:5, 黙5:17
③詩68:14, 76:12
6①イザ2:4, ヨエ3:12,
ミカ4:3,②イザ66:24
③詩68:21
7①士7:5, 6,②詩27:6

1 *→詩104:35 *
①詩138:1,②→詩11:7
③詩89:7, 149:1
2①詩92:5

3①→詩21:5
②詩112:3, 9, 119:40,
143:1, 1, 145:7,
→詩40:10,→詩51:14,
→詩88:12,→詩98:2
4①詩86:15, 103:8,
145:8
5①→詩115:11
②マタ6:31-3
③詩105:8
6①詩135:12, 136:21, 22,
→詩37:18,→詩47:4,
→詩78:55
7①黙15:3,②→詩72:1
③詩119:27
④詩19:7, 93:5
8①詩119:160, イザ40:8,
マタ5:18,②詩19:9
9①ルカ1:68, 詩130:7
②詩99:3
10①→詩19:9,
箴1:7, 9:10

3 そのみわざは尊厳と威光。
その義は永遠に堅く立つ。
4 主は、その奇しいわざを記念とされた。
主は情け深く、あわれみ深く、
5 主を恐れる者に食べ物を与え、
その契約をとこしえに覚えておられる。
6 異邦の民のゆずりの地を、ご自分の民に与え、
彼らに、そのみわざの力を告げ知らせられた。
7 御手のわざは真実、公正、
そのすべての戒めは確かである。
8 それらは世々限りなく保たれ、
まことと正しさをもって行われる。
9 主は、御民に贖いを送り、
ご自分の契約をとこしえに定められた。
主の御名は聖であり、おそれおおい。
10 主を恐れることは、知恵の初め。
これを行う人はみな、良い明察を得る。
主の誉れは永遠に堅く立つ。

と指導性について書いている。そして祭司としての役割を果し、悪を滅ぼし地を治めることを描いている。これは明らかにイエス・キリストについての預言である(この詩篇の一部は新約聖書に7回引用されている)。ご自分が神の子であると示されたとき(マタ22:44)に主イエスは1節を当てはめられた。また弟子のペテロはキリストの指導性を強調するために1節を引用している(使2:33-35, 5:30-31, ⇒ロマ8:34, ヘブ10:13)。ヘブル5:6と6:20-7:28には、父である神が御子イエスをとこしえに祭司にされたことを証明するために4節が引用されている。

110:4 あなたは・・・とこしえに祭司である キリストを通しての成就について　→ヘブ5:5-10, 6:20-7:28
110:6 主は国々の間をさばき この詩篇は、神の国と神の目的といのちの道に敵対するものをみな滅ぼしてさばくために、戦士として地上に来られるキリストのことを描いている(→黙19:11-21)。

111:1-10 私は・・・【主】に感謝しよう この詩篇は肉体的、霊的な祝福と、神を愛しあがめる人々に神が配慮をして必要を満たしてくださることを賛美する詩篇である。詩篇の作者は心から喜びながら、個人的にだけではなく「人のつどい」(111:1)の中でも神を賛美することを決心した。教会で自発的に声に出して神を賛美することは聖書的である(→「**賛美**」の項 p.891)。

111:9 主の御名は・・・おそれおおい　「おそれおおい」(《ヘ》ノラ)と訳されることばは、「畏敬の念を引出す、偉大な名誉を受けるにふさわしい」という意味である。旧約聖書では多く使われていてほとんどの場合、神と神の名前に当てられている(申7:21, 28:58, 詩47:2, 99:3)。これは神の目的を実行して名誉を受けるのにふさわしいものや人々にも当てはめられる(⇒ロマ13:7)。神の聖さと「おそれおおい」名前について　→99:3注

111:10 【主】を恐れることは、知恵の初め　この真理は旧約聖書の知恵文書(ヨブ記、詩篇、箴言、伝道者の書)の基礎になっていて、それぞれの書物の中で強調されている(→ヨブ28:28, 箴1:7, 9:10, 伝12:13, →「**神への恐れ**」の項 p.316)。神を恐れ聖い尊敬を持つこと、そして神がどのように罪を見ておられるかを知って賢い選択をし、神に喜ばれる生き方をして神が与えられた目的を果すように人々を促している。主への真実の恐れは人々の中に神をあがめ尊敬する気持を起こす。その結果、神に逆らい、さばきをもたらすものはみな避けるようになる(神を恐れる人々への神の対応　→103:13注)。

正しい人の繁栄

112

1 *ハレルヤ。
　幸いなことよ。
　主を恐れ、その仰せを大いに喜ぶ人は。
2 その人の子孫は地上で力ある者となり、
　直ぐな人たちの世代は祝福されよう。
3 繁栄と富とはその家にあり、
　彼の義は永遠に堅く立つ。
4 主は直ぐな人たちのために、光をやみの中に輝かす。
　主は情け深く、あわれみ深く、正しくあられる。
5 しあわせなことよ。
　情け深く、人には貸し、
　自分のことを公正に取り行う人は。
6 彼は決してゆるがされない。
　正しい者はとこしえに覚えられる。
7 その人は悪い知らせを恐れず、
　主に信頼して、その心はゆるがない。
8 その心は堅固で、恐れることなく、
　自分の敵をものともしないまでになる。
9 彼は貧しい人々に惜しみなく分け与えた。
　彼の義は永遠に堅く立つ。
　その角は栄光のうちに高く上げられる。
10 悪者はそれを見ていらだち、
　歯ぎしりして溶け去る。
　悪者の願いは滅びうせる。

---

1 *→詩104:35 *
　①詩119:1, 2, 127:5, 128:1, 137:8, 9, 144:15, 146:5, →詩1:1,
　→詩65:4, →詩84:4,
　→詩94:12, ②→詩119:32
2①→詩11:7, ②詩128:4
3①箴3:16, 8:18
　②→詩111:3
4①→詩11:7, ②詩18:28, 詩25:15, ③→詩86:15
5①→詩25:13
　②詩37:21, 26
6①詩125:1, →詩15:5, →詩55:22
　②→詩146:8, 箴10:7
7①詩57:7, 108:1
8→ヘブ13:9, ②詩27:1, 56:11, 箴3:24, イザ12:2
③→詩54:7
*直訳「ながめる」
9①Ⅱコリ9:9:17, ②→詩111:3, ②詩132:17, 148:14, →詩18:2, →詩75:4, →詩92:10
④→詩84:11
10①→詩147:6, ②詩35:16, 37:12, マタ8:12, 25:30, ルカ13:28
③詩58:7, ④詩140:8, ヨブ8:13, 箴10:28, 11:7
⑤→詩1:6

1①詩135:1
　*→詩104:35 *
　②詩34:22, 69:36, 79:10, 90:13
2①詩145:21, ダニ2:20
3①詩50:1, 104:19
　②詩18:3, 48:1
4①詩97:9, 99:2, 138:6
　②詩102:15
5①→詩35:10, 出15:11
7①Ⅰサム2:8, 詩107:41
　*あるいは「灰捨て場」
8①ヨブ36:7
9①Ⅰサム2:5, イザ54:1, 詩68:6, 107:41
　*→詩104:35 *

1①出13:3

神への賛美の歌

113

① *ハレルヤ。
　主のしもべたちよ。ほめたたえよ。
　主の御名をほめたたえよ。
2 今よりとこしえまで、
　主の御名はほめられよ。
3 日の上る所から沈む所まで、
　主の御名がほめたたえられるように。
4 主はすべての国々の上に高くいまし、
　その栄光は天の上にある。
5 だれが、われらの神、主のようであろうか。
　主は高い御位に座し、
6 身を低くして天と地をご覧になる。
7 主は、弱い者をちりから起こし、
　貧しい人をあくたから引き上げ、
8 彼らを、君主たちとともに、
　御民の君主たちとともに、王座に着かせられる。
9 主は子を産まない女を、
　子をもって喜ぶ母として家に住まわせる。
　*ハレルヤ。

詩135:1-4

出エジプトの神

114

1 イスラエルがエジプトから、

112:1-10 幸いなことよ。・・・人 この詩篇は神を恐れ、神の基準に従って生きている人が期待できる祝福について歌っている。神をあがめ、文書になった神のことば(聖書)の中にある命令に喜んで従って生きる人々を神は祝福すると約束される(112:1, ⇒119:)。

112:1 その仰せを大いに喜ぶ 神を恐れる人にとって最も重要なことは神がたたえられ、神の目的が地上で実現することである(⇒マタ6:10)。神を恐れる人々は神の律法と命令を愛する。なぜならそれはこの世界があざけり拒むけれども、神の義と真理と生きる道を示しているからである(112:10, →ヘブ1:9注)。

112:3 繁栄と富 神に忠実な人々のしあわせについて →Ⅲヨハ1:2注

112:7 悪い知らせを恐れず 詩篇の作者は問題の中にいても恐れや心配に打ちひしがれていない。なぜな ら自分自身や周りの環境ではなく、主を信頼しているからである(⇒37:)。

113:-118: 過越の詩篇 ユダヤ人は毎年行われる過越の祭りでこの詩篇を使った。最初の二つは食前に歌われ、あとの四つは食後に歌われた(→「過越」の項p.142)。イエス・キリストは死の数時間前に弟子たちと最後の晩餐(過越の食事)をしたあと、最後にこれらの詩篇を歌われたようである(⇒マタ26:30, マコ14:26)。これらの詩篇はヘブル語の「ハレルヤ」(字義的には「主をほめたたえよ」113:1)ということばで始まっているので、ユダヤ人は「ハレル(賛美)」と呼ぶようになった。

113:1-9 【主】の御名をほめたたえよ この詩篇はへりくだった人に神が恵み(受けるにふさわしくない好意、祝福、あわれみ、助け)を与え(⇒ヤコ4:6, 10, Ⅰペテ

ヤコブの家が異なることばの民のうちから、
出て来たとき、
2 ユダは神の聖所となり、
イスラエルはその領地となった。

3 海は見て逃げ去り、
ヨルダン川はさかさに流れた。
4 山々は雄羊のように、丘は子羊のように、はねた。
5 海よ。なぜ、おまえは逃げ去るのか。
ヨルダン川よ。なぜ、さかさに流れるのか。
6 山々よ。おまえはなぜ雄羊のようにはねるのか。
丘よ。なぜ子羊のようにはねるのか。

7 地よ。主の御前におののけ。
ヤコブの神の御前に。
8 神は、岩を水のある沢に変えられた。
堅い石を水の出る泉に。

栄光は神にだけある
115:4-11　並行記事－135:15-20

115

1 私たちにではなく、主よ、私たちにではなく、
あなたの恵みとまことのために、
栄光を、ただあなたの御名にのみ帰してください。

2 なぜ、国々は言うのか。

2①詩78:68, 69,
出15:17, 29:45, 46
②出19:6
3①詩77:16
②ヨシ3:13, 16
4①詩18:7
②詩29:6, 出19:18,
士5:5, ハバ3:6
6①詩18:7
7①詩96:9
8①詩78:15, 105:41,
107:35, 出17:6,
民20:11, 申8:15

1①イザ48:11,
エゼ36:22
②詩25:10, →詩130:7
③→詩96:7
④詩29:2, 96:8

2①→詩42:3, ミカ7:10
3①詩103:19
②詩135:6, ダニ4:35
4①詩115:4-8,
135:15-18
②申4:28, Ⅱ列19:18,
イザ37:19, 44:10,
エレ10:3-5
8①詩135:18
9①詩118:2, 135:19
②詩37:3, 62:8
③詩33:20
④→詩3:3
10①詩118:3, 135:19
11①詩111:5, 115:13,
118:4, 119:74, 79,
128:4, 135:20, 145:19,
147:11, →詩33:18,
→詩60:4, →詩85:9,
→詩103:11
13①詩115:11
14①申1:11

「彼らの神は、いったいどこにいるのか」
と。
3 私たちの神は、天におられ、
その望むところをことごとく行われる。
4 彼らの偶像は銀や金で、人の手のわざである。
5 口があっても語れず、目があっても見えない。
6 耳があっても聞こえず、鼻があってもかげない。
7 手があってもさわれず、足があっても歩けない。
のどがあっても声をたてることもできない。
8 これを造る者も、
これに信頼する者もみな、これと同じである。

9 イスラエルよ。主に信頼せよ。
この方こそ、彼らの助け、また盾である。
10 アロンの家よ。主に信頼せよ。
この方こそ、彼らの助け、また盾である。
11 主を恐れる者たちよ。主に信頼せよ。
この方こそ、彼らの助け、また盾である。
12 主はわれらを御心に留められた。
主は祝福してくださる。
イスラエルの家を祝福し、
アロンの家を祝福し、
13 主を恐れる者を祝福してくださる。
小さな者も、大いなる者も。
14 主があなたがたをふやしてくださるように。
あなたがたと、あなたがたの子孫とを。

5:5-7)、貧しい人、困窮している人に同情する(→ルカ7:13注、Ⅰテモ5:9注、→「**貧困者への配慮**」の項 p.1510)という聖書の二重の原則を再び歌っている。

115:1　私たちにではなく・・・栄光を、ただあなたの御名にのみ帰してください　栄光を自分のために求めてはならない。いつでも神をあがめ神の栄光を世界に示すことが愛の奉仕である。キリストとキリストの教会に恥や不名誉をもたらさないように生きることが必要である(⇒マタ5:14-16、Ⅰコリ6:20)。そして日々の生活と模範によってほかの人々をキリストに引付け、全生涯をキリストにゆだねるように導かなければならない。このように生きるなら、人々から「彼らの神は、いったいどこにいるのか」と言われたり、疑問を持たれたりすることはないはずである。キリストに従う人々の生活の中にキリストの姿がはっきりと見えるからである。

115:9　【主】に信頼せよ　目に見えるものではなく神に信頼する人は(115:4-8)、主から助けと保護を受けることができる(115:9-11)。神のあわれみとさばきをいつも考えながら生活する人々を神は知っておられ、その人々を祝福すると約束された(115:12-15)。神は天で治めておられるけれども、地上の人間に権威をゆだねられ(115:16)、その人々とともにまたその人々を通して働かれる。

¹⁵あなたがたが主によって祝福されるように。
主は、天と地を造られた方である。
¹⁶天は、主の天である。
しかし、地は、人の子らに与えられた。
¹⁷死人は主をほめたたえることがない。
沈黙へ下る者もそうだ。
¹⁸しかし、私たちは、今よりとこしえまで、
主をほめたたえよう。ハレルヤ。

死からの救い
116

¹ 私は主を愛する。
主は私の声、私の願いを聞いてくださるから。
² 主は、私に耳を傾けられるので、
私は生きるかぎり主を呼び求めよう。
³ 死の綱が私を取り巻き、
よみの恐怖が私を襲い、
私は苦しみと悲しみの中にあった。
⁴ そのとき、私は主の御名を呼び求めた。
「主よ。どうか私のいのちを助け出してください。」
⁵ 主は情け深く、正しい。
まことに、私たちの神はあわれみ深い。
⁶ 主はわきまえのない者を守られる。
私がおとしめられたとき、私をお救いになった。
⁷ 私のたましいよ。おまえの全きいこいに戻れ。
主はおまえに、良くしてくださったからだ。
⁸ まことに、あなたは私のたましいを死から、
私の目を涙から、
私の足をつまずきから、救い出されました。
⁹ 私は、生ける者の地で、主の御前を歩み進もう。
¹⁰「私は大いに悩んだ」と言ったときも、
私は信じた。
¹¹私はあわてて
「すべての人は偽りを言う者だ」と言った。
¹²主が、ことごとく私に
良くしてくださったことについて、
私は主に何をお返ししようか。
¹³私は救いの杯をかかげ、
主の御名を呼び求めよう。
¹⁴私は、自分の誓いを主に果たそう。
ああ、御民すべてのいる所で。
¹⁵主の聖徒たちの死は主の目に尊い。
¹⁶ああ、主よ。私はまことにあなたのしもべです。
私は、あなたのしもべ、あなたのはための子です。
あなたは私のかせを解かれました。
¹⁷私はあなたに感謝のいけにえをささげ、
主の御名を呼び求めます。
¹⁸私は自分の誓いを主に果たそう。
ああ、御民すべてのいる所で。
¹⁹主の家の大庭で。エルサレムよ。あなたの真ん中で。

116:1-19　私は主を愛する　この詩篇は死から救ってくださったことを主に感謝している。問題と苦しみの中にいたけれども、主に救われて死や大きな災害から救われた人々がするべき模範的な賛美がここにある。

116:12　私は・・・何をお返ししようか　主によって霊的に救われたことを心から感謝している人々は、その気持を愛(116:1)や忠誠心(116:2)、正しい生き方(116:9)や感謝のささげもの、神への堅い献身(116:14)などをもって具体的に表す。

116:15　主の聖徒たちの死は・・・尊い　(1) 主は忠実な人々の生涯を注意深く見守っておられる。(2) 神はその人々の死の情況を調整される(ロマ8:28, 35-39)。(3) その人々が死ぬときに神はそばにおられる。(4) その人々の死は神にとって大変価値のあるものである。それはあらゆる悪から解放されて、この世の生活から勝利の中に取出されて主イエスに顔と顔を合せて会うことのできる天に入れられるときである(→ピリ1:21注, →「死」の項 p.850)。

＊ハレルヤ。

神の変わらない愛への賛美
117

1 すべての国々よ。主をほめたたえよ。
  すべての民よ。主をほめ歌え。
2 その恵みは私たちに大きく、
  主のまことはとこしえに。
＊ハレルヤ。

主のあわれみ
118

1 主に感謝せよ。
  主はまことにいつくしみ深い。
  その恵みはとこしえまで。
2 さあ。イスラエルよ、言え。
  「主の恵みはとこしえまで」と。
3 さあ。アロンの家よ、言え。
  「主の恵みはとこしえまで」と。
4 さあ。主を恐れる者たちよ、言え。
  「主の恵みはとこしえまで」と。
5 苦しみのうちから、私は主を呼び求めた。
  主は、私に答えて、私を広い所に置かれた。
6 主は私の味方。私は恐れない。
  人は、私に何ができよう。
7 主は、私を助けてくださる私の味方。
  私は、私を憎む者をものともしない。
8 主に身を避けることは、
  人に信頼するよりもよい。
9 主に身を避けることは、
  君主たちに信頼するよりもよい。
10 すべての国々が私を取り囲んだ。
  確かに私は主の御名によって、彼らを断ち切ろう。
11 彼らは私を取り囲んだ。まことに、私を取り囲んだ。
  確かに私は主の御名によって、彼らを断ち切ろう。
12 彼らは蜂のように、私を取り囲んだ。
  しかし、彼らはいばらの火のように消された。
  確かに私は主の御名によって、彼らを断ち切ろう。
13 おまえは、私をひどく押して倒そうとしたが、
  主が私を助けられた。
14 主は、私の力であり、ほめ歌である。
  主は、私の救いとなられた。
15 喜びと救いの声は、正しい者の幕屋のうちにある。
  主の右の手は力ある働きをする。
16 主の右の手は高く上げられ、
  主の右の手は力ある働きをする。
17 私は死ぬことなく、かえって生き、
  そして主のみわざを語り告げよう。
18 主は私をきびしく懲らしめられた。
  しかし、私を死に渡されなかった。
19 義の門よ。私のために開け。
  私はそこから入り、主に感謝しよう。
20 これこそ主の門。正しい者たちはこれより入る。
21 私はあなたに感謝します。あなたが私に答えられ、

117:1 すべての国々よ パウロはこの節をローマ15:11に引用している。そして神が霊的な救い（御子イエス・キリストの犠牲による神との個人的な関係）を「すべての国々」の民に与えると旧約聖書は預言し期待していたと証明している（⇒67:）。

118:1-29 その恵みはとこしえまで この詩篇は主の民に対する主の尽きない愛を賛美している。主イエスと弟子たちがゲッセマネの園に行く前に最後に歌ったのはこの詩篇だったと思われる。主イエスはそこで捕えられて死に向かうのである（⇒マタ26:30, マコ14:26）。これはまたキリストが歴史の終りに来て悪の力を砕き、世界を治められるときにも歌われると思われる（118:26とマタ23:39を比較）。この詩篇を読むとき、キリストが最後にこれを歌われたときに何を考えておられたか考えてみるとよい。

118:6 【主】は私の味方 主を避け所にして安全を主に求める人に、主はともにおられて助けと力を与えてくださることが保証されている（118:7, 14, ヨシ1:9, エレ1:8, →出3:14注）。

私の救いとなられたからです。
22 家を建てる者たちの捨てた石。
　それが礎の石になった。
23 これは主のなさったことだ。
　私たちの目には不思議なことである。
24 これは、主が設けられた日である。
　この日を楽しみ喜ぼう。

25 ああ、主よ。どうぞ救ってください。
　ああ、主よ。どうぞ栄えさせてください。

26 主の御名によって来る人に、祝福があるように。
　私たちは主の家から、あなたがたを祝福した。
27 主は神であられ、私たちに光を与えられた。
　枝をもって、祭りの行列を組め。
　祭壇の角のところまで。

21 ①詩118:14
22 ①マタ21:42、
　マコ12:10, 11,
　ルカ20:17, 使4:11,
　エペ2:20, Ⅰペテ2:7
24 ①詩31:7
25 ①詩106:47
　②詩122:6,7
26 ①マタ21:9, 23:39,
　マコ11:9, ルカ13:35,
　19:38, ヨハ12:13
27 ①Ⅰ列18:39, ②詩18:28,
　27:1, エス8:16,
　Ⅰペテ2:9, ③出27:2

28 ①詩63:1, 140:6
　②出15:2, イザ25:1
29 ①→詩106:1, ②→詩52:9
　③→詩130:7

1 ①→詩112:1
　②詩18:30, 箴11:20,
　13:6, ③→詩119:150
　④詩128:1, エゼ11:20,
　18:17, ミカ4:2
2 ①→詩112:1, ②詩119:
　14, 22, 31, 36, 46, 59, 79,
　88, 95, 99, 111, 119, 125,
　129, 138, 144, 146, 157,
　167, 168, →詩78:5
3 ①申6:5, 10:12, 11:13,
　13:3, 30:2, ④→詩9:10,
　申4:29
5 ①Ⅰヨハ3:9, 5:18

28 あなたは、私の神。私はあなたに感謝します。
　あなたは私の神、私はあなたをあがめます。
29 主に感謝せよ。主はまことにいつくしみ深い。
　その恵みはとこしえまで。

119

א アーレフ

神のみおしえを守る人

1 幸いなことよ。
　全き道を行く人々、
　主のみおしえによって歩む人々。
2 幸いなことよ。
　主のさとしを守り、
　心を尽くして主を尋ね求める人々。
3 まことに、彼らは不正を行わず、
　主の道を歩む。

118:22-23 捨てた石 主イエスはこの節をご自分に当てはめられた。それはご自分の民によって捨てられたけれども、後に神の新しい家である教会の土台の石になられたからである（マタ21:42、マコ12:10、ルカ20:17、使4:11、エペ2:20、Ⅰペテ2:7）。

118:24 これは・・・日である ここで言われている「日」は文の前後関係を見ると、救いの日（約束されたメシヤが人々の救いのためにいのちを与えられる日）だとわかる。この詩篇は神が与えられた具体的勝利や霊的勝利を祝うために用いられたと思われる。

118:25 どうぞ救ってください この言い方（《ヘ》ホシアナ）はギリシヤ語訳で「ホサナ」ということばになった。そして罪のためにキリストが犠牲を払うことによって与えられる救いを預言している（⇒118:26-27）。主イエスが最後にエルサレムに入られたときに喜び祝う群集たちはこれを歌った（⇒マタ21:9）。

119:1-176 全き道を行く この詩篇は文書になった神のことば（聖書）に対する深く強い愛を表している。そしてみことばを約束、命令、導き、あかし、教え、知恵、真理、義、矯正、叱責として扱っている。またみことばは詩篇の作者の慰め、守り、宝、生活の規則、心とたましいの喜び、あらゆる必要の源であるとしている。

（1）詩篇の作者は神のことばを読み、口ずさみ、祈り、黙想することによって神への深い愛を表現した。神のことばに対する愛が私たちのうちで増し加わるときに、恵み（受けるにふさわしくない神の好意と助けと祝福）と義（正しく生き、神との正しい関係を保つように神が力を与えられる）において成長すると作者は教えている。

（2）この詩篇はアルファベットによる文字並べの詩篇と呼ばれている。それはそれぞれ8節からなる22連（詩の区分）がヘブル語のアルファベット順になっているからである。そしてそれぞれの連の各節はみなその連の同じ文字で始まっている。

119:1 幸いなことよ 神のことばの基準、導き、教え、命令、約束に従って生きる決心をした人々を神は寛大に祝福すると約束された。その人々は神との個人的な交わり（⇒創26:3）を持ち、力と助けと守りを体験する（エペ3:16、コロ1:11、→ルカ24:50注）。

119:1 みおしえ みおしえ（《ヘ》トーラー）は神の民に対する神の教え全体を表している。またモーセ五書（旧約聖書の最初の5冊 →「**旧約聖書の律法**」の項p.158）や旧約聖書全体を指すこともある。

119:2 さとし 神の「さとし」（《ヘ》エードート）は旧約聖書全体を通しての契約の要求、神の選びの民、特にイスラエルのための指針とご計画を表している。このさとしの道徳的、倫理的原則は今日キリストに従う人々にも適用される。これは神との正しい関係をどのようにして保つことができるかを描いている。

119:3 道 神の道（《ヘ》デレク）は神がどのように働き、神の民との関係を持たれるかを描いている。神が

4 あなたは堅く守るべき戒めを仰せつけられた。
5 どうか、私の道を堅くしてください。
あなたのおきてを守るように。
6 そうすれば、私はあなたのすべての仰せを見ても
恥じることがないでしょう。
7 あなたの義のさばきを学ぶとき、
私は直ぐな心であなたに感謝します。
8 私は、あなたのおきてを守ります。
どうか私を、見捨てないでください。

4 ①→詩119:27, 申4:13, ネヘ9:13
5 ①詩40:2, 箴4:26
②→詩119:64, 申12:1, Ⅱ歴7:17
6 ①→詩119:32
②詩119:80
7 ①→詩9:4, →詩118:19
②詩119:20,30,39,43,75, 84, 106, 108, 120, 137, 160, 164, 171, 175, 122:5, 140:12, 143:2, 146:7, 147:19, 20, 149:9,
→詩36:6, →詩48:11,
→詩76:9, →詩94:15
③詩119:62
8 ①詩38:21,71:9, 18, 138:8
9 ①Ⅰ列2:4,8:25,Ⅱ歴6:16
10 ①詩119:2, 145
②→詩119:10, →詩119:32
③詩119:21, 110, 118
11 ①詩37:31, 40:8, ルカ2:19, 51
12 ①→詩119:64, ②詩119:26, 64,68,108,124,135,171
13 ①詩119:72

ベース
みことばの実、純粋性
9 どのようにして若い人は自分の道をきよく保てるでしょうか。
あなたのことばに従ってそれを守ることです。
10 私は心を尽くしてあなたを尋ね求めています。
どうか私が、あなたの仰せから迷い出ないようにしてください。
11 あなたに罪を犯さないため、
私は、あなたのことばを心にたくわえました。
12 主よ。あなたは、ほむべき方。
あなたのおきてを私に教えてください。
13 私は、このくちびるで、あなたの御口の

14 ①→詩119:132, ③詩40:9
②→詩119:2, ③詩119:111, 162
15 ①→詩119:27, ②詩119:23, 48, 78, 97, 99, 148, 1:2, ③詩25:4, 27:11, イザ58:3
16 ①→詩119:64, ②詩119:24, 35, 47, 70, 77, 92, 143, 174, ③詩119:93, 153
17 ①詩13:6
18 ①→詩119:150
19 ①詩39:12, 119:54, 創47:9, レビ25:23, Ⅰ歴29:15, ヘブ11:13
②→詩119:32
20 ①→詩119:40, 131
21 ①→詩119:32
②詩37:22, 申27:26
④詩68:30
22 ①詩119:39

決めたことをことごとく語り告げます。
14 私は、あなたのさとしの道を、
どんな宝よりも、楽しんでいます。
15 私は、あなたの戒めに思いを潜め、
あなたの道に私の目を留めます。
16 私は、あなたのおきてを喜びとし、
あなたのことばを忘れません。

ギメル
みおしえを見る目
17 あなたのしもべを豊かにあしらい、私を生かし、
私があなたのことばを守るようにしてください。
18 私の目を開いてください。
私が、あなたのみおしえのうちにある奇しいことに目を留めるようにしてください。
19 私は地では旅人です。
あなたの仰せを私に隠さないでください。
20 私のたましいは、いつもあなたのさばきを慕い、
砕かれています。
21 あなたは、あなたの仰せから迷い出る高ぶる者、
のろわるべき者をお叱りになります。
22 どうか、私から、そしりとさげすみを取り去ってください。

霊的に人々を救い、ご自分との個人的な関係に引戻すご計画を実行するための原則が示されている。神の方法は人の知恵や価値観とは相容れない（普通は全く反対である）(→イザ55:8-9)。言い換えると、神のご計画と原則はしばしば人間の普通の考えでは理解できない。したがって謙遜になって神に真理と目的を示していただき、神のことばを信仰によって受取って、神の道が最善であると信頼しなければならない。

119:4 戒め 神の戒め（《ヘ》ピクディーム）は主からの詳しい指示のことである。

119:5 おきて 神のおきて（《ヘ》フッキーム）は神の民に対する個人的、また社会全体の直接的な規則のことである。

119:5 私の道を堅くしてください。あなたのおきてを守るように 神を信じる人々は、妥協することなく神のご計画に従うための力と助けとをいつも神に求めるべきである。人間は神の助けと内に住まわれる聖霊の力がなければ神とおきてに対して忠実になれないから、このような祈りが必要である(→マタ7:21注)。

119:6 仰せ 神の仰せ（《ヘ》ミツワー）は神の権威とご計画、神の民に対する神の思いを表現した規則や規定のことである。それは必ずしもいつも明瞭ではないけれども、人々の益となり人々を守るために与えられている。人々が仰せに従うことを神は期待しておられる。

119:9 ことば 神のことば（《ヘ》ダーバール）は文書になった神の一般啓示を表すとともに、神のことばの中に啓示された明らかな命令や約束のことである。

119:9 どのようにして若い人は自分の道をきよく保てるでしょうか 神に従う人々はどのようにして汚れのない生活をし、現在生活している社会（不道徳を特徴としている）の影響に抵抗し、自分自身を道徳的、霊的に清く保つことができるのだろうか。この詩篇の第二連は1節ごとに次の八つの方法を挙げている。

詩篇 119篇

私はあなたのさとしを守っているからです。
23 たとい君主たちが座して、
　私に敵対して語り合っても
　あなたのしもべは
　あなたのおきてに思いを潜めます。
24 まことに、あなたのさとしは私の喜び、
　私の相談相手です。

　ד　ダーレス
みことばを悟るための祈り

25 私のたましいは、ちりに打ち伏しています。
　あなたのみことばのとおりに
　私を生かしてください。
26 私は私の道を申し上げました。
　すると、あなたは、私に答えてくださいました。
　どうか、あなたのおきてを私に教えてください。
27 あなたの戒めの道を私に悟らせてください。
　私が、あなたの奇しいわざに
　思いを潜めることができるようにしてください。
28 私のたましいは悲しみのために涙を流しています。
　みことばのとおりに私を堅くささえてください。
29 私から偽りの道を取り除いてください。
　あなたのみおしえのとおりに、
　私をあわれんでください。
30 私は真実の道を選び取り、
　あなたのさばきを私の前に置きました。

22 ②→詩119:2
23 ①→詩119:161
　②→詩119:64
　③→詩119:15
24 ①→詩119:2
　②→詩119:16
25 ①詩44:25, 119:107
　②→詩119:65
　③詩119:37, 40, 88, 93, 107, 149, 154, 156, 159, 71:20
26 ①→詩119:64
　②→詩119:12
27 ①詩119:8, 103:18, 111:7, 119:4, 15, 40, 45, 56, 63, 69, 78, 93, 94, 100, 104, 110, 128, 134, 141, 159, 168, 173
　②→詩105:2
28 ①詩22:14, 107:26
　②詩20:2, Ⅰペテ5:10
29 ①→詩119:150
30 ①→詩119:7
　＊「私の前に」は補足

31 ①→詩119:2
　②→詩119:116
32 ①詩19:8, 78:7, 112:1, 119:6, 10, 19, 21, 35, 47, 48, 60, 66, 73, 86, 96, 98, 115, 127, 131, 143, 151, 166, 172, 176
　②Ⅰ列4:29, イザ60:5, Ⅱコリ6:11, 13
33 ①→詩119:64
34 ①詩119:27, 73, 125, 144, 169
　②→詩119:150, Ⅰ列22:12, エゼ44:24
　③詩119:2, 69
35 ①→詩25:4, イザ40:14
　③詩119:16, 112:1
36 ①→詩119:2
　②Ⅰ列8:58
　③ルカ12:15, ヘブ13:5
　＊「不正な」は補足
37 ①イザ33:15
　②詩119:25, 71:20
38 ①Ⅱサム7:25
　②詩19:9
39 ①詩119:22
　②詩119:7
40 ①→詩119:27
　②詩119:20
　③詩111:3

31 私は、あなたのさとしを堅く守ります。
　主よ。どうか私をはずかしめないでください。
32 私はあなたの仰せの道を走ります。
　あなたが、私の心を広くしてくださるからです。

　ה　ヘー
主の道を生きること

33 主よ。あなたのおきての道を
　私に教えてください。
　そうすれば、私はそれを終わりまで守りましょう。
34 私に悟りを与えてください。
　私はあなたのみおしえを守り、
　心を尽くしてそれを守ります。
35 私に、あなたの仰せの道を踏み行かせてください。
　私はその道を喜んでいますから。
36 私の心をあなたのさとしに傾かせ、
　不正な利得に傾かないようにしてください。
37 むなしいものを見ないように私の目をそらせ、
　あなたの道に私を生かしてください。
38 あなたのことばを、あなたのしもべに果たし、
　あなたを恐れるようにしてください。
39 私が恐れているそしりを取り去ってください。
　あなたのさばきはすぐれて良いからです。
40 このとおり、私は、あなたの戒めを慕っています。
　どうかあなたの義によって、私を生かし

---

(1) 神のことばである聖書に一生涯忠実であり続けるという堅い、妥協のない決心をすることによって。(2) 祈りによって神に頼ることを表すことによって。(3) 神のことばを心に蓄えることによって。(4) 導きを神に求めることによって。(5) 大胆に神の真理に立つことによって。(6) 神が言われることを喜ぶことによって。(7) この世のやり方とは違う神の方法による結果を考えることによって。(8) みことばを読むことや学ぶことができないほど忙しくならないようにすることによって。

119:23　君主たちが座して、私に敵対して語り合っ

ても　神のことばの中にある真理と義の基準に従って生きようとしたときに、あざけり、無礼、憎悪、中傷などを受けて苦しんだと詩篇の作者は証言している。けれどもこのような反対を受けても神の道に従って生活することをやめなかった。キリストとみことばに忠実な人々は今日も批判され、あざけられることを覚悟するべきである。またこの世の慣習に同調するキリスト者からも視野が狭く律法主義者、過激主義者として見られ、神のことばに従うのを妨げられるかもしれない(→マタ5:10注, ルカ6:22注)。

119:27　あなたの戒めの道を私に悟らせてください

ワーウ

神のみおしえによる救い

41 主よ。あなたの恵みと、あなたの救いとが、
　みことばのとおりに、私にもたらされますように。
42 こうして、私をそしる者に対して、
　私に答えさせてください。
　私はあなたのことばに信頼していますから。
43 私の口から、真理のみことばを
　取り去ってしまわないでください。
　私は、あなたのさばきを待ち望んでいますから。
44 こうして私は、あなたのみおしえを
　いつも、とこしえまでも、守りましょう。
45 そうして私は広やかに歩いて行くでしょう。
　それは私が、あなたの戒めを求めているからです。
46 私はまた、あなたのさとしを王たちの前で述べ、
　しかも私は恥を見ることはないでしょう。
47 私は、あなたの仰せを喜びとします。
　それは私の愛するものです。
48 私は私の愛するあなたの仰せに手を差し伸べ、

41 ①→詩130:7
　②詩119:58, 76, 116, 170
42 ①箴27:11
43 ①→詩119:7
　②詩119:49, 74, 81, 114, 147
44 ①→詩119:150
　②詩119:33
45 ①→詩119:27
　②詩94, 155
46 ①→詩119:2
　②マタ10:18, 使26:1, 2
　③詩119:7
47 ①→詩119:32
　②詩119:16
　③詩119:97, 119, 127, 159, 163
48 ①→詩119:32
　②→詩119:64
　③→詩119:15
49 ①→詩119:43
50 ①ヨブ6:10, ロマ15:4
51 ①ヨブ30:1, エレ20:7
　②→詩119:150
　③詩119:157, 44:18, ヨブ23:11
52 ①詩81:4, 89:30, 119:91, 102
53 ①→詩119:150
　②詩119:61, 95, 110, 119, 155, →詩147:6
54 ①詩119:19, 創47:9
55 ①詩119:62, 42:8, 92:2, イザ26:9, 使16:25
　②詩63:6
　③→詩119:150
56 ①→詩119:27

　あなたのおきてに思いを潜めましょう。

ザイン

神のみおしえにある慰め

49 どうか、あなたのしもべへのみことばを
　思い出してください。
　あなたは私がそれを待ち望むようになさいました。
50 これこそ悩みのときの私の慰め。
　まことに、みことばは私を生かします。
51 高ぶる者どもは、ひどく私をあざけりました。
　しかし私は、あなたのみおしえからそれませんでした。
52 主よ。
　私は、あなたのとこしえからの定めを思い出し、
　慰めを得ました。
53 あなたのみおしえを捨てる悪者どものために、
　激しい怒りが私を捕らえます。
54 あなたのおきては、私の旅の家では、
　私の歌となりました。
55 主よ。私は、夜には、あなたの御名を思い出し、
　また、あなたのみおしえを守っています。
56 これこそ、私のものです。
　私があなたの戒めを守っているからです。

人間の心は神に反抗する傾向があるので神の助けなしにはみことばを十分に理解することができない（119：26-27, 29）。したがって神が聖霊を通して神の臨在に気付かせてくださり、神の真理を学び理解できるように助けてくださることを祈り続けなければならない（→ヨハ14:17注、Ⅰヨハ2:27注）。

119:47-48 私は、あなたの仰せを喜びとします・・・私の愛するものです 119篇が強調している点は、神のことばを心から喜ぶことと愛することである。

（1）神のことばを読み、従うときに心に喜びが与えられる。聖書を読み、聖書を理解してキリストの仰せに従いたいと真剣に望むときに（119:20, 24, 40, 60）、聖霊は神の愛をさらに深く啓示してくださる（→ヨハ14:15-17, 21, 23, ロマ5:5注）。また神のことばの真理を理解するのを助け、さらに大きな喜びを与えてくださる（⇒ヨハ15:10-11）。

（2）神のことばと接する時間を楽しみ喜びとする人はさらに神を愛するようになり、神が持っておられるご計画に従いたいと強く願うようになる。神を愛する人は（119:132）、神の特性と目的を啓示しているみことばをも愛する。神のことばを知り、それに従うなら、神と一つになり（ロマ6:5）、啓示された神の真理に対する愛と献身が心の中に強められていく。

119:50 悩みのときの私の慰め・・・みことば 神に忠実な人々が問題や悲しみの中にあるときに神のことばが（聖霊の働きによって強められ、活性化され）慰めと希望と力をもたらすように神は定められた。神のことばは生きていて力があるので（⇒ヘブ4:12）、その中にとどまり、それに従って生きるなら、霊的、肉体的、感情的、そのほか様々なかたちで人々を再び生かし回復する力を持っている（⇒ヨハ14:27）。問題に直面したとき、キリスト者は神と神のことばに立返

ﾍｰｽ

主は私たちの受ける分

57 主は私の受ける分です。
　私は、あなたのことばを守ると申しました。
58 私は心を尽くして、あなたに請い求めます。
　どうか、みことばのとおりに、
　私をあわれんでください。
59 私は、自分の道を顧みて、
　あなたのさとしのほうへ私の足を向けました。
60 私は急いで、ためらわずに、
　あなたの仰せを守りました。
61 悪者の綱が私に巻き付きましたが、
　私は、あなたのみおしえを忘れませんでした。
62 真夜中に、私は起きて、
　あなたの正しいさばきについて感謝します。
63 私は、あなたを恐れるすべての者と、
　あなたの戒めを守る者とのともがらです。
64 主よ。地はあなたの恵みに満ちています。
　あなたのおきてを私に教えてください。

テース

苦しみを通して教えられる神のみおしえ

65 主よ。あなたは、みことばのとおりに、
　あなたのしもべに良くしてくださいました。
66 よい分別と知識を私に教えてください。
　私はあなたの仰せを信じていますから。
67 苦しみに会う前には、私はあやまちを犯しました。
　しかし今は、あなたのことばを守ります。
68 あなたはいつくしみ深くあられ、
　いつくしみを施されます。
　どうか、あなたのおきてを私に教えてく

ださい。
69 高ぶる者どもは、私を偽りで塗り固めましたが、
　私は心を尽くして、あなたの戒めを守ります。
70 彼らの心は脂肪のように鈍感です。
　しかし、私は、あなたのみおしえを喜んでいます。
71 苦しみに会ったことは、私にとってしあわせでした。
　私はそれであなたのおきてを学びました。
72 あなたの御口のおしえは、私にとって
　幾千の金銀にまさるものです。

ヨード

みおしえの確信

73 あなたの御手が私を造り、私を形造りました。
　どうか私に、悟りを与えてください。
　私があなたの仰せを学ぶようにしてください。
74 あなたを恐れる人々は、私を見て喜ぶでしょう。
　私が、あなたのことばを待ち望んでいるからです。
75 主よ。私は、あなたのさばきの正しいことと、
　あなたが真実をもって私を悩まされたことを
　知っています。
76 どうか、あなたのしもべへのみことばのとおりに、
　あなたの恵みが私の慰めとなりますように。
77 私にあなたのあわれみを臨ませ、
　私を生かしてください。

57①→詩16:5
58①→詩119:2
　②→詩119:41
　③→詩6:2, 41:4, 56:1, 57:1
59①→詩119:2
60①→詩119:32
61①→詩119:53, 129:4
　②→詩140:5, ヨブ36:8
　③→詩119:150
　④→詩119:83, 141, 153, 176
62①→詩119:55
　②→詩119:7
63①→詩119:27
64①→詩33:5
　②→詩130:7
　③→詩50:16, 81:4, 89:31, 94:20, 99:7, 105:10, 45, 119:5, 8, 12, 16, 23, 26, 33, 48, 54, 68, 71, 80, 83, 112, 117, 118, 124, 135, 145, 155, 171, 147:19
65①→詩119:25, 169
66①→ピリ1:9
　②→詩119:32
67①→詩119:71, 75, エレ31:18, 19, ヘブ12:5-11
68①→詩52:9
　②→詩51:18
　③→詩119:64

69①→詩119:27
70①→詩17:10, 申32:15, ヨブ15:27, イザ6:10, エレ5:28
　②→詩119:150
　③→詩119:16
71①→詩119:67, 75
　②→詩25:13
　③→詩119:64
72①→詩119:127, 19:10, 箴8:10, 11, 19
　②→詩119:150
73①→詩138:8, 139:13, 15, 16, ヨブ10:8, 31:15
　②→詩119:34
　③→詩119:32
74①→詩119:11
　②→詩34:2, 35:27, 107:42
　③→詩119:43, 130:5
75①→詩119:7
　②→詩119:138
76①→詩130:7

り、常識を超えた平安を聖霊が与えてくださるのを待つべきである（⇒ピリ4:6-9）。

119:57 【主】は私の受ける分 詩篇の作者の生涯は神と神のことばを中心にしている。もし神を知り、神の愛を理解したいと願うなら（119:57-64）、時間をかけて神のことばに触れ（119:57）、神の臨在を強く感じられるように祈り（119:58）、神のことばにすばやく従ってそれを実行し（119:60）、しばしば祈り（119:62）、神をあがめる人々とともに過し（119:

63）、神の愛を確認し（119:64）、神のみこころを知って行うように祈らなければならない（119:64）。絶えず神のことばに親しむときを持たないで、キリストに仕え続けることはできない（ヨハ15:1-10）。

119:67 苦しみに会う前には・・・今は、あなたのことばを守ります 神は時には人々が困難や問題を体験するままにされる（⇒94:12, 箴3:11-12, →ヘブ12:5注）。けれどもそれは神のことばに導くためである。

あなたのみおしえが私の喜びだからです。
78 どうか高ぶる者どもが、恥を見ますように。
彼らは偽りごとをもって私を曲げたからです。
しかし私は、あなたの戒めに思いを潜めます。
79 あなたを恐れる人々と、
あなたのさとしを知る者たちが、
私のところに帰りますように。
80 どうか、私の心が、あなたのおきてのうちに
全きものとなりますように。
それは、私が恥を見ることのないためです。

カーフ
慰めを慕い求めること

81 私のたましいは、あなたの救いを慕って絶え入るばかりです。
私はあなたのみことばを待ち望んでいます。
82 私の目は、みことばを慕って絶え入るばかりです。
「いつあなたは私を慰めてくださるのですか」と
言っています。
83 たとい私は煙の中の皮袋のようになっても、
あなたのおきてを忘れません。
84 あなたのしもべの日数は、どれだけでしょうか。
あなたはいつ、私を迫害する者どもを
さばかれるのでしょうか。
85 高ぶる者は私のために穴を掘りました。
彼らはあなたのみおしえに従わないのです。
86 あなたの仰せはことごとく真実です。
彼らは偽りごとをもって私を迫害しています。
どうか私を助けてください。
87 彼らはこの地上で私を滅ぼしてしまいそうです。

77 ①→詩119:150
　②詩119:16
78 ①エレ50:32
　②詩119:86
　③→詩119:27
　④→詩119:15
79 ①→詩115:11
　②→詩119:2
80 ①→詩119:64
　②詩37:18
　③詩119:6, 46
81 ①→詩84:2
　②詩119:43, 130:5
82 ①詩119:123, 69:3, イザ38:14, 哀2:11
83 ①ヨブ30:30
　②→詩119:64
84 ①詩39:4
　②黙6:10
85 ①詩7:15, 57:6, エレ18:22
　②→詩119:150
86 ①→詩119:32
　②詩119:138
　③詩35:19, 38:19, 69:4, 119:78
　④詩119:161, 157
　⑤詩109:26

87 ①イザ58:2
88 ①→詩130:7
　②→詩119:2
89 ①詩119:10, イザ40:8, マタ24:35, Ⅰペテ1:25
90 ①詩36:5, 89:1, 2
　②伝1:4
91 ①→詩119:52
　②詩104:2-4
92 ①→詩119:150
　②詩119:16
　③詩119:50
93 ①→詩119:27
　②詩119:16, 83
　③詩119:25
94 ①詩119:146
　②詩119:27
　③詩119:45
95 ①詩40:14, イザ32:7
　②→詩119:2
96 ①→詩119:32
97 ①→詩119:150
　②詩119:47, 48, 127, 163, 165
　③詩119:15
98 ①→詩119:32

しかしこの私は、あなたの戒めを捨てませんでした。
88 あなたの恵みによって、
私を生かしてください。
私はあなたの御口のさとしを守ります。

ラーメド
変ることのない神のみおしえ

89 主よ。あなたのことばは、とこしえから、
天において定まっています。
90 あなたの真実は代々に至ります。
あなたが地を据えたので、
地は堅く立っています。
91 それらはきょうも、あなたの定めにしたがって
堅く立っています。
すべては、あなたのしもべだからです。
92 もしあなたのみおしえが私の喜びでなかったら、
私は自分の悩みの中で滅んでいたでしょう。
93 私はあなたの戒めを決して忘れません。
それによって、あなたは
私を生かしてくださったからです。
94 私はあなたのもの。どうか私をお救いください。
私は、あなたの戒めを、求めています。
95 悪者どもは、私を滅ぼそうと、
私を待ち伏せています。
しかし私はあなたのさとしを聞き取ります。
96 私は、すべての全きものにも、
終わりのあることを見ました。
しかし、あなたの仰せは、すばらしく広いのです。

メーム
神のみおしえへの愛

97 どんなにか私は、
あなたのみおしえを愛していることでしょう。
これが一日中、私の思いとなっています。
98 あなたの仰せは、私を私の敵よりも賢く

119:89 【主】よ。あなたのことばは、とこしえ　→　119:98 あなたの仰せは、私を・・・賢くします　神
「聖書の霊感と権威」の項 p.2323　　　　　　　　　　のことばを学ぶことによって人々は神がご覧になるよ

詩篇　119篇

します。
それはとこしえに、私のものだからです。
99 私は私のすべての師よりも悟りがあります。
それはあなたのさとしが私の思いだからです。
100 私は老人よりもわきまえがあります。
それは、私があなたの戒めを守っているからです。
101 私はあらゆる悪の道から私の足を引き止めました。
あなたのことばを守るためです。
102 私はあなたの定めから離れませんでした。
それは、あなたが私を教えられたからです。
103 あなたのみことばは、
私の上あごに、なんと甘いことでしょう。
蜜よりも私の口に甘いのです。
104 私には、あなたの戒めがあるので、
わきまえがあります。
それゆえ、私は偽りの道をことごとく憎みます。

♪ ヌーン

神のみおしえは足のともしび
105 あなたのみことばは、私の足のともしび、
私の道の光です。
106 私は誓い、そして果たしてきました。
あなたの義のさばきを守ることを。
107 私はひどく悩んでいます。
主よ。みことばのとおりに
私を生かしてください。
108 どうか、私の口の進んでささげるささげ物を
受け入れてください。主よ。
あなたのさばきを私に教えてください。
109 私は、いつもいのちがけでいなければな

99 ① →詩119:2
② 詩119:15
100 ① →詩105:22, ヨブ32:7-9
② →詩119:27
101 ① 詩1:6, 箴2:12
② 箴1:15
102 ① →詩119:52
② 申17:20, ヨシ23:6, Ⅰ列15:5
103 ① 詩19:10, 箴24:13, 14
104 ① →詩119:27
② 詩119:130
③ 詩119:1, 128
105 ① 箴6:23
106 ① ネヘ10:29, ② →詩118:19, →詩119:7
③ →詩119:7
107 ① 詩119:25, 50
② 詩119:25
108 ① ホセ14:2, ヘブ13:15
② →詩119:7
③ 詩119:12
109 * 直訳「私のいのちは、いつも私の手のうちにあります」
① 士12:3, Ⅰサム19:5, ヨブ13:14, Ⅰサム28:21
② →詩119:150
③ 詩44:17, 119:16
110 ① →詩119:53
② 詩91:3, 140:5, 141:9
③ →詩119:27
④ 詩119:10
111 ① →詩119:2
② 詩119:14, 162
112 ① →詩119:64
② 詩119:36
③ 詩119:33
113 ① Ⅰ列18:21, ヤコ1:8, 4:8
② →詩119:150
114 ① 詩31:20, 32:7, 61:4, 91:1, ② 詩84:9
③ 詩119:74
115 ① 詩6:8, 139:19, マタ7:23
② →詩119:32
③ 詩119:22
116 ① 詩3:5
② 詩25:2, 20, 31:1, 17, 14:6, ロマ5:5, 9:33, ピリ1:20
117 ① →詩20:2
② 詩12:5, 箴29:25
③ →詩119:64
④ 詩119:15
118 ① →詩119:64
② 詩119:10, 21
119 ① →詩119:53
② イザ1:22, 25, エゼ22:18, 19
③ →詩119:2
④ 詩119:47
120 ① ヨブ4:14, ハバ3:16

りません。
しかし私は、あなたのみおしえを忘れません。
110 悪者は私に対してわなを設けました。
しかし私は、あなたの戒めから迷い出ませんでした。
111 私は、あなたのさとしを
永遠のゆずりとして受け継ぎました。
これこそ、私の心の喜びです。
112 私は、あなたのおきてを行うことに、
心を傾けます。いつまでも、終わりまでも。

♪ サーメク

神のみおしえは隠れ場
113 私は二心の者どもを憎みます。
しかし、あなたのみおしえを愛します。
114 あなたは私の隠れ場、私の盾。
私は、あなたのみことばを待ち望みます。
115 悪を行う者どもよ。私から離れて行け。
私は、わが神の仰せを守る。
116 みことばのとおりに私をささえ、
私を生かしてください。
私の望みのことで
私をはずかしめないようにしてください。
117 私をささえてください。そうすれば私は救われ、
いつもあなたのおきてに
目を留めることができましょう。
118 あなたは、あなたのおきてから迷い出る者を
みな卑しめられます。
彼らの欺きは、偽りごとだからです。
119 あなたは、地上のすべての悪者を
金かすのように、取り除かれます。
それゆえ私は、あなたのさとしを愛します。
120 私の肉は、あなたへの恐れで、震えてい

うに人生を見、神が大切にされるものを大切にし、神が愛されるものを愛するようになる。神が行われること、私たちを通して行おうとしておられることの背景にある理由を理解することも必要である。神の考えと思いに文字通り調和するためである（→Ⅰコリ2:16注）。
119:105　あなたのみことばは・・・私の道の光です　神のことばには、間違った決断や選択によって私たちが悲しみや落ち穴や悲劇に遭わないように助けてくれ

る霊的な原則が含まれている。したがってみことばの知恵を大切にして、生活のあらゆる面に当てはめなければならない（119:106, 112）。そうすれば間違いなく正しい方向へ進むことができる。
119:113　二心の者どもを憎みます。しかし、あなたのみおしえを愛します　偽善や悪を憎まないでいて、神のことばを心から愛し、神を恐れ、神のさばきを恐れる生活をすることはできない（119:115, 119, 128,

ます。
私はあなたのさばきを恐れています。

׳ アイン

神のみおしえを愛する詩篇の作者

121 私は公正と義とを行いました。
　私をしいたげる者どもに
　私をゆだねないでください。
122 あなたのしもべの幸いの保証人となって
　ください。
　高ぶる者どもが
　私をしいたげないようにしてください。
123 私の目は、あなたの救いと、
　あなたの義のことばとを慕って
　絶え入るばかりです。
124 あなたの恵みによって
　あなたのしもべをあしらってください。
　私にあなたのおきてを教えてください。
125 私はあなたのしもべです。
　私に悟りを授けてください。
　そうすれば私は、あなたのさとしを知る
　でしょう。
126 今こそ主が事をなさる時です。
　彼らはあなたのおしえを破りました。
127 それゆえ、私は、金よりも、純金よりも、
　あなたの仰せを愛します。
128 それゆえ私は、すべてのことについて、
　あなたの戒めを正しいとします。
　私は偽りの道をことごとく憎みます。

׳ ペー

神のみおしえを守る詩篇の作者

129 あなたのさとしは奇しく、
　それゆえ、私のたましいはそれを守ります。
130 みことばの戸が開くと、光が差し込み、
　わきまえのない者に悟りを与えます。
131 私は口を大きくあけて、あえぎました。
　あなたの仰せを愛したからです。
132 御名を愛する者たちのために
　あなたが決めておられるように、

120 ② →詩119:7
　　③ →詩119:161
121 ① →詩72:1,
　　Ⅱサム8:15, ヨブ29:14
　　② →詩118:19
122 ① ヨブ17:3
　　② →詩119:134
123 ① →詩69:3, 119:82
　　② →詩118:19
124 ① →詩130:7
　　② →詩119:64
　　③ →詩119:12
125 ① →詩116:16
　　② →詩119:27, 34
　　③ →詩119:125
126 ② →詩119:150
127 ① →詩119:72
　　② →詩119:32
　　③ →詩119:47, 48, 97
128 ① →詩119:27
　　② →詩119:104
129 ① →詩119:2
　　② →詩119:18
　　③ →詩119:22, 167
130 ① 箴6:23
　　② →詩19:7
131 ① →詩81:10, ヨブ29:23
　　② →詩42:1
　　③ →詩119:32
132 ① →詩5:11
　　② →詩119:13, 149, 156

　　③ →詩25:16
133 ① →詩17:5
　　② →詩19:13
134 ① →詩119:27
135 ① →詩31:16, 民6:25
136 ① エレ9:1, 18, 14:17,
　　哀3:48
　　② →詩119:150
　　③ →詩119:158
137 ① →詩116:5, 129:4,
　　145:17, エズ9:15,
　　エレ12:1, 哀1:18,
　　ダニ9:7, 14
　　② →詩119:7
138 ① →詩119:2
　　② →詩119:144, 172
　　③ →詩119:86, 90
139 ① →詩69:9
140 ① →詩12:6, 18:30, 19:8,
　　10
　　② →詩119:47
141 ① →詩22:6
　　② →詩119:27
　　③ →詩119:61
142 ① →詩111:3
　　② →詩118:19
　　③ →詩119:150
　　④ →詩119:151, 160
143 ① →詩119:32
　　② →詩119:16, 24
144 ① →詩119:2
　　② →詩19:9
　　③ →詩118:19
　　④ →詩119:27, 34

私に御顔を向け、私をあわれんでください。
133 あなたのみことばによって、私の歩みを
　確かにし、
　どんな罪にも私を支配させないでくださ
　い。
134 私を人のしいたげから贖い出し、
　私があなたの戒めを守れるようにしてく
　ださい。
135 御顔をあなたのしもべの上に照り輝かし、
　あなたのおきてを教えてください。
136 私の目から涙が川のように流れます。
　彼らがあなたのみおしえを守らないから
　です。

׳ ツァーデー

神のみおしえは真実

137 主よ。あなたは正しくあられます。
　あなたのさばきはまっすぐです。
138 あなたの仰せられるさとしは、なんと正
　しく、
　なんと真実なことでしょう。
139 私の熱心は私を滅ぼし尽くしてしまいま
　した。
　私の敵があなたのことばを忘れているか
　らです。
140 あなたのみことばは、よく練られていて、
　あなたのしもべは、それを愛しています。
141 私はつまらない者で、さげすまれていま
　す。
　しかし、あなたの戒めを忘れてはいませ
　ん。
142 あなたの義は、永遠の義、
　あなたのみおしえは、まことです。
143 苦難と窮乏とが私に襲いかかっています。
　しかしあなたの仰せは、私の喜びです。
144 あなたのさとしは、とこしえに義です。
　私に悟りを与えて、私を生かしてくださ
　い。

→ヘブ1:9注)。

119:121　私をしいたげる者どもに私をゆだねないでください　私たちは次のことを根拠に神の助けを求めることができる。（1）神のことばへの服従と愛（119:121-122）、（2）みことばの中にある神の約束（119:

123）、（3）神のあわれみと愛（119:124）、（4）主に仕えるという献身の姿（119:125）、（5）生活の中にある緊急の必要（119:126）。

119:136　私の目から涙が川のように流れます　神を敬わない人々が神の律法と真実を拒み、あざわらうの

詩篇 119篇

♪ コーフ

救いを求める叫び

145 私は心を尽くして呼びました。
　主よ。私に答えてください。
　私はあなたのおきてを守ります。
146 私はあなたを呼びました。私をお救いください。
　私はあなたのさとしを守ります。
147 私は夜明け前に起きて叫び求めます。
　私はあなたのことばを待ち望んでいます。
148 私の目は夜明けの見張りよりも先に目覚め、
　みことばに思いを潜めます。
149 あなたの恵みによって私の声を聞いてください。
　主よ。あなたの決めておられるように、
　私を生かしてください。
150 悪を追い求める者が近づきました。
　彼らはあなたのみおしえから遠く離れています。
151 しかし、主よ。あなたは私に近くおられます。
　あなたの仰せはことごとくまことです。
152 私は昔から、あなたのあかしで知っています。
　あなたはとこしえからこれを定めておられることを。

♪ レーシュ

逆境の中で神のみおしえを守る

153 私の悩みを顧み、
　私を助け出してください。
　私はあなたのみおしえを忘れません。
154 私の言い分を取り上げ、私を贖ってください。
　みことばにしたがって、私を生かしてください。
155 救いは悪者から遠くかけ離れています。
　彼らがあなたのおきてを求めないからです。

145 ①詩119:10
　②→詩119:64
　③詩119:22, 55
146 ①詩3:7, 119:94
　②→詩119:2
147 ①詩88:13, ②詩119:43
148 ①詩130:6, ②詩119:15
149 ①→詩130:7
　②詩119:132
　③詩119:25
150 ①詩1:2, 19:7, 37:31,
　40:8, 78:5, 10, 89:30,
　94:12, 105:45, 119:1,
　18, 29, 34, 44, 51, 53, 55,
　61, 70, 72, 77, 85, 92, 97,
　109, 113, 126, 136, 142,
　150, 153, 163, 165, 174
151 ①詩34:18, 145:18,
　イザ50:8
　②→詩119:132
　③詩119:142
152 ①詩81:5
　②詩119:125
　③詩119:89, ルカ21:33
153 ①→詩119:50
　②→詩119:150
　③詩119:16, 61, 箴3:1,
　ホセ4:6
154 ①→詩43:1, Ⅰサム24:15,
　ミカ7:9, ②詩119:134
155 ①→詩119:53
　②ヨブ5:4
　③→詩119:64
　④詩119:45
156 ①Ⅱサム24:14
　②詩119:132
157 ①詩119:86, 161, 7:1
　②→詩119:2
158 ①イザ21:2, 24:16
　②詩139:21
159 ①→詩119:27
　②詩119:47, 48
　③→詩130:7
　④詩119:25
160 ①詩139:17
　②詩119:142
　③詩119:7,
　→詩118:19
　④→詩119:7
　⑤詩119:89, 152
161 ①詩119:23,
　Ⅰサム24:11, 26:18
　②詩119:120
162 ①Ⅰサム30:16, イザ9:3
　②詩119:14, 111
163 ①詩119:104, 128, 31:6,
　箴13:5, ②→詩119:150
　③詩119:47
164 ①詩119:7,
　→詩118:19
165 ①→詩119:150
　②詩37:11, 箴3:2,
　イザ26:3, ③箴3:23,
　イザ63:13, Ⅰヨハ2:10
166 ①詩119:81, 174,
　創49:18, ②→詩119:32
167 ①→詩119:2, ②詩119:129, ③詩119:47
168 ①→詩119:27
　②詩119:2
　③詩119:2, 22

156 あなたのあわれみは大きい。
　主よ。あなたが決めておられるように、
　私を生かしてください。
157 私を迫害する者と私の敵は多い。
　しかし私は、あなたのさとしから離れません。
158 私は裏切る者どもを見て、
　彼らを忌みきらいました。
　彼らがあなたのみことばを守らないからです。
159 ご覧ください。
　どんなに私があなたの戒めを愛しているかを。
　主よ。あなたの恵みによって、
　私を生かしてください。
160 みことばのすべてはまことです。
　あなたの義のさばきはことごとく、
　とこしえに至ります。

♪ シーン

神のみおしえを守る平安

161 君主らは、ゆえもなく私を迫害しています。
　しかし私の心は、あなたのことばを恐れています。
162 私は、大きな獲物を見つけた者のように、
　あなたのみことばを喜びます。
163 私は偽りを憎み、忌みきらい、
　あなたのみおしえを愛しています。
164 あなたの義のさばきのために、
　私は日に七度、あなたをほめたたえます。
165 あなたのみおしえを愛する者には
　豊かな平和があり、つまずきがありません。
166 私はあなたの救いを待ち望んでいます。
　主よ。
　私はあなたの仰せを行っています。
167 私のたましいはあなたのさとしを守っています。
　しかも、限りなくそれを愛しています。
168 私はあなたの戒めと、さとしを守って

を見るとき、神のことばを愛する人々は傷つき、悲しみ、怒りさえも覚える（119:53）。こういう思いはキリストが再び来られるまで続くと思われる（→ルカ19:45注、Ⅱペテ2:8注）。

119:151　しかし、【主】よ。あなたは私に近くおられます　詩篇の作者は主を愛し、みことばについて瞑想

います。
私の道はすべて、あなたの御前にあるからです。

♪ ターウ

悟りを求める祈り

169 私の叫びが御前に近づきますように。主よ。
みことばのとおりに、私に悟りを与えてください。
170 私の切なる願いが御前に届きますように。
みことばのとおりに私を救い出してください。
171 私のくちびるに
賛美がわきあふれるようにしてください。
あなたが私に
みおきてを教えてくださるから。
172 私の舌は
あなたのみことばを歌うようにしてください。
あなたの仰せはことごとく正しいから。
173 あなたの御手が
私の助けとなりますように。
私はあなたの戒めを選びました。
174 私はあなたの救いを慕っています。主よ。
あなたのみおしえは私の喜びです。
175 私のたましいが生き、

あなたをほめたたえますように。
そしてあなたのさばきが
私の助けとなりますように。
176 私は、滅びる羊のように、迷い出ました。
どうかあなたのしもべを捜し求めてください。
私はあなたの仰せを忘れません。

救いを求める祈り

120 都上りの歌

1 苦しみのうちに、私が主に呼ばわると、
主は私に答えられた。
2 主よ。私を偽りのくちびる、欺きの舌から、
救い出してください。

3 欺きの舌よ。
おまえに何が与えられ、
おまえに何が加えられるのか。
4 勇士の鋭い矢、
それに、えにしだの熱い炭火だ。

5 ああ、哀れな私よ。
メシェクに寄留し、ケダルの天幕で暮らすとは。
6 私は、久しく、平和を憎む者とともに住んでいた。
7 私は平和を——、私が話すと、
彼らは戦いを望むのだ。

し実行していたので、問題に直面したときにも神の臨在を体験していた(119:148、⇒119:153-160)。主は神とみことばを愛する人々のそばにおられる。もし人生の問題を抱えているなら、聖書を読み学ぶことによって神との関係を復活させることができる。

119:176　私は、滅びる羊のように、迷い出ました　詩篇の作者は神への献身を捨て神のことばを拒んだと言っているのではなく、それとは正反対のことを何回も言っている。「私はあなたの仰せを忘れません」という結びのことばははっきりしている。作者はここで、神のことばの導きから離れたら、自分はほかの人々と同じように罪を犯したり自己中心になったりすると認めているに過ぎない。

120:-134:　都上りの歌　ここにある15の詩篇には「都上りの歌」という表題がつけられている。このことばは神殿へ上る階段を表現しているので、これらの詩篇は礼拝で使われていたとある人は信じている。またある人は、これは神がヒゼキヤの生涯と治世に15年を加えられたしるしとして影が十度後退したアハズ王の階段状の日時計(時間を示すために使われた)を指していると信じている。もしこの説が正しければ、これらの詩篇はその約束(Ⅱ列20:6-10、イザ38:5-8)が実現したことを祝うために編集されたのかもしれない。けれどもほとんどの人は、「都上りの歌」ということばはユダヤ人が神聖な祭りを祝うために年ごとに宗教的巡礼(目的のある旅)をしてエルサレムに「上る」ときにともに歌った詩篇と考えている。

120:1-7　主は私に答えられた　この詩篇に含まれている主な思想は、天と地を創造された神が、神とみことばに頼る人々を絶えず見守り配慮されるということである。どのような悪も神との関係を壊すことはできない(→ロマ8:28-39)。

主からの助け

121 都上りの歌

1 私は山に向かって目を上げる。
　私の助けは、どこから来るのだろうか。
2 私の助けは、天地を造られた主から来る。
3 主はあなたの足をよろけさせず、
　あなたを守る方は、まどろむこともない。
4 見よ。イスラエルを守る方は、
　まどろむこともなく、眠ることもない。
5 主は、あなたを守る方。
　主は、あなたの右の手をおおう陰。
6 昼も、日が、あなたを打つことがなく、
　夜も、月が、あなたを打つことはない。
7 主は、すべてのわざわいから、あなたを守り、
　あなたのいのちを守られる。
8 主は、あなたを、行くにも帰るにも、
　今よりとこしえまでも守られる。

エルサレムの平和

122 都上りの歌。ダビデによる

1 人々が私に、
　「さあ、主の家に行こう」と言ったとき、
　私は喜んだ。
2 エルサレムよ。
　私たちの足は、おまえの門のうちに立っている。
3 エルサレム、それは、
　よくまとめられた町として建てられている。
4 そこに、多くの部族、主の部族が、上って来る。
　イスラエルのあかしとして、
　主の御名に感謝するために。
5 そこには、さばきの座、
　ダビデの家の王座があったからだ。
6 エルサレムの平和のために祈れ。
　「おまえを愛する人々が栄えるように。」
7 おまえの城壁のうちには、平和があるように。
　おまえの宮殿のうちには、繁栄があるように。」
8 私の兄弟、私の友人のために、さあ、私は言おう。
　「おまえのうちに平和があるように。」
9 私たちの神、主の家のために、
　私は、おまえの繁栄を求めよう。

神を信頼する歌

123 都上りの歌

1 あなたに向かって、私は目を上げます。
　天の御座に着いておられる方よ。
2 ご覧ください。奴隷の目が主人の手に向

121:2 私の助けは・・・【主】から来る 人生で頼りになるのは家族や友人や富などであると考えてはならない。助けは神から来る。神だけが肉体的、霊的な必要を満たす唯一で完全な源である。心を尽して主を信じ、「おりにかなった助けを受けるために」神のあわれみと助けに頼らなければならない（→ヘブ4:16注）。

121:5 【主】は、あなたを守る方 神に忠実に従う人はいつも主に守られ、防御され、注意深く配慮されている（→ Iペテ1:5注）。主イエスは「また、あなたがたの頭の毛さえも、みな数えられています。だから恐れることはありません」（マタ10:30-31）と言ってこの真理を強調された。

121:8 あなたを、行くにも帰るにも・・・守られる このことばは霊的にも肉体的にも適用できる。(1) キリストの赦しを受けて生涯をゆだねたときから、この世界を去って永遠に神とともに住むときまで、神は私

たちの霊的な状態を守られる。(2) また私たちが朝、学校や仕事やそのほかの所に出かけるときから家に帰って休息するまで、神は肉体的いのちも守ってくださる。神はいつも私たちを守る方である。

122:1 【主】の家 神の家は、礼拝と聖霊の働きを通して主と深く親しく交わりができる場所でなければならない。また主に頼る人々と神の愛を分ち合い、具体的に示す場所でもなければならない。

123:1 あなたに向かって、私は目を上げます この詩篇は、この世界で体験している憎しみとあざけりを神が終らせてくださることを期待しながら、助けと慰めを求めて神を見続けている、神に従う謙遜な人々のことを描いている。またキリストが再臨して、神を敬わない敵対する世界からご自分の民を救ってくださる日をいつも待望んでいる人々の必死の叫びを表現している（→ヘブ12:2, Ⅱペテ3:12, →マタ24:42注, テト

けられ、
女奴隷の目が女主人の手に向けられているように、
私たちの目は私たちの神、主に向けられています。
主が私たちをあわれまれるまで。

3 私たちをあわれんでください。主よ。
私たちをあわれんでください。
私たちはさげすみで、もういっぱいです。

4 私たちのたましいは、
安逸をむさぼる者たちのあざけりと、
高ぶる者たちのさげすみとで、もういっぱいです。

神の救い

124 都上りの歌。ダビデによる

1 「もしも主が私たちの味方でなかったなら。」
さあ、イスラエルは言え。

2 「もしも主が私たちの味方でなかったなら、
人々が私たちに逆らって立ち上がったとき、

3 そのとき、彼らは私たちを生きたまま
のみこんだであろう。
彼らの怒りが私たちに向かって燃え上がったとき、

4 そのとき、大水は私たちを押し流し、
流れは私たちを越えて行ったであろう。

5 そのとき、荒れ狂う水は
私たちを越えて行ったであろう。」

②詩25:15
3①詩4:1, 51:1
②詩119:22, ネヘ4:4
4①ヨブ12:5,
イザ32:9,11, アモ6:1
②詩79:4, ネヘ2:19

1①詩94:17
②詩129:1
3①詩35:25, 民16:30,
箴1:12
②詩138:7, 創39:19
4①詩18:16, 32:6, 69:2,
15, 124:4, 5, 144:7,
ヨブ22:11
5①ヨブ38:11

7＊直訳「わなをかける者のわな」
①詩91:3, 141:9,
ホセ9:8
②箴6:5
③Ⅱコリ11:33,
ヘブ11:34
8①詩121:2

1①→詩48:2
②→詩112:6
③詩61:7, 伝1:4
2①詩121:8
②ゼカ2:5
3①箴22:8, イザ14:5
②→詩146:8
③詩55:20,
Ⅰサム24:10, 使12:1
4①→詩7:10
②→詩51:18
5①箴2:15, イザ59:8
②詩5:5
③詩128:6, ガラ6:16

1①ヨブ42:10,
詩14:7, 85:1,
エレ29:14, ホセ6:11
＊⌂「帰還、復興」

6 ほむべきかな。主。
主は私たちを彼らの歯のえじきにされなかった。

7 私たちは仕掛けられたわなから
鳥のように助け出された。
わなは破られ、私たちは助け出された。

8 私たちの助けは、天地を造られた主の御名にある。

保護者である神

125 都上りの歌

1 主に信頼する人々はシオンの山のようだ。
ゆるぐことなく、とこしえにながらえる。

2 山々がエルサレムを取り囲むように、
主は御民を今よりとこしえまでも囲まれる。

3 悪の杖が正しい者の地所の上にとどまることなく、
正しい者が不正なことに、
手を伸ばさないためである。

4 主よ。善良な人々や心の直ぐな人々に、
いつくしみを施してください。

5 しかし、主は、曲がった道にそれる者どもを
不法を行う者どもとともに、連れ去られよう。
イスラエルの上に平和があるように。

シオンの繁栄

126 都上りの歌

1 主がシオンの繁栄を元どおりにされたとき、

2:13注)。

124:1　もしも【主】が私たちの味方でなかったなら
もし神がともにおられなかったら人生の困難や災難から逃れたり克服したりする機会はなく、霊的な敵に勝つこともできない。人々が直面する危険や問題はあまりにも大きく、神（その奇蹟的な力によって）のほかにはだれも救えないかもしれない。けれども、「神が私たちの味方であるなら、だれが私たちに敵対できるでしょう」（ロマ8:31）と頼らなければならない。神が味方であるならどのような敵、どのような情況にも負けることはない。

126:1　シオンの繁栄を元どおりにされた　ここは「主がシオンの捕われ人を帰されたとき」（⇒14:7, ヨブ42:10）とも訳される。シオンはエルサレムの町にあった聖い丘で、しばしばエルサレム全体を指すことばにもなった。この回復は、前701年にエルサレムを占領しようとして来たアッシリヤ王セナケリブが預言の通りに撤退したときに部分的に実現した。そのあと

詩篇　126-128篇

私たちは夢を見ている者のようであった。
2 そのとき、私たちの口は笑いで満たされ、
私たちの舌は喜びの叫びで満たされた。
そのとき、国々の間で、人々は言った。
「主は彼らのために大いなることをなされた。」
3 主は私たちのために大いなることをなされ、
私たちは喜んだ。
4 主よ。ネゲブの流れのように、
私たちの繁栄を元どおりにしてください。
5 涙とともに種を蒔く者は、
喜び叫びながら刈り取ろう。
6 種入れをかかえ、泣きながら出て行く者は、
束をかかえ、喜び叫びながら帰って来る。

神の祝福のない働きのむなしさ

127　都上りの歌。ソロモンによる

1 主が家を建てるのでなければ、
建てる者の働きはむなしい。
主が町を守るのでなければ、
守る者の見張りはむなしい。
2 あなたがたが早く起きるのも、おそく休むのも、
辛苦の糧を食べるのも、それはむなしい。
＊主はその愛する者には、眠っている間に、
このように備えてくださる。
3 見よ。子どもたちは主の賜物、
胎の実は報酬である。
4 若い時の子らは
まさに勇士の手にある矢のようだ。
5 幸いなことよ。矢筒をその矢で満たしている人は。
彼らは、門で敵と語る時にも、恥を見ることがない。

神を怖れる家族

128　都上りの歌

1 幸いなことよ。すべて主を恐れ、
主の道を歩む者は。
2 あなたは、自分の手の勤労の実を食べるとき、
幸福で、しあわせであろう。
3 あなたの妻は、あなたの家の奥にいて、
豊かに実を結ぶぶどうの木のようだ。
あなたの子らは、あなたの食卓を囲んで、
オリーブの木を囲む若木のようだ。
4 見よ。主を恐れる人は、

1①使12:9
2①ヨブ8:21
②詩51:14, イザ35:6
③詩71:19,
Ⅰサム12:24, ルカ1:49
3①イザ25:9, ゼパ3:14
4①イザ35:6, 43:19, 20
5①詩80:5, エレ31:16, 哀1:2
②イザ35:10, 51:11, 61:7, ガラ6:9

1①詩78:69
②詩121:4

2①創3:17
＊別訳「主は愛する者に眠りを与えられる」
②詩60:5
③ヨブ11:18, 19, 箴3:24
3①詩113:9, 創33:5
②申7:13, 28:4, イザ13:18
4①詩120:4
5①→詩112:1
②創34:20, イザ29:21, アモ5:12

1①→詩112:1
②詩119:1, 3
2①詩109:11, イザ3:10
②→詩25:13, 伝8:12, エペ6:3
3①エゼ19:10
②詩52:8, 144:12
4①→詩115:11

周辺の国々はユダのヒゼキヤ王に贈り物を贈った（Ⅱ歴32:22-23）。前538年にユダヤ人がバビロン捕囚から帰還したときに、さらに大規模な回復が実現した（→エズ緒論、ネヘ緒論）。

126:5-6　涙とともに種を蒔く者は、喜び叫びながら刈り取ろう　心から打砕かれ、へりくだって必死に祈るならやがて霊的な刷新とリバイバルと神の力強いみわざが行われる（⇒マタ5:4, Ⅱコリ9:6）。熱心な祈りによって「蒔いた」ものは将来神の祝福の「収穫」を生み出すことが神の民には保証されている（⇒エレ31:9）。

127:1-5　【主】が・・・建てるのでなければ　人生では神が与えてくださるものと神の祝福を受けたものだけが本当に価値がある。反対に、もし生活や活動、目標や家族関係などの中で神を最優先にしていないなら、人間の努力は無駄であり、欲求不満と落胆と時間の浪費に終わってしまう。したがってあらゆることの中で最初から神のみこころと導きを求めることが必要である（→ルカ24:50注）。

127:1　家を建てる　人間の努力は神のご計画を神の方法に沿って行うものでなければ最終的に意味がなくなる。したがって自分の計画が神からのものであり、自分が神の導きに従って生きているかどうかを確認することが重要である。それは自分自身の考えや計画、努力に頼るのではなく、神の御霊に導いていただくことである（⇒25:9, 40, →使7:44注）。

127:2　主はその愛する者には、眠っている間に、このように備えてくださる　人々が安心して眠り、不安や心配から解放されて生活することを神は願っておられる（→マタ6:25-34, ピリ4:6）。この箇所は神が私たちを見守り、生活の中で眠っているときにも心の中に必要なものを与え続けてくださることを暗示している。

127:3　子どもたちは【主】の賜物　古代には大家族が祝福と考えられ、子どもがないことはのろいと考えられていた（創30:2, 18, 33:5, 48:9, 申7:13）。今日では子どもが大勢いることは必ずしも神の特別な好意が示されているとは言えないし、また子どもがないことがのろいであると言うべきでもない。子どもたちが適切な配慮を受けられないで、神を知る知識も与えられ

5 確かに、このように祝福を受ける。
  主はシオンからあなたを祝福される。
  あなたは、いのちの日の限り、
  エルサレムの繁栄を見よ。
6 あなたの子らの子たちを見よ。
  イスラエルの上に平和があるように。

イスラエルの敵

129
都上りの歌

1 「彼らは私の若いころからひどく私を苦しめた。」
  さあ、イスラエルは言え。
2 「彼らは私の若いころからひどく私を苦しめた。
  彼らは私に勝てなかった。
3 耕す者は私の背に鋤をあて、長いあぜを作った。」
4 主は、正しくあり、
  悪者の綱を断ち切られた。

5 シオンを憎む者はみな、
  恥を受けて、退け。
6 彼らは
  伸びないうちに枯れる屋根の草のようになれ。
7 刈り取る者は、そんなものを、つかみはしない。
  たばねる者も、かかえはしない。
8 通りがかりの人も、
  「主の祝福があなたがたにあるように。
  主の名によってあなたがたを祝福します」
  とは言わない。

5 ①詩20:2, 134:3, 135:21
  ②詩23:6, ③詩122:9
6 ①詩103:17, 創148:11,
    箴17:6, ②詩125:5

1 ①イザ47:12, エレ2:2,
    22:21, エゼ16:22,
    ホセ2:15, 11:1
  ②詩88:15, 出11:11,
    士3:8
2 ①エレ1:19, 15:20,
    20:11, マタ16:18,
    Ⅱコリ4:8,9
4 ①詩119:137
  ②→詩147:6
  ③詩2:3
5 ①ミカ4:11
  ②詩70:3, 71:13
6 ①詩37:2, Ⅱ列19:26,
    詩37:27
8 ①詩118:26, ルツ2:4

1 ①詩42:7, 69:2
2 ①詩64:1, 119:149
  ②詩28:2, 119:170,
    140:6
  ③Ⅱ歴6:40, ネヘ1:6,11
3 *「ヤハ」
  ①詩76:7, 143:2,
    ナホ1:6, マラ3:2,
    黙6:17
4 ①詩86:5, 出34:7,
    ネヘ9:17, イザ55:7,
    ダニ9:9
  ②Ⅰ列8:39, 40,
    エレ33:8, 9
5 ①詩33:20, 40:1, 62:1,
    5, イザ8:17, 26:8
  ②詩119:74, 81
6 ①詩63:6, 119:147
7 ①詩131:3
  ②詩103:8, 11, 17,
    107:1, 8, 15, 21, 31, 43,
    108:4, 109:12, 26,
    115:1, 117:2, 118:1, 2,
    3, 4, 29, 119:41, 64, 76,
    88, 124, 149, 159, 136:1-
    26, 138:2, 8, 143:8, 12,
    144:2, 147:11,
    →詩33:5, →詩51:1,
    →詩85:7, →詩90:14
  ③詩111:9, ロマ3:24,
    エペ1:7
8 ①ルカ1:68, テト2:14

1 ①詩101:5,
    Ⅱサム22:28, イザ2:12, ゼパ3:11
  ②箴30:13, イザ5:15
  ③詩139:6, ヨブ42:3
  ④エレ45:5, ロマ12:16

主を待望むこと

130
都上りの歌

1 主よ。深い淵から、私はあなたを呼び求めます。
2 主よ。私の声を聞いてください。
  私の願いの声に耳を傾けてください。
3 *主よ。あなたがもし、不義に目を留められるなら、
  主よ、だれが御前に立ちえましょう。
4 しかし、あなたが赦してくださるからこそ
  あなたは人に恐れられます。

5 私は主を待ち望みます。
  私のたましいは、待ち望みます。
  私は主のみことばを待ちます。
6 私のたましいは、夜回りが夜明けを待つのにまさり、
  まことに、夜回りが夜明けを待つのにまさって、
  主を待ちます。

7 イスラエルよ。主を待て。
  主には恵みがあり、
  豊かな贖いがある。
8 主は、すべての不義から
  イスラエルを贖い出される。

へりくだった人の歌

131
都上りの歌。ダビデによる

1 主よ。私の心は誇らず、
  私の目は高ぶりません。
  及びもつかない大きなことや、奇しいことに、

ず、キリストに人生をささげるように導かれないなら、大家族であることは悲しむべきことかもしれない。反対に、自分の生活の時間を完全に主に仕えることにささげられるなら、子どもがないことが祝福かもしれない（Ⅰコリ7:7-8, 32-33）。神に従う人々は子どもはみな神からの賜物であると考えなければならない。そして神に忠実な家族になるように、神の知恵と導きに頼って育てるべきである。両親が神の導きに従い、子どもたちに神のことばによって生きることを教えるだけで、子どもたちは神の最高の祝福を体験するようになる（→128:, →「親と子ども」の項 p.2265）。

130:1 深い淵から、私はあなたを呼び求めます 自分の罪と神への反抗のためにみじめな気持になって苦しんでいる人は、どれほど落胆していても神が赦し、癒し、神との関係に引戻してくださるという確信を持って神に叫ぶことができる。自分の問題で傷ついた人々にも神はあわれみを示し、罪の奴隷の状態から救い出そうと望んでおられる。それは神の愛、配慮、慈しみを体験するためである（→130:4, →マタ26:28注）。

詩篇　131-132篇　　　1011

私は深入りしません。
2 まことに私は、
自分のたましいを和らげ、静めました。
乳離れした子が母親の前にいるように、
私のたましいは乳離れした子のように
私の前におります。

3 イスラエルよ。今よりとこしえまで主を
待て。

ダビデとシオンへの約束
132:8-10　並行記事－Ⅱ歴6:41-42

132　都上りの歌

1 主よ。ダビデのために、
彼のすべての苦しみを思い出してください。
2 彼は主に誓い、
ヤコブの全能者に誓いを立てました。
3 「私は決して、わが家の天幕に入りません。
私のために備えられた寝床にも上がりません。
4 私の目に眠りを与えません。
私のまぶたにまどろみをも。
5 私が主のために、一つの場所を見いだし、
ヤコブの全能者のために、
御住まいを見いだすまでは。」

6 今や、私たちはエフラテでそれを聞き、
ヤアルの野で、それを見いだした。
7 さあ、主の住まいに行き、
主の足台のもとにひれ伏そう。
8 主よ。立ち上がってください。
あなたの安息の場所に、お入りください。
あなたと、あなたの御力の箱も。

2①マタ18:3
3①詩113:2
②詩130:7

2①創49:24,
イザ49:26, 60:16
②詩76:11
4①箴6:4
5①詩26:8, Ⅰ列8:17,
Ⅰ歴22:7, 使7:46
→詩132:2
6①→創35:19, Ⅰサム17:12
②Ⅰサム7:1
7①詩43:3
②詩5:7, 99:5, Ⅰ歴28:2
8①→詩35:2, 民10:35,
Ⅱ歴6:41
②詩132:14
③詩78:61

9①→詩118:19,
ヨブ29:11
②→詩85:8
10①→詩2:2
11①詩89:3, 35
②Ⅱサム7:12-16,
Ⅱ歴6:16
②ルカ1:32, 使2:30
13①詩78:68
②詩68:16
14①詩132:8
②マタ23:21
15①詩107:9, 147:14
16①→詩132:9
②詩85:8
17①→詩112:9,
エゼ29:21, ルカ1:69
②詩2:2
③→詩18:28,
Ⅰ列11:36, 15:4,
Ⅱ列8:19, Ⅱ歴21:7
18①詩35:26, 109:29,
ヨブ8:22
②詩21:3

9 あなたの祭司たちは、義を身にまとい、
あなたの聖徒たちは、喜び歌いますように。

10 あなたのしもべダビデのために、
あなたに油そそがれた者の顔を、
うしろへ向けないでください。

11 主はダビデに誓われた。
それは、主が取り消すことのない真理である。
「あなたの身から出る子をあなたの位に
着かせよう。
12 もし、あなたの子らが、わたしの契約と、
わたしの教えるさとしを守るなら、
彼らの子らもまた、とこしえに
あなたの位に着くであろう。」

13 主はシオンを選び、
それをご自分の住みかとして望まれた。
14 「これはとこしえに、わたしの安息の場所、
ここにわたしは住もう。
わたしがそれを望んだから。
15 わたしは豊かにシオンの食物を祝福し、
その貧しい者をパンで満ち足らせよう。
16 その祭司らに救いを着せよう。
その聖徒らは大いに喜び歌おう。
17 そこにわたしはダビデのために、
一つの角を生えさせよう。
わたしは、わたしに油そそがれた者のために、
一つのともしびを備えている。
18 わたしは彼の敵に恥を着せる。
しかし、彼の上には、彼の冠が光り輝くであろう。」

132:1-18　ダビデのために・・・思い出してください　この詩篇は、ダビデの子孫がイスラエルを治めるときに、祝福してくださいと神に求める詩篇である（⇒Ⅱサム7:8-29、→「ダビデとの神の契約」の項p.512）。神を礼拝する場所で、また神の民の間で神の臨在がはっきりと示されるときにこの祝福は実現する（132:13-18）。

132:17　ダビデのために、一つの角を生えさせよう　この祈りに込められた期待はダビデの子孫のイスラエルとユダの王たちを通しては実現されなかった（イスラエルが分裂王国になった過程　→Ⅰ列緒論, Ⅱ列緒論, Ⅱ歴緒論、→Ⅰ列12:-14：、Ⅱ歴10:-11：、→「イスラエルとユダの王国」の地図 p.570）。イスラエル人が神を拒んだため（⇒132:12）、神はエルサレムと神殿を前586年に破壊された（→Ⅱ列24:1注, 25:1注）。この祈りに表現されている必死の願いはダビデの最も偉大な子孫であるイエス・キリストによって成就される。「その国は終わることがありません」（ルカ1:32-33、⇒マタ1:1、ルカ1:68-79）。

兄弟の一致

133
都上りの歌。ダビデによる

1 見よ。兄弟たちが一つになって共に住むことは、
　なんというしあわせ、なんという楽しさであろう。
2 それは頭の上にそそがれた尊い油のようだ。
　それはひげに、アロンのひげに流れて
　その衣のえりにまで流れしたたる。
3 それはまたシオンの山々におりる
　ヘルモンの露にも似ている。
　主がそこに
　とこしえのいのちの祝福を命じられたからである。

夜の見張りへの祝福

134
都上りの歌

1 さあ、主をほめたたえよ。
　主のすべてのしもべたち、
　夜ごとに主の家で仕える者たちよ。
2 聖所に向かってあなたがたの手を上げ、
　主をほめたたえよ。
3 天地を造られた主が
　シオンからあなたを祝福されるように。

主への賛美
135:15-20　並行記事 − 115:4-11

135

1 *ハレルヤ。主の御名をほめたたえよ。
　ほめたたえよ。主のしもべたち。
2 主の家で仕え、
　私たちの神の家の大庭で仕える者よ。
3 *ハレルヤ。主はまことにいつくしみ深い。
　主の御名にほめ歌を歌え。
　その御名はいかにも麗しい。
4 まことに、*主はヤコブを選び、ご自分のものとされ、
　イスラエルを選んで、ご自分の宝とされた。
5 まことに、私は知る。主は大いなる方、
　私たちの主はすべての神々にまさっておられる。
6 主は望むところをことごとく行われる。

側注（参照聖句）

1 ①詩122:8, 創13:8, ヘブ13:1
　②出29:7, 30:25,30, レビ8:12, 詩141:5
　③詩48:2, 74:2, 78:68
　④申3:9, 4:48
　⑤歳19:12, ホセ14:5, ミカ5:7
　⑥詩21:4
　⑦レビ25:21, 申28:8

2 ①詩103:21
　②詩135:1, 2
　③Ⅰ歴9:33
　④申10:8, Ⅰ歴23:30, Ⅱ歴29:11
　＊直訳「立つ」
2 ①詩63:2
　②詩28:2, 63:4

3 ①詩115:15, 124:8
　②詩135:21
　③詩128:5

1 ①詩113:1
　＊→詩104:35＊
　②詩134:1
2 ＊直訳「立つ」
　①→詩92:13
3 ＊→詩104:35＊
　①詩52:9
　②詩68:4, 92:1
　③詩147:1
4 ＊囗「ヤハ」
　①詩105:6, 申7:6, 10:15
　②出19:5, 申7:6, 14:2, 26:18, マラ3:17, テト2:14, Ⅰペテ2:9
5 ①詩48:1
　②詩97:9
6 ①詩115:3

133:1-3　兄弟たちが一つになって共に住むことは

この詩篇はヨハネ17章と同じ霊的真理を表現している。そこでは主イエスが、ご自分に従う人々には愛と聖さという特性が備わるようにと祈っておられる。主イエスはこれを非常に大切なこととして望まれ、死の直前の最後の祈りとして記録されている祈りの中で強く訴えておられる。主イエスは何度も「わたしたち（主イエスと父である神）が一つであるように、彼らも一つである」ようにと祈られた（ヨハ17:10, 21, 22）。もし神の聖い愛以外の何かが心を支配しているなら聖霊はその人々の中に、またその人々を通して働くことができないことを主イエスは知っておられた（→Ⅰコリ1:10-13, 3:1-3）。神のことばの真理に基づいた霊的成長に加えて、神への深い愛と互いの間の深い愛があるなら、人々は力強い方法で神の臨在を体験することができる（→ヨハ17:21注, エペ4:3注）。神にある一致とそれが信仰者に与える影響について、この詩篇は次の二つの類比（絵のような表現）によって説明している。(1) 一致はアロンの頭に注がれる油のようなものである。詩篇の作者は神の油注ぎは任命と祝福と力を与えるとしている。そして神の民の間の一致と、神の祝福と力を体験することを直接結び付けている。それは人々が同じ目的をもって一つになるときには神の祝福と力が自動的に与えられるという意味ではない（目的が間違っているかもしれないから）。けれども神の祝福と力を保ち続けるためには、信じる人々は心と目的が一つにならなければならないという意味である。(2) 一致は山に降りる露のようである。ここで作者は一致には人々を新鮮にする面があると言っている。緊張や不一致があるときには重い空気が感じられる。けれども一致は心を引上げ感動を与える。これはいつも神の祝福を受ける用意が整っている神のしもべたちの中に見られるものである。

134:1-3　夜ごとに【主】の家で仕える者たちよ
この詩篇は、神の家で夜通し行われる礼拝ととりなし（ほかの人々の必要や問題のための力強い継続的な祈り）のことを言っている。神の民は今日もこのように叫ばなければならない。霊的な礼拝をし神の御霊に導かれてとりなしをするなら教会にリバイバルが起こり、霊的に失われた人々が救いに導かれる。

135:1-21　【主】の御名をほめたたえよ
主を賛美するこの呼びかけは次の三つの事実を基にしている。

詩篇　135-136篇

天で、地で、海で、またすべての淵で。
7 主は地の果てから、雲を上らせ、
　　雨のためにいなずまを造り、
　　その倉から風を出される。
8 主はエジプトの初子を
　　人から獣に至るまで打たれた。

9 エジプトよ。おまえの真っただ中に、
　　主はしるしと奇蹟を送られた。
　　パロとそのすべてのしもべらに。
10 主は多くの国々を打ち、
　　力ある王たちを殺された。
11 エモリ人の王シホン、バシャンの王オグ、
　　カナンのすべての王国を。
12 主は彼らの地を、相続の地とし、
　　御民イスラエルに相続の地として与えられた。

13 主よ。あなたの御名はとこしえまで、
　　主よ。あなたの呼び名は代々に及びます。
14 まことに、主はご自分の民をさばき、
　　そのしもべらをあわれまれます。
15 異邦の民の偶像は、銀や金で、
　　人の手のわざです。
16 口があっても語れず、
　　目があっても見えません。
17 耳があっても聞こえず、
　　また、その口には息がありません。
18 これを造る者も
　　これに信頼する者もみな、これと同じです。

19 イスラエルの家よ。主をほめたたえよ。
　　アロンの家よ。主をほめたたえよ。
20 レビの家よ。主をほめたたえよ。
　　主を恐れる者よ。主をほめたたえよ。
21 ほむべきかな。主。シオンにて。
　　エルサレムに住む方。

6②詩148:7
7①エレ10:13, 51:16
　②ヨブ28:25, 26, 38:25, 26, ゼカ10:1
8①詩78:51, 105:36, 136:10
9①詩78:43, 申6:22
　②詩136:15
10①詩135:10-12, 136:17-21
　②詩44:2
11①民21:21-26, 申29:7
　②民21:33-35
　③ヨシ12:7-24
12①→詩111:6, 申29:8
13①詩102:12, 出3:15
14①詩50:4
15①詩135:15-18, 詩115:4-8
18①詩115:8
19①詩115:9
20①→詩115:10
　②→詩115:11
21①詩132:14

*→詩104:35 *

1①→詩106:1
　②→詩52:9
　③→詩130:7, Ⅰ歴16:41, Ⅱ歴20:21
2①詩50:1, 申10:17
　②→詩106:1
3①申10:17
4①詩72:18, 申6:22, ヨブ9:10
5①詩104:24, 箴3:19, エレ10:12, 51:15
6①詩24:2, イザ42:5, 44:24
7①詩74:16, 創1:16
8①創1:16
9①創1:16
10①詩78:51, 135:8, 出12:29
11 * 直訳「彼ら」
　①詩105:43,
　②詩51, 13:3
12①→出13:9,
　→Ⅰ列8:42,
　→エレ32:21, 詩44:3
　②出6:6,
　申4:34, 5:15, 7:19, 9:29, 11:2,
　Ⅱ列17:36, Ⅱ歴6:32,
　エレ32:17
13 * あるいは「紅海」
　①詩66:6, 78:13,
　出14:21
14①詩106:9, 出14:22
15①詩78:53, 106:11, 135:9, 出14:27
　* あるいは「紅海」

*
ハレルヤ。

神のみわざの連禱

136

1 主に感謝せよ。
　　主はまことにいつくしみ深い。
　　　　その恵みはとこしえまで。
2 神の神であられる方に感謝せよ。
　　　　その恵みはとこしえまで。
3 主の主であられる方に感謝せよ。
　　　　その恵みはとこしえまで。
4 ただひとり、大いなる不思議を行われる方に。
　　　　その恵みはとこしえまで。
5 英知をもって天を造られた方に。
　　　　その恵みはとこしえまで。
6 地を水の上に敷かれた方に。
　　　　その恵みはとこしえまで。
7 大いなる光を造られた方に。
　　　　その恵みはとこしえまで。
8 昼を治める太陽を造られた方に。
　　　　その恵みはとこしえまで。
9 夜を治める月と星を造られた方に。
　　　　その恵みはとこしえまで。
10 エジプトの初子を打たれた方に。
　　　　その恵みはとこしえまで。
11 主はイスラエルを
*　　エジプトの真ん中から連れ出された。
　　　　その恵みはとこしえまで。
12 力強い手と差し伸ばされた腕をもって。
　　　　その恵みはとこしえまで。
13 葦の海を二つに分けられた方に。
　　　　その恵みはとこしえまで。
14 主はイスラエルにその中を通らせられた。
　　　　その恵みはとこしえまで。
15 パロとその軍勢を葦の海に投げ込まれた。

---

(1) 神はイスラエルを神との救いの契約関係に導き入れてくださった(135:1-4, ⇒出19:5)。それは民に対する神の律法と約束、民の服従と忠実さに基づく「終生協定」である。(2) 神は生きておられ、世界と神の民の生活の中に働いておられる(135:5-13)。(3) 神は神の民の近くにおられ、神に仕える人々に特別な思いを持っておられる(135:14)。

136:1-26　その恵みはとこしえまで　このことばは詩篇の中で何度も繰返されているけれども、神の働きは愛に基づいていることを教えている。また神に感謝する主な理由も神が愛してくださったからである。神の愛は神のあわれみ、真実、同情、親切、配慮、霊的な救いなどによって表されている。その愛を私たちは御子イエスを通して神との個人的な関係を持つことに

その恵みはとこしえまで。
16 荒野で御民を導かれた方に。
その恵みはとこしえまで。
17 大いなる王たちを打たれた方に。
その恵みはとこしえまで。
18 主は力ある王たちを、殺された。
その恵みはとこしえまで。
19 エモリ人の王シホンを殺された。
その恵みはとこしえまで。
20 バシャンの王オグを殺された。
その恵みはとこしえまで。
21 主は彼らの地を、相続の地として与えられた。
その恵みはとこしえまで。
22 主のしもべイスラエルに相続の地として。
その恵みはとこしえまで。
23 主は私たちが卑しめられたとき、
私たちを御心に留められた。
その恵みはとこしえまで。
24 主は私たちを敵から救い出された。
その恵みはとこしえまで。
25 主はすべての肉なる者に食物を与えられる。
その恵みはとこしえまで。
26 大の神に感謝せよ。
その恵みはとこしえまで。

バビロンの捕われ人

137

1 バビロンの川のほとり、
そこで、私たちはすわり、
シオンを思い出して泣いた。
2 その柳の木々に

私たちは立琴を掛けた。
3 それは、私たちを捕らえ移した者たちが、
そこで、私たちに歌を求め、
私たちを苦しめる者たちが、
興を求めて、
「シオンの歌を一つ歌え」と言ったからだ。
4 私たちがどうして、
異国の地にあって主の歌を歌えようか。
5 エルサレムよ。
もしも、私がおまえを忘れたら、
私の右手がその巧みさを忘れるように。
6 もしも、私がおまえを思い出さず、
私がエルサレムを
最上の喜びにもまさってたたえないなら、
私の舌が上あごについてしまうように。
7 主よ。エルサレムの日に、
「破壊せよ、破壊せよ、その基までも」と言った
エドムの子らを思い出してください。
8 バビロンの娘よ。荒れ果てた者よ。
おまえの私たちへの仕打ちを、
おまえに仕返しする人は、なんと幸いなことよ。
9 おまえの子どもたちを捕らえ、
岩に打ちつける人は、なんと幸いなことよ。

忠実な神である主

138

ダビデによる

1 私は心を尽くしてあなたに感謝します。
天使たちの前であなたをほめ歌います。

137:9 岩に打ちつける バビロニヤ人は前586年にエルサレムを占領したとき、赤ん坊を母親から取り上げて壁に投げつけた。神はこの残虐な行為を見て、バビロニヤ人をさばかれる。自分たちがほかの人々にしたのと同じようにされるのである(→イザ13:16, エレ23:2)。この正義を求める叫びについて次の二つのことに注意したい。

(1) このような情況での神のさばきによって死んだ罪のない子どもたちは、神に受入れられ、神にとがめられることはない。「彼らの心に書かれている」(ロマ2:15)神の律法、良心、聖書に啓示されていることを、意識して拒めるようになっていない人々の罪を神はとがめることはなさらない(→Ⅰサム15:3注, ロマ5:12注, 5:14注, 7:9-11注)。

(2) 新約聖書は敵を赦して霊的な救いのために祈るように教えている(マタ5:43-48)。けれども歴史の終りには、高慢になって神に対抗する人々に対して神のさばきが行われることを求めるように、聖霊は神の民を導かれる。その人々の心と思いと行動は罪を喜び、

2 私はあなたの聖なる宮に向かってひれ伏し、
あなたの恵みとまことを
あなたの御名に感謝します。
あなたは、ご自分のすべての御名のゆえに、
あなたのみことばを高く上げられたからです。

3 私が呼んだその日に、
あなたは私に答え、
私のたましいに力を与えて強くされました。

4 主よ。
地のすべての王たちは、あなたに感謝しましょう。
彼らがあなたの口のみことばを聞いたからです。

5 彼らは主の道について歌うでしょう。
主の栄光が大きいからです。

6 まことに、主は高くあられるが、
低い者を顧みてくださいます。
しかし、高ぶる者を遠くから見抜かれます。

7 私が苦しみの中を歩いても、
あなたは私を生かしてくださいます。
私の敵の怒りに向かって御手を伸ばし、
あなたの右の手が私を救ってくださいます。

8 主は私にかかわるすべてのことを、
成し遂げてくださいます。
主よ。あなたの恵みはとこしえにあります。

2 ①→詩5:7、I 列8:29
②→詩25:10、→詩130:7
③詩140:13
3 ①詩118:5
②詩28:7、46:1
4 ①詩72:11、102:15
5 ①詩145:7
②詩21:5
6 ①詩113:4-6
②箴3:34、イザ57:15、ルカ1:48、ヤコ4:6
③詩40:4、101:5
7 ①詩23:4、143:11
②詩71:20、エズ9:8, 9、イザ57:15
③出7:5, 15:12、イザ5:25、エレ51:25、エゼ20:6, 60:5
④→詩108:6
8 ①詩57:2、ピリ1:6
②詩130:7
③→詩106:1

④詩100:3、ヨブ10:3, 14:15
⑤詩27:9, 71:9, 119:8
1 ①詩17:3, 44:21、エレ12:3
2 ①II 列19:27
②詩94:11、イザ66:18
3 ①ヨブ14:16, 31:4
②詩119:168
4 ①ヘブ4:13
5 ①詩34:7, 125:2
②ヨブ9:33
6 ①ロマ11:33
②ヨブ42:3
③詩131:1
7 ①エレ23:24
8 ①アモ9:2-4
②→詩116:3、ヨブ26:6、箴15:11
→詩6:5

あなたの御手のわざを捨てないでください。

信じる心の祈り

139
指揮者のために。ダビデの賛歌

1 主よ。あなたは私を探り、
私を知っておられます。

2 あなたこそは私のすわるのも、
立つのも知っておられ、
私の思いを遠くから読み取られます。

3 あなたは私の歩みと私の伏すのを見守り、
私の道をことごとく知っておられます。

4 ことばが私の舌にのぼる前に、
なんと主よ、
あなたはそれをことごとく知っておられます。

5 あなたは前からうしろから私を取り囲み、
御手を私の上に置かれました。

6 そのような知識は私にとって
あまりにも不思議、
あまりにも高くて、及びもつきません。

7 私はあなたの御霊から離れて、どこへ行けましょう。
私はあなたの御前を離れて、どこへのがれましょう。

8 たとい、私が天に上っても、そこにあなたはおられ、
私がよみに床を設けても、
そこにあなたはおられます。

9 私が暁の翼をかって、海の果てに住んでも、

神のあわれみと赦しを拒むからである(→黙6:10)。

139:1-24　あなたは私を探り　この詩篇は神の属性(神独自の特色や特性)について描いている。特に遍在性(神は同時にどこにでもおられるという事実)や全知性(神があらゆることを知っておられるという事実)を扱っている。これらの特性は神の民に対する配慮と特に関係している(→「**神の属性**」の項 p.1016)。天と地の神は私たちを創造し、私たちのことを完全に知っておられる。その上で私たちが何をしたとしてもなお愛してくださる。神はいつも私たちとともにおられ、あらゆる情況の中で私たちのことを思っておられる。

139:1-6　あなたは・・・私を知っておられます　神は私たちの生活習慣や行動と同じように、心の深い部分での思いや動機、欲求や恐れをみな知っておられる。朝から晩まで一日の間にすることをみな知っておられる。そして私たちが何をするときも神は配慮をもって取囲み、好意をもって祝福してくださる(139:5)。

139:7-12　私はあなたの御霊から離れて、どこへ行けましょう　神の子は神の配慮と導きと支えてくださる力を越えてどこへ行くこともできない(139:7を理解するかぎ →139:10)。実際に神の臨在から逃げられる人はいない。あらゆる情況を通して、今も将来も神は私たちとともにおられる。

神の属性

「私はあなたの御霊から離れて、どこへ行けましょう。私はあなたの御前を離れて、どこへのがれましょう。たとい、私が天に上っても、そこにあなたはおられ、私がよみに床を設けても、そこにあなたはおられます。」（詩篇139：7-8）

聖書は神が存在しておられることを証明しようとしていない。むしろ神が存在されることを前提として、神の持っておられる数々の属性や特性を描いている。その属性の多くは神に特有のものでほかのものにはないものである。けれどもある特性は神のかたちに創造された人間の中にも見ることができる。

神独特の属性

（1）神は遍在である。これは神が同時にあらゆる所に存在されるという意味である。詩篇の作者は私たちがどこへ行っても、そこに神はおられると言っている（詩139：7-12，⇒エレ23：23-24，使17：27-28）。これは私たちが行うことを神はみな見て知っておられるということでもある。

（2）神は全知である。これは神が何でも知っておられるという意味である（詩139：1-6，147：5）。神はあらゆることを完全に知っておられる。私たちの行動だけではなく私たちの思いも知っておられる（Ⅰサム16：7，Ⅰ列8：39，詩44：21，エレ17：9-10）。聖書は神の予知について書いているけれども（イザ42：9，使2：23，Ⅰペテ1：2）、それはあらゆる情況で起こる可能性のあることを全部、つまり起こる可能性のあること、そして実際に起こることを神が知っておられるということである。神は過去に起きたことを全部知っておられ、未来に起こることも全部知っておられる。神が定められ（未来に起きるように計画された）、預言されたことはみな既に成就したか、あるいは確実に未来に成就する（⇒Ⅰサム23：10-13，エレ38：17-20）。これは学者たちが言う「哲学的決定論」（人間の選択や行動も未来に起こることも神がみなそうなるようにされるという考え）ではない。神は人間に自由意志を与えて自分で決断できるようにされた。それは人間が自分の選択とその選択の結果に責任を持たなければならないということである。けれども神が何でも知っておられるということはご自分の予知に縛られることではない。神はご自分でしようとしておられること、最善であると知っておられることに従って、時間と歴史の中で目的を変更する自由を持っておられる（→民14：11-20，Ⅱ列20：1-7，→「選びと予定」の項p.2215）。

（3）神は全能である。これは神があらゆる力を持っておられ、すべてのものとすべての被造物に対して最高の権威を持っておられるという意味である（詩147：13-18，エレ32：17，マタ19：26，ルカ1：37）。具体的に言えば神は何でもすることができる、できないことは何もない。けれどもこのことは、神がその力と権威をいつも用いられるということではない。たとえば、神は罪を全部滅ぼす力を持っておられる（それは人間の不完全性を取除くことになる）けれども、歴史の終末まではそうしないと決められた（→Ⅰヨハ5：19）。そう決めることによって人間が持つ選択の自由を守られた。したがって人間は望むなら正しい道を拒んで滅びへ向かう道を選ぶこともできる。多くの場合、神は忠実な人々が祈って神に頼るときにだけ働くというかたちで、ご自分の力を制限しておられる（Ⅱコリ12：7-10）。この場合、神の力はひとりひとりがどれほど神に従い用いられようとしているかに応じて、発揮されるのである（→エペ3：20注，→「神の摂理」の項p.110）。

（4）神は超越している。これは神が被造物とは違って独立しておられるという意味である（→出24：9-18，イザ6：1-3，40：12-26，55：8-9）。神の実在と存在の実体（核、最も基本的な構造）と性質は神が創造された何よりも大きく高いものである（Ⅰ列8：27，イザ66：1-2，使17：24-25）。神ご自身は造られた存在ではなく被造物とは別の存在である（→Ⅰテモ6：16注）。けれども超越していることは神が人々の間に住んで個人的に交わりができないということではない（レビ26：11-12，エゼ37：27，43：7，Ⅱコリ6：16）。

(5) 神は永遠である。これは神には初めも終りもないという意味である(詩90：1-2，102：12，イザ57：15)。過去にも未来にも神が存在しない時はない。神は人間の時間によって縛られることがない(⇒詩90：4，Ⅱペテ3：8)。だから神はご自分を『「わたしはある」という者』(⇒出3：14，ヨハ8：58)と言われるのである。それは継続的に無限(終りがない)で永遠の存在であることを表している。

　(6) 神は不変である。これは神の属性、神の完全性、人類に対する神の目的に変化はないという意味である(民23：19，詩102：26-28，イザ41：4，マラ3：6，ヘブ1：11-12，ヤコ1：17)。けれどもこれは人間の行動に応答して神がその暫定的な目的を変更することがないという意味ではない。つまり神は私たちに選択をさせその選択を通して、またそれとのかかわりの中で、神の完全な計画を進められる。たとえばもし神に背いた人々が悔い改めて罪を認め、勝手な道から立返り、神とその目的に従うなら、神はその人々へのさばきのご計画を変更されるかもしれない(⇒ヨナ3：6-10)。また神は人々の必要と祈りにご自分の方法で、ご自分の時に応答される。聖書はしばしば義人の熱心な祈りの結果として、神がその思いを変えてご計画の変更をされたことを書いている(民14：1-20，Ⅱ列20：2-6，イザ38：2-6，ルカ18：1-8、→「**選びと予定**」の項 p.2215，「**効果的な祈り**」の項 p.585)。ある場合には、人々が行っていることを変えないなら神は何を行われるかを宣言される。それに対して人々が前向きに応答するなら、神は宣言しておられたことを変更される。またある場合には、神はある時点で何かを行おうとしておられるけれども、忠実な人々が祈り、用いられるように自分をささげるまで行動するのを待たれるのである。

　(7) 神は完全で聖い方である。これは神が純粋で完全な特性を持っておられ、全く罪がなく、思うこと行うことがみな全く正しいという意味である(レビ11：44-45，詩85：13，145：17，マタ5：48)。またあらゆる悪から離れておられるという意味である。アダムとエバは罪のないものとして創造された(⇒創1：31)。けれども自由意志(神の完全な創造の働きの一部で、神を愛し従うかを自分で選ばせること)があったので罪を犯すことができた。一方で神は罪を犯すことができない(民23：19，Ⅱテモ2：13，テト1：2，ヘブ6：18)。神の聖さの中には、神が目的とご計画を実現するためにご自分を完全にささげることが含まれている。それはいつも人間にとって最高の益をもたらすためである。

　(8) 神は三位一体である。これは神が一人の神、単一の存在であって(申6：4，イザ45：21，Ⅰコリ8：5-6，エペ4：6，Ⅰテモ2：5)、父と子と聖霊(マタ28：19，Ⅱコリ13：13，Ⅰペテ1：2)という三つの別個の(分離していない)、けれども互いに関係のある完全に統一された人格の中にご自分を現されたという意味である。それぞれの位格は完全な神であり、ほかの位格と平等である。けれども三人の神ではなく、一人の神である(→マタ3：17注，マコ1：11注)。神についてのこの考えは、「一人の方の中の三人、本質において一つ」と描かれてきた。これを単に一人の神がご自分を歴史の中で時代ごとに三つの様式や表示の仕方で(旧約聖書では御父、新約聖書では主イエス、現在は聖霊のように)現されたと誤解しないようにしなければならない。過去にはこのような間違った教えが教会を分裂させてきた。神の三位が同時に存在しているというのが正しい教えである(→マタ3：16-17，ルカ3：21-22，三人がそれぞれの人格を持って現れて同時に働いておられる)。一人であるけれども三つの別個の互いに関係のある統一された人格という考えは、神学用語で「三位一体」と言われる。この三位一体という考えに相当するもの、同じようなものは人間世界にはないけれども、完全に聖書的であって、神の多面の複雑な性格を正しく理解する上でなくてはならないものである。

神の道徳的属性

　一人のまことの神が持っておられる多くの特性、特にその道徳的属性は人間の特性と似ている。けれども神が持っておられる特性は人間のものとは比較にならない程大きい。たとえば神も人間も愛する能力を持っているけれども、人間には神が愛する程深く愛することができない。さらにこれらの特性を実行する人間の能力は、神に似せて創造されたからあるということを覚えておかなければならない(創1：26-27，→「**天地創造**」の項 p.29，「**人間性**」の項 p.1100)。つまり私たちは神に似ているのであって、神が私たちに似ているのではない。

　(1) 神は善である(詩25：8，106：1，マコ10：18)。神が最初に創造されたものはみな良かった。けれども

それは神ご自身の性質の拡大だったからである(創1:4, 10, 12, 18, 21, 25, 31)。神は造られたもの、被造物のために今も配慮し必要を備えてくださる良い方である(詩104:10-28, 145:9, →「神の摂理」の項p.110)。神を敬わない人々(神を無視し、挑み、拒む人)にも神は必要を備えてくださる(マタ5:45, 使14:17)。けれども心から神に頼る人々に対しては、特に良い方である(詩145:18-20)。

(2) 神は愛である(Ⅰヨハ4:8)。神の愛は罪深い人々の世界を全部抱きしめる完全に無欲の愛である(ヨハ3:16, ロマ5:8)。この愛の最高の表現は、神がそのひとり子イエスを送って人間の罪のために死なせ、神への反抗に対する刑罰を帳消しにして(Ⅰヨハ4:9-10)、神との壊れた関係を修復されたことである。その上に神は主イエスの犠牲を受入れて罪を赦され、神との正しい関係を回復した人に対して特別な家族愛を持っておられる(→ヨハ16:27注)。

(3) 神はあわれみ深く慈しみ深い(出34:6, 申4:31, Ⅱ歴30:9, 詩103:8, 145:8, ヨエ2:13)。恵みとは私たちが受けるにふさわしくない救いの祝福を神が与えてくださること、と言うことができる。あわれみの定義は、罪にふさわしい刑罰から救ってくださることとされている。神に対する私たちの反抗は滅びに相当するけれども、神は私たちを退けて滅ぼすことをされない(詩103:10)。逆に、イエス・キリストを信じる信仰を通して自由な賜物として罪の赦しを提供してくださる(詩103:11-12, ロマ6:23, Ⅰコリ1:3-4, エペ2:8-9, テト2:11, 3:4-5,「信仰と恵み」の項 p.2062)。

(4) 神は情け深い(Ⅱ列13:23, 詩86:15, 111:4)。情け深いということは、だれかの苦しみを悲しみ、その人を助けたいと思って努力することを意味する。情け深さには行動が必要である。人類に対する情け深さから、神は御子イエス・キリストのいのち、死、復活を通してただ一つの赦しと救いの道を提供された(⇒詩78:38)。同じように主イエスは群衆に情け深さを示して、貧しい人々に福音を宣べ伝え、傷ついた人々を癒し、捕われた人々に自由を宣言し、盲人の目を開き、霊的に打ちひしがれている人々を解放された(ルカ4:18, ⇒マタ9:36, 14:14, 15:32, 20:34, マコ1:41, →マコ6:34注)。

(5) 神は忍耐強く怒るのに遅い(出34:6, 民14:18, ロマ2:4, Ⅰテモ1:16)。アダムとエバがエデンの園で善悪を知る木の実を取って食べてはならないという神の命令に背いたときに、神はこの特性を最初に示された。神は人類を滅ぼす権利を持っておられたけれどもそうされなかった(⇒創2:16-17)。逆に、神は既に計画しておられた人類との関係を回復するご計画を前進させられた(Ⅰペテ1:20, 黙13:8)。ノアの家族以外の人々が神に全く逆らって生きていたとき、そしてノアが箱舟を建造していた時代にも神は忍耐しておられた(Ⅰペテ3:20)。そして神は今も罪深い人類に対して忍耐をしておられる。神が現在世界をさばかないでおられるのは、人々が悔い改めて(自分の罪深い道から立返って神に人生をささげること)救われる機会を忍耐強く提供しておられるからである(Ⅱペテ3:9)。

(6) 神は真理である(申32:4, 詩31:5, イザ65:16, ヨハ3:33)。主イエスはご自分を「真理」と呼ばれた(ヨハ14:6)。聖霊は「真理の御霊」と言われている(ヨハ14:17, ⇒Ⅰヨハ5:6)。神の言われること、行われることはみな全く信頼できる真実なものだから、そのみことばも真理として描かれている(Ⅱサム7:28, 詩119:43, イザ45:19, ヨハ17:17)。みことばは物事の本当の姿を表し、物事の正しい方法を示す。そこで聖書は神がどんな種類のうそや不誠実や偽りも容認されないと教えている(民23:19, テト1:2, ヘブ6:18)。神の特性こそがあらゆる真実であり正しいことの土台である。神以外に「真理」はない。神が正しいとされたもの以外に「正しい道」はない。実際問題として父である神に至る道は「道であり、真理であり、いのち」(ヨハ14:6)である御子イエスよりほかにない。

(7) 神は誠実である(出34:6, 申7:9, イザ49:7, 哀3:23, ヘブ10:23)。私たちは神に完全に頼ることができる。神は、みことばの中に啓示されたことは約束も警告も全部行われる(民14:32-35, Ⅱサム7:28, ヨブ34:12, 使13:23, 32-33, →Ⅱテモ2:13注)。神は人々を裏切ることもご自分の特性を裏切ることもされない。神の誠実は頼る人には驚くべき慰めを与える。けれども主イエスを罪を赦される方、人生を導かれる方として受入れない人々にはさばきに対する恐れがやってくる(ヘブ6:4-8, 10:26-31)。

(8) 神は正しい(申32:4, Ⅰヨハ1:9)。これは神が宇宙の道徳的秩序を安定させ、人類を完全に正しく取扱っておられることを意味している(ネヘ9:33, ダニ9:14)。神は完全に正しい方だから罪から目をそらし、

見逃すことができない。罪は神に対する「不法」（Ⅰヨハ3:4）で、神の完全なご性格に完全に反するものだから、極刑の死が要求される（ロマ5:12，→「死」の項 p.850）。それは人類が自分で招いた罰で当然支払うべきものである。けれどもあわれみ豊かな神は、御子イエスを通してその罰を完全に支払うことを決められた。主イエスは頼る人々に今や赦しと霊的自由を与えてくださる（ロマ6:23，⇒ガラ2:16-17）。神は正義を愛しておられるから今も罪に対して怒っておられる（ロマ3:5-6，→士10:7注）。最後のときに神はあらゆるかたちの悪（ロマ1:18）、特に偶像礼拝（神の代りになるものを優先し拝むこと Ⅰ列14:9, 15, 22）、不信仰（詩78:21-22，ヨハ3:36）、ほかの人々に対する不正な取扱い（イザ10:1-4，アモ2:6-7）に対して怒り（正当な怒り、刑罰、さばき）を現される。「義なる方」（使7:52, 22:14，⇒3:14）と呼ばれるイエス・キリストも正義を愛し悪を憎まれる（→マコ3:5，→ロマ1:18注，→ヘブ1:9注）。神の正義は神の愛と矛盾するものではない。実際に、神は愛の完全な賜物として（ヨハ3:16，Ⅰヨハ4:9-16）、また私たちのために罪の犠牲として（イザ53:5-6，ロマ4:25，Ⅰペテ3:18）、この世界に主イエスを送られた。けれどもそれは神の完全な正義を満たすためだった。神は正義と愛（ともに働く）の行動によって私たちを神との正しい関係に回復する唯一の道を備えてくださった（→Ⅱコリ5:18注，5:21注）。

　神はご自分についてイエス・キリスト（⇒ヨハ1:18，ヘブ1:1-4）とみことばを通して最高の完全な啓示をなされた（⇒ヨハ1:1, 14，主イエスを神の生きたことばとして描いている）。もし神の「人格」、特性、性質を完全に理解したいなら、主イエスについて神のことばが啓示していることを見なければならない。なぜなら「キリストのうちにこそ、神の満ち満ちたご性質が形をとって宿って」いるからである（コロ2:9）。

10 そこでも、あなたの御手が私を導き、
　あなたの右の手が私を捕えます。
11 たとい私が
　「おお、やみよ。私をおおえ。
　　私の回りの光よ。夜となれ」と言っても、
12 あなたにとっては、やみも暗くなく
　夜は昼のように明るいのです。
　暗やみも光も同じことです。

13 それはあなたが私の内臓を造り、
　母の胎のうちで私を組み立てられたから
　です。
14 私は感謝します。
　あなたは私に、奇しいことをなさって
　恐ろしいほどです。
　私のたましいは、それをよく知っています。
15 私がひそかに造られ、地の深い所で仕組
　まれたとき、
　私の骨組みはあなたに隠れてはいません
　でした。
16 あなたの目は胎児の私を見られ、
　あなたの書物にすべてが、書きしるされ

10 ①詩23:2, 3
　②→詩108:6
11 ①→詩18:11,
　ヨブ22:13
12 ①→詩18:11,
　ヨブ34:22, ダニ2:22
　②→詩82:5, Ⅰヨハ1:5
13 * 直訳「腎臓」
　①詩119:73, イザ44:24
　②ヨブ10:11
14 ①詩40:5
15 ①詩63:9
16 ①詩56:8

②ヨブ14:5
18 ①詩40:5
　詩3:5
19 ①→詩147:6
　②イザ11:4
　③→詩5:6
　④詩6:8, 119:115
20 ①出20:7, 申5:11
　*「御名を」は補足
21 ①詩26:5, 31:6
　②詩119:158

ました。
　私のために作られた日々が、
　しかも、その一日もないうちに。
17 神よ。あなたの御思いを知るのは
　なんとむずかしいことでしょう。
　その総計は、なんと多いことでしょう。
18 それを数えようとしても、
　それは砂よりも数多いのです。
　私が目ざめるとき、
　私はなおも、あなたとともにいます。

19 神よ。どうか悪者を殺してください。
　血を流す者どもよ。私から離れて行け。
20 彼らはあなたに悪口を言い、
　あなたの敵は、みだりに御名を口にします。
21 主よ。
　私は、あなたを憎む者たちを憎まないで
　しょうか。
　私は、あなたに立ち向かう者を
　忌みきらわないでしょうか。
22 私は憎しみの限りを尽くして彼らを憎み

139:13 あなたが・・・母の胎のうちで私を組み立てられた 人間のいのちの発育に神は創造的に、積極的にかかわり続けておられる。胎児が母親の胎に宿った瞬間から神は個人的に顧みておられる。胎児に対して神は細かく配慮しており、既にその生涯に目的を持っておられる（→139:16注）。したがって神は、まだ生れていない胎児の堕胎は殺人と見なされる（→出21:22-23注）。

139:16 あなたの書物にすべてが、書きしるされました 神は目的なしに私たちを生れさせたのではない。

（1）「私のために作られた日々」ということばは私たちに地上で与えられている時間を指していると思われる。一般的に寿命は70年から80年であるけれども（→90:10）、与えられた寿命に満たないで死ぬ人もいる（→55:23, ヨブ22:16, 箴10:27, 伝7:17）。

（2）この詩篇で言われている時間は日数だけではなく、人生にかかわる神の全体計画のことである。神はご計画の中で「ひとりでも滅びることを望まず、すべての人が悔い改めに進むことを望んでおられる」（Ⅱペテ3:9, ⇒Ⅰテモ2:4）。神は人々が主イエスを救い主また主（罪を救し生涯を導く方）として受け入れ、神へ忠実に奉仕する生活をして、ご自分の計画を成就するようになることを求めておられる。

139:17 あなたの御思いを知るのはなんとむずかし いことでしょう 神がいつも私たちの必要と問題と苦しみを知っておられることがわかると私たちは慰められる。神は私たちを顧み、救し、霊的に成長させようと計画しておられることが確実である。人々に対する神の思いとご計画がどれほど深く完全であるかは全く理解することができない。使徒パウロが書いている通りである。「目が見たことのないもの、耳が聞いたことのないもの、そして、人の心に思い浮かんだことのないもの。神を愛する者のために、神の備えてくださったものは、みなそうである」（Ⅰコリ2:9）。

139:21 あなたに立ち向かう者を忌みきらわないでしょうか 詩篇の作者は自分に対する神の大きな愛を思い起こしながら、主への深い愛と忠誠を言い表して応えている。そうすることが返って神のすばらしい名前に反対し、これを冒瀆する（ことばや行動によってのろい、軽べつし侮辱する）人々に対する神の怒りを掻き立てた。作者は心から主と主の思いに一つとなって神が憎まれることを憎み、神が愛されるものを愛する（→ヘブ1:9注）ようになっている。そして自分を取巻く悪と不道徳を見て深く悲しみ落胆している（→Ⅱペテ2:7-8）。神との関係を体験し、神の愛と慈しみを知った人は神に喜ばれないこの世界の慣習に心を引かれるべきではない（→Ⅰヨハ2:15-16）。

ます。
彼らは私の敵となりました。

23 神よ。私を探り、私の心を知ってください。
私を調べ、私の思い煩いを知ってください。
24 私のうちに傷のついた道があるか、ないかを見て、
私をとこしえの道に導いてください。

敵からの守りを求めて

140

指揮者のために。ダビデの賛歌

1 主よ。私をよこしまな人から助け出し、
暴虐の者から、私を守ってください。
2 彼らは心の中で悪をたくらみ、
日ごとに戦いを仕掛けています。
3 蛇のように、その舌を鋭くし、
そのくちびるの下には、まむしの毒があります。　　セラ
4 主よ。私を悪者の手から守り、
暴虐の者から、私を守ってください。
彼らは私の足を押し倒そうとたくらんでいます。
5 高ぶる者は、私にわなと網を仕掛け、
道ばたに網を広げ、私に落とし穴を設けました。　　セラ
6 私は主に申し上げます。
「あなたは私の神。
主よ。私の願いの声を聞いてください。」
7 私の主、神、わが救いの力よ。
あなたは私が武器をとる日に、
私の頭をおおわれました。
8 主よ。悪者の願いをかなえさせないでください。

23 ①→詩7:9, 26:2, 箴17:3, エレ11:20, Ⅰテサ2:4
　②→詩94:19
24 ①詩146:9, 箴15:9, 28:10, エレ25:5, 36:3
　②詩16:11
　③詩5:8, 143:10

1 ①詩17:13, 59:2, 71:4
　②→詩18:48
2 ①詩41:7, →詩35:20
3 ①詩52:2, 57:4, 64:3
　②詩58:4, ロマ3:13, ヤコ3:8
4 ①→詩147:6
　②→詩140:1
　③詩118:13
5 ①詩11:9, 142:3
　②詩31:4, 35:7, 57:6, イザ8:14, アモ3:5, 哀1:13
　③詩141:9
6 ①詩16:2, 31:14, 118:28
　②詩116:1, 119:170, 130:2, 143:1
7 ①→詩140:7
　②詩144:10
8 ①→詩147:5

　②詩10:2, 3, エス9:25
9 ①詩7:16, 箴18:7
10 ①詩18:12, 120:4
　②詩21:9, マタ3:10
　③詩36:12
11 ＊直訳「舌の人が地上で堅く立てられないように」
　①→詩18:48
12 ①詩9:4, 18:27, 82:3, Ⅰ列8:45, 49
　②詩12:5, 35:10
　③→詩119:7
13 ①→詩146:8
　②→詩11:7

1 ①詩22:19, 38:22, 70:5
　②詩5:1, 143:1
2 ①出30:8, ルカ1:10, 黙5:8, 8:3, 4
　②詩55:17, 出29:41, Ⅰ列18:29, 36, ダニ9:21
3 ①詩34:13, 39:1, 箴13:3, 21:23, ミカ7:5
4 ①詩119:36

そのたくらみを遂げさせないでください。
彼らは高ぶっています。　セラ
9 私を取り囲んでいる者の頭。
これを彼のくちびるの害毒がおおいますように。
10 燃えている炭火が
彼らの上にふりかかりますように。
彼らが火の中に、また、深い淵に落とされ、
彼らが立ち上がれないようにしてください。
11 そしる者が地上で栄えないように。
わざわいが暴虐の者を
急いで捕らえるようにしてください。」
12 私は知っています。主は悩む者の訴えを支持し、
貧しい者に、さばきを行われることを。
13 まことに、正しい者はあなたの御名に感謝し、
直ぐな人はあなたの御前に住むでしょう。

試練の中での行動

141

ダビデの賛歌

1 主よ。私はあなたを呼び求めます。
私のところに急いでください。
私があなたに呼ばわるとき、
私の声を聞いてください。
2 私の祈りが、御前への香として、
私が手を上げることが、夕べのささげ物として
立ち上りますように。
3 主よ。私の口に見張りを置き、
私のくちびるの戸を守ってください。
4 私の心を悪いことに向けさせず、

139：23-24　神よ。私を探り　これはキリストに従う人全員に当てはまる祈りである。世界にある悪を憎むだけではなく（139：19-22）、私たちは自分の内に神を悲しませるものがあるかもしれないことに気付かなければならない。隠された罪を明らかにし、さらに神の特性が私たちの中に形成されるために試練の中を通らされるとき、それを素直に受止めるべきである。もしみこころにかなわないものが示されるなら、それを認めて捨て、それから離れて神のご計画に従わなければならない（→コロ3：17注）。

140：1-13　【主】よ。私をよこしまな人から助け出し　よこしまな人々からだけではなく、「よこしまな者（サタン）」から救ってくださいと神に求めるべきである。最大の敵であるサタンは、キリスト者をわなにかけて滅ぼそうとしている。けれどもその力は神の力には及ばない（→マタ4：10注, マタ6：13注, →「サタンと悪霊に勝利する力」の項 p.1726）。

141：4　私の心を悪いことに向けさせず　神を愛する

不法を行う者どもとともに、
悪い行いに携わらないようにしてください。
私が彼らのうまい物を
食べないようにしてください。
5 正しい者が愛情をもって私を打ち、
私を責めますように。
それは頭にそそがれる油です。
私の頭がそれを拒まないようにしてください。
彼らが悪行を重ねても、なおも私は祈ります。
6 彼らのさばきづかさらが岩のかたわらに
投げ落とされたとき、
彼らは私のいかにも喜ばしいことばを
聞くことでしょう。
7 人が地を掘り起こして砕くときのように、
私たちの骨はよみの入口にまき散らされました。
8 私の主、神よ。
まことに、私の目はあなたに向いています。
私はあなたに身を避けます。
私を放り出さないでください。
9 どうか、彼らが私に仕掛けたわなから、
不法を行う者の落とし穴から、
私を守ってください。
10 私が通り過ぎるそのときに、
悪者はおのれ自身の網に落ち込みますように。

4①→詩5:5
③箴23:6
5①→詩146:8,
箴9:8, 19:25, 25:12, 27:6, 伝7:5, ガラ6:1
＊別訳「最上の油」
②詩23:5, 133:2
③詩109:4
6①→詩2:10
②Ⅱ歴25:12
7①詩53:5
①詩116:3, 民16:32, 33
＊詩6:5＊
8①詩25:15, 123:1, 2
②詩2:12, 11:1
9①詩38:12, 64:5, 91:3, 119:110, 124:7
②→詩5:5
③詩140:5
10①→詩147:6
②詩7:15, 57:6

捕虜の祈り

142

ダビデのマスキール。彼が洞窟にいたときに。祈り

1 私は主に向かい、声をあげて叫びます。
声をあげ、主にあわれみを請います。
2 私は御前に自分の嘆きを注ぎ出し、
私の苦しみを御前に言い表します。
3 私の霊が私のうちで衰え果てたとき、
あなたこそ、私の道を知っておられる方です。
私が歩く、その道に、
彼らは、私に、わなを仕掛けているのです。
4 私の右のほうに目を注いで、見てください。
私を顧みる者もなく、
私の逃げる所もなくなり、
私のたましいに気を配る者もいません。

5 主よ。私はあなたに叫んで、言いました。
「あなたは私の避け所
生ける者の地で、私の分の土地です。
6 私の叫びに耳を留めてください。
私はひどく、おとしめられていますから。
どうか、私を迫害する者から救い出してください。
彼らは私よりも強いのです。
7 私のたましいを、牢獄から連れ出し、
私があなたの御名に感謝するようにしてください。

題①Ⅰサム22:1, 24:3
1①詩77:1
②詩30:8
2①詩102表題, 64:1
②詩77:2
3①詩77:3, 143:4
②詩140:5
4①エレ25:35, ヨブ11:20
5①詩91:2, 9
②→詩27:13
②詩16:5, 73:26, 民18:20
6①詩17:1
②詩79:8, 116:6
③詩18:17

人々は邪悪な願いやことばや行動を慎むことができるように、神の助けを求めて祈るべきである(⇒マタ6:13, ヨハ14:15, 21)。実際に罪は魅力的で誘惑の力が大きく、一時的には楽しい(⇒ヘブ11:25)。したがって人間関係や娯楽、メディアなど生活に影響を与えるものに注意しなければならない。邪悪な人や振舞に妥協することなく、それらの「うまい物」や魅力的な快楽の楽しみを拒まなければならない(→ロマ1:32注,→「聖化」の項 p.2405)。

141:5　正しい者が・・・私を打ち　心から主を喜ばせたいと願うなら、懲らしめと矯正を喜んで受入れなければならない。それによって生活の中にある神の特性や目的にかなわないものが明るみに出されて取除かれる。神の前に正しい人がもし教会の中にある道徳的または霊的妥協について指摘し真剣に反対するなら、その人を無視したり拒んだりしてはならない。むしろ支持をしなければならない(→箴15:5, 32, ヨハ16:8, エペ5:11, Ⅱテモ4:2)。そのような神のしもべに対してとる態度によって、むしろ自分の霊的な状態が明らかになるのである(→Ⅱテモ4:3-4注)。

142:1-7　私は・・・声をあげて叫びます　この詩篇は大変な問題を抱え、絶望的な情況に打ちひしがれている人の詩篇である。これはダビデがサウル王のねたみから、いのちからがら逃げるときに書かれたものと思われる。詩篇の作者は人の支えも仲間も同情もない孤立と孤独を体験しているけれども、主が避け所であり、友であり、助け主であると認めている。問題の中で苦しむときには、黙って落ち込んでいないで神に叫ぶべきである。困ったときに神は慰め主になり、助け手になると約束しておられる(→ヨハ14:16-26, Ⅱコ

詩篇　142-144篇

①正しい者たちが私の回りに集まることでしょう。
あなたが私に②良くしてくださるからです。」

苦難の中にいるたましいの祈り
143　ダビデの賛歌

1 主よ。私の祈りを聞き、
私の願いに耳を傾けてください。
あなたの真実と義によって、私に答えてください。

2 あなたのしもべをさばきにかけないでください。
生ける者はだれひとり、
あなたの前に義と認められないからです。

3 敵は私のたましいを追いつめ、
私のいのちを地に打ち砕き、
長く死んでいる者のように、
私を暗い所に住まわせたからです。

4 それゆえ、私の霊は私のうちで衰え果て、
私の心は私のうちでこわばりました。

5 私は昔の日々を思い出し、
あなたのなさったすべてのことに思いを巡らし、
あなたの御手のわざを静かに考えています。

6 あなたに向かって、私は手を差し伸べ、
私のたましいは、かわききった地のように、
あなたを慕います。　セラ

7 主よ。早く私に答えてください。
私の霊は滅びてしまいます。
どうか、御顔を私に隠さないでください。
私が穴に下る者と等しくならないため。

8 朝にあなたの恵みを聞かせてください。
私はあなたに信頼していますから。

7 ①→詩146:8
②→詩13:6, 116:7, 119:17
1 ①詩89:1, 2
②→詩111:3
2 ①→詩119:7, ヨブ14:3, 22:4
③詩130:3, 145:16,
→詩27:13, Ⅰ列8:46, ヨブ4:17, 9:2, 25:4, 伝7:20, ロマ3:20, ガラ2:16
3 ①詩7:5
②詩44:25
③詩74:20, 88:6, 107:10, 哀3:6
4 ①詩142:3
②詩109:22
5 ①詩77:5, 11
②詩77:12
6 ①詩63:4, 88:9, ヨブ11:13
②詩42:2, 63:1, 84:2
7 ①詩69:17
②詩73:26, エレ8:18, 哀1:22
③→詩10:11
④詩28:1, 88:4
8 ①詩90:14
②→詩130:7
③詩25:2
④詩27:11, 32:8, 86:11
⑤詩25:1, 86:4
9 ①詩31:15, 59:1
10 ①詩25:4, 5, 119:12
②→詩52:9, ネヘ9:20
③詩23:3, 139:24
11 ①→詩25:11
②→詩111:3
12 ①→詩130:7
②→詩18:40
③詩116:16

1 ①→詩18:2, →詩62:2,
→詩73:26, →詩92:15,
申32:18, 31, Ⅰサム2:2
②詩18:34
2 ①→詩130:7
②詩18:2, 91:2
③詩48:3
④→詩3:3
⑤→詩18:47
3 ①詩8:4
4 ①詩39:11
②詩102:11, 109:23, ヨブ8:9, 14:2

9 私に行くべき道を知らせてください。
私のたましいはあなたを仰いでいますから。

9 主よ。私を敵から救い出してください。
私はあなたの中に、身を隠します。

10 あなたのみこころを行うことを教えてください。
あなたこそ私の神であられますから。
あなたのいつくしみ深い霊が、
平らな地に私を導いてくださるように。

11 主よ。あなたの御名のゆえに、私を生かし、
あなたの義によって、
私のたましいを苦しみから連れ出してください。

12 あなたの恵みによって、私の敵を滅ぼし、
私のたましいに敵対するすべての者を消し去ってください。
私はあなたのしもべですから。

戦士の詩篇
144　ダビデによる

1 ほむべきかな。わが岩である主。
主は、戦いのために私の手を、
いくさのために私の指を、鍛えられる。

2 主は私の恵み、私のとりで。
私のやぐら、私を救う方。
私の盾、私の身の避け所。
私の民を私に服させる方。

3 主よ。人とは何者なのでしょう。
あなたがこれを知っておられるとは。
人の子とは何者なのでしょう。
あなたがこれを顧みられるとは。

4 人はただ息に似て、
その日々は過ぎ去る影のようです。

リ1:4-5)。

143:1-12　私の祈りを聞け　前の詩篇と同じようにこれも問題に打ちひしがれ、限界に達したと感じている人を描いている(143:3-4, 7, ⇒104:29)。作者にできるのは、神が希望を回復してくださり、絶望的な情況から救ってくださることを求めて祈ることだけである(143:10-11, ⇒142:1-7注)。

144:1-15　ほむべきかな。わが岩である【主】　神は助けと力の揺るぎない源である。神を避け所にする人々を、神は救い守ってくださる(⇒140:-143:)。さらに神の民がどのような霊的戦いに直面しても、それに対処し乗越えられるように、神は訓練をして備えさせてくださる(→144:1注)。

144:1　戦いのために私の手を・・・鍛えられる　ダビデは王になる前にも、なったあとにも、しばしばイスラエルの軍隊を率いて戦うように召された。この

5 主よ。あなたの天を押し曲げて降りて来てください。
山々に触れて、煙を出させてください。
6 いなずまを放って、彼らを散らし、
あなたの矢を放って、
彼らをかき乱してください。
7 いと高き所からあなたの御手を伸べ、
大水から、また外国人の手から、
私を解き放し、救い出してください。
8 彼らの口はうそを言い、
その右の手は偽りの右の手です。
9 神よ。あなたに、私は新しい歌を歌い、
十弦の琴をもってあなたに、ほめ歌を歌います。
10 神は王たちに救いを与え、
神のしもべダビデを、悪の剣から解き放されます。
11 私を、外国人の手から解き放し、
救い出してください。
彼らの口はうそを言い、
その右の手は偽りの右の手です。
12 私たちの息子らが、若いときに、
よく育った若木のようになりますように。
私たちの娘らが、宮殿の建物にふさわしく刻まれた

隅の柱のようになりますように。
13 私たちの倉は満ち、あらゆる産物を備えますように。
私たちの羊の群れは、私たちの野原で、
幾千幾万となりますように。
*14 私たちの牛が子牛を産み、
死ぬこともなく、出て行くこともなく、
また、哀れな叫び声が
私たちの町にありませんように。
15 幸いなことよ。このようになる民は。
幸いなことよ。主をおのれの神とするその民は。

主の慈しみ

145 ダビデの賛美

1 私の神、王よ。私はあなたをあがめます。
あなたの御名を世々限りなく、ほめたたえます。
2 日ごとにあなたをほめたたえ、
あなたの御名を世々限りなく賛美します。
3 主は大いなる方。大いに賛美されるべき方。
その偉大さを測り知ることができません。
4 代は代へと、あなたのみわざをほめ歌い、
あなたの大能のわざを告げ知らせるで

メッセージは今日のキリスト者にも適用できる。キリスト者はサタンと世界にある悪の影響力、そして自分の中にある罪の誘惑に対して霊的戦いをするように召されている。そのための「訓練」は、神のことばを読み、祈ることによって受けることができる。神の御霊はそこで学んだことを生活に適用できるように助けてくださる。これによってサタンの影響を乗越え、サタンが生活を支配するのを打砕くことができる。そのようにして初めて、人々をキリストのもとへ導くという神の目的が実現するために効果的な働きをすることができるようになる(→エペ6:11-18注)。神の力と訓練に頼る霊の戦いの兵士は聖霊の力によって勝利することができる。

144:5 【主】よ・・・降りて来てください 神はダビデを訓練して、神を信じ霊の戦いやそのほかの危機的な情況に備えるようにされた(144:1-2)。それでも危険が多くあったので、ダビデは神に頼り続けなければならなかった(144:7)。キリストによる霊的な救い(キリストとの個人的な関係に導き入れるもの)を体験し、聖霊のバプテスマ(神のメッセージを伝えるための力を与える)という賜物を受けてからも、キリスト者は誘惑と霊的戦いに直面するので、毎日神の助けと力に頼り続けなければならない。神の国につながる人々はみな神の助けを求め、神とのより強力な関係に成長することを求めて毎日祈る必要がある(マタ6:33、ヘブ7:25、11:6)。

145:2 日ごとにあなたをほめたたえ 神が与えてくださった祝福と賜物を神に感謝も賛美もすることなく日々を過してはならない。神は私たちの造り主であり、贖い主(救い主)であり、必要なものをみな備えてくださる方である(⇒34:1)。つまり私たちは神がおられるからこそ生きているのである。(1) 神が私たちを創造された、(2) 私たちのいのちを「買い取り」(贖う)、罪から解放するために最大の値を払われた(⇒使20:28、Ⅰコリ6:20)、(3) 寛容にも、神は私たちの必要なものをみな与え続けられる。これだけを考

しょう。
5 私は栄光輝くあなたの主権と、
あなたの奇しいわざに思いを潜めます。
6 人々はあなたの恐ろしいみわざの力を語り、
私はあなたの偉大さを述べるでしょう。
7 人々はあなたの豊かないつくしみの思い出を
熱心に語り、
あなたの義を高らかに歌うでしょう。
8 主は情け深く、あわれみ深く、
怒るのにおそく、恵みに富んでおられます。
9 主はすべてのものにいつくしみ深く、
そのあわれみは、
造られたすべてのものの上にあります。
10 主よ。あなたの造られたすべてのものは、
あなたに感謝し、
あなたの聖徒はあなたをほめたたえます。
11 彼らはあなたの王国の栄光を告げ、
あなたの大能のわざを、語るでしょう。
12 こうして人の子らに、主の大能のわざと、
主の王国の輝かしい栄光を、知らせましょう。
13 あなたの王国は、永遠にわたる王国。
あなたの統治は、代々限りなく続きます。
14 主は倒れる者をみなささえ、
かがんでいる者をみな起こされます。
15 すべての目は、あなたを待ち望んでいます。
あなたは時にかなって、彼らに食物を与えられます。
16 あなたは御手を開き、
すべての生けるものの願いを満たされます。

5 ①詩145:12
 ②→詩105:2
6 ①詩66:3, 106:22, 申10:21
7 ①→詩25:7, イザ63:7
 ②→詩51:1
 ③→詩11:3
8 ①→詩86:15, 出34:6
9 ①詩52:9, エレ33:11, ナホ1:7
10 ①詩103:22, 19:1
 ②詩148:14, 149:1,5,9, →詩4:3, →詩32:6, →詩85:8
 ③詩68:26
11 ①→詩84:11, エレ14:21
 ①詩150:2
 ②詩145:5, イザ52:10, 19, 21
 ③詩105:1
13 ①詩10:16, 29:10, Ⅱペテ1:11
 ②詩66:7
14 ①→詩3:5
 ②詩146:8
15 ①詩146:27
 ②詩104:27, 136:25, 146:7, 147:9
16 ①詩104:28
 ②→詩143:2

17 ①詩18:30
 ②詩116:5, 119:137
18 ①ヨハ4:24
 ②詩34:18, 119:151, 申4:7
19 ①詩115:11
 ②詩21:2, 37:4
 ③詩10:17, 箴15:29, Ⅰヨハ5:14
20 ①詩31:23, 91:14, 97:10
 ②→詩147:6
 ③詩9:5, 37:38
21 ①詩71:15
 ②詩65:2
 ③詩145:1, 2

1 * →詩104:35 *
 ①詩103:1
 ②詩104:33
 ②詩63:4
3 ①詩118:8, 9, イザ2:22
 ②詩60:11, 108:12
4 ①詩104:29, 伝12:7
 ②詩33:10
 ③ →詩1:6
5 ①→詩112:1
 ②詩71:5
6 ①詩115:15, 使14:15
 ②詩117:2
7 ①詩103:6
 ②→詩119:7
 ③詩107:9, 145:15
 ④詩68:6, 142:7, イザ61:1

17 主はご自分のすべての道において正しく、
またすべてのみわざにおいて恵み深い。
18 主を呼び求める者すべて、
まことをもって主を呼び求める者すべてに
主は近くあられる。
19 また主を恐れる者の願いをかなえ、
彼らの叫びを聞いて、救われる。
20 すべて主を愛する者は主が守られる。
しかし、悪者はすべて滅ぼされる。
21 私の口が主の誉れを語り、
すべて肉なる者が聖なる御名を
世々限りなくほめたたえますように。

神に頼る勧め

146

1 *ハレルヤ。
私のたましいよ。主をほめたたえよ。
2 私は生きているかぎり、主をほめたたえよう。
いのちのあるかぎり、私の神に、ほめ歌を歌おう。
3 君主たちにたよってはならない。
救いのない人間の子に。
4 霊が出て行くと、人はおのれの土に帰り、
その日のうちに彼のもろもろの計画は滅びうせる。
5 幸いなことよ。ヤコブの神を助けとし、
その神、主に望みを置く者は。
6 主は天と地と海とその中のいっさいを造った方。
とこしえまでも真実を守り、
7 しいたげられる者のためにさばきを行い、
飢えた者にパンを与える方。
主は捕らわれ人を解放される。

えても神に永遠に感謝し、神をあがめていく理由としては十分である。

145:8 【主】は情け深く このことばはたびたび繰返されていて、神があわれみを示すことを喜びとしておられることを示している（⇒出34:6-7)。惨めな情況を見ると神は心を動かされる。私たちが罪を犯したときも神は怒るに遅く、へりくだって赦しを求める人に

は速やかに愛と慈しみを示される（⇒出3:7, 士2:18)。

145:18 主を呼び求める者すべてに【主】は近くあられる 真実に（真実の心と純粋な動機で）主を呼ぶ人には神がともにおられることが確実である。神はその祈りを聞き、助けを求める声に応え、ひどい苦しみから救ってくださる（145:19)。

146:-150: ハレルヤ この部分の詩篇は「主をほめ

8 主は盲人の目をあけ、
　主はかがんでいる者を起こされる。
　主は正しい者を愛し、
9 主は在留異国人を守り、
　みなしごとやもめをささえられる。
　しかし主は悪者の道を曲げられる。
10 主は、とこしえまでも統べ治められる。
　シオンよ。あなたの神は代々にいます。
＊ハレルヤ。

主の力と恵み
147

1 ＊ハレルヤ。
　まことに、われらの神にほめ歌を歌うのは良い。
　まことに楽しく、賛美は麗しい。
2 主はエルサレムを建て
　イスラエルの追い散らされた者を集める。
3 主は心の打ち砕かれた者をいやし
　彼らの傷を包む。
4 主は星の数を数え、
　そのすべてに名をつける。
5 われらの主は偉大であり、力に富み、
　その英知は測りがたい。
6 主は心の貧しい者をささえ、
　悪者を地面に引き降ろす。
7 感謝をもって主に歌え。
　立琴でわれらの神にほめ歌を歌え。
8 神は雲で天をおおい、
　地のために雨を備え、
　また、山々に草を生えさせる。
9 獣に、また、鳴く烏の子に
　食物を与える方。
10 神は馬の力を喜ばず、
　歩兵を好まない。
11 主を恐れる者と

8 ①マタ9:30, ヨハ9:7
①詩145:14, ③詩112:6, 118:15, 20, 125:3, 140:13, 141:5, 142:7, →詩37:12, →詩72:7, →詩75:10, →詩92:12
9 ①ロま22:21, レビ19:34
②→詩10:14, 申10:18
③→詩147:6, →詩1:6
10 ①詩10:16, 出15:18
＊→詩104:35＊

1 ①詩33:1, 92:1
＊→詩104:35＊
②→詩39:2
2 ①詩51:18, 102:16, 122:3, ②詩106:47, 申30:3, イザ11:12, 56:8, エゼ39:28
3 ①詩34:18, イザ61:1
②ヨブ5:18, イザ30:26, エゼ34:16
4 ①創15:5, ②イザ40:26
5 ①詩48:1, 145:3
②イザ40:28
6 ①詩37:24, 146:9
②詩109:6, 112:10, 119:53, 129:4, 139:19, 140:4, 8, 141:10, 145:20, 146:9, 147:6, →詩34:21, →詩50:16, →詩73:3, →詩91:8
7 ①詩33:2, 95:1, 2
8 ①ヨブ26:8, ②詩65:9, 104:13, ヨブ5:10, 38:26
②詩104:14, ヨブ38:27
9 ①ヨブ38:41
②詩104:27, 28, 145:15
10 ①詩33:17
11 ①→詩115:11

②→詩130:7
13 ①ネヘ3:3, 7:3
②詩37:26
14 ①詩29:11, イザ54:13, 60:17, 18
②詩81:16, 申32:14
15 ①詩107:20, 147:18, ヨブ37:12
16 ①詩148:8, ヨブ37:6
②ヨブ38:29
17 ①ヨブ37:10
②詩37:9
18 ①詩107:25
19 ①→詩119:64
詩119:7, マラ4:4
20 ①申4:7, 8, 32-34, ②→詩119:7, 詩79:6, エレ10:25, ＊→詩104:35＊

1 ＊→詩104:35＊
①詩69:34, ②→詩18:16, ヨブ16:19, マタ21:9
②詩103:20
3 ①詩103:21, 33:6
4 ①詩68:33, 申10:14, 68:33, I ヨブ8:27, ネヘ9:6, ②創1:7

　御恵みを待ち望む者とを主は好まれる。
12 エルサレムよ。主をほめ歌え。
　シオンよ。あなたの神をほめたたえよ。
13 主は、あなたの門のかんぬきを強め、
　あなたの中にいる子らを祝福しておられるからだ。
14 主は、あなたの地境に平和を置き、
　最良の小麦であなたを満たされる。
15 主は地に命令を送られる。
　そのことばはすみやかに走る。
16 主は羊毛のように雪を降らせ、
　灰のように霜をまかれる。
17 主は氷をパンくずのように投げつける。
　だれがその寒さに耐ええようか。
18 主が、みことばを送って、これらを溶かし、
　ご自分の風を吹かせると、水は流れる。
19 主はヤコブには、みことばを、
　イスラエルには、おきてとさばきを告げられる。
20 主は、どんな国々にも、
　このようには、なさらなかった。
　さばきについて彼らは知っていない。
＊ハレルヤ。

自然が主をたたえる賛美
148

1 ＊ハレルヤ。
　天において主をほめたたえよ。
　いと高き所で主をほめたたえよ。
2 主をほめたたえよ。すべての御使いよ。
　主をほめたたえよ。主の万軍よ。
3 主をほめたたえよ。日よ。月よ。
　主をほめたたえよ。すべての輝く星よ。
4 主をほめたたえよ。天の天よ。
　天の上にある水よ。

たたえよ」を意味する「ハレルヤ」で始まり、「ハレルヤ」で終わっている。それによって詩篇にふさわしい最高潮に達し、最高の表現になっている。ユダヤ人は詩篇全体を「テヒリーム（賛美）」と呼んでいる。私たちの礼拝には神への賛美がなければならない（→**賛美**の項 p.891）。

147:6 【主】は心の貧しい者をささえ　「心の貧しい」（《ヘ》アナワ）ということばにはしばしば苦しむという意味が含まれていて、問題を持ち落胆している人々のことを指している。人生の問題や責任に自分では対処できないと認識するとき、多くの人はへりくだって神に助けと力を求める。（1）神はへりくだった人々を高く上げ、支えてくださる。詩篇の作者は神の助けと最終的な勝利を保証している（⇒22:26, 25:9, 37:

詩篇　148-150篇

5　彼らに主の名をほめたたえさせよ。
　　主が命じて、彼らが造られた。
6　主は彼らを、世々限りなく立てられた。
　　主は過ぎ去ることのない定めを置かれた。
7　地において主をほめたたえよ。
　　海の巨獣よ。すべての淵よ。
8　火よ。雹よ。雪よ。煙よ。
　　みことばを行うあらしよ。
9　山々よ。すべての丘よ。
　　実のなる木よ。すべての杉よ。
10　獣よ。すべての家畜よ。はうものよ。
　　翼のある鳥よ。
11　地の王たちよ。すべての国民よ。
　　君主たちよ。地のすべてのさばきづかさよ。
12　若い男よ。若い女よ。年老いた者と幼い者よ。
13　彼らに主の名をほめたたえさせよ。
　　主の御名だけがあがめられ、
　　その威光は地と天の上にあるからだ。
14　主は、その民の角を上げられた。
　　主のすべての聖徒たち、主の近くにいる民、
　　イスラエルの子らの賛美を。
　　＊ハレルヤ。

イスラエルへの主の愛

149

1　＊ハレルヤ。

①詩33:6, 9, 創1:1
②詩119:9
　②ヨブ38:33, エレ31:35, 36, 33:20, 25
7①詩74:13, 創1:21
　②創1:2, 申33:13, ハバ3:8
8①詩18:12
　②詩147:16
　③詩135:7
　④詩103:20, ヨブ37:12
　⑤詩107:25
9①イザ44:23, 49:13
　②イザ55:12
10①イザ43:20, ホセ2:18
11①詩102:15, ②詩2:10
13①イザ12:4
　②詩8:1, 113:4
14①詩75:10, 89:17, →詩112:9, Ⅰサム2:1
　②→詩145:10
　③レビ10:3, エペ2:17
　④詩109:1, 申10:21, エレ17:14
　＊→詩104:35＊

1＊→詩104:35＊

①詩33:3
②→詩145:10
③詩89:5, 35:18, 111:1
2①詩95:6
　②詩47:6
3①詩150:4, Ⅱサム6:14
　②詩81:2, 150:4, 出15:20
4①詩132:16, イザ61:3
5①→詩16:7, ヨブ35:10
　③→詩51:14
6①詩66:17
　②→ネヘ4:17
7①エゼ25:17, ミカ5:15
8①ヨブ36:8
　②ナホ3:10
9①→詩119:7, エゼ28:26
　②→詩145:10
　＊→詩104:35＊

1＊→詩104:35＊
①詩73:17

　　主に新しい歌を歌え。
　　聖徒の集まりで主への賛美を。
2　イスラエルは、おのれの造り主にあって喜べ。
　　シオンの子らは、おのれの王にあって楽しめ。
3　踊りをもって、御名を賛美せよ。
　　タンバリンと立琴をかなでて、主にほめ歌を歌え。
4　主は、ご自分の民を愛し、
　　救いをもって貧しい者を飾られる。
5　聖徒たちは栄光の中で喜び勇め。
　　おのれの床の上で、高らかに歌え。
6　彼らの口には、神への称賛、
　　彼らの手には、もろ刃の剣があるように。
7　それは国々に復讐し、国民を懲らすため、
8　また、鎖で彼らの王たちを、
　　鉄のかせで彼らの貴族たちを縛るため、
9　また書きしるされたさばきを
　　彼らの間で行うため。
　　それは、すべての聖徒の誉れである。
　　＊ハレルヤ。

すべてのものは主をたたえよ

150

1　＊ハレルヤ。
　　神の聖所で、
　　神をほめたたえよ。

---

11)。(2) 旧約聖書の時代に心の貧しい人々を神が支えられたように、主イエスは今日、苦しみ傷ついている人々を助け励ましてくださる(マタ11:28-30, ⇒イザ11:4, 29:19, ゼパ2:3)。(3) 神は心のへりくだった人々を喜ばれるので、神を信じる人々はみな神に喜ばれるように心からへりくだって祈らなければならない(ガラ5:23, エペ4:2, コロ3:12, テト3:2)。

149:6　称賛・・・もろ刃の剣　この詩篇は神の民の活動を、神を敬う礼拝と霊的戦いという互いに関係する二つの面から描いている。(1) 神をあがめ賛美したいという願いは、サタンの国とあらゆる悪に対して堅く立って対抗したいという願いと結び付いていなければならない。神の国の目的は霊的な暗闇と欺きと敵対する力が破壊されない限り、完全に実現することはない。私たちは悪の力に対抗して立ち、神への信仰を示し、御霊の剣(神のことば)を使わなければならない。神のことばの原則を実行して御霊によって祈ることである(→エペ6:11-18各注)。歴史の終りにキリストが悪を完全に滅ぼされたあと、キリストに従う人々は神の目的とご計画に反対するにせキリストに従った人々をさばくことになる(Ⅰコリ6:2-3, 黙18:20, 19:1-4, 11-21)。(2) 賛美は強力な霊的武器である。神が力と勢いの源であると認め、神をたたえるからである。賛美はまた敵から目をそらさせ、あらゆる反対勢力に打勝つことができる神へ目を向けさせて、私たちの信仰を強めてくれる。霊的戦いの中で神を賛美することを思い出すなら、サタンの最大の武器であるプライドや恐れ、落胆などは消えてしまう。

150:1　神をほめたたえよ　賛美と神への礼拝は礼拝堂に限られたものではない(150:1-2, 6)。神をあがめ

詩篇　150篇

御力(みちから)の大空(おおぞら)で、
神(かみ)をほめたたえよ。
2 その大能(たいのう)のみわざのゆえに、
神(かみ)をほめたたえよ。
そのすぐれた偉大(いだい)さのゆえに、
神(かみ)をほめたたえよ。
3 角笛(つのぶえ)を吹(ふ)き鳴(な)らして、
神(かみ)をほめたたえよ。
十弦(じゅうげん)の琴(こと)と立琴(たてごと)をかなでて、
神(かみ)をほめたたえよ。
4 タンバリンと踊(おど)りをもって、
神(かみ)をほめたたえよ。
緒琴(おごと)と笛(ふえ)とで、
神(かみ)をほめたたえよ。
5 音(ね)の高(たか)いシンバルで、
神(かみ)をほめたたえよ。
鳴(な)り響(ひび)くシンバルで、
神(かみ)をほめたたえよ。
6 息(いき)のあるものはみな、
主(しゅ)をほめたたえよ。
**ハレルヤ。

1 ② 詩68:34
　③ 詩19:1
2 ② 詩145:12
　② 詩145:3, 申3:24
3 ① 詩98:6
　② 詩33:2, 57:8
4 ① 詩149:3

② 詩45:8, イザ38:20
② 創4:21, ヨブ21:12
5 ① Ⅱサム6:5,
　Ⅰ歴13:8, 15:16,
　エズ3:10, ネヘ12:27
6 ① 詩103:22, 145:21
* ㋑「ヤハ」
** →詩104:35 *

ることは礼拝で歌を歌ったり賛美の声を上げたりすることだけではない。礼拝とは神をあがめる生活であり、生活のあらゆる面で神の偉大さを反映することである。創造のみわざやすべての人に対する救いの計画、個人の生活の中で行われるすばらしいみわざなど、神の偉大さと慈しみに気付くとき、私たちは神を賛美せずにはいられなくなる。賛美は喜びと感謝、神とのより深い関係を求める願いなどを表す心の応答である。礼拝堂で歌や楽器をもって神を賛美することに加えて、神の愛と喜びを周囲の人々に実際に現すこと（Ⅰヨハ4:19）によっても神を賛美し、あがめることができる。これは自分の生活の中で神が真実な方であることを具体的に示すことになる。サタンの力に対して勝利すること（エペ6:10-18）、神の目的と神の義に対して霊的な飢え渇きを持つこと（マタ6:33）によって、私たちはキリストへの信仰を表すことができる（ヨハ1:7）。また神のことばに対する深い献身（119:）と、聖霊によって心に満たされる神の愛を分け合うこと（ロマ5:5）によって、神をあがめ賛美をささげることができる。さらにキリストによる赦しと新しいいのちのメッセージを伝え（ロマ1:16）、近付いているキリストの再臨を待望みながら生活することも神の栄光を現すもう一つの方法である（テト2:13、→「**賛美**」の項p.891）。

キリストによって成就した旧約聖書の預言

旧約聖書	新約聖書	主　題
創3:15	ルカ22:53	主イエスに対抗する悪魔
創3:15	ヘブ2:14, Ⅰヨハ3:8	悪魔に対する主イエスの勝利
創12:3	使3:25, ガラ3:8	アブラハムの子孫であるキリストを通して祝福される異邦人
創13:15	ガラ3:15-16, 19	アブラハムの子孫としてのメシヤ
創14:18-20	ヘブ7:	メルキゼデクに等しい主イエスの祭司職
創18:18	使3:25, ガラ3:8	アブラハムの子孫であるキリストを通して祝福される異邦人
創22:18	使3:25, ガラ3:8	アブラハムの子孫であるキリストを通して祝福される異邦人
創26:4	使3:25, ガラ3:8	アブラハムの子孫であるキリストを通して祝福される異邦人
創49:10	ルカ1:32-33	ユダから出る支配者
出12:1-14, 46	ヨハ19:31-36, Ⅰコリ5:7, Ⅰペテ1:19	過越の子羊としてのメシヤ
出16:4	ヨハ6:31-33	天からのまことのパンを与えるメシヤ
出24:8	ヘブ9:11-28	いけにえとして流されるメシヤの血
レビ16:15-17	ロマ3:25, ヘブ9:1-14, 24, Ⅰヨハ2:2	血による贖いのいけにえ
民21:8-9	ヨハ3:14-15	十字架につけられた方を見上げて与えられるいのち
民24:17	黙22:16	ヤコブから上る星
民24:17	ルカ1:32-33	ヤコブから出る統治者
申18:18	ヨハ6:14, 12:49-50, 使3:22-23	神から送られる預言者
申21:23	ガラ3:13	木にかけられてのろわれるメシヤ
申30:12-14	ロマ10:6-8	主イエスは私たちのそばにおられる神のことば
Ⅱサム7:14	ヘブ1:5	神の子であるメシヤ
Ⅱサム7:16	ルカ1:32-33, 黙19:11-16	永遠の王としてのダビデの子
Ⅰ歴17:13	ヘブ1:5	神の子であるメシヤ
Ⅰ歴17:14	ルカ1:32-33, 黙19:11-16	永遠の王としてのダビデの子
詩2:7	マタ3:17, 17:5, マコ1:11, 9:7, ルカ3:22, 9:35, 使13:33, ヘブ1:5	子への神のことば
詩2:9	黙2:27	権力をもって諸国を治めるメシヤ
詩8:2	マタ21:16	神の御子をたたえる子どもたち
詩8:4-5	ヘブ2:6-9	御使いよりも低くされる主イエス
詩8:6	Ⅰコリ15:27-28, エペ1:22	すべてのものが神の御子に従う
詩16:8-11	使2:25-32, 13:35-37	死からよみがえらされるダビデの子
詩22:1	マタ27:46, マコ15:34	神に見捨てられたメシヤの叫び
詩22:7-8	マタ27:29, 41-44, マコ15:18, 29-32, ルカ23:35-39	群衆にあざけられるメシヤ
詩22:18	マタ27:35, マコ15:24, ルカ23:34, ヨハ19:24	主イエスの着物のためにくじを引く

© 1991 Zondervan Publishing House

キリストによって成就した旧約聖書の預言

旧約聖書	新約聖書	主　題
詩22:22	ヘブ2:12	教会の中でご自分の名前を告げる主イエス
詩31:5	ルカ23:46	ご自分の霊を神にゆだねるメシヤ
詩34:20	ヨハ19:31-36	骨が折られないメシヤ
詩35:19	ヨハ15:25	理由なしに憎まれるメシヤ
詩40:6-8	ヨハ6:38, ヘブ10:5-9	神の完全なみこころを行うメシヤ
詩41:9	ヨハ13:18	友によって裏切られるメシヤ
詩45:6-7	ヘブ1:8-9	やがて来られる王の特性
詩68:18	エペ4:7-11	昇天と人類に与えられる賜物
詩69:4	ヨハ15:25	理由なしに憎まれるメシヤ
詩69:9	ヨハ2:14-22	神の家へのメシヤの熱心
詩69:21	ヨハ19:29	苦しむメシヤの渇き
詩69:25	使1:20	メシヤを迫害する者に対するさばき
詩78:2	マタ13:34-35	たとえで話されるメシヤ
詩102:25-27	ヘブ1:10-12	やがて来られる王の特性
詩110:1	使2:34-35, Ⅰコリ15:25, エペ1:20-22, ヘブ1:13, 10:12-13	神の右の座に引上げられる主イエス
詩110:1	マタ22:41-45, マコ12:35-37, ルカ20:41-44	ダビデの子であり主であるイエス
詩110:4	ヘブ5:6, 7:11-22	メルキゼデクに等しい主イエスの祭司職
詩118:22-23	マタ21:42-44, マコ12:10-12, ルカ20:17-19, 使4:10-11, Ⅰペテ2:7-8	捨てられた石が礎の石になる
詩118:26	マタ21:9, マコ11:9, ルカ19:38, ヨハ12:13	主の御名によって来られるメシヤ
イザ6:9-10	マタ13:14-15, マコ4:12, ルカ8:10, ヨハ12:37-41	福音に対して閉ざされた心
イザ7:14	マタ1:18-23, ルカ1:26-35	メシヤの処女降誕
イザ8:14	ロマ9:32-33, Ⅰペテ2:7-8	人々がつまずく石
イザ9:1-2	マタ4:13-16, マコ1:14-15, ルカ4:14-15	ガリラヤで始まる伝道
イザ9:6-7	ルカ1:32-33	永遠の王としてのダビデの子
イザ9:7	エペ2:14-17	平和の人であるメシヤ
イザ9:7	ヨハ1:1, 18	神であるメシヤ
イザ11:1-2	マタ3:16, マコ1:10, ルカ3:21-22	御霊を受けるエッサイ(ダビデ)の若枝
イザ11:10	ルカ1:32-33	やがて来られる統治者としてのエッサイ(ダビデ)の根
イザ11:10	ロマ15:12	異邦人にも提供される救い
イザ22:22	黙3:7	ダビデのかぎを受取る主イエス

© 1991 Zondervan Publishing House

キリストによって成就した旧約聖書の預言

旧約聖書	新約聖書	主題
イザ25:8	Iコリ15:54	勝利に飲込まれる死
イザ28:16	ロマ9:32-33, Iペテ2:6	尊い礎石であるメシヤ
イザ35:5-6	マタ11:4-6, ルカ7:22	力あるわざを行うメシヤ
イザ40:3-5	マタ3:3, マコ1:3, ルカ3:4-6, ヨハ1:23	荒野で叫ぶ声である主イエスの先駆者
イザ42:1-4	マタ12:15-21	主に選ばれたしもべとしてのメシヤ
イザ45:23	ロマ14:11, ピリ2:10	すべてのひざがメシヤの前にひざまずく
イザ49:6	使13:46-47	異邦人の光としてのメシヤ
イザ50:6	マタ27:26-30, マコ14:65, 15:15, 19, ルカ22:63, ヨハ19:1-3	むちを打たれる神のしもべ
イザ50:6	マタ26:67, マコ14:65	つばをかけられる神のしもべ
イザ53:1	ヨハ12:38, ロマ10:16	メシヤを信じないイスラエル
イザ53:3	ヨハ1:11	ご自分の民に拒まれるメシヤ
イザ53:4-5	マタ8:16-17, マコ1:32-34, ルカ4:40-41, Iペテ2:24	癒しの働きをする神のしもべ
イザ53:7-8	ヨハ1:29, 36, 使8:30-35, Iペテ1:19, 黙5:6, 12	苦難を受ける神の子羊
イザ53:9	マタ27:57-60	金持の墓に葬られるメシヤ
イザ53:9	ヘブ4:15, Iペテ2:22	罪のない神のしもべ
イザ53:12	マタ27:38, マコ15:27-28, ルカ22:37, 23:33, ヨハ19:18	罪びととともに数えられる神のしもべ
イザ55:3	ルカ22:20, Iコリ11:25	メシヤによる永遠の契約
イザ55:3	使13:34	メシヤに与えられたダビデの祝福
イザ59:20-21	ロマ11:26-27	シオンから出るイスラエルの解放者
イザ60:1-3	マタ2:11, ロマ15:8-12	メシヤを拝みに来る異邦人
イザ61:1-2	マタ3:16, マコ1:10, ルカ4:18-21	聖霊によって油注がれるメシヤ
イザ65:1	ロマ10:20	メシヤを信じる異邦人
イザ65:2	ロマ10:21	メシヤを拒むイスラエル
エレ23:5	ルカ1:32-33	偉大な王になるダビデの子
エレ23:6	マタ1:21	救い主になるダビデの子
エレ23:6	Iコリ1:30	「私たちの正義」と名付けられるメシヤ
エレ31:15	マタ2:16-18	神の子が誕生したときに泣くラケル
エレ31:31-34	ルカ22:20, Iコリ11:25, ヘブ8:8-12, 10:15-18	主イエスと新しい契約
エレ32:40	ルカ22:20, Iコリ11:25	メシヤを通しての永遠の契約
エレ33:15	ルカ1:32-33	偉大な王になるダビデの子

© 1991 Zondervan Publishing House

キリストによって成就した旧約聖書の預言

旧約聖書	新約聖書	主題
エレ33:16	マタ1:21	メシヤになるダビデの子
エレ33:16	Ⅰコリ1:30	「私たちの正義」と名付けられるメシヤ
エゼ21:26-27	ルカ1:32-33	メシヤのための当然の王位
エゼ34:23-24	ヨハ10:11, 14, 16, ヘブ13:20, Ⅰペテ5:4	やがて来られる良い羊飼い
エゼ37:24-25	ルカ1:32-33	ダビデの子であり王であるメシヤ
エゼ37:24-25	ヨハ10:11, 14, 16, ヘブ13:20, Ⅰペテ5:4	やがて来られる良い羊飼い
エゼ37:26	ルカ22:20, Ⅰコリ11:25	メシヤの永遠に続く平和の契約
ダニ7:13-14	マタ24:30, 26:64, マコ13:26, 14:62, ルカ21:27, 黙1:13, 14:14	人の子が来られる
ダニ7:27	黙11:15	やがて来るメシヤの平和の国
ダニ9:24-26	ガラ4:4	メシヤが来られる予定の時
ホセ11:1	マタ2:14-15	エジプトから戻られる主イエス
ヨエ2:28-32	使2:14-21	神の御霊が注がれる
アモ9:11-12	使15:13-18	メシヤを信じる異邦人
ヨナ1:17	マタ12:39-40	三日三晩、墓の中にいるメシヤ
ミカ5:2	マタ2:1-6	ベツレヘムで生れるメシヤ
ミカ5:2	ルカ1:32-33	永遠の王としてのメシヤ
ミカ5:4	ヨハ10:11, 14	神の群れを守る羊飼い
ミカ5:5	エペ2:14-17	平和の人としてのメシヤ
ゼカ9:9	マタ21:1-9, マコ11:1-10, ルカ19:28-38, ヨハ12:12-16	ろばに乗って来られる統治者
ゼカ11:12-13	マタ27:1-10	陶器師の畑のための銀貨30枚
ゼカ12:10	ヨハ19:37, 黙1:7	突き刺されたメシヤを見る
ゼカ13:7	マタ26:31, 26:55-56, マコ14:27, 48-50	羊飼いが打たれ羊が散らされる
マラ3:1	マタ11:7-10, マコ1:2-4, ルカ7:24-27	メシヤの先駆者
マラ4:5-6	マタ11:14, 17:11-13, マコ9:11-13, ルカ1:16-17	エリヤの再現のような先駆者

© 1991 Zondervan Publishing House

箴言

概　要

- Ⅰ. 序言－箴言の目的と主題(1:1-7)
- Ⅱ. 青年に対する13の知恵のメッセージ(1:8-9:18)
  - A. 両親の教えと忠告に耳を傾けること(1:8-9)
  - B. 罪と暴力を拒むこと(1:10-19)
  - C. 知恵を拒まないこと(1:20-33)
  - D. 正しい判断と道徳的な品位をもって知恵を追い求めること(2:1-22)
  - E. 本当の知恵の特徴と利点を知ること(3:1-35)
  - F. 家宝のように知恵を大切にすること(4:1-13, 20-27)
  - G. 義の道を選ぶこと(4:14-19)
  - H. 不品行の魅力にだまされないこと(5:1-14)
  - I. 配偶者への貞節を守ること(5:15-23)
  - J. 負債、怠惰、偽りを避けること(6:1-19)
  - K. 性的不品行がもたらす高い代償と悲惨な結末を避けること(6:20-7:27)
  - L. 神の知恵に聞き、その利益にあずかること(8:1-36)
  - M. 知恵と愚かさの違いを考えること(9:1-18)
- Ⅲ. ソロモンの箴言(10:1-22:16)
  - A. 正しい者と悪者を対比した箴言(10:1-15:33)
  - B. 神を敬う正しい生活を励ます箴言(16:1-22:16)
- Ⅳ. 知恵のある人のそのほかのことば(22:17-24:34)
- Ⅴ. ヒゼキヤが集めたソロモンの箴言(25:1-29:27)
  - A. 様々な種類の人々についての箴言(25:1-26:28)
  - B. 様々な行動についての箴言(27:1-29:27)
- Ⅵ. 知恵のことば－終わりに(30:1-31:31)
  - A. アグルのことば(30:1-33)
  - B. レムエル王のことば(31:1-9)
  - C. すばらしい品性の妻について(31:10-31)

著　者：ソロモンなど

主　題：正しい生活をするための知恵

著作の年代：紀元前970－700年頃

著作の背景

　ヘブル語の旧約聖書は伝統的に律法、預言者、諸書の三つの区分に分けられている(⇒ルカ24:44)。諸書には詩歌と知恵文書という区分がある。箴言はヨブ記、詩篇、伝道者の書とともに知恵文書の一部である。聖書の分類と同じように、古代イスラエルには奉仕する人にも、祭司、預言者、賢者の三つの区分があった。賢者とは神の知恵の賜物を特に与えられた人で、人生の実際的な問題と哲学的問題の両方に助言できる人だった。こうした人々に神が与えられた知恵が箴言になっている。

　箴言と訳されたヘブル語のマーシャールは「神のお告げ」、「たとえ話」あるいは「知恵のことば」という意味になる。こうしたことばのほとんどは、個人の姿勢や振舞や人生全体について実用的な教訓を教えるものである。箴言にはやや長目の話(神のお告げ)があるけれども(1:20-33, 2:1-22, 5:1-14)、知恵にあふれる立派な生き方を励ます短いことばや的を射たことばも多くある。箴言は古代の近東で一般的だった教え方を示しているけれど

も、その知恵は独特で、神を敬うことと人々のための神の正しい基準を土台にした知恵を教えている。箴言を使った教え方は当時人気が高かった。理解するべきポイントがわかりやすくはっきりしていたからである。その教えは覚えやすく、世代から世代へと受継がれていった。

イスラエルの伝統である賛美による礼拝で重要な人物はダビデであるけれども、その息子ソロモンは箴言を用いて知恵を教えるイスラエルの別の伝統にかかわる人物になった(→1:1, 10:1, 25:1)。列王記第一4章32節によれば、ソロモンは一生のうちに3,000の箴言と1,005首の歌を残している。箴言に名前が挙げられているソロモン以外の作者はアグル(30:1-33)とレムエル王(31:1-9)である。このふたりについては箴言を書いたこと以外全くわかっていない。また22章17節と24章23節を見ると、これ以外にも箴言を書いた人がいるようである。箴言のほとんどは紀元前10世紀に生れたものであるけれども、この書物が完成(あるいは収集)したのは、早ければヒゼキヤの時代(前700頃)と思われる。ヒゼキヤ王の部下がソロモンの箴言の収集、編集作業にかかわったのは(25:1-29:27)、前715-686年にヒゼキヤの指導で起きたリバイバルの時期だったと考えられる。アグル、レムエル王、そのほかの「知恵のある者(賢者)のことば」もこの時期に収集されたと考えられる。

目 的

箴言が書かれた目的は1章2-7節に書かれている。それは神の基準に従って正しく道理にかなった生活をするように知恵、規律、理解、見識、忠告を提供し、また育てることである(1:2-3)。こうした知恵を生活に生かすことで、(1) わきまえのない人々が思慮深くなり(1:4)、(2) 若い人々は知識を得て正しい判断ができ(1:4)、(3) 知恵のある人はさらに賢くなる(1:5-6)。箴言は基本的には正しい生活をするための知恵を集めたハンドブックであるけれども、その知恵には「主を恐れること」(1:7)という確かな基礎がある。「主を恐れる」とは創造主でありさばき主である神の驚くべき力と権威を尊ぶことである。知恵を養い育てる上でこの神への神聖な敬意は最も大切なことである(→「神への恐れ」の項 p.316)。「主を恐れること」には実際的には神が正しいと示されること、栄誉に値するとされたことを実行し、神が正しくないと示されること、そしてさばきを受けるようなことを避けるという固い決意が必要である。

概 観

箴言に一貫して流れる主題は「正しい生活をするための知恵」である。このような知恵はまず神を自分の人生の権威を持つ方として認め、へりくだって従うことから始まる。そこから人生のあらゆる面に知恵が行渡るようになる。箴言に書かれた知恵は、(1) 家族、青年、性的純潔、結婚生活での貞節、正直、勤勉、寛大さ、友情、止義、公正、規律など多くの主題に触れ、(2) 反抗や暴力、分裂、不用意な発言、飲酒、暴食、情欲、不品行、不正直、怠惰、悪い交友など愚かな罪深い行動に警告を与え、(3) 正しい判断と無責任、正義と悪、高慢と謙遜、怠惰と勤勉、貧しさと豊かさ、愛と情欲、善と悪、生と死などを比較している。

箴言は詩篇と同じように、聖書のほかの書物に比べて概要や要点を簡単にまとめることができない。けれどもしっかりした構成は見られる(→「概要」)。これは特に1章から9章にかけて顕著である。そこには知恵のある父親が青年になりつつある息子に与えるような13の「話」が並べられている。多くの区分は「わが子よ」または「子もらよ」ということばで始まっている。この父と息子の13の会話または話合いには若者にとって重要な知恵に満ちた原則が多く含まれている。また10章以後には家族関係についての重要な教えが書かれている(10:1, 12:4, 17:21, 25, 18:22, 19:14, 26, 20:7, 21:9, 19, 22:6, 28, 23:13-14, 22, 24-25, 25:24, 27:15-16, 29:15-17, 30:11, 31:10-31)。箴言は非常に実用的な書物(日々の生活や情況に当てはめられる)であるけれども、そこには神についての深い洞察に富んだ考えが含まれている。そして知恵の源がはっきり示されている(8:22-31)。神は創造主である(3:19-20, 8:22-31, 14:31, 22:2)。神はまた全知ですべてのことを知っておられ(5:21, 15:3, 11, 21:2)、公正公平で(11:1, 15:25-27, 29, 19:17, 21:2-3)、みこころのままに行う絶対的な力と権威を持っておられる(16:9, 33, 19:21, 21:1)。そして箴言はすばらしい理想的な品性を備えた妻への感動的な賛辞で終っている(31:10-31)。

特 徴

箴言には八つの大きな特徴がある。

(1) 知恵はすばらしい知性または豊富な知識のことではなく、むしろ「主を恐れること」(1:7)に結び付くものとされている。つまり知恵は本当の意味で神を知り、その戒めに従う人の特色である。「主を恐れること」は、箴言の中で何回も繰返されている主題である(1:7, 29, 2:5, 3:7, 8:13, 9:10, 10:27, 14:26-27, 15:16, 33,

16:6, 19:23, 22:4, 23:17, 24:21、→「神への恐れ」の項 p.316）。

　(2) 箴言に書かれている知恵のある助言の多くは父親が息子へ忠告をするかたちで描かれている。

　(3) 旧約聖書の中で最も実践的な書物で、毎日の生活での正しい人間関係や適切な基本原則と基準について広く扱っている。時代を超えたその原則はあらゆる世代と文化に当てはまる。

　(4) 実践的な知恵や神を敬う教えと生活の基本的原則は短いけれども力強いことばで表されているので、だれでも簡単に覚えることができ、人生の指針として暗記することもできる。

　(5) 箴言の中で最も重要な主題は家族である。これはイスラエルとの神の契約の中で家族が重要視されていることを示している（⇒出20:12, 14, 17, 申6:1-9）。家族のために神が用意された目的に背くような罪深い態度や行動を箴言は明らかに示し、また強く警告している。

　(6) 箴言に使われている文体（文学的特徴）としては生き生きとした比喩的表現（ことばによる絵、象徴、隠喩）や比較や対照、簡潔な指示や効果的な繰返しなどが非常に多い。

　(7) 最後に書かれている賢明な妻、母（31:）は女性を高く評価してたたえるもので、古代の文学では珍しいと言える。

　(8) 箴言に書かれた知恵のことばは新約聖書の書簡の中で言われている実際的な勧めの旧約聖書版である。

新約聖書での成就

　8章では知恵が人格化（生きているもの、人物のように描かれる）されているけれども、これはヨハネの福音書で使徒ヨハネがロゴス（「ことば」）について言っているのとほぼ同じである（⇒ヨハ1:1-18）。箴言では知恵は、(1) 天地創造にかかわり（3:19-20, 8:22-31）、(2) 生物学的いのち、霊的いのちの始まりに関係し（3:19, 8:35）、(3) 正しく立派で道徳的な生活の基本であり（8:8-9）、(4) 求める人には与えられるもの（2:1-10, 3:13-18, 4:7-9, 8:35-36）であると示している。箴言に書かれた知恵はイエス・キリストの中に完全に表されている。そして主イエスは「ソロモンよりもまさった者」（ルカ11:31）、「私たちにとって、神の知恵となり」（Ⅰコリ1:30）、「知恵と知識との宝がすべて隠されている」（コロ2:3）方として描かれている。

箴言の通読

　旧約聖書全体を1年間で通読するためには、箴言を次のスケジュールに従って14日間で読まなければならない。
☐1-2 ☐3-4 ☐5-7 ☐8-9 ☐10-11 ☐12-13 ☐14-15 ☐16-17 ☐18-19 ☐20-21 ☐22-23 ☐24-26 ☐27-28 ☐29-31

メモ

プロローグ―目的と主題

1 ¹イスラエルの王、ダビデの子、ソロモンの箴言。

² これは、知恵と訓戒とを学び、
　悟りのことばを理解するためであり、

³ 正義と公義と公正と、
　思慮ある訓戒を体得するためであり、

⁴ わきまえのない者に分別を与え、
　若い者に知識と思慮を得させるためである。

⁵ 知恵のある者はこれを聞いて理解を深め、
　悟りのある者は指導を得る。

⁶ これは箴言と、比喩と、
　知恵のある者のことばと、そのなぞとを
　理解するためである。

⁷ 主を恐れることは知識の初めである。

1 ①伝1:1
　②箴10:1, 25:1,
　Ⅰ列4:32, 伝12:9
2 ①箴23:23, 8:33, 15:33, 19:20
3 ①箴2:9, ②箴19:20
4 ①箴8:5, ②箴8:12
5 ①箴9:9, ②箴14:6
6 ①詩49:4, 78:2
7 ①箴9:10, 15:33, ヨブ28:28, 詩111:10, 伝12:13

②箴7:22, 10:8, 10, 14, 21, 11:29, 12:15, 16, 14:3, 9, 15:5, 16:22, 17:28, 20:3, 24:7, 27:3, 22, 29:9, ヨブ5:2, 3, 詩107:17, →イザ19:11
8 ①箴6:20
　②箴4:1, 13:1, 15:5
　詩34:11, ④箴31:1
9 ①箴4:9, ②箴3:22
　③詩1:1, ②箴16:29
　③申13:8
11 ①箴1:16, 12:6
　②箴1:18, 詩10:8, エレ5:26

²愚か者は知恵と訓戒をさげすむ。

知恵を得ることの勧め

誘惑への警告

⁸ わが子よ。あなたの父の訓戒に聞き従え。
　あなたの母の教えを捨ててはならない。

⁹ それらは、あなたの頭の麗しい花輪、
　あなたの首飾りである。

¹⁰ わが子よ。罪人たちがあなたを惑わしても、
　彼らに従ってはならない。

¹¹ もしも、彼らがこう言っても。「いっしょに来い。
　われわれは人の血を流すために待ち伏せし、
　罪のない者を、理由もなく、こっそりねらい、

1:1 箴言 箴言は人間の行動の原則やその実情を表す短いことわざやたとえ話、疑問などを神の視点から話したものである。そのような箴言は神の民に（特に若者に向けて）神に喜ばれる生き方を示し、罪による悲劇や後悔を避けて幸せで成功に満ちた人生を送る方法を教えるために書かれている（1:2-6, 15-19）。罪とは基本的に神に反抗することや神の教えを無視することである。

1:1 ソロモン ソロモンはイスラエル王国の三代目の王で多くの箴言を書いた。王になったときに知恵を神に求めたので神はその祈りに応えられた（Ⅰ列3:5-14, 4:29-32）。けれども晩年は神から与えられた知恵に従わず、神を尊ばないで心は神から離れてしまった（Ⅰ列11:1-11, →Ⅰ列11:1注）。ソロモンの一生を見ると、神のことばによる道徳的原則を知り人を教えていても、その教師が神を敬う霊的生活を間違いなく送っているとは限らないことがわかる。私たちはみことばを実践して、神を敬い、頼り従う姿勢を持ち続けなければならない（1:7）。

1:2 知恵 知恵ということばは箴言で使われている通り、神の真理、目的、ご計画に沿って考え、日々を過ごすことを意味する。また正しい知識を行動に移し、あらゆる場面で神の視点で物事にかかわることである。知恵のある人は神の言われることはみな正しく真実であると信じ、みことばが人生で唯一の価値ある基準と考える。知恵を得ることは大きな富を手に入れることよりはるかにすぐれたことである（3:13-14）。最高の知恵は神との正しい関係を通して熱心に求める人

に（1:7）、そしてみことばに特別な注意を払う人（3:1-3）だけ与えられる。新約聖書でキリストは神の知恵に満ちている人と言われている（Ⅰコリ1:30, コロ2:2-3）。そのキリストは神のことばをよく読み、それを自分の一部分になるようにし（ヨハ15:7）、思いと心を聖霊の支配にゆだねる（ヨハ14:16-26）ことによって知恵を得られると教えられた。

1:7【主】を恐れること 神の力、尊厳、権威、聖さを敬い恐れる気持（深い驚きと尊敬）を持つと、みことばの中に啓示されていることに背いたり無視したりすることを恐れるようになる。これは考えや行動に影響を及ぼすような本当の知恵を得るためになくてはならない態度である。これによって霊的な破滅をもたらすような行動を避けることができる。新約聖書は主を恐れる心は聖霊による慰めを受けると言っている（使9:31注, →「**神への恐れ**」の項 p.316）。

1:10 わが子よ。罪人たちがあなたを惑わしても 若い人々は様々なところから強い誘惑を受け、神に背いて自分の思う道を進むように挑まれる。仲間からプレッシャーを受けるとみんなに従ってあらゆる汚れた（神を敬わない、不道徳で破壊的、反抗的）楽しみにおぼれてしまう。このような神に逆らう誘惑に打勝つには、人生の指導権を完全にキリストに任せてキリストとの個人的関係を強く築くことである。また必要なら孤立することも恐れてはならない。神に全部ゆだねた私たちは（1:15-16）、霊的妥協と罪に満ちた快楽の行き着く先は苦難や苦悩、災難や破滅であることに気付かなければならない（1:27, →マタ4:1-11注）。

箴言　1-2章

12 よみのように、彼らを生きたままで、のみこみ、
　　墓に下る者のように、
　　彼らをそのまま丸のみにしよう。
13 あらゆる宝物を見つけ出し、
　　分捕り物で、われわれの家を満たそう。
14 おまえも、われわれの間でくじを引き、
　　われわれみなで一つの財布を持とう。」
15 わが子よ。
　　彼らといっしょに道を歩いてはならない。
　　あなたの足を
　　彼らの通り道に踏み入れてはならない。
16 彼らの足は悪に走り、
　　血を流そうと急いでいるからだ。
17 鳥がみな見ているところで、
　　網を張っても、むだなことだ。
18 彼らは待ち伏せして自分の血を流し、
　　自分のいのちを、こっそり、
　　ねらっているのにすぎない。
19 利得をむさぼる者の道はすべてこのようだ。
　　こうして、持ち主のいのちを取り去ってしまう。

知恵を拒むことへの警告

20 知恵は、ちまたで大声で叫び、
　　広場でその声をあげ、
21 騒がしい町かどで叫び、
　　町の門の入口で語りかけて言う。
22 「わきまえのない者たち。
　　あなたがたは、いつまで、
　　わきまえのないことを好むのか。
　　あざける者は、いつまで、あざけりを楽しみ、
　　愚かな者は、いつまで、知識を憎むのか。
23 わたしの叱責に心を留めるなら、
　　今すぐ、あなたがたにわたしの霊を注ぎ、
　　あなたがたにわたしのことばを知らせよう。

12 * ☒「シェオル」
　①詩124:3, 55:15, 民16:33
　②詩28:1, 143:7
15 ①箴4:14, 詩1:1
　②詩119:101
16 ①イザ59:7, 箴6:17, 18, ロマ3:15
18 ①箴11:19
　②箴1:11
19 ①箴15:27, Ⅰテモ6:10
20 ①箴1:20, 21, 箴8:1-3, 9:3
22 ①箴1:32, 7:7, 22:3
　②詩1:1
　③箴8:5, 詩94:8
　④箴1:29

24 ①イザ65:12, 66:4, エレ7:13
　②ゼカ7:11, ルカ7:30
　③イザ65:2, ロマ10:21
25 ①箴1:30, 15:32
26 ①箴15:16
　②箴1:27, 6:15, 24:22
　③詩2:4
27 ①箴1:27, 28, ヨブ27:9
　②箴10:25
　③エレ23:19
28 ①Ⅰサム8:18, 詩18:41, イザ1:15, エレ11:11, 14:12, エゼ8:18, ミカ3:4, ゼカ7:13
　②ホセ5:6, 箴8:17
29 ①箴1:22, ヨブ21:14
　②箴1:25
31 ①箴5:22, 22:8, ヨブ4:8, イザ3:11, エレ2:19, 6:19
32 ①箴1:22
　②アモ6:1
　③箴8:36
33 ①箴3:23-26, 詩25:13

　①箴4:10
　②箴3:1
　③箴4:21, 7:1

24 わたしが呼んだのに、あなたがたは拒んだ。
　　わたしは手を伸べたが、顧みる者はない。
25 あなたがたはわたしのすべての忠告を無視し、
　　わたしの叱責を受け入れなかった。
26 それで、わたしも、
　　あなたがたが災難に会うときに笑い、
　　あなたがたを恐怖が襲うとき、あざけろう。
27 恐怖があらしのようにあなたがたを襲うとき、
　　災難がつむじ風のようにあなたがたを襲うとき、
　　苦難と苦悩があなたがたの上に下るとき、
28 そのとき、彼らはわたしを呼ぶが、
　　わたしは答えない。
　　わたしを捜し求めるが、
　　彼らはわたしを見つけることができない。
29 なぜなら、彼らは知識を憎み、
　　主を恐れることを選ばず、
30 わたしの忠告を好まず、
　　わたしの叱責を、ことごとく侮ったからである。
31 それで、彼らは自分の行いの実を食らい、
　　自分のたくらみに飽きるであろう。
32 わきまえのない者の背信は自分を殺し、
　　愚かな者の安心は自分を滅ぼす。
33 しかし、わたしに聞き従う者は、安全に住まい、
　　わざわいを恐れることもなく、安らかである。」

知恵を得ることの道徳的利点

2

1 わが子よ。もしあなたが、
　　私のことばを受け入れ、
　　私の命令をあなたのうちにたくわえ、

1:26　あなたがたが災難に会う　箴言では神が絶対的な善悪の基準(あらゆる時代のあらゆる情況にいるあらゆる人々にとって絶対的で、真実で、適切な基準)を作られたことが強調され教えられている。このような基準を無視した人には悲惨な結果がもたらされる。あらゆる行動には責任や結果が伴うという事実こそ青年時代に学ぶべき最も重要な真理である。それは自分が行うことは、良いことも悪いこともみな何かのかたちで返ってくるということである(ガラ6:7-9)。罪に対してやがて支払う代価は苦悩や苦難であり、災難でさえあるかもしれない(1:27)。罪を犯し続け告白をしないで赦されてもいないなら、最終的には霊的に死に至り神から分離することになる。

2:1　私の命令を・・・たくわえ　神のことばを学び

2 あなたの耳を知恵に傾け、
あなたの心を英知に向けるなら、

3 もしあなたが悟りを呼び求め、
英知を求めて声をあげ、

4 銀のように、これを捜し、
隠された宝のように、これを探り出すなら、

5 そのとき、あなたは主を恐れることを悟り、
神の知識を見いだそう。

6 主が知恵を与え、
御口を通して知識と英知を与えられるからだ。

7 彼は正しい者のために、すぐれた知性をたくわえ、
正しく歩む者の盾となり、

8 公義の小道を保ち、その聖徒たちの道を守る。

9 そのとき、あなたは正義と公義と公正と、
すべての良い道筋を悟る。

10 知恵があなたの心に入り、
知識があなたのたましいを楽しませるからだ。

11 思慮があなたを守り、
英知があなたを保って、

12 悪の道からあなたを救い出し、
ねじれごとを言う者からあなたを救い出す。

13 彼らはまっすぐな道を捨て、
やみの道に歩み、

14 悪を行うことを喜び、
悪いねじれごとを楽しむ。

15 彼らの道は曲がり、
その道筋は曲がりくねっている。

16 あなたは、他人の妻から身を避けよ。*
ことばのなめらかな、見知らぬ女から。

17 彼女は若いころの連れ合いを捨て、
その神との契約を忘れている。

18 彼女の家は死に下り、*
その道筋はやみにつながる。

19 彼女のもとへ行く者はだれも帰って来ない。
いのちの道に至らない。

20 だから、あなたは良い人々の道に歩み、
正しい人々の道を守るがよい。

21 正直な人は地に住みつき、
潔白な人は地に生き残る。

22 しかし、悪者どもは地から絶やされ、
裏切り者は地から根こぎにされる。

知恵を得ることのさらに多くの利点

3

1 わが子よ。私のおしえを忘れるな。
私の命令を心に留めよ。

2 そうすれば、あなたに長い日と、
いのちの年と平安が増し加えられる。

3 恵みとまことを捨ててはならない。

---

② 箴5:1, 2, 箴22:17
④ 箴3:14, 16:16
③ ヨブ3:21, マタ13:44
⑤ 箴1:7
⑥ ① Ⅰ 列3:12, ダニ2:21, ヤコ1:5
② ヨブ22:22
⑦ 箴3:21, 8:14, 18:1, ミカ6:9, →ヨブ6:13
② 箴30:5, 詩84:11
⑧ ① Ⅰ サム2:9, 詩86:9
⑨ 箴1:3, 箴4:18
10 ① 箴14:33, ② 箴22:18
11 ① 箴4:6, 6:22
12 ① 箴28:26, ② 箴6:12
13 ① 箴21:16

② 箴4:19, 詩82:5, ヨハ3:19, 20
15 ① 箴21:8, 詩125:5
16 ① 箴6:24, 7:5
* 直訳「あなたを救い出す」
② 箴5:3
③ 箴23:27
17 ① マラ2:14, 15
18 ① 箴7:27, 5:5
* あるいは「死者の霊のところへ」
19 ① 箴5:6, 6:23, 15:24, 詩16:11
20 ① 箴4:18
21 ① 詩37:9, 29, 箴10:30
② 箴28:10
③ Ⅰ ヨハ2:17
22 ① 箴10:23, ヨブ18:17, 詩37:9, 38
② 申28:63, 詩52:5

1 ① 箴1:8, 4:2, 6:20, 7:2, 13:14, 28:4, 7, 9, 29:18, 申10:2, →ヨシ1:7
② 箴4:5, 詩119:61
① 出20:6, 申8:1, 30:16
2 ① 箴9:11, 10:27
② 箴3:16, 4:10, 詩91:16, 申4:40
③ 箴3:17, 詩119:165
3 ① 箴14:22

覚えて蓄えるなら人生を賢く生き、神との正しい関係を保つ方法を学ぶことができる(2:5)。神の命令が私たちの一部(行動、情熱、目的)になると、罪に勝利し(詩119:11、ヤコ1:21)、霊的に多くの実を結ぶ人になる(ヨハ15:7-8)。

2:3　悟りを呼び求め　みことばを学ぶこと(→2:1注)に加えて、私たちは悟りと知恵を祈り求めなければならない。みことばを学べば書物の知識を持った聖書の教師になれるかもしれない。けれども聖書の学びとともに祈るなら、聖霊は神が啓示されたことを実際に適用し、神が願われた人間の姿に変えてくださる。読んだ聖句について祈り、みことばを理解したいという強い思いを言い表すなら、みことばは自分の中で、また自分を通して生きたものになる(2:5-7)。

2:10　知恵があなたの心に入り　神の知恵が心に入り、動機や願いや考えを形作るときに初めて霊的ないのちと力が生れる(⇒4:23)。このためには真理の御霊(神の聖霊)によって真理に導かれ、主イエスのことをもっと教えていただかなければならない(ヨハ16:13-14)。聖霊はまた神の命令に喜んで従えるようにしてくださる(詩119:47-48)。

2:20　良い人々の道に歩み　知恵を得ると、次のような祝福にあずかることができる。(1) 神を敬い尊ぶことを学び、いのちを守り、悪に負けないようになる(2:5-8)。(2) 善と悪の違いを見分ける能力を持ち、罪による悲劇を避けられるようになる(2:11)。(3) 悪を行うように誘う人々を避け、正しいことを行うように誘う人々との交わりをするようになる(2:12-15, 20)。(4) 性的不品行を避ける(2:16-19)。(5) 約束された神の祝福を得る(2:21)。

3:2　長い日と、いのちの年と平安が増し加えられる　神に従い、神の原則に従って生きる人には一般的に健

箴言　3章

それをあなたの首に結び、
あなたの心の板に書きしるせ。
4 神と人との前に
好意と聡明を得よ。
5 心を尽くして主に拠り頼め。
自分の悟りにたよるな。
6 あなたの行く所どこにおいても、主を認めよ。
そうすれば、主はあなたの道をまっすぐにされる。
7 自分を知恵のある者と思うな。
主を恐れて、悪から離れよ。
8 それはあなたのからだを健康にし、
あなたの骨に元気をつける。
9 あなたの財産とすべての収穫の初物で、
主をあがめよ。
10 そうすれば、あなたの倉は豊かに満たされ、
あなたの酒ぶねは新しいぶどう酒であふれる。
11 わが子よ。主の懲らしめをないがしろにするな。
その叱責をいとうな。
12 父がかわいがる子をしかるように、
主は愛する者をしかる。
13 幸いなことよ。知恵を見いだす人、
英知をいただく人は。
14 それの儲けは銀の儲けにまさり、

3② 箴7:3
4① Ⅰサム2:26, ルカ2:52
② 箴8:35, 12:2
5① 箴22:19, 詩37:3, 5
② 箴28:26, エレ9:23
6① イザ45:13
7① ロマ12:16, 箴26:12
② 箴8:13, 16:6, ヨブ1:1
8 ＊直訳「へそ」
① 箴4:22, ヨブ21:24
9① 出23:19, 34:26, 申26:2
10① 申28:8, ヨエ2:24
11① 箴3:11, 12,
ヘブ12:5, 6, 申8:5,
詩94:12, ②ヨブ5:17
12① 箴3:24, 19:18, 22:15,
23:13, 29:17, ②黙3:19
13① 箴3:13-15, 箴8:10, 11,
19, 16:16, ヨブ28:15-19
② 箴3:18, 8:32, 34,
14:21, 16:20, 20:7,
28:14, 29:18, 申33:29,
Ⅰ列10:8, Ⅱ歴9:7,
ヨブ5:17, 伝10:17,
→詩1:1, →イザ30:18

康(3:8)と長寿と幸せで豊かな生活が与えられる(⇒3:16)。けれどもこの一般的な原則には例外があって、神を敬う人々が苦しみ(ヨブ1:-2:)、長く生きられないこともある(使7:59-60)。実際に悪者が健康で成功しているように思えることがしばしばある(詩73:3, 12, ヤコ5:5)。けれども最後には神のさばきによって真実が明らかにされ、物事が正常化されていく(詩73:17-20, ヤコ5:1-4)。

3:5　【主】に拠り頼め　心を尽くして主に頼ることは、神やみことばを疑い無視することの逆である。それはまた心配や不安や恐れを神に任せることである(→マタ6:25, ピリ4:6, Ⅰペテ5:7)。神を完全に信頼して頼ることは神との関係で絶対に必要である。神はご自分が信じ頼ることのできる方であることをいつも証明してこられた。神の子どもである私たちは天の父が私たちを愛し、いつも忠実に見守り(ナホ1:7, ⇒マタ10:31注)、正しい道へ導き、身に余る好意を与え、約束を守ってくださる方だと確信することができる。人生で最も苦しいときにも計画や情況を主にゆだね(⇒詩37:5)、最も良いことを主がしてくださると信頼することができる。

3:5　自分の悟り　私たちの理解は不完全で限界があり間違いにつながりやすい(エペ4:18)。したがって神のことばによって光を与えられ聖霊に導かれる必要がある(ロマ8:9-16)。自分の理論や判断に頼るのではなく(3:7)、神の知恵と目的が与えられて人生の正しい決断と正しい目標に導かれるように祈らなければならない(→2:3注)。

3:6　あなたの行く所どこにおいても、主を認めよ　計画や決断や行動の中で神の権威を認め受入れることを目指し、主の導きを何よりも望むことが必要である。神を尊び、神が与えられた目的に仕えることを人生の目標にするなら、神は確実に導いてくださる。神の導きに従って毎日を神への信頼を深める機会とするなら、神が与えられた最高の目的を理解し達成することができる。そのことを通して神はあがめられることになる。そこで何も思い煩わず「感謝をもってささげる祈りと願いによって」助けと導きを神に求めるがよい(→ピリ4:6注)。そうするなら神はあなたの道をまっすぐにされると約束された。つまり、神は私たちを正しい道に導き、あらゆる障害を克服させ、正しい選択をさせ、神が用意された完全な目的を成就してくださる(→11:5, イザ45:13)。

3:9　あなたの財産・・・で、【主】をあがめよ　イスラエル人は収穫の初物を神にささげた。そして土地やその産物などあらゆるものが神のものであると認めた(レビ23:10, 25:23, 民18:12-13)。私たちも収入の最初の部分を神にささげ、いのちと所有物の主である神への感謝と尊敬の思いを表すべきである。そうするなら神は豊かに祝福すると約束された(→マラ3:10注, Ⅱコリ9:6注, →**十分の一とささげ物**」の項 p.1603)。「わたしは、わたしを尊ぶ者を尊ぶ」(Ⅰサム2:30)ということばは神の働きと目的のために忠実に、また大胆にささげる人に神が与えられた約束である。

3:11-12　【主】の懲らしめをないがしろにするな　時に神は、霊的に成長するために困難や人格が試されるような試練を送られる。試練は私たちの中に神の性質を形作り、人生に対する神のご計画を教えてくれる(⇒ヨブ5:17)。新約聖書はこれらの聖句を用いて困難や厳しい情況に苦しむキリスト者を励ましている(→ヘブ12:5注)。

箴言　3-4章

その収穫は黄金にまさるからだ。
15 知恵は真珠よりも尊く、
　あなたの望むどんなものも、これとは比べられない。
16 その右の手には長寿があり、
　その左の手には富と誉れがある。
17 その道は楽しい道であり、
　その通り道はみな平安である。
18 知恵は、これを堅く握る者には
　いのちの木である。
　これをつかんでいる者は幸いである。
19 主は知恵をもって地の基を定め、
　英知をもって天を堅く立てられた。
20 深淵はその知識によって張り裂け、
　雲は露を注ぐ。

21 わが子よ。すぐれた知性と思慮とをよく
　見張り、
　これらを見失うな。
22 それらは、あなたのたましいのいのちとなり、
　あなたの首の麗しさとなる。
23 こうして、あなたは安らかに自分の道を歩み、
　あなたの足はつまずかない。
24 あなたが横たわるとき、あなたに恐れはない。
　休むとき、眠りは、ここちよい。
25 にわかに起こる恐怖におびえるな。
　悪者どもが襲いかかってもおびえるな。
26 主があなたのわきにおられ、
　あなたの足がわなにかからないように、
　守ってくださるからだ。
27 あなたの手に善を行う力があるとき、

15 ①箴8:11, 20:15, 31:10, ヨブ28:18, 哀4:7
16 ①箴3:2
　②箴8:18, 22:4
17 ①箴3:2
18 ①箴11:30, 13:12, 15:4, 創2:9, 3:22, 黙2:7
　②→箴3:13
19 ①詩104:24, 136:5, エレ10:12
　②箴8:29
　③箴8:27
20 ①ヨブ7:11
　②ヨブ36:27, 28, 申33:28
21 ①→箴2:7
　②箴4:21
22 ①箴4:13, 22, 8:35, 16:22, 21:21, 申32:47
　②箴1:9
23 ①箴1:9
　②箴4:12, 詩18:36, 91:12, 121:3, イザ63:13
24 ①箴1:33, ヨブ11:19, 詩112:8
　②箴6:22, レビ26:6, 詩3:5, 4:8
25 ①ヨブ5:21, 詩91:5, Ⅰペテ3:14
26 * 直訳「腰」
　①Ⅰサム2:9, 詩121:3
27 ①ガラ6:10, マタ7:12

29 ①箴6:14, 14:22
30 ①ロマ12:18
31 ①箴24:1
32 ①箴6:16, 11:1, 20, 12:22, 15:8, 9, 26, 16:5, 17:15, 20:10, 23, 21:27, 28:9, →申17:1
　②詩25:14, ヨブ29:4
33 ①申11:28, マラ2:2
34 ①ヤコ4:6, Ⅰペテ5:5
　②ヨブ22:29

1 ①→箴1:8
　②箴2:3
3 ①→箴3:1
　②Ⅰ歴22:5, 29:1
　③ゼカ12:10, 雅6:9
4 ①Ⅰ歴28:9, エペ6:14
　②箴7:2

求める者に、それを拒むな。
28 あなたに財産があるとき、あなたの隣人に向かい、
　「去って、また来なさい。
　あす、あげよう」と言うな。
29 あなたの隣人が、あなたのそばで
　安心して住んでいるとき、
　その人に、悪をたくらんではならない。
30 あなたに悪いしうちをしていないのなら、
　理由もなく、人と争うな。
31 暴虐の者をうらやむな。
　そのすべての道を選ぶな。
32 主は、よこしまな者を忌みきらい、
　直ぐな者と親しくされるからだ。
33 悪者の家には、主ののろいがある。
　正しい人の住まいは、主が祝福される。
34 あざける者を主はあざけり、
　へりくだる者には恵みを授ける。
35 知恵のある者は誉れを受け継ぎ、
　愚かな者は恥を得る。

知恵は最高のもの

4

1 子どもらよ。父の訓戒に聞き従い、
　悟りを得るように心がけよ。
2 私は良い教訓をあなたがたに授けるからだ。
　私のおしえを捨ててはならない。
3 私が、私の父には、子であり、
　私の母にとっては、
　おとなしいひとり子であったとき、
4 父は私を教えて言った。
　「私のことばを心に留め、
　私の命令を守って、生きよ。

3:16　富と誉れ　神の知恵に従って生活をしても必ずしも富や名誉が手に入るわけではない。けれども神に仕えた報いとして神から永遠の富と名誉を受けることは確実である（ルカ16:11, エペ1:18, 3:8）。

3:23　安らかに自分の道を歩み　神の知恵を生かすことによって安全が確保される。それは神の良い完全なみこころの中に守られるからである（⇒10:9, ロマ12:2）。神に頼る人が霊的な敵によってだまされたり、滅ぼされたりすることを神は許されない。また悪者に下る最後のさばきからも救い出してくださる（3:

25-26）。

4:1-4　子どもらよ。父の訓戒に聞き従い　ソロモンは神について、また人とのかかわり方について父ダビデから受けた教えを、ここで自分の子どもたちに伝えている。本来神について学ぶ場所は家庭だと神は考えておられる。両親が子どもの模範になり、毎日の生活の中で神に従うことの意味を示していくのが理想的である。その責任のほとんどを教会の教育や伝道プログラムに押し付けるべきではない（申6:7, →「**親と子ども**」の項 p.2265）。

箴言 4章

5 知恵を得よ。悟りを得よ。忘れてはならない。
　私の口の授けたことばからそれてはならない。
6 知恵を捨てるな。
　それがあなたを守る。
　これを愛せ。これがあなたを保つ。
7 知恵の初めに、
　知恵を得よ。
　あなたのすべての財産をかけて、悟りを得よ。
8 それを尊べ。
　そうすれば、それはあなたを高めてくれる。
　それを抱きしめると、
　それはあなたに誉れを与える。
9 それはあなたの頭に麗しい花輪を与え、
　光栄の冠をあなたに授けよう。」

5①箴2:2, 3, 4:7, 16:16
6①Ⅱテサ2:10
7①箴4:5, 23:23
9①箴1:9

10①箴2:1
　②箴3:2
11①Ⅰサム12:23, 詩23:3
12①箴3:23
13①箴3:18
　②箴3:22
14①箴1:15, 詩1:1
16①詩36:4, ミカ2:1
＊直訳「眠りが奪われる」

10 わが子よ。聞け。私の言うことを受け入れよ。
　そうすれば、あなたのいのちの年は多くなる。
11 私は知恵の道をあなたに教え、
　正しい道筋にあなたを導いた。
12 あなたが歩むとき、その歩みは妨げられず、
　走るときにも、つまずくことはない。
13 訓戒を堅く握って、手放すな。
　それを見守れ。それはあなたのいのちだから。
14 悪者どもの道に入るな。
　悪人たちの道を歩むな。
15 それを無視せよ。そこを通るな。
　それを避けて通れ。
16 彼らは悪を行わなければ、眠ることができず、
　人をつまずかせなければ、眠りが得られ

4:5　知恵を得よ。悟りを得よ　神を敬う意義深い人生を送るためには神から与えられる知恵が必要である（4:20-22, 3:21-22）。したがってほかの何よりも神の知恵を熱心に求めなければならない。なぜなら神の知恵を得るのは簡単なことではないからである。神の知恵はそのために労力を惜しまない人、難しい学課を学ぶ意志があり、たとい極めて困難でもそれを実践しようとする人に与えられる。神の知恵は主に次の三つの手段を通して得ることができる。

（1）神を敬うための訓戒（4:1-4, 10-13）。これは人の考え方を変え、悪に気付いて避けさせ、神を知るとはどういうことかを理解する霊的な洞察力を与える。神との個人的関係を持つことが本当の知恵を得るための第一歩である。キリスト者は神を恐れ悪を嫌わなければならない（8:13, 9:10, →「**神への恐れ**」の項p.316）。

（2）深い信仰（4:5-9, 20-23）。知恵はその価値を認め、それを熱心に求め（8:17）、忠実に守る人のためにある。知恵のある人は教えや（9:9）神の懲らしめ（3:11）から学び、神の命令を受入れ（10:8）、ほかの人々の勧告を聞き（4:1, 13:10）、知恵を金や銀や高価な宝石あるいはほかの財産や情熱よりも価値のある宝物として大切にする（3:14-15, 23:23）。

（3）神を敬う生活（4:14-19, 25-27）。神の知恵が人生の中で効果を現すためにはそれを用いなければならない。知識はたといそれが神と神の目的についてのものでも適用しなければ知恵にはならない。神から学

んだことを（往々にして試練を通して）具体的に生かすときに初めて、神と神に従うことの意味を理解できるようになる。

イエス・キリストは神の知恵の生きた最高の模範である（Ⅰコリ1:30, コロ2:2-3）。したがって旧約聖書が知恵を追い求め熱心に求めるようにと言っていることは、新約聖書が人生をイエス・キリストにゆだねるように訴えているのと同じである。私たちは自分勝手な生き方をやめて神に従い、神から学ぶためにあらゆる犠牲を払う覚悟を持たなければならない（マタ13:44-46, ルカ14:33）。

4:13　それはあなたのいのちだから　箴言の中で知恵はいのちをもたらすもの、そしていのちそのものとして描かれている。神が設計された人生を歩むなら、（1）良い喜びに満ちた人生（15:23）、（2）一般的には長寿（4:10, 3:2, 9:11）、（3）道徳的で霊的な生活（8:35, 9:6, 10:16, 19:23）、（4）死後のいのちに対する希望（11:7, ⇒14:32）が与えられる。これは人生に問題が起こらないことを保証するのではない。けれども神が用意された目的を追い求めることによって、満足できる充実した人生が保証されている。旧約聖書が言う知恵の理想と、それといのちとの関係を実現したのはイエス・キリストである。つまりイエス・キリストは私たちの知恵であり（→4:5注）、知恵はいのちだから、この節によれば主イエスは私たちのいのちそのものである（ヨハ5:40, 11:25, 14:6）。簡単に言えば、イエス・キリストと個人的関係を持つ人は本当の

ない。
17 彼らは不義のパンを食べ、
　暴虐の酒を飲むからだ。
18 義人の道は、あけぼのの光のようだ。
　いよいよ輝きを増して真昼となる。
19 悪者の道は暗やみのようだ。
　彼らは何につまずくかを知らない。

20 わが子よ。私のことばをよく聞け。
　私の言うことに耳を傾けよ。
21 それをあなたの目から離さず、
　あなたの心のうちに保て。
22 見いだす者には、それはいのちとなり、
　その全身を健やかにする。
23 力の限り、見張って、あなたの心を見守れ。
　いのちの泉はこれからわく。
24 偽りを言う口をあなたから取り除き、
　曲がったことを言うくちびるを
　あなたから切り離せ。
25 あなたの目は前方を見つめ、
　あなたのまぶたはあなたの前をまっすぐに見よ。
26 あなたの足の道筋に心を配り、
　あなたのすべての道を堅く定めよ。
27 右にも左にもそれてはならない。
　あなたの足を悪から遠ざけよ。

姦淫への警告

5

1 わが子よ。私の知恵に心を留め、
　私の英知に耳を傾けよ。
2 これは、分別を守り、
　あなたのくちびるが知識を保つためだ。
3 他国の女のくちびるは蜂の巣の蜜をしたたらせ、
　その口は油よりもなめらかだ。
4 しかし、その終わりは苦よもぎのように苦く、
　もろ刃の剣のように鋭い。
5 その足は死に下り、
　その歩みはよみに通じている。
6 その女はいのちの道に心を配らず、
　その道筋は確かでないが、彼女はそれを知らない。

7 子どもらよ。今、私に聞け。
　私の言うことばから離れるな。
8 あなたの道を彼女から遠ざけ、

いのちを持つとはどういうことかを知ることができる（Ⅰヨハ5:12）。

4:23 あなたの心を見守れ　心は人間の存在の中心、願いや意思決定の源である（→「**心**」の項 p.1043）。神に喜ばれないものや霊的成長の妨げになるものはどんなものでも心に出入りさせてはならない。したがって見たり聞いたりするもの、読むもの、考えること、話すことに注意しなければならない。このような感覚器官を通してイメージや考えが心の中に入り込み、どのような人間になるかに影響を与える。神の目的を知って従うことは、「神の国とその義とをまず第一に求めなさい」（マタ6:33）という教えに全く従うことである。もし神に対する霊的な渇きが減っていると感じたら、優先順位を見直し霊的成長が止まったことを素直に認め、神を求めて人生に働いてくださるように熱心に祈るべきである。心を「見守る」ことを怠るなら神の祝福と導きが失われ、霊的にわなにかかり破滅の危険にさらされることになる（⇒7:24-27）。見聞きすることや言動に知恵を用いて、心を注意深く見守り続ければ霊的な生活に強さと安定性が増し加わり、その努力に対して神の恵みが与えられる（4:25-27）。

5:3 他国の女のくちびる　「他国の女」は「遊女」または「姦淫の女」とも訳せる。箴言は性的不品行による破滅に対して繰返し警告をしている。ここで言う性的不品行はみことばによって定められた範囲を超えた性的行為（婚姻外の性的関係）を指している。また神に背く性的関係への欲望、あるいはその欲望から出る意識的活動、身体的活動も指している。不品行による快楽は魅力的ではあるけれども、現実の生活から目を隠し、それに浸るなら破滅をもたらすとソロモンは強調している（5:7-14）。神が定められた性道徳と純潔の規準を犯す行動については、この章と2:16-19、6:20-35、22:14、23:27-28、29:3、30:20、31:3に書かれている。性的不品行の反対にあるのが、神に対する変らない献身（5:1）と結婚前の性的純潔（性的関係を一切持たないこと）に関する教えを学ぶことである。神のご計画は神のみこころを同じように求める異性の伴侶と安定した結婚生活を営み、自然な性的願望の充足が得られるようになることである（5:15-23、→「**性道徳の基準**」の項 p.2379）。

心

「力の限り、見張って、あなたの心を見守れ。いのちの泉はこれからわく。」(箴言4：23)

心の定義
　人々は頭の中の脳が人間の考えや活動の中心であり指令器官であると一般に考えている。けれども聖書は心こそがその中心であり、「いのちの泉」である(箴4：23, ⇒ルカ6：45)と言っている。聖書が言う「心」は人間の知性と感情と意志の全部を含むものである(→マコ7：20-23注)。
　(1) 心は知性の中心である。人々は心で知り(申8：5)、心で祈り(Ⅰサム1：12-13)、心で思う(詩19：14)。また神のことばを心に蓄え(詩119：11)、心で計画を練り(詩140：2)、神のことばを心に保つ(箴4：21)。人々は心で考え(マコ2：8)、心で疑い(マコ11：23)、心で思い巡らし(ルカ2：19)、心で信じ(ロマ10：9)、心で歌う(エペ5：19)。心ができるこれらのことはみな知性にもかかわっている。
　(2) 心は感情の中心である。聖書は、喜ぶ心(出4：14)、愛する心(申6：5)、恐れる心(ヨシ5：1)、勇気ある心(詩27：14)、悔いる心(詩51：17)、心配する心(箴12：25)、怒る心(箴19：3)、生かされた心(イザ57：15)、苦悶する心(エレ4：9, ロマ9：2)、楽しむ心(エレ15：16)、悲しむ心(哀2：18)、へりくだった心(マタ11：29)、興奮し燃える心(ルカ24：32)、騒ぐ心(ヨハ14：1)について書いている。これらの心の行動はみな基本的に感情的性格のものである。
　(3) 心は人間の意志の中心である。神のことばの中には、神を拒み神の命令に従うことを拒むかたくなな心(出4：21)、神にゆだねきった心(ヨシ24：23)、何かを行おうとする心(Ⅱ歴6：7)、さらに主との関係を深めようとする心(Ⅰ歴22：19)、決意する心(Ⅱ歴6：7)、神から祝福を受けることを願う心(詩21：1-2)、神の律法に傾く心(詩119：36)、何かを行いたいと願う心(ロマ10：1)のことが書いてある。これらはみな人間の意志の行動である。

神から離れた人間の本性
　アダムとエバが神の命令を無視し逆らって蛇の誘惑に従うことを選んで善悪を知る木の実を食べたとき、その決定は人間の心に最も破滅的な影響を及ぼした。その決定によって人間の心は悪の影響と自分勝手な願いとを受入れるようになり満たされるようになった。したがって「心に思った通りにしなさい」という忠告は善意のものであっても実際は良い忠告ではない。神から離れた人間の心が生まれつき暗い大変な状態にあることを聖書は示している。神の霊感を受けた預言者エレミヤのことばを見ると、「人の心は何よりも陰険で、それは直らない。だれが、それを知ることができよう」(エレ17：9)とある。主イエスはこの真理を別のかたちで説明し、霊的に汚れること(神にふさわしくない)は儀式や儀礼律法に従わないからではなく、人間の心の中に深く刻まれている悪いものに引かれて従う思いだと言われた。それは「悪い考え、不品行、盗み、殺人、姦淫、貪欲、よこしま、欺き、好色、ねたみ、そしり、高ぶり、愚かさ」(マコ7：21-22)などである。怒りの罪は殺人に等しく(マタ5：21-22)、情欲の罪は実際上の姦淫と同じ罪である(マタ5：27-28, →出20：14注, マタ5：28注)と言い、心の中で罪につながることの重大性についても教えられた。
　悪を行うことにかたくなにこだわる心は神に向かってかたくなになる(完全に抵抗する)方向に進んでいる。神のことばを受入れ神の命令に従うことを拒み続ける人は重大な危険を犯している。その人々は自分勝手に行うことを神が許しておられることに気付いていない。その結果、神のことばと聖霊に対する感受性を失うことになる(→出7：3注, ヘブ3：8注)。聖書の中ではこのことを示す例として出エジプト(エジプトでの奴隷状態からの奇蹟的解放)のときのパロの心を挙げることができる(→出7：3, 13, 22-23, 8：15, 32, 9：12, 10：1, 11：10, 14：17)。

パウロはローマにいる信仰者を感化しようとしている多くの人の心の中にも同じかたくなな状態が見られると書いている(⇒ロマ1:24, 26, 28)。そしてそれはまた、世界の終りの反キリストの時代にも起こる心の状態だと予告した(Ⅱテサ2:11-12)。ヘブル人への手紙の著者は心をかたくなにしてはならないという警告をその手紙一杯に書いている(ヘブ3:8-12, 心がかたくなになる順序の説明 →「背教」の項 p.2350)。神のことばを拒み続ける人はだれでも最後にはかたくなな心を持つことになる。

霊的に再生した心

　人間の心の罪深さに対する神の答は新生である。これは罪を心から悔い改め、信仰をもって神に心を向け、主イエスを罪を赦す方、人生を導く方として受入れる人々に与えられる。新生とは霊的に生れ変り、新しくされ、新しく生かされ、改革され、再開発された(全部新しくなるために必要な過程)心のことである(→「新生－霊的誕生と刷新」の項 p.1874)

　(1) 新生は心が「新しく生まれ」ること(ヨハ3:3)である。心から罪をみな悔い改め、イエスは主であると告白する人は(ロマ10:9)霊的に「新しく生まれ」、神から新しい心を受ける(⇒詩51:10, エゼ11:19)。

　(2) この霊的誕生を体験した人々の心の中に、神を愛し従いたいという願いを神は造り出される。神はたびたび、心から出てくる愛を言い表すことが必要だと神の民に明らかにされた(→申4:29注, 6:6注)。このように神を愛し献身することは神のことばに従うことと一つである(⇒詩119:34, 69, 112)。神を愛することと忠実に従うことは車の両輪のようなものである(ヨハ14:15, 23, Ⅰヨハ2:5, 5:3)。主イエスは心から神を愛し、自分を犠牲にして隣人を愛することは神の律法全体を守ることだと教えられた(マタ22:37-40)。

　(3) 心からの愛は神に従う上でなくてはならない部分である。けれどもしばしば欠けている部分でもある。神の民はしばしば外面的な宗教儀式(祭りの日、ささげ物、いけにえなど)を守ることで、心からの純粋な愛の代りにしてきた(→イザ1:10-17, アモ5:21-26, ミカ6:6-8, →申10:12注)。神に仕えたいという内面的な願いを伴わない外面的な活動は本当の愛でも献身でもない。むしろそれは見せ掛けでにせものであり、主イエスによって厳しく非難されたものである(→マタ23:13-28, →ルカ21:1-4注)。

　(4) 霊的に変えられた人の心の中にはさらに多くの霊的活動が起こる。心を尽して神を賛美し(詩9:1)、心の中でみことばを思い巡らし(詩19:14)、心から神に叫び(詩84:2)、心を尽して神を求め(詩119:2, 10)、心の中に神のことばを蓄え(詩119:11, →申6:6注)、心を尽して主に頼り(箴3:5)、心からほかの人々を赦し(マタ18:35)、神の愛が心の中に注がれるのを体験し(ロマ5:5)、心から神にささげ物をし(Ⅱコリ9:7)、心の中で神に賛美をし(エペ5:19, コロ3:16)、心からほかのキリスト者を愛する(Ⅰペテ1:22)。そして何よりも心を尽して神を愛するようになる(マタ22:37, マコ12:30)。

箴言　5-6章

その家の門に近づくな。
9 そうでないと、あなたの尊厳を他人に渡し、
　あなたの年を残忍な者に渡すだろう。
10 そうでないと、他国人があなたの富で満たされ、
　あなたの労苦の実は見知らぬ者の家に渡るだろう。
11 そして、あなたの終わりに、
　あなたの肉とからだが滅びるとき、
　あなたは嘆くだろう。
12 そのとき、あなたは言おう。
　「ああ、私は訓戒を憎み、私の心は叱責を侮った。
13 私は私の教師の声に聞き従わず、
　私を教える者に耳を傾けなかった。
14 私は、集会、会衆のただ中で、
　ほとんど最悪の状態であった」と。
15 あなたの水ためから、水を飲め。
　豊かな水をあなたの井戸から。
16 あなたの泉を外に散らし、
　通りを水路にしてよいものか。
17 それを自分だけのものにせよ。
　あなたのところにいる他国人のものにするな。
18 あなたの泉を祝福されたものとし、
　あなたの若い時の妻と喜び楽しめ。
19 愛らしい雌鹿、いとしいかもしかよ。
　その乳房がいつもあなたを酔わせ、
　いつも彼女の愛に夢中になれ。
20 わが子よ。あなたはどうして他国の女に夢中になり、
　見知らぬ女の胸を抱くのか。
21 人の道は主の目の前にあり、
　主はその道筋のすべてに＊心を配っておられる。
22 悪者は自分の咎に捕らえられ、
　自分の罪のなわにつながれる。
23 彼は懲らしめがないために死に、
　その愚かさが大きいためにあやまちを犯す。

12 ①箴1:7, 8
　②箴1:25, 12:1
13 ①箴1:8
16 ①箴5:18, 雅4:12, 15

18 ①箴5:16
　②マラ2:14
　③伝9:9
19 ①雅4:5, 7:3
20 ①箴5:3
　②箴23:27
21 ①箴15:3, Ⅱ歴16:9, ヨブ31:4, 34:21, 詩119:168, エレ16:17, 32:19, ヘブ4:13
　②箴4:26
　＊別訳「を平らにされる」
22 ①箴1:31, 11:5, 27, 詩7:15, 16, 9:16, 57:6, 94:23
23 ①ヨブ4:21

1 ①箴11:15, 17:18, 20:16, 22:26, 27:13
　＊あるいは「売買の約束をし」直訳「手をたたき」

愚かさへの警告

6

1 わが子よ。もし、あなたが
　隣人のために保証人となり、
　他国人のために誓約をし、
2 あなたの口のことばによって、

5:14 ほとんど最悪の状態　性に関する神の指針に従う人は大きな満足と充足感を見出し、性的不品行に浸る人は罪悪感やいらだち、不満や後悔を体験し、家庭生活の破綻や個人的苦痛を味わうように神は物事を設計された。結婚前の性的行動や結婚後の不品行は破滅的なそして時には致命的な結果をもたらす(5:5, 11)。それは蜜の味(5:3)で始まったかもしれないけれども、終りに味わうのは苦味である。みことばや神の基準を無視する人に神はいつまでも寛大ではない(5:21)。神の指針を拒む人はその行動の結果に苦しむことになる。

5:15 あなたの水ためから、水を飲め　男性の情愛や愛の源(5:18-20)は自分の妻でなければならない(⇒出20:17)。男性も女性も婚姻関係の外に性的関係を求めるべきではない。婚姻関係での性的喜びは正当であり適切であり、神から与えられたものである(⇒創2:20-25)。配偶者は神から与えられた特別な贈り物であり、喜びと純潔、感謝をもって大切にしなければならない(19:14)。

5:21 人の道は【主】の目の前にあり　箴言が性的不品行を拒む理由の一つは神が私たちの行うことをみな見て知っておられ(⇒15:3, ヨブ31:4, 34:21, エレ16:17)、それに応じてさばきを下されるということである。神は「ためらうことなく証人となり・・・姦淫を行う者・・・に、向かう」(マラ3:5)。私たちの行動は「主の目の前にあり」、性的不品行を犯した人はその恐ろしい結果を免れることができない(→Ⅱサム12:9-13各注)。

6:1 わが子よ。もし・・・保証人となり　この節は、人が払わない負債の責任を引受けないように警告している(⇒11:15, 17:18, 22:26)。ほかの人々の負債の連帯保証人になる(負債の支払い責任を負うことを誓約し法的書類に署名する)ことは、ほかの人々の行動や責任に左右されることになり、経済情況が危険にさらされることになる。そして深刻な経済的損失(⇒22:26-27)を招いたり、長年の友情を失うことにもなる。けれども生活の必需品にも深刻に困っている人を助けないということではない(出22:14, レビ25:35, マタ5:42)。必要に迫られている人には貸すのではなく、返済を期待しないで与えるべきである(⇒マタ14:21,

あなた自身がわなにかかり、
あなたの口のことばによって、
捕らえられたなら、
3 わが子よ、そのときにはすぐこうして、
自分を救い出すがよい。
あなたは隣人の手に陥ったのだから、
行って、伏して隣人にしつこくせがむがよい。
4 あなたの目を眠らせず、
あなたのまぶたをまどろませず、
5 かもしかが狩人の手からのがれるように、
鳥が鳥を取る者の手からのがれるように
自分を救い出せ。

6 なまけ者よ。蟻のところへ行き、
そのやり方を見て、知恵を得よ。
7 蟻には首領もつかさも支配者もいないが、
8 夏のうちに食物を確保し、
刈り入れ時に食糧を集める。
9 なまけ者よ。いつまで寝ているのか。
いつ目をさまして起きるのか。
10 しばらく眠り、しばらくまどろみ、
しばらく手をこまねいて、また休む。
11 だから、あなたの貧しさは浮浪者のように、
あなたの乏しさは横着者のようにやって来る。
12 よこしまな者や不法の者は、
曲がったことを言って歩き回り、
13 目くばせをし、足で合図し、指でさし、
14 そのねじれた心は、いつも悪を計り、
争いをまき散らす。
15 それゆえ、災害は突然やって来て、
彼はたちまち滅ぼされ、いやされることはない。

4①詩132:4
5①詩91:3
 ＊「狩人」は補足
 ②詩124:7
6①箴6:9, 10:26, 13:4, 15:19, 19:15, 24, 20:4, 21:25, 24:30, 26:13-16
 ②箴30:25
 ③箴24:33
7①箴30:27
8①箴10:5
 ②箴6:6
10①箴6:10, 11, 箴24:33, 34
 ②伝4:5
11①箴10:4, 20:4, 13, 23:21
 ②箴16:27
12①箴10:10, 詩35:19
14①箴3:29, 16:27, ミカ2:1, 詩64:5
 ②箴16:28
15①箴24:16, 22
 ②イザ30:13, エレ19:11

16①→箴3:32
17①箴2:4, 30:13, 詩18:27, 101:5
 ②箴12:19, 22, 17:7, 詩31:18, 109:2, 120:2
 ③申19:10, イザ59:7, 詩5:6
18①箴24:2, 創6:5
 ②箴1:16, イザ59:7, ロマ3:15
19①箴12:17, 19:5, 9, 21:28, 詩27:12
 ②箴6:14
20①箴1:8, エペ6:1
21①箴7:3
22①箴3:23
 ②箴3:24
 ③箴2:11
23①詩119:105
 ②箴3:1
 ③→箴2:19, 箴10:17
24①箴7:5, 2:16
 ②箴23:27
 ③箴5:3, 7:21
25①マタ5:28
 ②Ⅱ列9:30, エレ4:30, エゼ23:40
26①箴29:3
 ②箴7:23
27①箴6:27-29, ヨブ31:12
29①エゼ18:6, 33:26

16 主の憎むものが六つある。
いや、主ご自身の忌みきらうものが七つある。
17 高ぶる目、偽りの舌、
罪のない者の血を流す手、
18 邪悪な計画を細工する心、
悪へ走るに速い足、
19 まやかしを吹聴する偽りの証人、
兄弟の間に争いをひき起こす者。

姦淫への警告
20 わが子よ。あなたの父の命令を守れ。
あなたの母の教えを捨てるな。
21 それをいつも、あなたの心に結び、
あなたの首の回りに結びつけよ。
22 これは、あなたが歩くとき、あなたを導き、
あなたが寝るとき、あなたを見守り、
あなたが目ざめるとき、あなたに話しかける。
23 命令はともしびであり、おしえは光であり、
訓戒のための叱責はいのちの道であるからだ。
24 これはあなたを悪い女から守り、
見知らぬ女のなめらかな舌から守る。
25 彼女の美しさを心に慕うな。
そのまぶたに捕らえられるな。
26 遊女はひとかたまりのパンで買えるが、
人妻は尊いいのちをあさるからだ。
27 人は火をふところにかき込んで、
その着物が焼けないだろうか。
28 また人が、熱い火を踏んで、
その足が焼けないだろうか。
29 隣の人の妻と姦通する者は、これと同じこと、

マコ10:21, →箴19:17注)。
6:6 なまけ者よ ここはなまけ者を次のように描いている。(1) しなければならない仕事をしない(6:9-10, ⇒22:13)、(2) 始めたことを完結しない(12:27)、(3) 苦労の最も少ない行動、楽な道ばかりを選ぶ(20:4)。霊的になまけることは肉体的になまけることより魅力的である。神は私たちに、神の目的を情熱をもって熱心に捜し求めるように呼びかけておられ

る(Ⅱペテ1:10, ⇒Ⅱコリ8:7, Ⅱペテ1:5)。
6:20 わが子よ。父の・・・母の・・・ 箴言は家族の関係を最も大切なものとしている。(1) 理想として家族は父、母、子ども(たち)によって構成される。(2) 両親は協力して子どもの霊的教育を行う(1:8-9, 4:1-5)。(3) 知恵のある子どもは両親や保護者を尊敬して従う(1:8, 2:1, 3:1, 10:1)。もちろんは、神を否定したり神に敵対するように仕向けられな

その女に触れた者はだれでも罰を免れない。
30 盗人が飢え、
自分の飢えを満たすために盗んだとしたら、
人々はその者をさげすまないであろうか。
31 もし、つかまえられたなら、彼は七倍を償い、
自分の家の財産をことごとく
与えなければならない。
32 女と姦通する者は思慮に欠けている。
これを行う者は自分自身を滅ぼす。
33 彼は傷と恥辱とを受けて、
そのそしりを消し去ることができない。
34 嫉妬が、その夫を激しく憤らせて、
夫が復讐するとき、彼を容赦しないからだ。
35 彼はどんな償い物も受けつけず、
多くの贈り物をしても、彼は和らがない。

姦淫を行う女への警告

7

1 わが子よ。私のことばを守り、
私の命令をあなたのうちにたくわえよ。
2 私の命令を守って、生きよ。
私のおしえを、あなたのひとみのように守れ。
3 それをあなたの指に結び、
あなたの心の板に書きしるせ。
4 知恵に向かって、
「あなたは私の姉妹だ」と言い、
悟りを「身内の者」と呼べ。
5 それは、あなたを他人の妻から守り、
ことばのなめらかな見知らぬ女から守るためだ。
6 私が私の家の窓の
格子窓から見おろして、
7 わきまえのない者たちを見ていると、
若者のうちに、
思慮に欠けたひとりの若い者のいるのを認めた。
8 彼は女の家への曲がりかどに近い通りを過ぎ行き、
女の家のほうに歩いて行った。
9 それは、たそがれの、日の沈むころ、
夜がふける、暗やみのころだった。
10 すると、遊女の装いをした
心にたくらみのある女が彼を迎えた。
11 この女は騒がしくて、御しにくく、
その足は自分の家にとどまらず、
12 あるときは通りに、あるときは市場にあり、
あるいは、あちこちの町かどに立って待ち伏せる。
13 この女は彼をつかまえて口づけし、
臆面もなく彼に言う。
14「和解のいけにえをささげて、

い場合に限られる。(4) 結婚生活では愛と貞節が尊重される(5:15-20)。

6:32-33　そのそしりを消し去ることができない　神を知りながら姦淫(配偶者以外の人と性的関係を持つ)をする人は長期間困難と不名誉を味わうことになる。

(1) 姦淫は神と配偶者に対する深刻な恐ろしい罪である(Ⅱサム12:9-10)。配偶者から本当の愛と情愛を奪ってしまう。姦淫の罪は心からの悔い改めによって赦されても、感情や人間関係に刻まれた傷は完全に癒えることはないので、恥は残り続ける。このような不貞行為がもたらす損失はどんなことをしても完全に補えるものではない(→Ⅱサム12:10, 13:13, 22, Ⅰ列15:5, ネヘ13:26, マタ1:6)。

(2) 姦淫は関係者全員に広範囲にわたって恐ろしい結果をもたらす。したがって誘惑から逃げ、神やほかの人々を裏切るような関係を避けなくてはならな

い。私たちは誘惑を退けて逃げる力が与えられ(マタ6:13)、誘惑的な情況を避ける賢い決断が下せるように祈るべきである。またみことばによって与えられる次の警告を覚えなければならない。「ですから、立っていると思う者は、倒れないように気をつけなさい」(Ⅰコリ10:12)。私たちはいつも用心深くなければならない。

7:1-27　私のことばを守り　ここでもう一度箴言は、神に逆らう性的行動と愛という名のもとに行われる行為について警告し(7:18)、その後に必ず起きる災難について説明している(7:25-27, →5:3注, 5:14注, 6:32-33注)。性的不品行は次のようにして避けることができる。(1) 神が正しく良いと言われること全部に全く従う(7:1-5)。(2) みだらな快楽を思ったり考えたりしない(7:25)。(3) 誘惑や妥協が求められる情況を避ける(7:8-23)。(4) 姦淫の罪は悲しみと

きょう、私の誓願を果たしました。
15 それで私はあなたに会いに出て来たのです。
あなたを捜して、やっとあなたを見つけました。
16 私は長いすに敷き物を敷き、
あや織りのエジプトの亜麻布を敷き、
17 没薬、アロエ、肉桂で、
私の床をにおわせました。
18 さあ、私たちは朝になるまで、
愛に酔いつぶれ、愛撫し合って楽しみましょう。
19 夫は家にいません。
遠くへ旅に出ていますから。
20 金の袋を持って出ました。
満月になるまでは帰って来ません」と。
21 女はくどき続けて彼を惑わし、
へつらいのくちびるで彼をいざなう。
22 彼はほふり場に引かれる牛のように、
愚か者を懲らしめるための足かせのように、
ただちに女につき従い、
23 ついには、矢が肝を射通し、
鳥がわなに飛び込むように、
自分のいのちがかかっているのを知らない。

24 子どもらよ。今、私に聞き従い、
私の言うことに心を留めよ。
25 あなたの心は、彼女の道に迷い込んではならない。
その通り道に迷ってはならない。
26 彼女は多くの者を切り倒した。
彼女に殺された者は数えきれない。
27 彼女の家はよみへの道、
死の部屋に下って行く。

知恵の叫び

8

1 知恵は呼ばわらないだろうか。
英知はその声をあげないだろうか。

14 ①レビ7:16
16 ①箴31:22
　②エゼ27:7
17 ①詩45:8
　②出30:23
21 ①箴5:3, 6:24, 詩12:2
22 ①→箴1:7
23 ①伝9:12
24 ①詩7:24,25, 箴5:7,8
26 ①箴9:18
27 ①箴2:18, 5:5
＊→箴1:12＊

1 ①箴8:1-3, 箴1:20, 21

2 ①箴9:3
3 ①ヨブ29:7
5 ①箴1:4
　②箴3:35, 詩94:8
6 ①箴23:16
9 ①箴14:6
10 ①箴8:10,11, 箴3:13-15
　②詩19:10, 119:127
11 ①→箴3:15
12 ①箴1:4
13 ①箴3:7, 16:6
　②箴6:17, 11:2, 13:10, 16:18, 18:12, 29:23, イザ13:11
　③箴15:9
　④箴6:12
14 ①イザ28:29, エレ32:19
　②→箴2:7
　③伝7:19, 9:16
15 ①Ⅱ歴1:10
　②箴29:4
17 ①箴4:6, ヨハ14:21

2 これは丘の頂、道のかたわら、
通り道の四つかどに立ち、
3 門のかたわら、町の入口、
正門の入口で大声で呼ばわって言う。
4 「人々よ。わたしはあなたがたに呼ばわり、
人の子らに声をかける。
5 わきまえのない者よ。分別をわきまえよ。
愚かな者よ。思慮をわきまえよ。
6 聞け。わたしは高貴なことについて語り、
わたしのくちびるは正しいことを述べよう。
7 わたしの口は真実を告げ、
わたしのくちびるは悪を忌みきらうからだ。
8 わたしの言うことはみな正しい。
そのうちには曲がったことやよこしまはない。
9 これはみな、識別する者には、正直、
知識を見いだす者には、正しい。
10 銀を受けるよりも、わたしの懲らしめを受けよ。
えり抜きの黄金よりも知識を。
11 知恵は真珠にまさり、
どんな喜びも、これには比べられないからだ。

12 知恵であるわたしは分別を住みかとする。
そこには知識と思慮とがある。
13 主を恐れることは悪を憎むことである。
わたしは高ぶりと、おごりと、悪の道と、
ねじれたことばを憎む。
14 摂理とすぐれた知性とはわたしのもの。
わたしは分別であって、わたしには力がある。
15 わたしによって、王たちは治め、
君主たちは正義を制定する。
16 わたしによって、支配者たちは支配する。
高貴な人たちはすべて正義のさばきつかさ。
17 わたしを愛する者を、わたしは愛する。

後悔、そして死に通じることを思い出す(7:26-27)。
8:13 【主】を恐れることは悪を憎むことである 神と神の正しいさばきに対する深い恐れと尊敬の思いを持つなら悪を避け(16:6)、また神に喜ばれず、人々

② わたしを熱心に捜す者は、わたしを見つける。
18 富と誉れとはわたしとともにあり、
尊い宝物と義もわたしとともにある。
19 わたしの実は黄金よりも、純金よりも良く、
わたしの生み出すものはえり抜きの銀にまさる。
20 わたしは正義の道、公正の通り道の真ん中を歩み、
21 わたしを愛する者には財産を受け継がせ、
彼らの財宝を満たす。
22 主は、その働きを始める前から、
そのみわざの初めから、わたしを得ておられた。
23 大昔から、初めから、大地の始まりから、
わたしは立てられた。
24 深淵もまだなく、水のみなぎる源もなかったとき、
わたしはすでに生まれていた。
25 山が立てられる前に、丘より先に、
わたしはすでに生まれていた。
26 神がまだ地も野原も、
この世の最初のちりも造られなかったときに。
27 神が天を堅く立て、
深淵の面に円を描かれたとき、
わたしはそこにいた。
28 神が上のほうに大空を固め、
深淵の源を堅く定め、
29 海にその境界を置き、
水がその境を越えないようにし、
地の基を定められたとき、
30 わたしは神のかたわらで、
＊これを組み立てる者であった。
わたしは毎日喜び、いつも御前で楽しみ、
31 神の地、この世界で楽しみ、
人の子らを喜んだ。

17 ②箴2:4, 5, ヤコ1:5
18 ①箴3:16
19 ①箴3:13-15
20 ①詩23:3
21 ①箴24:4
22 ①箴8:22-31, ヨハ1:1-3, 17:5, コロ1:15-17
②箴3:19
24 ①創1:2
25 ①詩90:2
27 ①箴3:19
②ヨブ26:10
28 ①ヨブ38:16
29 ①創1:9, 10, ヨブ38:10, 11, 詩104:9, エレ5:22
②箴3:19, ヨブ38:4, 詩104:5
30 ①詩104:24
＊七十人訳による別訳「忠信な者」「愛せられる者」
31 ①→ヨブ34:13

32 ①箴5:7, 7:24
②→箴3:13
③箴29:18
33 ①箴4:1
34 ①箴3:18
②→箴3:13
35 ①箴4:22
②箴3:2, 22, Ⅰヨハ5:12
③箴3:4, 12:2
36 ①箴1:32, 15:32, 20:2
②箴5:12, 12:1
③箴21:6

1 ＊七十人訳による〔 〕「切り出し」
2 ①箴9:5, 雅8:2
3 ①箴9:14
②箴1:20, 21
4 ①箴9:16
②→箴6:32
5 ①イザ55:1
②箴9:2
6 ①箴8:35, 9:11
8 ①箴15:12
②箴10:8, 詩141:5

32 子どもらよ。今、わたしに聞き従え。
幸いなことよ。わたしの道を守る者は。
33 訓戒を聞いて知恵を得よ。
これを無視してはならない。
34 幸いなことよ。
日々わたしの戸口のかたわらで見張り、
わたしの戸口の柱のわきで見守って、
わたしの言うことを聞く人は。
35 なぜなら、わたしを見いだす者は、
いのちを見いだし、
主から恵みをいただくからだ。
36 わたしを見失う者は自分自身をそこない、
わたしを憎む者はみな、死を愛する。」

知恵が招くもの、愚かさが招くもの

9

1 知恵は自分の家を建て、
七つの柱を据え、
2 いけにえをほふり、ぶどう酒に混ぜ物をし、
その食卓も整え、
3 小娘にことづけて、
町の高い所で告げさせた。
4 「わきまえのない者はだれでも、
ここに来なさい」と。
また、思慮に欠けた者に言う。
5 「わたしの食事を食べに来なさい。
わたしの混ぜ合わせたぶどう酒を飲み、
6 わきまえのないことを捨てて、生きなさい。
悟りのある道を、まっすぐ歩みなさい」と。
7 あざける者を戒める者は、自分が恥を受け、
悪者を責める者は、自分が傷を受ける。
8 あざける者を責めるな。
おそらく、彼はあなたを憎むだろう。
知恵のある者を責めよ。
そうすれば、彼はあなたを愛するだろう。

の人生を滅ぼすものをみな避けることができる（→「神への恐れ」の項 p.316）。

9:8　知恵のある者を責めよ　神を喜ばせたいと願う本当に知恵のある人は注意や批判や訓戒を受入れる（27:6, 28:23）。神は友人や家族、牧師などからの建設的な訴えや忠告を用いてご計画に合せた人格を形作り強めてくださる（→ヨハ16:8, エペ5:11, Ⅱテモ4:2, テト2:15, 黙3:19）。神を敬う愛に満ちた牧師の忠

9 ①知恵のある者に与えよ。
　彼はますます知恵を得よう。
　正しい者を教えよ。
　彼は理解を深めよう。
10 主を恐れることは知恵の初め、
　聖なる方を知ることは悟りである。
11 わたしによって、あなたの日は多くなり、
　あなたのいのちの年は増すからだ。
12 もし、あなたが知恵を得れば、
　その知恵はあなたのものだ。
　もし、あなたがこれをあざけるなら、
　あなただけが、その責任を負うことになる。
13 愚かな女は、騒がしく、
　わきまえがなく、何も知らない。
14 彼女は自分の家の戸口にすわり、
　町の高い所にある座にすわり、
15 まっすぐに歩いて行く往来の人を招いて言う。
16「わきまえのない者はだれでも
　ここに来なさい」と。
　また思慮に欠けた者に向かって、彼女は言う。
17「盗んだ水は甘く、
　こっそり食べる食べ物はうまい」と。
18 しかしその人は、そこに死者の霊がいることを、
　彼女の客がよみの深みにいることを、知らない。

9 ①箴1:5
10 ①箴1:7
　②箴30:3
11 ①箴3:2, 16, 10:27
12 ①箴19:29
13 ①箴7:11
　②箴5:6
14 ①箴9:3
16 ①箴9:4
17 ①箴20:17
18 ①箴7:27
　＊→箴1:12＊

1 ①箴1:1
　②箴15:20, 23:15, 27:11, 29:3
　③箴17:21, 25
2 ①箴11:4
　②箴21:7, 詩49:6, 7, エゼ7:19, ゼパ1:18, ルカ12:19, 20
　③箴11:6, 12:28
3 ①詩34:9, 10, 37:25, マタ6:33
　②詩112:10
4 ①箴12:24
　②箴6:11
　③箴13:4, 21:5
5 ①箴6:8
　②箴20:4
　③箴19:26
6 ①箴28:20
　②箴10:11
7 ①詩112:6
　②箴9:5, 6, 109:13, 伝8:10
8 ①箴9:8, マタ7:24
　②箴10:10, 13:3
9 ①箴28:18, イザ33:15, 16
10 ①箴6:13, 詩35:19
　＊七十人訳は「率直に戒める者は平和をつくる」
11 ①箴13:14, 詩37:30
　②箴4:23, 13:14, 14:27, 詩36:9
　③箴10:6
12 ①箴17:9, Ⅰコリ13:4, ヤコ5:20, Ⅰペテ4:8
　②箴10:19, 12:13, 17:9, 19, 28:13, 24, 29:6, 16, 22, →ヨブ7:21

ソロモンの箴言

10

1 ①ソロモンの箴言
　知恵のある子は父を喜ばせ、
　愚かな子は母の悲しみである。
2 不義によって得た財宝は役に立たない。
　しかし正義は人を死から救い出す。
3 主は正しい者を飢えさせない。
　しかし悪者の願いを突き放す。
4 無精者の手は人を貧乏にし、
　勤勉な者の手は人を富ます。
5 夏のうちに集める者は思慮深い子であり、
　刈り入れ時に眠る者は恥知らずの子である。
6 正しい者の頭には祝福があり、
　悪者の口は暴虐を隠す。
7 正しい者の呼び名はほめたたえられ、
　悪者の名は朽ち果てる。
8 心に知恵のある者は命令を受け入れる。
　むだ口をたたく愚か者は踏みつけられる。
9 まっすぐに歩む者の歩みは安全である。
　しかし自分の道を曲げる者は思い知らされる。
10 目くばせする者は人を痛め、
　むだ口をたたく愚か者は踏みつけられる。
11 正しい者の口はいのちの泉。
　悪者の口は暴虐を隠す。
12 憎しみは争いをひき起こし、
　愛はすべてのそむきの罪をおおう。

告を謙遜に受止め応えていく教会を聖霊は祝福してくださる。

10:2-7　死から救い出す　この部分は神を敬う正しい生活にある祝福と、神を敬わないよこしまな生活にある不満を対照的に描いている。

10:3　正しい者を飢えさせない　この箴言は神に従う人々の実際的な必要を神が通常どのように満たしてくださるかを描いている（⇒マタ6:11, 33）。けれどもこの真理は自分や家族の必要が満たされないときがあることを否定はしていない。戦争や飢饉、厳しい経済や社会情勢、霊的迫害のときには、神に従う人々が極めて困難な情況に置かれることもある（→Ⅲヨハ1:2注）。けれども神は頼る人々を決して見捨てられない。

10:5　刈り入れ時に眠る者　しなければならない労働を怠るのは不面目なことであるけれども（⇒6:9-11, 19:15）、人々にキリストを伝えるという霊的働きを拒むことはさらに深刻で恥ずべきことである。霊的救いのメッセージを全世界に時間の許されている間に（ヨハ9:4）、主イエスとともに伝えなさいということばに耳を傾けなければならない（マタ9:37-38）。

10:11　いのちの泉　神はひとりひとりの人生にご計画を持っておられる。神を知り神に従う人は、神が計画された人生をそれぞれが全うできるように周囲の人々に影響を与えて導くべきである。キリスト者の中におられる聖霊を「いのちの水」の源として描いているエゼキエル47:1-2とヨハネ4:14, 7:38を比較するとよい。いのちを与える水がキリスト者から流れ出ると、周囲の人々に永遠のいのちへの希望が届けられる。この重要な務めを果たすことができるようにキリスト者は聖霊の助けを求めて祈らなければならない（→

箴言 10-11章

13 悟りのある者のくちびるには知恵があり、
　　思慮に欠けた者の背には杖がある。
14 知恵のある者は知識をたくわえ、
　　愚か者の口は滅びに近い。
15 富む者の財産はその堅固な城。
　　貧民の滅びは彼らの貧困。
16 正しい者の報酬はいのち。
　　悪者の収穫は罪。
17 訓戒を大事にする者はいのちへの道にあり、
　　叱責を捨てる者は迷い出る。
18 憎しみを隠す者は偽りのくちびるを持ち、
　　そしりを口に出す者は愚かな者である。
19 ことば数が多いところには、
　　そむきの罪がつきもの。
　　自分のくちびるを制する者は思慮がある。
20 正しい者の舌はえり抜きの銀。
　　悪者の心は価値がない。
21 正しい者のくちびるは多くの人を養い、
　　愚か者は思慮がないために死ぬ。
22 主の祝福そのものが人を富ませ、
　　人の苦労は何もそれに加えない。
23 愚かな者には悪事が楽しみ。
　　英知のある者には知恵が楽しみ。
24 悪者の恐れていることはその身にふりかかり、
　　正しい者の望みはかなえられる。
25 つむじ風が過ぎ去るとき、悪者はいなくなるが、
　　正しい者は永遠の礎である。

13 ①箴10:31
　　②箴19:29, 26:3
14 ①箴9:9
　　②箴10:8, 18:7
15 ①箴18:11, ②箴19:7
16 ①箴11:18, 19
17 ①箴6:23
18 ①箴26:24, ②箴13:3
19 ①伝5:2, 3
　　②箴17:27, ヤコ1:19
20 ①箴8:19
21 ①箴10:11, ②→箴1:7
　　③→箴6:32
22 ①創24:35, 26:12,
　　申8:18
23 ①箴2:14, 15:21
24 ①イザ66:4
　　②詩37:4, 145:19
25 ①ヨブ27:20, 詩58:9
　　②箴12:7, 詩37:9, 10
　　③箴10:30, 12:3,
　　マタ7:24, 25

26 ①箴25:13
　　②→箴6:6
27 ①箴14:27
　　②箴3:2, 9:11
　　③ヨブ15:32, 33, 22:16,
　　詩55:23, 伝7:17
28 ①箴11:7,
　　ヨブ8:13, 11:20,
　　詩112:10
29 ①箴13:6
　　②箴21:15,
　　詩1:6, 37:20
30 ①箴2:21, 10:25,
　　詩15:5, 37:29, 125:1
　　②詩2:22
31 ①箴10:13, 詩37:30
32 ①箴2:12

1 ①箴20:10, 23,
　　レビ19:35, 36,
　　申25:13-16,
　　ミカ6:10, 11
　　②箴3:32
2 ①箴16:11
2 ①箴16:18, 29:23
3 ①箴11:6
4 ①箴10:2
5 ①箴13:6, ②箴3:6
　　③箴5:22
6 ①箴11:3, ②箴10:2

26 使いにやる者にとって、なまけ者は、
　　歯に酢、目に煙のようなものだ。
27 主を恐れることは日をふやし、
　　悪者の年は縮められる。
28 正しい者の望みは喜びであり、
　　悪者の期待は消えうせる。
29 主の道は、潔白な人にはとりでであり、
　　不法を行う者には滅びである。
30 正しい者はいつまでも動かされない。
　　しかし悪者はこの地に住みつくことができない。
31 正しい者の口は知恵を実らせる。
　　しかしねじれた舌は抜かれる。
32 正しい者のくちびるは好意を、
　　悪者の口はねじれごとを知っている。

11

1 欺きのはかりは主に忌みきらわれる。
　　正しいおもりは主に喜ばれる。
2 高ぶりが来れば、恥もまた来る。
　　知恵はへりくだる者とともにある。
3 直ぐな人の誠実は、その人を導き、
　　裏切り者のよこしまは、その人を破滅させる。
4 財産は激しい怒りの日には役に立たない。
　　しかし正義は人を死から救い出す。
5 潔白な人の道は、その正しさによって平らにされ、
　　悪者は、その悪事によって倒れる。
6 直ぐな人は、その正しさによって救い出

Ⅰコリ12:4-10, 14:1-10)。

10:15 富む者の財産はその堅固な城 この箴言は富の利点(⇒14:20, 19:4)と貧しさの不利な点(⇒18:23, 19:4, 7)と思えるものについて描いているように見える。表面的には金持は成功し安定しているように見える(→11:4)。けれども神の視点から見ると不正にずるい方法で手に入れた富には価値がない(10:2)。新約聖書は富む人と貧しい人の情況や未来についてさらに深く教えている。「神は、この世の貧しい人たちを選んで信仰に富む者とし、神を愛する者に約束されている御国を相続する者とされたではありませんか」(ヤコ2:5, ⇒ルカ2:7-12, 4:22)。旧約聖書のほかの書物と同じように、箴言も新約聖書で神が御子イエスを通して与えられた啓示との関連の中で解釈することが必要である(ヘブ1:1-3, →「**旧約聖書のキリスト**」の

項p.611)。

10:22 【主】の祝福そのものが人を富ませ 人々はしばしば悪や不正やむさぼりなどによって物質的な富を得るけれども、そのような富は神から与えられたものではない(10:2)。本当の富には神の目的に従う特権と祝福が含まれている。金持か貧乏かに関係なく主の臨在と恵みこそが最大の富である。

11:1 欺きのはかりは【主】に忌みきらわれる 事業や商売をするときに、うその数字や測り方によって人をだますことを神は非難される(⇒レビ19:35)。この節は神があらゆるかたちの不正や偽りを嫌われることをはっきり表している。金銭問題だけではなくごまかしができるあらゆる情況の中で、あらゆる人々に公平に正直に対応するように神は命じておられる。神の基準が正しいと考える人だけが神を見(詩11:7)、神が

箴言 11章

され、
裏切り者は、自分の欲によって捕らえられる。
7 悪者が死ぬとき、その期待は消えうせ、
邪悪な者たちの望みもまた消えうせる。
8 正しい者は苦しみから救い出され、
彼に代わって悪者がそれに陥る。
9 神を敬わない者は
その口によって隣人を滅ぼそうとするが、
正しい者は知識によって彼らを救おうとする。
10 町は、正しい者が栄えると、こおどりし、
悪者が滅びると、喜びの声をあげる。
11 直ぐな人の祝福によって、町は高くあげられ、
悪者の口によって、滅ぼされる。
12 隣人をさげすむ者は思慮に欠けている。
しかし英知のある者は沈黙を守る。
13 歩き回って人を中傷する者は秘密を漏らす。
しかし真実な心の人は事を秘める。
14 指導がないことによって民は倒れ、
多くの助言者によって救いを得る。
15 他国人の保証人となる者は苦しみを受け、
保証をきらう者は安全だ。
16 優しい女は誉れをつかみ、
横暴な者は富をつかむ。
17 真実な者は自分のたましいに報いを得る

6 ①詩7:15, 16
7 ①箴10:28
　②ヨブ8:13
8 ①箴11:6, 詩34:17
　②箴21:18
9 ①ヨブ8:13
　②箴16:29
10 ①箴28:12, 29:2
　②エス8:15
11 ①箴14:34
12 ①箴14:21
　②→箴6:32
　③箴10:19
13 ①箴20:19, レビ19:16
14 ①箴24:6, Ⅰ列12:1-15
　②箴15:22
15 ①箴1:4, 20:16, 22:26, 27
16 ①箴31:28, 30
17 ①マタ5:7, 25:34-36

18 ①ホセ10:12, ガラ6:8, 9, ヤコ3:18
19 ①箴10:16, 12:28
　②箴1:18, ロマ6:23, ヤコ1:15
20 ①→箴3:32
　②箴13:6, 詩119:1
　③箴11:1, 12:22, 15:8, Ⅰ歴29:17
21 ①箴16:5
　＊直訳「手に手を」
22 ①創24:47
23 ①箴10:28
24 ①Ⅱコリ9:6
　②箴19:17
25 ①箴3:9, 10
　②箴28:27, イザ58:10, 11, マタ10:42
26 ①箴24:24
27 ①箴12:2
　②箴5:22, 詩9:16
28 ①ヨブ31:24, 詩49:6, 52:7, Ⅰテモ6:17
　②詩1:3, 92:12-14, エレ17:8

が、
残忍な者は自分の身に煩いをもたらす。
18 悪者は偽りの報酬を得るが、
義を蒔く者は確かな賃金を得る。
19 このように、義を追い求める者はいのちに至り、
悪を追い求める者は死に至る。
20 心の曲がった者は主に忌みきらわれる。
しかしまっすぐに道を歩む者は主に喜ばれる。
21 確かに悪人は罰を免れない。
しかし正しい者のすえは救いを得る。
22 美しいが、たしなみのない女は、
金の輪が豚の鼻にあるようだ。
23 正しい者の願い、ただ良いこと。
悪者の望み、激しい怒り。
24 ばらまいても、なお富む人があり、
正当な支払いを惜しんでも、
かえって乏しくなる者がある。
25 おおらかな人は肥え、
人を潤す者は自分も潤される。
26 穀物を売り惜しむ者は民にのろわれる。
しかしそれを売る者の頭には祝福がある。
27 熱心に善を捜し求める者は恵みを見つけるが、
悪を求める者には悪が来る。
28 自分の富に拠り頼む者は倒れる。
しかし正しい者は若葉のように芽を出す。

くださる豊かな生活ができること（詩140:13, ⇒24:3-5）をいつも心に留めておかなければならない。

11:8　正しい者は苦しみから救い出され　一般的に正しい生活は悪い生活よりも問題に直面することが少ない（⇒11:3-9）。けれどもそれは神に従っているなら絶対に問題に遭わないということではない。むしろ神に従っているためにさらに大きな問題や反対に直面することが多くある。けれども神が正しいと示されることを行う人々が苦しんだり問題にぶつかったりするときには神が助けに来て、最も良いときに最も良いことをしてくださると確信することができる。

11:19　義を追い求める者はいのちに至り　→10:11注

11:19　悪を追い求める者は死に至る　神の律法に逆らうことに対して神は厳しい罰を定めておられる。神に背けば破滅を招くことになる。よこしまな人々は犯した罪と神やほかの人々をおろそかにしたことに対して代価を払うことになる（→6:29, 創34:25-30, 49:7, ロマ6:23, ヤコ1:15）。

11:24-25　ばらまいても、なお富む　惜しみなく与える人は与えたものよりも多くを受取ると神は約束された。お金、物、能力、時間、援助活動などどの分野でも、親切に惜しみなく提供する人を神は祝福される。新約聖書は私たちが神から与えられた賜物の管理者（世話人、管理人）であり、それを用いて神の目標を押し進め、困っている人々を助けなければならないと教えている（マタ25:26-27, →Ⅱコリ8:2注, 9:8注）。人々が最も必要としていることは、キリストの赦しと新しいいのちのメッセージを聞いて受入れることである。このメッセージを周りの人々、世界中の人々に伝える宣教や伝道の働きのために私たちは喜んでささげなければならない。

箴言 11-12章

29 自分の家族を煩わせる者は風を相続し、
　愚か者は心に知恵のあるもののしもべとなる。
30 正しい者の結ぶ実はいのちの木である。
　知恵のある者は人の心をとらえる。
31 *もし正しい者がこの世で報いを受けるなら、
　悪者や罪人は、なおさら、その報いを受けよう。

12

1 訓戒を愛する人は知識を愛する。
　叱責を憎む者はまぬけ者だ。
2 善人は主から恵みをいただき、
　悪をたくらむ者は罰を受ける。
3 人は悪をもって身を堅く立てることはできず、
　正しい人の根はゆるがない。
4 しっかりした妻は夫の冠。
　恥をもたらす妻は、
　夫の骨の中の腐れのようだ。
5 正しい人の計画することは公正で、
　悪者の指導には欺きがある。
6 悪者のことばは血に飢えている。
　しかし正しい者の口は彼らを救い出す。
7 悪者はくつがえされて、いなくなる。
　しかし正しい者の家は立ち続ける。
8 人はその思慮深さによってほめられ、
　心のねじけた者はさげすまれる。
9 身分の低い人で職を持っている者は、
　高ぶっている人で食に乏しい者にまさる。
10 正しい者は、自分の家畜のいのちに気を配る。
　悪者のあわれみは、残忍である。
11 自分の畑を耕す者は食糧に飽き足り、
　むなしいものを追い求める者は思慮に欠ける。
12 悪者は、悪の網を張るのを好み、
　正しい者の根は、芽を出す。
13 悪人はくちびるでそむきの罪を犯して、
　わなにかかる。
　しかし正しい者は苦しみを免れる。
14 人はその口の実によって良いものに満ち足りる。
　人の手の働きはその人に報いを与える。
15 愚か者は自分の道を正しいと思う。
　しかし知恵のある者は忠告を聞き入れる。
16 愚か者は自分の怒りをすぐ現す。
　利口な者ははずかしめを受けても黙っている。
17 真実の申し立てをする人は正しいことを告げ、

29 ①箴15:27、②伝5:16
　　③箴14:19
30 ①→箴3:18
　　②Ⅰコリ9:19-22
31 ①Ⅰペテ4:18
　＊七十人訳は「義人がかろうじて救われるのだとしたら、神を敬わない者や罪人は、どこへ出ることになろう」
　　①箴13:21、
　　Ⅱサム22:21, 25

1 ①箴5:12, 15:10
　②詩49:10, 92:6
2 ①箴11:27
　②箴3:4, 8:35
　③箴6:18
3 ①箴11:5、②箴10:25
4 ①箴31:10, 11
　②ルツ3:11
　③箴14:30、ハバ3:16
5 ①箴12:20
6 ①箴1:11, 16
　②箴14:3
7 ①ヨブ34:25
　②箴10:25
　③マタ7:24-27
8 ①箴18:3
10 ①箴27:23、Ⅰコリ9:9
11 ①箴28:19
　②箴20:13
　③→箴6:32
12 ①箴21:10
　②箴11:19
13 ①箴18:7、詩59:12
　②→箴10:12
　③箴11:9
14 ①箴13:2, 18:20
　②箴1:31, 24:12、イザ3:10, 11
15 ①箴14:12, 16:2
　②箴9:9
16 ①箴27:3, 29:11
　②箴11:13
17 ①箴14:5

11:30　知恵のある者は人の心をとらえる　人々に正しい行動を促したり神との個人的関係を持つように勧めるには大変な知恵が必要である。キリストに従う人はほかの人々も霊的救いを体験し、神が願っておられるいのちを体験できるように導かなければならないと新約聖書は繰り返し教えている(→ヨハ14:6、Ⅰコリ9:20-22, 10:33、ヤコ5:19-20、Ⅰペテ3:1-2)。

12:1　叱責を憎む者はまぬけ者だ　人はだれでも折にふれて叱責や矯正を必要とする。高慢な人は間違いを正されることを嫌い、訓戒されることに抵抗して返って自分が本当に無知であることをさらけ出す。けれども謙遜な人は批判をまじめに受止めてその恩恵にあずかる(⇒1:7, 6:23, 10:17)。

12:4　しっかりした妻は夫の冠　通常、人生の最も重要な人間関係は夫と妻の関係である。良い配偶者は幸せ、喜び、成功に大きく貢献する(ただし、相手が自分の不安を解消してくれると期待して結婚をするべきではない。結婚するふたりともキリストとの関係を持って満たされ安定した状態でいるべきである)。けれども悪い配偶者は多くの悲しみや不幸をもたらす。配偶者を求めるときにはその人の性格とキリストへの献身の度合いをよく考えなければならない。そして神の聖い基準(道徳的純潔、霊的健全性、悪からの分離、神への献身)を保つように互いに励まし合うことを確認するべきである。このような予防策をとることで正しい配偶者を選び、生涯にわたる不幸や後悔を避けることができる(→Ⅰコリ7:3注、7:14注)。

12:10　自分の家畜のいのちに気を配る　神は神が造られたもの全部に心を配っておられる。また慈しみの基準には動物にも親切にすることが含まれている。動物は人間にとって有益な祝福である。私たちは動物の独自性と動物との交わりを喜ぶとともに、労働や食用として利用していく中で人間の責任と神への感謝を表すべきである。動物を虐待したり残酷な方法で扱ってはならない(創1:28, 9:3, 24:32、申25:4)。

②いつわりの証人は欺き事を告げる。
18 軽率に話して人を剣で刺すような者がいる。
　しかし知恵のある人の舌は人をいやす。
19 真実のくちびるはいつまでも堅く立つ。
　偽りの舌はまばたきの間だけ。
20 悪をたくらむ者の心には欺きがあり、
　平和を図る人には喜びがある。
21 正しい者は何の災害にも会わない。
　悪者はわざわいで満たされる。
22 偽りのくちびるは主に忌みきらわれる。
　真実を行う者は主に喜ばれる。
23 利口な者は知識を隠し、
　愚かな者は自分の愚かさを言いふらす。
24 勤勉な者の手は支配する。
　無精者は苦役に服する。
25 心に不安のある人は沈み、
　親切なことばは人を喜ばす。
26 正しい者はその友を探り出し、
　悪者の道は彼らを迷わせる。
27 無精者は獲物を捕らえない。
　しかし勤勉な人は多くの尊い人を捕らえる。
28 正義の道にはいのちがある。
　その道筋には死がない。

13

1 知恵のある子は父の訓戒に従い、
　あざける者は叱責を聞かない。
2 人はその口の実によって良いものを食べ、
　裏切り者は暴虐を食べる。
3 自分の口を見張る者は自分のいのちを守り、

17 ②箴6:19
18 ①詩55:21, 57:4, 64:3
　②箴13:14, 15:4
19 ①箴17:7
20 ①箴12:5
　②マタ5:9
21 ①詩1:33, 詩91:10, 121:7, Ⅰペテ3:13
　②箴14:14
22 ①箴6:17
　→箴3:32
　③箴11:20
23 ①箴13:16, 15:2
　②箴18:2, 伝10:3
24 ①箴10:4
　②士1:28, Ⅰ列9:21
25 ①箴15:13
26 ①箴16:29
27 ①箴10:4, 13:4
28 ①箴10:2, 16, 11:19

1 ①箴10:1
　→箴1:8
　③箴9:7, 8, 15:12
2 ①箴12:14
　②箴4:17
3 ①箴21:23, 詩39:1, ヤコ3:2

②箴18:7
4 ①→箴6:6
　②箴21:25
　③箴12:27, 21:5
6 ①箴11:5
9 ①箴4:18, ヨブ29:3
　＊直訳「喜び」
　②箴24:20, ヨブ18:5, 6, 21:17
10 ①箴11:14
11 ①箴20:21
　＊七十人訳による
　②「むなしい」
　③箴14:23
12 ①箴13:19
　②箴3:18
13 ①民15:31, Ⅱ歴36:16
　②箴13:21
14 ①→箴3:1
　②→箴10:11
　③箴14:27, 詩18:5, Ⅱサム22:6
15 ①箴3:4
16 ①箴12:23, 15:2
17 ①箴25:13

くちびるを大きく開く者には滅びが来る。
4 なまけ者は欲を起こしても心に何もない。
　しかし勤勉な者の心は満たされる。
5 正しい者は偽りのことばを憎む。
　悪者は悪臭を放ちながら恥ずべきふるまいをする。
6 正義は潔白な生き方を保ち、
　悪は罪人を滅ぼす。
7 富んでいるように見せかけ、
　何も持たない者がいる。
　貧しいように見せかけ、
　多くの財産を持つ者がいる。
8 富はその人のいのちの身代金である。
　しかし貧しい者は叱責を聞かない。
9 正しい者の光は輝き、
　悪者のともしびは消える。
10 高ぶりは、ただ争いを生じ、
　知恵は勧告を聞く者とともにある。
11 急に得た財産は減るが、
　働いて集める者は、それを増す。
12 期待が長びくと心は病む。
　望みがかなうことは、いのちの木である。
13 みことばをさげすむ者は身を滅ぼし、
　命令を敬う者は報いを受ける。
14 知恵のある者のおしえはいのちの泉、
　これによって、死のわなをのがれることができる。
15 良い思慮は好意を生む。
　裏切り者の行いは荒い。
16 すべて利口な者は知識によって行動し、
　愚かな者は自分の愚かさを言い広める。
17 悪い使者はわざわいに陥り、
　忠実な使者は人をいやす。

13:3 自分の口を見張る者は自分のいのちを守り ほかの人々に良い影響を与えていても、軽はずみで不用意なことばを口にすることによってそれが弱められ壊されることがある。そうしたことばは罪の原因になり（伝5:6）、神との関係に深刻な影響を及ぼしかねない（伝5:7）。神を敬う人は自分のことばが神を尊び神に喜ばれるように、その発言や会話を注意深く制御する（8:6-8, ヤコ3:2）。聖書は舌を制御できるように神の助けを求めることを勧めている（→詩141:3, ⇒箴10:14, 19, 18:7, Ⅱテモ3:3, ヤコ3:7-13）。

13:5 正しい者は偽りのことばを憎む 正しいことを行い、神との正しい関係を保とうとする人はうそをついて苦しみを避けるよりも、痛い思いをすることがあっても真実を言うことを選ぶ（ダニ3:16-18）。うそをつく誘惑に負けることは神への罪である。うそをつく人は神の御国に入れない（ヨハ8:44, →黙22:15注）。神はうそを嫌われる（12:22）。

13:10 高ぶりは、ただ争いを生じ 人々が口論や議論やけんかをする主な理由の一つは、頑固で自分の考えや意見に固執して、自分が間違っているかもしれないことを認めようとしないことにある。これはプライドの問題で、人からの評価や名誉を得たいという欲望（ルカ22:24）、権威に対する反抗の態度（民12:2）、聖書の真理を拒むこと（Ⅱテモ4:3-4）、霊的なねたみ

箴言 13-14章

18 貧乏と恥とは訓戒を無視する者に来る。
しかし叱責を大事にする者はほめられる。
19 望みがかなえられるのはここちよい。
愚かな者は悪から離れることを忌みきらう。
20 知恵のある者とともに歩む者は知恵を得る。
愚かな者の友となる者は害を受ける。
21 わざわいは罪人を追いかけ、
幸いは正しい者に報いる。
22 善良な人は子孫にゆずりの地を残す。
罪人の財宝は正しい者のためにたくわえられる。
23 貧しい者の開拓地に、多くの食糧がある。
公義がないところで、
財産は滅ぼし尽くされる。
24 むちを控える者はその子を憎む者である。
子を愛する者はつとめてこれを懲らしめる。
25 正しい者は食べてその食欲を満たし、
悪者は腹をすかせる。

14

1 知恵のある女は自分の家を建て、

18 ①箴15:5, 32
19 ①箴13:12
　②箴29:27
20 ①箴15:31
　②箴14:7
21 ①詩32:10, イザ47:11
　②箴11:31, 13:13, イザ3:10
22 ①エズ9:12
　②箴28:8, ヨブ27:16, 17, 伝2:26
23 ①箴12:11
24 ①箴23:13, 14, 29:15
　②箴3:12, エペ6:4
　③箴10:3, 詩34:10, 132:15
1 ①箴9:1, 24:3

2 ①箴19:1, 28:6
　②箴2:15
3 ①箴10:14
　②箴12:6
5 ①箴12:17
　②箴6:19, 14:25, 19:5, 出20:16, 23:1
6 ①箴8:9, 21:11
7 ①箴13:20, 23:9
　＊直訳「あなたは知らない」
8 ①箴15:21
　②→箴1:7
9 ①→Ⅰサム6:3
　②箴3:34
10 ①ヨブ21:25
11 ①箴3:33, 12:7, ヨブ8:22

愚かな女は自分の手でこれをこわす。
2 まっすぐに歩む者は、主を恐れ、
曲がって歩む者は、主をさげすむ。
3 愚か者の口には誇りの若枝がある。
知恵のある者のくちびるは身を守る。
4 牛がいなければ飼葉おけはきれいだ。
しかし牛の力によって収穫は多くなる。
5 真実な証人はまやかしを言わない。
偽りの証人はまやかしを吹聴する。
6 あざける者は知恵を捜しても得られない。
しかし悟りのある者はたやすく知識を得る。
7 愚かな者の前を離れ去れ。
知識のことばはそこにはない。
8 利口な者は自分の知恵で自分の道をわきまえ、
愚かな者は自分の愚かさで自分を欺く。
9 罪過のためのいけにえは愚か者をあざける
正しい者の間には恩恵がある。
10 心がその人自身の苦しみを知っている。
その喜びにもほかの者はあずからない。
11 悪者の家は滅ぼされ、

や争い（Ⅰコリ3:3-4）のしるしと考えられる。神を敬う人々の間でも意見の不一致や議論は起こる。そのようなときに、そこにプライドの問題がないか、あるいは本当に真理を守ろうとまじめに努力をしているのか、自分自身に聞いてみる必要がある（ガラ2:4-5, Ⅰテサ2:2, ユダ1:3）。

13:23　公義がないところで・・・滅ぼし尽くされる　ある人々が貧しくその情況が改善されないのは、不公平な社会の犠牲になっているからである（⇒詩35:10, →ヤコ5:1-6）。

13:24　むちを控える者はその子を憎む者である　聖書は人格形成期（子どもの考え方や行動の型が形作られる期間）に親が子どもをしつけるようにと教えている。けれどもお尻をたたくようなしつけは、子どもがわざと反抗したり挑戦的な態度をとったときにのみ行うべきであり、親は感情に流されることなく愛情のこもった気遣いをもってしなければならない。バランスのとれた罰としつけをするのは、愚かな行動や向こう見ずな活動、両親への反抗や軽視を矯正して取除くためである（22:15）。この節は行過ぎた体罰を正当化するものではなく、もちろん虐待を支持するものでもない。賢明で愛情をもって思慮深く必要に応じてしつけをすることによって、子どもたちは間違った振舞は好ましくない結果をもたらし苦痛を伴うことを学んでいく（29:15）。このようなしつけは後に苦悩や破滅、けがや死までも招く態度や行動様式を子どもたちが身につけないために必要である（19:18, 23:13-14）。家庭で神を敬うしつけがされるなら、その家に幸福、安定、平和が訪れる（29:17）。罰やしつけはどんなかたちでも、天の父が示されたようにいつも愛情をもってしなければならない（ヘブ12:6-7, 黙3:19）。

14:1　知恵のある女は自分の家を建て　神を敬う知恵のある女性は自分の家庭を安全で安らぎと平和と喜びのあふれた場所にする。一方、愚かで無責任な女性は家庭と家族を顧みない（→Ⅰテモ2:15注, テト2:4-5注）。

14:2　主をさげすむ　これは神を恨み嫌い拒む姿勢を示していて、明らかに神に対する罪である。神にいらだち、神が働いておられるのだろうかと真剣に悩むときがあるかもしれない。けれども神に対して無礼な態度をとったり、神に向けて憎悪の怒りを向けたりしないように注意しなければならない。

正しい者の天幕は栄える。
12 人の目にはまっすぐに見える道がある。
　その道の終わりは死の道である。
13 笑うときにも心は痛み、
　終わりには喜びが悲しみとなる。
14 心の堕落している者は自分の道に甘んじる。
　善良な人は彼から離れる。
15 わきまえのない者は何でも言われたことを信じ、
　利口な者は自分の歩みをわきまえる。
16 知恵のある者は用心深くて悪を避け、
　愚かな者は怒りやすくて自信が強い。
17 短気な者は愚かなことをする。
　悪をたくらむ者は憎まれる。
18 わきまえのない者は愚かさを受け継ぎ、
　利口な者は知識の冠をかぶる。
19 悪人はよい人の前で、
　悪者は正しい人の門のところで身をかがめる。
20 貧しい者はその隣人にさえ憎まれるが、
　富む者を愛する人は多い。
21 自分の隣人をさげすむ人は罪人。
　貧しい者をあわれむ人は幸いだ。
22 悪をたくらむ者は迷い出るではないか。
　善を計る者には恵みとまことがある。
23 すべての勤労には利益がある。
　おしゃべりは欠損を招くだけだ。
24 知恵のある者の冠はその知恵。
　愚かな者のかぶり物はその愚かさ。
25 誠実な証人は人のいのちを救い出す。
　欺く者はまやかしを吹聴する。
26 力強い信頼は主を恐れることにあり、
　子たちの避け所となる。
27 主を恐れることはいのちの泉、
　死のわなからのがれさせる。
28 民の多いことは王の栄え。
　民がなくなれば君主は滅びる。
29 怒りをおそくする者は英知を増し、
　気の短い者は愚かさを増す。
30 穏やかな心は、からだのいのち。
　激しい思いは骨をむしばむ。
31 寄るべのない者をしいたげる者は
　自分の造り主をそしり、
　貧しい者をあわれむ者は造り主を敬う。
32 悪者は自分の悪によって打ち倒され、
　正しい者は、自分の死の中にものがれ場がある。
33 知恵は悟りのある者の心にいこう。
　愚かな者の間でもそれは知られている。
34 正義は国を高め、
　罪は国民をはずかしめる。

14:12　まっすぐに見える　人間中心の知恵や理論（個人の満足や利益を最高の目的とする）は何が真実で何が誤りか、何が正しく何が間違っているか、何が価値があり何が価値がないかを判断する基準としては貧弱である。人間の考えや行動がどんなに説得力があり善意から出たものであっても、神のご計画と基準に合わないものは予想外の結果や不幸に直面する。自分のやり方を推し進めること（罪の定義の一つ イザ53:6）は最終的に霊的な死に至る。神の啓示である聖書に記録されたみことばこそが人生の正しい道を決定する唯一の誤りのない（完全、信頼できる、変ることのない）基準である。人間の道は死につながり、神の道は永遠のいのちへつながる。

14:14　心の堕落している者　これは心や愛情が神から離れ、神を拒んで自分勝手な道を歩いている人々のことを描いている（→「背教」の項 p.2350）。このような人々はいずれその決断がもたらす惨めな結末を味わう（⇒1:31, 12:14, ガラ6:7）。神に忠実に従う人（「利口な者」14:15）はこの世界でも次の世界でもその信仰に対して報いを受ける（→黙2:7注）。

14:31　寄るべのない者をしいたげる者　寄るべのない貧しい人を虐げたり利用したりする人は神に逆らい神を憎む人である。人はみな神のかたちに造られている（神のいのちと特性を反映する力を持っている 創9:6）。そして神は貧しい人々に特別にあわれみと配慮をくださる（申15:11）。新約聖書は福音（イエス・キリストへの信仰を通して与えられる救いと新しいいのちについての「良い知らせ」）が貧しい人々に伝えられなければならないと示している（マタ11:5, 使4:13, ヤコ2:5）。イエス・キリストはご自分から貧しい人と一つになられた（ルカ2:7, Ⅱコリ8:9, ピリ2:7）。

14:32　正しい者は・・・のがれ場がある　旧約聖書には死んだ後どうなるかについて明らかな教理や教えが書かれていない。けれども箴言には神と正しい関係にある人は平和で安全な死後の生活に希望を持てることが描かれている。よこしまな人は死んでも希望がない。最終的に破滅と神からの分離が決まるからである。けれども神を敬う人は死ぬときに死後の希望と安

箴言　14-15章

35 思慮深いしもべは王の好意を受け、
恥知らずの者は王の激しい怒りに会う。

15

1 柔らかな答えは憤りを静める。
しかし激しいことばは怒りを引き起こす。
2 知恵のある者の舌は知識をよく用い、
愚かな者の口は愚かさを吐き出す。
3 主の御目はどこにでもあり、
悪人と善人とを見張っている。
4 穏やかな舌はいのちの木。
偽りの舌はたましいの破滅。
5 愚か者は自分の父の訓戒を侮る。
叱責を大事にする者は利口になる。
6 正しい者の家には多くの富がある。
悪者の収穫は煩いをもたらす。
7 知恵のある者のくちびるは知識を広める。
愚かな者の心はそうではない。
8 悪者のいけにえは主に忌みきらわれる。
正しい者の祈りは主に喜ばれる。
9 主は悪者の行いを忌みきらい、
義を追い求める者を愛する。
10 正しい道を捨てる者にはきびしい懲らしめがあり、
叱責を憎む者は死に至る。
11 よみと滅びの淵とは主の前にある。
人の子らの心はなおさらのこと。

12 あざける者はしかってくれる者を愛さない。
知恵のある者にも近づかない。
13 心に喜びがあれば顔色を良くする。
心に憂いがあれば気はふさぐ。
14 悟りのある者の心は知識を求めるが、
愚かな者の口は愚かさを食いあさる。
15 悩む者には毎日が不吉の日であるが、
心に楽しみのある人には毎日が宴会である。
16 わずかな物を持っていて主を恐れるのは、
多くの財宝を持っていて恐慌があるのにまさる。
17 野菜を食べて愛し合うのは、
肥えた牛を食べて憎み合うのにまさる。
18 激しやすい者は争いを引き起こし、
怒りをおそくする者はいさかいを静める。
19 なまけ者の道はいばらの生け垣のよう。
実直な者の小道は平らな大路。
20 知恵のある子は父を喜ばせ、
愚かな者はその母をさげすむ。
21 思慮に欠けている者は愚かさを喜び、
英知のある者はまっすぐに歩む。
22 密議をこらさなければ、計画は破れ、
多くの助言者によって、成功する。
23 *良い返事をする人には喜びがあり、
時宜にかなったことばは、いかにも麗しい。

35 ①マタ24:45, 47
　 ②箴16:13, 創41:37-44
1 ①箴25:15
　 ②Ⅰサム25:10-13
2 ①箴12:23, 13:16
　 ②箴15:7, ③箴15:28
4 ①箴5:21
4 ①箴12:18, ②→箴3:18
5 ①箴13:1, ②→箴1:8
　 ③箴13:18
6 ①箴8:21
7 ①箴15:2
8 ①箴21:27, イザ1:11, 66:3,
　 エレ6:20, アモ5:22, ミカ6:7,
　 Ⅰサム15:22, ②→箴3:32,
　 ③箴15:29, ④箴15:9,
　 28:9, ヨブ16:17, 詩17
　 表題, イザ1:15
9 ①箴6:16-19, 15:26
　 ②箴21:21, Ⅰテモ6:11
10 ①箴1:29-32
　 ②箴10:17, 12:1
11 ①ヨブ26:6, 詩139:8
　 *→箴1:12 *
　 ②Ⅰサム16:7, Ⅱ歴6:30,
　 詩44:21, 使1:24
12 ①箴9:8, 13:1
13 ①箴17:22, ②箴12:25
　 ②箴18:14
14 ①箴18:15
15 ①箴15:13
16 ①箴16:8, 詩37:16
17 ①箴17:1
　 ②マタ22:4, ルカ15:23
18 ①箴29:22, 16:28,
　 26:21, 28:25
　 ②箴16:32, ③創13:8
19 ①→箴6:6
　 ②箴22:5, ③箴16:17
20 ①箴10:1
　 ②箴23:22, 30:17
21 ①→箴6:32
22 ①箴20:18, ②箴11:14
23 *直訳「自分の口の返事」, ①箴25:11

全の源である神に自分をゆだねる(⇒12:28, 詩49:14-15, 73:24)。新約聖書のキリストや使徒(主イエスの弟子と教会初期の開拓をした指導者たち)の教えは、義人と悪人の永遠の運命についてさらに詳しく教えている。

15:1　柔らかな答え　怒りに対して礼儀正しく柔和に応答するなら、理解や解決、一致や平和が生み出される(⇒Ⅰサム25:21-34)。一方、きついことばや思いやりのない応答はさらに怒りや敵対心をかき立てる(→コロ4:5-6)。

15:6　正しい者の家には多くの富がある　神を敬う良い人々の家庭には(個人的にも、グループ、教会、地域社会としても)、地上の富はなくても人々の生活を支え、とても豊かにする神からの霊的な宝がある(⇒15:16-17)。対照的によこしまな人の家庭は問題と争いに満ちている(⇒15:27, 1:10-19, 10:2)。

15:8-9　悪者のいけにえ　神は不誠実と見せ掛け(本当の自分ではない姿を装うこと)をさげすまれる。神に仕えたり神の働きに貢献しているような行動をとっても、実は自分を良く見せたり神を敬わない振舞を隠そうとしている場合、人はだませても神をだますことはできない。神に受入れられるのは、正しいことを行ってみことばと神のご計画に信仰をもって従い進む人だけである(→28:9注)。

15:14　愚かな者の口は愚かさを食いあさる　通信媒体や娯楽の世界で先端技術が用いられる現代では、私たちは心と思いを注意深く守らなければならない。つまり、思いや行動に影響を与えて神の基準(純粋性、慎み、道徳など)と反対の方向に行くようにさせるものを見聞きしたり、それに参加したりすることを避ける必要がある。聖霊に背き神の義を尊敬しないようなもので思いを満たすなら、自分の愚かさを証明することになる(→ロマ1:32注)。知恵のある人は良いもの、真実で清く、霊的で有益なもので自分の思いを満たしている(ピリ4:8)。

15:22　密議をこらさなければ　箴言はたびたび計画

²⁴悟りのある者はいのちの道を上って行く。
　これは下にあるよみを離れるためだ。
²⁵主は高ぶる者の家を打ちこわし、
　やもめの地境を決められる。
²⁶悪人の計画は主に忌みきらわれる。
　親切なことばは、きよい。
²⁷利得をむさぼる者は自分の家族を煩わし、
　まいないを憎む者は生きながらえる。
²⁸正しい者の心は、どう答えるかを思い巡らす。
　悪者の口は悪を吐き出す。
²⁹主は悪者から遠ざかり、
　正しい者の祈りを聞かれる。
³⁰目の光は心を喜ばせ、
　良い知らせは人を健やかにする。
³¹いのちに至る叱責を聞く耳のある者は、
　知恵のある者の間に宿る。
³²訓戒を無視する者は
　自分のいのちをないがしろにする。
　叱責を聞き入れる者は思慮を得る。
³³主を恐れることは知恵の訓戒である。

24①→箴2:19
　②民16:33
　＊→箴1:12＊
25①箴14:11
　②詩68:5, 146:9
　③箴22:28, 申19:14
26①箴6:18, 15:9
　②→箴3:32
27①箴1:19
　②出23:8, 申16:19, イザ33:15
28①コロ4:6
　②箴15:2, 19:28
29①ヨハ9:31, ②詩18:41
　③詩145:18, 19
　④→箴15:8
30①箴25:25
　＊直訳「骨を肥やす」
31①箴25:12
32①箴8:33
　②箴8:36
　③箴15:5
33①箴1:7, 9:10, ヨブ28:28, ②箴8:33
　③箴18:12

1①箴16:9, 19:21
2①箴21:2, ②箴24:12
3①詩37:5, 55:22, Ⅰペテ5:7
4①創1:31, 伝3:11
　②ロマ9:22
　③ヨブ21:30
5①箴6:17, 8:13
　②箴3:32
　③箴11:21
6①ダニ4:27
　②箴8:13

③謙遜は栄誉に先立つ。

16

¹人は心に計画を持つ。
　主はその舌に答えを下さる。
²人は自分の行いがことごとく純粋だと思う。
　しかし主は人のたましいの値うちをはかられる。
³あなたのしようとすることを主にゆだねよ。
　そうすれば、あなたの計画はゆるがない。
⁴主はすべてのものを、ご自分の目的のために造り、
　悪者さえもわざわいの日のために造られた。
⁵主はすべて心おごる者を忌みきらわれる。
　確かに、この者は罰を免れない。
⁶恵みとまことによって、咎は贖われる。
　主を恐れることによって、人は悪を離れる。

や願いについてほかの人々、特に円熟した神を敬う指導者や友人から良いアドバイスを求める知恵が必要なことを指摘している(→11:14, 20:18, 24:6)。

15:24 いのちの道を上って行く ここでも旧約聖書が示す未来への希望が垣間見える。この節を直訳すると「いのちの道は知恵のある人には上に行き、下にある墓(《ヘ》シェオル)を避ける」となる。シェオルは死んだ後に罰を受ける場所を意味する(⇒新約聖書の「ハデス」→詩16:10注)。つまり神を信じる人々は死んだ後に上(天国)に行って、シェオルを全く避けるということである(⇒詩23:6, 73:24-25)。

15:29 正しい者の祈りを聞かれる →Ⅰヨハ3:22注，→「効果的な祈り」の項 p.585

16:1 その舌に答えを下さる 人間は計画を立てるけれどもそれを正しく実行する能力は神から与えられる(⇒16:9, 33, 21:31)。

16:2 純粋だと思う 人間は自分の過ちや霊的必要には気が付かない。そして動機や目的は正しいと感じていることが多い。けれども正直に心を開いてみことばを聞く姿勢を持って祈れば、神は心の本当の姿を示してくださる。そこで私たちは赦しと矯正を受入れ、純真な心で神に仕え続けることができる。また聖霊の導きにさらに効果的に従うことができる(ルカ16:15, Ⅰコリ4:4-5, ヘブ4:12)。

16:3 あなたのしようとすることを【主】にゆだねよ 神がこの情況で何を望んでおられるかを考えることなく、考えもなく軽はずみな、あるいは自信過剰な計画を立てたり行動をしたりしてはならない。私たちはいつも神のご計画と目的を求めるべきである(ヤコ4:14-16)。もし行動や動機が正しければ、それらを神にゆだねることができる。そして神が望まれることを実現してくださると確信できる(→3:6, 詩37:5, 90:16-17, Ⅰペテ5:7)。

16:4 悪者さえもわざわいの日のために 神はどんな人(神を否定する人でも)やものでも用いて力を示し、目的を成就することができる。けれども人はみな自分の行動や神に対してとった態度について神のさばきを受ける。この節は悪いことを行うように神が人を造り、勧めたり強制したりすると言っているのではない(⇒ヤコ1:13-15)。人間には自分の道を選ぶ自由があるけれども、それにもかかわらず神はご自分の目的を実現される。けれども悪を行う人に対してはそれにふさわしい結果を与えると神は決めておられるので、最終的に神の正義と直面して罰を受けなければならない(⇒16:5)。この節が強調しているのは、神を否定する人にも神は公平に対応して、その行動にふさわしい報いを与えられるということである。

16:5 心おごる者 →ヤコ4:6注, 4:16注

箴言 16–17章

7 主は、人の行いを喜ぶとき、
　その人の敵をも、その人と和らがせる。
8 正義によって得たわずかなものは、
　不正によって得た多くの収穫にまさる。
9 人は心に自分の道を思い巡らす。
　しかし、その人の歩みを確かなものにするのは
　主である。
10 王のくちびるには神の宣告がある。
　さばくとき、その口に不実があってはならない。
11 正しいてんびんとはかりとは、主のもの。
　袋の中の重り石もみな、主が造られたもの。
12 悪を行うことは王たちの忌みきらうこと。
　王座は義によって堅く立つからだ。
13 正しいことばは王たちの喜び。
　まっすぐに語る者は愛される。
14 王の憤りは死の使者である。
　しかし知恵のある人はそれをなだめる。
15 王の顔の光にはいのちがある。
　彼のいつくしみは後の雨をもたらす雲のようだ。
16 知恵を得ることは、黄金を得るよりはるかにまさる。
　悟りを得ることは銀を得るよりも望ましい。
17 直ぐな者の大路は悪から離れている。
　自分のいのちを守る者は自分の道を監視する。
18 高ぶりは破滅に先立ち、
　心の高慢は倒れに先立つ。
19 へりくだって貧しい者とともにいるのは、
　高ぶる者とともにいて、
　分捕り物を分けるのにまさる。
20 みことばに心を留める者は幸いを見つける。
　主に拠り頼む者は幸いである。
21 心に知恵のある者は悟りのある者ととなえられ、
　その快いことばは理解を増し加える。
22 思慮を持つ者にはいのちが泉となり、
　愚か者には愚かさが懲らしめとなる。
23 知恵のある者の心はその口をさとし、
　そのことばに理解を増し加える。
24 親切なことばは蜂蜜、
　たましいに甘く、骨を健やかにする。
25 人の目にはまっすぐに見える道がある。
　その道の終わりは死の道である。
26 働く者は食欲のために働く。
　その口が彼を駆り立てるからだ。
27 よこしまな者は悪をたくらむ。
　その言うことは焼き尽くす火のようだ。
28 ねじれ者は争いを巻き起こし、
　陰口をたたく者は親しい友を離れさせる。
29 暴虐の者は自分の隣人を惑わし、
　良くない道へ導く。
30 目くばせする者はねじれごとをたくらみ、
　くちびるをすぼめている者は悪を成し遂げた者だ。
31 しらがは光栄の冠、
　それは正義の道に見いだされる。
32 怒りをおそくする者は勇士にまさり、
　自分の心を治める者は町を攻め取る者にまさる。
33 くじは、ひざに投げられるが、
　そのすべての決定は、主から来る。

17

1 一切れのかわいたパンがあって、

16:7 その人の敵をも・・・和らがせる この節は神の命令と目的に従っていればイスラエルとその土地は敵の攻撃から守られるという神の約束と関係している（出34:24, Ⅱ歴17:10）。けれどもキリストに従う人々は神のために生き、神の真理を伝え、神のご計画に従っているために敵(サタンとこの世界)から嫌われ敵意を持たれる(⇒マタ5:10, ルカ21:17-18, ヨハ15:20, 使14:19)。

16:33 くじは、ひざに投げられる くじはいくつかの小石またはほかの小物を畳まれた服の中に入れておいてそこから取出すか、地面に振落すものだった。これが当時、簡単な日常の決定や運試しによく用いられていた方法である。一方で神の導きは気まぐれや偶然ではない。箴言16:1, 9と同じようにこの節も、ご自分に仕える人々への神の熟考した配慮、備え、導きなどについて触れている。けれどもこれは人生のあらゆる細かな決定や出来事を神が直接制御したり決定されたりするということではない。むしろ生活を神にゆだねた人(16:3, 9)、神に信頼し、あらゆることを通して神を尊ぶ人(→3:5注, 6注)を神が導かれるという霊

箴言　17章

平和であるのは、
*ごちそうと争いに満ちた家にまさる。

2 思慮のあるしもべは、恥知らずの子を治め、
その兄弟たちの間にあって、
資産の分け前を受け継ぐ。

3 銀にはるつぼ、金には炉、
人の心をためすのは主。

4 悪を行う者は邪悪なくちびるに聞き入り、
偽り者は人を傷つける舌に耳を傾ける。

5 貧しい者をあざける者は自分の造り主をそしる。
人の災害を喜ぶ者は罰を免れない。

6 孫たちは老人の冠、
子らの光栄は彼らの父である。

7 すぐれたことばは、しれ者にふさわしくない。
偽りのくちびるは、高貴な人にはなおさらふさわしくない。

8 わいろは、その贈り主の目には宝石、
その向かう所、どこにおいても、うまくいく。

9 そむきの罪をおおう者は、愛を追い求める者。
同じことをくり返して言う者は、
親しい友を離れさせる。

10 悟りのある者を一度責めることは、
愚かな者を百度むち打つよりもききめがある。

11 ただ逆らうことだけを求める悪人には、
残忍な使者が送られる。

12 愚かさにふけっている愚かな者に会うよりは、
子を奪われた雌熊に会うほうがましだ。

1 *直訳「争いのいけにえ」
2 ①箴10:5, 19:26
3 ①箴27:21
②Ⅰ歴29:17, 詩17:3, マラ3:3
4 ①箴14:15
5 ①箴14:31
②箴24:17, オバ12
6 ①詩127:3, 128:3
7 ①箴24:7
②箴12:22
8 ①箴18:16, 21:14
9 ①箴10:12, ヤコ5:20, Ⅰペテ5:8
②箴16:28
10 ①箴9:8, 9
12 ①Ⅱサム17:8, ホセ13:8

13 ①詩35:12, 109:5, エレ18:20, ロマ12:17, Ⅰテサ5:15, Ⅰペテ3:9
②Ⅱサム12:10, Ⅰ列21:22
14 ①箴20:3, 25:8, マタ5:25
15 ①申16:18-20, イザ5:20, 23
②箴18:5, 24:24, 出23:7
③箴3:32
16 ①箴23:23
17 ①箴18:24, Ⅰサム20章
②箴18:19
18 ①→箴6:32
②箴6:1, 22:26, 27
*あるいは「売買の約束をして」直訳「手をたたき」
19 ①→箴10:12
②箴16:18, 詩101:5
20 ①箴24:20
②ヤコ3:8
21 ①箴10:1, 17:25, 19:13
22 ①箴14:30, 15:13
②箴15:13, 15
23 ①箴17:8, 出23:8, 申16:19, Ⅰサム8:3, イザ1:23, アモ5:12, ミカ3:11, 7:3
②箴10:1
26 ①箴17:15, 18:5
27 ①箴10:19, ヤコ1:19

13 善に代えて悪を返すなら、
その家から悪が離れない。

14 争いの初めは水が吹き出すようなものだ。
争いが起こらないうちに争いをやめよ。

15 悪者を正しいと認め、正しい者を悪いとする、
この二つを、主は忌みきらう。

16 愚かな者が思慮もないのに、
知恵を買おうとして、手に代金を持っている。
これはいったいどうしたことか。

17 友はどんなときにも愛するものだ。
兄弟は苦しみを分け合うために生まれる。

18 思慮に欠けている者はすぐ誓約をして、
隣人の前で保証人となる。

19 そむきの罪を愛する者はけんかを愛する。
自分の門を高くする者は破滅を求める。

20 心の曲がった者は幸いを見つけない。
偽りを口にする者はわざわいに陥る。

21 愚かな者を生む者には悲しみがあり、
しれ者の父には喜びがない。

22 陽気な心は健康を良くし、
陰気な心は骨を枯らす。

23 悪者は人のふところからわいろを受け、
さばきの道を曲げる。

24 悟りのある者はその顔を知恵に向け、
愚かな者は目を地の果てに注ぐ。

25 愚かな子はその父の憂い、
これを産んだ母の痛みである。

26 正しい人に罰金を科し、
高貴な人をそのただしさのゆえにむち打つのは、
どちらもよくない。

27 自分のことばを控える者は知識に富む者。

的な法則を示しているのである。

17:5　貧しい者をあざける者　→14:31注

17:8　わいろ　わいろは一時的な成功や富をもたらすことがある。けれどもそれはだれかの決定に影響を与えたり、好意を得るために使われる不正であり、神に対する侮辱である。わいろは間違った行動を助長し、正義を阻むものであるから聖書は強く反対している（17:23, 15:27, Ⅰサム12:3, イザ1:23, Ⅰテモ6:10）。

17:13　その家から悪が離れない　この実例はダビデ王の人生に見ることができる。ウリヤの高潔さ（真実でまじめな性格）や忠節に対してダビデは悪に満ちた行動をとった（ウリヤの妻と姦淫を犯した後、ウリヤをわざと戦いで死ぬようにした　→Ⅱサム11:）。このあとダビデの家族は多くの苦しみを味わうことになった（Ⅱサム12:10-12）。

17:17　兄弟は苦しみを分け合うために生まれる　兄弟（姉妹も）は困難や必要のあるときにも逃げ出さずに助け合い励まし合うものである。

17:18　保証人となる　→6:1注

17:27　自分のことばを控える者は知識に富む者　知恵のある人はことばを控え、話すときには注意深く話

心 ②冷静な人は英知のある者。
28 愚か者でも、
黙っていれば、知恵のある者と思われ、
そのくちびるを閉じていれば、
悟りのある者と思われる。

18

1 おのれを閉ざす者は自分の欲望のままに求め、
すべてのすぐれた知性と仲たがいする。
2 愚かな者は英知を喜ばない。
ただ自分の意見だけを表す。
3 悪者が来ると、侮りも来る。
恥とともに、そしりも来る。
4 人の口のことばは深い水のようだ。
知恵の泉はわいて流れる川のようだ。
5 悪者をえこひいきすることはよくない。
正しい者をさばきのときに否むこともよくない。
6 愚かな者のくちびるは争いを起こし、
その口はむち打つ者を呼び寄せる。
7 愚かな者の口は自分の滅びとなり、
そのくちびるは自分のたましいのわなとなる。
8 陰口をたたく者のことばは
おいしい食べ物のようだ。
腹の奥に下っていく。
9 自分の仕事をなまける者は、
滅びをもたらす者の兄弟である。
10 主の名は堅固なやぐら。
正しい者はその中に走って行って安全である。
11 富む者の財産はその堅固な城。
自分ではそそり立つ城壁のように思っている。

27 ①箴14:29
28 ①ヨブ13:5, ②→箴1:7

1 * 直訳「自分を人から分離させる者」
①→箴2:7
2 ①箴13:16, 伝10:3
3 ①箴12:8
4 ①箴20:5
②箴4:23, 16:22
5 ①箴17:15, 24:23, 28:21, レビ19:15, 申1:17, 16:19, 詩82:2
②箴17:15, 25, 26, 出23:2, 7, ミカ3:9
6 ①箴19:29
7 ①箴14:3, 13:3, 詩64:8, 伝10:12
②箴12:13
8 ①箴26:22
②箴20:27, 30
9 ①箴28:24
10 ①出3:15, 詩20:1, 124:8
②Ⅱサム22:2, 3, 33, 詩18:2, 61:3, 91:2, 144:2, ③箴29:25
11 ①箴10:15

12 ①箴16:18, 29:23
②箴15:33
13 ①ヨブ7:51
14 ①箴17:22
②箴15:13
15 ①箴15:14
②箴15:31
16 ①箴17:8, 21:14, 創32:20, Ⅰサム25:27
18 ①箴3:30
19 ①箴17:17
* 直訳「争い」
20 ①箴12:14
②箴12:13
21 ①箴13:3, 21:23, マタ12:37
②ヤコ3:2-12
③箴13:2, イザ3:10, ホセ10:13
22 ①箴12:4, 19:14, 31:10-31, 創2:18
②箴8:35
23 ①箴19:7
②Ⅰ列12:13, Ⅱ歴10:13
24 * 「人」の読み替え
①箴17:17, 27:10

1 ①箴28:6, ②詩26:11
③箴4:24
2 ①ロマ10:2
②箴21:5, 28:20

12 人の心の高慢は破滅に先立ち、
謙遜は栄誉に先立つ。
13 よく聞かないうちに返事をする者は、
愚かであって、侮辱を受ける。
14 人の心は病苦をも忍ぶ。
しかし、ひしがれた心にだれが耐えるだろうか。
15 悟りのある者の心は知識を得、
知恵のある者の耳は知識を求める。
16 人の贈り物はその人のために道を開き、
高貴な人の前にも彼を導く。
17 最初に訴える者は、
その相手が来て彼を調べるまでは、正しく見える。
18 くじは争いをやめさせ、
強い者の間を解決する。
19 反抗する兄弟は堅固な城よりも近寄りにくい。
*敵意は宮殿のかんぬきのようだ。
20 人はその口の結ぶ実によって腹を満たし、
そのくちびるによる収穫に満たされる。
21 死と生は舌に支配される。
どちらかを愛して、人はその実を食べる。
22 良い妻を見つける者はしあわせを見つけ、
主からの恵みをいただく。
23 貧しい者は哀願するが、
富む者は荒々しく答える。
24 滅びに至らせる友人たちもあれば、*
兄弟よりも親密な者もいる。

19

1 貧しくても、誠実に歩む者は、
曲がったことを言う愚かな者にまさる。
2 熱心だけで知識のないのはよくない。
急ぎ足の者はつまずく。

す。真実以外のことを話したりほかの人々を傷つけたりしない。正しいことを話し、またほかの人々の利益や励ましになるように注意深く話す(⇒詩39:1-2)。

18:10-11 【主】の名 「主の名」は主の姿や権威、力や特性を表している(⇒出3:14-15, 使4:12)。正しい人は悩みのときに神に身を避け、助けを求める。けれども金持で自己満足をしている人は、しばしば人生の嵐のときには財産が安全を提供してくれるという誤った考えを持つ(→「**富と貧困**」の項 p.1835)。

18:12 人の心の高慢 高慢とはうぬぼれのことで、

自分自身や自分の考え、能力を信頼し過ぎることである。自分のことをよく言ったり(自慢)、財産や外見、才能や能力を高く評価したりすること(ごう慢)は高慢の罪である。このような姿勢を直さなければその人はやがて滅びることになる(⇒15:33, 16:18)。高慢とは偽りの顔を見せることで(エレ49:16)、たとい慎み深く装っても、その内側にある態度から神やほかの人々に本当に謙遜に応答することができない。神は高慢な人に敵対される。けれども謙遜な人には恵み(受けるにふさわしくない好意、あわれみ、助け、祝福)

箴言　19章

3 人は自分の愚かさによってその生活を滅ぼす。
　しかもその心は主に向かって激しく怒る。
4 財産は多くの友を増し加え、
　寄るべのない者は、その友からも引き離される。
5 偽りの証人は罰を免れない。
　まやかしを吹聴する者も、のがれられない。
6 高貴な人の好意を求める者は多く、
　だれでも贈り物をしてくれる人の友となる。
7 貧しい者は自分の兄弟たちみなから憎まれる。
　彼の友人が彼から遠ざかるのは、なおさらのこと。
　*彼がことばをもって追い求めても、彼らはいない。
8 思慮を得る者は自分自身を愛する者、
　英知を保つ者は幸いを見つける。
9 偽りの証人は罰を免れない。
　まやかしを吹聴する者は滅びる。
10 愚かな者にぜいたくな暮らしはふさわしくない。
　奴隷が主人を支配するのは、なおさらのこと。
11 人に思慮があれば、怒りをおそくする。
　その人の光栄は、そむきを赦すことである。
12 王の激しい怒りは若い獅子がうなるよう。
　しかし、その恵みは草の上に置く露のよう。

13 愚かな息子は父のわざわい。
　妻のいさかいは、したたり続ける雨漏り。
14 家と財産とは先祖から受け継ぐもの。
　思慮深い妻は主からのもの。
15 怠惰は人を深い眠りに陥らせ、
　なまけ者は飢える。
16 命令を守る者は自分のいのちを保ち、
　自分の道をさげすむ者は死ぬ。
17 寄るべのない者に施しをするのは、主に貸すことだ。
　主がその善行に報いてくださる。
18 望みのあるうちに、自分の子を懲らしめよ。
　しかし、殺す気を起こしてはならない。
19 激しく憤る者は罰を受ける。
　たとい彼を救い出しても、
　ただ、これをくり返さなければならない。
20 忠告を聞き、訓戒を受け入れよ。
　そうすれば、あなたはあとで知恵を得る。
21 人の心には多くの計画がある。
　しかし主のはかりごとだけが成る。
22 人の望むものは、人の変わらぬ愛である。
　貧しい人は、まやかしを言う者にまさる。
23 主を恐れるなら、いのちに至る。
　満ち足りて住み、わざわいに会わない。
24 なまけ者は手を皿に差し入れても、
　それを口に持っていこうとしない。
25 あざける者を打て。
　そうすれば、わきまえのない者は利口になる。

を与え、名誉を与えてくださる（ヤコ4:6）。

19:4　財産は多くの友を増し加え　この箴言は物事のあるべき姿ではなく一般的な状態を描いている。間違った動機や願いを持つ人は、はえが蜜に吸い寄せられるように金持ちに群がる。一方貧しい人は物質的に提供するものが少ないから友人が少ないように見える（⇒19:6）。新約聖書はこのような姿勢を持たないようにとキリスト者に警告をしている（ヤコ2:1-9）。

19:14　思慮深い妻は【主】からのもの　配偶者を探すときは、容姿よりもその人の性格や思慮深さ（注意深さ、用心深さ、良い判断力など）のほうがずっと大切である。幸せで充実した結婚生活を求めるなら神の知恵、導き、祝福が必要である。キリスト者はキリストとみことば、そして神の国の基準に心から従う人との結婚を求めなければならない。神を敬う品性を備えた人との結婚は、神からの特別な祝福である（⇒18:22, 創24:14）。神の導きがないまま結婚をするなら、苦しみや後悔や不幸に遭う可能性が高まる。

19:17　【主】に貸すこと　貧しい人々を助けることは主に仕える一つの方法である。そうする人に神は報いてくださる（→6:1注,「**貧困者への配慮**」の項 p.1510）。

19:18　自分の子を懲らしめよ　子どもが幼いときは正しい生活を形作り、また神を敬う振舞を教える絶好の機会である。この時期にバランスのとれた方法と愛情をもってしつけなければならない。このようなしつけをしない親は子どもの間違った判断や軽率な行動

箴言 19-20章

悟りのある者を責めよ。
そうすれば、彼は知識をわきまえる。
26 父に乱暴し、母を追い出す者は、
恥を見、はずかしめを受ける子である。
27 わが子よ。訓戒を聞くのをやめてみよ。
そうすれば、知識のことばから迷い出る。
28 よこしまな証人は、さばきをあざけり、
悪者の口は、わざわいをのみこむ。
29 さばきはあざける者のために準備され、
むち打ちは愚かな者の背のために準備されている。

20

1 ぶどう酒は、あざける者。
強い酒は、騒ぐ者。
これに惑わされる者は、みな知恵がない。
2 王の恐ろしさは若い獅子がうなるようだ。
彼を怒らせる者は自分のいのちを失う。
3 争いを避けることは人の誉れ、
愚か者はみな争いを引き起こす。
4 なまけ者は冬には耕さない。
それゆえ、刈り入れ時に求めても、何も

25 ②箴9:8
26 ①箴20:20, 28:24, 30:17, 出21:17
②箴10:5
27 ①箴10:17
29 ①箴12:1
②箴10:13, 26:3

1 ①箴23:29, 30, 31:4, 創9:21, イザ5:22, 28:7, 56:12, ホセ4:11
2 ①箴19:12, ② I 列2:23
③箴8:36
3 ①箴17:14
②→箴1:7
4 ①箴10:4, 21:25
②→箴6:6, ③箴10:5

5 ①箴18:4
6 ①箴25:14, マタ6:2
②詩12:1
7 ①箴19:1
詩37:26, 112:2
③→箴3:13
8 ①箴16:10, 20:26
9 ① I 列8:46, II 歴6:36, ヨブ4:17, 14:4, 詩51:5, 伝7:20, ロマ3:9, I ヨハ1:8
②詩51:2, 7, 10, I ヨハ1:9
10 ①箴11:1, 20:23, 申25:13-16, ミカ6:10, 11
②→箴3:32
12 ①出4:11, 詩94:9
13 ①箴6:9, 10, 19:15, 23:21
②箴12:11

ない。
5 人の心にあるはかりごとは深い水、
英知のある人はこれを汲み出す。
6 多くの人は自分の親切を吹聴する。
しかし、だれが忠実な人を見つけえよう。
7 正しい人が潔白な生活をするときに、
彼の子孫はなんと幸いなことだろう。
8 さばきの座に着く王は、
自分の目ですべての悪をふるい分ける。
9 だれが、「私は自分の心をきよめた。
私は罪からきよめられた」
と言うことができよう。
10 異なる二種類のおもり、異なる二種類の枡、
そのどちらも主に忌みきらわれる。
11 幼子でさえ、何かするとき、
その行いが純粋なのかどうか、
正しいのかどうかを明らかにする。
12 聞く耳と、見る目とは、
二つとも主が造られたもの。
13 眠りを愛してはいけない。さもないと貧しくなる。
目を開け。そうすればパンに飽き足りる。

よって悪い結果が生れたときに責任の一部を問われることになる(→13:24注)。

20:1　ぶどう酒は、あざける者。強い酒は、騒ぐ者
この節はアルコール飲料(酔いを招く発酵した飲み物)に「惑わされる者」に忍び寄る危険について、厳しく警告している。ここではその影響だけではなく、飲むこと自体がその量と関係なく、好ましくないと描かれていることに注意したい。この節と書物全体を通して箴言はアルコール飲料に惑わされる個人的、社会的影響について警告している。

(1) ぶどう酒は「あざける者」で、人の愚かさをむき出しにするものである。なぜなら話や行動から自制心や注意力を奪うからである(⇒ホセ7:5)。また善悪の区別をつきにくくさせる(⇒9:7-8, 13:1, 14:6, 15:12)。

(2) アルコール飲料は「騒ぐ者」で、家庭や社会で混乱や対立、暴力や苦しみなどを引起こしたり、人々が巻込まれるようにする(⇒4:17)。箴言では飲酒や酩酊を貧しさ(23:20-21)、悲しみや争い(23:29-30)、不正(31:4-5)などと結び付けている。

(3) 今日酩酊を引起こすアルコール飲料の影響を何かのかたちで受けている文化は多い。そして家庭の

崩壊が起こり、健康が損なわれ、交通事故が増加し、建物などが破壊される悲しい結果が生れている。けれども一番の問題は、神の聖霊の呼びかけに鈍感になることである。アルコール飲料に関係した苦しみや悲劇は、聖書の時代に比べて今日ではさらに大きな問題であるから、キリスト者はアルコール飲料を完全に避けることが賢明である(→「旧約聖書のぶどう酒」の項 p.1069,「新約聖書のぶどう酒」の項 p.1870)。

(4) 聖書はこのように酒類に警告をし非難をしているけれども、ぶどう酒の使用を全く否定しているのではない。「ヤイン」は旧約聖書で一般的に「ぶどう酒」を指すヘブル語であるけれども、未発酵のぶどうの果汁を指していることもある。これも「ぶどう酒」と呼ばれていた。この未発酵のぶどう酒を飲むことを聖書は問題にしてはいない(→23:29-35注, →「旧約聖書のぶどう酒」の項 p.1069)。

20:9　だれが、「・・・きよめた。・・・きよめられた」と言うことができよう　神の赦しがなく神との正しい関係が回復されていないなら、心を清く保って罪の意識から逃げられる人はいない(⇒ロマ3:9-12)。霊的にきよめられることを求めて神のところに来る人は「手がきよく、心がきよらか」(詩24:4)である。神

14 買う者は「悪い、悪い」と言うが、
　＊買ってしまえば、それを自慢する。
15 金があり、多くの真珠があっても、
　知識のくちびるが宝の器。
16 他国人の保証人となるときは、その者の
　着物を取れ。
　見知らぬ女のためにも、着物を抵当に取
　れ。
17 ①だまし取ったパンはうまい。
　しかし、後にはその口はじゃりでいっぱ
　いになる。
18 ①相談して計画を整え、
　すぐれた指揮のもとに戦いを交えよ。
19 ①歩き回って人を中傷する者は秘密を漏ら
　す。
　②くちびるを開く者とは交わるな。
20 ①自分の父や母をのろう者、
　そのともしびは、やみが近づくと消える。
21 初めに急に得た相続財産は、
　終わりには祝福されない。
22 「悪に報いてやろう」と言ってはならな
　い。
　主を待ち望め。主があなたを救われる。
23 異なる二種類のおもりは主に忌みきらわ
　れる。
　欺きのはかりはよくない。
24 人の歩みは主によって＊定められる。

14 ＊直訳「立ち去ると」
15 ①→箴3:15
　②箴3:15, 8:11,
　ヨブ28:16-19
16 ①箴27:13, 11:15
　②箴22:27
　③箴2:16, 23:27
17 ①ヨブ20:12-14
18 ①箴15:22, ②箴24:6
19 ①箴11:13, レビ19:16
　②箴13:3
20 ①箴30:11, 出21:17,
　レビ20:9, マタ15:4
　②箴13:9, 24:20,
　ヨブ18:5, 6
21 ①箴13:11
22 ①箴24:29,
　ロマ12:17, 19,
　Ⅰテサ5:15, Ⅰペテ3:9
　②詩27:14
23 ①箴20:10, ホ25:13,
　箴11:1
　②→箴3:32
24 ①箴16:9, 詩37:23,
　エレ10:23
　＊「定められる」は補足

25 ①伝5:4, 5,
　申23:21, 22:23
26 ①箴20:8
　②イザ28:27
27 ①Ⅰコリ2:11
28 ①詩61:7, ②箴29:14
29 ①箴16:31
30 ①箴22:15

1 ①エズ6:22
2 ①箴16:2, ②箴12:15
　③箴24:12, ルカ16:15
3 ①Ⅰサム15:22,
　イザ1:11, 16, 17,
　ホセ6:6, アモ5:22, 24,
　ミカ6:7, 8
4 ①箴6:17, ②箴24:20
5 ①箴14:23
　②箴10:4, 13:4

人間はどうして自分の道を理解できよう
か。
25 軽々しく、聖なるささげ物をすると言い、
　誓願を立てて後に、それを考え直す者は、
　わなにかかっている人だ。
26 知恵のある王は悪者どもをふるいにかけ、
　彼らの上で車輪を引き回す。
27 人間の息は主のともしび、
　腹の底まで探り出す。
28 恵みとまこととは王を守る。
　彼は恵みによって王位をささえる。
29 若い男の光栄は彼らの力。
　年寄りの飾りはそのしらが。
30 打って傷つけるのは悪を洗い落とすため。
　腹の底まで打ちたたけ。

21

1 王の心は主の手の中にあって、水の流れ
　のようだ。
　みこころのままに向きを変えられる。
2 ①人は自分の道はみな正しいと思う。
　②しかし主は人の心の値うちをはかられる。
3 ①正義と公義を行うことは、
　いけにえにまさって主に喜ばれる。
4 ①高ぶる目とおごる心――
　悪者のともしびは罪である。
5 勤勉な人の計画は利益をもたらし、

の恵みと赦し、そして霊的変革によって人は初めて清い良心を持って生きることができる（→使24:16注）。

20:22　報いてやろう　不当な扱いを受けても仕返しをしてはならない（⇒申32:35, ロマ12:19, ヘブ10:30）。むしろその痛みや苦しみを神に差出して、自分自身や置かれている情況を神に任せるべきである（⇒Ⅰペテ2:23, 4:19）。もちろん人から虐げられるような情況を避けて逃げるように、知恵を働かせて注意深く行動することが必要である。けれども仕返しは私たちが行うことではない。神が罪を犯した人を罰して不当に苦しむ人を守ってくださる（ルカ18:7-8）。

20:24　人間はどうして自分の道を理解できようか　神は時に人間には理解しにくい方法で働かれる。しかも良い肯定的な結果が見られないかもしれない。けれども理解できなくても神は働いておられ、私たちのために良いことをしておられるという信仰を持つようにと聖書は励ましている（→ロマ8:28注, ⇒詩37:23）。

21:1　王の心は【主】の手の中にあって　この節は国の指導者の願いや行動の全部が直接主から来ると言っているのではない。多くの指導者が悪いことをしたり人にさせたりするのは、もちろん神がそのように促したのではない（ヤコ1:13-15）。けれども神は全世界の指導者たちの上に最終的な権威を持っておられる。歴史の中で神は目的を進めるために指導者の決定に影響を与えられることもある（⇒出10:1-2, エズ7:21, イザ10:5-7, 45:1-6）。新約聖書は、神が信じる人々に応答し、祈りに応えて支配者の決定を導かれると教えている。その結果、神に従う人々は恩恵を受け、また神の偉大なご計画が実現されていく（Ⅰテモ2:1-3）。

21:3　いけにえにまさって・・・喜ばれる　神は神の民が単に宗教活動に参加するだけではなく、正しく公平で役に立つことを行うように求めておられる。神が望まれるような生き方をしていなければ、礼拝もいけにえもささげ物も神には受入れられない（⇒ホセ6:6, ミカ6:7-8, ロマ12:1-2, ヘブ10:5-9）。神への奉仕は道徳的な純粋さと霊的な高潔さから生れるものでな

すべてあわてる者は欠損を招くだけだ。
6 偽りの舌をもって財宝を得る者は、
　吹き払われる息のようで、
　死を求める者だ。
7 悪者は自分の暴虐に引きずられる。
　公義を行おうとしないからだ。
8 罪人の道はねじれている。
　しかし、きよい人の行いはまっすぐだ。
9 争い好きな女と社交場にいるよりは、
　屋根の片隅に住むほうがよい。
10 悪者のたましいは悪事にあこがれ、
　隣人をあわれもうとはしない。
11 あざける者が罰を受けるとき、
　わきまえのない者が知恵を得る。
　知恵のある者が学ぶとき、その人は知識を得る。
12 正しい人は悪者の家を見抜く。
　悪者どもは自分の悪事のために滅ぼされる。
13 寄るべのない者の叫びに耳を閉じる者は、
　自分が呼ぶときに答えられない。
14 ひそかな贈り物は怒りをなだめ、
　ふところのわいろは激しい憤りをなだめる。
15 公義が行われることは、正しい者には喜びであり、
　不法を行う者には*ほろ滅びである。
16 悟りの道から迷い出る者は、
　死者の霊たちの集会の中で休む。
17 快楽を愛する者は貧しい人となり、
　ぶどう酒や油を愛する者は富むことがない。
18 悪者が正しい人のための身代金となり、
　裏切り者が直ぐな人の身代わりとなる。
19 争い好きで、うるさい女といるよりは、
　荒野に住むほうがまだましだ。
20 知恵のある者の住まいには、
　好ましい財宝と油がある。

①5①箴19:2, 28:22
6①箴10:2
　②箴10:25, エレ30:23
　③箴8:36
7①アモ5:7, ミカ3:9
8①箴2:15
9①箴25:24, 21:19, 19:13
10①箴2:14, 詩52:3
　②箴14:21
11①箴11:25
12①箴11:5
13①マタ18:30-34, ヤコ2:13, Ⅰヨハ3:17
14①詩17:8, 18:16
15①箴10:29
　＊あるいは「恐怖」
16①詩49:14
17①箴23:21
18①イザ43:3, 4
　②箴11:8
19①箴21:9
20①箴8:21, 22:4, 詩112:3

　②ヨブ20:15
21①詩15:9
　②箴3:22, 22:4
22①箴24:5, 伝7:19, 9:14-16, Ⅱサム5:6-9
23①箴13:3, ヤコ3:2
24①箴1:22, 3:34, 24:9, 詩1:1, イザ29:20
　②イザ16:6, エレ48:29
25①→箴6:6
　②箴13:4
　③箴20:4
26①箴15:27
　②詩37:26, 112:5, 9, マタ5:42, ルカ6:30, 34, エペ4:28
27①箴15:8
　②→箴3:32
28①箴19:5, 9
　②箴12:19
29①箴7:13
　②詩119:5
30①イザ8:9, 10, エレ9:23, 使5:38, 39, Ⅰコリ3:19, 20
31①詩20:7, 33:17, イザ31:1
　②詩3:8, エレ3:23, ホセ1:7

1①伝7:1
2①箴29:13
　②箴14:31, ヨブ31:15
3①箴27:12, 14:16
　②箴1:22

しかし愚かな者はこれをのみ尽くす。
21 正義と誠実を追い求める者は、
　いのちと正義と誉れとを得る。
22 知恵のある者は勇士たちの町に攻め上って、
　その頼みとするとりでを倒す。
23 自分の口と舌とを守る者は、
　自分自身を守って苦しみに会わない。
24 高ぶった横柄な者――その名は「あざける者」、
　彼はいばって、横柄なふるまいをする。
25 なまけ者の欲望はその身を殺す。
　その手が働くことを拒むからだ。
26 この者は一日中、自分の欲望に明け暮れている。
　しかし、正しい人は人に与えて惜しまない。
27 悪者のいけにえは忌みきらわれる。
　悪意をもってささげるときは、なおさらのこと。
28 まやかしの証人は滅びる。
　しかし、よく聞く者はいつまでも語る。
29 悪者はあつかましく、
　正しい者は自分の道をわきまえる。
30 主の前では、
　どんな知恵も英知もはかりごとも、役に立たない。
31 馬は戦いの日のために備えられる。
　しかし救いは主による。

22

1 名声は多くの富よりも望ましい。
　愛顧は銀や金にまさる。
2 富む者と貧しい者とは互いに出会う。
　これらすべてを造られたのは主である。
3 利口な者はわざわいを見て、これを避け、
　わきまえのない者は進んで行って、罰を受ける。

ければならない。そうでなければささげ物も努力もいけにえも意味のないものである (21:27)。

21:13　寄るべのない者の叫び 困ったときに祈りに応えてもらいたければ、ほかの人々の必要にも注意し愛をもって応えるべきである。私たちは実際的な方法で手を差伸べ、人々の日常生活を助けていくべきである (⇒マタ25:31-46, ルカ16:19-31, ヤコ2:13, Ⅰヨハ3:16-18)。

21:20　愚かな者はこれをのみ尽くす 慎重で賢く前もって計画を立てる人は生活に必要なものに困ることはない。必要なものを買うお金を全部遊びのために使い切るのは、愚かなことである (21:17)。収入に見合わない豪勢な生活をする人ではなく、簡素な生活を賢く受入れる人を神は喜ばれる。

4 謙遜と、主を恐れることの報いは、
富と誉れといのちである。
5 曲がった者の道にはいばらとわながある。
たましいを守る者はこれらから遠ざかる。
6 若者をその行く道にふさわしく教育せよ。
そうすれば、年老いても、それから離れない。
7 富む者は貧しい者を支配する。
借りる者は貸す者のしもべとなる。
8 不正を蒔く者はわざわいを刈り取る。
彼の怒りの杖はすたれる。
9 善意の人は祝福を受ける。
自分のパンを寄るべのない者に与えるから。
10 あざける者を追い出せ。
そうすれば、争いも出て行く。
けんかも、悪口もやむ。
11 心のきよさを愛し、優しく話をする者は、
王がその友となる。
12 主の目は知識を見守り、
裏切り者のことばをくつがえす。
13 なまけ者は言う。「獅子が外にいる。
私はちまたで殺される」と。
14 他国の女の口車は深い穴のようだ。
主の憤りに触れた者がそこに落ち込む。

4①箴3:16
5①箴15:19
②箴21:23
6①エペ6:4、Ⅱテモ3:15
7①箴18:23、ヤコ2:6
8①ヨブ4:8
②詩125:3
9①箴19:17、Ⅱコリ9:6
＊直訳「目つきの良い人」
②箴28:27、詩112:9、ルカ14:13
10①箴26:20
11①詩24:4、マタ5:8
②箴14:35、16:13
13①箴26:13
14①箴5:20
②箴23:27
③伝7:26

15①箴3:12
16①箴22:22
17①箴2:2、5:1
②箴23:12
18①箴2:10
19①箴3:5
21①ルカ1:3、4
②箴25:13

15 愚かさは子どもの心につながれている。
懲らしめの杖がこれを断ち切る。
16 自分を富まそうと寄るべのない者をしいたげる人、
富む人に与える者は、必ず乏しくなる。

知恵のある者のことば

17 耳を傾けて、知恵のある者のことばを聞け。
あなたの心を私の知識に向けよ。
18 これらをあなたのうちに保つなら、楽しいことだ。
これらをみな、あなたのくちびるに備えておけ。
19 あなたが主に拠り頼むことができるように、
私はきょう、特にあなたに教える。
20 私はあなたのために、
勧告と知識についての三十句を書いたではないか。
21 これはあなたに真理のことばの確かさを教え、
あなたを遣わした者に
真理のことばを持ち帰らせるためである。

22:4 富と誉れといのち 神に忠実な人は神が定められた時にこれらの祝福を受ける。神に従う人々は「地を受け継ぐ」(マタ5:5)。貧しくても現在神に仕えている人は霊的な富と誉れで富んでいると考えられる(黙2:9)。

22:6 若者をその行く道にふさわしく教育せよ 親は子どもたちに神を敬う訓練やしつけをすることに献身しなければならない(⇒22:15、13:24、19:18、23:13-14、29:17)。

(1) ヘブル語の「訓練」ということばは「献身」を意味する。つまりキリスト者の訓練の目的は子どもを神と神のご計画にささげることである。そのためには子どもがこの世界の邪悪な影響を受けないようにさせ、聖書の基準と神の原則に従って生きることには祝福があることを教える必要がある。また「訓練」ということばには「～が好きになるようにさせる、助ける」という意味もある。親は子どもたちに神を知る体験を持たせ、神が持っておられる人生の目的を見つけ、それを大切にするように励ますべきである。

(2) 「それから離れない」。ここに書いてあるのは一般的原則であるけれども、驚きや愛や尊敬をもって服従することの中で神を知るように愛情をもって訓練された子どもは、親から受けた神を敬う教えや影響を拒むことはない。けれども神を敬う親の子どもが自分で選択ができる年齢になったときに必ず神とその教えに忠実になると保証するものではない。この世界と神に従っていない人々の影響を受け誘惑に陥ることもある(→エゼ14:14-20、霊的な反抗が激しいときには、ノアやダニエルやヨブのような正しい人も自分の子どもを救うことができなかったと神は言われた)。けれども幼いときに神を敬う感化を受けた子どもは神やその教えを否定することはあまりないと思われる。

22:7 借りる者は貸す者のしもべとなる 自分の財力を超えた生活をして、収入より多く使う人は自分の借金や極端な生活の奴隷になる(→21:20注)。

22:9 善意の人は祝福を受ける 寛大な人(→11:24-25注)、つまり自分の必要や利益だけではなくほかの人々の必要や利益にも気を配ることができる人を神は祝福される(⇒ピリ2:3-5)。

22:14 【主】の憤り 神の教えや警告を無視して自分

箴言 22-23章

① まず
22 貧しい者を、彼が貧しいからといって、
かすめ取るな。
悩む者を門のところで押さえつけるな。
23 主が彼らの訴えを弁護し、
彼らを奪う者のいのちを奪うからだ。

24 おこりっぽい者と交わるな。
激しやすい者といっしょに行くな。
25 あなたがそのならわしにならって、
自分自身がわなにかかるといけないから。

26 あなたは人と誓約をしてはならない。
他人の負債の保証人となってはならない。
27 あなたに、償うものがないとき、
人があなたの下から
寝床を奪い取ってもよかろうか。

28 あなたの先祖が立てた昔からの地境を
移してはならない。

29 じょうずな仕事をする人を見たことがあるか。
その人は王の前には立つが、
身分の卑しい人の前には立たない。

23

1 あなたが支配者と食事の席に着くときは、
あなたの前にある物に、よく注意するがよい。
2 あなたが食欲の盛んな人であるなら、
あなたののどに短刀を当てよ。
3 そのごちそうをほしがってはならない。
それはまやかす食物だから。

4 富を得ようと苦労してはならない。
自分の悟りによって、これをやめよ。
5 あなたがこれに目を留めると、
それはもうないではないか。
富は必ず翼をつけて、
鷲のように天へ飛んで行く。

22 ① 詩12:5, マラ3:5
② 箴23:10, ゼカ7:10
23 ① 箴23:11, 詩140:12, エレ51:36
25 ① Ⅰコリ15:33
26 ① 箴22:26, 27, 箴6:1-4, 11:15, 17:18
*あるいは「売買の約束をしてはならない」
直訳「手をたたいてはならない」
27 ① 箴20:16, 出22:26, 27
28 ① 箴23:10, 申19:14, 27:17
29 ① 創41:46, Ⅰ列10:8

2 ① 箴23:20
3 ① 箴15:5, 8, 13, 15, 16
② 箴23:6
4 ① 箴15:27, 28:20, マタ6:19, Ⅰテモ6:9, ヘブ13:5
5 ① 箴27:24, Ⅰテモ6:17

6 * 直訳「目つきの悪い人」
① 箴23:3
7 ① 箴26:24, 25
8 ① 箴25:16
9 ① 箴1:7, 14:7
10 ① 箴22:28
② エレ22:3, ゼカ7:10
11 ① ヨブ19:25
② 箴22:23
12 ① 箴22:17
13 ① 箴3:12
14 ① 箴13:24
15 ① Ⅰコリ5:5
* →箴1:12*
15 ① 箴10:1, 23:24, 25, 27:11, 29:3
16 ① 箴8:6
* 直訳「腎臓」
17 ① 箴24:1, 19, 詩37:1, 73:3
② 箴28:14
18 ① 箴24:10
19 ① 箴6:6

6 *貪欲な人の食物を食べるな。
彼のごちそうをほしがるな。
7 彼は、心のうちでは勘定ずくだから。
あなたに、「食え、飲め」と言っても、
その心はあなたとともにない。
8 あなたは、食べた食物を吐き出し、
あなたの快いことばをむだにする。

9 愚かな者に話しかけるな。
彼はあなたの思慮深いことばをさげすむからだ。

10 ①昔からの地境を移してはならない。
みなしごの畑に入り込んではならない。
11 彼らの贖い主は力強く、
あなたに対する彼らの訴えを弁護されるからだ。

12 あなたは訓戒に意を用い、
知識のことばに耳を傾けよ。
13 子どもを懲らすことを差し控えてはならない。
むちで打っても、彼は死ぬことはない。
14 あなたがむちで彼を打つなら、
彼のいのちを*よみから救うことができる。

15 わが子よ。もし、あなたの心に知恵があれば、
私の心も喜び、
16 あなたのくちびるが正しいことを語るなら、
私の*心はおどる。

17 あなたは心のうちで罪人をねたんではならない。
ただ主をいつも恐れていよ。
18 確かに終わりがある。
あなたの望みは断ち切られることはない。

19 わが子よ。よく聞いて、①知恵を得、

勝手な道に進もうとする人はのろわれる。その人々は神のさばきを受けるようになり、性的不品行や罪深い欲望などによる破滅的な結果を招くことになる（→ロマ1:18注、1:21注）。

23:4　富を得ようと苦労してはならない　この命令は新約聖書で繰返されている（マタ6:19, Ⅰテモ6:9-

あなたの心に、まっすぐ道を歩ませよ。
20 大酒飲みや、肉をむさぼり食う者と交わるな。
21 大酒飲みとむさぼり食う者とは貧しくなり、
惰眠をむさぼる者は、
ぼろをまとうようになるからだ。

22 ①あなたを生んだ父の言うことを聞け。
あなたの年老いた母をさげすんではならない。
23 真理を買え。それを売ってはならない。
知恵と訓戒と悟りも。
24 ①正しい者の父は大いに楽しみ、
知恵のある子を生んだ者はその子を喜ぶ。
25 あなたの父と母を喜ばせ、
あなたを産んだ母を楽しませよ。

26 わが子よ。あなたの心をわたしに向けよ。
あなたの目は、わたしの道を見守れ。
27 遊女は深い穴、見知らぬ女は狭い井戸だから。
28 彼女は強盗のように待ち伏せて、
人々の間に裏切り者を多くする。

19 ②箴4:23
③箴9:6
20 ①箴23:30, 申21:20, イザ5:22, マタ24:49, ルカ21:34, ロマ13:13, エペ5:18
21 ①箴21:17
②箴6:10, 11, 19:15, 20:13
22 ①箴1:8, エペ6:1
②箴15:20, 19:26, 30:17, エペ6:2
23 ①箴4:5, 7, 18:15
②マタ13:44
③ミカ1:2
24 ①箴23:24, 25, 箴23:15
25 ①箴27:11
26 ①箴3:1, 4:4
27 ①箴29:3
②箴22:14
③箴2:16, 5:20, 6:24, 7:5, 20:16
28 ①箴7:12

29 ①イザ5:11, 22
30 ①箴20:1, イザ28:7
②詩75:8
31 ①箴23:31, 32, エペ5:18
③雅7:9
32 ①詩91:13, イザ11:8
②ヨブ20:16
33 ①創2:12
35 ①エレ5:3
*直訳「病気にならなかった」
①イザ56:12, 箴26:11
**直訳「それを求める」

29 わざわいのある者はだれか。嘆く者はだれか。
争いを好む者はだれか。不平を言う者はだれか。
ゆえなく傷を受ける者はだれか。
血走った目をしている者はだれか。
30 ぶどう酒を飲みふける者、
混ぜ合わせた酒の味見をしに行く者だ。
31 ぶどう酒が赤く、杯の中で輝き、
なめらかにこぼれるとき、それを見てはならない。
32 あとでは、これが蛇のようにかみつき、
まむしのように刺す。
33 あなたの目は、異様な物を見、
あなたの心は、ねじれごとをしゃべり、
34 海の真ん中で寝ている人のように、
帆柱のてっぺんで寝ている人のようになる。
35 「私はなぐられたが、*痛くなかった。
私はたたかれたが、知らなかった。
いつ、私はさめるだろうか。
**もっと飲みたいものだ。」

11, ヘブ13:5, →「富と貧困」の項p.1835)。

23:29-35　わざわいのある者はだれか　神はアルコール飲料の危険と、堕落を招くその影響をはっきり見せておられる。からだも精神も、悲しみや争い、暴力、傷、中毒などに引きずり込まれる(→23:35注)。歴史を見ても、もちろん今日も神を敬わない悪魔的とも言えるあらゆる影響や活動にはアルコール飲料やほかの中毒物質が関係している(→「旧約聖書のぶどう酒」の項p.1069、「新約聖書のぶどう酒」の項p.1870)。

23:31　ぶどう酒・・・を見て　この節は発酵したぶどう酒(《ヘ》ヤイン)の危険を警告している(発酵とは酵母菌などの微生物によって糖分がアルコール分と二酸化炭素に分解される生化学の作用)。したがってこの節のぶどう酒(《ヘ》ヤイン)は未発酵のヤインとは区別されなければならない(→イザ16:10、「旧約聖書のぶどう酒」の項 p.1069)。(1)「見て」(《ヘ》ラア)は一般的に「見る、見つめる、調べる」を意味することばである(⇒創27:1)。より深い意味ではぶどう酒を「いつまでも見ている」、「選ぶ」となる。そこでアルコール飲料を避けるだけではなく、発酵した飲み物を求めることさえするべきではないという意味になる。神は適度な量の飲酒さえ許しておられないことがこの節を通してわかる。(2) 赤い(《ヘ》アドム)という形容詞は「赤、赤らんだ、バラのような」という意味である。ゲセニウス・ヘブル語辞典によればこのことばはグラスに入ったぶどう酒の「輝き」を指していて発酵の情況を描くものである。

23:32　あとでは、これが蛇のようにかみつき　発酵したぶどう酒(アルコール飲料や酔いを招く飲み物)は毒蛇のように人を傷つけ滅ぼすと神は警告しておられる。ここの隠喩はアルコール飲料の影響を酩酊からくる病気や視覚の乱れ、混乱した精神、ねじれた判断、口の軽さといった悪魔的影響になぞらえている(23:33-35)。アルコール飲料は肉体的、社会的、道徳的、霊的に有害な結果を引出す。飲み続けるなら中毒や依存症への扉を開くことにもなる(→23:35注)。

23:35　もっと飲みたいものだ　この節はアルコール飲料の中毒作用を描いている。アルコール飲料への欲求を満たしていくとさらに欲求が強まり、そのためには何でも行うようになる。こうなると飲酒に対する歯止めが利かない。だから神は「ぶどう酒・・・を見てはならない」、その楽しみを求めてはならないと言われたのである。その先にあるのは破滅である。コントロールできるから危険はないという人には気をつけなければならない。神のことばは別のことを教えている(23:29-35)。

旧約聖書のぶどう酒

「わざわいのある者はだれか。嘆く者はだれか。争いを好む者はだれか。不平を言う者はだれか。ゆえなく傷を受ける者はだれか。血走った目をしている者はだれか。ぶどう酒を飲みふける者、混ぜ合わせた酒の味見をしに行く者だ。ぶどう酒が赤く、杯の中で輝き、なめらかにこぼれるとき、それを見てはならない。あとでは、これが蛇のようにかみつき、まむしのように刺す。あなたの目は、異様な物を見、あなたの心は、ねじれごとをしゃべり、海の真ん中で寝ている人のように、帆柱のてっぺんで寝ている人のようになる。『私はなぐられたが、痛くなかった。私はたたかれたが、知らなかった。いつ、私はさめるだろうか。もっと飲みたいものだ。』」(箴言23:29-35)

ぶどう畑の地

旧約聖書の契約の民にとって「約束の地」であるイスラエルの地は、「乳と蜜の流れる地」と言われている(出3:8)。それは肥沃な畑とぶどう畑とオリーブ畑に恵まれた地でもあった(⇒民16:14, 申6:11-12, ヨシ24:13, Iサム8:14, ネヘ5:4-5, 11, 詩107:37, 雅1:6, イザ36:16-17, 65:21, エレ32:15, エゼ28:26, アモ9:14, ハバ3:17)。この土地は気候が温暖なのでぶどう畑を作り、健康で豊かなぶどうの実を生産するのに適していた。ぶどうの収穫量はイスラエルの毎年の農業生産の中で最高だった。したがって旧約聖書にはしばしばぶどうや干しぶどう、ぶどう酒のことが出てくる。ぶどうは干して、干しぶどうにすると栄養価の高い食品、エネルギー源として保存ができ一年中食べることができた。またぶどうの果汁を煮て濃いシロップ状にすると腐ったり発酵(自然にアルコールになる)するのを防ぐことができた。濃いシロップ状のものは甘いシロップまたはゼリーとして長期間使うことができたし、水で薄めてぶどうのジュースにすることもできた(→「**新約聖書のぶどう酒**」の項 p.1870)。

旧約聖書の時代、食事のときに飲む飲み物は一般的にぶどう酒だった。イスラエル人が飲んでいたぶどう酒は明らかに発酵したもので、泥酔問題を引起こす可能性があった(発酵は果物の糖分に酵母が作用してアルコール分を作り、酔いを招く飲み物にしてしまう)。旧約聖書で最初にぶどう酒が記録されている箇所には泥酔、恥、のろいが結び付いている(創9:21-25, →創9:21注)。また旧約聖書には発酵したぶどう酒について強く警告をしている箇所がいくつかある。たとえば、「ぶどう酒は、あざける者。強い酒は、騒ぐ者。これに惑わされる者は、みな知恵がない」(箴20:1)や、「しかし、これらの者もまた、ぶどう酒のためによろめき、強い酒のためにふらつき、祭司も預言者も、強い酒のためによろめき、ぶどう酒のために混乱し、強い酒のためにふらつき、幻を見ながらよろめき、さばきを下すときよろける」(イザ28:7)などである。アルコール飲料には人を堕落させる可能性があるので、神はイスラエルの祭司たちに奉仕をするときにはぶどう酒やほかの強い酒を避けるようにと命じられた。この命令を破ることは重大な問題で、背いた祭司は死刑にされた(レビ10:9-11)。神はまた、ナジル人の誓いをした人にはぶどう酒や強い酒を禁止(完全に断ち切る、または避ける)された(→後述「ナジル人とぶどう酒」の部分)。

旧約聖書ではぶどう酒を喜びのときの好ましいものとして扱っているところもある。たとえば預言者ゼカリヤは神がエフライムを回復することに触れて「その心はぶどう酒に酔ったように喜ぶ」(ゼカ10:7a)と言っている。けれども預言者は続けて「彼らの子らは見て喜び、その心は主にあって大いに楽しむ」と言っている(ゼカ10:7b)。つまりエフライムが喜ぶのはぶどう酒によるのではなく、神との関係と祝福によるのである。旧約聖書でぶどう酒を肯定的に扱っている箇所は(たとえばゼカ10:7)、ぶどう酒に酔ったために悲惨な結果を招いた以下のような文と照らして見なければならない。創世紀19章30-38節、箴言23章29-35節(注も)、31章4-5節(注も)、イザヤ28章7-8節、エレミヤ25章27節、51章39節、57節。

聖書の中でぶどう酒が好意的に扱われている場合はほとんどが新鮮な未発酵のぶどうの果汁のことで、これもぶどう酒と呼ばれている。

ぶどう酒を示すヘブル語

旧約聖書で一般的に「ぶどう酒」と訳されているヘブル語は二つある。

(1) 最も一般的な用語は「ヤイン」で141回使われている。これは発酵しているぶどう酒(アルコール分を含む)と未発酵のぶどう酒(果汁)の両方を指している(→ネヘ5:18に「あらゆる種類のぶどう酒(ヤイン)」とある)。

(a)「ヤイン」はあらゆる種類の発酵したぶどうの果汁を指している(→創9:20-21, 19:32-33, Ⅰサム25:36-37, 箴23:30-31)。発酵したぶどう酒を飲んだことによる悲惨な結果は旧約聖書全体を通じて様々な箇所で描かれているけれども、ことに箴言23章29-35節は顕著である。

(b)「ヤイン」は時には未発酵の甘いぶどうの果汁、特にぶどうから搾り出されたばかりの新鮮な果汁のことも指している。イザヤはモアブの滅亡について預言したとき「酒ぶねで酒(ヤイン)を踏む者も、もう踏まない」(イザ16:10)と預言した。預言者エレミヤは「私は酒ぶねから酒(ヤイン)を絶やした。喜びの声をあげてぶどうを踏む者もなく」(エレ48:33)と言っている。エレミヤはまだぶどうの中にある果汁のことも「ヤイン」と言っている(→エレ40:10, 12)。「ヤイン」が確かに未発酵のぶどうの果汁を指している例が「哀歌」の中にある。そこで著者は普通の食べ物である「穀物とぶどう酒」を求めて母親に泣き叫ぶ幼子のことを書いている(哀2:12)。学者たちも「ヤイン」(ぶどう酒)は未発酵のぶどうの果汁のことを言っていると解説している。また、「ぶどう酒」という用語が未発酵のぶどうの果汁を指しているという事実は学者たちの研究によって支持されている。「ユダヤ百科辞典(ＪＥ)」(1901)は「発酵以前の新鮮なぶどう酒は『ヤイン・ミ・ガット』(大桶の中のぶどう酒)と呼ばれる」と言っている。「ユダヤ百科大辞典(ＥＪ)」(1971)もまた「ヤイン」という用語がぶどうの果汁のいくつかの段階を指し、その中には「新しく搾り出された発酵以前のぶどう酒」も含まれるという事実を証言している。「ヤイン」と同じものを指す新約聖書のギリシヤ語「オイノス」について →**新約聖書のぶどう酒**の項 p.1870

(2)「ぶどう酒」と訳されるもう一つのヘブル語は「ティーローシュ」で、「新しいぶどう酒」または「収穫のぶどう酒」を意味した(民18:12, 申7:13)。「ティーローシュ」は旧約聖書の中に38回出てくるけれども、発酵した飲み物を指していることは一度もない。それはまだ搾られていないぶどうの中にある果汁(イザ65:8)や、収穫されたばかりのぶどうの果汁を意味していた(申11:14, ヨエ2:24)。「ティーローシュ」は大抵の場合、ぶどうからの搾りたての新鮮な果汁を指しているので、「新しいぶどう酒」と訳されていることが多い(箴3:10, イザ65:8)。

(3) 旧約聖書では関連した「シェカール」ということばが23回使われている。それは「自由に飲む」または「酔わせる」という意味の「シャカール」というヘブル語の動詞と関係している。このことばはしばしば、「酒」(Ⅰサム1:15)や「強い酒」(民6:3)と訳されている。「シェカール」はざくろ、りんご、なつめやしなどほかの果物から取った発酵した飲み物のことも指していた。「ユダヤ百科辞典(JE)」(1901)は「ヤイン」が時には水で割った発酵飲料を指し、「シェカール」は水で割ってないものを指すと言っている。けれども「ヤイン」は時には心を満たす未発酵の甘い果汁を指す場合もあった(ロバート Ｐ．ティーチアウト著『旧約聖書でのぶどう酒の用法』─ダラス神学校神学博士(Th.D)論文(1979))。「ヤイン」と「シェカール」が一緒に用いられる場合、大抵は酔いを招く飲み物を意味する一つの比喩的表現になっている。

旧約聖書では「ヤイン」と「シェカール」が発酵した(アルコール分を含む)酔いを招く飲み物として使用されたときの悲劇的結果が様々に指摘されている(箴4:17, 23:29-35, 創9:20-27, 19:31-38)。ある場合にはその影響ではなく、飲み物そのものが非難されている(→箴20:1注, →**新約聖書のぶどう酒**の項 p.1870)。アルコール飲料は自分を抑制できなくさせ、不道徳な行動をとらせ、善悪についての神の基準に抵抗したり、拒んだりさせてしまう。ある人々は解放感、喜び、満足感を得るためにアルコール飲料に依存する。けれどもこれらのものはもともと神と神の目的によって得られるはずのものである。神のことばは

はっきりと教えている。神とそのご計画に従おうとする人々はアルコール飲料によって起こされる惨めさ、問題、後悔などを避けるために、人を酔わせ中毒にするような飲み物を避け、近付かないようにするべきである(→箴23：29-35注)。

ナジル人とぶどう酒

「ナジル人」ということば(《ヘ》ナジル、ナザル―分ける―の派生語)は完全に自分を主にささげるために、特別な誓願を立て神の目的を成就するため取分けられた人のことを言う。この献身は一定期間のこともあれば生涯にわたることもあった(士13：5，Ⅰサム1：11)。

(1) 民数記6章1-8節にはナジル人の誓願に要求される条件が挙げられているけれども、発酵した飲み物はみな断たなければならなかった。ナジル人はまた髪の毛を切ることも、遺体に近付くこともできなかった。

(2) ナジル人の生活様式は神の定められた最高の聖さを示し、神の目的に献身する姿の模範だった(⇒アモ2：11-12)。

(3) ナジル人の誓願は全く自発的なもので、神への献身はまず個人の心から起こるもので、次に自己否定、道徳的霊的鍛錬、個人的清さなどを通して現されるものであることをイスラエルに教えることを目的としていた(民6：3-8)。

神はナジル人にぶどう酒についてはっきりと教えておられた。ナジル人は「ぶどう酒や強い酒を断たなければならな」かった(民6：3，→申14：26注)。さらにぶどうからできたものは何も食べたり、飲んだりすることが許されなかった。神がこの命令を与えられたのは、酔いを招く飲み物の誘惑を予防し、誤ってアルコール飲料を飲む可能性を防ぐためだったと思われる(民6：3-4，→レビ10：8-11，箴31：4-5)。

24

1 悪い者たちをねたんではならない。
　彼らとともにいることを望んではならない。
2 彼らの心は暴虐を図り、
　彼らのくちびるは害毒を語るからだ。

3 家は知恵によって建てられ、
　英知によって堅くされる。
4 部屋は知識によって
　すべて尊い、好ましい宝物で満たされる。

5 知恵のある人は力強い。
　知識のある人は力を増す。
6 あなたはすぐれた指揮のもとに戦いを交え、
　多くの助言者によって勝利を得る。

7 愚か者には知恵はさんごのようだ。
　彼は門のところで、口を開くことができない。

8 悪事を働こうとたくらむ者は、
　陰謀家と言われている。
9 愚かなはかりごとは罪だ。
　あざける者は人に忌みきらわれる。

10 もしあなたが苦難の日に気落ちしたら、
　あなたの力は弱い。

11 捕らえられて殺されようとする者を救い出し、
　虐殺されようとする貧困者を助け出せ。
12 もしあなたが、

「私たちはそのことを知らなかった」と言っても、
人の心を評価する方は、
それを見抜いておられないだろうか。
あなたのたましいを見守る方は、
それを知らないだろうか。
この方は
おのおの、人の行いに応じて報いないだろうか。

13 わが子よ。蜜を食べよ。それはおいしい。
　蜂の巣の蜜はあなたの口に甘い。
14 知恵もあなたのたましいにとっては、そうだと知れ。
　それを見つけると、良い終わりがあり、
　あなたの望みは断たれることがない。

15 悪者よ。正しい人の住まいをねらうな。
　彼のいこいの場所を荒らすな。
16 正しい者は七たび倒れても、
　また起き上がるからだ。
　悪者はつまずいて滅びる。

17 あなたの敵が倒れるとき、喜んではならない。
　彼がつまずくとき、
　あなたは心から楽しんではならない。
18 主がそれを見て、御心を痛め、
　彼への怒りをやめられるといけないから。

19 悪を行う者に対して腹を立てるな。
　悪者に対してねたみを起こすな。
20 悪い者には良い終わりがなく、
　悪者のともしびは消えるから。

24:10　苦難の日　だれの人生にも困難や悲しいことはやってくる（ヨブ7:7, ヤコ1:3-4）。そのときにいつもの通り、忍耐や力や保護を求めて神に頼り（申33:27）、決して私たちを見捨てないという約束を神が守られることを確信して祈らなければならない（ヘブ13:5）。忠実に頼る人に神は助けと力を与え、どんな困難に直面しても勝利させてくださる（イザ40:29, Ⅱコリ12:9, コロ1:11）。

24:16　正しい者は・・・また起き上がる　神に全く頼っている人に困難や失敗、挫折が起きるとき、この忠実な人々はそれから立直ってさらに堅い決意をもって前進する。それは神の恵み（受けるにふさわしくない好意、助け、能力）に頼るからである。神は問題の起きない人生を保証してはおられない。けれども何が起きても私たちを助け必要を満たすと約束しておられる。「私たちは、四方八方から苦しめられますが、窮することはありません。途方にくれていますが、行きづまることはありません。迫害されていますが、見捨てられることはありません。倒されますが、滅びません」（Ⅱコリ4:8-9, →Ⅱコリ4:7注）。

²¹ わが子よ。主と王とを恐れよ。
＊そむく者たちと交わってはならない。
²² たちまち彼らに災難が起こるからだ。
このふたりから来る滅びをだれが知りえようか。

知恵のある者のさらに多くのことば

²³ これらもまた、知恵ある者による。
さばくときに、人をかたより見るのはよくない。
²⁴ 悪者に向かって、「あなたは正しい」と言う者を、
人々はののしり、民はのろう。
²⁵ しかし、悪者を責める者は喜ばれ、
彼らにはしあわせな祝福が与えられる。
²⁶ 正しい答えをする者は、
そのくちびるに口づけされる。
²⁷ 外であなたの仕事を確かなものとし、
あなたの畑を整え、
そのあとで、あなたは家を建てよ。
²⁸ あなたは、理由もないのに、
あなたの隣人をそこなう証言をしてはならない。
あなたのくちびるで惑わしてはならない。
²⁹ 「彼が私にしたように、私も彼にしよう。
私は彼の行いに応じて、仕返しをしよう」
と言ってはならない。
³⁰ 私は、なまけ者の畑と、
思慮に欠けている者のぶどう畑のそばを、通った。
³¹ すると、いばらが一面に生え、

21①ロマ13:1-7, Ⅰペテ2:17
＊あるいは「心変わりする者たち」
22①箴24:16
23①箴18:5, 28:21, レビ19:15, 申1:17, 16:19, ヨハ7:24, ヤコ2:9
24①箴17:15, イザ5:23
26①箴11:26
27①箴27:23-27
28①箴25:18
②レビ6:2, 3, 19:11, エペ4:25
29①箴20:22
30①→箴6:6
②→箴6:32
③→雅1:6
31①創3:18

②ヨブ30:7
④イザ5:5
33①箴24:33, 34, 箴6:10, 11
34①箴6:11

1①箴1:1
2①申29:29, ロマ11:33
②エズ6:1
4①Ⅱテモ2:21
②エゼ22:18
③マラ3:2, 3
5①箴20:8
②箴16:12, 29:14
6①箴25:6, 7, ルカ14:7-11
7＊別訳「あなたは、拝謁のとき、高貴な人の前で下に下げられるよりは、『ここに上って来なさい』と言われるほうがよいからだ」
8①箴17:14

いらくさが地面をおおい、その石垣はこわれていた。
³² 私はこれを見て、心に留め、
これを見て、戒めを受けた。
³³ しばらく眠り、しばらくまどろみ、
しばらく手をこまねいて、また休む。
³⁴ だから、あなたの貧しさは浮浪者のように、
あなたの乏しさは横着者のようにやって来る。

ソロモンのさらに多くの箴言

25 ¹ 次もまたソロモンの箴言であり、ユダの王ヒゼキヤの人々が書き写したものである。
² 事を隠すのは神の誉れ。
事を探るのは王の誉れ。
³ 天が高く、地が深いように、
王の心は測り知れない。
⁴ 銀から、かなかすを除け。
そうすれば、練られて良い器ができる。
⁵ 王の前から悪者を除け。
そうすれば、
その王座は義によって堅く据えられる。
⁶ 王の前で横柄ぶってはならない。
偉い人のいる所に立っていてはならない。
⁷ 高貴な人の前で下に下げられるよりは、
「ここに上って来なさい」
と言われるほうがよいからだ。
あなたがその目で見たことを、
⁸ 軽々しく訴えて出るな。そうでないと、
あとになって、あなたの隣人があなたに恥ずかしい思いをさせたとき、
あなたはどうしようとするのか。

25:1 ヒゼキヤ ヒゼキヤは聖書の箴言などを書いたソロモンの200年以上後にイスラエルを治めた王（前715-686頃）である（ヒゼキヤの統治について →Ⅱ列18:-20:, Ⅱ歴29:-32:, イザ36:-39:）。

25:2 事を隠すのは 神は今の時代に物事をみなはっきりと啓示しないと決めておられた（⇒ロマ11:33）。神の働きや「神秘」の多くは人間の理解を超えていることが確かである。神は多くの問題を曖昧で答のないままにしておられるので、聖書をざっと読んだだけではよくわからない。聖書を真剣に学び、神とのより深い関係を求める人だけが神の深い真理と本質を見つけることができる。神の答は永遠の世界まで示されないかもしれないけれども、神のことばは神があらゆることを支配しておられるという平安と確信を与えてくれる。物事はみな完全なタイミングで明らかにされると神は確約しておられる。指導者たちは神とのこのような深い関係を積極的に築かなければならない。それには洞察と導きを求めて熱心に祈り、聖書を学び続けることが必要である（→Ⅰコリ2:6-16）。

9 あなたは隣人と争っても、
　他人の秘密を漏らしてはならない。
10 そうでないと、聞く者があなたを侮辱し、
　あなたの評判は取り返しのつかないほど
　悪くなる。
11 時宜にかなって語られることばは、
　銀の彫り物にはめられた金のりんごのよ
　うだ。
12 知恵のある叱責は、それを聞く者の耳に
　とって、
　金の耳輪、黄金の飾りのようだ。
13 忠実な使者はこれを遣わす者にとって、
　＊夏の暑い日の冷たい雪のようだ。
　彼は主人の心を生き返らせる。
14 贈りもしない贈り物を自慢する者は、
　雨を降らせない雲や風のようだ。
15 忍耐強く説けば、首領も納得する。
　柔らかな舌は骨を砕く。
16 蜜を見つけたら、十分、食べよ。
　しかし、食べすぎて吐き出すことがない
　ように。
17 隣人の家に、足しげく通うな。
　彼があなたに飽きて、
　あなたを憎むことがないようにせよ。
18 隣人に対し、偽りの証言をする人は、
　こん棒、剣、また鋭い矢のようだ。
19 苦難の日に、裏切り者に拠り頼むのは、
　悪い歯やよろける足を頼みとするような
　もの。
20 心配している人の前で歌を歌うのは、
　寒い日に着物を脱ぐようであり、
　ソーダの上に酢を注ぐようなものだ。
21 もしあなたを憎む者が飢えているなら、
　パンを食べさせ、
　渇いているなら、水を飲ませよ。
22 あなたはこうして彼の頭に

9 ①マタ18:15
　②箴11:13
11 ①箴15:23
12 ①箴15:31
　②出32:2, 35:22, エゼ16:12
　＊あるいは「鼻輪」
　②Ⅱサム1:24
13 ①箴13:17
　②箴10:26
　＊直訳「刈り入れの日」
　③箴25:21
14 ＊直訳「偽りの贈り物」
　①箴20:6
　②ユダ12
　③エレ5:13, ミカ2:11
15 ①箴16:14, Ⅰサム25:24, 伝10:4
　②箴15:1
16 ①士14:8, Ⅰサム14:25
　②箴25:27
　③箴23:8
18 ①箴24:28, 出20:16
　②箴12:18, 詩57:4
　③エレ9:8
19 ①ヨブ6:15
21 ①出23:4, 5, Ⅱ列6:22, Ⅱ歴28:15, マタ5:44,
　箴25:21, 22, ロマ12:20

22 ①マタ6:4, 6
23 ①箴26:20, 詩101:5
24 ①箴21:9
25 ①箴15:30
　②箴25:13
26 ①エゼ32:2, 34:18, 19
27 ①箴25:16
　＊七十人訳による
　□「自分の栄光を探り出すのは栄光」
28 ①箴16:32
　②Ⅱ歴32:5, ネヘ1:3

1 ①箴26:8
　②17:7
　③Ⅰサム12:17
2 ①箴27:8, イザ16:2
　②民23:8, 申23:5, Ⅱサム16:12
　＊マソラの読みは「彼にやって来る」
3 ①詩32:9
4 ①箴10:13, 19:29
　②箴23:9, 29:9
5 ①マタ16:1-4, 21:24-27
　②箴3:7, 28:11, ロマ12:16
6 ①箴10:26
7 ①箴26:9

　燃える炭火を積むことになり、
　主があなたに報いてくださる。
23 北風は大雨を起こし、
　陰口をきく舌は人を怒らす。
24 争い好きな女と社交場にいるよりは、
　屋根の片隅に住むほうがよい。
25 遠い国からの良い消息は、
　疲れた人への冷たい水のようだ。
26 正しい人が悪者の前に屈服するのは、
　きたなくされた泉、荒らされた井戸のよ
　うだ。
27 あまり多くの蜜を食べるのはよくない。
　＊しかし、りっぱなことばは尊重しなけれ
　ばならない。
28 自分の心を制することができない人は、
　城壁のない、打ちこわされた町のようだ。

26

1 誉れが愚かな者にふさわしくないのは、
　夏の雪、刈り入れ時の雨のようだ。
2 逃げる雀のように、
　飛び去るつばめのように、
　いわれのないのろいはやって来ない。
3 馬には、むち。ろばには、くつわ。
　愚かな者の背には、むち。
4 愚かな者には、その愚かさにしたがって
　答えるな。
　あなたも彼と同じようにならないためだ。
5 愚かな者には、その愚かさにしたがって
　答えよ。
　そうすれば彼は、
　自分を知恵のある者と思わないだろう。
6 愚かな者にことづけする者は、
　自分の両足を切り、身に害を受ける。
7 愚かな者が口にする箴言は、
　足のなえた者の垂れ下がった足のようだ。

25:21-22　もしあなたを憎む者が飢えているなら
この節は自分を傷つけたり反対したりする人々に勝利するには親切にするのが最も良く効果的であると教えているとある人は解釈する。相手は仕返しされるよりもやさしくされるほうが嫌かもしれない。また親切にすることによって好ましい関係が築けるとも思われる。けれどもある人はこれは古代エジプトの儀式と関係していると言う。それは罪を犯した人が悔い改めたしるしに熱い炭の入ったらいを頭に乗せて運ぶのである。この場合の意味は敵に優しくすることが相手を変えるということである。どちらにしても敵に優しくし、悪に対して善をもって報いるなら、相手の乱暴な行動を恥じさせることになる。私たちが優しい模範を示すなら相手は後に神に対して心を開いて神の赦しを受け入れるかもしれない（→ロマ12:20）。たとい相手が敵意を持ったままでも神は私たちの親切な態度に対し報いてくださる。

8 愚かな者に誉れを与えるのは、
　石投げ器に石をゆわえるようだ。
9 愚かな者が口にする箴言は、
　酔った人が手にして振り上げるいばらのようだ。
10 愚かな者や通りすがりの者を雇う者は、
　すべての人を傷つける投げ槍のようだ。
11 犬が自分の吐いた物に帰って来るように、
　愚かな者は自分の愚かさをくり返す。
12 自分を知恵のある者と思っている人を見ただろうか。
　彼よりも、愚かな者のほうが、まだ望みがある。
13 なまけ者は「道に獅子がいる。
　ちまたに雄獅子がいる」と言う。
14 戸がちょうつがいで回転するように、
　なまけ者は寝台の上でころがる。
15 なまけ者は手を皿に差し入れても、
　それを口に持っていくことをいとう。
16 なまけ者は、
　分別のある答えをする七人の者よりも、
　自分を知恵のある者と思う。
17 自分に関係のない争いに干渉する者は、
　通りすがりの犬の耳をつかむ者のようだ。
18 気が狂った者は、燃え木を死の矢として投げるが、
19 隣人を欺きながら、
　「ただ、戯れただけではないか」
　と言う者も、それと同じだ。
20 たきぎがなければ火が消えるように、
　陰口をたたく者がなければ争いはやむ。
21 おき火に炭を、火にたきぎをくべるように、
　争い好きな人は争いをかき立てる。
22 陰口をたたく者のことばは、
　おいしい食べ物のようだ。腹の奥に下っていく。
23 燃えるくちびるも、心が悪いと、
　銀の上薬を塗った土の器のようだ。
24 憎む者は、くちびるで身を装い、
　心のうちでは欺きを図っている。
25 声を和らげて語りかけても、それを信じるな。
　その心には七つの忌みきらわれるものがあるから。
26 憎しみは、うまくごまかし隠せても、
　その悪は集会の中に現れる。
27 穴を掘る者は、自分がその穴に陥り、
　石をころがす者は、自分の上にそれをころがす。
28 偽りの舌は、真理を憎み、
　へつらう口は滅びを招く。

27

1 あすのことを誇るな。
　一日のうちに何が起こるか、
　あなたは知らないからだ。
2 自分の口でではなく、
　ほかの者にあなたをほめさせよ。
　自分のくちびるでではなく、よその人によって。
3 石は重く、砂も重い。

26:11 犬が自分の吐いた物に帰って来る 一度はキリストに従い、正しいことや真実を知ったのに神から離れ、罪深い快楽や自分勝手な道に戻ってしまった人々にペテロはこの箴言を当てはめている(Ⅱペテ2:20-22)。

26:12 自分を知恵のある者と思っている人 高慢で自己中心的な人は自分にとって何が一番良いことかを知っているのは自分で、人から学ぶことはないと考える。自分の考えや能力を過信する人は、建設的な変化を積極的に望まないことが多いけれども、その人々は実際には問題に突き進んでいるのである。本当の知恵や真理は人間の推理から生まれるものではなく、神が言われたこと、みことばの中に示されたことを受け入れることによって与えられる。神の知恵と助けが必要なこ

とを正直に認めるとき、私たちは高慢な生き方が愚かであることに気が付く(→エレ17:9注)。自分の考えや目的を神の権威に預けて聖書のことばを指針にし、聖霊を人生の教師にすることが賢明である(ヨハ16:8-14, ⇒黙3:17)。

27:1 あすのことを誇るな 「あなたがたには、あすのことはわからないのです。あなたがたのいのちは、いったいどのようなものですか。あなたがたは、しばらくの間現れて、それから消えてしまう霧にすぎません」(ヤコ4:14)とヤコブは書いているけれども、この箴言のことを考えていたと思われる。人生はとても短く不安定だから、私たちの計画はいつも神の目的に沿ったものでなければならない(ヤコ4:15)。主イエスが再び来られる日の準備ができていれば、いつも安

しかし愚か者の怒りはそのどちらよりも重い。
4 憤りは残忍で、怒りはあふれ出る。
 しかし、ねたみの前には
 だれが立ちはだかることができよう。
5 あからさまに責めるのは、
 ひそかに愛するのにまさる。
6 憎む者が口づけしてもてなすよりは、
 愛する者が傷つけるほうが真実である。
7 飽き足りている者は蜂の巣の蜜も踏みつける。
 しかし飢えている者には苦い物もみな甘い。
8 自分の家を離れてさまよう人は、
 自分の巣を離れてさまよう鳥のようだ。
9 香油と香料は心を喜ばせ、
 友の慰めはたましいを力づける。
10 あなたの友、あなたの父の友を捨てるな。
 あなたが災難に会うとき、兄弟の家に行くな。
 近くにいる隣人は、遠くにいる兄弟にまさる。
11 わが子よ。知恵を得よ。私の心を喜ばせよ。
 そうすれば、私をそしる者に、
 私は言い返すことができよう。
12 利口な者はわざわいを見て、これを避け、
 わきまえのない者は進んで行って、罰を受ける。
13 他国人の保証人となるときは、その者の着物を取れ。
 見知らぬ女のためにも、着物を抵当に取れ。
14 朝早くから、大声で友人を祝福すると、
 かえってのろいとみなされる。
15 長雨の日にしたたり続ける雨漏りは、
 争い好きな女に似ている。

3 ①箴12:16
4 ①箴6:34, 35
5 ①箴28:23
6 ①マタ26:49
 ②箴20:30, 詩141:5
7 ①箴25:16
 ②ルカ15:16
8 ①創21:14
 ②箴26:2, イザ16:2
9 ①詩23:5, 141:5
 *「助言から」の読み替え
10 ①Ⅰ列12:6-8,
 Ⅱ歴10:6-8
 ②箴17:17, 18:24
11 ①箴10:1, 23:15, 24, 29:3
 ②詩119:42
12 ①箴22:3
13 ①箴20:16
15 ①箴19:13

16 *直訳「隠す」
18 ①Ⅱ列18:31, 雅8:12,
 イザ36:16,
 Ⅰコリ3:8, 9:7,
 Ⅱテモ2:6
 ②ルカ12:42-44, 19:17
20 ①箴15:11, ヨブ26:6
 * → 箴1:12 *
 ②箴30:15, 16, 伝6:7,
 ハバ2:5
 ③伝1:8, 2:10, 4:8
 **あるいは「欲望」
21 ①箴17:3
 ②ルカ6:26
22 ①箴23:35, 26:11,
 エレ5:3
 ② → 箴1:7
23 ①箴12:10, エレ31:10,
 エゼ34:12, ヨハ10:3
24 ①箴23:5
 ②ヨブ19:9, 詩39:9,
 イザ13:18, 哀5:16,
 エゼ21:26
25 ①エレ40:10, 12

1 ①レビ26:17, 36,
 詩53:5
2 ①Ⅰ列16:8-28,
 Ⅱ列15:8-16

16 その女を制する者は、風を制し、
 右手に油をつかむことができる。
17 鉄は鉄によってとがれ、
 人はその友によってとがれる。
18 いちじくの木の番人はその実を食う。
 主人の身を守る者は誉れを得る。
19 顔が、水に映る顔と同じように、
 人の心は、その人に映る。
20 *よみと滅びの淵は飽くことがなく、
 ***人の目も飽くことがない。
21 るつぼは銀のため、炉は金のためにあるように、
 他人の称賛によって人はためされる。
22 愚か者を臼に入れ、
 きねでこれを麦といっしょについても、
 その愚かさは彼から離れない。

23 あなたの羊の様子をよく知り、
 群れに心を留めておけ。
24 富はいつまでも続くものではなく、
 王冠も代々に続かないからだ。
25 草が刈り取られ、若草が現れ、
 山々の青草も集められると、
26 子羊はあなたに着物を着させ、
 やぎは畑の代価となる。
27 やぎの乳は十分あって、
 あなたの食物、あなたの家族の食物となり、
 あなたの召使いの女たちを養う。

28

1 悪者は追う者もないのに逃げる。
 しかし、正しい人は若獅子のように頼もしい。
2 国にそむきがあるときは、多くの首長たちがいる。
 しかし、分別と知識のあるひとりの人に

心であると主イエスは言われた(→マコ13:35注, ルカ12:35-40注, 21:34注)。

27:21 他人の称賛によって人はためされる 人の品性はほかの人々から認められたりほめられたりするときに試される。応答の仕方によって(表面的にも内面的にも)プライドが隠されているのか、本当に謙遜なのかがわかる。プライドは自分に正直ではないことのしるしである。与えられた機会や能力や達成した業績はほとんどが神や周りの人々の助けによるという事実に気付かない人が多い(→ピリ2:3注)。名誉のために何かを行うのではなく、神をあがめ人々の益になることを熱心に求めなければならない。人々の称賛に正しく対応できたら人よりも神を喜ばせるために生きていることが証明されたことになる。また動機が純真であり、霊的な態度がキリストに近付きつつあることが明らかである(⇒ピリ2:3-5)。

箴言 28章

よって、
それは長く安定する。
3 寄るべのない者をしいたげる貧しい者は、
押し流して食物を残さない豪雨のようだ。
4 おしえを捨てる者は悪者をほめる。
おしえを守る者は彼らと争う。
5 悪人は公義を悟らない。
主を尋ね求める者はすべての事を悟る。
6 貧しくても、誠実に歩む者は、
富んでいても、曲がった道を歩む者にまさる。
7 おしえを守る者は分別のある子、
放蕩者と交わる者は、
その父に恥ずかしい思いをさせる。
8 利息や高利によって財産をふやす者は、
寄るべのない者たちに恵む者のために
それをたくわえる。
9 耳をそむけておしえを聞かない者は、
その者の祈りさえ忌みきらわれる。
10 正直な人を悪い道に迷わす者は、
自分の掘った穴に陥る。
しかし潔白な人たちはしあわせを継ぐ。
11 富む者は自分を知恵のある者と思い込む。
分別のある貧しい者は、自分を調べる。
12 正しい者が喜ぶときには、大いなる光栄があり、
悪者が起き上がるときには、人は身を隠す。
13 自分のそむきの罪を隠す者は成功しない。
それを告白して、それを捨てる者は
あわれみを受ける。
14 幸いなことよ。

3 ①マタ18:28
4 →箴3:1
②ロマ1:32
③Ⅰ ヨハ18:18、
ネヘ13:11, 15、
マタ3:7, 14:4、
エペ5:11
5 ①詩92:6、
イザ6:9, 44:18
②箴2:9, 詩119:100、
ヨハ7:17、
Ⅰコリ2:14, 15、
Ⅰヨハ2:20, 27
6 ①詩19:1
②詩28:18
7 ①箴29:3, ②箴23:20
8 ①箴13:22
②出22:25, レビ25:36
③箴14:31
9 ①ゼカ7:11
②詩66:18, 109:7
③→箴3:32
10 ①箴26:27, ②箴2:21
②箴3:7, 26:5, 12
12 ①箴11:10, 29:2
②箴28:28
③ヨブ24:4
13 ①→箴10:12
②ヨブ31:33, 詩32:3
③詩32:5, ルカ18:9-14、
Ⅰヨハ1:8-10
14 →箴3:13

②箴23:17
*「主を」を補足
④詩95:8, ロマ2:5
15 ①箴29:2, ②箴19:12、
ヨブ4:10, Ⅰペテ5:8
16 ロ伝10:16
17 ①創9:6, 出21:14
18 ①箴10:9, ②箴28:26
②箴10:17
*「一つに」の読み替え
19 ①箴12:11
20 ①箴10:6、
マタ24:45, 25:21
②箴20:21, 28:22、
Ⅰテモ6:9
21 ①箴24:23
②エゼ13:19
22 *直訳「目つきの悪い人」
箴21:5, 28:20
23 ①箴27:5, 6, ②箴9:8
24 ①箴19:26, ②箴18:9
25 ①箴15:18, ②箴29:25
②箴11:25, 13:4
26 ①詩3:5, ②箴28:18
27 ①箴11:25, 19:17, 22:9、
ゆ15:7, 8, ②箴21:13

②
*しゅ　おそ　　ひと
いつも主を恐れている人は。
しかし心をかたくなにする人はわざわい
に陥る。
15 うなる雄獅子、襲いかかる熊、
寄るべのない民を治める悪い支配者。
16 英知を欠く君主は、多くの物を強奪する。
不正な利得を憎む者は、長生きをする。
17 流血の罪に苦しむ者は、墓まで逃げるが、
だれも彼をつかまえない。
18 潔白な生活をする者は救われ、
曲がった生活をする者は墓穴に陥る。
19 自分の畑を耕す者は食糧に飽き足り、
むなしいものを追い求める者は貧しさに
飽きる。
20 忠実な人は多くの祝福を得る。
しかし富を得ようとあせる者は罰を免れ
ない。
21 人をかたより見るのは良くない。
人は一切れのパンで、そむく。
22 *どん欲な人は財産を得ようとあせり、
欠乏が自分に来るのを知らない。
23 人を責める者は、
へつらいを言う者より後に、恵みを得る。
24 自分の父母の物を盗んで、
「私は罪を犯していない」と言う者は、
滅びをもたらす者の仲間である。
25 欲の深い人は争いを引き起こす。
しかし主に拠り頼む人は豊かになる。
26 自分の心にたよる者は愚かな者、
知恵をもって歩む者は救われる。
27 貧しい者に施す者は不足することがない。
しかし目をそむける者は多くののろいを

28:5 **【主】を尋ね求める者** →Ⅱ歴14:4注, 26:5注
28:9 **その者の祈りさえ忌みきらわれる** 神に従わず、みことばを拒む人の祈りに神は応えられない。神の基準の一部とこの世界の基準の一部に同時に従って生きているような人の祈りは効果がない(⇒15:29, 詩66:18, イザ59:2, →**効果的な祈り**の項 p.585)。神のことばを愛していないのに祈っても、それはうその願いや意思表示であって、神に対する侮辱である(→Ⅰヨハ3:22注)。
28:13 **自分のそむきの罪を隠す者** 過ちや神への反抗、あるいは勝手な道を歩いてきたことを認めない人は霊的に成長していない人である。けれども罪を認め自分勝手な道から離れてキリストを導き手とし、神が用意された人生の目的に従う人には、神のあわれみと赦しが与えられる(→マタ3:2注)。
28:20 **忠実な人は多くの祝福を得る** →ルカ24:50注
28:27 **貧しい者に施す** 貧しい人や困っている人を助ける人に神は目をかけてくださる(⇒11:24-25, 14:21, 19:17, 21:26, →**貧困者への配慮**の項 p.1510)。ほかの人々の物質的必要、霊的必要を満たそうと惜しみなく助ける人には、神も惜しみなく祝福を与えてくださる(→Ⅱコリ8:2注, 9:6注, 9:8注, →Ⅰヨハ3:16-18)。

受ける。
28 悪者が起こると、人は身を隠し、
　　彼らが滅びると、正しい人がふえる。

29

1 責められても、なお、うなじのこわい者は、
　　たちまち滅ぼされて、いやされることはない。
2 正しい人がふえると、民は喜び、
　　悪者が治めると、民は嘆く。
3 知恵を愛する人は、その父を喜ばせ、
　　遊女と交わる者は、財産を滅ぼす。
4 王は正義によって国を建てる。
　　しかし重税を取り立てる者は国を滅ぼす。
5 自分の友人にへつらう者は、
　　自分の足もとに網を張る。
6 悪人はそむきの罪を犯して自分のわなをかける。
　　しかし正しい人は喜びの声をあげ、楽しむ。
7 正しい人は
　　寄るべのない者を正しくさばくことを知っている。
　　しかし悪者はそのような知識をわきまえない。
8 あざける者たちは町を騒がし、

28 ①箴28:12
　　②箴29:2
1 ①箴1:24-31、
　　Ⅰサム2:25、
　　Ⅱ歴36:15, 16
　　②箴6:15
2 ①箴11:10, 28:12
　　②箴28:15
3 ①箴10:1, 27:11, 28:7
　　②箴6:26, 22:14, 23:27
　　③箴5:9, 10、ルカ15:13
4 ①箴29:14、Ⅱ歴9:8
　　②箴8:15、イザ11:4, 5
　　＊直訳「奉納物の人」
5 ①箴26:28、詩5:9
6 ①→箴10:12
　　②箴22:5、ヨブ18:7-10
7 ①箴31:8, 9、
　　ヨブ29:16、詩41:1

8 ①箴16:14
9 →箴1:7
10 ①創4:5-8、Ⅰヨハ3:12
11 ①箴12:16
　　②箴19:11
13 ①箴22:2
　　②マタ5:45
14 ①詩72:2, 4, 13, 14、
　　イザ11:4
　　②箴20:28, 16:12, 25:5
15 ①箴13:24
　　②箴10:1, 17:25
16 ①箴21:12、
　　詩37:34, 36, 58:10,
　　91:8, 92:11
17 ①箴3:12
18 ①Ⅰサム3:1、詩74:9、
　　アモ8:11, 12
　　②出32:25
　　③→箴3:1、
　　詩1:1, 2, 119:1
　　④→箴3:13

　　①知恵のある人々は怒りを静める。
9 知恵のある人が愚か者を訴えて争うと、
　　愚か者は怒り、あざ笑い、休むことがない。
10 血に飢えた者たちは潔白な人を憎み、
　　正直な人のいのちをねらう。
11 愚かな者は怒りをぶちまける。
　　しかし知恵のある者はそれを内におさめる。
12 支配者が偽りのことばに聞き入るなら、
　　従者たちもみな悪者になる。
13 貧しい者としいたげる者とは互いに出会う。
　　主は、この両者に目の光を見させる。
14 誠実をもって寄るべのない者をさばく王、
　　その王座はとこしえまでも堅く立つ。
15 むちと叱責とは知恵を与える。
　　わがままにさせた子は、母に恥を見させる。
16 悪者がふえると、そむきの罪も増す。
　　しかし正しい者は彼らの滅びを見る。
17 あなたの子を懲らせ。
　　そうすれば、彼はあなたを安らかにし、
　　あなたの心に喜びを与える。
18 幻がなければ、民はほしいままにふるまう。
　　しかし律法を守る者は幸いである。

29:1　滅ぼされて、いやされることはない　矯正やしつけを拒み続ける人は、神に対しても心をかたくなにしているのである。これは特に聖霊が神のことばや良心を通して話しかけるのを拒むときの姿である（ヨハ16:8-11、ヘブ12:5-11, 25）。その結果、神の願いや導きに対する感受性が全く失われる。このような危険な態度をとるなら神のあわれみから切離され、神のさばきを招くことになりかねない。罪を犯し続けて神のあわれみを拒み続ける人は、最終的に永遠に続く霊的な死を味わうことになる（⇒Ⅰサム2:25、→「**背教**」の項 p.2350）。

29:7　寄るべのない者を正しくさばく　神がイスラエルと結んだ最初の契約「終生協定」には、貧しい人や恵まれない人を積極的に助けることが含まれている（→28:27注）。困っている人々が同情をもって公平に扱われるようにという神の思いを、キリスト者は今も共有するべきである（→ルカ6:20-21、使4:34-35, 6:

1-6, 20:38、Ⅰコリ16:2、→ヤコ1:27注）。

29:15　むちと叱責　親から正しい訓練や指導、しつけを受けなかった子どもは、成長してから親に恥をかかせ自分を傷つける。ことばによるしつけで十分なときもあるけれども、時には説明とともに実際のしつけが必要になる（⇒29:17、→13:24注）。愛情と節度をもって行うなら軽くお尻をたたくといったしつけが、間違った振舞は好ましくない結果をもたらすことを子どもたちに効果的に教えることになる。体罰を加えるときにはなぜ罰を加えられるのか、どんな行いをしなければならなかったのかを理解するように、そして何をしたとしても、無条件に愛されていることをはっきりと理解できるように子どもによく説明することが大切である。

29:18　幻がなければ　はっきりした感動的な幻がないまま神のご計画に従おうとしたり、神の目的や基準についてはっきり教えられていないなら、人々は霊的

箴言　29-30章

19 しもべをことばだけで戒めることはできない。
彼はそれがわかっても、反応がない。
20 軽率に話をする人を見ただろう。
彼よりも愚かな者のほうが、まだ望みがある。
21 自分のしもべを幼い時から甘やかすと、
ついには彼は手におえない者になる。
22 怒る者は争いを引き起こし、
憤る者は多くのそむきの罪を犯す。
23 人の高ぶりはその人を低くし、
心の低い人は誉れをつかむ。
24 盗人にくみする者は自分自身を憎む者だ。
彼はのろいを聞いても何も言わない。
25 人を恐れるとわなにかかる。
しかし主に信頼する者は守られる。
26 支配者の顔色をうかがう者は多い。
しかし人をさばくのは主である。
27 不正な人は正しい人に忌みきらわれ、
行いの正しい人は悪者に忌みきらわれる。

アグルのことば

30 1 マサの人ヤケの子アグルのことば。イティエルに告げ、イティエルとウカルに告げたことば。

2 確かに、私は人間の中でも最も愚かで、
私には人間の悟りがない。
3 私はまだ知恵も学ばず、
聖なる方の知識も知らない。
4 だれが天に上り、また降りて来ただろうか。

20 ①ヤコ1:19
②箴26:12
21 ①箴30:23
＊古代訳による
22 ①箴15:18
②箴17:19
③箴10:12
23 ①マタ23:12, ヤコ4:6, Ⅰペテ5:5
②箴11:2, 16:18, Ⅱサム22:28, イザ2:11, 5:15, ダニ4:30, 31
③箴15:33, 18:12, 22:4, ヨブ22:29, イザ66:2, ヤコ4:10
24 ①レビ5:1
25 ①創12:12, 20:2, ルカ12:4, ヨハ12:42, 43
②箴16:20, 28:25, 詩91篇
26 ①箴19:6
②Ⅰコリ4:4
27 ①詩139:21, 22
②箴29:10, 詩69:4, マタ10:22, 24:9, ヨハ15:18, 19, 17:14, Ⅰヨハ3:13
③箴13:19

1 ①箴31:1
3 ①箴9:10
4 ①Ⅰヨハ3:13
②出15:10, 詩135:7
③ヨブ26:8, 38:8, 9
④ヨブ38:4, 詩24:2, イザ45:18
⑤箴19:12
5 ①詩12:6
②箴2:7, Ⅱサム22:31, 詩3:3, 18:30
6 ①申4:2, 12:32, 黙22:18, 19
8 ①詩119:29
②マタ6:11
9 ①申8:12-14, 31:20, ネヘ9:25, 26, ホセ13:6
②ヨシュ24:27, ヨブ31:28
③箴6:30
④出20:7
11 ①箴20:20, 出21:17
12 ①箴16:2, ルカ18:11

だれが風をたなごころに集めただろうか。
だれが水を衣のうちに包んだだろうか。
だれが地のすべての限界を堅く定めただろうか。
その名は何か、その子の名は何か。
あなたは確かに知っている。
5 神のことばは、すべて純粋。
神は拠り頼む者の盾。
6 神のことばにつけ足しをしてはならない。
神が、あなたを責めないように、
あなたがまやかし者とされないように。

7 二つのことをあなたにお願いします。
私が死なないうちに、それをかなえてください。
8 不信実と偽りを私から遠ざけてください。
貧しさも富も私に与えず、
ただ、私に定められた分の食物で
私を養ってください。
9 私が食べ飽きて、あなたを否み、
「主とはだれだ」と言わないために。
また、私が貧しくて、盗みをし、
私の神の御名を汚すことのないために。
10 しもべのことを、その主人に中傷してはならない。
そうでないと、彼はあなたをのろい、
あなたは罰せられる。
11 自分の父をのろい、自分の母を祝福しない世代。
12 自分をきよいと見、汚れを洗わない世代。

な情熱や信念を失ってしまう。そして残念なことにしばしば道徳的な自制心まで全く失ってしまう。あるいは周りの世界のやり方を自分の指針にして破滅してしまう（⇒出32:25）。神の民には神が啓示された目的やみことばに表されている正しい命令に従うように繰返し励ます必要がある。それがないと世間の考えや振舞や生活様式にならって（⇒ロマ12:1-2）、神の律法を破るようになる。

30:5 神のことばは、すべて純粋　→「聖書の霊感と権威」の項 p.2323

30:6 神のことばにつけ足しをしてはならない　神のことばをこの世界の哲学や間違った心理学、にせの宗教や悪魔的習慣の中に見られる人間の考えや意見、推測などと混ぜ合せたり、それによって薄めたりしてはならない。神が示された真理は何も加えたり取除いたりすることなくそのままで、人間のあらゆる霊的必要を満たすことができる。聖書の真理だけでは人生は有意義にならないと教える人は、うそを言っている（⇒黙22:18, →Ⅱペテ1:3注）。

30:8 貧しさも富も　私たちは家族の必要が満たされ、神の働きを支え、困っている人を助けるだけの十分な収入が与えられるように祈るべきである（→Ⅱコ

13 なんとも、その目が高く、
　まぶたが上がっている世代。
14 歯が剣のようで、きばが刀のような世代。
　彼らは地の苦しむ者を、
　人のうちの貧しい者を
　食い尽くす。

15 蛭にはふたりの娘がいて、
　「くれろ、くれろ」と言う。
　飽くことを知らないものが、三つある。
　いや、四つあって、「もう十分だ」と言わない。
16 よみと、不妊の胎、
　水に飽くことを知らない地と、
　「もう十分だ」と言わない火。

17 自分の父をあざけり、
　母への従順をさげすむ目は、
　谷の烏にえぐりとられ、
　鷲の子に食われる。

18 私にとって不思議なことが三つある。
　いや、四つあって、私はそれを知らない。
19 天にある鷲の道、
　岩の上にある蛇の道、
　海の真ん中にある舟の道、
　おとめへの男の道。
20 姦通する女の道もそのとおり。
　彼女は食べて口をぬぐい、
　「私は不法を行わなかった」と言う。

21 この地は三つのことによって震える。
　いや、四つのことによって耐えられない。
22 奴隷が王となり、
　しれ者がパンに飽き、
23 きらわれた女が夫を得、
　女奴隷が女主人の代わりとなることによって。

24 この地上には小さいものが四つある。
　しかし、それは知恵者中の知恵者だ。
25 蟻は力のない種族だが、
　夏のうちに食糧を確保する。
26 岩だぬきは強くない種族だが、
　その巣を岩間に設ける。
27 いなごには王はないが、
　みな隊を組んで出て行く。
28 やもりは手でつかまえることができるが、
　王の宮殿にいる。

29 歩きぶりの堂々としているものが三つある。
　いや、その歩みの堂々としているものが四つある。
30 獣のうちで最も強く、
　何ものからも退かない雄獅子、
31 いばって歩くおんどりと、雄やぎ、
　軍隊を率いる王である。

32 もし、あなたが高ぶって、
　愚かなことをしたり、たくらんだりしたら、
　手を口に当てよ。
33 乳をかき回すと凝乳ができる。
　鼻をねじると血が出る。
　怒りをかき回すと争いが起こる。

レムエル王のことば

31

1 マサの王レムエルが母から受けた戒めのことば。
2 私の子よ、何を言おうか。
　私の胎の子よ、何を言おうか。
　私の誓願の子よ、何を言おうか。
3 あなたの力を女に費やすな。
　あなたの生き方を
　王たちを消し去る者にゆだねるな。
4 レムエルよ。
　酒を飲むことは王のすることではない。
　王のすることではない。

リ9:8-12)。

30:17　自分の父をあざけり、母へ　神は若者に神をあがめるのと同じように、親を尊敬し親に従うように求めておられる。そうするなら神の祝福を受けることができる(出20:12, 申5:16, エペ6:1-3)。親や親の教えを馬鹿にしたり、反抗したり、見下したりすることは神ののろいを招くことになる。

31:4-5　酒を飲むことは王のすることではない　レム

箴言　31章

「強い酒はどこだ」とは、君子の言うことではない。

5 酒を飲んで勅令を忘れ、
　すべて悩む者のさばきを曲げるといけないから。
6 強い酒は滅びようとしている者に与え、
　ぶどう酒は心の痛んでいる者に与えよ。
7 彼はそれを飲んで自分の貧しさを忘れ、
　自分の苦しみをもう思い出さないだろう。
8 あなたは口のきけない者のために、
　また、すべての不幸な人の訴えのために、
　口を開け。
9 口を開いて、正しくさばき、
　悩んでいる人や貧しい者の権利を守れ。

エピローグ―しっかりした妻

10 しっかりした妻をだれが見つけることができよう。
　彼女の値うちは真珠よりもはるかに尊い。
11 夫の心は彼女を信頼し、
　彼女は「収益」に欠けることがない。
12 彼女は生きながらえている間、
　夫に良いことをし、悪いことをしない。
13 彼女は羊毛や亜麻を手に入れ、
　喜んで自分の手でそれを仕上げる。
14 彼女は商人の舟のように、
　遠い所から食糧を運んで来る。
15 彼女は夜明け前に起き、
　家の者に食事を整え、
　召使いの女たちに用事を言いつける。
16 彼女は畑をよく調べて、それを手に入れ、
　自分がかせいで、ぶどう畑を作り、
17 腰に帯を強く引き締め、
　勇ましく腕をふるう。
18 彼女は収入がよいのを味わい、
　そのともしびは夜になっても消えない。
19 彼女は糸取り棒に手を差し伸べ、
　手に糸巻きをつかむ。
20 彼女は悩んでいる人に手を差し出し、
　貧しい者に手を差し伸べる。
21 彼女は家の者のために雪を恐れない。

脚注欄
5 ①箴17:15, 出23:6, 申16:19
6 ①ヨブ29:13
7 ①ヨブ3:20
8 ①ヨブ29:12-17
9 ①レビ19:15, 申1:16
 ②箴24:11, 詩72:4, 12, 13, 82:3, 4, イザ1:17, エレ22:16
10 ①箴12:4, 18:22, 19:14
 ②→箴3:15
13 ①箴31:21, 22, 24
14 ①エゼ27:25
15 ①箴20:13, ロマ12:11
 ②ルカ12:42
16 ①→雅1:6
17 ①Ⅱ列4:29, ヨブ38:3
20 ①箴22:9, 申15:11, ヨブ31:16-20, エペ4:28

エル王はイスラエル人ではないと考えられている。聖書の中でレムエル王はここにしか登場しないけれども、その忠告は重要である。したがって神の霊感によって書かれた権威ある聖書に入れられたのである。神は国を治める人や指導者だけではなく、あらゆる種類の指導者にいつも高い基準を求められた。賢明な判断が必要な指導者には特にそれを求められた。31章はまず指導者がぶどう酒や強い酒を飲む問題とアルコール飲料の有害な影響について触れている(31:5)。

(1) ヘブル語では文字通り「飲むべからず」(継続的行為を示す)と言っている。この文章は適度な飲酒も認めていない(→20:1注, 23:29-35注, →「**旧約聖書のぶどう酒**」の項p.1069)。

(2) 王や指導者が飲酒を避けなければならない理由は法律、特に神の律法を無視したり破ったりして不道徳な振舞に走る可能性があるからである。酔ってしまうと賢明な判断ができなくなり、正しいさばきをおろそかにしたり、間違ったりすることになる。

(3) 同じ原則は神の民の礼拝や奉仕の役割についていた旧約聖書の祭司やレビ人にも適用された(レビ10:8-11, →レビ10:9注)。

(4) 新約聖書のキリスト者は、神のために働き、霊の国の目的を実行する王や祭司と考えられている(Ⅰペテ2:9)。このため神が指導者に求められた飲酒についての基準はほかの人々の模範になるべきキリスト者のだれにも適応される(→民6:1-3, エペ5:18注, Ⅰテモ3:3注)。

31:6-7 強い酒は滅びようとしている者に与え　ここで神の霊感を受けた聖書の著者は、死に直面している人が問題を忘れるために酒に酔うのを許しているのではない。苦しみを和らげる神の方法はいつも神に祈ることであり、自由や満足感や安心を得るために酒に頼ることではない(詩12:, 25:, 30:, 34:)。

(1) ここでの皮肉な表現は酒を飲まない知恵のある指導者ではなく、既に人生を台無しにした希望のない人に向けたものと思われる(31:4-5)。問題を忘れようとして酒に酔うことを勧めても、問題は解決されない。新しい問題を生むだけである。酒によって問題を軽くしようとするのはこの世のやり方であって、神のやり方ではない。

(2) 31:8-9では権利が侵されて苦しんでいる人々に対してどのような態度をとるべきかを描いている(⇒31:5)。キリスト者は不当に苦しむ人々の権利を守らなければならない。

31:10-31　しっかりした妻　ここでは理想的な妻、母親、非常に優れた品性を備えた女性を描いている。この女性の人生は神をあがめ敬うこと(31:30)、貧しい人への思いやり(31:19-20)、家族への誠実さと愛

家の者はみな、*あわせの着物を着ているからだ。
22 彼女は自分のための敷き物を作り、
彼女の着物は亜麻布と紫色の撚り糸でできている。
23 夫は町囲みのうちで人々によく知られ、
土地の長老たちとともに座に着く。
24 彼女は亜麻布の着物を作って、売り、
帯を作って、*商人に渡す。
25 彼女は力と気品を身につけ、
ほほえみながら後の日を待つ。
26 彼女は口を開いて知恵深く語り、
その舌には恵みのおしえがある。
27 彼女は家族の様子をよく見張り、
怠惰のパンを食べない。
28 その子たちは立ち上がって、彼女を幸いな者と言い、
夫も彼女をほめたたえて言う。
29「しっかりしたことをする女は多いけれど、
あなたはそのすべてにまさっている」と。
30 麗しさはいつわり。
美しさはむなしい。
しかし、主を恐れる女はほめたたえられる。
31 彼女の手でかせいだ実を彼女に与え、
彼女のしたことを町囲みのうちでほめたたえよ。

21 *七十人訳による
[ヘ]「緋の衣」
22 ① 箴7:16
② 創41:42, 黙19:8, 14
③ ルカ16:19
23 ① 箴31:31, 出20:10, 申16:18
24 ① 士14:12
*あるいは「カナン人」
25 ① 箴31:17
26 ① 箴10:31
② →箴3:1

27 ① 箴19:15
29 ① 箴31:10
30 ① 箴6:25
② 箴22:4

(31:27)を中心にしている。この部分は女性を見下したものではなく、また意志や能力に欠ける個人を描いたものでもない。かえって女性の能力や責任を非常に高く評価し、それをたたえたものである。この妻であり母である女性は働き者で多くの仕事をこなし、個人としてのあり方と家族への責任のバランスをわきまえて生活している。その結果、家族からも相当の評価と尊敬を得ている。ここに書かれた理想を全部満たせる女性は恐らくいないと思われる。けれども大切なことは、妻であり母である人が神から与えられた能力と手元にある物を用いて神、家族、そしてほかの人々に仕えていくことである(→エペ5:22注, Ⅰテモ2:15注)。

伝道者の書

概　　要
表題 (1:1)
- Ⅰ. 序言－人生全体のむなしさ (1:2-11)
- Ⅱ. 自己中心な生活のむなしさの個人的体験による説明 (1:12-2:26)
  - A. 人の知恵と哲学の限界と無益さ (1:12-18)
  - B. 快楽と富の無意味さとむなしさ (2:1-11)
  - C. 大成功のはかなさと無意味さ (2:12-17)
  - D. 労苦の不公平さと不確実さ (2:18-23)
  - E. 結論－喜びは神からだけ与えられる (2:24-26)
- Ⅲ. 人生の体験についての様々な感想 (3:1-11:6)
  - A. 創造と地上生活についての見方 (3:1-22)
    1. あらゆるものの時 (3:1-8)
    2. 創造の美しさ (3:9-14)
    3. 神はすべてをさばく方 (3:15-22)
  - B. 人生の体験の無意味な面と体験 (4:1-16)
    1. 孤立無援の苦悩 (4:1-3)
    2. 競い合う仕事 (4:4-6)
    3. 友情の不足 (4:7-12)
    4. 個人的な成功 (4:13-16)
  - C. 読者への警告 (5:1-6:12)
    1. 神に近付くことについて (5:1-7)
    2. 財産を蓄えることについて (5:8-20)
    3. 生きることと死ぬことについて (6:1-12)
  - D. 知恵についての様々なことわざ (7:1-8:1)
  - E. 公正について (8:2-9:12)
    1. 権威と服従 (8:2-8)
    2. 犯罪と処罰 (8:9-13)
    3. 不正と無知 (8:14-17)
    4. 死と公正さ (9:1-6)
    5. 人生を楽しむこと (9:7-12)
  - F. 知恵についてのさらなる箴言 (9:13-11:6)
- Ⅳ. 結論としての訴え (11:7-12:14)
  - A. あなたの若い日を楽しめ (11:7-10)
  - B. あなたの若い日に神を敬え (12:1-8)
  - C. 神の教えを守れ 12:9-12)
  - D. 神を恐れ、従え (12:13-14)

著　　者：ソロモン

主　　題：神を離れた人生は無意味である。

著作の年代：紀元前935年頃

著作の背景

　この書物のヘブル語旧約聖書での表題は「コーヘレス」(《ヘ》カーハル「会衆を招集する」から)で、文字通りに訳すと「集会を開き演説する人」である。このことばはこの書物の中で7回見られ(1:1, 2, 12, 7:27, 12:8, 9, 10)、「伝道者」と訳されている。七十人訳聖書(ヘブル語旧約聖書のギリシヤ語訳)では「エクレーシアステース」で、英語聖書の表題はこれからとられた。このようにこの書物全体は有名な演説家による一連の教えである。

　著者は一般的にソロモンと信じられているけれども、箴言(箴1:1, 10:1, 25:1)や雅歌(⇒雅1:1)のようにはソロモンの名前が見られない。ところが数個所でソロモンが著者であることが暗示されている。(1)　著者は自分がエルサレムで王だったダビデの子であると名乗っている(1:1, 12)。(2)　自分自身について、神の民を治めただれよりも知恵を得て(1:16)、多くの箴言を書いたと言っている(12:9)。(3)　その王国は豊かで繁栄し、壮大なことで知られていた(2:4-9)。このような点はみな聖書が描いているソロモン王に当てはまる(⇒Ⅰ列2:9, 3:12, 4:29-34, 5:12, 10:1-8)。それに加えてソロモンは時にはイスラエルの民を集めて演説をしたこと(Ⅰ列8:1)がわかっている。ユダヤ人の言伝えではソロモンの書物とされているけれども(ソロモンのほかの二冊のようには)その名前が直接書かれていないことからすると、ほかのだれかが編集にかかわったのではないかとも考えられる。この書物がソロモンによるということは最も一般的に信じられているけれども、ちょうど箴言のある部分が集められて一つの文書にされたように(⇒箴25:1)、後の時代にだれかによって現在のかたちに編集されたものと思われる。

　伝道者の書は典礼書(公の礼拝で使われる文書)の一部として、ヘブル語聖書の第三部「ハギオグラファ」(「聖文書」)にある「五巻」の巻物の一つになった。これらの書物はユダヤの祭りや記念の祝祭日に毎年公に朗読された。伝道者の書は仮庵の祭りの期間に朗読されることになっていた(→「旧約聖書の祭り」の表 p.235)。

目　　　的

　ユダヤの言伝えによると、ソロモンは青年期に雅歌を、中年期に箴言を、そして人生の晩年に伝道者の書を書いた。晩年になると霊性は堕落し、偶像礼拝(神を敬わない妻たちの影響で行うようになった人間が作った神々への礼拝　Ⅰ列11:1-8)への参加と自堕落な生活によって、ソロモンは人生に完全に失望してしまった。享楽と物質主義は幸福をもたらさないことが確かにわかった。伝道者の書は神とみことばから離れた人生の絶望とむなしさについてのソロモンの痛烈で悲観的な意見を記録している。ソロモンは非常に多くの、そして最高の富、権力、名誉、名声、官能的な喜びをあり余るほど持っていた。けれどもこれらのものは最終的にはむなしさと絶望感しかもたらさなかった。ソロモン自身のことばによると、「空の空．．．．すべては空」である(1:2)。ソロモンが伝道者の書を書いた目的は人生の難しい問題について自分自身で体験したことをほかの人々に伝えることによって、後悔の思いを死ぬ前に表すことだったと思われる。その教えは特に若者たちに向けられていたけれども、それは自分と同じ失敗をしないようにと願っていたのかもしれない。ソロモンは人生の価値を地上の財産や個人的な野望に置くことは全く無益だと何度も何度も指摘する。若者は若い日を楽しむべきではあるけれども(11:9-10)、神に献身し(12:1)、神を敬い、神の戒めを守り(12:13-14)、神が与えられた目的を達成することがより重要である。これが人生での本当の意味、喜び、達成感へ導く唯一の道である。

概　　　観

　伝道者の書の内容については整然とした分析や検討結果を提供することは困難である。この書物は全部の節や段落の内容に従うかたちでは簡単にアウトラインを作ることができない。伝道者の書は哲学者が人生で苦悩していた時期に書いた自分の日記から取出した短い資料のようである。ソロモンは人生はみな空である(1:2-11)という基本的なテーマを「風を追うようなものである」(1:17)と言うことから始める。第一部は完全に自伝的(自分自身について言われたか書いたもの)である。ソロモンは富や楽しみ、またこの世界での成功といった、徹底的に自己中心的な人生の最高のときを描いている(1:12-2:23)。そのようなものを通して幸福を見つけようとしても得られたのは、ただ不満とむなしさだけである。ほとんど全部の部分で著者は神を中心にしない人生の無意味さと混乱についてまとまりのない考え方を書いている。「日の下で」(27回出てくる表現)の人生とは神に従わない人の目を通して見た人生を描いたことばのあやである。そのような人生は公正さとバランスを欠いている。そして突然の変化や愚かなプライドに満ちていて不確実である。ソロモンは「日の上」つまり神を見るときにだけ人生の最高の意味を見つけるのである。享楽を探し求めることには深さがない。無責任で無謀で愚かである。愚かな冒険や努力のために無駄にするには青年時代は非常に短く、また人生全体は短すぎる。人生の予想外の変化と死の確かさとのために、ソロモンは神の方法や目的についても皮肉的(否定的、悲観的)になった。最後には若

者に若いときに神を覚えるようにと教えている。そうすれば苦々しい後悔をしながら年をとらず、また無駄に過した人生について神に言訳をする必要はなくなるのである。

特　徴
伝道者の書には五つの大きな特徴がある。
（1）非常に個人的な書物である。著者は「私」という人称代名詞を最初の10章の中で繰返し使っている。
（2）神から離れた人生は絶望的に不安定で、全くむなしいというメッセージを伝えるときの著者の態度は非常に否定的である。事実、この「むなしい」ということばは非常に多く出てくる。ソロモンは人生の中での様々な道理に合わないこと（矛盾）や困惑（混乱や不確かなこと）を観察している（→2：23と2：24，8：12と8：13，7：3と8：15）。
（3）ソロモンの忠告の中心は「神を恐れよ。神の命令を守れ。これが人間にとってすべてである」（12：13）という最後のことばに表れている。
（4）文章形式は非常に興味深い。用語、表現法、文章構造は旧約聖書の中で最も難しいヘブル語で、どの時代のヘブル文学の枠にも簡単には当てはまらない。
（5）人が年をとることについて、聖書の中で最も絵のような物語、象徴的な描写をしている（12：2-7）。

新約聖書での成就
伝道者の書から新約聖書に引用されているのは1節だけであるけれども（人類全部に罪があることに関して7：20がロマ3：10に引用されている）、間接的な参照はいくつかある。それはマタイの福音書16章27節、ローマ人への手紙2章6－8節、コリント人への手紙第二5章10節、テサロニケ人への手紙第二1章6－7節の場合の3章17節、11章9節、12章14節や、テモテへの手紙第一6章7節の場合の5章15節などである。主イエスはこの世界の財産を集めることがどれほどむなしいことであるかという著者の結論に同意されて、（1）地上に宝を蓄えるべきではない（マタ6：19-21, 24）、（2）全世界を手に入れてもいのちを失うのでは意味がない（マタ16：26）と言われた。神を離れた人生は無意味で失敗であるという伝道者の書の主題は、喜び、救い、永遠のいのちはただ神からの贈り物として与えられるという新約聖書のメッセージへの下準備となっている（⇒ヨハ10：10, ロマ6：23）。

多くの点からこの書物は新約聖書の啓示への道備えをしている。人生の絶望と死の確実性を強調することによって読み手に死とさばきについての神の答を待つ備えをさせている。その答とは、神との個人的な関係、主イエス・キリストの犠牲を通して可能になった永遠のいのちの報いである。旧約聖書の中で最も知恵のある人でも利己的な楽しみ、富、知識を追求することによって人生の問題について満足できる答を見つけることができなかったのだから、新約聖書が「ソロモンよりもまさった者」（マタ12：42）と言っている方に答を求めるべきである。その方は「知恵と知識との宝がすべて隠されている」（コロ2：3）イエス・キリストである。

伝道者の書の通読
旧約聖書全体を1年間で通読するためには、伝道者の書を次のスケジュールに従って4日間で読まなければならない。
☐1-2　☐3-5　☐6-8　☐9-12

メ　モ

すべてがむなしい

1 ¹エルサレムでの王、ダビデの子、伝道者のことば。

² 空の空。伝道者は言う。
空の空。すべては空。

³ 日の下で、どんなに労苦しても、
それが人に何の益になろう。

⁴ 一つの時代は去り、次の時代が来る。
しかし地はいつまでも変わらない。

⁵ 日は上り、日は沈み、
またもとの上る所に帰って行く。

⁶ 風は南に吹き、巡って北に吹く。
巡り巡って風は吹く。
しかし、その巡る道に風は帰る。

⁷ 川はみな海に流れ込むが、
海は満ちることがない。
川は流れ込む所に、また流れる。

⁸ すべての事はものうい。
人は語ることさえできない。
目は見て飽きることもなく、
耳は聞いて満ち足りることもない。

⁹ 昔あったものは、これからもあり、

昔起こったことは、これからも起こる。
日の下には新しいものは一つもない。

¹⁰「これを見よ。これは新しい」と言われるものがあっても、それは、私たちよりはるか先の時代に、すでにあったものだ。

¹¹ 先にあったことは記憶に残っていない。
これから後に起こることも、それから後の時代の人々には記憶されないであろう。

知恵はむなしい

¹² 伝道者である私は、エルサレムでイスラエルの王であった。

¹³ 私は、天の下で行われるいっさいの事について、知恵を用いて、一心に尋ね、探り出そうとした。これは、人の子らが労苦するようにと神が与えたつらい仕事だ。

¹⁴ 私は、日の下で行われたすべてのわざを見たが、なんと、すべてがむなしいことよ。風を追うようなものだ。

¹⁵ 曲がっているものを、まっすぐにはできない。
なくなっているものを、数えることは

10①伝1:1
②伝1:1, 12, 7:27, 12:8-10
2①伝12:8, 詩89:47, ロマ8:20
1:1
3①伝1:9, 14, 2:11, 17:20, 22, 3:16, 4:1, 3, 7, 15, 5:13, 18, 6:1, 12, 8:9, 15, 17, 9:3, 6, 9, 11, 13, 10:5
②伝2:11, 15, 22, 3:9, 5:11, 16, 6:11, 10:11
4①詩104:5, 119:90
5①詩19:4-6
＊直訳「あえぐ」
8①伝4:8, 5:10, 箴27:20
9①伝3:15

10①伝2:12, 6:10
11①伝2:16, 8:10, 9:5, 15
12①伝1:1
13①伝7:25, 8:17
②伝3:11
14①伝1:17, 2:1, 11, 15, 17, 19, 21, 23, 26, 3:19, 4:4, 8, 16, 5:10, 6:2, 9, 7:6, 8:10, 14, 11:8, 10
＊直訳「追う努力だ」
15①伝7:13

1:2 すべては空 この節は地上での人の行動は神の願いと目的から離れて行われるなら、結局はむなしいという伝道者の書の主題を示している。もし神との個人的な関係を拒んで、神が私たちの生活に愛をもって介入されるのを拒むなら、私たちの生涯は本当の目的を持つこともそれを達成することもできない。この書物のもう一つの重要な点は、神によって創造されたものもこの世界のむなしさと堕落に苦しむことを指摘していることである。

（1）著者が目指しているのは人々が完全に世俗的な世界観、神を認めない世界観の上に置いている間違った希望を打砕くことである。著者は人々に悪と不正と死という厳かな現実を知って、神から離れた人生はむなしく本当の幸福を生み出せないことを認めてほしいのである。

（2）希望がないという問題は神を信じ頼ることを通して解決される。神を知り頼ることが人生を生きがいのあるものにする唯一の方法である。もし永遠に続く希望、喜び、平安を体験したいなら、一時的な地上のものではなく、永遠の天に希望と努力目標を置くべきである（3:12-17, 8:12-13, 12:13-14）。

1:5-11 日は上り 普通に見ると、地球や宇宙にあるものはみな初めに決められた通りに何も変らないで動いているように見える。そこで人間は自然を見て、自分が地上に存在する独特の目的や意味、理由を見つけることができない。自然界の同じパターンを見ているだけでは満足を得ることができない。事実、存在しているものの中には最終的なより高い目的は何もないという態度しか生れてこない。さらにこの見方をすれば、神による創造の中にある不思議を見つけることができない。

1:9 日の下には新しいものは一つもない この節は新しい発明や発展がないと言っているのではなく、新しい種類の活動や大望や目的が一般的にないという意味である。歴史を通して人々は同じような型の目標や願いを達成してきたけれども（形式や姿は少しだけ違っても）、昔の人のような満足を得ることはなかった。

1:12-18 伝道者である私は・・・知恵を用いて・・・探り出そう 人類は自分自身で人生の目的を見つけることはできないし、また世界の中にある間違ったものを自分の努力だけで直すこともできない（1:15）。その解決には人間の知恵や考えよりも高度でさらに効果的なものが必要である。その知恵は「上からの知恵」（ヤコ3:17）であり、「隠された奥義としての神の知恵であって、それは、神が、私たちの栄光のために、世界の始まる前から、あらかじめ定められたもので」あ

伝道者の書 1-2章

できない。

16 私は自分の心にこう語って言った。「今や、私は、私より先にエルサレムにいただれよりも知恵を増し加えた。私の心は多くの知恵と知識を得た。」
17 私は、一心に知恵と知識を、狂気と愚かさを知ろうとした。それもまた風を追うようなものであることを知った。
18 実に、知恵が多くなれば悩みも多くなり、
知識を増す者は悲しみを増す。

快楽はむなしい

2 ¹ 私は心の中で言った。「さあ、快楽を味わってみるがよい。楽しんでみるがよい。」しかし、これもまた、なんとむなしいことか。
² 笑いか。ばからしいことだ。快楽か。それがいったい何になろう。
³ 私は心の中で、私の心は知恵によって導かれているが、からだはぶどう酒で元気づけようと考えた。人の子が短い一生の間、天の下でする事について、何が良いかを見るまでは、愚かさを身につけていようと考えた。
⁴ 私は事業を拡張し、邸宅を建て、ぶどう畑を設け、
⁵ 庭と園を造り、そこにあらゆる種類の果樹を植えた。
⁶ 木の茂った森を潤すために池も造った。
⁷ 私は男女の奴隷を得た。私には家で生まれた奴隷があった。私には、私より先にエルサレムにいただれよりも多くの牛や羊もあった。
⁸ 私はまた、銀や金、それに王たちや諸州の宝も集めた。私は男女の歌うたいをつくり（Ⅰコリ2:7）。

2:1-11 快楽・・・これもまた、なんとむなしいこと ソロモンは個人的体験から快楽や富、文化的体験は本当の満足や幸福、達成感をもたらさないと言っている。これらのものはみなむなしさや幻滅を感じさせるだけである（2:11）。いつまでも続く平安や達成感、喜びは神と神の目的を知ることによってのみ得る

り、人の子らの快楽である多くのそばめを手に入れた。
⁹ 私は、私より先にエルサレムにいただれよりも偉大な者となった。しかも、私の知恵は私から離れなかった。
¹⁰ 私は、私の目の欲するものは何でも拒まず、心のおもむくままに、あらゆる楽しみをした。実に私の心はどんな労苦をも喜んだ。これが、私のすべての労苦による私の受ける分であった。
¹¹ しかし、私が手がけたあらゆる事業と、そのために私が骨折った労苦とを振り返ってみると、なんと、すべてがむなしいことよ。風を追うようなものだ。日の下には何一つ益になるものはない。

知恵と愚かさはむなしい

¹² 私は振り返って、知恵と、狂気と、愚かさとを見た。いったい、王の跡を継ぐ者も、すでになされた事をするのにすぎないではないか。
¹³ 私は見た。光がやみにまさっているように、知恵は愚かさにまさっていることを。
¹⁴ 知恵ある者は、その頭に目があるが、愚かな者はやみの中を歩く。しかし、みな、同じ結末に行き着くことを私は知った。
¹⁵ 私は心の中で言った。「私も愚かな者と同じ結末に行き着くのなら、それでは私の知恵は私に何の益になろうか。」私は心の中で語った。「これもまたむなしい」と。
¹⁶ 事実、知恵ある者も愚かな者も、いつまでも記憶されることはない。日がたつと、いっさいは忘れられてしまう。知恵ある者も愚かな者とともに死んでいなくなる。

労苦はむなしい

¹⁷ 私は生きていることを憎んだ。日の下で行われるわざは、私にとってはわざわいことができる。

2:12-17 知恵と・・・愚かさ 知恵のある人のほうが愚か者よりも問題が少ないので、賢く生きることに一時的ではあっても重要な利点があるとソロモンは見た。けれども人生の終わりになると、その利点も死によって取消されてしまう。そこでもし神の永遠のご計画のために使われないなら知恵には永遠の価値がない

だ。すべてはむなしく、風を追うようなものだから。

18 私は、日の下で骨折ったいっさいの労苦を憎んだ。後継者のために残さなければならないからである。

19 後継者が知恵ある者か愚か者か、だれにわかろう。しかも、私が日の下で骨折り、知恵を使ってしたすべての労苦を、その者が支配するようになるのだ。これもまた、むなしい。

20 私は日の下で骨折ったいっさいの労苦を思い返して絶望した。

21 どんなに人が知恵と知識と才能をもって労苦しても、何の労苦もしなかった者に、自分の分け前を譲らなければならない。これもまた、むなしく、非常に悪いことだ。

22 実に、日の下で骨折ったいっさいの労苦と思い煩いは、人に何になろう。

23 その一生は悲しみであり、その仕事には悩みがあり、その心は夜も休まらない。これもまた、むなしい。

24 人には、食べたり飲んだりし、自分の労苦に満足を見いだすよりほかに、何も良いことがない。これもまた、神の御手によることがわかった。

25 実に、＊神から離れて、だれが食べ、だれが楽しむことができようか。

26 なぜなら、神は、みこころにかなう人には、知恵と知識と喜びを与え、罪人には、神のみこころにかなう者に渡すために、集め、たくわえる仕事を与えられる。これもまた、むなしく、風を追うようなものだ。

すべてのことには時がある

3

1 天の下では、何事にも定まった時期があり、
すべての営みには時がある。

2 生まれるのに時があり、死ぬのに時がある。
植えるのに時があり、
植えた物を引き抜くのに時がある。

3 殺すのに時があり、いやすのに時がある。
くずすのに時があり、建てるのに時がある。

4 泣くのに時があり、ほほえむのに時がある。
嘆くのに時があり、踊るのに時がある。

5 石を投げ捨てるのに時があり、
石を集めるのに時がある。
抱擁するのに時があり、
抱擁をやめるのに時がある。

6 捜すのに時があり、失うのに時がある。
保つのに時があり、投げ捨てるのに時がある。

7 引き裂くのに時があり、
縫い合わせるのに時がある。
黙っているのに時があり、話をするの

とソロモンは見た。

2:18-23　骨折ったいっさいの労苦を憎んだ　人の働きは神にささげたものでなければ永遠の価値がない（→コロ3:23注）。私たちが持っているものや人生で手に入れた名誉も死んだあとには残され、だれかほかの人々によって間違って使われ浪費されてしまうかもしれない。

2:24-26　神の御手による　著者は次の二つの結論に到達する。（1）食べること、飲むこと、働くこと（実際には人生の行動の大部分）は、もしその人が神との個人的な関係を持っているなら満足感をもたらすことができる。私たちを創造された方は人生の楽しみを見つけられるようにしてくださる方である。（2）神に頼り、それを行動で示す人々に神は本当の知恵、知識、喜びを与えてくださる（⇒3:12-13, 22, 5:18-20, 8:15, 9:7）。私たちは人生は神からの贈り物だと考え、与えられた目的を実現できるようにしていただかなければならない（→ピリ2:13注）。

3:1-8　何事にも定まった時期があり・・・時がある　生涯を通して私たちはほとんど、あるいは全く自分ではコントロールできない時間や変化の影響によって制限されている。けれども神はすべての人のために地上での目的と活動とともに永遠のご計画を持っておられる。もし私たちがよこしまな行動や動機を避けて神の目的のために自分の生涯を備えるなら、聖霊は私たちの中で、また私たちを通して神の完璧なご計画を達成してくださる。たといどのような変化（喜びや困難を含む）が起きても、人生や情況を支配される神に信頼し続ける限り、神のご計画を神の完璧なタイミングで実行することができる（→ロマ12:1-2注）。

伝道者の書 3-4章

に時がある。
8 愛するのに時があり、憎むのに時がある。
戦うのに時があり、和睦するのに時がある。

9 働く者は労苦して何の益を得よう。
10 私は神が人の子らに与えて労苦させる仕事を見た。
11 神のなさることは、すべて時にかなって美しい。神はまた、人の心に永遠を与えられた。しかし人は、神が行われるみわざを、初めから終わりまで見きわめることができない。
12 私は知った。人は生きている間に喜び楽しむほか何も良いことがないのを。
13 また、人がみな、食べたり飲んだりし、すべての労苦の中にしあわせを見いだすこともまた神の賜物であることを。
14 私は知った。神のなさることはみな永遠に変わらないことを。それに何かをつけ加えることも、それから何かを取り去ることもできない。神がこのことをされたのだ。人は神を恐れなければならない。
15 今あることは、すでにあったこと。これからあることも、すでにあったこと。神は、すでに追い求められたことをこれからも捜し求められる。

9 ①→伝1:3
10 ①伝1:13
11 ①創1:31
   ②伝7:23, 8:17, 11:5, ヨブ5:9, ロマ11:33
12 ①伝2:24
13 ①伝2:24, 5:19
14 ①ヤコ1:17, 詩33:11
   ②伝5:7, 7:18, 8:12, 13, 12:13
15 ①伝1:9

16 ①伝5:8
17 ①伝11:9
   ②伝3:1, 8:6
18 ①詩49:12, 20, 73:22
19 ①伝9:12
   ②伝2:16
   ③→伝1:14
20 ①伝12:7, 創3:17, ヨブ34:15, 詩103:14
21 ①伝12:7
22 ①伝2:10
   ②伝6:12, 8:7, 10:14

1 ①→伝1:3
   ②伝5:8, ヨブ35:9

16 さらに私は日の下で、さばきの場に不正があり、正義の場に不正があるのを見た。
17 私は心の中で言った。「神は正しい人も悪者もさばく。そこでは、すべての営みと、すべてのわざには、時があるからだ。」
18 私は心の中で人の子について言った。「神は彼らを試み、彼らが獣にすぎないことを、彼らが気づくようにされたのだ。」
19 人の子の結末と獣の結末とは同じ結末だ。これも死ねば、あれも死ぬ。両方とも同じ息を持っている。人は何も獣にまさっていない。すべてはむなしいからだ。
20 みな同じ所に行く。すべてのものはちりから出て、すべてのものはちりに帰る。
21 だれが知っているだろうか。人の子らの霊は上に上り、獣の霊は地の下に降りて行くのを。
22 私は見た。人は、自分の仕事を楽しむよりほかに、何も良いことがないことを。それが彼の受ける分であるからだ。だれが、これから後に起こることを人に見せてくれるだろう。

しいたげ、労苦、孤独感

4 1 私は再び、日の下で行われるいっさいのしいたげを見た。見よ、しいたげられている者の涙を。彼らには慰める者がいない。しいたげる者が権力をふるう。し

3:11 人の心に永遠を与えられた 神はそれぞれの人の中に地上の存在を超えた何かを求める願いを生まれつき与えられた。人類は心の奥深くで平和のうちに永遠に生きたいと願っている。この世界と人生の活動の中にいつまでも続く価値を見出し、永遠に意味のあるものにつながりたいのである。そういう訳で完全な満足は物質やこの世界の活動、地上の快楽などでは決して得られないのである。

3:13 神の賜物 人生を本来のかたちで楽しむ能力を神は賜物として与えられる。けれどもその賜物は私たちが(神の御子イエス・キリストを信じる信仰によって)神との正しい関係に入り、自分自身を神の導きに心からゆだねるときに受取るのである。

3:16-17 不正がある この世界では悪と不正が神の目的を邪魔するために確かに現れる。けれども神はご自分が定められた時に邪悪な人々をさばき、正しい人々に報いてくださることを私たちは確信できる(⇒

ロマ2:5-11)。

3:19 あれも死ぬ 生物学的には人間も動物と同じように死ぬ。この事実は私たちの弱さともろさを示している。したがって私たちは神を恐れ、神に対して決して反抗しようとしたり、人生の選択肢の一つであるかのように軽く考えてはならない。私たちの存在と目的達成とは神との関係にかかっている。人生を神の配慮と導きに任せ、神を敬ってその指示に従って何をするにも最高のものをささげるようにするべきである(→12:13注)。

3:21 人の子らの霊は上に上り 人の霊が上に上るかどうかは肉体の目で見て判断できない。この節の本当の意味は、ソロモンが「霊はこれを下さった神に帰る」と言っている12:7に示されている(⇒詩16:9-11, 49:15, 73:23-26, イザ26:19, ダニ12:2-3)。

4:1 彼らには慰める者がいない 神と神の道を拒んでいる世界を見渡したとき、ソロモンは至る所に虐げ

かし、彼らには慰める者がいない。
² 私は、まだいのちがあって生きながらえている人よりは、すでに死んだ死人のほうに祝いを申し述べる。
³ また、この両者よりもっと良いのは、今までに存在しなかった者、日の下で行われる悪いわざを見なかった者だ。
⁴ 私はまた、あらゆる労苦とあらゆる仕事の成功を見た。それは人間同士のねたみにすぎない。これもまた、むなしく、風を追うようなものだ。

⁵ 愚か者は、手をこまねいて、自分の肉を食べる。
⁶ 片手に安楽を満たすことは、
  両手に労苦を満たして風を追うのにまさる。

⁷ 私は再び、日の下にむなしさのあるのを見た。
⁸ ひとりぼっちで、仲間もなく、子も兄弟もない人がいる。それでも彼のいっさいの労苦には終わりがなく、彼の目は富を求めて飽き足りることがない。そして、「私はだれのために労苦し、楽しみもなくて自分を犠牲にしているのか」とも言わない。これもまた、むなしく、つらい仕事だ。

2①伝2:17, 6:3,
 ヨブ3:11, 12, 10:18, 19
4①→伝1:14
5①箴6:10, 24:33
②イザ9:20
8①伝15:16, 17, 16:8
②①伝1:8, 5:10, 箴27:20
②詩39:6
③→伝1:14
④伝1:13

⁹ ふたりはひとりよりもまさっている。ふたりが労苦すれば、良い報いがあるからだ。
¹⁰ どちらかが倒れるとき、ひとりがその仲間を起こす。倒れても起こす者のいないひとりぼっちの人はかわいそうだ。
¹¹ また、ふたりがいっしょに寝ると暖かいが、ひとりでは、どうして暖かくなろう。
¹² もしひとりなら、打ち負かされても、ふたりなら立ち向かえる。三つ撚りの糸は簡単には切れない。

出世はむなしい
¹³ 貧しくても知恵のある若者は、もう忠言を受けつけない年とった愚かな王にまさる。
¹⁴ たとい、彼が牢獄から出て来て王になったにしても、たとい、彼が王国で貧しく生まれた者であったにしても。
¹⁵ 私は、日の下に生息するすべての生きものが、王に代わって立つ後継の若者の側につくのを見た。
¹⁶ すべての民には果てしがない。彼が今あるすべての民の先頭に立っても、これから後の者たちは、彼を喜ばないであろう。これもまた、むなしく、風を追うようなものだ。

13①伝9:15
15＊直訳「第二の」
16①→伝1:14

と苦しみがあるのを見た。見たところでは助けや慰めがないようであり、その問題を解決できる人はいないようだった。これは今日でもその通りである。この世界には多くの虐げがあるけれども、慰めがないわけではない。神が「すべての慰めの神」(Ⅱコリ1:3)だからである。旧約聖書の時代に人々が神を仰いだとき、父である神は慰めてくださった(詩86:17, イザ51:3, 12)。主イエスは地上におられたとき、慰めと癒しを与えられた(マタ9:22)。そして助け主である聖霊が慰めの源(ヨハ14:16)として今日のキリスト者ひとりひとりの所に来られると約束された。またキリスト者も互いに慰め合うようにと教えられている(Ⅱコリ1:4)。

4:4-8　片手に安楽を満たすことは、両手に労苦を満たして　人々はしばしば誇りやねたみによる野望、自己中心的な競争のために熱心に働き、自分の技術を上達させる。目指すのは良い印象を与え、ほかの人々に勝つことである。けれどもこのような動機は自己破壊的である(4:5)。神は私たちが穏やかに過すことを願っておられる。それはよく鍛錬され自分の能力について謙虚になり、神を敬い、ほかの人々を励ますように良い働きをして生きることである。このためには協力をすることが必要であり(4:9)、互いに助け合う方法を探す必要がある(4:10-11)。

4:9-12　ふたりはひとりよりもまさっている　仲間を持つことには多くの利点がある。神は私たちが孤立してではなく、結び付きを持って生活するように創造された(創2:18)。私たちはみな友人や家族、仲間のキリスト者からの愛と助けと支えを必要としている(使2:42)。けれどもこれらのものが全部あっても神との個人的な関係がなければ不十分である。それがあって初めて、私たちは父と子と聖霊の神との絶えることのない交わりを体験することができる(Ⅰコリ1:9, Ⅱコリ13:13, ピリ2:1, Ⅰヨハ1:3, 6-7)。

4:13-16　これから後の者たちは・・・喜ばないであろう　知恵のある若者と助言を受付けない年とった愚かな王が対比されているけれども、指導者が横柄になり高慢で人々にどのように仕えるかを忘れ(4:13)、

伝道者の書　5章

神を恐れかしこめ

5 ¹神の宮へ行くときは、自分の足に気をつけよ。近寄って聞くことは、愚かな者がいけにえをささげるのにまさる。彼らは自分たちが悪を行っていることを知らないからだ。

²神の前では、軽々しく、心あせってことばを出すな。神は天におられ、あなたは地にいるからだ。だから、ことばを少なくせよ。

³　仕事が多いと夢を見る。
　ことばが多いと愚かな者の声となる。

⁴神に誓願を立てるときには、それを果たすのを遅らせてはならない。神は愚かな者を喜ばないからだ。誓ったことは果たせ。

⁵誓って果たさないよりは、誓わないほうがよい。

⁶あなたの口が、あなたに罪を犯させないようにせよ。使者の前で「あれは過失だ」と言ってはならない。神が、あなたの言うことを聞いて怒り、あなたの手のわざを滅ぼしてもよいだろうか。

⁷　夢が多くなると、
　　むなしいことばも多くなる。
　　ただ、神を恐れよ。

富はむなしい

⁸ある州で、貧しい者がしいたげられ、権利と正義がかすめられるのを見ても、そのことに驚いてはならない。その上役には、それを見張るもうひとりの上役がおり、彼らよりももっと高い者たちもいる。

⁹何にもまして、国の利益は農地を耕させる王である。

¹⁰金銭を愛する者は金銭に満足しない。富を愛する者は収益に満足しない。これもまた、むなしい。

¹¹財産がふえると、寄食者もふえる。持ち主にとって何の益になろう。彼はそれを目で見るだけだ。

¹²働く者は、少し食べても多く食べても、ここちよく眠る。富む者は、満腹しても、安眠をとどめられる。

¹³私は日の下に、痛ましいことがあるのを見た。所有者に守られている富が、その人に害を加えることだ。

¹⁴その富は不幸な出来事で失われ、子どもが生まれても、自分の手もとには何もない。

¹⁵母の胎から出て来たときのように、また裸でもとの所に帰る。彼は、自分の労苦によって得たものを、何一つ手に携えて行く

---

1 ①出3:5, 30:18-21
　②Ⅰサム15:22, 箴15:8, 21:27, ホセ6:6
2 ①箴20:25
　②マタ6:7
3 ①伝10:14, ヨブ11:2, 箴10:19
4 ①民30:2, 申23:21-23, 詩50:14, 66:13, 14, 76:11
6 ①マラ2:7
7 ①伝3:14, 7:18, 8:12, 12:13

8 ①伝4:1, エゼ18:18
　②伝3:16
　③Ⅰペテ4:12
10 ①伝1:8
　　→伝1:14
11 ①箴19:6
12 ①歳3:24
13 ①→伝1:3
　　②伝6:2
15 ①ヨブ1:21
　　②詩49:17, Ⅰテモ6:7

導いている人々から学ぶことを忘れたときはそれがどれほど悲しいことかが示されている。

5:1　神の宮へ行くときは、自分の足に気をつけよ　礼拝のために神の宮に入るときに私たちは思慮深く、聖い恐れに満たされて、決して軽々しく騒いだり気取ったりしてはならない。神の臨在があるのは当り前だと決めて考えてはならない。神を知っている私たちは神を敬って神から聞く（そして学んだことを実行する）ために霊的に備えられて礼拝に出るべきである。

5:4-6　誓ったことは果たせ　誓約とは神への厳粛な心からの約束である。誓約をする人はあらゆる努力をしてそれを守らなければならない。旧約聖書の時代に人々はしばしば誓約を果すために神殿に来た。新約聖書のキリスト者もある意味では礼拝の場で誓約を果している。たとえば、主の晩餐（聖餐式）に参加するときには、基本的に自分自身を罪から分離し神に献身するという誓約をしているのである（→Ⅰコリ11:20注）。その後出て行って神が喜ばれないことにかかわるなら神を辱めることになり、神の怒りとさばきを受けることになる。なぜならその誓約が誠実に行われなかったからである。それはうそをつくことである。神に対してうそを言うことは厳しい罰を受ける（アナニヤとサッピラ →使5:1-11）。守ることができない神への愚かな誓約や約束をしないようにと神のことばは教えている（マタ5:33-37）。神とほかの人々のために行うと言ったことはそのまま行うべきである。

5:8　もっと高い者たちもいる　貧しい人々が虐げられ、公正が欠けているのを見て、ソロモンはほかの人々を軽く取扱い生活を困難にさせている人に対して、神が最高の裁判官であることを指摘している。神はだれよりも上におられ、さばきの日に最終的な審判をなさるのである。

5:10-17　金銭を愛する者は金銭に満足しない　お金や財産などは非常に多く持っても人生に意味を与えないし、本当の幸福をもたらすことができない。一般的に一日の仕事を終えたまじめな労働者は穏やかに眠ることができる。ところが必要以上に多くのものを持っている人は何もかも失ってしまうことを恐れて、心配でよく休むことができない。富や財産が安全であると感じていても、死ぬときには何も持って行くことはで

16 これは痛ましいことだ。出て来たときと全く同じようにして去って行く。風のために労苦して何の益があるだろう。
17 しかも、人は一生、やみの中で食事をする。多くの苦痛、病気、そして怒り。
18 見よ。私がよいと見たこと、好ましいことは、神がその人に許されるいのちの日数の間、日の下で骨折るすべての労苦のうちに、しあわせを見つけて、食べたり飲んだりすることだ。これが人の受ける分なのだ。
19 実に神はすべての人間に富と財宝を与え、これを楽しむことを許し、自分の受ける分を受け、自分の労苦を喜ぶようにされた。これこそが神の賜物である。
20 こういう人は、自分の生涯のことをくよくよ思わない。神が彼の心を喜びで満たされるからだ。

6

1 私は日の下で、もう一つの悪があるのを見た。それは人の上に重くのしかかっている。
2 神が富と財宝と誉れとを与え、彼の望むもので何一つ欠けたもののない人がいる。しかし、神は、この人がそれを楽しむことを許さず、外国人がそれを楽しむようにされる。これはむなしいことで、それは悪い病だ。
3 もし人が百人の子どもを持ち、多くの年月を生き、彼の年が多くなっても、彼が幸いで満たされることなく、墓にも葬られなかったなら、私は言う、死産の子のほうが彼よりはましだと。
4 その子はむなしく生まれて来て、やみの中に去り、その名はやみの中に消される。
5 太陽も見ず、何も知らずに。しかし、この子のほうが彼よりは安らかである。
6 彼が千年の倍も生きても、――しあわせな目に会わなければ――両者とも同じ所に行くのではないか。
7 人の労苦はみな、自分の口のためである。
しかし、その食欲は決して満たされない。
8 知恵ある者は、愚かな者より何がまさっていよう。人々の前での生き方を知っている貧しい人も、何がまさっていよう。
9 目が見るところは、心があこがれることにまさる。これもまた、むなしく、風を追うようなものだ。
10 今あるものは、何であるか、すでにその名がつけられ、また彼がどんな人であるかも知られている。彼は彼よりも力のある者と争うことはできない。
11 多く語れば、それだけむなしさを増す。それは、人にとって何の益になるだろう。
12 だれが知ろうか。影のように過ごすむなしいつかのまの人生で、何が人のために善であるかを。だれが人に告げることができ

16 ①箴11:29
②伝1:3, 2:11, 3:9
17 ①伝2:23
18 ①伝2:24, 3:12, 13, 22, 9:7
19 ①伝6:2
②伝2:24, 3:13
1 ①→伝1:3
2 ①Ⅰ列3:13
②→伝1:14
3 ①イザ14:20, エレ8:2, 22:19
②伝4:3, ヨブ3:11, 6, 詩58:8
6 ①伝2:14
7 ①箴16:26
8 ①伝2:15
9 ①伝11:9
10 ①伝1:9-11, 3:15
②箴21:30, ヨブ9:32, 40:2, イザ45:9
12 ①ヨブ8:9, 14:2, 詩39:5, 6, 102:11, 109:23, 144:4, ヤコ4:14

きない。報いは天に宝を積むことによって与えられる（マタ6:19-21）。永遠に人々に霊的影響を与える最善の努力をしなければならない。

5:18-20 自分の労苦を喜ぶようにされた。これこそが神の賜物である 私たちが仕事を楽しみ、正直で公正な方法で生活のために必要なものを手に入れることを神が許されたので、持っているものは神の賜物であると考えなければならない。そして必要以上のものを持っているなら、ほかの人々を助けたり、地上での神の働きが前進するのに役立てるようにするべきである。仕事が楽しくなく、ほかの人々から感謝されない場合でも神ご自身のための仕事と考えて行うべきである（エペ6:5-8、コロ3:22-24）。そうすれば神は当然の報いを与えてくださる。

6:2 外国人がそれを楽しむようにされる 人生を楽しむために必要なものをみな持っているように見えても幸福ではない人がいる。今持っているもので楽しめるかどうかは神と正しい関係にあるかどうかに直接関係している。もし神と神の目的に全部を任せているなら、与えられているもので楽しむ能力も神は与えてくださる。

6:3-6 彼が千年の倍も生きても 若い人の死は悲しい。けれども長生きすれば神が与えられたものを楽しめるかというとその保証はない。生活が困難に満ちていると人は判断を誤り、愚かにも死んで痛みや苦しみから解放されたい（⇒ヨブ3:）という願いを持ってしまう。永遠の世界に照らしてみると、大切なことは神が計画された人生を生きることである（⇒12:13-14）。

6:10 彼は彼よりも力のある者と争うことはできない 神は全知であり全能である。そして私たちのことを何でも知っておられるから、私たちにとって何が最善であるかを神と争うのは愚かなことである。将来が

伝道者の書 6-7章

ようか。彼の後に、日の下で何が起こるかを。

知恵

7

1 良い名声は良い香油にまさり、
  死の日は生まれる日にまさる。
2 祝宴の家に行くよりは、
  喪中の家に行くほうがよい。
  そこには、すべての人の終わりがあり、
  生きている者が
  それを心に留めるようになるからだ。
3 悲しみは笑いにまさる。
  顔の曇りによって心は良くなる。
4 知恵ある者の心は喪中の家に向き、
  愚かな者の心は楽しみの家に向く。
5 知恵ある者の叱責を聞くのは、
  愚かな者の歌を聞くのにまさる。
6 愚かな者の笑いは、
  なべの下のいばらがはじける音に似ている。
  これもまた、むなしい。
7 しいたげは知恵ある者を愚かにし、
  まいないは心を滅ぼす。

8 事の終わりは、その初めにまさり、
  忍耐は、うぬぼれにまさる。
9 軽々しく心をいらだててはならない。
  いらだちは愚かな者の胸にとどまるから。
10 「どうして、昔のほうが今より良かったのか」と言ってはならない。このような問いは、知恵によるのではない。
11 資産を伴う知恵は良い。
  日を見る人に益となる。
12 知恵の陰にいるのは、
  金銭の陰にいるようだ。
  知識の益は、
  知恵がその持ち主を生かすことにある。
13 神のみわざに目を留めよ。神が曲げたものをだれがまっすぐにできようか。
14 順境の日には喜び、逆境の日には反省せよ。これもあれも神のなさること。それは後の事を人にわからせないためである。
15 私はこのむなしい人生において、すべての事を見てきた。正しい人が正しいのに滅び、悪者が悪いのに長生きすることがある。
16 あなたは正しすぎてはならない。知恵がありすぎてはならない。なぜあなたは自分を滅ぼそうとするのか。

どうなるかを知っておられるのは神だけだから神に信頼し、人生の導きを神に謙虚に求めていくことが最善である。

7:1 良い名声は良い香油にまさり どんな良いものを持つことより、どんな高い地位に就くことよりも良い品性と高潔であるとの評判（名誉と徳）のほうが重要であり価値がある。神を敬う品性と同情心のある人は財産や人気だけに関心のある人よりも長い間ほかの人々に感化を与えることができる。

7:1 死の日 神に従う人にとって死の日は生れた日よりも良い日である。それは神とともに過すはるかにすばらしいいのちの始まりだからである（Ⅱコリ5:1-10, ピリ1:21-23, →「死」についての項 p.850）。

7:2-6 悲しみは笑いにまさる 困難なときにこそ私たちは最も多くのことを学ぶ。それによって品性が成長し、神と人々に仕える必要に気が付き、さらに関心を持つようになる。たとえば注意を受けるときは悲しく感じるかもしれないけれども、それによって変えられて神に頼るようになるなら、その悲しさが有益だったことになる。人生の現実的な問題は扱うのが難しいけれども、神の助けを受けてそれに直面することのほうが、それを否定していつも笑いや「楽しい時間」だけを求めていることよりもはるかに良いことである。

7:8-14 神のみわざに目を留めよ ソロモンは神が与えられた目標に向かって、それがどんなに困難であっても前進し続けるようにと迫っている（⇒ピリ3:13-14）。どんな情況の中にいても神が私たちの内に働いておられることを認めるなら、成功や繁栄を楽しむことができるし、失敗や逆境を通して神に信頼することを学ぶことができる。私たちは使徒パウロ（初代教会の開拓宣教者、新約聖書の多くの手紙の著者）のように、富んでいても乏しくても満足することを学ばなければならない（ピリ4:12）。

7:16 あなたは正しすぎてはならない。知恵がありすぎてはならない この節は「自分を知恵のある者と思うな。主を恐れて、悪から離れよ」という箴言3:7を理解した上で解釈するべきである。これは自分自身と自分の能力を高く評価し過ぎないようにという訴えである（ロマ12:3）。自分の良い行いで霊的な救いが得られると考える人や、自分には知恵があると思って

17 悪すぎてもいけない。愚かすぎてもいけない。自分の時が来ないのに、なぜ死のうとするのか。
18 一つをつかみ、もう一つを手放さないがよい。神を恐れる者は、この両方を会得している。
19 知恵は町の十人の権力者よりも知恵者を力づける。
20 この地上には、善を行い、罪を犯さない正しい人はひとりもいないから。
21 人の語ることばにいちいち心を留めてはならない。あなたのしもべがあなたをのろうのを聞かないためだ。
22 あなた自身も他人を何度ものろったことを知っているからだ。
23 私は、これらのいっさいを知恵によって試み、そして言った。「私は知恵ある者になりたい」と。しかし、それは私の遠く及ばないことだった。
24 今あることは、遠くて非常に深い。だれがそれを見きわめることができよう。
25 私は心を転じて、知恵と道理を学び、探り出し、捜し求めた。愚かな者の悪行と狂った者の愚かさを学びとろうとした。
26 私は女が死よりも苦々しいことに気がついた。女はわなであり、その心は網、その手はかせである。神に喜ばれる者は女からのがれるが、罪を犯す者は女に捕らえられる。
27 見よ。「私は道理を見いだそうとして、一つ一つに当たり、見いだしたことは次のとおりである」と伝道者は言う。
28 私はなおも捜し求めているが、見いださない。私は千人のうちに、ひとりの男を見いだしたが、そのすべてのうちに、ひとりの女も見いださなかった。
29 私が見いだした次の事だけに目を留めよ。神は人を正しい者に造られたが、人は多くの理屈を捜し求めたのだ。

8

1 だれが知恵ある者にふさわしいだろう。
  だれが事物の意義を知りえよう。
  人の知恵は、その人の顔を輝かし、
  その顔の固さを *和らげる。

王に従え

2 *私は言う。王の命令を守れ。神の誓約があるから。
3 王の前からあわてて退出するな。悪事に荷担するな。王は自分の望むままを何でもするから。

---

17 ①ヨブ15:32, 22:16, 伝55:23, 箴10:27
18 ①伝3:14, 5:7, 8:12, 13, 12:13
19 ①伝7:12, 9:13-18, 箴21:22, 24:5
20 ①Ⅰ列8:46, Ⅱ歴6:36, ヨブ15:14, 詩143:2, 箴20:9, ロマ3:23, Ⅰヨハ1:8
23 ①伝7:23, 24, 伝1:17, 8:17, ヨブ11:7, 28:12, 20, ロマ11:33
25 ①伝1:17
26 ①箴5:3, 4
   ②箴7:23
③箴6:23, 24
④箴6:25, 22:14
27 ①伝1:1
29 ①創1:27

1 * 直訳「変える」
2 *「言う」は補足
  ①ロマ13:1
  ③伝10:4

いる人は結局滅びる。私たちには神に頼ることによってのみ与えられる本当の正しさ（正しく生活し神との正しい関係を維持していく能力）が必要である。神だけが私たちの心を変え、人生を霊的に完全に変えることができる。神のことばを理解し生活に適応するためには、聖霊がくださる本当の知恵が必要である。

7:20-22 善を行い、罪を犯さない正しい人はひとりもいない この節は神を拒んだり生活の中に罪を残していることの言訳にはならない。また神がヨブに罪がないと言われたこと（→ヨブ1:8, 2:3）と矛盾するものでもない。むしろこれは「すべての人は、罪を犯したので、神からの栄誉を受けることができ」ない（ロマ3:23, ⇒3:10-18）という真理について言っている。神は「神から生まれた」人が聖霊の力によって罪と誘惑に打勝つように期待しておられる（Ⅰヨハ3:6-9）。主イエスが備えられた赦しを受入れ、神との正しい関係に入って従順に神に従い続けるなら神は罪を責め続けることはない（ロマ4:6-7, Ⅱコリ5:19）。

7:23-28 「私は知恵ある者になりたい」と。しかし、

それは私の遠く及ばないことだった 自分の努力と推理によって知恵を得ようとする人はそれを見つけることができない。個人的体験からソロモンは本当の知恵を得るための最大の障害の一つは道徳的に正しくない欲望や物事に引かれてしまうことだと明言している。ソロモンはこの弱さをあたかも人であるように「女」（7:26）と呼んで説明している。この女は箴言8:1-4に知恵の見本として描かれている人（女）とは全く反対である。神との関係のない人は究極的な知恵を見つけることができない。まだ罪に巻込まれているからである。けれども信仰と従順によって神に喜ばれる人は神の知恵を受取り、霊的な反抗や後悔の生活から抜け出すことができる。

8:2 王の命令を守れ 「王」は神によって立てられた人間の政府を指している。神の原則に従っている政府の役人は正しい生活を励ます。神は政府の公正で高潔な法律（神の目的に逆らわない）に従うことを求めておられる（⇒テト3:1, Ⅰペテ2:13-18, →ロマ13:1注）。地域社会や指導者たちが神のご計画に従って行動して

4 王のことばには権威がある。だれが彼に、「あなたは何をするのですか」と言えようか。
5 命令を守る者はわざわいを知らない。知恵ある者の心は時とさばきを知っている。

6 すべての営みには時とさばきがある。人に降りかかるわざわいが多いからだ。
7 何が起こるかを知っている者はいない。いつ起こるかをだれも告げることはできない。
8 風を支配し、風を止めることのできる人はいない。死の日も支配することはできない。この戦いから放免される者はいない。悪は悪の所有者を救いえない。
9 私はこのすべてを見て、日の下で行われるいっさいのわざ、人が人を支配して、わざわいを与える時について、私の心を用いた。
10 そこで、私は見た。悪者どもが葬られて、行くのを。しかし、正しい行いの者が、聖なる方の所を去り、そうして、町で忘れられるのを。これもまた、むなしい。
11 悪い行いに対する宣告がすぐ下されないので、人の子らの心は悪を行う思いで満ちている。
12 罪人が、百度悪事を犯しても、長生きしている。しかし私は、神を恐れる者も、神を敬って、しあわせであることを知っている。
13 悪者にはしあわせがない。その生涯を影のように長くすることはできない。彼らは神を敬わないからだ。
14 しかし、むなしいことが地上で行われている。悪者の行いに対する報いを正しい人がその身に受け、正しい人の行いに対する報いを悪者がその身に受けることがある。これもまた、むなしい、と私は言いたい。
15 私は快楽を賛美する。日の下では、食べて、飲んで、楽しむよりほかに、人にとって良いことはない。これは、日の下で、神が人に与える一生の間に、その労苦に添えてくださるものだ。
16 私は一心に知恵を知り、昼も夜も眠らずに、地上で行われる人の仕事を見ようとしたとき、
17 すべては神のみわざであることがわかった。人は日の下で行われるみわざを見きわめることはできない。人は労苦して捜し求めても、見いだすことはない。知恵ある者が知っていると思っても、見きわめることはできない。

すべての人に共通の結末

9 1 というのは、私はこのいっさいを心に留め、正しい人も、知恵のある者も、彼らの働きも、神の御手の中にあることを確かめたからである。彼らの前にあるすべてのものが愛であるか、憎しみであるか、人にはわからない。
2 すべての事はすべての人に同じように起こる。同じ結末が、正しい人にも、悪者にも、善人にも、きよい人にも、汚れた人にも、いけにえをささげる人にも、いけにえをささげない人にも来る。善人にも、罪人にも同様である。誓う者にも、誓うのを恐れる者にも同様である。
3 同じ結末がすべての人に来るということ、これは日の下で行われるすべての事のうちで最も悪い。だから、人の子らの心は悪

---

4 ①ヨブ34:18
5 ①伝12:13
②箴12:21
6 ①伝3:1, 17
7 ①伝3:22, 6:12, 7:14, 9:12, 10:14, 箴24:22
8 ①詩49:7-9
9 ①→伝1:3
10 ①伝1:11
②→伝1:14
11 ①詩50:21, ロマ2:4, Ⅱペテ3:9
②箴9:3
12 ①伝7:15
②申4:40, 12:25, 詩115:13, 箴1:33, イザ3:10
13 ①イザ3:11
14 ①伝7:15

②ヨブ21:7, 詩73:3, 12, エレ12:1, マラ3:15
③→伝1:14
15 ①伝2:24, 3:12, 13, 5:18, 9:7
16 ①伝1:13, 14
17 ①伝3:11
②詩73:16

1 ①申33:3, ヨブ12:10
②詩9:6
2 ①伝2:14, 3:19, 6:6, 7:2, ヨブ9:22
3 ①→伝1:3
②伝8:11

いるなら、その人々を悩ませるような活動に私たちは巻込まれてはならない。

8:13 悪者にはしあわせがない この世界ではしばしば悪が勝利し、不信仰な人々がさばかれないでいるように思われる（⇒詩73:）。けれども神はやがて悪を行う人々をその行いに応じて罰することを保証しておられる。

8:17 人は・・・見きわめることはできない 私たちはどんなに賢くなっても自分の知恵によって、神がなさったことを全部、あるいは神が地上でご自分の目的をどのように実現されるかなどを説明できないことをソロモンは認めた。自分の苦しみの理由を理解しようとしたヨブのように（→ヨブ記）、私たちも答を全部知る必要はない。ただ神に信頼して神はいつも私たちと神の国にとって最善のことをなさると信じることが必要である。もし私たちが神の子どもであるなら神はいつも愛情をもって見守っておられる（9:1）。

9:2 すべての事はすべての人に同じように起こる ソロモンの死についての否定的で皮肉な見解は人間的な考え方から出ている。私たちの限られた見方からす

満ち、生きている間、その心には狂気が満ち、それから後、死人のところに行く。

4 すべて生きている者に連なっている者には希望がある。生きている犬は死んだ獅子にまさるからである。

5 生きている者は自分が死ぬことを知っているが、死んだ者は何も知らない。彼らにはもはや何の報いもなく、彼らの呼び名も忘れられる。

6 彼らの愛も憎しみも、ねたみもすでに消えうせ、日の下で行われるすべての事において、彼らには、もはや永遠に受ける分はない。

7 さあ、喜んであなたのパンを食べ、
愉快にあなたのぶどう酒を飲め。
神はすでにあなたの行いを喜んでおられる。

8 いつもあなたは白い着物を着、
頭には油を絶やしてはならない。

9 日の下であなたに与えられたむなしい一生の間に、あなたの愛する妻と生活を楽しむがよい。それが、生きている間に、日の下であなたがする労苦によるあなたの受ける分である。

10 あなたの手もとにあるなすべきことはみな、自分の力でしなさい。あなたが行こうとしているよみには、働きも企ても知識も知恵もないからだ。

11 私は再び、日の下を見たが、競走は足の早い人のものではなく、戦いは勇士のものではなく、またパンは知恵ある人のものではなく、また富は悟りのある人のものではなく、愛顧は知識のある人のものではないことがわかった。すべての人が時と機会に出会うからだ。

12 しかも、人は自分の時を知らない。悪い網にかかった魚のように、わなにかかった鳥のように、人の子らもまた、わざわいの時が突然彼らを襲うと、それにかかってしまう。

知恵は愚かさにまさる

13 私はまた、日の下で知恵についてこのようなことを見た。それは私にとって大きなことであった。

14 わずかな人々が住む小さな町があった。そこに大王が攻めて来て、これを包囲し、これに対して大きなとりでを築いた。

15 ところが、その町に、貧しいひとりの知恵ある者がいて、自分の知恵を用いてその町を解放した。しかし、だれもこの貧しい人を記憶しなかった。

16 私は言う。「知恵は力にまさる。しかし貧しい者の知恵はさげすまれ、彼の言うことも聞かれない。」

17 知恵ある者の静かなことばは、
愚かな者の間の支配者の叫びよりは、
よく聞かれる。

18 知恵は武器にまさり、
ひとりの罪人は多くの良いことを打ちこわす。

欄外:
3 ③伝1:17
5 ①ヨブ14:21
②伝1:11, ヨブ7:7-8-10, イザ26:14
7 ①伝8:15
9 ①伝2:10
10 ①創37:35, ヨブ21:13, イザ38:10
＊ ［ﾍ］「シェオル」

12 ①伝8:7
②箴7:23
14 ①伝9:14, 15, 箴21:22
＊ 七十人訳などによる ［ﾍ］「網」
15 ①伝4:13
②Ⅱサム20:22
③伝1:11
16 ①伝7:12, 19, 9:18
17 ①伝7:5, 10:12
18 ①ヨシ7:1, Ⅱ列21:16

ると、死には何の違いもない。つまり死は神を敬う人にも敬わない人にも同じようにやってくる。これは公平ではないように思われる。

9:7 喜んで・・・パンを・・・愉快に・・・ぶどう酒を だれもが死ぬことと、生きている間に起こる出来事の多くは偶然起こるように思える（9:11）。けれども神を知っている人は違った見方をする（⇒ロマ12:2）。神は私たちに将来への希望を与えてくださるだけではなく、地上で与えられたもの、関係、所有物、機会などを楽しめるようにしてくださる。ここに出てくる「ぶどう酒」（《ヘ》ヤイン）は収穫されて絞り出された甘い新鮮なぶどうの果汁のことと思われる（→「旧約聖書のぶどう酒」の項 p.1069）。

9:10 みな、自分の力でしなさい どんな仕事をするにしても、またどんなプロジェクトを進めるにしても、直接主に対して行うように最善を尽くすべきである（→コロ3:23）。

9:15 だれもこの貧しい人を記憶しなかった このたとえ話（道徳的教えや特別の問題点を示すために一般的に理解されている表現を使って説明する短い話）にある小さな町は大軍によって包囲されて希望がないように思われた（9:14）。けれども貧しい知恵のある一人の人が一つの計画を考案してその町を救った。ところがその町を救った手柄を別の人が自分のものにしたため、町の人々はあの知恵のある人のことを忘れてしまった。それはその男が貧しかったからと思われる。地上にいる間は多くのことが公平ではないけれども、死んだ後の人生では神の審判は全く公平であるこ

10

1 死んだはえは、
調合した香油を臭くし、発酵させる。
少しの愚かさは、知恵や栄誉よりも重い。
2 知恵ある者の心は右に向き、
愚かな者の心は左に向く。
3 愚か者が道を行くとき、思慮に欠けている。
自分が愚かであることを、みなに知らせる。
4 支配者があなたに向かって立腹しても、
あなたはその場を離れてはならない。
冷静は大きな罪を犯さないようにするから。
5 私は、日の下に一つの悪があるのを見た。
それは
権力者の犯す過失のようなものである。
6 愚か者が非常に高い位につけられ、
富む者が低い席に着けられている。
7 私は奴隷たちが馬に乗り、
君主たちが奴隷のように地を歩くのを見た。
8 穴を掘る者はそれに落ち込み、
石垣をくずす者は蛇にかまれる。
9 石を切り出す者は石で傷つき、
木を割る者は木で危険にさらされる。
10 もし斧が鈍くなったとき、その刃をとがないと、

11 もし蛇がまじないにかからずにかみつくなら、
それは蛇使いに何の益にもならない。
12 知恵ある者が口にすることばは優しく、
愚かな者のくちびるはその身を滅ぼす。
13 彼が口にすることばの始まりは、愚かなこと、
彼の口の終わりは、みじめな狂気。
14 愚か者はよくしゃべる。
人はこれから起こることを知らない。
これから後に起こることを
だれが告げることができよう。
15 愚かな者の労苦は、おのれを疲れさせる。
彼は町に行く道さえ知らない。
16 わざわいなことよ。
あなたの王が子どもであって、
あなたの首長たちが朝から食事をする国は。
17 幸いなことよ。
あなたの王が貴族の出であって、
あなたの首長たちが、
酔うためではなく、
力をつけるために、
定まった時に、食事をする国は。
18 なまけていると天井が落ち、
手をこまねいていると雨漏りがする。
19 食事をするのは笑うため、

とに神の民は気付くべきである。神は間違いをみな正され、正しくて無欲な行動には報いてくださる。

10:1　死んだはえは、調合した香油を臭くし　知恵の実際的な効果を台無しにするには愚かなことを多く行い、賢くない行動を何度もする必要はない。一回の悪い選択によって、名誉ある評判が打壊されてしまう。時にはどうしようもない情況が起こる。私たちが計画を立ててもある人の愚かな間違いによってその計画が完全にだめになってしまうこともある（→Ⅱ列20:12-19）。

10:8-10　穴を掘る者は　賢い人は毎日の生活に危険や困難がつきものであることを考慮する。そうすることによって、その人はより良い決断をすることができる。けれども危険性があるからと言ってやめることはしない。困難に直面しても驚かされないように注意し続けるだけである。賢い人々は何が起こるかを想定して、不必要な問題を避けるために適切な処置をとってひどい損害を受けないようにする。

10:16　王が子どもであって　統治者や指導者がバランスのとれた成熟した姿を示すことができないなら悲しいことである。また補佐する人々が自分の欲望を満たすのに忙しく、国や指導者に全精力を傾けて忠実に

ぶどう酒は人生を楽しませる。
金銭はすべての必要に応じる。
20 王をのろおうと、ひそかに思ってはならない。
寝室でも富む者をのろってはならない。
なぜなら、空の鳥がその声を持ち運び、
翼のあるものがそのことを告げるからだ。

水の上のパン

11

1 あなたのパンを水の上に投げよ。
ずっと後の日になって、
あなたはそれを見いだそう。
2 あなたの受ける分を七人か八人に分けておけ。
地上でどんなわざわいが起こるか
あなたは知らないのだから。
3 雲が雨で満ちると、それは地上に降り注ぐ。
木が南風や北風で倒されると、
その木は倒された場所にそのままにある。
4 風を警戒している人は種を蒔かない。
雲を見ている者は刈り入れをしない。

---

19 ①伝2:3, 士9:13,
詩104:15
②伝7:12
20 ①出22:28, 使23:5
②ルカ12:3

1 ①申15:10, 詩112:9,
箴19:17, マタ10:42,
Ⅱコリ9:9, ガラ6:9, 10,
Ⅰテモ6:18, 19,
ヘブ6:10
2 ①伝11:8, 12:1

5 *別訳「あなたは、どのようにしていのちのいぶきが妊婦の胎の中の骨に入るかを知らない。そのように、……」
①詩139:13
②伝3:10, 11, 8:17
7 ①伝6:5, 7:11
8 ①伝12:1
②→伝1:14
9 ①民15:39, ヨブ31:7
②伝3:17, ロマ14:10
10 ①詩39:5
②→伝1:14

---

*5 あなたは妊婦の胎内の骨々のことと同様、風の道がどのようなものかを知らない。そのように、あなたはいっさいを行われる神のみわざを知らない。
6 朝のうちにあなたの種を蒔け。夕方も手を放してはいけない。あなたは、あれか、これか、どこで成功するのか、知らないからだ。二つとも同じようにうまくいくかもわからない。

若い日にあなたの創造者を覚えよ

7 光は快い。太陽を見ることは目のために良い。
8 人は長年生きて、ずっと楽しむがよい。だが、やみの日も数多くあることを忘れてはならない。すべて起こることはみな、むなしい。
9 若い男よ。若いうちに楽しめ。若い日にあなたの心を喜ばせよ。あなたの心のおもむくまま、あなたの目の望むままに歩め。しかし、これらすべての事において、あなたは神のさばきを受けることを知っておけ。
10 だから、あなたの心から悲しみを除き、あなたの肉体から痛みを取り去れ。若さも、青春も、むなしいからだ。

奉仕しないことも同じように悲しむべきことである。私たちには良い模範になる神を敬う指導者が必要である。そのために祈らなければならない(10:17)。
11:1 あなたのパンを水の上に投げよ 「パン」というヘブル語には「穀物」という意味がある。これはパンを作るために使われる穀物である。ここで描かれている情景は、ナイル川が毎年水位を増して洪水を引起こしたときにエジプト人がその水の上に、穀物を撒き散らしている情景と思われる。その穀物の粒は沈んで忘れられたように見える。けれども実際にはその穀粒は土地に根付き、根を張り始め、水が引いた後に時が来ると収穫をもたらす。このことばが描いているもう一つの可能性は、仕事で成功して利益を得るためにはあえて危険を冒す海上交易者の冒険的な態度である。どちらにしてもこれは物惜しみをしないで人を助けるという「危険性」に当てはまる(11:2)。ほかの人々の必要を満たすために自分自身を喜んでささげるなら、神は私たちの必要を満たしてくださり、その親切に報いてくださる(⇒箴11:24, Ⅱコリ8:10-15)。
11:4 風を警戒している人は種を蒔かない 何か行動をするときに「丁度よい」情況になるのをいつも待っているとしたら、ほとんど何も達成することができない(⇒マタ24:7-14)。もちろん、それぞれの情況やタイミングを計るには知恵を使わなくてはならないけれども、地上では完全な条件が整うことはない。私たちは毎日祈りと神のことばに時間をとり、どういう情況であっても神が物事をどのように進めてほしいと願っておられるかを知る必要がある。たとい周りの人々がみな神を拒んで自分勝手な生き方をしていても、私たちは神の基準によって生き続けなければならない。
11:9 これらすべての事において、あなたは神のさばきを受ける 神は人々が、特に気力と熱意を持っている若いときに、人生を楽しみ最大限に活用してほしいと願っておられる。けれども同時に人生の目的はやりたいことは何でもして「楽しむ」ことではないことを心に留めなくてはならない。神は罪深い行動や無駄にした時間について責任を問われる。もし私たちが楽しみや娯楽(特に神の喜ばれないことや神の目的に合わないこと)を求めて自由を誤って使うなら、地上では問題にぶつかり、神のさばきの日には大損害を受ける

伝道者の書 12章

12 ¹ あなたの若い日に、あなたの創造者を覚えよ。わざわいの日が来ないうちに、また「何の喜びもない」と言う年月が近づく前に。
² 太陽と光、月と星が暗くなり、雨の後にまた雨雲がおおう前に。
³ その日には、家を守る者は震え、力のある男たちは身をかがめ、粉ひき女たちは少なくなって仕事をやめ、窓からながめている女の目は暗くなる。
⁴ 通りのとびらは閉ざされ、臼をひく音も低くなり、人は鳥の声に起き上がり、歌を歌う娘たちはみなうなだれる。
⁵ 彼らはまた高い所を恐れ、道でおびえる。アーモンドの花は咲き、いなごはのろのろ歩き、ふうちょうぼくは花を開く。だが、人は永遠の家へと歩いて行き、嘆く者たちが通りを歩き回る。
⁶ こうしてついに、銀のひもは切れ、金の器は打ち砕かれ、水がめは泉のかたわらでくだかれ、滑車が井戸のそばでこわされる。
⁷ ちりはもとあった地に帰り、霊はこれを下さった神に帰る。
⁸ 空の空。伝道者は言う。すべては空。

物事の結論

⁹ 伝道者は知恵ある者であったが、そのうえ、知識を民に教えた。彼は思索し、探求し、多くの箴言をまとめた。
¹⁰ 伝道者は適切なことばを見いだそうとし、真理のことばを正しく書き残した。
¹¹ 知恵ある者のことばは突き棒のようなもの、編集されたものはよく打ちつけられた釘のようなものである。これらはひとりの羊飼いによって与えられた。
¹² わが子よ。これ以外のことにも注意せよ。多くの本を作ることには、限りがない。多くのものに熱中すると、からだが疲れる。
¹³ 結局のところ、もうすべてが聞かされていることだ。神を恐れよ。神の命令を守

12:1-7　あなたの若い日に、あなたの創造者を覚えよ　聖書が「覚えよ」と訴えるときにはいつも行動を求めている。たとえば神がアブラハムを「覚えておられた」とき（創19:29）、良い目的のためにアブラハムの人生にかかわりを持たれた。つまり創造者を覚えるということは、私たちが創造された目的を行うことである。それは神の臨在を強く意識して毎日を過すことである。そうするなら行うべきことや避けるべきことに確実に違いが出てくる。神は私たちに若さとともにいのちと様々な機会を与えられた。「真理に基づく義と聖をもって神にかたどり造り出された、新しい人を身に着る」（エペ4:24）とき、私たちはただ聖霊の助けによって神を「覚える」ことができる。私たちはまだ時間が残されている間にそのように生きなければならない。この箇所(12:3-7)には最終的には死に至る老化の過程が聖書の中で最も印象的に絵のように描かれている。けれども神に従う人々の「内なる人は日々新たにされて」（Ⅱコリ4:16)いることに慰めを受けることができる。

12:7　ちりは・・・地に帰り、霊は・・・神に帰る　この節では死んだときに地にとどまる人間の部分と神のところに戻る部分とが区別されている。　→**「人間性」** の項 p.1100

12:8　すべては空　→1:2注

12:11　知恵ある者のことばは突き棒のようなもの　羊飼い（神）が話される知恵のある真理のことばは、(1) 突き棒（とがった棒）のように正しい道へ進むように後押しをして道からそれないようにさせる。(2) 私たちの心の中に釘のように真理をとめてくれる。したがって神のことばは人間の知恵による多くの書物を全部合わせたよりもはるかに価値がある。

12:13　神を恐れよ。神の命令を守れ　伝道者の書全体はこの結論に照らして解釈され理解されなければならない。ソロモンは人生がむなしく意味がないとして非常に否定的にこの書物を書き始めた。けれどもその意味がどこで見つけられるかについての重要な助言と賢明な勧めをして書き終えている。神（神のあわれみと神のさばき）への聖く深い驚き、尊敬、敬意の気持ちを持ち続けることによって、私たちは悪を避けて良いことを行えるように強くなる。神のことばという基準が私たちの道しるべである。これは人生の最高の目的を見出し達成するための助けにもなる。私たちはその満足感がほかの方法では見つけられないことを知るようになる（→**「神への恐れ」**の項 p.316）。「人間にとってすべて」（《ヘ》コル　ハアダム）は直訳すると「人間の全体」となる。結論としてのこの助言は、書物の最初に示されたむなしい無意味な口調と全く対照的である。健全で目的を達成する人生を送るためには神を敬い、神のご計画に従うことを中心に置かなければならない。神とみことばとの正しい関係ができるなら人生は健全で満たされた、価値のあるものになる。

人　間　性

「こうしてついに、銀のひもは切れ、金の器は打ち砕かれ、水がめは泉のかたわらで砕かれ、滑車が井戸のそばでこわされる。ちりはもとあった地に帰り、霊はこれを下さった神に帰る。」(伝道者の書12:6-7)

　神が造られたあらゆる被造物の中で人間はこれまでで最高で最も複雑なものである。けれども人間はその高ぶりから神が自分たちの創造者であり、自分たちが造られたものであって神に依存するものであることをしばしば忘れてきた。この記事は人間とは何かについて聖書が言っていることを調べるものである。

神のかたちに造られた

　(1) 聖書は、人間は神の特別な決定によって神のかたちに神に似るものとして創造されたと言っている(創1:26-27)。それはアダムとエバは進化(単純な細胞から複雑で知的な人間の状態にいのちが徐々に発達したとする説)の産物ではないということである(創1:27, マタ19:4, マコ10:6, →「天地創造」の項 p.29)。神に似るものとして創造されたので人間は神に応答し、神と個人的に交わることができた(創1:26)。また神の特性である愛、栄光(威光、美、創造性)、聖さ(道徳的霊的純粋性、健全さ、悪からの分離、これらは人間が神のみこころに逆らったときに破壊されたもの →創1:26注, →「神の属性」の項 p.1016)を表すことができた。

　(2) 人間の中にある神のかたちの少なくとも三つの面を見ると(→創1:26注)、アダムとエバはもともと正しく聖いものとして造られ、神に(道徳的に)類似したものを持っていた。それは神と正しい関係を持ち、良い目的に献身し、悪から離れていたということである(⇒エペ4:24)。また正しいことだけを愛し、望むことのできる心を持っていた。そして霊と知性と情熱と選択力を持つものとして創造されたので知性の中に神に類似したものを持っていた(創2:19-20, 3:6-7)。肉体的構造もある意味では動物とは違って神のかたちに似せて造られた。神が旧約聖書で目に見えるかたちで現れるとき(創18:1-2)、また御子が地上に来られるときにとる姿を(ルカ1:35, ピリ2:7)、神は人間に与えておられた。

　(3) アダムとエバが神の命令を退けて罪が侵入したとき、ふたりの中にあった神のかたちはひどく傷ついた。けれども完全に破壊されはしなかった。

　　(a) ふたりが神に逆らったときに道徳的類似性は損なわれ(⇒創6:5)、もはや完全な聖いものではなくなった。そして罪に陥る(神に逆らって自分勝手な道を行く)傾向を持つものになった。この罪の性質は子どもたちに受継がれた(⇒創4: , →ロマ5:12注)。新約聖書は人間の中の神のかたちは罪によって腐敗し(汚れ、傷つき、損なわれた)、曲げられたと言っている。そして最初の道徳的な神の姿を回復するには霊的な救いが必要だとはっきり示している(⇒エペ4:22-24, コロ3:10)。

　　(b) 同時に、罪びとである人間は神との類似性の多くをなおも持っていて、知性や神との関係や交わりを持つ能力を持っている(⇒創3:8-19, 使17:27-28)。アダムとエバがエデンの園で罪を犯したとき、私たちの中にある神のかたちも傷ついたけれども、完全に除かれたのではなかった(⇒創9:6, ヤコ3:9)。

人間である要素

　神のかたちに人間を創造するに当たって、神は三位一体(三面性を持つ)の存在になるように企画された。つまり人間はみな霊、たましい、からだから成り立っている(Ⅰテサ5:23, ヘブ4:12)。

　(1) 神はアダムを地のちりから造り(肉体)、その鼻にいのちの息(霊)を吹き込まれたので人間は「生きもの」(たましい)になった(創2:7)。神は人間がいのちの木から食べ、善悪を知る知識の木から食べてはならないという命令に従うことによって、完全に造られた状態で生き続けることを願われた(⇒創2:16-17, 3:

22-24)。人間が罪を犯した結果、死が世界に入ってきたあと、初めてからだが地のちりに帰り、霊が神に帰ることになったと聖書は言っている(創3:19, 35:18, 伝12:7, 黙6:9, →「**死**」の項 p.850)。肉体が霊とたましいから分離するのは(肉体の死の時点で)、罪を犯した人類に対する神ののろいの結果である。この状態は現在のところ変えられないけれども、「終わりの日」に肉体が復活するときに初めて変ることになる(ヨハ6:40, →「**肉体の復活**」の項 p.2151」。

(2) しばしば「いのち」と訳される「たましい」(《ヘ》ネフェシュ、《ギ》プシュケー)ということばは簡単に言えば、肉体と霊の結合によって人間の中にできる非物質的部分である。ここには知、情、意が含まれている。霊とともにたましいはひとりひとりが肉体的に死んだときも生き続ける。その意味で聖書は「たましい」と「霊」という二つのことばを同じように使っている。たましいは内面の人間性に密接に結び付いているので、時には「人格」と同義語(同じ意味を持つことば)として使用される(レビ4:2, 7:20, ヨシ20:3)。「からだ」(《ヘ》バサー、《ギ》ソーマ)は簡単に言えば死んだときに土に帰る肉体的、物質的部分である。これは「肉」と呼ばれることもある。「霊」(《ヘ》ルーアハ、《ギ》プニューマ)は人間の非肉体的(物質的)部分(神が与えられたその人の本質)で、霊的能力、可能性、良心が含まれると言うことができる。私たちが神の御霊と最も直接に接触できる部分である。

(3) 人間「全体」を構成する三つの要素の中で霊とたましいだけは破壊されることがなく、天国か(黙6:9, 20:4)、地獄で(⇒詩16:10, マタ16:26)、死後も生き残る。けれども生きている限り悪と不道徳な影響や行動を避けて、からだを大切にするように聖書は強く求めている(ロマ6:6, 12-13, Ⅰコリ6:13-20, Ⅰテサ4:3-4)。私たちのからだは神の奉仕にささげなければならない(ロマ6:13, 12:1, →「**性道徳の基準**」の項 p.2379)。からだも復活するとき(いのちに生かされ、たましいと霊とが再び一つになる)に変貌し、完全な変化を体験する。救いを受け、イエス・キリストにいのちを明け渡した人々は復活を通して最後に完全な人間性を回復する。

人間であることの責任

人間を創造されたとき神は人間にいくつかの責任を委託された。

(1) 神がご自分のかたちに似せて人間を造られたのは、永遠に人間と愛のある個人的関係を築くためだった。人間には神を主(自分の生涯の導き手、権威)として認め、あがめる能力が与えられた。神は人間が神との正しい立派な関係を楽しむことを願われたので、サタンがアダムとエバを誘惑して神に逆らわせることに成功したときに、この世界を贖う(救い、救出、回復、解放、買い戻す)ために救い主を送ることを約束された(→創3:15注, →「**天地創造**」の項 p.29)。

(2) 人間が何にもまさって神を愛し、自分を愛するようにほかの人々を愛することが神の目的だった。完全で無欲の愛についてのこの二重の命令は、神の律法の全体を要約している(レビ19:18, 申6:4-5, マタ22:37-40, ロマ13:9-10)。

(3) 神は結婚という制度を設けられた(創2:21-24)。神は結婚が一夫一婦制(一人の異性との誠実な関係)で、夫と妻との一生にわたる関係になることを願われた(⇒マタ19:5-9, エペ5:22-23)。そして結婚という枠の中で神は人間に「生めよ。ふえよ」(創1:28, 9:7)と命じられた。夫と妻は家族という情況の中で性的関係を持ち、神を敬う子どもたちを生むのである。神は家族と子どもたちを健康な家族関係の中で愛をもって教え導くことをこの世界で何よりも優先するべきものとされた(→創1:28注)。

(4) 神はアダムとその子孫に地とほかの生きものに対する権威を与えられた(創1:28)。まだエデンの園にいるときにアダムには園を管理し、動物たちに名前をつける責任が与えられていた(創2:15, 19-20)。

(5) アダムとエバが神の命令に逆らって禁断の木の実を食べたとき、この世界に対する権威の多くを失い、「この世の神」(Ⅱコリ4:4)であるサタンに渡してしまった。サタンは今この時代をかなり支配している(→Ⅰヨハ5:19注, ⇒ガラ1:4, エペ6:12, →「**神の摂理**」の項 p.110)。けれども神はなおも、神に従う人々が神の指示を守ってこの世界をよく管理し、大切に育てているものを神にささげ、神に喜ばれる方法で神の被造物を管理するように期待しておられる(⇒詩8:6-8, ヘブ2:7-8)。

（6）この世界には罪とその破壊的影響力があるので、神は人々を罪の最終的結果から救い出し、神との正しい関係に回復するために御子イエスを送られた。神に忠実に従う人々にはキリストと人々を救う神の愛のメッセージを全世界の人々に伝えるというすばらしい責務と特権が与えられている(マタ28：18-20, 使1：8)。主イエスはご自分に従う人々は世の光、地の塩であると言われた(マタ5：13-16)。それはほかの人々に神の道を示し、世界を霊的に引上げるように働きかけるという意味である。

れ。これが人間にとってすべてである。
¹⁴神は、善であれ悪であれ、すべての隠れたことについて、すべてのわざをさばかれるからだ。

13 申10:12, ミカ6:8
14 ①伝3:17, 11:9, マタ10:26, 12:36, ロマ2:16, 14:10, Ⅰコリ4:5, Ⅱコリ5:10

12:14　神は・・・すべてのわざをさばかれる　結びのことばとしてソロモンは、神に対して私たちには自分の行いを説明する責任があるという、時代を超えた重要な真理を示している。神は信仰者であれ不信者であれ、それぞれの人を評価して、善であっても悪であってもその動機と行為に従ってさばかれる（⇒ロマ14:10, 12, Ⅱコリ5:10, 黙20:12-13,→「**さばき**」の項p.2167）。もし神の赦しを受け入れ、キリストに人生をゆだね、神との正しい関係を保っていくなら、神は最終的に私たちの罪をさばかれることはない。けれどももし神のあわれみを拒むなら、さばきの日に有罪判決を受けることになる。

雅　歌

概　　要
表題(1:1)
　Ⅰ．第一の詩－花嫁が花婿を慕う(1:2-2:7)
　　　A．花嫁は願いを表す(1:2-4a)
　　　B．花嫁の友だちが支える(1:4b)
　　　C．花嫁が尋ねる(1:5-7)
　　　D．花嫁の友だちが助言する(1:8)
　　　E．花婿が現れて話す(1:9-11)
　　　F．花嫁と花婿が愛のことばを交す(1:12-2:7)
　Ⅱ．第二の詩－愛する人たちが互いを求めて見出す(2:8-3:5)
　　　A．花嫁は花婿が来る姿を見る(2:8-9)
　　　B．花婿は花嫁をともに来るように招く(2:10-15)
　　　C．花嫁は花婿への心からの愛を表す(2:16-17)
　　　D．花嫁は花婿を探して見出す(3:1-5)
　Ⅲ．第三の詩－婚礼の行列(3:6-5:1)
　　　A．花婿が進み出る(3:6-11)
　　　B．花婿が花嫁への愛を表す(4:1-15)
　　　C．花嫁と花婿がともに来る(4:16-5:1)
　Ⅳ．第四の詩－花嫁の恐れと熱望(5:2-6:3)
　　　A．花嫁は夢を見る(5:2-7)
　　　B．花嫁と友だちが花婿について話す(5:8-16)
　　　C．花婿が庭へ行く(6:1-3)
　Ⅴ．第五の詩－花嫁の美しさ(6:4-8:4)
　　　A．花婿が花嫁について話す(6:4-9)
　　　B．花婿と友だちが花嫁について話す(6:10-13)
　　　C．花婿が重ねて花嫁の美しさについて話す(7:1-8)
　　　D．花嫁は花婿への心からの愛を表す(7:9-8:4)
　Ⅵ．第六の詩－愛の最高の美(8:5-14)
　　　A．愛の激しさ(8:5-7)
　　　B．愛の成長(8:8-9)
　　　C．満ち足りた愛(8:10-14)

著　　者：ソロモン

主　　題：堅く結ばれた愛の賜物と美しさ

著作の年代：紀元前960年頃

著作の背景
　　この書物のヘブル語の題を直訳すると「歌の歌」となり、「最高の歌」という意味である(「王の王」が「最も偉大な王」を意味するのと同じ)。したがって神の民イスラエル人はこの書物を今までに書かれた最高の結婚の歌(連歌)としてきた。「雅歌」はソロモンによって書かれたと信じられている(1:1)。
　　ソロモンは少なくとも1,005首の詩を作った想像力豊かな詩人だった(Ⅰ列4:32)。ソロモンの名前は著者として表題の節(1:1)とこの書物全体に6回(1:5, 3:7, 9, 11, 8:11, 12)書かれている。ソロモンはまた花婿(愛

雅歌

する人)とされている。この書物はもともとソロモンと花嫁との間に交された一連の詩だったと思われている。全部で8章の中には少なくとも15種類の動物と21種類の植物が出てくる。ソロモンは動物や植物について深く学んでいて、多くの詩の中で歌っている(Ⅰ列4:33)。地理的にはイスラエル全土の地名が挙げられていて、この書物が王国が南北に分裂する前にできたことを示している(ソロモンの治世の後に王国が分裂した経緯 →Ⅰ列緒論、Ⅱ列緒論、Ⅱ歴緒論、→Ⅰ列12:-14:、Ⅱ歴10:-11:、→「イスラエルとユダの王国」の地図 p.570)。

　恐らくソロモンはイスラエルの王として若い時に、つまり700人の妻と300人のそばめ(法的には妻だが身分が低い女性 Ⅰ列11:3)を持つはるか前にこの書物を書いたと思われる。もしソロモンが既に多くの妻やそばめを持っていたら(6:8)、どうして一人の女性へこのような愛のことばを言うことができただろうか。その答はソロモンが王になる前の(3:11)最初の妻がシュラムの女(6:13)だったということかもしれない。6章8節に多くの女性のことが書いてあるけれども、これはこの書物が最終的に編さんされているときの情況を表していると思われる。シュラムの女は田舎から出て来た普通の女性として描かれている。彼女は美しく、ソロモンは初恋の人として感情的に深い思い入れを持っていた。

　雅歌は典礼書(公の礼拝で使われる文書)の一部として使われたので、ヘブル語聖書の第三部、「ハギオグラファ」(聖文書)にある「五巻」の一つになっている。「五巻」はそれぞれユダヤの年ごとの祭りや記念行事(大切な出来事を思い返し、尊び、祝う)で公に朗読された。雅歌は過越の祭りで朗読されるものだった(→「過越」の項p.142)。

目　　的

　この書物は聖霊の霊感を受けて聖書に含まれている。それは婚姻関係を人間の愛と喜びの純粋な源として定められたのが神であることを人類が知るためである。神は婚姻の中に健康な性的関係による官能的な喜びがあるように定められた。創世記によると人間の性と結婚はアダムとエバが罪を犯して世界に破壊的な結果をもたらす前に神から与えられていた(創2:18-25)。罪によって人間の経験する大切な部分の理解がゆがめられたけれども、性的関係は結婚している夫と妻の間でこそ清く、完全で、美しくなることを知ってほしいと神は願っておられる。そこで雅歌はしばしば言われる次の二つの極端な考え方に対してバランスのとれた正しい考え方を示している。

　(1) 多くの人は結婚の責任を負わないで、神が喜ばれない、汚れていると宣言される性的習慣や生活をしている。

　(2) ある人は婚姻関係の中での肉体的な愛の喜びを否定して、性を子どもを得るための手段としか考えない(これがキリスト者の考え方であるとしばしば誤解されている)。

概　　観

　雅歌には最初から最後まで組織立った順序正しい論理的な流れがないので、内容を分析することが難しい。むしろ互いにつながった輪が愛という中心主題の周りを回るように循環的な配列になっている。歌としては六つの連(詩の単位)からできていて、それぞれがソロモンと花嫁との交際と結婚に至る愛の一部を扱っている(1:2-2:7, 2:8-3:5, 3:6-5:1, 5:2-6:3, 6:4-8:4, 8:5-14)。花嫁の処女性は「閉じられた庭」(4:12)と表現されている。結婚の完成(配偶者との性的な交わりを通した一致の確認)は庭に入り最上の実を楽しむこととして描かれている(4:16, 5:1)。ほとんどの会話は花嫁(結婚まで処女である若いシュラムの少女)とソロモン(王)、花婿と花嫁との友だちのグループ(コーラス)の間で交されている。このグループは「エルサレムの娘たち」と呼ばれる。花婿と花嫁は愛し合っているので一緒にいるときには満ち足りている。けれども離れたときには互いの存在を求めている。雅歌のクライマックスは8章6－7節で、神による愛の強さと忍耐強さが強調されている。

特　　徴

　雅歌には四つの大きな特徴がある。

　(1) 花婿と花嫁が共有する独特な愛だけを主題にしている。そのような書物は聖書の中では雅歌だけである。結婚前の交際と結婚の愛、特に新婚の圧倒的な幸せを絵のように描写している。

　(2) 思慮深いが情熱的で楽しいイメージ(ほとんどが自然界からとられている)に満ちた独特の文学的最高傑作である。様々な隠喩(比較するために使われるたとえ)や象徴や叙述的なことばによって結婚当事者のロマンチックな愛の感情と力と美しさを伝えている。この対話を聖書は完全に清く立派なものと見ている。

　(3) 新約聖書では引用も言及もされていないけれども、そのような旧約聖書の書物は少ない。

(4) 神について触れていない。そのような書物は旧約聖書には2冊しかない(⇒エステル記)けれども、そのうちの1冊である(8:6に「主」が書かれている写本がある)。

新約聖書での成就

(1) 雅歌の主題は新約聖書に引継がれ、聖霊はヘブル人への手紙の著者を通して「結婚がすべての人に尊ばれるようにしなさい」(ヘブ13:4)と言っておられる。つまり結婚に至る愛は神の目に純粋で、キリスト者は婚姻関係の中でロマンチックな愛を自由に楽しむべきである。

(2) 多くの注解者はこの書物を原則的に(あるいは完全に)預言的寓話(象徴や比喩を用いて表す文体)であると考える。そして雅歌は神とイスラエル、またはキリストとキリストの花嫁である教会との間の愛の関係を象徴的に描いていると考える(⇒エペ5:25-28, 黙19:7)。けれどもソロモンの結婚生活の中にキリストを象徴している部分があると聖書は一度も言っていない。一方、新約聖書の重要な箇所では教会に対するキリストの愛を描くために結婚関係を示すことばが用いられている(Ⅱコリ11:2, エペ5:22-33, 黙19:7-9, 21:1-2, 9)。このような理由から雅歌を正しく用いれば、キリストとキリストの花嫁である教会との間の愛の質を描くことができると思われる。その愛は独占的で献身的で非常に個人的で、不貞の入り込む余地は全くない。

雅歌の通読

旧約聖書全体を1年間で通読するためには、雅歌を次のスケジュールに従って3日間で読まなければならない。
☐1-2 ☐3-5 ☐6-8

メ モ

雅歌

1章

1 ¹ ソロモンの雅歌

おとめ
² あの方が私に
　口づけしてくださったらよいのに。
　あなたの愛はぶどう酒よりも快く、
³ あなたの香油のかおりはかぐわしく、
　あなたの名はそそがれる香油のよう。
　それで、おとめらはあなたを愛しています。
⁴ 私を引き寄せてください。
　私たちはあなたのあとから急いでまいります。
　王は私を奥の間に連れて行かれました。

友だち
　私たちはあなたによって楽しみ喜び、
　あなたの愛をぶどう酒にまさってほめたえ、

おとめ
　真心からあなたを愛しています。

⁵ エルサレムの娘たち。
　私はケダルの天幕のように、
　ソロモンの幕のように、
　黒いけれども美しい。
⁶ 私をご覧にならないでください。
　私は日に焼けて、黒いのです。
　私の母の子らが私に向かっていきりたち、
　私をぶどう畑の見張りに立てたのです。
　しかし、私は自分のぶどう畑は
　見張りませんでした。
⁷ 私の愛している人。どうか教えてください。
　どこで羊を飼い、
　昼の間は、どこでそれを休ませるのですか。
　あなたの仲間の群れのかたわらで、
　私はなぜ、
　顔おおいをつけた女のようにしていなければ
　ならないのでしょう。

友だち
⁸ 女のなかで最も美しい人よ。
　あなたがこれを知らないのなら、
　羊の群れの足跡について行き、
　羊飼いの住まいのかたわらで、
　あなたの子やぎを飼いなさい。

愛する人
⁹ わが愛する者よ。私はあなたを
　パロの戦車の雌馬になぞらえよう。
¹⁰ あなたの頬には飾り輪がつき、
　首には宝石をちりばめた
　首飾りがつけてあって、美しい。
¹¹ 私たちは銀をちりばめた金の飾り輪を
　あなたのために作ろう。

1:1 雅歌 この書物の題名は最高の歌、最も優れた歌という意味である。ソロモンは1,005首もの歌を書いた（Ⅰ列4:32）。

1:5 ケダルの天幕 天幕は大抵黒やぎの毛で作られていた。ケダルはアブラハムの息子イシュマエル（アブラハムの妻の女奴隷ハガルの子 創25:13、⇒イザ21:16-17）の子孫のアラビヤの部族だった。このことから花嫁はアラビヤの王女だったと考える人もいる。

1:6 ぶどう畑は見張りませんでした 娘の兄弟は自分たちのぶどう畑を彼女に見張らせ世話をさせたので、娘は自分のぶどう畑の世話ができなかった。太陽が照りつける中での労働によって娘の肌は黒く日焼けしていた。しばしば太陽から注意深く肌を守っているエルサレムの白い肌の娘たちとは全く対象的だった。けれども娘の美しさは重労働によっても失われなかった(1:5)。娘は兄のもとで働いていたことからすると、ある学者たちが推測するようにパロの娘（Ⅰ列3:1）だったと考えるのは難しい。このシュラムの少女はソロモンが政治協定を結ぶために結婚を繰返すようになる前に初めて恋をして結婚した王女だったと思われる。

1:9 わが愛する者よ・・・雌馬に ここでのヘブル語は直訳すると「私の友」という意味の「私の仲間」である（→2:10, 4:1, 7など）。これは結婚前に使われる愛情とやさしさを表すことばである。すばらしい馬と比べるのは当時では賞賛のことばだった。

1:11 銀をちりばめた金の飾り輪 粗末な羊飼いの服装とは反対に少女は自分をすばらしい装身具で飾っている。

おとめ

12 王がうたげの座に着いておられる間、
　私のナルドはかおりを放ちました。
13 私の愛する方は、私にとっては、
　この乳房の間に宿る没薬の袋のようです。
14 私の愛する方は、私にとっては、
　エン・ゲディのぶどう畑にある
　ヘンナ樹の花ぶさのようです。

愛する人

15 ああ、わが愛する者。
　あなたはなんと美しいことよ。
　なんと美しいことよ。あなたの目は鳩のようだ。

おとめ

16 私の愛する方。
　あなたはなんと美しく、慕わしい方でしょう。
　私たちの長いいすは青々としています。

愛する人

17 私たちの家の梁は杉の木、
　そのたるきは糸杉です。

おとめ

2

1 私はシャロンのサフラン、
　谷のゆりの花。

12 ＊直訳「丸テーブルに」
①雅4:13, 14,
マコ14:3,
ヨハ12:3
13 ①雅1:14, 16, 2:3,
8-10, 16, 17, 4:16, 5:1,
2, 4-6, 8-10, 16, 6:1-3,
7:10, 11, 13, 8:5, 14
②雅7:7, 8, 8:10
③雅3:6
14 ①Ⅰサム23:29
②雅4:13
15 ①→雅1:9
②雅1:7, 7:6, 1:16
③雅6:5
17 ①雅5:15, 8:9,
Ⅰ列4:33, 6:9, 10,
詩80:10, エレ22:14
＊あるいは「天井板」
②Ⅱ歴3:5

1 ①イザ33:9, 35:2
②イザ35:1
③雅5:13, 2:16, 6:2, 3,
→雅2:2,
Ⅰ列7:19, 22, 26,
Ⅱ歴4:5, 詩45表題

2 ①→雅1:9
②雅6:9
③雅4:5, 7:2, ホセ14:5
3 ①→雅1:13
②雅2:5, 7:8, 8:5
③雅4:13
4 ①詩20:5
②雅2:5, 7, 3:5, 5:8,
7:6, 8:4, 6, 7
5 ①Ⅱサム6:19,
Ⅰ歴16:3, イザ16:7,
ホセ3:1
②雅2:3
③雅5:8
6 ①雅8:3
7 ①雅3:5, 8:4
②雅1:5
③雅2:9, 4:5
④創49:21, 詩18:33,
ハバ3:1
⑤雅5:8

愛する人

2 わが愛する者が娘たちの間にいるのは、
　いばらの中のゆりの花のようだ。

おとめ

3 私の愛する方が
　若者たちの間におられるのは、
　林の木の中のりんごの木のようです。
　私はその陰にすわりたいと切に望みました。
　その実は私の口に甘いのです。
4 あの方は私を酒宴の席に伴われました。
　私の上に翻るあの方の旗じるしは愛でした。
5 干しぶどうの菓子で私を力づけ、
　りんごで私を元気づけてください。
　私は愛に病んでいるのです。
6 ああ、あの方の左の腕が私の頭の下にあり、
　右の手が私を抱いてくださるとよいのに。
7 エルサレムの娘たち。
　私は、かもしかや野の雌鹿をさして、
　あなたがたに誓っていただきます。
　揺り起こしたり、かき立てたりしないでください。
　愛が目ざめたいと思うときまでは。
8 愛する方の声。
　ご覧、あの方が来られます。

1:12　私のナルド　これは香料で、インドのヒマラヤ山系に育つハーブの根からとった香り高い香油である。

1:13　没薬の袋　没薬はアラビヤとインドに見られるバルサムの木の皮から採れる香り高い樹脂、ゴムのような物質である。没薬の袋というのはにおい袋のことと思われる。この節が明らかにしているのは、乳房の間に宿るのは「愛する方」ではなく没薬だったことである。恋人を思う思いが没薬の香りのように少女を元気づけていたのである。

1:14　ヘンナ樹の花ぶさ　ヘンナ樹の花ぶさからオレンジ色の染料が作られ、すばらしい香りを放った。

1:15　あなたの目は鳩のようだ　これは潔白を表しているようである。この若い女性は男性の中に浅ましい不適切な感情を起こさせるような誘惑的な視線を送ることはなかった。

2:1　私はシャロンのサフラン、谷のゆりの花　娘はエルサレムのぜい沢品に慣れていなかったので自分を素朴な野の花にたとえた。シャロンはカルメル山の南の海岸沿いの平野である。

2:5　干しぶどうの菓子で私を力づけ、りんごで私を元気づけてください　恋の病で弱ったときに（何かに落胆して）、恋する人は健康によい力のつく食べ物で栄養をとる必要があった。

2:7　揺り起こしたり、かき立てたりしないでください　このことばは雅歌に3回出てくる（→3:5, 8:4）。これは愛する娘のことばである。そして娘と恋人との

山々をとび越え、丘々の上をはねて。
9 私の愛する方は、
かもしかや若い鹿のようです。
ご覧、あの方は私たちの壁のうしろに
じっと立ち、窓からのぞき、
格子越しにうかがっています。
10 私の愛する方は、
私に語りかけて言われます。
「わが愛する者、美しいひとよ。
さあ、立って、出ておいで。
11 ほら、冬は過ぎ去り、
大雨も通り過ぎて行った。
12 地には花が咲き乱れ、
歌の季節がやって来た。
山鳩の声が、私たちの国に聞こえる。
13 いちじくの木は実をならせ、
ぶどうの木は、花をつけてかおりを放つ。
わが愛する者、美しいひとよ。
さあ、立って、出ておいで。

愛する人

14 岩の裂け目、がけの隠れ場にいる私の鳩よ。
私に、顔を見せておくれ。
あなたの声を聞かせておくれ。
あなたの声は愛らしく、あなたの顔は美しい。
15 『私たちのために、
ぶどう畑を荒らす狐や小狐を捕らえておくれ。』
私たちのぶどう畑は花盛りだから。」

おとめ

16 私の愛する方は私のもの。
私はあの方のもの。

あの方はゆりの花の間で群れを飼っています。
17 私の愛する方よ。
そよ風が吹き始め、影が消え去るころまでに、
あなたは帰って来て、
険しい山々の上のかもしかや、
若い鹿のようになってください。

3

1 私は、夜、床についても、
私の愛している人を捜していました。
私が捜しても、あの方は見あたりませんでした。
2 「さあ、起きて町を行き巡り、通りや広場で、
私の愛している人を捜して来よう。」
私が捜しても、
あの方は見あたりませんでした。
3 町を行き巡る夜回りたちが私を見つけました。
「私の愛している人を、
あなたがたはお見かけになりませんでしたか。」
4 彼らのところを通り過ぎると間もなく、
私の愛している人を私は見つけました。
この方をしっかりつかまえて、放さず、
とうとう、私の母の家に、
私をみごもった人の奥の間に、お連れしました。
5 エルサレムの娘たち。
私は、かもしかや野の雌鹿をさして、
あなたがたに誓っていただきます。
揺り起こしたり、かき立てたりしないでください。

2:16 私の愛する方は私のもの。私はあの方のもの ふたりが互いに抱く愛は本物であり、深く互いの間にだけある。他人が入る余地なく望んでもいない。神に喜ばれる結婚には完全な愛と献身、配偶者同士の誠実さが必要である。

3:1-4 夜、床についても・・・捜して ヘブル語では「夜」が複数形になっていて「毎晩」という意味である。この娘は毎晩愛する人を探しているけれども見つからないという夢を見ていたと思われる (3:5)。

身体的な親密さを指している。彼女は正しい情況になるまで、つまり結婚するまではこの種の親密な出来事が起こらないことを望んでいる。そしてほかの娘たちにもこの賢明なアドバイスをして、適切な時が来るまで男性の愛情を掻き立て男性の官能的な欲望(肉欲)を起こさないように警告している。このような行動は結局は心を傷つけるだけである。聖書は性的な関係を夫と妻の間だけのものとしている(→4:12注、→「**性道徳の基準**」の項 p.2379)。

愛が目ざめたいと思うときまでは。

6 没薬や乳香、
貿易商人のあらゆる香料の粉末をくゆらして、
煙の柱のように荒野から上って来るひとはだれ。

7 見なさい。あれはソロモンの乗るみこし。
その回りには、イスラエルの勇士、
六十人の勇士がいる。

8 彼らはみな剣を帯びている練達の戦士たち。
夜襲に備えて、おのおのの腰に剣を帯びている。

9 ソロモン王は、レバノンの木で
自分のためにみこしを作った。

10 その支柱は銀、背は金、
その座席は紫色の布で作った。
その内側はエルサレムの娘たちによって
美しく切りばめ細工がされている。

11 シオンの娘たち。ソロモン王を見に出かけなさい。
ご自分の婚礼の日、心の喜びの日のために、
母上からかぶらせてもらった冠をかぶっている。

愛する人

4

1 ああ、わが愛する者。
あなたはなんと美しいことよ。
なんと美しいことよ。
あなたの目は、顔おおいのうしろで鳩のようだ。
あなたの髪は、ギルアデの山から降りて来る
やぎの群れのよう、

2 あなたの歯は、洗い場から上って来て
毛を刈られる雌羊の群れのようだ。
それはみな、ふたごを産み、
ふたごを産まないものは一頭もいない。

3 あなたのくちびるは紅の糸。
あなたの口は愛らしい。
あなたの頬は、顔おおいのうしろにあって、
ざくろの片割れのようだ。

4 あなたの首は、兵器庫のために建てられた
ダビデのやぐらのようだ。
その上には千の盾が掛けられていて、
みな勇士の丸い小盾だ。

5 あなたの二つの乳房は、
ゆりの花の間で草を食べているふたごのかもしか、
二頭の子鹿のようだ。

6 そよ風が吹き始め、影が消え去るころまでに、
私は没薬の山、乳香の丘に行こう。

7 わが愛する者よ。あなたのすべては美しく、
あなたには何の汚れもない。

8 花嫁よ。私といっしょにレバノンから、
私といっしょにレバノンから来なさい。
アマナの頂から、
セニル、すなわちヘルモンの頂から、
獅子のほら穴、ひょうの山から降りて来なさい。

3:6 上って来るひとはだれ ヘブル語で「上って来る」は花嫁が来ることを指している。娘の友人たちが結婚式の行進について言っていることばと思われる。

3:11 ソロモン王を見に出かけなさい ソロモンの母のバテ・シェバと預言者ナタンが介入したので（Ⅰ列1:27）、ソロモンは公衆の前に連れて来られ、王として油を注がれた（任命された、即位した Ⅰ列1:28-40）。ソロモンは王になったときには既に結婚していて、結婚式に母がかぶせた冠をかぶっていたと思われる。このときに、王位がダビデの家系に受継がれるという神がソロモンの父ダビデに与えられた契約の約束がはっきりと意識されたと思われる（Ⅱサム7:13-16、→「**ダビデとの神の契約**」の項 p.512）。

4:7 あなたのすべては美しく、あなたには何の汚れもない 若い花嫁は美しく、夫の目には完璧で欠点は何もないように見える。「汚れ」は道徳的、人格的な欠点や汚点のことも意味している。少女は肉体的にも道徳的にも清かったということである。

4:8 アマナ・・・セニル・・・ヘルモン アマナはイスラエルの北の境界線にあるアンティ・レバノン山脈の一つの山の名称である。この山脈の南の端はガリラヤの北東にあたり、ここにはセニルの峰とヘルモン

雅歌　4-5章

9 私の妹、花嫁よ。
　あなたは私の心を奪った。
　あなたのただ一度のまなざしと、
　あなたの首飾りのただ一つの宝石で、
　私の心を奪ってしまった。
10 私の妹、花嫁よ。
　あなたの愛は、なんと麗しいことよ。
　あなたの愛は、ぶどう酒よりもはるかに
　まさり、
　あなたの香油のかおりは、
　すべての香料にもまさっている。
11 花嫁よ。あなたのくちびるは蜂蜜をした
　たらせ、
　あなたの舌の裏には蜜と乳がある。
　あなたの着物のかおりは、
　レバノンのかおりのようだ。
12 私の妹、花嫁は、
　閉じられた庭、閉じられた源、封じら
　れた泉。
13 あなたの産み出すものは、
　最上の実をみのらすざくろの園、
　ヘンナ樹にナルド、
14 ナルド、サフラン、菖蒲、
　肉桂に、乳香の取れるすべての木、
　没薬、アロエに、香料の最上のものすべて、
15 庭の泉、湧き水の井戸、
　レバノンからの流れ。

おとめ
16 北風よ、起きよ。南風よ、吹け。
　私の庭に吹き、そのかおりを漂わせてお
　くれ。
　私の愛する方が庭に入り、

9 ①雅4:10, 12, 5:1
　②エゼ16:11
10 ①雅1:2
　　②雅1:3
11 ①箴5:3
　②雅5:1, Ⅰサム14:27,
　　詩19:10, 箴24:13
　③創27:27
　④ホセ14:6, 7
12 ①創29:3
　②箴5:15-18
13 ①雅2:3, 4:16, 7:13
　②雅6:11
　③雅1:14
　④雅1:12
14 ①イザ35:1
　②出30:23, イザ43:24,
　　エレ6:20, エゼ27:19
　③箴7:17, 出30:23,
　　黙18:13
　④雅3:6
　⑤雅3:6
16 ①雅5:1, 6:2
　②→雅1:13

　③雅4:13
1 ①雅4:9
　②雅4:16, 6:2
　③雅3:6
　④雅4:11
　⑤雅8:2, 1:2
　⑥箴9:5
　⑦ヨハ3:29
2 ①黙3:20
　②→雅1:13
　③雅4:9
　④→雅1:13
　⑤雅2:14, 6:9
　⑥雅5:11
3 ①創19:2
4 ①エレ31:20

　その最上の実を食べることができるよう
　に。

愛する人

5

1 私の妹、花嫁よ。
　私は、私の庭に入り、
　没薬と香料を集め、蜂の巣と蜂蜜を食
　べ、
　ぶどう酒と乳を飲む。

友だち
　友よ、食べよ。
　飲め。愛する人たちよ。大いに飲め。

おとめ
2 私は眠っていましたが、心はさめていま
　した。
　戸をたたいている愛する方の声。
　「わが妹、わが愛する者よ。
　戸をあけておくれ。
　私の鳩よ。汚れのないものよ。
　私の頭は露にぬれ、
　髪の毛も夜のしずくでぬれている。」
3 私は着物を脱いでしまった。
　どうしてまた、着られましょう。
　足も洗ってしまった。
　どうしてまた、よごせましょう。
4 私の愛する方が戸の穴から手を差し入れ
　ました。
　私の心は、あの方のために立ち騒ぎまし
　た。

山が連なる。ソロモンは花嫁への愛が王国の最も高い山々や最も遠い地域にまで広がるほどに大きいことを表現していると思われる。

4:9　私の妹、花嫁よ。あなたは私の心を奪った
「妹」は「愛する人」を意味する。この表現は古代の近東の詩ではよく見られる。愛する花嫁はソロモンの心を奪った。

4:12　閉じられた庭　ここでの三つのたとえはこの若い娘が純潔を保っていて、結婚式の夜に性的に純潔だったことを指している。結婚まで純潔を保つことは神が定めた性的な純潔の基準であり、男性にも女性にも向けられたものである。神が定めた基準を犯すことは神を侮辱することであり、自分自身の霊と良心を汚すことである。また性的に親密な行為によって確定される結婚の瞬間をさげすむことにもなる（→「**性道徳の基準**」の項 p.2379）。

4:14　サフラン　サフランはすみれ色の花から黄色の染料が採れる植物である。乾燥させて料理のスパイスに使われる。オリーブオイルと混ぜると芳香性の軟膏にもなる。

4:14　菖蒲・・・アロエ　菖蒲は香り高い香料で、アロエは今日知られているハーブとは種類が違うもので、バングラデシュや中国原産の香木である。

5:4　私の心は・・・立ち騒ぎました　「心」と訳され

5 私は起きて、
　私の愛する方のために戸をあけました。
　私の手から没薬が、私の指から没薬の液が、
　かんぬきの取っ手の上にしたたりました。
6 私が、愛する方のために戸をあけると、
　愛する方は、背を向けて去って行きました。
　*あの方のことばで、私は気を失いました。
　私が捜しても、
　あの方は見あたりませんでした。
　私が呼んでも、答えはありませんでした。
7 町を行き巡る夜回りたちが私を見つけました。
　彼らは私を打ち、傷つけました。
　城壁を守る者たちも、
　私のかぶり物をはぎ取りました。
8 エルサレムの娘たち。誓ってください。
　あなたがたが私の愛する方を見つけたら、
　あの方に何と言ってくださるでしょう。
　私が愛に病んでいる、と言ってください。

友だち

9 女のなかで最も美しい人よ。
　あなたの愛する方は、ほかの愛人より
　何がすぐれているのですか。
　あなたがそのように私たちに切に願うとは。
　あなたの愛する方は、ほかの愛人より
　何がすぐれているのですか。

おとめ

10 私の愛する方は、輝いて、赤く、
　万人よりすぐれ、
11 その頭は純金です。
　髪の毛はなつめやしの枝で、烏のように黒く、
12 その目は、乳で洗われ、池のほとりで休み、
　水の流れのほとりにいる鳩のようです。
13 その頬は、良いかおりを放つ香料の花壇のよう。
　くちびるは没薬の液をしたたらせるゆりの花。
14 その腕は、タルシシュの宝石をはめ込んだ
　金の棒。
　からだは、サファイヤでおおった象牙の細工。
15 その足は、純金の台座に据えられた大理石の柱。
　その姿はレバノンのよう。杉のようにすばらしい。
16 そのことばは甘いぶどう酒。
　あの方のすべてがいとしい。
　エルサレムの娘たち。
　これが私の愛する方、これが私の連れ合いです。

友だち

6

1 女のなかで最も美しい人よ。
　あなたの愛する方は、どこへ行かれたのでしょう。
　あなたの愛する方は、
　どこへ向かわれたのでしょう。
　私たちも、あなたといっしょに捜しましょう。

おとめ

2 私の愛する方は、
　自分の庭、香料の花壇へ下って行かれました。

5① 雅3:6
② 雅5:13
6① 雅6:1
*直訳「あの方が告げたとき」
② 雅3:1
7① 雅3:3
8① 雅1:5
② 雅2:7, 3:5, 8:4
③ 雅2:5
④→雅2:4
9① 雅1:8, 6:1
*あるいは「誓いをさせて」
10① Ⅰサム16:12
② 詩45:2
11① 雅5:2

12① 雅4:1
13① 雅1:10
② 雅6:2
③ 雅3:6
④ 雅5:5
⑤→雅2:1
14① 出28:20, 39:13, エゼ1:16, 10:9, 28:13, ダニ10:6
② 出24:10, 28:18, ヨブ28:16, イザ54:11
③ 雅7:4
15① Ⅰ歴29:2, エス1:6, 黙18:12
② 雅4:8
③ 雅1:17
16① 雅7:9
② 雅1:5
③→雅1:13
1① 雅1:8, 5:9
②→雅1:13
③ 雅5:6
2① 雅4:16, 5:1
② 雅5:13

ているヘブル語は「メエー」で「はらわた」(腹、腸、内臓)とも訳される。これは比較としては好ましくないように見えるけれども、ある文化でははらわた(人の最も内側にある部分)が感情、特に愛情の中心部と考えられている。つまり女性が愛する人を思うとき、からだ全体が喜びに震え衝撃を受けるのである。

5:14　サファイヤ　サファイヤは半貴石で適切に削られ磨かれると豊かで深みのある青い高価な宝石になる。

5:16　あの方のすべてがいとしい　花嫁の目には花婿のすべてが貴く、好ましく、喜ばしい。

庭の中で群れを飼い、ゆりの花を集めるために。
3 私は、私の愛する方のもの。
私の愛する方は私のもの。
あの方はゆりの花の間で群れを飼っています。

愛する人
4 わが愛する者よ。
あなたはティルツァのように美しく、
エルサレムのように愛らしい。
＊だが、旗を掲げた軍勢のように恐ろしい。
5 あなたの目を私からそらしておくれ。
それが私をひきつける。
あなたの髪は、ギルアデから降りて来るやぎの群れのよう、
6 あなたの歯は、洗い場から上って来た雌羊の群れのようだ。
それはみな、ふたごを産み、
ふたごを産まないものは一頭もいない。
7 あなたの頬は、顔おおいのうしろにあって、
ざくろの片割れのようだ。
8 王妃は六十人、そばめは八十人、
おとめたちは数知れない。
9 汚れのないもの、私の鳩はただひとり。
彼女は、その母のひとり子、
彼女を産んだ者の愛する子。
娘たちは彼女を見て、幸いだと言い、
王妃たち、そばめたちも彼女をほめた。

友だち
10「暁の光のように見おろしている、

2 ①雅1:7, 2:16
②→雅2:1
3 ①雅2:16, 7:10
4 ①Ⅰ列14:17
②雅1:5
③詩48:2, 50:2
④雅4:3
＊直訳「旗をかざしたもの」
⑤雅6:10
5 ①雅1:15, 4:1, 7:4
②雅4:1
6 ①雅4:2
7 ①雅4:3
②雅6:11
8 ①Ⅰ列11:3
②雅1:3
9 ①雅2:14, 5:2
②箴4:3
③雅2:2, 創30:13, 箴31:28, ルカ1:48

10 ①マタ17:2, 黙1:16
②雅6:4
11 ①→雅2:13
②雅4:3, 13, 6:7, 7:12, 8:2
13＊別訳「マハナイムの舞」

2 ①雅1:2
②→雅2:2

月のように美しく、
太陽のように明るい、
旗を掲げた軍勢のように恐ろしいもの。
それはだれか。」

愛する人
11 私はくるみの木の庭へ下って行きました。
谷の新緑を見るために。
ぶどうの木が芽を出したか、
ざくろの花が咲いたかを見るために。
12 私自身が知らないうちに、
私は民の高貴な人の車に乗せられていました。

友だち
13 帰れ。帰れ。シュラムの女よ。
帰れ。帰れ。私たちはあなたを見たい。

愛する人
どうしてあなたがたはシュラムの女を見るのです。
＊二つの陣営の舞のように。

7

1 高貴な人の娘よ。
サンダルの中のあなたの足はなんと美しいこと。
あなたの丸みを帯びたももは、
名人の手で作られた飾りのようだ。
2 あなたのほぞは、混ぜ合わせたぶどう酒の
尽きることのない丸い杯。
あなたの腹は、ゆりの花で囲まれた小麦

6:4 旗を掲げた軍勢のように恐ろしい 花婿は最愛の花嫁を、勝利の旗を掲げて行進する力強い軍隊のように恐れと驚きを抱かせる（大いなる驚きで心を満たすことができる）人と考えている。この表現は銀河系の多数の星のようにすばらしいという意味に理解する人もいる。

6:8 王妃・・・そばめ・・・おとめたちは数知れない これは国中の美しい女性を指していると思われる。女性たちは王妃（高潔な妻たち）、そばめ（合法的に夫との親密な関係を持っているが妻より身分が低い女性）とおとめ（《ヘ》アラモト、結婚年齢の処女）の三つに区分されている。雅歌のこの部分がソロモンの晩年に書かれたとすればこれは数を増していくソロモンの妻たちのハーレムを指していると考えられる。けれどもシュラムの女（愛する人）はだれとも比較にならない。彼女は最高で特別である。

6:13 帰れ。シュラムの女よ 「シュラム人」は「シュナム人」の別のかたちと考える人もいる。古代セム語では「l」と「n」とが時々入れ替った。するとシュネムの女になる。またある人はソロモンの女性形（ソロモン人）

の山。
3 あなたの二つの乳房は、ふたごのかもしか、
二頭の子鹿。
4 あなたの首は、象牙のやぐらのようだ。
あなたの目は、バテ・ラビムの門のほとり、
ヘシュボンの池。
あなたの鼻は、ダマスコのほうを見張っている
レバノンのやぐらのようだ。
5 あなたの頭はカルメル山のようにそびえ、
あなたの乱れた髪は紫色。
王はそのふさふさした髪のとりこになった。
6 ああ、慰めに満ちた愛よ。
あなたはなんと美しく、快いことよ。
7 あなたの背たけはなつめやしの木のよう、
あなたの乳房はぶどうのふさのようだ。
8 私は言った。
「なつめやしの木に登り、その枝をつかみたい。
あなたの乳房はぶどうのふさのように、
あなたの息はりんごのかおりのようであれ。
9 あなたのことばは、良いぶどう酒のようだ。

おとめ
私の愛に対して、なめらかに流れる。
眠っている者のくちびるを流れる。」

10 私は、私の愛する方のもの。
あの方は私を恋い慕う。
11 さあ、私の愛する方よ。野に出て行って、
ヘンナ樹の花の中で夜を過ごしましょう。

3 ①雅4:5
4 ①雅1:10
　②雅6:5
　③民21:26
5 ①イザ35:2
　＊直訳「水ぶねの」
6 ①→雅2:4
　②雅1:15
7 ①雅1:13
8 ①雅2:3
9 ①雅5:16
　②雅1:2
　③箴23:31
10 ①雅2:16, 6:3
　②詩45:11
11 ①→雅1:13

12 ①→雅1:6
　②→雅2:13
　③雅6:11
　④雅2:16, 7:10
13 ①創30:14-16
　②雅4:13

2 ①雅3:4
　②雅5:1, 1:2
　③箴9:2
　④雅6:11
　⑤雅2:6
4 ①→雅2:7
　②雅1:5
　③雅5:8
　④雅3:6

12 私たちは朝早くからぶどう畑に行き、
ぶどうの木が芽を出したか、
花が咲いたか、
ざくろの花が咲いたかどうかを見て、
そこで私の愛をあなたにささげましょう。
13 恋なすびは、かおりを放ち、
私たちの門のそばには、
新しいのも、古いのも、
すべて、最上の物があります。
私の愛する方よ。
これはあなたのためにたくわえたものです。

8

1 ああ、もし、あなたが私の母の乳房を吸った
私の兄弟のようであったなら、
私が外であなたに出会い、
あなたに口づけしても、
だれも私をさげすまないでしょうに。
2 私はあなたを導き、
私を育てた私の母の家にお連れして、
香料を混ぜたぶどう酒、ざくろの果汁を
あなたに飲ませてあげましょう。
3 ああ、あの方の左の腕が私の頭の下にあり、
右の手が私を抱いてくださるとよいのに。
4 エルサレムの娘たち。
私はあなたがたに誓っていただきます。
揺り起こしたり、かき立てたりしないでください。
愛が目ざめたいと思うときまでは。

友だち
5 自分の愛する者に寄りかかって、
荒野から上って来るひとはだれでしょう。

で「ソロモンの女性」という称号であると考えている。
7:4 バテ・ラビム・・・ヘシュボンの池 これらはネボ山の北東約8キロの所にあるヘシュボンの城壁の外側の貯水池、水の供給源のことである。バテ・ラビム(直訳は「大勢の娘」)はヘシュボンの一つの門の名前

と思われる。
7:13 恋なすび このハーブは媚薬(性的欲望を掻き立てるもの)と考えられていた(⇒創30:14-17)。
8:4 揺り起こしたり、かき立てたりしないでください。愛が目ざめたいと思うときまでは →2:7注

雅歌 8章

おとめ

私はりんごの木の下で
あなたの目をさまさせた。
そこはあなたの母があなたのために
産みの苦しみをした所。
そこはあなたを産んだ者が
産みの苦しみをした所。

6 私を封印のようにあなたの心臓の上に、
封印のようにあなたの腕につけてください。
愛は死のように強く、
ねたみはよみのように激しいからです。
その炎は火の炎、すさまじい炎です。
7 大水もその愛を消すことができません。
洪水も押し流すことができません。
もし、人が愛を得ようとして、
自分の財産をことごとく与えても、
ただのさげすみしか得られません。

友だち

8 私たちの妹は若く、乳房もない。
私たちの妹に縁談のある日には、
彼女のために何をしてあげよう。
9 もし、彼女が城壁だったら、
その上に銀の胸壁を建てよう。
彼女が戸であったら、

5 ②雅2:3
　③雅3:4
6 ①創38:18、Ⅰ列21:8、エレ22:24、ハガ2:23
　②→雅2:4
　③歳6:34
　＊⋈「シェオル」
8 ①エゼ16:7

9 雅1:17
10 ①雅1:13
11 ①雅2:15、伝2:4
　②マタ21:33
　③イザ7:23
12 ①→雅1:6
13 ①雅1:7
　②雅2:14
14 ①→雅1:13
　②雅2:8
　③雅4:6
　④雅2:9

①杉の板で囲もう。

おとめ

10 私は城壁、私の乳房はやぐらのよう。
それで、私はあの方の目には
平安をもたらす者のようになりました。

11 ソロモンにはバアル・ハモンにぶどう畑があった。
彼はぶどう畑を、守る者に任せ、
おのおのその収穫によって
銀千枚を納めることになっていた。
12 私が持っているぶどう畑が私の前にある。
ソロモンよ。あなたには銀千枚、
その実を守る者には銀二百枚。

愛する人

13 庭の中に住む仲間たちは、
あなたの声に耳を傾けている。
私にそれを聞かせよ。

おとめ

14 私の愛する方よ。急いでください。
香料の山々の上のかもしかや、
若い鹿のようになってください。

8:6-7　愛は死のように強く・・・大水もその愛を消すことができません　あらゆる人間の経験の中で互いに心から愛し合っている男女の間の相互の（対等に共有される）愛ほど力強く美しいものはない。

8:6　ねたみはよみのように激しい　この「ねたみ」は「情熱的で激しい熱愛」と訳すことができる。つまり人を制御する猛烈で破壊的な熱情である。これはよみ（《ヘ》シェオル）のように人をがんじがらめに捕える。よみから逃げられる人はだれもいない（→詩16:10注）。

8:7　愛を得ようとして・・・ことごとく与えても、ただのさげすみしか　愛をお金で買おうとすることは無益であり恥ずべきことである。本当の愛は買うことができない。夫でも妻でも地上の財産を求めて、あるいはそれをアピールしてする結婚がほとんど確実に失敗する原因がここに見られる。

8:9　もし、彼女が城壁だったら・・・彼女が戸であったら　もしも若い妹が城壁だったら（性的誘惑を強く退けていたら）、友人たちは彼女の結婚の準備をするときに彼女の美しさをほめ、高く評価するだろう。もしも彼女が戸だったら（すきがあって誘惑に負けるなら）、友人たちは彼女が純潔を失わないように何をしても彼女を守る努力をするだろう。

8:12　私が持っているぶどう畑が私の前にある　ソロモンの多くのぶどう畑とは対照的に彼女は一つだけぶどう畑を持っていた。ソロモンは自分のぶどう畑から収入を得、その畑の労働者は分け前を得ることができた。けれども彼女のぶどう畑はもっと良かった。8:10と合せて考えると、ここは彼女が肉体的、性的にほかの人々から身を守り続けて夫ソロモンにとって尊い存在であり続けた情況を描写している。

イザヤ書

概　要
I. さばきと警告の預言（1：1-35：10）
　A．イザヤの預言の背景（1：1-31）
　B．イザヤの初期の預言（2：1-5：30）
　　1．主の日（2：1-22）
　　2．ユダとエルサレムに対するさばき（3：1-4：1）
　　3．さばきと栄光の予告（4：2-6）
　　4．ユダのさばきと捕囚についてのたとえ（5：1-30）
　C．イザヤのきよめと神による任命（6：1-13）
　D．メシヤについてのイザヤの初期の預言（7：1-12：6）
　　1．インマヌエルのしるし（7：1-25）
　　2．さばきと救いの預言（8：1-9：7）
　　3．イスラエル（北王国）とアッシリヤに対する神の怒りとさばき（9：8-10：34）
　　4．メシヤとその国（11：1-12：6）
　E．国々に対するイザヤのさばきの預言（13：1-23：18）
　　1．バビロン（13：1-14：23）
　　2．アッシリヤ（14：24-27）
　　3．ペリシテ（14：28-32）
　　4．モアブ（15：1-16：14）
　　5．ダマスコとサマリヤ（17：1-14）
　　6．クシュ（18：1-7）
　　7．エジプト（19：1-20：6）
　　8．バビロン（第二の預言）（21：1-10）
　　9．ドマ（21：11-12）
　　10．アラビヤ（21：13-17）
　　11．エルサレム（22：1-25）
　　12．ツロ（23：1-18）
　F．歴史の終了に関する預言（24：1-27：13）
　G．救いの希望と関連した絶望の預言（28：1-35：10）
II. ヒゼキヤについての歴史的挿入（36：1-39：8）
　A．ヒゼキヤのアッシリヤからの救い（36：1-37：38）
　B．ヒゼキヤの病気と癒し（38：1-22）
　C．ヒゼキヤの愚かなプライド（39：1-8）
III. 希望と救いと慰めの預言（40：1-66：24）
　A．神の民の救いと回復の約束（40：1-48：22）
　　1．主の栄光と神のしもべの啓示（40：1-42：25）
　　2．イスラエルの刷新と再集合（43：1-45：25）
　　3．神がバビロンをさばかれるときのユダのための信仰の教訓（46：1-48：22）
　B．苦しむしもべ、メシヤに関する約束（49：1-53：12）
　　1．使命と服従（49：1-50：11）
　　2．慰めと励まし（51：1-52：12）
　　3．苦しみと犠牲の死（52：13-53：12）
　C．シオンに関する預言的な幻：神の民の間にある神の栄光の位置（54：1-66：24）
　　1．シオンの栄光に満ちた未来（54：1-17）

イザヤ書

2. 救いと契約の祝福への招き（55：1-56：8）
3. 邪悪な者に対する告発と非難（56：9-57：21）
4. 偽りとまことの礼拝（58：1-14）
5. シオンの告白と救い（59：1-21）
6. シオンの繁栄と平和（60：1-22）
7. メシヤの油注ぎと使命（61：1-11）
8. シオンの回復と栄光に関する預言的嘆願（62：1-64：12）
9. 神の答ー偽りの礼拝者に対するさばきとまことの礼拝者に対するあわれみと祝福（65：1-66：24）

著　者：イザヤ

主　題：さばきと救い

著作の年代：紀元前700－680年頃

著作の背景

　アモツの子イザヤが預言者として働いた歴史的背景は、ユダの四人の王ウジヤ、ヨタム、アハズ、ヒゼキヤの時代のエルサレムだった（1：1、「預言者の時代のエルサレム」の地図 p.1209）。ウジヤ王は前740年に死に（⇒6：1）、ヒゼキヤ王が死んだのは前687年だった。したがってイザヤの働きはユダの歴史の中で50年以上続いたことになる（ユダはソロモンの治世の後、イスラエルが分裂してできた南王国）。ヘブルの伝説によると、イザヤはヒゼキヤのよこしまな息子で王位を継承したマナセによってのこぎりで切られて（⇒ヘブ11：37）、殉教（信仰のために殺される）した（前680）。

　イザヤはエルサレムで影響力のある上流階級の出身だったようである。優れた教育を受けており、詩と預言の賜物があった。貴族とも交流があり、王の相談役でユダの外交について預言者としての助言を行っていた。書物を残した預言者の中では最も高い教育を受け、影響力が大きく知名度の高い人だった。妻もまた女預言者として賜物を持っていて、夫婦には二人の息子がいた。その名前には国に対するメッセージが象徴的に込められていた。

　イザヤは預言者ホセアやミカと同じ時代に生きていた。そしてアッシリヤ帝国の脅威が拡大する時代に神のメッセージを伝えた。これはイスラエル（北王国）が崩壊し、ユダ（南王国）が霊的、道徳的に最も衰退した時期だった（⇒「イスラエルとユダの王国」の地図 p.570）。イザヤはユダの王アハズに向かって、イスラエルとアラムの脅威に対する助けを求めてアッシリヤに頼るなと警告した。イスラエルが前722年に崩壊した後、ヒゼキヤ王に向かっては、アッシリヤに対抗するために外国と同盟を結ぶなと警告した。イザヤはこのふたりの王に向かって、自分たちを守り防いでくださる方として神だけに頼るように勧めた（7：3-7, 30：1-17）。イザヤはヒゼキヤ王の治世に最大の影響力を持っていた。

　イザヤの名前がつけられたこの書物をイザヤが全部書いたのか疑問視する学者がいる。そのような学者たちは1－39章だけをエルサレムのイザヤが書いて、40－66章は150年ほど後の時代のほかの著者または複数の著者たちによって書かれたとする。けれども、イザヤが全部書いたことを否定する理由を十分に示す資料は聖書の中には見つからない。40－66章のイザヤの預言的メッセージは、死後かなり後の時代にバビロンにいたユダヤ人捕囚の人々（捕虜にされ移住させられた人々）のためのものだった（⇒「ユダ（南王国）の捕囚」の地図 p.633, →Ⅱ列24：1注, ユダヤ人の「捕囚」→エズ緒論, エレ緒論）。この後半の各章は神が特定の未来の出来事を預言者を通して啓示なさるという点に焦点を当てている（42：8-9, 44：6-8, 45：1, 47：1-11, 53：1-12, →「旧約聖書の預言者」の項 p.1131）。神が預言的幻や啓示を用いられることを認めるなら（⇒黙1：1, 4：1-22：21）、イザヤがこの書物全体を書いたということを受入れることは難しくない。イザヤがこの書物全体の著者であることを支持する証拠は多くある。それは大きく分けて二種類になる。

　(1) この書物の内部にある証拠は1章1節に見られる表題、序文のことばにある（これは全体にかかわることである）。また前半と後半には数多くの並行記事や類似の表現が見られる。たとえば「イスラエルの聖なる方（者）」という表現は1－39章に多くあるけれども、40－66章にはさらに多く使われている。このことばは、旧約聖書のほかの部分では合計してもわずかしか使われていない。また前半後半それぞれに、ほかの預言書には見られない特別なヘブル語のことばが25回以上使われている。

(2) 外部の証拠としては、ユダヤ教のタルムード（ユダヤ教の宗教律法の基盤を形成する古いユダヤ文書を集めたもの。聖書の初期の解釈と、これに対する後世の注解が含まれている）がある。新約聖書もまた全体をイザヤが書いたものとしている（⇒マタ12：17-21とイザ42：1-4、マタ3：3、ルカ3：4とイザ40：3、ヨハ12：37-41とイザ6：9-10、53：1、使8：28-33とイザ53：7-9、ロマ9：27、10：16-21とイザ10：，53：，65：）。全体を一人の著者が書いたものとして見るときに、この書物は神が与えられた啓示の極めて優れたものであることがわかる。

目　的

イザヤの著作には三つの目的がある。

(1) 預言者は自分の国、それからほかの国々に、人々の罪（神に対する挑戦と反抗、自分勝手な道を行くこと）と罪に対する結果としてやがて来る神のさばきについて、神のメッセージを突きつけている。

(2) 神から与えられた幻と啓示に基づいて、ユダの捕囚の人々の未来の世代に対して時が来れば解放される希望のメッセージを預言した。捕囚とはバビロニヤ人によってユダが崩壊し滅ぼされた後にそこから移住させられた人々のことである（→Ⅱ列王論，エズ緒論）。神はこの人々を救い出し関係を回復し、救いの計画をこの人々を通して世界中の国に啓示される。

(3) イザヤは神がメシヤを送られると預言した。メシヤとは「油そそがれた者」、救い主のことで、この方の救いのメッセージは世界中の国をみな包みこむことになる。このメッセージは古い契約と新しい契約の両方のもとにいる（メシヤである主イエスが世界に来られて人々の罪のためにいのちを与えられる前とそのあとの時代　→「旧契約と新契約」の項 p.2363）神の民に希望を与える。

概　観

イザヤ書は無理なく1-39章と40-66章の二つの部分に大きく分けられるとほとんどの学者は考えている。ある意味でイザヤ書は聖書全体（66巻ある）の縮小版のようである。(1) 二部に分かれたイザヤ書のメッセージは、さばきと救いという大きなテーマにしぼられている。これは旧約聖書と新約聖書のテーマに一致している。(2) 二つの部分を、旧約聖書と新約聖書と同じように、キリストの贖いの働き（霊的に救い、回復する働き）が糸のように貫きつないでいる。

(1) 第一区分（1：-39：）には四つの大きなまとまりがある。(a) 1-12章でイザヤは、ユダの偶像礼拝（にせの神々やほかのものをまことの神の代りに礼拝すること）と不道徳と社会の不公平について警告し非難している。国が繁栄しているので、人々は安全で神と良い関係にあるようにだまされていたようである。けれども実際は霊的に鈍感で、大部分が神に反抗していた。そこでやがて来るさばきとともにキリストであるメシヤの来臨という大切なメッセージが示されている（2：4、7：14、9：6-7、11：1-9）。そしてイザヤ自身の霊的なきよめと預言の働きへの任命についてのあかしも書いてある（6：）。(b) 13-23章でイザヤは、ほかの国々に向かってその罪と霊的な反抗、そして来ようとしている神のさばきについて預言している。(c) 24-35章には、将来の救いとさばきに関する様々な約束が含まれている。(d) 36-39章には、ヒゼキヤの生涯の主な歴史的事件が記録されている。これは列王記第二18章13節-20章21節にも記録されている。

(2) 第二区分（40：-66：）には神の偉大さと贖い（霊的な救いと、罪深い人間と神との壊れた関係の修復）の広大な計画に関する聖書の中の最も深く、最も洞察の鋭い預言が記録されている。この部分は、ヒゼキヤの治世の後期（38：5）とその後の何世紀もの時代にわたって神の民に希望と慰めを与えた。そこには神の不思議さ、力、そして忠実で霊的に影響力のある人々をイスラエルの将来に回復するという約束などの預言的啓示が満ちている。またあらゆる国の人々が含まれていて神が人々をみな愛しておられることを示している。これらの約束と実現は特に「苦しみ」という主題に関連していて、イザヤの「しもべの歌」（→42：1-4、49：1-6、50：4-9、52：13-53：12）もこれに含まれている。これらの部分はユダヤ人の捕囚の体験を超えて、将来イエス・キリストが来られて私たちの罪のために死なれることを指している（53：）。預言者イザヤはやがて来られるメシヤは正義への道を照らし、霊的な救いが燃えるたいまつのように国々に広がると予告している（60：-66：，→「**キリストによって成就した旧約聖書の預言**」の表 p.1029）。イザヤは、神の原則とご計画と目的に対して霊的に盲目であってはならないと再び警告をしている（42：18-25）。また神の民が神のご計画の実現に参加できるよう、困難に耐える力を求めて祈るように励ましている（⇒56：6-8、62：1-2、6-7、66：7-18）。

特　徴

イザヤ書には九つの大きな特徴がある。

イザヤ書

　(1) 大部分がヘブル語の詩の形式で書かれていて、文学的傑作であるとされている。これほど美しく力があり、創造的な詩はほかにはない。イザヤの用語の豊富さは旧約聖書の記者たちのだれよりも優れている。
　(2) イザヤは「福音的な預言者」と呼ばれている。それは旧約聖書の書物の中で、メシヤ(キリスト)についてのイザヤの預言がイエス・キリストについての最も完全で明らかなメッセージになっているからである。
　(3) 主イエスが私たちの罪のための犠牲として十字架で苦しみ死なれるという幻(53:)が、聖書全体の中でも最も具体的で詳細な預言になっている。
　(4) 旧約聖書の預言書の中で最も神学的(神という概念と神を信じる信仰を扱う)で包括的(幅広く、徹底的で、完全)である。神による天と地と人間の創造のときを振返る(42:5)とともに、神による歴史の成就と完成、そして新しい天と新しい地の創造について未来を見ている(65:17, 66:22, →黙21:)。
　(5) 神のご性質、特性、偉大さ、聖さについて、旧約聖書のどの預言書よりも多くの啓示を含んでいる。イザヤの神は聖く(純粋、完全、完璧、悪からの分離)、全能である。この方はあらゆる人々と国々をさばかれる(→「**神の属性**」の項 p.1016)。イザヤは神を「イスラエルの聖なる方」と呼ぶことを好んだ。
　(6) イザヤ(この名前の意味は「主は救う」)は救いの預言者だった。イザヤは「救い」という特別なことばをほかの旧約聖書の預言書を全部合計したよりも多く使っている。そして神の霊的な救いの完全な目的は、メシヤを通してのみ成就されると啓示している。
　(7) イザヤはほかの旧約聖書の預言者のだれよりも多く聖霊について書いている(11:2, 30:1, 32:15, 34:16, 42:1, 44:3, 48:16, 59:21, 61:1, 63:10-11, 14, →「**旧約聖書の聖霊**」の項 p.1493)。
　(8) イザヤはたびたびイスラエルの歴史にあった過去の贖い(救い、解放、救出)の出来事を指している。それは出エジプト(エジプトでの奴隷状態から神がイスラエル人を奇蹟的に救い出されたこと 4:5-6, 11:15, 31:5, 43:16-17)、ソドムとゴモラの滅亡(1:9)、ミデヤン人に対するギデオンの勝利(9:4, 10:26)などである。イザヤはまた申命記32章にあるモーセの預言の歌からも引用している(1:2, 30:17, 43:11, 13)。
　(9) 申命記や詩篇とともにイザヤ書は新約聖書で最も多く引用または引照された旧約聖書の書物である。

新約聖書での成就

　イザヤはメシヤの先駆者(先に来て道を備える人)としてのバプテスマのヨハネについて預言している(40:3-5, ⇒マタ3:1-3)。イザヤのメシヤ預言(メシヤ、来ようとしている救い主についての預言)は多くあるけれども、新約聖書でのイエス・キリストの生涯と関係があるものは次の通りである。人としての誕生と神としての特性(イザ7:14 →マタ1:22-23, ルカ1:34-35, イザ9:6-7 →ルカ1:32-33, 2:11)、少年時代(イザ7:15-16, 11:1 →ルカ3:23, 32, 使13:22-23)、使命(イザ11:2-5, 42:1-4, 60:1-3, 61:1 →ルカ4:17-19, 21)、従順(イザ50:5 →ヘブ5:8)、メッセージと聖霊の力が与えられること(イザ11:2, 42:1, 61:1 →マタ12:15-21)、奇蹟(イザ35:5-6 →マタ11:2-5)、苦しみ(イザ50:6 →マタ26:67, 27:26, 30, イザ53:4-5, 11 →使8:28-33)、拒絶(イザ53:1-3 →ルカ23:18, ヨハ1:11, 7:5)、侮辱(イザ52:14 →ピリ2:7-8)、私たちの罪のための犠牲の死(イザ53:4-12 →ロマ5:6)、昇天(イザ52:13 →ピリ2:9-11)、再臨(イザ26:20-21 →ユダ1:14, イザ61:2-3 →Ⅱテサ1:5-12, イザ65:17-25 →Ⅱペテ3:13)。

イザヤ書の通読

　旧約聖書全体を1年間で通読するためには、イザヤ書を次のスケジュールに従って28日間で読まなければならない。
☐1-2 ☐3-5 ☐6-8 ☐9-10 ☐11-12 ☐13-14 ☐15-18 ☐19-22 ☐23-24 ☐25-26 ☐27-28 ☐29-30 ☐31-32 ☐33-34 ☐35-37 ☐38-39 ☐40-41 ☐42-43 ☐44-45 ☐46-47 ☐48-49 ☐50-51 ☐52-53 ☐54-56 ☐57-58 ☐59-60 ☐61-63 ☐64-66

メ　モ

イザヤ書 1章

1 ¹アモツの子イザヤの幻。これは彼が、ユダとエルサレムについて、ユダの王ウジヤ、ヨタム、アハズ、ヒゼキヤの時代に見たものである。

反逆の国

2 天よ、聞け。地も耳を傾けよ。
主が語られるからだ。
「子らはわたしが大きくし、育てた。
しかし彼らはわたしに逆らった。

3 牛はその飼い主を、
ろばは持ち主の飼葉おけを知っている。
それなのに、イスラエルは知らない。
わたしの民は悟らない。」

4 ああ。罪を犯す国、咎重き民、
悪を行う者どもの子孫、堕落した子ら。
彼らは主を捨て、
イスラエルの聖なる方を侮り、
背を向けて離れ去った。

5 あなたがたは、なお
どこを打たれようというのか。
反逆に反逆を重ねて。
頭は残すところなく病にかかり、
心臓もすっかり弱り果てている。

6 足の裏から頭まで、
健全なところはなく、
傷と、打ち傷と、打たれた生傷。
絞り出してももらえず、
包んでももらえず、
油で和らげてももらえない。

7 あなたがたの国は荒れ果てている。
あなたがたの町々は火で焼かれ、
畑は、あなたがたの前で、他国人が食い荒らし、
*他国人の破滅にも似て荒れ果てている。

8 しかし、シオンの娘は残された。
あたかもぶどう畑の小屋のように、
きゅうり畑の番小屋のように、

---

1 ①イザ2:1, 13:1, 20:2, 37:2, ②イザ2:1, 40:9
③Ⅱ列15:1-7, Ⅱ歴26章 ④Ⅱ列15:32-38, Ⅱ歴27章, ミカ1:1
⑤イザ7:1, Ⅱ列16章, Ⅱ歴28章, ⑥Ⅱ列18-20章, Ⅱ歴29-32章

2 ①申32:1, ②エレ6:19, 22:29, ミカ1:2, 6:2
③申32:6,10, ④イザ1:23, 30:1, 9, 31:6, 48:8, 65:2

3 ①イザ5:13, 44:18, エレ8:7, 9:3, 6

4 ①イザ5:18, ②エレ14:20 ③イザ1:28, 5:24, 9:13, ネヘ1:7, エレ2:13
④イザ5:19,24, 10:20,12:6, 17:7, 29:19, 30:11,12,15, 31:1,37:23,41:14,16,20, 43:3,14,45:11,47:4,48:17, 49:7,54:5,55:5,60:9,14, Ⅱ列19:22, 詩71:22, エレ50:29, エゼ39:7

5 ①エレ2:30, 5:3
②イザ31:6,レビ26:27,28, アモ4:6-11, ③イザ33:24

6 ①エゼ34:4,16, ②ヨブ2:7 ③詩38:3,7, ④イザ30:26 ⑤エレ8:22, 30:13

7 ①イザ6:11, レビ26:33, エレ44:6, ②申28:51
*「ソドムの破滅」、イザ13:19, 申29:22, エレ49:18,50:40,アモ4:11

8 ①→イザ5:1
②ヨブ27:18, 哀2:6

1:1 幻 イザヤが見た幻は自分でつくり出したものでも自分の願いを表現したものでもなかった。イザヤは神から幻を受けて聖霊の霊感(神の正確なメッセージと意図を伝えるために直接の啓示、力、導きが与えられること)を通して見たことを話し書き留めた(⇒Ⅱペテ1:20-21)。イザヤによる明らかなメッセージ、つまり救いの計画(人々を神との正しい関係に回復する)の中で神は将来起こる出来事を予告された。

1:1 イザヤ イザヤという名前は「主は救う」という意味である。イザヤはウジヤ王が死んだ前740年頃に預言者として神によって任命され(任務を行うために必要な権威と義務を与えられた)、働きを始めた(→6:1)。そして50年余り預言して前680年頃に死んだと思われる(イザヤについて →緒論)。

1:1 ユダ・・・について イザヤは分裂王国時代に預言した(→Ⅰ列12:20注、Ⅱ歴10:1注、→**イスラエルとユダの王国**」の地図 p.570)。北王国は「イスラエル」、「サマリヤ」、「エフライム」と呼ばれ、サマリヤを首都にしてイスラエルの10部族が所属していた。南王国は一般的に「ユダ」と呼ばれ、エルサレムを首都にしてユダ族とベニヤミン族によって構成されていた。両方の国とも敵から自分たちを守るために外国や偶像に頼り、神と神の律法を拒んだ。北王国は前722年にアッシリヤによって征服され滅ぼされた(→Ⅱ列17:6、→**イスラエル(北王国)の捕囚**」の地図 p.633)。イザヤはユダに対して、神に罪を犯し反抗したのでやはり滅ぼされると警告した(39:6)。

1:2 彼らはわたしに逆らった ユダ(南王国)とイスラエル(北王国)は神の契約(「終生協定」→「**イスラエル人との神の契約**」の項 p.351)と律法(「**旧約聖書の律法**」の項 p.158)と神殿と多くの約束とを与えられていた。けれども神を拒んで人間が作った「神々」を礼拝し、生活に関する神の教えを無視して不道徳な生活をしていた。それは神を唯一の希望、また救いの源として受入れなくなったからである。そのために神はさばきを送られる(1:5-8)。

1:3 イスラエル ここではユダも含めたイスラエルの十二部族全部を指している。

1:4 イスラエルの聖なる方 この表現は神の名前としてイザヤ書の中で多く使われている。それに加えて「聖なる方」という表現も数回使われている。この名前はイザヤが体験した神との強烈な出会いと神の聖さの啓示(6:)とに結び付いていると考えられる。預言者はこの名前を使って神独特の聖い特性を示すだけではなく、神との正しい関係を保ちたいと願うなら神の民も聖くなければならないということに焦点を当てている。神の「聖さ」は神が完全に純粋であり、あらゆる悪から分離していることを指している。

1:7 あなたがたの国は荒れ果てている 悔い改める(方向と「心を変える」ことで罪から離れて神へ立ち返る)

イザヤ書 1章

9 ③包囲された町のように。

もしも、万軍の主が、少しの生き残りの者を
私たちに残されなかったら、
私たちもソドムのようになり、
ゴモラと同じようになっていた。

10 聞け。ソドムの首領たち。主のことばを。
耳を傾けよ。ゴモラの民。
私たちの神のみおしえに。

11 「あなたがたの多くのいけにえは、
わたしに何になろう」と、主は仰せられる。
「わたしは、雄羊の全焼のいけにえや、
肥えた家畜の脂肪に飽きた。
雄牛、子羊、雄やぎの血も喜ばない。

12 あなたがたは、わたしに会いに出て来るが、
だれが、わたしの庭を踏みつけよ、と
あなたがたに求めたのか。

13 もう、むなしいささげ物を携えて来るな。
香の煙——それもわたしの忌みきらうもの。
③新月の祭りと安息日——会合の召集、
不義と、きよめの集会、
これにわたしは耐えられない。

14 あなたがたの新月の祭りや例祭を、

わたしの心は憎む。
それはわたしの重荷となり、
わたしは負うのに疲れ果てた。

15 あなたがたが手を差し伸べて祈っても、
わたしはあなたがたから目をそらす。
どんなに祈りを増し加えても、聞くことはない。
あなたがたの手は血まみれだ。

16 洗え。身をきよめよ。
わたしの前で、あなたがたの悪を取り除け。
悪事を働くのをやめよ。

17 善をなすことを習い、
公正を求め、しいたげる者を正し、
みなしごのために正しいさばきをなし、
やもめのために弁護せよ。」

18 「さあ、来たれ。論じ合おう」と主は仰せられる。
「たとい、あなたがたの罪が緋のように赤くても、
雪のように白くなる。
たとい、紅のように赤くても、
羊の毛のようになる。

19 もし喜んで聞こうとするなら、あなたがたは、
この国の良い物を食べることができる。

20 しかし、もし拒み、そむくなら、

ようユダを説得する一方で、その地がアラム人やエドム人やペリシテ人などのほかの国々によって攻撃され奪われることを神は許された(→Ⅱ歴28:5-18)。神に逆らい神の律法をないがしろにしたため、神の祝福と守りが人々から除かれてしまった。さばきは既に始まっていた。ネブカデネザルとバビロニヤの軍隊はやがてその地と人々を滅ぼすのである(前605-586)。罪を犯し続け、神を無視し続け、神の赦しを受入れて生涯を神にささげることを拒み続けるなら、必ず神のさばきを受けて最後には滅ぼされる。

1:9-10 ソドム・・・ゴモラ ソドムとゴモラの町は邪悪であり、神の基準を無視したために完全に滅ぼされた(創19:1-25)。ユダは神に極端に不忠実なのでこれらの町と全く同じであるとイザヤは言う。

1:11 いけにえは、わたしに何になろう イザヤは

人々の偽善(不誠実、二重基準)を叱責した。なぜなら人々は神にいけにえとささげ物をささげ続けながら、邪悪な行いと不義に加わっていたからである(1:16-17)。人々は神を礼拝するふりをしていた。もし心を本当に神と神の聖く純粋で完全な道にささげていないなら、礼拝や賛美や祈りでさえも神の顔に泥を塗ることになる(⇒66:3, エレ7:21-26, ホセ6:6, アモ5:21-24, ミカ6:6-8)。

1:15 聞くことはない 神に反抗し罪を犯し続けるなら祈ることはむだである(→ヤコ4:3注, Ⅰヨハ3:22注, →「**効果的な祈り**」の項 p.585)。

1:18 さあ、来たれ。論じ合おう 神は神の民をさばいて滅ぼしたくはなかった。もし悔い改めて(「心を変え」、自分たちの道の間違いを認めて悪から神へと立返る)、正しいことを行い、神のことばに従うこと

あなたがたは剣にのまれる」と、
主の御口が語られたからである。

21 どうして、遊女になったのか、忠信な都が。
公正があふれ、正義がそこに宿っていたのに。
今は人殺しばかりだ。

22 おまえの銀は、かなかすになった。
おまえの良い酒も、水で割ってある。

23 おまえのつかさたちは反逆者、盗人の仲間。
みな、わいろを愛し、報酬を追い求める。
みなしごのために正しいさばきをせず、
やもめの訴えも彼らは取り上げない。

24 それゆえに、──万軍の主、
イスラエルの全能者、主の御告げ──
「ああ。
わたしの仇に思いを晴らし、
わたしの敵に復讐しよう。

25 しかし、おまえの上に再びわが手を伸ばし、
おまえのかなかすを灰汁のように溶かし、
その浮きかすをみな除こう。

26 こうして、
おまえのさばきつかさたちを初めのように、

おまえの議官たちを昔のようにしよう。
そうして後、
おまえは正義の町、忠信な都と呼ばれよう。」

27 シオンは公正によって贖われ、
その町の悔い改める者は
正義によって贖われる。

28 そむく者は罪人とともに破滅し、
主を捨てる者は、うせ果てる。

29 まことに、彼らは、
あなたがたの慕った樫の木で恥を見、
あなたがたは、
みずから選んだ園によって
はずかしめを受けよう。

30 あなたがたは葉のしぼんだ樫の木のように、
水のない園のようになるからだ。

31 つわものは麻くずに、
そのわざは火花になり、
その二つとも燃え立って、これを消す者がいない。

主の山

2:1-4　並行記事─ミカ4:1-3

2 ¹アモツの子イザヤが、ユダとエルサレムについて示された先見のことば。

² 終わりの日に、

を心から求めさえするなら、神は完全な赦しを与えると言われた(1:16-19)。罪を告白し悔い改めて、神が備えられた霊的なきよめを受入れる人はみな、今や神の赦しをいただくことができる。そのきよめは神への反抗の罰を支払うために完全ないのちを与えてくださったイエス・キリストの血による(ルカ24:46-47、Ⅰヨハ1:9)。けれども神のあわれみを拒んで、かたくなに自分の道を行くことを選ぶ人は最後には滅ぼされる(1:20)。

1:25　おまえのかなかすを・・・溶かし　ここで神はユダのきよめを金属を精錬する過程と比べておられる。金属を扱う人は金属が火に溶かされるときに表面に出てくる不純物を取除く。同じように神が霊的に精練する過程は決して楽でも喜ばしいものでもない。けれども罪を捨てて神のもとへ立返る人々にとってはこの過程は悪の生活を取除き、霊的きよめをもたら

し、神との正しい関係を回復させるものである(1:18-19、26-27)。神はまだユダを見捨てておられない(⇒エズラ1：、5:2、14-16)。なぜなら人類全体の贖い主(救い主、霊的な救助者であるイエス・キリスト)はこの選ばれた民族を通して来られるはずだからである。シオン(1:27、エルサレム)は回復されるけれども(1:27)、神に立返って神に頼る人だけが滅びから救われる(⇒65:8-16)。

2:2　終わりの日に　新約聖書は、「終わりの日」を主イエスの最初の来臨(誕生による)と再臨(「終わりの日」→使2:17注)との間の期間として大まかに定義している。その場合、再臨はキリストが最後のさばきを始める前にキリストに従う人々をこの世界から携え上げる、一般的に教会の携挙と呼ばれるもののことではない(Ⅰテサ4:13-18、→「携挙」の項 p.2278)。携挙は再臨の「第一段階」と言われている。けれどもキリスト

イザヤ書　2章

主の家の山は、山々の頂に堅く立ち、
丘々よりもそびえ立ち、
すべての国々がそこに流れて来る。
多くの民が来て言う。
「さあ、主の山、ヤコブの神の家に上ろう。
主はご自分の道を、私たちに教えてくださる。
私たちはその小道を歩もう。」
それは、シオンからみおしえが出、
エルサレムから主のことばが出るからだ。
主は国々の間をさばき、
多くの国々の民に、判決を下す。
彼らはその剣を鋤に、
その槍をかまに打ち直し、
国は国に向かって剣を上げず、
二度と戦いのことを習わない。
来たれ。ヤコブの家よ。
私たちも主の光に歩もう。

主の日

まことに、あなたは、
あなたの民、ヤコブの家を捨てられた。
彼らがペリシテ人のように
東方からの者、卜者で満ち、
外国人の子らであふれているからだ。
その国は金や銀で満ち、その財宝は限りなく、
その国は馬で満ち、その戦車も数限りない。
その国は偽りの神々で満ち、
彼らは、自分の手で造った物、
指で造った物を拝んでいる。
こうして人はかがめられ、人間は低くされた。
——彼らをお赦しにならないように。——

2:3　ミカ4:1, →イザ11:9
3①イザ45:14, 55:5, 60:3-6, 66:18, エレ31:6, 50:5, ゼカ8:20-23
②イザ30:29, 詩24:3, ミカ4:2, ゼカ8:3, →Ⅰ列19:8,
③→イザ1:10
4①詩72:3, 7, イザ11:6-9, 32:17, 18, ホセ2:18, ゼカ9:10
②ヨエ3:10
③イザ9:5, 詩46:9
5①イザ58:1

②イザ60:1, 2, 19, 20, エペ5:8, Ⅰヨハ1:5
6①申31:17
②イザ57:3, 申18:14, ミカ5:12
7①申17:17
②イザ30:16, 31:1, 申17:16, ゼカ9:10
8①イザ2:18, 20, 10:10, 11, 19:1, 3, 31:7, エゼ30:13, ハバ2:18
②イザ17:8, 37:19, 40:19, 20, 44:12-17, 詩115:4-8
9①イザ5:15
②詩49:2, 62:9
③ネ4:5

イザ35:8-9

の文字通りの再臨は患難のさばきに続いて、患難の時代にキリストに立返った人々を救い、反キリストの力を滅ぼすために地上に再び来られるときを指すのである(黙19:)。キリストの誕生と地上に再び来られるまでの間に、霊的ないのちと平和に関するキリストのメッセージが全世界の人々に伝えられる。イザヤが2:1-5で言っていることはキリストの再臨の後に完全に成就される。そのときにキリストは地上に神の国を建て、神の民を治め、世界を平和に1,000年間治められる(→黙20:)。この後に邪悪な者と正しい者の両方の最後のさばきが行われて、神が神の民といつまでもともに住む新しい天と新しい地が造られる(→黙21:-22:、→「終末の事件」の表 p.2471)。

2:2-5　山は・・・堅く立ち　イザヤは神の支配が地上に確立されるときについて預言した(⇒ミカ4:1-3)。あらゆる悪と不義、神と神の律法への反抗は打破られ、理想的な生活が拡がる(⇒59:20-60:3, 14, エレ33:14-16, ゼカ2:10-12)。人々はみな喜んで正しいことを行い、神や周囲の人と正しい関係を保つようになる。国々はみな神を礼拝し、おだやかに生きる(→2:2注)。この預言はイスラエルと人類全部に対する神の最終的な目的を示している。これは地上に完全な公正と義をもたらす神の子イエス・キリストを通して実現する(9:1-7, 11:3-5)。ここで言われている平和は、キリストが地上に来られて国々にキリストのメッセージが伝えられることによって始まったとある人々は考えている。またある人々はこれは歴史の終りにキリストが地上で1,000年間支配される間に起こる未来の状態に関する厳密な預言であると考えている(黙20:)。それは確かにイザヤがここで言っている預言が完全に成就するときである。

2:3　道を・・・教えてくださる。・・・その小道を　神と正しい関係を持っている人々が最も願うことは、神の国の一員として神のみこころ(神の律法と願いと目的)を知り、これに従うことである。また私たち信仰者は神のことばの中にある真理をほかの人々に伝えることが大切である。伝えるメッセージは、キリストと旧約聖書の預言者と新約聖書の使徒を通して啓示された神の霊感された聖書、神のことばを土台としていなければならない(→エペ2:20注)。正しい人も正しくない人もみな、聖霊に導かれ、力を与えられ、神の善悪の基準に従っている人々が伝える妥協のない神の真理を聞く必要がある。

2:6-9　あなたは、あなたの民・・・を捨てられた　ここにはユダの国の霊的な反抗が描かれている。人々はまことの神を拒んで人間が作った「神々」(実際には悪霊)を受け入れて礼拝し、周りの国々の不道徳な振舞を受け入れた。さらに国の安全に関して、神ではなく自分たちの富と軍事力とほかの国々との同盟に頼った。それでイザヤはこの人々を赦さないようにと神に祈った。本当に悔い改めるまで神のさばきを受けるように望んだのである(2:17-21)。もし宗教的儀式だけに

10 岩の間に入り、
ちりの中に身を隠せ。
主の恐るべき御顔を避け、
そのご威光の輝きを避けて。

11 その日には、高ぶる者の目も低くされ、
高慢な者もかがめられ、
主おひとりだけが高められる。

12 まことに、万軍の主の日は、
すべておごり高ぶる者、すべて誇る者に
襲いかかり、これを低くする。

13 高くそびえるレバノンのすべての杉の木と、
バシャンのすべての樫の木、

14 すべての高い山々と、すべてのそびえる峰々、

15 すべてのそそり立つやぐらと、堅固な城壁、

16 タルシシュのすべての船、
すべての慕わしい船に襲いかかる。

17 その日には、高ぶる者はかがめられ、
高慢な者は低くされ、
主おひとりだけが高められる。

18 偽りの神々は消えうせる。

19 主が立ち上がり、地をおののかせるとき、
人々は主の恐るべき御顔を避け、
ご威光の輝きを避けて、
岩のほら穴や、土の穴に入る。

20 その日、人は、拝むために造った
銀の偽りの神々と金の偽りの神々を、
もぐらや、こうもりに投げやる。

21 主が立ち上がり、地をおののかせるとき、
人々は主の恐るべき御顔を避け、
ご威光の輝きを避けて、
岩の割れ目、巌の裂け目に入る。

22 鼻で息をする人間をたよりにするな。
そんな者に、何の値うちがあろうか。

ユダとエルサレムに対するさばき

3

1 まことに、見よ、万軍の主、主は、
エルサレムとユダから、
ささえとたよりを除かれる。
——すべて頼みのパン、すべて頼みの水、

2 勇士と戦士、さばきつかさと預言者、
占い師と長老、

3 五十人隊の長と高官、議officer と賢い細工人、
巧みにまじないをかける者。

4 わたしは、若い者たちを彼らのつかさとし、
気まぐれ者に彼らを治めさせる。

5 民はおのおの、仲間同士で相しいたげ、
若い者は年寄りに向かって高ぶり、
身分の低い者は高貴な者に向かって高

頼って赦しを深く理解しないなら、人々は本当の意味で変ることがなく、情況はさらに悪くなるということをイザヤは知っていた。神の赦しを受けるためには悔い改めと変ろうとする心が必要である（1:16-20）。

2:11 高慢な者もかがめられ 人間は高慢になると、どのように生きるかや何を善また悪と考えるかについて神に頼らなくても自分で決めることができると考えるようになる。これは深刻な問題である。さばきの日に神はこのようなごう慢な態度をとる人々を低くされる。

2:12 日は・・・襲いかかり イザヤによると高慢になって神を否定し、無視し、拒む人の上にさばきが近付いていた。神がアッシリヤ人とバビロニヤ人を用いてイスラエルの国土を破壊したときに、この預言は部分的に成就した（39:6,→Ⅱ列17：,25：）。さらに広い視点から見ると、「主の日」とは神が地上の悪をみな滅ぼして終止符を打つときのことである（⇒ヨエ2:31,→Ⅰテサ5:2注,詳細について →黙4:-19：各注, →「**大患難**」の項 p.1690）。

3:1 エルサレム・・・から・・・除かれる 人々が神に反抗し神を拒んだ結果、神のさばきが社会のあらゆるところに下り、あらゆる階級の人々が苦しむようになる（3:2-3）。

3:5 仲間同士で相しいたげ 社会が神の道を拒むとき、不義や無慈悲や暴力が侵入する。そのような社会的環境では若者の間で両親やそのほかの権威に反抗することが一般化する。人々は次第に道徳的な歯止めを失う（→マタ24:12注,Ⅱテモ3:1-5各注）。言い換えれば人々は自分の振舞を制御することなく自分の行動

イザヤ書 3章

6 そのとき、人が父の家で、
自分の兄弟をとらえて言う。
「あなたは着る物を持っている。
私たちの首領になってくれ。
この乱れた世を、あなたの手で治めてくれ。」

7 その日、彼は声を張り上げて言う。
「私は医者にはなれない。
私の家にはパンもなく、着る物もない。
私を民の首領にはしてくれるな。」

8 これはエルサレムがつまずき、
ユダが倒れたからであり、
彼らの舌と行いとが主にそむき、
*主のご威光に逆らったからである。

9 彼らの顔つきが、
*そのことを表している。
彼らは罪を、ソドムのように現して、
隠そうともしなかった。
ああ、彼らにわざわいあれ。
彼らは悪の報いを受けるからだ。

10 義人は幸いだと言え。
彼らは、その行いの実を食べる。

11 悪者にはわざわいあれ。
わざわいが彼にふりかかり、
その手の報いがふりかかる。

12 わが民よ。幼子が彼をしいたげ、
女たちが彼を治める。

わが民よ。あなたの指導者は迷わす者、
あなたの歩む道をかき乱す。

13 主は論争するために立ち上がり、
民をさばくために立つ。

14 主は民の長老たちや、民のつかさたちと、
①さばきの座に入る。
②「あなたがたは、ぶどう畑を荒れすたらせ、
④まず貧しい者からかすめた物を、
あなたがたの家に置いている。

15 なぜ、あなたがたは、わが民を砕き、
まず貧しい者の顔をすりつぶすのか。
——②万軍の神、主の御告げ——」

16 ①主は仰せられた。
「シオンの娘たちは高ぶり、
首を伸ばし、色目を使って歩き、
足に鈴を鳴らしながら小またで歩いている。」

それゆえ、

17 主はシオンの娘たちの頭の頂を
かさぶただらけにし、
主はその額をむき出しにされる。

18 その日、主はもろもろの飾り——足飾り、髪の輪飾り、三日月形の飾り物、
19 耳輪、腕輪、ベール、
20 頭飾り、くるぶしの鎖、飾り帯、香の入

---

8 ①イザ9:17, 59:3,
詩73:9-11
＊直訳「彼の栄光の目に」
②イザ65:3
9 ＊直訳「彼らに答えている」
①イザ1:9,
創13:13, 18:20, 19:4-11
10 ①イザ54:17, 伝8:12
②詩128:2
11 ①イザ65:6, 7

12 ①イザ9:16, 28:14, 15
13 ①ホセ4:1, ミカ6:2
②イザ66:16,
詩82:1, 143:2,
エゼ20:35, 36
14 ①ヨブ22:4
②イザ5:1-7
③→イザ5:1
④イザ3:15, 10:2, 11:4,
26:6, 29:19, 32:7, 61:1,
ヨブ24:9, 14, 箴30:14,
エゼ18:12, アモ2:6,
ヤコ2:6
15 ①詩14:4, 94:5,
ミカ3:3
②イザ10:23, 24, 22:5,
12, 15, 28:22,
→エレ35:17,
→イザ1:24
16 ①イザ3:16, 17, 32:9-11,
エレ4:30
②イザ4:4, 雅3:1
17 ①申28:27
②エゼ16:37
18 ①士8:21, 26
20 ＊あるいは「香を含ませた衣」

に責任を持たなくなる。反抗的な態度や行動のために社会はばらばらになる。

3:10 義人は・・・と言え 周りの人々が神を無視して邪悪な振舞を続けている中で、なお神に忠実な人々を励ますようにと神はイザヤに言われた。そのような反抗的で霊的に敵意を持つ環境の中では、正しいことを行っているのに人々はしばしば苦しむ。けれども神は神の民を顧みると約束された。神は定めた時に報いを与えてくださる。けれども邪悪な人々に対しては必ずさばきを下される(→マタ5:10注)。

3:14 貧しい者からかすめた 社会の一員、特に不しあわせな人々を虐待することを神は嫌われる。したがってあわれみと正義は神の教会で優先されなければならない(→「**貧困者への配慮**」の項 p.1510)。主イエスに従う人々は、ほかの人々をどのように扱ったかについて責任を問われる(→コロ3:25注)。神は愛と一致が具体的にはっきりと示されることを求めておられる。なぜなら、これによって本当にキリストに従う人であるかどうかがわかるからである(ヨハ13:35, 17:23)。

3:16-26 シオンの娘たち 霊的、道徳的、政治的に衰退していたときに、エルサレムとユダの娘たちは内面の美しさや品性よりも外見を気にしていた。その生活には神への愛や個人的な聖さ(道徳的、霊的純粋性、健全性、悪からの分離)を求める願いが表されていなかった。自分のこときれいになること、性的な魅力のことで頭がいっぱいだった。虐待されている人々や貧しい人々や家族の霊的に惨めな状態には無関心だった。神は娘たちが敵の奴隷にされるときに恥を受けることになると警告された(3:17, 24)。神は今でも神に仕える女性に謙遜とつつましさと聖さを求めておられる(Ⅰコリ11:6注, Ⅰテモ2:9注, ⇒Ⅰペテ3:3-4)。

れ物、お守り札、
21 指輪、鼻輪、
22 礼服、羽織、外套、財布、
23 手鏡、亜麻布の着物、ターバン、かぶり物を除かれる。
24 こうして、良いかおりは腐ったにおいとなり、
帯は荒なわ、
結い上げた髪ははげ頭、
晴れ着は荒布の腰巻きとなる。
その美しさは焼き傷となる。
25 あなたの男たちは剣に倒れ、
あなたの勇士たちは戦いに倒れ、
26 その門はみな、悲しみ嘆き、
シオンはさびれ果てて地に座す。

4

1 その日、七人の女が
ひとりの男にすがりついて言う。
「私たちは自分たちのパンを食べ、
自分たちの着物を着ます。
私たちをあなたの名で呼ばれるようにし、
私たちへのそしりを除いてください。」

主の若枝

2 その日、主の若枝は、麗しく、栄光に輝き、
地の実は、イスラエルののがれた者の威光と飾りになる。
3 シオンに残された者、エルサレムに残った者は、聖と呼ばれるようになる。みなエルサレムでいのちの書にしるされた者である。
4 主が、さばきの霊と焼き尽くす霊によって、シオンの娘たちの汚れを洗い、エルサレムの血をその中からすすぎ清めるとき、
5 主は、シオンの山のすべての場所とその会合の上に、昼は雲、夜は煙と燃える火の輝きを創造される。それはすべての栄光の上に、おおいとなり、仮庵となり、
6 昼は暑さを避ける陰となり、あらしと雨を防ぐ避け所と隠れ家になるからだ。

ぶどう畑の歌

5

1 「さあ、わが愛する者のためにわたしは歌おう。
そのぶどう畑についてのわが愛の歌を。
わが愛する者は、よく肥えた山腹に、
ぶどう畑を持っていた。
2 彼はそこを掘り起こし、石を取り除き、
そこに良いぶどうを植え、
その中にやぐらを立て、酒ぶねまでも掘って、

4:2 【主】の若枝 これはメシヤ(「油そそがれた者」、キリスト)の称号の一つで、この方はダビデの根(ダビデ王の家系)から出る若枝として来られる(→11:1, 53:2, エレ23:5, 33:15, ゼカ3:8, 6:12, ロマ15:12, 黙5:5, 22:16)。4:2-6はさばきと救いの両方の時を指しているけれども、これはエルサレムでキリストに忠実だった人々をキリストが治め(4:4)、深い関心と愛をもって顧みるときのことである(⇒38:5-8, 15-17, 65:18)。

4:3 聖と呼ばれるようになる やがて来るさばきを生き延びた人々は「聖」くなる。そして道徳的に純粋で霊的に健全になり、世界にある悪とは結び付かない神の特性を反映する。このような霊的なきよめと健全性は主イエスが私たちの罪の代価を払い、罪を「洗い」流すためにご自分の血を流して死んでくださったので可能なのである。この犠牲と赦しを受入れるときに、聖霊は私たちを霊的に新しくし、この聖くない世界で神との正しい関係をもって生きる力を与えてくださる。「イスラエルの聖なる方」(1:4)である神の臨在は神の民の上にある天幕あるいは保護用のおおいのようなもの(4:5)であり続け、聖い生活を行おうとする人々を守り支えてくださる。

5:1-7 ぶどう畑 このぶどう畑の歌は比喩的なことばを使って、ユダが実を結び(霊的に効果的)繁栄する国になるために神ができる限りのことをされたことを描いている。人々が神との契約を完全に捨てて偶像の「神々」に向かい、恐ろしい悪を行ったときに神は初めてご自分の「ぶどう畑」を破壊される(⇒マタイ21:33-44の主イエスのたとえ話)。イザヤのたとえ話(教訓を与える道徳的霊的な課題を示す短い比喩的な話)は歴史的には前586年のエルサレムの破壊とユダ王国の滅亡を指している。

イザヤ書　5章

甘いぶどうのなるのを待ち望んでいた。
ところが、酸いぶどうができてしまった。

3 そこで今、エルサレムの住民とユダの人よ、
さあ、わたしとわがぶどう畑との間をさばけ。

4 わがぶどう畑になすべきことで、
なお、何かわたしがしなかったことがあるのか。
なぜ、甘いぶどうのなるのを待ち望んだのに、
酸いぶどうができたのか。

5 さあ、今度はわたしが、あなたがたに知らせよう。
わたしがわがぶどう畑に対してすることを。
その垣を除いて、荒れすたれるに任せ、
その石垣をくずして、踏みつけるままにする。

6 わたしは、これを滅びるままにしておく。
枝はおろされず、草は刈られず、
いばらとおどろが生い茂る。
わたしは雲に命じて、
この上に雨を降らせない。」

7 まことに、万軍の主のぶどう畑はイスラエルの家。
ユダの人は、主が喜んで植えつけたもの。
主は公正を待ち望まれたのに、見よ、
流血。
正義を待ち望まれたのに、見よ、泣き叫び。

災いとさばき

8 ああ。家に家を連ね、
畑に畑を寄せている者たち。
あなたがたは余地も残さず、
自分たちだけが国の中に住もうとしている。

9 私の耳に、万軍の主は告げられた。
「必ず、多くの家は荒れすたれ、
大きな美しい家々も住む人がなくなる。

10 十ツェメドのぶどう畑が一バテを産し、
一ホメルの種が一エパを産するからだ。」

11 ああ。朝早くから強い酒を追い求め、
夜をふかして、ぶどう酒をあおっている者たち。

12 彼らの酒宴には、立琴と十弦の琴、
タンバリンと笛とぶどう酒がある。
彼らは、主のみわざを見向きもせず、
御手のなされたことを見もしない。

13 それゆえ、わが民は無知のために捕らえ移される。
その貴族たちは、飢えた人々。
その群衆は、渇きで干からびる。

14 それゆえ、よみは、のどを広げ、
口を限りなくあける。
その威光も、その騒音も、そのどよめきも、
そこでの歓声も、よみに落ち込む。

15 こうして人はかがめられ、人間は低くされ、
高ぶる者の目も低くされる。

16 しかし、万軍の主は、さばきによって高くなり、
聖なる神は正義によって、
みずから聖なることを示される。

17 子羊は自分の牧場にいるように草を食べ、
肥えた獣は廃墟にとどまって食をとる。

18 ああ。
うそを綱として咎を引き寄せ、
車の手綱でするように、

5:8-30　ああ　預言者を通して神は次の6種類の罪に対する六つの「ああ」（さばきの宣告）を宣言しておられる。(1) 自己中心などん欲(5:8)、(2) 酒をあおる振舞(5:11-12)、(3) ごまかしと、罪をさばこうとする神の意図や神の力に対するあざけり(5:18-19)、(4) 神の道徳的基準をねじ曲げ誤って伝えること(5:20)、(5) 自慢とうぬぼれ(5:21)、(6) 正義の崩壊(5:22-23)。これらをキリストが宗教的偽善者に話された「わざわい」（→マタ23: 各注）と比較するとよい。

罪を引き寄せている者たち。
19 彼らは言う。「彼のすることを早くせよ。
急がせよ。それを見たいものだ。
イスラエルの聖なる方のはかりごとが、
近づけばよい。それを知りたいものだ」と。

20 ああ。
悪を善、善を悪と言っている者たち。
彼らはやみを光、光をやみとし、
苦みを甘み、甘みを苦みとしている。

21 ああ。おのれを知恵ある者とみなし、
おのれを、悟りがある者と見せかける者たち。

22 ああ。酒を飲むことでの勇士、
強い酒を混ぜ合わせることにかけての豪の者。

23 彼らはわいろのために、悪者を正しいと宣言し、
義人からその義を取り去っている。

24 それゆえ、火の舌が刈り株を焼き尽くし、
炎が枯れ草をなめ尽くすように、
彼らの根は腐れ、
その花も、ちりのように舞い上がる。
彼らが万軍の主のみおしえをないがしろにし、
イスラエルの聖なる方のみことばを侮ったからだ。

---

19 ①イザ66:5, エレ17:15, エゼ12:22, Ⅱペテ3:4
②イザ1:4
20 ①箴17:15, アモ5:7, イザ32:5
②ヨブ17:12, ルカ11:35
21 ①箴3:7, ヨハ9:40, 41, ロマ1:22, 12:16, Ⅰコリ3:18-20
22 ①イザ5:11
23 ①イザ1:23, 10:1, 2, 出23:8, ミカ3:11, 7:3
②箴17:15, 24:24
24 ①イザ9:18, 19, 出15:7, ヨエ2:5
②ヨブ18:16, ホセ9:16, アモ2:9
③イザ30:9, 12, アモ2:4
④→イザ1:10

25 ①イザ66:15, Ⅱ列22:13, 17
②イザ64:3, 詩18:7, エレ4:24, ナホ1:5
③イザ14:19, Ⅱ列9:37, 詩83:10, エレ16:4
④イザ9:12, 17, 21, 10:4, エレ4:8
26 ①エレ5:15
②イザ11:12, 13:2
③イザ13:5, 申28:49, エレ6:22
④イザ7:18
27 ①ヨエ2:7, 8
②ヨブ12:18
28 ①イザ13:18, 詩7:12, 13
②イザ21:1, エレ4:13
29 ①イザ51:38, ホセ5:14, ゼパ3:3, ゼカ11:3
②イザ10:6, 49:24
③イザ42:22
30 ①イザ17:12, エレ6:23
＊直訳「彼に」
②イザ8:22, エレ4:23-28, ヨエ2:10

---

25 このゆえに、主の怒りが、その民に向かって燃え、
これに御手を伸ばして打った。
山々は震え、彼らのしかばねは、
ちまたで、あくたのようになった。
それでも、御怒りは去らず、
なおも、御手は伸ばされている。

26 主が遠く離れた国に旗を揚げ、
地の果てから来るように合図されると、
見よ、それは急いで、すみやかに来る。

27 その中には、疲れる者もなく、つまずく者もない。
それはまどろまず、眠らず、
その腰の帯は解けず、
くつひもも切れない。

28 その矢はとぎすまされ、
弓はみな張ってあり、
馬のひづめは火打石のように、
その車輪はつむじ風のように思われる。

29 それは、獅子のようにほえる。
若獅子のようにほえ、うなり、
獲物を捕らえる。
救おうとしても救い出す者がいない。

30 その日、その民は海のとどろきのように、
＊イスラエルにうなり声をあげる。
地を見やると、
見よ、やみと苦しみ。
光さえ雨雲の中で暗くなる。

5:20 悪を善・・・と言っている 神を敬わない社会では人々に対して悪を善と言い、誤りを正しいと言うことがよくある。この見当違いの考え方はしばしば自由と同情と理解と「寛容」として表現される。今日、多くの人が神の律法と基準は厳しく、窮屈で邪悪だと考えている。そしてキリストに従う人々、不道徳な考えや振舞に抵抗する人々は心が狭くて他人をすぐにさばく憎らしい人であると非難する。神の基準に従って生きようとする人々は社会にとって危険であると言われる。けれどもキリストに従う人々は善悪、正しいことと悪いことに関する神の基準に従う中で決して妥協をしてはならない。けれどもまた、道徳について意見の違う人々には同情を示さなければならない。

5:24 みおしえをないがしろにし イザヤは罪深い行い(神と神の基準を無視する行動や態度)を悔い改め(罪深い道から離れ拒んで神に立返り、神の道を受入れること)ない人々にはそれに見合った結果が来ると教えた。神の律法を拒み、神のことばを侮るなら神のさばきを受ける。人々は自分の選択によってこの破滅を招くのである(5:25, ⇒ホセ4:6)。

5:26 遠く離れた国 イザヤは神が遠く離れた国を用いてユダにさばきを下そうとしておられることを示している。ユダには敵に抵抗する力がなかったので滅亡は確実だった。イザヤは前701年にユダを襲って略奪したアッシリヤと前605年に破壊的な攻撃を開始したバビロニヤの侵略を予見した。霊的な反抗をした神の民を罰するために神はしばしば外国(邪悪であっても)を用いておられた(→マタ5:13注)。

イザヤの召命

6 ¹ウジヤ王が死んだ年に、私は、高くあげられた王座に座しておられる主を見た。そのすそは神殿に満ち、
² セラフィムがその上に立っていた。彼らはそれぞれ六つの翼があり、おのおのその二つで顔をおおい、二つで両足をおおい、二つで飛んでおり、
³ 互いに呼びかわして言っていた。
「聖なる、聖なる、聖なる、万軍の主。その栄光は全地に満つ。」
⁴ その叫ぶ者の声のために、*敷居の基はゆるぎ、宮は煙で満たされた。
⁵ そこで、私は言った。
「*ああ。私は、もうだめだ。私はくちびるの汚れた者で、くちびるの汚れた民の間に住んでいる。しかも万軍の主である王を、この目で見たのだから。」
⁶ すると、私のもとに、セラフィムのひとりが飛んで来たが、その手には、祭壇の上から火ばさみで取った燃えさかる炭があった。
⁷ 彼は、私の口に触れて言った。
「見よ。これがあなたのくちびるに触れたので、あなたの不義は取り去られ、あなたの罪も贖われた。」
⁸ 私は、「だれを遣わそう。だれが、われわれのために行くだろう」と言っておられる

① イザ1:1, Ⅱ列15:7, Ⅱ歴26:23
② Ⅰ列22:19, 黙4:2, 3, 20:11
③ ヨハ12:41
④ Ⅰ列6章
*あるいは「本堂」
3① 黙4:8, 詩22:3
② →イザ1:24
③ 民14:21, 詩72:19, 出40:34, 35, Ⅰ列8:10, 11
4*あるいは「入口のちょうつがい」
① 黙15:8
5*あるいは「ああ、私にわざわいが来る」
① 出6:12, 30
② イザ59:3, エレ9:3-8
③ エレ51:57
④ 出33:20, 土6:22, 13:22
7① エレ1:9, ダニ10:16
8① 創1:26, 3:22

6:1 ウジヤ王が死んだ年に これは前740年頃である（⇒Ⅱ歴26:16-21）。これ以前にもイザヤは預言をしていたのかもしれないけれども（1:-5:）、このときに恐ろしいような神々しい神の幻を見た。全能者との鮮明で強烈な出会いによってイザヤは霊的なきよめを体験し、霊的に見ることも聞くことも悟ることもできない人々に神のメッセージを伝えるという明らかな使命（義務と力、またはその義務を果すために必要な権威）を受取った（6:9-10）。

6:1 私は・・・主を見た この幻によってイザヤは自分の伝えるメッセージとその目的をはっきりと理解した。それは神が栄光と偉大さと聖さ（純粋、完全、完璧、悪からの分離）を持つ方だから、神に仕える人々も聖くなければならないというイザヤ書の主要なメッセージでもある。今日教会に集まる人々もこのように神を聖い全能の王、さばき主として見（6:3, 5）、自分の生活を聖別（霊的にきよめられ、神の目的のために分けられること）していただく必要を認めなければならない。神の聖さに自分を照らして見る人は自分の汚れを告白し、神の目的のために用いられるように心と霊をきよめていただく気持を持たなければならない（6:5-8, ⇒黙1:13-17）。

6:2 セラフィム セラフィムは神に直接仕える特権を持つ天使のような存在である。聖書のほかの箇所に描かれている「生き物」と同じと思われる（黙4:6-9）。神の御座の周りで神に仕え、神の臨在の中にいる人々に神を礼拝するように励ますもの（黙4:10）だから、その名前（「燃えているもの」という意味）は純粋性を表していると思われる。それは神の栄光を直接反映して燃えているように見えた。

6:3 聖なる、聖なる、聖なる イザヤはとりわけ神の聖さに打たれた。これは神の純粋で完全な特性と、罪から分離しあらゆる邪悪なものに反対する姿である（→「**神の属性**」の項 p.1016）。神の完全な聖さは天で認められているのと同じように教会、つまり神の民の間でも認められ伝えられなければならない。

6:5 ああ 目の前に神の聖さを見た瞬間に、イザヤは自分が罪深く汚れていて価値のない者であり、特に神に代って人々に神のメッセージを伝えるにはふさわしくないと悟った（⇒ヤコ3:1-6）。また顔と顔を合せて神を見たことの恐ろしい結果（⇒出33:20）に突然気が付いた。けれども神はこのへりくだったしもべを滅ぼさずに、その口と心をきよめて（⇒レビ16:12, エレ1:9）、神の臨在の中にとどまり預言者として仕えるのにふさわしい者にしてくださった。神の力に満ちた臨在を体験し、最高の目的に奉仕したいと願う人はだれでも罪を赦され、神の聖霊によって心をきよめられなければならない（⇒ヘブ10:19-22）。私たちをきよめ、ご自分の完全なご計画を果すのにふさわしい者にしてくださるのは神だけである（→「**新生－霊的誕生と刷新**」の項 p.1874）。

6:8 だれを遣わそう イザヤはきよめられ霊的に整えられた後に初めて神から使命を与えられ、預言者としての務めとその務めを行うために必要な権威を与えられた（→「**旧約聖書の預言者**」の項 p.1131）。ここを読むと主イエスが地上を離れて天に帰られる前に弟子たちに与えられた大宣教命令を思い起こす。主イエスは希望と霊的な救いのメッセージを全世界に広めなさいと命じられた（マタ28:18-20）。そして自分のいる所から始めなさいと言われた。神の赦しと新しいいのちについて聞いて受入れる必要のある人々に主の良い知らせ、「福音」を伝える人を神はいつも探しておられ

主の声を聞いたので、言った。「ここに、私がおります。私を遣わしてください。」
⁹ すると仰せられた。
「行って、この民に言え。
『聞き続けよ。だが悟るな。
見続けよ。だが知るな。』
¹⁰ この民の心を肥え鈍らせ、
その耳を遠くし、その目を堅く閉ざせ。
自分の目で見ず、自分の耳で聞かず、
自分の心で悟らず、
立ち返っていやされることのないように。」
¹¹ 私が「主よ、いつまでですか」と言うと、主は仰せられた。
「町々は荒れ果てて、住む者がなく、
家々も人がいなくなり、
土地も滅んで荒れ果て、
¹² 主が人を遠くに移し、
国の中に捨てられた所がふえるまで。
¹³ そこにはなお、十分の一が残るが、

それもまた、焼き払われる。
テレビンの木や樫の木が
切り倒されるときのように。
しかし、その中に切り株がある。
聖なるすえこそ、その切り株。」

インマヌエルのしるし

7 ¹ ウジヤの子のヨタムの子、ユダの王アハズの時のこと、アラムの王レツィンと、イスラエルの王レマルヤの子ペカが、エルサレムに上って来てこれを攻めたが、戦いに勝てなかった。

² ところが、「エフライムにアラムがとどまった」という報告がダビデの家に告げられた。すると、王の心も民の心も、林の木々が風で揺らぐように動揺した。

³ そこで主はイザヤに仰せられた。「あなたとあなたの子シェアル・ヤシュブとは出かけて行って、布さらしの野への大路のそばにある上の池の水道の端でアハズに会い、

る。もし神の命令を真剣に受止めるなら、私たちもイザヤのように「ここに、私がおります。私を遣わしてください」と応答するべきである。

6:9 行って、この民に言え 神はイザヤに、人々は神のメッセージを拒み、強い訴えにも応じないと言われた。神は人々に罪を離れて神に立返るように呼びかけておられた。けれども人々が反抗することも知っておられた。事実、イザヤの説教によって反抗的な人々はいっそう強く神に反抗した(6:9-10, ⇒マタ13:14-15, マコ4:12, ルカ8:10)。人々はたとい真理が明らかにされても、霊的に目が見えないままでいようとする。それでもイザヤは神に忠実に、人々に喜ばれないさばきのメッセージを伝え続けなければならない(⇒エレ1:8, 19, エゼ2:3-4)。イザヤの苦しい働きもやがて終る。前701年にアッシリヤのセナケリブを用いて神が実行されたさばきによって(6:11-12)、エルサレムは神への信仰と服従に引戻されることになる。その結果、神がヒゼキヤ王に加えられた15年の間にイザヤはより積極的で希望のあるメッセージを伝える新しい働きをすることができた(38:5)。

6:13 聖なるすえ 信仰深い人々の数はわずかでもメッセージを信じて応答するので、反抗する人々を襲う滅びから救われると言って神はイザヤを励まされた。この新しいユダを通してあらゆる国の人々を神との正しい関係に連れ戻す世界の救いの計画を神は実行される。今日でも霊的に反抗的で無力な教会を神はさばかれるけれども、忠実で聖さ(霊的に純粋、悪から分離、神とみことばとに献身)を保っている人々を守り、その人々を通して働かれる(→「七つの教会へのキリストのメッセージ」の項 p.2478)。

7:1-25 王アハズの時のこと 前735/734年頃、イスラエルとアラムの王たちはユダを攻撃する準備を整えていたけれども、イザヤはユダのアハズ王に神が救ってくださると信じなさいと勧めた。けれども奇蹟的なしるしを与えるという神のことばをアハズは拒んでアッシリヤに助けを求めた(→Ⅱ列16:5-18, Ⅱ歴28:16-21)。イザヤは王に信仰が欠けていると迫り、神が与えるしるし、ダビデの家(ユダの王国)全体に対するしるしについて預言することにした。この与えられるしるしはインマヌエルの誕生である(7:13-17)。これは「神は私たちとともにおられる」(マタ1:23)という意味で、イエス・キリストを指している。神が約束された通りにアラムとイスラエルの侵攻は失敗する(7:7)。けれどもユダは信仰がなく神に頼らなかったためについに滅びることになる。後に神は神の代りに頼ったアッシリヤ人とバビロニヤ人を送ってイスラエルとユダの地を荒廃させられた(→Ⅱ列17:, 25:)。

7:3 シェアル・ヤシュブ イザヤの長男の名前は「残りの者は帰る」という意味である。この名前は救いの計画を進めるために忠実な人々のグループを保たれるという神の意向を強調している(⇒11:11-12, 16, 37:4, 31)。

イザヤ書

旧約聖書の預言者

[私は、「だれを遣わそう。だれが、われわれのために行くだろう。」と言っておられる主の声を聞いたので、言った。「ここに、私がおります。私を遣わしてください。」すると仰せられた。「行って、この民に言え。『聞き続けよ。だが悟るな。見続けよ。だが知るな。』」](イザヤ書6:8-9)

ヘブル人の歴史の中の預言者の位置

(1) 旧約聖書の預言者は男女ともに神のメッセージを伝えるために召され、力を与えられ、特別なかたちで用いられた人々だった。その多くは通常の信仰を持った人々よりも神と霊的に深い関係を持っていた。けれどもある預言者は単独で働いていて、時には驚くほど不信仰になっていた。一方、旧約聖書全体でこの種類の人々ほど独特で劇的な姿を示している人(メッセージと人物の両面で)はいなかった。祭司、士師、王、賢者、詩篇の作者などはみな、イスラエルの歴史の中で特別な目的を持っていたけれども、預言者ほど意味のある立場に立った人はいなかった。またその後の歴史の中でも、神のご計画、目的、メッセージとのかかわりで預言者ほど影響力を及ぼし続けた人はいない。

(2) 預言者たちは旧約聖書の著作そのものに大きな影響を与えた。このことはヘブル語聖書のトーラー(律法の「教え」、旧約聖書の最初の5冊)、預言者、諸書(⇒ルカ24:44)という三つの区分の中に見られる。預言者の区分には預言者の視点から書かれたヨシュア記、士師記、サムエル記第一、サムエル記第二、列王記第一、列王記第二という6冊の歴史書が含まれている。これらの書物の著者は預言者か預言の賜物を持った人だったと思われる。次に16冊の預言の書物(イザヤ書からマラキ書まで)がある。さらに聖書の最初の5冊(トーラー、モーセ五書)の著者であるモーセも預言者(申18:15)だった。そこで旧約聖書の三分の二は預言者によって書かれているのである。

預言者というヘブル語

(1) 「ローエー」 このヘブル語は霊の領域を見、未来の出来事を予見する特別な能力を持っている人のことで、「予見者」と訳されている。この名前からわかることは、預言者は現在の情況の先を見、また神の視点から見ると実際はどのようであるかを見ていたということである。預言者には「ホゼ」という別のことばも使われ「先見者」と訳されているけれども、それは預言者が神から夢と幻と啓示を受取って霊的な現実と真理を伝えることができたことを意味している。

(2) 「ナービィ」

(a) このことばは通常「預言者」を意味するのに最も多く使われていて、旧約聖書には316回出てくる(「ナビイム」は複数形)。このことばの語源は確かではないけれども、「預言する」というヘブル語の動詞は「神の思いから出た多くのことばを神の霊によって伝える」(ゲセニウス「ヘブル語辞典」)という意味だった。そこで「ナービィ」は神の御霊の力とうながしのもとで自由に語り出す、選ばれたしもべだった。ギリシヤ語の「プロフェーテース」(英語の「プロフェット」の語源)は「ほかの人に代って話す人」を意味する。預言者は神の契約の民(神の律法と約束、そして人々の忠誠と服従に基づく終生協定を結んだ人々 →**イスラエル人との神の契約**」の項 p.351)に神に代って語ったのである。そのメッセージは直接神から聞き、見たものに基づいていた。

(b) 旧約聖書の中で預言者はまた、「神の人」(→Ⅱ列4:21注)、神の「しもべ」(⇒イザ20:3、ダニ6:20)、「主の霊が・・・上にある」人(⇒イザ61:1-3)、「見張り人」(エゼ3:17)、「**主の使い**」(ハガ1:13)などとも呼ばれている。預言者はまた、預言的夢を解釈し(ヨセフやダニエルのように)、預言者の視点から現在と未来の歴史についての見解を示した。

御霊とみことばの人

預言者はヘブル人の歴史の中で、単なる宗教的指導者ではなかった。神の御霊を注がれ、神のことばによって完全に捕らえられた人だった(エゼ37:1, 4)。御霊とみことばが預言者の中にあったので、旧約聖書の予見者には次のような三つの特徴があった。

(1) 神から啓示された知識－預言者は人々や出来事、真理について知識を与えられた。この知識が与えられた主な目的は神の選民が神に忠実になり、神の命令に従うように励ますことだった。旧約聖書の預言は教えと矯正と警告という方法によって与えられたけれども、その著しい特徴は神の目的を神の民に明らかにしたことである。神はしばしば預言者を用いてあらかじめさばきを宣告された。イスラエルとユダの混乱の歴史を通して神は忠実な人々を用いて未来の世界の出来事を予報するとともに、メシヤ(「油そそがれた者」、救い主、キリスト)と神の国についての預言を与えられた。

(2) 神から与えられた力－預言者たちは神の御霊の力によって奇蹟的活動を行った。預言者は生きている神とその目的と力を超自然的な方法で現した。

(3) 独特の生活様式－預言者たちの生活は通常の生活とはかなりかけ離れていた。ほかの人々のような日常生活を送らず、大抵の人が人生の目的を求めてもいなかった。その理由は神のメッセージを受取り、それを伝えることにエネルギーと焦点を集中していたからである。預言者は神の民の中にある偶像礼拝(まことの神の代りににせの神々やほかのものを拝むこと)と不道徳とあらゆる種類の悪に対して激しく非難した。また王や祭司の生活にある腐敗を非難し、イスラエル人の中に変化を推進しようとした。預言者たちの最大の使命は神の国とその義(正しい行動と神との正しい関係)を押し進めることだった。そして個人的危険を顧みずに神のメッセージを大胆に伝えた。

旧約聖書の預言者に見られる八つの特徴

旧約聖書の預言者はどのような人物だったのだろうか。

(1) 神と密接な関係を持ち、神がご自分の思いを啓示される人物だった(アモ3:7)。人間的視点からではなく、神の視点から物事や人物を見た。

(2) 神と親しい関係にあって密接な交わりをしていたので、人々の反抗と罪を憂える神の思いをしばしば感じ取っていた。神の目的とご計画と願いをほかのだれよりもよく理解しているので、神と同じ感情や反応を体験した。神の声を聞いただけではなく、神の心を感じたのである(エレ6:11, 15:16-17, 20:9)。

(3) 神と同じように神の民を深く愛した。民が傷ついたときには預言者も痛みを強く感じた(→哀歌)。神の民に神の最善が行われることを望み(エゼ18:23)、警告や矯正のメッセージを忠実に伝えるとともに希望と慰めと励ましのことばを送った。

(4) 神に完全に頼り忠誠を尽すことが人々にとって最善であることを知っていたので、人間の知恵や富や権力やほかの神々などに頼らないように警告した(エレ8:9-10, ホセ10:13-14, アモ6:8)。人々に神の自由と恩恵にあずかり続け、神の基準と契約の義務に従って生きるように絶えず訴えた。

(5) 罪と悪に対して非常に敏感だった(エレ2:12-13, 19, 25:3-7, アモ8:4-7, ミカ3:8)。そして残忍さと犯罪と不道徳と不正には我慢ができなかった。一般の人々にとっては神の律法にわずかに違反したとしか思えないことも預言者には大変な出来事に見えた。霊的、道徳的妥協や自己満足、見せ掛けや弁解には我慢ができなかった(イザ32:11, エレ6:20, 7:8-15, 21-23, アモ4:1, 6:1)。義と善を愛する神の心と悪と罪を憎む神の心をほかのだれよりも共有していた(⇒ヘブ1:9注)。

(6) 神の民の霊性の不足を絶えず訴え、神の律法に忠実に従うように必死に励ました。完全に神に献身していて、心のこもらない献身を嫌い、神に対する完全な忠誠を要求した。

(7) 未来に対する幻を持った。それは時に災難と破壊の予告として示された(イザ63:1-6, エレ11:22-23, 13:15-21, エゼ14:12-21, アモ5:16-20, 27)。あるときには希望、回復、刷新という幻が示された(イザ61:-62:, 65:17-66:24, エレ33:, エゼ37:)。メシヤの来臨について数多くの預言をした(→「**キリストによって成就した旧約聖書の預言**」の表 p.1029)。

（8）しばしば孤独で悲しみの人だった（エレ14：17-18, 20：14-18, アモ7：10-13, ヨナ3：-4：）。神を敬わない指導者たちから迫害され、神に逆らう人々に平和と繁栄と安全を預言しているにせ預言者によって虐待された（エレ15：15, 20：1-6, 26：8-11, アモ5：10, ⇒マタ23：29-36, 使7：51-53）。けれども同時に、神の心と目的を知っていることが明らかなので、人々も指導者も預言者の人格とメッセージを無視することができなかった（エゼ3：8-11）。

預言者と祭司

　イスラエルの歴史の大部分で、預言者と祭司の間には緊張関係があった。神は預言者と祭司がともに働くように計画しておられたけれども、祭司は神の民にしばしば見られる霊的、道徳的腐敗を無視するようになっていた。
　（1）祭司はしばしば現状維持に努めた。霊的状態が実際は良くないのに何事もうまく行っているように振舞った。人々がどんな生活をしていても形式に従って儀式を守っているなら、礼拝の中で人々を導くのに都合が良かった。神を敬って行動することが正しい基準であることを信じていたけれども、信仰が行動を変えなくても祭司たちは気にしなかったようである。
　（2）預言者は祭司と違って生活様式や行動や道徳問題にはっきり発言した。神との関係を保つために宗教儀式や義務に頼っている人々は強い警告と非難を受けた。つまり、しばしば人々の行動を非難していらだたせていた。たとい孤立しても真理を擁護した。神の永遠の原則を人々が具体的に生活に当てはめなければ霊的知識は価値がないことを本当の預言者は知っていた。預言者は倫理の教師であり、道徳の改革者であり、考えを啓発する人だった。人々に聖い生き方をさせるために神に対する罪と反抗をさらけ出した。そしていつも悪から分離し神の目的に完全に献身するように励ますことを努めていた。

旧約聖書の預言者たちのメッセージ

　預言者たちのメッセージには三つの大きな主題があった。
　（1）神の性質と特性（→「**神の属性**」の項 p.1016）
　　（a）神が宇宙の創造者であり、全能の支配者であり（イザ40：28）、歴史を支配する主であると宣言した。それは神が霊的救いとさばきという神の最高の目的のために、歴史の出来事を用いる能力と権威をみな神が持っておられるということである（⇒イザ44：28, 45：1, アモ5：27, ハバ1：6）。
　　（b）神が聖く（純粋、完璧、悪からの分離）、義（特性と行動が完全に正しい）であり、公正（公平でえこひいきがない）であることを教えた。その結果、人々は罪、不義、不公正などを行って神に反発し神を拒んだ。けれども神の聖さと義は神のあわれみとバランスをとるので、神は忍耐し怒りとさばきをすぐには表されない。神の性質は聖いので、神はご自分の民が「主への聖なるもの」として分離されることを求めておられる（ゼカ14：20, ⇒イザ29：22-24, エレ2：3）。イスラエルとの独特な関係の中で神はご自分の民が神の命令に従うことを要求しておられる。
　（2）罪と悔い改め
　神の契約の民が絶えず不従順であり不誠実であり、偶像礼拝と不正と不道徳を続けているのを見て旧約聖書の預言者たちは神とともに悲しく思っていた。その結果、さばきの厳しいことばを伝えた。そのメッセージはバプテスマのヨハネや主イエスのメッセージと同じ、「悔い改めるか滅びるか」というものだった。もし反抗的な行動をやめて神に従わないなら、自分から滅びを招き神のさばきを受けることになる。預言者はアッシリヤによるサマリヤの滅亡（ホセ5：8-12, 9：3-7, 10：6-15）やバビロニヤによるエルサレムの滅亡（エレ19：7-15, 32：28-36, エゼ5：5-12, 21：2, 24-27, →「**イスラエル（北王国）の捕囚**」の地図 p.633,「**ユダ（南王国）の捕囚**」の地図 p.633）のような厳しいさばきを予告した。
　（3）メシヤ（「油そそがれた者」、救い主、キリスト）の予告と希望
　　（a）旧約聖書の神の民は全体として神と神との契約の誓いに対して不誠実だったけれども、預言者たちは希望のメッセージを伝えるのをやめなかった。神がアブラハムにした契約の約束（「**アブラハム、イサ**

ク、ヤコブとの神の契約」の項 p.74)を神に忠実な人々を通して成就されることを預言者は知っていた。神が最も良いとされる時にメシヤは来られ、メシヤを通して神は全世界の人々に霊的救いを提供されるのである。

　(b) 預言者たちは、自分たちの時代の霊的混乱と崩壊とメシヤが来られた後の時代への希望との間に立っていた。最大の困難は預言が実現するまで拒まれることを知っていても、神のメッセージをかたくなで反抗的な人々に伝えなければならないことだった(⇒イザ6：9-13)。古い契約(キリストが来られる前の時代の人々を神との関係にとどめておくための神の方法で、従順と心からのいけにえによるもの)の擁護者であるとともに、新しい契約(神の霊的救いと、キリストによって神との関係を更新した人々への希望のメッセージとを伝える神の計画)への道を備える先駆者だった。そして現在に生きていたけれども、未来をも指し示していた(→「旧契約と新契約」の項 p.2363)。

にせ預言者たち

　旧約聖書にはにせ預言者のことが数多く出てくる。たとえばアハブ王は400人のにせ預言者たちを集めた(Ⅱ歴18：4-7)。聖書は偽りの霊がその中にあると記録している(Ⅱ歴18：18-22)。旧約聖書によれば、次のような場合にはにせ預言者と見なされた。
　(1) 人々をまことの神から離れさせ、にせの「神」やほかの偶像に向かわせる場合(申13：1-5)。
　(2) 占い(神を敬わない方法で隠されていることを超自然的に見つけ出そうとすること)や占星術や魔力(魔力と思われるものを用いる)や魔術やその類いを行う場合(→申18：10注，11注)。
　(3) 預言が、聖書にある神の明らかなメッセージを拒んだり対立する場合(申13：1-5)。
　(4) 神の民の罪を明らかにしない場合(エレ23：9-18)。
　(5) 予言したことが実現しない場合(申18：20-22)。

　新しい契約(キリスト以後)の預言者たちは旧約聖書の時代と同じようには用いられなかった。旧約聖書では預言者たちは神がイスラエルに対して話をされる主な方法だった。新約聖書では預言者は教会の中の主な五つの奉仕の賜物の一つに過ぎない(→「奉仕の賜物」の項 p.2225)。新約聖書の預言者には新約聖書時代の奉仕の働きの多面性と相互依存性(→「御霊の賜物」の項 p.2138)から、旧約聖書の預言者にはない限界があった(⇒Ⅰコリ14：29-33)。

イザヤ書　7章

4 そこで彼に言え。
　気をつけて、静かにしていなさい。恐れてはなりません。あなたは、これら二つの木切れの煙る燃えさし、レツィンすなわちアラムとレマルヤの子との燃える怒りに、心を弱らせてはなりません。
5 アラムはエフライムすなわちレマルヤの子とともに、あなたに対して悪事を企ててこう言っています。
6 『われわれはユダに上って、これを脅かし、これに攻め入り、わがものとし、タベアルの子をそこの王にしよう』と。
7 ＊神である主はこう仰せられる。
　『そのことは起こらないし、ありえない。
8 　実に、アラムのかしらはダマスコ、
　　ダマスコのかしらはレツィン。
　　──六十五年のうちに、エフライムは粉砕されて、
　　もう民ではなくなる。──
9 　また、エフライムのかしらはサマリヤ、
　　サマリヤのかしらはレマルヤの子。
　　①もし、あなたがたが信じなければ、
　　　長く立つことはできない。』」
10 主は再び、アハズに告げてこう仰せられた。
11 「あなたの神、主から、しるしを求めよ。

4①イザ30:15, 哀3:26, マタ24:6
②イザ10:24, 35:4, 出14:13, 申20:3
③アモ4:11, ゼカ3:2
⑤イザ7:1, 9
6＊エズ4:7「タベエル」
7＊子音字は「主」
①イザ8:10, 28:18
8①イザ17:1-3, 創14:15, Ⅱサム8:6
9①イザ8:6-8, 30:12-14
11①イザ37:30, 38:7, 55:13, Ⅱ列19:29

＊古代訳による
13①イザ7:2
②イザ25:1
③イザ1:14, 43:24
14①マタ1:23
②イザ8:8
15①イザ7:22
16①イザ8:4, 17:3, Ⅱ列15:30, 16:9, エレ7:15, ホセ5:3, 9, 14, アモ1:3-5
17①Ⅰ列12:16
②イザ8:7, 8, 10:5, 6
18①イザ5:26

＊よみの深み、あるいは、上の高いところから。」
12 するとアハズは言った。「私は求めません。主を試みません。」
13 そこでイザヤは言った。「さあ、聞け。ダビデの家よ。あなたがたは、人々を煩わすのは小さなことにし、私の神までも煩わすのか。
14 それゆえ、主みずから、あなたがたに一つのしるしを与えられる。見よ。処女がみごもっている。そして男の子を産み、その名を『インマヌエル』と名づける。
15 この子は、悪を退け、善を選ぶことを知るころまで、凝乳と蜂蜜を食べる。
16 それは、まだその子が、悪を退け、善を選ぶことも知らないうちに、あなたが恐れているふたりの王の土地は、捨てられるからだ。
17 主は、あなたとあなたの民とあなたの父の家に、エフライムがユダから離れた日以来、まだ来たこともない日を来させる。それは、アッシリヤの王だ。」
18 その日になると、
　主はエジプトの川々の果てにいるあのはえ、
　アッシリヤの地にいるあの蜂に合図さ

7:8　六十五年のうちに　イスラエル(エフライムとも呼ばれる)は前722年にアッシリヤによって滅ぼされた。アッシリヤは征服したほかの国々から人々を連れて来て、残されたわずかなイスラエル人と結婚させた。その結果生まれた混血の人々は後にサマリヤ人と呼ばれた(→Ⅱ列17:24-34, ⇒ヨハ4:7-42,「**イスラエル(北王国)の捕囚**」の地図 p.633)。

7:12　私は求めません　アハズは謙遜を装いながら、ユダを救うために神に信頼しなさいという預言者イザヤの助言を拒んだ。反対に、アハズは自分の限られた考えに頼ってアッシリヤの助けを求めた(→Ⅱ列16:5-18, Ⅱ歴28:16-21)。この決断は後にアッシリヤがユダの姉妹国だったイスラエルに侵攻して征服するという問題を引起こすことになる。ユダヤ人(ユダの国の家系)とサマリヤ人(→7:8注)の対立は新約聖書の時代にまで続く。旧約聖書を通して、神の民に最も深刻な結果をもたらした罪は、神のことばをそのまま受取ることができず、助けを求めて神に頼らないことだった。

7:14　処女がみごもっている・・・「インマヌエル」　「処女」(《ヘ》アルマー)は性的な関係を持ったことがない人または「結婚前の若い女性」を意味している。一般的にこのことばが使われるときには両方の意味が含まれている。このしるしはすぐに起こることと未来に起こることの両方に適用される。(1) すぐに起こることは結婚するまで処女だった花嫁を指している。その息子が善悪をわきまえる年になる前にアラムとイスラエルの王たちは滅ぼされる(7:16)。(2) この預言の最終的で最高の成就はイエス・キリストの処女降誕によって実現する(マタ1:23)。マリヤは主イエスを生むまで処女だった(マタ1:18, 25)。マリヤは男性が性的にかかわることなしに、聖霊の奇跡を通して主イエスをみごもった(→マタ1:16注, 1:23注, ルカ1:35注)。(3) その処女の子は「インマヌエル」と呼ばれるけれども、これは「神は私たちとともにおられる」という意味である(マタ1:23)。神のひとり子イエス・キリストがこの世界に来られたときにこの名前は新しい、より深い意味で理解された(⇒ヨハ3:16, →「**キリ**

19 すると、彼らはやって来て、
みな、険しい谷、岩の割れ目、
すべてのいばらの茂み、すべての牧場
に巣くう。

20 その日、
主はユーフラテス川の向こうで雇った
かみそり、
すなわち、③アッシリヤの王を使って、
頭と足の毛をそり、ひげまでもそり落
とす。

21 その日になると、
ひとりの人が雌の子牛一頭と羊二頭を
飼う。

22 これらが乳を多く出すので、
凝乳を食べるようになる。
国のうちに残されたすべての者が
凝乳と蜂蜜を食べるようになる。

23 その日になると、
①ぶどう千株のある、銀千枚に値する地
所もみな、
いばらとおどろのものとなる。

24 全土がいばらとおどろになるので、
人々は弓矢を持ってそこに行く。

25 くわで耕されたすべての山も、
あなたはいばらとおどろを恐れて、
そこに行かない。
そこは牛の放牧地、羊の踏みつける所
となる。

主の道具であるアッシリヤ

8 1 主は私に仰せられた。「一つの大き
な板を取り、その上に普通の文字で、
『マヘル・シャラル・ハシュ・バズのため』

19 ①エレ16:16
20 ①イザ8:7、エレ2:18
　 ②エゼ5:1-4
　 ③イザ8:7、10:5, 6、
　　Ⅱ列16:7
21 *あるいは「群れのうち
　　の雌の子牛」
22 ①イザ7:15
23 ①→エレ6:9
　 ②イザ5:6, 32:13, 14

1 ①イザ30:8、ハバ2:2

2 ①Ⅱ列16:10, 11, 15, 16
3 ①→Ⅱ列22:14
　 ②ホセ1:4、ルカ1:63
4 ①イザ7:8
　 ②イザ7:9
　 ③Ⅱ列15:29, 16:9
6 ①イザ7:1
7 ①イザ7:20
　 ②イザ17:12, 13、
　　エレ46:7, 8
　 ③イザ7:17, 10:5, 6
8 ①イザ30:28
　 ②イザ7:14、マタ1:23

と書け。

2 そうすれば、わたしは、①祭司ウリヤとベ
レクヤの子ゼカリヤをわたしの確かな証
人として証言させる。」

3 そののち、私は①女預言者に近づいた。彼
女はみごもった。そして男の子を産んだ。
すると、主は私に仰せられた。「その名を、
『マヘル・シャラル・ハシュ・バズ』と呼
べ。

4 それは、この子がまだ『①お父さん。お母
さん』と呼ぶことも知らないうちに、ダマス
コの②財宝とサマリヤの分捕り物が、③アッ
シリヤの王の前に持ち去られるからである。」

5 主はさらに、続けて私に仰せられた。

6 「この民は、ゆるやかに流れるシロア
ハの水を
ないがしろにして、
レツィンとレマルヤの子を喜んでいる。

7 それゆえ、見よ、①主は、
あの強く水かさの多い②ユーフラテス川
の水、
③アッシリヤの王と、そのすべての栄光
を、
彼らの上にあふれさせる。
それはすべての運河にあふれ、
すべての堤を越え、

8 ユダに流れ込み、押し流して進み、
①首にまで達する。
②インマヌエル。その広げた翼は
あなたの国の幅いっぱいに広がる。」

9 国々の民よ。打ち破られて、わななけ。
遠く離れたすべての国々よ。耳を傾け
よ。

ストによって成就した旧約聖書の預言」の表 p.1029)。

8:1 マヘル・シャラル・ハシュ・バズ イザヤの次
男の名前は(⇒7:3注)「分捕り物はすばやく、獲物は
さっと」という意味である。分捕り品や戦利品とは戦
いの終わりに征服した軍隊が奪っていく宝物である。この
名前はアッシリヤによるアラムの滅亡(前732)とイ
スラエルの滅亡(前722、→Ⅱ列17:)を予告した。

8:6 シロアハの水 「シロアハの水」(新約聖書では
シロアムの池として知られている ヨハ9:7)はエルサ
レムが包囲(敵に取囲まれて外部との接触が断たれる
こと)されたときの水源で、地下の泉から供給されて

いた。この水は神を敬う王たちを通してイスラエルに
与えられていた神の恵みと慈しみの配慮を象徴してい
た。けれどもユダとその首都であるエルサレムは神の
権威と配慮を拒んだので、ユーフラテス地方からの
「強く水かさの多い」水を体験する。これはアッシリヤ
兵の侵攻という大洪水を指している(8:7-10)。

8:8 インマヌエル イザヤの滅びの預言の最中に神
の御霊は未来の希望を示された。何が起こっても、神
を信じる人々は恐れる必要がない。なぜならインマヌ
エル(「神は私たちとともにおられる」⇒8:10)が神を
信じる人々を顧みてくださるからである。過去現在未

イザヤ書　8-9章

腰に帯をして、わななけ。
腰に帯をして、わななけ。
10 はかりごとを立てよ。
　　しかし、それは破られる。
　　申し出をせよ。しかし、それは成らない。
　　神が、私たちとともにおられるからだ。

神を恐れよ

11 まことに主が強い御手をもって私を捕らえ、私にこう仰せられた。この民の道に歩まないよう、私を戒めて仰せられた。
12 「この民が謀反と呼ぶことをみな、謀反と呼ぶな。
　　この民の恐れるものを恐れるな。おのくな。
13 万軍の主、この方を、聖なる方とし、
　　この方を、あなたがたの恐れ、
　　この方を、あなたがたのおののきとせよ。
14 そうすれば、この方が聖所となられる。
　　しかし、イスラエルの二つの家には
　　妨げの石とつまずきの岩、
　　エルサレムの住民には
　　わなとなり、落とし穴となる。
15 多くの者がそれにつまずき、倒れて砕かれ、
　　わなにかけられて捕らえられる。
16 このあかしをたばねよ。
　　このおしえを

10 ①イザ28:18, ヨブ5:12, 箴21:30
　②イザ7:7
　③イザ41:10, 43:5, Ⅱ歴20:17, 詩46:7, ロマ8:31
11 ①エゼ3:14
　②エゼ2:8
13 ①→イザ1:24
　②イザ5:16, 29:23, 民20:12
　③詩76:7, ルカ12:5
14 ①エゼ11:16
　②ルカ2:34, ロマ9:33, Ⅰペテ2:8
　③イザ24:17, 18
15 ①→イザ1:10

＊「心」は補足
②イザ29:11, ダニ12:4
17 ①イザ25:9, 30:18, ルカ2:25, 38
　②イザ45:15, 54:8, 申31:17
18 ①ヘブ2:13
　②詩9:11, ゼカ8:3
　③エゼ12:6, ゼカ3:8, ルカ2:34
19 ①イザ19:3, レビ20:6, Ⅰサム28:3, 7, Ⅱ列21:6, 23:24
　②イザ30:2
　③Ⅰサム28:8-19
20 ①ルカ16:29
21 ①イザ9:20, 21
22 ①イザ5:30, 59:9, エレ13:16

1 ①イザ9:1, 2, マタ4:15, 16
　②マタ4:13, 14
　③Ⅱ列15:29, Ⅱ歴16:4

10 ①イザ28:18, ヨブ5:12, 箴21:30（再掲省略）

わたしの弟子たちの心のうちに封ぜよ。」
17 私は主を待つ。
　　ヤコブの家から御顔を隠しておられる方を。
　　私はこの方に、望みをかける。
18 見よ。私と、主が私に下さった子たちとは、
　　シオンの山に住む万軍の主からの
　　イスラエルでのしるしとなり、
　　不思議となっている。
19 人々があなたがたに、「霊媒や、さえずり、ささやく口寄せに尋ねよ」と言うとき、民は自分の神に尋ねなければならない。生きている者のために、死人に伺いを立てなければならないのか。
20 おしえとあかしに尋ねなければならない。もし、このことばに従って語らなければ、その人には夜明けがない。
21 彼は、迫害され、飢えて、国を歩き回り、飢えて、怒りに身をゆだねる。上を仰いでは自分の王と神をのろう。
22 地を見ると、見よ、苦難とやみ、苦悩の暗やみ、暗黒、追放された者。

ひとりのみどりごが生まれる

9 ¹ しかし、苦しみのあった所に、やみがなくなる。先にはゼブルンの地とナフタリの地は、はずかしめを受けたが、後

来のあらゆる時代にわたって神の民は「インマヌエル」という名前によって慰めと信仰と希望を与えられてきた（マタ1:23）。

8:12　謀反　イザヤは援助を求めて外国の同盟（政治的軍事的協力）に頼らないで神に頼るようにとユダを説得し続けてきた。その結果イザヤは謀反と反逆の罪で非難された。教会の歴史の中でもこれは神の民の間で繰返されてきたパターンである。神に従わない人々は、自分自身の非聖書的な方法や計画に頼らず本来の力と目的の源に立返るようにと警告した人々を拒み迫害してきた。

8:13　この方を、あなたがたの恐れ・・・とせよ　抵抗を受けていたこの時に、ほかの人々を恐れる理由がないことを神はイザヤに思い起こさせられた。ただ万軍の主だけを恐れ、あがめ続けるべきだった（8:

12-13）。困難で危険なときに私たちが恐れる（最高の力と権威とさばきを恐れ、あがめ尊敬すること）方は神だけである。問題から救い出し解放する方として頼るべき方はこの方である（⇒マタ10:28、→「神への恐れ」の項 p.316）。

8:16　このおしえを・・・封ぜよ　神の民のほとんどは神に逆らっていたけれども、主とみこころ（みことば、願い、目的、計画）に心を完全にささげて神に忠実に従う人々が少数いた。その人々こそが神のことばを守り保存する人々だった。歴史のどの時代でも主の弟子たちは堅く立って変ることのない神の真理を守り、次の世代に継承しなければならない（→ユダ1:3）。

9:1-7　やみがなくなる　神の民をいつの日か、喜びと平和と正義の生活、そして神との正しい関係へと導

には海沿いの道、ヨルダン川のかなた、異邦人のガリラヤは光栄を受けた。
2 　やみの中を歩んでいた民は、大きな光を見た。
　　死の陰の地に住んでいた者たちの上に光が照った。
3 　あなたはその①国民をふやし、
　　その②喜びを増し加えられた。
　　彼らは刈り入れ時に喜ぶように、
　　分捕り物を分けるときに楽しむように、
　　あなたの御前で喜んだ。
4 　①あなたが彼の重荷のくびきと、肩のむち、
　　彼をしいたげる者の杖を、
　　③ミデヤンの日になされたように
　　粉々に砕かれたからだ。
5 　①戦場ではいたすべてのくつ、血にまみれた着物は、
　　焼かれて、②火のえじきとなる。
6 　①ひとりのみどりごが、私たちのために生まれる。
　　ひとりの男の子が、私たちに与えられる。
　　主権はその肩にあり、
　　その名は「②不思議な助言者、③力ある神、永遠の父、平和の君」と呼ばれる。
7 　その主権は増し加わり、その平和は限りなく、
　　①ダビデの王座に着いて、その王国を治め、
　　②さばきと正義によってこれを堅く立て、これをささえる。今より、とこしえまで。

2 ①ルカ1:79
3 ①イザ26:15
　②イザ35:10, 65:13, 18, 66:10
　③士5:30, Ⅰサム30:16
4 ①イザ10:27, 14:25, エレ30:8, ナホ1:13
　②イザ14:4, 49:26, 51:13, 54:14
　③イザ10:26, 士7:15-25, 詩83:9
5 ①イザ2:4
　②イザ9:19
6 ①イザ7:14, 11:1, 2, 53:2
　②イザ22:22
　③イザ10:21, 申10:17, ネヘ9:32
　④イザ63:16, 64:8
　⑤イザ26:3, 12, 53:5, 54:10, エペ2:14
7 ①イザ16:5, ルカ1:32, 33
　②イザ42:4
　③イザ11:4, 5, 32:1, 63:1

いてくれる解放者、救い主のことをイザヤはここで言っている。この方がメシヤであり、神の子イエス・キリストである。この預言は、やがて来られるメシヤについていくつかの重要な真理を明らかにしている。(1) ガリラヤで広範囲に伝道される(9:1, ⇒マタ4:13-14, →**キリストのガリラヤ伝道**」の地図 p.1833)。(2) 霊的な救いと希望の光をもたらす(9:2, ⇒42:6, 49:6, マタ4:15-16)。(3) 神の信仰の家族に異邦人(ユダヤ人以外のあらゆる国の人々)をも含めることによって、神の民の共同体を拡大する(9:3, ⇒使15:13-18)。(4) 神の民を抑圧から解放し、敵を砕くことによって平和をもたらす(9:4-5)。(5) メシヤはイスラエルの国から来られ、「不思議な助言者、力ある神、永遠の父、平和の君」などの多くの称号で呼ばれる(→9:6注)。(6) 神の民を永遠に治める(9:7, ⇒Ⅱサム7:16)。

9:6 ひとりのみどりごが、私たちのために生まれる これは「油そそがれた者」、救い主であるメシヤ、イエス・キリストの誕生の預言である(→7:14注)。その誕生は歴史の中のある時にある場所で独特の驚くべき方法で行われる。イザヤはメシヤの特徴を示す四つの名前を記録している。(1) 不思議な助言者－メシヤは超自然的な不思議(ヘブル語の「ペレ」は神にだけ使われ、人間や人間の働きには使われない ⇒28:29)である。この特性は力あるわざと奇跡を行うことによって示される。不思議な助言者は完全な知恵を持っておられる。そのことばとメッセージは神の救いの計画を明らかにし(⇒11:)、人々を神との正しい関係へ導き、永遠のいのちを与える。(2) 力ある神－イエス・キリストの中に神のすべて、神のご性質と特性が「形をとって宿って」いる(コロ2:9, ⇒ヨハ1:1, 14)。つまり、イエス・キリストは完全な神であり、完全な人である。(3) 永遠の父－メシヤは天におられる父への道を示されるだけではなく、みずからが父の完全な反映で神の子たちを愛し守り、必要を与える方である(⇒詩103:13)。(4) 平和の君－地上へ来られるときに、人々を罪と霊的な死から解放することによって神との平和のある場所へ人々を連れて行かれる(11:6-9, ⇒ロマ5:1, 8:2, →**キリストによって成就した旧約聖書の預言**」の表 p.1029)。

9:7 主権は・・・平和は限りなく これはイエス・キリストが御国を建て、平和に治められることを指している。誕生によって最初に来られたとき、主イエスは神の国に入り霊的な平和を持つ方法を示された。それは赦しのメッセージと新しいいのちと神との個人的な関係を受取ることによるものである。けれどもいつの日か主イエスは、ご自分の民を救出し悪の力を砕き、永遠の世界へ導く平和な支配を打立てるために再び来られる(→黙20:−21:)。けれどもこの預言は主イエスの最初の来臨と再臨を区別していない。なぜなら人間の歴史のこの時点(イザヤの時代)では、人々はメシヤの全体的回復の働きと霊的救いの働きが全部未来の一度の来臨で起こると考えていたからである。旧約聖書ではキリストの地上での支配には最初の来臨と再臨があることははっきりと啓示されていない。新約聖書でも終りのときの様々な事件ははっきりと区別されていないし、これらの出来事の時間のずれもまた必しも明らかではない(→マタ24:42-44各注)。

④万軍の主の熱心がこれを成し遂げる。

イスラエルに対する主の怒り

8 主がヤコブに一つのことばを送られた。
それはイスラエルに落ちた。
9 この民、エフライムとサマリヤに住む者たちは
みな、それを知り、高ぶり、思い上がって言う。
10 「れんがが落ちたから、切り石で建て直そう。
いちじく桑の木が切り倒されたから、杉の木でこれに代えよう。」
11 そこで主は、
① レツィンに仇する者たちをのし上がらせ、
その敵たちをあおりたてる。
12 東からはアラムが、
西からはペリシテ人が、
イスラエルをほおばって食らう。
④ それでも、御怒りは去らず、
なおも、御手は伸ばされている。
13 ① しかし、この民は、自分を打った方に帰らず、
② 万軍の主を求めなかった。
14 そこで、主はイスラエルから、
かしらも尾も、なつめやしの葉も葦も、
ただ一日で切り取られた。
15 そのかしらとは、長老や身分の高い者。
その尾とは、偽りを教える預言者。
16 この民の指導者は迷わす者となり、
彼らに導かれる者は惑わされる。
17 それゆえ、主はその若い男たちを喜ばず、
そのみなしごをも、やもめをもあわれまない。
みなが神を敬わず、悪を行い、
すべての口が恥ずべきことを語っているからだ。

7 ④イザ37:32, Ⅱ列19:31
8 ①イザ55:11
9 ①イザ7:8, 9, 28:1, 3
10 ①マラ1:4
11 ①イザ7:1, 8
12 ①Ⅱ列16:5, 6
② Ⅱ歴28:18
③ 詩79:7, エレ10:25
④イザ5:25, 10:4, エレ4:8
13 ①イザ31:1, エレ5:3, ホセ3:5, 7:10, アモ4:6-11
② →イザ1:24
14 ①イザ19:15
② イザ10:17, 47:9, 黙18:8
15 ①イザ3:2, 3
② イザ28:15, 30:10, 59:3, 4, エレ23:14, 32, マタ24:24
16 ①イザ3:12
17 ①エレ18:21, アモ5:6, 8:13
② イザ27:11
③ イザ10:6, 32:6, ミカ7:2
④イザ1:4, 31:2

⑤イザ5:25, 9:12, 21, 10:4
19 ①イザ10:6, 13:9, 13
② イザ1:7, 10:17, 42:25, エゼ20:47, ヨエ2:3, ナホ1:10, マラ4:1
③ ミカ7:2, 5, 6
20 ①イザ8:21
② レビ26:26
③ イザ49:26, エレ19:9
21 ①イザ11:13, Ⅱ歴28:6, 8
② イザ5:25, 9:12, 17, 10:4

2 ①アモ2:6
② イザ1:17, 23, 出22:21
3 ①ホセ9:7
② イザ5:26
③ ヨブ31:14, エレ5:31
④ イザ20:6, 30:5, 7, 31:3
4 ①イザ22:2, 34:3, 66:16
② イザ5:25, 9:12, 17, 21

⑤ それでも、御怒りは去らず、
なおも、御手は伸ばされている。
18 悪は火のように燃えさかり、
いばらとおどろをなめ尽くし、
林の茂みに燃えついて、煙となって巻き上がる。
19 万軍の主の激しい怒りによって地は焼かれ、
② 民は火のえじきのようになり、
だれも互いにいたわり合わない。
20 右にかぶりついても、飢え、
左に食いついても、満ち足りず、
おのおの自分の腕の肉を食べる。
21 マナセはエフライムとともに、
エフライムはマナセとともに、
彼らはいっしょにユダを襲う。
それでも、御怒りは去らず、
なおも、御手は伸ばされている。

10

1 ああ。不義のおきてを制定する者、
わざわいを引き起こす判決を書いている者たち。
2 彼らは、寄るべのない者の正しい訴えを退け、
わたしの民のうちの悩む者の権利をかすめ、
② やもめを自分のとりこにし、
みなしごたちをかすめ奪っている。
3 ① 刑罰の日、② 遠くからあらしが来るときに、
あなたがたはどうするのか。
だれに助けを求めて逃げ、
どこに自分の栄光を残すのか。
4 ただ、捕らわれ人の足もとにひざをつき、
① 殺された者たちのそばに倒れるだけだ。
それでも、御怒りは去らず、
なおも、御手は伸ばされている。

9:8-10:4 ヤコブに一つのことばを ヤコブは族長でイスラエル民族の先祖の一人である。神はヤコブの名前を「イスラエル」に改められ（創32:28）、イスラエルの十二部族はヤコブの子らから生れた。ここにはイスラエルのごう慢な姿と繰返される罪を悔いて悲しむ姿勢が欠けている姿が描かれている。ついに人々は厳しい問題にぶつかってもへりくだることなく、反抗的な生活を改めないようになっていた。その結果、神の怒りとさばきが下る。

アッシリヤに対する神のさばき

5 ああ、
　アッシリヤ、わたしの怒りの杖。
　彼らの手にあるわたしの憤りのむち。
6 わたしはこれを神を敬わない国に送り、
　わたしの激しい怒りの民を襲えと、これに命じ、物を分捕らせ、獲物を奪わせ、
　ちまたの泥のように、これを踏みにじらせる。

7 しかし、彼自身はそうとは思わず、
　彼の心もそうは考えない。
　彼の心にあるのは、滅ぼすこと、
　多くの国々を断ち滅ぼすことだ。
8 なぜなら、彼はこう思っている。
　「私の高官たちはみな、王ではないか。
9 カルノもカルケミシュのよう、
　ハマテもアルパデのようではないか。
　サマリヤもダマスコのようではないか。
10 エルサレム、サマリヤにまさる刻んだ像を持つ
　偽りの神々の王国を私が手に入れたように、
11 サマリヤとその偽りの神々に私がしたように、
　エルサレムとその多くの偶像にも
　私が同じようにしないだろうか」と。

12 主はシオンの山、エルサレムで、ご自分のすべてのわざを成し遂げられるとき、アッシリヤの王の高慢の実、その誇らしげな高ぶりを罰する。
13 それは、彼がこう言ったからである。
　「私は自分の手の力でやった。私の知恵でやった。
　私は賢いからだ。
　私が、国々の民の境を除き、

5 ①イザ10:5-34, イザ7:17, 8:7, 14:24-27, 30:31-33, 18, 9, Ⅱ列19:6, ナホム書, ゼパ2:13-15
②エレ51:20
③イザ10:25, 13:5, 34:2, 63:6, 66:14
6 ①イザ9:17
②イザ47:6, エレ34:22
③イザ5:29
④イザ22:5, 28:3, 63:3, ミカ7:10
8 ①イザ36:18-20, 37:10-13, Ⅱ列18:33, 34, 19:10, 13
9 ①Ⅱ歴35:20, エレ46:2
②民34:8, イザ36:19
③Ⅱ列17:6
④イザ16:9
10 ①イザ21:9, 30:22, 42:8, Ⅱ歴33:19
②→イザ2:8
11 ①イザ46:1,
→Ⅰサム31:9,
→ホセ4:17
12 ①Ⅱ列19:31
②イザ10:7, 37:23
③イザ10:33, 34, 14:25, 30:31-33, 31:8, 36:7, 36-38, Ⅱ列19:35-37, エレ50:18
＊七十人訳による
□「わたしは罰する」
13 ①イザ37:24, 25, 申8:17, 32:27, 士7:2, Ⅱ列19:23, 24, エゼ28:3, ダニ4:30
②ハバ1:11

15 ①イザ29:16, 45:9, ロマ9:20, 21
②イザ10:5
＊「人」は補足
16 ①→イザ1:24
②詩78:31
③詩106:15
④イザ30:33, 31:9, 民11:1-3, エレ4:4, エゼ20:47
17 ①イザ43:15
②イザ9:18, 27:4, 33:12
18 ①イザ10:33, 34, エレ21:14, エゼ20:47, 48
19 ①イザ21:17
20 ①イザ1:9

　彼らのたくわえを奪い、
　全能者のように、住民をおとしめた。
14 私の手は国々の民の財宝を巣のようにつかみ、
　また私は、捨てられた卵を集めるように、
　すべての国々を集めたが、
　翼を動かす者も、くちばしを大きく開く者も、
　さえずる者もいなかった。」

15 斧は、それを使って切る人に向かって高ぶることができようか。
　のこぎりは、それをひく人に向かっておごることができようか。
　それは棒が、それを振り上げる人を動かし、
　杖が、木でない*人を
　持ち上げるようなものではないか。
16 それゆえ、万軍の主、主は、
　その最もがんじょうな者たちのうちにやつれを送り、
　その栄光のもとで、
　火が燃えるように、それを燃やしてしまう。
17 イスラエルの光は火となり、
　その聖なる方は炎となる。
　燃え上がって、そのおどろといばらを
　一日のうちになめ尽くす。
18 主はその美しい林も、果樹園も、
　また、たましいも、からだも滅ぼし尽くす。
　それは病人がやせ衰えるようになる。
19 その林の木の残りは数えるほどになり、
　子どもでもそれらを書き留められる。

イスラエルの残りの者

20 その日になると、
　イスラエルの残りの者、

10:5 アッシリヤ 神はご自分の不信仰な民を罰するために、神を信じない人々（アッシリヤ人）を用いられた。けれどもここで神はアッシリヤがごう慢で無慈悲なので罰しようとされる（10:8-14）。御霊に霊感されてイザヤはアッシリヤの滅亡を予告した（10:16-19）。この具体的な預言はユダに置かれたアッシリヤの宿営で185,000人の兵士が神の御使いによって殺されたときに成就した（→イザ37:）。

10:20 イスラエルの残りの者 イザヤは再び神に忠実に従う人々に対して、神はイスラエルをさばかれた後に神とみことばに頼る少数ではあるけれども強力な一団の人々を回復されると確約した。この忠実な人々

ヤコブの家ののがれた者は、
もう再び、自分を打つ者にたよらず、
イスラエルの聖なる方、主に、
まことをもって、たよる。
21 残りの者、ヤコブの残りの者は、
力ある神に立ち返る。
22 たとい、あなたの民イスラエルが
海辺の砂のようであっても、
その中の残りの者だけが立ち返る。
壊滅は定められており、
義があふれようとしている。
23 すでに定められた全滅を、万軍の神、主
が、全世界のただ中で行おうとしておられ
るからだ。
24 それゆえ、万軍の神、主は、こう仰せ
られる。「シオンに住むわたしの民よ。
アッシリヤを恐れるな。彼がむちであなた
を打ち、エジプトがしたように杖をあなた
に振り上げても。
25 もうしばらくすれば、憤りは終わり、わ
たしの怒りが彼らを滅ぼしてしまうから。
26 オレブの岩でミデヤンを打ったときのよ
うに、万軍の主がアッシリヤにむちを振り
上げる。杖を海にかざして、エジプトにし
たように、それを上げる。
27 その日になると、
彼の重荷はあなたの肩から、
彼のくびきはあなたの首から除かれ
る。
くびきはあなたの肩からもぎ取られ

20 ②Ⅱ列16:7, Ⅱ歴28:20
③イザ1:4
④イザ50:10, Ⅱ歴14:11
21 ①イザ9:6
22 ①ロマ9:27, 28
23 ①イザ28:22
②→イザ9:15
24 ①詩87:5, 6
②イザ7:4, 37:6
③出5:14-16
④イザ9:4, 10:5
25 ①イザ10:5, 26:20, ダニ11:36
26 ①イザ9:4, ±7:15-25, 詩83:9
②イザ14:24-27, 30:31-33, 31:8, 9, 37:36-38
＊直訳「彼に」
27 ①イザ9:4, 14:25
＊七十人訳による□「油」

28 ①イザ10:28-34, ミカ1:10-15
②Ⅰサム14:2
③Ⅰサム13:2, 5, 16, 23, 14:5
29 ①ヨシ21:17, Ⅰサム13:16
②イザ10:5, Ⅰ列15:17
③Ⅰサム10:26, 11:4
30 ①Ⅰサム25:44
＊あるいは「これに答えよ、アナトテ」と読み替える
②ヨシ21:18, エレ1:1
③イザ21:1, 22:9, 19, ネヘ11:32
②イザ1:8, 37:22, エレ6:23, ゼカ2:10
33 ①イザ18:5
34 ①イザ2:13, 33:9, 37:24, エゼ31:3

1 ①イザ11:1, 2, イザ9:6
②イザ11:10, ロマ15:12, 黙5:5, 22:16
②イザ4:2, 53:2, エレ23:5, ゼカ3:8, 6:12
2 ①イザ42:1, 48:16
②イザ40:13, 61:1, 63:14, →士3:10

る。」
28 彼はアヤテに着き、ミグロンを過ぎ、
ミクマスに荷を置く。
29 彼らは渡し場を過ぎ、ゲバで野営する。
ラマはおののき、サウルのギブアは逃
げる。
30 ガリムの娘よ。かん高く叫べ。
よく聞け、ラユシャよ。
＊哀れなアナトテ。
31 マデメナは逃げ去り、ゲビムの住民は
身を避ける。
32 その日、彼はノブで立ちとどまり、
シオンの娘の山、エルサレムの丘に向
かって、
こぶしを振り上げる。
33 見よ。万軍の主、主が
恐ろしい勢いで枝を切り払う。
たけの高いものは切り落とされ、
そびえたものは低くされる。
34 主は林の茂みを斧で切り落とし、
レバノンは力強い方によって倒される。

エッサイの若枝

11

1 エッサイの根株から新芽が生え、
その根から若枝が出て実を結ぶ。
2 その上に、主の霊がとどまる。

は本当のイスラエルである（⇒ロマ9:6-9）。世界に対する神の救いの計画は口では信じると言いながら行動には表さない人々ではなく、本当に神を信じてみことばに従う少数の人々によって伝えられる（→6:13注, 8:16注, ⇒ロマ4:16, 9:27, 11:5, 黙3:4-5）。

10:28-34　彼はアヤテに着き　イザヤはアッシリヤの侵入者たちがエルサレムを襲撃するときにたどる道筋を予告した。神はご自身で侵入者を切捨てられる（⇒37:33-38）。

11:1　若枝が出て実を結ぶ　イザヤは若枝（イエス・キリスト）によって治められる未来の新しい世界の輝かしい姿を示した。「若枝」と訳されたヘブル語は「ネツェル」でそこからナザレという名前が派生したと思われる。主イエスはナザレ人と呼ばれたけれども（マタ2:23）、これは「ナザレの人」または「若枝の人」を意味する。主イエスは根から出た枝で、ダビデ王の父エッサイの家系である（→4:2注, ⇒4:2-6, 7:14, 9:1-7, ロマ15:12）。そして平和と義と慈しみが回復された世界の支配者になる。この預言は700年後、イエス・キリストの誕生のときに第一回目に成就した。そしてキリストの再臨のときに完成される（→9:7注）。

11:2　その上に、【主】の霊がとどまる　メシヤは神の願いと目的の実現、特に国々に救いをもたらすため、聖霊によって偉大な力を与えられる（イザ61:1, マタ3:16-17, ヨハ1:33-34, →「イエスと聖霊」の項 p.1809, →「聖霊の働き」の表 p.2187）。人々を霊的に救うという神のご計画を実行するために、メシヤもご自分に従う人々に聖霊の力によるバプテスマを授けられる。これは人々を神との個人的な関係に導くという働きを進める上で必要な要件である（→マタ3:11注,

それは知恵と悟りの霊、
はかりごとと能力の霊、
主を知る知識と**主**を恐れる霊である。
3 この方は**主**を恐れることを喜び、
その目の見るところによってさばかず、
その耳の聞くところによって判決を下さず、
4 正義をもって寄るべのない者をさばき、
公正をもって国の貧しい者のために判決を下し、
口のむちで国を打ち、
くちびるの息で悪者を殺す。
5 正義はその腰の帯となり、
真実はその胴の帯となる。
6 狼は子羊とともに宿り、
ひょうは子やぎとともに伏し、
子牛、若獅子、肥えた家畜が共にいて、
小さい子どもがこれを追っていく。

2 *「**主**を知る」は補足
4 ①イザ9:7, 16:5, 32:1, 箴29:4
②イザ3:14
③イザ30:28, 33, ヨブ4:9, Ⅱテサ2:8
5 ①エペ6:14
6 ①イザ10:6-9, イザ65:25, ヨブ5:23, ホセ2:18
8 * あるいは「巣」
9 ①イザ27:13, 56:7, 57:13, 65:11, 25, 66:20, エレ1:23, →詩2:6, →エゼ20:40, →ダニ9:16, →イザ2:3
②イザ45:6, 52:10
③ハバ2:14
10 ①イザ11:1, ロマ15:12, 黙5:5, 22:16
②イザ11:12, 49:22, 62:10
③ハガ2:9

7 雌牛と熊とは共に草をはみ、
その子らは共に伏し、
獅子も牛のようにわらを食う。
8 乳飲み子はコブラの穴の上で戯れ、
乳離れした子はまむしの子に手を伸べ*る。
9 わたしの聖なる山のどこにおいても、
これらは害を加えず、そこなわない。
主を知ることが、
海をおおう水のように、地を満たすからである。
10 その日、
エッサイの根は、国々の民の旗として立ち、
国々は彼を求め、
彼のいこう所は栄光に輝く。
11 その日、主は再び御手を伸ばし、

ルカ3:16注, 使1:5注, →「**聖霊のバプテスマ**」の項 p.1950)。なぜなら、神だけが人々に神との個人的な関係を体験できるようにさせ、またほかの人々をその同じ関係に導くことができるようにさせられるからである。

11:2-3　霊　イザヤは旧約聖書の預言者の中でだれよりも頻繁に聖霊のことを話している(11:2, 30:1, 32:15, 34:16, 40:13, 42:1, 44:3, 48:16, 59:21, 61:1, 63:10-11, 14, →「**旧約聖書の聖霊**」の項 p.1493)。メシヤが聖霊によって導かれ、力を与えられるという預言的な描写はイエス・キリストの特性と権威に関連している(→61:1-3注)。キリストは聖霊に満たされる。そのカリスマ的(神に与えられた霊の力によって可能になる)賜物は、(1) 霊(11:2)、(2) 知恵(11:2)、(3) 悟り(11:2)、(4) はかりごと(11:2)、(5) 能力(11:2)、(6) 知識(11:2)、(7) 主への恐れ、などである。聖書の中で同じように描かれている人はほかにいない。メシヤの霊的な賜物に関するこの七つの分野は完全性を表している。

11:4　国を打ち　この節はキリストが地上に再び来られ、あらゆる悪を滅ぼしてあらゆるものを正しくさばかれることを言っている(⇒Ⅱテサ1:6-10, 2:8, 黙19:)。これは完全に公正な支配を打立てるために必要である。

11:5　正義・・・真実　メシヤの支配には、神が正しいと言われることを行い神との正しい関係を保つという要素が必要である。この二つはキリストの教会で指導的役割を担い、権威を持つ人々にも求められる資格である(→「**監督の道徳的資格**」の項 p.2303)。

11:6-9　狼は子羊とともに宿り　キリストが地上で治められる未来のときにはこのような平和と安全と安らぎがある。そして野生のどう猛な動物さえ世話をしている子どもやそばで遊ぶ子どもたちを傷つけなくなる。これはキリストの支配が人間の振舞だけではなく自然界をも完全に造り変える様子を示している(⇒35:9, 65:20-25, エゼ34:25-29)。

11:10-16　その日　「終わりの日」のメシヤの王国(キリストが反キリストを滅ぼすために地上に再び来られた後に続く1,000年間の平和な支配　→黙19:-20:)に先立って、イエス・キリストをメシヤ(「油そそがれた者」、救い主)として受入れるユダヤ人が集められる。このユダとイスラエル(前930年頃にイスラエルが分裂してできた北王国と南王国)の両方の回復には次のことが含まれている。(1) 忠実な残りの者、またはイスラエルの残された少数の人々（11:11-12, ⇒申30:3-5, エレ31:1, 8, 10, エゼ39:22, 28)、(2) キリストのもとに集まるユダヤ人(11:10, 12, エレ23:5-8, エゼ37:21-25)、(3) イスラエルの霊的なきよめと刷新(申30:3-6, エレ32:37-41, エゼ11:17-20)、(4) 土地の祝福と繁栄(エレ31:8, 10, 12-13, 28, 37-41, エゼ28:25-26, 39:25-29, アモ9:11-15)、(5) ユダヤ人と非ユダヤ人にかかわりなくあらゆる民への祝福(11:12, 55:3-5, 60:1-5, 10-14, エレ16:15, 19-21, ミカ4:1-4, ゼカ2:10-12)、(6) 神を敬わ

ご自分の民の残りを買い取られる。
残っている者をアッシリヤ、エジプト、
パテロス、クシュ、エラム、
シヌアル、ハマテ、海の島々から買い
取られる。

12 主は、国々のために旗を揚げ、
イスラエルの散らされた者を取り集め、
ユダの追い散らされた者を
地の四隅から集められる。

13 エフライムのねたみは去り、
ユダに敵する者は断ち切られる。
エフライムはユダをねたまず、
ユダもエフライムを敵としない。

14 彼らは、西の方、ペリシテ人の肩に飛
びかかり、
共に東の人々をかすめ奪う。
彼らはエドムとモアブにも手を伸ばし、
アモン人も彼らに従う。

15 主はエジプトの海の入江を干上がらせ、
また、その焼けつく風の中に
御手を川に向かって振り動かし、
それを打って、七つの水無し川とし、
くつばきのままで歩けるようにする。

16 残される御民の残りの者のために
アッシリヤからの大路が備えられる。
イスラエルがエジプトの国から上って
来た日に、
イスラエルのために備えられたように。

賛美の歌

12

1 その日、あなたは言おう。
「主よ。感謝します。

11 ①イザ1:9, ②出15:16
②イザ19:23-25,
ホセ11:1, ミカ7:12,
ゼカ10:10
④イザ19:21, 22
＊「エチオピア」
⑥イザ24:15, 42:4, 10, 12,
49:1, 51:5, 60:9, 66:19
12 ①イザ56:8, 詩147:2
②ゼカ10:6, ③ゼカ3:10
13 ①イザ9:21, エレ3:18,
エゼ37:16, 17, 22,
ホセ1:11
14 ①イザ9:12
②イザ63:1, 詩60:8,
エレ49:22, ダニ11:41,
ヨエ3:19, アモ9:12
④イザ16:14, 25:10,
46:40, 45, エレ49:2
⑤イザ14:2, 60:14
15 ①イザ43:16, 44:27,
50:2, 51:10, 63:10:11
＊直訳「聖絶し」
16 ①イザ9:1
②イザ19:23, 35:8,
40:3, 62:10
③イザ63:12, 13,
出14:26-29

1 ①イザ26:1

②イザ40:1, 2, 54:7-10,
詩30:5
2 ①イザ33:2, 45:17, 62:11
②イザ26:3, 4, 50:10
③出15:2, 詩118:14
3 ①ヨハ4:14, 7:37, 38
4 ①Ⅰ歴16:8, 詩105:1
②詩145:4-6
③イザ24:15, 42:12,
詩34:3
5 ①出15:1, 21,
詩68:32, 98:1
6 ①イザ24:14, 42:10,
11, 44:23, 52:9, 54:1,
ゼパ3:14, ゼカ2:10
②イザ1:4
③イザ1:24, 49:26,
60:16

1 ①イザ13:1-14:23,
イザ21:1-10, 47章,
エレ50, 51章
②イザ1:1
③イザ14:28, 15:1, 17:1,
19:1, 23:1, Ⅱ列9:25,
ゼカ12:1, マラ1:1
2 ①イザ5:26, 18:3,
エレ50:2, 51:27

あなたは、私を怒られたのに、
あなたの怒りは去り、
私を慰めてくださいました。」

2 見よ。神は私の救い。
私は信頼して恐れることはない。
ヤハ、主は、私の力、私のほめ歌。
私のために救いとなられた。

3 あなたがたは喜びながら
救いの泉から水を汲む。

4 その日、あなたがたは言う。
「主に感謝せよ。
その御名を呼び求めよ。
そのみわざを、国々の民の中に知らせ
よ。
御名があがめられていることを語り告
げよ。

5 主をほめ歌え。
主はすばらしいことをされた。
これを、全世界に知らせよ。

6 シオンに住む者。
大声をあげて、喜び歌え。
イスラエルの聖なる方は、
あなたの中におられる、大いなる方。」

バビロンに対する預言

13

1 アモツの子イザヤの見たバビロ
ンに対する宣告。

2 はげ山の上に旗を掲げ、
彼らに向かって声をあげ、
手を振って、彼らを貴族の門に、入ら
せよ。

3 わたしは怒りを晴らすために、

ない人へのさばき（11:14-16, エレ25:29-33, ヨエ3:1-2, 12-14）、(7)「終わりの日」の民の完全な回復（ホセ3:4-5, →ロマ11:26注, →「神の計画の中のイスラエル」の項 p.2077）。

12:1-6　その日　全世界に及ぶキリストの支配が始まるとき、神の民は主イエスを賛美する。これはキリストに従う人々を救い出し、反キリストの勢力を滅ぼすために主イエスが再臨された直後に起こる（→黙19:-20:）。今もキリストに従う人々は主の再臨と永遠の支配が打立てられることを求めて祈り、備えて待たなければならない。その日が来ると神の民はこの賛美の歌を歌う。

13:1-23:18　宣告　この部分には諸外国と霊的に反抗的なエルサレムに対して宣言されたさばきが記録されている。イザヤはバビロンから始め（13:1-14:23）、アッシリヤ（14:24-27）と小さな国々に対する預言を続ける。この部分ではあらゆる国と人々が神から責任を問われることが教えられている。神を受入れて従った人は最終的に勝利するけれども、神に敵対して救いの計画を拒む人々はさばかれて罰を受ける。

13:1　バビロン　バビロンはソドムとゴモラ（旧約聖書で神が滅ぼされたひどく邪悪な町々 ⇒1:9-10注,

４　聞け。①おびただしい民にも似た山々の
　　②とどろきを。
　　聞け。寄り合った王国、国々のどよめ
　　きを。
　　③万軍の主が、軍隊を召集しておられる
　　のだ。
５　彼らは遠い国、天の果てからやって来
　　る。
　　彼らは全世界を滅ぼすための、
　　主とその憤りの器だ。
６　①泣きわめけ。主の日は近い。
　　②全能者から破壊が来る。
７　それゆえ、すべての者は気力を失い、
　　すべての者の心がしなえる。
８　彼らはおじ惑い、
　　子を産む女が身もだえするように、
　　苦しみと、ひどい痛みが彼らを襲う。
　　彼らは驚き、燃える顔で互いを見る。
９　見よ。主の日が来る。残酷な日だ。
　　①憤りと燃える怒りをもって、
　　地を荒れすたらせ、
　　②罪人たちをそこから根絶やしにする。

わたしに聖別された者たちに命じ、
またわたしの勇士、
わたしの勝利を誇る者たちを呼び集め
た。

３①ヨエ３：１１
４①ヨエ３：１４
　②イザ５：３０、１７：１２
　③イザ１３、１４：２２-２４、
　　２７、１７：３、１８：７、１９：４、
　　１２、１６-１８、２０、２５、
　　→イザ１：２４
５①イザ５：２６、７：１８
　②イザ１４：２３、３４：２
　③イザ１０：５
６①ヨエ１：１５、２、→イザ２：
　　１２、→エゼ１：２４、ヨエ１：
　　１５、→創１７：１、→ルツ１：
　　２０、→ヨブ５：１７
７①イザ１９：１、エゼ２１：７、
　　ヨエ２：６、ナホ２：１０
８①イザ２１：３、２６：１７、
　　詩４８：６、エレ４：３１
９①イザ６６：１５、１６、
　　マラ４：１
　②詩１０４：３５、箴２：２２
１０①イザ５：３０、２４：２３、
　　５０：３、ヨブ９：７、
　　エゼ３２：７、アモ８：９、
　　ヨエ２：１０、３１、３：１５、
　　マタ２４：２９、マコ１３：２４、
　　２５、ルカ２１：２５、使２：２０、
　　黙６：１２、１３、８：１２
１１①イザ２２：１４、２６：２１、
　　３０：１３、６７
　②イザ２５：３、２９：５、２０、
　　エレ４８：２９
　③イザ２：１１、１７、
　　ダニ４：３７、５：２２、２３
１２①Ⅰ列９：２８、
　　ヨブ２８：１６、詩４５：９
１３①イザ３４：４、５１：６、
　　ハガ２：６
　②詩１１０：５、哀１：１２
　③イザ２：１９、２４：１、１９、２０、
　　ヨブ９：５、６、詩１８：７、
　　エレ１０：１０、５１：２９、
　　アモ８：８、ハガ２：６
１４①イザ１７：１３、２１：１５、
　　２２：３、３３：３
　②イザ４７：１５、
　　エレ５０：１６、５１：９
１６①イザ１４：２１、詩１３７：８、
　　９、ホセ１０：１４、ナホ３：１０
１７①イザ２１：２、エレ５１：１１、
　　２８、ダニ５：２８、３１

１０　①天の星、天のオリオン座は光を放たず、
　　　太陽は日の出から暗く、
　　　月も光を放たない。
１１　わたしは、その悪のために世を罰し、
　　　その罪のために悪者を罰する。
　　　②不遜な者の誇りをやめさせ、
　　　③横暴な者の高ぶりを低くする。
１２　わたしは、人間を純金よりもまれにし、
　　　人をオフィルの金よりも少なくする。
１３　それゆえ、わたしは天を震わせる。
　　　万軍の主の憤りによって、
　　　②その燃える怒りの日に、
　　　③大地はその基から揺れ動く。
１４　①追い立てられたかもしかのように、
　　　集める者のいない羊の群れのように
　　　なって、
　　　彼らはおのおの自分の民に向かい、
　　　おのおの自分の国に逃げ去る。
１５　見つけられた者はみな、刺され、
　　　連れて行かれた者はみな、剣に倒れ
　　　る。
１６　彼らの幼子たちは目の前で八つ裂きに
　　　され、
　　　彼らの家は略奪され、
　　　彼らの妻は犯される。
１７　見よ。わたしは彼らに対して、
　　　①メディヤ人を奮い立たせる。

→創１９：１-２５）のように倒されるとイザヤは預言した。悪の中心、神に逆らう文化の中心であるバビロンは人間の歴史の早い時期から主と主の道に反抗していた（⇒創１１：１-９）。皮肉にも、神はバビロンがエルサレムを征服し住民を捕囚にすることを許して、反抗的なご自分の民を罰するためにこの邪悪な国を用いられた（バビロンによるユダの征服についての概観　→Ⅱ列２４：１注、エレ緒論）。新約聖書でバビロンは神と神の民に敵対する世界の政治的宗教的組織を象徴している（大淫婦　→黙１７：１注）。最後にバビロンは自分たちが征服した多くの国よりもひどい結末、破滅を迎える。バビロンの廃墟は今日もイラクにある。

13:4　軍隊　バビロン滅亡の預言は何段階かに分けて成就した。最初は前６８９年のアッシリヤによる攻撃でセナケリブによって征服された。その後ネブカデネザルのもとで再び力を持ったバビロンは前５３９年にメド・ペルシヤ帝国のクロスによって占領された（⇒13：17）。前５１８年に町は再び滅ぼされ城壁は崩されて完全に廃墟になった。

13:6-13　【主】の日は近い　バビロンの滅亡は、「終わりの日」に神の敵がみな滅ぼされることを示す予型（預言的象徴）である。その「終わりの日」の出来事は、しばしば大患難のときと言われている時代に神が全地と人々に対して厳しいさばきを下された後に起こる（マタ２４：２１-２２、黙１５：-１６：、→**大患難**」の項 p.1690）。イザヤはここでこれらの出来事をまとめている（⇒エゼ３２：７、ヨエ２：１０、３：１６、ハガ２：６-７、２１-２２、ゼカ１４：６-７）。歴史を通じて神と神の民に敵対してきた世界の腐敗した政治的宗教的組織が最終的に倒れ滅亡することは黙示録１４章と１７-１８章にも預言されている。

イザヤ書 13-14章

彼らは銀をものともせず、金をも喜ばず、
18 その弓は若者たちをなぎ倒す。
彼らは胎児もあわれまず、
子どもたちを見ても惜しまない。
19 こうして、王国の誉れ、
カルデヤ人の誇らかな栄えであるバビロンは、
神がソドム、ゴモラを滅ぼした時のようになる。
20 そこには永久に住む者もなく、
代々にわたり、住みつく者もなく、
アラビヤ人も、そこには天幕を張らず、
牧者たちも、そこには群れを伏させない。
21 そこには荒野の獣が伏し、
そこの家々にはみみずくが満ち、
そこにはだちょうが住み、
野やぎがそこにとびはねる。
22 山犬は、そこのとりでで、
ジャッカルは、豪華な宮殿で、ほえかわす。
その時の来るのは近く、
その日はもう延ばされない。

14 ¹ まことに、主はヤコブをあわれみ、再びイスラエルを選び、彼らを自分たちの土地にいこわせる。在留異国人も彼らに連なり、ヤコブの家に加わる。² 国々の民は彼らを迎え、彼らの所に導き入れる。イスラエルの家は主の土地でこの異国人を奴隷、女奴隷として所有し、自分たちをとりこにした者をとりこにし、自分たちをしいたげた者を支配するようになる。³ 主が、あなたの痛み、あなたへの激しい怒りを除き、あなたに負わせた過酷な労役を解いてあなたをいこわせる日に、
⁴ あなたは、バビロンの王について、このようなあざけりの歌を歌って言う。

「しいたげる者はどのようにして果てたのか。
＊横暴はどのようにして終わったのか。
5 主が悪者の杖と、支配者の笏とを折られたのだ。
6 彼は憤って、国々の民を打ち、絶え間なく打ち、
怒って、国々を容赦なくしいたげて支配したのだが。

7 全地は安らかにいこい、
喜びの歌声をあげている。
8 もみの木も、レバノンの杉も、
あなたのことを喜んで、言う。
『あなたが倒れ伏したので、
もう、私たちを切る者は上って来ない。』

9 下界のよみは、
あなたの来るのを迎えようとざわめき、
死者の霊たち、
地のすべての指導者たちを揺り動かし、
国々のすべての王を、
その王座から立ち上がらせる。
10 彼らはみな、あなたに告げて言う。
『あなたもまた、私たちのように弱くされ、
私たちに似た者になってしまった。』
11 あなたの誇り、あなたの琴の音はよみに落とされ、

13:20 そこには永久に住む者もなく この節は将来、町が完全に陥落する日についてだけではなく、間もなく起こる出来事について、しかも大部分がこの状態になることを描いている。これはバビロンの確かな滅亡について繰返し言っている13:22の最後の部分とつながっている。バビロンの予期しない完全な破壊は前689年に起きた。この町は後にエサルハドンによって再建され、ネブカデネザルのもとで再び権力を握ったけれども、持ちこたえたのはわずかな期間でしかなかった(→13:4注)。イザヤは人間の栄光や業績の記念碑は何一つ永遠に続かないという事実に焦点を当てている。人間が作ったあらゆるものはいつか摩滅し、さびつき、色あせる。けれども神の不思議と栄光は世界に満ちて永遠に続く(⇒マタ6:19)。

14:4-21 バビロンの王について、このようなあざけりの歌を この預言的な賛歌はバビロンの王の転落を見た人によって歌われる。王は打倒され殺される。「あなたはよみに落とされ」る(14:15)。この部分は最終的には神を否定し、神の国の価値観や原則に対立する世界のあらゆる指導者や人々に当てはめられる。

② あなたの下には、うじが敷かれ、
虫けらが、あなたのおおいとなる。

12 暁の子、明けの明星よ。
どうしてあなたは天から落ちたのか。
①国々を打ち破った者よ。
どうしてあなたは地に切り倒されたのか。

13 あなたは心の中で言った。
『私は天に上ろう。
神の星々のはるか上に私の王座を上げ、
①北の果てにある会合の山にすわろう。

14 密雲の頂に上り、
いと高き方のようになろう。』

15 しかし、あなたはよみに落とされ、
穴の底に落とされる。

16 あなたを見る者は、あなたを見つめ、
あなたを見きわめる。
『この者が、地を震わせ、王国を震え上がらせ、

17 ①世界を荒野のようにし、町々を絶滅し、
捕虜たちを家に帰さなかった者なのか。』

18 すべての国の王たちはみな、
おのおの自分の墓で、尊ばれて眠っている。

19 ①しかし、あなたは、忌みきらわれる若枝のように
墓の外に投げ出された。
剣で刺し殺されて墓穴に下る者でおおわれ、
踏みつけられるしかばねのようだ。

20 あなたは墓の中で彼らとともになることはない。
あなたは自分の国を滅ぼし、

自分の民を虐殺したからだ。
①悪を行う者どもの子孫については
永久に語られない。

21 先祖の咎のゆえに、
彼の子らのために、ほふり場を備えよ。
彼らが立って地を占領し、
世界の面を彼らの町々で満たさないためだ。」

22 「わたしは彼らに向かって立ち上がる。
——万軍の主の御告げ——わたしはバビロンからその名と、残りの者、および、後に生まれる子孫とを断ち滅ぼす。——主の御告げ——

23 わたしはこれを針ねずみの領地、水のある沢とし、滅びのほうきで一掃する。——万軍の主の御告げ——」

アッシリヤに対する預言

24 万軍の主は誓って仰せられた。
「必ず、わたしの考えたとおりに事は成り、
わたしの計ったとおりに成就する。

25 わたしはアッシリヤをわたしの国で打ち破り、
わたしの山で踏みつける。
アッシリヤのくびきは彼らの上から除かれ、
その重荷は彼らの肩から除かれる。

26 これが、全地に対して立てられたはかりごと、
これが、万国に対して伸ばされた御手。

27 万軍の主が立てられたことを、
だれが破りえよう。
御手が伸ばされた。
だれがそれを戻しえよう。」

14:12-15 明けの明星よ ある注解者たちはこの部分はバビロンの王についてだけではなく、サタンについても言っていると考えている（⇒ルカ10:18のキリストのことば）。なぜならこれは悪魔が高ぶって神に反抗し、天から追放されたことを描いているように見えるからである。ほかの人々はこの部分は終りのときに「バビロン」、つまり神とその民に反対する世界の腐敗した組織（→黙17:1-3注）を治める反キリストについて言っていると考える（⇒黙13:4，→**反キリストの時代**」の項 p.2288）。反キリストもまたサタンやそのほか、歴史を通じて神を否定してきた人々と同じように最終的に滅びる。

14:24-27 わたしはアッシリヤを・・・打ち破り この預言はユダに差し迫ったアッシリヤの脅威を指している。神はアッシリヤの軍隊を打破られる（→37:21-36，Ⅱ列19:）。

ペリシテに対する預言

28 アハズ王が死んだ年、この宣告があった。

29 「喜ぶな、ペリシテの全土よ。
おまえを打った杖が折れたからと言って。
蛇の子孫からまむしが出、
その子は飛びかける燃える蛇となるからだ。

30 寄るべのない者たちの初子は養われ、
貧しい者は安らかに伏す。
しかし、わたしは、おまえの子孫を
飢えで、死なせる。
おまえの残りの者は殺される。

31 門よ、泣きわめけ。町よ、叫べ。
ペリシテの全土は、震えおののけ。
北から煙が上がり、
その編隊から抜ける者がないからだ。

32 異邦の使者たちに何と答えようか。
『主はシオンの礎を据えられた。
主の民の悩める者たちは、これに身を避ける。』」

モアブに対する預言

16:6-12　並行記事―エレ48:

15 1 モアブに対する宣告。
ああ、一夜のうちに
アルは荒らされ、
モアブは滅びうせた。
ああ、一夜のうちに
*キル・モアブは荒らされ、滅びうせた。

2 モアブは宮に、
ディボンは高き所に、泣くために上る。
ネボとメデバのことで、モアブは泣きわめく。
頭をみなそり落とし、ひげもみな切り取って。

3 そのちまたでは、荒布を腰にまとい、
その屋上や広場では、
みな涙を流して泣きわめく。

4 ヘシュボンとエルアレは叫び、
その叫び声がヤハツまで聞こえる。
それで、モアブの武装した者たちはわめく。
そのたましいはわななく。

5 わたしの心はモアブのために叫ぶ。
その逃げ延びる者はツォアルまで、
エグラテ・シェリシヤまでのがれる。
ああ、彼らはルヒテの坂を泣きながら上り、
ホロナイムの道で、破滅の叫びをあげる。

6 ああ、ニムリムの水は荒廃した地となり、
草は枯れ、若草も尽き果て、緑もなくなった。

7 それゆえ彼らは、
残していた物や、たくわえていた物を、
アラビム川を越えて運んで行く。

8 ああ、叫ぶ声がモアブの領土に響き渡り、
その泣き声がエグライムまで、
その泣き声がベエル・エリムまで届いた。

9 ああ、ディモンの水は血で満ちた。
わたしはさらにディモンにわざわいを*増し加え、

14:29　ペリシテ　イザヤはペリシテの敗北(14:30)を預言している。それは神を敬わない国との同盟(政治的軍事的協力)の申し出をユダは受入れるべきではないという意味である(14:32)。神の民はむしろ神が守ってくださると信じて頼らなければならない。

15:1　モアブ　死海の真東に位置するモアブは、いつもイスラエルに敵対していた(⇒25:10, Ⅱ列3:4-5, 13:20, エゼ25:8-11)。モアブもまた敵対するほかの国々のように滅ぼされる。

15:5　わたしの心はモアブのために叫ぶ　モアブは神と神の民とに敵対したけれども、神はモアブでひどく苦しんでいる人々に同情を示された(→15:9,「わたしは・・・増し加え」)。イザヤも同情した(⇒21:2-4, 22:4)。私たちも罪と悪を追い求めることによって自分自身を破滅に導いている人々に同情し気の毒に思うべきである(→ルカ19:41注)。神は悪人の滅亡と死を喜ばれない(エゼ18:23, 32, 33:11)。むしろ神は自分勝手な道から立ち返って神に従う人々にあわれみと救し

モアブののがれた者と、
その土地の残りの者とに獅子を向けよう。

16

1 子羊を、この国の支配者に送れ。
セラから荒野を経てシオンの娘の山に。
2 モアブの娘たちはアルノンの渡し場で、
逃げ惑う鳥、投げ出された巣のようになる。
3 助言を与え、事を決めよ。
昼のさなかにも、あなたの影を夜のようにせよ。
散らされた者をかくまい、
のがれて来る者を渡すな。
4 あなたの中に、モアブの散らされた者を宿らせ、
荒らす者からのがれて来る者の隠れ家となれ。
しいたげる者が死に、破壊も終わり、
踏みつける者が地から消えうせるとき、
5 一つの王座が恵みによって堅く立てられ、
さばきをなし、公正を求め、
正義をすみやかに行う者が、
ダビデの天幕で、真実をもって、そこにすわる。
6 われわれはモアブの高ぶりを聞いた。
彼は実に高慢だ。
その誇りと高ぶりとおごり、
その自慢話は正しくない。
7 それゆえ、モアブは、
モアブ自身のために泣きわめく。

9 ①Ⅱ列17:25,
エレ50:17
1①Ⅱ列3:4,Ⅱ歴17:11,
エズ7:17
②イザ42:11,Ⅱ列14:7
③イザ10:32
2①エレ48:20,46
②民21:3,14
③箴27:8
3①イザ25:4,32:2
4①イザ9:4,14:4,
49:26,51:13,54:14
5①イザ9:7,32:1
6①イザ16:6-12,
エレ48:24-36
②アモ2:1,ゼパ2:8-10

7①Ⅱ列3:25
＊イザ16:11「キル・ヘレス」
8①民32:38,ヨシ13:19
②イザ16:9,24:7,
32:12,34:4,土9:12,
13,13:14,Ⅰ列4:25,
→雅2:13,→エレ8:13,
→ホセ2:12,→ヨエ1:7
9①イザ15:4
②エレ40:10,12
10①イザ24:7-9,ヨエ1:12
②アモ5:11,17,
→イザ5:1
11①イザ15:5,ホセ11:8
12①Ⅱ列18:29,19:12,
詩115:4-8,エレ10:5,
Ⅰコリ8:4
②イザ15:2

みなが泣きわめく。
あなたがたは打ちのめされて、
①＊キル・ハレセテの干しぶどうの菓子のために嘆く。
8 ヘシュボンの畑も、シブマのぶどうの木も、
しおれてしまった。
国々の支配者たちがそのふさを打ったからだ。
それらはヤゼルまで届き、荒野をさまよい、
そのつるは伸びて海を越えた。
9 それゆえ、わたしはヤゼルのために、
シブマのぶどうの木のために、涙を流して泣く。
①ヘシュボンとエルアレ。
わたしはわたしの涙であなたを潤す。
あなたの夏のくだものと刈り入れとを喜ぶ声が
やんでしまったからだ。
10 喜びと楽しみは果樹園から取り去られ、
ぶどう畑の中では、喜び歌うこともなく、
大声で叫ぶこともない。
酒ぶねで酒を踏む者も、もう踏まない。
わたしが喜びの声をやめさせたのだ。
11 それゆえ、わたしのはらわたはモアブのために、
わたしの内臓はキル・ヘレスのために
立琴のようにわななく。
12 モアブが高き所にもうでて身を疲れさせても、
祈るためにその聖所に入って行っても、
もうむだだ。
13 これが、以前から主がモアブに対して

を与えたいと願っておられる。

16:1-5　シオンの娘の山　この節はエルサレムとその住民のことを描写している。モアブから逃げて来た人や難民はユダに避難所を探し、エルサレムの王に服従するようにと言われた。

16:4-5　しいたげる者が死に　イザヤは未来を見てキリストの王国の完成と、あらゆる破壊や抑圧の終わりを見た。

16:6-13　モアブの高ぶり　戦いと破壊はいつか終るけれども（→16:4-5注）、イザヤの時代のモアブ人は高ぶっており、神を受入れず、神が正しいとされることを行わないのでさばきを受ける。

16:10　酒を踏む者も、もう踏まない　ここではぶどうを踏んで貯蔵用の樽にぶどうの果汁を絞る過程を言っている。この収穫の喜びは国の滅亡とともに終る。ここでは「ぶどう酒」（《ヘ》ヤイン）ということばが、絞られている最中の未醗酵の（アルコール分のない）新鮮な果汁を指している。旧約聖書の多くの部分

語っておられたみことばである。
14 今や、主は次のように告げられる。「雇い人の年期のように、三年のうちに、モアブの栄光は、そのおびただしい群衆とともに軽んじられ、残りの者もしばらくすれば、力がなくなる。」

ダマスコに対する預言

17 1 ダマスコに対する宣告。
見よ。ダマスコは取り去られて町でなくなり、
廃墟となる。
2 アロエルの町々は捨てられて、
家畜の群れのものとなり、
群れはそこに伏すが、
それを脅かす者もいなくなる。
3 エフライムは要塞を失い、
ダマスコは王国を失う。
アラムの残りの者は、
イスラエル人の栄光のように扱われる。
——万軍の主の御告げ——
4 その日、ヤコブの栄光は衰え、
その肉の脂肪はやせ細る。
5 刈り入れ人が立穂を集め、
その腕が穂を刈り入れるときのように、
レファイムの谷で落穂を拾うときのようになる。
6 オリーブを打ち落とすときのように、
取り残された実がその中に残される。
二つ三つのうれた実がこずえに、
四つ五つの実りのある枝に残される。

——イスラエルの神、主の御告げ——

7 その日、人は自分を造られた方に目を向け、その目はイスラエルの聖なる方を見、
8 自分の手で造った祭壇に目を向けず、自分の指で造ったもの、アシェラ像や香の台を見もしない。
9 その日、その堅固な町々は、森の中の見捨てられた所のようになり、かつてイスラエル人によって捨てられた山の頂のようになり、そこは荒れ果てた地となる。
10 あなたが救いの神を忘れて
あなたの力の岩を覚えていなかったからだ。
それで、あなたは好ましい植木を植え、
他国のぶどうのつるをさす。
11 あなたが植えたものを育てるときに、
朝、あなたの種を花咲かせても、
病といやしがたい痛みの日に、
その刈り入れは逃げうせる。
12 ああ。多くの国々の民がざわめき——
海のとどろきのように、ざわめいている。
ああ、国民の騒ぎ——
大水の騒ぐように、騒いでいる。
13 国民は、
大水が騒ぐように、騒いでいる。
しかし、それをしかると、遠くへ逃げる。
山の上で風に吹かれるもみがらのよう、
つむじ風の前でうず巻くちりのように、

でぶどう酒は未醱酵の純粋な果汁を指している(→「**旧約聖書のぶどう酒**」の項 p.1069)。《ヘ》ヤインに当たる新約聖書のギリシヤ語は「オイノス」である(→「**新約聖書のぶどう酒**」の項 p.1870)。

17:1-6　ダマスコは・・・町でなくなり　アラムの首都ダマスコ(17:3)は打倒される。アッシリヤに対抗するためにダマスコと政治的、軍事的に協力したために、エフライム(最も影響力が大きい部族なので北王国イスラエルを指す)も苦しむ。イザヤ書のこの部分で多くの国が倒され滅びる姿は、神に反対する人々に協力する人々が滅ぼされることを示す具体的な例である。

17:7　造られた方に目を向け　神がイスラエルをさばかれることにより、神の民の中のわずかな人々が人間が作った「神々」に頼ることをやめて、造り主であるまことの神に立返ることになる。問題や戦いを通して偶像が役に立たず、ほかの「神々」や人間は無力で救えないことをついに悟るのである(→「**偶像礼拝**」の項 p.468)。

17:10　あなたが救いの神を忘れて　神の民の間ではいつも神を忘れ無視する罪が続いていた。生活の心配や富による惑わしや物質的なものや罪の快楽を追い求めるなら神への献身が乱され、神のことばが心の中に効果的に働くことが妨げられると主イエスは警告され

14 彼らは吹き飛ばされる。
夕暮れには、見よ、突然の恐怖。
夜明けの前に、彼らはいなくなる。
これこそ、
私たちから奪い取る者たちの分け前、
私たちをかすめ奪う者たちの受ける割り当て。

クシュに対する預言

18

1 ああ。
①＊クシュの川々のかなたにある羽おろぎの国。
2 この国は、パピルスの船を水に浮かべて、
海路、使いを送る。
すばやい使者よ、行け。
背の高い、はだのなめらかな国民のところに。
あちこちで恐れられている民のところに。
②多くの川の流れる国、
力の強い、踏みにじる国に。
3 世界のすべての住民よ。
地に住むすべての者よ。
山々に旗の揚がるときは見よ。
角笛が吹き鳴らされるときは聞け。
4 主が私にこう仰せられたからだ。
「わたしは静まって、
わたしの所からながめよう。
照りつける暑さで暑いころ、
刈り入れ時の暑いときの露の濃い雲のように。」
5 刈り入れ前につぼみが開き、
花ぶさが育って、酸いぶどうになるとき、
人はその枝をかまで切り、

そのつるを取り去り、切り除くからだ。
6 それらはいっしょにして、
山々の猛禽や野獣のために投げ捨てられ、
猛禽はその上で夏を過ごし、
野獣はみな、その上で冬を過ごす。
7 そのとき、万軍の主のために、
背の高い、はだのなめらかな民、
あちこちで恐れられている民、
多くの川の流れる国、
力の強い、踏みにじる国から、
万軍の主の名のある所、シオンの山に、
贈り物が運ばれて来る。

エジプトに対する預言

19

1 ①エジプトに対する宣告。
見よ。主は②速い雲に乗って
エジプトに来る。
④エジプトの⑤偽りの神々はその前にわななき、
エジプト人の心も⑥真底からしなえる。
2 わたしは、エジプト人を駆り立てて
エジプト人にはむかわせる。
①兄弟は兄弟と、友人は友人と、
町は町と、王国は王国と、相逆らって争う。
3 ①エジプトの霊はその中で衰える。
わたしがその計画をかき乱す。
②彼らは偽りの神々や死霊、
霊媒や口寄せに伺いを立てる。
4 わたしは、エジプト人を
きびしい主人の手に引き渡す。
力ある王が彼らを治める。
──万軍の主、主の御告げ──
5 ①海から水が干され、

---

14 ①イザ41:12、
Ⅱ列19:35
②イザ3:14, 15, 16:4,
49:26、ヨブ20:39

1 ①イザ20:3-5、
Ⅱ列19:9、
エゼ30:4, 5, 9、
ゼパ2:12, 3:10
＊「エチオピヤ」
2 ①イザ18:7
②創10:8, 9、
Ⅱ歴12:3, 14:9, 16:8
3 ①詩49:1、→イザ14:17
②イザ26:21、ミカ1:2
③イザ5:26
4 ①イザ26:21、ホセ5:15
②イザ25:5

6 ①イザ46:11, 56:9、
エレ7:33、
エゼ32:4-6, 39:17-20
7 ①イザ45:14、詩68:31、
ゼパ3:10
②→イザ13:4
③イザ16:1

1 ①イザ19章、
エレ46:2-26、
エゼ29-32章、ヨエ3:19
②イザ13:1
③詩68:4, 104:3、
マタ26:64、黙1:7
④出12:12、
エレ43:12, 44:8
⑤→イザ2:8
⑥イザ13:7、ヨシ2:11
2 ①士7:22、Ⅰサム14:20、
Ⅱ歴20:23
②Ⅱ歴15:6、ルカ21:10
3 ①イザ19:11-14
②イザ8:19, 47:12、
Ⅰ歴10:13、ダニ2:2
5 ①イザ50:2、ヨブ14:11、
エレ51:36

た(⇒マコ4:3-9, 14-20)。その結果、神を忘れ、日々祈ることをやめ、神に仕え、みことばに従う喜びを感じなくなってしまう。そのようになったとき私たちは神の臨在の祝福を失う。

18:1 クシュ クシュ(古代のエチオピア、現在のスーダン)はエジプトの南にある。当時の王はエジプト全土を治めていた。王はアッシリヤに対抗する同盟を結ぶためにイスラエルに使者を送ったと思われる

(18:2)。けれどもアッシリヤを打破るのは人間の力ではなく、神がご自分で定められたときに行われるのである(18:3-6)。アッシリヤの敗北のあとクシュの人々がエルサレムに贈り物を持ってくる(18:7)。

19:1-15 エジプト イザヤはエジプトに下るさばきについて預言している。その結果、侵略するアッシリヤと戦うためにエジプトと政治的に協力しても、ユダには何の役にも立たない。

川は干上がり、かれる。
6 多くの運河は臭くなり、
　エジプトの川々は、水かさが減って、
　干上がり、
　葦や蘆も枯れ果てる。
7 ナイル川やその河口のほとりの水草も、
　その川の種床もみな枯れ、
　吹き飛ばされて何もない。
8 漁夫たちは悲しみ、
　ナイル川で釣りをする者もみな嘆き、
　水の上に網を打つ者も打ちしおれる。
9 亜麻をすく労務者や、白布を織る者は
　恥を見、
10 この国の機織人たちは砕かれ、
　雇われて働く者はみな、心を痛める。
11 ツォアンの首長たちは全く愚か者だ。
　パロの知恵ある議官たちも
　愚かなはかりごとをする。
　どうして、あなたがたはパロに向かって、
　「私は、知恵ある者の子、
　昔の王たちの子です」と言えようか。
12 あなたの知恵ある者たちは
　いったいどこにいて、
　あなたに告げ知らせようというのか。
　万軍の主がエジプトに何を計られたか
　を。
13 ツォアンの首長たちは愚か者、
　ノフの首長たちはごまかす者。
　その諸族のかしらたちは、エジプトを
　迷わせた。
14 主が、彼らの中に、
　よろめく霊を吹き入れられたので、
　彼らは、あらゆることでエジプトを迷
　わせ、
　酔いどれがへどを吐き吐きよろめくよ
　うにした。
15 それで、頭も尾も、なつめやしの葉も

6①イザ37:25, 出7:18,
Ⅱ列19:24
＊国「マツォル」
7①イザ15:6, 出2:3,
ヨブ8:11
8①イザ23:3, 10,
エレ2:18
9①箴7:16, エゼ27:7
11①イザ30:4, 民13:22,
詩78:12, 43
②イザ35:8, エレ4:22,
ホセ9:7, →箴1:7
12①→イザ13:4
13①エレ2:16, 46:14, 19,
エゼ30:13
＊国「メンピス」
14①イザ29:10,
Ⅰサム16:14,
Ⅰ列22:19-23
②イザ3:12, 9:16
③イザ28:7
15①イザ9:14, 15

16①エレ51:30, ナホ3:13
②イザ11:15
17①イザ14:24
18①イザ45:23, 65:16
19①ホセ3:4, 10:1,
ミカ5:13, →Ⅰ列14:23
20①イザ43:3, 11, 45:15,
21, 49:26, 60:16, 63:8,
ホセ13:4
21①イザ11:9
②イザ56:7, 60:7,
ゼカ14:16-18, マラ1:11
③イザ1:13
22①イザ30:26, 57:18,
申32:39
23①イザ11:16, 35:8,
49:11, 62:10
＊「主に」は補足
25①詩100:3, ホセ2:23

　葦も、
　エジプト人のために、なすべきわざが
　ない。
16 その日、エジプト人は、女のようにな
り、万軍の主が自分たちに向かって振り上
げる御手を見て、恐れおののく。
17 ユダの地はエジプトにとっては恐れとな
る。これを思い出す者はみな、万軍の主が
エジプトに対して計るはかりごとのために
おののく。
18 その日、エジプトの国には、カナン語を
話し、万軍の主に誓いを立てる五つの町が
起こり、その一つは、イル・ハヘレスと言
われる。
19 その日、エジプトの国の真ん中に、主の
ために、一つの祭壇が建てられ、その国境
のそばには、主のために一つの石の柱が立
てられ、
20 それがエジプトの国で、万軍の主のしる
しとなり、あかしとなる。彼らがしいたげ
られて主に叫ぶとき、主は、彼らのために
戦って彼らを救い出す救い主を送られる。
21 そのようにして主はエジプト人にご自身
を示し、その日、エジプト人は主を知り、
いけにえとささげ物をもって仕え、主に誓
願を立ててこれを果たす。
22 主はエジプト人を打ち、打って彼らをい
やされる。彼らが主に立ち返れば、彼らの
願いを聞き入れ、彼らをいやされる。
23 その日、エジプトからアッシリヤへの
大路ができ、アッシリヤ人はエジプトに、
エジプト人はアッシリヤに行き、エジプト
人はアッシリヤ人とともに主に仕える。
24 その日、イスラエルはエジプトとアッ
シリヤと並んで、第三のものとなり、大地
の真ん中で祝福を受ける。
25 万軍の主は祝福して言われる。「わたし

19:16-25　その日　イザヤはエジプトに神のさばき
が下る「その日」に成就する四つの預言をしている。
(1)さばきが神から下ることを悟ったとき、エジプト
はユダを恐れる（19:16-17）。(2)困難と苦しみの後、
エジプトの一部の人々は主を礼拝し、神をあがめる祭
壇を築く（19:18-19）。(3)エジプト人は神に叫び求
める。すると神は救い主を送り、多くの人が神に立返
る（19:20-22）。(4)エジプトとアッシリヤとイスラ

エルはともに主を礼拝する（19:23-25）。「その日」に
ついてここでは明確に定義されていない。ほかの部分
では神が地上に最後のさばきを下す終末の大患難のと
き（⇒黙4:-19:）と大患難のときに続くキリストの
1,000年の支配（⇒黙20:）に関連するとしている。

**19:25　祝福・・・エジプト・・・アッシリヤ・・・
イスラエル**　一時期、神に敵対して神のさばきを受け
たこれらの国々は、いつの日か神を礼拝するようにな

の民エジプト、わたしの手でつくったアッシリヤ、わたしのものである民イスラエルに祝福があるように。」

エジプトとクシュに対する預言

20 ¹アッシリヤの王サルゴンによって派遣されたタルタンがアシュドデに来て、アシュドデを攻め、これを取った年――

²そのとき、主はアモツの子イザヤによって、語られた。こうである。「行って、あなたの腰の荒布を解き、あなたの足のはきものを脱げ。」それで、彼はそのようにし、裸になり、はだしで歩いた。

³そのとき、主は仰せられた。「わたしのしもベイザヤが、三年間、エジプトとクシュに対するしるしとして、また前兆として、裸になり、はだしで歩いたように、

⁴アッシリヤの王は、エジプトのとりことクシュの捕囚の民を、若い者も年寄りも裸にし、はだしにし、尻をまくり、エジプトの隠しどころをむき出しにして連れて行く。

⁵人々は、クシュを頼みとし、エジプトを栄えとしていたので、おののき恥じる。

⁶その日、この海辺の住民は言う。『見よ。アッシリヤの王の手から救ってもらおうと、助けを求めて逃げて来た私たちの拠り所は、この始末だ。私たちはどうしてのがれることができようか。』」

25 ①イザ29:23, 45:11, 60:21, 64:8

1 ①Ⅱ列18:17
② Ⅰサム5:1
2 ①イザ1, 13:1
Ⅰサム19:24, ミカ1:8, 11
①イザ37:9, 43:3
*「エチオピヤ」
②イザ8:18
4 ①イザ19:4
②イザ47:3, エレ13:22, 26
5 ①イザ30:3-5, 7, 31:1, 36:6, Ⅱ列18:21, エレ17:5, エゼ29:6, 7
6 ①イザ10:3, 30:7, 31:3

1 ①イザ21:1-10, イザ13:1-14:23, 47章, エレ50, 51章
2 ①イザ24:16, 33:1
②イザ22:6, エレ49:34-39
①イザ13:17
3 ①イザ16:11
②イザ13:8, 26:17, 詩48:6, Ⅰテサ5:3
4 ①エレ51:39, 57, ダニ5:1-4
5 ①Ⅱサム1:21
6 ①Ⅱ列9:17-20
7 ①イザ9

バビロンに対する預言

21 ¹海の荒野に対する宣告。
ネゲブに吹きまくるつむじ風のように、
それは、荒野から、
恐ろしい地からやって来る。

²きびしい幻が、私に示された。
裏切る者は裏切り、
荒らす者は荒らす。
エラムよ、上れ。メディヤよ、囲め。
すべての嘆きを、私は終わらせる。

³それゆえ、私の腰は苦痛で満ちた。
女の産みの苦しみのような苦しみが
私を捕らえた。
私は、心乱れて聞くにたえない。
恐ろしさのあまり、見るにたえない。

⁴私の心は迷い、恐怖が私を震え上がらせた。
私が恋い慕っていたたそがれも、
私にとっては恐れとなった。

⁵彼らは食卓を整え、座席を並べて、
飲み食いしている。
「立ち上がれ、首長たち。
盾に油を塗れ。」

⁶主は私にこう仰せられた。
「さあ、見張りを立たせ、
見たことを告げさせよ。

⁷戦車や、二列に並んだ騎兵、

る。これは今の時代の終りに地上の国々がみな（創12:3）、メシヤであるイエス・キリストによる正しく平和な支配によって祝福されるときに成就する（⇒2:2-4, 11:1-10）。やがてイスラエルの神がアラブとユダヤ人とほかのあらゆる国と民の神となられる。

20:1　アシュドデ　このペリシテの町への攻撃は前711年にされたと思われる。

20:2　裸になり、はだしで　イザヤは3年間衣服を着ないで過し、アッシリヤがエジプトとクシュを捕囚にするときに起こることを表さなければならなかった。これはエジプトとの同盟（政治的軍事的協力）を信用するなというユダに対する警告のメッセージだった。助けと安全のためにはむしろ主である神に頼るべきだった。イザヤは完全に裸ではなく（→Ⅱサム6:20注）、下着または腰布以外のものを身に着けていなかったと思われる。毎日一定の時間だけこのような恥ずかしい姿で公の場に出ていたと思われる。

20:3　しるしとして、また前兆として　これは何か不快でいやなことが起ころうとしているという警告である。それは3年間の恥ずかしい困惑するようなことであるけれども、イザヤは神に従った。もし神に従い真理を伝え神を敬わない信仰や振舞から離れるなら、私たちも拒絶と困惑と屈辱を味わうことが予測される。義のために立上がるならしばしば迫害に苦しむことになる（→マタ5:10注）。

21:1-10　海の荒野　ペルシヤ湾のすぐ北に広がるバビロンの没落と滅亡に関する二度目の幻を神はイザヤに与えられた（→13：各注）。

21:2　エラム　エラムはチグリス川とバビロンの東に位置し、北の境はメディヤとアッシリヤに接し、南はペルシヤ湾に面していた。前539年にペルシヤがバビロンを征服したとき、エラム人はメド・ペルシヤ

イザヤ書　21-22章

ろばに乗った者や、
らくだに乗った者を見たなら、
よくよく注意を払わせよ。」

8 すると獅子が叫んだ。
「主よ。私は昼間はずっと物見の塔の
上に立ち、
夜はいつも私の見張り所についています。

9 ああ、今、戦車や兵士、
二列に並んだ騎兵がやって来ます。
彼らは互いに言っています。
『倒れた。バビロンは倒れた。
その神々のすべての刻んだ像も
地に打ち砕かれた』と。」

10 踏みにじられた私の民、
打ち場の私の子らよ。
私はイスラエルの神、万軍の主から聞いた事を、
あなたがたに告げたのだ。

ドマに対する預言

11 ドマに対する宣告。
セイルから、私に叫ぶ者がある。
「夜回りよ。今は夜の何時か。
夜回りよ。今は夜の何時か。」
12 夜回りは言った。
「朝が来、また夜も来る。尋ねたければ尋ねよ。

8 ①ハバ2:1
9 ①イザ13:19
　②イザ46:1
　③→イザ10:10
10 ①エレ51:33
　②イザ22:14, 25, 23:9, 24:23, 25:6, 28:5, 29, 29:6, 31:4,5, 37:16, 32, 39:5, →イザ1:24
11 ①エゼ35:15
　②詩130:6
　＊「今は」は補足

13 ①エレ25:23, 24, 49:8
　②創10:7, 25:3, エゼ25:13
14 ①創25:29, ヨブ6:19
16 ①イザ16:14
　②イザ42:11, 60:7, 創25:13, 詩120:5, 雅1:5, エレ49:28
17 ①イザ10:19
　②民23:19, ゼカ1:6
2 ①イザ23:7, 32:13

もう一度、来るがよい。」

アラビヤに対する預言

13 アラビヤに対する宣告。
デダン人の隊商よ。アラビヤの林に宿れ。

14 テマの地の住民よ。
渇いている者に会って、水をやれ。
のがれて来た者にパンを与えてやれ。

15 彼らは、剣や、抜き身の剣から、
張られた弓や激しい戦いから
のがれて来たのだから。

16 まことに主は私に、こう仰せられる。
「雇い人の年季のように、もう一年のうちに、ケダルのすべての栄光は尽き果て、
17 ケダル人の勇士たちで、残った射手たちの数は少なくなる。」
イスラエルの神、主が告げられたのだ。

エルサレムに対する預言

22

1 幻の谷に対する宣告。
これはいったいどうしたことか。
おまえたちみな、屋根に上って。
2 喧噪に満ちた、騒がしい町、おごった都よ。
おまえのうちの殺された者たちは、
剣で刺し殺されたのでもなく、
戦死したのでもない。
3 おまえの首領たちは、こぞって逃げた。

軍隊と同盟を結んでいた。エラムの町シュシャンはペルシヤ帝国の重要な州都になった。

21:9　バビロンは倒れた　この神の民の敵が敗北したとき、偶像の神々に対するユダの信頼は打ち砕かれた。最初の敗北は前689年にセナケリブがバビロンを征服して、人間が作った神々の像(ベルとネボを除いて→46:)を打ち砕いたときに起きた。主イエスの最初の弟子の一人であり黙示録の著者であるヨハネは幻の中で同じことばを聞いた(黙14:8, 18:1-2)。そしてキリストとキリストに従う人々に敵対する国や人々を象徴する終末時代のバビロンは滅ぼされると預言した。そのときキリストはご自分の民の贖い(悪からの最終的な救いと助け)を完成される。キリストに従う人々は終末時代のバビロンが倒れ滅びるように祈らなければならない(→黙17:1-5各注, 18:2-21各注)。

21:11　ドマ　ドマはエサウの子孫の地、エドムの別名である(エサウはヤコブの兄、神はヤコブに「イスラエル」という名前を与えられた)。エドムはユダと死海の真南に位置していた(→34:5-15)。

21:13　アラビヤ　アラビヤはエドムとバビロンの間にあった。前732年、前725年のアッシリヤの侵入によって敗北し(⇒エレ25:17, 24)、前688年にセナケリブはこの地域を征服して「アラビヤの王」という称号を奪った。

22:1　幻の谷　これは神が預言的な幻によってご自分を啓示されたエルサレム、またはエルサレムの近くの谷の名前である。エルサレムの住民が大きな危険に直面しているのに神ご自身の啓示を拒み、無関心で反抗的だったので神は厳しく非難された(22:1-14)。

彼らは弓を引かないうちに捕らえられ、
おまえのうちの見つけられた者も、
遠くへ逃げ去る前に、みな捕らえられ
た。

4 それで、私は言う。
「私から目をそらしてくれ、
私は激しく泣きたいのだ。
私の民、この娘の破滅のことで、
無理に私を慰めてくれるな。」

5 なぜなら、恐慌と蹂躙と混乱の日は、
万軍の神、主から来るからだ。
幻の谷では、城壁の崩壊、
山への叫び。

6 エラムは矢筒を負い、
戦車と兵士と騎兵を引き連れ、
キルは盾のおおいを取った。

7 おまえの最も美しい谷は戦車で満ち、
騎兵は城門で立ち並んだ。

8 こうしてユダのおおいは除かれ、
その日、おまえは森の宮殿の武器に目
を向けた。

9 おまえたちは、ダビデの町の破れの多
いのを見て、
下の池の水を集めた。

10 また、エルサレムの家を数え、
その家をこわして城壁を補強し、

11 二重の城壁の間に貯水池を造って、
古い池の水を引いた。
しかし、おまえたちは、
これをなさった方に目もくれず、
昔からこれを計画された方を
目にも留めなかった。

4①エレ4:19, 9:1,
 ミカ1:8, ルカ19:41
 哀1:6, 2:2
5①イザ10:6
 ②→イザ3:15
 イザ22:1
 ＊別訳「キルのわめき」
6①イザ21:2,
 エレ49:34-39
 ②Ⅱ列16:9, アモ1:5
8①Ⅰ列7:2, 10:17
9①→Ⅱサム5:7
11①Ⅱ列25:4, エレ39:4
 ②Ⅱ列20:20, ネヘ3:16
 ③イザ5:12
 ④イザ37:26

12①イザ15:2
 ②イザ15:3
13①イザ5:11
 ＊「おまえたち」は補足
 ②イザ56:12,
 Ⅰコリ15:32
 ＊＊「言っている」は補足
14①イザ5:9
 ②イザ13:11
15①→イザ3:15
 ②イザ36:3, 11, 22,
 37:2,
 Ⅱ列18:18, 26, 37, 19:2
16①Ⅱサム18:18,
 Ⅱ歴16:14, マタ27:60

12 その日、万軍の神、主は、
「泣け。悲しめ。頭を丸めて、荒布を
まとえ」と
呼びかけられたのに、

13 なんと、おまえたちは楽しみ喜び、
牛を殺し、羊をほふり、
肉を食らい、ぶどう酒を飲み、
「飲めよ。食らえよ。
どうせ、あすは死ぬのだから」と言っ
ている。

14 そこで万軍の主は、私の耳を開かれた。
「この罪は、
おまえたちが死ぬまでは決して赦され
ない」と、
万軍の神、主は仰せられた。

15 万軍の神、主は、こう仰せられる。
さあ、宮廷をつかさどる
あの執事シェブナのところに行け。

16 あなたは自分のために、ここに墓を
掘ったが、
ここはあなたに何のかかわりがあるの
か。
ここはあなたのだれにかかわりがある
のか。
高い所に自分の墓を掘り、
岩に自分の住まいを刻んで。

17 ああ、ますらよ。
主はあなたを遠くに投げやる。
主はあなたをわしづかみにし、

22:4 私は激しく泣きたいのだ 本当の預言者であるイザヤは人々の霊的な反抗の結果起こる悲劇による精神的な傷をともに味わっていた。人々は自分で滅びを招いているのに、神から長い間遠く離れていたため自分たちの罪と滅びに気が付かず盲目になっていた。ある人々は神を敬わない生活を祝ってさえいた（22:12-13）。けれどもイザヤは人々と人々が裏切った神を思い嘆いた。預言者は神とともに悲しんだ（→22:12-13注）。

22:12-13 「泣け・・・」と呼びかけられた 神の民が周りの世界のまねをして妥協をし、神を敬わない振舞に寛容になり、それを受入れて参加するときに、自分の無力な霊的な状態を認めて神のもとへ再び立返る機会を神はいつも与えておられた。キリストは教会がみな聖書の基準に照らしてそれぞれの霊的状態を吟味することを求めておられる（⇒黙2:-3:）。今日の預言者もイザヤのように人々に自己破壊の道から立返り、へりくだって神のあわれみと助けを叫び求めるように訴えなければならない。

22:15-25 シェブナ 堕落した宮廷の執事シェブナに対して神はさばきを宣告された。シェブナは神を敬う支配者であるエルヤキムと交代させられる（⇒22:20）。

18 あなたをまりのように、くるくる丸めて、
広い広い地に投げ捨てる。
あなたはそこで死ぬ。
あなたの誇った車もそこで。
主人の家の恥さらしよ。

19 わたしはあなたをその職から追放し、
あなたの地位から引き降ろす。

20 その日、わたしは、
わたしのしもべ、ヒルキヤの子エルヤキムを召し、

21 あなたの長服を彼に着せ、
あなたの飾り帯を彼に締め、
あなたの権威を彼の手にゆだねる。
彼はエルサレムの住民とユダの家の父となる。

22 わたしはまた、
ダビデの家のかぎを彼の肩に置く。
彼が開くと、閉じる者はなく、
彼が閉じると、開く者はない。

23 わたしは、彼を一つの釘として、
確かな場所に打ち込む。
彼はその父の家にとって栄光の座となる。

24 彼の上に、父の家のすべての栄光がかけられる。
子も孫も、
すべての小さい器も、
鉢の類からすべてのつぼの類に至るまで。

25 その日、──万軍の主の御告げ──
確かな場所に打ち込まれた一つの釘は
抜き取られ、折られて落ち、
その上にかかっていた荷も取りこわされる。
主が語られたのだ。

ツロに対する預言

23 ツロに対する宣告。
タルシシュの船よ。泣きわめけ。
ツロは荒らされて、家も港もなくなった、と
キティムの地から、彼らに示されたのだ。

2 海辺の住民よ。黙せ。
海を渡るシドンの商人はあなたを富ませていた。

3 大海によって、
シホルの穀物、
ナイルの刈り入れがあなたの収穫となり、
あなたは諸国と商いをしていた。

4 シドンよ、恥を見よ、と海が言う。
海のとりでがこう言っている。
「私は産みの苦しみをせず、子を産まず、
若い男を育てず、若い女を養ったこともない。」

5 エジプトがこのツロのうわさを聞いたなら、
ひどく苦しもう。

6 海辺の住民よ。
タルシシュへ渡り、泣きわめけ。

7 これが、あなたがたのおごった町なのか。
その起こりは古く、
その足を遠くに運んで移住したものを。

8 だれが、王冠をいただくツロに対してこれを計ったのか。
その商人は君主たち、
そのあきゅうどは世界で最も尊ばれていたのに。

9 万軍の主がそれを計り、
すべての麗しい誇りを汚し、
すべて世界で最も尊ばれている者を
卑しめられた。

10 タルシシュの娘よ。
ナイル川のように、自分の国にあふれよ。
だが、もうこれを制する者がいない。

23:1 **ツロ** ツロは地中海の東海岸のイスラエルとユダが占めていた地域の北側にある古代フェニキヤの港湾都市で世界の商業の中心地だった（現在のシリヤの地域）。市民は豊かだったけれども同時に邪悪で高

11 主は御手を海の上に伸ばし、
 王国をおののかせた。
 主は命令を下してカナンのとりでを滅
 ぼした。
12 そして仰せられた。
 「もう二度とこおどりして喜ぶな。
 しいたげられたおとめ、シドンの娘よ。
 立ってキティムに渡れ。
 そこでもあなたは休めない。」
13 見よ、カルデヤ人の国を。
 ──この民はもういない。
 アッシリヤ人が
 これを荒野の獣の住む所にした。──
 彼らは、やぐらを立てて、
 その宮殿をかすめ、そこを廃墟にした。
14 タルシシュの船よ。泣きわめけ。
 あなたがたのとりでが荒されたから
 だ。
15 その日になると、ツロは、ひとりの王
 の年代の七十年の間忘れられる。七十年が
 終わって、ツロは遊女の歌のようになる。
16 「立琴を取り、町を巡れ、
 忘れられた遊女よ。
 うまくひけ、もっと歌え、
 思い出してもらうために。」
17 七十年がたつと、主はツロを顧みられ
 るので、彼女は再び遊女の報酬を得、地の

すべての王国と地上で淫行を行う。
18 その儲け、遊女の報酬は、主にささげら
 れ、それはたくわえられず、積み立てられ
 ない。その儲けは、主の前に住む者たち
 が、飽きるほど食べ、上等の着物を着るた
 めのものとなるからだ。

地を荒れすたらせる主

24

1 見よ。主は地を荒れすたらせ、
 その面をくつがえして、その住民を散
 らされる。
2 民は祭司と等しくなり、
 奴隷はその主人と、女奴隷はその女主
 人と、
 買い手は売り手と、
 貸す者は借りる者と、
 債権者は債務者と等しくなる。
3 地は荒れに荒れ、全くかすめ奪われる。
 主がこのことばを語られたからである。
4 地は嘆き悲しみ、衰える。
 世界はしおれ、衰える。
 天も地とともにしおれる。
5 地はその住民によって汚された。
 彼らが律法を犯し、定めを変え、
 とこしえの契約を破ったからである。

慢だった。イザヤは神がこの町を70年間衰えさせ、その後に回復されると預言した（23：8-9, 17-18）。そのとき神の民はツロとの通商を再開する。

23：13　カルデヤ人の国　アッシリヤ王サルゴン2世は前710－709年にカルデヤ人の首都を完全に破壊し90,000人を捕囚にした。セナケリブは前703年にバビロンから208,000人を捕囚にして前689年に平定した。この二つの出来事の結果、ツロの人々はアッシリヤがこの地域を制御している間は自分たちに平和はないと悟った。

23：17　淫行を行う　ツロは不正直な取引をして多くの国の商人と交易を行うとともに不道徳な活動をして商人を引付けてこれらの国から富を得ていた。

24：1-27：13　見よ　この部分では黙示的なことば（未来の出来事と災難についての警告）、黙示録で使われているような文体を使って終末の出来事を扱っている。ここでは神に反抗する世界に対する神のさばきを扱っているけれども、神の民に対して神が備えておら

れる祝福についても描いている（→「終末の事件」の表p.2471）。

24：1　地を荒れすたらせ　この章には地とその住民のほとんどが滅ぼされる神のさばきが描かれている。この時代の類を見ない恐怖と徹底的な破壊は新約聖書では大患難と呼ばれている（⇒マタ24：15-21, Ⅰテサ5：1-3, 黙6：, 8：-9：, 15：-16：, 18：-19：, →「**大患難**」の項 p.1690）。この世界的なさばきのあとキリストは再び来られ、神に忠実だった人々とともに世界を治められる（黙19：-20：）。

24：5　地は・・・汚された　人類が不道徳と悪によって地を汚し（腐敗させ、汚し、不浄にする）堕落させたので、神の怒り（神の正当な怒りとさばき）が世界に下る。現在は神に対する罪と反抗が世界中の社会を支配しているように見えるかもしれない。けれども終末には不道徳な振舞や反抗（神が正しくないとされたこと）を楽しむ人々に対して神は恐ろしい滅びを定めておられる。これは避けられない（→Ⅰテサ5：2注, Ⅱテサ

イザヤ書 24章

6 それゆえ、のろいは地を食い尽くし、
　その地の住民は罪ある者とされる。
　それゆえ、地の住民は減り、
　わずかな者が残される。
7 新しいぶどう酒は嘆き悲しみ、
　ぶどうの木はしおれ、
　心楽しむ者はみな、ため息をつく。
8 陽気なタンバリンの音は終わり、
　はしゃぐ者の騒ぎもやみ、
　陽気な立琴の音も終わる。
9 歌いながらぶどう酒を飲むこともなく、
　強い酒を飲んでも、それは苦い。
10 都はこわされて荒地のようになり、
　すべての家は閉ざされて、入れない。
11 ちまたには、ぶどう酒はなく、
　悲しみの叫び。
　すべての喜びは薄れ、
　地の楽しみは取り去られる。
12 町はただ荒れ果てたままに残され、
　城門は打ち砕かれて荒れ果てる。
13 それは、世界の真ん中で、国々の民の間で、
　オリーブの木を打つときのように、
　ぶどうの取り入れが終わって、
　取り残しの実を集めるときのようになるからだ。
14 彼らは、声を張り上げて喜び歌い、
　海の向こうから主の威光をたたえて叫ぶ。
15 それゆえ、東の国々で主をあがめ、
　西の島々で、
　イスラエルの神、主の御名をあがめよ。
16 私たちは、「正しい者に誉れあれ」という
　地の果てからのほめ歌を聞く。
　しかし、私は言った。
　「私はだめだ、私はだめだ。
　なんと私は不幸なことか。
　裏切る者は裏切り、
　裏切り者は、裏切り、裏切った。」
17 地上の住民よ。
　恐れと、落とし穴と、わなとがあなたにかけられ、
18 その恐れの叫びから逃げる者は、
　その落とし穴に落ち、
　落とし穴からはい上がる者は、
　そのわなに捕らえられる。
　天の窓が開かれ、
　地の基が震えるからだ。
19 地は裂けに裂け、
　地はゆるぎにゆるぎ、
　地はよろめきによろめく。
20 地は酔いどれのように、ふらふら、ふらつき、
　仮小屋のように揺り動かされる。
　そのそむきの罪が地の上に重くのしかかり、
　地は倒れて、再び起き上がれない。
21 その日、主は天では天の大軍を、
　地では地上の王たちを罰せられる。
22 彼らは囚人が地下牢に集められるよ

脚注（引照）

6 ①申11:28, エレ11:3, ガラ3:10
②イザ1:31, 5:24, 9:19, 40:24, 詩37:22, 38, 55:23, 黙10:27
7 ①イザ16:8-10, ヨエ1:10, 12
②→イザ16:8
8 ①イザ5:12, 14, エレ7:34, 16:9, 25:10, エゼ26:13, 黙18:22
9 ①イザ5:11, 22
10 ①イザ23:1, 34:11
11 ①エレ14:2
②イザ16:10
13 ①イザ17:5, 6
②→エレ11:16
14 ①イザ12:6, 48:20, 52:8, 54:1
15 ①イザ25:3
②イザ11:11, 42:4, 10, 12, 49:1, 51:5, 60:9, 66:19
＊あるいは「海の島々」
②マラ1:11
16 ①イザ60:21
②イザ42:10
③イザ21:2, 33:1
17 ①イザ24:17, 18, エレ48:43, 44, 哀3:47
18 ①創7:11, Ⅱ列7:2
②イザ2:19, 21, 13:13, 詩18:7, 46:2, 3
19 ①イザ24:1, 民16:31, 32, 申11:6, 詩60:2
20 ①イザ28:1, 7
②イザ43:25, 44:22, 50:1, 53:5, 8, 58:1, 59:12, 20, Ⅰサム24:11, ダニ8:12, →ヨブ7:21, →哀1:5, →エゼ14:11, →アモ1:3, →ミカ1:5
③アモ8:14
21 ①イザ24:4
②イザ10:12, 詩76:12

2:12注)。

24:6 地の住民は減り　罪の最終的な結末は死と滅亡である(⇒ロマ6:23)。自分勝手な道を歩み神を拒むなら、霊的に死ぬ。この真理は終末には世界的な規模で示される。悔い改めて(罪を捨てて自分勝手な道から立返る)神のもとへ立返らない人々はみな滅ぼされる。その破壊は何もかもみな焼き尽す火のようである(⇒1:31, 5:24, 9:18, 10:16-17, 29:6, 30:27, ゼカ5:3-4, 黙19:11-21)。

24:14 声を張り上げて　正しいことを行い、神を信じ続ける人々は、この堕落した世界が滅びるのを見るとき、喜び神をあがめる。罪と悪が最終的に滅ぼされるのを喜ぶのは当然である(天使とキリスト者はサタンと邪悪な人間に対する神の正しいさばきを喜ぶように命じられている →黙18:20)。

24:16 なんと私は不幸なことか　悪に対する勝利を喜ぶ喜びとは全く対照的に、イザヤは自分の周りのあらゆる不誠実と反抗のために悲しみ落胆している。

24:17 恐れと、落とし穴と、わな　「やがて起ころうとしているこれらすべてのこと」(ルカ21:36)から逃れる方法はただ一つ、神との関係を深めることによって罪を防ぎ、正しいことを追い求めることであると主イエスは教えられた。やがて来るさばきから守り救ってくださるように主に頼らなければならない(→ルカ21:34注, 21:36注)。

24:21 天の大軍を・・・罰せられる　ここは神に敵

うに
集められ、
牢獄に閉じ込められ、
それから何年かたって後、罰せられる。
23 月ははずかしめを受け、
日も恥を見る。
万軍の主がシオンの山、エルサレムで王となり、
栄光がその長老たちの前に輝くからである。

主への賛美

25

1 主よ。あなたは私の神。
私はあなたをあがめ、
あなたの御名をほめたたえます。
あなたは遠い昔からの不思議なご計画を、
まことに、忠実に成し遂げられました。

2 あなたは町を石くれの山とし、
城壁のある都を廃墟にされたので、
他国人の宮殿は町からうせ、
もう、永久に建てられることはありません。

3 それで、力強い民も、あなたをほめた

たえ、
横暴な国々の都も、あなたを恐れます。
4 あなたは弱っている者のとりで、
貧しい者の悩みのときのとりで、
あらしのときの避け所、
暑さを避ける陰となられたからです。
横暴な者たちの息は、
壁に吹きつけるあらしのようだからです。
5 砂漠のひでりのように、
あなたは他国人の騒ぎを押さえ、
濃い雲の陰になってしずまる暑さのように、
横暴な者たちの歌はしずめられます。

6 万軍の主はこの山の上で万民のために、
あぶらの多い肉の宴会、良いぶどう酒の宴会、
髄の多いあぶらみと
よくこされたぶどう酒の宴会を催される。

7 この山の上で、
万民の上をおおっている顔おおいと、
万国の上にかぶさっているおおいを取り除き、
8 永久に死を滅ぼされる。
神である主はすべての顔から涙をぬぐ

対するサタンと悪霊の力を指している(→エペ6:11-12, 黙20:1-3, →黙12:7-9注)。歴史の終りにそれらは縛られ投獄され(→黙20:2-3)、さばかれ罰せられる。これにはサタン自身も含まれている(黙20:10)。

24:23 万軍の【主】が・・・王となり あらゆる悪の力が打破られた後、神の国が地上に打建てられ、主イエスがそこで治められる(⇒黙11:15, 21:1-9, 23, 22:5)。主イエスの栄光と威光は強力で、太陽でさえもほの暗く見えるほどである。この期間に神はご自分にふさわしい誉れと栄光を地に住む人々から受けることになる。

25:1-12 あなたの御名をほめたたえます 神の国の目的と、神の民の誠実な救い主、慰め主としての神の働きとに敵対する人々がみな最終的に敗北することでイザヤは神をほめたたえる。

25:6 この山 キリストが地上に再び来られることに続いて起こる未来の王国と救いと祝会についてイザヤは預言している(25:6-12, ⇒黙19:-21:)。「この

山」はシオンの山、エルサレムである(⇒2:1-4, 24:23, 黙21:1-2)。「万民」は福音、主イエスの「良い知らせ」が世界中に伝えられ、あらゆる国の人々が神との個人的な関係に導かれることを示している。

25:6 良いぶどう酒・・・髄の多いあぶらみ 神の国での豊かで有り余るほどの宴会は神に従う人々が神の臨在の中で体験するすばらしい祝福を表している。「よくこされたぶどう酒(《ヘ》シェマリーム)の宴会」は直訳すると「保存食品の宴会」で、特別な目的のために長期間保存された甘美なぶどうの果汁のことと思われる。神はモアブをたとえて「ぶどう酒のかすの上にじっとたまっていて・・・その味はそのまま残り、かおりも変わらなかった」とエレミヤ書48:11-12で言っておられる。これは神に忠実な人々のために何世紀もの間貯蔵されてきた神の祝福は、神の最初の計画と変らないという意味である。実際は神の報酬は期待する以上に甘くなるかのようである。

25:8 永久に死を滅ぼされる・・・涙をぬぐい

い、
ご自分の民へのそしりを全地の上から
除かれる。
主が語られたのだ。
9 その日、人は言う。
「見よ。この方こそ、
私たちが救いを待ち望んだ私たちの神。
この方こそ、私たちが待ち望んだ主。
その御救いを楽しみ喜ぼう。」
10 主の御手がこの山にとどまるとき、
わらが肥だめの水の中で踏みつけられ
るように、
モアブはその所で踏みつけられる。
11 泳ぐ者が泳ごうとして手を伸ばすよう
に、
モアブはその中で手を伸ばすが、
その手を伸ばしてみるごとに、*
主はその高ぶりを低くされる。
12 主はあなたの城壁のそそり立つ要塞を
引き倒して、低くし、
地に投げつけて、ちりにされる。

賛美の歌

26

1 その日、ユダの国でこの歌が歌われる。

8 ③イザ51:7,
詩69:9, 89:50, 51,
マタ5:11, Ⅰペテ4:14
9 ①イザ40:9, 52:10
②イザ33:22, 35:4,
49:25, 26, 60:16
③イザ8:17, 30:18,
33:2, 創49:18,
テト2:13
④イザ35:1, 2, 10,
65:18, 66:10, 詩20:5
10 ①イザ25:10-12, イザ15,
16章, 民24:17,
エレ48章, エゼ25:8-11,
アモ2:1-3, ゼパ2:8-11
11 *「伸ばして」は補足
12 ①イザ26:5

1 ①イザ4:2, 12:1

②イザ33:20-24
③イザ31:5, 9
④イザ60:18, 詩48:13
2 ①イザ62:10,
詩118:19, 20
②イザ60:21
3 ①イザ57:19
②イザ12:2
4 ①イザ17:10, 30:29,
44:8, 申32:4, 詩62:7
5 ①イザ25:12, ヨブ40:13
6 ①イザ3:14
②アモ2:7
7 ①イザ42:16
8 ①イザ57:2,
詩25:4, 27:11, 37:23

②
私たちには強い町がある。
神はその城壁と塁で私たちを救ってく
ださる。
2 城門をあけて、
誠実を守る正しい民を入らせよ。

3 志の堅固な者を、
あなたは全き平安のうちに守られます。
その人があなたに信頼しているからで
す。

4 いつまでも主に信頼せよ。
ヤハ、主は、とこしえの岩だから。
5 主は高い所、そびえ立つ都に住む者を
引き倒し、
これを下して地に倒し、
これを投げつけて、ちりにされる。
6 貧しい者の足、弱い者の歩みが、
これを踏みつける。

7 義人の道は平らです。
あなたは義人の道筋をならして平らに
されます。
8 主よ。まことにあなたのさばきの道で、
私たちはあなたを待ち望み、

の未来の国では今地上にある問題や悲しみや屈辱や不幸や死はみな永遠に取除かれる（新約聖書にあるこの真理の表現 → Ⅰコリ15:54, 黙21:4）。愛情あふれる親のように神は自ら神の子どもたちの目から涙をふき取ってくださり、悲しみや嘆きの原因はなくなる。このようなすばらしい祝福は、キリストが地上に再び来られてあらゆる悪に勝利し被造物を支配されるときに初めて与えられる。このような約束を見るときに神の偉大な愛とあわれみを知ることができる。またそのことによって神の御子イエスを受入れる人との間に完全な関係を回復するという神の目的が完成するように私たちは熱心に祈らなければならない（黙22:17, 20）。

25:9 私たちが・・・待ち望んだ【主】 神の国の忠実な民をイザヤは自分たちを救う神を「待ち望んだ」人々と表現した。確かに神は信頼に値する神であり、あらゆる情況の中でご自分の民に対して真実であることを自ら証明してこられた。私たちはキリストの再臨と約束がみな成就するのを大きな期待をもって待望むべきである（Ⅰコリ1:7, テト2:13, →ルカ2:25注, →

「聖書的希望」の項 p.943）。

26:1-21 この歌 やがて神が目的を完全に達成してご自分の民に完全な救いをもたらし、敵を完全に破滅させることを確信するなら、神に忠実に従う人々は神をほめたたえずにはいられないはずである。そして神が悪を完全に破壊して勝利し、神の国を設立されるのを祝う歌を歌うことになる。

26:3 志の堅固な者を・・・全き平安のうちに 歴史の終りの困難でストレスの多い時代に、神はご自分に霊的に堅くつながる忠実な人々に完全な平安を与えられる（→「神の平和」の項 p.1301）。私たちは悩むときに主に心を向け続け、神に頼っていることを祈りを通して表さなければならない。神は私たちの岩、つまり避難所であり安定の源でいつまでも変らない方で、心から頼るならいつでも希望と安定感を与えてくださる（26:4）。神に頼り神の道に従って生きることこそ私たちの生涯の唯一の堅固な土台である。

26:8-9 私たちはあなたを待ち望み 歴史の終りには神を知っている人々は大きな期待をもってキリスト

私たちのたましいは、
　　あなたの御名、あなたの呼び名を慕います。
9 私のたましいは、夜あなたを慕います。
　まことに、私の内なる霊は
　　あなたを切に求めます。
　あなたのさばきが地に行われるとき、
　　世界の住民は義を学んだからです。
10 悪者はあわれみを示されても、義を学びません。
　正直の地で不正をし、
　　主のご威光を見ようともしません。
11 主よ。あなたの御手が上げられても、
　　彼らは認めません。
　どうか彼らが、この民へのあなたの熱心を認めて
　　恥じますように。
　まことに火が、あなたに逆らう者を
　　なめ尽くしますように。
12 主よ。あなたは、
　　私たちのために平和を備えておられます。
　私たちのなすすべてのわざも、
　　あなたが私たちのために
　　してくださったのですから。
13 私たちの神、主よ。
　　あなた以外の多くの君主が、
　　私たちを治めましたが、
　　私たちは、ただあなたによってのみ、
　　御名を唱えます。
14 死人は生き返りません。
　　死者の霊はよみがえりません。
　それゆえ、あなたは彼らを罰して滅ぼし、
　　彼らについてのすべての記憶を
　　消し去られました。
15 主よ。あなたはこの国民を増し加え、
　　増し加えて、
　　この国民に栄光を現し、
　　この国のすべての境を広げられました。
16 主よ。苦難の時に、彼らはあなたを求め、
　　あなたが彼らを懲らしめられたので、
　　彼らは祈ってつぶやきました。
17 子を産む時が近づいて、
　　そのひどい痛みに、苦しみ叫ぶ妊婦のように。
　主よ。私たちは御前にそのようでした。
18 私たちもみごもり、産みの苦しみをしましたが、
　　それはあたかも、風を産んだようなものでした。
　私たちは救いを地にもたらさず、
　　世界の住民はもう生まれません。
19 あなたの死人は生き返り、
　　私のなきがらはよみがえります。
　さめよ、喜び歌え。ちりに住む者よ。
　　あなたの露は光の露。
　　地は死者の霊を生き返らせます。
20 さあ、わが民よ。
　　あなたの部屋に入り、うしろの戸を閉

の再臨を待つ。(1) イザヤはその期待はキリストがついに現れて神の目的を地上に成就され、完全な正義と完全な義の支配を打立てることを望む強い願いとして描いている(⇒黙20:-21:)。(2) 今キリストに忠実に従う人々は再臨のために備えて祈らなければならない。そのときには地上から取去られて神とともに永遠に住むことになる(→「**携挙**」の項 p.2278、→「**終末の事件**」の表 p.2471)。

26:16-19　祈ってつぶやき　イザヤは神の懲らしめによってイスラエルの民が霊的な間違いを悟らされ、あわれみと助けを求めて神に立返ったときのことを思い起こさせている。神に忠実だった人々は神の目的を成就できなかったことに気が付いた。その目的には神に心から従うことをほかの国々に示すことが含まれていた。そこで自分たちを通して神が働かれるよう心を込めて祈った。

26:19　なきがらはよみがえります　ここは旧約聖書の中で最も強く直接的に肉体のよみがえりの教理(原則、信仰、教え)を宣言している(⇒ヨブ19:26、詩16:10、ダニ12:2)。神に忠実に仕え(26:2-3)、いのちをかけて神に頼った人々は引上げられ、死んだ後再び生きるのである(→ヨハ5:28-29、Ⅰコリ15:50-53、ピリ3:21、→「**肉体の復活**」の項 p.2151)。

26:20-21　あなたの部屋に入り　神が地と反抗的な住人に対して罰を下す大患難のときに(⇒ミカ1:3)、神に忠実な人々は身を隠してそのさばきが完了するまで

じよ。
　憤りの過ぎるまで、
　ほんのしばらく、身を隠せ。
21 見よ。**主**はご自分の住まいから出て来て、
　地に住む者の罪を罰せられるからだ。
　地はその上に流された血を現し、
　その上で殺された者たちを、
　もう、おおうことをしない。

イスラエルの救い

27

1 その日、**主**は、鋭い大きな強い剣で、
　逃げ惑う蛇レビヤタン、
　曲がりくねる蛇レビヤタンを罰し、
　海にいる竜を殺される。

2 その日、
　麗しいぶどう畑、これについて歌え。
3 わたし、**主**は、それを見守る者。
　絶えずこれに水を注ぎ、
　だれも、それをそこなわないように、
　夜も昼もこれを見守っている。
4 わたしはもう怒らない。
　もしも、いばらとおどろが、わたしと戦えば、
　わたしはそれを踏みつぶし、
　それをみな焼き払う。
5 しかし、もし、わたしのとりにたよりたければ、
　わたしと和を結ぶがよい。
　和をわたしと結ぶがよい。
6 時が来れば、ヤコブは根を張り、
　イスラエルは芽を出し、花を咲かせ、

世界の面に実を満たす。

7 主は、イスラエルを打った者を打つように、
　イスラエルを打たれただろうか。
　あるいは、イスラエルを殺した者を殺すように、
　イスラエルを殺されただろうか。
8 あなたは彼らを追い立て、追い出し、
　彼らと争い、
　東風の日、激しい風で彼らを追放された。
9 それゆえ、
　次のことによってヤコブの不義は赦される。
　祭壇のすべての石を
　粉々にされた石灰のようにし、
　アシェラ像と香の台をもう立てなくすること、
　これが、自分の罪を除いて得られる報酬の
　すべてだ。
10 城壁のある町は、ひとり寂しく、
　ほうっておかれる牧場のようになり、
　荒野のように見捨てられる。
　子牛はそこで草をはみ、
　そこに伏して、木の枝を食い尽くす。
11 その大枝が枯れると、それは折られ、
　女たちが来てこれを燃やす。
　これは悟りのない民だからだ。
　それゆえ、これを造った方は、これをあわれまず、
　これを形造った方は、これに恵みを与えない。

祈る(→「**大患難**」の項 p.1690)。神の目的が達せられたときにキリストは地上に来られて、困難な暗黒の時代にキリストを受入れて従った人々を救ってくださる。

27:1　蛇レビヤタン　神に反抗する邪悪で罪深い世界をイザヤはこの想像上のものを用いて表した。終りのときには神に敵対する人々はみな滅ぼされる(→黙19:11-20各注)。

27:2-6　麗しいぶどう畑　この預言的な歌はご自分の名誉のためにイスラエルを繁栄させ、成功した国にさせたいという神の願いを示している。私たちが知っている通り終りのときにキリストが地上を治められるとき、イスラエルは神のために全世界に影響を及ぼす使命をついに成就することになる(27:6, →「**神の計画の中のイスラエル**」の項 p.2077)。

27:7-11　イスラエルを打たれた　神はイスラエルの多くの敵にしたようにはイスラエルを完全に滅ぼすことはないと約束された。けれども多くのイスラエル人は神に反抗したため罰を受けることになる。この霊的な剪定(さらに生長するために植物の枝や幹を刈込むこと)は神の民が実を結ぶ(神が与えられた目的を実現

12 その日、
　①主はユーフラテス川からエジプト川までの
　穀物の穂を打ち落とされる。
　イスラエルの子らよ。
　あなたがたは、ひとりひとり拾い上げられる。
13 ①その日、大きな角笛が鳴り渡り、
　アッシリヤの地に失われていた者や、
　エジプトの地に散らされていた者たちが来て、
　エルサレムの聖なる山で、④主を礼拝する。

エフライムへの災い

28

1 ああ。
　エフライムの酔いどれの誇りとする冠、
　その美しい飾りのしぼんでゆく花。
　これは、酔いつぶれた者たちの
　肥えた谷の頂にある。
2 見よ。主は強い、強いものを持っておられる。
　それは、刺し通して荒れ狂う雹のあらしのようだ。
　③激しい勢いで押し流す豪雨のようだ。
　主はこれを力いっぱい地に投げつける。
3 エフライムの酔いどれの誇りとする冠は、
　足の下に踏みにじられ、
4 肥えた谷の頂にあって
　これを美しく飾る花もしぼみ、
　夏前の初なりのいちじくの実のようになる。
　だれかがそれを見つけると、
　それを手に取って、すぐのみこんでしまう。
5 その日、①万軍の主は、民の残りの者にとって、
　美しい冠、栄えの飾り輪となり、
6 さばきの座に着く者にとって、さばきの霊となり、
　攻撃して来る者を城門で追い返す者にとって、
　②力となられる。
7 ①しかし、これらの者もまた、
　ぶどう酒のためによろめき、
　強い酒のためにふらつき、
　祭司も預言者も、強い酒のためによろめき、
　ぶどう酒のために混乱し、
　強い酒のためにふらつき、
　幻を見ながらよろめき、
　さばきを下すときよろける。
8 どの食卓も吐いた汚物でいっぱいで、
　余す所もない。
9 「彼はだれに知識を教えようとしているのか。
　だれに啓示を悟らせようとしているのか。
　乳離れした子にか。乳房を離された子にか。
10 *彼は言っている。

12 ①創15:18
②イザ17:6, 24:13
③イザ11:12, 56:8, 申30:3, 4, ネヘ1:9
13 ②イザ19:23-25
②レビ25:9, I 歴15:24, マタ24:31, 黙11:15
③イザ11:9
④イザ66:23, ゼカ14:16

1 ①イザ9:9
②アモ6:8
2 * あるいは「強い、強いものが主から来る」
①イザ28:17, 30:30, 32:19, エゼ13:11
②イザ29:6
③イザ8:7, 28:18
3 ①イザ10:5

4 ①ホセ9:10, ミカ7:1, ナホ3:12
5 ①→イザ21:10
②イザ1:9
③イザ60:1, 2
6 ①I列3:28
②II歴32:6-8
7 ①イザ5:11
②イザ5:11, 12, 22, 24:9, 29:9, 56:12
③イザ24:2
④→イザ3:2
⑤イザ29:11
8 ①エレ48:26
9 ①イザ28:19
②詩131:2
10 *「彼は言っている」は補足

するのに成功する)ために必要である。

27:12-13　拾い上げられる　終りのときには多くのユダヤ人がキリストをメシヤ(「油そそがれた者」、救い主)として受け入れ、主を礼拝するためにエルサレムに集まる(⇒11:11-16、→マタ23:39注、ロマ11:1注、26注、黙12:6注)。

28:1-29　エフライムの　28－33章でイザヤの預言は遠い未来の出来事から自分自身の時代へのメッセージに戻っている。そして再びイスラエル(この国で最も影響力が強い部族であるエフライムの名前で呼ばれている)とユダについて預言している(→**イスラエルとユダの王国**の地図 p.570)。イザヤは厳しく罪と霊的反抗を叱責して、近付いている神のさばきを示している。けれどもそれは神が神の民から反抗的な態度を取除くのに必要な懲らしめを与えることである。苦しみは大きいけれども神が目指すのは神に忠実に従い、霊的なきよさを保つ人々を分けることである。

28:7　ぶどう酒のためによろめき　イザヤはイスラエルの罪を強い酒を飲んで酔っ払った恥ずかしい行動を示すことばで描いている(⇒アモ4:1, 6:1, 6)。人々も宗教指導者も慈しみと真理を嘔吐とゆがんださばきに変えてしまっている。酒に酔って不品行を行い自制が効かなくなっている状態は神の戒めを明らかに拒んでいることを表す(→箴23:31注)。神の民は飲め

『戒めに戒め、戒めに戒め、
規則に規則、規則に規則、
ここに少し、あそこに少し』と。」

11 まことに主は、もつれた舌で、
外国のことばで、この民に語られる。
12 主は、彼らに「ここにいこいがある。
疲れた者をいこわせよ。ここに休みがある」
と仰せられたのに、
彼らは聞こうとはしなかった。
13 主は彼らに告げられる。
「戒めに戒め、戒めに戒め、
規則に規則、規則に規則、
ここに少し、あそこに少し。」
これは、彼らが歩くとき、うしろざまに倒れ、
手足を折られ、わなにかかって
捕らえられるためである。

14 それゆえ、あざける者たち──
エルサレムにいてこの民を
物笑いの種にする者たちよ。
主のことばを聞け。
15 あなたがたは、こう言ったからだ。
「私たちは死と契約を結び、
よみと同盟を結んでいる。
たとい、にわか水があふれ、越えて来ても、
それは私たちには届かない。
私たちは、まやかしを避け所とし、
偽りに身を隠してきたのだから。」

16 だから、神である主は、こう仰せられる。
「見よ。わたしはシオンに
一つの石を礎として据える。
これは、試みを経た石、
堅く据えられた礎の、尊いかしら石。
これを信じる者は、あわてることがない。
17 わたしは公正を、測りなわとし、
正義を、おもりとする。
雹は、まやかしの避け所を一掃し、
水は隠れ家を押し流す。
18 あなたがたの死との契約は解消され、
よみとの同盟は成り立たない。
にわか水があふれ、越えて来ると、
あなたがたはそれに踏みにじられる。
19 それは押し寄せるたびに、あなたがたを捕らえる。
それは朝ごとに押し寄せる。昼も夜も。
この啓示を悟らせることは全く恐ろしい。」
20 寝床は、身を伸ばすには短すぎ、
毛布も、身をくるむには狭すぎるようになる。
21 実に、主はペラツィムの山でのように
起き上がり、
ギブオンの谷でのように奮い立ち、
そのみわざを行われる。
そのみわざは異なっている。
また、その働きをされる。
その働きは比類がない。
22 だから今、あなたがたはあざけり続け

---

11 ①イザ28:11, 12, Ⅰコリ14:21
13 ①イザ8:15, マタ21:44
14 ①イザ29:20
　 ＊別訳「支配する者たちよ」
　 ②イザ1:10
15 ＊→イザ5:14＊
　 ＊＊「先見者」の読み替え
　 ①イザ28:2
　 ②エレ5:12, アモ9:10
　 ③イザ30:9, 57:11, 59:3, 詩12:2

16 ①ロマ9:33, 10:11, Ⅰペテ2:6
　 ＊子音字は「主」
　 ②詩118:22, マタ21:42, マコ12:10, ルカ20:17, 使4:11, エペ2:20, Ⅰコリ3:11
　 ＊＊「これで」は補足
17 ①Ⅱ列21:13, アモ7:7-9
　 ②イザ5:16, 30:18, 61:8
　 ③イザ28:2, ヨシ10:11
18 ＊→イザ5:14＊
　 ①イザ28:15
　 ②イザ10:6
19 ①イザ22:22
　 ②哀2:22
20 ①イザ59:6
　 ＊あるいは「おおい」
21 ①Ⅱサム5:18-20, Ⅰ歴14:9-11
　 ②ヨシ10:10, 12, Ⅱサム5:25, Ⅰ歴14:16
　 ③イザ10:12, 29:14
22 ①イザ28:14

①16 ダニ3:1-27

ば酔って自制できなくなるような酒ではなく、神の御霊に満たされるべきである（→エペ5:18）。

28:11 もつれた舌 もしイスラエルの民がイザヤに耳を傾けることを拒むなら神は外国の軍事力によってご自分のメッセージを強制的に聞かせられる。それは理解できないことばを話すアッシリア軍である。

28:13 手足を折られ、わなにかかって 人々が預言者のメッセージを拒んだので、神が不合理であるかのように見せながら、たわごと（「戒めに戒め、・・・規則に規則、・・・ここに少し、あそこに少し」）のように聞こえるとイザヤは言っている。けれども神はこのメッセージを使って人々が自分たちの神について知らず、

理解していないことを示された。このように心が固いのでさばきと捕囚はいよいよ確実になる（→6:9注）。

28:15 死と契約を結び ほかの神々を礼拝している人々はこれらの悪魔的な力（⇒8:19, →「**偶像礼拝**」の項p.468）に傾倒していることで偽りの安心感を持っていた。その力が災害から守ってくれると考えたのである。けれども実際には自分たちの破滅を確実にしていた。

28:16 わたしはシオンに一つの石を・・・据える 「かしら石」は建物の基礎の中心の石である。この預言では、石は主ご自身である（⇒8:14, 17:10, 創49:24）。神への信仰だけが本当の安全の源であり、救い

るな。
あなたがたを縛るかせが、
きつくされるといけないから。
私は万軍の神、主から、
全世界に下る決定的な全滅について
聞いているのだ。

23 あなたがたは、私の声に耳を傾けて聞け。
私の言うことを、注意して聞け。
24 農夫は、種を蒔くために、
いつも耕して、その土地を起こし、
まぐわでならしてばかりいるだろうか。
25 その地面をならしたら、
①*ういきょうを蒔き、クミンの種を蒔き、
小麦をうねに、大麦を定まった場所に、
②裸麦をその境に植えるではないか。
26 農夫を指図する神は、
彼に正しく教えておられる。
27 ういきょうは打穀機で打たれず、
クミンの上では脱穀車の車輪を回さない。
ういきょうは杖で、
クミンは棒で打たれるからである。
28 パンのための麦は砕かれない。
打穀をいつまでも続けることがないからだ。
脱穀車の車輪を回しても、
馬がこれを砕きはしない。
29 ① これもまた、万軍の主のもとから出ることで、

22 ②→イザ3:15
 *子音字は「主」
 ③イザ10:22, 23
25 ①マタ23:23
 *あるいは「いのんど」
 **「きび」の読み替え
 ②出9:32
29 ①エレ32:19, ロマ11:33
 ②→イザ21:10

1 ①Ⅱサム5:9
 ②イザ30:29,
 エゼ45:17, 21, 23, 25,
 46:11, ホセ2:11,
 アモ5:21, 8:10,
 ナホ1:15,
 ゼカ14:16, 18, 19,
 マラ2:3, →Ⅰ列8:65
2 ①イザ3:26, 哀2:5
3 ①ルカ19:43
5 *直訳「他国人」
 ①イザ13:11, 25:3-5,
 29:20, 49:25
 ②イザ17:13
 ③イザ17:14, 30:13,
 47:11, Ⅰテサ5:3
6 ①→イザ21:10
 ②出19:16, Ⅰサム2:10,
 黙11:19, 16:18
 ③マタ24:7, マコ13:8,
 ルカ21:11, 黙13:13

そのはかりごとは奇しく、
そのおもんぱかりはすばらしい。

ダビデの町へのさばき

29

1 ああ。アリエル、アリエル。
①ダビデが陣を敷いた都よ。
年に年を加え、祭りを巡って来させよ。
2 わたしはアリエルをしいたげるので、
そこにはうめきと嘆きが起こり、
そこはわたしにとっては祭壇の炉のようになる。
3 わたしは、あなたの回りに陣を敷き、
あなたを前哨部隊で囲み、
①あなたに対して塁を築く。
4 あなたは倒れて、地の中から語りかけるが、
あなたの言うことは、ちりで打ち消される。
あなたが地の中から出す声は、
死人の霊の声のようになり、
あなたの言うことは、
ちりの中からのささやきのようになる。
5 *しかし、あなたの敵の群れも、
細かいほこりのようになり、
①横暴な者の群れは、
②吹き飛ぶもみがらのようになる。
しかも、それはにわかに、③急に起こる。
6 ①万軍の主は、
②雷と地震と大きな音をもって、

の唯一の希望、唯一の堅い土台である。新約聖書はこの節がイエス・キリストによって成就したと宣言している(ロマ9:33, Ⅰコリ3:11, エペ2:20, Ⅰペテ2:4-6)。キリストを土台として神が正しいと示されることを行い、神の完全な正義を実行する新しい民を神は建上げるのである(28:17, ⇒詩118:22)。

28:23-29 私の声に・・・聞け この部分は詩文のたとえ(道徳的霊的な教訓を教え、特定の内容を明らかにするための比喩的な話)である。そして農夫の仕事のように入念に計画され、最も良い時に示される神の知恵とさばきをほめたたえている。つまり、人々を成長発達させる神の行動は完全である。成長した人々は将来神との模範的関係を持つようになる。この成長のためには神の民は神の声を聞くことを学び続けることが必要である。みことばと祈りに時間を割くことによってこれが可能になる。

29:1-4 ああ。アリエル アリエル(「神のライオン」の意味)はエルサレムの象徴的な名前である。エルサレムの住人は安全だと感じていつものように宗教的な祭りを行っていたけれども、神は罪に対して厳しいさばきを下される。神の基準と期待を知っている人々がかたくなにそれらを拒み続けるなら自分たちが反抗していることも、最終的には神に立返る必要があることもわからないようになる。その結果、神は人々を御* から取除かれる(→黙2:5注)。

29:5-8 敵の群れ 恐ろしいさばきがエルサレムに迫ってはいるけれども、神がご自分の民を救い、エルサレムの敵を滅ぼされる時も来る。イザヤの預言はセ

つむじ風と暴風と焼き尽くす火の炎をもって、
あなたを訪れる。
7 アリエルに戦いをいどむすべての民の群れ、
これを攻めて、これを取り囲み、
これをしいたげる者たちはみな、
夢のようになり、夜の幻のようになる。
8 飢えた者が、夢の中で食べ、
目がさめると、その腹はからであるように、
渇いている者が、夢の中で飲み、
目がさめると、
なんとも疲れて、のどが干からびているように、
シオンの山に戦いをいどむすべての民の群れも、
そのようになる。

9 のろくなれ。驚け。
目を堅くつぶって見えなくなれ。
彼らは酔うが、ぶどう酒によるのではない。
ふらつくが、強い酒によるのではない。
10 主が、あなたがたの上に深い眠りの霊を注ぎ、
あなたがたの目、預言者たちを閉じ、
あなたがたの頭、先見者たちをおおわれたから。
11 そこで、あなたがたにとっては、すべての幻が、封じられた書物のことばのようになった。これを、読み書きのできる人に渡して、「どうぞ、これを読んでください」と言っても、「これは、封じられているから読めない」と言い、
12 また、その書物を、読み書きのできない人に渡して、「どうぞ、これを読んでください」と言っても、「私は、読み書きができない」と答えよう。

13 そこで主は仰せられた。
「この民は口先で近づき、
くちびるでわたしをあがめるが、
その心はわたしから遠く離れている。
彼らがわたしを恐れるのは、
人間の命令を教え込まれてのことにすぎない。
14 それゆえ、見よ、
わたしはこの民に再び不思議なこと、
驚き怪しむべきことをする。
この民の知恵ある者の知恵は滅び、
悟りある者の悟りは隠される。」

15 ああ。
主に自分のはかりごとを深く隠す者たち。
彼らはやみの中で事を行い、
そして言う。「だれが、私たちを見ていよう。
だれが、私たちを知っていよう」と。
16 ああ、あなたがたは、物をさかさに考えている。
陶器師を粘土と同じにみなしてよかろうか。
造られた者が、それを造った者に、
「彼は私を造らなかった」と言い、
陶器が陶器師に、
「彼はわからずやだ」と言えようか。

ナケリブが侵攻してきたときに(→10:5-19)、アッシリヤから守られたことを言っていると思われる。残念なことにこの奇蹟によっても人々は反抗的な生き方を変えて神に従おうとしなかった。したがってバビロニヤが侵略してくるときに(前605, 597, 586)、さらに一連のさばきが下る。

29:13 その心はわたしから遠く離れている 神の民は祈り礼拝し、神への賛美を歌って献身しているように見えても、心は完全に神と神の戒めにささげられていなかった。神の直接の啓示と正しい基準に従っても従わなくても構わないもののように振舞っていた。人々の生活は宗教儀式や伝統で満たされていて、それによって誤った安心感を持っていたけれども、基本的には好き勝手なことをしていた(⇒エレ4:3-4, 24:7, 31:31-34)。残念ながらこのような霊的なむなしさは今日の教会にも起こるし、ある教会では実際に起きている。人々は心から神を愛しておらず、神の基準に従って生きようともしていないのに、口では神を賛美しほめたたえているように見える。礼拝が終るとその人々は自分中心の快楽だけのために生き続ける(→マコ7:6注, 7:8注)。その結果、霊的には盲目になり自分自身を実際にだまし始めるのである(29:14)。

17 もうしばらくすれば、確かに、
　　レバノンは果樹園に変わり、
　　果樹園は森とみなされるようになる。
18 その日、耳の聞こえない者が書物のこ
　　とばを聞き、
　　目の見えない者の目が暗黒とやみから
　　物を見る。
19 へりくだる者は主によっていよいよ喜
　　び、
　　貧しい人はイスラエルの聖なる方に
　　よって
　　楽しむ。
20 ①横暴な者はいなくなり、
　　あざける者は滅びてしまい、
　　悪をしようとうかがう者はみな、
　　断ち滅ぼされるからだ。
21 彼らは、うわさ話で他人を罪に陥れ、
　　①城門でさばきをする者のあげあしを取
　　り、
　　②正しい人を、むなしい理由でくつがえ
　　す。

22 それゆえ、アブラハムを贖われた①主は、
　　ヤコブの家について、こう仰せられる。
　　「今からは、ヤコブは恥を見ることが
　　ない。
　　今からは、顔色を失うことがない。
23 彼らが自分の子らを見、
　　自分たちの中で、わたしの手のわざを
　　見るとき、
　　③彼らはわたしの名を聖とし、
　　④ヤコブの聖なる方を聖とし、

17 ①イザ32:15
18 ①イザ32:3, 35:5,
　　マタ11:5
19 ①Ⅰサム2:8,
　　ルカ1:51-53
　　②イザ3:14,
　　詩25:9, 37:11
　　③イザ1:4
20 ①イザ29:5
　　②イザ28:14
21 ①アモ5:10
　　②イザ10:2, 32:7,
　　アモ5:12
22 ①イザ41:8, 51:2, 63:16
　　②エレ30:10
　　③イザ45:17, 49:23,
　　50:7, 54:4
23 ①イザ49:20, 21, 54:1
　　②イザ45:11, 60:21,
　　64:8, エペ2:10
　　③イザ8:13
　　④イザ1:4

24 ①ヘブ5:2
　　②イザ54:13

1 ①イザ20:5, 31:1, 3,
　　36:6, 9, Ⅱ列18:21,
　　エレ2:36, 42:18, 22,
　　エゼ16:26
　　②イザ1:2, 23, 30:9,
　　65:2
　　③イザ29:15
2 ①イザ8:19
4 ①イザ19:11, 13,
　　エゼ30:14
6 ①創12:9
　　②イザ46:1

　　イスラエルの①神を恐れるからだ。
24 ①心の迷っている者は悟りを得、
　　つぶやく者もおしえを②学ぶ。」

頑固な国への災い

30

1 ①「ああ。反逆の子ら。
　　——主の御告げ——
　　彼らははかりごとをめぐらすが、わた
　　しによらず、
　　同盟を結ぶが、わたしの霊によらず、
　　罪に罪を増し加えるばかりだ。
2 彼らはエジプトに下って行こうとする
　　が、
　　わたしの指示をあおごうとしない。
　　パロの保護のもとに身を避け、
　　エジプトの陰に隠れようとする。
3 しかし、パロの保護にたよることは、
　　あなたがたの恥をもたらし、
　　エジプトの陰に身を隠すことは、
　　侮辱をもたらす。
4 その①首長たちがツォアンにいても、
　　その使者たちがハネスに着いても、
5 彼らはみな、自分たちの役に立たない
　　民のため、
　　はずかしめられる。
　　その民は彼らの助けとならず、役にも
　　立たない。
　　かえって、恥となり、そしりとなる。」

6 ①ネゲブの獣に対する宣告。
　　「苦難と苦悩の地を通り、

29:17-24　果樹園　イザヤのさばきの預言にはいつも希望が含まれている。それはイザヤの主題の一つがイスラエルの回復だったからである。ここでは今の時代の終わりに、イスラエルの身分の低い貧しい人々が神に立返り(29:18-19)、邪悪な人々が滅ぼされる(29:20-21)様子を一目見ることができる。キリストが地上を治めるために再び来られる少し前にイスラエルは完全に回復される(→ロマ11:26注、黙12:6注、→「**神の計画の中のイスラエル**」の項 p.2077)。キリストの最初の来臨の特徴(→「**キリストの奇蹟**」の表 p.1942)は目の見えない人が見、耳の聞こえない人が聞くという奇蹟だった(29:18、⇒32:3, 35:5)。キリストが再び来られるときには神の民が完全な霊的癒しと解放と報酬を受ける。

30:1-5　はかりごとを・・・わたしによらず　ユダはアッシリヤの攻撃から守ってもらうためにエジプトとの同盟(政治的軍事的協力)を模索した(Ⅱ列18:21)。けれどもそうすることによってユダは神の忠告を拒み神の約束を信じないで、聖い生活の原則を捨てたのである。神の御霊の力ではなく人間の力と能力による助けを求めることによってユダは公然と神を軽んずし、侮辱したのである(→ゼカ4:6注)。

30:6-7　ネゲブ　ネゲブは南パレスチナの南の荒れた危険な地域で、野生の動物が多くいた。ユダからの

雌獅子や雄獅子、
まむしや飛びかける燃える蛇のいる所を通り、
彼らはその財宝をろばの背に載せ、
宝物をらくだのこぶに載せて、
役にも立たない民のところに運ぶ。

7 そのエジプトの助けはむなしく、うつろ。
だから、わたしはこれを
『何もしないラハブ』と呼んでいる。」

8 今、行って、これを彼らの前で板に書き、
書物にこれを書きしるし、
後の日のためとせよ。世々限りなく。

9 彼らは反逆の民、うそつきの子ら、
主のおしえを聞こうとしない子らだから。

10 彼らは予見者に「見るな」と言い、
先見者にはこう言う。
「私たちに正しいことを預言するな。
私たちの気に入ることを語り、
偽りの預言をせよ。

11 道から離れ、小道からそれ、
私たちの前からイスラエルの聖なる方を消せ。」

12 それゆえ、
イスラエルの聖なる方は、こう仰せられる。

「あなたがたはわたしの言うことを
ないがしろにし、
しいたげと悪巧みに拠り頼み、
これにたよった。

13 それゆえ、このあなたがたの不義は、
そそり立つ城壁に広がって
今にもそれを倒す裂け目のようになる。
それは、にわかに、急に、破滅をもたらす。

14 その破滅は、陶器師のつぼが
容赦なく打ち砕かれるときのような破滅。
その破片で、炉から火を集め、
水ためから水を汲むほどのかけらさえ
見いだされない。」

15 神である主、イスラエルの聖なる方は、こう仰せられる。
「立ち返って静かにすれば、
あなたがたは救われ、
落ち着いて、信頼すれば、
あなたがたは力を得る。」
しかし、あなたがたは、これを望まなかった。

16 あなたがたは言った。
「いや、私たちは馬に乗って逃げよう。」
それなら、あなたがたは逃げてみよ。
「私たちは早馬に乗って。」
それなら、あなたがたの追っ手はなお速い。

商人や旅行者は商品や富をエジプトに運ぶためにこの地域を通らなければならなかった。ラハブは神話的な海の怪物でここではエジプトの高慢と無力さの象徴として言われている。エジプトへの旅は何の利益にもならないし、エジプトは助けにならないとイザヤは言っている。

30:10 気に入ることを語り 人々は神を敬わない自分たちの生活を非難する預言者のメッセージを聞くことに耐えられなかった。（1）イザヤが求める聖い（道徳的に純粋、霊的に健全、悪からの分離）生活と神について聞くことにうんざりしていた。不快感を与えないで励みになる心地よいメッセージを聞きたかったのである。（2）パウロは若い牧師テモテへの第二の手紙の中で、終りのときには信仰者の様々なグループの中で似通った態度が見られると言っている。この人々は真理を伝える神のメッセンジャーを拒んで、代りに聞きたいことを説教する指導者を選ぶ（→**「にせ教師」**の項 p.1758）。そして罪や世的なものに挑戦することもさらけ出すこともない、楽しく面白いへつらうメッセージ（聴衆が罪の中に生きていても聴衆を持ち上げる説教）にこだわる。このようなメッセージは、たとい何をしても神は愛し受入れてくれると言って偽りの安心感を与えている（→Ⅱテモ4:3-4注）。

30:15 立ち返って・・・あなたがたは救われ 立返るとは心と思いと方向を変えることで、自分たちの道から向きを変えて神と神の道に従うことである。もしユダの指導者と人々がへりくだって罪を捨てて神に立返って頼りさえするなら救われる。けれども神に耳を傾けず応答しないので、ユダは敗北し捨てられる。そして神を拒んだ結果はどうなるかを示す事例になって

17 ひとりのおどしによって千人が逃げ、
五人のおどしによってあなたがたが逃げ、
ついに、山の頂の旗ざお、
丘の上の旗ぐらいしか残るまい。

18 それゆえ、主は
あなたがたに恵もうと待っておられ、
あなたがたをあわれもうと立ち上がられる。
主は正義の神であるからだ。
幸いなことよ。主を待ち望むすべての者は。

19 ああ、シオンの民、エルサレムに住む者。もうあなたは泣くことはない。あなたの叫び声に応じて、主は必ずあなたに恵み、それを聞かれるとすぐ、あなたに答えてくださる。

20 たとい主があなたがたに、乏しいパンとわずかな水とを賜っても、あなたの教師はもう隠れることなく、あなたの目はあなたの教師を見続けよう。

21 あなたが右に行くにも左に行くにも、あなたの耳はうしろから「これが道だ。これに歩め」と言うことばを聞く。

22 あなたは、銀をかぶせた刻んだ像と、金をかぶせた鋳物の像を汚し、汚れた物としてそれをまき散らし、これに「出て行け」と言うであろう。

23 主は、あなたが畑に蒔く種に雨を降らせ、その土地の産する食物は豊かで滋養がある。その日、あなたの家畜の群れは、広々とした牧場で草をはみ、

24 畑を耕す牛やろばは、シャベルや熊手でふるい分けられた味の良いまぐさを食べる。

25 大いなる虐殺の日、やぐらの倒れる日に、すべての高い山、すべてのそびえる丘の上にも、水の流れる運河ができる。

26 主がその民の傷を包み、その打たれた傷をいやされる日に、月の光は日の光のようになり、日の光は七倍になって、七つの日の光のようになる。

27 見よ。主の御名が遠くから来る。
その怒りは燃え、
その燃え上がることはものすごく、
くちびるは憤りで満ち、
舌は焼き尽くす火のようだ。

28 その息は、ほとばしって、
首に達するあふれる流れのようだ。
破滅のふるいで国々をふるい、
迷い出させる手綱を、国々の民のあごにかける。

29 あなたがたは、祭りを祝う夜のように歌い、
主の山、イスラエルの岩に行くために、
笛に合わせて進む者のように心楽しむ。

30 しかし、主は威厳のある御声を聞かせ、
激しい怒りと、焼き尽くす火の炎と、
大雨と、あらしと、雹の石をもって、
御腕の下るのを示される。

31 主の御声を聞いてアッシリヤはののく。
主が杖でこれを打たれるからだ。

32 主がこれに下す懲らしめのむちのしなうごとに、
タンバリンと立琴が鳴らされる。
主は武器を振り動かして、これと戦う。

33 すでにトフェテも整えられ、
特に王のために備えられているからだ。

しまう (30:17)。

30:18-26 恵もうと待っておられ 神の民が恵みを受けるにふさわしくないけれども、誠意をもって神を知り神に従いたいという願いを表しさえするなら、神はあわれみと慈しみを示したいと望んでおられる (→詩42:2注)。ご自分の民を罰した後でも神は慰め (30:19) と導き (30:20) を与えて再び好意を示される。もし偶像を退けるなら神は忠実な人々に契約の祝福を回復してくださる (30:23、⇒申28:11-12)。最終的にいつの日か神はメシヤ (救い主、キリスト) のそばの特別な場所を備えてくださる。

30:25 大いなる虐殺の日 この預言が示すさらに近い出来事はアッシリヤの転覆である (30:31)。遠い未来については大患難のときの終りにあるハルマゲドンの戦いに当てはめられる。そのときにキリストはご自分の民を救い、邪悪な者を滅ぼすために再び来られる (→黙16:16注, 19:17注, →「**終末の事件**」の表 p.2471)。

30:27-33 怒りは燃え この預言はアッシリヤ軍

イザヤ書 30-32章

それは深く、広くされてあり、
そこには火とたきぎとが多く積んである。
主の息は硫黄の流れのように、それを燃やす。

エジプトに頼る者への災い
31

1 ああ。
助けを求めてエジプトに下る者たち。
彼らは馬にたより、
多数の戦車と、非常に強い騎兵隊とに拠り頼み、
イスラエルの聖なる方に目を向けず、
主を求めない。

2 しかし主は、知恵ある方、
わざわいをもたらし、
みことばを取り消さない。
主は、悪を行う者の家と、
不法を行う者を助ける者とを攻めたてられる。

3 エジプト人は人間であって神ではなく、
彼らの馬も、肉であって霊ではない。
主が御手を伸ばすと、
助ける者はつまずき、助けられる者は倒れて、
みな共に滅び果てる。

4 まことに主は、私にこう仰せられる。
「獅子、あるいは若獅子が
獲物に向かってほえるとき、
牧者がみなそのところに集められても、
それは、彼らの声に脅かされず、

33 ②イザ11:4
③イザ34:9, 創19:24, 申29:23, 詩11:6

1 ①イザ30:2
②イザ2:7, 30:16, 申17:16, 詩20:7, 33:17
③ホセ10:13
④イザ1:4
⑤イザ9:13, ダニ9:13, ホセ7:7, アモ5:4-6

2 ①イザ28:29, ロマ16:27
②イザ45:7
③民23:19, エレ44:29
④イザ1:4, 9:17, 14:20

3 ①エゼ28:9
②イザ9:17, エレ15:6, エゼ10:33
③イザ10:3, 20:6, 30:5, 7, マタ15:14
④ホセ11:10, アモ3:8

②イザ42:13
③→イザ21:10
＊別訳「その丘で戦う」
5 ①申32:11
②イザ37:35, 38:6
③詩37:40
6 ①イザ1:2, 5
②イザ44:22, 55:7, エレ3:12, 14, 22, ゼカ1:3, 4
7 ①イザ2:20, 30:22
②→イザ2:8
8 ①イザ10:12, 14:25, 30:31, 37:36
②イザ66:16
③創49:15
9 ①申32:31, 37
②イザ37:7
③イザ10:16, 17, ゼカ2:5

1 ①イザ9:6, 7, 11:3-5, 詩72:1-4, エレ23:5, 6, 33:15, ゼカ9:9
2 ①イザ4:6, 25:4
②イザ35:6, 41:18, 43:19, 20

彼らの騒ぎにも動じない。
そのように、万軍の主は下って来て、
シオンの山 ＊ とその丘を攻める。

5 万軍の主は飛びかける鳥のように、
エルサレムを守り、
これを守って救い出し、これを助けて解放する。」

6 イスラエルの子らよ。あなたがたが反逆を深めているその方のもとに帰れ。

7 その日、イスラエルの子らは、おのおの自分のために自分の手で造って罪を犯した銀の偽りの神々や金の偽りの神々を退けるからだ。

8 アッシリヤは人間のものでない剣に倒れ、
人間のものでない剣が彼らを食い尽くす。
アッシリヤは剣の前から逃げ、
若い男たちは苦役につく。

9 岩も恐れのために過ぎ去り、
首長たちも旗を捨てておののき逃げる。
——シオンに火を持ち、
エルサレムにかまどを持つ主の御告げ——

正義の国
32

1 見よ。ひとりの王が正義によって治め、
首長たちは公義によってつかさどる。

2 彼らはみな、風を避ける避け所、
あらしを避ける隠れ場のようになり、
砂漠にある水の流れ、

敗北と転覆についてのものである(30:31, ⇒37:36)。

31:1 ああ 主に頼るよりもエジプトの軍事力に頼る(⇒申17:16)という悪を行った人々（31:2）についてイザヤは悲しみと苦悩を宣言した。私たちもユダと同じ罪を犯さないように気を付けなければならない。神と神の目的を無視して人間の力と知識と技術に頼ってはならない。主に頼り、主の戒めを尊び、主の導きを求めて毎日祈らなければならない。主は私たちがどんな情況にも立向かえるように助けてくださり、主の方法で主の時に必要を満たしてくださる(⇒ヘブ4:16)。

31:4-9 シオンの山・・・を攻める 「シオン」はエルサレムのことで、神の臨在と栄光が神の民の間に宿る場所を表している。そこから神のさばきの火が燃え上がり(31:9)、邪悪な人々を焼き尽くす(→10:16, 30:33, ⇒レビ10:2, ヨエ3:16, アモ1:2)。神は強力で恐ろしいライオンのようにやって来て、勇士のようにアッシリヤと戦ってエルサレムを守られる(⇒37:36)。そこでイザヤは偶像を退けて主への信仰を新しくするようにイスラエルに呼びかけた。

32:1-8 ひとりの王が正義によって治め この預言は将来キリストが全世界を支配されることを指してい

かわききった地にある
大きな岩の陰のようになる。
3 見る者は目を堅く閉ざさず、
聞く者は耳を傾ける。
4 気短な者の心も知識を悟り、
どもりの舌も、
はっきりと早口で語ることができる。
5 もはや、しれ者が
高貴な人と呼ばれることがなく、
ならず者が上流の人と言われることもない。
6 なぜなら、しれ者は恥ずべきことを語り、
その心は不法をたくらんで、神を敬わず、
主に向かって迷いごとを語り、
飢えている者を飢えさせ、
渇いている者に飲み物を飲ませないからだ。
7 ならず者、そのやり方は悪い。
彼はみだらなことをたくらみ、
貧しい者が正しいことを申し立てても、
偽りを語って身分の低い者を滅ぼす。
8 しかし、高貴な人は高貴なことを計画し、
高貴なことを、いつもする。

エルサレムの女たち

9 のんきな女たちよ。
立ち上がって、わたしの声を聞け。
うぬぼれている娘たちよ。
わたしの言うことに耳を傾けよ。
10 うぬぼれている女たちよ。
一年と少しの日がたつと、
あなたがたはわななく。
ぶどうの収穫がなくなり、
その取り入れもできなくなるからだ。
11 のんきな女たちよ。おののけ。
うぬぼれている女たちよ。わななけ。
着物を脱ぎ、裸になり、腰に荒布をまとえ。
12 胸を打って嘆け。
麗しい畑、実りの多いぶどうの木のために。
13 いばらやおどろの生い茂る
わたしの民の土地のために。
そして、すべての楽しい家々、おごる都のために。
14 なぜなら、宮殿は見捨てられ、
町の騒ぎもさびれ、
オフェルと見張りの塔は、
いつまでも荒地となり、
野ろばの喜ぶ所、羊の群れの牧場となるからだ。

15 しかし、ついには、
上から霊が私たちに注がれ、
荒野が果樹園となり、
果樹園が森とみなされるようになる。
16 公正は荒野に宿り、義は果樹園に住む。

---

3 ①イザ29:18, 35:5
4 ①イザ29:24
5 ①Ⅰサム25:25
6 ①伝10:13, 14, 詩14:1
  ＊あるいは「愚かなこと」
  ＊＊あるいは「神から遠ざかり」
7 ①エレ5:26-28, 詩10:2
  ②イザ10:2
9 ①イザ47:8
  ②イザ28:23

10 ①イザ7:23, 24:7
11 ①イザ15:3, 22:12
12 ①ナホ2:7
  ②→イザ16:8
13 ①イザ5:6, 6:7:23, ホセ9:6
  ②イザ22:2
14 ①イザ13:22, 25:2, 34:13
  ②イザ25:2, 27:10
  ＊別訳「ほら穴」
  ③詩104:11, エレ14:6
15 ①イザ11:2, 44:3, 59:21, エゼ39:29, ヨエ2:28, 詩104:30
  ②イザ41:18
16 ①イザ33:5, 詩72:2

る(⇒9:7, 11:4, 16:5)。それは義(道徳性、公義、正直、すべてが正しい)による支配であり、人々がみな神のことばの原則と基準によって生きるのである。

32:9-14　のんきな女たち　イスラエル人は自分たちの罪が家族や国を破壊しているのに神を敬わない生活をしてうぬぼれていた(うかつな自己満足)。イザヤはこの人々に胸を打ち(32:12)、震え(32:11)、腰に荒布をまとい(一般的に嘆くときにまとう動物の毛で粗く織られた布 32:11)、わななく(32:11)べきであると言った。これらはみな罪に対する嘆きと深い悲しみと後悔のしるしである。さらに神がご自分の霊を送って新しくしてくださるまで神に叫ぶべきである(32:15)。今日、罪やサタンや世的な態度が神の民の中に入ってきたら私たちも嘆き悲しみ、神が人を造り変える聖霊の力によって好意と栄光を回復してくださるように叫ばなければならない(32:15-16, ⇒35:)。

32:15-20　ついには、上から霊が私たちに注がれ　イザヤは、歴史の終わりにキリストが地上を治めるという主題に戻る(→32:1-8注)。これはメシヤの王国時代とかキリストの千年王国とも言われる。(1) この王国の時代が正義と祝福に満ちて完全になるのは、神の民とその子孫に聖霊が「注がれた」(満たし力を与えるために豊かに送られること)結果である(⇒44:3)。(2) 今の時代にも霊的な救いと神との個人的な関係を持つ祝福が聖霊を通して与えられる。聖霊はキリストに従う人々の上に神の目的を実現し、神のメッセージを伝えるために導きと力を与えるために注がれている(⇒ヨエ2:28-32, 使1:8注, 2:4注)。けれどもこの

17 義は平和をつくり出し、
義はとこしえの平穏と信頼をもたらす。
18 わたしの民は、平和な住まい、
安全な家、安らかないこいの場に住む。
19 ──雹が降ってあの森を倒し、
あの町は全く卑しめられる。──
20 ああ、幸いなことよ。
すべての水のほとりに種を蒔き、
牛とろばとを放し飼いするあなたがたは。

苦難と助け

33

1 ああ。
自分は踏みにじられなかったのに、
人を踏みにじり、
自分は裏切られなかったのに、
人を裏切るあなたは。
あなたが踏みにじることを終えるとき、
あなたは踏みにじられ、
あなたが裏切りをやめるとき、
あなたは裏切られる。

2 主よ。私たちをあわれんでください。
私たちはあなたを待ち望みます。
朝ごとに、私たちの腕となり、
苦難の時の私たちの救いとなってください。

3 騒ぎの声に国々の民は逃げ、
あなたが立ち上がると、国は散らされます。

4 あなたがたの分捕り物は、
油虫が物を集めるように集められ、
いなごの群れが飛びつくように飛びつかれる。

17 ①イザ2：4, 26：12,
詩72：3, 85：8, 119：165,
ロマ14：17, ヤコ3：18
18 ①ホセ2：18, 19
19 ①イザ28：2
②イザ10：18, 34,
ゼカ11：2
③イザ24：12, 27：10
20 ①イザ30：23, 24
②→イザ30：18

1 ①イザ21：2, 箴22：23,
ハバ2：6, 黙13：10
②イザ24：16, 48：8
2 ①イザ30：18, 19
②イザ25：9, 30：18
＊「彼らの」の読み替え
②イザ40：10, 51：5,
59：16
③詩46：1
3 ①エレ25：30, 31
②イザ17：13, 民10：35,
詩68：1

5 ①詩83：18, 97：9
②イザ32：16
③イザ1：26
6 ①イザ33：20
②イザ11：9
③イザ45：17, 51：6
④イザ11：3, 詩112：1-3
7 ＊あるいは「アリエルの者」, イザ29：1
8 ①イザ24：5
＊あるいは「証人たちは」と読み替え
9 ①イザ24：4
②イザ2：13, 10：34
③イザ35：2, 65：10
④アモ1：2
10 ①詩12：5
11 ①イザ26：18
12 ①イザ9：18, 10：17,
27：4, Ⅱサム23：6, 7
13 ①イザ49：1
14 ①イザ30：27, 30,
申4：24, ヘブ12：29

5 主はいと高き方で、高い所に住み、
シオンを公正と正義で満たされる。
6 あなたの時代は堅く立つ。
知恵と知識とが、救いの富である。
主を恐れることが、その財宝である。
7 見よ。彼らの勇士はちまたで叫び、
平和の使者たちは激しく泣く。
8 大路は荒れ果て、道行く者はとだえ、
契約は破られ、町々は捨てられ、
人は顧みられない。
9 国は喪に服し、しおれ、
レバノンははずかしめを受けて、しなび、
シャロンは荒地のようになり、
バシャンもカルメルも葉を振り落とす。
10 「今、わたしは立ち上がる」と主は仰せられる。
「今、わたしは自分を高め、
今、あがめられるようにしよう。
11 あなたがたは枯れ草をはらみ、わらを産む。
あなたがたの息は、あなたがたを食い尽くす火だ。
12 国々の民は焼かれて石灰となり、
刈り取られて火をつけられるいばらとなる。
13 遠くの者よ。わたしのしたことを聞け。
近くの者よ。わたしの力を知れ。」
14 罪人たちはシオンでわななき、
神を敬わない者は恐怖に取りつかれる。
「私たちのうち、
だれが焼き尽くす火に耐えられよう。
私たちのうち、

体験は部分的でしかない。終りのときに完全な霊的自由と完全な聖霊の注ぎが与えられるのを待ち祈らなければならない(→「**聖霊の教理**」の項 p.1970)。

33：1 ああ この節はアッシリヤに直接適用される。アッシリヤはあわれみを示さないので間もなく滅ぼされる。けれどもこの節は反キリストとサタンにも適用される(→黙19：20, 20：10)。両者ともやがて征服される

れて永遠の火の池に投げ込まれる(黙19：20, 20：10)。

33：2-9　【主】よ。私たちをあわれんでください　これは神に忠実だった人々の祈りである。自分たちを救い、敵を滅ぼすという約束を果たしてくださいと求めている。

33：14-16　焼き尽くす火に耐えられよう　イザヤはさばきの「火」を通り抜けて来る忠実な人々について描

だれがとこしえに燃える炉に耐えられよう。」
15 正義を行う者、まっすぐに語る者、
強奪による利得を退ける者、
手を振ってわいろを取らない者、
耳を閉じて血なまぐさいことを聞かない者、
目を閉じて悪いことを見ない者、
16 このような人は、高い所に住み、
そのとりでは岩の上の要害である。
彼のパンは与えられ、その水は確保される。

17 あなたの目は、麗しい王を見、
遠く広がった国を見る。
18 あなたの心は、恐ろしかった事どもを思い起こす。
「数えた者はどこへ行ったのか。
測った者はどこへ行ったのか。
やぐらを数えた者はどこへ行ったのか。」
19 あなたは、もう横柄な民を見ない。
この民のことばはわかりにくく、
その舌はどもって、わけがわからない。
20 私たちの祝祭の都、シオンを見よ。
あなたの目は、安らかな住まい、
取り払われることのない天幕、エルサレムを見る。
その鉄のくいはとこしえに抜かれず、
その綱は一つも切られない。
21 しかも、そこには威厳のある主が
私たちとともにおられる。
そこには多くの川があり、広々とした川がある。
櫓をこぐ船もそこを通わず、
大船もそこを通らない。

22 まことに、主は私たちをさばく方、
主は私たちの立法者、
主は私たちの王、
この方が私たちを救われる。

23 あなたの帆の綱は解け、
帆柱の基は、結びつけることができず、
帆は、張ることもできない。
そのとき、おびただしい分捕り物や獲物は
分け取られ、
足のなえた者も獲物をかすめる。
24 そこに住む者は、だれも
「私は病気だ」とは言わず、
そこに住む民の罪は赦される。

国々へのさばき

34

1 国々よ。近づいて聞け。
諸国の民よ。耳を傾けよ。
地と、それに満ちるもの、
世界と、そこから生え出たすべてのものよ。聞け。
2 主がすべての国に向かって怒り、
すべての軍勢に向かって憤り、
彼らを聖絶し、
彼らが虐殺されるままにされたからだ。
3 彼らの殺された者は投げやられ、
その死体は悪臭を放ち、
山々は、その血によって溶ける。
4 天の万象は朽ち果て、
天は巻き物のように巻かれる。
その万象は、枯れ落ちる。
ぶどうの木から葉が枯れ落ちるように。
いちじくの木から葉が枯れ落ちるように。

いている。その人々の会話や行動や態度は神と正しい関係を持った心から流れ出るものである。この説明によると神を敬う人とは、（1）神の律法の正しい要求に従って生きる、（2）正直に心から話す、（3）不正な方法でもうけることを拒む、（4）暴力的な犯罪に加わることを拒む、（5）悪を行うことを考えたり、ほかの人々の邪悪な振舞を喜ばない人である。

33:17-24　王　これは地上での未来の神の国についての預言と思われる。そのときの王はメシヤ、イエス・キリストである。

34:1-7　すべての国・・・聖絶し　ここでは終りのときにすべての国々に影響を及ぼす恐ろしいさばきの概要が示されている。そしてあらゆる罪や反抗に対する神の怒り（神の正当な怒りと報復と罰）が描かれている（34:2-3、→黙16:16注，19:17注）。このさばきには天で起こる大変異常なことが含まれている（34:4,

イザヤ書 34–35章

5 天ではわたしの剣に血がしみ込んでいる。
見よ。これがエドムの上に下り、
わたしが聖絶すると定めた民の上に下るからだ。

6 主の剣は血で満ち、脂肪で肥えている。
子羊ややぎの血と、
雄羊の腎臓の脂肪で肥えている。
主がボツラでいけにえをほふり、
エドムの地で大虐殺をされるからだ。

7 野牛は彼らとともに、雄牛は荒馬とともに倒れる。
彼らの地には血がしみ込み、
その土は脂肪で肥える。

8 それは主の復讐の日であり、
シオンの訴えのために仇を返す年である。

9 エドムの川はピッチに、
その土は硫黄に変わり、
その地は燃えるピッチになる。

10 それは夜も昼も消えず、
いつまでもその煙は立ち上る。
そこは代々にわたって、廃墟となり、
だれも、もうそこを通る者はない。

11 ペリカンと針ねずみがそこをわがものとし、
みみずくと烏がそこに住む。
主はその上に虚空の測りなわを張り、
虚無のおもりを下げられる。

12 そのおもだった人たちのうち、
王権を宣言する者が、だれもそこにはいない。

13 そこの宮殿にはいばらが生え、
要塞にはいらくさやあざみが生え、
ジャッカルの住みか、だちょうの住む所となる。

14 荒野の獣は山犬に会い、
野やぎはその友を呼ぶ。
そこにはこうもりもいこい、
自分の休み場を見つける。

15 蛇もそこに巣を作って卵を産み、
それをかえして、自分の陰に集める。
とびもそれぞれ自分の連れ合いとそこに集まる。

16 主の書物を調べて読め。
これらのもののうちどれも失われていない。
それぞれ自分の連れ合いを欠くものはいない。
それは、主の口がこれを命じ、
主の御霊が、これらを集めたからである。

17 主はこれらのもののために
受ける割り当てをくじで定め、
御手が測りなわで測ってこれを分け与えたので、
とこしえまでも彼らはこれを所有し、
代々にわたって、ここに住む。

贖われた人々の喜び

35

1 荒野と砂漠は楽しみ、荒地は喜び、
サフランのように花を咲かせる。

⇒マタ24:29、黙6:13-14)。これらのことはキリストが御国を建てるために肉体をもって地上に再び来られる直前に起こる(黙19:-20:)。今、国々は神の道をあざけり拒むかもしれない。けれども神だけが知っておられるその時には、体験したことのない厳しい患難とさばき(マタ24:21)が国々を揺るがす(→「**大患難**」の項 p.1690)。

34:8-17 仇を返す年 この背景は神と神の民の敵であるエドム人に対する神の破壊的なさばきを指している(⇒Ⅱサム8:13-14、詩137:7、哀4:21)。イザヤは神とみことばに反対し敵対する人々に下るさばきについて預言している。

35:1-2 荒地は喜び 前の章では神のさばきを描いていたけれども、ここでは預言的な風景が霊的な砂漠(さばきを表す)からいのちと美を伴って花を咲かせる荒野(希望と喜びと救いを表す)に変っている。この大きな変化は神の偉大な栄光に満ちた臨在が人々の間に現れる結果起こる。神の栄光の啓示とともに神の奇蹟を行う力(35:5-6)、純粋さと聖さをもって神に従う人々のはっきりとした道筋(35:8-9)、神の民の間にある大きな喜び(35:10)などが示されている。この章はいくつかの段階で適用され成就されるけれども、最

2 盛んに花を咲かせ、喜び喜んで歌う。
レバノンの栄光と、
カルメルやシャロンの威光をこれに賜るので、
彼らは主の栄光、私たちの神の威光を見る。

3 弱った手を強め、
よろめくひざをしっかりさせよ。

4 心騒ぐ者たちに言え。
「強くあれ、恐れるな。
見よ、あなたがたの神を。
復讐が、神の報いが来る。
神は来て、あなたがたを救われる。」

5 そのとき、目の見えない者の目は開き、
耳の聞こえない者の耳はあく。

6 そのとき、足のなえた者は鹿のように
とびはね、
口のきけない者の舌は喜び歌う。
荒野に水がわき出し、
荒地に川が流れるからだ。

7 焼けた地は沢となり
潤いのない地は水のわく所となり、
ジャッカルの伏したねぐらは、
葦やパピルスの茂みとなる。

8 そこに大路があり、
その道は聖なる道と呼ばれる。
汚れた者はそこを通れない。
これは、贖われた者たちのもの。
旅人も愚か者も、これに迷い込むことはない。

9 そこには獅子もおらず、
猛獣もそこに上って来ず、
そこで出会うこともない。
ただ、贖われた者たちがそこを歩む。

10 主に贖われた者たちは帰って来る。
彼らは喜び歌いながらシオンに入り、
その頭にはとこしえの喜びをいただく。
楽しみと喜びがついて来、
悲しみと嘆きとは逃げ去る。

セナケリブがエルサレムを脅迫

36:1-22 並行記事―Ⅱ列18:13, 17-37, Ⅱ歴32:9-19

36 ¹ ヒゼキヤ王の第十四年に、アッシリヤの王セナケリブが、ユダのすべての城壁のある町々を攻めて、これを取った。² アッシリヤの王は、ラブ・シャケに大軍をつけて、ラキシュからエルサレムに、ヒゼキヤ王のところへ送った。ラブ・シャケは布さらしの野への大路にある上の池の水道のそばに立った。

初はイエス・キリストを通して与えられる霊的な救いである(→マタ4:17, 23-25, 10:1, 7-8, 15:30-31)。そして教会がキリストとキリストの御国のメッセージを世界中に伝えることにも適用される(→マタ28:18-20, ヨハ14:12-13, 使2:42-47, 8:4-8, 13)。これらのことはキリストが再び来られるとき最高のレベルで成就する(黙7:9-10, 11:15, 12:10, 19:-21:)。

35:4 復讐が・・・来る いつの日か神は世界の悪に報復し、神に忠実な人々に報酬を与えるために再び来られる(⇒Ⅱテサ1:6-10)。そのときにはキリストの赦しを受入れた人々は罪とその結果から完全に救われる(→「携挙」の項 p.2278)。

35:5-6 目の見えない者の目は開き イエス・キリストはご自分がメシヤ、つまり神が「油そそがれた者」、救い主であることの証拠としてこの部分を引用された(マタ11:4-5, ルカ7:22)。ご自分を信じる人は「さらに大きなわざを」行う(ヨハ14:12)と言われたとき、主イエスはご自分の教会が聖霊によって本当に力を与えられたときの影響力を言われたのである。イザヤ書35章にあるしるしと不思議は使徒の働きに描かれている時代と同じように今でも可能である。主イエスは今日も奇蹟を行い続けておられるのである(→「神による癒し」の項 p.1640,「信者に伴うしるし」の項 p.1768)。

35:8-10 聖なる道 神の聖霊が神の民に「注がれ」るときにはいつでも(32:15)、必ず神の栄光と力と目的が啓示され(35:2)、「聖なる道」がはっきり示される。つまり純潔と高潔と悪からの分離と正しいことへの献身という神の基準がはっきりと示され理解される。神の民がこの基準に従って生きるなら霊的な平和と安全を体験できる(35:9-10)。

36:1 ヒゼキヤ王 36―39章(Ⅱ列18:-20:と並行する)ではイザヤ書は預言からヒゼキヤ王時代の歴史へと変る。ヒゼキヤ王は主に頼り主に仕え神を敬う王だった(→Ⅱ列18:5注)。「ヒゼキヤ王の第十四年」は紀元前701年である。この年にアッシリヤのセナケリ

イザヤ書　36章

3 そこで、ヒルキヤの子である宮内長官エルヤキム、書記シェブナ、および、アサフの子である参議ヨアフが、彼のもとに出て行った。

4 ラブ・シャケは彼らに言った。「ヒゼキヤに伝えよ。大王、アッシリヤの王がこう言っておられる。

いったい、おまえは何に拠り頼んでいるのか。

5 口先だけのことばが、戦略であり戦力だと思い込んでいるのか。今、おまえはだれに拠り頼んで私に反逆するのか。

6 おまえは、あのいたんだ葦の杖、エジプトに拠り頼んでいるが、これは、それに寄りかかる者の手を刺し通すだけだ。エジプトの王、パロは、すべて彼に拠り頼む者たちにそうするのだ。

7 おまえは私に『われわれは、われわれの神、主に拠り頼む』と言う。その主とは、ヒゼキヤが高き所と祭壇を取り除いておいて、ユダとエルサレムに向かい『この祭壇の前で拝め』と言ったそういう主ではないか、と。

8 さあ、今、私の主君、アッシリヤの王と、かけをしないか。もしおまえのほうで乗り手をそろえることができれば、私はおまえに二千頭の馬を与えよう。

9 おまえは戦車と騎兵のことでエジプトに拠り頼んでいるが、私の主君の最も小さい家来のひとりの総督をさえ撃退することはできないのだ。

10 今、私がこの国を滅ぼすために上って来たのは、主をさしおいてのことであろうか。主が私に『この国に攻め上って、これを滅ぼせ』と言われたのだ。」

11 エルヤキムとシェブナとヨアフとは、ラブ・シャケに言った。「どうかしもべたちには、アラム語で話してください。われわれはアラム語がわかりますから。城壁の上にいる民の聞いている所では、われわれにユダのことばで話さないでください。」

12 すると、ラブ・シャケは言った。「私の主君がこれらのことを告げに私を遣わされたのは、おまえの主君や、おまえのためだろうか。むしろ、城壁の上にすわっている者たちのためではないか。彼らはおまえたちといっしょに、自分の糞を食らい、自分の尿を飲むようになるのだ。」

13 こうして、ラブ・シャケはつっ立って、ユダのことばで大声に呼ばわって、言った。「大王、アッシリヤの王のことばを聞け。

14 王はこう言われる。ヒゼキヤにごまかされるな。あれはおまえたちを救い出すことはできない。

15 ヒゼキヤが、主は必ずわれわれを救い出してくださる、この町は決してアッシリヤの王の手に渡されることはない、と言って、おまえたちに主を信頼させようとするが、そうはさせない。

16 ヒゼキヤの言うことを聞くな。アッシリヤの王はこう言っておられるからだ。私と和を結び、私に降参せよ。そうすれば、おまえたちはみな、自分のぶどうと自分のいちじくを食べ、また、自分の井戸の水を飲めるのだ。

17 その後、私が来て、おまえたちの国と同じような国におまえたちを連れて行こう。そこは穀物とぶどう酒の地、パンとぶどう畑の地である。

18 おまえたちは、ヒゼキヤが、主がわれわれを救い出してくださると言っているのに、そそのかされないようにせよ。国々の神々が、だれか、自分の国をアッシリヤの王の手から救い出しただろうか。

19 ハマテやアルパデの神々は今、どこにいるのか。セファルワイムの神々はどこにいるのか。彼らはサマリヤを私の手から救い出したか。

20 これらの国々のすべての神々のうち、だれが自分たちの国を私の手から救い出しただろうか。主がエルサレムを私の手から救い出すとでもいうのか。」

---

3 ①イザ22:20　②イザ22:15
4 ①Ⅱ列18:19
5 *死海写本、およびⅡ列18:20による
　△「私は言った」
6 ①イザ30:3, 5, 7　②エゼ29:6, 7
7 ①Ⅱ列18:4, 5
10 ①Ⅰ列13:18
11 ①イザ22:20　②イザ22:15　③エズ4:7, ダニ2:4
14 ①イザ37:10
16 ①Ⅰ列4:25, ミカ4:4, ゼカ3:10　②→エレ6:19　③→イザ34:4　④箴5:15
17 ①→イザ5:1
19 ①イザ10:9, 37:13, エレ49:23　②Ⅱ列17:6

ブがユダの首都エルサレムを攻略しようとユダに侵攻した。

36:4-10　ラブ・シャケ　セナケリブ軍の司令官であるラブ・シャケは脅しとうそ議論によって人々の神への信頼をくじこうとした。そしてユダの神は救うことができるほど強くないと主張した(⇒Ⅱ列19:6-13)。

36:20　エルサレムを私の手から救い出す　司令官で

²¹ しかし人々は黙っており、彼に一言も答えなかった。「彼に答えるな」というのが、王の命令だったからである。
²² ヒルキヤの子である宮内長官エルヤキム、書記シェブナ、アサフの子である参議ヨアフは、自分たちの衣を裂いてヒゼキヤのもとに行き、ラブ・シャケのことばを告げた。

エルサレムの救いの予告
37:1-13 並行記事―Ⅱ列19:1-13

37 ¹ ヒゼキヤ王は、これを聞いて、自分の衣を裂き、荒布を身にまとって、主の宮に入った。
² 彼は、宮内長官エルヤキム、書記シェブナ、年長の祭司たちに荒布をまとわせて、アモツの子、預言者イザヤのところに遣わした。
³ 彼らはイザヤに言った。「ヒゼキヤはこう言っておられます。『きょうは、苦難と、懲らしめと、侮辱の日です。子どもが生まれようとするのに、それを産み出す力がないのです。
⁴ おそらく、あなたの神、主は、ラブ・シャケのことばを聞かれたことでしょう。彼の主君、アッシリヤの王が、生ける神をそしるために彼を遣わしたのです。あなたの神、主は、その聞かれたことばを責められますが、あなたはまだいる残りの者のため、祈りをささげてください。』」
⁵ ヒゼキヤ王の家来たちがイザヤのもとに来たとき、
⁶ イザヤは彼らに言った。「あなたがたの主君にこう言いなさい。
主はこう仰せられる。『あなたが聞いたあのことば、アッシリヤの王の若い者たちがわたしを冒瀆したあのことばを恐れるな。
⁷ 今、わたしは彼のうちに一つの霊を入れる。彼は、あるうわさを聞いて、自分の国に引き揚げる。わたしは、その国で彼を剣で倒す。』」
⁸ ラブ・シャケは退いて、リブナを攻めていたアッシリヤの王と落ち合った。王がラキシュから移動したことを聞いたからである。
⁹ 王は、クシュの王ティルハカについて、「彼はあなたと戦うために出て来ている」と聞いた。彼はそれを聞くと、使者たちをヒゼキヤに送って言った。
¹⁰「ユダの王ヒゼキヤにこう伝えよ。『おまえの信頼するおまえの神にごまかされるな。おまえは、エルサレムはアッシリヤの王の手に渡されないと言っている。
¹¹ おまえは、アッシリヤの王たちがすべての国々にしたこと、それらを絶滅させたことを聞いている。それでも、おまえは救い出されるというのか。
¹² 私の先祖たちはゴザン、ハラン、レツェフ、および、テラサルにいたエデンの人々を滅ぼしたが、その国々の神々が彼らを救い出したのか。
¹³ ハマテの王、アルパデの王、セファルワ

あるラブ・シャケは邪悪な高ぶりからユダの神はエルサレムを敵の軍隊から救うことができるほど強くはないと侮った。そして救いには奇蹟が必要であるけれども、今はそれを期待できないと言った。今でもサタンは神の子たちに同じ戦略を用いて、人々が切羽詰ったときに神の奇蹟に頼るべきではないと説得する。けれどもこの場合、神はユダのために奇蹟を行ってアッシリヤの司令官とその軍隊を打破られた(37:36-38)。

37:1 ヒゼキヤ王は・・・【主】の宮に入った 司令官の脅しと非難は無視するべきだった(36:21)。ヒゼキヤがこの問題を祈りの中で神の前に持っていったことは正しかった。神を敬うこの王はへりくだって神に頼り、預言者イザヤを通して与えられた神の導きを受け入れた(37:2, →Ⅱ列19:1注)。問題に直面したときに行う最も良いことは、祈って神のことばを通して導いてくださるように神に求めることである。神は時には預言のメッセージや神が信頼するしもべの知恵を通して導きを明らかにしてくださる。

37:7 一つの霊を入れる これは人の考え方や行動に影響を与えるために神が与えられた心の中の声のことである。アッシリヤの王が「剣で倒」されるという予告 →37:37-38

37:10 信頼するおまえの神 セナケリブはあらゆる手段を用いてヒゼキヤが主に頼るのをくじこうとした。アッシリヤの王はごう慢になって、自分の王としての権力はどんな力よりも神よりも偉大であると考えていた。

イムの町の王、また、ヘナやイワの王は、どこにいるか。』」

ヒゼキヤの祈り
37:14-20　並行記事－Ⅱ列19:14-19

14 ヒゼキヤは、使者の手からその手紙を受け取り、それを読み、主の宮に上って行って、それを主の前に広げた。 15 ヒゼキヤは主に祈って言った。 16「ケルビムの上に座しておられるイスラエルの神、万軍の主よ。ただ、あなただけが、地のすべての王国の神です。あなたが天と地を造られました。 17 主よ。御耳を傾けて聞いてください。主よ。御目を開いてご覧ください。生ける神をそしるために言ってよこしたセナケリブのことばをみな聞いてください。 18 主よ、アッシリヤの王たちが、すべての国々と、その国土とを廃墟としたのは事実です。 19 彼らはその神々を火に投げ込みました。それらは神ではなく、人の手の細工、木や石にすぎなかったので、滅ぼすことができたのです。 20 私たちの神、主よ。今、私たちを彼の手から救ってください。そうすれば、地のすべての王国は、あなただけが主であることを知りましょう。」

セナケリブの没落
37:21-38　並行記事－Ⅱ列19:20-37, Ⅱ歴32:20-21

21 アモツの子イザヤはヒゼキヤのところに人をやって言わせた。「イスラエルの神、主は、こう仰せられます。あなたがアッシリヤの王セナケリブについて、わたしに祈ったことを、わたしは聞いた。 22 主が彼について語られたことばは次のとおりである。

　処女であるシオンの娘は
　あなたをさげすみ、あなたをあざける。
　エルサレムの娘は、
　あなたのうしろで、頭を振る。

13 ①Ⅱ列18:34, 19:13
14 ①イザ37:14-20,
　Ⅱ列19:14-19,
　Ⅱ歴32:20
16 ①出25:22, Ⅰサム4:4,
　詩80:1, 99:1
　②→イザ21:10
　③詩86:10
　④イザ42:5, 45:12,
　エレ10:12
17 ①Ⅱ歴6:40, 詩17:6,
　ダニ9:18
　②→イザ37:4
18 ①イザ10:9, 10,
　Ⅱ列15:29, 16:9, 17:6,
　24, Ⅰ歴5:26
19 ①イザ2:8, 17:8
20 ①イザ25:9, 33:22, 35:4
　②Ⅰ列18:36, 37,
　詩46:10, エゼ36:23
21 ①イザ37:21-35,
　Ⅱ列19:20-34
　②イザ1:1
　＊七十人訳、およびⅡ列19:20による補足
22 ①イザ23:12
　②詩9:14, 哀2:13,
　ゼパ3:14, ゼカ2:10
　③ヨブ16:4

23 ①イザ2:11, 5:15, 21
　②イザ1:4
24 ①Ⅱ列10:33, 34
　②イザ14:8
25 ＊「マヨォル」
26 ①イザ40:21, 28
　②使2:23, 4:27, 28,
　Ⅰペテ2:8
　③イザ10:6
　④イザ17:1, 25:2
27 ①イザ40:7
　②詩129:6
　＊Ⅱ列19:26による
28 ①詩139:1-3
29 ①エゼ29:4, 38:4
　②イザ30:28
30 ①レビ25:5, 11

23 あなたはだれをそしり、ののしったのか。
　だれに向かって声をあげ、
　高慢な目を上げたのか。
　イスラエルの聖なる方に対してだ。
24 あなたはしもべたちを使って、
　主をそしって言った。
　『多くの戦車を率いて、
　私は山々の頂に、
　レバノンの奥深く上って行った。
　そのそびえる杉の木と、
　美しいもみの木を切り倒し、
　私はその果ての高地、
　木の茂った園にまで入って行った。
25 私は井戸を掘って水を飲み、
　足の裏で
　＊エジプトのすべての川を干上がらせた』と。
26 あなたは聞かなかったのか。
　昔から、それをわたしがなし、
　大昔から、それをわたしが計画し、
　今、それを果たしたことを。
　それであなたは城壁のある町々を荒らして
　廃墟の石くれの山としたのだ。
27 その住民は力うせ、おののいて、恥を見、
　野の草や青菜、
　育つ前に干からびる屋根の草のようになった。
28 あなたがすわるのも、出て行くのも、入るのも、わたしは知っている。
　あなたがわたしに向かっていきりたつのも。
29 あなたがわたしに向かっていきりたち、
　あなたの高ぶりが、わたしの耳に届いたので、
　あなたの鼻には鉤輪を、
　あなたの口にはくつわをはめ、
　あなたを、もと来た道に引き戻そう。
30 あなたへのしるしは次のとおりである。
　ことしは、落ち穂から生えたものを食べ、

二年目も、またそれから生えたものを
食べ、
三年目は、種を蒔いて刈り入れ、
ぶどう畑を作ってその実を食べる。
31 ユダの家ののがれて残った者は
下に根を張り、上に実を結ぶ。
32 エルサレムから、残りの者が出て来、
シオンの山から、
のがれた者が出て来るからである。
万軍の主の熱心がこれをする。

33 それゆえ、アッシリヤの王について、
主はこう仰せられる。
彼はこの町に侵入しない。
また、ここに矢を放たず、
これに盾をもって迫らず、
塁を築いてこれを攻めることもない。
34 彼はもと来た道から引き返し、
この町には入らない。
──主の御告げ──
35 わたしはこの町を守って、これを救おう。
わたしのために、
わたしのしもべダビデのために。」

36 主の使いが出て行って、アッシリヤの
陣営で、十八万五千人を打ち殺した。人々
が翌朝早く起きて見ると、なんと、彼らは
みな、死体となっていた。
37 アッシリヤの王センナケリブは立ち去り、
帰ってニネベに住んだ。
38 彼がその神ニスロクの宮で拝んでいたと
き、その子のアデラメレクとサルエツェル
は、剣で彼を打ち殺し、アララテの地への
がれた。それで彼の子エサル・ハドンが代
わって王となった。

ヒゼキヤの病気
38:1-8 並行記事―Ⅱ列20:1-11, Ⅱ歴32:24-26

38 ¹ そのころ、ヒゼキヤは病気になっ
て死にかかっていた。そこへ、ア
モツの子、預言者イザヤが来て、彼に言っ
た。「主はこう仰せられます。『あなたの家
を整理せよ。あなたは死ぬ。直らない。』」
² そこでヒゼキヤは顔を壁に向けて、主に
祈って、
³ 言った。「ああ、主よ。どうか思い出して
ください。私が、まことを尽くし、全き心
をもって、あなたの御前に歩み、あなたが
よいと見られることを行ってきたことを。」
こうして、ヒゼキヤは大声で泣いた。
⁴ そのとき、イザヤに次のような主のこと
ばがあった。
⁵ 「行って、ヒゼキヤに告げよ。
あなたの父ダビデの神、主は、こう仰せ
られます。『わたしはあなたの祈りを聞い
た。あなたの涙も見た。見よ。わたしはあ
なたの寿命にもう十五年を加えよう。
⁶ わたしはアッシリヤの王の手から、あな

37:36 【主】の使い アッシリヤ軍の滅亡は10:3-34、30:31と31:8で預言されていた（この情況から神がご自分の民を奇蹟的に救われたこと →Ⅱ列19:35注）。

38:1 あなたは死ぬ 神はイザヤを通してヒゼキヤに病気で死ぬと言われた。けれども多くの預言と同じようにこの宣告は条件付きだった（→エレ18:7-10）。ヒゼキヤは死なずに15年のいのちを加えられた。けれども神はうそをついたのでもだましたのでもない（ヘブ6:18）。ヒゼキヤへの神のメッセージはもしヒゼキヤの状態が変らなければこれから後に起こることをあからさまで否定できないかたちで宣言したものだった。神と神のことばにどう応答するかによって神はご計画を自由に変えられる。ヒゼキヤはへりくだって神は癒すことができるという確信をもって祈ったので、神はあわれみをもって祈りに応えいのちを15年加えてくださったのである。

38:5 わたしはあなたの祈りを聞いた 神がヒゼキヤに死ぬ備えをするようにと宣言され、ヒゼキヤが祈りによって神に応えたことは(38:2)神との関係についていくつかの重要な真理を教えている。(1) 神が未来について話されることは必ずしも変えられないものではない（⇒ヨナ3:1-10）。神はしばしば、人々があることをし続けたり神のメッセージに正しく応答をしない場合に起こることを言っておられる。どんな災難に遭っても、神は私たちに起こることを見守っておられる。神は私たちの体験をすぐに察知し同情していつでも最も良いことをしてくださる。(2) 祈りは神と神の目的と完全なご計画を実現する方法とに影響を与える。私たちは神にご計画を変更するように強要することも、みこころではないことを要求することもできない。むしろ、私たちに変る意志があり神のみこころ

イザヤ書 38章

たとこの町を救い出し、この町を守る。』
7 これがあなたへの主からのしるしです。主は約束されたこのことを成就されます。
8 見よ。わたしは、アハズの日時計におりた時計の影を、十度あとに戻す。」すると、日時計におりた日が十度戻った。
9 ユダの王ヒゼキヤが、病気になって、その病気から回復したときにしるしたもの。
10 私は言った。
　私は生涯の半ばで、＊みの門に入る。
　私は、私の残りの年を失ってしまった。
11 私は言った。
　私は主を見ない。生ける者の地で主を見ない。
　死人の国の住人とともに、
　再び人を見ることがない。
12 私の住みかは牧者の天幕のように引き抜かれ、
　私から取り去られた。
　私は、私のいのちを機織りのように巻いた。
　主は私を、機から断ち切る。
　あなたは昼も夜も、
　私を全く捨てておかれます。
13 私は朝まで叫びました。
　主は、雄獅子のように
　私のすべての骨を砕かれます。
　あなたは昼も夜も、
　私を全く捨てておかれます。
14 つばめや、つるのように、私は泣き、
　鳩のように、うめきました。
　私の目は、上を仰いで衰えました。
　主よ。私はしいたげられています。
　私の保証人となってください。
15 何を私は語れましょう。
　主が私に語り、

6 ①イザ31:5, 37:35
7 ①イザ7:11, 14, 37:30, 士6:17, 21, 36-40
8 ①ヨシ10:12-14
＊直訳「度」「階段」
10 ①詩102:24
②詩107:18
＊→イザ5:14＊
11 ＊囚「ヤハ」
①イザ53:8, ヨブ28:13, エレ11:19, →詩27:13, →エゼ26:20
12 ①Ⅱコリ5:1-4, Ⅱペテ1:13, 14
②ヨブ7:6
③ヘブ1:12
④ヨブ7:9
13 ＊タルグムによる
囚「静めた」
①ヨブ10:16
②ヨブ16:12, 詩51:8
14 ①イザ59:11, エゼ7:16, ナホ2:7
②詩69:3, 119:123
③ヨブ17:3, 詩119:122
15 ①詩39:9

②ヨブ7:11, 10:1
16 ①詩119:25
17 ①詩119:71, 75
②詩30:3, 86:13, ヨナ2:6
③詩40:2, 55:23
＊七十人訳による
囚「恋い慕われました」
④イザ43:25, エレ31:34, ミカ7:19
18 ①詩6:5, 88:10-12, 115:17, 伝9:10
＊→イザ5:14＊
②詩28:1, 30:3
③詩30:9
19 ①申4:9, 6:7, 詩78:3-7
20 ①詩104:33, 146:2
②詩33:1-3
21 ①イザ38:21, 22, Ⅱ列20:7, 8
22 ①イザ38:7

　主みずから行われたのに。
　私は私のすべての年月、
　私のたましいの苦しみのために、
　静かに歩みます。
16 主よ。これらによって、人は生きるのです。
　私の息のいのちも、
　すべてこれらに従っています。
　どうか、私を健やかにし、
　私を生かしてください。
17 ああ、私の苦しんだ苦しみは
　平安のためでした。
　あなたは、滅びの穴から、
　私のたましいを＊引き戻されました。
　あなたは私のすべての罪を、
　あなたのうしろに投げやられました。
18 ＊よみはあなたをほめたたえず、
　死はあなたを賛美せず、
　穴に下る者たちは、
　あなたのまことを待ち望みません。
19 生きている者、ただ生きている者だけが
　今日の私のように、
　あなたをほめたたえるのです。
　父は子らにあなたのまことについて知らせます。
20 主は、私を救ってくださる。
　私たちの生きている日々の間、
　主の宮で琴をかなでよう。
21 イザヤは言った。「ひとかたまりの干しいちじくを持って来させ、腫物の上に塗りつけなさい。そうすれば直ります。」
22 ヒゼキヤは言った。「私が主の宮に上れるそのしるしは何ですか。」

ろを受け入れようとするなら、神の願っておられることを祈りの中で理解できるようになる。つまり人生や教会の歩みの中に起きることは神のご計画と私たちの祈りの両方によって決まるのである。行動を決定し、結果に対応し、ご計画を実現する上で神は私たちにも役割を与えておられる。「祈りは物事を変える」という聖書の真理を私たちはいつも確信しなければならない（38:4-7, ⇒Ⅰ列21:29, エゼ33:13-16, ヤコ5:14-15,

→「効果的な祈り」の項 p.585）。

38:8 日が十度戻った 太陽の影が戻ったということが実際にどういうことか説明がされていない。はっきりしていることは神が言われた通りになったということである。これは神がヒゼキヤの祈りを聞き涙を見て癒してくださるしるしだった。

バビロンからの使者
39:1-8　並行記事－Ⅱ列20:12-19

39 ¹ そのころ、バルアダンの子、バビロンの王メロダク・バルアダンは、使者を遣わし、手紙と贈り物をヒゼキヤに届けた。彼が病気だったが、元気になった、ということを聞いたからである。² ヒゼキヤはそれらを喜び、宝庫、銀、金、香料、高価な油、いっさいの武器庫、彼の宝物倉にあるすべての物を彼らに見せた。ヒゼキヤがその家の中、および国中で、彼らに見せなかった物は一つもなかった。

³ そこで預言者イザヤが、ヒゼキヤ王のところに来て、彼に尋ねた。「あの人々は何を言いましたか。どこから来たのですか。」ヒゼキヤは答えた。「遠い国、バビロンから、私のところに来たのです。」

⁴ イザヤはまた言った。「彼らは、あなたの家で何を見たのですか。」ヒゼキヤは答えた。「私の家の中のすべての物を見ました。私の宝物倉の中で彼らに見せなかった物は一つもありません。」

⁵ すると、イザヤはヒゼキヤに言った。「万軍の主のことばを聞きなさい。⁶ 見よ。あなたの家にある物、あなたの先祖たちが今日まで、たくわえてきた物がすべて、バビロンへ運び去られる日が来ている。何一つ残されまい、と主は仰せられます。⁷ また、あなたの生む、あなた自身の息子たちのうち、捕えられてバビロンの王の宮殿で宦官となる者があろう。」

⁸ ヒゼキヤはイザヤに言った。「あなたが告げてくれた主のことばはありがたい。」彼は、自分が生きている間は、平和で安全だろう、と思ったからである。

神の民への慰め

40 ¹ 「慰めよ。慰めよ。わたしの民を」とあなたがたの神は仰せられる。

² 「エルサレムに優しく語りかけよ。これに呼びかけよ。その労苦は終わり、その咎は償われた。

1①イザ39章,
　Ⅱ列20:12-19,
　Ⅱ歴32:25-31
2①ヨブ31:25
3①Ⅱサム12:1,
　Ⅱ歴16:7
　②→イザ3:2
　③申28:49,エレ5:15

5①→イザ21:10
6①Ⅱ列24:13,25:13,14,
　エレ20:5
7①ダニ1:1-7
8①Ⅱ歴32:25,26

1①イザ12:1,49:13,
　51:3,12,52:9,61:2,
　66:13,エレ31:13,
　ゼカ1:17,ルカ2:25
2①ヨブ7:1,10:17,14:14
　②イザ53:5,6,11

39:1 バビロンの王　当時バビロンはアッシリヤの政治的支配から抜け出そうとしていた。バビロンの王はエルサレムに使者を遣わしてユダとの政治同盟を求めた。ヒゼキヤは倉にある富を警戒心もなく、おおらかに王の使節に見せたけれども、これは賢明ではなかった。ここにヒゼキヤの心の中にあるごう慢と、ユダの富は神が持っておられるという意識がないことが表れている。バビロニヤ人がエルサレムを破壊してこの宝を奪うだろうとイザヤは後にヒゼキヤに言っている(39:6)。もし神の願いに反する人や物事に協力し頼るなら、その物事や人々が後に私たちに襲いかかり不必要な問題や災難をもたらすかもしれない(→「キリスト者とこの世」の項p.2437)。

39:6 バビロンへ運び去られる　何年か後にバビロニア人はエルサレムを占領してエルサレムの住民と宝を自分の国へ運んで行く(⇒14:3-4)。けれども厳密に調べるとバビロン捕囚の原因は神殿の宝を見せたヒゼキヤの愚かさではなく、人々、中でもヒゼキヤの子マナセの罪だった(⇒Ⅱ列21:)。ヒゼキヤの死後この国は再び神に反抗して偶像礼拝の場所を再建した(この預言の成就 →Ⅱ歴33:11,36:18)。

40:-66: 慰めよ　この部分はイザヤの生涯の後半に書かれたけれども実際にはさらに後の時代に適用される。イザヤより150年後の時代に神の民がバビロンの捕囚を体験するときに神の民を慰め希望を与えるために、神はこの部分の預言を啓示された(→39:5-8)。この部分にはやがて来られるメシヤ(キリスト、その生涯がどのように物事を変えるか)と、地上にできる未来のメシヤの王国についての預言が満ちている。ここで予告されたいくつかの出来事はユダのバビロン捕囚とその後の回復に関連して成就した(捕囚 →エズ緒論、ネヘ緒論、エレ緒論、→「**ユダ(南王国)の捕囚**」の地図 p.633,「**捕囚からの帰還**」の地図 p.759)。預言の多くはさらに明らかにイエス・キリストの生涯と関係している。またここにあるほかの預言はまだ成就していない。大体において40－48章は神の民の解放(救出、解放、自由)に焦点を当てている。49－57章はしもべ(イエス・キリスト)による贖い(霊的な救いと回復)に焦点を当てている。58－66章は神の栄光と好意とさばきに焦点を当てている。

40:1 慰めよ。わたしの民を　イザヤは神の民を慰めている。そして矯正と懲らしめの時期は間もなく終り、神の救いと祝福が来るという良い知らせを伝えて励ます預言を未来の世代に向けてしている。もしキリストを救い主、また生涯の導き手として知っているのに今困難に直面しているなら、問題から救い出してください、または問題の中にあっても助けを与えてくださいと神に祈ることができる。本当の慰めを与えるこ

イザヤ書 40章

そのすべての罪に引き換え、
③二倍のものを主の手から受けたと。」
3 *荒野に呼ばわる者の声がする。
「主の道を整えよ。
**荒地で、私たちの神のために、
大路を平らにせよ。
4 すべての谷は埋め立てられ、
すべての山や丘は低くなる。
盛り上がった地は平地に、
険しい地は平野となる。
5 このようにして、①主の栄光が現される
と、
すべての者が共にこれを見る。
③主の御口が語られたからだ。」
6 *「呼ばわれ」と言う者の声がする。
私は、
「何と呼ばわりましょう」と答えた。
「すべての人は草、
****その栄光は、みな野の花のようだ。
7 ①主のいぶきがその上に吹くと、

草は枯れ、花はしぼむ。
まことに、民は草だ。
8 草は枯れ、花はしぼむ。
だが、私たちの神のことばは②永遠に立つ。」
9 シオンに良い知らせを伝える者よ。
高い山に登れ。
エルサレムに良い知らせを伝える者よ。
力の限り声をあげよ。
声をあげよ。恐れるな。
②ユダの町々に言え。
「見よ。あなたがたの神を。」
10 見よ。神である主は力をもって来られ、
その御腕で統べ治める。
見よ。その報いは主とともにあり、
その報酬は主の前にある。
11 主は羊飼いのように、その群れを飼い、
御腕に子羊を引き寄せ、ふところに抱き、

2 ③イザ61:7, ゼカ9:12
3 ①*マタ3:3, マコ1:3, ヨハ1:23,
イザ40:3-5, ルカ3:4-6
*あるいは「一つの声が呼ばわる。『荒野に、主の道を整えよ。……』と呼ばわる者がある。『荒野に、主の道を整えよ。……』」
②マラ3:1, 4:5, 6
**あるいは「荒地に、私たちの神の大路をまっすぐにせよ」
③イザ35:8, 49:11, エレ31:21
4 ①イザ40:4, 5,
エゼ17:24, ②イザ45:2
②イザ52:10
*直訳「肉なる者」
③イザ1:20, 34:16, 58:14
6 *あるいは「聞け、呼ばわれ、と言う者がある」
**七十人訳による
□「彼は、『私は何と……』
① Ⅰペテ1:24, 25
**直訳「肉なる者」
***別訳「その誠実は」
7 ①ヨブ4:9
②詩37:2, 90:5, 6,
イザ40:24, ヤコ1:10, 11
8 ①イザ55:11, 59:21, 詩119:89,
マタ24:35, ② Ⅰヨハ2:17
9 ①イザ52:7, 61:1
②イザ44:26, イザ25:9
10 ①イザ9:6, 7, *子音字は「主」, ②イザ59:16
②イザ62:11, 黙22:12
11 ①エレ31:10, イザ34:16-19,
31, ミカ5:4, ヨハ10:11, 14-19,
Ⅰペテ2:25, 5:4, 黙7:17

とは三位一体の三位格全部の特性である（三位格で一人という神の特性 →「神の属性」の項 p.1016）。父である神は「すべての慰めの神」と呼ばれている（Ⅱコリ1:3）。「すべての悲しむ者を慰め」ることは子である神の働きの特徴である（イザ61:2）。聖霊は「助け主」（ヨハ14:16, 26, 15:26, 16:7）と呼ばれているけれども、私たちのそばに来て慰めと導きと助けを与える方という意味である。

40:3-8 呼ばわる者の声 この部分はイザヤ書の多くの預言と同じようにいくつかの段階と適用を持っている。（1）ユダの捕囚からの帰還と回復のことを言っている（神のさばきの一部として、バビロニヤ人によって征服され故郷から連去られた後のこと →エズ緒論、「**捕囚からの帰還**」の地図 p.759）。（2）メシヤ（キリスト）の到来とメシヤがもたらす救いのことを言っている。（3）神が新しい天と新しい地を打立て神の民とともに永遠に治められる終りの時代に神の民が完全に解放されることを言っている（黙21：-22:）。新約聖書は40:3をキリストの前を行き、キリストのために道を整えたバプテスマのヨハネに当てはめている（マタ3:1-4, マコ1:1-4, ルカ1:76-78, ヨハ1:23）。ヨハネは主の来臨に備える方法は悔い改めることだと明らかにした（マタ3:1-8）。これは完全に心と精神の方向を変えて自分勝手な道という罪から離れ主に向き直って従うことである。

40:5 【主】の栄光が現される 神がイスラエルをバビロン捕囚から解放されるときイスラエルは主の不思議さと偉大さを見ることになる。けれども神はイエス・キリストを通してさらに偉大な方法でご自分の栄光と力を現される（ヨハ1:14, 11:4, 40, ヘブ1:3）。イエス・キリストは人々を罪の捕囚から解放し、神から離れた人間と神との間にある隔たりを埋めてくださる。キリストが再び来られるときに神はご自分の栄光をさらに現される（マタ16:27, 24:30, 黙1:7）。

40:8 神のことばは永遠に立つ 自然はみなはかなく、いつか必ず終りが来る（⇒37:27, 詩90:5, 103:15）。けれども神のことばは永遠に立つ。神の約束は成就され、神の目的は達成され、変ることのない神の真理は決して消えることがない（→「聖書の霊感と権威」の項 p.2323）。

40:10 力をもって来られ 救い、祝福、慰めはみな主の来臨と主に忠実な人々の間に主が臨在されることとに関連している。主は力強い支配者のように力を伴って来られるが、主の臨在は羊の群れを守る愛情豊かな羊飼いのようである（40:11, ⇒創49:24, エゼ34:23, 37:24, ヨハ10:11, 14, ヘブ13:20, Ⅰペテ5:4）。この真理によって神の民は信仰と希望で満たされ、再臨を待望みながら主が近くにおられることを体験したいと強く望むようになる（Ⅰテサ4:14-18）。

40:11 御腕に子羊を引き寄せ 聖書は羊を一匹ずつ

イザヤ書　40章

乳を飲ませる羊を優しく導く。

12 だれが、手のひらで水を量り、
　　手の幅で天を推し量り、
　　地のちりを枡に盛り、
　　山をてんびんで量り、丘をはかりで
　　量ったのか。

13 だれが主の霊を推し量り、
　　主の顧問として教えたのか。

14 主はだれと相談して悟りを得られたのか。
　　だれが公正の道筋を主に教えて、
　　知識を授け、英知の道を知らせたのか。

15 見よ。国々は、手おけの一しずく、
　　はかりの上のごみのようにみなされる。
　　見よ。主は島々を細かいちりのように
　　取り上げる。

16 レバノンも、たきぎにするには、足りない、
　　その獣も、全焼のいけにえにするには、足りない。

17 すべての国々も主の前では無いに等しく、
　　主にとっては
　　むなしく形もないものとみなされる。

18 あなたがたは、神をだれになぞらえ、
　　神をどんな似姿に似せようとするのか。

19 鋳物師は偶像を鋳て造り、
　　金細工人はそれに金をかぶせ、銀の鎖を作る。

20 貧しい者は、奉納物として、
　　朽ちない木を選び、
　　巧みな細工人を捜して、
　　動かない偶像を据える。

21 あなたがたは知らないのか。聞かないのか。
　　初めから、告げられなかったのか。
　　地の基がどうして置かれたかを
　　悟らなかったのか。

22 主は地をおおう天蓋の上に住まわれる。
　　地の住民はいなごのようだ。
　　主は天を薄絹のように延べ、
　　これを天幕のように広げて住まわれる。

23 君主たちを無に帰し、
　　地のさばきつかさをむなしいものにされる。

24 彼らが、やっと植えられ、やっと蒔かれ、
　　やっと地に根を張ろうとするとき、
　　主はそれに風を吹きつけ、彼らは枯れる。
　　暴風がそれを、わらのように散らす。

25 「それなのに、わたしを、だれになぞらえ、
　　だれと比べようとするのか」と
　　聖なる方は仰せられる。

26 目を高く上げて、
　　だれがこれらを創造したかを見よ。
　　この方は、その万象を数えて呼び出し、
　　一つ一つ、その名をもって、呼ばれる。
　　この方は精力に満ち、その力は強い。
　　一つももれるものはない。

27 ヤコブよ。なぜ言うのか。
　　イスラエルよ。なぜ言い張るのか。
　　「私の道は主に隠れ、
　　私の正しい訴えは、
　　私の神に見過ごしにされている」と。

28 あなたは知らないのか。聞いていないのか。
　　主は永遠の神、地の果てまで創造された方。
　　疲れることなく、たゆむことなく、

救い、守り、そばに置いてくださる方として神を描いている（⇒マタ6:24-34）。神は全能であり（40:10）、世界の国々は神にとっては「ごみ」のようなものである（40:15）。けれども神はご自分のものを個別に顧みてくださる。神はあまりにも偉大であるから私たちの情況から遠く離れていて個人的な必要や心配や問題は無視されるのではないかなどと考えてはならない。

40:12-31　だれが・・・量り　この部分には神の限りない知恵と偉大さと壮大さと創造的な力が示されている（→「**神の属性**」の項 p.1016）。ここに表されている真理を見ると神の民はさらに神を信じたくなるに違いない。神はどのような情況でも私たちを助け救うことのできる方であり、その御国は永遠に続く。

40:26　だれがこれらを創造したか　→「**天地創造**」の

29 疲れた者には力を与え、
精力のない者には活気をつける。
30 若者も疲れ、たゆみ、
若い男もつまずき倒れる。
31 しかし、主を待ち望む者は新しく力を得、
鷲のように翼をかって上ることができる。
走ってもたゆまず、歩いても疲れない。

イスラエルの助け主

41

1 島々よ。わたしの前で静まれ。
諸国の民よ。新しい力を得よ。
近寄って、今、語れ。
われわれは、こぞって、さばきの座に近づこう。
2 だれが、ひとりの者を東から起こし、
彼の行く先々で勝利を収めさせるのか。
彼の前に国々を渡し、
王たちを踏みにじらせ、
その剣で彼らをちりのようにし、
その弓でわらのように吹き払う。

3 彼は彼らを追い、
まだ歩いて行ったことのない道を
安全に通って行く。
4 だれが、これを成し遂げたのか。
初めから代々の人々に呼びかけた者ではないか。
わたし、主こそ初めであり、
また終わりとともにある。わたしがそれだ。
5 島々は見て恐れた。
地の果ては震えながら近づいて来た。
6 彼らは互いに助け合い、
その兄弟に「強くあれ」と言う。
7 鋳物師は金細工人を力づけ、
金槌で打つ者は、鉄床をたたく者に、
はんだづけについて「それで良い」と言い、
釘で打ちつけて動かないようにする。
8 しかし、わたしのしもべ、イスラエルよ。
わたしが選んだヤコブ、
わたしの友、アブラハムのすえよ。

項 p.29

40:31 【主】を待ち望む者は新しく力を得 「主を待ち望む」とはいのちをかけて完全に主に頼り、忠実に主に仕えることである。私たちは主の約束と目的が成就することを忍耐強く待つべきである。神に望みを置く人は困難に出会ったときにすぐに助けの源である神のほうを向く（⇒詩25:3-5, 27:14, ルカ2:25, 36-38）。主に望みを置く人々には次のことが約束されている。(1) 苦しみや困難によって疲れ果てたと感じたときに回復し新しくする神の力。(2) 空に舞い上がる鷲のように困難を越えることができる能力。(3) 神のご計画が遅れているように見えるときにも霊的に疲れないで走ることができ、あきらめることなく安定して前進することができる能力。もし神の民が忍耐強く主を信頼するなら、永遠に主と結ばれるまで最善の時に必要なものを何でも満たすと主は約束しておられる（Ⅰペテ1:5, →「**聖書的希望**」の項 p.943）。

41:1 こぞって、さばきの座に近づこう この章は国々に対して、イスラエルの神と同じように未来についての知恵と知識と力を持っていることを示せるかと挑戦している。それは明らかに不可能なことである。

41:2 ひとりの者を東から 国々を征服してイスラエルを守るという神のご計画と目的を成就するために神が一人の人を立てられることをイザヤはその人が生れる150年以上も前に見た。この人はペルシヤ王クロスで（前559-530, →44:28, 45:1）ユダヤ人をバビロン捕囚から解放する人である。バビロニヤ人は前605－597年の間に何段階かに分けてユダを侵略し、最終的に前586年にエルサレムを占領して人々を帝国の各地に移住させた。ペルシヤはバビロンを前539年に征服した。それから間もなくクロスはユダヤ人がエルサレムに帰還するのを許す勅令を発布した（エズ1:1-4, 6:3-5）。クロスは神に従う人ではなかったけれども神の道具として神の正義に満ちたご計画を実行して神の民を救った（バビロン捕囚と帰還 →Ⅱ列24:-25:, エズ緒論, ネヘ緒論,「**捕囚からの帰還**」の地図 p.759）。

41:6 互いに助け合い クロスのしていることは神の目的を実現することなので、どのような政治的かけひきも国々の軍事同盟も止めることができなかった。

41:8 わたしが選んだヤコブ イスラエルという名

イザヤ書 41章

9 ①わたしは、あなたを地の果てから連れ出し、
地のはるかな所からあなたを呼び出して言った。
「あなたは、わたしのしもべ。
わたしはあなたを選んで、捨てなかった。」

10 ①恐れるな。わたしはあなたとともにいる。
たじろぐな。わたしがあなたの神だから。
わたしはあなたを強め、あなたを助け、
わたしの義の右の手で、あなたを守る。

11 ①見よ。あなたに向かっていきりたつ者はみな、
恥を見、はずかしめを受け、
②あなたと争う者たちは、
無いもののようになって滅びる。

12 あなたと言い争いをする者を捜しても、
あなたは見つけることはできず、
あなたと戦う者たちは、全くなくなってしまう。

13 あなたの神、主であるわたしが、
あなたの右の手を堅く握り、
「恐れるな。わたしがあなたを助ける」
と言っているのだから。

14 恐れるな。①虫けらのヤコブ、
イスラエルの人々。
わたしはあなたを助ける。
――主の御告げ――
②あなたを贖う者はイスラエルの聖なる者。

15 見よ。わたしはあなたを
鋭い、新しいもろ刃の打穀機とする。
あなたは、山々を踏みつけて粉々に砕く。
丘をもみがらのようにする。

16 あなたがそれをあおぐと、風が運び去り、
暴風がそれをまき散らす。
あなたは主によって喜び、
イスラエルの聖なる者によって誇る。

17 悩んでいる者や貧しい者が水を求めても、
水はなく、
その舌は渇きで干からびるが、
わたし、主は、彼らに答え、
イスラエルの神は、彼らを見捨てない。

18 ①わたしは、裸の丘に川を開き、
平地に泉をわかせる。
荒野を水のある沢とし、
砂漠の地を水の源とする。

19 わたしは荒野の中に杉や、アカシヤ、
ミルトス、オリーブの木を植え、
荒地にもみの木、
すずかけ、檜も共に植える。

20 主の手がこのことをし、
イスラエルの聖なる者がこれを創造したことを、
彼らが見て知り、
心に留めて、共に悟るためである。

21 あなたがたの訴えを出せ、と主は仰せ

---

9 ①イザ11:11, 43:5-7
 *直訳「つかまえ」
 ②イザ42:1
 ③イザ44:1,
 申7:6, 7, 10:15, 14:2,
 詩135:4
10 ①イザ41:13, 14, 43:1,
 2, 5, 44:2,
 申20:1, 31:6, 8,
 ヨシ1:9, 詩27:1,
 エレ30:10, 46:27, 28
 ②イザ8:10
 ③イザ43:3
 ④イザ49:8
 ⑤詩89:13
11 ①イザ45:24, 60:12
 ②イザ17:13, 29:5, 7, 8
12 ①イザ17:14,
 ヨブ20:7-9,
 詩37:35, 36
 ②イザ29:20
13 ①イザ42:6, 45:1
14 ①ヨブ25:6, 詩22:6
 ②イザ44:6, 47:4, 49:26,
 54:5, 8, 59:20, 63:16
 ③イザ1:4
15 ①ミカ4:13
 ②イザ42:15, エレ9:10,
 エゼ33:28
 ③イザ17:13
16 ①イザ25:9, 35:10,
 51:3, 61:10
17 ①イザ30:19, 65:24,
 ゼカ10:6
 ②イザ42:16, 62:12
18 ①イザ35:1, 6, 7,
 43:19, 20, 44:3, 51:3,
 詩107:35, 114:8
19 ①イザ35:1
 ②イザ60:13
20 ①イザ66:14, ヨブ12:9
 ②イザ40:5
 ③イザ43:10

前は創世記32:28に記録されている格闘と勝利を体験したヤコブに与えられたものである。預言者はここでイスラエルに対して滅びを恐れないようにと励ましている。なぜなら神は全世界を霊的に救うという約束とご計画を啓示する管としてイスラエルを選ばれたからである(→「**神の計画の中のイスラエル**」の項p.2077)。神はイスラエルを通して地上の国々をみな祝福されると先祖たちに約束された(⇒創22:18)。その祝福の中心はイスラエルを通してメシヤ(キリスト)と、文書にされた神のことばが与えられることである。そのどちらも神を受入れた人々と個人的な関係を神が持ってくださることを説明している(→「**アブラハム、イサク、ヤコブとの神の契約**」の項p.74)。

41:10-11 わたしはあなたとともにいる 新約聖書のキリストに従う人々も、神に選ばれたしもべになり(エペ1:3-12, Ⅰペテ2:9)、ここに書いてある次のような約束を求めて主張することができる。神がともにおられるからキリスト者も、ほかの人間を恐れるべきではない(⇒40:9, 43:2, 5, 創15:1, 使18:9-10)。(1) 神は恵み(受けるにふさわしくない好意または助け)と、生涯のあらゆる情況に立向かうのに必要な力を与えてくださる。(2) 神は危機のときに希望と平和を与えて助けてくださる。(3) 神は必要を満たしてくださる。(4) 神は生涯の目的を成就するための努力を支援しくださる。

41:21-24 あなたがたの訴えを出せ 人間が作った

られる。
あなたがたの証拠を持って来い、と
ヤコブの王は仰せられる。
22 持って来て、後に起ころうとする事を
告げよ。
先にあった事は何であったのかを告げ
よ。
そうすれば、われわれもそれに心を留
め、
また後の事どもを知ることができよう。
または、来たるべき事をわたしたちに
聞かせよ。
23 後に起ころうとする事を告げよ。
そうすれば、われわれは、
あなたがたが神であることを知ろう。
良いことでも、悪いことでもしてみよ。
そうすれば、われわれは共に見て驚こ
う。
24 見よ。あなたがたは無に等しい。
あなたがたのわざはむなしい。
あなたがたを選んだことは忌まわしい。
25 わたしが北から人を起こすと、彼は来
て、
日の出る所から、わたしの名を呼ぶ。
彼は長官たちを
しっくいのように踏む。
陶器師が粘土を踏みつけるように。
26 だれか、初めから告げて、われわれに

22 ①イザ45:21
②イザ43:15, 44:6
23 ①イザ44:7
②イザ43:9
24 ①イザ41:29, 44:9
②箴3:32, 28:9
25 ①エレ50:3
②イザ10:6,
Ⅱサム22:43, ミカ7:10, ゼカ10:5
26 ①イザ43:9, 44:7, 45:21

27 ①イザ48:3-5
*「と言い」は補足
②イザ40:9, 52:7, ナホ1:15
28 ①イザ50:2, 59:16, 63:5
②イザ46:7
29 ①イザ48:5, エレ10:14, 51:17, ダニ11:8

1 ①イザ42:1-9, マタ12:18-21, イザ11:1-10
②イザ52:13, 53:11, ゼカ3:8, マタ12:18
③マタ3:17, 17:5, マコ1:11, ルカ3:22
④Ⅰペテ2:4, 6
⑤イザ11:2, 61:1, ルカ4:18, 19, 21, マタ3:16, ヨハ1:32-34

このことを知るようにさせただろうか。
だれか、あらかじめ、われわれに
「それは正しい」と言うようにさせただろうか。
告げた者はひとりもなく、
聞かせた者もひとりもなく、
あなたがたの言うことを聞いた者も
だれひとり、いなかった。
27 わたしが、最初にシオンに、
「見よ。これを見よ」*と言い、
わたしが、エルサレムに、
良い知らせを伝える者を与えよう。
28 わたしが見回しても、だれもいない。
彼らの中には、
わたしが尋ねても返事のできる助言者
もいない。
29 見よ。彼らはみな、偽りを言い、
彼らのなすことはむなしい。
彼らの鋳た像は風のように形もない。

主のしもべ

42

1 見よ。わたしのささえるわたしのしも
べ、
わたしの心の喜ぶわたしが選んだ者。
わたしは彼の上にわたしの霊を授け、
彼は国々に公義をもたらす。
2 彼は叫ばず、声をあげず、

イザ44:3

にせの神々、役に立たない偶像に尋ねて未来を予言するようにと神は国々に対して挑戦された。けれどもイザヤのように正確に未来のことを話せる人はいなかった。イザヤの預言は主の御霊によって与えられたからである。

41:25 北から人を これはペルシヤのクロス王のことを言っている(→41:2注)。北はイスラエルに侵入しようとしている国々が来る方角を指している(⇒エレ1:14, 6:22, 25:9, 46:20, 47:2, 50:3)。クロスは主を礼拝する人ではなかったけれども、ユダの捕囚の民(→44:28注)が約束の地に帰るのを許可する勅令の中に主の名前を用いている(エズ1:2)。

42:1-7 見よ・・・わたしのしもべ この部分は新約聖書で部分的に引用されている(→マタ12:18-21)。ここでイザヤが言っているしもべは明らかにイエス・キリスト、メシヤ(「油そそがれた者」、救い主 →「キリ

ストによって成就した旧約聖書の預言」の表 p.1029)である。

42:1 わたしの霊を授け メシヤは聖霊によって油を注がれる(任命され、おおわれ、力を与えられる)。それは人々を神との正しい関係へと導き回復するという神の目的を完成するためである(⇒61:1, →「**イエスと聖霊**」の項 p.1809)。主イエスに従う人々、主が始められたことを引継ぐ人々も、キリストに仕えるために聖霊を注がれて力を与えられ満たされることが必要だった(使1:8, 2:4)。今日のキリスト者が知恵と悟りと力をもって奉仕し、地上で神の目的を完成できるようにさせてくださるのは神の御霊だけである(→「**聖霊のバプテスマ**」の項 p.1950,「**聖霊の働き**」の表 p.2187)。

42:1 国々に公義をもたらす メシヤは神の完全な正義と真理の原則を聖霊の力によってあらゆる国々に啓示する。そのようにしてキリストは福音の伝えられ

3 　ちまたにその声を聞かせない。
　　彼はいたんだ葦を折ることもなく、
　　くすぶる燈心を消すこともなく、
　　まことをもって公義をもたらす。
4 　彼は衰えず、くじけない。
　　ついには、地に公義を打ち立てる。
　　②島々も、そのおしえを待ち望む。
5 　①天を造り出し、これを③引き延べ、
　　地とその産物を押し広め、
　　その上の④民に息を与え、
　　この上を歩む者に霊を授けた神なる主
　　は
　　こう仰せられる。
6 　「わたし、主は、
　　義をもってあなたを召し、
　　あなたの手を握り、
　　あなたを見守り、
　　あなたを民の契約とし、④国々の光とす
　　る。
7 　こうして、①見えない目を開き、
　　②囚人を牢獄から、
　　やみの中に住む者を獄屋から連れ出す。
8 　わたしは主、これがわたしの名。
　　わたしの栄光を他の者に、
　　わたしの栄誉を刻んだ像どもに与えは
　　しない。
9 　①先の事は、見よ、すでに起こった。
　　②新しい事を、わたしは告げよう。
　　それが起こる前に、あなたがたに聞か
　　せよう。」

主への賛美の歌

10 　①主に向かって②新しい歌を歌え、

3 ①詩72:1, 2
4 ①イザ40:28, ②イザ11:11,
　24:15, 42:10, 12, 49:1, 51:5,
　60:9, 66:19, ③→イザ1:10
5 ①使17:24, 25, ゼカ12:1
　②イザ45:18, ヨブ9:8,
　詩102:25, ③イザ40:22,
　44:24, 詩104:2
6 ①ゼカ7:16, ヨブ12:10,
　33:4, ダニ5:23, 使17:25
　②イザ41:13, 45:1, ③イザ
　27:3, ③イザ49:8, ④イザ
　49:6, 51:4, 60:1, 3, 使13:47
7 ①イザ29:18, 35:5, ルカ
　4:18, ②イザ49:9, 61:1
8 ①イザ43:3, 11, 15
　＊「ヤハウェ」、「エホバ」
　②出3:15, 詩83:18,
　エレ10:6, ③イザ48:11
　④イザ10:10
9 ①イザ43:19, 48:6
　②イザ48:5
10 ①イザ42:10–12, 詩66:2
　②詩33:3, 40:3, 96:1,
　98:1, 黙5:9, 14:3
　③イザ49:6, 62:11
　④詩96:11, 107:23
　＊直訳「それを満たす者」、
　七十人訳は「航海する者」
　⑤イザ42:4
11 ①イザ32:16, 35:1
　②イザ21:16, イザ16:1
　③イザ52:7, ナホ1:15
12 ①イザ24:15, 42:10
13 ①民10:35, ②出15:3
　③ホセ11:10,
　ヨエ3:16, アモ1:2
14 ①イザ57:11, 詩50:21
　＊「今は」は補足
15 ①イザ2:12–16,
　エゼ38:19, 20, ナホ1:5
　②イザ44:27, 50:2,
　詩107:33, ナホ1:4
　＊「島々」の読み替え
16 ①イザ29:18, エレ31:8, 9
　②イザ30:21, ルカ1:79
　③イザ50:10, 詩107:14,
　使26:18, エペ5:8
　④イザ40:4, ルカ3:5
　⑤イザ41:17, ヨシ1:5,
　詩94:14, ヘブ13:5
17 ①イザ1:29, 44:9, 11,
　45:16, 詩97:7
　②イザ48:5, ホヤ4:16,
　士17:3, 18:14,
　II列21:7, II歴33:7,
　ナホ1:14, ハバ2:18
　③民33:52, ホ27:15,
　士17:3, 18:14,
　ナホ1:14, ハバ2:18

　その栄誉を地の果てから。
　④海に下る者、＊そこを渡るすべての者、
　⑤島々とそこに住む者よ。
11 　荒野とその町々、
　ケダル人の住む村々よ。声をあげよ。
　③セラに住む者は喜び歌え。
　④山々の頂から声高らかに叫べ。
12 　主に栄光を帰し、
　①島々にその栄誉を告げ知らせよ。
13 　主は勇士のようにいで立ち、
　②戦士のように激しく奮い立ち、
　ときの声をあげて叫び、
　敵に向かって威力を現す。
14 　わたしは久しく黙っていた。
　静かに自分を押さえていた。
　＊今は、子を産む女のようにうめき、
　激しい息づかいであえぐ。
15 　わたしは山や丘を荒らし、
　そのすべての青草を枯らし、
　②川＊をかわいた地とし、
　沢をからす。
16 　①わたしは目の見えない者に、
　彼らの知らない道を歩ませ、
　彼らの知らない通り道を行かせる。
　②彼らの前でやみを光に、
　④でこぼこの地を平らにする。
　これらのことをわたしがして、
　⑤彼らを見捨てない。
17 　①彫像に拠り頼み、②鋳像に、
　「あなたがたこそ、私たちの神々」と言
　う者は、
　退けられて、恥を見る。

ていない人々に神のメッセージを伝える宣教の働きをされる。今日のキリスト者にはまだキリストを知らない国や文化の人々に神のメッセージを伝えるという同じ責任がある。そこでキリストは従う人々に聖霊によって「バプテスマ」を授け（聖霊の力に「浸し」て臨在と導きと力で満たし取囲むこと）、この使命を実行できるようにされる（→使1:8注）。→「**聖霊のバプテスマ**」の項 p.1950

42:6　国々の光　「国々」ということばにはユダヤ人以外の国の人々が含まれている。キリストの働きはユダヤ人と同じように異邦人にも救いの契約（神の「終生協定」）、つまり罪の赦しと神との個人的な関係を受ける機会を与えることだった。新しい契約は神に対する人間の反抗の罰を完全に支払われたキリストの死によって成立する（エレ31:31–34, ヘブ8:6–13, 9:15, →「**旧契約と新契約**」の項 p.2363）。

42:7　見えない目を開き　メシヤは、ご自分の死（罪の罰を完全に支払う）と聖霊の力によってご自分を信じる人をみな罪と罪過の霊的闇（→ロマ5:12注）から自由にし、サタンの力から解放してくださる（⇒ I ヨハ3:8）。

42:10–17　【主】に向かって・・・歌え　イザヤは異

イザヤ書 42-43章

耳が聞こえず目が見えないイスラエル

18 耳の聞こえない者たちよ、聞け。
目の見えない者たちよ、目をこらして見よ。

19 わたしのしもべほどの盲目の者が、
だれかほかにいようか。
わたしの送る使者のような耳の聞こえない者が、
ほかにいようか。
＊わたしに買い取られた者のような盲目の者、
主のしもべのような盲目の者が、
だれかほかにいようか。

20 あなたは多くのことを見ながら、心に留めず、
耳を開きながら、聞こうとしない。

21 主は、ご自分の義のために、
みおしえを広め、
これを輝かすことを望まれた。

22 これは、かすめ奪われ、
略奪された民のことであって、
若い男たちはみな、わなにかかり、
獄屋に閉じ込められた。
彼らはかすめ奪われたが、助け出す者もなく、
奪い取られても、それを返せと言う者もいない。

23 あなたがたのうち、だれが、これに耳を傾け、
だれが、後々のために注意して聞くだろうか。

24 だれが、ヤコブを、奪い取る者に渡し、
イスラエルを、かすめ奪う者に渡したのか。
それは主ではないか。
この方に、私たちは罪を犯し、

---

18 ①イザ29:18, 35:5, 43:8, エゼ12:2
19 ＊「わたしに」は補足
20 ①イザ43:8, マタ13:13
21 ①イザ51:4, 5
②イザ43:25
③→イザ1:10
22 ①イザ24:22
24 ①イザ10:6

②イザ30:15
25 ①イザ5:25, 9:19, 57:17, ナホ1:6, ゼパ1:18
②Ⅱ列25:9, エレ21:12
③イザ1:3, 5:13, ホセ7:9
④イザ47:7, 57:11

1①イザ43:7, 15, 21, 44:2, 21, 24, 54:5, 詩100:3, エペ2:10
②イザ41:10
③イザ44:22, 23, 48:20
④イザ45:3, 4, 49:1, 出33:12, 17
⑤イザ43:21
2①詩66:12
②申31:6, 8, 詩91:15
③ダニ3:19-27
3①出20:2
②イザ1:4
③イザ19:20
④イザ20:3-5
＊「エチオピヤ」
⑤箴11:8, 21:18
4①イザ49:5, 詩116:15
②イザ63:9, 黙3:9

主の道に歩むことを望まず、
そのおしえに聞き従わなかった。

25 そこで主は、燃える怒りをこれに注ぎ、
激しい戦いをこれに向けた。
それがあたりを焼き尽くしても、彼は悟らず、
自分に燃えついても、心に留めなかった。

イスラエルの唯一の救い主

43

1 だが、今、ヤコブよ。
あなたを造り出した方、主はこう仰せられる。
イスラエルよ。
あなたを形造った方、主はこう仰せられる。
「恐れるな。わたしがあなたを贖ったのだ。
わたしはあなたの名を呼んだ。
あなたはわたしのもの。

2 あなたが水の中を過ぎるときも、
わたしはあなたとともにおり、
川を渡るときも、あなたは押し流されない。
火の中を歩いても、あなたは焼かれず、
炎はあなたに燃えつかない。

3 わたしが、あなたの神、主、
イスラエルの聖なる者、
あなたの救い主であるからだ。
わたしは、エジプトをあなたの身代金とし、
クシュとセバをあなたの代わりとする。

4 わたしの目には、あなたは高価で尊い。
わたしはあなたを愛している。

邦人（ユダヤ人以外の人々）とイスラエルの忠実な人々がみな一人のまことの神を賛美するようになるときを予見している。世界中のあらゆる国の人々が栄光に満ちた救いと霊的な勝利を主との関係を通して体験して主をあがめるようになる。

42:18-25 耳の聞こえない者たちよ・・・目の見えない者たちよ 神の民は霊的に目が見えず耳が聞こえないので敵に攻撃され何もかも奪われていく。それを救い出し回復できる人はだれもいない。

43:1-28 だが、今 この章ではイスラエルの救いとバビロン捕囚からの解放が扱われている。神の懲らしめは解放と同じようにご自分の民に対する愛の行為である。

43:1-7 【主】はこう仰せられる この部分で神はイスラエルに対する愛とその愛の恩恵を表している。ここで示されている祝福はみな、そしてそれ以上のものがイエス・キリストを信じる信仰によって神の子となった人々にも与えられる。まず神は私たちを創造

イザヤ書 43章

だからわたしは人をあなたの代わりにし、
国民をあなたのいのちの代わりにするのだ。

5 恐れるな。
わたしがあなたとともにいるからだ。
わたしは東から、あなたの子孫を来させ、
西から、あなたを集める。

6 わたしは、北に向かって『引き渡せ』と言い、
南に向かって『引き止めるな』と言う。
わたしの子らを遠くから来させ、
わたしの娘らを地の果てから来させよ。

7 わたしの名で呼ばれるすべての者は、
わたしの栄光のために、わたしがこれを創造し、
これを形造り、これを造った。

8 目があっても盲目の民、
耳があっても聞こえない者たちを連れ出せ。

9 すべての国々をつどわせ、
諸国の民を集めよ。
彼らのうちのだれが、このことを告げ、
先の事をわれわれに聞かせることができようか。
彼らの証人を出して証言させ、
それを聞く者に『ほんとうだ』と言わせよ。

10 あなたがたはわたしの証人、
──主の御告げ──
わたしが選んだわたしのしもべである。
これは、あなたがたが知って、わたしを信じ、
わたしがその者であることを悟るためだ。
わたしより先に造られた神はなく、
わたしより後にもない。

11 わたし、このわたしが、主であって、
わたしのほかに救い主はいない。

12 このわたしが、告げ、救い、聞かせたのだ。
あなたがたのうちに、異なる神はなかった。
だから、あなたがたはわたしの証人。
──主の御告げ──わたしは神だ。

13 これから後もわたしは神だ。
わたしの手から救い出せる者はなく、
わたしが事を行えば、
だれがそれを戻しえよう。」

神のあわれみとイスラエルの不誠実

14 あなたがたを贖われたイスラエルの聖なる方、
主はこう仰せられる。
「あなたがたのために、
わたしはバビロンに使いを送り、
彼らの横木をみな突き落とし、
カルデヤ人を喜び歌っている船から突き落とす。

15 わたしは主、あなたがたの聖なる者、
イスラエルの創造者、あなたがたの王である。」

16 海の中に道を、
激しく流れる水の中に通り道を設け、

17 戦車と馬、強力な軍勢を連れ出した主はこう仰せられる。

---

5 ①イザ43:5,6, イザ49:12, 詩107:3
②イザ41:10
③イザ8:10, 43:2
④エレ30:10, 46:27
6 ①Ⅱコリ6:18
②イザ49:22, 60:4
③イザ45:22
7 ①イザ56:5, 62:2, ヤコ2:7
②イザ42:23, 46:13
③イザ43:1
8 ①イザ41:21-29, 42:18-20, エゼ12:2
9 ①イザ34:1, 41:1
②イザ41:22, 23, 26, 44:7
③イザ43:26
10 ①イザ44:8
②イザ41:8
③イザ41:4
④詩90:2
11 ①使4:12
②イザ19:20
12 ①申32:16, 詩81:9
*「神」は補足
13 *直訳「彼だ」
①詩50:22
②イザ14:27, ヨブ9:12
14 ①イザ41:14
②イザ1:4
③イザ13:19
15 ①イザ6:3, 10:17, 40:25, ハバ1:12
②イザ43:1
③イザ41:21, 44:6
16 ①イザ11:15, 44:27, 50:2, 51:10, 63:11-13, 出14:21, 22, ヨシ3:15, 16

し、神に反抗したときには私たちを贖う（罪の奴隷にされ霊的に死ぬように定められていた私たちの生涯を救い出し、解放し、「買い戻す」）ご計画を実行された。私たちは主のものとなり、主はひとりひとりの名前を知っておられる（43:1）。困難や苦しみを体験するときにも主がともにおられるので滅ぼされることはない（43:2, 5）。私たちは神にとって高価なので神はご自分の誉れと愛をもって祝福してくださる（43:4）。

43:8-13 目があっても盲目 イスラエルの民はまだ霊的に目が開かれていなかったけれども神は贖い（人々を救い神との個人的な関係に回復する神の目的）のご計画の中にイスラエルを含めておられた。イスラエルはその時このご計画の生き証人になる。また全世界に対してこのご計画を啓示する神の働きに奉仕するようになる（43:10,「**神の計画の中のイスラエル**」の項p.2077）。

43:14-21 バビロン 神はバビロニヤ人（ユダに何度か侵入し、前586年に容赦なくエルサレムを征服し人々を帝国の各地へ移住させた。侵入の段階 →Ⅱ列24:1注）をさばかれる。そして神はご自分の民を救い

「彼らはみな倒れて起き上がれず、
燈心のように消える。
18 先の事どもを思い出すな。
昔の事どもを考えるな。
19 見よ。わたしは新しい事をする。
今、もうそれが起ころうとしている。
あなたがたは、それを知らないのか。
確かに、わたしは荒野に道を、
荒地に川を設ける。
20 野の獣、ジャッカルや、だちょうも、
わたしをあがめる。
わたしが荒地に水をわき出させ、
荒地に川を流し、
わたしの民、わたしの選んだ者に飲ませるからだ。
21 わたしのために造ったこの民は
わたしの栄誉を宣べ伝えよう。

22 しかしヤコブよ。
あなたはわたしを呼び求めなかった。
イスラエルよ。
あなたはわたしのために労苦しなかった。
23 あなたはわたしに、
全焼のいけにえの羊を携えて来ず、
いけにえをささげて、
わたしをあがめようともしなかった。
わたしは穀物のささげ物のことで、
あなたに苦労をさせず、
乳香のことであなたを煩わせもしなかった。
24 あなたはわたしのために、
金を払って菖蒲を買わず、
いけにえの脂肪で、わたしを満足させなかった。
かえって、あなたの罪で、わたしに苦労をさせ、
あなたの不義で、わたしを煩わせただけだ。

25 わたし、このわたしは、わたし自身のために
あなたのそむきの罪をぬぐい去り、
もうあなたの罪を思い出さない。
26 わたしに思い出させよ。
共に論じ合おう。
身の潔白を明かすため、
あなたのほうから述べたてよ。
27 あなたの最初の先祖は罪を犯し、
あなたの代言者たちは、わたしにそむいた。
28 それで、わたしは聖所のつかさたちを汚し、
ヤコブが聖絶されるようにし、
イスラエルが、ののしられるようにした。」

選民イスラエル

44

1 今、聞け、わたしのしもべヤコブ、
わたしの選んだイスラエルよ。
2 あなたを造り、
あなたを母の胎内にいる時から形造って、
あなたを助ける主はこう仰せられる。
「恐れるな。わたしのしもべヤコブ、
わたしの選んだエシュルンよ。
3 わたしは潤いのない地に水を注ぎ、
かわいた地に豊かな流れを注ぎ、
わたしの霊をあなたのすえに、
わたしの祝福をあなたの子孫に注ごう。

出される。その後人々は「新しい事」(43:19)を体験する。それは赦しと祝福と回復と神の臨在を体験する新しいときである。そして人々は神を賛美するようになる(43:21)。

43:22-28 あなたはわたしを呼び求めなかった イザヤがこれを書いているときにユダはまだ赦しと助けを求めて神を呼ぶことをしていなかった。意図的にごう慢な罪の行いを続けていた(43:24)。もし霊的な反抗をやめず罪から離れず神に立返らないなら滅びと恥とに直面することは確かである(43:28)。

44:3 わたしの霊をあなたのすえに・・・注ごう イザヤの時代にイスラエルは霊的に反抗的だった。けれども聖霊が未来の世代に注がれる日が来るとイザヤは預言した(⇒32:15, →エレ31:33-34各注, エゼ36:26-27, 39:29, ゼカ12:10-13:1)。この預言は五旬節の日に部分的に成就した(⇒ヨエ2:25-29, 使2:17-18, →使1:8注, 2:4注)。これはイスラエルがイエス・キリストをメシヤ、「油そそがれた者」、救い主(→

4 彼らは、流れのほとりの柳の木のように、
　青草の間に芽ばえる。
5 ある者は『私は主のもの』と言い、
　ある者はヤコブの名を名のり、
　ある者は手に『主のもの』としるして、
　イスラエルの名を名のる。」

偶像ではなく主

6 イスラエルの王である主、これを贖う方、
　万軍の主はこう仰せられる。
　「わたしは初めであり、
　わたしは終わりである。
　わたしのほかに神はない。
7 わたしが永遠の民を起こしたときから、
　だれが、わたしのように宣言して、
　これを告げることができたか。
　これをわたしの前で並べたててみよ。
　彼らに未来の事、来るべき事を
　告げさせてみよ。
8 恐れるな、おののくな。
　わたしが、もう古くからあなたに聞かせ、
　告げてきたではないか。
　あなたがたはわたしの証人。
　わたしのほかに神があろうか。
　ほかに岩はない。わたしは知らない。
9 偶像を造る者はみな、むなしい。彼らの慕うものは何の役にも立たない。彼らの仕えるものは、見ることもできず、知ることもできない。彼らはただ恥を見るだけだ。
10 だれが、いったい、何の役にも立たない神を造り、偶像を鋳たのだろうか。
11 見よ。その信徒たちはみな、恥を見る。それを細工した者が人間にすぎないからだ。彼らはみな集まり、立つがよい。彼らはおののいて共に恥を見る。
12 鉄で細工する者はなたを使い、炭火の上で細工し、金槌でこれを形造り、力ある腕でそれを造る。彼も腹がすくと力がなくなり、水を飲まないと疲れてしまう。
13 木で細工する者は、測りなわで測り、朱で輪郭をとり、かんなで削り、コンパスで線を引き、人の形に造り、人間の美しい姿に仕上げて、神殿に安置する。
14 彼は杉の木を切り、あるいはうばめがしや樫の木を選んで、林の木の中で自分のために育てる。また、月桂樹を植えると、大雨が育てる。
15 それは人間のたきぎになり、人はそのいくらかを取って暖まり、また、これを燃やしてパンを焼く。また、これで神を造って拝み、それを偶像に仕立てて、これにひれ伏す。
16 その半分は火に燃やし、その半分で肉を食べ、あぶり肉をあぶって満腹する。また、暖まって、『ああ、暖まった。熱くなった』と言う。
17 その残りで神を造り、自分の偶像とし、それにひれ伏して拝み、それに祈って『私を救ってください。あなたは私の神だから』と言う。
18 彼らは知りもせず、悟りもしない。彼らの目は固くふさがって見ることもできず、彼らの心もふさがって悟ることもできない。
19 彼らは考えてもみず、知識も英知もないので、『私は、その半分を火に燃やし、その炭火でパンを焼き、肉をあぶって食べた。その残りで忌みきらうべき物を造り、

4①レビ23:40, ヨブ40:22
5①詩116:16, エレ50:5, ゼカ8:20-22, 13:9
6①イザ41:21, 43:15
②イザ41:14
③イザ43:13, 47:4, 48:2, 51:15, 54:5, →イザ1:24
④イザ41:4, 43:10, 48:12,
黙1:8, 17, 21:6, 22:13
⑤イザ43:11, 44:8, 45:5, 6, 14, 21, 46:9, 申4:35, 39, 32:39, Ⅱサム7:22, 詩18:31, ヨエ2:27
7①イザ42:26
②イザ45:21
8①イザ48:5
＊「ほかに」は補足
③イザ17:10, 26:4, 30:29, 申32:4
9①イザ42:17
＊→イザ40:19
＊「証人たち」の読み替え
10①イザ41:29, 46:7, 詩115:5-7, エレ10:5, ハバ2:18

11①イザ40:19, 20, 41:7, 46:6, 詩115:4, エレ10:3, 9, ハバ2:18
13＊あるいは「鉄筆」
①詩115:5-7
②士17:4, 5
14＊直訳「強くする」
15①Ⅱ歴25:14
17①イザ45:20, Ⅰ列18:26, 28
18①イザ1:3, エレ10:14
②イザ45:20, 29:10
③イザ27:11
19①申27:15, Ⅰ列11:5, 7, Ⅱ列23:13

ロマ11:25注, 26注)として受入れたときに初めて完全に成就する。神の民に神の御霊が注がれること(神の臨在で人生を満たし、神の目的のために力を与えるためにご自分の霊を豊かに送られること)は、霊的な刷新と再生と回復と祝福と成長とに結び付いている(44:3-4)。

44:5　私は【主】のもの　個人の上に聖霊が注がれたときに現れる一つの明らかな結果は、自分が主のものであると大胆にあかしすることである。御霊は私たちに対する神の証印である(Ⅱコリ1:22, エペ1:13, 4:30)。この「証印」は私たちが神の民であることを確かにし、神の国の中の位置を保証する。また聖霊は私たちの中に神の子としての権利と特権を持っているという確信を作り出してくださる(→ロマ8:16注, ガラ4:6注, →「聖霊の働き」の表 p.2187)。

44:6-20　【主】はこう仰せられる　人間の手にある材料から偶像を作り、助けを求めても役にも立たないものに祈ることがどれほど愚かであるかを神は明らかにされた(44:12, 17)。今日でも人々は「神々」の象徴としてあらゆる種類の像や偶像を作っている。そしてそ

イザヤ書 44–45章

木の切れ端の前にひれ伏すのだろうか』とさえ言わない。
20 灰にあこがれる者の心は欺かれ、惑わされて、自分を救い出すことができず、『私の右の手には偽りがないのだろうか』とさえ言わない。
21 ヤコブよ。これらのことを覚えよ。
イスラエルよ。あなたはわたしのしもべ。
わたしが、あなたを造り上げた。
あなたは、わたし自身のしもべだ。
イスラエルよ。
あなたはわたしに忘れられることがない。
22 わたしは、あなたのそむきの罪を雲のように、
あなたの罪をかすみのようにぬぐい去った。
わたしに帰れ。
わたしは、あなたを贖ったからだ。」

23 天よ。喜び歌え。
主がこれを成し遂げられたから。
地のどん底よ。喜び叫べ。
山々よ。喜びの歌声をあげよ。
林とそのすべての木も。
主がヤコブを贖い、
イスラエルのうちに、
その栄光を現されるからだ。

人が住むようになるエルサレム
24 あなたを贖い、
あなたを母の胎内にいる時から形造った方、主は

こう仰せられる。
「わたしは万物を造った主だ。
わたしはひとりで天を張り延ばし、
*ただ、わたしだけで、地を押し広げた。
25 わたしは自慢する者らのしるしを破り、
占い師を狂わせ、
知恵ある者を退けて、その知識を愚かにする。
26 わたしは、わたしのしもべのことばを成就させ、
わたしの使者たちの計画を成し遂げさせる。
エルサレムに向かっては、
『人が住むようになる』と言い、
ユダの町々に向かっては、『町々は再建され、
その廃墟はわたしが復興させる』と言う。
27 淵に向かっては、『干上がれ。
わたしはおまえの川々をからす』と言う。
28 わたしはクロスに向かっては、『わたしの牧者、
わたしの望む事をみな成し遂げる』と言う。
エルサレムに向かっては、
『再建される。
神殿は、その基が据えられる』と言う。」

45

1 主は、油そそがれた者クロスに、
こう仰せられる。
「わたしは彼の右手を握り、
彼の前に諸国を下らせ、

かれた（→41：2注）。

45：1 油そそがれた者クロス クロスは神を礼拝する人ではなかったけれども（45：4-5）、「油そそがれた者」と呼ばれている。これは後に神がご自分のひとり子イエス・キリスト（メシヤ、「油そそがれた者」）に与えられたのと同じ肩書きである。神は人類の霊的救済計画を現すためにイスラエルを用いられる。そのためには捕囚から解放しなければならない。その働きのためにクロスは油注がれた（神によって権威をもって任命された）のである。

の像に表されている霊（実際には悪霊）が助け解放してくれると期待して拝み祈っている（44：17，→「偶像礼拝」の項 p.468）。

44：24 万物を造った【主】 →「天地創造」の項 p.29
44：28 クロス・・・神殿 ユダを捕囚から解放するのはクロスだとイザヤは名指しをしている（44：28）。前538年にユダヤ人がエルサレムに戻って町々と神殿を再建することを許可する勅令をクロスは発令した（エズ1：1-2）。この預言は成就する150年前に与えられたけれども、神はイザヤが預言した通りにご計画が実現するようにクロスの誕生と生涯を取巻く事柄を導

王たちの腰の帯を解き、
彼の前にとびらを開いて、
その門を閉じさせないようにする。
2 わたしはあなたの前に進んで、
険しい地を平らにし、
青銅のとびらを打ち砕き、
鉄のかんぬきをへし折る。
3 わたしは秘められている財宝と、
ひそかな所の隠された宝をあなたに与える。
それは、
わたしが主であり、あなたの名を呼ぶ者、
イスラエルの神であることを
あなたが知るためだ。
4 わたしのしもべヤコブ、
わたしが選んだイスラエルのために、
わたしはあなたをあなたの名で呼ぶ。
あなたはわたしを知らないが、
わたしはあなたに肩書を与える。
5 わたしが主である。ほかにはいない。
わたしのほかに神はいない。
あなたはわたしを知らないが、
わたしはあなたに力を帯びさせる。
6 それは、日の上る方からも、西からも、
わたしのほかには、だれもいないことを、
人々が知るためだ。
わたしが主である。ほかにはいない。
7 わたしは光を造り出し、やみを創造する。
平和をつくり、わざわいを創造する。
わたしは主、これらすべてを造る者。」

8 「天よ。上から、したたらせよ。
雲よ。正義を降らせよ。
地よ。開いて救いを実らせよ。
正義も共に芽ばえさせよ。
わたしは主、わたしがこれを創造した。」

9 ああ。
陶器が陶器を作る者に抗議するように

1 ④ヨブ12:21
2 ①イザ40:4
　②詩107:16
　③エレ51:30
3 ①エレ50:37
　②イザ43:1
4 ①イザ41:8
　②詩105:6
　③使17:23
5 ①イザ44:6
　②詩18:39
6 ①イザ43:5, マラ1:11
7 ①創1:3, 16, 17,
　出10:23, ヨブ36:30
　②詩104:20, 105:28,
　アモ4:13
　③イザ31:2, 47:11,
　哀3:38, アモ3:6
8 ①詩72:3, 85:11, 13,
　ホセ10:12
　②イザ61:11
9 ①イザ29:16, 64:8,
　エレ18:1-6,
　ロマ9:20, 21

②ヨブ15:25,
エレ50:24
11 ①イザ1:4
　②イザ43:1
　③エレ31:9
　④イザ19:25, 29:23,
　60:21, 64:8
12 ①イザ42:5, 45:18,
　創1章, ネヘ9:6
　②イザ44:24
13 ①イザ41:2
　②イザ45:2
　③イザ44:28,
　Ⅱ歴36:22, 23,
　エズ1:1, 2
　④イザ52:3
　⑤→イザ44:6
14 ①イザ19:21, 詩68:31
　②イザ18:1, 43:3
　＊「エチオピヤ」
　③詩72:10
　④イザ14:1, 2, 49:23
　⑤詩149:8
　⑥イザ49:23, 60:14,
　黙3:9
　⑦エレ3:17, 16:19,
　ゼカ8:20-23,
　Ⅰコリ14:25

自分を造った者に抗議する者。
粘土は、形造る者に、
「何を作るのか」とか、
「あなたの作った物には、手がついていない」
などと言うであろうか。
10 ああ。
自分の父に「なぜ、子どもを生むのか」
と言い、
母に「なぜ、産みの苦しみをするのか」
と言う者。

11 イスラエルの聖なる方、これを形造った方、
主はこう仰せられる。
「これから起こる事を、
わたしに尋ねようとするのか。
わたしの子らについて、
わたしの手で造ったものについて、
わたしに命じるのか。
12 このわたしが地を造り、
その上に人間を創造した。
わたしはわたしの手で天を引き延べ、
その万象に命じた。
13 わたしは勝利のうちに彼を奮い立たせ、
彼の道をみな、平らにする。
彼はわたしの町を建て、
わたしの捕囚の民を解放する。
代価を払ってでもなく、
わいろによってでもない」と
万軍の主は仰せられる。

14 主はこう仰せられる。
「エジプトの産物と、クシュの商品、
それに背の高いセバ人も、
あなたのところにやって来て、
あなたのものとなる。
彼らは鎖につながれて、
あなたに従って来、
あなたにひれ伏して、あなたに祈って言う。
『神はただあなたのところにだけおら

45:14-17 神はただあなたのところにだけおられ
やがてあらゆる国がイスラエルの神だけが神であると認めるときが来る。そしてイスラエルは二度と恥を受けることはない（→黙20:4注）。

れ、
ほかにはなく、ほかに神々はいない。』」

15 イスラエルの神、救い主よ。
まことに、あなたはご自身を隠す神。
16 偶像を細工する者どもはみな、恥を見、
みな共に、はずかしめを受け、恥の中
に去る。
17 イスラエルは主によって救われ、
永遠の救いに入る。
あなたがたは恥を見ることがなく、
いつまでも、はずかしめを受けること
がない。

18 天を創造した方、すなわち神、
地を形造り、これを仕上げた方、
すなわちこれを堅く立てた方、
これを荒漠としたものに創造せず、
人の住みかにこれを形造った方、
まことに、この主がこう仰せられる。
「わたしが主である。ほかにはない。
19 わたしは隠れた所、
やみの地の場所で語らなかった。
荒地で、ヤコブの子らに
わたしを尋ね求めよと言わなかった。
わたしは主、
正義を語り、公正を告げる者。

20 諸国からの逃亡者たちよ。
集まって来て、共に近づけ。
木の偶像をになう者、
救えもしない神に祈る者らは、何も知
らない。

21 告げよ。証拠を出せ。共に相談せよ。
だれが、これを昔から聞かせ、
以前からこれを告げたのか。
わたし、主ではなかったか。
わたしのほかに神はいない。
正義の神、救い主、
わたしをおいてほかにはいない。

22 地の果てのすべての者よ。
わたしを仰ぎ見て救われよ。
わたしが神である。ほかにはいない。
23 わたしは自分にかけて誓った。
わたしの口から出ることばは正しく、
取り消すことはできない。
すべてのひざはわたしに向かってかが
み、
すべての舌は誓い、
24 わたしについて、『ただ、主にだけ、
正義と力がある』と言う。
主に向かっていきりたつ者はみな、
主のもとに来て恥じ入る。
25 イスラエルの子孫はみな、
主によって義とされ、誇る。」

バビロンの神々

46

1 「ベルはひざまずき、ネボはかがむ。
彼らの偶像は獣と家畜に載せられ、
あなたがたの運ぶものは荷物となり、
疲れた獣の重荷となる。
2 彼らは共にかがみ、ひざまずく。
彼らは重荷を解くこともできず、
彼ら自身もとりことなって行く。

45:22 地の果てのすべての者よ・・・救われよ 神は地上のあらゆる人々に悔い改めて(心と思いの方向を神に向け、自分自身の反抗的な道と罪を捨てること)、霊的な救いを求め神に立返るように招いておられる。キリストの福音(「良い知らせ」またはメッセージ)にも同じ招きが含まれている。神はこの良い知らせを世界中に伝えるようにご自分の教会に命じられた(マタ28:19-20, 使1:8, →42:1注)。神は人々がみな救われることを望んでおられる(Ⅱペテ3:9)。つまり救いを受入れ、いのちをかけて神に頼る人と個人的な関係を持ちたいと願っておられる。

45:23 すべてのひざは・・・かがみ パウロはローマ14:11とピリピ2:10-11でこの節を引用して、人々がみな生きている間にキリストを受入れ自分をゆだねるわけではないけれども、自発的かどうかは別にしてやがてキリストの前にひざまずき、キリストは主であると告白するようになることを示している。

46:1 ベル・・・ネボ ベルはメロダクとも呼ばれる(⇒エレ50:2)バビロンの主神だった。ネボは学問と文学と天文学の神だった。けれどもこれらの偶像はバビロンを破滅から守ることができなかった。

イザヤ書 46-47章

3 わたしに聞け、
　ヤコブの家と、イスラエルの家の
　すべての残りの者よ。
　胎内にいる時からになわれており、
　生まれる前から運ばれた者よ。

4 あなたがたが年をとっても、
　わたしは同じようにする。
　あなたがたがしらがになっても、
　わたしは背負う。
　わたしはそうしてきたのだ。
　なお、わたしは運ぼう。
　わたしは背負って、救い出そう。

5 わたしをだれになぞらえて比べ、
　わたしをだれと並べて、なぞらえるの
　か。

6 袋から金を惜しげなく出し、
　銀をてんびんで量る者たちは、
　金細工人を雇って、それで神を造り、
　これにひざまずいて、すぐ拝む。

7 彼らはこれを肩にかついで運び、
　下に置いて立たせる。
　これはその場からもう動けない。
　これに叫んでも答えず、
　悩みから救ってもくれない。

8 このことを思い出し、しっかりせよ。
　そむく者らよ。心に思い返せ。

9 遠い大昔の事を思い出せ。
　わたしが神である。ほかにはいない。
　わたしのような神はいない。

10 わたしは、終わりの事を初めから告げ、
　まだなされていない事を昔から告げ、
　『わたしのはかりごとは成就し、
　わたしの望む事をすべて成し遂げる』
　と言う。

11 わたしは、東から猛禽を、
　遠い地から、
　わたしのはかりごとを行う者を呼ぶ。
　わたしが語ると、すぐそれを行い、
　わたしが計ると、すぐそれをする。

12 わたしに聞け。
　強情な者、正義から遠ざかっている者
　たちよ。

13 わたしは、わたしの勝利を近づける。
　それは遠くはない。
　わたしの救いは遅れることがない。
　わたしはシオンに救いを与え、
　イスラエルにわたしの光栄を与える。」

バビロンの崩壊

47

1 「おとめバビロンの娘よ。
　下って、ちりの上にすわれ。
　カルデヤ人の娘よ。王座のない地にす
　われ。
　もうあなたは、
　優しい上品な女と呼ばれないからだ。

2 ひき臼を取って粉をひけ。
　顔おおいを取り去り、
　すそをまくって、すねを出し、川を渡
　れ。

3 あなたの裸は現れ、
　あなたの恥もあらわになる。
　わたしは復讐をする。だれひとり容赦
　しない。」

4 私たちを贖う方、その名は万軍の主、
　イスラエルの聖なる方。

5 「カルデヤ人の娘よ。
　黙ってすわり、やみに入れ。
　あなたはもう、

46:4　わたしは運ぼう　人間の手で作られ、作った人々に運んでもらわなければならない(46:1)にせの神々とは反対に(44:12-17)、創造者である主は私たちを運んでくださる。そして初めから必要なものを備えてくださった。また私たちに最も良いことをし続け、地上で生きる間、またそのあとも守ってくださる。

47:1-15　おとめバビロンの娘よ　この章はバビロンの滅亡を預言している。バビロンは自己中心で高慢な(47:8, 10)異教の文化(神を敬わない、不道徳で、多くの偶像に従う社会)を代表している。そこに住む人々は官能的な快楽(不道徳で抑制されない方法によって肉体的官能的欲望を満たすこと)のために生き、自分自身の知識や魔術に頼っていた(47:10, 12-13)。このような人々はいつ厳しいさばきを受けるように

イザヤ書　47-48章

王国の女王と呼ばれることはないからだ。

6 わたしは、わたしの民を怒って、
わたしのゆずりの民を汚し、
彼らをあなたの手に渡したが、
あなたは彼らをあわれまず、
老人にも、ひどく重いくびきを負わせた。

7 あなたは『いつまでも、私は女王でいよう』
と考えて、
これらのことを心に留めず、
自分の終わりのことを思ってもみなかった。

8 だから今、これを聞け。
楽しみにふけり、安心して住んでいる女。
心の中で、*『私だけは特別だ。
私はやもめにはならないし、
子を失うことも知らなくて済もう』と言う者よ。

9 子を失うことと、やもめになること、
この二つが一日のうちに、
またたくまにあなたに来る。
あなたがどんなに多く呪術を行っても、
どんなに強く呪文を唱えても、
これらは突然、あなたを見舞う。

10 あなたは自分の悪に拠り頼み、
『私を見る者はない』と言う。
あなたの知恵と知識、
これがあなたを迷わせた。
だから、あなたは心の中で言う。
*『私だけは特別だ。』

11 しかしわざわいがあなたを見舞う。
それを払いのけるまじないをあなたは知らない。
災難があなたを襲うが、
あなたはそれを避けることはできない。

6 ①Ⅱ歴28:9, ゼカ1:15
②イザ43:28
③申28:50
7 ①イザ42:25, 57:11
②申32:29, エレ5:31
8 ①イザ47:8,9, 黙18:7,8
②イザ22:13, エレ50:11
③イザ32:9, 11
*直訳「私だけで、ほかにはいない」
9 ①イザ13:16, 18, 14:22
②イザ51:19
③詩73:19, Ⅰテサ5:3, 黙18:10
④ナホ3:4, 黙18:23
10 ①イザ59:4, 詩52:7, 62:10
②イザ29:15, エゼ8:12, 9:9
③イザ5:21
→イザ47:8
11 ①イザ45:7
②詩35:8, Ⅰテサ5:3

13 *直訳「天を分ける者」
14 ①イザ5:24, ナホ1:10, マラ4:1
②エレ51:30, 32, 58
③イザ44:16

1 ①イザ65:16, 申6:13
②エレ4:2, 5:2, ゼパ1:5, マラ3:5
2 ①イザ52:1, 64:10
②エレ10:16
3 →イザ44:6

破滅はあなたの知らないうちに、
突然あなたにやって来る。

12 さあ、若い時からの使い古しの呪文や、
多くの呪術を使って、立ち上がれ。
あるいは役立つかもしれない。
おびえさせることができるかもしれない。

13 あなたに助言する者が多すぎて、
あなたは疲れている。
さあ、天を観測する者、星を見る者、
新月ごとにあなたに起こる事を知らせる者を
並べたてて、
あなたを救わせてみよ。

14 見よ。彼らは刈り株のようになり、
火が彼らを焼き尽くす。
彼らは自分のいのちを
炎の手から救い出すこともできない。
これは身を暖める炭火でもなく、
その前にすわれる火でもない。

15 あなたが若い時から仕え、
行き来してきた者たちは、このようになる。
彼らはおのおの自分かってに迷い出て、
あなたを救う者はひとりもいない。」

かたくななイスラエル

48

1 これを聞け。ヤコブの家よ。
あなたはイスラエルの名で呼ばれ、
ユダの源から出て、
主の御名によって誓い、
イスラエルの神を呼び求めるが、
誠実をもってせず、また正義をもってしない。

2 確かに彼らは聖なる都の名を名のり、
イスラエルの神——その名は万軍の主——に

なってもおかしくない(47:9, 11)。終りのときの大患難のとき(神が地の全面に最も厳しいさばきを下すとき)に神を敬わない世界の人本主義的文化を代表するバビロンは神によって打倒される(→黙17:1注, 18:2注, →「**大患難**」の項 p.1690, →「**終末の事件**」の表 p.2471)。

48:1-22　誠実をもってせず、また正義をもってしない　ユダは口では神に従い神を礼拝すると宣言するけれども、実際には神との契約(終生協定)を破っている人々で満ちていることをこの章は明らかにしている。

イザヤ書 48章

3 　　寄りかかっている。
「先に起こった事は、前からわたしが
　告げていた。
　それらはわたしの口から出、
　わたしはそれらを聞かせた。
　にわかに、わたしは行い、それは成就
　した。
4 あなたがかたくなであり、首筋は鉄の
　腱、
　額は青銅だと知っているので、
5 わたしは、かねてからあなたに告げ、
　まだ起こらないうちに、聞かせたのだ。
　『私の偶像がこれをした』とか、
　『私の彫像や鋳た像がこれを命じた』とか
　あなたが言わないためだ。
6 あなたは聞いた。さあ、これらすべて
　を見よ。
　あなたがたは告げ知らせないのか。
　わたしは今から、新しい事、
　あなたの知らない秘め事をあなたに聞
　かせよう。
7 それは今、創造された。ずっと前から
　ではない。
　きょうまで、あなたはこれを聞いたこ
　ともない。
　『ああ、私は知っていた』と
　あなたが言わないためだ。
8 あなたは聞いたこともなく、
　知っていたこともない。
　ずっと前から、あなたの耳は開かれて
　いなかった。
　わたしは、あなたがきっと裏切るこ
　と、
　母の胎内にいる時から
　そむく者と呼ばれていることを、

2 ④ミカ3:11
3 ①イザ41:22, 42:9, 43:9, 44:7, 8, 45:21, 46:10
　②イザ29:5, 30:13
　③イザ42:9, ヨシ21:45
4 ①出32:9, 申31:27, Ⅱ歴36:13, エゼ2:4, 3:7-9, ゼカ7:12, 使7:51
5 ①イザ45:21
　②イザ42:9
　③→イザ42:17
　④→イザ41:29
6 ①イザ42:9, 43:19
8 ①イザ42:25, 47:11, ホセ7:9
　②イザ1:2, 46:8, 申9:7, 24, 詩58:3, エレ6:28, ホセ9:15

9 ①イザ66:5, Ⅰ列8:41, エレ14:7, 21, エゼ20:9, 14, 22, 44, →詩23:3
　②イザ65:8, ネヘ9:30, 31, 詩78:38
10 ①詩66:10, エレ9:7, ゼカ13:9
　②申4:20, Ⅰ列8:51, エレ11:4
11 ①イザ37:35, 43:25
　②イザ42:8
12 ①イザ41:4, 43:10, 申32:39
　＊あるいは「わたしは同じだ」または「わたしは変わらない」
　②イザ44:6
13 ①出20:11, 詩102:25, ヘブ1:10
　②イザ42:5, 45:12, 18
　③イザ40:26
14 ①イザ43:9, 45:20
　②イザ45:21
　③イザ13:4, 5
15 ①イザ41:2
16 ①イザ34:1, 41:1
　②イザ45:19, ヨハ18:20

　　知っていたからだ。
9 わたしは、わたしの名のために、怒り
　を遅らせ、
　わたしの栄誉のために、これを押さえ
　て、
　あなたを断ち滅ぼさなかった。
10 見よ。わたしはあなたを練ったが、
　銀の場合とは違う。
　わたしは悩みの炉であなたを試みた。
11 わたしのため、わたしのために、
　わたしはこれを行う。
　どうしてわたしの名が汚されてよかろ
　うか。
　わたしはわたしの栄光を他の者には与
　えない。

イスラエルの解放

12 わたしに聞け。ヤコブよ。
　わたしが呼び出したイスラエルよ。
　わたしがそれだ。
　わたしは初めであり、また、終わりで
　ある。
13 まことに、わたしの手が地の基を定め、
　わたしの右の手が天を引き延ばした。
　わたしがそれらに呼びかけると、
　それらはこぞって立ち上がる。
14 あなたがた、みな集まって聞け。
　だれがこれらの事を告げたのか。
　主に愛される者が、
　主の喜ばれる事をバビロンにしむける。
　主の御腕はカルデヤ人に向かう。
15 わたしが、このわたしが語り、
　そして彼を呼んだのだ。
　わたしは彼を来させ、
　彼の行うことを成功させる。
16 わたしに近づいて、これを聞け。
　わたしは初めから、隠れた所で語らな

人々は神のことばの真理を拒み、神に反抗しながら生きている。宗教的な形式は整えているけれども生活の中では神を否定している（偽善者 →マタ23:13注, Ⅱテモ3:5注）。

48:5　かねてから　神は預言者を通してイスラエルの捕囚と解放を予告しておられた（→ネヘ緒論）。そして神こそがまことの神であることを証明された。偶像や人間が作った神々（実際には悪霊を代表している）を礼拝する人々の中にはイスラエルの神のように未来や特定の出来事を予言できる者はだれもいなかった。

48:6　新しい事　「新しい事」にはメシヤ（キリスト）の来臨と終わりのときに起こる最後のさばきの後に、メシヤが造られる新しい天と新しい地（53:, 65:17）が含まれている（黙21:, 22:）。

48:12-15　わたしに聞け。ヤコブよ　この預言もバビロンを転覆させる道具として神が選ばれたペルシヤ王

イザヤ書 48–49章

かった。
それが起こった時から、わたしはそこにいた。」
今、*神である主は私を、
その御霊とともに遣わされた。

17 あなたを贖う主、イスラエルの聖なる方は
こう仰せられる。
「わたしは、あなたの神、主である。
わたしは、あなたに益になることを教え、
あなたの歩むべき道にあなたを導く。

18 あなたがわたしの命令に耳を傾けさえすれば、
あなたのしあわせは川のように、
あなたの正義は海の波のようになるであろうに。

19 あなたの子孫は砂のように、
あなたの身から出る者は、
真砂のようになるであろうに。
その名はわたしの前から断たれることも、
滅ぼされることもないであろうに。

20 バビロンから出よ。カルデヤからのがれよ。
喜びの歌声をあげて、これを告げ知らせよ。
地の果てにまで響き渡らせよ。
「主が、そのしもべヤコブを贖われた」と言え。

21 主がかわいた地を通らせたときも、
彼らは渇かなかった。
主は彼らのために岩から水を流れ出させ、
岩を裂いて水をほとばしり出させた。

22 「悪者どもには平安がない」と主は仰せられる。

主のしもべ

49

1 島々よ。私に聞け。
遠い国々の民よ。耳を傾けよ。
主は、生まれる前から私を召し、
母の胎内にいる時から私の名を呼ばれた。

2 主は私の口を鋭い剣のようにし、
御手の陰に私を隠し、
私をとぎすました矢として、
矢筒の中に私を隠した。

3 そして、私に仰せられた。
「あなたはわたしのしもべ、イスラエル。
わたしはあなたのうちに、
わたしの栄光を現す。」

クロスのことを指している(→41:2注、45:1注)。

48:16 その御霊とともに遣わされた この節はやがて来られる聖霊の力を受けたメシヤ(「油そそがれた者」、救い主、キリスト)のことを言っている(⇒61:1、→「キリストによって成就した旧約聖書の預言」の表 p.1029)。

48:20 バビロンから出よ この宣言は70年間のバビロン捕囚を終えようとしている(前539)ユダヤ人にとって特別な意味を持っていた。そのときユダヤ人はクロスの勅令(帰還の段階 →エズ緒論、ネヘ緒論)に従ってバビロンを出てユダへ帰る準備をしていた。捕囚のつらさをあとに残して喜びに満ちて速やかにバビロンを出ようとしていた(⇒黙18:4、→「捕囚からの帰還」の地図 p.759)。

49:–57: 私に聞け この部分には「主のしもべ」についての多くの預言が含まれている。これは最終的に神の子イエス・キリストのことである。主のしもべの働きは、罪の贖い(「おおい」とゆるし)と救いの機会、つまり神との個人的な関係をあらゆる国の人々にもたらす。キリストもまたイスラエルの回復の希望と神に従わない人々への確実なさばきをもたらされる。

49:1 【主】は・・・私を召し この節は主イエスのメシヤとしての召命(「油そそがれた者」、「選ばれた者」、救い主としての役割)を描いている。主イエスはおとめマリヤから生れる前からそのように定められていた(→ルカ1:31-33)。

49:2 剣・・・矢 やがて来られるメシヤ(キリスト)のことばは聞く人々の良心を刺し貫く鋭い剣のようである(⇒黙1:16、2:12、16)。矢は神のことばを受け入れない人々へのさばきを象徴していると思われる。

49:3 わたしのしもべ、イスラエル このしもべの役割はイスラエルの国の回復だけに当てはめられない。なぜならしもべの任務はヤコブ(イスラエル)を神のもとへ帰らせることだからである(49:5)。神のし

4 しかし、私は言った。
「私はむだな骨折りをして、
いたずらに、むなしく、私の力を使い
果たした。
それでも、私の正しい訴えは、主とと
もにあり、
私の報酬は、私の神とともにある。」

5 今、主は仰せられる。
──主はヤコブをご自分のもとに帰ら
せ、
イスラエルをご自分のもとに集めるた
めに、
私が母の胎内にいる時、
私をご自分のしもべとして造られた。
私は主に尊ばれ、
私の神は私の力となられた。──

6 主は仰せられる。
「ただ、あなたがわたしのしもべと
なって、
ヤコブの諸部族を立たせ、

イスラエルのとどめられている者たち
を
帰らせるだけではない。
わたしはあなたを諸国の民の光とし、
地の果てにまでわたしの救いを
もたらす者とする。」

7 イスラエルを贖う、その聖なる方、主
は、
人にさげすまれている者、
民に忌みきらわれている者、
支配者たちの奴隷に向かってこう仰せ
られる。
「王たちは見て立ち上がり、首長たち
もひれ伏す。
主が真実であり、
イスラエルの聖なる方が
あなたを選んだからである。」

イスラエルの回復

8 主はこう仰せられる。
「恵みの時に、わたしはあなたに答え、

4 ①イザ65:23
  ②イザ40:27
5 ①イザ14:1, 41:14, 44:23
  ②イザ11:12, 27:12
  ③イザ44:2, 49:1
  ④イザ43:4
  ⑤イザ12:2

6 ①イザ1:9
  ②使13:47
  ③イザ42:6, 51:4, 60:3, ルカ2:32
7 ①イザ41:14
  ②イザ53:3, 詩22:6-8, 69:7-9
  ③イザ49:23, 52:15, 60:10, 時72:11
  ④イザ1:4
8 ①詩69:13, Ⅱコリ6:2

もべであり神の子である主イエスが理想的なイスラエルの代表になり、神がイスラエルに求められたことを全部成し遂げられた。

49:4 むだな骨折りをして 神のしもべとしての預言者の働きには落胆することやイスラエルの多くの人から激しい反対を受けることが多くあった。同じようにしもべイエス・キリストの働きも十字架で死なれたときに失敗したように見えた（神のしもべの苦しみ→50:6-9, 52:13-53:12）。

49:5-6 ヤコブをご自分のもとに帰らせ この預言は主イエスの働きのかぎになる目的を二つ描いている。(1) イスラエルを神のもとへ帰らせること。これには新約聖書時代の教会から現代までにキリストを受入れて従ったユダヤ人と、終りのときに神のもとへ回復されるイスラエルの一部が含まれる。(2) 神への道を照らし、希望と霊的な救いのメッセージをあらゆる国々へ伝えること（→「神の計画の中のイスラエル」の項 p.2077, →49:6注）。

49:6 地の果てにまでわたしの救いを イエス・キリストの使命は、あらゆる国の人々が福音を聞き、神との個人的な関係を受入れる機会を持つようにすることである。福音とは私たちの罪のためにキリストが支払われた犠牲によって赦しと新しいいのちが与えられ

るという「良い知らせ」である。聖書によると、父である神は子である神が十字架で犠牲を払われたので国々を嗣業として与えられた（→詩2:7-8）。イザヤ書のこの節は「旧約聖書の大宣教命令」と呼ばれることもある。なぜならマタイ28:19-20でキリストが弟子たちに与えられた「大宣教命令」と釣り合うように見えるからである。この「宣教命令」はキリストのメッセージが全世界に伝えられるときに達成される。それが達成されたときに「それから、終わりの日が来」る（→マタ24:14注）。新約聖書の主イエスの弟子たちに与えられた責務は「行って、あらゆる国の人々を弟子と」することである。それをキリストが再び来られるまでイエス・キリストの権威と聖霊の力によって行わなければならない（マタ28:18-20, 使1:8）。

49:7 人にさげすまれている者、民に忌みきらわれている者 キリストは多くの人から嫌われ拒まれる（⇒53:3）。けれどもキリストの敵は地上の生活でどんなに力を持っていてもいつの日かキリストに身をかがめ服従することになる（⇒45:23）。

49:8-13 【主】はこう仰せられる この部分はイエス・キリストとの個人的な関係によって自由と霊的救いを見出した人々の喜びに満ちて祝福された状態を描いている。

イザヤ書 49章

　　救いの日にあなたを助けた。
　　わたしはあなたを見守り、
　　あなたを民の契約とし、
　　国を興し、荒れ果てたゆずりの地を継
　　がせよう。
9 わたしは捕らわれ人には『出よ』と言い、
　　やみの中にいる者には『姿を現せ』と
　　言う。
　　彼らは道すがら羊を飼い、
　　裸の丘の至る所が、彼らの牧場となる。
10 彼らは飢えず、渇かず、
　　熱も太陽も彼らを打たない。
　　彼らをあわれむ者が彼らを導き、
　　水のわく所に連れて行くからだ。
11 わたしは、わたしの山々をすべて道と
　　し、
　　わたしの大路を高くする。
12 見よ。ある者は遠くから来る。
　　また、ある者は北から西から、
　　また、ある者はシニムの地から来る。」

13 天よ、喜び歌え。地よ、楽しめ。
　　山々よ。喜びの歌声をあげよ。
　　主がご自分の民を慰め、
　　その悩める者をあわれまれるからだ。

14 しかし、シオンは言った。
　　「主は私を見捨てた。主は私を忘れた」
　　と。

15 「女が自分の乳飲み子を忘れようか。
　　自分の胎の子をあわれまないだろうか。
　　たとい、女たちが忘れても、
　　このわたしはあなたを忘れない。
16 見よ。わたしは手のひらに
　　あなたを刻んだ。
　　あなたの城壁は、いつもわたしの前に
　　ある。
17 あなたの子どもたちは急いで来る。
　　あなたを滅ぼし、あなたを廃墟とした
　　者は、
　　あなたのところから出て行く。
18 目を上げて、あたりを見回せ。
　　彼らはみな集まって、あなたのところ
　　に来る。
　　わたしは生きている。──主の御告げ
　　──
　　あなたは必ず、彼らをみな飾り物とし
　　て身につけ、
　　花嫁のように彼らを帯に結ぶ。
19 必ず、あなたの廃墟と荒れ跡と滅びた
　　地は、
　　いまに、人が住むには狭すぎるように
　　なり、
　　あなたを滅ぼした者たちは
　　遠くへ離れ去る。
20 あなたが子を失って後に生まれた子ら
　　が、
　　再びあなたの耳に言おう。
　　『この場所は、私には狭すぎる。
　　私が住めるように、
　　場所をあけてもらいたい』と。
21 そのとき、あなたは心の中で言おう。
　　『だれが私に、この者たちを
　　生んでくれたのだろう。
　　私は子に死なれた女、うまずめ、
　　亡命のさすらい者であったのに。
　　だれがこの者たちを育てたのだろう。
　　見よ。私は、ただひとり、残されてい
　　たのに、

49：14-17　【主】は私を見捨てた　これはイスラエルの民のことばである。人々は、様々な問題を体験しているのは神が自分たちから離れて、忘れられたからだと感じていた。それに対する神の応えは、神に従いながら困難に直面している人々に次のような確信を与えている。(1) 神の愛は母親が子どもに対して持つ自然の愛情よりも大きい。特に落胆し悲しんでいるときに神が忘れることなど考えられない(⇒エレ31：20)。(2) どのような環境も神のあわれみを阻むことはできない。神はいつも私たちに目を注いでおられる。神は決して離れたり見捨てたりすることはないと私たちは安心していることができる。(3) 神の愛が偉大である証拠はご自分の手のひらに私たちを彫り込み忘れないようにされたことである(主イエスが十字架につけられたときにその手に釘を打たれたことを指している)。キリストの手の傷跡はいつもそこにあり、私たちに示された神の愛と、いつまでも私たちのために最善のことをしたいという神の願いを示している。

イザヤ書 49-50章

この者たちはどこから来たのだろう。』」

22 神である主はこう仰せられる。
「見よ。わたしは国々に向かって手を上げ、
わたしの旗を国々の民に向かって揚げる。
彼らは、あなたの息子たちをふところに抱いて来、
あなたの娘たちは肩に負われて来る。
23 王たちはあなたの世話をする者となり、
王妃たちはあなたのうばとなる。
彼らは顔を地につけて、あなたを伏し拝み、
あなたの足のちりをなめる。
あなたは、わたしが主であることを知る。
わたしを待ち望む者は恥を見ることがない。」

24 奪われた物を勇士から取り戻せようか。
罪のないとりこたちを助け出せようか。

25 まことに、主はこう仰せられる。
「勇士のとりこは取り戻され、
横暴な者に奪われた物も奪い返される。
あなたの争う者とわたしは争い、
あなたの子らをこのわたしが救う。

26 わたしは、あなたをしいたげる者に、
彼ら自身の肉を食らわせる。
彼らは甘いぶどう酒に酔うように、
自分自身の血に酔う。
すべての者が、
わたしが主、あなたの救い主、あなたの贖い主、
ヤコブの力強き者であることを知る。」

イスラエルの罪としもべの従順

50

1 主はこう仰せられる。
「あなたがたの母親の離婚状は、どこにあるか。
わたしが彼女を追い出したというのなら。
あるいは、その債権者はだれなのか。
わたしがあなたがたを売ったというのなら。
見よ。あなたがたは、自分の咎のために売られ、
あなたがたのそむきの罪のために、
あなたがたの母親は追い出されたのだ。

2 なぜ、わたしが来たとき、
だれもおらず、
わたしが呼んだのに、
だれも答えなかったのか。
わたしの手が短くて贖うことができないのか。
わたしには救い出す力がないと言うのか。
見よ。わたしは、しかって海を干上がらせ、
多くの川を荒野とする。
その魚は水がなくて臭くなり、
渇きのために死に絶える。

3 わたしは天をやみでおおい、
荒布をそのおおいとする。」

4 神である主は、私に弟子の舌を与え、
疲れた者をことばで励ますことを教え、
朝ごとに、私を呼びさまし、
私の耳を開かせて、
私が弟子のように聞くようにされる。

49:22-26 国々に・・・あなたの息子たちを・・・抱いて来 ここはイスラエルが神との正しい関係に回復されるときのことを言っている。けれどもほかの国の人々（異邦人）も神との個人的な関係に入ることができる。実際にはほかの国の人々が未来の世代のユダヤ人を主のもとへ導くことになる（⇒14:2, 43:6, 60:9, →「神の計画の中のイスラエル」の項 p.2077）。

50:4-11 神である主は・・・与え ここでは預言者がメシヤ（キリスト）の特性と苦しみについて預言すると同時に、預言者自身の体験と人々への訴えが示されている。

50:4 疲れた者をことばで励ます メシヤは疲れた人や問題を抱えている人を慰め（⇒42:3, マタ11:28）、ご自分も御父である神との個人的な交わりの時を通して「朝ごとに」慰めと力と励ましを見出される（⇒マコ1:35）。

イザヤ書 50-51章

5 神である主は、私の耳を開かれた。
　私は逆らわず、うしろに退きもせず、
6 打つ者に私の背中をまかせ、
　ひげを抜く者に私の頬をまかせ、
　侮辱されても、つばきをかけられても、
　私の顔を隠さなかった。

7 しかし、神である主は、私を助ける。
　それゆえ、私は、侮辱されなかった。
　それゆえ、私は顔を火打石のようにし、
　恥を見てはならないと知った。

8 私を義とする方が近くにおられる。
　だれが私と争うのか。
　さあ、さばきの座に共に立とう。
　どんな者が、私を訴えるのか。
　私のところに出て来い。

9 見よ。神である主が、私を助ける。
　だれが私を罪に定めるのか。
　見よ。彼らはみな、衣のように古び、
　しみが彼らを食い尽くす。

10 あなたがたのうち、
　だれが主を恐れ、
　そのしもべの声に聞き従うのか。
　暗やみの中を歩き、
　光を持たない者は、
　主の御名に信頼し、自分の神に拠り頼め。

11 見よ。あなたがたはみな、火をともし、
　＊燃えさしを身に帯びている。
　あなたがたは自分たちの火のあかりを持ち、
　火をつけた燃えさしを持って歩くがよい。
　このことはわたしの手によって
　あなたがたに起こり、
　あなたがたは、苦しみのうちに伏し倒れる。

シオンの永遠の救い

51

1 義を追い求める者、主を尋ね求める者よ。
　わたしに聞け。
　あなたがたの切り出された岩、
　掘り出された穴を見よ。

2 あなたがたの父アブラハムと、
　あなたがたを産んだサラのことを考えてみよ。
　わたしが彼ひとりを呼び出し、
　わたしが彼を祝福し、
　彼の子孫をふやしたことを。

3 まことに主はシオンを慰め、
　そのすべての廃墟を慰めて、
　その荒野をエデンのようにし、
　その砂漠を主の園のようにする。
　そこには楽しみと喜び、感謝と歌声とがある。

4 わたしの民よ。わたしに心を留めよ。
　わたしの国民よ。わたしに耳を傾けよ。

---

5 ①イザ35:5, 詩40:6
6 ①イザ53:5, マタ27:26, ルカ22:63
　②哀3:30
　③マタ26:67, 27:30, マコ14:65, 15:19
7 ①イザ41:10, 42:1, 49:8
　②イザ45:17, 54:4, 詩25:3
　③エゼ3:8, 9
8 ①イザ45:25, 54:17, ロマ8:33
　②イザ1:18, 41:1, 43:26
9 ①イザ51:9, ヨブ13:28, 詩102:26
10 ①イザ9:2
　②イザ12:2
11 ＊あるいは「火矢」

1 ①箴15:9, ロマ9:30, 31, マタ6:33
　②イザ46:3, 48:12, 51:7
2 ①創12:1-3, 15:5, 17:15, 16
　②イザ29:22, 41:8, 63:16, ロマ4:1, 16
　③ヘブ11:11, 12
　④申1:10
　＊「子孫」は補足
3 ①イザ51:11, 詩102:13
　②イザ40:1
　③イザ52:9
　④イザ35:1, 41:19
　⑤創2:8, エゼ36:35, ヨエ2:3
　⑥創13:10
　⑦イザ25:9, 41:16, 65:18, 66:10
4 ①詩50:7, 78:1

50:6　打つ者に　キリストは罪の結果から人々を救い、神との関係を回復するという目的を成就するために苦しみと屈辱と恥を忍ばれる(⇒マタ27:26, 30, マコ14:65, 15:16-20, ヨハ19:1, →「**キリストによって成就した旧約聖書の預言**」の表 p.1029)。

50:7　私は顔を火打石のようにし　キリストはご自分の苦しみと死が、キリストに頼りその犠牲を自分たちの罪のためだったと受入れる人々を霊的に救うことを知っておられた。主イエスはそのような忠実な人々との個人的な関係を望むので、実現するためにいのちを与える場所である「エルサレムに行こうとして御顔をまっすぐ向け」て(ルカ9:51)進まれた(⇒ヘブ12:2)。

50:10-11　【主】を恐れ　たとい国々が神に反抗して暗闇と困難に直面したとしても、神に頼る人々は神に忠実であるようにと預言者イザヤは訴えた。自分の火のあかりの中を歩く人々、すなわち神と神がみことばを通して示されたことに服従しないで自分の考えに従う人々は「苦しみのうちに伏し倒れる」。神とそれぞれに対する神の目的を拒むことによる悲劇的結果を体験するのである。

51:1-3　義を追い求める者　神に忠実であり続け神の基準に従って生きる人々に(⇒マタ5:6)、いつの日か地上に御国がを打立てられるという確信をしっかり持つようにと神は励ましておられる。この約束は新約聖書の中でも繰返されている(黙11:15, 19:-22:)。世界の大部分は罪やサタンのごまかしに影響されているけれども(ヨハ12:31, エペ2:1-3)、主は悪を滅ぼ

②*おしえはわたしから出、
わたしはわたしの公義を定め、
国々の民の光とする。
5 わたしの義は近い。
わたしの救いはすでに出ている。
わたしの腕は国々の民をさばく。
島々はわたしを待ち望み、
わたしの腕に拠り頼む。
6 目を天に上げよ。また下の地を見よ。
天は煙のように散りうせ、
地も衣のように古びて、
その上に住む者は、ぶよのように死ぬ。
しかし、わたしの救いはとこしえに続き、
わたしの義はくじけないからだ。
7 義を知る者、心にわたしのおしえを持つ民よ。
わたしに聞け。
人のそしりを恐れるな。
彼らののののしりにくじけるな。
8 しみが彼らを衣のように食い尽くし、
虫が彼らを羊毛のように食い尽くす。
しかし、わたしの義はとこしえに続き、
わたしの救いは代々にわたるからだ。
9 さめよ。さめよ。力をまとえ。主の御腕よ。
さめよ。昔の日、いにしえの代のように。
ラハブを切り刻み、竜を刺し殺したのは、
あなたではないか。
10 海と大いなる淵の水を干上がらせ、
海の底に道を設けて、
贖われた人々を通らせたのは、

4②→イザ1:10
*あるいは「律法」
③イザ42:6, 49:6
5①イザ45:8, 54:17
②イザ46:13, 49:6, 56:1
③イザ42:4, 60:9
④イザ40:10, 59:16, 63:5
6①イザ40:26
②イザ34:4,
詩102:25, 26,
マタ24:35,
ヘブ1:10-12,
Ⅱペテ3:10, 12
③イザ45:17
7①イザ51:1
②詩37:31
*あるいは「律法」
③イザ25:8
④マタ5:11
8①イザ50:9
②イザ14:11, 66:24, ヨブ13:28
9①イザ51:17, 52:1,
詩93:1
②詩93:1
③出6:6, 申4:34,
詩44:1
④詩30:7,
詩87:4, 89:10
⑤イザ27:1
10①イザ43:16,
出14:21, 22,
詩106:9, 10
②イザ35:9, 出15:13
11①イザ35:10, 44:23,
48:20, 49:13, 51:3,
エレ30:18, 19, 31:11, 12, 33:10, 11
②イザ61:7
③イザ25:8, 60:20,
65:19, 黙7:17, 21:4
12①イザ40:1
②イザ2:22, 詩118:6
③イザ40:6, 7,
Ⅰペテ1:24
13①イザ44:24, ②申32:15
③イザ17:10, ミカ6:12, 8:11
④イザ51:20, 10:24, 54:14
⑤イザ49:26, 54:14
14①イザ48:20, 52:2,
ゼカ9:11
②イザ38:18
③イザ33:16
15①詩74:13, 107:25,
エレ31:35
→イザ44:6,
エレ10:16
16①イザ59:21, 申18:18
②イザ49:2, ヨハ10:29
*シリヤ訳による
□「植え」
17①イザ51:9

あなたではないか。
11 ①主に贖われた者たちは帰って来る。
彼らは喜び歌いながらシオンに入り、
その頭にはとこしえの喜びをいただく。
楽しみと喜びがついて来、
⑥悲しみと嘆きとは逃げ去る。
12 わたし、このわたしが、あなたがたを慰める。
あなたは、何者なのか。
死ななければならない人間や、
草にも等しい人の子を恐れるとは。
13 天を引き延べ、地の基を定め、
あなたを造った主を、あなたは忘れ、
一日中、絶えず、
しいたげる者の憤りを恐れている。
まるで滅びに定められているかのようだ。
そのしいたげる者の憤りはどこにあるのか。
14 捕らわれ人は、すぐ解き放たれ、
死んで穴に下ることがなく、
パンにも事欠かない。
15 わたしは、あなたの神、主であって、
海をかき立て、波をとどろかせる。
その名は万軍の主。
16 わたしは、わたしのことばをあなたの口に置き、
わたしの手の陰にあなたをかばい、
天を引き延べ、地の基を定め、
「あなたはわたしの民だ」とシオンに言う。

主の憤りの杯
17 さめよ。さめよ。立ち上がれ。エルサレム。

して喜びと平安によって治めるために再び来られる。

51:4-5　国々の民の光　終わりのときにできる地上の神の国は世界の国々全部に完全な救いと真理と公正と自由とをもたらす(⇒2:2-4, 42:4)。

51:6　天は・・・散りうせ　神が永遠の御国を地上に打ち立てられる前に現在の天と地、また神に反抗し続ける人々はみな滅ぼされる(24:4, 34:4, 50:9, ヘブ1:10-11, 黙19: , →「終末の事件」の表 p.2471)。神は罪と不完全さの痕跡をみな除いて新しい天と新しい地(65:17, 66:22, 黙21:1)と言われているものに置き換えられる。そこには神が住み、罪と死から救われた忠実な人々とともに永遠に治められる(Ⅱペテ3:13)。

51:9-11　さめよ。・・・【主】の御腕よ　神に忠実に従う人々と全地が最終的に贖われる(霊的な救出、救い、解放)という神の約束に対して、私たちはこれらが実現することを強く望んで祈りつつ応答しなければならない。

51:17-23　エルサレム　ここでは反抗に対する神の

イザヤ書 51-52章

あなたは、**主**の手から、憤りの杯を飲み、
③よろめかす大杯を飲み干した。

18 彼女が産んだすべての子らのうち、
だれも彼女を導く者がなく、
彼女が育てたすべての子らのうち、
だれも彼女の手を取る者がない。

19 これら二つの事が、あなたを見舞う。
②だれが、あなたのために嘆くだろうか。
滅亡と破滅、ききんと剣——
*わたしはどのようにしてあなたを慰めようか。

20 あなたの子らは
網にかかった大かもしかのように気を失って、
すべての町かどに倒れ伏す。
③彼らには、**主**の憤りと、
あなたの神のとがめとが満ちている。

21 それゆえ、さあ、これを聞け。悩んでいる者、
酔ってはいても、酒のせいではない者よ。

22 あなたの主、
ご自分の民を弁護するあなたの神、**主**は、
こう仰せられる。
「見よ。わたしはあなたの手から、
よろめかす杯を取り上げた。
あなたはわたしの憤りの大杯を
もう二度と飲むことはない。

23 わたしはこれを、
あなたを悩ます者たちの手に渡す。
彼らはかつてあなたに、
『ひれ伏せ。われわれは乗り越えて行こう』
と言ったので、
あなたは背中を地面のようにし、

また、歩道のようにして、
彼らが乗り越えて行くのにまかせた。」

52

1 さめよ。さめよ。力をまとえ。シオン。
あなたの美しい衣を着よ。
③聖なる都エルサレム。
無割礼の汚れた者が、
もう、あなたの中に入って来ることはない。

2 ちりを払い落として立ち上がり、もとの座に着け、
エルサレム。
あなたの首からかせをふりほどけ、
捕囚のシオンの娘よ。

3 まことに**主**はこう仰せられる。「あなたがたは、ただで売られた。だから、金を払わずに買い戻される。」

4 まことに*神である主がこう仰せられる。「わたしの民は昔、エジプトに下って行ってそこに寄留した。またアッシリヤ人がゆえなく彼らを苦しめた。

5 さあ、今、ここでわたしは何をしよう。——**主**の御告げ——わたしの民はただで奪い取られ、彼らを支配する者たちはわめいている。——**主**の御告げ——また、わたしの名は一日中絶えず侮られている。

6 それゆえ、わたしの民はわたしの名を知るようになる。その日、『ここにわたしがいる』と告げる者がわたしであることを知るようになる。」

7 良い知らせを伝える者の足は
山々の上にあって、なんと美しいことよ。
②平和を告げ知らせ、幸いな良い知らせを伝え、
救いを告げ知らせ、
「あなたの神が王となる」と

参照欄:

17 ①ヨブ21:20, エレ25:15, 16, 黙14:10, 16:19
②詩60:3, 75:8, エゼ23:32-34, ゼカ12:2
19 ①イザ47:9
②エレ15:5, ナホ3:7
③イザ8:21, 9:20, 14:30, エレ14:16
*七十人訳、シリヤ語訳は「だれがあなたを慰めるだろうか」
20 ①哀2:11, 12
②イザ5:25, エレ14:16
③イザ42:25, 66:15
21 ①イザ54:11
②エレ9:5, 51:17
22 ①イザ3:13, 14, 49:25, エレ50:34
②イザ51:17, 詩60:3, ゼカ12:2
23 ①イザ49:26, エレ25:15-17, 26

②詩66:11, 12

1 ①イザ51:9
②イザ61:3, 10, 出28:2, 40, I 黙16:29, 詩110:3, ゼカ3:4
③イザ48:2, 64:10, ネヘ11:1, マタ4:5, 黙21:2, 10
④イザ35:8, ナホ1:15, 黙21:27
2 ①イザ29:4
②イザ9:4, 10:27, 14:25, 47:6, 詩107:14
3 ①イザ50:1, 詩44:12
②イザ45:13
④イザ1:27, 62:12, 63:4, I ペテ1:18
4 *子音字は「**主**」
①創46:6, 使7:15
5 ①エゼ36:20-23, ロマ2:24, ヤコ2:7
④イザ49:23
7 ①イザ40:9, 61:1, ナホ1:15, ロマ10:15, エペ6:15, マコ16:15, 加
②使10:36
④イザ24:23, 詩47:2, 93:1, 96:10, 97:1

さばきとして起こるイスラエルの捕囚(自分たちの国から連去られて外国の地に強制移動させられ、戦いの捕虜として生活させられること)についてイザヤは預言している。また預言者は未来の救いとこの抑圧からの解放について神の約束を啓示する。そして神のさばきが終わり、苦しみが終わるときを予見している。そのとき神は虐待した人々をさばかれる。

52:1-6 力をまとえ 人々が神の好意を受けるのにふさわしいからではなく、神がご自分の名誉のために人々を救い回復されるときをイザヤは心に描いている。神は約束を守られ、エルサレムは再建される(→エズラ記, →「捕囚からの帰還」の地図 p.759)。

52:7 足は・・・なんと美しいことよ この節は短期的に実現するものと長期間かけて実現するものとを

8 シオンに言う者の足は。
聞け。あなたの見張り人たちが、
声を張り上げ、共に喜び歌っている。
彼らは、主がシオンに帰られるのを、
まのあたりに見るからだ。
9 エルサレムの廃墟よ。
②共に大声をあげて喜び歌え。
主がその民を慰め、④エルサレムを贖われたから。
10 ①主はすべての国々の目の前に、
聖なる御腕を現した。
地の果て果てもみな、私たちの神の救いを見る。
11 去れよ。去れよ。そこを出よ。
②汚れたものに触れてはならない。
その中から出て、身をきよめよ。
主の器をになう者たち。
12 あなたがたは、あわてて出なくてもよい。
逃げるようにして去らなくてもよい。
主があなたがたの前に進み、
イスラエルの神が、
あなたがたのしんがりとなられるからだ。

しもべの苦難と栄光

13 見よ。わたしのしもべは*栄える。
彼は高められ、上げられ、非常に高くなる。
14 多くの者があなたを見て驚いたように、
——その顔だちは、
そこなわれて人のようではなく、
その姿も人の子らとは違っていた——
15 そのように、彼は多くの国々を驚かす。
①王たちは彼の前で口をつぐむ。
彼らは、まだ告げられなかったことを見、
まだ聞いたこともないことを悟るからだ。

---

8 ①イザ62:6
②エゼ43:1-5
9 ①イザ44:26, 51:3, 61:4
②イザ44:23, 詩98:4
③イザ40:1
④イザ43:1
10 ①詩98:2, 3
②イザ51:9
③イザ45:22, 48:20, 詩22:27
④イザ66:18, ルカ2:30, 3:6
11 ①イザ48:20,
エゼ5:8, 51:6, 45, 6
ゼカ2:6, 7,
Ⅱコリ6:17,
Ⅱテモ2:19, 黙18:4
②民19:11, 16
③イザ1:16, レビ22:2
12 ①出12:11, 33, 申16:3

②イザ26:7, 42:16, 49:10, 11
③イザ58:8, 出14:19
13 ①イザ42:1, 使3:13
＊別訳「敬虔にふるまう」、「賢くふるまう」
②ピリ2:9
14 ①ヨハ19:5
15 ①イザ49:7, 23
②ロマ15:21, 16:25, 26, エペ3:5, 9

含んでいる。まずバビロンにいる捕囚の人々に解放のメッセージを伝える人の特別な栄誉を示している。そしてまたやがて来られるメシヤによる救いのメッセージ、つまりキリストに従う人々がほかの人々にメッセージを伝える特権にも適用される。このメッセージの中心は「あなたの神が王となる」であり、本質的には神の国、つまり神の目的と手段が地上に来ているということである（⇒マコ1:14-15,→「**神の国**」の項p.1654）。このメッセージを伝える人々は神の目には美しく、祝福されている（→ロマ10:15, エペ6:15）。

52:11　去れよ。・・・汚れたものに触れてはならない　バビロンからの出国（集団で出発すること）は、900年以上前のエジプトからの集団出国と同じように、堕落した世界と霊的に汚れたもの（聖くない、純粋ではない、邪悪、神の特性に合わない）からの救出と解放を示していた。解放された人々は、神の教えと特性に沿わないものから離れるように念入りに教えられた。同じようにキリストを救い主として、また生涯の導き手として受入れた人は神を敬わない世界の信仰や行動から離れなければならない。道徳的にも霊的にも純粋な人になり、あらゆる悪から解放されるために神に助けを求め頼ることが必要である（→「**信者の霊的聖別**」の項p.2172）。

52:13-53:12　苦難のしもべ　神のご計画と目的を完全に成就するしもべはやがて来られるメシヤ（イエス・キリスト）である。ここではキリストが忍ばれる苦しみと拒絶について言われている。キリストの苦しみによって多くの人が赦され、正しい者とされ（神によって正しいとされる）、癒されるとイザヤは預言した。キリストの苦しみはご自分の誉れと栄光にもつながる。この箇所は旧約聖書のほかのどの箇所よりも多く新約聖書で引用されている（→「**キリストによって成就した旧約聖書の預言**」の表p.1029）。

52:13　見よ。わたしのしもべ　神のしもべ、メシヤ（「油そそがれた者」、救い主、キリスト）である主イエスは完全に神のご計画を成就され、その結果、賞賛とともにあがめられ高く上げられる（⇒使2:33, ピリ2:9, コロ3:1, ヘブ1:3, 8:1）。

52:14　その顔だちは、そこなわれて　この節はキリストが裁判と十字架でユダヤ人とローマ人によってどれほどひどく虐待されるかを描いている（⇒詩22:6-8,→マタ26:67注）。十字架刑は古代の恐ろしい拷問と処刑の方法で、立てられた十字架に人を縛りつけたり釘で打付けたりして死ぬまで放っておくものである。

52:15　多くの国々を驚かす　この部分はしもべであるキリストのメッセージを受入れて生涯をゆだねたときに多くの国の人が体験する霊的なきよめ（⇒出29:21, レビ8:11, 30）のことを指している。このきよめはキリストの犠牲と流された血によって可能になる。

イザヤ書 53章

53

1 私たちの聞いたことを、だれが信じたか。
主の御腕は、だれに現れたのか。

2 彼は主の前に若枝のように芽ばえ、
砂漠の地から出る根のように育った。
彼には、私たちが見とれるような姿もなく、
輝きもなく、
私たちが慕うような見ばえもない。

3 彼はさげすまれ、人々からのけ者にされ、
*悲しみの人で病を知っていた。
人が顔をそむけるほどさげすまれ、
私たちも彼を尊ばなかった。

4 まことに、彼は私たちの病を負い、
私たちの痛みをになった。
だが、私たちは思った。
彼は罰せられ、神に打たれ、苦しめられたのだと。

5 しかし、彼は、
私たちのそむきの罪のために刺し通され、
私たちの咎のために砕かれた。
彼への懲らしめが私たちに平安をもたらし、

---

1 ①ヨハ12:38, ロマ10:16
  ②イザ51:9, ルカ1:51, 使13:17
2 ①イザ11:1
  ③イザ49:7, 詩22:6,7, マコ10:33,34, ルカ18:31-33
  *あるいは「痛みを知る人」
  ②ヘブ4:15
3 ③ヨハ1:10, 11
4 ①マタ8:17, ヘブ2:10
5 ①ロマ4:25, Ⅰコリ15:3, ヘブ9:28, Ⅰペテ3:18
  ②→イザ24:20

53:1　私たちの聞いたことを、だれが信じたか　しもべであるメシヤ（キリスト）が苦しみ十字架につけられた（十字架に釘付けられて不当に処刑された）ために、多くの人は神のメッセージは不合理で受入れにくいと考えた（→ヨハ12:38, ロマ10:16）。ある人々はキリストが自分たちのために死なれたことは信じるけれども、キリストの死が成し遂げたことを伝えるメッセージを全部受入れることができない（⇒53:4-5, マタ8:17, 使5:12-16）。キリストがくださるいのちはあまりに良すぎる話である。またはキリストの赦しを受入れるのに自分はふさわしくないと感じるものと思われる。またほかの人々は自分の人生の望みや目標を神と神の目的に従わせたくないのである。このような不必要な疑いや遠慮によって人々は神が望んでおられる完全で充実した生活を体験できないでいる（⇒ヨハ10:10）。

53:2　砂漠の地から出る根　主イエスは身を低くして地上に来られたけれども、その時代も霊的に大変渇いた時代だった。主イエスが公に活動される少し前にバプテスマのヨハネが人々の目を覚まさせる（霊的なことに気付くように呼びかける）働きを神から与えられて始めた理由の一つがここにある。

53:2　私たちが見とれるような姿もなく、輝きもなく　人々はイエス・キリストの肉体的な見栄えやその地位に引付けられることはない。このようなものは主への献身に結び付かない。神がいつも関心を持っておられるのは人々の性質や従順さだった。地上の地位や肉体的な美しさではなく神の道を求める気持があるかどうかである（⇒Ⅰサム16:7, →ルカ22:24-30注）。

53:3　彼はさげすまれ、人々からのけ者にされ　イエス・キリストはご自分の民イスラエルに受入れられないでむしろ嫌われ拒まれた。特にイスラエルの指導者たちから拒まれた（→52:14注, マタ26:57注）。実際に主イエスとその目的は歴史を通じてしばしば嫌われ拒まれてきた。主のメッセージと弟子たちはキリストが再び来られる前にさらに厳しい迫害に直面する。

53:3　悲しみの人　人間の罪（神と神の道に対する反抗）と不信仰のために主イエスの使命には大きな痛みと苦しみと落胆と悲しみが伴う。主イエスに従う人もみなある程度の苦しみや拒絶を体験する（⇒マタ10:22, ヨハ15:18, →Ⅱコリ11:23注）。

53:4　私たちの病を負い　「病」は通常肉体的な弱さや病気のことである。この節は主イエスが肉体と霊の両方の癒しの働きをされたことを記録しているマタイ8:17に引用されている。主イエスは人間の罪の刑罰を完全に支払うために苦しみ死なれたときに私たちの立場に立って私たちの罰を受けてくださった。主の苦しみと犠牲は完全で完璧だったので、私たちを罪からもまた病気からも解放してくれた。したがって主イエスに従う人々は肉体の癒しのためにも祈るべきである（→「**神による癒し**」の項 p.1640, →53:5各注）。

53:5　私たちのそむきの罪のために刺し通され　「そむき」とは線を越えるとか境界線を踏み越えるなどという意味で、具体的には法を犯すことや罪を犯すことである。人間はみな神の完全な律法を破ったので、その罪は実際には神に対する罪である。神に対する挑戦や反抗は非常に激しく、死（ロマ6:23）と神からの永遠の断絶という極刑に値した。キリストが十字架につけられた（立てられた十字架に死ぬまで釘付けにされている刑）のは、私たちの身代りとして私たちの立場に立ち、私たちの罪に値する死の罰を受けることを神が許されたからである（⇒詩22:16, ゼカ12:10, ヨハ19:34）。自分の罪を認めてキリストの犠牲が自分のためであると受入れることによって、私たちは赦しを

彼の打ち傷によって、私たちはいやされた。
6 私たちはみな、羊のようにさまよい、
おのおの、自分かってな道に向かって行った。
しかし、主は、私たちのすべての咎を彼に負わせた。

7 彼は痛めつけられた。
彼は苦しんだが、口を開かない。
ほふり場に引かれて行く羊のように、
毛を刈る者の前で黙っている雌羊のように、
彼は口を開かない。
8 しいたげと、さばきによって、彼は取り去られた。
彼の時代の者で、だれが思ったことだろう。
彼がわたしの民のそむきの罪のために打たれ、
生ける者の地から絶たれたことを。
9 彼の墓は悪者どもとともに設けられ、
*彼は富む者とともに葬られた。
彼は暴虐を行わず、その口に欺きはなかったが。
10 しかし、彼を砕いて、痛めることは主のみこころであった。
もし彼が、自分のいのちを
罪過のためのいけにえとするなら、

6 ①詩119:176, Ⅰペテ2:25
7 ①イザ53:7, 8, 使8:32, 33
②マタ26:63, 27:12-14, マコ14:61, 15:5, ルカ23:9, ヨハ19:9, Ⅰペテ2:23
③エレ11:19, 黙5:6
④ヨハ1:29

8 ①→イザ38:11
②ダニ9:26
9 *あるいは「彼は彼のむごい死において富む者といっしょであった」または「彼の塚は富む者とともに設けられた」
①イザ42:1-3
②Ⅰペテ2:22
10 *あるいは「自分自身を」
①ヨハ1:29, →エゼ40:39

受けて神との平和を持つことができる（ロマ5:1）。

53:5　彼の打ち傷によって、私たちはいやされた
「いやされた」とはあらゆる霊的祝福と肉体的祝福を含む完全な救い（神との関係に導き入れる神からの賜物）のことである。病気は人間の神に対する反抗やこの世界でのサタンの働きを通して世界に入ってきた罪の結果である（→「神による癒し」の項 p.1640）。主イエスに最も近い弟子の一人であるヨハネは「神の子が現れたのは、悪魔のしわざを打ちこわすためです」と書いている（Ⅰヨハ3:8）。キリストは教会に癒しの賜物を与えられて（Ⅰコリ12:9）、神の国の目的を進め、完全な救いのメッセージを世界中に伝える働きの一部として病人を癒すようにと弟子たちに命じられた（ルカ9:1-2, 6, 10:1, 8-9, 19）。

53:6　私たちはみな、羊のようにさまよい　人間のかたくなで反抗的な性質の中には神を尊ばないようなものに引かれるという部分がある。個人的にも神の命令や指示ではなく自己中心的な方法を選ぶ（→ロマ6:1注）。神よりも自分を喜ばせるように生きることは神への直接的な反抗である。これは罪の重要な定義の一つである。私たちはみな罪を犯している。したがってキリストの身代りの死を必要としていた。あらゆる自分勝手な欲望を拒んで完全に神の目的に従ったのはキリストだけである（⇒ピリ2:3-5）。したがってキリストのいのちだけが罪の罰を完全に支払うことができた。主の犠牲の恵みを受けるためには罪を認め、キリストの赦しを受入れ、自分勝手なやり方を捨てて自分の生涯をキリストの導きと神の目的に従わせなければならない。

53:7　ほふり場に引かれて行く羊のように　主イエスは私たちのためにご自分から忍耐強く苦しみに耐えられた（Ⅰペテ2:23, ⇒ヨハ1:29, 36, 黙5:6）。主イエスは私たちを完全に無条件に愛し、苦しみと犠牲を払うのは当然だと考えられた（⇒ヘブ12:2）。そのことによって主との個人的な関係を持つ道が開かれるからである。

53:9　墓は悪者どもとともに設けられ　これはイエス・キリストが悪人たちとともに死ぬことや（二人の強盗が隣で処刑された）、ローマ兵がそれらの犯罪人たちと一緒に埋葬しようとしていたことをほのめかしている。けれどもここで「彼は富む者とともに葬られた」と預言されているように主は金持の墓に葬られた（マタ27:57-60）。ここでもまた主イエスには罪がなく死ぬ必要はなかったけれども、ほかの人間がみな罪の結果死んだように私たちの身代りになって死なれたことを示していると思われる。

53:10　彼を砕いて、痛めることは【主】のみこころであった　霊的に失われ反抗している世界のために御子を送り十字架で死なせたことは御父である神の完全なご計画だった（→ヨハ3:16注, →「神のみこころ」の項 p.1207）。神は完全に正しい方であるから人間は神に反抗した罪の代価を支払わなければならない。支払う代価は完全で完璧でなければならない。その要求を満たすことができるのはキリストのいのちだけだった。キリストをあらゆる罪の償い（罪のおおい）、いけにえとすることによって（⇒レビ5:15, 6:6, 19:21, →「贖罪の日」の項 p.223）、人々に赦しを与え、神を受入れた人々を神との関係へと引戻すという目的を神は成し遂げられた。それが「彼は・・・子孫（霊的子孫）を見ることができ」という意味である。また「末長く」とはキリストが死からよみがえって永遠に生き始められるという意味である。

神のみこころ

「しかし、彼を砕いて、痛めることは、【主】のみこころであった。もし彼が、自分のいのちを罪過のためにいけにえとするなら、彼は末長く、子孫を見ることができ、【主】のみこころは彼によって成し遂げられる。」(イザヤ書53:10)

神のみこころの定義

聖書は通常神のみこころということばを三つの意味で使っている。

(1) ある文では「神のみこころ」とは「神の律法」のことである。たとえばダビデは詩篇40篇8節で、「あなたのおしえ」ということばを「あなたのみこころ」と同じように使っている。同じように使徒パウロ(新約聖書の多くの教会を開拓した指導者で新約聖書の多くの手紙を書いた人)は神の律法を知ることは神のみこころを知ることと同じと見なしている(ロマ2:17-18)。神の律法は私たちが歩むべき道を教えているので、「神のみこころ」と呼ばれて当然である。「律法」は基本的に「おしえ」を意味し、文書になった神のことば全体を指している。したがって神のみこころは私たちと全世界に対する神のご計画と目的のことである。

(2) 「神のみこころ」ということばは神の願いとして表されたものに用いられている。これは神が私たちに理想として望むこと、つまり神が最善で最高の目的とすることを指すので、神の「完全意思(完全なみこころ)」と呼ばれる。たとえばすべての人が救われること(Ⅰテモ2:4, Ⅱペテ3:9)、救いを受けた人が神との関係から離れないこと(→ヨハ6:40注)は啓示された神のみこころまたは願いである。この真理はだれもがみな救われることではなく、だれもが霊的に救われるのを神が願っておられることを意味している。実際には神が願っておられる最善のことを人間はしばしば拒むのである。

(3) 「神のみこころ」とは神が特に願ったりさせたりしてはいないけれども、起こるのを許されたことでもある。これは「神の許容意思(許されたみこころ)」と言われるものである。実際にこの世界に起きていることの多くは神の完全なみこころに反している(一致していない、反対)。たとえば神は罪、情欲、暴力、憎しみ、神への抵抗などに反対される。けれども神は悪がしばらくの間続くことを許しておられる。神は神を信じるように、または御子イエスを受入れるようにだれにも強制をされない。主イエスに自分の生活をゆだねるかどうかは自分で決めることである。私たちは神との関係を拒んで、霊的に失われて永遠のさばきを受ける状態にとどまることもできる。別の例として神は現在の世界で多くの問題や悪が起こり、私たちの人生に影響を与えるのを許しておられる(Ⅰペテ3:17, 4:19)。それは人類が神に逆らった結果続いているものである。これらのものは必ずしも神の願いや最高の目的ではない(→Ⅰヨハ5:19注、→「神の摂理」の項 p.110、「正しい人の苦しみ」の項 p.825)。

神のみこころへの応答

神のみこころについての聖書の教えは単なる教理(教え、信条)や霊的原則ではない。神のみこころは私たちの毎日の生活に具体的にかかわるものである。

(1) 神の完全なみこころが何であるかを学ばなければならない。みことばを学んで聖書(律法を含む)に啓示されていることを知らなければならない。私たちは邪悪な時代に住んでいるので「主のみこころは何であるか」(エペ5:17)を悟らなければならない。私たちのために神が計画されたことは既にみことばに啓示されていることに矛盾しない。

(2) どのように生活することを願っておられるかを神はみことばの中に示された。それを知ったら私たちのための神のみこころと目的に従うように心と思いを定めなければならない。たとえば詩篇の記者は「あなたのみこころを行うことを教えてください」と神に求めている(詩143:10)。続いて同じ思いを別のことばで言い表して「平らな地に私を導いてくださるように」と祈っている。それは正しいことを行えるように神

の助けを求めているのである。パウロはテサロニケのキリスト者が性的不道徳を避けて聖く立派な生活をして神のみこころに従うことを期待している(Ⅰテサ4:3-4)。ほかの箇所でパウロは、キリスト者が神のみこころを知る知識で満たされるように、そして「主にかなった歩みをして、あらゆる点で主に喜ばれ」るようにと祈っている(コロ1:9-10)。

(3) キリストは弟子たちに神のみこころが行われるように祈ることを教えられた(⇒マタ6:10, 26:42, ルカ11:2, ロマ15:30-32, ヤコ4:13-15)。それは神の完全なみこころが私たちの生活や家族(→マタ6:10注)、そして世界で成就するように強く願うことである。そのように願うなら神がしてほしいと願っておられることを実際に行って表さなければならない。このことに私たちが祈り、献身するなら、私たちの現在と未来は神の守りの手の中にあることを確信することができる(⇒使18:21, Ⅰコリ4:19, 16:7)。けれどももし罪や反抗心があるなら、神は祈りに応えてくださらないことを知らなければならない(→「**効果的な祈り**」の項 p.585)。自分自身の生活の中で神のみこころを行おうとしないなら、みこころが天で行われるように地上でも行われることを(主イエスご自身がマタイ6:10で祈られたように)期待することはできない。

(4) 罪との戦いに関心を持たず無責任な態度をとり、その弁解として神のみこころを引合いに出してはならない。つまり現在の状態は神が願っていることで、自分たちは何もできないという態度をとってはならないのである。私たちは罪、悪、霊的怠惰、妥協と絶えず戦い続けなければならない。現在世界にある残酷さと不公平の責任は神にではなくサタンにある(→Ⅰヨハ5:19注)。人々が体験している痛みと苦しみの多くを引起こしているのはサタンである(⇒ヨブ1:6-12, 2:1-6, ルカ13:16, Ⅱコリ12:7)。主イエスが悪魔の働きを打壊すために来られたように(Ⅰヨハ3:8)、キリスト者が悪との戦いを進めることは明らかに神のみこころである。キリストのメッセージを聖霊の力によって広めることと、霊的領域で悪の力に抵抗して自分の立場をしっかり守ることによって私たちはこのことを行うのである(エペ6:10-20, Ⅰテサ5:8, →「**キリスト者とこの世**」の項 p.2437)。

イザヤ書 53章

彼は末長く、子孫を見ることができ、
主のみこころは彼によって成し遂げられる。
11 彼は、自分のいのちの
激しい苦しみのあとを見て、満足する。
わたしの正しいしもべは、
その知識によって多くの人を義とし、
彼らの咎を彼がになう。
12 それゆえ、わたしは、多くの人々を彼に分け与え、
彼は強者たちを分捕り物としてわかちとる。
彼が自分のいのちを死に明け渡し、
そむいた人たちとともに数えられたから

11 ①イザ42:1
②イザ45:25, ダニ9:24, ロマ3:26, 5:18, 19

12 ①詩2:8, ピリ2:9-11
＊あるいは「自分自身を」
②ルカ22:37

53:11 いのちの激しい苦しみ キリストの苦しみによって神の目的が実現し、「多くの」信じる人（キリストを受入れて自分のいのちをゆだねる人）に霊的な救いが与えられる。霊的な救いとは神との個人的な関係であり、神とともに永遠に生きる機会のことである。

53:12 多くの人々を彼に分け与え キリストが犠牲の死を遂げられたので神はキリストに報酬を与えることを約束し、次にキリストは信仰の「強者たち」とその報酬を分け合うことを約束された。それは神の聖霊の力によって罪やサタンと霊的な戦いをする神を信じて従う人々のことである。

53:12 彼が自分のいのちを死に明け渡し 主イエスが十字架で死なれたので神は主に従う人々に大きな相続を確保して譲られた。神のしもべにはイエス・キリストによる赦しと新しいいのちについての「良い知らせ」のメッセージをほかの人々と分ち合う特権と責任がある。けれども主イエスの十字架の犠牲的な死が罪の力から解放することに焦点を当てない宣教は必ず失敗する。十字架の重要性を強調しないメッセージは無効であり、いのちを作り変える力を持たない。なぜな

預言者の時代のエルサレム

前 750 － 586 年頃

ヒノムの谷／ヒノムの谷／キデロンの谷／キデロンの谷／オリーブ山／北

上空から斜めにエルサレムを見た図である。そのため壁の形は平面図とは違って見える。壁の位置は考古学的証拠によって決定された

ちょうど北王国が滅びる頃に難民がエルサレムに到着した（前722）。その居住区域は西側の丘に広がり、防衛のために新しい壁が追加された。ヒゼキヤは十分な水資源を城壁の内側へ引込むために、堅い岩盤に地下水路を掘った。これによってエルサレムは前701年のセナケリブの包囲に耐えることができた

© 1991 Zondervan Publishing House

彼は多くの人の罪を負い、
そむいた人たちのためにとりなしをする。

シオンの将来の栄光

54

1 「子を産まない不妊の女よ。喜び歌え。
産みの苦しみを知らない女よ。
喜びの歌声をあげて叫べ。
夫に捨てられた女の子どもは、
夫のある女の子どもよりも多いからだ」
と主は仰せられる。

2 「あなたの天幕の場所を広げ、
あなたの住まいの幕を惜しみなく張り伸ばし、
綱を長くし、鉄のくいを強固にせよ。

3 あなたは右と左にふえ広がり、
あなたの子孫は、国々を所有し、
荒れ果てた町々を人の住む所とするからだ。

4 恐れるな。あなたは恥を見ない。
恥じるな。あなたははずかしめを受けないから。
あなたは自分の若かったころの恥を忘れ、
やもめ時代のそしりを、もう思い出さない。

5 あなたの夫はあなたを造った者、
その名は万軍の主。
あなたの贖い主は、イスラエルの聖なる方で、
全地の神と呼ばれている。

6 主は、あなたを、
夫に捨てられた、心に悲しみのある女と呼んだが、
若い時の妻をどうして見捨てられようか」
とあなたの神は仰せられる。

7 「わたしはほんのしばらくの間、
あなたを見捨てたが、
大きなあわれみをもって、あなたを集める。

8 怒りがあふれて、ほんのしばらく、
わたしの顔をあなたから隠したが、
永遠に変わらぬ愛をもって、
あなたをあわれむ」と
あなたを贖う主は仰せられる。

9 「このことは、わたしにとっては、
ノアの日のようだ。

らそこにはキリストとキリストの御霊の祝福と臨在が欠けているからである。

53:12 そむいた人たちのためにとりなしをする とりなしをするとはだれかの問題について嘆願するとか、ほかの人々の情況や必要のために祈るということである（→「**とりなし**」の項 p.1454）。十字架の上での苦しみの中で主イエスは罪びとのためにとりなしをされた（ルカ23:34）。主のとりなしの働きは今でも天においで続けられている（⇒ロマ8:34、→ヘブ7:25注）。そこで主は私たちの弁護者、援助者、擁護者として仕えておられる。

54:1-3 子を産まない不妊の女よ。喜び歌え この部分はずっと後にバビロンがユダに侵入して（前605-597）、エルサレムを最終的に征服したときに（前586、この征服の諸段階 →Ⅱ列24:-25:、エズ緒論、エレ緒論）、捕囚として連去られたユダヤ人を励ます預言である。捕囚はユダが神に不忠実だったので起きた。けれども神は祝福と喜びをもたらす新しい条件を約束し

て捕囚の人々を励まされた。捕囚の間エルサレムにはほとんど何もなく不毛の地になったけれども、本当に神に従う人々の数が捕囚の前よりも増える日が来る。「あなたの子孫は、国々を所有し」（54:3）ということばは新約聖書の時代にキリストのメッセージを多くの国に広める忠実なユダヤ人のことを指していると思われる。

54:4-8 恐れるな 捕囚にされた神の民は（→54:1-3注）その不名誉が永遠に続くのではないかと考えるべきではない。神のさばきは間もなく終り、救いと解放が近付いている。神はご自分の民をあわれんで、祝福された故郷の地へ回復してくださる（→エズ緒論、ネヘ緒論、→「**捕囚からの帰還**」の地図 p.759）。「自分の若かったころの恥」はエジプトでの奴隷の期間（約1,000年前）を指していると思われる。「やもめ時代のそしり」は間もなく起こる歴史上のバビロン捕囚を指している。

イザヤ書 54-55章

わたしは、ノアの洪水を
もう地上に送らないと誓ったが、
そのように、あなたを怒らず、
あなたを責めないとわたしは誓う。
10 たとい山々が移り、丘が動いても、
わたしの変わらぬ愛はあなたから移らず、
わたしの平和の契約は動かない」と
あなたをあわれむ主は仰せられる。

11 「苦しめられ、もてあそばれて、
慰められなかった女よ。
見よ。わたしはあなたの石を
アンチモニーでおおい、
サファイヤであなたの基を定め、
12 あなたの塔をルビーにし、
あなたの門を紅玉にし、
あなたの境をすべて宝石にする。
13 あなたの子どもたちはみな、主の教え
を受け、
あなたの子どもたちには、豊かな平安
がある。
14 あなたは義によって堅く立ち、
しいたげから遠ざかれ。恐れることは
ない。
恐れから遠ざかれ。それが近づくこと
はない。
15 見よ。攻め寄せる者があっても、
それはわたしから出た者ではない。
あなたを攻める者は、あなたによって

倒される。
16 見よ。
炭火を吹きおこし武器を作り出す職人
を
創造したのはわたしである。
それをこわしてしまう破壊者を
創造したのもわたしである。
17 あなたを攻めるために作られる武器は、
どれも役に立たなくなる。
また、さばきの時、
あなたを責めたてるどんな舌でも、
あなたはそれを罪に定める。
これが、主のしもべたちの受け継ぐ分、
わたしから受ける彼らの義である。
──主の御告げ──」

渇いている人への招き

55

1 ああ。渇いている者はみな、
水を求めて出て来い。金のない者も。
さあ、穀物を買って食べよ。
さあ、金を払わないで、穀物を買い、
代価を払わないで、ぶどう酒と乳を買
え。
2 なぜ、あなたがたは、
食糧にもならない物のために金を払い、
腹を満たさない物のために労するのか。
わたしに聞き従い、良い物を食べよ。
そうすれば、あなたがたは脂肪で元気

9①創8:21, 9:8-17
10①イザ51:6, 詩46:1-3
②イザ55:3, 59:21
11①イザ51:18, 19
②イザ44:28
12＊あるいは「城壁」
13①エレ31:33, 34,
ヨハ6:45
14①イザ1:26, 27, 9:7,
48:18, 62:1
②イザ9:4, 14:4
③イザ54:4
15①イザ41:11-16

16①イザ13:5
17①イザ50:8, 9

1①イザ41:17, 44:3,
詩42:1, 2, 63:1, 143:6,
ヨハ7:37, 黙21:6, 22:17
②哀5:4
2①イザ1:19, 62:8, 9
②イザ25:6, 詩63:5,
エレ31:14

54:9-10　あなたを怒らず　この預言はキリストがご自分の民とともに地上の国々をみな治められる終りのときを指している(黙20:-22:)。これは悪の最終的な滅亡と新しい天と新しい地の創造の直前に起こる(→「終末の事件」の表 p.2471)。その時が来れば神はもはやイスラエルに対して怒ることはない。イスラエルが神に忠実になるからである。

54:11-17　苦しめられ、もてあそばれて、慰められなかった女よ　「女」はエルサレムを指す。主は人を慰めるようにエルサレムを慰められる。故郷の地へ帰って将来にわたって神に忠実になった人々に平和と誉れと神との関係が回復されるのである。新約聖書でヨハネは新しいエルサレムの情況を同じようなイメージを使って描いている(黙21:10, 18-21)。新しいエルサレムは歴史の終りに造られる新しい天と新しい地の中で神が永遠に住まわれる場所である。ここのことばは逆境の中で苦しんでいる神の民に慰めを与える。問題によって打ちひしがれ人生の嵐に揺さぶられるとき、主はすぐに同情を寄せ、そば近くにおられることを感じさせ、霊的に強めてくださることを私たちは思い起こさなければならない(⇒54:13)。

55:1-13　みな…出て来い　神を拒み、神のことばが正しいと示すことを拒んだイスラエルを、神のもとへ立返って神との関係を更新するように神は恵みをもって招かれる。そのときイスラエルは満足と祝福の場所に回復される。

55:1　渇いている者はみな　救いを受けるための前提条件は、赦しと神との正しい関係を心から求める霊的な飢え渇きである(⇒ヨハ4:14, 7:37)。この霊的な救いはしもべであるメシヤ(53:)、キリストの犠牲

3 耳を傾け、わたしのところに出て来い。
聞け。そうすれば、あなたがたは生きる。
わたしはあなたがたととこしえの契約、
ダビデへの変わらない愛の契約を結ぶ。
4 見よ。わたしは彼を諸国の民への証人とし、
諸国の民の君主とし、司令官とした。
5 見よ。
あなたの知らない国民をあなたが呼び寄せると、
あなたを知らなかった国民が、
あなたのところに走って来る。
これは、あなたの神、主のため、
また、あなたを輝かせた
イスラエルの聖なる方のためである。

6 主を求めよ。お会いできる間に。
近くにおられるうちに、呼び求めよ。
7 悪者はおのれの道を捨て、
不法者はおのれのはかりごとを捨て去れ。
主に帰れ。そうすれば、主はあわれんでくださる。
私たちの神に帰れ。豊かに赦してくださるから。
8 「わたしの思いは、あなたがたの思いと異なり、
わたしの道は、あなたがたの道と異なるからだ。
――主の御告げ――
9 天が地よりも高いように、
わたしの道は、あなたがたの道よりも高く、
わたしの思いは、あなたがたの思いよりも高い。
10 雨や雪が天から降ってもとに戻らず、
必ず地を潤し、
それに物を生えさせ、芽を出させ、
種蒔く者には種を与え、
食べる者にはパンを与える。
11 そのように、
わたしの口から出るわたしのことばも、
むなしく、わたしのところに帰っては来ない。
必ず、わたしの望む事を成し遂げ、
わたしの言い送った事を成功させる。
12 まことに、あなたがたは喜びをもって出て行き、
安らかに導かれて行く。
山と丘は、あなたがたの前で喜びの歌声をあげ、
野の木々もみな、手を打ち鳴らす。
13 いばらの代わりにもみの木が生え、
おどろの代わりにミルトスが生える。

の死を土台にしている。私たちは悔い改め（罪から離れて神へ立返り神のご計画に従うために人生の方向を変える）、信仰をもって神に近付き、人生を支配していただくように主に頼らなければならない。神のために生きるには神の目的と力に対して飢え渇きを持ち続け神の御霊に満たされることが必要である（→マタ5:6注）。

55:6 【主】を求めよ 神がまだ応えると約束しておられる間に神とのより深い関係を求めて祈らなければならない（⇒エレ29:13-14, ホセ3:5, アモ5:4, 6, 14）。神の救い、神との個人的な関係を受入れるために与えられた時間、機会は限られている（⇒Ⅱコリ6:1-2）。神の招きに応答できなくなる日が近付いている。神を探しても見出すことができなくなる（→ヘブ3:7-11）。

55:8 わたしの思いは、あなたがたの思いと異なり 神の考えと方法は人間のものとは異なる。私たちの方法では決して神の目的を悟ることはできない。けれども人間の思いと心は、神との個人的な関係と神のご計画に誠実に従う努力によって新しくされ造り変えられる（⇒ロマ12:1-2）。神をより深く知るにつれて、私たちの考えと願いは神のものに順応するようになる。私たちの最大の願いは主イエスのようになることであり、自分の行うことがみな神に喜ばれるようになることである。神のことばと祈りに多くの時間を割き、聖霊の導きに応答することによってさらにこのようになることができる（→ロマ8:5-14注, ヤコ1:21注）。

55:11 わたしのことばも、むなしく、わたしのところに帰っては来ない 神のことばの力と効力は決して取消されることも無効になることもない。みことばは受入れる人々に霊的ないのちをもたらし、拒む人々にはさばきを下すことによって必ず目的を実現する（→「神のことば」の項 p.1213）。

神のことば

「雨や雪が天から降ってもとに戻らず、必ず地を潤し、それに物を生えさせ、芽を出させ、種蒔く者には種を与え、食べる者にはパンを与える。そのように、わたしの口から出るわたしのことばも、むなしく、わたしのところに帰っては来ない。必ず、わたしの望む事を成し遂げ、わたしの言い送った事を成功させる。」(イザヤ書55:10-11)

神のことばの本質

「神のことば」(「主のことば」、「みことば」)という言回しは聖書の中ではいろいろなかたちで理解されている。

(1) 神が直接話されたことを指している。神がアダムとエバに話されたときに(創2:16-17, 3:9-19)神が言われたことは神のことばだった。神はみことばをアブラハム(創12:1-3)、イサク(創26:1-5)、ヤコブ(創28:13-15)、モーセ(出3:-4:)に話された。神はまたシナイ山でイスラエル民族全体に話され、「十戒」を与えられた(→出20:1-19)。モーセが人々に戒めを伝えたときに人々が聞いたのも神のことばだった。

(2) 神は直接話されただけではなく、預言者たちを通しても話された(「旧約聖書の預言者」の項p.1131)。預言者たちが神の民にメッセージを伝えたとき、「**主**はこう仰せられる」、「**主**のことばが私にあった」と初めに言うのが普通だった。だから預言者のことばを聞くときイスラエル人は神のことばに耳を傾けていたのである。

(3) 神は新約聖書の使徒たち(初代教会の開拓の指導者、メッセンジャー)を通しても話された。預言者たちと違って、使徒たちは神が話すように導かれたときに「**主**はこう仰せられる」とは言わなかった。けれども使徒たちが宣言したことは確かに神の油注ぎを受けたことばだった。たとえばパウロがピシデヤのアンテオケの人々に話した説教は(使13:16-41)非常な興奮を引起こし、「次の安息日には、ほとんどの町中の人が、神のことばを聞きに集まって来た」(使13:44)。テサロニケ人への手紙の中でパウロは「あなたがたは、私たちから神の使信のことばを受けたとき、それを人間のことばとしてではなく、事実どおりに神のことばとして受け入れてくれたからです。」(Iテサ2:13,⇒使8:25)と言っている。

(4) もちろん主イエスが話されたことは神のことばだった。なぜなら主イエスは完全に神だからである(ヨハ1:1, 18, 10:30, Iヨハ5:20)。第三福音書(「良い知らせ」、神の物語、イエス・キリストの直接の記録を書いた4冊の文書の一つ)の著者であるルカは、主イエスの話を聞いたとき人々は神のことばを聞いたと言っている(ルカ5:1)。興味深いことに、旧約聖書の預言者たちが「**主**はこう仰せられる」というかたちで話し始めたのとは対照的に、主イエスは「私はあなたがたに言います(告げます)」という表現をしばしば使われた(マタ5:18, 20, 22, 32, 39, 11:22, 24, マコ9:1, 10:15, ルカ10:12, 12:4, ヨハ5:19, 6:26, 8:34)。主イエスは神のことばを話す神の権威をご自分の中に持っておられた。主イエスが言われた「わたしのことばを聞いて、わたしを遣わした方を信じる者は、永遠のいのちを持ち、さばきに会うことがなく、死からいのちに移っているのです」(ヨハ5:24)ということばに耳を傾けることは非常に重要である。主イエスは神のことばと密接につながっていたので、主イエスご自身が「ことば」と呼ばれている(ヨハ1:1, 14, Iヨハ1:1, 黙19:13-16, →ヨハ1:1注)。

(5) 神のことば、聖書は預言者たち、使徒たち、主イエスが話されたことばの文書になった記録である。新約聖書の中では「モーセが言った」、「ダビデが言った」、「聖霊が言われる」、「神が言われる」ということばを記者が使っても本質的に違いはない(→使3:22, ロマ10:5, 19, ヘブ3:7, 4:7)。聖書に書かれていることはみな神のことばなのである(「聖書の霊感と権威」の項 p.2323)。

(6) 聖書(聖書というかたちで与えられている文書になった神のことば)と同じレベルの権威を持つものではないけれども、今日、教会で説教者や預言者が宣言することばは神のことばと呼ぶことができる。

(a) ペテロはみことばの説教によって読者が受けたのは、神のことばであると示している（Ⅰペテ1：25）。パウロはテモテに対して「みことばを宣べ伝えなさい」と教えている（Ⅱテモ4：2）。けれどもこのような説教は記録された神のことばから離れて存在しないし受入れられるものでもない。実際に説教またはメッセージの中で本当に神のことばが宣べ伝えられているかどうかを決定するのは、それが神の文書になったことばに一致しているかどうかである（「**にせ教師**」の項 p.1758）。

(b) 礼拝の中で預言（ほかの人々に伝える神のメッセージ）または啓示を受けた人はどうなのだろうか（Ⅰコリ14：26-33）。その人は神のことばを受けたのだろうか。その答は条件付で「はい」である。パウロはそのようなメッセージは教会または会衆の中でほかの人々によって吟味されなければならないとはっきり言っている。したがってそのような預言が神のことばとして確認されないこともある（→Ⅰコリ14：29注）。今日の預言者は第二義的なより低い意味で聖霊の霊感を受けて話していると言うことができる。今日の預言者、または預言の賜物を持つという人が話す啓示は聖書のように誤りがなく完全に信頼できるレベルにまで高く評価してはならない（→Ⅰコリ14：31注，→「**御霊の賜物**」の項 p.2138，「**奉仕の賜物**」の項 p.2225）。今日神から与えられるメッセージはみな神が既に文書にされたみことば（聖書）に啓示されたことによって測られ、それを土台にしたものでなければならない。

神のことばの力

神のことばは「天において定まって」いる（詩119：89，イザ40：8，Ⅰペテ1：24-25）。けれどもそれは静止した不活発なことばではなく、活動的で力強く（⇒ヘブ4：12）、偉大なことを成し遂げる（イザ55：11）。

(1) それは創造のことばである。天地創造の記事によれば神がことばを出されたときに世界は存在した（創1：3-4, 6-7, 9）。詩篇の作者はこの過程を「主のことばによって、天は造られた」と要約し（詩33：6，⇒33：9）、ヘブル人への手紙の著者は「信仰によって、私たちは、この世界が神のことばで造られたことを悟り」（ヘブ11：3，⇒Ⅱペテ3：5）と言っている。ヨハネによれば神がすべてのものを創造するのに用いたことばはイエス・キリストだった。このことには注目をするべきである（ヨハ1：1-3，「**天地創造**」の項 p.29）。

(2) 被造物を維持し存在し続けるようにさせる力を持っている。神は「その力あるみことばによって万物を保っておられ」る（ヘブ1：3，→詩147：15-18）。創造のことば（ことばによって物事を存在させる神の力 →創1：）と同じように、被造物を保つことばもイエス・キリストとかかわりがある。実際にパウロは「万物は御子にあって成り立っています」と主張している（コロ1：17）。

(3) 新しいいのちを与え、現し、伝える力を持っている。ペテロは、私たちは「生ける、いつまでも変わることのない、神のことば」によって生れたとあかししている（Ⅰペテ1：23，⇒Ⅱテモ3：15，ヤコ1：18）。この理由から主イエスご自身が「いのちのことば」と呼ばれている（Ⅰヨハ1：1）。

(4) 恵み（受けるのにふさわしくない神の好意、あわれみ、助け）と力と啓示を与え、これによってキリストに従う人々はイエス・キリストに対する信仰と献身の成長をする。イザヤはこの真理を力強く描写して空からの水が肉体的成長をさせるのと同じように、神の口から出るみことばは私たちを霊的に成長させる（イザ55：10-11）と言っている。ペテロは同じ思想を神のことばの「純粋な、みことばの乳」を飲むことによって、神との関係で成長すると繰返している（Ⅰペテ2：2）。

(5) サタンとその悪い策略と戦うために神がくださった「御霊の与える剣」である（エペ6：17，⇒黙19：13-15）。荒野でサタンの誘惑に勝利された記事の中で、主イエスは毎回「・・・と書いてある」（これは確かで傷がない完全に信頼できる神のことばであるという意味 ⇒ルカ4：1-11，→マタ4：1-11注）と宣言してサタンを撃退された。

(6) 私たちをさばく力を持つ。旧約聖書の預言者たちと新約聖書の使徒たちは主から受けた矯正、訓戒、さばきのことばをしばしば伝えた。主イエスご自身も主のことばが主を拒む人をさばくと言われた（ヨハ12：48）。そしてヘブル人への手紙の中には神の力強いことばは「心のいろいろな考えやはかりごとを判別することができます」と書いてある（→ヘブ4：12注）。これらはみな神のことばを無視しようとする人はいつか、有罪とさばきの宣告のことばとしてそれを聞くことになるということである。

神のことばに対する私たちの反応

　様々なかたちで与えられる神のことばに私たちはどのように反応するべきかを、聖書は次のように誤解する恐れのないはっきりしたことばで描いている。したがって神のことばを熱心に聞いて受入れるべきであり（イザ1：10、エレ7：1-2，使17：11）、理解できるように神の助けを求めるべきである（マタ13：23）。神のことばを賛美し尊ぶべきであり（詩56：4，10）、愛し（詩119：47，113）、喜びと楽しみにするべきである（詩119：16，47）。神のことばが言っていることを受入れ（マコ4：20、使2：41、Ⅰテサ2：13）、心の中に深く入れるようにするべきである（詩119：11）。神のことばに信頼し（詩119：42）、その約束に希望を置かなければならない（詩119：74，81，114，130：5）。そして何よりも神のことばを日常生活に直接当てはめるべきである。それは聖書が命令していることに従い（詩119：17，67、ヤコ1：22-24）、その原則、教え、指針に従って生活することである（詩119：9）。神はみことばに奉仕し教える人には（⇒Ⅰテモ5：17）、みことばを正しく取扱い（Ⅱテモ2：15）、忠実に宣べ伝えるように（Ⅱテモ4：2）要求しておられる。実際に主イエスに従う人はみなどこへ行っても、神のことばを宣べ伝え、希望、赦し、新しいいのちのメッセージを広めるように求められている（使8：4）。

これは主の記念となり、
絶えることのない永遠のしるしとなる。」

外国人の救い

56

1 主はこう仰せられる。
「公正を守り、正義を行え。
わたしの救いが来るのは近く、
わたしの義が現れるのも近いからだ。」

2 幸いなことよ。
安息日を守ってこれを汚さず、
どんな悪事にもその手を出さない、
このように行う人、
これを堅く保つ人の子は。

3 主に連なる外国人は言ってはならない。
「主はきっと、私をその民から切り離される」と。
宦官も言ってはならない。
「ああ、私は枯れ木だ」と。

4 まことに主はこう仰せられる。
「わたしの安息日を守り、わたしの喜ぶ事を選び、わたしの契約を堅く保つ宦官たちには、

5 わたしの家、わたしの城壁のうちで、息子、娘たちにもまさる分け前と名を与え、絶えることのない永遠の名を与える。

6 また、主に連なって主に仕え、主の名を愛して、そのしもべとなった外国人がみな、安息日を守ってこれを汚さず、わたしの契約を堅く保つなら、

7 わたしは彼らを、わたしの聖なる山に連れて行き、わたしの祈りの家で彼らを楽しませる。彼らの全焼のいけにえやその他のいけにえは、わたしの祭壇の上で受け入れられる。わたしの家は、すべての民の祈りの家と呼ばれるからだ。

8 ――イスラエルの散らされた者たちを集める神である主の御告げ―― わたしは、すでに集められた者たちに、さらに集めて加えよう。」

邪悪な人々に対する神の告発

9 野のすべての獣、林の中のすべての獣よ。
食べに来い。

10 見張り人はみな目が見えず、知ることがない。
彼らはみな口のきけない犬、

56:1-2 公正を守り・・・救いが来るのは近く 神との本当の関係ができればその当然の霊的結果として正義を広め、正しいことを行うようになる。これは神の国が神に従う人々に影響を与えるからであって、神に従う人々はほかの人々に同じ影響を及ぼすようになる。神の正義と救いは分離できない。

56:3-8 外国人・・・宦官 「宦官」は去勢されたか生れながら機能を失っている男性を指す。しばしば支配者や高官の執事や侍従長として仕えた。それは特別に信頼が置ける人々、特に道徳的行為に関して信頼できる人々と考えられていたからである。宦官の生活様式を同性愛や性転換の問題と混同したり、結び付けたりしてはならない。自分から宦官になっても異性への愛情はなくならない。それは自発的に禁欲をし、さらに高貴だと考えられる目的に献身したことを意味するだけである。宦官は神の民の交わりに加わることができた。けれどもある時期にはイスラエル人の間に住んでいたある国の人々と宦官は（外国の貴族に忠誠を尽くしたことと肉体的な障害や「不完全」さのため）公の礼拝から除外されたことがあった（→出12:43, 申23:1）。メシヤが来られるとそれは変えられる。キリストの国ではキリストの目的に人生をゆだねるなら、あらゆる国のあらゆる背景を持つ人々に扉は開かれている。新しい契約（罪のためのキリストの犠牲に基づいて神との個人的な関係に人々を招き入れる神の計画）のもとでは、主に従う人はだれでもほかの神の民と同じ権利と特権とともに受入れられる。国籍や背景や社会的地位や個人的障害にかかわらず、神に従う人々を神は大切な子どもの一人として愛し、受入れてくださる。

56:7 祈りの家 神の家の重要で中心的な目的は祈りである。神はご自分の民と深い個人的な関係を持ち、継続的な祈りとまことの礼拝ととりなし（ほかの人々の情況と必要のための祈り）と神の原則を生活に適用することを絶えず考えることによって成長することを望まれた。主イエスは神の宮から商人や両替人を追い出したときにこの節を引用された（→マコ11：17注, ルカ19：45注）。

56:10-12 見張り人はみな目が見えず 神は堕落したイスラエルの指導者や祭司たちを非難された。それ

イザヤ書 56-57章

ほえることもできない。
あえいで、横になり、眠りをむさぼる。
11 この貪欲な犬どもは、足ることを知らない。
彼らは、悟ることも知らない牧者で、
みな、自分かってな道に向かい、
ひとり残らず自分の利得に向かって行く。
12 「やって来い。ぶどう酒を持って来るから、
強い酒を浴びるほど飲もう。
あすもきょうと同じだろう。
もっと、すばらしいかもしれない。」

57

1 義人が滅びても心に留める者はなく、
誠実な人が取り去られても、
心を向ける者もいない。
まことに、義人はわざわいから取り去られて、
2 平安に入り、
まっすぐに歩む人は、
自分の寝床で休むことができる。
3 しかし、あなたがた、女卜者の子ら、
姦夫と遊女のすえよ。
ここに近寄れ。
4 あなたがたは、だれをからかい、
だれに向かって口を大きく開いて、舌を出すのか。
あなたがたはそむきの子ら、
偽りのすえではないか。
5 あなたがたは、樫の木の間や、
すべての生い茂る木の下で、身を焦がし、
谷や、岩のはざまで
子どもをほふっているではないか。

10①ナホ3:18
11①イザ28:7,
エゼ13:19, 34:2, 3,
ミカ3:5, 11
②イザ1:3
③エレ10:21, 12:10,
23:1, 2
④エレ22:17
12①イザ22:12

1①詩12:1
Ⅰ列14:13, Ⅱ列22:20
3①イザ2:6
①イザ1:21
＊「遊女」は七十人訳、
シリヤ語訳による
☒「彼女は淫行をした」
または「あなたは淫行をした」
4①イザ48:8
5①イザ1:29, 申12:2,
Ⅱ列16:4,
エレ2:20, 3:13
②レビ18:21,
Ⅱ列23:10,
詩106:37, 38, エレ7:31

6①エレ3:9, ハバ2:19
②→エレ7:18
③→イザ43:23
7①エレ3:6
8①エゼ16, 23章
9①レビ18:21
②エゼ23:16, 40
＊→イザ5:14＊
11①イザ51:12, 13
②エレ2:32, 3:21
③イザ42:14, 詩50:21
12①イザ29:15, 59:6,
65:7, 66:18, ミカ3:2-4
②イザ58:1

6 谷川のなめらかな石がおまえの分け前、
そこいらの石が、おまえの受ける割り当て。
それらに、おまえは、注ぎのぶどう酒を注ぎ、
穀物のささげ物をささげているが、
こんな物で、わたしが慰められようか。
7 そびえる高い山の上に、あなたは寝床を設け、
そこにも、上って行って
あなたはいけにえをささげた。
8 あなたは、とびらと柱のうしろに、
あなたを象徴する像を置いた。
あなたはわたしを捨てて、
裸になり、寝床に上ってそれを広げ、
彼らと契りを結び、彼らの寝床を愛し、
その象徴物を見た。
9 あなたは油を携えてモレクのところまで旅し、
香料を増し加え、
あなたの使者たちを遠くまで送り出し、
＊よみにまでも下らせた。
10 あなたは、長い旅に疲れても、
「あきらめた」とは言わなかった。
あなたは元気を回復し、弱らなかった。
11 あなたは、だれにおじけ、だれを恐れて、
まやかしを言うのか。
あなたはわたしを思い出さず、
心にも留めなかった。
わたしが久しく、黙っていたので、
わたしを恐れないのではないか。
12 わたしは、あなたの義と、
あなたのした事どもを告げよう。
しかし、それはあなたの益にはならない。

は神のことばを知らず、自分の利益に貪欲で酒に酔っていたからである。

57:1-2 義人が滅び 献身して神に従う人々は、残酷で腐敗したユダの指導者たちによって虐待され殺されることさえあった(⇒Ⅱ列21:16)。殉教者たち(信仰や理想のために死ぬ人)は死ぬことによってこの国に間もなく訪れる恐ろしい神のさばきの恐怖から解放された。

57:3-14 あなたがた、女卜者の子ら ユダの人々は主を拒んで、その代りに人間が作った外国の神々を礼拝するようになった。偶像礼拝には不道徳や売春や占い(魔術を使うと思われる)や人間のいけにえなどがあった。神は人々にその罪に対する弁明を求められた(→「**偶像礼拝**」の項 p.468)。神に不忠実で神の律法に従わない人々は自己中心で不道徳な行動の結果を味わうことになる。最後には反抗をして得ようとしていたものよりはるかに多くのものを失うことになる。

13 あなたが叫ぶとき、
   あなたが集めたものどもに、あなたを救わせよ。
   風が、それらをみな運び去り、
   息がそれらを連れ去ってしまう。
   しかし、わたしに身を寄せる者は、地を受け継ぎ、
   わたしの聖なる山を所有することができる。

心砕かれた人に対する慰め

14 主は仰せられる。
   「盛り上げよ。土を盛り上げて、道を整えよ。
   わたしの民の道から、つまずきを取り除け。」

15 いと高くあがめられ、永遠の住まいに住み、
   その名を聖ととなえられる方が、こう仰せられる。
   「わたしは、高く聖なる所に住み、
   心砕かれて、へりくだった人とともに住む。
   へりくだった人の霊を生かし、
   砕かれた人の心を生かすためである。

16 わたしはいつまでも争わず、
   いつも怒ってはいない。
   わたしから出る霊と、
   わたしが造ったたましいが衰え果てる

17 彼のむさぼりの罪のために、
   わたしは、怒って彼を打ち、顔を隠して怒った。
   しかし、彼はなおそむいて、
   自分の思う道を行った。

18 わたしは彼の道を見たが、彼をいやそう。
   わたしは彼を導き、彼と、その悲しむ者たちに、
   慰めを報いよう。

19 わたしはくちびるの実を創造した者。
   平安あれ。遠くの者にも近くの者にも平安あれ。
   わたしは彼をいやそう」と主は仰せられる。

20 しかし悪者どもは、荒れ狂う海のようだ。
   静まることができず、
   水が海草と泥を吐き出すからである。

21 「悪者どもには平安がない」と
   私の神は仰せられる。

本当の断食

58

1 せいいっぱい大声で叫べ。
  角笛のように、声をあげよ。
  わたしの民に彼らのそむきの罪を告げ、

---

13 ①イザ25:4
   ②イザ49:8, 60:21, 詩25:13, 37:9
   ③イザ65:9
   ④→イザ11:9
14 ①イザ40:3, 62:10, 詩68:4
15 ①イザ40:28, 申33:27
   ②ルカ1:49
   ③イザ33:5
   ④詩68:5, ゼカ2:13
   ⑤イザ66:2, 詩51:17
   ⑥イザ61:1-3, 詩147:3
16 ①詩85:5, 103:9, ミカ7:18
   ②イザ42:5, 創6:3, ヨブ34:14, 15

17 ①イザ2:7, 56:11, エレ6:13
   ②イザ17, 45:15, 54:8 *「顔を」は補足
   ③イザ1:4, エレ3:14
18 ①イザ19:22, 30:26, 53:5, 出15:26, エレ3:22
   ②イザ52:12
20 ①イザ3:9, 11, ヨブ15:20, 18:5-14
21 ①イザ48:22, 59:8, 箴4:16

1 ①イザ58:1, 2, イザ1:4, 29:13, 43:27, 48:1, 50:1, 59:12, 13, エレ7:9, 10
  ②→イザ24:20

57:15　心砕かれて、へりくだった人　「高く聖なる所」に住まわれる、人格と特性と力に無限の聖さを持たれる神は「心砕かれて、へりくだった人」とともに今も住むと約束された。「心砕かれた」は「粉々にされた」という意味で自分の罪深さや霊的な反抗によって心が傷ついた人のことである。結果的にその人々は助けを求めて神に叫ぶ。「へりくだった人」とは自分自身の能力や困難な情況について謙遜な人々を指す(⇒詩34:18-19)。神はそのような人々の必死の叫びに応えてご自分の臨在を示して生かし、新しくし、霊的に強めてくださる。神に忠実な人々は神が遠いように見えるときでも導き、守り、慰めるためにいつもそばにおられるという確信を持って安らかに憩うことができる。

57:21　悪者どもには平安がない　神は人間の良心を造られ、神に逆らい邪悪な生活をする人には本当の平安(内側の平安と外側の平和)がないようにされた。罪を犯し続ける限り人々の生活は「海草と泥を吐き出す」(57:20)「荒れ狂う海のよう」である。神は人々の反抗には対抗されるけれども、同時に人々が神に立返りその人生を変えていただきたいと願うなら、その人々を救ってくださる(⇒Ⅱペテ3:9)。

58:1　せいいっぱい大声で叫べ　巨大なラッパが吹き鳴らされて聞く人々に警告をするように、この預言者は人々の罪に対して大声で叫んでいる。本当の預言者なら神の民の間に反抗や偽善が見つかったときには忠実にそれを暴き出し訴えるはずである。伝道奉仕をする人や神のメッセージを伝える人の中で、神の民の罪を示し神のさばきを警告しない人は、その人に対する神が与えられた使命に忠実であるとは言えない。

イザヤ書　58章

ヤコブの家にその罪を告げよ。

2 しかし、彼らは日ごとにわたしを求め、
わたしの道を知ることを望んでいる。
義を行い、
神の定めを捨てたことのない国のように、
彼らはわたしの正しいさばきをわたしに求め、
神に近づくことを望んでいる。

3「なぜ、私たちが断食したのに、
あなたはご覧にならなかったのですか。
私たちが身を戒めたのに、
どうしてそれを認めてくださらないのですか。」

見よ。あなたがたは
断食の日に自分の好むことをし、
あなたがたの労働者をみな、圧迫する。

4 見よ。あなたがたが断食をするのは、
争いとけんかをするためであり、
不法にこぶしを打ちつけるためだ。
あなたがたは今、断食をしているが、

あなたがたの声はいと高き所に届かない。

5 わたしの好む断食、人が身を戒める日は、
このようなものだろうか。
葦のように頭を垂れ、
荒布と灰を敷き広げることだけだろうか。
これを、あなたがたは断食と呼び、
主に喜ばれる日と呼ぶのか。

6 わたしの好む断食は、これではないか。
悪のきずなを解き、くびきのなわめをほどき、
しいたげられた者たちを自由の身とし、
すべてのくびきを砕くことではないか。

7 飢えた者にはあなたのパンを分け与え、
家のない貧しい人々を家に入れ、
裸の人を見て、これに着せ、
あなたの肉親の世話をすることではないか。

8 そのとき、暁のようにあなたの光がさしいで、

---

3 ①マラ3:14
②イザ22:12, 13,
ゼカ7:5, 6
4 ①Ⅰ列21:12, 13

5 ①Ⅰ列21:27, エス4:3,
ダニ9:3, ヨナ3:6
6 ①イザ1:17
②エレ34:8, 9
7 ①イザ58:10,
ヨブ22:7, 31:19, 20,
エゼ18:7, 16,
マタ25:35, 36
＊ 直訳「あなたの肉親
から身を隠さないことで
はないか」
8 ①ヨブ11:17

58:2　彼らは日ごとにわたしを求め　ユダの人々は神を礼拝しているように見えた。神のみこころを知りそれに従おうとしているように動き行動をしていた。けれども神はその反抗的な心を見ておられた。人々には本当に神に従う気はないので命令に従っていなかった。今日でもある信仰者たちは外面的には主を礼拝し神に従おうとしているように見える。けれどもその生活、特に教会の外での振舞は、主を自分の救い主としていないこの世界のほとんどの人と何も変っていない。そして神のことばを学ぶこともそれを生活に適用することもしていない。したがってその「礼拝」は神をはずかしめ侮辱するものになっている(→「**礼拝**」の項p.789)。

58:3　断食の日　神の民は神が助けてくれないと文句を言っていた。神は人々の礼拝と断食(ある目的―特に霊的な事柄―に集中するために一定期間食物をとらないこと)が純粋な心によるものではないことを知っておられた。そこで神は、へりくだって神に従わず、困っている人々に同情して助けようとしていないなら、その人の行う礼拝は何の価値もないことを教えようとしておられる。

58:6　わたしの好む断食　神は人々の表面的な行動を越えて心の動機を見られる(58:5)。神に喜ばれる献身には抑圧されたり困窮している人々に対する積極的な思いやりが含まれる。人々を実際的に助けることは主への愛を示す最善の方法である。神の民は十分の一献金(収入の10パーセントの献金)や教会へのささげ物をしたら、困窮している人を助ける責任がなくなるなどと考えてはならない。飢えた人々と食べ物を分け合い、着る物がない人に服を提供し、虐待されている人々が公正に扱われるように努力しなければならない。地域社会にある必要、特に地域の教会の会衆の中にある必要を見つける努力をし、できるだけの援助をしなければならない(⇒ガラ6:10, →「**貧困者への配慮**」の項 p.1510)。これらのことを神との関係から自然に行うなら神は喜んでくださる。58:8(→58:8-12注)に描かれている祝福は58:6に描かれている心を持った人々や58:7に描かれている行いを実行する人々に与えられる。

58:8-12　あなたの光がさしいで　神へのまことの愛と人々への心からの配慮を行動に移すときに神のあらゆる祝福が私たちに注がれる道が開かれる。積極的な思いやりに対する報いには次のようなものがある。(1) 神の光(私たちの生涯への神の好意と影響と、

あなたの傷はすみやかにいやされる。
あなたの義はあなたの前に進み、
主の栄光が、あなたのしんがりとなられる。

9 そのとき、あなたが呼ぶと、主は答え、
あなたが叫ぶと、
「わたしはここにいる」と仰せられる。
もし、あなたの中から、くびきを除き、
うしろ指をさすことや、
つまらないおしゃべりを除き、

10 飢えた者に心を配り、
悩む者の願いを満足させるなら、
あなたの光は、やみの中に輝き上り、
あなたの暗やみは、真昼のようになる。

11 主は絶えず、あなたを導いて、
焼けつく土地でも、あなたの思いを満たし、
あなたの骨を強くする。
あなたは、潤された園のようになり、
水のかれない源のようになる。

12 あなたのうちのある者は、昔の廃墟を建て直し、
あなたは古代の礎を築き直し、
「破れを繕う者、
市街を住めるように回復する者」と呼ばれよう。

13 もし、あなたが安息日に出歩くことをやめ、
わたしの聖日に自分の好むことをせず、
安息日を「喜びの日」と呼び、
主の聖日を「はえある日」と呼び、
これを尊んで旅をせず、

8 ②イザ30:26, 33:24,
エレ30:17, 33:6
③イザ62:1
4→イザ35:2
⑤イザ52:12, 出14:19
9 ①イザ55:6, 65:24,
詩50:15, 145:18
②歳6:13
10 ①申15:7
②イザ42:16,
ヨブ11:17,
詩37:6, 112:4
11 ①イザ41:17, 49:10,
詩107:9
②イザ66:14
③エレ31:12
④イザ27:3
12 ①イザ49:8, 61:4,
エゼ36:10, アモ9:11,
ネヘ2:17
②イザ44:28
13 ①イザ56:2, 4, 6,
出31:16, 17, 35:2, 3,
エレ17:21-27

14 ①イザ61:10
②イザ33:16, 申32:13,
詩18:33, ハバ3:19
③創47:4
4→イザ49:8
⑤イザ1:20

1 ①イザ50:2, 民11:23,
エレ32:17
②イザ58:9, 65:24
2 ①イザ1:15, 50:1
②申31:17
③エレ11:11
3 ①イザ1:15, 21,
エレ2:30, 34,
エゼ7:23, ホセ4:2
②イザ28:15
4 ①イザ5:7, 59:14
②イザ30:12, エレ7:4, 8
③イザ33:11
5 ①イザ14:29, マタ3:7
②ヨブ8:14

自分の好むことを求めず、むだ口を慎むなら、

14 そのとき、あなたは主をあなたの喜びとしよう。
「わたしはあなたに地の高い所を踏み行かせ、
あなたの父ヤコブのゆずりの地であなたを養おう」と
主の御口が語られたからである。

罪と告白と贖い

59

1 見よ。主の御手が短くて救えないのではない。
その耳が遠くて、聞こえないのではない。

2 あなたがたの咎が、
あなたがたと、あなたがたの神との仕切りとなり、
あなたがたの罪が御顔を隠させ、
聞いてくださらないようにしたのだ。

3 実に、あなたがたの手は血で汚れ、
指は咎で汚れ、
あなたがたのくちびるは偽りを語り、
舌は不正をつぶやく。

4 正しい訴えをする者はなく、
真実をもって弁護する者もなく、
むなしいことにたより、うそを言い、
害毒をはらみ、悪意を産む。

5 彼らはまむしの卵をかえし、くもの巣を織る。
その卵を食べる者は死に、
卵をつぶすと、毒蛇がとび出す。

人々の生涯に私たちが与える良い影響)、(2) 癒しと回復、(3) 神の守りと臨在、(4) 祈りが応えられることによる神の助け、(5) 霊的な暗闇と抑圧からの解放、(6) 神の導きと力と生産性、(7) 私たち自身とほかの人々への霊的復興と回復。

58:13 安息日 創造の時から神は七日間のうちの一日は「聖なる」日、つまり礼拝の日として特別な目的のために保たなければならないと定められた。この日には神の民は通常の活動を終え、肉体の休息と霊的に刷新されるために過さなければならない(→出20:8注, マタ12:1注)。そうするなら霊的な喜びが増し加わり、霊的に成長するだけではなく(58:14)、肉体的にもさらに生産的になる。

59:1-8 【主】の御手が短くて ここには神が約束された祝福(→58:8-12注, 58:13注)を受取ることを妨げるもう一つの罪(霊的な欠点、自分勝手な道を行くために神に反抗すること)が描かれている。

59:2 咎が・・・仕切りとなり 「咎」(《ヘ》アボーン)は「倒錯または曲った振舞」という意味である。これは神に対して不道徳で不義な行動の罪を犯していることを指している。生活の中のこの種の罪と悪は神と人との間に壁を作る。この障壁があると神の好意、守り、

6 そのくもの巣は着物にはならず、
　自分の作ったもので身をおおうこともできない。
　彼らのわざは不義のわざ、
　彼らの手のなすことは、ただ暴虐。
7 彼らの足は悪に走り、
　罪のない者の血を流すのに速い。
　彼らの思いは不義の思い。
　破壊と破滅が彼らの大路にある。
8 彼らは平和の道を知らず、
　その道筋には公義がない。
　彼らは自分の通り道を曲げ、
　そこを歩む者はだれも、平和を知らない。
9 それゆえ、公義は私たちから遠ざかり、
　義は私たちに追いつかない。
　私たちは光を待ち望んだが、
　見よ、やみ。
　輝きを待ち望んだが、暗やみの中を歩む。
10 私たちは盲人のように壁を手さぐりし、
　目のない者のように手さぐりする。
　真昼でも、たそがれ時のようにつまずき、
　＊やみの中にいる死人のようだ。
11 私たちはみな、熊のようにほえ、
　鳩のようにうめきにうめく。
　公義を待ち望むが、それはなく、
　救いを待ち望むが、
　それは私たちから遠く離れている。

6①イザ28:20
　②イザ57:12
7①イザ58:4, エレ6:7, エゼ7:11
7①イザ59:7, 8, ロマ3:15-17
　②箴1:16
　③イザ65:2, 66:18
8①ルカ1:79
　②ホセ4:1
　③イザ65:2, 詩125:5, 箴2:15
　④イザ57:20, 21
9①イザ59:11, 14, 15
　②イザ5:30, 8:22
　③エレ8:15
10①イザ6:9, 10, 56:10
　②申28:29, ヨブ5:14
　＊別訳「廃墟の中」、「元気な者の中」
　③哀3:6
11①イザ38:14, エゼ7:16
　②イザ59:9

12①→イザ24:20
　②エレ14:7, ホセ5:5
13①ヨシ24:27, 箴30:9
　②イザ59:3, 4, エレ9:3
14①イザ1:21, 5:7, ハバ1:4
　②イザ46:12
15①イザ1:21-23
16①イザ41:28, 63:5
　②エゼ22:30
　③イザ52:10, 63:5, 詩98:1
17①エペ6:17, Iテサ5:8

12 それは、私たちがあなたの御前で
　多くのそむきの罪を犯し、
　私たちの罪が、
　私たちに不利な証言をするからです。

　私たちのそむきの罪は、私たちとともにあり、
　私たちは自分の咎を知っている。
13 私たちは、そむいて、主を否み、
　私たちの神に従うことをやめ、
　しいたげと反逆を語り、
　心に偽りのことばを抱いて、つぶやいている。
14 こうして公正は退けられ、
　正義は遠く離れて立っている。
　真理は広場でつまずき、
　正直は中に入ることもできない。
15 そこでは真理は失われ、
　悪から離れる者も、そのとりこになる。

　主はこれを見て、公義のないのに心を痛められた。
16 主は人のいないのを見、
　とりなす者のいないのに驚かれた。
　そこで、ご自分の御腕で救いをもたらし、
　ご自分の義を、ご自分のささえとされた。
17 主は義をよろいのように着、
　救いのかぶとを頭にかぶり、

祈りの応えなど、救いの恵みを体験することができなくなる（詩66:18）。

59:9-14　公義は私たちから遠ざかり　イザヤは社会（教会や社会的団体や学校などを含む）の中で霊的復興と変化を見るために心から献身している人々のことを描いている。その人々は自分たちが問題の一部になっていた罪びとであることを公に認め、周りの霊的な情況や状態に責任を自発的にとろうとする人々である。そして絶望的に見える情況を深く悲しんでいるけれども罪から立返ってその生活を神によって変えていただき、社会を変えるために用いていただこうとしている。

59:16　主は人のいないのを見　主はイスラエルの罪の大きさを見、罪と反抗の流れを変えるためにとりなしをする人（ほかの人々の問題のために嘆願する人、ほかの人々の情況や必要のために心を込めて祈る人）がいないことを認められた。そこで神はご自分の民を救うために「御腕」を伸ばすことにされた。これが御子イエス・キリストを送ることだった。今でも天で私たちのために個人的にとりなしているのは主イエスである（ヘブ7:25）。神はリバイバルを必要とする教会と、救い（神との個人的な関係）を必要とする霊的に失われた人々のために地上で「破れ口」（エゼ22:30）に立ってとりなす人を探しておられる。社会の中でまだ神を知らない人々と神との間の破れをつなぐためのとりなしの働き　→「とりなし」の項 p.1454

59:17-18　義をよろいのように　初代教会の開拓の指導者であり新約聖書の多くの書物の著者であるパウロはこの節から二つのことばを引用してキリスト者の

イザ
61:
10

　　復讐の衣を身にまとい、
　　ねたみを外套として身をおおわれた。
18　主は彼らのしうちに応じて報い、
　　その仇には憤りを報い、その敵には
　　報復をし、
　　島々にも報復をする。
19　そうして、西のほうでは、主の御名が、
　　日の上るほうでは、主の栄光が恐れら
　　れる。
　　主は激しい流れのように来られ、
　　その中で主の息が吹きまくっている。
20　「しかし、シオンには贖い主として来る。
　　ヤコブの中の
　　そむきの罪を悔い改める者のところに
　　来る。」
　　──主の御告げ──

21　「これは、彼らと結ぶわたしの契約で
　　ある」と
　　主は仰せられる。
　　「あなたの上にあるわたしの霊、
　　わたしがあなたの口に置いたわたしの
　　ことばは、
　　あなたの口からも、あなたの子孫の口
　　からも、
　　すえのすえの口からも、
　　今よりとこしえに離れない」と主は仰

17 ②イザ66:6
18 ①イザ65:6, 7,
　ヨブ34:11, エレ17:10
19 ①イザ45:6, 49:12
　②イザ24:15, 詩113:3,
　マラ1:11
　③詩102:15
　④イザ30:27, 28
20 ①イザ59:20, 21,
　ロマ11:26, 27
　②イザ41:14
　③エゼ18:30, 31
21 ①イザ54:10
　①イザ11:2, 32:15,
　44:3, Ⅱサム23:2
　②イザ51:16, エレ1:9
　④イザ44:26, 55:11
　⑤イザ54:10, エレ32:40

1 ①イザ52:1, 2, エペ5:14
　②→イザ35:2
2 ①イザ8:22, 58:10,
　エレ13:16
　②イザ60:19, 20
　③イザ4:5, 24:23,
　詩102:16
3 ①イザ2:3, 45:14,
　49:6, 23, 60:10, 11,
　黙21:24
4 ①イザ11:12, 49:18
　②イザ43:6, 49:20-22
5 ①詩34:5
　＊ 直訳「広くなる」
　イザ61:6

せられる。

シオンの栄光

60

1　起きよ。光を放て。
　　あなたの光が来て、
　　主の栄光があなたの上に輝いているか
　　らだ。
2　見よ。やみが地をおおい、
　　暗やみが諸国の民をおおっている。
　　しかし、あなたの上には主が輝き、
　　その栄光があなたの上に現れる。
3　国々はあなたの光のうちに歩み、
　　王たちはあなたの輝きに照らされて歩
　　む。

4　目を上げて、あたりを見よ。
　　彼らはみな集まって、あなたのもとに
　　来る。
　　あなたの息子たちは遠くから来、
　　娘たちはわきに抱かれて来る。
5　そのとき、あなたはこれを見て、晴れ
　　やかになり、
　　心は震えて、喜ぶ。
　　海の富はあなたのところに移され、
　　国々の財宝はあなたのものとなるから

霊的な武具の「正義の胸当て（よろい）」と「救いのかぶと」について説明をしている（エペ6:14-17）。イザヤは「復讐の衣」や「仇には憤り」（59:17-18）などと言っているけれども、この世の歴史の終りのときの恐ろしい神のさばきの日を見ている（→黙19: 各注）。

59:20　シオンには贖い主として来る　この贖い主（救い主、救出者、解放者、救助者）はイエス・キリストである（⇒35:4, 40:9, 52:7）。主は罪から離れて神の目的に仕える人々のところへ来てくださる。そのような人々は本当のイスラエルである。

59:21　わたしの霊・・・わたしのことば　自分の罪から離れ、キリストを赦す方、自分の人生を導く方として受入れた人々に主の御霊を置き（彼らの中にそして力を与えるために ⇒ヨハ16:13, 使2:4）、その口に主のことばを置くと約束された。主の御霊と主のことばは主に従う人々に主のメッセージを伝え、永遠の目的に仕えるために承認を与え、備えさせ力を与える。メッセージが最大限の効果を発揮するために

は聖霊の力によって伝えなければならない（→使1:8注, →「**聖霊のバプテスマ**」の項 p.1950）。

60:1-3　あなたの光が来て　聖書のいくつかの箇所でメシヤ（「油そそがれた者」、キリスト）の来臨は大きな光や神の民の中に見られる神の臨在や栄光の現れとして描かれている。国々や指導者たちが主の光の明るさに引かれて主のもとへ来る。新約聖書はこの預言をキリストの受肉（現すこと、人間の姿で来ること → ヨハ1:4-5, 9, 14, 17）と神の力によるガリラヤでの働き（→マタ4:16-17, →「**キリストのガリラヤ伝道**」の地図 p.1833）に当てはめている。新約聖書の時代に始まった宣教（キリストのメッセージをほかの民族、文化圏、国々へ伝える着実な努力）の力強い働きの中でこの預言は実現しつつある。

60:4-9　あなたのもとに来る　ここではメシヤの王国（歴史の終りにキリストが地上を1,000年間治められるとき →黙20:）が来ることが描かれている。イザヤはイスラエルに神の栄光、つまり神の祝福と誉れと威

イザヤ書 60章

　　だ。
6　らくだの大群、
　　ミデヤンとエファの若いらくだが、
　　あなたのところに押し寄せる。
　　これらシェバから来るものはみな、
　　金と乳香を携えて来て、
　　主の奇しいみわざを宣べ伝える。
7　ケダルの羊の群れもみな、
　　あなたのところに集まり、
　　ネバヨテの雄羊は、あなたに仕え、
　　これらは受け入れられるいけにえとして、
　　わたしの祭壇にささげられる。
　　わたしは、わたしの美しい家を輝かす。
8　雲のように飛び、
　　巣に帰る鳩のように飛んでくる者は、
　　だれか。
9　まことに、島々はわたしを待ち望み、
　　タルシシュの船は真っ先に、
　　あなたの子らを遠くから来させ、
　　彼らの金銀もいっしょに、
　　あなたの神、主の名のために、
　　イスラエルの聖なる者のために運んでくる。
　　主があなたを輝かされたからである。
10　外国人もあなたの城壁を建て直し、
　　その王たちもあなたに仕える。
　　実に、わたしは怒って、あなたを打ったが、
　　恵みをもって、あなたをあわれんだ。
11　あなたの門はいつも開かれ、
　　昼も夜も閉じられない。
　　国々の財宝があなたのところに運ばれ、
　　その王たちが導かれて来るためである。

6 ①詩72:10, I 列10:1, 2
7 ①イザ21:16
　②イザ56:7
　③イザ60:13
9 ①イザ11:11, 24:15, 42:4, 10, 12, 49:1, 51:5, 66:19
　②イザ2:16, 詩48:7, 72:10
　③イザ43:6, 49:22
　④ゼカ14:14
　⑤イザ1:4
　⑥イザ55:5
10 ①イザ14:2, 61:5, ゼカ6:15
　②イザ49:23
　③イザ54:7, 8
11 ①イザ26:2, 60:18, 62:10
　②黙21:25, 26

12 ①ゼカ14:17-19
13 ①イザ35:2
　②I 歴28:2, 詩99:5, 132:7
14 ①イザ14:1, 2, 45:14, 49:23
　②エレ30:17, ヘブ12:22, 黙14:1
15 ①イザ1:7-9, 6:11-13, エレ30:17
　②イザ66:5
　③イザ33:8, 9
　④イザ62:4, 65:18
16 ①イザ23, 66:11, 12
　②イザ19:20
　③イザ41:14
18 ①イザ51:19
　②イザ26:1
　③イザ60:11
　④イザ61:11

12　あなたに仕えない国民や王国は滅び、
　　これらの国々は荒廃する。
13　レバノンの栄光は、もみの木、すずかけ、檜も、
　　共に、あなたのもとに来て、
　　わたしの聖所を美しくする。
　　わたしは、わたしの足台を尊くする。
14　あなたを苦しめた者たちの子らは、
　　身をかがめてあなたのところに来、
　　あなたを侮った者どもはみな、
　　あなたの足もとにひれ伏し、
　　あなたを、主の町、
　　イスラエルの聖なる方のシオン、と呼ぶ。
15　あなたは捨てられ、憎まれ、
　　通り過ぎる人もなかったが、
　　わたしはあなたを永遠の誇り、
　　代々の喜びの町に変える。
16　あなたは国々の乳を吸い、王たちの乳房を吸う。
　　あなたは、わたしが、あなたを救う主、
　　あなたを贖うヤコブの全能者であることを知る。
17　わたしは青銅の代わりに金を運び入れ、
　　鉄の代わりに銀、木の代わりに青銅、
　　石の代わりに鉄を運び入れ、
　　平和をあなたの管理者とし、
　　義をあなたの監督者とする。
18　あなたの国の中の暴虐、
　　あなたの領土のうちの破壊と破滅は、
　　もう聞かれない。
　　あなたは、あなたの城壁を救いと呼び、
　　あなたの門を賛美と呼ぼう。

光がはっきり現されるのを見、ほかの国々がその光と救いを体験するためにイスラエルにやってくる様子を見た（⇒49:22, 23）。これらの国は自分たちの富の中から主へのささげ物を携えてくる（⇒61:6, 66:12）。

60:10　あなたの城壁を建て直し　国々はエルサレムに神の支配が打立てられるために物質的に経済的に貢献する。キリストの王国に反対する人々は滅ぼされる（60:12）。キリストがご自分に従う人々を助けるために再び来られるときに、キリストの支配に敵対した人々は反キリストの勢力とともにハルマゲドンの戦いで滅ぼされる（黙16:14-21, 19:11-19）。これはキリストが地上で1,000年間の平和な支配を始められる直前に起こる（黙20:1-6）。それに続いて最後に一度だけ人々をだますためにサタンが解き放たれる（1,000年間投げ込まれる底知れぬ所から）。サタンのうそにだまされる人々はキリストがきっぱりと悪を根絶され、サタンとサタンに従う人々を火の池に永遠に投げ込まれるときに、最後の戦いで滅ぼされる（黙20:7-

19 太陽がもうあなたの昼の光とはならず、
月の輝きもあなたを照らさず、
主があなたの永遠の光となり、
あなたの神があなたの光栄となる。

20 あなたの太陽はもう沈まず、
あなたの月はかげることがない。
主があなたの永遠の光となり、
あなたの嘆き悲しむ日が終わるからである。

21 あなたの民はみな正しくなり、
とこしえにその地を所有しよう。
彼らはわたしの栄光を現す、わたしの植えた枝。
わたしの手で造ったもの。

22 最も小さい者も氏族となり、
最も弱い者も強国となる。
時が来れば、わたし、主が、すみやかにそれをする。

主の恵みの年

61

1 「*神である主の霊が、わたしの上にある。

19 ①黙21:23, 22:5
②イザ2:5, 9:2, ゼカ2:5, 黙21:23
20 ①イザ65:19
21 ①イザ4:3, 26:2, 45:24, 25
②イザ57:13, 詩37:11, 22, マタ5:5
③イザ44:23, 61:3
④イザ29:23

1 ①イザ61:1, 2, ルカ4:18, 19
*子音字は「主」
②→イザ11:2

主はわたしに油をそそぎ、
貧しい者に良い知らせを伝え、
心の傷ついた者をいやすために、
わたしを遣わされた。
捕らわれ人には解放を、囚人には釈放を告げ、

2 主の恵みの年と、われわれの神の復讐の日を告げ、
すべての悲しむ者を慰め、

3 シオンの悲しむ者たちに、
灰の代わりに頭の飾りを、
悲しみの代わりに喜びの油を、
憂いの心の代わりに賛美の外套を
着けさせるためである。
彼らは、義の樫の木、
栄光を現す主の植木と呼ばれよう。

③イザ3:14, マタ11:5, ルカ7:22
④詩147:3
⑤イザ42:7, 49:9, 詩146:7
2 ①イザ2:12, 13:6, 34:2, 8, 63:4, マラ4:1, 3, Ⅱテサ1:7-9
②イザ57:18, エレ31:13, マタ5:4
3 ①詩30:11
②詩23:5, 45:7
③イザ61:10
④イザ60:21, エレ17:7, 8
4 イザ49:8, 58:12, エゼ36:33-36, アモ9:14
5 ①イザ14:1, 2, 60:10

4 彼らは昔の廃墟を建て直し、
先の荒れ跡を復興し、
廃墟の町々、代々の荒れ跡を一新する。

5 他国人は、あなたがたの羊の群れを飼うようになり、
外国人が、あなたがたの農夫となり、

---

15. この出来事の順序 →「終末の事件」の表 p.2471)。

60:19 太陽がもうあなたの昼の光とはならず この節はキリストの千年期(1,000年間)の支配に続く新しい天と新しい地にある神の首都新しいエルサレムを望み見ている。そこでは父である神と子羊(世の罪のために犠牲とされたキリスト)が永遠の光になる(→黙21:23, 22:3-5, ⇒ゼカ2:5)。

60:21 あなたの民はみな正しくなり 歴史の終りにキリストが地上を支配されるメシヤ王国の時代(60:19注)にはイスラエルは過去の不忠実で反抗する国ではなく、忠実で正しい国になる。

61:1-3 主の霊が、わたしの上にある メシヤとメシヤの油注ぎ(任命し力を与える)に関するこの記述はイエス・キリストの働き(→11:2-3注. イザヤがキリストの霊的特性と権威を描いている)に関連している。主イエスは働きを始められたときにこの節を引用してご自分に当てはめられた(ルカ4:18-19, →「キリストによって成就した旧約聖書の預言」の表 p.1029)。使命を果すために主イエスは聖霊によって(⇒11:2, 42:1)油注がれた(力を与えられる)。主が油注ぎを受けた働きは次のようなものである。(1) 良い知らせを貧しい人や身分の低い人や苦しむ人に伝える。(2)

霊的に肉体的に病んでいる人や心が傷ついた人々を癒す。(3) 悪の要塞を砕いて罪とサタンの支配から人々を解放する。(4) 人々の霊的な目を開きキリストのメッセージの光を見て救われるようにする。この4項目の目的はイエス・キリストの働きの特徴であり、教会(キリストに忠実に従う人々の群れ)が地上にある限り成就し続けるものである。

61:1 神である主の霊が、わたし この旧約聖書のことばに三位一体(「父、子、聖霊の三位格で一人」という神の特性)の教理の手がかりがある。三つの位格は「神である主」、「霊」、「わたし」(主イエス →マコ1:11注)である。

61:2 復讐の日 主イエスがこの預言を引用されたときにはこの部分を省かれた(ルカ4:18-19)。それは「復讐の日」は主の再臨のときまで起こらないからである。邪悪な者に対する最後のさばきは大患難(恐ろしい災難が地上全体を襲うとき →「大患難」の項 p.1690)の期間、キリストが地上に再び来られるときに起こる(黙5:-19:, ⇒イザ34:8, マタ24:30)。

61:4-9 昔の廃墟を建て直し 今の時代の終りにキリストが再臨され反キリストとその悪の勢力が打砕かれた後に、イスラエルは再建されてイスラエル人は神

イザヤ書 61-62章

ぶどう作りとなる。
6 しかし、あなたがたは主の祭司ととなえられ、
われわれの神に仕える者と呼ばれる。
あなたがたは国々の力を食い尽くし、
その富を誇る。
7 あなたがたは恥に代えて、二倍のものを受ける。
人々は侮辱に代えて、その分け前に喜び歌う。
それゆえ、その国で二倍のものを所有し、
とこしえの喜びが彼らのものとなる。
8 まことに、わたしは公義を愛する主だ。
わたしは不法な略奪を憎む。
わたしは誠実を尽くして彼らに報い、
とこしえの契約を彼らと結ぶ。
9 彼らの子孫は国々のうちで、
彼らのすえは国々の民のうちで知れ渡る。
彼らを見る者はみな、
彼らが主に祝福された子孫であることを認める。
10 わたしは主によって大いに楽しみ、
わたしのたましいも、わたしの神によって喜ぶ。
主がわたしに、救いの衣を着せ、
正義の外套をまとわせ、

6 ①イザ66:21, 出19:6, ロマ15:16, Ⅰペテ2:5,9, 黙1:6, 5:10
②イザ60:5, 11
7 ①イザ54:4
②イザ40:2, ゼカ9:12
③イザ60:15
8 ①イザ28:17
②イザ55:3
9 ①詩45:17
②イザ44:3, 65:23, 創12:2
10 ①イザ12:1-3, 25:9, 41:16, 51:3, Ⅰサム2:1, ハバ3:18
②ルカ1:46
③詩132:16
④詩132:9

11 ①イザ55:10
②イザ58:11
*子音字は「主」
③イザ45:8, 詩72:3, 85:11
④イザ60:18

1 ①イザ1:26, 58:8, 61:11
②イザ46:13, 52:10
2 ①イザ60:3
②イザ56:5, 62:4, 12, 65:15
4 ①ゼカ9:16
②イザ54:6,7, 60:15, 18, ホセ1:10
②イザ49:14

花婿のように栄冠をかぶらせ、
花嫁のように宝玉で飾ってくださるからだ。
11 地が芽を出し、
園が蒔かれた種を芽ばえさせるように、
神である主が義と賛美とを、
すべての国の前に芽ばえさせるからだ。

シオンの新しい名前

62

1 シオンのために、わたしは黙っていない。
エルサレムのために、黙りこまない。
その義が朝日のように光を放ち、
その救いが、たいまつのように燃えるまでは。
2 そのとき、国々はあなたの義を見、
すべての王があなたの栄光を見る。
あなたは、
主の口が名づける新しい名で呼ばれよう。
3 あなたは主の手にある輝かしい冠となり、
あなたの神の手のひらにある
王のかぶり物となる。
4 あなたはもう、「見捨てられている」と言われず、
あなたの国はもう、

イザ63:1-6

に従うようになる。ほかの国々はイスラエルの中で働き、ともに主を礼拝する（61:5-6）。イスラエル人は祭司の働きや奉仕をするようになり、ほかの人々の中で神の原則を教え、神のことばが実行されるように手助けをするようになる（61:6）。

61:10-11 わたしは【主】によって大いに楽しみ キリストが再び来られたとき神の国に所属する人々はみな喜ぶ。その人々には「救いの衣」が着せられるけれども、これは間違いなく神のものとなり、また罪から解放されて神のものとして買い取られたほかの忠実な人々と同じと認められたことを意味している。その人々も「正義の外套」を着る。それは神の完全な慈しみと真理の基準によって生きるという意味である。

62:1-12 シオン・・・エルサレム シオンはイザヤ書全体を通じて（⇒62:4）エルサレムのことを指している。これは古代エブス人の要害の山でダビデ王が最初に占領した町の一部である（Ⅱサム5:6-7）。その後「シオン」は要害が建てられた地区の名前になった。ここは契約の箱（人々の中におられる神の臨在を表した）がしばらくの間特別の天幕の中で安置された場所と思われる。ソロモンの神殿が建てられた後、シオンは神殿の場所を指すようになった。そして「シオン」ということばは一般的に神が「住まわれる場所」または地上での礼拝の中心地を意味するようになった（詩9:11, 74:2, ヨエ3:21）。時には歴史の終りにキリストが地上で治める新しく回復されたエルサレムや（52:8）、神の永遠の天の都を指すこともある。この章ではエルサレムが再び神の栄光（不思議、輝き、壮大）と義（正しいことを行う願いと能力、神の特性を反映し、神との正しい関係にとどまること）に満たされる日のことを言っている。神の民は城壁の中で平和に喜びを持って住み、全世界がエルサレムの名誉ある地位によって

「荒れ果てている」とは言われない。
かえって、あなたは
「わたしの喜びは、彼女にある」と呼ばれ、
あなたの国は夫のある国と呼ばれよう。
主の喜びがあなたにあり、
あなたの国が夫を得るからである。

5 若い男が若い女をめとるように、
あなたの子らはあなたをめとり、
花婿が花嫁を喜ぶように、
あなたの神はあなたを喜ぶ。

6 エルサレムよ。
わたしはあなたの城壁の上に見張り人を置いた。
昼の間も、夜の間も、
彼らは決して黙っていてはならない。
主に覚えられている者たちよ。
黙りこんではならない。

7 主がエルサレムを堅く立て、
この地でエルサレムを栄誉とされるまで、
黙っていてはならない。

8 主は右の手と、力強い腕によって誓われた。
「わたしは再びあなたの穀物を、

あなたの敵に食物として与えない。
あなたの労して作った新しいぶどう酒を、
外国人に決して飲ませない。
9 取り入れをした者がそれを食べて、
主をほめたたえ、
ぶどうを取り集めた者が、
わたしの聖所の庭で、それを飲む。」

10 通れ、通れ、城門を。
この民の道を整え、
盛り上げ、土を盛り上げ、大路を造れ。
石を取り除いて国々の民の上に旗を揚げよ。
11 見よ。
主は、地の果てまで聞こえるように仰せられた。
「シオンの娘に言え。
『見よ。あなたの救いが来る。
見よ。その報いは主とともにあり、
その報酬は主の前にある』」と。
12 彼らは、聖なる民、主に贖われた者と呼ばれ、
あなたは、尋ね求められる者、
見捨てられない町と呼ばれる。」

4 ③イザ65:19, エレ32:41, ゼパ3:17
④エレ3:14, ホセ2:19, 20
6 ①イザ52:8, エレ6:17, イザ3:17, 33:7
7 ①イザ60:18, 61:11, エレ33:9
②詩83:1
8 ③イザ1:7, レビ26:16, 申28:30-33, 士6:3-6, エレ5:17

9 ①イザ65:13, 21-23, 申14:23, 26
10 ①イザ26:2
②イザ40:3, 57:14
③イザ11:16, 19:23, 35:8, 49:11
④イザ11:10, 12, 49:22
11 ①イザ42:10, 49:6
②ゼカ9:9, マタ21:5, ヨハ12:15
③イザ51:5
④イザ40:10, 黙22:12
12 ①イザ43, 60:14, 申7:6, Ⅰペテ2:9
②イザ35:9
③イザ41:17, 42:16, 62:4

利益を得る。これは今の時代の終わりに救い主（キリスト）が地上に再び来られた後、全地と反抗する人々を神がさばかれた後に起こる（62:11）。

62:4 「わたしの喜びは、彼女にある」・・・夫のある国 ここではヘフツイ・バハとベウラということばが使われている。これは回復されたエルサレムの新しい名前で、歴史の終わりのときと永遠に続くキリストの地上での支配のときのエルサレムの地位を表している。天は時々「ベウラの地」と言われている。ヘブル語のヘフツイ・バハは「私の喜びは、彼女にある」という意味であり、ベウラは「既婚の」という意味である。これらの名前は神がエルサレムとの契約を更新されたことを表している（契約は、神がご自分の基準と約束と目的—特にキリストを通して啓示されている—と、神の目的と神ご自身に対する人々の忠実さとに基づいて、ご自分の民と結ばれた「終生協定」である）。

62:6 見張り人・・・黙っていてはならない 神はシオン（エルサレムの別名で、地上での神の国と目的を表す）の城壁の上に見張り人を任命された。この見張り人は預言者や神を敬う指導者や忠実なとりなし手（ほかの人々の情況や必要のために嘆願し祈る人）で、神の国が地上に建てられるために祈りをやめない人々である。同じように今日の信仰者たちは地上に神の目的が実現し、キリストの正義の支配が打立てられるようにとりなし続けなければならない（→マタ6:10注）。私たちが知っているこれらのことはみな神のご計画の一部である。私たちは神の約束を繰返し求めて神がそれを実現されるまで「黙っていてはならない」（62:7）。

62:11 あなたの救いが来る この節は地上に本当の義を打立て、神の御名のためにエルサレムに栄誉をもたらすキリストの再臨のことを言っている。だから預言者は「その報いは主とともにあり」という表現を使っている（⇒黙22:12）。これは教会の「携挙」について言っているのではない。携挙とはキリストがご自分に従う人々を地上のさばきに遭わないように突然世界から取去られることである（Ⅰテサ4:13-18）。ここではこのさばきの後に実際にキリストが地上に再び来られることを指している。そのときキリストは次の目的の

神の復讐と贖いの日

63

1 「エドムから来る者、
　ボツラから深紅の衣を着て来るこの者
　は、だれか。
　その着物には威光があり、
　大いなる力をもって進んで来るこの者
　は。」
　「正義を語り、
　救うに力強い者、それがわたしだ。」
2 「なぜ、あなたの着物は赤く、
　あなたの衣は酒ぶねを踏む者のような
　のか。」
3 「わたしはひとりで酒ぶねを踏んだ。
　国々の民のうちに、
　わたしと事を共にする者はいなかった。
　わたしは怒って彼らを踏み、
　憤って彼らを踏みにじった。
　それで、彼らの血のしたたりが、
　わたしの衣にふりかかり、
　わたしの着物を、すっかり汚してし
　まった。
4 わたしの心のうちに復讐の日があり、
　わたしの贖いの年が来たからだ。
5 わたしは見回したが、だれも助ける者
　はなく、
　いぶかったが、だれもささえる者はい
　なかった。
　そこで、わたしの腕で救いをもたらし、
　わたしの憤りを、わたしのささえとし
　た。
6 わたしは、怒って国々の民を踏みつけ、
　憤って彼らを踏みつぶし、
　彼らの血のしたたりを地に流した。」

賛美と祈り

7 私は、
　主の恵みと、主の奇しいみわざをほめ
　歌おう。
　主が私たちに報いてくださった
　すべての事について、
　そのあわれみと、豊かな恵みによって
　報いてくださったイスラエルの家への
　豊かないつくしみについて。
8 主は仰せられた。
　「まことに彼らはわたしの民、
　偽りのない子たちだ」と。
　こうして、主は彼らの救い主になられ
　た。
9 彼らが苦しむときには、いつも主も苦
　しみ、
　ご自身の使いが彼らを救った。
　その愛とあわれみによって主は彼らを
　贖い、
　昔からずっと、彼らを背負い、抱いて
　来られた。
10 しかし、彼らは逆らい、
　主の聖なる御霊を痛ませたので、

ために再び来られる。（1）終りのときに神のもとへ立返った人々、終りのときの災難を通して反キリストに抵抗してキリストに頼った人々を救うため。（2）反キリストの悪の力をハルマゲドンの戦いで打砕くため（黙16:15-21, 19:11-19）。（3）地上の人々にこれ以上悪影響を及ぼさないようにサタンを捕えて「底知れぬ所」に追いやるため。（4）地上に神の国を打立てて平和の千年期（1,000年間）の支配を始めるため（→黙20:, →「終末の事件」の表 p.2471）。

63:1-6 エドムから この箇所は神を敬わない世界に対する未来の神のさばきを描いている。「エドム」は神と神の民に反抗する世界の勢力全部を表している。主の衣は邪悪な人々の血で赤く染まっている。キリストが邪悪な人々を滅ぼすために地上に再び来られるときの衣が「血に染まった」と描写されている黙示録19章13を見るとよい。

63:3 ひとりで酒ぶねを踏んだ 神ご自身があらゆる国の神を敬わない人々に対して戦いを進められ打破られる。そして人々が酒ぶねの中でぶどうを踏むように邪悪な人々を踏みつけられる（⇒ヨエ3:13, 黙14:17-20, 19:15）。

63:7-64:12【主】の恵み イザヤは神の恵みと慈しみを賛美し、イスラエルの罪を告白してさばきから救われることを求め、約束の救いを求めて祈った。

63:9 ご自身の使い この使いは主の使いであり、主ご自身と思われる（→創16:7注, 出3:2注, →「御使いたちと主の使い」p.405）。

63:10 主の聖なる御霊を痛ませた「痛ませた」ということばは人々が聖霊の愛に背き、導きを拒み、完全な目的に反抗したことを暗示している。聖霊は神の位

主は彼らの敵となり、みずから彼らと戦われた。

11 そのとき、主の民は、
いにしえのモーセの日を思い出した。
「羊の群れの牧者たちとともに、
彼らを海から上らせた方は、
どこにおられるのか。
その中に主の聖なる御霊を置かれた方は、
どこにおられるのか。
12 その輝かしい御腕をモーセの右に進ませ、
彼らの前で水を分け、永遠の名を成し、
13 荒野の中を行く馬のように、
つまずくことなく彼らに深みの底を歩ませた方は、どこにおられるのか。
14 家畜が谷に下るように、
主の御霊が彼らをいこわせた。」

このようにして、あなたは、あなたの民を導き、
あなたの輝かしい御名をあげられたのです。

15 どうか、天から見おろし、
聖なる輝かしい御住まいからご覧ください。
あなたの熱心と、力あるみわざは、
どこにあるのでしょう。
私へのあなたのたぎる思いとあわれみを、
あなたは押さえておられるのですか。
16 まことに、あなたは私たちの父です。
たとい、アブラハムが私たちを知らず、
イスラエルが私たちを認めなくても、
主よ、あなたは、私たちの父です。
あなたの御名は、とこしえから私たちの贖い主です。

17 主よ。なぜあなたは、
私たちをあなたの道から迷い出させ、
私たちの心をかたくなにして、
あなたを恐れないようにされるのですか。
あなたのしもべたち、
あなたのゆずりの地の部族のために、
どうかお帰りください。
18 あなたの聖なる民がこの地を所有して間もなく、
私たちの敵は、あなたの聖所を踏みつけました。
19 私たちは、
とこしえからあなたに支配されたことも、
あなたの御名で呼ばれたこともない者のように
なりました。

64

1 ああ、あなたが天を裂いて降りて来られると、
山々は御前で揺れ動くでしょう。
2 火が柴に燃えつき、
火が水を沸き立たせるように、
あなたの御名はあなたの敵に知られ、
国々は御前で震えるでしょう。
3 私たちが予想もしなかった恐ろしい事を
あなたが行われるとき、
あなたが降りて来られると、
山々は御前で揺れ動くでしょう。

格であり完全な神なので、愛する人々によって傷つき悲しむ方である（⇒エペ4:30）。「聖」はきよく、完全で、あらゆる悪から分離していることを示す。聖霊は神の恵み（受けるにふさわしくない好意）へ導き入れ、主イエスとその真理についてさらに啓示し（ヨハ14:17, 15:26, 16:12-13）、キリストのメッセージを伝えるために力を与え（使1:8）、神の愛と臨在と導きと聖さをさらに強く感じさせるためにキリストに従うどの人々にも与えられている（→**旧約聖書の聖霊**の項p.1493, →**聖霊の教理**の項p.1970, →**聖霊の働き**

の表p.2187）。

64:1-5　天を裂いて降りて来られる　イザヤは神の民を代表して、天を「裂いて」力強く明らかな方法で下って来られるように神に嘆願した。イザヤは何よりも神の力が国々の間に示されあがめられることを望んだ(64:2)。そして神が「恐ろしい事を」行われ(64:3)、ご自分に忠実で正しいことを行ってきた人々を助けてくださることを(64:4-5)望んだ。これは主イエスが毎日祈る祈りの模範として弟子たちに与えられた主の祈り（「御国が来ますように」）に似ている（→マ

イザヤ書 64-65章

4 ①神を待ち望む者のために、
このようにしてくださる神は、
あなた以外にとこしえから聞いたこと
もなく、
耳にしたこともなく、目で見たことも
ありません。

5 あなたは迎えてくださいます。
喜んで正義を行う者、
あなたの道を歩み、あなたを忘れない
者を。
②ああ、あなたは怒られました。
私たちは昔から罪を犯し続けています。
それでも私たちは救われるでしょうか。

6 私たちはみな、汚れた者のようになり、
私たちの義はみな、＊不潔な着物のよう
です。
私たちはみな、③木の葉のように枯れ、
私たちの④咎は風のように私たちを吹き
上げます。

7 しかし、あなたの御名を呼ぶ者もなく、
奮い立って、あなたにすがる者もいま
せん。
②あなたは私たちから御顔を隠し、
私たちの咎のゆえに、私たちを弱めら
れました。

8 しかし、主よ。
今、あなたは私たちの父です。
私たちは粘土で、
あなたは私たちの陶器師です。
私たちはみな、
あなたの手で造られたものです。

9 ①主よ。どうかひどく怒らないでくださ
い。
いつまでも、咎を覚えないでください。
どうか今、
私たちがみな、④あなたの民であること
に
目を留めてください。

10 あなたの聖なる町々は荒野となってい

4①イザ25:9, 30:18, 40:31
②Ⅰコリ2:9
5①イザ56:1, 使10:35
②イザ63:10
6①イザ6:5, ヨブ15:14-16, 詩51:5
②イザ46:12, 48:1
＊直訳「月の物で汚れた」
③イザ1:30
④イザ50:1
7①ホセ7:7
②イザ1:15, 54:8, 申31:18
8①イザ29:16, 45:9, エレ18:1-6, ロマ9:19-21
②イザ63:16
③イザ60:21, 詩100:3, エペ2:10
9①詩74:1, 2
②イザ57:17
③イザ43:25, 詩25:7, 79:8, ミカ7:18
④イザ63:8, 詩79:13
10①イザ48:2, 52:1

ます。
シオンは荒野となり、
エルサレムは荒れ果てています。
11 私たちの先祖があなたをほめたたえた
私たちの聖なる美しい宮は、火で焼か
れ、
私たちの宝とした物すべてが荒廃しま
した。
12 主よ。これでも、あなたはじっとこらえ、
黙って、私たちをこんなにも悩まされ
るのですか。

さばきと救い

65

1 わたしに問わなかった者たちに、
わたしは尋ねられ、
わたしを捜さなかった者たちに、見つ
けられた。
わたしは、
＊わたしの名を呼び求めなかった国民に
向かって、
「わたしはここだ、わたしはここだ」と
言った。
2 わたしは、②反逆の民、
③自分の思いに従って良くない道を歩む
者たちに、
一日中、④わたしの手を差し伸べた。
3 この民は、いつも＊わたしに逆らって
わたしの怒りを引き起こし、
①その園の中でいけにえをささげ、
れんがの上で香をたき、
4 墓地にすわり、見張り小屋に宿り、
②豚の肉を食べ、汚れた肉の吸い物を器
に入れ、
5 「そこに立っておれ。私に近寄るな。
私はあなたより
聖なるものになっている」と言う。
「これらは、わたしの怒りの煙、
一日中燃え続ける火である。

②イザ1:7, 6:11
11①イザ63:18, Ⅱ列25:9, Ⅱ歴36:19, 詩74:3-7, 79:1
12①イザ63:15, 詩74:10, 11, 18, 19, 83:1

1①ロマ9:30, 10:20
＊「わたしの名で呼ばれ
なかった」の読み替え
2①ロマ10:21
②イザ1:2, 23, 3:8, 30:1, 9
③イザ59:7
④箴1:24
3＊直訳「わたしの顔に」
①レビ17:5
4＊別訳「暗い所」
①イザ66:3, 17, レビ11:7
5①申32:22

タ6:9-13)。

64:4 神を待ち望む者 自分の情況や心配事につい
て神が行動を起こされるのを忍耐強く待ち望む人々のた
めに、神は偉大なことをなさると約束された。神は人
間の歴史の事件に介入して(変化を起こすためにかか

わること)、人々が神の目的を達成できるようにして
くださる。神は最善の時に最善の方法で行動を起こさ
れるという希望と確信を神に忠実な人々は持ち続けな
ければならない。

65:1-7 わたしを捜さなかった者たち この箇所で

イザヤ書 65章

6 見よ。これは、わたしの前に書かれている。
わたしは黙っていない。必ず報復する。
わたしは彼らのふところに報復する。

7 山の上で香をたき、
丘の上でわたしをそしったあなたがたの咎と、
あなたがたの先祖の咎とをともどもに。
わたしは、彼らの先のしわざを量って、
彼らのふところに、報復する」と主は仰せられる。

8 主はこう仰せられる。
「ぶどうのふさの中に甘い汁があるのを見れば、
『それをそこなうな。その中に祝福があるから』
と言うように、
わたしも、わたしのしもべたちのために、
その全部は滅ぼさない。

9 わたしは、ヤコブから子孫を、
ユダからわたしの山々を所有する者を生まれさせよう。
わたしの選んだ者がこれを所有し、
わたしのしもべたちがそこに住む。

10 わたしを求めたわたしの民にとって、
シャロンは羊の群れの牧場、
アコルの谷は牛の群れの伏す所となる。

11 しかし、あなたがた、主を捨てる者、
わたしの聖なる山を忘れる者、
ガドのために食卓を整える者、
メニのために、混ぜ合わせた酒を盛る者たちよ。

12 わたしはあなたがたを剣に渡す。
それであなたがたはみな、虐殺されて倒れる。
わたしが呼んでも答えず、
わたしが語りかけても聞かず、
わたしの目の前に悪を行い、
わたしの喜ばない事を選んだからだ。」

13 それゆえ、*神である主はこう仰せられる。
「見よ。わたしのしもべたちは食べる。
しかし、あなたがたは飢える。
見よ。わたしのしもべたちは飲む。
しかし、あなたがたは渇く。
見よ。わたしのしもべたちは喜ぶ。
しかし、あなたがたは恥を見る。

14 見よ。わたしのしもべたちは
心の楽しみによって喜び歌う。
しかし、あなたがたは心の痛みによって叫び、
たましいの傷によって泣きわめく。

15 あなたがたは自分の名を、
わたしの選んだ者たちののろいとして残す。
それで*神である主は、あなたがたを殺される。
ご自分のしもべたちを、
ほかの名で呼ばれるようにされる。

16 この世にあって祝福される者は、

---

6 ①詩50:3
②詩79:12,エレ5:29, 13:25, 16:18,エゼ11:21
7 ①イザ13:11, 57:7
②エゼ18:6, 20:28
③ホセ2:13
8 ①イザ1:9, 10:21,22, 48:9, アモ9:8,9
9 ①イザ45:19, 25,エレ31:36, 37
②イザ49:8, 57:13, 60:21
10 ①イザ51:1, 55:6
②イザ33:9
③ヨシ7:24-26,ホセ2:15
11 ①イザ1:4, 28,申29:24, 25
②→イザ11:9
12 ①イザ41:28, 50:2, 66:4,Ⅱ歴36:15, 16, 箴1:24,エレ7:13
②→エレ7:30
13 *子音字は「主」
①エレ31:12-14,ゼパ3:14-20
②イザ1:19, 詩34:10
③イザ8:21
④イザ41:17, 18, 49:10
⑤イザ5:13
⑥イザ61:7, 66:14
⑦イザ42:17, 44:9, 11, 66:5
14 ①イザ51:11
15 ①エレ24:9, 25:18, 29:22, ゼカ8:13
*子音字は「主」
②イザ1:26, 56:5, 62:2

神はイザヤの祈りに応えて、反抗の民に絶えず訴え、人々に神のもとへ立ち返るよう求めておられると言われた。けれども人々が邪悪なため神はさばきによって報われる(65:6-7)。これはアッシリヤの侵入(1:-37:,→Ⅱ列17:)とバビロン捕囚によって起こる(38:-66:,→Ⅱ列25:,→「**イスラエル(北王国)の捕囚**」の地図 p.633,→「**ユダ(南王国)の捕囚**」の地図 p.633)。

65:8 甘い汁 ヘブル語の「ティーローシュ」(通常「新しいぶどう酒」と訳されるけれども、ここでは「甘い汁」と訳されている)は一般的に未醱酵の(アルコール分のない)ぶどうの果汁を指す(→「**旧約聖書のぶどう酒**」の項 p.1069)。

65:9 ヤコブから子孫を 神はイスラエルをさばかれるけれども(65:6-7)、同時にイスラエルの民の一部の心から従う人々を救うと約束された。その人々は捕囚の期間の後に約束の地に戻る(→エズ緒論, →ネヘ緒論,「**捕囚からの帰還**」の地図 p.759)。この忠実な人々を通して神はあらゆる国の人々をご自分との正しい関係へ引戻すご計画を啓示する働きを続けられる。神への忠誠を示すイスラエル人は喜びと祝福を体験する(65:13-16, →「**神の計画の中のイスラエル**」の項 p.2077)。

65:12 あなたがたを剣に渡す 神の民の間で神に聞き従うことを拒み、罪を犯し続ける(自分の道を進み神に反抗する)人は死(65:12)と飢え(65:13)を体験することになる。

まことの神によって祝福され、
この世にあって誓う者は、
まことの神によって誓う。
先の苦難は忘れられ、
わたしの目から隠されるからだ。

新しい天と新しい地

17 見よ。まことにわたしは新しい天と新しい地を
創造する。
先の事は思い出されず、心に上ることもない。
18 だから、わたしの創造するものを、
いついつまでも楽しみ喜べ。
見よ。わたしはエルサレムを創造して喜びとし、
その民を楽しみとする。
19 わたしはエルサレムを喜び、
わたしの民を楽しむ。
そこにはもう、泣き声も叫び声も聞かれない。
20 そこにはもう、数日しか生きない乳飲み子も、
寿命の満ちない老人もない。
百歳で死ぬ者は若かったとされ、
百歳にならないで死ぬ者は、
のろわれた者とされる。
21 彼らは家を建てて住み、
ぶどう畑を作って、その実を食べる。
22 彼らが建てて他人が住むことはなく、
彼らが植えて他人が食べることはない。
わたしの民の寿命は、木の寿命に等しく、

16 ①出34:6, 詩31:5
②エレ4:2
③イザ19:18, 45:23, 申6:13, 詩63:11
④イザ26:16, 37:3
17 ①イザ66:22, Ⅱペテ3:13, 黙21:1
②イザ43:18, エレ3:16
18 ①イザ25:9, 35:10, 41:16, 51:3, 61:10, 詩98:4
19 ①イザ62:4, 5, エレ32:41
20 ①ヨブ5:26
②イザ25:8, 30:19, 35:10, 51:11, 黙7:17, 21:4
②申4:40
21 ①アモ9:14
②→イザ5:1
③イザ37:30, 62:8, 9, エレ31:5
22 ①申32:37, 詩21:4, 91:16, 92:12-14

②イザ65:9, 15
23 ①申28:3-12
*直訳「彼らは突然の恐怖のためには子を産まない」
②イザ61:9, エレ32:38, 39
24 ①ダニ9:20-23, 10:12
25 ①イザ11:6-9
②創3:14, ミカ7:17
③→イザ11:9

1 ①使7:49, 50
②Ⅰ列8:27, Ⅱ歴6:18, 詩11:4, マタ5:34, 35, 23:22
②イザ40:26
2 ①詩24:1, 2
*七十人訳、シリヤ語訳による
②「ある」

わたしの選んだ者は、自分の手で作った物を
存分に用いることができるからだ。
23 彼らはむだに労することもなく、
子を産んで、突然その子が死ぬこともない。
彼らは主に祝福された者のすえであり、
その子孫たちは彼らとともにいるからだ。
24 彼らが呼ばないうちに、わたしは答え、
彼らがまだ語っているうちに、わたしは聞く。
25 狼と子羊は共に草をはみ、
獅子は牛のように、わらを食い、
蛇は、ちりをその食べ物とし、
わたしの聖なる山のどこにおいても、
これらは害を加えず、そこなわない」
と主は仰せられる。

さばきと希望

66

1 主はこう仰せられる。
「天はわたしの王座、地はわたしの足台。
わたしのために、あなたがたの建てる家は、
いったいどこにあるのか。
わたしのいこいの場は、いったいどこにあるのか。
2 これらすべては、わたしの手が造ったもの、
これらすべてはわたしのものだ。

65:17-25　新しい天と新しい地を創造する　この預言は地上にできる未来の神の国を予見している。イザヤは罪も死もない永遠の時代(65:17-19)とメシヤの時代(千年期、キリストが再臨に続いて1,000年間平和に治める時代)とを混ぜ合せている。この千年期は新しい天と新しい地が創造される直前に到来する(65:19-25, 黙20:4-6)。18節は強い接続詞「だから」で始まっている。これは、新しい天と新しい地が確実に起こる、「だから」神は千年期に現在のエルサレムに対してもご計画を持っておられることを示している。

65:20　数日しか生きない乳飲み子　キリストの千年期の支配(地上へのキリストの再臨に続く)のときにも死はまだ存在している。けれども寿命は今よりもかなり長くなる。百歳ではまだ若いとされ、百歳未満で死ぬ人は例外と考えられる。このような状態は何世紀にもわたって生きた人がいた古代(創世記に描かれていて神の最初の創造に近い時代)に似ている。

65:24　彼らが呼ばないうちに、わたしは答え　神の民はもはや祈り続けたり応えを待つ必要がない。主が祈りにすぐに応えてくださる。

65:25　狼と子羊は共に草をはみ　メシヤの王国、キリストの再臨に続く地上での千年期支配の特徴は平和と安全である(→黙20:)。自然界が強い影響を受け、

イザヤ書 66章

──主の御告げ──
わたしが目を留める者は、
へりくだって心砕かれ、
わたしのことばにおののく者だ。

3 牛をほふる者は、人を打ち殺す者。
羊をいけにえにする者は、犬をくびり
殺す者。
穀物のささげ物をささげる者は、
豚の血をささげる者。
乳香をささげる者は、偶像をほめたた
える者。
実に彼らは自分かってな道を選び、
その心は忌むべき物を喜ぶ。

4 わたしも、彼らを虐待することを選び、
彼らに恐怖をもたらす。
わたしが呼んでもだれも答えず、
わたしが語りかけても聞かず、
わたしの目の前に悪を行い、
わたしの喜ばない事を彼らが選んだか
らだ。」

5 主のことばにおののく者たちよ。
主のことばを聞け。
「あなたがたを憎み、
わたしの名のためにあなたがたを押し
のける、
あなたがたの同胞は言った。
『主に栄光を現させよ。
そうすれば、あなたがたの楽しみを見
てやろう。』
しかし、彼らは恥を見る。」

6 聞け。町からの騒ぎ、宮からの声、
敵に報復しておられる主の御声を。

7 彼女は産みの苦しみをする前に産み、
陣痛の起こる前に男の子を産み落とし
た。

8 だれが、このような事を聞き、
だれが、これらの事を見たか。
地は一日の陣痛で産み出されようか。
国は一瞬にして生まれようか。
ところがシオンは、
陣痛を起こすと同時に子らを産んだの
だ。

9 「わたしが産み出させるようにしなが
ら、
産ませないだろうか」と主は仰せられ
る。
「わたしは産ませる者なのに、
胎を閉ざすだろうか」と
あなたの神は仰せられる。

10 エルサレムとともに喜べ。
すべてこれを愛する者よ。これととも
に楽しめ。
すべてこれのために悲しむ者よ。
これとともに喜び喜べ。

11 あなたは、
彼女の慰めの乳房から乳を飲んで飽き
足り、
その豊かな乳房から吸って喜んだから
だ。

12 主はこう仰せられる。
「見よ。わたしは川のように繁栄を彼
女に与え、
あふれる流れのように国々の富を与

---

2 ③イザ57:15
④詩34:18, 51:17
⑤イザ66:5, 詩119:161, エズ9:4, 10:3
3 ①イザ1:10-17
②イザ43:23
③イザ65:4
* あるいは「記念の部分としてささげる」
レビ2:2, 9, 16
④イザ44:9
⑤イザ57:17, 65:2
4 ①イザ50:2, 65:12, 箴1:24, エレ7:13
②→エレ7:30
5 ①イザ66:2
②マタ5:10-12, 10:22
③→イザ48:9

6 ①イザ59:18, 65:6, 7, 申32:35, ヨエ3:7
10 ①イザ65:18, 申32:43, 詩137:6, ロマ15:10
②詩26:8, 122:6
11 ①イザ60:16, ヨエ3:18
12 ①イザ48:18
②イザ60:5, 61:6

以前にどう猛だった動物がおとなしくなり、被造物がみな互いに完全に調和して生きる(⇒11:6-9)。

66:2 わたしが目を留める者 神は人間が神のために建てるどんなに壮大で美しい建物にも感動を覚えられない。けれども神はある種の人を喜ばれる(66:1-2)。それは神の助けと恵みがいつも必要だと認識し神のことばに心から従おうと努力しているへりくだった人々である(→57:15注)。

66:3 牛をほふる 神を礼拝するふりをしながら自分の方法によって生きている人を神はひどく嫌われた。その人々は実際には神のことばの中にある命令と教えと導き(66:2)を無視している。神はこれらの偽善者を厳しくさばかれる。

66:7-14 彼女は・・・産み イザヤは、歴史の終りにキリストが地上で1,000年間治めるときにイスラエルが神に忠実な人々として再生するのを予見した(黙20:)。忠誠心は素早く再生され、大きな喜び(66:10)と平安(66:12, ⇒48:18)と繁栄(66:11)をもたらす。

66:10-14 エルサレムとともに喜べ エルサレムは子どもに食べ物を与えてあやす母親に比べられている。エルサレムは平和になり、神を愛する人々はみな、エルサレムにやってくるあらゆる国の人々の慰め

イザヤ書 66章

える。
あなたがたは乳を飲み、
わきに抱かれ、ひざの上でかわいがられる。

13 母に慰められる者のように、
わたしはあなたがたを慰め、
エルサレムであなたがたは慰められる。

14 あなたがたはこれを見て、心喜び、
あなたがたの骨は若草のように生き返る。
主の御手は、そのしもべたちに知られ、
その憤りは敵たちに向けられる。」

15 見よ。まことに、主は火の中を進んで来られる。
その戦車はつむじ風のようだ。
その怒りを激しく燃やし、
火の炎をもって責めたてる。

16 実に、主は火をもってさばき、
その剣ですべての肉なる者をさばく。
主に刺し殺される者は多い。

17 おのが身を聖別し、身をきよめて、
園に行き、その中にある一つのものに従って、
豚の肉や、忌むべき物や、
ねずみを食らう者たちはみな、絶ち滅ぼされる。
——主の御告げ——

18「わたしは、彼らのわざと、思い計りとを

13 ①Iテサ2:7
②イザ12:1, 40:1, 49:13, 51:3, IIコリ1:3, 4
14 ①イザ33:20, ゼカ10:7
②イザ58:11, 箴3:8
③エズ7:9, 8:31
④イザ10:5
15 ①イザ10:17, 30:27, 33, 31:9
②イザ5:28, 詩68:17, ハバ3:8
16 ①イザ30:30, エゼ38:22
②イザ65:12
17 ①イザ2:9, 65:3
②イザ65:4, レビ11:7
③イザ1:28, 詩37:20
18 ①イザ59:7, 65:2
* 「を知っている」は七十人訳のある写本による補足

②イザ45:22-25, エレ3:17
** 直訳「舌」
*** ヘブル語では女性単数の形になっているが、男性単数の形で読む
19 ①イザ2:16, 80:6
②エレ46:9, エゼ27:10
③創10:2
④イザ11:11, 24:15, 60:9
⑤イザ42:12, I歴16:24
20 ①イザ43:6, 49:22, 60:4
②→イザ11:9
③→イザ1:13
21 ①イザ61:6
22 ①イザ65:17
②イザ61:8, 9, 65:23
③イザ56:5
23 ①イザ1:13, 14, エゼ46:1, 6
* あるいは「肉なる者」
②詩65:2
③イザ19:21, 23, 27:13

知っている。わたしは、すべての国々と種族とを集めに来る。彼らは来て、わたしの栄光を見る。

19 わたしは彼らの中にしるしを置き、彼らのうちののがれた者たちを諸国に遣わす。すなわち、タルシシュ、プル、弓を引く者ルデ、トバル、ヤワン、遠い島々に。これらはわたしのうわさを聞いたこともなく、わたしの栄光を見たこともない。彼らはわたしの栄光を諸国の民に告げ知らせよう。

20 彼らは、すべての国々から、あなたがたの同胞をみな、主への贈り物として、馬、車、かご、騾馬、らくだに乗せて、わたしの聖なる山、エルサレムに連れて来る」と主は仰せられる。「それはちょうど、イスラエル人がささげ物をきよい器に入れて主の宮に携えて来るのと同じである。

21 わたしは彼らの中からある者を選んで祭司とし、レビ人とする」と主は仰せられる。

22「わたしの造る新しい天と新しい地が、わたしの前にいつまでも続くように、
——主の御告げ——
あなたがたの子孫と、あなたがたの名もいつまでも続く。

23 毎月の新月の祭りに、毎週の安息日に、
すべての人が、わたしの前に礼拝に来る」と
主は仰せられる。

となる(→「エルサレムの町」の項 p.674)。

66:15 火の中を進んで来られる エルサレムとメシヤの国を守られるときに(→60:4-9注)神は敵に対するさばきも行われる(⇒ゼカ14:3, IIテサ1:7-9, 黙19:11-21)。このことはメシヤが地上に再び来られ、ハルマゲドンの戦いでご自分に従う人々を救い、反キリストの勢力を滅ぼされたすぐあとに起こる。そのときにキリストは地上での1,000年間の平和な支配を始められる(黙20:)。

66:18-21 すべての国々と種族とを集め 神の栄光を見るために神はキリストに従う人々を集められる。悪に対するさばきから逃れて神に忠実に従う人々は世界中へ遣わされ、ユダヤ人の残りの者をイスラエルの神、主のもとへ導いてくる。これは今の時代の終りにキリストが地上での千年期の義と平和の支配を始められるときに起こる(黙20:, →「終末の事件」の表p.2471)。

66:22-24 新しい天と新しい地 歴史の終りに地上でのキリストの千年期の支配(→66:18-21注)と最後のさばき(→黙20:11-15)に続いて、神は新しい天と新しい地を創造される(→65:17-25注, 黙21:1)。神の民はみな永遠に主とともにいる(⇒黙21:-22:)。けれども神に反抗してみことばを拒んだ人々はみな永遠を地獄で過すことになる(⇒50:11, 57:21, マコ9:45, →マタ10:28注)。

24 「彼らは出て行って、
わたしにそむいた者たちのしかばねを見る。
そのうじは死なず、その火も消えず、それはすべての人に、忌みきらわれる。」

24 ① イザ1:28
② イザ5:25, 34:3
③ イザ14:11, 51:8, マコ9:48

エレミヤ書

概　要
- I. エレミヤの召命と任命(1:1-19)
- II. ユダに対するエレミヤの預言(2:1-33:26)
    - A. さばきについての預言(2:1-29:32)
        1. ユダの反抗と迫る滅亡(2:1-6:30)
        2. ユダの愚かさと宗教的偽善(7:1-10:25)
        3. 神の契約に対するユダの不誠実さ(11:1-13:27)
        4. 避けられないユダへのさばき(14:1-15:21)
        5. エレミヤの孤独とユダの罪(16:1-17:27)
        6. 陶器師から学ぶエレミヤ(18:1-19:15)
        7. エレミヤの嘆き(20:1-18)
        8. 邪悪な王、にせ預言者、腐敗した人々に対するエレミヤの預言(21:1-24:10)
        9. 近付いているバビロニヤへの捕囚(25:1-29:32)
    - B. 回復についての約束(30:1-33:26)
        1. 神による回復の範囲(30:1-31:26)
        2. 新しい契約の約束と信仰についての実例(31:27-32:44)
        3. 神がダビデと結ばれた契約の成就(33:1-26)
- III. エレミヤの預言者としての見張りの役割(34:1-45:5)
    - A. 王に対する警告(34:1-22)
    - B. 不誠実な指導者たちへの教訓(35:1-19)
    - C. 焼かれたエレミヤの預言の巻物(36:1-32)
    - D. エレミヤの二回の投獄(37:1-38:28)
    - E. エルサレムの陥落(39:1-18)
    - F. ゲダルヤの暗殺とエジプトに連行されるエレミヤ(40:1-43:13)
    - G. エルサレム陥落後のエレミヤの働き(44:1-45:5)
- IV. 国々に対するエレミヤの預言(46:1-51:64)
    - A. エジプト(46:1-28)
    - B. ペリシテ(47:1-7)
    - C. モアブ(48:1-47)
    - D. アモン(49:1-6)
    - E. エドム(49:7-22)
    - F. ダマスコ(49:23-27)
    - G. アラビヤ(49:28-33)
    - H. エラム(49:34-39)
    - I. バビロン(50:1-51:64)
- V. エルサレム崩壊についての歴史的回顧(52:1-34)

著　者：エレミヤ

主　題：罪を悔い改めないユダに下される神の避けられないさばき

著作の年代：紀元前585－580年頃

著作の背景

預言者としてのエレミヤの働きは南王国のユダに向けられ、滅亡までの最後の40年間(前626-586)続いた。イスラエル王国分裂までの経緯(→Ⅰ列緒論,Ⅰ歴緒論,エズ緒論)を簡単に説明すると、ソロモン王の息子レハブアムの時代、前930年頃にイスラエルは北王国と南王国に分裂した。北王国はイスラエルの名前をそのまま保ち、イスラエル十二部族の中の10部族から構成されていた。南王国は2部族で構成されていたけれども、その大きいほうの部族のユダという名前で呼ばれるようになった(→「**イスラエルとユダの王国**」の地図 p.570)。両方の国はそれぞれの王たちが継承することによって続いたけれども、ダビデの家系はユダで続いていた。イスラエルは神に反抗し続けて、ついに前722年にアッシリヤによって征服された。ユダは神を敬う忠実な王たちが国を治めた時期があった。けれども最終的には神を拒み続けて前586年にバビロニヤの手に落ちた。

エレミヤは神のさばきが下ることをユダに向けて繰返し叫んだけれども人々は耳を貸さなかった。エレミヤはバビロニヤによるユダへの侵入、そして首都エルサレムと神殿の崩壊を目撃した(→Ⅱ列24:1注, 25:1注)。衰退し滅んでいく最後のときにエレミヤに神から与えられた任務はユダに預言することだった。エレミヤ書が絶望感で満ち、近付いている大惨事を冷静に認識しているのはそのためである。

エレミヤは祭司の家に生れ、邪悪なマナセ王が治めていた時代にアナトテという祭司たちが住む村(エルサレムの北東およそ6.5キロ)で育った。エレミヤはヨシヤ王の第13年に預言者の活動を始めて、国を霊的に改革しようとするヨシヤ王の努力を支援した。けれども王の努力は人々の心を本当に変えることができなかった。そのためユダの人々が悪い反抗的な態度を改めて神に立返らない限り、さばきと滅亡が突然来ると警告をするように神はエレミヤに言われた。

当時の大国アッシリヤは前612年にバビロニヤ連合軍(政治同盟を通して結成された国々の連盟)に征服された。ヨシヤ王の死から4年後にバビロニヤはカルケミシュの戦いでエジプトを打破った(前605 →46:2)。この頃までにバビロニヤは世界最強の国になっていた。同じ年にネブカデネザル(ネブカデレザル)のバビロニヤ軍はユダに侵攻してエルサレムを占領し、エルサレムの最も優秀な若者たちをバビロニヤに送った。その中にダニエルと三人の友人(シャデラク、メシャク、アベデ・ネゴ)がいた。エルサレムへの第二回目の侵攻は前597年に行われ、10,000人が捕囚としてバビロニヤに送られた。その中に預言者エゼキエルがいた。このような衰退の時期に人々はエレミヤの預言的な警告を深刻に受止めなかった。その結果、前586年にエルサレム、神殿、ユダ王国の全部が最終的に破壊された(→「**ユダ(南王国)の捕囚**」の地図 p.633)。

この預言書を読むと、しばしば「涙の預言者」と呼ばれたエレミヤが厳しいメッセージを伝えながらも、霊的に繊細で悲しみに満ちた人だったことがわかる(8:21-9:1)。家族、友人、祭司、王、ユダの人々がみな神のメッセージを拒んだことで、神を敬うエレミヤの心の苦しみは増し加わった。その生涯は孤独と拒絶に満ちていたけれどもエレミヤは預言者の中では最も大胆で勇敢な預言者だった。そして激しい抵抗に負けることなく、神から与えられた使命を忠実に実行し、自分の国の人々に神のさばきが近いことを警告し続けた。聖書全体を見ても、自分のメッセージに対して前向きな反応を得られないまま、これほど長く忠実に働きを続けた神の奉仕者はほかには見られない。神に忠実で、しかもユダの人々を愛したのに実際にはエレミヤは人々から拒まれ指導者たちからは迫害されるだけだった。それでもエレミヤの大胆な宣教活動によって神の目的は達成された。人々はメッセージを拒んだためにもはや神に対して言訳や不満を言える立場にはなかった。神は人々の邪悪な道にさばきを下すことをはるか前からしきりに警告しておられたのである。

エレミヤがこの書物の著者であることは明らかである(1:1)。ユダに対する神の警告を20年も伝え続けたエレミヤに、神はそれを書物に残すように指示された。そこでエレミヤは忠実な秘書のバルクに口述し(36:1-4)、バルクがそれを巻物に書き記した。あまりに大胆なことを言うのでエレミヤは王の前に出ることを禁止された。そこでエレミヤは神殿にバルクを送って預言を読むようにさせた。その後、王の高官であるエフディがそれをエホヤキム王に聞かせた。王はエレミヤと神のことばを軽べつし、巻物を切裂いて火に投込んでしまった(36:22-23)。エレミヤは預言を再びバルクに口述したけれども、その巻物には最初の巻物よりも詳しいメッセージが書かれた。最終的にエレミヤ書はエレミヤの死後間もなく(前585-580頃)バルクによって完成したと考えられている。

目　　的

エレミヤ書は三つの大きな目的を持って書かれている。
(1) エレミヤの預言者としての活動やメッセージの記録を保存すること。
(2) 神の民が契約(神の律法と約束、そして神に対する人々の服従と忠誠に基づく「終生協定」)を破り、絶え

ず神に反抗するなら神のさばきは避けられないことを明らかにすること。
　(3) 神の預言者による本当の預言の真正性と権威を示すこと。エレミヤの預言の多くは生存中に成就している(16:9, 20:4, 25:1-14, 27:19-22, 28:15-17, 32:10-13, 34:1-5)。遠い未来についての預言は死後に成就されたもの、または今後成就されるものである(23:5-6, 30:8-9, 31:31-34, 33:14-16)。

概　　観

　基本的にエレミヤ書は主としてユダに向けられたエレミヤの預言を集めたものであるけれども(2:-29:)、ユダ以外の九つの国に対する預言も収められている(46:-51:)。預言は主としてさばきに焦点を当てているけれども、将来の希望や回復について言っているものもある(→特に30:-33:)。預言は年代やテーマごとに正確に並べられていないけれども、エレミヤ書は大筋において「概要」に挙げたような骨組になっている。一部分は詩文で書かれているけれども、それ以外は物語風(事件、物語、出来事の描写)に書かれている。その預言的メッセージは次のような歴史的なことと組合されている。(1) エレミヤの個人的生活と働き(1:, 34:-38:, 40:-45:)。(2) ヨシヤ王(1:-6:)、エホヤキム王(7:-20:)、ゼデキヤ王(21:-25:, 34:)の時代を中心にしたエルサレムの陥落(39:)を含むユダの歴史。(3) バビロニヤやほかの国々を含む国際的事件(25:-29:, 46:-52:)。
　エレミヤもエゼキエルと同じように様々な象徴的行動をとって自分のメッセージを目に見えるようにした。たとえば腰に着ける帯(13:1-4)、日照りとききん(14:1-9)、結婚や子どもについての神の制約(16:1-9)、陶器師と粘土(18:1-11)、砕かれた陶器師の器(19:1-13)、いちじくが入った二つのかご(24:1-10)、首にはめられた「なわとかせ」(くびき－複数の動物をあやつるための木製のかせ 27:1-11)、畑の購入(32:6-15)、パロの宮殿の入口にある敷石に隠す大きな石(43:8-13)などを通して霊的な教訓を教えた。自分の使命をしっかり理解し(1:17)神から何度も確信と励ましを与えられたので(3:12, 7:2, 27-28, 11:2, 6, 13:12-13, 17:19-20)、ユダの人々から絶えず拒まれ敵意や迫害を受けながらもエレミヤは神のメッセージを大胆に話すことができた(15:20-21)。エルサレムが破壊された後エレミヤは意志に反してエジプトに連れて行かれ、その地で死ぬまで預言をし続けた(43:-44:)。

特　　徴

　エレミヤ書には七つの大きな特徴がある。
　(1) 聖書の中で二番目に長い書物で、詩篇を除いてどの書物よりも単語数(章の数ではない)が多い。
　(2) エレミヤの個人的な苦闘と迫害が旧約聖書のどの預言者よりも詳しく書かれている。
　(3) ユダの反抗を嘆く「涙の預言者」の悲しみ、嘆き、涙で埋め尽くされている。神の民に対する深い思いやり、苦悩、悲嘆を感じながらエレミヤは厳しいメッセージを伝えた。けれどもユダが神に反抗的な態度をとって神を傷つけているのを見たときに、神に最も忠誠を示していたエレミヤの心はひどく痛んでいた。
　(4) この書物のかぎのことばは「背信」(13回使用　神への信仰を失って罪の道へ戻ること)と「裏切り(裏切る)」(10回使用)である。このことは繰返し扱われていて、霊的な反抗と裏切りへの神のさばきは避けられないことを示している。
　(5) 神学(神、この世界と神との関係などについて学ぶ学問)的に言うと、エレミヤ書の中での最も重要な啓示は「新しい契約」という考えである。これは将来忠実な人々と神が結ばれるものである。この「終生協定」は神のひとり子イエス・キリストのいのちと死と復活を通して確立され調印される。イエス・キリストは人間と神との壊れた関係を回復するという神のご計画を成就された(31:31-34, →「旧契約と新契約」の項 p.2363)。
　(6) エレミヤの詩は強力な隠喩や鮮明なことば、印象的な描写などを多く使って、聖書の中のほかの詩と同じように生き生きとした、また感情に訴えるものである。
　(7) エレミヤの預言ではバビロン(バビロニヤ)のことが聖書のほかの書物全部を合せたよりも多く(173回)扱われている(→「**新バビロニヤ帝国**」の地図 p.1442)。

新約聖書での成就

　新約聖書でエレミヤ書が大きく扱われているのは、「新しい契約」(31:31-34)の預言の部分である。イスラエルとユダは歴史を通して神の契約(神の律法と約束、そして神に対する人々の服従と忠誠に基づく「終生協定」)を繰返し破ってきた。その結果、神はさばきを下してイスラエルとユダを砕かれた。エレミヤは神が新しい契約を結ぶときのことを預言した(31:31)。新約聖書はこの新しい契約はキリストの死と復活によって発効し(ルカ22:20, ⇒マタ26:26-29, マコ14:22-25)、神に忠実な教会を通して現在成就されつつあることを明らかにし

ている(ヘブ8:8-13)。新しい契約は終りのときのイスラエルの救いで頂点に到達する(ロマ11:27)。エレミヤ書の中で新約聖書のイエス・キリストに当てはまることばがそのほかにも次のようにある。（1）良い牧者、ダビデの正しい若枝としてのメシヤ(エレ23:1-8, →マタ21:8-9, ヨハ10:1-18, Ⅰコリ1:30, Ⅱコリ5:21)。（2）ヘロデが幼児の主イエスを殺そうとしたときに成就した(→マタ2:17-18)ラマでの絶望的な嘆き(31:15)。（3）神の家のきよさに対する強い思い(エレ7:11)。これは神殿に礼拝に来た人々の邪魔をしている商人や両替人を主イエスが追い出して神殿を「きよめられた」ときに示された(→マタ21:13, マコ11:17, ルカ19:46)。 →「**キリストによって成就した旧約聖書の預言**」の表 p.1029

エレミヤ書の通読

旧約聖書全体を1年間で通読するためには、エレミヤ書を次のスケジュールに従って23日間で読まなければならない。

☐1-2 ☐3-4 ☐5-6 ☐7-8 ☐9-10 ☐11-12 ☐13-14 ☐15-16 ☐17-18 ☐19-22 ☐23-25 ☐26-28 ☐29-30 ☐31-32 ☐33 ☐34-35 ☐36-37 ☐38-40 ☐41-43 ☐44-47 ☐48-49 ☐50-51 ☐52

メ モ

エレミヤ書　1章

1

¹ ベニヤミンの地アナトテにいた祭司のひとり、ヒルキヤの子エレミヤのことば。

² アモンの子、ユダの王ヨシヤの時代、その治世の第十三年に、エレミヤに主のことばがあった。

³ それはさらに、ヨシヤの子、ユダの王エホヤキムの時代にもあり、ヨシヤの子、ユダの王ゼデキヤの第十一年の終わりまで、すなわち、その年の第五の月、エルサレムの民の捕囚の時まであった。

エレミヤの召命

⁴ 次のような主のことばが私にあった。

⁵ 「わたしは、あなたを胎内に形造る前から、
あなたを知り、
あなたが腹から出る前から、あなたを聖別し、
あなたを国々への預言者と定めていた。」

⁶ そこで、私は言った。
「ああ、神、主よ。
ご覧のとおり、私はまだ若くて、
どう語っていいかわかりません。」

⁷ すると、主は私に仰せられた。
「まだ若い、と言うな。
わたしがあなたを遣わすどんな所へも行き、
わたしがあなたに命じるすべての事を語れ。

⁸ 彼らの顔を恐れるな。
わたしはあなたとともにいて、
あなたを救い出すからだ。
——主の御告げ——」

⁹ そのとき、主は御手を伸ばして、私の口に触れ、主は私に仰せられた。
「今、わたしのことばをあなたの口に

---

① ①エレ11:21, 23, 32:7-9, ヨシ21:18, I列2:26, I歴6:60, エズ2:23, ネヘ7:27, 11:32, イザ10:30, ②II歴35:25, 36:12, 21, 22, エズ1:1, ダニ9:2, マタ2:17, 16:14, 27:9

② ①II列21:18, 24, ②エレ3:6, 36:2, I列13:2, II列21:24, 22:1-23:30, II歴34, 35章
③ゼカ1:1

③ ①エレ25:3

④ ①エレ25:1, 27:20, 36:30, II列23:34-24:7, I歴3:15, II歴36:5-8, ダニ1:1, 2 ②エレ39:1-7, II列24:17-25:7, I歴3:15, II歴36:11-21, ④エレ52:12, II列25:8 ⑤①詩139:15, 16, ④イザ49:1, 5 ③ヨハ10:36, ガラ1:15

④ ①エレ1:10, 25:15-26 ⑤エレ2:30, 8:1, 20:2, 25:2, 28:5, 6, 8-12, 15, 29:1, 29, 32:2, 34:6, →エレ36:8, →イザ3:2
6＊子音字は「主」
⑦ I列3:7
⑧ ①出4:10, マタ10:19
⑨ ①エゼ2:3, 4, ②エレ5:17
⑧ ①エレ1:17, エゼ2:6, 3:9
⑨ ①エレ1:19, 15:20, 20:11, 民31:6, 8, ヨシ1:5, 17, 詩46:7, 11, イザ8:9, 10, 41:10, 43:2 ⑩イザ6:6, 7, ②出4:11-16, 申18:18, イザ51:16, 59:21

1:1 エレミヤ エレミヤは預言者(神の民のための神の目的と将来のご計画を伝える代弁者)になるように神から召命(任命、指示、力を与えられる、自分の目的を悟る)を受けた。エレミヤのメッセージと働きは南王国ユダ(イスラエル北王国から前930年頃に分離した イスラエルが分裂王国となった背景→I列12:-14:、II歴10:-11:、I列緒論、II列緒論、II歴緒論、→**イスラエルとユダの王国**」の地図 p.570)に対するものだった。エレミヤはユダ王国の最後の40年間に活動した。これはエルサレムが破壊され神の民がバビロニヤの捕囚に送られた前後の時期である(前626-586→エレ緒論、→「**ユダ(南王国)の捕囚**」の地図 p.633、→「**捕囚からの帰還**」の地図 p.759)。エレミヤはヨシヤ、エホアハズ、エホヤキム、エホヤキン、ゼデキヤの治世中に預言した(→「**イスラエルとユダの王**」の表 p.651)。そのほとんどの期間ユダ王国は神に反抗し、安全と保護を求めて外国と政治同盟を結び、それに頼っていた。エレミヤは人々に神に対する挑戦的な態度を捨てて悔い改めて献身を新しくするように警告した。そして神と神の律法を拒むなら必ず罰を受けて苦しむと警告をし続けた。このようなメッセージを伝え主に献身していたエレミヤはユダの人々と指導者たちから激しく反対され苦しめられた。

1:5 あなたを・・・形造る前から、あなたを知り 神はエレミヤが生れる前から預言者になることを定めておられた。エレミヤの生涯にご計画を持っておられたように神はそれぞれの人にご計画を持っておられる。私たち全人類がご計画に従って生き、人々のうちに、また私たちを通して神の目的が実現することを神は目指しておられる。神のご計画に従って生きることにはエレミヤのように困難や苦しみが伴うかもしれない。けれどもどんなことに遭遇しても神に従って行くなら神はいつも私たちにとって最も良いことをしてくださる(→ロマ8:28注)。

1:8 恐れるな 生涯の使命を自覚させるために神が最初に啓示を与えられたときエレミヤはまだ若かった。エレミヤは難しいメッセージを神に代って伝えなければならなかった。ユダの指導者たちに神のことばを伝える責任と重圧のためエレミヤは最初心配し恐れた(1:6)。心配しているエレミヤに応えて神はご自分がともにおられ神が与えられた目的を果すために力を与えるという約束をされた。生涯の中でどのような働きを与えられても信仰に堅く立ち献身を貫くなら、その働きを成し遂げるために神はいつもともにいて助けてくださる。また意義深く力強い方法で神が用いてくださるのに若過ぎることも歳を取り過ぎていることもない。

1:9 わたしのことばをあなたの口に エレミヤに対して主は預言のメッセージが神の霊感を受けたものであると保証された。メッセージは直接主から与えられるものであり、預言者が言うことばはまさに神が言おうとされたものになる。エレミヤのことばが文字通り神のことばになるのである(⇒ロマ10:8)。このことを強く確信したエレミヤは決して妥協したり尻込みしたり、神のことばの意味を変えようとしたりはしな

エレミヤ書　1章

授けた。
10 見よ。わたしは、きょう、
　あなたを諸国の民と王国の上に任命し、
　あるいは引き抜き、あるいは引き倒し、
　あるいは滅ぼし、あるいはこわし、
　あるいは建て、また植えさせる。」
11 次のような主のことばが私にあった。
「エレミヤ。あなたは何を見ているのか。」
そこで私は言った。「アーモンドの枝を見ています。」
12 すると主は私に仰せられた。「よく見たものだ。わたしのことばを実現しようと、わたしは見張っているからだ。」
13 再び、私に次のような主のことばがあった。「何を見ているのか。」そこで私は言った。「煮え立っているかまを見ています。それは北のほうからこちらに傾いています。」
14 すると主は私に仰せられた。
　「わざわいが、北からこの地の全住民の上に、
　降りかかる。
15 今、わたしは北のすべての王国の民に呼びかけているからだ。
　　── 主の御告げ ──

10 ①エレ18:7-10, 24:6, 31:28, 40, 45:4
11 ①エレ1:13, 24:3, アモ7:8, 8:2, ゼカ4:2
　＊⊠「シャケデ」「見張る」意の語根「シャケデ」の派生語
12 ①エレ31:28, イザ55:10, 11, ダニ9:14
13 ①エレ1:11
　②エレ1:14, 15, 4:6, 6:1, 12, 10:22, 13:20, 15:12, 25:9, 26, 46:10, 47:2
15 ①エレ5:15

②エレ4:16, 9:11, 10:22
③エレ39:3
16 ①エレ5:8
②エレ2:13, 19, 17:13, 19:4, 申28:20
③エレ7:9, 44:17
④エレ10:3-5, イザ2:8, 37:19
17 ①Ⅱ列4:29, 9:1, ヨブ38:3, ルカ12:35
②エレ1:7
③
④エゼ3:17, 18
18 ①エレ1:18, 19, 15:20
19 ①エレ11:19, 15:10

彼らは来て、
　エルサレムの門の入口と、周囲のすべての城壁と、
　ユダのすべての町に向かって、
　それぞれの王座を設ける。
16 しかし、わたしは、
　彼らのすべての悪にさばきを下す。
　彼らはわたしを捨てて、
　ほかの神々にいけにえをささげ、
　自分の手で造った物を拝んだからだ。
17 さあ、あなたは腰に帯を締め、立ち上がって、
　わたしがあなたに命じることをみな語れ。
　彼らの顔におびえるな。
　さもないと、
　わたしはあなたを彼らの面前で打ち砕く。
18 見よ。わたしはきょう、あなたを、
　全国に、ユダの王たち、首長たち、祭司たち、
　この国の人々に対して、
　城壁のある町、鉄の柱、青銅の城壁とした。
19 だから、彼らがあなたと戦っても、

かった(→37:16-17,→「**神のことば**」の項 p.1213,「**聖書の霊感と権威**」の項 p.2323)。

1:10　あるいは引き抜き、あるいは引き倒し　エレミヤのメッセージには警告(さばきについて)と希望(回復について)の両方が含まれていた。けれども当時のユダの歴史的情況の中でのエレミヤの立場からそのメッセージはさばきと滅びが中心になっていた。堕落したイスラエルの国は神のご計画の中でまず引倒されなければならなかった。以前の栄光と地位に再建され回復されるのはそのあとのことである。神に反抗し続けた北王国イスラエルは神のさばきを受けて既に滅んでいた(前722 アッシリヤによって)。今や南王国ユダも同じような災難に向かって進んでいた(これらの王国の崩壊の背景　→Ⅱ列17:, 25:, →「**イスラエル(北王国)の捕囚**」の地図 p.633, →「**ユダ(南王国)の捕囚**」の地図 p.633)。

1:11　アーモンドの枝　古代イスラエルでは春になって最初に花をつけるのがアーモンドの木だった。この幻は二つのことを示している。(1) エレミヤを通して伝えられた主のことばはすぐに成就する。(2)

神が生きておられ目的を成就するために歴史を導いておられることを人々は知る(⇒アーモンドの花をつけたアロンの杖　民17:1-10)。

1:14　わざわいが、北から　ここはユダに向かい、エルサレムを包囲し総攻撃をしかけるバビロニヤの軍事作戦を指している(バビロニヤ人が町を取囲んで外部からの援助や供給を断ったこと　→Ⅱ列24:1注, 25:1注)。北からのこの侵入を通して神は人々が作ったにせの神々にささげものをし、自分の手で作った偶像を礼拝するのを止めさせようとしておられる(1:16, →「**偶像礼拝**」の項 p.468)。

1:18　城壁のある町、鉄の柱　エレミヤは神経が繊細で謙虚な若者だったけれども神は超自然的な大胆さを与え、どの預言者よりも強く勇敢にされた。確かにエレミヤはほかのどの預言者よりも多くの拒絶に耐え続けた。伝えたメッセージに対して良い応答を得たことは一度もなかった。このことは生まれつきの傾向や能力をはるかに超えて神は私たちをも用いることができることを示している。

1:19　彼らがあなたと戦っても　ユダの王や首長や

あなたには勝てない。
わたしがあなたとともにいて、
──主の御告げ──
あなたを救い出すからだ。」

不誠実なイスラエル

2 ¹ ついで、私に次のような主のことばがあった。
² 「さあ、行って、主はこう仰せられると言って、エルサレムの人々の耳に呼ばわれ。
わたしは、あなたの若かったころの誠実、
婚約時代の愛、
荒野の種も蒔かれていない地での
わたしへの従順を覚えている。
³ イスラエルは主の聖なるもの、
その収穫の初穂であった。
これを食らう者はだれでも罪に定められ、
わざわいをこうむったものだ。
──主の御告げ──」
⁴ ヤコブの家と、

19②エレ1:8

1①エレ1:2, 11
②エレ7:2, 11:6,
イザ58:1
③エゼ16:22, 60,
ホセ2:15, 11:1
④エレ2:6, 申2:7
3①出19:5, 6,
申7:6, 14:2, 詩114:2
②エレ30:16, 50:7,
イザ41:11

5①イザ5:4, ミカ6:3
②エレ8:19,
Ⅱ列17:15, ヨナ2:8,
詩31:6, 115:4-8,
ホセ9:10
6①出20:2, 申8:14,
イザ63:11
②申8:15, 16, 32:10-12
＊あるいは「暗黒の地」
7①出3:8,
申8:7-9, 11:10-12
②エレ3:2, 16:18,
レビ18:25, 27, 28,
民35:33, 34, 詩106:38
③エレ3:19, 12:7-9, 14,
15, 16:18, 17:4, 50:11,
哀5:2, →ヨシ11:23

イスラエルの家のすべてのやからよ。
主のことばを聞け。
⁵ 主はこう仰せられる。
「あなたがたの先祖は、
わたしにどんな不正を見つけて、
わたしから遠く離れ、
むなしいものに従って行って、
むなしいものとなったのか。
⁶ 彼らは尋ねもしなかった。
『主はどこにおられるのか。
私たちをエジプトの国から上らせた方、
私たちに、荒野の荒れた穴だらけの地、
砂漠の死の陰の地、
人も通らず、だれも住まない地を
行かせた方は』と。
⁷ しかし、わたしはあなたがたを、
実り豊かな地に連れて入り、
その良い実を食べさせた。
ところが、あなたがたは、入って来て、
わたしの国を汚し、
わたしのゆずりの地を
忌みきらうべきものにした。
⁸ 祭司たちは、
『主はどこにおられるのか』と言わず、

祭司や人々でさえもエレミヤに対立し、神が伝えるように命じられたメッセージに反対するだろうと神はエレミヤに言われた（1:18）。そしてそれでも大胆に伝え確信を持ち続けるように励まされた。神はともにいると約束され敵に負けることはないと保証された。神と神のことばを捨てて世間一般の道に従う人々に真理を伝える忠実なしもべと神はいつもともにおられる。

2:2 わたしは・・・誠実・・・を覚えている イスラエルの歴史の初期には神の民は神を信頼し心から献身して従っていた。神と神の民との関係は非常に深く個人的で主はこの国の「夫」とみなされていた（⇒3:14, 31:32, イザ54:5）。けれども今やイスラエルの国全体が信仰を捨てて自分たちが作ったにせの神々に安全と満足を求めていた（2:4-5, 25）。これは私たちへの警告である。神がいて当然と考えたり、神とは過去に関係があったから将来も保証されているなどと考えて自分自身をだましてはいけない。つまり一度持った神との関係は失われないなどと考えてはならないのである。もし主との関係に無頓着になり、それを保ち続けようとしないなら神への献身は失われ、思い出にしか残らないような霊的状態になってしまう。

2:5 わたしから遠く離れ イスラエルに対して神は忠実でおられたのにイスラエルは神との契約（神の律法と民への約束、そして神に対する人々の服従と忠誠に基づく「終生協定」）を破った。人間はみな本質的に自己中心的な望みを追い求めて神の慈しみを忘れる傾向を持っている。この節はイスラエルが神への献身を失った理由を二つ強調しているけれども、これは今日の私たちへの警告でもある。(1)「むなしいものに従って」行った。安全と満足を得るために生活の中のほかのものを神の代りに据えた。ここで偶像（人間が作った神々でまことの神の代りのもの）は「むなしいもの」、または価値のないものと言われていることに注意するべきである。これらのものに従うことによって人々自身が「むなしいものとなった」。つまり生活の中で神がおられるはずの場所にほかのものを置くことによって、人生の価値を認めず人生の目的を失ってしまった（→「偶像礼拝」の項 p.468）。(2)「彼らは尋ねもしなかった。『主はどこにおられるのか・・・』」（2:6）。つまり人々ははるか以前に神の臨在を感じられなくなっていたのである（→2:8注）。

2:8 【主】はどこにおられるのか 人々の中の指導者

①律法を取り扱う者たちも、わたしを知らず、
②牧者たちもわたしにそむき、
③預言者たちはバアルによって預言して、
無益なものに従って行った。

9 そのため、わたしはなお、あなたがたと争う。
──主の御告げ──
また、あなたがたの子孫と争う。

10 キティムの島々に渡ってよく見よ。
ケダルに人を遣わして調べてみよ。
このようなことがあったかどうか、よく見よ。

11 かつて、神々を神々でないものに、取り替えた国民があっただろうか。
ところが、わたしの民は、その栄光を無益なものに取り替えた。

12 天よ。このことに色を失え。
おぞ気立て。干上がれ。
──主の御告げ──

13 わたしの民は二つの悪を行った。
湧き水の泉であるわたしを捨てて、
多くの水ためを、
水をためることのできない、こわれた水ためを、
自分たちのために掘ったのだ。

14 ①イスラエルは奴隷なのか。
それとも家に生まれたしもべなのか。
なぜ、獲物にされたのか。

15 若獅子は、これに向かってほえたけり、
叫び声をあげて、その地を荒れ果てさせ、
その町々は焼かれて住む者もいなくなる。

16 ①*ノフとタフパヌヘスの子らも、
あなたの頭の頂**をそり上げる。

17 あなたの神、主が、あなたを道に進ませたとき、
あなたは主を捨てたので、
このことがあなたに起こるのではないか。

18 今、①*ナイル川の水を飲みに
②エジプトの道に向かうとは、
いったいどうしたことか。
ユーフラテス川の水を飲みに
アッシリヤの道に向かうとは、

---

8 ①エレ6:19, 8:8, 9:13, 16:11, 18:18, 26:4, 31:33, 32:23, 44:10, 23, 哀2:9, →イザ1:10
②エレ4:22, ③エレ10:21, エゼ34:1-6, ④エレ23:13
⑤エレ16:19, イザ44:10, ハバ2:18
9①ミカ6:2
10①エレ2:10, 11, エレ18:13, ②民24:24, ③イザ23:12, ④エレ49:28, 詩120:5, イザ21:16
11①エレ5:7, 16:20, 申32:21, イザ37:19
②詩106:20, ロマ1:23
③申16:7, ④エレ2:8
12①イザ1:2
13①エレ17:13, 詩36:9, ヨハ4:14, ②イザ1:4
③エレ14:3
14①出4:22, ②エレ5:19, 17:4, 27:12, 17
15①エレ4:7, 25:38, 50:17
②エレ4:7, イザ1:7
16①エレ44:1, 46:14, イザ19:13, エゼ30:13, ホセ9:6
*㋩メンピス
②エレ43:7-9, 44:1, 46:14, エゼ30:18
**直訳「草を食い尽くす」
17①エレ4:18
18①ヨシ13:3, Ⅰ歴13:5, イザ23:3
*㋩シホル
②エレ2:36, イザ30:2, 3, 哀5:6

たちは神の臨在と力に鈍感になり、神が以前のようにともにおられないことに気付いていなかった。奇妙なことに人々はなぜ主の臨在と祝福がイスラエルの中にもはやはっきりと現れないのかと不思議に思うことさえなかったようである。もし「主はどこにおられるのか」と尋ねていたら神からどれほど離れているかを悟り、関係を刷新してくださるように必死で叫んだかもしれない。今日の霊的指導者たちも教会や人々の間に聖霊の臨在と力が現されていないなら大いに心配しなければならない。神の本当のしもべは「主はどこにおられるのか」と尋ねる。そして神が私たちとともにいて生活のあらゆる面で働きたいと望んでおられることを確認する。神の臨在を当然あるものと考えてはならない。むしろいつも神の臨在を意識しながら生きなければならない。いつも神の臨在を求めているなら私たちの生活は大きく変る。なぜならそのことによって信仰が励まされ神との関係を損なうものを避けようとするようになるからである。

2:8 律法を取り扱う者たちも 神のことばを学ぶ学生になったり、教える立場に立ってもなお主イエスを自分の救い主、親しい友として知らない人がいるのは悲しいことである（→「信徒の聖書的訓練」の項p.2318）。神について知ることと個人的な関係の中で神を実際に知ることとは別のことである。

2:8 預言者たちはバアルによって預言して 預言者は人々に神のことばを示して悔い改め（罪を認め自分勝手な道から立返り神に従うこと →「旧約聖書の預言者」の項p.1131）を呼びかけるべきだった。そして神のメッセージだけを伝えるべきだった。けれどもユダの預言者の多くは堕落していて（元いたところから遠く離れてしまっていて霊的になる必要があった）偶像の神々の背後にいる悪霊の力によって預言していた（→「偶像礼拝」の項p.468）。そしてどれほど逆らっているかに気付かず、神からどれほど遠く離れているかを悟ることもできなかった。もし牧師やリーダーが神のことばの真理ではなく、その時代の文化が持つ意見や考えや知恵や能力について説教したり教えたりしているなら、エレミヤの時代のにせ預言者と同じ罪を犯している。そのような指導者に従っている人々は神と神のことばと人生に対する神の目的に沿わない決断をするようになる（→「にせ教師」の項p.1758）。

2:13 二つの悪を行った 神の民は主との関係を

エレミヤ書 2章

19 いったいどうしたことか。
　①あなたの悪が、あなたを懲らし、
　②あなたの背信が、あなたを責める。
　だから、知り、見きわめよ。
　あなたが、あなたの神、主を捨てて、
　わたしを恐れないのは、
　どんなに悪く、苦々しいことかを。
　──⑤万軍の神、主の御告げ──

20 実に、あなたは昔から自分のくびきを
　②砕き、
　自分のなわを断ち切って、
　『私は逃げ出さない』と言いながら、
　すべての高い丘の上や、
　すべての青々とした木の下で、
　寝そべって淫行を行っている。

21 わたしは、あなたをことごとく
　*純良種の良いぶどうとして植えたのに、
　どうしてあなたは、わたしにとって、
　わたし*ざっしゅのぶどうに変わったのか。

22 たとい、あなたがソーダで身を洗い、
　たくさんの②灰汁を使っても、
　③あなたの咎は、わたしの前では汚れて
　いる。
　──*神である主の御告げ──

23 どうしてあなたは、『私は汚れていない。
　バアルたちには従わなかった』と言え
　ようか。
　③谷の中でのあなたの道を省み、
　何をしたかを知れ。
　あなたは、道をあちこち走り回る
　すばやい雌のらくだ、

24 また、荒野に慣れた野ろばだ。
　欲情に息はあえぐ。
　そのさかりのとき、だれがこれを静め
　えようか。

25 はだしにならないよう、
　のどが渇かないようにせよ。
　しかし、あなたは言う。
　『あきらめられません。
　私は他国の男たちが好きです。
　それについて行きたいのです』と。

26 ①盗人が、見つけられたときに、
　はずかしめられるように、
　イスラエルの家もはずかしめられる。
　彼らの王たち、首長たち、
　祭司たち、預言者たちがそうである。

27 彼らは木に向かっては、『あなたは私
　の父』、
　石に向かっては、『あなたは私を生ん
　だ』と
　言っている。
　実に、彼らはわたしに背を向けて、
　顔を向けなかった。
　それなのに、わざわいのときには、
　『立って、私たちを救ってください』と
　言う。

28 では、あなたが造った神々はどこにい
　るのか。
　あなたのわざわいのときには、
　彼らが立って救えばよい。
　ユダよ。あなたの神々は、
　あなたの町の数ほどもいるからだ。

29 なぜ、あなたがたは、わたしと争うのか。
　あなたがたはみな、わたしにそむいて
　いる。
　──主の御告げ──

これを捜す者は苦労しない。
その発情期に、これを見つけることが
できる。

失っていた。それは二つの重大な罪を犯していたためだった。（1）本当の意味で明らかな目的のある満たされた人生を与えることのできる唯一の方である主を無視し拒んでいた（⇒17:13, 詩36:9, ヨハ10:10）。（2）神ではなく真実でもなくまた永遠に続く価値のないものに人生の目的と喜びを見出そうとしていた。その結果、神の特別な民としての目的と使命を失った（2:11）。本当の「生ける水」（ヨハ4:10-14, 7:37-39）は御子イエス・キリストを通して築かれた神との個人的関係の中にしかない。

2:19 あなたの悪が、あなたを懲らし　神への反抗そのものがしばしば罰を招く。神と神の働きを拒むなら神の確かな守りと祝福を失い、破壊的な影響や誘惑や行動の影響を受けやすくなる。そして罪の奴隷になりやすくなり多くの有害で邪悪なものの影響を受けるようになる。

2:20-30 淫行を行っている　神の民にとって神は夫のようだった。そこでエレミヤはしばしば遊女の類比

30 わたしはあなたがたの子らを打ったが、
むだだった。
その懲らしめは役に立たなかった。
あなたがたの剣は、食い滅ぼす獅子のように、
あなたがたの預言者たちを食い尽くした。
31 あなたがた、この時代の人々よ。
主のことばに心せよ。
わたしはイスラエルにとって、荒野であったのか。
あるいは暗黒の地であったのか。
どうしてわたしの民は、
『私たちはさまよい出て、
もうあなたのところには帰りません』と言うのか。
32 おとめが自分の飾り物を忘れ、
花嫁が自分の飾り帯を忘れるだろうか。
それなのに、わたしの民が
わたしを忘れた日数は数えきれない。
33 あなたが愛を求める方法は、なんと巧みなことか。
それであなたは、悪い女にも、
自分の方法を巧みに教えたのだ。
34 あなたのすそには、
罪のない貧しい人たちの、いのちの血が見える。
彼らの押し入るのを、
あなたが見つけたわけでもないのに。
しかも、これらのことがあるにもかかわらず、
35 あなたは『私には罪がない。
確かに、御怒りは私から去った』と言っている。
『私は罪を犯さなかった』と言うから、
今、わたしはあなたをさばく。
36 なんと、簡単に自分の道を変えること

30 ①エレ5:3, 7:28, イザ1:5, アモ4:6
②エレ26:20-24, Ⅱ歴36:16, ネヘ9:26, マタ23:31, 37, 使7:52, Ⅰテサ2:15
31 ①エレ2:20, 25
32 ①エレ3:21, 13:25, 18:15, 申32:18, 詩106:21, イザ17:10, ホセ8:14
34 ①エレ7:6, 19:4, Ⅱ列21:16, 24:4
②出22:2
35 ①エレ2:23
②Ⅰヨハ1:8, 10
③エレ25:31
36 ①エレ2:23
②Ⅱ歴28:16, 20, 21, ホセ5:13, 12:1
③エレ2:18, 37:7, イザ30:3
37 ①エレ14:3, 4, Ⅱサム13:19
②エレ17:5, 37:7-10

1 ①申24:1-4
*七十人訳は「この女は再び先の夫の……」
②エレ2:7, 3:9
②エレ2:20, エゼ16:26, 28, 29
④エレ4:1, ゼカ1:3
①エレ14:6
②エレ2:20
エゼ16:25
3 ①エレ14:3-6, レビ26:19, 申28:23, 24
*あるいは「春の雨」
②エレ6:15, 8:12, エゼ3:7, ゼパ3:5

か。
あなたは
アッシリヤによってはずかしめられたと同様に、
エジプトによってもはずかしめられる。
37 そこからもあなたは、
両手を頭にのせて出て来よう。
主があなたの拠り頼む者を退けるので、
あなたは彼らによって栄えることは決してない。

3

1 もし、人が自分の妻を去らせ、
彼女が彼のもとを去って、
ほかの男のものになれば、
*この人は再び先の妻のもとに戻れるだろうか。
この国も大いに汚れていないだろうか。
あなたは、多くの愛人と淫行を行って、
しかも、わたしのところに帰ると言っている。
——主の御告げ——
2 目を上げて裸の丘を見よ。
どこに、あなたが共寝をしなかった所があろう。
荒野のアラビヤ人がするように、
道ばたで相手を待ってすわり込み、
あなたの淫行と悪行によって、この地を汚した。
3 それで夕立はとどめられ、後の雨はなかった。
それでも、あなたは遊女の額をしていて、
恥じようともしない。
4 今でも、わたしに、
こう呼びかけているではないか。

(象徴的な比喩)を用いて神に対するユダの不品行と不誠実さのひどさを描いた(⇒3:14, 31:32, イザ54:5)。新約聖書では同じような隠喩(例話)を用いて教会をしみのないキリストの花嫁として描いている(→Ⅱコリ11:2, エペ5:25-27, 黙19:7)。神の民は自分たちの主に忠実であり続け、ほかの「愛」(⇒2:33)、つまり神から離れた達成感や満足感を提供するように見えるものを求めて主を裏切ることがないようにいつも注意しなければならない。

2:32 わたしの民がわたしを忘れた 神の民が不誠実なために神が感じられた深い悲しみをエレミヤは啓示している。何度も救ってくださり、いつも必要を満たしてくださった方を忘れるなど考えられないことである。

3:1-5 淫行を行って 神に対する不誠実さと達成感と満足を求めて、人間が作った神々に走るユダの姿は

『①父よ。
　あなたは私の若いころの連れ合いです。
5　いつまでも怒られるのですか。
　永久に怒り続けるのですか』と。
　なんと、あなたはこう言っていても、
　できるだけ多くの悪を行っている。」

背信のイスラエル

6 ヨシヤ王の時代に、主は私に仰せられた。「あなたは、背信の女イスラエルが行ったことを見たか。彼女はすべての高い山の上、すべての茂った木の下に行って、そこで淫行を行った。
7 わたしは、彼女がすべてこれらのことをしたあとで、わたしに帰って来るだろうと思ったのに、帰らなかった。また裏切る女、妹のユダもこれを見た。
8 背信の女イスラエルは、姦通したというその理由で、わたしが離婚状を渡してこれを追い出したのに、裏切る女、妹のユダは恐れもせず、自分も行って、淫行を行ったのをわたしは見た。
9 彼女は、自分の淫行を軽く見て、国を汚し、石や木と姦通した。
10 このようなことをしながら、裏切る女、妹のユダは、心を尽くしてわたしに帰らず、ただ偽っていたにすぎなかった。

4 ①エレ3:19
　②エレ2:2, 詩71:17, 箴2:17, ホセ2:15
5 ①エレ3:12, 詩103:9, イザ57:16
6 ①エレ3:6-13, エゼ16:44-63
　②エレ1:2
　③エレ7:24-26
　④エレ2:20
　⑤エゼ23:4-10
7 ①エゼ23:4
8 ①申24:1, イザ50:1
　②エゼ23:11-21
9 ①エレ2:7
　②エレ2:27, イザ57:6
　③エレ10:8
10 ①ホセ7:14

11 ①エゼ23:11
12 ①Ⅱ列17:6
　②エレ3:14, 22
　＊ 直訳「わたしの顔をあなたがたに落とさない」
　③エレ12:15, 33:26, 詩86:15
　④エレ3:5
13 ①エレ3:25, レビ26:40
　②エレ2:25
14 ①エレ3:22
　②ホセ2:16
　③エレ31:6, 12, 50:5
15 ①エレ23:4
　②使20:28

　——主の御告げ——」
11 主はまた、私に仰せられた。「①背信の女イスラエルは、裏切る女ユダよりも正しかった。
12 行って、次のことばを北のほうに呼ばわって言え。
　背信の女イスラエル。帰れ。
　——主の御告げ——
　＊
　わたしはあなたがたをしからない。
　わたしは恵み深いから。
　——主の御告げ——
　④わたしは、いつまでも怒ってはいない。
13 ただ、あなたは自分の咎を知れ。
　あなたは自分の神、主にそむいて、
　すべての茂った木の下で、
　他国の男とかってなまねをし、
　わたしの声を聞き入れなかった。
　——主の御告げ——

14 背信の子らよ。帰れ。——主の御告げ——わたしが、あなたがたの夫になるからだ。わたしはあなたがたを、町からひとり、氏族からふたり選び取り、シオンに連れて行こう。
15 また、あなたがたに、わたしの心にかなった牧者たちを与える。彼らは知識と分別をもってあなたがたを育てよう。

神の目には霊的な姦淫と同じだった。霊的に不誠実になることによって人々はしばしば周りの国々の祭儀的な売春を行う宗教的慣習に取込まれた。神はしもべであるエレミヤを通して警告されたけれども、人々は邪悪な道を歩み続けた。同じ失敗をしないために新約聖書は不道徳な行動に導くようなものに愛着を感じたり求めたりしないようにとしばしば警告をしている。神がおられるべき場所にほかのものを置き、それによって支配されるなら私たちにも同じことが起こる可能性がある（⇒Ⅰコリ6:9-11, →「背教」の項p.2350）。

3:6 背信の女イスラエルが行ったこと 北王国イスラエル（→「イスラエルとユダの王国」の地図 p.570）は長い間神に対して反抗的で不忠実だった。その結果イスラエル人はアッシリヤによって前722-721年に捕囚に連去られた（→Ⅱ列17：, →「イスラエル（北王国）の捕囚」の地図 p.633）。南王国ユダは姉妹国の悲惨な体験から学ぶべきだったけれども学ばなかった。ユダも霊的な姦淫と悪とを選んでいった。

3:12 次のことばを北のほうに アッシリヤ捕囚の中で生きているイスラエル人（→3:6注）は悔い改めることがまだできると言われた。その人々は神の懲らしめとさばきを受けたけれども、心と思いを神に向け自分たちの反抗的な生き方から立返って神に従うには遅過ぎることはなかった。主はあわれみ深く、ご自分の民を永遠に懲らしめさばくことを望んでおられない。イスラエルの一部の少数の人々がいつか神と約束の地に戻るとエレミヤは預言し続けた（3:14）。

3:15 わたしの心にかなった牧者たち 神のことばによって生き、神の真理を理解し神を敬う生活をするように模範をもって人々を励ます牧者や指導者がイスラエルに現れる日をエレミヤは描いている。この指導者たちは神の心を知っているので神の民をどのように導き面倒を見たらよいのかわかっている。神の民が霊的に成長し道徳的にきよさを保つためにはそのような理解が指導者に必要である（→「監督の道徳的資格」の項 p.2303）。

16 その日、あなたがたが国中にふえて多くなるとき、──主の御告げ──彼らはもう、主の契約の箱について何も言わず、心にも留めず、思い出しもせず、調べもせず、再び作ろうともしない。
17 そのとき、エルサレムは『主の御座』と呼ばれ、万国の民はこの御座、主の名のあるエルサレムに集められ、二度と彼らは悪いかたくなな心のままに歩むことはない。
18 その日、ユダの家はイスラエルの家といっしょになり、彼らはともどもに、北の国から、わたしが彼らの先祖に継がせた国に帰って来る。」

19「わたしはどのようにして、あなたを息子たちの中に入れ、あなたに、慕わしい地、諸国のうちで最も麗しいゆずりの地を授けようかと思っていた。また、わたしは、あなたがわたしを父と呼び、わたしに従って、もう離れまい、と思っていた。
20 ところが、なんと、妻が夫を裏切るように、あなたがたはわたしを裏切った。イスラエルの家よ。──主の御告げ──

21 一つの声が裸の丘の上で聞こえる。
　　イスラエルの子らの哀願の泣き声だ。
　　彼らは自分たちの道を曲げ、
　　自分たちの神、主を忘れたからだ。
22 背信の子らよ。帰れ。
　　わたしがあなたがたの背信をいやそう。」

「今、私たちはあなたのもとにまいります。
　あなたこそ、私たちの神、主だからです。
23 確かに、もろもろの丘も、山の騒ぎも、
　　偽りでした。
　　確かに、私たちの神、主に、
　　イスラエルの救いがあります。
24 しかし、私たちの若いころから、
　　バアルが、私たちの先祖の勤労の実、
　　彼らの羊の群れ、牛の群れ、
　　息子、娘たちを食い尽くしました。
25 私たちは恥の中に伏し、
　　侮辱が私たちのおおいとなっています。
　　私たちの神、主に対し、
　　私たちも先祖たちも、
　　私たちの若いころから今日まで罪を犯して、
　　私たちの神、主の御声に
　　聞き従わなかったからです。」

4

1「イスラエルよ。もし帰るのなら、
　　──主の御告げ──
　　わたしのところに帰って来い。
　　もし、あなたが忌むべき物を
　　わたしの前から除くなら、
　　あなたは迷うことはない。
2 あなたが真実と公義と正義とによって
　　『主は生きておられる』と誓うなら、
　　国々は主によって互いに祝福し合い、
　　主によって誇り合う。」

3 まことに主は、ユダの人とエルサレムとに、こう仰せられる。
「耕地を開拓せよ。いばらの中に種を蒔くな。
4 ユダの人とエルサレムの住民よ。
　　主のために割礼を受け、心の包皮を取り除け。

3:16-19　その日　エレミヤは主イエスがご自分の民を治められるメシヤの時代(キリストが地上に再び来られて反キリストを滅ぼし、全世界に1,000年間の平和な世界を設立されたあと →黙19:-20:)について預言した。古い時代に神の臨在を象徴していた契約の箱(→「**神殿の備品**」の図 p.557)はメシヤ(キリスト)が目に見えるかたちで臨在されるときにはもはや必要ではなくなる。エルサレムは神の王座と呼ばれ、国々がみなメシヤを礼拝するようになる(→3:17, →「**終末の事件**」の表 p.2471)。

4:3-31　まことに【主】は・・・こう仰せられる　4章には罪と反抗のために間もなく神の民を襲う災難が描かれている。人々は主を拒むことがどれほど邪悪なことで後悔すべきことかを知るようになる(⇒2:19)。

4:4　心の包皮を取り除け　割礼は神がイスラエルと契約関係(神の律法と約束と神に対する人々の服従と忠誠に基づく)を結ばれた証拠として定められた肉体的なしるしだった。それは男性性器の包皮を切取ることである。神のことばはこの行為とその霊的な意味(心の割礼　申10:16, ロマ2:29)について書いているけれ

エレミヤ書　4章

さもないと、あなたがたの悪い行いの
ため、
　わたしの憤りが火のように出て燃え
上がり、
　消す者もいないだろう。」

北からのわざわい

5 「ユダに告げ、エルサレムに聞かせて
言え。
　国中に角笛を吹け。大声で叫んで言え。
『集まれ。城壁のある町に行こう。』
6 シオンのほうに旗を掲げよ。
　のがれよ。立ち止まるな。
　わたしがわざわいを北からもたらし、
大いなる破滅をもたらすから。
7 獅子はその茂みから上って来、
　国々を滅ぼす者は彼らの国から進み出
た。
　あなたの国を荒れ果てさせるために。
　あなたの町々は滅び、住む者もいなく
なろう。」
8 そのために荒布をまとい、悲しみ嘆け。
　主の燃える怒りが、私たちから去らな
いからだ。

9 「その日には、――主の御告げ――
　王の心、つかさたちの心は、ついえ去
り、
　祭司はおののき、預言者は驚く。」

10 そこで、私は言った。
「ああ、*神、主よ。
　まことに、あなたはこの民とエルサレ

4②エレ21:12,
　イザ30:27, 33
③アモ5:6
5①エレ6:1
②エレ8:14, ヨシ10:20
6①エレ4:21, 50:2,
　イザ62:10
②エレ1:13
7①エレ5:6, 50:17,
　ダニ7:4
②エレ25:9, エゼ26:7-10
③エレ2:15,
　イザ1:7, 6:11
8①エレ6:26, イザ22:12
②エレ30:24,
　イザ5:25, 10:4
9①エレ48:41, イザ22:3-5
②イザ29:10,
　エゼ13:9-16
10 *子音字は「主」

①エゼ14:9, IIテサ2:11
②エレ5:12, 14:13
11①エレ14:6
②エレ13:24, 詩11:6,
　エゼ17:10, ホセ13:15
12①エレ1:16
13①イザ5:28
②哀4:19, ハバ1:8
14①詩51:2, イザ1:16,
　ヤコ4:8
②エレ13:27, 箴1:22
15①エレ8:16
16①イザ1:8
②エレ5:15, イザ39:3
③エゼ21:22

ムを
　全く欺かれました――
『あなたがたには平和が来る』と仰せら
れて。
　それなのに、剣が私ののどに触れてい
ます。」

11 その時、この民とエルサレムにこう告
げられる。
　荒野にある裸の丘の熱風が、
　わたしの民の娘のほうに吹いて来る。
　――
　吹き分けるためでもなく、清めるため
でもない。
12 これよりも、もっと激しい風が、
　わたしのために吹いて来る。
　今、わたしは彼らにさばきを下そう。

13 見よ。それは雲のように上って来る。
　その戦車はつむじ風のよう、
　その馬は鷲よりも速い。
　ああ。私たちは荒らされる。
14 エルサレムよ。救われるために、
　心を洗って悪を除け。
　いつまで、あなたの中には邪念が宿っ
ているのか。
15 ああ、ダンから告げる声がある。
　エフライムの山から
　わざわいを告げ知らせている。

16 国々に知らせよ。
　さあ、エルサレムに告げ知らせよ。
　包囲する者たちが遠くの地から来て、
　ユダの町々に叫び声をあげる。

ども、肉体的なしるしよりも心の割礼のほうがより重要であるとも言っている。近付いている恐ろしい災難を避けるためにユダの人々は自分自身を真理と公義と正義にささげて（神が正しいとされることを行い神と正しい関係を保つ）徹底的な道徳的刷新（心を変えること）をしなければならない。この変化は良心に働く聖霊の働きに心を開くことから始まる。神に対する献身を新しくするために罪を認め心の中の固くなった土を柔らかくしなければならない（4:3）ということは、聖霊によって初めて自覚させられる。肉体的な割礼によって包皮が取除かれるように心の中の悪が割礼を受

け（取除かれ）なければならない。

4:6　わざわいを北からもたらし、大いなる破滅をもたらす　神の民に対する当然の怒りとさばきとして神はバビロニヤ人をユダに侵入させ、その地を完全に滅ぼすことを許される（→1:14注、→Ⅱ列24:1注）。

4:10　あなたはこの民・・・を全く欺かれました　ユダの多くの預言者は神の民の罪と神への反抗を無視しながら、うその希望と平安と安心感を与えるようなことを言っていた（⇒14:13-16, 23:17, Ⅰ列22:20-23）。神は人々がだまされ、うそを信じるのを許された。神の民には真理を愛し求める気持がなかったからであ

17 彼らは畑の番人のように、ユダを取り
囲む。
それは、ユダがわたしに逆らったから
だ。
　——主の御告げ——
18 あなたの行いと、あなたのわざが、
あなたの身にこれを招いたのだ。
これがあなたへのわざわいで、実に苦
い。
もう、あなたの心臓にまで達している。
19 私のはらわた、私のはらわた。
私は痛み苦しむ。私の心臓の壁よ。
私の心は高鳴り、
私はもう、黙っていられない。
私のたましいよ。
おまえが角笛の音と、
戦いの雄たけびを聞くからだ。
20 破滅に次ぐ破滅が知らされる。
全国が荒らされるからだ。
たちまち、私の天幕も荒らされ、
私の幕屋も倒される。
21 いつまで私は、旗を見、
角笛の音を聞かなければならないのだ。
22 実に、わたしの民は愚か者で、わたし
を知らない。
彼らは、ばかな子らで、彼らは悟りが
ない。
彼らは悪事を働くのに賢くて、
善を行うことを知らない。
23 私が地を見ると、
見よ、茫漠として何もなく、
天を見ると、その光はなかった。
24 私が山々を見ると、見よ、揺れ動き、
すべての丘は震えていた。

17 ①Ⅱ列25:1, 4
②エレ5:23, 6:28,
イザ1:20, 23
18 ①エレ2:17, 19,
詩107:17, イザ50:1
②エレ2:19
19 ①エレ9:1, 10, 10:19,
イザ22:4, 哀1:20,
ハバ3:16
＊マソラの読みは「待ち
望む」
②エレ20:9
③民10:9
20 ①エゼ7:26
②エレ4:27
③エレ10:20
21 ①エレ4:6
22 ①エレ5:4, 21,
申32:6, 28, イザ19:11
②エレ2:8, 9:3, 詩82:5
③エレ13:23, 詩52:3,
ミカ7:3
④詩36:3
23 ①創1:2
②エレ4:28
24 ①エレ10:10, イザ5:25,
ナホ1:5

25 ①エレ9:10, 12:4,
ゼパ1:3
26 ①エレ9:10
27 ①エレ12:11, 12, 25:11
②エレ5:10, 18, 30:11,
46:28
28 ①エレ12:4, 11, ホセ4:3
②イザ50:3, ヨエ2:30, 31
③エレ23:20, 30:24,
民23:19
29 ①エレ6:23
②エレ16:16,
イザ2:19, 21
③エレ4:7
30 ①イザ3:16-24
②イザ10:3, 20:6
③Ⅱ列9:30, エゼ23:40
④エゼ16:37-40,
23:22-29
31 ①エレ6:24, 13:21,
22:23, 30:6, 49:24,
50:43, 詩48:6, イザ13:8
②イザ1:15, 哀1:17
＊「言う」は補足

25 私が見ると、見よ、人はひとりもいな
く、
空の鳥もみな飛び去っていた。
26 私が見ると、見よ、果樹園は荒野とな
り、
町々は主の御前で、その燃える怒りに
よって、
取りこわされていた。
27 まことに主はこう仰せられる。
「全地は荒れ果てる。
しかし、わたしはことごとくは滅ぼさ
ない。
28 このために、地は嘆き悲しみ、上の天
も暗くなる。
わたしが語り、わたしが企てたからだ。
わたしは悔いず、取りやめもしない。」
29 騎兵と射手の叫びに、町中の人が逃げ
去った。
彼らは草むらに入り、岩によじのぼっ
た。
すべての町が捨てられ、そこに住む人
もない。
30 踏みにじられた女よ。
あなたが緋の衣をまとい、
金の飾りで身を飾りたてても、
それが何の役に立とう。
目を塗って大きく見せても、
美しく見せても、かいがない。
恋人たちは、あなたをうとみ、
あなたのいのちを取ろうとしている。
31 まことに、わたしは、
産みの苦しみをする女のような声、
初子を産む女のようなうめき、
シオンの娘の声を聞いた。
彼女はあえぎ、手を伸べて言う。

る。人々はむしろ神に逆らうことを楽しんでいた（⇒
Ⅱテサ2:9-12）。

4:19-22　私は痛み苦しむ　神と親しかったエレミヤ
はユダに対する神の苦しみを味わっていた。やがて来
るさばきと滅亡に対する神の悲しみをエレミヤは表現
した。神に従う人々もみな同じように、罪の奴隷とし
て生活しサタンの働きによって滅ぼされている人々の
ことを思って深く悲しむべきである。神から離れ霊的

に失われている人々の未来の恐ろしさを思うとき、エ
ルサレムの霊的に失われた状態に涙を流された主イエ
スと同じ悲しみを私たちも感じるべきである（ルカ
13:34）。

4:23　地を見ると・・・茫漠として何もなく　エレ
ミヤが見た神の民を襲う完全な滅亡の幻では、宇宙全
体が最初に神が形作り創造される前の茫漠とした状態
にまで荒廃し変えられてしまうようだった（⇒創1:2）。

「ああ。私は殺す者たちのために疲れ果てた。」

正しい人がいない

5
① エルサレムのちまたを行き巡り、
さあ、見て知るがよい。
その広場で捜して、だれか公義を行い、
真実を求める者を見つけたら、
わたしはエルサレムを赦そう。

2 たとい彼らが、
「主は生きておられる」と言っても、
実は、彼らは偽って誓っているのだ。

3 主よ。あなたの目は、
真実に向けられていないのでしょうか。
あなたが彼らを打たれたのに、
彼らは痛みもしませんでした。
彼らを絶ち滅ぼそうとされたのに、
彼らは懲らしめを受けようともしませんでした。
彼らは顔を岩よりも堅くし、
悔い改めようともしませんでした。

4 そこで、私は思いました。
「彼らは、実に卑しい愚か者だ。
主の道も、神のさばきも知りもしない。

5 だから、身分の高い者たちのところへ行って、
彼らと語ろう。
彼らなら、主の道も、
神のさばきも知っているから。」
ところが、彼らもみな、
くびきを砕き、なわめを断ち切っていました。

6 それゆえ、森の獅子が彼らを殺し、
荒れた地の狼が彼らを荒らす。
ひょうが彼らの町々をうかがう。
町から出る者をみな、引き裂こう。
彼らが多くの罪を犯し、
その背信がはなはだしかったからだ。

7 これでは、どうして、
わたしがあなたを赦せよう。
あなたの子らはわたしを捨て、
神でないものによって誓っていた。
わたしが彼らを満ち足らせたときも、
彼らは姦通をし、遊女の家で身を傷つけた。

8 彼らは、肥え太ってさかりのついた馬のように、
おのおのの隣の妻を慕っていななく。

9 これらに対して、わたしが罰しないだろうか。
——主の御告げ——
このような国に、
わたしが復讐しないだろうか。

10 ぶどう畑の石垣に上って滅ぼせ。
しかし、ことごとく滅ぼしてはならない。
そのつるを除け。
それらは主のものではないからだ。

11 イスラエルの家とユダの家とは、
大いにわたしを裏切ったからだ。
——主の御告げ——

12 彼らは主を否んでこう言った。
「主が何だ。
わざわいは私たちを襲わない。
剣もききんも、私たちは、見はしない。

1①エレ5:4, 5, 28, 31, エゼ22:30, ミカ7:1, 2, 詩14:1-3
②ミカ6:8
③創18:24-32
2①→エレ4:2
②詩24:4, イザ48:1
3①Ⅱ歴16:9
②エレ2:30, イザ1:5, 9:13
③ゼパ3:2
④エレ7:26, 19:15
⑤黙16:9, 11
4①エレ4:22
②エレ8:7, イザ27:11, ホセ4:6
5①ミカ3:1
②エレ2:20, 詩2:3

6①エレ4:7, 詩104:21
②エゼ22:27, ハバ1:8
③エレ30:14, 15
7①申32:15
②エレ2:11, 申32:21, ガラ4:8
③エレ12:16, ヨシ23:7, ゼパ1:5
④エレ7:9
8①エレ29:23, エゼ22:11
9①エレ44:22
②エレ5:29, 9:9
10①イザ5:7
②エレ39:8
③エレ4:27
11①エレ3:8
12①箴30:9, エレ14:22
②エレ23:17, アモ9:10, 箴1:32
③エレ14:21

5:1-9 真実を求める エルサレムは霊的に非常に堕落していて、町の中には神との正しい関係を求める人が一人も見えないほどだった。実際にユダの国全体が罪を犯していた。そこで不信仰で反抗的な人々に対して神はさばきを下すことを決意された。

5:10【主】のものではない 多くの人が主につながっていると言っていたけれども(⇒3:4)、神はその人々をご自分の民ではないと言われた。今日でも多くの人が神につながっていると言い、罪を赦されてキリストの新しいいのちに生きている新生したキリスト者だと言う。けれどもこの章に描かれている罪(うそ、不誠実、姦淫)やそのほかの罪にかかわっているなら本当の意味で主につながってはいない。ユダの多くの人のように、その人々も疑わしい行動があったり神に不忠実であってもさばきは下らないという信仰にだまされている。

5:12 わざわいは私たちを襲わない 神は私たちの罪を見逃してくださり、神のことばに描かれているさばきを下すことはないという教えはだれでも信じたくなる教えである。多くの人は神に約束を守るように求

エレミヤ書 5章

13 預言者たちは風になり、
　　みことばは彼らのうちにない。
　　彼らはこのようになる。」

14 それゆえ、
　　万軍の神、主は、こう仰せられる。
　　「あなたがたが、このようなことを言ったので、
　　見よ、わたしは、
　　あなたの口にあるわたしのことばを火とし、
　　この民をたきぎとする。
　　火は彼らを焼き尽くす。

15 イスラエルの家よ。
　　見よ。わたしはあなたがたを攻めに、
　　遠くの地から一つの国民を連れて来る。
　　──主の御告げ──
　　それは古くからある国、昔からある国、
　　そのことばをあなたは知らず、
　　何を話しているのか聞き取れない国。

16 その矢筒は開いた墓のようだ。
　　彼らはみなつわもの。

17 彼らはあなたの刈り入れたものと
　　あなたのパンを食らい、
　　あなたの息子、娘を食らい、
　　あなたの羊の群れと牛の群れを食らい、
　　あなたのぶどうと、いちじくを食らい、
　　あなたの拠り頼む城壁のある町々を、
　　剣で打ち破る。

18 しかし、その日にも、──主の御告げ──
　　わたしはあなたがたを、
　　ことごとくは滅ぼさない。」

19 「あなたがたが、『何のために、私たちの神、主は、これらすべての事を私たちにしたのか』と尋ねるときは、あなたは彼らにこう言え。『あなたがたが、わたしを捨て、あなたがたの国内で、外国の神々に仕えたように、あなたがたの国ではない地で、他国人に仕えるようになる。』

20 ヤコブの家にこう告げ、
　　ユダに言い聞かせよ。

21 さあ、これを聞け。
　　愚かで思慮のない民よ。
　　彼らは、目があっても見えず、
　　耳があっても聞こえない。

22 あなたがたは、わたしを恐れないのか。
　　──主の御告げ──
　　それとも、わたしの前でおののかないのか。
　　わたしは砂を、海の境とした。
　　越えられない永遠の境界として。
　　波が逆巻いても勝てず、
　　鳴りとどろいても越えられない。

23 ところが、この民には、
　　かたくなで、逆らう心があり、
　　彼らは、そむいて去って行った。

24 彼らは心の中でも、こう言わなかった。
　　『さあ、私たちの神、主を恐れよう。
　　主は大雨を、先の雨と後の雨を、
　　季節にしたがって与え、
　　刈り入れのために定められた数週を
　　私たちのために守ってくださる』と。

25 あなたがたの咎が、これを追い払い、
　　あなたがたの罪が、この良い物を拒んだのだ。

26 それは、わたしの民のうちに、
　　悪者たちがいるからだ。
　　彼らは、待ち伏せして鳥を取る者のように、
　　わなをしかけて人々を捕らえる。

27 鳥でいっぱいの鳥かごのように、
　　彼らの家は欺きでいっぱいだ。
　　だから、彼らは偉い者となって富む。

28 彼らは、肥えて、つややかになり、
　　悪事に進み、
　　さばきについては、
　　みなしごのためにさばいて幸いを見させず、
　　貧しい者たちの権利を弁護しない。

29 これらに対して、

めるけれども、神の警告は疑って無視をする。

5:22 あなたがたは、わたしを恐れないのか 人々は神を恐れて（敬意と尊敬を払う）いなかったので神を尊ばず従わなかった。神の完全な力と権威とを理解しないだけではなく、神の聖い（純粋、完全、完璧、悪からの分離）性質は罪を大目に見たり容認できないことを理解できなかった。神の圧倒的な臨在があっても人々には何の意味もなかった（→「神への恐れ」の項

わたしが罰しないだろうか。
──主の御告げ──
このような国に、
わたしが復讐しないだろうか。
30 恐怖と、戦慄が、この国のうちにある。
31 預言者は偽りの預言をし、
祭司は自分かってに治め、
わたしの民はそれを愛している。
その末には、あなたがたは、どうするつもりだ。」

包囲されるエルサレム

6

1 ベニヤミンの子らよ。
エルサレムの中からのがれよ。
テコアで角笛を吹き、
ベテ・ハケレムでのろしを上げよ。
わざわいと大いなる破滅が、
北から見おろしているからだ。
2 *私は、シオンの娘を、
麗しい牧場になぞらえる。
3 羊飼いは自分の群れを連れて、そこに行き、
その回りに天幕を張り、
その群れはおのおの、自分の草を食べる。
4 「シオンに向かって聖戦をふれよ。
立て。われわれは真昼に上ろう。」
「ああ、残念だ。
日が傾いた。夕べの影も伸びる。」
5 「立て。われわれは夜の間に上って、
その宮殿を滅ぼそう。」

30 ①エレ23:14、ホセ6:10
31 ①エレ14:14、23:25、26、32、27:10、14-16、29:9、21、23、哀22:14、エゼ13:2、3、6、8、9、22、22:28、ゼカ13:3
②ミカ2:11
③イザ10:3

1 ①Ⅱサム14:2、4、9、Ⅱ歴11:6、アモ1:1
②ヨエ2:1
③ネヘ3:14
④エレ1:13
2 *別訳「わたしは麗しい牧場、シオンの娘を滅ぼす」
①エレ4:31、イザ1:8
3 ①エレ4:17、Ⅱ列25:1
4 ①ヨエ3:9、ミカ3:5
②エレ15:8
③詩109:23
5 ①エレ52:13、イザ32:14

6 ①エレ6:9、7:3、21、8:3、9:7、15、17、10:16、11:17、20、22、16:9、19:3、11、15、20:12、→エレ23:15、→エレ31:35、→エレ46:25、→イザ1:24
②申20:19、20
③エレ32:24、33:4、エゼ4:2、21:22、ハバ1:10
④エレ22:17
7 ①イザ57:20、ヤコ3:11、12
②エレ20:8、詩55:9-11、エゼ7:11、23、ハバ1:3
③エレ30:12、13
8 ①エレ7:28、17:23
②エゼ23:18、ホセ9:12
③ホセ2:3
9 ①エレ2:21、5:17、民20:5、Ⅱ列18:31、イザ7:23、36:16、→イザ16:8
②エレ8:3、23:3、31:7、43:5、44:12、14、28、エズ9:8、イザ1:9、ヨエ2:32、オバ17、ゼパ3:13、ロマ11:4、5
③エレ16:16
10 ①エレ5:21、7:26、使7:51
*直訳「耳に割礼がなく」
②エレ20:8
11 ①ヨブ32:18、19

6 まことに万軍の主はこう仰せられる。
「木を切って、エルサレムに対して塁を築け。
これは罰せられる町。
その中には、しいたげだけがある。
7 井戸が水をわき出させるように、
エルサレムは自分の悪をわき出させた。
暴虐と暴行が、その中で聞こえる。
わたしの前には、いつも病と打ち傷がある。
8 エルサレムよ。戒めを受けよ。
さもないと、わたしの心はおまえから離れ、
おまえを住む人もない荒れ果てた地とする。」
9 万軍の主はこう仰せられる。
「ぶどうの残りを摘むように、
イスラエルの残りの者をすっかり摘み取れ。
ぶどうを収穫する者のように、
あなたの手をもう一度、その枝に伸ばせ。」
10 私はだれに語りかけ、だれをさとして、
聞かせようか。
見よ。彼らの耳は閉じたままで、
聞くこともできない。
見よ。主のことばは、
彼らにとって、そしりとなる。
彼らはそれを喜ばない。
11 私の身には主の憤りが満ち、

---

p.316)。

5:31 預言者は偽りの預言をし 国の霊的な健全性を保つ責任を任されている人々が神を裏切っていた。(1) 預言者たちは神の警告のことばを拒んで良いことだけが起こると預言した。道徳性を求めることはほとんどなかったので人々はその預言を喜んで聞いていた。(2) 祭司たちは神のことばではなく、自分たちの考え方によって人々を治めていた。その結果、預言者と祭司はにせの安心感へと国を導き安心をさせていた。けれどもエレミヤは神から離れたら本当の安全はないと宣言した。希望はただ一つ、心から罪の道を離れて神のことばに従う献身を新しくすることだった。

6:1-30 エルサレムの中からのがれよ この章にはエルサレムと霊的に反抗している人々に間もなく下る恐ろしい滅亡が描かれている。この預言はエレミヤが生きている間に成就したので人々は言い逃れができなかった。エレミヤは人々にその生き方を変えるように忠実に警告し訴え続けた。もし人々が神に立返って神との関係を新しくしていたら災難を逃れる機会があったに違いない。けれどもエレミヤの必死の訴えを無視し続けたので、さばきは避けられなかった(無効にならない、逃げられない)。

6:3 羊飼いは自分の群れを連れて バビロニヤの司令官は羊飼いにたとえられ、その軍隊は草をむさぼり

これに耐えるのに、私は疲れ果てた。

「それを、道ばたにいる子どもの上にも、
若い男の集まりの上にも、ぶちまけよ。
夫も妻も、ともどもに、
年寄りも齢の満ちた者も共に捕らえられ、

12 彼らの家は、畑や妻もろともに、
他人のものとなる。
それは、わたしが
この国の住民に手を伸ばすからだ。
——主の御告げ——

13 なぜなら、身分の低い者から高い者まで、
みな利得をむさぼり、
預言者から祭司に至るまで、
みな偽りを行っているからだ。

14 彼らは、わたしの民の傷を手軽にいやし、
平安がないのに、
『平安だ、平安だ』と言っている。

15 彼らは忌みきらうべきことをして、
恥を見ただろうか。
彼らは少しも恥じず、恥じることも知らない。
だから、彼らは、倒れる者の中に倒れ、
わたしが彼らを罰する時に、よろめき倒れる」と
主は仰せられる。

16 主はこう仰せられる。
「四つ辻に立って見渡し、
昔からの通り道、
幸いの道はどこにあるかを尋ね、
それを歩んで、あなたがたのいこいを見いだせ。
しかし、彼らは『そこを歩まない』と言った。

17 また、わたしは、あなたがたの上に
見張り人を立て、

『角笛の音に注意せよ』と言わせたのに、
彼らは『注意しない』と言った。

18 それゆえ、諸国の民よ。聞け。
会衆よ。知れ。
彼らに何が起こるかを。

19 この国よ。聞け。
見よ。わたしはこの民にわざわいをもたらす。
これは彼らのたくらみの実。
彼らが、わたしのことばに注意せず、
わたしの律法を退けたからだ。

20 いったい、何のため、シェバから乳香や、
遠い国からかおりの良い菖蒲が
わたしのところに来るのか。
あなたがたの全焼のいけにえは受け入れられず、
あなたがたのいけにえはわたしを喜ばせない。」

21 それゆえ、主はこう仰せられる。
「見よ。わたしはこの民につまずきを与える。
父も子も共にこれにつまずき、
隣人も友人も滅びる。」

22 主はこう仰せられる。
「見よ。一つの民が北の地から来る。
大きな国が地の果てから奮い立つ。

23 彼らは弓と投げ槍を堅く握り、
残忍で、あわれみがない。
その声は海のようにとどろく。
シオンの娘よ。彼らは馬にまたがり、
ひとりのように陣備えをして、あなたを攻める。」

24 私たちは、そのうわさを聞いて、気力を失い、
産婦のような苦しみと苦痛が私たちを捕らえた。

25 畑に出るな。道を歩くな。

---

11 ②エレ20:9
　③エレ7:20
12 ①エレ6:12-15, エレ8:10-12
　②申28:30
　③エレ38:22, 23
　④エレ15:6
13 ①エレ22:17, イザ56:11, 57:17
　②エレ23:11, 哀4:13, ミカ3:11
14 ①エレ14:13, 23:17, エゼ13:10, Ⅰテサ5:3
15 ①エレ3:3
16 ①エレ18:15, イザ8:12, マラ4:4, ルカ16:29
　②マタ11:29
17 ①エレ25:4, エゼ3:17, ホセ9:8, ハバ2:1

18 ①イザ1:2, エレ22:29
19 ①エレ19:3
　②黙1:31
　③→エレ2:8
　④イザ8:9
20 ①イザ60:6, Ⅰ列10:10
　②出30:23, 雅4:14, イザ43:24, エゼ27:19
　③エレ7:21, 22, 14:12, 詩40:6, 50:7-9, ホセ6:6, アモ5:21, 22, ミカ6:8
　④エレ7:21, 22, 14:12, 17:26, 19:5, 33:18, →イザ1:11
21 ①エレ13:16, イザ8:14
　②エレ9:21, 22, イザ9:14, 17
22 ①エレ6:22-24, エレ50:41-43
　②エレ1:13
　③ヘレ1:9
23 ①イザ13:18
24 ①エレ4:31, イザ21:3
　②エレ4:19
25 ①エレ14:18

食って地を荒らす羊の群れにたとえられている。

6:14 平安がないのに にせ預言者たちにはにせの希望と安全のメッセージをユダに伝えていた。さばきが近付いていることと神に立返る必要については警告をしないで、恐れることは何もないと言っていた(→「に

せ教師」の項 p.1758)。

6:16 昔からの通り道・・・を尋ね 人々は神と神の完全なご計画からそれて邪悪な偶像礼拝(まことの神の代りに人間が作った神々を礼拝する)の生活を追い求めていた。神は神の契約(神の律法と約束、そし

敵の剣がそこにあり、
恐れが回りにあるからだ。
26 私の民の娘よ。
荒布を身にまとい、灰の中をころび回れ。
ひとり子のために苦しみ嘆いて、喪に服せ。
たちまち、荒らす者が私たちに襲いかかるからだ。

27 「わたしはあなたを、
わたしの民の中で、ためす者とし、
試みる者とした。
彼らの行いを知り、これをためせ。」

28 彼らはみな、かたくなな反逆者、
中傷して歩き回り、青銅や鉄のようだ。
彼らはみな、堕落した者たちだ。

29 ふいごで激しく吹いて、
鉛を火で溶かす。
鉛は溶けた。溶けたが、むだだった。
悪いものは除かれなかった。

30 彼らは廃物の銀と呼ばれている。
主が彼らを退けたからだ。

価値のないにせの宗教

7 1 主からエレミヤにあったみことばは、こうである。

2 「主の家の門に立ち、そこでこのことばを叫んで言え。

主を礼拝するために、この門に入るすべてのユダの人々よ。主のことばを聞け。

3 イスラエルの神、万軍の主は、こう仰せられる。あなたがたの行いと、わざとを改めよ。そうすれば、わたしは、あなたがたをこの所に住ませよう。

4 あなたがたは、『これは主の宮、主の宮、主の宮だ』と言っている偽りのことばを信頼してはならない。

5 もし、ほんとうに、あなたがたが行いとわざとを改め、あなたがたの間で公義を行い、

6 在留異国人、みなしご、やもめをしいたげず、罪のない者の血をこの所で流さず、ほかの神々に従って自分の身にわざわいを招くようなことをしなければ、

7 わたしはこの所、わたしがあなたがたの先祖に与えたこの地に、とこしえからとこしえまで、あなたがたを住ませよう。

8 なんと、あなたがたは、役にも立たない偽りのことばにたよっている。

9 しかも、あなたがたは盗み、殺し、姦通し、偽って誓い、バアルのためにいけにえを焼き、あなたがたの知らなかったほかの神々に従っている。

10 それなのに、あなたがたは、わたしの名がつけられているこの家のわたしの前にやって来て立ち、『私たちは救われている』と言う。それは、このようなすべての忌みきらうべきことをするためか。

て人々の神への服従と忠誠に基づくイスラエルとの「終生協定」に従う正しい道と、モーセを通して与えられた律法へ立ち返るようにあわれみをもって呼びかけられた。今日も私たちは新約聖書が宣言している真理と目的と力の道からそれていないか確かめるために、同じように自分自身を探り続けなければならない。神とのより深い関係を求めて新約聖書の原則や「型」(→使7:44注)に従って生きようとする人だけが神の恩恵をみな受けて楽しむことができる(⇒ルカ11:5-13)。

7:3 あなたがたの行い・・・を改めよ 神は悔い改めの機会を再び人々に与えられた。それは心と態度を神に向け直し、自分勝手な悪の道からいのちに通じる神の道へ立ち返ることである。けれども人々は神殿があり儀式も行っているので自分たちは霊的に問題がなく悔い改める必要はないと信じていた(7:4、→7:9-10注)。この節には人々がたやすく宗教(神とつながり神を満足させようとする人間の努力)によってだまされ、また神との個人的な関係を保つ必要と機会を失ってしまう例を見ることができる。本当のキリスト教、主イエスに従うことは宗教の問題ではなく関係の問題である。

7:9-10 あなたがたは盗み、殺し、・・・わたしの前にやって来て立ち 人々は神の律法を破り、あらゆる罪を犯していたのに(7:5-9)、礼拝の日である安息日には自分たちは受入れられていると考えながら神殿に来ていた。同じような考え方は今日神に従い神の愛を知っていると主張しながら、完全に神のことばの命令と基準に反する生活をしている人々の中にも見られる。このような人々は思い違いをしている。エレミヤのことばによれば「役にも立たない偽りのことばに頼っている」(7:8)。

¹¹わたしの名がつけられているこの家は、あなたがたの目には強盗の巣と見えたのか。そうだ。わたしにも、そう見えていた。——主の御告げ——

¹²それなら、さあ、シロにあったわたしの住まい、先にわたしの名を住ませた所へ行って、わたしの民イスラエルの悪のために、そこでわたしがしたことを見よ。

¹³今、あなたがたは、これらの事をみな行っている。——主の御告げ——わたしがあなたがたに絶えず、しきりに語りかけたのに、あなたがたは聞こうともせず、わたしが呼んだのに、答えもしなかった。

¹⁴それで、あなたがたの頼みとするこの家、わたしの名がつけられているこの家、また、わたしが、あなたがたと、あなたがたの先祖に与えたこの場所に、わたしはシロにしたのと同様なことを行おう。

¹⁵わたしは、かつて、あなたがたのすべての兄弟、エフライムのすべての子孫を追い払ったように、あなたがたを、わたしの前から追い払おう。

¹⁶あなたは、この民のために祈ってはならない。彼らのために叫んだり、祈りをささげたりしてはならない。わたしにとりなしをしてはならない。わたしはあなたの願いを聞かないからだ。

¹⁷彼らがユダの町々や、エルサレムのちまたで何をしているのか、あなたは見ていないのか。

¹⁸子どもたちはたきぎを集め、父たちは火をたき、女たちは麦粉をこねて『天の女王』のための供えのパン菓子を作り、わたしの怒りを引き起こすために、ほかの神々にぶどう酒を注いでいる。

¹⁹彼らはわたしの怒りを引き起こすのか。——主の御告げ——自分たちを怒らせ、自分たちの赤恥をさらすためではないか。」

²⁰それで、*神である主はこう仰せられる。「見よ。わたしの怒りと憤りは、この場所と、人間と、家畜と、畑の木と、地の産物とに注がれ、それは燃えて、消えることがない。」

²¹イスラエルの神、万軍の主は、こう仰せられる。「全焼のいけにえを、あなたがたのほかのいけにえに加えて、その肉を食べよ。

²²わたしは、あなたがたの先祖をエジプトの国から連れ出したとき、全焼のいけにえや、ほかのいけにえについては何も語らず、命じもしなかった。

²³ただ、次のことを彼らに命じて言った。『わたしの声に聞き従え。そうすれば、わたしは、あなたがたの神となり、あなたがたは、わたしの民となる。あなたがたをしあわせにするために、わたしが命じるすべての道を歩め。』

²⁴しかし、彼らは聞かず、耳を傾けず、悪いかたくなな心のはかりごとのままに歩み、前進するどころか後退した。

²⁵あなたがたの先祖がエジプトの国を出た日から今日まで、わたしはあなたがたに、わたしのしもべであるすべての預言者たちを、毎日朝早くから、たびたび送ったが、

²⁶彼らはわたしに聞かず、耳を傾けず、うなじのこわい者となって、先祖たちよりも悪くなった。

²⁷あなたが彼らにこれらのことをすべて語っても、彼らはあなたに聞かず、彼らを呼んでも、彼らはあなたに答えまい。

²⁸そこであなたは彼らに言え。この民は、自分の神、主の声を聞かず、懲らしめを受

7:11 強盗の巣 強盗はしばしば次の犯罪の計画を立てるために穴（洞穴や避難所のような所）に集まった。エレミヤはこれを用いて、いけにえをささげることによって罪を「隠せる」と思いながら同時に罪の道を歩み続ける計画をし続けて神殿に来る人々の姿を描いている。主イエスはこの節の一部を引用して当時のユダヤ人指導者を非難された（→マタ21：13、マコ11：17、ルカ19：46）。

7:12 シロ エルサレムの約29キロ北にあるシロは士師時代に幕屋（臨時の聖所または「神の家」、礼拝の場所）が置かれた場所だった（ヨシ18：1、→**幕屋**の図p.174）。シロは人々が罪を犯したので破壊されたとエレミヤは言った（7：12、14、26：6）。神の臨在を拒んだので神の臨在を全く失ったのである。罪深い道を捨てて神に立返らないなら、同じ結末がエルサレムと神殿を待受けている。

7:18 天の女王 「天の女王」はバビロニヤの多産の女神イシュタルか、フェニキヤの女神アシュタロテを

エレミヤ書 7-8章

けなかった民だ。真実は消えうせ、彼らの口から断たれた。

29 『あなたの長い髪を切り捨て、
　裸の丘の上で哀歌を唱えよ。
　主は、この世代の者を、激しく怒って、
　退け、《捨てたからだ。》

虐殺の谷

30 それは、ユダの子らが、わたしの目の前に悪を行ったからだ。——主の御告げ——彼らは、わたしの名がつけられているこの家に自分たちの忌むべき物を置いて、これを汚した。
31 また自分の息子、娘を火で焼くために、ベン・ヒノムの谷にあるトフェテに高き所を築いたが、これは、わたしが命じたこともなく、思いつきもしなかったことだ。
32 それゆえ、見よ、その日が来る。——主の御告げ——その日には、もはや、そこはトフェテとかベン・ヒノムの谷と呼ばれない。ただ虐殺の谷と呼ばれる。人々はトフェテに、余地がないほどに葬る。
33 この民のしかばねは、空の鳥、地の獣のえじきとなるが、これを追い払う者もない。
34 わたしは、ユダの町々とエルサレムのちまたから、楽しみの声と喜びの声、花婿の声と花嫁の声を絶やす。この国は廃墟となるからである。

8 1 その時、——主の御告げ——人々は、ユダの王たちの骨、首長たちの骨、祭司たちの骨、預言者たちの骨、エルサレムの住民の骨を、彼らの墓からあばき、
2 それらを、彼らが愛し、仕え、従い、伺いを立て、拝んだ日や月や天の万象の前にさらす。それらは集められることなく、葬られることもなく、地面の肥やしとなる。
3 また、この悪い一族の中から残された残りの者はみな、わたしが追い散らした残りの者のいるどんな所でも、いのちよりも死を選ぶようになる。——万軍の主の御告げ——」

罪と罰

4 あなたは、彼らに言え。
　主はこう仰せられる。
　「倒れたら、起き上がらないのだろうか。
　背信者となったら、悔い改めないのだろうか。
5 なぜ、この民エルサレムは、
　背信者となり、背信を続けているのか。
　彼らは欺きにすがりつき、帰って来ようとしない。
6 わたしは注意して聞いたが、
　彼らは正しくないことを語り、
　『私はなんということをしたのか』と言って、
　自分の悪行を悔いる者は、ひとりもいない。
　彼らはみな、戦いに突入する馬のように、
　自分の走路に走り去る。

指している。これらの像はユダヤ人が過去に住んでいた地域から見つかっている。この礼拝には特に女性が巻込まれていた。

7:31 ベン・ヒノムの谷 エルサレムの南のはずれにあるこの谷はごみ捨て場や子どもを火で焼いていけにえとしてささげる（神がモーセを通して神の民に与えられた律法の中で厳しく禁じられている慣習 →レビ18:21, 20:2-5, →「偶像礼拝」の項 p.468）偶像礼拝の場所として使われていた。ユダの歴史の中でいくつかの最悪の罪がこの場所で犯された。「ベン・ヒノムの谷」（《ヘ》ゲヒンノム）からギリシヤ語の「ゲヘナ」ということばができた。それは新約聖書では「地獄」と訳され、神の永遠のさばきの場所を意味している（マタ18:9, マコ9:47-48, →マタ10:28注）。

8:1-22　その時 エレミヤはユダとエルサレムに近付いている滅亡についてそれが既に起きたかのように話している。これはみな人々のかたくなな反抗と罪から離れることを拒んだ結果である（⇒7:24）。エレミヤは幻を見て深く悲しんだ（8:18-22）。このように滅亡とさばきをエレミヤが預言しているときにもにせ預言者は平安を予告していた（8:10-11）。

8:1-2 骨・・・天の万象 旧約聖書の時代には死者を葬らないことは最大の冒瀆（霊的な不敬）と考えられていた。そこで人々が好んで礼拝した天の万象の下に人々の死体をさらすつもりだとまことの神は宣言された。それは偶像礼拝にふさわしい罰と思われた。

7 空のこうのとりも、自分の季節を知っており、
山鳩、つばめ、つるも、自分の帰る時を守るのに、
わたしの民は主の定めを知らない。

8 どうして、あなたがたは、
『私たちは知恵ある者だ。
私たちには主の律法がある』と言えようか。
確かにそうだが、書記たちの偽りの筆が、
これを偽りにしてしまっている。

9 知恵ある者たちは恥を見、
驚きあわてて、捕らえられる。
見よ。主のことばを退けたからには、
彼らに何の知恵があろう。

10 それゆえ、わたしは彼らの妻を他人に与え、
彼らの畑を侵略者に与える。
なぜなら、身分の低い者から高い者まで、
みな利得をむさぼり、
預言者から祭司に至るまで、
みな偽りを行っているからだ。

11 彼らは、わたしの民の娘の傷を手軽にいやし、
平安がないのに、
『平安だ、平安だ』と言っている。

12 彼らは忌みきらうべきことをして、
恥を見ただろうか。
彼らは少しも恥じず、恥じることも知らない。

だから、彼らは、倒れる者の中に倒れ、
彼らの刑罰の時、よろめき倒れる」と主は仰せられる。

13 「わたしは彼らを、刈り入れたい。
——主の御告げ——
しかし、ぶどうの木には、ぶどうがなく、
いちじくの木には、いちじくがなく、
葉はしおれている。
わたしはそれをなるがままにする。」

14 どうして、私たちはすわっているのか。
集まって、城壁のある町々に行き、
そこで死のう。
私たちの神、主が、私たちを滅ぼす。
主が私たちに毒の水を飲ませられる。
私たちが主に罪を犯したからだ。

15 平安を待ち望んでも、幸いはなく、
いやしの時を待ち望んでも、見よ、恐怖しかない。

16 「ダンから馬の鼻息が聞こえる。
その荒馬のいななきの声に、全地は震える。
彼らは来て、地と、それに満ちるもの、
町と、その住民を食らう。

17 見よ。わたしが、
まじないのきかないコブラや、まむしを、
あなたがたの中に送り、
あなたがたをかませるからだ。
——主の御告げ——」

8:7 定めを知らない 人々は神の律法を無視していたので神の律法を知らなかった（→「旧約聖書の律法」の項 p.158）。それに加えて指導者たちが誤ったメッセージを伝えて、神を無視しても罰を受けることはないと考えるように人々を間違った方向へ導いていた（8:8）。新約聖書で使徒ペテロ（主イエスの最初の十二弟子の一人でエルサレムの初代教会の指導者）は人々から利益を得、自分たちの勝手な目的を実現するために神のことばの真理を変えようとするどん欲で不誠実な教師たちのことを言っている。そういう教師は実際には自分自身を滅びに向かわせ神のさばきを招いている（⇒Ⅱペテ3:16）。意図的に罪を犯し続けながらまだ神の国につながっていられるなどと教える人々を警戒しなければならない（→Ⅰコリ6:9注）。

8:12 彼らは少しも恥じず 人々は引返せないところまで来ていた。自分たちの道を捨てて神に立返るという希望が消えるほど霊的な反抗と不信仰の段階に来ていた。罪を恥じたり悲しんだりする気持は全くなかった。したがって神がさばきを下すのは時間の問題だった。今日の人々も（教会の中にいる人も）故意に神のことばを拒み、パウロがローマ1:24-32（→ロマ1:27注）で描いているようないまわしい罪を犯している

エレミヤ書 8-9章

18 私の悲しみはいやされず、
　　私の心は弱り果てている。
19 聞け。遠くの地からの
　　私の民の娘の叫び声を。
　「主はシオンにおられないのか。
　シオンの王は、その中におられないのか。」

　「なぜ、彼らは自分たちの刻んだ像により、
　外国のむなしいものによって、
　わたしの怒りを引き起こしたのか。」

20 「刈り入れ時は過ぎ、夏も終わった。
　それなのに、私たちは救われない。」

21 私の民の娘の傷のために、
　私も傷つき、
　私は憂え、
　恐怖が、私を捕らえた。
22 乳香はギルアデにないのか。
　医者はそこにいないのか。
　それなのに、なぜ、
　私の民の娘の傷はいやされなかったのか。

9

1 ああ、私の頭が水であったなら、
　私の目が涙の泉であったなら、
　私は昼も夜も、
　私の娘、私の民の殺された者のために
　泣こうものを。
2 ああ、私が荒野に旅人の宿を持っていたなら、
　私の民を見捨てて、
　彼らから離れることができようものを。
　彼らはみな姦通者、
　裏切り者の集会だから。
3 彼らは舌を弓のように曲げ、
　真実でなく、偽りをもって、地にはびこる。

　まことに彼らは、悪から悪へ進み、
　わたしを知らない。──主の御告げ──

4 おのおの互いに警戒せよ。
　どの兄弟も信用するな。
　どの兄弟も人を押しのけ、
　どの友も中傷して歩き回るからだ。
5 彼らはおのおの、だまし合って、真実を語らない。
　偽りを語ることを舌に教え、
*　悪事を働き、依然として悔い改めない。

6 *彼らはしいたげに、しいたげを重ね、
　欺きに欺きを重ねて、
　わたしを知ろうともしなかった。
　──主の御告げ──

7 それゆえ、万軍の主はこう仰せられる。
　「見よ。わたしは彼らを溶かしてためす。
　いったい、わたしの民の娘に対し、
　ほかに何ができようか。
8 彼らの舌はとがった矢で、欺きを語る。
　口先では友人に平和を語るが、
　腹の中では待ち伏せを計る。
9 これらのために、
　わたしは彼らを罰しないだろうか。
　──主の御告げ──

【参照欄】
18 ①イザ22:4, 哀1:16, 17
　 ②哀5:17
19 ①エレ4:16, 9:16, イザ39:3
　 ②エレ14:9
　 ③エレ50:38, 51:47, 52, →Ⅱ歴33:19
　 ④エレ2:5
　 ⑤エレ7:18
21 ①エレ14:17
22 ①エレ46:11, 51:8, 創37:25
　 ②エレ14:19, 30:13

1 ①エレ13:17, 14:17, 哀2:11, 3:48, 49
　 ②詩55:6, 7
　 ②エレ5:7, 8, 23:10, ホセ4:2
　 ③エレ5:11, 12:1, 6
　 ④→イザ1:13
3 ①エレ9:5, 8, 詩12:1-4, 64:3, 120:3, イザ59:4, 13
　 ②エレ5:4, 5, Ⅰサム2:12, ホセ4:1
4 ①エレ12:6, 箴26:24, 25, ミカ7:5
　 ②創27:35, 36
　 ③エレ6:28, 箴10:18
5 ①エレ9:8, 詩12:2, 52:3, ミカ6:12
　 ②エレ9:3
　 ③エレ9:3
　 ④エレ4:22
　*七十人訳による
　〔〕「骨折って悪事を働く」
6 *七十人訳による
　〔〕「あなたは欺きの中に住み、彼らは欺きによってわたしを知ろうともしなかった」
　 ①エレ5:27, 8:5
　 ②ヨブ21:14, 15, ヨハ3:19, 20
7 →エレ6:6
　 ②エレ6:29, イザ1:25, マラ3:3
8 ①エレ9:3
　 ②エレ9:20, 詩35:20
　 ③詩28:3, 55:21
　 ④エレ5:26
9 ①エレ5:9, 29

なら同じように重大なところまで行着くことになる。

8:18-22　私の心は弱り果てている　ここは神の民の罪と滅亡に対する預言者の深い悲しみを表している。預言者は神に対する忠誠心と人々との深い結びつきの両方の間にいて引裂かれそうになっている。苦しみのあまり人々から離れて二度とその姿を見たくないと思うほどだった(9:2)。愛する人々が神に反抗する姿を見るときにキリスト者も同じような悲しみを体験する。キリストに人生を明け渡さない人々を待受けている災難について考えるとき神の痛みが感じられる。

9:1-26　目が涙の泉　エレミヤはしばしば「涙の預言者」(⇒14:17)と呼ばれる。それは霊的に大変頑固で無関心で自分たちがどれほど神に反抗しているかを理解さえできない人々のために多くの涙を流したからである。人々は迫り来る災難を意識的に無視していた。預言者の痛みは時には深く涙も出ないほどだった。絶望の叫びや罪の告発、避けられないさばきの警告がこの章全体に見られる。哀歌(「悲しみの歌」→哀緒論

このような国に対して、
わたしが復讐しないだろうか。」

10 私は山々のために泣き声をあげて嘆き、
荒野の牧草地のために哀歌を唱える。
そこは、焼き払われて通る人もなく、
群れの声も聞こえず、
空の鳥から家畜まで、みな逃げ去って
いるからだ。

11 わたしはエルサレムを石くれの山とし、
ジャッカルの住みかとする。
ユダの町々を荒れ果てさせ、住む者も
なくする。

12 知恵があって、
これを悟ることのできる者はだれか。
主の御口が語られたことを
告げ知らせることのできる者はだれか。
どうしてこの国は滅びたのか。
どうして荒野のように焼き払われて、
通る人もないのか。

13 主は仰せられる。「彼らは、わたしが
彼らの前に与えたわたしの律法を捨て、わ
たしの声に聞き従わず、それに歩まず、
14 彼らのかたくなな心のままに歩み、先祖
たちが彼らに教えたバアルに従って歩ん
だ。」
15 それゆえ、イスラエルの神、万軍の主
は、こう仰せられる。「見よ。わたしは、
この民に、苦よもぎを食べさせ、毒の水を
飲ませる。
16 彼らも先祖たちも知らなかった国々に彼
らを散らし、剣を彼らのうしろに送り、つ
いに彼らを絶滅させる。」

17 万軍の主はこう仰せられる。
「よく考えて、泣き女を呼んで来させ、
使いをやって巧みな女たちを連れて来
させよ。」
18 彼らをせきたて、
私たちのために嘆きの声をあげさせ、
私たちの目に涙をしたたらせ、
私たちのまぶたに水をあふれさせよ。
19 シオンから嘆きの声が聞こえるからだ。
ああ、私たちは踏みにじられ、いたく
恥を見た。
私たちが国を見捨て、
彼らが私たちの住まいを投げやったか
らだ。
20 女たちよ。主のことばを聞き、
あなたがたの耳は、
主の言われることばを受けとめよ。
あなたがたの娘に嘆きの歌を教え、
隣の女にも哀歌を教えよ。
21 死が、私たちの窓によじのぼり、
私たちの高殿に入って来、
道ばたで子どもを、広場で若い男を
断ち滅ぼすからだ。

22 語れ。──主の御告げはこうだ──
人間のしかばねは、
畑の肥やしのように、
刈り入れ人のあとの、
集める者もない束のように、横たわる。

23 主はこう仰せられる。
「知恵ある者は自分の知恵を誇るな。
つわものは自分の強さを誇るな。
富む者は自分の富を誇るな。
24 誇る者は、ただ、これを誇れ。
悟りを得て、わたしを知っていることを。
わたしは主であって、
地に恵みと公義と正義を行う者であり、
わたしがこれらのことを喜ぶからだ。
──主の御告げ──

にも深い悲しみと苦悩が示されているので、著者はエレミヤであると伝統的に考えられている。
9:24　誇る者は、ただ、これを誇れ　この世界の知識や人間の能力や地上の富を誇りにしてはいけない（9:23）。むしろイエス・キリストとの個人的な関係に喜びと満足を見出すべきである。神との正しい関係を保ち、私たちに対する神の目的を実現させてくれるのはイエス・キリストの恵みと力である。地上の富と成功は神との個人的な関係を持つ特権と比べたらわずかなものでしかない。神が私たちを創造された目的を果せるように聖霊に満たされながら神の基準に従って自分を主にささげることにこそ本当の価値がある。

25 見よ。その日が来る。――主の御告げ――
その日、わたしは、
すべて包皮に割礼を受けている者を罰する。
26 エジプト、ユダ、エドム、アモン人、モアブ、および
荒野の住人でこめかみを刈り上げている
すべての者を罰する。
すべての国々は無割礼であり、
イスラエルの全家も
心に割礼を受けていないからだ。」

神と偶像
10:12-16 並行記事―51:15-19

10 1 イスラエルの家よ。主があなたがたに語られたことばを聞け。
2 主はこう仰せられる。
「異邦人の道を見習うな。
天のしるしにおののくな。
異邦人がそれらにおののいていても。
3 国々の民のならわしはむなしいからだ。
それは、林から切り出された木、
木工が、なたで造った物にすぎない。
4 それは銀と金で飾られ、
釘や、槌で、動かないように打ちつけられる。
5 それは、きゅうり畑のかかしのようで、
ものも言えず、歩けないので、
いちいち運んでやらなければならない。
そんな物を恐れるな。
わざわいも幸いも下せないからだ。」
6 主よ。あなたに並ぶ者はありません。
あなたは大いなる方。
あなたの御名は、力ある大いなるものです。
7 諸国の民の王よ。
だれかあなたを恐れない者がありま

25 ①エレ4:4
26 ①エレ25:23, 49:32
②エゼ44:7
③エレ4:4, 6:10, レビ26:41, ロマ2:25, 28, 29

2 ①レビ18:3, 20:23, 申12:30
②イザ47:12, 13
3 ①イザ40:20, 44:13-15, 45:20, Ⅱ列19:17, 18, エレ10:3-5, 詩115:4-8, 135:15-18
4 ①イザ40:19, ②イザ41:7
5 ①エレ10:14, ハバ2:19, Ⅰコリ12:2, ②イザ46:1, 7
③イザ41:23, 24, エレ14:22
6 ①エレ10:6, 出15:11, 申33:26, Ⅱサム7:22, 詩86:8, 89:6, イザ40:18, 42:8
②エレ32:18, 詩48:1, 96:4, イザ12:6
7 ①詩22:28, 47:8
②黙15:4,

25 ①エレ4:4
26 ①エレ25:23, 49:32

③ダニ2:27, 28, Ⅰコリ1:19, 20
8 ①エレ10:14
②→Ⅰ列16:13
③エレ2:27
9 ①詩72:10, イザ23:6
②ダニ10:5
③エレ10:14, 51:17, ネヘ3:31, イザ46:6
④詩115:4, 8, ハバ2:18
10 ①イザ65:16
②→イザ37:4
③詩10:16, 29:10
④エレ4:24, 50:46, 詩68:8, ⑤詩76:7
11 *この節はアラム語でしるされている
①詩96:5, 創2:4
②エレ10:15, イザ2:18, ゼパ2:11, ゼカ13:2
12 ①エレ10:12-16, エレ51:15-19, ヨブ38:4-7, エレ32:17, ③詩93:1, イザ45:18, ロマ1:20,
→詩147:4, ④ヨブ9:8, 詩104:2, 148:4, 5, イザ40:22, 42:5
13 ①ヨブ37:2-6, 詩18:13, 29:3-9
②詩135:7
③ヨブ36:27, 28
④ヨブ1:4
14 ①エレ10:8, イザ44:18-20
②エレ10:9
③→イザ40:19
④イザ42:17, 44:11, 45:16
⑤イザ41:29
⑥ハバ2:19
15 ①エレ8:19, 18:15, イザ41:24, ②イザ2:18

しょうか。
それは、あなたに対して当然なことです。
諸国の民のすべての知恵ある者たちの中にも、
そのすべての王国の中にも、
あなたと並ぶような者はいないからです。
8 彼らはみなまぬけ者で愚かなことをする。
むなしい神々の戒め――それは木にすぎない。
9 銀箔はタルシシュから、
金はウファズから運ばれる。
偶像は木工と金細工人の手の作。
その衣は青色と紫色、
これらはみな、名匠の作。
10 しかし、主はまことの神、
生ける神、とこしえの王。
その怒りに地は震え、
その憤りに国々は耐えられない。

*11 あなたがたは、彼らにこう言え。「天と地を造らなかった神々は、地からも、これらの天の下からも滅びる」と。

12 主は、御力をもって地を造り、
知恵をもって世界を堅く建て、
英知をもって天を張られた。
13 主が声を出すと、水のざわめきが天に起こる。
主は地の果てから雲を上らせ、
雨のためにいなずまを造り、
その倉から風を出される。
14 すべての人間は愚かで無知だ。
すべての金細工人は、偶像のために恥を見る。
その鋳た像は偽りで、その中に息がないからだ。
15 それは、むなしいもの、物笑いの種だ。

10:2-16 異邦人の道を見習うな バビロニヤの侵入を恐れてユダの人々は愚かにも周りの国々の神を敬わない人々が行っている偶像礼拝(人間が作った神々を拝むこと)や占星術や交霊術(死者の霊が生きている人と交流できるという考え)に頼った。これらの「神々」が守り安全に保ってくれると考えたのである。けれども実際にはこれらの像は人々を滅ぼそうとしている悪霊の力を表していた。エレミヤはあらゆるものを創造

16 ヤコブの分け前はこんなものではない。
主は万物を造る方。
イスラエルは主ご自身の部族。
その御名は万軍の主である。

近付いている滅亡

17 包囲されている女よ。
あなたの荷物を地から取り集めよ。

18 まことに主はこう仰せられる。
「見よ。わたしはこの国の住民を、
今度こそ放り出し、彼らを悩ます。
彼らに思い知らせてやるためだ。」

19 ああ、私は悲しい。この傷のために。
この打ち傷はいやしがたい。
そこで、私は言った。
「まことに、これこそ私が、
負わなければならない病だ。」

20 私の天幕は荒らされ、
すべての綱は断ち切られ、
私の子らも私から去って、もういない。
再び私の天幕を張る者はなく、
私の幕屋を建てる者もいない。

21 牧者たちは愚かで、主を求めなかった。
それで彼らは栄えず、
彼らの飼うものはみな散らされる。

22 聞け、うわさを。
見よ。大いなる騒ぎが北の地からやって来る。
ユダの町々を荒れ果てた地とし、
ジャッカルの住みかとするために。

エレミヤの祈り

23 主よ。私は知っています。
人間の道は、その人によるのでなく、
歩くことも、その歩みを確かにすることも、
人によるのではないことを。

24 主よ。御怒りによらず、
ただ公義によって、私を懲らしてください。
そうでないと、私は無に帰してしまうでしょう。

25 あなたを知らない諸国の民の上に、
あなたの御名を呼ばない諸氏族の上に、
あなたの憤りを注いでください。
彼らはヤコブを食らい、
これを食らって、これを絶滅させ、
その住まいを荒らしたからです。

破られた契約

11 1 主からエレミヤにあったことばは、こうである。
2 「この契約のことばを聞け。これをユダの人とエルサレムの住民に語って、
3 彼らに言え。
イスラエルの神、主は、こう仰せられる。この契約のことばを聞かない者は、のろわれよ。
4 これは、わたしがあなたがたの先祖をエジプトの国、鉄の炉から連れ出した日に、

された主である神こそが唯一のまことの神であると宣言して人々がこのような邪悪な行動をとることを警告した(10:10-12、→「**偶像礼拝**」の項 p.468)。

10:17-22　あなたの荷物を地から取り集めよ　エレミヤにはバビロニヤ人の侵入があまりにも確実であり近付いている災難が現実的だったので、悲しみと苦悩のことばを叫んだ。それは人々が征服されて帝国中に散らされたあとに叫ぶものと同じ叫びだった(10:19-20、→「**ユダ(南王国)の捕囚**」の地図 p.633)。

10:25　諸氏族の上に、あなたの憤りを注いでください　イスラエルの弱みにつけこんで無慈悲に侵入してきた人々が神の怒りとさばき(当然受けるべきだった)を徹底して受けるようにとエレミヤは祈った(⇒詩79:6-7)。

11:3　聞かない者は、のろわれよ　神のご計画の中でイスラエルは特別な立場を持っていたけれども、それは先祖と結ばれた神の契約に基づいていた。契約は神の律法と約束と人々の神への服従と忠誠に基づく「終生協定」だった。実際に神は協定のあらゆる恩恵を与えてくださった。人々はただ神の完全なご計画を受け入れて生活の中で神の導きに従いさえすればよかった。そうすれば神はこの人々の神になりカナンの地(「約束の地」)に嗣業と必要な守りとを与えてくださる(→「**イスラエル人との神の契約**」の項 p.351)。人々には選ぶ自由があったけれども実際には神を拒んで人間が作った神々に従うことを選んだ。その結果、不従順

『わたしの声に聞き従い、すべてわたしがあなたがたに命ずるように、それを行え。そうすれば、あなたがたはわたしの民となり、わたしはあなたがたの神となる』と言って、彼らに命じたものだ。

5 それは、わたしがあなたがたの先祖に対して、乳と蜜の流れる地を彼らに与えると誓った誓いを、今日あるとおり成就するためであった。」そこで、私は答えて言った。「主よ。アーメン。」

6 すると主は私に仰せられた。「これらのことばのすべてを、ユダの町々と、エルサレムのちまたで叫んで、こう言え。『この契約のことばを聞いて、これを行え。』

7 わたしは、あなたがたの先祖をエジプトの国から導き出した日に、彼らをはっきり戒め、また今日まで、『わたしの声を聞け』と言って、しきりに戒めてきた。

8 しかし彼らは聞かず、耳を傾けず、おのおの悪いかたくなな心のままに歩んだ。それで、わたしはこの契約のことばをみな、彼らに実現させた。わたしが行うように命じたのに、彼らが行わなかったからである。」

9 ついで、主は私に仰せられた。「ユダの人、エルサレムの住民の間に、謀反がある。

10 彼らは、わたしのことばを聞こうとしなかった彼らの先祖たちの咎をくり返し、彼ら自身も、ほかの神々に従って、これに仕えた。イスラエルの家とユダの家は、わたしが彼らの先祖たちと結んだわたしの契約を破った。」

11 それゆえ、主はこう仰せられる。「見よ。わたしは彼らにわざわいを下す。彼らはそれからのがれることはできない。彼らはわたしに叫ぶだろうが、わたしは彼らに聞かない。

12 そこで、ユダの町々とエルサレムの住民は、彼らが香をたいた神々のもとに行って叫ぶだろうが、これらは、彼らのわざわいの時に、彼らを決して救うことはできない。

13 なぜなら、ユダよ、あなたの神々は、あなたの町の数ほどもあり、あなたがたは、恥ずべきもののための祭壇、バアルのためにいけにえを焼く祭壇を、エルサレムの通りの数ほども設けたからである。

14 あなたは、この民のために祈ってはならない。彼らのために叫んだり祈りをささげたりしてはならない。彼らがわざわいに会ってわたしを呼ぶときにも、わたしは聞かないからだ。

15 わたしの愛する者は、わたしの家で、
何をしているのか。何をたくらんでいるのか。
誓願のささげ物や、いけにえの肉が、
わざわいをあなたから過ぎ去らせるのか。
その時には、こおどりして喜ぶがよい。

16 主はかつてあなたの名を、
『良い実をみのらせる
美しい緑のオリーブの木』と呼ばれたが、
大きな騒ぎの声が起こると、
主はこれに火をつけ、その枝を焼かれる。

17 あなたを植えた万軍の主が、あなたにわざわいを言い渡す。これはイスラエルの家とユダの家が、悪を行い、バアルにいけにえをささげて、わたしの怒りを引き起こしたからである。」

エレミヤへの陰謀

18 主が私に知らせてくださったので、私はそれを知りました。今、あなたは、彼ら

---

4 ①エレ26:13, 申11:27
⑤レビ26:12,
エレ13:23, 24:7, ゼカ8:8
5 ①→出3:8
②エレ32:22, 出13:5,
申7:12
③エレ28:6
6 ①エレ3:12
7 ①出15:26
②エレ7:13, 25,
Ⅱ歴36:15
8 ①エレ7:24, 26, 22:21,
26:5, 35:15, エゼ20:8
②→エレ3:17
③レビ26:14-43
9 ①エゼ22:25-29,
ホセ6:9
10 ①エレ13:10
②エレ3:10, 11, 申9:7,
詩78:8
③民25:1-3, 士21:11-13,
ホセ9:10
④エレ3:6-10,
エゼ16:59, ホセ6:7,8:1
11 ①エレ19, 11:17,
19:15, Ⅱ列22:16
②エレ25:35,
イザ24:17, 18
③エレ11:14, 14:12,
詩18:41, 箴1:28,
エゼ8:18, ホセ5:6,
ミカ3:4, ゼカ7:13
④イザ59:2

12 ①申32:37
13 ①エレ2:28
②エレ3:24
③エレ7:9
14 ①エレ7:16, 14:11
②→イザ1:15
15 ①エレ7:8-11
②詩60:5
③エレ13:27
＊七十人訳による
▢「多くのもの」
④イザ1:11
＊＊直訳「聖なる肉」
16 ①Ⅱ列18:32,
Ⅰ歴27:28, イザ24:13,
ホセ14:6, アモ4:9,
ハバ3:17, ハガ2:19,
ゼカ4:3, 11,
→ヨブ15:33, ロマ11:17
②詩83:2
③エレ21:14, 詩80:16
17 ①エレ2:21, 12:2,
詩80:8, イザ5:2
②→エレ6:6
③エレ1:14, 16:10, 11
④エレ9, 11:13, 32:29
18 ①Ⅰサム23:11, 12,
エゼ8:6

に対する契約ののろいが発効されることになる(⇒申28:)。

11:14　この民のために祈ってはならない　人々のためにとりなし(ほかの人々の問題、情況、必要について訴えること)をしないように神は何度もエレミヤに命じられた(⇒7:16, 14:11)。人々は神に対してかたくなに反抗し続け偶像に執着していたので、祈っても役に立たなかった。その滅びのときが来て「彼らがわざわいに会ってわたし(神)を呼ぶときにも」助けないと神は決心された。このことは神を拒み、神に逆らい、神の道に従おうとしないなら神は私たちの祈りにも応えられないという警告である(→「**効果的な祈り**」の項 p.585)。

のわざを、私に見せてくださいました。
19 私は、ほふり場に引かれて行くおとなしい子羊のようでした。彼らが私に敵対して、「木を実とともに滅ぼそう。彼を生ける者の地から断って、その名が二度と思い出されないようにしよう」と計画していたことを、私は知りませんでした。
20 しかし、正しいさばきをし、
　　思いと心をためされる万軍の主よ。
　　あなたが彼らに復讐するのを
　　私は見ることでしょう。
　　私が、あなたに私の訴えを打ち明けたからです。
21 それゆえ、主はアナトテの人々について、こう仰せられた。「彼らはあなたのいのちをねらい、『主の名によって預言するな。われわれの手にかかってあなたが死なないように』と言っている。」
22 それで、万軍の主はこう仰せられる。「見よ。わたしは彼らを罰する。若い男は剣で殺され、彼らの息子、娘は飢えて死に、
23 彼らには残る者がいなくなる。わたしがアナトテの人々にわざわいを下し、刑罰の年をもたらすからだ。」

エレミヤの不平

12

1 　主よ。私があなたと論じても、
　　あなたのほうが正しいのです。
　　それでも、さばきについて、

19 ①イザ53:7
②→イザ38:11
③イザ53:8
④詩109:13
⑤エレ18:18, 20:10, 詩83:3
20①創18:25
②エレ17:10, 20:12, 詩7:9, Ⅰサム16:7, Ⅰ列8:39, Ⅰ歴28:9, 黙24:12, 黙2:23
＊直訳「腎臓」
21①エレ1:1
②エレ12:6, 20:10, 26:8, 38:4
③イザ30:10, アモ2:12, 7:13, 16, ミカ2:6
22①エレ21:14
②エレ18:21
23①エレ6:9
②エレ23:12, 46:21, 48:44, 50:27, ホセ9:7, ミカ7:4

1①エレ11:20, エズ9:15, 詩51:4, 129:4

②ヨブ13:3
③エレ5:27, 28, 詩37:7, 35, 73:3, 94:3, ハバ1:4, マラ3:15
④エレ3:7, 20, 5:11
2①エレ11:17, 45:4
②イザ29:13, エゼ33:31, マタ15:8, マコ7:6, テト1:16
3①詩17:3, 139:1-4
②エレ11:20, 詩7:9, 11:5
③詩49:14
④エレ17:18, 18:21-23, 50:27, ヤコ5:5
4①エレ4:28, 23:10
②ヨエ1:10-17
③ハバ3:17
④エレ4:25, ホセ4:3

一つのことを私はあなたにお聞きしたいのです。
　　なぜ、悪者の道は栄え、
　　裏切りを働く者が、
　　みな安らかなのですか。
2 　あなたは彼らを植え、
　　彼らは根を張り、伸びて、実を結びました。
　　あなたは、彼らの口には近いのですが、
　　彼らの思いからは遠く離れておられます。
3 　主よ。あなたは私を知り、
　　私を見ておられ、
　　あなたへの私の心をためされます。
　　どうか彼らを、ほふられる羊のように引きずり出して、
　　虐殺の日のために取り分けてください。
4 　いつまで、この地は喪に服し、
　　すべての畑の青草は枯れているのでしょうか。
　　そこに住む者たちの悪のために、
　　家畜も鳥も取り去られています。
　　人々は、「彼は私たちの最期を見ない」と
　　言っているのです。

神からの回答

5 　あなたは徒歩の人たちと走っても疲れるのに、
　　どうして騎馬の人と競走できよう。

11:19-23　彼らが私に敵対して・・・計画していたこと　アナトテ（エレミヤの故郷）の多くの人はエレミヤに敵対して悪意のある計画を立てた。エレミヤが主に忠実で人々の罪と偶像礼拝（人間が作った神々を礼拝すること）を公に指摘したのでエレミヤを殺そうと考えた。神はエレミヤに危害を加える計画は成功しないし、計画した人々は神のさばきを避けられないと保証された。様々な迫害の中でもエレミヤは主のことばを宣言し続けた。

12:1-4　なぜ、悪者の道は栄え　エレミヤは自分の苦しみと神を拒む人々が公然と成功し繁栄していることを比較した。そのような人々に対する神のさばきが遅れているように見えるのに、神に忠実な人々がしばしば神を敬わない人々から不当な扱いを受けて苦しんでいることにエレミヤは混乱していた。邪悪な人々が物質的に繁栄することは神に従う多くの人にとって理解し受入れにくいことで、旧約聖書の中で繰返し出てくる問題だった。問題の一部は、目に見えている一時的な地上での報酬やさばきの量に基づいて判断し理解していることだった。そして大抵の場合は神が永遠のさばきですべてのことを正しくされることまで考えなかったからである（→ヨブ21:7-15, 詩10:, 37:, 73:, 94:, ハバ1:5-13, マラ3:14, →「正しい人の苦しみ」の項 p.825）。

12:5　あなたは・・・疲れるのに　エレミヤはアナトテの祭司たちの手を免れたけれどもそれはこれから起こる迫害に比べれば何でもないことだった。したがってさらに厳しい試練や困難に立向かうために信仰

あなたは平穏な地で安心して過ごしているのに、
どうしてヨルダンの密林で過ごせよう。
6 あなたの兄弟や、父の家の者さえ、
彼らさえ、あなたを裏切り、
彼らさえ、
あなたのあとから大声で呼ばわるのだから、
彼らがあなたに親切そうに語りかけても、
彼らを信じてはならない。

7 私は、私の家を捨て、
私の相続地を見放し、
私の心の愛するものを、敵の手中に渡した。
8 私の相続地は、
私にとって、林の中の獅子のようだ。
これは私に向かって、うなり声をあげる。
それで、私はこの地を憎む。
9 私の相続地は、
私にとって、まだらの猛禽なのか。
猛禽がそれを取り巻いているではないか。
さあ、すべての野の獣を集めよ。
連れて来て、食べさせよ。
10 多くの牧者が、私のぶどう畑を荒らし、
私の地所を踏みつけ、
私の慕う地所を、
恐怖の荒野にした。
11 それは恐怖と化し、
荒れ果てて、私に向かって嘆いている。
全地は荒らされてしまった。
だれも心に留める者がいないのだ。

12 荒野にあるすべての裸の丘の上に、
荒らす者が来た。
主の剣が、地の果てから地の果てに至るまで
食い尽くすので、
すべての者には平安がない。
13 小麦を蒔いても、いばらを刈り取り、
労苦してもむだになる。
あなたがたは、自分たちの収穫で恥を見よう。
主の燃える怒りによって。

14 「主はこう仰せられる。わたしが、わたしの民イスラエルに継がせた相続地を侵す悪い隣国の民について。見よ、わたしは彼らをその土地から引き抜き、ユダの家も彼らの中から引き抜く。
15 しかし、彼らを引き抜いて後、わたしは再び彼らをあわれみ、彼らをそれぞれ、彼らの相続地、彼らの国に帰らせよう。
16 彼らが、かつて、わたしの民にバアルによって誓うことを教えたように、もし彼らがわたしの民の道をよく学び、わたしの名によって、『主は生きておられる』と誓うなら、彼らは、わたしの民のうちに建てられよう。
17 しかし、彼らが聞かなければ、わたしはその国を根こぎにして滅ぼしてしまう。──主の御告げ──」

亜麻布の帯

13 1 主は私にこう仰せられた。「行って、亜麻布の帯を買い、それを腰に締めよ。水に浸してはならない。」

と勇気をもって備えることが必要だった。

12:6　あなたの兄弟や、父の家の者さえ　エレミヤの家族の何人かはエレミヤに反対し裏切った。

12:7-13　私は、私の家を捨て　浅ましく痛ましい人々の霊的状態と反抗の結果この地にやって来る荒廃について、主ご自身が嘆いて（悲しんで）おられる。神はそのように反抗する人々をもはや神の民と呼ぶことができなかった。罪の結果神の民が厳しい体験をするとき神はいつも深い痛みと悲しみを体験される。

12:16-17　もし彼らが・・・よく学び　エレミヤは

ここでメシヤの時代を見ている。これは大患難の時代のさばき（マタ24:21, 黙16:）の最後に、キリストが地上に再び来られてご自分の民を救い反キリストを滅ぼして（黙19:）、全地に及ぶ1,000年間の平和な支配を打立てられるときのことである（黙20:, →「**終末の事件**」の表 p.2471）。神の道を学び心から神を礼拝し神の目的に従うなら、あらゆる国の人が神の民とともに資産を受継ぐことができる。けれどももし神に反抗するならやがて滅ぼされることになる。

13:1-11　亜麻布の帯　亜麻布の帯などのエレミヤの

² 私は主のことばのとおり、帯を買って、腰に締めた。
³ すると、私に次のような主のことばがあった。
⁴ 「あなたが買って腰に着けているその帯を取り、すぐ、ユーフラテス川へ行き、それをそこの岩の割れ目に隠せ。」
⁵ そこで、主が私に命じられたように、私は行って、それをユーフラテス川のほとりに隠した。
⁶ 多くの日を経て、主は私に仰せられた。「すぐ、ユーフラテス川へ行き、わたしが隠せとあなたに命じたあの帯を取り出せ。」
⁷ 私はユーフラテス川に行って、掘り、隠した所から帯を取り出したが、なんと、その帯は腐って、何の役にも立たなくなっていた。

⁸ すると、私に次のような主のことばがあった。
⁹ 「主はこう仰せられる。わたしはユダとエルサレムの大きな誇りを腐らせる。
¹⁰ わたしのことばを聞こうともせず、自分たちのかたくなな心のままに歩み、ほかの神々に従って、それに仕え、それを拝むこの悪い民は、何の役にも立たないこの帯のようになる。
¹¹ なぜなら、帯が人の腰に結びつくように、わたしは、イスラエルの全家とユダの全家をわたしに結びつけた。——主の御告げ——それは、彼らがわたしの民となり、名となり、栄誉となり、栄えとなるためだったのに、彼らがわたしに聞き従わなかったからだ。

酒つぼ

¹² あなたは彼らにこのことばを伝えよ。『イスラエルの神、主は、こう仰せられる。すべてのつぼには酒が満たされる。』彼らはあなたに、『すべてのつぼに酒が満たされ

ることくらい、私たちは知りぬいていないだろうか』と言うが、
¹³ あなたは彼らに言え。『主はこう仰せられる。見よ。わたしは、この国の全住民、ダビデの王座に着いている王たち、祭司、預言者、およびエルサレムの全住民をすっかり酔わせ、
¹⁴ 彼らを互いにぶつけ合わせて砕く。父を子どもともに。——主の御告げ——わたしは容赦せず、惜しまず、あわれまないで、彼らを滅ぼしてしまおう。』」

捕囚の脅威

15　耳を傾けて聞け。高ぶるな。
　　主が語られたからだ。
16　あなたがたの神、主に、栄光を帰せよ。
　　まだ主がやみを送らないうちに、
　　まだあなたがたの足が、
　　暗い山でつまずかないうちに。
　　そのとき、あなたがたが光を待ち望んでも、
　　主はそれを死の陰に変え、暗やみとされる。
17　もし、あなたがたがこれに聞かなければ、
　　私は隠れた所で、
　　あなたがたの高ぶりのために泣き、涙にくれ、
　　私の目は涙を流そう。
　　主の群れが、とりこになるからだ。
18　王と王母に告げよ。
　　「低い座に着け。
　　あなたがたの頭から、
　　あなたがたの輝かしい冠が落ちたから。」
19　ネゲブの町々は閉ざされて、
　　だれもあける者はいない。
　　ユダはことごとく捕らえ移され、

象徴的な行動は人々に対する実物教育だった。イスラエルとユダは主にとって身に着ける亜麻布の帯のようだった。それは主との親しい関係を象徴している。けれども今や人々は神を知らないほかの国の人々と同じになったので、エレミヤの亜麻布の帯と同じように捨てられなければならなかった。ユーフラテス川の地域で捕囚(バビロニヤ帝国全域への強制的移動 →エレ論)になっている間にも、人々は罪を犯しているために神には役に立たないものになる。誇りも栄誉もみな失われてしまう。

13:12-14　すべてのつぼには酒が満たされる　空のつぼはユダの人々を表している。「酔わせ」はさばきの

エレミヤ書 13-14章

20 ひとり残らず捕らえ移される。
あなたがたの目を上げ、
北から来る者たちを見よ。
——あなたに賜った群れ、
あなたの美しい羊の群れは
どこにいるのか——
21 あなたは彼らを最も親しい友として、
自分に教えこんでいたのに。
主があなたを罰するとき、
あなたは何と言おうとするのか。
苦痛があなたを捕らえないだろうか。
子を産む女のように。
22 あなたが心の中で、
「なぜ、こんなことが、私の身に起こったのか」と
言うなら、
それは、あなたの多くの咎のために、
あなたのすそはまくられ、
あなたのかかとがそこなわれたからだ。
23 *クシュ人がその皮膚を、
ひょうがその斑点を、変えることができようか。
もしできたら、悪に慣れたあなたがたでも、
善を行うことができるだろう。
24 わたしは、彼らを、
荒野の風に吹き飛ばされるわらのように散らす。
25 これがあなたの受ける割り当て、
わたしがあなたに量り与える分である。
——主の御告げ——
あなたがわたしを忘れ、
偽りに拠り頼んだためだ。
26 わたしも、あなたのすそを、

20 ①エレ1:13
②エレ23:2
21 ①エレ38:22
②エレ5:31
③エレ4:31, 6:24, イザ13:8
22 ①エレ5:19, 16:10-13
②エレ2:17-19, 9:2-9
③エレ13:26, イザ3:17, 47:2, 3, 哀1:8, 9, エゼ16:37-39
23 ①箴27:22, イザ1:5
＊「エチオピヤ人」
②エレ4:22
24 →詩1:4, エレ4:11, 12, 18:17
②エレ9:16, レビ26:33, エゼ5:2, 12
25 ①ヨブ20:29, 詩11:6
＊あるいは「くじ」
②エレ2:32, 3:21, 詩9:17, 106:21, 22
③エレ7:4

26 ①エレ13:22
27 ①エレ5:7, 8
②エレ2:20, 3:2, 6, イザ65:7, エゼ6:13
③エレ4:14, ホセ8:5, エゼ24:13

1 ①エレ14:1-6, レビ26:19, 20
②エレ17:8, アモ4:7
2 ①哀1:4
②イザ3:26, ヨエ1:10
③エレ46:12, Ⅰサム5:12
3 ①Ⅰ列18:5
②エレ2:20
③ヨブ6:20
④Ⅱサム15:30
4 ①エレ3:3
②ヨエ1:11
5 ①ホセ4:3, ヨエ1:18-20
6 ①エレ2:24, ヨブ39:5, 6
②エレ3:2, 21, 4:11, 7:29, レビ26:12, 民23:3, イザ49:9
7 ①イザ59:12, ホセ5:5
②→イザ48:9

顔の上までまくるので、
あなたの恥ずべき所が現れる。
27 あなたの姦淫、あなたのいななき、
あなたの淫行のわざ——
この忌むべき行いを、
わたしは、丘の上や野原で見た。
ああ。エルサレムよ。あなたは
いつまでたっても、きよめられないのか。

日照り、ききん、剣

14 日照りのことについて、エレミヤにあった主のことば。
2 ユダは喪に服し、その門は打ちしおれ、
地に伏して嘆き悲しみ、
エルサレムは哀れな叫び声をあげる。
3 その貴人たちは、召使いを、水を汲みにやるが、
彼らが水ためのほとりに来ても、
水は見つからず、からの器のままで帰る。
彼らは恥を見、侮られて、頭をおおう。
4 国に秋の大雨が降らず、地面が割れたため、
農夫たちも恥を見、頭をおおう。
5 若草がないために、
野の雌鹿さえ、子を産んでも捨てる。
6 野ろばは裸の丘の上に立ち、
ジャッカルのようにあえぎ、目も衰え果てる。
青草がないためだ。
7 私たちの咎が、私たちに不利な証言をしても、
主よ、あなたの御名のために事をなしてください。

混乱を象徴している(⇒25:15-16, イザ49:26, 63:6)。人々は最終的には砕かれて滅ぼされる。

13:22 あなたの多くの咎 さばきが下ったとき、それは神に従わず反抗をしたからであることを人々は悟るべきだった。けれどもあまりに長い間反対の方向へ進んでいたので人々には変えたいという気持ちも能力もなくなっていた(13:23)。

14:1 日照りのことについて この章には人々とその地に対して壊滅的な影響を与える日照りのことが書かれている。神はユダ王国の末期にこの自然災害を送られた。それは人々が神と神の契約に不忠実だったからである(⇒レビ26:18-19, 申28:22-24, →「イスラエル人との神の契約」の項, p.351)。人々はいのちの水がわき出る霊的な泉である神を拒んでいた(2:13)。今や自然の水も供給されなくなる。

14:7-12 私たちの咎が、私たちに不利な証言をし 人々は雨を求めて神に叫んだけれども、主はこの祈りに応えることを拒まれた。今起きている日照りは罪を

私たちの背信ははなはだしく、
私たちはあなたに罪を犯しました。

8 イスラエルの望みである方、
　苦難の時の救い主よ。
　なぜあなたは、この国にいる在留異国人のように、
　また、一夜を過ごすため立ち寄った旅人のように、
　すげなくされるのですか。

9 なぜ、あなたはあわてふためく人のように、
　また、人を救うこともできない勇士のように、
　されるのですか。
　主よ。あなたは私たちの真ん中におられ、
　私たちはあなたの御名をもって、
　呼ばれているのです。
　私たちを、置き去りにしないでください。

10 この民について、主はこう仰せられる。「このように、彼らはさすらうことを愛し、その足を制することもしない。それで、主は彼らを喜ばず、今、彼らの咎を覚えて、その罪を罰する。」

11 主はさらに、私に仰せられた。「この民のために幸いを祈ってはならない。

12 彼らが断食しても、わたしは彼らの叫びを聞かない。全焼のいけにえや、穀物のささげ物をささげても、わたしはそれを受け入れない。かえって、剣とききんと疫病で、彼らをことごとく絶ち滅ぼす。」

13 私は言った。「ああ、神、主よ。預言者たちは、『あなたがたは剣を見ず、ききんもあなたがたに起こらない。かえって、わたしはこの所でまことの平安をあなたがたに与える』と人々に言っているではあり
ませんか。」

14 主は私に仰せられた。「あの預言者たちは、わたしの名によって偽りを預言している。わたしは彼らを遣わしたこともなく、彼らに命じたこともなく、語ったこともない。彼らは、偽りの幻と、むなしい占いと、自分の心の偽りごとを、あなたがたに預言しているのだ。

15 それゆえ、わたしの名によって預言はするが、わたしが遣わしたのではない預言者たち、『剣やききんがこの国に起こらない』と言っているこの預言者たちについて、主はこう仰せられる。『剣とききんによって、その預言者たちは滅びうせる。』

16 彼らの預言を聞いた民も、ききんと剣によってエルサレムの道ばたに投げ出され、彼らを葬る者もいなくなる。彼らも、その妻も、息子、娘もそのようになる。わたしは、彼らの上にわざわいを注ぎかける。

17 あなたは彼らに、このことばを言え。
　『私の目は夜も昼も涙を流して、
　やむことがない。
　私の民の娘、おとめの打たれた傷は大きく、
　いやしがたい、ひどい打ち傷。

18 野に出ると、見よ、剣で刺し殺された者たち。
　町に入ると、見よ、飢えて病む者たち。
　しかし、預言者も祭司も、地にさまよって、
　途方にくれている。』」

19 あなたはユダを全く退けたのですか。
　あなたはシオンをきらわれたのですか。
　なぜ、あなたは、私たちを打って、
　いやされないのですか。
　私たちが平安を待ち望んでも、幸いはなく、

犯したために受けなければならない逃げられないさばきのしるしだった。神を拒んで自分勝手な道を行く人はみな神が祈りを聞いて応えることを拒まれるときが来ることに気付くべきである。神は罪に見合ったさばきを代わりに送られる。

14:14 あの預言者たちは・・・偽りを預言している　神の民は自分たちの中にいる預言者のように見える人々が実際にはうそを言い、メッセージや幻は主から受けたとごまかしていることに気付かなければならない。預言者とそのメッセージは全部聖書の基準に従って吟味されなければならない（→Ⅰコリ14:29注、→「にせ教師」の項 p.1758）。

14:17 私の目は・・・涙を流して　神の選ばれた人々とその先祖に約束された地にさばきが来ようとし

いやしの時を待ち望んでも、
なんと、恐怖しかありません。
20 主よ。私たちは自分たちの悪と、
先祖の咎とを知っています。
ほんとうに私たちは、
あなたに罪を犯しています。
21 御名のために、私たちを退けないでく
ださい。
あなたの栄光の御座を
はずかしめないでください。
あなたが私たちに立てられた契約を覚
えて、
それを破らないでください。
22 異国のむなしい神々の中で、
大雨を降らせる者がいるでしょうか。
それとも、天が夕立を降らせるでしょ
うか。
私たちの神、主よ。
それは、あなたではありませんか。
私たちはあなたを待ち望みます。
あなたがこれらすべてをなさるからで
す。

15

1 主は私に仰せられた。「たとい
モーセとサムエルがわたしの前に
立っても、わたしはこの民を顧みない。彼
らをわたしの前から追い出し、立ち去らせ
よ。
2 彼らがあなたに、『どこへ去ろうか』と言
うなら、あなたは彼らに言え。『主はこう
仰せられる。
死に定められた者は死に、
剣に定められた者は剣に、
ききんに定められた者はききんに、
とりこに定められた者はとりこに。』
3 わたしは四つの種類のもので彼らを罰す
る。──主の御告げ──すなわち、切り殺
すために剣、引きずるために犬、食い尽く
し、滅ぼすために空の鳥と地の獣である。
4 わたしは彼らを、地のすべての王国のお
ののきとする。ユダの王ヒゼキヤの子マナ
セがエルサレムで行ったことのためである。
5 エルサレムよ。
いったい、だれがおまえをあわれもう。
だれがおまえのために嘆こう。
だれが立ち寄って、おまえの安否を尋
ねよう。
6 おまえがわたしを捨てたのだ、
──主の御告げ──
おまえはわたしに背を向けた。
わたしはおまえに手を伸ばし、おまえ
を滅ぼす。*
わたしはあわれむのに飽いた。
7 わたしはこの国の町囲みのうちで、
熊手で彼らを追い散らし、
彼らの子を失わせ、わたしの民を滅ぼ
した。
彼らがその行いを悔い改めなかったか
らだ。
8 わたしはそのやもめの数を
海の砂よりも多くした。
わたしは若い男の母親に対し、
真昼に荒らす者を送り、
にわかに、苦痛と恐怖を彼女の上に襲
わせた。
9 七人の子を産んだ女は打ちしおれ、

---

20 ①エレ3:25, ネヘ9:2, 詩106:6, ダニ9:8
②エレ8:14, 14:7
21 →イザ48:9
②エレ3:17, 17:12
詩74:20, 106:45
22 ①エレ10:3, イザ41:29
②Ⅰ列16:13
③エレ5:24, 10:13, Ⅰ列17:1, 詩135:7, 147:8, イザ30:23, ゼカ10:1
④イザ41:4, 43:10
⑤哀3:25, 26

1 ①エゼ14:14, 20
②出32:11-14, 民14:13-19, 詩99:6, 106:23
③Ⅰサム7:9, 12:23
④エレ18:20, 35:19
⑤エレ7:15, 10:18, 52:3, Ⅱ列17:20
2 ①エレ14:12, 24:10, 43:11, レビ26:33, エゼ5:2, 12, ゼカ11:9

3 ①レビ26:16, 22, 25, エゼ14:21
②Ⅰ列21:23, 24, 詩68:23
③エレ7:33, 申28:26
4 ①エレ24:9, 29:18, 34:17, 申28:25
②Ⅱ列21:1-16, 23:26, 27, 24:3, 4, Ⅱ歴33:1-9
5 ①エレ13:14, 21:7, 詩69:20
②エレ16:5, イザ51:19, ナホ3:7
6 ①エゼ2:13, 6:19, 8:9
②イザ1:4
③エレ6:12, ゼパ1:4
* あるいは「彼らが悔いる」
④エレ7:16
7 ①詩1:4
②エレ18:21, ホセ9:12-16
8 ①イザ3:25, 4:1
②エレ6:4
③エレ22:7
9 ①Ⅰサム2:5

ているのでエレミヤは再び泣いている(⇒9:18, 13:17, →9:1-26注)。

15:1-9 【主】は私に仰せられた エレミヤが14:19-22で人々のために祈った祈りに神は応えられた。人々が神を拒み神を信じる信仰から離れ続け過去の罪深い道に戻っているので、エルサレムの破壊とバビロニヤへの捕囚(捕虜として強制的に連去られる)は確実に起こる。神はたといモーセとサムエルが神の前に近付いて人々のために祈っても無視すると言われた(→15:1注)。

15:1 モーセとサムエル このふたりは過去の預言者であり指導者だったけれども神と非常に親しい関係にあって(⇒申34:10, Ⅰサム12:18)、人々のために祈るその祈りは非常に効果があった。ふたりがイスラエル人のために情熱的に継続的に神に嘆願したときに神は祈りに応えられた(⇒出32:11-14, 30-32, 民14:13-20, 申9:13-29, Ⅰサム7:8-9, 12:19-25)。けれども今では災難が来るのを止めることのできる人はだれもいない。

15:4 マナセが・・・行ったことのため マナセはユダで最も邪悪な王で人々をはなはだしい霊的反抗に導いた(Ⅱ列21:10-15, 23:26, 24:3)。マナセは既に死んでいたけれどもその邪悪な影響は残っていた。マナセが始めた不誠実な反抗の道に人々が従い続けたた

その息はあえいだ。
彼女の太陽は、まだ昼のうちに没し、
彼女は恥を見、はずかしめを受けた。
また、わたしは、彼らの残りの者を
彼らの敵の前で剣に渡す。
　──主の御告げ──」

10 ああ、悲しいことだ。
　私の母が私を産んだので、
　私は国中の争いの相手、
　けんかの相手となっている。
　私は貸したことも、借りたこともないのに、
　みな、私をのろっている。

11 主は仰せられた。
「必ずわたしはあなたを解き放って、
　しあわせにする。
　必ずわたしは、わざわいの時、苦難の時に、
　敵があなたにとりなしを頼むようにする。

12 だれが鉄、北からの鉄や青銅を
　砕くことができようか。

13 わたしは、あなたの財宝、あなたの宝物を
　獲物として、ただで引き渡す。
　それは、あなたの国中で、
　あなたが犯した罪のためだ。

14 わたしはあなたを*
　あなたの知らない国で敵に仕えさせる。
　わたしの怒りによって火がつき、
　あなたがたに向かって燃えるからだ。」

15 主よ。あなたはご存じです。

9 ②アモ8:9
　③エレ50:12
　④エレ21:7
10 ①エレ20:14, 15,
　ヨブ3:1, 3
　②エレ1:18, 19, 15:20,
　20:7, 8
　③出22:25,
　レビ25:36, 37, 申23:19
　④詩69:4
11 ①エレ21:2, 37:3,
　38:14, 42:2
12 ①エレ28:14
　②エレ1:13
13 ①エレ17:3, 20:5
　②イザ52:3, 5
14 *「あなたを」は補足
　①エレ16:13, 17:4,
　申28:36
　**七十人訳などによる
　申32:22, 詩21:9

15 ①エレ11:20, 20:12
　②→ヨエ2:13
　③エレ20:8,
　詩44:22, 69:7-9
16 ①エゼ3:1-3, 黙10:9, 10
　②詩119:72, 103, 111
　③エレ14:9
17 ①エレ16:8
　②エレ13:17, 哀3:28,
　エゼ3:24, 25
　③エレ6:11
18 ①ヨブ34:6
　②エレ14:3,
　ヨブ6:15, 20
19 ①エレ15:1, 35:19
　②Ⅱテモ2:20, 21
　③エレ1:5

私を思い出し、私を顧み、
私を追う者たちに復讐してください。
あなたの御怒りをおそくして、
私を取り去らないでください。
私があなたのためにそしりを受けているのを、
知ってください。

16 私はあなたのみことばを見つけ出し、
　それを食べました。
　あなたのみことばは、私にとって
　楽しみとなり、心の喜びとなりました。
　万軍の神、主よ。
　私にはあなたの名がつけられているからです。

17 私は、戯れる者たちの集まりにすわったことも、
　こおどりして喜んだこともありません。
　私はあなたの御手によって、
　ひとりすわっていました。
　あなたが憤りで私を満たされたからです。

18 なぜ、私の痛みはいつまでも続き、
　私の打ち傷は直らず、
　いえようともしないのでしょう。
　あなたは、私にとって、欺く者、
　当てにならない小川のようになられるのですか。

19 それゆえ、主はこう仰せられた。
「もし、あなたが帰って来るなら、
　わたしはあなたを帰らせ、
　わたしの前に立たせよう。
　もし、あなたが、卑しいことではなく、
　尊いことを言うなら、
　あなたはわたしの口のようになる。
　彼らがあなたのところに帰ることが

めにさばきが下るのである。

15:10　ああ、悲しいことだ。私の母が　エレミヤはその土地の人々がみな自分をのろい、拒んでいると主に不平をこぼした。神はそれに応えて(15:11-14)、さばきが来たときにはむしろ敵がエレミヤに助けを求めて来るようになると言われた(⇒21:1-7, 37:1-10, 17-20, 38:14-18)。

15:16　あなたのみことばは・・・楽しみとなり、心の喜びとなりました　エレミヤが人々と違う点が二つ

あった。(1) 神のことばを愛していた。神のことばは楽しみであり喜びだった。神のことばを深く愛することは神の子であることの確かなしるしである(→詩119: 注, →「**神のことば**」の項 p.1213)。(2) 周りの人々の罪深い行いから離れ続けていた(15:17)。神に忠実であるために支払った代価は(⇒詩26:3-5)いつも孤立し孤独なことだった。

15:19-21　もし、あなたが帰って来るなら　エレミヤは神が自分に対して忠実ではないと文句を言った

あっても、
あなたは彼らのところに帰ってはならない。
20 わたしはあなたを、この民に対し、
堅固な青銅の城壁とする。
彼らは、あなたと戦っても、勝てない。
わたしがあなたとともにいて、
あなたを救い、あなたを助け出すからだ。
——主の御告げ——
21 また、わたしは、
あなたを悪人どもの手から救い出し、
横暴な者たちの手から助け出す。」

わざわいの日

16 1 次のような主のことばが私にあった。
2 「あなたは妻をめとるな。またこの所で、息子や娘を持つな。」
3 まことに、主は、この所で生まれる息子や娘につき、また、この国で、彼らを産む母親たちや、彼らを生ませる父親たちについて、こう仰せられる。
4 「彼らはひどい病気で死ぬ。彼らはいたみ悲しまれることなく、葬られることもなく、地面の肥やしとなる。また、剣とききんで滅ぼされ、しかばねは空の鳥や地の獣のえじきとなる。」
5 まことに主はこう仰せられる。「あなたは、服喪中の家に入ってはならない。悼みに行ってはならない。彼らのために嘆いてはならない。わたしはこの民から、わたしの平安と、——主の御告げ——いつくしみと、あわれみとを取り去った。
6 この国の身分の高い者や低い者が死んでも葬られず、だれも彼らをいたみ悲しまず、彼らのために身を傷つけず、髪もそら

ない。
7 だれも、死んだ者を悔やむために葬儀に出て、パンを裂くこともなく、その父や母を慰める杯を彼らに飲ませることもないだろう。
8 あなたは宴会の家に行き、いっしょにすわって食べたり飲んだりしてはならない。」
9 まことにイスラエルの神、万軍の主は、こう仰せられる。「見よ。わたしは、この所から、あなたがたの目の前で、あなたがたが生きているうちに、楽しみの声と喜びの声、花婿の声と花嫁の声を絶やす。
10 あなたがこの民にこのすべてのことばを告げるとき、彼らがあなたに、『なぜ、主は私たちに、この大きなわざわいを語られたのか。私たちの咎とは何か。私たちの神、主に犯したという、私たちの罪とは何か』と尋ねたら、
11 あなたは彼らにこう言え。『あなたがたの先祖がわたしを捨て、——主の御告げ——ほかの神々に従い、これに仕え、これを拝み、わたしを捨てて、わたしの律法を守らなかったためだ。
12 また、あなたがた自身、あなたがたの先祖以上に悪事を働き、しかも、おのおの悪い、かたくなな心のままに歩み、わたしに聞き従わないので、
13 わたしはあなたがたをこの国から投げ出して、あなたがたも、先祖も知らなかった国へ行かせる。あなたがたは、そこで日夜、ほかの神々に仕える。わたしはあなたがたに、いつくしみを施さない。』
14 それゆえ、見よ、その日が来る。——主の御告げ——その日にはもはや、『イスラエルの子らをエジプトの国から上らせた主は生きておられる』とは言わないで、
15 ただ『イスラエルの子らを北の国や、彼

(15:18)。神はそのことばを考え直し態度を改めるようにとエレミヤに言われた。それから励ましとなる約束と新しい召命（神から与えられた使命）を与えられた。

16:2-10　あなたは妻をめとるな　神はエレミヤの生涯と働きにある制約を設けられた。それはさばきの時が来たら人々に対して実物教材になるためだった。
(1) 第一の制約は妻をめとったり子どもを持ったりしないことだった。これはやがて来る滅亡の中で家族を失い、離散し、殺される人々の見本になるためだった(16:1-4)。(2) 第二の制約は葬儀の食事の中で嘆いたり同情を示したりしないことだった。これは神が人々から祝福とあわれみを取去られたことを示している(16:5-7)。(3) 第三の制約は宴会に参加しないことだった。それはユダの喜びを神が終らせることを表していた(16:8-9)。

らの散らされたすべての地方から上らせた主は生きておられる』と言うようになる。わたしは彼らの先祖に与えた彼らの土地に彼らを帰らせる。

16 見よ。わたしは多くの漁夫をやって、──主の御告げ──彼らをすなどらせる。その後、わたしは多くの狩人をやって、すべての山、すべての丘、岩の割れ目から彼らをかり出させる。

17 わたしの目は彼らのすべての行いを見ているからだ。彼らはわたしの前から隠れることはできない。また、彼らの咎もわたしの目の前から隠されはしない。

18 わたしはまず、彼らの咎と罪に対し二倍の報復をする。それは彼らがわたしの国を忌むべきもののしかばねで汚し、忌みきらうべきものを、わたしの与えた相続地に、満たしたからである。」

19 主よ、私の力、私のとりで、
苦難の日の私の逃げ場よ。
あなたのもとに、
諸国の民は地の果てから来て言うでしょう。
「私たちの先祖が受け継いだものは、
ただ偽るもの、
何の役にも立たないむなしいものばかりだった。

20 人間は、自分のために神々を造れようか。
そんなものは神ではない」と。

21 「だから、見よ、わたしは彼らに知らせる。
今度こそ彼らに、

15 ②エレ24:6, 32:37,
詩106:47,
イザ11:11-16, 14:1,
43:19, ホセ3:5
16 ①アモ4:2, ハバ1:14, 15
②アモ9:1-3
③イザ2:21
17 ①エレ23:24, 32:19,
ヨブ34:21,
詩33:13, 90:8,
箴5:21, 15:3, ヘブ4:13
②エレ9:22
18 ①イザ40:2, 黙18:6
②エレ7:30,
エゼ11:18, 21
③エレ2:7, 3:9
④エレ2:7
19 ①詩18:1, 2, 28:8
②イザ25:4
③エレ16:19
④Ⅱサム22:3
⑤エレ3:17
⑥エレ10:14,
ハバ2:18, 19
⑦エレ2:8
20 ①エレ2:11, 5:7, 10:5,
詩115:4-8, イザ37:19,
ホセ8:4-6, ガラ4:8

21 ①エレ33:2, 出15:3,
詩83:18, イザ43:3,
アモ5:8
1 ①エレ2:22, 4:14
②ヨブ19:24
＊多数の写本による
〔「あなたがたの祭壇」
③箴3:3, 7:3,
イザ49:16, Ⅱコリ3:3
2 ①エレ7:18
②エレ2:20, 3:6
③出34:13, 士5:7,
Ⅱ歴24:18, 33:3, 19,
イザ17:8
3 ①エレ26:18, ミカ3:12
②エレ15:13, 20:5,
Ⅱ列24:13, イザ9:4-6
＊別訳「罪の中にあるあなたの高き所を」
4 ①→エレ2:7
②哀5:2
＊「あなたは落とす。そして
あなたに」の読み替え
③エレ16:23
④エレ15:10, 申28:48
⑤エレ7:20, 15:14,
申32:22, イザ5:25
5 ①詩146:3, 4, イザ2:22,
30:1, 31:1, エゼ29:6, 7
②Ⅱ歴32:8, イザ31:3

わたしの手と、わたしの力を知らせる。
彼らは、わたしの名が主であることを知る。」

17

1 ユダの罪は鉄の筆と金剛石のとがりでしるされ、
彼らの心の板と彼らの祭壇の角に刻まれている。

2 彼らの子たちまで、
その祭壇や、高い丘の茂った木のほとりにある
アシェラ像を覚えているほどだ。

3 野にあるわたしの山よ。
わたしは、あなたの財宝、すべての宝物を、
獲物として引き渡す。
あなたの国中にある高き所の罪のために。

4 あなたは、わたしが与えたあなたの相続地を、
手放さなければならない。
また、わたしは、
あなたの知らない国で、あなたを敵に仕えさせる。
あなたがたが、わたしの怒りに火をつけたので、
それはとこしえまでも燃えよう。

5 主はこう仰せられる。
「人間に信頼し、肉を自分の腕とし、
心が主から離れる者はのろわれよ。

6 そのような者は荒地のむろの木のように、
しあわせが訪れても会うことはなく、

16:15 彼らの土地に彼らを帰らせる 人々は間もなくバビロニヤ帝国によって侵略されて各地に散らされるけれども刑罰は永遠には続かない。ある人々は故郷に再び回復される。それは全世界の人々を神との関係に引戻すという神のご計画を進めるためである。このご計画はメシヤ(「油そそがれた者」、救い主、キリスト)が来られることによって完全に実現する。

16:18 二倍の報復をする 「二倍」と訳されているヘブル語は「同等の」を意味する。神は人々の悪に対して完全に報復してその罪に応じたものを与えられる。

16:19 あなたのもとに、諸国の民は地の果てから来て エレミヤは全世界の人々が唯一のまことの神を礼拝し、人間が作った神々を価値のない偶像として捨てる日を見ている(⇒イザ2:1-4, 45:14, ゼカ8:20-23)。

17:1 ユダの罪 この国は非常に邪悪であるとエレミヤは非難した。人々の罪と反抗はその性格の中に深く埋め込まれ根付いていて、人間が作った神々に頼り悪を行うことが生活の中心になっていた。神に不忠実だった結果人々は土地を失い奴隷になっていく(17:4)。

17:5-8 のろわれよ 自分やほかの人々の人間的能

エレミヤ書 17章

7 主に信頼し、
　主を頼みとする者に
　祝福があるように。
8 その人は、水のほとりに植わった木の
　ように、
　流れのほとりに根を伸ばし、
　暑さが来ても暑さを知らず、
　葉は茂って、
　日照りの年にも心配なく、
　いつまでも実をみのらせる。

9 人の心は何よりも陰険で、
　それは直らない。
　だれが、それを知ることができよう。
10 わたし、主が心を探り、思いを調べ、
　それぞれその生き方により、
　行いの結ぶ実によって報いる。
11 しゃこが自分で産まなかった卵を抱く
　ように、
　公義によらないで富を得る者がある。
　彼の一生の半ばで、
　富が彼を置き去りにし、
　そのすえはしれ者となる。」

12 私たちの聖所のある所は、
　初めから高く上げられた栄光の王座で
　ある。
13 イスラエルの望みである主よ。

6 ①申29:23
7 ①詩2:12, 32:10, 34:8, 40:4, 84:12, 箴16:20
　②詩71:5
8 ①詩1:3, エレ31:3-9, 詩92:12-14
　②エレ14:1-6
9 ①マコ7:21,22, ロマ1:21
　②イザ1:5, 6, 6:10, マタ13:15
10 ①エレ11:20
　②エレ21:14, 25:14, 32:19, 50:29, 詩28:4, 62:12, イザ3:11, マタ16:27, ロマ2:6
11 ①エレ6:13, 8:10, 22:13,17
　②詩55:23
12 ①エレ3:17, 14:21
13 ①エレ14:8, 50:7

②エレ17:5, 詩73:27
③ルカ10:20
*「その名が」は補足
④エレ2:13
14 ①詩6:2
　②詩54:1, 60:5
　③申10:21, 詩109:1
15 ①イザ5:19
16 ①エレ1:6, 20:9
17 ①詩88:15
　②エレ16:19, ナホ1:7
18 ①エレ20:11, 詩35:4, 26, 40:14, 70:2
　②エレ1:17
　③詩35:8

あなたを捨てる者は、みな恥を見ます。

「わたしから離れ去る者は、
　地に*その名がしるされる。
　いのちの水の泉、主を捨てたからだ。」

14 私をいやしてください。主よ。
　そうすれば、私はいえましょう。
　私をお救いください。
　そうすれば、私は救われます。
　あなたこそ、私の賛美だからです。
15 ああ、彼らは私に言っています。
　「主のことばはどこへ行ったのか。
　さあ、それを来させよ。」
16 しかし、私は、あなたに従う牧者とな
　ることを、
　避けたことはありません。
　私は、いやされない日を望んだことも
　ありません。
　あなたは、私のくちびるから出るもの
　は、
　あなたの御前にあるのをご存じです。
17 私を恐れさせないでください。
　あなたは、わざわいの日の、私の身の
　避け所です。
18 私に追い迫る者たちが恥を見、
　私が恥を見ないようにしてください。
　彼らがうろたえ、
　私がうろたえないようにしてください。
　彼らの上にわざわいの日を来たらせ、

エレ30:17

力や財源を信頼し頼る人は落胆し失敗し霊的に貧しくなり、最終的にはみな失うだけである。けれども完全に主に頼る人は祝福され最後には永遠の恩恵を受ける。神に忠実な人々はどのような状況でも心配したり恐れたりする必要はない。そのいのちが神に深く根ざしているからである。

17:9 人の心は・・・陰険で 心は人の内面を指し、望みや感情や考え方が含まれている（→「心」の項 p.1043）。人間の価値感、努力、業績の「最高」と考えられるものを土台にした哲学や世界観がどんなにすぐれていても人間性は基本的に善ではない。もし心が神と一つになっていないなら「心の思うままに進みなさい」というのは良い助言ではない。神から離れた人間の心は非常に邪悪で堕落していて進む道は滅びにつながっている（⇒箴14:12）。人間の性質は自己中心に傾き、神の道とは違う道を求める。堕落した人間の心は自分では変えられない。改善手段はただ神の恵み（受けるにふさわしくないあわれみと好意）を体験し、イエス・キリストを信じる信仰を通して罪を赦されて霊的に「新しく生まれ」ることだけである（ヨハ3:3-8, Ⅰペテ1:23）。人の生涯を完全に作り変えて、悪を憎んで神が望まれる行いを喜ぶ新しい心を与えることができるのは神だけである（⇒24:7, エゼ11:19-20, マタ5:8, →「新生－霊的誕生と刷新」の項 p.1874）。

17:14-18 私をいやしてください。・・・私をお救いください 厳しい反対と迫害に直面したエレミヤは預言者の働きを続けられるように神の恵みと力を求めて祈った。エレミヤの予告がまだ実現していないので（17:15）、人々やにせ預言者たちはエレミヤをからかいメッセージをあざ笑った。この苦しみの中でもエレ

破れを倍にして、彼らを打ち破ってください。

安息日を聖く保つ

19 主は私にこう仰せられる。「行って、ユダの王たちが出入りする、この民の子らの門と、エルサレムのすべての門に立ち、20 彼らに言え。

これらの門のうちに入るユダの王たち、ユダ全体、エルサレムの全住民よ。主のことばを聞け。

21 主はこう仰せられる。『あなたがた自身、気をつけて、安息日に荷物を運ぶな。また、それをエルサレムの門のうちに持ち込むな。

22 また、安息日に荷物を家から出すな。何の仕事もするな。わたしがあなたがたの先祖に命じたとおりに安息日をきよく保て。

23 しかし、彼らは聞かず、耳も傾けず、うなじのこわい者となって聞こうとせず、懲らしめを受けなかった。

24 もし、あなたがたが、ほんとうにわたしに聞き従い、──主の御告げ──安息日にこの町の門のうちに荷物を持ち込まず、安息日をきよく保ち、この日に何の仕事もしないなら、

25 ダビデの王座に着く王たちや、車や馬に乗る首長たち、すなわち王たちとその首長たち、ユダの人、エルサレムの住民は、この町の門のうちに入り、この町はとこしえに人の住む所となる。

18④エレ16:18
20①エレ19:3, 22:2
21①申4:9, 15, 23
 ②ネヘ13:15-21
22①出16:23-29, 20:8-10, 23:12, 31:13-17, 民15:32-36, 申5:12-14, ヨハ5:9-12
 ②レビ26:2, イザ56:2-6, 58:13, エゼ20:12, 20
23①エレ7:24, 28, 11:10, ゼカ1:4
 ②エレ7:26, 19:15, 箴29:1
24①出15:26, 申11:13, イザ55:2
25①エレ22:4
 ②エレ33:15, 17, 20, 21, Ⅱサム7:16, イザ9:7, ルカ1:32
 ③ヨエ3:20

26 ユダの町々やエルサレムの周辺から、ベニヤミンの地や低地から、また山地やネゲブから、全焼のいけにえや、ほかのいけにえ、穀物のささげ物や乳香を携えて来る者、感謝のいけにえを携えて来る者が、主の宮に来る。

27 しかし、もし、わたしの言うことを聞き入れず、安息日をきよく保たずに、安息日に荷物を運んでエルサレムの門のうちに入るなら、わたしはその門に火をつけ、火はエルサレムの宮殿をなめ尽くして、消えることがないであろう。』」

陶器師の家

18 1 主からエレミヤにあったみことばは、こうである。

2 「立って、陶器師の家に下れ。そこで、あなたに、わたしのことばを聞かせよう。」

3 私が陶器師の家に下って行くと、ちょうど、彼はろくろで仕事をしているところだった。

4 陶器師は、粘土で制作中の器を自分の手でこわし、再びそれを陶器師自身の気に入ったほかの器に作り替えた。

5 それから、私に次のような主のことばがあった。

6 「イスラエルの家よ。この陶器師のように、わたしがあなたがたにすることができないだろうか。──主の御告げ──見よ。粘土が陶器師の手の中にあるように、イスラエルの家よ、あなたがたも、わたしの手

26①エレ32:44, 33:13
 ②ゼカ7:7
 ＊「シェフェラ」
 ③→エレ6:20
 ④→エレ14:12
 ⑤エレ33:11, 詩107:22, 116:17
27①エレ22:5, 26:4-6, イザ1:10, 20, ゼカ7:11-14
 ②エレ17:21, 22
 ③エレ11:16, 21:14, 49:27, イザ9:18, 19, 哀4:11, アモ1:4, 7, 10, 12, 2:2, 5
 ④エレ39:8, 52:13, Ⅱ列25:9, アモ2:5
 ⑤エレ7:20, エゼ20:47

2①エレ23:22
6①イザ29:16, 45:9, 64:8, ロマ9:21

ミヤは働きをやめなかった。そして神から力と励ましを受取っていた。

17:19-23 門に立ち 安息日をきよく保つこと（神が命じられたように第7日目を礼拝と休息の日とする→出20:8-10）についてのこの部分は滅亡についてのエレミヤの預言も条件付きだったことを示している。人々が神に立返って神の命令を守り、善を行うなら捕囚は避けることができる（17:24-26）。救いと救出の道はまだユダに残されていた。

18:2 陶器師の家 神は陶器を作る職人の家へエレミヤを導かれた。ここでエレミヤは陶器師が粘土から器を形作るのを見た。けれども最初の作品にはひびが入り陶器師が考えていたものにはならなかった。そこで陶器師はそれを自分の目的に合うものに作り直し

た。このたとえには私たちの中に働く神の働きに当てはまる重要な原則が含まれている。(1) 神は私たちの性質と目的を作られる方であるけれども、私たちが従うかどうかによって神がなさる働きが大きく左右される。(2) 選択をする自由意思は神から与えられているので、神への献身が欠けていれば神が最初私たちに対して持たれた目的が実行されなくなる（⇒18:10）。(3) 私たちの選択と神への応え方によっては私たちに対する目的を神は自由に変えられる。もし神に抵抗し反抗するなら神はご自分の目的に合うように私たちの心を作り直し回復しようとされる。けれども私たちが神を無視し続けるなら神は滅亡へ傾くように作り直されるかもしれない（18:7-11, ⇒19:10-11, ロマ9:22）。滅びに向かって進んでいても悔い改める（か

の中にある。

7 わたしが、一つの国、一つの王国について、引き抜き、引き倒し、滅ぼすと語ったその時、

8 もし、わたしがわざわいを予告したその民が、悔い改めるなら、わたしは、下そうと思っていたわざわいを思い直す。

9 わたしが、一つの国、一つの王国について、建て直し、植えると語ったその時、

10 もし、それがわたしの声に聞き従わず、わたしの目の前に悪を行うなら、わたしは、それに与えると言ったしあわせを思い直す。

11 さあ、今、ユダの人とエルサレムの住民に言え。『主はこう仰せられる。見よ。わたしはあなたがたに対してわざわいを考え、あなたがたを攻める計画を立てている。さあ、おのおのの悪の道から立ち返り、あなたがたの行いとわざとを改めよ。』

12 しかし、彼らは言う。『だめだ。私たちは自分の計画に従い、おのおの悪いかたくなな心のままに行うのだから』と。

13 それゆえ、主はこう仰せられる。
『さあ、国々の中で尋ねてみよ。
だれが、こんなことを聞いたことがあるか。
おとめイスラエルは、
実に恐るべきことを行った。

14 レバノンの雪は、
*野の岩から消え去るだろうか。
ほかの国から流れて来る冷たい水が、
引き抜かれるだろうか。

7 ①エレ1:10, 31:28
8 ①エレ7:3-7, 12:16,
エゼ18:21-24, 33:11
②エレ26:3, 13, 19,
出32:14, Ⅱサム24:16,
ヨエ2:13, 14,
ヨナ3:9, 10, 4:2
9 ①エレ1:10, 31:28
10 ①エレ7:24-28
②→エレ7:30
③Ⅰサム2:30, 13:13, 14
11 ①エレ4:6, 11:11,
イザ5:5
②エレ4:1, 35:15,
Ⅱ列17:13, イザ1:16, 17,
使26:20
③エレ3:17, 26:13
12 ①エレ2:25, イザ57:10
②エレ11:19, 18:18
③エレ3:17
13 ①エレ2:10, 11
②エレ14:17, 31:4
③エレ5:30, 23:14,
ホセ6:10
14 *七十人訳は「力の」

15 ①エレ2:32, 3:21,
13:25
②エレ7:9, 44:17
*あるいは「いけにえを焼いて煙にする」
③エレ6:16
16 ①エゼ33:28, 29
②エレ19:8, 25:9
③エレ48:27,
詩22:7, 64:8, 109:25,
イザ37:22, 哀2:15,
ゼパ2:15
17 ①詩48:7
②エレ13:24
③エレ2:27, 32:33
18 ①エレ11:19
②マラ2:7, エレ2:8
③→エレ2:8
④エレ3:8, ヨブ5:13
⑤エレ5:13
⑥エレ20:10, 詩52:2,
マタ22:15
20 ①詩35:12, 109:5
②エレ5:26, 18:22,
詩57, 57:6
③詩106:23

15 それなのに、わたしの民はわたしを忘れ、
*むなしいものに香をたく。
それらは、彼らをその道、
いにしえの道でつまずかせ、
小道に、まだ築かれていない道に行かせ、

16 彼らの国を恐怖とし、
永久にあざけりとする。
そこを通り過ぎる者はみな色を失い、
頭を振る。

17 東風のように、わたしは彼らを敵の前で散らす。
彼らの災難の日に、
わたしは彼らに背を向け、顔を向けない。』」

18 彼らは言った。「さあ、私たちは計画を立ててエレミヤを倒そう。祭司から律法が、知恵ある者からはかりごとが、預言者からことばが滅びうせることはないはずだから。さあ、舌で彼を打ち、彼のことばにはどれにも耳を傾けまい。」

19 主よ。私に耳を傾け、
私と争う者の声を聞いてください。

20 善に悪を報いてよいでしょうか。
まことに彼らは、私のいのちを取ろうとして
穴を掘ったのです。
私があなたの御前に立って、
彼らに対するあなたの憤りをやめて

たくなな道から立返って神によりよく従うことができるように心と思いを神に変えていただく)なら、神はご自分の名誉のために私たちの生涯を作り変えてくださる(⇒Ⅱテモ2:20-21)。(4) 自分の欠点のある願いを明け渡して神の完全なご計画に従おうとするなら神は私たちの目的を新しくして再出発させてくださる。

18:8 思い直す 神は既に発表されたご計画を変え、私たちの扱いを調整する自由を持っておられる。けれども私たちの中で行われ、私たちを通して行われる神のこの働きも私たちの選択によって決まるのである。神が提供された赦しやさばきの警告に私たちがどのように応答するかということである。神のご計画は完全に予定されていて変えられないものではない。神ご自身は変ることがないけれども(民23:19, ヤコ1:17)、人々の霊的変化や成長や進歩があるなら神はあわれみと忍耐のゆえに「柔軟に」対応される。神の祝福と約束とさばきは普通は条件付きである。私たちの選択や行動次第である。私たちがどのような選択をするか神は知っておられるけれども、強制的にその選択をさせるのではない。私たちに神の目的と祝福の道を行くか反抗とさばきの道を行くかを選ばせてくださる。神に従わない決断をしたことについて言訳ができる人はいない。なぜなら、自分たちの道から立返って神のあわれみを受入れて神のご計画に従う機会を神は与え続けておられるからである。神にはご計画を変える絶対的な(否定できない、神の究極的な力と権威につながる)自

いただき、
彼らについて良いことを語ったことを、
覚えてください。

21 それゆえ、彼らの子らをききんに渡し、
彼らを剣で殺してください。
妻たちは子を失い、また、やもめになり、
夫たちは虐殺されて死に、
若い男たちは戦いで剣に殺されますように。

22 あなたが突然、略奪隊に彼らを襲わせるとき、
彼らの家からの叫びが聞こえます。
彼らは私を捕らえようと穴を掘り、
私の足もとに、わなを隠したからです。

23 しかし、主よ。あなたは、
私を殺そうとする彼らの計画を
みな、ご存じです。
彼らの咎をおおわず、
彼らの罪を御前からぬぐい去らないでください。
彼らを、御前で打ち倒し、
あなたの御怒りの時に、彼らを罰してください。

19

1 主はこう仰せられる。「行って、土の焼き物のびんを買い、民の長老と年長の祭司のうちの数人といっしょに、2『瀬戸のかけらの門』の入口にあるベン・ヒノムの谷に出かけ、そこで、わたしがあなたに語ることばを呼ばわって、3 言え。『ユダの王たちとエルサレムの住民よ。主のことばを聞け。イスラエルの神、万軍の主は、こう仰せられる。見よ。わたしはこの所にわざわいをもたらす。だれでも、そのことを聞く者は、耳鳴りがする。

21 ①エレ11:22, 14:16
②詩63:10
③Ⅰサム15:33, イザ13:18
④エレ15:8, エゼ22:25
⑤エレ11:22
22 ①②Ⅱ列24:2
①エレ25:34, 36, 6:26
②詩140:5
23 ①エレ11:21, 26:8, 11, 37:15, 20, 38:4, 9
②詩109:14, イザ2:9, ネヘ4:5
③エレ7:20, 17:4
④エレ6:15, 11:22

1 ①民11:16
②Ⅱ列19:2
2 ①エレ7:31, 32, 32:35, ヨシ15:8, Ⅱ列23:10
3 ①エレ17:20
②→エレ6:6
⑤エレ6:19, 19:15
④Ⅰサム3:11, Ⅱ列21:12

4 ①エレ2:13, 15:6, 17:13, 申28:20, イザ65:11
②エレ7:9, 11:13
③エレ2:34, 7:6, Ⅱ列21:16
5 ①エレ19:5-7, エレ7:31-33
②レビ18:21, Ⅰ列17:17, 詩106:37, 38
③→エレ6:20
④エレ32:35
6 ①②Ⅱ列23:10
7 ①詩33:10, 11
②エレ15:2, 9
③エレ7:33
8 ①エレ18:16
②Ⅰ列9:8, Ⅱ歴7:21, 哀2:15, エレ50:13, ゼパ2:15
9 ①エレ26:29, 申28:53, 55, 57, イザ9:20, 哀2:20, 4:10, エゼ5:10
10 ①エレ19:1
11 ①エレ2:9, イザ30:14, 哀4:2, 黙2:27
②エレ7:32

4 彼らがわたしを捨ててこの所を見分けがつかないほどにし、この所で、彼らも彼らの先祖も、ユダの王たちも知らなかったほかの神々にいけにえをささげ、この所を罪のない者の血で満たし、

5 バアルのために自分の子どもたちを全焼のいけにえとして火で焼くため、バアルの高き所を築いたからである。このような事は、わたしが命じたこともなく、語ったこともなく、思いつきもしなかったことだ。

6 それゆえ、見よ、その日が来る。——主の御告げ——その日には、この所はもはや、トフェテとかベン・ヒノムの谷とか呼ばれない。ただ虐殺の谷と呼ばれる。

7 また、わたしはこの所で、ユダとエルサレムのはかりごとをこぼち、彼らを敵の前で、剣で倒し、またいのちをねらう者の手によって倒し、そのしかばねを、空の鳥や地の獣にえじきとして与える。

8 また、わたしはこの町を恐怖とし、あざけりとする。そこを通り過ぎる者はみな、色を失い、そのすべての打ち傷を見てあざける。

9 またわたしは、包囲と、彼らの敵、いのちをねらう者がもたらす窮乏のために、彼らに自分の息子の肉、娘の肉を食べさせる。彼らは互いにその友の肉を食べ合う。』

10 そこであなたは、同行の人々の目の前で、そのびんを砕いて、11 彼らに言え。『万軍の主はこう仰せられる。陶器師の器が砕かれると、二度と直すことができない。このように、わたしはこの民と、この町を砕く。人々はトフェテに葬る余地がないほどに葬る。

12 わたしはこの所と、——主の御告げ——その住民にこうしよう。わたしはこの町をトフェテのようにする。

由があることを否定するような教えを受け入れてはならない(⇒エゼ18:21-28, 33:13-16)。

19:1-15 土の焼き物のびん エレミヤは印象的なたとえ(道徳的霊的教えたり、ある点を強調したりする短い話)を通して、エルサレムとユダはひどいさばきを体験し回復できないほどに破壊されると明らかにした。

19:2 ベン・ヒノムの谷 異教の神々に香をたき子どもたちを火で焼いた(→7:31注)場所へ一部の指導者(19:1)を連れて行くようにと神はエレミヤに命じられた。その恐ろしい場所でエレミヤは近付いている災難についての神のメッセージを大胆に伝えた(19:3)。

19:9 自分の息子の肉・・・を食べ 前586年にバビロニヤによってエルサレムが包囲されて外部からの援助と補給が断たれていたとき(→Ⅱ列25:)、ある人々は人食いの習慣(ほかの人間を殺して食べること)を始

¹³ エルサレムの家々とユダの王の家々、すなわち、彼らが屋上で天の万象に香をたき、ほかの神々に注ぎのぶどう酒を注いだすべての家々は、トフェテの地のように汚される。』」

¹⁴ そこでエレミヤは、主が預言のために遣わしたトフェテから帰って来て、主の宮の庭に立ち、すべての民に言った。

¹⁵ 「イスラエルの神、万軍の主は、こう仰せられる。『見よ。わたしはこの町と、すべての町々に、わたしが告げたすべてのわざわいをもたらす。彼らがうなじのこわい者となって、わたしのことばに聞き従おうとしなかったからである。』」

エレミヤとパシュフル

20 ¹ 祭司であり、主の宮のつかさ、監督者であるイメルの子パシュフルは、エレミヤがこれらのことばを預言するのを聞いた。

² パシュフルは、預言者エレミヤを打ち、彼を主の宮にある上のベニヤミンの門にある足かせにつないだ。

³ 翌日になって、パシュフルがエレミヤを足かせから解いたとき、エレミヤは彼に言った。「主はあなたの名をパシュフルではなくて、『恐れが回りにある』と呼ばれる。

⁴ まことに主がこう仰せられる。『見よ。わたしはあなたを、あなた自身とあなたの愛するすべての者への恐れとする。彼らは、あなたの目の見る所で、敵の剣に倒れる。また、わたしはユダの人全部をバビロンの王の手に渡す。彼は彼らをバビロンへ引いて行き、剣で打ち殺す。

⁵ また、わたしはこの町のすべての富と、すべての勤労の実と、すべての宝を渡し、またユダの王たちの財宝を敵の手に渡す。彼らはそれをかすめ奪い、略奪し、バビロンへ運ぶ。

⁶ パシュフルよ。あなたとあなたの家に住むすべての者は、とりことなって、バビロンに行き、そこで死に、そこで葬られる。あなたも、あなたが偽りの預言をした相手の、あなたの愛するすべての人も。』」

エレミヤの不平

⁷ 主よ。あなたが私を惑わしたので、
私はあなたに惑わされました。
あなたは私をつかみ、私を思いのままにしました。
私は一日中、物笑いとなり、
みなが私をあざけります。

⁸ 私は、語るごとに、わめき、
「暴虐だ。暴行だ」と叫ばなければなりません。
私への主のみことばが、一日中、
そしりとなり、笑いぐさとなるのです。

⁹ 私は、「主のことばを宣べ伝えまい。
もう主の名で語るまい」と思いましたが、

めた。これは神が下された厳しいさばきの状態であり、また道徳的崩壊がどれほど深刻かを示している（→哀2:20, 4:10, エゼ5:10）。

20:2-3　預言者エレミヤを打ち　エレミヤは40回と言われるむちを打たれ（→申25:2-3）、投獄されて足かせ（足を固定し動けなくする木の枠で人前で辱める道具）につながれた。けれども預言者は痛みと拷問に屈することはなかった。足かせにはめられながら、なおこの国の滅亡を宣告し続けた。そしてパシュフルに「恐れが回りにある」という意味の「マーゴール・ミッサービーブ」という新しい名前までつけた。これはパシュフルと国全体が間もなく広範囲にわたって恐怖を体験することを示している。

20:7-18　【主】よ　エレミヤはある時には悲しみと深い落胆を、ある時には神に対するゆるぎない信仰と信頼という矛盾した感情を表している。

20:7　あなたが私を惑わした　エレミヤは神がうそをついたと非難しているのではない。「惑わした」と訳されているヘブル語は字義的には「弱めた」とか「圧倒された」という意味である。エレミヤは自分の使命に含まれるものを全部知らないまま、預言者としての役割を強制的に担わされたと言っているのである。責任を感じ神に忠実になろうとしたことによって、エレミヤは恥と嘲笑を受けるまでになったのである。メッセージはまだ実現していないので周りの人々からは侮辱され、さげすまされ続けていた。ある意味でエレミヤは自分がこのような扱いを受ける理由はないという、無理もない感情を表現したのである（ヨブも同じような感情を体験した　→ヨブ記,「正しい人の苦しみ」の項 p.825）。

主のみことばは私の心のうちで、
骨の中に閉じ込められて
燃えさかる火のようになり、
私はうちにしまっておくのに
疲れて耐えられません。
10 私が多くの人のささやきを聞いたから
です。
「恐れが回りにあるぞ。
訴えよ。われわれもあいつを訴えよ
う。」
私の親しい者もみな、
私のつまずくのを待ちもうけています。
「たぶん、彼は惑わされるから、
われわれが彼に勝って、
⑤復讐してやろう」と。
11 しかし、主は私とともにあって、
横暴な勇士のようです。
ですから、私を追う者たちは、
つまずいて、勝つことはできません。
彼らは成功しないので、大いに恥をか
き、
それが忘れられない永久の恥となりま
しょう。
12 正しい者を調べ、
思いと心を見ておられる万軍の主よ。
あなたが彼らに復讐されるのを
私に見せてください。
あなたに私の訴えを打ち明けたのです
から。

♪ 13 主に向かって歌い、主をほめたたえよ。
エレ 主が貧しい者のいのちを、
31:7 悪を行う者どもの手から救い出された
からだ。

9 ②エレ4:19, 23:9,
ヨブ32:18-20, 詩39:3,
哀5:14
③アモ3:8
10 ①詩31:13, 41:5, 57:4,
64:2-4
②ヨブ19:19,
詩41:9, 55:13
③イザ29:20
④Ⅰエレ19:2, 22:27
⑤エレ15:15
11 ①エレ1:8.
②エレ1:19, 15:20
③エレ17:18
④エレ23:40
12 ①詩11:5
②エレ11:20
③→エレ6:6
④エレ11:20,
詩58:10, 59:10
⑤詩62:8
13 ①エレ31:7
②詩69:34
③エレ15:21,
詩34:6, 35:10, 109:31

14 ①エレ20:14-18,
ヨブ3:1-12
16 ①エレ23:14, 49:18,
50:40, 創19:24, 25,
ホセ11:8, ゼパ2:9
②エレ48:3, 4
17 ①エレ15:10,
ヨブ10:18, 19
18 ①エレ15:10,
ヨブ3:20, 5:7, 14:1
②詩90:9, 102:3
③Ⅰコリ4:9-13

1 ①エレ32:1-5, 37:1,
52:1-3, Ⅱ列24:17, 18
②エレ38:1
③エレ29:25, 29, 37:3,
52:24, Ⅱ列25:18-21
2 ①エレ15:11, 37:3, 17
②エレ14:3, 7, 20:1-3
③創10:10, 11:9,
Ⅱ列17:24
④Ⅱ列25:1, 2
＊ Ⅱ列25:22「ネブカデ
ネザル」
⑤エレ32:17, 詩44:1-3

14 私の生まれた日は、のろわれよ。
母が私を産んだその日は、
祝福されるな。
15 私の父に、
「あなたに男の子が生まれた」と言って
伝え、
彼を大いに喜ばせた人は、のろわれ
16 その人は、主がくつがえして
悔いない町々のようになれ。
朝には彼に叫びを聞かせ、
真昼にはときの声を聞かせよ。
17 彼は、私が胎内にいるとき、私を殺
ず、
私の母を私の墓とせず、
彼女の胎を、永久に
みごもったままにして
おかなかったのだから。
18 なぜ、私は労苦と苦悩に会うために
胎を出たのか。
私の一生は恥のうちに終わるのか。

神がゼデキヤの訴えを拒まれる

21 1 主からエレミヤにあったみこと
ば。ゼデキヤ王は、マルキヤの子
②パシュフルと、マアセヤの子、祭司ゼパニ
ヤをエレミヤのもとに遣わしてこう言わせ
た。
2 「どうか、私たちのために主に尋ねてくだ
さい。バビロンの王ネブカデレザルが私た
ちを攻めています。主がかつて、あらゆる
奇しいみわざを行われたように、私たちに
も行い、彼を私たちから離れ去らせてくだ
さるかもしれませんから。」
3 エレミヤは彼らに言った。「あなたがた

**20:9 主のみことばは・・・燃えさかる火のように
なり** どれほど圧力を感じても、どれほど神の厳しい
メッセージを伝えないようにしようとしても、エレミ
ヤは黙っていられなかった。人々が自ら招いている恐
ろしい罪の結果を否定できなかった。また人々の罪に
対する神の怒りに深く共感もしていた。神とその目的
に一体感を感じていたエレミヤは、たとい厳しい痛み
と苦しみに遭っても主のことばを伝えずにはいられな
かった。神の民(特に神から離れたとき)に対する神の

心と願いを知れば知るほど、また神のメッセージを伝
えようとすればするほど、私たちも同じように痛みと
迫害を味わうことになる。

20:14-18 日は、のろわれよ エレミヤもヨブと同
じように苦しみと不満と失敗から、生れなければよ
かったと思った(⇒ヨブ3:)。けれどもその最も暗い
ときに与えられた神の力と励ましによって(20:11-
13)エレミヤは神に代って伝え続けた。

21:1 ゼデキヤ ユダの最後の王ゼデキヤはエルサ

は、ゼデキヤにこう言いなさい。
4 イスラエルの神、主は、こう仰せられる。『見よ。あなたがたは、城壁の外からあなたがたを囲んでいるバビロンの王とカルデヤ人とに向かって戦っているが、わたしは、あなたがたの手にしている武具を取り返して、それをこの町の中に集め、
5 わたし自身が、伸ばした手と強い腕と、怒りと、憤りと、激怒とをもって、あなたがたと戦い、
6 この町に住むものは、人間も獣も打ち、彼らはひどい疫病で死ぬ。
7 そのあとで、──主の御告げ──わたしはユダの王ゼデキヤと、その家来と、その民と、この町で、疫病や剣やききんからのがれて生き残った者たちとを、バビロンの王ネブカデレザルの手、敵の手、いのちをねらう者たちの手に渡す。彼は彼らを剣の刃で打ち、彼らを惜しまず、容赦せず、あわれまない。』」
8 「あなたは、この民に言え。主はこう仰せられる。『見よ。わたしはあなたがたの前に、いのちの道と死の道を置く。
9 この町にとどまる者は、剣とききんと疫病によって死ぬが、出て、あなたがたを囲んでいるカルデヤ人にくだる者は、生きて、そのいのちは彼の分捕り物となる。
10 なぜならわたしは、幸いのためにではなく、わざわいのためにこの町から顔をそむけるからである。──主の御告げ──この町は、バビロンの王の手に渡され、彼はこれを火で焼くであろう。』」

11 ユダの王家のために──
「主のことばを聞け。
12 ダビデの家よ。主はこう仰せられる。
朝ごとに、正しいさばきを行い、
かすめられている者を、
しいたげる者の手から救い出せ。
さもないと、あなたがたの悪行のために、
わたしの憤りが火のように燃えて焼き尽くし、
消す者はいない。」

13 「ああ、この谷に住む者、平地の岩よ。
あなたに言う。──主の御告げ──
あなたがたは、
『だれが、私たちのところに下って来よう。
だれが、私たちの住まいに入れよう』と言っている。
14 わたしはあなたがたを、
その行いの実にしたがって罰する。
──主の御告げ──
また、わたしは、その林に火をつける。
火はその周辺をことごとく焼き尽くす。」

レムがバビロニヤ人の手に落ちたときの王だった。実際にはゼデキヤがバビロニヤに対して反乱を起こしたためにバビロニヤの侵入を招き、エルサレムが最終的に破壊されたのである。けれどもユダが滅亡した根本的な原因は、マナセ王の極度の悪とその霊的な反抗にユダの人々が従ったことに対して神の約束されたさばきが下ったことである(15:4)。

21:5 わたし自身が・・・あなたがたと戦い ゼデキヤ王は二人の祭司を送って、神がネブカデレザルを離れ去らせてくださるかどうかをエレミヤに尋ねさせた(21:1-3)。神は預言者を通して強く「否」と宣言された。実際には神ご自身がユダと戦い、ご自分の民を敵に渡されるのである。あらゆる抵抗が無駄なことが証明される。

21:7 ゼデキヤ・・・ネブカデレザルの手 エレミヤの預言は前586年に文字通り成就した(⇒52:9-11, 24-27)。ゼデキヤの目の前で息子たちはバビロニヤの王に殺された。敵はその後ゼデキヤの目をつぶし鎖につないでバビロニヤに連れて行った。ゼデキヤはそこで屈辱の中で死んでいった(39:5-7)。

21:8-10 いのちの道と死の道 もし神のさばきに自分をゆだねバビロニヤに降伏しないなら、人々は町の中で死ぬとエレミヤは預言した。

21:11-14 ユダの王家 エレミヤはユダの王家に預言をした。そして人々に対して正義を行うことを神は期待しておられると示した。けれども悪を奨励し、しいたげられている人々のために何もしなかったので、神の怒り(正当な怒りとさばき)が火のように燃え上がることになる。

エレミヤ書　22章

邪悪な王に対するさばき

22 ¹ 主はこう仰せられる。「ユダの王の家に下り、そこで、このことばを語って ² 言え。『ダビデの王座に着いているユダの王よ。あなたも、この門のうちに入って来るあなたの家来、あなたの民も、主のことばを聞け。

³ 主はこう仰せられる。公義と正義を行い、かすめられている者を、しいたげる者の手から救い出せ。在留異国人、みなしご、やもめを苦しめたり、いじめたりしてはならない。また罪のない者の血をこの所に流してはならない。

⁴ もし、あなたがたがこのことばを忠実に行うなら、ダビデの王座に着いている王たちは、車や馬に乗り、彼らも、その家来、その民も、この家の門のうちに入ることができよう。

⁵ しかし、もしこのことばを聞かなければ、わたしは自分にかけて誓うが、——主の御告げ——この家は必ず廃墟となる。』」

⁶ まことに、ユダの王の家について、主はこう仰せられる。

「あなたは、わたしにとってはギルアデ、
レバノンの頂。
しかし必ず、わたしはあなたを荒野にし、
住む者もない町々にする。

⁷ わたしはあなたを攻めるため、
おのおのの武具を持つ破壊者たちを準備する。
彼らは、最も美しいあなたの杉の木を切り倒し、

これを火に投げ入れる。

⁸ 多くの国々の民がこの町のそばを過ぎ、彼らが互いに、『なぜ、主はこの大きな町をこのようにしたのだろう』と言うと、⁹ 人々は、『彼らが彼らの神、主の契約を捨て、ほかの神々を拝み、これに仕えたからだ』と言おう。」

¹⁰ 死んだ者のために泣くな。
　彼のために嘆くな。
　去って行く者のために、大いに泣け。
　彼は二度と、
　帰って、故郷を見ることがないからだ。

¹¹ 父ヨシヤに代わって王となり、この所から出て行った、ヨシヤの子、ユダの王シャルムについて、主はまことにこう仰せられる。「彼は二度とここには帰らない。¹² 彼は引いて行かれた所で死に、二度とこの国を見ることはない。」

¹³ 「ああ。
　不義によって自分の家を建て、
　不正によって自分の高殿を建てる者、
　隣人をただで働かせて報酬も払わず、
¹⁴ 『私は自分のために、
　広い家、ゆったりした高殿を建て、
　それに窓を取りつけ、
　杉の板でおおい、朱を塗ろう』と言う者。
¹⁵ あなたは杉の木で競って、
　王になるのか。
　あなたの父は飲み食いしたが、
　公義と正義を行ったではないか。

22:1-30　ユダの王　エレミヤの預言は厳密に年代順（物事が起こった順番、出来事の順序）に整理されていない。この章でエレミヤはゼデキヤ王より前に支配した三人の王（→21:1注）に対する神のさばきを預言している。神はダビデの家（ダビデの家系から出た王たち 21:12）を罰し、シャルム（22:1-12）、エホヤキム（22:13-23）、エコヌヤ（またはエホヤキン 22:24-30）という三人の王たちをさばかれると予告された。

22:1-6　ユダの王・・・に下り　エレミヤは正しいことを行って苦しんでいる人々や貧しい人々を助けるようにシャルム王（22:11、→22:11-12注）に迫った。王がこれを行いさえすれば22:6-9に描かれている破滅を体験しないですむのである。

22:11-12　シャルム　エホアハズ（→Ⅱ列23:31、Ⅱ歴36:1-4）とも呼ばれたシャルム王はヨシヤの4番目の息子だった（Ⅰ歴3:15）。三か月間だけ王だったけれどもエジプトに連去られ、そこで死んだ。

22:13-19　ああ　ユダの人々に対するエホヤキムの残酷で不公平な政治をこの預言は厳しく非難している（22:18）。ネブカデレザルが最初にエルサレムに侵入したときにエホヤキムはバビロニヤに連去られた（→Ⅱ歴36:5-8）。その後一度は解放されたけれども不

エレミヤ書 22-23章

16 そのとき、彼は幸福だった。
彼はしいたげられた人、
貧しい人の訴えをさばき、
そのとき、彼は幸福だった。
それが、わたしを知ることではなかったのか。
——主の御告げ——

17 しかし、あなたの目と心とは、
自分の利得だけに向けられ、
罪のない者の血を流し、
しいたげと暴虐を行うだけだ。

18 それゆえ、ヨシヤの子、ユダの王エホヤキムについて、主はこう仰せられる。
だれも、『ああ、悲しいかな、私の兄弟。
ああ、悲しいかな、私の姉妹』
と言って彼をいたまず、
だれも、『ああ、悲しいかな、主よ。
ああ、悲しいかな、陛下よ』
と言って彼をいたまない。

19 彼はここからエルサレムの門まで、
引きずられ、投げやられて、
ろばが埋められるように埋められる。

20 レバノンに上って叫び、
バシャンで声をあげ、アバリムから叫べ。
あなたの恋人はみな、砕かれたからである。

21 あなたが繁栄していたときに、
わたしはあなたに語りかけたが、
あなたは『私は聞かない』と言った。
わたしの声に聞き従わないということ、
これが、若いころからのあなたの生き方だった。

22 あなたの牧者はみな風が追い立て、
あなたの恋人はとりこになって行く。
そのとき、あなたは自分のすべての悪

---

15 ③エレ42:6, イザ3:10
16 ①詩72:1-4, 12, 13
　②エレ9:24
17 ①エレ6:13, 8:10, ルカ12:15-21
　②エレ22:3, II 列24:4
　③エレ6:6
18 ①エレ1:3
　②エレ34:5, II サム1:26, I 列13:30
19 ①エレ36:30, I 列21:23, 24
20 ①民27:12, ホ32:49
　②エレ2:25, 3:1
21 ①エレ3:24, 25, 32:30, 7:25, 26, 11:7, 8
22 ①エレ23:1
　②エレ5:13
　③エレ30:14

④エレ20:11, イザ65:13
23 ①エレ22:6
　②エレ4:31, 6:24
24 ①→エゼ5:11
　②エレ22:28, 24:1, 37:1, 52:31, II 列24:6, 8, 12, I 歴3:16, II 歴36:9, 10
　*⊡「コンヤ」
　II 列24:6「エホヤキン」
　③雅8:6, ハガ2:23
25 ①エレ21:7, 34:20, 21
26 ①II 列24:15, II 歴36:9, 10, エゼ19:9
　②エレ10:18, 16:13
27 ①エレ44:14
28 *⊡「コンヤ」
　①エレ19:10, 11, 48:38, 詩31:12
　②ホセ8:8
　③エレ10:18, 15:1
　④エレ17:4
29 ①イザ1:2, 34:1, ホ32:1, ミカ1:2
30 ①I 歴3:17, マタ1:12
　②エレ10:21
　③エレ36:30

1 ①エゼ34:31
　②エレ10:21, 50:6, エゼ34:2, イザ56:9-12, ゼカ11:7, ヨハ10:1, 2

のゆえに、
恥を見、はずかしめを受ける。

23 レバノンの中に住み、
杉の木の中に巣ごもりする女よ。
陣痛があなたに起こるとき、
産婦のような苦痛が襲うとき、
あなたはどんなにうめくことだろう。」

24 「わたしは生きている、——主の御告げ——たとい、エホヤキムの子、ユダの王エコヌヤが、わたしの右手の指輪の印であっても、わたしは必ず、あなたをそこから抜き取り、

25 あなたのいのちをねらう者たちの手、あなたが恐れている者たちの手、バビロンの王ネブカデレザルの手、カルデヤ人の手に渡し、

26 あなたと、あなたの産みの母を、あなたがたの生まれた所ではないほかの国に投げ出し、そこであなたがたは死ぬことになる。

27 彼らが帰りたいと心から望むこの国に、彼らは決して帰らない。」

28 このエコヌヤという人は、さげすまれて砕かれる像なのか。それとも、だれにも喜ばれない器なのか。なぜ、彼と、その子孫は投げ捨てられて、見も知らぬ国に投げやられるのか。

29 地よ、地よ、地よ。主のことばを聞け。

30 主はこう仰せられる。「この人を『子を残さず、一生栄えない男』と記録せよ。彼の子孫のうちひとりも、ダビデの王座に着いて、栄え、再びユダを治める者はいないからだ。」

正しい若枝

23 1 「ああ。わたしの牧場の群れを滅ぼし散らす牧者たち。——主の御

誉にもエルサレムの外に埋葬された（22:18-19）。

22:16　しいたげられた人、貧しい人　使徒ヤコブ（主イエスの異父兄弟でエルサレムの初代教会の指導者）はこの同じ真理について説明している。神に受入れられる信仰は貧しい人々に対する積極的な同情と心から世話をすることを通して表れると新約聖書の信仰者たちに言っている（→ヤコ1:27注）。神への奉仕として貧しい人々を助けるなら、神は私たちを祝福し大切にしてくださる（⇒ガラ6:10, →「貧困者への配慮」の項 p.1510）。

22:24-30　エコヌヤ　エコヌヤ（またはエホヤキン）はネブカデレザルの第二回目の侵入の前に三か月間だけ王だったけれども、そのあとバビロニヤに連去られた（⇒24:1, 29:2）。

23:1　ああ・・・牧者たち　この章でエレミヤはユダの霊的指導者たち（祭司やにせ預言者たち）に対する

エレミヤ書　23章

告げ——」

2 それゆえ、イスラエルの神、主は、この民を牧する牧者たちについて、こう仰せられる。「あなたがたは、わたしの群れを散らし、これを追い散らして顧みなかった。見よ。わたしは、あなたがたの悪い行いを罰する。——主の御告げ——

3 しかし、わたしは、わたしの群れの残りの者を、わたしが追い散らしたすべての国から集め、もとの牧場に帰らせる。彼らは多くの子を生んでふえよう。

4 わたしは彼らの上に牧者たちを立て、彼らを牧させる。彼らは二度と恐れることなく、おののくこともなく、失われることもない。——主の御告げ——

5 見よ。その日が来る。
——主の御告げ——
その日、わたしは、
ダビデに一つの正しい若枝を起こす。
彼は王となって治め、栄えて、
この国に公義と正義を行う。

6 その日、ユダは救われ、
イスラエルは安らかに住む。
その王の名は、
『主は私たちの正義』と呼ばれよう。

2①エレ21:12, 44:22
3①エレ6:9
　②エレ31:8, 10, 32:37
4①エレ3:15, 31:10,
　エゼ34:23
　②エレ10:46:27, 28
　③ヨハ6:39, 10:28
5①エレ30:9, 33:15, 16,
　イザ4:2, 11:1-5, 53:2,
　ゼカ3:8, 6:12, 13
　②イザ9:7, ルカ1:32, 33
　③イザ52:13
　④詩72:1, 2
6①エレ30:10, 申33:28,
　ゼカ14:11
　②エレ33:16, イザ45:24,
　Ⅰコリ1:30, ピリ3:9
　③ゼカ7:14, 9:6,
　マタ1:21-23

7①エレ23:7, 8, エレ16:
　14, 15
　②→エレ4:2
8①エレ3:18
　＊七十人訳、およびエレ
　　16:15による
　☒「わたしが彼らを散らした」
　②エレ23:3, イザ43:5, 6,
　　エレ34:13
　③イザ14:1, アモ9:14, 15
9①エレ8:18
　②ハバ3:16
　③エレ20:8, 9
10①エレ5:7, 8, 9:2,
　　ホセ4:2, マラ3:5
　②エレ9:10
11①エレ6:13, 8:10,
　　ゼパ3:4
　②エレ7:30, 11:15,
　　32:34,
　③エゼ8:10, 11, 23:39

7 それゆえ、見よ、このような日が来る。
——主の御告げ——その日には、彼らは、『イスラエルの子らをエジプトの国から上らせた主は生きておられる』とはもう言わないで、

8 『イスラエルの家のすえを北の国や、彼らの散らされたすべての地方から上らせた主は生きておられる』と言って、自分たちの土地に住むようになる。」

うそを言う預言者たち

9 預言者たちに対して——
私の心は、うちに砕かれ、
私の骨はみな震える。
私は酔いどれのようだ。
ぶどう酒に負けた男のようになった。
主と、主の聖なることばのために。

10 国は姦通する者で満ちているからだ。
地はのろわれて喪に服し、
荒野の牧草地は乾ききる。
彼らの走る道は悪で、
正しくないものをその力とする。

11 実に、預言者も祭司も汚れている。
わたしの家の中にも、

悲しみとさばきの預言をしている。指導者たちは豊かになっているのに人々の霊的な状態に配慮していなかった(⇒エゼ34:)。そこで指導者たちは滅ぼされ人々は捕われて捕囚(外国に追放されること)に連去れる。時が来て人々が教訓を学んだとき、神は「群れの残りの者を・・・集め、もとの牧場に帰らせる」(23:3)。そしてその世話をする牧者(指導者)を与えられる。「正しい若枝」(ダビデの「家系から」出る 23:5)である牧者はメシヤ、イエス・キリストを指している。

23:5-6　正しい若枝・・・『【主】は私たちの正義』
枝はダビデの「家系」から出る王国の支配者の系図のことである。この枝は前586年に神が王国を滅ぼされたときに切られた。(1) けれども神はダビデの家系から正義の枝となるほかの王を起こすと約束された。この王は義を行い神の目的を成就される(⇒ゼカ3:8)。この預言はメシヤ、イエス・キリストを指している(→「**キリストによって成就した旧約聖書の預言**」の表 p.1029)。(2) キリストは再び来られた後、地上での1,000年の支配の前にさばきを確実に行われる(→黙20:)。(3) キリストは「主は私たちの正義」(23:6)と呼ばれる。聖書の中で言われている「正義」は単に正しいことを行うだけではなく、いつも神との正しい関係を保ち神がご自分の民との間に立てられた契約の命令と約束あるいは「終生協定」に従って生きることから生れるものである。この意味で私たちの「正義」(《ヘ》ツィデケヌー)は神の命令に対する反抗(《ヘ》ペシャー)と神の約束を拒むことの反対である。(4) 人間は弱く罪深いので、本当の正義は神とひとり子イエス・キリストを通して与えられる霊的な救いからしか与えられない。罪のためのキリストの犠牲を受入れて罪の赦しをいただくとき、神は私たちをご自分との正しい関係に導き入れてくださり、個人的に「主は私たちの正義」になってくださる(23:6, →1ヨハ1:3注, 1:7注)。聖書によると、信じる人々は「キリストの中にある者と認められ、律法による自分の義ではなくて、キリストを信じる信仰による義、つまり信仰に基づいて、神から与えられる義を持つことができる、という望みがある」(ピリ3:9)。

23:9-40　預言者たち　エレミヤが伝えた滅亡のメッ

エレミヤ書 23章

わたしは彼らの悪を見いだした。
　──主の御告げ──
12 それゆえ、彼らの道は、
　暗やみの中のすべりやすい所のようになり、
　彼らは追い散らされて、そこに倒れる。
　わたしが彼らにわざわいをもたらし、
　刑罰の年をもたらすからだ。
　──主の御告げ──
13 サマリヤの預言者たちの中に、
　みだらな事をわたしは見た。
　彼らはバアルによって預言し、
　わたしの民イスラエルを惑わした。
14 エルサレムの預言者たちの中にも、
　恐ろしい事をわたしは見た。
　彼らは姦通し、うそをついて歩き、
　悪を行う者どもの手を強くして、
　その悪からだれをも戻らせない。
　彼らはみな、わたしには、ソドムのようであり、
　その住民はゴモラのようである。
15 それゆえ、万軍の主は、
　預言者たちについて、こう仰せられる。
　「見よ。わたしは彼らに、
　苦よもぎを食べさせ、毒の水を飲ませる。
　汚れがエルサレムの預言者たちから出て、
　この全土に広がったからだ。」
16 万軍の主はこう仰せられる。
　「あなたがたに預言する預言者たちのことばを聞くな。
　彼らはあなたがたを
　むなしいものにしようとしている。
　主の口からではなく、
　自分の心の幻を語っている。
17 彼らは、わたしを侮る者に向かって、
　『主はあなたがたに平安があると告げられた』と
　しきりに言っており、
　また、かたくなな心のままに歩む
　すべての者に向かって、
　『あなたがたにはわざわいが来ない』と
　言っている。」
18 いったいだれが、主の会議に連なり、
　主のことばを見聞きしたか。
　だれが、耳を傾けて主のことばを聞いたか。
19 見よ。主の暴風、──憤り──
　うずを巻く暴風が起こり、
　悪者の頭上にうずを巻く。
20 主の怒りは、
　御心の思うところを行って、成し遂げるまで
　去ることはない。
　終わりの日に、
　あなたがたはそれを明らかに悟ろう。
21 わたしはこのような預言者たちを
　遣わさなかったのに、
　彼らは走り続け、
　わたしは彼らに語らなかったのに、
　彼らは預言している。
22 もし彼らがわたしの会議に連なったの

セージをからかって（6:13-14, 14:14-16, 29:8-9）、平和と繁栄についてうその預言を伝えた（→6:14注）にせ預言者たちの罪をエレミヤは公然と非難する。そしてユダの道徳の恥ずべき状態はこれらの邪悪な指導者たちの責任だとした。

23:14　預言者たちの中にも、恐ろしい事　うそつきで姦淫の罪（配偶者ではない人と性的関係を持つこと）を犯していたエルサレムのにせ預言者たちの恥ずべき行動を神は明るみに出された。その人々は神を代表し正義を示すべきだったのに、ソドムやゴモラの人々のような生活をしていた（創19:1-25, ⇒イザ1:9-10注, 13:1注）。これらの「霊的指導者たち」が恥ずかしい見本を示したので不道徳や反抗は大きく増加し、人々の心は神に対してかたくなになった。神に仕える人が姦淫を犯すならそれは神にひどく背くことであり、その人に指導されている人々は深く傷つく。この罪は神に対して不忠実であることを表すだけではなく、神と神のことばに対する侮辱でもある（→Ⅱサム12:9-12注）。したがってそのような指導者にはその働きを続けて神の民を導く資格が永遠にないと考えられる（→「監督の道徳的資格」の項 p.2303）。

23:17　あなたがたに平安がある　にせ預言者たちは見せ掛けの希望と安心感（→23:9-40注）を宣伝した。(1)「不道徳で不忠実な人々でも神のさばきを恐れる

なら、
彼らはわたしの民にわたしのことばを
聞かせ、
民をその悪の道から、その悪い行いか
ら
立ち返らせたであろうに。

23 わたしは近くにいれば、神なのか。
　　──主の御告げ──
　　遠くにいれば、神ではないのか。
24 人が隠れた所に身を隠したら、
　　わたしは彼を見ることができないのか。
　　──主の御告げ──
　　天にも地にも、わたしは満ちているで
はないか。
　　──主の御告げ──

25 「わたしの名によって偽りを預言する
預言者たちが、『私は夢を見た。夢を見た』
と言ったのを、わたしは聞いた。
26 いつまで偽りの預言が、あの預言者たち
の心にあるのだろうか。いつまで欺きの預
言が、彼らの心にあるのだろうか。
27 彼らの先祖がバアルのためにわたしの名
を忘れたように、彼らはおのおの自分たち
の夢を述べ、わたしの民にわたしの名を忘
れさせようと、たくらんでいるのだろうか。
28 夢を見る預言者は夢を述べるがよい。し
かし、わたしのことばを聞く者は、わたし
のことばを忠実に語らなければならない。
麦はわらと何のかかわりがあろうか。──
主の御告げ──
29 わたしのことばは火のようではないか。
また、岩を砕く金槌のようではないか。
　　──主の御告げ──
30 それゆえ、見よ、──主の御告げ──わ
たしは、おのおののわたしのことばを盗む預

22 ②エレ25:5, 35:15,
　　ゼカ1:4, Ⅰテサ1:9
23 ①詩139:1-10
　　②ヨナ1:3, 4, エレ51:50
24 ①詩139:7-12,
　　イザ29:15, アモ9:2, 3
　　②イザ66:1
25 ①エレ5:31
　　②エレ23:28, 32, 29:8
26 ①Ⅰテモ4:1, 2
27 ①士3:7, 8:33, 34
　　②エレ29:8, 申11:1-3
28 ①エレ23:25
　　②エレ9:12
　　③Ⅱコリ6:14, 15
29 ①エレ5:14
　　②Ⅱコリ10:4, 5

30 ①エレ14:15, 23:2,
　　申18:20, エゼ13:8
31 ①エレ23:17
32 ①エレ5:31
　　②エレ23:13, 27
　　③エレ23:21
　　④哀3:37
　　⑤エレ7:8, 哀2:14
33 ①イザ13:1, ナホ1:1,
　　ハバ1:1, ゼカ9:1
　　＊🔲「マサ」、「重荷」とも
　　訳す
　　＊＊七十人訳による
　　🔲「宣告とは何かを」
　　＊＊＊🔲「マサ」
　　②エレ12:7, 23:39
34 ①ゼカ13:3
35 ①エレ33:3, 42:4
36 ①→イザ37:7
　　②Ⅱペテ3:16
39 ①エレ7:14, 15, 23:33,
　　エゼ8:18

言者たちの敵となる。
31 見よ。──主の御告げ──わたしは、自
分たちの舌を使って御告げを告げる預言者
たちの敵となる。
32 見よ。わたしは偽りの夢を預言する者た
ちの敵となる。──主の御告げ──彼ら
は、偽りと自慢話をわたしの民に述べて惑
わしている。わたしは彼らを遣わさず、彼
らに命じもしなかった。彼らはこの民に
とって、何の役にも立ちはしない。──主
の御告げ──

うその宣告とにせ預言者たち

33 この民、あるいは預言者、あるいは祭
司が、『主の宣告とは何か』とあなたに尋ね
たら、あなたは彼らに、『あなたがたが重
荷だ。だから、わたしはあなたがたを捨て
る』と言え。──主の御告げ──
34 預言者でも、祭司でも、民でも、『主の
宣告』と言う者があれば、その者とその家
とを、わたしは罰する。」

35 あなたがたは互いに「主は何と答えら
れたか。主は何と語られたか」と言うがよ
い。
36 しかし「主の宣告」ということを二度と述
べてはならない。主のことばが人の重荷と
なり、あなたがたが、生ける神、万軍の
主、私たちの神のことばを曲げるからだ。
37 「あの預言者たちにこう言え。
　　主は何と答えられたか。主は何と語られ
たか。
38 もし、あなたがたが『主の宣告』と言うな
ら、それに対して、主はこう仰せられる。
『わたしはあなたがたに、主の宣告、と言
うなと言い送ったのに、あなたがたは主の
宣告というこのことばを語っている。
39 それゆえ、見よ、わたしはあなたがたを

必要はない」と教会の中で主張したり提案したりする
人々は、にせ預言者であることを自分で証明してい
る。(2) このようなメッセージを伝える預言者は旧
約聖書の時代だけではなく新約聖書の時代にもいた。
使徒パウロ(初代教会の開拓者で多くの新約聖書の手
紙を書いた指導者)は、このような教師たちにだまさ
れないようにとエペソの人々に警告している(エペ5:

4-6, →Ⅰコリ6:9注, ガラ5:21注, →「**にせ教師**」の項
p.1758)。

23:31-32　わたしは・・・敵となる　メッセージが
神から与えられたという確信がないのに、神からの啓
示を与えられたとか神に代って伝えると主張すること
がどれほど危険であるかをエレミヤに与えられた神の
メッセージは私たちにも警告している。神から与えら

全く忘れ、あなたがたと、あなたがたや先祖たちに与えたこの町とを、わたしの前から捨て、
40 永遠のそしり、忘れられることのない、永遠の侮辱をあなたがたに与える。』」

二かごのいちじく

24 1 バビロンの王ネブカデレザルが、エホヤキムの子、ユダの王エコヌヤと、ユダのつかさたちや、職人や、鍛冶屋をエルサレムから捕らえ移し、バビロンに連れて行って後、主は私に示された。見ると、主の宮の前に、二かごのいちじくが置かれている。

2 一つのかごは非常に良いいちじくで、初なりのいちじくの実のようであり、もう一つのかごは非常に悪いいちじくで、悪くて食べられないものである。

3 そのとき、主が私に、「エレミヤ。あなたは何を見ているのか」と言われたので、私は言った。「いちじくです。良いいちじくは非常に良く、悪いのは非常に悪く、悪くて食べられないものです。」

4 すると、私に次のような主のことばがあった。

5 「イスラエルの神、主は、こう仰せられる。この良いいちじくのように、わたしは、この所からカルデヤ人の地に送ったユダの捕囚の民を良いものにしようと思う。

6 わたしは、良くするために彼らに目をかけて、彼らをこの国に帰らせ、彼らを建て直し、倒れないように植えて、もう引き抜かない。

7 また、わたしは彼らに、わたしが主であることを知る心を与える。彼らはわたしの民となり、わたしは彼らの神となる。彼らが心を尽くしてわたしに立ち返るからである。

8 しかし、悪くて食べられないあの悪いいちじくのように、――まことに主はこう仰せられる――わたしは、ユダの王ゼデキヤと、そのつかさたち、エルサレムの残りの者と、この国に残されている者、およびエジプトの国に住みついている者とを、このようにする。

9 わたしは彼らを地のすべての王国のおののき、悩みとし、また、わたしが追い散らすすべての所で、そしり、物笑いの種、なぶりもの、のろいとする。

10 わたしは彼らのうちに、剣と、ききんと、疫病を送り、彼らとその先祖に与えた地から彼らを滅ぼし尽くす。」

70年の捕囚

25 1 ヨシヤの子、ユダの王エホヤキムの第四年、すなわち、バビロンの王ネブカデレザルの元年に、ユダの民全体についてエレミヤにあったみことば。

---

40 ①エレ42:18、エゼ5:14, 15
1 ①エレ27:20, 29:1, 2、Ⅱ列24:10-16、Ⅱ歴36:10
②エレ22:24
③ア8:1
④→エレ5:17
2 ①ミカ7:1
②エレ29:17, イザ5:4, 7
③①エレ1:11
6 ②エレ29:10, 32:37、エゼ11:17
②エレ31:4, 33:7
③エレ32:41, 42:10
7 ①エレ31:33, 34, 32:39, 40、ヨハ17:3、Ⅰヨハ5:20
②エレ30:22, 31:1, 33, 32:38、出6:7、エゼ14:11, ゼカ8:8、ヘブ8:10, ホセ2:23
③エレ29:13、Ⅰサム7:3
8 ①エレ24:2, 29:17
②エレ39:5、エゼ12:12, 13
③エレ9:8
④エレ44:26-30
9 ①エレ15:4
②エレ29:18, 申28:37、Ⅰ列9:7, Ⅱ歴7:20、詩44:13, 14, 69:11
③エレ26:6
10 ①エレ14:12
1 ①エレ36:1
②エレ1:3
③エレ46:2

れたことが確かな人は謙虚に振舞わなければならない。預言者の役割を果す人々は極度に真剣でなければならない(⇒23:33-40)。

24:1-10 捕らえ移し いちじくを入れた二つのかごのたとえ(ある点を明らかにしたり道徳的霊的教訓を教えるための例話)はゼデキヤ王の治世の初めを歴史的背景にしている。ネブカデレザルはエホヤキン王とそのほかの多くのイスラエル人をバビロニヤへ捕囚として送ったばかりだった(前597)。ゼデキヤとあとに残された人々は神のさばきを免れた。そこでエレミヤが伝えていた完全な滅亡は間違いだったと誤解してまたごう慢になった。エレミヤのたとえは、エルサレムに残された人々は既に捕囚に連去られてバビロニヤ帝国中に散らされた人々よりもはるかにひどい破壊的なさばきを体験することを警告していた。

24:1 二かごのいちじく 第一のかご(前597年に捕囚に送られたイスラエル人を象徴する)には良い実が入っていた。これは神が捕囚のときの苦しみを通して霊的にきよめて練り鍛えるという意味で良いのである(24:5)。この人々は捕囚(国外追放、捕虜)の後に故郷に戻り(24:6)、人間が作った神々を全部拒んで心を尽くして神に立返る(24:7)。その後全世界の人々の霊的な救いの計画を啓示するために用いられる。第二のかごには悪いいちじくの実が入っていた(24:2)。これはゼデキヤや人々が捕えられ連去られたあと、エルサレムに残っていた人々を表している。残された人々はエレミヤとそのメッセージに反対し続ける。したがってエルサレムの陥落という信じられないような恐怖と恥を前586年に体験するようになる(バビロニヤの侵入と捕囚のこの段階 →エレ緒論)。

25:1 ネブカデレザルの元年 これはネブカデレザルの治世が始まった前605年で、世界的な強国になっ

² これを預言者エレミヤは、ユダの民全体とエルサレムの全住民に語って言った。

³ アモンの子、ユダの王ヨシヤの第十三年から今日まで、この二十三年間、私に主のことばがあり、私はあなたがたに絶えず、しきりに語りかけたのに、あなたがたは聞かなかった。

⁴ また、主はあなたがたに、主のしもべである預言者たちを早くからたびたび送ったのに、あなたがたは聞かず、聞こうと耳を傾けることもなかった。

⁵ 主は仰せられた。「さあ、おのおの、悪の道から、あなたがたの悪い行いから立ち返り、主があなたがたと先祖たちに与えた土地で、いつまでも、とこしえに住め。

⁶ ほかの神々に従い、それに仕え、それを拝んではならない。あなたがたが手で造った物によって、わたしの怒りを引き起こしてはならない。そうでないと、わたしもあなたがたにわざわいを与える。

⁷ それでも、あなたがたはわたしに聞き従わなかった。──主の御告げ──それで、あなたがたは手で造った物でわたしの怒りを引き起こし、身にわざわいを招いた。」

⁸ それゆえ、万軍の主はこう仰せられる。「あなたがたがわたしのことばに聞き従わなかったために、

⁹ 見よ、わたしは北のすべての種族を呼び寄せる。──主の御告げ──すなわち、わたしのしもべバビロンの王ネブカデレザルを呼び寄せて、この国と、その住民と、その回りのすべての国々とを攻めさせ、これを聖絶して、恐怖とし、あざけりとし、永遠の廃墟とする。

¹⁰ わたしは彼らの楽しみの声と喜びの声、花婿の声と花嫁の声、ひき臼の音と、ともしびの光を消し去る。

¹¹ この国は全部、廃墟となって荒れ果て、これらの国々はバビロンの王に七十年仕える。

¹² 七十年の終わりに、わたしはバビロンの王とその民、──主の御告げ──またカルデヤ人の地を、彼らの咎のゆえに罰し、これを永遠に荒れ果てた地とする。

¹³ わたしは、この国について語ったすべてのことば、すなわち、エレミヤが万国について預言し、この書にしるされている事をみな、この地にもたらす。

¹⁴ 多くの国々と大王たちが彼らを奴隷に使い、わたしも彼らに、そのしわざに応じ、その手のわざに応じて報いよう。」

神の憤りの杯

¹⁵ まことにイスラエルの神、主は、私にこう仰せられた。「この憤りのぶどう酒の杯をわたしの手から取り、わたしがあなた

た四つの国が次々と起こるようになる最初の重要な年である(→ダニ2：, 7：)。

25:3 二十三年間 エレミヤは熱心に23年間預言を続けたけれども人々は聞いていなかった。必死に偶像礼拝と悪い行動から離れるように警告しても、人々はかたくなで反抗し続けた。神はユダに警告するためにウリヤ、ゼパニヤ、ハバククなどほかの預言者も送られた(25:4)。エレミヤの体験は、私たちがどんなに忠実にイエス・キリストの良い知らせを伝えても、多くの人は神のことばを聞きもせず受入れも従いもしないという事実を強調している。終りの日には神と神のことばに忠実な人々は、教会の中の多くの人が聖書信仰を捨てて神の基準を拒むのを見て悲しむことになる(→Ⅰテモ4：1注)。

25:11 七十年 ユダはおおよそ70年間捕囚の地にとどまる。この70年は最初の捕虜がバビロニヤへ連れていかれたエホヤキム王の治世の第４年(前605)から始まる。そしてイスラエル人の集団がエルサレムに帰還した前538年まで続く。帰還はバビロニヤ人を征服したメド・ペルシヤ人のクロス王の特別な勅令が出されたからで(→25：12注)、勅令のあと間もなくいくらかのユダヤ人が神殿を再建するために故郷に帰るのが許可された(→エズ1：1注, 2：1注,⇒Ⅱ歴36：21-23, ダニ9：2, これらの出来事の概観 →エレ緒論)。

25:12 バビロンの王・・・罰し 神はバビロニヤの罪と残虐さに対して報復されるとエレミヤは預言した。この予告はメディヤとペルシヤがクロスの指揮のもとで前539年にバビロニヤを破ったときに一部成就した(⇒ダニ5：30-31)。

25:15 憤りのぶどう酒 人を酔わせるぶどう酒は聖書の中でしばしば神の怒り(正当な神の怒りとさばき)を示している(→49：12, 51：7, ヨブ21：20, 詩60：3, イザ51：17, 22, エゼ23：31, 黙14：8, 10, 16：19, 18：6)。

を遣わすすべての国々に、これを飲ませよ。
¹⁶彼らは飲んで、ふらつき、狂ったようになる。わたしが彼らの間に送る剣のためである。」
¹⁷そこで、私は主の御手からその杯を取り、主が私を遣わされたすべての国々に飲ませた。
¹⁸エルサレムとユダの町々とその王たち、つかさたちに。──彼らを今日のように廃墟とし、恐怖とし、あざけりとし、のろいとするためであった。──
¹⁹エジプトの王パロと、その家来たち、つかさたち、すべての民に、
²⁰すべての混血の民、ウツの地のすべての王たち、ペリシテ人の地のすべての王たち──アシュケロン、ガザ、エクロン、アシュドデの残りの者──に、
²¹エドム、モアブ、アモン人に、
²²ツロのすべての王たち、シドンのすべての王たち、海のかなたにある島の王たちに、
²³デダン、テマ、ブズ、こめかみを刈り上げているすべての者に、
²⁴アラビヤのすべての王たち、荒野に住む混血の民のすべての王たちに、
²⁵ジムリのすべての王たち、エラムのすべての王たち、メディヤのすべての王たちに、
²⁶北国のすべての王たち、近い者も遠い者もひとりひとりに、地上のすべての王国に飲ませ、彼らのあとでバビロンの王が飲む。
²⁷「あなたは彼らに言え。『イスラエルの神、万軍の主は、こう仰せられる。飲んで酔い、へどを吐いて倒れよ。起き上がるな。わたしがあなたがたの間に剣を送るからだ。』
²⁸もし、彼らが、あなたの手からその杯を取って飲もうとしなければ、彼らに言え。『万軍の主はこう仰せられる。あなたがたは必ず飲まなければならない。
²⁹見よ。わたしの名がつけられているこの町にも、わたしはわざわいを与え始めているからだ。あなたがたが、どんなに罰を免れようとしても、免れることはできない。わたしが、この地の全住民の上に、剣を呼び寄せているからだ。──万軍の主の御告げ──』

³⁰あなたは彼らにこのすべてのことばを預言して、言え。
 『主は高い所から叫び、
  その聖なる御住まいから声をあげられる。
  その牧場に向かって大声で叫び、
  酒ぶねを踏む者のように、
  地の全住民に向かって叫び声をあげられる。
³¹そのどよめきは地の果てまでも響き渡る。
  主が諸国の民と争い、すべての者をさばき、
  悪者どもを剣に渡されるからだ。
  ──主の御告げ──
³²万軍の主はこう仰せられる。
  見よ。わざわいが国から国へと移り行き、
  大暴風が地の果てから起こる。
³³その日、主に殺される者が地の果てから地の果てまでに及び、彼らはいたみ悲しまれることなく、集められることなく、葬られることもなく、地面の肥やしとなる。』」

³⁴牧者たちよ。泣きわめけ。
  群れのあるじたちよ。灰の中にころげ回れ。
  あなたがたがほふられ、
  あなたがたが散らされる日が来たからだ。
  あなたがたは美しい雄羊のように倒れる。
³⁵逃げ場は牧者たちから、
  のがれ場は群れのあるじたちから消えうせる。
³⁶聞け。牧者たちの叫び、
  群れのあるじたちの泣き声を。
  主が彼らの牧場を荒らしておられるからだ。
³⁷平和な牧場も、
  主の燃える怒りによって荒れすたれる。
³⁸主は、若獅子のように、仮庵を捨てた。
  主の燃える剣、主の燃える怒りによって
  彼らの国が荒れ果てるからだ。

死に直面するエレミヤ

26 ¹ヨシヤの子、ユダの王エホヤキムの治世の初めに、主から次のようなことばがあった。

²「主はこう仰せられる。主の宮の庭に立ち、主の宮に礼拝しに来るユダのすべての町の者に、わたしがあなたに語れと命じたことばを残らず語れ。一言も省くな。

³彼らがそれを聞いて、それぞれ悪の道から立ち返るかもしれない。そうすれば、わたしは、彼らの悪い行いのために彼らに下そうと考えていたわざわいを思い直そう。

⁴だから彼らに言え。『主はこう仰せられる。もし、あなたがたがわたしに聞き従わず、あなたがたの前に置いたわたしの律法に歩まず、

⁵わたしがあなたがたに早くからたびたび送っているわたしのしもべである預言者たちのことばに聞き従わないなら、──あなたがたは聞かなかった──

⁶わたしはこの宮をシロのようにし、この町を地の万国ののろいとする。』」

⁷祭司と預言者とすべての民は、エレミヤがこのことばを主の宮で語っているのを聞いた。

⁸主がすべての民に語れと命じたことをみな、エレミヤが語り終えたとき、祭司と預言者とすべての民は彼を捕らえて言った。「あなたは必ず死ななければならない。

⁹なぜ、主の御名により、この宮がシロのようになり、この町もだれも住む者のないい廃墟となると言って預言したのか。」こうしてすべての民がエレミヤを攻撃しに、主の宮に集まった。

¹⁰ユダの首長たちはこれらのことを聞いて、王宮から主の宮に上り、主の宮の新しい門の入口にすわった。

¹¹祭司や預言者たちは、首長たちやすべての民に次のように言った。「この者は死刑に当たる。彼がこの町に対して、あなたがたが自分の耳で聞いたとおりの預言をしたからだ。」

¹²エレミヤは、すべての首長とすべての民に告げてこう言った。「主が、あなたがたの聞いたすべてのことばを、この宮とこの町に対して預言するよう、私を遣わされたのです。

¹³さあ、今、あなたがたの行いとわざを改め、あなたがたの神、主の御声に聞き従いなさい。そうすれば、主も、あなたがたに語ったわざわいを思い直されるでしょう。

¹⁴このとおり、私はあなたがたの手の中にあります。私をあなたがたがよいと思うよう、正しいと思うようにしなさい。

¹⁵ただ、もしあなたがたが私を殺すなら、あなたがた自身が罪のない者の血の報いを、自分たちと、この町と、その住民とに及ぼすのだということを、はっきり知っていてください。なぜなら、ほんとうに主が、私をあなたがたのもとに送り、あなたがたの耳にこれらすべてのことばを語らせたのですから。」

1①エレ26:1-6、エレ7:1-15
②エレ1:3
2①エレ19:14、Ⅱ歴24:20, 21、ルカ19:47, 48
②エレ1:17, 42:4、エゼ3:10, 11、マタ28:20、使20:20, 27
③申4:2
3①エレ36:3、イザ1:16-19
②エレ32:23, 44:23
③エレ18:8
4①エレ17:27, 22:5、レビ26:14, 申28:15、Ⅰ列9:6, 7, イザ1:20
②エレ32:23, 44:10, 23、詩78:10, ダニ9:10
5①エレ25:3, 4
②→エレ7:25
6①エレ11:7, 8, ダニ9:10
7①エレ7:12、Ⅰサム4:10-12, 22
②エレ24:9, 25:18、Ⅱ列22:19, イザ65:15
7①エレ5:31, 哀4:13, 14、ミカ3:11
8①エレ20:1, 2
②エレ11:19, 18:23、マタ23:34, 35
9①エレ26:6

②エレ9:11, 33:10
10①エレ26, 16, 21, 34:19
②使21:31, 32
③エレ36:10
11①エレ18:20
12①申18:20、マタ26:66
12①エレ26:2, 15、アモ7:15, 使4:19, 5:29
13①エレ7:3, 5, 18:11, 35:15
②エレ18:8
14①エレ38:5, ヨシ9:25
15①エレ7:6, 箴6:16, 17, ヨナ1:14
②エレ26:2, 12

26:2 わたしが・・・命じたことばを残らず 自分の預言が人々の気分を害し敵意と反対を引起こすことがわかったので、エレミヤはメッセージの特に厳しい部分を控えようという誘惑を感じたようである。けれども主は一言も残らず伝えるようにと言われた。神のメッセージは全部伝えなければならない。たといある人々が神のメッセージを拒むとわかっていても、忠実な奉仕者は神の厳しい命令や警告のことばを伝えることを避けるべきではない。人の気分を害し不都合で好ましくないように見える神のことばの一部を無視する人々は、奉仕者としてふさわしくない。

26:8 あなたは必ず死ななければならない 神のことばを大胆に伝えたので宗教界（祭司やにせ預言者たち）はエレミヤを捕えて殺すことを要求した。歴史を見ると残念なことに、宗教的指導者たちはしばしば真理を伝えて聖書信仰と正義（正しい生活と神との正しい関係）に立返るように訴える人々に対して反対運動を指導していた。これは主イエスの時代でも同じで、主イエスが再び来られる終りの時代でも同じである。

26:12-15 エレミヤは・・・言った エレミヤは死の脅しを受けたときにも滅亡のメッセージを撤回しなかった。むしろ自分の権威は神から与えられていると強調した。そして罪深い人々に悔い改めて心と思いを神に向け直し、自分の罪とかたくなに反抗していたことを認めて神に立返るように呼びかけた。このようにエレミヤは危険に直面しながらも、神と神のメッセージに忠実であり続けた。

16 すると、首長たちとすべての民は、祭司や預言者たちに言った。「この人は死刑に当たらない。私たちの神、主の名によって、彼は私たちに語ったのだから。」
17 それで、その地の長老たちの幾人かが立って、民の全集団に語って言った。
18 「かつてモレシェテ人ミカも、ユダの王ヒゼキヤの時代に預言して、ユダのすべての民に語って言ったことがある。

『万軍の主はこう仰せられる。
シオンは畑のように耕され、
エルサレムは廃墟となり、
この宮の山は森の丘となる。』

19 そのとき、ユダの王ヒゼキヤとユダのすべての人は彼を殺しただろうか。ヒゼキヤが主を恐れ、主に願ったので、主も彼らに語ったわざわいを思い直されたではないか。ところが、私たちはわが身に大きなわざわいを招こうとしている。」
20 ほかにも主の名によって預言している人がいた。すなわち、キルヤテ・エアリムの出のシェマヤの子ウリヤで、彼はこの町とこの国に対して、エレミヤのことばと全く同じような預言をしていた。
21 エホヤキム王と、そのすべての勇士や、首長たちは、彼のことばを聞いた。王は彼を殺そうとしたが、ウリヤはこれを聞いて恐れ、エジプトへ逃げて行った。
22 そこでエホヤキム王は人々をエジプトにやった。すなわち、アクボルの子エルナタンに人々を同行させて、エジプトに送った。
23 彼らはウリヤをエジプトから連れ出し、エホヤキム王のところに連れて来たので、王は彼を剣で打ち殺し、そのしかばねを共同墓地に捨てさせた。
24 しかし、シャファンの子アヒカムはエレミヤをかばい、エレミヤが民の手に渡されて殺されないようにした。

ネブカデネザルに仕えるユダ

27 1 ヨシヤの子、ユダの王エホヤキムの治世の初めに、主からエレミヤに次のようなことばがあった。
2 主は私にこう仰せられる。「あなたはなわとかせとを作り、それをあなたの首につけよ。
3 そうして、エルサレムのユダの王ゼデキヤのところに来る使者たちによって、エドムの王、モアブの王、アンモン人の王、ツロの王、シドンの王に伝言を送り、
4 彼らがそれぞれの主君に次のことを言うように命じよ。『イスラエルの神、万軍の主は、こう仰せられる。あなたがたは主君にこう言え。
5 わたしは、大いなる力と、伸ばした腕とをもって、地と、地の面にいる人間と獣を造った。それで、わたしの見る目にかなった者に、この地を与えるのだ。
6 今、わたしは、これらすべての国をわたしのしもべ、バビロンの王ネブカデネザルの手に与え、野の獣も彼に与えて仕えさせる。
7 ──彼の国に時が来るまで、すべての国は、彼と、その子と、その子の子に仕えよう。しかし時が来ると、多くの民や大王たちが彼を自分たちの奴隷とする。──
8 バビロンの王ネブカデネザルに仕えず、

26:16-24 死刑に当たらない エレミヤの弁明（26:12-15）を聞いて首長たちと一般の人々は、実際にエレミヤを支持して祭司や預言者たちと反対の立場に立った。影響力のある何人かの指導者は神を敬う王だったヒゼキヤと邪悪な王エホヤキムの例を挙げてエレミヤを弁護さえした。

26:23 ウリヤを・・・打ち殺し エレミヤは死から救われたけれども、ウリヤという名前の神を敬う預言者は救われなかった。なぜ神はある人には苦しむ（死に至るまで）ようにさせ、ある人には自然に死ぬのを許されるのか、聖書は完全に説明していない（⇒使12:1-17）。けれども忠実に従う人々に起こる物事の中に神が永遠の目的を持っておられることを私たちは知っている。神はあらゆることを通して私たちの益になるように働かれる（→ロマ8:28注）。

27:6 わたしのしもべ・・・ネブカデネザル このバビロニアの支配者は神のしもべと呼ばれているけれども、それは神を敬っている良い王だからではない。ユダにいる神の民を含む多くの国が悪を行い反抗をしているのを罰するために、神がその軍隊を用いようとしておられるからである。このバビロニヤも神はご自分が定められたときに滅ぼすつもりでおられた（27:7）。

27:8 ネブカデネザルに仕えず ユダに対するエレミヤの預言的な忠告はバビロニアの支配に服従し、神

またバビロンの王のくびきに首を差し出さない民や王国があれば、わたしはその民を剣と、ききんと、疫病で罰し、——主の御告げ——彼らを彼の手で皆殺しにする。
⁹だから、あなたがたは、バビロンの王に仕えることはない、と言っているあなたがたの預言者、占い師、夢見る者、卜者、呪術者に聞くな。
¹⁰彼らは、あなたがたに偽りを預言しているからだ。それで、あなたがたは、あなたがたの土地から遠くに移され、わたしはあなたがたを追い散らして、あなたがたが滅びるようにする。
¹¹しかし、バビロンの王のくびきに首を差し出して彼に仕える民を、わたしはその土地にいこわせる。——主の御告げ——こうして、その土地を耕し、その中に住む。』」
¹²ユダの王ゼデキヤにも、私はこのことばのとおりに語って言った。「あなたがたはバビロンの王のくびきに首を差し出し、彼とその民に仕えて生きよ。
¹³どうして、あなたとあなたの民は、バビロンの王に仕えない国について主が語られたように、剣とききんと疫病で死んでよかろうか。
¹⁴『バビロンの王に仕えることはない』とあなたがたに語る預言者たちのことばに聞くな。彼らはあなたがたに偽りを預言しているからだ。」
¹⁵「わたしは彼らを遣わさなかったのに、——主の御告げ——彼らは、わたしの名によって偽りを預言している。それでわたしはあなたがたを追い散らし、あなたがたも、あなたがたに預言している預言者たちも滅びるようにする。」
¹⁶私はまた、祭司たちとこのすべての民

8 ② エレ14:12
9 ① エレ27:14
② 出22:18, 申18:10, 11, イザ8:19
10 ① エレ5:31
② エレ8:19
③ エレ27:15, 32:31
11 ① エレ21:9, 38:2, 40:9, 42:10, 11
12 ① エレ27:12, 13, エレ38:17, 18
13 ① エレ27:8, エゼ18:31
14 ① エレ27:9
② エレ5:31
15 ① エレ23:21, 29:9
② エレ5:31
③ エレ27:10
④ エレ14:15, 16, マタ15:14

16 ① エレ28:3
② Ⅱ列24:13, Ⅱ歴36:7, 10, ダニ1:2
③ エレ5:31
17 ① エレ27:34, 27:13
18 ① エレ18:20, Ⅰサム7:8, 12:19, 23, エゼ13:5
19 ① エレ52:17, 20-23, Ⅰ列7:15-22, Ⅱ列25:13, 17
② Ⅰ列7:23-26
③ Ⅰ列7:27-37
20 * Ⅱ列24:6「エホヤキン」
① エレ22:28, 24:1, Ⅱ歴36:10
22 ① エレ25:11, 12, 27:7, 29:10, 32:5, Ⅱ歴36:21
② エズ1:7-11, 5:13-15, 7:19

1 ① エレ28章, エレ14:13-16, 23:9-40
② エレ27:1
③ エレ49:34
④ ヨシ9:3, 10:12, Ⅰ列3:4

に語って言った。「主はこう仰せられた。『見よ。主の宮の器は、今すみやかにバビロンから持ち帰られる』と言って、あなたがたに預言しているあなたがたの預言者のことばに聞いてはならない。彼らはあなたがたに、偽りを預言しているからだ。
¹⁷彼らに聞くな。バビロンの王に仕えて生きよ。どうして、この町が廃墟となってよかろうか。
¹⁸もし彼らが預言者であり、もし彼らに主のことばがあるのなら、彼らは、主の宮や、ユダの王の家や、エルサレムに残されている器がバビロンに持って行かれないよう、万軍の主にとりなしの祈りをするはずだ。
¹⁹まことに万軍の主は、宮の柱や、海や、車輪つきの台や、そのほかのこの町に残されている器について、こう仰せられる。
²⁰——これらの物は、バビロンの王ネブカデネザルがエホヤキムの子、ユダの王エコヌヤ、およびユダとエルサレムのすべてのおもだった人々をエルサレムからバビロンへ引いて行ったときに、携えて行かなかったものである。——
²¹まことに、イスラエルの神、万軍の主は、主の宮とユダの王の家とエルサレムとに残された器について、こう仰せられる。
²²『それらはバビロンに運ばれて、わたしがそれを顧みる日まで、そこにある。——主の御告げ——そうして、わたしは、それらを携え上り、この所に帰らせる。』」

にせ預言者ハナヌヤ

28 ¹その同じ年、すなわち、ユダの王ゼデキヤの治世の初め、第四年の第五の月に、ギブオンの出の預言者、アズルの子ハナヌヤが、主の宮で、祭司たち

のご計画に抵抗しないようにというものだった。もしユダが反抗してバビロニヤと戦うなら、ひどく苦しみ大敗北を体験するとエレミヤは警告した。

27:9 あなたがたの預言者・・・に聞くな にせ預言者たちは敵に対する反抗が成功すると予告し、「バビロンの王のくびきに首を差し出」さないように(くびきは二頭の動物を一緒に操るための木の枠で、押さえつけ束縛するものを指す)と人々を励ましていた(27:11)。一方でエレミヤは、バビロニヤがユダと周辺の

国々を支配するように神によって定められているのだから、うそをつくこれらの預言者たちに聞き従わないようにと教えていた。

27:16 【主】の宮の器 主の宮の器の一部は前605年に(→ダニ1:1-2)、ほかのものは前597年に(Ⅱ列24:13)奪われてバビロニヤに持去られていた。

28:1 預言者・・・ハナヌヤ ハナヌヤはエレミヤの滅亡のメッセージに反対したにせ預言者の一人で、バビロニヤが二年以内に滅ぼされて捕囚の人々と主の宮

エレミヤ書　28-29章

とすべての民の前で、私に語って言った。

2「イスラエルの神、万軍の主は、こう仰せられる。わたしは、バビロンの王のくびきを打ち砕く。

3二年のうちに、わたしは、バビロンの王ネブカデネザルがこの所から取って、バビロンに運んだ主の宮のすべての器をこの所に帰らせる。

4バビロンに行ったエホヤキムの子、ユダの王エコヌヤと、ユダのすべての捕囚の民も、わたしはこの所に帰らせる。――主の御告げ――わたしがバビロンの王のくびきを打ち砕くからだ。」

5そこで預言者エレミヤは、主の宮に立っている祭司たちや、すべての民の前で、預言者ハナヌヤに言った。

6預言者エレミヤは言った。「アーメン。そのとおりに主がしてくださるように。あなたが預言したことばを主が成就させ、主の宮の器と、すべての捕囚の民がバビロンからこの所に帰って来るように。

7しかし、私があなたの耳と、すべての民の耳に語っているこのことばを聞きなさい。

8昔から、私と、あなたの先に出た預言者たちは、多くの国と大きな王国について、戦いとわざわいと疫病とを預言した。

9平安を預言する預言者については、その預言者のことばが成就して初めて、ほんとうに主が遣わされた預言者だ、と知られるのだ。」

10しかし預言者ハナヌヤは、預言者エレミヤの首から例のかせを取り、それを砕いた。

11そしてハナヌヤは、すべての民の前でこう言った。「主はこう仰せられる。『このとおり、わたしは二年のうちに、バビロンの王ネブカデネザルのくびきを、すべての国の首から砕く。』」そこで、預言者エレミヤは立ち去った。

12預言者ハナヌヤが預言者エレミヤの首からかせを取ってこれを砕いて後、エレミヤに次のような主のことばがあった。

13「行って、ハナヌヤに次のように言え。『主はこう仰せられる。あなたは木のかせを砕いたが、その代わりに、鉄のかせを作ることになる。

14まことに、イスラエルの神、万軍の主は、こう仰せられる。わたしは鉄のくびきをこれらすべての国の首にはめて、バビロンの王ネブカデネザルに仕えさせる。それで彼らは彼に仕える。野の獣まで、わたしは彼に与えた。』」

15そこで預言者エレミヤは、預言者ハナヌヤに言った。「ハナヌヤ。聞きなさい。主はあなたを遣わされなかった。あなたはこの民を偽りに拠り頼ませた。

16それゆえ、主はこう仰せられる。『見よ。わたしはあなたを地の面から追い出す。ことし、あなたは死ぬ。主への反逆をそそのかしたからだ。』」

17預言者ハナヌヤはその年の第七の月に死んだ。

捕囚の民への手紙

29 1預言者エレミヤは、ネブカデネザルがエルサレムからバビロンへ引いて行った捕囚の民、長老たちで生き残っている者たち、祭司たち、預言者たち、およびすべての民に、エルサレムから

の器は返されると予告した。にせの宗教指導者たちは無条件の神の祝福をしばしば予告する。人々が聞きたがるからである。その場合悔い改めときよい生活（道徳的、霊的なきよさと悪からの分離）が必要であることには触れていない。霊的に必要なこれらのものは大抵の人に好まれないからである（→「にせ教師」の項 p.1758）。

28：6-9　アーメン。そのとおりに【主】がしてくださるように　エレミヤが「アーメン」と言ったのはエレミヤ自身も捕虜の帰還を望んでいたことを表している。けれどもさらに災難が来るという真実を人々に伝えなければならなかった。ハナヌヤがにせ預言者でエレミヤが本当の預言者であることは時間が証明する。ここでエレミヤは即座に新しい預言をもって応えなかった。むしろ過去の預言者（イザヤのような）を通して与えられていた神のことばを示した。

28：13-17　行って、ハナヌヤに・・・言え　このにせ預言者はうそを信じるように人々をだました。その結果、エレミヤはハナヌヤの死を予告するメッセージを神から受けた。二か月後にこのにせ預言者は死んだ。霊的な反抗とにせの預言に対する罰は厳しい。教会の指導者でも本当のしもべではないなら、みな同じような厳しいさばきをいつか体験することになる。

手紙を送ったが、そのことばは次のとおりである。

² ――これは、エコヌヤ王と王母と宦官たち、ユダとエルサレムの貴族たち、職人と鍛冶屋たちが、エルサレムを出て後、

³ ユダの王ゼデキヤがバビロンの王ネブカデネザルのもとに、バビロンへ遣わした、シャファンの子エルアサとヒルキヤの子ゲマルヤの手に託したもので、次のように言っている――

⁴ イスラエルの神、万軍の主は、こう仰せられる。「エルサレムからバビロンへわたしが引いて行かせたすべての捕囚の民に。

⁵ 家を建てて住みつき、畑を作って、その実を食べよ。

⁶ 妻をめとって、息子、娘を生み、あなたがたの息子には妻をめとり、娘には夫を与えて、息子、娘を産ませ、そこでふえよ。減ってはならない。

⁷ わたしがあなたがたを引いて行ったその町の繁栄を求め、そのために主に祈れ。その繁栄は、あなたがたの繁栄になるのだから。」

⁸ まことに、イスラエルの神、万軍の主は、こう仰せられる。「あなたがたのうちにいる預言者たちや、占い師たちにごまかされるな。あなたがたが夢を見させている、あなたがたの夢見る者の言うことを聞くな。

⁹ なぜなら、彼らはわたしの名を使って偽りをあなたがたに預言しているのであって、わたしが彼らを遣わしたのではないからだ。――主の御告げ――」

¹⁰ まことに、主はこう仰せられる。「バビロンに七十年の満ちるころ、わたしはあなたがたを顧み、あなたがたにわたしの幸いな約束を果たして、あなたがたをこの所に帰らせる。

¹¹ わたしはあなたがたのために立てている計画をよく知っているからだ。――主の御告げ――それはわざわいではなくて、平安を与える計画であり、あなたがたに将来と希望を与えるためのものだ。

¹² あなたがたがわたしを呼び求めて歩き、わたしに祈るなら、わたしはあなたがたに聞こう。

¹³ もし、あなたがたが心を尽くしてわたしを捜し求めるなら、わたしを見つけるだろう。

¹⁴ わたしはあなたがたに見つけられる。――主の御告げ――わたしは、あなたがたの繁栄を元どおりにし、わたしがあなたがたを追い散らした先のすべての国々と、すべての場所から、あなたがたを集める。――主の御告げ――わたしはあなたがたを引いて行った先から、あなたがたをもとの所へ帰らせる。」

¹⁵ あなたがたは、「主は私たちのために、バビロンでも預言者を起こされた」と言っているが、

¹⁶ まことに、主は、ダビデの王座に着いている王と、この町に住んでいるすべての民と、捕囚としてあなたがたといっしょに出て行かなかったあなたがたの兄弟について、こう仰せられる。

¹⁷ 万軍の主はこう仰せられる。「見よ。わたしは彼らの中に、剣とききんと疫病を送

29:1-23 手紙 前597年に捕囚として連去られたユダヤ人に対するエレミヤの手紙は捕囚がバビロニヤに着いてから一、二年の間に書かれたものと思われる。エレミヤは次のようなことを指示した。(1) 神が住まわせた所で家を建てて結婚し、平和を築き町の繁栄を求める通常の生活をするべきである。70年が満ちるまでは約束の地に帰ることがないからである(29:7, 10)。(2) 捕囚は短いと予告しているにせ預言者たちに聞き従うべきではない(29:8-9)。(3) エルサレムに残された人々は神に反抗し続けているからひどく苦しむ(29:15-19)。(4) 二人のにせ預言者は姦淫の生活(配偶者以外の人と性的関係を持つこと)をし、神のメッセージを誤って伝えているので殺される(29:21-23)。(5) 70年の捕囚の最後には一部の人々が信仰を刷新して神を求め、回復(自然と霊的の両方)を求めて熱心に祈る。神はその祈りに応えて回復してくださる(29:10-14, →エズ緒論, →**捕囚からの帰還**」の地図 p.759)

29:10 七十年 →25:11注

29:12-13 あなたがたが・・・呼び求め・・・わたしは・・・聞こう 神の約束の成就には時間が重要である(⇒ガラ4:4の「定めの時が来たので」というパウロのことば)。神との正しい関係に多くの人を導き入れるという神の目的を成就する時が来たら神はご自分

り、彼らを悪くて食べられない割れたいちじくのようにする。

¹⁸わたしは剣とききんと疫病で彼らを追い、彼らを、地のすべての王国のおののきとし、わたしが彼らを追い散らしたすべての国の間で、のろいとし、恐怖とし、あざけりとし、そしりとする。

¹⁹彼らがわたしのことばを聞かなかったからだ。——主の御告げ——わたしが彼らにわたしのしもべである預言者たちを早くからたびたび送ったのに、あなたがたが聞かなかったからだ。——主の御告げ——

²⁰わたしがエルサレムからバビロンへ送ったすべての捕囚の民よ。主のことばを聞け。」

²¹イスラエルの神、万軍の主は、わたしの名によってあなたがたに偽りを預言している者であるコラヤの子アハブと、マアセヤの子ゼデキヤについて、こう仰せられる。「見よ。わたしは彼らを、バビロンの王ネブカデレザルの手に渡す。彼はあなたがたの目の前で、彼らを打ち殺す。

²²バビロンにいるユダの捕囚の民はみな、のろうときに彼らの名を使い、『主がおまえをバビロンの王が火で焼いたゼデキヤやアハブのようにされるように』と言うようになる。

²³それは、彼らがイスラエルのうちで、恥ずべきことを行い、隣人の妻たちと姦通し、わたしの命じもしなかった偽りのことをわたしの名によって語ったからである

る。わたしはそれを知っており、その証人である。——主の御告げ——」

シェマヤへのメッセージ

²⁴あなたはネヘラム人シェマヤに次のように言わなければならない。

²⁵「イスラエルの神、万軍の主は、次のように仰せられる。あなたは、あなたの名によって、エルサレムにいるすべての民と、マアセヤの子、祭司ゼパニヤ、および、すべての祭司に次のような手紙を送った。

²⁶『主は、祭司エホヤダの代わりに、あなたを祭司とされましたが、それは、あなたを主の宮の監督者に任じて、すべて狂って預言をする者に備え、そういう者に足かせや、首かせをはめるためでした。

²⁷それなのに、なぜ、今あなたは、あなたがたに預言しているアナトテ人エレミヤを責めないのですか。

²⁸それで、彼はバビロンの私たちのところに使いをよこして、それは長く続く。家を建てて住みつき、畑を作ってその実を食べなさいと、言わせたのです。』」

²⁹——祭司ゼパニヤがこの手紙を預言者エレミヤに読んで聞かせたとき、

³⁰エレミヤに次のような主のことばがあった。

³¹「すべての捕囚の民に言い送れ。主はネヘラム人シェマヤにこう仰せられる。わたしはシェマヤを遣わさなかったのに、シェ

のことばと約束を成就される（⇒29:10）。また神はご自分の民の熱心な祈りに応えられる（⇒アモ5:4-6、→ダニ9:2注、9:5注）。エレミヤは神がご自分の民の間で特別な目的を成就されるためには捕囚の70年間で十分であると預言した。その期間が満ちると神は聖い残りの人々（神に忠実で神の目的に自分自身を保つわずかな人々）に国が霊的に刷新されるように熱心に祈るように奮い立たせられる。神はこれらの献身した人々の声を聞いて応えられ、これらの人々を通して回復の約束を成就するように働かれる（29:13-14）。この情況は二つの霊的な原則を現している。（1）神がご自分の民のために偉大なことをしようとするときには霊感を与えて深く継続的な祈りを始めるように励まされる。（2）この祈りに神が応えられるタイミングはしばしばご自分の民に対する神の目的の全体に結び付いている。

29:23 イスラエルのうちで、恥ずべきこと 神のメッセージを伝えながら同時に姦淫の罪やそのほかの不道徳な行為を行ったりすることは非常に恥ずべきことだと神は考えられた。したがってアハブとゼデキヤという二人の預言者は（29:21）敵によって公に処刑される。したがって人々を背信に導く奉仕者へのこの警告は明瞭である（⇒**監督の道徳的資格**の項 p.2303）。

29:24-32 シェマヤ シェマヤはバビロニヤにいたにせ預言者で、エルサレムの祭司ゼパニヤに手紙を書き送ってエレミヤを投獄するように迫った。捕囚の人々に対するエレミヤの手紙がバビロニヤにいたにせ預言者たちを怒らせたと思われる。神はこれに応えてシェマヤもその子孫も将来エルサレムへの帰還に加わることはないと宣言された。

マヤがあなたがたに預言し、あなたがたを偽りに拠り頼ませた。³²それゆえ、主はこう仰せられる。『見よ。わたしはネヘラム人シェマヤと、その子孫とを罰する。彼に属する者で、だれもこの民の中に住んで、わたしがわたしの民に行おうとしている良いことを見る者はいない。──主の御告げ──彼が主に対する反逆をそそのかしたからである。』」

イスラエルの回復

30 ¹主からエレミヤにあったみことばは、次のとおりである。²イスラエルの神、主はこう仰せられる。「わたしがあなたに語ったことばをみな、書物に書きしるせ。³見よ。その日が来る。──主の御告げ──その日、わたしは、わたしの民イスラエルとユダの繁栄を元どおりにすると、主は言う。彼らをその先祖たちに与えた地に帰らせる。彼らはそれを所有する。」

⁴主がイスラエルとユダについて語られたことばは次のとおりである。
⁵まことに主はこう仰せられる。
「おののきの声を、われわれは聞いた。恐怖があって平安はない。
⁶男が子を産めるか、さあ、尋ねてみよ。
わたしが見るのに、
なぜ、男がみな、産婦のように腰に手を当てているのか。
なぜ、みなの顔が青く変わっているのか。
⁷ああ。
その日は大いなる日、比べるものもない日だ。
それはヤコブにも苦難の時だ。
しかし彼はそれから救われる。
⁸その日になると、──万軍の主の御告げ──わたしは彼らの首のくびきを砕き、彼らのなわめを解く。他国人は二度と彼らを奴隷にしない。
⁹彼らは彼らの神、主と、わたしが彼らのために立てる彼らの王ダビデに仕えよう。

30:1-33:26【主】から・・・みことば 30—33章にはイスラエル(北王国)とユダ(南王国)両方の国の将来の回復と贖い(救い、神の目的と神との関係の刷新)についての預言が記録されている。(王国が分裂した経緯 →エレ緒論、→**イスラエルとユダの王国**」の地図 p.570)。エレミヤの預言は近い将来に起こるバビロニヤ捕囚からのユダヤ人の帰還に適用されるけれども、また遠い未来にキリストがご自分の民を治めるために地上に再び来られる(大患難の時代のあとで)終りのときにも適用できる。キリストは国々をみな治められる(→黙20: 、「**終末の事件**」の表 p.2471)。神のご計画には希望のない未来はないことを、エレミヤはバビロニヤにいるユダヤ人の捕囚に保証した。残りの人々(忠実なわずかな人々)は神が世界に対する目的を成就するために用いられるので生き延びる。

30:3 彼らを・・・地に帰らせる エレミヤは捕囚の人々(既に捕らえられてバビロニヤに移されていたユダヤ人)にとって良い知らせを持っていた。人々はいつの日か回復され、故郷の地を再び所有するという神の約束をエレミヤは伝えた。この約束は北王国(イスラエル)と南王国(ユダ)の両方に対して与えられた。バビロニヤでの捕囚の苦しい体験を神は益に変えると約束された。そして強くし、信仰と人格とにみがきをかけられる。さらにいつの日か神のご計画の中で果す役割が回復され、そのことによって全人類に霊的回復の希望を与えることになる(→「**神の計画の中のイスラエル**」の項 p.2077)。

30:7 ヤコブにも苦難の時 このあとの数節はユダヤ人を襲う未来の大患難のひどい苦しみと落胆のときについてエレミヤが伝えたことを記録している(⇒イザ2:12-21、エゼ30:3、ダニ9:27、ヨエ1:15、ゼカ14:1-8, 12-15、マタ24:21)。ユダヤ人は今日まで歴史を通して大迫害を耐えてきたけれども、ここは特に神が地上にさばきを下される終りのときの苦しみのことを言っている。そのときには反キリストの勢力がイスラエルを完全に滅ぼそうとして進軍して来る(→黙16:、→「**大患難**」の項 p.1690)。その時にキリストはイスラエルを救い、敵を滅ぼすために天の軍勢とともに突然地上に再び来られる(30:8、→黙19:)。それからイスラエルは神に仕えキリストに従う(30:9)。キリストが地上に再び来られご自分の王国を打立て、1,000年の間ご自分の民とともに国々を治められるときにヤコブ(イスラエル)の苦しみはついに終る(黙19:11-21、20:4-6、→「**終末の事件**」の表 p.2471)。

30:9-10 彼らの王ダビデ 人々が仕える方はメシヤ(「油そそがれた者」、救い主、キリスト)である主イエスである。この方は人間としてはダビデの子孫である(⇒ホセ3:5、エゼ37:24-25)。「ヤコブ」とはイスラエル

エレミヤ書 30章

10 わたしのしもべヤコブよ。恐れるな。
　　──主の御告げ──
　　イスラエルよ。おののくな。
　　見よ。わたしが、あなたを遠くから、
　　あなたの子孫を捕囚の地から、救うからだ。
　　ヤコブは帰って来て、平穏に安らかに生き、
　　おびえさせる者はだれもいない。
11 わたしがあなたとともにいて、
　　──主の御告げ──
　　あなたを救うからだ。
　　わたしは、あなたを散らした先の
　　すべての国々を滅ぼし尽くすからだ。
　　しかし、わたしはあなたを滅ぼし尽くさない。
　　公義によって、あなたを懲らしめ、
　　あなたを罰せずにおくことは決してないが。」

12 まことに主はこう仰せられる。
　　「あなたの傷はいやしにくく、
　　あなたの打ち傷は痛んでいる。
13 あなたの訴えを弁護する者もなく、
　　はれものに薬をつけて、
　　あなたをいやす者もいない。
14 あなたの恋人はみな、あなたを忘れ、
　　あなたを尋ねようともしない。
　　わたしが、敵を打つようにあなたを打ち、
　　ひどい懲らしめをしたからだ。
　　あなたの咎が大きく、あなたの罪が重いために。
15 なぜ、あなたは自分の傷のために叫ぶのか。
　　あなたの痛みは直らないのか。
　　あなたの咎が大きく、あなたの罪が重

いため、
　　わたしはこれらの事を、あなたにしたのだ。
16 しかし、あなたを食う者はみな、かえって食われ、
　　あなたの敵はみな、とりことなって行き、
　　あなたから略奪した者は、略奪され、
　　あなたをかすめ奪った者は、
　　わたしがみな獲物として与える。
17 わたしがあなたの傷を直し、
　　あなたの打ち傷をいやすからだ。
　　──主の御告げ──
　　あなたが、捨てられた女、
　　だれも尋ねて来ないシオン、と呼ばれたからだ。」

18 主はこう仰せられる。
　　「見よ。
　　わたしはヤコブの天幕の繁栄を元どおりにし、
　　その住まいをあわれもう。
　　町はその廃墟の上に建て直され、
　　宮殿は、その定められている所に建つ。
19 彼らの中から、感謝と、喜び笑う声がわき出る。
　　わたしは人をふやして減らさず、
　　彼らを尊くして、軽んじられないようにする。
20 その子たちは昔のようになり、
　　その会衆はわたしの前で堅く立てられる。
　　わたしはこれを圧迫する者をみな罰する。
21 その権力者は、彼らのうちのひとり、
　　その支配者はその中から出る。
　　わたしは彼を近づけ、彼はわたしに近

ルとユダの両方の国の神を敬う忠実な人々(ヤコブは神がイスラエルという新しい名前を与えられた人でその息子たちがイスラエルの十二部族になった。後にイスラエル王国が分裂したときにこのうちの10部族は北王国イスラエルになり、残りの部族はユダ王国になった)のことである。キリストが全世界を治めるために再び来られるときイスラエルの子孫はみな平和で安全な生活をする。神に反抗し神の民を迫害した国々

は滅ぼされる(30:11)。

30:21　その支配者　神の民の中から出て導く新しい指導者は最終的にイエス・キリストの出現によって成就する。主イエスは神の子として神と親しい関係を持ち、その関係を用いて祭司としての働きをされる(イスラエルのために御父に近付くということ)。キリストの働きの結果、神が前から計画しておられた霊的な目的がこの国の中に実現する。その前に神は国々の間

づく。
わたしに近づくためにいのちをかける者は、
いったいだれなのか。――主の御告げ――

22 あなたがたはわたしの民となり、
わたしはあなたがたの神となる。」

23 見よ。主の暴風、――憤り――
吹きつける暴風が起こり、
悪者の頭上にうずを巻く。

24 主の燃える怒りは、
御心の思うところを行って、成し遂げるまで
去ることはない。
終わりの日に、あなたがたはそれを悟ろう。

31

1 「その時、――主の御告げ――わたしはイスラエルのすべての部族の神となり、彼らはわたしの民となる。」

2 主はこう仰せられる。
「剣を免れて生き残った民は
荒野で恵みを得た。
イスラエルよ。出て行って休みを得よ。」

3 主は遠くから、私に現れた。
「永遠の愛をもって、
わたしはあなたを愛した。
それゆえ、わたしはあなたに、
誠実を尽くし続けた。

4 おとめイスラエルよ。
わたしは再びあなたを建て直し、
あなたは建て直される。
再びあなたはタンバリンで身を飾り、
喜び笑う者たちの踊りの輪に出て行こう。

5 再びあなたはサマリヤの山々に
ぶどう畑を作り、
植える者たちは植えて、
その実を食べることができる。

6 エフライムの山では見張る者たちが、
『さあ、シオンに上って、
私たちの神、主のもとに行こう』と
呼ばわる日が来るからだ。」

7 まことに主はこう仰せられる。
「ヤコブのために喜び歌え。
国々のかしらのために叫べ。
告げ知らせ、賛美して、言え。
『主よ。あなたの民を救ってください。
イスラエルの残りの者を。』

8 見よ。わたしは彼らを北の国から連れ出し、
地の果てから彼らを集める。
その中には目の見えない者も足のなえた者も、
妊婦も産婦も共にいる。
彼らは大集団をなして、ここに帰る。

9 彼らは泣きながらやって来る。
わたしは彼らを、慰めながら連れ戻る。
わたしは彼らを、水の流れのほとりに導き、
彼らは平らな道を歩いて、つまずかない。
わたしはイスラエルの父となろう。
エフライムはわたしの長子だから。」

10 諸国の民よ。主のことばを聞け。
遠くの島々に告げ知らせて言え。

にある悪をさばいて滅ぼされる（30：23-24）。

31：1-40　その時　この章はイスラエル全体の回復（31：2-22）、特にユダが約束の地へ回復されることについて（31：23-26）書いている。ユダはイスラエル分裂王国の南王国でダビデの家系の王たちが治めていた。神は「あなたの家とあなたの王国とは、わたしの前にとこしえまでも続」く（Ⅱサム7：16）とダビデに約束しておられた。このユダの家系の部族からイエス・キリストが最終的に来られる。→「ダビデとの神の契約」の項p.512　将来、神の民は神の祝福を受けて再びともに住むようになる（31：27-30）。この再び集められることを再確認した後、エレミヤは神が新しく、より良い契約（神との個人的な関係を持つ機会を含んだ「終生協定」）を結ばれることを明らかにした。この新しい契約は御子イエス・キリストによって立てられ、旧約聖書の律法と約束にないすぐれたものを含んでいる。この神の新しい方法によって罪の完全な赦しと神の命令に従って生きるための霊的な力が与えられる（→「旧契約と新契約」の項p.2363）。

31：2　民　この人々は捕囚から帰って来るイスラエ

エレミヤ書　31章

「イスラエルを散らした者がこれを集め、
②牧者が群れを飼うように、これを守る」
と。
11 主はヤコブを贖い、
ヤコブより強い者の手から、
これを買い戻されたからだ。
12 彼らは来て、シオンの丘で喜び歌い、
穀物と新しいぶどう酒とオリーブ油と、
羊の子、牛の子とに対する主の恵みに
喜び輝く。
彼らのたましいは潤った園のようになり、
もう再び、しぼむことはない。
13 そのとき、若い女は踊って楽しみ、
若い男も年寄りも共に楽しむ。
「わたしは彼らの悲しみを喜びに変え、
彼らの憂いを慰め、楽しませる。
14 また祭司のたましいを髄で飽かせ、
わたしの民は、わたしの恵みに満ち足りる。
──主の御告げ──」

15 主はこう仰せられる。
「聞け。ラマで聞こえる。
苦しみの嘆きと泣き声が。
ラケルがその子らのために泣いている。
慰められることを拒んで。
子らがいなくなったので、
その子らのために泣いている。」

16 主はこう仰せられる。
「あなたの泣く声をとどめ、
目の涙をとどめよ。
あなたの労苦には報いがあるからだ。
──主の御告げ──
彼らは敵の国から帰って来る。
17 あなたの将来には望みがある。
──主の御告げ──
あなたの子らは自分の国に帰って来る。
18 わたしは、エフライムが嘆いているのを
確かに聞いた。
『あなたが私を懲らしめられたので、
くびきに慣れない子牛のように、
私は懲らしめを受けました。
私を帰らせてください。
そうすれば、帰ります。
主よ。あなたは私の神だからです。
19 私は、そむいたあとで、悔い、
悟って後、ももを打ちました。
私は恥を見、はずかしめを受けました。
私の若いころのそしりを
負っているからです』と。
20 エフライムは、わたしの大事な子なのだろうか。
それとも、喜びの子なのだろうか。
わたしは彼のことを語るたびに、
いつも必ず彼のことを思い出す。
それゆえ、わたしのはらわたは
彼のためにわななき、
わたしは彼をあわれまずにはいられない。

---

10 ②イザ40:11, エゼ34:12, 詩23:1
11 ①イザ49:24, 25
②エレ50:34, イザ41:14, 43:1, 44:23, 48:20
③詩142:6
12 ①エレ31:7
②ホセ2:22, ヨエ3:18
③エレ31:24, 33:12, 13
④イザ58:11
⑤イザ35:10, 60:20, 61:3, 65:19, ヨハ16:22
13 ①エレ31:4
②ゼカ8:4, 5
③詩30:11, イザ61:3
④イザ51:11, 詩90:15
14 ①エレ31:25, 詩63:5
②エレ50:19
15 ①エレ27:17, 18
②エレ40:1, ヨシ18:25, 士4:5, イザ10:29
③創35:16-19
④創37:35, 詩77:2
⑤エレ10:20, 創42:13, 36

16 ①イザ25:8, 30:19
②ルツ2:12, ヘブ6:10
③エレ30:3
17 ②エレ29:11
18 ①エレ3:21
②ヨブ5:17
③エレ17:14, 詩80:3, 7, 19, 哀5:21
19 ①エゼ36:31, ゼカ12:10
②エゼ21:12, ルカ18:13
③エレ3:25
④エレ22:21, 詩25:7
20 ①ホセ11:8, 9
②イザ49:14-16
③イザ16:11, 士10:16
④申32:36, イザ55:7, ホセ14:4

ルの全家族の中の残りの人々(信仰深い人々)である(→「捕囚からの帰還」の地図 p.759)。多くの人は前722年にアッシリヤによって連去られ、ある人々は前605年、597年、586年にバビロニヤに連れて行かれた(→Ⅱ列15:29注、17:6注、24:1注)。神がこの人々を回復され一緒に連れて帰られる。それは神の民に対する永遠の愛(31:3)と人々の先祖であるアブラハム(→創15:7-21)やヤコブ(出19:3-8, 申28:1-30:10)と結ばれた契約を守られるからである。イスラエルには新しい喜びと平和と繁栄、また神との交わりが与えられる。

31:15　ラマで聞こえる．．．ラケルが・・・泣いている。　ラマはエルサレムから8キロほど北にある町で、捕囚の人々がバビロニヤに送られる前に捕われていた場所と思われる(⇒40:1-3)。ラケルはヤコブ(後にイスラエルと改名された　創32:28)の妻の一人でヨセフとベニヤミンの母だった。ラケルは捕えられ連去られて行く人々のために泣いているイスラエルを代表している。けれども人々は戻って来るから、ラケルはもう泣く必要がないと神は言われる(31:16-20)。マタイ(新約聖書の福音書の一つの著者)はこのことばを預言と理解して、ヘロデ王が主イエスを殺そうとしてベツレヘムの子どもたちを殺したときに適用した(マタ2:16-18)。

31:18　エフライムが嘆いている　「エフライム」はイスラエルの別名(北王国で代表的な部族の名前がつけられた)で、罪を悲しみ神に立返りたいという願いを表現していた。

――主の御告げ――

21 あなたは自分のために標柱を立て、
道しるべを置き、
あなたの歩んだ道の大路に心を留めよ。
おとめイスラエルよ。帰れ。
これら、あなたの町々に帰れ。
22 裏切り娘よ。いつまで迷い歩くのか。
主は、この国に、一つの新しい事を創造される。
ひとりの女がひとりの男を抱こう。」

23 イスラエルの神、万軍の主は、こう仰せられる。「わたしが彼らの繁栄を元どおりにするとき、彼らは再び次のことばを、ユダの国とその町々で語ろう。『義の住みか、聖なる山よ。主があなたを祝福されるように。』
24 ユダと、そのすべての町の者は、そこに住み、農夫も、群れを連れて旅する者も、そこに住む。
25 わたしが疲れたたましいを潤し、すべてのしぼんだたましいを満たすからだ。

26 ――ここで、私は目ざめて、見渡した。私の眠りはここちよかった。――
27 見よ。その日が来る。――主の御告げ――その日、わたしは、イスラエルの家とユダの家に、人間の種と家畜の種を蒔く。
28 かつてわたしが、引き抜き、引き倒し、こわし、滅ぼし、わざわいを与えようと、彼らを見張っていたように、今度は、彼らを建て直し、また植えるために見守ろう。
――主の御告げ――
29 その日には、彼らはもう、『父が酸いぶどうを食べたので、子どもの歯が浮く』とは言わない。
30 人はそれぞれ自分の咎のために死ぬ。だれでも、酸いぶどうを食べる者は歯が浮くのだ。
31 見よ。その日が来る。――主の御告げ――その日、わたしは、イスラエルの家とユダの家とに、新しい契約を結ぶ。
32 その契約は、わたしが彼らの先祖の手を握って、エジプトの国から連れ出した日に、彼らと結んだ契約のようではない。わ

31:23-30　ユダ　南王国ユダは回復され、イスラエルとユダの国は再び統一されるとエレミヤは預言した。それは神の恵み（受けるにふさわしくない好意、あわれみ、祝福）による。

31:31-34　新しい契約　これは旧約聖書の中で「新しい契約」のことを言っている唯一の明らかで直接的な宣言である。(1) この部分はヘブル8:8-12に引用されており、新約聖書のキリスト者がエレミヤのことばは主イエス・キリストによって立てられた新しい契約、「終生協定」によって成就したと理解していることを示している。新しい契約は、悔い改めて（罪から立ち返ってキリストの赦しを受入れる）人生をキリストにゆだねた人々がみな、神との個人的な関係を持てる機会を提供している（→「旧契約と新契約」の項 p.2363）。(2) けれども同時に新約聖書はエレミヤのことばは今の時代の終りの日に多くのイスラエル人が主イエスに立返り、主イエスをメシヤ、救い主として受入れるまでは完全には成就しないと教えている（ロマ11:25-27, ⇒エゼ36:24-28, ゼカ12:10-13:1, →「神の計画の中のイスラエル」の項 p.2077）。

31:31　イスラエルの家とユダの家　神はイスラエルとユダの両方のご自分の民と新しい契約を結ぶと約束された。この新しい「終生協定」は主イエス・キリストの死と復活を通して完成し結ばれる（マタ26:28, マコ14:24, Ⅰコリ11:25, ヘブ9:14-15, 10:29, 12:24）。それには聖霊による証印が押される。聖霊は主に従う人々とともに住むために送られ（ヨハ20:22, 使2:4）、神に仕えてキリストのメッセージを伝える人々に力を与えられる。さらに新約聖書は異邦人（ユダヤ人以外のあらゆる国の人々）も主イエスを救い主、主（罪を赦して人生を導く方）として受入れるなら、新しい契約に参加できることを明らかにしている。キリストを信じる信仰を通してアブラハムの子（霊的なイスラエルで神に選ばれた人々の一部）になるのである（ガラ3:7-9, 29）。

31:32　わたしが彼らの先祖・・・と結んだ　新しい契約は古い契約が不十分だったので必要だった。神は古い方法が神との関係を持つための最高の手段とは考えておられなかった。古い契約を導入されたのは、より完全な関係を私たちに指し示すためだった（ガラ3:24）。それは古い契約の要求をみな満たされた神の御子、主イエスを通して与えられるものである。古い契約は石に書かれた（神がモーセに十戒を与えられた方法を指す）けれども、新しい契約は神の民の心に書かれるとエレミヤは預言した（31:33, ⇒Ⅱコリ3:）。新しい契約は、従う人々の中に神の聖霊が住むという約束を含んでいるので、この新しい「終生協定」は人々の生活を実際に作り変えて、神の正しい戒めと基準に

たしは彼らの主であったのに、彼らはわたしの契約を破ってしまった。——主の御告げ——

33彼らの時代の後に、わたしがイスラエルの家と結ぶ契約はこうだ。——主の御告げ——わたしはわたしの律法を彼らの中に置き、彼らの心にこれを書きしるす。わたしは彼らの神となり、彼らはわたしの民となる。

34そのようにして、人々はもはや、『主を知れ』と言って、おのおの互いに教えない。それは、彼らがみな、身分の低い者から高い者まで、わたしを知るからだ。——主の御告げ——わたしは彼らの咎を赦し、彼らの罪を二度と思い出さないからだ。」

35主はこう仰せられる。
　主は太陽を与えて昼間の光とし、
　月と星を定めて夜の光とし、
　海をかき立てて波を騒がせる方、
　その名は万軍の主。

36「もし、これらの定めがわたしの前から取り去られるなら、——主の御告げ——
　イスラエルの子孫も、絶え、
　いつまでもわたしの前で
　一つの民をなすことはできない。」

32③エレ11:8
33①ヘブ10:16, ②→エレ2:8, ③エレ24:7, 32:40, 申6:6, Ⅱコリ3:3, エゼ11:19, 36:26, 27, ④エレ24:7
34①イザ54:13, Ⅰテサ4:9, ヨハ6:45, Ⅰヨハ2:20, 27 ②エレ24:7, イザ11:9, ハバ2:14 ③エレ38, 50:20, 詩85:2, ミカ7:18 ④イザ43:25, ヘブ10:17
35①エレ33:20, 25, 創1:14-18, 申4:19, 詩19:1-6, 104:19-23, 136:7-9, ④イザ51:15 ②エレ10:16 ④エレ31:23, 32:14, 15, 18, 33:11, 12, 35:13, 18, 19, 39:16, 42:15, 18, 43:10, 44:2, 11, 25, →エレ6:9
36①エレ33:20-24, 詩89:33-37, イザ54:9, 10 ②詩148:6

37①エレ33:25, 26, ロマ11:2-5, 26, 27 ②エレ33:22, イザ40:12
38①ネヘ3:1, 12:39, ゼカ14:10 ②Ⅱ列14:13, Ⅱ歴26:9 ③ゼロ18, 31:4
39①エゼ40:3, ゼカ2:1
40①エレ7:32, ②Ⅱサム15:23, Ⅱ列23:6, 12, ヨハ18:1, ③Ⅱ列11:16, Ⅱ歴23:15, ネヘ3:28 ④ヨエ3:17 ⑤ゼカ14:11

1①エレ39:1, 2, Ⅱ列25:1, 2, ②エレ25:1
2①→エレ1:5
②エレ32:8, 12, 33:1, 37:21, 38:6, 13, 28, 39:14, 15, ネヘ3:25
③詩88:8

37主はこう仰せられる。
「もし、上の天が測られ、
下の地の基が探り出されるなら、
わたしも、イスラエルのすべての子孫を、
彼らの行ったすべての事のために退けよう。
——主の御告げ——

38見よ。その日が来る。——主の御告げ——その日、この町は、ハナヌエルのやぐらから隅の門まで、主のために建て直される。39測りなわは、さらにそれよりガレブの丘に伸び、ゴアのほうに向かう。40死体と灰との谷全体、キデロン川と東の方、馬の門の隅までの畑は、みな主に聖別され、もはやとこしえに根こぎにされず、こわされることもない。」

土地を買うエレミヤ

32 1ユダの王ゼデキヤの第十年、すなわち、ネブカデレザルの第十八年に、主からエレミヤにあったことば。2そのとき、バビロンの王の軍勢がエルサレムを包囲中で、預言者エレミヤは、ユダの王の家にある監視の庭に監禁されて

従って生きることを可能にする。

31:33　わたしの律法を彼らの中に置き　新しい契約には神の祝福として生涯をキリストにささげた人々の心が新しくされ、性質(内面の霊的性格)が作り変えられるという特徴がある。この新しい心は人々の生涯を作り変える聖霊の働きによるもので、神に応答し、神を愛し従いたいという願いを持つようになる(エゼ11:19-20, 36:24-28, ヘブ8:10, →「新生—霊的誕生と刷新」の項 p.1874)。霊的に救われて新しい契約によって生きていることがわかる一つの確かな方法は神に喜ばれ、みことばに示されている基準に従って行きたいという願いがあるかどうかである(⇒ロマ8:2-4)。

31:34　彼らがみな・・・わたしを知る　イエス・キリストの死と復活によって結ばれる神の「終生協定」である新しい契約のもとでは、キリストを受入れて生涯をキリストにゆだねる人々がみな個人的に神を知り、主イエスとの友としての交わりを持ち楽しむことができる。そして神と直接交わることができ、内に住まわ

れる聖霊を通して神の臨在を絶えず体験することができる。

31:34　わたしは彼らの咎を赦し　新しい契約の基礎は罪(神への反抗や神からの離反)を赦されて神との正しい関係に回復されることである。この霊的な恩恵は私たちの罪の代価を支払われたキリストの十字架の犠牲的死に基づいている(⇒イザ53:4-6, マタ26:27-28, ルカ22:20)。

31:38　この町　エルサレムは再建され、再び滅ぼされることはないとエレミヤは預言した(31:40)。この約束はキリストの地上での1,000年の支配のときに成就する(黙19:―22:)。

32:2　エルサレムを包囲中で　包囲は前587年に始まった。バビロニヤが町を取囲み、外部からの助けと供給を断った。一年後に町は完全に征服された(→Ⅱ列25:, Ⅱ歴36:)。エレミヤの預言が実現しようとしていた。

32:2　監禁されていた　バビロニヤ軍に降伏するよ

3 彼が監禁されたのは、ユダの王ゼデキヤがエレミヤに、「なぜ、あなたは預言をするのか」と尋ねたとき、エレミヤが次のように答えたからである。「主はこう仰せられる。『見よ。わたしはこの町をバビロンの王の手に渡す。それで、彼はこれを攻め取る。

4 ユダの王ゼデキヤは、カルデヤ人の手からのがれることはできない。彼は必ずバビロンの王の手に渡され、彼と口と口で語り、目と目で、彼を見る。

5 彼はまた、ゼデキヤをバビロンへ連れて行く。それでゼデキヤは、わたしが彼を顧みる時まで、そこにいる。――主の御告げ――あなたがたはカルデヤ人と戦っても、勝つことはできない。』」

6 そのとき、エレミヤは言った。「私に次のような主のことばがあった。

7 見よ。あなたのおじシャルムの子ハナムエルが、あなたのところに来て、『アナトテにある私の畑を買ってくれ。あなたには買い戻す権利があるのだから』と言おう。

8 すると、主のことばのとおり、おじの子ハナムエルが私のところ、監視の庭に来て、私に言った。『どうか、ベニヤミンの地のアナトテにある私の畑を買ってください。あなたには所有権もあり、買い戻す権利もありますから、あなたが買い取ってください。』私は、それが主のことばであると知った。

9 そこで私は、おじの子ハナムエルから、アナトテにある畑を買い取り、彼に銀十七シェケルを払った。

10 すなわち、証書に署名し、それに封印し、証人を立て、はかりで銀を量り、

11 命令と規則に従って、封印された購入証書と、封印のない証書を取り、

12 おじの子ハナムエルと、購入証書に署名した証人たちと、監視の庭に座しているすべてのユダヤ人の前で、購入証書をマフセヤの子ネリヤの子バルクに渡し、

13 彼らの前で、バルクに命じて言った。

14 『イスラエルの神、万軍の主は、こう仰せられる。これらの証書、すなわち封印されたこの購入証書と、封印のない証書を取って、土の器の中に入れ、これを長い間、保存せよ。

15 まことに、イスラエルの神、万軍の主は、こう仰せられる。再びこの国で、家や、畑や、ぶどう畑が買われるようになるのだ』と。」

16 私は、購入証書をネリヤの子バルクに渡して後、主に祈って言った。

17「ああ、神、主よ。まことに、あなたは大きな力と、伸ばした御腕とをもって天と地を造られました。あなたには何一つできないことはありません。

18 あなたは、恵みを千代にまで施し、先祖の咎をその後の子らのふところに報いる方、偉大な力強い神、その名は万軍の主です。

19 おもんぱかりは大きく、みわざは力があり、御目は人の子のすべての道に開いており、人それぞれの生き方にしたがい、行いの結ぶ実にしたがって、すべてに報いをされます。

20 あなたは今日まで、エジプトの国で、イ

うに引き続き人々に助言をするので(32:3-5, ⇒37:11-21)、ゼデキヤ王はエレミヤを牢に入れた。預言者のことばが人々の士気を損なうように見えたからである。けれどもエレミヤは自分のことばが本当に神から与えられたものであることを知っていた。

32:6-15　私の畑を買ってくれ　エレミヤが監禁されていたときに(32:2)、バビロニヤ軍が既に支配していた故郷の村アナトテにある畑を買うように神は指示された。既に敵の手にある土地を買うことは愚かに見えたに違いないけれども、この行動は重要な生きた見本だった。(1) 土地を買うことによって、一部の人々が将来帰還して再び土地を買い家を建てるようになるという神の約束を信じる信仰をエレミヤは示したのである(32:15)。これはユダの絶望的な現状にもかかわらず、希望を示す預言的なしるしだった。(2) 同じように私たちの情況も時には希望がないように見える。けれどももし神につながっているなら、よりよい将来の希望と約束が私たちにはある(ロマ8:28)。

32:12　バルク　バルクはエレミヤが信頼していた友人であり書記だった(36:4-8)。エルサレムが陥落した後、バルクはエレミヤとともにエジプトへ連れて行かれた(43:6)。

スラエルと、人の中で、しるしと不思議を行われ、ご自身の名を、今日のようにされました。

²¹あなたはまた、御民イスラエルを、しるしと、不思議と、強い御手と、伸べた御腕と、大いなる恐れとをもって、エジプトの国から連れ出し、

²²あなたが彼らの先祖に与えると誓われたこの国、乳と蜜の流れる国を彼らに授けられました。

²³彼らは、そこに行って、これを所有しましたが、あなたの声に聞き従わず、あなたの律法に歩まず、あなたが彼らにせよと命じた事を何一つ行わなかったので、あなたは彼らを、このようなあらゆるわざわいに会わせなさいました。

²⁴ご覧ください。この町を攻め取ろうとして、塁が築かれました。この町は、剣とききんと疫病のために、攻めているカルデヤ人の手に渡されようとしています。あなたの告げられた事は成就しました。ご覧のとおりです。

²⁵神、主よ。あなたはこの町がカルデヤ人の手に渡されようとしているのに、私に、『銀を払ってあの畑を買い、証人を立てよ』と仰せられます。」

²⁶エレミヤに次のような主のことばがあった。

²⁷「見よ。わたしは、すべての肉なる者の神、主である。わたしにとってできないことが一つでもあろうか。」

²⁸「それゆえ、主はこう仰せられる。見よ。わたしはこの町を、カルデヤ人の手と、バビロンの王ネブカデレザルの手に渡す。彼はこれを取ろう。

²⁹また、この町を攻めているカルデヤ人は、来て、この町に火をつけて焼く。また、人々が屋上でバアルに香をたき、ほかの神々に注ぎのぶどう酒を注いで、わたしの怒りを引き起こしたその家々にも火をつけて焼く。

³⁰なぜなら、イスラエルの子らとユダの子らは、若いころから、わたしの目の前に悪のみを行い、イスラエルの子らは、その手のわざをもってわたしの怒りを引き起こすのみであったからだ。──主の御告げ──

³¹この町は、建てられた日から今日まで、わたしの怒りと憤りを引き起こしてきたので、わたしはこれをわたしの顔の前から取り除く。

³²それは、イスラエルの子らとユダの子らが、すなわち彼ら自身と、その王、首長、祭司、預言者が、またユダの人もエルサレムの住民も、わたしの怒りを引き起こすために行った、すべての悪のゆえである。

³³彼らはわたしに、顔ではなくて背を向け、わたしがしきりに彼らに教えるが、聞いて懲らしめを受ける者もなく、

³⁴わたしの名がつけられている宮に忌むべき物を置いて、これを汚し、

³⁵わたしが命じもせず、心に思い浮かべもしなかったことだが、彼らはモレクのために自分の息子、娘をささげて、この忌みきらうべきことを行うために、ベン・ヒノムの谷にバアルの高き所を築き、ユダを迷わせた。」

³⁶それゆえ、今、イスラエルの神、主は、あなたがたが、「剣とききんと疫病により、バビロンの王の手に渡される」と言っているこの町について、こう仰せられる。

³⁷「見よ。わたしは、わたしの怒りと、憤りと、激怒とをもって散らしたすべての国々から彼らを集め、この所に帰らせ、安らかに住まわせる。

32:25 あなたは・・・仰せられます エルサレムがまさにバビロニヤの手に落ちようとしているときに神が土地を買うように指示されたことにエレミヤは戸惑った。そこで神のことばを信じる信仰に立ちながらも理解できるように神に祈った（32:16、→32:6-15注）。

32:27 わたしにとってできないことが一つでもあろうか バビロニヤが今にも城壁を突破し破壊しようとしているときであり先行きは暗く思われた。けれども神はご自分が今も支配をしておられ、ご自分の力によって人々をいつの日かこの土地に回復するということをエレミヤに対して保証された。神のことばはキリスト者に明るい将来を約束する。どのように実現するのかはっきりわからないけれども、私たちは神のことばに頼ることができる。

32:37-44 すべての国々から彼らを集め 人々は故郷に戻り、神との正しい関係を回復すると神は再びエ

38 彼らはわたしの民となり、わたしは彼らの神となる。

39 わたしは、いつも彼らをわたしを恐れさせるため、彼らと彼らの後の子らの幸福のために、彼らに一つの心と一つの道を与え、

40 わたしが彼らから離れず、彼らを幸福にするため、彼らととこしえの契約を結ぶ。わたしは、彼らがわたしから去らないようにわたしに対する恐れを彼らの心に与える。

41 わたしは彼らを幸福にして、彼らをわたしの喜びとし、真実をもって、心を尽くし思いを尽くして、彼らをこの国に植えよう。」

42 まことに、主はこう仰せられる。「わたしがこの大きなわざわいをみな、この民にもたらしたように、彼らに彼らに語っている幸福もみな、わたしが彼らにもたらす。

43 あなたがたが、『この地は荒れ果てて、人間も家畜もいなくなり、カルデヤ人の手に渡される』と言っているこの国で、再び畑が買われるようになる。

44 ベニヤミンの地でも、エルサレム近郊でも、ユダの町々でも、山地の町々でも、低地の町々でも、ネゲブの町々でも、銀で畑が買われ、証書に署名し、封印し、証人を立てるようになる。それは、わたしが彼らの繁栄を元どおりにするからだ。——主の御告げ——」

回復の約束

33 ¹ エレミヤがまだ監視の庭に閉じ込められていたとき、再びエレミヤに次のような主のことばがあった。

² 「地を造られた主、それを形造って確立させた主、その名は主である方がこう仰せられる。

³ わたしを呼べ。そうすれば、わたしは、あなたに答え、あなたの知らない、理解を越えた大いなる事を、あなたに告げよう。

⁴ まことにイスラエルの神、主は、塁と剣で引き倒されるこの町の家々と、ユダの王たちの家々について、こう仰せられる。

⁵ 彼らはカルデヤ人と戦おうとして出て行くが、彼らはわたしの怒りと憤りによって打ち殺されたしかばねをその家々に満たす。それは、彼らのすべての悪のために、わたしがこの町から顔を隠したからだ。

⁶ 見よ。わたしはこの町の傷をいやして直し、彼らをいやして彼らに平安と真実を豊かに示す。

⁷ わたしはユダとイスラエルの繁栄を元どおりにし、初めのように彼らを建て直す。

⁸ わたしは、彼らがわたしに犯したすべての咎から彼らをきよめ、彼らがわたしに犯し、わたしにそむいたすべての咎を赦す。

⁹ この町は世界の国々の間で、わたしにとって喜びの名となり、栄誉となり栄えとなる。彼らはわたしがこの民に与えるすべての祝福のことを聞き、わたしがこの町に与えるすべての祝福と平安のために、恐れおののこう。」

10 主はこう仰せられる。「あなたがたが、『人間も家畜もいなくて廃墟となった』と言っているこの所、人間も住民も家畜もいなくて荒れすたれたユダの町々とエルサレムのちまたで、

11 楽しみの声と喜びの声、花婿の声と花嫁の声、『万軍の主に感謝せよ。主はいつくしみ深く、その恵みはとこしえまで』と言って、主の宮に感謝のいけにえを携えて来る人たちの声が再び聞こえる。それは、わたしがこの国の繁栄を元どおりにし、初めのようにするからだ』と主は仰せられる。

12 万軍の主はこう仰せられる。「人間も家畜もいなくて廃墟となったこの所と、こ

---

38 ①エレ24:7
39 ①申11:18-21
   ②エレ24:7, 31:33,
   詩86:11, エゼ11:19
40 ①エレ31:31, 50:5,
   イザ55:3
   ②申31:6, 8, エゼ39:29
   ③エレ31:33
41 ①申30:9, イザ62:5,
   65:19, ゼパ3:17
   ②ホセ2:19, 20
   ③エレ24:6, 31:28,
   アモ9:15, 詩80:8
42 ①エレ31:28,
   ゼカ8:14, 15
   ②エレ33:14
43 ①エレ32:15, 25
44 ①エレ17:26, 33:13
   ②エレ32:10, ③エレ30:3

1 ①エレ32:2
2 ①エレ10:16, 51:19
   *七十人訳による
   ②それを造られた**主**
   ③出3:15, 6:3, 15:3,
   アモ5:8, 9:6
   ④エレ32:17,
   詩50:15, 91:15,
   イザ55:6
   ②イザ48:6
4 ①エレ6:6
3 ①エゼ23:14,
5 ①エレ21:4-6, 32:5
   ②エレ21:10, イザ8:17,
   ミカ3:4
6 ①エレ30:17, 詩147:3,
   ホセ6:1, ②イザ66:12
7 ①エレ32:37, イザ1:26
   ②エレ24:6, 30:18,
   31:4, アモ9:14, 15
8 ①詩51:2, エゼ36:25, 33,
   ゼカ13:1, ヘブ9:11-14
   ②エレ31:34, 50:20,
   イザ44:22, ミカ7:18
9 ①エレ32:17, 19, 4:2,
   16:19
   ②エレ13:11, イザ62:7
   ③エレ24:6, 32:42
   ④ネヘ6:16, 詩40:3
10 ①エレ26:9, 32:43,
   34:22, 36:29
11 ①エレ7:34, 16:9, 25:10,
   30:19,
   イザ35:10, 51:3, 11
   ②Ⅰ歴16:34,
   Ⅱ歴5:13, 7:3, エズ3:11,
   詩100:5, 106:1, 107:1,
   118:1, 136:1
   ③→エレ31:35
   ④エレ17:26,
   レビ7:12, 13,
   詩107:22, 116:17,
   ヘブ13:15
   ⑤エレ30:3
12 ①エレ33:10

レミヤに言われた（32:38）。その後神は永遠の契約（永遠の「終生協定」）を結ばれる（→31:31-34注）。

33:1-26 再び この章ではイスラエルとユダに将来、平和と繁栄と霊的な健全さが回復されることを扱っている。このエレミヤの預言はバビロニヤからの帰還だけを扱っているのではない。メシヤである主イエスが地上にその国を打立てられるときのことまで見越している（→黙20:）。

33:6 平安・・・を豊かに にせの平安を伝えていたにせ預言者たち（→6:14注, 23:17注）と違って、エレミヤは主が定められたときに主の方法で与えられる本当の平安（平和）が来る希望を示した。平和について→「神の平和」の項 p.1301

神の平和

「見よ。わたしはこの町の傷をいやして直し、彼らをいやして彼らに平安と真実を豊かに示す。」(エレミヤ書33:6)

平和の定義

平和を示すヘブル語は「シャローム」である。このことばは戦争や争いや緊張がないという状態を示すだけではない。「シャローム」の基本的な意味は調和(一致、協力、友好)、健全、善意、しあわせ、人生のあらゆる領域での満足などである。

(1) 平和は争い合っていた国の間の平和協定のような穏やかで滑らかな国際関係のことである(Ⅰサム7:14、Ⅰ列4:24、Ⅰ歴19:19)。

(2) 平和はまた社会的経済的に繁栄した時期に体験する、落着いて安定した気持(平安)のことでもある(Ⅱサム3:21-23、Ⅰ歴22:9、詩122:6-7)。

(3) 平和はまた家庭の中(箴17:1、Ⅰコリ7:15)と外(ロマ12:18、ヘブ12:14、Ⅰペテ3:11)の両方で体験する人間関係の一致と協力と満足のことである。

(4) 平和は人間の個人的な健全性としあわせ感、心配と恐れのない状態を意味する。これは自分自身のたましいの平安(詩4:8、119:165、⇒ヨブ3:26)、神との平和(民6:26、ロマ5:1)などと呼ばれる。

(5) 「シャローム」ということばは創世記1-2章では使われていないけれども、完全な調和と健全さのあった創造された世界の最初の状態を指している。天と地を創造されたとき神は世界を平和な状態に創造された。天地創造の健全性は「神はお造りになったすべてのものを見られた。見よ。それは非常に良かった」(創世記1:31)ということばに反映されている。

平和の崩壊

アダムとエバが蛇の声に耳を傾けサタンにだまされて禁断の実を食べたときに(創3:1-7)、神に対するその不従順によって罪(神への反抗と反逆と、神のことを考えないで自分勝手な道を行くこと)が入り込んだ。そして罪は天地創造のときの最初の調和した秩序と流れを破壊してしまった。

(1) そのときアダムとエバは神との関係の中で罪責感と恥ずかしさを初めて体験し(創3:8)心の平安を失った。

(2) エデンの園でのアダムとエバの罪は神との完全な関係を破壊した。それまでにふたりは神との深い個人的関係と親しい交わりを持っていた(⇒創3:8)。けれども罪を犯した後「主の御顔を避けて園の木の間に身を隠した」(創3:8)。神と話合うのを楽しみに待つのではなく神の臨在を恐れるようになった(創3:10)。神との平和をふたりは自分勝手なにせの一時的楽しみと交換して失ったのである。

(3) アダムとエバの夫婦としての調和ある関係も破壊された。神がふたりと罪について話し始めたときアダムはエバを非難した(創3:12)。この種の緊張と争いは男と女との間に続くだろうと神は言われた(創3:16)。実際にこの種の人間関係の緊張が今や多くの社会的争いの原因になっていて、しかも当り前のことになっている。その社会的争いは家庭の中の争いと暴力(⇒Ⅰサム1:1-8、箴15:18、17:1)から国際的紛争や世界的戦争にまで広がっている。

(4) 罪は人類と自然との間の調和と一致を奪ってしまった。エデンの園でのアダムの仕事は罪を犯す前は楽しみだった(創2:15)。それぞれの動物に名前をつけ、動物の間を自由に歩いていた(創2:19-20)。けれども堕落した(人間が最初に神に挑み神との関係が罪によって奪われたとき)後に与えられたのろいには、人間と蛇との間の怒りと憎しみ(創3:15)もあった。さらに人間の働きには汗と疲労ときつい肉体労働が加えられた(創3:17-19)。前には人類と環境の間に調和があったのに今では闘争と衝突があり、「被造物全体

が今に至るまで、ともにうめきともに産みの苦しみをしている」のである(→ロマ8：22注)。

平和の回復

神が造られた世界全体の平和としあわせが罪によって破壊され、その影響が全人類に及んだけれども、神は「シャローム」を回復しようと計画された。平和を回復する物語は神の御子イエス・キリストの生涯とメッセージそのものである。神は人間と神との間に平和を作るために主イエスを世界に送られた。主イエスは罪の赦しと罪からの自由、そして神との永遠の個人的関係を持つ希望を与えるために来られた。

(1) 世界の平和を破壊し始めたのはサタンなので、地上での平和を再び手に入れ回復するにはサタンの力を破壊しなければならない。事実、メシヤ(キリスト)が来られることについての旧約聖書の約束の多くは勝利と平和がやがて与えられるという約束でもあった。ダビデは神の御子が諸国民を支配すると預言した(詩2：8-9，⇒黙2：26-27，19：15)。イザヤはメシヤが「平和の君」として治めると預言した(イザ9：6-7)。エゼキエルはメシヤを通して神が成立させようとした新しい契約(終生協定)は「平和の契約」であると預言した(エゼ34：25，37：26)。ミカもベツレヘムに生れる全世界を治める方の誕生を預言したときに「平和は次のようにして来る(「この人は平和となる」あるいは「これは平和である」とも訳せる)」(ミカ5：5，→「**キリストによって成就した旧約聖書の預言**」の表 p.1029)と言っている。

(2) 主イエスの誕生のときに天使たちは神の平和が今や地上に訪れたと伝えた(ルカ2：14)。主イエスご自身は悪魔の働きを打壊して(Ⅰヨハ3：8)、私たちの生活の中の平和を妨げる争いの障壁を崩すために来られた(エペ2：12-17)。そして弟子たちにいつまでも残る遺産として平和(平安)を残された(ヨハ14：27，16：33)。主イエスはその死と復活によって霊の世界のサタンの力と権威の強い影響を取除いて、霊的平和を可能にされた(コロ1：20，2：14-15，⇒イザ53：4-5)。したがってイエス・キリストを信じる(キリストのメッセージと私たちのための犠牲を受入れ積極的に人生をゆだねる)とき、私たちは義とされ(神との関係が正常化され)、神との平和を持つことができる(ロマ 5：1)。キリスト者がほかの人々に伝えるメッセージは「平和の福音」と呼ばれている(使10：36，⇒イザ52：7)。

(3) キリストが平和の君として来られたことを知るだけでは、平和を自動的に持つことにはならない。神との平和を体験するためには信仰によってキリストと一つになる必要がある。その第一段階は主イエス・キリストを信じることである。この「信仰」はただ単に知的に同意したり受入れたりすることではない。それは積極的に頼ることで、罪のためのキリストの犠牲を受入れ自分の人生の支配権をキリストの導きに任せることである。このようにキリストに応答するとき、その人は信仰によって罪が赦され義(神との関係の正常化)とされる(ロマ 3：21-28，4：1-13，ガラ2：16，「**信仰と恵み**」の項 p.2062)。平和の中に生きるためには信仰とともに神の指針を守り戒めに従わなければならない(レビ26：3，6)。旧約聖書の預言者たちは「悪者どもには平安(平和)がない」と繰返し宣言している(イザ57：21，59：8，エレ6：14，8：11，エゼ13：10，16)。神の平和を体験し続けるために、神は私たちに聖霊をくださった。聖霊は私たちの中に聖い性格を育て神の目的を実現してくださるけれども、それには神の平和も含まれている(ガラ5：22，⇒ロマ 14：17，エペ4：3)。私たちは御霊の助けを受けてシャローム(平和、繁栄)を祈り求め(詩篇122：6-7，エレ29：7，→ピリ4：7注)、平和によって心を支配させ(コロ3：15)、平和を願い追い求め(詩34：14，エレ29：7，Ⅱテモ2：22，Ⅰペテ3：11)、ほかの人々と平和に過すように最善を尽さなければならない(ロマ 12：18，Ⅱコリ13：11，Ⅰテサ5：13，ヘブ12：14)。

のすべての町々に、再び、群れを伏させる牧者たちの住まいができる。
¹³ この山の町々でも、低地の町々、ネゲブの町々、ベニヤミンの地、エルサレム近郊、ユダの町々でも、再び群れが、数を数える者の手を通り過ぎる」と主は仰せられる。
¹⁴「見よ。その日が来る。──主の御告げ──その日、わたしは、イスラエルの家とユダの家に語ったいつくしみのことばを成就する。
¹⁵ その日、その時、わたしはダビデのために正義の若枝を芽ばえさせる。彼はこの国に公義と正義を行う。
¹⁶ その日、ユダは救われ、エルサレムは安らかに住み、こうしてこの町は、『主は私たちの正義』と名づけられる。」
¹⁷ まことに主はこう仰せられる。「ダビデには、イスラエルの家の王座に着く人が絶えることはない。
¹⁸ またレビ人の祭司たちにも、わたしの前で全焼のいけにえをささげ、穀物のささげ物を焼き、いつもいけにえをささげる人が絶えることはない。」
¹⁹ エレミヤに次のような主のことばがあった。
²⁰「主はこう仰せられる。もし、あなたがたが、昼と結んだわたしの契約と、夜と結んだわたしの契約とを破ることができ、昼と夜とが定まった時に来ないようにすることができるなら、
²¹ わたしのしもベダビデと結んだわたしの契約も破られ、彼には、その王座に着く子がいなくなり、わたしに仕えるレビ人の祭司たちとのわたしの契約も破られよう。
²² 天の万象が数えきれず、海の砂が量れないように、わたしは、わたしのしもベダビデの子孫と、わたしに仕えるレビ人とをふやす。」
²³ エレミヤに次のような主のことばがあった。
²⁴「あなたは、この民が、『主は選んだ二つの部族を退けた』と言って話しているのを知らないのか。彼らはわたしの民をもはや一つの民ではないとみなして侮っている。
²⁵ 主はこう仰せられる。もしわたしが昼と夜とに契約を結ばず、天と地との諸法則をわたしが定めなかったのなら、
²⁶ わたしは、ヤコブの子孫と、わたしのしもベダビデの子孫とを退け、その子孫の中から、アブラハム、イサク、ヤコブの子孫を治める者を選ばないようなこともあろう。しかし、わたしは彼らの繁栄を元どおりにし、彼らをあわれむ。」

ゼデキヤへの警告

34 ¹ バビロンの王ネブカデレザルと、その全軍勢、および彼の支配下にある地のすべての王国とすべての国々の民

33:15 正義の若枝 「若枝」は過去のダビデ王の「家系」を通して来られるイエス・キリストを指している（→33:17注）。この預言は主イエスが地上に来られたときにまず成就した。死と復活を通して主は私たちの罪の刑罰をみな支払い、神との個人的な関係を持つ機会を回復してくださった。そのようにして主は地上にいる神の民の王になられた。けれどもそれは主が再び来られて全世界で「正義を行」われるときに最終的に成就する（⇒黙19:、→23:5-6注、→**キリストによって成就した旧約聖書の預言**」の表 p.1029）。

33:17 イスラエルの家の王座 長く続いているダビデ王の家系から「正義の若枝」という子孫が生れ、王として永遠に神の民を治められる（⇒ルカ1:31-33）。イエス・キリストは法律上の系図ではヨセフを通してダビデにさかのぼり（マタ1:1-16）、「血のつながりを示す」系図では母マリヤを通してダビデにさかのぼることができる（ルカ3:23-31）のでこの約束は成就した。キリストの支配は永遠に続く。

33:18 レビ人の祭司たち レビ族またはレビの家系のイスラエル人は通常祭司職、礼拝のリーダー、神殿での奉仕の助手の役割を務めた。エレミヤは、神の民がみな直接個人的に神に近付き神との交流を楽しむことができる永遠の祭司制度を既に見ていた（⇒民25:13）。この預言は「ご自分によって神に近づく人々を、完全に救うことがおできにな」る永遠の祭司であるイエス・キリストによって成就した（ヘブ7:21-25, ⇒詩110:4, ヘブ5:6-10, 6:19-20, 7:11-28）。

33:22 天の万象 エレミヤはダビデ王の家系とレビの祭司の家系の中に数え切れない多くの人がいる情景を見た（→33:18注）。この預言はキリストの未来の王国でキリストとともに支配する人々によって実現される（ロマ8:17, Ⅰコリ6:3, Ⅱテモ2:12, 黙3:21, 5:10,

が、エルサレムとそのすべての町々を攻めていたとき、主からエレミヤにあったみことばは、こうである。
2「イスラエルの神、主は、こう仰せられる。行って、ユダの王ゼデキヤに告げて言え。
主はこう仰せられる。『見よ。わたしはこの町をバビロンの王の手に渡す。彼はこれを火で焼こう。
3 あなたはその手からのがれることができない。あなたは必ず捕らえられて、彼の手に渡されるからだ。あなたの目はバビロンの王の目を見、彼の口はあなたの口と語り、あなたはバビロンへ行く。』
4 ユダの王ゼデキヤ。ただ、主のことばを聞きなさい。主はあなたについてこう仰せられる。『あなたは剣で死ぬことはない。
5 あなたは安らかに死んで、人々は、あなたの先祖たち、あなたの先にいた王たちのために香をたいたように、あなたのためにも香をたき、ああ主君よと言ってあなたをいたむ。このことを語るのはわたしだ。』
——主の御告げ——」
6 そこで預言者エレミヤは、これらすべてのことばを、エルサレムでユダの王ゼデキヤに語った。
7 そのとき、バビロンの王の軍勢は、エルサレムとユダの残されたすべての町、ラキシュとアゼカを攻めていた。これらがユダの町々で城壁のある町として残っていたからである。

奴隷の解放

8 ゼデキヤ王がエルサレムにいるすべて

2①エレ22:1, 2
②エレ21:10, 32:3, 28, 29
③エレ34:22, 37:8-10
3①エレ21:7, 34:21, Ⅱ列39:7, Ⅱ列25:7
5①Ⅱ歴16:14, 21:19
②エレ22:18
6①→エレ1:5
②Ⅰサム3:18
7①ヨシ10:3, 5, Ⅱ列14:19, 18:14, 19:8, Ⅱ歴11:9, イザ36:2
②ヨシ10:10
③Ⅱ歴11:5-10

8①Ⅱ列11:17
②レビ25:10, 39-46, ネヘ5:1-13, イザ58:6
9①創14:13
②レビ25:39-46, Ⅰ列9:22
10①エレ26:10, 16
11①ホセ6:4
13①出20:2
②エレ31:32
14①出21:2, 申15:12
②Ⅰサム8:7, 8, Ⅱ列17:14
15①エレ34:8
②エレ7:10
③Ⅱ列23:3, ネヘ10:29
16①エレ34:11, Ⅰサム15:11, エゼ3:20, 18:24

の民と契約を結んで、彼らに奴隷の解放を宣言して後、主からエレミヤにあったみことば。
9 ——それは各自が、ヘブル人である自分の奴隷や女奴隷を自由の身にし、同胞のユダヤ人を奴隷にしないという契約であった。
10 契約に加入したすべての首長、すべての民は、それぞれ、自分の奴隷や女奴隷を自由の身にして、二度と彼らを奴隷にしないことに同意し、同意してから彼らを去らせた。
11 しかし、彼らは、そのあとで心を翻した。そして、いったん自由の身にした奴隷や女奴隷を連れ戻して、彼らを奴隷や女奴隷として使役した。——
12 そこで、主からエレミヤに次のような主のことばがあった。
13「イスラエルの神、主は、こう仰せられる。『わたしが、あなたがたの先祖をエジプトの国、奴隷の家から連れ出した日に、わたしは彼らと契約を結んで言った。
14 七年の終わりには、各自、自分のところに売られて来た同胞のヘブル人を去らせなければならない。六年の間、あなたに仕えさせ、その後、あなたは彼を自由の身にせよ。しかし、あなたがたの先祖は、わたしに聞かず、耳を傾けなかった。
15 しかし、あなたがたは、きょう悔い改め、各自、隣人の解放を告げてわたしが正しいと見ることを行い、わたしの名がつけられているこの家で、わたしの前に契約を結んだ。
16 それなのに、あなたがたは心を翻して、

19:6-16, 20:5-6, 22:5)。聖書は今でもキリストに仕える人々を「聖なる祭司・・・霊のいけにえをささげる」と描いている（Ⅰペテ2:5, 9, ⇒黙5:10)。

34:8 解放を宣言 神がモーセを通して与えられた律法には負債のために奴隷として売られたヘブル人の男女はみな６年働いた後に解放されなければならないと書いてある（出21:2-11, 申15:12-18)。ゼデキヤ王は首長たちと人々に対して、この律法に従って奴隷を解放するように求めた。このように神に従えば神に喜ばれ神の祝福を得られると考えたのである。王はさらに奴隷は解放されてエルサレムを守るようになると思っていた。けれどもこの計画は成功しなかった。それは神のさばきから逃げるために神の律法を利用しようとしたからである。神の律法に従いさえすれば神との関係が正しくなるわけではない。キリストによって与えられる赦しと神との関係、さらに聖霊によって与えられる生きる力が必要である。

34:11 彼らを奴隷や女奴隷として使役した エジプトがバビロニヤ軍を攻撃したことによってバビロニヤのエルサレム包囲が一時的に中断されたとき(⇒34:21-22)、ユダヤ人は奴隷を再び拘束状態に戻した。このことによって前に行った奴隷解放は(34:8)正義

わたしの名を汚し、いったん自由の身にした奴隷や女奴隷をかってに連れ戻し、彼らをあなたがたの奴隷や女奴隷として使役した。』
17 それゆえ、主はこう仰せられる。『あなたがたはわたしに聞き従わず、各自、自分の同胞や隣人に解放を告げなかったので、見よ、わたしはあなたがたに――主の御告げ――剣と疫病ときんの解放を宣言する。わたしは、あなたがたを地のすべての王国のおののきとする。
18 また、わたしの前で結んだ契約のことばを守らず、わたしの契約を破った者たちを、二つに断ち切られた子牛の間を通った者のようにする。
19 二つに分けた子牛の間を通った者は、ユダの首長たち、エルサレムの首長たち、宦官と祭司と一般の全民衆であった。
20 わたしは彼らを、敵の手、いのちをねらう者たちの手に渡す。そのしかばねは空の鳥、地の獣のえじきとなる。
21 わたしはまた、ユダの王ゼデキヤとそのつかさたちを敵の手、いのちをねらう者たちの手、あなたがたのところから退却したバビロンの王の軍勢の手に渡す。
22 見よ。わたしは命じ、――主の御告げ――彼らをこの町に引き返させる。彼らはこの町を攻め、これを取り、火で焼く。わたしはユダの町々を、住む者もいない荒れ果てた地とする。』」

レカブ人

35 1 ヨシヤの子、ユダの王エホヤキムの時代に、主からエレミヤに

16 ②レビ19:12
17 ①レビ26:24, 25, エスラ7:10, ダニ6:24, マタ7:2, ガラ6:7, ヤコ2:13
②エレ14:12
③エレ15:4
18 ①申17:2, エゼ17:16, ホセ6:7, 8:1
②創15:10, 17
19 ①エレ34:10, エゼ22:27, ホセ7:3, ゼパ3:3, 4
20 ①エレ21:7, 22:25
②エレ7:33
21 ①エレ32:3, 4, 39:5, 6, 52:9, 10, 24-27, II列25:1-7, 18-21, エゼ17:12-16
②エレ37:5-10
22 ①エゼ37:8
②エレ34:2
③エレ4:7, 9:11, 33:10, 44:2, 22
④エレ44:6

1 ①エレ1:3

20 ①I 歴2:55
②エレ35:9
3 ①I 列5:5, 6, 8, I 歴9:26, 33
4 ①申33:1, ヨシ14:6, I サム2:27, I 列12:22, II 列1:9, I 歴23:14, II 歴8:14, エズ3:2, 詩90表題
②II 列25:18, 詩9:18, 19
5 ①II コリ2:9
6 ①II 列10:15, 23
②レビ10:9, 民6:2-4, 士13:7, 14, ルカ1:15
7 ①→エレ12:10
②出20:12, 箴4:10, エペ6:2, 3
③創25:27, ヘブ11:9
9 ①申8:9, 4:1, 2, 10, 6:20, エペ6:1, コロ3:20
①エレ35:7
10 ①エレ35:7

あったみことばは、こうである。
2「①レカブ人の家に行って、彼らに語り、彼らを主の宮の一室に連れて来て、彼らに酒を飲ませよ。」
3 そこで私は、ハバツィヌヤの子エレミヤの子であるヤアザヌヤと、その兄弟と、そのすべての息子と、レカブ人の全家を率い、
4 彼らを主の宮のイグダルヤの子、神の人ハナンの子らの部屋に連れて来た。それは、首長たちの部屋の隣にあり、入口を守る者シャルムの子マアセヤの部屋の上にあった。
5 私は、レカブ人の家の子たちの前に、ぶどう酒を満たしたつぼと杯とを出して、彼らに「酒を飲みなさい」と言った。
6 すると彼らは言った。「私たちはぶどう酒を飲みません。それは、私たちの先祖レカブの子ヨナダブが私たちに命じて、『あなたがたも、あなたがたの子らも、永久にぶどう酒を飲んではならない。
7 あなたがたは家を建てたり、種を蒔いたり、ぶどう畑を作ったり、また所有したりしてはならない。あなたがたが寄留している地の面に末長く生きるために、一生、天幕に住め』と言ったからです。
8 それで、私たちは、私たちの先祖レカブの子ヨナダブが私たちに命じたすべての命令に聞き従い、私たちも、妻も、息子、娘たちも、一生、ぶどう酒を飲まず、
9 住む家も建てず、ぶどう畑も、畑も、種も持ちません。
10 私たちは天幕に住み、すべて先祖ヨナダブが私たちに命じたとおりに、聞いて行ってきました。

と神の律法への関心からではなく、むしろ利己主義から行ったことがわかる(→34:8注)。公に神の律法に背く人々について、エレミヤは「そのしかばねは空の鳥、地の獣のえじきとなる」と預言した(34:20)。

34:18 二つに断ち切られた子牛 契約(生活のある部分について複数の当事者の間で結ばれる拘束力のある同意、誓い、条約、契約)を結ぶ人々は殺されて二つに断ち切られた子牛の間を歩いて通る。これはもし契約を破った場合には(この動物のように)ずたずたに切裂かれて当然ということを表していたと思われる(創15:10)。

35:2 レカブ人 この人々はケニ人やモーセの義父エトロ(⇒士1:16, I 歴2:55)に関係のある遊牧民だった。その先祖であるヨナダブ(⇒II 列10:15-27)は200年以上も前に息子たちにぶどう酒はどの種類も飲むことを禁じ、定住した家に住むことを禁じ、穀物を植えることを禁じた。その代りに遊牧の民(場所を転々と移動する)として家畜を飼いながら生活するべきだった。神はユダヤ人の神への不忠実とは対照的なこのレカブ人の先祖に対する忠実さを明らかに示すために試すようにエレミヤに指示された。これらはみな公の礼拝の場所で行われた。

35:6-11 私たちはぶどう酒を飲みません レカブ人

¹¹ しかし、バビロンの王ネブカデレザルがこの国に攻め上ったとき、私たちは『さあ、カルデヤの軍勢とアラムの軍勢を避けてエルサレムに行こう』と言って、エルサレムに住んだのです。」

¹² そこで、エレミヤに次のような主のことばがあった。

¹³ 「イスラエルの神、万軍の主は、こう仰せられる。行って、ユダの人とエルサレムの住民に言え。『あなたがたはわたしのことばを聞いて懲らしめを受けようとしないのか。──主の御告げ──

¹⁴ レカブの子ヨナダブが、酒を飲むなと子らに命じた命令は守られた。彼らは先祖の命令に聞き従ったので、今日まで飲まなかった。ところが、わたしがあなたがたにたびたび語っても、あなたがたはわたしに聞かなかった。

¹⁵ わたしはあなたがたに、わたしのしもべであるすべての預言者たちを早くからたびたび送って、さあ、おのおのの悪の道から立ち返り、行いを改めよ。ほかの神々を慕ってそれに仕えてはならない。わたしがあなたがたと先祖たちに与えた土地に住めと言ったのに、あなたがたは耳を傾けず、わたしに聞かなかった。

¹⁶ レカブの子ヨナダブの子たちは、先祖が命じた命令を守ってきたのに、この民はわたしに聞かなかった。』

¹⁷ それゆえ、イスラエルの神、万軍の神、主は、こう仰せられる。『見よ。わたしはユダと、エルサレムの全住民に、わたしが彼らについて語ったすべてのわざわいを下す。わたしが彼らに語ったのに、彼らが聞かず、わたしが彼らに呼びかけたのに、彼らが答えなかったからだ。』」

¹⁸ エレミヤはレカブ人の家の者に言った。「イスラエルの神、万軍の主は、こう仰せられる。『あなたがたは、先祖ヨナダブの命令に聞き従い、そのすべての命令を守り、すべて彼があなたがたに命じたとおりに行った。』

¹⁹ それゆえ、イスラエルの神、万軍の主は、こう仰せられる。『レカブの子、ヨナダブには、いつも、わたしの前に立つ人が絶えることはない。』」

エレミヤの巻物を焼き捨てるエホヤキム

36 ¹ ヨシヤの子、ユダの王エホヤキムの第四年に、主からエレミヤに次のようなみことばがあった。

² 「あなたは巻き物を取り、わたしがあなたに語った日、すなわちヨシヤの時代から今日まで、わたしがイスラエルとユダとすべての国々について、あなたに語ったことばをみな、それに書きしるせ。

³ ユダの家は、わたしが彼らに下そうと思っているすべてのわざわいを聞いて、それぞれ悪の道から立ち返るかもしれない。そうすれば、わたしも、彼らの咎と罪を

は先祖によって定められた規則を破ることを拒んで信念を貫いた（→35:2注）。

（1）ヨナダブがこれらの規則を定めたのは子孫が質素な生活を保ち邪悪なカナン人から離れ、イスラエルが神に反抗し不忠実になって取入れてしまった邪悪な生活様式を避けるためだった。ぶどう酒を絶つことはバアル礼拝の不品行を避けるのに役立った。バアル礼拝にはしばしば酒酔いや不道徳な行動が含まれていた。レカブ人が守っていたそのほかの禁止項目もまた国の中に見られる霊的、道徳的、社会的な腐敗を避けるのに役立った。

（2）レカブ人の規則のあるものは今日のキリスト者が守らなくてもよいものである。けれども邪悪なものや神に従わない信仰や行動から離れようとする目標はキリスト者なら今日でも目指すべきものである。子どもたちが神と神のことばに絶えず忠実であるようにその助けになる基準を親たちはヨナダブのように設けるべきである。

35:19　いつも、わたしの前に立つ人が絶えることはない　先祖に対するレカブ人の忠実さは報われる。神に従う子孫が絶えることがない。神、教会、親を尊敬して神を敬う基準と信念と原則に忠実なキリスト者はみな神の祝福と報いを受ける。

36:1　エホヤキムの第四年　36章に描かれている出来事は、前605年にネブカデネザルがカルケミシュでエジプト軍を破って、再びエルサレムに進み始めたときのことである（⇒25:1-38）。

36:2　ことばをみな、それに書きしるせ　このときエレミヤの預言が初めて一つの書物に編纂された。最初、預言のことばはみな人々に読み聞かせるように記

赦すことができる。」

4 それでエレミヤは、ネリヤの子バルクを呼んだ。バルクはエレミヤの口述に従って、彼に語られた主のことばを、ことごとく巻き物に書きしるした。

5 そしてエレミヤは、バルクに命じて言った。「私は閉じ込められていて、主の宮に行けない。

6 だから、あなたが行って、主の宮で、断食の日に、あなたが私の口述によって巻き物に書きしるした主のことばを、民の耳に読み聞かせ、また町々から来るユダ全体の耳にもそれを読み聞かせよ。

7 そうすれば、彼らは主の前に祈願をささげ、それぞれ悪の道から立ち返るかもしれない。主がこの民に語られた怒りと憤りは大きいからである。」

8 そこでネリヤの子バルクは、すべて預言者エレミヤが命じたとおりに、主の宮で主のことばの巻き物を読んだ。

9 ヨシヤの子、ユダの王エホヤキムの第五年、第九の月、エルサレムのすべての民と、ユダの町々からエルサレムに来ているすべての民に、主の前での断食が布告された。

10 そのとき、バルクは、主の宮の、書記シャファンの子ゲマルヤの部屋で、——その部屋は主の宮の新しい門の入口にある上の庭にあった——すべての民に聞こえるように、その書物からエレミヤのことばを読んだ。

11 シャファンの子ゲマルヤの子ミカヤは、その書物にあるすべての主のことばを聞き、

12 王宮の、書記の部屋に下ったが、ちょうど、そこには、すべての首長たちがすわっていた。すなわち書記エリシャマ、シェマヤの子デラヤ、アクボルの子エルナタン、シャファンの子ゲマルヤ、ハナヌヤの子ゼデキヤ、およびすべての首長たちである。

13 ミカヤは、バルクがあの巻き物を民に読んで聞かせたときに聞いたすべてのことばを彼らに告げた。

14 すべての首長たちは、バルクのもとにクシの子シェレムヤの子ネタヌヤの子エフディを遣わして言わせた。「あなたが民に読んで聞かせたあの巻き物、あれを手に持って来なさい。」そこで、ネリヤの子バルクは、巻き物を手に持って彼らのところに入って来た。

15 彼らはバルクに言った。「さあ、すわって、私たちにそれを読んで聞かせてくれ。」そこで、バルクは彼らに読んで聞かせた。

16 彼らがそのすべてのことばを聞いたとき、みな互いに恐れ、バルクに言った。「私たちは、これらのことばをみな、必ず王に告げなければならない。」

17 彼らはバルクに尋ねて言った。「さあ、どのようにして、あなたはこれらのことばをみな、彼の口から書きとったのか、私たちに教えてくれ。」

18 バルクは彼らに言った。「エレミヤがこれらすべてのことばを私に口述し、私が墨でこの巻き物に書きしるしました。」

19 すると、首長たちはバルクに言った。「行って、あなたも、エレミヤも身を隠しなさい。だれにも、あなたがたがどこにいるか知られないように。」

20 彼らは巻き物を書記エリシャマの部屋に置き、庭の王のところに行ってこのすべての事を王に報告した。

21 王はエフディに、その巻き物を取りに行かせたので、彼はそれを書記エリシャマの部屋から取って来た。エフディはそれを、王と王のかたわらに立つすべての首長たちに読んで聞かせた。

22 第九の月であったので、王は冬の家の座に着いていた。彼の前には暖炉の火が燃えていた。

録されていた。こうして書物になった神のことばに応答して悪の道から立返り、赦しをいただく機会を神はユダの人々に備えられた。そのように応答すればユダは神の怒りとさばきを避けることができた(36:3, 6-7)。

36:16 聞いたとき、みな互いに恐れ 王の高官たちは預言を信じていたようで、このメッセージは王に読み聞かせなければならないと感じた。けれどもエレミヤを通して神が伝えられた真理に対して王が反対するとわかっていたので、バルクとエレミヤに身を隠すように勧めた。

²³エフディが三、四段を読むごとに、王は書記の小刀でそれを裂いては、暖炉の火に投げ入れ、ついに、暖炉の火で巻き物全部を焼き尽くした。
²⁴王も、彼のすべての家来たちも、これらのすべてのことばを聞きながら、恐れようともせず、衣を裂こうともしなかった。
²⁵エルナタンとデラヤとゲマルヤは、巻き物を焼かないように、王に願ったが、王は聞き入れなかった。
²⁶王は、王子エラフメエルと、アズリエルの子セラヤと、アブデエルの子シェレムヤに、書記バルクと預言者エレミヤを捕らえるよう命じたが、主はふたりを隠された。
²⁷王が、あの巻き物、バルクがエレミヤの口述で書きしるしたことばを焼いて後、エレミヤに次のような主のことばがあった。
²⁸「あなたは再びもう一つの巻き物を取り、ユダの王エホヤキムが焼いた先の巻き物にあった先のことばを残らず、それに書きしるせ。
²⁹ユダの王エホヤキムについてはこう言え。
主はこう仰せられる。あなたはこの巻き物を焼いて言った。『あなたはなぜ、バビロンの王は必ず来てこの国を滅ぼし、ここから人間も家畜も絶やすと書いたのか』と。
³⁰それゆえ、主はユダの王エホヤキムについてこう仰せられる。彼には、ダビデの王座に着く者がなくなり、彼のしかばねは捨てられて、昼は暑さに、夜は寒さにさらされる。
³¹わたしは、彼とその子孫、その家来たちを、彼らの咎のゆえに罰し、彼らとエルサレムの住民とユダの人々に、彼らが聞かなかったが、わたしが彼らに告げたあのすべてのわざわいをもたらす。」
³²エレミヤは、もう一つの巻き物を取り、それをネリヤの子、書記バルクに与えた。彼はエレミヤの口述により、ユダの王エホヤキムが火で焼いたあの書物のことばを残らず書きしるした。さらにこれと同じような多くのことばもそれに書き加えた。

エレミヤの投獄

37

¹ヨシヤの子ゼデキヤは、エホヤキムの子エコヌヤに代わって王となった。バビロンの王ネブカデレザルが彼をユダの国の王にしたのである。
²彼も、その家来たちも、一般の民衆も、預言者エレミヤによって語られた主のことばに聞き従わなかった。
³ゼデキヤ王は、シェレムヤの子エフカルと、マアセヤの子、祭司ゼパニヤを預言者エレミヤのもとに遣わして言った。「どうか、私たちのために、私たちの神、主に、祈ってください。」
⁴――そのとき、エレミヤは民のうちに出

36:23 それを裂いては、暖炉の火に投げ入れ 巻物を焼き捨てることによって王はエレミヤの警告に公然と反抗しただけではなく、書き記された神のことばと主ご自身を拒む姿勢を示した。霊的な生活の中で成長しようとするなら、私たちも神のことばへの愛と尊敬を深め保たなければならない。神はご自分とご自分の真理をみことばによって啓示するようにされた。神のことばを焼き捨てないとしてもみことばを読み、学び、その真理を日常生活に適用することを軽んじるなら、エホヤキム王と同じことをしているのである。

36:30 王座に着く者がなくなり エホヤキムの子エホヤキン（Ⅱ列24:6, 8）はわずか三か月間だけ治めた後、前597年にバビロニヤに連去られた。エホヤキムのそのほかの子孫の中にはユダを治める者は一人もいなかった。

36:32 もう一つの巻き物 エレミヤとバルクはいくつかの内容を加えてもう一つの巻物を書いた。時がたつにつれてさらに多くのことが追加されて、エレミヤ書は神の霊感を受けたことば(ここの「霊感を受けた」とは神がご自分と目的について私たちに知ってほしいと願っておられることを正しく伝えるために聖霊によって与えられた正確なことばを使った神からの直接的なメッセージのこと ⇒Ⅱテモ3:16, Ⅱペテ1:20-21, →「**聖書の霊感と権威**」の項 p.2323)の一部として今日私たちが知っているかたちに完成した。

37:1 ゼデキヤ ゼデキヤはネブカデレザルによってエルサレムで「王」の地位につけられたので、実際にはバビロニヤの権威の下に置かれていた。前のエホヤキン王はわずか三か月間治めた後バビロニヤへ連れて行かれた(→36:30注)。

37:3 どうか、私たちのために・・・祈ってください。 ゼデキヤはエレミヤを通して主が言われたこと

入りしていて、①まだ獄屋に入れられていなかった。

5 パロの軍勢がエジプトから出て来たので、エルサレムを包囲中のカルデヤ人は、そのうわさを聞いて、エルサレムから退却したときであった。――

6 そのとき、預言者エレミヤに次のような主のことばがあった。

7 「イスラエルの神、主は、こう仰せられる。『わたしに尋ねるために、あなたがたをわたしのもとに遣わしたユダの王にこう言え。見よ。あなたがたを助けに出て来たパロの軍勢は、自分たちの国エジプトへ帰り、8 カルデヤ人が①引き返して来て、この②町を攻め取り、これを火で焼く。』

9 主はこう仰せられる。『あなたがたは、カルデヤ人は必ず私たちから去る、と言って、みずから欺くな。彼らは去ることはないからだ。

10 たとい、あなたがたが、あなたがたを攻めるカルデヤの全軍勢を打ち、その中に重傷を負った兵士たちだけが残ったとしても、彼らがそれぞれ、その天幕で立ち上がり、この町を火で焼くようになる。』」

11 カルデヤの軍勢がパロの軍勢の来るのを聞いてエルサレムから退却したとき、12 エレミヤは、ベニヤミンの地に行き、民の間で割り当ての地を決めるためにエルサレムから出て行った。

13 彼がベニヤミンの門に来たとき、そこにハナヌヤの子シェレムヤの子のイルイヤという名の当直の者がいて、「あなたはカルデヤ人のところへ落ちのびるのか」と言っ

4 ①エレ32:2, 3, 37:15
5 ①エレ37:7, エゼ17:15
 ②エレ34:21, 37:11
7 ①エレ37:3, Ⅱ列22:18
 ②エレ2:18, 36,
  イザ30:1-3, 31:1-3,
  哀4:17, エゼ17:17
8 ①エレ34:22
 ②エレ38:23, 39:2-8
9 ①エレ29:8, オバ3,
  エペ5:6
10 ①エレ37:8
11 ①エレ37:5
12 ①エレ32:7-9
13 ①エレ37:20
 ②エレ18:18, 20:10,
  アモ7:10, ルカ23:2,
  使6:11, 24:5-9

14 ①エレ40:4-6,
  マタ5:11, 12
 ②詩27:12
 ③エレ38:6
15 ①エレ18:23, 20:2,
  マタ21:35, ヘブ11:36
 ②エレ37:20
 ③創39:20,
  Ⅱ歴16:10, 18:26,
  使5:18, 16:24
17 ①エレ38:5, 16, 24,
  Ⅰ列14:1-3
 ②エレ15:11, 21:1, 2,
  37:3, Ⅰ列22:15, 16,
  Ⅱ列3:11-19
 ③エレ21:7, 24:8,
  エゼ12:12, 13, 17:19, 20
18 ①Ⅰサム19:4,
  ダニ6:22, ヨハ10:32,
  使25:8, 11
19 ①エレ6:14, 8:11, 14:13,
  27:14, 28:1-4, 10
 ②エレ2:28,
  申32:37, 38, Ⅱ列3:13
20 * 直訳「わが主、王」
 ①エレ38:26
 ②エレ18:23, 26:15,
  37:15
21 ①エレ32:3
 ②エレ32:2
 ③エレ38:9, 52:6,
  Ⅱ列25:3

て、預言者エレミヤを捕らえた。14 エレミヤは、「違う。私はカルデヤ人のところに落ちのびるのではない」と言ったが、イルイヤは聞かず、エレミヤを捕らえて、首長たちのところに連れて行った。15 首長たちはエレミヤに向かって激しく怒り、彼を打ちたたき、書記ヨナタンの家にある牢屋に入れた。そこを獄屋にしていたからである。

16 エレミヤは丸天井の地下牢に入れられ、長い間そこにいた。

17 ゼデキヤ王は人をやって彼を召し寄せた。王は自分の家でひそかに彼に尋ねて言った。「主から、みことばがあったか。」エレミヤは、「ありました」と言った。そして『あなたはバビロンの王の手に渡されます』と言った。

18 エレミヤはゼデキヤ王に言った。「あなたや、あなたの家来たちや、この民に、私が何の罪を犯したというので、私を獄屋に入れたのですか。

19 あなたがたに『バビロンの王は、あなたがたと、この国とを攻めに来ない』と言って預言した、あなたがたの預言者たちは、どこにいますか。

20 今、王さま、どうぞ聞いてください。どうぞ、私の願いを御前にかなえて、私を書記ヨナタンの家へ帰らせないでください。そうすれば、私はあそこで死ぬことはないでしょう。」

21 そこでゼデキヤ王は命じて、エレミヤを監視の庭に入れさせ、町からすべてのパンが絶えるまで、パン屋街から、毎日パン一

に耳を傾けようとしなかった(37:2)。けれどもまだ何とかして主の好意を得られるのではないかと望みを持ってエレミヤにユダのために祈るように求めた。神の助けは求めるけれども、同時に一般社会の罪深い快楽にも加わり続けたいという今の時代の多くの人とゼデキヤは同じである。そのような人々は神との本当の関係を持たない浅い宗教しか持っていない。それなのに問題が起きると神に助けてもらえると期待して神を呼び求める。けれどもその結果は、ゼデキヤと同じように落胆するだけである(37:6-9)。

37:9 【主】はこう仰せられる エレミヤは恐れることなく王の前に立って、ためらうことなく「町が滅ぼ

される」という、人々に歓迎されないメッセージを伝えた(37:8, 10)。むちを打たれ投獄され死の恐怖に直面しても、エレミヤは神のメッセージを伝える使命から離れることはなかった(37:11-17)。

37:15 打ちたたき・・・牢屋に入れた エレミヤがバビロニヤに降伏するように(21:9, 38:2)人々に警告していたので、ユダの首長たちはエレミヤに敵意を持っていた。そしてエレミヤを地下牢に閉じ込めた(37:16)。もしそこに長くいたら、その暗くひどい場所でエレミヤは死んだと思われる(37:20)。

37:17 【主】から、みことばがあったか ゼデキヤはエレミヤが主の本当の預言者であると感じていたの

穴に投込まれるエレミヤ

38 ¹ さて、マタンの子シェファテヤと、パシュフルの子ゲダルヤと、シェレムヤの子ユカルと、マルキヤの子パシュフルは、すべての民にエレミヤが次のように告げていることばを聞いた。² 「主はこう仰せられる。『この町にとどまる者は、剣とききんと疫病で死ぬが、カルデヤ人のところに出て行く者は生きる。そのいのちは彼の分捕り物として彼のものになり、彼は生きる。』³ 主はこう仰せられる。『この町は、必ず、バビロンの王の軍勢の手に渡される。彼はこれを攻め取る。』」

⁴ そこで、首長たちは王に言った。「どうぞ、あの男を殺してください。彼はこのように、こんなことばをみなに語り、この町に残っている戦士や、民全体の士気をくじいているからです。あの男は、この民のために平安を求めず、かえってわざわいを求めているからです。」

⁵ するとゼデキヤ王は言った。「今、彼はあなたがたの手の中にある。王は、あなたがたに逆らっては何もできない。」

⁶ そこで彼らはエレミヤを捕らえ、監視の庭にある王子マルキヤの穴に投げ込んだ。彼らはエレミヤを綱で降ろしたが、穴の中には水がなくて泥があったので、エレミヤは泥の中に沈んだ。

⁷ 王宮にいたクシュ人の宦官エベデ・メレクは、エレミヤが穴に入れられたこと、また王がベニヤミンの門にすわっていることを聞いた。⁸ そこでエベデ・メレクは、王宮から出て行き、王に告げて言った。⁹ 「王さま。あの人たちが預言者エレミヤにしたことは、みな悪いことばかりです。彼らはあの方を穴に投げ込みました。もう町にパンはありませんので、あの方は、下で、飢え死にするでしょう。」

¹⁰ すると、王は、クシュ人エベデ・メレクに命じて言った。「あなたはここから三十人を連れて行き、預言者エレミヤを、まだ死なないうちに、その穴から引き上げなさい。」

¹¹ エベデ・メレクは人々を率いて、王宮の宝物倉の下に行き、そこから着ふるした着物やぼろ切れを取り、それらを綱で穴の中のエレミヤのところに降ろした。¹² クシュ人エベデ・メレクはエレミヤに、「さあ、古着やぼろ切れをあなたのわきの下にはさんで、綱を当てなさい」と言ったので、エレミヤがそのとおりにすると、¹³ 彼らはエレミヤを綱で穴から引き上げた。こうして、エレミヤは監視の庭にすわっていた。

エレミヤに再び質問するゼデキヤ

¹⁴ ゼデキヤ王は人をやって、預言者エレミヤを自分のところ、主の宮の第三の入口に召し寄せた。王がエレミヤに、「私はあ

38:2 この町にとどまる者は・・・死ぬ エレミヤのメッセージは兵士たちを落胆させバビロニアに抵抗する気持を弱めた。そこで首長たちはエレミヤを殺そうとした（38:4、→32:2監禁の注）。

38:5 彼はあなたがたの手の中にある ゼデキヤ王は首長たちの力と影響力を恐れて、怒りに燃えた首長たちの手にエレミヤを渡した。ゼデキヤの弱さと道徳心のなさはその統治を通して明らかだった。

38:6 穴に投げ込んだ この穴は冬の間は降った雨水をためるために使われ夏の間は倉庫に使われていた。釣鐘のようなかたちで上が開いていて約90センチあった。穴に監禁されたらエレミヤは長くは生きられないことを首長たちは知っていた。エレミヤは神と神のメッセージに忠実だったためにこのように苦しめられた。神に忠実でみことばの基準に従って生きる人はこの世界では反対や迫害に直面する。時には教会の中の人からも抵抗が起こる（→マタ5:10注）。

38:7 エベデ・メレク このクシュ人はエレミヤに同情して、この預言者を解放するように王に訴えた。預言者に反対する人々に抵抗することによって、エベデ・メレクもまたすぐれた勇気を示した。たとい大勢

なたに一言尋ねる。私に何事も隠してはならない」と言うと、

15 エレミヤはゼデキヤに言った。「もし私があなたに告げれば、あなたは必ず、私を殺すではありませんか。私があなたに忠告しても、あなたは私の言うことを聞きません。」

16 そこで、ゼデキヤ王は、ひそかにエレミヤに誓って言った。「私たちのこのいのちを造られた主は生きておられる。私は決してあなたを殺さない。また、あなたのいのちをねらうあの人々の手に、あなたを渡すことも絶対にしない。」

17 するとエレミヤはゼデキヤに言った。「イスラエルの神、万軍の神、主は、こう仰せられる。『もし、あなたがバビロンの王の首長たちに降伏するなら、あなたのいのちは助かり、この町も火で焼かれず、あなたも、あなたの家族も生きのびる。

18 あなたがバビロンの王の首長たちに降伏しないなら、この町はカルデヤ人の手に渡され、彼らはこれを火で焼き、あなたも彼らの手からのがれることができない。』」

19 しかし、ゼデキヤ王はエレミヤに言った。「私は、カルデヤ人に投降したユダヤ人たちを恐れる。カルデヤ人が私を彼らの手に渡し、彼らが私をなぶりものにするかもしれない。」

20 エレミヤは言った。「彼らはあなたを渡しません。どうぞ、主の声、私があなたに語っていることに聞き従ってください。そうすれば、あなたはしあわせになり、あなたのいのちは助かるのです。

21 しかし、もしあなたが降伏するのを拒むなら、これが、主の私に示されたみことばです。

22 『見よ。ユダの王の家に残された女たちはみな、バビロンの王の首長たちのところに引き出される。聞け。彼女らは言う。

② あなたの親友たちが、あなたをそそのかし、
あなたに勝った。
彼らはあなたの足を泥の中に沈ませ、
背を向けてしまった。

23 あなたの妻たちや、子どもたちはみな、カルデヤ人のところに引き出され、あなたも彼らの手からのがれることができずに、バビロンの王の手に捕らえられ、この町も火で焼かれる。』」

24 ゼデキヤはエレミヤに言った。「だれにも、これらのことを知らせてはならない。そうすれば、あなたは殺されることはない。

25 もし、あの首長たちが、私があなたと話したことを聞いて、あなたのところに行き、あなたに『さあ、何を王と話したのか、教えてくれ。私たちに隠すな。あなたを殺しはしない。王はあなたに何を話したのだ』と言っても、

26 あなたは彼らに、『私をヨナタンの家に返してそこで私が死ぬことがないようにしてくださいと、王の前に嘆願していた』と言いなさい。」

27 首長たちがみなエレミヤのところに来て、彼に尋ねたとき、彼は、王が命じたことばのとおりに、彼らに告げたので、彼らは黙ってしまった。あのことはだれにも聞かれなかったからである。

28 エレミヤは、エルサレムが攻め取られる日まで、監視の庭にとどまっていた。彼はエルサレムが攻め取られたときも、そこにいた。

エルサレムの陥落
39:1-10　並行記事―Ⅱ列25:1-12, エレ52:4-16

39 1 ユダの王ゼデキヤの第九年、その第十の月に、バビロンの王ネブ

に手向かうことになっても神の民は虐待されている人々をいつも助けなければならない。エレミヤに親切にしたのでエベデ・メレクのいのちはエルサレムが陥落したときに助けられた。神は本当のしもべを忘れてはおられなかった(39:15-18)。

38:20　【主】の声・・・に聞き従ってください　ゼデキヤ王はエレミヤのメッセージを信じたけれどもほかの人々を恐れ(38:19)、性格が弱く神への信仰が足りないために神に従うことができなかった。その結果、自分で恥をかき国を滅ぼした。それは自分の行動が神のさばきをもたらし、ほかの人々を困らせるようになることを知っていながら正しいことを行おうとしない今の多くの人によく似ている。

39:1　ゼデキヤの第九年、その第十の月　エルサレ

カデレザルは、その全軍勢を率いてエルサレムに攻めて来て、これを包囲した。

² ゼデキヤの第十一年、第四の月の九日に、町は破られた。

³ そのとき、バビロンの王のすべての首長たちが入って来て、中央の門に座を占めた。すなわち、ネルガル・サル・エツェル、サムガル・ネブ、*ラブ・サリスのサル・セキム、**ラブ・マグのネルガル・サル・エツェル、およびバビロンの王の首長の残り全員である。

⁴ ユダの王ゼデキヤとすべての戦士は、彼らを見て逃げ、夜の間に、王の園の道伝いに、二重の城壁の間の門を通って町を出、アラバへの道に出た。

⁵ しかし、カルデヤの軍勢は彼らのあとを追い、エリコの草原でゼデキヤに追いつき、彼を捕らえて、ハマテの地のリブラにいるバビロンの王ネブカデレザルのもとに連れ上った。そこで、王は彼に宣告を下した。

⁶ バビロンの王はリブラで、ゼデキヤの子たちをその目の前で虐殺し、またユダのおもだった人たちもみな虐殺した。

⁷ ゼデキヤの目をつぶし、彼を青銅の足かせにつないで、バビロンに連れて行った。

⁸ カルデヤ人は、王宮も民の家も火で焼き、エルサレムの城壁を取りこわした。

⁹ 侍従長ネブザルアダンは、町に残されていた残りの民と、王に降伏した投降者たち

と、そのほかの残されていた民を、バビロンへ捕らえ移した。

¹⁰ しかし侍従長ネブザルアダンは、何も持たない貧民の一部をユダの地に残し、その日、彼らにぶどう畑と畑を与えた。

¹¹ バビロンの王ネブカデレザルは、エレミヤについて、侍従長ネブザルアダンに次のように命じた。

¹² 「彼を連れ出し、目をかけてやれ。何も悪いことをするな。ただ、彼があなたに語るとおりに、彼にせよ。」

¹³ こうして、侍従長ネブザルアダンと、ラブ・サリスのネブシャズ・バンと、ラブ・マグのネルガル・サル・エツェルと、バビロンの王のすべての高官たちは、

¹⁴ 人を遣わして、エレミヤを、監視の庭から連れ出し、シャファンの子アヒカムの子ゲダルヤに渡して、その家に連れて行かせた。こうして彼は民の間に住んだ。

¹⁵ エレミヤが監視の庭に閉じ込められているとき、エレミヤに次のような主のことばがあった。

¹⁶ 「行って、*クシュ人エベデ・メレクに話して言え。『イスラエルの神、万軍の主は、こう仰せられる。見よ。わたしはこの町にわたしのことばを実現する。幸いのためではなく、わざわいのためだ。それらは、その日、あなたの前で起こる。

¹⁷ しかしその日、わたしはあなたを救い出

③エレ39:13
*あるいは「官官の長」
**あるいは「指令官」
④①イザ30:15, 16, アモ2:14
②Ⅱ列25:4, Ⅱ歴32:5, イザ22:11, エレ52:7
⑤①ヨシ4:13, 5:10
②エレ21:7, 32:4, 34:21, 37:17, 38:18, 23, 52:9, 哀4:20
③エレ52:26, 27, Ⅱ列23:33
⑥①申28:32, 34
②エレ21:7, 24:8-10, 34:19-21
⑦①エゼ12:13, 士16:21
士16:21
②エレ32:5
⑧①エレ21:10, 38:18, 52:13, Ⅱ列25:9
②エレ52:14, Ⅱ列25:10, ネヘ1:3
⑨①創37:36
②エレ40:1, 52:12-16, 26, Ⅱ列25:11, 20
③エレ38:19, 52:15

④エレ24:8
10①エレ52:16, Ⅱ列25:12
②→エレ12:10
11①エレ1:8, 15:20, 21
②箴21:1
12①詩105:14, 箴16:7
13①エレ39:3
14①エレ38:28
②エレ26:24, Ⅱ列22:12, 14, Ⅱ歴34:20
15①エレ32:2
16*「エチオピヤ人」
①エレ38:7
②→エレ31:35
③エレ21:10, ダニ9:12, ゼカ1:6
④詩91:8, 9

ムの包囲は約18か月間続いた。その間町は外部からのあらゆる援助と供給を断たれた。しばらくするとひどいききんが襲った。52章にはエルサレムの陥落が詳細に描かれている(⇒Ⅱ列25:, Ⅱ歴36:)。これはエレミヤが預言した通りの神のさばきだった。

39:5-7　ゼデキヤに追いつき　ユダの王ゼデキヤは神のことばに耳を傾け従おうとしなかったため(⇒38:20-23)ひどく苦しむことになった。神はいつも滅んでいく人々を救いたいと願っておられる(ルカ19:10, ヨハ3:16)。けれども神のメッセージと差出されたあわれみを無視して罪深い道を進み続ける人々は、自分で深い悲しみと苦しみを招くことになる。もし神への反抗によって不幸と死が襲ったことを理解さえすればユダの人々も恵みとあわれみを求めて神に立返ることができたと思われる(⇒ロマ6:16, 23)。けれどもサタンによって霊的に盲目にされ、だまされているので

(Ⅱコリ4:4)、人々は自分たちの現状も待受けている恐ろしい結末も正確に見ることができない。霊的に失われてだまされている人々はただ祈りと神のことばの宣教と人々の良心に働く聖霊の働き(→ヨハ16:8注)によらなければ、自分の霊的状態と神から離れているために直面する危険を悟ることができない。

39:11　エレミヤ　バビロニヤに降伏するようにとエレミヤがユダの人々に忠告していたのをネブカデレザルは聞いていたと思われる。したがってエルサレムを占領したときにバビロニヤ人はエレミヤを丁寧に扱い、総督に任命したゲダルヤの保護の下に置いた。一度解放されたエレミヤは明らかに誤って逮捕され、鎖につながれてバビロニヤへ連れて行かれるのを待っていた。けれどもエレミヤは再び解放された(40:1-6)。

39:16　エベデ・メレク　→38:7注

す。──主の御告げ──あなたはあなたが恐れている者たちの手に渡されることはない。
18 わたしは必ずあなたを助け出す。あなたは剣に倒れず、あなたのいのちはあなたの分捕り物としてあなたのものになる。それは、あなたがわたしに信頼したからだ。──主の御告げ──』」

釈放されたエレミヤ

40 1 侍従長ネブザルアダンがラマからエレミヤを釈放して後に、主からエレミヤにあったみことば。──彼がエレミヤを連れ出したとき、エレミヤは、バビロンへ引いて行かれるエルサレムとユダの捕囚の民の中で、鎖につながれていた。

2 侍従長はエレミヤを連れ出して、彼に言った。「あなたの神、主は、この所にこのわざわいを下すと語られたが、
3 主はこれを下し、語られたとおりに行われた。あなたがたが主に罪を犯して、その御声に聞き従わなかったので、このことがあなたがたに下ったのだ。
4 そこで今、見よ、私はきょう、あなたの手にある鎖を解いてあなたを釈放する。もし、私とともにバビロンへ行くのがよいと思うなら、行きなさい。私はあなたに目をかけよう。しかし、もし、私といっしょにバビロンへ行くのが気に入らないならやめなさい。見よ。全地はあなたの前に広がっている。あなたが行くのによいと思う、気に入った所へ行きなさい。」
5 しかし彼がまだ帰ろうとしないので、「では、バビロンの王がユダの町々をゆだねた

17 ①エレ38:1, 4, 9
18 ①エレ45:5
　②エレ17:7, 8, Ⅰ歴5:20

1 ①エレ39:9
　②エレ31:15
　③エレ39:11, 12
2 ①エレ40:2, 3, エレ22:8, 9, 申29:24-26
3 ①エレ50:7, ダニ9:15, ロマ2:5
4 ①創13:9, 20:15, 47:6
5 ①Ⅱ列25:22

　②Ⅱ列8:8, 9
6 ①エレ40:12, 士20:1, 21:1, Ⅰサム7:5, Ⅱ列25:23, Ⅰ歴16:6
　②エレ39:14
7 ①エレ40:7-9, Ⅱ列25:23, 24
　②エレ39:10, 52:16
8 ①エレ40:14, 41:2
　②エレ40:13, 15, 41:11, 42:1, 43:2
　③Ⅱサム23:28, 29, エズ2:22, ネヘ7:26
　④申3:14, ヨシ12:5
　⑤エレ42:1
　⑥エレ40:6
9 ①エレ27:11
10 ①エレ40:6
　②Ⅰ列10:8
　③エレ39:10
　④エレ48:32, イザ16:9
　民22:1, 25:1, イザ16:4
　②Ⅰサム11:1, 12:12
　③創36:8, イザ11:14

シャファンの子アヒカムの子ゲダルヤのところへ帰り、彼とともに民の中に住みなさい。でなければ、あなたが行きたいと思う所へ、どこへでも行きなさい。」こうして侍従長は、食糧と贈り物を与えて、彼を去らせた。
6 そこでエレミヤは、ミツパにいるアヒカムの子ゲダルヤのところに行って、彼とともに、国に残された民の中に住んだ。

ゲダルヤの暗殺

40:7-9, 41:1-3　並行記事＝Ⅱ列25:22-26

7 野にいた将校たちとその部下たちはみな、バビロンの王がアヒカムの子ゲダルヤをその国の総督にし、彼に、バビロンに捕らえ移されなかった男、女、子どもたち、国の貧民たちをゆだねたことを聞いた。
8 ネタヌヤの子イシュマエル、カレアハの子らヨハナンとヨナタン、タヌフメテの子セラヤ、ネトファ人エファイの子ら、マアカ人の子エザヌヤと、彼らの部下たちは、ミツパにいるゲダルヤのもとに来た。
9 そこで、シャファンの子アヒカムの子ゲダルヤは、彼らとその部下たちに誓って言った。「カルデヤ人に仕えることを恐れてはならない。この国に住んで、バビロンの王に仕えなさい。そうすれば、あなたがたはしあわせになる。
10 私も、このように、ミツパに住んで、私たちのところに来るカルデヤ人の前に立とう。あなたがたも、ぶどう酒、夏のくだもの、油を集めて、自分の器に納め、あなたがたの取った町々に住むがよい。」
11 モアブや、アモン人のところや、エドムや、あらゆる地方にいたユダヤ人はみな、

40:1-44:30　引いて行かれる　バビロニヤのように征服した帝国が占領した国の人々を捕えて帝国全体に散らすのは古い時代の慣習だった。それによって捕囚にされた人々は新しい文化の中で生活しそれを受入れるように強制された。人々は滅ぼされなかったけれども民族としての個性ははぎとられ、さらにバビロニヤ帝国の建設を手伝わされた(→**ユダ(南王国)の捕囚**の地図 p.633)。この部分では首都エルサレムが征服された後にユダに起きた出来事が扱われている。多くの人がバビロニヤに連去られたけれども、わずかな人々があとに残された。エルサレム陥落の後に起きたことを見ると、人々はまだ神に頼るのを拒んでいた。

40:1　エレミヤは・・・鎖につながれていた　→39:11注

40:7-16　ゲダルヤをその国の総督にし　ゲダルヤは良い総督で、この地の秩序と平和を回復するのを助けた。約5年間治めたけれどもバビロニヤに抵抗し続けようとしていたイシュマエルによって殺された。ゲダルヤは暗殺の陰謀の警告を受けていたのにイシュマエルを信用し過ぎていた(40:14)。

バビロンの王がユダに人を残したこと、シャファンの子アヒカムの子ゲダルヤを彼らの総督に任命したことを聞いた。 12 そこで、ユダヤ人はみな、散らされていたすべての所からユダの地に帰って来て、②ミツパのゲダルヤのもとに行き、ぶどう酒と夏のくだものを非常に多く集めた。

13 さて、野にいたカレアハの子ヨハナンと、すべての将校たちは、ミツパのゲダルヤのもとに来て、14 彼に言った。「あなたは、アモン人の王バアリスがネタヌヤの子イシュマエルを送って、あなたを打ち殺そうとしているのを、いったい、ご存じですか。」しかし、アヒカムの子ゲダルヤは、彼らの言うことを信じなかった。

15 カレアハの子ヨハナンは、ミツパでひそかにゲダルヤに話して言った。「では、私が行って、ネタヌヤの子イシュマエルを、だれにもわからないように、打ち殺しましょう。どうして、彼があなたを打ち殺し、あなたのもとに集められた全ユダヤ人が散らされ、ユダの残りの者が滅びてよいでしょうか。」

16 しかし、アヒカムの子ゲダルヤは、カレアハの子ヨハナンに言った。「そんなことをしてはならない。あなたこそ、イシュマエルについて偽りを語っているからだ。」

41

1 ところが第七の月に、①王族のひとり、エリシャマの子ネタヌヤの子イシュマエルは、王の高官と十人の部下を連れて、ミツパにいるアヒカムの子ゲダルヤのもとに来て、②ミツパで食事を共にした。

2 そのとき、ネタヌヤの子イシュマエルと、彼とともにいた十人の部下は立ち上がって、シャファンの子アヒカムの子ゲダルヤを剣で打ち殺した。イシュマエルは、バビロンの王がこの国の総督にした者を殺した。

3 ミツパでゲダルヤとともにいたすべてのユダヤ人と、そこに居合わせたカルデヤ人の戦士たちをも、イシュマエルは打ち殺した。

4 ゲダルヤが殺された次の日、まだだれも知らないとき、5 シェケムや、シロや、サマリヤから八十人の者がやって来た。彼らはみな、ひげをそり、衣を裂き、身に傷をつけ、手に穀物のささげ物や乳香を持って、主の宮に持って行こうとしていた。

6 ネタヌヤの子イシュマエルは、彼らを迎えにミツパを出て、泣きながら歩いて行き、彼らに出会ったとき、言った。「アヒカムの子ゲダルヤのところにおいでなさい。」

7 彼らが町の中に入ったとき、ネタヌヤの子イシュマエルと、彼とともにいた部下たちは、彼らを殺して穴の中に投げ入れた。8 彼らのうちの十人がイシュマエルに、「私たちを殺さないでください。私たちは、小麦、大麦、油、蜜を畑に隠していますから」と言ったので、彼は、彼らをその仲間とともに殺すのはやめた。

9 イシュマエルが打ち殺した、*ゲダルヤの指揮下の人たちのすべての死体を投げ入れた穴は、アサ王がイスラエルの王バシャを恐れて作ったものであった。ネタヌヤの子イシュマエルはそれを、殺された者で満たした。

10 イシュマエルは、ミツパに残っていたすべての民、すなわち王の娘たちと、侍従長ネブザルアダンがアヒカムの子ゲダルヤにゆだねた、ミツパに残っていたすべての民をとりこにした。ネタヌヤの子イシュマエルは彼らをとりこにして、アモン人のところに渡ろうとして出かけて行った。

41:2 ゲダルヤを剣で打ち殺した イシュマエルはバビロニヤに激しく抵抗していたので、ネブカデレザルに任命されていた総督ゲダルヤを殺した。バビロニヤ人が前の王のゼデキヤを残酷に扱った（39:6-7）のをゲダルヤが支援したとイシュマエルは信じていたのではないかと思われる。

41:7 彼らを殺して イシュマエルは80人の巡礼者（礼拝する場所へ旅する人々）の中の70人を殺した。それは持物やお金を手に入れるためだったと思われる（⇒41:8）。イシュマエルは神を恐れず正しいことを行う気持がなかった。主がいつの日かその行動をさばきそれにふさわしい罰を下すことを悟っていなかった。

11 カレアハの子ヨハナンと、彼とともにいたすべての将校は、ネタヌヤの子イシュマエルが行ったすべての悪を聞いたので、12 部下をみな連れて、ネタヌヤの子イシュマエルと戦うために出て行き、ギブオンにある大池のほとりで彼を見つけた。13 イシュマエルとともにいたすべての民は、カレアハの子ヨハナンと、彼とともにいるすべての将校を見て喜んだ。14 イシュマエルがミツパからとりこにして来たすべての民は身を翻して、カレアハの子ヨハナンのもとに帰って行った。15 ネタヌヤの子イシュマエルは、八人の者とともにヨハナンの前をのがれて、アモン人のところへ行った。

エジプトへの逃亡

16 カレアハの子ヨハナンと、彼とともにいたすべての将校は、ネタヌヤの子イシュマエルがアヒカムの子ゲダルヤを打ち殺して後、ミツパから、ネタヌヤの子イシュマエルから取り返した残りの民、すなわちギブオンから連れ帰った勇士たち、戦士たち、女たち、子どもたち、および宦官たちを連れて、17 エジプトに行こうとして、ベツレヘムのかたわらにあるゲルテ・キムハムへ行って、そこにとどまった。18 それは、バビロンの王がこの国の総督としたアヒカムの子ゲダルヤをネタヌヤの子イシュマエルが打ち殺したので、カルデヤ人を恐れて、彼らから逃げるためであった。

42

1 すべての将校たち、カレアハの子ヨハナン、ホシャヤの子イザヌヤ、および身分の低い者も高い者もみな、寄って来て、2 預言者エレミヤに言った。「どうぞ、私たちの願いを聞いてください。私たちのため、この残った者みなのために、あなたの神、主に祈ってください。ご覧のとおり、私たちは多くの者の中からごくわずかだけ残ったのです。3 あなたの神、主が、私たちの歩むべき道と、なすべきことを私たちに告げてくださいますように。」4 そこで、預言者エレミヤは彼らに言った。「承知しました。今、私は、あなたがたのことばのとおり、あなたがたの神、主に祈り、主があなたがたに答えられることはみな、あなたがたに告げましょう。何事も、あなたがたに隠しません。」5 彼らはエレミヤに言った。「主が私たちの間で真実な確かな証人でありますように。私たちは、すべてあなたの神、主が私たちのためにあなたを送って告げられることばのとおりに、必ず行います。6 私たちは良くても悪くても、あなたを遣わされた私たちの神、主の御声に聞き従います。私たちが私たちの神、主の御声に聞き従ってしあわせを得るためです。」

7 十日の後、主のことばがエレミヤにあった。8 彼はカレアハの子ヨハナンと、彼とともにいるすべての将校と、身分の低い者や高い者をみな呼び寄せて、9 彼らに言った。「あなたがたが私を遣わして、あなたがたの願いを御前に述べさせたイスラエルの神、主は、こう仰せられる。10 『もし、あなたがたがこの国にとどまるなら、わたしはあなたがたを建てて、倒さず、あなたがたを植えて、引き抜かない。わたしはあなたがたに下したあのわざわいを思い直したからだ。11 あなたがたが恐れているバビロンの王を恐れるな。彼をこわがるな。——主の御告げ——わたしはあなたがたとともにいて、彼の手からあなたがたを救い、彼の手からあなたがたを救い出すからだ。12 わたしがあなたがたにあわれみを施すので、彼は、あなたがたをあわれみ、あなた

42:1-22 **みな、寄って来て** ゲダルヤが殺された後、人々はバビロニヤの報復を恐れた。そこでエレミヤに神のことばを求めて来た。けれどもエジプトへ逃げることを既に心に決めていたので、自分たちの計画に合うメッセージだけを聞きたがっていた。神の答は「この国にとどま」りなさい(42:10)というものだった。指導者たちはこのメッセージを拒み、いやがるエレミヤも連れて、とにかくエジプトへ下って行った

がたをあなたがたの土地に帰らせる。』

13 しかしあなたがたが、『私たちはこの国にとどまらない』と言って、あなたがたの神、主の御声を聞かず、

14 『いや、エジプトの国に行こう。あそこでは戦いに会わず、角笛の音も聞かず、パンにも飢えることがないから、あそこに、私たちは住もう』と言っているのなら、

15 今、ユダの残りの者よ、主のことばを聞け。イスラエルの神、万軍の主は、こう仰せられる。『もし、あなたがたがエジプトに行こうと堅く決心し、そこに行って寄留するなら、

16 あなたがたの恐れている剣が、あのエジプトの国であなたがたに追いつき、あなたがたの心配しているききんが、あのエジプトであなたがたに追いすがり、あなたがたはあそこで死のう。

17 エジプトに行ってそこに寄留しようと決心した者たちはみな、そこで剣とききんと疫病で死に、わたしが彼らに下すわざわいをのがれて生き残る者はいない。』

18 まことに、イスラエルの神、万軍の主は、こう仰せられる。『わたしの怒りと憤りが、エルサレムの住民の上に注がれたように、あなたがたがエジプトに行くとき、わたしの憤りはあなたがたの上に注がれ、あなたがたは、のろいと、恐怖と、ののしりと、そしりになり、二度とこの所を見ることができない。』

19 ユダの残りの者よ。主はあなたがたに『エジプトへ行ってはならない』と仰せられた。きょう、私があなたがたにあかししたことを、確かに知らなければならない。

20 あなたがたは迷い出てしまっている。あなたがたは私をあなたがたの神、主のもとに遣わして、『私たちのために、私たちの神、主に祈り、すべて私たちの神、主の仰せられるとおりに、私たちに告げてくださ

13 ①エレ44:16
14 ①エレ41:17, イザ31:1, 申17:16
　 ②エレ4:19, 21
　 ③出16:3, 民11:5
15 ①エレ42:15-18, エレ44:12-14
　 ②→エレ31:35
16 ①エレ44:27, エゼ11:8, アモ9:1, 4
17 ①エレ14:12
　 ②エレ44:28
18 ①エレ7:20, 33:5
　 ②エレ39:1-9, II歴36:16-19
　 ③エレ24:9, 26:6, 29:18, 申29:21, ゼカ8:13
　 ④エレ22:10, 27
19 ①イザ30:1-7
　 ②ネヘ9:26, 29, 30
　 ③エゼ2:5
20 ①エレ41:17, 43:2
　 ②エレ42:5

21 ①エレ43:1, 使20:26, 27
　 ②エレ42:6, 43:4
22 ①エレ14:12
　 ②エレ42:17, 43:11

1 ①エレ42:10-19
　 ②エレ26:8
2 ①エレ42:5, 6
　 ②エレ42:1
　 ③エレ5:12
3 ①エレ32:12
4 ①エレ42:10-12
5 ①エレ42:5, 6, 44:15
5 ①エレ40:12
6 ①エレ43:6, 7, 伝9:1, 2
　 ②エレ41:10
　 ③エレ39:10, 40:7
　 ④→エレ36:8
7 ①II列25:26

い。私たちはそれを行います』と言ったのだ。

21 だから、私は、きょう、あなたがたに告げたのに、あなたがたは、あなたがたの神、主の御声を聞かず、すべてそのために主が私をあなたがたに遣わされたことを聞かなかった。

22 だから今、確かに知れ。あなたがたは、行って寄留したいと思っているその所で、剣とききんと疫病で死ぬことを。」

43 ¹ エレミヤはすべての民に、彼らの神、主のことばを語り終えた。それは彼らの神、主が、このすべてのことばをもって彼を遣わされたものであった。

² すると、ホシャヤの子アザルヤと、カレアハの子ヨハナンと、高ぶった人たちはみな、エレミヤに告げて言った。「あなたは偽りを語っている。私たちの神、主は『エジプトに行って寄留してはならない』と言わせるために、あなたを遣わされたのではない。

³ ネリヤの子バルクが、あなたをそそのかして私たちに逆らわせ、私たちをカルデヤ人の手に渡して、私たちを死なせ、また、私たちをバビロンへ引いて行かせようとしているのだ。」

⁴ カレアハの子ヨハナンと、すべての将校と、すべての民は、「ユダの国にとどまれ」という主の御声に聞き従わなかった。

⁵ そして、カレアハの子ヨハナンと、すべての将校は、散らされていた国々からユダの国に住むために帰っていたユダの残りの者すべてを、

⁶ 男も女も子どもも、王の娘も、それに、侍従長ネブザルアダンが、シャファンの子アヒカムの子ゲダルヤに託したすべての者、預言者エレミヤと、ネリヤの子バルクをも連れて、

⁷ エジプトの国に行った。彼らは主の御声

(43:1-7).

43:2 あなたは偽りを語っている 人々は神のみこころに従うふりをしていた。けれども神に対して引続き不誠実だったので、暴力による死、ききん、疫病など厳しい結果が襲うことになる(42:22)。心から主に従いたいという思いがないのに、祈ったり教会に出席したり主の晩餐(聖餐式)にあずかったり、そのほかの宗行事に参加することには注意が必要である(→42:20, →Iコリ11:27注)。

43:7 エジプトの国に行った 人々は神の命令に背いて(43:4)エレミヤを連れてエジプトへ行った(43:6)。エレミヤがいれば神の守りが保証されると考

に聞き従わなかったのである。こうして、彼らはタフパヌヘスまで来た。

8 タフパヌヘスで、エレミヤに次のような主のことばがあった。

9「あなたは手に大きな石を取り、それらを、ユダヤ人たちの目の前で、タフパヌヘスにあるパロの宮殿の入口にある敷石のしっくいの中に隠して、

10 彼らに言え。

イスラエルの神、万軍の主は、こう仰せられる。見よ。わたしは人を送り、わたしのしもべバビロンの王ネブカデレザルを連れて来て、彼の王座を、わたしが隠したこれらの石の上に据える。彼はその石の上に本営を張ろう。

11 彼は来てエジプトの国を打ち、死に定められた者を死に渡し、とりこに定められた者をとりこにし、剣に定められた者を剣に渡す。

12 彼はエジプトの神々の宮に火をつけて、それらを焼き、彼らをとりこにする。彼は牧者が自分の着物のしらみをつぶすようにエジプトの国をつぶして、ここから無事に去って行こう。

13 彼はエジプトの国にある太陽の宮の柱を砕き、エジプトの神々の宮を火で焼こう。」

偶像礼拝によるわざわい

44 1 エジプトの国に住むすべてのユダヤ人、すなわちミグドル、タフパヌヘス、ノフ、およびパテロス地方に住む者たちについて、エレミヤにあったみことばは、次のとおりである。

2「イスラエルの神、万軍の主は、こう仰せられる。『あなたがたは、わたしがエルサレムとユダのすべての町に下したあのすべてのわざわいを見た。見よ。それらはきょう、廃墟となって、そこに住む者もない。

3 それは、彼らが悪を行ってわたしの怒りを引き起こし、彼ら自身も、あなたがたも先祖も知らなかったほかの神々のところに行き、香をたいて仕えたためだ。

4 それでわたしはあなたがたに、しもべであるすべての預言者たちを早くからたびたび送り、どうか、わたしの憎むこの忌みきらうべきことを行わないように、と言ったのに、

5 彼らは聞かず、耳も傾けず、ほかの神々に香をたいて、その悪から立ち返らなかった。

6 それで、わたしの憤りと怒りが、ユダの町々とエルサレムのちまたに注がれて燃え上がり、それらは今日のように廃墟となり荒れ果ててしまった。』

7 それで今、イスラエルの神、万軍の神、主は、こう仰せられる。『あなたがたは自分自身に大きなわざわいを招こうとしているのか。なぜユダの中から男も女も、幼子も乳飲み子も断ち、残りの者を生かしておかないようにするのか。

8 なぜ、あなたがたの手のわざによってわたしの怒りを引き起こし、寄留しに来たエジプトの国でも、ほかの神々に香をたき、あなたがた自身を断ち滅ぼし、地のすべての国の中で、ののしりとなり、そしりとなろうとするのか。

9 あなたがたは、ユダの国とエルサレムの

たようである。けれどもそうはならない。なぜなら神はネブカデレザルの軍隊をエジプトに送り、エジプト軍とその神々を滅ぼすとエレミヤが預言したからである(43:10-13)。そして皮肉にもユダの人々が安全を求めた国が滅ぼされてしまう。これは神のみこころ(示された神のご計画、願いで、神の特性と目的を反映している)以外のところには、安全も守りもないという霊的原則を示している。

44:1 エジプトの国に住むすべてのユダヤ人 エレミヤはエジプトにいる反抗的で不信仰なユダヤ人に対して最後のメッセージを伝えた。神のさばきは確実で

ある(44:11-14)。それは人々がいつまでも唯一のまことの神を拒み、人間が作った神々や神以外のものに満足と安心感を見つけようとし続けていたからである。

44:5 彼らは聞かず ユダは神のことばを聞かず、まじめに受取らないで罪を犯し続けた。多くの人は神のことばを無視し注意を払わず神を拒み続け自己中心に生きていた。神が本気で言っておられることを人々はまともに信じなかった。教会の中でもある人々は神の警告を恐れず、神の命令を尊重して従おうとしていない(→44:11 注)。

44:8 ほかの神々に香をたき エジプトに逃げたユ

ちまたで行ったあなたがたの先祖の悪、ユダの王たちの悪、王妃たちの悪、あなたがたの悪、妻たちの悪を忘れたのか。

10 彼らは今日まで心砕かれず、恐れず、わたしがあなたがたとあなたがたの先祖の前に与えたわたしの律法と定めに歩まなかった。』

11 それゆえ、イスラエルの神、万軍の主は、こう仰せられる。『見よ。わたしは、わたしの顔をあなたがたからそむけて、わざわいを下し、ユダのすべての民を断ち滅ぼそう。

12 わたしは、寄留しにエジプトの国へ行こうと決心したユダの残りの者を取り除く。彼らはみな、エジプトの国で、剣とききんに倒れて滅びる。身分の低い者も高い者もみな、剣とききんで死に、のろい、恐怖、ののしり、そしりとなる。

13 わたしは、エルサレムを罰したと同じように、エジプトの国に住んでいる者たちを、剣とききんと疫病で罰する。

14 エジプトの国に来てそこに寄留しているユダの残りの者のうち、のがれて生き残る者、帰って行って住みたいと願っているユダの地へ帰れる者はいない。ただのがれる者だけが帰れよう。』」

15 すると、自分たちの妻がほかの神々に香をたいていることを知っているすべての男たちと、大集団をなしてそばに立っているすべての女たち、すなわち、エジプトの国とパテロスに住むすべての民は、エレミヤに答えて言った。

16 「あなたが主の御名によって私たちに語ったことばに、私たちは従うわけにはいかない。

17 私たちは、私たちの口から出たことばをみな必ず行って、私たちも、先祖たちも、私たちの王たちも、首長たちも、ユダの町々やエルサレムのちまたで行っていたように、天の女王にいけにえをささげ、それに注ぎのぶどう酒を注ぎたい。私たちはその時、パンに飽き足り、しあわせでわざわいに会わなかったから。

18 私たちが天の女王にいけにえをささげ、それに注ぎのぶどう酒を注ぐのをやめた時から、私たちは万事に不足し、剣とききんに滅ぼされた。」

19 「私たち女が、天の女王にいけにえをささげ、それに注ぎのぶどう酒を注ぐとき、女王にかたどった供えのパン菓子を作り、注ぎのぶどう酒を注いだのは、私たちの夫と相談せずにしたことでしょうか。」

20 そこでエレミヤは、男女のすべての民と、彼に口答えしたすべての民に語って言った。

21 「ユダの町々やエルサレムのちまたで、あなたがたや、あなたがたの先祖や、王たちや、首長たち、それに一般の人々がいけにえをささげたことを主は覚え、心に思い浮かべられたのではないか。

22 主は、あなたがたの悪い行い、あなたがたが行ったあの忌みきらうべきことのために、もう耐えられず、それであなたがたの国は今日のように、住む者もなく、廃墟となり、恐怖、ののしりとなった。

23 あなたがたがいけにえをささげ、主に罪を犯して、主の御声に聞き従わず、主の律法と定めとあかしに歩まなかったために、あなたがたに、このわざわいが今日のように来たのだ。」

24 ついで、エレミヤは、すべての民、すべての女に言った。「エジプトの国にいる

44:11 わざわいを下し エジプトにいるユダヤ人は不従順になり反抗し不信仰になることによって神の助けと回復の約束を失った。したがって神のさばきは徹底的で人々は滅びるとエレミヤは預言した。神の道をかたくなに拒み自分勝手な道を進む(これは罪の基本的定義 ⇒イザ53:6)人々は、その勝手さに対する災いを避けることができない。

44:17 天の女王 →7:18注

44:18 いけにえを・・・やめた 人々は神について

ダの人々は神との契約関係(神の律法と約束、そして人々の神への服従と忠誠に基づく「終生協定」)を投げ捨てた。そして繁栄と安全を手に入れたいと願ってエジプトの神々に向かった(→「**偶像礼拝**」の項 p.468)。エレミヤは主に立返って契約を更新するように訴えた(44:7-10)。人々が完全に神に対して忠実になり献身をし、啓示された神のことばに従うことによってのみ神に仕えることができるという真理を、エレミヤは理解しそれを宣べ伝えた。

すべてのユダの人々よ。主のことばを聞け。²⁵イスラエルの神、万軍の主は、こう仰せられる。『あなたがたとあなたがたの妻は、自分たちの口で約束したことをその手で果たせ。あなたがたは、私たちは天の女王にいけにえをささげ、それに注ぎのぶどう酒を注ごうと誓った誓願を、必ず実行すると言っている。では、あなたがたの誓願を確かに果たし、あなたがたの誓願を必ず実行せよ。』

²⁶それゆえ、エジプトの国に住むすべてのユダの人々。主のことばを聞け。『見よ。わたしはわたしの偉大な名によって誓う。──主は仰せられる──エジプトの全土において、神である主は生きておられると言って、わたしの名がユダヤ人の口にとなえられることはもうなくなる。

²⁷見よ。わたしは彼らを見張っている。わざわいのためであって、幸いのためではない。エジプトの国にいるすべてのユダヤ人は、剣とききんによって、ついには滅び絶える。

²⁸剣をのがれる少数の者だけが、エジプトの国からユダの国に帰る。こうして、エジプトの国に来て寄留しているユダの残りの者たちはみな、わたしのと彼らのと、どちらのことばが成就するかを知る。

²⁹これがあなたがたへのしるしである。──主の御告げ──わたしはこの所であなたがたを罰する。それは、あなたがたにわざわいを下すというわたしのことばは必ず成就することをあなたがたが知るためである。』

³⁰主はこう仰せられる。『見よ。わたしは、ユダの王ゼデキヤを、そのいのちをねらっていた彼の敵、バビロンの王ネブカデレザルの手に渡したように、エジプトの王パロ・ホフラをその敵の手、そのいのちをねらう者たちの手に渡す。』」

バルクへのメッセージ

45 ¹ネリヤの子バルクが、ヨシヤの子、ユダの王エホヤキムの第四年に、エレミヤの口述によってこれらのことばを書物に書いたときに、預言者エレミヤが彼に語ったことばは、こうである。

²「バルクよ。イスラエルの神、主は、あなたについてこう仰せられる。

³あなたは言った。『ああ、哀れなこの私。主は私の痛みに悲しみを加えられた。私は嘆きで疲れ果て、いこいもない。』

⁴あなたが主にこう言うので、主はこう仰せられる。『見よ。わたしは自分が建てた物を自分でこわし、わたしが植えた物を自分で引き抜く。この全土をそうする。

⁵あなたは、自分のために大きなことを求めるのか。求めるな。見よ。わたしがすべての肉なる者に、わざわいを下すからだ。──主の御告げ──しかし、わたしは、あなたの行くどんな所ででも、あなたのいのちを分捕り物としてあなたに与える。』」

エジプトについてのメッセージ

46 ¹諸国の民について、預言者エレミヤにあった主のことば。

²エジプトについて、すなわちユーフラテス河畔のカルケミシュにいたエジプトの王パロ・ネコの軍勢について。ヨシヤの

非常に無知になっていて、最近起きた問題の原因はヨシヤ王の時代のリバイバルと改革のとき(→Ⅱ歴34:-35:)に天の女王を礼拝することをやめたからだと批判するほどだった。また霊的に堕落していて、偶像の神々がイスラエルのまことの神よりも多くのことをしてくれたと確信していた。したがって偶像礼拝を続けようと計画した(44:23)。けれどもそれによって最終的にはエジプトで死ぬことになる(44:27)。

45:1-5 バルク 時間的順序によるとこの章はエルサレムでのエホヤキム王の治世の第四年に戻る。ここのメッセージはエレミヤのエルサレムでの奉仕が失敗し、ユダにさばきが迫っているように見えていたので落胆していたバルク(エレミヤの書記)を励ますためのものだった(⇒36:)。神は権力のある地位を求めないようにと言われた(⇒マタ20:26-28)。バルクはエレミヤに忠実であり神のメッセージに忠誠を示したのでエルサレムが陥落するときにも生き延びることができる。

46:1-51:64 諸国の民について この部分には外国に対する神のさばきの預言が記録されている。神はエレミヤをユダに対する預言者だけではなく「国々への預言者」として任命しておられた(1:5)。

46:2 エジプト・・・カルケミシュ エルサレムから

エレミヤ書　46章

子、ユダの王エホヤキムの第四年に、バビロンの王ネブカデレザルはこれを打ち破った。

3　「盾と大盾を整えて、戦いに向かえ。
4　騎兵よ。馬に鞍をつけて乗れ。
　　かぶとを着けて部署につけ。
　　槍をみがき、よろいを着よ。
5　何ということか、この有様。
　　彼らはおののき、うしろに退く。
　　勇士たちは打たれ、
　　うしろも振り向かずに逃げ去った。
　　恐れが回りにある。──主の御告げ──
6　足の速い者も逃げることができない。
　　勇士たちものがれることができない。
　　北のほう、ユーフラテス川のほとりで、
　　彼らはつまずき倒れた。
7　ナイル川のようにわき上がり、
　　川々のように寄せては返すこの者はだれか。
8　エジプトだ。──ナイル川のようにわき上がり、
　　川々のように寄せては返す。
　　彼は言った。『わき上がって地をおおい、
　　町も住民も滅ぼしてしまおう。』
9　馬よ、上れ。戦車よ、走れ。
　　勇士たちよ、出陣だ。
　　盾を取る*クシュ人、プテ人、
　　弓を引き張るルデ人よ。
10　その日は、万軍の神、主の日、
　　仇に復讐する復讐の日。
　　剣は食らって飽き、彼らの血に酔う。
　　北の地、ユーフラテス川のほとりでは、
　　万軍の神、主に、いけえがささげられる。
11　おとめエジプトの娘よ。
　　ギルアデに上って乳香を取れ。
　　多くの薬を使ってもむなしい。

2 ⑤エレ45:1
3 ①エレ51:11, イザ21:5
　②ヨエ3:9, ナホ2:1, 3:14
4 ①Ⅰサム17:5, 38
　②Ⅱ歴26:14, ネヘ4:16
　③エレ51:3
5 ①エレ46:21
　アモ2:14, 16
　②エレ6:25, 49:29
6 ①イザ30:16,
　アモ2:14, 15
　②エレ46:16, ダニ11:19
7 ①エレ47:2, イザ8:7, 8
9 ①エレ47:3
　②ナホ2:4
　＊「エチオピヤ人」
　③エゼ27:10, 30:5,
　　ナホ3:9
　④イザ66:19,
　　エゼ27:10, 30:5
10 ①→エレ2:19
　②イザ2:12
　③エレ50:15
　④エレ12:12, 申32:42,
　　イザ31:8, ナホ2:13
　⑤エレ46:20, 24, 1:13,
　　47:2
　⑥イザ34:6, ゼパ1:7
11 ①エレ46:20, 24, 31:4,
　　21, イザ47:1
　②エレ8:22, 51:8
　③エレ30:13

12 ①エゼ30:21, ミカ1:9,
　　ナホ3:19
　②エレ2:36, ナホ3:5, 6
　③エレ14:2
13 ①エレ43:11
14 ①エレ44:1
　＊⑳「メンピス」
　②エレ43:8
　③エレ36:3, 4
　④エレ46:10
15 ①エレ46:5, 6
　　＊別訳「暴君」
　②詩18:14, 68:1, 2
16 ①エレ46:6, レビ26:37
　②エレ51:9
　③エレ50:16
17 ＊七十人訳は「あなたは、叫べ」
　＊＊七十人訳は「そこで」を除き「パロ」のあとに「の名を」を置く
　①出15:9, 10,
　　Ⅰ列20:10, 11
18 ①エレ48:15, 51:58
　②ヨシ19:22, 士4:6,
　　詩89:12
　③ヨシ12:22, Ⅰ列18:42
19 ①イザ20:4
20 ①エレ46:14, エゼ30:13
　＊⑳「メンピス」
　②エレ50:11, ホセ10:11
　③エレ46:10
21 ②Ⅱサム10:6, Ⅱ列7:6

あなたはいやされない。
12　国々は、あなたの恥を聞いた。
　　あなたの哀れな叫び声は地に満ちた。
　　勇士は勇士につまずき、共に倒れたからだ。」

13　バビロンの王ネブカデレザルが来て、エジプトの国を打つことについて、主が預言者エレミヤに語られたみことば。

14　＊エジプトで告げ、ミグドルで聞かせ、
　　ノフとタフパヌヘスで聞かせて言え。
　　「立ち上がって備えをせよ。
　　剣があなたの回りを食い尽くしたからだ。
15　なぜ、あなたの＊雄牛は押し流されたのか。
　　立たなかったのか。
　　主が彼を追い払われたからだ。
16　多くの者がつまずき、倒れた。
　　彼らは互いに言った。
　　『さあ、私たちの民のところ、
　　生まれ故郷に帰ろう。
　　あのしいたげる者の剣を避けて。』
17　＊彼らは、そこで叫んだ。
　　エジプトの王パロは、＊＊時期を逸して騒ぐ者。
18　わたしは生きている。
　　──その名を万軍の主という王の御告げ──
　　彼は山々の中のタボルのように、
　　海のほとりのカルメルのように、必ず来る。
19　エジプトに住む娘よ。捕虜になる身支度をせよ。
　　ノフは荒れ果て、
　　廃墟となって住む人もなくなるからだ。
20　エジプトはかわいい雌の子牛。
　　北からあぶが襲って来る。
21　その中にいた傭兵も、

約480キロ北の北シリヤにあるカルケミシュはバビロニヤがエジプトを前605年に破った場所である。そのときからバビロニヤは世界を支配する大国になった。

46:10　その日は・・・主の日　エジプトの敗北は神が働かれた結果であり、エジプトがユダを悩まし抑圧してきたことに対する「復讐の日」だった（Ⅱ列23:29,

33-35）。最終的に神はご自分のメッセージを拒み神の民を虐待してきた国々をみな罰せられる。

46:13　エジプトの国を打つ　バビロニヤはカルケミシュでエジプトを破るだけではなく、エジプトの国の中でもエジプト軍を滅ぼす（前568-567）とエレミヤは預言した。エジプトの神々は敗北から救えないことを

肥えた子牛のようだった。
彼らもまた、背を向けて共に逃げ、
立ち止まろうともしなかった。
彼らの滅びの日、刑罰の時が、
彼らの上に来たからだ。
22 彼女の声は蛇のように消え去る。
彼らは軍勢を率いて来る。
きこりのように、斧を持って入って来る。
23 彼らはその森を切り倒す。──主の御告げ──
それは測り知られず、
いなごより多くて数えることができないからだ。
24 娘エジプトは、はずかしめられ、
北の民の手に渡された。」
25 イスラエルの神、万軍の主は、仰せられる。「見よ。わたしは、ノのアモンと、パロとエジプト、その神々と王たち、パロと彼に拠り頼む者たちとを罰する。
26 わたしは彼らを、そのいのちをねらっている者たちの手、すなわちバビロンの王ネブカデレザルの手とその家来たちの手に渡す。その後、エジプトは、昔の日のように人が住むようになる。──主の御告げ──
27 わたしのしもべヤコブよ。恐れるな。
イスラエルよ。おののくな。
見よ。わたしが、あなたを遠くから、
あなたの子孫を捕囚の地から、救うからだ。
ヤコブは帰って来て、平穏に安らかに生き、
おびえさせる者はだれもいない。
28 わたしのしもべヤコブよ。恐れるな。
──主の御告げ──
わたしがあなたとともにいるからだ。

② わたしは、あなたを追いやった先のすべての国々を滅ぼし尽くすからだ。
わたしはあなたを滅ぼし尽くさない。
公義によって、あなたを懲らしめ、
あなたを罰せずにおくことは決してないが。」

ペリシテについてのメッセージ

47 ¹ パロがまだガザを打たないうちに、ペリシテ人について、預言者エレミヤにあった主のことば。
² 主はこう仰せられる。
「見よ。北から水が上って来て、
あふれる流れとなり、
地と、それに満ちるもの、
町とその住民とにあふれかかる。
人々は泣き叫び、地の住民はみな泣きわめく。
3 荒馬のひづめの音、
戦車の響き、車輪の騒音のため、
父たちは気力を失って、子らを顧みない。
4 すべてのペリシテ人を破滅させる日が来たからだ。
その日には、ツロとシドンを、
生き残って助ける者もみな、断ち滅ぼされる。
主が、カフトルの島に残っているペリシテ人も
破滅させるからだ。
5 ガザは頭をそられ、
アシュケロンは滅びうせた。
アナク人の残りの者よ。
いつまで、あなたは身を傷つけるのか。」
6 「ああ。主の剣よ。
いつまで、おまえは休まないのか。

神は非常にはっきりと示された(46:25-26)。

46:26 エジプトは・・・人が住むようになる 荒廃は永遠に続くのではない。将来エジプトは回復され、キリストが未来に地上を治められるときまで、人が住むようになる(⇒イザ19:23-25、エゼ29:8-14)。

46:27-28 恐れるな イスラエルは完全な滅亡を恐れてはならない。イスラエルは自分の罪のために罰を受けるけれども、生き延びてやがて約束の地に帰り、神の好意を受けたところに戻る(⇒30:10-11、31:1-6、→「捕囚からの帰還」の地図 p.759)。

47:1-7 ペリシテ人 ペリシテ人はユダヤの海岸地帯を占領していた。そして神の民との間にはしばしば争いがあった。ペリシテ人に対する預言はほかにもイザヤ14:28-31、エゼキエル25:15-17、アモス1:6-8、ゼパニヤ2:4-7などに見られる。

7 さやに納まり、静かに休め。」
7 どうして、おまえは休めよう。
　主が剣に命じられたのだ。
　アシュケロンとその海岸――
　そこに剣を向けられたのだ。

モアブについてのメッセージ
48:29-36　並行記事－イザ16:6-12

48 1 モアブについて。イスラエルの神、万軍の主は、こう仰せられる。
「ああ、悲しいかな、ネボ。これは荒らされた。
キルヤタイムもはずかしめられ、攻め取られた。
そのとりでは、はずかしめられて打ちのめされた。
2 もはやモアブの栄誉はない。
ヘシュボンでは、これに悪事をたくらんでいる。
『行って、あの国民を断ち滅ぼして無き者にしよう。』
マデメンよ。おまえも黙る。
剣がおまえのあとを追っている。」
3 聞け。ホロナイムからの悲鳴。
「破壊だ。大破滅だ」と。
4 モアブは打ち破られた。
その叫びはツォアルまで聞こえた。
5 ルヒテの坂を泣きながら嘆きが上る。
敵はホロナイムの下り坂では、
いたいたしい破滅の叫びを聞いた。
6 逃げて、おまえたちのいのちを救え。
荒野の中の野ろばのようになれ。
7 おまえは自分の作った物や財宝に拠り頼んだので、

7 ①イザ10:6, エゼ14:17

1 ①エレ48章、イザ15, 16章, 25:10-12、エゼ25:8-11, アモ2:1-3、ゼパ2:8-11
② →エレ46:25
③ エレ48:22, イザ15:2, 民32:3, 38
④ エレ48:23, 民32:37, エゼ25:9
2 ①エレ48:34, 45, 49:3, イザ15:4, 民21:25
3 ①エレ48:5, 34, イザ15:5
4 * 七十人訳による
①「小さい者」
5 ①イザ15:5
6 ①エレ51:6
② ヨブ39:5-8
* 七十人訳による
①「アロエル」
7 * 七十人訳は「とりで」
①エレ9:23, イザ59:4

② エレ48:13, 46, 士11:24, 民21:29, Ⅰ列11:7, 33
③ エレ49:3, イザ46:1, 2
8 ①エレ6:26, 48:18
② ヨシ13:9, 17, 21
9 ①エレ48:28, 詩11:1, イザ16:2
② エレ44:22
10 ①Ⅰサム15:3, 9, Ⅰ列20:42, Ⅱ列13:19
② エレ11:3
③ エレ47:6, 7
11 ①ゼカ1:15
② ゼパ1:12
③ エゼ16:49
12 ①ナホ2:2
13 ①エレ48:7
② エレ48:39, ホセ10:6
③ Ⅰ列12:29、ホセ8:5, 6, アモ5:5
15 ①エレ48:8, 18

おまえまで捕らえられ、
② ケモシュはその祭司や首長たちとともに、
③ 捕囚となって出て行く。
8 荒らす者がすべての町に入って来る。
一つの町ものがれることができない。
谷は滅びうせ、平地は根絶やしにされる。
主が仰せられるからだ。
9 モアブに翼を与えて、飛び去らせよ。
その町々は住む者もなくて荒れ果てる。
10 主のみわざをおろそかにする者は、のろわれよ。その剣をとどめて血を流さないようにする者は、のろわれよ。

11 モアブは若い時から安らかであった。
彼はぶどう酒のかすの上にじっととまっていて、
器から器へあけられたこともなく、
捕囚として連れて行かれたこともなかった。
それゆえ、その味はそのまま残り、
かおりも変わらなかった。
12「それゆえ、見よ、その日が来る。
――主の御告げ――その日、わたしは、彼に酒蔵の番人を送る。彼らはそれを器から移し、その器をあけ、そのつぼを砕く。
13 モアブは、ケモシュのために恥を見る。
イスラエルの家が、彼らの拠り頼むベテルのために恥を見たように。」

14 どうして、あなたがたは「われわれは勇士、戦いの豪の者」と言えようか。
15 モアブは荒らされ、その町々は襲われ

48:1　モアブ　モアブの国は死海の東岸にあった。モアブはアブラハム（偉大な信仰の人でヘブル人の先祖だった）の甥ロトの子孫だった（創19:30-37）。モアブ人はしばしばイスラエルと対立していた。エレミヤの時代にもネブカデレザルがその地域に侵攻したあとモアブ人の略奪隊がユダの一部を攻撃した（Ⅱ列24:2）。エレミヤは倒される多くのモアブ人の町の名前を挙げている。モアブはバビロニヤ人に征服され、その結果、国としては消滅した（→48:47注）。モアブに対する預言はほかにもイザヤ15:-16:、エレミヤ9:25-26、25:14-21、27:2-3、エゼキエル25:8-11、アモス2:1-3、ゼパニヤ2:8-11などに見られる。

48:7　自分の作った物や財宝に拠り頼んだ　ほとんどの国は自分たちの伝統や技術や軍事力、また業績や富に頼る傾向がある。この間違った信頼と不信仰な人々の行動が国を滅ぼす。モアブを滅ぼされたように世界中の国々を神が倒される日が近付いている。その日は「主の日」と言われている（→Ⅰテサ5:2-4注）。

48:7　ケモシュ　これはモアブ人の主神だった（→Ⅰ列11:7, 33、Ⅱ列23:13）。

48:10　のろわれよ　この節はモアブを滅ぼす人々に対して向けられている。

エレミヤ書　48章

て、
えり抜きの若者たちは、ほふり場に
下って行く。
――その名を万軍の主という王の御告
げ――
16 モアブの災難は近づいた。
そのわざわいは、すみやかに来る。
17 その回りの者、その名を知る者はみな、
これのために嘆け。
「どうして力ある杖、美しい笏が砕か
れたのか」
と言え。
18 ディボンに住む娘よ。
栄光の座からおりて、潤いのない地に
すわれ。
モアブを荒らす者が、あなたを襲い、
あなたの要塞を滅ぼしたからだ。
19 アロエルに住む女よ。
道のかたわらに立って見張れ。
逃げて来る男、のがれて来る女に尋ね
て、
「何が起こったのか」と言え。
20 モアブは打ちのめされて、はずかしめ
られた。
泣きわめき、叫べ。
アルノンで、「モアブは荒らされた」と
告げよ。
21 さばきは次の平地に来た。ホロン、ヤ
ハツ、メファアテ、
22 ディボン、ネボ、ベテ・ディブラタイム、
23 キルヤタイム、ベテ・ガムル、ベテ・メ
オン、
24 ケリヨテ、ボツラ、モアブの国の遠近の
すべての町々に。
25 「モアブの角は切り落とされ、
その腕は砕かれた。――主の御告げ
――」
26 彼を酔わせよ。主に対して高ぶったか
らだ。モアブは、へどを吐き散らし、彼
また物笑いとなる。
27 イスラエルは、あなたの物笑いではな
かったのか。それとも、あなたが彼のこ
とを語るたびごとに彼に向かって頭を振って
いたのは、彼が見つけられた盗人のひとり

15 ②イザ40:30, 31
　③エレ50:27
　④イザ46:18, 51:57
　⑤イザ13:22
17 ①エレ9:17-20
　②イザ9:4
　③イザ14:5
18 ①エレ48:22, 民21:30, ヨシ13:9, 17
　②イザ47:1
　③エレ48:8
19 ①申2:36, ヨシ12:2
　②Ⅰサム4:13, 14, 16
20 ①イザ16:7
　②民21:13
21 ①エレ48:8
　②エレ48:34, 民21:23, イザ15:4
　③ヨシ13:18
22 ①エレ48:1
　②エレ48:1
　③民33:46
23 ①エレ48:1
　②ヨシ13:17
24 ①エレ48:41
25 ①ゼカ1:19-21
　②詩75:10
　③ヨブ22:9, 詩10:15, エゼ30:21
26 ①エレ48:42, イザ37:23, ダニ5:23, 出5:2
27 ①ミカ7:8-10
　②エレ18:16, ヨブ16:4, 詩64:8, 哀2:15, 16
　③エレ2:26

28 ①士6:2, イザ2:19
　②詩55:6, 雅2:14, 創8:8
29 ①イザ16:6, ゼパ2:8
　②ヨブ40:11, 12
30 ①詩138:6, イザ37:28, 29
31 ①イザ16:7, 11
　②イザ15:5
　③エレ48:36, Ⅱ列3:25, イザ16:7, 11
32 ①ヨシ13:19, イザ16:8, 9
　②→エゼ17:6
　③民21:32
33 ①イザ16:10
　②エレ25:10, ヨエ1:12
34 ①イザ15:4-6
　②民32:3, 37
　③エレ48:21
　④創13:10, 14:2
　⑤エレ48:3, 5
35 ①イザ15:2, 16:12
　②エレ7:9, 11:13
36 ①イザ16:11
　②エレ48:31
37 ①イザ15:2
　②エレ41:5
　③エレ47:5
　④イザ15:3, 20:2, 創37:34
38 ①エレ15:3

であったためか。
28 モアブの住民よ。
町を見捨てて岩間に住め。
穴の入口のそばに巣を作る鳩のように
なれ。
29 私たちはモアブの高ぶりを聞いた。
実に高慢だ。
その高慢、その高ぶり、
その誇り、その心の高ぶりを。
30 「わたしは、彼の高ぶりを知っている。
――主の御告げ――その自慢話は正しくな
い。その行いも正しくない。」
31 それゆえ、モアブのために私は泣きわめ
き、モアブ全体のために私は叫ぶ。キル・
ヘレスの人々のために嘆く。
32 シブマのぶどうの木よ。
ヤゼルの涙にまさって、私はおまえの
ために泣く。
おまえのつるは伸びて海を越えた。
ヤゼルの海に達した。
おまえの夏のくだものとぶどうの取り
入れを、
荒らす者が襲った。
33 「モアブの果樹園とその国から、
喜びと楽しみは取り去られ、
私は酒ぶねから酒を絶やした。
喜びの声をあげてぶどうを踏む者もな
く、
ぶどう踏みの喜びの声は、
もう喜びの声ではない。」
34 ヘシュボンが叫んだため、その声はエル
アレとヤハツまで、ツォアルからホロナイ
ムやエグラテ・シェリシヤまで届いた。ニ
ムリムの水さえ、荒廃した地となるからだ。
35 「またわたしは、モアブの、――主の
御告げ――高き所でいけにえをささげ、そ
の神々に香をたく者を取り除く。」
36 それゆえ、私の心はモアブのために笛の
ように鳴り、私の心はキル・ヘレスの人々
のために笛のように鳴る。彼らの得た富も
消えうせたからだ。
37 彼らは頭の毛をみなそり、ひげもみな切
り取り、手にもみな傷をつけ、腰に荒布を
着けているからだ。
38 モアブのすべての屋根の上や、広場に

は、ただ嘆きだけがある。
「わたしがモアブを、だれにも喜ばれない器のように、砕いたからだ。──主の御告げ──」
39 どうしてこうも打ちのめされて、泣きわめくのか。どうして、モアブは恥を見、背を見せたのか。モアブは、その回りのすべての者の物笑いとなり、恐れとなってしまった。
40 まことに、主はこう仰せられる。「見よ。彼は鷲のように飛びかかり、モアブに向かって翼を広げる。
41 町々は攻め取られ、要害は取られる。
その日、モアブの勇士の心も、
産みの苦しみをする女の心のようになる。
42 モアブは滅ぼされて、民でなくなった。
主に対して高ぶったからだ。
43 モアブの住民よ。恐れと穴とわなとが、あなたを襲う。──主の御告げ──
44 その恐れから逃げた者は、穴に落ち、穴から上る者は、わなに捕らえられる。
わたしがモアブに、
彼らの刑罰の年を来させるからだ。
──主の御告げ──
45 ヘシュボンの陰には、
のがれる者たちが力尽きて立ち止まる。
火がヘシュボンから、炎がシオンのうちから出て、
モアブのこめかみと、
騒がしい子らの頭の頂を焼いた。
46 ああ。モアブ。
ケモシュの民は滅びた。
あなたの息子はとりこにされ、
娘は捕虜になって連れ去られた。
47 しかし終わりの日に、
わたしはモアブの繁栄を元どおりに

38 ②エレ22：28
③エレ19：10, 11
39 ①エレ48：26
②エレ26：16
40 ①エレ49：22, ホセ8：1, ハバ1：8
②イザ8：8
41 ①エレ48：24
②エレ4：31, 49：22, イザ21：3, ミカ4：9, 10
42 ①イザ7：8
②エレ48：26
43 ①イザ24：17, 18, 哀3：47
44 ①アモ5：19
②エレ11：23, 46：21
45 ①エレ48：2
②民21：28, 詩78：63
③民21：21, 26, 詩135：11
④民24：17
46 ①エレ48：7
47 ①→エレ23：20
②エレ12：14-17, 49：6, 39

1 ①エレ49：1-6,
エゼ21：28-32, 25：2-7,
アモ1：13-15,
ゼパ2：8-11
②申23：3, 4
＊七十人訳は「ミルコム」
2 ①申3：11, Ⅱサム11：1,
エゼ21：20
②エレ4：19
③エレ46：19
④イザ14：2, エゼ39：10
3 ①エレ48：2
②ヨシ7：2-5, 8：1-29,
エズ2：28
③エレ4：8, 6：26, 48：37,
イザ32：11
④エレ49：1
＊七十人訳は「ミルコム」
⑤エレ48：7
4 ①エレ31：22
②詩9：23
③詩62：10, エゼ28：4, 5,
Ⅰテモ6：17
④エレ48：7
＊「言う」は補足
⑤エレ21：13
5 ①エレ46：5, 48：43, 44, 49：29
②→エレ2：19
＊子音字は「主」
③哀4：15

する。
──主の御告げ──」
ここまではモアブへのさばきである。

アモンについてのメッセージ

49 ¹ アモン人について。主はこう仰せられる。
「イスラエルには子がないのか。
世継ぎがないのか。
なぜ、彼らの王がガドを所有し、
その民が町々に住んだのか。
2 それゆえ、見よ、その日が来る。
──主の御告げ──
その日、わたしは、アモン人のラバに戦いの雄たけびを聞かせる。
そこは荒れ果てた廃墟となり、
その娘たちは火で焼かれる。
イスラエルがその跡を継ぐ」と
主は仰せられる。
3「ヘシュボンよ。泣きわめけ。
アイが荒らされたから。
ラバの娘たちよ。叫べ。荒布をまとえ。
嘆いて囲い場の中を走り回れ。
彼らの王が、その祭司や首長たちとともに、
捕囚として連れて行かれるからだ。
4 裏切り娘よ。
あなたの谷には水が流れているからといって、
なぜ、その多くの谷を誇るのか。
あなたは自分の財宝に拠り頼んで、言う。
『だれが、私のところに来よう。』
5 見よ。わたしは四方からあなたに恐怖をもたらす。──万軍の神、主の御告げ──
あなたがたはみな、散らされて、
逃げる者を集める者もいない。

48：47 終わりの日に モアブ人はみな滅ぼされるのではない。国はなくなるけれども生き延びる人がいる。「終わりの日に」ということばはこのことがメシヤの時代に起こることを示している（これはキリストが地上に再び来られ反キリストを滅ぼして平和の支配が1,000年間全世界に確立される歴史の終りの時代を指している →黙19：-20：, →**終末の事件**」の表 p.2471）。

49：1 アモン人 アモン人はアブラハムの甥ロトの子孫で（創19：30-38）、ヨルダン川の東でモアブの北に住んでいた（→48：1注）。その罪は偶像礼拝（人間が作った神々やまことの神の代りにほかのものを礼拝すること）、高慢、富に頼ること（49：3-4）、イスラエルに対する敵対行動（49：1）などだった。

6 そうして後、
わたしはアモン人の繁栄を元どおりにする。
──主の御告げ──」

エドムについてのメッセージ
49:9-10　並行記事－オバ1:5-6
49:14-16　並行記事－オバ1:1-4

7 エドムについて。万軍の主はこう仰せられた。
「テマンには、もう知恵がないのか。
賢い者から分別が消えうせ、
彼らの知恵は朽ちたのか。
8 デダンの住民よ。逃げよ、のがれよ。
深く潜め。
わたしがエサウの災難をもたらすからだ。
彼を罰する時だ。
9 ぶどうを収穫する者たちが、
あなたのところに来るなら、
彼らは取り残しの実を残さない。
盗人は、夜中に来るなら、
彼らの気のすむまで荒らす。
10 わたしがエサウを裸にし、
その隠し所をあらわにし、
身を隠すこともできないようにするからだ。
彼の子孫も兄弟も隣人も
踏みにじられてひとりもいなくなる。
11 あなたのみなしごたちを見捨てよ。
わたしが彼らを生きながらえさせる。
あなたのやもめたちは、
わたしに拠り頼まなければならない。」
12 まことに主はこう仰せられる。「見よ。あの杯を飲むように定められていない者も、それを飲まなければならない。あなただけが罰を免れることができようか。罰を受けずには済まない。いや、あなたは必ずそれを飲まなければならない。
13 わたしは自分にかけて誓ったからだ。
──主の御告げ──必ずボツラは恐怖、そしりとなり、廃墟、ののしりとなる。そのすべての町々は、永遠の廃墟となる。」
14 私は主から知らせを聞いた。
「使者が国々の間に送られた。
『集まって、エドムに攻め入れ。
戦いに立ち上がれ。』
15 見よ。わたしはあなたを国々の中の小さい者、
人にさげすまれる者とするからだ。
16 岩の住みかに住む者、丘の頂を占める者よ。
あなたの脅かしが、あなた自身を欺いた。
あなたの心は高慢だ。
あなたが鷲のように巣を高くしても、
わたしは、そこから引き降ろす。
──主の御告げ──」
17 エドムは恐怖となり、そこを通り過ぎる者はみな、色を失い、そのすべての打ち傷を見てあざける。
18 ソドムとゴモラとその近隣の破滅のように、──主は仰せられる──そこに人は住まず、そこに人の子は宿らない。
19「見よ。獅子がヨルダンの密林から水の絶えず流れる牧場に上って来るように、わたしは一瞬にして彼らをそこから追い出そう。わたしは、選ばれた人をそこに置く。なぜなら、だれかわたしのような者があろうか。だれかわたしを呼びつける者があろうか。だれかわたしの前に立つことのできる牧者があろうか。」
20 それゆえ、エドムに対してめぐらされた主のはかりごとと、テマンの住民に対して立てられたご計画を聞け。
必ず、群れの小さい者まで引きずって

6①エレ48:47
7①エレ49:7-22, イザ34:5-17, 63:1-6, エゼ25:12-14, 35章, アモ1:11, 12, オバデヤ書, マラ1:2-5
②エレ25:21, 創32:3, 詩137:7
③→エレ46:25
④エレ49:20, 創36:34
⑤エレ39:5
8①エレ25:23, イザ21:13
②エレ49:30
③エレ46:21
10①マラ1:3
②エレ13:26
11①詩68:5
12①エレ25:15, イザ51:17
②エレ25:28, 29

13①エレ44:26, 創22:16, イザ45:23, アモ6:8
②エレ22:22, 創36:33, Ⅰ歴1:44, イザ34:6, 63:1, アモ1:12
③エレ44:22
14①オバ1:4
②イザ18:2, 30:4
16①エレ51:53, ヨブ39:27, ハバ2:9, イザ14:13-15
②アモ9:2
17①エレ49:13
②エレ50:13, Ⅰ列9:8
③エレ51:37, ゼパ2:15
18①エレ50:40, 創19:24, 25, 申29:23, アモ4:11, ゼパ2:9, ルカ17:28, 29, Ⅱペテ2:6, ユダ7
②エレ9:11, 49:33, イザ13:20
19①エレ49:19-21, エレ50:44-46
②エレ12:5
③民16:5
④出15:11, イザ46:9
⑤ヨブ9:19
⑥ヨブ41:10
20①イザ14:24, 27

49:7 エドム　エドム人はヤコブ（アブラハムの孫で神がイスラエルと改名された人　創32:38）のふたごの兄エサウの子孫だった（創36:1）。死海の南の山地に住み、歴史を通じてイスラエルとは対立し続けていた。エドムの罪は高慢（49:16）とイスラエルに対する激しい憎しみだった（⇒オバ1:3, 10-14）。

49:16 あなたの心は高慢だ　エドムの破滅は高慢で自信過剰になっていたからである。要塞化された山地に住んでいるので負けることはないと考えていた。私たちも高慢と自信過剰と物質的な豊かさにだまされると、神に頼り助けと恵み（受けるにふさわしくない好意、あわれみ、助け）を求め続ける必要はないと考えてしまう。

行かれ、
必ず、彼らの牧場はそのことでおびえる。
21 彼らの倒れる音で地は震え、
その叫び声が葦の海でも聞こえた。
22 見よ。彼は鷲のように舞い上がっては襲い、ボツラの上に翼を広げる。その日、エドムの勇士の心も、産みの苦しみをする女の心のようになる。

ダマスコについてのメッセージ

23 ダマスコについて。
「ハマテとアルパデは恥を見た。
悪い知らせを聞いたからだ。
彼らは海のように震えおののいて恐れ、
静まることもできない。
24 ダマスコは弱り、恐怖に捕らわれ、
身を巡らして逃げた。
産婦のような苦しみと苦痛に捕らえられて。
25 いったい、どうして、
栄誉の町、わたしの喜びの都は捨てられたのか。
26 それゆえ、その日、
その若い男たちは町の広場に倒れ、
その戦士たちもみな、断ち滅ぼされる。
 ──万軍の主の御告げ──
27 わたしは、ダマスコの城壁に火をつける。
その火はベン・ハダデの宮殿をなめ尽くす。」

ケダルとハツォルについてのメッセージ

28 バビロンの王ネブカデレザルが打ったケダルとハツォルの王国について。主はこう仰せられる。
「さあ、ケダルへ攻め上り、東の人々を荒らせ。
29 その天幕と羊の群れは奪われ、
その幕屋もそのすべての器も、
らくだも、運び去られる。
人々は彼らに向かって
『恐れが回りにある』と叫ぶ。
30 ハツォルの住民よ。逃げよ。遠くへのがれよ。
深く潜め。──主の御告げ──
バビロンの王ネブカデレザルは、
あなたがたに対してはかりごとをめぐらし、
あなたがたに対して
たくらみを設けているからだ。
31 さあ、安心して住んでいるのんきな国に攻め上れ。
 ──主の御告げ──
そこにはとびらもなく、かんぬきもなく、
その民は孤立して住んでいる。
32 彼らのらくだは獲物に、
その家畜の群れは分捕り物になる。
わたしは、こめかみを刈り上げている者たちを
四方に吹き散らし、
彼らに災難を各方面から来させる。
 ──主の御告げ──
33 ハツォルはとこしえまでも荒れ果てて、
ジャッカルの住みかとなり、
そこに人は住まず、そこに人の子は宿らない。」

---

21 ①エレ10:10, エゼ26:15, 18 *あるいは「紅海」
22 ①エレ48:40, 41 ②エレ4:13 ③エレ49:13 ④エレ48:41
23 ①創14:15, 15:2, Ⅱ列5:12, Ⅱ歴16:2, イザ7:8, 17:1, 3, アモ1:3, ゼカ9:1, 使9:2 ②エレ39:5, イザ18:34, 19:13, 民13:21, イザ10:9, 37:13, アモ6:2, ゼカ9:2 ③出15:15, ナホ2:10 ④イザ57:20
24 ①エレ4:31, 49:22
25 ①エレ51:41
26 ①エレ11:22, 50:30, アモ4:10
27 ①アモ1:3, 4, エレ43:12 ②Ⅱ列13:3, 24
28 ①エレ2:10, イザ21:16, 17, エゼ27:21 ②エレ49:30, 33

③イザ11:14
29 ①ハバ3:7 ②Ⅰ歴5:21 ③エレ6:25, 46:5
30 ①エレ49:28 ②エレ49:8 ③エレ25:9, 24
31 ①士18:7, イザ47:8, 詩73:12, ゼパ2:15
32 ①エレ49:29 ②エレ9:26, 25:23 ③エレ49:36 ④エレ49:28
33 ①エレ49:28 ②ゼパ2:9, 13-15 ③エレ9:11 ④エレ49:18

49:23-26　ダマスコ　アラムの主要都市でこの国の南部に位置していた。ダマスコの人々は残酷だったので、アモスもダマスコの人々に対して預言をしていた（アモ1:3-5）。

49:28-33　ケダルとハツォル　この部分にはアラビヤの民族への預言がある。ケダルの人々はハガルを母としアブラハムを父とするイシュマエルの子孫である（創25:13, ⇒イザ21:13, 16）。［アブラハムと妻サラが年老いてから神は子どもを与え大いなるものにすると約束された。この約束の実現が遅れるように見えたときふたりは問題を自分たちの手で解決しようとして、サラの女奴隷ハガルによって子どもを得るというサラの考えに従った（創16:）。これは神のご計画ではなく、ふたりの間違いだったのでサラによるアブラハムの息子イサクの子孫とハガルの息子イシュマエルの子孫との間に絶えず緊張をもたらすことになった。この情況は世界に（特に中東に）今日まで影響を及ぼしていて、ユダヤ人とアラブ人との対立などに顕著に見られる。］

エラムについてのメッセージ

34 ユダの王ゼデキヤの治世の初めに、エラムについて預言者エレミヤにあった主のことば。

35 万軍の主はこう仰せられる。
「見よ。
わたしはエラムの力の源であるその弓を砕く。

36 わたしは天の四隅から、
四方の風をエラムに来させ、
彼らをこの四方の風で吹き散らし、
エラムの散らされた者が入らない国はないようにする。

37 わたしは、エラムを敵の前におののかせ、
そのいのちをねらう者たちの前におののかせ、
彼らの上にわざわいを下し、
わたしの燃える怒りをその上に下す。
──主の御告げ──
わたしは、彼らのうしろに剣を送って、
彼らを絶ち滅ぼす。

38 わたしはエラムにわたしの王座を置き、
王や首長たちをそこから滅ぼす。
──主の御告げ──

39 しかし、終わりの日になると、
わたしはエラムの繁栄を元どおりにする。
──主の御告げ──」

バビロンについてのメッセージ
51:15-19　並行記事―エレ10:12-16

50 1 主が預言者エレミヤを通して、バビロンについて、すなわちカルデヤ人の国について語られたみことば。

2 「諸国の民の間に告げ、旗を掲げて知らせよ。
隠さずに言え。
『バビロンは捕らえられた。
ベルははずかしめられ、
メロダクは砕かれた。
その像ははずかしめられ、
その偶像は砕かれた。』

3 なぜなら、北から一つの国がここに攻め上り、この地を荒れ果てさせたからだ。ここには住む者もない。人間から家畜に至るまで逃げ去った。

4 その日、その時、──主の御告げ──イスラエルの民もユダの民も共に来て、泣きながら歩み、その神、主を、尋ね求める。

49:34-39　エラム　エラムは今のイランがあるバビロンの約320キロ東にある。神のさばきを体験した後にエラムは回復される。五旬節の日に主イエスの弟子たちに聖霊が注がれたとき、何人かのエラム人がエルサレムにいた（使2:5-9、→「**五旬節の日に集まった人々の出身地**」の地図 p.1948）。

50:1　バビロン　エレミヤはバビロニヤの滅亡についても預言したけれども、この出来事は贖い（世界の霊的救いと回復についての神のご計画でイエス・キリストを信じる信仰を通して人々が神との個人的な関係を持つ機会）の歴史の中で大変重要な役割を果す。

（1）預言者がこのことばを伝えたとき神の民はバビロニヤの捕囚の中にいて、その文化に全く取込まれる危機の中にいた（その場合イスラエルは神に選ばれた民であるという個性を失う可能性がある →40:1-44:30注）。もしそうなったらアブラハムの子孫を通して霊的救いを提供するという神のご計画は危うくなる（→「**神の計画の中のイスラエル**」の項 p.2077）。神がご自分の計画を行い、メシヤ（「油そそがれた者」、救い主、キリスト）が来られることへの準備にはバビロニヤのイスラエル支配が終り神の民が解放されなければならなかった。当時バビロニヤは国々から最も強大な世界の大国と認められていたけれども、バビロニヤがエルサレムを占領する5年前にエレミヤはバビロニヤの滅亡を予告していた（51:59-60）。

（2）けれどもエレミヤの預言はペルシヤ王クロスによるバビロニヤの将来の滅亡よりも先のことを指していた（→50:3注）。バビロニヤの滅亡とそれを契機にイスラエルとユダが今後決して破られることのない神との永遠の契約（「終生協定」または誓約）を結ぶことを予告したのである（50:4-5）。このバビロニヤの滅亡は神が世界に対する厳しいさばきを下される患難時代の終りに起こる（→黙17:1注、→「**大患難**」の項 p.1690）。

50:3　この地を荒れ果てさせた　エレミヤはバビロニヤの大崩壊を予見した。エレミヤの時代に北から来る国はメディヤとペルシヤの政治同盟だった。バビロニヤはペルシヤのクロスが率いる軍隊の手によって前539年に崩壊した。

50:4-5　その日　ここには終りの日にユダヤ人が悔

エレミヤ書 50章

5 彼らはシオンを求め、その道に顔を向けて、『来たれ。忘れられることのないとこしえの契約によって、主に連なろう』と言う。

6 わたしの民は、迷った羊の群れであった。その牧者が彼らを迷わせ、山々へ連れ去った。彼らは山から丘へと行き巡って、休み場も忘れてしまった。

7 彼らを見つける者はみな彼らを食らい、敵は『私たちには罪がない。彼らが、正しい牧場である主、彼らの先祖の望みであった主に、罪を犯したためだ』と言った。

8 バビロンの中から逃げ、カルデヤ人の国から出よ。
群れの先頭に立つやぎのようになれ。

9 見よ。わたしが、大国の集団を奮い立たせて、
北の地からバビロンに攻め上らせる。
彼らはこれに向かって陣ぞなえをし、これを攻め取る。
彼らの矢は、練達の勇士の矢のようで、むなしくは帰らない。

10 カルデヤは略奪され、
これを略奪する者はみな満ち足りる。
――主の御告げ――

11 わたしの相続地を略奪する者たち。
あなたがたは楽しみ、こおどりして喜び、
穀物を打つ雌の子牛のようにはしゃぎ、
荒馬のようにいななくとも、

12 あなたがたの母はいたく恥を見、
あなたがたを産んだ者ははずかしめを受けた。
見よ。彼女は国々のうちの最後の者、
荒野となり、砂漠と荒れた地となる。

13 主の怒りによって、そこに住む者はなく、

5①エレ6:16, イザ35:8
 ②エレ32:40
6①エレ50:17,
 詩119:176, イザ53:6,
 マタ9:36, 10:6,
 Ⅰペテ2:25
 ②エゼ34:2,
 エレ23:11-14
 ③エゼ34:6
 ④エレ50:10
7①エレ50:17, 詩79:7
 ②エレ14:8, 17:13
 ③エレ40:3
8①エレ51:6, イザ48:20,
 ゼカ2:6,7
 ②エレ51:45
9①エレ51:1
 ②エレ50:14
 ③エレ51:24, 35
11①→エレ2:7
 ②エレ12:14
 ③エレ46:20, ホセ10:11
12①エレ15:9
 ②エレ25:12, 51:43, 22:6
13①エレ50:3

 ②エレ51:26
 ③エレ18:16, 49:17
14①エレ50:9
 ②ハバ2:8, 17
15①エレ51:14
 ②エレ51:44, 58
 ③エレ46:10, 50:28,
 51:6, 11, 36
 ④エレ50:29, 詩137:8
16①エレ46:16
 ②エレ51:9, イザ13:14
17①エレ2:15, 4:7
 ②エレ50:6
 ③Ⅱ列15:29, 17:6,
 18:9-13
 ④エレ50:7
 ⑤Ⅱ列24:1, 10-16,
 25:1-21
18①→エレ46:25
 ②イザ10:12,
 ナホ1:1, 3:7, 18, 19
19①エレ31:10,
 エゼ34:13, 14
 ②エレ31:5, 6
20①エレ31:34, イザ43:25,
 ミカ7:19
 ②イザ1:9, ロマ9:27
 ③エレ33:8, ミカ7:18

ことごとく廃墟と化する。
バビロンのあたりを通り過ぎる者はみな、色を失い、
そのすべての打ち傷を見てあざける。

14 すべて弓を張る者よ。
バビロンの回りに陣ぞなえをし、これを射よ。
矢を惜しむな。
彼女は主に罪を犯したのだから。

15 その回りに、ときの声をあげよ。
彼女は降伏した。
その柱は倒れ、その城壁はこわれた。
これこそ主の復讐だ。
彼女に復讐せよ。
彼女がしたとおりに、これにせよ。

16 種を蒔く者や、刈り入れの時にかまを取る者を、
バビロンから切り取れ。
しいたげる者の剣を避けて、
人はおのおの自分の民に帰り、
自分の国へ逃げて行く。」

17 イスラエルは雄獅子に散らされた羊。
先にはアッシリヤの王がこれを食らったが、今度はついに、バビロンの王ネブカデレザルがその骨まで食らった。

18 それゆえ、イスラエルの神、万軍の主は、こう仰せられる。「見よ。わたしはアッシリヤの王を罰したように、バビロンの王とその国を罰する。

19 わたしはイスラエルをその牧場に帰らせる。彼はカルメルとバシャンで草を食べ、エフライムの山とギルアデで、その願いは満たされる。

20 その日、その時、――主の御告げ――イスラエルの咎は見つけようとしても、それはなく、ユダの罪も見つけることはできない。わたしが残す者の罪を、わたしが赦す

い改めて神に立返ると言われている(⇒31:31, 32:40)。そのときが来たら、ユダヤ人は神に頼り永遠に忠実であり続ける(⇒50:19-20, →黙12:6注)。

50:9 大国の集団 国々の名前は51:27-28に挙げられている。

50:11 あなたがたは楽しみ ユダとその首都エルサレムの滅亡を喜んだので神はバビロニヤを滅ぼされ

る。バビロニヤがほかの国々にしてきたことが今自分たちに起こるのである(50:29)。

50:17 イスラエルは・・・散らされた羊 アッシリヤは前722年に北王国イスラエルを滅ぼし(Ⅱ列17:1-6)、バビロニヤは前586年に南王国ユダを滅ぼした(Ⅱ列24:)。二つの国はともに多くの神の民を捕えて故郷から遠く離れた場所に住まわせた(→「イスラエル

エレミヤ書 50章

からだ。」

21 「メラタイムの地、ペコデの住民のところに
　攻め上れ。
　彼らを追って、殺し、彼らを聖絶せよ。
　──主の御告げ──
　すべて、わたしがあなたに命じたとおりに、
　行え。」

22 「国中には戦いの声、大いなる破滅。
23 万国を打った鉄槌は、
　どうして折られ、砕かれたのか。
　バビロンよ。
　どうして国々の恐怖となったのか。
24 バビロンよ。
　わたしがおまえにわなをかけ、
　おまえは捕らえられた。
　おまえはそれを知らなかった。
　おまえは見つけられてつかまえられた。
　おまえが主に争いをしかけたからだ。
25 主はその倉を開いて、
　その憤りの武器を持ち出された。
　それは、カルデヤ人の国で、
　万軍の神、主の、される仕事があるからだ。
26 四方からそこに攻め入れ。その穀物倉を開け。
　これを麦束のように積み上げ、
　これを聖絶して、何一つ残すな。
27 その雄牛をみな滅ぼせ。ほふり場に下らせよ。
　ああ。哀れな彼ら。
　彼らの日、その刑罰の時が来たからだ。」
28 聞け。バビロンの国からのがれて来た者が、
　シオンで、私たちの神、主の、復讐のこと、
　その宮の復讐のことを告げ知らせている。
29 射手を呼び集めて
　バビロンを攻め、弓を張る者はみな、
　これを囲んで陣を敷き、ひとりものがすな。
　そのしわざに応じてこれに報い、
　これがしたとおりに、これにせよ。
　主に向かい、イスラエルの聖なる方に向かって
　高ぶったからだ。
30 「それゆえ、その日、その若い男たちは町の広場に倒れ、その戦士もみな、断ち滅ぼされる。──主の御告げ──
31 高ぶる者よ。見よ。わたしはあなたを攻める。
　──万軍の神、主の御告げ──
　あなたの日、
　わたしがあなたを罰する時が来たからだ。
32 そこで、高ぶる者はつまずき倒れ、
　これを起こす者もいない。
　わたしは、その町に火をつける。
　火はその回りのものをすべて焼き尽くす。」

33 万軍の主はこう仰せられる。「イスラエルの民とユダの民は、共にしいたげられている。彼らをとりこにした者はみな、彼らを捕らえて解放しようとはしない。」
34 彼らを贖う方は強く、その名は万軍の主。主は、確かに彼らの訴えを支持し、この国をいこわせるが、バビロンの住民を震え上がらせる。
35 剣が、カルデヤ人にも、──主の御告げ──
　バビロンの住民、
　その首長たち、知恵ある者たちにも下る。

(北王国)の捕囚」の地図 p.633,「ユダ(南王国)の捕囚」の地図 p.633)。アッシリヤやバビロニヤのように征服した帝国が占領した国の人々を捕えて帝国全体に散らすことは古い時代の慣習だった。これによって捕囚にされた人々は新しい文化の中で生活しそれを受入ようように強制された。人々は滅ぼされなかったけれども民族としての個性ははぎとられ、同時に帝国の建設を手伝わされた。

50:32 高ぶる者 バビロニヤは神の目的を成就するために用いられたけれども主を拒んで高慢な生活をし

36 剣が自慢する者たちにも下り、彼らは
愚かになる。
剣がその勇士たちにも下り、彼らはお
ののく。
37 剣がその馬と車と、そこに住む混血の
民にも下り、
彼らは女のようになる。
剣がその財宝にも下り、それらはかす
め取られる。
38 その水の上には、ひでりが下り、それ
はかれる。
ここは刻んだ像の国で、
彼らは偶像の神に狂っているからだ。
39 それゆえ、そこには荒野の獣が山犬と
ともに住み、だちょうがそこに住む。もう、
いつまでも人は住まず、代々にわたって、
住む人はない。
40 神がソドムと、ゴモラと、その近隣を滅
ぼされたように、──主の御告げ──そこ
には人が住まず、そこには人の子が宿らな
い。
41 見よ。一つの民が北から来る。大きな
国と多くの王が地の果て果てから奮い立つ。
42 彼らは弓と投げ槍を堅く握り、残忍で、
あわれみがない。その声は海のようにとど
ろく。バビロンの娘よ。彼らは馬に乗り、
ひとりのように陣ぞなえをして、あなたを
攻める。
43 バビロンの王は、彼らのうわさを聞いて
気力を失い、産婦のような苦しみと苦痛に
捕えられる。
44 「見よ。獅子がヨルダンの密林から水の
絶えず流れる牧場に上って来るように、わ
たしは一瞬にして彼らをそこから追い出そ
う。わたしは、選ばれた人をそこに置く。
なぜなら、だれかわたしのような者があろ
うか。だれかわたしを呼びつける者があろ

36 ①イザ44:25
②エレ49:22
37 ①エレ51:21, 詩20:7
②エレ25:20, エゼ30:5
③エレ48:41, 51:30,
イザ13:7, 8, 19:16,
ナホ3:13
38 ①エレ51:36
②エレ50:2, 51:44, 47,
52, イザ46:1
39 ①エレ51:37,
イザ13:21, 22
②エレ50:3
40 ①エレ49:18, イザ13:19
41 ①エレ50:41-43, エレ6:
22-24
②エレ50:3
42 ①イザ13:17, 18, 47:6
②イザ5:30
③エレ8:16, 47:3,
ハバ1:8
④イザ59:9, 14, ヨエ2:1
43 ①エレ51:31
②エレ49:24
44 ①エレ50:44-46, エレ:
19-21
②エレ12:5
③民16:5
④出15:11, イザ46:9
⑤ヨブ9:19

①ヨブ41:10
45 ①エレ51:1,
イザ14:24, 27
46 ①エレ51:54, 46:12,
48:3-5, イザ15:5,
エゼ27:28

3 ①エレ50:14, 29
②エレ46:4
③エレ25:9
4 ①イザ13:15, 14:19
5 →エレ46:25
①イザ24:24-26,
イザ54:7, 8
②エレ50:29
③ホセ4:1, 2
6 ①エレ50:8, 51:45,
イザ48:20, 黙18:4

うか。だれかわたしの前に立つことのでき
る牧者があろうか。」
45 それゆえ、バビロンに対してめぐらされ
た主のはかりごとと、カルデヤ人の国に対
して立てられたご計画を聞け。
必ず、群れの小さい者まで引きずって
行かれ、
必ず、彼らの牧場はそのことでおびえ
る。
46 バビロンの捕えられる音で地は震え、
その叫びが国々の間でも聞こえた。

51

1 主はこう仰せられる。
「見よ。わたしはバビロンとその住民
に対し、
破壊する者の霊を奮い立たせ、
2 他国人たちをバビロンに送る。
彼らはこれを吹き散らし、その国を滅
ぼす。
彼らは、わざわいの日に、
四方からこれを攻める。」

3 射手には弓を張らせ、
よろいを着けてこれを襲わせよ。
そこの若い男を惜しむことなく、
その全軍を聖絶せよ。
4 刺し殺された者たちが、カルデヤ人の
国に倒れ、
突き刺された者たちが、そのちまたに
倒れる。
5 しかし、イスラエルもユダも、
その神、万軍の主から、決して見捨て
られない。
彼らの国は、
イスラエルの聖なる方にそむいた罪に
満ちていたが。
6 バビロンの中から逃げ、

ていた。したがってバビロニヤは低くされる。神のこ
とばの律法と基準を軽べつしながら自分たちの好きな
ように生きる国々や人々の高慢ほど神が嫌悪されるも
のはない。バビロニヤに起きたことは終りの日に神を
敬わない人々や国々にも起こる(→黙18:2-21各注)。
51:1-64　バビロン・・・に対し　前の章に続いて
バビロニヤへの滅亡を扱うこの章は、主がご自分の民を
抑圧から救うために必ずバビロニヤを完全に滅ぼされ

ると預言している。終りの日の患難時代と全地に対す
る神の最後のさばきのときには、キリストが「大バビ
ロン」と象徴的に呼ばれた世界の組織をあらゆる罪と
反抗と不道徳とともに滅ぼされる(黙18:2)。この滅
亡はサタンと悪に支配された世界への神の正しいさば
きである(→黙17:1注,→「**大患難**」の項p.1690)。
51:6　バビロンの中から逃げ　神がご自分の民に最
終的な滅亡の前にバビロニヤから逃げるように言われ

エレミヤ書 51章

それぞれ自分のいのちを救え。
バビロンの咎のために断ち滅ぼされるな。
これこそ、主の復讐の時、報いを主が返される。

7 バビロンは主の御手にある金の杯。
すべての国々はこれに酔い、
国々はそのぶどう酒を飲んで、酔いしれた。

8 たちまち、バビロンは倒れて砕かれた。
このために泣きわめけ。
その痛みのために乳香を取れ。
あるいはいやされるかもしれない。

9 私たちは、バビロンをいやそうとしたのに、
それはいやされなかった。
私たちはこれを見捨てて、
おのおの自分の国へ帰ろう。
バビロンへの罰は、
天に達し、大空まで上ったからだ。

10 主は、私たちの正義の主張を明らかにされた。
来たれ。私たちはシオンで、
私たちの神、主のみわざを語ろう。

11 矢をとぎ、丸い小盾を取れ。
主はメディヤ人の王たちの霊を奮い立たせられた。
主の御思いは、バビロンを滅ぼすこと。
それは主の復讐、その宮のための復讐である。

12 バビロンの城壁に向かって旗を揚げよ。
見張りを強くし、番兵を立てよ。伏兵を備えよ。
主ははかりごとを立て、
バビロンの住民について語られたことを実行されたからだ。

13 大水のほとりに住む財宝豊かな者よ。
あなたの最期、あなたの断ち滅ぼされる時が来た。

14 万軍の主はご自分をさして誓って言われた。
「必ず、わたしはいなごのような大群の人を
あなたに満たす。
彼らはあなたに向かって叫び声をあげる。」

15 主は、御力をもって地を造り、
知恵をもって世界を堅く建て、
英知をもって天を張られた。

16 主が声を出すと、水のざわめきが天に起こる。
主は地の果てから雲を上らせ、
雨のためにいなずまを造り、
その倉から風を出される。

17 すべての人間は愚かで無知だ。
すべての金細工人は、偶像のために恥を見る。
その鋳た像は偽りで、その中に息がないからだ。

18 それは、むなしいもの、物笑いの種だ。
刑罰の時に、それらは滅びる。

19 ヤコブの分け前はこんなものではない。
主は万物を造る方。
イスラエルは主ご自身の部族。
その御名は万軍の主である。

20 「あなたはわたしの鉄槌、戦いの道具だ。
わたしはあなたを使って国々を砕き、
あなたを使って諸王国を滅ぼす。

21 あなたを使って馬も騎手も砕き、
あなたを使って戦車も御者も砕き、

22 あなたを使って男も女も砕き、
あなたを使って年寄りも幼い者も砕き、
あなたを使って若い男も若い女も砕き、

23 あなたを使って牧者も群れも砕き、
あなたを使って農夫もくびきを負う牛も砕き、
あなたを使って総督や長官たちも砕く。

たのと同じように、新約聖書はキリスト者に対して終りの時代のバビロン（神を敬わない世界の組織）から分離するように訴えている。それはバビロンの罪と一緒になってそのさばきを受けないためである（→黙18:4注、→「信者の霊的聖別」の項 p.2172）。

51:11 メディヤ人 メディヤはペルシヤ人とともに

エレミヤ書 51章

24 わたしはバビロンとカルデヤの全住民に、
彼らがシオンで行ったすべての悪のために、
あなたがたの目の前で報復する。
——主の御告げ——

25 全地を破壊する、破壊の山よ。
見よ。わたしはおまえを攻める。
——主の御告げ——
わたしはおまえに手を伸べ、
おまえを岩から突き落とし、
おまえを焼け山とする。

26 だれもおまえから石を取って、
隅の石とする者はなく、
礎の石とする者もない。
おまえは永遠に荒れ果てる。
——主の御告げ——

27 この地に旗を掲げ、国々の中に角笛を鳴らせ。
国々を整えてこれを攻めよ。
アララテ、ミニ、アシュケナズの王国を召集してこれを攻めよ。
ひとりの長を立ててこれを攻めよ。
群がるばったのように、馬を上らせよ。

28 国々を整えてこれを攻めよ。
メディヤ人の王たち、
その総督やすべての長官たち、
その支配する全土の民を整えて、
これを攻めよ。

29 地は震え、もだえる。
主はご計画をバビロンに成し遂げ、
バビロンの国を
住む者もない荒れ果てた地とされる。

30 バビロンの勇士たちは戦いをやめて、
とりでの中にすわり込み、
彼らの力も干からびて、女のようになる。
その住まいは焼かれ、かんぬきは砕かれる。

31 飛脚はほかの飛脚に走り次ぎ、
使者もほかの使者に取り次いで、
バビロンの王に告げて言う。
「都はくまなく取られ、

32 渡し場も取られ、葦の舟も火で焼かれ、
戦士たちはおじ惑っている。」

33 イスラエルの神、万軍の主が、
こう仰せられたからだ。
「バビロンの娘は、
踏まれるときの打ち場のようだ。
もうしばらくで、刈り入れの時が来る。

34 『バビロンの王ネブカデレザルは、
私を食い尽くし、
私をかき乱して、からの器にした。
竜のように私をのみこみ、
私のおいしい物で腹を満たし、
私を洗い流した。』

35 シオンに住む者は、
『私と私の肉親になされた暴虐は、
バビロンにふりかかれ』と言え。
エルサレムは、
『私の血はカルデヤの住民に注がれよ』
と言え。」

36 それゆえ、主はこう仰せられる。
「見よ。わたしはあなたの訴えを取り上げ、
あなたのために報復する。
わたしはその海を干上がらせ、
その泉をからす。

37 バビロンは石くれの山となり、
ジャッカルの住みかとなり、
恐怖、あざけりとなる。

38 彼らは共に、若獅子のようにほえ、

前539年にバビロニヤを滅ぼした。
51:27　アララテ　メディヤは前6世紀にアララテの人々を征服した。アララテはメディヤと手を組んでバビロニヤを倒した。
51:33　もうしばらくで、刈り入れの時が来る　預言者はバビロニヤがどのように残虐と偶像礼拝と不品行の種を蒔いたかを象徴的に言っている。そこでこの国は神のさばきの実りを刈取る。罪は種のように育ち、大きくなり恐ろしい刈入れにつながることを覚えておかなければならない。新約聖書は「思い違いをしては

雄獅子のように叫ぶ。
39 彼らがいらだっているとき、
わたしは彼らに宴会を開き、
彼らを酔わせて踊らせ、
永遠の眠りについて、目ざめないようにする。
──主の御告げ──
40 わたしは彼らを、子羊のように、
また雄羊や雄やぎのように、
ほふり場に下らせる。
41 ああ、バビロンは攻め取られ、
全地の栄誉となっていた者は捕らえられた。
ああ、バビロンは国々の間で恐怖となった。
42 海がバビロンの上にのしかかり、
その波のざわめきにそれはおおわれた。
43 その町々は荒れ果て、
地は砂漠と荒れた地となり、だれも住まず、
人の子が通りもしない地となる。
44 わたしはバビロンでベルを罰し、
のみこんだ物を吐き出させる。
国々はもう、そこに流れ込むことはない。
ああ、バビロンの城壁は倒れてしまった。
45 わたしの民よ。
その中から出よ。
主の燃える怒りを免れて、
おのおの自分のいのちを救え。
46 そうでないと、あなたがたの心は弱まり、この国に聞こえるうわさを恐れるり、
うわさは今年も来、その後の年にも、うわさは来る。この国には暴虐があり、支配者はほかの支配者を攻める。
47 それゆえ、見よ、その日が来る。その日、わたしは、バビロンの刻んだ像を罰する。この国全土は恥を見、その刺し殺された者はみな、そこに倒れる。
48 天と地とその中のすべてのものは、バビ

39 ①エレ25:27, 48:26, 51:57
②詩76:5, 6
40 ①エレ50:27
41 ①エレ25:26
＊☐「シェシャク」
①エレ49:25, イザ13:19, ダニ4:30
42 ①エレ51:55, イザ8:7, 8
43 ①エレ50:12, 51:29, 62
②エレ50:3
44 ①エレ50:2
②エレ51:34
③エズ1:7, 8
④エレ51:7
⑤イザ2:2
⑥エレ50:15, 51:58
45 ①エレ50:8
②創19:12-17
46 ①Ⅱ列19:7
②イザ19:2
47 ①エレ50:2, 51:52, イザ21:9, 46:1, 2
②→エレ8:19
③エレ50:35-37
④エレ50:12
48 ①イザ44:23, 49:13

②エレ50:3
49 ①エレ50:29
②ハバ2:8
50 ①エレ44:28
②エレ51:45
③申4:29-31
④詩137:5, 6
51 ①詩74:3-8, 哀1:10
②詩44:15, 69:7
52 ①→エレ8:19
53 ①ヨブ20:6, イザ14:12, 13, アモ9:2
②エレ49:16, オバ4
③イザ13:3
54 ①エレ50:46
55 ①エレ51:42, 詩69:2, 124:4
56 ①エレ51:48
②創46:9, 76:3
③エレ50:29, 51:6, 詩94:1, 2
57 ①イザ43:17
②エレ51:39
③エレ46:18, 48:15
58 ①エレ50:15, 51:44
②イザ45:1, 2
③ハバ2:13

ロンのことで喜び歌う。北からこれに向かって、荒らす者たちが来るからだ。──主の御告げ──
49 バビロンは、イスラエルの刺し殺された者たちのために、倒れなければならない。バビロンによって、全地の刺し殺された者たちが倒れたように。
50 剣からのがれた者よ。行け。立ち止まるな。遠くから主を思い出せ。エルサレムを心に思い浮かべよ。
51 『私たちは、そしりを聞いて、はずかしめを受けた。他国人が主の宮の聖所に入ったので、侮辱が私たちの顔をおおった。』

52 「それゆえ、見よ、その日が来る。
──主の御告げ──その日、わたしは、その刻んだ像を罰する。刺された者がその全土でうめく。
53 たとい、バビロンが天に上っても、たとい、そのとりでを高くして近寄りがたくしても、わたしのもとから荒らす者たちが、ここに来る。──主の御告げ──」
54 聞け。バビロンからの叫び、カルデヤ人の地からの大いなる破滅の響きを。
55 主がバビロンを荒らして、そこから大いなる声を絶やされるからだ。その波は大水のように鳴りとどろき、その声は鳴りとよめく。
56 荒らす者がバビロンを攻めに来て、その勇士たちは捕らえられ、その弓も折られる。主は報復の神で、必ず報復されるからだ。
57 「わたしは、その首長たちや、知恵ある者、総督や長官、勇士たちを酔わせる。彼らは永遠の眠りについて、目ざめることはない。──その名を万軍の主という王の御告げ──」
58 万軍の主はこう仰せられる。
「バビロンの広い城壁は、全くくつがえされ、
その高い門も火で焼かれる。
国々の民はむなしく労し、
諸国の民は、ただ火に焼かれるために

いけません。神は侮られるような方ではありません。人は種を蒔けば、その刈り取りもすることになります」と警告している（ガラ6:7）。
51:50 エルサレム　バビロニヤの滅亡の危機から逃

疲れ果てる。」

59 マフセヤの子ネリヤの子セラヤが、ユダの王ゼデキヤとともに、その治世の第四年に、バビロンへ行くとき、預言者エレミヤがセラヤに命じたことば。そのとき、セラヤは宿営の長であった。

60 エレミヤはバビロンに下るわざわいのすべてを一つの巻き物にしるした。すなわち、バビロンについてこのすべてのことばが書いてあった。

61 エレミヤはセラヤに言った。「あなたがバビロンに入ったときに、これらすべてのことばをよく注意して読み、

62 『主よ。あなたはこの所について、これを滅ぼし、人間から獣に至るまで住むものがないようにし、永遠に荒れ果てさせる、と語られました』と言い、

63 この書物を読み終わったなら、それに石を結びつけて、ユーフラテス川の中に投げ入れ、

64 『このように、バビロンは沈み、浮かび上がれない。わたしがもたらすわざわいのためだ。彼らは疲れ果てる』と言いなさい。」

ここまでが、エレミヤのことばである。

エルサレムの陥落

52:1-3　並行記事―Ⅱ列24:18-20、Ⅱ歴36:11-16
52:4-16　並行記事―エレ39:1-10
52:4-21　並行記事―Ⅱ列25:1-21、Ⅱ歴36:17-20

52

1 ゼデキヤは二十一歳で王となり、エルサレムで十一年間、王であった。彼の母の名はハムタルといい、リブナの出のエレミヤの娘であった。

2 彼は、すべてエホヤキムがしたように、主の目の前に悪を行った。

3 エルサレムとユダにこのようなことが起こったのは、主の怒りによるもので、ついに主は彼らを御前から投げ捨てられたのである。

そののち、ゼデキヤはバビロンの王に反逆した。

4 ゼデキヤの治世の第九年、第十の月の十日に、バビロンの王ネブカデレザルは、その全軍勢を率いてエルサレムを攻めに来て、これに対して陣を敷き、周囲に塁を築いた。

5 こうして町はゼデキヤ王の第十一年まで包囲されていたが、

6 第四の月の九日、町の中では、ききんがひどくなり、民衆に食物がなくなった。

7 そのとき、町が破られ、戦士たちはみな逃げて、夜のうちに、王の園のほとりにある二重の城壁の間の門の道から町を出た。カルデヤ人が町を包囲していたので、彼らはアラバへの道を行った。

8 カルデヤの軍勢が王のあとを追い、エリコの草原でゼデキヤに追いついたとき、王の軍隊はみな王から離れて散ってしまった。

9 そこでカルデヤ人は王を捕らえ、ハマテの地のリブラにいるバビロンの王のところへ彼を連れ上った。バビロンの王は彼に宣告を下した。

10 バビロンの王は、ゼデキヤの子らを彼の目の前で虐殺し、ユダのすべての首長たちをリブラで虐殺した。

11 またゼデキヤの目をつぶし、彼を青銅の足かせにつないだ。バビロンの王は、彼をバビロンへ連れて行き、彼を死ぬ日まで獄屋に入れておいた。

12 第五の月の十日——それは、バビロンの王ネブカデレザル王の第十九年であった。——バビロンの王に仕えていた侍従長ネブザルアダンがエルサレムに来て、

13 主の宮と王宮とエルサレムのすべての家を焼き、そのおもだった建物をことごとく火で焼いた。

14 侍従長といっしょにいたカルデヤの全軍勢は、エルサレムの回りの城壁を全部取りこわした。

15 侍従長ネブザルアダンは、民の貧民の一部と、町に残されていた残りの民と、バビロンの王に降伏した者たちと、残りの群衆を捕らえ移した。

れた捕囚の人々は、今こそエルサレムに帰って主に仕えるときだと考えなければならなかった。

52:1-34　ゼデキヤ　エレミヤ書の最後の章は予告した滅亡が全部実現したので預言者が本当に神のことば

エレミヤ書　52章

¹⁶しかし、侍従長ネブザルアダンは、国の貧民の一部を残し、ぶどう作りと農夫とにした。
¹⁷カルデヤ人は、主の宮の青銅の柱と、主の宮にある青銅の車輪つきの台と、海とを砕いて、その青銅をみなバビロンへ運んだ。
¹⁸また、灰つぼ、十能、心切りばさみ、鉢、平皿、奉仕に用いるすべての青銅の器具を奪った。
¹⁹また、侍従長は小鉢、火皿、鉢、灰つぼ、燭台、平皿、水差しなど、純金、純銀のものを奪った。
²⁰ソロモン王が主の宮のために作った二本の柱、一つの海、車輪つきの台の下にある十二の青銅の牛、これらすべての器具の青銅の重さは、量りきれなかった。
²¹その柱は、一本の柱の高さが十八キュビトで、その回りを測るには十二キュビトのひもがいり、その厚さは指四本分で、中は空洞になっていた。
²²その上に青銅の柱頭があり、一つの柱頭の高さは五キュビトであり、柱頭の回りに、網細工とざくろがあって、それもみな青銅で、他の柱もざくろもこれと同様であった。
²³回りには九十六のざくろがあり、回りの網細工の上には全部で百のざくろがあった。
²⁴侍従長はさらに、祭司のかしらセラヤと次席祭司ゼパニヤと三人の入口を守る者を捕らえ、
²⁵戦士の指揮官であったひとりの宦官と、町にいた王の七人の側近と、一般の人々を徴兵する将軍の書記と、町の中にいた一般の人々六十人を、町から捕らえ去った。
²⁶侍従長ネブザルアダンは彼らを捕らえ、リブラにいるバビロンの王のもとへ連れて行った。
²⁷バビロンの王は彼らを打ち、ハマテの地のリブラで殺した。こうして、ユダはその国から捕らえ移された。
²⁸ネブカデレザルが捕らえ移した民の数は次のとおり。第七年には、三千二十三人のユダヤ人。
²⁹ネブカデレザルの第十八年には、エルサレムから八百三十二人。
³⁰ネブカデレザルの第二十三年には、侍従長ネブザルアダンが、七百四十五人のユダヤ人を捕らえ移し、その合計は四千六百人であった。

エホヤキンの釈放
52:31-34　並行記事…Ⅱ列25:27-30

³¹ユダの王エホヤキンが捕らえ移されて三十七年目の第十二の月の二十五日に、バビロンの王エビル・メロダクは、彼が即位した年のうちに、ユダの王エホヤキンを釈放し、獄屋から出し、
³²彼に優しいことばをかけ、彼の位をバビロンで彼とともにいた王たちの位よりも高くした。
³³彼は囚人の服を着替え、その一生の間、いつも王の前で食事をした。
³⁴彼の生活費は、死ぬ日までその一生の間、日々の分をいつもバビロンの王から支給されていた。

を伝えていたことを示している。この章は列王記Ⅱ24：18-25：30とほとんど同じである。⇒39：1-10
52：28-30　捕らえ移した民の数　ユダヤ人の捕虜は何回かに分けてバビロニヤへ連れて行かれた（→50：17注）。ここで言われていることは前597年、前586年、前581年のことである。捕囚に連れて行かれたユダヤ人の数は大人の男性だけの数で、全体の数はもっと多かったと思われる（→Ⅱ列24：14, 16）。

哀 歌

概　要
Ⅰ. エルサレムの荒廃と絶望（1：1-22）
　　A. 崩壊した町の様子（1：1-7）
　　B. 崩壊の原因（1：8-11）
　　C. 人々の苦悩（1：12-22）
Ⅱ. 神の怒りとエルサレムの悲しみ（2：1-22）
　　A. シオンに向けた神の怒り（2：1-9）
　　B. さばきによる人々の苦悶（2：10-17）
　　C. あわれみを求める預言者の訴え（2：18-22）
Ⅲ. 苦しむ神の民と希望の理由（3：1-66）
　　A. 絶望の叫び（3：1-18）
　　B. 希望の告白（3：19-39）
　　C. 悔い改めへの呼びかけ（3：40-42）
　　D. 預言者の苦難（3：43-54）
　　E. 預言者の祈り（3：55-66）
Ⅳ. シオンの過去、現在、未来（4：1-22）
　　A. シオンの過去と現在の比較（4：1-12）
　　B. シオンの荒廃の原因（4：13-20）
　　C. エドムへの刑罰とユダの回復（4：21-22）
Ⅴ. あわれみと回復を求める祈り（5：1-22）
　　A. あわれみの必要（5：1-15）
　　B. 罪の告白（5：16-18）
　　C. 回復への願い（5：19-22）

著　者：エレミヤ

主　題：現在の悲しみと未来の希望

著作の年代：紀元前586－585年

著作の背景
　　この書物の題名は旧約聖書のギリシヤ語訳とラテン語訳につけられた副題「エレミヤの哀歌」から来ている。この書物はヘブル語聖書の「ハギオグラファ」と呼ばれる第三区分にある「五巻」（ルツ記、エステル記、伝道者の書、雅歌、哀歌）の一つになっている。この5冊の書物はそれぞれ伝統的にユダヤ人の暦の特別な日に朗読されてきた。哀歌はアブの月（7月中旬頃）の9日に、ユダヤ人がエルサレム陥落記念日の式典を持つときに読まれることになっていた。七十人訳聖書（ヘブル語聖書のギリシヤ語訳）では哀歌は預言者エレミヤのすぐあとに置かれたけれども、今日のほとんどの聖書も同じかたちになっている。
　　ユダヤ教とキリスト教はともにエレミヤが哀歌の著者であると昔から伝統的に考えてきた。この結論を裏付ける理由としては次のことが挙げられる。
　　（1）歴代誌第二35章25節を見ると、エレミヤが哀歌（悲しみ、苦しみ、うめき、後悔の詩や歌）を作っていたことがわかる。エレミヤの預言には、エルサレムに近付いている崩壊についてエレミヤが嘆いていたことがしばしば記録されている（→エレ7：29、8：21、9：1、10、20、→「**預言者の時代のエルサレム**」の地図 p.1209）。
　　（2）哀歌にはその悲惨な事件を目撃した人の立場から書いた詳細な情景が描かれている。わかっている限りでは、エレミヤは旧約聖書の著者の中で前586年のエルサレム陥落を実際に目撃した唯一の人物である。

(3) エレミヤ書と哀歌には類似したある共通の主題とことばが見られる。たとえば、ユダの苦難とエルサレム崩壊の直接の原因は人々が罪を犯し神に逆らい続けたからだと主張している。また両方で、エレミヤは神の民を「おとめ」と呼んでいる(エレ14:17, 18:13, 哀1:15, 2:13)。これらの点は両方の詩の文体が似ていることとも合せて同じ著者によることを指している(ユダ王国滅亡と首都エルサレム崩壊 →エレ緒論)。

　さらに著者はエルサレムの破壊を詳細に描いており、あたかも最近の出来事で何もかもが記憶に新しいかのように描いている。エルサレムが崩壊したとき、エレミヤは50歳代だった。これはエレミヤがその情況によってトラウマ(心的傷害)を体験したことを意味している。それからエレミヤは自分の意思に反して前585年にエジプトに送られ(→エレ41:-44:)、それから約10年後にそこで死んだ(殉教者－信仰や信念のために死ぬ人－としてと思われる)。これらの理由から、この書物が書かれたのはエルサレムが破壊された直後であることがほとんど確実である(前586-585頃)。

目　　的

　エレミヤはエルサレム崩壊への深い悲しみと感情的な苦痛を表現するために一連の哀歌(苦しみ、うめき、後悔の詩や歌)を書いた。以前には偉大だったこの町が崩壊するのは恐ろしい悲劇だったけれども、それには次のような理由がある。
(1) ダビデ王朝と王国の屈辱的な敗北(ダビデ王の家系から支配者が途絶えたことはなかった)
(2) エルサレムの城壁、神殿、王宮、町の構造全体の完全な破壊
(3) 生存者のほとんどが遠いバビロンへ悲惨な捕囚として送られたこと(→「ユダ(南王国)の捕囚」の地図p.633)

　七十人訳聖書(ヘブル語聖書のギリシヤ語訳)とラテン語ウルガタ訳の冒頭の注には「エレミヤは座して泣き、エルサレムのためにこの哀歌をもって嘆き悲しんだ」と書いてある。この書物全体を通して、預言者は近親者や愛する人々の悲惨な死を体験したばかりのように悲しみを注ぎ出している。この書物の嘆きの部分は、この悲劇が長期間にわたって支配者と人々が神に反抗したためにユダに下った神のさばきだったと言っている。けれどもエレミヤは、神が人々にされたことはみな正しく当然なことと言っている。また預言者は、神に信頼と信仰と希望を置く人に神はあわれみ深く情け深いことを示している(3:22-23, 32)。この書物の中にある絶望的な叫びに対して神は苦しそうに沈黙しておられるけれども、それでも神の民が現在のさばきの先にある神の未来の回復に目を向けるならまだ希望があった。

概　　観

　哀歌は連続した五つの哀歌でそれぞれの歌はまとまった作品である。第一の哀歌(1章)はエルサレムの崩壊と、神に向かって叫んでいる預言者の深い嘆きを描いている。この哀歌は時には擬人化(人間の特性を用いて伝え表現し象徴する)されたエルサレムの町の哀歌になっている(1:12-22)。第二の哀歌(2章)でエレミヤはエルサレムの崩壊は悔改めないで神に逆らう人々に対する神のさばきであると描いている。ユダの敵(バビロン)が神の用いる道具だった。第三の哀歌(3章)は神があわれみ深く忠実な方で、神に頼り神に希望を持つ人には良い方であることを思い出すように訴えている。第四の哀歌(4章)は3章までの主題を違うことばで表現している。哀歌全体を通して言われているシオン(⇒4:2)はエルサレムを指す別の言い方である。シオンは古代エブス人の山岳要害の名前で、ダビデ王が最初に攻め取った町の部分だった(Ⅱサム5:6-7)。それから当時要害が建てられた部分に「シオン」という名前がつけられた。またこれは契約の箱(人々の間にある神の臨在の象徴)が一時期特別な天幕の礼拝所に納められていた場所と考えられている。ソロモンの神殿が建てられた後、シオンは神殿の境内を指すようになる。そして「シオン」ということばは神の「御住まい」、または地上の礼拝の中心地を一般的に指すようになった(詩9:11, 74:2, ヨエ3:21)。時にはシオンは、歴史の終りにキリストが地上を治められる新しく復元されたエルサレム(イザ52:8, 62:1-12)と神の永遠の天の都を意味している。最後の歌(5章)では、ユダの罪と神のあわれみが必要であることを告白したあと、エレミヤは人々が再び神にふさわしい民になり、好意を得ることができるように回復されることを神に切に訴えている。

　この書物の五つの哀歌はそれぞれ1章になっていて、各章は22節で構成されている(3章だけは22節の三倍の66節)。22はヘブル語のアルファベットの文字数である。最初の四つの詩はアルファベットの文字並べで、各節(3章は3節ごと)の最初の字がヘブル語アルファベットのアレフから最後のターヴまでの22文字を順に使うように構成されている。このような構成は聴き手が暗唱するのに役立つだけではなく、次の二つのことに役立つ。

(1) ヘブル語のアルファベットのアレフからターヴまでの文字を全部使うことによって五つの哀歌が完全であることを伝えている。
(2) 哀歌をこのように構成すると、預言者が滅亡を際限なく泣き悲しむことを防ぐことができる。やがて捕囚が終りを迎え、エルサレムが再建される日が来るように、絶望や悲しみには終りがあり限度があることを示している（バビロン捕囚からの帰還 →エズ緒論，ネヘ緒論，→「捕囚からの帰還」の地図 p.759）。

特　　徴

哀歌には五つの大きな特徴がある。
(1) 個人や集団の悲しみや嘆きの歌は詩篇や預言書にも出てくるけれども、聖書の中で嘆きの詩だけでできているのは哀歌だけである。
(2) 文学的構造（文体）は全部が詩で、五つの哀歌のうち四つ（1:-4:）は文字並べである（→「概観」の最終段落）。第五の哀歌も引続き詩の構成を保ち、22節で構成されている。
(3) 列王記第二25章とエレミヤ書52章はエルサレム崩壊の歴史的事実を描いているけれども、実際に悲劇を体験した人々の思いや感情を描写しきっているのは哀歌だけである。
(4) この書物の中心には、神の誠実さと救いについて聖書全体を通して最も強力なことばがある（3:21-26）。哀歌は嘆きで始まっているけれども（1:1-2）、悔改め（心を変えること、罪を認めること、自分勝手な道から神に立返る姿勢）と回復の希望で終っている（5:16-22）。
(5) 新約聖書にはこの書物の引用がなく、暗示されているものが少数あるだけである（⇒黙14:19での哀1:15，マタ5:35での哀2:1，マタ5:39での哀3:30，Iコリ4:13での哀3:45）。

新約聖書での成就

哀歌は新約聖書では引用されていないけれども、キリストを信じる人々には直接関連性を持っている。哀歌の5章全体はローマ人への手紙1章18節－3章20節のように、罪の重大さと神のさばきの確実さを考えるように訴えている。同時に罪から離れて主に従う人々に主は同情とあわれみのゆえに救い（赦しと神との新しい関係を持つ機会）を提供しておられることを思い出させている。さらに預言者の涙は、エルサレムがローマ人の手によって間もなく滅ぼされるのを見通されて、その罪のために流されたイエス・キリストの涙と似ている（マタ23:37-38，ルカ13:34-35，19:41-44）。

哀歌の通読

旧約聖書を1年間で通読するためには、哀歌を次のスケジュールに従って2日間で読まなければならない。
☐1-2 ☐3-5

メ　モ

哀歌 1章

1

1 ああ、人の群がっていたこの町は、
　ひとり寂しくすわっている。
　国々の中で大いなる者であったのに、
　やもめのようになった。
　諸州のうちの女王は、
　苦役に服した。
2 彼女は泣きながら夜を過ごし、
　涙は頬を伝っている。
　彼女の愛する者は、だれも慰めてくれない。
　その友もみな彼女を裏切り、
　彼女の敵となってしまった。
3 ユダは悩みと多くの労役のうちに
　捕らえ移された。
　彼女は異邦の民の中に住み、
　いこうこともできない。
　苦しみのうちにあるときに、
　彼女に追い迫る者たちがみな、彼女に追いついた。
4 シオンへの道は喪に服し、
　だれも例祭に行かない。
　その門はみな荒れ果て、
　その祭司たちはうめき、
　おとめたちは憂いに沈んでいる。
　シオンは苦しんでいる。
5 彼女の仇がかしらとなり、
　彼女の敵が栄えている。
　彼女の多くのそむきの罪のために、
　主が彼女を悩ましたのだ。
　彼女の幼子たちも、仇によって
　とりことなって行った。
6 シオンの娘からは、すべての輝きがなくなり、
　首長たちは、牧場のない鹿のようになって、
　追う者の前を力なく歩む。
7 エルサレムは、悩みとさすらいの日にあたって、
　昔から持っていた自分のすべての宝を思い出す。
　その民が仇の手によって倒れ、
　だれも彼女を助ける者がないとき、
　仇はその破滅を見てあざ笑う。
8 エルサレムは罪に罪を重ねて、
　汚らわしいものとなった。
　彼女を尊んだ者たちもみな、
　その裸を見て、これを卑しめる。
　彼女もうめいてたじろいだ。
9 彼女の汚れはすそにまでついている。
　彼女は自分の末路を思わなかった。
　それで、驚くほど落ちぶれて、
　だれも慰める者がない。
　「主よ。私の悩みを顧みてください。
　敵は勝ち誇っています。」
10 仇が彼女の宝としているものすべてに
　手を伸ばしました。
　異邦の民が、その聖所に入ったのを
　彼女は見ました。
　あなたの集団に加わってはならないと、

---

1 ①イザ22:2, ①イザ3:26
　③Ⅰ列4:21, エズ4:20
　④イザ54:4
　⑤Ⅱ列23:35
2 ①エレ9:18, 19
　②詩6:6, ③哀2:18
　④エレ2:25, 3:1, 22:20, 22, 30:14
　⑤哀1:9
　⑥ヨブ19:13, 14, 詩31:11
　⑦エレ4:30
3 ①エレ13:19
　②レビ26:39, 申28:64
　③申28:65
　④Ⅱ列25, エレ39:5
4 ①詩132:13
　②イザ24:7
　③哀2:6, 7, 22
　④哀2:9, イザ3:26
　⑤エレ9:11, 10:22
　⑥哀2:10, 21
5 ①申28:43, 44
　②エレ1:9, 詩89:42
　③エレ30:14, 15, エゼ8:17, 18, 9:9, 10
　④哀1:14, 22,
　→イザ24:30

　⑤エレ39:9, 52:27-30
6 ①エレ13:18
　②Ⅱ列25:4, 5,
　エレ39:4, 5
7 ①詩42:4, 77:3, 5-9
　②哀4:17, エレ37:7
　③詩79:4, エレ48:27
8 ①哀1:5, 20, イザ59:2-13
　②哀1:17, エレ2:23
　③エレ13:22, 26,
　エゼ16:37, 23:29
　④哀1:4, 11, 21, 22
9 ①エレ2:34, エゼ24:13
　②エレ5:31, 申32:29,
　イザ47:7
　③イザ3:8, エレ13:17, 18
　④哀1:2, 16, 17, 21,
　詩69:20, 伝4:1
　⑤詩25:18, 119:153,
　ダニ9:17-19
　⑥詩74:23, ゼパ2:10
10 ①Ⅱ列24:13
　②エゼ44:7-9, 使21:28
　③詩74:3-8, 79:1,
　イザ64:11, エレ51:51
　④申23:3, ネヘ13:1

1:1　この町は、ひとり寂しくすわっている　エレミヤはエルサレムが破壊されたことを嘆き悲しむ。けれどもエレミヤをさらに嘆かせたのはエルサレムを崩壊に導いた悲劇的情況、つまり人々の度重なる神への反抗だった。聖い都エルサレムは擬人化されている（人間のように表現する）。この町エルサレムは子どもを失い友だちに裏切られたやもめとして描かれている。やもめは慰めてくれる人がいないまま完全に一人にされていた（「シオン」という名称は（1:4）哀歌全体に見られ、過去と未来のエルサレムの別の名前である　→哀緒論、イザ62:1-2）。

1:5　多くのそむきの罪のために・・・彼女を悩ましたのだ　人々が苦しみ、荒廃し、何もかも失ったのは罪（自分勝手な生き方をして神と神の目的を拒むこと）の結果だった（⇒1:8-9, 14, 18, 20, 22）。つまり人々は自分で神のさばきを招いたのである。神を退け罪から立返ることを拒み続けるなら、やがて必ず破滅が訪れ、さばきが下る（ロマ6:23）。

1:7　だれも彼女を助ける者がない　自分勝手な生き方をして、内面の良心に聖霊が話しかけるのを無視する人は危険な生き方をしている。そういう人は問題に直面したときにだれにも助けてもらえないことになる。神に反抗し続けるなら、神から良いことではなく困難を受けるようになる。けれどもそれは、へりくだって神に頼るようになるためである。神への正しい恐れ（神の究極的な力と権威に対する最高の驚きと敬意）を持ち続け、邪悪な影響や振舞を避ける決心をすることによって、そのような不必要な結果を避ける

あなたがかつて命じられたものが。
11 彼女の民はみなうめき、食べ物を捜しています。
気力を取り戻そうとして、
自分の宝としているものを食物に代えています。
「主よ。私が、卑しい女になり果てたのをよく見てください。」

12 道行くみなの人よ。よく見よ。
主が燃える怒りの日に私を悩まし、
私をひどいめに会わされた
このような痛みがほかにあるかどうかを。
13 主は高い所から火を送り、
私の骨の中にまで送り込まれた。
私の足もとに網を張り、
私をうしろにのけぞらせ、
私を荒れすさんだ女、
終日、病んでいる女とされた。
14 私のそむきの罪のくびきは重く、
主の御手で、私の首に結びつけられた。
主は、私の力をくじき、
私を、彼らの手にゆだね、
もう立ち上がれないようにされた。
15 主は、私のうちにいたつわものをみな追い払い、
一つの群れを呼び集めて、
私を攻め、
私の若い男たちを滅ぼされた。
主は、酒ぶねを踏むように、
おとめユダの娘を踏みつぶされた。
16 このことで、私は泣いている。
私の目、この目から涙があふれる。

11 ①哀1:19, 2:12, 4:4
12 ①エレ18:16
②詩88:16, イザ13:13, エレ30:24
③哀2:13
④ダニ9:12
13 ①哀3:4, ヨブ30:30, 詩22:14, 38:3, 8, ハバ3:16
②ヨブ19:6, 詩66:11, エレ12:13, 17:20
14 ①→哀1:5
②イザ47:6
③エレ28:14, 申28:48
④エレ32:3
15 ①哀2:22
②Ⅱ歴36:17, エレ6:11
③イザ63:3, ヨエ3:13, 黙14:19, 20, 19:15
④イザ2:18, ルカ21:24
16 ①哀2:11, 18, 3:48, 49

②哀1:9
③哀1:5, エレ15:7, 9
17 ①イザ1:15, エレ4:31
②Ⅱ列24:2-4, エレ12:9
③哀1:8
18 ①ネヘ9:33, 詩119:75, 137, エレ12:1, ダニ9:7, 14
②エレ4:17, Ⅰサム12:15
③哀1:12
④申28:32, 41
19 ①哀1:2, ヨブ19:13-19
②哀2:20
③哀1:11
20 ①哀2:11, エレ4:19, ヨブ30:27, イザ16:11
②ホセ11:8
③エレ14:20
④申32:25, エレ6:25, 14:18, エゼ7:15
⑤エレ9:21
21 ①哀1:4, 8, 11
②哀1:9

私を元気づけて慰めてくれる者が、
私から遠ざかったからだ。
敵に打ち負かされて、
私の子らは荒れすさんでいる。
17 シオンが手を差し出しても、
これを慰める者はない。
主は仇に命じて、
四方からヤコブを攻めさせた。
エルサレムは彼らの間で、
汚らわしいものとなった。

18 主は正義を行われる。
しかし、私は主の命令に逆らった。
だが、すべての国々の民よ、聞け。
私の痛みを見よ。
私の若い女たちも、若い男たちも、
とりことなって行った。
19 私は愛する者たちを呼んだのに、
彼らは私を欺いた。
私の祭司も長老たちも、町の中で息絶えた。
気力を取り戻そうとして、
自分の食物を捜していたときに。

20 「主よ。ご覧ください。
私は苦しみ、私のはらわたは煮え返り、
私の心は私のうちで転倒しています。
私が逆らい続けたからです。
外では剣が子を奪い、
家の中は死のようです。
21 彼らは私のため息を聞いても、
だれも私を慰めてくれません。
私の敵はみな、私のわざわいを聞いて、

ことができる。

1:12 燃える怒りの日 ある人は神の愛と罪の赦しを強調している。そして自分勝手な生き方をやめて神に従う生き方をするように神が忍耐強く呼びかけているのに、それに応答しない人には神の怒りが当然下るということを無視している。けれども、キリストは愛であるから罪や反抗や不道徳には目をつぶるという、このような見解を聖書は支持していない（→黙19:15-17各注）。やがて来る神の怒り（正当な怒りとさばき）を理解するためには黙示録を読んで学ぶとよい。

1:12 このような痛み 1:1-11で嘆く（悲しみ、嘆き、後悔を表現する）のはエレミヤである。1:12-22はエルサレムが嘆く人として擬人化（人間の特性を用いて描写し表現する）されている。

1:18 私の痛みを見よ この節は罪（自分勝手な道を歩き、神に背き、神の基準に従って生きないこと）は悲しみをもたらすという、哀歌の中心主題を表現している。人間は罪や不道徳をしばらくは楽しんでいても、やがてはサタンの奴隷になり、悪い欲望の結果がはっきりと現れるようになる（ヨハ8:34, ロマ1:26-32）。悔改めて（心と思いを変えて自分の罪を認め、自分勝手な罪深い生き方をやめて神と神の目的に従い始めること）神に立返らない人々は遅かれ早かれ悲嘆、絶望、破滅に見舞われることになる。

③喜びました。
あなたが、そうなさったからです。
あなたが、かつて告げられた日を来させてください。
そうすれば、⑤彼らも私と同じようになるでしょう。
22 ⑤彼らのすべての悪を、御前に出させ、
あなたが、私のすべてのそむきの罪に対して、
報い返されたように、
彼らにも報い返してください。
私のため息は大きく、私の心は痛みます。」

2

1 ああ、主はシオンの娘を
①御怒りで曇らせ、
イスラエルの栄えを天から地に投げ落とし、
②御怒りの日に、
ご自分の足台を思い出されなかった。
2 ①主は、
ヤコブのすべての住まいを、容赦なく滅ぼし、
ユダの娘の要塞を、憤って打ちこわし、
王国とその首長たちを、地に打ちつけて
④汚された。
3 ⑤燃える怒りをもって、
イスラエルのすべての角を折り、
敵の前で、右の手を引き戻し、
あたりを焼き尽くす燃える火で、
ヤコブを焼かれた。

21 ①哀2:16, 17,
詩35:15, 19, 24, 38:16,
イザ14:29, エレ50:11
②イザ13:9, エレ46:10,
28, ⑤詩137:7, 8,
イザ14:5, 6, 47:6, 11,
エレ30:16, 51:35
22 ①→哀1:5, ②哀5:17

1 ①哀3:43, 44,
エゼ30:18, 32:7, 8
②イザ64:11, 13:19
③イザ14:12–15,
エゼ28:16, 17, マタ11:23
④Ⅰ歴28:2,
詩99:5, 132:7
2 ①哀2:17, 21, 3:43,
エレ13:14, イザ5:11,
7:8, 9, 8:18
②申28:52, 詩89:40,
エレ5:17, ミカ5:11
③イザ25:12, 26:5
詩89:39, イザ43:28
3 ①詩75:10, エレ48:25
②詩74:11
③哀4:11, イザ42:25,
エレ21:14
4 ①イザ63:10, エレ30:14
②哀3:12, 13, ヨブ6:4,
16:12, 13, 詩77:12, ③エレ21:5, エゼ24:25
⑤イザ42:25, エレ7:20
5 ①哀2:2
②Ⅱ列25:9, Ⅱ歴36:19,
エレ52:13
③エレ6:26, 9:17–20
6 ①イザ1:8
＊「仮小屋」は補足
②哀14, 52:13
③→哀1:4
④エレ17:27
⑤哀4:16, 20, 5:12,
イザ43:28, エレ13:13, 14
7 ①レビ26:31,
詩78:59–61, エゼ7:22,
24:21, ②イザ64:11,
エレ52:13, ③詩74:4
8 ①エゼ39:8, 52:14
②哀2:17, エレ5:10
③Ⅱ列21:13,
イザ34:11, アモ7:7–9
④イザ3:26, エレ14:2
9 ①哀1:4, ②エレ51:30
③哀4:20, Ⅱ列25:7,
エゼ17:20, 申28:36
④哀1:3, 4:20, エレ16:15

4 ①主は敵のように、②弓を張り、
右の手でしっかり構え、
仇のように、
いとしい者たちのすべてを虐殺し、
シオンの娘の天幕に
火のように⑤憤りを注がれた。
5 ①主は、敵のようになって、
イスラエルを滅ぼし、
そのすべての宮殿を滅ぼし、
その要塞を荒れすたらせて、
ユダの娘の中にうめきと嘆きをふやされた。
6 主は、畑の＊仮小屋のように、
ご自分の幕屋を投げ捨てて、
②祭りの場所を荒れすたらせた。
⑤主はシオンでの祭りと安息日とを忘れさせ、
激しい憤りで、王と祭司を退けられた。
7 主は、その祭壇を拒み、聖所を汚し、
その宮殿の②城壁を敵の手に渡された。
すると、祭りの日のように、
彼らは、主の宮でほえたけった。
8 ①主は、シオンの娘の城壁を荒れすたらせようと決め、
測りなわでこれを測り、
これを滅ぼして手を引かなかった。
塁と城壁は悲しみ嘆き、
これらは共にくずれ落ちた。
9 その城門も地にめり込み、
主はそのかんぬきを打ちこわし、打ち砕いた。
その王も首長たちも異邦人の中にあり、

1:22 悪を、御前に出させ もし神の栄誉と目的を大切に思うなら、悪い民族と神の働きに敵対する人々にさばきが下るように祈ることは全く正しいことである。けれども実際にさばきを下すのは神ご自身であることを覚えておかなければならない。神がさばきを下されるまで、神の真理のメッセージを受入れず、イエス・キリストと個人的な関係を持たない人々に私たちは同情をもって福音を伝えなければならない。

2:5 敵のようになって 主を知って主に従う恩恵を味わった人が主から離れて罪の喜びに浸るなら神の敵になる。イスラエルとユダの民がしたのはこのことだった。その結果、恐ろしい苦難に遭うことになった。神は愛とあわれみを豊かに持つ方であるけれども、神の愛を拒み心をかたくなにして神に立返らず頑固に自分の生き方から離れない国や人々にさばきを下すときが来る（⇒ロマ2:8–9, 黙2:16, 22–23）。神とみことばを捨てても（離れる、捨てる）、神は何もなさらないなどと考えてはならない（→**背教**の項 p.2350）。

2:7 敵の手に渡された 主は信仰のない反抗の民を敵の手に渡して滅ぼされた。同じように、主を敬わない世間の人々と同じ考え方や振舞を受入れるなら、それが教会や信仰者であっても、主はサタンの悪い影響に渡されることがある（Ⅰコリ5:5）。罪深い生活様式、神を敬わない不道徳な社会の価値観を持つなら、神への信仰を失った人々には滅びとさばきが下るのである（→マタ5:13注）。

⑤　　⑥りっぽう
　もう律法はない。
　⑦よげんしゃ　　⑧しゅ　　　まぼろし
　預言者にも、主からの幻がない。
10 シオンの娘の長老たちは、地にすわって
　　①だま
　黙りこみ、
　　あたま　　　　　　　　　　　　　み　　　あらぬの
　頭にはちりをまき散らし、身には荒布を
　まとった。
　エルサレムのおとめたちは、
　　あたま　ち　た
　その頭を地に垂れた。
11 私の目は涙でつぶれ、
　　　　　　　　　　　に　　かえ
　私のはらわたは煮え返り、
　わたし　きも　わたし　たみ　むすめ　きず　　み
　私の肝は、私の民の娘の傷を見て、
　ち　そそ　だ
　地に注ぎ出された。
　おさなご　ち の　　ご　みやこ　ひろば　おとろ　は
　幼子や乳飲み子が都の広場で衰え果てて
　いる。
　　かれ　　ははおや
12 彼らは母親に、
　　こくもつ　　　　　　しゅ
　「穀物とぶどう酒はどこにあるのか、と言
　　つづ
　い続け、
　まち　ひろば　きず　　　　　おとろ　は　　もの
　町の広場で傷つけられて衰え果てた者の
　ように、
　はは　　　　　　　いき　た
　母のふところで息も絶えようとしている。

9 ⑤Ⅱ歴15:3, ホセ3:4
　⑥→エレ2:8
　⑦哀2:14, 20, 4:13,
　→イザ3:2, ⑧エレ14:14,
　23:16, エゼ7:26
10 ①哀2:13, イザ3:26,
　47:1, ②アモ8:3
　③ヨブ2:12, エゼ27:30
　④イザ15:3, エレ6:26,
　エゼ7:18, 27:31,
　ヨナ3:6, ⑤哀1:4
11 ①哀1:16, 3:48, 49,
　エレ9:1, ②哀1:20
　③ヨブ16:13, ⑤詩22:14
　⑤哀2:19, 4:4, エレ44:7
12 ①エレ5:17

13 ①イザ37:22
　＊別訳「私はどのように
　してあなたを和し」
　七十人訳は「だれがあな
　たをいやし」
　②エレ8:22, 14:17,
　30:12-15
14 ①エレ2:8, 5:31, 14:14,
　15, 23:25-28, 27:9, 10,
　29:8, 9, エゼ13:2, 22:28
　②イザ58:1, エゼ23:36,
　ミカ3:8
15 ①ヨブ27:23, エゼ25:6,
　ナホ3:19, ②エレ19:8
　③Ⅱ列19:21, 詩22:7,
　64:8, イザ37:22,
　エレ18:16, ゼパ2:15,
　マタ27:39, ④詩50:2,
　エゼ28:12, ⑤詩48:2

　　　　　　　　　むすめ
13 エルサレムの娘よ。
　わたし　　　　　　なに
　私はあなたを何にたとえ、
　　　　　なに
　あなたを何になぞらえよう。
　　　　　　むすめ
　おとめ、シオンの娘よ。
＊私は何にあなたを比べて、
　　　　　　なぐさ
　あなたを慰めることができよう。
　　　　　きず　うみ　　　　　おお
　あなたの傷は海のように大きい。
　だれがあなたをいやすことができよう。
　　　　　　よげんしゃ
14 あなたの預言者たちは、あなたのために、
　　　　　　　　　　　　　　　　よげん
　むなしい、ごまかしばかりを預言して、
　　　　　　はんえい　　　もと
　あなたの繁栄を元どおりにするために、
　　　　　　とが
　あなたの咎をあばこうともせず、
　あなたのために、むなしい、
　ひと　まど
　人を惑わすことばを預言した。
　みち　ゆ　　ひと
15 道行く人はみな、あなたに向かって手を
　う　な
　打ち鳴らし、
　　　　　　　むすめ　　　　　　あたま　ふ
　エルサレムの娘をあざけって頭を振り、
　　　　　　　うつく
　「これが、美のきわみと言われた町、
　ぜんち　よろこ　まち
　全地の喜びの町であったのか」と言う。
　　　　　　てき
16 あなたの敵はみな、

2:9 幻がない

神は神の民と直接話をされなくなった。人々が罪を犯し神に反抗し続けたので、警告と希望の預言と幻を与えるのをやめられた。今日の教会でも教会の指導者や信仰者の中に罪があるなら、聖霊は賜物(互いに励まし合い、神の栄光を現すために信仰者に与えられる特別な能力 ⇒Ⅰコリ12:-14:)や奇蹟の力を現されなくなる。このように霊的に欠乏し無力となりさばきが下るのは、神の民が神の目的を求めなくなり、この世界の慣習を身に付けたことを示す明らかなしるしである。けれどもこの悲しい状態から脱け出て霊的な活力を再生し、神との関係を新しくする方法がある。自分の罪を認め神の赦しを信じ、この世界の慣習に妥協することをやめ、神の目的と力が自分たちの中に回復されるように熱心に神に祈り求めることである(→「御霊の賜物」の項 p.2138)。

2:11 私の目は涙でつぶれ

自分の国の人々が神に反抗したために苦しみを受けていることに、エレミヤは深い同情と悲しみを覚えた。イエス・キリストもイスラエル人が神の霊的救いの計画を拒み、そのことによって間もなくさばきを受けることに涙を流された(ルカ19:41-44)。使徒パウロ(初代教会の開拓をし、新約聖書の多くの手紙を書いた指導者)はキリストを受け入れない同胞のユダヤ人に深い悲しみを覚え、絶えず心配をしていた(ロマ9:1-3, 10:1)。同じようにイエス・キリストとの関係を持つ喜びを知っている人は、罪とサタンに縛られている人々の悲惨な霊的状態に心を痛めるべきである。私たちは一般社会の道徳の低下を嘆かなければならない。なぜならその結果は痛みと苦しみだからである。

2:12 穀物とぶどう酒はどこにあるのか

エルサレムは荒廃し、食物や最低の生活必需品が得られなくなった。幼児や小さい子どもたちは栄養不良になり、飢えで死にそうな子どももいた(⇒4:4, 9)。ここで言うぶどう酒(《ヘ》ヤイン)は人が酔う飲み物ではなく、未発酵のぶどう酒、または栄養価の高いぶどうの果汁のことである(→「旧約聖書のぶどう酒」の項 p.1069)。

2:14 あなたの咎をあばこうともせず

にせ預言者のしるしの一つは、その預言のことばや幻が人々の罪をあばかないことである(→「旧約聖書の預言者」の項 p.1131)。教会の人々、特に教会の指導者であっても罪を示さず毅然とした態度をとらないで、ただ聖霊が人々の良心に真理を示す(ヨハ16:8-11)のに任せているような人は、明らかにせの奉仕者である。そのような奉仕は神を敬う健全な教会を建上げない。けれども聖さ(道徳的霊的純粋性、悪からの分離)と謙遜をもって生活し、キリストがされたように教会の中の世的なものに対して真実を大胆に話す人は、主の忠実な牧者と言うことができる(→黙2:-3:)。

哀歌　2-3章

あなたに向かって大きく口を開いて、
あざけり、歯ぎしりして言う。
「われわれはこれを滅ぼした。
ああ、これこそ、われわれの待ち望んで
いた日。
われわれはこれに巡り会い、じかに見た」
と。

17 主は企てたことを行い、
　昔から告げておいたみことばを成し遂げ
　られた。
　滅ぼして、容赦せず、
　あなたのことで敵を喜ばせ、
　あなたの仇の角を高く上げられた。
18 彼らは主に向かって心の底から叫んだ。
　シオンの娘の城壁よ。
　昼も夜も、川のように涙を流せ。
　ぼんやりしてはならない。
　目を閉じてはならない。
19 夜の間、夜の見張りが立つころから、
　立って大声で叫び、
　あなたの心を水のように、主の前に注ぎ
　出せ。
　主に向かって手を差し上げ、
　あなたの幼子たちのために祈れ。
　彼らは、あらゆる街頭で、
　飢えのために弱り果てている。

20「主よ。ご覧ください。顧みてください。
　あなたはだれに
　このようなしうちをされたでしょうか。
　女が、自分の産んだ子、養い育てた幼子
　を
　食べてよいでしょうか。
　主の聖所で、祭司や預言者が
　虐殺されてよいでしょうか。

16 ①哀3:46, ヨブ16:10,
　詩22:13
　②ヨブ16:9,
　詩35:16, 37:12
　③オバ12-14
　④詩35:21
17 ①エレ4:28, 18:11
　②申28:15
　③哀2:2
　④哀1:21, 詩89:42
　⑤哀1:5
18 ①詩119:145, ホセ7:14
　②哀2:8
　③詩42:3, エレ9:1
　④哀3:48, 詩119:136
　⑤哀1:2, 16, 3:49,
　エレ9:18
19 ①詩119:147, イザ26:9
　②Ⅰサム1:15,
　詩42:4, 62:8
　③詩28:2, 141:2
　④哀2:11, 12
　⑤イザ51:20
20 ①エレ12:7
　②イザ63:17-19
　③哀4:10, エレ19:9,
　エゼ5:10, レビ26:29,
　申28:53
　④詩78:64,
　エレ14:15, 23:11, 12

21 ①Ⅱ歴36:17, エレ6:11
　詩78:62, 63
　②エレ2:2
22 ①→哀1:4
　②詩31:13, エレ6:25
　③エレ1:11
　④エレ16:2-4, 44:7

1 ①ヨブ19:21, 詩88:7, 15,
　エレ15:17
2 ①エレ9:30:26, イザ59:9,
　エレ4:33
3 ①詩38:2, イザ5:25
4 ①ヨブ16:8, 詩38:3
　②詩51:8, イザ38:13,
　哀1:13
5 ①哀3:15, 19, 詩69:21,
　エレ9:15, 23:15
6 ①詩88:5, 6, 143:3
7 ①ヨブ3:23, 19:8,
　ホセ2:6
　②詩88:8
　③エレ20:3, 39:7
8 ①哀3:44, ヨブ30:20,
　詩22:2, ミカ3:4,
　ゼカ7:13
　②→イザ1:15
10 ①ホセ13:8
　②ヨブ10:16, イザ38:13,
　ホセ5:14, 13:7

21 幼い者も年寄りも道ばたで地に横たわり、
　私の若い女たちも若い男たちも剣に倒れ
　ました。
　あなたは御怒りの日に虐殺し、
　彼らを容赦なくほふりました。
22 あなたは、例祭の日のように、
　私の恐れる者たちを、四方から呼び集め
　ました。
　主の御怒りの日に、
　のがれた者も生き残った者もいませんで
　した。
　私が養い育てた者を、
　私の敵は絶ち滅ぼしてしまいました。」

3

1 私は主の激しい怒りのむちを受けて
　悩みに会った者。
2 主は私を連れ去って、光のないやみを歩
　ませ、
3 御手をもって一日中、くり返して私を攻
　めた。
4 主は私の肉と皮をすり減らし、骨を砕
　き、
5 苦味と苦難で私を取り囲んだ。
6 ずっと前に死んだ者のように、
　私を暗い所に住まわせた。
7 主は私を囲いに入れて、
　出られないようにし、
　私の青銅の足かせを重くした。
8 私が助けを求めて叫んでも、
　主は私の祈りを聞き入れず、
9 私の道を切り石で囲み、
　私の通り道をふさいだ。
10 主は、私にとっては、待ち伏せしている
　熊、
　隠れている獅子。

2:18　涙を流せ　エレミヤは人々に祈り、泣き、悔い改めるように必死に呼びかけている。自分の罪を認めて心からの悲しみを表し、罪から離れて神に立返るように訴えている。神を信じる信仰を新しくし、国のために熱心に祈ろうとする人々の心からの叫びを神が聞いてくださることを預言者は願った(⇒2:19)。

3:1　私は・・・者　3章では苦しんでいるイスラエル人は神のさばきを受けているけれども、神との正しい関係と目的が回復される希望をなお持つ人々として描かれている。この希望を持つ人は、罪を悔い改め(→2:18注)、神のご計画が成就するのを忍耐強く待つ人々には必ず神の愛と助けが与えられるという真理を理解することができる(3:22-27)。

3:8　主は私の祈りを聞き入れず　神を敬わないで罪の中で生き、神の道徳を拒んでいる人にとって最も恐ろしいことは、神が祈りを聞かれないことである(⇒3:44, 詩18:41, 箴1:28, エレ7:16, →「**効果的な祈り**」の項 p.585)。

哀歌　3章

11 主は、私の道をかき乱し、
　　私を耕さず、私を荒れすたれさせた。
12 主は弓を張り、私を矢の的のようにし、
13 矢筒の矢を、私の腎臓に射込んだ。
14 私は、私の民全体の物笑いとなり、
　　一日中、彼らのあざけりの歌となった。
15 主は私を苦味で飽き足らせ、
　　苦よもぎで私を酔わせ、
16 私の歯を小石で砕き、
　　灰の中に私をすくませた。
17 私のたましいは平安から遠のき、
　　私はしあわせを忘れてしまった。
18 私は言った。
　　「私の誉れと、
　　主から受けた望みは消えうせた」と。

19 私の悩みとさすらいの思い出は、
　　苦よもぎと苦味だけ。
20 私のたましいは、ただこれを思い出して
　　は沈む。
21 私はこれを思い返す。
　　それゆえ、私は待ち望む。

22 私たちが滅びうせなかったのは、主の恵
　　みによる。
　　主のあわれみは尽きないからだ。
23 それは朝ごとに新しい。
　　「あなたの真実は力強い。
24 主こそ、私の受ける分です」と
　　私のたましいは言う。

12 ①哀2:4
　②ヨブ7:20, 16:12
13 ①エレ5:16
　②ヨブ6:4, 詩38:2
14 ①申28:37, 詩22:6, 7, 123:3, 4, エレ20:7
　②ヨブ30:9
15 ①哀3:5
　②エレ23:15
16 ①箴20:17
　②詩3:7
　③エレ6:26
17 ①エレ12:12, 16:5
18 ①ヨブ17:15, エゼ37:11
19 ①哀3:5
20 ①ヨブ21:6
　②詩42:5, 6, 11, 43:5, 44:25
21 ①哀3:24
22 ①レビ26:44, エレ30:11, マラ3:6
　②出34:6, 7, 詩78:38, エレ3:12
23 ①イザ33:2, ゼパ3:5
　②詩89:1
24 ①詩16:5, 119:57

　②詩27:14, 40:1, 130:5, イザ25:9, 30:18, ミカ7:7
25 ①イザ26:9
26 ①イザ30:15, Ⅰペテ1:13
27 ①伝12:1
　②詩119:71
28 ①エレ15:17
　②哀2:10, 詩39:2, 9
29 ①ヨブ40:4
　②ヨブ16:15
　③エレ31:17
30 ①イザ50:6, マタ5:39
31 ①哀3:31, 32, イザ54:7, 8
　②詩94:14
32 ①詩78:38, 106:45, エレ31:20, ホセ11:8
　②エゼ33:11, ヘブ12:10
34 ①イザ14:17
36 ①箴17:15, エレ19:7
37 ①ヨブ33:9-11, 箴19:21, 21:30
38 ①ヨブ2:10, イザ45:7, エレ32:42, アモ3:6
39 ①箴19:3, ヘブ12:5, 6

　それゆえ、私は主を待ち望む。

25 主はいつくしみ深い。
　　主を待ち望む者、主を求めるたましいに。
26 主の救いを黙って待つのは良い。
27 人が、若い時に、くびきを負うのは良い。
28 それを負わされたなら、
　　ひとり黙ってすわっているがよい。
29 口をちりにつけよ。
　　もしや希望があるかもしれない。
30 自分を打つ者に頬を与え、
　　十分そしりを受けよ。
31 主は、いつまでも見放してはおられない。
32 たとい悩みを受けても、
　　主は、その豊かな恵みによって、
　　あわれんでくださる。
33 主は人の子らを、ただ苦しめ悩まそうと
　　は、
　　思っておられない。
34 地上のすべての捕らわれ人を足の下に踏
　　みにじり、
35 人の権利を、いと高き方の前で曲げ、
36 人がそのさばきをゆがめることを、
　　主は見ておられないだろうか。
37 主が命じたのでなければ、
　　だれがこのようなことを語り、
　　このようなことを起こしえようか。
38 わざわいも幸いも、
　　いと高き方の御口から出るのではないか。
39 生きている人間は、なぜつぶやくのか。

3:21-33　それゆえ、私は待ち望む　何もかもが恐ろしく見える中で、それでも希望があることをエレミヤは人々に知ってほしいと思う。希望は次の理由による。(1) 主の怒りはほんの短い期間であるけれども、主の愛は決して終ることがない(3:22)。神はユダを契約の民として拒まれたのではない。霊的な救いの最高の計画を世界に現すために用いるという目的を今も持ち続けておられる。(2) 神はへりくだって忍耐強く主に頼る人には慈しみ深く、あわれみ深い(3:24-27)。(3) 神は人々を懲らしめた後、苦しむ人々に同情を示す用意がある(3:27-33、→3:27-33注)。

3:27-33　くびきを負う　くびきは大きな木の枠で、家畜同士を一緒に制御するために使う道具である。これは困難で重苦しい状況を表している。神は反抗する人々をへりくだらせ、その人生を建設的で清いものに するという目的が達成されるために、問題や苦難が来るのを許されたり導入されたりする。そのような試練に遭っている人は自分の罪を認め、神に赦しを求め、人生を神にゆだねなければならない。神のご計画と目的に完全に戻るのには時間がかかるかもしれないけれども、神はすぐに罪を赦してくださる。

3:33　ただ苦しめ悩まそうとは、思っておられない　神は罪を犯した人を喜んで罰するのではない。神が罰するのは神の特性が完全な義だからである。神は神の完全な律法や基準に対する違反や「犯罪」などを見逃すことができない(→「神の属性」の項 p.1016)。神は世界の道徳の秩序を維持しなければならない。神の最大の願いは神の懲らしめやさばきによって人々が神に立返ることである(→エゼ18:23, 32, ホセ11:8, Ⅱペテ3:9)。

哀歌 3-4章

自分自身の罪のためにか。
40 私たちの道を尋ね調べて、
　主のみもとに立ち返ろう。
41 私たちの手をも心をも
　天におられる神に向けて上げよう。
42「私たちはそむいて逆らいました。
　あなたは私たちを赦してくださいませんでした。
43 あなたは、御怒りを身にまとい、
　私たちを追い、容赦なく殺されました。
44 あなたは雲を身にまとい、
　私たちの祈りをさえぎり、
45 私たちを国々の民の間で、
　あくたとし、いとわれる者とされました。」
46 私たちの敵はみな、
　私たちに向かって口を大きく開き、
47 恐れと穴、荒廃と破滅が私たちのものになった。
48 私の民の娘の破滅のために、
　私の目から涙が川のように流れ、
49 私の目は絶えず涙を流して、やむことなく、
50 主が天から見おろして、
　顧みてくださる時まで続く。
51 私の目は私の町のすべての娘を見て、
　この心を苦しめる。
52 わけもないのに、私の敵となった者たちは、
　鳥をねらうように、私をつけねらった。
53 彼らは私を穴に入れて殺そうとし、
　私の上に石を投げつけた。
54 水は私の頭の上にあふれ、
　私は「もう絶望だ」と言った。
55「主よ。私は深い穴から御名を呼びまし

39 ②エレ30:15, ミカ7:9
40 ①詩119:59, 139:23, 24, Ⅱコリ13:5
　②イザ55:7
41 ①詩25:1, 86:4
42 ①ネヘ9:26, エレ14:20, ダニ9:5
　②Ⅱ歴24:4, エレ5:7, 9
43 ①哀2:21
　②哀3:66, 詩83:15
　③哀2:2
44 ①詩97:2
　②→イザ1:15
45 ①申28:37
　②哀4:15, 詩22:6, Ⅰコリ4:13
46 ①哀2:16
47 ①イザ24:17, 18, エレ48:43, 44
　②イザ51:19
48 ①哀2:18
49 ①エレ14:17
　②詩77:2
50 ①詩80:14, イザ63:15
　②哀5:1
52 ①詩35:7, 19, 109:3, 119:161
　②Ⅰサム26:20, 詩11:1
53 ①エレ37:16, 38:6, 9, 10
54 ①詩69:2
　②詩31:22
　＊直訳「断ち切られた」
55 ①詩88:6, 130:1

56 ①詩6:8, 18:6, 66:19, ヨナ2:2
　②詩55:1
57 ①詩145:18
　②イザ41:10, 14
58 ①エレ50:34, 51:36
　②哀3:22, 71:23
59 ①エレ35:23, 43:1
60 ①エレ18:18
　②詩10:14, エレ11:20
61 ①エレ18:18, 20:10
　②哀5:1, 詩89:50, ゼパ2:8
　③出2:24
63 ①詩139:2
64 ①エレ11:20, 詩28:4
66 ①哀35:6
　②申25:19, エレ10:11
1 ①エゼ7:19
　②Ⅱ列25:9, エレ52:13, エゼ7:22

た。
56 あなたは私の声を聞かれました。
　救いを求める私の叫びに
　耳を閉じないでください。
57 私があなたに呼ばわるとき、
　あなたは近づいて、
　『恐れるな』と仰せられました。
58 主よ。あなたは、
　私のたましいの訴えを弁護して、
　私のいのちを贖ってくださいました。
59 主よ。あなたは、
　私がしいたげられるのをご覧になりました。
　どうか、私の訴えを正しくさばいてください。
60 あなたは、私に対する彼らの復讐と、
　たくらみとをことごとくご覧になりました。
61 主よ。あなたは、
　私に対する彼らのそしりと
　すべてのたくらみとを聞かれました。
62 私の敵のくちびると彼らのつぶやきが、
　一日中、私に向けられています。
63 彼らの起き伏しに目を留めてください。
　私は彼らのからかいの歌となっています。
64 主よ。彼らの手のわざに応じて、彼らに報復し、
65 横着な心を彼らに与え、
　彼らに、あなたののろいを下してください。
66 主よ。御怒りをもって彼らを追い、
　天の下から彼らを根絶やしにしてください。」

4

1 ああ、金は曇り、美しい黄金は色を変え、
　聖なる石は、あらゆる道ばたに投げ出さ

3:40-41 【主】のみもとに立ち返ろう エレミヤは神に忠実な人だったけれども、現在の情況を招いた責任を人々と一緒に受けた。そして自分と一緒に霊的に内部を探るように人々に勧めた。エレミヤは人々が神を敬わない人生の間違いを認めて主に立ち返り、みことばに従って本当に心を変えることを望んだ。人々がそうするなら神は人々に応え、人々との関係を回復してくださる(3:55-58)。

4:1-12 黄金は色を変え エレミヤはエルサレムの過去の栄光と、神に従わなかったために人々が苦しんでいる現在の惨状とを比較している。過去の富や誇りや地位はみな何になるのだろう。その一つも現在の恥と絶望状態を食い止めることができなかった。情況はますますひどくなり、遂には生き残るために人間の肉を食べる家族まで出始めた(4:10、⇒エレ19:9)。「シオン」(4:2, 11)はこの書物全体で使われているけれど

哀歌　4章

2 純金で値踏みされる高価なシオンの子らは、
　ああ、陶器師の手で作られた土のつぼのように
　みなされている。
3 ジャッカルさえも乳房をあらわし、
　その子に乳を飲ませるのに、
　私の民の娘は、
　荒野のだちょうのように無慈悲になった。
4 乳飲み子の舌は渇いて上あごにつき、
　幼子たちがパンを求めても、
　それを裂いて彼らにやる者もない。
5 ごちそうを食べていた者は道ばたでしおれ、
　紅の衣で育てられた者は、
　堆肥をかき集めるようになった。
6 私の民の娘の咎は、
　人手によらず、たちまちくつがえされた
　ソドムの罪より大きい。
7 そのナジル人は雪よりもきよく、
　乳よりも白かった。
　そのからだは、紅真珠より赤く、
　その姿はサファイヤのようであった。
8 しかし、彼らの顔は、すすよりも黒くなり、
　道ばたでも見分けがつかない。
　彼らの皮膚は干からびて骨につき、
　かわいて枯れ木のようになった。
9 剣で殺される者は、
　飢え死にする者よりも、しあわせであった。
　彼らは、畑の実りがないので、
　やせ衰えて死んで行く。
10 私の民の娘の破滅のとき、
　あわれみ深い女たちさえ、
　自分の手で自分の子どもを煮て、
　自分たちの食物とした。
11 主は憤りを尽くして燃える怒りを注ぎ出し、

2 ①イザ51:18
　②イザ30:14, エレ19:1, 11
3 ①イザ13:22
　②ヨブ39:13-17
4 ①哀2:11, 12
　②詩22:15
5 ①アモ6:4-7
　②イザ3:16-24
6 ①創19:25, エレ20:16
　②エゼ16:48, イザ1:10, エレ23:14
7 ①民6:2
　②詩51:7
　③→歳:3
　④出24:10, ヨブ28:16
8 ①ヨブ30:30
　②哀3:4, 5:10, ヨブ19:20, 詩102:5
9 ①エレ15:2, 16:4
　②エゼ24:23
10 ①申28:56, 57
　②Ⅱ列6:29
　③哀2:20
11 ①エレ7:20, エゼ22:31

②哀2:3, 申32:22, エレ17:27
12 ①→イザ14:17
　②エレ21:13
13 ①哀2:14, エレ6:13, 23:11, エゼ22:26, 28, ミカ11:12, ゼパ3:4
　②マタ23:35, エレ2:30, 26:8, 9
14 ①エレ1:15, エレ2:34
　②申28:28, 29, イザ29:9, 10, 56:10, 59:10
15 ①レビ13:45, 46
16 ①イザ9:14, 15, エレ52:24, 26, 27
17 ①ヨブ11:20, 17:5, 詩69:3, エレ14:6
　②エレ37:7
　③イザ30:6, 7, エレ29:6, 7
18 ①エレ5:31, エゼ7:2-12, アモ8:2
19 ①エレ4:13, ハバ1:8, イザ5:26-28, 30:16, 17
　②エレ16:16
20 ①→Ⅱサム1:14, 19:21

シオンに火をつけられたので、
　火はその礎までも焼き尽くした。
12 地の王たちも、世に住むすべての者も、
　仇や敵がエルサレムの門に、
　入って来ようとは信じなかった。

13 これはその預言者たちの罪、
　祭司たちの咎のためである。
　彼らがその町のただ中で、
　正しい人の血を流したからだ。
14 彼らは血に汚れ、
　盲人のようにちまたをさまよい、
　だれも彼らの着物に触れようとしなかった。
15 「あっちへ行け。汚れた者」と
　人々は彼らに叫ぶ。
　「あっちへ行け。あっちへ行け。さわるな。」
　彼らは、立ち去って、なおもさまよい歩く。
　諸国の民の中で人々は言う。
　「彼らはもう立ち寄ってはならない。」
16 主ご自身も彼らを散らし、
　もう彼らに目を留めなかった。
　祭司たちも尊ばれず、
　長老たちも敬われなかった。
17 それに、私たちの目は、衰え果てた。
　助けを求めたが、むなしかった。
　私たちは見張り所で、見張った。
　救いをもたらさない国の来るのを。
18 私たちの歩みはつけねらわれて、
　私たちは広場を歩くことができなかった。
　私たちの終わりは近づいた。
　私たちの日は満ちた。
　私たちの終わりが来たからだ。
19 私たちを追う者は、大空の鷲よりも速く、
　山々の上まで追い迫り、
　荒野で私たちを待ち伏せた。
20 私たちの鼻の息である者、
　主に油そそがれた者までも、

も、過去と未来のエルサレムを指す別の名前である。
シオンの意味の詳細　→哀緒論、イザ62:1-12
4:13　その預言者たちの罪　エレミヤはユダの悲惨な状態をもたらした罪の種類、または神への反抗の領域を二つ挙げている。(1) 霊的な指導者と自称する人々の腐敗(→エレ26:7-11, 16, エゼ22:26, 28)。(2) 安全と繁栄を神に求めないで人間的政治的同盟に頼ったこと(4:17)。

哀歌　4-5章

彼らの②落とし穴で捕らえられた。
「この者のおかげで、諸国の民の中でも
私たちは生きのびる」と
私たちが言った者なのに。

21 ウツの地に住むエドムの娘よ。楽しみ喜べ。
だが、あなたにも③杯は巡って来る。
あなたも酔って裸になる。
22 シオンの娘。あなたの刑罰は果たされた。
主はもう、あなたを捕らえ移さない。
エドムの娘。主はあなたの咎を罰する。
主はあなたの不義をあばく。

5

1 主よ。私たちに起こったことを思い出してください。
私たちのそしりに目を留めてください。
顧みてください。
2 私たちの相続地は他国人の手に渡り、
私たちの家もよそ者の手に渡りました。
3 私たちは父親のないみなしごとなり、
私たちの母はやもめになりました。
4 私たちは自分たちの水を、金を払って飲み、
自分たちのたきぎも、代価を払って
手に入れなければなりません。
5 *私たちはくびきを負って、
追い立てられ、
疲れ果てても、休むことができません。
6 私たちは足りるだけの食物を得ようと、
エジプトやアッシリヤに手を伸ばしました。
7 私たちの先祖は罪を犯しました。
彼らはもういません。
彼らの咎を私たちが背負いました。
8 奴隷たちが私たちを支配し、

20 ②エゼ19:4, 8
　③Ⅱ列25:6, エレ39:5
21 ①ヨブ1:1, エレ25:20
　②詩83:3-6, 137:7, エレ25:20, 21, 27
　③エレ25:15, 16, 21, 49:12
　④エレ49:10, 創9:21
22 ①エレ40:2, エレ33:7, 8
　②イザ34:6, 7, 63:1-6, エレ49:8, 10, アモ1:11, 12, オバ1, 16, マラ1:3, 4

1 ①哀3:19, ネヘ9:32, 詩89:50
　②詩44:13-16
2 ①→エレ2:7
　②詩79:1, イザ1:7, ホセ8:7, 8
　③ゼパ1:13
3 ①出22:24
　②エレ15:8, 18:21
4 ①イザ3:1
5 *直訳「私たちの首の上に、私たちは」
　①申28:48, イザ47:6, エレ28:14
　②ネヘ9:36, 37
6 ①エレ2:18, ホセ5:13, 7:11, 12:1
7 ①エレ14:20, 16:12
　②出20:5, レビ26:39, 民14:18, 33, エレ32:18

8 ①詩71:11
10 ①哀4:8
11 ①Ⅱ歴36:17
　②イザ13:16, ゼカ14:2
12 ①哀4:16, イザ47:6
13 ①士16:21
　②エレ7:18
14 ①ゼカ8:16
　②イザ24:8, エレ7:34
15 ①エレ25:10
　②アモ8:10
16 ①ヨブ19:9, 詩89:39, エレ13:18
　②イザ3:9, 11
17 ①哀1:22, 詩38:8
　②哀2:11, ヨブ17:7, 詩6:7, 69:23
18 ①エレ74:2, 3, ミカ3:12
　②ダニ9:18
　③ネヘ4:3, 詩63:10
19 ①詩9:7, 29:10, 102:12, 146:10
　②詩45:6
20 ①詩13:1, 42:9
21 ①詩80:3, エレ31:18

だれも彼らの手から
私たちを救い出してくれません。
9 私たちは、荒野に剣があるために、
いのちがけで自分の食物を得なければなりません。
10 私たちの皮膚は、飢えの苦痛のために、
かまどのように熱くなりました。
11 女たちはシオンで、
おとめたちはユダの町々で、
はずかしめられました。
12 首長たちは彼らの手でつるされ、
長老たちも尊ばれませんでした。
13 若い男たちはひき臼をひかされ、
幼い者たちはたきぎを背負ってよろめき、
14 年寄りたちは、城門に集まるのをやめ、
若い男たちは、楽器を鳴らすのをやめました。
15 私たちの心から、喜びは消え、
踊りは喪に変わり、
16 私たちの頭から冠も落ちました。
ああ、私たちにわざわいあれ。
私たちが罪を犯したからです。
17 私たちの心が病んでいるのはこのためです。
私たちの目が暗くなったのもこのためです。
18 シオンの山は荒れ果て、
狐がそこを歩き回っているからです。
19 しかし、主よ。
あなたはとこしえに御座に着き、
あなたの御座は代々に続きます。
20 なぜ、いつまでも、
私たちを忘れておられるのですか。
私たちを長い間、捨てられるのですか。
21 主よ。あなたのみもとに帰らせてください。

4:22 あなたの刑罰は果たされた　神が苦難と懲らしめを下し目的を果されたとき、ユダの捕囚は終るとエレミヤは預言している。

5:1-22 【主】よ。・・・思い出してください　最後の章はとりなしの祈り（ほかの人々の情況や必要のために訴えること）である。心を込めたこの祈りの中でエレミヤはたといエルサレムのさばきが神によるものであっても、神は人々の叫びに応えて罪の悔改めを受入

れ、あわれみを示してくださることを認めている。

5:2-18 他国人の手に渡り　ここには捕囚の人々（捕えられて遠くバビロンやバビロニヤ帝国のほかの地域に送られた人々、捕囚の概観 →エレ緒論）の肉体的精神的情況が絶望的であることが描かれている。捕囚には迫害と恐れがつきものだった。

5:21-22 あなたのみもとに帰らせてください　この書物は将来の希望を表す祈りで終っている。哀歌はた

私たちは帰りたいのです。
私たちの日を昔のように新しくしてください。
²²それとも、
あなたはほんとうに、私たちを退けられるのですか。
きわみまで私たちを怒られるのですか。

21②イザ60:20-22
22①レビ26:44
②詩60:1, エレ7:29
③イザ64:9

といどんなに悪い環境にいても、神の厳しい懲らしめを体験していても、純粋な心で神を呼び求め、神のあわれみを求めることをあきらめてはいけないことを教えている。懲らしめは神が愛しておられることの証拠である（箴3:12, ヘブ12:6, 10）。

エゼキエル書

概　要
- I. エゼキエルの召命と任命（1：1-3：27）
  - A. 神の栄光の幻（1：1-28）
  - B. 奉仕活動の準備と見張り人としての任務（2：1-3：27）
- II. ユダとエルサレムに対するさばきの預言的メッセージ（4：1-24：27）
  - A. 近付いているさばきの象徴（4：1-5：17）
    1. 一枚の粘土板（4：1-3）
    2. 奇妙な姿勢（4：4-8）
    3. 食料不足（4：9-17）
    4. 神のかみそり（5：1-17）
  - B. 近付いているさばきのメッセージ（6：1-7：27）
  - C. 近付いているさばきの幻（8：1-11：25）
    1. 神殿の中の忌みきらうべきもの（8：1-18）
    2. 町の破壊（9：1-11）
    3. 神殿から離れる神の栄光（10：1-22）
    4. 邪悪な指導者たちに対するさばき（11：1-25）
  - D. 近付いているさばきのしるし、メッセージ、たとえ（12：1-24：27）
    1. エルサレムの捕囚のしるし（12：1-28）
    2. にせ預言者たちに対するメッセージ（13：1-23）
    3. 偶像を礼拝する指導者たちに対するメッセージ（14：1-23）
    4. 実を結ばないぶどうの木（15：1-8）、姦淫の女（16：1-63）、二羽の大鷲のたとえ（17：1-24）
    5. 教え（18：1-32）と哀歌（19：1-14）
    6. エルサレムのさばきについてのさらなるメッセージとしるし（20：1-24：27）
- III. ほかの国々に対するさばきの預言的メッセージ（25：1-32：32）
  - A. アモン（25：1-7）
  - B. モアブ（25：8-11）
  - C. エドム（25：12-14）
  - D. ペリシテ（25：15-17）
  - E. ツロ（26：1-28：19）
  - F. シドン（28：20-26）
  - G. エジプト（29：1-32：32）
- IV. 回復と再生の預言的メッセージ（33：1-48：35）
  - A. 回復の見張り人（33：1-20）
  - B. エルサレム陥落の知らせと説明（33：21-33）
  - C. イスラエルの良い牧者（34：1-31）
  - D. 日和見主義的な敵に対するさばき（35：1-15）
  - E. 神の栄光のために祝福される土地（36：1-38）
  - F. イスラエルの回復（37：1-28）
    1. 干からびた骨の谷（37：1-14）
    2. ひとりの王が治める一つの国（37：15-28）
  - G. 最後の戦い（38：1-39：29）
  - H. 新しくされる礼拝の幻（40：1-48：35）
    1. 新しい神殿の幻（40：1-42：20）
    2. 神殿に戻る神の栄光（43：1-27）

3. 君主、祭司、土地の区分（44：1-45：12）
   4. いけにえ、祭りの日、君主の役割（45：13-46：24）
   5. 神殿から流れ出る川と人々の中の主（47：1-48：35）

著　者：エゼキエル

主　題：神のさばきと栄光

著作の年代：紀元前590-570年

著作の背景
　エゼキエル書の歴史的背景はユダヤ人のバビロニヤ捕虜の初期と考えられる（前593-571）。ネブカデレザル（ネブカデネザル）はユダヤ人の捕虜をエルサレムからバビロニヤに３段階に分けて移した。（1）前605年に選ばれたユダヤ人の若者がバビロニヤに送られた。その中にダニエルとシャデラク、メシャク、アベデ・ネゴという三人の友人もいた。（2）前597年には10,000人のユダヤ人がバビロニヤに送られたけれども、この中にエゼキエルがいた。（3）前586年にネブカデレザルの軍隊はエルサレムの町と神殿を完全に破壊し、生き残った住民のほとんどをバビロニヤに連れて行った（→「**新バビロニヤ帝国**」の地図 p.1442）。エゼキエルの預言の働きはエルサレム陥落までの７年間（前593-586）と陥落後の15年間（前586-571）という旧約聖書の歴史の中で最も絶望的な時代に行われた。そしてエゼキエル書は前570年頃に完成したと考えられる。
　エゼキエルの名前は「神が強める」という意味である。エゼキエルは祭司の家庭に生れ（1：3）、25歳までエルサレムで過した（→「**預言者の時代のエルサレム**」の地図 p.1209）。前597年にバビロニヤへの捕囚にされた時には神殿で奉仕する祭司になるための訓練を受けていた。その４、５年後の30歳の時にエゼキエルは神から幻を与えられ、その中で預言者としての任命（召されて権威を与えられる）を受けた（1：1-3）。そのあと少なくとも22年間忠実に奉仕を続けた（29：17には「第二十七年」とあるけれども、これから幻を受けるまでの５年間を引くと22年になる）。ダニエルがバビロニヤに送られたときエゼキエルは17歳くらいで、最初の捕囚でバビロニヤに連れて行かれたダニエルと年齢はあまり変らなかった（→ダニエル書）。エゼキエルとダニエルはエルサレムに残って預言をしていたエレミヤよりも若かったので、エレミヤの影響を大きく受けたと思われる（⇒ダニ9：2）。エゼキエルがバビロニヤに到着したとき、ダニエルは既に特別な預言的知恵を持つ人として有名だった。エゼキエルはこの書物の中でダニエルの名前を３回挙げている（14：14, 20, 28：3）。ダニエルと違ってエゼキエルは結婚し（24：15-18）、ケバル川のほとりで捕囚のユダヤ人とともに一般人として生活していた（1：1, 3：15, 24 ⇒詩137：1）。
　エゼキエルはこの書物の著者とされている（1：3, 24：24）。書物全体で「私」という代名詞が使われていること、また文体や用語が統一されていることから著者はエゼキエル一人だったことがわかる。働きの日付と記録が順序正しく記録されているので預言の日時は非常に正確に特定することができる（⇒1：1-2, 8：1, 20：1, 24：1, 26：1, 29：1, 17, 30：20, 31：1, 32：1, 17, 33：21, 40：1）。エゼキエルの働きは前593年７月に始まり、少なくとも最後の預言が記録されている前571年４月まで続いた。

目　的
　エゼキエルの預言には主に次の二つの目的があった。
　（1）ユダとエルサレムの霊的に反抗的で不忠実な人々（1：-24：）と周囲の七つの国（25：-32：）に神のさばきのメッセージを伝えること。
　（2）神がいつの日か選民と神の国の栄光を回復されるという励ましを、捕囚にされているユダヤ人に与えること（33：-48：, →「**神の栄光**」の項 p.1366）。
　預言者はまた罪とその結果について個人に責任があることを指摘した。人々が神のさばきで苦しむのはひとえに先祖が神に背いたせいだと思うわけにはいかない。自分たちも同じ過ちを犯していたのである（18：1-32, 33：10-20）。

概　観
　エゼキエル書は非常によく整っていて、全体は自然と四つの大きな区分に分けることができる。

エゼキエル書

(1) 序章(1:-3:)はエゼキエルに与えられた神の栄光と王座の強烈な幻(1:)と、エゼキエルが神によって任命されたこと(2:-3:)を描いている。神から驚くような啓示を受けて預言の奉仕を始めた人物には、燃える柴の所で神に出会ったモーセ(出3:-4:)や、神殿で神の幻を見たイザヤ(イザ6:)などがいる。

(2) 第二区分(4:-24:)にはさばきについてのエゼキエルの強力なメッセージが記録されている。それは人々の心を激しく打ち、絶えず神に背いている人々には神の怒りから逃げる望みが全くないことを示すものだった。そのメッセージは、エルサレムとユダの国民が救いようがないほどに反抗的なので神のさばきを受けて当然としている。エルサレムに残されたユダヤ人とバビロニヤに既に連れて行かれたユダヤ人に、エルサレムは神のさばきを免れないとエゼキエルは7年間(前593-586)にわたって警告をした(バビロニヤ帝国の台頭とバビロニヤ捕囚の段階 →エレ緒論)。過去、現在の罪からするとエルサレムが破壊されることは決定的だった。エゼキエルはこの絶望的なメッセージを様々な幻や例話や象徴的な行動を通して伝えている。8-11章は神が幻の中でエゼキエルをエルサレムに連出し、そこでエゼキエルが町に向かって預言をする様子を描いている。24章ではエゼキエルの愛する妻の死が、エルサレムの終りを示す例またはしるしになっている(→「エルサレムの町」の項 p.674)。

(3) 第三区分(25:-32:)には、ユダの滅亡を喜ぶ七つの国に対するさばきの預言がある。ツロに対する長い預言(26:1-28:19)には、ツロの王の後ろで実権を握るサタンの存在が間接的に言われていると考えられる(28:11-19)。

(4) 最後の区分(33:-48:)では、悲観的なさばきのメッセージから未来の希望への確信のメッセージ(⇒イザ40:-66:)へと移行している。エルサレムが陥落した後エゼキエルは未来の復興と回復を預言している。神が人々の本当の牧者、羊飼い(慈しみあふれる指導者)になり(34:)、「新しい心」と「新しい霊」を与えられる(36:)。干からびた骨の集団が生き返る有名な幻はこの希望のメッセージの中に出てくる(37:)。そして最後は、聖い神殿、聖い町、聖い土地が終りのときに回復されること(40:-48:)と、神の栄光がイスラエルへ戻る姿を描いて閉じられている。

特　徴

エゼキエル書には七つの大きな特徴がある。

(1) この書物は神秘的な幻、大胆なたとえ、異常な象徴的行動に満ちている。これらをみな用いて神は預言のメッセージを啓示しておられる。

(2) この書物の内容は注意深く配列され、日付が付けられている。日付は旧約聖書のどの預言書よりも多く書かれている。

(3) 書物全体を通して二つの特異なことばが見られる。 (a)「わたしが**主**であることを知ろう」(類似のかたちを含めて60回以上)。(b)「**主**の栄光」(類似のかたちを含めて約20回)。

(4) 神は通常エゼキエルを「人の子」または「見張り人」と呼んでいる。

(5) 神殿についての特別な幻を二つ記録している。一つはいろいろな方法で汚されていて破壊を待つばかりの神殿である(8:-11:)。別の幻ではきよめられ聖く完璧な場所として回復された神殿の姿である(40:-48:)。最初の幻では神の臨在と栄光が徐々にエルサレムの神殿と町から離れていく(9:3, 10:18-19, 11:23)けれども、第二の幻では神の栄光が戻り神殿に満ちている(43:1-5)。

(6) エゼキエルはほかのどの預言者よりも象徴的な行動をとって預言のメッセージを示すように神から求められた。

(7) エゼキエルのメッセージは神に対する個人の義務と責任に重点を置いている(→「さばき」の項 p.2167)。

新約聖書での成就

33-48章のメッセージは新約聖書で啓示されているような神による贖い(救い、神の目的と神との正しい関係の回復)の未来の計画を伝えている。そこではイスラエルが故郷に実際に戻るだけではなく、より重要なこととして、神が定められた霊的「イスラエル」として霊的に回復されることが言われている。この霊的イスラエルにはイエス・キリストへの信仰と献身を通して神の国の一員になった人々がみな含まれている。キリストに従う人々を通して、神は栄光と力を現し、あらゆる国の人々にキリストのメッセージを届けるご計画を成就される。新約聖書のメシヤ(キリスト)についての重要な預言はエゼキエル書の中では次の箇所に見られる。17:22-24, 21:26-27, 34:23-24, 36:16-38, 37:1-28　→「**キリストによって成就した旧約聖書の預言**」の表 p.1029

エゼキエル書の通読

旧約聖書全体を1年間で通読するためには、エゼキエル書を次のスケジュールに従って22日間で読まなければならない。

☐1-2 ☐3-4 ☐5-7 ☐8-10 ☐11-12 ☐13-15 ☐16 ☐17-19 ☐20-21 ☐22-23 ☐24-26 ☐27-28 ☐29-30 ☐31-32 ☐33-34 ☐35-36 ☐37-38 ☐39-40 ☐41-42 ☐43-44 ☐45-46 ☐47-48

メ モ

生きものと神の栄光

1 ¹第三十年の第四の月の五日、私がケバル川のほとりで、捕囚の民とともにいたとき、天が開け、私は神々しい幻を見た。
²それはエホヤキン王が捕囚となって連れて行かれてから五年目であった。その月の五日に、
³カルデヤ人の地のケバル川のほとりで、ブジの子、祭司エゼキエルにはっきりと主のことばがあり、主の御手が彼の上にあった。
⁴私が見ていると、見よ、激しい風とともに、大きな雲と火が、ぐるぐるとひらめき渡りながら北から来た。その回りには輝きがあり、火の中央には青銅の輝きのようなものがあった。
⁵その中に何か四つの生きもののようなものが現れ、その姿はこうであった。彼らは何か人間のような姿をしていた。
⁶彼らはおのおの四つの顔を持ち、四つの翼を持っていた。
⁷その足はまっすぐで、足の裏は子牛の足の裏のようであり、みがかれた青銅のように輝いていた。
⁸その翼の下から人間の手が四方に出ていた。そして、その四つのものの顔と翼は次のようであった。
⁹彼らの翼は互いに連なり、彼らが進むときには向きを変えず、おのおのの正面に向かってまっすぐ進んだ。
¹⁰彼らの顔のかたちは、人間の顔であり、四つとも、右側に獅子の顔があり、四つとも、左側に牛の顔があり、四つとも、うしろに鷲の顔があった。
¹¹これが彼らの顔であった。彼らの翼は上方に広げられ、それぞれ、二つは互いに連なり、他の二つはおのおののからだをお

1①エゼ1:3, 3:15, 23, 10:15, 20, 22, 43:3
　②マタ3:16, マコ1:10, ルカ3:21, ヨハ1:51, 使7:56, 10:11, 黙19:11
　③エゼ8:3, 40:2
2①Ⅱ列24:10-16, Ⅱ歴36:9, 10
　②エゼ1:1, 20:1, 24:1, 26:1, 29:1, 17, 30:20, 31:1, 32:1, 17, 33:21, 40:1
3①エゼ12:13, 23:23
　①エゼ24:24
　②エゼ3:14, 22, 8:1, 33:22, 37:1, 40:1, Ⅰ列18:46, Ⅱ列3:15
4①エゼ1:14, 4:6, 6:1
　②エゼ1:27, 8:2
　＊別訳「こはく金」
5①エゼ10:15, 17, 20, 黙4:6-8, エゼ10:8-22
　
6①エゼ1:26
　②エゼ1:10, 10:14, 21
7①ダ10:6, 黙1:15, 2:18
8①エゼ10:8
9①エゼ1:12, 17, 10:11
　②エゼ1:12, 10:22
10①エゼ10:14, 黙4:7
　＊「うしろ」は補足
11①エゼ1:23, イザ6:2

1:1　第三十年　「三十年」という数字はエゼキエルの年齢を指していると考えられる。当時、エゼキエルは前597年にユダから強制的に移住させられたバビロニヤにいるユダヤ人捕囚の間に住んでいた。エゼキエルがバビロニヤに来たのはダニエル（並外れた預言の洞察力を持つ青年で、ダニエル書の著者）の8年後でエルサレムが破壊される（破壊とバビロニヤへの国外追放－強制的捕囚－の詳細と段階 →エレ緒論、「**ユダ（南王国）の捕囚**」の地図 p.633）11年前である。神はエゼキエル自身が捕囚になっているときに預言者になるように召命を与えられた。エレミヤがエルサレムで活動をしているのと同じ時期に、バビロニヤにいる捕囚の人々に神のメッセージを伝えることがエゼキエルの使命だった。エゼキエルは捕囚中、少なくとも27年間活動した（29:17）。ユダのバビロニヤ捕囚はおよそ70年間続いた（前605-538）。

1:3　エゼキエルに・・・[主]のことばがあり　エゼキエルは祭司になる訓練を受けていたけれども、神から幻が与えられ（→1:4注）、その幻の中で預言するように召命を受けた。それはエゼキエルがバビロニヤに着いて4年以上経った前593年のことだった。この節によると、エゼキエルはバビロニヤの南東およそ80キロにあるユーフラテス川の船舶用運河と考えられるケバル川のほとりに住んでいた。与えられた使命はユダヤ人が捕囚にされた理由を説明すること、エルサレムの滅亡を予告すること、捕囚の人々を神に立返らせること、神の回復の約束を宣言して人々に希望を与えることなどだった。

1:4　私が見ていると　神はエゼキエルに恐ろしいばかりの光り輝く神の栄光と聖さの壮大で力強い幻を与えられた（→1:28注、→「**神の栄光**」の項 p.1366）。この驚くべき幻には地上では見たことのないようなものが多く登場する。捕囚の人々に対するエゼキエルの働きでは幻が非常に重要な役目を果たしていた。

1:5　四つの生きもの　この生きものはケルビムであることが後にわかった（10:20）。ケルビムは神の御座の周りにいて絶えず礼拝をしている御使いである。そしていつも神の臨在の前にいるので神の聖さと栄光（純粋性、完全性、尊厳、威光）を表していた（⇒Ⅰ歴28:18, 詩18:10, →「**御使いたちと主の使い**」の項 p.405）。ケルビムはさばきのときや祝福のときに神とともに現れると思われる。またアダムとエバが罪を犯して追放されたあと、エデンの園を守っている（創3:22-24）。そしてケルビムの像は神の臨在の象徴である契約の箱のふたの上にもあった（出25:18-22）。エゼキエルの幻では、ケルビムが神の栄光と聖さを捕囚の人々にわずかばかり見せている。神の特性の説明→「**神の栄光**」の項 p.1366

1:10　彼らの顔のかたち　人、獅子、牛、鷲の顔は神が創造された生きものを表している（⇒黙4:7）。新しい天と地では（黙21:）、神の造られたものはみな罪の呪いから完全に解放され、神の栄光を反映するものになる。

¹²彼らはおのおの前を向いてまっすぐに行き、霊が行かせる所に彼らは行き、行くときには向きを変えなかった。
¹³それらの生きもののようなものは、燃える炭のように見え、たいまつのように見え、それが生きものの間を行き来していた。火が輝き、その火から、いなずまが出ていた。
¹⁴それらの生きものは、いなずまのひらめきのように走って行き来していた。
¹⁵私が生きものを見ていると、地の上のそれら四つの生きもののそばに、それぞれ一つずつの輪があった。
¹⁶それらの輪の形と作りは、緑柱石の輝きのようで、四つともよく似ていて、それらの形と作りは、ちょうど、一つの輪が他の輪の中にあるようであった。
¹⁷それらは四方に向かって行き、行くときには、それらは向きを変えなかった。
¹⁸その輪のわくは高くて、恐ろしく、その四つのわくの回りには目がいっぱいついていた。
¹⁹生きものが行くときには、輪もそのそばを行き、生きものが地の上から上がるときには、輪も上がった。
²⁰これらは霊が行かせる所に行き、霊が行かせる所には、輪もまたそれらとともに上がった。生きものの霊が輪の中にあったからである。
²¹生きものが行くときには、輪も行き、生きものが立ち止まるときには、輪も立ち止まり、生きものが地の上から上がるときには、輪も共に上がった。生きものの霊が輪の中にあったからである。
²²生きものの頭の上には、澄んだ水晶のように輝く大空のようなものがあり、彼らの頭の上のほうへ広がっていた。
²³その大空の下には、互いにまっすぐに伸ばし合った彼らの翼があり、それぞれ、ほかの二つの翼は、彼らのからだをおおっていた。
²⁴彼らが進むとき、私は彼らの翼の音を聞いた。それは大水のとどろきのようであり、全能者の声のようであった。それは陣営の騒音のような大きな音で、彼らが立ち止まるときには、その翼を垂れた。
²⁵彼らの頭の上方の大空から声があると、彼らは立ち止まり、翼を垂れた。
²⁶彼らの頭の上、大空のはるか上のほうには、サファイヤのような何か王座に似たものがあり、その王座に似たもののはるか上には、人間の姿に似たものがあった。
²⁷私が見ると、その腰と見える所から上のほうは、その中と回りとが青銅のように輝き、火のように見えた。その腰と見える所から下のほうに、私は火のようなものを見

12①エゼ1:20
13①詩104:4
14①マタ24:27, ルカ17:24
15①エゼ1:15-21, エゼ10:9-17
16①エゼ28:13, 出28:20, 39:13, ダニ10:6, 黙21:20
17①エゼ1:9
18①エゼ10:12, 黙4:6, 8
19①エゼ10:19

22①エゼ10:1 ②黙4:6
23①エゼ1:6, 11
24①エゼ43:2, 黙1:15, 14:2, 19:6 ②→イザ13:6
25①エゼ10:5, ヨブ37:4, 5, 詩29:3-5, ダニ10:6
26①エゼ1:22, 10:1 ②出24:10 ③イザ6:1, ダニ7:9, 黙4:2, 3 ④黙1:13
27①エゼ8:2 ②エゼ1:4

1:12 霊 ケルビムは「霊」のあとをついていく。この霊は神の御霊と思われる（⇒1:20）。

1:13 燃える炭 この炭は神の聖さを示す火（それが触れるものをみなきよめ霊的に精錬する ⇒出3:1-5, イザ6:6-7）である。また罪に対する火のようなさばき（それが触れるものをみな焼き尽す ⇒詩50:3, イザ4:4, ダニ7:9-11）を示している。火が行き来している様子はいつも活動的で決して休むことのない御霊のエネルギーと力を象徴していると考えられる（⇒黙4:5）。

1:15-25 輪の形と作り エゼキエルは幻の中で（1:1）動く御座を見た。それは一箇所にとどまることなく絶えず動いている古代の戦車のようだった。その車輪には目がたくさんついていて（1:16, 18）、天の「生きもの」に囲まれていた（⇒黙4:6-8, 5:6, 8）。生きものが動くとその翼の音は「大水のとどろきのようであり、全能者の声のようで・・・陣営の騒音のような大きな音」（1:24）だった。この幻は余りにも異常でエゼキエルは表現するのに困るほどだった。何とか表現したものの人々が完全に理解しきれないようなものだった。それはこの預言的な幻が類を見ない（比較できない、図抜けた）神の特性を現していたからである（→「神の属性」の項 p.1016）。つまり主権（思う通りのことを行うことができる完全な力と権威）、遍在（同時にあらゆるところに存在する）、全知（すべてを知っている）、全能（全権力を握り何でも行うことができる）などである。この幻は、たとい人々が捕囚の中にいても神の臨在はともにあることを示す力強い証拠であり保証でもあった。

1:26 人間の姿に似たもの エゼキエルは人間の姿をした神が御座にすわっておられるのを見た。神がご自分を完全に啓示しようとされるときには人間の姿でなされること（イエス・キリストを通して）と、この幻には通じるものがある（⇒ピリ2:5-7, コロ2:9）。

た。その方の回りには輝きがあった。²⁸ その方の回りにある輝きのさまは、雨の日の雲の間にある虹のようであり、それは主の栄光のように見えた。私はこれを見て、ひれ伏した。そのとき、私は語る者の声を聞いた。

エゼキエルの召命

2 ¹ その方は私に仰せられた。「人の子よ。立ち上がれ。わたしがあなたに語るから。」

² その方が私に語りかけられると、すぐ霊が私のうちに入り、私を立ち上がらせた。そのとき、私は私に語りかけることばを聞いた。

³ その方は私に仰せられた。「人の子よ。わたしはあなたをイスラエルの民、すなわち、わたしにそむいた反逆の国民に遣わす。彼らも、その先祖たちも、わたしにそむいた。今日もそうである。

⁴ 彼らはあつかましくて、かたくなである。

わたしはあなたを彼らに遣わす。あなたは彼らに『神である主はこう仰せられる』と言え。

⁵ 彼らは反逆の家だから、彼らが聞いても、聞かなくても、彼らは、彼らのうちに預言者がいることを知らなければならない。

⁶ 人の子よ。彼らや、彼らのことばを恐れるな。たとい、あざみといばらがあなたといっしょにあっても、またあなたがさそりの中に住んでも、恐れるな。彼らは反逆の家だから、そのことばを恐れるな。彼らの顔にひるむな。

⁷ 彼らは反逆の家だから、彼らが聞いても、聞かなくても、あなたはわたしのことばを彼らに語れ。

⁸ 人の子よ。わたしがあなたに語ることを聞け。反逆の家のようにあなたは逆らってはならない。あなたの口を大きく開いて、わたしがあなたに与えるものを食べよ。」

⁹ そこで私が見ると、なんと、私のほうに

---

28 ① 創9:13、黙4:3、10:1
② エゼ3:12, 23, 10:4, 18, 11:23, 43:4, 5, 44:4, →出16:7, →I列8:11, →イザ35:2
③ エゼ3:23, 創17:3, ダニ8:17

1 ① エゼ3:1, 4:1, 5:1, 6:2, 7:2, 8:5, 11:2, 12:2, 13:2, 14:3, 15:2, 16:2, 32:2
② ダニ10:11
2 ① エゼ3:24
3 ① エゼ2:6, 8, 3:9, 5:6, 12:2, 3, 9, 17:12, 20:8, 13, 21, 24:3, 44:6, 申9:7, 24, I サム8:7, 8, 詩78:40, 106:7, エレ3:25
② エゼ20:18, 30
4 ① エゼ3:7, 詩95:8, イザ48:4, エレ5:3, 6:15

*子音字は「**主**」

5 ① エゼ2:7, 3:11, 27
② エゼ33:33, 申18:22, I サム3:20, エレ28:9
6 ① エゼ3:9, イザ41:10, 14, 51:12, エレ1:8, 17, ルカ12:4
② エゼ28:24, ミカ7:4
7 *「の家」は七十人訳などによる補足
① エゼ2:5
8 ① 民20:10-13, 24

1:28 【主】の栄光 ここには幻が与えられた最大の目的が示されている。それは神の栄光を啓示することだった(→「**神の栄光**」の項 p.1366)。(1) 神はエゼキエルに神の力と壮大さを啓示された。それはエゼキエルが召された働きを実行できるように、霊感を与え備えさせるためだった。主はエゼキエルの生涯に引続き現れ導き新しくされる。それは神の栄光を見続け、人々に伝えるためである(3:12, 23-24, 8:2-4, 9:3, 10:1-22, 11:22-23, 43:2-4)。(2) 神の栄光がエゼキエルに示されたということは、栄光がエルサレムを離れて(→I 列8:11, 詩26:8, 63:2)、今はバビロニヤにいる捕囚の人々に示されているということである。つまり神の臨在は不信仰と反抗が続く場所にはとどまらない。けれども神の懲らしめに身をゆだねて神に頼り続ける人々とはともにおられる。後にエゼキエルは神の栄光がカナン(「約束の地」)とエルサレムに戻ることを預言した(→43:2-3, 7)。(3) 使命に備えるために神の栄光の幻がエゼキエルに必要だったように、私たちも神の働きと目的を実行する前に神の力と聖さを体験しなければならない(⇒イザ6:)。けれどもエゼキエルが見たような幻が必ずしも必要なわけではない。イエス・キリストとの個人的な出会い(⇒ヨハ1:14)や聖霊を通して(I ペテ4:14)、またみことばを通して(II コリ3:7-11, →使1:8注)、神を栄光の中で知ることができる。神を「見る」ためにはいつもここから始めなければならない。

2:1 人の子 神はエゼキエルを90回以上も「人の子」と呼んでおられる。この呼び方はエゼキエルが人間であり弱いものであることを示すもので、奉仕の働きを達成するためには聖霊の力に頼らなければならないことに気付かせるものである。主イエスもご自分のことを「人の子」と呼んで(マタ8:20, 9:6, 11:19, マコ2:28, 8:31, 38, 9:9, ルカ5:24, ヨハ3:13)、ご自分と人間との関係や、ひとりの人間として聖霊の力と導きに頼らなければならないことを教えられた(⇒ダニ8:17)。私たちも神の道に従おうと思うなら、主イエスと同じように御霊に頼らなければならない(→「**イエスと聖霊**」の項 p.1809)。

2:2 霊が私のうちに入り エゼキエルは神のメッセージを伝える力を神の御霊によって与えられた(→「**旧約聖書の聖霊**」の項 p.1493)。神はあらゆる国の人々に福音(イエス・キリストの「良い知らせ」)を効果的に伝えることができるように今も神に従う人々に聖霊の力を与え続けておられる(→使1:8, 2:4, →「**聖霊のバプテスマ**」の項 p.1950,「**聖霊の教理**」の項 p.1970)。

2:5 彼らのうちに預言者がいる 神は誠実で忠実な人々にみことばをほかの人々に伝えてほしいと願っておられる。そのためには神が伝えてほしいと願っておられることをそのまま、恐れることなく妥協することなく伝えられるようでなければならない。メッセージ

手が伸ばされていて、その中に一つの巻き物があった。10 それが私の前で広げられると、その表にも裏にも字が書いてあって、哀歌と、嘆きと、悲しみとがそれに書いてあった。

3 ¹ その方は私に仰せられた。「人の子よ。あなたの前にあるものを食べよ。この巻き物を食べ、行って、イスラエルの家に告げよ。」

² そこで、私が口をあけると、その方は私にその巻き物を食べさせ、

³ そして仰せられた。「人の子よ。わたしがあなたに与えるこの巻き物で腹ごしらえをし、あなたの腹を満たせ。」そこで、私はそれを食べた。すると、それは私の口の中で蜜のように甘かった。

⁴ その方はまた、私に仰せられた。「人の子よ。さあ、イスラエルの家に行き、わたしのことばのとおりに彼らに語れ。

⁵ わたしはあなたを、むずかしい外国語を話す民に遣わすのではなく、イスラエルの家に遣わすのだ。

⁶ あなたを、そのことばを聞いてもわからないようなむずかしい外国語を話す多くの国々の民に、遣わすのではない。もし、これらの民にあなたを遣わすなら、彼らはあなたの言うことを聞くであろう。

⁷ しかし、イスラエルの家はあなたの言う

9 ①エゼ8:3, エレ1:9
②エゼ3:1, エレ36:2,
ゼカ5:1,黙5:1-5, 10:2,8
10①黙5:1

1①エゼ1:1-3,黙10:9,10
②エゼ2:1
3①エレ15:16
④詩19:10, 119:103
7①Ⅰサム8:7, ヨハ15:20

②エゼ2:4, Ⅱ列17:14,
イザ48:4
＊直訳「額の堅い者たちで」
8①エレ1:18, 15:20
9①ゼカ7:12
②エゼ2:3
③エゼ2:6
10①ヨブ22:22
11①エゼ3:15, 11:24, 25
②エゼ2:5
＊エゼ3:11, 27「神」の子音字は「主」
12①エゼ3:14, 8:3, 11:1, 24, 37:1, 43:5,
Ⅰ列18:12, Ⅱ列2:16,
ルカ4:1, 使8:39
②→エゼ1:28
13①エゼ1:24, 10:5
②エゼ1:15, 10:9
14①エゼ1:3, イザ8:11

ことを聞こうとはしない。彼らはわたしの言うことを聞こうとはしないからだ。イスラエルの全家は鉄面皮で、心がかたくなだからだ。

⁸ 見よ。わたしはあなたの顔を、彼らの顔と同じように堅くし、あなたの額を、彼らの額と同じように堅くする。

⁹ わたしはあなたの額を、火打石よりも堅い金剛石のようにする。彼らは反逆の家だから、彼らを恐れるな。彼らの顔にひるむな。」

10 その方は私に仰せられた。「人の子よ。わたしがあなたに告げるすべてのことばを、あなたの心に納め、あなたの耳で聞け。

11 さあ、捕囚になっているあなたの民のところへ行って、彼らに告げよ。彼らが聞いても、聞かなくても、『神である主はこう仰せられる』と彼らに言え。」

12 それから、霊が私を引き上げた。そのとき、私は、うしろのほうで、「御住まいの主の栄光はほむべきかな」という大きなとどろきの音を聞いた。

13 それは、互いに触れ合う生きものたちの翼の音と、そのそばの輪の音で、大きなとどろきの音であった。

14 霊が私を持ち上げ、私を捕らえたので、私は憤って、苦々しい思いで出て行った。しかし、主の御手が強く私の上にのしか

は自分の意見や聞く人々の反応によって影響されてはならない。たとい神やみことばを拒もうとする人がいても、神のことばを伝える人は神のことばを大胆に伝え、罪と神に対する反抗を非難し、主に忠実であり続けるように訴え続けなければならない。

2:10 哀歌 エゼキエルの最初のメッセージはエルサレムとユダ王国全体に近付いている神のさばきの確実さを伝えることだった。この警告は捕囚の人々(ユダで捕えられ現在はバビロニヤに移されて住んでいる人々 →エレ緒論)を嘆き悲しませるものだった。

3:1 この巻き物を食べ 「巻き物」には近付いている神のさばきの警告が書かれていた。エゼキエルはその「巻き物」を食べることによって、ほかの人々に伝える前に神のメッセージを受取り自分自身をゆだねるほかなかったことを人々に示した。

3:3 私の口の中で蜜のように エゼキエルのメッセージは滅亡と悲しみのメッセージだった。けれども

神はそれを甘くおいしいものにされた。それはメッセージがやさしい楽しいものになるというしるしではない。神のことばは絶対的な真理である。したがって神と神の目的に自分をゆだねる人は、たといやさしくなくてもみことばを愛し大切にしなければならない(→「**神のことば**」の項 p.1213)。

3:7 言うことを聞こうとはしない 心がかたくなで真理に抵抗していた人々は、エゼキエルが伝えたエルサレムに対するさばきの預言を信じようとしなかった。このような拒絶にも対応できるように、どんな情況でもメッセージを伝えることができる勇気と決意をエゼキエルに与えると神は約束された(3:8-9)。

3:14 苦々しい思いで出て行った 近付いている悲劇と災難を伝えるように神から指示されたエゼキエルは悲しみに打ちひしがれていた。心はかき乱されていたけれども、エゼキエルは自分の使命に忠実だった。神と私たちが正しい関係にあるかどうかは神ご自身

エゼキエル書 3章

15 そこで、私はテル・アビブの捕囚の民のところへ行った。彼らはケバル川のほとりに住んでいたので、私は彼らが住んでいるその所で、七日間、ぼう然として、彼らの中にとどまっていた。

イスラエルに対する警告

16 七日目の終わりになって、私に次のような主のことばがあった。17 「人の子よ。わたしはあなたをイスラエルの家の見張り人とした。あなたは、わたしの口からことばを聞くとき、わたしに代わって彼らに警告を与えよ。18 わたしが悪者に、『あなたは必ず死ぬ』と言うとき、もしあなたが彼に警告を与えず、悪者に悪の道から離れて生きのびるように語って、警告しないなら、その悪者は自分の不義のために死ぬ。そして、わたしは彼の血の責任をあなたに問う。19 もしあなたが悪者に警告を与えても、彼がその悪を悔い改めず、その悪の道から立ち返らないなら、彼は自分の不義のために死ななければならない。しかしあなたは自分のいのちを救うことになる。20 もし、正しい人がその正しい行いをやめて、不正を行うなら、わたしは彼の前につまずきを置く。彼は死ななければならない。それはあなたが彼に警告を与えなかったので、彼は自分の罪のために死に、彼が行った正しい行いも覚えられないのである。わたしは、彼の血の責任をあなたに問う。21 しかし、もしあなたが正しい人に罪を犯さないように警告を与えて、彼が罪を犯さないようになれば、彼は警告を受けたのであるから、彼は生きながらえ、あなたも自分のいのちを救うことになる。」

22 その所で主の御手が私の上にあった。主は私に仰せられた。「さあ、谷間に出て行け。そこでわたしはあなたに語ろう。」23 私はすぐ、谷間に出て行った。すると、そこに、主の栄光が、かつて私がケバル川のほとりで見た栄光のように、現れた。それで私はひれ伏した。24 しかし、霊が私のうちに入り、私を立ち上がらせた。主は私に語りかけて仰せられた。「行って、あなたの家に閉じこもっていよ。25 人の子よ。今、あなたに、なわがかけられ、あなたはそれで縛られて、彼らのところに出て行けなくなる。26 わたしがあなたの舌を上あごにつかせるので、あなたは話せなくなり、彼らを責めることができなくなる。彼らが反逆の家だ

態度を受入れているかどうかによってわかる(→ヘブ1:9注)。それは正しいことや真実なことを愛し、悪やいつわりを嫌う心が育っているかどうかである。

3:18 その悪者は・・・死ぬ エゼキエルは見張り人になって、神に逆らい続ける人々はみな死の罰を受けると警告をするべきだった。もし警告をしなければエゼキエル自身が悪者たちの死の責任を問われることになる。

(1) 今日、神に忠実な奉仕者はエゼキエルに倣って、教会員の中で神を敬わない行動をしている人に悔い改めなければ神の国に入れないと警告をしなければならない(→Ⅰコリ6:9注、ガラ5:21注、エペ5:5注)。神の民には、罪を認め自分勝手な道から立返り、神の目的に従い始めなければならないことを教えなければならない。不忠実な人々に警告をしなかった人は、人々が霊的に滅んだときにその責任を問われる。

(2) 神はキリストによる赦しと新しいいのちのメッセージを全世界に伝えるという責任を私たちに与えられたことをいつも覚えていなければならない(マタ28:18-20, 使1:8)。このメッセージには、自分勝手な道を行くことをやめず、キリストの赦しを受入れずキリストを人生の導き手として受入れない人には永遠の死があるという警告も含まれている(⇒使17:22-31)。神はキリストに従う人をみな神の見張り人にされたのである(→マタ18:15注)。

3:20 彼は死ななければならない 一度神に従い神と正しい関係を持ちながら、その後神から離れて邪悪な生活を始めた(そして神に立返ることを拒む)人は神のさばきと死を体験する(→「**背教**」の項 p.2350)。パウロもローマ8:13で、ローマのキリスト者に対し「もし肉に従って生きるなら、あなたがたは死ぬのです」(霊的にまた永遠に)と同じ真理を説明している。

3:26 あなたは話せなくなり 神はエゼキエルに、主から直接メッセージや啓示を受けたとき以外は人々に話をしてはいけないと禁止された。人々が神の警告を聞いて従わないので、神はエゼキエルを黙らせるこ

からだ。
27 しかし、わたしは、あなたと語るときあなたの口を開く。あなたは彼らに、『神である主はこう仰せられる』と言え。聞く者には聞かせ、聞かない者には聞かせるな。彼らが反逆の家だからだ。

象徴的に示されたイスラエルへの包囲攻撃

4 ¹ 人の子よ。一枚の粘土板を取り、それをあなたの前に置き、その上にエルサレムの町を彫りつけよ。
² それから、それを包囲し、それに向かって塁を築き、塹壕を掘り、陣営を設け、その回りに城壁くずしを配置せよ。
³ また、一枚の鉄の平なべを取り、それをあなたと町との間に鉄の壁として立て、あなたの顔をしっかりとこの町に向けよ。この町を包囲し、これを攻め囲め。これがイスラエルの家のしるしだ。
⁴ あなたは左わきを下にして横たわり、イスラエルの家の咎を自分の身の上に置け。あなたがそこに横たわっている日数だけ彼らの咎を負え。
⁵ わたしは彼らの咎の年数を日数にして三百九十日とする。その間、あなたはイスラエルの家の咎を負わなければならない。
⁶ あなたがその日数を終えたら、次にまた、あなたの右わきを下にして横たわり、ユダの家の咎を四十日間、負わなければならない。わたしは、あなたのために一年に対して一日とした。
⁷ それから、あなたは顔を、包囲されているエルサレムのほうにしっかりと向け、腕をまくり、これに向かって預言せよ。
⁸ 見よ。わたしはあなたになわをかけ、あなたの包囲の期間が終わるまで寝返りができないようにする。
⁹ あなたは小麦、大麦、そら豆、レンズ豆、あわ、裸麦を取り、それらを一つの器に入れ、それでパンを作り、あなたがわき

とによって預言のことばを聞くことができないようにされた。人々が知恵や警告をもう聞くことができないようにするということは、人々の邪悪が続くことに対して神のさばきが下ることを明らかに示すしるしだった(→アモ8:11注)。エゼキエルの沈黙(預言のメッセージを含む)はエルサレムの滅亡までおよそ7年半続いた(24:27, 33:22)。

4:1　一枚の粘土板を取り　神はエルサレムの包囲攻撃(要塞化した場所を包囲して攻撃し外からの救援や物資を断つこと)とその結果の捕囚(ユダヤ人が捕らえられてバビロニヤに移住させられること　→Ⅱ列24:-25:)を意味する、独特の行動をとるようにエゼキエルに命じられた。エゼキエルはまず包囲攻撃を示す小さな模型を作ってこの情況(バビロニヤがエルサレムに侵攻して外からの救援や物資が断たれたときの様子)を描き出した。「一枚の鉄の平なべ」(4:3)はバビロニヤの鉄壁の強さを示すものと考えられる。エゼキエルはこの行動を通して、神ご自身がバビロニヤ人をエルサレムに送ることを人々に印象付けた。

4:4　あなたは左わきを下にして横たわり　神はエゼキエルにイスラエルとユダ(神の民の分裂した両方の国　→「**イスラエルとユダの王国**」の地図 p.570)の罪に下そうとしている罰を象徴的な方法で示し我慢するように指示された。エゼキエルが横たわる一日はイスラエルとユダの反抗の一年を示した。ただしほかにもする仕事があったのでエゼキエルは一日中横たわっていたわけではない(4:9-17)。

4:5　三百九十日　神がエゼキエルに横たわるように命じられた日数はイスラエルとユダが罪を犯した年数に相当する(分裂した王国の簡単な歴史—ソロモンの息子のレハブアムが統治していたとき、前930年頃にイスラエルは南と北の王国に分裂した。北王国はイスラエルの名前をそのまま保ち12部族のうち10部族を保有していた。南王国はその国を構成する2部族の一つの名前を取ってユダ王国と言われるようになった。南王国のもう一つの部族はベニヤミンである。両方の国はそれぞれ異なる王によって治められたけれどもダビデの家系はユダ王国で続いていた。イスラエルは歴史のほとんどで神に反抗する道を進み、やがてアッシリヤに前722年に征服された。ユダには忠実で神を敬う王が統治する時期があった。けれどもやがてやはり神を拒むようになり、前586年にバビロニヤによって陥落した)。エゼキエルが表現した390年間はソロモンの治世の後期からエルサレム陥落までを指していると考えられる。ユダの罪に相当する追加の40年間は(4:6)、その後のユダの歴史に影響を与えた極端に邪悪なマナセの時代を指すと考えられる(Ⅱ列21:11-15)。

4:9-11　パンを作り　質素で制限された食事と飲み物はバビロニヤの包囲攻撃を受けたエルサレムで食べ物や物資が不足する状態を象徴している(4:16-17)。ききんと飢えは深刻なものになる。

を下にして横たわっている日数、すなわち、三百九十日間それを食べよ。

10 あなたが食べる食物は、一日分二十シェケルを量って、一日一回それを食べよ。

11 あなたの飲む水も、一日分一ヒンの六分の一を量って、それを一日一回飲め。

12 あなたの食物は大麦のパン菓子のようにして食べよ。それを彼らの目の前で、人の糞で焼け。」

13 それから主は仰せられた。「このように、イスラエルの民は、わたしが追いやる国々の中で、彼らの汚れたパンを食べなければならない。」

14 そこで、私は言った。「ああ、神、主よ。私はかつて、自分を汚したことはありません。幼い時から今まで、死んだ獣や、野獣に裂き殺されたものを食べたことはありません。また、いけにえとして汚れている肉を口にしたこともありません。」

15 すると、主は私に仰せられた。「では、人の糞の代わりに牛の糞でやらせよう。あなたはその上で自分のパンを焼け。」

16 そして、私に仰せられた。「人の子よ。見よ。わたしはエルサレムで、パンのたくわえをなくしてしまおう。それで彼らはこわごわパンを量って食べ、おびえながら水を量って飲むであろう。

17 それはパンと水が乏しくなるからだ。彼らは自分たちの咎のために、みなやせ衰え、朽ち果てよう。

5 1 人の子よ。あなたは鋭い剣を取り、それを床屋のかみそりのように使って、あなたの頭と、ひげをそり、その毛をはかりで量って等分せよ。

2 その三分の一を、包囲の期間の終わるとき、町の中で焼き、またほかの三分の一を取り、町の回りでそれを剣で打ち、残りの三分の一を、風に吹き散らせ。わたしは剣を抜いて彼らのあとを追う。

9 ③エゼ4:5
10 ①エゼ45:12
 ＊1シェケルは11.4グラム
11 ＊「一日分」は補足
 ＊＊1ヒンは3.8リットル
13 ①ダニ1:8, ホセ9:3
14 ①使10:14
 ②エゼ9:8, 20:49
 ＊子音字は「主」
 ③エゼ44:31,
 レビ11:40, 17:15, 22:8,
 申14:21
 ④出22:31
 ⑤申14:3,
 イザ65:4, 66:17
16 ①エゼ5:16, 14:13,
 レビ26:26, イザ3:1
 ＊直訳「パンのための棒を折ろう」
 ②エゼ12:18, 19
 ③エゼ4:10
 ④エゼ4:11
17 ①エゼ24:23, 33:10

1 ①エゼ2:1
 ②エゼ33:20, レビ21:5,
 イザ7:20
2 ①エゼ5:12
 ②エゼ4:2-8,
 エレ39:1, 2
 ③エゼ12:14,
 レビ26:33

5 ＊エゼ5:5, 7, 8, 11
 「神」の子音字は「主」
 ①エゼ4:1, エレ6:6
 ②エゼ16:14, 哀1:1
6 ①エゼ16:47, 48, 51,
 Ⅱ列21:9, Ⅱ歴33:9
 ②ネヘ9:16, 17,
 エレ11:10, ゼカ7:11
7 ①エゼ21:3,
 エレ21:5, 13
 ②エゼ5:15, 11:9,
 16:41
9 ①ダニ9:12
10 ①レビ26:26, 申28:53,
 Ⅱ列6:29, エレ19:9,
 哀2:20, 4:10
 ②エゼ5:2, 12, 6:8,
 11:16, 12:14, 17:21,
 20:23, 22:15,
 レビ26:33, 申28:64,
 アモ9:9,
 ゼカ2:6, 7:14
11 ①エゼ14:16, 18, 20,
 16:48, 17:16, 19, 18:3,
 20:3, 31, 33, 33:11, 27,
 34:8, 35:6, 11,
 イザ49:18, エレ22:24,
 ゼパ2:9, ヘブ14:39
 ②エゼ7:20, 11:21,
 エレ16:18
 ③エゼ5:5, 6, 16,
 23:38, Ⅱ歴36:14,
 エレ7:9-11
 ④エゼ7:4, 9, 8:18,
 9:10

3 あなたはそこから少しの毛を取り、それをあなたの衣のすそで包み、

4 そのうちからいくらかを取って、火の中にくべ、それを火で焼け。火がその中から出て、イスラエルの全家に燃え移ろう。」

5 神である主はこう仰せられる。「これがエルサレムだ。わたしはこれを諸国の民の真ん中に置き、その回りを国々で取り囲ませた。

6 エルサレムは諸国の民よりも悪事を働いて、わたしの定めに逆らい、その回りの国々よりもわたしのおきてに逆らった。実に、エルサレムは、わたしの定めをないがしろにし、わたしのおきてに従って歩まなかった。」

7 それゆえ、神である主はこう仰せられる。「あなたがたは、あなたがたの回りの諸国の民よりも狂暴で、わたしのおきてに従って歩まず、わたしの定めを行わず、それどころか、あなたがたの回りの諸国の民の定めさえ行わなかった。」

8 それゆえ、神である主はこう仰せられる。「今、わたしもあなたを攻め、諸国の民の目の前で、あなたにさばきを下す。

9 あなたのしたすべての忌みきらうべきことのために、今までしたこともなく、これからもしないようなことを、あなたのうちで行う。

10 それで、あなたのうちの父たちは自分の子どもを食べ、子どもたちは、自分の父を食べるようになる。わたしは、あなたにさばきを下し、あなたのうちの残りの者をすべて四方に散らす。

11 それゆえ、——わたしは生きている。神である主の御告げ——あなたはあなたのすべての忌むべきものと、すべての忌みきらうべきことで、わたしの聖所を汚したので、わたしはあなたを取り去り、わたしはあなたを惜しまず、また、あわれまない。

5:1-2 鋭い剣を取り エゼキエルがそった頭の毛とひげは三等分されたけれどもそれはエルサレムに住む人々の運命を象徴していた。火で焼かれた3分の1は疫病かききんで死ぬ人々、次の3分の1は戦いの中で死ぬ人々、そして残りの3分の1は移住させられバビロニヤ帝国全体に散らされる人々を象徴している(5:12)。

5:3 少しの毛を取り エゼキエルの衣に包まれた少しの毛は神が守られる「残りの者」(わずかな人々)のことである。けれどもその中にも燃やされて神のさばきを受ける人々がいる(5:4)。

5:11 わたしの聖所を汚した 神がエルサレムに怒りを燃やされた大きな理由の一つは、そこに住んでいる

¹² あなたの三分の一はあなたのうちで疫病で死ぬか、あるいは、ききんで滅び、三分の一はあなたの回りで剣に倒れ、残りの三分の一を、わたしは四方に散らし、剣を抜いて彼らのあとを追う。

¹³ わたしの怒りが全うされると、わたしは彼らに対するわたしの憤りを静めて満足する。わたしが彼らに対する憤りを全うするとき、彼らは、主であるわたしが熱心に語ったことを知ろう。

¹⁴ わたしは、あなたの回りの諸国の民の中で、通り過ぎるすべての者の目の前で、あなたを廃墟とし、そしりとする。

¹⁵ わたしが怒りと憤りと譴責とをもって、あなたにさばきを下すとき、あなたは回りの諸国の民のそしりとなり、ののしりとなり、戒め、恐れとなる。主であるわたしがこれを告げる。

¹⁶ わたしがひどいききんの矢をあなたがたに放つとき、あなたがたは滅びてしまおう。わたしがそれを放つのは、ききんをいっそうひどくして、あなたがたのパンのたくわえをなくし、あなたがたを滅ぼすためである。

¹⁷ わたしはあなたがたにききんと、悪い獣を送る。彼らはあなたに子を失わせる。疫病と虐殺とがあなたのうちに起こる。わたしはあなたに剣を臨ませる。主であるわたしがこれを告げる。」

イスラエルの山々に対する預言

6 ¹ 次のような主のことばが私にあった。² 「人の子よ。あなたの顔をイスラエルの山々に向け、それらに向かって預言して、³ 言え。

イスラエルの山々よ。*神である主のことばを聞け。神である主は、山や丘、谷川や谷に向かってこう仰せられる。見よ。わたしは剣をあなたがたにもたらし、あなたがたの高き所を打ちこわす。

⁴ あなたがたの祭壇は荒らされ、あなたがたの香の台は砕かれる。わたしはあなたがたのうちの刺し殺された者どもを、あなたがたの偶像の前に投げ倒す。

⁵ わたしは、イスラエルの民の死体を彼らの偶像の前に置き、あなたがたの骨をあなたがたの祭壇の回りにまき散らす。

⁶ あなたがたがどこに住もうとも、町々は廃墟となり、高き所は荒らされる。あなたがたの祭壇は廃墟となり、罪に定められる。あなたがたの偶像が砕きに砕かれ、あなたがたの香の台は切り倒され、あなたがたのしたわざは消し去られ、

⁷ 刺し殺された者があなたがたのうちに横たわるとき、あなたがたは、わたしが主であることを知ろう。

⁸ しかし、わたしは、あなたがたのある者を残しておく。わたしがあなたがたを国々に追い散らすとき、剣をのがれた者

人々が偶像礼拝をして神殿を汚したことである(→8:-11:)。新約聖書は旧約聖書に引続いて信仰者にこの恐ろしい罪について警告をしている(→「**偶像礼拝**」の項 p.468)。コリント人への手紙の中でパウロは「もし、だれかが神の神殿をこわすなら、神がその人を滅ぼされます」と言っている(Ⅰコリ3:17)。使徒パウロは地域教会を神殿(教会の群れや神の民の共同体)と言っている。人々は罪と不品行の生活をしながら礼拝に参加したり、聖書的ではない信仰や教えを奨励したりして神の教会を汚すのである。

5:17 【主】であるわたしがこれを告げる ユダに対してさばきを下すという神の決意はエゼキエル書に約60回も示されている。神の教会を汚したり(→5:11注)、神の目的を拒んだりする人々を神はさばくことはないなどと考えてはならない。神はみことばを守られる。そして神を汚し続ける人へのさばきの警告は実行される(神の激しい怒り、正当な怒り、未来のさばきの全体像 →黙)。

6:4 あなたがたの偶像 イスラエルの神に対する最大の罪は偶像礼拝(にせの神々を拝むこと)によって神との契約(神の律法と約束、そして神に対する人々の忠実と服従に基づいた神とイスラエルとの「終生協定」)を破ったことである。人々は神の善意を繰返し無視し、人間の手で作った神々をあがめていた。これは神以外のものに時間とエネルギーを使う現代の神の民の問題でもある。人々は神のみに頼るのではなく、この世界の一時的なものから個人的満足や官能的な喜びを得ることを通して人生の意味や目的を見出そうとしている(→マタ6:19-24, コロ3:5)。偶像礼拝の詳細→「**偶像礼拝**」の項 p.468

エゼキエル書　6-7章

ちを諸国の民の中におらせる。
⁹あなたがたのうちののがれた者たちは、とりこになって行く国々で、わたしを思い出そう。それは、わたしから離れる彼らの姦淫の心と、偶像を慕う彼らの姦淫の目をわたしが打ち砕くからだ。彼らが自分たちのあらゆる忌みきらうべきことをしたその悪をみずからいとうようになるとき、
¹⁰彼らは、わたしが主であること、また、わたしがゆえもなくこのわざわいを彼らに下すと言ったのではないことを知ろう。」
¹¹神である主はこう仰せられる。「あなたは、手をたたき、足を踏み鳴らして、剣とききんと疫病とによって倒れるイスラエルの家の忌みきらうべきすべての悪に対して、『ああ』と叫べ。
¹²遠くにいる者は疫病で死に、近くにいる者は剣に倒れ、生き残ってとどめられている者はききんで死ぬ。彼らへのわたしの憤りは全うされる。
¹³彼らのうちの刺し殺された者が、彼らの偶像の間、その祭壇の回りや、すべての高い丘の上、山々のすべての頂、すべての青木の下や、すべての茂った樫の木の下、彼らがすべての偶像になだめのかおりをたいた所に横たわるとき、あなたがたは、わたしが主であることを知ろう。
¹⁴わたしが彼らの上に手を伸ばし、すべて彼らの住む所、荒野からリブラまで、その地を荒れ果てさせて荒廃した地とするとき、彼らは、わたしが主であることを知ろう。」

終りが来た

7 ¹ついで、私に次のような主のことばがあった。
²「人の子よ。イスラエルの地について神である主はこう仰せられる。『もう終わりだ。この国の四隅にまで終わりが来た。
³今、あなたに終わりが来た。わたしの怒りをあなたのうちに送り、あなたの行いにしたがって、あなたをさばき、あなたのすべての忌みきらうべきわざに報いをする。
⁴わたしはあなたを惜しまず、あわれまない。わたしがあなたの行いに仕返しをし、あなたのうちの忌みきらうべきわざをあらわにするとき、あなたがたは、わたしが主であることを知ろう。』」
⁵神である主はこう仰せられる。「わざわいが、ただわざわいが来る。
⁶終わりが来る。その終わりが来る。あなたを起こしに、今、やって来る。
⁷この地に住む者よ。あなたの上に終局が来る。その時が来る。その日は近い。しかし、山々での歓声の日ではなく、恐慌の日だ。
⁸今、わたしはただちに、憤りをあなたに注ぎ、あなたへのわたしの怒りを全うする。わたしはあなたの行いにしたがって、あなたをさばき、あなたのすべての忌みきらうべきわざに報いをする。
⁹わたしは惜しまず、あわれまない。わたしがあなたの行いに仕返しをし、あなたのうちの忌みきらうべきわざをあらわにするとき、あなたがたは、わたしがあなたがたを打っている主であることを知ろう。
¹⁰見よ。その日だ。その日が来る。あなたの終局がやって来ている。杖が花を咲かせ、高慢がつぼみを出した。
¹¹暴虐はつのって悪の杖となり、彼らも、その群集も、彼らの富もなくなり、彼らのために嘆く者もいなくなる。
¹²その時が来た。その日が近づいた。買う

6:9　わたしが打ち砕くからだ　人々の霊的姦淫（不誠実　→エペ4:30注）によって神は悲しみ傷ついておられた。人々の態度や行動が神の心を傷つけたからである。
6:9　彼らが・・・みずからいとうようになる　神のさばきによってある人々は自分たちの罪深さにやっと気付くようになる。そして神に逆らってきたことを心から悲しみ、神のあわれみと助けを求めて神に立返る。本当の悔い改めは単に考えを変えるだけではなく、心、態度、方向を変えることである。そこには罪に対する心からの悲しみと後悔があり（詩51:17、Ⅱコリ7:9-10）、自分を変えて神の目的に従いたいという思いと願いがあるはずである。
6:11　あなたは、手をたたき　世界中に罪深いことが行われ、主に従っているという人々の間でも行われていることを神に忠実な人々は嘆き悲しむはずだった（→9:4注）。
7:7　その日は近い　さばきと滅びの日が間もなくイスラエル人に来る。忌まわしい行動に対する罰が下れ

者も喜ぶな。売る者も嘆くな。燃える怒りがそのすべての群集にふりかかるから。
¹³売る者は、生きながらえても、売った物を取り返せない。幻がそのすべての群集にあっても、群集は帰らない。だれも、自分の不義のうちにいながら、奮い立って生きることはできないからだ。
¹⁴ラッパが吹き鳴らされ、みなの準備ができても、だれも戦いに行かない。わたしの燃える怒りがそのすべての群集にふりかかるからだ。
¹⁵外には剣、内には疫病ときんがあり、野にいる者は剣に死に、町にいる者はききんと疫病に滅ぼし尽くされる。
¹⁶それをのがれた者が逃げて、山々に行っても、彼らは谷間の鳩のようになって、みな自分の不義のために泣き悲しむ。
¹⁷彼らはみな気力を失い、彼らのひざもみな震える。
¹⁸彼らは荒布を身にまとい、恐怖に包まれ、彼らはみな恥じて顔を赤くし、彼らの頭はみなそられてしまう。
¹⁹彼らは銀を道ばたに投げ捨て、彼らの金は汚物のようになる。銀も金も、主の激しい怒りの日に彼らを救い出すことはできない。それらは彼らの飢えを飽き足らせることも、彼らの腹を満たすこともできない。それらが彼らを不義に引き込んだからだ。
²⁰彼らはこれを、美しい飾り物として誇り、これで彼らの忌みきらうべきもの、忌むべきものの像を造った。それで、わたしはそれを、彼らにとって汚物とする。

²¹わたしはそれを他国人の手に獲物として渡し、この国の悪者どもに分捕り物として渡し、それを汚させる。
²²わたしは彼らから顔をそむけ、わたしの*聖なる所を汚させる。強盗はそこに入り込み、そこを汚そう。
²³鎖を作れ。この国は虐殺に満ち、この町は暴虐に満ちているからだ。
²⁴わたしは異邦の民の中で最も悪い者どもを来させて、彼らの家々を占領させ、有力者たちの高ぶりをくじき、彼らの聖所を汚させよう。
²⁵苦悩がやって来る。彼らは平和を求めるが、それはない。
²⁶災難の上に災難が来、うわさがうわさを生み、彼らは預言者に幻を求めるようになる。祭司は律法を失い、長老はさとしを失う。
²⁷王は喪に服し、君主は恐れにつつまれ、その地の民の手はわななく。わたしが彼らの行いにしたがって彼らに報い、彼らのやり方にしたがって彼らをさばくとき、彼らは、わたしが主であることを知ろう。」

神殿での偶像礼拝

8 ¹第六年の第六の月の五日、私が自分の家にすわっていて、ユダの長老たちも私の前にすわっていたとき、*神である主の御手が私の上に下った。
²私が見ると、火のように見える姿があった。その腰と見える所から下のほうは火で、その腰から上のほうは青銅の輝きのよ

ば(7:3, 8-9)、反逆はたちどころに終る(7:2-3, 6)。生き残る人はほとんどいない。今日世界中に広がっている悪や不品行を神は無視しておられるように見えるけれども、聖書は主の日が来ることを繰返し断言している(⇒アモ5:18-20)。その日は全世界に破滅をもたらす厳しいさばきの日である(→Ⅰペテ4:7, 17)。神の怒りとさばきがついにユダに下ったようにその日は神に逆らい続ける人々にやって来る(→Ⅰテサ5:2注)。

7:19 銀も金も 神が当然の怒りとさばきを世界に注ぐとき、神を敬わない人と国の富や資産はその人々を救うことができない。神の民は利己的なあるいは余分な物質的利益を追い求めないように注意しなければならない。なぜならこの世界の財産によって満足は得ら

れないし(⇒伝2:)、また無理に求めることは永遠の損失につながるからである(→「**富と貧困**」の項 p.1835)。

7:25 苦悩がやって来る 罪は最初は無害で楽しく見える。けれども罪が活動を始めると痛みや空しさ、後悔や絶望、そしてついには破滅をもたらす。自由と解放を得る希望はただ信仰を持って神に立返りイエス・キリストに頼って罪の赦しを得、罪を離れてキリストの導きに身をゆだねることにある。キリストは霊的きよめ、自由、聖霊の力を与えて、ひとりひとりに対する神の目的を達成できるように助けてくださる。

8:1 神である主の御手 エゼキエルは「神々しい幻」の中でエルサレムに連れて行かれ、超自然的な神の臨在と力を体験した(8:3, ⇒Ⅱコリ12:1-4)。新約聖書

³ すると、その方は手の形をしたものを伸ばし、私の髪のふさをつかんだ。すると、霊が私を地と天との間に持ち上げ、神々しい幻のうちに私をエルサレムへ携え行き、ねたみを引き起こすねたみの偶像のある、北に面する内庭の門の入口に連れて行った。⁴ なんと、そこには、私がかつて谷間で見た姿と同じようなイスラエルの神の栄光があった。

⁵ その方は私に仰せられた。「人の子よ。さあ、目を上げて北のほうを見よ。」そこで、私が目を上げて北のほうを見ると、北のほうの祭壇の門の入口にねたみの偶像があった。

⁶ この方は私に仰せられた。「人の子よ。あなたは彼らのしていることが見えるか。イスラエルの家は、わたしの聖所から遠く離れようとして、ここで大きな忌みきらうべきことをしているではないか。あなたはなおまた、大きな忌みきらうべきことを見るだろう。」

⁷ それから、この方は私を庭の入口に連れて行った。私が見ると、壁に一つの穴があった。⁸ この方は私に仰せられた。「人の子よ。さあ、壁に穴をあけて通り抜けよ。」私が壁に穴をあけて通り抜けると、一つの入口があった。⁹ この方は私に仰せられた。「入って行き、彼らがそこでしている悪い忌みきらうべきことを見よ。」

¹⁰ 私が入って行って見ると、なんと、はうものや忌むべき獣のあらゆる像や、イスラエルの家のすべての偶像が、回りの壁一面に彫られていた。¹¹ また、イスラエルの家の七十人の長老が、その前に立っており、その中にはシャファンの子ヤアザヌヤも立っていて、彼らはみなその手に香炉を持ち、その香の濃い雲が立ち上っていた。¹² この方は私に仰せられた。「人の子よ。あなたは、イスラエルの家の長老たちがおのおの、暗い所、その石像の部屋で行っていることを見たか。彼らは、『主は私たちを見ておられない。主はこの国を見捨てられた』と言っている。」

¹³ さらに、私に仰せられた。「あなたはなおまた、彼らが行っている大きな忌みきらうべきことを見るだろう。」

¹⁴ ついでこの方は私を、主の宮の北の門の入口へ連れて行った。するとそこには、女たちがタンムズのために泣きながらすわっていた。

¹⁵ この方は私に仰せられた。「人の子よ。これを見たであろうが、あなたはなおまた、これよりも大きな忌みきらうべきことを見るだろう。」

¹⁶ そして、この方は私を主の宮の内庭に連れて行った。すると、主の宮の本堂の入口の玄関と祭壇との間に二十五人ばかりの人がおり、彼らは主の宮の本堂に背を向け、顔を東のほうに向けて、東のほうの太陽を拝んでいた。

の主イエスに従った人々は聖霊に満たされて(使4:29-31)幻と夢を見たときに(使2:16-18)、神の臨在と力を同じように(あるいはさらに実際的に)体験した。主イエスは信仰者たちに聖霊が力を与え御霊の賜物(神が与える能力)で装わせてくださるように求め期待するように教えられた(ルカ11:5-13)。そうすれば神の目的に仕え奇蹟の力を持って効果的にメッセージを伝えることができるようになる(使2:1-12, 37-41, Ⅰテサ1:5, ヘブ2:4)。→「聖霊のバプテスマ」の項 p.1950,「御霊の賜物」の項 p.2138,「聖霊の働き」の表 p.2187

8:3 私をエルサレムへ携え行き エゼキエルはエルサレムの神殿に連れて行かれて人々が行っている堕落した忌まわしい事柄を見た。この幻は神がこの町をさばく理由をはっきり示していた。

8:6 わたしの聖所から遠く離れ 人々がにせの礼拝や罪を容認する(許す、受入れる)なら、神殿にはとどまらないと神はエゼキエルに示された。同じように、教会がこの世界と妥協し聖書的教えを放棄して信仰者の間の不品行を容認しているなら神の臨在を失うことになる。そして御国に入ることもできなくなる(→黙2:-3:)。

8:14 タンムズ タンムズはバビロニヤの植物の神である。秋に植物が枯れると人々はタンムズが死んだと思って嘆いた。ユダの女性たちは卓越した主(完全な権威を持つ真実で全能の神)を捨ててタンムズのような人間が作ったにせの神々に助けと祝福を求めた

¹⁷この方は私に仰せられた。「人の子よ。あなたはこれを見たか。ユダの家にとって、彼らがここでしているような忌みきらうべきことをするのは、ささいなことだろうか。彼らはこの地を暴虐で満たし、わたしの怒りをいっそう駆り立てている。見よ。彼らはぶどうのつるを自分たちの鼻にさしている。
¹⁸だから、わたしも憤って事を行う。わたしは惜しまず、あわれまない。彼らがわたしの耳に大声で叫んでも、わたしは彼らの言うことを聞かない。」

殺される偶像礼拝者たち

9 ¹この方は私の耳に大声で叫んで仰せられた。「この町を罰する者たちよ。おのおの破壊する武器を手に持って近づいて来い。」
²見ると、六人の男が、おのおの打ちこわす武器を手に持って、北に面する上の門を通ってやって来た。もうひとりの人が亜麻布の衣を着、腰には書記の筆入れをつけて、彼らの中にいた。彼らは入って来て、青銅の祭壇のそばに立った。
³そのとき、ケルブの上にあったイスラエルの神の栄光が、ケルブから立ち上り、神殿の敷居へ向かった。それから、腰に書記の筆入れをつけ、亜麻布の衣を着ている者を呼び寄せて、
⁴主は彼にこう仰せられた。「町の中、エ

17 ①エゼ7:11, 23, アモ3:10
② エゼ16:26
③ イザ17:10
18 ① エゼ5:13, 24:13
② エゼ5:11
③ イザ1:15, エレ11:11, 14:12, ゼカ7:13

2 ① エゼ10:2, レビ16:4, 黙15:6
3 ① →エゼ8:4
② エゼ10:1-9, 14-20

4 ① エゼ21:6, 詩119:136, エレ13:17
② 黙7:3, 9:4, 14:1
③ エゼ9:6, 出12:7, 13, Ⅱコリ1:22
5 ① 出32:27
② エゼ5:11
6 ① Ⅱ歴36:17
② エゼ9:4
③ 出12:23, 黙9:4
④ エゼ25:29, Ⅰペテ4:17
⑤ エゼ8:11
7 ① エゼ7:20-22
② エゼ6:4, 5
8 ① Ⅰ歴21:16
② エゼ11:13
＊子音字は「主」
③ イザ1:9, エレ6:9, エズ9:8
9 ① エゼ7:23, 22:2, 3, Ⅱ列17:16, エレ2:34
② エゼ22:29, ミカ3:1-3, 7:3
③ エゼ8:12, 詩10:11, 94:7
10 ① エゼ5:11

ルサレムの中を行き巡り、この町で行われているすべての忌みきらうべきことのために嘆き、悲しんでいる人々の額にしるしをつけよ。」
⁵また、私が聞いていると、ほかの者たちに、こう仰せられた。「彼のあとについて町の中を行き巡って、打ち殺せ。惜しんではならない、あわれんではならない。
⁶年寄りも、若い男も、若い女も、子どもも、女たちも殺して滅ぼせ。しかし、あのしるしのついた者にはだれにも近づいてはならない。まずわたしの聖所から始めよ。」そこで、彼らは神殿の前にいた老人たちから始めた。
⁷ついで主は彼らに仰せられた。「宮を汚し、死体で庭を満たせ。さあ行け。」彼らは出て行って、町の中で打ち殺した。
⁸彼らが打ち殺しているとき、私は残っていて、ひれ伏し、叫んで言った。「ああ、＊神、主よ。あなたはエルサレムの上にあなたの憤りを注ぎ出して、イスラエルの残りの者たちを、ことごとく滅ぼされるのでしょうか。」
⁹すると、主は私に仰せられた。「イスラエルとユダの家の咎は非常に大きく、国は虐殺の血で満ち、町も罪悪で満ちている。それは、彼らが、『主はこの国を見捨てられた。主は見ておられない』と言ったからだ。
¹⁰だから、わたしも惜しまず、あわれま

(→「**偶像礼拝**」の項 p.468)。

8:17 ぶどうのつるを自分たちの鼻に これは太陽または自然を礼拝する儀式と考えられる。

9:2 六人の男 「六人の男」とは町に対するさばきを実行するように神に命じられた6人の御使いのことである。それぞれが邪悪な人々を全部殺すための武器を持っていた(9:1)。亜麻布の衣を着た7人目の御使いは筆記具を持っていた。その務めは神に忠実だった人々の額にしるしをつけることだった(⇒黙7:3, 9:4, 14:1, 22:4, →「**御使いたちと主の使い**」の項 p.405, 9:4注)。

9:4 すべての忌みきらうべきことのために嘆き 近付いているさばきから救われるのは神とみことばに忠実だった人だけであると神は指示された。(1) その人々の神への忠誠は真実と正義を愛する思いと、周り

の悪を悲しみ憎む思いがあるかどうかで決まった。神が額につけるようにされた特別なしるしは、ヘブル語のターウという字(ヘブル語のアルファベットの最後の字で十字架のかたちをしている)である。(2) 罪を心から嘆き悲しむ気持は救いに導く信仰(罪が赦され罪から解放されるようにするもの)がある証拠である。心から主に従う人は世界と教会の中に罪や不品行を見るとき主と同じように嘆き悲しむはずである(→ヘブ1:9注)。

9:6 まずわたしの聖所から始めよ・・・老人たちから 神のさばきはご自分の民(→Ⅰペテ4:17)、特に教会の霊的指導者たちから始まる。指導者たちはみことばに対する忠実さや聖い生き方をする姿勢に対してほかの人々より重い責任を問われる(ヤコ3:1)。指導者が良い模範にならず、ことばと行いによって真理を教え

い。わたしは彼らの頭上に彼らの行いを返す。」

11 ちょうどそのとき、腰に筆入れをつけ、亜麻布の衣を着ているその人が報告してこう言った。「あなたが私に命じたとおりに私は行いました。」

神殿から離れる栄光

10 1 私が見ていると、ケルビムの頭の上の大空に、サファイヤのような何か王座に似たものがあって、それが、ケルビムの上に現れた。

2 主は亜麻布の衣を着た者に命じて言われた。「ケルブの下にある車輪の間に入り、ケルビムの間の炭火をあなたの両手に満たし、それを町の上にまき散らせ。」すると、この人は私の目の前でそこに入って行った。

3 その人が入って行ったとき、ケルビムは神殿の右側に立っていて、雲がその内庭を満たしていた。

4 主の栄光がケルブの上から上り、神殿の敷居に向かうと、神殿は雲で満たされ、また、庭は主の栄光の輝きで満たされた。

5 そのとき、ケルビムの翼の音が、全能の神の語る声のように、外庭にまで聞こえた。

6 主が亜麻布の衣を着た者に命じて、「車輪の間、すなわちケルビムの間から火を取れ」と仰せられたとき、この人は入って行って、一つの輪のそばに立った。

7 すると、一つのケルブはケルビムの間から、ケルビムの間にある火のほうに手を伸ばして、その火を取り、亜麻布の衣を着た者の両手にそれを盛った。この人はそれを受け取ると、出て行った。

8 さらに、ケルビムの翼の下から人の手の形のものが現れた。

9 私が見ると、ケルビムのそばに四つの輪があり、一つの輪は一つのケルブのそばに、他の輪は他のケルブのそばにそれぞれあった。その輪は緑柱石の輝きのように見えた。

10 それらの形は、四つともよく似ていて、ちょうど一つの輪が他の輪の中にあるようであった。

11 それらが行くとき、それらは四方に向かって行き、行くときには、それらは向きを変えなかった。なぜなら、頭の向かう所に、他の輪も従い、それらが行くときには向きを変えなかったからである。

12 それらのからだ全体と、その背、その手、その翼、さらに輪、すなわちその四つの輪には、その回りに目がいっぱいついていた。

13 私はそれらの輪が「車輪」と呼ばれているのを聞いた。

14 そのおのおのには四つの顔があり、第一の顔はケルブの顔、第二の顔は人間の顔、第三の顔は獅子の顔、第四の顔は鷲の顔であった。

15 そのとき、ケルビムが飛び立ったが、それは、私がかつてケバル川のほとりで見

ないなら人々を神とみことばから遠ざけることになる。

10:2　炭火　町の上にまき散らされた炭火はさばきと破壊を象徴している。この幻のすぐあとでエルサレムはバビロニヤ軍によって焼き尽された（Ⅱ列25：8-9、Ⅱ歴36：19）。

10:4　[主]の栄光が・・・上り　10-11章の焦点は神の栄光と臨在が神殿とエルサレムの町から離れていくことである（→「神の栄光」の項 p.1366、「ソロモンの神殿」の図 p.557）。神の栄光はまず至聖所と呼ばれる聖所の一番奥から離れ、次に天井から入口まで神殿中に広がった（10:4）。それから入口を越えて動き、ケルビムと輪の上にとどまった（10:18）。ケルビムは神の栄光とともに神殿の東の門に移り（10:19）、それから完全に神殿から離れた。最終的に神の栄光はエルサレムの町を離れてオリーブ山の上にとどまった（11:23）。

（1）神の栄光は人々の罪と偶像礼拝のために神殿を離れた。神は神の家をやむなく少しずつ離れられた。聖い（純粋、完璧、悪からの分離）神は神殿で行われている汚れたことから離れなければならなかった。

（2）今日教会がイスラエルのまねをして罪を犯し敵（サタン）の道に従うなら、神はやはり栄光を移される。罪があるなら神は個人、グループ、教会、あるいは国からも去って行かれる。そしてすると神の御霊の臨在と働きが失われたことがだれの目にも明らかになる（→Ⅰコリ14：）。

（3）神の栄光と臨在を私たちは熱心に求めなければならない。そして同時に罪と不品行（特に自分自身の生活と教会の中の）を強く憎まなければならない（→ヘブ1：9注）。そうしないなら霊的なあいまいさと神のさばきにつながっていく（→黙2：-3：, ⇒申31：17, Ⅰサム4：21, ホセ9：12）。

神の栄光

「【主】の栄光がケルブの上から上り、神殿の敷居に向かうと、神殿は雲で満たされ、また、庭は【主】の栄光の輝きで満たされた。」(エゼキエル書10:4)

神の栄光の定義

「神の栄光」ということばは聖書の中ではいくつかのかたちで用いられている。

(1) 時には神の輝き(光り輝く姿)と荘厳さと威光を指している(⇒Ⅰ歴29:11, ハバ3:3-5)。けれども人間のことばでは神の最高の栄光を十分に描き出すことはできない。それはあまりにも超自然的に優れており、だれも直接神を見て(顔と顔を合せて)生きていることができないからである(出33:18-23)。人間はせいぜい「主の栄光のように見えた」(⇒エゼキエルの神の御座の幻 エゼ1:26-28)ものを見ることができるに過ぎない。神の栄光は神の特異性と聖さ(純粋性、完全性、完璧性、悪からの分離 ⇒イザ6:1-3)、神の超越性(造られたものではなく、自立していて、あらゆる面で偉大なこと ⇒ロマ11:36, ヘブ13:21)の充満を現している。ペテロは神を「おごそかな、栄光の神」と言っている(Ⅱペテ1:17)。神の特性について →「神の属性」の項 p.1016

(2) 神の栄光は神の民の間に現される目に見える神の臨在を指している。これは時に「シェキーナー」の栄光と呼ばれた。「シェキーナー」は「神の住まい」を意味するヘブル語で、神の臨在と栄光の目に見える現れを描写している。モーセとイスラエル人は神の「シェキーナー」の栄光が雲と火の柱の中にあって昼も夜も導くのを見た(出13:21)。出エジプト記29章43節では幕屋(可動式の「会見の天幕」で礼拝の場所)での臨在を「わたしの栄光」と神は言っておられる(⇒イザ60:2)。「シェキーナー」は神が律法をモーセに与えられたときにシナイ山をおおった(→出24:16-17注)。そして幕屋が完成したときにそこを満たした(出40:34, →「幕屋」の図 p.174)。荒野でイスラエルを導き(出40:36-38)、後にソロモンの神殿が献堂されたときにそこに満ちた(Ⅱ歴7:1, Ⅰ列8:11-13, 「ソロモンの神殿」の図 p.557)。さらに神は神殿の至聖所の中でケルビム(契約の箱の上にある天使の姿)の間に臨在がとどまるようにされた(Ⅰサム4:4, Ⅱサム6:2, 詩80:1, 「神殿の備品」の図 p.557)。エゼキエルは偶像礼拝(まことの神の代りに人間が作った神々やほかのものを拝むこと)が広まったために、主の栄光が神殿から上って去っていくのを見た(エゼ10:4, 18-19)。新約聖書では「シェキーナー」の栄光は人々の間に住むために来られたイエス・キリスト(人間の肉をまとった神の栄光)の臨在と同じであるとしている(ヨハ1:14)。ベツレヘムの羊飼いたちは主イエスの誕生のときに主の栄光を見た(ルカ2:9)。弟子たちはキリストの変貌のときに見た(この体験の説明 →マタ17:2-8, Ⅱペテ1:16-18)。そしてステパノはキリストを信じる信仰のために殺されるときに見た(使7:55)。

(3) 神の栄光は聖書の中では、神の聖い臨在と力、世界と人々の生活の中に現された臨在と力の影響として表現されている。「天は神の栄光を語り告げ」(現す、証拠を示す 詩19:1, ⇒ロマ1:19-20)、全地は神の栄光で満ちている(イザ6:3, ⇒ハバ2:14)けれども、主の偉大さと威光の輝きの全容はまだ完全には現されていない。そのため人々は神の偉大さをしばしば見過している。その結果神の臨在をあって当り前のものと考えている。けれどもキリストに従う人々は神の栄光と臨在を主の近さ、導き、愛、力、知恵、祈りの応え、御霊の賜物(神から与えられる能力)、聖霊の超自然的働きなど多くのかたちで体験することができる(→Ⅱコリ3:18注, エペ3:16-19注, Ⅰペテ4:14注, →「聖霊の賜物」の表 p.2096)。

(4) 旧約聖書は偶像礼拝(まことの神の代りに人間が作ったにせの神々やほかのものを拝むこと)はどれも神がそこにおられないかのように神の栄光を押戻したり押しのけたりするものとして警告している。偶像礼拝は神の名前をはずかしめる(→「偶像礼拝」の項 p.468)。神が贖い主(救い主、霊的解放者)としてご自分を現すときには神の名前があがめられる(→詩79:9, エレ14:21)。キリストの地上での働きはみな神の栄光と栄誉を現すものだった(ヨハ14:13, 17:1, 4-5)。

イエス・キリストの中に現された神の栄光

　イエス・キリストの来臨について預言したとき、イザヤはイエス・キリストの中に神の栄光が現されて全人類がそれを見ることができるようになると言っている（イザ40：5）。ヨハネも（ヨハ1：14）ヘブル人への手紙の著者も（ヘブ1：3）、イエス・キリストはこの預言を成就したと証言している（→「**キリストによって成就した旧約聖書の預言**」の表 p.1029）。キリストの栄光は世界が始まる前に御父（神）とともに持っておられたのと同じ栄光だった（ヨハ1：14，17：5）。キリストの働きの栄光は旧約聖書にあるどの働きの栄光よりはるかにまさるものだった（Ⅱコリ3：7-11）。パウロは主イエスを「栄光の主」と呼び（Ⅰコリ2：8）、ヤコブは「私たちの栄光の主イエス・キリスト」と呼んでいる（ヤコ2：1）。

　新約聖書は繰返しイエス・キリストと神の栄光との関係、切ることのできない結びつきを指している。キリストの奇蹟は神の栄光を現している（ヨハ2：11，11：40-44，→「**キリストの奇蹟**」の表 p.1942）。キリストは「光り輝く雲」（→マタ17：5）の中で姿を変えられたけれども、それはご自分の光り輝く栄光を目に見えるかたちで示されたものだった。御父である神は御子イエスを尊ぶように弟子たちが聞いて理解できることばで語りかけて、この出来事が確実なことを示された（⇒Ⅱペテ1：16-19）。キリストは近付いている死は栄光を受けるときの始まりだと言われた（ヨハ12：23-24，⇒17：2-5）。復活の後、キリストは天の栄光に上げられた（⇒使1：9，Ⅰテモ3：16）。今キリストは栄光の中に上げられ（黙5：12-13）、やがて「大能と輝かしい栄光を帯びて天の雲に乗って」再び来られる（マタ24：30，⇒マタ25：31，マコ14：62，Ⅰテサ4：16-17）。

神の民が生活の中で体験した神の栄光

　神の栄光は従う人々にどのような影響を与え、個人的にどのように適用されるのだろうか。

　(1) 神の栄光をまともに見た人は生きていることができない。栄光がそこにあることを知っていてもそれを完全に見ることはできない。神は光と栄光の中に住んでおられるので、人間はだれひとり顔と顔を合せて見ることができないと神のことばは示している（Ⅰテモ6：16）。けれども神は人間が見えるように栄光を二つの方法で現された。「教会により、またキリスト・イエスにより、栄光が、世々にわたって、とこしえまでありますように」（エペ3：21）。つまり神はご自分とみわざを御子イエスを通し、また神の目的に仕え神を礼拝するために集まる忠実な人々の生活を通して現される。それは聖霊がその人々の中に住み（Ⅰコリ3：16，6：19，Ⅱコリ6：16）、その人々の中で働いておられるからである（→「**聖霊の働き**」の表 p.2187）。

　(2) 聖書の時代のある人々は神の「シェキーナー」の栄光を体験した（→前述「神の栄光の定義」）。今日までの歴史を通じてイザヤ（イザ6：）やエゼキエル（エゼ1：）のように幻を見た人々もいた。けれどもこれは当時も今も一般的なことではない。神の栄光の完全な姿は神の民全員が主イエスと顔と顔とを合せて見る日まで体験することができない。神が計画された霊的救いの最終目標は忠実な人々が栄光ある臨在の中に入れられ（ヘブ2：10，Ⅰペテ5：10，ユダ1：24）、キリストの栄光にあずかり（ロマ8：17-18）、栄光の冠を受けることである（Ⅰペテ5：4）。その復活のからだは復活したキリストの栄光を示すものである（Ⅰコリ15：42-43，ピリ3：21，→「**肉体の復活**」の項 p.2151）。

　(3) 現在主イエスに従う人々は神の臨在を聖霊の力と働きを通して体験する。聖霊は神の臨在と主イエスを身近に感じられるようにしてくださる（Ⅱコリ3：17，Ⅰペテ4：14）。聖霊が超自然的な賜物と働きを通して教会の中（キリストに従う人々の間）に力強く働かれるとき（Ⅰコリ12：1-12）、人々は神の栄光を否定できないほどはっきりと見、体験するようになる（→「**御霊の賜物**」の項 p.2138）。

　(4) キリストと罪のための犠牲を受入れて生涯をキリストの導きにゆだねた人々は今や御霊によってキリストと一つにされ、キリストの栄光にあずかるものになっている（→ヨハ17：22注）。ペテロは大胆にキリストと一つになり、その信仰のために苦しみを受けている人々に「栄光の御霊、すなわち神の御霊が、あなたがたの上にとどまってくださる」（Ⅰペテ4：14）と言っている。主イエスがこの世界に来られた理由の一つは人々に栄光を現すことだった（ルカ2：29-32）。神が私たちの中で私たちを通してあがめられほめたたえられるように、主イエスに従う者として私たちは神の栄光のために全生涯を送らなければならない（ヨハ17：10，Ⅰコリ10：31，Ⅱコリ3：18）。

た生きものであった。
¹⁶ケルビムが行くと、輪もそのそばを行き、ケルビムが翼を広げて地上から上るとき、輪もそのそばを離れず向きを変えなかった。¹⁷ケルビムが立ち止まると、輪も立ち止まり、ケルビムが上ると、輪もいっしょに上った。それは、生きものの霊が輪の中にあったからである。

¹⁸主の栄光が神殿の敷居から出て行って、ケルビムの上にとどまった。¹⁹すると、ケルビムが翼を広げて、私の前で、地上から上って行った。彼らが出て行くと、輪もそのそばについて行った。彼らが主の宮の東の門の入口で立ち止まると、イスラエルの神の栄光がその上をおおった。²⁰彼らは、かつて私がケバル川のほとりで、イスラエルの神の下に見た生きものであった。私は彼らがケルビムであることを知った。²¹彼らはおのおの四つずつ顔を持ち、おのおの四つの翼を持っていた。その翼の下には、人間の手のようなものがあった。²²彼らの顔かたちは、私がかつてケバル川のほとりでその容貌としるしを見たとおりの顔であった。彼らはみな、前のほうへまっすぐ進んで行った。

イスラエルの指導者たちに対するさばき

11 ¹そのとき、霊が私を引き上げて、主の宮の東に面した東の門に連れて行った。ちょうど、その門の入口には二十五人の者がいて、その中に、私は、民の長であるアズルの子ヤアザヌヤと、ベナヤの子ペラテヤがいるのを見た。²主は私に仰せられた。「人の子よ。この者たちは、この町で、邪悪な計画を立て、悪いはかりごとをめぐらし、³『家を建てるにはまだ間がある。この町

16 ①エゼ11:22
18 ①→エゼ1:28
　②詩18:10
19 ①エゼ11:1
　②→エゼ8:4
20 ①エゼ1:5, 26, 10:15
21 ①エゼ1:6, 8, 10:8, 14
22 ①エゼ1:1
　②エゼ1:9

1 ①エゼ3:12
　②エゼ10:19
　③エゼ8:16
　④エゼ11:13
2 ①エゼ2:1
　②イザ30:1, ミカ2:1
3 ①エゼ11:7, 11

4 ①エゼ3:4, 17
5 ①エゼ11:24, 37:1, ミカ3:8, →イザ11:2
　②エゼ2:4
　③エゼ3:4, 17
　④エゼ38:10, エレ11:20, 17:10
6 ①エゼ7:23, 22:2-4, 6, 9, 12, 27, イザ1:15, エレ7:9
7＊エゼ11:7, 8, 13, 16, 17, 21「神」の子音字は「主」
　①ミカ3:2, 3
　②エゼ11:3, 11
　③Ⅱ列25:18-21, エレ52:24-27
8 ①ヨブ3:25
9 ①申28:36, 49, 詩106:41
　②エゼ5:12
10 ①エレ52:10
　②Ⅱ列14:25, エレ52:9
　③→エゼ6:7
11 ①エゼ11:3, 7
12 ①エゼ8:12
　②エゼ8:10, 14, 16, 申12:30
13 ①エゼ11:1
　②エゼ9:8

はなべであり、私たちはその肉だ』と言っている。⁴だから、彼らに向かって預言せよ。人の子よ。預言せよ。」

⁵ついで主の霊が私に下り、私に仰せられた。「主はこう仰せられる、と言え。イスラエルの家よ。あなたがたはあのように言ったが、わたしは、あなたがたの心に浮かぶことどもをよく知っている。⁶あなたがたはこの町に刺し殺された者をふやし、死体でその道ばたを満たした。⁷＊それゆえ、神である主はこう仰せられる。あなたがたが町の中に置いた死体は肉であり、この町はなべである。しかしわたしは、あなたがたをその中から取り出そう。⁸あなたがたは剣を恐れるが、わたしはあなたがたの上に剣をもたらす。──神である主の御告げ──⁹わたしはあなたがたを町から連れ出して、他国人の手に渡し、あなたがたにさばきを下す。¹⁰あなたがたが剣に倒れ、わたしがイスラエルの国境であなたがたをさばくとき、あなたがたは、わたしが主であることを知ろう。¹¹この町はあなたがたにとってなべとはならず、あなたがたはその中の肉とはならない。わたしは、イスラエルの国境であなたがたをさばこう。¹²あなたがたは、わたしが主であることを知ろう。あなたがたが、わたしのおきてに従って歩まず、わたしの定めを守らず、あなたがたの回りにいる諸国の民のならわしに従ったからである。」

¹³こうして、私が預言しているとき、ベナヤの子ペラテヤが死んだ。そこで、私はひれ伏し、大声で叫んで言った。「ああ、神、主よ。あなたはイスラエルの残りの者

11:3　家を建てるにはまだ間がある　前597年のバビロニヤの侵攻のあとエルサレムに残った人々は、自分たちは安全で神の好意を受けていると感じていた。そして自分たちはなべ(エルサレム)の中の上等な肉で、捕囚にされた人々は肉のついていない骨ではないかと思った。そして罪を犯しているこの人々もやはり神に滅ぼされるという預言者のメッセージを信じようとし

なかった。

11:7　あなたがたをその中から取り出そう　人々がなべ(エルサレム)から取出され、バビロニヤに食い尽くされ滅びると神は警告された(11:8-11)。

11:12　諸国の民のならわしに従った　ユダが周りの国々の腐敗した宗教的慣習を取入れたように、今日の神の民も神を敬わない周りの社会の意見や行動に同化

エゼキエル書　11章

たちを、ことごとく滅ぼされるのでしょうか。」

14 そのとき、私に次のような主のことばがあった。

15 「人の子よ。あなたの兄弟、あなたの同胞、あなたの身近な親類の者たち、またイスラエルの全家のすべての者に対して、エルサレムの住民は、『主から遠く離れよ。この地は私たちの所有として与えられているのだ』と言った。

イスラエルの帰還の約束

16 それゆえ言え。『神である主はこう仰せられる。わたしは彼らを遠く異邦の民の中へ移し、国々の中に散らした。しかし、わたしは彼らが行ったその国々で、しばらくの間、彼らの聖所となっていた。』

17 それゆえ言え。『神である主はこう仰せられる。わたしはあなたがたを、国々の民のうちから集め、あなたがたが散らされていた国々からあなたがたを連れ戻し、イスラエルの地をあなたがたに与える。』

18 彼らがそこに来るとき、すべての忌むべきもの、すべての忌みきらうべきものをそこから取り除こう。

19 わたしは彼らに一つの心を与える。すなわち、わたしはあなたがたのうちに新しい霊を与える。わたしは彼らのからだから石の心を取り除き、彼らに肉の心を与える。

20 それは、彼らがわたしのおきてに従って歩み、わたしの定めを守り行うためである。こうして、彼らはわたしの民となり、わたしは彼らの神となる。

21 しかし、彼らの忌むべきものや、忌みきらうべきものの心を、自分の心として歩む者には、彼らの頭上に彼らの行いを返そう。——神である主の御告げ——」

22 ケルビムが翼を広げると、輪もそれといっしょに動き出し、イスラエルの神の栄光がその上のほうにあった。

23 主の栄光はその町の真ん中から上って、町の東にある山の上にとどまった。

24 また、霊が私を引き上げ、神の霊によって幻のうちに私をカルデヤの捕囚の民のところへ連れて行った。そして、私が見たその幻は、私から去って上って行った。

25 そこで私は、主が私に示されたことをことごとく捕囚の民に告げた。

するように絶えず誘惑を受けている。邪悪な人々の道や慣習をまねしたいという思いを断固退けなければならない。神につながる私たちは主に従わない人々の、神を敬わない罪深い生活様式から分離した聖い生活をしなければならない（→ロマ12：1注, 12：2注, →「信者の霊的聖別」の項 p.2172, 「キリスト者とこの世」の項 p.2437）。腐敗した世界の影響を拒む決心とともに、みことばに示された神の永遠の真理と善悪の基準に大胆に立つ姿勢がなければならない。

11：16　聖所　神が破滅から守りやがて回復される一部のイスラエル人についてエゼキエルは神に質問をした（11：13）。それに対して神は捕囚の人々を今も見守っていると答えられた。神はこの人々の聖所（避難場所）になって、やがて約束の地（故郷）に連戻される（11：16-20）。

11：17-21　地をあなたがたに与える　この預言は一部のユダヤ人がバビロニヤ捕囚から戻ったときに部分的に成就した（前538年開始 帰還の段階の概略 →エズ緒論,「捕囚からの帰還」の地図 p.759）。さらにこの部分は未来にイスラエルが再び集合することを指している。それは神が終りのときのさばきを地上に下す患難時代の後期のことである。そのとき神を敬う多くのユダヤ人は一致して反キリストの腐敗した宗教に抵抗をする。迫害と、キリストを自分たちのメシヤ、救い主と信じる信仰が刷新されることとによって「イスラエルの忠実な者」たちは集められる（→黙12：6注,「**大患難**」の項 p.1690）。

11：19　新しい霊　新しい霊が注がれるという預言が最初に成就したのは主イエスの復活（→「**弟子たちの新生**」の項 p.1931）と五旬節の日（主イエスがそのメッセージを伝えるために御霊を注いで弟子たちに力を与えられた最初のとき　→使2：4注, ⇒ヨエ2：28-29）である。エゼキエルは人々が聖霊によって力を受け神の律法と目的に従って生きるようになると預言した。今日イエス・キリストに頼る人はみな神の聖霊を受け、その霊的賜物と働きを体験することができる。→「**聖霊のバプテスマ**」の項 p.1950,「**聖霊の教理**」の項 p.1970

11：23　【主】の栄光は・・・上って　神の栄光はエルサレムを離れてオリーブ山にとどまった（→10：4注）。後にエゼキエルは主が永遠の国を築かれるときに神の栄光が戻って来る幻を見た（43：1-4）。

象徴的に示された捕囚

12 ¹ついで、私に次のような主のことばがあった。

²「人の子よ。あなたは反逆の家の中に住んでいる。彼らは反逆の家だから、見る目があるのに見ず、聞く耳があるのに聞こうとしない。

³人の子よ。あなたは捕囚のための荷物を整え、彼らの見ている前で、昼のうちに移れ。彼らの見ている前で、今いる所から他の所へ移れ。もしかしたら、彼らに自分たちが反逆の家であることがわかるかもしれない。

⁴あなたは、自分の荷物を昼のうちに彼らの見ている前で、捕囚のための荷物のようにして持ち出し、捕囚に行く人々のように、彼らの見ている前で、夕方、出て行け。

⁵彼らの見ている前で、あなたは壁に穴をあけ、そこから出て行け。

⁶彼らの見ている前で、あなたは荷物を肩に負い、暗いうちに出て行き、顔をおおって地を見るな。わたしがあなたをイスラエルの家のためにしるしとしたからだ。」

⁷そこで、私は命じられたとおりに、私の荷物を捕囚のための荷物のようにして昼のうちに持ち出し、夕方、自分の手で壁に穴をあけ、彼らの見ている前で、暗いうちに荷物を背負って出て行った。

⁸翌朝、私に次のような主のことばがあった。

⁹「人の子よ。反逆の家、イスラエルの家は、あなたに、『何をしているのか』と尋ねなかったか。

¹⁰彼らに言え。『神である主はこう仰せられる。この宣告は、エルサレムの君主、およびそこにいるイスラエルの全家にかかわるものである。』

¹¹また言え。『私はあなたがたへのしるしである。私がしたようなことが彼らにもなされる。彼らはとりことなって引いて行かれる。

¹²彼らのうちにいる君主は、暗いうちに荷物を背負って出て行く。出て行けるように壁に穴があけられる。彼は顔をおおうであろう。彼は自分の目でその地をもう見ないからである。』

¹³わたしはまた、彼の上にわたしの網をかけ、彼はわたしのわなにかかる。わたしは彼をカルデヤ人の地のバビロンへ連れて行く。しかし、彼はその地を見ないで、そこで死のう。

¹⁴わたしはまた、彼の回りにいて彼を助ける者たちや、彼の軍隊をみな、四方に追い散らし、剣を抜いて彼らのあとを追う。

¹⁵わたしが彼らを諸国の民の中に散らし、国々に追い散らすとき、彼らは、わたしが主であることを知ろう。

¹⁶彼らが行く先の諸国の民の中で、自分たちの、忌みきらうべきわざをことごとく知らせるために、わたしが彼らのうちのわずかな者を、剣やききんや疫病から免れさせるとき、彼らは、わたしが主であることを知ろう。

12:2 反逆の家 神が首都エルサレムを破壊しダビデの家系の王の継承を終らせることをユダの人々は信じなかった。自分たちは神の選民だから、たとい罪の中を歩いていても主は守ってくださると思っていた。そこで主はエゼキエルにしるしとなるように命じられた（12:6）。それは反逆の結果何を体験するかを象徴的な行動を通して人々に見せることだった。このあとエゼキエルはユダの人々に間もなく下る神のさばきを二つのさらに強烈な方法で示している（12:3-7, 17-20）。

12:3-7 捕囚のための荷物を整え 強烈な描写の第一はエゼキエルが捕虜または捕囚の役を演じることだった。旅行に絶対必要なものを除いて何もかも残して別の場所に連れて行かれるのである。この行動を通して神はエルサレムから別のグループがバビロニヤに連れて行かれることをはっきりと伝えられた。また既にバビロニヤにいる捕囚の人々には、すぐにエルサレムに戻ることができるなどと期待できないことが伝えられた（→Ⅱ列24:1注, ユダヤ人のバビロニヤ捕囚の過程 →エレ緒論）。

12:5 壁に穴をあけ 第二の強烈な描写は必死に捕囚を逃れようとするユダヤ人の様子を表している。

12:6 顔をおおって この行動は捕虜が体験する恥と悲しみを表していると思われる。

12:10-13 エルサレムの君主 「君主」とはユダの最後の王でエルサレムに住むゼデキヤである。この信仰のない王はさばかれるとエゼキエルは預言した。王は捕虜になってバビロニヤに連れて行かれる。けれども敵によって目をつぶされるので（→Ⅱ列25:7, エレ

エゼキエル書　12–13章

17 ついで、私に次のような主のことばがあった。
18 「人の子よ。震えながらあなたのパンを食べ、おののきながら、こわごわあなたの水を飲め。
19 この地の人々に言え。『神である主は、イスラエルの地のエルサレムの住民について、こう仰せられる。彼らは自分たちのパンをこわごわ食べ、自分たちの水をおびえながら飲むようになる。その地が、そこに住むすべての者の暴虐のために、やせ衰えるからである。
20 人の住んでいた町々が廃墟となり、その地が荒れ果てるそのとき、あなたがたは、わたしが主であることを知ろう。』」
21 さらに、私に次のような主のことばがあった。
22 「人の子よ。あなたがたがイスラエルの地について、『日は延ばされ、すべての幻は消えうせる』と言っているあのことわざは、どういうことなのか。
23 それゆえ、神である主はこう仰せられると言え。『わたしは、あのことわざをやめさせる。それで、彼らはイスラエルでは、もうくり返してそれを言わなくなる。かえって、その日は近づき、すべての幻は実現する』と彼らに告げよ。
24 もう、むなしい幻も、へつらいの占いもことごとく、イスラエルの家からなくなるからだ。
25 それは、主であるわたしが語り、わたしが語ったことを実現し、決して延ばさないからだ。反逆の家よ。あなたがたが生きているうちに、わたしは言ったことを成就する。──神である主の御告げ──」
26 さらに、私に次のような主のことばがあった。
27 「人の子よ。今、イスラエルの家は言っている。『彼が見ている幻はずっと後のことについてであり、はるか遠い将来について預言しているのだ。』
28 それゆえ、彼らに言え。『神である主はこう仰せられる。わたしが言ったことはすべてもう延びることはなく、必ず成就する。』──神である主の御告げ──」

罪に定められるにせ預言者たち

13 ¹ 次のような主のことばが私にあった。
² 「人の子よ。預言をしているイスラエルの預言者どもに対して預言せよ。自分の心のままに預言する者どもに向かって、主のことばを聞けと言え。
³ *神である主はこう仰せられる。自分で何も見ないのに、自分の霊に従う愚かな預言者どもにわざわいが来る。
⁴ イスラエルよ。あなたの預言者どもは、廃墟にいる狐のようだ。
⁵ あなたがたは、主の日に、戦いに耐えるために、破れ口を修理もせず、イスラエルの家の石垣も築かなかった。
⁶ 彼らはむなしい幻を見、まやかしの占いをして、『主の御告げ』と言っている。主が彼らを遣わされないのに。しかも、彼らはそのことが成就するのを待ち望んでいる。
⁷ あなたがたはむなしい幻を見、まやかしの占いをしていたではないか。わたしが語りもしないのに『主の御告げ』と言っている。
⁸ それゆえ、神である主はこう仰せられる。あなたがたは、むなしいことを語り、まやかしの幻を見ている。それゆえ今、わたしはあなたがたに立ち向かう。──神である主の御告げ──
⁹ わたしは、むなしい幻を見、まやかしの占いをしている預言者どもに手を下す。彼らはわたしの民の交わりに加えられず、イ

---

19 ①エゼ4:16
②エゼ6:6, 14, エレ10:22, ゼカ7:14
20 ①エゼ5:14
②エレ25:9
22 ①エゼ12:27, エレ5:12, アモ6:3, Ⅱペテ3:4
②エゼ16:44, 18:2
23 ①エゼ18:3
②エゼ12:25, 28, ヨエ2:1, ゼパ1:14
24 ①エゼ13:6, 23, エレ14:13-15, ゼカ13:2-4
25 ①エゼ6:10, 12:28, イザ14:24, 55:11, ダニ9:12
②エゼ12:2
③エレ16:9

27 ①エゼ12:22
28 ①エゼ12:25

2 ①エゼ2:1
②エゼ13:16
③エゼ13:17, エレ14:14, 23:16, 26
④アモ7:16, イザ1:10
3 ①エレ23:28-32
＊エゼ13:3, 8, 9, 13, 16, 18, 20「神」の子音字は「主」
4 ①ホセ9:7
4 ①雅2:15
5 ①イザ13:6, 9
②エゼ22:30
6 ①エゼ12:24
8 ①エゼ21:29
②エゼ21:3
9 ①エゼ20:3-6, 28:15-17

39:6-7)、その地を見ることはできない (12:13)。

12:21-28　日は延ばされ　捕囚のユダヤ人はエゼキエルのメッセージを信じなかった。預言したことが起きているようには見えなかったので、平和がすぐに来ると期待し続けていた。けれどもさばきが近づいているので、だれもそれを避けることはできないと神は宣言された。

13:2-23　預言者どもに対して預言せよ　さばきは来ないと言っているイスラエルのにせ預言者たちに、神は反対された(13:8)。人々は公然と神に反抗する生活をしているのに、にせ預言者たちは安全で心配することはないと人々に預言していたのである(→エレ6:

スラエルの家の籍にも入れられない。イスラエルの地にも入ることができない。このとき、あなたがたは、わたしが神、主であることを知ろう。

10 実に、彼らは、平安がないのに『平安』と言って、わたしの民を惑わし、壁を建てると、すぐ、それをしっくいで上塗りしてしまう。

11 しっくいで上塗りする者どもに言え。『それは、すぐはげ落ちる。』大雨が降り注ぎ、わたしが雹を降らせ、激しい風を吹きつける。

12 すると、壁が倒れ落ちる。人々はあなたがたに向かって、『上塗りしたしっくいはどこにあるのか』と言わないだろうか。

13 それゆえ、神である主はこう仰せられる。わたしは、憤って激しい風を吹きつけ、怒って大雨を降り注がせ、憤って雹を降らせて、こわしてしまう。

14 あなたがたがしっくいで上塗りした壁を、わたしが打ちこわし、地に倒してしまうので、その土台までもあばかれてしまう。それが倒れ落ちて、あなたがたがその中で滅びるとき、あなたがたは、わたしが主であることを知ろう。

15 わたしは、その壁と、それをしっくいで上塗りした者どもへのわたしの憤りを全うして、あなたがたに言う。壁もなくなり、それにしっくいを塗った者どもも、いなくなった。

16 エルサレムについて預言し、平安がないのに平安の幻を見ていたイスラエルの預言者どもよ。──神である主の御告げ──

17 人の子よ。自分の心のままに預言するあなたの民の娘たちに、あなたの顔を向

9 ② 詩69:28
　③ エゼ20:38
　④ →エゼ6:7
10 ① エゼ7:25, 13:16, エレ6:14
　② エゼ23:32
　③ エゼ22:28
11 ① エゼ13:14
　② エゼ13:13, 38:22
　③ エゼ13:13, 出9:24, 25, 詩18:12, 13, イザ28:2, 30:30
　④ エゼ13:13
14 ① エゼ13:10
　② ミカ1:6, ハバ3:13
　③ エレ14:15
16 ① エゼ13:10
　② エゼ13:2
17 ① エゼ13:2
　② エゼ4:5

19 ① 箴28:21, ミカ3:5, 11
　② エゼ22:26
20 ① エゼ13:18
　② 詩124:7
21 ① 詩91:3
22 ① エゼ23:14
　② エゼ18:21, 27, 30-32, 33:14-16
23 ① エゼ12:24
　② エゼ13:21, 34:10
　③ →エゼ6:7

け、彼らに預言して、

18 言え。神である主はこう仰せられる。みなの手首に呪法のひもを縫い合わせ、あらゆる高さの頭に合うようにベールを作って、人々をわなにかける女たちにわざわいが来る。あなたがたは、わたしの民である人々をわなにかけて、自分たちのために人々を生かしているのだ。

19 あなたがたは、ひとつかみの大麦のため、少しばかりのパンのために、まやかしに聞き従うわたしの民にまやかしを行い、死んではならない者たちを死なせ、生きてはならない者たちを生かして、わたしの民のうちでわたしを汚した。

20 それゆえ、神である主はこう仰せられる。見よ。わたしは、あなたがたが、人々を鳥を取るようにわなにかけたのろいのひもに立ち向かう。それらをあなたがたの腕からもぎ取り、あなたがたが鳥を取るようにわなにかけた人々を、わたしが放つ。

21 わたしは、あなたがたのベールをはがし、わたしの民をあなたがたの手から救い出す。わなにかかった者たちは、もうあなたがたの手のうちにいなくなる。このとき、あなたがたは、わたしが主であることを知ろう。

22 あなたがたは、わたしが悲しませなかったのに、正しい人の心を偽りで悲しませ、悪者を力づけ、彼が悪の道から立ち返って生きるようにしなかった。

23 それゆえ、あなたがたは、もう、むなしい幻も見ることができず、占いもできなくなる。わたしは、わたしの民をあなたがたの手から救い出す。このとき、あなたがたは、わたしが主であることを知ろう。」

14注, 23:17注)。

13:10　平安がないのに　にせ預言者たちは平和と救いを宣言して反抗的な人々に間違った安心感を与えていた。そのため神はこのだます者たちをイスラエルの国と神の救いから絶たれる(13:2-23節)。(1) 罪の生活をしていても信仰者であり続けキリストの永遠のいのちを持つことができると教えるにせの指導者たちが今日の教会にもいる。(2) 使徒パウロ(新約聖書の多くの教会を始めた宣教師で、新約聖書の多くの手紙、書物を書いた人)はこのようなそのことばにだまされないようにと言っている(エペ5:6)。そのようなことを行う人は神の国を相続できない(あるいは入れない)のである(→Ⅰコリ6:9注, ガラ5:21注, エペ5:5注)。

13:18　女たちにわざわいが来る　この女性たちは魔法や交霊術(死者と交流すること)や魔術(邪悪な目的や悪霊を呼び出すためのもの)などを行っていた。さらに悪霊の力を使って人を死なせるようなことまでしていた(13:19)。

罪に定められる偶像礼拝者たち

14 ¹ イスラエルの長老たちの幾人かが来て、私の前にすわった。² そのとき、私に次のような主のことばがあった。

³「人の子よ。これらの者たちは、自分たちの偶像を心の中に秘め、自分たちを不義に引き込むものを、顔の前に置いている。わたしは、どうして彼らの願いを聞いてやれようか。

⁴ それゆえ、彼らに告げよ。神である主はこう仰せられると言え。心の中に偶像を秘め、不義に引き込むものを自分の顔の前に置きながら、預言者のところに来るすべてのイスラエルの家の者には、主であるわたしが、その多くの偶像に応じて答えよう。

⁵ 偶像のために、みなわたしから離されてしまったイスラエルの家の心をわたしがとらえるためである。

⁶ それゆえ、イスラエルの家に言え。神である主はこう仰せられる。悔い改めよ。偶像を捨て去り、すべての忌みきらうべきものをあなたがたの前から遠ざけよ。

⁷ イスラエルの家の者でも、イスラエルにいる在留異国人でも、だれでもわたしから離れ、心の中に偶像を秘め、不義に引き込むものを顔の前に置きながら、わたしに尋ね求めようと、預言者のところに来る者には、主であるわたしが答えよう。

⁸ わたしがそのような者から顔をそむけ、彼をしるしとし、語りぐさとして、わたしの民のうちから彼を断ち滅ぼすとき、あなたがたは、わたしが主であることを知ろう。

⁹ もし預言者が惑わされて、ことばを語るなら、——主であるわたしがその預言者を惑わしたのである——わたしは彼に手を伸ばして、わたしの民イスラエルのうちから彼を根絶やしにする。

¹⁰ こういう者たちは、自分の咎を負う。この預言者の咎は、尋ね求めた者の咎と同じである。

¹¹ それは、イスラエルの家が、二度とわたしから迷い出ず、重ねて自分たちのそむきの罪によって自分自身を汚さないためであり、彼らがわたしの民となり、わたしも彼らの神となるためである。——神である主の御告げ——」

避けられないさばき

¹² 次のような主のことばが私にあった。¹³「人の子よ。国が、不信に不信を重ねてわたしに罪を犯し、そのためわたしがその国に手を伸ばし、そこのパンのたくわえをなくし、その国にききんを送り、人間や獣をそこから断ち滅ぼすなら、¹⁴ たとい、そこに、ノアとダニエルとヨブの、これら三人の者がいても、彼らは自分たちの義によって自分たちのいのちを救い

14:3 偶像を心の中に秘め あるイスラエルの長老や影響力のある人々は(14:1)心の中で偶像礼拝の罪を犯していた。つまり神とみことばに忠実ではなく主よりもほかのものを優先させていたのである。神の目的を拒んで神を敬わない生活を望んでいた。そこで神はこの人々を導くことやその祈りに応えることを拒まれた。実際の主の応答は期待したものとは違って明らかに厳しいさばきだったけれどもそれは当然のことだった。神の導きを求めても神を敬わないで心が汚れた願いに満ち神を第一にしていないなら神の御霊から助けを受けることはできない(→「**偶像礼拝**」の項 p.468)。

14:7 わたしから離れ 神を信じると言いながら聖い生活を求める神の命令を拒んで不品行な生活をし続け、特に宗教的慰めや確信や神の導きを求め続けているなら神はそのような人々をさばき罰せられる。神に逆らいながら神が祈りに応えてくださるのを期待する人は偽善者であり神の敵になっている(14:8)。このような人々に神は悔い改めて罪深い道から離れることを願っておられる。悔い改めて罪深い道から立返らないなら教会の指導者たちはそのような人を信仰者の群れから追放する(追出す)必要があると思われる(→Ⅰコリ5:5, 11:27注、「**信者の霊的聖別**」の項 p.2172)。

14:9-10 預言者を・・・根絶やしにする 人間が作ったにせの神々やまことの神の代りにほかのものを拝むことを認めたり支持したり勧めたりする預言者を神は滅ぼされる。同じように、教会の中の不品行を容認し神を敬わない行動をとり続ける人と対決しない、そして変ろうとしない人を除かない伝道者たちは(→14:7注)、罪を犯し続けている信仰者と同じくらい罪深いとみなされる。

14:14 ノアとダニエルとヨブ 近付いているエルサレムへのさばきは確実で、神への強い献身で知られる

エゼキエル書　14–15章

出すだけだ。──神である主の御告げ──

15 もし、その地にわたしが悪い獣を行き巡らせ、その地を不毛にし、荒れ果てさせ、獣のために通り過ぎる者もなくなるとき、

16 たとい、その地にこれら三人の者がいても、──わたしは生きている。神である主の御告げ──彼らは決して自分の息子も娘も救い出すことができない。ただ彼ら自身だけが救い出され、その地は荒れ果てる。

17 あるいは、わたしがその地に剣を送り、『剣よ。この地を行き巡れ』と言って、人間や獣をそこから断ち滅ぼすとき、

18 たとい、その地にこれら三人の者がいても、──わたしは生きている。神である主の御告げ──彼らは決して自分の息子も娘も救い出すことができない。ただ彼ら自身だけが救い出される。

19 あるいは、わたしがその地に疫病を送って、人間や獣をそこから断ち滅ぼすために、血を流してわたしの憤りをその地に注ぐとき、

20 たとい、そこに、ノアとダニエルとヨブがいても、──わたしは生きている。神である主の御告げ──彼らは決して息子も娘も救い出すことができない。彼らは自分たちの義によって自分たちのいのちを救い出すだけだ。

21 まことに、神である主はこう仰せられる。人間や獣を断ち滅ぼすために、わたしが剣とききんと悪い獣と疫病との四つのひどい刑罰をエルサレムに送るとき、

22 見よ、そこに、のがれた者が残っていて、息子や娘たちを連れ出し、あなたがたのところにやって来よう。あなたがたは彼らの行いとわざを見るとき、わたしがエルサレムにもたらしたわざわいと、わたしがそこにもたらしたすべての事について、慰められよう。

23 あなたがたは、彼らの行いとわざとを見て慰められる。このとき、あなたがたは、わたしがそこでしたすべての事はゆえもなくしたのではないことを知ろう。──神である主の御告げ──」

エルサレムは実を結ばないぶどうの木

15 ¹ 次のような主のことばが私にあった。

² 人の子よ。ぶどうの木は、
森の木立ちの間にあって、
その枝が、
ほかの木よりどれだけすぐれているのか。

³ その木を使って何かを作るために
その木は切り出されるだろうか。
それとも、あらゆる器具を掛けるために
これを使って木かぎを作るだろうか。

⁴ 見よ。それは、たきぎとして火に投げ入れられ、
火がその両端を焼き尽くす。
その中ほども焦げてしまえば、
それは何の役に立つだろうか。

⁵ 見よ。それが完全なときでも、何も作れないのに、
まして、火がそれを燃やして、焦がせば、
もう、それで何が作れよう。

⁶ それゆえ、神である主はこう仰せられる。
わたしはエルサレムの住民を、

この三人（創6:9, ヨブ1:1, 8, 2:3, ダニ6:4-5, 22）がとりなしの祈りをしても逆らう者を一人も救うことができない。

14:16　自分の息子も娘も救い出すことができない
神の民は子どもたちが置かれる社会的、文化的、教育的環境に十分注意しなくてはならない。世界にキリストを強く示そうとするなら、神の基準を拒む社会の中でも神のためにしっかりと立つように次の世代の人々を教え感動を与えなければならない。もしそうしないなら子どもたちは神以外のものに影響されて、私たちがどんなに良い模範を示し祈ってもキリストを救い主、主（罪を赦し人生を導く方）として受け入れるように導くことができなくなってしまう。

15:2-8　ぶどうの木　エルサレムの人々は実を結ばないぶどうの木（役に立たない）にたとえられている。人々は謙遜や忠実、思いやりといった霊的な「実」を結んでいなかった。そのため神は火で焼いてしまわれる（15:6）。また主に不忠実で生活の中で霊的実を結ばない人は、主との関係から切離されて火（さばき）に投げ込まれると主イエスも教えられた（→ヨハ15:1-7各

エゼキエル書　15-16章　　　　　　　　　　1375

わたしがたきぎとして火に投げ入れた、
森の木立ちの間のぶどうの木のように、
火に投げ入れてしまう。
7 わたしは彼らから顔をそむける。
彼らが火からのがれても、
火は彼らを焼き尽くしてしまう。
わたしが彼らから顔をそむけるそのとき、
あなたがたは、
わたしが主であることを知ろう。
8 彼らがわたしに不信に不信を重ねたので、
わたしはこの地を荒れ果てさせる。
──神である主の御告げ──

不誠実なエルサレムのたとえ

16 1 ついで、私に次のような主のことばがあった。
2 「人の子よ。エルサレムにその忌みきらうべきわざをよく知らせて、
3 言え。*神である主はエルサレムについてこう仰せられる。あなたの起こりと、あなたの生まれはカナン人の地である。あなたの父はエモリ人、あなたの母はヘテ人であった。
4 あなたの生まれは、あなたが生まれた日に、へその緒を切る者もなく、水で洗ってきよめる者もなく、塩でこする者もなく、布で包んでくれる者もいなかった。

① エゼ14:8
② I 列19:17、イザ24:18、アモ9:1-4
③→エゼ6:7
⑧① エゼ14:13

2① エゼ2:1, 17:2, 20:3, 21:2, 22:2, 23:2, 24:2, 25:2, 26:2, 27:2, 28:2, 29:2, 30:2, 31:2
② エゼ8:9-17
④ エゼ20:4, 22:2、イザ58:1
3 * エゼ16:3, 8, 14, 19, 23, 30, 36, 43, 48, 59, 63
「神」の子音字は「主」
① エゼ21:30
② エゼ16:45
③ 創15:16, 申7:1、ヨシ24:11, 15
④ 申7:1、ヨシ24:11、士1:26

5① 申32:10
6① エゼ16:22
7① 出1:7, 申1:10
② エゼ16:22
8① エレ2:2
② ルツ3:9
③ 創22:16-18
④ 出24:7, 8
⑤ エゼ20:5, 出19:5
ヨシ3:3
10① エゼ16:13, 18, 26:16, 27:7, 16、詩45:14
11① イザ3:18-23
② エゼ23:40
③ エゼ23:42、創24:22, 30, 47
④ 創41:42

5 だれもあなたを惜しまず、これらの事の一つでもあなたにしてやって、あなたにあわれみをかけようともしなかった。あなたの生まれた日に、あなたはきらわれて、野原に捨てられた。
6 わたしがあなたのそばを通りかかったとき、あなたが自分の血の中でもがいているのを見て、血に染まっているあなたに、『生きよ』と言い、血に染まっているあなたに、くり返して、『生きよ』と言った。
7 わたしはあなたを野原の新芽のように育て上げた。あなたは成長して、大きくなり、十分に円熟して、乳房はふくらみ、髪も伸びた。しかし、あなたはまる裸であった。
8 わたしがあなたのそばを通りかかってあなたを見ると、ちょうど、あなたの年ごろは恋をする時期になっていた。わたしは衣のすそをあなたの上に広げ、あなたの裸をおおい、わたしはあなたに誓って、あなたと契りを結んだ。──神である主の御告げ──そして、あなたはわたしのものとなった。
9 それでわたしはあなたを水で洗い、あなたの血を洗い落とし、あなたに油を塗った。
10 わたしはまた、あや織りの着物をあなたに着せ、じゅごんの皮のはきものをはかせ、亜麻布をかぶらせ、絹の着物を着せた。
11 それから、わたしは飾り物であなたを飾り、腕には腕輪をはめ、首には首飾りをかけ、

注)。

16:1-63　エルサレム　16章ではエルサレムを妻とし神を夫として描いている(→ホセ1:2注)。もともとエルサレムには神の町として選ばれるような自然の特色はなかった(→「エルサレムの町」の項 p.674)。けれども神はそれを愛し世話をし、美と輝きの町にされたのである。それなのに妻は夫である神に感謝しなかった。当然のことと思っていたのである。さらに悪いことに妻は不誠実になり、だれでも訪れて誘惑する人々と霊的な姦淫を犯すようになった。売春をした妻は最も厳しい結果に直面することになる。

16:3　カナン人の地　エルサレムを最初に建設したのはヘブル人ではなく、カナンにいた異教の人々(神を敬わないで多くのにせの神々に従う人)だった(⇒創14:18、ヨシ15:63)。

16:6　生きよ　神はエルサレムを聖い町にしようと選び、ダビデに霊的感動を与えてエブス人から奪うようにさせ(Ⅱサム5:6-10)、この町にいのちを吹込まれた。

16:8-14　契りを結んだ　契りとは拘束力のある「終生協定」または誓約である。神は神の律法と約束、そして神に対する人々の忠実と服従に基づいて契約を結ばれた(→「イスラエル人との神の契約」の項 p.351)。エルサレムはこの契約の中で重要な役割を果し、神に選ばれた町として多くの賜物と恩恵を受けた。この町を神はご自分のものと主張された。エルサレムは神に見守られながら成長し完全におとなになり非常に美しくなった。「結婚」した後イスラエルの評判は古代世界の隅々にまで広まった(特にダビデとソロモンの時代)。

16:8　衣のすそをあなたの上に広げ　この比喩(たと

12 鼻には鼻輪、両耳には耳輪をつけ、頭には輝かしい冠をかぶせた。
13 こうして、あなたは金や銀で飾られ、あなたは亜麻布や絹やあや織り物を着て、上等の小麦粉や蜜や油を食べた。こうして、あなたは非常に美しくなり、栄えて、女王の位についた。
14 その美しさのために、あなたの名は諸国の民の間に広まった。それは、わたしがあなたにまとわせたわたしの飾り物が完全であったからだ。——神である主の御告げ——
15 ところが、あなたは、自分の美しさに拠り頼み、自分の名声を利用して姦淫を行い、通りかかる人があれば、だれにでも身を任せて姦淫をした。
16 あなたはまた、自分の衣服のいくらかを取り出して、自分のために、まだらに色どった高き所を造り、その上で姦淫を行った。こんな事はあったことがなく、あってはならないことだ。
17 あなたは、わたしが与えた金や銀の美しい品々を取って、自分のために男の像を造り、それと姦淫を行った。
18 あなたはまた、あや織りの着物を取って、それをおおい、わたしの油と、わたしの香とをその前にささげた。
19 あなたは、わたしが与えたわたしのパンや、あなたに食べさせた上等の小麦粉や、油や、蜜までも、その前にささげてなだめのかおりとした。そうしたのだ。——神である主の御告げ——
20 あなたはまた、わたしのために産んだ自分の息子や娘たちを取り、その像にいけにえとしてささげて食べさせた。あなたの姦淫はささいなことだろうか。
21 あなたは、わたしの子どもたちを殺し、これを焼いて、ささげ物とした。
22 あなたは、あらゆる忌みきらうべきことや姦淫をしているとき、かつて自分がまる裸のまま、血の中でもがいていた若かった時のことを思い出さなかった。
23 あなたはこのすべての悪行の後——ああ。わざわいがあなたに来る。神である主の御告げ——
24 あなたは自分のために小高い家を建て、どこの広場にも高台を造り、
25 どこの辻にも高台を築き、通りかかるすべての人に身を任せ、姦淫を重ねて自分の美しさを忌みきらうべきものとした。
26 あなたは、良いからだをした隣のエジプト人と姦通し、ますます姦淫を重ねてわたしの怒りを引き起こした。
27 見よ。わたしは、あなたに手を伸ばして、あなたの食糧を減らした。そして、あなたを憎む者、あなたのみだらな行いによってはずかしめを受けたペリシテ人の娘たちの思いのままに、あなたを任せた。
28 あなたはそれでもまだ飽き足らず、アッシリヤ人と姦通した。彼らと姦通しても、まだあなたは飽き足らず、
29 商業の地カルデヤとますます姦淫を重ねたが、それでも、あなたは飽き足らなかった。
30 なんとあなたの心は、あえいでいることよ。——神である主の御告げ——あつかましい遊女のするようなこれらのことをことごとく行って。
31 あなたは、どこの辻にも自分の小高い家を建て、どこの広場にも高台を造った。し

12 ①創24:30, 47
13 ①エゼ23:42, イザ28:5
   ①エゼ16:17
   ②エゼ16:10
   ③エゼ16:19
   ④申32:13
   ⑤Ⅰ列4:21
14 ①エゼ16:25, 哀50:2, 哀2:15
   ②Ⅰ列10:1, 24
   ③エゼ16:11-13
   申32:15, イザ1:21, 57:8, エレ2:20
15 ①エゼ16:25, 20:30, 申31:16
   ②エゼ23:8
16 ①エゼ16:10
   ②エゼ6:3
17 ①エゼ16:10
   ②エゼ7:20
18 ①エゼ16:10
19 ①ホセ2:8
   ②エゼ16:13
   ③→エゼ6:13
20 ①エゼ20:31, 23:37, 詩106:37-39, イザ57:5, エレ32:35, レビ18:21
   ②出13:2, 12

21 ①エゼ20:26, Ⅱ列16:3, 17:17, エレ7:31, 19:5
22 ①エゼ16:7
   ②エゼ16:6
   ③エゼ16:43, エレ2:2, ホセ11:1
23 ①エゼ24:6, 9
24 ①エゼ16:31
25 ①エゼ16:15
26 ①エゼ20:7, 8, 23:19, 21
   ②エゼ8:17, エレ7:18, 19
27 ①エゼ6:14
   ②エゼ16:13
   ③エゼ16:57
   ④Ⅱ歴28:18, イザ9:12
28 ①エゼ23:12, Ⅱ歴16:7-18, Ⅱ歴28:16, 20-23, エレ2:18, 36
29 ①エゼ17:4
   ②エゼ23:14-17
30 ①エレ3:5
31 ①エゼ16:24

え、象徴的なことば)は保護と結婚の契約を結ぶことを象徴している(→ルツ3:9注)。

16:15 自分の名声を利用して　エルサレムは神ではなく自分の美しさと富に頼るようになった(⇒申6:10-12)。そして霊的に不誠実で神を見捨てたという意味で売春婦にたとえられている。ほかの国々と政治的軍事的同盟を組み(⇒Ⅰ列11:1-13)、その国々の神々を拝むようになった。今日も主と主の真理から離れて主を求めず、その目的に従わないで罪深い快楽や世間の価値観に身をゆだねて霊的姦淫を犯している個

人や教会が見られる。

16:17 姦淫を行った　エルサレムの人々は霊的姦淫を犯しただけではなく、実際の性的不品行に加わっていた。これはカナン人の宗教から始まった慣習だった。それらの宗教は神殿売春や邪悪な多産の儀式に深くかかわっていた。

16:20 自分の息子や娘たちを・・・いけにえとしてささげて　最終的にエルサレムの背教(霊的な反抗や不信仰で神の道を拒むこと)は自分の子どもをいけにえにすること(⇒Ⅱ列16:3, 21:6)やそのほかの「忌みき

かし、あなたは報酬をあざけったので、遊女のようではなかった。

32 姦婦は、自分の夫の代わりに、ほかの男と通じるものだ。

33 遊女には、すべて代価が支払われるのに、あなたは、自分のほうから持参金をすべての愛人たちに与え、彼らに贈り物をして、四方からあなたのところに来させて姦淫をした。

34 だから、あなたの姦淫は、ほかの女の場合と反対だ。だれもあなたを求めて姦淫をする者はいなかった。あなたが報酬を支払い、だれもあなたに報酬を支払わなかった。だからあなたは反対のことをしたのだ。

35 それゆえ、遊女よ、**主**のことばを聞け。
36 神である主はこう仰せられる。あなたは、愛人たちや、忌みきらうべき偶像と姦淫をして、自分の恥ずかしい所を見せ、自分の裸をあらわにし、それらに自分の子をささげて血を流したため、
37 それゆえ、見よ、わたしは今、あなたが戯れたすべての愛人たちや、あなたが恋した者や、憎んだ者をすべて寄せ集め、彼らを四方から集めて、あなたの裸を彼らにさらけ出し、彼らにあなたの裸をすっかり見せよう。
38 わたしは、姦通した女と殺人をした女に下す罰であなたをさばき、ねたみと憤りの血をあなたに注ぐ。
39 わたしは、あなたを彼らの手にゆだねる。彼らはあなたの小高い家をくつがえし、高台をこわし、あなたの着物をはぎ取り、あなたの美しい品々を奪い取り、あなたをまる裸にしておこう。
40 彼らは、集団をあおってあなたを襲わせ、石であなたを打ち殺し、剣であなたを切り倒そう。

33 ①イザ57:9、ホセ8:9, 10
34 ①エゼ16:33
36 ①エゼ16:15, 20:31, 23:37
②エゼ23:10, 18
③エゼ16:20
37 ①エゼ23:9, 10, 22
②エゼ23:28
③イザ47:3、
エレ13:22, 26、
ホセ2:3, 10、
ナホ3:5, 6
38 ①エゼ23:45、
レビ20:10、申22:22、
ヨハ8:5
②エゼ31, 23:25、
詩79:3, 5
39 ①エゼ31, 23:9, 28
②エゼ16:24
③エゼ23:26
④エゼ16:10
⑤エゼ16:11, 12, 17
⑥ホセ2:3
40 ①ハバ1:6-10
②エゼ23:47、
→レビ20:2, →ヨシ7:25

41 ①エゼ23:47, Ⅱ列25:9、エレ39:8, 52:13
②エゼ5:8
③エゼ23:27
④エゼ16:33, 34
42 ①エゼ5:13, 21:17
②エゼ39:29、イザ54:9, 10
43 ①エゼ16:22、詩78:42, 106:13
②エゼ22:31
44 ①エゼ12:22, 18:2
②エゼ16:3, 23:2
45 ①エゼ23:37-39
②エゼ23:2
③エゼ16:3
46 ①エゼ23:4
②エゼ16:48, 49, 53, 55, 56, 創13:10, 申32:32
47 ①エゼ5:6, 16:51, Ⅱ列21:9
48 ①→エゼ5:11
②マタ11:23, 24
49 ①創13:13, 18:20
②エゼ7:10, 28:2, 17、詩138:6
③イザ22:13、アモ6:4-6

41 そのうえ、あなたの家々を火で焼き、多くの女たちの見ている前であなたにさばきを下そう。わたしはあなたの淫行をやめさせる。あなたはもう、報酬を支払わなくなろう。
42 わたしは、あなたに対するわたしの憤りを静め、わたしのねたみをあなたから遠のける。わたしは心を休め、二度と怒るまい。
43 あなたが、自分の若かった時のことを思い出さず、かえって、これらすべてのことでわたしを怒らせたので、見よ、わたしもまた、あなたの頭上にあなたの行いを返す。――神である主の御告げ――あなたはすべての忌みきらうべきわざに、みだらな行いを加えることは、もうすまい。

44 見よ。ことわざを用いる者は、あなたについてこういうことわざを用いよう。『あの母だから、この娘』と。
45 あなたは、自分の夫と子どもをきらった母の娘。自分たちの夫や子どもをきらった姉妹があなたの姉妹。あなたがたの母はヘテ人、あなたがたの父はエモリ人であった。
46 あなたの姉は、その娘たちといっしょに、あなたの左に住んでいるサマリヤであり、あなたの妹は、その娘たちといっしょにあなたの右に住んでいるソドムである。
47 あなたは、ほんのしばらくの間だけ、彼らの道に歩まず、彼らの、忌みきらうべきわざをまねなかったが、ついにあなたのすべての道において、彼らよりも堕落してしまった。
48 わたしは誓って言うが、――神である主の御告げ――あなたの妹ソドムとその娘たちは決して、あなたと、あなたの娘たちがしたほどのことはしなかった。
49 だが、あなたの妹ソドムの不義はこうだった。彼女とその娘たちは高慢で、食物

らうべきこと」に加わるほどになった(16:21-25)。

16:37-42　すべての愛人たち・・・寄せ集め　エルサレムはほかの国々やその神々と霊的な姦淫を犯していた(→16:15注)。そこで神はその国々を使ってエルサレムに罰を下される。それは二度行う必要がないほど徹底的に破壊するものである。

16:43　自分の若かった時　エルサレムは偉大な町になろうとしているときには神と神の祝福に頼っていた。

けれどもエルサレムは当時のことを忘れて、ほかの神々に満足と安全を求めるようになった(⇒エレ2:2〜)。今日の教会でもこれと同じ悲劇的な過ちを犯す人々がいる。神への飢え乾きが前ほど強くなくなり、「義と平和と聖霊による喜び」(⇒ロマ14:17)という神の目的を求めなくなっている。そしてこの世界の基準に歩み寄り、神を敬わない邪悪な行動も大目に見るようになって、自分たちが神との聖い関係を失い聖霊の

に飽き、安逸をむさぼり、乏しい者や、貧しい者の世話をしなかった。
⁵⁰彼女たちは高ぶって、わたしの前で忌みきらうべきことをしたので、わたしはこれを見たとき、彼らを取り除いた。
⁵¹サマリヤもまた、あなたの罪の半分ほども罪を犯さなかった。あなたが彼女たち以上に多くの忌みきらうべきことをしたので、あなたのしたすべての忌みきらうべきことが、あなたの姉妹たちを正しいとした。
⁵²あなたも、あなたの姉妹たちをかばった恥を負え。あなたが彼女たちよりももっと忌みきらうべきことをして罪を犯したため、彼女たちがあなたよりも正しいとされたからだ。あなたもはずかしめを受けよ。あなたの姉妹たちを正しいとしたあなたの恥を負え。
⁵³わたしは彼女たちの繁栄を元どおりにする。ソドムとその娘たちの繁栄、サマリヤとその娘たちの繁栄、また彼女たちの中にいるあなたの繁栄を元どおりにする。
⁵⁴それは、あなたが、あなた自身の恥を負い、あなたが彼女たちを慰めたときにしたすべての事によって、あなたが恥じるためである。
⁵⁵あなたの姉妹たち、ソドムとその娘たちは、もとの所に帰り、サマリヤとその娘たちも、もとの所に帰り、あなたとあなたの娘たちも、もとの所に帰って来る。
⁵⁶あなたは、高ぶっていたときには、あなたの妹ソドムを悪いうわさの種にしていたではないか。
⁵⁷しかしそれは、あなたの悪があばかれる前のことであって、今はアラムの娘たちや、その回りのすべての者、およびあなたを回りから侮るペリシテ人の娘たちのそし

⁴⁹④ルカ12:16-20, 16:19
⑤エゼ18:12
⁵⁰①エゼ19:24, 25
⁵¹①エゼ5:6, 23:11
②エレ3:11
⁵²①エゼ16:54, 61, エレ2:26
②エゼ16:47, 48, 51
⁵³①エゼ29:14, 39:25, エゼ48:47, 49:6, 39
⁵⁴①エゼ16:52
②エゼ14:22
⁵⁵①エゼ36:11
⁵⁷①エゼ16:36, 37
②エゼ16:27
③エゼ5:14, 15, 22:4

⁵⁸①エゼ23:49
⁵⁹①エゼ7:3
＊直訳「のろい」
②エゼ17:19, イザ24:5
⁶⁰①エゼ16:8
②詩105:8, エレ2:2
③エゼ37:26, イザ55:3, 59:21, エレ32:40
⁶¹①エゼ16:63, 20:43, 36:31
②エゼ16:52
⁶²エゼ20:37, 34:25, エレ31:31, ホセ2:20
②→エゼ6:7
⁶³①詩65:3, 78:38, 79:9
②エゼ16:61
③ダニ9:7, 8
④詩39:9, ロマ3:19

²①エゼ16:2
²②エゼ20:49, 24:3
³＊エゼ17:3, 9, 16, 19, 22「神」の子音字は「主」
①エゼ17:12
②エレ22:6, 23
③エゼ17:22

りとなっている。
⁵⁸あなたは、自分のみだらな行いと忌みきらうべきわざの報いを受けている。——主の御告げ——
⁵⁹まことに、神である主はこう仰せられる。わたしはあなたがしたとおりの事をあなたに返す。あなたは誓いをさげすんで、契約を破った。
⁶⁰だが、わたしは、あなたの若かった時にあなたと結んだわたしの契約を覚え、あなたととこしえの契約を立てる。
⁶¹わたしが、あなたの姉と妹とを選び取り、あなたとの契約には含まれていないが、わたしが彼女たちをあなたの娘としてあなたに与えるとき、あなたは自分の行いを思い出し、恥じることになろう。
⁶²わたしがあなたとの契約を新たにするとき、あなたは、わたしが主であることを知ろう。
⁶³それは、わたしが、あなたの行ったすべての事について、あなたを赦すとき、あなたがこれを思い出して、恥を見、自分の恥のためにもう口出ししないためである。——神である主の御告げ——」

二羽の大鷲と若枝

17 ¹次のような主のことばが私にあった。
²「人の子よ。イスラエルの家になぞをかけ、たとえを語り、
³神である主はこう仰せられると言え。
　大きな翼、長い羽、
　色とりどりの豊かな羽毛の大鷲が、
　レバノンに飛んで来て、
　杉のこずえを取り、
⁴　その若枝の先を摘み取り、

力を失っていることに気付かないほどになっている。

16:60　わたしの契約を覚え　エルサレムと全イスラエルに対するさばきが完了した後、神はイスラエルの先祖であるアブラハムにされた約束を新しくされる（⇒創17:7-8, レビ26:42, →「**アブラハム、イサク、ヤコブとの神の契約**」の項 p.74）。そのとき神はイスラエルをカナンの地に戻され、また神との正しい関係に回復してくださる。エレミヤ（エレ31:31-34）とエゼキエル（エゼ11:18-20, 36:26-28, 37:26-28）が言うこの「新しい契約」はイエス・キリストの十字架の死を土台としたものである。愛をもって主イエスは罪の罰を全部支払って赦しの手段を備え、神との個人的で永遠の関係を得る機会を回復してくださった。

17:3　大鷲　神のメッセージがたとえ（教訓を教えたり論点をはっきりしたりするための簡単な説明的な物語）で表現されている。大鷲はバビロニヤのネブカデネザル王を指している（→17:12）。

17:4　若枝の先　これはバビロニヤに連れて行かれた

エゼキエル書 17章

それを商業の地へ運び、
商人の町に置いた。
5 ついで、その地の種も取って来て、
肥えた土地に植え、
豊かな水のそばに、柳のように植えた。
6 それは生長し、たけは低いが、
よくはびこるぶどうの木となった。
その枝は鷲のほうに向き、
その根は鷲の下に張り、
こうして、ぶどうの木となって、
枝を伸ばし、若枝を出した。
7 さて、もう一羽の大きな翼と豊かな羽毛を持つ
大鷲がいた。
見よ。このぶどうの木は、
潤いを得るために、
根を、その鷲のほうに向けて伸ばし、
その枝を、自分が植わっている所から、
その鷲のほうに伸ばした。
8 このぶどうの木は、枝を伸ばし、実を結び、
みごとなぶどうの木となるために、
水の豊かな良い地に植えつけられていた。
9 神である主はこう仰せられると言え。
それは栄えている。しかし、主はその根を抜き取り、その実を摘み取り、芽のついた若枝をことごとく枯らしてしまわないだろうか。それは枯れる。それを根こそぎ引き抜くのに、大きな力や多くの軍勢を必要としない。
10 見よ。それが移し植えられたら、栄えるだろうか。東風がそれに吹きつけると、それはすっかり枯れてしまわないだろうか。その芽を出した苗床で、それは枯れてしまう。」
11 次のような主のことばが私にあった。
12「さあ、反逆の家に言え。これらがどういうことなのか、あなたがたは知らないのか。言え。見よ。バビロンの王がエルサレムに来て、その王とその首長たちを捕らえ、バビロンの自分のところへ彼らを連れて行った。
13 そして彼は王族のひとりを選んで、その者と契約を結び、忠誠を誓わせた。バビロンの王はこの国のおもだった者たちも連れ去っていた。
14 それは、この王国を低くして、立ち上がれないようにし、その契約を守らせて、仕えさせるためであった。
15 ところが、彼はバビロンの王に反逆し、使者をエジプトに送り、馬と多くの軍勢を得ようとした。そんなことをして彼は成功するだろうか。助かるだろうか。契約を破って罰を免れるだろうか。
16 わたしは生きている、――神である主の御告げ――彼は、自分を王位につけた王の住む所、彼が誓いをさげすみ、契約を破ったその相手の王の住む所、バビロンで必ず死ぬ。
17 戦争になって、多くの者を断ち滅ぼそうと、彼が塁を築き塹壕を掘っても、パロは決して大軍勢と大集団で彼をかばわない。
18 彼は誓いをさげすみ、契約を破った。彼は、*誓っていながら、しかも、これらすべてのことをしたから、決して罰を免れない。
19 それゆえ、神である主はこう仰せられる。わたしは生きている。彼がさげすんだわたしの誓い、彼が破ったわたしの契約、これを必ず彼の頭上に果たそう。
20 わたしは彼の上にわたしの網をかけ、彼はわたしのわなにかかる。わたしは彼をバビロンへ連れて行き、わたしに逆らった不信の罪についてそこで彼をさばく。
21 彼の軍隊ののがれた者もみな剣に倒れ、残された者も四方に散らされる。このとき、あなたがたは、主であるわたしが語っ

---

4 ①エゼ16:29
5 ①エゼ17:13
   ②イザ44:4
6 ①エゼ17:14
   ②エゼ15:2, 6, 17:7, 8, 19:10, エゼ8:13, 49:32, →イザ16:8
   ③エゼ19:10
7 ①エゼ17:15
8 ①エゼ17:5
9 ①エゼ17:10, 15-21
10 ①ホセ13:15
    ②エゼ19:12
12 ①エゼ2:3
    ②エゼ17:3
    ③エゼ1:2, Ⅱ列24:11, 12, Ⅱ歴36:10
13 ①エゼ17:5, Ⅱ列24:17
    ②Ⅱ歴36:13
    ③Ⅱ列24:15, 16
14 ①エゼ17:6
15 ①エゼ17:7, Ⅱ列24:20, Ⅱ歴36:13, エレ52:3
    ②イザ30:1-4
    ③申17:16, イザ36:9
    ④エゼ17:9, 10
    ⑤エゼ17:18, エレ34:3
16 ①→エゼ5:11
    ②エゼ17:18
    ③エゼ12:13, エレ52:11
17 ①エゼ4:2, 21:22, 26:8, エレ52:4
    ②エゼ29:6, 7, イザ36:6, エレ37:5, 7
18 ①エゼ17:16
    *直訳「手をたたいて」
19 ①エゼ16:59
20 ①エゼ12:13
    ②エゼ14:13, 18:24
    ③エゼ20:35, 36, エレ2:35
21 ①エゼ17:5
    →エゼ6:7, 17:24

ユダのエホヤキン王のことである(→Ⅱ列24:11-16)。
17:7 もう一羽の・・・大鷲 この鷲はエジプトのパロを指している。ユダのゼデキヤ王はバビロニヤの支配者ネブカデネザルに反抗してエジプトに軍事的援助を求めた(Ⅱ列24:20)。

17:10 東風 「東風」はバビロニヤ軍を指す。ユダの最後の王のゼデキヤはネブカデネザルへの忠誠の誓い(主の名によってした誓い)を破ったので捕虜になってバビロニヤに連れて行かれてそこで死ぬ(17:16-21, →Ⅱ列25:7)。

たことを知ろう。」

²² 神である主はこう仰せられる。「わたしは、高い杉のこずえを取り、そのうちから、柔らかい若枝の先を摘み取り、わたしはみずからそれを、高くてりっぱな山に植える。²³ わたしがそれをイスラエルの高い山に植えると、それは枝を伸ばし、実を結び、みごとな杉の木となり、その下にはあらゆる種類の鳥が住みつき、その枝の陰に宿る。²⁴ このとき、野のすべての木は、主であるわたしが、高い木を低くし、低い木を高くし、緑の木を枯らし、枯れ木に芽を出させることを知るようになる。主であるわたしが語り、わたしが行う。」

罪を犯す人は死ぬ

18 ¹ 次のような主のことばが私にあった。

² 「あなたがたは、イスラエルの地について、『父が酸いぶどうを食べたので、子どもの歯が浮く』という、このことわざをくり返し言っているが、いったいどうしたことか。³ わたしは誓って言う。——神である主の

22 ①エゼ17:3
②イザ11:1, 53:2, エゼ23:5, ゼカ3:8
③エゼ20:40, 詩2:6, イザ2:2, 3, ミカ4:1
23 ①エゼ17:23, イザ27:6, ホセ14:5-7
②エゼ31:6, マタ13:32
24 ①イザ55:12
②エゼ21:26, Ⅰサム2:7, イザ2:11, ルカ1:51, 52
③エゼ19:12
④エゼ37:3, 13
⑤エゼ22:14, 36:36, 37:14

2 ①エレ31:29
3 ①→エゼ5:11
「神」の子音字は⑤主

4 ①民16:22, 27:16, イザ42:5, ②エゼ18:20
5 ①エゼ18:19, 21, 33:16
6 ①エゼ18:6-9, エゼ18:15-17, ②エゼ22:9
②エゼ18:12, ④エゼ22:11, レビ18:20, 20:10
⑤エゼ22:10, レビ18:19, 20:18
7 ①出22:21, ②エゼ33:15, 出22:26, 申24:12, 13
②レビ19:13, ④マተ15:11, イザ58:7, 10, マタ25:35-40
8 ①出22:25, レビ25:36, 37, 申23:19, 20, 詩15:5
②ゼカ7:9, 8:16
9 ①エゼ18:19, 21
②エゼ20:11, レビ18:5, ハバ2:4, ロマ1:17
10 ①エゼ22:6, 創9:6, イザ59:7, エレ22:3

御告げ——あなたがたはこのことわざを、イスラエルで、もう決して用いないようになる。⁴ 見よ。すべてのいのちはわたしのもの。父のいのちも、子のいのちもわたしのもの。罪を犯した者は、その者が死ぬ。

⁵ もし、正しい者なら、その人は公義と正義とを行い、⁶ 丘の上で食事をせず、イスラエルの家の偶像を仰ぎ見ず、隣人の妻を汚さず、さわりのある女に近寄らず、⁷ だれをもしいたげず、質物を返し、物をかすめず、飢えている者に自分の食物を与え、裸の者に着物を着せ、⁸ 利息をつけて貸さず、高利を取らず、不正から手を引き、人と人との間を正しくさばき、⁹ わたしのおきてに従って歩み、まことをもってわたしの定めを守り行おう。こういう人が正しい人で、必ず生きる。——神である主の御告げ——

¹⁰ しかし、彼が子を生み、その子が無法の者で、人の血を流し、先に述べたことの一つにでも違反する場合、¹¹ すなわち、それらすべてのことをしよう

17:22 先を摘み取り 神が自ら枝を植えられる。これはメシヤ（選ばれた方あるいは「油そそがれた者」、イエス・キリスト）を指している。この特別な枝の王国は築かれ、全地に広がっていく（→34:23注, イザ11:1注, エレ23:5-6注）。→「**キリストによって成就した旧約聖書の預言**」の表 p.1029

18:1-32 いったいどうしたことか 多くのユダヤ人は自分たちは先祖の罪のために罰を受けていると思っていた。したがって神は不公平であると言って神を責めていた。そして自分たちのほうが先祖よりもひどい罪を犯していることに気付いていなかった。人間は自分の人生について神に説明する責任があるという基本的真理を18章は教えている。キリストの赦しを拒んでキリストに自分の人生をゆだねない人は霊的に死に永遠のさばきを受ける。

18:2-4 このことわざ このことわざは出エジプト記20:5と申命記5:9に基づいたものと思われる。これは両方とも、親の罪によって子どもたちが影響を受けることを示している。けれどもこれらのことばは親の罪のために子どもたちが罰を受けることを教えよう

としているのではないとエゼキエルは明らかにしている。人はみな自分の罪に責任があり、キリストを救い主として信じて正しい生活をする気持を持たなかったことの責任を問われるのである（→18:4）。使徒パウロはこの原則を新約聖書の信仰者に次のように再確認している。「罪から来る報酬は死です。しかし、神の下さる賜物は、私たちの主キリスト・イエスにある永遠のいのちです」（ロマ6:23）。

18:5-9 正しい者 この部分は主と正しい関係を持ち、神の律法の原則に従って生活している人の姿を描き出している。このような人は神と親しい関係を持って永遠に生きる。パウロもこれと同じ真理を強調して「忍耐をもって善を行い、栄光と誉れと不滅のものとを求める者には、永遠のいのちを与え」（ロマ2:7）と言っている。主イエスはこのような「正しい者」の生活を恵み（受けるにふさわしくない好意）によりキリストを信じる信仰によって可能にしてくださった（エペ2:8-10）。

18:10-13 その子が無法の者で 神を敬う父の子どもでも邪悪な人は自分の罪の責任を問われる。悔い改

ともせず、かえって丘の上で食事をし、隣人の妻を汚し、
12 乏しい者や貧しい者をしいたげ、物をかすめ、質物を返さず、偶像を仰ぎ見て、忌みきらうべきことをし、
13 利息をつけて貸し、高利を取るなら、こういう者ははたして生きるだろうか。彼は生きられない。自分がこれらすべての忌みきらうべきことをしたのだから、彼は必ず死に、その血の責任は彼自身に帰する。
14 しかし、彼が子を生み、その子が父の行ったすべての罪を見て反省し、そのようなことを行わず、
15 丘の上で食事をせず、イスラエルの家の偶像を仰ぎ見ず、隣人の妻を汚さず、
16 だれをもしいたげず、質物をとどめておかず、物をかすめず、飢えている者に自分の食物を与え、裸の者に着物を着せ、
17 卑しいことから手を引き、利息や高利を取らず、わたしの定めを行い、わたしのおきてに従って歩むなら、こういう者は自分の父の咎のために死ぬことはなく、必ず生きる。
18 彼の父は、しいたげを行い、兄弟の物をかすめ、良くないことを自分の民の中で行ったので、彼は確かに自分の咎のために死ぬ。
19 あなたがたは、『なぜ、その子は父の咎の罰を負わなくてよいのか』と言う。その子は、公義と正義とを行い、わたしのすべてのおきてを守り行ったので、必ず生きる。
20 罪を犯した者は、その者が死に、子は父の咎について負いめがなく、父も子の咎について負いめがない。正しい者の義はその者に帰し、悪者の悪はその者に帰する。
21 しかし、悪者でも、自分の犯したすべての罪から立ち返り、わたしのすべてのおきてを守り、公義と正義を行うなら、彼は必ず生きて、死ぬことはない。
22 彼が犯したすべてのそむきの罪は覚えられることはなく、彼が行った正しいことのために、彼は生きる。
23 わたしは悪者の死を喜ぶだろうか。——神である主の御告げ——彼がその態度を悔い改めて、生きることを喜ばないだろうか。
24 しかし、正しい人が、正しい行いから遠ざかり、不正をし、悪者がするようなあらゆる忌みきらうべきことをするなら、彼は生きられるだろうか。彼が行ったどの正しいことも覚えられず、彼の不信の逆らいと、犯した罪のために、死ななければならない。
25 あなたがたは、『主の態度は公正でない』と言っている。さあ、聞け。イスラエルの家よ。わたしの態度は公正でないのか。公正でないのはあなたがたの態度ではないのか。
26 正しい人が自分の正しい行いから遠ざかり、不正をし、そのために死ぬなら、彼は自分の行った不正によって死ぬ。
27 しかし、悪者でも、自分がしている悪事をやめ、公義と正義とを行うなら、彼は自分のいのちを生かす。
28 彼は反省して、自分のすべてのそむきの罪を悔い改めたのだから、彼は必ず生き、死ぬことはない。
29 それでも、イスラエルの家は、『主の態度は公正でない』と言う。イスラエルの家よ。わたしの態度は公正でないのか。公正でないのはあなたがたの態度ではないのか。
30 それゆえ、イスラエルの家よ、わたしはあなたがたをそれぞれその態度にしたがってさばく。——神である主の御告げ

めて神に立返ることを拒むなら、その結果として霊的死と永遠の死を体験することになる(→ロマ2:8)。

18:21-23　悪者でも・・・立ち返り　罪から離れて神に立返るなら、どんな邪悪な人にも救い(神との新しい関係)を与えると神は約束しておられる。だれも家族の罪深い反抗の道を歩まなければならない理由はない。神は罪びとを救ってひとりひとりをご自分との個人的な関係に入れたいと願っておられる。邪悪な人が罪から立返らないままで死ぬことを神は絶対に喜ば

れない(⇒Ⅰテモ2:4)。

18:24　正しい人が、正しい行いから遠ざかり　神に頼って神の道を歩む人は、自分たちは永遠にあるいは無条件に安全である(つまり神との関係は絶対に失われない)と考えてはならない。もし後に不忠実になり神に逆らうなら、罪の生活をし続けてきた人と同じように神から離れたまま死ぬことになる。パウロは信仰者に「もし肉に従って生きるなら、あなたがたは死ぬのです」と警告している(ロマ8:13、→ヘブ2:3、3:6、

――悔い改めて、あなたがたのすべてのそむきの罪を振り捨てよ。不義に引き込まれることがないようにせよ。
³¹ あなたがたの犯したすべてのそむきの罪をあなたがたの中から放り出せ。こうして、新しい心と新しい霊を得よ。イスラエルの家よ。なぜ、あなたがたは死のうとするのか。
³² わたしは、だれが死ぬのも喜ばないからだ。――神である主の御告げ――だから、悔い改めて、生きよ。

イスラエルの君主たちへの哀歌

19 ¹ あなたはイスラエルの君主たちのために哀歌を唱えて、
² 言え。
あなたの母である雌獅子は何なのか。
雄獅子の間に伏し、
若い獅子の間で子獅子を養った。
³ 雌獅子が子獅子のうちの一頭を育て上げると、
それは若い獅子となり、
獲物を引き裂くことを習い、人を食べた。
⁴ 諸国の民はその獅子のうわさを聞いた。
その獅子は彼らの落とし穴で捕らえられた。
彼らは鉤でこれを
エジプトの地へ引きずって行った。
⁵ 雌獅子は、待ちくたびれ、
自分の望みが消えうせたことを知ったとき、
子獅子のうちのほかの一頭を取り、
若い獅子とした。
⁶ これも、雄獅子の間を歩き回り、
若い獅子となって、

獲物を引き裂くことを習い、人を食べた。
⁷ この獅子は人のやもめたちを犯し、
町々を廃墟とした。
そのほえる声のために、
地と、それに満ちているものはおののいた。
⁸ そこで、諸国の民は、回りの州から攻め上り、
その獅子に彼らの網を打ちかけた。
その獅子は彼らの落とし穴で捕らえられた。
⁹ 彼らはそれを鉤にかけておりに入れ、
バビロンの王のもとに引いて行った。
彼らはそれをとりでに閉じ込め、
二度とその声が
イスラエルの山々に聞こえないようにした。
¹⁰ あなたの母は、*まさしく、
水のほとりに植えられた
ぶどうの木のようだった。
水が豊かなために実りが良く、枝も茂った。
¹¹ その強い枝は王の杖となり、
そのたけは茂みの中できわだって高く、
多くの小枝をつけてきわだって見えた。
¹² しかし、それは憤りのうちに引き抜かれ、
地に投げ捨てられ、
東風はその実を枯らし、
その強い枝も折られて枯れ、
火に焼き尽くされた。
¹³ 今や、それは、荒野と砂漠と、
潤いのない地に移し植えられ、

---

30 ② エゼ14:6
31 ① イザ1:16, 55:7
② エゼ11:19, 36:26, 詩51:10, エペ4:23
32 ① エゼ18:23

1 ① エゼ19:14, 26:17, Ⅱサム1:17, Ⅱ歴35:25
2 ① エゼ11:19
3 ① Ⅱ列23:31, 32
② エゼ19:6
4 ① Ⅱ列23:33, 34, Ⅱ歴36:4
5 ① エゼ15:4
6 ① Ⅱ列24:9, Ⅱ歴36:9
② エゼ19:3

8 ① Ⅱ列24:10-12
② エゼ12:13
③ エゼ19:4, 哀4:20
9 ① Ⅱ列24:15
10 * 直訳「あなたの血において」少数の写本は「あなたのぶどう畑の」
① →エゼ17:6
② エゼ17:8
11 ① 詩80:15
12 ① エレ31:28
② Ⅱ列24:20, 哀2:1
③ エゼ17:10, ホセ13:15
13 ① エゼ19:10
② エゼ20:35, ホセ2:3

Ⅱペテ2:20-22、「**背教**」の項 p.2350)。

19:1-14　哀歌　19章の哀歌（嘆き、悲しみ、後悔、哀悼を示す詩や歌）はユダの最後の王をおりに入れられた獅子に、ユダの国を折られたぶどうになぞらえている。

19:3-4　子獅子のうちの一頭　これは若いエホアハズ王を指している（→Ⅱ列23:31-34）。エホアハズは三か月国を治めたけれどもそのあと捕虜としてエジプトへ送られてそこで死んだ。

19:5-9　子獅子のうちのほかの一頭を取り　これはエホヤキンかゼデキヤを指している。ふたりとも捕虜になってバビロニヤに連れて行かれた（→Ⅱ列24:8-25:7）。

19:10-14　あなたの母　ここでは雌獅子（エゼ→19:1-2）を豊かに実を結んだのに引抜かれ、枝が焼かれてしまったぶどうの木として描いている。残された木は荒野に移し植えられるけれども、それはバ

14 火がその枝から出て、
　　その若枝と実を焼き尽くした。
　もう、それには
　　王の杖となる強い枝がなくなった。」
これは悲しみの歌、哀歌となった。

反逆するイスラエル

20 1 第七年の第五の月の十日、イスラエルの長老たちの幾人かが、主に尋ねるために来て、私の前にすわった。 2 そのとき、私に次のような主のことばがあった。 3 「人の子よ。イスラエルの長老たちに語って言え。神である主はこう仰せられる。あなたがたが来たのは、わたしに願いを聞いてもらうためなのか。わたしは生きている、わたしは決してあなたがたの願いを聞き入れない。——神である主の御告げ——

4 あなたは彼らをさばこうとするのか。人の子よ。あなたはさばこうとするのか。彼らの先祖たちの、忌みきらうべきわざを彼らに知らせよ。

5 彼らに言え。神である主はこう仰せられる。わたしがイスラエルを選んだとき、ヤコブの家の子孫に誓い、エジプトの地で彼らにわたしを知らせ、わたしがあなたがたの神、主であると言って彼らに誓った。 6 その日、彼らをエジプトの地から連れ出し、わたしが彼らのために探り出した乳と蜜の流れる地、どの地よりも麗しい地に入れることを、彼らに誓った。 7 わたしは彼らに言った。『おのおのその目の慕う忌まわしいものを投げ捨てよ。エジプトの偶像で身を汚すな。わたしがあなたがたの神、主である』と。

8 それでも、彼らはわたしに逆らい、わたしに聞き従おうともせず、みな、その目の慕う忌まわしいものを投げ捨てようともせず、エジプトの偶像を捨てようともしなかった。だから、わたしは、エジプトの地でわたしの憤りを彼らの上に注ぎ、彼らへのわたしの怒りを全うしようと思った。 9 しかし、わたしはわたしの名のために、彼らが住んでいる諸国の民の目の前で、わたしの名を汚そうとはしなかった。わたしは諸国の民の目の前で彼らをエジプトの地から連れ出す、と知らせていたからだ。

10 こうして、わたしはエジプトの地から彼らを連れ出し、荒野に導き入れ、 11 わたしのおきてを彼らに与え、それを実行すれば生きることのできるそのわたしの定めを彼らに教えた。 12 わたしはまた、彼らにわたしの安息日を与えてわたしと彼らとの間のしるしとし、わたしが彼らを聖別する主であることを彼らが知るようにした。

13 それなのに、イスラエルの家は荒野でわたしに逆らい、わたしのおきてに従って歩まず、それを行えば生きることのできるそのわたしの定めをもないがしろにし、わたしの安息日をひどく汚した。だから、わたしは、荒野でわたしの憤りを彼らの上に注ぎ、彼らを絶ち滅ぼそうと考えた。 14 しかし、わたしはわたしの名のために、彼らを連れ出すのを見ていた諸国の民の目の前でわたしの名を汚そうとはしなかっ た。

ビロニヤ捕囚を示している（捕囚の段階と期間 →エレ緒論）。

20:1-49　長老たちの幾人か　20章はイスラエルの歴史が絶え間ない偶像礼拝と道徳的失敗の歴史だったという悲しい事実を明らかにしている。エゼキエルは当時の有力な指導者たち自身が人間の作ったにせの神々から離れていないと指摘している。指導者たちは心の中で神よりもほかのものを大事にし続けていた。したがってこの人々も罪を犯していたのである（→「偶像礼拝」の項 p.468）。

20:9　わたしの名のために　神は出エジプト（前1445年頃イスラエル人がエジプトの奴隷状態から集団で出国したこと）したイスラエル人を、荒野で完全に滅ぼされなかった。それはご自分の名前を高く保ち続けるためだった。神はエジプトから救い出すことによってご自分を力強くあわれみ深い方として示された。それは神の選民を通してあらゆる国の人々を祝福するという約束を守るためだった（→創12:1-3）。

20:12　安息日　イスラエルが毎週の安息（休息、休養、礼拝のために取分けられた日や時間）を守るのはイスラエルが聖い民として分離され、神の目的のために取分けられたものであることを思い出させるため

¹⁵ だが、わたしは、わたしが与えた、乳と蜜の流れる地、どの地よりも麗しい地に彼らを導き入れないと荒野で彼らに誓った。¹⁶ それは、彼らがわたしの定めをないがしろにし、わたしのおきてを踏み行わず、わたしの安息日を汚したからだ。それほど彼らの心は偶像を慕っていた。

¹⁷ それでも、わたしは彼らを惜しんで、滅ぼさず、わたしは荒野で彼らを絶やさなかった。

¹⁸ わたしは彼らの子どもたちに荒野で言った。『あなたがたの父たちのおきてに従って歩むな。彼らのならわしを守るな。彼らの偶像で身を汚すな。¹⁹ わたしがあなたがたの神、主である。わたしのおきてに従って歩み、わたしの定めを守り行え。²⁰ また、わたしの安息日をきよく保て。これをわたしとあなたがたとの間のしるしとし、わたしがあなたがたの神、主であることを知れ』と。

²¹ それなのに、その子どもたちはわたしに逆らい、わたしのおきてに従って歩まず、それを行えば生きることのできるそのわたしの定めを守り行わず、わたしの安息日を汚した。だから、わたしは、荒野でわたしの憤りを彼らの上に注ぎ、彼らへのわたしの怒りを全うしようと思った。²² しかし、わたしは手を引いて、わたしの名のために、彼らを連れ出すのを見ていた諸国の民の目の前でわたしの名を汚そうとはしなかった。

²³ だが、わたしは、彼らを諸国の民の中に散らし、国々へ追い散らすと荒野で彼らに誓った。

²⁴ 彼らがわたしの定めを行わず、わたしのおきてをないがしろにし、わたしの安息日を汚し、彼らの心が父たちの偶像を慕ったからだ。

²⁵ わたしもまた、良くないおきてに、それによっては生きられない定めを、彼らに与えた。

²⁶ 彼らがすべての初子に火の中を通らせたとき、わたしは彼らのささげ物によって彼らを汚した。それは、わたしが彼らを滅ぼすため、わたしが主であることを彼らが知るためである。

²⁷ それゆえ、人の子よ、イスラエルの家に語って言え。神である主はこう仰せられる。あなたがたの先祖は、なお、このようにして、わたしに不信に不信を重ね、わたしを冒瀆した。

²⁸ わたしが、彼らに与えると誓った地に彼らを連れて行ったとき、彼らは、高い丘や茂った木を見ると、どこででも、いけにえをささげ、主の怒りを引き起こすささげ物をささげ、なだめのかおりを供え、注ぎのぶどう酒を注いだ。

²⁹ そこで、わたしは彼らに言った。あなたがたが通う高き所は何なのか。今日でもその名をバマと呼ばれているが。

さばきと回復

³⁰ それゆえ、イスラエルの家に言え。神である主はこう仰せられる。あなたがたは父たちの行いをまねて自分自身を汚し、彼らの忌まわしいものを慕って姦淫を犯している。

³¹ しかも、ささげ物を供え、幼子に火の中を通らせ、今日まであらゆる偶像で身を汚している。イスラエルの家よ。わたしはどうして、あなたがたの願いを聞いてやれようか。わたしは生きている、——神である主の御告げ——わたしは決してあなたがたの願いを聞き入れない。

³² あなたがたが、『私たちは木や石を拝んでいる異邦の民、国々の諸族のようになろう』と言って心に思い浮かべていることは

だった。神はイスラエルを用いて全世界に神の目的や基準や栄光を明らかにし具体的に見せようとされた（→出31：13-17、レビ23：32）。

20：30　自分自身を汚し　20章の中で極めて重要な質問は「自分自身を汚し」続けるのかというもので、それは今日の神の民にも当てはめることができる。人間の

性質から出る罪深い欲望の通りに行うのか、それとも聖霊の影響と導きに自分をゆだねてキリストとその目的に仕えるのか、私たちは毎日決断をしなければならない（→ロマ6：11-14、ガラ5：16-25）。

20：32　国々の諸族のようになろう　神の民は世界の中で一般的な考え、行動、生活様式に順応するように

決して実現しない。

³³わたしは生きている、──神である主の御告げ──わたしは憤りを注ぎ、力強い手と伸ばした腕をもって、必ずあなたがたを治める。

³⁴わたしは、力強い手と伸ばした腕、注ぎ出る憤りをもって、あなたがたを国々の民の中から連れ出し、その散らされている国々からあなたがたを集める。

³⁵わたしはあなたがたを国々の民の荒野に連れて行き、そこで、顔と顔とを合わせて、あなたがたをさばく。

³⁶わたしがあなたがたの先祖をエジプトの地の荒野でさばいたように、あなたがたをさばく。──神である主の御告げ──

³⁷わたしはまた、あなたがたにむちの下を通らせ、あなたと契約を結び、

³⁸あなたがたのうちから、わたしにそむく反逆者を、えり分ける。わたしは彼らをその寄留している地から連れ出すが、彼らはイスラエルの地に入ることはできない。このとき、あなたがたは、わたしが主であることを知ろう。

³⁹さあ、イスラエルの家よ。神である主はこう仰せられる。おのおの自分の偶像に行って仕えるがよい。後にはきっと、あなたがたはわたしに聞くようになる。あなたがたは二度と自分たちのささげ物や偶像で、わたしの聖なる名を汚さなくなる。

⁴⁰わたしの聖なる山、イスラエルの高い山の上で、──神である主の御告げ──その所で、この地にいるイスラエルの全家はみな、わたしに仕えるからだ。その所で、わたしは彼らを喜んで受け入れ、その所で、あなたがたの聖なる物とともに、あなたがたの奉納物と最上のささげ物を求

---

33 ①エレ42:18, 44:6, 哀2:4
   ②エレ21:5
34 ①エゼ20:38
35 ①エゼ19:13
   ②エゼ17:20
36 ①申32:10
   ②民11章, 詩106:15, 10:5-10
37 ①レビ27:32, エレ33:13
   ②エゼ16:60, 62
38 ①エゼ34:17-22, ゼカ13:9, マタ25:32, 33
   ②エゼ13:9
   ③→エゼ6:7
39 ①エレ44:25, 26
   ②エゼ43:7
40 ①エゼ20:1, ヨエ2:1, 3:17, オバ16, ゼパ3:11, ゼカ8:3
   ②エゼ17:23, 40:2, イザ2:3, ミカ4:1, 2
   ③エゼ37:21, 22, 24, 39:25
   ④エゼ43:27
   ⑤エゼ44:30, 45:13, 16, イザ40:20, マラ3:8, →ネヘ10:37, エゼ45:6

41 ①エゼ11:17, イザ27:12, 13
   ②→エゼ6:13
   ③イザ60:7, マラ3:4
   ④エゼ28:22, 25, 36:23, 38:16, 39:27, イザ8:13
42 ①エゼ20:6
   ②エゼ34:13, 27, 37:21
43 ①エゼ16:61
   ②エゼ6:9
44 ①→イザ48:9
   ②→エゼ6:3
46 ①エゼ4:3
   ②エゼ21:2
   ③エゼ13:19
   ④エゼ4:7, 6:2
47 ①イザ9:18, 19, 10:17, エレ21:14
   ②エゼ17:24
   ③エレ7:20, 17:27

める。

⁴¹わたしがあなたがたを国々の民の中から連れ出し、その散らされている国々からあなたがたを集めるとき、わたしは、あなたがたをなだめのかおりとして喜んで受け入れる。わたしは、諸国の民が見ている前で、あなたがたのうちに、わたしの聖なることを示す。

⁴²わたしが、あなたがたの先祖に与えると誓った地、イスラエルの地に、あなたがたを入らせるとき、あなたがたは、わたしが主であることを知ろう。

⁴³その所であなたがたは、自分の身を汚した自分たちの行いと、すべてのわざとを思い起こし、自分たちの行ったすべての悪のために、自分自身をいとうようになろう。

⁴⁴わたしが、あなたがたの悪い行いや、腐敗したわざによってでなく、ただわたしの名のために、あなたがたをあしらうとき、イスラエルの家よ、あなたがたは、わたしが主であることを知ろう。──神である主の御告げ──」

ダニ9:4-6

南に対する預言

⁴⁵さらに、私に次のような主のことばがあった。

⁴⁶「人の子よ。顔を右のほうに向け、南に向かって語りかけ、ネゲブの野の森に向かって預言し、

⁴⁷ネゲブの森に言え。『主のことばを聞け。神である主はこう仰せられる。見よ。わたしはおまえのうちに火をつける。その火はおまえのうち、すべての緑の木と、すべての枯れ木を焼き尽くす。その燃える炎は消されず、ネゲブから北まですべての地面は焼かれてしまう。

絶えず誘惑を受けている。それに応じるなら、神の選民としての特権を失う(あきらめる)ことになる。私たちは絶えず二つの基本的なことを自分に問いかけなければならない。(1) 自分は周りの人々からの圧力に負けていないか、負けている理由は何か。(2) 自分は世間の大抵の人とは違った生活様式を持って行動しているだろうか、それとも主との個人的関係を持っていない人々に同調したりその期待に応えるようにしているだろうか(→ロマ12:1-2注)。

20:34-44 あなたがたを・・・連れ出し 神は反逆者や悪を行う人々(⇒11:17, 21, マラ3:2-5)を追放した(取除く →20:38)あと、イスラエルを捕囚から連戻すと約束された。そのとき忠実な残りの人々(神に頼った一部の人々)は故郷に戻る(⇒イザ10:21-23)。そしてもはや神に逆らったり偶像礼拝をしたりして神を汚すことはない(20:39)。むしろ「新しい契約」の祝福を楽しむようになる(→エレ31:31-34, ヘブ8:1-10:18, ユダヤ人のバビロニヤ捕囚からの帰還の概略

⁴⁸ そのとき、すべての者は、主であるわたしが燃やしたことを見るであろう。その火は消されない。』」

⁴⁹ そこで、私は叫んだ。「ああ、神、主よ。彼らは私について、『彼はたとえ話をくり返している者ではないか』と言っています。」

神のさばきの剣であるバビロン

21 ¹ 次のような主のことばが私にあった。

² 「人の子よ。顔をエルサレムに向け、聖所に向かって語りかけよ。イスラエルの地に向かって預言せよ。

³ イスラエルの地に言え。『主はこう仰せられる。今、わたしはあなたに立ち向かう。わたしは剣をさやから抜き、あなたのうちから、正しい者も悪者も断ち滅ぼす。

⁴ わたしがあなたのうちから、正しい者も悪者も断ち滅ぼすために、わたしの剣はさやを離れて、ネゲブから北まですべての者に立ち向かう。

⁵ このとき、すべての者は、主であるわたしが剣をさやから抜いたことを知ろう。剣はもう、さやに納められない。』

⁶ 人の子よ。嘆け。彼らが見ているところで腰が砕けるほど激しく嘆け。

⁷ 彼らがあなたに、『なぜあなたは嘆くのか』と言うなら、そのとき、あなたは言え。『この知らせのためだ。それが来ると、すべての者は心がしなえ、すべての者は気力を失い、みな意気消沈し、だれのひざも震える。今、それが来る。それは実現する。——神である主の御告げ——』」

⁸ ついで、私に次のような主のことばがあった。

⁹ 「人の子よ。預言して言え。主はこう仰せられると言え。

剣、一振りの剣が研がれ、みがかれている。

¹⁰ 虐殺のために研がれ、
いなずまのようにそれはみがかれた。
われわれはそれを喜ぼうか。
わたしの子の杖も、すべての木のように、
退けられる。

¹¹ その剣はみがかれて手に握られ、
それは、研がれて、みがかれ、
殺す者の手に渡される。

¹² 叫べ。泣きわめけ。人の子よ。
それはわたしの民の上に下り、
イスラエルのすべての君主たちの上に下るからだ。
剣への恐れがわたしの民に起こる。
それゆえ、あなたはももを打って嘆け。

¹³ ためされるとき、杖まで退けられたなら、
いったいどうなることだろう。
——神である主の御告げ——

¹⁴ 人の子よ。預言して手を打ち鳴らせ。
剣を二倍にし、三倍にして、人を刺し殺す剣とし、
大いに人を刺し殺す剣として、
彼らを取り囲め。

¹⁵ 彼らの心が震えおののくように、
彼らのすべての門に、
つまずきをふやせ。
ああ、わたしは剣の先をいなずまのようにして、
虐殺のためにみがきをかける。

¹⁶ あなたの顔の向くところ、
右に向け、左に向けて切りまくれ。

¹⁷ わたしもまた、手を打ち鳴らし、
わたしの憤りを静めよう。
主であるわたしが語るのだ。」

¹⁸ ついで、私に次のような主のことばがあった。

---

49 * 子音字は「主」
①エゼ17:2, 24:3, マタ13:13, ヨハ16:25
2 ①エゼ16:2
②エゼ4:3
③エゼ20:46
④エゼ4:7
3 ①エゼ13:8
②エゼ21:9-11, 19
③イザ57:1
④エゼ3:18, 19
4 ①エゼ20:47, 7:2, エレ12:12
5 ①エゼ20:48
②エゼ23:20
6 ①エゼ9:4, 21:12
7 ①エゼ7:26
②エゼ21:15, 22:14
③レビ26:36, Ⅱサム17:10, エレ50:43
④ヨシ2:11, イザ13:7
5 ①エゼ7:17
* エゼ21:7, 13, 24, 26, 28「神」の子音字は「主」

9 ①エゼ5:1, 21:19
10 ①イザ34:5, 6
11 ①エゼ21:15, 28
①エゼ21:19
12 ①エゼ21:6, ヨエ1:13
②エゼ21:25, 22:6
* あるいは「もだえて」
** 「嘆け」は補足
13 ①エゼ21:10
14 ①エゼ6:11, 21:17, 22:13, 民24:10
②Ⅱ列24:1, 10-16, 25:1
15 ①エゼ21:7
②エレ17:27
③エゼ21:10
17 ①エゼ21:14, 22:13
②エゼ5:13

→エズ緒論)。

21:3-32　わたしの剣　エルサレムとユダの国へのさばきは剣(バビロニヤの軍隊)によって下る。これは滅ぼすために神が用いられる道具である。

21:3　正しい者も悪者も　国の悲劇や自然災害が起きるときにはしばしば正しい人も悪い人も苦しむ。けれども正しい人は邪悪な人が受ける永遠の罰を受けることはないとエゼキエルは既に明らかにしている(→18:1-24)。

21:12　剣への恐れ　神の民が神の警告や懲らしめを受入れなかったので、その結果に苦しむことを神は許された。主の訓戒を受けてもかたくなで反抗的な態度を取続ける人は邪悪な世界とともに罪に定められる(→ヘブ12:5注)。

エゼキエル書　21−22章

19「人の子よ。バビロンの王の剣が来るために、二つの道にしるしをつけ、二つとも一つの国から出るようにせよ。町に向かう道の始まりに一つの道しるべを刻みつけておけ。
20剣がアモン人のラバか、ユダ、すなわち、城壁のあるエルサレムに行けるように道にしるしをつけておけ。
21バビロンの王は、道の分かれ目、二つの道の辻に立って占いをしよう。彼は矢を振り混ぜて、テラフィムに伺いを立て、肝を調べる。
22彼の右の手にエルサレムへの占いが当たり、彼は城壁くずしを配置し、虐殺を命じて口を開き、叫び声をあげて、城壁くずしを門に向かわせ、塹壕を掘り、塁を築く。
23彼らは、何回となく誓われても、その占いはうそだと思う。だが、彼は彼らを捕らえて、彼らの不義を思い出させる。
24それゆえ、神である主はこう仰せられる。あなたがたのそむきの罪があばかれるとき、彼が、あなたがたの不義を思い出させて、あなたがたのすべてのわざに罪が表れるようにするため、また、あなたがたが思い出すため、あなたがたは彼らの手に捕らえられる。
25悪に汚れたイスラエルの君主よ。あなたの日、最後の刑罰の時が来た。
26神である主はこう仰せられる。かぶり物は脱がされ、冠は取り去られる。すべてがすっかり変わり、低い者は高くされ、高い者は低くされる。
27廃墟だ。廃墟だ。わたしはこの国を廃墟にする。このようなことは、わたしが授ける権威を持つ者が来るまでは、かつてなかったことだ。
28人の子よ。預言して言え。神である主はアモン人と、彼らのそしりについてこう

せられると言え。剣、一振りの剣が、虐殺のために抜き放たれた。いなずまのようにして、絶ち滅ぼすためにとぎすまされた。
29彼らがあなたにむなしい幻を見せ、あなたにまやかしの占いをするとき、その剣は汚れた悪者どもの首に当てられ、彼らの日、最後の刑罰の時が来る。
30剣は、さやに納められる。あなたの造られた所、あなたの出身地で、わたしはあなたをさばく。
31わたしはあなたの上にわたしの憤りを注ぎ、激しい怒りの火を吹きつけ、滅ぼすことに巧みな残忍な者たちの手に、あなたを渡す。
32あなたは火のたきぎとなり、あなたの血はその国の中で流され、もう思い出されることはない。主であるわたしがこう語ったからだ。」

エルサレムの罪

22 1次のような主のことばが私にあった。
2「人の子よ。あなたはさばくのか。この流血の町をさばくのか。それなら、これにその忌みきらうべきわざを残らず知らせ、
3神である主はこう仰せられる、と言え。自分の中で血を流して、自分の刑罰の時を招き、自分の町に偶像を造って自分を汚す町よ。
4おまえは自分の流した血で罪に定められ、自分の造った偶像で身を汚し、自分の刑罰の日を近づかせ、自分の刑罰の年を来させた。だから、わたしはおまえを諸国の民のそしりとし、すべての国の笑いぐさとする。
5おまえの近くにいる者も、遠くにいる者も、名の汚れた、ひどくかき乱されたおまえをあざ笑う。
6見よ。イスラエルの君主たちはみな、

21:19-23　バビロンの王　交霊術者（死者との交流を試みる人々）は死んだ動物の肝臓を調べることで未来を予測できると信じていた（21:21）。けれども神はネブカデネザル王の邪悪な行動を抑え覆して、ご自分の計画を達成されるとエゼキエルは主張した（⇒エレ27:6）。

21:27　権威を持つ者が来るまでは　エゼキエルはダビデの家系は継続するけれども、メシヤ（「油そそがれた者」、キリスト）が現れてその国を建てるまでは新しい王が誕生しないと預言した（⇒創49:10, ゼカ9:9, マタ21:1-11, 黙19:11-16, 20:4）。メシヤであるイエス・キリストはイスラエルを治められる。

22:2-12　血を流して　エルサレムはあらゆる悪に満ちた暴力的な町になっていた。もはや聖いものや家

おまえの中で暴力をふるって血を流している。

7 おまえの中では、父や母は軽んじられ、おまえのところにいる在留異国人は虐待され、おまえの中にいるみなしごや、やもめはしいたげられている。

8 おまえはわたしの聖なるものをさげすみ、わたしの安息日を汚した。

9 おまえのうちのある者たちは、血を流そうと他人を中傷し、ある者は丘の上で食事をし、おまえの中でみだらなことをした。

10 おまえの中では父が裸をあらわされ、おまえの中では、さわりのある女が犯された。

11 ある者は隣人の妻と忌みきらうべきことをし、またある者は嫁とみだらなことをして身を汚し、ある者はおまえの中で、自分の父の娘である自分の姉妹をはずかしめた。

12 おまえの中では、血を流すためにわいろが使われ、おまえは利息と高利を取り、隣人を虐待して利得をむさぼった。おまえはわたしを忘れた。——神である主の御告げ——

13 見よ。おまえが得た不正な利得と、おまえの中に流された血のために、わたしは手を打ち鳴らす。

14 わたしがおまえを罰する日に、おまえの心は耐えられようか。おまえの手は強くありえようか。主であるわたしがこれを語り、これをする。

15 わたしはおまえを諸国の民の中に散らし、国々に追い散らし、おまえの汚れを全く取り除き、

16 諸国の民が見ている前でおまえにゆずりの地を与える。このとき、おまえは、わたしが主であることを知ろう。」

17 次のような主のことばが私にあった。

6 ①エゼ22:3
7 ①出20:12、レビ19:3、20:9、申5:16、27:16
②→イザ14:1
③出22:21、23:9、申24:17、ゼカ7:10
④出22:22、イザ1:23、マラ3:5
8 ①エゼ22:26
②エゼ20:13、23:38、レビ19:30、26:2、エゼ17:27
9 ①エゼ22:3
②エゼ18:11
10 ①エゼ22:10、11、レビ18:7-20、20:10-21
11 ①エゼ18:11、33:26
②Ⅱサム13:14、申27:22
12 ①エゼ23:8、申16:19、27:25
②エゼ18:13、出22:25、レビ25:36、37、申23:19
③レビ19:13
④エゼ23:35
13 ①アモ2:6-8、ミカ2:2
②エゼ22:3
③エゼ21:14、17
14 ①エゼ7:17
②エゼ17:24
15 ①エゼ5:10
②エゼ23:27、48
16 ①エゼ20:9、22:4
＊七十人訳による
②→エゼ6:7
18 ①詩119:119、イザ1:22、25
②篇17:3、イザ48:10
③エレ6:28-30
20 ①イザ1:25
21 ①マラ3:2
22 ①エゼ20:8
24 ①エゼ22:2
②エゼ24:13
25 ＊七十人訳は「その君主たち」
①エゼ22:27
②詩10:9、17:12、22:13、エレ2:30
③エゼ34:2-4
④エゼ22:25
26 ①エゼ7:26、エレ2:8、26、ミカ3:11、②→エゼ7:26
②エゼ22:8、36:20、レビ22:2、エゼ44:23、レビ10:10
③エゼ20:12、13、出20:8-11、レビ19:30、23:3
④ゼパ3:3
27 ①エゼ22:3、6
②エゼ13:19、出20:13

18「人の子よ。イスラエルの家はわたしにとってかなかすとなった。彼らはみな、炉の中の青銅、すず、鉄、鉛であって、銀のかなかすとなった。

19 それゆえ、神である主はこう仰せられる。あなたがたはみな、かなかすとなったから、今、わたしはあなたがたをエルサレムの中に集める。

20 銀、青銅、鉄、鉛、すずが炉の中に集められるのは、火を吹きつけて溶かすためだ。そのように、わたしは怒りと憤りをもってあなたがたを集め、そこに入れて溶かす。

21 わたしはあなたがたをかり集め、あなたがたに向かって激しい怒りの火を吹きつけ、あなたがたを町の中で溶かす。

22 銀が炉の中で溶かされるように、あなたがたも町の中で溶かされる。このとき、あなたがたは、主であるわたしがあなたがたの上に憤りを注いだことを知ろう。」

23 次のような主のことばが私にあった。

24「人の子よ。この町に言え。おまえは憤りの日にきよめられず、雨も降らない地である。

25 そこには＊預言者たちの陰謀がある。彼らは、獲物を引き裂きながらほえたける雄獅子のように人々を食い、富と宝を奪い取り、その町にやもめの数をふやした。

26 その祭司たちは、わたしの律法を犯し、わたしの聖なるものを汚し、聖なるものと俗なるものを区別せず、汚れたものとよいものとの違いを教えなかった。また、彼らはわたしの安息日をないがしろにした。こうして、わたしは彼らの間で汚されている。

27 その町の首長たちは、獲物を引き裂いている狼のように血を流し、人々を殺して

族、貧しい人や困っている人を大切にすることはなかった。多くの人が性的な不品行を自由に行い、ごまかしやわいろが普通に行われていた。これらのことはみな、人々が神から離れみことばを退けたから起きたことである。その結果神はこの町に激しいさばきを下して滅ぼされる。世界中の都市の今日の社会的状態、霊的状態は昔のエルサレムと同じようである。もし悔い改め（神に対する態度を変え、邪悪な道から立返って神に従い始めること）ないなら、それらの都市もエルサレムと同じように滅びるだろう。国も都市も個人も神とその基準や目的を侮るならどこかでその結果に苦しむことになる。

22：25-28　その祭司たち　人々を導く霊的指導者たちは神に忠誠を誓い悪から離れているはずなのに、むしろその地位を利用して私服を肥やし、あらゆる自分勝手で罪深い快楽にふけっていた。キリスト教の指導者と言いながら同じような罪を犯し、教会に恥と害を及ぼしている人々が今日もいるようである。

自分の利得をむさぼっている。²⁸その町の預言者たちは、むなしい幻を見、まやかしの占いをして、しっくいで上塗りをし、主が語られないのに『神である主がこう仰せられる』と言っている。²⁹一般の人々も、しいたげを行い、物をかすめ、乏しい者や貧しい者を苦しめ、不法にも在留異国人をしいたげた。³⁰わたしがこの国を滅ぼさないように、わたしは、この国のために、わたしの前で石垣を築き、破れ口を修理する者を彼らの間に捜し求めたが、見つからなかった。³¹それで、わたしは彼らの上に憤りを注ぎ、激しい怒りの火で彼らを絶滅し、彼らの頭上に彼らの行いを返した。——神である主の御告げ——」

淫行を行うふたりの姉妹

23 ¹次のような主のことばが私にあった。
²「人の子よ。同じ母の娘である、ふたりの女がいた。³彼女たちはエジプトで淫行をし、若いときから淫行をし、その地で彼女たちの胸は抱きしめられ、その処女の乳房はもてあそばれた。⁴その名は、姉はオホラ、妹はオホリバで、ふたりはわたしのものとなり、息子や娘たちを産んだ。その名のオホラはサマリヤのこと、オホリバはエルサレムのことである。⁵オホラは、わたしのものであったのに、姦通し、その恋人、隣のアッシリヤ人を恋い慕った。⁶彼らは、青色の衣を着た総督や長官で、すべて麗しい若い男たちであり、馬に乗る騎兵であった。⁷彼女は彼らと姦通した。彼らはみなアッシリヤのえり抜きの者であった。彼女は恋い慕った者のすべての偶像で自分の身を汚した。⁸彼女はエジプト以来の淫行をやめようとしなかった。それは、彼女の若いとき、エ

22:28 その町の預言者たちは・・・しっくいで上塗りをし にせ預言者たちは悪を善と見せ掛けて真実をごまかし否定した。その結果、人々は神やそのさばきを恐れなくなった。今日も罪から離れようとしない人々を慰めようとして次のようなことを言う奉仕者がいる。(1) それはだれもがしている。(2) 罪や不品行は避けられない時代である。(3) 人間だから神の完全な基準を満たすことはできない。(4) キリストが結ばれた新しい契約の中で生きているのだから、旧約聖書の基準は無視してもよい。(5) 何を行おうとも神はありのままの私たちを愛しておられる。したがって神やさばきを恐れる理由はない。(6) 私たちがキリスト者なら、神はキリストの義だけを見て私たちの罪はご覧にならない。
けれども神は罪を決して見逃されないのも真実である。だれでも自分の行動には個人としての責任があり、悪いことをしたときには悔い改めて変らなければならない。心から神に頼り神の目的を追い求めるなら、聖霊は悪を避けて神の基準に沿った生活ができるように助けてくださる。

22:30 彼らの間に捜し求めたが 指導者(22:25-28)や一般の人々(22:29)の腐敗はユダに広がっていて、悪に立ち向かって人々を神の元に引戻そうとする人を神は一人も見つけることができなかった(エレミヤだけは人々に必死に警告していた)。神の民が世間のことに捕われ霊的に妥協をして、霊的に失われた人や神に背いている人のためにとりなす(ほかの人々のために訴えその情況や必要のために祈ること)人がいないのは悲劇である。とりなしのような思いやりや無私の姿勢があるなら、人々の周りにあわれみと守りの石垣ができ、必ず来る破滅から守られたかもしれない。けれども神と人々の間の「破れ口を修理」して罪に対して声を上げ、先頭に立って謙虚な祈りと心からの悔い改め、霊的リバイバルへの熱い訴えをする人はいなかった(⇒Ⅱ歴7:14)。善良な人々は、恐れやどっちつかずの考えから黙っていることが多い。そのためにリバイバルを起こし神のさばきから逃れる機会を失ってしまう。

23:2 ふたりの女 神の民はサマリヤ(北イスラエル王国を代表する町)とエルサレム(南ユダ王国を代表する町 →「**イスラエルとユダの王国**」の地図 p.570)という二人の姉妹として描かれている。ふたりは神に不誠実であり、ほかの国々と「淫行」を重ねて霊的姦淫を犯しているとエゼキエルは描いている。ここでの淫行とはイスラエルとユダが力と保護の源である神だけに頼らないで、神を敬わないほかの国々と同盟(政治的軍事的協力)を結ぼうとしたことを指している。

23:5-9 姦通し イスラエルはまずアッシリヤ(Ⅱ列15:19-29)と次にエジプト(Ⅱ列17:3-6)と同盟を組んだ。そしてやがてこの国々の邪悪な慣習や偶像礼拝

エゼキエル書　23章

ジプト人が彼女と寝てその処女の乳房をもてあそび、彼女に情欲を注いだからである。
⁹ それでわたしは、彼女が恋い慕う恋人たちの手、アッシリヤ人の手に彼女を渡した。
¹⁰ 彼らは彼女の裸をさらけ出し、その息子や娘たちを奪い取り、彼女を剣で殺してしまった。こうして、彼女にさばきが下され、彼女は女たちの語りぐさとなった。
¹¹ 妹のオホリバはこれを見たが、姉よりいっそう恋情を腐らせ、その淫行は姉の淫行よりひどかった。
¹² 彼女は隣のアッシリヤ人の総督や長官を恋い慕った。彼らはみな盛装をし、馬に乗る騎兵たちで、麗しい若い男であった。
¹³ わたしは彼女が身を汚すのを見たが、ふたりとも同じやり方であった。
¹⁴ 彼女は淫行を増し加え、壁に彫られた人々、朱で描かれているカルデヤ人の肖像を見た。
¹⁵ それらは腰に帯を締め、頭には垂れるほどのターバンをつけ、みな侍従のように見え、彼らの出生地カルデヤのバビロン人の姿をしていた。
¹⁶ 彼女はそれを一目見ると、彼らを恋い慕い、使者たちをカルデヤの彼らのもとに遣わした。
¹⁷ バビロン人は、彼女のもとに来て、恋の床につき、彼女を情欲で汚した。彼女が彼らによって汚れたものとなったときに、彼女の心は彼らから離れ去った。
¹⁸ それでも、彼女は自分の淫行をさらけ出し、自分の裸をあらわした。それで、わたしの心は、かつて彼女の姉から離れ去ったように、彼女からも離れ去ってしまった。
¹⁹ しかし、彼女は、かつてエジプトの地で淫行をしたあの若かった日々を思い出して、淫行を重ね、
²⁰ ろばのからだのようなからだを持ち、馬の精力のような精力を持つ彼らのそばめになりたいとあこがれた。
²¹ このように、あなたはエジプト人があなたの若い胸を抱きしめ、あなたの乳房をもてあそんだあの若い時のみだらな行いをした。

9 ①エゼ16:37, 23:22
　②Ⅱ列15:29, 17:3-6, 23, 18:9-12, ホセ11:5
10 ①エゼ16:36, 37, 23:18, 29, ホセ2:10
　②Ⅱ列18:9-12
　③エゼ16:57
11 ①エゼ16:51, エレ3:8-11
12 ①エゼ16:28
　②エゼ23:6, 23
13 ①エゼ23:31, Ⅱ列17:19
14 ①エゼ16:29
　②エゼ8:10
　③エゼ22:14
15 ①イザ5:27
16 ①エゼ23:20
17 ①Ⅱ列20:12-19, 24:17
　②エゼ23:30
　③エゼ22, 28
18 ①エゼ8:12
　②エゼ23:9, アモ5:21-27
　③エゼ6:8, 12:8
19 ①エゼ23:3
20 ①エゼ23:14
21 ①エゼ23:3, エレ3:9
　* エゼ23:3による読み替え

22 * エゼ23:22, 28, 32, 34, 35, 46, 49 「神」の子音字は「主」
　①エゼ16:37, 23:9
　②Ⅱ列24:2
23 ①エゼ21:19, 23:14-17, Ⅱ列20:14-17
　②Ⅱ列24:2
　③エレ50:21
24 ①エゼ26:10, エレ47:3
　②エゼ16:40
　③エゼ16:38, 23:45
　④エレ39:5, 6
25 ①出34:14, ゼパ1:18
　②エゼ16:40, 23:47
　③エゼ20:47
26 ①エゼ16:39, 23:29
　②イザ3:18, 23
27 ①エゼ23:3, 8
　②エゼ16:41, 23:48
28 ①エゼ16:37
　②エゼ23:17, 22
　③エレ21:7-10, 34:20
29 ①エゼ23:25, 26
　②申28:48
　③エゼ16:39, 23:10
30 ①エゼ23:7, エレ18:20
　③詩106:35-38, エレ16:11, 12
31 ①エゼ16:46, 51, 23:4
　②Ⅱ列21:13, エレ7:14, 15
32 ①イザ51:17, エレ25:15

²² それゆえ、オホリバよ、*神である主はこう仰せられる。見よ。わたしは、あなたの心がすでに離れ去ったあなたの恋人たちを駆り立ててあなたを攻めさせ、四方からあなたを攻めによこす。
²³ 彼らはバビロン人、すべてのカルデヤ人、ペコデや、ショアや、コアの人々、それに加えてアッシリヤのすべての人々である。またすべての麗しい若い男、総督、長官、侍従、議官、馬に乗る者たちである。
²⁴ 彼らは、軍馬、戦車、車両、および民の大集団を率いてあなたを攻めに来、大盾、盾、かぶとを着けて四方からあなたを攻める。わたしが彼らにさばきをゆだねるので、彼らは自分たちのさばきに従ってあなたをさばく。
²⁵ わたしはあなたをわたしのねたみとする。彼らは怒って、あなたを罰し、あなたの鼻と耳とを切り取り、残りの者を剣で切り倒す。彼らはあなたの息子や娘たちを連れ去り、残りの者は火で焼き尽くされる。
²⁶ 彼らはあなたの着物をはぎ取り、あなたの美しい品々を奪い取る。
²⁷ わたしはあなたのみだらな行いと、エジプトの地以来の淫行をやめさせ、あなたが彼らを仰ぎ見ず、もうエジプトを思い出さないようにする。
²⁸ 神である主はこう仰せられる。見よ。わたしは、あなたの憎む者の手、あなたの心が離れ去った者の手に、あなたを渡す。
²⁹ 彼らは憎しみをもってあなたを罰し、あなたの勤労の実をことごとく奪い取り、あなたをまる裸にして捨て去ろう。あなたの淫行と淫乱と売淫の恥はあばかれる。
³⁰ これらのことがなされるのは、あなたが異邦の民を慕って姦淫をし、彼らの偶像であなたの身を汚したからである。
³¹ あなたが姉の道を歩んだので、わたしは彼女の杯をあなたの手にも渡す。
³² 神である主はこう仰せられる。
　あなたは姉の杯、深くて大きい杯を飲み、

をまねして従っていった。後に「妹」のユダも同じことをした（⇒Ⅱ列24:1, イザ7:1-25, 30:-31:）。

物笑いとなり、
あざけりとなる。
この杯はあふれるほどに満ちている。
33 あなたは酔いと悲しみに満たされる。
恐怖と荒廃の杯、
これがあなたの姉サマリヤの杯。
34 あなたはこれを飲み、
飲み干して、杯のかけらまでかみ、
自分の乳房をかき裂く。
わたしがこれを語ったからだ。
──神である主の御告げ──
35 それゆえ、神である主はこう仰せられる。あなたはわたしを忘れ、わたしをあなたのうしろに投げやったから、あなたも自分のみだらな行いと、淫行の責めを負え。」
36 主は私に仰せられた。「人の子よ。あなたはオホラとオホリバをさばくか。それなら、ふたりに彼女たちの、忌みきらうべきわざを告げ知らせよ。
37 彼女たちは姦通し、その手は血に染まっている。彼女たちは自分たちの偶像と姦通し、わたしのために産んだ子どもをさえ、それらのために火の中を通らせて、焼き尽くした。
38 なお、彼らはわたしに対してこんなことまでし、同じ日に、わたしの聖所を汚し、わたしの安息日を汚した。
39 偶像のために、自分たちの子どもを殺し、その同じ日にわたしの聖所に来て、これを汚した。彼らはなんと、このようなことをわたしの家の中でした。
40 それなのに、あなたがたは、遠くから来る人々を、使者を遣わして招いた。彼らが来ると、あなたは、彼らのために身を洗い、目の縁を塗り、飾り物で身を飾り、
41 豪奢な寝台に横たわり、その前に食卓を整え、その上にわたしの香と油を置いた。
42 そこでは、のんきなばか騒ぎが聞こえ、

32 ①エゼ5:14, 15, 16:57, 22:4, 5, 詩44:13
33 ①エレ25:16, ハバ2:16
35 ①エゼ22:12, 申32:18, 詩106:21, イザ17:10, エレ2:32, 3:21, 13:25, ホセ8:14, 13:6
② Ⅰ列14:9, ネヘ9:26
③エゼ23:49
36 ①エゼ20:4, 22:2
②エゼ16:2
37 ①エゼ22:3, 23:45
②エゼ16:20, 21, 36, 20:26
38 ①エゼ5:11, Ⅱ列21:4, 7, レビ19:30
②エゼ22:8
39 ①エレ7:9-11
40 ①エゼ23:16, イザ57:9
②ルツ3:3
③Ⅱ列9:30, エレ4:30
④イザ3:18-23
⑤エゼ16:11-14
41 ①イザ57:7, アモ6:4
②ホセ2:8
42 ①アモ6:5, 6

②エゼ16:11
③エゼ16:12
45 ①エゼ16:38
②エゼ23:37
46 ①エゼ23:24, エレ25:9
47 ①→エゼ16:40
②エゼ23:25, 24:21, Ⅱ歴36:17
③エゼ16:41
48 ①エゼ23:27
49 ①エゼ9:10, 16:58, イザ59:18
②エゼ23:35
③→エゼ6:7

2 ①エゼ16:2
②イザ8:1, 30:8, ハバ2:2
③ Ⅱ列25:1, エレ39:1, 52:4

都会からの者に、荒野からの大酒飲みが加わった。そして、彼らは、彼女たちの腕に腕輪をはめ、頭には、輝かしい冠をかぶせた。
43 そこで、わたしは、姦通で疲れきった彼女について考えた。彼らは今、その女と姦淫をしているのではないかと。
44 彼らは遊女のもとに行くように、彼女のもとに行った。彼らは、みだらな女たち、オホラとオホリバのもとに行った。
45 しかし、正しい人たちは、姦通した女に下す罰と殺人をした女に下す罰で彼らをさばく。彼女たちが姦通し、彼女たちの手が血に染まっているからだ。」
46 まことに神である主はこう仰せられる。「わたしは一つの集団を彼らに向けて攻め上らせ、彼女たちを人々のおののきとし、えじきとする。
47 集団は彼女たちを石で打ち殺し、剣で切り倒し、その息子や娘たちを殺し、その家々を火で焼き払おう。
48 わたしはこの地からみだらな行いをやめさせる。すべての女たちは自分自身を戒めて、あなたがたがしたような、みだらな行いをしなくなる。
49 あなたがたのみだらな行いの報いはあなたがたの上に下り、あなたがたはあなたがたの偶像の罪の罰を負わなければならない。このとき、あなたがたは、わたしが神、主であることを知ろう。」

なべ

24

1 第九年の第十の月の十日、私に次のような主のことばがあった。
2 「人の子よ。この日、ちょうどこの日の日づけを書きしるせ。ちょうどこの日に、バビロンの王がエルサレムに攻め寄せたからだ。

23:35 わたしをあなたのうしろに投げやった 霊的な救いを体験した後に神を敬わないこの世界の価値観や行動や生活様式に戻ることは、主を軽べつしてまるで役に立たないもののように投げ捨てるのと同じである(⇒ヘブ6:1-8、→「**背教**」の項 p.2350)。主イエスに従う人は主を捨てることがあってはならない。むしろ自分の罪のために死んで神との個人的関係を持つ機会を回復させてくださったことをキリストに感謝して愛を示さなければならない。

24:2 この日の日づけを書きしるせ 「この日」とは前588年1月15日のことである。エゼキエルはバビロニヤがエルサレムを包囲し始めたその日にメッセージを受取った。攻撃は約2年間続いて最後にエルサレムは完全に破壊された(→Ⅱ列25:、Ⅱ歴36:)。

3 あなたは、反逆の家に一つのたとえを語って言え。
　＊神である主はこう仰せられる。
　　なべを火にかけ、
　　これを据え、水をこれに注ぎ入れよ。
4 これに肉の切れ、
　　ももと肩の良い肉の切れを
　　みないっしょに入れ、
　　えり抜きの骨でこれを満たせ。
5 えり抜きの羊を取れ。
　　なべの下には、まきを積み、よく沸騰させて、
　　その中の骨も煮よ。
6 それゆえ、神である主はこう仰せられる。
　　ああ。
　　流血の町、さびついているなべ。
　　そのさびは落とせない。
　　一切れずつそれを取り出せ。
　　くじで引いてはならない。
7 彼女の血はまだ、そこにある。
　　彼女はそれを裸岩の上に流し、
　　地面にそれを流さず、
　　これに土をかぶせようともしなかった。
8 わたしは、憤りをつのらせ、
　　復讐するため、その血を裸岩の上に流させて、
　　＊これに土をかぶせなかった。
9 それゆえ、神である主はこう仰せられる。
　　ああ。流血の町。
　　わたしもこれにたきぎを積み上げよう。
10 まきをふやし、火を燃え立たせ、

3 ①エゼ2:3,
　イザ1:2, 30:1, 9
　②エゼ17:2, 20:49,
　詩78:2
　＊エゼ24:3, 6, 9, 14, 21,
　24「神」の子音字は
　「主」
4 ①エゼ11:3, 7, 11, 24:6
　②エゼ11:3, 11
5 ①エゼ24:10
6 ①エゼ24:7
　②エゼ22:2, 24:9,
　Ⅱ列24:4, ミカ7:2
　③エゼ24:3
　④エゼ24:13
　⑤ヨエ3:3, オバ11,
　ナホ3:10
7 ①エゼ22:3, 23:37,
　ミカ7:2
　②レビ17:13
8 ＊「土を」は補足
　①イザ26:21
9 ①エゼ24:6
　②エゼ24:5

10 ①エゼ24:5
11 ①エゼ22:15
12 ①エレ6:28-30, 9:5
13 ①エゼ23:36-48, 24:11
　②エゼ5:13, 8:18
14 ①民11:23, 申33:9,
　イザ55:11
　②エゼ5:11, エレ13:14
　③エゼ18:30
16 ①エゼ16:2
　②エゼ24:18
　③エゼ16:5, 22:10
17 ①詩39:9
　②レビ21:10, 11
　③エゼ24:23
　④エゼ24:22
　⑤エレ16:7

　　肉をよく煮、味をつけ、骨も燃やせ。
11 なべをからにして炭火にかけ、
　　その青銅を熱くして、その中の汚れを溶かし、
　　さびがなくなるようにせよ。
12 しかし、その骨折りはむだだった。そのひどいさびはそれから落ちず、そのさびは、なお、火の中にあった。
13 あなたのみだらな汚れを見て、わたしはあなたをきよめようとしたが、あなたはきよくなろうともしなかった。それでわたしがあなたに対するわたしの憤りを静めるまで、あなたは決してきよめられない。
14 主であるわたしは言った。それは必ず起こる。わたしはそれを行って、なおざりにせず、惜しまず、思い直しもしない。あなたの行いや、わざにしたがって、あなたをさばく。——神である主の御告げ——」

エゼキエルの妻の死
15 次のような主のことばが私にあった。
16「人の子よ。見よ。わたしは一打ちで、あなたの愛する者を取り去る。嘆くな。泣くな。涙を流すな。
17 声をたてずに悲しめ。死んだ者のために喪に服するな。頭に布を巻きつけ、足にサンダルをはけ。口ひげをおおってはならない。人々からのパンを食べてはならない。」
18 その朝、私は民に語ったが、夕方、私の妻が死んだ。翌朝、私は命じられたとおりにした。

24:3-12　なべを火にかけ　神は背いている人々に伝えるようにエゼキエルにたとえ（教訓を教えたり要点を伝えるための例を用いた短い話）を与えられた。エルサレムはなべで住民は肉切れやえり抜きの骨のようである。バビロニヤ人は肉も骨も全部食べてしまう。なべが空になるとさばきの火によって青銅が熱くなり汚れが焼き尽されるまで完全にきよめられる（24:11）。

24:13　・・・まで、あなたは決してきよめられない　エルサレムは自分の汚れが神によってきよめられるのを拒んだため、さばきを受けなければならない。同じように神の御子を拒む人はみな終りのときに神の怒り（当然な怒りとさばき）に遭う。この世界を罪から最終的にきよめるのは神のさばきだけである（黙5:-22:）。

24:16　あなたの愛する者　神はエゼキエルに、心から愛した妻を失うことになるけれどもその死を公に悲しんだり、一般的な喪の慣習に従ったりしてはいけないと言われた。けれどもこの命令で神は妻の死を個人的に悲しむことまで禁止してはおられない。エゼキエルが悲しみを外に表せないということは、エルサレムの人々が自分たちの損害を悲しんではいけないというしるしだった。エルサレムと神殿の崩壊はあまりにもひどく、人々はたとい生きていたとしても悲しみをどう表してよいかわからないほどである。

24:18　私は命じられたとおりにした　エゼキエルにとってこの情況で神に従うことは、預言者として非常に厳しいことだったと思われる。妻を失う大きな悲しみを体験しながら、なお背く人々に来る日も来る日も預言をし続けなければならなかった。妻を失ってエゼ

19 すると、民は私に尋ねた。「あなたがしていることは、私たちにとってどんな意味があるのか、説明してくれませんか。」
20 そこで、私は彼らに答えた。「次のような主のことばが私にあった。
21 『神である主がこう仰せられるとイスラエルの家に言え。見よ。わたしは、あなたがたの力の誇りであり、あなたがたが愛し、心に慕っているわたしの聖所を、汚す。あなたがたが見捨てた息子や娘たちは剣で倒される。
22 あなたがたは私がするとおりすることになる。あなたがたは自分の口ひげをおおわず、人々からのパンを食べなくなる。
23 頭に布を巻きつけ、足にサンダルをはき、嘆いたり泣いたりしないようになる。ただ、自分たちの咎のために朽ち果て、互いに嘆き合うようになる。
24 エゼキエルはあなたがたのためのしるしとなり、彼がしたとおりを、あなたがたもするようになる。このとき、あなたがたは、わたしが神、主であることを知ろう。
25 人の子よ。わたしが、彼らの力とするもの、栄えに満ちた喜び、愛するもの、心に慕うもの、彼らの息子や娘たちを取り去る日、
26 その日、のがれた者が、この知らせを告げにあなたのもとにやって来る。
27 その日、あなたののがれて来た者に口を開いて言え。もう黙っていてはならない。あなたが彼らのしるしとなるとき、彼らは、わたしが主であることを知ろう。』」

19 ①エゼ12:9, 37:18
21 ①エゼ24:16
   ②エゼ7:24, 詩74:7,
   79:1, エレ7:14, 哀2:6,7
   ③エゼ23:25, 47,
   エレ16:3, 4
22 ①エゼ24:17
23 ①エゼ24:17
   ②エゼ4:17, 33:10
24 ①エゼ12:6
   ②→エゼ6:7
25 ①エゼ24:21
   ②エゼ24:16, 21
   ③申28:32,
   エレ11:21, 52:10
26 ①エゼ33:21
27 ①エゼ3:26, 27, 29:21,
   33:22, ②エゼ24:24

2 ①エゼ25:2-7,
   エゼ21:28-32,
   エレ49:1-6,
   アモ1:13-15,
   ゼパ2:8-11
   ②エゼ16:2
3 ①エゼ4:3
   ②エゼ21:20, 創19:38,
   民21:24, エレ27:3
3 *エゼ25:3, 6, 8, 12-16
   「神」の子音字は|主|
   ①エゼ2:36:2
4 ①士6:3, 33, Ⅰ列4:30
   ②エゼ21:31
   ③申28:33, 51, イザ1:7
5 ①エゼ21:20
   ②イザ17:2
6 ①エゼ25:7, 11, 17,
   26:6, 28:22-24, 26,
   29:6, 9, 16, 21, 30:8, 19,
   25, 26, 32:15, 33:29,
   34:27, 30, 35:4, 9, 12,
   15, 36:11, 23, 38, 37:6,
   13, 14, 28, 38:23, 39:6,
   7, 22, 28, →エゼ6:7
7 ①ヨブ27:23, 哀2:15,
   ナホ3:19, →エゼ6:11
   ②エゼ25:13, オバ12
7 ①エゼ25:13, 16, 35:3
   ②エゼ26:5, イザ33:4
8 ①エゼ25:8-11,
   イザ15, 16章, 25:10-12,
   エレ48章,
   アモ2:1-3, ゼパ2:8-11
   ②イザ11:14, エレ9:26,
   創19:37, 36:35,
   出15:15, イザ15:1,
   エゼ35:2, 創14:6,
   申2:4
   ③イザ36:18-20

アモンに対する預言

25 ¹次のような主のことばが私にあった。
² 「人の子よ。顔をアモン人に向け、彼らに預言せよ。
³ あなたはアモン人に言え。神である主のことばを聞け。神である主はこう仰せられる。わたしの聖所が汚されたとき、イスラエルの地が荒れ果てたとき、ユダの家が捕囚となって行ったとき、あなたは、あはは、と言ってあざけった。
⁴ それゆえ、わたしは、あなたを東の人々に渡して、彼らの所有とする。彼らはあなたのうちに宿営を張り、あなたのうちに住まいを作り、あなたの産物を食べ、あなたの乳を飲むようになる。
⁵ わたしがラバを、らくだの牧場とし、アモン人の地を羊のおりとするとき、あなたがたは、わたしが主であることを知ろう。
⁶ まことに、神である主はこう仰せられる。あなたは手を打ち、足を踏み鳴らし、イスラエルの地を心の底からあざけって喜んだ。
⁷ それゆえ、わたしは、あなたに手を伸ばし、異邦の民にあなたをえじきとして与え、あなたを国々の民の中から断ち滅ぼし、国々の間から消えうせさせる。このとき、あなたは、わたしが主であることを知ろう。

モアブに対する預言

⁸ 神である主はこう仰せられる。モアブとセイルは、『見よ、ユダの家は異邦の民と変わらない』と言った。
⁹ それゆえ、わたしは、モアブの山地の

キエルは神の苦しみを理解した。神はご自分の民と町と神殿を失おうとしていたのである。新約聖書のキリスト者にもキリストの苦しみを共有することが求められている(→Ⅱコリ1:7, 4:10-11)。

25:1-32:32 顔を・・・向け この部分には神とその命令と神の民に敵対する七つの国に対する預言が書かれている。この8章の中でエゼキエルは国々はみな神の前に申し開きをする責任があること、また世界のどんな強国も神の救いの計画を壊したり邪魔したりできないことを明らかにしている。神を敬わない世界の勢力が勝利を収めているように見えるときがある。けれども神があらゆる悪をさばき、邪悪な国々をみな滅ぼし、忠実な人々を霊的救いに含まれるあらゆる恩恵をもって祝福してくださる日が必ず来る。

25:2-3 アモン人 アモン人はイスラエルの東に住んでいた人々である。神はこの人々がエルサレムの陥落と神殿の崩壊を喜んだのでさばかれた。

25:4 東の人々 これはバビロニヤ軍を指していると思われる。

25:8 異邦の民と変わらない モアブ人はイスラエルの神もほかの国々の「神々」と同じだと考えていたので、さばかれるとエゼキエルは預言した(⇒25:11)。この態度はその後の歴史の中であらゆる人々の間に受継がれている。その主張は宗教はみな同じで同じよう

町々、その国の誉れであるベテ・ハエシモテ、バアル・メオン、キルヤタイムの町々をことごとくあけ放ち、
10 アモン人といっしょに、東の人々に渡して、その所有とし、諸国の民の間でアモン人が記憶されないようにする。
11 わたしがモアブにさばきを下すとき、彼らは、わたしが主であることを知ろう。

エドムに対する預言

12 神である主はこう仰せられる。エドムはユダの家に復讐を企て、罪を犯し続け、復讐をした。
13 それゆえ、神である主はこう仰せられる。わたしはエドムに手を伸ばし、そこから人も獣も断ち滅ぼし、そこを廃墟にする。テマンからデダンに至るまで人々は剣で倒される。
14 わたしは、わたしの民イスラエルの手によってエドムに復讐する。わたしの怒りと憤りのままに彼らがエドムに事を行うとき、エドムは、わたしが復讐するということを知る。──神である主の御告げ──

ペリシテに対する預言

15 神である主はこう仰せられる。ペリシテ人は、復讐を企て、心の底からあざけって、ひどい復讐をし、いつまでも敵意をもって滅ぼそうとした。
16 それゆえ神である主はこう仰せられる。見よ。わたしは、ペリシテ人に手を伸ばし、ケレテ人を断ち滅ぼし、海辺の残った者を消えうせさせる。
17 わたしは憤って彼らを責め、ひどい復讐をする。彼らは、わたしが彼らに復讐するとき、わたしが主であることを知ろう。」

ツロに対する預言

26 1 第十一年のその月の一日、私に次のような主のことばがあった。
2 「人の子よ。ツロはエルサレムについて、『あはは。
国々の民の門はこわされ、私に明け渡された。
私は豊かになり、
エルサレムは廃墟となった』と言ってあざけった。
3 それゆえ、神である主はこう仰せられる。
ツロよ、わたしはおまえに立ち向かう。
海の波が打ち寄せるように、
多くの国々をおまえに向けて攻め上らせる。
4 彼らはツロの城壁を破壊し、
そのやぐらをくつがえす。
わたしはそのちりを払い去って、
そこを裸岩にする。
5 ツロは海の中の網を引く場所となる。
わたしが語ったからだ。
──神である主の御告げ──
ツロは諸国のえじきとなり、
6 畑にいる娘たちも剣で殺される。
このとき、彼らはわたしが主であることを知ろう。
7 まことに、神である主はこう仰せられる。
見よ。わたしは、
王の王、バビロンの王ネブカデレザルを、
馬、戦車、騎兵をもって
多くの民の集団とともに、
北からツロに連れて来る。
8 彼は畑にいる娘たちを剣で殺し、
おまえに向かって塁を築き、塹壕を掘り、

25:12　復讐　エドム人はイスラエルを激しく憎んでいるために罰せられる。

26:2　ツロ　ツロはフェニキヤの首都でナザレの北西およそ100キロの地中海岸にあった。町の一部は島で、残りの部分はレバノン山脈のふもとの沿岸地帯だった。ツロはエルサレムの滅亡を喜んだ。それは貿易の競争相手であるユダが利益を失い、自分たちが経済的に得をすると考えたからである。自分たちの富だけを求めてほかの人々の苦しみを考えないので、ツロは神のさばきを受けることになる(→イザ23:)。そして最終的にはバビロニヤ、次にペルシヤ、そしてアレキサンドロス大王が率いるギリシヤ(前332)など「多くの国々」(26:3)の政治的支配を受けることになった。

（……に正しい真理を教えているというものである。その人々にとっては、主イエスだけが神と霊的救いに近付く道であると主張するキリスト者は無知であり考えが狭いと見えるのである。）

エゼキエル書　26-27章

大盾を立て、
9 ①城壁くずしをおまえの城壁に向けて配置し、
やぐらを斧で取りこわす。
10 その馬の大群の土煙はおまえをおおう。
彼が城門に入るとき、
打ち破られた町に入る者のように、
騎兵と、車両と、戦車の響きに、
おまえの城壁は震え上がる。
11 彼は、馬のひづめで、
おまえのちまたをすべて踏みにじり、
剣でおまえの民を殺し、
おまえの力強い柱を地に倒す。
12 おまえの財宝は略奪され、
②商品はかすめ奪われ、城壁はくつがえされ、
住みごこちのよい家は取りこわされ、
石や、木や、ちりまでも、水の中に投げ込まれる。
13 わたしはおまえの騒がしい歌をやめさせる。
①おまえの立琴の音ももう聞かれない。
14 わたしはおまえを裸岩とする。
おまえは網を引く場所となり、
二度と建て直されない。
①主であるわたしが語ったからだ。
──神である主の御告げ──
15 神である主はツロにこう仰せられる。
刺された者がうめき、おまえの中で虐殺が続けられ、おまえがくずれ落ちるとき、その響きに、島々は身震いしないだろうか。
16 海辺の君主たちはみな、その王座をおり、上着を脱ぎ、あや織りの着物を脱ぎ、恐れを身にまとい、地面にすわり、身震いしながら、おまえのことでおののき、
17 おまえについて、①哀歌を唱えて言う。
海に住む者よ。
おまえはどうして海から消えうせたのか。
海で強くなり、ほめはやされた町よ。
すべての住民を恐れさせたその町と

9 ①エゼ21:22
10 ①エレ4:13, 47:3
　②エゼ26:15, 27:28
11 ①ハバ1:8
12 ①エゼ26:5
　②エゼ27:3-27
　③エゼ26:4
　④エゼ27:27
13 ①イザ24:9, アモ5:23
　②イザ24:8
14 ①エゼ26:5
　②エゼ26:5
　③ヨブ12:14
　④イザ14:27
15 ①エゼ26:18, 27:28, 31:16
16 ①エゼ27:35
　②ヨナ3:6
　③エゼ32:10
17 ①エゼ19:1, 27:2, 32, 28:12, 32:2, 16
　②エレ48:39
　③エゼ27:3

18 ①エゼ26:15
　②イザ23:5-7, 41:5
20 ①エゼ31:14, 32:18, 詩88:4, イザ14:9, 10
　②エゼ32:24, アモ9:2, ヨナ2:2
　③エゼ32:23-27, 32, →イザ38:11
21 ①エゼ26:15, 16, 27:36, 28:19
　②エゼ26:14, 27:36

2 ①エゼ16:2
　②エゼ26:17
3 ①エゼ26:17
　②エゼ27:33
　＊子音字は「主」
　③エゼ28:12
4 ①エゼ27:25-27, 32, 28:2, 8
5 ①申3:9, Ⅰ歴5:23, 雅4:8
　②イザ2:13, ゼカ11:1
6 ①民21:33, エレ22:20
　②イザ2:13, ゼカ11:2
　③創10:4, エレ2:10

の住民よ。
18 今、島々はおまえがくずれ落ちる日に身震いし、
②海沿いの島々は
おまえの最期を見ておびえている。
19 まことに、神である主はこう仰せられる。わたしがおまえを廃墟の町とし、住む者のない町々のようにするとき、深淵をおまえの上にわき上がらせ、大水がおまえをおおうとき、
20 ①わたしがおまえを穴に下る者たちとともに昔の民のもとに下らせるとき、わたしはおまえを穴に下る者たちとともに、昔から廃墟であったような②地下の国に住ませる。わたしが誉れを与える生ける者の地におまえが住めないようにするためだ。
21 わたしはおまえを恐怖とする。おまえはもう存在しなくなり、人がおまえを尋ねても、永久におまえを見つけることはない。──神である主の御告げ──」

ツロへの哀歌

27 1 次のような主のことばが私にあった。
2 「①人の子よ。ツロについて、②哀歌を唱えよ。
3 あなたはツロに言え。
海の出入口に住み、
多くの島々の民と取り引きをする者よ。
＊神である主はこう仰せられる。

ツロよ。
『私は全く美しい』とおまえは言った。
4 おまえの領土は海の真ん中にあり、
おまえを築いた者は、
おまえを全く美しく仕上げた。
5 彼らはセニルのもみの木で
おまえのすべての船板を作り、
②レバノンの杉を使って、おまえの帆柱を作った。
6 バシャンの樫の木でおまえのかいを作り、
キティムの島々の檜に象牙をはめ込

27:1-36　ツロについて、哀歌を　ツロには商船の大船団があった。27章には商品や財宝を多くの国に運ぶ立派な美しい船の姿が描かれている。けれども神のさばきによって船は粉々になり、多くの人が嘆くことになる。この章と神が世界の商業の中心地を破壊される黙示録18章を比較するとよい（→黙18:2-9各注）。

んで、
おまえの甲板を作った。

7 エジプトのあや織りの亜麻布が、
おまえの帆であり、
おまえの旗じるしであった。
エリシャの島々からの青色と紫色の布が、
おまえのおおいであった。

8 シドンとアルワデの住民が、
おまえのこぎ手であった。
ツロよ。おまえのうちの熟練者が、
おまえの船員であった。

9 ゲバルの長老と、その熟練者が
おまえのうちにあって、破損を修理し、
海のすべての船とその水夫たちが、
おまえのうちにあって、おまえの商品を商った。

10 ペルシヤ、ルデ、プテの人々は、
おまえの軍隊の戦士であり、
おまえに盾とかぶとを掛け、
彼らはおまえに輝きを添えた。

11 アルワデとヘレクの人々はおまえの回りの城壁の上に、また、ガマデ人はおまえのやぐらの中にいて、回りの城壁に丸い小盾を掛け、おまえを全く美しくした。

12 タルシシュは、おまえがあらゆる財宝に豊かであったので、おまえと商いをし、銀、鉄、すず、鉛を、おまえの品物と交換した。

13 ヤワン、トバル、メシェクはおまえと取り引きをし、人材と青銅の器具とをおまえの商品と交換した。

14 ベテ・トガルマは馬、軍馬、騾馬を、おまえの品物と交換した。

15 デダン人はおまえと取り引きをし、多くの島々はおまえの支配する市場であり、彼らは象牙と黒檀とをおまえにみつぎとして持って来た。

16 アラムは、おまえの製品が豊かであったので、おまえと商いをし、トルコ玉、紫色の布、あや織り物、白亜麻布、さんご、ルビーを、おまえの品物と交換した。

17 ユダとイスラエルの地もおまえと取り引きをし、ミニテの小麦、いちじく、蜜、香油、乳香を、おまえの商品と交換した。

18 ダマスコも、おまえの製品が多く、あらゆる財宝が豊かなので、ヘルボンのぶどう酒と、ツァハルの羊毛でおまえと商いをした。

19 ダンとヤワンもおまえの品物と交換した。その商品の中には、ウザルからの銑鉄、桂枝、菖蒲があった。

20 デダンは鞍に敷く織り布でおまえと取り引きをした。

21 アラビヤ人と、ケダルの君主たちもみな、おまえの御用商人であり、子羊、雄羊、やぎの商いをした。

22 シェバとラマの商人たちはおまえと取り引きをし、あらゆる上等の香料、宝石、金を、おまえの品物と交換した。

23 ハラン、カネ、エデン、それにシェバの商人たち、アッシリヤとキルマデはおまえと取り引きをした。

24 彼らは豪華な衣服や、青色の着物、あや織り物、多彩な敷き物、堅く撚った綱とおまえの商品とをもっておまえと取り引きをした。

25 タルシシュの船がおまえの品物を運んだ。
おまえは海の真ん中で富み、
大いに栄えた。

26 おまえのこぎ手はおまえを大海原に連れ出し、
東風は海の真ん中でおまえを打ち破った。

27 おまえのくずれ落ちる日に、
おまえの財宝、貨物、商品、
おまえの水夫、船員、修繕工、
おまえの商品を商う者、
おまえの中にいるすべての戦士、
おまえの中にいる全集団も、
海の真ん中に沈んでしまう。

28 おまえの船員の叫び声に海辺は身震いする。

29 かいを取る者、水夫、海の船員はみな、
船から降りて陸に立ち、

30 おまえのために大声をあげて激しく泣き、
頭にちりを振りかけ、灰の中をころび回る。

31 彼らはおまえのために頭をそり、
荒布をまとい、おまえのために心を痛

---

7 ①創10:4
②出25:4, エレ10:9
8 ①エゼ27:11, 創10:18, Ⅰ歴1:16
②Ⅰ列9:27
9 ①Ⅰ列5:18
②エゼ27:27
10 ①エゼ38:5
②エゼ30:5, イザ66:19
③雅4:4
11 ①エゼ27:8
12 ①エゼ27:25, 38:13, Ⅱ歴20:36
①エゼ27:16, 18, 33
13 ①創10:2, イザ66:19
②エゼ32:26, 38:2, 39:1, 創10:2
③ヨエ3:3
14 ①エゼ38:6, 創10:3
15 ①エゼ27:20, 38:13, 25:13, 創10:7, イザ21:13
②Ⅰ列10:22
③詩72:10
16 ①エゼ16:57, イザ7:1
 *幾つかの写本は「エドム」
②エゼ28:13, 出28:18, 39:11
③エゼ16:13
④エゼ27:12, 33
17 ①士11:33
 *少数の写本による
 「パナグ」語意不明確
18 ①エゼ47:16-18, 創14:15, イザ7:8, エレ49:23

②エゼ27:12, 33
20 ①エゼ27:15
21 ①エレ25:24
②創25:13, 雅1:5, イザ21:16, 17, 60:7, エゼ27:28
22 ①エゼ38:13, 創10:7, Ⅰ列10:1, 詩72:10, 15, イザ60:6
②創10:7
③Ⅰ列10:2
23 ①創11:31, 12:4, Ⅱ列19:12, イザ37:12
②エゼ31:16, Ⅱ列19:12, イザ37:12
③エゼ32:22, ホセ14:3
25 ①エゼ27:12, 詩48:7, イザ2:16, 23:14
②エゼ27:4
26 ①詩48:7, エレ18:17
27 ①エゼ27:13
②エゼ27:9
③エゼ27:8
④エゼ27:10
⑤エゼ27:12, 19, 27:34
28 *あるいは「牧草地」
①エゼ26:10, 15, 18
30 ①エゼ27:8:6
②Ⅰサム4:12, Ⅱサム1:2, ヨブ2:12, 哀2:10, 黙18:19
③エス4:1, 3, エレ6:26, ヨナ3:6
31 ①イザ15:2, ミカ1:16
②イザ7:18, イザ22:12

エゼキエル書 27–28章

32 泣き声をあげて哀歌を唱え、
おまえのために悲しんで歌う。
だれかツロのように海の真ん中で
滅ぼされたものがあろうか。
33 おまえの貨物が陸揚げされると、
おまえは多くの国々の民を満ち足らせ、
その豊かな財宝と商品で
地の王たちを富ませた。
34 おまえが海で打ち破られたとき、
おまえの商品、全集団は、
おまえとともに海の深みに沈んでしまった。
35 島々の住民はすべて
おまえのことでおぞ気立ち、
その王たちはひどく恐れて、あわてふためいた。
36 国々の民の商人たちはおまえをあざけり、
おまえは恐怖となり、
とこしえになくなってしまう。」

ツロの君主に対する預言

28 1 次のような主のことばが私にあった。
2 「人の子よ。ツロの君主に言え。
神である主はこう仰せられる。
あなたは心高ぶり、『私は神だ。
海の真ん中で神の座に着いている』と言った。
あなたは自分の心を神のようにみなしたが、
あなたは人であって、神ではない。
3 あなたはダニエルよりも知恵があり、
どんな秘密もあなたに隠されていない。
4 あなたは自分の知恵と英知によって財宝を積み、
金や銀を宝物倉にたくわえた。
5 商いに多くの知恵を使って財宝をふやし、
あなたの心は、財宝で高ぶった。
6 それゆえ、神である主はこう仰せられる。
あなたは自分の心を神の心のようにみなした。
7 それゆえ、他国人、最も横暴な異邦の民を
連れて来て、
あなたを攻めさせる。
彼らはあなたの美しい知恵に向かって剣を抜き、
あなたの輝きを汚し、
8 あなたを穴に投げ入れる。
あなたは海の真ん中で、
刺し殺される者の死を遂げる。
9 それでもあなたは、自分を殺す者の前で、
『私は神だ』と言うのか。
あなたは人であって、神ではない。
あなたはあなたを刺し殺す者たちの手の中にある。
10 あなたは異邦人の手によって
割礼を受けていない者の死を遂げる。
わたしがこれを語ったからだ。
――神である主の御告げ――」
11 次のような主のことばが私にあった。
12 「人の子よ。ツロの王について哀歌を唱えて、
彼に言え。
神である主はこう仰せられる。
あなたは全きものの典型であった。

---

31 ③イザ22:4
32 ①エゼ26:17
②エゼ26:4, 5
＊直訳「沈黙させられたもの」
33 ①エゼ27:3
②エゼ27:12, 16, 18, 28:4, 5
34 ①エゼ27:26
②エゼ27:27
35 ①エゼ32:10
②エゼ26:16
36 ①エゼ18:16, 19:8, 49:17, ゼパ2:15
②エゼ26:21
③エゼ26:21, 28:19, 詩37:10, 36

2 ①エゼ16:2
＊エゼ28:2, 6, 10, 12, 22, 24, 25「神である主」「神、主」の「神」の子音字は「主」
①エゼ28:9, イザ14:13, 14, Ⅱテサ2:4
②エゼ27:4
③エゼ28:6
④エゼ28:9, イザ31:3
3 ①エゼ14:4, ダニ1:17, 20, 2:23, 5:11, 12
②エゼ28:12
③ダニ2:22, 28

4 ①エゼ27:33
②ゼカ9:3
5 ①エゼ27:12-24
6 ①エゼ28:2
7 ①エゼ28:2, 17, 詩52:7
①エゼ30:11, 31:12, 32:12, ダニ5:19, ハバ1:6-11
②エゼ26:7
③エゼ28:17
8 ①エゼ32:30
②エゼ27:26, 27, 34
9 ①エゼ28:2
②エゼ28:2
10 ①エゼ31:18, 32:19, Ⅰサム17:36
12 ①エゼ26:17

28:1-10 ツロの君主 ツロの君主の罪の根本は、自分を神であるかのように高めていった高慢である。そのために神のさばきを受けてむごたらしい死によって倒されることになる（28:8）。今日でも自分は神である、あるいは神になりつつあると信じている人々がいる。こうした考えにだまされ、またほかの人々もだまそうとしている人々は、ツロの君主と同じ失敗をすることになる。

28:12 ツロの王 エゼキエルの預言のこの部分では、ツロと世界の実際の支配者は、ツロの王を通して悪を行っているサタンであることが示唆されている（⇒Ⅰヨハ5:19）。この王はエデンの園を訪れたことがあり（28:13）、「守護者ケルブ」あるいは御使いとともに置かれ（28:14）、ずっと完全な存在だったと描かれている。けれどもそれは不正が見出されるまでのことだった（28:15）。その罪深い高ぶりによって（28:17）、王は神の山から追出され地に投げ出された（28:16-17, ⇒イザ14:13-15）。

知恵に満ち、美の極みであった。
13 あなたは神の園、エデンにいて、
あらゆる宝石があなたをおおっていた。
赤めのう、トパーズ、ダイヤモンド、
緑柱石、しまめのう、碧玉、
サファイヤ、トルコ玉、エメラルド、
あなたのタンバリンと笛とは金で作られ、
これらはあなたが造られた日に整えられていた。
14 * わたしはあなたを
油そそがれた守護者ケルブとともに、
神の聖なる山に置いた。
あなたは火の石の間を歩いていた。
15 あなたの行いは、
あなたが造られた日から
あなたに不正が見いだされるまでは、
完全だった。
16 あなたの商いが繁盛すると、
あなたのうちに暴虐が満ち、
あなたは罪を犯した。
そこで、わたしはあなたを汚れたものとして
神の山から追い出し、
*守護者ケルブが
火の石の間からあなたを消えうせさせた。
17 あなたの心は自分の美しさに高ぶり、
その輝きのために自分の知恵を腐らせた。
そこで、わたしはあなたを地に投げ出し、
王たちの前に見せものとした。
18 あなたは不正な商いで不義を重ね、
あなたの聖所を汚した。
わたしはあなたのうちから火を出し、
あなたを焼き尽くした。
こうして、すべての者が見ている前で、
わたしはあなたを地上の灰とした。
19 国々の民のうちであなたを知る者はみ

12 ②エゼ28:3
 ③エゼ27:3, 詩50:2, 哀2:15
13 ①エゼ31:8, 9, 16, 18, 36:35, 創2:8, 9, 13:10, イザ51:3, ヨエ2:3
 ②エゼ27:22
 ③出28:17-20
 ④エゼ10:9
 ⑤イザ24:8, 30:32
14 * 七十人訳による
〔あなたは油そそがれた守護者ケルブ。わたしはあなたに与えた。あなたは神の山にいて、火の石……〕
 ①エゼ28:16, 出25:18-20
 ②→エゼ20:40
 ③エゼ28:16
15 ①エゼ28:16-18
 ②エゼ27:3, 4
16 ①エゼ26:17, 27:12-24
 ②エゼ8:17, ハバ2:8, 17
 ③→ I 列19:8
 ④創3:24
 *「守護者ケルブが……あなたを」は七十人訳による
〔「守護者ケルブよ。わたしは火の石の間からあなたを」〕
17 ①エゼ27:3, 4
 ②エゼ28:2, 5
 ③イザ14:12
 ④エゼ26:16
18 ①アモ1:10
 ③マラ4:3
19 ①エゼ26:16
 ②エゼ26:21, 27:36
 ③エゼ27:36
21 ①エゼ28:21-23, ヨエ3:4-8, ゼカ9:2
 ②エゼ4:3
 ③エゼ27:8, 32:30, 創10:15, 19, イザ23:2, 4, 12, エレ25:22, 27:3, マタ11:21, 22, ルカ10:13, 14
22 ①エゼ39:13
 ②エゼ28:26
 ③エゼ20:41
 ⑤→エゼ25:5
23 ①エゼ5:17, 38:22
24 ①エゼ2:6, 民33:55, イザ55:13
 ②エゼ25:6, 36:5
 ③ヨシ23:13
25 ①エゼ11:17
 ②エゼ20:41
 ③エゼ37:25, イザ41:8
26 ①エゼ34:25-28, 38:8, エレ23:6, ②イザ65:21, エレ32:15, アモ9:13, 14
 ③→エレ12:10
 ④エゼ28:24
 ⑤エゼ28:22

な、
あなたのことでおののいた。
あなたは恐怖となり、
とこしえになくなってしまう。」

シドンに対する預言
20 次のような主のことばが私にあった。
21「人の子よ。顔をシドンに向け、それに預言して、
22 言え。
神である主はこう仰せられる。
シドンよ。わたしはおまえに立ち向かい、
おまえのうちでわたしの栄光を現す。
わたしがシドンにさばきを下し、
わたしの聖なることをそこに示すとき、
彼らは、わたしが主であることを知ろう。
23 わたしはそこに疫病を送り込む。
そのちまたには血が流れ、
四方から攻める剣のため、
刺し殺された者がその中に倒れる。
このとき、彼らはわたしが主であることを知ろう。
24 イスラエルの家にとって、突き刺すいばらも、
その回りから彼らに痛みを与え、
侮るとげもなくなるとき、彼らは、わたしが神、主であることを知ろう。
25 神である主はこう仰せられる。わたしがイスラエルの家を、散らされていた国々の民の中から集めるとき、わたしは諸国の民の目の前で、わたしの聖なることを示そう。彼らは、わたしがわたしのしもべヤコブに与えた土地に住みつこう。
26 彼らはそこに安らかに住み、家々を建て、ぶどう畑を作る。彼らは安らかにそこに住みつこう。回りで彼らを侮るすべての者にわたしがさばきを下すとき、彼らは、わたしが彼らの神、主であることを知ろう。」

28:25 イスラエルの家を・・・集める エゼキエルはイスラエルが回復されるという神の約束をしばしば強調している(11:17, 20:34, 41-42, 34:13, 36:24, 37:21, 38:8, 39:27)。けれどもイスラエルの回復は終わりのときに神があらゆる国にさばきを下されるまで完全には実現しない。イスラエルを集めて忠実に仕えさせることによって神はご自分があわれみ深く、聖い、最高の神(思い通りに行う力と権威を持つ)であること、そしてご自分の目的をみな世界で達成されることを具体的に示されるのである(創12:7, 26:3, 35:12)。

エジプトに対する預言

29 1 第十年の第十の月の十二日、私に次のような主のことばがあった。2「人の子よ。顔をエジプトの王パロに向け、彼およびエジプト全体に預言し、3 こう語って言え。

神である主はこう仰せられる。
エジプトの王パロよ。
わたしはあなたに立ち向かう。
あなたは、
　自分の川の中に横たわる大きなわにで、
『川は私のもの。
私がこれを造った』と言っている。
4 わたしはあなたのあごに鉤をかけ、
あなたの川の魚をあなたのうろこにつけ、
あなたと、
あなたのうろこについている川のすべての魚とを
川の中から引き上げる。
5 あなたとあなたの川のすべての魚とを
荒野に投げ捨てる。
あなたは野原に倒れ、
集められず、葬られることもない。
わたしはあなたを
地の獣と空の鳥のえじきとするとき、
6 エジプトの住民はみな、
わたしが主であることを知ろう。
彼らが、イスラエルの家に対して、
葦の杖にすぎなかったからだ。
7 彼らがあなたの手をつかむと、
あなたは折れ、彼らのすべての肩を砕いた。
彼らがあなたに寄りかかると、
あなたは折れ、彼らのすべての腰をいためた。

8 それゆえ、神である主はこう仰せられる。わたしは剣を送ってあなたを攻め、人も獣も、あなたのうちから断ち滅ぼす。

9 エジプトの地は荒れ果てて廃墟となる。このとき、彼らは、わたしが主であることを知ろう。それは彼が、『川は私のもの。私がこれを造った』と言ったからだ。10 それゆえ、わたしは、あなたにもあなたの川にも立ち向かい、エジプトの地を、ミグドルからセベネ、さらにクシュの国境に至るまで、荒れ果てさせて廃墟にする。11 人の足もそこを通らず、獣の足もそこを通らず、四十年の間だれも住まなくなる。12 わたしはエジプトの地を、荒れ果てた国々の間で荒れ果てさせ、その町々も四十年の間、廃墟となった町々の間で荒れ果てる。わたしはエジプト人を諸国の民の中に散らし、国々に追い散らす。

13 まことに、神である主はこう仰せられる。四十年の終わりになって、わたしはエジプト人を、散らされていた国々の民の中から集め、14 エジプトの繁栄を元どおりにする。彼らをその出身地パテロスの地に帰らせる。彼らはそこで、取るに足りない王国となる。15 どの王国にも劣り、二度と諸国の民の上にぬきんでることはない。彼らが諸国の民を支配しないように、わたしは彼らを小さくする。16 イスラエルの家は、これに助けを求めるとき、咎を思い起こして、もう、これを頼みとしなくなる。このとき、彼らは、わたしが神、主であることを知ろう。」

17 第二十七年の第一の月の一日、私に次のような主のことばがあった。18「人の子よ。バビロンの王ネブカデレザルはツロ攻撃に自分の軍隊を大いに働かせた。それで、みなの頭ははげ、みなの肩はすりむけた。それなのに、彼にも彼の軍隊にも、ツロ攻撃に働いた報いは何もなかった。19 それゆえ、神である主はこう仰せられる。わたしはバビロンの王ネブカデレザル

29:1-32:32 エジプト この部分にはエジプトに対する七つのさばきの預言がある。それはエジプトが多くの神々を拝み、自分の強さを誇らしげに自慢する大国だったからである。

29:8 剣を送ってあなたを攻め 神はバビロニヤの王であるネブカデレザルを送って、エジプトを「どの王国にも劣」る国に弱体化される（29:15, ⇒29:19-20）。バビロニヤは前572年と568年にエジプトを攻

にエジプトの地を与えよう。彼はその富を取り上げ、物を分捕り、獲物をかすめ奪う。それが彼の軍隊への報いとなる。²⁰彼が働いた報酬として、わたしは彼にエジプトの地を与える。彼らがわたしのために働いたからだ。──神である主の御告げ──

²¹その日、わたしはイスラエルの家のために、一つの角を生えさせ、彼らの間であなたに口を開かせる。このとき彼らは、わたしが主であることを知ろう。」

エジプトへの哀歌

30 ¹次のような主のことばが私にあった。

² 「人の子よ。預言して言え。
    神である主はこう仰せられる。
    泣きわめけ。ああ、その日よ。
³ その日は近い。主の日は近い。
    その日は曇った日、諸国の民の終わりの時だ。
⁴ 剣がエジプトに下り、
    刺し殺される者がエジプトで倒れ、
    その富は奪われ、
    その基がくつがえされるとき、
    クシュには苦痛が起きる。
⁵ クシュ、プテ、ルデ、アラビヤ全体、クブ、彼らの同盟国の人々も、彼らとともに剣に倒れる。
⁶ 主はこう仰せられる。
    エジプトをささえる者は倒れ、
    その力強い誇りは見下げられ、
    ミグドルからセベネに至るまで
    みな剣に倒れる。
    ──神である主の御告げ──
⁷ エジプトは荒れ果てた国々の間で荒れ果て、
    その町々も、
    廃墟となった町々の間にあって荒れ果てる。
⁸ わたしがエジプトに火をつけ、
    これを助ける者たちがみな滅ぼされる

とき、
彼らは、わたしが主であることを知ろう。

⁹ その日、わたしのもとから使者たちが船で送り出され、安心しているクシュ人をおののかせる。エジプトの日に、彼らの間に苦痛が起きる。今、その日が来ている。

¹⁰ 神である主はこう仰せられる。
    わたしはバビロンの王ネブカデレザルによって、
    エジプトの富を取り除く。
¹¹ 彼と、彼の民、すなわち、最も横暴な異邦の民が
    その地を滅ぼすために遣わされる。
    彼らは剣を抜いてエジプトを攻め、
    その地を刺し殺された者で満たす。
¹² わたしはナイル川を干上がった地とし、
    その国を悪人どもの手に売り、
    他国人の手によって、
    その国とそこにあるすべての物を
    荒れ果てさせる。
    主であるわたしがこれを語る。
¹³ 神である主はこう仰せられる。
    わたしは偶像を打ちこわし、
    ノフから偽りの神々を取り除く。
    エジプトの国には、もう君主が立たなくなる。
    わたしはエジプトの地に恐怖を与える。
¹⁴ わたしはパテロスを荒らし、
    ツォアンに火をつけ、
    ノにさばきを下す。
¹⁵ わたしはエジプトのとりでシンに
    わたしの憤りを注ぎ、
    ノの群集を断ち滅ぼす。
¹⁶ わたしはエジプトに火をつける。
    シンは大いに苦しみ、
    ノは砕かれ、
    ノフは昼間、敵に襲われる。
¹⁷ オンとピ・ベセテの若い男たちは剣に倒れ、
    女たちはとりこになって行く。
¹⁸ わたしがエジプトのくびきを砕き、

撃した。
30:3 【主】の日 エジプトの破滅はやがて神が世界中の神を敬わない国々にさばきを下される「主の日」のことを示している(→Ⅰテサ5:2注、5:4注)。

その力強い誇りが絶やされるとき、
*タフパヌヘスでは日は暗くなり、
雲がそこをおおい、
その娘たちはとりことなって行く。

19 わたしがエジプトにさばきを下すとき、
彼らは、わたしが主であることを知ろう。」

20 第十一年の第一の月の七日、私に次のような主のことばがあった。

21「人の子よ。わたしはエジプトの王パロの腕を砕いた。見よ。それは包まれず、手当をされず、ほうたいを当てて包まれず、元気になって剣を取ることもできない。

22 それゆえ、神である主はこう仰せられる。わたしはエジプトの王パロに立ち向かい、強いが砕かれている彼の腕を砕き、その手から剣を落とさせる。

23 わたしはエジプト人を諸国の民の中に散らし、国々に追い散らす。

24 しかし、わたしはバビロンの王の腕を強くし、わたしの剣を彼の手に渡し、パロの腕を砕く。彼は刺された者がうめくようにバビロンの王の前でうめく。

25 わたしはバビロンの王の腕を強くし、パロの腕を垂れさせる。このとき、わたしがバビロンの王の手にわたしの剣を渡し、彼がそれをエジプトの地に差し向けると、彼らは、わたしが主であることを知ろう。

26 わたしがエジプト人を諸国の民の中に散らし、彼らを国々に追い散らすとき、彼らは、わたしが主であることを知ろう。」

レバノンの杉

31 1 第十一年の第三の月の一日、私に次のような主のことばがあった。

2「人の子よ。エジプトの王パロと彼の大軍に言え。
あなたの偉大さは何に比べられよう。
3 *見よ。アッシリヤはレバノンの杉。
美しい枝、茂った木陰、
そのたけは高く、そのこずえは雲の中にある。
4 水がそれを育て、*地下水がこれを高くした。
川々は、その植わっている地の回りを流れ、
その流れを野のすべての木に送った。
5 それで、そのたけは、
野のすべての木よりも高くそびえ、
その送り出す豊かな水によって、
その小枝は茂り、その大枝は伸びた。
6 その小枝には空のあらゆる鳥が巣を作り、
大枝の下では野のすべての獣が子を産み、
その木陰には多くの国々がみな住んだ。
7 それは大きくなり、
枝も伸びて美しかった。
その根を豊かな水におろしていたからだ。
8 神の園の杉の木も、これとは比べ物にならない。
もみの木も、この小枝とさえ比べられない。
すずかけの木も、この大枝のようではなく、
神の園にあるどの木も、
その美しさにはかなわない。
9 わたしが、その枝を茂らせ、
美しく仕立てたので、
神の園にあるエデンのすべての木々は、
これをうらやんだ。
10 *それゆえ、神である主はこう仰せられる。そのたけが高くなり、そのこずえが雲の**中にそびえ、その心がおごり高ぶったから、
11 わたしは、これを諸国の民のうちの力ある者の手に渡した。彼はこれをひどく罰し、わたしも、その悪行に応じてこれを追

31:3 アッシリヤ エゼキエルはエジプトの状態をアッシリヤの栄光と滅亡になぞらえている。一度は世界の大国だったアッシリヤはバビロニヤに滅ぼされた。そのバビロニヤがエジプトを滅ぼすのである。

31:11 その悪行に応じて 神のさばきは偶然ではない。それは個人や国が悪を行ったときに必ず伴う直接的結果である。現在、神は最後のさばきを下すことを差し控えて御子イエス・キリストに信仰をもって立返る人々に赦しを与えておられる。けれどもキリストを拒む人々がさばかれる日は必ず来る。

い出した。

12 こうして、他国人、最も横暴な異邦の民がこれを切り倒し、山々の上にこれを捨てた。その枝はすべての谷間に落ち、その大枝はこの国のすべての谷川で砕かれた。この国のすべての民は、その木陰から出て行き、これを振り捨てた。

13 その倒れ落ちた所に、空のあらゆる鳥が住み、その大枝のそばに、野のあらゆる獣がいるようになる。

14 このことは、水のほとりのどんな木も、そのたけが高くならないためであり、そのこずえが雲の中にそびえないようにするためであり、すべて、水に潤う木が高ぶってそびえ立たないためである。これらはみな、死ぬべき人間と、穴に下る者たちとともに、地下の国、死に渡された。

15 神である主はこう仰せられる。それがよみに下る日に、わたしはこれをおおって深淵を喪に服させ、川をせきとめて、豊かな水をかわかした。わたしがこれのためにレバノンを憂いに沈ませたので、野のすべての木も、これのためにしおれた。

16 わたしがこれを穴に下る者たちとともによみに下らせたとき、わたしは諸国の民をその落ちる音で震えさせた。エデンのすべての木、レバノンのえり抜きの良い木、すべての水に潤う木は、地下の国で慰められた。

17 それらもまた、剣で刺し殺された者や、これを助けた者、諸国の民の間にあって、その陰に住んだ者たちとともに、よみに下った。

18 エデンの木のうち、その栄えと偉大さで、あなたはどれに似ているだろうか。あなたもエデンの木とともに地下の国に落とされ、剣で刺し殺された者とともに、割礼を受けていない者たちの間に横たわるようになる。これは、パロと、そのすべての大軍のことである。──神である主の御告げ──」

12 ①エゼ28:7, 30:11, 32:12
②エゼ32:5, 35:8
13 ①エゼ31:17
14 * 七十人訳による
〔 〕「茂みの間に」
①エゼ26:20, 31:16
②エゼ32:24, 詩63:9, イザ14:9
15 ①民16:30, 33, 詩9:17, イザ14:15, アモ9:2
②エゼ32:7, 8
16 ①エゼ26:15, 27:28
②エゼ28:13
③イザ14:8
④エゼ31:7-9
⑤エゼ32:24
⑥エゼ14:22
17 ①エゼ32:20-32
②エゼ31:6
18 ①エゼ31:2, 32:19-21
②エゼ32:24
③エゼ28:10, 32:19, エレ9:25, 26

2 ①エゼ2:1, 33:2, 34:2, 35:2, 36:1, 37:3, 38:2, 39:1, 40:4, 43:7, 18, 44:5, 47:6
②エゼ26:17
③エゼ19:2-6, 38:13, エレ4:7, ナホ2:11-13
④エゼ29:3
* あるいは「竜」
⑤エレ46:7, 8
⑥エゼ34:18
3 * エゼ32:3, 8, 11, 14, 16, 31, 32 「神」の子音字は「主」
①エゼ12:13
4 ①エゼ29:5
②イザ18:6
5 ①エゼ31:12
6 ①イザ34:3, 7
7 * 七十人訳による
〔 〕「消す」
①エゼ30:3, 18
②イザ13:10, ヨエ2:10
③アモ8:9
8 ①エゼ1:14-16
9 ①エゼ27:29-32
10 ①エゼ28:19, 30:9
②エゼ26:16
③申32:41, エレ46:10
④エゼ27:35

パロへの哀歌

32 1 第十二年の第十二の月の一日、私に次のような主のことばがあった。

2 「人の子よ。エジプトの王パロについて哀歌を唱えて彼に言え。
　　諸国の民の若い獅子よ。
　　あなたは滅びうせた。
　　あなたは海の中のわにのようだ。
　　川の中であばれ回り、
　　足で水をかき混ぜ、
　　その川々を濁らせた。
3 * 神である主はこう仰せられる。
　　わたしは、多くの国々の民の集団を集めて、
　　あなたの上にわたしの網を打ちかけ、
　　彼らはあなたを地引き網で引き上げる。
4 　わたしは、あなたを地に投げ捨て、
　　野に放り出し、
　　空のあらゆる鳥をあなたの上に止まらせ、
　　全地の獣をあなたで飽かせよう。
5 　あなたの肉を山々に捨て、
　　あなたのしかばねで谷を満たし、
6 　あなたから流れ出る血で地を浸し、
　　その血で山々を潤す。
　　谷川もあなたの血で満たされる。
7 * あなたが滅び去るとき、
　　わたしは空をおおい、
　　星を暗くし、
　　太陽を雲で隠し、月に光を放たせない。
8 　わたしは空に輝くすべての光を
　　あなたの上で暗くし、
　　あなたの地をやみでおおう。
　　──神である主の御告げ──
9 　わたしが、諸国の民、あなたの知らない国々の中であなたの破滅をもたらすとき、わたしは多くの国々の民の心を痛ませる。
10 わたしは多くの国々の民をあなたのことでおののかせる。彼らの王たちも、わたしが彼らの前でわたしの剣を振りかざすとき、あなたのことでおぞ気立つ。あなたの

32:2　パロについて哀歌を唱えて この哀歌(詩に表現した悲しみ)はパロをあざけっている。パロは自分が獅子または海の中のわにのように強いと思っていた。けれども歴史の終るときには世界の指導者たちと

くずれ落ちる日に、彼らはみな、自分のいのちを思って身震いし続ける。

11 まことに、神である主はこう仰せられる。
　バビロンの王の剣があなたに下る。
12 わたしは勇士の剣で、あなたの群集を倒す。
　彼らはみな最も横暴な異邦の民だ。
　彼らはエジプトの誇りを踏みにじり、
　その群集はみな滅ぼされる。
13 わたしはあらゆる家畜を、
　豊かな水のほとりで滅ぼす。
　人の足は二度とこれを濁さず、
　家畜のひづめも、これを濁さない。
14 そのとき、わたしはこの水を静める。
　その川を油のように静かに流れさせる。
　──神である主の御告げ──
15 わたしがエジプトの国を荒れ果てさせ、
　この国にある物がみなはぎ取られ、
　わたしがそこの住民をみな打ち破るとき、
　彼らは、わたしが主であることを知ろう。
16 これは人々が悲しんで歌う哀歌である。諸国の民の娘たちはこれを悲しんで歌う。エジプトとそのすべての群集のために、彼女らはこの哀歌を悲しんで歌う。
　──神である主の御告げ──」

17 第十二年の第一の月の十五日、私に次のような主のことばがあった。18「人の子よ。エジプトの群集のために嘆け。
　その民と強国の民の娘たちとを、
　穴に下る者たちとともに地下の国に下らせよ。
19 『あなたはだれよりもすぐれているのか。
　下って行って、
　割礼を受けていない者たちとともに横たわれ。』
20 その国は剣に渡され、彼らは剣で刺し殺された者たちの間に倒れる。その国とそのすべての群集を引きずり降ろせ。
21 勇敢な勇士たちは、その国を助けた者たちとともに、よみの中から語りかける。『降りて来て、剣で刺し殺された者、割礼を受けていない者たちとともに横たわれ』と。
22 その墓の回りには、アッシリヤとその全集団がいる。みな、刺し殺された者、剣に倒れた者である。
23 彼らの墓は穴の奥のほうにあり、その集団はその墓の回りにいる。彼らはみな、刺し殺された者、剣に倒れた者、かつて生ける者の地で恐怖を巻き起こした者たちである。
24 そこには、エラムがおり、そのすべての群集もその墓の回りにいる。彼らはみな、刺し殺された者、剣に倒れた者、割礼を受けないで地下の国に下った者、生ける者の地で恐怖を巻き起こした者たちである。それで彼らは穴に下る者たちとともに自分たちの恥を負っている。
25 その寝床は刺し殺された者たちの間に置かれ、そのすべての群集も、その墓の回りにいる。みな、割礼を受けていない者、剣で刺し殺された者である。彼らの恐怖が生ける者の地にあったからである。それで彼らは穴に下る者たちとともに自分たちの恥を負っている。彼らは刺し殺された者たちの間に置かれた。
26 そこには、メシェクとトバルがおり、そのすべての群集もその墓の回りにいる。彼らはみな、割礼を受けていない者、剣で刺し殺された者である。彼らは生ける者の地で恐怖を巻き起こしたからである。
27 彼らは、ずっと昔に倒れた勇士たちとともに横たわることはできない。勇士たちは武具を持ってよみに下り、剣は頭の下に置かれ、盾は彼らの骨に置かれている。勇士たちは生ける者の地で恐れられていたからである。
28 あなたは、割礼を受けていない者たちの間で砕かれ、剣で刺し殺された者たちとともに横たわる。

32:18-31　地下の国　エジプトは残虐さと不正のた同じように神の前で申し開きをしなければならない。めに神に罰せられたほかの国々と同じ墓場に下ると描かれている（32:27）。以前の大国やその指導者たちは

²⁹ そこには、エドムとその王たち、そのすべての族長たちがいる。彼らは勇敢であったが、剣で刺し殺された者たちとともに、割礼を受けていない者たち、および穴に下る者たちとともに横たわる。

³⁰ そこには、北のすべての君主たち、およびすべてのシドン人がいる。彼らの勇敢さは恐怖を巻き起こしたが、恥を見、刺し殺された者たちとともに下ったのである。それで割礼を受けていない彼らは、剣で刺し殺された者たちとともに横たわり、穴に下る者たちとともに自分たちの恥を負っている。

³¹ パロは彼らを見、剣で刺し殺された自分の群集、パロとその全軍勢のことで慰められる。──神である主の御告げ──

³² わたしが生ける者の地に恐怖を与えたので、パロとその群集は、割礼を受けていない者たちの間で、剣で刺し殺された者たちとともに横たわる。──神である主の御告げ──」

見張り人としてのエゼキエル

33 ¹ 次のような主のことばが私にあった。

² 「人の子よ。あなたの民の者たちに告げて言え。わたしが一つの国に剣を送るとき、その国の民は彼らの中からひとりを選び、自分たちの見張り人とする。

³ 剣がその国に来るのを見たなら、彼は角笛を吹き鳴らし、民に警告を与えなければならない。

⁴ だれかが、角笛の音を聞いても警告を受けないなら、剣が来て、その者を打ち取るとき、その血の責任はその者の頭上に帰る。

⁵ 角笛の音を聞きながら、警告を受けなければ、その血の責任は彼自身に帰する。しかし、警告を受けていれば、彼は自分のいのちを救う。

⁶ しかし、見張り人が、剣の来るのを見ながら角笛を吹き鳴らさず、そのため民が警告を受けないとき、剣が来て、彼らの中のひとりを打ち取れば、その者は自分の咎のために打ち取られ、わたしはその血の責任を見張り人に問う。

⁷ 人の子よ。わたしはあなたをイスラエルの家の見張り人とした。あなたは、わたしの口からことばを聞くとき、わたしに代わって彼らに警告を与えよ。

⁸ わたしが悪者に、『悪者よ。あなたは必ず死ぬ』と言うとき、もし、あなたがその悪者にその道から離れるように語って警告しないなら、その悪者は自分の咎のために死ぬ。そしてわたしは彼の血の責任をあなたに問う。

⁹ あなたが、悪者にその道から立ち返るよう警告しても、彼がその道から立ち返らないなら、彼は自分の咎のために死ななければならない。しかし、あなたは自分のいのちを救うことになる。

¹⁰ 人の子よ。イスラエルの家に言え。あなたがたはこう言っている。『私たちのそむきと罪は私たちの上にのしかかり、そのため、私たちは朽ち果てた。私たちはどうして生きられよう』と。

みな同じような辱めを受ける。

32:31 慰められる パロは墓の中にいるのが自分だけではないとわかっていくぶん「慰められ」、ほっとする。罪に定められる人々はひとりで苦しみたくないのである。けれども神を拒んで死ぬ人には現実には慰めも安堵もない。

33:6 責任を見張り人に問う 見張り人（町のやぐらや城壁の上で侵入者や災害を警戒する人）が、滅亡が迫っているのを見ながら人々に警告しないなら死者が出た場合の責任を問われる。（1）神の国では、神に従わないあるいは神に反抗的な人々に、さばかれる危険性を警告しなかった牧師や霊的指導者たちが人々の霊的滅亡の責任を問われる。（2）キリスト者には、霊的に失われた人々（神と個人的関係を持たない人）に自分の信仰を伝えて主イエスが教会に与えられた使命（→マタ28:19注）を達成する責任がある。主イエスの大宣教命令に従わない人は、その申し開きを神の前でしなければならない（→使20:26注）。

33:7 あなたを・・・見張り人とした 神は、罪から立ち返って神の救いを受入れるように人々に忠実に警告をするように、エゼキエルに再び強調された。今日教会とその奉仕者はイエス・キリストによる霊的救いのメッセージをあらゆる国に広めるようにしなければならない（→3:18注）。

エゼキエル書　33章

11 彼らにこう言え。『わたしは誓って言う。――神である主の御告げ――わたしは決して悪者の死を喜ばない。かえって、悪者がその態度を悔い改めて、生きることを喜ぶ。悔い改めよ。悪の道から立ち返れ。イスラエルの家よ。なぜ、あなたがたは死のうとするのか。』

12 人の子よ。あなたの民の者たちに言え。正しい人の正しさも、彼がそむきの罪を犯したら、それは彼を救うことはできない。悪者の悪も、彼がその悪から立ち返るとき、その悪は彼を倒すことはできない。正しい人でも、罪を犯すとき、彼は自分の正しさによって生きることはできない。

13 わたしが正しい人に、『あなたは必ず生きる』と言っても、もし彼が自分の正しさに拠り頼み、不正をするなら、彼の正しい行いは何一つ覚えられず、彼は自分の行った不正によって死ななければならない。

14 わたしが悪者に、『あなたは必ず死ぬ』と言っても、もし彼が自分の罪を悔い改め、公義と正義とを行い、

15 その悪者が質物を返し、かすめた物を償い、不正をせず、いのちのおきてに従って歩むなら、彼は必ず生き、死ぬことはない。

16 彼が犯した罪は何一つ覚えられず、公義と正義とを行った彼は必ず生きる。

17 あなたの民の者たちは、『主の態度は公正でない』と言っている。しかし、彼らの態度こそ公正でない。

18 正しい人でも、自分の正しい行いから遠ざかり、不正をするなら、彼はそのために死ぬ。

19 悪者でも、自分の悪から遠ざかり、公義と正義とを行うなら、そのために彼は生きる。

20 それでもあなたがたは、『主の態度は公正でない』と言う。イスラエルの家よ。わたしはあなたがたをそれぞれの態度にしたがってさばく。」

エルサレム陥落の説明

21 私たちが捕囚となって十二年目の第十の月の五日、エルサレムからのがれた者が、私のもとに来て、「町は占領された」と言った。

22 そののがれた者が来る前の夕方、主の御手が私の上にあり、朝になって彼が私のもとに来る前に、私の口は開かれた。こうして、私の口は開かれ、もう私は黙っていなかった。

23 次のような主のことばが私にあった。

24「人の子よ。イスラエルの地のこの廃墟に住む者たちは、『アブラハムはひとりでこの地を所有していた。私たちは多いのに、この地を所有するように与えられてい

11①→エゼ5:11
＊直訳「わたしは生きている」
＊＊エゼ33:11、25、27「神」の子音字は「主」
②エゼ18:23、32
③エゼ33:30、32、使3:19
④イザ55:7、エレ3:12、ホセ14:1
12①エゼ3:20、18:24、26、33:18
②エゼ14:11
③エゼ18:21、27、33:19、Ⅱ歴7:14
13①エゼ18:24
②エゼ18:26
14①エゼ33:14、15、エゼ18:27、エレ18:7、8
②エゼ3:18、33:8
③エゼ18:5、ミカ6:1
15①エゼ18:7
②出22:1、3、4、レビ6:4、5、民5:7
③エゼ20:11、レビ18:5、詩119:59、143:8
16①エゼ18:22
②エゼ18:5
17①エゼ18:25
18①エゼ18:24
19①エゼ33:12、14、15
②エゼ18:25
20①エゼ18:30
21①エゼ40:1
②エゼ24:1、2
③エゼ24:26、27
④Ⅱ列25:3-10、エレ39:2-8、52:4-14
22①エゼ1:3
②エゼ3:26、24:27、ルカ1:64
24①エゼ33:27、36:4
②エゼ11:15、40:7
③イザ51:2、使7:4、5
④エゼ11:15

33:11　決して悪者の死を喜ばない　神は霊的に反抗的な人々にさばきを下さなければならなくなることを喜んでいるのではない。むしろ罪が赦されないまま死ぬことがないように、だれもが神に立ち返って救いを受けることを望んでおられる(→Ⅱペテ3:9注)。今日キリストに従う人は悔い改めること(神に逆らっていることを認め、赦しを受け入れ、自分勝手な道から離れて人生をキリストに導いていただくこと)が神の願いであることを引き続き人々の前で言い表していかなければならない。

33:12-20　彼がそむきの罪を犯したら　神はだれをも公平にさばかれる。(1) 一度は神に従ったのに自分勝手な罪深い道に戻ってしまい、キリストの赦しを受けず神に立返らない人にはその責任が問われる。その人はその罪のために死ぬ。過去に神との関係があってもそれによって救われるのではない(33:12-13)。(2) 邪悪な人でも神に立返って自分の罪から離れるなら救われ、その罪は何一つ問われない(33:14-16)。そして永遠のいのちの賜物が与えられる。(3) この部分は私たちと神との現在の関係が重要であることを強調している。信仰や良い行いが過去にあったから救われると考えて神とみことばから離れるなら、それは霊的に致命的である。けれども御子イエスが備えてくださった赦しを信仰をもって受け入れ、人生を神の目的にささげるなら、過去に罪があっても神は受入れてくださる(→18:21-23注、24注)。

33:21　町は占領された　エゼキエルとバビロニヤにいる捕囚の人々にエルサレムが陥落したという知らせが届いた。こうしてエゼキエルの預言は成就し、人々へのメッセージが正しかったことが確認された(→Ⅱ列25:)。この時点でエゼキエルの働きに変化が起きた。将来のある日ユダは贖われ(救われ、救出され、解放され、自由にされる)、回復されるという預言をエゼキエルはここから始めていく。

る』と言っている。²⁵それゆえ、彼らに言え。神である主はこう仰せられる。あなたがたは血がついたままで食べ、自分たちの偶像を仰ぎ見、血を流しているのに、この地を所有しようとするのか。

²⁶あなたがたは自分の剣に拠り頼み、忌みきらうべきことをし、おのおの隣人の妻を汚していながら、この地を所有しようとするのか。

²⁷あなたは彼らにこう言え。神である主はこう仰せられる。わたしは誓って言うが、あの廃墟にいる者は必ず剣に倒れる。野にいる者も、わたしは獣に与えてそのえじきとする。要害とほら穴にいる者は疫病で死ぬ。

²⁸わたしはその地を荒れ果てさせ、荒廃した地とする。その力強い誇りは消えうせ、イスラエルの山々は荒れ果て、だれもそこを通らなくなる。

²⁹このとき、わたしが、彼らの行ったすべての忌みきらうべきわざのためにその国を荒れ果てさせ、荒廃した地とすると、彼らは、わたしが主であることを知ろう。

³⁰人の子よ。あなたの民の者たちは城壁のそばや、家々の入口で、あなたについて互いに語り合ってこう言っている。『さあ、どんなことばが主から出るか聞きに行こう。』³¹彼らは群れをなしてあなたのもとに来、わたしの民はあなたの前にすわり、あなたのことばを聞く。しかし、それを実行しようとはしない。彼らは、口では恋をする者であるが、彼らの心は利得を追っている。

²⁵①創9:4、
レビ3:17,7:26,17:10,
12, 14,
申12:16, 23, 15:23
②エゼ20:24
③エゼ22:3
²⁶①エゼ21:1, 2
②エゼ18:11, 22:11
²⁷①エゼ33:24
②エゼ5:12、エレ15:2, 3
③エゼ7:15
④エゼ39:4
⑤イザ2:19
²⁸①エゼ6:14
②エゼ7:24, 24:21
③エゼ6:1-6
²⁹①エゼ23:35
²→エゼ25:5
³⁰①エゼ33:2
②エゼ14:3, 20:3, 31
³¹①エゼ14:1, 20:1
②エゼ43:1-7, 44:15, 16,
マタ7:26
③詩78:36, 37,
イザ29:13
④エゼ22:13, 27

³²あなたは彼らにとっては、音楽に合わせて美しく歌われる恋の歌のようだ。彼らはあなたのことばを聞くが、それを実行しようとはしない。

³³しかし、あのことは起こり、もう来ている。彼らは、自分たちの間にひとりの預言者がいたことを知ろう。」

牧者と羊

34 ¹次のような主のことばが私にあった。

²「人の子よ。イスラエルの牧者たちに向かって預言せよ。預言して、彼ら、牧者たちに言え。*神である主はこう仰せられる。ああ。自分を肥やしているイスラエルの牧者たち。牧者は羊を養わなければならないのではないか。

³あなたがたは脂肪を食べ、羊の毛を身にまとい、肥えた羊をほふるが、羊を養わない。

⁴弱った羊を強めず、病気のものをいやさず、傷ついたものを包まず、迷い出たものを連れ戻さず、失われたものを捜さず、かえって力ずくと暴力で彼らを支配した。

⁵彼らは牧者がいないので、散らされ、あらゆる野の獣のえじきとなり、散らされてしまった。

⁶わたしの羊はすべての山々やすべての高い丘をさまよい、わたしの羊は地の全面に散らされた。尋ねる者もなく、捜す者もない。

⁷それゆえ、牧者たちよ、主のことばを聞け。

³³①申18:21, 22、エレ28:9
②エゼ33:29
③エゼ2:5,→エゼ38:17

2①エゼ32:2
②エゼ2:8, 10:21, 23:1
* エゼ34:2, 8, 10, 11,
15, 17, 20, 30, 31「神である主」の「神」の子音字は「主」
③エゼ22:25, 34:8-10,
ミカ3:1-3
④詩78:71、イザ40:11,
ヨハ21:15-17
3①エゼ22:25, 27
4①エゼ34:16、ゼカ11:16
②マタ18:12, 13,
ルカ15:4
5①民27:17, I 列22:17,
ゼカ10:2、マタ9:36,
マコ6:34
6①エゼ10:21, 23:2, 50:6
②エゼ34:8, 28

33:31　あなたの前にすわり　人々はエゼキエルのことばに耳を傾けたけれども従わなかった。メッセージによって人々の態度や生活様式は変らなかった。心はまだ主から遠く離れていた。人々はエゼキエルを面白い余興、楽しみや娯楽のために舞台から神のメッセージを伝える芸人としてしか見ていなかった(33:32)。今日教会で神を礼拝する時間は神への聖い奉仕の時間である。単なる演技や余興として行われたり判断されてはならない。もしそのように行うならその行事や活動は神とみことばをあがめるものではなく、そのような「礼拝」の中に聖霊は臨在を現されない(→**礼拝**」の項 p.789)。神の民はみことばを聞くだけではなく、その内容を実行しなければならない(→ヤコ1:22)。

34:1-31　イスラエルの牧者たち　エゼキエルはイスラエルの指導者たち(王、祭司、預言者)に対して預言をしている。どん欲で腐敗し身勝手な指導者たちは、神の民を神が願っておられるように導かなかった。実際には霊的に助けるどころか、個人的な利益のために利用していた(34:3-4)。そのため神はユダの捕囚の責任を問い、厳しくさばかれる。このような不信仰な牧者とは対照的に、心から人々の世話をする神の心を持つ牧者(メシヤ、キリスト)を神が送られるとエゼキエルは預言した。この方は神の群れ(神に心から従う人々)を虐げることなく「祝福の雨」を降らせてくださ

エゼキエル書　34章

⁸わたしは生きている、──神である主の御告げ──わたしの羊はかすめ奪われ、牧者がいないため、あらゆる野の獣のえじきとなっている。それなのに、わたしの牧者たちは、わたしの羊を捜し求めず、かえって牧者たちは自分自身を養い、わたしの羊を養わない。

⁹それゆえ、牧者たちよ、主のことばを聞け。

¹⁰神である主はこう仰せられる。わたしは牧者たちに立ち向かい、彼らの手からわたしの羊を取り返し、彼らに羊を飼うのをやめさせる。牧者たちは二度と自分自身を養えなくなる。わたしは彼らの口からわたしの羊を救い出し、彼らのえじきにさせない。

¹¹まことに、神である主はこう仰せられる。見よ。わたしは自分でわたしの羊を捜し出し、これの世話をする。

¹²牧者が昼間、散らされていた自分の羊の中にいて、その群れの世話をするように、わたしはわたしの羊を、雲と暗やみの日に散らされたすべての所から救い出して、世話をする。

¹³わたしは国々の民の中から彼らを連れ出し、国々から彼らを集め、彼らを彼らの地に連れて行き、イスラエルの山々や谷川のほとり、またその国のうちの人の住むすべての所で彼らを養う。

¹⁴わたしは良い牧場で彼らを養い、イスラエルの高い山々が彼らのおりとなる。彼らはその良いおりに伏し、イスラエルの山々の肥えた牧場で草をはむ。

¹⁵わたしがわたしの羊を飼い、わたしが彼らをいこわせる。──神である主の御告げ──

¹⁶わたしは失われたものを捜し、迷い出たものを連れ戻し、傷ついたものを包み、病気のものを力づける。わたしは、肥えたものと強いものを滅ぼす。わたしは正しいさばきをもって彼らを養う。

¹⁷わたしの群れよ。あなたがたについて、神である主はこう仰せられる。見よ。わたしは、羊と羊、雄羊と雄やぎとの間をさばく。

¹⁸あなたがたは、良い牧場で草を食べて、それで足りないのか。その牧場の残った分を足で踏みにじり、澄んだ水を飲んで、その残りを足で濁すとは。

¹⁹わたしの群れは、あなたがたの足が踏みつけた草を食べ、あなたがたの足が濁した水を飲んでいる。

²⁰それゆえ、神である主は彼らにこう仰せられる。見よ。わたし自身、肥えた羊とやせた羊との間をさばく。

²¹あなたがたがわき腹と肩で押しのけ、その角ですべての弱いものを突き倒し、ついに彼らを外に追い散らしてしまったので、

²²わたしはわたしの群れを救い、彼らが二度とえじきとならないようにし、羊と羊との間をさばく。

²³わたしは、彼らを牧するひとりの牧者、わたしのしもべダビデを起こす。彼は彼らを養い、彼らの牧者となる。

²⁴主であるわたしが彼らの神となり、わたしのしもべダビデはあなたがたの間で君主となる。主であるわたしがこう告げる。

²⁵わたしは彼らと平和の契約を結び、悪

る（34：26）。

34：11　わたしの羊を捜し出し、これの世話をする　イスラエルの指導者たちがしないので主ご自身が民の世話をなさる。主はその群れの世話をし（34：11-16）、羊と雄羊と雄やぎとの間〔雄羊と雄やぎは人々を虐待し利用した権力者を表しているけれども羊にも別の問題があった〕をそれぞれにさばかれる（34：17-24）。神は人々と新しい平和の契約（協定、誓約）を結ばれる（34：25-31）。

34：23　ひとりの牧者・・・を起こす　ここで言われている牧者はダビデ王の家系から来られるイエス・キリストのことである（⇒詩89：4, 20, 29, エレ23：5-6）。この方はまことの祭司、預言者、王として神の民を導き世話をされる。そして羊のためにご自分のいのちを捨てる（ヨハ10：1-18, Ⅰヨハ3：16, ⇒Ⅰペテ2：25, 5：4）「良い牧者」（ヨハ10：14）である。キリストは未来に最終的に平和と公義の国を建てられる（→34：25注）。

34：25　平和の契約　この牧者（キリスト）は罪が世界に入る前（創1：-3：）の生活にあった平和と完璧さをついに回復される。「新しい契約」（→エレ31：31-34）とも呼ばれるこの契約は神が新しい天と地で永遠の国を築かれるときに完全に成就する（黙21：-22：）。そのと

い獣をこの国から取り除く。彼らは安心して荒野に住み、森の中で眠る。
26 わたしは彼らと、わたしの丘の回りとに祝福を与え、季節にかなって雨を降らせる。それは祝福の雨となる。
27 野の木は実をみのらせ、地は産物を生じ、彼らは安心して自分たちの土地にいるようになる。わたしが彼らのくびきの横木を打ち砕き、彼らを奴隷にした者たちの手から救い出すとき、彼らは、わたしが主であることを知ろう。
28 彼らは二度と諸国の民のえじきとならず、この国の獣も彼らを食い殺さない。彼らは安心して住み、もう彼らを脅かす者もいない。
29 わたしは、彼らのためにりっぱな植物を生やす。彼らは、二度とその国でききんに会うこともなく、二度と諸国の民の侮辱を受けることもない。
30 このとき、彼らは、わたしが主で、彼らとともにいる彼らの神であり、彼らイスラエルの家がわたしの民であることを知ろう。──神である主の御告げ──
31 あなたがたはわたしの羊、わたしの牧場の羊である。あなたがたは人で、わたしはあなたがたの神である。──神である主の御告げ──」

エドムに対する預言

35

1 次のような主のことばが私にあった。
2 「人の子よ。顔をセイルの山に向け、これについて預言して、
3 言え。
　＊神である主はこう仰せられる。
　セイルの山よ。
　わたしはおまえに立ち向かい、
　おまえにわたしは手を伸ばし、

25 ②レビ26:6, イザ11:6-9, ホセ2:18
　③エゼ28:26, 34:27, 28, 38:8, 11, 39:26, エレ23:6, 30:10
26 ①エゼ19:24, 44:3
　②レビ26:4, 申11:14, 28:12, 詩68:9
27 ①レビ26:4, 詩67:6, 85:12
　②レビ26:13, エレ30:8
　③→エゼ34:25
28 ①エゼ34:5
　②エゼ34:25
29 ①エゼ36:29
　②エゼ36:15
31 ①エゼ36:38, 詩78:52
　②詩100:3, エレ23:1

1 ①エゼ35章, エゼ25:12-14, イザ34:5-17, 63:1-6, エレ49:7-22, アモ1:11, 12, オバデヤ書, マラ1:2-5
　②エゼ32:2
　②エゼ4:3
　②創36:8, 申2:5
3 ＊エゼ35:3, 6, 11, 14「神」の子音字は主
　①エゼ21:3, 29:3, 9
　②エゼ25:7

　③エゼ35:7
4 ①エゼ35:7, 9
5 ①エゼ36:5, 詩137:7
　②エゼ21:25, 29
6 ①→エゼ5:11
　②イザ63:2, 6
7 ①エゼ35:4
8 ①エゼ29:5
　②エゼ31:12, 32:5
9 ①エゼ35:4
　②→エゼ36:5
10 ①エゼ36:2, 5, 詩83:5, 6, 12
　②詩132:13, 14
11 ①エゼ35:5
　②オバ15, マタ7:2, ヤコ2:13
　③詩9:16
12 ①エレ50:7
13 ①エゼ48:42
　②エゼ29:23

4 おまえを荒れ果てさせ、荒廃した地とする。
4 わたしがおまえの町々を廃墟にし、
おまえを荒れ果てさせるとき、
おまえは、わたしが主であることを知ろう。
5 おまえはいつまでも敵意を抱き、イスラエル人が災難に会うとき、彼らの最後の刑罰の時、彼らを剣に渡した。
6 それゆえ、──わたしは生きている。神である主の御告げ──わたしは必ずおまえを血に渡す。血はおまえを追う。おまえは血を憎んだが、血はおまえを追いかける。
7 わたしはセイルの山を荒れ果てさせ、廃墟とし、そこを行き来する者を断ち滅ぼす。
8 わたしはその山々を死体で満たし、剣で刺し殺された者たちがおまえの丘や谷や、すべての谷川に倒れる。
9 わたしはおまえを永遠に荒れ果てさせる。おまえの町々は回復しない。おまえたちは、わたしが主であることを知ろう。
10 おまえは、『これら二つの民、二つの国は、われわれのものだ。われわれはそれを占領しよう』と言ったが、そこに主がおられた。
11 それゆえ、──わたしは生きている。神である主の御告げ──おまえが彼らを憎んだのと同じほどの怒りとねたみで、わたしはおまえを必ず罰し、わたしがおまえをさばくとき、わたし自身を現そう。
12 おまえはイスラエルの山々に向かって、『これは荒れ果てて、われわれのえじきとなる』と言って、侮辱したが、主であるわたしがこれをみな聞いたことを、おまえは知るようになる。
13 おまえたちは、わたしに向かって高慢なことばを吐いたが、わたしはそれを聞いている。

きには「祝福の雨」(34:26)が降り、神の民の間に神の臨在が充満する(34:30)。

35:3 セイルの山よ。わたしはおまえに立ち向かい
エゼキエルはエサウ(後に「イスラエル」になったヤコブの兄)の子孫であるエドム(セイル山 ⇒35:15)に対して預言をした。エドム人は絶えずイスラエルに敵対していた(35:5)。イスラエルとユダが滅亡した後に

エドムは約束の地を占領できると思った(35:10)。けれども神に滅ぼされて(35:10-15)、その土地を得ようとする試みは失敗に終る。イスラエルを回復するという神のご計画を阻止することはできない。

35:10 これら二つの民
これはイスラエルとユダという兄弟の国を指している(→4:5注、→**イスラエルとユダの王国**」の地図 p.570)。

14 神である主はこう仰せられる。わたしは おまえを荒れ果てさせ、全土を喜ばせよう。

15 おまえは、イスラエルの家の相続地が荒れ果てたのを喜んだが、わたしはおまえに同じようにしよう。セイルの山よ。おまえは荒れ果て、エドム全体もそうなる。人々は、わたしが主であることを知ろう。

イスラエルの山々に対する預言

36 1 人の子よ。イスラエルの山々に預言して言え。イスラエルの山々よ。主のことばを聞け。

2 神である主はこう仰せられる。敵がおまえたちに向かって、『あはは、昔からの高き所がわれわれの所有となった』と言っている。

3 それゆえ、預言して言え。神である主はこう仰せられる。実にそのために、おまえたちは、回りの民に荒らされ、踏みつけられ、ほかの国々のものにされたので、おまえたちは、民の語りぐさとなり、そしりとなった。

4 それゆえ、イスラエルの山々よ、神である主のことばを聞け。神である主は、山や丘、谷川や谷、荒れ果てた廃墟、また、回りのほかの国々にかすめ奪われ、あざけられて見捨てられた町々に、こう仰せられる。

5 それゆえ、神である主はこう仰せられる。わたしは燃えるねたみをもって、ほかの国々、エドム全土に告げる。彼らは心の底から喜び、思い切りあざけって、わたしの国を自分たちの所有とし、牧場をかすめ奪ったのだ。

6 それゆえ、イスラエルの地について預言し、山や丘、谷川や谷に向かって言え。神である主はこう仰せられる。見よ。おまえたちが諸国の民の侮辱を受けているので、わたしはねたみと憤りとをもって告げる。

7 それゆえ、神である主はこう仰せられる。わたしは*誓う。おまえたちを取り囲む諸国の民は、必ず自分たちの恥を負わなければならない。

8 だが、おまえたち、イスラエルの山々よ。おまえたちは枝を出し、わたしの民イスラエルのために実を結ぶ。彼らが帰って来るのが近いからだ。

9 わたしはおまえたちのところに行き、おまえたちのところに向かう。おまえたちは耕され、種が蒔かれる。

10 わたしは、おまえたちの上に人をふやし、イスラエルの全家に人をふやす。町々には人が住みつき、廃墟は建て直される。

11 わたしは、おまえたちの上に人と獣をふやす。彼らはふえ、多くの子を生む。わたしはおまえたちのところに、昔のように人を住まわせる。いや、以前よりも栄えさせる。このとき、おまえたちは、わたしが主であることを知ろう。

12 わたしは、わたしの民イスラエル人に、おまえたちの上を歩かせる。彼らはおまえを所有し、おまえは彼らの相続地となる。おまえはもう二度と彼らに子を失わせてはならない。

13 神である主はこう仰せられる。彼らはおまえたちに、『おまえは人間を食らい、自分の国民の子どもを失わせている』と言っている。

14 それゆえ、おまえは二度と人間を食らわず、二度とおまえの国民の子どもを失わせてはならない。――神である主の御告げ――

15 わたしは、二度と諸国の民の侮辱をおまえに聞こえさせない。おまえは国々の民のそしりを二度と受けてはならない。おまえの国民をもうつまずかせてはならない。――神である主の御告げ――」

16 次のような主のことばが私にあった。

36:2-7 敵 イスラエルの敵はイスラエルを侮辱したり軽視したり（36:3）、損害を与えたり虐待をしたり（36:4-5）、土地を奪おうとした（36:2）ために罰せられる。

36:8-15 イスラエルの山々よ この部分で神は約束の地に、まるで人間であるかのように直接話しかけておられる。荒れて見捨てられた土地を神は祝福と繁栄の土地に回復すると約束された（36:13-14）。この預言はキリストが地上を治める千年期に、イスラエルが聖地を手に入れるときに完全に実現する（黙20:）。

17「人の子よ。イスラエルの家が、自分の土地に住んでいたとき、彼らはその行いとわざとによって、その地を汚した。その行いは、わたしにとっては、さわりのある女のように汚れていた。18それでわたしは、彼らがその国に流した血のために、また偶像でこれを汚したことのために、わたしの憤りを彼らに注いだ。19わたしは彼らを諸国の民の間に散らし、彼らを国々に追い散らし、彼らの行いとわざとに応じて彼らをさばいた。20彼らは、その行く先の国々に行っても、わたしの聖なる名を汚した。人々は彼らについて、『この人々は主の民であるのに、主の国から出されたのだ』と言ったのだ。21わたしは、イスラエルの家がその行った諸国の民の間で汚したわたしの聖なる名を惜しんだ。

22それゆえ、イスラエルの家に言え。神である主はこう仰せられる。イスラエルの家よ。わたしが事を行うのは、あなたがたのためではなく、あなたがたが行った諸国の民の間であなたがたが汚した、わたしの聖なる名のためである。23わたしは、諸国の民の間で汚され、あなたがたが彼らの間で汚したわたしの偉大な名の聖なることを示す。わたしが彼らの目の前であなたがたのうちにわたしの聖なることを示すとき、諸国の民は、わたしが主であることを知ろう。——神である主の御告げ——24わたしはあなたがたを諸国の民の間から連れ出し、すべての国々から集め、あなたがたの地に連れて行く。

25わたしがきよい水をあなたがたの上に振りかけるそのとき、あなたがたはすべての汚れからきよめられる。わたしはすべての偶像の汚れからあなたがたをきよめ、26あなたがたに新しい心を与え、あなたがたのうちに新しい霊を授ける。わたしはあなたがたのからだから石の心を取り除き、あなたがたに肉の心を与える。27わたしの霊をあなたがたのうちに授け、わたしのおきてに従って歩ませ、わたしの定めを守り行わせる。28あなたがたは、わたしがあなたがたの先祖に与えた地に住み、あなたがたはわたしの民となり、わたしはあなたがたの神となる。29わたしはあなたがたをすべての汚れから救い、穀物を呼び寄せてそれをふやし、ききんをあなたがたに送らない。30わたしは木の実と畑の産物をふやす。それであなたがたは、諸国の民の間で二度とききんのためにそしりを受けることはない。31あなたがたは、自分たちの悪い行いと、良くなかったわざとを思い出し、自分たちの不義と忌みきらうべきわざをいとうようになる。32わたしが事を行うのは、あなたがたのためではない。——神である主の御告げ——イスラエルの家よ。あなたがたは知らなければならない。恥じよ。あなたがたの行いによってはずかしめを受けよ。

33神である主はこう仰せられる。わたしが、あなたがたをすべての不義からきよめ

36:20-22　わたしの聖なる名を汚した　イスラエルは邪悪な行動をして神を拒み汚したので滅ぼされた。国々はイスラエルが敗北したのは主が強くないことを示すしるしだと考えた。けれども神はイスラエルを故郷の土地に回復する計画を立てられた。それはイスラエルのためだけではなく、神の力を示してご自分の聖い御名と名誉を守るためだった。そのときにはあらゆる国がイスラエルの主こそ唯一のまことの神であることを知るようになる（36:23、⇒Ⅰ列18:20-39）。

36:26-27　新しい心　神はイスラエルを物質的に回復されるだけではなく、霊的にも回復すると約束された。この回復では「新しい心」（やわらかく感受性が豊かでみことばに応える心）が与えられる。また、神は聖霊も与えられる（⇒11:19-20、詩51:7-11、→ロマ11:26注、「**神の計画の中のイスラエル**」の項 p.2077）。神によるこの特別な働きはイエス・キリストによって結ばれた新しい契約（終生協定）の一部である（→エレ31:31-34）。

36:27　わたしの霊をあなたがたのうちに　聖霊がひとりひとりに働いてくださらなければ、まことのいのちを持ち神の道に従うことはできない。私たちの内に聞こえる聖霊の声と導きに絶えず心を開いていることが必要である（→「**聖霊のバプテスマ**」の項 p.1950、「**聖霊の教理**」の項 p.1970）。

エゼキエル書　36-37章

る日に、わたしは町々を人が住むようにし、廃墟を建て直す。
34 この荒れ果てた地は、通り過ぎるすべての者に荒地とみなされていたが、耕されるようになる。
35 このとき、人々はこう言おう。『荒れ果てていたこの国は、エデンの園のようになった。廃墟となり、荒れ果てて、くつがえされていた町々も城壁が築かれ、人が住むようになった』と。
36 あなたがたの回りに残された諸国の民も、主であるわたしが、くつがえされた所を建て直し、荒れ果てていた所に木を植えたことを知るようになる。主であるわたしがこれを語り、これを行う。
37 神である主はこう仰せられる。わたしはイスラエルの家の願いを聞き入れて、次のことをしよう。わたしは、羊の群れのように人をふやそう。
38 ちょうど、聖別された羊の群れのように、例祭のときのエルサレムの羊の群れのように、廃墟であった町々を人の群れで満たそう。このとき、彼らは、わたしが主であることを知ろう。」

干からびた骨の谷

37 1 主の御手が私の上にあり、主の霊によって、私は運び出され、谷間の真ん中に置かれた。そこには骨が満ちていた。
2 主は私にその上をあちらこちらと行き巡らせた。なんと、その谷間には非常に多くの骨があり、ひどく干からびていた。
3 主は私に仰せられた。「人の子よ。これらの骨は生き返ることができようか。」私は答えた。「*神、主よ。あなたがご存じです。」
4 主は私に仰せられた。「これらの骨に預言して言え。干からびた骨よ。主のことばを聞け。
5 神である主はこれらの骨にこう仰せられる。見よ。わたしがおまえたちの中に息を吹き入れるので、おまえたちは生き返る。
6 わたしがおまえたちに筋をつけ、肉を生じさせ、皮膚でおおい、おまえたちの中に息を与え、おまえたちが生き返るとき、おまえたちはわたしが主であることを知ろう。」
7 私は、命じられたように預言した。私が預言していると、音がした。なんと、大きなとどろき。すると、骨と骨とが互いにつながった。
8 私が見ていると、なんと、その上に筋がつき、肉が生じ、皮膚がその上をすっかりおおった。しかし、その中に息はなかった。
9 そのとき、主は仰せられた。「息に預言せよ。人の子よ。預言してその息に言え。神である主はこう仰せられる。息よ。四方から吹いて来い。この殺された者たちに吹きつけて、彼らを生き返らせよ。」
10 私が命じられたとおりに預言すると、息が彼らの中に入った。そして彼らは生き返り、自分の足で立ち上がった。非常に多くの集団であった。
11 主は私に仰せられた。「人の子よ。これらの骨はイスラエルの全家である。ああ、彼らは、『私たちの骨は干からび、望みは消えうせ、私たちは断ち切られる』と言っている。
12 それゆえ、預言して彼らに言え。神である主はこう仰せられる。わたしの民よ。見よ。わたしはあなたがたの墓を開き、あな

---

33 ②エゼ36:10
34 ①エゼ36:9
35 ①詩126:2
    ②エゼ28:13
    ③エゼ36:33
36 ①エゼ17:22
    ②エゼ17:24
37 ①エゼ29:12、ゼカ10:6
38 ①エゼ44:24, 45:17, 46:9, 11、イザ1:14、→哀1:4、→ホセ2:11
    ②エゼ36:33-35

1 ①エゼ1:3
  ②→エゼ11:5
2 ①エゼ37:11
3 ①エゼ32:2
  ②イザ66:14

*エゼ37:3, 5, 9, 12, 19, 21「神」の子音字は「主」

4 ①エゼ37:9, 12
5 ①エゼ36:1、エレ22:29
5 ①エゼ37:9, 10, 14、創2:7
6 ①エゼ37:8-10
7 ②→エゼ25:5
9 ①エゼ37:7
10 ②エゼ37:5, 6
11 ①エゼ39:25
   ②エゼ37:2

37:1-14 【主】の御手が私の上にあり・・・骨が　聖霊の感動を受けてエゼキエルは骨が満ちた谷間の幻を見た。骨はほかの国々に征服され散らされて希望を失った「イスラエルの全家」(37:11)、イスラエルとユダの両国（→4:5注）を表している。神は骨に向かって預言をするようにとエゼキエルに言われた(37:4-6)。すると骨は、(1) 故郷への具体的政治的回復(37:7-8)と、(2) 信仰と神との関係が新しくなる霊的回復(37:9-10)の2段階を経て生き返った。この幻は、情況は絶望的に見えても、神の力が人々を約束の地に回復してくださることを捕囚の人々に保証するものだった(37:11-14)。2段階の間にどのくらいの時間があるのかは明らかにされなかった。

37:10 息が彼らの中に入った・・・生き返り　イスラエルが生き返るここの描写は、人間が創造された創世記2:7の記録と似ている。神はアダムをまず肉体的に形作り、それから「いのちの息」を吹込まれた。同じように死んだイスラエルの国もまず見えるかたちで回復され、それから霊的に回復されていのちの息が吹込まれる（聖霊が注がれ神の御霊が内側に与えられる）。

たがたをその墓から引き上げて、イスラエルの地に連れて行く。

¹³わたしの民よ。わたしがあなたがたの墓を開き、あなたがたを墓から引き上げるとき、あなたがたは、わたしが主であることを知ろう。

¹⁴わたしがまた、わたしの霊をあなたがたのうちに入れると、あなたがたは生き返る。わたしは、あなたがたをあなたがたの地に住みつかせる。このとき、あなたがたは、主であるわたしがこれを語り、これを成し遂げたことを知ろう。──主の御告げ──」

ひとりの王が治める一つの国

¹⁵次のような主のことばが私にあった。¹⁶「人の子よ。一本の杖を取り、その上に、『ユダと、それにつくイスラエル人のために』と書きしるせ。もう一本の杖を取り、その上に、『エフライムの杖、ヨセフと、それにつくイスラエルの全家のために』と書きしるせ。¹⁷その両方をつなぎ、一本の杖とし、あなたの手の中でこれを一つとせよ。¹⁸あなたの民の者たちがあなたに向かって、『これはどういう意味か、私たちに説明してくれませんか』と言うとき、¹⁹彼らに言え。神である主はこう仰せられる。見よ。わたしは、エフライムの手にあるヨセフの杖と、それにつくイスラエルの諸部族とを取り、それらをユダの杖に合わせて、一本の杖とし、わたしの手の中で一つとする。

²⁰あなたが書きしるした杖を、彼らの見ている前であなたの手に取り、²¹彼らに言え。神である主はこう仰せられる。見よ。わたしは、イスラエル人を、その行っていた諸国の民の間から連れ出し、彼らを四方から集め、彼らの地に連れて行く。²²わたしが彼らを、その地、イスラエルの山々で、一つの国とするとき、ひとりの王が彼ら全体の王となる。彼らはもはや二つの国とはならず、もはや決して二つの王国に分かれない。²³彼らは二度と、その偶像や忌まわしいもの、またあらゆるそむきの罪によって身を汚さない。わたしは、彼らがかつて罪を犯したその滞在地から彼らを救い、彼らをきよめる。彼らはわたしの民となり、わたしは彼らの神となる。

²⁴わたしのしもべダビデが彼らの王となり、彼ら全体のただひとりの牧者となる。彼らはわたしの定めに従って歩み、わたしのおきてを守り行う。²⁵彼らは、わたしがわたしのしもべヤコブに与えた国、あなたがたの先祖が住んだ国に住むようになる。そこには彼らとその子らとその子孫たちとがとこしえに住み、わたしのしもべダビデが永遠に彼らの君主と

37:12-14 イスラエルの地 骨が復活する幻は、イスラエルが目に見えるかたちで回復するときに成就する(37:10注)。この回復は捕囚の人々がエルサレムに戻るのをペルシヤのクロス王が許可したときに部分的に成就した(⇒エズ1:)。けれどもそれが完全に成就するのは、終りのときに神がイスラエルを故郷の地に集められ、霊的大リバイバルが起きるときである。そのときには多くのユダヤ人がイエス・キリストをメシヤと信じて受け入れる(⇒ロマ11:15、25-26、→「**神の計画の中のイスラエル**」の項 p.2077)。これはキリストが再び来られて千年王国(終りのときにキリストが平和のうちに1,000年間地上を治めるとき)を建てられる前に起きる(→黙20:、→「**終末の事件**」の表 p.2471)。

37:16-23 一本の杖を取り ソロモンが死んだ後に神の民は二つの国に分裂した(→4:5注、→Ⅰ列12:14:、Ⅱ歴10:-11:、→「**イスラエルとユダの王国**」の地図 p.570)。一つはユダと呼ばれ、もう一つはイスラエル(最大の部族の名前から時にはエフライムと呼ばれる)と呼ばれた。この二つの国は再び統一され、一人の王(キリスト)が治めると神は約束された。

37:24 わたしのしもべダビデ やがて来られるメシヤ(「油そそがれた者」、キリスト)は「ダビデ」と呼ばれている。それはメシヤがダビデ王の子孫であり、ダビデに対する神の約束の成就として来られるからである(⇒Ⅱサム7:16、→「**ダビデとの神の契約**」の項 p.512)。イスラエルはメシヤによって霊的にきよめられ、罪の赦しを受けて神の律法に従うようになる。この恩恵はキリストの十字架の上での死と聖霊の働きによって可能になる(⇒36:16-32、エレ31:31-34)。

²⁶わたしは彼らと平和の契約を結ぶ。これは彼らとのとこしえの契約となる。わたしは彼らをかばい、彼らをふやし、わたしの聖所を彼らのうちに永遠に置く。²⁷わたしの住まいは彼らとともにあり、わたしは彼らの神となり、彼らはわたしの民となる。²⁸わたしの聖所が永遠に彼らのうちにあるとき、諸国の民は、わたしがイスラエルを聖別する主であることを知ろう。」

ゴグに対する預言

38 ¹さらに、私に次のような主のことばがあった。²「人の子よ。メシェクとトバルの大首長であるマゴグの地のゴグに顔を向け、彼に預言して、³言え。神である主はこう仰せられる。メシェクとトバルの大首長であるゴグよ、今、わたしは、あなたに立ち向かう。⁴わたしはあなたを引き回し、あなたのあごに鉤をかけ、あなたと、あなたの全軍勢を出陣させる。それはみな武装した馬や騎兵、大盾と盾を持ち、みな剣を取る大集団だ。⁵ペルシヤとクシュとプテも彼らとともにおり、みな盾とかぶとを着けている。⁶ゴメルと、そのすべての軍隊、北の果てのベテ・トガルマと、そのすべての軍隊、それに多くの国々の民があなたとともにいる。⁷備えをせよ。あなたも、あなたのところに集められた全集団も備えをせよ。あなたは彼らを監督せよ。⁸多くの日が過ぎて、あなたは命令を受け、終わりの年に、一つの国に侵入する。その国は剣の災害から立ち直り、その民は多くの国々の民の中から集められ、久しく廃墟であったイスラエルの山々に住んでいる。その民は国々の民の中から連れ出され、彼らはみな安心して住んでいる。⁹あなたは、あらしのように攻め上り、あなたと、あなたの全部隊、それに、あなたにつく多くの国々の民は、地をおおう雲のようになる。

¹⁰神である主はこう仰せられる。その日には、あなたの心にさまざまな思いが浮かぶ。あなたは悪巧みを設け、¹¹こう言う。『私は城壁のない町々の国に攻め上り、安心して住んでいる平和な国に侵入しよう。彼らはみな、城壁もかんぬきも門もない所に住んでいる。』¹²あなたは物を分捕り、獲物をかすめ奪い、今は人の住むようになった廃墟や、国々から集められ、その国の中心に住み、家畜や財産を持っている民に向かって、あなたの腕力をふるおうとする。¹³シェバやデダンやタルシシュの商人たち、およびそのすべての若い獅子たちは、あなたに聞こう。『あなたは物を分捕るために来たのか。獲物をかすめ奪うために集団を集め、銀や金を運び去り、家畜や財産を取り、大いに略奪をしようとするのか』と。

¹⁴それゆえ、人の子よ、預言してゴグに言え。神である主はこう仰せられる。わたしの民イスラエルが安心して住んでいるとき、実に、その日、あなたは奮い立つのだ。

38:1-23 マゴグ・・・ゴグ 38章でエゼキエルは、イスラエルが故郷に回復された後に国々が連合（政治的同盟）してイスラエルに最後の攻撃をしかけると説明している。その国々はイスラエルを滅ぼしてその土地を奪おうとしている。そのリーダーの名前がゴグである。けれども侵略した国々は最終的に神ご自身によって打破されて失敗する。

38:2 ゴグ ゴグはマゴグの地の王で、メシェクとトバルの大首長だった。創世記10:2によるとマゴグ、メシェク、トバルはヤペテ（ノアの息子の一人）の息子たちの名前である。つまりここに描かれている未来に起こる戦いはヤペテの子孫によって導かれるのである。「ゴグ」という名前はまた悪や神への反抗を意味する（→黙20:7-9）。この国々はイスラエルのはるか北に位置していると思われる（38:6, 15, 39:2）。東と南の国々の軍隊もこれに参加する（38:5）。この戦いの時期を決定することは困難である。けれども千年期（歴史の終りのときにキリストが地上を治める1,000年間）の終りに起こる黙示録20:7-9のゴグとマゴグの戦いとは同じではないと考えられる。

38:5 ペルシヤとクシュとプテ ペルシヤ、クシュ（エチオピア）、プテ（リビヤまたはほかの北アフリカの国）、ゴメル（黒海の北の人々）、ベテ・トガルマ（アルメニヤ）などの国々はゴグの軍隊の同盟軍である。

¹⁵ あなたは、北の果てのあなたの国から、多くの国々の民を率いて来る。彼らはみな馬に乗る者で、大集団、大軍勢だ。

¹⁶ あなたは、わたしの民イスラエルを攻めに上り、終わりの日に、あなたは地をおおう雲のようになる。ゴグよ。わたしはあなたに、わたしの地を攻めさせる。それは、わたしがあなたを使って諸国の民の目の前にわたしの聖なることを示し、彼らがわたしを知るためだ。

¹⁷ 神である主はこう仰せられる。あなたは、わたしが昔、わたしのしもべ、イスラエルの預言者たちを通して語った当の者ではないか。この預言者たちは、わたしがあなたに彼らを攻めさせると、長年にわたり預言していたのだ。

¹⁸ ゴグがイスラエルの地を攻めるその日、──神である主の御告げ──わたしは怒りを燃え上がらせる。

¹⁹ わたしは、ねたみと激しい怒りの火を吹きつけて言う。その日には必ずイスラエルの地に大きな地震が起こる。

²⁰ 海の魚も、空の鳥も、野の獣も、地面をはうすべてのものも、地上のすべての人間も、わたしの前で震え上がり、山々はくつがえり、がけは落ち、すべての城壁は地に倒れる。

²¹ わたしは剣を呼び寄せて、わたしのすべての山々でゴグを攻めさせる。──神である主の御告げ──彼らは剣で同士打ちをするようになる。

²² わたしは疫病と流血で彼に罰を下し、彼と、彼の部隊と、彼の率いる多くの国々の民の上に、豪雨や雹や火や硫黄を降り注がせる。

²³ わたしがわたしの大いなることを示し、わたしの聖なることを示して、多くの国々の見ている前で、わたしを知らせるとき、彼らは、わたしが主であることを知ろう。」

39

¹「人の子よ。ゴグに向かって預言して言え。*神である主はこう仰せられる。メシェクとトバルの大首長であるゴグよ。わたしはあなたに立ち向かう。

² わたしはあなたを引き回し、あなたを押しやり、北の果てから上らせ、イスラエルの山々に連れて来る。

³ あなたの左手から弓をたたき落とし、右手から矢を落とす。

⁴ あなたと、あなたのすべての部隊、あなたの率いる国々の民は、イスラエルの山々に倒れ、わたしはあなたをあらゆる種類の猛禽や野獣のえじきとする。

⁵ あなたは野に倒れる。わたしがこれを語るからだ。──神である主の御告げ──

⁶ わたしはマゴグと、島々に安住している者たちとに火を放つ。彼らは、わたしが主であることを知ろう。

⁷ わたしは、わたしの聖なる名をわたしの民イスラエルの中に知らせ、二度とわたしの聖なる名を汚させない。諸国の民は、わたしが主であり、イスラエルの聖なる者であることを知ろう。

⁸ 今、それは来る、それは成就する。──神である主の御告げ──それは、わたしが語った日である。

⁹ イスラエルの町々の住民は出て来て、武器、すなわち、盾と大盾、弓と矢、手槍と槍を燃やして焼き、七年間、それらで火を燃やす。

¹⁰ 彼らは野から木を取り、森からたきぎを集める必要はない。彼らは武器で火を燃やすからだ。彼らは略奪された物を略奪し返

---

cross-references:

15 ① エゼ38:6, 39:2 ② エゼ38:4, 6
16 ①→エゼ23:20 ② エゼ38:9 ③ エゼ20:41, 36:23
17 ① エゼ5:17, 7:26, 14:4, 7, 33:33, ダニ9:2, →イザ3:2 ② ヨエ3:9-14, ゼパ3:8
18 ① エゼ38:18
19 ① エゼ13:13, 36:5, 6 ② エレ4:24, 詩18:7, ヨエ3:16, ナホ1:5, ハガ2:6, 黙16:18
20 ① ホセ4:3
21 ① エゼ14:17 ② 士7:22, Ⅰサム14:20, Ⅱ歴20:23, ハガ2:22
22 ① エゼ5:17 ② エゼ13:11, 13 ③ イザ28:17, 30:30, 黙16:21 ④ 詩11:6, 18:12, 13, イザ66:16, 黙20:9

23 ① エゼ38:16 ② エゼ37:28, 38:16 ③→エゼ25:5

1 ① エゼ38:2 ② エゼ38:2 *エゼ39:1, 5, 8, 10, 13, 17, 20, 25, 29「神」の子音字は「主」
2 ① エゼ27:13
3 ① エゼ38:2, 3
4 ① エゼ38:3
5 ① エゼ38:15 ② エゼ38:8
6 ① 詩76:3, ホセ1:5 ② エゼ29:5, 33:27, 39:17
7 ① エゼ38:2 ② 詩72:10, イザ66:19, エレ25:22 ③ エゼ30:8, 38:22, アモ1:4
8 ① エゼ36:20-22, 39:25 ② エゼ38:23 ③ エゼ20:39, レビ18:21 ④ エゼ38:16 ⑤ イザ1:4
9 ① 黙16:17, 21:6 ② エレ7:2-10
10 ① イザ66:24
11 ① ヨシ11:6, 詩46:9
12 ① イザ14:2, 33:1, ハバ2:8

38:21-22 剣で同士打ちを 神が侵略軍を混乱させるので、ある国は同盟国のほかの国々を攻撃する。神はまた地震や疫病やそのほかの災害によって同盟軍を直ちに滅ぼされる。

39:1-29 ゴグに向かって預言して言え 39章ではゴグ（→38:2注）に対する神のさばきが繰り返し描かれ、イスラエルの敵が完全に滅びる様子が描かれている。神がその民を救うために奇蹟的に介入されることが示されている。

39:6 わたしが【主】であること 侵入する邪悪な国の軍隊を滅ぼして主はご自分の力と栄光を現される。この方だけが主であり神であることをだれもが知るようになる。

39:9 七年間 「七年間」（→39:12）は文字通りの7年とも、敵の完全な崩壊を意味する象徴的な数字とも考えられる。いずれにしても39章のメッセージは明らかである。最後には神の民が勝利をしてあらゆる悪と苦しみは取除かれる。

し、かすめ奪われた物をかすめ奪う。──神である主の御告げ──

¹¹その日、わたしは、イスラエルのうちに、ゴグのために墓場を設ける。それは海の東の旅人の谷である。そこは人が通れなくなる。そこにゴグと、そのすべての群集が埋められ、そこはハモン・ゴグの谷と呼ばれる。

¹²イスラエルの家は、その国をきよめるために、七か月かかって彼らを埋める。¹³その国のすべての民が埋め、わたしの栄光が現されるとき、彼らは有名になる。──神である主の御告げ──

¹⁴彼らは、常時、国を巡り歩く者たちを選び出す。彼らは地の面に取り残されているもの、*旅人たちを埋めて国をきよめる。彼らは七か月の終わりまで捜す。

¹⁵巡り歩く者たちは国中を巡り歩き、人間の骨を見ると、そのそばに標識を立て、埋める者たちがそれをハモン・ゴグの谷に埋めるようにする。

¹⁶そこの町の名はハモナとも言われる。彼らは国をきよめる。

¹⁷神である主はこう仰せられる。人の子よ。あらゆる種類の鳥と、あらゆる野の獣に言え。集まって来い。わたしがおまえたちのために切り殺した者、イスラエルの山々の上にある多くの切り殺された者に、四方から集まって来い。おまえたちはその肉を食べ、その血を飲め。

¹⁸勇士たちの肉を食べ、国の君主たちの血を飲め。雄羊、子羊、雄やぎ、雄牛、すべてバシャンの肥えたものをそうせよ。

¹⁹わたしがおまえたちのために切り殺したものの脂肪を飽きるほど食べ、その血を酔うほど飲むがよい。

²⁰おまえたちはわたしの食卓で、馬や、騎手や、勇士や、すべての戦士に食べ飽きる。──神である主の御告げ──

²¹わたしが諸国の民の間にわたしの栄光を現すとき、諸国の民はみな、わたしが行うわたしのさばきと、わたしが彼らに置くわたしの手とを見る。

²²その日の後、イスラエルの家は、わたしが彼らの神、**主**であることを知ろう。

²³諸国の民は、イスラエルの家が、わたしに不信の罪を犯したために咎を得て捕らえ移されたこと、それから、わたしが彼らにわたしの顔を隠し、彼らを敵の手に渡したので、彼らがみな剣に倒れたことを知ろう。

²⁴わたしは、彼らの汚れとそむきの罪に応じて彼らを罰し、わたしの顔を彼らに隠した。

²⁵それゆえ、神である主はこう仰せられる。今わたしはヤコブの繁栄を元どおりにし、イスラエルの全家をあわれむ。これは、わたしの聖なる名のための熱心による。

²⁶彼らは、自分たちの地に安心して住み、彼らを脅かす者がいなくなるとき、わたしに逆らった自分たちの恥とすべての不信の罪との責めを負おう。

²⁷わたしが彼らを国々の民の間から帰らせ、彼らの敵の地から集め、多くの国々が見ている前で、彼らのうちにわたしの聖なることを示すとき、

²⁸彼らは、わたしが彼らの神、**主**であることを知ろう。わたしは彼らを国々に引いて行ったが、また彼らを彼らの地に集め、そこにひとりも残しておかないようにするからだ。

²⁹わたしは二度とわたしの顔を彼らから隠さず、わたしの霊をイスラエルの家の上に注ぐ。──神である主の御告げ──」

新しい神殿の場所

40 ¹私たちが捕囚となって二十五年目の年の初め、その月の十日、町が占領されてから十四年目のちょうどその日、**主**の御手が私の上にあり、私をそこへ連れて行った。

²すなわち、神々しい幻のうちに、私はイスラエルの地へ連れて行かれ、非常に高い

40:1-43:27 神々しい幻 エゼキエルがバビロニヤに移住させられた25年後の前573年に、新しくなった神殿の幻がエゼキエルに与えられた。その目的は神が将来神の栄光を回復されて（→「神の栄光」の項 p.1366）、名誉と祝福を永遠に受けるようになることを人々に知らせて勇気づけることだった。

山の上に降ろされた。その南のほうに町が建てられているようであった。
3 主が私をそこに連れて行かれると、そこに、ひとりの人がいた。その姿は青銅でできているようであり、その手に麻のひもと測りざおを持って門のところに立っていた。
4 その人は私に話しかけた。「人の子よ。あなたの目で見、耳で聞き、わたしがあなたに見せるすべての事を心に留めよ。わたしがあなたを連れて来たのは、あなたにこれを見せるためだ。あなたが見ることをみな、イスラエルの家に告げよ。」

外庭に続く東向きの門
5 そこに、神殿の外側を巡って取り囲んでいる壁があった。その人は手に六キュビトの測りざおを持っていた。その一キュビトは、普通の一キュビトに一手幅を足した長さであった。彼がその外壁の厚さを測ると、一さおであり、その高さも一さおであった。
6 それから、彼が東向きの門に行き、その階段を上って、門の敷居を測ると、その幅は一さおで、もう一つの門の敷居も幅は一さおであった。
7 控え室は長さ一さお、幅一さおであり、控え室と控え室の間は五キュビトであった。門の内側の玄関の間に続く門の敷居は一さおであった。
8 彼が門の内側の玄関の間を測ると、一さお、
9 すなわち、門の玄関の間を測ると、八キュビトで、その壁柱は二キュビトで、門の玄関の間は内側にあった。
10 東のほうにある門の控え室は両側に三つ

2 ①詩48:2, イザ14:13
3 ①エゼ1:7, ダニ10:6
   ②エゼ47:3, ゼカ2:1
   ③エゼ40:5,
    黙11:1, 21:15
4 ①エゼ32:2
   ②エゼ44:5
   ③エゼ26:2
5 ①エゼ40:5-42:20,
    Ⅰ列6章, Ⅱ歴3:1-14
   ②エゼ42:20
   ③エゼ40:3
6 ①エゼ42:15, 43:1, 4, 44:1
   ②エゼ40:22, 26
   ③エゼ41:16
7 ①エゼ40:10-16, 21, 29
8 ①エゼ40:21, 24, 29
10 ①エゼ40:7

11 *「内のり幅の」は補足
14 * 七十人訳のある写本は「二十」
   ** 直訳「門は回りで、庭の壁柱についていた」
16 ①エゼ41:16, 26,
    Ⅰ列6:4
   ②エゼ40:22, 26, 31, 34,
    37, 41:18-20, 25, 26,
    Ⅰ列6:29, 32, 35,
    Ⅱ歴3:5
17 ①エゼ10:5, 40:20,
    42:1, 46:21, 黙11:2
   ②出8:7, 出27:9,
    Ⅰ歴28:6, 詩100:4,
    イザ62:9
18 ①エゼ40:6, 20, 24
19 ①エゼ40:23, 27
20 ①エゼ44:4

ずつあり、三つとも同じ寸法であった。壁柱も、両側とも、同じ寸法であった。
11 彼が門の入口の幅を測ると、十キュビト、門の内のり幅の長さは十三キュビトであった。
12 控え室の前に出た仕切りは両側ともそれぞれ一キュビトであった。控え室は両側とも六キュビトであった。
13 彼がその門を、片側の控え室の屋根の端から他の側の屋根の端まで測ると、一つの入口から他の入口までの幅は二十五キュビトであった。
14 彼は壁柱を六十キュビトとした。*門の周囲を巡る壁柱は庭に面していた。**
15 入口の門の前から内側の門の玄関の間の前までは五十キュビトであり、
16 門の内側にある控え室と壁柱には格子窓が取りつけられ、玄関の間もそうであった。内側の回りには窓があり、壁柱には、なつめやしの木が彫刻してあった。

外庭
17 それから、彼は私を外庭に連れて行った。そこには部屋があり、庭の回りには石だたみが敷かれていた。石だたみの上に、三十の部屋があった。
18 石だたみは門のわきにあり、ちょうど門の長さと同じであった。これは下の石だたみである。
19 彼が下の門の端から内庭の外の端までその幅を測ると、東も北も百キュビトであった。

北向きの門
20 彼は外庭にある北向きの門の長さと幅を測った。

40:5 神殿 エゼキエルの神殿の幻には、次のような三つの解釈がある。(1) 象徴的な神殿で、黙示録21-22章に描かれている永遠の情況を示している。(2) 象徴的な神殿で、千年期(終りのときにキリストが地上を治める1,000年間→黙20:)の祝福を描いている。(3) 未来の千年期(王国)の時代に建てられる文字通りの(実際の)神殿を示す。どの解釈を受入れても中心的な教えは同じである。それは、(1) いつの日か神の臨在と栄光が神の民に永遠に回復され(43:

7)、(2) キリストの祝福と力は水かさを増す川のように流れて、神の民をさわやかにし生き返らせ新しくする(47:1-12)ということである。

40:5 取り囲んでいる壁 実際の壁は神殿の境内を示し、町のほかの部分と区別している。霊的な意味でキリスト者のからだは今や聖霊の宮であるから(Ⅰコリ6:19)、周りの罪深い社会の考えや生活様式から自分自身を分離しておかなければならない。キリスト者は神の目的のために区別されているべきである(→「信

エゼキエル書 40章

²¹ それには両側に三つずつ控え室があり、壁柱も玄関の間も先の門と同じ寸法であった。その長さは五十キュビト、幅は二十五キュビトであった。
²² その窓も玄関の間もなつめやしの木の彫刻も、東向きの門と同じ寸法であった。七段の階段を上って行くと、その先に玄関の間があった。
²³ 東に面する門と同様に、北に面する門にも内庭の門が向かい合っており、彼が門から門まで測ると、百キュビトであった。

南向きの門

²⁴ 次に、彼は私を南のほうへ連れて行った。すると、そこにも南向きの門があり、その壁柱と玄関の間を彼が測ると、それは、ほかの門と同じ寸法であった。
²⁵ 壁柱と玄関の間の周囲に窓があり、それはほかの窓と同じであった。門の長さは五十キュビト、幅は二十五キュビトであった。
²⁶ そこに上るのに七段の階段があり、その先に玄関の間があった。その両側の壁柱には、なつめやしの木が彫刻してあった。
²⁷ 内庭には南向きの門があり、彼がこの門から南のほうに他の門まで測ると、百キュビトであった。

内庭への門

²⁸ 彼が私を南の門から内庭に連れて行き、南の門を測ると、ほかの門と同じ寸法であった。
²⁹ その控え室も壁柱も玄関の間もほかのと同じ寸法で、壁柱と玄関の間の周囲に窓があった。門の長さは五十キュビト、幅は二十五キュビトであった。
³⁰ 玄関の間の周囲は長さ二十五キュビト、幅五キュビトであった。
³¹ その玄関の間は外庭に面し、その壁柱にはなつめやしの木が彫刻してあった。その階段は八段であった。
³² 次に、彼は私を内庭の東のほうに連れて行った。そこの門を測ると、ほかの門と同じ寸法であった。

²¹ ①エゼ40:7
②エゼ40:16
③エゼ40:8
④エゼ40:13
⑤エゼ40:15
²² ①エゼ40:16
②エゼ40:13
③エゼ40:6
④エゼ40:26, 31
²³ *「門と同様に」は七十人訳による補足
①エゼ40:19, 27
²⁴ ①エゼ40:9
²⁵ ①エゼ40:21
²⁶ ①エゼ40:6, 22
②エゼ40:16
²⁷ ①エゼ40:23, 32, 44
²⁸ ①エゼ40:28-31, エゼ40:32-34, 35-37
²⁹ ①エゼ40:7, 33, 36
②エゼ40:8
③エゼ40:22
④エゼ40:21
³¹ ①エゼ40:16
³² ①エゼ40:22, 34, 37
③²①エゼ40:32-34, エゼ40:28-31
②エゼ40:27

³⁴ ①エゼ40:16
②エゼ40:31
³⁵ ①エゼ40:35-37, エゼ40:28-31
³⁷ * 七十人訳による
△「壁柱」
①エゼ40:16
②エゼ40:31
³⁸ ①Ⅱ歴4:6, イザ4:4
³⁹ ①エゼ40:39, 42, 43:18, 24, 27, 44:11, 45:15, 17, 23, 25, 46:2, 4, 12, 13, →イザ1:11
②エゼ42:13, 43:19, 21, 22, 25, 44:27, 29, 45:17, 19, 22, 23, 25, 46:20, ヘブ7:27
③エゼ42:13, 44:29, 46:20, エズ10:19, イザ53:10, →Ⅰサム6:3
⁴² ①出20:25
②→エゼ40:38
⁴⁴ *「彼を内庭に連れて行った」は七十人訳による
△「内庭の外に」
①エゼ40:27

³³ その控え室も壁柱も玄関の間もほかのと同じ寸法で、壁柱と玄関の間の周囲に窓があった。門の長さは五十キュビト、幅は二十五キュビトであった。
³⁴ その玄関の間は外庭に面し、両側の壁柱にはなつめやしの木が彫刻してあった。階段は八段であった。

³⁵ 彼は私を北の門に連れて行った。それを測ると、ほかの門と同じ寸法であった。
³⁶ その控え室も壁柱も玄関の間もほかのと同じ寸法で、その周囲に窓があった。門の長さは五十キュビト、幅は二十五キュビトであった。
³⁷ *その玄関の間は外庭に面し、両側の壁柱にはなつめやしの木が彫刻してあった。階段は八段であった。

いけにえを準備する部屋

³⁸ 門の壁柱のそばに戸のある部屋があり、そこは全焼のいけにえをすすぎ清める所であった。
³⁹ 門の玄関の間には、全焼のいけにえ、罪のためのいけにえ、罪過のためのいけにえをほふるために、両側にそれぞれ二つずつの台があった。
⁴⁰ 北の門の入口へ上って行くと、外側に二つの台があり、門の玄関の間の他の側にも二つの台があった。
⁴¹ すなわち、門の片側に四つの台があり、他の側に四つの台があり、この八つの台の上でいけにえをほふるのである。
⁴² また、全焼のいけにえのための四つの切り石の台があり、その長さは一キュビト半、幅は一キュビト半、その高さは一キュビトであった。その上に全焼のいけにえや、ほかのいけにえをほふるための道具が置かれていた。
⁴³ 内側には、周囲に一手幅の縁が取りつけてあり、ささげ物の肉は台の上に置かれるようになっていた。

祭司たちの部屋

⁴⁴ *彼は私を内庭に連れて行った。内庭に

40:38 全焼のいけにえ →43:18-27注

は**二つの部屋があり、北の門のわきにある部屋は南を向き、南の門のわきのは北を向いていた。

⁴⁵彼は私に言った。「この南向きの部屋は、宮の任務を果たす祭司たちのためであり、⁴⁶北向きの部屋は、祭壇の任務を果たす祭司たちのためである。彼らはツァドクの子孫であり、レビの子孫の中で主に近づいて仕える者たちである。」

⁴⁷彼が庭を測ると、長さ百キュビト、幅百キュビトの正方形であった。神殿の前には祭壇があった。

神殿

⁴⁸彼が私を神殿の玄関の間に連れて行って、玄関の間の壁柱を測ると、両側とも五キュビトであり、その門の幅は十四キュビト、その門の両わきの壁は、それぞれ三キュビトであった。⁴⁹玄関の間の間口は二十キュビト、奥行は*十二キュビトであった。そこへ上るのに階段があり、両側の壁柱のそばにはそれぞれ円柱が立っていた。

41

¹彼は私を本堂へ連れて行った。その壁柱を測ると、その幅は両側とも六キュビトであった。これが*壁柱の幅であった。

²入口の幅は十キュビト、入口の両わきの壁はそれぞれ五キュビトであり、本堂の長さを測ると、四十キュビト、幅は二十キュビトであった。

³彼が奥に入り、入口の壁柱を測ると、二キュビト、入口は六キュビト、入口の両わきの壁は七キュビトであった。

⁴彼はまた、本堂に面して長さ二十キュビト、幅二十キュビトを測って、私に「これが至聖所だ」と言った。

⁵彼が神殿の壁を測ると、六キュビト、神殿の周囲を囲む階段式の脇間の幅は四キュビトであった。

⁶階段式の脇間は三段に重なり、各段に三十あった。神殿の周囲の階段式の脇間は壁①こていにしてささえられ、神殿の壁は梁でささえられていなかった。

⁷階段式の脇間の幅は階段を上るごとに広くなっていた。それは神殿の周囲にあるらせん階段を上るごとに、その段の幅も広くなり、その下の段から上の段へは中央の階段を通って上るのである。

⁸私は神殿の回りが高くなっているのを見た。階段式の脇間の土台は、長めの六キュビトの測りざおいっぱいであった。

⁹階段式の脇間の外側の壁の厚さは五キュビトであった。神殿の階段式の脇間と、¹⁰部屋との間には空地があり、それが神殿の周囲を幅二十キュビトで囲んでいた。

¹¹階段式の脇間の入口は空地のほうに向き、一つの入口は北向きで、他の入口は南のほうに向き、その空地は幅五キュビトで周囲を囲んでいた。

¹²西側の聖域にある建物は、その奥行が七十キュビト、その建物の回りの壁は、厚さ五キュビト、その間口は九十キュビトであった。

¹³彼が神殿を測ると、長さは百キュビト、その聖域と建物とその壁とで、長さ百キュビトであった。

¹⁴また、東側の聖域と神殿に面する幅も百キュビトであった。

¹⁵彼が神殿の裏にある聖域に面した建物の長さと、両側の回廊とを測ると、百キュビトであった。本堂の内側と、庭の玄関の間、

¹⁶門口と格子窓と三段になった回廊とは、床から窓まで羽目板が張り巡らされていた。また、窓にはおおいがあった。

¹⁷入口の上部にも、神殿の内側にも外側にも、これを囲むすべての壁の内側にも外側にも*彫刻がしてあり、

¹⁸ケルビムと、なつめやしの木とが彫刻してあった。なつめやしの木はケルブとケルブの間にあり、おのおののケルブには二つの顔があった。

¹⁹人間の顔は一方のなつめやしの木に向か

---

⁴⁴**七十人訳による
□「歌を歌う者たちの」
⁴⁵①エゼ44:14、民18:5
⁴⁶①エゼ6:12, 13、民18:5
②エゼ43:19, 44:15, 48:11, I 列2:35
③エゼ43:13, 43:19, 45:4、レビ10:3、民16:5, 40
⁴⁸①I 列6:3、II 歴3:4
*「十四キュビト, その門の両わきの壁は」は七十人訳による補足
⁴⁹*七十人訳による
□「十一キュビト」
①I 列7:15-21, II 歴3:15-17、エレ52:17-23

1①エゼ41:21, 23, 25
②エゼ40:2, 3, 17, 28, 48
*「壁柱」は七十人訳による
□「天幕」
2①I 列6:17
3①エゼ41:2、II 歴3:3
*七十人訳による
4①I 列6:20
②エゼ41:23、出26:33, 34、II 歴3:8、ヘブ9:3
5①エゼ41:6-11, 26、I 列6:5, 6, 8, 10

6①I 列6:10
7①I 列6:6
8①I 列6:8
9①エゼ40:5
10①エゼ42:1-14
12①エゼ41:13-15, 42:1, 10, 13
13①エゼ41:15
14①エゼ40:47
15①エゼ41:12
②エゼ41:12
16①エゼ41:16, 42:3
②エゼ10:18, 40:6、イザ6:4
③エゼ40:16
④エゼ42:3
④エゼ41:15
⑤I 列6:15, 18
17①I 列6:29
*七十人訳による
□「も測られた」
18①エゼ41:20, 25、I 列6:29, 32, 35, 7:36
②エゼ40:16
*ケルビムの単数形
19①エゼ1:10, 10:14

41:1 本堂 エゼキエルが見た神殿はソロモンの神殿と少し違っていた（→II 歴2:-7:,「**ソロモンの神殿**」の図 p.557）。香の壇や燭台や契約の箱については何も書かれていない。違う理由も説明されていない。

い、若い獅子の顔は他方のなつめやしの木に向かい、このように、神殿全体の回りに彫刻してあった。
20 床から入口の上まで、本堂の壁にケルビムとなつめやしの木が彫刻してあった。
21 本堂の戸口の柱は四角で、至聖所の前には何かに似たものがあった。
22 それは木の祭壇のようであり、高さは三キュビト、長さは二キュビトで、その四隅も台も側面も木でできていた。彼は私に、「これが主の前にある机だ」と言った。
23 また、本堂と至聖所にそれぞれ二つのとびらがあり、
24 それらのとびらにはそれぞれ二つの戸が折りたたむようになっていた。すなわち、一つのとびらには二つの戸があり、ほかのとびらにも二つの戸があった。
25 本堂のとびらには、壁に彫刻されていたのと同じようなケルビムとなつめやしの木が彫刻してあった。外側の玄関の間の前には木のひさしがあった。
26 玄関の間の両わきの壁には格子窓となつめやしの木があり、神殿の階段式の脇間とひさしも同様であった。

祭司たちの部屋

42 1 彼は私を北のほうの外庭に連れ出し、聖域に面し、北方の建物に面している部屋へ連れて行った。
2 その長さは百キュビト、その端に北の入口があり、幅は五十キュビトであった。
3 二十キュビトの内庭に面し、外庭の石だたみに面して、三階になった回廊があった。
4 部屋の前には幅十キュビトの通路が内側にあり、その長さは百キュビトであった。その部屋の入口は北に向いていた。
5 上の部屋は、回廊が場所を取ったので、建物の下の部屋よりも、また二階の部屋よりも狭かった。
6 なぜなら、これらは三階建であり、庭の柱のような柱がないためである。それで、上の部屋は下の部屋よりも、また二階の部屋よりも狭くなった。
7 部屋に沿った外側の石垣は、外庭のほうにあって、部屋に面し、その長さは五十

キュビトであった。
8 したがって、外庭に面する部屋の長さは五十キュビトであった。しかし、本堂に面する側は百キュビトであった。
9 これらの部屋の下には、外庭から入れるように、東側に出入口があった。
10 聖域や建物に面している南側の庭の厚い石垣の中には、部屋があった。
11 その部屋の通路は、北側の部屋と同じように見え、長さも同じ、幅も同じで、そのすべての出口も構造も入口も、同様であった。
12 南側の部屋の入口も同様で、通路の先端に入口があり、東側の石垣に面し、そこから入れる通路があった。
13 彼は私に言った。「聖域に面している北の部屋と南の部屋は、聖なる部屋であって、主に近づく祭司たちが最も聖なるささげ物を食べる所である。その場所は神聖であるから、彼らはそこに最も聖なる物、すなわち穀物のささげ物、罪のためのいけにえ、罪過のためのいけにえを置く。
14 祭司たちは聖所に入ったなら、そこから外庭に出てはならない。彼らが奉仕に用いる服は神聖だから、それを脱いで他の服に着替えてから民の所に近づかなければならない。」
15 彼は、神殿の内側を測り終えると、東向きの門に私を連れ出し、神殿の周囲を測った。
16 彼が測りざおで東側を測ると、測りざおで五百さおであった。
17 北側を測ると、測りざおで五百さおであった。
18 南側を測ると、測りざおで五百さおであった。
19 彼が西側に回って測りざおで測ると、五百さおであった。
20 彼が外壁の回りを巡って四方を測ると、その長さは五百さお、幅も五百さおで、聖なるものと俗なるものとを区別していた。

神殿に戻る神の栄光

43 1 彼は私を東向きの門に連れて行った。

2 すると、イスラエルの神の栄光が東のほうから現れた。その音は大水のとどろきのようであって、地はその栄光で輝いた。
3 私が見た幻の様子は、私がかつてこの町を滅ぼすために来たときに見た幻のようであり、またその幻は、かつて私が②ケバル川のほとりで見た幻のようでもあった。それで、私はひれ伏した。
4 ①主の栄光が東向きの門を通って宮に入って来た。
5 霊は私を引き上げ、私を内庭に連れて行った。なんと、主の栄光は神殿に満ちていた。
6 ①ある人が私のそばに立っているとき、私は、②神殿からだれかが私に語りかけておられるのを聞いた。
7 その方は私に言われた。「人の子よ。ここはわたしの玉座のある所、わたしの足の踏む所、わたしが永遠にイスラエルの子らの中で住む所である。イスラエルの家は、その民もその王たちも、もう二度と、淫行や高き所の王たちの死体で、わたしの聖なる名を汚さない。
8 彼らは、自分たちの門口をわたしの門口のそばに設け、自分たちの戸口の柱をわたしの戸口の柱のかたわらに立て、わたしと彼らとの間には、ただ壁があるだけとなり、彼らの忌みきらうべきわざによってわたしの聖なる名を汚した。そこでわたしは怒って、彼らを絶ち滅ぼした。
9 今、彼らにその淫行や王たちの死体をわたしから遠く取り除かせなければならない。わたしは永遠に彼らの中に住もう。

10 人の子よ。イスラエルの家が自分たちの不義を恥じるために、彼らに神殿を示し、彼らにその模型を測らせよ。
11 もし彼らが、自分たちの行ったあらゆることを恥じるなら、あなたは彼らに神殿の構造とその模型、その出口と入口、すなわち、そのすべての構造、すべての定め、すべての構造、すべての律法を示し、彼らの目の前でそれを書きしるせ。彼らが、そのすべての構造と定めとを守って、これを造るためである。
12 宮に関する律法は次のとおりである。山の頂のその回りの全地域は最も神聖である。これが宮に関する律法である。

祭壇
13 キュビトによる祭壇の寸法は次のとおりである。——このキュビトは、普通の*キュビトに一手幅足したものである。——その土台の深さは一キュビト、その回りの①縁の幅は一キュビト、みぞは一あたりである。祭壇の高さは次のとおりである。
14 この地面の土台から下の台座までは二キュビト、回りの幅は一キュビト。この低い台座から高い台座までは四キュビト、その回りの幅は一キュビト。
15 祭壇の炉は高さ四キュビトであり、祭壇の炉から上のほうへ四本の①角が出ていた。
16 祭壇の炉は長さ十二キュビト、幅十二キュビトの正方形である。
17 その台座は長さ十四キュビト、幅十四キュビトの正方形で、その回りのみぞは半キュビト、その①縁は一キュビトであり、そ

---

2 ①→エゼ8:4
　②エゼ11:23
　③エゼ1:24
　④エゼ1:28, 10:4, 黙18:1
3 ①エゼ9:1, 5
　②エゼ1:1
　③エゼ1:4-28
　④エゼ1:28, 3:23, 44:4
4 ①→エゼ1:28
　②エゼ40:6
5 ①エゼ40:3
　②エゼ1:26
7 ①エゼ32:2
　②エゼ1:26, 詩47:8
　③ I 歴28:2, 詩99:5, 哀2:1
　④エゼ37:26-28, 出25:8, 29:45, II コリ6:16
　⑤エゼ20:29
　⑥エゼ8:3, 16
　⑦エゼ18:30, 31
　⑧エゼ43:7

10 ①エゼ16:61, 63
11 ②エゼ40:4
　①→エゼ7:26
　②エゼ12:3
　③エゼ1:20, 36:27
12 ①エゼ40:2
　②エゼ42:20
13 ①エゼ43:13-17, 出27:1, II 歴4:1
　* 1キュビトは 約44センチ、一手幅は 約7.4センチ——あたりは親指と小指とを広げた間の長さ。約22.2センチ
　** 「深さ」は七十人訳による補足
　③エゼ43:17, 20
　*** 七十人訳による「背」
14 ①「回りの」は補足
15 ①出27:2, レビ9:9, I 列1:50, 詩118:27
　17 * 七十人訳による「土台」

43:5 【主】の栄光は神殿に満ちていた エゼキエル書は驚くべき神の栄光の幻で始まった。8－11章には神の栄光が人々の罪のために徐々に神殿と町から離れていく様子が描かれていた。最後は神の栄光と力と愛が再び神殿を満たすという別の驚くような幻になっている。五旬節の日に聖霊は激しい風の響きのように天から下ったけれども(使2:2)、エゼキエルは「大水のとどろきのようであって、地はその栄光で輝いた」(43:2)と神の栄光が戻ってくる様子を描いている。私たちは何にもまさって教会の中に聖霊の働きを通して神の栄光の証拠が現されることを願い求めなければならない(→「神の栄光」の項 p.1366、「聖霊の賜物」の

表 p.2096、「聖霊の働き」の表 p.2187)。そのような燃える思いが神の民の中にないとしたら、それは霊的に衰えている証拠である。

43:7 永遠にイスラエルの子らの中で住む 神の永遠のご計画とは愛のうちに神の民と個人的関係を持ち永遠に楽しむことである。そこに用意されている神の祝福と喜びは理解や想像をはるかに超えたものである(⇒ I コリ2:9, 黙21:-22:)。

43:12 宮に関する律法 宮に関する律法の中にある最も基本的な要素は聖さであって、それには霊的に純粋で、あらゆる罪や悪から離れていることが必要である。聖霊の宮として(I コリ6:19)キリスト者は御霊

の階段は東に面している。」
18 彼は私に言った。「人の子よ。神である主はこう仰せられる。祭壇の上で全焼のいけにえをささげ、血をそれに注ぎかけるために祭壇を立てる日には、次のことが祭壇に関する定めとなる。
19 わたしに仕えるために、わたしに近づくツァドクの子孫のレビ人の祭司たちに、あなたは、罪のためのいけにえとして若い雄牛一頭を与えよ。――神である主の御告げ――
20 あなたは、その血を取って、祭壇の四本の角と、台座の四隅と、回りのみぞにつけ、祭壇をきよめ、そのための贖いをしなければならない。
21 またあなたは、罪のためのいけにえの雄牛を取り、これを聖所の外の宮の一定の所で焼かなければならない。
22 二日目に、あなたは、傷のない雄やぎを罪のためのいけにえとしてささげ、雄牛できよめたように、祭壇をきよめよ。
23 きよめ終えたら、あなたは、傷のない若い雄牛と群れのうちの傷のない雄羊とをささげよ。
24 あなたは、それらを主の前にささげ、祭司たちがそれらの上に塩をまき、全焼のいけにえとして主にささげなければならない。
25 七日間、あなたは毎日、罪のためのいけにえとして雄やぎを、傷のない若い雄牛と群れのうちの傷のない雄羊とをささげなければならない。
26 七日間にわたって祭壇の贖いをし、それをきよめて使い始めなければならない。
27 この期間が終わり、八日目と、その後

は、祭司たちが祭壇の上で、あなたがたの全焼のいけにえと和解のいけにえとをささげなければならない。そうすれば、わたしはあなたがたを受け入れる。――神である主の御告げ――」

君主、レビ人、祭司

44 ¹ 彼が私を聖所の東向きの外の門に連れ戻すと、門は閉じていた。
2 主は私に仰せられた。「この門は閉じたままにしておけ。あけてはならない。だれもここから入ってはならない。イスラエルの神、主がここから入られたからだ。これは閉じたままにしておかなければならない。
3 ただ、君主だけが、君主として主の前にパンを食べるためにそこにすわることができる。彼は門の玄関の間を通って入り、またそこを通って出て行かなければならない。」
4 彼は私を、北の門を通って神殿の前に連れて行った。私が見ると、なんと、主の栄光が主の神殿に満ちていた。そこで、私はひれ伏した。
5 すると主は私に仰せられた。「人の子よ。主の宮のすべての定めとそのすべての律法について、わたしがあなたに告げていることをことごとく心に留め、それに目を注ぎ、耳を傾けよ。宮に入れる者と、聖所に入れないすべての者を心に留めよ。
6 あなたは、反逆の家、イスラエルの家にこう言え。神である主はこう仰せられる。イスラエルの家よ。あなたがたのあらゆる忌みきらうべきわざは、もうたくさんだ。
7 あなたがたは、心にも肉体にも割礼を受けていない外国人を連れて来て、わたしの

の聖さ(ロマ1:4)の基準に従って生活し、霊的汚れから離れていなければならない(Ⅰコリ6:18-20、→「信者の霊的聖別」の項p.2172)。

43:18-27 全焼のいけにえをささげ キリストご自身が最高で最後の犠牲をささげられたあとに動物をささげる儀式に再び参加するという考えは、聖書解釈者にとって難題だった。ある人はここのいけにえは文字通りの実際の生活で行われるものではないと主張する。なぜなら主イエスの罪に対する犠牲は神の要求をみな満たして旧約聖書のいけにえを廃絶した(もはや必要ではないとした)からである(→ヘブ9:10-15、

10:1-4、8)。またエゼキエルはキリストの贖い(罪をおおう、赦しを与える)の犠牲に含まれる恩恵を描くために、旧約聖書のことばを使ったのではないかと考えられる。キリストの犠牲はいつの時代にも十分で有効である。けれどもある人はこのいけにえは文字通りの実際のいけにえで、十字架の上のキリストの犠牲を覚えてささげられるものと信じている。

44:3 君主 東向きの門を通ることが許されているのは君主だけである。君主には礼拝の中で人々を導く役目があったようである(45:17)。この君主がだれであるかはわからないけれども、メシヤ(キリスト)では

聖所におらせ、わたしの宮を汚した。あなたがたは、わたしのパンと脂肪と血とをささげたが、あなたがたのすべての忌みきらうべきわざによって、わたしとの契約を破った。

8 あなたがたは、わたしの聖所での任務も果たさず、かえって、自分たちの代わりにわたしの聖所で任務を果たす者たちを置いた。

9 神である主はこう仰せられる。心にも肉体にも割礼を受けていない外国人は、だれもわたしの聖所に入ってはならない。イスラエル人の中にいる外国人はみなそうだ。

10 レビ人でも、イスラエルが迷って自分たちの偶像を慕って、わたしから迷い出たとき、わたしを捨て去ったので、彼らは自分たちの咎を負わなければならない。

11 彼らは宮の門で番をし、宮で奉仕をして、わたしの聖所で仕えるはずなのだ。彼らは民のために、全焼のいけにえや、ほかのいけにえをほふり、民に仕えて彼らに奉仕しなければならない。

12 それなのにレビ人たちは、民の偶像の前で民に仕え、イスラエルの家を不義に引き込んだ。それゆえ、わたしは彼らに誓う。――神である主の御告げ――彼らは自分たちの咎を負わなければならない。

13 彼らは、祭司としてわたしに仕えるために、わたしに近づいてはならない。わたしのあらゆる聖なる物、または最も聖なる物に触れてはならない。彼らは自分たちの恥と自分たちの行った忌みきらうべきわざの責めとを負わなければならない。

14 わたしは彼らに、宮のあらゆる奉仕とそこで行われるすべての宮の任務を果たさせる。

15 しかし、イスラエル人が迷ってわたしから離れたときもわたしの聖所の任務を果たした、ツァドクの子孫のレビ人の祭司たちは、わたしに近づいてわたしに仕え、わたしに脂肪と血とをささげてわたしに仕えることができる。――神である主の御告げ――

16 彼らはわたしの聖所に入り、わたしの机に近づいてわたしに仕え、わたしへの任務を果たすことができる。

17 彼らは内庭の門に入るときには、亜麻布の服を着なければならない。内庭の門、および神殿の中で務めをするときは、毛織り物を身に着けてはならない。

18 頭には亜麻布のかぶり物をかぶり、腰には亜麻布のももひきをはかなければならない。汗の出るような物を身に着けてはならない。

19 彼らが外庭に出て、外庭の民のところに出て行くときは、務めのときに着ていた服を脱ぎ、それを聖所の部屋にしまい、ほかの服を着なければならない。その服によって民を聖なるものとしないためである。

20 彼らは頭をそってはならない。髪を長く伸ばしすぎてもいけない。頭は適当に刈らなければならない。

21 祭司はだれも、内庭に入るときには、ぶどう酒を飲んではならない。

22 やもめや、離婚された女を妻にしてはならない。ただ、イスラエルの民のうちの処女をめとらなければならない。しかし、やもめでも、それが祭司のやもめであれば、めとってもよい。

23 彼らは、わたしの民に、聖なるものと俗なるものとの違いを教え、汚れたものときよいものとの区別を教えなければならない。

24 争いがあるときには、彼らは、わたしの定めに従ってさばきの座に着き、これをさばかなければならない。わたしのすべての例祭には、わたしの律法とおきてとを守り、わたしの安息日を聖別しなければならない。

25 彼らは、死人に近づいて身を汚してはな

---

7 ③使21:28
 ＊七十人訳による
 □「彼らは」
 ④レビ22:25
 ⑤創17:14
8 ①民18:7
9 ①エゼ44:7
 ②ヨエ3:17
10 ①エゼ14:15, 48:11
 ②エゼ14:10, 44:12
11 ①Ⅰ歴26:1-19
 ②エゼ44:5
 ③民3:5-37, 4:1-33, 18:2-6
 ④→エゼ40:38
 ⑤Ⅱ歴29:34, 30:17
12 ①Ⅱ列16:10-16
 ②エゼ14:3, 4, イザ9:16
 ＊直訳「わたしの手を上げる」
 ④エゼ44:10
13 ①民18:3
 ②エゼ16:61, 63, 39:26
 ③エゼ44:11, レビ18:4, Ⅰ歴23:28-32
15 ①エゼ44:10, 48:11
 ②民18:7
 ③エゼ40:46
 ④エレ33:18, 21

 ⑤エゼ44:7,
  レビ3:16, 17, 17:5, 6
 ②ゼカ3:7
16 ①エゼ41:22
17 ①出28:39-43,
  39:27-29, レビ16:4
18 ①出28:40, 39:28
 ②出28:42,
  レビ6:10, 16:4
19 ①エゼ42:14,
  レビ16:23, 24
 ②エゼ46:20,
  出29:37, 30:29,
  レビ6:27
20 ①レビ21:5
21 ①レビ10:9
22 ①レビ21:7, 13, 14
 ②レビ22:26, レビ10:10
24 ①申17:8, 9, 19:17,
  21:5, Ⅰ歴23:4,
  Ⅱ歴19:8-10
 ②レビ23章,
  →エゼ36:38
 ③→エゼ7:26
 ④出31:13, 16
 ⑤レビ20:2
25 ①レビ21:1-4
 ②民19:11

らないことは確かである。なぜならこの君主は自分のために罪のいけにえをささげるし（45:22）息子たちもいるからである（46:16）。

44:15 ツァドクの子孫 ほかのレビ人たち（神殿で特に祭司の役目を果す一族）が神の道を捨てていた中で、ツァドクは神に忠実であり続けた（Ⅰ列1:）。そこでツァドクとその子孫は未来の神殿で主のために奉仕する特権を与えられた。この栄誉を見ると、地上でどれだけ神に忠実であるかによって神の永遠の御国での地位が決まるということが明らかである（→「さばき」の項 p.2167）。

44:17-31 門に入る 祭司に対するこの規則が示す

らない。ただし、自分の父、母、息子、娘、兄弟、未婚の姉妹のためには汚れてもよい。26 その場合、その人は、きよめられて後、さらに七日間待たなければならない。27 聖所で仕えるために聖所の内庭に入る日には、彼は罪のためのいけにえをささげなければならない。──神である主の御告げ──

28 これが彼らの相続地となる。わたしが彼らの相続地である。あなたがたはイスラエルの中で彼らに所有地を与えてはならない。わたしが彼らの所有地である。29 彼らの食物は、穀物のささげ物、罪のためのいけにえ、罪過のためのいけにえである。イスラエルのうちのすべての献納物は彼らのものである。30 あらゆる種類の初物、あなたがたのあらゆる奉納物のうちの最上の奉納物は、すべて祭司たちのものであり、あなたがたの麦粉の初物も祭司に与えなければならない。あなたの家に祝福が宿るためである。31 祭司たちは、死んだものや裂き殺されたものはすべて、鳥であれ獣であれ、食べてはならない。

土地の区分

45 1 あなたがたがその地を相続地として、くじで分けるとき、その地の聖なる区域を奉納地として主にささげなければならない。その長さは二万五千キュビト、幅は一万キュビト。その周囲の全域は聖なる地である。2 このうち、縦横五百キュビトの正方形を聖所に当て、その回りを五十キュビトの空地にしなければならない。3 先に測った区域から、長さ二万五千キュビト、幅一万キュビトを測れ。そして、その中に聖なる至聖所があるようにせよ。4 これは国の聖なる所である。これは、聖所で仕え、主に近づいて仕える祭司たちのものとしなければならない。ここを彼らの家の敷地とし、聖所のために聖別しなければならない。5 また、長さ二万五千キュビト、幅一万キュビトの地は、宮で奉仕をするレビ人のものとし、二十の部屋を彼らの所有としなければならない。6 聖なる奉納地に沿って、幅五千キュビト、長さ二万五千キュビトを町の所有とし、これをイスラエルの全家のものとする。

7 君主の土地は、聖なる奉納地と町の所有地との両側にあり、聖なる奉納地と町の所有地に面し、西側は西のほうへ、東側は東のほうへ延びている。その長さは一つの部族の割り当て地と同じで、この国の西の境界線から東の境界線にまで及んでいる。8 これがイスラエルの中の彼の所有地である。わたしの君主たちは、二度とわたしの民をしいたげることなく、この地は部族ごとに、イスラエルの家に与えられる。

9 神である主はこう仰せられる。イスラエルの君主たちよ。もうたくさんだ。暴虐と暴行を取り除き、公義と正義とを行え。わたしの民を重税で追い立てることをやめよ。──神である主の御告げ──10 正しいはかり、正しいエパ、正しいバテを使え。11 エパとバテとを同一量にせよ。バテはホメルの十分の一、エパもホメルの十分の一とせよ。その量はホメルを単位とせよ。12 一シェケルは二十ゲラである。二十シェケルと二十五シェケルと十五シェケルとで一ミナとせよ。

いけにえと祭りの日

13 あなたがたがささげる奉納物は次のとおりである。小麦一ホメルから六分の一エパ、大麦一ホメルから六分の一エパをささげ、14 油の単位により、油のバテで、一コル

ことは神を礼拝するときは聖い敬意（清らかで完全な尊敬と儀礼）をもって行わなければならないということである。

45:1-8　相続地として　この部分には主の神殿で仕える祭司たちの相続地として区別される土地のことが描かれている。この奉仕者たちはもはや経済的に人々から搾取する（利用する）ことはなく（エゼキエルの時代に祭司たちがしていたように）、自分たちの「もの」で満足するようになる（45:4）。

45:9-12　暴虐と暴行を取り除き　エゼキエルは指導

ら十分の一バテをささげよ。一コルは一ホメルと同じく十バテである。

15 また、イスラエルの潤った地の羊の群れから二百頭ごとに一頭の羊を、ささげ物、全焼のいけにえ、和解のいけにえのためにささげ、彼らのための贖いとせよ。――神である主の御告げ――

16 国のすべての民に、この奉納物をイスラエルの君主に納めさせよ。

17 君主は、祭りの日、新月の祭り、安息日、すなわちイスラエルの家のあらゆる例祭に、全焼のいけにえ、穀物のささげ物、注ぎのぶどう酒を供える義務がある。彼はイスラエルの家の贖いのため、罪のためのいけにえ、穀物のささげ物、全焼のいけにえ、和解のいけにえをささげなければならない。

18 神である主はこう仰せられる。第一の月の第一日に、あなたは傷のない若い雄牛を取り、聖所をきよめなければならない。

19 祭司は罪のためのいけにえから、血を取り、それを宮の戸口の柱や、祭壇の台座の四隅や、内庭の門の脇柱に塗らなければならない。

20 その月の七日にも、あなたは、あやまって罪を犯した者やわきまえのない者のためにこのようにし、宮のために贖いをしなければならない。

21 第一の月の十四日に、あなたがたは過越の祭りを守り、その祭りの七日間、種を入れないパンを食べなければならない。

22 その日に君主は、自分のためと国のすべての民のために、罪のためのいけにえとして雄牛をささげなければならない。

23 その祭りの七日間、彼は全焼のいけにえとして傷のない七頭の雄牛と七頭の雄羊を、七日間、毎日、主にささげなければならない。また一頭の雄やぎを、罪のためのいけにえとして、毎日ささげなければならない。

15 ① エゼ45:17
② → イザ1:13
③ → エゼ40:38
④ → エゼ43:27
⑤ レビ1:4, 6:30
17 ① エゼ46:4-12, I 列8:64, I 歴16:2, II 歴31:3
② レビ23章, 民28, 29章, → イザ29:1
③ イザ66:23
④ → エゼ36:38
⑤ → エゼ42:13
⑥ → エレ7:18
⑦ → エゼ40:39
18 ① 出12:2
② エゼ46:6, レビ22:20
③ エゼ43:22, 26, レビ16:16, 33
19 ① エゼ43:20
20 ① レビ4:27
② 箴14:15, 18
③ → エゼ45:18
21 ① エゼ45:21-24, 出12:1-20, レビ23:5-8, 民28:16-25, 申16:1-8
② → II 歴30:1
22 ① レビ4:14
23 ① ヨブ42:8
② 民29:5, 11, 16, 19

24 ① エゼ46:5, 7, 11
25 ① レビ23:33-43, 民29:12-39, 申16:13, II 歴5:3, 7:8-10
1 * 子音字は「主」
① エゼ40:17
② エゼ40:23
③ 出20:9
④ エゼ44:1, 2
⑤ エゼ45:17, 46:3, イザ66:23
2 ① エゼ44:3, 46:8, 12
② エゼ44:3, 46:8
③ → エゼ43:27
④ エゼ46:12
3 ① エゼ46:1
4 ① 民28:9, 10
② → エゼ40:38
5 ① エゼ45:24, 46:7, 11
② エゼ42:13
7 ① エゼ46:5, エゼ18:12, 13
② レビ14:21
8 ① エゼ43, 46:2
② エゼ46:2

24 穀物のささげ物は、雄牛一頭に一エパ、雄羊一頭に一エパをささげなければならない。油は一エパごとに一ヒンとする。

25 第七の月の十五日の祭りにも、七日間、これと同じようにささげなければならない。すなわち、罪のためのいけにえ、全焼のいけにえ、穀物のささげ物、それに油を、同じようにささげなければならない。

46

1 *神である主はこう仰せられる。内庭の東向きの門は、労働をする六日間は閉じておき、安息日と、新月の祭りの日にはあけなければならない。

2 君主は外側の門の玄関の間を通って入り、門の戸口の柱のそばに立っていなければならない。祭司たちは彼の全焼のいけにえと、和解のいけにえをささげ、彼は門の敷居のところで礼拝して出て行かなければならない。門は夕暮れまで閉じてはならない。

3 一般の人々も、安息日と新月の祭りの日には、その門の入口で、主の前に礼拝をしなければならない。

4 君主が安息日に主にささげる全焼のいけにえは、傷のない子羊六頭と、傷のない雄羊一頭である。

5 また、穀物のささげ物は、雄羊一頭について一エパ。子羊のためには、彼が与えることのできるだけの穀物のささげ物。油は一エパごとに一ヒンである。

6 新月の祭りの日には、傷のない若い雄牛一頭と、傷のない子羊六頭と雄羊一頭である。

7 穀物のささげ物をするために、雄牛一頭に一エパ。雄羊一頭に一エパ。子羊のためには、手に入れることのできただけでよい。油は一エパごとに一ヒンである。

8 君主が入るときには、門の玄関の間を通って入り、そこを通って出て行かなければならない。

者たちに虐待と残虐を止めるように強く訴えた。

45:21 過越の祭り 7日間の過越の祭りは神がヘブル人のいのちを救い、エジプトの奴隷から救い出されたことを覚えて毎年行う祭りである(→「**過越**」の項p.142)。出エジプト(前1445年頃イスラエル人が大挙してエジプトから出国したこと)は旧約聖書で最も重要なイスラエルの贖い(救い、救出、解放、神の目的

への回復)の事件である。

46:1-24 安息日と、新月の祭りの日 46章は安息日のいけにえと礼拝(安息日とは休息と礼拝のために神が定められた日または期間)、新月(月の初日 46:1-8)の日、例祭(46:9-12)、毎日のささげ物(46:13-15)などを扱っている。→「旧約聖書の祭り」の表p.235,「旧約聖書のいけにえとささげ物」の表 p.202

⁹しかし、一般の人々が例祭の日に主の前に入って来るとき、北の門を通って礼拝に来る者は南の門を通って出て行き、南の門を通って入って来る者は北の門を通って出て行かなければならない。自分の入って来た門を通って帰ってはならない。その反対側から出て行かなければならない。
¹⁰君主は、彼らが入るとき、いっしょに入り、彼らが出るとき、いっしょに出なければならない。
¹¹祭りと例祭には、穀物のささげ物は、雄牛一頭に一エパ、雄羊一頭に一エパ。子羊のためには与えることのできるだけのもの。油は一エパごとに一ヒンである。
¹²また、君主が、全焼のいけにえを、進んでささげるささげ物として、あるいは和解のいけにえを、進んでささげるささげ物として主にささげるときには、彼のために東向きの門をあけなければならない。彼は安息日にささげると同じように、全焼のいけにえと和解のいけにえとをささげなければならない。彼が出て行くなら、彼が出て行って後、その門は閉じられる。
¹³あなたは毎日、傷のない一歳の子羊一頭を全焼のいけにえとして、主にささげなければならない。これを毎朝ささげなければならない。
¹⁴それに添えて、毎朝、六分の一エパの穀物のささげ物、上等の小麦粉に振りかけるための油三分の一ヒンをささげなければならない。これが主への穀物のささげ物であり、永遠に続く定めである。
¹⁵こうして、子羊や穀物のささげ物や油を、常供の全焼のいけにえとして、毎朝ささげなければならない。
¹⁶*神である主はこう仰せられる。もし、君主が、贈り物として自分の相続地を自分の息子たちに与えるなら、それは息子たちのものとなり、それは相続地として彼らの所有地となる。
¹⁷しかし、もし、彼が自分の相続地の一部を贈り物として奴隷のひとりに与えるなら、それは解放の年まで彼のものであるが、その後、それは君主に返される。ただ息子たちだけが、相続地を自分のものとすることができる。
¹⁸君主は、民の相続地を奪って彼らをその所有地から押しのけてはならない。彼は自分の所有地から自分の息子たちに相続地を与えなければならない。それは、わたしの民がひとりでも、その所有地から散らされないためである。」

¹⁹それから、彼は私を、門のわきにある出入口から、北向きになっている祭司たちの聖所の部屋に連れて行った。すると、西のほうの隅に一つの場所があった。
²⁰彼は私に言った。「ここは祭司たちが、罪過のためのいけにえや、罪のためのいけにえを煮たり、穀物のささげ物を焼いたりする場所である。これらの物を外庭に持ち出して民を聖なるものとしないためである。」
²¹彼は私を外庭に連れ出し、庭の四隅を通らせた。すると庭の隅には、それぞれまた、ほかの庭があった。
²²庭の四隅に仕切られた庭があり、それは長さ四十キュビト、幅三十キュビトであって、四つともみな同じ寸法であった。
²³その四つとも、回りは石の壁で囲まれ、石の壁の下のほうには料理場が作られていた。
²⁴彼は私に言った。「これは、宮で奉仕している者が、民からのいけにえを煮る料理場である。」

神殿から流れ出る川

47 ¹彼は私を神殿の入口に連れ戻した。見ると、水が神殿の敷居の下から東のほうへと流れ出ていた。神殿が東に向いていたからである。その水は祭壇の南、宮の右側の下から流れていた。
²ついで、彼は私を北の門から連れ出し、外を回らせ、東向きの外の門に行かせた。見ると、水は右側から流れ出ていた。

47:1-12 水が神殿…から…流れ出て エゼキエルは幻の中でいのちを与える川が神殿の中から流れ出ているのを見た。流れていくにつれて川は深く広くなり(47:2-5)、この川が行く所ではあらゆる生きものが元気になる(47:9-12)。この超自然的な川は元気を与えさわやかにする神のいのちを注ぐために(47:9)

3 その人は手に測りなわを持って東へ出て行き、一千キュビトを測り、私にその水を渡らせると、それは足首までであった。
4 彼がさらに一千キュビトを測り、私にその水を渡らせると、水はひざに達した。彼がさらに一千キュビトを測り、私を渡らせると、水は腰に達した。
5 彼がさらに一千キュビトを測ると、渡ることのできない川となった。水かさは増し、泳げるほどの水となり、渡ることのできない川となった。
6 彼は私に、「人の子よ。あなたはこれを見たか」と言って、私を川の岸に沿って連れ帰った。
7 私が帰って来て見ると、川の両岸に非常に多くの木があった。
8 彼は私に言った。「この水は東の地域に流れ、アラバに下り、海に入る。海に注ぎ込むとその水は良くなる。
9 この川が流れて行く所はどこででも、そこに群がるあらゆる生物は生き、非常に多くの魚がいるようになる。この水が入ると、そこの水が良くなるからである。この川が入る所では、すべてのものが生きる。
10 漁師たちはそのほとりに住みつき、エン・ゲディからエン・エグライムまで網を引く場所となる。そこの魚は大海の魚のように種類も数も非常に多くなる。
11 しかし、その沢と沼とはその水が良くならないで、塩のままで残る。
12 川のほとり、その両岸には、あらゆる果樹が生長し、その葉も枯れず、実も絶えることがなく、毎月、新しい実をつける。その水が聖所から流れ出ているからである。その実は食物となり、その葉は薬となる。

3 ①エゼ40:3
5 ①イザ11:9、ハバ2:14
6 ①エゼ32:2
7 ①エゼ47:12
8 ①申3:17、4:49
  *直訳「いやされる」
9 ①イザ12:3、
  ヨハ4:14、7:37、38、
  黙21:6
10 ①マタ4:18、19
   ①創14:7、ヨシ15:62、
   Ⅰサム23:29、24:1、
   Ⅱ歴29:23
   ③エゼ26:5、14
   ④エゼ47:15、19、20、
   48:28、民34:6、ヨシ23:4、
   詩104:25
11 「その水が」は補足
12 ①エゼ47:7、黙22:2
   ②創2:9
   ③詩1:3、エレ17:8
13 ①エゼ47:13-20、
   民34:2-12、
   ヨシ1:4、13-19章
   *子音字は「主」
   ②→エゼ35:15
   ④エゼ48:4、5、創48:5
14 ①エゼ20:6、28、42、
   創12:7、13:15、15:7、
   17:8、26:3、28:13、
   申1:8
15 ①エゼ47:16
   ②エゼ48:1
16 ①エゼ47:17、20、48:1、
   イザ10:9、ゼカ9:2
   *Ⅱサム8:8「ベロタイ」
   ②エゼ47:17、18、48:1、
   創14:15
   ③エゼ47:18
17 ①エゼ48:1
18 ①レビ47:16
   ②エゼ47:16
   ③創37:25、エレ50:19
   ④創13:10、11
   *シリヤ語訳による
19 ①エゼ48:28
   ②申32:51
   *[🔲]「メリボテ・カデシュ」
   ③Ⅰ列8:65、イザ27:12
20 ①エゼ47:10
   ②民34:1、士3:3、
   Ⅱ歴7:8、アモ6:14
   *→ヨシ13:5
22 ①→イザ14:1
   ②エゼ35:15
   ③民26:55、56

土地の境界

13 神である主はこう仰せられる。あなたがたがイスラエルの十二の部族にこの国を相続地として与える地域は次のとおりである。ヨセフには二つの分を与える。
14 あなたがたはそれを等分に割り当てなければならない。それはわたしがかつてあなたがたの先祖に与えると誓ったものである。この地は相続地としてあなたがたのものである。
15 その地の境界線は次のとおりである。北側は、大海からヘテロンの道を経て、ツェダデの入口に至り、
16 ハマテ、ベロタ、およびダマスコの領土とハマテの領土の間にあるシブライム、さらにハウランの領土に面したハツェル・ティコンに至る。
17 海から始まる境界線はダマスコの境界のハツァル・エナンに至り、北は北のほうへ、ハマテの境界にまで至る。これが北側である。
18 東側は、ハウランとダマスコの間と、ギルアデとイスラエルの地の間のヨルダン川が、東の海を経てタマルに至るまでの境界線である。これが東側である。
19 南側は、タマルから南に向かってメリバテ・カデシュの水と川に至り、大海に至るまでである。これが南側である。
20 西側は、大海が境界となり、レボ・ハマテにまで至る。これが西側である。
21 あなたがたは、この地をイスラエルの部族ごとに割り当てなければならない。
22 あなたがたと、あなたがたの間で子を生んだ、あなたがたの間の在留異国人とは、この地を自分たちの相続地として、くじで

死海の地域に流れ込む(47:8)。魚が非常に多くなるということは(47:10)、伝道(キリストのメッセージが広まるにつれて多くの人がキリストを知るようになる)を指していると思われる。この川は、流れて行く所どこででも実りと癒しをいつまでも提供する(47:12)。

(1) この川はエデンの園に流れていた川(創2:8-10)や新しいエルサレムで神の御座から流れ出るいのちの水の川(黙22:1-2、⇒ゼカ14:8)に似ている。

(2) 個人に当てはめるなら、この川は主イエスが「わたしを信じる者は、聖書が言っているとおりに、その人の心の奥底から、生ける水の川が流れ出るようになる」(ヨハ7:38)と言われた川にも似ている。この「生ける水」は聖霊と聖霊が来て与えてくださるいのちの祝福である。ある人々はこの部分は神の民に神が与えたいと願っておられる霊的リバイバルを効果的に描いたものと考えている。それは多くの人を神の国に導くことができるように神に祈って、そのために備えているときに与えられる。

47:22-23 あなたがたと・・・在留異国人とは・・・相続地として イスラエルの部族の間で土地が東西に

割り当てなければならない。あなたがたは彼らをイスラエル人のうちに生まれた者と同じように扱わなければならない。彼らはイスラエルの部族の中にあって、あなたがたといっしょに、くじで相続地の割り当てを受けなければならない。

23 在留異国人には、その在留している部族の中で、その相続地を与えなければならない。──神である主の御告げ──

土地の区分

48 1 部族の名は次のとおりである。北の端からヘテロンの道を経てレボ・ハマテに至り、ハマテを経て北のほうへダマスコの境界のハツァル・エナンまで──東側から西側まで──これがダンの分である。

2 ダンの地域に接して、東側から西側までがアシェルの分。

3 アシェルの地域に接して、東側から西側までがナフタリの分。

4 ナフタリの地域に接して、東側から西側までがマナセの分。

5 マナセの地域に接して、東側から西側までがエフライムの分。

6 エフライムの地域に接して、東側から西側までがルベンの分。

7 ルベンの地域に接して、東側から西側までがユダの分である。

8 ユダの地域に接して、東側から西側までが、あなたがたのささげる奉納地となる。その幅は二万五千キュビト、その長さは東側から西側にかけて部族の割り当て地の一つと同じである。聖所はその中央にある。

9 あなたがたが主にささげる奉納地は、長さ二万五千キュビト、幅二万キュビトである。

10 祭司たちへの聖なる奉納地は次のとおりである。北側は二万五千キュビト、西側は一万キュビトの幅、東側は一万キュビトの幅、南側は二万五千キュビトの長さである。主の聖所はその中央にある。

11 この区域はツァドクの子孫の聖別された祭司たちのものである。彼らは、イスラエル人が迷い出たときいっしょに迷い出たレビ人とは異なり、わたしへの任務を果たしている。

12 彼らの地域はレビの部族の地域に接し、奉納地のうちでも最も聖なる地である。

13 レビの部族の分は、祭司たちの地域に接して、長さ二万五千キュビト、幅一万キュビトである。すなわち、全体の長さは二万五千キュビト、幅は一万キュビトである。

14 彼らはそのどの部分も、売ったり取り替えたりしてはならない。その初めの土地を手放してはならない。主への聖なるものだからである。

15 幅五千キュビト、長さ二万五千キュビトの残りの地所は、町の一般用であり、住まいと放牧地のためである。町はその中央に建てられなければならない。

16 その大きさは次のとおりである。北側は四千五百キュビト、南側は四千五百キュビト、東側は四千五百キュビト、西側は四千五百キュビトである。

17 また、町の放牧地は、北へ二百五十キュビト、南へ二百五十キュビト、東へ二百五十キュビト、西へ二百五十キュビトである。

18 聖なる奉納地に接する残りの地所の長さは、東へ一万キュビト、西へ一万キュビト

---

22 ④ 使11:18, 15:9, ロマ10:12, ガラ3:28, エペ2:12-14, 3:6, コロ3:11

1 ① 出1:1
② エゼ47:15
③ エゼ47:20
* → ヨシ13:5 *
④ エゼ47:16
⑤ エゼ47:16
⑥ エゼ47:17, 民34:9, 10
** エゼ48:2以下による読み替え
1) ヨシ19:40-48
2) ヨシ19:24-31
3) ヨシ19:32-39
4) ヨシ13:29-31, 17:1-11
5) ヨシ16:5-9, 17:8-10
6) ヨシ13:15-23
7) ヨシ15章
8) ① エゼ45:1-6
② エゼ45:3

10 ① エゼ44:28, 45:4
② エゼ48:8
11 ① エゼ40:46
② エゼ44:10
12 ① エゼ45:4
13 ① エゼ45:5
② レビ25:32-34, 民35:2-8, ヨシ21:1-42
14 ① レビ25:34
② エゼ44:30
③ レビ27:30
15 ① エゼ45:6
16 ① エゼ48:16, 17, エゼ45:2
18 ① エゼ45:6

再び分けられるけれども、神の目的はユダヤ人と異邦人(ユダヤ人以外のあらゆる国の人々)の間に「隔ての壁」(エペ2:14)を再建することではない。在留異国人(イスラエルに住むユダヤ人以外の人々)もイスラエルの部族の間で土地を相続する。「子」は霊的な子ども(キリストを信じて神の民の一員になった人)を意味し、イスラエル人に仕えていた異邦人たちも回復された土地の相続にあずかることを意味しているとある人々は考える(こうしたことは終りのときにキリストが再び来られ平和のうちに1,000年間治める千年期の

ときに起こる →黙20:)。

48:1-29 境界 エゼキエル書の最後の章は引続きイスラエルの部族(ヤコブの息子たちの子孫)の回復された土地の境界線と位置を説明している(47:13-48:29)。

48:11-12 迷い出た・・・とは異なり 地上にいる間神の思いや目的や基準に心から従う人は未来の国で報われると神はもう一度示しておられる。たとえばツァドクの子孫には、神の聖所の近くに住む特権が賜物として与えられる(→44:15注)。神に忠実になること、そして神から引離そうとするものをみな退けるよ

である。それは聖なる奉納地に接している。そこから収穫した物は町の働き人の食物となる。
19 その町の働き人は、イスラエルの全部族から出て、これを耕す。
20 奉納地の全体は二万五千キュビト四方であり、あなたがたは、聖なる奉納地と町の所有地とをささげることになる。
21 聖なる奉納地と町の所有地の両側にある残りの地所は、君主のものである。これは二万五千キュビトの奉納地に面し、そこから東の境界までである。西のほうも、その二万五千キュビトに面し、そこから西の境界までである。これは部族の割り当て地にも接していて、君主のものである。聖なる奉納地と宮の聖所とは、その中央にある。
22 君主の所有する地区の中にあるレビ人の所有地と、町の所有地を除いて、ユダの地域とベニヤミンの地域との間にある部分は、君主のものである。
23 なお、残りの部族は、東側から西側までがベニヤミンの分。
24 ベニヤミンの地域に接して、東側から西側までがシメオンの分。
25 シメオンの地域に接して、東側から西側までがイッサカルの分。
26 イッサカルの地域に接して、東側から西側までがゼブルンの分。
27 ゼブルンの地域に接して、東側から西側までがガドの分。
28 ガドの地域に接して南側、その南の境界線はタマルからメリバテ・カデシュの水、さらに川に沿って大海に至る。
29 以上が、あなたがたがイスラエルの部族ごとに、くじで相続地として分ける土地であり、以上が彼らの割り当て地である。
──神である主の御告げ──

町の門
30 町の出口は次のとおりである。北側は四千五百キュビトの長さで、
31 町の門にはイスラエルの部族の名がつけられている。北側の三つの門はルベンの門、ユダの門、レビの門である。
32 東側も四千五百キュビトで、三つの門がある。ヨセフの門、ベニヤミンの門、ダンの門である。
33 南側も四千五百キュビトの長さで、三つの門がある。シメオンの門、イッサカルの門、ゼブルンの門である。
34 西側も四千五百キュビトで、三つの門がある。ガドの門、アシェルの門、ナフタリの門である。
35 町の周囲は一万八千キュビトあり、その日からこの町の名は、『主はここにおられる』と呼ばれる。」

うに心を傾けて努力することは絶対に重要である。

48:35 【主】はここにおられる エゼキエル書は、神が神の民の中に永遠にともに住まわれる日が来るという偉大な約束で終っている。黙示録21:3も「神は彼らとともに住み、彼らはその民となる」と再確認している。神の民にとって最高の祝福は力強い神の臨在を絶えず楽しめることである。これこそが本当の喜び、幸福、平和の本質である。神の明らかな永遠の臨在があるので、神の民は悲しみや絶望、痛みや悩みを二度と体験することはない(黙21:4)。これは主であり救い主であるイエス・キリストの現れを待望む人々にとって最高の幻であり希望である(→Ⅰテモ6:14, Ⅱテモ4:8, テト2:13)。人生をキリストにゆだねた人は顔と顔を合せて主を直接永遠に見ることになる(Ⅰコリ13:12, 黙22:4)。

ダニエル書

概　　要
- I. ダニエル書の歴史的背景（1：1-21）
  - A. ダニエルと友人が捕虜になりバビロニヤに送られる（1：1-7）
  - B. ダニエルと友人がバビロニヤで信仰を持ち続ける（1：8-16）
  - C. ダニエルと友人が王宮に召出される（1：17-21）
- II. 国々に対する神の主権についてのダニエルのメッセージ（2：1-7：28）
  - A. ネブカデネザルの夢とダニエルの解明かし（2：1-49）
  - B. 金の像と火の燃える炉（3：1-30）
  - C. ネブカデネザルの見た狂気の夢とその成就（4：1-37）
  - D. 壁の文字とバビロニヤの滅亡（5：1-31）
  - E. 祈りを禁じるダリウスの命令と獅子から救出されたダニエル（6：1-28）
  - F. ダニエルが見た四つの帝国と年を経た方の夢（7：1-28）
- III. ダニエルが見たイスラエルの国についての幻（8：1-12：13）
  - A. 雄羊、雄やぎ、小さな角の幻（8：1-27）
  - B. 回復への祈りと70週の幻（9：1-27）
  - C. イスラエルの未来の幻（10：1-12：13）
    1. やがて起こることについての啓示と御使いとの出会い（10：1-11：1）
    2. ペルシヤとギリシヤ（11：2-4）、エジプトとアラム（11：5-35）、やがて来る反キリスト（11：36-45）についての預言
    3. 終りのときに起こるほかの出来事についての預言（12：1-13）

著　者：ダニエル

主　題：歴史の中の神の主権

著作の年代：紀元前約536－530年

著作の背景

「神は（私の）裁判官」という意味の名前を持ったダニエルはその名前がつけられたこの書物の中心人物であり著者である。12章4節にはダニエルが少なくともこの書物の一部分の著者であることが書かれている。ダニエルはまた7－12章で数回自分のことについて触れている。主イエスは9章27節を引用してこの書物が「預言者ダニエル」（マタ24：15）によるものと認めておられる。

この書物はバビロニヤのネブカデネザル王によるエルサレムへの第一回目の侵攻（前605）から前539年にバビロニヤを制圧したペルシヤ王クロスの第三年（前536）までの出来事を記録している。したがってこの書物の時代背景にはユダヤ人の70年間のバビロニヤ捕囚があった。このことはエレミヤによって預言されていた（⇒エレ25：11、この期間のユダヤ人の捕囚の段階 →エズ緒論、エレ緒論）。1章に書かれている出来事が始まったのはダニエルがまだ10代のときで、9－12章に記録されている幻を見たのは80歳代後半だった。ダニエルは前530年頃まで生きていたと思われるので、老人として人生の最後の10年間にこの書物を完成したことになる。これはパトモス島に追放されている間に黙示録を完成したヨハネと非常によく似ている。現代の批評家たちはこの書物を前2世紀の偽典（ダニエルの名前を使ってほかの人が書いた書物）と見ている。けれどもそれは聖書の中の預言と黙示文書（終りの時代の出来事や滅亡についての警告を含む聖書の部分）の性質についての自分たち独自の理論と推測を基に考えたものである。

ダニエルの預言は旧約聖書のどの書物よりも多く引用され参照されているけれども、預言者個人についての情報はほとんど全部がダニエル書によるものである（⇒エゼ14：14、20）。ダニエルはヒゼキヤ王（⇒II列20：17-

18, イザ39：6-7）の子孫だったと思われる。少なくともエルサレムの教育のある上流階級の出身であることは確かだった（1：3-6）。なぜならネブカデネザルが自分の王宮に下層階級の外国人の青年を選んで仕えさせるはずがないからである（1：4, 17）。当時王宮で仕える男性は一般的に宦官だったけれども（→1：3, Ⅱ列20：18, マタ19：12)、ダニエルも同じようにバビロニヤで宦官にされていたかもしれない（宦官とは去勢されたか生れたときから機能を失っている男性のことでしばしば統治者の最高の従者として仕えた。それは特に道徳的行動について信頼できると見られていたからである。→イザ56：3-8注）。バビロニヤでのダニエルの成功は、(1) 毎日の生活に表れた高潔さと強い個性、(2) 祈りと断食（霊的な事柄に集中するため一定期間食事を取らないで過すこと）と、神のことばに身を入れていたこと、(3) 預言の知恵と賜物（神から与えられた能力）、(4) 生活の中に現された神の働き（これが大きな名誉と責任のある地位へ急速に昇進させる結果につながった 2：46-49, 6：1-3）、などによるものである。

　年代的にはダニエルは旧約聖書の終りの頃の預言者の一人である。旧約聖書の歴史の流れの中で預言者としてダニエルのあとに登場するのはハガイ、ゼカリヤ、マラキだけである。この人々は同じ時代に生きていたけれども、ダニエルはエレミヤ（人生の大半をエルサレムで預言した）よりも若く、エゼキエル（ダニエルの後にバビロニヤに来たけれどもほとんど同じ時期にいた）と同年齢だったと思われる。

目　　的
　ダニエルの書いたものと預言は次の二つの重要な目的を果した。(1) 外国で捕囚になっている（神への反抗とそれに対する神のさばきの結果として）神の民に現在置かれている情況が最終的運命ではないことを再び保証すること。(2) 国々に対する神の主権（究極的な権力、権威、支配権）と地上で神の国が最終的に勝利するという預言的幻を未来の世代の人々に伝えること。この二つの要素はこの書物全体を通してダニエルとその三人の友人（シャデラク、メシャク、アベデ・ネゴ）の生き方によって示され、またダニエルの預言的メッセージと働きの中で明らかにされている。この書物は契約の民（国々に対して神と神のご計画を示す偉大な国にすると神が約束された人々）を保ち、守り、回復するという神の約束を大胆に確信をもって示している。この約束はやがて来られるメシヤ（キリスト）の国が永遠に続くのと同じように確かなものだった。

概　　観
　ダニエルの書き方は個人の証言、歴史、預言を混ぜ合せたものである。その文書のかたちは預言文書の部類に当てはまる。その預言的メッセージは世界の終りの出来事（→「**終末の事件**」の表 p.2471）についての神のご計画と警告を現している。そのことをこの書物は、(1) 幻、夢、象徴によって、(2) 歴史の中の危機的情況の中で神の民を励ます目的で、(3) 地上での神の国と目的の最終的な勝利に向けてイスラエルに希望を持たせるために、行っている（→黙緒論）。

　この書物は自然に三つの大きな部分に分けられる。
　(1) 1章はヘブル語で書かれ、歴史的背景を紹介している。
　(2) 2－7章の部分は2章4節からアラム語で書かれている。この部分には連続した（次々と出現した）四大王国の誕生と没落が描かれている。そのあとに神の国が永遠に確立される（→2：, 7：）。ここでは神の主権（望むことを行うことができる比類のない権力、支配権、権威）と神が人々や国々の出来事にかかわることを特定の情況や実例を描きながら強調し明らかに指摘している。その実例は、(a) ダニエルがネブカデネザル王の宮廷で影響力のある地位に上げられたこと（2：）、(b) 火の燃える炉の中でダニエルの三人の友人とともに「神々の子」のように見える方がいたこと（3：）、(c) 神のさばきとしてネブカデネザル王が一時的に狂人になったこと（4：）、(d) ベルシャツァル王の宴会でダニエルが公にバビロニヤ帝国の終りを告げたこと（5：）、(e) ダニエルが獅子の穴から奇蹟的に救出されたこと（6：）、(f) 連続して誕生した四つの大国が「年を経た方」（神）によってさばかれる幻（7：）、などである。
　(3) 8－12章でダニエルは再びヘブル語で特異な啓示や神の使いとの出会いを描いている。それは、(a) ユダヤ人が将来ほかの国々によって支配されること（8：-11：）、(b) ユダヤ人のために歴史の中で行われるメシヤ（イエス・キリスト）の働きが完全に完成する神の時としての70週の期間（9：）、(c) 終りのときに迫害と苦しみからユダヤ人が最終的に救い出される（救出、自由、解放）こと（12：→「**神の計画の中のイスラエル**」の項 p.2077）などである。

　ダニエルの預言的メッセージには、(1) 近い未来と、(2) 遠い未来という二面性がある。この二つは混じり合っていることが多い。つまりある預言には二重の意味があって、近い未来と遠い未来の両方に関連している。

たとえば8章と11章でダニエルは「反キリスト」的人物で前168年にエルサレムの神殿を汚した(非常に汚れた行動によって侮辱した)アンティオコス・エピファネス4世(アレクサンドロス大王の死後4分割されたギリシヤ帝国の一つであるセレウコス王朝の支配者)について預言している。同時にダニエルは終りのときの反キリストについても預言した(8：23-26, 11：36-45, ⇒黙13：1-10, →「反キリストの時代」の項 p.2288)。現在と未来の両方を同時に言うのは典型的な聖書預言のかたちであるけれども、特にダニエル書で顕著である。神はダニエルに対して遠い未来の預言(今日から見てもまだ未来のこと)の完全な意味は「終わりの時」(12：4, 9)まで封じておくべきだと示された。そのときには、ちょうどダニエルのように神に対して霊的に純粋で、知恵と理解力を神に求め続ける人々に神は特別な洞察力を与えてくださるのである(12：3, 10)。

特　徴

　ダニエル書には八つの特徴がある。
　(1) イザヤ書、エレミヤ書、エゼキエル書を含む4冊の大きな預言書の中で最も短い。このグループは「大預言書」と呼ばれているけれども、それはこれらの書物が、聖書が扱う広い時間の範囲をほとんどカバーする預言を含んでいるからである。ダニエル書は旧約聖書の預言書の中で最もよく読まれ研究されている。
　(2) 新約聖書の預言の部分で旧約聖書のどの預言書よりも多く引用され指摘されている。
　(3) 旧約聖書の「黙示文書」であって(新約聖書の黙示録のように)、終りの時代にいる教会にとって非常に重要な預言のテーマを明らかにしている。
　(4) 預言者の観点から見た旧約聖書の詳しい歴史を要約している(→「旧約聖書の預言者」の項 p.1131)。メシヤ(キリスト)の最初の到来(9：24-27)の時を示した旧約聖書で唯一の預言書である。
　(5) 旧約聖書のどの預言書よりも著者について多くのことを明らかにしている(エレミヤ書の例外を除いて)。ダニエルは非常に潔白で、強い個性、偉大な預言的知恵を持ち、祈りに深く身を入れていた人物だった。
　(6) ダニエルが神のことばの約束に基づいて神の民の回復を嘆願しているけれども(→9：, エレ25：11-16, 29：7, 10-14, →「とりなし」の項 p.1454)、これは聖書の中で最も記憶に残る模範的なとりなしの祈り(ほかの人々のために嘆願し、その置かれている状況や必要のために祈ること)である。
　(7) ダニエルと友人についての力強いあかしは聖書の中で人々が最も愛し、最もよく記憶している物語の一つである(特に3章の火の燃える炉と6章の獅子の穴)。
　(8) ベルシャツァルの宴会で「壁に書かれた手書きの文字」は印象的だったけれども、そのことばは人々によく知られるようになり、今日まで特に教会の中でたとえのことばとして一般的に使われている。

新約聖書での成就

　ダニエル書は新約聖書で5回か6回直接引用されているけれどもその回数よりはるかに大きな影響を新約聖書に与えている。ダニエル書の歴史と預言の多くは福音書(マタイ、マルコ、ルカ、ヨハネ)、手紙(パウロ、ヤコブ、ペテロ、ヨハネなどの教会の指導者によって特定の会衆のために書かれた新約聖書の多くの書物)、黙示録の中で何かのかたちで再現されている。やがて来られるメシヤについてのダニエルの預言では、(1) 地上の王国を打砕く巨大な石(2：34-35, 45)、(2)「年を経た方」であり御父である神(7：13-14)によって光栄、力、主権、永遠の国を与えられる「人の子」、(3) 地に来られるけれどもそのあとに断たれる「油そそがれた者、君主」(9：25-26, →「キリストによって成就した旧約聖書の預言」の表 p.1029)として描かれている。10章5-9節のダニエルの幻をある注解者たちは受肉する前のキリスト(キリストが人として生れる前 ⇒黙1：12-16)の現れであると信じている。
　ダニエル書には新約聖書の中でさらに発展された預言のテーマ(未来に関連した幻や予告)がいくつか含まれている。例としては、(1) 大患難(世界に対する神の厳格な終りのときの審判を含む)と反キリスト(→「大患難」の項 p.1690)、(2) キリストの再臨、(3) 神の国の勝利、(4) 義人と悪人の肉体の復活(→「肉体の復活」の項 p.2151)、(5) 最後の審判(→「さばき」の項 p.2167)などがある。ダニエルと三人の友人の生き方は罪と神を敬わないこの世界の汚れから離れることについての新約聖書の教えをはっきり示した実例である(→「信者の霊的聖別」の項 p.2172,「キリスト者とこの世」の項 p.2437)。その模範はキリスト者に神のためにしっかりと立ち、悪と妥協することなく、まことの神以外のどんなものも礼拝しない(⇒3：18)ようにとのチャレンジである(1：8, 3：12, 6：10, ⇒ヨハ17：6, 15-16, 18, Ⅱコリ6：14-7：1)。

ダニエル書の通読

　旧約聖書全体を1年間で通読するためには、ダニエル書を次のスケジュールに従って6日間で読まなければならない。
☐1-2 ☐3-4 ☐5-6 ☐7-8 ☐9-10 ☐11-12

メ　モ

ダニエル書　1章

バビロニヤでのダニエルの訓練

1 ¹ユダの王エホヤキムの治世の第三年に、バビロンの王ネブカデネザルがエルサレムに来て、これを包囲した。²主がユダの王エホヤキムと神の宮の器具の一部とを彼の手に渡されたので、彼はそれをシヌアルの地にある彼の神の宮に持ち帰り、その器具を彼の神の宝物倉に納めた。³王は宦官の長アシュペナズに命じて、イスラエル人の中から、王族や貴族を数人選んで連れて来させた。⁴その少年たちは、身に何の欠陥もなく、容姿は美しく、あらゆる知恵に秀で、知識に富み、思慮深く、王の宮廷に仕えるにふさわしい者であり、また、カルデヤ人の文学とことばとを教えるにふさわしい者であった。⁵王は、王の食べるごちそうと王の飲むぶどう酒から、毎日の分を彼らに割り当て、三年間、彼らを養育することにし、そのあとで彼らが王に仕えるようにした。⁶彼らのうちには、ユダ部族のダニエル、ハナヌヤ、ミシャエル、アザルヤがいた。⁷宦官の長は彼らにほかの名をつけ、ダニエルにはベルテシャツァル、ハナヌヤにはシャデラク、ミシャエルにはメシャク、アザルヤにはアベデ・ネゴと名をつけた。⁸ダニエルは、王の食べるごちそうや王の飲むぶどう酒で身を汚すまいと心に定め、身を汚さないようにさせてくれ、と宦官の長に願った。⁹神は宦官の長に、ダニエルを愛しいつくしむ心を与えられた。¹⁰宦官の長はダニエルに言った。「私は、あなたがたの食べ物と飲み物とを定めた王さまを恐れている。もし王さまが、あなたがたの顔に、あなたがたと同年輩の少年よりも元気がないのを見たなら、王さまはきっ

1:1 エルサレムに来て、これを包囲した エルサレムはネブカデネザル王の軍隊によって包囲（攻撃され外からの助けと供給が切断）された（→Ⅱ列24:1注、バビロニヤがユダとその首都エルサレムを占領した段階 →エレ緒論, エズ緒論）。結果として町は破壊され宝物は失われ、王や将来の指導者として教育され訓練されていた人々が捕らえられて戦いの大きな被害を受けた。ネブカデネザルが人質にしたユダヤ人青年の中にはダニエルと三人の友人がいた（1:6）。ダニエルは戦いの犠牲者だったけれども、そのことによって神に対する信仰が揺さぶられたり、悲しみやみじめな思いで心が引き裂かれたりすることはなかった。罪や苦しみや不公平に満ちたこの世界の中でどのような立場や情況に置かれても神は私たちにご計画を持っておられる。もしキリストに頼ってそのご計画に従うなら、自分自身を「犠牲者」としてではなく、キリストが見られるのと同じように「勝利者」として見ることができるようにしてくださる（→ロマ8:37）。

1:4 王の宮廷に仕えるにふさわしい 神がネブカデネザルにエホヤキムに勝利するのを前605年に許されたとき、このバビロニヤの王は神殿から神聖な器具の一部を取って行った。そして神殿の宝物と一緒に最高の教育を受けた青年たちを何人か連れて行った。7年前にニネベ（以前のアッシリヤの首都）を滅ぼしてからバビロニヤ帝国は急速に発展したため、政府を運営できる教育を受けた自分の国の青年が不足していた。そこでネブカデネザルは容姿が美しく健康で十分な教育を受けた青年たちをバビロニヤに連れて行って、文化とことばを教えて王に仕えるようにさせたのである。その中にダニエルとその三人の友人がいた。

1:7 彼らにほかの名をつけ ダニエルと友人が王に仕えるようになるためにはバビロニヤの市民権が必要だった。これはバビロニヤの名前をつけることによって可能になった。若い王子であるダニエル（「神は私の裁判官」という意味）にはベルテシャツァル（「バビロニヤの主神ベルはいのちを守る」という意味）、ハナヌヤ（「主は恵まれる」という意味）にはシャデラク（「月の神アクの使い」という意味）、ミシャエル（「だれが神と等しいか」という意味）にはメシャク（「王子の陰」または「これはだれか」という意味）、アザルヤ（「主は助けられる」という意味）にはアベデ・ネゴ（「知恵の神ネゴのしもべ」または「暁の星」という意味）と名前がつけられた。バビロニヤの市民になったこの青年たちは今や公的な責任を持つことになった。けれどもどういう名前で呼ばれても、この若いヘブル人たちは唯一のまことの神に対して忠実でいようと決心していた（→1:8注）。

1:8 ダニエルは・・・身を汚すまいと心に定め 神の基準から見るとバビロニヤの道徳的霊的状態は完全に腐敗していた。ダニエルと友人が命じられたことはしばしば神の律法と原則に反していたと考えられる。一つの例は食べさせられる食事である。出された食事とぶどう酒は王と同じだったけれども、それはまず異教の神々や偶像にささげられたものと思われる。そのような食物を食べることは神の律法を犯すことだっ

と私を罰するだろう。」
11 そこで、ダニエルは、宦官の長がダニエル、ハナンヤ、ミシャエル、アザルヤのために任命した世話役に言った。
12「どうか十日間、しもべたちをためしてください。私たちに野菜を与えて食べさせ、水を与えて飲ませてください。
13 そのようにして、私たちの顔色と、王さまの食べるごちそうを食べている少年たちの顔色とを見比べて、あなたの見るところに従ってこのしもべたちを扱ってください。」
14 世話役は彼らのこの申し出を聞き入れて、十日間、彼らをためしてみた。
15 十日の終わりになると、彼らの顔色は、王の食べるごちそうを食べているどの少年よりも良く、からだも肥えていた。
16 そこで世話役は、彼らの食べるはずだったごちそうと、飲むはずだったぶどう酒を取りやめて、彼らに野菜を与えることにした。
17 神はこの四人の少年に、知識と、あらゆる文学を悟る力と知恵を与えられた。ダニエルは、すべての幻と夢とを解くことができた。
18 彼らを召し入れるために王が命じておいた日数の終わりになって、宦官の長は彼らをネブカデネザルの前に連れて来た。
19 王が彼らと話してみると、みなのうちでだれもダニエル、ハナンヤ、ミシャエル、アザルヤに並ぶ者はなかった。そこで彼らは王に仕えることになった。
20 王が彼らに尋ねてみると、知恵と悟りのあらゆる面で、彼らは国中のどんな呪法師、呪文師よりも十倍もまさっているということがわかった。
21 ダニエルはクロス王の元年までそこにいた。

ネブカデネザルの夢

2 ¹ ネブカデネザルの治世の第二年に、ネブカデネザルは、幾つかの夢を見、そのために心が騒ぎ、眠れなかった。
² そこで王は、呪法師、呪文師、呪術者、

11 * あるいは「監視人」
17 ①ダニ1:20, 2:21, 23, Ⅰ列3:12, 28, ヨブ32:8, ヤコ1:5

②ダニ2:19, 8:1, 10:1, 民12:6
③ダニ2:1, 2, 4:7, 5:12
18 ①ダニ1:5
19 ①ダニ1:5, 創41:46
20 ①ダニ2:27, 28, Ⅰ列4:30, 31
21 ①ダニ6:28, 10:1, 歴36:22, エズ1:1, イザ45:1

1 ①ダニ2:1, 2, ダニ4:5-7, 創41:1, 8, ヨブ33:15-17
②ダニ1:1
③ダニ1:17, 2:26, 28, 36, 45, 4:5, 8, 7:1
④ダニ6:18, エス6:1
2 ①ダニ1:20, 2:10, 27, 4:7, 5:7, 11, イザ47:12, 13, 出7:11

た。ぶどう酒を飲むと酔って考えが鈍るかもしれない。
(1) ダニエルは最初から、たといそれが死を意味しても自分の霊的価値と信念を妥協させないと心に決めた。そばには決意を導き影響を与えてくれる両親や家族はいなかったと思われるけれども、子どものときに学んだ神とその律法に対する愛は心を満たしていて、主に仕えたいという願いは消えることがなかった(→申6:7注、→「**親と子ども**」の項 p.2265)。

(2) 神に対して忠実でいようと決意した人は誘惑を受けたときにそれを退ける力を神に求めることができる。けれども神とみことばに対して忠実でいようという思いと心の備えがない人は、罪を退け神を敬わないこの世界の考えや生活様式に従うのを避けることが難しいようである。

1:12 どうか十日間、しもべたちをためしてください 王はダニエルと友人に特別な注意を払って(良い食事を与えて)最高の扱いを受けるようにした。したがってもし役人がダニエルの要求(1:10)を受入れるなら王は厳しく罰するに違いない。役人が拒んだときダニエルは争わなかった。その代り実際に食事を持ってくる世話役のところに行って10日間食事の実験を行うように提案した。

1:17 神は・・・知識と・・・知恵を与えられた この四人の青年たちは神に献身的だったので神は特別に大切に扱ってくださった。神に対して忠実でいようと努力するなら神はともにいて、神の目的を達成するために必要な助けを与えてくださると確信できる。

1:20 知恵・・・のあらゆる面で・・・十倍もまさっている 評価する時が来たときダニエルと友人は健康的で、恐れることなく王の前に立った。質問をされても四人は既に王に仕えていた神を敬わない助言者のだれよりも、また国全体のだれよりもはるかに賢い能力があることがわかった。主に忠実であり続けたので四人の知恵と理解力には神の力と助けと導きがあることがはっきりした。

1:21 クロス王の元年 この日付(前539)はダニエルがバビロニヤに連れて行かれてから66年後である。クロスはメド・ペルシヤの支配者で、後にバビロニヤ帝国を征服した。そしてそのすぐあとに捕因の民がエルサレムに戻って神のために神殿を再建したいと願ったときに許可を出した。ダニエルは前537年(⇒10:1)まで生きていたので、前538年(⇒エズ1:)に最初のユダヤ人の捕因がバビロニヤからユダに帰還するを見ることができた。

2:1 ネブカデネザルは、幾つかの夢を見 王は自分が見た夢で深く悩まされ、神々が何かを伝えようとし

②*カルデヤ人を呼び寄せて、王のためにその夢を解き明かすように命じた。彼らが来て王の前に立つと、
³王は彼らに言った。「私は夢を見たが、その夢を解きたくて私の心は騒いでいる。」
⁴*カルデヤ人たちは王に告げて言った。
――アラム語で――「王よ。永遠に生きられますように。どうぞその夢をしもべたちにお話しください。そうすれば、私たちはその解き明かしをいたしましょう。」
⁵王は答えてカルデヤ人たちに言った。「私の言うことにまちがいはない。もし、あなたがたがその夢とその解き明かしとを私に知らせることができなければ、あなたがたの手足を切り離させ、あなたがたの家を滅ぼしてごみの山とさせる。
⁶しかし、もし夢と解き明かしとを知らせたら、贈り物と報酬と大きな光栄とを私から受けよう。だから、夢と解き明かしとを私に知らせよ。」
⁷彼らは再び答えて言った。「王よ。しもべたちにその夢をお話しください。そうすれば、解き明かしてごらんにいれます。」
⁸王は答えて言った。「私には、はっきりわかっている。あなたがたは私の言うことにまちがいはないのを見てとって、時をかせごうとしているのだ。
⁹もしあなたがたがその夢を私に知らせないなら、あなたがたへの判決はただ一つ。あなたがたは時が移り変わるまで、偽りと欺きのことばを私の前に述べようと決めてかかっている。だから、どんな夢かを私に話せ。そうすれば、あなたがたがその解き明かしを私に示せるかどうか、私にわかるだろう。」
¹⁰カルデヤ人たちは王の前に答えて言った。「この地上には、王の言われることを示すことのできる者はひとりもありません。どんな偉大な権力のある王でも、このようなことを呪法師や呪文師、あるいはカルデヤ人に尋ねたことはかつてありません。
¹¹王のお尋ねになることは、むずかしいことです。肉なる者とその住まいを共にされない神々以外には、それを王の前に示すことのできる者はいません。」
¹²王は怒り、大いにたけり狂い、バビロンの知者をすべて滅ぼせと命じた。
¹³この命令が発せられたので、知者たちは殺されることになった。また人々はダニエルとその同僚をも捜して殺そうとした。
¹⁴そのとき、ダニエルは、バビロンの知者たちを殺すために出て来た王の侍従長アルヨクに、知恵と思慮とをもって応対した。
¹⁵彼は王の全権を受けたアルヨクにこう言った。「どうしてそんなにきびしい命令が王から出たのでしょうか。」それで、アルヨクは事の次第をダニエルに知らせた。
¹⁶ダニエルは王のところに行き、王にその解き明かしをするため、しばらくの時を与えてくれるように願った。
¹⁷それから、ダニエルは自分の家に帰り、彼の同僚のハナヌヤ、ミシャエル、アザルヤにこのことを知らせた。
¹⁸彼らはこの秘密について、天の神のあわ

②*ダニ2:4, 5, 10, 4:7, 5:7, 11, 30, エズ5:12
*あるいは「占星師」「学者」
③ダニ2:4-7, 9, 4:4-6, 7, 18, 19, 5:12
4*ダニ2:4-7:28はアラム語でしるされている
①エズ4:7, イザ36:11
②ダニ2:39, 5:10, 6:6, 21, Ⅰ列1:31
5①ダニ3:29, Ⅱ列10:27, エズ6:11
6①ダニ2:48, 5:7, 16, 17, 29
9①ダニ3:15, エス4:11

10①ダニ4:7
②ダニ2:2
11①イザ57:15
②ダニ2:28
12①ダニ2:5, 3:13, 19
13①ダニ2:24
14①創37:36, エレ39:9, 52:12, 14
②ダニ2:24
15①ダニ3:22
②ダニ2:1-12
17①ダニ1:6
18①エス4:15, 16, マタ18:19
②ダニ2:37, 44, 詩136:26
③ダニ9:9

ているのではないかと考えた。そこで呪術師や霊媒師(死者からのメッセージを受ける人々)を呼んでその夢の意味を解くように命じた。

2:4 アラム語で ダニエル書1:1-2:3はヘブル語で書かれている。ここからは当時、貿易や政治の連絡のために主に使われたアラム語に変る。ダニエル書はアラム語を7章まで使い、その後8－12章は再びヘブル語を使っている。

2:5 私の言うことにまちがいはない 王はこの夢が重要であると感じ、助言者であるバビロニヤの知者たちを試そうとした。もし王の夢を言うことができるなら(王ははっきりと記憶していたと思われる)それを正しく解明かすことができるはずだと考えたのである。

けれども夢を言って解明かすことができなければ処刑されてしまう。

2:16 しばらくの時を与えてくれるように願った
宮廷の仕事に入ったばかりだったのでダニエルと友人はほかの知者たちと一緒に王のところに招集されていなかった。けれども知者を全部殺せという命令(2:12)にはダニエルと友人も含まれていた。そこでダニエルは王に近付いて、その夢を解明かすために時間を与えてくれるように願った。神の助けを求めて祈る時間が必要だったのである。この四人のヘブル人の青年たちははっきりした決意と目的をもって祈り、神の啓示を待った。祈りは霊的な世界に影響を与えて物事を変える。そして自然の領域に神の超自然的な力を招き

ダニエル書　2章

れみを請い、ダニエルとその同僚が他のバビロンの知者たちとともに滅ぼされることのないようにと願った。

19 そのとき、夜の幻のうちにこの秘密がダニエルに啓示されたので、ダニエルは天の神をほめたたえた。

20 ダニエルはこう言った。

「神の御名は
とこしえからとこしえまで
ほむべきかな。
知恵と力は神のもの。
21 神は季節と時を変え、
王を廃し、王を立て、
知者には知恵を、
理性のある者には知識を授けられる。
22 神は、深くて測り知れないことも、
隠されていることもあらわし、
暗黒にあるものを知り、
ご自身に光を宿す。
23 私の先祖の神。
私はあなたに感謝し、
あなたを賛美します。
あなたは私に知恵と力とを賜い、
今、私たちがあなたに請いねがったことを
私に知らせ、
王のことを私たちに知らせてください
ました。」

ダニエルが夢を解明かす

24 それからダニエルは、王がバビロンの知者たちを滅ぼすように命じておいたアルヨクのもとに行き、彼にこう言った。「バビロンの知者たちを滅ぼしてはなりません。私を王の前に連れて行ってください。私が王に解き明かしを示します。

19 ①ダニ7:2, 7, 13
②ダニ2:22, 27-29, 4:9
③詩103:1, 2, 113:1, 2, 115:18
20 ①Ⅰ歴29:11, 12, ヨブ12:13, 16-22, 黙5:12
②ネヘ9:5
③ロマ13:1
21 ①ダニ7:25, 詩31:15
②ダニ4:17, 32, ヨブ34:24, 詩75:6, 7, エレ27:5
③Ⅰ列3:9, 4:29, 箴2:6, ヤコ1:5
22 ①ダニ2:19, 28, 29, ヨブ12:22
②アモ3:7
③ヨブ26:6, 詩139:11, 12, エレ23:24, ヘブ4:13
④ダニ5:11, 14, 詩27:1, 36:9, イザ45:7, Ⅰヨハ1:5
23 ①創31:42, 出3:15
②ダニ1:17, 20, 2:21, 5:11, 14, Ⅰ列4:29
24 ①ダニ2:14

25 ①創41:14
②ダニ1:1-3, 6, 5:13, 6:13, エズ4:1
26 ①ダニ1:7
②ダニ2:1, 4:5
③創40:8
27 ①ダニ2:2
②ダニ4:7
28 ①創40:8, 41:15, 16
②ダニ2:18, 22, 47, アモ3:7
③ダニ10:14, 創49:1, イザ2:2, ミカ4:1
④黙1:1, 19, 4:1, 22:6
⑤ダニ4:5, 10, 13, 7:1, 15
30 ①創41:16, 使3:12
②アモ4:13
31 ①ダニ2:31-35, ダニ2:37-45
34 ①ダニ2:45, 8:25, ヨブ34:20, ゼカ4:6, Ⅱコリ5:1, ゼカ4:6

25 そこで、アルヨクは急いでダニエルを王の前に連れて行き、王にこう言った。「ユダからの捕虜の中に、王に解き明かしのできるひとりの男を見つけました。」
26 それで王は、ベルテシャツァルという名のダニエルに言った。「あなたは私が見た夢と、その解き明かしを私に示すことができるのか。」
27 ダニエルは王に答えて言った。「王が求められる秘密は、知者、呪文師、呪法師、星占いも王に示すことはできません。
28 しかし、天に秘密をあらわすひとりの神がおられ、この方が終わりの日に起こることをネブカデネザル王に示されたのです。あなたの夢と、寝床であなたの頭に浮かんだ幻はこれです。
29 王さま。あなたは寝床で、この後、何が起こるのかと思い巡らされましたが、秘密をあらわされる方が、後に起こることをあなたにお示しになったのです。
30 この秘密が私にあらわされたのは、ほかのどの人よりも私に知恵があるからではなく、その解き明かしが王に知らされることによって、あなたの心の思いをあなたがお知りになるためです。
31 王さま。あなたは一つの大きな像をご覧になりました。見よ。その像は巨大で、その輝きは常ならず、それがあなたの前に立っていました。その姿は恐ろしいものでした。
32 その像は、頭は純金、胸と両腕とは銀、腹ともももとは青銅、
33 すねは鉄、足は一部が鉄、一部が粘土でした。
34 あなたが見ておられるうちに、一つの石が人手によらずに切り出され、その像の鉄

入れ変化を生み出す(→「効果的な祈り」の項p.585)。

2:19-23　ダニエルは天の神をほめたたえた　神が夢とその意味を啓示されたときにダニエルが最初にしたことは主の慈しみと力をほめたたえることだった(→「賛美」の項p.891)。神を愛して仕えている人は祈ることとは神から聞くことだということを知っている。そして応えが与えられたら神の民はいつでもすぐに神への感謝を表すべきである。自分が行うあらゆることを通して神をあがめるべきである。

2:28-30　天に秘密をあらわすひとりの神がおられ　ダニエルは夢を解明かしたことを自分の手柄にしなかった。私たちも、神が私たちを通して行われることや私たちを選んで用いてくださったことを自分の手柄にしないようにしなければならない(⇒申8:11-20)。あらゆることを神の栄光のために行うべきである。ダニエルは謙虚で神に対して誠実だったので、ダニエルの持っている知恵と啓示の賜物の背後にある力が神であることをネブカデネザルは知ることが

と粘土の足を打ち、これを打ち砕きました。³⁵そのとき、鉄も粘土も青銅も銀も金もみな共に砕けて、夏の麦打ち場のもみがらのようになり、風がそれを吹き払って、あとかたもなくなりました。そして、その像を打った石は大きな山となって全土に満ちました。

³⁶これがその夢でした。私たちはその解き明かしを王さまの前に申し上げましょう。³⁷王の王である王さま。天の神はあなたに国と権威と力と光栄とを賜い、³⁸また人の子ら、野の獣、空の鳥がどこに住んでいても、これをことごとく治めるようにあなたの手に与えられました。あなたはあの金の頭です。

³⁹あなたの後に、あなたより劣るもう一つの国が起こります。次に青銅の第三の国が起こって、全土を治めるようになります。⁴⁰第四の国は鉄のように強い国です。鉄はすべてのものを打ち砕いて粉々にするからです。その国は鉄が打ち砕くように、先の国々を粉々に打ち砕いてしまいます。

⁴¹あなたがご覧になった足と足の指は、その一部が陶器師の粘土、一部が鉄でしたが、それは分裂した国のことです。その国には鉄の強さがあるでしょうが、あなたがご覧になったように、その鉄はどろどろの粘土と混じり合っているのです。

⁴²その足の指が一部は鉄、一部は粘土であったように、その国は一部は強く、一部はもろいでしょう。

⁴³鉄とどろどろの粘土が混じり合っているのをあなたがご覧になったように、それらは人間の種によって、互いに混じり合うでしょう。しかし鉄が粘土と混じり合わないように、それらが互いに団結することはありません。

⁴⁴この王たちの時代に、天の神は一つの国を起こされます。その国は永遠に滅ぼされることがなく、その国は他の民に渡されず、かえってこれらの国々をことごとく打ち砕いて、絶滅してしまいます。しかし、

できた(2:47)。

2:37-38 あなたはあの金の頭です ネブカデネザルは新バビロニヤ帝国(前605-539 →「新バビロニヤ帝国」の地図 p.1442)を示す夢の中の像の金の頭だった。ネブカデネザルが死んだあと帝国は間もなく崩壊し始めた。

2:39 あなたより劣る ネブカデネザルの帝国のあとには銀の胸と両腕(2:32)で表されている「より劣る」より小さな国が続く。それはクロスによって確立されたメド・ペルシヤ帝国である(前539)。第三の国はアレクサンドロス大王によって確立された(前330)、青銅の腹とももによって象徴されるギリシヤ帝国である。

2:40 第四の国は鉄のように強い国です 鉄の王国(2:33)は前67年頃に始まり、それ以前のどの国よりも広大な世界を征服したローマ帝国を表している。金属の価値は像の頭からつま先に向かって下がっている。この下がる傾向はそれぞれの支配者の権力がだんだんと弱くなることを表している。つまりバビロニヤのネブカデネザル王の絶対的権威からローマ議会のより民主的な「抑制と均衡」(チェックとバランス)への変化だった。けれどもより価値の低い青銅や鉄のような金属も、あとに続く帝国が(ローマ帝国まで)その一つ前のものよりも長く続いたように、より堅固で継続力があることを象徴していた。

2:41-43 一部は強く、一部はもろい 鉄と粘土でできた足はローマ帝国が滅んだ後にその地域に存在した民族国家のことと思われる。あるものは強力で長く続いたけれどもあるものは壊れやすく何度も分裂した。

2:44-45 その国は永遠に滅ぼされることがなく この夢の中では「人手によらず」、超自然的に山から切出された石が像の足を打砕いた(2:34)。足が壊されただけではなく、金、銀、青銅、鉄と粘土が全部粉々になって吹飛ばされた。このことは次の理由から重要である。

（1）バビロニヤはメド・ペルシヤ同盟に負けたけれどもその一部は同盟の中に残った。同じことがギリシヤ帝国とローマ帝国にも当てはまる。またこれらの国のあとにある現代の国々にも当てはまる。どれもが同じ世界につながっている。実際に世界は今もバビロニヤの占星術とメド・ペルシヤの倫理とギリシヤの芸術と哲学、またローマ法と、平和は軍事力によって確保されるというローマ的考えの影響を受けている。ネブカデネザルの見た夢によると、神を敬わない考え方と価値観を持ったこの世界の組織は完全に破壊され、キリストの王国が完全に確立されるのである。

（2）その石は全土に満ちる王国になった(2:35)。この第五の王国はメシヤである主イエスによって確立される神の永遠の国である。その権威は「全土」(2:35)に及び、新しい天と新しい地へとつながる(⇒黙

---

³⁴② 詩2:9, イザ60:12
³⁵① 詩1:4, イザ17:13, 41:15, 16, ホセ13:3
② 詩37:10, 36, 使5:36, 黙20:11
③ イザ2:2, ミカ4:1
³⁶ ダニ2:24
³⁷① ダニ2:37, 38, ダニ4:21, 22, エレ27:6, 7, ダニ2:37-45, ダニ2:31-35
② エズ7:12, エゼ26:7
③ ダニ2:18
④ 詩62:11

この国は永遠に立ち続けます。

45 あなたがご覧になったとおり、一つの石が人手によらずに山から切り出され、その石が鉄と青銅と粘土と銀と金を打ち砕いたのは、大いなる神が、これから後に起こることを王に知らされたのです。その夢は正夢で、その解き明かしも確かなのです。」

46 それで、ネブカデネザル王はひれ伏してダニエルに礼をし、彼に、穀物のささげ物となだめのかおりとをささげるように命じた。

47 王はダニエルに答えて言った。「あなたがこの秘密をあらわすことができたからには、まことにあなたの神は、神々の神、王たちの主、また秘密をあらわす方だ。」

48 そこで王は、ダニエルを高い位につけ、彼に多くのすばらしい贈り物を与えて、彼にバビロン全州を治めさせ、また、バビロンのすべての知者たちをつかさどる長官とした。

49 王は、ダニエルの願いによって、シャデラク、メシャク、アベデ・ネゴに、バビロン州の事務をつかさどらせた。しかしダニエルは王の宮廷にとどまった。

金の像と火の燃える炉

3 1 ネブカデネザル王は金の像を造った。その高さは六十キュビト、その幅は六キュビトであった。彼はこれをバビロン州のドラの平野に立てた。

2 そして、ネブカデネザル王は人を遣わして、太守、長官、総督、参議官、財務官、司法官、保安官、および諸州のすべての高官を召集し、ネブカデネザル王が立てた像の奉献式に出席させることにした。

3 そこで太守、長官、総督、参議官、財務官、司法官、保安官、および諸州のすべての高官は、ネブカデネザル王が立てた像の奉献式に集まり、ネブカデネザルが立てた像の前に立った。

4 伝令官は大声で叫んだ。「諸民、諸国、諸国語の者たちよ。あなたがたにこう命じられている。

5 あなたがたが角笛、二管の笛、立琴、三角琴、ハープ、風笛、および、もろもろの楽器の音を聞くときは、ひれ伏して、ネブカデネザル王が立てた金の像を拝め。

6 ひれ伏して拝まない者はだれでも、ただちに火の燃える炉の中に投げ込まれる。」

7 それで、民がみな、角笛、二管の笛、立琴、三角琴、ハープ、および、もろもろの楽器の音を聞いたとき、諸民、諸国、諸国語の者たちは、ひれ伏して、ネブカデネザル王が立てた金の像を拝んだ。

8 こういうことがあったその時、あるカルデヤ人たちが進み出て、ユダヤ人たちを訴えた。

9 彼らはネブカデネザル王に告げて言った。「王よ。永遠に生きられますように。

10 王よ。あなたは、『角笛、二管の笛、立琴、三角琴、ハープ、風笛、および、もろもろの楽器の音を聞く者は、すべてひれ伏して金の像を拝め。

11 ひれ伏して拝まない者はだれでも、火の燃える炉の中へ投げ込め』と命令されました。

12 ここに、あなたが任命してバビロン州の事務をつかさどらせたユダヤ人シャデラク、メシャク、アベデ・ネゴがおります。王よ。この者たちはあなたを無視して、あ

21:1)。現在の世界の秩序は永遠に続くものではなく、永遠に続くのは神の国であることを確信することができる(⇒Ⅱペテ3:10-13)。

3:1 金の像 ネブカデネザルがこの自信にあふれた行動をとったのは夢の中に出てきた像の金の頭が自分であることがダニエルを通して明らかにされたからかもしれない(2:37-38)。ネブカデネザルの帝国はまさに権力を持ち始めたところで、帝国に加わったばかりの領土を全部結束させるために宗教の力を用いようとしていた。その「宗教」は王に対する忠誠を深めるための方法として王の像を礼拝するように求めた。政治的目的や自分を高めるために宗教を使った世界的指導者はネブカデネザルだけではなく前にもあとにも多くいた。

3:2 像の奉献式 ダニエルの要請によって三人の友人は王からバビロニヤの行政府で重要な地位に任命された。そしてダニエルは直接王に仕えていた(2:49)。高官たちが金の像の前にひれ伏して拝むように命令されたとき、ダニエルはそこにいなかったようである。ダニエルの職務はこの節に挙げられているようなもの

ダニエル書　3章

なたの神々に仕えず、あなたが立てた金の像を拝みもいたしません。」

13 そこでネブカデネザルは怒りたけり、シャデラク、メシャク、アベデ・ネゴを連れて来いと命じた。それでこの人たちは王の前に連れて来られた。

14 ネブカデネザルは彼らに言った。「シャデラク、メシャク、アベデ・ネゴ。あなたがたは私の神々に仕えず、また私が立てた金の像を拝みもしないというが、ほんとうか。

15 もしあなたがたが、角笛、二管の笛、立琴、三角琴、ハープ、風笛、および、もろもろの楽器の音を聞くときに、ひれ伏して、私が造った像を拝むなら、それでよし。しかし、もし拝まないなら、あなたがたはただちに火の燃える炉の中に投げ込まれる。どの神が、私の手からあなたがたを救い出せよう。」

16 シャデラク、メシャク、アベデ・ネゴはネブカデネザル王に言った。「私たちはこのことについて、あなたにお答えする必要はありません。

17 もし、そうなれば、私たちの仕える神は、火の燃える炉から私たちを救い出すことができます。王よ。神は私たちをあなたの手から救い出します。

18 しかし、もしそうでなくても、王よ、ご承知ください。私たちはあなたの神々に仕えず、あなたが立てた金の像を拝むこともしません。」

19 すると、ネブカデネザルは怒りに満ち、シャデラク、メシャク、アベデ・ネゴに対する顔つきが変わった。彼は炉を普通より七倍熱くせよと命じた。

20 また彼の軍隊の中の力強い者たちに、シャデラク、メシャク、アベデ・ネゴを縛って、火の燃える炉に投げ込めと命じた。

21 そこで、この人たちは、上着や下着やかぶり物の衣服を着たまま縛られて、火の燃える炉の中に投げ込まれた。

22 王の命令がきびしく、炉がはなはだ熱かったので、シャデラク、メシャク、アベデ・ネゴを連れて来た者たちは、その火炎に焼き殺された。

23 シャデラク、メシャク、アベデ・ネゴの三人は、縛られたままで、火の燃える炉の中に落ち込んだ。

24 そのとき、ネブカデネザル王は驚き、急いで立ち上がり、その顧問たちに尋ねて言った。「私たちは三人の者を縛って火の中に投げ込んだのではなかったか。」彼らは王に答えて言った。「王さま。そのとおりでございます。」

13①ダニ2:12, 3:19
14①ダニ3:1, 4:8, イザ46:1, エレ50:2
②ダニ3:1
15①Ⅱ列18:35, イザ36:18-20
16①ダニ1:7
17①ヨブ5:19, 詩27:1, 2, 37:39, 40, エレ1:8, 15:20, 21
18①出20:3-5, レビ19:4
19①ダニ3:13, エス7:7
②ダニ5:6
20①ダニ3:23-25
②ダニ3:6
21①ダニ3:27
22①ダニ2:15

ではなかったので、そのときには招かれていなかったと思われる。

3:12　あなたの神々に仕えず　聖書は上に立つ権威に従い、敬い祈るように教えているけれども(ロマ13:1-7、Ⅰテモ2:1-2、Ⅰペテ2:13-17)、私たちの第一の義務は神に従うことである。もし主イエスが「たいせつな第一の戒め」と言われた、「心を尽くし、思いを尽くし、知力を尽くして」唯一でまことの神を愛する(申6:5、マタ22:37-38)なら、人間の作った神や神を表す像を礼拝したり敬ったりすることはできないはずである。これは生活の中でほかのものを神よりも優先することになる(→「偶像礼拝」の項p.468)。

3:17-18　私たちの仕える神は・・・私たちを救い出すことができます　影響力のある人々(占星術師)によって責められてもこの青年たちは恐れず信仰の妥協をすることはなかった。王の怒りによる脅しも個人的な原則を妥協させることはなかった。ためらうことなく青年たちは唯一のまことの神への忠誠を大胆に表明した。神は正しいことを行う力を与えられた。そして三人は神が守ってくださることを信じきっていた(詩46:1、56:4)。また罪と不従順に対する神のさばきは、人々が自分たちに行うどんなことよりもはるかに厳しいことを知っていた(⇒レビ26:、申28:)。三人を救う神の愛と力は人々が滅ぼそうとするどんな力よりも強いことも知っていた。青年たちの信仰は結果がどうであれ無条件だった。たといこの状況で神が救ってくださらなくても、三人は神を否定することを拒んだ。信仰を持ってもいつも問題から助け出されるわけではない。困難や危険を通して神にすがり続けるには、その状況から解放されることを求める信仰よりもさらに深い信仰が必要である。絶えず信仰を否定し、神への献身を妥協するように圧力をかけてくる世界で、もし神を恥じるなら神はさばきの日に私たちを恥じられることを(⇒マコ8:38、ルカ9:26)いつも覚えていなければならない。けれどもこの人生で神のために堅く立って大胆に生きるなら、神は今もまたいつま

25 すると王は言った。「だが、私には、火の中をなわを解かれて歩いている四人の者が見える。しかも彼らは何の害も受けていない。第四の者の姿は神々の子のようだ。」
26 それから、ネブカデネザルは火の燃える炉の口に近づいて言った。「シャデラク、メシャク、アベデ・ネゴ。いと高き神のしもべたち。すぐ出て来なさい。」そこで、シャデラク、メシャク、アベデ・ネゴは火の中から出て来た。
27 太守、長官、総督、王の顧問たちが集まり、この人たちを見たが、火は彼らのからだにはききめがなく、その頭の毛も焦げず、上着も以前と変わらず、火のにおいもしなかった。
28 ネブカデネザルは言った。「ほむべきかな、シャデラク、メシャク、アベデ・ネゴの神。神は御使いを送って、王の命令にそむき、自分たちのからだを差し出しても、神に信頼し、自分たちの神のほかはどんな神にも仕えず、また拝まないこのしもべたちを救われた。
29 それゆえ、私は命令する。諸民、諸国、諸国語の者のうち、シャデラク、メシャク、アベデ・ネゴの神を侮る者はだれでも、その手足は切り離され、その家をごみの山とさせる。このように救い出すことのできる神は、ほかにないからだ。」
30 それから王は、シャデラク、メシャク、アベデ・ネゴをバビロン州で栄えさせた。

25 ①詩91:3, イザ43:2
26 ①ダニ4:2
   ②ダニ3:17
27 ①ダニ4:2
   ②ヘブ11:34
   ③ダニ3:21
28 ①ダニ2:47, 3:15
   ②ダニ3:25, 6:22, 民20:16, 詩34:7, イザ37:36, 63:9, 使5:19, 12:7, 11
   ③ダニ3:16-18, 6:23, 詩22:4, 5, イザ26:3, 4, エレ17:7
   ④ダニ3:6
   ⑤エレ1:8, 19, 15:21, エゼ34:10
29 ①ダニ6:26
   ②ダニ1:7, 19, 2:17, 49, 3:12
   ③ダニ2:5, エズ6:11
   ④ダニ6:27
30 ①ダニ2:48

1 ①ダニ3:4
  *ダニ6:25による補足
2 ①ダニ6:25, エズ4:17
  ②ダニ3:26, 4:17, 5:18, 21
3 ①ダニ6:27, 詩105:27
  ②ダニ2:44
5 ①ダニ2:1
  ②ダニ2:29
  ③ダニ2:28
  ④ダニ2:1, ヨブ33:15, 16
6 ①ダニ2:2
7 ①ダニ2:10, 11, 27, 5:7, 8, 創41:8, イザ44:25, エレ27:9, 10
8 ①ダニ3:14
  ②ダニ1:7
  ③ダニ4:9, 18, 5:11, 14, 創41:38
9 ①ダニ1:17, 5:11, 12, 創41:15
  ②ダニ1:20, 2:48, 5:11
  ③ダニ2:47, エゼ28:3

ネブカデネザルの見た木の夢

4 1 ネブカデネザル王が、全土に住むすべての諸民、諸国、諸国語の者たちに*書き送る。
あなたがたに平安が豊かにあるように。
2 いと高き神が私に行われたしるしと奇蹟とを知らせることは、私の喜びとするところである。
3 　そのしるしのなんと偉大なことよ。
　その奇蹟のなんと力強いことよ。
　その国は永遠にわたる国、
　その主権は代々限りなく続く。
4 私、ネブカデネザルが私の家で気楽にしており、私の宮殿で栄えていたとき、
5 私は一つの夢を見たが、それが私を恐れさせた。私の寝床での様々な幻想と頭に浮かんだ幻が、私を脅かした。
6 それで、私は命令を下し、バビロンの知者をことごとく私の前に連れて来させて、その夢の解き明かしをさせようとした。
7 そこで、呪法師、呪文師、カルデヤ人、星占いたちが来たとき、私は彼らにその夢を告げたが、彼らはその解き明かしを私に知らせることができなかった。
8 しかし最後に、ダニエルが私の前に来た。――彼の名は私の神の名にちなんでベルテシャツァルと呼ばれ、彼には聖なる神の霊があった。――私はその夢を彼に告げた。
9 「呪法師の長ベルテシャツァル。私は、聖なる神の霊があなたにあり、どんな秘密

でも私たちとともにいてくださる。

3:24-25　第四の者の姿は神々の子のようだ　第四の人は三人の青年が一番助けを必要としていたときに守るために遣わされた御使いか、受肉する前（人間として生れる以前）のキリストが現れたものと思われる。この三人の青年のヘブル語の名前（→1:7注）の意味がどれほど神の奇蹟と直接的に関係しているかに注意するとよい。「主は恵まれる（ハナヌヤ）」、「主は助けられる（アザルヤ）」。火の中の第四の人は「神と等しい者」のように見えた（ミシャエル）。

3:30　シャデラク、メシャク、アベデ・ネゴ　この三人の青年はいのちをかけて神に対して忠実だった。その大胆な模範を見るときに、仲間からの圧力や文化の傾向を言訳に挙げてこの世界と同じ行動をとることや、信仰が欠けていることを弁解しようとする人のこ

とが恥ずかしくなる。単に「みんなもそうしているから」という言訳を神は受入れられない。どんな試練や誘惑がやって来てもそれに直面する力を求めて神に祈り、神に頼るべきである。もし神とみことばに忠実でいようとするなら、神は二つのことを約束しておられる。一つは「火の中を歩いても」神はともにおられること（イザ43:2）で、もう一つは対処できないような問題に神は直面させることはないということである（Ⅰコリ10:13）。

4:1-3　しるしと奇蹟　ネブカデネザルは神の偉大さと力を証言する。この章に描かれているように精神的病気というひどい体験をした後にこのことを理解したのである。

4:9　呪法師の長　呪法師（アラム語「ハルトーム」）たちは実際には古代のくさび型文字（古代近東で使用さ

ダニエル書　4章

もあなたにはむずかしくないことを知っている。私の見た夢の幻はこうだ。その解き明かしをしてもらいたい。
10 私の寝床で頭に浮かんだ幻、私の見た幻はこうだ。見ると、地の中央に木があった。それは非常に高かった。
11 その木は生長して強くなり、その高さは天に届いて、地の果てのどこからもそれが見えた。
12 葉は美しく、実も豊かで、それにはすべてのものの食糧があった。その下では野の獣がいこい、その枝には空の鳥が住み、すべての肉なるものはそれによって養われた。
13 私が見た幻、寝床で頭に浮かんだ幻の中に、見ると、ひとりの見張りの者、聖なる者が天から降りて来た。
14 彼は大声で叫んで、こう言った。『その木を切り倒し、枝を切り払え。その葉を振り落とし、実を投げ散らせ。獣をその下から、鳥をその枝から追い払え。
15 ただし、その根株を地に残し、これに鉄と青銅の鎖をかけて、野の若草の中に置き、天の露にぬれさせ、地の草を獣と分け合うようにせよ。
16 その心を、人間の心から変えて、獣の心をそれに与え、七つの時をその上に過ごさせよ。
17 この宣言は見張りの者たちの布告によるもの、この決定は聖なる者たちの命令によるものだ。それは、いと高き方が人間の国を支配し、これをみこころにかなう者に与え、また人間の中の最もへりくだった者をその上に立てることを、生ける者が知るためである。』
18 私、ネブカデネザル王が見た夢とはこれ

10 ①ダニ4:10-17, ダニ4:20-27, 29-37
12 ①エゼ31:3-9
　②エレ27:6
　③エゼ17:23, マタ13:32, ルカ13:19
13 ①ダニ8:13
14 ①イザ40:9, 58:1, 黙18:2
　②エゼ31:10-14
17 ①ダニ4:2, 24, 25, 32, 34, 7:25, 詩83:18
　②ダニ2:21, 5:18-21, エレ27:5-7

18 ①ダニ4:8
　②ダ二2:2
　③ダ二4:7, 5:8, 15, 創41:8
　④ダ二4:8
19 ①ダ二7:15, 28, 8:27, 10:8, 9, 16, 17, ハバ3:16
20 ①ダ二4:20-27, ダ二4:10-17, 29-37
22 ①ダ二2:37, 38, Ⅱサム2:10
　②ダ二5:18, 19
　③ダ二2:37, エレ27:6, 7

だ。①ベルテシャツァルよ。あなたはその解き明かしを述べよ。私の国の知者たちはだれも、その解き明かしを私に知らせることができない。しかし、あなたにはできる。あなたには、聖なる神の霊があるからだ。」

ダニエルが夢を解明かす

19 ①そのとき、ベルテシャツァルと呼ばれていたダニエルは、しばらくの間、驚きすくみ、おびえた。王は話しかけて言った。「ベルテシャツァル。あなたはこの夢と解き明かしを恐れることはない。」ベルテシャツァルは答えて言った。「わが主よ。どうか、この夢があなたを憎む者たちに当てはまり、その解き明かしがあなたの敵に当てはまりますように。
20 あなたがご覧になった木、すなわち、生長して強くなり、その高さは天に届いて、地のどこからも見え、
21 その葉は美しく、実も豊かで、それにはすべてのものの食糧があり、その下に野の獣が住み、その枝に空の鳥が宿った木、
22 ①王さま、その木はあなたです。あなたは大きくなって強くなり、②あなたの偉大さは増し加わって天に達し、③あなたの主権は地の果てにまで及んでいます。
23 しかし王は、ひとりの見張りの者、聖なる者が天から降りて来てこう言うのをご覧になりました。『この木を切り倒して滅ぼせ。ただし、その根株を地に残し、これに鉄と青銅の鎖をかけて、野の若草の中に置き、天の露にぬれさせて、七つの時がその上を過ぎるまで野の獣と草を分け合うようにせよ。』
24 王さま。その解き明かしは次のとおりで

れた文字で、しばしば粘土板に書かれたもの）を理解し筆写する教育を受けた筆記者のことである。中には魔術を使う人もいた。けれども王はダニエルの知識と能力は古代異教徒の伝統（神以外のもの、あるいは人間が作った多くの神々に仕えていた人々の慣習）について読み学んだこととは関係のない、超自然的な賜物であることを認めていた。

4:10　木　この木についてダニエルが見た象徴の意味　→4:20-23

4:16　獣の心・・・七つの時をその上に過ごさせよ　ここで情景は倒れた木から生きものに変る。この生きものはその精神と理性的な能力を失って獣の心を持つようになる。この正気を失った状態は「七つの時」続いた。これは7回の季節（実際には雨季と乾季の二つの季節しかないので3年6ヶ月）のことである。

4:17　いと高き方が・・・支配し　神は望む人をだれでも地上の王国に据える権力と権威を持っていることを王は学ぶ必要があった（→「**神の属性**」の項 p.1016）。

新バビロニヤ帝国 紀元前 629-539 年

バビロンは古代世界の七不思議の一つとされた有名な空中庭園を誇りとしていた。それとともに神殿の何層にもなっている高さ90メートルの塔、ヘロドトスによると何トンもの重さのある数個の巨大な金の像を誇っていた

す。これは、いと高き方の宣言であって、わが主、王さまに起こることです。

25 あなたは人間の中から追い出され、野の獣とともに住み、牛のように草を食べ、天の露にぬれます。こうして、七つの時が過ぎ、あなたは、いと高き方が人間の国を支配し、その国をみこころにかなう者にお与えになるようになるのを知るようになります。

26 ただし、木の根株は残しておけと命じられていますから、天が支配するということをあなたが知るようになれば、あなたの国はあなたのために堅く立ちましょう。

27 それゆえ、王さま、私の勧告を快く受け入れて、正しい行いによってあなたの罪を除き、貧しい者をあわれんであなたの咎を除いてください。そうすれば、あなたの繁栄は長く続くでしょう。」

夢が成就する

28 このことがみな、ネブカドネザル王の身に起こった。

29 十二か月の後、彼がバビロンの王の宮殿の屋上を歩いていたとき、

30 王はこう言っていた。「この大バビロンは、私の権力によって、王の家とするために、また、私の威光を輝かすために、私が建てたものではないか。」

31 このことばがまだ王の口にあるうちに、天から声があった。「ネブカドネザル王。あなたに告げる。国はあなたから取り去られた。

32 あなたは人間の中から追い出され、野の獣とともに住み、牛のように草を食べ、こうして七つの時があなたの上を過ぎ、ついに、いと高き方が人間の国を支配し、その国をみこころにかなう者にお与

24 ①ダニ4:17
26 ①ダニ2:18, 19, 28, 37, 44, 4:31, マタ21:25, ルカ15:18, 21
27 ①箴28:13, エゼ18:21, 23, ヨナ3:8 ①詩41:1-3, イザ58:6, 7, 10
28 ①民23:19, ゼカ1:6
29 ①ダニ4:29-37, ダニ4:10-17, 20-27
30 ①ダニ5:20, イザ10:8-11, 37:24, 25
31 ①ダニ5:20, 箴16:18
32 ①ダニ4:32, 33, ダニ4:14-17, 25, 5:21
②ダニ4:17

34 ①ダニ4:16, 25, 32
②ダニ4:17
③ダニ6:26, 12:7, 詩102:24, 黙4:10
④ダニ2:44, エレ10:10
35 ①イザ40:17, 22-24
①ダニ6:27, 詩115:3, 135:6
③ヨブ9:12, 伝8:4, イザ43:13, 45:9, ロマ9:20
36 ①ダニ4:36, 37, Ⅱ歴33:12, 13
37 ①ダニ4:26, 5:23
②申32:4, 詩33:4, 黙15:3, 16:7
③ダニ5:20
①エス1:3

えになることを知るようになる。」

33 このことばは、ただちにネブカドネザルの上に成就した。彼は人間の中から追い出され、牛のように草を食べ、そのからだは天の露にぬれて、ついに、彼の髪の毛は鷲の羽のようになり、爪は鳥の爪のようになった。

34 その期間が終わったとき、私、ネブカドネザルは目を上げて天を見た。すると私に理性が戻って来た。それで、私はいと高き方をほめたたえ、永遠に生きる方を賛美し、ほめたたえた。

その主権は永遠の主権。
その国は代々限りなく続く。

35 地に住むものはみな、無きものとみなされる。
彼は、天の軍勢も、地に住むものも、みこころのままにあしらう。
御手を差し押さえて、
「あなたは何をされるのか」と言う者もいない。

36 私が理性を取り戻したとき、私の王国の光栄のために、私の威光も輝きも私に戻って来た。私の顧問も貴人たちも私を迎えたので、私は王位を確立し、以前にもまして大いなる者となった。

37 今、私、ネブカドネザルは、天の王を賛美し、あがめ、ほめたたえる。そのみわざはことごとく真実であり、その道は正義である。また、高ぶって歩む者をへりくだった者とされる。

壁に書かれた文字

5 1 ベルシャツァル王は、千人の貴人たちのために大宴会を催し、その千人の前でぶどう酒を飲んでいた。

4:27 正しい行いによってあなたの罪を除き ダニエルが王に悔い改めを求めたことは、神の厳しいさばきを避けられる可能性が残っていることをほのめかしている。もしネブカドネザルが神を敬わない行動や高ぶりを捨てて、しいたげていた貧しい障害を持った人々に親切にして、神に喜ばれる生活を始めるなら、神は夢で示されたことを実行なさらない。

4:34-37 私に理性が戻って来た 「七」は完全数なので、7回の季節の終わりに(→4:16注)ネブカドネザルは理性を取戻した。そして自分に何がどうして起こったのかを理解しただけではなく、ダニエルの神、イスラエルの主である神の力と偉大さと主権(願われることを行う最高の力と権威と能力)に気付いた。

5:1 ベルシャツァル王は・・・大宴会を催し ネブカドネザルの治世は44年間続いた。その死後、バビロニヤの栄光や偉大さは衰え始めた。帝国はその後22年間続いたけれども、革命や暗殺によって弱体化した。バビロニヤの最後の王はナボニドスとその長男

² ベルシャツァルは、ぶどう酒を飲みながら、父ネブカデネザルがエルサレムの宮から取って来た金、銀の器を持って来るように命じた。王とその貴人たち、および王の妻とそばめたちがその器で飲むためであった。

³ そこで、エルサレムの神の宮の本堂から取って来た金の器が運ばれて来たので、王とその貴人たち、および王の妻とそばめたちはその器で飲んだ。

⁴ 彼らはぶどう酒を飲み、金、銀、青銅、鉄、木、石の神々を賛美した。

⁵ すると突然、人間の手の指が現れ、王の宮殿の塗り壁の、燭台の向こう側の所に物を書いた。王が物を書くその手の先を見たとき、

⁶ 王の顔色は変わり、それにおびえて、腰の関節がゆるみ、ひざはがたがた震えた。

⁷ 王は、大声で叫び、呪文師、カルデヤ人、星占いたちを連れて来させた。王はバビロンの知者たちに言った。「この文字を読み、その解き明かしを示す者にはだれでも、紫の衣を着せ、首に金の鎖をかけ、この国の第三の権力を持たせよう。」

⁸ その時、王の知者たちがみな入って来たが、彼らは、その文字を読むことも、王にその解き明かしを告げることもできなかった。

⁹ それで、ベルシャツァル王はひどくおびえて、顔色が変わり、貴人たちも途方にくれた。

¹⁰ 王母は、王とその貴人たちのことを聞いて、宴会の広間に入って来た。王母は言った。「王よ。永遠に生きられますように。おびえてはいけません。顔色を変えてはなりません。

¹¹ あなたの王国には、聖なる神の霊の宿るひとりの人がいます。あなたの父上の時代、彼のうちに、光と理解力と神々の知恵

2 ① ダニ 1:2, 5:23,
Ⅱ列 24:13, 25:15,
エズ 1:7-11, エレ 52:19
4 ② ダニ 5:23
② ダニ 3:1,
詩 115:4, 135:15,
イザ 40:19, 20,
ハバ 2:19, 黙 9:20
6 ① ダニ 5:9, 10, 7:28
② ダニ 2:4, 5, 19
7 ① ダニ 2:2
② ダニ 2:6
③ ダニ 5:16, 29
8 ① ダニ 2:48, 6:2, 3
② ダニ 4:7
10 ＊あるいは「王妃」
① ダニ 2:4, 3:9, 6:6
11 ① ダニ 2:47, 創 41:11-13
② ダニ 4:8
③ ダニ 1:17

④ ダニ 2:2
⑤ ダニ 2:48, 4:9
12 ① ダニ 1:7
② ダニ 6:3
③ ダニ 1:17
④ ダニ 2:1, 2, 4:7
⑤ ダニ 5:16
13 ① 創 41:14
② ダニ 2:25
14 ① ダニ 4:8
15 ① ダニ 5:8
16 ① ダニ 5:7, 29
② ダニ 6:2
17 ① Ⅱ列 5:15, 16
18 ① ダニ 2:37, 38
② ダニ 4:2
19 ① エレ 25:9, 27:5-7
② ダニ 3:4

のような知恵のあることがわかりました。ネブカデネザル王、あなたの父上、王は、彼を呪法師、呪文師、カルデヤ人、星占いたちの長とされました。

¹² 王がベルテシャツァルと名づけたダニエルのうちに、すぐれた霊と、知識と、夢を解き明かし、なぞを解き、難問を解く理解力のあることがわかりましたから、今、ダニエルを召してください。そうすれば、彼がその解き明かしをいたしましょう。」

¹³ そこで、ダニエルは王の前に連れて来られた。王はダニエルに話しかけて言った。「あなたは、私の父である王がユダから連れて来たユダからの捕虜のひとり、あのダニエルか。

¹⁴ あなたのうちには神の霊が宿り、また、あなたのうちに、光と理解力と、すぐれた知恵のあることがわかった、と聞いている。

¹⁵ 先に、知者、呪文師たちを私の前に召して、この文字を読ませ、その解き明かしを私に教えさせようとしたが、彼らはそのことばの解き明かしを示すことができなかった。

¹⁶ しかし、あなたは解き明かしができ、難問を解くことができると聞いた。今、もしあなたが、その文字を読み、その解き明かしを私に知らせることができたなら、あなたに紫の衣を着せ、首に金の鎖をかけさせ、国の第三の権力を持たせよう。」

¹⁷ そのとき、ダニエルは王の前に答えて言った。「あなたの贈り物はあなた自身で取っておき、あなたの報酬は他の人にお与えください。しかし、私はその文字を王のために読み、その解き明かしをお知らせしましょう。

¹⁸ 王さま。いと高き神は、あなたの父上ネブカデネザルに、国と偉大さと光栄と権威とをお与えになりました。

¹⁹ 神が彼に賜った偉大さによって、諸民

ベルシャツァルで、ふたりは一緒に統治した。

5:2 父ネブカデネザル ここで使われている「父」ということばは一般的な意味での先祖とか前任者という意味で、肉親の親のことではない。

5:3 宮の本堂から取って来た金の器 ベルシャツァ

ルと役人たちはバビロニヤの人間が作った神々を祝って主の聖い器で酒を飲み、唯一のまことの神の名誉を汚し、さばきを招いた（5:22-24）。

5:12 ダニエル この節はダニエルにはすぐれた知性と神から与えられた預言の能力、難しい問題を解決

諸国、諸国語の者たちはことごとく、彼の前に震え、おののきました。彼は思いのままに人を殺し、思いのままに人を生かし、思いのままに人を高め、思いのままに人を低くしました。
20 こうして、彼の心が高ぶり、彼の霊が強くなり、高慢にふるまったので、彼はその王座から退けられ、栄光を奪われました。
21 そして、人の中から追い出され、心は獣と等しくなり、野ろばとともに住み、牛のように草を食べ、からだは天の露にぬれて、ついに、いと高き神が人間の国を支配し、みこころにかなう者をその上にお立てになることを知るようになりました。
22 その子であるベルシャツァル。あなたはこれらの事をすべて知っていながら、心を低くしませんでした。
23 それどころか、天の主に向かって高ぶり、主の宮の器をあなたの前に持って来させて、あなたも貴人たちもあなたの妻もそばめたちも、それを使ってぶどう酒を飲みました。あなたは、見ることも、聞くことも、知ることもできない銀、金、青銅、鉄、木、石の神々を賛美しましたが、あな

19 ③ ダニ 2:12, 13, 3:6
20 ① ダニ 4:30, 31, 37, イザ 14:13-15
② Ⅱ 列 17:14, Ⅱ 歴 36:13, ネヘ 9:10, 16, 29
③ ヨブ 15:25
21 ① ダニ 4:32, 33
② ダニ 4:16
③ ヨブ 39:5-8
④ ダニ 4:2
⑤ エゼ 17:24
22 ① 詩 119:46
② 出 10:3, Ⅱ 歴 33:23, 36:12
23 ① ダニ 5:3, 4
② ダニ 4:37
③ Ⅱ 列 14:10, イザ 2:12, 37:23, エレ 50:29
④ 詩 115:4-7, 135:15-17, イザ 37:19, ハバ 2:18, 19

⑤ ヨブ 12:10, イザ 42:5
⑥ ヨブ 31:4, 詩 139:3, 箴 20:24, エレ 10:23
24 ① ダニ 5:5
27 ① ヨブ 31:6, 詩 62:9
28 * ［ア］「ペレス」、「分割する」意の語根「ペラス」の派生語
① ダニ 5:31, 6:8, 28, 9:1, イザ 21:2, 45:1, 2, エレ 51:28
29 ① 創 41:42-44, エス 8:15
② ダニ 5:16
③ ダニ 6:2
30 ① ダニ 5:1, 2
31 ① ダニ 6:1, 9:1

たの息と、あなたのすべての道をその手に握っておられる神をほめたたえませんでした。
24 それで、神の前から手の先が送られて、この文字が書かれたのです。
25 その書かれた文字はこうです。『メネ、メネ、テケル、ウ・パルシン。』
26 そのことばの解き明かしはこうです。『メネ』とは、神があなたの治世を数えて終わらせられたということです。
27 『テケル』とは、あなたがはかりで量られ、目方の足りないことがわかったということです。
28 『*パルシン』とは、あなたの国が分割され、メディヤとペルシヤとに与えられるということです。」
29 そこでベルシャツァルは命じて、ダニエルに紫の衣を着せ、金の鎖を彼の首にかけさせ、彼はこの国の第三の権力者であると布告した。
30 その夜、カルデヤ人の王ベルシャツァルは殺され、
31 メディヤ人ダリヨスが、およそ六十二歳でその国を受け継いだ。

する知恵があったことを示している。神は強い影響力のある場所で謙虚に忠実に神を代表するダニエルのような人々を今でも捜しておられる。

5:22 これらの事をすべて知っていながら、心を低くしませんでした ダニエルはベルシャツァルに神がどのようにネブカデネザルをへりくだらせたかを思い起こさせた。ベルシャツァルは確かにこの悲惨な出来事を聞いていたけれども、それから学ぼうとしなかった。主の宮から持ってきた神聖な器を冒瀆することによって、ベルシャツァルはわざと神に挑んだ。多くの人は歴史の教訓から学ばないで、神を無視するこの世界の罪深い魅力に従おうとする。快楽や権力への欲望や神への横柄な態度は(⇒Ⅰヨハ2:15-17、→**キリスト者とこの世**」の項 p.2437) 必ず滅びを招く(⇒マタ7:13-14)。

5:26 神が・・・数えて その手は2回「メネ」と書いた。それには「数えて」と「試して」という二つの意味があったからである。ダニエルの解釈は単純だった。神はバビロニヤ帝国を試され、欠陥を見つけられた。残りの月日は数えられた(終る)と神は警告された。

5:27 はかりで量られて、目方の足りないことがわ

かった ここでの「目方の足りない」ということばは「不十分な」や「欠陥がある」あるいは「質が悪い」という意味である。ベルシャツァルは神の「はかり」で量られ、目方が足りなかった。つまりベルシャツァルは神の基準に照らして著しく不十分だったのである。

5:28 分割され、メディヤとペルシヤとに与えられる 25節に「ウ・パルシン」とあるけれども、「ウ」はアラム語で「そして」を意味する。「パルシン」はアラム語の「ペレス」の複数形で、それには「分割」と「ペルシヤ」の二つの意味がある。これはバビロニヤ帝国の分割とペルシヤとメディヤによって国が征服されることを意味している。

5:30 ベルシャツァルは殺され バビロニヤとペルシヤの両方の歴史的記録はともに、メド・ペルシヤの軍隊がバビロンに近付いたとき、人々は進んで門を開いて抵抗をしないでクロスの軍隊を中に入らせたことを明らかにしている。殺されたのはベルシャツァル一人だったと思われる。クロスが町に入ると、人々はクロスをナボニドスとベルシャツァルによる暴政と圧制からの解放者としてほめたたえた。

5:31 メディヤ人ダリヨスが・・・その国を受け継

獅子の穴に入れられたダニエル

6 ¹ ダリヨスは、全国に任地を持つ百二十人の太守を任命して国を治めさせるのがよいと思った。
² 彼はまた、彼らの上に三人の大臣を置いたが、ダニエルは、そのうちのひとりであった。太守たちはこの三人に報告を出すことにして、王が損害を受けないようにした。
³ ときに、ダニエルは、他の大臣や太守よりも、きわだってすぐれていた。彼のうちにすぐれた霊が宿っていたからである。そこで王は、彼を任命して全国を治めさせようと思った。
⁴ 大臣や太守たちは、国政についてダニエルを訴える口実を見つけようと努めたが、何の口実も欠点も見つけることができなかった。彼は忠実で、彼には何の怠慢も欠点も見つけられなかったからである。
⁵ そこでこの人たちは言った。「私たちは、彼の神の律法について口実を見つけるのでなければ、このダニエルを訴えるどんな口実も見つけられない。」
⁶ それで、この大臣と太守たちは申し合わせて王のもとに来てこう言った。「ダリヨス王。永遠に生きられますように。
⁷ 国中の大臣、長官、太守、顧問、総督はみな、王が一つの法令を制定し、禁令として実施してくださることに同意しました。すなわち今から三十日間、王よ、あなた以外に、いかなる神にも人にも、祈願をする者はだれでも、獅子の穴に投げ込まれると。
⁸ 王よ。今、その禁令を制定し、変更されることのないようにその文書に署名し、取り消しのできないメディヤとペルシヤの法律のようにしてください。」
⁹ そこで、ダリヨス王はその禁令の文書に署名した。
¹⁰ ダニエルは、その文書の署名がされたことを知って自分の家に帰った。――彼の屋上の部屋の窓はエルサレムに向かってあいていた。――彼は、いつものように、日に三度、ひざまずき、彼の神の前に祈り、感謝していた。

---

1 ① ダニ 3:2
2 ① ダニ 2:48, 49, 5:16, 29
② エズ 4:22, エス 7:4
3 ① ダニ 1:20
② ダニ 5:12, 14
③ 創 41:40, エス 10:3
4 ① ダニ 6:22, ルカ 20:26, 23:14, 15
5 ① 使 24:13-16, 20, 21

6 ① ダニ 2:4, 5:10, 6:21, ネヘ 2:3
7 ① ダニ 3:2, 27
② 詩 62:4, 64:2-6, 83:1-3
③ ダニ 6:16
8 ① ダニ 6:12, 15, エス 1:19, 8:8
9 ① エズ 3:12, 8:10, イザ 10:1
10 ① I 列 8:48, 49, 詩 5:7, 28:2, 138:2
② 詩 55:17
③ 詩 95:6

いだ 「ダリヨス」とはバビロニヤを奪ったときにクロスが採用した称号だった可能性がある。あるいはクロスによって任命され、クロスの死後しばらくの間バビロニヤを支配したグバルの別の名前だったかもしれない。

6:3 彼を任命して全国を治めさせよう 帝国を支配する際にダリヨスを支えた三人の大臣の中でダニエルは最もすぐれていた。ダニエルはすぐれた知性とともに「すぐれた霊」を持っていたので、王はほかの大臣や太守より上の新しい地位を与えようと計画した。神の恵みによって80歳になってもダニエルの頭脳は依然として鋭敏で能力はすぐれていた（⇒80歳のモーセとカレブとヨシュア－出7:7, 申34:7, ヨシ14:10-11, 24:29）。

6:5 このダニエルを訴えるどんな口実 ダニエルの敵はダニエルの悪いところを見つけて責めることができなかった。ダニエルを責める唯一の可能性は神へのその忠誠心に対立する公的な政令を作ることだった。終りのときに反キリストが支配する間、悪魔は神に忠実な人々に対してこれと同じ戦術を使う。神の民を責める理由を見つけるために、神の律法と公式な政府の要求との間に対立が生じるような状況を作り出す。反キリストは自分の名誉のために記念碑を建ててそれを拝むように命令を出す。それは本当のキリスト者にはできないことである（⇒3:1-6, →Ⅱテサ2:1-12, 「**反キリストの時代**」の項 p.2288）。

6:7 みな・・・同意しました ダニエルの昇進をねたんだ部下たちは神の律法に対するダニエルの忠誠心を問題にしようとたくらんだ。そしてダニエルが従わないとわかっている勅令（口頭と書面での法律）を発するようにダリヨスを説得することに合意した。このためにダニエルは王の法律を破らなければならず死刑になるはずである。神とみことばへのダニエルの無条件の忠誠心は今日のキリスト者にとって良い模範である。私たちは最も困難な状況の中でも神への信仰とみことばへの献身を妥協することなく、いつもきちんと示し最善の働きをしなければならない。日々行うことを通して神を尊ぶなら神は私たちを大切にしてくださる。

6:10 ダニエルは・・・祈り、感謝していた ダニエルは熱心に働き、ダリヨスに忠実に仕えていたけれども王の命令を神よりも優先することはなかった。ダニエルが選んだのはただ祈り続けることだった。開いている窓で祈ることによって、ダニエルは自分の信仰を見せびらかそうとか注目を引こうとしていたのではない。ただ以前に神殿が建っていたエルサレムに向かっていつもこのように祈っていただけである（⇒Ⅱ歴6:21）。危険なことはわかっていたけれども、どん

11 すると、この者たちは申し合わせてやって来て、ダニエルが神に祈願し、哀願しているのを見た。
12 そこで、彼らは王の前に進み出て、王の禁令について言った。「王よ。今から三十日間、あなた以外に、いかなる神にも人にも、祈願をする者はだれでも、獅子の穴に投げ込まれるという禁令にあなたは署名されたではありませんか。」王は答えて言った。「取り消しのできないメディヤとペルシヤの法律のように、そのことは確かである。」
13 そこで、彼らは王に告げて言った。「ユダからの捕虜のひとりダニエルは、王よ、あなたとあなたの署名された禁令とを無視して、日に三度、祈願をささげています。」
14 このことを聞いて、王は非常に憂え、ダニエルを救おうと決心し、日暮れまで彼を助けようと努めた。
15 そのとき、あの者たちは申し合わせて王のもとに来て言った。「王よ。王が制定したどんな禁令も法令も、決して変更されることはない、ということが、メディヤやペルシヤの法律であることをご承知ください。」
16 そこで、王が命令を出すと、ダニエルは連れ出され、獅子の穴に投げ込まれた。王はダニエルに話しかけて言った。「あなたがいつも仕えている神が、あなたをお救いになるように。」
17 一つの石が運ばれて来て、その穴の口に置かれた。王は王自身の印と貴人たちの印でそれを封印し、ダニエルについての処置が変えられないようにした。

18 こうして王は宮殿に帰り、一晩中断食をして、食事を持って来させなかった。また、眠けも催さなかった。
19 王は夜明けに日が輝き出すとすぐ、獅子の穴へ急いで行った。
20 その穴に近づくと、王は悲痛な声でダニエルに呼びかけ、ダニエルに言った。「生ける神のしもべダニエル。あなたがいつも仕えている神は、あなたを獅子から救うことができたか。」
21 すると、ダニエルは王に答えた。「王さま。永遠に生きられますように。
22 私の神は御使いを送り、獅子の口をふさいでくださったので、獅子は私に何の害も加えませんでした。それは私に罪のないことが神の前に認められたからです。王よ。私はあなたにも、何も悪いことをしていません。」
23 そこで王は非常に喜び、ダニエルをその穴から出せと命じた。ダニエルは穴から出されたが、彼に何の傷も認められなかった。彼が神に信頼していたからである。
24 王が命じたので、ダニエルを訴えた者たちは、その妻子とともに捕らえられ、獅子の穴に投げ込まれた。彼らが穴の底に落ちないうちに、獅子は彼らをわがものにして、その骨をことごとくかみ砕いてしまった。
25 そのとき、ダリヨス王は、全土に住むすべての諸民、諸国、諸国語の者たちに次のように書き送った。
「あなたがたに平安が豊かにあるように。
26 私は命令する。私の支配する国においてはどこでも、ダニエルの神の前に震え、

なことがあっても神とのこの時間を持ち、神に願いを訴えることをやめようとはしなかった(⇒ピリ4:6)。同じように、私たちはどんなものによっても神との関係を邪魔されたり、毎日の祈りの時間をおろそかにしたりしてはならない。祈りは絶対に必要であること→「効果的な祈り」の項 p.585

6:17 一つの石が・・・その穴の口に置かれた ライオンの穴は地下にあって上が開いていた。大きな平たい石がその口の上に置かれた。王の封印は王の許可がなければその口が開かれないという意味だった。高潔さや信用できる性格(6:4)、また「すぐれた霊」(6:3)を持っているダニエルを王は認め、またダニエルが信じている神を敬っていた。それで王は自分で出した勅令を実行するように要求したけれども、神がダニエルを救い出してくださるようにという希望を表した(6:16)。神がどのようにしてダニエルの三人の友人を火の燃える炉から助け出されたかという話を王は聞いていたと思われる(3:)。

6:23 彼が神に信頼していたからである 王は神を信頼するようにとダニエルを励ましたけれども(6:16)、次の朝の王の声には希望が失われていた。ダニエルがもはや生きていないと思ったのである(6:20)。けれども神の御使いが獅子の口をふさいで忠実な預言者のいのちを守られたので、王は元気に生きているダ

おののけ。
　この方こそ生ける神。
　永遠に堅く立つ方。
　その国は滅びることなく、
　その主権はいつまでも続く。
27　この方は人を救って解放し、
　天においても、地においても
　しるしと奇蹟を行い、
　獅子の力からダニエルを救い出された。」
28 このダニエルは、ダリヨスの治世とペルシャ人クロスの治世に栄えた。

ダニエルが見た4頭の獣の夢

7¹ バビロンの王ベルシャツァルの元年に、ダニエルは寝床で、一つの夢、頭に浮かんだ幻を見て、その夢を書きしるし、そのあらましを語った。
² ダニエルは言った。「私が夜、幻を見ていると、突然、天の四方の風が大海をかき立て、
³ 四頭の大きな獣が海から上がって来た。その四頭はそれぞれ異なっていた。
⁴ 第一のものは獅子のようで、鷲の翼をつけていた。見ていると、その翼は抜き取られ、地から起こされ、人間のように二本の足で立たされて、人間の心が与えられた。
⁵ また突然、熊に似たほかの第二の獣が現れた。その獣は横ざまに寝ていて、その口のきばの間には三本の肋骨があった。するとそれに、『起き上がって、多くの肉を食らえ』との声がかかった。
⁶ この後、見ていると、また突然、ひょうのようなほかの獣が現れた。その背には四つの鳥の翼があり、その獣には四つの頭があった。そしてそれに主権が与えられた。
⁷ その後また、私が夜の幻を見ていると、突然、第四の獣が現れた。それは恐ろしく、ものすごく、非常に強くて、大きな鉄のきばを持っており、食らって、かみ砕いて、その残りを足で踏みつけた。これは前に現れたすべての獣と異なり、十本の角を持っていた。
⁸ 私がその角を注意して見ていると、その

ニエルの姿を目にした。この奇蹟によって、ダリヨスは神の偉大な力と、神が神の民に誠実であることを知ったのである(6:26-27)。「神は私の裁判官」というダニエルの名前の意味が真実であることがこの体験を通して証明されたことに注目したい。主はダニエルがこの状況の中でも正しかったと判断し、そのことをだれの目にもはっきりとさせられたのである。

7:1　ダニエルは・・・一つの夢・・・幻を見て
「夢」と「幻」ということばは聖書の中では時には互換的に(互いに同じ意味で)使われている。ダニエルはほかの人々が見た預言的な夢を解釈した。神はまたダニエルに直接特異な夢や幻を与えられた。ここでの夢は70歳頃に与えられた。聖霊の働きと活動は終りのときに主イエスに従う人々の中で非常に活発になる。そのときに預言的な夢や幻は神の民を通して現される(⇒ヨエ2:28, 使2:16注, →「**御霊の賜物**」の項p.2138)。

7:3　四頭の大きな獣　今日の著作者や注解者の中にはこの獣が終りの時代の国々を示していると見る人々がいる。けれどもほとんどの聖書学者はこの幻を2章のネブカデネザルの夢と並行していると考えている(→2:37-43各注)。そしてその王国の内部の特徴をさらに深く明らかにしていると言う。

(1) 王の権力の象徴である獅子(ライオン)は新バビロニヤ帝国を示している(→「**新バビロニヤ帝国**」の地図 p.1442)。鳥類の王の鷲は特にネブカデネザル王の権力を表していて、その翼が抜き取られることは4章で起きたこと、神が王を謙虚にさせたときのことを示していると思われる。

(2) 横ざまに寝ている(一方を上げている―直訳)熊はメド・ペルシヤでペルシヤのほうが優勢であることを表していて、その口の中にある3本の肋骨はバビロニヤ、ルデヤ、エジプトを征服したことを表していると思われる。

(3) 力強くすばやい動物であるひょうは四つの翼を持っていて、ギリシヤ帝国とアレクサンドロス大王の征服の速さを表している。四つの頭はアレクサンドロスが死んだあとに将軍たちに帝国が分割されてできた四つの国である。将軍たちはルシマコス(トラキヤとビテニヤを取った)とカッサンドロス(ギリシヤとマケドニヤを取った)、セレウコス(バビロニヤとシリヤを取った)とプトレマイオス(聖地とエジプトとアラビヤを取った)である。

(4) 第四の獣は鉄のきばを持っていてほかの獣よりも恐ろしく強力な力を持っていた。これはそのほかの特徴が示すようにローマを表している。10本の角

間から、もう一本の小さな角が出て来たが、その角のために、初めの角のうち三本が引き抜かれた。よく見ると、この角には、人間の目のような目があり、大きなことを語る口があった。

9 私が見ていると、
　幾つかの御座が備えられ、
　年を経た方が座に着かれた。
　その衣は雪のように白く、
　頭の毛は混じりけのない羊の毛のようであった。
　御座は火の炎、
　その車輪は燃える火で、
10 火の流れがこの方の前から流れ出ていた。
　幾千のものがこの方に仕え、
　幾万のものがその前に立っていた。
　さばく方が座に着き、
　幾つかの文書が開かれた。

11 私は、あの角が語る大きなことばの声がするので、見ていると、そのとき、その獣は殺され、からだはそこなわれて、燃える火に投げ込まれるのを見た。

12 残りの獣は、主権を奪われたが、いのちはその時と季節まで延された。

8 ①ダニ7:11, 25, 黙13:5, 6
9 ①ダニ7:13, 22
　②黙1:14
　③エゼ10:2, 6
10 ①詩18:8, 50:3, 97:3, イザ30:27, 33
　②Ⅰ列22:19, 詩68:17, ヘブ12:22, ユダ14, 黙5:11
　③ダニ7:22, 26, 詩96:13
　④ダニ12:1, 詩139:16, 黙20:12
11 ①ダニ7:8
　②ダニ7:7
　③黙19:20, 20:10
12 ①ダニ7:3-6

13 ①ダニ2:19
　②マタ8:20, 24:30, 26:64, マコ13:26, 14:62, ルカ21:27, 黙1:13, 14:14
14 ①エペ1:20-22, 黙11:15
　②ダニ3:4
　③詩102:22
　④ダニ2:44
15 ①ダニ4:19
　②ダニ8:1
　③ダニ7:1
16 ①ゼカ1:9, 19
17 ①ダニ7:3-8
18 ①ダニ7:22, 27, 黙22:5
　②ダニ7:14, 黙2:26, 27, 22:5

13 私がまた、夜の幻を見ていると、
　見よ、人の子のような方が天の雲に乗って来られ、
　年を経た方のもとに進み、その前に導かれた。
14 この方に、主権と光栄と国が与えられ、
　諸民、諸国、諸国語の者たちがことごとく、
　彼に仕えることになった。
　その主権は永遠の主権で、過ぎ去ることがなく、
　その国は滅びることがない。

夢の解明かし

15 私、ダニエルの心は、私のうちで悩み、頭に浮かんだ幻は、私を脅かした。
16 私は、かたわらに立つ者のひとりに近づき、このことのすべてについて、彼に願って確かめようとした。すると彼は、私に答え、そのことの解き明かしを知らせてくれた。
17 『これら四頭の大きな獣は、地から起こる四人の王である。
18 しかし、いと高き方の聖徒たちが、国を受け継ぎ、永遠に、その国を保って世々限

は2:41-42にある10本の足の指と対応している。

7:8 小さな角 この小さな角は世界の最後の大支配者、反キリスト(Ⅰヨハ2:18)、不法の人(Ⅱテサ2:3, 8)、10人の王のうち3人を打倒す獣(7:11, 24, 黙13:7, 19:19-20)を象徴している。これは神の民に対して戦いを挑み、捕え(7:21-22, 25)、神に逆らうことばを吐く(7:25, →**反キリストの時代**の項p.2288)。けれどもイエス・キリストが地上に再び来られるとき(7:9)、キリストに従う人々がその王国を支配するようになる(7:22, 27, ⇒黙11:15-18, 20:4-6)。そのとき反キリストとその勢力は滅ぼされ(7:11, 26)、火の池に投込まれて永遠に苦しむことになる(黙19:20, →「**終末の事件**」の表p.2471)。 →7:13注

7:9 年を経た方が座に着かれた 「年を経た方」とはアブラハムが「全世界をさばくお方」(創18:25)と認めた永遠の方として神を認識する表現である。この方は終りのときに全世界の人々とあらゆる国々をさばく方として描かれている。この節はまた神について描き、その聖さ(神の完璧な清さと悪からの分離ー「その衣は雪のように白く」)と威厳(尊厳と権威ー「頭の毛は混じりけのない羊の毛」)と純粋な正義(「御座は火の炎、その車輪は燃える火」)を表している。 →「**神の属性**」の項p.1016

7:13 人の子のような方 特異で威厳のある方が御父である神の臨在の中に入って行って、あらゆる国の権力と権威を主張した。それはほかの権力に決して負ける(以前の王国がみな体験したように)ことのない永遠の王国を受取るためだった。天の雲は栄光を表していると思われる(⇒出40:34, 38, 使1:9, 11, Ⅰテサ4:17, 黙1:7)。その方は神の御子(マタ26:64)、私たちの主イエス・キリストであることが示唆されている(⇒ルカ21:27, ヨハ1:51)。

7:17 地から起こる四人の王 「地から」は「海から」(7:3)と矛盾しない。海は地の一部である。聖書は海を地上の人々や国々の象徴としている(⇒黙13:1)。

7:18 聖徒たちが、国を受け継ぎ この国は人の子、イエス・キリスト(7:13-14)のものである。けれども聖徒たち(あらゆる時代の神の民を含むと思われる)がこの国を受継いで(⇒マタ5:3, 10)キリストとともにその国を治める(⇒黙3:21)。「聖徒たち」とは聖い人

りなく続く。』

¹⁹それから私は、第四の獣について確かめたいと思った。それは、ほかのすべての獣と異なっていて、非常に恐ろしく、きばは鉄、爪は青銅であって、食らって、かみ砕いて、その残りを足で踏みつけた。²⁰その頭には十本の角があり、もう一本の角が出て来て、そのために三本の角が倒れた。その角には目があり、大きなことを語る口があった。その角はほかの角よりも大きく見えた。²¹私が見ていると、その角は、聖徒たちに戦いをいどんで、彼らに打ち勝った。²²しかし、それは年を経た方が来られるまでのことであって、いと高き方の聖徒たちのために、さばきが行われ、聖徒たちが国を受け継ぐ時が来た。

²³彼はこう言った。
『第四の獣は地に起こる第四の国。
これは、ほかのすべての国と異なり、
全土を食い尽くし、
これを踏みつけ、かみ砕く。
²⁴十本の角は、この国から立つ十人の王。
彼らのあとに、もうひとりの王が立つ。
彼は先の者たちと異なり、
三人の王を打ち倒す。
²⁵彼は、いと高き方に逆らうことばを吐き、
いと高き方③聖徒たちを滅ぼし尽くそうとする。

彼は④時と法則を変えようとし、
聖徒たちは、ひと時とふた時と半時の⑤間、
彼の手にゆだねられる。
²⁶しかし、さばきが行われ、
彼の主権は奪われて、
彼は永久に絶やされ、滅ぼされる。
²⁷国と、主権と、天下の国々の権威とは、
いと高き方の聖徒である民に与えられる。
その御国は永遠の国。
すべての主権は彼らに仕え、服従する。』

²⁸ここでこの話は終わる。私、ダニエルは、ひどくおびえ、顔色が変わった。しかし、私はこのことを心に留めていた。」

ダニエルが見た雄羊と雄やぎの幻

8 ¹ベルシャツァル王の治世の第三年、初めに私に幻が現れて後、私、ダニエルにまた、一つの幻が現れた。²私は一つの幻を見たが、見ていると、私がエラム州にあるシュシャンの城にいた。なお幻を見ていると、私はウライ川のほとりにいた。³私が目を上げて見ると、なんと一頭の雄羊が川岸に立っていた。それには二本の角があって、この二本の角は長かったが、一つはほかの角よりも長かった。その長いほうは、あとに出て来たのであった。

---

19 ①ダニ7:19-22, ダニ7:23-27
21 ①ダニ8:24, 黙11:7, 13:7
22 ①ダニ7:9
23 ①ダニ7:23-27, ダニ7:19-22
24 ①ダニ7:7, 8
25 ①ダニ4:17
　②ダニ11:36, 黙13:5, 6
　③黙13:7

　④ダニ2:21
　⑤ダニ12:7, 黙12:14
26 ①ダニ7:10
　②黙17:14, 19:20
27 ①ダニ7:14
　②ダニ2:44
28 ①ダニ4:19
　②創37:11, ルカ2:19, 51

1 ①ダニ5:1, 30
　②ダニ7:1
2 ①ダニ7:15, 28, 8:15, 9:2
　②ダニ8:1, 13, 15, 17, 26, 9:21, 24, 10:7, 8, 14, 16, 創15:1, 46:2, 民12:6, ヨブ33:14-16, エゼ1:1
　③創10:22, 14:1, イザ11:1, エレ25:25, エゼ32:24
　④ネヘ1:1, エス1:2, 2:8
　⑤ダニ8:16
3 ①ダニ8:3-14, ダニ8:20-26
　②ダニ10:5

のことで、霊的に純粋で、人格的に完璧で、悪から離れている人々である。その理由は、（1）聖い神との関係によってきよめられ、神の目的のために分離されるからであり、（2）世界の腐敗から離れて、神に仕え礼拝するために献身しているからである。

7:24-25　もうひとりの王が立つ　小さな角（→7:8注）が10本の角（10の王国または国）の後に現れて終りの時代にローマ帝国の地域を支配する。ここにある小さな角は8:9の「大きくなっていった」角とは違う。その角はギリシヤ帝国から現れる反キリストの型であるアンティオコス・エピファネス4世のことを指す。この節の中の小さな角はローマの獣から出て来て、力によって三つの王国を支配する。ほかの王国は権力をこの人物に委譲するように見える。角はいと高き方、年を経た方、御父である神に対して暴言（不敬、無礼、冒瀆）を吐く（Ⅱテサ2:4）。そして「時」（神を特別に礼拝するための）を変え神の法則をゆがめようとし、「いと高き方（神）の聖徒たちを滅ぼし尽くそうとする」。角は自分が滅ぼされるまでの3年半の間キリストに従う人々を迫害し続ける（⇒9:27, 黙11:2-3, 12:11, 13:5）。この期間はしばしば大患難の時代と呼ばれていて、その間に神は恐ろしいさばきをこの世界に下される（→黙6:-19:）。ここの聖句はこの小さな角と黙示録の最初の獣を同じものとしている（→黙13:）。これは普通反キリストと呼ばれる人物である（→「**大患難**」の項 p.1690,「**反キリストの時代**」の項 p.2288）。

8:1　第三年　第三年は前551年である。このあとのダニエル書はヘブル語で書かれている（⇒2:4注）。

8:3　一頭の雄羊・・・二本の角　この雄羊はメド・ペルシヤ帝国を表している（→8:20）。

4 私はその雄羊が、西や、北や、南のほうへ突き進んでいるのを見た。どんな獣もそれに立ち向かうことができず、また、その手から救い出すことのできるものもいなかった。それは思いのままにふるまって、高ぶっていた。

5 私が注意して見ていると、見よ、一頭の雄やぎが、地には触れずに、全土を飛び回って、西からやって来た。その雄やぎは、目と目の間に、著しく目だつ一本の角があった。

6 この雄やぎは、川岸に立っているのを私が見たあの二本の角を持つ雄羊に向かって来て、勢い激しく、これに走り寄った。

7 見ていると、これは雄羊に近づき、怒り狂って、この雄羊を打ち殺し、その二本の角をへし折ったが、雄羊には、これに立ち向かう力がなかった。雄やぎは雄羊を地に打ち倒し、踏みにじった。雄羊を雄やぎの手から救い出すものは、いなかった。

8 この雄やぎは、非常に高ぶったが、その強くなったときに、あの大きな角が折れた。そしてその代わりに、天の四方に向かって、著しく目だつ四本の角が生え出た。

9 そのうちの一本の角から、また一本の小さな角が芽を出して、南と、東と、麗しい国とに向かって、非常に大きくなっていった。

10 それは大きくなって、天の軍勢に達し、星の軍勢のうちの幾つかを地に落として、これを踏みにじり、

11 軍勢の長にまでのし上がった。それによって、常供のささげ物は取り上げられ、その聖所の基はくつがえされる。

12 軍勢は渡され、常供のささげ物に代えてそむきの罪がささげられた。その角は真理を地に投げ捨て、ほしいままにふるまって、それを成し遂げた。

13 私は、ひとりの聖なる者が語っているのを聞いた。すると、もうひとりの聖なる者が、その語っている者に言った。「常供のささげ物や、あの荒らす者のするそむきの罪、および、聖所と軍勢が踏みにじられるという幻は、いつまでのことだろう。」

14 すると彼は答えて言った。「二千三百の夕と朝が過ぎるまで。そのとき聖所はその権利を取り戻す。」

幻の解明かし

15 私、ダニエルは、この幻を見ていて、その意味を悟りたいと願っていた。ちょうどそのとき、人間のように見える者が私の前に立った。

16 私は、ウライ川の中ほどから、「ガブリエルよ。この人に、この幻を悟らせよ」と呼びかけて言っている人の声を聞いた。

17 彼は私の立っている所に来た。彼が来たとき、私は恐れて、ひれ伏した。すると彼は私に言った。「悟れ。人の子よ。その幻は、終わりの時のことである。」

18 彼が私に語りかけたとき、私は意識を失って、地に倒れた。しかし、彼は私に手をかけて、その場に立ち上がらせ、

19 そして言った。「見よ。私は、終わりの憤りの時に起こることを、あなたに知らせる。それは、終わりの定めの時にかかわる

8:5 一頭の雄やぎ この西から来る雄やぎはギリシヤ帝国であり、その大きな角はアレクサンドロス大王のことである(→8:21-22)。この人は権力の最高潮にあったときに非常に若くして死んだ。その後その帝国は四人の将軍によって分割された(→7:3注)。

8:9 また・・・角 角の中から1本の「小さな」角が芽を出したけれども、これは前168年にエルサレムの神殿にギリシヤの神ゼウスの像を立て、その祭壇で豚をいけにえにしてささげたギリシヤの支配者アンティオコス・エピファネス4世のことである(→8:23-25)。ユダ・マッカバイオスは後にイスラエルを奪い取り、神殿と祭壇をきよめてまことの神にささげた(前165年 →「**マラキ書からキリストまでの歴史年表**」の表 p.1607)。

8:14 聖所はその権利を取り戻す 聖所がきよめられて再建されるには、アンティオコスが主の祭壇を取除いてから3年2か月かかった(2,300回の夕と朝、または1,150日)。

8:16 この人に・・・悟らせよ ガブリエル(直訳すると「力ある神の人」または「神はご自分を強いものとして示された」という意味)は神の大天使の一人で、9:21ではダニエルに、ルカ1:19ではザカリヤに、ルカ1:26では処女マリヤに現れた(→「**御使いたちと主の使い**」の項 p.405)。

からだ。
²⁰あなたが見た雄羊の持つあの二本の角は、メディヤとペルシヤの王である。
²¹毛深い雄やぎはギリシヤの王であって、その目と目の間にある大きな角は、その第一の王である。
²²その角が折れて、代わりに四本の角が生えたが、それは、その国から四つの国が起こることである。しかし、第一の王のような勢力はない。
²³彼らの治世の終わりに、彼らのそむきが窮まるとき、横柄で狡猾なひとりの王が立つ。
²⁴彼の力は強くなるが、彼自身の力によるのではない。彼は、あきれ果てるような破壊を行い、事をなして成功し、有力者たちと聖徒の民を滅ぼす。
²⁵彼は悪巧みによって欺きをその手で成功させ、心は高ぶり、不意に多くの人を滅ぼし、君の君に向かって立ち上がる。しかし、人手によらずに、彼は砕かれる。
²⁶先に告げられた夕と朝の幻、それは真実である。しかし、あなたはこの幻を秘めておけ。これはまだ、多くの日の後のことだから。」

20 ①ダニ 8:20-26、ダニ 8:3-14
21 ①ダニ 10:20
23 *「彼らのそむきが」は七十人訳による
□「そむく者たちが」
24 ①ダニ 7:25、8:11-13、12:7、黙 16:6
25 ①ダニ 11:21, 24
②ダニ 11:36
③ダニ 2:34
26 ①ダニ 8:2
②ダニ 10:1、黙 19:9、21:5、22:6
③ダニ 12:4, 9、黙 10:4
④エゼ 12:27

²⁷私、ダニエルは、幾日かの間、病気になったままでいた。その後、起きて王の事務をとった。しかし、私はこの幻のことで、驚きすくんでいた。それを悟れなかったのである。

ダニエルの祈り

9 ¹メディヤ族のアハシュエロスの子ダリヨスが、カルデヤ人の国の王となったその元年、
²すなわち、その治世の第一年に、私、ダニエルは、預言者エレミヤにあった主のことばによって、エルサレムの荒廃が終わるまでの年数が七十年であることを、文書によって悟った。
³そこで私は、顔を神である主に向けて祈り、断食をし、荒布を着、灰をかぶって、願い求めた。
⁴私は、私の神、主に祈り、告白して言った。「ああ、私の主、大いなる恐るべき神。あなたを愛し、あなたの命令を守る者には、契約を守り、恵みを下さる方。
⁵私たちは罪を犯し、不義をなし、悪を行い、あなたにそむき、あなたの命令と定めとを離れました。

27 ①ダニ 4:19
②ダニ 6:2, 3
③ダニ 8:15-17、9:23

1 ①ダニ 5:31、6:28、11:1
②ダニ 1:4
2 ①Ⅱ歴 36:21、エズ 1:1、エレ 25:11, 12, 29:10、ゼカ 7:5
②ネヘ 1:4
4 ①申 7:21、ネヘ 9:32
②出 20:6、申 7:9、ネヘ 1:5
5 ①ダニ 9:8, 15、Ⅰ列 8:47、ネヘ 1:6, 7, 9:33、詩 106:6、イザ 64:5、エレ 14:7
②ダニ 9:11、詩 119:176、イザ 53:6

8:23　横柄で狡猾な・・・王　「終わりに」とあるので、ある注解者たちはガブリエルが終りの時代の反キリストのことを言っていると考えている。けれどもこれはアレクサンドロスの帝国から出てきた四つの国の後期のことを言っていると思われる（→8:5注）。その場合、横柄で狡猾な王とはアンティオコス・エピファネス4世である。これは反キリスト的な支配者（やがて来る反キリストの象徴）である。「夕と朝」(8:26)という言い方はそれがまだアンティオコスの時代を指していることを暗示している。

9:2　七十年　エレミヤはエルサレムへの帰還は70年以内に始まると預言した（エレ25:11-12、29:10-14）。その70年が過ぎようとしていた（70年間の概要 →エレ25:11注）。けれどもユダヤ人が故国に戻るという約束の兆候がまだ何もなかった。それでダニエルは必死になって祈った。エレミヤの預言が文字通りに成就するのを見たいと願ったのである。預言は一般的に文字通りに解釈するべきである（ことばが比喩的であっても）。ただし、預言や幻が象徴であることが前後に示されていれば別である。その場合でもその象徴は文字通り歴史上の事実を表している（⇒7:3注、8:3注、8:5注）。

9:2　ダニエルは・・・文書によって悟った　神が定められた出来事が歴史のある時点で実現する。その一つはバビロニヤとペルシヤの捕囚からユダヤ人が故国へ帰還することだった。この歴史的な出来事はエレミヤやエゼキエル（ユダヤ人の帰還の概要 →エズ緒論、ネヘ緒論）など旧約聖書の多くの預言者によって予告されていた。けれども神のご計画と目的には人間の責任も関係する。したがって神は計画されたことについて断食と祈りに集中するように（→9:5注）人々に呼びかけ訴えられた。この原則についてダニエルはこの章ですぐれた模範を示している。

9:5　私たちは罪を犯し　ダニエルは約束の回復が実現するのをただ待っていたのではない（→9:2各注）。むしろ熱心に祈り、断食（霊的な事柄に集中するために食事をとらずに過ごすこと 9:3）をしてみことばを成就してくださるように主に熱心に訴えた。神を愛し従う人々に対する神の驚くほどの偉大さ、誠実な愛、あわれみなどを意識しながらダニエルはとりなしの祈り

ダニエル書　9章

6 私たちはまた、あなたのしもべである預言者たちが御名によって、私たちの王たち、首長たち、先祖たち、および一般の人すべてに語ったことばに、聞き従いませんでした。

7 主よ。正義はあなたのものですが、不面目は私たちのもので、今日あるとおり、ユダの人々、エルサレムの住民のもの、また、あなたが追い散らされたあらゆる国々で、近く、あるいは遠くにいるすべてのイスラエル人のものです。これは、彼らがあなたに逆らった不信の罪のためです。

8 主よ。不面目は、あなたに罪を犯した私たちと私たちの王たち、首長たち、および先祖たちのものです。

9 あわれみと赦しとは、私たちの神、主のものです。これは私たちが神にそむいたからです。

10 私たちは、私たちの神、主の御声に聞き従わず、神がそのしもべである預言者たちによって私たちに下された律法に従って歩みませんでした。

11 イスラエル人はみな、あなたの律法を犯して離れ去り、御声に聞き従いませんでした。そこで、神のしもべモーセの律法に書かれているのろいと誓いが、私たちの上にふりかかりました。私たちが神に罪を犯したからです。

12 神は、大きなわざわいを私たちにもたらすと、かつて私たちと、私たちをさばいたさばきつかさたちに対して告げられたみことばを、成就されたのです。エルサレムの上に下ったほどのわざわいは、今まで天下になかったことです。

13 このわざわいはすべて、モーセの律法に書かれているように、私たちの上に下りましたが、私たちは、不義から立ち返り、あなたの真理を悟れるよう、私たちの神、主に、お願いもしませんでした。

14 主はそのわざわいの見張りをしておられ、それを私たちの上に下しました。私たちの神、主のみわざは、すべて正しいのです。私たちが、御声に聞き従わなかったからです。

15 しかし今、私たちの神、主よ、あなたは、力強い御手をもって、あなたの民をエジプトの地から連れ出し、今日あるとおり、あなたの名をあげられました。私たちは罪を犯し、悪を行いました。

16 主よ。あなたのすべての正義のみわざによって、どうか御怒りと憤りを、あなたの町エルサレム、あなたの聖なる山からおさめてください。私たちの罪と私たちの先祖たちの悪のために、エルサレムとあなたの民が、私たちを取り囲むすべての者のそしりとなっているからです。

17 私たちの神よ。今、あなたのしもべの祈りと願いとを聞き入れ、主ご自身のために、御顔の光を、あなたの荒れ果てた聖所に輝かせてください。

18 私の神よ。耳を傾けて聞いてください。目を開いて私たちの荒れすさんださまと、あなたの御名がつけられている町をご覧ください。私たちが御前に伏して願いをささげるのは、私たちの正しい行いによるのではなく、あなたの大いなるあわれみによるのです。

19 主よ。聞いてください。主よ。お赦しください。主よ。心に留めて行ってください。私の神よ。あなたご自身のために遅らせないでください。あなたの町と民とには、あなたの名がつけられているからです。」

七十週

20 私がまだ語り、祈り、自分の罪と自分の民イスラエルの罪を告白し、私の神の聖なる山のために、私の神、主の前に伏して願いをささげていたとき、

（ほかの人々の必要や情況のための祈り →「**とりなし**」の項 p.1454）を始めた。それから自分の責任を感じ、イスラエルの民と自分を一つにして、民が罪を犯し神に反抗したことを告白した。ダニエルがエルサレムの回復を訴えたのは人々にその資格があるからではなく、神があがめられるためだった（9:17-18）。神はその祈りに応えることによって、ご自分が大きなあわれみと同情と誠実さをもって約束を守る方であることを証明された。

とりなし

「そこで私は、顔を神である主に向けて祈り、断食をし、荒布を着、灰をかぶって、願い求めた。」(ダニエル書9:3)

聖書で言う「とりなし」とはほかの人々の必要のために忠実に、続けて、特に神にお願いすることで、その情況に介入するように主に訴える祈りである。ダニエル書9章のダニエルの祈りはとりなしの祈りで、同胞のユダヤ人と一つになって祈っている。そして人々の罪を告白し神に赦しを求め、エルサレムと民族の回復を訴えている。聖書にはキリストのとりなしや聖霊のとりなし、旧約聖書と新約聖書の中の神を敬う多くの人のとりなしが記録されている。

キリストと聖霊のとりなし

(1) 主イエスは地上で働いておられたときに霊的に失われた人々(神との個人的関係がなく、神の目的に従っていない人)のために祈られた。それはその人々を「捜して救うために」来られたからである(ルカ19:10)。主は神に背くエルサレムの町に入るときに悲しんで涙を流された(ルカ19:41)。また弟子たち個人(→ルカ22:32)や全体(ヨハ17:6-26)のために祈られた。十字架にかけられて死ぬ間際には敵対する人々のためにも祈られた(ルカ23:34)。

(2) キリストの現在の働きは御父である神に私たちのとりなしをすることである(ロマ8:34, ヘブ7:25, 9:24, →7:25注)。ヨハネは主イエスを「御父の前で弁護する方」(→Ⅰヨハ2:1注)と呼んでいる。私たちの救いと神との関係の継続のためにはキリストのとりなしが必要である(⇒イザ53:12)。キリストの誠実な祈りを通して神の恵み(受けるにふさわしくない好意と慈しみ)とあわれみと助けが与えられなければ神との関係は壊れてしまう。そして私たちは神から遠く離れ、再び罪の奴隷になってしまう。

(3) 聖霊もまたとりなしをしてくださる。パウロは「私たちは、どのように祈ったらよいかわからないのですが、御霊ご自身が、言いようもない深いうめきによって、私たちのためにとりなしてくださいます」(ロマ8:26, →8:26注)と言っている。聖霊はキリストを知っている人の霊を通して「神のみこころに従って」(ロマ8:27)とりなしてくださる。つまり聖霊は神の目的と完全に一致して御父である神と話をされるのである。したがって主イエスは信仰者のために天からとりなしをされ、聖霊は地上で信仰者の心の中からとりなしをされるのである(→「聖霊の働き」の表 p.2187)。

信者のとりなし

聖書はしばしば神の民のとりなしの祈りについて書いていて、著しく力強い祈りの模範を多く記録している。

(1) 旧約聖書では王(Ⅰ歴21:17, Ⅱ歴6:14-42,)や預言者(Ⅰ列18:41-45, ダニ9:)や祭司(エズ9:5-15, ヨエ1:13, 2:17-18)が神の民のためにとりなしの祈りを導いている。旧約聖書のとりなしの祈りの中で顕著な例としてはイシュマエル(創17:18)とソドムとゴモラのための(創18:23-32)アブラハムの祈り、子どものためのダビデの祈り(Ⅱサム12:16, Ⅰ歴29:19)、子どもたちのためのヨブの祈り(ヨブ1:5)などが挙げられる。モーセの生涯には旧約聖書のとりなしの祈りの力を示す優れた模範がいくつかある。モーセは何度も神の選民のいのちと未来のために神に嘆願した。たとえばイスラエル人が主に逆らって、カナンの地に入ることを拒んだときに神はイスラエル人を滅ぼしてモーセから偉大な国民を起こすとモーセに言われた(民14:1-12)。そのときモーセは祈りの中でそのことを主に持って行き、人々のために訴えた(民14:13-19)。その祈りの終りに神は「わたしはあなたのことばどおりに赦そう」と言われた(民14:20, →出32:11-14, 民11:2, 12:13, 21:7, 27:5, →「**効果的な祈り**」の項 p.585)。そのほかにも旧約聖書にはエリヤ(Ⅰ列

18:21-46、ヤコ5:16-18)、ダニエル(ダニ9:2-23)、ネヘミヤ(ネヘ1:3-11)などの力強いとりなし手がいた。

(2) 新約聖書にも多くのとりなしの祈りの模範がある。福音書(主イエスの生涯を伝える聖書の部分でマタイ、マルコ、ルカ、ヨハネがある)には愛する人のために両親やほかの人々が主イエスにとりなしたことが次のように記録されている。両親が病気の子どもを直してほしいと主イエスに訴えたこと(マコ5:22-43、ヨハ4:47-53)。母親たちが子どもたちを祝福してくださいと主イエスに願ったこと(マコ10:13)。一人の人がしもべを癒してくださいと訴えたこと(マタ8:6-13)。ヤコブとヨハネの母親が息子たちのために主イエスにとりなしたこと(マタ20:20-21)。

(3) 新約聖書の教会は様々な人のためにしばしばとりなしをしている。たとえばエルサレムの教会はペテロが牢獄から解放されるように集まって祈った(使12:5, 12)。アンテオケの教会はバルナバとパウロの伝道奉仕が成功するように祈った(使13:3)。ヤコブは特に教会の長老たちに病人のために祈るように(ヤコ5:14)、そしてどのキリスト者にも「互いのために祈りなさい」(ヤコ5:16, ⇒ヘブ13:18-19)と教えている。パウロはさらに進んで、「すべての人のために」祈りをささげるように求めている(Ⅰテモ2:1-3)。

(4) 使徒パウロについては特別に触れる必要がある(パウロはユダヤ人以外の人、つまり異邦人に対する開拓宣教師で初代教会の指導者だった。いくつかの教会を始め新約聖書の多くの手紙を書いた)。多くの手紙の中でパウロは様々な教会や個人のために祈っていると書いている(ロマ1:9-10、Ⅱコリ13:7、ピリ1:4-11、コロ1:3, 9-12、Ⅰテサ1:2-3、Ⅱテサ1:11-12、Ⅱテモ1:3、ピレ1:4-6)。時々パウロは自分の祈りを手紙の中に書いている(エペ1:15-19, 3:14-19、Ⅰテサ3:11-13)。同時に自分の働きは人々の祈りによってのみ最高の効果が得られることを知っていたので、教会に祈ってほしいとしばしば求めている(ロマ15:30-32、Ⅱコリ1:11、エペ6:18-20、ピリ1:19、コロ4:3-4、Ⅰテサ5:25、Ⅱテサ3:1-2)。

とりなしの祈りの目的

聖書にある数多くのとりなしの祈りの中で、神に忠実な人々は神がさばきを下さないように(創18:23-32、民14:13-19、ヨエ2:17)、神の民を回復してくださるように(ネヘ1：、ダニ9：)、人々を危険から救い出してくださるように(使12:5, 12、ロマ15:31)、神の民を祝福してくださるように(民6:24-26、Ⅰ列18:41-45、詩122:6-8)、神に訴えている。とりなしをする人は聖霊の力が下るように(使8:15-17、エペ3:14-17)、そして人々が癒されるように(Ⅰ列17:20-21、使28:8、ヤコ5:14-16)祈った。旧約聖書と新約聖書の人々は罪の赦しのために(エズ9:5-15、ダニ9：, 使7:60)、権威を持つ人々が良い指導をすることができるように(Ⅰ歴29:19、Ⅰテモ2:1-2)、祈りをささげた。また信仰者の霊的成長のために(ピリ1:9-11、コロ1:10-11)、牧師が成長するように(Ⅱテモ1:3-7)、効果的な宣教ができるように(マタ9:38、エペ6:19-20)、ほかの人々が救われるように(ロマ10:1)、人々が神を賛美するように(詩67:3-5)、祈った。聖霊または聖書によって神のみこころ(神の願い、計画、目的 →「神のみこころ」の項 p.1207)として啓示されたことはその時々に祈りの中心課題になった。絶えず忍耐をもって祈る祈りの力と信仰の原則を神はいつも尊重してくださる。

21 すなわち、私がまだ祈って語っているとき、私が初めに幻の中で見たあの人、ガブリエルが、夕方のささげ物をささげるころ、すばやく飛んで来て、私に近づき、22 私に告げて言った。「ダニエルよ。私は今、あなたに悟りを授けるために出て来た。23 あなたが願いの祈りを始めたとき、一つのみことばが述べられたので、私はそれを伝えに来た。あなたは、神に愛されている人だからだ。そのみことばを聞き分け、幻①を悟れ。

24 あなたの民とあなたの聖なる都については、七十週が定められている。それは、そむきをやめさせ、罪を終わらせ、咎を贖い、永遠の義をもたらし、幻と預言とを確証し、至聖所に油をそそぐためである。25 それゆえ、知れ。悟れ。引き揚げてエルサレムを再建せよ、との命令が出てから、油そそがれた者、君主の来るまでが七週。また六十二週の間、その苦しみの時代に再び広場とほりが建て直される。26 その六十二週の後、油そそがれた者は断たれ、彼には何も残らない。やがて来たるべき君主の民が町と聖所を破壊する。その終わりには洪水が起こり、その終わりまで戦いが続いて、荒廃が定められている。27 彼は一週の間、多くの者と堅い契約を結び、半週の間、いけにえとささげ物とをや

21 ①ダニ8:16, ルカ1:19, 26
②出29:39, Ⅰ列18:29, エズ9:4, 5
22 ①ダニ8:18, 10:10, 16, 18
23 ①ダニ8:16, 10:21, ゼカ1:9
②ダニ10:11, 19
*「神に」は補足
24 ①Ⅱ歴29:24, イザ53:10, ロマ3:24, ヘブ9:12
②エレ31:6, 8, 53:11, 56:1, エレ23:5, 6, ロマ3:21, 22, ダニ8:12
25 ①エズ4:24, 6:1-15, ネヘ2:1-8, 3:1, ①Ⅰサム10:1, 詩2:2, 45:7, イザ61:1, ルカ18, ヨハ1:41, 4:25
*「来る」は補足
26 ①イザ53:8
*直訳「彼には何もない」
②ヨハ14:30, ③マタ24:2, マコ13:2, ルカ19:43, 44
③ダニ11:10, 22, イザ8:7, 8, ナホ1:8, ⑤マタ24:6
27 ①→イザ1:13

9:24 七十週 イスラエルと「聖なる都」（エルサレム）についてのダニエルの預言は今の「終わりのとき」にとって非常に重要である。「週」と訳されていることばは7年の単位を意味しているので、「七十週」は490年のことである。その490年間に次の六つのことがイスラエルに実現する。

（1）「咎を贖い」（おおうこと、犠牲的な支払い）が実現する。これは私たちの罪の代価をご自分のいのちで支払われた、「罪をおおう」主イエスの死のことである。

（2）「罪を終わらせ」る。イスラエル（忠実な残りの者）はある日神に立返り、主イエスをメシヤ（キリスト、救い主）として受入れ、神の基準に従って生活するようになる（→ロマ11:26注、**「神の計画の中のイスラエル」**の項p.2077）。

（3）「そむき」（神の律法を破り神の定めた境界を超え、神の基準を公然と拒むこと）が終る。神に対する信仰と忠実さを欠いていた状態を国全体が終らせる（⇒エレ33:7-8, エゼ37:21-23）。

（4）「永遠の義」（正しく生活し神との正しい関係を保つこと）の原則が確立される（⇒イザ59:2-21, エレ31:31-34）。

（5）預言が成就して完結する（⇒使3:19-26）。

（6）イエス・キリストが永遠の王として油注がれる（⇒Ⅰサム9:16, 10:1, エゼ21:26-27）。

9:25 七週。また六十二週 エルサレムを再建する命令が出てからメシヤ、「油そそがれた者」（キリスト）の来るまでの間に69週（483年間）あることを神はダニエルに示された。最初の「七週」はエルサレムの完全な回復の期間のことと思われる（部分的にエズラ記とネヘミヤ記に書いてある）。けれどもこの483年間が始まる正確な時についてはいろいろな意見がある。ある人はクロス王が勅令を出した前538年と考えている。そしてそれは町ではなく神殿再建の命令だったとする。けれども確実なところはエズラが帰還して町を再建し始めた前457年（エズ4:12-13, 16, →エズ4:11注、4:23注）と考えられる。そうすると483年間の終りは紀元27年で、主イエスが宣教を始められた頃になる。

9:26 油そそがれた者は断たれ 「七週」（9:25）のあとと「六十二週」のあと、合計69週（483年間）のあとに二つのことが起こる。（1）メシヤが「断たれ」る。それは主イエスが十字架で死なれることである（⇒イザ53:8）。（2）「来たるべき君主の民」はエルサレムと神殿を破壊する。この「民」はローマ軍のことで、紀元70年にエルサレムを破壊した（→ルカ21:20注）。「君主」は終りのときの反キリストである。（3）エルサレムの破壊はキリストの十字架の直後ではなかった。このことは第69週と第70週との間に隔たり、時間の間隔があることを示している。多くの解釈者は教会時代（主イエスが地上を去って信仰者に力を与えるために聖霊を送られるときから始まって、信仰者が突然この世界から取去られる教会の携挙で終る時代 →Ⅰテサ4:16-17）が第69週と第70週の間にあると考えている。

9:27 一週の間・・・契約を結び 「来たるべき君主」（9:26）とイスラエルとの間で契約を結ぶこと（条約、「協定を結ぶこと」）はこの時代の最後の7年間である第70週が始まることの合図である。聖書はこの出来事について次のことを教えている。

（1）イスラエルとこの契約を結ぶ君主は反キリストであるけれども、その時点ではまだ世界的支配者としては現されていない（⇒Ⅱテサ2:3-10, Ⅰヨハ2:18）。反キリストは領土論争についてイスラエルとその敵国との間で平和条約の交渉を行うに違いない（11:39）。

（2）7年間の中頃に（3年半後に）その君主はイス

めさせる。荒らす忌むべき者が翼に現れる。ついに、定められた絶滅が、荒らす者の上にふりかかる。」

ダニエルが見たひとりの人の幻

10 ¹ ペルシヤの王クロスの第三年に、ベルテシャツァルと名づけられていたダニエルに、一つのことばが啓示された。そのことばは真実で、大きないくさのことであった。彼はそのことばを理解し、その幻を悟っていた。

² そのころ、私、ダニエルは、三週間の喪に服していた。

³ 満三週間、私は、ごちそうも食べず、肉もぶどう酒も口にせず、また身に油も塗らなかった。

⁴ 第一の月の二十四日に、私は*ティグリスという大きな川の岸にいた。

⁵ 私が目を上げて、見ると、そこに、ひとりの人がいて、亜麻布の衣を着、腰にはウ

27② =11:31, 12:1, マタ24:15, マコ13:14
＊七十人訳は「神殿に」
③イザ10:23, 28:22

1①ダニ1:21, 6:28
②ダニ1:7
③ダニ8:26, 黙19:9
④ダニ9:22
2①ダニ9:3, ネヘ1:4
4＊⌐ヒデケル
②ダニ8:2, エゼ1:3
5①ダニ10:5,6, ダニ12:6, 7, エゼ9:2, 黙1:13-16, 2:18, 19:12
②エレ10:9

6①エゼ1:7
②エゼ1:24
7①ダニ8:2
②Ⅱ列6:17, 使9:7
8①ダニ4:19
②創32:24
＊直訳「残らず」
＊＊直訳「私の尊厳は破壊に向き」
9①ダニ8:18, 創15:12, ヨブ4:13
10①ダニ8:18, 9:21, 10:16, 18, エレ1:9, 黙1:17
11①ダニ9:23, 10:19
＊「神に」は補足

ファズの金の帯を締めていた。

⁶ そのからだは緑柱石のようであり、その顔はいなずまのようであり、その目は燃えるたいまつのようであった。また、その腕と足は、みがき上げた青銅のようで、そのことばの声は群集の声のようであった。

⁷ この幻は、私、ダニエルひとりだけが見て、私といっしょにいた人々は、その幻を見なかったが、彼らは震え上がって逃げ隠れた。

⁸ 私は、ひとり残って、この大きな幻を見たが、私は、うちから力が抜け、顔の輝きもうせ、力を失った。

⁹ 私はそのことばの声を聞いた。そのことばの声を聞いたとき、私は意識を失って、うつぶせに地に倒れた。

¹⁰ ちょうどそのとき、一つの手が私に触れ、私のひざと手をゆさぶった。

¹¹ それから彼は私に言った。「*神に愛されている人ダニエルよ。私が今から語ること

ラエルとの協定を破る。それから自分が神であると宣言してエルサレムの神殿を乗っ取り、主への礼拝を禁止する（⇒Ⅱテサ2:4）。そして聖地を荒廃させ、3年半の間支配する（黙11:1-2, 13:4-6, →「**反キリストの時代**」の項 p.2288）。

（3）神に対して忠実な洞察力のある人々しか「荒らす忌むべきもの」（12:10-11）の完全な意味を悟ることができない。主イエスは従う人々にこの重要なしるしをしっかりと見続けなければならないと言われた。なぜならそれが主イエスが地上へ再び来られる最後の3年半の秒読みの合図だからである（→マタ24:15）。注意深く警戒することによって、患難時代の信仰者はキリストの来られるのが近いことを知ることができる（マタ24:33, →「**大患難**」の項 p.1690）。メシヤは7年の終り、反キリストが権力を握っている後半に再び来られる（Ⅱテサ2:8, 黙19:11-20）。黙示録は反キリスト（「獣」）が42か月間だけ権力を持つということを2回言ってその時を確定している（黙11:1-2, 13:4-6）。ダニエルは後に、世界が体験したことのないようなひどい苦難が始まる時からキリストが再び来られて苦しみを終らせる時（→マタ24:21-22）までは、3年半（「ひと時とふた時と半時」, 12:7）であると再び言っている。

（4）反キリストが働くことを許される3年半の間、異邦人（ユダヤ人以外の人々）がエルサレムを踏みにじり汚し続ける（黙11:2）。

（5）「荒らす忌むべきもの」は大患難（後半の3年半）が始まったことの間違いないしるしである（12:11, マタ24:15-21, ⇒申4:30-31, エレ30:5-7, ゼカ13:8-9）。

（6）大患難と反キリストの支配はキリストが力強く再臨して反キリストの勢力を打砕き、悪人をさばいて（マタ25:31-46）、地上での千年期（1,000年間）を始めることによって終りを迎える（エレ23:5-6, マタ24:27, 30, 黙20:）。この出来事の順序の概観　→「**終末の事件**」の表 p.2471

9:27　荒らす忌むべき者　「預言者ダニエルによって語られたあの『荒らす憎むべき者』が、聖なる所に立つのを見たならば」（マタ24:15）と主イエスは言ってダニエルの幻のことに触れられた。主イエスの言われたことは将来反キリストによってエルサレムの神殿が汚されることを指していると思われる（⇒Ⅱテサ2:3-4, 黙13:14-15, →「**反キリストの時代**」の項 p.2288）。

10:5　ひとりの人がいて、亜麻布の衣を着　ダニエルのところに天から一人の人が来た。それは御使いと思われる。なぜならその人はペルシヤの国の君（悪魔）によって邪魔をされ、神の御使いのかしらの一人であるミカエルの助けを求めたと言っているからである（→10:13注）。

10:11　神に愛されている人　荘厳な栄光とその幻の強烈さによってダニエルは力が抜け力を失ってしまった。そこで御使いはダニエルに触れて手とひざを強め

ばをよくわきまえよ。そこに立ち上がれ。私は今、あなたに遣わされたのだ。」彼が、このことばを私に語ったとき、私は震えながら立ち上がった。

12 彼は私に言った。「恐れるな。ダニエル。あなたが心を定めて悟ろうとし、あなたの神の前でへりくだろうと決めたその初めの日から、あなたのことばは聞かれているからだ。私が来たのは、あなたのことばのためだ。

13 ペルシヤの国の君が二十一日間、私に向かって立っていたが、そこに、第一の君のひとり、ミカエルが私を助けに来てくれたので、私は彼をペルシヤの王たちのところに残しておき、

14 終わりの日にあなたの民に起こることを悟らせるために来たのだ。なお、その日についての幻があるのだが。」

15 彼が私にこのようなことを語っている間、私はうつむいていて、何も言えなかった。

16 ちょうどそのとき、人の姿をとった者が、私のくちびるに触れた。それで、私は口を開いて話し出し、私に向かって立っていた者に言った。「わが主よ。この幻によって、私は苦痛に襲われ、力を失いました。

17 わが主のしもべが、どうしてわが主と話せましょう。私には、もはや、力もうせてしまい、息も残っていないのです。」

18 すると、人間のように見える者が、再び私に触れ、私を力づけて、

19 言った。「神に愛されている人よ。恐れるな。安心せよ。強くあれ。強くあれ。」彼が私にこう言ったとき、私は奮い立って言った。「わが主よ。お話しください。あなたは私を力づけてくださいましたから。」

20 そこで、彼は言った。「私が、なぜあなたのところに来たかを知っているか。今は、ペルシヤの君と戦うために帰って行く。私が出かけると、見よ、ギリシヤの君がやって来る。

21 しかし、真理の書に書かれていることを、あなたに知らせよう。あなたがたの君ミカエルのほかには、私とともに奮い立って、彼らに立ち向かう者はひとりもいない。

11 1 ——私はメディヤ人ダリヨスの元年に、彼を強くし、彼を力づけるために立ち上がった。——

てくれた。御使いはダニエルを「神に愛されている人」と呼びかけ、「恐れるな」(10:12) と言って励ましてくれた。神は全世界を愛しておられるけれども (ヨハ3:16)、本当のしもべの愛と誠実さに対しては特別な方法で応答される。神が話しかけるときに、神に忠実な人々は恐れる必要がない。

10:13 ペルシヤの国の君が・・・私に向かって立っていた ダニエルが断食をして祈っている間に激しい戦いが霊の世界で行われていた。

(1)「ペルシヤの国の君」はダニエルが御使いを通して神のメッセージを一時的に受取れないようにした。この争いのためにダニエルは21日間啓示を受取れなかった。このペルシヤの君は人間の支配者ではなく、サタンの国から来た悪霊だった。イスラエルの君 (10:21) であるミカエルが御使いを助けに来て初めてペルシヤの君は打負かされた。サタンの勢力はイスラエルについてのこの幻が伝えられるのを邪魔しようとしたけれども天の軍勢、特にイスラエルの君 (12:1) がさらに強いことが証明された (⇒黙12:7-12)。

(2) この出来事は霊の世界で起きている目に見えない戦いの一部を見せてくれる。この争いは国や個人の生活の進路に影響を与える。けれどもそれは人々の決断を究極的に左右するものではない。神の民は神のことばを適用することにより、また祈りを通して霊的な勢力に対して勝利することができる。神はダニエルの祈りにずっと早くから応答されていたけれども、その応えはサタンの勢力によって遅れた。神は確かにそのような霊的な障害や遅れをくつがえすことがおできになる。けれども神は私たちの祈りを通して働こうとされるのである。この聖書箇所は、サタンがいつも祈りを妨害しようとすることを知っている私たちに (Ⅱコリ2:11)、情況が悪く反対があっても (→エペ6:11-12注、→**サタンと悪霊に勝利する力**」の項 p.1726) いつも祈り続け (⇒ルカ18:1-8) なければならないこと (続けるべきでやめたりあきらめないこと) を教えている。たとい神の応えを見たり理解したりできなくても、私たちは神が背後で働いておられることを信じなければならない (→「**効果的な祈り**」の項 p.585)。

10:20 ペルシヤの君・・・ギリシヤの君 霊の世界には力と権力の段階があって、悪の勢力は地上の地域や地方へある程度の影響力を与え支配権を広げていく。この世界の国々には指定された力強い悪霊がい

北の王と南の王

2 今、私は、あなたに真理を示す。見よ。なお三人の王がペルシヤに起こり、第四の者は、ほかのだれよりも、はるかに富む者となる。この者がその富によって強力になったとき、すべてのものを扇動してギリシヤの国に立ち向かわせる。

3 ひとりの勇敢な王が起こり、大きな権力をもって治め、思いのままにふるまう。

4 しかし、彼が起こったとき、その国は破れ、天の四方に向けて分割される。それは彼の子孫のものにはならず、また、彼が支配したほどの権力もなく、彼の国は根こぎにされて、その子孫以外のものとなる。

5 南の王が強くなる。しかし、その将軍のひとりが彼よりも強くなり、彼の権力よりも大きな権力をもって治める。

6 何年かの後、彼らは同盟を結び、和睦をするために南の王の娘が北の王にとつぐが、彼女は勢力をとどめておくことができず、彼の力もとどまらない。この女と、彼女を連れて来た者、彼女を生んだ者、そのころ彼女を力づけた者は、死に渡される。

7 しかし、この女の根から一つの芽が起こって、彼に代わり、軍隊を率いて北の王のとりでに攻め入ろうとし、これと戦って勝つ。

8 なお、彼は彼らの神々や彼らの鋳た像、および金銀の尊い器を分捕り品としてエジプトに運び去る。彼は何年かの間、北の王から遠ざかっている。

9 しかし、北の王は南の王の国に侵入し、また、自分の地に帰る。

10 しかし、その息子たちは、戦いをしか

2①ダニ8:26, 10:1, 21
 ②ダニ8:20, 10:20
 ③ダニ8:21, 10:20
3①ダニ8:4
4①ダニ7:2, 8:8,
  エレ49:36, エゼ37:9,
  ゼカ2:6, 黙7:1
  *直訳「四つの風」
 ②エレ12:15, 17, 18:7
5①ダニ11:9, 11, 14, 25, 40
6①ダニ11:13
 ②ダニ11:7, 13, 15, 40
  *直訳「腕の力」
  **少数の写本による
  ***「死に」は補足
7①ダニ11:19, 38, 39
8①ゼカ37:19, 46:1, 2,
  エレ43:12, 13
 ②→イザ41:29

て、神の目的に反対し、人々の間で悪と不信仰を広めようとしている。けれども神の勢力は悪の勢力よりも強く、神のご計画は忠実で祈り深い人々を通して必ず広められることをいつも覚えておかなくてはならない（⇒ロマ8:31、Ⅰヨハ4:4）。

11:2 私は、あなたに真理を示す ダニエルはアンティオコス・エピファネス（アレクサンドロス大王の死後4分割されたギリシヤ帝国の一つであるセレウコス王朝の支配者）の出現を導き出す重要な出来事の概要を引続いて預言する。アンティオコスはエルサレム神殿を汚し（神を敬わないことをして）冒瀆したギリシヤの支配者だった（11:2-35, ⇒8:9）。これらのことに先立ってペルシヤにはさらに、カンビュセス（前530-522）、偽スメルディスまたはガウマタ（前522）、ダリヨス1世（前522-486）という三人の王がいた。そして4番目の王であるクセルクセス（前486-465）はギリシヤと戦う。ギリシヤ（ペルシヤを征服して世界の大国の流れの中で次の大国になった国）の話が出るとペルシヤはしばらくの間存続していたけれども特に何も言われなくなった。この章の内容は国々の歴史や世界の出来事について言っている聖書の預言が詳しくて正確であることを示している。実際にこれらの出来事が実現したのは、この預言が与えられてから数百年後のことである。

11:3 ひとりの勇敢な王 現れてくる勇敢な王とは権力の全盛期に死んだアレクサンドロス大王（前336-323）である。その帝国は肉親に相続されないで四人の将軍の間で分割された（11:4, →7:3注）。

11:5 南の王 「南」とはアレクサンドロス大王の死後に四つに分割されたギリシヤ帝国の一つである（→7:3注）。この南の最初の王はエジプトのプトレマイオス1世ソテル（前323-285）である。ここで言われている将軍はセレウコス1世ニカトル（前311-280）である。これらの支配者の歴史年表の概観 →「**マラキ書からキリストまでの歴史年表**」の表 p.1607

11:6 南の王の娘 数年後にエジプトのプトレマイオス2世フィラデルフォス（前285-246）の娘、ベルニケは北の王、アンティオコス2世セオス（前261-246）と結婚した（アンティオコスはベルニケと結婚するために最初の妻、ラオディケと離婚していた）。前246年にプトレマイオス2世が死んだ。けれどもそれと同じ頃にラオディケはベルニケとアンティオコスとその息子を殺害した。

11:7-9 この女の根から一つの芽「この女の根から一つの芽」とはベルニケの弟、エジプトのプトレマイオス3世ユーエルゲテス（前246-221）のことで、彼は北の王、セレウコス2世カリニコス（前246-226）を打負かした。プトレマイオス3世は「とりで」（アンテオケのシリヤの町かその港の一つ）に入り、シリヤの彫像とエジプトの彫像とをエジプトに持帰った。元々それらはペルシヤの王カンビュセスが前525年にエジプトを征服したときに盗んだものだった。プトレマイオス3世はたくさんの略奪品（盗品、戦争の略奪品）を持ってエジプトに戻ったけれども、それ以後セレウコスを攻撃することはなかった。しばらくして、セレウコスは失った物を取戻すためにエジプトに侵攻しようとしたけれども失敗して自分の国に押戻された。

11:10-12 その息子たちは、戦いをしかけて セレ

けて、強力なおびただしい大軍を集め、進みに進んで押し流して越えて行き、そうしてまた敵のとりでに戦いをしかける。

¹¹ それで、南の王は大いに怒り、出て来て、彼、すなわち北の王と戦う。北の王はおびただしい大軍を起こすが、その大軍は敵の手に渡される。

¹² その大軍を連れ去ると、南の王の心は高ぶり、数万人を倒す。しかし、勝利を得ない。

¹³ 北の王がまた、初めより大きなおびただしい大軍を起こし、何年かの後、大軍勢と多くの武器をもって必ず攻めて来るからである。

¹⁴ そのころ、多くの者が南の王に反抗して立ち上がり、あなたの民の暴徒たちもまた、高ぶってその幻を実現させようとするが、失敗する。

¹⁵ しかし、北の王が来て塁を築き、城壁のある町を攻め取ると、南の軍勢は立ち向かうことができず、精兵たちも対抗する力がない。

¹⁶ そのようにして、これを攻めて来る者は、思うままにふるまう。彼に立ち向かう者はいない。彼は麗しい国にとどまり、彼の手で絶滅しようとする。

¹⁷ 彼は自分の国の総力をあげて攻め入ろうと決意し、まず相手と和睦をし、娘のひとりを与えて、その国を滅ぼそうとする。しかし、そのことは成功せず、彼のためにもならない。

¹⁸ それで、彼は島々に顔を向けて、その多くを攻め取る。しかし、ひとりの首領が、彼にそしりをやめさせるばかりか、かえってそのそしりを彼の上に返す。

¹⁹ それで、彼は自分の国のとりでに引き返して行くが、つまずき、倒れ、いなくなる。

²⁰ 彼に代わって、ひとりの人が起こる。彼は輝かしい国に、税を取り立てる者を行き巡らすが、数日のうちに、怒りにもよらず、戦いにもよらないで、破られる。

²¹ 彼に代わって、ひとりの卑劣な者が起こる。彼には国の尊厳は与えられないが、彼は不意にやって来て、巧言を使って国を堅く握る。

²² 洪水のような軍勢も、彼によって一掃され、打ち砕かれ、契約の君主もまた、打ち砕かれる。

²³ 彼は、同盟しては、これを欺き、ますます小国の間で勢力を得る。

²⁴ 彼は不意に州の肥沃な地域に侵入し、彼の父たちも、父の父たちもしなかったことを行う。彼は、そのかすめ奪った物、分捕り物、財宝を、彼らの間で分け合う。彼は

---

10 ①ダニ9:26、11:26, 40、イザ8:8、エレ46:7, 8, 51:42
11 ①ダニ11:5
15 ①エレ6:6、エゼ4:2, 17:17
16 ①ダニ8:4　②ダニ8:9
18 ①創10:5、イザ66:19、エレ2:10, 31:10
19 ①詩27:2、エレ46:6　②ヨブ20:8、詩37:36、エゼ26:21
20 *「税を」は補足　別訳「しいたげる者」
21 ①ダニ11:32
22 ①ダニ9:26, 11:10
24 ①民13:20、ネヘ9:25、エゼ34:14

ウコス2世の二人の息子たちはセレウコス3世ケラウノス(前226-223)とアンティオコス3世大王(前223-187)である。アンティオコス3世はプトレマイオス4世フィロパトル(前221-203)によって打負かされ南イスラエルのラフィアの要塞で1万人近くのシリヤ兵を失った。

11:16 麗しい国 アンティオコス3世は前200年にエジプトを攻撃したけれども南の王、プトレマイオス5世エピファネス(前203-181)によって打負かされた。アンティオコスはその後勢力を回復してシドンの堅固な町を征服した(11:15)。前197までアンティオコスは「麗しい国」、イスラエルの地を支配した。

11:19 つまずき、倒れ 数年後にアンティオコス3世はエジプトと平和条約を結んで(前194)、娘のクレオパトラ1世をプトレマイオス5世に妻として与えた。その後アンティオコス3世は北進したけれども前190年に小アジアのマグネシアで敗北した。その後(前187)さらに、エリマイス州にある異教徒の神殿を略奪しようとして死亡した。これらの支配者の時代背景 →「マラキ書からキリストまでの歴史年表」の表 p.1607

11:20 彼は・・・破られる セレウコス4世フィロパトル(前187-175)の殺害は財務大臣だったヘリオドルスによって画策された。

11:21 ひとりの卑劣な者 この章はセレウコス4世の弟で「卑劣な者」と言われているアンティオコス4世エピファネス(前175-164)が来ることについて話を向けている。アンティオコスは王位継承権を持つセレウコスの息子デメトリウスがまだ非常に幼かったときに権力を手に入れた。8:9-14、23-25で「小さな角が芽を出して」と言われているアンティオコスはエジプトに対して軍事行動を数回起こした。そして「契約の君主」(大祭司オニアス 前170, 11:22)を殺害した。アンティオコスが結んだほかの国々との平和条約は陰謀と策略に基づいていた。アンティオコスはプトレマイオス・ユーエルゲテスに対抗して、私欲のためにプト

ダニエル書 11章

たくらみを設けて、要塞を攻めるが、それは、時が来るまでのことである。
²⁵彼は勢力と勇気を駆り立て、大軍勢を率いて南の王に立ち向かう。南の王もまた、非常に強い大軍勢を率い、奮い立ってこれと戦う。しかし、彼は抵抗することができなくなる。彼に対してたくらみを設ける者たちがあるからである。
²⁶彼のごちそうを食べる者たちが彼を滅ぼし、彼の軍勢は押し流され、多くの者が刺し殺されて倒れる。
²⁷このふたりの王は、心では悪事を計りながら、一つ食卓につき、まやかしを言うが、成功しない。その終わりは、まだ定めの時にかかっているからだ。
²⁸彼は多くの財宝を携えて自分の国に帰るが、彼の心は聖なる契約を敵視して、ほしいままにふるまい、自分の国に帰る。
²⁹定めの時になって、彼は再び南へ攻めて行くが、この二度目は、初めのときのようではない。
³⁰キティムの船が彼に立ち向かって来るので、彼は落胆して引き返し、聖なる契約にいきりたち、ほしいままにふるまう。彼は帰って行って、その聖なる契約を捨てた者たちを重く取り立てるようになる。
³¹彼の軍隊は立ち上がり、聖所ととりでを汚し、常供のささげ物を取り除き、荒らす忌むべきものを据える。
³²彼は契約を犯す者たちを巧言をもって堕落させるが、自分の神を知る人たちは、堅く立って事を行う。

24②ダ=11:7
25①ダ=11:5
26①ダ=11:10, 40
27①詩64:5, 6
②エレ9:3-5
③→ダ=8:19

29①ダ=11:23, 25
30①創10:4, 民24:24, Ⅰ歴1:7, イザ23:1, 12, エレ2:10
②ダ=8:11
③ダ=9:27
32①ダ=11:21

レマイオス・フィロメトルを支持し、平和なときに理由のない攻撃を豊かな町に仕掛けた（11:24）。エジプトへの攻撃が成功したのは、エジプトを助けるはずだった人々が支援しなかったからである。アンティオコスは非常に多くの富を持って帰国することができた（11:25-28）。

11:28　心は聖なる契約を敵視して　アンティオコスはユダヤ人と聖い神から与えられたユダヤ人の律法に対して憎しみを持つようになった。アンティオコスはギリシヤ文化とギリシヤ語はほかのどれよりも勝っていると確信した。けれどもユダヤ人は自分たちの宗教は例外である（まことの神はただ一人でその神だけが人々と神との関係の持ち方を決められる）と主張した。ほかの国々の文化と比較して優越性を主張し、キリスト者に対して憎しみを持つ同じ態度が今日まで世界中に多くの苦しみを作り出してきた。またこれからも作り出すことと思われる。前168年頃にアンティオコスは再びエジプトに侵攻したけれども、ローマの執政官ラエナスが率いる西海岸沿岸の船隊に打破られた（11:30）。そこでアンティオコスは自分の国へ戻って行き自分の欲求不満をユダヤ人への迫害に向けた。ユダヤ人の中には降伏して、神との特別な関係の基礎である聖い契約を破ってアンティオコスに加わる人々もいた。この反抗的で不誠実なユダヤ人は同じ国の人々が迫害されるのを黙認し、アンティオコスがギリシヤの文化と宗教を自分たちの社会に広めるようにさせた（11:30）。そのときにアンティオコスはエルサレムに進攻して神殿の祭壇で豚をささげ、神の律法が求めている日ごとのささげ物を止めさせ、ギリシヤの神ゼウスの像を設置した。このゼウスの祭壇は「荒らす忌むべきもの」（11:31）であり、この世界の終わりの日に起こると主イエスが言われたもう一つの忌むべきことのしるしである（→「**大患難**」の項 p.1690）。これらのことはみな神の民の生活様式と神との関係が神を敬わないこの世界の文化の影響を受けるようになった結果起こる霊的堕落と悪の実例である。

11:32　自分の神を知る人たちは、堅く立って　あるユダヤ人はうそのお世辞を言われて得意になり、ごまかされて敵（アンティオコス）の仲間になった。旧約聖書のあらゆる困難な時代を通して（これはしばしば気まぐれな人々の罪によってもたらされたけれども）、神はいつも神に対して忠実な少数のユダヤ人のグループを持っておられた（→Ⅰ列19:18, →イザ6:13, 8:16, 10:20注）。この情況はここでも変らなかった。神を知り神に誠実な人々がいた。アンティオコスの迫害は続いていたけれども、ハスモン朝の祭司の家系であるユダス・マッカバイオスに指導された忠実なユダヤ人は強く抵抗した。隠された（秘密のうちに、地下活動として）闘争によって徐々にアンティオコスを弱らせ、その軍隊を引揚げさせた。その後、神殿は儀式によってきよめられ、神に再び奉献された。この奉献式では燭台に火をともす儀式が行われた。これは今もユダヤ人の間でハヌカーの祭りとして祝われている。けれどもユダヤ人への神の対応はまだ終っていない（→11:35）。ユダヤ人は終りの時代までずっと霊的にきよめられ続けていくのである。この節は神との親密な関係が重要であることを示している。本当に神を知っている人は今日でも、神を敬わないことは何かを見分ける知恵とそれに抵抗する力を持っている。この抵抗は実際の闘争を通してではなく（キリストは忍耐

ダニエル書 11-12章

33 民の中の思慮深い人たちは、多くの人を悟らせる。彼らは、長い間、剣にかかり、火に焼かれ、とりことなり、かすめ奪われて倒れる。
34 彼らが倒れるとき、彼らへの助けは少ないが、多くの人は、巧言を使って思慮深い人につく。
35 思慮深い人のうちのある者は、終わりの時までに彼らを練り、清め、白くするために倒れるが、それは、定めの時がまだ来ないからである。

自分を高める王

36 この王は、思いのままにふるまい、すべての神よりも自分を高め、大いなるものとし、神の神に向かってあきれ果てるようなことを語り、憤りが終わるまで栄える。定められていることが、なされるからである。
37 彼は、先祖の神々を心にかけず、女たちの慕うものも、どんな神々も心にかけない。すべてにまさって自分を大きいものとするからだ。
38 その代わりに、彼はとりでの神をあがめ、金、銀、宝石、宝物で、彼の先祖たちの知らなかった神をあがめる。
39 彼は外国の神の助けによって、城壁のあるとりでを取り、彼が認める者には、栄誉を増し加え、多くのものを治めさせ、代価として国土を分け与える。
40 終わりの時に、南の王が彼と戦いを交える。北の王は戦車、騎兵、および大船団を率いて、彼を襲撃し、国々に侵入し、押し流して越えて行く。
41 彼は麗しい国に攻め入り、多くの国々が倒れる。しかし、エドムとモアブ、またアモン人のおもだった人々は、彼の手から逃げる。
42 彼は国々に手を伸ばし、エジプトの国ものがれることはない。
43 彼は金銀の秘蔵物と、エジプトのすべての宝物を手に入れ、ルブ人とクシュ人が彼につき従う。
44 しかし、東と北からの知らせが彼を脅かす。彼は、多くのものを絶滅しようとして、激しく怒って出て行く。
45 彼は、海と聖なる麗しい山との間に、本営の天幕を張る。しかし、ついに彼の終わりが来て、彼を助ける者はひとりもない。

終りのとき

12 ¹ その時、あなたの国の人々を守る大いなる君、ミカエルが立ち上がる。国が始まって以来、その時まで、かつてなかったほどの苦難の時が来る。しかし、その時、あなたの民で、あの書にしる

33 ①ダニ1:4, 12:3
②マタ24:9, ヨハ16:2,ヘブ11:35-38
34 ①ダニ11:21, 32
35 ①ダニ12:10, ゼカ13:9, マラ3:2, 3, Ⅰペテ1:7
②ダニ8:19
36 ①ダニ8:4
②ダニ5:20, 8:11, 25, イザ14:13, 14, Ⅱテサ2:4
③ダニ2:47, 申10:17, 詩136:2
④ダニ7:8, 11, 25, 黙13:5, 6
⑤ダニ8:19, 詩38:3, 69:24, 78:49, 102:10, イザ10:5, 26:20
⑥ダニ9:27

40 ①ダニ8:17
②ダニ11:5
③ダニ8:9
④エゼ38:4, 15, 黙9:16
⑤ダニ11:10, 22, 26
41 ①ダニ8:9
＊「国々」は補足
②エレ48:47
③エレ49:6
43 ①Ⅱ歴12:3, ナホ3:9
＊「エチオピヤ人」
45 ①ダニ9:16

1 ①ダニ10:13, 21, 黙12:7
②ダニ9:12, エレ30:7,哀1:12, エゼ5:9, ヨエ2:2, マタ24:21, マコ13:19, 黙16:18
③出32:32, 詩56:8, 69:28, ルカ10:20, ピリ4:3, 黙3:5, 13:8

強くあわれみの手を伸ばし、終りのときまで神の審判をとっておかれるから)、神に頼りさらに霊的な訓練を受けて成長することによって行うのである。それには祈り、聖書の学び、重圧のもとでも死の瞬間まで持ちこたえる神を敬う品性が必要である(⇒黙12:11)。

11:36-45　自分を高め、大いなるものとし　この部分の預言はアンティオコスには当てはまらない。「終わりの時」(11:35, 40)ということばがあることは、この預言が一足飛びに今の時代の終りに移って、アンティオコスが象徴している反キリストを指しているからである(→7:8注, 9:27注)。この反キリストは独裁的な支配者で自分がどの神よりも優れているとし、まことの神に向かって「あきれ果てるようなこと」を言う。そしてしばらくの間は成功して、この預言が成就する。反キリストは「先祖の神々(神)」(11:37,《ヘ》「エロヒム」、「神々」または「神」を意味する)を認めないし、また「女たちの慕うもの」(バビロニヤの豊穣の神タンムズであると考える人もいる →エズ8:14)も認めない。つまり地上でも霊的にも自分以外何の権威も考えない。反キリストが敬う神は「とりでの神」(11:38)だけである。それは戦争を起こす自分自身の能力を指しているようである。また自分の権力を守り、自分の利益を増やすために占領した領土を再分割する(11:39, →**「反キリストの時代」**の項 p.2288)。

11:45　彼の終わりが来て　反キリストはある期間は成功するけれども、もう一人の北の王ともう一人の南の王との戦いが起こる。この争いがハルマゲドンの戦いに発展する。この段階で反キリストはキリストの口から出る剣(神のことば)によって最終的に完全に打負かされる。そして火の池に投込まれる(黙19:20, これらの終末の出来事の順序 →**「終末の事件」**の表 p.2471)。

12:1　苦難の時　ダニエルはエレミヤ30:7が成就するイスラエルにとって非常に困難なときのことを予告

ダニエル書　12章

されている者はすべて救われる。
2 地のちりの中に眠っている者のうち、多くの者が目をさます。ある者は永遠のいのちに、ある者はそしりと永遠の忌みに。
3 思慮深い人々は大空の輝きのように輝き、多くの者を義とした者は、世々限りなく、星のようになる。
4 ダニエルよ。あなたは終わりの時まで、このことばを秘めておき、この書を封じておけ。多くの者は知識を増そうと探り回ろう。」
5 私、ダニエルが見ていると、見よ、ふたりの人が立っていて、ひとりは川のこちら岸に、ほかのひとりは川の向こう岸にいた。
6 それで私は、川の水の上にいる、あの亜麻布の衣を着た人に言った。「この不思議なことは、いつになって終わるのですか。」

2 ①イザ26:19, エゼ37:12-14
　②マタ25:46, ヨハ5:28, 29, 使24:15
3 ①ダニ11:33, 35, 12:10
　②箴4:18, マタ13:43, ヨハ5:35
　③ダニ11:33, イザ53:11
4 ①ダニ8:17
　②ダニ8:26
　③イザ8:16, 黙10:4, 22:10
　④アモ8:12
6 * 七十人訳による
　①ダニ8:16
　②ダニ10:5
　③ダニ8:13, マタ24:3, マコ13:4
7 ①黙10:5, 6
　②ダニ4:34, 6:26
　③ダニ7:25, 黙12:14
　④ダニ8:24
　⑤黙10:7
　⑥ダニ8:26
10 ①ダニ11:35
　②ゼカ13:9
　③イザ32:6, 7, 黙22:11
　④ダニ11:33, 35, 12:3, ホセ14:9
11 ①ダニ8:11
　②ダニ9:27

7 すると私は、川の水の上にいる、あの亜麻布の衣を着た人が語るのを聞いた。彼は、その右手と左手を天に向けて上げ、永遠に生きる方をさして誓って言った。「それは、ひと時とふた時と半時である。聖なる民の勢力を打ち砕くことが終わったとき、これらすべてのことが成就する。」
8 私はこれを聞いたが、悟ることができなかった。そこで、私は尋ねた。「わが主よ。この終わりは、どうなるのでしょう。」
9 彼は言った。「ダニエルよ。行け。このことばは、終わりの時まで、秘められ、封じられているからだ。
10 多くの者は、身を清め、白くし、こうして練られる。悪者どもは悪を行い、ひとりも悟る者がいない。しかし、思慮深い人々は悟る。
11 常供のささげ物が取り除かれ、荒らす忌

する(→マタ24:15, 21, 黙6:17)。けれども神の目的は依然として「あの書」(「いのちの書」→ピリ4:3, 黙3:5, 21:27)に名前が書かれている人々を救うことである。それはキリストの犠牲によって罪の赦しを受け、人生を神にゆだねて神との個人的関係を持っている人々である。ユダヤ人の中にも主イエスをメシヤとして受け入れ、救い主、主、罪を赦す方、人生の導き手として信じる人もいるのである。

12:2　多くの者が目をさます　この節は、義人と罪びと、まことの神に従った人と拒んだ人がともによみがえることについて、旧約聖書の中で最もはっきりと示しているところである(⇒ヨブ19:25-26, 詩16:10, イザ26:19)。これはあらゆる人にとって行く所は二つしかないという事実を指摘している。主イエスに従って永遠のいのちに行くか、あるいは主イエスを拒んで永遠のさばきの道をとるかという選択を自分のためにしなければならない。主イエスみずから復活が二つあることを説明しておられる(ヨハ5:28-29, →「肉体の復活」の項 p.2151)。

12:3　思慮深い人々は・・・輝き　旧約聖書が「思慮深い」というとき、それは大抵は神を敬うという意味である。この人々はその思慮深さを自分の生き方で示すだけではなく、生き方とあかしでほかの人々に神に従うように影響を与えるのである。「輝き」というのはこの人々の人生が霊的に作り変えられて神の栄光(偉大さ、特異性、力)がその生活の中に、また生活を通して反映されるという意味である。主イエスに従う人の人生はほかの人々がキリストのところに来られるよ

うに道を明るく照らすべきである。

12:4　この書を封じておけ　ダニエルはこの書物を封印するように命じられた。それはこの預言がその時代だけのものではなく、「終わりの時」のためのものだからである。そしてそのときに生きている人々にとっての励ましの源になるからである。その後ダニエルは二人の御使いが、川の両側に一人ずついるのを見て、その時が満ちるまでどれくらい時間があるのかを尋ねた。亜麻布を着た人は(⇒10:5-6)神の名誉にかけてそれは3年半であると約束した。それは7年単位の第70週の後半のことと思われる(→9:27注)。

12:10　思慮深い人々は悟る　この預言は「終わりの時」が来るまで完全には理解できないことがダニエルに明らかにされた(12:4)。それまでの間キリストに頼る人々は非常に困難な試練のときを通って、霊的にきよめられ練られ強められるのである。そうすれば起きていることを悟る思慮深い人になる。悪者や反抗的な人は終りに起こることの意味を理解することができない。「荒らす忌むべきものが据えられる」(⇒マタ24:15, →「**大患難**」の項 p.1690)時から1,290日がある。それは患難時代の後半の3年半と45日と同じである。この1,335日を生き抜く人々には特別な祝福が注がれる。その日々がどれだけ重要であるかについてはダニエルに説明されていない。けれどもこの幻によってハルマゲドン(反キリストの勢力が打負かされるとき)の戦いと千年期の王国の完全な樹立(歴史の最後に起こるこの地上のキリストによる平和な1,000年間の統治 黙20:)との間にはある一定の期間がある

むべきものが据えられる時から千二百九十日がある。
12 幸いなことよ。忍んで待ち、千三百三十五日に達する者は。

12①→イザ30:18, ヤコ1:12

13①黙14:13
②詩16:5

13 あなたは終わりまで歩み、休みに入れ。あなたは時の終わりに、あなたの割り当ての地に立つ。」

ことがわかる。心にとめておくべきことは思慮深い（信仰のある）人は悟るということである。終りの時代に起こる出来事についてはたとい全部を理解できなくても、主イエスに頼り続けるなら、永遠の御国に入るのに必要なことだけは十分に理解できるのである。終末の出来事の順序　→「**終末の事件**」の表 p.2471

ホセア書

概　要
表題(1:1)
Ⅰ. イスラエルの不誠実、拒絶、回復の例を示すホセアの結婚(1:2-3:5)
　A. ゴメルとの結婚(1:2)
　B. 三人の子どもの誕生(1:3-9)
　C. 回復の預言(1:10-2:1)
　D. イスラエルを象徴するゴメル(2:2-23)
　　1. イスラエルの姦淫(2:2-5)
　　2. 神のさばき(2:6-13)
　　3. イスラエルへの神の約束(2:14-23)
　E. ゴメルを買い戻し和解するホセア(3:1-5)
Ⅱ. イスラエルの不誠実、拒絶、回復を描写するホセアのメッセージ(4:1-14:9)
　A. イスラエルの霊的な姦淫(4:1-19)
　B. イスラエルへの神のさばき(5:1-14)
　C. イスラエルの不誠実な悔い改め(5:15-6:3)
　D. イスラエルの罪(6:4-8:6)
　　1. 契約を破る(6:4-10)
　　2. 神に頼り従うことを拒絶する(6:11-7:16)
　　3. 人間が作ったにせの神々に従う(8:1-6)
　E. イスラエルのさばきの予告(8:7-10:15)
　　1. 外国からの圧力(8:7-14)
　　2. 財産の喪失(9:1-17)
　　3. 国の崩壊(10:1-15)
　F. イスラエルへの神の粘り強い愛(11:1-11)
　G. 繰返されるイスラエルの罪(11:12-12:14)
　H. 神の過去の配慮、現在の怒り、未来のさばき(13:1-16)
　Ⅰ. イスラエル回復の神の約束(14:1-9)
　　1. 悔い改めへの呼びかけ(14:1-3)
　　2. 繁栄の約束(14:4-9)

著　　者：ホセア

主　　題：不誠実、さばき、神の贖いの愛

著作の年代：紀元前715－710年

著作の背景
　「救い」という意味の名前を持つホセアはベエリの子とされている(1:1)。ホセアについてはホセア自身がその預言書の中で明らかにしたことしかわからない。ホセアはユダ(南王国)ではなくイスラエル(北王国)の出身で、自分の国の人々に向かって預言をした。このことは次のことによって裏付けられる。
　(1) ホセアの預言には「イスラエル」と「エフライム」(両方とも北王国を指す)とその首都「サマリヤ」が多く出てくる。
　(2) サマリヤにいるイスラエルの王を「われわれの王」と言っている(7:5)。
　(3) イスラエルの霊的、道徳的、政治的、社会的腐敗に深い懸念を示している。

ホセアの働きはアモス(南王国ユダ出身の預言者で北王国イスラエルに向かって預言した)の働きの後期に始まった。旧約聖書の預言者の中で北王国とその近付いている滅亡にしぼって預言をしたのはホセアとアモスだけである(イスラエルの分裂の経過 → I 列緒論，II 列緒論，II 歴緒論，→ I 列12:-14:，II 歴10:-11:，→「イスラエルとユダの王国」の地図 p.570)。

神はホセアに崩壊寸前のイスラエル王国に預言するように命じられた(後にエレミヤもユダがバビロニヤによって滅ぼされる直前にユダに預言するように命じられた)。それはイスラエル王国がアッシリヤに制圧され滅亡するまでの最後の30数年間だった。ホセアがヤロブアム2世の治世の後期に働きを始めたとき、イスラエルは一時的に経済的繁栄と政治的安定を得ていた。そのような雰囲気の中で人々はにせの安心感を持っていた。けれどもヤロブアム2世が死ぬと(前753)国の中の何もかもが急速に衰え、すぐに滅亡へ向かっていった。ヤロブアム2世の死後15年間に4人のイスラエルの王が暗殺された。さらにその15年後(前722)にサマリヤは廃墟になり、人々は捕虜としてアッシリヤに送られ国々に散らされた。ホセアの悲劇的な結婚と預言のメッセージはともに崩壊が迫る最後の混乱した状態にあるイスラエルに神のことばを伝えるものだった。

神はホセアに「姦淫の女」(ホセアに対して不誠実になるに違いない女性)と結婚するように命じられた(1:2)。それは神に対するイスラエルの霊的不誠実さを実際の強烈な実例で示すためだった。ある人はホセアの結婚を寓話(実際に起きたことではないが何かを象徴している物語)と解釈する。けれどもほとんどの保守的な聖書学者は文字通りの歴史的事実と見ている。そして実生活による実物教育と考える。けれどもイスラエルに実物教材を用いてメッセージを伝えるために、神を敬う預言者に売春婦と結婚するように神が命じられるとは考えられない(神はどんな方法を選ぶこともできるけれども)。ホセアはゴメルがまだ貞淑で性的に清い女性だったときに結婚し、ゴメルは結婚後に売春婦になったと考えるのが適切と思われる。その意味では「姦淫の女」をめとりなさいという命令は結婚後に起こることを預言したものである。

ホセアが働いた時期の歴史的背景はイスラエルのヤロブアム2世が治めていたときで、ユダでは4人の王(ウジヤ、ヨタム、アハズ、ヒゼキヤ →1:1)の治世のとき(前755-715)だった。このことはアモス(ホセアのすぐ前にイスラエルで奉仕した)、イザヤ(国際関係のメッセージをエルサレムで預言した)、ミカ(ユダ全土で腐敗した指導者、預言者、祭司、さばきつかさ、商人に預言した)など同じ時期に生きていた、聖書に出てくる預言者よりホセアが若かったことを意味する。ホセアはイスラエルの最後の6人の王ではなくユダの4人の王の名前を挙げて預言の時期を示している。これはホセアがイスラエルの首都サマリヤがアッシリヤによって破壊される(前722)直前に北王国からユダ王国へ逃れたことを示しているようである。そこで預言を1冊の本にまとめたのが現在のホセア書と思われる。

目　　的

ホセアの預言は罪に対する本格的なさばきが宣告される前に、イスラエル人に悔い改め(継続的な反抗と人間が作った神々に仕えたいという内面の願いから立ち返り、まことの神に仕える信仰心を刷新すること)を求める神の最後の努力だった。この書物が書かれたのは次のことを明らかにするためだった。

(1) 神は契約の民を愛し続け、その反抗心を取除き、関係を回復することを願っておられること。
(2) かたくなに神に従わず、神の忍耐深い愛を拒む人々には悲劇的な結末が待っていること。

ホセアの妻の不誠実さは神に対するイスラエルの裏切りと不誠実さを表す実例として記録されている。ゴメルがほかの男たちとの関係を追い求めていったように、イスラエルはほかの神々との無益な関係を追い求めた。ゴメルは肉体的な姦淫を犯していたけれども、イスラエルは霊的な姦淫を犯していた。

概　　観

1－3章はホセアとゴメルの結婚を描いている。三人の子どもたちの名前、イズレエル(「神は種を蒔く」)、ロ・ルハマ(「愛されない」)、ロ・アミ(「私の民ではない」)はイスラエルに対する預言的なしるしである。ホセアの姦淫の妻への強い継続的な愛はイスラエルへの神の忍耐強い愛を象徴している。

4－14章はホセアによる一連の預言で、イスラエルの不誠実さと妻の不誠実さが並行して、あるいは直接的に関連付けられている。ゴメルはホセアのもとからほかの男たちのところへ行ったけれども(1:)、その行動はイスラエルが自分勝手な道を選び、ほかの神々に従うために神を捨てたことを象徴している(4:-7:)。ゴメルの辱めとみじめさは(2:)イスラエルの辱めとさばきを象徴している(8:-10:)。ホセアはゴメルを奴隷市場から贖った(買い戻す、救い出す 3:)。それは神がイスラエルを愛し未来に回復させたいと願っておられることを表している(11:-14:)。けれどもイスラエルが神と神の愛に立返る機会を拒んだため、神のさばきは先延ばしで

きなくなったことをこの書物は指摘している。

特　　徴
　ホセア書には七つの大きな特徴がある。
　(1) ホセア書は旧約聖書の「十二書」または「小預言書」(「小」はイザヤ書、エレミヤ書、エゼキエル書などに比べて短いから)として知られている部分の最初の書物である。
　(2) 旧約聖書の預言書を書いた預言者の中で北王国(イスラエル)出身者は二人だけであるけれどもホセアはその一人である(もう一人はヨナ)。そのほかの旧約聖書の預言者はユダ出身である。
　(3) エレミヤやエゼキエルと同じようにホセアの個人的な体験が預言のメッセージの実例になっている。
　(4) イスラエルの罪について約150回記録されているけれども、その半数以上は偶像礼拝(人間の作った神々またはまことの神の代りにほかのものを拝むこと)についてである。
　(5) ホセアは旧約聖書のどの預言者よりも熱心に、主が忍耐強く忠実に愛しておられることをイスラエルに伝えた。
　(6) 中心部分(4:-14:)にあるホセアの預言にははっきりした順序がない。そのため一つの預言がどこで終り、次の預言がどこで始まるのか明らかではない。
　(7) ホセアの預言には鮮明な比喩が多い。その多くは田舎の情景や背景である。

新約聖書での成就
　ホセア書にはイエス・キリストによって成就されたとして新約聖書に引用された文がいくつかある。
　(1) 神の御子をエジプトから呼び出す(11:1, ⇒マタ2:15)
　(2) 死に対するキリストの勝利(13:14, ⇒Ⅰコリ15:55)
　(3) 神はいけにえではなくあわれみを好まれる(6:6, ⇒マタ9:13, 12:7)
　(4) 異邦人(イスラエル人やユダヤ人以外の人々)が神の民になる(1:6, 9-10, 2:23, ⇒ロマ9:25-26, Ⅰペテ2:10)
　ホセア書の特定の預言の引用以外に、新約聖書はさらに神が神の民の夫であるというホセアの主題を発展させている。それはキリストが贖われた花嫁(教会)の花婿であり夫であるとしている点である(→Ⅱコリ11:2, エペ5:22-32, 黙19:6-9, 21:1-2, 9-10)。ホセア書は本当のいのちを体験するためには神を知り、神との個人的な関係を体験しなければならないという新約聖書のメッセージを既に示していた(2:20, 4:6, 5:15, 6:3, 6, ⇒ヨハ17:1-3)。このメッセージに加えてホセアは罪を犯し続けることとその結果にはさばきがあることとの直接的関係をはっきりと伝えている。パウロはローマ人への手紙6章23節で、ホセア書の二つの主題を「罪から来る報酬は死です。しかし、神の下さる賜物は、私たちの主キリスト・イエスにある永遠のいのちです」と要約している。このような理由からある人はホセア書を「ホセアによる福音書」と呼んでいる。それは神の無条件の愛と神に立返る人を赦したいという神の願いと、神との関係を回復する力が神にあることを伝えているからである。

ホセア書の通読
　旧約聖書全体を1年間で通読するためには、ホセア書を次のスケジュールに従って4日間で読まなければならない。
☐1-2　☐3-6　☐7-10　☐11-14

メ　モ

ホセア書 1章

1 ¹ユダの王ウジヤ、ヨタム、アハズ、ヒゼキヤの時代、イスラエルの王、ヨアシュの子ヤロブアムの時代に、ベエリの子ホセアにあった主のことば。

ホセアの妻と子どもたち

²主がホセアに語り始められたとき、主はホセアに仰せられた。「行って、姦淫の女をめとり、姦淫の子らを引き取れ。この国は主を見捨てて、はなはだしい淫行にふけっているからだ。」

³そこで彼は行って、ディブライムの娘ゴメルをめとった。彼女はみごもって、彼に男の子を産んだ。

⁴主は彼に仰せられた。「あなたはその子をイズレエルと名づけよ。しばらくして、わたしはイズレエルの血をエフーの家に報い、イスラエルの家の王国を取り除くからだ。⁵その日、わたしは、イズレエルの谷でイスラエルの弓を折る。」

⁶ゴメルはまたみごもって、女の子を産んだ。主は彼に仰せられた。「その子をロ・ルハマと名づけよ。わたしはもう二度とイスラエルの家を愛することはなく、決して彼らを赦さないからだ。

⁷しかし、わたしはユダの家を愛し、彼らの神、主によって彼らを救う。しかし、わたしは弓、剣、戦い、および馬、騎兵によって彼らを救うのではない。」

⁸ゴメルは、ロ・ルハマを乳離れさせてから、みごもって男の子を産んだ。⁹主は仰せられた。「その子をロ・アミと名づけよ。あなたがたはわたしの民ではなく、わたしはあなたがたの神ではないからだ。」

1:1-7, Ⅱ列15:1-7, Ⅱ歴26章, イザ1:1, アモ1:1
②Ⅱ列15:32-38, Ⅱ歴27:1-9, ミカ1:1, ③Ⅱ列16章, Ⅱ歴28章, イザ7:1-17
④Ⅱ列18-20章, Ⅱ歴29-32章, ⑤Ⅱ列14:23-29, ⑥ロマ9:25

2＊あるいは「によって」
①ホセ3:1, イザ20:2
②ホセ2:4, ③ホセ4:13
エレ2:13, エゼ16:25, 5:3, エゼ23:3

3 ①ホセ1:6, 8, エゼ23:4
4 ①ホセ1:5, 11, 2:22
②Ⅱ列9, 10章
③Ⅱ列17:3-6

5 ①ヨシ17:16, 士6:33
6 ①ホセ1:3, ＊「愛されない」の意, ②ホセ2:4, 23, Ⅱ列17:6, 23
7 ①イザ30:18, ②Ⅱ列19:34, 35, ゼカ9:10, ②ホセ2:18, Ⅰサム17:47, 詩33:16, 44:3-7, 60:11, 12, 箴21:31
詩20:7, イザ37:30:16, 31:1
8 ①ホセ1:3
9＊「わたしの民でない」の意, ①エレ24:7, ②ホセ1:10, 2:23, ＊＊「神」は補足

1:2 姦淫の女 神のイスラエルとの関係とその「契約」はしばしば結婚の契約にたとえられている（イザ54:5, エレ3:14, ⇒エペ5:22-32）。イスラエルは「主を見捨てて」人間が作った神々の像を拝み、霊的背信（不誠実、不貞）と売春の罪を犯した。ホセアの結婚は不誠実な北王国（イスラエル王国）への実物教育だった。結婚した当初ゴメルは売春婦ではなかったと思われる。けれども後になって姦淫を行い、不品行を行うようになった。それはバアル（カナン人の主要な神）の神殿娼婦になって行ったものと考えられる。イスラエルは主を拒み間違った礼拝をするようになっただけではなく、道徳水準も低下した。神の民が神の基準を無視して神への献身をやめるなら、今日でも不道徳な生活に陥る可能性がある（→箴5:3注）。

1:4 しばらくして・・・エフーの家に報い この節はアハブ王の70人の息子がエフーによって殺されたことを指していると思われる（Ⅱ列10:1-8）。エフーは邪悪なアハブ王の家族に対して神の正しいさばきを下したことでほめられる。けれどもその行動は厳し過ぎるものだった（Ⅱ列10:31-32）。そのためエフーの家（その家系の王たち）は同じようにさばきを受け、最後には権力の座から除かれることになる。イズレエルの谷はエフーがアハブの息子ヨラムに勝利して王位についた場所である（Ⅱ列9:14-37, ⇒Ⅰ列19:16-17）。

1:4 イスラエルの家の王国を取り除く 神は間もなく北王国イスラエルにさばきを下し破壊をもたらされる（イスラエル分裂の背景と経緯 → Ⅰ列緒論、Ⅱ列緒論、Ⅱ歴緒論→Ⅰ列12:-14:、Ⅱ歴10:-11:、→「イスラエルとユダの王国」の地図 p.570）。サマリヤ（北国イスラエルの首都）は前722年にアッシリヤによって陥落した。ホセアは自分が預言した滅亡の預言が成就するのを生存中に目撃したと思われる。アッシリヤはサマリヤの1割の人を捕え移し、残りの人々もその支配下に置いた。

1:6 わたしはもう二度と・・・愛することはなく ゴメルの子どもたちの名前はイスラエルに対する象徴的なメッセージだった。「ロ・ルハマ」（「愛されない」という意味）は神の忍耐が終るという意味である。神は聖い（純粋、完全、完璧、悪からの分離）方であるので、人々が邪悪な行動と反逆を重ねることを容認できなかった。神のさばきの時が近付いていた。

1:7 わたしは・・・彼らを救う 南王国（ユダ）は北王国（イスラエル →1:4注）と同じ時期には終らない。ヒゼキヤ王が信仰と謙遜な態度でユダの国を指導していたので、主はサマリヤ人と同じ運命には遭わせられなかった（Ⅱ列19:32-36, イザ37:36）。ユダの王国はその後136年続いた。

1:9 あなたがたはわたしの民ではなく ゴメルの三番目の子どもで「ロ・アミ」（「わたしの民ではない」という意味）という名前の息子はホセアの子どもではないと考えられる。この名前はイスラエルが神に反抗し、人間が作ったにせの神々を拝んで神との契約を破ったことを象徴的に表していた。このため神が祝福し、危険から守ってくださることを北王国の人々は既に期待できなくなっていた。ホセアは自分の苦しみと裏切られた体験から、神がご自分の民の罪にどれほど

¹⁰ イスラエル人の数は、海の砂のようになり、量ることも数えることもできなくなる。彼らは、「あなたがたはわたしの民ではない」と言われた所で、「あなたがたは生ける神の子らだ」と言われるようになる。¹¹ ユダの人々とイスラエルの人々は、一つに集められ、彼らは、ひとりのかしらを立てて、国々から上って来る。イズレエルの日は大いなるものとなるからである。

2

¹ あなたがたの兄弟には、「わたしの民」と言い、あなたがたの姉妹には、「愛される者」と言え。

イスラエルはさばきを受け回復される

2 「あなたがたの母をとがめよ。とがめよ。
彼女はわたしの妻ではなく、
わたしは彼女の夫ではないからだ。
彼女の顔から姦淫を取り除き、
その乳房の間から姦通を取り除け。

3 そうでなければ、わたしは、
彼女の着物をはいで裸にし、
生まれた日のようにして彼女をさらし、
彼女を荒野のようにし、
砂漠のようにし、
渇きで彼女を死なせよう。

4 わたしは彼女の子らを愛さない。
彼らは姦淫の子らであるから。

5 彼らの母は姦淫をし、
彼らをはらんで恥をさらし、
そして言った。
『私は恋人たちのあとを追う。
彼らは私にパンと水、羊毛と麻、
油と飲み物を与えてくれる』と。

6 それゆえ、わたしは、
いばらで彼女の道に垣を立て、
彼女が通い路を見いださないように、
石垣を立てよう。

7 彼女は恋人たちのあとを追って行こう。
しかし、彼らに追いつくことはない。
彼らを捜し求めよう。
しかし、見つけ出すことはない。
彼女は言う。
『私は行って、初めの夫に戻ろう。
あの時は、今よりも私はしあわせだったから。』

8 彼女に穀物と新しいぶどう酒と油とを与えた者、
また、バアルのために使った銀と金とを多く与えた者が、わたしであるのを、
彼女は知らなかった。

苦しんでおられるか知るようになった。

1:10-11　海の砂のように　神は北王国をご自分の選ばれた民族ではないと拒まれるけれども、それは約束の地と子孫についてアブラハム、イサク、ヤコブにされた約束を忘れたという意味ではない。イスラエルは何度も罪を犯したけれども、後に神はイスラエルの父としての関係を回復する道を備えられる。そしてやがてイスラエルの十二部族を一人の指導者のもとに、一つの民族として再び結合させてくださる。この約束はやがて来られるメシヤ（「油そそがれた者」、キリスト）の永遠の統治を指している。　→「神の計画の中のイスラエル」の項 p.2077

1:11　イズレエルの日は大いなるものとなる　イズレエルは「神は種を蒔く」という意味で、1:4ではエフー王家に対する神のさばきの宣言が強調されている（→1:4注）。けれどもここでは少し違う意味で使われている。神は人々を国々に散らされる（農夫が種を蒔き散らすように）。けれども後に蒔き散らした地から人々を集め、自分たちの土地に再び植えてくださる（回復してくださる）。

2:2-7　あなたがたの母をとがめよ　ホセアは再び警告とさばきについて話す。「とがめよ」は法律用語で、訴訟を起こし正式に告発をする場合に使われる。イスラエルの国は妻であり母であり、人々は偶像礼拝に走った子どもたちである。人々は悔い改め、国は「恋人たち」（2:5）、つまりカナン人の様々な神々から離れてまことの神に立返らなければならない。そうでなければさばきが下り辱めを受けることになる。

2:6　それゆえ、わたしは・・・彼女の道に垣を立て　神はイスラエルの道に障害物を置くと約束された。それはイスラエルを滅ぼすためではなく、神に立返るほうがよいと理解させるためである。どのような手段を使っても（たとい困難や問題に遭わせても）神に頼ることが必要だと理解できるようにさせてくださいと愛する人々のために神に祈ることは正しいことであり良いことである。自分勝手な道を進み罪によって悲しみや滅びを体験するより、あわれみを求めて主に立返るほうがはるかによいことを学んでほしいのである。

2:8　知らなかった　イスラエルは、豊作はバアルたち（カナン人の神々）のおかげだと思っていた。けれど

9 それゆえ、わたしは、その時になって、
わたしの穀物を、
その季節になって、
わたしの新しいぶどう酒を取り戻そう。
また、彼女の裸をおおうための
わたしの羊毛と麻とをはぎ取ろう。

10 今、わたしは彼女の恥を、
恋人たちの目の前にあばく。
だれも彼女を
わたしの手から救い出せる者はない。

11 わたしは彼女のすべての喜び、
祭り、新月の祭り、安息日、
すべての例祭を、やめさせる。

12 それから、わたしは彼女が
『これは私の恋人たちが払ってくれた報酬』
と言っていた彼女のぶどうの木と、
いちじくの木とを荒れすたらせ、
これを林にして、野の獣にこれを食べさせる。

13 わたしは、彼女がバアルに香をたき、
耳輪や飾りを身につけて、恋人たちを慕って行き、
わたしを忘れてバアルに仕えた日々に報いる。
――主の御告げ――

14 それゆえ、見よ、わたしは彼女をくどいて
荒野に連れて行き、優しく彼女に語ろう。

15 わたしはその所を彼女のためにぶどう畑にし、
アコルの谷を望みの門としよう。
彼女が若かった日のように、
彼女がエジプトの国から
上って来たときのように、
彼女はその所で答えよう。

16 その日、――主の御告げ――
あなたはわたしを『私の夫』と呼び、
もう、わたしを『私のバアル』とは呼ぶまい。

17 わたしはバアルたちの名を
彼女の口から取り除く。
その名はもう覚えられることはない。

18 その日、わたしは彼らのために、
野の獣、空の鳥、地をはうものと契約を結び、
弓と剣と戦いを地から絶やし、
彼らを安らかに休ませる。

19 わたしはあなたと永遠に契りを結ぶ。
正義と公義と、恵みとあわれみをもって、
契りを結ぶ。

20 わたしは真実をもってあなたと契りを結ぶ。
このとき、あなたは主を知ろう。

9 ①ホセ8:7, 9:2
②ホセ2:3
10 ①エゼ16:37, 23:29
②ホセ5:14
11 ①→イザ29:1
②イザ1:13, 14, アモ8:5
③ホセ9:5, 12:9,
ゼパ3:18, ゼカ8:19,
→エゼ36:38
④エレ7:34, 16:9
12 ①ホセ2:5
②ホセ10:1, 14:7,
→イザ16:8
③ホセ9:10, ヨエ1:7, 12, 2:22, アモ4:9, ミカ4:4,
ナホ3:12, ハバ3:17,
ハガ2:19, ゼカ3:10,
→エレ34:4
④イザ5:5, 32:14
⑤ホセ13:8, 詩80:13,
イザ13:15
13 ①ホセ11:2,
エレ2:23, 7:9
②エゼ16:17, 23:40
③ホセ4:6, 8:14, 13:6
④エレ7:9
14 ①エゼ20:33-38
15 ①エゼ28:25, 26,
→アモ9:4
②ヨシ7:24-26,
イザ65:10
③ホセ2:2,
エゼ16:8, 22, 60
④ホセ11:1, 12:9, 13, 13:4, 出13:3, ミカ6:4
16 ①ホセ2:7, イザ54:5
17 ①ホセ2:13
②出23:13, ヨシ23:7,
詩16:4, ゼカ13:2
18 ①ヨブ5:23, イザ11:6-9
②ホセ1:7, 詩46:9,
イザ2:4, エゼ39:9, 10,
ゼカ9:10
③エレ23:6, エゼ34:25
19 ①イザ62:4, 5, エレ3:14
②ホセ4:1, 2, イザ1:27, ミカ6:8
③ホセ6:6, イザ54:7, 8
20 ①ホセ6:6, 13:4,
エレ31:34, ヨハ17:3

も実際はイスラエルに繁栄と豊作をもたらしたのは神の慈しみとあわれみだった。私たちは神がくださる祝福を感謝し賛美する気持をいつも表さなければならない。感謝や賛美をしないでいると良いものをくださる方(神 →ヤコ1:17)に注意が向かなくなり、ついには神との関係そのものが弱くなってしまう。

2:11 すべての例祭を、やめさせる 神はイスラエルの神聖な日と年ごとの祭りを神の祝福を喜び祝う日として定められた。けれども神が命じられた祭りは既に神の祭りではなく、単なる社交的な集まりになっていた。「彼女の」(イスラエルの)祭りになり空しい儀式だけになっていた。喜びにあふれていた日々は神の民が捕囚にされる(神のさばきの一つとしてアッシリヤ帝国の捕囚になり各地へ送られる →「**イスラエル(北王国)の捕囚**」の地図 p.633)ときには、遠い記憶に過ぎなくなってしまう。祭りの背景と目的 →「旧約聖書の祭り」の表 p.235

2:14 それゆえ・・・わたしは彼女をくどいて ホセアのメッセージにはさばきの警告があった。けれども時には希望と回復の約束もあった。前の二つの「それゆえ」(2:6, 9)はさばきが下ることを指している。けれどもここでは全く正反対のことを神は明らかにしておられる。神に立返る好機をイスラエルに与えてくださる。これは神が出エジプトのときにされたことと似ている。神はイスラエルの民をエジプトの奴隷状態から解放して砂漠へ連出し、そこで律法を与えて約束の地へ導かれた。神は再び人々を罪から解放して新しい砂漠へ連出し、そこで導き教え回復することを望まれた。

2:20 わたしは真実をもってあなたと契りを結ぶ 聖書の時代には「契り」(婚約の一つのかたちまたは結婚の約束)は結婚とほとんど同じ拘束力を持つ契約

21 その日、わたしは答える。──主の御告げ──
わたしは天に答え、天は地に答える。
22 地は穀物と新しいぶどう酒と油とに答え、
それらはイズレエルに答える。
23 わたしは*彼をわたしのために地にまき散らし、
『愛されない者』を愛し、
『わたしの民でない者』を、
『あなたはわたしの民』と言う。
彼は『あなたは私の神』と言おう。」

ホセアと妻との和解

3 1 主は私に仰せられた。「再び行って、夫に愛されていながら姦通している女を愛せよ。ちょうど、ほかの神々に向かい、干しぶどうの菓子を愛しているイスラエルの人々を主が愛しておられるように。」

21 ①マラ3:10, 11
22 ①エレ31:12, ヨエ2:19
　②ホセ1:4
23 ①ロマ9:25, Ⅰペテ2:10
　＊直訳「彼女を」
　②エレ31:27, ゼカ10:9
　③ホセ1:6, 2:1
　④ホセ1:9
　⑤ゼカ13:9, ホセ1:10

1 ①ホセ1:2
　②Ⅱサム6:19, Ⅰ歴16:3, 雅2:5

2 ①ルツ4:10
4 ①ホセ8:4, 10:3, 15, ミカ4:9
　②ホセ2:11
　③→イザ19:19
　④出28:4-12, Ⅰサム23:9-12
　⑤創31:19, 34, 士17:5, 18:14, 17, Ⅰサム19:13, エゼ21:21, ゼカ10:2
5 ①エレ50:4, 5
　②エレ30:9, エゼ34:23, 24, 37:22, 24
　③イザ2:2, ダニ2:28, ミカ4:1

1 ①ホセ5:1, エレ2:4
　②イザ1:18, 3:13, エレ25:31, ミカ6:3

2 そこで、私は銀十五シェケルと大麦一ホメル半で彼女を買い取った。
3 私は彼女に言った。「これから長く、私のところにとどまって、もう姦淫をしたり、ほかの男と通じたりしてはならない。私も、あなたにそうしよう。」
4 それは、イスラエル人は長い間、王もなく、首長もなく、いけにえも、石の柱も、エポデも、テラフィムもなく過ごすからだ。
5 その後、イスラエル人は帰って来て、彼らの神、主と、彼らの王ダビデを尋ね求め、終わりの日に、おののきながら主とその恵みに来よう。

イスラエルへの非難

4 1 イスラエル人よ。
主のことばを聞け。
主はこの地に住む者と言い争われる。

だった。神はイスラエルを契約(「終生協定」)関係に回復され、人々は神を現実に個人的に知るようになると約束された。それに人々が応答して義、公正、愛、親切、誠実に満ちた生活をすることを神は期待された。私たちが神に愛と誠実を示し、ほかの人々に心からの親切と同情を示すことを神は今日でも望んでおられる。

2:23 わたしは彼をわたしのために地にまき散らし 神は何世紀も前にその民をエジプトから連出して、契約(神の律法と約束、人々の神への服従と忠実に基づく「終生協定」)を結ばれた(出19:4-6)。そのように献身した関係こそが神の求めておられることだった。新約聖書はこの節の最後の部分が、異邦人(イスラエル人やユダヤ人以外の人)が教会に含まれることによって成就したことを明らかにしている。異邦人が新しいイスラエルに加えられたのである(ロマ9:25-26、Ⅰペテ2:10)。

3:1 姦通している女を愛せよ ホセアはここでイスラエルに対する神の愛を、予想外の新しい方法で示さなければならなかった。ゴメルが夫を捨てたのは、バアルを拝み神殿での売春をする時間を増やすためだったようである。けれどもホセアは心を傷つけられながら、ゴメルを愛することをやめなかった。そして自分から出て行って今再びゴメルを愛さなければならなかった。それはちょうど神がイスラエルを愛されるのと同じだった。けれどもイスラエルはほかの神々に向かい、「干しぶどうの菓子」(収穫を感謝してバアル神にささげられた)を愛して神の心を傷つけた。

3:2 彼女を買い取った ゴメルは負債を抱えて奴隷として売られそうになっていた(律法が許す範囲で)。けれどもホセアは大金を払ってゴメルを買い戻した。ホセアの行動は、自分で自分を買い戻して自由にし救うことができない罪びとを贖う(救う、自由にする、回復する)神の愛を示すものである。私たちが霊的な救いと自由を得ることができる希望は、神の恵み(受けるにふさわしくない神のあわれみと好意)だけである。

3:3-5 その後、イスラエル人は帰って来て この部分はイスラエルの捕囚(アッシリヤがイスラエルを征服し多くの人を帝国全土に散らして住まわせること→「イスラエル(北王国)の捕囚」の地図 p.633)と、その後の母国への帰還(→「捕囚からの帰還」の地図 p.759)を預言している。その間イスラエル人は指導者も礼拝の自由もないまま過すことになる。また、さばきの原因になったあらゆる罪(石の柱、偶像礼拝)から離れていなければならない。けれどもある日イスラエルは捕囚から解放され、神に立返って母国へ帰ることになる。ついにもう一人の王メシヤ(キリスト)が来られる。多くのイスラエル人は最初メシヤを拒むけれども、後には「神のみこころに添った悲しみ」(Ⅱコリ7:10)の中にへりくだって救い主が必要であることを認め、主イエスを自分たちのメシヤとして受入れるようになる。

4:1 言い争われる 4章は新しい区分の始まりで、

ホセア書　4章

この地には真実がなく、誠実がなく、
神を知ることもないからだ。
2　ただ、のろいと、欺きと、人殺しと、
盗みと、姦通がはびこり、
流血に流血が続いている。
3　それゆえ、この地は喪に服し、
ここに住む者はみな、野の獣、空の鳥
とともに
打ちしおれ、海の魚さえも絶え果てる。

4　だれもとがめてはならない。
だれも責めてはならない。
＊しかし祭司よ。わたしはあなたをなじ
る。
5　あなたは昼つまずき、
預言者もまた、あなたとともに夜つま
ずく。
わたしはあなたの母を滅ぼす。
6　わたしの民は知識がないので滅ぼされ
る。
あなたが知識を退けたので、
わたしはあなたを退けて、わたしの祭
司としない。
あなたは神のおしえを忘れたので、
わたしもまた、あなたの子らを忘れよ
う。
7　彼らはふえるにしたがって、
ますます、わたしに罪を犯した。

1 ①エレ7:28
②ホセ6:6
⑤ホセ4:6, 5:4,
エレ4:22
2 ①ホセ7:3, 10:4, 13,
11:12, エレ7:9
②ホセ6:9
③ホセ7:1
④ホセ7:4
⑤ホセ6:8, 12:14
3 ①イザ24:4, 7, 33:9,
エレ4:28, 12:4, ヨエl:10
②エレ4:25, ゼパ1:3
4 ①アモ5:10, 13
＊直訳「あなたの民は
祭司と争う者のようだ」
②申17:12, マラ2:1-9
5 ①ホセ5:5, エゼ14:3, 7
②ホセ2:2
③エレ6:4, 15
6 ①ホセ4:1, イザ5:13
②ホセ8:1, 12, アモ2:4,
ミカ4:2, ハバ1:4,
ゼパ3:4, ハガ2:11,
ゼカ7:12, マラ2:6-8,
→イザ1:10
7 ①ホセ10:1, 13:6

②ホセ4:18, ハバ2:16,
ピリ3:19
9 ①イザ24:2, エレ5:31
②ホセ8:13, 9:9
10 ①レビ26:26, イザ65:13,
ミカ6:14, ハガ1:6
②ホセ9:17
11 ①イザ28:7
12 ①イザ44:19, エレ2:27,
ハバ2:19
②ホセ5:4
③イザ44:20
④ホセ1:2, 9:1
13 ①ホセ10:8, 申12:2,
エレ3:6
②ホセ11:2, イザ57:7
③イザ1:29, 57:5,
エレ2:20, エゼ6:13
④ホセ2:13, 11:2

わたしは彼らの栄光を恥に変える。
8　彼らはわたしの民の罪を食いものにし、
彼らの咎に望みをかけている。
9　だから、民も祭司も同じようになる。
わたしはその行いに報い、
そのわざの仕返しをする。
10　彼らは食べても、満たされず、
姦淫しても、ふえることはない。
彼らは主を捨てて、姦淫を続けるから
だ。

11　ぶどう酒と新しいぶどう酒は思慮を失
わせる。
12　わたしの民は木に伺いを立て、
その杖は彼らに事を告げる。
これは、姦淫の霊が彼らを迷わせ、
彼らが自分たちの神を見捨てて
姦淫をしたからだ。
13　彼らは山々の頂でいけにえをささげ、
丘の上、また、
樫の木、ポプラ、テレビンの木の下で
香をたく。
その木陰がここちよいからだ。
それゆえ、あなたがたの娘は姦淫をし、
あなたがたの嫁は姦通をする。
14　わたしは、あなたがたの娘が姦淫をし
ても
罰しない。
また、あなたがたの嫁が姦通をしても

イスラエルの罪を詳しく記録している。その罪とは人々の不誠実さ、神への愛の喪失、神の聖い特性や臨在を認めようとしないことなどである。罪を犯した主な原因は神とみことばを実際に知らないことだった（→4:6注）。その結果、犯罪と暴力が極限に達し、恐れ、悲しみ、苦悩が全土にはびこった（4:2-3）。神とみことばを最高の完全な権威として認めなくなると、その国には暴力による犯罪や間違った行動が増加するようになる。

4:6　あなたが知識を退けた　人々は神を知る機会を退けたため、神との個人的な関係を持つことができず滅びを招いていた。神を知る機会はあったのだから、弁解をすることはできない。預言者とみことばを通して神から与えられた真理をかたくなに拒み無視していたのである。人々の反抗の責任の多くは指導者たちにあった（4:7-9）。今日でも教会のある人々は神とみことばを知らないためにだまされて、神に従わない信仰や行動に引込まれ身を滅ぼしている。

4:9　民も祭司も同じよう　祭司たちは人々を神に立ち返らせることができるのに、正しい真理の道に導かないでむしろ人々と同じ方向に行くことにした。指導者たちは人々が喜ぶことだけを言い、罪をやめ避けるように訴えなくなった。そうして人々を神からさらに遠ざけてしまった。その結果、神は指導者と人々の両方の悪に罰を下される。人々は罪を犯しても満足を得ることはなく、自分勝手な方法で手に入れようとしていたものも与えられなかった（4:10）。

4:11　ぶどう酒と新しいぶどう酒　道徳の腐敗は至る所に見られた。イスラエルは霊的にも肉体的にも売春（まことの神を捨て人間の作ったにせの神々に従うこと）をしていた。人々が従っていた邪悪な宗教には性的行動が含まれていた（4:15）。そのような行動に

罰しない。
それは男たちが遊女とともに離れ去り、
神殿娼婦とともに
いけにえをささげているからだ。
悟りのない民は踏みつけられる。

15 イスラエルよ。あなたは姦淫をしても、
ユダに罪を犯させてはならない。
ギルガルに行ってはならない。
ベテ・アベンに上ってはならない。
「主は生きておられる」と言って
誓ってはならない。

16 まことに、イスラエルは
かたくなな雌牛のようにかたくなだ。
しかし今、主は、
彼らを広い所にいる子羊のように養う。

17 エフライムは偶像に、くみしている。
そのなすにまかせよ。

18 彼らは飲酒にふけり、淫行を重ね、
彼らのみだらなふるまいで恥を愛した。

19 風はその翼で彼らを吹き飛ばす。
彼らは自分たちの祭壇のために恥を見る。

イスラエルへのさばき

5

1 祭司たちよ。これを聞け。

14 ①申23:17
②ホセ4:6
15 ①アモ4:4
②ホセ5:8, 10:5, 8,
ヨシ7:2, Ⅰ列12:28, 29
③→エレ4:2
16 ①ホセ10:11
②詩78:8, エレ7:24, 8:5,
ゼカ7:11
17 ①ホセ8:4, 13:2, 14:8,
ミカ1:7, ゼカ13:2
②ホセ4:4, 詩81:12
18 ①アモ2:8, 6:6
②ホセ4:14
＊七十人訳による
⊡「彼女の盾は恥を非常に愛した」
③ホセ4:7
19 ①ホセ12:1, 13:15,
エレ4:11-13
＊直訳「彼女」
＊＊七十人訳による
⊡「包む」
②ホセ4:13, 14
＊＊＊七十人訳による
⊡「いけにえ」
③イザ1:29

1 ①ホセ4:1

②ホセ6:10
③士11:29, Ⅰ列22:3-25
④ホセ9:8
⑤士4:6, エレ46:18
3 ①アモ3:2
②ホセ6:10
4 ①ホセ7:10
②ホセ4:12
③ホセ4:1
5 ①ホセ7:10
②ホセ5, 13:1
③エゼ23:31-35
6 ①ホセ8:13, ミカ6:6-8
②箴1:28, イザ1:15,
エレ11:11, 14:12,
エゼ8:18, アモ8:11, 12,
ミカ3:7, ヨハ8:21

② イスラエルの家よ。心せよ。
王の家よ。耳を傾けよ。
あなたがたにさばきが下る。
あなたがたはミツパでわなとなり、
タボルの上に張られた網となったからだ。

2 曲がった者たちは落とし穴を深くした。
わたしは彼らをことごとく懲らしめる。

3 わたしはエフライムを知っていた。
イスラエルはわたしに隠されていなかった。
しかし、エフライムよ、
今、あなたは姦淫をし、
イスラエルは身を汚してしまった。

4 彼らは自分のわざを捨てて神に帰ろうとしない。
姦淫の霊が彼らのうちにあって、
彼らは主を知らないからだ。

5 イスラエルの高慢はその顔に現れている。
イスラエルとエフライムは、
おのれの不義につまずき、
ユダもまた彼らとともにつまずく。

6 彼らは羊の群れ、牛の群れを連れて行き、
主を尋ね求めるが、見つけることはない。
主は彼らを離れ去ったのだ。

は酒に酔うことが伴っていた。ぶどう酒は善悪の判断力を失わせる。発酵していない新しいぶどう酒（《ヘ》ティーローシュ－収穫されたばかりのアルコール分のない果汁）そのものは良いものである（→イザ65:8注）。けれどもこの場合は売春と偶像礼拝の邪悪な行動と結び付いていたので祝福にはならなかった（4:12,→「旧約聖書のぶどう酒」の項p.1069）。

4:15 【主】は生きておられる 宗教的なことばを使い宗教的な儀式を行うことによって神に喜ばれているかのように見せ掛けて、祭司たちは人々をだましていた。けれども実際は真実で純粋な礼拝から人々を引離していたのである。にせ教師たちも聖書的なことばを巧みに使いながら、聖書の真理と反対の教えを信じるように伝えていた。間違ったにせものの影響から身を守るためには、聖書に書かれているみことばに十分に精通しなければならない。その上で教えと説教に注意深く耳を傾け、聖書に書かれた神のことばの基準と原則に沿っているかどうか判別しなければならない（→「にせ教師」の項 p.1758）。

5:1 あなたがたは・・・わなとなり 主を礼拝するように指導しなければならないはずの宗教と政治の指導者たちによって人々は迷わされ、偶像礼拝（人間の作ったにせの神々やまことの神の代わりのものを拝むこと）に陥った。ここには教会で指導をする人や、神の民の間で何かの権威や影響力を持っている人に対する重大な警告がある。

5:6 主は彼らを離れ去った イスラエル人は神にいけにえをささげ続けていたけれども、神を「見つけ」ようとする努力は無駄だった。間違った礼拝をし邪悪な行動を重ね神を敬わない生活をしているので、神はとうに人々から離れ去っておられた。人々は神への純粋な愛、真実の信仰、本当の忠誠心を失い、心から悔い改める気持（態度を変え罪を認め勝手な生き方から離れて神の道に従うこと）を失っていた。人々の心はこ

7　彼らは主を裏切り、他国の男の子を生んだ。
　　今や、新月が彼らとその地所を食い尽くす。
8　ギブアで角笛を吹き、ラマでラッパを鳴らし、
　　ベテ・アベンでときの声をあげよ。
　　ベニヤミンよ。警戒せよ。
9　エフライムは懲らしめの日に、恐怖となる。
　　わたしはイスラエルの部族に、
　　確かに起こることを知らせる。
10　ユダの首長たちは地境を移す者のようになった。
　　わたしは彼らの上に
　　激しい怒りを水のように注ぐ。
11　エフライムはしいたげられ、
　　さばかれて打ち砕かれる。
　　彼はあえてむなしいものを慕って行ったからだ。
12　わたしは、エフライムには、しみのように、
　　ユダの家には、腐れのようになる。
13　エフライムがおのれの病を見、
　　　ユダがおのれのはれものを見たとき、
　　エフライムはアッシリヤに行き、
　　大王に人を遣わした。
　　しかし、彼はあなたがたをいやすことができず、
　　あなたがたのはれものを直せない。
14　わたしは、エフライムには、獅子のように、
　　ユダの家には、若い獅子のようになるからだ。
　　このわたしが引き裂いて去る。
　　わたしがかすめ去るが、
　　だれも助け出す者はいない。
15　彼らが自分の罪を認め、
　　わたしの顔を慕い求めるまで、
　　わたしはわたしの所に戻っていく。
　　彼らは苦しみながら、わたしを捜し求めよう。

悔い改めないイスラエル

6

1　「さあ、主に立ち返ろう。
　　主は私たちを引き裂いたが、また、いやし、

こまでに完全に自分の好きなことと罪の楽しみに向けられていた。時に神に助けを祈り求めても助けは得られなかった。神に逆らう世間の不道徳なものに魅了され、しがみついていたからである（⇒ヤコ4:1-4 →「**効果的な祈り**」の項 p.585）。

5:10　地境を移す者　隣の人の地境を移すことは実際に隣の人の土地を盗むことだった（申19:14, 27:17）。霊的な意味で指導者たちは人々が神を礼拝しないようにし、心の中に受入れないように妨げていた。神のことばが定めた「地境」を人々が満足する基準にまで動かしたのである。そのため人々は神の地境を越え続け、時にはそのこと自体に気付いていなかった。

5:12　しみのように・・・腐れのように　人々が神に反抗したため、神は人々に苦難と病気をもたらされる。エフライム（北王国イスラエル）とユダ（南王国）は国全体が没落していく。世界には苦難がありそれによって人々はみな苦しむけれども、それは必ずしも個人の罪の結果ではない（→「**正しい人の苦しみ**」の項 p.825）。けれども罪はこの場合と同じように最終的に神のさばきを招く。驚くべきことにイスラエルは助けと解放をアッシリヤに求めた。アッシリヤは後にイスラエルを征服し支配する国である。神のさばきから逃れる道、その癒しはただ一つ、神が備えられた癒ししかない。それは主イエスが私たちの罪の代価を払うために十字架で流された血潮である（ヘブ9:22, Ⅰヨハ1:7, 黙1:5）。ひとりひとりの人生でその癒しが行われるには主イエスの犠牲を受入れ、その導きに自分をゆだねなければならない。

5:15　わたしはわたしの所に戻っていよう　罪を認め罰を受入れ心から神の助けに頼らなければ、神は助けを求めるイスラエルの祈りには応えてくださらない。次の6章には、未来の世代が神に立返って祈ることが預言のことばとして記録されている（6:1-3）。

6:1　主は私たちを・・・いやし　預言者はもう一度人々に罪をやめ、あわれみを求めて神に立返るように説得した。けれども人々には神に対する関心や神を求める気持がないことをこの節は示している。神は罪をさばかなければならない。けれども癒し回復したいとも願っておられることをホセアは断言している。人々は自分たちの苦悩が神のさばきによるもので、神だけ

私たちを打ったが、
また、包んでくださるからだ。
2 主は二日の後、私たちを生き返らせ、
三日目に私たちを立ち上がらせる。
私たちは、御前に生きるのだ。
3 私たちは、知ろう。
主を知ることを切に追い求めよう。
主は暁の光のように、確かに現れ、
大雨のように、私たちのところに来、
後の雨のように、地を潤される。」

4 エフライムよ。わたしはあなたに何を
しようか。
ユダよ。わたしはあなたに何をしよう
か。
あなたがたの誠実は朝もやのようだ。
朝早く消え去る露のようだ。
5 それゆえ、わたしは預言者たちによっ
て、
彼らを切り倒し、
わたしの口のことばで彼らを殺す。
わたしのさばきは光のように現れる。
6 わたしは誠実を喜ぶが、
いけにえは喜ばない。
全焼のいけにえより、

むしろ神を知ることを喜ぶ。
7 ところが、彼らはアダムのように契約
を破り、
その時わたしを裏切った。
8 ギルアデは不法を行う者の町、
血の足跡に満ちている。
9 盗賊が人を待ち伏せするように、
祭司たちは仲間を組み、
シェケムへの道で人を殺し、
彼らは実にみだらなことをする。
10 イスラエルの家にわたしは恐るべきこ
とを見た。
エフライムは姦淫をし、
イスラエルは身を汚している。
11 ユダよ。わたしが、
わたしの民の繁栄を元どおりにすると
き、
あなたのためにも刈り入れが定まって
いる。

7

1 わたしがイスラエルをいやすとき、
エフライムの不義と、
サマリヤの悪とは、あらわにされる。
彼らは偽りを行い、

2 ①詩30:5
3 ①イザ2:3, ミカ4:2
②申32:2, 詩72:6,
エレ5:24, ホセ10:12
③申11:14, ヨブ29:23
＊あるいは「春の雨」
4 ①ホセ7:1, 11:8
②ホセ13:3
5 ①Ⅰサム15:32, 33,
エレ1:10, 18,
→ホセ12:10
②エレ5:14, 23:29,
ヘブ4:12
＊七十人訳による
①「あなたの」
③ホセ6:3
6 ①Ⅰサム15:22, 箴21:3,
伝5:1, ミカ6:8
②ホセ8:13,
マタ9:13, 12:7,
アモ5:21
③詩50:8, 9, イザ1:11
④アモ5:22, ミカ6:6,
→イザ1:11
⑤ホセ2:20, エレ22:16,
ヨハ17:3
7 ①ホセ8:1, ホセ5:7
8 ①ホセ12:21
②ホセ4:2
9 ①ホセ4:2, 7:1, エレ7:11
②ホセ4:2, 詩10:8,
エレ7:9, 10, エゼ22:25
10 ①ホセ5:1
②エレ5:30, 31, 23:14
③ホセ4:17, 5:3
④エゼ23:1-7
11 ①詩126:1, ゼパ2:7
②エレ51:33, ヨエ3:13,
黙14:15

1 ①ホセ7:13, 11:8,
エゼ24:13
②ホセ4:2

が情況を癒すことができることを知るようになる。それでも人々は罪から立返って神に従うことをかたくなに拒んだ。

6:2-3 主は二日の後、私たちを生き返らせ 本当の悔い改め（態度や心を変え自分の罪を認め自分勝手な生き方から立返りキリストにゆだねて神と神の目的に従うこと）は、イスラエルに（ほかの人々にも）霊的なリバイバルをもたらす。もし人々が神の臨在を心から望み神が聖い方であることを知るなら、神は雨のように臨んで人々の生活を爽快にさせ祝福をもたらしてくださる。水はしばしば聖霊の象徴として使われている（→ヨハ7:37-39、→詩1:3注）。春の雨は畑を耕し作物を植える最も大切な時期に降る。それは神の民に霊的に新しいいのちと成長への準備を整えさせる旧約聖書時代の聖霊の働きを象徴している（→「旧約聖書の聖霊」の項 p.1493）。冬の雨は収穫の時期に降るもので、教会での聖霊の働きを象徴している。それは従う人々を整えて力を与え、キリストのメッセージを伝えてたましいの霊的な「収穫」をする働きである（ルカ10:2、ヨハ4:35）。

6:4 あなたがたの誠実は朝もやのようだ 「誠実」（《へ》ヘセド）は契約の愛（「終生協定」、誓約、完全に献身した愛）であり、純粋で揺らぐことのない誠実な愛を指している。イスラエルは神を深く愛していると言っていたけれども、人々の神への愛は朝もやや朝露が日中の熱で消えるように消滅してしまった。真実で無償の愛ではなかったからである。神への愛は、御子イエス・キリストに忠誠を尽し神の基準と目的に献身するかどうかを試されそれによって証明される。

6:6 わたしは誠実を喜ぶが・・・むしろ神を知ることを喜ぶ 神が人々に望まれたのは「誠実」（《へ》ヘセド、6:4と同じ ⇒6:4注）だった。ここでは揺らぐことのない無条件の誠実な愛、神が私たちに与える愛を指し、その応答として私たちがささげるべき愛を指している。この種の「誠実」は神への応答（さらに信頼し献身する）と人々への応答（さらに親切に同情心をもって）に影響を与えるものである。神はまた人々が神を主（人生の導き手、権威者）として認めることを願われた。神は私たちにも同じことを願っておられる。

盗人が押し入り、
外では略奪隊が襲うからだ。
2 しかし、彼らは心に言い聞かせない、
わたしが彼らのすべての悪を覚えて
いることを。
今、彼らのわざは彼らを取り巻いて、
わたしの前にある。
3 彼らは悪を行って王を喜ばせ、
偽りごとを言って首長たちを喜ばせる。
4 彼らはみな姦通する者だ。
彼らは燃えるかまどのようだ。
彼らはパン焼きであって、
練り粉をこねてから、
それがふくれるまで、火をおこすのを
やめている。
5 われわれの王の日に、
首長たちは酒の熱に病み、
王はあざける者たちと手を握る。
6 彼らは陰謀をもって近づく。
彼らの心はかまどのようで、
その怒りは夜通し くすぶり、
朝になると、燃える火のように燃える。
7 彼らはみな、かまどのように熱くなっ
て、
自分たちのさばきつかさを焼き尽くす。
その王たちもみな倒れる。
彼らのうちだれひとり、
わたしを呼び求める者はいない。
8 エフライムは国々の民の中に入り混じ
り、

エフライムは生焼けのパン菓子となる。
9 他国人が彼の力を食い尽くすが、
彼はそれに気づかない。
しらがが生えても、彼はそれに気づか
ない。
10 イスラエルの高慢はその顔に現れ、
彼らは、彼らの神、主に立ち返らず、
こうなっても、主を尋ね求めない。
11 エフライムは、
愚かで思慮のない鳩のようになった。
彼らはエジプトを呼び立て、
アッシリヤへ行く。
12 彼らが行くとき、わたしは彼らの上に
網を張り、
空の鳥のように彼らを引き落とし、
その群れが騒々しくなるとき、
わたしはこれを懲らす。
13 ああ、彼らは。
彼らはわたしから逃げ去ったからだ。
彼らは踏みにじられよ。
彼らはわたしにそむいたからだ。
わたしは彼らを贖おうとするが
彼らはわたしにまやかしを言う。
14 彼らはわたしに向かって心から叫ばず、
ただ、床の上で泣きわめく。
彼らは、穀物と新しいぶどう酒のため
には
集まって来るが、
わたしからは離れ去る。
15 わたしが訓戒し、
わたしが彼らの腕を強くしたのに、

---

1 ③ホセ6:9
2 ①ホセ8:13, 9:9,
詩25:7, エレ14:10, 17:1,
アモ8:7, マラ3:16
②ホセ4:9, 詩9:16,
箴5:22, エレ2:19, 4:18
③詩90:8
3 ①ホセ7:5, ミカ7:3
②ホセ4:2, 11:12
4 ①ホセ4:2,
エレ9:2, 23:10
5 ①イザ28:7, 8
②イザ28:14
6 ①Ⅱ列15:10, 14, 25, 30
詩21:9
＊囚「パン焼人」
＊＊直訳「眠り」
7 ①ホセ13:10
②ホセ7:16
③ホセ7:10, イザ64:7
8 ①ホセ5:13, 7:11
②詩106:35

＊直訳「裏返さない」
9 ①イザ1:7
②ホセ8:7, イザ9:12
10 ①ホセ5:5
②ホセ5:4, イザ9:13,
アモ4:6-11
③ホセ7:7, 14
11 ①ホセ4:1, 11, 14, 5:4
②ホセ7:16, 8:13, 9:3, 6
③ホセ5:13
12 ①エゼ12:13
②ホセ11:11
13 ①ホセ9:12
②エレ14:10, エゼ34:6
③ホセ9:17
④ホセ7:1, エレ51:9,
マタ23:37
14 ①ホセ8:2
②アモ2:8, ミカ2:11
15 ①ホセ11:3
②ヨブ35:9

7:2 すべての悪・・・わたしの前にある 神が私た
ちの考えと行動をみな知っておられ、神の書物にそれ
らを記録しておられることを覚えておかなければなら
ない(黙20:12)。このことによって神に忠実な人々は
信仰の確信を得られるし鼓舞される。神の臨在を意識
し続けることによって悪から離れ、神が私たちの人生
で働いておられることを確信することができる。サタ
ンの目標は、神が私たちをいつも見守り保護し神に忠
実でいられるように力を与え続けておられることを忘
れさせることである。

7:8 国々の民の中に入り混じり イスラエル人は神
を敬わない周りの国の人々と親密になった。問題はそ
の民族から腐敗した思想や慣習や生活様式を受入れる
ように影響されたことである。その結果イスラエルは

「生焼けのパン菓子」のように、神の目的にとって価値
のないものになってしまった。神は世界のあらゆる国
と文化の中にいる霊的に失われた人々に神のメッセー
ジをできる限り伝えるように私たちを召しておられ
る。人間関係は大切であるけれども、それによって影
響され罪を犯して神から離れ神への献身を失うことが
あってはならない(⇒ユダ1:23,→「**信者の霊的聖別**」
の項 p.2172,「**キリスト者とこの世**」の項 p.2437)。

7:13-16 彼らはわたしから逃げ去った イスラエル
は神に逆らい、神が自分たちを助けてくださる方であ
ることを認めようとしなかった。主に頼るよりエジプ
トやアッシリヤのほうがより安全だと考えた(7:11)。
皮肉なことに、アッシリヤは後にイスラエルを攻撃し
滅ぼす国になる。今日人々は神との関係を通して究極

16 彼らはわたしに対して悪事をたくらむ。
 彼らはむなしいものに立ち返る。
 彼らはたるんだ弓のようだ。
 彼らの首長たちは、
 神をののしったために、剣に倒れる。
 これはエジプトの国であざけりとなる。

つむじ風を刈取るイスラエル

8

1 角笛を口に当てよ。
 鷲のように敵は主の宮を襲う。
 彼らがわたしの契約を破り、
 わたしのおしえにそむいたからだ。
2 彼らは、わたしに向かって、
 「私の神よ。
 私たちイスラエルは、
 あなたを知っている」と叫ぶが、
3 イスラエルは善を拒んだ。
 敵は、彼らに追い迫っている。
4 彼らは王を立てた。
 だが、わたしによってではない。
 彼らは首長を立てた。
 だが、わたしは知らなかった。
 彼らは銀と金で自分たちのために偶像を造った。
 彼らが断たれるために。
5 サマリヤよ。
 わたしはあなたの子牛をはねつける。

15③ナホ1:9
16※七十人訳による
 ①詩78:57
 ②ホセ7:7
 **「神を」は補足
 ③詩12:3, 4, 17:10, 73:9, 78:36, ダニ7:25, マラ3:13, 14
 ④ホセ13:16
 ⑤ホセ7:11
 ⑥エゼ23:32

1①ホセ5:8, エレ6:17
 ②申28:49, ハバ1:8
 *「敵は」は補足
 ③ホセ6:7, 詩78:37
 ④→ホセ4:6
2①テト1:16
 ②ホセ7:14
4①ホセ13:10, 11
 ②ホセ2:8, 13:1, 2
 ③→ホセ4:6
 *直訳「彼が」
5*直訳「彼は」
 ①ホセ8:6, 10:5, 13:2, Ⅰ列12:28, 32

⑤エレ13:27
6①ホセ13:2
7①ホセ10:13, ヨブ4:8, 箴22:8, ガラ6:7
 ②ホセ2:9
 ③ホセ7:9
8①エレ51:34
 ②エレ22:28, 48:38, 51:34
9①エレ2:24
 ②ホセ5:13
 ③エゼ16:33, Ⅱ列15:19
10①エゼ16:37, 22:20
 ②ホセ10:1, 12:11

 わたしはこれに向かって怒りを燃やす。
 彼らはいつになれば、罪のない者となれるのか。
6 彼らはイスラエルの出。
 それは職人が造ったもの。
 それは神ではない。
 サマリヤの子牛は粉々に砕かれる。
7 彼らは風を蒔いて、つむじ風を刈り取る。
 麦には穂が出ない。
 麦粉も作れない。
 たといできても、他国人がこれを食い尽くす。
8 イスラエルはのみこまれた。
 今、彼らは諸国の民の間にあって、
 だれにも喜ばれない器のようだ。
9 彼らは、ひとりぼっちの野ろばで、
 アッシリヤへ上って行った。
 エフライムは愛の贈り物をした。
10 彼らが諸国の民の間で物を贈っても、
 今、わたしは彼らを寄せ集める。
 しばらくすれば、彼らは
 王や首長たちの重荷を
 負わなくなるであろう。
11 エフライムは罪のために多くの祭壇を造ったが、
 これがかえって罪を犯すための祭壇となった。

の平安と目的を見つけようとしないで、財産や様々な活動、ほかの人々や罪の快楽などに安心感と達成感を見つけようとして、イスラエルと同じ罪を犯している。

8:2-3 彼らは、わたしに向かって・・・叫ぶ イスラエルは神について話したり、宗教的儀式を行って神に仕え続けていた。けれども空しいことばや行動は何の役にも立たなかった。その礼拝はこの世の罪深い生き方によって腐敗していた。神の基準や目的を拒む心のこもらない賛美は神にとって何の意味も持たなかった。

8:4 彼らは王を立てた。だが、わたしによってではない 人々は神に承認されていない指導者を選んでいた。初代教会の開拓者で指導者だった使徒パウロは、教会が神の基準に合う条件を満たした人ではなく、教会員を喜ばせ満足させることを基準にして牧師を選ぶ日が来ることを警告している(→Ⅱテモ4:3-4注、→

「監督の道徳的資格」の項 p.2303)。

8:7 風を蒔いて、つむじ風を刈り取る この有名な格言は種蒔きと刈入れという農業の例を用いて、悪を行い続ける恐ろしい結果について教えている(→10:13, ヨブ4:8, 詩126:5-6, 箴11:18, 22:8, Ⅱコリ9:6)。この場合イスラエルは罪と偶像礼拝の風を「蒔いて」いる。そして今度はアッシリヤの破壊的攻撃という大風を「刈り取る」ことになる。今までの神への反抗がどのように自分たちを破壊することになるのか、イスラエル人は見当もつかなかった。罪の行いや態度はやがて自分の人生を滅ぼすようになることを覚えておくべきである(→ヨブ4:8, ガラ6:7, ⇒詩126:5-6, 箴11:18, Ⅱコリ9:6)。

8:11 罪のために多くの祭壇を イスラエルが北王国に建てた祭壇は神に命じられたものではなかった。そしてささげるいけにえは人々の不誠実さと勝手を

12 わたしが彼のために、多くのおしえを書いても、
彼らはこれを他国人のもののようにみなす。
13 *彼らがわたしにいけにえをささげ、肉を食べても、
主はこれを喜ばない。
今、主は彼らの不義を覚え、その罪を罰せられる。
彼らはエジプトに帰るであろう。
14 イスラエルは自分の造り主を忘れて、
多くの神殿を建て、
ユダは城壁のある町々を増し加えた。
しかし、わたしはその町々に火を放ち、
その宮殿を焼き尽くす。

イスラエルへの刑罰

9

1 イスラエルよ。
国々の民のように喜び楽しむな。
あなたは自分の神にそむいて姦淫をし、
すべての麦打ち場で受ける姦淫の報酬を
愛したからだ。
2 麦打ち場も酒ぶねも彼らを養わない。
新しいぶどう酒も欺く。
3 彼らは主の地にとどまらず、
エフライムはエジプトに帰り、
アッシリヤで汚れた物を食べよう。
4 彼らは主にぶどう酒を注がず、
彼らのいけにえで主を喜ばせない。
彼らのパンは喪中のパンのようで、
すべてこれを食べる者は汚れた者になる。
彼らのパンは彼ら自身のためだけであって、
主の宮に持ち込むことはできない。
5 あなたがたは例祭の日、
主の祭りの日には何をしようとするのか。
6 見よ。彼らが破壊をのがれても、
エジプトは彼らを集め、
*モフが彼らを葬る。
彼らの宝としている銀は、いらくさが勝ち取り、
あざみが彼らの天幕に生える。**
7 刑罰の日が来た。報復の日が来た。
イスラエルは知るがよい。
預言者は愚か者、霊の人は狂った者だ。
これはあなたのひどい不義のため、
ひどい憎しみのためである。
8 エフライムの見張り人は、私の神とともにある。
しかし、預言者は、すべての道にしかけるわなだ。
彼の神の家には憎しみがある。
9 彼らはギブアの日のように、真底まで堕落した。
主は彼らの不義を覚え、その罪を罰

---

12 ①→ホセ4:6
13 * 七十人訳による
 ①ホセ5:6, 7:4, エレ14:12
 ②ホセ9:4, エレ6:20, 14:10, アモ5:22, ゼカ7:6
 ③ホセ7:2,9:9,アモ8:7, ルカ12:2, Ⅰコリ4:5
 ④ホセ4:9,9:7
 ⑤ホセ9:3, 6, 11:5, 申28:68
14 ①申32:15, 18
 ②ホセ2:13
 ③イザ9:10
 ④エレ17:27, 21:10, アモ2:5

1 ①ホセ10:5, イザ22:12, 13
 ②ホセ4:12, 5:4
 ③ホセ2:8, 7:14
 ④ホセ7:16, 8:13, 9:6
 ⑤ホセ7:11, 9:6, 11:11, Ⅱ列17:6, エゼ4:13
4 ①出29:40
 ②ホセ5:6, 8:13, エレ6:20, ハガ2:14
 ③申26:14, エゼ4:13, ダニ1:8
5 ①→ホセ2:11
 ②詩81:3
 ③イザ10:3, エレ5:31
6 ①ホセ7:16, ②ホセ9:3
 ③イザ19:13, エレ2:16, 44:1, 46:14, エゼ30:13
 *団「メンピス」
 ④ホセ10:8, イザ5:6, 7:23, 32:13, 34:13
 **「生える」は補足
7 ①イザ10:3, エレ10:15, アモ3:2, ミカ7:4
 ②イザ34:8, エレ16:18, 25:14, ルカ21:22
 ③イザ19:11
 ④ヨハ10:20
8 ①ホセ6:17, 31:6, エゼ3:17, 33:7
 ②アモ7:10-17, 箴29:5, 6, ホセ5:1, エレ19:4
 9①ホセ5:8, 10:9, 士19章
 ②ホセ7:2, 8:13

表すものでしかなかった。祭壇の多くはバアル(カナン人の主要な神)を礼拝するために建てられたものだった。私たちの主への礼拝は聖書の教えと新約聖書の教会の聖さの基準に基づいて行われなければならない。間違った礼拝はたとい良い気持にさせ表面は美しく見え楽しませてくれても、不誠実さを増加させるだけである。それは神の御霊の感動を受けたまことの礼拝に代えて世俗的な礼拝を行おうとするもので、やはり罪深いものである(⇒ヨハ4:23-24, →「礼拝」の項 p.789)。

8:12 おしえ・・・他国人のもののように ホセアの時代よりはるか前に神はイスラエル人に律法と命令とを与えられた。けれども人々は神のことばを奇妙なもの、なじめないものとしてしか考えなかった。今日、教会にいる多くの人が聖書をほとんど読まず、真理の基準を示し、キリストが必要であることを教えてくれる神の律法を愛していないのは残念である。自分は神の子であると言いながら、罪を犯し続ける人々にとっては神の命令は受け入れにくいものでしかない。

9:3 エフライムはエジプトに帰り エフライム(北王国イスラエルの別名)は意思に反して外国の土地に送られるとホセアは預言した。エジプトは何百年も前にイスラエルが苦しんだ奴隷の生活と抑圧を象徴している。今度弾圧するのはアッシリヤになる(→11:5注)。

9:7 預言者は愚か者 イスラエル人の多くは神の預言者を愚か者か狂人と思っていた(⇒Ⅱ列9:1-3, 11)。そして自分たちの罪に反対し神のさばきを警告する人には、だれに対しても敵意を持った。神を知らない人々と同じように行動する教会員の生活を問題にする牧師は、今日でもしばしば反対されたり馬鹿にされた

ホセア書 9-10章

する。

10 わたしはイスラエルを、
　荒野のぶどうのように見、
　あなたがたの先祖を、
　いちじくの木の初なりの実のように見
　ていた。
　ところが彼らはバアル・ペオルへ行き、
　恥ずべきものに身をゆだね、
　彼らの愛している者と同じように、
　彼ら自身、忌むべきものとなった。

11 エフライムの栄光は鳥のように飛び去
　り、
　もう産むことも、みごもることも、
　はらむこともない。

12 たとい彼らが子を育てても、
　わたしはひとり残らずその子を失わせ
　る。
　わたしが彼らを離れるとき、
　まことに、彼らにわざわいが来る。

13 わたしが見たエフライムは、
　牧場に植えられたツロのようであった
　が、
　今や、エフライムはその子らを、
　ほふり場に連れて行かなければならな
　い。

14 主よ。彼らに与えてください。
　何をお与えになりますか。
　はらまない胎と、乳の出ない乳房とを
　彼らに与えてください。

15 彼らのすべての悪はギルガルにある。
　わたしはその所で彼らを憎んだ。

10 ①ミカ7:1
　②→ホセ2:12
　③エレ24:2
　④民25:1-9, 詩106:28
　⑤ホセ4:18,
　　エレ2:5, 11:13
　⑥エゼ20:8
11 ①ホセ4:7, 10:5
　②ホセ4:10, 9:14,
　　申28:18
12 ①ホセ9:16, 申28:41,
　　ヨブ27:14
　②ホセ7:13
　③ホセ7:13,
　　Ⅰサム28:15, 16
13 ①ホセ9:11, 16
　②エゼ27:3, 4
　③ホセ13:16
14 ①ホセ9:11
15 ①アモ4:4

　②ホセ4:9, 7:2, 12:2
　③ホセ1:6
　④イザ1:23
16 ①ホセ5:11
　②ホセ8:7
　③ホセ9:12, 13
　④エゼ24:21
17 ①ホセ4:10
　②創4:14, 申28:64, 65
1 ①→ホセ2:12
　②ホセ8:11, 12:11,
　　エレ2:28
　③→イザ19:19
2 ①Ⅰ列18:21, ゼパ1:5
　②ホセ4:19
　③ホセ10:8, 出23:24,
　　ミカ5:13
3 ①ホセ3:4
　②詩12:4
4 ①Ⅱ列17:3, 4,
　　エゼ17:13-19

　彼らの悪い行いのために、
　彼らをわたしの宮から追い出し、
　重ねて彼らを愛さない。
　その首長たちはみな頑迷な者だ。

16 エフライムは打たれ、
　その根は枯れて、実を結ばない。
　たとい彼らが子を産んでも、
　わたしはその胎の中のいとし子を殺す。

17 私の神は彼らを退ける。
　それは、彼らが神に聞き従わなかった
　からだ。
　彼らは諸国の民のうちに、
　さすらい人となる。

10

1 イスラエルは
　多くの実を結ぶよく茂ったぶどうの木
　であった。
　多く実を結ぶにしたがって、
　それだけ祭壇をふやし、
　その地が豊かになるにしたがって、
　それだけ多くの美しい石の柱を立てた。

2 彼らの心は二心だ。
　今、彼らはその刑罰を受けなければな
　らない。
　主は彼らの祭壇をこわし、
　彼らの石の柱を砕かれる。

3 今、彼らは言う。
　「私たちには王がない。
　私たちが主を恐れなかったからだ。
　だが、王は私たちに何ができよう」と。

4 彼らはむだ口をきき、
　むなしい誓いを立てて契約を結ぶ。

りするのである。

9:15 重ねて彼らを愛さない 神の愛は無条件の愛であり、聖い愛でもある。人々が神に立返ることを神はいつも望んでおり、あわれみをもって立返る機会を延長し続けておられる。けれども完全な正義と聖さ（純粋、完全、悪からの分離）を持っておられる神は、最終的には罪と悪の道から立返るのを拒み続ける人々をさばかないではおられない。神は罪びとを愛しておられるけれども、神に背き続けるならあわれみと愛をいつまでも示すことはないとみことばは教えている。

9:17 彼らは・・・さすらい人となる この預言は申命記28:65-66のことばを成就するものである。神が預言者を通して与えた警告を聞こうとしないイスラエルは、やがて流浪の民になって散らされるとそこでは予告していた。

10:1 多くの実を結ぶにしたがって 繁栄すればするほどイスラエルは神を侮り偶像礼拝（人間の作ったにせの神々やまことの神の代りのものを拝むこと）にかかわった。人間にとって成功することが必ずしも祝福とは限らない。ある人は財産を持てば持つほど自分のために使うようになり、成功すればするほどうぬぼ

だから、さばきは
　畑のうねの毒草のように生いでる。
5 サマリヤの住民は、
　ベテ・アベンの子牛のためにおののく。
　その民はこのために喪に服し、
　偶像に仕える祭司たちもこのために喪
　に服する。
　彼らは、その栄光のために悲しもう。
　栄光が子牛から去ったからだ。
6 その子牛はアッシリヤに持ち去られ、
　大王への贈り物となる。
　エフライムは恥を受け取り、
　イスラエルは自分のはかりごとで恥を
　見る。
7 サマリヤは滅びうせ、
　その王は水の面の木切れのようだ。
8 イスラエルの罪である
　アベンの高き所も滅ぼされ、
　いばらとあざみが、
　彼らの祭壇の上におい茂る。
　彼らは山々に向かって、
　「私たちをおおえ」と言い、
　丘に向かって、
　「私たちの上に落ちかかれ」と言おう。
9 イスラエルよ。ギブアの日々よりこの
　かた、
　あなたは罪を犯してきた。
　彼らはそこで同じことを行っている。
　戦いはギブアで、

4 ②申31:16, 17
　③申29:18, アモ6:12
5 ①ホセ4:15, 5:8
　②ホセ8:5, 6
　③Ⅱ列23:5, ゼパ1:4
　④ホセ9:11
6 ①Ⅰ列12:28, 29
　②ホセ11:5
　⑤ホセ5:13
　＊あるいは「ヤレブ王」
　④ホセ4:7
　⑤イザ30:3, エレ7:24
7 ①ホセ13:11
8 ①Ⅰ列12:28-30, 13:34,
　Ⅱ列23:15-23
　②ホセ10:5
　③ホセ4:13
　④ホセ9:6, イザ32:13
　⑤ルカ23:30, 黙6:16
9 ①ホセ5:8, 8:9, 士19章
　②士20:5, 9, 13

10 ①ホセ4:9, エゼ5:13
11 ①ホセ4:16
　②エレ2:20, 5:5
12 ①箴11:18, Ⅱコリ9:10
　②エレ4:3
　③アモ5:4
　④ホセ6:3
　⑤イザ45:8
　⑥イザ44:3
13 ①ヨブ4:8
　②ホセ8:7, 箴22:8,
　ガラ6:7, 8
　③ホセ4:2, 7:3, 11:12
　④詩33:16, イザ31:1
14 ①イザ17:5

この不法な民を襲わないだろうか。
10 わたしは彼らを懲らしめようと思う。
　彼らが二つの不義のために捕らえられ
　るとき、
　国々の民は集められて彼らを攻める。
11 エフライムは飼いならされた雌の子牛
　であって、
　麦打ち場で踏むことを好んでいた。
　わたしはその美しい首にくびきを掛け
　た。
　わたしはエフライムに乗り、ユダは耕
　し、
　ヤコブはまぐわをひく。
12 あなたがたは正義の種を蒔き、
　誠実の実を刈り入れよ。
　あなたがたは耕地を開拓せよ。
　今が、主を求める時だ。
　ついに、主は来て、
　正義をあなたがたに注がれる。
13 あなたがたは悪を耕し、
　不正を刈り取り、偽りの実を食べてい
　た。
　これはあなたが、自分の行いや、
　多くの勇士に拠り頼んだからだ。
14 あなたの民の中では騒動が起こり、
　あなたの要塞はみな打ち滅ぼされる。
　シャレマンが
　ベテ・アルベルを踏みにじったように。
　その戦いの日には、

れを抑えられなくなる。やがて神を忘れ神の目的をないがしろにして神ではなく自分中心になっていく。

10:8 私たちをおおえ しばしば「高き所」は人間が作ったにせの神々を祭る祭壇の場所に選ばれた。カナン人の豊作の儀式には性的な行為があり、時には「高き所」で行われていた。この邪悪な宗教儀式からふしだらな生活がほかの分野にも広がっていった。にせの神々を信じ汚れた欲望を満たす生活を味わった人々は、神のさばきが始まると神の怒りから逃れるために、山々や丘(にせの神々を礼拝した場所)に向かって自分たちの上に落ちかかり「おおえ」と叫ぶようになるとは夢にも思っていなかった。現在のこの世界の組織が崩壊し神のさばきが下るのを見るとき、神に敵対する人々や神を捨てた人々も同じことをするに違いない(→ルカ23:30, 黙6:16, →「**大患難**」の項 p.1690)。

10:12 あなたがたは耕地を開拓せよ ここでの「耕地」は、放置されていたために固くなり種を受付けなくなった土地のことである。人々の心はそれほど霊的に固くなっていた(10:13)。したがって心からへりくだり罪を悲しみ本当の悔い改めをして、心と精神を開拓し柔らかくすることが必要だった。つまり心と態度をこのように変え、罪を認め自分勝手な生き方から立返り、神に人生をゆだねて神の目的に沿った生き方をしなければならなかった。神との関係を一新し、善意と義の種を蒔き始め、神の誠実な愛とあわれみを再び体験することが必要だった。

10:14 シャレマン この名前は前722年にサマリヤを陥落させ、北イスラエル王国をアッシリヤの領土にしたシャルマヌエセル(Ⅱ列17:3)のことと思われる。息子のサルゴンが後に勝利を宣言したけれども、実際

母親が、その子どもたちの上で
八つ裂きにされた。
15 *イスラエルの家よ。
あなたがたの悪があまりにもひどいので、
わたしはこのようにあなたがたにも行う。
イスラエルの王は夜明けに全く滅ぼされる。

イスラエルへの神の愛

11

1 ①イスラエルが幼いころ、わたしは彼を愛し、
②③わたしの子をエジプトから呼び出した。
2 ②それなのに、彼らを呼べば呼ぶほど、
彼らはいよいよ遠ざかり、
バアルたちにいけにえをささげ、
④刻んだ像に⑤香をたいた。
3 それでも、
わたしはエフライムに①歩くことを教え、

14 ②ホセ13:16
15 ①ホセ4:15
  *七十人訳による
   「ベテルよ」
  ②ホセ3:4

1 ①申1:31
  ②マタ2:15、出4:22
  ③ホセ2:15
2 ①Ⅱ列17:13-15、
   エレ31:3
  ②エレ2:1-8
  ③ホセ2:13、4:13、13:1、
   Ⅱ列17:16
  ④ミカ1:7、5:13、
   →Ⅱ歴33:19
  ⑤イザ65:7、エレ18:15
3 ①ホセ7:15

  ②申1:31、32:10-12、
   イザ40:11
  ③出15:26、詩107:20、
   エレ30:17
4 ①エレ31:2、3
  ②レビ26:13
  ③ホセ2:8、出16:32、
   詩78:25
5 ①ホセ8:13、9:3
  ②ホセ9:3、10:6
  ③Ⅱ列17:14、15、
   エレ8:5
  *「わたしに」は補足
6 ①ホセ7:16、13:16
  ②哀2:9
  *七十人訳は「彼らは自分のはかりごとで食い尽くされる」
7 ①エレ8:5

彼らを腕に抱いた。
しかし、彼らは
わたしがいやしたのを知らなかった。
4 わたしは、人間の綱、愛のきずなで
彼らを引いた。
わたしは彼らにとっては、
②そのあごのくつこをはずす者のようになり、
③優しくこれに食べさせてきた。

5 ①彼はエジプトの地には帰らない。
②アッシリヤが彼の王となる。
③彼らがわたしに立ち返ることを拒んだからだ。
6 ①剣は、その町々で荒れ狂い、
そのかんぬきを絶ち滅ぼし、
*彼らのはかりごとを食い尽くす。
7 わたしの民はわたしに対する背信から
どうしても離れない。
人々が上にいます方に彼を招いても、
彼は、共にあがめようとはしない。

(マタ4:23-24)

には父親がこの町を占領したときにサルゴンはそばにいただけと思われる。

11:1 わたしの子をエジプトから呼び出した これは歴史の中で、神がイスラエル人をエジプトの奴隷から解放して独立した国にされたときのことを指している。神はイスラエルを「わたしの子」と呼ばれたけれども（⇒出4:22）、人々は間もなく反抗的で不従順な子になった（11:2）。マタイ2:14-15ではヨセフとマリヤが幼児を殺そうとしたヘロデの手を逃れてエジプトへ行ったときに、この聖句が神の従順な御子イエスに当てはめられている。ヘロデの死後、神は御子をパレスチナに連戻された。

11:2-4 愛のきずな ここでは愛する親の姿が描かれている。父親は子どもが初めて歩いたとき一歩一歩踏み出すのを両腕を伸ばして支える。その子どもが成長したとき愛している父親を拒み見捨てるようになるなどとは考えられない。けれどもイスラエルが神にしたことはまさにこのことだった。主は神の民を思いやりとあわれみだけで愛し世話をし導かれた。神はイスラエルを導く父であり、イスラエルを癒す医者だった。ところが今イスラエルは遠く離れてしまい、神がしてくださったことを思い出すこともできなかった。罪から救い神との個人的な関係を持つように示された

神の愛を私たちはイスラエルのように忘れてはならない。また人生のあらゆる面で祝福し続けておられることも忘れてはならない。それに応えて感謝の心を育て神に感謝と愛を表さなければならない。

11:5 アッシリヤが彼の王となる 「エジプト」は奴隷の場所を指す（→9:3注、11:1注）。神に反抗したことによってイスラエルは再び捕囚になる。今回の「エジプト」はアッシリヤである。サマリヤが前722年に陥落したとき、イスラエルは捕囚（捕虜として外国のほかの場所へ送られること）にされた（→Ⅱ列17:）。ある人々は捕囚から帰還したけれども、北王国イスラエルは国として回復することはなかった（エズ8:35、エゼ47:13）。新約聖書に出てくるアンナは北イスラエルの部族の一つであるアセル族だった（ルカ2:36）。したがって「失われた十部族」という考えは正確ではない。イスラエルは完全に失われたわけではない（イスラエルはもともと12部族だった。2部族は南ユダ王国を構成しており南王国の部族の名前がつけられていた。→「イスラエルとユダの王国」の地図 p.570）。北王国のある人々は偶像礼拝を拒んでイスラエルの反抗の罪に加わらなかった。その中の多くの人はサマリヤ陥落の前後にユダ部族に加わることにした（⇒Ⅱ歴15:9、34:9、→Ⅱ列17:18注）。そのほかのイスラエ

8 ①エフライムよ。わたしはどうして
　あなたを引き渡すことができようか。
　イスラエルよ。どうして
　あなたを見捨てることができようか。
　どうしてわたしはあなたを
　②アデマのように引き渡すことができよ
　うか。
　どうしてあなたをツェボイムのように
　することができようか。
　わたしの心はわたしのうちで沸き返り、
　わたしはあわれみで胸が熱くなってい
　る。
9 わたしは燃える怒りで罰しない。
　わたしは再びエフライムを滅ぼさない。
　わたしは神であって、人ではなく、
　あなたがたのうちにいる聖なる者であ
　るからだ。
　わたしは怒りをもっては来ない。

10 彼らは主のあとについて来る。
　　主は獅子のようにほえる。
　　まことに、主がほえると、
　　子らは西から震えながらやって来る。
11 彼らは鳥のようにエジプトから、
　　鳩のようにアッシリヤの地から、
　　震えながらやって来る。
　　わたしは、彼らを自分たちの家に住ま
　　せよう。
　　　――主の御告げ――

8①ホセ6:4, 7:1
②詩27:10, 78:38, イザ49:14,15, ルカ15章
③創14:8, 申29:23
④申32:36, イザ54:8, 63:15, エレ31:20
9①申13:17
②エレ26:3, 30:11
③民23:19
④イザ5:24, 12:6, 41:14, 16
*別訳「町に来ない」
⑤ホセ6:3
10①ホセ5:5
②イザ31:4
③ヨエ3:16, アモ1:2
④ゼカ8:7
⑤イザ66:2
11①エレ11:11
②ホセ7:11, イザ60:8
③エゼ34:27, 28, 37:21

12①ホセ4:2, 7:3, 12:1
1①ホセ8:7
②ホセ13:15, 創41:6, エゼ17:10
③ホセ7:1, 13
④ホセ5:13
⑤Ⅱ列17:4, イザ31:1-3
⑥イザ57:9
2①ホセ4:9, 7:2
3①ホセ12:3, 4, 創32:24-28
④創28:10-22
*直訳「私たちに」
5①→アモ4:13
②出3:15, イザ26:8
6①ホセ6:1, 2, 14:1

イスラエルの罪
12 わたしは、エフライムの偽りと、
　　イスラエルの家の欺きで、取り囲まれ
　　ている。
　　しかし、ユダはなおさまよっている
　　が、
　　神とともにあり、
　　聖徒たちとともに堅く立てられる。

12

1 エフライムは風を食べて生き、
　　いつも東風を追い、
　　まやかしと暴虐とを増し加えている。
　　彼らはアッシリヤと契約を結び、
　　エジプトへは油を送っている。
2 主は、ヤコブを罰するためにユダと言
　　い争う。
　　ヤコブの行いと、そのなすことに応じ
　　て、
　　主は彼に報いる。
3 彼は母の胎にいたとき、兄弟を押しの
　　けた。
　　彼はその力で神と争った。
4 彼は御使いと格闘して勝ったが、
　　泣いて、これに願った。
　　彼はベテルで神に出会い、
　　その所で神は彼に語りかけた。
5 主は万軍の神。その呼び名は主。
6 あなたはあなたの神に立ち返り、

ル人はイスラエルにとどまり、ほかの国々から来た人々と結婚した。その子孫はサマリヤ人として知られるようになった(→Ⅱ列17:24注)。

11:8　エフライムよ。・・・どうしてあなたを引き渡すことができようか　ここは罪びと(霊的に失われ神との関係を持たずに自分勝手な道を行く人)の状態に対する神の深い愛と同情と神が体験しておられる悲しみを最も強く示している部分である。そして神の愛は、子どもが反抗的であっても拒んだり見捨てたりすることなく思いやる父の愛のようであることをはっきり表している(エレ31:9)。わがままな人々を神は見捨てたくはないし、罰を下すことは痛みである。けれども聖い愛のために神は罰しなければならない。神は完全な正義と聖さ(純粋さ、特性の完全さ、完璧さ、あらゆる悪からの分離)の方であるから悪を見逃すこ

とができない。さばきは下されなければならない。
11:9　わたしは怒りをもっては来ない　感謝なことに、神は人間より忍耐強くあわれみ深い方である。したがってイスラエルは神の怒りを全面的に受けるのではない。神はイスラエルを罰しても完全に滅ぼされるのではない。後にイスラエルを再興するときのために一部の人を残しておかれる。
12:1　エフライムは風を食べて生き　「風を食べて生き」るや「風を追い」は、イスラエルがエジプトやアッシリヤと同盟を結ぶことを意味している。この外交は敵から守ってもらうためのものだったけれども、全く役に立たなかった。事実この「風」は台風のようにイスラエルを襲って滅ぼすのである(→8:7注)。
12:6　あなたの神に立ち返り　神の民は神に忠実ではなかったけれども、神に立ち返り神の愛と義を模範と

誠実と公義とを守り、
絶えずあなたの神を待ち望め。

7 商人は手に欺きのはかりを持ち、
しいたげることを好む。

8 エフライムは言った。
「しかし、私は富む者となった。
私は自分のために財産を得た。
私のすべての勤労の実は、
罪となるような不義を私にもたらさない。」

9 しかし、わたしは、エジプトの国にいたときから、
あなたの神、主である。
わたしは例祭の日のように、
再びあなたを天幕に住ませよう。

10 わたしは預言者たちに語り、
多くの幻を示し、
預言者たちによってたとえを示そう。

11 まことに、ギルアデは不法そのもの、
ただ、むなしい者にすぎなかった。
彼らはギルガルで牛にいけにえをささげた。
彼らの祭壇も、
畑のうねの石くれの山のようになる。

12 ヤコブはアラムの野に逃げて行き、
イスラエルは妻をめとるために働いた。
彼は妻をめとるために羊の番をした。

13 主はひとりの預言者によって、
イスラエルをエジプトから連れ上り、
ひとりの預言者によって、これを守られた。

14 エフライムは主の激しい怒りを引き起こした。
主は、その血の報いを彼に下し、
彼のそしりに仕返しをする。

イスラエルへの主の怒り

13

1 エフライムが震えながら語ったとき、
主はイスラエルの中であがめられた。
しかし、エフライムは、
バアルにより罪を犯して死んだ。

2 彼らは今も罪を重ね、銀で鋳物の像を造り、
自分の考えで偶像を造った。
これはみな、職人の造った物。
彼らはこれについて言う。
「いけにえをささげる者は子牛に口づけせよ」と。

3 それゆえ、彼らは朝もやのように、
朝早く消え去る露のように、
打ち場から吹き散らされるもみがらの

して生き、神が目的（訓練を含む）を実現されるのを待つようにと神は人々に言い続けられた。罪を悔い改め神に立返ることは、罪を犯してすまないと口で言うだけではない。態度や行動を意識的に変え自分勝手な生き方をやめ、神が自分に対して持っておられる目的に自分をゆだねることである。自分に対する神の目的はみことばと祈りに専念することによって発見することができる。

12:7 商人 イスラエル人がカナン人の不正な商売をまねしているとホセアは指摘している。どういうわけか、商売人たちは不正をしても責任を問われないと思っていた。不正やごまかし（ほかの人々の財産をだましたり使用したりする）を行うなら神のさばきがあることを神の民は覚えておかなければならない。キリスト者生活の中ではどんな不正も許したり見過ごしたりしてはならない。

12:10 預言者たちに語り 神は忍耐強く忠実に多くの預言者を送って様々な方法で真理のメッセージを伝えられた。人々は神が何を期待しておられるかを知らないとは言えなかった。神の道がはっきり示されていたのにそれを拒んでいたのである。人々が神の預言者たちを侮辱したので神は今それに報いようとしておられる。神のメッセージを聞いた人は神が言われたことに従わなければならない。弁解は許されない。

13:2 彼らは今も罪を重ね バアル信仰に傾いたときイスラエル人は霊的な死を迎え、坂を転げ落ちるように罪と偶像礼拝（人間が作ったにせの神々やまことの神に代るものを拝むこと）にふけった。事実、その宗教は非常に腐敗していて、人間をいけにえにするほどだった（大抵は子どもを →Ⅱ列17:17, 23:10, エゼ20:26, ミカ6:7）。子牛の像に口づけすることは見せ掛けの誠実さを示すことで偶像礼拝をしていることを

ように、
また、窓から出て行く煙のようになる。

4 しかし、わたしは、エジプトの国にいたときから、
あなたの神、**主**である。
あなたはわたしのほかに神を知らない。
わたしのほかに救う者はいない。

5 このわたしは荒野で、
かわいた地で、あなたを知っていた。

6 しかし、彼らは牧草を食べて、食べ飽きたとき、
彼らの心は高ぶり、わたしを忘れた。

7 わたしは、彼らには獅子のようになり、
道ばたで待ち伏せするひょうのようになる。

8 わたしは、子を奪われた雌熊のように彼らに出会い、
その胸をかき裂き、
その所で、雌獅子のようにこれを食い尽くす。
野の獣は彼らを引き裂く。

9 イスラエルよ。
わたしがあなたを滅ぼしたら、
だれがあなたを助けよう。

10 あなたを救うあなたの王は、
すべての町々のうち、今、どこにいるのか。
あなたのさばきつかさたちは。

あなたがかつて、
「私に王と首長たちを与えよ」と言った者たちは。

11 わたしは怒ってあなたに王を与えたが、
憤ってこれを奪い取る。

12 エフライムの不義はしまい込まれ、
その罪はたくわえられている。

13 子を産む女のひどい痛みが彼を襲うが、
彼は知恵のない子で、
時が来ても、彼は母胎から出て来ない。

14 わたしはよみの力から、彼らを解き放ち、
彼らを死から贖おう。
死よ。おまえのとげはどこにあるのか。
よみよ。おまえの針はどこにあるのか。
あわれみはわたしの目から隠されている。

15 彼は兄弟たちの中で栄えよう。
だが、東風が吹いて来、
主の息が荒野から立ち上り、
その水源はかれ、その泉は干上がる。
それはすべての尊い器の宝物倉を略奪する。

16 サマリヤは自分の神に逆らったので、
刑罰を受ける。
彼らは剣に倒れ、
幼子たちは八つ裂きにされ、
妊婦たちは切り裂かれる。

ごまかそうとしていたのである。「露」や「もみがら」や「煙」(13:3)は神のさばきがすぐに下り国全体が消滅することを表している。神へのまことの礼拝を世間で行われているのと同じようなものに変えるなら、どんなに立派な賛美も神にとっては無意味である。そのようなことを行う人々は神の助けを期待することができない。→「**偶像礼拝**」の項 p.468

13:6 彼らは・・・食べ飽きた 神は土地を祝福し人々は繁栄した。けれども人々は富と繁栄によって満足して自分の力だけに頼るようになり、神もみことばも必要ではないと思うようになった。同じように人生がうまくいき、必要以上のものを持つときに私たちも神を忘れて神の助けに頼る必要はないと思うようになる。その結果この世界の一時的なことに夢中になる

(⇒申6:10-15, 8:11-20)。神が追い求められるのにそれを拒み続ける人々はさばきを受ける。

13:14 わたしは・・・彼らを死から贖おう 国を死から救い回復するという神の約束は残りの者(少数の人々)が救われることを意味している(→11:5注)。神の目的は変っていない。神は贖い主(霊的な死と地獄から救ってくださる方)である。最終的な解放はよみがえりの日に行われる。死と墓は人々を閉じ込める残忍な暴君(独裁者)である。けれども死も墓も神の前には無力で、神に頼る人々への神の働きを止めることはできない。キリストがよみがえられたことは、神の勝利を保証するものだと新約聖書は示している(Ⅰコリ15:54-55, →「**肉体の復活**」の項 p.2151)。

ホセア書 14章

祝福をもたらす悔い改め

14

1 イスラエルよ。
あなたの神、主に立ち返れ。
あなたの不義がつまずきのもとであったからだ。

2 あなたがたはことばを用意して、
主に立ち返り、そして言え。
「すべての不義を赦して、
良いものを受け入れてください。
私たちはくちびるの果実をささげます。

3 アッシリヤは私たちを救えません。
私たちはもう、馬にも乗らず、
自分たちの手で造った物に
『私たちの神』とは言いません。
みなしごが愛されるのは
あなたによってだけです。」

4 わたしは彼らの背信をいやし、
喜んでこれを愛する。
わたしの怒りは彼らを離れ去ったからだ。

5 わたしはイスラエルには露のようになる。

彼はゆりのように花咲き、
ポプラのように根を張る。

6 その若枝は伸び、
その美しさはオリーブの木のように、
そのかおりはレバノンのようになる。

7 彼らは帰って来て、その陰に住み、
穀物のように生き返り、
ぶどうの木のように芽をふき、
その名声はレバノンのぶどう酒のようになる。

8 エフライムよ。
もう、わたしは偶像と何のかかわりもない。
わたしが答え、わたしが世話をする。
わたしは緑のもみの木のようだ。
あなたはわたしから実を得るのだ。

9 知恵ある者はだれか。
その人はこれらのことを悟るがよい。
悟りある者はだれか。
その人はそれらを知るがよい。
主の道は平らだ。
正しい者はこれを歩み、
そむく者はこれにつまずく。

---

1 ①ホセ6:1, 2, 12:6, ヨエ2:13
②ホセ4:8, 9:7
③ホセ5:5
2 ①詩32:1, ミカ7:18, 19
②ヘブ13:15
＊七十人訳による
④「雄牛」
3 ①ホセ5:13, 7:11, 12:1
②ホセ1:7, 申17:16, 詩33:17, イザ30:16, 31:1
③ホセ8:6, 13:2
④詩10:14, 68:5
4 ①ホセ6:1, イザ57:18
②ゼパ3:17
③ホセ1:6, 2:16-23, 9:15, イザ12:1
5 ①詩133:3, イザ26:19, 箴19:12, ミカ5:7

②雅2:1
③詩72:16, イザ35:2
＊ホセ4:13による読み替え
④「レバノン」
④ヨブ29:19
6 ①→エレ11:16
②雅4:11
7 ①アモ9:14
②詩91:1, エゼ17:23
③ホセ2:22
④→ホセ2:12
8 ①ホセ4:17
②イザ41:19
9 ①詩107:43, エレ9:12
②箴4:7, ダニ12:10
③申32:4, 詩111:7, 8, ゼパ3:5
＊あるいは「まっすぐだ」
④イザ26:7

マタ7:16-20

14:1-2　イスラエルよ・・・立ち返れ　罪は滅びを招いた。けれどもイスラエル人には悔い改めて神に立ち返る機会が残っていた。神は人々が意味のないいけにえをささげることを好まれなかった。赦しを訴え求めることも神は望まれなかった。ただ心からのことば（神に従うことば、賛美のことば、心を入れ替えたことを示すことば）を期待しておられた。つまり神を主として完全に頼ることばを望んでおられたのである。神に逆らい罪を犯したとき私たちは多くのことばを使って情況を説明しなければならないと思う。けれども本当にしなければならないことは、罪を告白し神の赦しを受け入れて生き方を変えることである。悔い改めが本物であるかどうかは行動で示すのである。

14:4-7　喜んでこれを愛する　人々が神のさばきを忍耐強く謙虚に耐えたとき、神は愛情をもって子どもをしつける父親のように人々を癒して回復される。神と人々との関係が回復されたとき、生活様式はゆりのように美しく純粋になる。大切にされたポプラ（またはレバノンの杉）のように強くなり神のことばに深く根を張るようになる。ここにある比喩はみな立返った人々が神にとって大切な人々になることを示している。

14:9　知恵ある者はだれか　本当の知恵は神と神の道、神の特性、価値、目的、人々との交わり方を理解することにある。本当の知恵は神の善悪の基準に沿った生活をすることによって表される（申4:3-9, 詩111:10, 箴1:7, 8:10, 32-36）。聖書の中の知恵は単なる知的能力ではない。それはいつも実践的で行動的で、神との正しい関係を示すものである（→箴1:2注）。

ヨエル書

概　　要
　序言(1:1)
　Ⅰ. ユダを襲う災害(1:2-20)
　　　A. いなごによる壊滅的な災害(1:2-12)
　　　B. 嘆きと祈りのとき(1:13-14)
　　　C. 絶望的情況(1:15-20)
　Ⅱ. 近付いているより重大なさばき(2:1-17)
　　　A. ユダへの進軍(2:1-11)
　　　B. 悔改めの勧め(2:12-17)
　Ⅲ. 未来に訪れる主の日(2:18-3:21)
　　　A. 回復の約束(2:18-27)
　　　B. 聖霊の約束(2:28-32)
　　　C. さばきと救いの約束(3:1-21)
　　　　1. 国々への約束(3:1-15)
　　　　2. 神の民への約束(3:16-21)

著　　者: ヨエル

主　　題: 主の日のすばらしさ

著作の年代: 紀元前835－830年(?)

著作の背景
　「主は神である」という意味の名前を持つヨエルは、自分のことを「ペトエルの子」(1:1)と言っている。旧約聖書には同じ名前の人がほかに12名登場するけれども、その中に預言者ヨエルと確認できる人はいない。聖書の中でこの預言者の名前が出てくるのはヨエル書と新約聖書の使徒の働きだけである。けれども名前以外のことはわからない(使2:16, これとは別にヨエルの預言の一部が新約聖書でほかの使徒によって用いられているところがある)。ヨエルは旧約聖書の祭司の働きについて詳しい記録を多く残している。そのためヨエルは「祭司的」預言者だという意見もある(⇒エレ28:1, 5)。シオンや神殿の働きについても多く書かれている。そこでユダ(分裂したイスラエルの南王国 →**「イスラエルとユダの王国」**の地図 p.570)とユダの首都エルサレムに向けて預言する預言者だったと考えられる。エルサレムはしばしば「シオン」とも呼ばれているけれども、シオンは山岳要害の名前で、ダビデ王が最初に攻め取った町の中にあった(Ⅱサム5:6-7)。後にその要害が建っている地域に「シオン」という名前がつけられた。またここは契約の箱(人々の間にある神の臨在の象徴)が納められていた特別な天幕の礼拝所が一時期あった場所と考えられている。ソロモンの神殿が建てられた後には神殿の境内が「シオン」と呼ばれるようになる。そして「シオン」ということばは神の「住まい」、または地上の礼拝の中心地を一般的に指すようになった(詩9:11, 74:2, ヨエ3:21)。時には「シオン」は歴史の終りにキリストが地上を治められる、新しく回復されたエルサレム(イザ52:8, 62:1-12)と神の永遠の天の都を意味している。
　ヨエル書には明らかな日時につながる王の名前や歴史的事件が書かれていないため、ヨエルの預言のメッセージと活動の時期や期間は確かではない。ある人はユダヤ人の捕囚(前605-586の間に捕えられてバビロニヤに送られた後にペルシャのクロス王によって解放された人々 →エズ緒論、→**ユダ(南王国)の捕囚**」の地図 p.633)がエルサレムに帰還して神殿を再建した後にヨエルは活動したと考えている(前510-400頃)。その頃ユダには王がいなかったので中心的な霊的指導者は祭司たちだった。
　別の人々はヨエルのメッセージは若いヨアシュ王の初期の時代(前835-830)に伝えられていたとする。ヨアシュは7歳で王位に就いて(Ⅱ列11:21)、成人するまで大祭司エホヤダの権威と指導の下に置かれていた。こ

ヨエル書

のような状況から、ヨエルが祭司についてはしばしば触れるのに王のことには全く触れていないことの説明がつく。これは前586年のバビロニヤによるエルサレム破壊以前のことであり、ヨエル書の一部にユダに起きる災害について書いてあるので、こちらのほうがヨエルの活動の時期だったと思われる。さらにヨエルの預言の主題や文体は捕囚後の預言者であるハガイ、ゼカリヤ、マラキよりも前8世紀の預言者であるアモス、ミカ、イザヤのものに近い。これらのことと他の事実を考慮するとヨエル書の背景は前9世紀であるとする考えが支持できる。

ヨエル書に書かれている緊急の問題はいなごの侵入と深刻な干ばつである。この二つの自然災害によってユダの国土とあらゆる階層の人々が大きな損害を受けた。広範囲にわたってあらゆる植物を食い荒らす大型いなごの被害は、古代から現在に至るまで、この地域の文書に詳しく記録されている。

目　的

ヨエルは最近国を襲った二つの自然災害(上記参照)と、ユダ侵略を目指す外国の軍隊の脅威が高まっていることを話している。ヨエルの働きには次の三つの目的があった。

(1) 人々や指導者に、集まって心からの深い祈りをささげるように呼びかけること(1:14、2:15-16)。

(2) 人々に、悔改め(神に対する態度を変え、罪を認め、自分勝手な道から立返り、神の目的に従うこと)と神のあわれみを求めて断食と祈りをもってへりくだって主に立返るように促すこと(2:12-17)。

(3) 心から悔改めた人に対する激励と神の祝福の預言的メッセージを記録すること(2:18-3:21)。

概　観

ヨエル書には三つの区分がある。

(1) 第一部(1:2-20)ではいなごの大群が襲い(1:7、10)、ぶどう園や木々や畑を壊滅させて国と人々に影響を与えたことを描いている。これによって大変な困難がやってきた。この災害の中でヨエルは、ユダの霊的指導者たちに国全体を指導して悲しみと悔改めのときを持つように勧めている(1:13-14)。

(2) 第二部(2:1-17)にはより大きな神のさばきが北からやって来るという予告が記録されている(2:1-11)。このさばきは、(a) 再び襲ういなごの被害(破壊者が進軍する様子を象徴的に描いている)、あるいは、(b) 実際の外国の軍隊の侵略というかたちで下される。預言者は警告ときよめの集会に集まる合図として角笛をシオン(エルサレム 2:1、15)で実際に、そして霊的に吹き鳴らすように勧めている。これは国全体の礼拝集会で祭司も人々もみな集まってへりくだり断食(霊的なことに集中するために食事を取らないこと)をして、神がこの国にあわれみを注いでくださるように必死に祈ることである(2:12-17)。

(3) 第三部(2:18-3:21)は心から悔改め神に従う備えをした人々(2:18-19のヘブル語動詞は完了した行動、既に行ったことを意味する)を見て、神は完全な慈しみを示されるという宣言で始まっている。ユダが心から悔改め(心を神に向けて変ること、罪を告白して自分勝手な道を歩まないこと、神の目的に従うこと)、神の大きなあわれみを受ける中で、ヨエルは未来にかかわる預言をしている。この預言には、(a) 回復の約束(2:18-27)、(b) 全人類(2:28-32)に対する聖霊の注ぎ(人々に力を与え、導き、影響を与えるために神の御霊を送られるとき)、(c) 終りのときのさばきと救い(3:1-21)などが含まれている。

特　徴

ヨエル書には五つの大きな特徴がある。

(1) ことば、文体、イメージの活用などによって旧約聖書の中で最もスムーズで洗練された文書になっている。

(2) 全人類にペンテコステ的な聖霊の注ぎが行われることについて、旧約聖書の中で最も洞察に満ちた預言が書かれている。「ペンテコステ的」とは、使徒の働き2章にある五旬節(ペンテコステ)の日に起きたことを指す。また使徒の働きや新約聖書全体に描かれている聖霊の超自然的な働きに現在もあずかっている教会組織や信仰者の集まりを指すときにも使われている。

(3) 霊的道徳的腐敗に対する神のさばきとして、いなごの災害、干ばつ、飢え、火災、外国の軍隊の侵略、天の異常現象など多くの全国的災害が記録されている。

(4) 人類の歴史を通して神はこのような自然災害や軍隊の侵略を使って人々を神との正しい関係に引戻し、霊的リバイバルを起こされることを教えている。

(5) 神との深い関係を持つ霊的に信頼性が高い説教者は国の歴史の危機的なときに、神の民を説得して国全

体を心からの悔改め（神に立返ること）に導くことができるという模範例が示されている。その結果として人々の間には多くの好ましい結果が生れた。

新約聖書での成就
　ヨエル書には、新約聖書のメッセージの下準備になった力強い聖句がいくつかある。
　（1）特に聖霊が来られることの預言（2：28-32）はユダヤ人の五旬節（ペンテコステ）の祝いのときにペテロ（主イエスに最も近い弟子の一人で、初代教会の指導者）のメッセージの中で引用されている（使2：16-21）。天から聖霊が下り、初代教会の創立メンバーである120名の人に超自然的な力が与えられたときの神の驚くべきしるしをペテロはヨエルの預言を引用して説明している。ここでのしるしは異言を話すこと、預言をすること、神を賛美することなどの霊的証拠だった（使2：4, 6-8, 11, 17-18）。
　（2）ヨエルのことば（2：32）によって霊感を受けたペテロは、その日集まった人々に主の名を呼んで救われるように訴えた（2：32a, 3：14, →使2：21）。そして悔改めて洗礼を受け、その日に120名のキリストの弟子たちが受けたのと同じように聖霊を受けるように招いている（使2：37-41）。新約聖書の多くの教会を開拓したパウロも、ヨエルのこの聖句を引用している（2：32a, →ロマ10：13）。
　（3）ヨエルが終りのときに起きると預言した天に現れる終末のしるし（災害の警告 2：30-31）は、ペテロ（使2：19-20）、主イエス（マタ24：29）、パトモス島で投獄されていたヨハネ（主イエスに最も近い弟子の一人 黙6：12-14）も触れている。
　（4）ヨシャパテの谷で神が国々をさばかれる預言（3：2, 12-14）は聖書の最後の書物である黙示録でさらに詳しく説明されている（黙14：18-20, 16：12-16, 19：19-21, 20：7-9）。
　新約聖書が参照したこれらのヨエルの預言には現在と未来の両面がある。五旬節（ペンテコステ）の日に神の民を通して流れ始めた御霊の賜物（神の力を示し、神の民を励まし、教会の働きを援助する神が与えられた特別な能力）はキリストに従う人々に今も与えられる（⇒Ⅰコリ12：1-14：40）。また、この聖霊についての預言の直前（秋の雨と春の雨を伴う収穫のたとえ 2：23-27）と直後（天に現れる終りのときのしるし 2：30-32）のことばは、聖霊の注ぎ（2：28-29）には五旬節の日の最初の霊的な「雨」と、終りのときに「主の名を呼ぶ者はみな」（2：32）受けることのできる最後の最高の聖霊の注ぎとを示している。教会やキリストに従う人々の間での聖霊の働きの詳細　→「聖霊の教理」p.1970

ヨエル書の通読
　旧約聖書全体を1年間で通読するためには、ヨエル書を1日で読まなければならない。
□1-3

メ　モ

ヨエル書　1章

1 ¹ ペトエルの子ヨエルにあった主のことば。

いなごの襲来

2　長老たちよ。これを聞け。
　　この地に住む者もみな、耳を貸せ。
　　このようなことがあなたがたの時代に、
　　また、あなたがたの先祖の時代にあったろうか。

3　これをあなたがたの子どもたちに伝え、
　　子どもたちはその子どもたちに、
　　その子どもたちは後の世代に伝えよ。

4　かみつくいなごが残した物は、いなごが食い、
　　いなごが残した物は、ばったが食い、
　　ばったが残した物は、
　　食い荒らすいなごが食った。

5　酔っぱらいよ。目をさまして、泣け。
　　すべてぶどう酒を飲む者よ。泣きわめけ。
　　甘いぶどう酒が
　　あなたがたの口から断たれたからだ。

6　一つの国民がわたしの国に攻め上った。
　　力強く、数えきれない国民だ。
　　その歯は雄獅子の歯、
　　それには雄獅子のきばがある。

7　それはわたしのぶどうの木を荒れすたれさせ、
　　わたしのいちじくの木を引き裂き、
　　これをまる裸に引きむいて投げ倒し、
　　その枝々を白くした。

8　若い時の夫のために、
　　荒布をまとったおとめのように、泣き悲しめ。

9　穀物のささげ物と注ぎのぶどう酒は
　　主の宮から断たれ、
　　主に仕える祭司たちは喪に服する。

10　畑は荒らされ、地も喪に服する。
　　これは穀物が荒らされ、
　　新しいぶどう酒も干上がり、
　　油もかれてしまうからだ。

11　農夫たちよ。恥を見よ。
　　ぶどう作りたちよ。泣きわめけ。
　　小麦と大麦のために。
　　畑の刈り入れがなくなったからだ。

12　ぶどうの木は枯れ、いちじくの木はしおれ、
　　ざくろ、なつめやし、りんご、
　　あらゆる野の木々は枯れた。
　　人の子らから喜びが消えうせた。

悔改めの勧め

13　祭司たちよ。荒布をまとっていたみ悲しめ。
　　祭壇に仕える者たちよ。泣きわめけ。
　　神に仕える者たちよ。宮に行き、

1:1 【主】のことば　預言者は自分のメッセージが主から受けたそのままであると言っている。したがってあらゆる時代の神の民に当てはまる（→「**聖書の霊感と権威**」の項 p.2323）。

1:2 長老たちよ。これを聞け　神の民はみなひどい悲劇を体験していたので恐れおののいていた。ヨエルは人々にこの危機的情況は神が送られたのだから、指導者も人々も主に立返り助けを求めなければならないと伝えた。

1:4 いなご　いなごのひどい災害が全土を襲い、植物が全部食べ尽された。これによって農村地帯は食料を供給できなくなり、人々は厳しい飢えに苦しんだ。いなごがいろいろな名前で表現されている（かみつくいなご、ばったなど）理由は確かではない。その成長過程で違う名前が使われていることも考えられる。

1:5 酔っ払いよ。目をさまして　酩酊はヨエル書の中で具体的に書かれている唯一の罪、あるいは神への反逆行為である。「酔っ払い」ということばは人々が気ままな生活をし、道徳的に麻痺して悪を感じなくなり、自分たちが神に背いていることさえわからなくなっていることを示している。今日教会につながる人々も、世間で一般化している神を敬わない信念や行動や生活様式をいつの間にか受入れてしまわないように注意しなければならない。もし受入れるなら、聖霊を悲しませていることや神から離れる危険にさらされていることに気付かなくなってしまう（→エペ4：30注、→「**信者の霊的聖別**」の項 p.2172）。

1:6 一つの国民　いなごの大群は兵士の大軍を誇示する強大な国の軍隊と比べられている。この敵によって干ばつの被害がさらにひどくなっている（1:10）。

ヨエル書 1-2章

　④荒布をまとって夜を過ごせ。
　⑤穀物のささげ物も注ぎのぶどう酒も
　あなたがたの神の宮から退けられたか
　らだ。
14 ①断食の布告をし、②きよめの集会のふれ
　を出せ。
　長老たちとこの国に住むすべての者を、
　あなたがたの神、主の宮に集め、
　主に向かって叫べ。
15 ああ、①その日よ。②主の日は近い。
　全能者からの破壊のように、その日が
　来る。
16 私たちの目の前で食物が断たれたでは
　ないか。
　私たちの神の宮から
　②喜びも楽しみも消えうせたではないか。
17 穀物の種は土くれの下に干からび、
　倉は荒れすたれ、穴倉はこわされた。
　穀物がしなびたからだ。
18 ああ、なんと、家畜がうめいているこ

13 ④ヨエル1:8, ヨナ3:8
　⑤→ヨエル1:9
14 ①ヨエル5:15, 16,
　Ⅱ歴20:3, エレ36:9
　②→イザ1:13
　③ヨエル1:2
　④ヨナ3:8
15 ①エレ30:7, アモ5:16
　②ゼパ2:1, 11, 3:14,
　アモ5:18, 20, オバ15,
　ゼパ1:7, 14, ゼカ14:1,
　→イザ2:12
　③イザ13:6, 9,
　エゼ7:2-13
16 ①イザ3:7, アモ4:6
　②申12:6, 7, 16:11, 14,
　15, 詩43:4
18 ① Ⅰ列18:5,
　エレ12:4, 14:5, 6,
　ホセ4:3

19 ①詩50:15, ミカ7:7
　②コエ2:3, アモ7:4
20 ①ヨエル1:18,
　詩104:21, 147:9,
　ヨブ38:41
　② Ⅰ列17:7

1 ①ヨエル2:15, エレ4:5,
　民10:2, 3, 5, 9
　②→エゼ20:40
　③ゼパ1:16

　とよ。
　牛の群れはさまよう。
　それに牧場がないからだ。
　羊の群れも滅びる。
19 ①主よ。私はあなたに呼び求めます。
　②火が荒野の牧草地を焼き尽くし、
　炎が野のすべての木をなめ尽くしまし
　た。
20 ①野の獣も、あなたにあえぎ求めていま
　す。
　②水の流れがかれ、
　火が荒野の牧草地を焼き尽くしたから
　です。

いなごの大群

2

1 シオンで①角笛を吹き鳴らし、
　わたしの②聖なる山でときの声をあげよ。
　この地に住むすべての者は、③わななけ。

1:14　断食・・・叫べ　土地がひどく荒廃し、神の民が苦しんでいるのでヨエルは人々に神を見上げて自分たちの悲惨な状態を伝えるよう、そしてへりくだった心をもって訴えるように促している。預言者はともに長期間断食(霊的なことに集中するために食事を取らないで過ごすこと)を行うように求めている。人々は神に頼る姿勢を示し、自分たちの中にある罪をみな悔改めることが必要だった。つまり自分のことだけを考えるのをやめ、自分勝手な生き方から離れ、神とその目的に従うようにしなければならないのである。今日神の民(信仰者)でいなごの災害を受ける人はほとんどいない。けれども自分の生活や教会、学校、地域の中で、個人や家族を打砕くいろいろな種類の問題や苦しみや罪という災害に苦しむことがある(⇒ Ⅰコリ11:30-32)。そのような情況に対する聖書的回答は、神の民とその指導者たちが神の助けと力と祝福が必要なことを認めることである。その上で自分の罪を悔改め(→Ⅱ歴7:14注)、ヨエルが描いているように心をのとりなし(ほかの人々の必要や情況のために祈ること)をしなければならない(1:13-14, 2:12-17)。

1:15　【主】の日　この「日」はヨエル書の主題である(⇒2:1, 11, 31, 3:14)。ほかの7名の預言者も同じことを意味する同じことばを使っている(→イザ13:6, 9, エゼ13:5, アモ5:18, 20, オバ1:15, ゼパ1:7, 14, ゼカ14:1, マラ4:5)。「主の日」ではなく短く「その日」と言われている場合もあるけれども、それは次のことを意味している。(1) 現在の、または近付いている神のさばき。神は背く民を懲らしめるため、あるいは神を敬わない国をさばくために人間の歴史の活動に直接働かれる。(2) 今の時代の最後に神がなさる悪に対するさばき。これには7年間の大患難の時代と反キリストを打破り地を治めるためにキリストが再び来られること(黙19:-20:, → Ⅰテサ5:2注)が含まれている。けれどもヨエル書のここでは、「主の日」は未来の大きなさばきも含みながらユダに下される神の現在のさばきを主として指している。主の終りの日についてはヨエルは次の2－3章でさらに深く触れている(「主の日」のより詳しい説明 →ゼパ緒論)。「主の日」はいつも神の敵への罰を意味している。けれども最後には神に忠実な人々に救済と休息と報いをもたらすことを忘れてはならない。

2:1-2　角笛を吹き鳴らし　角笛は羊や牛の角で作られていて、危険が近付いていることを知らせるために用いられた(エレ4:5, 6:1, エゼ33:3)。人々はその音を聞くと大変恐れた。シオンまたは神の「聖なる山」とは、ユダ(南王国)の首都で、神殿(神の臨在を表す所)があったエルサレムのことである。ヨエルはさばきと破壊を象徴する「やみと、暗黒」と言って、警告の内容を強調している。近付くさばきについてのヨエルの警告によって神に背く人々の心は恐れおののいた。

ヨエル書　2章

主の日が来るからだ。その日は近い。
2 やみと、暗黒の日。
雲と、暗やみの日。
山々に広がる暁の光のように数多く強い民。
このようなことは昔から起こったことがなく、
これから後の代々の時代にも再び起こらない。
3 彼らの前では、火が焼き尽くし、
彼らのうしろでは、炎がなめ尽くす。
彼らの来る前には、
この国はエデンの園のようであるが、
彼らの去ったあとでは、荒れ果てた荒野となる。
これからのがれるものは一つもない。
4 その有様は馬のようで、
軍馬のように、駆け巡る。
5 さながら戦車のきしるよう、
彼らは山々の頂をとびはねる。
それは刈り株を焼き尽くす火の炎の音のよう、
戦いの備えをした強い民のようである。
6 その前で国々の民はもだえ苦しみ、
みなの顔は青ざめる。
7 それは勇士のように走り、
戦士のように城壁をよじのぼる。
それぞれ自分の道を進み、進路を乱さない。
8 互いに押し合わず、
めいめい自分の大路を進んで行く。
投げ槍がふりかかっても、止まらない。
9 それは町を襲い、城壁の上を走り、
家々によじのぼり、
盗人のように窓から入り込む。
10 その面前で地は震い、天は揺れる。
太陽も月も暗くなり、星もその光を失う。
11 主は、ご自身の軍勢の先頭に立って
声をあげられる。
その隊の数は非常に多く、
主の命令を行う者は力強い。
主の日は偉大で、非常に恐ろしい。
だれがこの日に耐えられよう。

心を引裂け

12 「しかし、今、──主の御告げ──
心を尽くし、断食と、涙と、嘆きとをもって、
わたしに立ち返れ。」
13 あなたがたの着物ではなく、
あなたがたの心を引き裂け。
あなたがたの神、主に立ち返れ。
主は情け深く、あわれみ深く、
怒るのにおそく、恵み豊かで、
わざわいを思い直してくださるからだ。
14 主が思い直して、あわれみ、
そのあとに祝福を残し、
また、あなたがたの神、主への
穀物のささげ物と注ぎのぶどう酒とを
残してくださらないとだれが知ろう。
15 シオンで角笛を吹き鳴らせ。
断食の布告をし、きよめの集会のふれを出せ。
16 民を集め、集会を召集せよ。
老人たちを集め、幼子、乳飲み子も寄せ集めよ。
花婿を寝室から、花嫁を自分の部屋から呼び出せ。
17 主に仕える祭司たちは、
神殿の玄関の間と祭壇との間で、泣いて

2:13 あなたがたの心を引き裂け　着物を引裂くという行動は悲しみ、嘆き、絶望のしるしである。神は人々に悲しみや犠牲や後悔を表面的に見せびらかせてほしくないと伝えておられる。神が求めておられるのはむしろ犯した罪を悲しむ心、砕かれた心である（→詩51：17）。それが本当の悔改め（神に向かって心を変え自分勝手な道から離れて神と神の計画に従う備え）につながる。人々がこのようなへりくだった態度をとるなら神はあわれみを注がれる。へりくだって罪を悔改める人に慈しみを示されることは神の特性である（→「神の属性」の項 p.1016）。

2:17 【主】に仕える　神に仕える人々は神の民が傷つき苦しむのを目にしたとき、謙遜な態度と砕かれた心と涙と祈りをもって神に立返るように導かなければならない。物理的、霊的危害から人々を救ってくださるように神に祈り、とりなすこと（ほかの人々のために訴えその必要や情況のために祈ること）を神は指導者たちに期待しておられる。人々に神の慈しみと御霊

て言え。
「主よ。あなたの民をあわれんでください。
あなたのゆずりの地を、
諸国の民のそしりとしたり、
物笑いの種としたりしないでください。
国々の民の間に、
『彼らの神はどこにいるのか』と
言わせておいてよいのでしょうか。」

主の応え

18 主はご自分の地をねたむほど愛し、
ご自分の民をあわれまれた。
19 主は民に答えて仰せられた。
「今、わたしは穀物と新しいぶどう酒と油とを
あなたがたに送る。
あなたがたは、それで満足する。
わたしは、二度とあなたがたを、
諸国の民の間で、そしりとしない。
20 わたしは北から来るものを、
あなたがたから遠ざけ、
それを荒廃した砂漠の地へ追いやり、
その前衛を東の海に、
その後衛を西の海に追いやる。
その悪臭が立ち上り、
その腐ったにおいが立ち上る。
主が大いなることをしたからだ。」
21 地よ。恐れるな。楽しみ喜べ。
主が大いなることをされたからだ。
22 野の獣たちよ。恐れるな。
荒野の牧草はもえ出る。
木はその実をみのらせ、
いちじくの木と、ぶどうの木とは豊か

17 ③イザ37:20
④ヨエ3:2, ミカ2:2, マラ1:3, →ヨシ11:23
⑤詩44:13
⑥詩42:3, 10, 79:10, 115:2, ミカ7:10
18 ①申4:24, ゼカ1:14, 8:2
②申32:36, イザ60:10, 63:9, 15
19 ①申11:14, エレ31:12, ホセ2:22, マラ3:10-12
②エゼ34:29, 36:15
20 ①エレ1:14, 15
②出10:19
③エゼ47:18
＊「死海」
④申11:24
＊＊「地中海」
⑤イザ34:3, アモ4:10
21 ①イザ54:4, エレ30:10, ゼパ3:16
②詩65:9-13
③ヨエ2:26, 詩126:2, 3
22 ①ヨエ1:18-20, 詩65:12, 13
②→ホセ2:12
③→ヨエ1:7

④ゼカ8:12
23 ①詩149:2
②イザ12:2-6, 41:16, 61:10, ハバ3:18, ゼカ10:7
③レビ26:4, 申11:14, 28:12, 詩147:8, エレ5:24, ホセ6:3, ゼカ10:1, ヤコ5:7
＊あるいは「秋の雨」
＊＊七十人訳による
「まず」
＊＊＊あるいは「春の雨」
24 レビ26:10, アモ9:13
25 ①レビ1:4-7, 2:2-11
26 ①レビ26:5, 申11:15, 詩22:26, ミカ6:14
②ヨエ2:21, イザ25:1
③詩67:5-7
④イザ45:17, 49:23
27 ①ヨエ3:17, 21
②レビ26:12, エゼ37:27
③イザ44:6, 45:5, 6, 21, 22
28 ①ヨエ2:28-32, 使2:17-21

にみのる。
23 ①シオンの子らよ。
あなたがたの神、主にあって、楽しみ喜べ。
主は、あなたがたを義とするために、
③＊初めの雨を賜り、大雨を降らせ、
＊＊まえのように、初めの雨と後の雨とを
降らせてくださるからだ。
24 打ち場は穀物で満ち、
石がめは新しいぶどう酒と油とであふれる。

25 いなご、ばった、食い荒らすいなご、
かみつくいなご、
わたしがあなたがたの間に送った大軍勢が、
食い尽くした年々を、
わたしはあなたがたに償おう。
26 あなたがたは飽きるほど食べて満足し、
あなたがたに不思議なことをしてくださった
あなたがたの神、主の名をほめたたえよう。
わたしの民は永遠に恥を見ることはない。
27 あなたがたは、
イスラエルの真ん中にわたしがいることを知り、
わたしがあなたがたの神、主であり、
ほかにはないことを知る。
わたしの民は永遠に恥を見ることはない。

主の日

28 その後、わたしは、

が豊かに注がれるように霊的指導者が熱心にいつも祈ることを神は求めておられる(2:18-29)。指導者がそうしたときに人々は初めて霊的なリバイバルや神への愛と献身の回復と再生を体験することができる。

2:18 ご自分の民をあわれまれた 神の民がへりくだり、祈りの中で神を求めて罪から立返るとき(→Ⅱ歴7:14절)、神はそれを聞いて応えられる。そして一時的に下されたさばきを止め、土地を新しくし祝福を注がれる(2:18-20)。さらに霊の再生を願う熱い祈りをささげて神を求めるなら、神は御霊を注いでくださ

る(→2:28-32)。神は人生の中で最高の目的を成就するためにその民を励まし、整え、力を与えたいと願っておられる。

2:26 わたしの民は永遠に恥を見ることはない この約束には条件がついている。それは神の民がこの恩恵にあずかるには神の前にへりくだり、忠実であり続けなければならないということである。もし高慢な心を持ち、自分たちの反逆の道をかたくなに進み続けるなら神は祝福を注がないでさばきを下される。

旧約聖書の聖霊

「その後、わたしは、わたしの霊をすべての人に注ぐ。あなたがたの息子や娘は預言し、年寄りは夢を見、若い男は幻を見る。その日、わたしは、しもべにも、はしためにも、わたしの霊を注ぐ。」(ヨエル書2:28-29)

聖霊は永遠の「三位一体」(三つが一つ)の神の三位格の一つである(→「**聖霊の教理**」の項 p.1970)。一人のまことの神は単一の存在であって(申6:4, イザ45:21, Ⅰコリ8:5-6, エペ4:6, Ⅰテモ2:5)、父と子と聖霊(マタ28:19, マコ1:9-11, Ⅱコリ13:13, Ⅰペテ1:2)という三つの別個であるけれども互いに関係のある完全に統一された人格の中にご自分を現された。それぞれの位格は完全な神であり、ほかの位格と平等であり、神の属性を全部持っておられる。けれども三人の神ではなく、一人の神である(→マタ3:17注, マコ1:11注)。この考えを別の方法で説明すると神は「人格では三人、本質では一つ」ということである。これを神は単に歴史の中で時代ごとに三つの「様式」や表示の仕方でご自分を現されたと誤解しないようにしなければならない。たとえば神は旧約聖書では父、新約聖書では主イエス、現在は聖霊として現されているということではない。過去の歴史ではこのような間違った教えが教会を分裂させてきた。正しい教理またはこのことの正しい理解は神の三位が全部同時に区別を持って存在しておられるとすることである。神は一人であるけれども三つの別個の互いに関係のある統一された人格という考えは神学用語で「三位一体」と言われる。この「三つが一つ」、三位一体という考えに相当するもの、等しいものは人間世界にはないけれども、これは完全に聖書的であって、神の複雑な特性を正しく理解する上でなくてはならないものである。

聖霊の完全な力と目的は主イエスの働きまで(→「**イエスと聖霊**」の項 p.1809)、そして後の五旬節(→使2:)のときまでは啓示されなかったけれども、聖霊とその働きを指すことばは旧約聖書にもある。ここでは聖霊についての旧約聖書の教えを調べる。

「霊」ということば

「霊」というヘブル語は「ルーアハ」であり、時には「風」または「息」と訳されている。それは旧約聖書で「神の息」または「神からの風」というときには(創2:7, エゼ37:9-10, 14)、神の御霊の働きを指しているということである。

旧約聖書の中の聖霊の働き

聖書は旧約聖書の時代の聖霊の種々の働きを描写している。

(1) 聖霊は天地創造で積極的な役割を果された。最初の書物である創世記の二番目の節は「神の霊が水の上を動いていた」(創1:2)と言い、神の創造的ことばが世界をかたちづくり、地からいのちを生み出すための備えを聖霊がしておられると言っている。神のことば(三位一体の第二格である主イエスは永遠のことばとされている ヨハ1:1-14)と神の御霊はともに天地創造では積極的に活動された(→ヨブ26:13, 詩33:6, →「**天地創造**」の項 p.29)。そこで御霊はいのちの創始者とも考えられる。神がアダムを創造されたとき、神から「いのちの息」を吹き込まれたけれどもそれは明らかに神の御霊だった(創2:7, ⇒ヨブ27:3)。そして聖霊は神の被造物にいのちを与えることにかかわり続けておられる(ヨブ33:4, 詩104:30)。

(2) 御霊は神のメッセージをご自分の民に伝えるのに積極的だった。たとえば荒野でイスラエル人を教えたのは御霊だった(ネヘ9:20)。イスラエルの詩篇の作者(詩の作者、賛美の歌人)が歌を歌って奉仕をしたときには、主の御霊の感動(動かされ、導かれ、力を受けること)を受けて行った(Ⅱサム23:2, ⇒使1:16, 20)。同じように神の御霊は預言者たちに感動を与え神のことばを大胆に宣言させ、みことばを人々に伝えさせた(民11:29, Ⅰサム10:5-6, 10, Ⅱ歴20:14, 24:19-20, ネヘ9:30, イザ61:1-3, ミカ3:8, ゼカ7:12, ⇒Ⅱペテ

1:20-21)。エゼキエルによるとにせ預言者を見分けるかぎの一つは、神の御霊ではなく「自分の霊に従」っているかどうかである（エゼ13:2-3）。けれども神の御霊には、神と正しい関係を持っていない人の上に「臨ん」で（その人を通して影響を与え、神の目的のために用いる）、神の民についてメッセージを伝えさせることも可能だった（→民24:2注）。

（3）旧約聖書の神の民の指導者たちは主の御霊によって活力を与えられていた。たとえばモーセの霊は神の御霊との一致を体験し、神が感じられる悲しみと不満を感じた。神が苦しむときに苦しみ、神が怒るときに罪に対して怒った（→出33:11注，⇒出32:19）。モーセがイスラエル人を指導するのを補助してもらうために70人の長老（尊敬され感化力のある指導者、役員）を選んだとき、神はモーセの上にあった「霊のいくらかを取って」長老たちの上に置かれた（民11:16-17，→民11:12注）。別の例として、ヨシュアがイスラエルの指導者としてモーセのあとを継ぐように任命されたとき、神は「神の霊」（聖霊）がヨシュアの中にあることを確約された（民27:18注）。同じ御霊はギデオン（士6:34）、ダビデ（Ⅰサム16:13）、ゼルバベル（ゼカ4:6）の上に臨まれた。旧約聖書では指導者に必要とされた最大の資格は、神の御霊の臨在だったことが明らかである。

（4）神の御霊は特別な働きや奉仕を十分に行えるように、個人の上にも臨まれた（力づける、影響を与える、通して働く）。有名な旧約聖書の例はヨセフである。ヨセフはパロの宮廷で効果的な奉仕ができるように「神の霊の宿っている」人と認められた（創41:38）。また幕屋の建設のために必要な美術的な仕事をするため、そしてほかの人々に作業を教えるために、神が神の御霊で満たしたベツァルエルとオホリアブという才能のある二人の職人のことを考えるとよい（→出31:1-11，35:30-35，→「幕屋」の図 p.174，「幕屋の備品」の図 p.174）。ここまでに挙げた例では、「神の霊に満たされる」ということは新約聖書の「聖霊のバプテスマ」と全く同じではない（→「聖霊のバプテスマ」の項 p.1950）。旧約聖書では聖霊は神が特別な奉仕のために選ばれた少数の人々の上にだけ臨んで力を与えられた（→出31:3注）。主の御霊はオテニエル（士3:9-10）、ギデオン（士6:34）、エフタ（士11:29）、サムソン（士14:5-6，15:14-16）など多くの士師たちの上に臨まれた。これらの例は神が大きく力強く用いるために選ばれた人々には主の御霊が臨むという神の不変の原則を示している。御霊がこの人々に力を与えられたのである。

（5）旧約聖書で神に忠実な人々の中には、御霊が義の道（神の基準に合った正しい生活をし、神との正しい関係を保つこと）に人々を導きたいと願っておられることに気付いている人々がいた。ダビデはこのことを詩篇の中で言っている（詩51:10-13，143:10）。神の民が神に耳を傾けないで自分勝手な道を歩んだことは、実際には御霊の導きに背いたことである（→創16:2注）。神の御霊に応答しゆだねることができなかった人々は必ず何かのかたちで神のさばきを体験した（→民14:29注，申1:26注）。

（6）旧約聖書の時代に聖霊はごく少数の人々にだけ臨み、満たし、奉仕や神のメッセンジャーとして話す力を与えられた。聖霊が一般に広く注がれることはなかった（⇒ヨエ2:28-29，使2:4，16-18）。御霊のさらに広範囲にわたる働きと傾注（力を与えること）は五旬節の大いなる日までは始まらなかった（→使2:)。

御霊の完全な力の約束

旧約聖書は未来の御霊の時代（新約聖書の時代、教会時代）を絶えず待望んでいた。それは主イエスが聖霊を送り、弟子たちに力を与えて世界中で使命を達成させてくださる時代である。

（1）預言者たちはやがて来られるメシヤ（「油そそがれた者」、救い主、キリスト）の生涯の中で御霊が果す役割について何度も預言した。イザヤはやがて来る王、「主のしもべ」は神の御霊が特別なかたちで宿る人として描いている（→イザ11:1-2, 42:1, 61:1-3）。主イエスはナザレの会堂でイザヤ書 61章を朗読したとき「きょう、聖書のこのみことばが、あなたがたが聞いたとおり実現しました」（ルカ 4:21）と言ってそれをご自分に当てはめられた。

（2）旧約聖書の別の預言は聖霊の一般的傾注、つまり神が神の民ひとりひとりの上に聖霊を豊かに注がれるときが来ることを指し示している。たとえばイザヤは御霊が人々に臨んで離れない、そしてその子孫とさえともにおられると預言した（イザ59:20-21）。この継続的体験を示す重要な旧約聖書のことばはヨエル書2章28-29節でペテロが五旬節の日に引用したものである（使2:17-18）。同じメッセージはイザヤ書 32章

15－17節、44章3－5節、59章20－21節、エゼキエル書11章19－20節、36章26－27節、37章14節、39章29節にも見られる。神はご自分の御霊のいのちと力が神の民に臨むとき、預言をし、幻を見、預言的夢を見、みこころに従って生活し、神のメッセージを大きな力と効力を持って伝えることができるようにさせると約束された。このような預言と約束を通して旧約聖書の預言者たちはメシヤ時代(キリストの時代とその弟子たちを通してキリストの働きが続けられる時代)を待望んでいた。聖霊は来られて神の民の中で活動され全人類に影響を与えられるはずである。そのときはついに五旬節の日曜日(主イエスの昇天から10日後)に実現し、すぐあとに大きな霊的救いの波となった。その日一日だけで何千人もの人々が神の御国に加えられた(⇒ヨエ2:28, 32, 使2:41, 4:4, 13:44, 48-49)。救いの波は今も高くなり続けている。

ヨエル書　2-3章

②わたしの霊をすべての人に注ぐ。
あなたがたの息子や娘は預言し、
年寄りは夢を見、若い男は幻を見る。
29 その日、わたしは、しもべにも、はしためにも、
わたしの霊を注ぐ。
30 わたしは天と地に、不思議なしるしを現す。
血と火と煙の柱である。
31 ①主の大いなる恐るべき日が来る前に、
②太陽はやみとなり、月は血に変わる。
32 しかし、①主の名を呼ぶ者はみな救われる。
②主が仰せられたように、
③シオンの山、エルサレムに、
④のがれる者があるからだ。
⑤その生き残った者のうちに、
⑥主が呼ばれる者がいる。

28 ②イザ32:15, 44:3, エゼ39:29, ゼカ12:10, ヨハ7:39
30 ①ルカ21:11, 25, 26
31 ①ゼパ1:14-15, マラ4:1, 5
32 ①ロマ10:13, 使4:12
　②ヨエ3:17
　③オバ17
　④イザ1:9, エレ6:9, ミカ4:7, ロマ9:27, 11:5
　⑤使2:39

1 ①エレ16:15, 30:3
2 ①ヨエ3:11, ミカ4:12, ゼパ3:8
　②ゼカ3:12, 14
　③→ヨエ2:17
　④イザ66:16, エレ25:31, エゼ38:22
　⑤エゼ50:17
　⑥エゼ35:10, 36:1-5
3 ①オバ11, ナホ3:10

ミカ3:8

ミカ7:7

国々のさばき

3

1 見よ。わたしがユダとエルサレムの繁栄を①元どおりにする、その日、その時、
2 わたしはすべての①国民を集め、
彼らをヨシャパテの②谷に連れ下り、その所で、
彼らがわたしの③民、
わたしのゆずりの地イスラエルにしたことで
彼らを④さばく。
彼らはわたしの民を諸国の⑤民の間に散らし、
わたしの地を⑥自分たちの間で分け取ったからだ。
3 彼らはわたしの民を①くじ引きにし、
子どもを遊女のために与え、

2:28-29　わたしの霊を・・・注ぐ　ヨエルは神が御霊を豊かに注いで力を与え、「主の名を呼ぶ者」(2:32)を通して働かれる日のことを言っている。その結果、預言の賜物や体験が年齢や性別、社会的地位に関係なく、神に仕える人々に共通のものになる。ペテロは五旬節の日にこの聖句を引用して、その日の聖霊の注ぎはこのヨエルの預言の成就の始まりであると説明した(使2:14-21)。人生を変える御霊の働きはユダヤ人の枠を超えて異邦人(イスラエル人あるいはユダヤ人以外のあらゆる人種、背景、国の人々)を意味する「すべての遠くにいる人々」(使2:39)を含む「みな」(2:32)にまで広げられる。この預言はキリストを主(自分の人生の導き手、権威)として受入れる人々に今も提供されている。キリストに従う人はみな聖霊に満たされることができるし、満たされるべきだからである(⇒使2:38-39, 10:44-48, 11:15-18、→「**聖霊のバプテスマ**」の項 p.1950、聖霊についての詳細 →「**旧約聖書の聖霊**」の項 p.1493、「**聖霊の教理**」の項 p.1970)。

2:28　あなたがたの息子や娘は預言し　聖霊の「注ぎ」が行われた結果の一つとして、人々が預言の賜物(神を尊び、ほかの人々の利益になるように与えられる能力)を受け活用するようになるとヨエルは予想している。神を信じる人々がこの賜物を活用するとき聖霊がそこに働き、神の臨在が力強くまた圧倒的な方法で現される。使徒パウロ(新約聖書時代の多くの教会を始めた開拓の宣教師で新約聖書の多くの手紙を書いた人)は教会が預言の賜物を正しく使うなら、主イエスを知らない人も「神が確かにあなたがたの中におられる」(Ⅰコリ14:24-25)と告白するだろうと教えている。

2:30-31　天・・・に、不思議なしるし　この聖霊の注ぎとすべての人が霊的に救われるということが完全に実現したあと、やがて終りの日、「主の日」に天体にしるしが現れる(→1:15注, ⇒マタ24:29-31)。その日、神の敵は神の怒り(正当な怒りとさばき ⇒黙6:12-17)を体験することになる。今日の世界情勢を見るとこのような聖書的預言が実現する日が遠くないと思われる(→「**反キリストの時代**」の項 p.2288)。

3:1-21　その日　3章にはイスラエルの未来の回復と全世界の国々に対する神のさばきが書かれている。そのさばきにはハルマゲドンの大戦争(キリストが再臨し、反キリストを破って全地を治める前に起きる)が含まれている(→黙16:16注, →黙20:)。

3:2　ヨシャパテの谷　ヨシャパテの谷は「主がさばかれる谷」という意味で、「さばきの谷」とも呼ばれている(3:14)。それはパレスチナの北中央部のメギドの谷を指していると考えられる。そこでエルサレムと神の民を滅ぼそうと集まった国々を、歴史上最も決定的で危機的なこの戦いで神はさばかれる。けれどもその場所よりもさらに重要なことは、神がご自分に忠実な人々を守り、救い出し、いつの日かあらゆる悪を滅ぼされるというメッセージである。

3:3　わたしの民をくじ引きにし　古代の世界では単純な意思決定にくじ引きをするのが一般的だった。決

ヨエル書　3章

酒のために少女を売って飲んだ。

4 ツロとシドンよ。おまえたちは、わたしに何をしようとするのか。ペリシテの全地域よ。おまえたちはわたしに報復しようとするのか。もしおまえたちがわたしに報復するなら、わたしはただちに、おまえたちの報いを、おまえたちの頭上に返す。

5 おまえたちはわたしの銀と金とを奪い、わたしのすばらしい宝としている物をおまえたちの宮へ運んで行き、

6 しかも、ユダの人々とエルサレムの人々を、ギリシヤ人に売って、彼らの国から遠く離れさせたからだ。

7 見よ。わたしは、おまえたちが彼らを売ったその所から、彼らを呼び戻して、おまえたちの報いを、おまえたちの頭上に返し、

8 おまえたちの息子、娘たちを、ユダの人々に売り渡そう。彼らはこれを、遠くの民、シェバ人に売る、と主は仰せられる。

9 諸国の民の間で、こう叫べ。聖戦をふれよ。勇士たちを奮い立たせよ。すべての戦士たちを集めて上らせよ。

10 あなたがたの鋤を剣に、あなたがたのかまを槍に、打ち直せ。弱い者に「私は勇士だ」と言わせよ。

11 回りのすべての国々よ。急いで来て、そこに集まれ。
　——主よ。
あなたの勇士たちを下してください

12 諸国の民は起き上がり、ヨシャパテの谷に上って来い。わたしが、そこで、回りのすべての国々をさばくために、さばきの座に着くからだ。

13 かまを入れよ。刈り入れの時は熟した。来て、踏め。酒ぶねは満ち、石がめはあふれている。彼らの悪がひどいからだ。

14 さばきの谷には、群集また群集。主の日がさばきの谷に近づくからだ。

15 太陽も月も暗くなり、星もその光を失う。

16 主はシオンから叫び、エルサレムから声を出される。天も地も震える。だが、主は、その民の避け所、イスラエルの子らのとりでである。

神の民への祝福

17 あなたがたは、

3②アモ2:6
4①ヨエ3:4-8,
イザ23:1-18,
エゼ26-28章,
アモ1:9, 10, ゼカ9:2-4,
マタ11:21, 22,
イザ14:29-31,
エレ47:1-7,
エゼ25:15-17,
アモ1:6-8, ゼパ2:4-7,
ゼカ9:5-7
②イザ34:8, 59:18
5①Ⅱ列12:18,
Ⅱ歴21:16, 17
6①ヨエ3:3, エゼ27:13
7①ゼカ9:13
8①イザ14:2
②ヨブ1:15, 詩72:10,
エレ6:20, エゼ38:13
9①エゼ38:7
②エレ6:4, ミカ3:5
10①詩46:9, イザ2:1,
ミカ4:3

11①ヨエ3:2
②詩103:20, イザ13:3
12①ヨエ3:2
②→詩96:13, ミカ4:3
②イザ3:2
13①黙14:14-18
②エレ51:33
③イザ63:3, 哀1:15,
黙14:19, 20, 19:15
④創18:20
14①ヨエ3:2
②イザ34:2
③→ヨエ1:15
15①ヨエ2:10
16①エレ25:30, ホセ11:10,
アモ1:2
②ヨエ2:11
③ヨエ2:10, エゼ38:19,
ハガ2:6
④→エレ46:1, 61:3,
エレ16:19, 17:17
⑤ナホ1:7

めるのにはしるしをつけた棒や小石やそれに似たものなどが用いられた。ここでの情況は、捕囚のユダヤ人を奴隷にして使うために購入するときに用いた屈辱的な方法だった。神はこうした残酷な国々、そして人々を品物のように扱って利益や娯楽のために売買する国々をさばかれる。神はまた、さばきの日に私たちの責任を問われる。したがってほかの人々に対する姿勢や態度に注意をしなければならない（→コロ3:25注）。

3:4-8　ツロとシドン　主はこれらの町とイスラエルにとりわけ残酷だった地域の人々を非難しておられる。このさばきの預言は4世紀にアレクサンドロス大王、そして後にアンティオコス3世に征服されたときに部分的に成就した（→イザ23:, エゼ26:-28:, アモ1:9-10, →「**マラキ書からキリストまでの歴史年表**」の表 p.1607）。

3:9-16　聖戦をふれよ　国々は聖戦をふれ、戦いに備える。けれどもそれは何の役にも立たない。なぜな

ら絶対に負けない天の軍勢を率いて神が戦われ、大きな破壊とさばきを下されるからである。神とみことばに背く人々は、その罪と反抗の責任を問われる（→黙14:19注、16:16注、⇒黙19:11-21）。神に忠実な人々は悪が栄えたり神を敬わない姿勢が強まるのは一時的であることを覚えておくべきである。神の民は最後には地を相続する（⇒詩37:11, マタ5:5）。

3:13-14　刈り入れの時は熟した　終りのときには「彼らの悪がひどい」ので人々のさばきのときが「熟した」とされる。ここでは神のさばきを刈取って集めるばかりの田畑の刈入れとして描いている。神への罪と反抗があるところまで行着くと、さばきは避けられないものになる（⇒創15:16）。神について、また神に従うかどうかについて決断をするのは今である。さばきの日が来てからでは遅すぎる。黙示録14:14-20は終りのときのこのさばきの情景を重苦しく描いている。

わたしがあなたがたの神、主であり、
わたしの聖なる山、シオンに住むこと
を知ろう。
エルサレムは聖地となり、
他国人はもう、そこを通らない。

18 その日、山々には甘いぶどう酒がしたたり、
丘々には乳が流れ、
ユダのすべての谷川には水が流れ、
主の宮から泉がわきいで、
シティムの渓流を潤す。

17 ①→エゼ20:40
②ヨエ2:32, 3:21,
イザ4:5, ③ヨエ2:27,
エゼ38:23, ④オバ17
⑤イザ52:1, ナホ1:15,
黙21:27
18 ①アモ9:13, ②出3:8
③イザ30:25, 35:6,
ゼカ14:8, ④詩46:4,
エゼ47:1-12, 黙22:1
19 ①イザ19:1-15
②エレ49:17,
エゼ25:12,13, アモ1:11,
12, オバ1, ③オバ10
20 ①エレ17:25,
エゼ37:25, アモ9:15
21 * 七十人訳による
☒「わたしが罰せずには
おかなかった彼らの血の
罪を赦す」、①ヨエ3:17

19 ①エジプトは荒れ果てた地となり、
エドムは荒れ果てた荒野となる。
彼らのユダの人々への暴虐のためだ。
彼らが彼らの地で、
罪のない血を流したためだ。

20 だが、ユダは永遠に人の住む所となり、
エルサレムは代々にわたって人の住む
所となる。

21 *わたしは彼らの血の復讐をし、
罰しないではおかない。
主はシオンに住む。

3:17-21　シオンに住む　ヨエル書はエルサレムがいつの日かあらゆる敵から解放され、神が人々を豊かに祝福されるという約束で終っている。けれども最大の恩恵は神ご自身が人々の中に住み、愛してその必要を満たしてくださることである。シオンは聖書全体を通してエルサレムの別名として使われている。シオンはエブス人の山岳要害で、ダビデ王が最初に攻め取った町の一部だった(Ⅱサム5:6-7)。「シオン」は後にその要害が建っている地域の名前になった。ここは契約の箱(人々の間にある神の臨在の象徴)がしばらくの間特別な天幕の中に納められていた場所と考えられている。ソロモンの神殿が建てられた後シオンは神殿の境内を指すようになった。そして「シオン」ということばは一般的に神の「住まい」または地上の礼拝の中心地を意味するようになった(詩9:11, 74:2, ヨエ3:21)。時には歴史の終りにキリストが地上を治められる新しく回復されたエルサレム(イザ52:8, 62:1-2)と神の永遠の天の都を意味する。あらゆる国の中にいる神を敬わない人々への神のさばきが完了したときに、神の御国は完全に建てられ永遠に続く。ヨエルはこの情景をはっきり示しているので理解しやすい。罪を認めず自分勝手な道から離れず、神の赦しを受け入れず人生の導き手として神に従わない人々は神の怒り(神の正当な怒りとさばき)に直面する。けれども悔改めて神との深い関係を求める人は神の祝福を受け、神とともに栄光に満ちた未来を永遠に持つことになる。

アモス書

概　　要
序言（1：1-2）
Ⅰ．国々に対する八つのさばきの預言（1：3-2：16）
　A．ダマスコ（アラム）（1：3-5）
　B．ガザ（ペリシテ）（1：6-8）
　C．ツロ（フェニキヤ）（1：9-10）
　D．エドム（1：11-12）
　E．アモン（1：13-15）
　F．モアブ（2：1-3）
　G．ユダ（2：4-5）
　H．イスラエル（2：6-16）
Ⅱ．イスラエルに対する三つの預言的メッセージ（3：1-6：14）
　A．罪によってもたらされるさばき（3：1-15）
　B．あらゆるレベルでの腐敗（4：1-13）
　C．破壊と捕囚によるさばき（5：1-6：14）
　　1．死と嘆き（5：1-3）
　　2．抑圧と不正（5：4-17）
　　3．ゆがんだ宗教と偽善（5：18-27）
　　4．自己満足と高慢（6：1-14）
Ⅲ．罪に対して下る神の罰の五つの幻（7：1-9：10）
　A．取消されたさばき（7：1-6）
　　1．食い尽すいなご（7：1-3）
　　2．焼き尽す火（7：4-6）
　B．実行されるさばき（7：7-9：10）
　　1．重りなわ（7：7-9）
　　2．アマツヤへの罰（7：10-17）
　　3．一かごの夏のくだもの（8：1-14）
　　4．主のさばきの幻（9：1-10）
結語　イスラエルの将来の回復（9：11-15）

著　　者：アモス

主　　題：公正と正義と罪に対する神の罰

著作の年代：紀元前760－750年頃

著作の背景
　アモスはイザヤとミカ（南ユダ王国）やヨナとホセア（北イスラエル王国 →「**イスラエルとユダの王国**」の地図p.570）と同じ時代の前8世紀に生きていた預言者である。アモスという名前は「重荷を負った」または「重荷を負う人」という意味で、直面しているイスラエルの罪と不正に向き合い、神とその基準に対する国全体の反抗に対してさばきを宣言するという大きな重荷を担っていることを反映している。1章1節にはこの預言者に関する四つの重要な事実が示されている。（1）アモスはエルサレムから18キロほど南にあるテコアというユダの村出身の羊飼いだった（また「いちじく桑の木を栽培していた」→7：14）。（2）アモスは北イスラエル王国に関するメッセージ（預言my幻 ⇒7：1, 4, 7, 8：1-2, 9：1）を「見た」。アモスは奉仕のための正式な訓練や資格を持たない

人で、預言者としての公式な立場を持っていなかったけれども、神は預言的洞察力を与えて反抗的なイスラエルの人々に力強いメッセージを伝えるように召し出された(⇒7:14-15)。(3) イスラエルに対するアモスの働きはウジヤがユダの王でヤロブアム2世がイスラエルの王の時代だった。このふたりの王の統治は前767-753年で重なっていた。アモスの働きは前760-755年頃と思われる。(4) アモスは「地震」の2年前に預言した(1:1)。考古学者たちは首都のサマリヤを含むイスラエルの遺跡からこの時代に起こった大きな破壊的地震の証拠を発見した。200年以上経ってゼカリヤはこの地震のことを言っている(ゼカ14:5)。それはこの地震が実に巨大だったことを示している。アモスはイスラエルに対する預言のメッセージと自分の働きが真実であることはこの災害によって確立すると言っている(⇒9:1)。

　アモスが前8世紀の中頃、北王国(イスラエル)に向かって預言したとき、表面的には領土が最も広がり、政治は安定し国は繁栄しているように見えた。けれども内面的(霊的、道徳的、社会的)には腐敗し衰退していた。不信仰が人々の生活に満ちていた。偽善的でいい加減な宗教がはやっていた。人々の生活様式は自己中心的で極端に快楽を求める不道徳なものだった。法律の秩序は腐敗し、貧しい人への虐待は当り前のことだった。アモスは神の指示に応答してヤロブアム2世が生活しているベテルの町に行った。そこは礼拝者で混み合う宗教的中心地でもあった。そこでアモスは正義と公正と罪に対するさばきのメッセージを勇敢に宣言した。けれども相手は「主」という神が言われることなど聞きたくないと思っている人々だった。

目　　的

　イスラエルは繁栄し富を得たけれども、国としてはますます腐敗していた。神はあわれみをもってアモスをベテルに遣わし、「悔い改めるか滅びるか」(神に立返るか滅ぼされるか)というメッセージを送られた。けれども町はこの預言者を追放し、二度とそこで預言しないように命じた(神の民のこの応答と、悪に満ちたニネベの町がヨナのメッセージに応答して神のあわれみにすがったこととを比較するとよい)。その後アモスは南王国ユダの自分の町に戻り、メッセージを書き記したと思われる。アモスがそうしたのは、(1) 文書にした警告の預言をヤロブアム2世に渡し、(2) イスラエルと周辺の国々に神のさばきが来るというメッセージをイスラエル中に(ユダも含めて)広めるためだった。もし偶像礼拝(人間が作った神々やまことの神に代るものを拝むこと)や不道徳、不正を悔い改めないならこのさばきは確実にやってくるものだった。イスラエルは応答しなかったため30年後に滅亡した。

概　　観

　アモス書はごく自然に三つの区分に分けることができる。
　(1) 第一部(1:3-2:16)でアモスのメッセージはアモスの土地を囲む七つの国々へのさばきを伝えている。イスラエルの姉妹国であり、アモスの家のあるユダはさばかれようとしていたこの七つの国の一つだった。イスラエルはほかの国々の罪は認めて神がさばかれることに同意した(1:3-2:5)。けれども自分たちの悪と反抗には目が閉ざされていたようである。そこでアモスはイスラエルの罪と受けなければならないさばきをはっきりと描いている(2:6-16)。この部分は最終的に国の滅亡と捕囚(敵によって捕えられ外国に連れて行かれること)にされるさばきを伝えてこの書物全体にある滅亡と絶望感という方向性を示している。
　(2) 第二部(3:1-6:14)には「このことばを聞け」(3:1、4:1、5:1)ということばで始まる三つの大胆なメッセージが記録されている。(a) 最初のメッセージでは、イスラエルがエジプトの奴隷状態から救い出されて神の選ばれた民になった特権の始まりと源を忘れたことを神は責められる。「わたしは地上のすべての部族の中から、あなたがただけを選び出した。それゆえ、わたしはあなたがたのすべての咎をあなたがたに報いる」(3:2)。(b) 第二のメッセージは「サマリヤの山にいるバシャンの雌牛ども。彼女らは弱い者たちをしいたげ、貧しい者たちを迫害し、自分の主人たちに、『何か持って来て、飲ませよ』と言う」(4:1)者とサマリヤにいるイスラエルの金持の女性たちに向かって話しかけることで始まる。アモスは神からのさばきの一部として「釣り針」(4:2-3)にかけられて捕囚に引かれて行くと預言した(岩に刻まれたアッシリヤの壁画には戦争の捕虜たちが鼻や下唇に付けられた釣り針に結ばれた縄で引かれて行く様子が描かれている)。アモスは不正直な商売人や堕落した支配者たち、不公正な法律家や裁判官、また偽善的な祭司や預言者たちにも同じように警告をした。(c) 第三のメッセージ(5:-6:)は神が最も嫌われるイスラエルの罪を列挙する。それらは無関心や高慢、公正の不足によるものだった。それからアモスは人々に悔い改める(神に対する態度を変え、罪を認め勝手な生き方を改めて、神の願いと目的に従うこと)ように熱心に訴える。「シオンで安らかに住んでいる者」(6:1)に恐ろしい罰と滅亡とが来ようとしていた。

（3）最後の部分（7：1-9：10）は近付きつつある神のさばきについての預言的幻を五つ記録している。第四の幻は神のさばきの熱で腐っていることがすぐにわかってしまう―かごの熟しすぎた夏のくだものとしてイスラエルをまざまざと描いている（8：1-14）。最後の幻は神が祭壇のそばに立つ姿を描いている。そこは神の祝福を受けられると人々が思っている場所である。けれども逆に神は首都サマリヤと堕落した王国全体をまさに打とうとしておられた（9：1-10）。

　最後は生き残って信仰を持って神に立返る人々のために将来回復が備えられているという簡潔であるけれども力強い約束で閉じられる（9：11-15）。

特　徴

　アモス書には六つの大きな特徴がある。

（1）神の特性に根ざした公正と正義（正しい行動と神との正しい関係）を求める預言的な叫びである。イスラエルが神に対して不誠実なことを預言者ホセアはひどく失望し深く悲しんだけれども、アモスはイスラエルが神の公正と道徳の基準を犯していることに対して怒りに満ちていた。

（2）アモスの預言は正しい態度と神を敬う生活から離れた宗教を神がどれほど憎まれるかをはっきりと理解できるようにさせる。

（3）預言者のことばはそれを聞いた人々に訴え対決をした。堕落した祭司アマツヤとの厳しいやり取りは（7：10-17）、ヘブル預言の典型的な（独特で記憶に留めておく価値がある）場面である。

（4）大胆でダイナミックな文体の中に神と神の基準に対する預言者の強い不屈の忠誠心が表れている。

（5）正式な牧師の資格や神のメッセージを伝える訓練を受けていなくても、神を敬う普通の人々も神は用いようとしておられることを示している。

（6）3：3、7、4：6-12、5：14-15、21-24、6：1a、7：8、8：11、9：13などに多くの有名な聖句がある。

新約聖書での成就

　アモスのメッセージは新約聖書の主イエスの教えとヤコブの手紙の中に最もはっきりと見ることができる。神への本当の礼拝は宗教的な儀式ではなく、神のみこころを「聞い」て「行うこと」（神の願いと目的に従って生きること）によるというアモスのメッセージの真理を主イエスとヤコブはともに繰返し教えた。神への献身の証拠を人々が示す一つの方法はほかの人々を公平に正直にあわれみ深く扱うことである（マタ7：15-27、23：，ヤコ2：）。ヤコブはさらにアモスのメッセージからもう一つの主題を扱っている。それは「本当の宗教には正しい行動が必要である」ということである。ヤコブはエルサレム会議（重要な決定をするための初代教会の指導者たちの会議　→使15：16-18）で9章11－12節を引用した。その中心問題は教会に異邦人（イスラエル人でもユダヤ人でもないほかの国の人々）を受入れることと関連していた。

アモス書の通読

　旧約聖書全体を1年間で通読するためには、アモス書を次のスケジュールに従って2日間で読まなければならない。

☐1-4　☐5-9

メ　モ

アモス書 1章

1 ¹テコアの牧者のひとりであったアモスのことば。これはユダの王ウジヤの時代、イスラエルの王、ヨアシュの子ヤロブアムの時代、地震の二年前に、イスラエルについて彼が見たものである。
²彼は言った。
　「主はシオンから叫び、
　エルサレムから声を出される。
　羊飼いの牧場はかわき、
　カルメルの頂は枯れる。」

イスラエルの隣国へのさばき

³主はこう仰せられる。
　「ダマスコの犯した三つのそむきの罪、
　四つのそむきの罪のために、
　わたしはその刑罰を取り消さない。
　彼らが鉄の打穀機で
　ギルアデを踏みにじったからだ。
⁴わたしはハザエルの家に火を送ろう。
　火はベン・ハダデの宮殿を焼き尽くす。
⁵わたしは、ダマスコのかんぬきを折り、
　アベンの谷から、王座についている者を、
　ベテ・エデンから、笏を持っている者を
　断ち滅ぼす。
　アラムの民はキルへ捕らえ移される」と
　主は仰せられる。

⁶主はこう仰せられる。
　「ガザの犯した三つのそむきの罪、
　四つのそむきの罪のために、
　わたしはその刑罰を取り消さない。
　彼らがすべての者を捕囚の民として捕らえ移し、
　エドムに引き渡したからだ。
⁷わたしはガザの城壁に火を送ろう。
　火はその宮殿を焼き尽くす。
⁸わたしはアシュドデから、王座についている者を、
　アシュケロンから、笏を持っている者を
　断ち滅ぼす。
　わたしはエクロンにわたしの手を向け、
　ペリシテ人の残った者を滅ぼす」と
　神である主は仰せられる。

⁹主はこう仰せられる。
　「ツロの犯した三つのそむきの罪、
　四つのそむきの罪のために、
　わたしはその刑罰を取り消さない。
　彼らがすべての者を捕囚の民として、
　エドムに引き渡し、
　兄弟の契りを覚えていなかったからだ。
¹⁰わたしはツロの城壁に火を送ろう。
　火はその宮殿を焼き尽くす。」

¹¹主はこう仰せられる。

1:1 アモス　アモスは南王国ユダ出身の預言者だった。けれどもそのメッセージは北王国イスラエルに向けたものだった。（イスラエルが分裂した背景 →Ⅰ列緒論、Ⅱ列緒論、Ⅱ歴緒論 →Ⅰ列12:-14:、Ⅱ歴10:-11:、→「**イスラエルとユダの王国**」の地図 p.570）。アモスは奉仕のための正式な訓練や身分を持たないけれども神を敬う人で、羊飼いとして、またいちじく桑の木を栽培して生活していた（⇒7:14）。イスラエルへのさばきのメッセージを伝え最後の警告をするために、神はこの忠実な人を選ばれた。アモスの働きは前760－750年頃と思われる。同じ時期に活躍した預言者にはヨナとホセアがいた（「地震」の重要性 →緒論の著作の背景）。

1:3-2:5　三つのそむきの罪、四つのそむきの罪のために　アモスはイスラエルの七つの隣国へのさばきを宣告することから始める。そして「三つのそむきの罪、四つのそむきの罪のために」という同じ表現を使ってユダを含めたそれぞれの国の神に対する罪の一覧表を挙げている。この言い方は基本的には「その多くの罪、特に次に明示する罪のため」という意味である。どの場合にも主は憤り（正しい怒りとさばき）を取消さないことも約束された。つまりさばきは確実なのである。神にあわれみを求めて滅亡を避けられる時間はなくなってしまった。

1:4　火を送ろう　この表現（1:7, 10, 12, 14, 2:2, 5 でも使われている）は侵略して来る敵によって行われる神のさばきを指していて、それによって恐ろしい破壊がもたらされ主の町は焼き尽されてしまう。

1:6　彼らが・・・捕囚の民として捕らえ移し　挙げられている罪の多くは無情な残虐行為である（→1:6, 9, 11, 13）。人々がほかの人々を虐待することを神は嫌われる。そして残虐に暴力を振る同情のない行動を

アモス書 1-2章

②「エドムの犯した三つのそむきの罪、
四つのそむきの罪のために、
わたしはその刑罰を取り消さない。
彼が剣で自分の兄弟を追い、
肉親の情をそこない、
怒り続けて
いつまでも激しい怒りを保っていたからだ。

12 わたしはテマンに火を送ろう。
火はボツラの宮殿を焼き尽くす。」

13 主はこう仰せられる。
「アモン人の犯した三つのそむきの罪、
四つのそむきの罪のために、
わたしはその刑罰を取り消さない。
彼らが、自分たちの領土を広げるために、
ギルアデの妊婦たちを切り裂いたからだ。

14 わたしはラバの城壁に火を放とう。
火はその宮殿を焼き尽くす。
これは戦いの日のときの声と、
つむじ風の日の暴風のうちに起こる。

15 彼らの王は、その首長たちとともに、
捕囚として連れて行かれる」と主は仰せられる。

2

1 主はこう仰せられる。
「モアブの犯した三つのそむきの罪、
四つのそむきの罪のために、
わたしはその刑罰を取り消さない。
彼がエドムの王の骨を焼いて灰にしたからだ。

2 わたしはモアブに火を送ろう。
火はケリヨテの宮殿を焼き尽くす。
モアブは、どよめきのうちに、
角笛の音と、ときの声のうちに死ぬ。

3 わたしはさばきつかさを
そのうちから断ち滅ぼし、
そのすべての首長たちを、
彼とともに切り殺す」と主は仰せられる。

4 主はこう仰せられる。
「ユダの犯した三つのそむきの罪、
四つのそむきの罪のために、
わたしはその刑罰を取り消さない。
彼らが主のおしえを捨て、
そのおきてを守らず、
彼らの先祖たちが従ったまやかしものが
彼らを惑わしたからだ。

5 わたしはユダに火を送ろう。
火はエルサレムの宮殿を焼き尽くす。」

イスラエルへのさばき

6 主はこう仰せられる。
「イスラエルの犯した三つのそむきの罪、
四つのそむきの罪のために、
わたしはその刑罰を取り消さない。
彼らが金と引き換えに正しい者を売り、
一足のくつのために貧しい者を売ったからだ。

7 彼らは弱い者の頭を地のちりに踏みつけ、
貧しい者の道を曲げ、
父と子が同じ女のところに通って、

とる人々に対しては厳しいさばきが下される(⇒ロマ1:18-32)。神の民はいつも親切に公平にあわれみをもってほかの人々と接することが必要である。

2:4 ユダの・・・罪 ユダとイスラエルは神が選ばれた民だった。けれどもその犯した罪のさばきはやはり受けなければならない(このふたつの国の概要と図解 →「**イスラエルとユダの王国**」の地図 p.570)。ユダの罪の中心は神の律法を拒み、その命令を守ろうとしないことだった。ユダは神を敬わない周りの国々の生活様式に倣い、偶像礼拝(人間が作った神々やまことの神に代るものを拝むこと)を行うようになっていた。

周りの社会が信じていることや行動、生活様式を取入れようとする誘惑に抵抗するために、神の民は絶えず神に頼り助けを求めなければならない。

2:6 イスラエルの・・・罪 イスラエルの隣りの国々の罪と神が下すさばきを描いたあとでアモスはイスラエルの罪と神の民に下されるさばきに焦点を当てている。律法と神のことばの基準に従わないで人々は貧しい人を虐待し(2:6-7)、不道徳な生活をし(2:7)、神への礼拝を汚していた(2:7-8)。さらにこの国の神に反抗する姿を忠実に明らかにした本当の預言者たちの働きを妨害した(⇒7:10-17)。

わたしの聖なる名を汚している。

8 彼らは、すべての祭壇のそばで、
質に取った着物の上に横たわり、
罰金で取り立てたぶどう酒を
彼らの神の宮で飲んでいる。

9 ①エモリ人を彼らの前から滅ぼしたのは、
このわたしだ。
②彼らの背たけは杉の木のように高く、
樫の木のように強かった。
しかし、わたしは
その上の実と下の根とを滅ぼした。

10 あなたがたをエジプトの地から連れ上り、
荒野の中で四十年間あなたがたを導き、
エモリ人の地を所有させたのは、この
わたしだ。

11 わたしは、あなたがたの子たちから
①預言者を起こし、
あなたがたの若者から、ナジル人を起
こした。
イスラエルの子らよ。
そうではなかったのか。──主の御告げ──

12 それなのに、あなたがたはナジル人に
酒を飲ませ、
預言者には、命じて、預言するなと
言った。

13 見よ。束を満載した車が押さえつける
ように、
わたしはあなたがたを押さえつける。

14 ①足の速い者も逃げ場を失い、
強い者も力をふるうことができず、
②勇士もいのちを救うことができない。

15 弓を取る者も立っていることができず、
①足の速い者ものがれることができず、
②馬に乗る者もいのちを救うことができ
ない。

16 勇士の中の強い者も、
その日には裸で逃げる。
──主の御告げ──

7 ③レビ20:3、エゼ36:20、ロマ2:24
8 ①アモ3:14
②出22:26、申24:12、13
③アモ4:1、6:6
9 ①出3:8、民21:25、申3:8、7:1、ヨシ10:12、24:8
②民13:33
③民13:28
④イザ5:24、エゼ17:9、マラ4:1
10 ①アモ3:1、9:7、出12:51、20:2、ミカ6:4
②申2:7、8:2
11 ①申18:18
②アモ2:12、7:14、ハバ1:1、3:1、ハガ1:1、3、12、2:1、10、→イザ3:2
③民6:2-21、士13:5

12 ①アモ7:13、16、イザ30:10、エレ11:21、ミカ2:6
14 ①イザ30:16
②アモ9:1
③詩33:16、エレ9:23、51:56
15 ①エゼ39:3
②詩33:17、イザ31:3
③アモ9:1

1 ①アモ2:10、9:7、申4:37
②エレ13:11

イスラエルに反対する証人の呼出し

3 ¹ イスラエルの子らよ。主があなたが
た、すなわちわたしがエジプトの地か
ら連れ上った①すべての②氏族について言っ

2:10 あなたがたを・・・連れ上り イスラエル人は神の契約(神の律法と約束、そして神に対する人々の服従と忠実に基づく特別な「終生協定」→**イスラエル人との神の契約**」の項 p.351)をいただくという特権にあずかっていた。それなのにイスラエル人は神との特別な関係に背を向け、神がしてくださったことをみな忘れてしまった。神の祝福を体験しながら神を拒んだことによって、その罪はさらに悪質なものになりその罪状は大きくなった。神が御子イエス・キリストを通して示された愛を決して忘れてはならないことを、私たちはイスラエルの例を通して学ばなければならない。神の祝福を忘れることなく神に感謝し、一生を通して神に忠実でなければならない。

2:12 ナジル人に酒を飲ませ ナジル人は神に深く献身することを誓い、イスラエルの中で献身と正義の最高の模範となる人々だった(ナジル人の誓約と生活様式→民6:2注)。その誓約の一つはあらゆる種類のぶどう酒を断つことだった(→「**旧約聖書のぶどう酒**」の項 p.1069)。アルコール飲料を好むイスラエル人の多くは(6:6)酔わせるアルコール飲料を自分たちが飲むだけでは足らず、ほかの人々をもこの神を敬わない行動に引込もうとした。その過程でナジル人に禁酒(アルコール飲料を飲まないこと)の誓いを破らせて神に対して不忠実にさせてしまった。その結果、神はさばきを下される(2:12-16)。自分の影響力を使ってほかの人々に罪を犯させるなら神はそれを重要視される。神に反抗することは大きな罪であるけれども、ほかの人々を神に反抗させるように仕向けることはもっと大きな罪である。これは神を敬わない見本や不道徳な影響によって、ほかの人々を神に従わないようにさせる人々への警告である。

2:13-16 あなたがたを押さえつける イスラエルの罪のために神はこの国をさばかれる。自分は強く自立していて勇敢であると考える人々は神が怒りを注ぎ出されると恐ろしくなり倒れてしまう。同じように終りのときにさばきが地上に下されると、自分は強く賢く善良なので神なしでも十分生きていけると考えている人はみな、自分たちの破滅がやって来るのを見て恐ろしくなり震え上がるに違いない。

3:1 すべての氏族 ここにはイスラエルとユダの両方が含まれている(イスラエルが分裂王国になった背景 → Ⅰ列緒論、Ⅱ列緒論、Ⅱ歴緒論、→Ⅰ列12:-14:、Ⅱ歴10:-11:、→「**イスラエルとユダの王国**」の地図 p.570)。このふたつの国は神が選ばれた民(この世界に対する救いの計画を明らかにするために神が用いようとされた人々)なので、高慢で反抗的な行動は非難

アモス書　3章

た、このことばを聞け。
2 わたしは地上のすべての部族の中から、
　　あなたがただけを選び出した。
　　それゆえ、わたしはあなたがたのすべ
　　ての咎を
　　あなたがたに報いる。
3 ふたりの者は、
　　仲がよくないのに、いっしょに歩くだ
　　ろうか。
4 獅子は、
　　獲物がないのに、森の中でほえるだろ
　　うか。
　　若い獅子は、何も捕らえないのに、
　　そのほら穴から叫ぶだろうか。
5 鳥は、わながかけられないのに、
　　地の鳥網にかかるだろうか。
　　鳥網は、何も捕らえないのに、
　　地からはね上がるだろうか。
6 町で角笛が鳴ったら、民は驚かないだ
　　ろうか。
　　町にわざわいが起これば、

2①創18:19, 出19:5, 6,
申4:32-37, 7:6, 10:15
＊直訳「知った」
②アモ3:14, エレ14:10,
エゼ20:36, ダニ9:12,
ホセ9:7
4①詩104:21,
ホセ5:14, 11:10
6①エレ4:5, 19, 21, 6:1,
ホセ5:8, ヨナ2:1,
ゼパ1:16
②イザ45:7

③イザ14:24-27
7＊アモ3:7, 8, 11, 13「神
である主」の「神」の子音
字は「主」
①→エレ7:25
②創18:17,
エレ7:25, 23:22,
ダニ9:22, ヨハ15:15,
黙10:7
8①アモ1:2, ヨナ1:1, 3:1
②アモ7:14, 15,
エレ20:9, 使4:20
9＊七十人訳は「アッシリ
ヤ」
①アモ4:1, 6:1
②アモ4:1
10①アモ5:7, 6:12
②エレ4:22
③アモ2:8

　　それは主が下されるのではないだろう
　　か。
7 まことに、＊神である主は、
　　そのはかりごとを、
　　ご自分のしもべ、預言者たちに示さな
　　いでは、
　　何事もなさらない。
8 獅子がほえる。
　　だれが恐れないだろう。
　　神である主が語られる。
　　だれが預言しないでいられよう。

9 ＊アシュドデの宮殿と、
　　エジプトの地の宮殿に告げて言え。
　　「サマリヤの山々の上に集まり、
　　そのうちの大恐慌と、
　　その中のしいたげを見よ。
10 彼らは正しいことを行うことを知らな
　　い。
　　──主の御告げ──
　　彼らは自分たちの宮殿で、

されなければならなかった（→「**神の計画の中のイスラエル**」の項 p.2077）。

3:2　あなたがただけを選び出した　イスラエル人はアモスのメッセージに反対していた。自分たちが神の罰を受けるとは考えていなかった。結局は自分たちが神に選ばれた民であることがわかっていたのである。神はこれまでに祝福し、律法を与え、良い目的のために用い、何度も助け出された。したがってたとい神を無視し、律法を悪用し、聖い礼拝の代りに神を敬わない行動をしても、過去の神の救いが現在も安全を保証してくれると感じたのである。けれども神との特別な関係を保つには神に対して誠実であり、その律法を守り続ける責任があることを忘れていた（→「**イスラエル人との神の契約**」の項 p.351、「**選びと予定**」の項 p.2215）。イスラエルが受けるさばきは神の選びの民としての責任を果さなかった結果だった。

3:3-8　ふたりの者は、仲がよくないのに、いっしょに歩くだろうか　アモスは教師のように話し始め、聞く人々がはっきりと一つの答しかできないような質問を続けている。そして「原因と結果」の原則が人々の情況に当てはまることをわからせようとした。つまりある行動（罪）が特定の結果や結末（神のさばき）を引出すということである。堕落やごう慢な態度の結果は当然、国が衰退し滅亡するとともに神との特別な関係を失うことである。人々に何を期待しているかを知らせ

たように（律法を通して）、これから起ころうとすることを神はご自分の預言者たちを通して人々に伝えておられた。神が語られるのでアモスはさばきを宣言するほかなかった。アモスのことばは自分の意見ではなかった（3:7-8）。

3:3　ふたりの者は・・・いっしょに歩くだろうか　基本的な事柄や真理について同意がないなら、ふたりの人の間には本当の協力や交友関係はできない。同じようにもし神の特性と目的を現している神のことばを受入れ同意しないなら、神との心からの本当の関係を持つことはできない。逆に神に本当に従っているなら神のことばを信じないでいることはできない。

3:7-8　そのはかりごとを・・・示さないでは　神に対して忠実（あるいは不忠実）であるならその結果来ること（良いことでも悪いことでも）を神は誠実に知らされた。このメッセージやご計画を神は預言者を通して伝えられた。そのとき預言者は受取ったメッセージをそのまま伝え、神の意図とさばきを人々に警告する責任があった。

3:9-15　集まり　イスラエルの罪とさばきを証言するためにアモスは隣りの国々を呼び集めた。その国々はイスラエルの滅亡を喜ぶのではなく、その罰を受けるのが当然であることを認めるのである。神がその民に対して行動を起こされるときには、その理由がはっきりしていた。

アモス書 3-4章

暴虐と暴行を重ねている。」

11 それゆえ、神である主はこう仰せられる。
「敵だ。この国を取り囲んでいる。
彼はあなたの権威を地に落とし、
あなたの宮殿はかすめ奪われる。」

12 主はこう仰せられる。
「羊飼いが、雄獅子の口から、
二本の足、あるいは耳たぶを取り返すように、
サマリヤに住んでいるイスラエルの子らは、
寝台の隅やダマスコの長いすから救い出される。」

13 「聞け。
そして、これをヤコブの家に証言せよ。
──神である主、万軍の神の御告げ──

14 まことに、
イスラエルがわたしに犯したそむきの罪を、
わたしが罰する日に、
わたしはベテルの祭壇を罰する。
その祭壇の角は折られ、地に落ちる。

15 わたしは冬の家と夏の家とを打つ。
象牙の家々は滅び、
多くの家々は消えうせる。
──主の御告げ──」

神に立返らないイスラエル

4

1 聞け。このことばを。
サマリヤの山にいるバシャンの雌牛ども。
彼女らは弱い者たちをしいたげ、
貧しい者たちを迫害し、
自分の主人たちに、
「何か持って来て、飲ませよ」と言う。

2 *神である主は、ご自分の聖にかけて誓われた。
見よ。その日があなたがたの上にやって来る。
その日、彼らはあなたがたを釣り針にかけ、
あなたがたを最後のひとりまで、
もりにかけて引いて行く。

3 あなたがたはみな、
城壁の破れ口からまっすぐ出て行き、
ハルモンは投げ出される。
──主の御告げ──

4 ベテルへ行って、そむけ。
ギルガルへ行って、ますますそむけ。
朝ごとにいけにえをささげ、
三日ごとに十分の一のささげ物をささげよ。

5 感謝のささげ物として、種を入れたパンを焼き、
進んでささげるささげ物を布告し、
ふれ知らせよ。
イスラエルの子ら。
あなたがたはそうすることを好んでいる。
──神である主の御告げ──

---

10 ④ハバ2:8-11, ゼパ1:9
11 ①アモ6:14,
Ⅱ列17:3, 6, 18:9-11
②ハバ2:8
12 ①Ⅰサム17:34-37
②詩132:3
③アモ6:4, エス1:6, 7:8
13 ①エゼ2:7
14 →アモ1:3
①アモ3:2
②アモ4:4, 5:5, 6, 7:10, 13, Ⅰサム7:16,
Ⅰ列12:29, 32, 13:1-3,
Ⅱ列23:15, エレ48:13,
ホセ10:5-8, 15
15 ①エレ36:22
②アモ6:4, Ⅰ列22:39,
詩45:8
③アモ6:11, 2:5

1 ①アモ3:9, 6:1
②詩22:12, エゼ39:18
③アモ2:6
④アモ2:8, 6:6
2 *アモ4:2, 5「神」の子音字は「主」
①詩89:35
②アモ6:8, 8:7
③イザ37:29, エレ16:16, エゼ32:3, 4,
ハバ1:14, 15
3 ①エレ52:7, エゼ12:5, 12
*七十人訳による
囗「投げ出す」
4 ①アモ4:4, 5, アモ5:21, 22, エゼ20:39
②アモ3:14, ホセ4:15
③アモ5:5,
Ⅰサム7:16, 11:14,
ホセ4:15, 9:15, 12:11
④民28:3, 4
⑤申14:28
5 ①レビ7:13, 23:17
②→エズ1:4
③ホセ9:1

3:11-12 敵だ。この国を取り囲んでいる ここで言われている敵は、イスラエルを滅ぼすために神が用いられたアッシリヤである。生き残って神のさばきについて話せる人はわずかしかいない(3:12)。

4:1 バシャンの雌牛ども アモスはごう慢な上流階級の女性たちを「バシャンの雌牛ども」と呼んでいる(これはこの女性たちをよく育った栄養十分なカナンの牛と比べた、皮肉を込めた侮辱のことばだった ⇒詩22:12)。ぶどう酒を飲み、高貴な生活を送っていた女性たちは、貧しい人々をしいたげてさらに多くのお金を手に入れるようにと夫たちを追立てていた。それは自己中心的な楽しみを満足するまで味わうためだった。

4:2 釣り針にかけ・・・引いて行く 岩に刻まれたアッシリヤの壁画には、鼻や下唇に付けられた釣り針のようなものに結ばれた縄で引かれて行く捕虜の絵がある。アッシリヤがイスラエルを打ち負かしたときイスラエルの首都にいた裕福な婦人たちは捕虜になり、鼻に釣り針を掛けられた牛のように引かれて行く。

4:4-5 ますますそむけ 多くの人は罪の生活(神の律法を破り、神の基準を否定し、人間が作った神々を礼拝すること)をしながら礼拝に参加し、ささげものやいけにえをささげることによって神に対する罪をさらに重ねていった。神のことばに背いた生活をしながら霊的に救われている(神との心からの個人的関係を

アモス書　4-5章

6 わたしもまた、あなたがたのあらゆる町で、
　あなたがたの歯をきれいにしておき、
　あなたがたのすべての場所で、
　パンに欠乏させた。
　それでも、あなたがたは
　わたしのもとに帰って来なかった。
　──主の御告げ──

7 わたしはまた、
　刈り入れまでになお三か月あるのに、
　あなたがたには雨をとどめ、
　一つの町には雨を降らせ、
　他の町には雨を降らせなかった。
　一つの畑には雨が降り、
　雨の降らなかった他の畑はかわききった。

8 二、三の町は水を飲むために
　一つの町によろめいて行ったが、
　満ち足りることはなかった。
　それでも、あなたがたは
　わたしのもとに帰って来なかった。
　──主の御告げ──

9 わたしは立ち枯れと黒穂病で、
　あなたがたを打った。
　あなたがたの果樹園とぶどう畑、
　いちじくの木とオリーブの木がふえても、
　かみつくいなごが食い荒らした。
　それでも、あなたがたは
　わたしのもとに帰って来なかった。
　──主の御告げ──

10 わたしは、エジプトにしたように、
　疫病をあなたがたに送り、
　剣であなたがたの若者たちを殺し、
　あなたがたの馬を奪い去り、
　あなたがたの陣営に悪臭を上らせ、
　あなたがたの鼻をつかせた。
　それでも、あなたがたは
　わたしのもとに帰って来なかった。
　──主の御告げ──

11 わたしは、あなたがたをくつがえした。
　神がソドムとゴモラをくつがえしたように。
　あなたがたは炎の中から取り出された
　燃えさしのようであった。
　それでも、あなたがたは
　わたしのもとに帰って来なかった。
　──主の御告げ──

12 それゆえ、イスラエルよ、
　わたしはあなたにこうしよう。
　わたしはあなたにこのことをするから、
　イスラエル、
　あなたはあなたの神に会う備えをせよ。

13 見よ。山々を造り、風を造り出し、
　人にその思いが何であるかを告げ、
　暁と暗やみを造り、
　地の高い所を歩まれる方、
　その名は万軍の神、主。

嘆きと悔い改めへの呼びかけ

5 ¹ イスラエルの家よ。聞け。私があなたがたについて哀歌を唱えるこのことばを。

² 「おとめイスラエルは倒れて、
　二度と起き上がれない。

持っている)と言って礼拝をする人々は、実際には神に対する一種の憎しみを示している。その人々は神の聖さ(道徳的霊的純潔、完全、悪からの分離)の基準に達していない物事を楽しんでいた。みことばの中に表されている目的や基準に従おうとしない人々の礼拝を神は受入れられない。

4:6-11　それでも、あなたがたはわたしのもとに帰って来なかった　人々が悔い改め、罪から離れて神に立返るように神は困難や災害を何回も繰返して送られた。けれども人々は何が起きても、堕落した生活様式を捨てようとはしなかった。そのような行動が神のさばきを招くことになったとアモスは警告した(4:

12)。

4:12　あなたの神に会う備えをせよ　イスラエルはアッシリヤ人の手によって神のさばきを受けることになる。そのさばきは恐ろしく徹底したものになる。ここのことばは、人生の行動について申し開きをするのは神を敬わない人だけではなく、正しい人々もしなければならないことに気付かせてくれる(→ヨハ5:29注、→「さばき」の項p.2167)。

5:1-27　哀歌を唱えるこのことば　この哀歌(悲しみ、哀悼、悲嘆の詩や歌)の中でアモスはイスラエルの罪による主の悲しみを伝えている。この歌はイスラエルの滅亡が既に起きたかのように言うことによって

彼女はおのれの地に投げ倒されて、
これを起こしてくれる者もいない。」

3 まことに、神である主はこう仰せられる。
「イスラエルの家で、
千人を出征させていた町には百人が残り、
百人を出征させていた町には十人が残ろう。」

4 まことに主は、イスラエルの家にこう仰せられる。
「わたしを求めて生きよ。

5 ベテルを求めるな。ギルガルに行くな。
ベエル・シェバにおもむくな。
ギルガルは必ず捕らえ移され、
ベテルは無に帰するからだ。」

6 主を求めて生きよ。
さもないと、
主は火のように、ヨセフの家に激しく下り、
これを焼き尽くし、
ベテルのためにこれを消す者がいなくなる。

7 彼らは公義を苦よもぎに変え、
正義を地に投げ捨てている。

8 すばる座やオリオン座を造り、
暗黒を朝に変え、昼を暗い夜にし、
海の水を呼んで、それを地の面に注ぐ

方、
その名は主。

9 主は強い者を踏みにじり、要塞を破壊する。

10 彼らは門で戒めを与える者を憎み、
正しく語る者を忌みきらう。

11 あなたがたは貧しい者を踏みつけ、
彼から小作料を取り立てている。
それゆえあなたがたは、切り石の家々を建てても、
その中に住めない。
美しいぶどう畑を作っても、
その酒を飲めない。

12 私は、あなたがたのそむきの罪がいかに多く、
あなたがたの罪がいかに重いかを知っている。
あなたがたは正しい者をきらい、まいないを取り、
門で貧しい者を押しのける。

13 それゆえ、このようなときには、
賢い者は沈黙を守る。
それは時代が悪いからだ。

14 善を求めよ。悪を求めるな。
そうすれば、あなたがたは生き、
あなたがたが言うように、
万軍の神、主が、あなたがたとともにおられよう。

15 悪を憎み、善を愛し、

それが確かであることを表している。けれども「残りの者」（ほんの一部分）だけでも神に立返って救われるようにアモスは人々に訴えた（5:15）。

5:4　わたしを求めて生きよ　もし人々が必死に神のあわれみを求め、神との新しい関係を追い求め始めるなら、ある人々はアモスが言った審判と滅亡とを免れることができる（→5:15）。けれどももしほかのところ（ベテルとギルガルは偶像礼拝の場所になっていた）から助けと導きを求め続けるなら、神のさばきは火のように人々を滅ぼす（5:6）。人生で神の力と導きと神との深い関係を求めて毎日祈りの時間を持つことは神の恵み（受けるにふさわしくない好意）を受け、神の完全な目的を達成するために極めて必要なことである。もし祈りと神のことばのために時間をとっていないなら注意をしなければならない。

5:7　正義を地に投げ捨てている　霊的な人は正義（正しい生き方と神との正しい関係）を求める。神の民はみな自分の生活と住んでいる社会の中での正義に深い関心を持たなくてはならない（⇒マタ6:33）。正義は聖霊の導きに従い、悪を憎んで善を愛することによって成熟し表される（→5:15注）。

5:12　あなたがたは正しい者をきらい　アモスが示した神に対するあらゆる罪の中で最も重大なものは社会的罪で、金持が自分の利益のために貧しい人や恵まれない人を利用していることだった。困っている人に特別な愛情と同情を示すことを神は強く願っておられる（→「**貧困者への配慮**」の項 p.1510）。

5:15　悪を憎み、善を愛し　もし神の民が悪から離れ良いこと正しいことを求めようとするなら、神はあわれみを示し近付いているさばきから助かることがで

門で正しいさばきをせよ。
万軍の神、主は、
もしや、ヨセフの残りの者を
あわれまれるかもしれない。

16 それゆえ、主なる万軍の神、主は、こう仰せられる。
「すべての広場に嘆きが起こり、
すべての通りで、人々は『ああ、ああ』と言い、
農夫を呼んで来て泣かせ、
泣き方を知っている者たちを呼んで来て、
嘆かせる。
17 すべてのぶどう畑に嘆きが起こる。
それは、わたしがあなたがたの中を
通り過ぎるからだ」と主は仰せられる。

主の日

18 ああ。
主の日を待ち望む者。
主の日はあなたがたにとっていったい何になる。
それはやみであって、光ではない。
19 人が獅子の前を逃げても、熊が彼に会い、
家に入って手を壁につけると、
蛇が彼にかみつくようなものである。
20 ああ、まことに、主の日はやみであって
光ではない。
暗やみであって、輝きではない。
21 わたしはあなたがたの祭りを憎み、退

ける。
あなたがたのきよめの集会のときのかおりも、
わたしは、かぎたくない。
22 たとい、あなたがたが全焼のいけにえや、
穀物のささげ物をわたしにささげても、
わたしはこれらを喜ばない。
あなたがたの肥えた家畜の和解のいけにえにも、
目もくれない。
23 あなたがたの歌の騒ぎを、わたしから遠ざけよ。
わたしはあなたがたの琴の音を聞きたくない。
24 公義を水のように、
正義をいつも水の流れる川のように、
流れさせよ。

25 「イスラエルの家よ。
あなたがたは、荒野にいた四十年の間に、
ほふられた獣とささげ物とを
わたしにささげたことがあったか。
26 あなたがたはあなたがたの王サクテと、
あなたがたのために造った星の神、キウンの像を
かついでいた。
27 わたしはあなたがたを、
ダマスコのかなたへ捕らえ移す」と
その名を万軍の神、主という方が仰せられる。

きる。神に自分をささげていることを示す確実なしるしは、罪（と人々に与える影響）を拒み神の正しい基準を深く愛することである（→ヘブ1:9注）。

5:18 【主】の日 「主の日」とは神があらゆる敵をさばき、名誉と報いを与えてくださる日だとイスラエル人は信じていた。けれどもその日が来るとそれはイスラエルにとっても厳しいさばきであると主張してアモスは衝撃を与えた（→ヨエ1:15注）。「主の日」の詳細→ゼパ緒論

5:21-27 わたしはあなたがたの祭りを・・・退ける
私たちがほかの人々と一緒に集まり感情を込めて歌を歌う礼拝式をしても、心の中での思いや行動が神と神の聖さからかけ離れているなら神は嫌われる。（1）神は心からの愛と感謝をもって心を神にささげ神の名前があがめられるような生き方をしようとあらゆる努力をしている人々の礼拝と賛美しか受入れられない（→「礼拝」の項 p.789）。（2）神は宗教的偽善（二重基準、うそ、見せ掛け）を嫌われる。神に従っているふりをしていても、本当はそうではない偽善者に神は厳しい罰を加えられる（→Ⅰコリ11:27注）。

貧困者への配慮

「私は、あなたがたのそむきの罪がいかに多く、あなたがたの罪がいかに重いかを知っている。あなたがたは正しい者をきらい、まいないを取り、門で貧しい者を押しのける。それゆえ、このようなときには、賢い者は沈黙を守る。それは時代が悪いからだ。善を求めよ。悪を求めるな。そうすれば、あなたがたは生き、あなたがたが言うように、万軍の神、【主】が、あなたがたとともにおられよう。」(アモス書5:12-14)

この世界には富む人と貧しい人、物質的富を持つ人と持たない多くの人とがいる。その中で豊かな人は持っていない人を利用することがしばしばである。そして持っている人が困っている人を必要以上に犠牲にして、より豊かになっていく(→詩10:2, 9-10, イザ3:14-15, エレ2:34, アモ2:6-7, 5:12-13, ヤコ2:6)。そのような恵まれないで困っている人々を虐待することに聖書は強く反対している。もし心から神に従い主イエスの模範に習うならほかの人々の必要が満たされるように仕え努力し、犠牲を払う気持を持つべきである(⇒Ⅰヨハ3:16)。事実人々の必要に応えないなら私たちの神への愛が問題であると聖書は言っている。「世の富を持ちながら、兄弟が困っているのを見ても、あわれみの心を閉ざすような者に、どうして神の愛がとどまっているでしょう。子どもたちよ。私たちは、ことばや口先だけで愛することをせず、行いと真実をもって愛そうではありませんか」(Ⅰヨハ3:17-18)。神を愛する愛と人々を愛する愛は単に面倒を見るとか配慮するだけのことではない。神を敬う愛は行動的で具体的なかたちで人々に触れるものである。困っている人や不利な立場にいる人に、神を信じる人々はどのように接したらよいかについて聖書は多くのことを教えている。

貧しく不利な立場にいる人々への神の関心

神は貧しい人、困っている人、虐げられている人に対する大きな関心と同情を表明してこられた。

(1) 神はご自分がその人々の避け所(詩14:6, イザ25:4)、助け(詩40:17, 70:5)、救い出す方(Ⅰサム2:8, 詩12:5, 34:6, 35:10, 113:7, ⇒ルカ1:52-53)、必要を満たす方(詩10:14, 68:10, 132:15)であると示された。

(2) イスラエル人に律法を啓示されたとき、人々の中から貧困を緩和するあるいは軽くする(一般的には取除く)ための方法を神はいくつも提供された(→申15:7-11注)。全体的目標は「あなたのうちには貧しい者がなくなるであろう。あなたの神、主が相続地としてあなたに与えて所有させようとしておられる地で、主は、必ずあなたを祝福される」(申15:4)ことだった。そのために神の律法は貧しい人に貸しても利息を取ることを禁じた(出22:25, レビ25:35-36)。もし貧しい人が担保(保証、契約、返済する約束)として何か(外套や価値のある所持品)を出した場合には、お金を貸した人は日没までにその物を返さなければならない。もし金持が貧しい人を仕事のために雇った場合には、その労働者が自分と家族のために食料を買えるように給料を毎日支払わなければならない(申24:14-15)。収穫の季節には地面に落ちた穀物は貧しい人のためにそのままにしておかなければならない(レビ19:10, 申24:19-21)。実際に畑の隅々は、困っている人々がより多く拾い集められるように収穫しないままにしておかなければならなかった(レビ19:9)。さらに注目するべきことは貧しいイスラエル人の負債は7年毎に帳消しにするという神の命令である(申15:1-6)。またその第7年目に近いからという理由で金持は貧しい人にお金を貸すのを断ることができなかった(申15:7-11)。借金を無効にする年に加えて神は財産を返還する年を設けられた。これはヨベルの年と呼ばれ(50年毎)、前のヨベルの年以来売買あるいは交換した土地はみな元の所有者の家族に返却しなければならなかった(→レビ25:8-55)。最も大切なことは裁判が公明正大で平等でなければならないことだった。それは法廷で金持も貧乏人もえこひいきをされることがないということだった(出23:2-3, 6, 申1:17, ⇒箴

31:9)。このようにして神は貧しい人や不利な立場の人が金持によって虐待されないようにされた。あらゆる人々のために公正が同じように保証された(→申24:14注)。

(3) 悲しいことにイスラエル人はこのような律法を必ずしも守っていなかった。むしろ多くの金持は貧しい人を利用してその惨めな状態をさらに募らせた。そこで主は預言者たちを通して、豊かなイスラエル人に厳しいさばきのことばを宣言された(→イザ1:21-25, エレ17:11, アモ4:1-3, 5:11-13, ミカ2:1-5, ハバ2:6-8, ゼカ7:8-14)。

貧しく不利な立場にいる人に対する新約聖書のキリスト者の責任

新約聖書でも神は神の民に、困っている人、特に教会の中のそのような人々に深い関心を示し積極的に同情を示すように教えられた。

(1) 主イエスの働きの多くは、だれにも顧みられない貧しく社会で不利な立場にいる人々に向けられていた。それは利用され、しいたげられている人々(ルカ4:18-19)、サマリヤ人(ユダヤ人と極端な緊張関係にあった ルカ17:11-19, ヨハ4:1-42)、ツァラアトに冒された人々(マタ8:2-4, ルカ17:11-19)、やもめたち(ルカ7:11-15, 20:45-47)、そのほか物質的に経済的に社会的に不利な立場にいる人々だった。主イエスはこの世界の富に執着し、貧しい人を無視している人々に対して厳しい警告とさばきのことばを言っておられる(マコ10:17-25, ルカ6:24-25, 12:16-20, 16:13-15, 19-31,「富と貧困」の項 p.1835)。

(2) 主イエスは弟子たちが貧しい人に惜しみなく与えることを期待された(→マタ6:1-4)。そして金入れを持ち、そこからご自分と弟子たちが貧しい人に与えることができるようにして、そのことを具体的に示された(→ヨハ12:5-6, 13:29)。一度ならず主イエスは主に従いたいと思う人々に、貧しい人に同情してできる限りお金を与えて助けるようにと言われた(マタ19:21, ルカ12:33, 14:12-14, 16-24, 18:22)。そのように助けることを、主イエスはしてもしなくてもよい自由選択のものとは考えておられなかった。実際主イエスは貧しい人に対する動機や行動を厳しく調べるようにと従う人々に言われた(→マタ25:31-46)。そしてこの「最も小さい者たち」にしたこと、しなかったことは主に対してしたことだと言われた(マタ25:40)。救いは行いによるのではないと聖書ははっきりと示しているけれども、ほかの人々、特に困っている人にどのように接したかは、最後のさばきのときの根拠の一部になることも示している。

(3) 初代教会は引き続き困っている人に積極的に同情心を示した。パウロ(異邦人―ユダヤ人以外の人々の間で多くの教会を始めた宣教師で新約聖書の多くの手紙を書いた人)とバルナバは最初の働きのときにシリヤのアンテオケ教会を代表してユダヤの貧しいキリスト者のために、エルサレムへ献金を持って行った(使11:28-30)。エルサレムで教会会議が開かれたときに指導者たちは教会の中の非ユダヤ人が割礼(男性の性器の包皮の一部または全部を取除くことで神との契約を受入れる旧約聖書のしるし、神の約束と人々の義務を思い出させるもの →創17:11注)という宗教規定を守るように強制することを拒んだ。あらゆる国の人々に対する神の霊的救いの計画に不必要な規則を加えるのは正しくないと理解したのである。けれどもパウロと協力者たちが「貧しい人たちをいつも顧みる」(ガラ2:10)ことには問題を感じなかった。パウロの第三回目の宣教旅行の目的の一つは、「エルサレムの聖徒たちの中の貧しい人たちのために醵金すること」(ロマ15:26)だった。そしてガラテヤとコリントにある諸教会にこのためにささげるように教えた(Iコリ16:1-4)。コリントの教会が期待したほど協力しなかったとき、パウロは困っている人を助けるために最善を尽すように強く勧めている(IIコリ8:-9:)。一方でこの献金に参加させてほしいと熱心に訴えた、あまり豊かではないマケドニヤの諸教会をパウロは称賛している(IIコリ8:1-4, 9:2)。パウロはささげることを非常に重要視して、神の働きと人々の必要のために喜んでささげる能力は、聖霊がキリスト者に与える賜物の一つであるとローマ人への手紙の中で言っている(→ロマ12:8注, ⇒Iテモ6:17-19)。

(4) 貧しく不利な立場にいる人々に配慮する際の優先順位の第一は、助けを必要としている仲間のキリスト者の必要に応えることである。主イエスは困っている人を助けることは主イエスに愛と親切を示すことだと言われた(マタ25:40, 45)。初代の教会は互いの必要を満たすために自分たちの持ち物を分け合う愛の共同体だった(使2:44-45, 4:34-37)。教会が大きくなって使徒たち(主イエスの弟子の中の小グループで

初代の教会の指導者たち)が会衆の中の困っている人の世話を十分にできなくなったとき、聖霊に満たされた7人の人をその務めのために選んだ(使6:1-6)。パウロは助け合うキリスト者の共同体の最も基本的な原理を次のように明らかに示している。「ですから、私たちは、機会のあるたびに、すべての人に対して、特に信仰の家族の人たちに善を行いましょう」(ガラ6:10)。そのように、多くの物を持っている人は困っている人と分け合うことを神は望んでおられると神のことばは教えている。神は教会が互いに平等であることをさらにはっきりと理解し実践するように望んでおられる(Ⅱコリ8:14-15, ⇒エペ4:28, テト3:14)。聖書は私たちの周りにいる人々、特にキリストにある同じ信仰を持った人々、そしてほかの人々全部の物質的必要に対して敏感になるようにとはっきり教えている。このような行動は、世界に対してキリストをまだ知らない人を愛するキリストの愛を示すことになる。実際にキリストを知らない人の多くは、キリストを知っているだれかが時間を割いてその人々の必要に応えてくれるまでメッセージに対しては心を開かないのである。

アモス書 6章

自己満足への警告

6

1 ああ。
シオンで安らかに住んでいる者、
サマリヤの山に信頼している者、
イスラエルの家が行って仕える国々の
最高の首長たち。

2 カルネに渡って行って見よ。
そこから大ハマテに行き、
またペリシテ人のガテに下って行け。
あなたがたはこれらの王国より
すぐれているだろうか。
あるいは、彼らの領土は
あなたがたの領土より大きいだろうか。

3 あなたがたは、
わざわいの日を押しのけている、と
思っているが、
暴虐の時代を近づけている。

4 象牙の寝台に横たわり、
長いすに身を伸ばしている者は、
群れのうちから子羊を、
牛舎の中から子牛を取って食べている。

5 彼らは十弦の琴の音に合わせて即興の
歌を作り、
ダビデのように新しい楽器を考え出す。

6 彼らは鉢から酒を飲み、最上の香油を
身に塗るが、

ヨセフの破滅のことで悩まない。

7 それゆえ、今、彼らは、
最初の捕らわれ人として引いて行かれ
る。
身を伸ばしている者どもの宴会は
取り除かれる。

イスラエルの高慢を嫌われる主

8 神である主は、ご自分にかけて誓われ
る。
──万軍の神、主の御告げ──
わたしはヤコブの誇りを忌みきらい、
その宮殿を憎む。
わたしはこの町と、
その中のすべての者を引き渡す。

9 一つの家に十人残っても、その者たち
も死ぬ。

10 親戚の者でこれを焼く者が
家から死体を持ち出すために、これを
取り上げ、
その家の奥にいる者に向かって言う。
「あなたのところに、まだいるか。」
彼は言う。「だれもいない。」
また言う。「口をつぐめ。主の名を口
にするな。」

11 まことに、見よ、主は命じる。
大きな家を打ち砕き、小さな家を粉々

---

1 ①イザ5:8
②イザ32:9-11,
ゼパ1:12, 箴1:32,
ルカ6:24
③アモ3:9, 4:1
2①Ⅱ列18:34, イザ10:9
*あるいは「ハマテ・ラバ」
②Ⅰサム5:8, Ⅱ歴26:6
③ナホ3:8
3①アモ9:10,
エレ5:12-18, イザ56:12
②アモ3:10, 詩94:20
*「座」の読み替え
4①アモ3:15
②アモ3:12
③エゼ34:3
5①アモ5:23, 8:10
②Ⅰ歴15:16, 23:5,
ネヘ12:36, ヨブ21:12,
イザ5:12
6①アモ2:8, 4:1, ダニ5:4,
ホセ4:18

7①アモ7:11, 17
②エレ16:5
8*子音字は「主」
①アモ4:2, 8:7,
創22:16,
エレ22:5, 51:14,
ヘブ6:13, 17
②イザ28:1
③アモ5:21, レビ26:30,
申32:19, 詩106:40
④アモ3:10, 11
9①アモ5:3
10*直訳「骨」
①Ⅰサム31:12
②アモ8:3, ハバ2:20,
ゼパ1:7
11①アモ3:15, 5:11,
Ⅱ列25:9

6:1-7 ああ・・・安らかに住んでいる者 サマリヤはイスラエルの首都だったけれども、ここではより一般的な意味で北王国イスラエルの全地域を指している。シオンはよく南王国ユダの首都エルサレムの町を一般的に指しているけれども、ここではユダ全体を指している（この状況の概観と説明 →「**イスラエルとユダの王国**」の地図 p.570）。サマリヤとシオンと言うことによってアモスはその警告が分裂王国の両方の地域にいるイスラエルの十二部族全部の人々に当てはまることを示している。(1) 人々は権力と繁栄を味わっていたけれどもひとりよがりになり、罪と神を敬わない生き方に無関心になっていた。自分たちの物質的な繁栄は神の祝福と好意があることを証明していると信じた。そして神のさばきは絶対に来ないと確信していた。(2) 注意をしていないと私たちも繁栄や心地よい生活様式によって神を軽んじ、世間と同じ生き方に押し流され神に仕える情熱を失ってしまう可能性がある（→「**富と貧困**」の項 p.1835）。

6:6 悩まない 繁栄と富に安心することなく、国の罪と近付いている破滅をイスラエル人は悩むべきだった。人々の罪のために本当の悲しみを表す人は神のさばきを免れ（→エゼ9:4）、神の祝福を体験することができる（マタ5:4）。

6:8 わたしはこの町・・・を引き渡す 人々が主に立返ることを拒んだので町は破壊されてしまう。その滅亡は確実だった。全能の神がご自分の名誉のためにその誓いを確証された。

6:10 口をつぐめ 主の日（さばきの日）が来ると、その災難によって人々はその恐ろしさに打ちのめされてしまう。そして神の名前を口に出そうとしなくなる。口に出せば破壊がさらにひどくなり死ぬのではないかと恐れたからである。

12 馬は岩の上を走るだろうか。
人は牛で海を耕すだろうか。
あなたがたは、公義を毒に変え、
正義の実を苦よもぎに変えた。

13 あなたがたは、ロ・デバルを喜び、
「私たちは自分たちの力で
カルナイムを取ったではないか」と言う。

14 「まことに、イスラエルの家よ、
今、わたしは一つの民を起こして
あなたがたを攻める。
──万軍の神、主の御告げ──
彼らはレボ・ハマテからアラバの川筋まで、
あなたがたをしいたげる。」

いなごと火と重りなわ

7 1 神である主は、私にこのように示された。見よ。王が刈り取ったあとの二番草が生え始めたころ、主はいなごを造っておられた。2 そのいなごが地の青草を食い尽くそうとしたとき、私は言った。
「神、主よ。どうぞお赦しください。
ヤコブはどうして生き残れましょう。
彼は小さいのです。」
3 主はこのことについて思い直し、
「そのことは起こらない」と主は仰せられた。

4 神である主は、私にこのように示された。見よ。神である主は燃える火を呼んでおられた。火は大淵を焼き尽くし、割り当て地を焼き尽くそうとしていた。

5 私は言った。
「神、主よ。どうか、おやめください。
ヤコブはどうして生き残れましょう。
彼は小さいのです。」
6 主はこのことについて思い直し、
「このことも起こらない」と
神である主は仰せられた。

7 主は私にこのように示された。見よ。主は手に重りなわを持ち、重りなわで築かれた城壁の上に立っておられた。8 主は私に仰せられた。「アモス。何を見ているのか。」私が「重りなわです」と言うと、主は仰せられた。
「見よ。わたしは重りなわを、
わたしの民イスラエルの真ん中に垂れ下げよう。
わたしはもう二度と彼らを見過ごさない。
9 イサクの高き所は荒らされ、
イスラエルの聖所は廃墟となる。
わたしは剣をもって、
ヤロブアムの家に立ち向かう。」

アモスとアマツヤ

10 ベテルの祭司アマツヤは、イスラエルの王ヤロブアムに人を遣わしてこう言った。「イスラエルの家のただ中で、アモスはあなたに謀反を企てています。この国は彼のすべてのことばを受け入れることはできません。

7:1-6 神である主は、私に・・・示された 近付いている神のさばきの二つの幻がアモスに与えられた。第一はいなごの大群というかたちで来る災害である(7:1)。第二は強烈な熱による災害である(7:4)。二つの災害によって土地は荒らされ、大規模な飢餓が引起こされる。このさばきに伴う破壊に圧倒された預言者は、人々のためにとりなし(人々の情況を訴え絶望的な状態のために祈ること)を始めた。その結果、主はさばきを思い直された(7:3, 6)。神は罪びとが死ぬことを願ってはおられない(Ⅰテモ2:4, Ⅱペテ3:9)。また誠実な人々の祈りに応えると神は約束しておられる(ヤコ5:16)。神のさばきは大抵条件付きで、もし人々が本当に悔い改めるなら、またはだれかが信仰をもってとりなすなら神は気持を「和らげ」、さばきのご計画を取消してくださる。人々が祈るなら、神は既に言われたことを変え、人々に下すとされたさばきをとりやめてくださる(⇒出32:14, 士2:18, Ⅰ歴21:15, エレ18:8, 26:3, 13, 19, ヨナ3:10)。

7:7-9 重りなわ アモスの見た第三の幻は神が重りなわでイスラエルを測っていることを明らかにした。重りなわは端に重りが結ばれたひもで、建築家が壁が垂直であるかどうかを測るために使うものである。イスラエルは、神の基準から見ると外れており曲がっていた。つまり国の構造が崩壊の危機にあった。神のことばを拒んだので(7:12-17)、神のさばきは確実に下ろうとしていた。

アモス書 7-8章

11 アモスはこう言っています。『ヤロブアムは剣で死に、イスラエルはその国から必ず捕らえられて行く。』」
12 アマツヤはアモスに言った。「先見者よ。ユダの地へ逃げて行け。その地でパンを食べ、その地で預言せよ。
13 ベテルでは二度と預言するな。ここは王の聖所、王宮のある所だから。」
14 アモスはアマツヤに答えて言った。「私は預言者ではなかった。預言者の仲間でもなかった。私は牧者であり、いちじく桑の木を栽培していた。
15 ところが、主が群れを追っていた私をとり、主は私に仰せられた。『行って、わたしの民イスラエルに預言せよ』と。
16 今、主のことばを聞け。あなたは『イスラエルに向かって預言するな。イサクの家に向かって預言するな』と言っている。
17 それゆえ、主はこう仰せられる。
『あなたの妻は町で遊女となり、
あなたの息子、娘たちは剣に倒れ、
あなたの土地は測りなわで分割される。
あなたは汚れた地で死に、
イスラエルはその国から
必ず捕らえられて行く。』」

一かごの夏のくだもの

8 1 神である主は、私にこのように示された。そこに一かごの夏のくだものがあった。
2 主は仰せられた。「アモス。何を見ているのか。」私が、「一かごの夏のくだものです」と言うと、主は私に仰せられた。
「わたしの民イスラエルに、終わりが来た。

わたしはもう二度と彼らを見過ごさない。
3 その日には、神殿の歌声は泣きわめきとなる。
――神である主の御告げ――
多くのしかばねが、至る所に投げ捨てられる。
口をつぐめ。」

4 聞け。貧しい者たちを踏みつけ、
地の悩む者たちを絶やす者よ。
5 あなたがたは言っている。
「新月の祭りはいつ終わるのか。
私たちは穀物を売りたいのだが。
安息日はいつ終わるのか。
麦を売りに出したいのだが。
エパを小さくし、シェケルを重くし、
欺きのはかりで欺こう。
6 弱い者を金で買い、
貧しい者を一足のくつで買い取り、
くず麦を売るために。」

7 主はヤコブの誇りにかけて誓われる。
「わたしは、彼らのしていることをみな、
いつまでも、決して忘れない。
8 このために地は震えないだろうか。
地に住むすべての者は
泣き悲しまないだろうか。
地のすべてのものは
ナイル川のようにわき上がり、
エジプト川のように、
みなぎっては、また沈まないだろうか。
9 その日には、――神である主の御告

7:12-17 先見者よ・・・逃げて行け この部分では神がもはや怒りを抑えられない大きな理由の一つが明らかにされている。人々と、特に指導者たちを代表している祭司アマツヤは公然と神の預言者とそのメッセージを拒んだ。意識的に神と神のことばを拒む人は自分で永遠の死を招いている。心がかたくなで邪悪な人に対する神のあわれみがなくなる時が来る。

8:1 一かごの夏のくだもの 熟した果物は人々がさばきに向けて熟していること(用意ができた、まさに腐ろうとしている)を意味している。人々の終わりは近く、滅亡が間もなくやって来る。

8:5 安息日 商人たちは自分勝手で欲が深く安息日(礼拝と休息の日)が終るのが待遠しかった。終ればすぐに自分の店に行ってさらに商品を売ろうとしていた。私たちも自分に問わなければならない。自分は金もうけや必要だと思うことを達成することに心を奪われて、神のことばや神の目的に関心を持たず、人生の正しい優先順位を持つことにほとんど、あるいは全く関心を持っていないのではないか。主イエスによれば同時に「神にも仕え、また富にも仕えるということは

げ――
わたしは真昼に太陽を沈ませ、
日盛りに地を暗くし、
10 あなたがたの祭りを喪に変え、
あなたがたのすべての歌を哀歌に変え、
すべての腰に荒布をまとわせ、
すべての人の頭をそらせ、
その日を、ひとり子を失ったときの喪
のようにし、
その終わりを苦い日のようにする。

11 見よ。その日が来る。
――神である主の御告げ――
その日、わたしは、この地にききんを
送る。
パンのききんではない。
水に渇くのでもない。
実に、**主**のことばを聞くことのききん
である。
12 彼らは海から海へとさまよい歩き、
北から東へと、
主のことばを捜し求めて、行き巡る。
しかしこれを見いだせない。
13 その日には、美しい若い女も、若い男
も、
渇きのために衰え果てる。
14 サマリヤの罪過にかけて誓い、
『ダンよ。あなたの神は生きている』と
言い、
『ベエル・シェバの道は生きている』と
言う者は、
倒れて、二度と起き上がれない。」

9 ①イザ13:10, ミカ3:6
②アモ4:13, 5:8
10 ①イザ15:2, 3
②→イザ29:1
③アモ5:23, 6:5
④エレ48:37, エゼ7:18
⑤エレ6:26, ゼカ12:10
11 ①Ⅱ歴15:3, 詩74:9, エゼ2:9, エゼ7:26, 申8:3
12 ①エゼ20:3, 31, ホセ5:6
13 ①哀1:18, 2:21
14 ①ホセ4:15
②ホセ8:5
③Ⅰ列12:28, 29
④アモ5:5
＊七十人訳は「ベエル・シェバよ、おまえの神は生きている」
⑤アモ5:2

1 ①アモ3:14
②詩68:21, ハバ3:13
③アモ7:17, 9:1, 10
④アモ2:14, エレ11:19
2 ①詩139:8, エレ23:23, 24
②ヨブ26:2
＊㊇「シェオル」
③エレ51:53
3 ①アモ1:2
②エレ16:16
③ヨブ34:22, エレ16:17
4 ①レビ26:33, イザ27:1, エゼ5:12
②エレ21:10, 39:16, 44:11
5 ①→アモ4:13
②詩104:32, 144:5
③ミカ1:4

イスラエルの滅亡

9

1 私は、祭壇のかたわらに立っておられる
主を見た。
主は仰せられた。
「柱頭を打って、敷居が震えるように
せよ。
そのすべてを頭上で打ち砕け。
わたしは彼らの残った者を、剣で殺す。
彼らのうち、ひとりも逃げる者なく、
のがれる者もない。
2 彼らが、よみに入り込んでも、
わたしの手はそこから彼らを引き出し、
彼らが天に上っても、
わたしはそこから彼らを引き降ろす。
3 彼らがカルメルの頂に身を隠しても、
わたしは捜して、そこから彼らを捕ら
え出し、
彼らがわたしの目を避けて
海の底に身を隠しても、
わたしは蛇に命じて、そこで彼らをか
ませる。
4 もし、彼らが敵のとりこなって行っ
ても、
わたしは剣に命じて、その所で彼らを
殺させる。
わたしはこの目で彼らを見る。
それは、わざわいのためで、
幸いのためではない。」
5 万軍の神、主が、地に触れると、
それは溶け、

できません」(→マタ6:24注)。

8:11 【主】のことばを聞くことのききん イスラエルは神のメッセージと警告を繰り返し拒んでいた(2:11-12, 7:10-13, 16)。そこで望んでいた通りになった。預言者が見離すことになったのである。(1) 人々に訴え警告しあるいは励ますために、神はだれも送らなくなる。人々は神から何も聞くことがなくなる。言い換えると近付いている災害のときに神の導きを求めても応答は沈黙でしかない。(2) 神が人々を罪深い欲望とその結果に全くまかせてしまうほど恐ろしいさばきはない。そうなると、人々はこの世界のねじれた神を敬わない霊的堕落の中に深く落ちたままになってしま

う。この状態が続くと人々は最終的に悪霊の力とその影響の奴隷になってしまう(ロマ1:21-32, →ロマ1:24注)。

9:1-10 私は・・・主を見た 第五の幻の中でアモスは主が聖所の祭壇のそばに立っておられるのを見た。祭壇は通常は人々が神の祝福にあずかることを期待する場所である。けれども神は神殿と偽善的な(にせの、見せ掛けの)礼拝者を打倒そうとしておられた。逃れた人々も剣によって殺される。実際に神に抵抗した人はみな死んでしまう(9:10)。同じように、キリストが再び来られると教会の中で罪深い生活を送っている人々を厳しくさばかれる。神の怒りから逃れられ

そこに住むすべての者は泣き悲しみ、
地のすべてのものは
ナイル川のようにわき上がり、
エジプト川のように沈む。
6 天に高殿を建て、
地の上に丸天井を据え、
海の水を呼んで、地の面に注がれる方、
その名は主。

7 「イスラエルの子ら。
あなたがたは、わたしにとって、
クシュ人のようではないのか。
——主の御告げ——
わたしはイスラエルをエジプトの国から、
ペリシテ人をカフトルから、
アラムをキルから連れ上ったではないか。
8 見よ。神である主の目が、
罪を犯した王国に向けられている。
わたしはこれを地の面から根絶やしに
する。
しかし、わたしはヤコブの家を、
全く根絶やしにはしない。
——主の御告げ——
9 見よ。わたしは命じて、
ふるいにかけるように、
すべての国々の間でイスラエルの家を
ふるい、
一つの石ころも地に落とさない。
10 わたしの民の中の罪人はみな、剣で死
ぬ。
彼らは『わざわいは私たちに近づか

ない。
私たちまでは及ばない』と言っている。

イスラエルの回復

11 その日、わたしは
ダビデの倒れている仮庵を起こし、
その破れを繕い、その廃墟を復興し、
昔の日のようにこれを建て直す。
12 これは彼らが、エドムの残りの者と、
わたしの名がつけられた
すべての国々を手に入れるためだ。
——これをなされる主の御告げ——

13 見よ。その日が来る。
——主の御告げ——
その日には、耕す者が刈る者に近寄り、
ぶどうを踏む者が種蒔く者に近寄る。
山々は甘いぶどう酒をしたたらせ、
すべての丘もこれを流す。
14 わたしは、
わたしの民イスラエルの繁栄を元どお
りにする。
彼らは荒れた町々を建て直して住み、
ぶどう畑を作って、そのぶどう酒を飲
み、
果樹園を作って、その実を食べる。
15 わたしは彼らを彼らの地に植える。
彼らは、
わたしが彼らに与えたその土地から、
もう、引き抜かれることはない」と
あなたの神、主は、仰せられる。

9:11-15 その日 イスラエルは完全には滅ぼされないという約束でアモス書は終る(⇒9:8)。イスラエルがその地に回復され、あらゆる国の祝福になる日を預言者は見ている。それはもう一度、主を自分たちの神として認めるときである(9:15)。「その日」とはメシヤの王国のことで、歴史の終りにキリストが全世界を治められる日のことである(→黙20:)。ヤコブは11—12節を引用して神の救いの計画にはユダヤ人だけではなく、あらゆる国の人々が神の国に入れられるということを示している(→使15:16注)。

9:11 ダビデの倒れている仮庵 この表現はイスラエルの全十二部族が一つの国として結合し、メシヤ(キリスト)の統治のもとで生活することを指している。

9:12 すべての国々 救い主は全世界の国々を治め、イスラエルはあらゆる人々の祝福になる。これはアブラハムやダビデとの神の契約の最終的成就である(→「アブラハム、イサク、ヤコブとの神の契約」の項 p.74,「ダビデとの神の契約」の項 p.512)。

9:13-15 耕す者が刈る者に近寄り アモスは作り変えられた栄光の地のことを言っている。そこでは神の民が絶えず種を蒔き、同時に収穫することができる。その土地には超自然的な生産力があり、人々には不足するものが何もなく、神の祝福は終ることがない。イスラエルと神との関係はついに回復し、人々は二度と神を捨てることはない。その地でのイスラエルの立場は安全で再び滅びることはない。

オバデヤ書

概　要
- I．エドムへのさばき（1：1-14）
    - A．迫り来る滅亡（1：1-4）
    - B．完全な破壊（1：5-9）
    - C．さばきの理由―ユダの苦しみを喜んだこと（1：10-14）
- II．「主の日」（1：15-21）
    - A．国々へのさばき（1：15-16）
    - B．「主の日」のイスラエルの立場（1：17-21）
        1．イスラエルの救い（1：17-18a）
        2．エドムの滅亡（1：18b）
        3．神の御国の一部としてのイスラエルの拡大（1：19-21）

著　者：オバデヤ

主　題：エドムへのさばき

著作の年代：紀元前840年頃

著作の背景

　この短い書物の著者はオバデヤという名前の預言者であるけれども、その人生や家族や背景については何も書かれていない。「オバデヤ」という名前は「主のしもべ」という意味で、聖書では極めて一般的で、同じ名前の人が12、13人いる（Ｉ列18：3-16、Ⅱ歴17：7, 34：12-13）。

　この書物を書いたオバデヤは旧約聖書のほかの箇所に出てくるオバデヤと同じ人物かどうかは、この書物の預言の日時によって決まってくる。けれども王の名前が記録されていないので、この預言がされた時期がはっきりわからない。本文にある歴史的記述はただ一つ、エルサレム（南王国ユダの首都）への侵攻をエドム人が喜んだことと、さらに財産や財宝の略奪にかかわったことだけである（1：11-14）。それでもオバデヤがどのエルサレム侵攻を指しているのかがはっきりしない。旧約聖書の時代にエルサレムは5回侵攻されている。（1）前926年のレハブアム王の時代のエジプトの王シシャクによる侵攻（Ｉ列14：25-26）、（2）前848－841年頃のヨラム王の時代のペリシテ人とアラビヤ人による侵攻（Ⅱ歴21：16-17）、（3）前790年頃のアマツヤ王の時代のイスラエルのヨアシュ王による侵攻（Ⅱ列14：13-14）、（4）前701年のヒゼキヤ王の時代のアッシリヤのセナケリブ王による侵攻（Ⅱ列18：13）、（5）前605年と586年の間のバビロニヤ人による侵攻（Ⅱ列24：-25：）。ほとんどの学者はオバデヤの預言は（2）または（5）の侵攻に関係していると考えている。けれどもこの二つのうちバビロニヤ帝国のネブカデネザル王によるエルサレム侵攻は可能性が低い。なぜならこの侵攻によってエルサレムが完全に破壊されたこと、またはユダヤ人がバビロニヤ帝国全土に捕囚にされたことを示すものがオバデヤ書にはないからである。エルサレムへの侵攻だけではなくその滅亡に触れているほかの預言者は、敵のことを単に「他国人」、「外国人」（1：11）ではなく、必ずネブカデネザルとバビロニヤとしている。したがってオバデヤの預言はペリシテ人とアラビヤ人が強烈な攻撃を仕掛け財宝を略奪した（2）ではないかと思われる。この直前にエドム人（エルサレムの支配下にあった）がユダの支配から独立することができた（Ⅱ歴21：8-10）ことを考えれば、エルサレムの悲劇をエドム人が喜んだのも理解できる。ペリシテ人とアラビヤ人のエルサレム侵攻はヨラム王の時代、前848－841年頃に起きている。その襲撃はオバデヤ書が書かれる前に起きているので、この預言は前840年頃のものと考えられる。

　この預言の背景の一部は創世記25章19－34節、27章1節－28章9節のエサウ（エドム人の先祖）とヤコブ（イスラエル十二部族の先祖）の長年にわたる対立関係の始まりまでさかのぼる。創世記ではこの二人の兄弟が和解し関係が修復されたことを記録しているけれども（創33：）、その子孫の間の憎しみは聖書の歴史全般を通してし

ばしば争いを引起こしている(⇒民20：14-21，Ⅰサム14：47，Ⅱサム8：14，Ⅰ列11：14-22)。したがってエルサレムの苦難をエドム人が喜んだことは、ユダヤ人に対して敵意を持ち続けた歴史の中で極めて典型的で一貫した態度だったと言える。

目　的
　この預言書は、(1) ユダの苦難を喜ぶ高慢なエドムに対する神の激しい怒りを明らかにし、(2) エドムに対して神のさばきがやがて下るというメッセージを伝えるために書かれた。オバデヤはこの二つの民族に対する神の取扱の結果についても話している。それはエドムについては壊滅すること、けれども神の民であるイスラエルは「主の日」に救い出され、本当の自由が与えられるということである(「主の日」の詳しい説明　→ゼパ緒論)。

概　観
　オバデヤ書は大きく二つの区分に分けられる。
　第一部(1：1-14)では神がエドムを激しく非難し、その罪の申開きをするように求めておられる。エドムの最大の過ちは高ぶり(国の地理的位置と安全性による)とユダの崩壊を喜んだ罪である。その態度は神への憎しみと反抗の表れである。その結果、神の厳しいさばきが下される。オバデヤは神のさばきが撤回される見込みはないと言っている。オバデヤは罪を悔改めて主に立返るように招いていない。実際にエドム人はその暴力と残酷さのため永遠に滅ぼされる(1：10)。
　第二部(1：15-21)ではエドムや神の敵がみな滅ぼされ、神の民が救い出されて神の御国が勝利を治める「主の日」が来ることを預言的に言っている。

特　徴
　オバデヤ書には四つの大きな特徴がある。
　(1) 旧約聖書の中で最も短い書物である。
　(2) オバデヤはイスラエルあるいはユダ以外の国一つだけに、書面にしたメッセージを伝えるように神から指示された三人の預言者(ヨナ、ナホムとともに)の一人である。
　(3) オバデヤ書とエレミヤ書49章7－22節には多くの類似点がある。
　(4) 新約聖書で引用または引照をされていない。

新約聖書での成就
　新約聖書はオバデヤ書を直接引照していないけれども、エサウとヤコブの対立(エドムとイスラエルの争いの根本原因)は新約聖書でも続いており、それについて扱っている。パウロはローマ人への手紙9章10－13節でエサウとヤコブの対立について書いている。そして罪を悔改める人、主の名を呼ぶ(主の導きと権威に人生をゆだねる)人は、ユダヤ人でも異邦人(イスラエル人やユダヤ人以外のあらゆる国の人々)でもみな救われるという神の希望のメッセージを示している(ロマ10：9-13, 15：7-12)。

オバデヤ書の通読
　旧約聖書全体を1年間で通読するためには、オバデヤ書を1日で読まなければならない。
☐ オバデヤ

メ　モ

オバデヤ書 1章

1 オバデヤの幻。

1:1-4　並行記事―エレ49:14-16
1:5-6　並行記事―エレ49:9-10

*神である主は、エドムについてこう仰せられる。
私たちは主から知らせを聞いた。
使者が国々の間に送られた。
「立ち上がれ。エドムに立ち向かい戦おう。」

2 見よ。わたしはあなたを国々の中の小さい者、
ひどくさげすまれる者とする。

3 あなたの心の高慢は自分自身を欺いた。
あなたは岩の裂け目に住み、高い所を住まいとし、
「だれが私を地に引きずり降ろせようか」と
心のうちに言っている。

4 あなたが鷲のように高く上っても、
星の間に巣を作っても、
わたしはそこから引き降ろす。
──主の御告げ──

5 盗人があなたのところに来れば、

1 ①オバ1-21、
　イザ34:5-17, 63:1-6、
　エレ49:7-22、
　エゼ25:12-14, 35章、
　アモ1:11, 12マラ1:2-5
　＊子音字は「主」
　②民20:23, 24:18
　③エレ6:4, 5
2 ①イザ23:9
3 ①オバ3, 4、エレ49:16
　②イザ16:6
4 ①ヨブ20:6、エレ51:53
　②イザ14:13
　③ハバ2:9
　④アモ9:2

5 ①オバ9, 10
　②申24:21、
　イザ17:6, 24:13、
　エレ49:9
7 ①エレ30:14
　②エレ38:22
　＊直訳「あなたのパンが」
　③詩41:9
8 ①エレ49:7, 8:9、
　イザ19:11, 12, 29:14
9 ①Ⅰ歴1:45、エレ49:20、
　エゼ25:13、アモ1:12、
　ハバ3:3
　②エレ49:22
　③オバ5、イザ34:5-8
10 ①創27:41
　②詩137:7、
　エゼ12:35:5、
　ヨエ3:19

夜、荒らす者が来れば、
あなたは荒らされ、
彼らは気のすむまで盗まないだろうか。
ぶどうを収穫する者が
あなたのところに来るなら、
彼らは取り残しの実を残さないだろうか。

6 ああ、エサウは捜し出され、
その宝は見つけ出される。

7 あなたの同盟者がみな、あなたを欺き、
あなたを国境まで送り返し、
あなたの親しい友があなたを征服し、
*あなたのパンを食べていた者が、
あなたの足の下にわなをしかける。
それでも彼はそれを悟らない。

8 その日には、──主の御告げ──
わたしは、エドムから知恵ある者たちを、
エサウの山から英知を
消し去らないであろうか。

9 テマンよ。あなたの勇士たちはおびえる。
虐殺によって、エサウの山から、
ひとり残らず絶やされよう。

10 あなたの兄弟、ヤコブへの暴虐のために、
恥があなたをおおい、あなたは永遠に絶やされる。

11 他国人がエルサレムの財宝を奪い去り、

1:1　オバデヤ　オバデヤはユダ（統一イスラエルから分裂した南王国 →Ⅰ列12:-14:、「**イスラエルとユダの王国**」の地図 p.570）で活躍した預言者で、エドムに対する神のさばきを預言した（→緒論）。

1:1　エドムについて　エドムはユダの南の隣国で、ヤコブ（神にイスラエルという名を与えられ息子たちや子孫が十二部族になった 創32:28）の双子の兄エサウ（1:6）の子孫たちである。つまりエドム人はイスラエル人と親戚関係にあった（1:10）。けれどもこの国はいつも神の民の敵になり、イスラエル人を攻撃する外国の軍隊をしばしば助けた。エドムはイスラエル人に対して敵意と憎しみを持ち続けた長い歴史があるので、神は罰するのである。

1:3　あなたの心の高慢　「高慢」（《へ》ザドン）ということばは非常に大胆で反抗的な態度や行動、特に神に対してとる態度を意味している。エレミヤもこのことばを使って、エドムの不快とも言えるうぬぼれを描いている（エレ49:16）。同じことばは、にせ預言者や神の目的に仕えようとする人々に反対する人々を表現するときにも使われている。このような高ぶりは重い罪

で厳しいさばきを招く。エドム人が高慢になった理由の一つは、険しい山岳地帯に住んでいたことにある。そのため、自分たちは全く安全で占領されることはないと信じていた。また自分たちの独立性と力を誇りにしていた。けれども神はエドム人を打倒される。聖書は高慢や優越感は自分を欺くことになると教えている。また聖書は破滅の前には高ぶりがあること（1:4、箴16:18）、そして高ぶりは神を敵に回すことになる（1:8、ヤコ4:6、Ⅰペテ5:5）と警告している。

1:5-6　盗人があなたのところに来れば　エドム人はほかの土地を攻撃して、周りの国々の財産を奪い多くの人を虐殺するのを習慣にしていた。ところがいまや神がほかの国々にエドムを攻撃させるので、エドムは自分たちがしたのと同じことを体験することになる。

1:10　永遠に絶やされる　エドム人は暴力的で残忍なため完全に滅ぼされるけれども（⇒1:16, 18）、ユダは回復されて神の御国が勝利を収めるとオバデヤは預言した（1:17, 19, 21）。バビロニヤがエルサレムを破壊してから4年後の前582年に、エドムはバビロニヤによって壊滅的な被害を受け、人々は強制的にユダの

外国人がその門に押し入り、
エルサレムをくじ引きにして取った日、
あなたもまた彼らのうちのひとりのように、
知らぬ顔で立っていた。

12 あなたの兄弟の日、その災難の日を、
あなたはただ、ながめているな。
ユダの子らの滅びの日に、
彼らのことで喜ぶな。
その苦難の日に大口を開くな。

13 彼らのわざわいの日に、
あなたは、わたしの民の門に、入るな。
そのわざわいの日に、
あなたは、その困難をながめているな。
そのわざわいの日に、
彼らの財宝に手を伸ばすな。

14 そののがれる者を断つために、
別れ道に立ちふさがるな。
その苦難の日に、
彼らの生き残った者を引き渡すな。

15 **主**の日はすべての国々の上に近づいている。
あなたがしたように、あなたにもされる。
あなたの報いは、あなたの頭上に返る。

16 あなたがたがわたしの聖なる山で飲んだように、
すべての国々も飲み続け、
飲んだり、すすったりして、

彼らは今までになかった者のようになるだろう。

17 しかし、シオンの山には、
のがれた者がいるようになり、
そこは聖地となる。
ヤコブの家はその領地を所有する。

18 ヤコブの家は火となり、
ヨセフの家は炎となり、
エサウの家は刈り株となる。
火と炎はわらに燃えつき、これを焼き尽くし、
エサウの家には生き残る者がいなくなる、と
主は告げられた。

19 ネゲブの人々はエサウの山を、
低地の人々はペリシテ人の国を占領する。
また彼らはエフライムの平野と、
サマリヤの平野とを占領し、
ベニヤミンはギルアデを占領する。

20 イスラエルの子らで、
この塁の捕囚の民は
カナン人の国をツァレファテまで、
セファラデにいるエルサレムの捕囚の民は
南の町々を占領する。

21 救う者たちは、
エサウの山をさばくために、シオンの山に上り、
王権は**主**のものとなる。

脚注:
11 ①ヨエ3:3, ナホ3:10 ②詩83:5-8, アモ1:6, 9
12 ①エゼ35:5, ミカ7:8, ヨブ31:29, 箴17:5, 24:17 ②詩31:18
13 ①エゼ35:10, 36:2, 3
14 ①イザ16:3, 4
15 →ヨエ1:15 ②エゼ50:29, エゼ35:11 ③エレ51:56
16 ①→エゼ20:40 ②エレ25:15, 16, 28, 49:12, 哀4:21
17 ①イザ4:5, ヨエ3:17 ②ヨエ2:32 ③イザ14:1, 2, アモ9:11-15
18 ①イザ5:24, 10:17 ②出15:7, ゼカ12:6 ③エレ11:23, アモ1:8
19 * 欠「シェフェラ」 ①イザ11:14 ②エレ31:5
20 * 文意不明確。七十人訳は「この最初の捕囚の民」 ①Ⅰ列17:9, ルカ4:26 ②エレ32:44, 33:15
21 ①ヘブ9:27 ②オバ8, 9 ③詩22:28, 47:7-9, ダニ7:14, ミカ4:7, ゼカ14:9, ルカ1:33, 黙11:15, 19:6

南部に住むようにさせられた。紀元70年にエルサレムがローマによって破壊された後、エドムの名前は地上から消えてしまった。

1:11-14　知らぬ顔で立っていた　（1）エドムは隣国であり親戚関係でもあったイスラエル（→1:1注）が困っているときに助けなかった。神はそのためにさばきを下される。（2）神の民（神の助けとあわれみを受けた人々）は、ほかの人々が困っているときには神の慈しみを示すべきだと神は願っておられる。困っている人のことを気に掛けず、自己中心で同情心のない人の心には神の愛があるとは言えない（Ⅰヨハ3:15-17, →「貧困者への配慮」の項 p.1510）。

1:15　あなたにもされる　ほかの人々にとった態度に応じて神はエドムやほかの国々に報いを与えるとオバデヤは預言した。この原則は今も変わらず、特にキリストに従っているという人に適応される（→コロ3:25注）。

1:17-21　シオンの山には、のがれた者がいるようになり　シオンの山は、古い契約（キリストが来られる前に与えられた神と人間との関係を築き維持するための神の方法）ではエルサレムを象徴している。新しい契約（神の御子イエス・キリストを通して成就した神の救いの計画）では、神が神の民と永遠に住まわれるという教会の天の住まいのことである（ヘブ12:22-24, →「エルサレムの町」の項 p.674, 「旧契約と新契約」の項 p.2363）。イスラエルや神に忠実な人々はみな敵から救い出され、地を相続してキリストとともに治めると聖書は預言している。この預言は主イエスが地上に再び来られ（大患難のさばきのあと）、反キリストとあらゆる悪の力を打破られるときに成就する（→黙19:-20:）。そのとき「王権は**主**のものとなる」（1:21）。

ヨナ書

概　　要
- I. ヨナへの神の一度目の呼びかけ－ヨナは神の使命から逃げる（1：1-2：10）
  - A. ヨナの使命－ニネベへ行け（1：1-2）
  - B. ヨナの不従順－反対の方向に向かう（1：3）
  - C. ヨナの不従順の結果（1：4-17）
    1. 人々に対して（1：4-11）
    2. ヨナ自身に対して（1：12-17）
  - D. 魚の腹の中でのヨナの必死の祈り（2：1-9）
  - E. 魚の腹からのヨナの驚くべき救出（2：10）
- II. ヨナへの神の二度目の呼びかけ－ヨナはしぶしぶ神の使命を達成する（3：1-4：11）
  - A. ヨナのやり直しの機会－ニネベへ行け（3：1-2）
  - B. ヨナの従順－ニネベでの説教（3：3-4）
  - C. ヨナの従順の結果（3：5-10）
    1. ニネベの人々が悔改める（3：5-9）
    2. ニネベの人々が神のさばきを逃れる（3：10）
  - D. ヨナの不満（4：1-3）
  - E. 神の矯正と情け深さ（4：4-11）

著　　者：ヨナ

主　　題：神の救いの恵みの偉大さ

著作の年代：紀元前760年頃

著作の背景

　ヨナ書は預言者ヨナ（「鳩」という意味）をアミタイの子と紹介している（1：1）。列王記第二14章25節はヨナを(1) ヤロブアム2世の治世（前793-753）に北イスラエルに遣わされた預言者であり、(2) ガリラヤのナザレから4.5キロ北にあるガテ・ヘフェルの出身と言っている（ヨハ7：52でパリサイ人がガリラヤ出身の預言者はいないと言っているのは正しくない）。ヨナの奉仕の働きはエリシャの活躍（⇒II列13：14-19）の直後で、アモスと同じ時期（⇒アモ1：1）であり、ホセアがそれに続いた（⇒ホセ1：1）。著者についてヨナ書ははっきり言っていないけれども、ヨナ自身と考えて間違いない。
　ニネベはその規模の大きさと評判から伝統的に「大きな町」として知られ、前700-612年に陥落するまでアッシリヤ帝国の首都だった。ニネベの堕落ぶりと残忍さは広く知れわたっていた。ニネベの人々はヨナの説教に応答して悔改めた（神への態度を変えること、へりくだって罪から離れて神のあわれみに心を向けること）けれども、それはアッシリヤの次の二人の王のどちらかの治世中のことと考えられる。(1) 一神教（神は一人だけと信じる信仰）に傾倒したことで知られるアダド・ニラーリ3世（前810-783）、(2) 治世中に二つの大きな災害（前765, 前759）と皆既日食（前763）を体験したアシュール・ダーン3世（前773-755）。ニネベの人々はこれらの出来事を神のさばきのしるしと考え、ヨナの預言を聞く備えができていた。ニネベはガリラヤの北東800キロにあり、ヨナの出身地からはかなり遠い。

目　　的

　この預言のメッセージが書かれた目的は三つある。
　(1) イスラエルとほかの国々に神の救いとあわれみの深さと偉大さ、霊感された説教を通して働く神の力を示すため。

(2) 霊的な暗やみにいる人々に救いの光になるという神の目的から、イスラエルがどんなに外れているかをヨナの体験を通して明らかにするため(創12:1-3, イザ42:6-7, 49:6)。

(3) 神があわれみによって次々と預言者を送り、さばきが近付いていると警告されたことを霊的に反抗しているイスラエルに思い起こさせるため。このさばきの警告の目的は人々を悔改めに導き滅びないようにすることだった。けれどもイスラエルはニネベと違って神の預言者を拒み、立返って神のあわれみを受けるようにという神の招きを拒絶した。

概　　観

ヨナ書は旧約聖書の大部分の預言書と違って、ヨナのニネベへ行くという召命と召命に対するヨナの反応という一つの特定の奉仕の働きだけを書いている。

1章には召命に対する最初の応答がヨナ(ヨナと一緒にいた人々も)を深刻な問題に巻き込んだことを描いている。神はヨナにニネベに向かって北東へ行き、ニネベの人々に悔改めを訴えるように命じられた。ヨナは神に従わないでタルシシュ(現在のスペイン)行きの西行きの船に乗り、神のご計画とは正反対の方向のなるべく遠い土地へ行こうとした。けれどもすぐに問題が起こる。船は地中海でひどい嵐に遭遇した。恐ろしくなった水夫たちは嵐の背後にはある「神」がおられる、そしてその「神」が水夫たちを嵐から救ってくれるのではないかと考えて、この災難はだれのせいかを見定めようとした。原因はヨナが神に逆らったからだとわかると、水夫たちはヨナを甲板から海へ投げ込んだ。けれども神はヨナのいのちを救うため「大きな魚」を備えられヨナをのみ込ませられた。

2章にはヨナが魚の腹の中から必死の祈りをする異常な状況を記録している。ヨナはへりくだって神がヨナのいのちを救われたことを感謝し、神の指示に従うことを誓った。魚はヨナを吐き出しヨナは陸地に打上げられた。

3章はニネベへ行き、その町の邪悪な人々に神のメッセージを伝えるやり直しの機会がヨナに与えられたことを記録している。ニネベの王はニネベの町全体に断食(霊的なことに集中するために食事を取らないこと)を呼びかけた。これは史上最も注目すべき大規模な霊的覚醒である。王は人々に邪悪な道から立返り、神のあわれみを求めるように命じた。神は人々がへりくだり真剣であるのをご覧になると、さばきを思いとどまられた。

4章には神がイスラエルの敵であるニネベの人々を滅びから守られたことに対するヨナの不満が書いてある。神はとうごまと虫と東風を用いて怒っている預言者にあわれみについて教えられた。主はニネベの霊的状態が絶望的であることをヨナに気付かせられた。そして神はイスラエルとユダだけではなく、すべての人に恵みを与えたいと願っておられることを再びヨナに思い出させられた。

特　　徴

ヨナ書には四つの大きな特徴がある。

(1) 旧約聖書の中で、北王国イスラエルで生れ育った預言者によって書かれた2冊の預言書のうちの1冊である(もう1冊はホセア書)。ほかの預言者の中には北王国イスラエルに向けてメッセージを伝える人もいたけれども、ほとんどは南王国ユダの出身だった(イスラエル分裂の背景 → I列12:-14:, →**「イスラエルとユダの王国」の地図 p.570**)。

(2) 短い実話(実際に起きた話)のすぐれた例である。ヨナの感謝の祈り(2:2-9)はヨナ書の中で詩のかたちで書かれた唯一の部分である。

(3) 嵐の完璧なタイミング、大きな魚の出現、とうごまの奇蹟的な成長の早さ、虫の活動、東風が起きたことなど神の超自然的な働きの描写で満ちている。その中で最も大きな奇蹟はヨナのメッセージのすぐあとにニネベの町全体が神に立返ったことである。

(4) ヨナ書は神の救いの恵み(受けるにふさわしくない好意とあわれみ)はユダヤ人だけではなく異邦人(ユダヤ人以外のすべての人々)にも与えられるという旧約聖書のメッセージをはっきりと伝えている。主を信頼して人生をゆだねるすべての人と主は関係を持つことを望んでおられる。

新約聖書での成就

主イエスはご自分の役割とヨナの役割を比べてこう言われた。「悪い、姦淫の時代はしるしを求めています。だが預言者ヨナのしるしのほかには、しるしは与えられません。ヨナは三日三晩大魚の腹の中にいましたが、同様に、人の子も三日三晩、地の中にいるからです。ニネベの人々が、さばきのときに、今の時代の人々とともに立って、この人々を罪に定めます。なぜなら、ニネベの人々はヨナの説教で悔い改めたからです。しかし、見なさい。ここにヨナよりもまさった者がいるのです」(マタ12:39-41)。このことばは主イエスの死、埋葬、奇蹟の復活を指している。

歴史的信憑性

　ヨナ書に書かれている出来事のいくつかは（大魚の出現、急速に成長したとうごまなど）極端で信じにくいと見られているため、懐疑論者や一部の神学者（宗教、信仰、神と世界との関係などを研究する人）の中にはヨナ書が歴史的かどうか疑問を持つ人がいる。その人々にとってヨナ書は、単なる寓話（登場人物がほかのものを表し、より深い意味を持つ物語）またはたとえ話（論点をはっきりさせるために使われる簡単な象徴的物語）として見るべきものでしかない。またヨナ書はバビロニヤ捕囚（捕虜と移住）から解放されてパレスチナへ帰還した後、多くのユダヤ人が当時ほかの国々に対して抱いていた狭い見方を是正することを意図して、前5－3世紀に出現した物語に過ぎないのではないかと言う（捕囚と帰還の概要　→エズ緒論　ユダヤ人はほかの国々からひどい扱いを受けてきたため、ほかの国々に対して懐疑的な見方や不信感を持っていたとしても、それは容易に理解することができる。またさばきと捕囚はユダヤ人が周りの国々の悪い慣習を受入れた結果体験したものなので、ヨナの時代の多くのユダヤ人は正反対の極端に走り、ほかの国々から自分たちを全く分離させなければならないという考えを受入れていた）。この懐疑的な考えは奇蹟に対する疑いを土台にしている。それはヨナ書に書かれている多くの出来事が超自然的に見えるからである。けれども聖書には奇蹟と超自然的な出来事が満ちている。

　懐疑論者の意見に対して聖書は最強の反論を提供している。旧約聖書の別の箇所でヨナは前8世紀に活躍した有名ですぐれた預言者とされている（Ⅱ列14：25）。新約聖書では、主イエスご自身がヨナの体験を次のように言っておられる。

　（1）主イエスの墓の中の三日間とそれに続く奇蹟的復活の預言的しるしである（マタ12：39-40，ルカ11：29）。
　（2）神のメッセージが伝えられることによってニネベの人々が悔改めて神に立返ったのは、実際の出来事である（マタ12：41，ルカ11：30，32）。
　（3）ソロモンや南の女王の訪問と同じように旧約聖書の実際の出来事である（マタ12：42，ルカ11：31）。

　主イエスはヨナ書は歴史的信頼性があるとはっきり認められた。ヨナ書の歴史的信憑性を疑うことは聖書に誤りがあるとするばかりか、キリストにも誤りがあるとすることである。

ヨナ書の通読

　旧約聖書全体を1年間で通読するためには、ヨナ書を1日で読まなければならない。
☐ 1-4

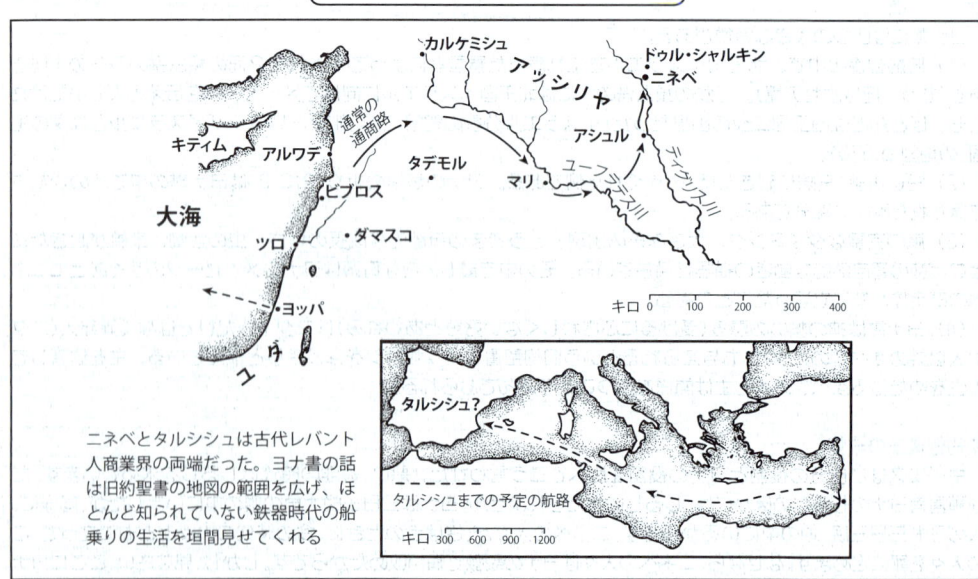

ヨナの時代

ニネベとタルシシュは古代レバント人商業界の両端だった。ヨナ書の話は旧約聖書の地図の範囲を広げ、ほとんど知られていない鉄器時代の船乗りの生活を垣間見せてくれる

© 1991 Zondervan Publishing House

ヨナ書　1章

ヨナが主から逃げる

1 ¹ アミタイの子ヨナに次のような主のことばがあった。² 「立って、あの大きな町ニネベに行き、これに向かって叫べ。彼らの悪がわたしの前に上って来たからだ。」

³ しかしヨナは、主の御顔を避けてタルシシュへのがれようとし、立って、ヨッパに下った。彼は、タルシシュ行きの船を見つけ、船賃を払ってそれに乗り、主の御顔を避けて、みなといっしょにタルシシュへ行こうとした。

⁴ さて、主は大風を海に吹きつけられた。それで海に激しい暴風が起こり、船は難破しそうになった。⁵ 水夫たちは恐れ、彼らはそれぞれ、自分の神に向かって叫び、船を軽くしようと船の積荷を海に投げ捨てた。しかし、ヨナは船底に降りて行って横になり、ぐっすり寝込んでいた。

⁶ 船長が近づいて来て彼に言った。「いったいどうしたことか。寝込んだりして。起きて、あなたの神にお願いしなさい。あるいは、神が私たちに心を留めてくださって、私たちは滅びないですむかもしれない。」

⁷ みなは互いに言った。「さあ、くじを引いて、だれのせいで、このわざわいが私たちに降りかかったかを知ろう。」彼らがくじを引くと、そのくじはヨナに当たった。

⁸ そこで彼らはヨナに言った。「だれのせいで、このわざわいが私たちに降りかかったのか、告げてくれ。あなたの仕事は何か。

参照

1 ①ヨナ1–3章、マタ12:39-41, 16:4、ルカ11:29, 30, 32
　②Ⅱ列14:25
2 ①ヨナ3:2, 3, 4:11
　②創10:11, 12、Ⅱ列19:36, イザ37:37、ナホ1:1, ゼパ2:13
　③イザ58:1
　④創1:28, 20, エズ9:6, ホセ7:2, ヤコ5:4, 黙18:5
3 ①詩139:7, 9, 10
　②イザ23:1, 6, 10, エレ10:9
　③ヨシ19:46, Ⅱ歴2:16, エズ3:7, 使9:36, 43
　＊囗「ヤフォ」
4 ①詩107:25, 135:7
5 ①Ⅰ列18:26

　②使27:18, 19, 38
6 ①ヨナ3:9, Ⅱサム12:22, アモ5:15
7 ①ヨシ7:14-18, Ⅰサム10:20, 21, 14:41, 42, 使1:26, ②箴16:33
8 ①ヨシ7:19, Ⅰサム14:43

1:1 ヨナ　ヨナはヤロブアム2世（Ⅱ列14:23-25, →緒論）の治世のときに北王国イスラエルで活躍した預言者である。前には一つの国だったイスラエルが北王国と南王国に分かれた地域 → **「イスラエルとユダの王国」** の地図 p.570、**「イスラエルとユダの王」** の表 p.651

1:2 ニネベに行き　神はヨナにニネベの人々にニネベの悪（1:2）と残虐（3:8）と悪の道（3:8, 10）に対するさばきが近付いていることを警告するように指示された。ニネベは大きさと評判から「大きな町」として知られた、邪悪で残虐で不道徳なアッシリヤの首都だった（→ナホ1:11, 2:12-13, 3:1, 4, 16, 19）。特に神の民はアッシリヤ人を憎み、大きな脅威と見ていたので、ヨナはその町（約800キロ離れている）にさばきが下ることを非常に喜んだに違いない。

1:3 ヨナは・・・のがれ　神から使命が与えられたのにヨナの応答は逃げて行くことだった。ヨナは神のメッセージをニネベに伝えることを拒んだ。それはニネベの人々が実際に悔改めて神のさばきを逃れるのではないかと思ったからである（→4:1-2）。(1) ヨナはイスラエル以外の国に神があわれみを注いでほしくなかったようだ。アッシリヤのような敵はなおさらだった。イスラエルに対する神の最高の目的をヨナは忘れていた。それは神を知り神に従うことの意味を自分たちの生活を通して具体的にほかの国々に示す祝福になることだった（創12:1-3, ⇒イザ49:3）。(2) キリストはヨナよりさらに大きな使命を教会に与え、達成できるように力を与えられた。そして全世界に出て行って良い知らせを伝え、あらゆる人々に罪が赦されて神と個人的な関係を持つことができることを伝えるように言われた（⇒マタ28:18-20, 使1:8）。けれどもヨナのように、キリストのからだ（教会）の中にも時には、キリストを知らない人、特に文化や国の違う人々にキリストのメッセージを伝えることに関心のない人がいる。その人々は自分の国の中で自分の王国を建上げることにしか関心がない。

1:3 タルシシュ　タルシシュはスペイン南西部の町で（イスラエルから約4,000キロ離れている）、ニネベの反対方向でヨナが行くことのできる最も遠い場所だった。

1:4 大風　神は命令に従うようにヨナを説得するために地中海に大嵐を送られた。ヨナが神に従わなかったために、船に乗っている水夫は全員いのちの危険にさらされた。私たちが神と神の目的に従おうとしなければ、家族やほかの人々も苦しみに遭うことになる。

1:5 ぐっすり寝込んでいた　水夫たちのいのちが危険にさらされているときに神のしもべは眠っていた。これは今の教会の姿をも示している。周りの人々が神を知らないで人生の嵐に遭い霊的な滅びと死に向かっているのに、教会の中のある人々は霊的に眠っていて全く無関心である。

1:7 くじを引いて　おびえた水夫たちはある「神」が嵐の背後におられ、あるいは嵐から救い出してくれるに違いないと考え、この恐ろしい情況はだれのせいかを見定めようとした。くじを引くことは古代の近東で広く行われていた簡単で一方的な（偶然の、適当な）決定方法だった。水夫たちはしるしをつけた棒か石を入れ物に入れて引いたものと思われる。この場合、神の導きによってくじが引かれ、ヨナが原因であることがはっきりした。

あなたはどこから来たのか。あなたの国はどこか。いったいどこの民か。」
⁹ヨナは彼らに言った。「私はヘブル人です。私は海と陸を造られた天の神、主を恐れています。」
¹⁰それで人々は非常に恐れて、彼に言った。「何でそんなことをしたのか。」人々は、彼が主の御顔を避けてのがれようとしていることを知っていた。ヨナが先に、これを彼らに告げていたからである。
¹¹彼らはヨナに言った。「海が静まるために、私たちはあなたをどうしたらよいのか。」海がますます荒れてきたからである。
¹²ヨナは彼らに言った。「私を捕らえて、海に投げ込みなさい。そうすれば、海はあなたがたのために静かになるでしょう。わかっています。この激しい暴風は、私のためにあなたがたを襲ったのです。」
¹³その人たちは船を陸に戻そうとこいだがだめだった。海がますます、彼らに向かって荒れたからである。
¹⁴そこで彼らは主に願って言った。「ああ、主よ。どうか、この男のいのちのために、私たちを滅ぼさないでください。罪のない者の血を私たちに報いないでください。主よ。あなたはみこころにかなったことをなさるからです。」
¹⁵こうして、彼らはヨナをかかえて海に投げ込んだ。すると、海は激しい怒りをやめて静かになった。
¹⁶人々は非常に主を恐れ、主にいけにえをささげ、誓願を立てた。
¹⁷主は大きな魚を備えて、ヨナをのみこませた。ヨナは三日三晩、魚の腹の中にいた。

ヨナの祈り

2 ¹ヨナは魚の腹の中から、彼の神、主に祈って、
² 言った。
「私が苦しみの中から主にお願いすると、
主は答えてくださいました。
私がよみの腹の中から叫ぶと、
あなたは私の声を聞いてくださいました。
³ あなたは私を海の真ん中の深みに
投げ込まれました。

脚注:
8②創47:3, Ⅰサム30:13
9①創14:13, 出1:15, 2:13 ネヘ9:6, 詩95:5, 146:6, 使17:24 ③エズ1:2, ネヘ1:4, 詩136:26, ダニ2:18 ④Ⅱ列17:28, 32, 33
10①ヨナ1:3
12①Ⅱサム24:17, Ⅰ歴21:17
13①箴21:30
14①申21:16
②申21:8
15③詩115:3, 135:6
②詩65:7, 89:9, 93:3, 4, 107:29, マタ8:26, マコ4:39, ルカ8:24
16①詩50:14, 66:13, 14
17①ヨナ4:6
②マタ12:40, 16:4, ルカ11:30
1①詩130:1, 2, 142:2, 哀3:55, 56
2①Ⅰサム30:6, 詩18:4-6, 22:22, 24, 120:1 ②詩18:5, 6, 86:13, 88:3-7, イザ14:9 ③詩65:2

1:12 私を・・・海に投げ込みなさい ヨナは水夫たちを救うために死ぬ覚悟を決めたけれども、このことは二つのことを意味している。(1) ヨナには少なくとも神に逆らったことを認める潔さと同情心があった(けれどもヨナはこれとは対照的にニネベで説教をした後、ニネベが本当に滅ぼされるかどうか遠くの安全な所から−滅ぼされることを望みながら−観察していた →4:5)。(2) この海の中の情況でヨナは神に逆らって人々のいのちを危険にさらしたことに極度の罪悪感を覚えたに違いない。

1:17 大きな魚を備えて、ヨナをのみこませた 驚いたことに、神はヨナのいのちを救うために鯨のような巨大な魚を備えられた。そして魚の腹の中でヨナを三日間奇蹟的に生かして置かれた。(1) 神を信じない人々や教会の中のにせ教師の懐疑論者たちは、この奇蹟を作り話(物語のようであるが真実や実話ではないもの)として拒否する。また寓話(登場人物がほかのものを表し象徴的な深い意味を持つ物語)やたとえ話(焦点をはっきりさせたり教訓を与えるために象徴を使った短い物語)と考える。けれども主イエスは歴史的事実としてヨナの体験を引合いに出して、ご自分の死と埋葬(三日間墓の中におられた)と復活(→マタ12:39-41)について説明された。(2) 主イエスは大きな魚にのみ込まれたヨナの体験をご自分の死と復活と同じ部類のこととして、神が人々への希望といのちのメッセージを伝えるのに使われた奇蹟であると言われた。信仰者にとってヨナの奇蹟的体験の信頼性についての疑問はこれで解決するはずである(ヨナの歴史的背景 →ヨナ緒論)。

2:1-10 ヨナは・・・祈って これは死から救われることを求めるヨナの祈りである。また神のあわれみへの告白であり、神の奇蹟の応答に対する感謝の表れでもある。(1) ヨナは魚の腹の中で泥や海草に絡まれて窒息しそうになりながらも生きていることに気付いて、主に助けを求めて祈った。ヨナは死を覚悟したけれども、神はヨナの祈りに応えていのちを救われた(2:6)。(2) 信仰者は情況が不可能に見え、その責任が自分にあったとしても、決して希望を捨ててはならない。ヨナのように私たちも神のあわれみと助けを求めて祈り、自分のいのちを神の御手にゆだねることができる。ヨナは自分の体験を書くときにそれを詩のかたちにして書き残した。

2:3 あなたは私を・・・投げ込まれました ヨナは自分が頑固なプライドで神を拒んだことを知ってい

ヨナ書　2-3章

潮の流れが私を囲み、
あなたの波と大波がみな、
私の上を越えて行きました。
4 私は言った。
『私はあなたの目の前から追われました。
しかし、もう一度、私はあなたの聖なる宮を
仰ぎ見たいのです』と。
5 水は、私ののどを絞めつけ、
深淵は私を取り囲み、
海草は私の頭にからみつきました。
6 私は山々の根元まで下り、
地のかんぬきが、
いつまでも私の上にありました。
しかし、私の神、主よ、
あなたは私のいのちを
*穴から引き上げてくださいました。
7 私のたましいが私のうちに衰え果てたとき、
私は主を思い出しました。
私の祈りはあなたに、
あなたの聖なる宮に届きました。

3 ①詩42:7, 哀3:54
4 ①エレ7:15
　②Ⅰ列8:38, Ⅱ歴6:38, 詩5:7
5 ①詩69:1, 2, 14, 15
　②詩18:5, 116:3
6 * あるいは『滅び』
　①詩30:3, イザ38:17
7 ①詩142:3
　②詩77:10, 11, 143:5
　③→イザ1:15
　ヨナ2:4, 詩65:4, ミカ1:2, ハバ2:20
　Ⅱ歴30:27, 詩18:6

8 ①Ⅱ列17:15, 16, 詩31:6, エレ10:8, 16:19, 20
9 ①詩50:14, 23, 116:17, エレ33:11
　②ヨブ22:27, 詩22:25, 116:18, 伝5:4, 5
　③詩3:8, イザ45:17
　* あるいは『主』から来ます』
10 ①ヨナ1:17

1 ①ヨナ1:1, 2
　②ヨナ1:2
　③ヨナ1:2
　③エレ1:17, エゼ2:7
5 ①マタ12:41, ルカ11:32
　①ヨエ1:14

8 むなしい偶像に心を留める者は、
自分への恵みを捨てます。
9 しかし、私は、感謝の声をあげて、
あなたにいけにえをささげ、
私の誓いを果たしましょう。
救いは主のものです。」
10 主は、魚に命じ、ヨナを陸地に吐き出させた。

ヨナがニネベへ行く

3 ¹ 再びヨナに次のような主のことばがあった。
² 「立って、あの大きな町ニネベに行き、わたしがあなたに告げることばを伝えよ。」
³ ヨナは、主のことばのとおりに、立ってニネベに行った。ニネベは、行き巡るのに三日かかるほどの非常に大きな町であった。
⁴ ヨナはその町に入って、まず一日目の道のりを歩き回って叫び、「もう四十日すると、ニネベは滅ぼされる」と言った。
⁵ そこで、ニネベの人々は神を信じ、断食

た。また海にヨナを投げ入れたのは神であることも理解していた。ヨナの最大の悲しみと恐れは神に拒絶され御前から永久に消し去られることだった(2:4)。

2:7 私は【主】を思い出しました　主を「思い出す」とは主の力強い臨在が私たちの周りにあることを認めることであり、さらに重要なことは私たちのうちに主の赦しを受入れ、主と個人的な関係を持っていることを認めて意識し続けることである。そうすることで信仰が励まされ、罪から離れてどのような情況の中でも主に頼る気持を奮い立たせることができる(⇒申8:18)。

2:7 私の祈りはあなたに・・・届きました　祈るときに、私たちは祈りによって主の御前に直接立つことを信じなければならない。

2:9 感謝・・・いけにえをささげ　ヨナが神に感謝のいけにえと賛美をささげ始めた時(2:9, ⇒ヘブ13:15)、神はヨナの絶望的な情況に介入された(2:10)。

2:10 ヨナを陸地に吐き出させた　ここまででヨナは神の七つの奇蹟を記録している。神は、(1) 暴風を起こされた(1:4)、(2) くじを導いてヨナの罪を暴かれた(1:7)、(3) 海を静められた(1:15)、(4) 大きな魚にヨナをのみ込ませた(1:17)、(5) 魚の腹の中でヨナを三日生かして置かれた(1:17)、(6) 魚にヨナを陸地まで運ばせた、(7) 魚にヨナを陸地へ吐き出させた。

3:2 ことばを伝えよ　(1) 神はヨナを呼んで、ニネベの人々にさばきが近付いていることを警告し伝える、やり直しの機会を与えられた(→3:4)。ニネベの人々が受入れても受入れなくても、そのメッセージを伝えることはヨナの責任だった。(2) 同じように福音(イエスについての良い知らせ)を伝える人は、「神のご計画の全体」を伝えるように召されている(使20:27, Ⅱテモ4:2)。つまり真理全体を伝えるべきであり、自分たちの考えや目的に合せてみことばを細切れにし、本文から取出して伝えてはならないのである。神の約束と警告、あわれみと怒り(罪に対する正当な怒り)、赦しとさばきの両方を伝えなければならない。みことばの難しい教えや厳しい原則を避けようとして、福音を変えないように注意しなければならない。人々が罪を認め神に赦しを求めて立返るように伝えなければならない(→使14:15)。

3:3 非常に大きな町　ニネベには12万人以上の人々が住んでいた(→4:11)。

3:5 ニネベの人々は神を信じ　神のことばは人々に迅速で強力な影響を与えた。(1) ニネベの人々は神

ヨナ書 3-4章

を呼びかけ、身分の高い者から低い者まで荒布を着た。

6 このことがニネベの王の耳に入ると、彼は王座から立って、王服を脱ぎ、荒布をまとい、灰の中にすわった。

7 王と大臣たちの命令によって、次のような布告がニネベに出された。「人も、獣も、牛も、羊もみな、何も味わってはならない。草をはんだり、水を飲んだりしてはならない。

8 人も、家畜も、荒布を身にまとい、ひたすら神にお願いし、おのおのその悪の道と、暴虐な行いから立ち返れ。

9 もしかすると、神が思い直してあわれみ、その燃える怒りをおさめ、私たちは滅びないですむかもしれない。」

10 神は、彼らが悪の道から立ち返るために努力していることをご覧になった。それで、神は彼らに下すと言っておられたわざわいを思い直し、そうされなかった。

5 ③エレ31:34、エゼ26:16
④創37:34、Ⅰサム3:31
6 ①エス4:1, 3、エレ6:26、エゼ27:30, 31、ダニ9:3、ヨブ2:8
7 ①ヨナ3:5、Ⅱ歴20:3、エズ8:21
8 ①ヨナ1:6, 14
②イザ59:6
③イザ1:16, 17, 55:6, 7, 58:6、エレ18:11
9 ①ヨナ1:6
10 ①Ⅰ列21:27-29、エレ31:18
②出32:14、エレ18:8, 26:3、アモ7:3, 6

1 ①ヨナ4:4, 9、マタ20:15、ルカ15:28
2 ①ヨナ1:3
②→Ⅱ歴30:9
③→ヨエ2:13
3 ①Ⅰ列19:4
2 ①ヨナ4:8、ヨブ7:15, 16

主の情け深さに対するヨナの怒り

4 1 ところが、このことはヨナを非常に不愉快にさせた。ヨナは怒って、

2 主に祈って言った。「ああ、主よ。私がまだ国にいたときに、このことを申し上げたではありませんか。それで、私は初めタルシシュへのがれようとしたのです。私は、あなたが情け深くあわれみ深い神であり、怒るのにおそく、恵み豊かであり、わざわいを思い直されることを知っていたからです。

3 主よ。今、どうぞ、私のいのちを取ってください。私は生きているより死んだほうがましですから。」

4 主は仰せられた。「あなたは当然のことのように怒るのか。」

5 ヨナは町から出て、町の東のほうにすわり、そこに自分で仮小屋を作り、町の中で何が起こるかを見きわめようと、その陰の下にすわっていた。

にあわれみを求めて立返らなければ滅ぼされると信じ、ヨナのメッセージを抵抗なく受入れた。心からへりくだり悔い改めていることを示すために、人々は断食をし（祈るために食事を取らないこと ⇒ Ⅰサム7:6, Ⅱサム1:12）、荒布を着た（通常はやぎの毛で織られている荒い布 ⇒ Ⅱサム3:31, Ⅱ列19:1-2）。(2) 主イエスはニネベはさばきのときに立ってイスラエルの罪を責めるだろうと言われた。それは悔改める（神への態度を改め、自分勝手な生き方をやめ、神の目的に従って生き始めること）機会が多くあったのに、神に立返らず頼らないからである（マタ12:41）。

3:10 わざわいを・・・そうされなかった ニネベの人々はへりくだり神にあわれみを求め、生き方を変えることにしたので、神はさばきを下すご計画を取りやめられた。(1) 神の第一の望みはさばきを下すことではなく、慈しみと赦しを示すことである（エゼ18:23, Ⅰテモ2:4）。けれどもひとりひとりがその赦しを受入れ、人生を神にゆだねなければならない。(2) ヨナ書は、だれも霊的に滅びることを神は望んでおられないという聖書の真理をよく表している。神はすべての人が罪から立返り、永遠のいのちを受入れることを望んでおられる（→Ⅱペテ3:9）。永遠のいのちは御子イエス・キリストを通して神との個人的な関係を持つことによって得られる（ヨハ17:3）。

4:1 ヨナを非常に不愉快にさせた ヨナはニネベの人々が神のメッセージを拒んでその結果苦しむことを期待していた。そこで神がニネベの人々を赦すことにしたとき、ヨナは怒った。神がイスラエルの敵を救うことをヨナは望まなかった。(1) ヨナの最大の問題は神のご計画を最優先させていなかったことである。イスラエルの安全が守られることのほうを気にかけていた。(2) 今日の信仰者は教会の「成功」に熱心であっても、聖書が示す神の願いや目的、聖さ（道徳的純粋さ、霊的高潔さ、悪からの分離）の基準を求めようとしていない。

4:2 情け深くあわれみ深い神 神は「情け深く」（神はあわれみ深く人々を助けたいと思っておられる）、「あわれみ深く」（傷ついている人とともに傷つき愛を行いで示す）、「怒るのにおそく」（忍耐深く悪者を罰することを喜ばない）、「恵み豊かであり」（人々への親切、同情、愛情に満ちている）、「わざわいを思い直される」（人々が悔改めるなら、さばきの計画を取消す）。このような神の特性は聖書全体に示されている（→詩103:8, 111:4, 112:4, 145:8, →「**神の属性**」の項 p.1016）。

4:3 私は・・・死んだほうがましです ヨナはニネベの結果に失望し感情的にまいってしまい、死んだほうがましだと考えた。神はニネベの人々を救ってヨナを失望させ、ヨナとイスラエルに逆らうように仕向けているように見えた。

ヨナ書 4章

6 神である主は一本のとうごまを備え、それをヨナの上をおおうように生えさせ、彼の頭の上の陰として、ヨナの不きげんを直そうとされた。ヨナはこのとうごまを非常に喜んだ。

7 しかし、神は、翌日の夜明けに、一匹の虫を備えられた。虫がそのとうごまをかんだので、とうごまは枯れた。

8 太陽が上ったとき、神は焼けつくような東風を備えられた。太陽がヨナの頭に照りつけたので、彼は衰え果て、自分の死を願って言った。「私は生きているより死んだほうがましだ。」

9 すると、神はヨナに仰せられた。「このとうごまのために、あなたは当然のことのように怒るのか。」ヨナは言った。「私が死ぬほど怒るのは当然のことです。」

10 主は仰せられた。「あなたは、自分で骨折らず、育てもせず、一夜で生え、一夜で滅びたこのとうごまを惜しんでいる。

11 まして、わたしは、この大きな町ニネベを惜しまないでいられようか。そこには、右も左もわきまえない十二万以上の人間と、数多くの家畜とがいるではないか。」

---

6 * 別訳「ひょうたん」
①ヨナ1:17
**直訳「から救い出すとされた」
②アモ6:13
8①エゼ19:12, ホセ13:15
②詩121:6, イザ49:10
③Ⅰ列19:4
④ヨナ4:3

9①ヨナ4:4
11①ヨナ1:2
②ヨナ1:2
③ヨナ3:10
④申1:39, イザ7:16
⑤詩36:5

4:6 神・・・は一本のとうごまを備え ヨナの態度が悪く、同情に欠け間違った応答をしても神はヨナを拒まれないで、急速に成長したとうごまの奇蹟を通して、ヨナやイスラエルやほかの国の人々を思っていることを優しく納得させようとされた。

4:9 あなたは当然のことのように怒るのか 神がとうごまを生えさせ焼けつくような東風を送られたのは(4:6-9)、ヨナが自分の肉体のことしか考えていない身勝手な態度を明らかにするためだった。それはまたニネベの人々の霊的状態にヨナが無関心であることも明らかにした。ヨナには霊的に失われた民族への神の思いよりも、自分の安楽のほうが大切だった。

4:11 まして、わたしは、この大きな町ニネベを惜しまないでいられようか 神はニネベを愛していることを示された。(1) 被造物が創造主をひどく怒らせその律法に逆らい続けているのに、創造主はなお被造物を愛しておられることをこれは示している。神の愛は私たちの理解をはるかに超えている(⇒ロマ5:8)。(2) 神の人類に対する愛は神の民(既に神を受入れた人々)だけにとどまらない。神の愛はあらゆる所にいる失われた人すべてに注がれている。この真理を示す最大の証拠は、(a) 神が御子イエスをこの世界に送られ、すべての人の罪のために死なせたこと(ヨハ3:16)、(b) 主イエスが永遠のいのちのメッセージを伝え、あらゆる国の人々をキリストの弟子(訓練を受けて学ぶ人々、忠実に従う人々)にするために、弟子たちを世界中に送り出されたこと(マタ28:18-20)、などである。

ミカ書

概　要
- I. イスラエルとユダに対するさばき(1:1-3:12)
    - A. 序言(1:1-2)
    - B. サマリヤ滅亡の予告(1:3-7)
    - C. ユダ滅亡の嘆き(1:8-16)
    - D. 神の民の間の罪(2:1-11)
        1. むさぼりと高慢(2:1-5)
        2. にせ預言者(2:6-11)
    - E. 解放の約束(2:12-13)
    - F. 神の民の指導者の間の罪(3:1-12)
        1. 不正と抑圧(3:1-4)
        2. にせの預言(3:5-7)
        3. 本当の預言者としてのミカ(3:8)
        4. 罪の要約(3:9-12)
- II. イスラエルとユダの希望(4:1-5:15)
    - A. やがて来る王国(4:1-8)
    - B. イスラエルの敵の敗北(4:9-13)
    - C. やがて来られる王(5:1-5)
    - D. 神の民の勝利(5:6-15)
- III. イスラエルに対する神の裁判と最後のあわれみ(6:1-7:6)
    - A. 主の告発(6:1-8)
    - B. イスラエルの罪とさばき(6:9-16)
    - C. 預言者の痛みに満ちた嘆き(7:1-6)
- IV. 悲劇から勝利へ(7:7-20)
    - A. 預言者の個人的な希望(7:7)
    - B. イスラエルの未来の栄光(7:8-13)
    - C. 神の民への究極的な祝福(7:14-20)

著　者：ミカ

主　題：正義とさばき/あわれみと救い

著作の年代：紀元前740-710年頃

著作の背景

　　預言者ミカは南ユダのモレシェテ・ガテ(1:14)というエルサレムの南西40キロほどにある豊かな農業地帯の小さな町の出身である。アモスのようにミカも田舎の身分の低い家庭の出身と思われる。預言者イザヤがエルサレムで王や国際問題について発言していたのに対して、ミカは、小さな町や村にまで影響を及ぼしていたユダ全体の社会問題を強く感じている田舎の預言者だった。ミカは腐敗した支配者、にせ預言者、神を敬わない祭司、不誠実な商人、不公正な裁判官たちの、神を敬わない行動に立向かった。そして不公正、農民や村人への抑圧、むさぼり、不品行、偶像礼拝に反対する説教をした。また人々と指導者たちが神に反抗する邪悪な道を選び続けるなら厳しい結果が待っていることを警告した。さらにイスラエルの陥落と首都サマリヤの滅亡とともに(1:6-7)、ユダとその首都エルサレムの徹底的な敗北を予告した(1:9-16, 3:9-12)。この情況の概観 →「**イスラエルとユダの王国**」の地図 p.570、「**イスラエル(北王国)の捕囚**」の地図 p.633、「**ユダ(南王国)の捕囚**」の地図

ミカ書

p.633

　ミカの預言者としての奉仕の活動はヨタム（前751-736）、アハズ（前736-716）、ヒゼキヤ（前716-687）というユダの三人の王の時代に行われた。ミカのいくつかの預言はヒゼキヤ王の時代に与えられたけれども（⇒エレ26:18）、ほとんどの預言はヒゼキヤの改革の前のヨタムとアハズの治世のユダの腐敗した状態を反映している。良い王だったヒゼキヤが治め始めた後に起きた霊的回復と改革には、アモスとイザヤの活動が影響を与えたと思われる（Ⅱ列18:，Ⅱ歴29:-31:）。

目　的

　ミカは、（1）神のさばきの確かさを自分の国に警告し、（2）神を怒らせた具体的な罪をさらけ出し、（3）北のサマリヤと南のエルサレムへの神の預言のメッセージを要約するためにこの書物を書いた。そしてイスラエルの陥落を実際に起きた前722年以前に予見し予告した。ユダとエルサレムについても人々の間にますますひどくなる罪のために、同じような破滅が来ることを預言した。ミカのその預言は、バビロニヤが襲来する直前のユダの最後の世代に伝えるためにこの書物に収められた。この書物はまた、やがて来られるメシヤ（「油そそがれた者」、救い主、キリスト）についての旧約聖書全体の啓示にも重要な貢献をしている。

概　観

　ミカ書には三つのメッセージがある。
　（1）偶像礼拝（人間が作ったにせの神々やまことの神に代るものを拝むこと）、ごう慢、貧しい人々の抑圧、指導者たちの間の賄賂、物質的欲望とむさぼり、不品行、むなしい宗教などの罪を犯すイスラエル（首都サマリヤ）とユダ（首都エルサレム）に対する神の非難を示す。
　（2）これらの罪のためにさばきが近付いているという警告をする。
　（3）メシヤが治める未来には本当の平和、義（神との正し関係と正しい生活）、正義が支配することを約束する。これらのことがこの書物の中で均等に扱われている。
　この書物の内容を扱う場合、区分ごとに考える方法もある。1－3章にはイスラエルとユダに下る神のさばきの理由、指導者やにせ預言者たちの腐敗が記録されている。これら二つの国の首都は最も厳しい刑罰の苦しみを受けるので、その未来はとりわけ暗いものだった。4－5章ではこれらの苦しみから生き残るわずかな忠実な人々に希望と慰めが与えられている。いつの日かその子孫と神に仕えるほかの人々は、偶像礼拝も苦痛も完全に取除かれた平和な神の国が地上に建てられることを体験するようになる。6－7章は神の民に対する神の不満が描写されている。神は法廷で裁判に訴えるようなかたちでイスラエルを呼び出している。そのあとにイスラエルの罪の告白と預言的な祈りと約束が続く。ミカは自分の名前の意味（だれが主のようであるか）を使って「あなたのような神が、ほかにあるでしょうか」（7:18）という独特のことば遊び（二重の意味をかけてことばを使うこと）をして結論を言っている。答は神だけがあわれみ、「赦免」を宣告し赦してくださるということである（7:18-20）。

特　徴

　ミカ書には五つの大きな特徴がある。
　（1）金持とごう慢な人々に虐待され利用されている身分の低い無力な人々の訴えを支援している。これは新約聖書のヤコブの手紙のメッセージに似ている（⇒6:6-8，ヤコ1:27）。6章の訴えの中で預言者ミカは神の民の行動について「ただ公義を行い、誠実を愛し、へりくだってあなたの神とともに歩むこと」（6:8）という最高の要求をしている。このことは神がご自分に従う人々に求めておられる基本的なことでもある。
　（2）ある部分のミカのことばは荒く直接的である。けれども時には多くのたとえやことば遊びを使いながら雄弁で詩的になっている（1:10-15のように）。
　（3）イザヤのように（⇒イザ48:16，59:21）、ミカは神の召しと預言者としての聖霊による油注ぎ（任命と力の付与）を強く意識していたことを次のように表現している。「私は、力と、主の霊と、公義と、勇気とに満ち、ヤコブにはそのそむきの罪を、イスラエルにはその罪を告げよう」（3:8）。
　（4）神のあわれみと赦しを聖書の中で最もすぐれた完全なかたちで描写している（7:18-20）。
　（5）聖書のほかの箇所で引用されている三つの重要な預言がある。一つはエレミヤのいのちを救ったもの（3:12，エレ26:18）、一つはメシヤ（キリスト）の誕生地（5:2，マタ2:5-6）、もう一つは弟子となる代価について教えたときに主イエスご自身が用いられたものである（7:6，マタ10:35-36）。

新約聖書での成就

　ミカはほかの旧約聖書の預言者たちと同じように、イスラエルとユダに対する神のさばきのはるか先に、やがて来られるメシヤとその未来の統治の情景を見ていた。キリストが来られる700年前にメシヤがベツレヘムに生まれることをミカは預言した（5：2）。マタイの福音書2章4－6節は、メシヤの誕生地についてのヘロデの質問に応えて祭司と律法の教師たちがこの節を引用したことを記録している。ミカはまたメシヤの王国（未来の地上でのキリストの統治）は平和の王国であり（5：5，⇒エペ2：14-18）、メシヤは完全な正義をもって神の民を導く（導き、守り、養う）ことを現した（5：4，⇒ヨハ10：1-16，ヘブ13：20）。ミカが未来の救いと回復について言っていることの多くは、神は人々をさばくのではなく、救いたいという願いと目的を持っておられるということを表している。神は全人類と個人的関係を持つことを何よりも求めておられる。新約聖書はこの真理をさらに明らかにしている（ヨハ3：16）。

ミカ書の通読

　旧約聖書全体を1年間で通読するためには、ミカ書を次のスケジュールに従って3日間で読まなければならない。
☐1-3 ☐4-5 ☐6-7

メ　　モ

ミカ書 1章

1 ¹ ユダの王ヨタム、アハズ、ヒゼキヤの時代に、モレシェテ人ミカにあった主のことば。これは彼がサマリヤとエルサレムについて見た幻である。

2 すべての国々の民よ。聞け。
地と、それに満ちるものよ。耳を傾けよ。
＊神である主は、あなたがたのうちで証人となり、
主はその聖なる宮から来て証人となる。

サマリヤとエルサレムへのさばき

3 見よ。主は御住まいを出、
降りて来て、
地の高い所を踏まれる。

4 山々は主の足もとに溶け去り、
谷々は裂ける。
ちょうど、火の前の、ろうのように。
坂に注がれた水のように。

5 これはみな、ヤコブのそむきの罪のため、
イスラエルの家の罪のためだ。
ヤコブのそむきの罪は何か。
サマリヤではないか。

＊ユダの高き所は何か。
エルサレムではないか。

6 わたしはサマリヤを野原の廃墟とし、
ぶどうを植える畑とする。
わたしはその石を谷に投げ入れ、
その基をあばく。

7 そのすべての刻んだ像は打ち砕かれ、
その儲けはみな、火で焼かれる。
わたしはそのすべての偶像を荒廃させる。
それらは遊女の儲けで集められたのだから、
遊女の儲けに返る。

嘆きと悲しみ

8 このために、わたしは嘆き、泣きわめき、
はだしで、裸で歩こう。
わたしはジャッカルのように嘆き、
だちょうのように悲しみ泣こう。

9 まことに、その打ち傷はいやしがたく、
それはユダにまで及び、
わたしの民の門、エルサレムにまで達する。

1① Ⅱ列15:5, 7, 32-38, Ⅱ歴27章, イザ1:1, ホセ1:1
② Ⅱ列16章, Ⅱ歴28章, イザ1:1, 7:1-12, ホセ1:1
③ Ⅱ列18-20章, Ⅱ歴29-32章, イザ1:1, 36-39章, ホセ1:1
④ ミカ1:14
⑤ エレ26:18
⑥ アモ1:1

2① ミカ3:1, 9, 6:1, 9, 申32:1, 詩49:1, 50:7, イザ1:2, 10, エレ6:19, 22:29
＊子音字は「主」
② マラ3:5

3① 詩11:4, イザ26:21, ヨナ2:7, ハバ2:20
② 申32:13, アモ4:13

4① 士5:5, 詩97:5, イザ64:1, 3, ナホ1:5, ハバ3:10

5① ホセ6:13, 3:8, 7:18
② イザ7:9, 28:1, アモ8:14

＊七十人訳は「ユダの家の罪」

6① ミカ3:12, Ⅱ列19:25, エゼ6:6
② エゼ13:14

7① →ホセ11:2
② 申23:18, ホセ2:5, 12
③ →ホセ4:17

8① Ⅱサム15:30
② イザ22:4, エレ4:19

9① エレ30:12, 15
② Ⅱ列18:13
③ ミカ1:12, イザ3:26

1:1 ミカ 南ユダ出身のミカが預言をしたのは前750-687年のある時期だった。ミカはイザヤ（⇒イザ1:1）やホセア（⇒ホセ1:1、→ミカ緒論）と同じ時期の人だった。そのメッセージは主にユダ（南王国）に向けられていたけれども、啓示のある部分にはイスラエル（北王国）も含まれていた。ミカの中心主題はさばきだったけれども、神のあわれみと救いも強調している。したがってミカは神の民の滅亡を預言するとともに希望と回復の預言もしている。

1:1 サマリヤとエルサレム サマリヤはイスラエルの首都で、エルサレムはユダの首都だった（→**イスラエルとユダの王国**」の地図 p.570）。この二つの国は霊的に反抗的で、大部分の人は神を信じる信仰を放棄していた。そこで主は来られ（1:3）、反抗的でいい加減な国々にさばきをもたらされる（1:5-7）。

1:5 そむきの罪・・・罪 ヤコブとはイスラエルのもう一つの名前（イサクの子ヤコブは神によって名前をイスラエルに変えられ民族の父祖の一人になった創32:28）である。この国の人々は人間が作ったにせの神々への礼拝（1:7）、不品行（1:7）、犯罪や不正（2:1-2）など多くの罪（神に対する罪）のためにさばかれる。これらの罪は首都だけではなく国全体に広がっていた。

1:6 サマリヤを野原の廃墟と この預言は前722年にアッシリヤが町を完全に破壊し（→Ⅱ列17:1-6）、神を敬わない行動（1:7の「遊女の儲け」は霊的不誠実と偶像礼拝の別の表現）によって得た富をみな運び去ったときに成就した。この敗北はミカが預言した直後に起きた。

1:8-9 わたしは嘆き、泣きわめき ユダの姉妹国家であるイスラエルの崩壊を象徴するサマリヤの陥落をミカは悲しんだ（⇒1:6）。人々が神を拒み、その結果苦しまなければならないことでミカの胸は痛んだ。人々が神に反抗し続け滅びへの道を進み続けるとき、神に忠実な人々はいつも悲しみを覚えるはずである。

1:9 それはユダにまで及び 神の律法を破り神に逆らうことについては、ユダもイスラエルと同じように罪を犯していた。イスラエルと同時にさばきを受けなかったことでユダは安堵し安心感を持つべきではなかった。実際にミカはユダの町の名前を挙げて、そこを襲おうとしている破壊を前もって嘆いている（1:10-16）。このミカの預言はセナケリブがユダの城壁のある町の多くを征服したときに成就した（Ⅱ列18:13）。アッシリヤの記録によるとセナケリブはユダの46の町々を占領した。

ミカ書 1–2章

10 ガテで告げるな。
　激しく泣きわめくな。
　ベテ・レアフラでちりの中にころび回れ。
11 シャフィルに住む者よ。
　裸で恥じながら過ぎて行け。
　ツァアナンに住む者は出て来ない。
　ベテ・エツェルの嘆きは、
　あなたがたから、立つ所を奪い取る。
12 マロテに住む者が、
　どうして、しあわせを待ち望めよう。
　エルサレムの門に、主からわざわいが下ったのに。
13 ラキシュに住む者よ。戦車に早馬をつなげ。
　それはシオンの娘にとって罪の初めであった。
　イスラエルの犯したそむきの罪が、
　あなたのうちに見つけられたからだ。
14 それゆえ、
　あなたは贈り物をモレシェテ・ガテに与える。
　アクジブの家々は、イスラエルの王たちにとって、
　欺く者となる。
15 マレシャに住む者よ。
　わたしはまた、侵略者をあなたのところに送る。
　イスラエルの栄光はアドラムまで行こう。
16 あなたの喜びとする子らのために、
　あなたの頭をそれ。
　そのそった所を、
　はげ鷲のように大きくせよ。

10 ①ミカ1:10-15,
　　イザ10:28-34
　②Ⅱサム1:20
　③エレ6:26, 25:34
11 ①エゼ3:29, ナホ3:5
　②イザ20:4, 47:2, 3,
　　エレ13:22
　＊ヨシ15:37「ツェナン」
12 ①ルツ1:20, 21
　②イザ59:9-11,
　　エレ14:19
　③ミカ1:9
13 ①ヨシ10:3, 15:39,
　　Ⅱ列14:19, 18:14, 17,
　　イザ36:2
　②アモ2:14
　③ミカ1:5
14 ①Ⅱ列16:8, Ⅰ列9:16
　②ミカ1:1
　③ヨシ15:44
　④エレ15:18
15 ①ヨシ15:44, Ⅱ歴11:8,
　　14:9, 10, 20:37
　②ヨシ12:14, 15:35,
　　Ⅰサム22:1,
　　Ⅱサム23:13, Ⅱ歴11:7
16 ①イザ15:2, 22:12,
　　エレ7:29, 16:6, 47:5,
　　48:37

1 ①詩36:4, イザ32:7,
　　ナホ1:11, ゼカ7:10
　②ホセ7:6, 7
　③創31:29
2 ①アモ8:4
　②申28:30-33,
　　エレ22:17
　＊→ヨエ2:17
　④Ⅰ列21:1-16
3 ①エレ8:3, アモ3:1, 2
　　＊あるいは「氏族」
　②エレ18:11, ミカ28:48
　③哀1:14, 5:5
　＊＊七十人訳による
　　□「首をはずす」
　④イザ2:11, 12
4 ①ハバ2:6
　②ミカ1:8, Ⅰサム1:17,
　　エレ9:10, 17-21
　③イザ6:11, 24:3,
　　エレ4:13
　④ヨシ18:10
　＊エレ6:12, 8:10
5 ①民34:13, 16-29,
　　ヨシ18:4, 10

彼らが捕らえられて、
あなたから去って行ったから。

人の計画と神のご計画

2

1 ああ。
　悪巧みを計り、
　寝床の上で悪を行う者。
　朝の光とともに、
　彼らはこれを実行する。
　自分たちの手に力があるからだ。
2 彼らは畑を欲しがって、これをかすめ、
　家々をも取り上げる。
　彼らは人とその持ち家を、
　人とその相続地をゆすり取る。
3 それゆえ、主はこう仰せられる。
　「見よ。わたしは、こういうやからに、
　わざわいを下そうと考えている。
　あなたがたは首をもたげることも、
　いばって歩くこともできなくなる。
　それはわざわいの時だからだ。」
4 その日、あなたがたについて、
　あざけりの声があがり、
　嘆きの歌が起こって言う。
　「私たちはすっかり荒らされてしまい、
　私の民の割り当て地は取り替えられてしまった。
　どうしてそれは私から移され、
　私たちの畑は裏切る者に分け与えられるのか。」
5 それゆえ、主の集会で、あなたのために、
　くじを引いて測り綱を張る者がいなくなる。

1:10-15　ガテ・・・ベテ・レアフラ　ここにはいくつかのことば遊び(二重の意味をかけてことばを使うこと)が上手に使われている。

1:16　あなたの頭をそれ　頭をそることは悲しみの外面的なしるしである。そのことによってミカは悲劇が到来し、大きな嘆きのときが来ることを人々に警告している。(1) さばきは厳しい。子どもたちは連去られ捕囚になる。主を拒むなら必ず苦しい恐ろしい結末が来ることをミカは神の民に明らかにしている。(2) 神から離れていく人、生活の中に神もみことばも持とうとしない人々は(周りの国の人々のようになろうとして)、キリストに逆らっているのでやがて破滅を体験するようになる。

2:1-5　ああ。悪巧みを計り　利己的な目的のために権力と影響力を使ってほかの人々を利用する人々の上に滅亡と悲惨な運命が来ることをミカは宣告する。

　(1) その人々は農場や家を買ったり盗んだりした裕福な土地所有者で、さらに多くの財産を得るために平気で人々をだまし、うそをついていた。またどん欲になっていて人々を苦しめても何とも思わなかった。

ミカ書　2章

にせ預言者

6 「たわごとを言うな」と言って、
彼らはたわごとを言っている。
そんなたわごとを言ってはならない。
恥を避けることはできない。

7 ヤコブの家がそんなことを言われてよいものか。
主がこれをがまんされるだろうか。
これは主のみわざだろうか。
＊私のことばは、
正しく歩む者に益とならないだろうか。

8 以前から、わたしの民は
①敵として立ち上がっている。
しかし、あなたがたは、
戦いをやめて安らかに過ごしている者たちの
②みごとな上着をはぎ取る。

9 あなたがたは、わたしの民の女たちを、
その楽しみの家から追い出し、
その幼子たちから、
わたしの誉れを永遠に取り去る。

10 さあ、立ち去れ。ここはいこいの場所ではない。
ここは汚れているために滅びる。

6 ①イザ30：10、アモ2：12、7：16
②イザ29：10
③ミカ6：16
7 ＊七十人訳は「主の」
①詩15：2、84：11
②詩119：65、68、116、エレ15：16
8 ①エレ12：8
②詩120：6、7
③出22：26、申24：12、13
④ミカ2、3、7：2、3
9 ①エレ10：20
②エゼ39：21、ハバ2：14
10 ①レビ18：24、25、28、29、哀4：14、15
②申12：9
③詩106：38、エレ3：2

11 ①エレ5：13、31
②エレ6：13
③イザ5：11、28：7
④イザ30：10、11
12 ①ミカ4：6、7、申30：3、エレ31：31
②ミカ4：7、5：3、7、8、7：18、イザ4：3、10：20-22
＊あるいは「ボツラの羊」
③エゼ36：37
④エレ3：18、エゼ37：15-28
⑤エレ33：22
13 ①ヨハ10：4
②ミカ5：4

それはひどい滅びだ。

11 もし人が風のまにまに歩き回り、偽りを言って、
「私はあなたがたに、③ぶどう酒と強い酒について
一言しよう」と言うなら、
その者こそ、この民のたわごとを言う者だ。

救出の約束

12 ヤコブよ。
わたしはあなたをことごとく必ず集める。
わたしはイスラエルの残りの者を必ず集める。
わたしは彼らを、＊おりの中の羊のように、
牧場の中の群れのように一つに集める。
こうして人々のざわめきが起ころう。

13 打ち破る者は、
彼らの先頭に立って上って行き、
彼らは門を打ち破って進んで行き、
そこを出て行く。
彼らの王は彼らの前を進み、
主が彼らの真っ先に進まれる。

（2）神はそのような人々に計画を持っておられる。ほかの人々にしたようなことを自分たちもされるようになるのである。神はアッシリヤを送って土地を奪い、人々を捕囚に連去られる。（3）私たちはどん欲になってほかの人々を苦しめないように、特により多くのお金や財産を手に入れるためにそうしないように注意しなければならない（→「**富と貧困**」の項 p.1835）。

2:6　たわごとを言うな　ユダのにせ預言者たちはミカがさばきのメッセージを伝えているのを批判していた（⇒イザ30：10）。（1）そして暗やみと破滅（悲しみと滅び）の預言を拒んだ。神は愛と赦しの神で怒りの神ではないから、神の民は決して恥や辱めに遭うことはないと主張した。（2）その楽観的なメッセージによって人々は誤った安心感を持ち、神の律法と基準を無視し続けるようになった。（3）今日の教会も時に神の愛、あわれみ、赦しという積極的なメッセージにとらわれて、神が求められる義の基準や聖さ（道徳的純粋さ、霊的高潔さ、悪からの分離）を無視している（⇒ヘブ12：14、Ⅰペテ1：15-16）。人々が故意に罪を犯していて

もそれを見過し容認する教会は、旧約聖書の預言者や新約聖書の教会指導者たちが伝える明らかなメッセージをもう一度聞く必要がある（⇒Ⅰコリ5：-6：）。

2:11　ぶどう酒と強い酒　繁栄と多くの酒を約束するならだれでもその人について行くと言って、ミカは人々をあざ笑った。ミカのことばは人々の愚かな考えに挑戦するものだった。人々は「肯定的」なことだけを予言するにせ預言者を喜んで受入れている。神を敬わない周りの社会的慣習を受入れたときの結果について警告をしようとしない牧師たちが今もいる。

2:12-13　イスラエルの残りの者　捕囚の期間の後、約束の地に戻って来るイスラエルとユダの残りの者（忠実な少数の人）を神は残されると言って、ミカは希望のことばを加えた（→イザ6：13注、10：20注、17：7注）。その地は再び日常の仕事に戻って、急いで動き回る人々の行動に満ちたところになる（これらの出来事の概要　→Ⅱ列15：29、17：5、24：1注　→「**イスラエル（北王国）の捕囚**」の地図 p.633、「**ユダ（南王国）の捕囚**」の地図 p.633、「**捕囚からの帰還**」の地図 p.759）。

ミカ書　3章

指導者と預言者への叱責

3

1 　わたしは言った。
　　聞け。ヤコブのかしらたち、
　　イスラエルの家の首領たち。
　　あなたがたは公義を知っているはずで
　　はないか。

2 　あなたがたは善を憎み、悪を愛し、
　　人々の皮をはぎ、その骨から肉をそぎ
　　取り、

3 　わたしの民の肉を食らい、皮をはぎ取
　　り、
　　その骨を粉々に砕き、
　　鉢の中にあるように、
　　また大がまの中の肉切れのように、
　　切れ切れに裂く。

4 　それで、彼らが主に叫んでも、
　　主は彼らに答えない。
　　その時、主は彼らから顔を隠される。
　　彼らの行いが悪いからだ。

5 　預言者たちについて、主はこう仰せら
　　れる。
　　彼らはわたしの民を惑わせ、
　　歯でかむ物があれば、
　　「平和があるように」と叫ぶが、
　　彼らの口に何も与えない者には、
　　聖戦を宣言する。

6 　それゆえ、夜になっても、
　　あなたがたには幻がなく、
　　暗やみになっても、
　　あなたがたには占いがない。
　　太陽も預言者たちの上に沈み、
　　昼も彼らの上で暗くなる。

7 　先見者たちは恥を見、
　　占い師たちははずかしめを受ける。
　　彼らはみな、口ひげをおおう。
　　神の答えがないからだ。

8 　しかし、私は、
　　力と、主の霊と、公義と、勇気とに満ち、
　　ヤコブにはそのそむきの罪を、

---

1 ①ミカ1:2
　②詩82:5, エレ5:4, 5
2 ①イザ5:20, 23
　②ミカ2:8, 7:2, 3,
　　詩53:4, エゼ22:27
3 ①詩14:4, 27:2
　②ゼパ3:3
4 ①Ⅰサム8:18,
　　詩18:41, 箴1:28,
　　イザ1:15, エレ11:11,
　　エゼ8:18, ゼカ7:13
　②申31:17, イザ59:2
　③ミカ7:13

5 ①イザ56:10, 11,
　　エゼ13:10, 22:25
　②イザ3:12, 9:15, 16,
　　エレ14:14, 15
　③ミカ3:11
　④エレ6:14
　⑤エレ6:14, ヨエ3:9
6 ①イザ29:10-12,
　　エゼ13:23, ゼカ13:4
　②イザ44:25
　③イザ8:20, 59:10
　④ミカ3:11
7 ①→イザ29:10
　②ゼカ13:4
　③イザ44:25, 47:12, 13
　④ミカ7:16
　⑤ミカ3:4, Ⅰサム28:6
8 ①→エレ11:5
　②→エゼ11:5
　③ミカ3:1
　④→ミカ1:5

3:1-12　ヤコブのかしらたち　この部分は支配者層の残忍さ(3:1-4)、にせ預言者たちの欺き(3:5-7)、ユダの霊的に反抗的な指導者、祭司、預言者などの不正(3:9-12)に対する預言である。この人々はほかの人々に模範を示すべきなのに、むしろ神から遠ざけようとしていた。その結果として、神はそれにふさわしいさばきを全員に下される。

3:2　善を憎み、悪を愛し　この国の指導者たちは、神が承認された基準を捨てて自分たち独自の法律、規則に置換えた。そのほとんどは神の基準とは正反対のものだった。そして悪をまるで善であるかのように追い求め、不義をまるで公正であるかのように行った。それは自分たちがほしいものを得ようとしたからである。教会の中でも世間でも自分独自の信念に合せて、間違った目的を達成したり単に不道徳な行動を正当化したりするために、善と悪を置換えている人が今も多くいる。神はこの流れをとどめ、正義を愛して悪を憎むように私たちを召しておられる(→アモ5:15, ロマ12:9, ヘブ1:9)。

3:3　わたしの民の肉を食らい　この表現は、指導者たちが普通の人々をひどく虐待し抑圧していることをはっきりと表している。

3:4　主は彼らに答えない　指導者たちが邪悪で残虐な行動をしているために、神は祈りに応えられない。そこで指導者たちは、自分たちが無力で神から離れていることに気付くようになる。

3:5-7　預言者たちについて　神は人々を真理の道と神との正しい関係に連戻したいと強く望まれた。けれどもにせ預言者たちは、そうすれば自分たちの影響力が失われることがわかっていた。そこで偽りの希望と偽りの安全のメッセージを伝え、人々が自己満足をして罪深い生活が快適だと感じるようにさせた。こうすることによって罪を犯すように励ましていた。人々を神に立返らせることを拒んだにせ預言者たちを、神は見捨てられた。

3:8　力と、【主】の霊・・・に満ち　神はミカをご自分の代弁者として召して、その務めを果せるように力を与えられた。（1）本当の預言者や忠実な奉仕者と同じように、ミカは聖霊の力と感動（直接の導きと力の付与）によって発言した(⇒エレ20:9, エペ3:7)。御霊は神の家での罪深く汚れた行動を非難するように導かれた。神の聖さ（純粋、完全、完璧、悪からの分離）を反映し、人々が神の基準に従って正しいことを行うように励ますことがミカの務めだった。（2）今日の牧師や預言者たちも同じ務めを持っている。世間で一般化している罪深い考えや行動や生活様式に合せようとする圧力（たとい教会の中からのものでも）に屈してはならない。むしろ真理、義、聖さを伝える神の声にならなければならない(→「**キリスト者とこの世**」の項 p.2437)。

イスラエルにはその罪を告げよう。

9 これを聞け。ヤコブの家のかしらたち、
イスラエルの家の首領たち。
あなたがたは公義を忌みきらい、
あらゆる正しいことを曲げている。
10 血を流してシオンを建て、
不正を行ってエルサレムを建てている。
11 そのかしらたちはわいろを取ってさばき、
その祭司たちは代金を取って教え、
その預言者たちは金を取って占いをする。
しかもなお、彼らは主に寄りかかって、
「主は私たちの中におられるではないか。
わざわいは私たちの上にかかって来ない」
と言う。
12 それゆえ、シオンは、あなたがたのために、
畑のように耕され、
エルサレムは廃墟となり、
この宮の山は森の丘となる。

主の山

4:1-3 並行記事―イザ2:1-4

4

1 終わりの日に、
主の家の山は、山々の頂に堅く立ち、
丘々よりもそびえ立ち、
国々の民はそこに流れて来る。
2 多くの異邦の民が来て言う。
「さあ、主の山、ヤコブの神の家に上ろう。

8 ⑤イザ58:1
9 ①ミカ1:2
　②アモ5:7
　③詩58:1,2, イザ1:23
10 ①エレ22:13, ハバ2:12
11 ①ミカ7:3, イザ1:23, エゼ22:12
　②エレ6:13
　③エレ22:25, エゼ22:25
　④イザ48:2, エレ7:4
12 ①エレ26:18
　②エレ9:11
　③ミカ1:6, 詩79:1
　④エレ4:1,2, イザ2:2,3, エゼ17:22,23, ゼカ8:3

1 ①ミカ4:1-3, イザ2:2-4
　②ダニ2:28, 10:14, ホセ3:5
　③Ⅱ歴33:15, イザ2:2
　④エゼ43:12
2 ①Ⅰ列8:41, 詩22:27, 86:9, エレ3:17
　②→イザ2:3
　③エレ31:6, ゼカ2:11

　④詩25:8,9,12, イザ42:1-4, 54:13
　⑤→ホセ4:6
　⑥ゼカ14:8
3 ①イザ11:3-5
　②ヨエ3:10
4 ①→エレ1:7
　②→ホセ2:12
　③Ⅰ列4:25, ゼカ3:10
　④レビ26:6, エレ30:10
　⑤ナホ2:13, 3:5, ハバ2:13, ゼパ2:9,10, →イザ1:24, →ハガ1:2, →ゼカ1:3, →マラ1:4
　⑥イザ1:20, 40:5
5 ①Ⅱ列17:29
　②ヨシ24:15, イザ2:5, 26:8,13, ゼカ10:12
6 ①ミカ4:6,7, エゼ34:16
　②ゼパ3:19
　③詩147:2
　④エゼ34:13, 37:21, ミカ2:12
7 ①ミカ2:12
　②エレ3:18
　③イザ24:23, オバ21, ダニ7:14,27, ルカ1:33, 黙11:15
　④ミカ2:13
＊⇒「オフェル」

④主はご自分の道を、私たちに教えてくださる。
私たちはその小道を歩もう。」
それは、シオンからみおしえが出、
エルサレムから主のことばが出るからだ。
3 主は多くの国々の民の間をさばき、
遠く離れた強い国々に、判決を下す。
彼らはその剣を鋤に、
その槍をかまに打ち直し、
国は国に向かって剣を上げず、
二度と戦いのことを習わない。
4 彼らはみな、おのおの自分のぶどうの木の下や、
いちじくの木の下にすわり、
彼らを脅かす者はいない。
まことに、万軍の主の御口が告げられる。
5 まことに、すべての国々の民は、
おのおの自分の神の名によって歩む。
しかし、私たちは、世々限りなく、
私たちの神、主の御名によって歩もう。

主のご計画

6 その日、――主の御告げ――
わたしは足のなえた者を集め、
追いやられた者、
また、わたしが苦しめた者を寄せ集める。
7 わたしは足のなえた者を、残りの者とし、
遠くへ移された者を、強い国民とする。
主はシオンの山で、
今よりとこしえまで、彼らの王となる。
8 羊の群れのやぐら、シオンの娘の丘よ。

4:1 終わりの日に ミカは地上の歴史の終わりのときに、神が全世界を支配されることを教えている。(1)それは平和、善、幸福のときである。統一されたイスラエルだけではなく、世界の全民族が神をあがめ礼拝するようになる。(2)「**主**の家の山」(エルサレム)は神の支配の中心になる。この未来の王国はキリストが再び来られて悪を全く滅ぼし地上に支配権を確立されるときに始まる(→黙20:4注)。

4:5 【主】の御名によって歩もう 神の国が完全なかたちで来るまでの間、私たちはどのように生きるべきだろうか。ミカは「**主**の御名によって歩もう」と言う。それは神と親しい交わりを持つ人としてふさわしく生きることである。キリストに従う私たちは、キリストの代理としてキリストの人格を反映し、その目的に仕え悪に対してキリストの権威を用いるべきである。神の臨在を強く認めて日常の生活を送るべきで、そうするなら神への信仰が強められ正しくないことは行わないように守られる。そうすることによって、ほかの人々にもキリストに従うように影響を与えることができる(⇒Ⅱペテ3:11-12)。

あなたに、以前の主権、
エルサレムの娘の王国が帰って来る。

9 なぜ、あなたは今、大声で泣き叫ぶのか。
あなたのうちに王がいないのか。
あなたの議官は滅びうせたのか。
子を産む女のような苦痛が
あなたを捕らえたのか。

10 シオンの娘よ。子を産む女のように、
身もだえし、もがき回れ。
今、あなたは町を出て、野に宿り、
バビロンまで行く。
そこであなたは救われる。
そこで主はあなたを敵の手から贖われる。

11 今、多くの異邦の民があなたを攻めに
集まり、
そして言う。
「シオンが犯されるのをこの目で見よう」と。

12 しかし彼らは主の御計らいを知らず、
そのはかりごとを悟らない。
主が彼らを打ち場の麦束のように
集められたことを。

13 シオンの娘よ。立って麦を打て。
わたしはあなたの角を鉄とし、

8 ③イザ1:26, ゼカ9:10
9 ①エレ8:19
②イザ3:1-3
③イザ13:8, 21:3, エレ30:6, 50:43, 黙12:2
10 ①ミカ5:3
②Ⅱ列20:17, 18
③ミカ7:8-12, イザ43:14, 45:13, 48:20, 52:9-12
11 ①イザ5:25-30, 17:12-14
②ミカ7:10, 哀2:16
12 ①詩147:19, 20, イザ55:8, 9, ロマ11:33, 34
②エレ51:33
13 ①イザ41:15

②エレ51:20-23, ダニ2:44
③イザ23:18
④ゼカ4:14, 6:5

1 *別訳「身を傷つけよ」
2 ①マタ2:6, ヨハ7:42
②創35:19, 48:7, ルツ1:2, 4:11, Ⅰサム17:12
③イザ11:1, ルカ2:4
④イザ9:6, エレ30:21, ゼカ9:9
⑤創49:10, 詩90:2, 102:25, 箴8:22, 23, ヨハ1:1
*「定め」は補足
3 ①ミカ4:9, 10, イザ7:14
②ホセ11:8

あなたのひづめを青銅とする。
あなたは多くの国々の民を粉々に砕き、
彼らの利得を主にささげ、
彼らの財宝を全地の主にささげる。

ベツレヘムから来る約束の支配者

5

1 今、軍隊の娘よ。勢ぞろいせよ。*
とりでが私たちに対して設けられ、
彼らは、イスラエルのさばきつかさの
頬を
杖で打つ。

2 ①ベツレヘム・エフラテよ。
あなたはユダの氏族の中で最も小さいものだが、
あなたのうちから、わたしのために、
イスラエルの支配者になる者が出る。
その出ることは、昔から、
永遠の昔からの定めである。*

3 それゆえ、産婦が子を産む時まで、
彼らはそのままにしておかれる。
彼の兄弟のほかの者は
イスラエルの子らのもとに帰るようになる。

4 彼は立って、主の力と、

4:9-13 なぜ、あなたは今、大声で泣き叫ぶのか 預言者は未来の希望から再び、現在のエルサレムに来ようとしている破滅に焦点を移している。そして人々はバビロニヤに捕囚として連去られると言っている。これは驚くべき予告である。なぜならミカはバビロニヤ帝国が世界の最強国になる100年前にこの預言をしているからである（バビロニヤは前586年にエルサレムを破壊した）。けれども再び希望が与えられる。ミカはユダヤ人がバビロニヤから帰る日を予見しているからである（4:10, 捕囚からの帰還 →エズ緒論、「**捕囚からの帰還**」の地図 p.759）。

5:2 ベツレヘム・エフラテよ 神の民のために、神の約束を成就する神を敬う支配者がベツレヘムから出ることをミカは預言している。この節はメシヤである主イエスを指している（→マタ2:1, 3-6）。それは「永遠の昔からの定めである」（初めも終りもない永遠から ヨハ1:1, コロ1:17, 黙1:8）けれども、さらに人間として生れ人々の間に生きる方としてである（5:3, →ヨハ1:14, ピリ2:7-8）。

5:3 それゆえ・・・彼らはそのままにしておかれる 神はイスラエルを見捨てられて好きな道を歩ませ、その結果、苦しむままにされる。イスラエルは約束された方（キリスト）が生れるまでは、神が与えようとされた恩恵を受けないまま生き続けなければならない。「産婦が子を産む」とは具体的には主イエスの母、処女マリヤのことであるけれども、霊的にはそのときまで神に仕えるイスラエルの少数の忠実な人々のことを指している。イスラエル（ほかの国々も）の希望は、イエス・キリストの誕生、生涯、死、よみがえりにある。「彼の兄弟のほかの者」とは北イスラエルの部族のことを指し、救い主はイスラエルの十二部族全員の救い主であることを示している（ユダは最初に統一されたイスラエルのうちの2部族から成り、イスラエルは10部族から成立っていた →「**イスラエルとユダの王国**」の地図 p.570）。

ミカ書　5-6章　　1539

彼の神、主の御名の威光によって群れを飼い、
彼らは安らかに住まう。
今や、彼の威力が地の果てまで及ぶからだ。
5 平和は次のようにして来る。

救出と破壊

アッシリヤが私たちの国に来て、
私たちの宮殿を踏みにじるとき、
私たちはこれに対して
七人の牧者と八人の指導者を立てる。
6 彼らはアッシリヤの地を剣で、
ニムロデの地を抜き身の剣で飼いならす。
アッシリヤが私たちの国に来、
私たちの領土に踏み込んで来たとき、
彼は、私たちをアッシリヤから救う。

7 そのとき、ヤコブの残りの者は、
多くの国々の民のただ中で、
主から降りる露、
青草に降り注ぐ夕立のようだ。
彼らは人に望みをおかず、
人の子らに期待をかけない。
8 ヤコブの残りの者は異邦の民の中、
多くの国々の民のただ中で、
森の獣の中の獅子、
羊の群れの中の若い獅子のようだ。

通り過ぎては踏みにじり、
引き裂いては、一つも、のがさない。
9 あなたの手を仇に向けて上げると、
あなたの敵はみな、断ち滅ぼされる。
10 その日、——主の御告げ——
わたしは、あなたのただ中から、
あなたの馬を断ち滅ぼし、
あなたの戦車を打ちこわし、
11 あなたの国の町々を断ち滅ぼし、
要塞をみなくつがえす。
12 わたしはあなたの手から呪術師を断ち、
占い師をあなたのところからなくする。
13 わたしは、あなたのただ中から、
刻んだ像と石の柱を断ち滅ぼす。
あなたはもう、自分の手の造った物を拝まない。
14 わたしは、あなたのアシェラ像を
あなたのただ中から根こぎにし、
あなたの町々を滅ぼし尽くす。
15 わたしは怒りと憤りをもって、
わたしに聞き従わなかった国々に復讐する。

イスラエルへの主の裁判

1 さあ、主の言われることを聞け。
立ち上がって、山々に訴え、

5:4 地の果てまで　イザヤと同じように（→イザ9:6-7, 61:1-2）、ミカはイエス・キリストの地上への最初の来臨と第二降臨を区別していない。描かれている情況のあるものは両方の来臨に当てはまる。キリストが悪を全く滅ぼすために再び来られるとき（地上での患難時代のさばきの後　→黙6:-19:）、イスラエルは安全に暮し、キリストは全世界を治められる。

5:5 平和は次のようにして来る　メシヤである主イエスだけがイスラエルに恒久的な平和をもたらすことができる（このことは主が歴史の終りに1,000年間支配するために地上に再び来られるときに最も完全なかたちで実現する　→黙20:）。けれども最初の来臨の時には自分の罪のために払われたキリストの犠牲を受入れ、その赦しを受取って永遠のいのちの保証を持つ人々にだけ神の平和を与えられた（→ロマ5:1-11）。主イエスに従う人々は人生を主の導きに明け渡してい

るので永遠のさばきに定められることはない（→ヨハ14:27, エペ2:14）。

5:5 アッシリヤ　アッシリヤはあらゆる神の敵を表す。そのような神の民と神への礼拝に反対するあらゆる敵からメシヤはある日、神の民を救い出し自由にされる。

5:10-14 あなたの戦車を打ちこわし　メシヤが世界の悪をさばきに来られるとき、戦争の必要も戦争を行う能力もイスラエルから取去られる（5:10-11）。また国の中からあらゆる罪、魔術、偶像礼拝（人間が作ったにせの神々—実際は悪霊を示す—やまことの神に代るものを拝むこと　5:12-14）を取除かれる。イスラエルの中で神とその道に忠実ではない人々は神の敵と一緒に滅ぼされる。

6:1-5 【主】の言われることを聞け　主はご自分の民に対する「申し立て」あるいは反論を持っておられた。そして一歩前に出て主の非難に耳を傾け、できるなら

ミカ書　6章

丘々にあなたの声を聞かせよ。
2　山々よ。聞け。主の訴えを。
地の変わることのない基よ。
主はその民を訴え、イスラエルと討論される。

3　わたしの民よ。
わたしはあなたに何をしたか。
どのようにしてあなたを煩わせたか。
わたしに答えよ。

4　わたしはあなたをエジプトの地から上らせ、
奴隷の家からあなたを買い戻し、
あなたの前にモーセと、アロンと、ミリヤムを送った。

5　わたしの民よ。思い起こせ。
モアブの王バラクが何をたくらんだか。
ベオルの子バラムが彼に何と答えたか。
シティムからギルガルまでに何があったか。
それは主の正しいみわざを知るためであった。

2　①ミカ1:2
②Ⅱサム22:16、詩104:5
③イザ1:18、3:13-15、43:26、ホセ4:1、12:2
3　①イザ5:3,4
②詩50:7
③エレ2:5
④イザ43:22, 23
4　①出12:50, 51、20:2、申5:6、Ⅰサム12:6、詩77:20
②申7:8
③出14:10-16
④出15:20
5　①民25:1、33:49
②民22:2-24:25
③申23:4, 5、ヨシ24:9, 10、黙2:14
④民25:1、ヨシ2:1、3:1-4:18
⑤ヨシ4:19、5:9, 10
⑥ミカ7:9、Ⅰサム12:7

6　①→ホセ6:6
7　①イザ40:16
②レビ18:21、20:1-5、Ⅱ列16:3、21:6、23:10、エレ7:31、19:5、エゼ23:37
8　①申10:12、30:16、Ⅰサム15:22、詩40:6-8、51:16, 17
②創18:19、イザ1:17、11:4、56:1、エレ22:3、アモ5:24
③ホセ6:6、12:6
④イザ57:15、66:2
9　①ミカ1:2
＊詩86:11による
②→箴2:7

6　私は何をもって主の前に進み行き、
いと高き神の前にひれ伏そうか。
全焼のいけにえ、一歳の子牛をもって
御前に進み行くべきだろうか。

7　主は幾千の雄羊、幾万の油を喜ばれるだろうか。
私の犯したそむきの罪のために、
私の長子をささげるべきだろうか。
私のたましいの罪のために、
私に生まれた子をささげるべきだろうか。

8　主はあなたに告げられた。
人よ。何が良いことなのか。
主は何をあなたに求めておられるのか。
それは、ただ公義を行い、誠実を愛し、
へりくだって
あなたの神とともに歩むことではないか。

イスラエルの罪と罰

9　聞け。主が町に向かって叫ばれる。
——御名を恐れることがすぐれた知性だ——

自分の悪い行動を弁護し正当化するように要求された。ほかのあらゆる民族から聖別し、特別な律法と約束を与えて度々救い出してくださった方である神との契約を拒むどの権利がこの人々にあるのだろうか。それでも人々は引き続き律法に従わなかった。人々に対する具体的な訴えが6:9-16に書かれている。

6:3-5　わたしはあなたに何をしたか　人々に拒まれるような何をしたのかと神は尋ねられる。何か約束を破ったのだろうか。(1)　人々が主のことばに従わなかったのは神の落度だろうか。神は人々をおろそかにしたか、あるいは愛し方が足りなかったのだろうか。答は明らかである。イスラエルは言訳ができない。神は歴史全体を通して親切に忍耐強く完全な誠実さをもって人々を扱われた。(2)　今日、神はご自分に背を向けている人々全部に同じ質問をすることができる。もし私たちが神に不忠実で神の基準を拒み世間の生き方に従っても、それは神が私たちに不誠実だからではない。私たちがわがままな願いをし、神の恵み（受けるにふさわしくない好意）と愛への感謝が欠けているからである。

6:8　【主】は何をあなたに求めておられるのか　ここは聖書の中での一つの重要なメッセージの要約である。人々がどのように生きることを神が望んでおられるのかを最もはっきりと、そして完全なかたちで示している。この節には善と私たちの献身についての神の基準が三つの定義で示されている。(1)　公正でなければならない。それはほかの人々に対して公平で正直にすることである（⇒マタ7:12）。「公義を行い」と言われている。このことは重要である。なぜなら人は公正を主張するけれども、ほかの人々が公正に扱われていることを確認するために必要な行動を進んでとらないなら、その主張はうそになるからである。(2)　「誠実」を愛さなければならない（《ヘ》ヘセドは「あわれみ、愛、誠実」などと訳すことができる）。それは困っている人々に純粋で行動的な愛と親切を表すことである。ここでは「誠実を愛」さなければならないと言われている。このことは重要である。なぜなら情け深いことを行うことはできても、心から人を愛していないなら、その行いは本物ではないからである。(3)　神とともに「へりくだって」歩まなければならない。それは絶えず神に感謝し完全に神に頼り神の目的を尊敬し毎日従うことである（⇒ヤコ4:6-10、Ⅰペテ5:5-6）。公の礼拝はキリストへの献身のほんの小さな一部に過ぎない。主に対する純粋な愛はほかの人々、特に困っている人々に対する優しい行動によって示されなければならない（→「**貧困者への配慮**」の項 p.1510）。

6:9-16　【主】が・・・叫ばれる　主はイスラエルの

ミカ書　6-7章

聞け。部族、町を治める者。

10 まだ、悪者の家には、不正の財宝と、
のろわれた枡目不足の枡があるではないか。

11 不正なはかりと、
欺きの重り石の袋を使っている者を
罪なしとすることがわたしにできようか。

12 富む者たちは暴虐に満ち、住民は偽りを言う。
彼らの口の中の舌は欺く。

13 わたしもそこで、あなたを打って痛め、
あなたの罪のために荒れ果てさせる。

14 あなたは食べても満ち足りず、
あなたの腹は飢える。
あなたは、移しても、のがすことはできない。
あなたがのがした者は、わたしが剣に渡す。

15 あなたは種を蒔いても、刈ることがなく、
オリーブをしぼっても、
油を身に塗ることがない。
新しいぶどう酒を造っても、
ぶどう酒を飲むことができない。

16 あなたがたはオムリのおきてと、
アハブの家のすべてのならわしを守り、
彼らのはかりごとに従って歩んだ。
それは、わたしがあなたを荒れ果てさせ、
住民をあざけりとするためだ。
あなたがたは、
国々の民のそしりを負わなければならない。

イスラエルの悲惨

7

1 ああ、悲しいことだ。
私は夏のくだものを集める者のよう、
ぶどうの取り残しの実を
取り入れる者のようになった。
もう食べられるふさは一つもなく、
私の好きな初なりのいちじくの実もない。

2 敬虔な者はこの地から消えうせ、
人の間に、正しい者はひとりもいない。
みな血を流そうと待ち伏せし、
互いに網をかけ合って捕えようとする。

3 彼らの手は悪事を働くのに巧みで、
役人は物を求め、
さばきつかさは報酬に応じてさばき、
有力者は自分の欲するままを語り、
こうして事を曲げている。

4 彼らのうちの善人もいばらのようだ。
正しい者もいばらの生け垣のようだ。
あなたの刑罰の日が、
あなたを見張る者の日が来る。
今、彼らに混乱が起きる。

5 友を信用するな。
親しい友をも信頼するな。
あなたのふところに寝る者にも、
あなたの口の戸を守れ。

6 息子は父親を侮り、
娘は母親に、
嫁はしゅうとめに逆らい、
それぞれ自分の家の者を敵としている。

7 しかし、私は主を仰ぎ見、
私の救いの神を待ち望む。
私の神は私の願いを聞いてくださる。

罪（神に対する罪）のいくつかを挙げ、これらの罪の結果イスラエルはさばきと向き合わなければならないと宣言される。

7:1-7　ああ、悲しいことだ　ミカは自分が住んでいる町の堕落を悲しむ。暴力、不正、不品行はイスラエル人の間で自由に行われていた。神を敬う人はほとんどなく（7:2）、家族愛はほぼ消滅していた（7:6）。本当に神とその目的に身をささげている人々は周りの悪や汚れを見たら同じように嘆くはずである。そして国や神と個人的な関係を持っていない人々のために熱心に祈るようになるはずである。その人々を何とか主に導いてくださるように訴え（7:7-9）、そのために私たちを用いてくださいと祈り求めなければならない。

7:7　私は{主}を仰ぎ見　道徳的に病み霊的に失われている社会に囲まれながら、ミカは神を信じ約束を成就してくださるように願った。神がミカを個人的に守り、あらゆる邪悪に対していつの日か正義をもたらされ、正しいものをみな明らかにされることをミカは知って

イスラエルは起き上がる

8 私の敵。私のことで喜ぶな。
私は倒れても起き上がり、
やみの中にすわっていても、
主が私の光であるからだ。

9 私は主の激しい怒りを身に受けている。
私が主に罪を犯したからだ。
しかし、それは、主が私の訴えを取り上げ、
私を正しくさばいてくださるまでだ。
主は私を光に連れ出し、
私はその義を見ることができる。

10 それで、私に向かい、
「あなたの神、主は、どこにいるのか。」
と言った私の敵は、これを見て恥に包まれる。
私もこの目で敵をながめる。
今、敵は道の泥のように踏みにじられる。

11 あなたの石垣を建て直す日、
その日、国境が広げられる。

12 その日、アッシリヤからエジプトまで、
エジプトから大川まで、
海から海まで、山から山まで、
人々はあなたのところに来る。

13 しかし、その地は荒れ果てる。
そこに住んでいた者たちのゆえに。
これが彼らの行いの結んだ実である。

祈りと賛美

14 どうか、あなたの杖で、あなたの民、
あなたご自身のものである羊を飼ってください。
彼らは林の中、果樹園の中に、
ひとり離れて住んでいます。
彼らが昔の日のように、
バシャンとギルアデで
草をはむようにしてください。

15 「あなたがエジプトの国から出た日のように、
わたしは奇しいわざを彼に見せよう。」

16 異邦の民も見て、
自分たちのすべての力を恥じ、
手を口に当て、
彼らの耳は聞こえなくなりましょう。

17 彼らは、蛇のように、
地をはうもののように、ちりをなめ、
震えながら彼らのとりでから、
私たちの神、主のみもとに出て来て、
わななして、あなたを恐れましょう。

18 あなたのような神が、ほかにあるでしょうか。
あなたは、咎を赦し、
ご自分のものである残りの者のために、
そむきの罪を見過ごされ、
怒りをいつまでも持ち続けず、
いつくしみを喜ばれるからです。

19 もう一度、私たちをあわれみ、
私たちの咎を踏みつけて、
すべての罪を海の深みに投げ入れてください。

20 昔、私たちの先祖に誓われたように、
真実をヤコブに、
いつくしみをアブラハムに与えてください。

いた(7:9)。(1) 神は「曲がった邪悪な世代の中にあって傷のない神の子どもとなり・・・彼らの間で世の光として輝く」(ピリ2:15-16)生活をするように、キリストに従う人々を招いておられる。(2) 悪が増し社会が完全にばらばらになってしまっても、キリストがあらゆることを正しくしてくださる日を祈り期待をもって待ちながら、だれでも聞く人々に霊的救いという神の賜物を提供していかなければならない(⇒7:15-20)。

7:8-13 私は・・・起き上がり 国全体の罪に対して神のさばきが下るので、神に誠実な人々はやがて困難な日々に直面する。けれどもミカは、敵の一時的な勝利のさらに先に、神が国を最高の栄光へと再興してくださることを見て信仰を大胆に表明した。「私は・・・起き上がり」はヨブが苦しみの中で言ったことばに似た信仰の宣言である(→ヨブ19:25-27各注)。

7:14-20 あなたの民・・・を飼ってください この部分は神に7:8-13のことばの成就を願う嘆願の祈り(へりくだった願い)である。偉大な羊飼いである神が再びイスラエルを導き、世話をしてくださることがミカの最大の関心だった。

ナホム書

概　　要
　表題（1：1）
　Ⅰ．神の性質－ニネベのさばき（1：2-15）
　　　A．神の正義の優しさと厳しさ（1：2-7）
　　　B．ニネベの滅亡（1：8-11, 14）
　　　C．ユダの慰め（1：12-13, 15）
　Ⅱ．神の働き－ニネベのさばき（2：1-13）
　　　A．緒言（2：1-2）
　　　B．町は攻撃され、兵士たちは衝突する（2：3-5）
　　　C．町は破壊され、以前の栄光は消滅する（2：6-12）
　　　D．主が語られ、町は沈黙する（2：13）
　Ⅲ．神に対する罪－ニネベの滅亡の理由（3：1-19）
　　　A．ニネベの残虐な罪（3：1-4）
　　　B．神の報復の約束（3：5-19）

著　者：ナホム

主　題：ニネベに近付く滅亡

著作の年代：紀元前630－620年頃

著作の背景

　　ニネベに近付いている滅亡についてのこの簡潔な預言書は、「慰め」という意味の名前を持つ預言者によって書かれた。ナホムについてはエルコシュの出身という以外は何もわからない（1：1）。エルコシュはどこにあるか確かではないけれども、ガリラヤのラマの近くにあったと考える人、カペナウムの近辺と考える人、さらに南ユダにあったと考える人などがいる。最も考えられることは、ナホムがユダの預言者だったことである。それはこの書物が書かれた頃までに北王国（イスラエル）が既にアッシリヤによって征服され、人々は捕囚にされていたからである（→Ⅱ列15：29注, 17：6注, →「**イスラエルとユダの王国**」の地図 p.570,「**イスラエル（北王国）の捕囚**」の地図 p.633）。

　　ニネベはアッシリヤ帝国の首都で、預言者ヨナが100年以上前に神のことばを伝えるように遣わされた町だった（→ヨナ緒論）。ナホムが預言したのはニネベが前612年に陥落する前だった。3章8－10節では、過去の出来事としてテーベ（エジプト）の陥落（前663）のことが言われている。したがってナホムが預言をしたのは前663－612年の期間で、しかもそのあとのほうに近い年代で、ヨシヤ王とその霊的改革運動の時期（前630-620頃）だったと思われる。

　　古代の世界ではアッシリヤは征服した人々に対して非常に残酷なことで有名だった。都市を攻撃したあと多くの人を容赦なく殺し、残りの人々を捕虜にして帝国のほかの場所に移住させていた。捕囚の地へ向かう残酷な行進の結果、多くの捕虜が死んだ（⇒3：3）。征服された都市や国の指導者たちは無慈悲な拷問を受け、最後には処刑された。100年前にアッシリヤはヨナのことばに謙虚になって応答した。そしてしばらくの間は罪から離れ、神のあわれみを受けた。けれども後にはまた邪悪な道に戻ってしまった。このアッシリヤ人を神は反抗的なイスラエル人に対するさばきの道具として用いられた。この国はイスラエルの首都サマリヤを破壊し、人々を捕囚に送り出した（→「**イスラエル（北王国）の捕囚**」の地図 p.633）。今やそのアッシリヤへのさばきが急速に近付いていた。

目的

ナホムが伝えた預言には二つの基本的な目的があった。

(1) 邪悪で残酷なアッシリヤの首都ニネベに対する滅亡が確かであることを宣言するため。アッシリヤのような邪悪な国が神の厳しいさばきから逃げられるはずはなかった。

(2) 同時に神の民に慰めのメッセージを伝えるため。その慰めは敵の流血を見ることによってではなく、神がご自分の民を守り世界で正義を保ち、やがて平和の国を確立されるということを知ることによって与えられる。

概観

ナホム書にはアッシリヤ、特にその首都ニネベに対する三つの異なる預言が含まれている。それぞれの章に預言的啓示がある。1章には神の性質、特に怒り(当然の怒りとさばき)、正義と力(それらが邪悪な人々へのさばきを保証する)がはっきりと大胆に描かれている。この場合のメッセージはニネベが必ず神のさばきを受けることを宣言している。2章はニネベにさばきが近付いていることを予告し、その滅亡がどのようなものであるか具体的に描いている。3章は神に対するニネベの攻撃について簡単に触れた後に、ニネベに完全なさばきと破壊を下すことによって神の義が示されることが宣言されている。

特徴

ナホム書には三つの大きな特徴がある。

(1) 旧約聖書の中で、外国に限定してメッセージを伝えた三つの預言書のうちの一つである(ほかの二つはオバデヤ書とヨナ書)。

(2) 預言のメッセージと詩的表現が非常に描写的な隠喩(象徴的なことばや例を用いて比べること)で表され、また実生活に密接した非常に強力な表現、力強いことばによって強調されている。

(3) 人々の罪についてユダの国に向けた預言がないという点で、非常に珍しい書物である。それはこの書物がヨシヤ王の霊的なリバイバルと改革が行われた時期(Ⅱ列22:8-23:5)に書かれたからと思われる。ユダについてはいくつかの希望と慰めのことばが書かれている(1:12-13, 15)。

新約聖書での成就

新約聖書にはこの書物からの直接の引用はない。唯一の引用と思われる例は1章15節で、ナホム自身がイザヤ書52章7節から引用したものである。パウロは良い知らせを伝える人々の祝福を「りっぱな」足という表現を使って教えている。アッシリヤ(1:15)やバビロニヤ(イザ52:7)のような敵から平和と自由を得るという良い知らせを伝えた使者たちを旧約聖書の神の民が喜んで受入れたように、イエス・キリストの力を通して罪とサタンからの自由という良い知らせを伝える人々の間には喜びがある(ロマ10:15)。ナホム書はまた、新約聖書が後にさらに発展させたメッセージを伝えている。それは邪悪な者(キリストの赦しを受入れず、自分勝手な道から立返らず、人生をキリストにゆだねない人々)がさばかれないままでいることを神は許されないということである(1:3)。

ナホム書の通読

旧約聖書全体を1年間で通読するためには、ナホム書を1日で読まなければならない。

☐ ナホム

メモ

ナホム書　1章

1 ¹ニネベに対する宣告。エルコシュ人ナホムの幻の書。

ニネベに対する主の怒り

² 主はねたみ、復讐する神。
主は復讐し、憤る方。
主はその仇に復讐する方。
敵に怒りを保つ方。

³ 主は怒るのにおそく、力強い。
主は決して罰せずにおくことはしない方。
主の道はつむじ風とあらしの中にある。
雲はその足でかき立てられる砂ぼこり。

⁴ 主は海をしかって、これをからし、
すべての川を干上がらせる。
バシャンとカルメルはしおれ、
レバノンの花はしおれる。

⁵ 山々は主の前に揺れ動き、
丘々は溶け去る。
大地は御前でくつがえり、
世界とこれに住むすべての者もくつがえる。

⁶ だれがその憤りの前に立ちえよう。
だれがその燃える怒りに耐えられよう。
その憤りは火のように注がれ、
岩も主によって打ち砕かれる。

⁷ 主はいつくしみ深く、
苦難の日のとりでである。
主に身を避ける者たちを
主は知っておられる。

⁸ しかし、主は、あふれみなぎる洪水で、
その場所を滅ぼし尽くし、
その敵をやみに追いやられる。

⁹ あなたがたは主に対して何をたくらむのか。
主はすべてを滅ぼし尽くす。
仇は二度と立ち上がれない。

¹⁰ 彼らは、からみついたいばら。
大酒を飲んだ酔っぱらいのようであっても、
かわいた刈り株のように、
全く焼き尽くされる。

¹¹ あなたのうちから、
主に対して悪巧みをし、
よこしまなことを計る者が出たからだ。

¹² 主はこう仰せられる。
「彼らは安らかで、数が多くても、
刈り取られて消えうせる。
わたしはあなたを苦しめたが、
再び、あなたを苦しめない。

¹³ 今、わたしは彼のくびきを
あなたからはずして打ち砕き、
あなたをなわめから解き放す。」

¹⁴ 主はあなたについて命じられた。
「あなたの子孫はもう散らされない。
あなたの神々の宮から、
わたしは彫像や鋳像を断ち滅ぼす。
あなたはつまらない者であったが、
わたしはあなたの墓を設けよう。」

1:1　ニネベ　前663－612年の間に預言活動をしたナホムはアッシリヤの首都ニネベの滅亡を予告していた(→緒論)。ニネベは100年以上前にヨナの伝える神のことばに応答して、極度の邪悪な生活を悔い改めて神に立返った。けれどもやがて人間が作ったにせの神々に戻り、残虐な圧政をする町に戻ってしまった。既に北イスラエル王国を滅ぼしたアッシリヤは、今度はユダを攻め国土の一部を奪っていた(→**イスラエルとユダの王国**」の地図 p.570, 「**イスラエル(北王国)の捕囚**」の地図 p.633)。ナホムは神が守ってくださり、アッシリヤを打破ってくださると示して神の民を慰めた。ニネベはバビロニヤ、メディヤ、スクテヤなどの政治的軍事的同盟軍によって征服され陥落した。前612年のことだった。

1:2　ねたみ、復讐する神　「ねたむ」ということばはここではご自分の民を守る主の意気込みと熱意を表す意味で使われている(⇒申4:24, 5:9)。神は神のことばと神の民に反対する人々の敵意に正しく報復される(→申32:35, 41)。

1:3　【主】は怒るのにおそく　神は極めて忍耐深い方である。それは罪びとに悔い改め(神に対する態度を変えて罪を認め、自分勝手な道から立返り、神の目的に従うこと)のときを与えたいと願っておられるからである(Ⅱペテ3:9)。けれどもあわれみと忍耐にも限度がある。かたくなに自分の道を改めようとしない人々は、ついには神の当然な怒りとさばきに向き合うことになる(⇒ロマ11:22)。

1:9　【主】に対して何をたくらむのか　アッシリヤ人はエルサレムの町とユダの国を破壊しようとたくらんでいた。けれども神はその計画が実行されるのを許さ

15 見よ。良い知らせを伝える者、
　平和を告げ知らせる者の足が山々の上に
　ある。
　ユダよ、あなたの祭りを祝い、
　あなたの誓願を果たせ。
　よこしまな者は、もう二度と、
　あなたの間を通り過ぎない。
　彼らはみな、断ち滅ぼされた。

ニネベの陥落

2

1 散らす者が、あなたを攻めに上って来る。
　塁を守り、道を見張り、
　腰をからげ、大いに力を奮い立たせよ。

2 主は、ヤコブの栄えを、
　イスラエルの栄えのように回復される。
　――かすめる者が彼らをかすめ、
　彼らのぶどうのつるをそこなったからだ。

3 その勇士の盾は赤く、
　兵士は緋色の服をまとい、
　戦車は整えられて鉄の火のようだ。

4 ＊やりは揺れ、
　戦車は通りを狂い走り、
　広場を駆け巡る。
　その有様はたいまつのようで、
　いなずまのように走り回る。

5 貴人たちは呼び出され、
　途上でつまずき倒れる。
　彼らはその城壁へ急ぎ、防柵を設ける。

6 ＊町々の門は開かれ、宮殿は消え去る。

7 王妃は捕らえられて連れ去られ、
　そのはしためは鳩のような声で嘆き、
　＊胸を打って悲しむ。

8 ＊ニネベは水の流れ出る池のようだ。
　みな逃げ出して、
　「止まれ、立ち止まれ」と言っても、
　だれも振り返りもしない。

9 銀を奪え。金も奪え。
　その財宝は限りない。
　あらゆる尊い品々が豊富だ。

10 破壊、滅亡、荒廃。
　心はしなえ、ひざは震え、
　すべての腰はわななき、
　だれの顔も青ざめる。

11 雄獅子の住みかはどこにあるのか。

れない。

1:15　良い知らせ　この聖句はイザヤ52:7とほぼ同じである（→イザ52:7注）。(1)ユダにとっての良い知らせはアッシリヤが完全に滅ぼされ、もう自分たちの町は攻撃されないというものだった。(2)同じように新約聖書の説教者、宣教師、キリストを信じる信仰によって赦しと新しいいのちが与えられるというメッセージを広める人々は、みな良い知らせを伝える人々である。確かにこれは私たちが受取ることのできる最も偉大な知らせである。なぜなら罪の束縛と悪霊の力からの解放を宣言し、神との平安と永遠のいのちを持つ機会を提供するからである（→ロマ10:15, キリストの福音を伝える人の姿を示している）。神によって定められた未来のある日、病気や悲しみは神の民のいるところから完全に取去られ、神を敬わない世界は滅ぼされ、サタンは永遠に火の池に投げ込まれる（黙19:-21:）。

2:1-13　散らす者　この章には、前612年のバビロニヤ同盟軍によるニネベに対する攻撃と破壊についての預言が詳しく描写されている。

2:3　勇士の盾　「散らす者」が現れる(2:1)ことによって大きな恐怖が襲う。

2:5　呼び出され　呼び出すのは敵の攻撃に抵抗するために兵士を集めているアッシリヤの王と思われる。

2:6　町々の門　直訳は「川々の門」。「川々の門」とすると以下のことが考えられる。この門はニネベの町の中を流れるコサー川の水流を調整するダムまたは水門のことと思われる。水をためるために門は閉じられていたのが突然開かれて巨大な力をもって城壁が崩される。

2:8　水の流れ出る　大きな容器(池)から水が流れ出るように人々が町から逃げ出すのを描写しているとある人々は解釈している。

2:11-12　雄獅子の住みか　アッシリヤ人はほかの国々を無慈悲に攻撃し奪い取り、徹底的に破壊した。それは獲物を殺し八つ裂きにするライオンのようだった。アッシリヤ人は人々に何の情けもあわれみも示さなかった。そこで今度は自分たちが無慈悲に攻撃され、征服され殺される(2:10)。主イエスは弟子たちに「剣を取る者はみな剣で滅びます」と言ってこの原則

それは若い獅子のためのほら穴。
雄獅子が出歩くとき、
雌獅子と子獅子はそこにいるが、
だれも脅かす者はない。
12 雄獅子は子獅子のために、
十分な獲物を引き裂き、
雌獅子のためにかみ殺し、
そのほら穴を、獲物で、
その巣を、引き裂いた物で満たした。

13 見よ。わたしはあなたに立ち向かう。
――万軍の主の御告げ――
わたしはあなたの戦車を燃やして煙とする。
剣はあなたの若い獅子を食い尽くす。
わたしはあなたの獲物を地から絶やす。
あなたの使者たちの声はもう聞かれない。

ニネベへの警告

3

1 ああ。流血の町。
虚偽に満ち、略奪を事とし、
強奪をやめない。
2 むちの音。車輪の響き。
駆ける馬。飛び走る戦車。
3 突進する騎兵。
剣のきらめき。槍のひらめき。

11 *「牧場」の読み替え
12 *直訳「絞め殺し」
①イザ10:6-14
13 ①ナホ3:5,
エゼ26:3, 29:3, 38:3, 39:1
②→ミカ4:4
*七十人訳による
□「彼女の」
③ヨシ11:6,9, 詩46:9
④ナホ3:1, 12
⑤Ⅱ列18:17-25, 19:9-13, 23

1 ①エゼ24:6, 9, ハバ2:12
②エゼ22:2-4
2 ①エレ47:3
②ヨブ39:21
③ナホ2:4

3 ①イザ34:3, 66:16
②イザ37:36
4 ①イザ23:17, エゼ16:25-29, 黙17:1, 2
②黙18:3
5 ①ナホ2:13
②→ミカ4:4
③エレ13:22, 26
④イザ47:3, エゼ16:37, ミカ1:11
6 ①イザ14:16, エレ51:37
7 ①エレ51:9
②ナホ1:1, 2:8, ゼパ2:13
③イザ51:19, エレ15:5
8 *あるいは「川々」
①エレ46:25, エゼ30:14-16
②アモ6:2
③イザ19:6-8
**「海より」の読み替え

① おびただしい戦死者。山なすしかばね。
数えきれない死体。
死体に人はつまずく。
4 これは、すぐれて麗しい遊女、
呪術を行う女の多くの淫行によるものだ。
彼女はその淫行によって国々を、
その魅力によって諸部族を売った。

5 見よ。わたしはあなたに立ち向かう。
――万軍の主の御告げ――
わたしはあなたのすそを顔の上までまくり上げ、
あなたの裸を諸国の民に見せ、
あなたの恥を諸王国に見せる。
6 わたしはあなたに汚物をかけ、
あなたをはずかしめ、
あなたを見せものとする。
7 あなたを見る者はみな、あなたから逃げて言う。
「ニネベは滅びた」と。
だれが彼女を慰めよう。
あなたのために悔やむ者を、
どこにわたしは捜そうか。

8 あなたは、*ナイル川のほとりにある
ノ・アモンよりもすぐれているか。
水がこれを取り囲む。
その塁は海、その城壁は**水。

を教えられた（マタ26:52, ⇒黙13:10）。

2:13 わたしはあなたに立ち向かう ニネベに立向かうのは神ご自身だった。残虐行為、残酷さ、非人道的な行動があまりにもひどいので、全宇宙の全能の神が戦いを布告される。悔い改め、あわれみを求めて神に立返る機会は失われた。今や当然のこととして苦痛と嘆きを受けることになる（⇒黙18:6-8）。

3:1 流血の町 ニネベは征服した数え切れないほど多くの人を残虐な方法で殺したので、「流血の町」と呼ばれている。

3:4 遊女・・・呪術 罪は単独で存在しない。神に対する一つの罪は大抵別の罪を導き出す。そして疫病のように増え広がる。アッシリヤは野蛮で残忍だっただけではなく、際立って不道徳だった。（1）外から見るとニネベは魅力的な町だった。けれども内側はあらゆる宗教的淫行、神を敬わない行動、恥ずべき活動に満ちていた。この町はひどい魔術、妖術（悪い目的または悪霊を呼び出すための儀式）と交霊術（死者と交流できるという考え）に深くかかわっていた。これらの邪悪な行動によって、人々の生活は悪魔や悪霊に支配されていた。（2）これら二つの関係は明らかである。罪とそのわなに近付くことは悪霊の影響に自分をさらしたり支配されたりすることと同じである。

3:5 わたしはあなたに立ち向かう ニネベは神に対してひどく敵対したので、神ご自身が個人的にその住民の心の腐敗と深い暗闇を暴き出し、滅ぼすと宣言された。神を敵に回した国、神が攻撃すると決められた国を守ることのできる力は地上のどこにもない。どの社会でも罪があるレベルまで満ちたとき、神はその民の防衛手段を取除き、反抗の結果をまともに受けるような恥ずかしい姿をむき出しにされる。そのような社会は敗れて砕け散る。

3:8 あなたは・・・ノ・アモンよりもすぐれているか ニネベの人々は自分たちに勝てる者はだれもいな

9 ①*クシュとエジプトはその力。
　　それは限りがない。
　　プテ人、ルブ人もその助け手。**
10 しかし、これもまた、捕囚となり、
　　とりことなって行き、
　　その幼子たちもあらゆる町かどで八つ裂きにされ、
　　その高貴な人たちもくじ引きにされ、
　　そのおもだった者たちもみな、鎖につながれた。
11 あなたも酔いしれて身を隠し、
　　敵から逃げてとりでを捜し求めよう。
12 あなたのすべての要塞は、
　　初なりのいちじくを持ついちじくの木。
　　それをゆさぶると、食べる者の口に落ちる。
13 見よ。あなたの兵士は、
　　あなたの中にいる女だ。
　　あなたの国のもろもろの門は、
　　敵のために広くあけ放たれ、
　　火はあなたのかんぬきを焼き尽くす。
14 包囲の日のための水を汲み、
　　要塞を強固にせよ。
　　泥の中に入り、粘土を踏みつけ、
　　れんがの型を取っておけ。

9 ①イザ20:5
　*「エチオピヤ」
　②創10:6, エレ46:9, エゼ27:10, 30:5, 38:5
　③Ⅱ歴12:3, 16:8
　**七十人訳、シリヤ語訳による
　☒「あなたの助け手」
10 ①イザ19:4, 20:4
　②イザ13:16, ホセ13:16
　③ヨエ3:3, オバ11
11 ①イザ49:26, エレ25:17, 27
　②イザ2:10, 19
12 ①ナホ2:1
　②イザ28:4, ミカ7:1, 黙6:13
　③→ホセ2:12
13 ①イザ19:16, エレ50:37, 51:30
　②ナホ2:6, イザ45:1, 2
　③エレ51:30, 詩147:13
14 ①ナホ2:1

15 ①ナホ2:13, 3:13, イザ66:15, 16
　②エレ51:27, ヨエ1:4
16 ①イザ23:8
18 ①エレ50:18
　②詩76:5, 6, エレ51:57
　③ナホ2:5
　④Ⅰ列22:17, イザ13:14
19 ①エレ46:11
　②エレ30:12, ミカ1:9
　③ヨブ27:23, 哀2:15, ゼパ2:15
　*直訳「まことに、あなたの悪が絶えず、だれの上を通らなかっただろうか」
　④ナホ3:4, イザ37:18

15 その時、火はあなたを焼き尽くし、
　　剣はあなたを切り倒し、
　　火はばったのようにあなたを焼き尽くす。
　　あなたは、ばったのように数を増し、
　　いなごのようにふえよ。
16 あなたの商人を天の星より多くしても、
　　ばったが襲って飛び去る。
17 あなたの衛兵は、いなごのように、
　　あなたの役人たちは、群がるいなごのように、
　　寒い日には城壁の上でたむろし、
　　日が出ると飛び去り、
　　だれも、どこへ行くか行く先を知らない。

18 ①アッシリヤの王よ。
　　あなたの牧者たちは眠り、
　　あなたの貴人たちは寝込んでいる。
　　あなたの民は山々の上に散らされ、
　　だれも集める者はいない。
19 あなたの傷は、いやされない。
　　あなたの打ち傷は、いやしがたい。
　　あなたのうわさを聞く者はみな、
　　あなたに向かって手をたたく。
　　だれもかれも、
　*あなたに絶えずいじめられていたからだ。

いと信じていたので、前663年にアッシリヤによって征服されたエジプトのノ・アモンのような大都市を神がどのように滅ぼされたかを考えることができなかった。

3:19 あなたの傷は、いやされない ニネベは完全に破壊され、二度と再建されることはない。前612年に陥落したあとそこは砂漠になり、動物と鳥の住む荒れた土地になった（→ゼパ2:13-15）。

ハバク書

概　要
表題(1:1)
- Ⅰ．ハバククの質問(1:2-2:20)
  - A．第一の質問－なぜユダの悪は罰せられないのか(1:2-4)
  - B．神の応答－神はバビロニヤを使ってユダを罰する(1:5-11)
  - C．第二の質問－なぜ神はユダより悪い国を使ってさばきを下されるのか(1:12-2:1)
  - D．神の応答－神はバビロニヤも罰するが、信仰には報いられる(2:2-20)
    1．応答の確かさ(2:2-3)
    2．バビロニヤの罪(2:4-5)
    3．バビロニヤへの五つの災いの宣告(2:6-19)
    4．全地の主(2:20)
- Ⅱ．ハバククの歌(3:1-19)
  - A．あわれみを求める祈り(3:1-2)
  - B．主の力(3:3-7)
  - C．主の救いのみわざ(3:8-15)
  - D．ハバククの揺るぎない信仰と喜び(3:16-19)

著　者：ハバクク

主　題：信仰によって生きる／神のさばきを信頼する

著作の年代：紀元前606年頃

著作の背景

　ハバクク書の著者は自分を「預言者ハバクク」としている(1:1, 3:1)。けれどもそれ以外の個人的な背景や家族の背景については何も示していない。ハバククは「抱擁する」という意味であるけれども、聖書のほかの部分には出てこない。「指揮者」(3:19)とあるところから、エルサレムの音楽家かレビ人(レビ族の家系で、神の民の中で祭司職や礼拝を導く役割を果していた)だったと思われる。

　ほかの旧約聖書の預言者と違ってハバククは同じ時代の王の名前を挙げていないので、預言の年代が不明である。けれども神がバビロニヤ人を使ってユダにさばきを下されることで混乱していることから、バビロニヤが既に世界的な勢力になっていて、ユダに侵攻する脅威があったことがわかる(前608-598頃)。バビロニヤのネブカデネザル王はカルケミシュの戦いでエジプト軍を破り(前605)、そのことによって勢力拡大に強力に敵対する最後の勢力を取除いた。1章6-11節のバビロニヤ軍の記述がバビロニヤ軍のカルケミシュへの進軍を指すなら、多くの人が解釈するようにハバククの預言の年代は前606-605年頃で、ユダのエホヤキン王の初期ということになる。

　バビロニヤが世界的な勢力になってきたことによって、神に反抗するユダにとっては困ったことになった。ユダは不忠実だったためやがて滅びることになる(→Ⅱ列24:-25:)。ネブカデネザルはエジプトから帰還する途中にユダに攻め入り、多くの人を捕えてバビロニヤへ送った。その中にはダニエルと三人の友人が含まれていた(前605 →ダニ緒論)。前597年にバビロニヤ軍は再びエルサレムに攻め入り、神殿をひどく破壊してさらに1万人以上の捕囚をバビロニヤへ送った。その中には預言者エゼキエルも入っていた。11年後にゼデキヤ王がバビロニヤの支配からユダを解放しようとしたとき(前586)、ネブカデネザルは怒ってエルサレムを攻撃し、神殿を焼き町を完全に破壊した。生き残った人々はほとんどが捕虜にされバビロニヤに送られた(強制的に)。ハバククは神のさばきがユダに下されたこの苦難の時代のほとんどの期間を生きていたと思われる。

ハバクク書

目　　的

　エレミヤ(同じ時代に生きていた)と違ってハバククは、ユダの霊的に後退した反抗的な人々に向けて話したのではなく、むしろ神に忠実な少数の人々に向けて書いている。そしてなぜ、また神が罪深い国に対してどのように行動をとろうとしておられるのかを理解させようとした。ハバクク自身既になぜ神がバビロニヤ人のような恐ろしく邪悪な民を使って自分たちにさばきを下されるのか理解に苦しんでいた(1:6-13)。そこでハバククは仲間の信仰者に、神はあらゆる悪に対して最も適切な時に神の方法で対処なさるという神の約束を示すことができた。それまでの間、人々は「正しい人はその信仰によって生きる」(2:4)ということの中に慰めを得なければならない。人々はたとい全部理解できなくても、救い主である「主にあって喜び勇」むことができるのである(3:18)。

概　　観

　1－2章は主に、預言者と神との対話(会話)の記録である。ハバククは神のご計画についてむずかしい質問をし、神は知られていないことを示して応えられた。ユダの人々の間ではまことの神から離れた堕落した礼拝など邪悪なことが多く行われていたので、それを見た預言者が最初に質問したのは、なぜ神は反逆の民が多くの霊的な罪を犯しているのに罰を下さないのかということだった。神はそれに応えて、バビロニヤ人を使って間もなくユダの民を罰することを明らかにされた。神の応答によってハバククの心には別の疑問が生じた。それはなぜ神はユダよりさらに悪く残忍な民を使って神の民を罰するのかということだった。それに対して神はバビロニヤ人にもやがて必ずさばきの時が来ると応えられた。ハバククはこの書物全体を通して、神の主権(望んだ通りのことを行える究極の力と支配と権威)を信じる信仰を表明している。そして神のさばきを完全に信頼し、神は正しい方でそのなさることはみな正しいことを認めている。

　3章では神が正しいことを行う人には愛を現し、悪を行う人には滅びを与えることを啓示されたことに応答して、ハバククは預言的な歌を作っている。この歌は多くのことを言っているけれども、特に神の力と神の民への救いの約束をほめたたえている。

特　　徴

　ハバクク書の預言には五つの大きな特徴がある。

　(1) 霊的に反抗している信仰のない人々への預言ではなく、預言者個人の神との対話の記録の要点と、神がハバククの質問に応じて啓示された事柄を記録している。

　(2) 少なくとも三つのはっきりとした文学形式がある。つまり預言者と神との「対話」(1:2-2:5)、典型的な「預言のわざわいの宣告」(神を敬わない行動の結果と悲しみに対する予告または宣言 2:6-20)、預言の歌(3:)である。これらの文学形式はどれもメッセージを伝えるため、雄弁なことばと表現豊かな隠喩(象徴的なことば、絵画的なことば、象徴を使って比較すること)で書かれている。

　(3) 預言者は神の民に特に困難なときに必要な、主への正直な問いかけ(1:)、揺るがない信仰(2:4, 3:18-19)、霊的復興への関心(3:2)という三つの特性を具体的に示している。

　(4) 3章で預言者が見た神の幻は、聖書の中で最も驚くようなすばらしい神の姿を描写している。それは律法を受ける直前にシナイ山でイスラエル人に神が圧倒するような姿で現れたときのことを思い起こさせる(出19:)。そのほかにもハバクク書で顕著な聖句は1章5節、2章3－4節、20節、3章2節、17－19節などである。

　(5) 旧約聖書の預言者でハバククほど信仰の問題について、メッセージだけではなく(→2:4)、個人的生き方やあかしにおいても(3:17-19)雄弁にはっきり示している預言者はいない。

新約聖書での成就

　ハバクク書のメッセージの中心は「正しい人はその信仰によって生きる」(2:4)であるけれども、それはパウロ(新約聖書時代の多くの教会を始めた開拓の宣教師で新約聖書の多くの手紙を書いた人)が信仰による義について教えたときに用いた旧約聖書のかぎのことばである。これは神との正しい関係は自分の良い行いではなく、キリストの恵み深い犠牲と罪の赦しを受入れ、神の導きに人生をゆだねることによって持つことができるという霊的真理を指している(→エペ2:8-9, テト3:5)。パウロはローマ人への手紙1章17節とガラテヤ人への手紙3章11節で2章4節を引用している(⇒ヘブ10:37-38)。

ハバクク書の通読
旧約聖書全体を1年間で通読するためには、ハバクク書を1日で読まなければならない。
☐ 1-3

メ　モ

ハバクク書　1章

1

¹預言者ハバククが預言した宣告。

ハバククの不平

² 主よ。私が助けを求めて叫んでいますのに、
　あなたはいつまで、聞いてくださらないのですか。
　私が「暴虐」とあなたに叫んでいますのに、
　あなたは救ってくださらないのですか。
³ なぜ、あなたは私に、わざわいを見させ、
　労苦をながめておられるのですか。
　暴行と暴虐は私の前にあり、
　闘争があり、争いが起こっています。
⁴ それゆえ、律法は眠り、
　さばきはいつまでも行われません。
　悪者が正しい人を取り囲み、
　さばきが曲げて行われています。

主の応答

⁵ 異邦の民を見、目を留めよ。
　驚き、驚け。
　わたしは一つの事をあなたがたの時代にする。
　それが告げられても、あなたがたは信じまい。
⁶ 見よ。わたしはカルデヤ人を起こす。
　強暴で激しい国民だ。
　これは、自分のものでない住まいを占領しようと、
　地を広く行き巡る。
⁷ これは、ひどく恐ろしい。
　自分自身でさばきを行い、威厳を現す。
⁸ その馬は、ひょうよりも速く、
　日暮れの狼よりも敏しょうだ。
　その軍馬は、はね回る。
　その騎兵は遠くからやって来て、
　鷲のように獲物を食おうと飛びかかる。
⁹ 彼らは来て、みな暴虐をふるう。
　彼らの顔を東風のように向け、
　彼らは砂のようにとりこを集める。
¹⁰ 彼らは王たちをあざけり、君主たちをあざ笑う。
　彼らはすべての要塞をあざ笑い、
　土を積み上げて、それを攻め取る。
¹¹ それから、風のように移って来て、過ぎて行く。
　自分の力を自分の神とする者は罰せられる。

---

1 ①→アモ2:11
　②イザ13:1, ナホ1:1
2 ①詩13:1, 22:1, 2
　②ヨブ19:7, 詩18:41,
　エレ14:9, 哀3:8
3 ①ハバ1:13
　②民23:21
　③詩55:9-11,
　エレ6:6, 7, 9:2, 20:8, 18,
　アモ3:9, 10
　④エレ15:10
4 ①詩119:126,
　イザ59:12-14,
　ミカ7:2
　②→ホセ4:6
　③ヨブ21:7, 詩94:3,
　エレ12:1
　④詩22:12, イザ5:20
　⑤イザ1:21-23,
5 ①使13:41
　②エレ25:14-29
　③イザ29:9
　④イザ29:14,
　エゼ12:22-28
6 ①Ⅱ列24:2,
　エレ4:11-13
　②エレ8:10
7 ①申28:50, イザ18:2, 7
　②ハバ1:11, エレ39:5-9
8 ①エレ4:13, ②ゼパ3:3
　③エゼ17:3, ホセ8:1
9 ①Ⅱ列12:17
　②エレ18:17
　③ハバ2:5
10 ①Ⅱ歴36:6, 10,
　イザ37:13
　②イザ10:9, 14:16
　③エレ32:24, エゼ26:8
11 ①エレ4:11, 12
　②ハバ1:16, ダニ4:30
　③イザ10:12, 13,
　エレ2:3

1:1 ハバクク　ハバククはバビロニヤ人がニネベでアッシリヤ人を制圧した時(前612 →ナホ緒論、各注)とバビロニヤ人によるエルサレム侵攻の時期(前605-597 →ハバ緒論)にユダ王国に向けて預言した。その頃までにバビロニヤは世界の大国になっていた。(1)ハバクク書はイスラエルやユダの人々へ直接向けた預言ではなく(→「**イスラエルとユダの王国**」の地図 p.570)、預言者と神との対話または会話であるという点で特異である。ハバククは神に、「なぜ神はユダ全土をおおっている悪に何もなさらないのですか」と問いかけた。神はそれに応答して、バビロニヤ人を送ってユダを罰することを啓示された。(2)この応答は預言者をさらに混乱させた。そこでハバククは、「なぜ神はユダよりもっと邪悪で残忍な国に神の民を罰することを許されるのですか」と尋ねた。神との対話の中で、ハバククはどのような状況にあっても神にさらに頼り、神のご計画を信じて生きることを学んだ。

1:2-4 私が助けを求めて叫んでいますのに・・・いつまで　ハバククは自分の民の中に見られる社会的堕落と霊的反抗を食い止めてほしいと神に祈ってきた。けれども神は何もしないで、暴力や不正や神を敬う人々への虐待などに寛大であるように見えた。ハバククの質問は、神を信じる人々が今日まで混乱させられてきた問題でもある。それは「なぜ神はいつまでも悪を罰しないでおられるのか」と、「なぜ私たちの祈りはすぐに応えられないのか」というものだった。この「不平」や質問は嘲笑的な態度(不信感)や不満やごう慢な態度から出たものではなく、心から解答を待望んでいる、従順で真面目な信仰心から出たものである。

1:5-11 わたしは一つの事を・・・する　神はハバククの質問に応えてユダの罪を罰する計画が既にあると言われた。神は無慈悲で神を敬わないバビロニヤ人を使って神の民にさばきを下すのである。バビロニヤ人は前626年にアッシリヤから独立を勝取り、前612−605年にアッシリヤの勢力を完全に滅ぼした。バビロニヤ人がほかの国々を征服した速さは伝説的で(1:8)、アッシリヤ人が行ったのと同じように、征服した人々を捕囚に送り込んだ(1:9)。神がこのような邪悪で神を敬わない民を使ってユダを罰するということは、預言者にとって驚きであり神の民にとって信じ

ハバククの第二の不平

12 主よ。あなたは昔から、私の神、
私の聖なる方ではありませんか。
私たちは死ぬことはありません。
主よ。あなたはさばきのために、彼を立て、
岩よ、あなたは叱責のために、彼を据えられました。

13 あなたの目はあまりきよくて、悪を見ず、
労苦に目を留めることができないのでしょう。
なぜ、裏切り者をながめておられるのですか。
悪者が自分より正しい者をのみこむとき、
なぜ黙っておられるのですか。

14 あなたは人を海の魚のように、
治める者のないはう虫のようにされます。

15 彼は、このすべての者を釣り針で釣り上げ、
これを網で引きずり上げ、引き網で集める。
こうして、彼は喜び楽しむ。

16 それゆえ、彼はその網にいけにえをささげ、
その引き網に香をたく。
これらによって、彼の分け前が豊かになり、
その食物も豊富になるからだ。

17 それゆえ、彼はいつもその網を使い続け、
容赦なく、諸国の民を殺すのだろうか。

2

1 私は、見張り所に立ち、
とりでにしかと立って見張り、
主が私に何を語り、
私の訴えに何と答えるかを見よう。

主の応答

2 主は私に答えて言われた。
幻を板の上に書いて確認せよ。
これを読む者が急使として走るために。

3 この幻は、定めの時について証言しており、
終わりについて告げ、
まやかしを言ってはいない。
もしおそくなっても、それを待て。
それは必ず来る。遅れることはない。

---

12 ①申33:27,
詩90:1, 2, 93:2,
哀5:19, マラ3:6
②Ⅱ列19:25,
イザ10:5, 6
13 ①申32:4, 詩11:4-6
②詩5:5, 6, 34:16
③イザ9:11, 24:16
④エレ12:1, 2
⑤詩35:25, 56:1, 2
⑥詩35:22, 50:21
14 ①伝12
15 ①エレ16:16, アモ4:2
②詩10:9, エゼ17:20
16 ①ハバ1:11

②エレ44:17
17 *直訳「からにし」
①イザ14:5, 6

1 ①イザ21:8
②詩85:8
*あるいは「私によって」
**「私が答えるかを」の読み替え
③詩5:3, 民23:1-6
2 ①イザ8:1, 30:8
②申27:8, エレ30:2,
黙1:19
3 ①→ダニ8:9
*別訳「をあえぎ求めており」
②民23:19, エゼ12:25
③ヘブ10:37

られないことだった(→1:12注)。

1:12 あなたは昔から・・・ではありませんか ハバククは神がそのような残忍でごう慢な国を使ってユダを攻撃されると聞いてぞっとした。バビロニヤは強大な軍事力を誇っていて、その軍事力はバビロニヤ人にとっては神のようなものだった(1:11)。けれども、この預言者は、神はご自分の民を完全に滅ぼすことはないと確信していた。そのような破壊的な計画は、イスラエルを用いて全人類に救いの計画を明らかにするという神の目的に反するものである。

1:13 あなたの目はあまりきよくて この節は神が悪を見過されるという意味ではない。神は全知であり(全部を知っている)、何でも見ておられる(→「**神の属性**」の項 p.1016)。神は全部の出来事を知っておられても悪を承認しているということではない。ハバククが混乱したのは、神が邪悪なバビロニヤ人を使ってユダの罪を罰する一方で、バビロニヤ人の罪は大目に見ているように見えたからだった。ユダは邪悪なことをしていたけれども、バビロニヤほどには堕落していなかった。

2:2-20 幻を・・・書いて 2章で神は、悪が世界を牛耳り(支配し)、良いことや正しいことを行う人々を消し去るのを許されているように見えるのはなぜかというハバククの質問に応えられた。神は邪悪な人々はみな滅ぼされるときが来ること、そのときふるわれないのは神の基準に従って正しいことを行う人々だけであることを示された。それは信仰によって神との関係を保ち、神につながっている人々である(→2:4注)。

2:3 定めの時について証言しており ハバククのジレンマに対する解決は、未来の神の「定めの時」に初めて与えられる。(1) それははるか未来のことではあるけれども(ハバククの預言から66年後、前539)、バビロニヤはさばきに苦しむことになる。(2) 世界中の悪が終る(完全に破壊される)ときがくる。神に忠実な人々はどれほど長く感じても「それを待」たなければならない。終りの日にキリストは地上からご自分の教会(主に忠実に従う人々)を引上げ、それから世界にさばきを下される(実行される →Ⅰテサ4:16-17, →「**携挙**」の項 p.2278,「**大患難**」の項 p.1690)。(3) キリストが地上に再び来られて悪をみな滅ぼし、真理と公正と義の王国を建てられるときが来る。それによって歴史が閉じられ神の永遠の御国が始まる(→黙20:-21:)。

4 見よ。彼の心はうぬぼれていて、まっすぐでない。
しかし、正しい人はその信仰*によって生きる。

5 実にぶどう酒は欺くものだ。
高ぶる者は定まりがない。
彼はよみのようにのどを広げ、
死のように、足ることを知らない。
彼はすべての国々を自分のもとに集め、
すべての国々の民を自分のもとにかき集める。

6 これらはみな、彼についてあざけりの声をあげ、
彼を皮肉り、風刺してこう言わないだろうか。
「わざわいだ。
自分のものでないものを増し加える者。
──いつまでだろうか──
その上に担保を重くする者。」

7 あなたをかむ者が突然起き上がり、
あなたを揺り動かす者が目ざめないだろうか。
あなたは彼らに奪い取られる。

8 あなたが多くの国々を略奪したので、
ほかのすべての国々の民が、あなたを略奪する。
あなたが人の血を流し、
国や町や、そのすべての住民に
暴力をふるったためだ。

9 わざわいだ。
自分の家のために不正の利得をむさぼり、
わざわいの手からのがれるために、
自分の巣を高い所に据える者。

10 あなたは自分の家のために恥ずべきことを計り、
多くの国々の民を滅ぼした。
あなたのたましいは罪を犯した。

11 まことに、石は石垣から叫び、
梁は家からこれに答える。

12 わざわいだ。
血で町を建て、不正で都を築き上げる者。

13 これは、万軍の主によるのではないか。

4 ①ロマ1:17, ガラ3:11, ヘブ10:38
 *あるいは「真実」
5 ①箴20:1
 ②箴21:24, イザ2:11, 12, 17, 13:11
 ③Ⅱ列14:10
 ④ゼパ2:14
 ⑤イザ5:14
6 ①イザ14:4, エレ50:13, ミカ2:4
 ②ハバ2:9, 12, 15, 19, エレ22:13
 ③エゼ18:12, アモ2:6
 7 *別訳「から利息を取る者」

 ①エレ27:7
8 ①イザ33:1, ゼカ2:8
 ②ハバ2:17
 ③イザ47:6, エレ50:17
9 ①ハバ2:6
 ②エレ22:13, 14
 ③エゼ22:27
 ④イザ14:13, 47:7, エレ49:16, オバ4
10 ①ハバ2:16, ナホ1:14
 ②ハバ1:17, イザ14:20
11 ①ヨシ24:27, ルカ19:40
 *あるいは「しっくい細工」
 **直訳「木材」
12 ①ハバ2:6
 ②エゼ24:9, ミカ3:10, ナホ3:1
13 ①→ミカ4:4

2:4 正しい人はその信仰によって生きる 神がどのように(そしていつ)みわざを行われるのかについて示された神の啓示に従って、神の民は忍耐強く信仰によって生きなければならない。(1) 最後に勝利をするのは「正しい人」(自分の生涯を神にゆだね、神の基準に従って正しいことを行う人)である。(2) 正しい人は、神を敬わないでおごり、神と反対の方向に人生を向けている人と対比されている。正しい人は心を神にささげている。そして神の子どもになり、神と親密な交わりを持ち神のご計画やみこころに従いたいと願っている。(3) 正しい人はこの世界で神の目的が実現するように神に頼らなければならない。この種の「信仰」は、神に積極的にしかもいつまでも頼ることである。それは救い主であり主(人生の導き手と権威)である神に忠実であり、ご計画に従うという精神的姿勢を表すものである。(4) 「正しい人はその信仰によって生きる」ということばは(同じかたちの表現とともに)、人はキリストを信じる信仰により恵み(受けるにふさわしくない好意)によって救われるという教えを支えるために新約聖書全体で用いられている(⇒エペ2:8)。パウロはこの主題をローマ1:17とガラテヤ3:11で発展させ、ヘブル人への手紙の著者は信仰者は神に喜ばれるために信仰によって生き続けなければならないと強調している(→ヘブ10:38, 11:6, →「信仰と恵み」の項 p.2062)。この原則は16世紀に宗教改革に立上がったマルチン・ルターの叫びでもあった。

2:6-20 わざわいだ ここには「嘲笑」またはあざけりのことばがあるけれども、それはいつかバビロニヤの敵が言うことばになる。バビロニヤは必ず滅ぼされ、そのとき犠牲になる人々がこのことばを言うようになることがハバククに保証された。この二つの嘲笑はさらに五つの災いの宣告(神に逆らう罪に対する悲しみの宣言またはその結果)に分かれ、「まっすぐでない」(2:4)人々に訪れる災いを描いている。その人々は略奪(2:6-8)、不正(2:9-11)、暴力と犯罪(2:12-14)、不品行(2:15-17)、偶像礼拝(2:18-20)のために罰を受ける。バビロニヤが帝国を築きあげるために用いた盗難品と強制労働がついに「叫び」声をあげる(2:11-12)。主はバビロニヤを辱め、バビロニヤがほかの国々にしたのと同じことを行われる(2:16)。昔、誇り高く力強かった国がやがて滅ぼされる。そのことによって神はいっそうの栄光と栄誉を受けることになり、神の偉大な力は世界中に知れわたるようになる(2:14)。

国々の民は、ただ火で焼かれるために労し、
諸国の民は、むなしく疲れ果てる。
¹⁴まことに、水が海をおおうように、
地は、主の栄光を知ることで満たされる。

¹⁵わざわいだ。
自分の友に飲ませ、毒を混ぜて酔わせ、
その裸を見ようとする者。
¹⁶あなたは栄光よりも恥に満ち足りている。
あなたも飲んで、陽の皮を見せよ。
主の右の手の杯は、あなたの上に巡って来て、
恥があなたの栄光をおおう。
¹⁷レバノンへの暴虐があなたをおおい、
＊獣への残虐があなたを脅かす。
あなたが人の血を流し、
国や町や、そのすべての住民に
暴力をふるったためだ。

¹⁸彫刻師の刻んだ彫像や鋳像、偽りを教える者が、
何の役に立とう。
物言わぬ偽りの神々を造って、
これを造った者が、それにたよったところで、
何の役に立とう。

¹⁹わざわいだ。
木に向かって目をさませと言い、
黙っている石に向かって起きろと言う者よ。
＊それは像だ。
それは金や銀をかぶせたもの。
その中には何の息もない。
²⁰しかし主は、その聖なる宮におられる。
全地よ。その御前に静まれ。

ハバククの祈り

3 ¹ 預言者ハバククの祈り。シグヨノテ ²＊に合わせて。

² 主よ。私はあなたのうわさを聞き、
主よ、あなたのみわざを恐れました。
この年のうちに、それをくり返してください。
この年のうちに、それを示してください。
激しい怒りのうちにも、
あわれみを忘れないでください。

³ 神はテマンから来られ、
聖なる方はパランの山から来られる。
　　　　　　　　　　　　　　　セラ
その尊厳は天をおおい、
その賛美は地に満ちている。
⁴ 輝きは光のよう。

3:1-19 祈り 3章は歌のかたちを持った祈りである。それは2章の神の応答に対するハバククの応答だった。世界の悪と神の究極の正義とさばきのただ中で、ハバククは神への信仰によって生きること、神の方法と神の目的に見られる知恵に頼ることを学ばされた。

3:2 この年のうちに、それをくり返してください 預言者は神の偉大な力を知っており、神の民のために神が過去に奇蹟的なことをなされたと聞いていたので、そのようなことをもう一度見たいと願った。けれども人々は悪い行いをし、神に反抗していたので圧倒的な神の臨在をかなり長いこと体験していなかった。神を怒らせた人々が体験できる神の力は、さばきに現される神の力でしかなかった。そこでハバククは次のように二つのことを求めた。(1) 神が再び来て、偉大な力を新しく示しながら人々の間に臨在を現してくださるように祈った。主が惜しみない恵み(受けるにふさわしくない好意)と御霊の力によって介入されなければ神の民は生き残れないことをハバククは知っていた。主の介入のときに人々は初めて本当の霊的いのちを体験することができる。(2) ハバククは、やがて来る苦難のときにあわれみを人々に示してくださるように神に祈った。あわれみがなければ人々は生き残れないからである。私たちも神の恵みとあわれみを受け続けなければならない。今日教会の土台が揺るがされ、問題や反対が至る所にあるように見えるけれども、神の臨在と力が新しく示されるように熱心に祈らなければならない。熱心な祈りがなければ神の民は霊的復興と再生を体験することはできない。

3:3-16 神は・・・来られ ここではハバククは、神がエジプトで奴隷だった神の民を奇蹟的に解放されたことを言っている(→出14:)。過去に自由と救いをくださった同じ神が、栄光をまとって再び来られる。主が来られるのを期待して待つ人々は本当のいのちを体験する。神に全信頼を寄せ、希望を置いている人はやがてあらゆる国、あらゆる民族に対する神の勝利を見ることになる。

ひらめきはその手から放たれ、
そこに力が隠されている。
5 その御前を疫病が行き、
熱病はそのうしろに従う。
6 神は立って、地を測り、
見渡して、諸国の民を震え上がらせる。
とこしえの山は打ち砕かれ、
永遠の丘は低くされる。
しかし、その軌道は昔のまま。
7 私が見ると、クシャンの天幕は乱れ騒ぎ、
ミデヤンの地の幕屋はわなないている。
8 主よ。川に怒りを燃やされるのですか。
あなたの怒りを川に向けられるのですか。
それとも、あなたの憤りを海に向けられるのですか。
あなたは、馬に乗り、
あなたの救いの戦車に乗って来られます。
9 あなたの弓はおおいを取り払われ、
ことばの杖の誓いが果たされます。
　　　　　　　　　　　　　　　セラ
あなたは地を裂いて川々とされます。
10 山々はあなたを見て震え、豪雨は流れ去り、
深い淵はその声を出し、その手を高く上げます。
11 太陽と月はその住みかにとどまります。
あなたの矢の光によって、
あなたのきらめく槍の輝きによって、
それらは動きます。
12 あなたは、憤って、地を行き巡り、
怒って、国々を踏みつけられます。
13 あなたは、ご自分の民を救うために出て来られ、
あなたに油そそがれた者を救うために

4①ヨブ26:14
5①民16:46-49
6①ヨブ21:18, 詩35:5
②詩114:1-6
③創49:26
7①出15:14-16
②民31:7, 8,
士7:24, 25, 8:12
8①ヨブ7:19, 20, イザ50:2
②出14:16, 21,
詩114:3, 5
③ハバ3:15, Ⅱ列2:11
＊あるいは「勝利の」
④詩68:17, 104:3
⑤出33:26, 詩18:10
9①ハバ3:11, 詩7:12, 13
＊別訳「支配」「部族」
＊＊「果たされます」は補足, ②詩78:16, 105:41
10①詩114:4, 6
②士5:4, 5, 詩68:8, 77:18, ③イザ11:15
④詩93:3, 98:7, 8
11①ヨシ10:12-14,
詩18:9, 11
②詩18:14, 77:17
12①エレ51:33, ミカ4:13
13①出15:2, 詩68:19, 20
②出20:6, 28:8
③詩68:21, 110:6
④エゼ13:14
＊別訳「基」
14①ゼカ9:14
②詩10:8, 17:12, 64:2-5
③ハバ2:9-11
15①ハバ3:8, ②詩77:19
③出15:8
16①ハバ3:2, ダニ5:6
②詩119:120
③ヨブ30:17, 30,
エレ23:9, イザ5:15
④ルカ21:19
17①ヨエ1:12, アモ4:9,
→ホセ2:12
②ホセ9:2, ハガ2:16,
→ヨエ1:7
③ミカ6:15,
→エレ11:16
④ヨエ1:18
⑤エレ5:17, アモ6:4
18①出15:1, 2, ヨブ13:15,
イザ41:16, 61:10,
ロマ5:2, 3, ピリ4:4
②詩25:5, 27:1,
イザ12:2
19＊子音字は「主」
①申33:29,
詩18:32, ハミ1, イザ12:2, 45:24
②Ⅱサム22:34, 詩18:33
③申32:13, イザ58:14
④詩表題, 6表題,
イザ38:20

出て来られます。
あなたは、悪者の家の頭を粉々に砕き、
足もとから首まで裸にされます。
　　　　　　　　　　　　　　セラ
14 あなたは、戦士たちの頭に矢を刺し通されます。
彼らは隠れている貧しい者を
食い尽くす者のように、
私をほしいままに追い散らそうと荒れ狂います。
15 あなたは、あなたの馬で海を踏みつけ、
大水に、あわを立たせられます。
16 私は聞き、私のはらわたはわななき、
私のくちびるはその音のために震える。
腐れは私の骨のうちに入り、
私の足もとはぐらつく。
私たちを攻める民に襲いかかる悩みの日を、
私は静かに待とう。

17 そのとき、いちじくの木は花を咲かせず、
ぶどうの木は実をみのらせず、
オリーブの木も実りがなく、
畑は食物を出さない。
羊は囲いから絶え、
牛は牛舎にいなくなる。
18 しかし、私は主にあって喜び勇み、
私の救いの神にあって喜ぼう。
19 私の主、神は、私の力。
私の足を雌鹿のようにし、
私に高い所を歩ませる。

指揮者のために。弦楽器に合わせて。

3:18-19　私は【主】にあって喜び勇み　ハバククは神が何かをしてくださるから神に仕えたのではなかった。この預言者は神＝宇宙の主権者（望んだ通りのことを行える力と支配と権威を持つ）を個人的に知っていたので、この働きを与えられたのである。主権者であるという理由だけでも、主は賛美と栄誉を受けるのにふさわしい方である。神のさばきがユダに近付き、人々は必ず苦難と損失を体験する（3:16）。けれどもハバククは主を喜ぶことにした。神はハバククの救い主であり、絶えることのない力の源であり続けてくださるからである。また神に忠実な民の一部はバビロニヤの侵略にも必ず生き残ること、そして神を信じる信仰によって生きる人は、最後には必ず勝利することをハバククは確信していたのである（⇒2:4）。

ゼパニヤ書

概　要
序言(1:1)
Ⅰ. さばきと主の日(1:2-3:8)
　A. 全地のさばき(1:2-3)
　B. ユダの人々に対するさばき(1:4-18)
　　1. ユダの罪の描写(1:4-9)
　　2. エルサレムへの警告(1:10-13)
　　3. 主の大いなる日(1:14-18)
　C. 悔い改めへの呼びかけ(2:1-3)
　D. 国々に対するさばき(2:4-15)
　　1. ペリシテ人(2:4-7)
　　2. モアブ人とアモン人(2:8-11)
　　3. クシュ人(2:12)
　　4. アッシリヤ人(2:13-15)
　E. エルサレムに対するさばき(3:1-7)
　　1. エルサレムの罪(3:1-4)
　　2. 神の正義(3:5-7)
　F. 全地のさばき(3:8)
Ⅱ. 救いと主の日(3:9-20)
　A. 回復ときよめ(3:9-13)
　B. 神とともにする喜び(3:14-17)
　C. 喜びと栄誉の回復(3:18-20)

著　者：ゼパニヤ

主　題：主の日/滅亡と救い

著作の年代：紀元前630年頃

著作の背景

　「主は隠される」という意味の名前を持つゼパニヤはユダのヒゼキヤ王の4代目の孫である。そしてユダの神を恐れる最後の王であるヨシヤの時代(前639-609)に預言活動をした(1:1)。エルサレムを「この場所」(1:4)と言っていることや、エルサレムの地形や罪を詳しく描いていることから、ゼパニヤがエルサレムに住んでいたとする学者たちの見解が支持されている。王家の子孫でありヨシヤ王(同じくヒゼキヤ王の4代目の孫だった)の親戚だったことから、ゼパニヤは宮廷に出入りをすることができた。ゼパニヤの預言はユダと近隣の国々に対する神のメッセージが中心だった。

　ユダの国と首都エルサレムを非難したときにゼパニヤが示した罪(1:4-13, 3:1-7)を見ると、この預言はヨシヤの改革によってユダに霊的リバイバルが起こる前に伝えられたものと考えられる。ゼパニヤのメッセージは社会がまだヨシヤの邪悪な前任者たち(マナセとアモン)が犯したひどい罪に巻込まれていたときに与えられた。ヨシヤは在位12年目(前627)に初めて偶像礼拝(唯一のまことの神ではなく人間が作ったにせの神々やほかのものを礼拝すること)を国から除き、主を礼拝する真実の礼拝に人々を引戻した。その8年後にヨシヤはソロモンの神殿を修理しきよめるように命令を出した。そのときに神の律法の書物が発見された(⇒Ⅱ列22:1-10)。霊的に低く道徳的に腐敗しているユダの姿をゼパニヤが描いたのは前630年頃に違いない。ゼパニヤが伝えたことばはヨシヤ王に強い影響を与え、改革に奮い立たせたものと考えられる。また主な大国としてバビロニヤの名前

が出てこないことから、前630年に書かれたというのは正しいと考えられる（バビロニヤはアッシリヤ帝国から独立し、前626-625年のナボポラッサルのもとで世界の大国に台頭した）。ゼパニヤは強大なアッシリヤの崩壊（バビロニヤ連合の手による）を預言した。これは前612年に首都ニネベの陥落によって起こった。預言者エレミヤはゼパニヤより若かったけれども、ゼパニヤとほぼ同じ時代に生きていた。

目　的

ゼパニヤはユダの国とエルサレムの町に神のさばきが近付いていることを警告する預言をし書き記した。そしてこのさばきのときを「主の大いなる日」（1:14）と呼んだ。この「大いなる日」は聖書全体に書かれているけれども、神の民とあらゆる国に対して間もなく下るさばきと、未来に起こる神のさばきの両方を指している。ゼパニヤの時代にすぐに下るさばきとしては神に逆らうユダの人々の邪悪な行いが罰せられることと、同じように名前を挙げた国々も罰せられることを指している。預言の未来の部分は、終りのときに教会（キリスト者）とそのほかの世界全体に対する最後のさばきのことを指している。ゼパニヤはまた神がユダにいる神の民を（故郷へ、神との関係へ、栄誉ある地位へ）やがて回復してくださると書いて励ましている。その時ユダの人々は人々の間に住まわれる神に賛美の歌をささげるようになる。

聖書に「主の日」または「主の日」とある場合は大抵1日または一つの出来事ではなく、ある期間を指している。「主の日」が終りの日に関係がある場合、その期間は教会の携挙の直後に始まる。それは世界に対する終りのときのさばきを免れるために、キリスト者が突然世界から取去られるときである。このさばきの期間（「大患難」と呼ばれる）は「その日」に含まれている（→**大患難**の項 p.1690,「**携挙**」の項 p.2278）。「主の日」はキリストが地上に再び来られて反キリストと神の敵をみな滅ぼし、1,000年の平和な時代を設立されるときに最高潮に達する（→黙19：-20：）。神の敵にとって「主の日」は恐ろしい滅亡とさばきであるけれども、神に忠実な人々にとっては救いと報いの日である。

「主の日」ということばはアモス書5章18節まで戻って見ることができる。そこでは人々が神とどのような関係を持つかによって神が世界の出来事に介入して（地上の出来事の中での神の働き）さばいたり祝福したりするときのことを言っている。これは新約聖書でも同じで、神の敵へのさばきのときを指すけれども（ロマ2:5、Ⅱペテ2:9）、従う人々にとっては「贖いの日」または救いの日でもある（エペ4:30）。同じ期間を指す表現には「神の日」（Ⅱペテ3:12）、「キリストの日」（Ⅰコリ1:8, ピリ1:6）、「終わりの日」（ヨハ6:39）、「大いなる日」（ユダ1:6）、または単に「その日」（Ⅱテサ1:10）などがある。最後の「主の日」は歴史のクライマックスである。その前にはいくつものしるしが現れるけれども、それに続いてキリストが再び来られてさばかれることは、人々にとってやはり驚きである。それはちょうど夜の泥棒のようにやって来る（→マタ24:43-44, ルカ12:39-40, Ⅱペテ3:10, 黙3:3, 16:14-15）。

概　観

ゼパニヤ書のほとんどは、神へのあらゆる悪と反抗に対して神のさばきが近付いていることについての真剣な警告である。ゼパニヤは全人類が罪を犯しているためにやがて全世界にさばきが下ることを見ていた（1:2, 3:8）。けれども初めは、神に対して反抗をし続けるユダに近付いているさばきに焦点を当てた（1:4-18, 3:1-7）。ゼパニヤは自分が伝えている預言のさばきが起こる前にへりくだって悔い改めること（神に対する態度を改め、罪を認め、自分勝手な生き方をやめて神の計画に従うこと）を求めた（2:1-3）。この国全体の悔い改めは、ヨシヤ王の宗教改革とその後のリバイバルのときに部分的に実現した（前627-609）。

ゼパニヤはペリシテ、モアブ、アモン、クシュ、アッシリヤという五つの外国にさばきが下ることも預言した（2:4-15）。エルサレムの罪について再び触れたあと（3:1-7）、この預言者は神が人々を救い出し、集め、回復されるときのことを預言した。そのとき人々は全能の神の本当の礼拝者になって喜び、神は救いの勇士として文字通り人々の間に住まわれる（3:9-20）。

特　徴

ゼパニヤ書には五つの大きな特徴がある。
（1）4代前のヒゼキヤ王まで先祖をさかのぼる家系が書いてある唯一の預言書である。
（2）未来の「主の日」について旧約聖書の中で最も詳しい啓示が書かれている。
（3）神の民はさばきの警告に直面しなければならないけれども、同時に救いの約束によって慰めをも受ける例が示されている。

(4) 忠実な「残りの者」（散らされるけれども歴史の中で耐え忍び、神に忠実であり続ける一部のイスラエルの人々）について、非常に整った教えが含まれている。この「残りの者」は、主が最後のさばきを下すために来られるときに回復される(3:9-20)。
　(5) 邪悪な人々に対してやがて来る神のさばきと神に従う人々に対する救いの大いなる日についてのゼパニヤ書の啓示は、新約聖書の「終わりの日」についての啓示に大きな貢献をしている。

新約聖書での成就
　主イエスは2回ゼパニヤの預言に触れていると思われる（マタ13:40-42 ⇒1:2-3, マタ24:29 ⇒1:15）。両方とも主イエスが再び来られることと関係している（教会の「携挙」ではなく大患難の後に地上に文字通り来られること →目的の項）。新約聖書の記者たちは「主の日」についてのゼパニヤのメッセージが大患難に始まり、生きている人々と死んだ人々とをさばくために主イエスが再び来られることで終る終りのときの出来事について描いていることを理解していた（1:14 ⇒黙6:17, 3:8 ⇒黙16:1）。新約聖書はキリストの再臨とさばきの日を単に「その日（かの日）」としていることが多い（Ⅰコリ3:13, ⇒Ⅱテモ1:12, 18, 4:8）。

ゼパニヤ書の通読
　旧約聖書を1年間で通読するためには、ゼパニヤ書を1日で読まなければならない。
☐ ゼパニヤ

メ　モ

ゼパニヤ書 1章

1 ¹ ユダの王、アモンの子ヨシヤの時代に、クシの子ゼパニヤにあった主のことば。クシはゲダルヤの子、ゲダルヤはアマルヤの子、アマルヤはヒゼキヤの子である。

近付いているさばきの警告

2 　わたしは必ず地の面から、
　　すべてのものを取り除く。
　　──主の御告げ──
3 　わたしは人と獣を取り除き、
　　空の鳥と海の魚を取り除く。
　　わたしは、悪者どもをつまずかせ、
　　人を地の面から断ち滅ぼす。
　　──主の御告げ──

ユダに対して

4 　わたしの手を、ユダの上に、
　　エルサレムのすべての住民の上に伸ばす。
　　わたしはこの場所から、バアルの残りの者と、
　　偶像に仕える祭司たちの名とを、
　　その祭司たちとともに断ち滅ぼす。
5 　また、屋上で天の万象を拝む者ども、
　　また、主に誓いを立てて礼拝しながら、
　　ミルコムに誓いを立てる者ども、
6 　また、主に従うことをやめ、主を尋ね求めず、
　　主を求めない者どもを断ち滅ぼす。
7 　神である主の前に静まれ。
　　主の日は近い。主が一頭のほふる獣を備え、
　　主に招かれた者を聖別されたからだ。
8 　主が獣をほふる日に、
　　わたしは首長たちや王子たち、

1① II列21:18-26、I歴33:20-25
② II列22:1-23:34、歴34:1-35:19、エレ1:2, 22:11
2① エレ6:12, 7:20、エゼ33:27, 28
3① イザ6:11, 12, エレ4:25, 9:10、②ホセ4:3
＊「没落が悪者どもとともに」の読み替え
　③エゼ7:19, 14:3, 4, 7
4① エレ6:12, エゼ6:14
　② II列23:5, ホセ10:5
　③ミカ5:13
5① 申4:19, II列21:3-5, 23:4, 5, 12, エレ19:13
　② I列18:21、II列17:33, 41, エレ5:2, 7:9, 10
　③ I列11:33、II列25:13, エレ49:1
6① イザ1:4, エレ2:13, 17, 15:6
　②イザ9:13, エレ7:7
7 ＊子音字は「主」
　①ハバ2:20, ゼカ2:13, アモ6:10, 黙8:1
　②→ヨエ1:15
　③イザ34:6, エレ46:10
　④イザ13:5

1:1　ゼパニヤ　ゼパニヤはユダのヨシヤ王の時代（前640-609）に預言活動をした。ヨシヤ王はゼパニヤのいとこだったと考えられる（ヨシヤ王もヒゼキヤ王の4代目の孫だった →緒論）。国全体はあらゆる暴力に満ち、人間が作ったにせの神々を礼拝し、まことの神には全く霊的関心を示していなかった。ゼパニヤがその人々にメッセージを伝えたのは、ヨシヤ王の霊的改革の前だったと考えられる。実際にはゼパニヤの預言がヨシヤ王を奮い立たせ、再び神を礼拝し律法に従うように人々に呼びかけるようにさせたものと思われる（→緒論）。

1:2-3　すべてのものを取り除く　ゼパニヤは神のさばきが全世界に下ることを宣言することから始める。そのことばは、神が昔大洪水によって地上を滅ぼされたときに送った警告を思い出させるものだった（創6:7）。けれども今回のさばきは火によるものである（1:18, 3:8）。大部分の人は罪を悔い改めて主に従おうとしないので、神はあらゆる邪悪な人々と世界そのものを滅ぼす時を定められた。それはひどい荒廃、苦難、悲しみ、後悔、滅亡のときになる（1:15, →**大患難**の項 p.1690）。

1:4　ユダの上に　ゼパニヤの時代の神の民であるユダの人々は主に逆らい、ほかの神々（バアルなど）を礼拝し、あらゆる暴力、腐敗、詐欺などを行っていたため（1:4-9）、神の正当な怒りとさばきを間もなく体験することになる。これらの罪はヨシヤ王の改革で除かれるので、この預言は前621年より前にユダに向けて伝えられたと思われる。ゼパニヤのメッセージに感動し

てヨシヤ王は改革を始めるようになったと思われる。

1:5　天の万象を拝む　この種の偶像礼拝（人間の作った神々を礼拝したり、唯一のまことの神ではないものに頼ること）は今日でも占星術や星占いなどによって人生の導きを求める人々の間で人気がある（⇒申4:19）。

1:5　[主]に誓いを立てて　ユダの多くの人は、主を本当に礼拝しているように見せ掛けながらほかの宗教に参加していた。このような「礼拝」の偽善的混合（自分の神とともにほかの神々をも礼拝することで、神学ではこれを「シンクレティズム（混交宗教）」と言う）は明らかに罪悪だった。アモン人の神であるモレク礼拝では、子どもをいけにえにする非人道的な儀式が行われていた。神に従うと言いながら同時に人間が作った「神々」を礼拝し、神よりもほかのものを優先する人々を神は黙認されない。神の基準ではこのような不正直とごまかしの生活様式は罪であり不道徳である。神に仕えると言いながら世間では当り前になっている悪事や汚れた慣習を避けようとしない人々にはさばきが待っている（→**信者の霊的聖別**の項 p.2172）。

1:7　【主】の日　この預言はまずバビロニアによる前605年の破壊のことを指している。そして次に終りの日にあらゆる国に下る世界的規模のさばきを指している（⇒イザ2:12, 13:6, 9, エレ46:10, エゼ13:5, ヨエ1:15, 2:1, →ヨエ1:15注, アモ5:18注）。最後の決定的な神の怒りの日（神に反抗するすべての人に神の正当な怒りとさばきが下る）はまだ先のことである（ロマ2:5）。これはイエス・キリストが終りの日に再び来られることと関係がある（マタ24:29-33, →Ⅰテサ5:

ゼパニヤ書　1-2章

外国の服をまとったすべての者を罰する。

9 その日、わたしは、
神殿の敷居によじのぼるすべての者、
自分の主人の家を暴虐と欺きで満たす者どもを
罰する。

10 その日には、──主の御告げ──
魚の門から叫び声が、第二区から嘆き声が、
丘からは大いなる破滅の響きが起こる。

11 泣きわめけ。マクテシュ区に住む者どもよ。
商人はみな滅びうせ、
銀を量る者もみな断ち滅ぼされるからだ。

12 その時、わたしは、ともしびをかざして、
エルサレムを捜し、
そのぶどう酒のかすの上によどんでいて、
「主は良いことも、悪いこともしない」と
心の中で言っている者どもを罰する。

13 彼らの財産は略奪され、彼らの家は荒れ果てる。
彼らは家を建てても、それに住まず、
ぶどう畑を作っても、そのぶどう酒を飲めない。

8 ①イザ2:6
②イザ24:21
9 ①エゼ9:3, 10:4, 18
②エレ5:27, アモ3:10
10 ①Ⅱ歴33:14, ネヘ3:3, 12:39
②イザ22:5, アモ8:3
③Ⅱ歴34:22
④Ⅱサム5:7, エゼ6:13
11 ①ヤコ5:1
②ゼカ14:21
③ヨブ27:16, 17, ホセ9:6
12 ①エレ16:16, 17, エゼ9:4-11, アモ9:1-3
②エレ48:11, アモ6:1
③詩94:7, エゼ8:12, 9:9
13 ①申28:30-33, 39
②エレ15:13, 17:3
③アモ5:11
④ミカ6:15, →アモ4:9
14 ①エレ30:7, ヨエ2:11, 31
②→ヨエ1:15
③イザ22:5, エゼ7:16-18
15 ①ゼパ1:18, 箴11:4, ロマ2:5
②イザ22:5
③ヨエ2:2, 31, アモ5:18-20
16 ①エレ4:19, イザ2:15
17 ①エレ10:18
②申28:29, イザ59:10
③エゼ24:7, 8
④詩83:10, エレ8:2, 9:22, 16:4
18 ①エゼ7:19, ②ゼパ1:15
②ゼパ3:8, 申4:24
③ゼパ1:2, 3, エゼ7:5-7
1 ①エレ3:3, 6:15
②Ⅱ歴20:4, ヨエ1:14, 2:16
2 ①ヨブ21:18, 詩1:4, イザ17:13, ホセ13:3
＊七十人訳による
〔 〕「御定めが生まれて来る前に」
②ゼパ3:8, Ⅱ列23:26, 哀4:11, ナホ1:6

主の大いなる日

14 主の大いなる日は近い。
それは近く、非常に早く来る。
聞け。主の日を。勇士も激しく叫ぶ。

15 その日は激しい怒りの日、
苦難と苦悩の日、荒廃と滅亡の日、
やみと暗黒の日、雲と暗やみの日、

16 角笛とときの声の日、
城壁のある町々と高い四隅の塔が襲われる日だ。

17 わたしは人を苦しめ、
人々は盲人のように歩く。
彼らは主に罪を犯したからだ。
彼らの血はちりのように振りまかれ、
彼らのはらわたは糞のようにまき散らされる。

18 彼らの銀も、彼らの金も、
主の激しい怒りの日に彼らを救い出せない。
そのねたみの火で、全土は焼き払われる。
主は実に、地に住むすべての者を
たちまち滅ぼし尽くす。

2

1 恥知らずの国民よ。こぞって集まれ、
集まれ。

2 昼間、吹き散らされるもみがらのように、
＊
あなたがたがならないうちに。
主の燃える怒りが、

2注)。「主の日」の詳細　→緒論

1:12　良いことも、悪いこともしない　ユダのある人々は神について理神論的な考え（神は創造された世界から離れ、世界を自然の法則のままに進ませており、人々の人生には積極的に関与しないという考え）を持っていた。その結果、人々は神が罪を罰することはないと信じていた。(1) このような態度をとる人々は、さばきの日に恐ろしいことに直面することになる。それは確かに神が人々に行動の責任を問われる方だということがわかるからである。(2) 神は私たちから遠く離れておられないことや、人生に無関心ではないことを私たちも知らなければならない。神は選択の自由を与えておられるけれども忍耐強く見守っており、私たちが主に頼るなら人生を導こうとしておら

れる。神に人生をゆだね神とさらに深い関係を持ちたいと願う人々に神は報いてくださる。けれども神を拒み神から離れ、自分たちの邪悪な道を進む人々は罰せられる（→ロマ2:5-11）。

2:1-3　恥知らずの国民よ。こぞって集まれ　ゼパニヤは強い確信をもって神の怒りの日（神の正当な怒りとさばき）がユダに近付いていることを宣言した。その日が取消されることはない。さばきの時は定められた。神に反抗し不忠実だった国は罰せられなければならない。けれどもさばきのときが来る前に、罪から離れあわれみを求めて神に立返る人々に神は希望を与えられた。神が恐ろしい怒りを注がれる日に、自分の生き方を変え神の基準に従って正しい行いをする人々を神は守ってくださる（→2:3注）。

まだあなたがたを襲わないうちに。
主の怒りの日が、
まだあなたがたを襲わないうちに。
3 主の定めを行う
この国のすべてのへりくだる者よ。
主を尋ね求めよ。
義を求めよ。柔和を求めよ。
そうすれば、
主の怒りの日にかくまわれるかもしれない。

ペリシテに対して

4 だが、ガザは捨てられ、
アシュケロンは荒れ果てる。
アシュドデは真昼に追い払われ、
エクロンは根こぎにされる。
5 ああ。海辺に住む者たち。
ケレテ人の国。
主のことばはおまえたちに向けられている。
ペリシテ人の国カナン。
わたしはおまえを消し去って、
住む者がいないようにする。
6 海辺よ。おまえは牧場となり、
牧者たちの牧草地となり、
羊の囲い場となる。
7 海辺はユダの家の残りの者の所有となる。
彼らは海辺で羊を飼い、

2③ゼパ1:18
3①アモ5:14, 15
②イザ57:15
③詩22:26, 105:4, アモ5:4-6
④詩72:3, イザ11:4
⑤ヨエ2:14, ヨナ3:9
4①ゼパ2:4-7, イザ14:29-31, エレ47:1-7, エゼ25:15-17, ヨエ3:4-8, アモ1:6-8, ゼカ9:5-7
5①アモ9:7
②ゼパ3:6
6①ゼパ2:14, イザ7:25, 17:2, 32:14
＊別訳「小屋」「井戸」
7①ゼパ2:9, エレ32:44, ミカ4:7, 5:7, 8, ハガ1:12, 2:2

②山4:31, ルカ1:68
③ゼパ3:20, 詩126:1, 4, エレ29:14
8①ゼパ2:8-11, イザ15, 16章, エレ48:1-49:6, エゼ21:28-32, 25:1-11, アモ1:13-2:3
②詩79:4
9①イザ19:18
②→エゼ5:15
③創4:4
④創19:1, 24, イザ13:19, エレ49:18, 50:40
⑤申29:23
⑥ゼパ2:7
⑦イザ11:14, 14:2
10①イザ16:6, エレ48:29
②ゼパ2:8
11①ヨエ2:11
②ゼパ1:4
③イザ24:15
④詩22:27, 72:8-11, ハバ2:14, マラ1:11

日が暮れると、アシュケロンの家々で横になる。
彼らの神、主が、彼らを訪れ、
彼らの繁栄を元どおりにするからだ。

モアブとアモンに対して

8 わたしはモアブのそしりと、
アモン人ののののしりを聞いた。
彼らはわたしの民をそしり、
その領土に向かって高ぶった。
9 それゆえ、わたしは誓って言う。
——イスラエルの神、万軍の主の御告げ——
モアブは必ずソドムのようになり、
アモン人はゴモラのようになり、
いらくさの茂る所、塩の穴、
とこしえの荒れ果てた地となる。
わたしの民の残りの者が、そこをかすめ奪う。
わたしの国民の生き残りの者が、そこを受け継ぐ。
10 これは、彼らの高慢のためだ。彼らが万軍の主の民をそしり、これに向かって高ぶったからだ。
11 主は彼らを脅かし、地のすべての神々を消し去る。そのとき、人々はみな、自分のいる所で主を礼拝し、国々のすべての島々も主を礼拝する。

2:3　義を求めよ。柔和を求めよ　あわれみと助けを求めて主に立返った人々に預言者は希望を与えた。そしてさばきが下る日にかくまっていただけるように神と神の目的にさらに従うように訴えた。霊的なリバイバルと神からの新しい祝福を体験しようと願うなら、人々は三つのことを祈り求めなければならなかった。その三つは今日のキリスト者にとっても重要である。（1）神ご自身との正しい関係を求めなければならない。神を自分の主、守ってくださる方としてさらに知り、愛する情熱を持たなければならない（⇒エレ29:13）。（2）神のことばの律法、基準、原則に従って正しいことを行うようにしなければならない。それが自分たちの生き方にならなければならない（⇒イザ1:21, アモ5:24, マタ6:33）。（3）自分たちが無力であり、神の力に頼り神のご計画に従わなければならないことを認めて心からへりくだらなければならない（⇒民12:3, 詩45:4, 箴15:33）。

2:4-15　ガザは捨てられ　ユダに警告をした後ゼパニヤは、神のさばきが神を敬わない隣りの国にも下ることを預言する。

2:10　民をそしり、・・・高ぶった　多くの人は神の民（神のことばの真理と聖い基準に従って生きる人々）を侮辱し虐待する。（1）サタンに支配され真理に目がふさがれている人々に支配されている世界では、このように扱われることは避けられない（⇒Ⅱコリ4:4, エペ2:2-3, 4:18）。主イエスも地上におられたときに侮辱され拒まれ（→マタ27:39-44, ⇒詩69:10）、私たちも同じ体験をすると言われた（ヨハ15:18, 16:33）。（2）神の民への迫害は永遠に続くものではない。神に忠実な人々を神は支えて守り、神に忠実な人々をあざけり虐待した人々にさばきを下す日を決めておられる。

クシュに対して

12 あなたがた、クシュ人も、
わたしの剣で刺し殺される。

アッシリヤに対して

13 主は手を北に差し伸べ、
アッシリヤを滅ぼし、
ニネベを荒れ果てた地とし、
荒野のようにし、砂漠とする。

14 その中に、獣の群れ、あらゆる地の獣が伏し、
ペリカンと針ねずみはその柱頭をねぐらとし、
ふくろうはその窓で鳴き、
烏は敷居で鳴く。
主が、杉でつくったこの町をあばかれたからだ。

15 これが、安らかに過ごし、
心の中で、「私だけは特別だ」と言ったあのおごった町なのか。
ああ、その町は荒れ果てて、獣の伏す所となる。
そこを通り過ぎる者はみな、あざけって、手を振ろう。

12 ①イザ18章、20:3-5、エレ46:9、エゼ30:4-9
*「エチオピヤ人」
13 ①ゼパ2:13-15、イザ10:5-34、14:24-27、ナホム書
②ゼパ1:4、ミカ5:6
14 ①イザ13:21
*七十人訳による
□「国の」
②イザ34:11-15
**「声」の読み替え
***「荒廃」の読み替え
③イザ22:14
****「この町」は補足
15 ①イザ32:9, 11
②イザ47:8, 10、エゼ28:2, 9、黙18:7
*直訳「私だけで、ほかにはいない」
③イザ22:2
④イザ32:14、⑤エレ18:16, 19:8、哀2:15
⑥ヨブ27:23、エゼ27:36

1 ①詩55:9、エレ5:23
②エゼ23:30
③エレ6:6
2 ①エレ7:23-28、22:21
②エレ2:30、5:3
③詩78:22、エレ13:25
④詩73:28
3 ①エゼ22:25-27、ミカ3:9、②ハバ1:8
③エレ23:11, 32、哀2:14、ホセ9:7、ミカ3:11
④士9:4、③エゼ22:26、マラ2:7, 8
④→ホセ4:6
5 ①ゼパ3:15, 17、エレ14:9
②申32:4
③詩92:15, 4:ゼパ2:1、エレ3:3, 6:15, 8:12

エルサレムの未来

3

1 ああ。
反逆と汚れに満ちた暴力の町。

2 呼びかけを聞こうともせず、
懲らしめを受け入れようともせず、
主に信頼せず、神に近づこうともしない。

3 その首長たちは、
町の中にあってほえたける雄獅子。
そのさばきつかさたちは、日暮れの狼だ。
朝まで骨をかじってはいない。

4 その預言者たちは、ずうずうしく、裏切る者。
その祭司たちは、聖なる物を汚し、律法を犯す。

5 主は、その町の中にあって正しく、
不正を行わない。
朝ごとに、
ご自分の公義を残らず明るみに示す。
しかし、不正をする者は恥を知らない。

6 わたしは諸国の民を断ち滅ぼした。

3:1-7 ああ・・・暴力の町 ほかの国々の罪を非難した後にゼパニヤは再びエルサレムと神の民に注意を向けた。人々は神に反抗し律法に逆らっていた。道徳的腐敗と神を敬わない心と行動があらゆる階層に入り込んでいた。どこでも人々は神の本当の預言者に耳を貸さなくなっていた。

3:3-4 首長たち・・・さばきつかさたち・・・預言者たち・・・祭司たち この四種類の人々はユダの中心的指導者だった。影響力を持つこの人々が神に従わず、聖さ(道徳的に純粋、霊的に健全、悪から分離していること)を保っていないことを神は非難された。実際にはこの人々が一般の人々を神からさらに遠ざける見本になっていた。(1) 首長たちとさばきつかさたちは律法をゆがめたり曲げたりし、その地位を利用して自分たちの富と財産を得ていた。(2) 預言者たちは神のメッセージを変え、人々が聞きたいことだけを伝えて人気を高め、人々に認められようとしていた。(3) 祭司たちは神の規則を破り不道徳な生き方をして神の家を堕落させていた。(4) 私たちは神の名前によって世俗的なものや不道徳なものを大目に見たり助長したりする指導者を避け、拒まなければならない。そのようなにせの指導者は神の基準に従って生きることを強く主張する指導者に代えなければならない。私たちは基準を下げて罪が入り込むようなことをしてはならない(→「監督の道徳的資格」の項 p.2303)。

3:5 不正を行わない 人間は失敗し罪を犯すけれども、神はいつも純粋、真実、誠実な方で間違ったことは絶対になさらない。これは神のご性質そのものである(→「神の属性」の項 p.1016)。(1) 主のなさることはみな完全な真理であり正義であるから(⇒申32:4)、どのような状況においても私たちのために正しいことをしてくださると頼らなければならない。(2) 私たちの理解を超えたことが起こるかもしれないけれども(→「正しい人の苦しみ」の項 p.825)、私たちへの主の愛と配慮と忠実さは決して絶えることがないといつも確信することができる。主は毎日私たちの人生の中で私たちにとって最も良いことをしてくださる。神は失敗することがない方であり、決して失敗をなさらない。

その四隅の塔は荒れ果てた。
わたしが彼らの通りを廃墟としたので、
通り過ぎる者はだれもいない。
彼らの町々は荒れすたれてひとりの人もおらず、
住む者もない。

7 わたしは言った。
「あなたはただ、わたしを恐れ、
懲らしめを受けよ。
そうすれば、
わたしがこの町を罰したにもかかわらず、
その住まいは断ち滅ぼされまい。
確かに、彼らは、
くり返してあらゆる悪事を行ったが。」

8 それゆえ、わたしを待て。
──主の御告げ──
わたしが証人として立つ日を待て。
わたしは諸国の民を集め、
もろもろの王国をかき集めてさばき、
わたしの憤りと燃える怒りを
ことごとく彼らに注ぐ。
まことに、全地はわたしのねたみの火によって、
焼き尽くされる。

9 そのとき、わたしは、
国々の民のくちびるを変えてきよくする。
彼らはみな主の御名によって祈り、
一つになって主に仕える。

10 クシュの川の向こうから、
わたしに願い事をする者、
わたしに散らされた者たちが
贈り物を持って来る。

11 その日には、あなたは、
わたしに逆らったすべてのしわざのために、
恥を見ることはない。
そのとき、わたしは、
あなたの中からおごり高ぶる者どもを
取り去り、
あなたはわたしの聖なる山で、
二度と高ぶることはない。

12 わたしは、あなたのうちに、
へりくだった、寄るべのない民を残す。
彼らはただ主の御名に身を避ける。

13 イスラエルの残りの者は不正を行わず、
偽りを言わない。
彼らの口の中には欺きの舌はない。
まことに彼らは草を食べて伏す。
彼らを脅かす者はない。

14 シオンの娘よ。喜び歌え。
イスラエルよ。喜び叫べ。
エルサレムの娘よ。心の底から、喜び
勝ち誇れ。

15 主はあなたへの宣告を取り除き、
あなたの敵を追い払われた。
イスラエルの王、主は、
あなたのただ中におられる。
あなたはもう、わざわいを恐れない。

16 その日、エルサレムはこう言われる。
シオンよ。恐れるな。気力を失うな。

17 あなたの神、主は、あなたのただ中に
おられる。
救いの勇士だ。

6 ①ゼパ1:16
②エレ9:12
③イザ6:11
④ゼパ2:5
7 ①ゼパ3:2, ②エレ7:7
＊直訳「すべてのしわざを腐らせた」
③創6:12, エレ8:6, ホセ9:9
8 ①詩27:14, 37:34, 箴20:22, イザ30:18, ハバ2:3
＊七十人訳、シリヤ語訳による
▱「獲物」
②エゼ38:14-23, ヨエ3:2
③ゼパ1:18
9 ①イザ19:18, 57:19
②詩86:9, マラ1:11
③創4:26
＊直訳「一つの肩になって」
10 ①詩68:31, イザ11:11, 18:1
＊「エチオピヤ」
②イザ18:7
③イザ60:4, 6, 7
11 ①ゼパ2:3
②イザ45:17, 54:4, ヨエ2:26, 27
③イザ2:12, 5:15
④→エゼ20:40
12 ①マタ5:5, ②ミカ4:7
③イザ10:20-22, ゼカ3:8, 9
④イザ50:10
⑤イザ14:32, ナホ1:7
13 ①ゼパ2:7, イザ10:20-22, ミカ4:1
②ゼパ3:5, 詩119:3
③ゼカ8:3, 16, イザ53:9, 63:8, 黙14:5
④エゼ34:13-15, イザ65:10
⑤エゼ34:28, ミカ4:4
14 ①詩47:1, イザ54:1, ゼカ9:9
②イザ12:6, ゼカ2:10
15 ①ヨハ1:49
②ゼパ3:5, 17, エゼ37:26-28, 48:35, ゼカ8:23, 黙7:15, 21:3
③イザ54:14
16 ①イザ35:4
②ヘブ12:12
17 ①ゼパ3:5, 15
＊あるいは「勝利の」
②イザ63:1

3:9-20　彼らはみな【主】の御名によって祈り　ここでゼパニヤは、国々のための神の救いの計画に目を向ける。これには、神に人生をゆだねる人々と個人的な関係を持とうとする神の現在の目的も含まれている。また神に忠実でいる人々をみな救い出すという終わりのときの目的も含まれている。さばきによってきよめられたあと、その人々の栄誉は回復される。国々はやがて神と和解し、神は地上のすべての人々と関係を回復してくださる。このような約束は、キリストが全世界を平和をもって支配される千年期に成就される（→黙20:4注）。

3:10　クシュの川の向こうから　クシュは当時の世界で最も遠い国とされていた。あらゆる国（現在あまり知られていない国も含めて）から人々がやがてエルサレムに来て、神に礼拝をささげ感謝をささげるようになる（⇒イザ66:18, 20）。

3:11　その日には　神は国々と真実の正しい関係を結ばれるときに、神の民、イスラエルの栄誉と繁栄が回復される（3:20）。

3:14-17　喜び勝ち誇れ　神の民は喜ばずにはいられない。それは霊的な救い、神との個人的な関係を得たからである。「心の底から」の喜びは普通の喜びではな

ゼパニヤ書　3章　　1565

主は喜びをもってあなたのことを楽しみ、
その愛によって安らぎを与える。**
主は高らかに歌ってあなたのことを喜ばれる。

18 例祭から離れて悲しむ者たちをわたしは集める。
彼らはあなたからのもの。
そしりはシオンへの警告である。

19 見よ。その時、
わたしはあなたを苦しめたすべての者を罰し、
足のなえた者を救い、散らされた者を集める。
わたしは彼らの恥を栄誉に変え、
全地でその名をあげさせよう。

20 その時、わたしはあなたがたを連れ帰り、
その時、わたしはあなたがたを集める。
わたしがあなたがたの目の前で、
あなたがたの繁栄を元どおりにするとき、
地のすべての民の間で
あなたがたに、名誉と栄誉を与えよう、と
主は仰せられる。

17③申30:9、イザ62:5, 65:19、エレ32:41
　**あるいは「黙らせる」七十人訳は「あなたを新しくする」
18①→ホセ2:11
　②詩42:2-4, 哀1:4、エレ9:4, 6
19①イザ60:14
　②エゼ34:16, ミカ4:6, 7
　③エゼ16:27, 57
　④イザ60:18, 62:7
20①ゼパ2:7、エゼ37:12, 21
　②イザ11:12, 27:12, 56:8、エゼ28:25, 34:13, 37:21
　③エレ29:14, ヨエ3:1、アモ9:7
　④申26:18, 19、イザ56:5, 66:22

マタ9:8

い。それは私たちの人生に現される神のみわざに対する超自然的な応答である。私たちが喜ぶのは、(1) 罪が赦され、さばきを受けることがなくなったためであり(3:15)、(2) 敵が滅ぼされ、サタンと罪の力から解放されたからであり(3:15)、(3) 神がともにおられ、一生を通して友情と恵みをくださり助けてくださるからであり(3:15-17, ⇒ヘブ4:16)、(4) 神が愛と喜びを注ぐ対象とされたからである。(3:17)。神の御子イエスを通して与えられる赦しと永遠のいのちの賜物を受入れる人は、だれでも喜ばずにはいられないはずである(→エペ1:17-18, 3:16-20)。終りの日に神が地上に栄光と尊厳のすべてを現されるとき、私たちの喜びは最高潮に達し完璧なものになる(⇒イザ35:1-10)。

ハガイ書

概　要
I. 第一のメッセージ―神殿の建設を終わらせなさい（1：1-15）
　A. 日時―紀元前520年エルルの月１日（8月29日）（1：1）
　B. 人々のみじめな言訳（1：2-4）
　C. 怠慢の結果（1：5-11）
　D. 人々の応答―服従（1：12）
　E. 働く人への主の力（1：13-15）
II. 第二のメッセージ―より偉大な栄光の約束（2：1-9）
　A. 日時―紀元前520年チスリの月21日（10月17日）（2：1）
　B. 新しい神殿と古い神殿の比較（2：2-4）
　C. 新しい神殿の栄光（2：5-9）
III. 第三のメッセージ―聖さは祝福をもたらす（2：10-19）
　A. 日時―紀元前520年キスレウの月24日（12月18日）（2：10）
　B. 罪の腐敗がもたらす影響（2：11-14）
　C. 服従の祝福（2：15-19）
IV. 第四のメッセージ―ゼルバベルへの預言による約束（2：20-23）
　A. 日時―紀元前520年キスレウの月24日（12月18日）（2：20）
　B. 未来の国々の崩壊（2：21-22）
　C. ゼルバベルの預言的意味（2：23）

著　者：ハガイ

主　題：神殿の再建―神への服従が御霊の力をもたらす

著作の年代：紀元前520年

著作の背景

　ハガイ書は当時のペルシヤ帝国全土で捕囚にされていた神の民の多くが帰還したあとに書かれた旧約聖書の三つの預言書（ハガイ書、ゼカリヤ書、マラキ書）の最初の書物である（捕囚からの帰還の概要 →エズ緒論、ネヘ緒論）。情況の背景は簡単に言うと次のようになる。イスラエルと首都サマリヤはアッシリヤ人によって前722年に制圧され破壊された。ユダと首都エルサレムは前586年にバビロニヤ人によってついに陥落した（→「**イスラエルとユダの王国**」の地図 p.570）。この勝利した帝国は両方とも捕虜を自分たちの国全土に捕囚として送ることを慣習にしていた（→「**イスラエル（北王国）の捕囚**」の地図 p.633,「**ユダ（南王国）の捕囚**」の地図 p.633）。前539年までにペルシヤ帝国がバビロニヤ帝国に代って世界の強大国になっていた。その頃、神の民の王国（北王国のイスラエルと南王国のユダ）はともになお各地に散らされていた。けれどもペルシヤ人が権力を持つとすぐに、クロス王はユダヤ人を故国に帰らせる勅令を出した（→「**捕囚からの帰還**」の地図 p.759）。
　ハガイの名前はエズラ記で２回（5：1, 6：14）、この書物の中で９回出てくる。そしてハガイは「預言者」（1：1, 2：1, 10, エズ6：14）、「主の使い」（1：13）と呼ばれている。エルサレムに帰還して再定住した捕囚の中には、ソロモンの神殿が前586年にネブカデネザルの軍隊によって破壊される前のことを覚えている人々が少数いたけれども、ハガイはその一人だったと思われる（2：3）。そうだとすればこの預言を書物にしたときのハガイは70代か80代だったことになる。ハガイ書が書かれたのはペルシヤのダリヨス王の治世の第二年である（前520 1：1）。
　ハガイ書のメッセージを理解するためには歴史的背景が重要である。前538年に、ペルシヤのクロス王はユダヤ人の捕囚が母国に戻ってエルサレムと神殿を再建することを許可する勅令を出した。この行動によってイザヤとエレミヤの預言は成就し（イザ45：1-3、エレ25：11-12, 29：10-14）、ダニエルの祈りは応えられた（ダニ9：）。

ハガイ書

エルサレムに帰還した最初のユダヤ人は前536年に大きな興奮と期待をもって新しい神殿の基礎を置いた(エズ3:8-10)。けれども工事人たちはすぐにサマリヤ人(北王国のほとんどの人々が捕囚にされたあとに残ったイスラエルの子孫で、後にアッシリヤ人によって連れて来られた外国人と結婚した人々)を初めとする隣国からの強い反対に遭った。その結果、工事人たちは落胆し、再建の事業は前534年に中止された。すると神殿再建の興奮は冷め、人々は霊的に無関心になり怠惰な状態になった。人々の関心は自分たちの家を建て直し、個人的な生活を楽しむことに向けられた。前522年にダリヨス王がペルシヤの王になり、ペルシヤ帝国での宗教に対して新しく関心を持つようになった。前520年にハガイと若い預言者ゼカリヤ(→ゼカ緒論)は、ゼルバベル(50,000人のユダヤ人を故国に帰還させ神殿再建を始めさせた総督)に神の家の再建を再開するように強く促した。ダリヨス王の全面的な支持を受けて、工事人たちはその後の反対を乗り越え、4年後に神殿を完成して奉献した(⇒エズ4:-6:)。エズラ記はこれらの出来事とその経過を記録している。

目　的

　前520年の4か月の間に、ハガイはこの書物に記録されている簡単であるけれども確固とした四つのメッセージを伝えた(→概要)。このメッセージには二つの大きな目的があった。
　(1) ゼルバベル(総督)とヨシュア(大祭司)を激励して、神殿再建へと人々を動かすこと。
　(2) 人々に生活と優先順位を整え直すように訴え鼓舞して、霊的関心を復活させること。今こそ神殿の工事を再開する時だった。神と神の目的にもう一度献身をするなら、神の臨在と祝福が戻ってくるのを見ることができる。

概　観

　ハガイ書には四つのメッセージがあり、それぞれが「主のことば」で始まっている(1:1, 2:1, 2:10, 2:20)。
　(1) 最初にハガイは元捕囚の人々に、自分のことだけに心を奪われていると強い口調で迫った。そして人々が自分たちの家を美しく建て終えたのに神の家は荒れたまま放置されていると指摘した(1:4)。預言者は人々に2回自分たちのしていることを「よく考えよ」と迫った(1:5, 7)。そして最近困難に直面しているのは、ほとんどが霊的なことをないがしろにしたために主の祝福が与えられないからであるとはっきりさせた(1:6, 9-11)。ハガイのメッセージを受けてゼルバベルもヨシュアも人々もみな神を恐れる恐れ(神の力と目的に対して完全な驚きと恐れの思いと尊敬を持つこと)に満たされた。その結果、人々は神殿工事を再開した(1:12-15)。
　(2) そのすぐあとにある人々が文句を言い、ほかの人々に失望感を広め始めた。文句を言う人々はほとんどが前の神殿の栄光を見た人々だった。この人々は現在再建努力をしているものは最初の神殿の偉大さに比べると無に等しいと感じていた(2:3)。けれどもハガイは指導者たちに気落ちして再建工事を放棄しないようにと励ました。その理由は、(a) 人々の努力は神の全体計画の中で預言的な役割を果しており(2:4-7)、(b) 神は「この宮のこれから後の栄光は、先のものよりまさろう」と約束されたからである(2:9)。
　(3) 第三のメッセージは人々に聖く従順に生きることを呼びかけた(2:10-19)。
　(4) 第四のメッセージ(2:20-23)は第三のメッセージと同じ日に告げられた。最後のメッセージはゼルバベルについての預言だった。ゼルバベルは王家の一人であり、その家系から後に約束のメシヤ(「油そそがれた者」、キリスト)が来られることになる。

特　徴

　ハガイ書には四つの大きな特徴がある。
　(1) バビロニヤ捕囚の後にユダで初めて聞く明らかな預言のメッセージだった。
　(2) 旧約聖書の中で二番目に短い預言書である(合計38節)。最も短いのはオバデヤ書である。
　(3) 「万軍の主はこう仰せられる」ということばは(同じような表現を含む)29回使われていて、エルサレムに帰還した人々へのメッセージの緊急性を示している。
　(4) 人々の間に住まわれる神の臨在について、旧約聖書の中で最も大胆な預言をしている(2:6-9)。この預言は二つのことに当てはまる。第一はキリストご自身が地上の神殿に来て神の臨在をそれまでにないほど明らかにされることを指している(→ルカ2:27, 32)。第二はキリストが地上に再び来られて国々をさばき、神の民を治めるときのことである。

新約聖書での成就

2章の何節かは、メシヤすなわちキリストが来られることを伝えている(2:6-9, 2:21-23)。ヘブル人への手紙の著者は天も地も人々も王国も揺り動かされる未来のことを指している(ヘブ12:26-28)。またハガイはゼルバベルが「印形」または公的な印章のようになると預言している。この象徴が意味することは、新約聖書のイエス・キリストの二つの家系図に見ることができる(マタ1:12-13, ルカ3:27)。ゼルバベルはイエス・キリストの二つの「家系図」－ソロモン(ダビデ王の息子)からゼルバベルそしてヨセフまでの家系図と、ナタン(ダビデ王の息子)からゼルバベルそしてマリヤまでの家系図－を結ぶ中心になっている。

ハガイ書の通読

旧約聖書全体を1年間で通読するためには、ハガイ書を1日で読まなければならない。

☐ 1-2

メモ

主の家を再建する呼びかけ

1 ¹ ダリヨス王の第二年の第六の月の一日に、預言者ハガイを通して、シェアルティエルの子、ユダの総督ゼルバベルと、エホツァダクの子、大祭司ヨシュアとに、次のような主のことばがあった。² 「万軍の主はこう仰せられる。この民は、主の宮を建てる時はまだ来ない、と言っている。」

³ ついで預言者ハガイを通して、次のような主のことばがあった。⁴ 「この宮が廃墟となっているのに、あなたがただけが板張りの家に住むべき時であろうか。

⁵ 今、万軍の主はこう仰せられる。あなたがたの現状をよく考えよ。⁶ あなたがたは、多くの種を蒔いたが少ししか取り入れず、食べたが飽き足らず、飲んだが酔えず、着物を着たが暖まらない。かせぐ者がかせいでも、穴のあいた袋に入れるだけだ。

⁷ 万軍の主はこう仰せられる。あなたがたの現状をよく考えよ。

⁸ 山に登り、木を運んで来て、宮を建てよ。そうすれば、わたしはそれを喜び、わたしの栄光を現そう。主は仰せられる。

⁹ あなたがたは多くを期待したが、見よ、わずかであった。あなたがたが家に持ち帰ったとき、わたしはそれを吹き飛ばした。それはなぜか。──万軍の主の御告げ──それは、廃墟となったわたしの宮のためだ。あなたがたがみな、自分の家のために走り回っていたからだ。

¹⁰ それゆえ、天はあなたがたのために露を降らすことをやめ、地は産物を差し止めた。¹¹ わたしはまた、地にも、山々にも、穀物にも、新しいぶどう酒にも、油にも、地が生やす物にも、人にも、家畜にも、手によるすべての勤労の実にも、ひでりを呼び寄せた。」

¹² そこで、シェアルティエルの子ゼルバベルと、エホツァダクの子、大祭司ヨシュアと、民のすべての残りの者とは、彼らの神、主の御声と、また、彼らの神、主が遣わされた預言者ハガイのことばとに聞き従った。民は主の前で恐れた。

---

1 ①ハガ2:10、エズ4:24、ゼカ1:1,7
②ハガ1:20
③ハガ1:15
④→アモ2:11

2 ①ハガ2:3,12,13、エズ5:1,6:14
⑥Ⅰ歴3:17、⑦エズ5:3
⑧ハガ1:14, Ⅰ歴3:19、エズ2:2、ネヘ7:7、ゼカ4:6-10、マタ1:12,13、ルカ3:27、⑨Ⅰ歴6:15
⑩ハガ1:12, 14, 2:2, 4、エズ3:2, 5:2、ゼカ3章, 6:11

2 ①ハガ1:5, 7, 9, 14, 2:4, 6-9, 11, 23、→ミカ4:4

4 ①ハガ1:9
②Ⅱサム7:2, 詩132:3

5 ①ハガ1:7, 哀3:40

6 ①ハガ1:9, 2:16, 申28:38-40, ホセ8:7
②ホセ4:10, ミカ6:14, 15, ゼカ8:10

8 ①エズ3:7, 詩132:13, 14, ③ゼカ7,9
9 ①ハガ1:6, ②イザ40:7

10 ①レビ26:19, 申28:23, 24, Ⅰ列8:35, Ⅱ列8:1
②Ⅰ列10:1

11 ①申28:22, ②ハガ2:17
③エレ14:2-6, ヨエ1:20

12 ①ハガ1
②ハガ1:14, 2:2
* △「シャルティエル」
①ハガ1:3, ④イザ1:19、Ⅰテサ2:13, ⑤申31:12, 13, 詩112:1, イザ50:10

1:1【主】のことばがあった　ペルシヤのクロス王は50,000人の捕囚のユダヤ人がエルサレムに帰還して町と神殿を再建するのを許可した(ユダヤ人は50年以上前にバビロニヤ人によって征服され移住させられていた　捕囚と帰還の経緯 →エズ緒論)。捕囚の人々は総督ゼルバベルと大祭司ヨシュアの指導のもとで帰還した(→エズ1:2-4, 2:64-65, 3:2, 5:1, 捕囚と帰還についての詳細 →緒論)。帰還した第2年目(前536/535)に神殿の基礎が置かれた(→エズ3:8-10)。けれどもサマリヤ人(サマリヤ人の背景 →緒論)を含む隣国の人々からの反対に遭って神殿の工事は中止された(→エズ4:1-5, 24)。するとユダヤ人は霊的な目標から完全に目をそらし、個人的な願いや必要に目を向けるようになった。神殿の事業は16年間放置された。そこで神は預言者ハガイとゼカリヤを送り、神殿の工事を再開するように励まされた(→緒論)。

1:4 板張りの家　帰還したユダヤ人が神殿の工事を放棄した一つの大きな理由は、自分のことに忙しくなったことである。ユダヤ人は美しいレバノン杉の板を使って自分たちの家を美しく飾ることに細心の注意を払い、神の家を荒れたままにしていた。ハガイは神と神の働きこそ第一にするべきであると強調した。これは時代を超えて今日の神の民にも当てはまるメッセージである。自分のことや興味を優先させて、神と神の働きとの関係をおろそかにしないように気を付けなければならない。神の目的こそ人生で第一のそして最高の課題でなければならない(マタ6:33)。主イエスが神の家と神の働きにどれほど熱心だったか注目するとよい(ヨハ2:17, 4:34, 6:38, 9:4)。人生で何を最優先させているか(時間と注意を割いているもの)を見れば、自分の心がどこにあるか、神をどれほど愛しているかが明らかになる。

1:6-11 多くの種を蒔いたが少ししか取り入れず　人々は一生懸命働いたのに成功しなかった。自分中心の生活をし、神の目標と目的に関心を示さなくなった人々は神の祝福を失ってしまった。神の働きに関心と熱意を失ってしまったら神の祝福と助けを期待することはできない。これは国内と海外の宣教の働きに参加し貢献することについても言えることである。

1:12 民・・・は、・・・聞き従った　指導者たちと人々は大変な驚きと恐れと神を敬う思いをもってハガイのメッセージに応答した。その行動がハガイのメッセージをどれほど真剣に受取ったかをよく示している。人々はすぐに神の家の工事に取りかかった(⇒ル

13 そのとき、主の使いハガイは、主から使命を受けて、民にこう言った。「わたしは、あなたがたとともにいる。――主の御告げ――」
14 主は、シェアルティエルの子、ユダの総督ゼルバベルの心と、エホツァダクの子、大祭司ヨシュアの心と、民のすべての残りの者の心とを奮い立たせたので、彼らは彼らの神、万軍の主の宮に行って、仕事に取りかかった。
15 それは第六の月の二十四日のことであった。

新しい家の栄光の約束

2 1 ダリヨス王の第二年の第七の月の二十一日に、預言者ハガイを通して、次のような主のことばがあった。
2 「シェアルティエルの子、ユダの総督ゼルバベルと、エホツァダクの子、大祭司ヨシュアと、民の残りの者とに次のように言え。
3 あなたがたのうち、以前の栄光に輝くこの宮を見たことのある、生き残った者はだれか。あなたがたは、今、これをどう見ているのか。あなたがたの目には、まるで無いに等しいのではないか。

4 しかし、ゼルバベルよ、今、強くあれ。
――主の御告げ――エホツァダクの子、大祭司ヨシュアよ。強くあれ。この国のすべての民よ。強くあれ。――主の御告げ――仕事に取りかかれ。わたしがあなたがたとともにいるからだ。――万軍の主の御告げ――
5 あなたがたがエジプトから出て来たとき、わたしがあなたがたと結んだ約束により、わたしの霊があなたがたの間で働いている。恐れるな。
6 まことに、万軍の主はこう仰せられる。しばらくして、もう一度、わたしは天と地と、海と陸とを揺り動かす。
7 わたしは、すべての国々を揺り動かす。すべての国々の宝物がもたらされ、わたしはこの宮を栄光で満たす。万軍の主は仰せられる。
8 銀はわたしのもの。金もわたしのもの。
――万軍の主の御告げ――
9 この宮のこれから後の栄光は、先のものよりまさろう。万軍の主は仰せられる。わたしはまた、この所に平和を与える。――万軍の主の御告げ――」

13 ①→イザ37:36
②詩46:11,
イザ41:10, 43:21,
マタ28:20
14 ①ハガ1:12
*☒「シャルティエル」
②エズ5:2, 8
15 ①ハガ1:1, 2:1, 10, 20,
ゼカ8:10

1 ①ハガ1:1, 15, 2:10
②ハガ1:1
2 ①ハガ1:12
*☒「シャルティエル」
3 ①ハガ2:9
②エズ3:12

4 ①申31:23,
I 歴22:13, 28:20,
ゼカ8:9, 13, エペ6:10
②出29:45, 46,
II サム7:10, 便7:9
③→ハガ1:2
5 ①出19:4-6, 29:45, 46,
33:12-14, 34:8-10
②ネヘ9:20,
イザ63:11, 14
③イザ41:10, 13,
ゼカ8:13
6 ①イザ10:25, 29:17
②ヘブ12:26
③ハガ2:21,
エレ4:23-26, ヨエ3:16
7 ①ダニ2:44
②イザ60:4-9, 11
③ I 列8:11, 詩85:9,
ゼカ2:5
8 ① I 歴29:14, 16
9 ①ハガ2:5
②ハガ2:3

カ11:28, ヨハ14:15, 23)。

1:13 わたしは、あなたがたとともにいる 神は人々の服従に応えて、「あなたがたとともにいる」と約束された。神はまた人々の決意を強め、工事が完成するように助けられた(⇒ゼカ4:6)。もし神のことばと導きに従うなら、私たちの理解力と能力に関係なく神は私たちが行うべきことをできるようにしてくださる。「あなたがたとともにいる」は信じる人々のために主がしてくださる最高の誓約である(→創26:24, 28:15, 39:2-3, 21, 23, 出3:12, マタ28:20)。

2:3 以前の栄光に輝くこの宮 新しい神殿が完成したとき、中には失望したり気落ちした人々がいた。それは70年以上前に破壊された神殿のすばらしさを覚えていたからである。多くの高齢のユダヤ人は、ソロモンが建てた最初の神殿の荘大さと比較して、現在の神殿は「無いに等しい」と思った。けれども神は三つのことを約束して人々を励まされた。(1) 神ご自身が人々とともにいて忠実な先祖たちにした約束を実現される(2:4, →1:13注)。(2) 神の御霊が人々の中にとどまる(2:5)。(3) 未来の神の家に現れる神の栄光は過去の何よりもまさったものである。それはやがて神殿で力強いことが起こるからである(2:9)。それは福音書(マタイ、マルコ、ルカ、ヨハネ)と使徒の働きに書かれた主イエスと弟子たちの働きのことである。キリストは地上におられたとき、それまでにないほど力強く文字通りに神の臨在を携えて神殿に入られた。
神がこれらの場所で何をなさるのか、弟子たちがどのように神の目的に仕えることができるのかは、教会の建物の美しさや独特のデザインによるものではない。霊的な影響を長続きさせる(教会の中に絶対になければならないもの)のは、賜物と奉仕の働きと聖霊の力を通して現される神の臨在である(→「御霊の賜物」の項 p.2138)。私たちは集会の中で聖霊は顕著に働いておられるか、神の臨在と力を示す証拠が現れているかと問わなければならない。

2:6-9 もう一度・・・天と地・・・とを揺り動かす この部分は、未来にキリストが地上に再び来られる前とそれに伴って下される神のさばきを指している(⇒ヘブ12:26-27, →「大患難」の項 p.1690)。「天も地も震える」(ヨエ3:16, ⇒マタ24:29-30)。これに続いて

ハガイ書　2章

汚れた人々への祝福

10 ダリヨスの第二年の第九の月の二十四日、預言者ハガイに次のような主のことばがあった。
11 「万軍の主はこう仰せられる。次の律法について、祭司たちに尋ねて言え。
12 もし人が聖なる肉を自分の着物のすそで運ぶとき、そのすそがパンや煮物、ぶどう酒や油、またどんな食物にでも触れたなら、それは聖なるものとなるか。」祭司たちは答えて「否」と言った。
13 そこでハガイは言った。「もし死体によって汚れた人が、これらのどれにでも触れたなら、それは汚れるか。」祭司たちは答えて「汚れる」と言った。
14 ハガイはそれに応じて言った。「わたしにとっては、この民はそのようなものだ。この国もそのようである。——主の御告げ——彼らの手で作ったすべての物もそのようだ。彼らがそこにささげる物、それは汚れている。
15 さあ、今、あなたがたは、きょうから後のことをよく考えよ。主の神殿で石が積み重ねられる前は、
16 *あなたがたはどうであったか。二十の麦束の積んである所に行っても、ただ十束しかなく、五十おけを汲もうと酒ぶねに行っても、二十おけ分しかなかった。
17 わたしは、あなたがたを立ち枯れと黒穂病とで打ち、あなたがたの手がけた物をことごとく雹で打った。しかし、あなたがたのうちだれひとり、わたしに帰って来なかった。——主の御告げ——
18 さあ、あなたがたは、きょうから後のことをよく考えよ。すなわち、第九の月の二十四日、主の神殿の礎が据えられた日から後のことをよく考えよ。
19 種はまだ穀物倉にあるだろうか。ぶどうの木、いちじくの木、ざくろの木、オリーブの木は、まだ実を結ばないだろうか。きょうから後、わたしは祝福しよう。」

主の印形であるゼルバベル

20 その月の二十四日、ハガイに再び次のような主のことばがあった。
21 「ユダの総督ゼルバベルに次のように言え。わたしは天と地とを揺り動かし、
22 もろもろの王国の王座をくつがえし、異邦の民の王国の力を滅ぼし、戦車と、それに乗る者をくつがえす。馬と騎兵は彼ら仲間同士の剣によって倒れる。
23 その日、——万軍の主の御告げ——シェ

---

10 ①ハガ1:1, 15, 2:1, 20
11 ①レビ10:10, 11,
　申7:8-11, 33:10,
　マラ2:7
12 ①出29:37,
　レビ6:27, 7:6,
　エゼ44:19, マタ23:19
13 ①レビ22:4-6,
　民19:11-22
14 ①歳15:8,
　イザ1:11-15, テト1:15
15 ①ハガ1:5, 7, 2:18
　②エズ3:10, 4:24
16 ①ハガ1:6, 9, ゼカ8:10
　＊七十人訳による

17 ①申28:22, I列8:37,
　アモ4:9
　②ハガ1:11
　③II歴28:22,
　イザ9:13, エレ5:3,
　アモ4:6-11, ゼカ3:7
18 ①ハガ2:15, 申32:29
　②ハガ2:10, 20
　③エズ5:1, 2, ゼカ8:9
19 ①→ヨエ1:7
　②→ホセ2:12
　③→エレ1:11
　④詩128:5, エレ31:12,
　ゼカ8:12, マラ3:10
20 ①
21 ①ハガ1:1, 14,
　エズ5:2, ゼカ4:6-10
　②ハガ2:6, 7,
　エゼ38:19, 20,
　ヘブ12:26
22 ①エゼ26:16, ゼパ3:8
　②ミカ7:16
　③ダニ2:44, ゼパ3:8
　④詩46:9, ミカ5:10,
　ゼカ9:10
　⑤エゼ39:20, アモ2:15
　⑥士7:22, II歴20:23

キリストは地上に平和の御国を建て、文字通り人々の間を治められるので、神の栄光が今までにないほど神殿に満ちる。

2:10-14　祭司たちに尋ねて言え　神のきよめの律法に基づいて祭司たちが理解している「聖なるもの」と「汚れたもの」を例にとって（→レビ6:24-27）、神は「聖なるもの」（霊的道徳的な純粋さと健全さ）は触れただけでは伝達できないことを示された。けれども腐敗した罪の影響は触れたり交わることによって「移される」。言い換えると「聖地」に住み、あるいは神の規則を守るだけでは聖くなれないけれども、自分の中に罪があると行うこと全部（礼拝を含む）が汚れ腐敗する。神の目的に心が合っていなければ、宗教的な行事に参加しても（霊的な礼拝であっても）、神と正しい関係を持つことができないことを覚えるべきである。また神を敬わないような影響力に自分をさらしたり、罪深い行いや態度にしがみついているなら、霊的生活に悪い影響が出てくることを真剣に考えなければならない。悪い影響力のあるものに興味を持ったり時間を費せば、良い性質を腐敗させると聖書は教えている（箴22:24-25, I コリ5:6, 15:33, II ペテ2:7-8）。

2:15-19　よく考えよ　神は人々になぜ過去に祝福を失ったかを考えるように言われた（人々は何がさばきをもたらし、捕虜になり捕囚となったのか覚えているはずだった）。それは人々が不従順で反抗をしたからである（→1:9-11）。けれども今、神殿再建をしようとしているので神は生活のあらゆる分野で成功を与えようとしておられる。この原則は新約聖書にも示されている。神の目的を求め命令に従い続けさえするなら神の好意と友情を受取ることができる（→ヨハ14:21-23）。

2:21　天と地とを揺り動かし　預言者は神の民の総督ゼルバベルを激励して、神はやがて神を敬わない全世界の王国や民族を滅ぼされると言った。これはキリストが地上に再び来られて悪の力を滅ぼし、全世界を平和に治めるときに起こることである（→黙19:11-20:6）。

アルティエルの子、わたしのしもべゼルバベルよ、わたしはあなたを選び取る。──主の御告げ──わたしはあなたを印形のようにする。わたしがあなたを選んだからだ。──万軍の主の御告げ──」

23①創38:18, 雅8:6, エレ22:24
②イザ42:1, 43:10
③→ハガ1:2

2:23 印形のように 天と地を滅ぼす時が来ると、神はゼルバベルを印形のようにされる。印形は公的な印章として（署名のように）用いたり、誓約や約束の保証として使われた。「印形」は神の最高の権威を示す公のしるし、あるいは神の民に対する好意の約束の保証を示すものだった。さらに神が王座をくつがえし地上の王国を滅ぼすとき（2:22）、勝利を実現する最後の支配者を世界に送るという神の約束を保証するものでもあった。これがゼルバベルの子孫、イエス・キリストについてのハガイの預言だった（→マタ1:12-13）。

「その日」主イエスはあらゆるものの上に絶対の権威を持つ最高の支配者になられる。
キリストとの関係でゼルバベルが重要なことは、さらに新約聖書のイエス・キリストの二つの家系図、家族史の中に表されている（マタ1:12-13, ルカ3:27）。ゼルバベルはイエス・キリストの二つの「家系図」─ソロモン（ダビデ王の息子）からゼルバベルそしてヨセフ（イエスの地上の父）までの家系図と、ナタン（ダビデ王の息子）からゼルバベルそしてマリヤ（イエスの母）までの家系図─を結ぶ中心になっている。

ゼカリヤ書

概　　要
I. 第一部－神殿再建中の預言のメッセージ（前520-518）（1:1-8:23）
   A．序論と悔い改めの呼びかけ（1:1-6）
   B．八つの幻（1:7-6:8）
     1．ミルトスの木の間にいる騎手（1:7-17）
     2．四つの角と四人の職人（1:18-21）
     3．エルサレムを測る人（2:1-13）
     4．大祭司ヨシュアのきよめ（3:1-10）
     5．金の燭台と二本のオリーブの木（4:1-14）
     6．飛んでいる巻物（5:1-4）
     7．エパ枡の中の女（5:5-11）
     8．四台の戦車（6:1-8）
   C．大祭司としてのヨシュアの戴冠とその預言的な象徴（6:9-15）
   D．正義とあわれみと未来の約束についての二つのメッセージ（7:1-8:23）
     1．断食と社会的正義（7:1-14）
     2．エルサレムの回復（8:1-23）
II. 第二部－イスラエルとやがて来られるメシヤについての預言のメッセージ（日付なし）（9:1-14:21）
   A．主の最初の宣告（9:1-11:17）
     1．主の勝利の介入（9:1-8）
     2．やがて来られる救い主－王（9:9-10:12）
     3．メシヤの拒否（11:1-17）
   B．主の第二の宣告（12:1-14:21）
     1．イスラエルの救出と嘆きと回心（12:1-13:9）
     2．メシヤである王の帰還と支配（14:1-21）

著　者：ゼカリヤ

主　題：神殿の完成と王の出現

著作の年代：紀元前520－470年

著作の背景
　この書物の著者は冒頭の節によるとイドの孫でベレクヤの子である預言者ゼカリヤである（1:1）。ゼカリヤはネヘミヤ書によると祭司の家のイド族の長なので（ネヘ12:16）、レビ族（家系）出身で、捕囚後にはエルサレムで祭司としても預言者としても仕えていたことが明らかである（ユダの捕囚をとりまく出来事　→ハガ緒論　→「捕囚からの帰還」の地図 p.759）。

　ゼカリヤは同じ時代に主として同じ人々に奉仕した預言者ハガイよりもかなり若かった。エズラ記5章1節によると、ゼカリヤとハガイはゼルバベルが総督でヨシュアが大祭司の時代に、神殿再建を始めるようにユダ全土とエルサレムにいるユダヤ人の心を揺り動かした。つまり1－8章（前520-518）の時代背景はハガイ書と同じである（→ユダヤ人が捕囚から帰還し再びエルサレムに定住して神殿を再建することの背景　→ハガ緒論）。ゼカリヤとハガイの働きの結果、神殿は前516/515年に再建され奉献された。

　ハガイとともに預言していた頃のゼカリヤはまだ若かったけれども（⇒2:4）、9－14章を書いた時（ほとんどの学者は前480-470年とする）には老人だったと思われる。ゼカリヤの預言の働きはみなエルサレムで行われ、捕囚後に回復の第一段階としてユダに帰還した50,000人のユダヤ人に向けられていた。新約聖書によると「バラ

キヤの子ザカリヤ」は最後に神に反抗する心を持つ神殿の役人たちによって、「神殿と祭壇との間で殺された」(通常祭司が人々を代表して神の前でとりなしをする所)(マタ23：35)。その死は同じ名前の昔の預言者の死に似ていた(→Ⅱ歴24：20-21)。

目　　的

　ゼカリヤ書には二つの目的があり、この書物を構成している二つの部分に分けて示されている。
　(1) １－８章の幻とメッセージはユダに帰還したユダヤ人を励まして神殿の再建をさせ、その仕事が完成するまで続けるように励ますために与えられた。
　(2) ９－14章は神殿が完成した後に同じ人々に与えられた。それは神殿が完成したときに、期待に反してメシヤ(約束の解放者、救い主、キリスト)が来られなかったので多くの人が落胆したからである。ゼカリヤのメッセージには、メシヤが来られるとは何を意味するのかが啓示されている(そのメッセージは終りのときにキリストが再び来られるときに起こる出来事についても触れている)。

概　　観

　この書物は二つの大きな部分に分けられる。
　(1) 第一部(１：-８：)は主との交わりが回復されるために(１：1-6)、主に立返り主への献身を新しくするようにユダヤ人に呼びかけるところから始まる。神殿再建を完成するように人々を励ましている間、ゼカリヤは一連の八つの幻を見た(１：7-6：8)。これらの幻に込められたメッセージは、神がご自分の民を顧みられ、その未来を調整しておられることをエルサレムとユダ全土のユダヤ人社会に保証するものだった。初めの五つの幻は希望と慰めと支援について、またあとの三つの幻はさばきについてのものである。四つ目の幻にはメシヤについての重要な預言が含まれている(3：8-9)。６章９－15節の戴冠(高貴な職務につく人に冠をかぶらせる儀式でここでは祭司)の場面は古典的な旧約聖書の預言で、やがて来られる王である祭司(イエス・キリストが完全に成就する二つの最高の役割)を象徴的に示している。７－８章の二つのメッセージは当時の人々に対して、その当時の情況と未来の見通しとの両方を示している。
　(2) 第二部(９：-14：)には二つの黙示的な預言(終りのときの出来事にかかわる)がある。そのどちらも未来の出来事を前もって示すときに使われる「宣告」(9：1，12：1)ということばで始まっている。最初の宣告(9：1-11：17)にはイスラエルの救いの約束が含まれ、未来のメシヤが最初は拒まれて打殺される牧者(人々を導き世話をする)として啓示されている(11：4-17，⇒13：7)。二番目の宣告(12：1-14：21)はイスラエルの回復と霊的な回心に焦点を当てている。それはついにキリストをメシヤとして認めて受入れ、完全に自分自身を神にささげるときである。驚くべき預言の中で神は、イスラエルが「自分たちが突き刺した者」(12：10)との過去の関係を嘆くと予告された。その結果イスラエルはあわれみを求めて神に立返り、「その日、ダビデの家とエルサレムの住民のために、罪と汚れをきよめる一つの泉が開かれる」(13：1)ようになる。神はイスラエルの名誉を回復し初めから計画されていた関係に回復される。そのときイスラエルは「主は私の神」(13：9)と言うようになり、メシヤはエルサレムの王として治められる(14：)。

特　　徴

　ゼカリヤ書には六つの大きな特徴が見られる。
　(1) 旧約聖書の中で最もメシヤ的(やがて来られるメシヤーキリストとその目的についての預言)である。ゼカリヤ書にはわずか14章しかないけれども、イザヤ書(66章)以外の旧約聖書のどの書物よりも、より明らかにメシヤのことに触れている。
　(2) 小預言書(旧約聖書の最後にある12の短い預言書)の中で終りのときの出来事についての最もはっきりした完全な預言が書かれている。
　(3) イスラエルの歴史の中での祭司と預言者の役割が最もよく統一されている(エレミヤやエゼキエルと同じように、ゼカリヤは両方の役割を果していた。メシヤも来臨のときには同じようになさる)。
　(4) 旧約聖書のほかのどの書物よりも幻と非常に象徴的なことばを使っているので、ダニエル書や黙示録のような黙示文学(終りのときの出来事についての預言)に似ている。
　(5) キリストが銀貨30枚で裏切られたこと(マタ27：9-10)について、大胆な、神の皮肉に満ちたことばが記録されている。神は裏切りの出来事を、「彼らによってわたしが値積もりされた尊い価」(11：13)と預言者を通してあざけりながら言われた。

（6）メシヤをエルサレムを治める偉大な勇士である王として描いた14章のゼカリヤの預言は、旧約聖書の中で最も輝かしい感動的なキリストについての描写である。

新約聖書での成就

ゼカリヤの預言が大変重要であることは新約聖書にどのように適用されているかを見るときに理解できる。ゼカリヤが祭司と預言者の二役を果したことは、新約聖書の中でキリストが祭司であり預言者として理解されていることの基礎になっていると思われる。ゼカリヤはまた主イエスがユダヤ人の手によって殺されることを預言した。終りのときに（ユダヤ人がついにキリストを自分たちのメシヤとして認め受入れるとき）、イスラエルは自分たちがキリストに対して行ったことを嘆くことになる。そして悔い改め、神に立返って救われる（12：10-13：9, ロマ11：25-27）。ゼカリヤの新約聖書への最も顕著な貢献はメシヤについての多くの預言をしたことである。新約聖書の記者たちはそれらがイエス・キリストによって成就されたことをはっきりと認識した。それは次のように見ることができる。

（1）謙遜でへりくだった姿で来られる（9：9, 13：7 － マタ21：5, 26：31, 56）。
（2）イスラエルを回復し、ご自分の血を流すことによって新しい契約、「終生協定」を結ばれる（9：11 － マコ14：24）。
（3）散らされてさまよっている神の羊を導き世話をする牧者になられる（10：2 － マタ9：36）。
（4）裏切られて拒まれる（11：12-13 － マタ26：15, 27：9-10）。
（5）突き刺されて打殺される（12：10, 13：7 － マタ26：31, 56, ヨハ19：37）。
（6）最終的な栄光のうちにイスラエルを敵から救うために再び来られる（14：1-6 － マタ24：30-31, 黙19：15）。
（7）完全な平和と正義のうちに王として治められる（9：9-10, 14：9, 16 － ロマ14：17, 黙11：15）。
（8）ご自分の栄光に輝く永遠の王国を全世界に打立てられる（14：6-19 － 黙11：15, 21：24-26, 22：1-5）。

ゼカリヤ書の通読

旧約聖書全体を1年間で通読するためには、ゼカリヤ書を次のスケジュールに従って5日間で読まなければならない。
☐1-3 ☐4-6 ☐7-8 ☐9-11 ☐12-14

メ　モ

主に帰れという呼びかけ

1 ¹ ダリヨスの第二年の第八の月に、イドの子ベレクヤの子、預言者ゼカリヤに、次のような主のことばがあった。
² 主はあなたがたの先祖たちを激しく怒られた。
³ あなたは、彼らに言え。万軍の主はこう仰せられる。わたしに帰れ——万軍の主の御告げ——そうすれば、わたしもあなたがたに帰る、と万軍の主は仰せられる。
⁴ あなたがたの先祖たちのようであってはならない。先の預言者たちが彼らに叫んで、「万軍の主はこう仰せられる。あなたがたの悪の道から立ち返り、あなたがたの悪いわざを悔い改めよ」と言ったのに、彼らはわたしに聞き従わず、わたしに耳を傾けもしなかった。——主の御告げ——
⁵ あなたがたの先祖たちは今、どこにいるのか。預言者たちは永遠に生きているだろうか。
⁶ しかし、わたしのしもべ、預言者たちにわたしが命じた、わたしのことばとおきて

1①ゼカ1:7,7:1、エズ4:24,6:15、ハガ1:1, 2:1, 10
 ②ネヘ12:4, 16
 ③→ゼカ1:4
 ④エズ5:1, 6:14、マタ23:35、ルカ11:50
 ⑤ゼカ4:8, 7:1, 8:1, 18
2①ゼカ1:15、Ⅱ歴36:16、エレ44:6
3①ゼカ1:4, 6, 12, 14, 16, 17, 2:8, 9, 7:12, 8:1, 2, 4:6, 9, 5:4, 6:12, 15, 7:3, 4, 9, 12, 13、→ゼカ8:1、ルカ4:24、エフェ3:12, 25:5, 35:15、マラ3:7、ルカ15:18, 20、マタ4:4
4①ゼカ7:7-13、詩78:8, 106:6, 7, 8、Ⅱ歴24:19, 36:15, 16、エレ5:3, 6:17, 7:3, 7, 12, 8:9、マラ4:5、→イザ3:2, ⑤イザ1:16, 31:6、エレ18:11、エゼ18:30, 33:11、ホセ14:1
 ②エレ3:13, 6:17, 11:7, 8
5①ヨブ14:10-12、伝1:4、哀5:7、②ヨハ8:52
6①エレ12:16, 17, 44:28, 29、アモ9:10、②哀2:17
 ③ゼカ1:1
7①ゼカ6:2、黙6:4
 ②ゼカ1:10, 11、ネヘ8:15、イザ41:19, 55:13
 ③ゼカ6:3、黙6:2
 ④ゼカ1:19, 4:4, 6:4
 ⑤ゼカ2:3, 4:5, 5:5, 6:4
10①ゼカ4:10, 6:5-7
11①ゼカ1:8, 10

とは、あなたがたの先祖たちに追い迫ったではないか。そこで彼らは立ち返って言った。「万軍の主は、私たちの行いとわざに応じて、私たちにしようと考えられたとおりを、私たちにされた」と。

ミルトスの木の間に立っている人

⁷ ダリヨスの第二年のシェバテの月である第十一の月の二十四日に、イドの子ベレクヤの子、預言者ゼカリヤに、次のような主のことばがあった。
⁸ 夜、私が見ると、なんと、ひとりの人が赤い馬に乗っていた。その人は谷底にあるミルトスの木の間に立っていた。彼のうしろに、赤や、栗毛や、白い馬がいた。
⁹ 私が、「主よ。これらは何ですか」と尋ねると、私と話していた御使が、「これらが何か、あなたに示そう」と私に言った。
¹⁰ ミルトスの木の間に立っていた人が答えて言った。「これらは、地を行き巡るために主が遣わされたものだ。」
¹¹ すると、これらは、ミルトスの木の間に

1:1 第八の月に・・・預言者ゼカリヤに ハガイの第二の預言(→ハガ2:1)の約一か月後の前520年11月に神は若いゼカリヤに霊感を与えられた。それは神殿を再建するように人々を励ましているハガイを助けるためだった。1-6章には神殿再建の最初の2年間にこの預言者が見た一連の八つの幻が記録されている。これらの幻は将来神がなさるさらに大きな回復(霊的な回復)計画の一部として神殿再建を受止めるようにと人々に訴えるものだった。これらの預言にはキリストの第一降臨と第二降臨(誕生によるものと、終りのときに悪の力を打砕くために再び来られること)が両方とも含まれていた。

1:3 わたしに帰れ・・・そうすれば、わたしもあなたがたに帰る ゼカリヤによる神のメッセージは神に帰れという人々への呼びかけで始まる。つまり反抗の生活をやめて神の規準に沿う生活をして神の目的に従うようにという呼びかけである。神は人々が従うことを待っておられた。そして従うなら祝福し守ると約束された。

1:4 あなたがたの先祖たちのようであってはならない 神は昔の預言者を通して先祖たちにも同じ訴え(→1:3注)をしておられたのに、聞き従わなかったことを示しておられる。(1)先祖たちは邪悪な道を捨てなかった。そして神に正しい応答をする機会を逃し

た。その結果、罪の結果に苦しむことになり、申命記28章にある警告とのろいが現実のものになった。(2)私たちも世間では一般的でも、罪深い快楽にかわり神との関係を損なうなら、神の目的を見逃し、神が計画しておられる最高の祝福を失うことになる。

1:8-11 私が見ると 幻は夢とは異なる。夢を見るときには眠っているけれども、幻を見るときは目覚めている。したがってゼカリヤがこれらの幻を見たときは完全に目覚めていたと思われる。前519年2月に神はゼカリヤに一つの幻を与えられた。それは一人の赤い馬に乗った人がミルトスの木の間にいて、その後ろに様々な馬がいる情況だった。ある人々はこれを「主の使い」(⇒1:11-12、→1:12注、→「御使いたちと主の使い」の項 p.405)としてのキリストだと信じている。別の御使いが幻を解釈して、これらの馬が地を行き巡ったところ、全地は安らかで穏やかだったと説明した(1:11)。けれどもユダにいる神の民はまだ迫害を受け不安な状態にいた。主はご自分の民のために安全を回復しエルサレムとユダの町々を繁栄させて世界の情況を変えようとしておられるのである(1:17)。

1:9 私と話していた御使い 解釈をする御使いはゼカリヤに説明をし続けた(1:3-14, 19, 2:3, 4:1, 4-5, 5:5, 10, 6:4-5)。これは「主の使い」とは別の御使い

ゼカリヤ書　1-2章

立っている主の使いに答えて言った。「私たちは地を行き巡りましたが、まさに、全地は安らかで、穏やかでした。」
12 主の使いは答えて言った。「万軍の主よ。いつまで、あなたはエルサレムとユダの町々に、あわれみを施されないのですか。あなたがのろって、七十年になります。」
13 すると主は、私と話していた御使いに、良いことば、慰めのことばで答えられた。
14 私と話していた御使いは私に言った。「叫んで言え。万軍の主はこう仰せられる。『わたしは、エルサレムとシオンを、ねたむほど激しく愛した。
15 しかし、安逸をむさぼっている諸国の民に対しては大いに怒る。わたしが少ししか怒らないでいると、彼らはほしいままに悪事を行った。』
16 それゆえ、主はこう仰せられる。『わたしは、あわれみをもってエルサレムに帰る。そこにわたしの宮が建て直される。──万軍の主の御告げ──測りなわはエルサレムの上に張られる。』
17 もう一度叫んで言え。万軍の主はこう仰せられる。『わたしの町々には、再び良い

11 ②→イザ37:36
③ゼカ1:15, イザ14:7
12 ①詩74:10, エレ12:4, ハバ1:2, 黙6:10
②詩102:13, 123:2, 3, エレ30:18
③ゼカ7:5,
エレ25:11, 29:10, ダニ9:2
13 ①ゼカ1:9
②イザ40:1, 2, 57:18
14 ①ゼカ1:17,
イザ40:2, 6
②ゼカ8:2, ヨエ2:18
15 ①詩123:4, エレ48:11
③アモ1:11
16 ①ゼカ2:10, 11, 8:3,
イザ54:6-10
②ゼカ4:9,
エズ6:14, 15
③ゼカ2:1, 2,
エレ31:39
17 ①イザ44:26

②イザ51:3
③ゼカ2:12, 3:2
④イザ14:1
18 ①ゼカ1, 5:1, 9, 6:1
②ダニ7:8
19 ①ゼカ1:9
②詩75:4, 5, 10
21 ①ゼカ1:19, 哀2:17
③詩75:10

1 ①ゼカ1:9
②ゼカ1:16,
エレ31:38, 39,
エゼ40:3, 47:3,
黙11:1, 21:15, 16

ものが散り乱れる。主は、再びシオンを慰め、エルサレムを再び選ぶ。』」

4本の角と4人の職人
18 私が目を上げて見ると、なんと、四つの角があった。
19 私が、私と話していた御使いに、『これらは何ですか』と尋ねると、彼は私に言った。「これらは、ユダとイスラエルとエルサレムを散らした角だ。」
20 そのとき、主は四人の職人を私に見せてくださった。
21 私が、「この者たちは、何をしに来たのですか」と尋ねると、主はこう仰せられた。「これらはユダを散らして、だれにも頭をもたげさせなかった角だ。この者たちは、これらの角を恐れさせ、また、ユダの地を散らそうと角をもたげる国々の角を打ち滅ぼすためにやって来たのだ。」

測り綱を持つ人
2 1 私が目を上げて見ると、なんと、ひとりの人がいて、その手に一本の測り綱があった。

である(→1:8-11注)。
1:12【主】の使いは答えて言った　赤い馬の人は「主の使い」とされている(旧約聖書の中でこの表現が使われるときは大抵、肉体を持って世界に来られる前に見えるかたちで現れたキリストを指している →「御使いたちと主の使い」の項 p.405)。この「主の使い」は前586年に破壊されたエルサレムと神殿に対する神の70年間のさばきをイスラエルとエルサレムのために終らせるようにとりなし(ほかの人々のために訴えること)をしていた。神殿再建はちょうど70年後の前516年に完成した。キリストは今も私たちを弁護しておられるから(Ⅰヨハ2:1)、この「主の使い」はキリストであると思われる(⇒出23:20-21, イザ63:9)。

1:14　エルサレム・・・を、ねたむほど激しく愛した　神がイスラエルの国とエルサレムを祝福しそれらを通して働かれるのは、深く愛しておられるからだった。けれどもこの愛が向けられているのはイスラエルだけではない。神は絶えずあらゆる人々に触れようと願っておられる。神はアブラムを通して、つまりアブラハムとその子孫を通して地上のあらゆる人々を祝福しようと計画された(→創12:3注)。霊的救いの計画

を完成し、あらゆる国の人々が罪の赦しを受けて神との個人的な関係を持つことのできる道を備えるために、主はイスラエルの国(アブラハムを通して生れた)を用いようとしておられる。

1:15　諸国の民・・・はほしいままに悪事を行った　神は邪悪な国々を用いてエルサレムにさばきを下された(イザ10:5-6, ハバ1:6)。けれどもその国々は富と権力にどん欲だったので度を越してしまった。そこで神はこれらの邪悪な国々を、自己中心な高慢さと神を無視したためにさばかれる。

1:18-19　ユダとイスラエルとエルサレムとを散らした角　動物の角はアッシリヤ、エジプト、バビロニヤ、メド・ペルシヤを表している。

1:20-21　四人の職人　職人たちは、角に神のさばきを下して世界の権力の座から順次引きおろした四つの帝国を表していると思われる(1:18, →1:18-19注)。そうであれば、最後の職人は最後の国としてペルシヤのあとを継いだギリシヤを表している。この幻の中心は神の民の敵はみな敗北し、やがて神のさばきを受けるということである(⇒詩2:5, 9)。

2:1　ひとりの人がいて、その手に一本の測り綱が

ゼカリヤ書　2章

2 私がその人に、「あなたはどこへ行かれるのですか」と尋ねると、彼は答えた。「エルサレムを測りに行く。その幅と長さがどれほどあるかを見るために。」
3 私と話していた御使いが出て行くと、すぐ、もうひとりの御使いが、彼に会うために出て行った。
4 そして彼に言った。「走って行って、あの若者にこう告げなさい。『エルサレムは、その中の多くの人と家畜のため、城壁のない町とされよう。
5 しかし、わたしが、それを取り巻く火の城壁となる。──主の御告げ──わたしがその中の栄光となる。』

6 さあ、さあ。北の国から逃げよ。──主の御告げ──天の四方の風のように、わたしがあなたがたを散らしたからだ。──主の御告げ──

7 さあ、シオンにのがれよ。バビロンの娘とともに住む者よ。
8 主の栄光が、あなたがたを略奪した国々に私を遣わして後、万軍の主はこう仰せられる。『あなたがたに触れる者は、わたしのひとみに触れる者だ。
9 見よ。わたしは、こぶしを彼らに振り上げる。彼らは自分に仕えた者たちのとりことなる』と。このとき、あなたがたは、万軍の主が私を遣わされたことを知ろう。
10 シオンの娘よ。喜び歌え。楽しめ。見よ。わたしは来て、あなたのただ中に住む。──主の御告げ──
11 その日、多くの国々が主につき、彼らはわたしの民となり、わたしはあなたのただ中に住む。あなたは、万軍の主が私をあなたに遣わされたことを知ろう。
12 主は、聖なる地で、ユダに割り当て地を分け与え、エルサレムを再び選ばれる。」

2 ①エレ31:39、エゼ40:3、黙21:15-17
③①ゼカ1:9
4①イザ1:17、8:4、5
②イザ49:19、20、54:2、3、エレ31:20、27
③エレ31:27、エゼ36:11
④エゼ38:11
5①イザ4:5、26:1、60:18
②ハガ2:9、黙21:23
6①イザ48:20、52:11、エゼ11:16、18、50:8、51:6、45
②申28:64、エレ31:10、エゼ11:16
7①黙18:4
②イザ48:20、エレ51:6
8①イザ60:7-9
②→ゼカ1:3
③申32:10、詩17:8
9①イザ19:16、②イザ14:2
②イザ49:4、9、6:15
10①ゼカ9:9、イザ12:6、ゼパ3:14
②イザ65:18、19
③ゼカ2:5、11、8:3、Ⅱコリ6:16、黙21:3
11①イザ8:22、23、イザ2:2、3、45:22、49:22、60:3、ミカ4:2、②ゼカ8:8
②ゼカ2:9、イザ48:17、エゼ33:33
12①ゼカ1:17、申32:9、エレ16:2、②Ⅱ歴6:6、詩33:12、132:13

あった　バビロニヤ捕囚の末期にエルサレムは物質的にも霊的にもひどく破壊されたままだった（捕囚の背景 →ハガ緒論 →「**ユダ（南王国）の捕囚**」の地図 p.633、「**捕囚からの帰還**」の地図 p.759）。回復の第一陣として故郷に帰還したのは比較的少数（約50,000人）だった。神はエルサレムをあきらめてはおられず、ここを地上で最も輝かしい場所にすると言ってこの人々を励まされた。この第三の幻は未来の千年王国（歴史の終りにキリストが1,000年間にわたって完全な平和をもって世界を治められるとき →黙20:）を見据えている。そのときには町には城壁がなくなり、多くの人であふれる（→2:5注）。

2:5　わたしが・・・城壁・・・栄光となる　千年王国（→2:1注）では主ご自身が火の壁、防御の壁になられるので、町を取囲む城壁は必要ではなくなる（⇒イザ4:5）。さらに重要なことは、神がご自分の民の間に住まわれ、神の聖い臨在が町全体を満たすことである（⇒エゼ43:1-7）。今日の教会は礼拝や奉仕の働きや神の民の個人の生活の中で、何よりもまず神の臨在と栄光がはっきりと現され活動するように、神とのより深い親しい関係を求めなければならない（→「**神の栄光**」の項 p.1366）。

2:6　北の国から逃げよ　ここのゼカリヤの指示はいくつかの段階に分けて解釈できる。（1）神殿再建はさらに多くの捕囚のユダヤ人がバビロニヤから帰って来る合図だった（2:7、実際にバビロニヤは敗北しメド・ペルシヤが帝国を支配してユダヤ人が故郷へ帰るのを許可した）。（2）旧約聖書の預言者は、終りのとき（歴史の終りのとき）のユダヤ人の帰還を見ていた。これはキリストが千年王国を打立てるために地上に再び来られるときに最高潮を迎える（2:7-9）。そしてキリストは終りのときにご自分の民の間で1,000年間支配される（→黙20:）。（3）これはまた今日の私たちの生活に適用され、今の世界で一般的に見られる偶像礼拝（人間が作ったにせの神々やまことの神に代るものを拝むこと）、不品行、邪悪な行い、オカルト、そのほかのあらゆる悪を避けるように訴えている。

2:8　わたしのひとみに触れる　エルサレムや神の町を指すために聖書全体を通じてシオンという名前がしばしば使われる。それは神が「住まわれる場所」や地上での礼拝の中心地（詩9:11、74:2、ヨエ3:21）という広い意味だった。時には、終りのときにキリストが地上を治める新しく回復されたエルサレムのことを指す（イザ52:8、62:1-12）。また神の永遠の天の都を指している。けれどもここでは、シオン（2:7）はバビロニヤの捕囚を体験して集まってきた神の民、特に神に忠実で地上で神の目的を行い続けてきた人々を指している。その人々は神の目の中にある瞳（ひとみ、目の中心部分）であり、神の愛情の源である（→詩17:8注）。今日神に忠実に従う人々も、旧約聖書時代の神の民と同じように愛されていて大切な存在である。神は私たちを守り配慮し関心を持っておられる。

2:10-12　その日・・・【主】につき　「その日」は終りのときにイエス・キリストが世界を治める日のことで

ゼカリヤ書　2-3章

¹³すべての肉なる者よ。主の前で静まれ。主が立ち上がって、その聖なる住まいから来られるからだ。

大祭司のためのきよい服

3 ¹主は私に、主の使いの前に立っている大祭司ヨシュアと、彼を訴えようとしてその右手に立っているサタンとを見せられた。²主はサタンに仰せられた。「サタンよ。主がおまえをとがめている。エルサレムを選んだ主が、おまえをとがめている。これは、火から取り出した燃えさしではないか。」³ヨシュアは、よごれた服を着て、御使いの前に立っていた。⁴御使いは、自分の前に立っている者たちに答えてこう言った。「彼のよごれた服を脱がせよ。」そして彼はヨシュアに言った。「見よ。わたしは、あなたの不義を除いた。あなたに礼服を着せよう。」⁵私は言った。「彼の頭に、きよいターバンをかぶらせなければなりません。」すると彼らは、彼の頭にきよいターバンをかぶらせ、彼に服を着せた。そのとき、主の使いはそばに立っていた。
⁶主の使いはヨシュアをさとして言った。⁷「万軍の主はこう仰せられる。もし、あなたがわたしの道に歩み、わたしの戒めを守るなら、あなたはまた、わたしの宮を治め、わたしの庭を守るようになる。わたし

13①ハバ2:20, ゼパ1:7
　②詩78:65, イザ51:9
　③申26:15, 詩68:5, イザ57:15, 63:15

1①→イザ37:16
　②→ハガ1:1
　③Ⅰ歴21:1, ヨブ1:6, 詩109:6, 黙12:10
2①ユダ9, ②ゼカ1:17
　②アモ4:11, ユダ23
3①エズ9:15, イザ4:4, 64:6
　＊あるいは「汚れた」

4①イザ43:25, 52:1, エゼ36:25
　②ゼカ3:9, イザ6:7, エゼ16:3, 17:18, 19
　③イザ52:1, 61:10
5①ゼカ6:11, 出29:6, ヨブ29:14, イザ3:23
　②イザ61:10, 黙19:8
6①→イザ37:16
7①→ゼカ1:3, ②Ⅰ列2:3, 3:14, ③申17:9, 12
　④イザ62:9

ある。そのとき神に忠実なイスラエル人であるシオン（→2:8注）は異邦人（イスラエル人やユダヤ人以外のあらゆる国の人々）とともに神の民となる（これは創世記12:3のアブラハムへの神の約束が完全に成就することである）。その人々の間には神の臨在があり、その恩恵にあずかるようになる。「聖なる地」（2:12）と言われているのは聖書の中でここだけである。この地が聖いのは、神の地上の御座であり、全地の偉大な王がご自分の民の間で治められる場所だからである（神の臨在を示す神殿は既にそこに建てられていた。そして今また再建されつつある。いつの日かキリストは再び来られ、エルサレムを首都として地上を治められる）。

3:1　彼を訴えようとしてその右手に立っているサタン　ヨシュア（エズ2:2, ネヘ7:7）はイスラエルを代表して神の前に立っていた（→1:12注）。「告発者」であるサタン（→マタ4:10注）は反対をするためにそこにいた。つまり神殿再建計画への反対運動はみな、実際にはサタンから出たものだった。サタンは今日でも私たちの敵であり、いつも私たちにつけこもうとしている「私たちの兄弟たちの告発者」（黙12:10）である。キリスト者は反対に直面するとき、本当の敵はサタンとその悪の勢力であることを心にとどめておくとよい。私たちの戦いはサタンとの戦いで、ほかの人々との戦いではない。

3:2　サタンよ。【主】がおまえをとがめている　イスラエルの代表としてのヨシュアは自分の力でサタンを退けることができなかった。それは大祭司が「よごれた服」（イスラエルの罪を表す）を着ていたからである。(1) 神ご自身がサタンと戦いその訴えは信用できないとされた（誤りであると証明された）。神がイスラエ

ルを選ばれたのは目的を実現するためだった。神のご計画を止めることは何ものにもできない。(2) イスラエルは「火から取り出した燃えさし」だった。火はバビロニヤ捕囚（70年以上前にバビロニヤ人がエルサレムを征服し破壊して、人々を帝国全体に連去ったこと　捕囚と帰還の段階　→エズ緒論）の間のイスラエルのさばきと苦しみを表している。神はこの苦しみを通るようにイスラエルを導かれたけれども、それは滅すためではなく訓練するためだった。神は困難と屈辱的なこの体験を通してご自分の民に神に従い神に頼ることを教え、さらにすぐれたことのために備えられた。

3:4　あなたに礼服を着せよう　神はヨシュアの「よごれた服」を脱がせられたけれども、それはヨシュア（とイスラエル）の罪が取除かれることを象徴していた。ヨシュアはそれからきれいで高価な服を着せられ、頭にはきよいターバンがかぶせられた。これは完全に大祭司としての役目を回復されて、神と神の民との間に調和と和解を回復するために仲介し、とりなしができるようになったことを意味した。また神がご自分の民を罪からきよめて神の義を「着せられる」過程を表している。私たちにもイエス・キリストとの個人的関係を通して同じ霊的きよめが与えられる（エペ1:7, ロマ1:16-17, 3:22, 25-26）。

3:7　もし、あなたがわたしの道に歩み　主に従い、主の求めに従うように、神は個人的なメッセージを通して強くヨシュアを励まされた。もしそうするならヨシュアは神殿の権威ある立場で仕え、御使いたちが仕えている天の神の御座のあるところへ自由に出入りすることができる。私たちもへりくだって神に従い神の目的に仕えるなら、祈りを通して神の御座の前に自由に出入りすることができる。

は、あなたをこれらの立っている者たちの間で、宮に出入りする者とする。
⁸聞け。大祭司ヨシュアよ。あなたとあなたの前にすわっているあなたの同僚たちは、①しるしとなる人々だ。見よ。わたしは、わたしのしもべ、②一つの若枝を来させる。
⁹見よ。わたしがヨシュアの前に置いた石。その①一つの石の上に七つの②目があり、見よ、わたしはそれに彫り物を刻む。——万軍の主の御告げ——わたしはまた、その国の不義を③一日のうちに④取り除く。
¹⁰その日には、——万軍の主の御告げ——あなたがたは互いに自分の①友を、ぶどうの木の下といちじくの木の下に②招き合うであろう。」

金の燭台と2本のオリーブの木

4 ¹私と話していた御使いが戻って来て、私を呼びさましたので、私は眠り

⁸①イザ8:18, 20:3,
　エゼ12:11, 24:24
②イザ42:1,52:13,53:11,
　エゼ34:23, 24
②ゼカ6:12,
　イザ4:2, 11:1, 53:2,
　エレ23:5, 33:15
⁹①詩118:22, イザ28:16
②ゼカ4:10, Ⅱ歴16:9,
　黙5:6, ③ゼカ3:4, 13:1,
　エレ31:34, 50:20,
　ヘブ7:18, 19
¹⁰①Ⅰ列4:25,
　イザ36:16, ミカ4:4,
　→ヨエ1:7
②→ホセ2:12

1①ゼカ1:9, ②Ⅰ列19:5-7

2①ゼカ5:2, エレ1:13
②出25:31-39,
　エレ52:19, 黙1:12
③黙4:5, ④出25:37
3①ゼカ4:11, 12, 黙11:4
②→エレ11:16
4①ゼカ1:9
5①ゼカ1, 9, 4:1
②ゼカ4:13
6①エズ5:2, ハガ2:4, 5
②イザ11:2-4, ホセ1:7
③Ⅱ歴32:7, 8,
　イザ30:1, 48:16,
　ハガ2:5, エペ6:17

からさまされた人のようであった。
²彼は私に言った。「あなたは①何を見ているのか。」そこで私は答えた。「私が見ますと、全体が金でできている一つの②燭台があります。その上部には、鉢があり、その鉢の上には七つの④ともしび皿があり、この上部にあるともしび皿には、それぞれ七つの管がついています。
³また、そのそばには①二本のオリーブの木があり、②一本はこの鉢の右に、他の一本はその左にあります。」
⁴さらに私は、私と話していた御使いにこう言った。「①主よ。これらは何ですか。」
⁵私と話していた御使いが答えて言った。「あなたは、これらが何か知らないのか。」私は言った。「主よ。①知りません。」
⁶すると彼は、私に答えてこう言った。「これは、ゼルバベルへの①主のことばだ。『②権力によらず、能力によらず、わたしの③霊

3:8　わたしのしもべ、一つの若枝　ヨシュアと祭司たちは、神のしもべである一つの若枝(→イザ4:2注、11:1注、エレ23:5-6注)の働きを示す預言の「型」(ほかの事や人々を象徴するもの)だった。そばに立ってヨシュアのきよめと回復を監督していた(3:5)「主の使い」(キリスト →1:12注)は、ここで若枝であるとされた。この名前はキリストがダビデ王の家系または「根」から出ることを象徴的に指している。神はダビデの家系を通してイスラエルを守り、やがてイスラエルの究極の王であるメシヤを送ると約束された。若枝は私たちの罪を担い、神との関係を回復する(⇒イザ53:1-6)。そして全世界の罪の汚れた服を着て私たちの代わりに死に、神に対する人間の反抗の究極の罰を払うことによってサタンの力を打砕かれる。

3:9　その一つの石の上に七つの目があり　この石はメシヤ、キリストのもう一つの象徴である(⇒イザ28:16、Ⅰペテ2:6)。七つの目は完全な洞察力と全知(「すべてを知っている」という特性)と神の理解力を表す(⇒黙5:6)。キリストは罪を一日で取除かれる。それは私たちの罪の罰を完全に支払うために十字架の上で死なれた日のことである。

4:2　全体が金でできている一つの燭台　これはオリーブ油の燭台である。七つのともし火皿と油を入れた鉢があった。油は鉢につながる「七つの管」を流れてともし火皿を満たし、ともし火を燃やし続けていた。七つのともし火皿それぞれに七つの管かまたは芯がついたへりがあると解釈することもできる(合計49のと

もし火になる)。いずれにしても鉢の油は終ることがない無限の聖霊による力を象徴している(「七」という数は完全性、完結性を表す)。多くのともし火は聖霊の力が神の民の中に豊かに流れて、神の光を世界に広めることを象徴している。

4:3　二本のオリーブの木　「二本のオリーブの木」は総督ゼルバベルと大祭司ヨシュアの王と祭司の働きを表している(→ハガ1:1注)。それは「全地の主のそばに立つ、ふたりの油そそがれた者」だった(4:14、「油そそがれた」とは奉仕のために任命され力を与えられることで、しばしば油を注ぐという象徴的な行為が儀式の中で行われた)。ゼルバベルとヨシュアはイエス・キリスト(最後の完全な祭司である王)と同じようにダビデ王の子孫だった。(1)二本の木は絶えず流れ出る油の源で、神の民に与えられる聖霊の力を表している。二人の指導者は聖霊の力が伴う生活へと人々を導く(4:12)。(2)さらに二本の木はイエス・キリストの王また祭司としての働きを表す。主イエスは最高位の支配者であり神と人々との間の仲介者としての役割を果される。またご自分に従う人々に聖霊によってバプテスマを授け、その力を満たし続けられる。

4:6　権力によらず、能力によらず、わたしの霊によって　このメッセージはゼルバベルに与えられたけれども、神の民全員に適用できる(⇒Ⅱテモ3:16)。武力や政治力や人間の力によっては神の働きを成し遂げることはできない。聖霊によって力づけられたときに初めて私たちは神の目的を成し遂げることができる

ゼカリヤ書 4–5章

7 大いなる山よ。おまえは何者だ。ゼルバベルの前で平地となれ。彼は、『恵みあれ。これに恵みあれ』と叫びながら、かしら石を運び出そう。」
8 ついで私に次のような主のことばがあった。
9 「ゼルバベルの手が、この宮の礎を据えた。彼の手が、それを完成する。このとき、あなたは、万軍の主が私をあなたがたに遣わされたことを知ろう。
10 だれが、その日を小さな事としてさげすんだのか。これらは、ゼルバベルの手にある下げ振りを見て喜ぼう。これらの七つは、全地を行き巡る主の目である。」
11 私はまた、彼に尋ねて言った。「燭台の右左にある、この二本のオリーブの木は何ですか。」
12 私は再び尋ねて言った。「二本の金の管によって油をそそぎ出すこのオリーブの二本の枝は何ですか。」
13 すると彼は、私にこう言った。「あなたは、これらが何か知らないのか。」私は言った。「主よ。知りません。」
14 彼は言った。「これらは、全地の主のそばに立つ、ふたりの油そそがれた者だ。」

6 ①→ゼカ1:3
7 ①ゼカ14:4, 5, 詩114:4, 6, イザ40:3, 4, エレ51:25, ナホ1:5, 6 ②エズ3:10, 11 ③詩118:22, ゼカ4:9
8 ①ゼカ1:1
9 ①エズ3:8-10, 5:2, 16, ハガ2:18, ②ゼカ6:12, 13, エゼ6:14, 15, ③ゼカ2:9
10 ①ハガ2:3, ②ゼカ3:9 ③ゼカ1:10, 6:5, Ⅱ歴16:9, ④箴15:3, 黙5:6
11 ①ゼカ4:3, 黙11:4
12 ＊直訳「金」
13 ①ゼカ4:5
14 ①ゼカ6:5, ヨシ3:11, 13, ミカ4:13 ②ゼカ3:1-7, ルカ1:19 ③ゼカ6:13 ④出29:7, 40:15, Ⅰサム16:1, 12, 13 ＊直訳「油の子たち」

1 ①ゼカ1:18, ②エレ36:2, エゼ2:9, 10, 黙10:9, 10 ②ゼカ4:2
3 ①イザ24:6, 43:28, エレ23:10, 26:6, マラ4:6 ②出20:15, レビ19:11, ホセ4:2, マタ3:8, 9 ③ゼカ5:4, 8:17, レビ19:12, イザ48:1, エレ5:2, マラ3:5
4 ①ハバ2:9-11, マラ3:5 ②→ゼカ1:3 ③ホセ4:2, 3 ④レビ14:34-45, ヨブ18:15, 箴3:33
5 ①ゼカ1:9, ②ゼカ1:18
6 ①ゼカ1:9
② ①エレ19:36, アモ8:5, ミカ6:10
＊七十人訳、シリヤ語訳による
① 「目」

飛んでいる巻物

5 1 私が再び目を上げて見ると、なんと、巻き物が飛んでいた。
2 彼は私に言った。「何を見ているのか。」私は答えた。「飛んでいる巻き物を見ています。その長さは二十キュビト、その幅は十キュビトです。」
3 すると彼は、私に言った。「これは、全地の面に出て行くのろいだ。盗む者はだれでも、これに照らし合わせて取り除かれ、また、偽って誓う者はだれでも、これに照らし合わせて取り除かれる。」
4 「わたしが、それを出て行かせる。──万軍の主の御告げ──それは、盗人の家に入り、また、わたしの名を使って偽りの誓いを立てる者の家に入り、その家の真ん中にとどまり、その家を梁と石とともに絶ち滅ぼす。」

エパ枡の中の女

5 私と話していた御使いが出て来て、私に言った。「目を上げて、この出て行く物が何かを見よ。」
6 私が、「それは何ですか」と尋ねると、彼は言った。「これは、出て行くエパ枡だ。」そして言った。「これは、全地にある彼らの罪だ。」
7 見よ。鉛のふたが持ち上げられ、エパ枡

(⇒士6:34, イザ31:3)。主イエスは地上での働きを聖霊の力によって始められた(ルカ4:1, 18)。また五旬節の日に、主イエスが従う人々に聖霊を注いで満たされたときに教会は力を与えられて働きを始めた(使1:8, 2:4, →「**聖霊のバプテスマ**」の項 p.1950)。聖霊が生涯を導き力を与えられるときに私たちは初めて神のご計画を成し遂げることができる。主イエスがご自分に従う人々に聖霊によってバプテスマを与え続けられるのはこのためである(→ルカ3:16注)。

4:7　大いなる山よ　山のように大きく見える困難や障害も私たちを通して働く神の御霊の力によって克服できる。したがって聖霊の力が臨在しないときや働いていないときに神の働きに対する反対や霊的な問題が起こると、私たちはそれによって圧倒されてしまう(→「**御霊の賜物**」の項 p.2138)。

4:10　だれが、その日を小さな事としてさげすんだのか　ある人々は神殿の働きは重要ではないと考えた。けれども神の祝福と聖霊の力によって行われることで、重要でないものは何もない。むしろそれには永遠の価値や意味がある。また能力や財源が不足しているから神の目的は達成されないなどと考えてはならない。創造のときからあらゆる時代を通して神は絶えず小さなことから始めて偉大なことをしてこられた。

5:1-4　巻き物が飛んでいた　「飛んでいた」巻物は、巻かれていないで旗のようにはためいていて内容がだれにでも見えるようになっていた。それはイスラエルの地にいる罪びと(神に反抗し続ける人々)に対する神ののろいやさばきを表していた。神はあわれみ深く忍耐強いけれども(→Ⅱペテ3:9)、悪人を滅ぼすさばきのときが近付いていた。恵み(受けるにふさわしくない神の好意と親切とあわれみ)のときはいつまでも続かない。大患難の時代には神の最も厳しいさばきが下される(→「**大患難**」の項 p.1690)。

5:5-11　エパ枡　「エパ枡」は人々の不品行と神への罪を表している。(1) この女はあらゆる罪悪を表す(⇒黙17:3-6, 女性が使われているのは「罪悪」(5:8)

の中にひとりの女がすわっていた。
8 彼は、「これは罪悪だ」と言って、その女をエパ枡の中に閉じ込め、その口の上に鉛の重しをかぶせた。
9 それから、私が目を上げて見ると、なんと、ふたりの女が出て来た。その翼は風をはらんでいた。彼女たちには、こうのとりのような翼があり、彼女たちは、あのエパ枡を地と天との間に持ち上げた。
10 そこで私は、私と話していた御使いに尋ねた。「あの者たちは、エパ枡をどこへ持って行くのですか。」
11 彼は私に言った。「シヌアルの地で、あの女のために神殿を建てる。それが整うと、そこの台の上に安置するためだ。」

4台の戦車

6 1 私が再び目を上げて見ると、なんと、四台の戦車が二つの山の間から出て来ていた。山は青銅の山であった。
2 第一の戦車は赤い馬が、第二の戦車は黒い馬が、
3 第三の戦車は白い馬が、第四の戦車はまだら毛の強い馬が引いていた。
4 私は、私と話していた御使いに尋ねて言った。「主よ。これらは何ですか。」
5 御使いは答えて言った。「これらは、全地の主の前に立って後、天の四方に出て行くものだ。
6 そのうち、黒い馬は北の地へ出て行き、白い馬はそのあとに出て行き、まだら毛の馬は南の地へ出て行く。
7 この強い馬が出て行き、地を駆け巡ろうとしているのだ。」そこで彼が、「行って、地を駆け巡れ」と言うと、それらは地を駆け巡った。
8 そのとき、彼は私にこう告げた。「見よ。北の地へ出て行ったものを。それらは北の地で、*わたしの怒りを静める。」

ヨシュアのための冠

9 ついで私に次のような主のことばがあった。
10 「捕囚の民であったヘルダイ、トビヤ、エダヤからささげ物を受け取り、その日、あなたはバビロンから帰って来たゼパニヤの子ヨシヤの家へ行け。
11 あなたは金と銀を取って、冠を作り、それをエホツァダクの子、大祭司ヨシュアの頭にかぶらせ、
12 彼にこう言え。『万軍の主はこう仰せられる。見よ。ひとりの人がいる。その名は若枝。彼のいる所から芽を出し、主の神殿を建て直す。

というヘブル語が女性名詞だからと思われる。「罪悪」は道徳的、宗教的、社会的な悪を意味する一般的なことばである)。この女は重い鉛のふたによってエパ枡に閉込められてバビロニヤに連れて行かれた。バビロニヤはサタンに支配された神のない世界を表す(→黙17:1注)。これは悪を扱うのにふさわしい場所である(神が何世紀にもわたる反抗に対する罰としてご自分の民を捕虜にし囚人に送られた場所である →緒論)。神の民の間に残っていた邪悪な人々は罰せられるだけではなく、その地から除かれなければならなかった。そのとき初めてそこは本当の「聖なる地」(2:12)になる。(2) 罪と悪は教会や個人の生活からも除かなければならない。そうしなければ神は私たちから神の御霊を取除かれる(→黙2:-3:)。終りのときには神が全地から罪を取除かれ、イエス・キリストが栄光のうちにご自分の民とともに永遠に治められる(黙19:-22:)。

6:1-5 天の四方に出て行くもの ゼカリヤは第八の幻の中で二つの青銅の山の間に4台の戦車を見た。この幻は細かい部分では少し異なるけれども最初の幻(→1:8-11注)と関連している。けれどもここでは主が歴史の出来事を支配する方で、最終的にはご自分の民を虐待する国々を征服する方として描かれている。(1) 戦車を引いていた馬の色は赤(戦争を表す)、黒(ききんと死を表す)、まだら(疫病とききんを表す ⇒黙6:2-8)だった。ほとんどの聖書の解釈者は白い馬に引かれる戦車はさばきを行う神の使者の勝利を表すと信じている。(2)「天の四方に出て行くもの」は実際には天使である(⇒詩104:4, 黙7:1-3)。(3) 戦車と青銅の山は両方とも神の敵に対するさばきを示している。乗り手と戦車は北と南(バビロニヤとエジプト)に向かうけれども、これは神が滅ぼされる終りのときの北と南の権力を表している。

6:8 わたしの怒りを静める これらの天使は神のさばきを下すことによって神の完全な義を満たし怒りを静めた。神はご自分が定められた時に目的が実現するように取計らわれた。

¹³彼は主の神殿を建て、彼は尊厳を帯び、その王座に着いて支配する。その王座のかたわらに、ひとりの祭司がいて、このふたりの間には平和の一致がある。』
¹⁴その冠は、ヘルダイ、トビヤ、エダヤ、ゼパニヤの子ヨシヤの記念として、主の神殿のうちに残ろう。
¹⁵また、遠く離れていた者たちも来て、主の神殿を建て直そう。このとき、あなたがたは、万軍の主が私をあなたがたに遣わされたことを知ろう。もし、あなたがたが、あなたがたの神、主の御声に、ほんとうに聞き従うなら、そのようになる。」

断食ではなく正しいさばきと誠実

7 ¹ダリヨス王の第四年の第九の月、すなわち、キスレウの月の四日に、ゼカリヤに主のことばがあった。
²そのとき、ベテルは、サル・エツェルとレゲム・メレクおよびその従者たちを、主に願うために遣わし、
³万軍の主の宮に仕える祭司たちと、預言者たちに尋ねさせた。「私が長年やってきたように、第五の月にも、断食をして泣かなければならないでしょうか。」
⁴すると、私に次のような万軍の主のことばがあった。
⁵「この国のすべての民と祭司たちに向かってこう言え。この七十年間、あなたがたが、第五の月と第七の月に断食して嘆いたとき、このわたしのために断食したのか。
⁶あなたがたが食べたり飲んだりするとき、食べるのも飲むのも、自分たちのためではなかったか。
⁷エルサレムとその回りの町々に人が住み、平和であったとき、また、ネゲブや低地に人が住んでいたとき、主が先の預言者たちを通して告げられたのは、次のことではなかったか。」
⁸ついで、ゼカリヤに次のような主のことばがあった。
⁹万軍の主はこう仰せられる。「正しいさばきを行い、互いに誠実を尽くし、あわれみ合え。
¹⁰やもめ、みなしご、在留異国人、貧しい者をしいたげるな。互いに心の中で悪をた

6:13 その王座のかたわらに、ひとりの祭司がいて 前の二つの幻（第四と第五の幻）にはヨシュアとゼルバベルの祭司と総督としての役割が含まれていた。6:9-15でゼカリヤは、これらの幻のメッセージを究極的で最高の王であり祭司であるやがて来られるメシヤ、キリストに関連付けている。主はゼカリヤに金と銀の冠を作って大祭司ヨシュアにかぶらせるよう命じられた。(1) ヨシュアの戴冠（高貴な職務につく人に冠をかぶらせる儀式でここでは祭司）はメシヤである主イエスの戴冠と治世を象徴的に指している。主イエスはまた「若枝」とも言われている（イザ11:1, エレ33:15, ⇒イザ53:2, →ゼカ3:8注）。主イエスは祭司であり王である。主イエスはまず神と人々との新しくされた関係の仲介者として祭司の働きをされる（⇒イザ53:10, ルカ24:26）。その後に王の王、主の主としてご自分にふさわしい立場で治められる（Ⅰテモ6:15, 黙17:14, 19:16）。(2) 主イエスの個人的な苦しみと犠牲によって私たちは神との平和を持つことが許された（⇒イザ9:6）。実際に主イエスは今でも私たちの平和の源である（エペ2:14-15）。私たちは主イエスとの個人的な関係を通して神の国のひとりになる。神の国は「義と平和と聖霊による喜び」（ロマ14:17）である。キリストの支配は歴史の終わりに地上を治められる千年王国（主イエスの1,000年間の平和の支配 →黙20:）から完全に実現する。

6:15 遠く離れていた者たちも来て これは異邦人またはイスラエル人やユダヤ人以外のあらゆる国の人々を指している（⇒エペ2:11-13）。

7:1-5 このわたしのために断食したのか 神の律法は、毎年一日しか断食（霊的なことに集中するために一定の期間食物をとらずに過すこと）を求めていない。それは第七の月の贖罪の日である（→「贖罪の日」の項p.223）。この時代までにユダヤ人は、第五の月にバビロニヤのネブカデネザルの軍隊によって神殿が破壊されたこと（Ⅱ列25:8-9）を忘れないための断食を加えていた。今や神殿再建が進められているので（前518）、断食を続けるべきかどうか人々は知りたがった。(1) 神のメッセージによると、人々の断食は態度と動機が間違っているので受入れられないものだった（→マタ6:16注）。人々は神に対する飢えや渇きや神の目的を成し遂げたいという願いもなく、ただ形式的に断食を行っていた。(2) 人々は神に喜ばれ、ほかの人々に祝福をもたらす生き方ができるように、イザヤのような預言者の言うことに注意し（⇒イザ58:3-5）、その

¹¹ それなのに、彼らはこれを聞こうともせず、肩を怒らし、耳をふさいで聞き入れなかった。
¹² 彼らは心を金剛石のようにして、万軍の主がその御霊により、先の預言者たちを通して送られたおしえとみことばを、聞き入れなかった。そこで、万軍の主から大きな怒りが下った。
¹³「呼ばれたときも、彼らは聞かなかった。そのように、彼らが呼んでも、わたしは聞かない」と万軍の主は仰せられる。
¹⁴「わたしは、彼らを知らないすべての国々に彼らを追い散らす。この国は、彼らが去ったあと、荒れすたれて、行き来する者もいなくなる。こうして彼らはこの慕わしい国を荒れすたらせた。」

主がエルサレムの祝福を約束される

8 ¹ 次のような万軍の主のことばがあった。

² 万軍の主はこう仰せられる。「わたしは、シオンをねたむほど激しく愛し、ひどい憤りでこれをねたむ。」
³ 主はこう仰せられる。「わたしはシオンに帰り、エルサレムのただ中に住もう。エルサレムは真実の町と呼ばれ、万軍の主の山は聖なる山と呼ばれよう。」
⁴ 万軍の主はこう仰せられる。「再び、エルサレムの広場には、老いた男、老いた女がすわり、年寄りになって、みな手に杖を持とう。
⁵ 町の広場は、広場で遊ぶ男の子や女の子でいっぱいになろう。」
⁶ 万軍の主はこう仰せられる。「もし、これが、その日、この民の残りの者の目に不思議に見えても、わたしの目に、これが不思議に見えるだろうか。——万軍の主の御告げ——」
⁷ 万軍の主はこう仰せられる。「見よ。わたしは、わたしの民を日の出る地と日の入る地から救い、

応答として真心から断食をして神の助けを求める祈りをするべきだった。断食とともに正義を行い、あわれみを示すことも必要だった（7：8-10、⇒ミカ6：8）。

7：12 心を金剛石のようにして 金剛石（火打石）は旧約聖書では最も堅い物質だった（→エレ17：1、エゼ3：8-9）。(1) 律法と御霊に導かれた過去の預言者たちを通して、神はご自分の民に公義を行い誠実を尽しあわれみを行うように呼びかけておられた（7：8-9、→ミカ6：8）。けれども人々は従うことをかたくなに拒んだ。さばきが下ってからでは悔い改めは遅すぎた。(2) 神がご自分の民に期待されることは変わっていない。それは困っている人々に愛とあわれみを示すことである（→**貧困者への配慮**の項 p.1510）。

8：3 わたしはシオンに帰り イスラエルが完全に回復されることのかぎは、神が「シオン」（一般的にエルサレムの別名）に戻られることである。「シオン」は古代エブス人の山の要害の名前で、ダビデ王が攻略した町の一部だった（Ⅱサム5：6-7）。その後「シオン」は要害があった地域の名前になった。そこはまた契約の箱（人々の中におられる神の臨在を表す）がしばらくの間安置されていた特別な天幕でできた神殿があった場所と思われる。ソロモンの神殿が建てられた後、「シオン」はその神殿の場所を指すようになった。そして「シオン」ということばは拡大されて一般的に神が「住まわれる場所」、または地上での礼拝の中心地を意味するようになった（詩9：11、74：2、ヨエ3：21）。時には、歴史の終りにキリストが地上を治める新しく回復されたエルサレムや（イザ52：8、62：1 12）、神の永遠の都を指すこともある。ここではキリストが栄光のうちに再び来られて国々に対する地上の支配を始められること（黙20：)に焦点を絞っているので、回復されたエルサレムを指している。そのときには神の臨在によってエルサレムは真実で忠実な町になり、「主の山」は再び聖くされる（純粋で、礼拝のために区分される）。この章には、歴史の終りにキリストが地上を治めるときの特徴となる10の祝福がある。それぞれは「万軍の主はこう仰せられる」ということばで始まっている。

8：4-5 老いた男、老いた女・・・男の子や女の子 ここにはキリストが1,000年間支配される未来のエルサレムの平和と繁栄と幸福が描かれている（→イザ11：6-9，黙20：）。

8：7-8 わたしは、わたしの民を・・・救い ユダヤ人が捕囚から戻って来たときには東からだけ戻って来た。この部分では、人々が東からも西からも帰って来る未来の回復のことを指している。つまり神の民は散らされたあらゆる場所、全地から戻って来るのである（⇒イザ43：5-6）。神は全地の主となり、神の民は正しく誠実で平和な神の支配の恩恵を受け、またそれに

ゼカリヤ書　8-9章

⁸彼らを連れ帰り、エルサレムの中に住ませる。このとき、彼らはわたしの民となり、わたしは真実と正義をもって彼らの神となる。」

⁹万軍の主はこう仰せられる。「勇気を出せ。あなたがたは、万軍の主の家である神殿を建てるための礎が据えられた日以来、預言者たちの口から、これらのことばを日ごろ聞いているではないか。¹⁰その日以前は、人がかせいでも報酬がなく、家畜がかせいでも報酬がなかった。出て行く者にも、帰って来る者にも、敵がいるために平安はなかった。わたしがすべての人を互いに争わせたからだ。¹¹しかし、今は、わたしはこの民の残りの者に対して、先の日のようではない。──万軍の主の御告げ──¹²それは、平安の種が蒔かれ、ぶどうの木は実を結び、地は産物を出し、天は露を降らすからだ。わたしはこの民の残りの者に、これらすべてを継がせよう。¹³ユダの家よ。イスラエルの家よ。あなたがたは諸国の民の間でのろいとなったが、そのように、わたしはあなたがたを救って、祝福とならせる。恐れるな。勇気を出せ。

¹⁴万軍の主はこう仰せられる。「あなたがたの先祖がわたしを怒らせたとき、わたしはあなたがたにわざわいを下そうと考えた。──万軍の主は仰せられる──そしてわたしは思い直さなかった。¹⁵しかし、このごろ、わたしはエルサレムとユダの家とに幸いを下そうと考えている。恐れるな。

¹⁶これがあなたがたのしなければならないことだ。互いに真実を語り、あなたがたの＊町囲みのうちで、真実と平和のさばきを行え。¹⁷互いに心の中で悪を計るな。偽りの誓いを愛するな。これらはみな、わたしが憎むからだ。──主の御告げ──」

¹⁸さらに、私に次のような万軍の主のことばがあった。¹⁹万軍の主はこう仰せられる。「第四の月の断食、第五の月の断食、第七の月の断食、第十の月の断食は、ユダの家にとっては、楽しみとなり、喜びとなり、うれしい例祭となる。だから、真実と平和を愛せよ。」

²⁰万軍の主はこう仰せられる。「再び、国々の民と多くの町々の住民がやって来る。²¹一つの町の住民は他の町の住民のところへ行き、『さあ、行って、＊主の恵みを請い、万軍の主を尋ね求めよう。私も行こう』と言う。²²多くの国々の民、強い国々がエルサレムで万軍の主を尋ね求め、主の恵みを請うために来よう。」

²³万軍の主はこう仰せられる。「その日には、外国語を話すあらゆる民のうちの十人が、ひとりのユダヤ人のすそを堅くつかみ、『私たちもあなたがたといっしょに行きたい。神があなたがたとともにおられる、と聞いたからだ』と言う。」

イスラエルの敵へのさばき

9

¹宣告。

主のことばはハデラクの地にあり、

参加することになる。

8:16-17　あなたがたのしなければならないこと　神はあわれみをもってご自分の民に近付き、みことばを送ってメシヤが未来に地上を治めるという預言の中で大きな希望を与えられた。そこでゼカリヤの時代の人々はその応答として、誠実で正しい生活をしなければならなかった（⇒7:9-10）。ここでは誠実と公正が大変強調されている。神の霊感を受けた本当の預言は、ただ好奇心に応えるようなものではない。未来についての啓示を受けた人々が希望を与えられ感動を受けて、真心込めて神の目的に従いたいと思うようになる

ことを神は望んでおられる（⇒ヤコ1:22、Ⅰヨハ3:2-3）。

8:22　万軍の【主】を尋ね求め　あらゆる国の人々がエルサレムでユダヤ人と一緒に主を礼拝することは、前代未聞のことで特別に喜ばしいことである。主が文字通りにご自分の民の間におられるからである（→エゼ48:35）。これは異邦人（ユダヤ人以外の人々）が主の家族に加えられるという、アブラハムに与えられた約束が最終的に実現する姿である（創12:3、ガラ3:8、26-29、→「**アブラハム、イサク、ヤコブとの神の契約**」の項 p.74）。

ダマスコは、そのとどまる所。
*主の目は人に向けられ、
　イスラエルの全部族に向けられている。
2 これに境を接するハマテにも、
　また、非常に知恵のあるツロやシドンにも
　向けられている。
3 ツロは自分のために、とりでを築き、
　銀をちりのように積み、
　黄金を道ばたの泥のように積み上げた。
4 見よ。主はツロを占領し、
　その塁を打ち倒して海に入れる。
　ツロは火で焼き尽くされる。
5 アシュケロンは見て恐れ、
　ガザもひどくおののく。エクロンもそうだ。
　その頼みにしていたものが
　はずかしめられたのだから。
　ガザからは王が消えうせ、
　アシュケロンには人が住まなくなる。
6 アシュドデには混血の民が住むようになる。
　わたしはペリシテ人の誇りを絶やし、
7 その口から流血の罪を除き、
　その歯の間から忌まわしいものを取り除く。

1②エレ17:1-3,
　エレ49:23-27,
　アモ1:3-5
　＊七十人訳による
　△「人の目は主に」
2①エレ49:23
②エゼ28:3-5, 12
③ヨシ19:29,
　Ⅱサム24:7, イザ23:1,
　エゼ26:3-5, アモ1:9
3①ヨシ19:29,
　Ⅱサム24:7
②ヨブ27:16
③Ⅰ列10:21
4①エゼ26:3-5
②エゼ28:18
5①アモ1:8, ゼパ2:4,5
②エレ47:1,5,
　アモ1:6-8
6①ネヘ13:3
②イザ14:29-31,
　エレ47:1-7,
　エゼ25:15-17,
　ヨエ3:4-8, ゼパ2:4-7
8①ゼカ2:5, 詩34:7
　＊「軍団から」の読み替え
②イザ52:1,54:14,60:18,
　ヨエ3:17
9①マタ21:5, ヨハ12:15
②ゼカ4:10, イザ62:11,
　ゼパ3:14, 15
③創46:10, 詩110:1,
　イザ9:6,7
④エレ23:6, ゼパ3:5
⑤イザ43:3, 11
⑥イザ57:15
　＊あるいは「へりくだり」
10①イザ2:4, 60:17-22,
　ホセ2:18, ミカ4:3, 4
②イザ47:19,
　エペ2:14, 17
③詩72:8, イザ60:12
11①出24:4-8, マタ26:28,
　ヘブ10:29, 13:20

彼も、私たちの神のために残され、
ユダの中の一首長のようになる。
エクロンもエブス人のようになる。
8 わたしは、わたしの家のために、
　行き来する者を見張る衛所に立つ。
　それでもう、しいたげる者はそこを通らない。
　今わたしがこの目で見ているからだ。

シオンの王が来られる
9 シオンの娘よ。大いに喜べ。
　エルサレムの娘よ。喜び叫べ。
　見よ。あなたの王があなたのところに
　来られる。
　この方は正しい方で、救いを賜り、
　＊柔和で、ろばに乗られる。
　それも、雌ろばの子の子ろばに。
10 わたしは戦車をエフライムから、
　軍馬をエルサレムから絶やす。
　戦いの弓も断たれる。
　この方は諸国の民に平和を告げ、
　その支配は海から海へ、
　大川から地の果てに至る。

11 あなたについても、
　あなたとの契約の血によって、

9:1 【主】の目は人に向けられ 神の約束があるのでイスラエルは救い（敵や抑圧者からの救いと自由）を求めて主に立返る。ほかの人々も同じである。そこで神はご自分に頼る人々に応えて、過去にイスラエルに大きな苦しみを与えた周辺の国々にさばきを下される。この預言は前332年にアレキサンドロス大王がこれらの国々を征服したときに部分的に成就した。

9:8 もう、しいたげる者はそこを通らない 千年王国（歴史の終わりのときにキリストが治める平和な1,000年間 →黙20:）の時代には完全な平和が地上のエルサレムに訪れる。懲らしめとさばきのときでも神はご自分の民を完全には滅ぼされない。神は今日教会にいる人々にも同じ保証をしておられる。したがってどんなに反対され希望がない情況に見えても、神に従う人々はそれを克服できる。実際に神の民は守勢にまわる必要はない。世界にある悪の力は神の国と神の目的が前進するのを止めることは永遠にできないからである（→マタ16:18注）。

9:9 あなたの王が・・・来られる・・・救いを賜り 王が来られること（キリストの地上への最初の来臨）は大きな喜びである。それは王としての輝きや征服する力があるからではなく、へりくだっておられるからである（⇒ピリ2:5-8）。ここはろばに乗った主イエスのエルサレムへの「勝利の入城」（マタ21:1-5）を指している。このようなかたちで聖なる町に入ることによって主イエスは預言を成就し、ご自分がメシヤであり救い主であり、十字架に掛けられて私たちの罪のためにいのちを与える用意があることを示された。

9:10 平和を告げ、その支配は・・・至る キリストの復活と地上へ再び来られるまでの間にある期間には触れないで、ゼカリヤは一足飛びにキリストの再臨を取上げている（これはキリストがご自分に従う人々を大患難のさばきから逃れるために突然世界から取去る教会の携挙のことではない。このさばきに続いてキリストは文字通り肉体を持って世界に再び来られる →**大患難**の項 p.1690）。キリストが反キリストとその軍勢に勝利したあとは、戦車や軍馬や戦争の道具はみな必要ではなくなる。キリストの平和な支配が

ゼカリヤ書 9-10章

わたしはあなたの捕らわれ人を、
水のない穴から解き放つ。

12 望みを持つ捕らわれ人よ。とりでに帰れ。
わたしは、きょうもまた告げ知らせる。
わたしは二倍のものをあなたに返すと。

13 わたしはユダを曲げてわたしの弓とし、
これにエフライムをつがえたのだ。
シオンよ。わたしはあなたの子らを奮い立たせる。
①*
ヤワンはあなたの子らを攻めるが、
わたしはあなたを勇士の剣のようにする。

主が現れる

14 主は彼らの上に現れ、
その矢はいなずまのように放たれる。
神である主は角笛を吹き鳴らし、
南の暴風の中を進まれる。

15 万軍の主が彼らをかばうので、
彼らは石投げを使う者を滅ぼして踏みつけ、
**かれらの血をぶどう酒のように飲み、

鉢のように、
祭壇の四隅の角のように、満たされる。

16 その日、彼らの神、主は、彼らを
主の民の群れとして救われる。
彼らはその地で、きらめく王冠の宝石となる。

17 それは、なんとしあわせなことよ。
それは、なんと麗しいことよ。
穀物は若い男たちを栄えさせ、
新しいぶどう酒は若い女たちを栄えさせる。

主がユダを顧みる

10

1 後の雨の時に、主に雨を求めよ。
②**
主はいなびかりを造り、大雨を人々に与え、
野の草をすべての人に下さる。

2 テラフィムはつまらないことをしゃべり、
占い師は偽りを見、

---

11 ②イザ42:7, 51:14, 61:1
12 ①エレ14:8, 17:13, ヘブ6:18, 19, ②エレ16:19, ヨエ3:16, ③イザ61:7
13 ①ヨエ3:6
　*「ギリシヤ」「ヤワンは……攻めるが」の七十人訳は「ギリシヤ人たちの子らに」, ①詩45:3
14 ①ゼカ2:5, イザ31:5
　②詩18:14, 144:6, ハバ3:11, *子音字は「主」
　③イザ27:13, イザ66:15
15 ①ゼカ1:3, ②ゼカ12:8, イザ31:5, 37:35
　③ヨブ41:28
　・直訳「石投げの石を」
　④ゼカ2:6
　**「彼らの血を」は「彼らは騒いだ」の読み替え
　⑤ゼカ14:20, ⑥レビ4:18, 25, ⑦出27:2
　***「角」は補足
16 ①エレ31:10, 11
　②エレ31:12
　③イザ62:3, マラ3:17
17 ①エレ31:12, 14
　②詩27:4, イザ33:17
　③ヨエ3:18, アモ9:14

1 ①申11:14, ヨブ29:23, ヨエ2:23
　・あるいは「春の雨」
　②詩135:7, エレ10:13
　**あるいは「雷雲」
　③イザ30:23
2 ①エレ10:8, ハバ2:18
　②士7:5, エゼ21:21, ホセ3:4, ③エレ27:9
　④ヨブ13:4

全地に広がる(→黙19:-20:)。

9:12 望みを持つ捕らわれ人よ。とりでに帰れ 今でも世界中に散らされているイスラエル人の未来は絶望的ではない。苦しんだことに対して神は回復とともに「二倍」の祝福を約束された。

9:13 ヤワン ヤワンはギリシヤのことである。ギリシヤはペルシヤのクセルクセスの攻撃を破って前480-479年に世界の強大国になった。ギリシヤとペルシヤとの戦いは150年以上続いたけれども、最終的にはギリシヤのアレキサンドロス大王がペルシヤに勝利して終止符を打った(前334-323)。けれども神はそのギリシヤをも滅ぼされる。この預言は前167年頃にアンティオコス・エピファネスが敗北したときに成就した。この転覆は神ご自身が戦士としてユダを弓とし、エフライム(イスラエル)を矢として成し遂げられた。シオンの子らとはマカベア家(ギリシヤの影響に抵抗して一連の軍事的勝利を得た地方の祭司の家で、旧約聖書と新約聖書の間の時代にユダ地方に新しい政治的国家的権力を樹立した。この情況の概観 →**マラキ書からキリストまでの歴史年表**」p.1607)のことと思われる。彼らはギリシヤの子らに反撃をするけれども、これはシリアのセレウコス(アレキサンドロス大王の死後に将軍たちの間で分割されたギリシヤ帝国の四つの主要な地域の一つ →ダニ7:3注)のときのことと思われる。

9:16-17 彼らの神、【主】は、彼らを・・・救われる 神がいつも望んでおられた関係にイスラエルが回復されるとき、世界にもたらされる救いは最高潮に達する。神の民が神に反抗し、キリストをメシヤとして拒んできた長い年月を考えると、イスラエルの回復は神の救いの計画の中でも最高の偉業となり、全世界が目を見張るようになる。このような結果は、人々がそれに値するからではなく、ただ主の偉大な慈しみとあわれみによるものである。神がご自分の民になさることにはみな慈しみと美しさが反映されている。

10:1 後の雨 →ホセ6:2-3注

10:2 占い師は偽りを見 正しい道(神を信じる道)へ導く羊飼いがいないので人々は人間が作ったにせの神々に向かい、偶像や占い師やそのほかのオカルト(悪魔悪霊礼拝)に頼った。聖書が完全に神の霊感を受け無謬(確かに間違いがない)であることを否定して聖書への信頼を壊す牧師や教師は、人々がほかのものに導きを求めて行くようにさせる罪を間接的に犯している。

⁵夢見る者はむなしいことを語り、
むなしい慰めを与えた。
それゆえ、人々は羊のようにさまよい、
羊飼いがいないので悩む。
3　わたしの怒りは羊飼いたちに向かって
燃える。
わたしは雄やぎを罰しよう。
万軍の主はご自分の群れであるユダの家を訪れ、
彼らを戦場のすばらしい馬のようにされる。
4　この群れからかしら石が、
この群れから鉄のくいが、
この群れからいくさ弓が、
この群れからすべての指揮者が、
ともどもに出て来る。
5　道ばたの泥を踏みつける勇士のようになって、
彼らは戦場で戦う。
主が彼らとともにおられるからだ。
馬に乗る者どもは恥を見る。
6　わたしはユダの家を強め、
ヨセフの家を救う。
わたしは彼らを連れ戻す。
わたしが彼らをあわれむからだ。
彼らは、
わたしに捨てられなかった者のようになる。
わたしが、彼らの神、主であり、
彼らに答えるからだ。
7　エフライムは勇士のようになり、
その心はぶどう酒に酔ったように喜ぶ。
彼らの子らは見て喜び、
その心は主にあって大いに楽しむ。
8　わたしは彼らに合図して、彼らを集める。

2⑤エレ23:32
⑥エゼ34:5, 8, マタ9:36, マコ6:34
3①エレ25:34-36, エゼ34:2
②エゼ34:17, イザ14:9
＊あるいは「指導者」
③→ゼカ1:3
④エゼ34:12, ルカ1:68
4＊別訳「かしら」
①エレ51:20
＊＊あるいは「しいたげる者」
5①Ⅱサム22:43, 詩18:42
②アモ2:15, ハガ2:22
6①ゼカ10:12
②ゼカ8:7, 9:16
③ゼカ8:1, エレ3:18, エゼ37:21
④ゼカ1:16, イザ54:8
⑤イザ54:4
⑥ゼカ13:9, イザ41:17
7①ゼカ9:13
②詩104:15
③イザ54:13, エゼ37:25

8①エレ30:20, エゼ36:11
②イザ49:19, エレ33:22, エゼ36:37
9①ホセ2:23
②申30:1, Ⅰ列8:47, 48, エゼ6:9
10①イザ11:11, ホセ11:11
②イザ11:16
③エゼ22:6, 50:19
④イザ49:19, 20
11＊七十人訳による〔彼〕
①イザ51:10
②イザ19:5-7
③イザ14:25, ゼパ2:13
④エゼ30:13
12①ゼカ10:6
＊「わたしは主にあって彼らを強め」の読み替え
②ミカ4:5
＊＊七十人訳は「を誇る」

1①ゼカ10:10, イザ2:13, 10:34, エゼ31:3
②エレ22:6, 7
2①イザ2:12, 13, 10:33, 34, エゼ17:24
3①エレ25:34-36
②エレ2:15, 50:44

わたしが彼らを贖ったからだ。
彼らは以前のように数がふえる。
9　わたしは彼らを国々の民の間にまき散らすが、
彼らは遠くの国々でわたしを思い出し、
その子らとともに生きながらえて帰って来る。
10　わたしは彼らをエジプトの地から連れ帰り、
アッシリヤから彼らを寄せ集める。
わたしはギルアデの地とレバノンへ
彼らを連れて行くが、
そこも彼らには足りなくなる。
11　彼らは苦難の海を渡り、
海では波を打つ。
彼らはナイル川のすべての淵をからす。
アッシリヤの誇りは低くされ、
エジプトの杖は離れる。
12　彼らの力は主にあり、
彼らは主の名によって歩き回る。
──主の御告げ──

11

1　レバノンよ。おまえの門をあけよ。
火が、おまえの杉の木を焼き尽くそう。
2　もみの木よ。泣きわめけ。
杉の木は倒れ、みごとな木々が荒らされたからだ。
バシャンの樫の木よ。泣きわめけ。
深い森が倒れたからだ。
3　聞け。牧者たちの嘆きを。
彼らのみごとな木々が荒らされたからだ。
聞け。若い獅子のほえる声を。
ヨルダンの茂みが荒らされたからだ。

10:4 この群れからかしら石が・・・出て来る イスラエルの一部族(家系)であるユダからかしら石(建物の基礎の主要な石)が出てくる(詩118:22, イザ28:16)。これはメシヤ、主イエスである。キリストは支え守ることを表す天幕のくい(⇒イザ22:22-23)のようであり、勝利をもたらすことを示す戦いの弓でもある。この方こそ完全な究極の戦士であり、王であり支配者である(⇒黙19:11-16)。

10:6-8 ユダ・・・ヨセフ 神の目的は、イスラエル十二部族を再び一つにしてご自分との正しい関係に回復することだった。ユダは南の2部族を代表しヨセフは北の10部族を代表する(→**イスラエルとユダの王国**の地図 p.570)。

10:11 アッシリヤの・・・エジプトの アッシリヤはイスラエルの北と東の敵であり、エジプトは南の敵である。神はイスラエルの回復に反対する敵をみな取

二種類の牧者

4 私の神、主は、こう仰せられる。「ほふるための羊の群れを養え。

5 これを買った者が、これをほふっても、罪にならない。これを売る者は、『主はほむべきかな。私も富みますように』と言っている。その牧者たちは、これを惜しまない。

6 わたしが、もう、この地の住民を惜しまないからだ。――主の御告げ――見よ。わたしは、人をそれぞれ隣人の手に渡し、王の手に渡す。彼らはこの地を打ち砕くが、わたしは彼らの手からこれを救い出さない。」

7 私は羊の商人たちのために、ほふられる羊の群れを飼った。私は二本の杖を取り、一本を「慈愛」と名づけ、他の一本を、「結合」と名づけた。こうして、私は群れを飼った。

8 私は一月のうちに三人の牧者を消し去った。私の心は、彼らにがまんできなくなり、彼らの心も、私をいやがった。

9 私は言った。「私はもう、あなたがたを飼わない。死にたい者は死ね。隠されたい者は隠されよ。残りの者は、互いに相手の肉を食べるがよい。」

10 私は、私の杖、慈愛の杖を取り上げ、それを折った。私がすべての民と結んだ私の契約を破るためである。

11 その日、それは破られた。そのとき、私を見守っていた羊の商人たちは、それが主のことばであったことを知った。

12 私は彼らに言った。「あなたがたがよいと思うなら、私に賃金を払いなさい。もし、そうでないなら、やめなさい。」すると彼らは、私の賃金として、銀三十シェケルを量った。

13 主は私に仰せられた。「彼らによってわたしが値積もりされた尊い価を、陶器師に投げ与えよ。」そこで、私は銀三十を取り、それを主の宮の陶器師に投げ与えた。

14 そして私は、結合という私のもう一本の杖を折った。これはユダとイスラエルとの間の兄弟関係を破るためであった。

15 主は私に仰せられた。「あなたは、もう一度、愚かな牧者の道具を取れ。

16 見よ。わたしはひとりの牧者をこの地に起こすから。彼は迷い出たものを尋ねず、散らされたものを捜さず、傷ついたものを

4①ゼカ11:7, 詩44:22
5①エレ2:3, 50:7
　②ホセ12:8, Ⅰテモ6:9
6①エレ13:14
　②イザ9:19-21, ミカ7:2-6
　③詩50:22
7＊図「それゆえ羊の悩むものたち」七十人訳は「カナンの女のために」
　①ゼカ11:4
　②エゼ37:16, 19
　③ゼカ11:10, 詩90:17
　④ゼカ11:14, 詩133:1

10①ゼカ11:7
　②詩89:39, エレ14:21
11＊七十人訳は「カナン人たちは守られている羊を」
　＊＊図「そのように羊の悩むものたち」
12①ゼカ11:12, 13, マタ26:15, 27:3-10, 使1:18, 19
　②出21:32
14①ゼカ11:7
　②イザ9:21
15①ゼカ11:17
16①エゼ34:2-6
　②エレ23:2, ヨハ10:12, 13
　＊七十人訳による図「若者」
　③マタ12:20, イザ42:3

除くと約束された。

11:4-17 羊の群れを養え イスラエルが11:1-3に描かれているようなさばきを受けるのは羊飼いである王（メシヤ、キリスト）を拒むからである。ここでゼカリヤはまずイスラエルの良い牧者であるメシヤを表すように指示された（11:4-14）。次に人々をだまして迷わせようとする邪悪なイスラエルの牧者を演じて、実例を示すように指示された（11:15-17）。この邪悪な牧者は終りのときの反キリストを表していると思われる。

11:4 ほふるための羊の群れ 羊の群れはイスラエルであり、メシヤを拒むので罰せられるようにしるしをつけられた。紀元70年にローマが虐殺を実行する。

11:7 二本の杖 メシヤを現しているゼカリヤは自分の羊の群れを導くために「二本の杖」（歩くときに使う一方が曲っている長い杖）を使う。「二本の杖」はイスラエルに対する神の好意とユダとイスラエルの国を再び一つの国にするというご計画を表している（→10:6-8注）。人々がメシヤ（キリスト）に従うならこの祝福は実現する。

11:9 私はもう、あなたがたを飼わない 羊の群れが牧者であるメシヤを軽べつして拒んだので牧者はその役割を捨てて、群れが勝手に進んで、その結果とさばきを体験するままにさせる。

11:10 契約を破る 神はほかの国々がイスラエルを攻撃することをとどめると誓っておられた。けれども人々は神の約束を拒み律法を無視し不忠実になって、神との契約関係を破った。そこで神は守ることをやめられ、イスラエルは滅ぼされて散らされるとゼカリヤは大胆に説明した。これは紀元70年にローマがエルサレムを破壊したときに実現した。

11:12 銀三十シェケル 続けてメシヤの姿を表現するゼカリヤは、自分の働きにふさわしいと思う代金を支払うように指導者たちに求めた。指導者たちは奴隷の値段（出21:32）を提示して侮辱した。銀貨30枚は主イエスを裏切ったときにユダに支払われた金額でもある（マタ27:3-10）。

11:14 兄弟関係を破る イスラエルに混乱をもたらして一致を壊すことも神のさばきだった。国は最終的に敵対する分派や区域にばらばらにされていく。

11:15-16 愚かな牧者 ゼカリヤは再び羊飼いの道具を使った。けれども今回は羊を助けないで、むしろ道具を使って傷つける、神を敬わない残酷な牧者の役割

いやさず、**飢えているものに食べ物を与えない。かえって肥えた獣の肉を食らい、そのひづめを裂く。

17 ああ。
羊の群れを見捨てる、能なしの牧者。
剣がその腕とその右の目を打ち、
その腕はなえ、
その右の目は視力が衰える。」

エルサレムの敵が滅ぼされる

12 ¹ 宣告。
イスラエルについての主のことば。
——天を張り、地の基を定め、人の霊をその中に造られた方、主の御告げ——
² 見よ。わたしはエルサレムを、その回りのすべての国々の民をよろめかす杯とする。ユダについてもそうなる。エルサレムの包囲されるときに。
³ その日、わたしはエルサレムを、すべての国々の民にとって重い石とする。すべてそれをかつぐ者は、ひどく傷を受ける。地のすべての国々は、それに向かって集まって来よう。
⁴ その日、——主の御告げ——わたしは、すべての馬を打って驚かせ、その乗り手を打って狂わせる。しかし、わたしはユダの家の上に目を開き、国々の民のすべての馬を打って盲目にする。
⁵ ユダの首長たちは心の中で言おう。エルサレムの住民の力は彼らの神、万軍の主にある、と。
⁶ その日、わたしは、ユダの首長たちを、たきぎの中にある火鉢のようにし、麦束の中にある燃えているたいまつのようにする。彼らは右も左も、回りのすべての国々の民を焼き尽くす。しかし、エルサレムは、エルサレムのもとの所にそのまま残る。
⁷ 主は初めに、ユダの天幕を救われる。それは、ダビデの家の栄えと、エルサレムの住民の栄えとが、ユダ以上に大きくならないためである。
⁸ その日、主は、エルサレムの住民をかばわれる。その日、彼らのうちのよろめき倒れた者もダビデのようになり、ダビデの家は神のようになり、彼らの先頭に立つ主の使いのようになる。
⁹ その日、わたしは、エルサレムに攻めて来るすべての国々を捜して滅ぼそう。

自分たちが突き刺した者のための嘆き

¹⁰ わたしは、ダビデの家とエルサレムの住民の上に、恵みと哀願の霊を注ぐ。彼らは、自分たちが突き刺した者、わたしを仰ぎ見、ひとり子を失って嘆くように、その者のために嘆き、初子を失って激しく泣くように、その者のために激しく泣く。
¹¹ その日、エルサレムでの嘆きは、メギドの平地のハダデ・リモンのための嘆きのように大きいであろう。
12 この地はあの氏族もこの氏族も
ひとり嘆く。
ダビデの家の氏族はひとり嘆き、
その妻たちもひとり嘆く。
ナタンの家の氏族はひとり嘆き、

を演じた(→11:4-17注)。この愚かな牧者の姿は終りのときの反キリストによって実現する(⇒エゼ34:2-4, ダニ11:36-39, ヨハ5:43, Ⅱテサ2:3-10, 黙13:1-8)。

12:3-9　地のすべての国々は、それに向かって集まって来よう　終りのときには多くの国がエルサレムやイスラエルと戦うために集まる。その目的は神の民を滅ぼすことである。けれども神の力はイスラエルの敵を滅ぼし、ハルマゲドン(→黙16:16注, 19:19)と呼ばれる戦いで世界のあらゆる権力は覆される。

12:10-14　恵み・・・の霊　終りのときに完全に滅ぼされ除かれてしまうという恐怖に直面するときに、ユダヤ人は個人的に神に助けとあわれみを求める。多くの人が、主イエスこそがメシヤであることを悟り、過去の歴史の中で主イエスがしてくださったことを知って感動する。

12:10　その者のために嘆き　敵の勢力が押し寄せて来るのでイスラエル人は神の助けを求めて叫ぶ。それに応えて、主は聖霊を特別な恵み(受けるにふさわしくない好意とあわれみ)として送られる。主は人々の必死の祈りに応えて、主イエスこそが待望んでいた約束のメシヤ(救い主、解放者)であることをわからせてくださる。その結果、人々は神に自分たちをゆだねる。(1) そのときに人々は、主イエスを死に至らせた出来事の中に自分たちの罪と責任(主イエスのわき腹を突き刺したローマ兵の槍を含めて ⇒詩22:16, イザ53:5, ヨハ19:34)に気付く。(2) その結果、人々

その妻たちもひとり嘆く。
13 レビの家の氏族はひとり嘆き、
そ の妻たちもひとり嘆く。
シムイの氏族はひとり嘆き、
そ の妻たちもひとり嘆く。
14 残りのすべての氏族は
あの氏族もこの氏族もひとり嘆き、
そ の妻たちもひとり嘆く。

罪のきよめ

13 ¹ その日、ダビデの家とエルサレムの住民のために、罪と汚れをきよめる一つの泉が開かれる。
² その日、――万軍の主の御告げ――わたしは、偶像の名をこの国から断ち滅ぼす。その名はもう覚えられない。わたしはまた、その預言者たちと汚れの霊をこの国から除く。
³ なお預言する者があれば、彼を生んだ父と母とが彼に向かって言うであろう。「あなたは生きていてはならない。主の名を使ってうそを告げたから」と。彼を生んだ父と母が、彼の預言しているときに、彼を刺し殺そう。
⁴ その日、その預言者たちはみな、預言するときに見るその幻で恥を見よう。彼らはもう人を欺くための毛衣を着なくなる。
⁵ また、彼は、「私は預言者ではない。私は土地を耕す者だ。若い時から土地を持っている」と言う。
⁶ だれかが彼に、「あなたの両腕の間にあるこの打ち傷は何か」と聞くなら、彼は、「私の愛人の家で打たれた傷です」と言おう。

牧者が打たれ羊が散らされる

⁷ 剣よ。目をさましてわたしの牧者を攻め、
わたしの仲間の者を攻めよ。
――万軍の主の御告げ――
牧者を打ち殺せ。
そうすれば、羊は散って行き、
わたしは、この手を子どもたちに向ける。
⁸ 全地はこうなる。
――主の御告げ――

は悲しみに圧倒され、長い間キリストを拒んできたことをひどく嘆く。個人個人が悲しみを強く感じ自分の罪とイエス・キリストを拒んだことを個人的に悔い改める(⇒ロマ3:23, 6:23, 使16:31, Ⅰペテ2:24)。

13:1-6 ダビデの家・・・のために・・・一つの泉が開かれる 豊かなあわれみと赦したいという願いから、神は霊的な恵み(受けるにふさわしくない好意)の泉を開かれる。それはイスラエルの罪をきよめる。この泉はキリストの十字架の死からわき出たもので、それによってあらゆる罪の代価が払われた。けれどもイスラエルの民の大部分が本当のキリストの姿を悟るには長い年月がかかる。だれでもキリストの赦しを受入れて生涯をささげるなら、キリストの犠牲によって神に対するあらゆる罪と反抗から霊的にきよめられる(⇒Ⅰヨハ1:7, 9)。

13:4 預言者たちはみな・・・恥を見よう その日には、人々をだまして神に従わせないようにしていたにせ預言者たちの正体が神によってあばかれる。にせ預言者たちは恐れ恥じて、「私は預言者ではない。私は土地を耕す者だ」(13:5)と言う。そのときまで教会の中ににせ預言者やだます人々がいることを私たちは知らなければならない。したがって確かな洞察力を働かせ賢い判断をして預言者個人の霊を「ためし」、そのメッセージを神のことばと比較して、言っていることが真実であるかどうかを確かめるようにと神は言っておられる(Ⅰヨハ4:1注, →「にせ教師」の項p.1758)。

13:6 あなたの両腕の間にあるこの打ち傷 この傷は偶像礼拝者がその儀式の中で自分を傷つけたものと思われる(13:2-5)。人間が作ったにせの神々の多くの儀式には、礼拝者が自分を傷つけ、たたき、痛めつける行為が含まれていた。

13:7 剣よ・・・牧者を打ち殺せ この未来の預言では牧者(羊飼い)はメシヤ、キリストとして示されている。(1) 神はこの牧者を「わたしの仲間の者」(私と同じ者、私に近い者)と呼んでおられるけれども、これは神の御子メシヤ(「油そそがれた者」、救い主、神からの解放者)のことである。(2) 牧者であるメシヤは打殺される(傷つけられる、殺される、十字架につけられる →マタ27:26注, 31注, 35注)。その後弟子たちは羊のように散り散りになる(→マタ26:31, 56, マコ14:27)。この預言は紀元70年にローマによってユダヤ人の国が滅ぼされるときの離散を示していると思われる。

ゼカリヤ書 13-14章

その三分の二は断たれ、死に絶え、
三分の一がそこに残る。
9 わたしは、その三分の一を火の中に入れ、
銀を練るように彼らを練り、
金をためすように彼らをためす。
彼らはわたしの名を呼び、
わたしは彼らに答える。
わたしは「これはわたしの民」と言い、
彼らは「主は私の神」と言う。

主が来て治められる

14 ¹ 見よ。主の日が来る。その日、あなたから分捕った物が、あなたの中で分けられる。

² わたしは、すべての国々を集めて、エルサレムを攻めさせる。町は取られ、家々は略奪され、婦女は犯される。町の半分は捕囚となって出て行く。しかし、残りの民は町から断ち滅ぼされない。

³ 主が出て来られる。決戦の日に戦うように、それらの国々と戦われる。

⁴ その日、主の足は、エルサレムの東に面するオリーブ山の上に立つ。オリーブ山は、その真ん中で二つに裂け、東西に延びる非常に大きな谷ができる。山の半分は北へ移り、他の半分は南へ移る。

⁵ 山々の谷がアツァルにまで達するので、あなたがたは、わたしの山々の谷に逃げよう。ユダの王ウジヤの時、地震を避けて逃げたように、あなたがたは逃げよう。私の神、主が来られる。すべての聖徒たちも主とともに来る。

⁶ その日には、光も、寒さも、霜もなくなる。

⁷ これはただ一つの日であって、これは主に知られている。昼も夜もない。夕暮れ時に、光がある。

⁸ その日には、エルサレムから湧き水が流れ出て、その半分は東の海に、他の半分は西の海に流れ、夏にも冬にも、それは流れる。

⁹ 主は地のすべての王となられる。その日には、主はただひとり、御名もただ一つとなる。

¹⁰ 全土はゲバからエルサレムの南リモンまで、アラバのように変わる。エルサレムは

8①エゼ5:2-4, 12, 黙8:7-12
 ②イザ6:13, ロマ11:5
9①イザ1:25, 48:10, マラ3:3, Ⅰペテ1:6,7
 ②ゼカ10:6, 詩34:15-17, 50:15, 91:15, イザ58:9, 65:24, エレ29:11-13
 ③ゼカ8:8, エレ30:22, エゼ11:20, ホセ2:23, 詩144:15

1①→ヨエ1:15, ゼカ14:14
2①ゼカ2:3, イザ13:16
3①ゼカ9:14, 15, 12:9

4①イザ64:1, 2
5①アモ1:1, 詩96:1, イザ66:15, 16, マタ27:51, 24:30, 31, 25:31, Ⅰテサ3:13, ユダ14, *七十人訳、シリヤ語訳による ①「あなたとともに」
6①イザ13:10, エゼ32:7, 8, ヨエ2:30, 31, 使2:20
7①エレ30:7, アモ8:9
 ②イザ45:21, マタ24:36
 ③イザ58:10, 詩112:4
8①ゼカ30:26, 60:19, 20, 黙21:23
 ②エゼ47:1-12, ヨエ3:18, ヨハ7:38, 黙22:1, 2 *「死海」 ①「地中海」
9①ゼカ9:9, 14, 16, 17, イザ45:23, 詩22:28, ダニ7:14, 黙11:15, 申6:4, イザ45:21-24, エペ4:5, 6
10①Ⅰ列15:22, ヨシ15:32, Ⅰ歴4:32, ③イザ40:4 *別訳「平地」

13:8-9 わたしは、その三分の一を火の中に入れ この部分は神が終りのときの厳しいさばきを世界に下される患難時代について言っていると思われる(→**大患難**」の項 p.1690)。信じないユダヤ人(三分の二)は殺され(13:8)、三分の一だけが残る。この人々は「自分たちが突き刺した者・・・を仰ぎ見」る(12:10-14, →12:10注)人々である。それは忠実な神を信じる一部のイスラエルだけが救われるという意味である(黙11:-18:)。

14:1 見よ。【主】の日が来る 「主の日」はさばきの日と救いの日の両方である。それは人々が神とキリストを信じたか拒んだかによって決まる。ここではキリストが再び来られて国々をさばき、地上の支配を打立てられるときのことを言っている(「主の日」→ゼカ緒論)。

14:2 すべての国々を集めて、エルサレムを 終りのときにエルサレムを滅ぼすために集まった国々は、軍事的な勝利を得る寸前に見える。けれども最終的には滅ぼされる(→12:3-9注)。

14:3 【主】が出て来られる キリストは地上に再び来られて超自然的に戦いに介入し、反キリストと連合した敵の国々を完全に滅ぼされる(→黙19:)。

14:4 主の足は・・・オリーブ山の上に立つ 終りのときにイエス・キリストは天に帰られたときと同じ場所に来られてこの預言を成就される(ルカ24:50-51, 使1:9-12)。その地域の地形は完全に変り、山が二つに裂けて、半分は北へ移り半分は南へ移ってその間には谷が残る。

14:8 エルサレムから湧き水が流れ出て 湧き水(よどんだいのちのない水とは対照的)がエルサレムから流れ出る(⇒詩46:4, エゼ47:1-12, ヨエ3:18)。その地域のほとんどの川は夏に干上がるけれどもそのようなことはなく、地中海と死海に向かって流れ続ける。このところは字義的にも象徴的にも、歴史の終りのときのキリストの千年王国の時代と新天新地の永遠の時に向かって、「聖なる都」から神の祝福が流れ出ることを描いている(黙22:1, →黙20:-22:)。

14:9 【主】は地のすべての王となられる キリストが最終的に地上に再び来られて御国を建てられるとき、地上のあらゆる人々がキリストを礼拝する(⇒4:14, 6:5, ミカ4:13, 黙17:14, 19:16)。キリストだけが主であり、最終的には地上の王になられるということこそ、聖書全体の中心主題である(→申6:4, イザ43:11, 黙17:14)。

14:10 アラバのように変わる キリストが再び来ら

ゼカリヤ書　14章

高められ、もとの所にあって、ベニヤミンの門から第一の門まで、隅の門まで、またハナヌエルのやぐらから王の酒ぶねのところまで、そのまま残る。 11 そこには人々が住み、もはや絶滅されることはなく、エルサレムは安らかに住む。

12 主は、エルサレムを攻めに来るすべての国々の民にこの災害を加えられる。彼らの肉をまだ足で立っているうちに腐らせる。彼らの目はまぶたの中で腐り、彼らの舌は口の中で腐る。 13 その日、主は、彼らの間に大恐慌を起こさせる。彼らは互いに手でつかみ合い、互いになぐりかかる。 14 ユダもエルサレムに戦いをしかけ、回りのすべての国々の財宝は、金、銀、衣服など非常に多く集められる。 15 馬、騾馬、らくだ、ろば、彼らの宿営にいるすべての家畜のこうむる災害は、先の災害と同じである。

16 エルサレムに攻めて来たすべての民のうち、生き残った者はみな、毎年、万軍の主である王を礼拝し、仮庵の祭りを祝うために上って来る。 17 地上の諸氏族のうち、万軍の主である王を礼拝しにエルサレムへ上って来ない氏族の上には、雨が降らない。 18 もし、エジプトの氏族が上って来ないなら、雨は彼らの上に降らず、仮庵の祭りを祝いに上って来ない諸国の民を主が打つその災害が彼らに下る。 19 これが、エジプトへの刑罰となり、仮庵の祭りを祝いに上って来るすべての国々への刑罰となる。

20 その日、馬の鈴の上には、「主への聖なるもの」と刻まれ、主の宮の中のなべは、祭壇の前の鉢のようになる。 21 エルサレムとユダのすべてのなべは、万軍の主への聖なるものとなる。いけにえをささげる者はみな来て、その中から取り、それで煮るようになる。その日、万軍の主の宮にはもう商人がいなくなる。

---

10 ④イザ2:2, アモ9:11
　⑤ゼカ12:6, エレ30:18
　⑥エレ37:13, 38:7
　⑦Ⅱ列14:13
　⑧ネヘ3:1, 12:39, エレ31:38
11 ①ゼカ2:4, 12:6
　②ゼカ8:13, エレ31:40
　③ゼカ23:5, 6, エゼ34:25-28
12 * 直訳「穴」
13 ①土7:22, Ⅰサム14:20, Ⅱ歴20:23, エゼ38:21
14 ①ゼカ14:1
15 ①ゼカ14:12
16 ①→ゼカ1:3
　②ゼカ14:9
　③ゼカ23:14, レビ23:34-44, ネヘ8:14, ヨハ7:2, Ⅱ歴8:13
　④イザ60:6-9, 66:18-21, 23
17 ①ゼカ14:9, 16
　②エレ14:3-6, アモ4:7
18 ①ゼカ14:12
20 ①出28:33
　②出28:36-38, 39:30
　③エゼ46:20
　④出27:3, ゼカ9:15
21 ①ネヘ8:10, ロマ16:6, 7, Ⅰコリ10:31
　②ゼパ1:11
　* あるいは「カナン人」

れる結果、エルサレム周辺の土地は平らになり、エルサレムは台地になって周辺地域よりも少し高く隆起して目立つようになる。

14:12-15　【主】は・・・災害を加えられる　ここには抵抗する国々に神が下されるさばきの詳細が書かれている(→14:3注)。

14:16　生き残った者はみな・・・王を礼拝し　キリストが再び来られて反キリストとその軍勢を滅ぼした後(⇒黙19:)、国々の生き残った人々は一年に一度、仮庵の祭りの時にメシヤである王、主イエスを礼拝するためにエルサレムに来る(→「**旧約聖書の祭り**」の表p.235)。生き残った人々とは自分の国に残った一般市民で、大患難の時代にキリストを主として受入れた人々と思われる。

14:17　雨が降らない　雨が全く降らないのは、主を礼拝し仮庵の祭りを祝うために登って来ない国々へのさばきである(→14:16注)。

14:20　【主】への聖なるもの　キリストが地上を治められるときには汚れたものはなくなる。物も人もあらゆるものが聖くなり(純粋、完全、悪からの分離)、主への礼拝と奉仕にささげられている。

14:21　宮にはもう商人がいなくなる　「商人」(別訳「カナン人」は神がご自分の民に「約束の地」を与える前に住んでいて後に追出された邪悪な人々を指す)は不道徳で邪悪な人々だった。神の国では義(神の基準に基づいた正しい行いと神との正しい関係)と聖さ(道徳的に純粋、霊的に健全、悪から分離され、神の目的に献身していること)だけが認められる。キリストに従う人々はみな、今からこれらの性質を自分たちの中に育てるようにしなければならない。

マラキ書

概　　要
序言(1:1)
I. 主の預言のメッセージとイスラエルの愚かな質問(1:2-3:18)
 A. 第一のメッセージ－神はイスラエルを愛しておられる(1:2-5)
   イスラエルの質問－「どのように、あなたが私たちを愛されたのですか」(1:2)
 B. 第二のメッセージ－イスラエルは主を侮辱した(1:6-2:9)
   イスラエルの質問－「どのようにして、私たちがあなたの名をさげすみましたか」(1:6)
   　　　　　　　　　「どのようにして、私たちがあなたを汚しましたか」(1:7)
 C. 第三のメッセージ－神はイスラエルのささげ物を受取られない(2:10-16)
   イスラエルの質問－「なぜなのか」(2:14)
 D. 第四のメッセージ－さばきが下される(2:17-3:6)
   イスラエルの質問－「どのようにして、私たちは煩わしたのか」(2:17)
   　　　　　　　　　「さばきの神はどこにいるのか」(2:17)
 E. 第五のメッセージ－主に立返り、主の教えを守れ(3:7-12)
   イスラエルの質問－「どのようにして、私たちは帰ろうか」(3:7)
   　　　　　　　　　「どのようにして、私たちはあなたのものを盗んだでしょうか」(3:8)
 F. 第六のメッセージ－神を不当に責めるイスラエル(3:13-18)
   イスラエルの質問－「私たちはあなたに対して、何を言いましたか」(3:13)
   　　　　　　　　　「神の戒めを守っても・・・何の益になろう」(3:14)
II. 主の日(4:1-6)
 A. 高ぶる者と悪を行う者へのさばきの日(4:1)
 B. 謙遜で正しい人々の勝利の日(4:2-3)
 C. 預言者が先導して新しくされる神の民の間の関係(4:4-6)

著　　者：マラキ

主　　題：エドムへのさばき

著作の年代：紀元前430－420年頃

著作の背景

　マラキという名前は「私の使者」という意味で「主の使者」を意味する「マラキア」の省略形と考えられる。ある人々は1章1節にある「マラキ」は個人の名前ではなく立場を示す称号と考えているけれども、その可能性は極めて低い。この預言者のことは旧約聖書でほかには書かれていないけれども、この書物だけで十分にわかる。マラキはバビロニヤ捕囚の後(バビロニヤでの捕虜の生活から帰還した後 →「ユダ(南王国)の捕囚」の地図 p.633、「捕囚からの帰還」の地図 p.759)、ユダに住んでいた信仰の篤いユダヤ人だった。ネヘミヤ(ペルシヤのアルタクセルクセス王に仕えていたけれども許可を受けてエルサレムに戻り城壁を再建した人)と同じ時代の人である。また預言者であり祭司でもあったと考えられる。マラキのメッセージは神の契約(神の律法と約束、人々の忠実と服従に基づいた神とイスラエルとの「終生協定」2:4, 5, 8, 10)を忠実に守ることに集中していた。また思いや心のこもらない礼拝(1:7-2:9)や偶像礼拝(2:10-12)、離婚(2:13-16)、十分の一(献金)やささげ物を盗むこと(3:8-10)などにもはっきりと反対を示していた。これらのことから、マラキは信頼できる高潔な人物で心から神に仕えた人だったことがわかる。

　この書物にはマラキの活動した時代の歴史的背景と霊的状態について重要なことがいくつか示されている。
(1) 神殿が再建され(前516/515)、いけにえや祭りが再開された(→「旧約聖書のいけにえとささげ物」の表

マラキ書

p.202,「旧約聖書の祭り」の表 p.235)。(2) 神の契約を書き写したエズラを通して神の契約の全体が再び紹介された(前457-455頃 →エズ7:10, 14, 25-26)。(3) 昔の預言者たちが伝えていた輝かしい未来の出来事がまだ実現していない(主がまだ神殿に来ておられない、敵がまだ除かれていない、神の民が国々の間で尊ばれていない)ので人々は落胆していた。これらのことがすぐに起きると思っていたからである。けれども期待していたより長くかかりそうなので人々は霊的に不注意になり、神を敬わない行動に戻っていった。祭司や一般市民の心も態度も霊的に無頓着になり鈍くなった(前433頃)。そして神の律法を真剣に受止める人がほとんどいなくなった。マラキが描いたような霊的状態や律法を軽視する姿は、ネヘミヤが二期目の総督としてペルシヤからエルサレムに戻ったとき(前433-425頃)と同じように見える(⇒ネヘ13:4-30)。当時、(a) 祭司は腐敗していた(1:6-2:9, ネヘ13:1-9)、(b) ささげ物や十分の一(収入の10%を神のために取分ける)がおろそかにされていた(3:7-12, ネヘ13:10-13)、(c) 離婚が頻繁に行われていた。そして男性はヘブル人の妻と離婚して周囲の不信仰な国の女性(恐らく若い)と結婚していた(2:10-16, ネヘ13:23-28)。こうしたことからマラキは前430-420年にメッセージを伝えていたと考えられる。

目　的

マラキ書が書かれた頃、捕囚から祖国に戻ったユダヤ人は再び社会全体で困難に直面し、霊的にも非常に衰退していた。これは一世紀半前のバビロニヤに征服され捕囚に送られる前に苦しんでいたときと同じようだった。捕囚からエルサレムに戻った人々は当初大変な苦労をした。それから100年経ったこのときに人々は同じ問題を抱え、国の歴史に汚点を残したあの同じ不誠実さを示すようになっていた。これを見るとき、人間はいかに同じ罪に陥りやすく、また歴史から学ぶのが遅いかがわかる。人々は神を信じることもみことばに頼ることもなくなっていた。神の愛と約束に疑いを持ち神の正義を疑問視していた。また神の戒律を守っても得をすることはないと思い、信仰も弱って、礼拝をしてもそれは本当に神をあがめ神を愛することではなく習慣的なものになっていった。その結果、神の律法に対してあらゆる罪を犯していた。マラキは祭司と一般市民に次のようなことが必要だと訴えた。(1) 神が突然さばきを下す前に罪と宗教的偽善(偽り)から立返ること、(2) 神から来る好意と祝福の流れを止めている、疑いや不従順という障害を取除くこと、(3) へりくだった従順な心をもって、主とその契約(→**イスラエル人との神の契約**の項 p.351)への献身を新しくすること。

概　観

マラキ書は「マラキを通してイスラエルにあった主のことば」(1:1)ということばで始まっている。そのような宣告(預言のメッセージ)は六つある。どの宣告も、神からの宣告には神に対する当時のイスラエルの態度を示す10の修辞的疑問文(答があまりにも明らかで特に応える必要がない質問)が混じっていた。この書物の大半は預言者を通して行われる討論のかたちで書かれていて、イスラエルが神の前に申立てる不完全な考えや言訳が不合理であることを示している。この討論のような質問と応答のかたちは旧約聖書では珍しいものではないけれども、マラキ書はほとんど全部がこの文体で書かれている(→概要)。

マラキを通して主が示される預言のメッセージには六つの段階がある。
(1) 第一のメッセージで、神はイスラエルへの愛を再び指摘しておられる(1:2-5)。
(2) 第二は、神とイスラエルとの契約関係(神の律法と約束、人々の忠実と服従に基づいた神とイスラエルとの「終生協定」)の指導者で監視者であるはずの祭司が不忠実だと非難している(1:6-2:9)。
(3) 第三のメッセージは、神が先祖との間に交された契約を人々が破ったと責めている(2:10-16)。
(4) 第四は、神との契約を拒み、軽視し、破ったことに対してさばきが必ず下ることをイスラエルに注意している(2:17-3:6)。
(5) 第五のメッセージは、ユダヤ人社会に悔い改め(態度を改め、罪を認め、自分勝手な道から立返り主に従う道を選ぶこと)を勧めている。悔い改めるなら神は祝福を人々に回復される(3:7-12)。
(6) 最後の宣告(預言のメッセージ)は、「記憶の書」のことを指している。それは神を心から礼拝し続け、神の御名に栄光をささげた人々を神が記録しているものである(3:13-18)。そしてやがて来る「主の日」(→ゼパ緒論)についての預言的な警告と約束を書いてマラキ書は終っている(4:1-6)。

特　徴

マラキ書には五つの大きな特徴がある。
(1) 神と神の民とのやり取りの詳細がそのまま直接的に描かれている。文章は第一人称で書かれ(物語や物事

を実際に行っている人の立場で書く)、「わたし」「私たち」という親しい関係を示すことばを使って神と神の民が直接話し合っているようなかたちである。

(2) 会話のほとんどは質問が出され、それに応えるというかたちになっていて、そのようなやり取りは20以上ある。この書き方はエルサレムの路上や神殿の境内で人々に預言をしたときの情況を反映したものと考えられる。

(3) マラキは旧約聖書の最後の預言者である。この後400年間イスラエルには預言者の声が聞かれなかった。この静寂の期間は新約聖書に登場するバプテスマのヨハネの説教によって破られた(マタ3:, マコ1:, ルカ1:-3:, ヨハ1:)。バプテスマのヨハネの到来を、マラキはメシヤの前を行って道を整える使者として預言していた(3:1)。

(4) この短い書物の中で、「万軍の主」という表現が20回以上使われている。

(5) 旧約聖書の預言的啓示の書物の最後の預言が「預言者エリヤ(バプテスマのヨハネのこと)を・・・遣わす」という預言で終っていることは重要である。エリヤの使命は神の民の間に神を敬う強い父親たちを回復することである(→ルカ1:17)。マラキの時代には強い家族関係についてのメッセージは、崩壊した弱い家庭が多い社会情況とは対照的だった(4:5-6)。

新約聖書での成就

新約聖書ではマラキ書から三つの文が引用されている。

(1) 「わたしはヤコブを愛した。わたしはエサウを憎み」(1:2-3)は、計画された目的を果すために人を選ぶ主権(絶対的権威)が神にあることを教えているパウロによって引用された(ロマ9:13, →「**選びと予定**」の項 p.2215)。

(2) 「わたしの使者を遣わす。彼はわたしの前に道を整える」(3:1, ⇒イザ40:3)は主イエスによって引用され、バプテスマのヨハネとその伝道活動を指している(マタ11:7-15)。

(3) 「主の大いなる恐ろしい日が来る前に、預言者エリヤをあなたがたに遣わす」(4:5)という預言がバプテスマのヨハネを指していることを主イエスは理解しておられた(マタ11:14, 17:10-13, マコ9:11-13)。聖書の最後の書物である黙示録では、キリストの再臨の前にエリヤの霊が再び現れると言われている(黙11:3-6)。

新約聖書でのこのようなはっきりしたマラキ書の引用に加えて、不当な離婚を訴える預言者の強いメッセージ(2:14-16)が新約聖書のこの同じ重要な主題についての教えの基礎になっている(マタ5:31-32, 19:3-10, マコ10:2-12, ロマ7:1-3, Ⅰコリ7:10-16, 39)。未来のメシヤの出現についての預言(3:1-6, 4:1-3)は、キリストの第一降臨と再臨の両方にかかわっている。

マラキ書の通読

旧約聖書全体を1年間で通読するためには、マラキ書を次のスケジュールに従って2日間で読まなければならない。

☐1-2 ☐3-4

メ　モ

マラキ書　1章

1 ①宣告。マラキを通してイスラエルにあった主のことば。

ヤコブが愛されエサウが憎まれる

2 「わたしはあなたがたを愛している」と主は仰せられる。
あなたがたは言う。
「③どのように、あなたが私たちを愛されたのですか」と。
「エサウはヤコブの兄ではなかったか。
──主の御告げ──
わたしはヤコブを愛した。

3 わたしはエサウを憎み、
彼の山を①荒れ果てた地とし、
彼の継いだ②地を荒野のジャッカルのものとした。」

4 たといエドムが、
「私たちは打ち砕かれた。
だが、廃墟を建て直そう」と言っても、
万軍の主はこう仰せられる。
「彼らは建てるが、わたしは打ちこわす。
彼らは、悪の国と言われ、
主のとこしえにのろう民と呼ばれる。」

5 あなたがたの目はこれを見て言おう。
「主はイスラエルの地境を越えて偉大な方だ」と。

損傷のあるささげ物

6 「子は父を敬い、しもべはその主人を敬う。
もし、わたしが父であるなら、
どこに、わたしへの③尊敬があるのか。
もし、わたしが主人であるなら、
どこに、わたしへの恐れがあるのか。
──万軍の主は、あなたがたに仰せられる──
わたしの名をさげすむ⑤祭司たち。
あなたがたは言う。

1①イザ13:1, ナホ1:1, ハバ1:1, ゼカ9:1
2①マラ1:2-5, イザ34:5-17, 63:1-6, エレ49:7-22, エゼ25:12-14, 35章, アモ1:11, 12
②申4:37, 7:8, 10:15, 23:5
③イザ41:8, 9, 54:8, エレ31:3, ホセ11:1
③マラ1:6, 7, 2:14, 17, 3:7, 8, 13
④創25:23, ロマ9:13
3①エゼ35:3, 4, 7-9, 14, 15
②→ヨエ2:17
4①イザ9:9, 10

②マラ1:6, 8-11, 13, 14, 2:2, 4, 7, 8, 12, 16, 3:1, 5, 7, 10-12, 14, 4:1, 3
③イザ34:5, 10, エゼ35:9, オバ10
5①詩35:27, ミカ5:4
6①出20:12, 箴30:11, 17
②マラ2:10, 申1:31, 32:6, イザ1:2, エレ3:4
③イザ29:13
④マラ3:5
⑤マラ2:1-9, ゼパ3:4

1:1 マラキ　マラキが預言をしていたのは、捕囚の第一陣がバビロニヤから故国へ帰還してからおよそ100年後のことである。捕囚とはバビロニヤが数年にわたってユダを攻撃し、前586年にエルサレムを破壊したときに捕えられたユダヤ人のことである(→Ⅱ列24:1注、25:1注)。捕虜たちはバビロニヤ帝国のあらゆる地方に送られた。後に大勢のユダヤ人が数年にわたり何段階かに分れて帰還し、神殿や町そして最終的には城壁の再建のために働いた(→エズラ記、ネヘミヤ記)。最初、人々は自由を喜び、再建事業を神のご計画と信じ大きな熱意をもって受入れたけれども、時間が経つにつれ主に従う思いが薄れていった。前430年頃マラキは神への不信仰、間違った礼拝、神の律法を拒んでいる人々をとがめた。

1:2 わたしはあなたがたを愛している　神は人々への愛をことばと態度で繰返し示されたけれども、人々は神が本当に愛しているのか疑うようになった。神とその律法に逆らったために苦難や問題を抱えることになった人々は、神が約束を守っていないと言って神を責めた(1:6-8)。それに対して、神は長年にわたってユダヤ人を特別に大切にしてきたことを預言者を通して思い出させられた。

1:3 わたしはエサウを憎み　イスラエルが神の愛を疑い始めたとき、神がエサウではなく先祖のヤコブ(後に神がイスラエルという名前を与えられた)を選ばれたことを、預言者は示した。それはヤコブが神の愛を受けるにふさわしかったからではなく、神にご計画があったからだった。ここで使われている「憎み」ということばは、神がヤコブの子孫を通してどのように働かれエサウの子孫がどうなったかその極端な違いを示しているだけである。エサウの家族は神を求める思いを全く見せていない(→創25:29-34, 26:34, 28:6-9)。神はアブラハム(ヤコブとエサウの祖父)と結んだ契約をヤコブが継ぐことを認め、メシヤ(キリスト)が出現する選民の先祖になるようにされた。神がエサウとその子孫を拒んだとしても、それは永遠の運命とは関係がない。神は良い土地を与えて祝福し(申2:2-12)、神に仕え、神の祝福を受けるようになることを望んでおられた(→創25:23注、ロマ9:13注)。けれどもエドム人(エサウの子孫 創25:30)は別の道を選んでついに滅ぼされてしまった(エレ49:7-22, オバ1:1-21)。

1:6-8 わたしの名をさげすむ祭司たち　マラキは霊的指導者たちが神を代表する指導者のように行動していないので非難している。(1) 祭司たちは神を敬っていなかった。いけにえの動物をささげるとき足のなえたものや病気のものをささげていた。これは神の律法に反することだった(レビ22:22)。(2) キリスト者として私たちは持っているものの中から最高のものを神にささげなければならない。自分のために最高の部分を取ったり使ったりした後に、残ったものをささげるのではない。私たちの全生活が神への生きたささげ物でなければならない(ロマ12:1)。祈ったり聖書を読んだりする神との個人的な時間は、一日の中で最高の時間でなければならない。ほかの用事を全部済ませ

『どのようにして、
私たちがあなたの名をさげすみましたか』と。
7 あなたがたは、
わたしの祭壇の上に汚れたパンをささげて、
『どのようにして、
私たちがあなたを汚しましたか』と言う。
『主の食卓はさげすまれてもよい』と
あなたがたは思っている。
8 あなたがたは、
盲目の獣をいけにえにささげるが、
それは悪いことではないか。
足のなえたものや病気のものをささげるのは、
悪いことではないか。
さあ、あなたの総督のところに
それを差し出してみよ。
彼はあなたをよみし、
あなたを受け入れるだろうか。
──万軍の主は仰せられる──
9 さあ、今、
恵みを受けるために神に願ってみよ。
これはあなたがたの手によることだ。
神はあなたがたのうちだれかを、
受け入れてくださるだろうか。
──万軍の主は仰せられる──
10 あなたがたのうちにさえ、
あなたがたがわたしの祭壇に、
いたずらに火を点ずることがないように、
戸を閉じる人は、だれかいないのか。
わたしは、あなたがたを喜ばない。
──万軍の主は仰せられる──
わたしは、あなたがたの手からのささげ物を
受け入れない。
11 日の出る所から、その沈む所まで、
わたしの名は諸国の民の間であがめられ、
すべての場所で、わたしの名のために、
きよいささげ物がささげられ、香がたかれる。
わたしの名が諸国の民の間で
あがめられているからだ。
──万軍の主は仰せられる──
12 しかし、あなたがたは、
『主の食卓は汚れている。
その果実も食物もさげすまれている』
と言って、
祭壇を冒瀆している。
13 あなたがたはまた、
『見よ。なんとうるさいことか』と言って、
それを軽蔑する。
──万軍の主は仰せられる──
あなたがたは、かすめたもの、足のなえたもの、
病気のものを連れて来て、
ささげ物としてささげている。
わたしが、それをあなたがたの手から、
喜んで、受け入れるだろうか。
──主は仰せられる──
14 群れのうちに雄の獣がいて、
これをささげると誓いながら、
損傷のあるのを主にささげるずるい者は、
のろわれる。
わたしが大いなる王であり、
わたしの名が諸国の民の間で、

6 ⑥マラ1:2
7 ①マラ1:8, 13, 申15:21
　②マラ1:12, エゼ41:22
8 ①レビ22:22, 申15:21
9＊→Ⅱ歴33:12＊
　①エレ27:18, ヨエ2:12, 13
10 ①イザ1:11, エレ6:20, アモ5:21
　②マラ1:11, 13, 2:12, 13, 3:3, 4, →イザ1:13
　③イザ1:13, エレ6:20, 14:10, 12, ホセ5:6, アモ5:21, 22
11 ①詩113:3, イザ45:6, 59:19
　②詩48:10, イザ12:4, 5, 54:5, エレ10:6, 7
　③イザ60:6
　④黙8:3
12 ①マラ1:7
13 ①イザ43:22
　②レビ6:4, イザ61:8
　③マラ1:8, レビ22:20
　④マラ1:8, 10
14 ①レビ22:18-20, 使5:1-4
　②詩47:2, ゼカ14:9

た残り時間や疲れて何もできないときに行うことではない。神のご臨在とともに過す「静かな時間」から一日を始めることが大切である。（3）「主の食卓」は動物のいけにえをささげる祭壇のことである（祭司は「主の食卓」でささげられるいけにえの一部を取ることが許されていた）。神を軽視しながらいけにえをささげるのなら何もささげないほうが良いと神は言われた（1:10）。不誠実な心でささげるいけにえを神は受入れられない。

1:11 わたしの名は諸国の民の間であがめられ 世界中の人々が唯一のまことの神として主を心から礼拝する日が来ることをマラキは予告している（⇒イザ45:22-25, 49:5-7, 59:19）。そのときイスラエルの神（私たちが聖書で知る神）が知られ、その力は世界中で認められるようになる。いろいろな教会が国々に宣教師を派遣し全世界に伝道するために必要なものを提供して人々がイエス・キリストのメッセージを聞くことができるようにしていることを考えると、この預言は部分的に成就していると言うことができる。神の世界宣教への働きを支援することは、自分の信仰が本物であることを証明する方法でもある。私たちはこのことを所属する教会が支援している伝道活動や宣教師のために時間や財をささげることによって行うことができる。

マラキ書　1-2章

　　③恐れられているからだ。
　　——万軍の主は仰せられる——

祭司への勧告

2

1 　祭司たちよ。
　　今、この命令があなたがたに下される。
2 　もし、あなたがたが聞き入れず、
　　もし、わたしの名に栄光を帰することを
　　心に留めないなら、
　　——万軍の主は仰せられる——
　　わたしは、あなたがたの中にのろいを
　　送り、
　　あなたがたへの祝福をのろいに変える。
　　もう、それをのろいに変えている。
　　あなたがたが、これを心に留めないか
　　らだ。
3 　見よ。わたしは、あなたがたの子孫を
　　責め、
　　あなたがたの顔に糞をまき散らす。
　　＊あなたがたの祭りの糞を。
　　あなたがたはそれとともに投げ捨てら
　　れる。
4 　このとき、あなたがたは、わたしが、
　　レビとのわたしの契約を保つために、
　　あなたがたにこの命令を送ったことを
　　知ろう。
　　——万軍の主は仰せられる——

14 ③詩102:15

1 ①マラ1:6-8
2 ①レビ26:14, 15,
　申28:15
　②→マラ1:4
　③マラ3:9, 申28:16-20
3 ①ナホ3:6
　②出29:14
　＊直訳「彼はあなたがた
　をそこに運ぶ」
4 ①民3:11-13, 45, 18:21

5 ①民25:12,
　エゼ34:25, 37:26
6 ①詩119:142, 151, 160
　→ホセ4:6
　③エレ23:22, ヤコ5:20
7 ①レビ10:11, 申24:8,
　エズ7:10, ネヘ8:7,
　エゼ18:18,
　ハガ2:11, 12
　②民27:21,
　申17:8-11, 21:5
　→イザ37:36
8 ①マラ3:7
　②エレ18:15,
　マタ23:13, 15
　③ネヘ13:29
　④エゼ44:10
　⑤マラ1:4
9 ①マラ1:7, 12
　②申1:17, ミカ3:11
10 ①イザ63:16, 64:8,
　エレ31:9
　②ヨブ31:15,
　Ⅰコリ8:6, エペ4:6

5 　わたしの彼との契約は、いのちと平和
　　であって、
　　わたしは、それらを彼に与えた。
　　それは恐れであったので、
　　彼は、わたしを恐れ、
　　わたしの名の前におののいた。
6 　彼の口には真理の教えがあり、
　　彼のくちびるには不正がなかった。
　　平和と公正のうちに、彼はわたしとと
　　もに歩み、
　　多くの者を罪から立ち返らせた。
7 　祭司のくちびるは知識を守り、
　　人々は彼の口から教えを求める。
　　彼は万軍の主の使いであるからだ。
8 　しかし、あなたがたは道からはずれ、
　　多くの者を教えによってつまずかせ、
　　レビとの契約をそこなった。
　　——万軍の主は仰せられる——
9 　わたしもまた、あなたがたを、
　　すべての民にさげすまれ、
　　軽んじられる者とする。
　　あなたがたがわたしの道を守らず、
　　えこひいきをして教えたからだ。」

マタ7・21
　　　23

不信仰なユダ

10 　私たちはみな、
　　ただひとりの父を持っているではない
　　か。
　　ただひとりの神が、私たちを創造した
　　ではないか。

2:1-4　祭司たちよ　人々のために神の祝福を祈ることは祭司の職務だった。けれども神から与えられた職務をおろそかにしている祭司が祈る「祝福」は無益な呪いになっていた。神のメッセージを人々に伝えても、神を辱める汚れた生活をして神の名前を汚していた。このような祭司たちを神は辱めその働きを呪われる。

2:4-6　レビとのわたしの契約　祭司はレビ族（レビの家系）から選ばれた。ここで神はレビとその忠実な子孫たちを用いて神に奉仕する人の模範的な姿を示された。今日の神に奉仕する人々も、ここに書かれているのと同じような品性を備えなければならない。神への愛と敬意を示し、神の基準に沿ってまじめに生活をし、真理を伝え、模範となって人々を導かなければならない。そうするなら、そのメッセージは人々を罪から立返らせ神に向かわせることができる（→「**監督の道徳的資格**」の項 p.2303）。

2:9　えこひいきをして教えた　祭司たちは金持や権威のある人々を特別扱いし、その罪を見逃し、その邪悪な道から立返るようにと忠告をしなかった。そのため、金持はほかの人々をしばしば欺いていた。牧師や、伝道にかかわる指導者たちは、自分の責任の下にいる人々に神のことばを全部伝えなければならない（→使20:27）。忠実な奉仕者は人々を喜ばせたり楽しくさせ自分が人気者になるような説教ではなく、人々が聞きたくないようなことも説教しなくてはならないことを知っている。つまり神の慰めの約束やすばらしい恩恵と霊的救いだけではなく、神の厳しい訴え、容赦ない警告やさばきについても話さなければならない。神の祝福について話しても、神の聖さの基準を無視する指導者には神がその理由を問いただされる。

なぜ私たちは、互いに裏切り合い、
私たちの先祖の契約を汚すのか。
11 ユダは裏切り、
イスラエルとエルサレムの中では
忌まわしいことが行われている。
まことにユダは、主の愛された主の聖所を汚し、
外国の神の娘をめとった。
12 どうか主が、このようなことをする者を、
たといその者が
万軍の主にささげ物をささげても、
ひとり残らずヤコブの天幕から
断ってくださるように。

13 あなたがたはもう一つのことをしている。
あなたがたは、涙と、悲鳴と、嘆きで
主の祭壇をおおっている。
主がもうささげ物を顧みず、
あなたがたの手から、
それを喜んで受け取らないからだ。
14 「なぜなのか」とあなたがたは言う。
それは主が、
あなたとあなたの若い時の妻との証人であり、
あなたがその妻を裏切ったからだ。
彼女はあなたの伴侶であり、
あなたの契約の妻であるのに。
15 神は人を一体に造られたのではないか。
彼には、霊の残りがある。その一体の人は何を求めるのか。神の子孫ではないか。あなたがたは、あなたがたの霊に注意せよ。あなたの若い時の妻を裏切ってはならない。
16「わたしは、離婚を憎む」とイスラエルの神、主は仰せられる。「わたしは、暴力でその着物をおおう」と万軍の主は仰せられる。あなたがたは、あなたがたの霊に注意せよ。裏切ってはならない。

さばきの日

17 あなたがたは、あなたがたのことばで主を煩わした。
　しかし、あなたがたは言う。
　「どのようにして、私たちは煩わしたのか。」
　「悪を行う者もみな主の心にかなっている。
　主は彼らを喜ばれる。
　さばきの神はどこにいるのか」と
　あなたがたは言っているのだ。

3

1 「見よ。わたしは、わたしの使者を遣

---

10 ③ エレ9:4, 5
④ 出19:4-6, 24:3, 7, 8
11 ① エレ3:7-9
② エズ9:1, 2, 10:2, ネヘ13:23-28
12 ① →マラ1:4
② →マラ1:10
③ エゼ24:21, ホセ9:12
13 ① エレ11:14
② マラ1:10, 13, エレ14:12
14 ① マラ3:5

② 箴5:18
15＊直訳「彼」
① 創2:24, マタ19:4, 5
② ルツ4:12, Ⅰサム2:20
③ 出20:14, レビ20:10
16 ① 申24:1, マタ19:6-8
② 詩73:6, イザ59:6
17 ① イザ43:24
② マラ3:15, ヨブ9:24, 2:17, 7, 8
③ イザ5:19, エレ17:15

1 ① マタ11:10, 14, マコ1:2, ルカ7:27

2:10-16　忌まわしいこと　「互いに裏切り合」う（神に従い隣人を愛するという決意を守らないこと）人々のことをマラキは激しく批判している。人々は指導者を、またお互いを信用することができなかった。神の律法や教えを脇に追いやって、神の契約に不忠実だった。互いの人間関係でも不誠実で、もう一つの重要な契約である結婚の誓約も破っていた。人々が行っていた忌まわしい行動の二つの例が挙げられているけれども、それは妻を離別することと神を敬わない女性と結婚することである（→2:11注, 2:14注）。

2:11　外国の神の娘をめとった　男たちはほかの神々に仕えている周りの国々の女性との結婚を進めていた。これは神がモーセを通して与えられた律法で禁止されていることである（→出34:15-16, 申7:3-4, Ⅰ列11:1-6）。新約聖書は信仰者は信仰者とだけ結婚するべきだと教えている（→Ⅰコリ7:39）。人間が作ったにせの神々に仕える外国の女性との結婚は、何世紀にもわたってイスラエルが神に背いた最大の原因の一つだった。キリスト者が主に従っていない人と結婚するとその影響を受けて神に奉仕をしなくなり、子どもたちが神を知らず、愛さず、神に仕えなくなる可能性が出てくる。

2:14　あなたの若い時の妻　結婚は誓約、「終生協定」であり、神の前で互いに誠実を誓うことである。けれども多くの男性は若い時に結婚した妻への厳粛な誓いを破っていた。離婚を求めていた理由は、ただ別の人と結婚したいということだけだった。主はこのような自分勝手な行動を軽べつされた。ここで神は夫と妻を「一体に造られた」（2:15, ⇒エペ5:31）ことを示して厳しく非難された。この罪のために神は祈りを聞くことを拒まれた（2:13-14）。

2:16　わたしは、離婚を憎む　神は離婚を、特に自分勝手な理由による離婚を憎まれる。主はこのような離婚は「暴力で・・・おおう」ことだと言われる。それは不当な離婚は人々の生活に悪い影響を与えるもので、神の目には極端な不正行為、残虐、殺人と同じということである（→マタ19:9注）。

3:1　わたしは、わたしの使者を遣わす　神の約束を疑う人々にみことばが与えられた。人々が待っている

マラキ書　3章

わす。
彼はわたしの前に道を整える。
あなたがたが尋ね求めている主が、
突然、その神殿に来る。
あなたがたが望んでいる契約の使者が、
見よ、来ている」と万軍の主は仰せられる。

2　だれが、この方の来られる日に耐えられよう。
だれが、この方の現れるとき立っていられよう。
まことに、この方は、精錬する者の火、
布をさらす者の灰汁のようだ。

3　この方は、銀を精錬し、
これをきよめる者として座に着き、
レビの子らをきよめ、
彼らを金のように、銀のように純粋にする。
彼らは、
主に、義のささげ物をささげる者となり、

4　ユダとエルサレムのささげ物は、
昔の日のように、ずっと前の年のように、
主を喜ばせる。

5　「わたしは、さばきのため、
あなたがたのところに近づく。
わたしは、ためらうことなく証人となり、
呪術者、姦淫を行う者、偽って誓う者、
不正な賃金で雇い人をしいたげ、
やもめやみなしごを苦しめる者、
在留異国人を押しのけて、
わたしを恐れない者たちに、向かう。
——万軍の主は仰せられる——

神のものを盗む

6　主であるわたしは変わることがない。
ヤコブの子らよ、
あなたがたは、滅ぼし尽くされない。

7　あなたがたの先祖の時代から、
あなたがたは、わたしのおきてを離れ、
それを守らなかった。
わたしのところに帰れ。そうすれば、
わたしもあなたがたのところに帰ろう。
——万軍の主は仰せられる——
しかし、あなたがたは、
『どのようにして、私たちは帰ろうか』
と言う。

8　人は神のものを盗むことができようか。
ところが、あなたがたは
わたしのものを盗んでいる。
しかも、あなたがたは言う。
『どのようにして、
私たちはあなたのものを盗んだでしょうか。』
それは、十分の一と奉納物によってである。

9　あなたがたはのろいを受けている。
あなたがたは、わたしのものを盗んでいる。

方（メシヤ）が必ず来ることをマラキは示した。その前に神はメシヤの道を整える使者を遣わされる。イエス・キリストの先駆者（先に立って進んで到来を告げる人）であるバプテスマのヨハネが来たときに、この預言は成就した（→マタ11：10, マコ1：2, ルカ1：76, 7：27）。

3：1-5　契約の使者　ここの「使者」はメシヤである主イエスである。この方は人々と新しい契約（「終生協定」）を結び、すべての人（私たちを含む）に神との個人的で永遠の関係を持つことができる道を作られる。このマラキの預言はキリストの第一降臨と再臨の両方に特別なかかわりを持っている。

3：2　この方の来られる日　キリストの来臨（第一降臨と再臨の両方）によって人類の歴史の中の神の壮大なご計画が完了する。マラキはキリストがきよめ（3：1）とさばき（3：5）を行うために来られると預言している。キリストが再臨して悪の力を滅ぼし地上から一掃されるときに、この預言は完全に成就する。神と正しい関係を持った人だけが、完全にそして最終的に悪が除かれるこの日に救いにあずかることができる（⇒イザ1：25, エゼ22：17-22）。

3：8　人は神のものを盗むことができようか　十分の一（献金）（収入の十分の一をささげる）をささげないことで人々は神のものを盗んでいた。神の律法では、神をあがめ、奉仕に携わる人々の必要を満たすために収入の十分の一が要求されていた（レビ27：30）。(1) 神は、自分勝手な理由からささげ物を拒む人はのろわれると警告し（3：8-9）、誠実に主の働きを支える人は祝福を受けると約束された（3：10-12, →3：10注）。(2) 神をほめたたえ、また奉仕に必要なものをささげるという特権と責任は今も変らない。したがって、今日の新約聖書時代に生きるキリスト者も地域社会と全世界での主の働きを支援するためにささげなければならな

マラキ書 3-4章

この民全体が盗んでいる。
10 十分の一をことごとく、宝物倉に携えて来て、
わたしの家の食物とせよ。
こうしてわたしをためしてみよ。
——万軍の主は仰せられる——
わたしがあなたがたのために、天の窓を開き、
あふれるばかりの祝福を
あなたがたに注ぐかどうかをためしてみよ。
11 わたしはあなたがたのために、
①*いなごをしかって、
あなたがたの土地の産物を滅ぼさないようにし、
②畑のぶどうの木が不作とならないようにする。
——万軍の主は仰せられる——
12 すべての国民は、
あなたがたをしあわせ者と言うようになる。
あなたがたが喜びの地となるからだ」と
万軍の主は仰せられる。
13 ①「あなたがたはわたしに
かたくななことを言う」と主は仰せられる。
あなたがたは言う。
「私たちはあなたに対して、何を言いましたか。」
14 あなたがたは言う。

10 ① Ⅰ歴26:20, Ⅱ歴31:11, 12, ネヘ10:37, 38, 13:12
② 申28:12, Ⅱ列7:2, 詩78:23-29
③ レビ26:3-5, 申28:8
11 ① ヨエ1:4, 2:25
＊直訳「食う者」ヨエ1:4
② アモ4:9
③ →ヨエ1:7
12 ① イザ61:9
② イザ62:4
13 ① マラ1:7, 12, 13, 2:17

14 ① ヨブ21:14, 15
15 ① マラ4:1
② マラ2:17, 詩73:12
③ 詩95:9
④ エレ7:10, ゼパ1:12
16 ① 詩34:15, エレ31:18-20
② マラ4:2, 詩66:16, 115:11
③ 詩56:8, 139:16, イザ4:3, ダニ12:1
17 ① 詩135:4, イザ43:1
② 出19:5, 申7:6, Ⅰペテ2:9
18 ① 創18:25, アモ5:15

1 ① マラ3:2, 3, 詩21:9, ヨエ2:31

「神に仕えるのはむなしいことだ。
神の戒めを守っても、
万軍の主の前で悲しんで歩いても、
①何の益になろう。
15 今、私たちは、
②高ぶる者をしあわせ者と言おう。
③悪を行っても栄え、
神を試みても④罰を免れる」と。

16 そのとき、
①主を恐れる者たちが、互いに語り合った。
主は耳を傾けて、これを聞かれた。
②主を恐れ、主の御名を尊ぶ者たちのために、
主の前で、③記憶の書がしるされた。

17 「彼らは、わたしのものとなる。
——万軍の主は仰せられる——
わたしが事を行う日に、わたしの②宝となる。
人が自分に仕える子をあわれむように、
わたしは彼らをあわれむ。
18 あなたがたは再び、正しい人と悪者、
神に仕える者と仕えない者との違いを
見るようになる。

主の日

4

1 見よ。その日が来る。
①かまどのように燃えながら。

い（→Ⅱコリ8:2注）。

3:10 あふれるばかりの祝福を・・・注ぐ 自分の行いを改めて神に立返り、神への信仰を新しくしたことを神の働きと奉仕のためにささげ物をささげて示すなら、神はささげた以上の祝福（経済的祝福だけではなく）を注いでくださる。地上の神の目的を推進するために十分の一やささげ物をささげて神とその働きへの愛と忠誠を示すことを神は望んでおられる（→**十分の一とささげ物**」の項 p.1603）。ささげることは、私たちの信仰を広げ人生の中でより大きな自制心と責任感を養うため神から与えられた特権である。経済的なささげ物を忠実にささげる人は、地上の生涯と永遠の世界の両方で祝福される。

3:14 神に仕えるのはむなしいことだ 人々は神に仕えることには何の利益もないと考えるようになっていたけれども、神の前に心が正しくされていなくてもかたちだけでも儀式を行って礼拝をささげるなら神に認められると間違って思っていた（→「**礼拝**」の項 p.789）。

3:16 【主】を恐れる者たち ほとんどの人が不忠実になっているときに、神を疑うことも否定もしない人々が、少ないながらなお存在していた。この人々は神を敬いほかの人々にもそうするように励ましていた。(1) 生活を通して神の栄光を現す人々を永遠に記憶すると主は約束された。(2) 神への信仰と愛を神は認め覚えていてくださるとこの節は保証している。神を信じ続けた人には、さばきの日に神の前に立ったときに豊かな報いがある。

4:1 その日が来る 「その日」はキリストの第一降臨

十分の一とささげ物

「十分の一をことごとく、宝物倉に携えて来て、わたしの家の食物とせよ。こうしてわたしをためしてみよ。──万軍の【主】は仰せられる──わたしがあなたがたのために、天の窓を開き、あふれるばかりの祝福をあなたがたに注ぐかどうかをためしてみよ。」(マラキ書3:10)

十分の一（献金）とささげ物とは何か

「十分の一」(献金)を示すヘブル語(「マーセル」)は文字通り「十分の一」を意味している。

(1) 神の律法の中でイスラエル人は家畜と地の産物(収穫、穀物、果実)の十分の一を収入の十分の一と同じようにささげるように求められていた。それは自分たちの祝福は神がくださったものだと認識していることを示すためだった(→レビ27:30-32, 申14:22-29, →レビ27:30注)。十分の一は収穫の最初で最も良いもの(箴3:9,10)で、残り物ではならなかった。これは神の分(十分の一)は何よりも第一にしなければならないということである。そうすることによって人々は、自分たちの生活の中で神の目的が最優先されていることを示すことになった。十分の一は主として礼拝の場所、儀式、奉仕の費用と祭司や礼拝で奉仕をする人々(民18:21, 26)を支えるために用いられた。神は約束の地で与えた財源を賢く管理するように求めておられた(⇒マタ25:15注, ルカ19:13注)。

(2) 十分の一はすべてのものは神が所有しておられると理解し、その事実を受入れていることを示す具体的な方法だった(出19:5, 詩24:1, 50:10-12, ハガ2:8)。人間は神によって創造され、神によって一息一息を呼吸している(創1:26-27, 使17:28)。私たちの持っている良いものはみな神から与えられたものである(ヨブ1:21, ヨハ3:27, Ⅰコリ4:7)。神は十分の一に関する律法の中で、神が人間に与えられたものの一部をまず神にお返しすることを命令しているだけである。

(3) 十分の一のほかにもイスラエル人はいろいろなささげ物を、大部分はいけにえというかたちで主に携えて来るように求められていた。レビ記は次のような儀式としてのささげ物について説明している。「全焼のいけにえ」(レビ1:, 6:8-13)、「穀物のささげ物」(レビ2:, 6:14-23)、「和解のいけにえ」(レビ3:, 7:11-21)、「罪のためのいけにえ」(レビ4:1-5:13, 6:24-30)、「罪過のためのいけにえ」(レビ5:14-6:7, 7:1-10, →「旧約聖書のいけにえとささげ物」の表 p.202)。

(4) 求められたささげ物のほかに、イスラエル人は自由意志(任意)のささげ物を主にささげることができた。それは求められた十分の一とは別に、自分がささげたいと思うものを神にささげることだった。あるささげ物は繰返しささげられた(人々が定期的にささげるもの →レビ22:18-23, 民15:3, 申12:6, 17)。けれどもあるものは一度限り、あるいは特別な計画のためにささげられた。たとえばイスラエル人がシナイ山で幕屋(可動式の神の聖所で礼拝の場所)を建設しようとしたとき、人々はこの幕屋と備品のために進んで惜しみなくささげた(→出35:20-29, →「幕屋」の図 p.174,「幕屋の備品」の図 p.174)。人々はこの計画に非常に心躍らせ惜しみなくささげ、モーセがささげ物をささげるのをやめるように言うほどだった(出36:3-7)。ヨアシュ王の時代に、大祭司エホヤダは神殿の修理の経費のためにささげ物を入れる箱、献金箱を作った。人々は惜しみなくささげた(Ⅱ列12:9-10)。またヒゼキヤ王の時代に、人々は神殿の再建のために自由にささげた(Ⅱ歴31:5-19, →「ソロモンの神殿」の図 p.557)。

(5) 旧約聖書の歴史の中には神の民が十分の一やささげ物を神の目的にささげないで、利己的に自分のお金やほかの資産にしがみついていた時期が多くあった。第二神殿の建設の時に、ユダヤ人は神の家の修理をしないで自分の家を建てることに一生懸命になっていたようである(→ハガイ書)。その結果、多くの人は経済的にもほかの面でも苦しむことになった(ハガ1:3-6)。預言者マラキの時も同じ情況だった。そこで神は、十分の一をささげることについて人々を再び訓練しなければならなかった(マラ3:9-12)。

なぜ、そしてどのようにささげるべきか

十分の一とささげ物についての旧約聖書の例には、金銭の管理責任（神がくださる収入－お金やそのほかの財産－を適切に取扱う責任）についての重要な原則が示されている。これは、今の新約聖書時代に生きるキリスト者にとっても同じように重要である。

（1）私たちが持っているものはみな主のものであることを覚えておかなければならない。私たちが所有するものは自分のものではない。全部は神のもので、神が祝福と神の栄光のために使わせてくださるものである。

（2）私たちはお金に仕えるのではなく、神に仕えることを決意しなければならない（マタ6：19-24、⇒Ⅱコリ8：1-5）。むさぼりはみな偶像礼拝（まことの神の代りにある人や物に仕えたり何かを神より優先すること）の一つのかたちだと聖書ははっきり教えている（→コロ3：5）。

（3）私たちは神の目的と神の国の前進を支えたい、そして特に所属する地域の教会の働きを通してささげたいという、心からの願いからささげ物をしなければならない。その第一の目標は、全世界にイエス・キリストのメッセージを広めること（Ⅰコリ9：4-14、ピリ4：15-18、Ⅰテモ5：17-18）と、困っている人々を助けること（箴19：17、Ⅱコリ8：14、ガラ2：10、→「貧困者への配慮」の項 p.1510）である。キリストに従う人には神の働きのためにささげる責任がある。けれどもそれはまた、宝を「天にたくわえ」る（マタ6：20）機会になる特権であり恩恵でもある。ささげ物の規律はまた、自分の所有物や行うことなどすべてをもって主をあがめるように教えている（申14：22-23）。

（4）私たちのささげ物はいつも収入と関係するもので、多くても少なくても額に応じて十分の一をささげるべきである。旧約聖書では十分の一（献金）は十分の一だった。したがって実際の額は人によって違っても割合はみな同じだった。十分の一以下のささげ物は神の律法違反であるだけではなく、神のものを盗むことと同じだった（マラ3：8-10）。新約聖書でもこの原則は変っていない。神は私たちの収入、神が与えてくださったものに比例してささげることを求めておられる（Ⅰコリ16：2、Ⅱコリ8：3、12、→Ⅱコリ8：2注）。神は私たちが持っていないのにささげるようにとは言われない。

（5）私たちは任意で快く（心から感謝する態度で）ささげるべきである。この原則は、旧約聖書でも（→出25：1-2、Ⅱ歴24：8-11）、新約聖書でも（→Ⅱコリ8：1-5、11-12）実例を通して教えられている。困難なときにも犠牲的にささげることをためらうべきではない（Ⅱコリ8：3）。そういうときこそ、情熱と優先順位が神に向けられていることが示されるのである。犠牲的にささげることはまた、神は私たちの必要を何でも備えてくださると信じる信仰が試されるのであり、その信仰を強める機会でもある（ピリ4：18-19）。けれども犠牲的にささげる上で最も重要な理由は、主イエスが十字架の上でご自分を与えてくださったことである（→Ⅱコリ8：9注）。神にとってはささげる額よりも犠牲が含まれているかどうかのほうが重要である（→ルカ21：1-4注）。

（6）私たちは仕方なしにではなく、喜んでささげるべきである（Ⅱコリ9：6-7）。神にささげ、神の働きに貢献できる機会が与えられたことは大きな喜びである。旧約聖書のイスラエル人が幕屋の建設や神殿の修復のためにささげた例（出35：21-29、Ⅱ歴24：10）、新約聖書のマケドニヤのキリスト者がエルサレム教会の貧しい人々のために献金を集めた例（Ⅱコリ8：1-5）は私たちに立派な模範を示している。

（7）神は私たちがどのようにささげたかによって報いると約束された（→申15：4、マラ3：10-12、マタ19：21、Ⅰテモ6：18-19、→Ⅱコリ9：6注）。

今日のキリスト者は十分の一をささげなければならないか

十分の一をささげることは旧約聖書の慣習で今は適用されないと考えるキリスト者は、喜んでささげる人になりなさいという神の招きの意味を見逃している。それが旧約聖書の律法から来ているというだけの理由で、神の原則を無視する決定権は私たちにはない。今日のキリスト者も神の律法とは明らかに関係がある。主イエスご自身、律法を廃棄する（除く）ためではなく成就するために来られたと言っておられる（→マタ5：17-18）。律法を成就することの中心は、ご自分の罪のないいのちを私たちの罪（すべての欠点と神への反

抗)のために完全ないけにえとしてささげることだった。それは神の律法の完全な要求の全部を人間が満たすことができないからである。けれども神は今も、私たちが旧約聖書の律法の倫理的道徳的原則（十分の一も含めて）を守ることを期待しておられる。これらの原則は神の特性と目的をよく表している。そのような原則を守ることによって霊的に救われるのではないけれども、それは主イエスとの個人的関係から自然と流れ出すものである。聖霊はキリスト者に神の律法が規定している、良い益になることを行いたいという願いと行う力とを与えてくださる。

　けれども十分の一は旧約聖書だけのものではない。聖書は、神が旧約聖書の律法を与えられるはるか前から十分の一がささげられていたことを描いている。アブラハムは神の誠実さに応えて十分の一をささげ（創14:18-20）、ささげることによって祝福された。神が後に十分の一を律法の一部に定められたことは、これが神を尊び神の働きに必要なものを整える上で重要であることを示している。今日まで神のことばの基本的原則は変っていない。旧約聖書に示された十分の一の理由は時代遅れになってはいない。新約聖書には十分の一をささげなさいという命令はないけれども、その原則は無効であるとも記録されていない。事実新約聖書はさらに高いレベルの犠牲と寛大さを勧めている。十分の一は神にお返しする最低限なのである。マタイ23章23節で主イエスは心のこもらない十分の一を非難しておられる。けれども直ちに公平とあわれみと忠実さを伴った十分の一を勧めておられる。このことから、主イエスは旧約聖書の十分の一は弟子たちが今生きている新しい契約の下でも有効であるとされたと見ることができる。もちろん十分の一とささげ物をささげるときの態度が今も基本的に重要である。神は義務感からではなく、喜んでささげることを願っておられる（Ⅱコリ9:7）。もしつぶやきながら、あるいはいやいやながらささげるなら、義務感からではなく忠実に愛の心からささげるときに受ける祝福の多くを失うことになる。

なぜ、そしてどこに十分の一をささげるべきか

　十分の一は、今も地域教会の働きを支援する上で有効であり必要である。十分の一はどの働きにささげてもよいものではない。それは自分の所属する「宝物倉」（マラ3:10）または地域教会（いつも決まって出席するところ、積極的にかかわり責任のあるところ）にささげるべきである。十分の一は外部の団体にささげるものではない。もしほかの働きにささげたいという思いと力があるなら、十分の一をささげた上で自由献金をささげればよい。キリスト者全員が自分の所属教会を十分の一で支えるなら、教会は地域の働きや伝道の働きの中にある神の目的を実現する上で何も不足することはなくなる。

　あるキリスト者は収入の一割もささげることはできないと思う。その人はここでささげることについての神のご計画がどんなに豊かであるかを考えるべきである。神は人間の論理で動かれないし、人間の財力によって左右されたりなさらない。マラキは神の訴えと約束をこのように記録している。「十分の一をことごとく、宝物倉に携えて来て、わたしの家の食物とせよ。こうしてわたしをためしてみよ。──万軍の主は仰せられる──わたしがあなたがたのために、天の窓を開き、あふれるばかりの祝福をあなたがたに注ぐかどうかをためしてみよ」（マラ3:10）。私たちはもっと祝福を受けたいから神にささげるのではない。けれども神の約束は今も変らない。神が教えられるようにささげるなら神は私たちを祝福してくださる。

　神は今も変らない。神の原則も変っていない。神の働きを支援する必要も変っていない（増加しているかもしれない）。私たちが信仰をもって行動する責任、個人的収入に対する責任も変っていない。あらゆるものはみな神のものであり、神は私たちの十分の一を受けるのにふさわしい尊い方である。

その日、すべて高ぶる者、
すべて悪を行う者は、わらとなる。
来ようとしているその日は、彼らを焼き尽くし、
根も枝も残さない。
——万軍の主は仰せられる——

2 しかし、わたしの名を恐れるあなたがたには、
義の太陽が上り、
その翼には、いやしがある。
あなたがたは外に出て、
牛舎の子牛のようにはね回る。

3 あなたがたはまた、悪者どもを踏みつける。
彼らが事を行う日に、
あなたがたの足の下で灰となるからだ。

——万軍の主は仰せられる——

4 あなたがたは、
わたしのしもべモーセの律法を記憶せよ。
それは、ホレブで、イスラエル全体のために、
わたしが彼に命じたおきてと定めである。

5 見よ。わたしは、
主の大いなる恐ろしい日が来る前に、
預言者エリヤをあなたがたに遣わす。

6 彼は、父の心を子に向けさせ、
子の心をその父に向けさせる。
それは、わたしが来て、
のろいでこの地を打ち滅ぼさないためだ。」

---

1 ②イザ5:24
 ③イザ9:18, 19,
  Ⅱペテ3:7
 ④→マラ1:4
2 ①Ⅱサム23:4,
  イザ60:1, ルカ1:78,
  Ⅱペテ1:19
 ②エレ30:17, 33:6
 ③イザ35:6
3 ①Ⅱサム22:43,
  ヨブ40:12, イザ26:6,
  ミカ5:8, 7:10, ゼカ10:5
 ②マラ3:17

4 ①→Ⅰ列2:3
 ②申4:23, 8:11, 19
 ③申4:10
 ④詩147:19
5 ①ヨエ2:31
 ②→ゼカ1:4
 ③マタ11:14, 17:11-13,
  マコ9:11-13, ルカ1:17,
  ヨハ1:21
6 ①ルカ1:17

と再臨の両方を指している(マラキは2回の来臨を一つの事件のように描いている)。このように未来のことが一体化している例は旧約聖書の預言にはよく見られる(→ゼカ9:9注、10注)。神の御国には、高慢で神に逆らうような人々がいる場所はない(⇒3:2-3, イザ66:15, ゼパ1:18, 3:8, Ⅰコリ6:9-11)。

4:2 わたしの名を恐れるあなたがたには 主の日(キリストの第一降臨と再臨の両方)は神を受入れ、神を愛し、神に仕えるすべての人に霊的救いと自由をもたらす日である。神の国ではキリストの栄光が朝日のように輝き、人々に救い、慈愛、祝福、癒しをもたらす。キリストが再び来られるとあらゆることが正しく整えられる。神の民は、やっと解放されて跳ねまわる子牛のように喜びのあまり飛び跳ねる。

4:4 律法を記憶せよ 主の日(さばきの日)を生き残るには神の律法を守らなければならないとマラキは神の民に伝えている。神を信じる信仰(神との正しい関係に確実に導くもの)には、心からの従順が必ず必要である。キリストに従う人は今日も、キリストの戒めとともに旧約聖書の律法で定められている倫理的原則と道徳的要求に従って生きることが求められている(→マタ5:17注、→「旧約聖書の律法」の項 p.158)。これを単なる義務感からではなく、神への愛と感謝から行わなければならない。このような規則を守ることによって霊的に救われるのではない。けれども主イエスとの個人的関係が確実にあるなら、神が望まれることを行いたいと考えるはずである。キリスト者には、神の律法が命じている良いことを行いたいという願いと行う力を聖霊が必ず与えてくださる。

4:5 預言者エリヤをあなたがたに遣わす 主の日が来る前にエリヤが来て奉仕をする、とマラキは預言した。この預言の内容が、「エリヤの霊と力」を持って(→ルカ1:17注)、キリストのために道を整えたバプテスマのヨハネ(マタ11:7-14)を指していたことを新約聖書は明らかにしている。ある人々はエリヤが大患難の時代に再び来る(→「**大患難**」の項 p.1690)、そして黙示録に示されている二人の証人の一人がそれだ(→黙11:3注)と信じている。

4:6 父の心を子に向けさせ やがて来る預言者の働きは、家族を神との正しい関係、そして互いの間の正しい関係に戻すことであると描かれている。バプテスマのヨハネもこのことをメッセージに含めている(→ルカ1:17)。

(1) 教会と伝道奉仕の働きは正しい権威、誠実、愛に基づいた強い家族関係を築くことを最優先にしなければならない。そうしないなら、教会は神の祝福や御霊がなさる働きを体験することができない。教会はそれ自体が神の家族である。家族は家族としての完全な状態(安定、正しさ、健全性)を保てるように助けなければならない。

(2) この職務を果す(家族を一つに強く保つ)上で一番の責任を負っているのは父親である。父親は子どもたちを愛し、子どもたちのために祈り(→ヨハ17注)、時間をともに過ごし、神を敬わない世間の生き方について諭し、神のことばと神の基準に沿って生きることを熱心に教えなければならない(→「**親と子ども**」の項 p.2265)。

(3) 現代の牧師や教会の指導者たちもまた、このことをその働きの中で目標、目的にしながら主の来臨に向けて教会を整えなければならない(→ルカ1:17注)。

マラキ書からキリストまでの歴史年表

ペルシャ時代
前450－330年
ネヘミヤの後約100年間ペルシャがユダを支配した。けれどもユダヤ人は自分たちの宗教行事を行うことを許され妨げられなかった。この時代にユダを治めたのはユダヤの政府の責任を持つ大祭司だった。

ギリシヤ時代
前330－166年
前333年にマケドニヤに駐屯していたペルシヤの軍隊はアレキサンドロス大王に敗北した。アレキサンドロス大王はギリシヤ文化こそが世界を統一する唯一の勢力であると確信した。ユダヤ人には自分たちの律法を守ることを許し、さらに安息年には貢ぎ物あるいは税金の免除をした。ギリシヤ人の世界制覇によって前250年頃に旧約聖書がギリシヤ語に翻訳される（七十人訳聖書）下準備ができた。

ハスモニヤ時代
前166－63年
この時代が始まるまでユダヤ人は非常に抑圧されていた。プトレマイオスはユダヤ人とその宗教的慣習に寛大だったけれどもセレウコス王朝の支配者たちはギリシヤ文化（ヘレニズム文化）を強制することにした。聖書の写本は破壊するように命じられ、法律が極端なまでに無慈悲に強要された。抑圧されたユダヤ人はユダ・マッカバイオスに率いられて反乱を起こした。

ローマ時代
前63年～
ローマの将軍ポンペイウスが前63年にエルサレムを占領し、パレスチナ地方がローマの領土になった。地域の政治はある時期には王子たちに委託されたけれども、あとは皇帝が任命した行政長官に委託された。キリストが誕生したときにはヘロデ大王が全パレスチナを支配していた。

時代区分（中央欄）
- アレキサンドロス大王の支配
- プトレマイオス王朝のエジプト支配
- セレウコス王朝のシリヤ支配
- ハスモン王朝
- ローマの支配下でヘロデ大王が王として支配する

年表

- 前430頃　マラキ
- 334-323　アレキサンドロス大王が東方を占領する
- 330-328　アレキサンドロス支配の時期
- 320　プトレマイオス（1世）ソテルがエルサレムを占領する
- 311　セレウコスがバビロニヤに勝利してセレウコス王朝が始まる
- 226　シリヤのアンティオコス3世（大王）がパレスチナに勝利する
- 223-187　アンティオコスがシリヤのセレウコス王朝の支配者になる
- 198　アンティオコスがエジプトを破りパレスチナの支配権を握る
- 175-164　アンティオコス（4世）エピファネスがシリヤを支配しユダヤ教を禁止する
- 167　マッタティアと息子たちがアンティオコスに謀反を起こしマカベア反乱が始まる
- 166-160　ユダ・マッカバイオスの指導
- 160-143　ヨナタンが大祭司になる
- 142　エルサレムの塔がきよめられる
- 142-134　シモンが大祭司になりハスモン王朝を立てる
- 134-104　ヨハネ・ヒルカノスがユダヤ人の独立地域を拡大する
- 103　アリストブロスの支配
- 102-76　アレクサンドロス・ヤンナエウスの支配
- 75-67　大祭司ヒルカノス2世とともにアレクサンドラ・サロメの支配
- 66-63　アリストブロス2世とヒルカノス2世との戦い
- 63　ポンペイウスがパレスチナに侵入してローマの支配が始まる
- 63-40　大祭司ヒルカノス2世が支配するけれどもローマに従属する
- 40-37　パルテヤ人がエルサレムを占領する
- 37　エルサレムが6か月間包囲される
- 32　ヘロデが敗北する
- 19　ヘロデの神殿工事が始まる
- 16　ヘロデがアグリッパを訪問する
- 4　ヘロデが死んでアケラオがあとを継ぐ

© 1989 Zondervan Corporation

新約聖書
THE NEW TESTAMENT

マタイの福音書

概　要

- I. メシヤであるイエス・キリストの紹介(1:1-2:23)
    - A. ユダヤ人としての系図(1:1-17)
    - B. 誕生(1:18-2:12)
    - C. エジプトへの避難(2:13-23)
- II. 主イエスの宣教の開始(3:1-4:11)
    - A. 先駆の預言者(3:1-12)
    - B. バプテスマ(3:13-17)
    - C. 試練(4:1-11)
- III. ガリラヤ内外での主イエスの宣教(4:12-18:35)
    - A. ガリラヤでの初期宣教の要約(4:12-25)
    - B. 神の国での弟子についての教え(5:1-7:29)
    - C. 力、権威、あわれみ深さを現す奇蹟(8:1-9:38)
    - D. ユダヤ人宣教のための十二弟子の任命(10:1-42)
    - E. ガリラヤでの宣教と訴え(11:1-12:50)
    - F. 御国の奥義のたとえ(13:1-58)
    - G. 宣教に対するヘロデの反応(14:1-12)
    - H. ガリラヤからの退去(14:13-17:21)
        1. ガリラヤ湖の東岸へ(14:13-15:20)
        2. フェニキヤへ(15:21-28)
        3. デカポリスへ(15:29-16:12)
        4. ピリポ・カイザリヤへ(16:13-17:21)
    - I. ガリラヤでの最後の宣教(17:22-18:35)
        1. 二度目の死の予告(17:22-23)
        2. 宮の納入金の支払い(17:24-27)
        3. 御国での生き方についての教え(18:1-35)
- IV. ユダヤ、ペレヤ、エルサレムでの主イエスの宣教の頂点(19:1-26:46)
    - A. エルサレムへの旅(19:1-20:34)
        1. 離婚についての教え(19:1-12)
        2. 子どもについての教え(19:13-15)
        3. 金持の青年との出会い(19:16-30)
        4. ぶどう園の労務者のたとえ(20:1-16)
        5. 死の予告(20:17-19)
        6. ある母親の願い(20:20-28)
        7. 二人の盲人の癒し(20:29-34)
    - B. エルサレムでの主イエスの最後の週(21:1-26:46)
        1. 勝利の入城(21:1-11)
        2. 宮きよめ(21:12-17)
        3. ユダヤ人との論争(21:18-22:46)
        4. 律法学者とパリサイ人の非難(23:1-39)
        5. 終りのときと未来の天の御国の教え(24:1-25:46)
        6. 主イエスを裏切るたくらみ(26:1-16)
        7. 最後の晩餐(26:17-30)
        8. 裏切りの予告とゲッセマネの祈り(26:31-46)

V．主イエスの逮捕、裁判、十字架刑（26：47-27：66）
   A．逮捕（26：47-56）
   B．裁判（26：57-27：26）
   C．十字架刑（27：27-56）
   D．埋葬（27：57-66）
 Ⅵ．主イエスの復活（28：1-20）
   A．女たちのすばらしい発見（28：1-10）
   B．祭司長のうその計画（28：11-15）
   C．復活した主の大宣教命令（28：16-20）

著　　者：マタイ

主　　題：イエス・キリスト－約束されていたメシヤ

著作の年代：紀元60年代

著作の背景

　マタイの福音書は聖書にある四つの福音書（マルコ、ルカ、ヨハネの福音書とともに）の一つで、「よい知らせ」（福音）の書物である。福音書はイエス・キリストの生涯に起きた実話を四つの異なる報告または記録にしたものなので「物語」とも呼ばれている。マタイの福音書は新約聖書の最初の書物として、また「生ける神の御子キリスト」（16：16）を紹介するものとして極めて適切な書物である。著者の名前は聖書では明らかにされていないけれども、初期の教会の指導者たち（130年以後）はみな主イエスの十二弟子の一人であるマタイがこの福音書を書いたと証言している。

　マルコの福音書はローマ人のために（→マコ緒論）、ルカの福音書はテオピロとほかの異邦人（ユダヤ人以外の人々）のために書かれたけれども（→ルカ緒論）、マタイの福音書は特にユダヤ人信仰者のために書かれている。ユダヤ的背景があることは次のようないろいろなかたちで明らかである。

　（1）主イエスが長く待望んでいたメシヤ（「油そそがれた者」、救い主、キリスト）であることを旧約聖書の黙示、約束、預言を用いて証明している。

　（2）主イエスの系図をユダヤ人の「父」アブラハムから始めてたどっている（1：1-17）。

　（3）主イエスが「ダビデの子孫」であると繰返し言っている。ダビデは信仰深い王で、メシヤ・王の先祖になると約束されていた（1：1, 9：27, 12：23, 15：22, 20：30-31, 21：9, 15, 22：41-45）。

　（4）「天の御国」（「神の御国」と同じ）など、ユダヤ人が一般的に使う表現やことばを使っている。ユダヤ人は神を敬うしるしとして神の名前を直接口にすることを避けていた。

　（5）ユダヤ人の慣習を説明を付けないまま書いている（ほかの福音書では文化の違う人々のために説明がされている）。

　この福音書はユダヤ人の読者を想定して書かれているけれども、主イエスご自身のメッセージと同じようにユダヤ人だけに限られているのではなく、教会全体（主イエスに従う人全部）に向けて書かれている。そのようにして、主イエスのよい知らせには文化を越えて世界的な広がりがあることを忠実に現している（2：1-12, 8：11-12, 13：38, 21：43, 28：18-20）。

　マタイのメッセージがいつ、どこで書かれたかは確かではない。けれどもマタイがパレスチナ地方かシリヤのアンテオケで70年より前に書いたと思われる。それには確かな理由がある。ある学者はマタイの福音書は四つの福音書（マタイ、マルコ、ルカ、ヨハネ）の中で最初に書かれたと信じているけれども、最初に書かれたのはマルコの福音書だとする学者もいる。

目　　的

　マタイがこの福音書を書いた目的は次の通りである。

　（1）主イエスの生涯の目撃者の報告（出来事が起きたときにそこにいた人が書いた物語）を読者に提供するため。

　（2）主イエスが神の御子であり、旧約聖書の預言者によって予告され、長く待望まれていたメシヤであるこ

マタイの福音書

とを読者に保証するため。
　(3)　神の御国が人類の知らなかった方法で、主イエスを通して示され具体的に現れたことを示すため。御国についての概観　→「**神の国とサタンの国**」の表 p.1711
　マタイは読者が二つの重要な点を理解するように願っている。
　(1)　イスラエルの大部分は主イエスとその御国を拒んだ。そして主イエスが約束されたメシヤ(救い主、キリスト)であることを信じようとしなかった。それは主イエスが期待していたような政治的な指導者ではなく、霊的な指導者として来られたからである。
　(2)　この時代の終りのときに(地上での終末のさばきに続く終りの日)、初めて主イエスは王の王として国々をさばき、治めるために栄光のうちに来られる(黙17:14, 19:16)。

概　　観

　旧約聖書にはイスラエルの希望についての預言が神の霊感によって多く与えられているけれども、マタイはそれを全部成就した方として主イエスを紹介している。主イエスは様々なかたちで旧約聖書の預言を次のように成就された。誕生(1:22-23)、誕生地(2:5-6)、エジプトからの帰還(2:15)、ナザレでの生活(2:23)、先駆者としての預言者－前に現れて主イエスが来られることを告げる人(バプテスマのヨハネ 3:1-3)、最初の宣教地(4:14-16)、癒しの働き(8:17)、神のしもべとしての役割(12:17-21)、たとえによる教え(13:34-35)、エルサレムへの勝利の入城(21:4-5)、逮捕(26:50, 56)。主イエスについての預言の概要　→「**キリストによって成就した旧約聖書の預言**」の表 p.1029
　5－25章には主イエスの主な説教(ある主題について特定の人々やグループにした話、議論、教え)が五つ記録されている。またメシヤとしての偉大な働きを描く重要な五つの物語(実際の出来事の記録や物語)も含まれている。その多くは主イエスの無限の力と権威とあわれみ深さを表す奇蹟物語である(→「**キリストの奇蹟**」の表 p.1942)。
　主イエスの主な説教は次の五つである。
　(1)　山上の説教。キリストに従おうとする人々の特徴、行動、生活様式を説明している(5:-7:)。
　(2)　天の御国について伝え、神の栄光を現す奇蹟を行うために弟子たちを送り出す前に与えられた指示と激励(10:)。
　(3)　天の御国について教えるためのたとえ、または具体的な例を使った物語(13:)
　(4)　本当の弟子の性格についての教え(18:)。
　(5)　終りのときの出来事についてのオリーブ山での教え(24:-25:)。
　この福音書にある重要な物語は次の五つである。
　(1)　御国が現実であることを示す力あるわざと奇蹟(8:-9:)。
　(2)　御国の原則をさらに説明するいくつかの難しい問題の取扱い(11:-12:)。
　(3)　天の御国についての説教によって呼起こされる信仰と拒絶など、様々な応答と反応(14:-17:)。
　(4)　エルサレムへの旅とそこでの最後の週(19:1-26:46)。
　(5)　逮捕、裁判、十字架刑、死からの復活(26:47-28:20、→「**受難週の出来事**」の表 p.1845)。
　この福音書の最後の3節には従う人々への「大宣教命令」が書かれていて、世界中に主イエスのメッセージを伝え、あらゆる国で主イエスに従う人々を建上げることが命令されている。

特　　徴

　マタイの福音書には七つの大きな特徴がある。
　(1)　新約聖書の福音書の中で最もユダヤ人的である。
　(2)　主イエスの教えと癒しの働き、霊的な解放(解放、救出、自由、救い　→「**キリストの伝道一覧**」の表 p.1937)の記事を最も系統立てて順序正しく書いている。そのように書かれているので、2世紀の教会は新しいキリスト者を教育するときにマタイの福音書をよく用いていた。
　(3)　五つの主な説教(広範囲の主題を扱うメッセージと教え)は主イエスの教えを記録した四つの福音書の中で、(a) ガリラヤ伝道(→「**キリストのガリラヤ伝道**」の表 p.1833)と、(b) 終末論の問題について(終りのとき、または終りの出来事　→「**終末の事件**」の表 p.2471)の最も完全な資料になっている。
　(4)　主イエスの生涯の出来事によって旧約聖書の預言と約束が成就したことを新約聖書のほかのどの書物よりも丁寧に確認している。

(5) 天の御国、神の御国についてはほかのどの福音書より二倍も多く記録している。
(6) マタイの福音書は、(a) 御国の義の基準(5:-7:)、(b) 罪、病気、悪魔、死に対する現在の御国の力(→「**神の国**」の項 p.1654)、(c) 終りのときに最終的に悪に打勝つ御国の未来の勝利などに焦点を当てている。
(7) 教会(キリストに従う人全員)が将来の力ある存在(本当に存在するもの)であり、主イエスにつながるものであることを予告している唯一の福音書である(16:18, 18:17)。

マタイの福音書の通読

新約聖書全体を1年間で通読するためには、マタイの福音書を次のスケジュールに従って44日間で読まなければならない。

☐1 ☐2 ☐3 ☐4 ☐5:1-20 ☐5:21-48 ☐6:1-18 ☐6:19-7:6 ☐7:7-29 ☐8:1-27 ☐8:28-9:17 ☐9:18-38 ☐10:1-23 ☐10:24-42 ☐11 ☐12:1-21 ☐12:22-50 ☐13:1-23 ☐13:24-43 ☐13:44-14:12 ☐14:13-36 ☐15:1-28 ☐15:29-16:12 ☐16:13-17:13 ☐17:14-18:14 ☐18:15-35 ☐19:1-15 ☐19:16-20:16 ☐20:17-34 ☐21:1-32 ☐21:33-22:14 ☐22:15-46 ☐23 ☐24:1-35 ☐24:36-51 ☐25:1-30 ☐25:31-46 ☐26:1-30 ☐26:31-56 ☐26:57-75 ☐27:1-26 ☐27:27-44 ☐27:45-66 ☐28

メ モ

主イエスの系図

1:1-17　並行記事－ルカ3:23-38
1:3-6　並行記事－ルツ4:18-22
1:7-11　並行記事－Ⅰ歴3:10-17

1 ¹ アブラハムの子孫、ダビデの子孫、イエス・キリストの系図。

² アブラハムにイサクが生まれ、イサクにヤコブが生まれ、ヤコブにユダとその兄弟たちが生まれ、

³ ユダに、タマルによってパレスとザラが生まれ、パレスにエスロンが生まれ、エスロンにアラムが生まれ、

⁴ アラムにアミナダブが生まれ、アミナダブにナアソンが生まれ、ナアソンにサルモンが生まれ、

⁵ サルモンに、ラハブによってボアズが生まれ、ボアズに、ルツによってオベデが生まれ、オベデにエッサイが生まれ、

⁶ エッサイにダビデ王が生まれた。

ダビデに、ウリヤの妻によってソロモンが生まれ、

⁷ ソロモンにレハブアムが生まれ、レハブアムにアビヤが生まれ、アビヤにアサが生まれ、

⁸ アサにヨサパテが生まれ、ヨサパテにヨラムが生まれ、ヨラムにウジヤが生まれ、

⁹ ウジヤにヨタムが生まれ、ヨタムにアハズが生まれ、アハズにヒゼキヤが生まれ、

¹⁰ ヒゼキヤにマナセが生まれ、マナセにアモンが生まれ、アモンにヨシヤが生まれ、

¹¹ ヨシヤに、バビロン移住のころエコニヤとその兄弟たちが生まれた。

¹² バビロン移住の後、エコニヤにサラテルが生まれ、サラテルにゾロバベルが生まれ、

¹³ ゾロバベルにアビウデが生まれ、アビウ

---

1 ① 創22:18, ガラ3:16, マタ1:1-6, ルカ3:32-34
② Ⅱサム7:12-16, 詩89:3,4, 132:11, イザ9:6,7, 11:1, ルカ1:32, 69, ヨハ7:42, 使13:23, ロマ1:3, 黙22:16, マタ9:27
3) ① マタ1:3-6, ® ルツ4:18-22, Ⅰ歴2:4-15

6) Ⅱサム11:27, 12:24
7) ① マタ1:7-12, Ⅰ歴3:10-17
　＊ギリシャ語は「アサフ」、「アサ」はヘブル語
10* ギリシャ語は「アモス」、「アモン」はヘブル語
11) Ⅱ列14:14, 15, エレ27:20, マタ1:17
　＊あるいは「エホヤキン」
12) Ⅱ列14:14, 15, エレ27:20, マタ1:17

1:1-16　イエス・キリストの系図　マタイの福音書（マタイによるイエス・キリストについての「よい知らせ」と実話の記録）は主イエスのユダヤ人としての先祖を示す系図から始まる。この福音書はユダヤ人の慣習に従って父方（地上での父方）の系図から主イエスの家系をたどっている（1:16）。ヨセフは主イエスと血のつながりはなかった（主イエスは聖霊の奇蹟によって受胎された 1:20）けれども法律上の父だった。メシヤ（全世界の祝福となることが約束されている救い主）はアブラハムの子孫であり（創12:3, 22:18, ガラ3:16）、ダビデ王の子孫である（Ⅱサム7:12-19, エレ23:5）と神は約束された。法律上の先祖をこの二人の人物までさかのぼることによって、マタイは主イエスがメシヤとしてふさわしい家系（家族の歴史）から出ていることをユダヤ人に示している（→1:1注）。主イエスの系図にある人々を注意深く見ると（→欄外の引照）その中には一生の間に大きな失敗をした人々がいる（ユダ、ラハブ、マナセ）。けれどもその人々は神を信じ、その家系につながった様々な人を代表して描かれている。また、たとい神を敬わない過去があり失敗があっても神に頼り続ける人々を神は最高の目的を実現するために用いてくださることを示している。

1:1　ダビデの子孫　(1) マタイは主イエスの地上での父であるヨセフ（ダビデ王の家系）の系図をたどることによって主イエスがダビデの法律上の子孫であることをはっきりと示している（→「**ダビデとの神の契約**」の項 p.512）。主イエスは聖霊の奇蹟的働きによって受胎されたけれども、地上ではヨセフの息子として正式に登録された。つまり主イエスは法律的に「ダビデの子孫」だった。(2) ルカの福音書に書かれている系図は（ルカ3:23〜）、母マリヤ方（やはりダビデ王の家系）の男子を通して主イエスの先祖をたどっている。ルカは主イエスがマリヤの血肉を分けた子（実の「子」）であることを強調していて、主イエスの人間性と主イエスが私たちと同じであること（⇒ロマ1:3）に焦点を当てている。福音書の記者たちはこのように法律上の観点と生物学的観点の両方から見て、主イエスこそ本当のメシヤ、キリストであることを示している。

1:1　キリスト　「キリスト」《ギ》クリストス）ということばには「油そそがれた者」（特別の務めのために選ばれ、任命され、力を受け、分離されたこと）という意味がある。これはヘブル語の「メシヤ」と同じ意味のギリシャ語で、ユダヤ人が待望んでいた救い主を指す（ダニ9:25-26）。(1) 最初のメッセージからマタイは主イエスが神の「油そそがれた者」（聖霊によって満たされ力を受けた方）だと断言している（⇒イザ61:1, ルカ4:18, ヨハ3:34, 使10:38）。(2) 主イエスは次の三つの特別な役割を果すために油注がれた。(a) 預言者－人々が神との関係を回復し、保ち、真理を理解するように訴える方（申18:15）、(b) 祭司－人々が神に対して犯した罪の代価を完全に払うためにいけにえ（ご自分のいのち）をささげることによって神と人々の間に新しい関係を築かせる仲介者になる方（詩110:4, ヘブ10:10-14）、(c) 王－地上に神の国を築き、完全な義によって神の民を導き治められる方（詩9:8, イザ32:1, ゼカ9:9）。

デにエリヤキムが生まれ、エリヤキムにアゾルが生まれ、
¹⁴アゾルにサドクが生まれ、サドクにアキムが生まれ、アキムにエリウデが生まれ、
¹⁵エリウデにエレアザルが生まれ、エレアザルにマタンが生まれ、マタンにヤコブが生まれ、
¹⁶ヤコブにマリヤの夫ヨセフが生まれた。①*キリストと呼ばれるイエスはこのマリヤからお生まれになった。
¹⁷それで、アブラハムからダビデまでの代が全部で十四代、ダビデからバビロン移住までが十四代、バビロン移住からキリストまでが十四代になる。

イエス・キリストの誕生

¹⁸イエス・キリストの誕生は次のようであった。その母マリヤはヨセフの妻と決まっていたが、ふたりがまだいっしょにならないうちに、聖霊によって身重になったことがわかった。
¹⁹夫のヨセフは正しい人であって、彼女をさらし者にはしたくなかったので、内密に*去らせようと決めた。
²⁰彼がこのことを思い巡らしていたとき、主の使いが夢に現れて言った。「ダビデの子ヨセフ。恐れないであなたの妻マリヤを迎えなさい。その胎に宿っているものは聖霊によるのです。
²¹マリヤは男の子を産みます。その名をイエスとつけなさい。この方こそ、ご自分の民をその罪から救ってくださる方です。」
²²このすべての出来事は、主が預言者を通して言われた事が成就するためであった。
²³「見よ、処女がみごもっている。そして男の子を産む。その名はインマヌエルと呼

16①マタ27:17,22、
㋑ルカ2:11,ヨハ4:25
*すなわち「メシヤ」
17①Ⅱ列24:14,15,
エレ27:20,
マタ1:11,12
18①ルカ1:27,
㋑マタ12:46

②ルカ1:35
19*あるいは「離縁しよう」
21①ルカ1:31,2:21
②ルカ2:11,使13:23,
ヨハ1:29
23①イザ7:14

1:16 イエスは・・・マリヤ 主イエスの処女降誕（人間の行為によらないで神の奇蹟によって受胎したこと）はこの系図（家族の歴史）によって確定している。「生まれ」ということばはずっとヨセフまで使われている。ところがヨセフのところではヨセフにイエスが「生まれ」ではなく、「ヤコブにマリヤの夫ヨセフが生まれた・・・イエスはこのマリヤからお生まれになった」と変っている（→1:23注）。

1:21 イエス 「イエス」という名前はヘブル語の「イェーシューア」（ヨシュア）のギリシヤ語のかたちで、「主は救う」という意味である（→ヨシ1:1注）。この名前はマリヤの子の将来の働きを表し、福音（主イエスによる霊的な救いという「よい知らせ」）の約束を早くから示すものだった。救い主である主イエスは「ご自分の民をその罪（神に対する霊的な反抗と違反）から救ってくださる方」である。罪は人間を神から引離し、永遠のたましいのいのちを滅ぼそうとする人類の最大の敵である。けれども神への違反の代価を払うために主イエスは罪のないご自分のいのちを犠牲にして罪の力を砕かれた。神の赦しを受入れ、人生を主イエスに明け渡す人は聖霊（主イエスがマリヤに宿り人間として生れるようにされた同じ聖霊）の力によって霊的に造り変えられる。そのような人は霊的に「救われる」（罪悪感と罪の奴隷から救い出され解放される）。→ヨハ8:31-36,使26:18,ロマ6:,8:1-16

1:23 処女が・・・男の子を産む マタイの福音書とルカの福音書の物語はイエス・キリストが聖霊によって受胎し（1:18,ルカ1:34-35）、処女の母親から生れた（人間の父親の介入なしに）という点で一致している。聖書が神のご計画と人間とのかかわりを書いた真実で正確な歴史的記録であることを疑う人々は主イエスの処女降誕の教理（信仰の基礎を形作る教えまたは原理）に異論を昔から唱えてきた。けれども預言者イザヤも「インマヌエル」（「神は私たちとともにおられる」という意味のヘブル語）と呼ばれる子どもが処女から生れることを約束した（イザ7:14）。イザヤの予告はキリストの誕生の700年も前にされていた（→**キリストによって成就した旧約聖書の預言**」の表 p.1029）。

（1）マタイ1:23の「処女」ということばは七十人訳聖書（ヘブル語旧約聖書のギリシヤ語訳）のイザヤ7:14の「パルセノス」というギリシヤ語の正確な訳である。イザヤが使ったヘブル語の処女ということば（「アルマー」）は結婚年齢に達しているけれども性的体験のない若い女性を意味している。このことばは旧約聖書では文字通り処女という意味にしか使われていない（⇒創24:43,雅1:3, 6:8）。このことは主イエスの母が主イエスの受胎から誕生まで処女だったという事実を旧約聖書のイザヤ書と新約聖書のマタイとルカの福音書が証言している（一致して確実であると宣言する）ということである（→1:25, →イザ7:14注）。

（2）処女降誕の重要性はいくら強調しても過ぎることはない。人々の罪の代価を払い、神との壊れた関係を回復できる唯一の人になるためには、主イエスは完全に人間であり、さらに罪が全くなく、そして完全に神でなければならない（ヘブ7:25-26）。キリストの犠牲がただ一度で罪を全部おおうためにはその生涯

ばれる。」（訳すと、神は私たちとともにおられる、という意味である。）
²⁴ヨセフは眠りからさめ、主の使いに命じられたとおりにして、その妻を迎え入れ、²⁵そして、子どもが生まれるまで彼女を知ることがなく、①その子どもの名をイエスとつけた。

博士たちの来訪

2 ¹イエスが、ヘロデ王の時代に、ユダヤのベツレヘムでお生まれになったとき、見よ、東方の*博士たちがエルサレムに

25①マタ1:21

1①ルカ1:5
②ルカ2:4-7
*ギリシャ語「マゴス」

2①エレ23:5, 30:9, ゼカ9:9, マタ27:11, ルカ19:38, 23:38, ヨハ1:49
②民24:17, 第サム2:16
4*すなわち「メシヤ」
5①ヨハ7:42

やって来て、こう言った。²「①ユダヤ人の王としてお生まれになった方はどこにおいでになりますか。私たちは、②東のほうでその方の星を見たので、拝みにまいりました。」
³それを聞いて、ヘロデ王は恐れ惑った。エルサレム中の人も王と同様であった。
⁴そこで、王は、民の祭司長たち、学者たちをみな集めて、*キリストはどこで生まれるのかと問いただした。
⁵彼らは王に言った。「①ユダヤのベツレヘムです。預言者によってこう書かれている

が完全（死に値しない）でなければならない。完全な犠牲を備えることができるのは神だけである。処女降誕は次の三つの問題点を満たしている。(a) 主イエスがあらゆる点で人間になることができる方法はただ一つ、女性から生れることである。(b) 完全に罪のない状態でいる方法は（生れた時から）ただ一つ、聖霊によって受胎されることである（1:20, ⇒ヘブ4:15）。(c) 神である（完全に神である）方法はただ一つ、神を父親に持つことである。主イエスは自然ではなく超自然的方法で受胎された。「生まれる者は、聖なる者、神の子と呼ばれます」（ルカ1:35）。その結果イエス・キリストは二つの性質を持つ（神であり罪のない人間という）ひとりの人として私たちの前に出現された。

(3) 人間として生き、苦しみを受けたことにより主イエスは私たちの弱さを理解し同情できる方である（ヘブ4:15-16）。神の御子である主イエスは私たちを罪の滅びとサタンの力から解放し、神との関係を回復する力を持っておられる（使26:18, コロ2:15, ヘブ2:14, 7:25）。神であり人間であるので主イエスは今まで生きてきたすべての人の罪のために完全な犠牲となることができた。また、神と神にあわれみと赦しを求めて来る人々との間を取持つ仲介者として、究極の大祭司となることができた（ヘブ2:9-18, 5:1-9, 7:24-28, 10:4-12）。完全な神であり完全な人間である主イエスは罪によってできた神と全人類との間の溝を埋めることができる方だった。

1:25 **・・・まで彼女を知ることがなく** 「まで」ということばは、主イエスが生れるまでマリヤが処女だったことを表している。主イエスが生れた後ヨセフとマリヤは結婚に通常伴う肉体的な関係を持ったことがわかる。主イエスには兄弟や姉妹がいたと言われているからである（12:46-47, マコ3:31-32, 6:3, ルカ8:19-20）。

2:1 **ヘロデ・・・博士たち** ヘロデ王（聖書の中の

ほかのヘロデと区別する）はユダヤ人ではなかった。前40年にローマの上院からユダヤ地方を治める王として任命され、前37年から4年の間治めていた。残忍で冷酷で、妻や三人の息子を含めて家族を何人も殺した。ヘロデは治めている間に多くの建物や記念碑を建設したり修理や修復をしたりしたことでも有名である。たとえば前19年からエルサレムの神殿の修復工事を行った（聖所は18か月間で終ったけれども工事全体はヘロデの死後の68年までかかった）。

博士たちは当時のペルシヤか南アラビヤ地方（現在のイラン）の高い教育を受けた宗教貴族だったと思われる。自然科学、医学、占星術（星の動きが人々に影響を与え、人生を左右すると信じた上での天体の位置の研究）が専門だったと思われる。「ユダヤ人の王」を探していた博士たちが（2:2）最初にユダヤの首都エルサレムに来るのは当然だった。博士たちが来たのは、主イエスの生後40日（⇒ルカ2:22）から2歳（⇒2:16）までの間だった。この誕生の話は次の二つのことを示しているので重要である。(1) 主イエスは全人類から王としての栄誉を受けるにふさわしい方であること。(2) ユダヤ人だけではなく異邦人（ユダヤ人以外のあらゆる国の人々）も神との正しい関係に引戻す神のご計画に含まれていること（⇒8:11, 28:19, ロマ10:12）。

2:4 **祭司長たち、学者たち** 祭司長は神殿で奉仕をする人々に礼拝の責任を持っていた。学者は当時のユダヤ教の学者で、旧約聖書の律法の歴史を専門に学び、個人の生活にそれをどのように生かすかを教える専門家だった（22:35）。また写本の学者（聖書を書き写す人）でもあった。学者と祭司長たちはともにサンヘドリン（ユダヤ人の上院で最高裁判所）の議員として協力し合っていた。この統治機関には70名の人がいてユダヤ人の市民活動（公共活動、社会活動）、宗教活動、そのほかの活動の責任を持っていた。ローマの支配の下でこの人々には一般人に対する大きな権力が与

『ユダの地、ベツレヘム。
あなたはユダを治める者たちの中で、
決して一番小さくはない。
わたしの民イスラエルを治める支配者が、
あなたから出るのだから。』」

7 そこで、ヘロデはひそかに博士たちを呼んで、彼らから星の出現の時間を突き止めた。

8 そして、こう言って彼らをベツレヘムに送った。「行って幼子のことを詳しく調べ、わかったら知らせてもらいたい。私も行って拝むから。」

9 彼らは王の言ったことを聞いて出かけた。すると、見よ、東方で見た星が彼らを先導し、ついに幼子のおられる所まで進んで行き、その上にとどまった。

10 その星を見て、彼らはこの上もなく喜んだ。

11 そしてその家に入って、母マリヤとともにおられる幼子を見、ひれ伏して拝んだ。そして、宝の箱をあけて、黄金、乳香、没薬を贈り物としてささげた。

12 それから、夢でヘロデのところへ戻るなという戒めを受けたので、別の道から自分の国へ帰って行った。

エジプトへの避難

13 彼らが帰って行ったとき、見よ、主の使いが夢でヨセフに現れて言った。「立って、幼子とその母を連れ、エジプトへ逃げなさい。そして、私が知らせるまで、そこにいなさい。ヘロデがこの幼子を捜し出して殺そうとしています。」

14 そこで、ヨセフは立って、夜のうちに幼子とその母を連れてエジプトに立ちのき、

15 ヘロデが死ぬまでそこにいた。これは、主が預言者を通して、「わたしはエジプトから、わたしの子を呼び出した」と言われた事が成就するためであった。

16 その後、ヘロデは、博士たちにだまされたことがわかると、非常におこって、人をやって、ベツレヘムとその近辺の二歳以下の男の子をひとり残らず殺させた。その年齢は博士たちから突き止めておいた時間から割り出したのである。

17 そのとき、預言者エレミヤを通して言われた事が成就した。

18 「ラマで声がする。
泣き、そして嘆き叫ぶ声。
ラケルがその子らのために泣いている。
ラケルは慰められることを拒んだ。
子らがもういないからだ。」

ナザレへの帰還

19 ヘロデが死ぬと、見よ、主の使いが、夢でエジプトにいるヨセフに現れて、言った。

20 「立って、幼子とその母を連れて、イス

えられていた。

2:13 エジプトへ逃げなさい 主イエスを殺そうとしたヘロデのたくらみと神が幼子を守られた方法を見ると、神が人々を導き守ってくださる方法についていくつかの真実がわかってくる。

（1）神はヨセフとマリヤと幼子の協力を必要としておられた（2:13, 19-20, 22）。神に守っていただくためには神の導きに従うことが必要で、この場合は国から逃げることだった（2:14）。

（2）理解に苦しむ情況が人生に起こるのを神は許されることがある。神は予想しない方法で働かれるかもしれない。けれどもそれは神が目的を果たされるときに貴重な教訓を私たちが学ぶためである（→「**正しい人の苦しみ**」の項 p.825）。たとえばキリストはその人生を外国での難民、寄留者として始められた（2:14-

15）。私たちの限られた頭では神がヘロデを即座に除かれたほうが簡単だったのではないかと思える。そうすればこの家族はエジプトへ避難することも、それに伴う苦労もしなくてすんだはずである。けれども神のご計画はそれとは違っていた。

（3）人生では一つの苦難が去っても別の問題が起こることがある（2:19-23）。霊的な敵（サタンと悪霊の勢力）は絶えず神に従う人々を攻撃しようと狙っている。このため神の守りと導きと配慮が絶えず必要である（エペ6:10-18, Ⅰペテ5:8, →「**神の摂理**」の項 p.110）。

2:16 男の子をひとり残らず殺させた ベツレヘム（エルサレムの南8キロのところにある村）とその周辺の地域は狭い地域だった。人口は1,000－2,000人ほどだった。この推定を基にすると殺された男の子

ラエルの地に行きなさい。幼子のいのちをつけねらっていた人たちは死にました。」
²¹ そこで、彼は立って、幼子とその母を連れて、イスラエルの地に入った。
²² しかし、アケラオが父ヘロデに代わってユダヤを治めていると聞いたので、そこに行ってとどまることを恐れた。そして、夢で戒めを受けたので、ガリラヤ地方に立ちのいた。
²³ そして、ナザレという町に行って住んだ。これは預言者たちを通して「この方はナザレ人と呼ばれる」と言われた事が成就するためであった。

22 ①マタ2:12
23 ①ルカ1:26
　②鬯イザ11:1
　③鬯マコ1:24

1 ①マタ3:1-12,
マコ1:3-8, ルカ3:2-17,
囲ヨハ1:6-8, 19-28
＊あるいは「到着し」
②士1:16, 囲ヨシ15:61
2 ①マタ4:17
②マタ4:17, 6:10, 10:7,
囲ダニ2:44, マコ1:15,
ルカ10:9, 11:20,
21:31, マタ4:23
3 ①イザ40:3
4 ①Ⅱ列1:8, 囲ゼカ13:4

道を備えるバプテスマのヨハネ
3:1-12　並行記事―マコ1:3-8, ルカ3:2-17

3 ¹ そのころ、バプテスマのヨハネが現れ、ユダヤの荒野で教えを宣べて、言った。
² 「悔い改めなさい。天の御国が近づいたから。」
³ この人は預言者イザヤによって、
「荒野で叫ぶ者の声がする。
『主の道を用意し、
　主の通られる道をまっすぐにせよ。』」
と言われたその人である。
⁴ このヨハネは、らくだの毛の着物を着、

20人ほどだったと考えられる。

2:22　夢で戒めを受けた　神が博士たち(2:12)とヨセフ(2:22)に警告されたことは、神が愛する人々を見守っておられることを教えている。また神は邪悪な人々の計画を砕き、神に忠実な人々を傷つけようとする人々の手から救い出す方法を知っておられることを示している。

3:2　天の御国　このことばはあらゆるものの上にある神の無限の力と権威を指し、神の目的が地上で成就し永遠へと続いていくことを示している。「天の御国」ということばはマタイにだけ使われている(33回)。ほかの福音書(マルコ、ルカ、ヨハネ)では「神の国」という表現が使われている(→**神の国**の項 p.1654)。ほとんどのユダヤ人は神ということばを使わなかったので、マタイはユダヤ人の読者のために(主としてユダヤ人のキリスト者に旧約聖書の預言が主イエスの中で成就したことを示すため)「天の御国」という表現を使った。主イエスは両方の表現を情況に応じて使い分けられたと思われる。

3:2　悔い改めなさい　「悔い改める」(《ギ》メタノエオー)の基本的な意味は「向きを変えること」で、完全に変ることである。悪から遠ざかりキリストを信じることによって神のほうに向くことである(ヨハ14:1, 6, 使8:22, 26:18, Ⅰペテ2:25)。本当の悔い改めは霊的救いと神との個人的な関係に導く。このような悔い改めは神に対する態度を変えること、自分の罪を認めて自分勝手な生き方から離れ、キリストの導きにゆだねて自分に対する神のご計画に従い始めることを意味している。

（1）霊的救いを受けるために神への反抗である罪から離れる決心をするときには、キリストを救い主(罪の罰から救ってくださる方)また主(人生の最高の権威者)として受入れるのである。したがって悔い改めるときに人生の指導者(主人)の変更、つまりサタンと自分(エペ2:2)からキリストとみことば(使26:18)への変更が行われる。

（2）悔い改めるときに罪を離れ神に立返る選択の機会が罪を犯した人々全員に与えられている。これは神の御子イエス・キリストの犠牲を通して神が示された恵み(受けるにふさわしくない好意と愛)によって可能になった。神のメッセージを聞き、受入れた人は霊的に新しくされ(生かされ)、変えられる(使11:21, →**新生―霊的誕生と刷新**の項 p.1874)。けれどもそのためにはこの機会を活用して自分からキリストに従う決心をしなければならない。

（3）救いの信仰(神との個人的で永遠の関係に戻してくれる信仰)とはキリストが救い主であることをただ信じて納得することではない。悔い改めには方向と行動の変化が求められるように、神を信じる信仰には行動が必要である。信仰を行動に移し罪から離れて自分の性格と生活様式を神にも喜ばれるようにすることを心の中で決断しなければならない。これ以外のことを教えるキリスト教信仰は、キリストを信じて従っていくことについて間違ったメッセージを伝えるものである。悔い改めを伴う信仰こそが霊的救いの第一条件である(⇒マコ1:15, ルカ13:3, 5, 使2:38, 3:19, 11:21, →**信仰と恵み**の項 p.2062)。

（4）悔い改めは旧約聖書の預言者(エレ7:3, エゼ18:30, ヨエ2:12-14, マラ3:7)、バプテスマのヨハネ(3:2)、イエス・キリスト(4:17, 18:3, ルカ5:32)、新約聖書のキリスト者たち(使2:38, 8:22, 11:18, Ⅱペテ3:9)の基本的なメッセージだった。福音のメッセージ(キリストを通して得ることができる赦しと新しいいのちについての「よい知らせ」)を伝えるときには必ず悔い改めを訴え、その機会も提供しなければならない(ルカ24:47)。

腰には皮の帯を締め、その食べ物はいなごと野蜜であった。

5 さて、エルサレム、ユダヤ全土、ヨルダン川沿いの全地域の人々がヨハネのところへ出て行き、

6 自分の罪を告白して、ヨルダン川で彼からバプテスマを受けた。

7 しかし、パリサイ人やサドカイ人が大ぜいバプテスマを受けに来るのを見たとき、ヨハネは彼らに言った。「まむしのすえたち。だれが必ず来る御怒りをのがれるように教えたのか。

8 それなら、悔い改めにふさわしい実を結びなさい。

9 『われわれの父はアブラハムだ』と心の中で言うような考えをもってはいけない。あなたがたに言っておくが、神は、この石ころからでも、アブラハムの子孫を起こすことがおできになるのです。

10 斧もすでに木の根元に置かれています。だから、良い実を結ばない木は、みな切り倒されて、火に投げ込まれます。

聖霊のバプテスマをやがて授ける主イエス

11 私は、あなたがたが悔い改めるために、水のバプテスマを授けていますが、私のあとから来られる方は、私よりもさらに力のある方です。私はその方のはきものを脱がせてあげる値うちもありません。その方は、あなたがたに聖霊と火とのバプテスマをお授けになります。

12 手に箕を持っておられ、ご自分の脱穀場をすみずみまできよめられます。麦を倉に納め、殻を消えない火で焼き尽くされます。」

3:7 パリサイ人やサドカイ人 パリサイ人とサドカイ人はユダヤ教（旧約聖書の律法、慣習、基準を土台にしたユダヤ人の信仰と宗教文化）の中で最も重要な宗教的グループだった（→「**ユダヤ教の学派**」の表 p.1656）。

（1）パリサイ人は旧約聖書全体の教えと実践に忠実なユダヤ教の一派で、独自の人間的解釈を土台にしていた。その人間的解釈はしばしば神の律法の背後にある目的や原則を変えたり無視したりするものだった。特に救いは神の律法の基準をみな（もちろんパリサイ派の解釈による）厳格に守ることによって得られるという教えを強調した。やがて来られるメシヤはイスラエルがほかの国々を征服して支配し、あらゆる人々に律法に従うことを強要する地上の指導者であると教えた。けれどもパリサイ人の宗教は見せ掛けだけのもので、本当に神を敬う心はなかった（23:25）。そして自分たちが堕落していることを認めようとしなかった（このことが神の律法と救いの見解に影響した）。パリサイ人は主イエスに反対し、本当の宗教は心と霊の問題で、律法や規則を（聖書の戒めでも）ただ守ることではないというその教えに反対した（⇒9:14, 23:2-4, ルカ18:9-14）。神は服従を要求されるけれども、それは神への本当の愛から生れた心からの応答でなければならない（→ロマ1:5, 6:16, Ⅱコリ9:13, Ⅱヨハ1:6）。

（2）サドカイ人は伝統的な宗教的見解を持たない、より政治的なグループだった。超自然的なものは受入れないで、神の律法に従っているように見えても実際には多くの教えを否定していた。たとえば奇蹟や未来のさばきはもちろん、復活、天使、永遠の霊（使23:8）などの教理（教え）を拒んでいた。サドカイ人にとっては神を敬いながら生きることはあまり重要なことではなかった。そしてやはり主イエスとその弟子たちを迫害した（16:1-4）。

3:8 悔い改めにふさわしい実　「実を結ぶ」とは霊的な意味では人格、同情心、神を敬う行動の中に目に見える成長があり、それを通して内側の本当の信仰（神が内側で行われること）が外側に証明されること（目に見えること）である。純粋な悔い改めは必ず積極的な信仰と神を敬う行動を生み出す（⇒23:23, ルカ3:10-14, 使26:20, →3:2注, →ヨハ15:16注）。キリストを信じ、神の子どもであると言いながら良い実を結ばない生き方をしている人は最後には木のように切倒されて火に投込まれてしまう（3:8-10, 12）。

3:11 聖霊・・・のバプテスマをお授けになります　メシヤは従う人々に聖霊と火のバプテスマを授けるとヨハネは教えた。このバプテスマは霊的な力とキリストのために生きてメッセージを伝える情熱を生み出す（→ルカ3:16注, →**聖霊のバプテスマ**」の項 p.1950）。多くの学者は「火」を霊的にきよめる神の臨在と神の御霊の精錬の働きであると見ている。けれども前後関係から見ると「火」はさばきを指していると考えられる（→3:12, ⇒ルカ3:17）。「消えない火」は黙示録20:10, 14-15の「火の池」と同じである。旧約聖書の預言者と同じようにヨハネはキリストの第一降臨と第二降臨の間の時間差を見ていないし説明もしていない。主イエスは最初人々を霊的に救い、聖霊のバプテスマを授けるためにメシヤとして来られた（3:11, ⇒使1:

主イエスのバプテスマ

3:13-17　並行記事―マコ1:9-11, ルカ3:21, 22, ヨハ1:31-34

¹³さて、イエスは、ヨハネからバプテスマを受けるために、ガリラヤからヨルダンにお着きになり、ヨハネのところに来られた。¹⁴しかし、ヨハネはイエスにそうさせまいとして、言った。「私こそ、あなたからバプテスマを受けるはずですのに、あなたが、私のところにおいでになるのですか。」¹⁵ところが、イエスは答えて言われた。「今はそうさせてもらいたい。このようにして、すべての正しいことを実行するのは、わたしたちにふさわしいのです。」そこで、ヨハネは承知した。¹⁶こうして、イエスはバプテスマを受けて、すぐに水から上がられた。すると、天が開け、神の御霊が鳩のように下って、自分の上に来られるのをご覧になった。¹⁷また、天からこう告げる声が聞こえた。「これは、わたしの愛する子、わたしはこれを喜ぶ。」

13 ①マタ3:13-17, マコ1:9-11, ルカ3:21, 22, 囮ヨハ1:31-34 ②マタ2:22

16 ①ヨハ1:32
17 ①マタ12:18, 17:5, マコ9:7, ルカ9:35, イザ42:1

試練を受ける主イエス

4:1-11　並行記事―マコ1:12,13, ルカ4:1-13

4 ¹さて、イエスは、悪魔の試みを受けるため、御霊に導かれて荒野に上って

1 ①マタ4:1-11, マコ1:12, 13, ルカ4:1-13

---

5)。そして麦と殻つまり神を敬う人と敬わない人を分ける裁判官として再び来られるのである(3:12, ⇒黙20:15)。

3:13 イエスは・・・バプテスマを受ける　主イエスはヨハネからバプテスマを受けられたけれども、それには次のような理由があった。(1)「すべての正しいことを実行する」ため(3:15, ⇒レビ16:4, ガラ4:4-5)。キリストは水のバプテスマを受けることによって神の目的のために聖別され、神の要求されることを実現する備えができたことを公表された。(2) 罪びとと同一であること(実際には主イエスご自身は罪を犯したことはなく、悔い改めたり人生を変えたりする必要はなかった)を示すため(Ⅱコリ5:21, Ⅰペテ2:24)。(3) 霊的な御国に入ることを望む人々に悔い改め(自分勝手な生き方から離れ、キリストを受入れて神に従うこと)を求める神の新しい働きに加わるため(メシヤの先駆者であるバプテスマのヨハネのメッセージ →ヨハ1:23, 32-33)。

3:16 御霊が・・・下って　主イエスが行われたこと(説教、癒し、苦しみ、罪とサタンの力に対する勝利)はみな聖霊の力によって行われた。主イエスは完全に神だったけれども、ご自分の権利と神としての特権を放棄し制限された。そして完全に人間になった主イエスは私たちと同じように(神の御霊に頼る人として)行動された。主イエスが聖霊の力なしでは何も行うことができなかったのなら、私たちにはなおさら聖霊の力が必要である(⇒ルカ4:1, 14, 18, ヨハ3:34, 使1:2, 10:38)。御霊は主イエスに力を与え主イエスを通して力強く働いて、人々との関係を回復する神のご計画を成就された(→ルカ3:22注)。後に主イエスご自身が弟子たちに聖霊のバプテスマを授けられるけれども、それは弟子たちも御霊の力を持ち、神の目的を実践できるようにするためだった(→3:11注, 使1:5, 8, 2:4, →「**イエスと聖霊**」の項p.1809)。

3:17 三位一体の例　主イエスのバプテスマは特別な啓示で、三位一体を珍しい独特のかたちで表している。それは一人の真実の神が父と子と聖霊という全く異なり、互いにかかわり合い、統一性のある三つの人格の中に存在していることである(28:19, Ⅱコリ13:13, Ⅰペテ1:2, →「**神の属性**」の項p.1016)。(1) 神であり父である神と等しいイエス・キリストは(ヨハ1:1, 10:30)ヨルダン川でバプテスマを受けられた。(2) 神であり御父と等しい聖霊は(使5:3-4)主イエスの上に鳩のように降りて来られた。(3) 御父である神は御子イエスを喜ぶと言われた。この情況は三つの異なるけれども完全に神性を持ち(完全に神である)等しい人格を持ち、神の特性をみな持っている方を表している。けれども三人は三人の神ではなく一人の神として統一して存在しておられるのである(→マコ1:11注, ⇒28:19, ヨハ15:26, エペ2:18, Ⅰペテ1:2)。

4:1-11 イエスは・・・試みを受ける　サタンは主イエスを誘惑して神のみこころ(神の計画、願い、目的、道)に完全に従うのをやめさせようとした。サタンの誘惑はどれもみな、満足をしたいとか偉くなりたいという人間の欲望に訴えるものだった。サタンのどの誘惑にも主イエスは負けることなく、書き記されている神のことばの権威に頼って従われた(4:4, 7, 10, →「**聖書の霊感と権威**」の項p.2323)。キリスト者もみな同じような誘惑を受けるので、キリストの誘惑の例から多くのことを学ぶべきである。

(1) サタンは最大の敵である。目には見えないけれども実際に存在するこの悪の力と霊的な戦いをしていることを私たちは絶えず認識しなければならない(→エペ6:12注)。悪霊の力は神のご計画を変えて人

行かれた。
² そして、四十日四十夜断食したあとで、空腹を覚えられた。
³ すると、試みる者が近づいて来て言った。「あなたが神の子なら、この石がパンになるように、命じなさい。」
⁴ イエスは答えて言われた。「『人はパンだけで生きるのではなく、神の口から出る一つ一つのことばによる』と書いてある。」
⁵ すると、悪魔はイエスを聖なる都に連れて行き、神殿の頂に立たせて、
⁶ 言った。「あなたが神の子なら、下に身を投げてみなさい。『神は御使いたちに命じて、その手にあなたをささえさせ、あなたの足が石に打ち当たることのないようにされる』と書いてありますから。」
⁷ イエスは言われた。「『あなたの神である主を試みてはならない』とも書いてある。」
⁸ 今度は悪魔は、イエスを非常に高い山に連れて行き、この世のすべての国々とその栄華を見せて、
⁹ 言った。「もしひれ伏して私を拝むなら、これを全部あなたに差し上げましょう。」
¹⁰ イエスは言われた。「引き下がれ、サタン。

2①出34：28, Ⅰ列19：8
3①Ⅰテサ3：5
4①申8：3
5①マタ27：53, ネヘ11：1, 18, 囚ダニ9：24
6①詩91：11, 12
7①申6：16

生を破壊し、人々を霊的暗やみの中に閉じ込め永遠の刑罰を受けるようにさせる(⇒ヨハ10：10, Ⅰペテ5：8)。
(2) 聖霊の力に頼らず神のことばを正しく用いないなら罪と誘惑に勝利し続けることはできない。けれども誘惑に勝つために神のことばの使い方を学ぶよい方法がある。(a) みことばがあればサタンのどんな誘惑にも打勝つことができることを理解すること(ヨハ15：3, 7)。(b) みことばを心の中に入れ、絶えず思い巡らし生活の中で活用すること(読んで繰返しその意味を考え、自分の人生の情況にどのように適用できるかを考える →申6：6注, 詩1：2注, 119：47-48注)。(c) できる限りみことばを覚えて心の中に満たしておくこと(→ヤコ1：21注)。(d) 誘惑を受けたときすぐに心の中に蓄えたみことばを自分と神に向けて口に出して言うこと(4：4, 7, 10)。(e) みことばに従うように聖霊が促されるときにはそれを受止めて応答すること(ロマ8：12-14, ガラ5：18)。(f) 神の助けと理解を求めて祈ること(エペ6：18)。
次のことばは誘惑を受けたときのために覚えておくとよい。罪の力に打勝ち、御霊の力の中で生きるように励ますときのことば(ロマ6：, 8：)。次のようなことにかかわったときのことば。不道徳な行動と生活様式(ロマ13：14)、うそをつく(ヨハ8：44, コロ3：9)、うわさ話(ヤコ4：11)、親に逆らう(ヘブ13：17)、失望(ガラ6：9)、将来への不安(Ⅱテモ1：7)、欲望(5：28, Ⅱテモ2：22)、仕返しをしたい気持(6：15)、神のことばの軽視(4：4)、経済的心配(6：24-34, ピリ4：6)。

4：2　四十日・・・断食した　「四十日四十夜」断食(霊的な事柄に集中するために一定期間食物を断つこと)したあと主イエスは「空腹を覚えられた」。サタンの最初の誘惑は食物を求める肉体的空腹を利用することだった(このことばは断食中に主イエスは食物をとらなかったけれども水は飲まれたことを意味している→ルカ4：2)。飢えは人間の欲求の中で基本的で最も強いものだから、これは主イエスにとって確かに困難な試練だった。人間が体験する葛藤を体験し(⇒ヘブ2：17, 4：15)同じ誘惑に打勝つために、主イエスは聖霊の力に頼らなければならなかった。その力は御霊に満たされたキリスト者にも与えられるものである(→出34：28注, Ⅰ列19：8注, マタ6：16注)。40日の断食の間、主イエスは祈りと神のことばを思い巡らすことによって強められ、御父によって命じられた働きをする準備を整えられたと考えられる。

4：6　と書いてあります　(1) ギリシヤ語の「ゲグラプタイ」(「と書いてある」という意味)は完了形である。これは神の命令が完了した行いであり、その行いの結果が継続していることを表している。ギリシヤ語の言おうとしていることは「それは書かれ、今も書かれたままである」ということである。これは神のことばには引き続き権威があり不変であることを指している。(2) 神のことばを主イエスは誘惑に対抗する効果的な武器として使われた。サタンは神のことばを乱用して主イエスに罪を犯させようとした。神に逆らう人々も時に聖書の間違った使い方をし、間違いであり愚かだとわかっていることをキリスト者にも行わせようとする。あることばの一部分を文脈から取出したり、ほかの箇所と比較しないで引用すると、罪深い行動を認めたり支持したりしているように見えることがある(→Ⅰコリ6：12)。キリスト者はみことばに精通しなければならない。そして自分の意見を押し通したり自分勝手な欲望を満足させるために聖書の間違った使い方をする人々に気を付けなければならない。使徒ペテロ(主イエスに最も近かった弟子の一人で初代教会の指導者)は聖書をねじ曲げて人生が破壊された人々のことを言っている(Ⅱペテ3：16, →「**にせ教師**」の項p.1758)。

4：8　この世のすべての国々　→ルカ4：5注

4：10　サタン　「サタン」(《ヘ》「非難する者」または

『あなたの神である主を拝み、主にだけ仕えよ』と書いてある。」¹¹すると悪魔はイエスを離れて行き、見よ、御使いたちが近づいて来て仕えた。

宣教を開始する主イエス

¹²ヨハネが捕らえられたと聞いてイエスは、ガリラヤへ立ちのかれた。¹³そしてナザレを去って、カペナウムに来て住まわれた。ゼブルンとナフタリとの境にある、湖のほとりの町である。¹⁴これは、預言者イザヤを通して言われた事が、成就するためであった。すなわち、

¹⁵「ゼブルンの地とナフタリの地、湖に向かう道、
　　ヨルダンの向こう岸、異邦人のガリラヤ。
¹⁶暗やみの中にすわっていた民は偉大な光を見、
　死の地と死の陰にすわっていた人々に、光が上った。」

¹⁷この時から、イエスは宣教を開始して、言われた。「悔い改めなさい。天の御国が近づいたから。」

最初の弟子たちの召命

4:18-22　並行記事─マコ1:16-20, ルカ5:2-11, ヨハ1:35-42

¹⁸イエスがガリラヤ湖のほとりを歩いておられたとき、ふたりの兄弟、ペテロと呼ばれるシモンとその兄弟アンデレをご覧になった。彼らは湖で網を打っていた。漁

---

10 ①申6:13
11 ①マタ26:53, ルカ22:43
12 ①マタ14:3, マコ1:14, ルカ3:20, ヨハ3:24
　＊直訳「引き渡された」
　②マコ1:14, ルカ4:14,
　③ヨハ1:43, 2:11
13 ①マコ1:21, 2:1, ルカ4:23, 31,
　ヨハ2:12, 4:46, 47,
　②マタ11:23
15 ①イザ9:1, 2
　＊あるいは「湖に沿った地方」
　＊＊あるいは「諸国民」

17 ①マコ1:14
　②マタ3:2
18 ①マタ4:18-22,
　マコ1:16-20,
　②ルカ5:2-11,
　ヨハ1:40-42
　③マタ15:29, マコ7:31,
　ヨハ6:1, ルカ5:1
　④マタ10:2, 16:18,
　ヨハ1:40, 42

「敵」という意味)は初めは完全で良い御使いとして創造された。そして天の神の御座の周囲で直接仕えるように命じられていた。ところが世界が始まる前に高ぶりに満ちて神に逆らった。その結果サタンは神と神の最高の創造物である人間の第一の敵になってしまった(エゼ28:12-15)。けれどもサタンは神と同等ではないこと、サタンは被造物で神の最高の力によって制限されていることを覚えておく必要がある。

(1) 神に逆らったサタンは多くのより低い階級の小天使たちを惑わした(黙12:4)。その小天使たちは天から「落ちた」後、悪魔とか悪霊になったと思われる(→**サタンと悪霊に勝利する力**」の項 p.1726)。サタンとその小天使たちの多くは地上とその周りの空中に追放され、今は神が許された範囲内で影響力を働かせている。その支配と影響力が世界にはびこっているので人間は日々神に従うか悪霊に従うか決めなければならない。

(2) 「蛇」とも呼ばれているサタンは(神の配慮について最初の人間に疑問を持たせ神の命令に逆らうようにさせ)人間を「堕落」させた。そして人類に罪とそののろいを持込んだ(創3:1-6, →Ⅰヨハ5:19注)。

(3) サタンの国(12:26)は非常に組織化された悪の王国で、「空中」や(エペ2:2 地上だけに縛られていないという意味)、堕落した御使いたち(神に逆らいサタンに従った御使い 25:41, 黙12:7)、キリストの赦しを受入れないでサタンにいのちを渡した人々や(4:8-9, ヨハ12:31, エペ2:2)、現在の世界の機構(ルカ4:5-6, Ⅱコリ4:4, →Ⅰヨハ5:19注)などに対して権威を持っている。サタンは遍在(同時にあらゆる場所に存在する)でも全能(あらゆる力を持つ)でも全知(何でも知っている)でもないのでその活動のほとんどを悪霊にさせている(8:28, 黙16:13-14, →ヨブ1:12注)。

(4) 主イエスが地上に来られたのはサタンの働きを滅ぼし(Ⅰヨハ3:8)、神の国(神の力、権威、目的を示す証拠)を導き入れてサタンの支配から私たちを自由にするためだった(12:28, ルカ4:18, 13:16, 使26:18)。キリストは死んでよみがえることによって罪の代価を払い、その力に打勝たれた。この勝利はサタンの敗北の始まりであって、この時代の終りには最高潮に達すること(→黙20:7-10)、サタンに対して神が完全に勝利されることを保証している(ヘブ2:14)。

(5) この時代の終り(患難時代の後に神がさばきを地上に行われるとき →黙6:-19:)に主イエスは天の軍勢とともに再び来られ、反キリストを打破り1,000年の間サタンを底知れぬ所に閉込められる(黙20:1-3)。しばらくの間解放されるとサタンは神を打負そうと最後の試みをする。その結果サタンは最終的に敗北をして永遠に火の池に投込まれる(黙20:7-10)。

(6) 現在サタンは神と神の民と戦い(ヨブ1:-2:, エペ6:11-18)、人々からキリストへの忠誠心を奪い(Ⅱコリ11:3)、罪と現在の世界の組織の奴隷にしようとしている(⇒Ⅱコリ11:3, Ⅰテモ5:15, Ⅰヨハ5:16)。キリスト者はサタンのごまかしと誘惑に気付いてそれを避けることができるように、神の助けを求めて絶えず祈らなければならない(6:13)。また霊的に目を覚まし、神の力と方策に頼って悪魔の悪いたくらみに打勝ち、信仰を強く持続けなければならない(エペ6:10-18, Ⅰペテ5:8-9, →「**神の国とサタンの国**」の表 p.1711)。

師だったからである。
¹⁹イエスは彼らに言われた。「わたしについて来なさい。あなたがたを、人間をとる漁師にしてあげよう。」
²⁰彼らはすぐに網を捨てて従った。
²¹そこからなお行かれると、イエスは、別のふたりの兄弟、ゼベダイの子ヤコブとその兄弟ヨハネが、父ゼベダイといっしょに舟の中で網を繕っているのをご覧になり、ふたりをお呼びになった。
²²彼らはすぐに舟も父も残してイエスに従った。

病人を癒す主イエス

²³イエスはガリラヤ全土を巡って、会堂で教え、御国の福音を宣べ伝え、民の中のあらゆる病気、あらゆるわずらいを直された。
²⁴イエスのうわさはシリヤ全体に広まった。それで人々は、さまざまな病気や痛みに苦しむ病人、悪霊につかれた人、てんかんの人、中風の人などをみな、みもとに連れて来た。イエスは彼らをいやされた。
²⁵こうしてガリラヤ、デカポリス、エルサレム、ユダヤおよびヨルダンの向こう岸から大ぜいの群衆がイエスにつき従った。

山上での祝福

5:3-12　並行記事―ルカ6:20-23

5 ¹この群衆を見て、イエスは山に登り、おすわりになると、弟子たちがみもとに来た。
²そこで、イエスは口を開き、彼らに教えて、言われた。
³「心の貧しい者は幸いです。天の御国はその人たちのものだから。
⁴悲しむ者は幸いです。その人たちは慰められるから。

4:19　人間をとる漁師　ペテロとアンデレの職業（漁師）に関連したことばを使いながら、主イエスはふたりをそれまで知らなかった高度の使命（神に目を向けるように人々に影響を与えキリストに導くこと）に召された。世の中には牧師を始め学生も含めて様々な職業の人がいるけれども、それぞれの立場で人々をキリストに導く努力をしていないなら、神が召された最も重要な働きをしていないことになる（→28:19, ルカ5:10, ヨハ15:16, 使1:8, Ⅰコリ9:19）。

4:23　御国・・・直された　福音書（マタイ、マルコ、ルカ、ヨハネによる主イエスの生涯と働きの記録）を見ると神の国はしばしば癒しや奇蹟、人々の生活から悪霊を追出すことなどと結び付いている（4:23-24, 9:35, 10:7-8, 12:28, ルカ9:1-2, ⇒使8:6-7, 12）。神の国にはたましいや霊だけではなくからだや心のための祝福もある（→「神による癒し」の項 p.1640,「キリストの奇蹟」の表 p.1942）。

5:-7　山上の説教　5-7章は一般にキリストの山上の説教と呼ばれていて、キリスト者全員に守ってほしい人生の原則と標準が力強く具体的に啓示されている。もちろんこの標準に達した生き方をするには御子イエスを信じる信仰（ガラ2:20）と聖霊の力がなければならない（⇒ロマ8:2-14, ガラ5:16-25）。主イエスは弟子になろうとする多くの人に、主イエスに従って神の国に入るとはどういうことかをそのメッセージの中で教えられた。御国につながる人はみな神を敬う姿勢を具体的に表し、義を求める強い飢え渇き（正しいことを行い神との正しい関係を保つこと →5:6注）を持つことが必要である。

5:3　心の貧しい者は幸いです　「幸い」はキリストとみことばとの関係ができて神の国に自分の居場所を見つけた人々が持つしあわせと喜びを指すことばである。御国の「一員」になった人々は神の継続的な愛、配慮、臨在、霊的な救いなどの祝福を受けることができる（→14:19注, ルカ24:50注）。その祝福を受けるためにはある条件が必要である。それは世間の生き方や価値観によってではなく神の目的と価値観によって生きることである。最初の条件は「心の貧しい」こと（こう慢や自信の逆）である。へりくだって自分は霊的に不十分であると認めることである。つまり自分の力で神の国に入ることはできないので、霊的救いの祝福を受けるためには聖霊のいのち、力、恵み（受けるにふさわしくない好意、愛、力）が必要だということである。

5:4　悲しむ者　「悲しむ」とは神の完全な基準と究極の力に比べて自分の弱さを認め、悲しむことである（5:6, 6:33）。また世間にはびこる不誠実、不道徳、残酷さなど、神が悲しまれるものを神と同じように悲しむことでもある（→ルカ19:41注, 使20:19, Ⅱペテ2:8注）。罪と、罪が人生に及ぼす影響とを嘆く人（そして人々を悪から救う努力をしている人）は神の「義と平和と聖霊による喜び」（ロマ14:17）を受けることができる。

5 柔和な者は幸いです。その人たちは地を受け継ぐから。
6 義に飢え渇く者は幸いです。その人たちは満ち足りるから。
7 あわれみ深い者は幸いです。その人たちはあわれみを受けるから。
8 心のきよい者は幸いです。その人たちは神を見るから。
9 平和をつくる者は幸いです。その人たちは神の子どもと呼ばれるから。
10 義のために迫害されている者は幸いです。天の御国はその人たちのものだから。
11 わたしのために人々があなたがたをののしり、迫害し、ありもしないことで悪口を浴びせるとき、あなたがたは幸いです。
12 喜びなさい。喜びおどりなさい。天ではあなたがたの報いは大きいから。あなたがたより前にいた預言者たちを、人々はそのように迫害したのです。

5:①詩37:11 *あるいは「へりくだった者」
6:①イザ55:1, 2, 国ヨハ4:14, 6:48, 7:37以下
8:①詩24:3, 4, ②ヘブ12:14, Ⅰヨハ3:2, 黙22:4
9:①ロマ8:14, 国マタ5:45, ルカ6:35
10:①Ⅰペテ3:14 ②マタ5:3, 19:14, 25:34, マコ10:14, ルカ6:20, 22:29, 30
11:①Ⅰペテ4:14
12:①Ⅱ歴36:16, マタ23:37, 使7:52, Ⅰテサ2:15, ヤコ5:10, 国ヘブ11:33以下

5:5 柔和な者 これはただ人に対して慎み深い態度をとるようにと言っているのではない。「柔和な者」とはへりくだって神に従う人のことである。人生の安全と悩みのときの避難場所を神にだけ求める人のことである。その人々は自分自身と自分の人生を全部神の導きにゆだねる。また自分のことより神の働きや神を信じる人々に心を配る(⇒詩37:11)。神の祝福を受け地を治めるようになるのは、積極的に自分のことを追い求める人ではなく、最終的には柔和な人々である。

5:6 義に飢え渇く者 これは山上の説教の中で最も重要なことばの一つである。義を求める熱心な気持ちがなければ、神との深い関係を追い求めることも主イエスが言われたほかの品性を育てることもできない。(1) 神を敬う生き方で基本的に求められるのは「義に飢え渇く」ことである(⇒6:33)。このような飢え渇きはモーセ(出33:13, 18)や詩篇の作者(→詩42:2注, 6注, 63:1-11注)や偉大な宣教師だったパウロ(ピリ3:10)に見ることができる。キリスト者の霊的状態は生涯を通して次のことに飢え渇きを求めるかどうかで決まる。(a) 神の臨在(申4:29)、(b) 神のことば(詩119:)、(c) キリストとの交わりと友としての関係(ピリ3:8-10)、(d) 聖霊の交わり、導き、影響(ヨハ7:37-39, Ⅱコリ13:13)、(e) 義(5:6)、(f) 神の国の力(6:33)、(g) キリストの再臨(Ⅱテモ4:8)など。(2) 神とその目的への飢え渇きは「世の心づかいと富の惑わし」(13:22)、一時的なものへの欲望(マコ4:19)、快楽への欲望(ルカ8:14)、キリストに頼らず正しい関係を保たないこと(→ヨハ15:4注)などによって妨げられる(破壊さえする)。神と神の基準を求める飢え渇きがなくなるとキリスト者は霊的に死に始める。したがって悪から遠ざかり神に近付くようにさせようとする聖霊の働きを日々の生活や良心の中で敏感に感じて対応することが必要である(→ヨハ16:8-13, ロマ8:5-16)。

5:7 あわれみ深い者 「あわれみ深い者」とは罪や悲しみで苦しんでいる人々への思いやりと同情心に満ちている人である。あわれみ深い人は人々が神に助けを求め、イエス・キリストに人生をゆだねるように導いてそのような苦しみを和らげ取除くように心から助けようとする人である(⇒18:23-35, ルカ10:30-37, ヘブ2:17)。あわれみ深い人は積極的に人々の必要を満たすために働く人でもある。ほかの人々にあわれみを示すなら「あわれみを受ける」ようになる。

5:8 心のきよい者 「心のきよい者」とは自分を神にゆだね、神の恵み(受けるにふさわしくない好意、愛、助け、力)によって罪の力から解放された人である。その恵みによって今や神に喜ばれることができ、生き方を通して神の栄光を現すことができる。(1) 心のきよい人は神と同じ態度(真実で正しいことを愛し、悪を憎む)を持とうとする(→ヘブ1:9注)。その心(精神、意思、感情を含む →「心」の項 p.1043)は神の心と調和している(Ⅰサム13:14, マタ22:37, Ⅰテモ1:5)。つまりその思いや願いは神の聖さの基準(道徳的純粋性、霊的純潔性、悪からの分離、神への献身)に沿っていてきよいのである。(2) 神に従う人に神は聖さを求められるけれども、それは神が聖であり、心のきよい人だけが「神を見る」ことができるからである。神を見るということはその人が神の子どもであり、現在も未来の永遠の御国の中でも神と個人的に親しい関係を持つということである(出33:11, 黙21:7, 22:4)。

5:9 平和をつくる者 「平和をつくる者」とは神と和解した人(神との正しい関係を回復した人)である。神との平和は主イエスが十字架で死ぬことによって払われた罪の犠牲を受入れた人々に与えられる(ロマ5:1, エペ2:14-16, →「神の平和」の項 p.1301)。神との平和を持つ人はほかの人々(敵をも含む)に平和を示し、また神との平和な関係に導き入れようと努力をする。

5:10 義のために迫害されている者 キリストに従い、神のことばの原則に従って生きている人は反対と拒絶に遭う。(1) 神の真理と義ときよさの基準を尊んで、神を敬わない社会の生活様式に従わない人々

塩と光

13 あなたがたは、地の塩です。もし塩が塩けをなくしたら、何によって塩けをつけるのでしょう。もう何の役にも立たず、外に捨てられて、人々に踏みつけられるだけです。

14 あなたがたは、世界の光です。山の上にある町は隠れる事ができません。

15 また、あかりをつけて、それを枡の下に置く者はありません。燭台の上に置きます。そうすれば、家にいる人々全部を照らします。

16 このように、あなたがたの光を人々の前で輝かせ、人々があなたがたの良い行いを見て、天におられるあなたがたの父をあがめるようにしなさい。

13① マコ9:50, ルカ14:34, 35
14① 図 ヨハ8:12
15① マコ4:21, ルカ8:16, 11:33
 *別訳「家にあるすべてのもの」
16① 図 Ⅰペテ2:12
 ② 図 マタ9:8

（黙2:, 3:1-4, 14-22）は不人気である。その人々は社会から批判され反対され（10:22, 24:9, ヨハ15:19）、時には教会の中でも批判される（使20:28-31, Ⅱコリ11:3-15, Ⅱテモ1:15, 3:8-14, 4:16）。聖書はそのときには喜びなさい（5:12）、なぜなら神のために苦しむ人には特別な祝福を神が備えておられるからと教えている（Ⅱコリ1:5, Ⅱテモ2:12, Ⅰペテ1:7, 4:13）。(2) キリスト者は恥や困惑や損失を避けようとして神の目的に忠実に従う道に手加減をしようとする誘惑に注意しなければならない（10:33, マコ8:38, ルカ9:26, Ⅱテモ2:12）。御国の原則は変ることがない。「キリスト・イエスにあって敬虔に生きようと願う者はみな、迫害を受けます」（Ⅱテモ3:12）。けれども神に従い献身しているために迫害を受けても耐え忍ぶ人には天の御国で名誉と報いが約束されている。

5:13　地の塩　主イエスが隠喩（象徴的な比較、たとえ）を使って描かれた塩の特性や利点を主イエスの弟子たちはすぐに理解することができた。(1) 塩は食物に味をつけ風味を添える。同じようにキリスト者も周りの人々や社会に好ましい影響を与えなければならない。塩は防腐剤の役目もする。同じようにキリスト者や教会は道徳の腐敗や崩壊を防ぎ、文化にも神を敬うように影響を与えなければならない。さらに塩には癒す特性がある。同じようにキリスト者は肉体的に感情的に霊的に傷ついている人々に癒しをもたらすようにしなければならない。塩はまたのどを渇かせる。同じようにキリスト者も（良い模範によって）神についてもっと知りたいという霊的な渇きや思いを人々の中に作り出さなければならない。(2) このような性質を失ったキリスト者や教会は霊的に「なまぬるく」（無関心、無反応、怠惰 →黙3:15-16注）、聖霊の働きや力を抑えたり破壊したりする状態になっている。聖霊の力や臨在がなければ教会は効力を完全に失い、神に拒まれて「捨てられて」しまう。(3) その結果、塩気のないキリスト者は「人々に踏みつけられる」ことになる。つまり神を敬わない社会の慣習や価値観に巻込まれることになる。この道を進めば最後には滅びが待っている（⇒申28:13, 43, 48, 士2:20-22）。

5:14-16　あなたがたの光を・・・輝かせ、人々があなたがたの良い行いを見て　主イエスの時代に人々はオリーブ油に灯心を浸してともす粘土のともしび皿を使っていた。キリスト者はこの素朴なともしびのように、現在の世界の霊的暗やみの中で光を輝かさなければならない（箴4:19, マタ4:16, ヨハ3:19, ロマ1:21, エペ4:18, 5:8, 11, Ⅱペテ1:19）。私たちの生活は、社会の一般の人々の間では目立って前向きで霊的に光を照らすものでなければならない（⇒Ⅰペテ2:9）。キリストを信じる信仰は何をしても隠すことができないもので、周りの人々にはっきりわかるものである。多くの人は人生の方向と希望を探している。キリスト者には御子イエスのいのち、愛、光を反映させて神への道を光り輝かす特権が与えられている（⇒ヨハ1:5, 12:35, Ⅱコリ4:6）。これはことばだけではなく、行いによって示されるならさらに効果的になる。主イエスとはだれのことでどのような方かを示すためには、主の模範に従って人々の間で仕える人にならなければならない（ルカ22:27）。そして家庭や学校や職場などあらゆる場所で人々を助け、人々の必要に応える方法を積極的に探っていくべきである。人々に仕えることによってキリストの謙遜を反映し（20:26-28, ピリ2:7）、思いやりの心を示すことができる。さらに神のことばの真理と人生を変える主イエスの力を拒み反対する壁を打破ることができる。

私たちは小さな親切を示し（⇒コロ3:12）具体的な必要を満たす（Ⅰヨハ3:17-18）ことによって人々に仕えることができる。もちろん私たちの希望と行動の背後にある動機について、その理由を「いつでも弁明できる用意をして」いなければならない（Ⅰペテ3:15）。けれども実際の必要に応じようと心配してくれる人のことばでなければ多くの人は耳を傾けない。たとえばたましいの食物を与える前に空腹を満たす食物を与えなければならないことがある。あるいは近所に住む人の人生のアドバイスをする前に近隣の清掃を手伝うことが必要かもしれない。不正に反対し食べ物や服を分け与え虐待されている家族や人々を助けるときに「あなたの光は、やみの中に輝き上」るのである（→イザ58:

マタイの福音書 5章

律法の成就

17 わたしが来たのは律法や預言者を廃棄するためだと思ってはなりません。廃棄するためにではなく、成就するために来たのです。
18 まことに、あなたがたに告げます。①天地が滅びうせない限り、律法の中の一点一画でも決してすたれることはありません。全部が成就されます。
19 だから、戒めのうち最も小さいものの一つでも、これを破ったり、また破るように人に教えたりする者は、天の御国で、最も

18 ①ルカ16:17, 関マタ24:35

6-10)。具体的に主イエスの愛をもって交わるときに、キリストのメッセージを大胆に分ち合う道が開かれていく。そのとき初めて神のことばを信じ人生をキリストにゆだねるようにというキリストの招きを受入れるように勧めることができる。

5:17 律法・・・成就するために　「律法」は旧約聖書の最初の5冊を指す。「預言者」には次のものが含まれる。(a) 後の預言者［大預言書（イザヤ書、エレミヤ書、エゼキエル書、ダニエル書―これは終末について書かれているので違った分類をされることがある）と旧約聖書を締くくる12冊の小預言書］。(b) 前の預言者（ヨシュア記、士師記、サムエル記、列王記）。「諸書」と言われている旧約聖書の部分は「預言者」に分類されることもある（→13:35,「預言者を通して言われた事」として詩篇78:2を指している）。これらを全部合せて「律法と預言者」と言うと旧約聖書（「旧契約」）全体（これは最高の計画を実行するためにキリストを送る前に神が人間との関係を保つ方法を書かれたものである）を意味する。旧約聖書はイエス・キリストが完成し成就されることを全部あらかじめ示していた。神は律法の霊的条件（神の最初の契約の背後にある真理と原理）が弟子たちの中で実現することを願っておられた（ロマ3:31, 8:4）。神の律法と信仰者との関係には次のことが含まれている。

(1) キリスト者が守るべき律法には、キリストや使徒（初代教会の開拓者であり指導者で新約聖書の多くの書物を書いた人 28:20、Ⅰコリ7:19, 9:21、ガラ6:2）の教えとともに旧約聖書の倫理的道徳的原理（7:12, 22:36-40、ロマ3:31、ガラ5:14、→「**旧約聖書の律法**」の項 p.158）が含まれている。これらの律法は神の特性、願い、基準、人々に対する総合的目的などを啓示しているけれども、今日でも適用されるものである。イスラエル民族に直接適用された旧約聖書の律法（いけにえ、儀式、社会あるいは市民の律法など）は新約聖書のキリスト者には拘束力を持たない（ヘブ10:1-4、レビ1:2-3, 14:10）。けれどもこれらの律法の土台になっている原則は今日でも私たちの行動を導くものである。

(2) 律法はキリスト者にとって赦しや霊的救いを得るために守るべき法律的な戒めや規則の体系ではない（ガラ2:16, 19）。むしろ律法は、キリストを信じる信仰によって既に神と正しい関係を持っている人に与えられた行動の道徳的規範として見るべきである。キリスト者は神の戒めを守り神の基準に従って生きることによって、救われたこととキリストが自分たちの中に住んでおられることの感謝の気持をキリストに表すのである（ロマ6:15-22）。

(3) キリストを信じることは神の律法を守る出発点である。神は信仰を通して私たちの父になってくださる（⇒ヨハ1:12）。神の律法に従うのは神が律法を与えられた主権者（全力と全権力をもって基準を定め思う通りにできる人）だからではなく、私たちが神の子どもで神が私たちの父だからである（ガラ4:6）。

(4) キリストを信じる人々はキリストを信じ愛しているのでその律法と基準に従って生きようと思う（ロマ16:25-26、ヘブ10:16）。その人々にとってそれは単なる義務ではなく、願いであり感謝の表れである。この願いは神の恵み（受けるにふさわしくない好意、愛、力 ロマ5:21）と聖霊が内側に住んでおられるので起こるものである（ロマ8:13、ガラ3:5, 14）。聖霊の思いと導きによって生きることによってキリスト者は律法を守ることができる（ロマ8:4-14）。御霊は人間が生まれつき持っている神を敬わない欲望と行いに打勝ち、それを「殺し」て、神の思いと目的を果すことを助けてくださる（ロマ8:13、→7:21注）。御霊の働きは重要である。なぜなら心と霊の内面に変化がなければ律法に従うことはできないからである（⇒5:21-28）。

(5) 罪の奴隷から解放されるとキリスト者は神の支配に喜んで従い「義の奴隷」になる（ロマ6:18-22）。そして「信仰」の原理に従って「キリストの律法を守る者」になる（Ⅰコリ9:21）。その第一の目的はほかの人々に影響を与えてキリストに導くことだからである。神の御国にとって最も良いことを行い、自分よりほかの人々の益になることを求めて「キリストの律法を全うし」（ガラ6:2）、神の律法の道徳的要求に忠実なことを私たちは示すことができる（→ロマ7:4注、8:4注、ガラ3:19注、5:16-25）。

(6) 御国に入る条件は今も変らず、御父のみこころ（人々に対する神の願いや目的 →7:21注）を行うことであると主イエスは念を入れて教えられた。

小さい者と呼ばれます。しかし、それを守り、また守るように教える者は、天の御国で、偉大な者と呼ばれます。
20 まことに、あなたがたに告げます。もしあなたがたの義が、律法学者やパリサイ人の義にまさるものでないなら、あなたがたは決して天の御国に、入れません。

殺人
5:25, 26　並行記事ールカ12:58, 59

21 昔の人々に、『人を殺してはならない。人を殺す者はさばきを受けなければならない』と言われたのを、あなたがたは聞いています。
22 しかし、わたしはあなたがたに言います。兄弟に向かって腹を立てる者は、だれでもさばきを受けなければなりません。兄弟に向かって『能なし』と言うような者は、最高議会に引き渡されます。また、『ばか者』と言うような者は燃えるゲヘナに投げ込まれます。
23 だから、祭壇の上に供え物をささげようとしているとき、もし兄弟に恨まれていることをそこで思い出したなら、
24 供え物はそこに、祭壇の前に置いたままにして、出て行って、まずあなたの兄弟と仲直りをしなさい。それから、来て、その供え物をささげなさい。
25 あなたを告訴する者とは、あなたが彼といっしょに途中にある間に早く仲良くなりなさい。そうでないと、告訴する者は、あなたを裁判官に引き渡し、裁判官は下役に引き渡して、あなたはついに牢に入れられることになります。
26 まことに、あなたに告げます。あなたは最後の一コドラントを支払うまでは、そこから出ては来られません。

姦淫
27 『姦淫してはならない』と言われたのを、あなたがたは聞いています。
28 しかし、わたしはあなたがたに言います。だれでも情欲をいだいて女を見る者は、すでに心の中で姦淫を犯したのです。

5:19　御国で、偉大な者　天の御国での立場は神の律法に対する態度と、律法との関係をほかの人々にどのように示したかによって決まる。神を本当に愛するなら、神の戒めを重荷と感じたり、重荷であるかのように行動したりすることはないはずである（→Ⅰヨハ5:3）。神を愛する人は神の律法も戒めも同じように愛する（詩119:47, 147）。また神の基準に従って人々が生きるように模範を示さなければならない。そして今日の社会と神の基準とは無関係であるかのように行動して、人々が神の基準に反対したり妥協したりすることがないようにしなければならない。天の御国で受ける名誉は、この面で誠実かどうかによって決まってくる（→「さばき」の項p.2167、→「神の国とサタンの国」の表p.1711）。

5:20　あなたがたの義が・・・ないなら　パリサイ人や律法の教師たちは律法に従いながら神との正しい関係を持っていなかった。それはその「義」が外側だけのものだったからである。その人々は多くの規則を守り、祈り、賛美し、断食し、神のことばを読み、礼拝に出席していた。けれども神に対する心の態度は正しくなく、神への献身も本物ではなかった。ただ表面的にそれらのことを行っていたのである。私たちには両方が必要である。神を愛し神に頼っているなら、神と正しい関係を持つために心と霊（外側の行いだけではなく）が神の基準と目的に一致していなくてはならないと主イエスは言われた（→マコ7:6律法主義の注）。

5:22　腹を立てる・・・能なし・・・ばか者　ここで主イエスは邪悪で残酷な人々に対する正当な怒りについて言われたのではない（⇒ヨハ2:13-17）。怒りにまかせて人を批判し、人を傷つけたり殺そうと思ったりしてさばく人を責めておられるのである。「能なし（ラカ）」は憎しみを込めたことばで、「頭の空っぽな愚か者」と言うのと同じである。怒りにまかせて神を敬わない「ばか者」と呼ぶことは、相手を「燃えるゲヘナに投げ込」みたい気持を表していると思われる。

5:28　情欲をいだいて・・・見る　キリスト者はもはや旧約聖書の律法に従う必要はないと言う人（→5:17注）は、主イエスが新約聖書の弟子たち（今日の私たちを含む）にさらに高い基準を求めておられることを忘れてはならない。

（1）この場合主イエスは姦淫（配偶者以外の人との性的関係）の行動を責められただけではなく、奔放な想像や抑えきれない欲望も非難しておられる。けれどもサタンが考えに入れた一瞬の思いや突然湧上がる不適切な欲望のことを言っておられるのではない。誘惑を受けることは（悪い情況に自分から進んで入る愚か

マタイの福音書 5章

²⁹もし、右の目が、あなたを②つまずかせるなら、えぐり出して、捨ててしまいなさい。からだの一部を失っても、からだ全体ゲヘナに投げ込まれるよりは、よいからです。
³⁰もし、右の手があなたをつまずかせるなら、切って、捨ててしまいなさい。からだの一部を失っても、からだ全体②ゲヘナに落ちるよりは、よいからです。

離婚

³¹また『だれでも、妻を離別する者は、妻に離婚状を与えよ』と言われています。
³²しかし、わたしはあなたがたに言います。だれであっても、不貞以外の理由で妻を離別する者は、妻に姦淫を犯させるのです。また、だれでも、離別された女と結婚すれば、姦淫を犯すのです。

誓い

³³さらにまた、昔の人々に、『偽りの誓いを立ててはならない。あなたの誓ったことを主に果たせ』と言われていたのを、あ

29①マタ18:9、マコ9:47
　②囮マタ17:27
　＊あるいは「罪を犯させる」
　③圀マタ5:22
30①マタ18:8、マコ9:43
　②圀マタ5:22
31①申24:1, 3
　＊直訳「去らせる」
　②囮マタ19:7
　マコ10:11, 12、
　ルカ16:18、
　囮Ⅰコリ7:11, 12
33①レビ19:12、民30:2、
　詩23:21
　＊別訳「誓いを破って」
　②囮マタ5:21, 27, 38, 43、
　23:16以下

34①ヤコ5:12
　②マタ23:22、イザ66:1
35①イザ66:1、和使7:49
　②詩48:2
37＊別訳「『はい』あるいは、『いいえ』とだけ言いなさい」
　①マタ6:13、
　②圀マタ13:19, 38、
　ヨハ17:15、Ⅰテサ3:3、
　Ⅰヨハ2:13, 14, 3:12、
　5:18, 19
　＊＊あるいは「悪い者から出るのです」
38①出21:24、レビ24:20、
　申19:21
　②マタ5:21, 27, 33, 43
39①詩59:42、
　ルカ6:29, 30、
　囮Ⅰコリ6:7

なたがたは聞いています。
³⁴しかし、わたしはあなたがたに言います。決して誓ってはいけません。すなわち、天をさして誓ってはいけません。そこは神の御座だからです。
³⁵地をさして誓ってもいけません。そこは神の足台だからです。エルサレムをさして誓ってもいけません。そこは偉大な王の都だからです。
³⁶あなたの頭をさして誓ってもいけません。あなたは、一本の髪の毛すら、白くも黒くもできないからです。
³⁷だから、あなたがたは、『はい』は『はい』、『いいえ』は『いいえ』とだけ言いなさい。それ以上のことは悪いことです。

目には目で

³⁸『目には目で、歯には歯で』と言われたのを、あなたがたは聞いています。
³⁹しかし、わたしはあなたがたに言います。悪い者に手向かってはいけません。あなたの右の頰を打つような者には、左の頰

な行動でない限り)罪ではない。問題は汚れた思いに捕われたままでいることである。私たちは自分に正直でなければならない。不道徳な欲望について考えたり想像したりすることはそれを実際にしてもよいと認めたのと同じことである。そのようなことを考えているなら実際に誘惑されたときには簡単に負けるようになる。性的快楽を求める内面的欲望を自分の中で長い間もてあそんで、それを抑えないならそれは罪である(→「性道徳の基準」の項 p.2379)。

(2) キリスト者は神のご計画やタイミングに合わない欲望や快楽をあおるような情況を特に注意して避けるようにしなければならない。それは映画や文学に描かれている不道徳な情況に自分をさらさないことでもある。娯楽の分野では霊的バランスを保たなければならない(⇒Ⅰコリ6:15, 18、ガラ5:19, 21、エペ5:5、コロ3:5、Ⅱテモ2:22、テト2:12、ヘブ13:4、ヤコ1:14、Ⅰペテ2:11、Ⅱペテ3:3、Ⅰヨハ2:16)。なぜならサタンは私たちを道徳的に失敗させようとしているからである。

(3) 性的なきよさを保つ分野では、男性女性の両方に責任がある。男女ともにことばや行動、服装などを控えめにしなければならない。たとえば、キリスト者の女性は性欲を呼び覚ましたり肉体に不必要な注目を引くような服装をして男性を誘惑しないように気を付けなければならない。慎みのない服装は神に喜ばれるものではない(Ⅰテモ2:9、Ⅰペテ3:2-3)。ほかの人々の肉欲をあおるようなことは、結婚生活の外での性的関係を考えるのと同じように悪いことである。同じように男性も女性に対する肉欲をかき立てる情況やメディアに自分をさらさないようにして心と思いを守らなければならない。

5:29　ゲヘナ　→マコ9:43注
5:32　不貞以外の理由で　→19:9注
5:39　悪い者に手向かってはいけません　主イエスは悪い行いをする邪悪な人々を放置しておいて、悪い人々をさばかないでもよいと言われたのではない(⇒ロマ13:1-4)。このあとに続くことば(5:43-48)は自分の敵を愛し親切にするようにと言っている(5:44、ルカ6:27)。悪いことをされたら怒りにまかせて行動するのではなく、キリストのような人格と価値観をもって接しなければならない。意地悪な人に対しては主について考えさせるような行動をとらなければならない。私たちが示す模範によってキリストを救い主、主(人生の導き手であり権威であること)として受入れるようになるかもしれない。神を敬う気持の例として創13:1-13と創14:14を、創50:19-21と創37:18-28

も向けなさい。
⁴⁰あなたを告訴して下着を取ろうとする者には、上着もやりなさい。
⁴¹あなたに一ミリオン行けと強いるような者とは、いっしょに二ミリオン行きなさい。
⁴²求める者には与え、借りようとする者は断らないようにしなさい。

敵を愛すること

⁴³『自分の隣人を愛し、自分の敵を憎め』と言われたのを、あなたがたは聞いています。
⁴⁴しかし、わたしはあなたがたに言います。自分の敵を愛し、迫害する者のために祈りなさい。
⁴⁵それでこそ、天におられるあなたがたの父の子どもになれるのです。天の父は、悪い人にも良い人にも太陽を上らせ、正しい人にも正しくない人にも雨を降らせてくださるからです。
⁴⁶自分を愛してくれる者を愛したからといって、何の報いが受けられるでしょう。取税人でも、同じことをしているではありませんか。
⁴⁷また、自分の兄弟にだけあいさつしたからといって、どれだけまさったことをしたのでしょう。異邦人でも同じことをするではありませんか。
⁴⁸だから、あなたがたは、天の父が完全なように、完全でありなさい。

⁴¹ * 1ミリオンは約1,500メートル
⁴² ①ルカ6:34, 35
⁴³ ①レビ19:18
　　②マタ5:21, 27, 33, 38
⁴⁴ ①ルカ6:27, 28,
　　囲マタ23:34, 使7:60
⁴⁵ ①圏マタ5:9
　　*直訳「彼」
⁴⁶ ①ルカ6:32
⁴⁸ ①囲レビ19:2

1 ①マタ6:5, 16, 23:5
2 * あるいは「慈善の行為」
　 ①マタ6:5, 16, 23:5
　 ②マタ6:5, 16,
　 囲ルカ6:24
4 ①マタ6:6, 18
5 ①マタ6:1, 16
　 * 直訳「明らかになるために」
　 ②マコ11:25,
　 ルカ18:11, 13
　 ③マタ6:2, 16,
6 ①囲イザ26:20
　 ②マタ6:4, 18

貧しい人への施し

6 ¹人に見せるために人前で善行をしないように気をつけなさい。そうでないと、天におられるあなたがたの父から、報いが受けられません。
²だから、施しをするときには、人にほめられたくて会堂や通りで施しをする偽善者たちのように、自分の前でラッパを吹いてはいけません。まことに、あなたがたに告げます。彼らはすでに自分の報いを受け取っているのです。
³あなたは、施しをするとき、右の手のしていることを左の手に知られないようにしなさい。
⁴あなたの施しが隠れているためです。そうすれば、隠れた所で見ておられるあなたの父が、あなたに報いてくださいます。

祈り

6:9-13　並行記事―ルカ11:2-4

⁵また、祈るときには、偽善者たちのようであってはいけません。彼らは、人に見られたくて会堂や通りの四つ角に立って祈るのが好きだからです。まことに、あなたがたに告げます。彼らはすでに自分の報いを受け取っているのです。
⁶あなたは、祈るときには自分の奥まった部屋に入りなさい。そして、戸をしめて、隠れた所におられるあなたの父に祈りなさい。そうすれば、隠れた所で見ておられる

を比較するとよい。　→Ⅰサム24：, 26：, ルカ23：34, 使7：60

6:1　人前で善行を　このことばは良い行いをするときの動機をよく考えるようにと言っている。

（1）もし人から認められ賞賛してもらうために良いことを行うなら、神からの報いや名誉は得られない。神の栄光を現すふりをして自分の名誉を求める人は偽善者（にせもの、真実の心が欠けている）であることが暴かれてしまう。

（2）主イエスは特に施し（6:2-4）、祈り（6:5-8）、断食（霊的な事柄に集中するために一定の期間食物を断つこと　6:16-18）という三つの行いについて話された。主イエスはかたちだけの不誠実な行動を厳しく非難されたけれども、同じ非難は今日のキリスト者の行動と動機にも向けられている。それは人から認めても

らうために競争し、自分の成功を自慢し、礼拝と言いながら一番になりたいという欲望を満たすために演技を行い楽しませることに励んだりしているからである（→Ⅰコリ3：13-15, 4：5）。

6:6　祈りなさい・・・隠れた所　神の子どもたちには神とふたりだけになれる場所が必要である。そのような場所や時間がなければ、一貫した個人的祈りの生活を育てることはできない。隠れた祈りとは信仰を隠したり、キリストのメッセージをほかの人々から隠したりすることではない。それは自分とキリストとの個人的関係を成長させ、導きと教えを与えてくださる御霊の声を聞き分ける（物事についての鋭い洞察または賢い判断をする）ことを学ぶことである。主イエスはその隠れた場所を持っておられた（14：23, マコ1：35, ルカ4：42, 5：16, 6：12）。隠れた祈りは特に次の

あなたの父が、あなたに報いてくださいます。

7 また、祈るとき、異邦人のように同じことばを、ただくり返してはいけません。彼らはことば数が多ければ聞かれると思っているのです。

8 だから、彼らのまねをしてはいけません。①あなたがたの父なる神は、あなたがたがお願いする先に、あなたがたに必要なものを知っておられるからです。

9 だから、こう祈りなさい。
『天にいます私たちの父よ。
御名があがめられますように。

10 御国が来ますように。
みこころが天で行われるように地でも行われますように。

7 ①図 I 列18:26, 27
8 ①図 マタ6:32
9 ①図 マタ6:9-13,
　ルカ11:2-4
10 ①図 マタ3:2

ような場合に重要である。(1) 朝。一日を神にゆだね、神を心の中に持ち神とともに始めることができる。(2) 夜。一日中助けてくださったことを神に感謝し、その日の体験を通して何を神が教えておられるかを考えることができる。(3) 聖霊が導き感動を与えられるとき（時には自分のため、しばしばほかの人々のために）。神と個人的な時間を持つとき、神は公に報いてくださること（祈りの答、深い臨在感、永遠に続く栄誉など）を約束された（→6:9「天にいます私たちの父よ」の注）。

6:9 だから、こう祈りなさい キリストはこの模範の祈りを示して、キリスト者が祈りの生活の中で優先させるべきことを話された。この祈りには六つの願いまたは求めがある。三つは神の聖さ（純粋、完全、完璧、悪からの分離）とみこころ（神の特性と目的を反映した計画や願い）に結び付き、ほかの三つは私たちの個人的な必要に関係している。この祈りは短いけれども、祈りは短くなければならないということではない。また心からの祈りは長くなければならないというわけでもない。けれどもキリストは時として一晩中祈られた（ルカ6:12）。この主題について →「**効果的な祈り**」の項 p.585

6:9 天にいます私たちの父よ 祈りは私たちの天の父を礼拝し（神の栄誉とすばらしさを表明する）、心を開いて交わることである。神はだれもが（地上の父親との関係がよくない人にとっても）何でも期待できる方であり、失望させられることがない。(1) 愛する父である神は私たちを思いやり導いてくださり、深く自由な交わりを持つように招いておられる。キリストを信じることによっていつでも御父に近付いて礼拝し必要なことを訴えることができる（6:25-34）。(2) 父である神は子どもたちが悪いことをするのを許さず、きちんとしつけられる（地上の父は忘れることがあっても）。手加減を加えることは子どものためにならない。神は罪とその悪影響が子どもたちに及ぶのを許されない。(3) 天の父である神は懲らしめることも祝福することも、与えないことも与えることも、義によって行動することも恵みによって行動することもできる方である。神がどのように応えるかは子どもたちの神への信仰と従順にかかっている。けれども神の導きと懲らしめはみな益となることは確かである。

6:9 御名があがめられますように 祈りと日々の生活の中で最も大切にしなければならないことは神の栄光を現すことである。御名は「あがめられ」、神聖で聖いとされなければならない。それは神との関係にふさわしい生き方をしなければならないということである。そのためには聖い（道徳的純粋性、霊的健全性、悪からの分離、神の目的への献身）生活をすることが必要である。そうするなら神に栄光と栄誉と賛美をささげることができる（⇒詩34:3）。私たちは神の名声、教会、メッセージ、御国の目的などを祈りや日々の生活の中で熱心に考えなければならない。主の御名や主の特性を汚す不名誉なことをすれば公に神を辱める重大な罪を犯すことになる。

6:10 御国が来ますように 心配ごとや必要なことを祈りの中で神の前に持っていくことは大切だけれども（神は私たちの必要を既に知っておられる）、祈りの中で最優先させなければならないことは神の国（地上と永遠の世界での神の力、権威、目的）の目的である。(1) キリストが再び来られ、新しい天と新しい地に神の永遠の御国を建設されることを祈らなければならない（黙21:1, ⇒Ⅱペテ3:10-12, 黙20:11, 22:20）。(2) 神の力が人々の間に現され、神の目的が現在の地上で実現するように祈らなければならない。それには主イエスの教えに従うことと、神を信じる人々の間で神の力を用いてサタンの働きを砕き、病人を癒し、霊的に失われている人々を救い、真理を掲げることが必要である（→「**神の国**」の項 p.1654）。そのような力は祈りを通して神との関係を深め、力と導きを聖霊に頼らなければ現すことができない。

6:10 みこころが・・・行われますように 「みこころが行われますように」と祈ることは神の目的、ご計画、願いが自分や家族の中で実現することを心から望んでいることを意味する。まず啓示されたみことば（聖書）を通して、また心の中の聖霊の導きに頼ることによって神のみこころを悟るのである（⇒ロマ8:4-

マタイの福音書 6章

11 ①私たちの*日ごとの糧をきょうもお与えください。
12 私たちの負いめをお赦しください。
私たちも、私たちに負いめのある人たちを赦しました。
13 私たちを試みに会わせないで、悪からお救いください。』〔国と力と栄えは、とこしえにあなたのものだからです。アーメン。〕
14 ①もし人の罪を赦すなら、あなたがたの天の父もあなたがたを赦してくださいます。

15 しかし、人を赦さないなら、あなたがたの父もあなたがたの罪をお赦しになりません。

断食
16 ①断食するときには、偽善者たちのようにやつれた顔つきをしてはいけません。彼らは、断食していることが人に見えるようにと、その顔をやつすのです。まことに、あなたがたに告げます。彼らはすでに自分②の報いを受け取っているのです。

11 ①箴30:8
　*別訳「あすのための糧」あるいは「必要な糧」
12 *あるいは「罪」
13 ①マタ5:37
　*あるいは「悪い者」
　**最古の写本ではこの句は欠けている
14 ①マタ6:14, 15, マコ11:25, 26, 団マタ18:35

16 ①団イザ58:5
　②マタ6:2

14、→「神のみこころ」の項 p.1207)。神のみこころは「神の国とその義」が生活の中で実現するように祈るときに成就される(6:33, →「神の国」の項 p.1654)。みこころが行われるように祈るなら、みこころが明らかにされたときにその実現に向けて行動する用意をしておかなければならない。

6:11 日ごとの糧 祈りには毎日の必要を備えてくださるようにという願いも含むべきである(ピリ4:19, →ルカ11:3注)。私たちは必要以上のものを持つ必要はない。なぜなら不満の原因になるからである。また神が与えてくださるものには何でも感謝する気持がなければならない。

6:12 お赦しください・・・私たちも・・・赦しました 祈りは罪を告白して赦していただくときでもある。また自分を傷つけた人を赦す力を神からいただくときでもある(6:14-15, ヘブ9:14, Ⅰヨハ1:9, →6:15注)。

6:13 私たちを・・・悪からお救いください 神の民はみなサタンの妨害と攻撃の目標になっている。私たちは自分の力でサタンの邪悪な目的に勝利し退けることはできない。したがって悪魔の策略に打勝つために完全に神に頼り知恵と力を求めて祈り続けることが必要である(→ルカ11:26注, 18:1注, 22:31, ヨハ17:15, Ⅱコリ2:11, →「**サタンと悪霊に勝利する力**」の項 p.1726)。キリストによって勝利するためにはもちろん神のことばに聞いて導きに応答することが必要である。そうするときに初めて知恵と自己鍛錬によって、敗北につながるような霊的妥協を避けることができる(→Ⅱテモ2:22)。

6:14 もし・・・赦すなら 「赦す」という意味のギリシヤ語の「アフィエーミ」(《ギ》アフェーテ、アフェーセイなども)は新約聖書ではいろいろなかたちで見られる(140回以上)。時には「手放す」、「残す」、「捨てる」、「借金を棒引きする」などの意味になる。そして神による罪の赦しにも使われている。神が赦してくださったように私たちもほかの人々を赦さなければならない。

6:15 赦さないなら 主イエスはほかの人々の罪を進んで赦す気持、姿勢がなければならないと教えられた。赦さないでいることは罪である。なぜなら自分自身の霊に苦い思いや滅びを招き入れ、神の特性を自分の中に反映することができないからである。人を赦さないならキリストは私たちを赦さず、祈りにも応えられない。罪を持ち続けているからである。これは神が私たちを赦す尺度として使われる重要な原則である(18:35, マコ11:26, ルカ11:4)。

6:16 断食するときには 聖書の中では断食は霊的な事柄にさらに集中するために一定期間食物を断つことであるとされている。断食は祈りとともに行うことが多いけれども断食そのものが霊的訓練でもある。実際に断食は「ことばのない祈り」と言われている。その場合には食物を断つ間は神の声に耳を傾け、神の導きを感じ、みことばを黙想すること(聖書の原則をどのように自分の情況に当てはめるかを繰返し考えること)に集中する時間でなければならない。

(1) 聖書には断食のかたちが3種類紹介されている。(a) 普通の断食—流動食、固形食を含むあらゆる食物を断つこと。けれども水分は断たない(→4:2注)。(b) 完全な断食—食物と水分の両方を断つこと(エス4:16, 使9:9)。普通この種の断食は三日以上行ってはならない。なぜなら脱水症状を起こすからである(肉体的な理由からある人々はこのような極端な断食に耐えられない。長期の断食を考えている人は医者などこの分野の専門家に相談することがよい)。モーセとエリヤは完全な断食を40日間行ったけれどもそれは超自然的な情況だったので可能だった(出34:28, 申9:9, 18, Ⅰ列19:8)。(c) 部分断食—食物を完全に断つのではなく特定の飲食物だけを断つ(ダニ10:3)。

(2) キリストご自身が断食を実践し(→ルカ4:2)、

マタイの福音書 6章

17 しかし、あなたが断食するときには、自分の頭に油を塗り、顔を洗いなさい。18 それは、断食していることが、人には見られないで、隠れた所におられるあなたの父に見られるためです。そうすれば、隠れた所で見ておられるあなたの父が報いてくださいます。

天の宝
6:22, 23　並行記事―ルカ11:34-36

19 自分の宝を地上にたくわえるのはやめなさい。そこでは虫とさびで、きず物になり、また盗人が穴をあけて盗みます。20 自分の宝は、天にたくわえなさい。そこでは、虫もさびもつかず、盗人が穴をあけて盗むこともありません。21 あなたの宝のあるところに、あなたの心もあるからです。22 からだのあかりは目です。それで、もしあなたの目が健全なら、あなたの全身が明るいが、23 もし、目が悪ければ、あなたの全身が暗いでしょう。それなら、もしあなたのうちの光が暗ければ、その暗さはどんなでしょう。24 だれも、ふたりの主人に仕えることはできません。一方を憎んで他方を愛したり、一方を重んじて他方を軽んじたりするからです。あなたがたは、神にも仕え、また富にも仕えるということはできません。

心配してはいけない
6:25-33　並行記事―ルカ12:22-31

25 だから、わたしはあなたがたに言います。自分のいのちのことで、何を食べようか、何を飲もうかと心配したり、また、からだのことで、何を着ようかと心配したりしてはいけません。いのちは食べ物よりたいせつなもの、からだは着物よりたいせつなものではありませんか。

断食はキリスト者の献身の一部であり、またキリストの再臨への準備の行動であると教えられた（→9:15注）。新約聖書の教会は断食を実践していた（使13:2-3, 14:23）。

（3）断食を祈りとともに行う目的はいくつかある。それは、（a）神をあがめるため（6:16-18, ゼカ7:5, ルカ2:37, 使13:2）、（b）へりくだって自分の欲望よりも霊的な事柄を優先させ（エズ8:21, 詩69:10, イザ58:3）、恵み（Ⅰペテ5:5）と臨在（イザ57:15, 58:6-9）をさらに体験するため、（c）自分の罪と失敗を悲しむため（Ⅰサム7:6, ネヘ9:1-2）、（d）教会や国、また世界の罪を悲しむため（Ⅰサム7:6, ネヘ9:1-2）、（e）新しい使命のために恵み（受けるにふさわしくない神の好意と祝福）を求め、神への献身を新しくするため（4:2）、（f）神との関係を深め、悪霊の力に抵抗する力を強めるため（士20:26, エズ8:21, 23, 31, エレ29:12-14, ヨエ2:12, ルカ18:3, 使9:10-19）、（g）自分自身と神の民全体のために悔い改め（罪を悲しみ、自分勝手な生き方から離れ、神に明け渡すこと）、神のさばきを取消していただくため（Ⅱサム12:16, 22, Ⅰ列21:27-29, エレ18:7-8, ヨエ2:12-14, ヨナ3:5, 10）、（h）人々を悪の奴隷から救うため（イザ58:6, マタ17:14-21, ルカ4:18）、（i）神のみこころを知る霊的洞察力と知恵をいただくため（イザ58:5-6, 11, ダニ9:3, 21-22, 使13:2-3）、（j）神の民の中に聖霊が強く働くように道を開き、キリストの再臨に備えるため（→9:15注）、などである。

6:22　からだのあかりは目です　私たちは見るものや接触するものに対して気を付けなければならない。目はレンズのようなもので、カメラのフィルムのように脳裏にイメージを焼付け、考えや記憶に生々しい印象を残す。罪深い不純なものを見ていると頭が濁って腐敗し、やがて神が備えておられるものや導いてくださる場所が見えなくなる。けれどももし健全な良いものと接触しているなら主は私たちの思いに霊的な光と真理を与え続け、人生を正しい道へと導いてくださる（⇒ピリ4:8）。

6:24　富　（1）富に仕えるということは富に高い価値を置くことで、それによって、（a）人生の決断や優先順位の中で富を最も重要なものにしようと思い、（b）信頼や信仰をそこに置き、（c）究極の安全と幸福のよりどころにし、（d）未来を保証してくれることを期待し、（e）神のご計画や目的以上に求めるようになる。（2）富をむさぼり蓄積するならそれによって私たちの思いと生活はすぐに支配され、神をあがめることが人生の最優先の課題ではなくなってしまう。

6:25　心配したりしてはいけません　ここで主イエスは将来の必要に備えることは間違いだと言っておられるのではない（⇒Ⅱコリ12:14, Ⅰテモ5:8）。むしろ神の配慮や愛を信じないでひとりで心配し悩むことに反対しておられるのである（エゼ34:12, Ⅰペテ5:7, →6:30注）。

マタイの福音書 6-7章

26 *空の鳥を見なさい。種蒔きもせず、刈り入れもせず、倉に納めることもしません。けれども、あなたがたの天の父がこれを養っていてくださるのです。あなたがたは、鳥よりも、もっとすぐれたものではありませんか。
27 あなたがたのうちだれが、心配したからといって、自分のいのちを少しでも延ばすことができますか。
28 なぜ着物のことで心配するのですか。野のゆりがどうして育つのか、よくわきまえなさい。働きもせず、紡ぎもしません。
29 しかし、わたしはあなたがたに言います。栄華を窮めたソロモンでさえ、このような花の一つほどにも着飾ってはいませんでした。
30 きょうあっても、あすは炉に投げ込まれる野の草さえ、神はこれほどに装ってくださるのだから、ましてあなたがたに、よくしてくださらないわけがありましょうか。

26 ①マタ10:29以下
 *直訳「天」
27 ①聖詩39:5
 *別訳「身長」
 **直訳「一ペーキュス」－45センチ
28 ①聖マタ6:25, 27, 31, 34, ルカ12:11, 22,
 ②聖ルカ10:41, ピリ4:6, Ⅰペテ5:7
29 ①Ⅰ列10:4-7
30 ①聖マタ8:26, 14:31, 16:8
31 ①聖マタ6:25, 27, 28, 34, ルカ12:11, 22,
 ②聖ルカ10:41, ピリ4:6, Ⅰペテ5:7
32 ①聖マタ6:8
33 *あるいは「神の」
 **あるいは「求め続けなさい」
 ①聖マタ19:29, マコ10:29, 30, ルカ18:29, 30, Ⅰテモ4:8
 ***あるいは「備えられます」
34 ①聖マタ6:25, 27, 28, 31, ルカ12:11, 22,
 ②聖ルカ10:41, ピリ4:6, Ⅰペテ5:7
1 ①聖マタ7:1-5, ルカ6:37, 38, 41, 42

①信仰の薄い人たち。
31 そういうわけだから、何を食べるか、何を飲むか、何を着るか、などと言って心配するのはやめなさい。
32 こういうものはみな、異邦人が切に求めているものなのです。しかし、あなたがたの天の父は、それがみなあなたがたに必要であることを知っておられます。
33 だから、神の国とその義とをまず第一に求めなさい。そうすれば、それに加えて、これらのものはすべて与えられます。
34 だから、あすのための心配は無用です。あすのことはあすが心配します。労苦はその日その日に、十分あります。

人をさばくこと

7:3-5　並行記事－ルカ6:41, 42

7 ¹さばいてはいけません。さばかれないためです。
² あなたがたがさばくとおりに、あなたが

6:30　神はこれほどに装ってくださるのだから　このことばは困難で不透明な今の時代に生きている神の子どもたち全員に対する神の約束である。食料や衣服、そのほかの必要なものはみな備えると神は約束された。これらのものについて心配する必要はない。神の権威と目的に心から頼る人には神が全責任を持ってくださる（ピリ4:6, Ⅰペテ5:7, →「**神の摂理**」の項 p.110）。

6:33　神の国・・・義・・・求めなさい　キリストに従う人は何よりも「神の国とその義」を求めるように勧められている。「求める」という動詞は何かを探すことに引き続き没頭する、または長期間継続して何かを得る努力をするという意味である（⇒13:45）。神の国と義は受けるものではなく積極的に追い求めるものである。キリストは私たちが求める二つのことに触れておられる。

（1）「神の国」－自分の人生やキリスト者の集会の中で、神の権威と力がはっきり現れるように強く願わなければならない。個人や教会の中で神が行おうとしておられることを自分勝手な願いで妨げてはならない。神の国が強力な聖霊の力とともに活動し、人々を罪から救い、悪魔の力を滅ぼし、病気を癒して、あらゆるところで主イエスがあがめられるようになることを祈らなければならない（→「**神の国**」の項 p.1654,「**神の国とサタンの国**」の表 p.1711）。

（2）「その義」（神の真理、正義、慈しみの基準）－聖霊の力によって神の命令に全力で従い、真理と正義のキリストの基準を示し、世間にある神を敬わない慣習を避け、キリストの愛をあらゆる人々に示さなければならない（→ピリ2:12-13）。

7:1　さばいてはいけません　主イエスはここで、自分の失敗を棚に上げて人の批判ばかりするくせを責めておられる。ほかの人々の行動（特にキリスト者の行動）を批判し変えさせようとする前に、キリスト者はまず神の義に照らして自分を吟味し、みことばの基準に従わなければならない（7:3-5）。不当で不適切なかたちでさばくなら、それは間違ったことをしている人を神に立返らせ救しを受ける機会を与えないまま断罪し拒むことになる（ルカ6:36-37）。これはその人が神のあわれみに応答する前に神のさばきが下るのを望む態度である。

（1）このことばは不道徳で明らかに神のことばに反している行いを正当化するために、しばしば前後関係から切離して間違った使われ方をされている。私たちが識別力を養いほかの人々の罪について正しい判断ができるようになることをキリストは否定してはおられない。自分自身が罪を避けるために必要だからである。また神に逆らい社会を堕落させる行動（特にその行動が教会の中に入り込もうとするとき）についてははっきりと反対しなければならないときがある。主イエスは教会の中のにせ牧師（メッセージが神のことばと一致していない）を見分けるようにと命じられた

たもさばかれ、あなたがたが量るとおりに、あなたがたも量られるからです。

3 また、なぜあなたは、兄弟の目の中のちりに目をつけるが、自分の目の中の梁には気がつかないのですか。

4 兄弟に向かって、『あなたの目のちりを取らせてください』などとどうして言うのですか。見なさい、自分の目には梁があるではありませんか。

5 偽善者よ。まず自分の目から梁を取りのけなさい。そうすれば、はっきり見えて、兄弟の目からも、ちりを取り除くことができます。

6 聖なるものを犬に与えてはいけません。また豚の前に、真珠を投げてはなりません。それを足で踏みにじり、向き直ってあなたがたを引き裂くでしょうから。

2①マコ4:24、ルカ6:38
＊直訳「あなたがたが量る量りによって」

7①マタ7:7-11、ルカ11:9-13
②マタ18:19, 21:22、ヨハ14:13, 15:7, 16, 16:23, 24、ヤコ1:5, 6、Ⅰヨハ3:22, 5:14, 15、㊓マコ11:24
＊あるいは「求め続けなさい」
＊＊あるいは「捜し続けなさい」
＊＊＊あるいは「たたき続けなさい」

12①ルカ6:31

求めなさい、捜しなさい、たたきなさい

7:7-11　並行記事－ルカ11:9-13

7 求めなさい。そうすれば与えられます。捜しなさい。そうすれば見つかります。たたきなさい。そうすれば開かれます。

8 だれであれ、求める者は受け、捜す者は見つけ出し、たたく者には開かれます。

9 あなたがたも、自分の子がパンを下さいと言うときに、だれが石を与えるでしょう。

10 また、子が魚を下さいと言うのに、だれが蛇を与えるでしょう。

11 してみると、あなたがたは、悪い者ではあっても、自分の子どもには良い物を与えることを知っているのです。とすれば、なおのこと、天におられるあなたがたの父が、どうして、求める者たちに良いものを下さらないことがありましょう。

12 それで、何事でも、自分にしてもらいた

(7:15)。主イエスはまた人の人格を考えるときには神のことばに示されている真理の基準に照らしてするように願っておられる。それは私たちを神に逆らわせようとする誠実性がない人々と交わらないためである(7:6, ⇒ヨハ7:24, Ⅰコリ5:12, →ガラ1:9注, Ⅰテモ4:1注, Ⅰヨハ4:1)。

(2) このことばを教会が戒規を行わないことの言訳にしてはならない(→18:15注)。私たちが自分自身の生活や教会の中の人々の罪を見逃し続けることを神は許されない。それは聖霊が教会の中や教会を通して働かれる流れを止めることになるからである。

(3) 主イエスはさらに「聖なるものを犬に与えてはいけません」や「豚の前に、真珠を投げてはなりません」(7:6)と言って、不当なさばきをすることを戒められた。真理を理解する相手の能力を越えて教えたり正そうとしたりする必要はないと言われたのである。これは罪に縛られている人を「攻撃」して罪深い態度を改めさせようとしてもあまり効果的ではないことを説明している。かえってますます敵対心をあおり、真理を「踏みにじ」る結果になる。

7:7-8　求めなさい・・・捜しなさい・・・たたきなさい　主イエスは祈りには忍耐(「積極的な忍耐」、決意)が必要だと言っておられる。8節のギリシヤ語の動詞の時制は進行中の行動を意味している。それは求め続け、捜し続け、たたき続けなければならないということである。けれどもそれは神が祈りに応えてくださるように施しを乞うことではない。むしろ問題が起きても悩むのではなく、神のところへ持って行き、そ

の情況が神の手の中にあることを認めることである。求めるとは自分の必要を認め神が祈りを聞いてくださると信頼することである。捜すとは熱心に願い、神が祈りに応えて答や指示をくださるならそれに従い神の目的を追い求めることである。たたくとは神がすぐに祈りに応えてくださらなくても神に訴え続けることである。このような「積極的な忍耐」は信仰が不足しているのではなく、むしろ私たちが神の助けを必要としていること、そして必要を神にまかせていることを表している。求める人に神が報いてくださることをキリストは約束されたけれどもそれには次の条件がある。(1) 神を最優先させ、御国の目的を第一に求めること(→6:33注)。(2) 父としての神の慈しみと愛を認めること(6:8, 7:11, ヨハ15:16, 16:23, 26～, コロ1:9-12)。(3) 神のみこころに沿って祈り、その願いが神の願いと一致していること(マコ11:24, ヨハ21:22, Ⅰヨハ5:14)。(4) キリストとの交流と友情を保っていること(ヨハ15:7)。(5) キリストに従うこと(Ⅰヨハ3:22, →「**効果的な祈り**」の項p.585)。

7:11　あなたがたの父が・・・良いものを下さらないことがありましょう　父である神が子どもたちを失望させることはないとキリストは約束された。神は地上のどんなすばらしい父親よりも私たちを愛しておられる。そして必要なものは何でも願うように望んでおられ、良いもの、最も良いものを与えると約束しておられる。神は私たちの問題を解決し、毎日の必要を満たしたいと願っておられる。そして何よりもカウンセラー、助け主として聖霊を子どもたちに与えてくださ

いことは、＊ほかの人にもそのようにしなさい。これが律法であり預言者です。

狭い門と大きい門

13 狭い門から入りなさい。滅びに至る門は大きく、その道は広いからです。そして、そこから入って行く者が多いのです。

14 いのちに至る門は小さく、その道は狭く、それを見いだす者はまれです。

木とその実

15 にせ預言者たちに気をつけなさい。彼らは羊のなりをしてやって来るが、うちは貪欲な狼です。

16 あなたがたは、実によって彼らを見分けることができます。ぶどうは、いばらから

12＊あるいは「あなたがたもそのようにしなさい」
①マタ22:40,
関ガラ5:14,
ロマ13:8以下
13①ルカ13:24
15①マタ24:11, 24,
マコ13:22, ルカ6:26,
使13:6, Ⅱペテ2:1,
Ⅰヨハ4:1,
黙16:13, 19:20, 20:10
②エゼ22:27, 使20:29,
関ヨハ10:12
16①マタ7:20, 12:33,
ルカ6:44, 関ヤコ3:12

19①マタ3:10,
関ルカ13:7
20①マタ7:16, 12:33,
ルカ6:44, 関ヤコ3:12
21①関ルカ6:46

は取れないし、いちじくは、あざみから取れるわけがないでしょう。

17 同様に、良い木はみな良い実を結ぶが、悪い木は悪い実を結びます。

18 良い木が悪い実をならせることはできないし、また、悪い木が良い実をならせることもできません。

19 良い実を結ばない木は、みな切り倒されて、火に投げ込まれます。

20 こういうわけで、あなたがたは、実によって彼らを見分けることができるのです。

救われている人はみこころを行う

21 わたしに向かって、『主よ、主よ』と言う者がみな天の御国に入るのではなく、天におられるわたしの父のみこころを行う者が

る(ルカ11:13, ヨハ14:16-18)。

7:14 門は小さく・・・それを見いだす者はまれです
世界中の人がキリストに従って、神とともに過す永遠のいのちへ続く道を歩いていくなどと期待してはならないとキリストは教えられた。

(1) 謙遜と悔い改めの門を通る(悔い改めて主イエスに従うために自分勝手な生き方から立返り否定すること)人々はかなり少ない(→3:2「悔い改めなさい」の注)。これは全力を尽して神の戒めを守り、神の目的と基準を追い求めて、人生の困難にぶつかっても信仰ときよさと愛をもって前に進むことを意味している。

(2) 山上の説教で主イエスは弟子(訓練されて従う人、学ぶ人 5:3-12)になることによって得られる大きな恩恵と祝福を説明されたけれども、同時に信じる人々は反対と迫害に遭うことも強調された(5:10-12)。主イエスに従うことには犠牲が伴うのである。むずかしい選択を迫られ、時には困難な情況の中をも通らなければならない。正しい生き方をし、迫害の中でも信仰を持って突き進み、敵を愛し、自己否定をしなければならない。キリストに人生をゆだねて罪の赦しを受けるための最初の一歩はむずかしくないかもしれない。けれども主に信頼して生活を変え、どんなことがあっても従い続けることは決してやさしい道ではない。信仰が厳しく試されるのである。

7:15　にせ預言者たちに気をつけなさい　→「にせ教師」の項 p.1758

7:16　あなたがたは、実によって彼らを見分けることができます　表面上は神を敬うふりをしても「うちは貪欲な狼」(7:15)であるにせ教師は「実」(霊的な性

格と人々に与える影響)によって見分けることができる。時間とともに実によって心の中にある本当の姿が表れてくる。にせ教師の実は霊的に不健康で、従う人々の人生にも次のような神を敬わない実を実らせる(→Ⅰヨハ4:5-6)。(1) キリストに従うと言いながら神のことばより特定の人に忠実である(7:21)。つまり創造主より創造されたものを拝むのである(⇒ロマ1:25)。(2) 神の栄光や栄誉より自分の願いに心を向ける。その信仰と教えは神中心ではなく自己中心的である(7:21-23, →Ⅱテモ4:3-4注)。(3) 神のことばとは違っていても特定の人の教えや伝統を受入れる(7:24-27, Ⅰヨハ4:6)。(4) 神のことば全体の教えによって霊的に成長するのではなく、宗教的体験や超自然的活動を「真理」を見極める最高の権威として求めてそれに反応する(7:22-23)。(5) みことばの真理と権威ある教えを受入れず、あたかも救いへの道は「広」く寛大であるかのように自分たちの聞きたいことを言ってくれる教師を求め耳を傾ける(→7:14注)。そういう人々は利己的な興味と神を敬わない行動を受入れ認めてくれるメッセージにだけ応答すると主イエスは言われた(7:13-14, 23, →Ⅱテモ4:3-4注, →「**罪の性質の行いと御霊の実**」の項 p.2208)。

7:21　わたしの父のみこころを行う　神の目的と神が願っておられることを行うことこそ天の御国に入る条件であると主イエスは強く教えられた(⇒7:22-27, 19:16-26, 25:31-46)。けれどもこれは自分の努力や働きで霊的な救いを得ることができるという意味ではない。これは次の理由から真実である。

(1) 神の赦しは信仰と悔い改め(自分の罪を認め、自分勝手な道から立返り、神にゆだねて神の目的に従

入るのです。
22 その日には、大ぜいの者がわたしに言うでしょう。『主よ、主よ。私たちはあなたの名によって預言をし、あなたの名によって悪霊を追い出し、あなたの名によって奇蹟をたくさん行ったではありませんか。』
23 しかし、その時、わたしは彼らにこう宣告します。『わたしはあなたがたを全然知らない。不法をなす者ども。わたしから離れて行け。』

22 ①⑫マタ25:11, 12, ルカ13:25以下 ②マタ10:15 *あるいは「力あるわざ」
23 ①マタ25:41, ルカ13:27, ⑫詩6:8

マタ19・16～26

うこと)によって与えられる。それは私たちの罪の代価を最終的に支払うために完全ないのちを与えられたキリストの死と恵みによって可能になった(→26:28注, ルカ15:11-32, 18:9-14)。

(2) 神のみこころに従うようにとキリストは命じられたけれどもそれは救いの継続の条件である。それによって救いが得られるのではない。むしろそれは救いに対する応答でありその結果である。けれども神の基準に従って生きることができるのは神の力と恵み(受けるにふさわしくない好意、愛、助け)による。つまりその恵みを祈り求めて受取り、キリストを信じる信仰と献身によって行動に移し続けなければならないのである。主の祈り(6:9-13)とキリスト者に向けられた多くの訴えや警告は罪を死なせ(罪のいのちを除き、罪の誘惑に負けない)、自分自身を生きた供え物として神にささげなければならないと言っていることに注意をするべきである(⇒ロマ6:1-23, 8:1-17, 12:1-2, →5:6注, 「**神のみこころ**」の項p.1207)。

(3) 心を尽してキリストに従うとき神の力と恵みの賜物によって神のみこころを行い正しく生きることができるようになる(エペ2:5)。神のことばは「あなたがたは、恵みのゆえに、信仰によって救われたのです。それは、自分自身から出たことではなく、神からの賜物です。・・・私たちは神の作品であって・・・」と言っている(エペ2:8-10, →「**信仰と恵み**」の項p.2062)。

(4) 神は神に従い、罪に打勝つ力と能力を絶えず与えてくださる。これは神に人生をゆだね、主イエスとの個人的な関係を回復した人の中に神が与えてくださる完全な救いに含まれているものである。「神は、みこころのままに、あなたがたのうちに働いて志を立てさせ、事を行わせてくださるのです」(→ピリ2:13注)。けれども神の恵み(受けるにふさわしくない神の好意、助け、あわれみ)の賜物があるから人間は何もしなくてよいということではない。神に従う賜物に積極的に応えなければならないのである(エペ4:22-32, ユダ1:20-21, 24, →ピリ2:12注)。神の恵みを拒みキリストに頼ることを拒み(→ヘブ7:25注)祈って神に従う生活を受入れることを拒む可能性はいつもあるからである(→5:6注)。

7:22 大ぜいの者が・・・言うでしょう。『主よ、主よ・・・』 自分は主に仕えていると信じ、主のために偉大な働きをしているように見えても、実際にはキリストとの個人的な関係を持ったことがない人は「多い」と主イエスははっきりと言われた(7:23)。終りのときには誘惑やごまかしが横行するけれども、それらを避けるためには教会のリーダー(またはキリスト者はだれでも)はみことばに啓示された真理に完全に従っていなければならない(→黙22:19注)。働きの表面的な「成功」や結果によってキリストとの個人的な関係が決まると思ってはならない。私たちはみなキリストを深く知り、神のことばの教えと原則に沿って生きるように努力しなければならない。

7:23 わたしはあなたがたを全然知らない キリストのことを話し、悪霊を追出し、奇蹟を起こすような力強い超自然的な働きを展開しても、心の中ではキリストと個人的な関係を持っていない人がいるとキリストははっきり言われた。

(1) 立派な説教、強い信仰、神への熱心さ、奇蹟の働きなどは、サタンの力や影響を受けてでも行われると聖書は教えている。サタンは私たちと違って超自然的な力を持っているのでそれを使って教会の内外の人々をだます。パウロは「サタンさえ光の御使いに変装する(姿を変えて歩き回る)のです。ですから、サタンの手下どもが義のしもべに変装したとしても、格別なことはありません」と忠告している(Ⅱコリ11:14-15, ⇒24:24)。一見強力な働きの賜物に見えるものでも「サタンの働き」である可能性があるとパウロははっきり言っている(→Ⅱテサ2:9-10, 黙13:3, 12, →「**にせ教師**」の項p.1758)。

(2) 神のことばに心から応答する人々に霊的救いや癒しをもたらすために、神はにせ教師の中に働くサタンの働きを利用されることがある(→ピリ1:15-18)。つまりメッセージが正しければ(説教者が正しくなくても)人々に正しい影響を与えるのである。神はメッセージを伝える人が神と正しい関係にあることを望んでおられる(→Ⅰテモ3:1-7)。けれども不道徳で邪悪な人が神のことばを説教したときでも、みことばを受取りキリストに頼る人の心の中に神はみわざを行うことができる。神は罪を犯している牧師や教師を認められない。けれどもその人々が伝えるメッセージの真理を尊重し、それを信仰によって受取る人々を救ってくださる。

家を建てる賢い人と愚かな人
7:24-27　並行記事－ルカ6:47-49

²⁴だから、わたしのこれらのことばを聞いてそれを行う者はみな、岩の上に自分の家を建てた賢い人に比べることができます。²⁵雨が降って洪水が押し寄せ、風が吹いてその家に打ちつけたが、それでも倒れませんでした。岩の上に建てられていたからです。

²⁶また、わたしのこれらのことばを聞いてそれを行わない者はみな、砂の上に自分の家を建てた愚かな人に比べることができます。²⁷雨が降って洪水が押し寄せ、風が吹いてその家に打ちつけると、倒れてしまいました。しかもそれはひどい倒れ方でした。」

²⁸イエスがこれらのことばを語り終えられると、群衆はその教えに驚いた。²⁹というのは、イエスが、律法学者たちのようにではなく、権威ある者のように教えられたからである。

ツァラアトに冒された人
8:2-4　並行記事－マコ1:40-44, ルカ5:12-14

8 ¹イエスが山から降りて来られると、多くの群衆がイエスに従った。²すると、ツァラアトに冒された人がみもとに来て、ひれ伏して言った。「主よ。お心一つで、私をきよくしていただけます。」³イエスは手を伸ばして、彼にさわり、「わたしの心だ。きよくなれ」と言われた。す

24①マタ7:24-27,
　ルカ6:47-49,
　ヤコ1:22-25
28①マタ11:1, 13:53, 19:1, 26:1
　②マタ7:28, 22:33,
　マコ1:22, 6:2, 11:18,
　ルカ4:32, ㉟ヨハ7:46

2①マタ8:2-4,
　マコ1:40-44,
　ルカ5:12-14
　＊レビ13章を参照
　②マタ9:18, 15:25,
　18:26, 20:20,
　使10:25, ㉕ヨハ9:38
　＊＊あるいは「拝んで」

4①マタ9:30, 12:16, 17:9,
　マコ1:44, 3:12, 5:43, 7:36, 8:30, 9:9,
　ルカ4:41, 8:56, 9:21
　②マコ1:44,
　ルカ5:14, 17:14
　③レビ13:49, 14:2以下
5①マタ8:5-13,
　ルカ7:1-10
6＊直訳「子（若者）」
　①㉝マタ4:24
8＊直訳「一言だけおっしゃってください」
　＊＊直訳「子（若者）」
10＊異本「イスラエルのうちにさえ、このような……」

ると、すぐに彼のツァラアトはきよめられた。

⁴イエスは彼に言われた。「気をつけて、だれにも話さないようにしなさい。ただ、人々へのあかしのために、行って、自分を祭司に見せなさい。そして、モーセの命じた供え物をささげなさい。」

百人隊長の信仰
8:5-13　並行記事－ルカ7:1-10

⁵イエスがカペナウムに入られると、ひとりの百人隊長がみもとに来て、懇願して、⁶言った。「主よ。私のしもべが中風で、家に寝ていて、ひどく苦しんでいます。」⁷イエスは彼に言われた。「行って、直してあげよう。」

⁸しかし、百人隊長は答えて言った。「主よ。あなたを私の屋根の下にお入れする資格は、私にはありません。ただ、おことばを下さい。そうすれば、私のしもべは直ります。

⁹と申しますのは、私も権威の下にある者ですが、私自身の下にも兵士たちがいまして、そのひとりに『行け』と言えば行きますし、別の者に『来い』と言えば来ます。また、しもべに『これをせよ』と言えば、そのとおりにいたします。」

¹⁰イエスは、これを聞いて驚かれ、ついて来た人たちにこう言われた。「まことに、あなたがたに告げます。わたしはイスラエルのうちのだれにも、このような信仰を見

8:3　イエスは・・・彼にさわり　当時ツァラアトは儀式的にも肉体的にも汚れていると考えられていたので、主イエスのこの行動は深い同情を表していた。ツァラアトには様々な種類の皮膚病が含まれていた。大抵は神経障害から始まり四肢（手、脚、足など）の感覚を麻痺させる。その結果、けがをしたり身体器官を失ったり機能障害を起こしたりする。ツァラアトは非常に誤解され伝染病と考えられたため、患者は社会から隔離された場所に集団で住むことが多かった。けれども主イエスはためらうことなくこの人の信仰に応え、からだに触れて病気を癒された。そして律法に定められている通りのことを行って（8:4）社会に戻るようにと言われた（→「**キリストの奇蹟**」の表 p.1942）。

8:4　だれにも話さないようにしなさい　主イエスがこのように命じられたのにはいくつかの理由がある。（1）人々が奇蹟にだけ注意を向けることを望まれなかった。（2）一般の人々が奇蹟のほうに注目して、主イエスが教えておられるもっと重要なメッセージに注目しなくなることを望まれなかった。（3）自分の働きが完了するまでは反対がさらに起こること（早い死につながる可能性があった）を望まれなかった。（4）奇蹟を行われたのは公的に認めてもらうためではなく、苦しんでいる人々への同情からだった（→9:30, 12:16, マコ1:44, 5:43, 7:36, ルカ8:56）。

8:10　このような信仰　百人隊長の信仰はそれまでユダヤ人の間に見られないような印象的なものだった。それはほかの人々を愛する思いと、キリストの権威と力を信頼する完全な信頼と結び付いたものだっ

マタイの福音書 8章

11 あなたがたに言いますが、①たくさんの人が東からも西からも来て、天の御国で、アブラハム、イサク、ヤコブといっしょに*食卓に着きます。
12 しかし、①御国の子らは外の暗やみに放り出され、②そこで泣いて歯ぎしりするのです。」
13 それから、イエスは百人隊長に言われた。「さあ行きなさい。あなたの信じたとおりになるように。」すると、ちょうどその時、*そのしもべはいやされた。

多くの人を癒す主イエス
8:14-16　並行記事―マコ1:29-34, ルカ4:38-41

14 それから、イエスは、ペテロの家に来られて、ペテロのしゅうとめが熱病で床に着いているのをご覧になった。
15 イエスが手にさわられると、熱がひき、彼女は起きてイエスをもてなした。
16 夕方になると、人々は悪霊につかれた者を大ぜい、みもとに連れて来た。そこで、イエスはみことばをもって霊どもを追い出し、また②病気の人々をみないやされた。
17 これは、預言者イザヤを通して言われた事が成就するためであった。「彼が私たちのわずらいを身に引き受け、私たちの病を*背負った。」

主イエスに従う代価
8:19-22　並行記事―ルカ9:57-60

18 さて、イエスは群衆が自分の回りにいるのをご覧になると、①向こう岸に行くための*用意をお命じになった。
19 そこに、ひとりの律法学者が来てこう言った。「先生。私はあなたのおいでにな

11 ①ルカ13:29,
  囧イザ49:12, 59:19,
  マラ1:11
  * あるいは「食事をします」
12 ①囧マタ13:38
  ②マタ22:13, 25:30
  ③①マタ13:42,50, 22:13, 24:51, 25:30,
  ルカ13:28
13 ①マタ9:29, 囧マタ9:22
  * 直訳「子(若者)」
14 ①マタ8:14-16,
  マコ1:29-34,
  ルカ4:38-41
15 * あるいは「イエスに仕えた」
16 ①囧マタ4:24, 8:33
  ②囧マタ4:23
17 ①イザ53:4
  * あるいは「取り去った」
18 ①マタ4:35, ルカ8:22
  * 「用意を」は補足
19 ①マタ8:19-22,
  ルカ9:57-60

20 非常に多くの個所に出てくる。たとえば、
  マタ9:6, 12:8, 32, 40,
  13:41, 16:13, 27, 28,
  17:9, 19:28, 26:64,
  マコ2:10, 8:38,
  ルカ12:8, 18:8, 21:36,
  ヨハ1:51, 3:13, 14,
  6:27, 12:34, 使7:56,
  囧ダニ7:13
22 ①マタ9:9, マコ2:14,
  ルカ9:59,
  ヨハ1:43, 21:19
23 ①マタ8:23-27,
  マコ4:36-41,
  ルカ8:22-25
24 * 直訳「震動」
26 ①マコ6:30, 14:31, 16:8
28 ①マタ8:28-34,
  マコ5:1-17,
  ルカ8:26-37
  ②囧マタ4:24

る所なら、どこにでもついてまいります。」
20 すると、イエスは彼に言われた。「狐には穴があり、空の鳥には巣があるが、人の子には枕する所もありません。」
21 また、別のひとりの弟子がイエスにこう言った。「主よ。まず行って、私の父を葬ることを許してください。」
22 ところが、イエスは彼に言われた。「①わたしについて来なさい。死人たちに彼らの中の死人たちを葬らせなさい。」

嵐を静める主イエス
8:23-27　並行記事―マコ4:36-41, ルカ8:22-25
8:23-27　参照記事　マタ14:22-33

23 ①イエスが舟にお乗りになると、弟子たちも従った。
24 すると、見よ、湖に大暴風が起こって、舟は大波をかぶった。ところが、イエスは眠っておられた。
25 弟子たちはイエスのみもとに来て、イエスを起こして言った。「主よ。助けてください。私たちはおぼれそうです。」
26 イエスは言われた。「なぜこわがるのか、①信仰の薄い者たちだ。」それから、起き上がって、風と湖をしかりつけられると、大なぎになった。
27 人々は驚いてこう言った。「風や湖までが言うことをきくとは、いったいこの方はどういう方なのだろう。」

悪霊につかれた二人の人の癒し
8:28-34　並行記事―マコ5:1-17, ルカ8:26-37

28 それから、向こう岸のガダラ人の地にお着きになると、悪霊につかれた人がふたり墓から出て来て、イエスに出会った。彼

た。この話は不信仰なユダヤ人(8:11-12)とともに私たちに対する警告でもあって、私たちは無用な慣習に捕われてキリストの権威と御国の力を認めないで神のみわざから身を引いているのではないかと言っている。

8:16-17　病気の人々をみないやされた　→「神による癒し」の項 p.1640、「**キリストの奇蹟**」の表 p.1942
8:22　死人たちに彼らの中の死人たちを葬らせなさい　キリストが言われたのは「霊的な死人に肉体的な死人を葬らせなさい」ということである。8:21の弟子

は年老いた父親が死ぬまで従うのを延ばしたかったのだと思われる。それは何年も先のことかもしれなかった。けれども主イエスは地上でのご自分の時間が短く、その働きに全力を傾けなければならないことを知っておられた。この出会いは、キリストに従う人には非常に大きなことが要求され犠牲が求められることを示している。

8:28　悪霊につかれた人　→17:17注　→「**サタンと悪霊に勝利する力**」の項 p.1726

神による癒し

> 「夕方になると、人々は悪霊につかれた者を大ぜい、みもとに連れて来た。そこで、イエスはみことばをもって霊どもを追い出し、また病気の人々をみないやされた。これは、預言者イザヤを通して言われた事が成就するためであった。『彼が私たちのわずらいを身に引き受け、私たちの病を背負った。』」（マタイの福音書8：16-17）

神は人間に必要な癒しを備えておられる

（1）病気と疾患（わずらい）の問題は罪と死の問題（人類が最初に神に逆らい背いた結果）と直接かかわっている（→創3：）。神の明らかな命令に従わなかったため最初の人間（アダムとエバ）は神とその完全なご計画から離れてしまった。ふたりの不従順によって苦しみと悲しみが世界に入り込み、その後の全人類の決断も影響を受けるようになった。医学では病気と疾患は生理学的、精神的、感情的条件に原因があると見ている。それらのものが健康に影響を及ぼすことは確かである。けれども聖書は問題の根源は次のような霊的原因にあると指摘している。(a)罪－これは人間の霊的、肉体的全体像に影響を与えている（ヨハ5：5，14）。(b)サタン－あらゆるかたちで人間に害を与えて滅ぼそうとする（使10：38，⇒マコ9：17，20，25，ルカ13：11，使19：11-12，黙12：9）。

（2）人類の罪と神に対する反抗は痛み、滅びやそのほかの結果をもたらしたけれども、神はそれらにはるかにまさる自由、回復やそのほかの恩恵を御子イエスのいのちと犠牲を通して備えてくださった。神は罪に対しては赦しを（⇒マタ26：28，使10：43，13：38，コロ1：13-14）、死に対しては復活と永遠のいのちを（⇒マタ22：30，ヨハ3：15，使4：2，ピリ3：11）、病気に対しては癒しを（⇒詩103：1-5，ルカ4：18，5：17-26，ヤコ5：14-15）備えられた。したがって主イエスの地上での働きは次の三つの分野に集中していた。(a)神のことばを教えること、(b)罪深い道から立返って生涯をキリストにゆだね、神のご計画（罪の問題を取扱う）に従って神の国の祝福（神が願っておられる人生の目的を回復する）を受ける機会を伝えること、(c)人々の中にあるあらゆる病気とわずらいを癒すこと（マタ4：23-24，→「キリストの伝道」の表 p.1937，「キリストの奇蹟」の表 p.1942，「使徒たちの奇蹟」の表 p.1941）。

神は癒したいと願っておられる

癒しについての神のみこころ（神の特性と人類の存在目的を反映する神の計画、願い、目的）は聖書の中では次の四つの方法で啓示されている。

（1）<u>神自らの宣告または宣言</u>　出エジプト記15章26節で神はイスラエル人が神の契約（神の律法と約束に基づいた「終身協定」）と命令に忠実なら健康と癒しを与えると約束された（→出15：26注）。この宣言には、(a)「わたしはエジプトに下したような病気を（さばきとして）何一つあなたの上に下さない」、(b)「わたしは主（贖い主として）、あなたをいやす者である」という二つのことが含まれていた。神の民が祈りとみことばに従って心から神との深い関係を求めるときに、神は旧約聖書を通していつでも医者であり癒し主でいてくださった（⇒Ⅱ列20：5，詩103：3）。

（2）<u>主イエスの働き</u>　人のかたちをとった神の御子イエスは昔も今も神の性質と特性を現しておられる（ヘブ1：3，⇒コロ1：15，2：9）。主イエスは地上の働きの中で（マタ4：23-24，8：14-16，9：35，15：28，マコ1：32-34，40-41，ルカ4：40，使10：38）、神のみこころを行動で現された（ヨハ6：38，14：10）。そして病気の人、悪霊に悩まされ抑圧されている人がみな癒されることが神の心であり、神の特性にかなっていることを実証された。

（3）<u>キリストの贖いに含まれるもの</u>　贖いはキリストの完全で罪のないいのちによって「罪をおおう」犠牲のことで、神に対する人間の罪の代価を十字架の死をもって払われたことを指す（イザ53：4-5，マタ8：

16-17, Ⅰペテ2：24)。主イエスの死は全人(霊と心とからだ)を回復し完全な自由を与える上で十二分なものだった(→「**人間性**」の項 p.1100)。サタンは人間を滅ぼすための道具として罪と病気を用いる。けれども神は私たちが神との関係を回復し霊的にも肉体的にも健全になるために罪の赦しと癒しを提供してくださる(⇒詩103：3, ヤコ5：14-16)。キリストに従う人々はキリストの死が提供するものをみな(からだの癒しを含めて)謙虚にそして忠実に祈り求め受入れるべきである(→イザ53：5)。

　(4)　**教会の継続する働き**　主イエスは十二弟子たちに神の国のメッセージを広める働きの一部分として、病人を癒すように任命(職務を与えそのために必要な権威を与えること)して力を与えられた(ルカ9：1-2, 6)。後には70人の忠実な弟子たちを同じことをするために派遣された(ルカ10：1, 8-9, 19)。主イエスが天に戻り聖霊が注がれ奉仕する力が弟子たちに与えられた後(⇒使2：)、初期の教会は主イエスのメッセージを広め続けた。そしてその働きの一部分として主イエスの癒しの働きを継続していった(使3：1-10, 4：30, 5：16, 8：7, 9：34, 14：8-10, 19：11-12, ⇒マコ16：18, Ⅰコリ12：9, 28, 30, ヤコ5：14-16)。新約聖書には神の癒しの力と信仰が教会を通して現され引継がれてきた方法が三つ記録されている。それは、(a) 神が癒してくださるという信仰をもって弟子たちがほかの人々に手を置くこと(マコ16：15-18, 使9：17)、(b) 病人が自覚している罪を告白した後、霊的指導者が油を塗って神が癒してくださると信じて祈ること(ヤコ5：14-16)、(c) 教会に与えられた御霊の癒しの賜物によること(Ⅰコリ12：9)、である。

癒しの妨げ

　神から癒しを受けるのに時々障害または妨げになるものがある。それは次のようなものである。
　(1)　罪を犯し続けて告白しないこと(ヤコ5：16)
　(2)　悪霊の影響または束縛を受けること(ルカ13：11-13)
　(3)　信じることとは逆の、恐れや強い不安を持つこと(箴3：5-8, ピリ4：6-7)
　(4)　現在の信仰を邪魔する過去の失望した体験(マコ5：26, ヨハ5：5-7)
　(5)　神に近付かせないようにする人々(マコ10：48)
　(6)　真実ではない教え、または聖書に啓示されている神のことばとは違う教えを受入れること(マコ3：1-5, 7：13)
　(7)　癒しを必要としている人のために指導者たちが祈らないこと(マコ11：22-24, ヤコ5：14-16)
　(8)　教会が神の願っておられるように奇蹟と癒しの賜物を受けず用いないこと(使4：29-30, 6：8, 8：5-6, Ⅰコリ12：9-10, 29-31, ヘブ2：4)
　(9)　不信仰と信仰不足(マコ6：3-6, 9：19, 23-24)
　(10)　自己中心的な行動(Ⅰコリ11：29-30)。
　ある場合には神を敬う人々の肉体的病気がなぜ癒されないのかはっきりわからない(ガラ4：13, Ⅰテモ5：23, Ⅱテモ4：20)。ある場合には困難な情況の中で神が働かれたり、愛する弟子たちを病気の中から天に連れて行かれたりする(⇒Ⅱ列13：14)。けれども病気は必ずしもその人が罪を犯したり霊的に失敗したりした結果ではない。神に霊的に反抗し反対しているこの世界では問題や苦しみがだれにもやってくる。神を敬う良い人が苦しむことの理由　→「**正しい人の苦しみ**」の項 p.825

癒されるためにするべきこと

　癒しを求めて神に祈り癒されるのを待つ間、何をしたらよいのだろうか。
　(1)　神やほかの人々との間に良い関係が保たれているかどうかを確認すること。罪を犯し続け人を赦さないで悪い態度を持ち続けるなら、神との関係にも影響して神のみこころと祝福を十分に体験することができない(マタ6：33, Ⅰコリ11：27-30, ヤコ5：16, →ヨハ15：7注)。
　(2)　必要な信仰を与えてくださる主イエスが心の中に臨在してくださるように求めること(ロマ12：3, Ⅰコリ12：9, ピリ2：13, →マタ17：20注,「**効果的な祈り**」の項 p.585)。こうすることによって神の臨在を生活の中で絶えずさらに強く感じることができるようになる。そのことによって信仰はさらに燃やされ、神に

喜ばれないことから離れるようになる。

　(3) 日々の生活が神のことばで満ちあふれるようにすること(ヨハ15:7, ロマ10:17)。神のことばをできるだけ多く読み、学び、絶えず思い巡らし、メッセージや原則や約束を日々の生活に適用する努力をすること。

　(4) 願い期待している癒しを得られなくても神に頼り続けること(ヨハ15:1-7)。自分の生活を点検して神がどのように自分を変えようとしておられるのかを知ること。困難を通してどのようにしたら神にさらに近付けるかを考えること。神は最高の結果と神の最高の目的のために物事を動かしてくださるという希望を持ち続けること(⇒ロマ8:28, →「聖書的希望」の項 p.943)。

　(5) 教会の指導者に、神の御霊の臨在と力の象徴であるオリーブ油を塗って祈ってもらうこと(ヤコ5:14-16)。また家族や友人にも祈ってもらうこと。

　(6) 癒しの働きを行って尊敬されている人の集会に出席すること(⇒使5:15-16, 8:5-7)。

　(7) 奇蹟を期待すること。キリストの力に頼ること(マタ7:8, 19:26)。キリストの最高の目的と一致することを求めるなら、キリストは確かに何でもすることができる。

　(8) すぐに癒されるかどうかに関係なく神との関係が保たれていることを喜ぶこと(ピリ4:4, 11-13)。毎日主を礼拝する時間を個人的に持つこと(→「礼拝」の項 p.789)。

　(9) ある期間内に祈りの応えがなくても、それが求めに対して神が拒まれ「ノー」と言われたのではないことを理解すること。神の方法とタイミングは私たちが期待するものと違うことが多い。神は適切なときに、神の御名があがめられるように(⇒ヨハ9:3, 11:4, 14-15, 45, Ⅱコリ12:7-10)、そして私たちにとってよりよい結果を生むように(ロマ8:28)、大きな目的を考えておられることがある。

　(10) キリストに自分を心からささげているなら、神は決して見捨てることも忘れることもないことを理解すること。神はあなたを愛しており、あなたを手のひらに文字通り(実際的に)刻み込まれた(罪のためにキリストが十字架に釘付けられていのちを与えられたとき イザ49:15-16)。

注意：聖書は適切な医学的治療を認めている。技術と能力を持つ優れた人々も神の御手の中にあるので、神は超自然的に肉体を癒すのと同じように医者や薬を通しても働くことができる(マタ9:12, ルカ10:34, コロ4:14)。適切で正しいかたちでの癒しはみな神の配慮によるものと考えられる。したがって当然神をあがめ感謝をささげるべきである。

らはひどく狂暴で、だれもその道を通れないほどであった。²⁹すると、見よ、彼らはわめいて言った。「神の子よ。いったい私たちに何をしようというのです。まだ*その時ではないのに、もう私たちを苦しめに来られたのですか。」³⁰ところで、そこからずっと離れた所に、たくさんの豚の群れが飼ってあった。³¹それで、悪霊どもはイエスに願ってこう言った。「もし私たちを追い出そうとされるのでしたら、どうか豚の群れの中にやってください。」³²イエスは彼らに「行け」と言われた。すると、彼らは出て行って豚に入った。すると、見よ、その群れ全体がどっとがけから湖へ駆け降りて行って、水におぼれて死んだ。³³飼っていた者たちは逃げ出して町に行き、悪霊につかれた人たちのことなどを残らず知らせた。³⁴すると、見よ、町中の者がイエスに会いに出て来た。そして、イエスに会うと、どうかこの地方を立ち去ってくださいと願った。

中風の人を癒す主イエス

9:2-8　並行記事－マコ2:3-12, ルカ5:18-26

9 ¹イエスは舟に乗って湖を渡り、自分①の町に帰られた。
²すると、人々が中風の人を床に寝かせたままで、みもとに運んで来た。イエスは彼らの信仰を見て、中風の人に、「子よ。③しっかりしなさい。あなたの罪は赦された」と言われた。
³すると、律法学者たちは、心の中で、「この人は神をけがしている」と言った。

29①士11:12,
Ⅱサム16:10, 19:22,
Ⅰ列17:18, Ⅱ列3:13,
Ⅱ歴35:21,
マコ1:24, 5:7,
ルカ4:34, 8:28,
ヨハ2:4
*すなわち「定められた審判の時」
33①🖙マタ4:24

1①🖙マタ4:13
2①🖙マタ9:2-8,
マコ2:3-12,
ルカ5:18-26
②🖙マタ4:24, 9:6
③🖙マタ9:22, 14:27,
マコ6:50,
🖙マタ10:49,
ヨハ16:33, 使23:11
④🖙マタ5:9,
ルカ5:20, 23, 7:48
*直訳「赦されている」

⁴イエスは彼らの心の思いを知って言われた。「なぜ、心の中で悪いことを考えているのか。
⁵『あなたの罪は*赦された』と言うのと、『起きて歩け』と言うのと、どちらがやさしいか。
⁶人の子が地上で罪を赦す権威を持っていることを、あなたがたに知らせるために。」こう言って、それから中風の人に、「起きなさい。寝床をたたんで、家に帰りなさい」と言われた。
⁷すると、彼は起きて家に帰った。
⁸群衆はそれを見て恐ろしくなり、こんな権威を人にお与えになった神をあがめた。

マタ21:15 16

マタイの召命

9:9-13　並行記事－マコ2:14-17, ルカ5:27-32

⁹イエスは、そこを去って道を通りながら、収税所にすわっているマタイという人をご覧になって、「わたしについて来なさい」と言われた。すると彼は立ち上がって、イエスに従った。
¹⁰イエスが家で食事の席に着いておられるとき、見よ、取税人や罪人が大ぜい来て、イエスやその弟子たちといっしょに食卓に着いていた。
¹¹すると、これを見たパリサイ人たちが、イエスの弟子たちに言った。「なぜ、あなたがたの先生は、取税人や罪人といっしょに食事をするのですか。」
¹²イエスはこれを聞いて言われた。「医者を必要とするのは丈夫な者ではなく、病人です。
¹³*『わたしはあわれみは好むが、いけにえは好まない』とはどういう意味か、行って学んで来なさい。わたしは正しい人を招く

4①マタ12:25,
ルカ6:8, 9:47
5①マタ2:5,9,
ルカ5:20, 23, 7:48
*直訳「赦されている」
6①マコ8:20
②🖙マタ4:24, 9:2
8*あるいは「人々」
9①マタ5:16, 15:31,
マコ2:12,
ルカ5:20, 5:25, 26,
7:16, 13:13, 17:15,
23:47,
ヨハ15:8,
使4:21, 11:18, 21:20,
Ⅱコリ9:13, ガラ1:24
9①マタ9:9-17,
マコ2:14-22,
ルカ5:27-38
②マタ10:3, マコ3:18,
ルカ6:15, 使1:13,
マコ2:14
③🖙マタ8:22
11①マタ11:19, マコ2:16,
ルカ5:30, 15:2
12①マコ2:17, ルカ5:31
13①ホセ6:6
*あるいは「わたしは犠牲よりもあわれみを好む」
②マタ12:7
③マコ2:17, ルカ5:32,
🆗 Ⅰテモ1:15

8:34　どうかこの地方を立ち去ってくださいと願った ガダラ人は悪霊につかれた人の霊的悲惨さより主イエスの行動がもたらした不都合と豚飼いの損失のほうを心配したと思われる。また主イエスの働きに伴う超自然的な活動に驚きまた恐れたと思われる（→マコ5:2-17注）。

9:11　罪人といっしょに食事をする 9:11-13ではキリストを知らず、キリストに従わない人々との関係の持ち方について原則的なことが明らかにされている。私たちが人々と交流をする第一の目的は楽しみや娯楽や親しい交わりのためではなく、良い行いをし良い模範を示して救いの道（神との個人的な関係を持つことの意味）を示すことである（9:12, 詩1:1）。どんなときにもキリスト者はキリストを心から信じていない人とデートをしたり結婚をしたりするべきではない（Ⅰコリ7:39, →**信者の霊的聖別**」の項 p.2172）。

ためではなく、罪人を招くために来たのです。」

断食について質問される主イエス
9:14-17　並行記事－マコ2:18-22, ルカ5:33-39

14するとまた、ヨハネの弟子たちが、イエスのところに来てこう言った。「私たち①とパリサイ人は断食するのに、なぜ、あなたの弟子たちは断食しないのですか。」
15イエスは彼らに言われた。「花婿につき添う友だちは、花婿がいっしょにいる間は、どうして悲しんだりできましょう。しかし、花婿が取り去られる時が来ます。そのときには断食します。
16だれも、真新しい布切れで古い着物の継

14①ルカ18:12
15＊直訳「婚礼の式場の子たち」
16＊直訳「上に置かれるもの」

＊＊直訳「欠けを満たすもの」
18①マタ9:18-26, マコ5:22-43, ルカ8:41-56
＊直訳「管理者」
②図マタ8:2
＊＊あるいは「拝んで」

ぎをするようなことはしません。そんな継ぎ切れは着物を引き破って、破れがもっとひどくなるからです。
17また、人は新しいぶどう酒を古い皮袋に入れるようなことはしません。そんなことをすれば、皮袋は裂けて、ぶどう酒が流れ出てしまい、皮袋もだめになってしまいます。新しいぶどう酒を新しい皮袋に入れれば、両方とも保ちます。」

死んだ少女と病気の婦人
9:18-26　並行記事－マコ5:22-43, ルカ8:41-56

①18イエスがこれらのことを話しておられると、見よ、ひとりの＊会堂管理者が来て、②＊＊ひれ伏して言った。「私の娘がいま死にま

9:15　そのときには断食します　主イエスはご自分が去った後に弟子たちが断食（霊的な事柄と祈りに集中するためにある期間食物を断つこと）するのを期待しておられたことが明らかである。私たちは現在「花婿」のいない時代（キリストの昇天から再臨までの期間）に生きている。教会（キリストの「花嫁」黙19:7, 22:17）は主が再び来られるのを心待ちにしている（25:6, →ヨハ14:3注）。そのような理由から断食は、(1) キリストが再び来られてキリストと結ばれることをキリスト者が熱望しているしるし、(2) キリストが再び来られることに備える一つの方法、(3) キリストがおられないことを嘆く一つの方法、(4) 世界の罪と霊的腐敗を悲しむ悲しみのしるしである（→6:16注）。

9:17　新しいぶどう酒を古い皮袋に　古代にはやぎの皮袋にぶどう酒を入れていた。ここは聖書の注解者によって様々に解釈されているところで、その中には次のような解釈がある。

(1)「新しいぶどう酒」は初めは新鮮なぶどうの果汁である。ぶどうの果汁が発酵する（糖分がアルコールに変る）につれて果汁は膨張するけれども、新しい皮袋は伸びて裂けない。けれども既に伸びている古い皮袋に入れてあれば裂けてしまう。「新しいぶどう酒」は主イエスのメッセージのことで、新しいことを教えているので古いかたちの中には入れられない。この解釈については、発酵の不安定で活発な過程ではしっかりと封印した一番新しい皮袋でさえ破裂させるほどであることから、疑問が出されるかもしれない（→ヨブ32:19）。

(2) このたとえ（道徳的な教訓や霊的原則を教える物語）の別の解釈は新しいぶどう酒と新しい皮袋とともに守り保つ重要性に焦点を当てている。

(a)「新しいぶどう酒」は新鮮で発酵していない（酔わない）ぶどうの果汁で、イエス・キリストご自身による救いのメッセージ（聖霊の力によって広まる教え）を象徴している。主イエスの最大の関心は本来の福音（「よい知らせ」）と人生を変える御霊の力は変えられることも腐敗することも失われることもなく保たれることだった。この解釈は、福音のメッセージ（新しいぶどう酒）はパリサイ人や律法の教師の「パン種」（教え）によって変えられないようにというキリストの心配と一致している。パン種が発酵を促進するのと同じように、パリサイ人の教えは神の律法と戒めの背後にある精神や原則を否定して神のメッセージを腐敗させるものである（⇒16:6, 12, 出12:19, Ⅰコリ5:7）。

(b) 古代の人々は果汁の甘さを長期間保つために果汁をこすか、煮てから袋に詰めて涼しい場所に置いた（→**新約聖書のぶどう酒**」の項 p.1870）。その際には酵母菌がまだ入っていない新しい皮袋が必要だった。新しいぶどう酒を古い皮袋に入れると古い皮袋に残っていた前のぶどう酒の酵母菌によって新しいぶどう酒が簡単に発酵を始めてしまう。するとこのような発酵によって（圧力により裂ける）新しいぶどう酒と皮袋の両方が失われてしまう。1世紀のローマの農業の権威者であるコルメラ（「農業論」12.29）によると、新しいぶどう酒を「常に甘く」保つためには封をした新しい入れ物に入れなければならなかったのである。

9:17　新しいぶどう酒を・・・保ちます　キリストは新しいぶどう酒（キリストの希望と霊的救いのメッセージ →9:17「古い皮袋」の注）を保つことを話された。それは妥協したり腐敗したり失われたりしないためだった。

マタイの福音書 9章

した。でも、おいでくださって、娘の上に御手を置いてやってください。そうすれば娘は生き返ります。」
19 イエスが立って彼について行かれると、弟子たちもついて行った。
20 すると、見よ。十二年の間長血をわずらっている女が、イエスのうしろに来て、その着物のふさにさわった。
21 「お着物にさわることでもできれば、きっと直る」と心のうちで考えていたからである。
22 イエスは、振り向いて彼女を見て言われた。「娘よ。しっかりしなさい。あなたの信仰があなたを*直したのです。」すると、女はその時から*直った。
23 イエスはその管理者の家に来られて、笛吹く者たちや騒いでいる群衆を見て、
24 言われた。「あちらに行きなさい。その*子は死んだのではない。眠っているのです。」すると、彼らはイエスをあざ笑った。
25 イエスは群衆を外に出してから、うちにお入りになり、少女の手を取られた。すると少女は起き上がった。
26 このうわさはその地方全体に広まった。

盲人と口の不自由な人を癒す主イエス

27 イエスがそこを出て、道を通って行かれると、ふたりの盲人が大声で、「ダビデの子よ。私たちをあわれんでください」と叫びながらついて来た。
28 家に入られると、その盲人たちはみもとにやって来た。イエスが「わたしにそんなことができると信じるのか」と言われると、

20 ①民15:38、申22:12、マタ14:36、23:5
21 ⓑマタ14:36、マコ3:10、ルカ6:19
　　*直訳「救われる」
22 ①マタ9:2
　　②マコ5:34、10:52、ルカ7:50、8:48、17:19、18:42、
　　ⓑマタ9:29、15:28
　　*直訳「救われる」
23 ①ⓑⅡ歴35:25、エレ9:17、16:6、エゼ24:17
24 ①ヨハ11:13、ⓑ使20:10
　　*直訳「少女」
26 ①マタ9:31、4:24、14:1、マコ1:28、45、ルカ4:14、37、5:15、7:17
27 ①マタ12:23、15:22、20:30、31等

29 ①ⓑマタ9:22、8:13
30 ①ⓑマタ8:4
31 ①マタ9:26、4:24、14:1、マコ1:28、45、ルカ4:14、37、5:15、7:17
32 ①ⓑマタ4:24
　　②ⓑマタ12:22、24
33 ①マコ2:12
34 ①マタ12:24、マコ3:22、ルカ11:15、ⓑヨハ7:20、21
35 ①ⓑマタ9:23
　　②ⓑマタ4:23、マコ1:14
36 ①ⓑマタ14:14、15:32、マコ6:34、8:2
　　②マコ6:34、民27:17、エゼ34:5、ゼカ10:2
　　*あるいは「苦しめられて」
37 ①ルカ10:2

彼らは「そうです。主よ」と言った。
29 そこで、イエスは彼らの目にさわって、「あなたがたの信仰のとおりになれ」と言われた。
30 すると、彼らの目があいた。イエスは彼らをきびしく戒めて、「決してだれにも知られないように気をつけなさい」と言われた。
31 ところが、彼らは出て行って、イエスのことをその地方全体に言いふらした。
32 この人たちが出て行くと、見よ、悪霊につかれて口のきけない人が、みもとに連れて来られた。
33 悪霊が追い出されると、その人はものを言った。群衆は驚いて、「こんなことは、イスラエルでいまだかつて見たことがない」と言った。
34 しかし、パリサイ人たちは、「彼は悪霊どものかしらを使って、悪霊どもを追い出しているのだ」と言った。

働き手が少ない

35 それから、イエスは、すべての町や村を巡って、会堂で教え、御国の福音を宣べ伝え、あらゆる病気、あらゆるわずらいをいやされた。
36 また、群衆を見て、羊飼いのない羊のように弱り果てて倒れている彼らをかわいそうに思われた。
37 そのとき、弟子たちに言われた。「収穫は多いが、働き手が少ない。
38 だから、収穫の主に、収穫のために働き手を送ってくださるように祈りなさい。」

9:37 収穫は多い 霊的に失われた人々(神を知らず神に従っていない人々)は高価な永遠のたましいを持っていて、永遠の世界を天国か地獄で過すことを覚えておかなければならないと主イエスは弟子たちに訴えられた。私たちはキリストの愛とメッセージをその人々にまだ時間があるうちに届けなければならない。多くの人はメッセージを受入れる霊的備えができている。だれかが赦しとイエス・キリストによる新しいいのちのよい知らせを伝えさえすれば救いにあずかることができる(→10:28注)。

9:38 主に・・・送ってくださるように祈りなさい
(1) ここは神のご計画の中での私たちの行動や役割について大切な霊的原則を表している。神が行われることの中には私たちが果さなければならない役割がある。みわざを始める前に神は通常人々に祈るように迫られる。人々が祈ったときに初めて神は祈りに応え、神が願っておられることを完成される。つまり神に忠実な人々の祈りを通してご計画を実行されるように、神はご自分を制限しておられるのである。(2) このことばの前後関係(9:35-10:1、8)から見ると、御国の働き人には意欲的に霊的に整えられて、(a) 主イエスのメッセージを広め、主イエスに従い目的に従って生きる意味を教え(9:35)、(b) 病人を癒し(9:35、10:1、8)、(c) 悪霊を追出す(10:1、8)ことを主イエ

十二人を送り出す主イエス

10:2-4　並行記事－マコ3:16-19, ルカ6:14-16, 使1:13

10:9-15　並行記事－マコ6:8-11, ルカ9:3-5, 10:4-12

10:19-22　並行記事－マコ13:11-13, ルカ21:12-17

10:26-33　並行記事－ルカ12:2-9

10:34, 35　並行記事－ルカ12:51-53

10 ①1 イエスは十二弟子を呼び寄せて、汚れた霊どもを制する権威をお授けになった。霊どもを追い出し、あらゆる病気、あらゆるわずらいをいやすためであった。

2 さて、十二使徒の名は次のとおりである。まず、ペテロと呼ばれるシモンとその兄弟アンデレ、ゼベダイの子ヤコブとその兄弟ヨハネ、*

3 ピリポとバルトロマイ、トマスと取税人マタイ、アルパヨの子ヤコブとタダイ、

4 熱心党員シモンとイエスを裏切ったイスカリオテ・ユダである。

5 イエスは、この十二人を遣わし、そのとき彼らにこう命じられた。「異邦人の道に行ってはいけません。サマリヤ人の町に入ってはいけません。

6 イスラエルの家の失われた羊のところに行きなさい。

7 行って、『天の御国が近づいた』と宣べ伝

えなさい。

8 病人をいやし、死人を生き返らせ、ツァラアトに冒された者をきよめ、悪霊を追い出しなさい。あなたがたは、ただで受けたのだから、ただで与えなさい。

9 胴巻に金貨や銀貨や銅貨を入れてはいけません。

10 旅行用の袋も、二枚目の下着も、くつも、杖も持たずに行きなさい。働く者が食べ物を与えられるのは当然だからです。

11 どんな町や村に入っても、そこでだれが適当な人かを調べて、そこを立ち去るまで、その人のところにとどまりなさい。

12 その家に入るときには、平安を祈るあいさつをしなさい。

13 その家がそれにふさわしい家なら、平安はきっとその家に来るし、もし、ふさわしい家でないなら、その平安はあなたがたのところに返って来ます。

14 もしだれも、あなたがたを受け入れず、あなたがたのことばに耳を傾けないなら、その家またはその町を出て行くときに、あなたがたの足のちりを払い落としなさい。

15 まことに、あなたがたに告げます。さばきの日には、ソドムとゴモラの地でも、その町よりはまだ罰が軽いのです。

16 いいですか。わたしが、あなたがたを遣わすのは、狼の中に羊を送り出すよう

スが望んでおられることが明らかである。これらのことは神に頼り、聖霊の力に頼ることによって可能になる（→「**信者に伴うしるし**」の項 p.1768）。

10:1　汚れた霊どもを制する権威　主イエスは弟子たちに悪霊を追出し（住み着いている人々を支配するのをやめるように命じること）、病人（サタンによって煩わされ失望させられているかもしれない）を癒すなど、悪霊の力に霊的に立向かうことを望んでおられた。霊的領域でこのような権威が示されることは、ある意味で神の国の力と目的が地上でも活発であることを表している。私たちにはこのような権威はないけれども、キリストの力と権威を通してなら持つことができる。したがってキリストにふさわしい生き方が大切である。そうでなければ悪の超自然的な力の攻撃を受けたとき、対決する霊的力がないことになる（→「**サタンと悪霊に勝利する力**」の項 p.1726）。

10:7　御国・・・宣べ伝えなさい　このことばの前

後関係（10:1, 8）を全部見ると、御国を伝えるときには罪、病気、サタンの力に勝利する神の権力と能力があることを示す証拠が伴うべきであることが明らかである（→「**神の国**」の項 p.1654）。天の御国とその力が人々に近付くこと（弟子たちの生活を通し、メッセージを伝えることによって）をキリストは願っておられた。それは人々が必要なときに救い、助け、癒しを神から受けるようになるためである。神の民の間に神が働いておられるこのような証拠がはっきり見えないときは自分の生活を調べてみる必要がある。そうすることによって世俗的なもの、神を敬わないもの、神に喜ばれないものを取除き捨てることができる。これが「御国が来ますように。みこころが・・・行われますように」と祈ることによって（6:10, ⇒マコ9:29,「**神の国とサタンの国**」の表 p.1711）、「神の国とその義とをまず第一に求め」ることである（6:33）。

マタイの福音書　10章

なものです。ですから、蛇のようにさとく、鳩のようにすなおでありなさい。

弟子であることと苦難

17 人々には用心しなさい。彼らはあなたがたを議会に引き渡し、会堂でむち打ちますから。

18 また、あなたがたは、わたしのゆえに、総督たちや王たちの前に連れて行かれます。それは、彼らと異邦人たちにあかしをするためです。

19 人々があなたがたを引き渡したとき、どのように話そうか、何を話そうかと心配するには及びません。話すべきことは、そのとき示されるからです。

20 というのは、話すのはあなたがたではなく、あなたがたのうちにあって話されるあなたがたの父の御霊だからです。

21 兄弟は兄弟を死に渡し、父は子を死に渡し、子どもたちは両親に立ち逆らって、彼らを死なせます。

22 また、わたしの名のために、あなたがたはすべての人々に憎まれます。しかし、最後まで耐え忍ぶ者は救われます。

23 彼らがこの町であなたがたを迫害するなら、次の町にのがれなさい。というわけは、確かなことをあなたがたに告げるのですが、人の子が来るときまでに、あなたがたは決してイスラエルの町々を巡り尽くせないからです。

24 弟子はその師にまさらず、しもべはその主人にまさりません。

25 弟子がその師のようになれたら十分だし、しもべがその主人のようになれたら十分です。彼らは家長をベルゼブルと呼ぶくらいですから、ましてその家族の者のことは、何と呼ぶでしょう。

26 だから、彼らを恐れてはいけません。おおわれているもので、現されないものはなく、隠されているもので知られずに済むものはありません。

27 わたしが暗やみであなたがたに話すことを明るみで言いなさい。また、あなたがたが耳もとで聞くことを屋上で言い広めなさい。

28 からだを殺しても、たましいを殺せない人たちなどを恐れてはなりません。そんなものより、たましいもからだも、ともにゲヘナで滅ぼすことのできる方を恐れなさい。

29 二羽の雀は一アサリオンで売っているで

---

16 ①創3:1、ロマ16:19、囲マタ24:45
③囲ホセ7:11
17 ①囲マタ5:22
*あるいは「法廷」、ギリシャ語「サンヘドリン」
②囲マタ23:34、マコ13:9、使5:40, 22:19, 26:11、囲ルカ12:11
18＊別訳「ユダヤ人にも異邦人にも」
19 ①囲マタ10:19-22、マタ13:11-13、ルカ21:12-19
②囲マタ6:25
20 ①ルカ12:12、使徒4:8, 13:9、Ⅱコリ13:3
21 ①囲マタ10:35, 36
②囲ミカ7:6
22 ①囲マタ24:9、囲ヨハ15:18以下
②囲マタ24:13
23 ①囲マタ23:34
＊直訳「ほかの」
②囲マタ16:27, 28
24 ①ルカ6:40、ヨハ13:16, 15:20
＊あるいは「生徒」
25 ①囲マタ9:34
②Ⅱ列1:2、マタ12:24, 27、マコ3:22、ルカ11:15, 18, 19
＊あるいは「ベエゼブル」、「ベルゼブブ」
26 ①囲マタ10:26-33、ルカ12:2-9、囲マコ4:22、ルカ8:17, 12:2
②囲ルカ12:3
27 ①囲マタ24:17
28 ①ヘブ10:31、囲マタ5:22
29 ①囲ルカ12:6
＊最小単位の銅貨

10:19　話すべきことは・・・示される　キリストに従ってキリストの働きを行っているなら主は私たちを決して見捨てることなく、必要なことを（適切なことばも）適切なときに必ず与えてくださる。キリストの約束は、使徒の働き4:8-12、19-20、21:39-22:21、23:1、6、24:10-21、26:1-29に実現しているのを見ることができる。私たちがキリストについて大胆に話し、あかしをする力をキリストは聖霊を通して与えてくださる（使1:8）。

10:23　イスラエルの町々　キリストのメッセージは主が再び来られるまでユダヤ人に伝え続けられるとキリストは弟子たちに言っておられる。

10:26　彼らを恐れてはいけません　キリストのために働き悪霊と戦うなら弟子たちはサタンの攻撃にさらされることになる（10:16-25）。弟子たちの本当の戦いは人々からの攻撃ではなくサタンの勢力との戦いである。けれども神のしもべは恐れる必要がない。なぜなら父である神と聖霊が力を与え支えてくださるからである（10:20, 29-31）。今日でも神は忠実な弟子たちに同じようにしてくださる。この勝利は神の民がキリストのことばに忠実で大胆に直接勇気をもってみことばを伝え続けるときにのみ与えられる。

10:28　ゲヘナ　「ゲヘナ」（《ギ》ゲヘナ →エレ7:31注）ということばはもともと悪魔と悪魔の弟子たちのために用意された永遠の苦しみと刑罰の場所を指している（25:41）。けれども神を敬わない人々（キリストの救しを受入れず人生をキリストにゆだねない人々）のためにもゲヘナは用意されている（⇒マコ9:43, 47）。（ゲヘナということばを《ギ》「ハデス」と混同してはならない。ハデスは死んだ人々の行く場所の総称、または最後の審判の前に正しくない人々を一時的に閉じ込めておく刑罰の場所である　⇒ルカ16:19-31）。ゲヘナということばはエルサレムの南の境界線にあるヒノムの谷（《ヘ》ゲヒノム）の名前から来ている。ヒノムの谷は町のゴミ捨て場で火がくすぶり続ける場所だった。旧約聖書のある人々が異教の神モレクに子どもたちをそこでささげたため、ヨシヤ王はその場所を汚れた場所と宣言した。主イエスは永遠の刑罰の場所としてその名前を使い、最後の審判の「火の池」と同じ意味であると言われた（⇒黙20:11-15）。聖書

しょう。しかし、そんな雀の一羽でも、あなたがたの父のお許しなしには地に落ちることはありません。
³⁰また、あなたがたの頭の毛さえも、みな数えられています。
³¹だから恐れることはありません。あなたがたは、たくさんの雀よりもすぐれた者です。
³²ですから、わたしを人の前で認める者はみな、わたしも、天におられるわたしの父の前でその人を認めます。
³³しかし、人の前でわたしを知らないと言うような者なら、わたしも天におられるわたしの父の前で、そんな者は知らないと言います。
³⁴わたしが来たのは地に平和をもたらすためだと思ってはなりません。わたしは、平和をもたらすために来たのではなく、剣

29 ＊＊直訳「父と無関係には」
30 ① ルカ21:18,
   ⑮ Ⅰサム14:45,
     Ⅱサム14:11,
     Ⅰ列1:52, 使27:34
31 ⑮ マタ12:12

32 ① 黙3:5, ⑮ ルカ12:8
33 ① Ⅱテモ2:12,
   ⑮ マコ8:38, ルカ9:26
34 ⑮ マタ10:34, 35,
     ルカ12:51-53
   ＊ 直訳「投ずる」

は人のいのちは死んで終るのではなく神の御前または永遠の刑罰の場所で永遠に生き続けると教えている。霊的に失われゲヘナに向かう人の状態は次の通りである。

（1）神を拒んで永遠を神から離れて過すように罰せられた人には、永遠の刑罰の場所があると主イエスは言われた（→5:22, 29-30, 18:9, 23:15, 33, マコ9:43, 45, 47, ルカ12:5）。その場所は休むことなく罰が与えられる恐ろしい場所である。そして「消えぬ火」（マコ9:43）、「悪魔とその使いたちのために用意された永遠の火」（25:41）、「泣いて歯ぎしりする」（13:42, 50）、束縛と暗やみ（22:13）、苦しみ、苦痛、天からの分離などということばで描かれている。

（2）新約聖書の手紙（「書物」、様々な新約聖書時代の教会に送られたメッセージでキリスト教会全体に適用される）の教えも基本的に同じである。初代教会の開拓者だった新約聖書の記者たちはやがて来るさばきに触れ、神のメッセージを拒んで従わない人々に神は報復されると言っている（Ⅱテサ1:5-9）。また主の臨在から離されること（Ⅱテサ1:9）や神の敵の滅びについても伝えている（ピリ3:18-19, →ロマ9:22, Ⅰコリ16:22, ガラ1:9, Ⅱテモ2:12, ヘブ10:27, Ⅱペテ2:4, ユダ1:7, 黙14:10, 19:20, 20:10, 14）。

（3）邪悪な人々にさばきは必ず来ると聖書は教えている。ゲヘナは拒絶、罪の宣告、苦しみ、神から永遠に離されることと結び付いている。この教理（教え、信仰の基本）はある人（キリスト者でも）にとっては理解しにくく受入れにくいものである。けれども終りのときについて神のことばは決定的な権威を持っている。私たちは神の正義を信頼しなければならない。

（4）神が御子を送って死なせたのは、霊的に滅び永遠に失われる人が一人もいないようにするためだったことを忘れてはならない（ヨハ3:16）。神はだれ一人ゲヘナに行くことを望んでおられない（Ⅱペテ3:9）。ゲヘナに行くのはその人が神の備えられた救いの機会を拒んでその道を自分で選んで行くのである（ロマ1:16-2:10）。地獄の実体と現実を知ったなら神

の民は罪を強く憎み、キリストを知らない人々に救いを知らせ、神を拒んで逆らう人には将来さばきがあることを絶えず警告し続けずにはいられないはずである（→黙20:14注）。

10:31　あなたがたは・・・よりもすぐれた者です
神に忠実に従う人々（神の子どもたち）は天の御父にとって最高の価値がある存在だと主イエスは教えられた。（1）神はあなたをありのままで大切にされる。神はあなたの特別な才能や個人的な必要を知っておられる。そしてあなたの罪の代価を支払うために主イエスをこの世界に送り十字架で死ぬようにされた。それはあなたの愛とあなたとの交わりを望んでおられるからである（→ヨハ3:16注）。神の子どもであるあなたは決して神の臨在から離れることも神の配慮や思いやりから除かれることもない。神はあなたの必要、困難、悲しみを全部知っておられる（6:8）。（2）あなたは神にとって非常に重要な存在で、あなたの忠実さと愛と誠実さを神は地上の何にも増して宝物のようにしておられる。厳しい困難や問題の中でも揺るがないことが証明されたしっかりした信仰は神にとって貴重であり、誇りである。確信について　→詩91:14-16, 116:15, イザ49:16, マタ11:28-29, ルカ12:32, ヨハ13:1, 14:3, 17:24, ロマ8:28, Ⅰヨハ4:19

10:32　わたしを人の前で認める　「認める」（《ギ》ホモロゲオー）とは単にキリストを信じキリストとの関係を持っていることを認めるだけではないことをキリストは意味しておられる。それはキリストを主（自分の人生の導き手、権威）と告白し、神や神の道、神の基準に反対する人々に対しても公に恥ずかしがらずに告白することである。

10:34　わたしは、平和をもたらすために来たのではなく　イエス・キリストは「平和の君」（イザ9:6, ⇒5:9）と呼ばれ、人々と神との壊れた関係を回復し、神との平和をもたらすために（ロマ5:1）来られた。けれどもキリストが来られたことにより、またキリストのメッセージが伝えられたことにより分裂がもたらされることにもなった。（1）キリストを信じる信仰は

マタイの福音書　10-11章

をもたらすために来たのです。
35 なぜなら、わたしは人をその父に、娘をその母に、嫁をそのしゅうとめに逆らわせるために来たからです。
36 さらに、家族の者がその人の敵となります。
37 わたしよりも父や母を愛する者は、わたしにふさわしい者ではありません。また、わたしよりも息子や娘を愛する者は、わたしにふさわしい者ではありません。
38 自分の十字架を負ってわたしについて来ない者は、わたしにふさわしい者ではありません。
39 自分のいのちを自分のものとした者はそれを失い、わたしのために自分のいのちを失った者は、それを自分のものとします。
40 あなたがたを受け入れる者は、わたしを受け入れるのです。また、わたしを受け入れる者は、わたしを遣わした方を受け入れるのです。
41 預言者を預言者だというので受け入れる者は、預言者の受ける報いを受けます。また、義人を義人だということで受け入れる者は、義人の受ける報いを受けます。
42 わたしの弟子だというので、この小さい者たちのひとりに、水一杯でも飲ませるな

35 ①マタ10:21, ミカ7:6
36 ①マタ10:21, ミカ7:6
37 ①ルカ14:26
38 ①マタ16:24, マコ8:34, ルカ9:23, 14:27
39 ①マタ16:25, マコ8:35, ルカ9:24, 17:33, ヨハ12:25
＊直訳「見いだした者は……見いだします」
40 ①ルカ10:16, ヨハ13:20, 囲マタ18:5, ガラ4:14
②マコ9:37, ルカ9:48, 囲ヨハ12:44
42 ①マコ9:41, 囲マタ10:40
＊あるいは「へりくだった人たち」

1 ①参マタ7:28
＊あるいは「命令し」
②囲マタ9:35
＊＊あるいは「宣言した」
2 ①マタ11:2-19, ルカ7:18-35
②マタ14:3, マコ6:17, 囲ルカ9:7以下
3 ①マラ3:1, マラ4:5, マラ11:27, ヘブ10:37, 囲マタ11:10, 詩118:26
5 ①囲イザ35:5, 6, 61:1
＊あるいは「良い知らせ」
6 ①マタ13:21, 57, 24:10, 26:31, マコ6:3, ヨハ6:61, 16:1, 囲マタ5:29
＊あるいは「腹を立てない」

ら、まことに、あなたがたに告げます。その人は決して報いに漏れることはありません。」

主イエスとバプテスマのヨハネ
11:2-19　並行記事―ルカ7:18-35

11 ¹ イエスはこのように十二弟子に注意を与え、それを終えられると、彼らの町々で教えたり宣べ伝えたりするため、そこを立ち去られた。
² さて、獄中でキリストのみわざについて聞いたヨハネは、その弟子たちに託して、
³ イエスにこう言い送った。「おいでになるはずの方は、あなたですか。それとも、私たちは別の方を待つべきでしょうか。」
⁴ イエスは答えて、彼らに言われた。「あなたがたは行って、自分たちの聞いたり見たりしていることをヨハネに報告しなさい。
⁵ 目の見えない者が見、足のなえた者が歩き、ツァラアトに冒された者がきよめられ、耳の聞こえない者が聞き、死人が生き返り、貧しい者たちに福音が宣べ伝えられている。
⁶ だれでもわたしにつまずかない者は幸いです。」
⁷ この人たちが行ってしまうと、イエス

神を敬わない生き方をする世間の人から弟子たちを分離する(10:32-37, ルカ12:51-53, →「**信者の霊的聖別**」の項 p.2172)。(2) 神のことばと真理を伝えることによって反対と分裂と迫害が起こる(12:24, 14:4-12, 27:1, 使5:17, 7:54-60, 14:22)。(3) キリストの真理と義の基準に従って生活するとキリストを拒む人々に馬鹿にされ、あざけられる(5:10-11)。(4) 霊的曲解や間違った教えに対してみことばの真理を守ろうとすると、教会の中でさえ分裂が起こる(Ⅱコリ11:12-15, ガラ1:9, ピリ1:15-17, →Ⅱテモ1:15注)。(5) 平和と一致についてのキリストの教えを愛をもって伝える(エペ4:15)ときには、「わたしは、平和をもたらすために来たのではなく、剣をもたらすために来たのです」という厳粛な事実を理解しながら行わなければならない(→ヨハ17:21注)。

10:38　自分の十字架を負って　→マコ8:34注
10:41　預言者・・・義人　これらの神のしもべたち(預言者たち)は神を敬うことと真理のために強い態度をとったためにしばしば拒まれ、誤解され、迫害された(→5:10)。預言者(純粋さ、警告、さばきについてしばしば挑戦的なメッセージを伝える)を受入れ、そのメッセージに心を開いて霊的に応える人は神の特別な報いを受ける。正しいことを行い話す人を受入れる人も同じである。

(1) もしあなたが真理にしっかりと立ち、神の奉仕者を支え励ますことに全力を注ぐなら、預言者や義人と同じ報いを神から受ける。実際にほかの人々に示したどんな小さな親切でもキリストの愛を示すという純粋な動機から行っているなら報いを受けることになる(10:42)。

(2) けれども新約聖書のメッセージに従って神の真理を伝えず神の基準に従って神を敬う生き方をしていない奉仕者を支援したり励ましたりしてはならない。そのような人を支援するなら自分も同じさばきや滅びを招くことになる(→Ⅱヨハ)。これは意見が合わないとか聞きたい説教をしないというだけの理由で奉仕者を厳しく批判したり、その地域教会への支援を行わなくてもよいということではない。

マタイの福音書　11章

は、ヨハネについて群衆に話しだされた。「あなたがたは、何を見に荒野に出て行ったのですか。風に揺れる葦ですか。
8 でなかったら、何を見に行ったのですか。柔らかい着物を着た人ですか。柔らかい着物を着た人なら王の宮殿にいます。
9 でなかったら、なぜ行ったのですか。預言者を見るためですか。そのとおり。だが、わたしが言いましょう。預言者よりもすぐれた者をです。
10 この人こそ、
　　『見よ、わたしは使いをあなたの前に遣わし、
　　あなたの道を、あなたの前に備えさせよう。』
と書かれているその人です。
11 まことに、あなたがたに告げます。女から生まれた者の中で、バプテスマのヨハネよりすぐれた人は出ませんでした。しかも、天の御国の一番小さい者でも、彼より偉大です。
12 バプテスマのヨハネの日以来今日まで、天の御国は激しく攻められています。そして、激しく攻める者たちがそれを奪い取っています。
13 ヨハネに至るまで、すべての預言者たち

7 ①マタ3:1
8 ＊直訳「家」
9 ①マタ14:5, 21:26, ルカ1:76, 20:6
10 ①マコ1:2, マラ3:1
12 ①ルカ16:16
13 ①ルカ16:16

14 ①マラ4:5, マタ17:10-13, マコ9:11-13, ルカ1:17, ヨハ1:21
15 ①マタ13:9, 43, マコ4:9, 23, ルカ8:8, 14:35, 黙13:9, 囲黙2:7, 11, 17, 29, 3:6, 13, 22
17 ＊直訳「胸を打たなかった」
18 ①マタ3:4
19 ①マタ7:20, 8:48, 49, 52, 10:20, 囲マタ9:34
　②囲マタ9:11, ルカ15:2
20 ＊あるいは「奇蹟」

と律法とが預言をしたのです。
14 あなたがたが進んで受け入れるなら、実はこの人こそ、きたるべきエリヤなのです。
15 耳のある者は聞きなさい。
16 この時代は何にたとえたらよいでしょう。市場にすわっている子どもたちのようです。彼らは、ほかの子どもたちに呼びかけて、
17 こう言うのです。
　　『笛を吹いてやっても、君たちは踊らなかった。
　　弔いの歌を歌ってやっても、悲しまなかった。』
18 ヨハネが来て、食べも飲みもしないと、人々は『あれは悪霊につかれているのだ』と言い、
19 人の子が来て食べたり飲んだりしていると、『あれ見よ。食いしんぼうの大酒飲み、取税人や罪人の仲間だ』と言います。でも、知恵の正しいことは、その行いが証明します。」

悔い改めない町々への嘆き
11:21-23　並行記事－ルカ10:13-15
20 それから、イエスは、数々の力あるわざの行われた町々が悔い改めなかったので、責め始められた。

11:7　ヨハネ　ヨハネは「風に揺れる葦」ではないとキリストが言われたのは、ヨハネの強い性格と原則や信念を曲げない説教者としての評判のことを言われたのである。ヨハネは恐れることなく神の戒めを伝え、世間一般の意見に屈することはなかった。ユダヤ人の当局者たちはヘロデの罪を見逃したけれどもヨハネはそれを見逃さなかった。ヨハネは神とみことばに完全に忠実だった。たといいのちを失っても神とともに立ち罪に抵抗した(14:3-12)。キリストはひとりひとりの奉仕、性格、真理への態度、罪への反抗などを評価されることを忘れてはならない(→ルカ1:17注)。

11:11　彼より偉大です　ヨハネは旧約聖書の古い契約(キリストが地上の生涯を終える前の神の律法と戒めと計画)の時代に生きていた。このことばは、新約聖書(新しい契約)のイエス・キリストを信じる人々にはキリストがみわざを完成し多くのことを啓示されたので大きな特権が与えられていることを意味している(⇒13:16-17)。主イエスが示されたたとえによれば新約聖書のキリスト者はキリストの「花嫁」(教会　エペ5:25-27, 32, ⇒黙19:7, 22:17)である。そしてヨハネは花婿(キリスト　ヨハ3:29)の友人である。もちろんヨハネはキリストを信じる信仰によって救われていた。ヨハネの役目(神によって与えられた)はキリストの出現とメッセージのために道を備えることだった。それに対して新約聖書のキリスト者にはキリストの深い啓示、偉大な奇蹟の体験(11:5)、キリストの死と復活をあかしする機会、聖霊を受けることなど、より大きな特権が与えられている(使2:4, →「旧契約と新契約」の項p.2363)。

11:12　激しく攻める者たちがそれを奪い取っています　主イエスに従い仕えていくには霊的な勇気、忠実さ、力、決断が必要である。それには、反対に遭うことがわかっていても絶えず福音が前進することを願い続け努力し続けることが求められる。ほかの人々にキリストを伝える宣教を強力に推進する働きを支援し続けることも必要である(→「神の国」の項 p.1654,「神の国とサタンの国」の表 p.1711)。

11:19　食いしんぼうの大酒飲み　→ルカ7:34注

マタイの福音書　11-12章

²¹「ああコラジン。ああベツサイダ。おまえたちのうちで行われた力あるわざが、もしもツロとシドンで行われたのだったら、彼らはとうの昔に荒布をまとい、灰をかぶって悔い改めていたことだろう。²²しかし、そのツロとシドンのほうが、おまえたちに言うが、さばきの日には、まだおまえたちよりは罰が軽いのだ。²³カペナウム。どうしておまえが天に上げられることがありえよう。ハデスに落とされるのだ。おまえの中でなされた力あるわざが、もしもソドムでなされたのだったら、ソドムはきょうまで残っていたことだろう。²⁴しかし、そのソドムの地のほうが、おまえたちに言うが、さばきの日には、まだおまえよりは罰が軽いのだ。」

疲れた人々への休息
11:25-27　並行記事－ルカ10:21, 22

²⁵そのとき、イエスはこう言われた。「天地の主であられる父よ。あなたをほめたたえます。これらのことを、賢い者や知恵のある者には隠して、幼子たちに現してくださいました。

21①マタ11:21-23, ルカ10:13-15, ②マコ6:45, 8:22, ルカ9:10, ルカ11:44, 12:21
22①マタ11:22, 15:21, マコ3:8, 7:24, 31, ルカ6:17, 使12:20, 囲ルカ4:26, 使27:3, ④囲黙11:3
22①囲マタ10:15
　②囲マタ10:15, 11:24
23①囲マタ4:13
　②囲マタ10:15, 16:23, 使2:27, 31, 黙1:18, 6:8, 20:13, 14
　③囲イザ13:19, 14:13, 15, エゼ26:20, 31:14, 32:18, 24
24①囲マタ10:15
　②囲マタ10:15
25①囲マタ11:25-27, ルカ10:21, 22
　②ルカ22:42, 23:35, ヨハ11:41, 12:27, 28
　③囲Ⅰコリ1:26以下
26ルカ22:42, 23:34, ヨハ11:41, 12:27, 28
27マタ28:18, ヨハ3:35, 13:3, 17:2
＊あるいは「完全に知る」
②囲ヨハ7:29, 10:15, 17:25
28①囲ヨハ7:37, エレ31:25
＊あるいは「疲れ果てた人」
29①エペ4:20, 囲ヨハ13:15, ピリ2:5, Ⅰペテ2:21, Ⅰヨハ2:6, ②エレ6:16
30＊あるいは「ここちよく」

1①マタ12:1-8, マコ2:23-28, ルカ6:1-5, ②申23:25

²⁶そうです、父よ。これがみこころにかなったことでした。²⁷すべてのものが、わたしの父から、わたしに渡されています。それで、父のほかには、子を知る者がなく、子と、子が父を知らせようと心に定めた人のほかは、だれも父を知る者がありません。²⁸すべて、*疲れた人、重荷を負っている人は、わたしのところに来なさい。わたしがあなたがたを休ませてあげます。²⁹わたしは心優しく、へりくだっているから、あなたがたもわたしのくびきを負って、わたしから学びなさい。そうすればたましいに安らぎが来ます。³⁰わたしのくびきは*負いやすく、わたしの荷は軽いからです。」

安息日の主
12:1-8　並行記事－マコ2:23-28, ルカ6:1-5
12:9-14　並行記事－マコ3:1-6, ルカ6:6-11

12 ¹そのころ、イエスは、安息日に麦畑を通られた。弟子たちはひもじくなったので、穂を摘んで食べ始めた。²すると、パリサイ人たちがそれを見つけ

11:28　わたしのところに来なさい　主イエスの愛に満ちた呼びかけは人生の問題と自分の弱さのために犯した罪によって「疲れた人、重荷を負っている人」に向けられている。赦しと助けを求めて主イエスのところに来て生活をゆだね、その導きに従うなら日々の重荷から解放されて自由を得る。また聖霊の平安と臨在を受けて一生を導いてもらうことができる。さらに時には心配や困難を背負わなければならないとしても乗越える力を神は与えてくださる（→ヘブ4:16）。

12:1　安息日　毎週の安息日（《ギ》サバトン、休息、中止の意味）は週の第七日目で、通常の仕事をやめて休息し、主を礼拝する日としてモーセの律法によって定められていた（出20:10, 申5:14, →出20:8注）。7日間のうちの1日を休息と礼拝の日として取っておくこの原則は今日のキリスト者にも適用されると信じることができる。それには次のような強力な理由がある。

（1）神が与えられた休息の日という考えはユダヤ人の律法より前に定められていた。「神は第七日目を祝福し、この日を聖であるとされた」（→創2:3注, ⇒出20:11）。このことは創造のときから神が模範を示して、7日のうち1日をユダヤ人だけではなくあらゆる人々の祝福になり、休息になる日とされたことを指している。

（2）主イエスは休息の日の原則を廃止したり無視したりされなかった。ユダヤ人の指導者たちによる律法の極端な間違った使い方をとがめられただけである（12:1-8, ルカ13:10-17, 14:1-6）。そして休息の日は、私たちの霊的、肉体的健康のために与えられたと言っておられる（マコ2:27）。聖書のどこを見てもこの原則が無効になったとは書かれていない。

（3）休息の日の霊的な目的は今日のキリスト者にとっても祝福である。旧約聖書の時代に休息の日は仕事を休み、自分自身を神にささげるための日（神を知り、神を礼拝し、個人的にも公にも神を中心に過す特別なとき）だった（レビ24:8, 民28:9）。今日の休息の日は私たちが自分自身の努力や欲望、持物や自分の楽しみではなく、主に頼り主を喜びとしていることを再確認する機会である（⇒出20:10, 34:21, イザ58:13-14）。またキリストへの献身を新しくし、ほかの信仰者との一致をはかり、自分の生活全部（週の1日だけではなく）が神のものであることを認識する日として用いることができる（→ヘブ4:9-10）。

て、イエスに言った。「ご覧なさい。あなたの弟子たちが、安息日にしてはならないことをしています。」

3 しかし、イエスは言われた。「ダビデとその連れの者たちが、ひもじかったときに、ダビデが何をしたか、読まなかったのですか。

4 神の家に入って、祭司のほかは自分も供の者たちも食べてはならない供えのパンを食べました。

5 また、安息日に宮にいる祭司たちは安息日の神聖を冒しても罪にならないということを、律法で読んだことはないのですか。

6 あなたがたに言いますが、ここに宮より大きな者がいるのです。

7 『わたしはあわれみは好むが、いけにえは好まない』ということがどういう意味かを知っていたら、あなたがたは、罪のない者たちを罪に定めはしなかったでしょう。

8 人の子は安息日の主です。」

9 イエスはそこを去って、会堂に入られた。

10 そこに片手のなえた人がいた。そこで彼らはイエスに質問して「安息日にいやすのは正しいことでしょうか」と言った。イエスを訴えるためであった。

11 イエスは彼らに言われた。「あなたがたのうち、だれかが一匹の羊を持っていて、もしその羊が安息日に穴に落ちたら、それを引き上げてやらないでしょうか。

12 人間は羊より、はるかに値うちのあるものでしょう。それなら、安息日に良いことをすることは、正しいのです。」

13 それから、イエスはその人に、「手を伸ばしなさい」と言われた。彼が手を伸ばす

2 ①マタ12:10, ルカ13:14, 14:3, ヨハ5:10, 7:23, 9:16
4 ①Ⅰサム21:6
5 * あるいは「を破っても」
7 ①ホセ6:6
8 ①マタ12:41, 42
9 ①マタ12:9-14, マコ3:1-6, ルカ6:6-11
10 ①マタ12:10, ルカ13:14, 14:3, ヨハ5:10, 7:23, 9:16
12 ①訳マタ10:31

13 * 直訳「健康になった」
14 ①マタ26:4, マコ14:1, ルカ22:2, 囲ヨハ7:30, 44, 8:59, 10:31, 39, 11:53
15 ①訳マタ4:23
16 ①訳マタ8:4
18 ①イザ42:1
 * 直訳「子」
 ②マタ3:17, 17:5
 ③ルカ4:18, ヨハ3:34
 ** あるいは「諸国の民」
 *** あるいは「さばき」
19 ①イザ42:2
20 ①イザ42:3
 * あるいは「さばき」
21 ①イザ42:4, ロマ15:12
 * あるいは「諸国の民」
22 ①マタ12:22, 24, ルカ11:14, 15, 囲マコ9:32, 34
 ②訳マタ4:24
23 ①訳マタ9:27
24 ①訳マタ9:34

と、手は直って、もう一方の手と同じように*になった。

14 パリサイ人は出て行って、①どのようにしてイエスを滅ぼそうかと相談した。

神が選ばれたしもべ

15 イエスはそれを知って、そこを立ち去られた。すると多くの人がついて来たので、①彼らをみないやし、

16 そして、ご自分のことを人々に知らせないようにと、①彼らを戒められた。

17 これは、預言者イザヤを通して言われた事が成就するためであった。

18 ①「これぞ、わたしの選んだわたしの*しもべ、
②わたしの心の喜ぶわたしの愛する者。
③わたしは彼の上にわたしの霊を置き、
彼は異邦人**に公義***を宣べる。

19 争うこともなく、叫ぶこともせず、大路でその声を聞く者もない。

20 彼はいたんだ葦を折ることもなく、くすぶる燈心を消すこともない。
*公義を勝利に導くまでは。

21 異邦人は彼の名に望みをかける。」

主イエスとベルゼブル

12:25-29　並行記事→マコ3:23-27, ルカ11:17-22

22 そのとき、悪霊につかれて、目も見えず、口もきけない人が連れて来られた。イエスが彼をいやされたので、その人はものを言い、目も見えるようになった。

23 群衆はみな驚いて言った。「この人は、ダビデの子なのだろうか。」

24 これを聞いたパリサイ人は言った。「こ

（4）安息日はイスラエル人が神の契約（神の律法と約束、そして神に対する人々の忠誠と服従に基づく「終生協定」）に自分をささげているしるしだった。またイスラエル人が神の民であることを示すものだった（出31:16-17）。それと同じようにキリスト者の礼拝の日（普通は日曜日）は自分がキリストのものであり、キリストは自分の主であることを世界に示すことができる日である。新約聖書の時代のキリスト者は週の最初の日を神を礼拝し、キリストの復活を記念する日と定めた（使20:7, Ⅰコリ16:2）。

（5）安息日は神によって聖い日（神のために取っておいた日）と定められた（創2:3, 出16:23, 20:11, 31:14, イザ58:13）。7日のうちの1日を取分けている人はたとい周りの社会が神にたてつき反抗していても、自分が神によって聖く（道徳的に純粋、霊的に健全、悪からの分離、神への献身）されていることを知ることになる（⇒出31:13, Ⅰペテ2:9）。

（6）安息日は神が神の民にご自分を与え、神の目的を果しながら人々の必要に応えていつでも働いておられることを示している。神はいつでも民の祈りに耳を傾け人々のために最も良いことをしてくださる（⇒出31:13, エゼ20:12）。

マタイの福音書　12章

の人は、ただ悪霊どものかしらベルゼブル*の力で、悪霊どもを追い出しているだけだ。」
25 イエスは彼らの思いを知ってこう言われた。「どんな国でも、内輪もめして争えば荒れすたれ、どんな町でも家でも、内輪もめして争えば立ち行きません。
26 もし、サタンがサタンを追い出していて仲間割れしたのだったら、どうしてその国は立ち行くでしょう。
27 また、もしわたしがベルゼブルによって悪霊どもを追い出しているのなら、あなたがたの子らはだれによって追い出すのですか。だから、あなたがたの子らが、あなたがたをさばく人となるのです。
28 しかし、わたしが神の御霊によって悪霊どもを追い出しているのなら、もう神の国はあなたがたのところに来ているのです。
29 強い人の家に入って家財を奪い取ろうとするなら、まずその人を縛ってしまわないで、どうしてそのようなことができましょうか。そのようにして初めて、その家を略奪することもできるのです。
30 わたしの味方でない者はわたしに逆らう者であり、わたしとともに集めない者は散らす者です。
31 だから、わたしはあなたがたに言います。人はどんな罪も冒瀆も赦していただけます。しかし、御霊に逆らう冒瀆は赦されません。
32 また、人の子に逆らうことばを口にする者でも、赦されます。しかし、聖霊に逆らうことを言う者は、だれであっても、この世であろうと次に来る世であろうと、赦されません。
33 木が良ければ、その実も良いとし、木が悪ければその実も悪いとしなさい。木のよしあしはその実によって知られるからです。
34 まむしのすえたち。おまえたち悪い者に、どうして良いことが言えましょう。心に満ちていることを口が話すのです。
35 良い人は、良い倉から良い物を取り出し、悪い人は、悪い倉から悪い物を取り出すものです。
36 わたしはあなたがたに、こう言いましょう。人はその口にするあらゆるむだなことばについて、さばきの日には言い開きをしなければなりません。
37 あなたが正しいとされるのは、あなたのことばによるのであり、罪に定められるのも、あなたのことばによるのです。」

24 * あるいは「ベエゼブル」、「ベルゼブプ」
25 ①図マタ12:25-29、マコ3:23-27、ルカ11:17-22
　②図マタ9:4
26 ①図マタ4:10
27 ①図マタ9:34
　②囲使19:13
　* あるいは「仲間」
30 ①ルカ11:23、囲マコ9:40、ルカ9:50
31 ①図マタ12:31, 32、囲マコ3:28-30、ルカ12:10
32 ①図マコ10:30、ルカ16:8, 18:30, 20:34, 35、エペ1:21、Ⅰテモ6:17、Ⅱテモ4:10、テト2:12、ヘブ6:5、囲マタ13:22, 13:39
33 ①図マタ7:16
34 ①図マタ3:7, 23:33
　②図マタ12:34, 35、ルカ6:45、マタ15:18、エペ4:29、ヤコ3:2-12、Ⅰサム24:13
36 * あるいは「無益な」
　①図マタ10:15

囲ルカ6・43・44

12:28　神の国　→「神の国」の項 p.1654
12:29　その人を縛って　→「サタンと悪霊に勝利する力」の項 p.1726
12:31　御霊に逆らう冒瀆　冒瀆するとはことばや行いで神を尊敬しないことである。それはしばしば神を神ではないかのように言ったり、神を悪魔のように言ったりすることである。ここではキリストが聖霊の力によって行われた奇蹟のことを、指導者たちがサタンの働きだとしている。広い意味での御霊に対する冒瀆は聖霊の働きを拒み続けることである。それはキリストやみことばの真理、また罪の問題などについてのあかしを拒むことである(⇒ヨハ16:7-11)。聖霊は良心に語りかけられるけれども、それを拒む人は実際には赦しに導く唯一の方から離れるのである。聖霊に逆らう冒瀆に至る過程は次のように危険なものである。
(1) 聖霊を悲しませ続けること(聖霊の導きを拒み神に喜ばれないまたは神に挑むことを行う エペ4:30)によって聖霊を拒むようになる(使7:51)。(2) 御霊を拒むことによって御霊の火を消す(人生や教会で御霊が望まれる働きを止めること Ⅰテサ5:19)。(3) 御霊の火を消すと心がかたくなになる(ヘブ3:8-13)。
(4) 心がかたくなになると堕落した曲がった心になり、神に対して心を開かず、良いことを悪と考え悪を良いことと考えるようになる(イザ5:20、ロマ1:28)。このような心の態度がある点に到達すると(それがどこかは神だけが知っておられる)御霊はその人を神に導くのをやめられる(⇒創6:3、→申29:18-21注、Ⅰサム2:25注、箴29:1注)。そして聖霊の促しがなければ人々は自分で神に近付き神の真理を受入れることが絶対にできなくなる(Ⅰコリ2:14)。「赦されない罪」を犯したのではないかと心配している人々は自分が赦されなければならないと認め、罪から立返りたいと願っているので、心配すること自体が赦されない罪を犯していない証拠である。その罪を犯している人は赦されて神に立返ろうとする気持さえ持つことがない(→「背教」の項 p.2350)。
12:36　さばきの日　→「さばき」の項 p.2167
12:37　あなたが正しいとされるのは、あなたのことばによるのであり　→ルカ13:34注

神　の　国

「しかし、わたしが神の御霊によって悪霊どもを追い出しているのなら、もう神の国はあなたがたのところに来ているのです。」(マタイの福音書12:28)

神の国の性質

　神の国(天の御国)とは神が世界に来られて、この罪深い世界にあるサタンの支配と力などあらゆる力に対して力と栄光と権威を持っておられることを現し、具体的に示されることである。また神が人間世界の流れの中でご自分の目的を達成しご自分とご計画を人々に示すために、今現在かかわりを持ち活動をしておられるそのことでもある。けれどもそれは霊的救いや教会(キリストに従う人々全員の共同体)の働きだけを意味するものではない。それは神が世界や個人の人生の中で働いてご自分の力を強力に表現されることそのものである。

　(1) 簡単に言えば、神の国は神の力が活動していることが宣言され具体的に示されることである。神は王として神の民の心と活動の中で地上の霊的支配を始めておられる(ヨハ14:23, 20:22)。そして自分を神にささげる人々を通してご自分の目的を実現することにされた。またご自分が創造された世界とかかわるために全能の力を持って来られた(イザ64:1, マコ9:1, Ⅰコリ4:20)。けれどもこの力は物理的政治的力ではない。なぜなら神はご自分の支配する権力、力、権威を富や戦力など地上のものを通して証明しようとしておられないからである。むしろ神はご自分の力を用いて霊的な変化を起こされる。神の国は地上の政治組織を通して支配し、神の基準を世界に強制するような政治的神政国家(神の政治支配)ではない。また世界の国々を社会的政治的に支配することでもない(ヨハ18:36)。社会的あるいは政治的運動や暴力によって世界を救い改革することも神の現在の目標ではない(マタ26:52, →ヨハ18:36注)。悪の力を覆すためにキリストが地上に再び来られるまで(黙19:11-21)この世界は神の敵であり続け、神の民と神の目的に反対をし続ける(ヨハ15:19, ロマ12:1-2, ヤコ4:4, Ⅰヨハ2:15-17, 4:4)。

　(2) 神は最高の力を持つ方としてご自分を現されるので、罪深い世界は絶えず危機に直面している。世界が自分勝手な道を進みサタンが支配するのを許しているので、神はさらに強力に力を現され悪魔の帝国に警告をされる(マタ4:3～, 12:29, マコ1:24)。「神の国は近くなった」と聖書が言うときには(マコ1:15, ルカ10:11)人々に神の支配に従うかそれとも反抗を続けるかという決断を迫っているのである(マタ3:1-2, 4:17, マコ1:14-15)。神の国に入るために必要な最も根本的な条件は「悔い改めて福音を信じ」ることである(マコ1:15)。悔い改めとは神に対する態度を変え、自分の罪を認めて自分勝手な道から離れ、神に全部ゆだねて自分の目的ではなく神の目的に従うことである。

　(3) 神が介入される(みこころを実現するために人間の活動の中に神が直接入って来てかかわること)ときには神の力が現される。(a) サタンの破壊的活動と邪悪な支配に対して霊的力を行使される(マタ12:28, ヨハ18:36, →**サタンと悪霊に勝利する力**の項 p.1726)。実際に神の国が来たことはサタンの支配の崩壊が始まったことであり(ヨハ12:31, 16:11)、人々を悪霊の力と支配(マコ1:34, 39, 3:14-15, 使26:18)と罪(ロマ6:)から解放されることによって示されている。(b) 神は力を用いて奇蹟を行い病人を癒される(マタ4:23, 9:35, 使4:30, 8:7, →**神による癒し**の項 p.1640,「**御霊の賜物**」p.2138)。(c) 神に従う人々がキリストのよい知らせを広める。それは「信じるすべての人にとって、救いを得させる神の力で」あり(ロマ1:16)、罪と義とさばきについて誤りを認めさせるからである(マタ11:5, ヨハ16:8-11, 使4:33)。(d) キリストのメッセージを受入れ自分勝手な道から立返って神のご計画に従う人は神の力によって霊的に救われ変えられ、成長をしていく(→ヨハ3:3, 17:17, 使2:38-40, Ⅱコリ6:14-18, →**信者の霊的聖別**の項 p.2172)。(e) キリストは従う人々に聖霊によってバプテスマを授け(浸す、おおう)、キリストのメッセージを広めてその目的を達成する力を与えられる(→使1:8注, 2:4注, →**聖霊のバプテスマ**」の項

p.1950)。

(4) 神の国を体験していることを示す証拠はその人の生活が「義と平和と聖霊による喜び」(ロマ14:17)の生活になっているかどうかである。

(5) この神の国には未来と現在の両面がある。神は目的を達成するために人々を通して働いておられるけれども、それは今日の世界にある現在の面である(マコ1:15, ルカ18:16-17, コロ1:13, ヘブ12:28)。けれども神はまだ御国を完全なかたちで現しておられないし、世界も神の最大の力と権威をまだ体験していない。したがって神が世界の終りのさばきを行われ、キリストが地上に再び来られるまで、サタンと邪悪な人々の働きや影響は継続していく(Ⅰテモ4:1, Ⅱテモ3:1-5, 黙19:19-20:10)。神の栄光と力と御国が明らかにされるのは主イエスが歴史の最後のときに悪の勢力を覆し世界をさばいて地上を平和に支配されるときである(マタ24:30, ルカ21:27, 黙19:11-20, 20:1-6)。神の国の究極の完成はキリストがあらゆる悪と反抗に最終的に勝利して神の国を父である神に渡されるときのことである(Ⅰコリ15:24-28, 黙20:7-21:8, →マコ1:15注)。神の国の性質、特徴、活動についての概要　→「神の国とサタンの国」の表 p.1711

キリストに従う人々の神の国での役割

神に忠実な人々の神の国での役割について新約聖書は多くのことを伝えている。

(1) キリストの弟子たちには絶えず神の目的に従い、あらゆることを通して神の生活基準に従う責任がある。それは特権でもある。そうすることによって神の臨在と力が周りの人々に明らかになっていく。そのためには自分自身の生活やキリスト者の共同体の中で、神の臨在と力を求める霊的飢え渇きが必要である(→マタ5:10注, 6:33注)。

(2) マタイの福音書11章12節で主イエスは神の国に入る人々の性質と特徴についてさらに情報を提供しておられる。そして主は「激しく攻める」人が天の御国を「奪い取る」ことを明らかにされた。これは神を敬わない人類の罪深い慣習から離れる努力をし、キリストとみことばと神の完全な目的を見つけるまで一生懸命求めることである。そういう人は犠牲がどんなに大きくても神の国を全力で求めるのである。つまり天の御国とその恩恵を全部体験するためには信仰が成長するように、そしてサタンと罪と堕落した社会の影響を退けるように絶えず努力しなければならない。

(3) 神の国は霊的に飢え渇いていない人、つまり滅多に祈らず神のことばを軽んじ神を敬わない世間の慣習や生活様式に歩み寄る人々には与えられない。神の国に入るのは男性で言えば、ヨセフ(創39:9)、ナタン(Ⅱサム12:7)、エリヤ(Ⅰ列18:21)、ダニエルと三人の友人(ダニ1:8, 3:16-18)、モルデカイ(エス3:4-5)、ペテロとヨハネ(使4:19-20)、ステパノ(使6:8, 7:51)、パウロ(ピリ3:13-14)のような人々であり、女性で言えば、デボラ(士4:9)、ルツ(ルツ1:16-18)、エステル(エス4:16)、マリヤ(ルカ1:26-35)、アンナ(ルカ2:36-38)、ルデヤ(使16:14-15, 40)のような人々である。

ヨナのしるし

12:39-42　並行記事—ルカ11:29-32
12:43-45　並行記事—ルカ11:24-26

38 そのとき、律法学者、パリサイ人たちのうちのある者がイエスに答えて言った。「先生。私たちは、あなたからしるしを見せていただきたいのです。」
39 しかし、イエスは答えて言われた。「悪い、姦淫の時代はしるしを求めています。だが預言者ヨナのしるしのほかには、しるしは与えられません。
40 ヨナは三日三晩大魚の腹の中にいましたが、同様に、人の子も三日三晩、地の中にいるからです。

41 ニネベの人々が、さばきのときに、今の時代の人々とともに立って、この人々を罪に定めます。なぜなら、ニネベの人々はヨナの説教で悔い改めたからです。しかし、見なさい。ここにヨナよりもまさった者がいるのです。
42 南の女王が、さばきのときに、今の時代の人々とともに立って、この人々を罪に定めます。なぜなら、彼女はソロモンの知恵を聞くために地の果てから来たからです。しかし、見なさい。ここにソロモンよりもまさった者がいるのです。
43 汚れた霊が人から出て行って、水のない地をさまよいながら休み場を捜しますが、

---

38 ①マタ16:1, マコ8:11, 12, ルカ11:16, ヨハ2:18, 6:30, ⓘⅠコリ1:22
＊あるいは「証拠としての奇蹟」
39 ①マタ12:39-42, ルカ11:29-32, ⓘマタ16:4
40 ①ヨナ1:17　②マタ8:20　③マタ16:21
41 ①ヨナ1:2　②ヨナ3:5　③マタ12:6, 42
42 ①Ⅰ列10:1, Ⅱ歴9:1
43 ①マタ12:43-45, ルカ11:24-26

12:40　ヨナ　主イエスが旧約聖書のヨナの物語を歴史的事実として受入れていたことが明らかである(→ヨナ1:17注)。今日、旧約聖書の奇蹟を否定する懐疑論者は主イエスのことばに従うべきである。

12:43　汚れた霊　12:43-45は悪霊につかれること（悪霊が人を霊的奴隷にしてその人の肉体に実際に住み、支配し、用いて活動すること）について三つの重要な真理を教えている。(1) 支配権を奪われ追出された悪霊は元の人のところへ帰ろうとする(12:44)。(2) その人の心が聖霊で満たされているなら悪霊は戻ることができない(12:44, ⇒Ⅰコリ6:19, Ⅱコリ6:15注, 16注)。(3) 国や社会全体が邪悪な楽しみを追いかけてついに悪霊の支配下に入ることがある(12:45, ⇒黙16:14)。覚えておかなければならない

ユダヤ教の学派

パリサイ派
起源は前2世紀のハシディーム派までさかのぼることができる。
1. トーラーとともに口伝に含まれるものはみな同様に霊感を受けた権威あるものとして受入れていた。
2. 自由意志と決断については、人間の自由意志か人間の意志を帳消しにする神の至高性かどちらか一方に決めることは不可能であるとする中間の認識を持っていた。
3. 御使いと悪霊にはかなり複雑な階級制度があると信じていた。
4. 死後の生活があることを教えていた。
5. たましいの不滅、死後の報いと懲罰を信じていた。
6. 人間の平等を主張していた。
7. 神学より倫理に強調点を置いていた。

サドカイ派
起源はハスモン家の時代(前166-63)にあると思われる。70年のエルサレム崩壊とともに終りを迎えた。
1. 口伝律法の権威と拘束力を否定していた。
2. モーセの律法をパリサイ派より文字通りに解釈していた。
3. レビ記の儀式的きよめを厳格に守っていた。
4. すべてのことを自由意志のせいにしていた。
5. 死者の復活も未来のいのちもないと主張していた。
6. 御使いと悪霊の存在を否定していた。
7. 霊的世界の存在を否定していた。
8. モーセ五書だけを聖書の正典としていた。

© 1989 Zondervan Corporation

マタイの福音書 12-13章

見つかりません。
44 そこで、『出て来た自分の家に帰ろう』と言って、帰って見ると、家はあいていて、掃除してきちんとかたづいていました。
45 そこで、出かけて行って、自分よりも悪いほかの霊を七つ連れて来て、みな入り込んでそこに住みつくのです。そうなると、その人の後の状態は、初めよりもさらに悪くなります。邪悪なこの時代もまた、そういうことになるのです。」

主イエスの母と兄弟たち

12:46-50　並行記事─マコ3:31-35, ルカ8:19-21

46 イエスがまだ群衆に話しておられるときに、イエスの母と兄弟たちが、イエスに何か話そうとして、外に立っていた。
47 すると、だれかが言った。「ご覧なさい。あなたのお母さんと兄弟たちが、あなたに話そうとして外に立っています。」
48 しかし、イエスはそう言っている人に答えて言われた。「わたしの母とはだれですか。また、わたしの兄弟たちとはだれですか。」
49 それから、イエスは手を弟子たちのほうに差し伸べて言われた。「見なさい。わたしの母、わたしの兄弟たちです。
50 天におられるわたしの父のみこころを行う者はだれでも、わたしの兄弟、姉妹、また母なのです。」

種を蒔く人のたとえ

13:1-15　並行記事─マコ4:1-12, ルカ8:4-10
13:16, 17　並行記事─ルカ10:23, 24
13:18-23　並行記事─マコ4:13-20, ルカ8:11-15

13 ¹ その日、イエスは家を出て、湖のほとりにすわっておられた。
² すると、大ぜいの群衆がみもとに集まったので、イエスは舟に移って腰をおろされた。それで群衆はみな浜に立っていた。
³ イエスは多くのことを、彼らにたとえで話して聞かされた。
「種を蒔く人が種蒔きに出かけた。
4 蒔いているとき、道ばたに落ちた種があった。すると鳥が来て食べてしまった。
5 また、別の種が土の薄い岩地に落ちた。

---

45 ① Ⅱペテ2:20
46 ① マタ12:46-50, マコ3:31-35, ルカ8:19-21
　② マタ1:18, 2:11以下, 13:55, ルカ1:43, 2:33, 34, 48, 51, ヨハ2:1, 5, 12, 19:25, 26, 使1:14
　③ マタ13:55, マコ6:3, 使1:14, Ⅰコリ9:5, 関ガラ1:19

1 ① マタ13:1-15, マコ4:1-12, ルカ8:4-10
　② マタ13:36, 9:28, 関マコ3:20
　② 関ルカ5:3
　③ 関マタ13:10以下, マコ4:2以下等

ことは、キリスト者は神の御霊を内に持っているので、同時に悪霊につかれることはないということである。けれども神に不忠実な生活をしているならキリスト者でも悪霊の影響や抑圧に負ける可能性がある。

13:3 御国のたとえ　「たとえ」ということばはギリシヤ語の「パラボレー」から来ていて、比較のために「そばに置く」という意味である。それは教訓や具体的な事柄を教えるためにする簡単な例話である。大抵は聞く人がよく知っている情況やものが用いられる。13章には天の御国のたとえがいくつかある。そこには神のメッセージが伝えられた結果と、キリストが再び来られる日までの神の働きと目的に対する地上の霊的状態との両方が描かれている。みことばを伝える働きは特に教会を通して進められる。教会は神の国が地上に目に見えるかたちで現されたものである(→「教会」の項 p.1668, 「神の国」の項 p.1654)。

(1) ほとんどのたとえの中でキリストは地上の目に見える国には善と悪の両方が存在すると教えられた。これは神の国にも悪が存在するという意味ではない。むしろキリストを知っていると公言している人々の中には不まじめで不忠実な人がいて信仰の妥協をし、神のことばの基準を無視しているという意味である。神に反抗する世俗的な行動を許し、認め、あるいは実際にかかわる人々がいるのである。もちろん永遠のいのちにつながる忠実さや神を敬う生活を保つ人々もいる。邪悪な人々は終りには滅ぼされる(13:41, 49)。「そのとき、正しい者たちは、彼らの父の御国で太陽のように輝きます」(13:43)。

(2) これらのたとえを使ってキリストは弟子たちに御国の中で悪と妨害が表面化することを予測するように警告し、またサタンとその弟子たちの影響と反対に打勝つ方法を教えられた。打勝つ方法はただ一つ、心を尽してキリストに仕え(13:44, 46)、義と真理に従い続けることである(13:43, 御国の教会の中の善と悪の例 →黙2:-3:)。

(3) たとえは日常の暮しから取った物語で、霊的真理に関係がありそれを説明するものである。けれどもたとえのあらゆる部分が直接何かに関係があるわけではない。たとえは全般的なことを扱うことが多く、霊的な意味はいつもはっきりわかるとは限らない。けれども主イエスのたとえは霊的に誠実で偏見のない人々に真理を表し、同時に神を拒む人には真理を隠すという特徴を持っていた(13:11)。たとえでは決断や選択が要求されることもある(ルカ10:30-37)。この主題に関する概観　→「キリストのたとえ」の表 p.1940

13:3 種を蒔く人が種蒔きに出かけた　→マコ4:3注

土が深くなかったので、すぐに芽を出した。
6 しかし、日が上ると、焼けて、根がないために枯れてしまった。
7 また、別の種はいばらの中に落ちたが、いばらが伸びて、ふさいでしまった。
8 別の種は良い地に落ちて、あるものは百倍、あるものは六十倍、あるものは三十倍の実を結んだ。
9 耳のある者は聞きなさい。」
10 すると、弟子たちが近寄って来て、イエスに言った。「なぜ、彼らにたとえでお話しになったのですか。」
11 イエスは答えて言われた。「あなたがたには、天の御国の奥義を知ることが許されているが、彼らには許されていません。
12 というのは、持っている者はさらに与えられて豊かになり、持たない者は持っているものまでも取り上げられてしまうからです。
13 わたしが彼らにたとえで話すのは、彼らは見てはいるが見ず、聞いてはいるが聞かず、また、悟ることもしないからです。
14 こうしてイザヤの告げた預言が彼らの上に実現したのです。
『あなたがたは確かに聞きはするが、決して悟らない。
確かに見てはいるが、決してわからない。
15 この民の心は鈍くなり、
その耳は遠く、
目はつぶっているからである。
それは、彼らがその目で見、その耳で聞き、
その心で悟って立ち返り、
わたしにいやされることのないためである。』
16 しかし、あなたがたの目は見ているから幸いです。また、あなたがたの耳は聞いているから幸いです。
17 まことに、あなたがたに告げます。多くの預言者や義人たちが、あなたがたの見ているものを見たいと、切に願ったのに見られず、あなたがたの聞いていることを聞きたいと、切に願ったのに聞けなかったのです。
18 ですから、種蒔きのたとえを聞きなさい。
19 御国のことばを聞いても悟らないと、悪い者が来て、その人の心に蒔かれたものを奪って行きます。道ばたに蒔かれるとは、このような人のことです。
20 また岩地に蒔かれるとは、みことばを聞くと、すぐに喜んで受け入れる人のことです。
21 しかし、自分のうちに根がないため、しばらくの間そうするだけで、みことばのために困難や迫害が起こると、すぐにつまずいてしまいます。
22 また、いばらの中に蒔かれるとは、みことばを聞くが、この世の心づかいと富の惑わしとがみことばをふさぐため、実を結ばない人のことです。
23 ところが、良い地に蒔かれるとは、みことばを聞いてそれを悟る人のことで、その人はほんとうに実を結び、あるものは百倍、あるものは六十倍、あるものは三十倍の実を結びます。」

毒麦のたとえ

24 イエスは、また別のたとえを彼らに示して言われた。
「天の御国は、こういう人にたとえることができます。ある人が自分の畑に良い種を蒔いた。
25 ところが、人々の眠っている間に、彼の敵が来て麦の中に毒麦を蒔いて行った。
26 麦が芽ばえ、やがて実ったとき、毒麦も

13:12 持っている者はさらに与えられて →25:29注、マコ4:25注

13:19 悪い者が・・・奪って行きます →マコ4:15-17注

13:24-25 良い種・・・毒麦 麦と毒麦のたとえは神のことばを広める人のそばでサタンが悪意、うそ、悪影響などを植え付けていくことを強調している。「畑」は世界を表し、「良い種」は神を知り、みことばによって忠実に生きている人々を表している（13:38）。
（1）キリストのメッセージとキリスト者たちは世界中に植えられる（13:38）。同時にサタンも神の民の間にサタンの弟子である「悪い者の子どもたち」を植え付け（13:38）、神の真理を妨害し人々を神から引離そうとする（13:25, 38-39）。

マタイの福音書 13章

現れた。
27 それで、その家の主人のしもべたちが来て言った。『ご主人。畑には良い麦を蒔かれたのではありませんか。*どうして毒麦が出たのでしょう。』
28 主人は言った。『敵のやったことです。』すると、しもべたちは言った。『では、私たちが行ってそれを抜き集めましょうか。』
29 だが、主人は言った。『いやいや。毒麦を抜き集めるうちに、麦もいっしょに抜き取るかもしれない。
30 だから、収穫まで、両方とも育つままにしておきなさい。収穫の時期になったら、私は刈る人たちに、まず、毒麦を集め、焼くために束にしなさい。麦のほうは、集めて私の倉に納めなさい、と言いましょう。』」

からし種とパン種のたとえ
13:31, 32　並行記事─マコ4:30-32
13:31-33　並行記事─ルカ13:18-21

31 イエスは、また別のたとえを彼らに示して言われた。「天の御国は、からし種のようなものです。それを取って、畑に蒔くと、
32 どんな種よりも小さいのですが、生長すると、どの野菜よりも大きくなり、空の鳥が来て、その枝に巣を作るほどの木になります。」
33 イエスは、また別のたとえを話された。「天の御国は、パン種のようなものです。女が、パン種を取って、三サタンの粉の中に入れると、全体がふくらんで来ます。」
34 イエスは、これらのことをみな、たとえで群衆に話され、たとえを使わずには何もお話しにならなかった。
35 それは、預言者を通して言われた事が成就するためであった。
「わたしはたとえ話をもって口を開き、世の初めから隠されていることどもを物語ろう。」

毒麦のたとえの説明
36 それから、イエスは群衆と別れて家に入られた。すると、弟子たちがみもとに来

27 * 直訳「どこから」
30 ① マタ3:12
31 ① マタ13:31, 32, マコ4:30-32, ルカ13:18, 19, ② マタ13:24
② マタ17:20, ルカ17:6
32 ② 因 詩104:12, エゼ17:23, 31:6, ダニ4:12
33 ① マタ13:33, ルカ13:21, 因 マタ13:24
② 創18:6, 因 士6:19, Ⅰサム1:24
* 1サトンは13リットル
34 ① マタ4:34, 因 ヨハ10:6, 16:25
35 ① 詩78:2
36 ① マタ13:1

---

(2) サタンの弟子たちの主な仕事は正しくない態度や行いを奨励し間違った教えを支援する。そのことによって、人々が神のことばの権威を疑い真理をゆがめる(→創3:4)ようにすることである(⇒使20:29-30、Ⅱテサ2:7, 12、→「**にせ教師**」の項p.1758)。キリスト者の間では指導者による大きなごまかしが起こるとキリストは言われた。それは「キリスト教」の指導者と言うけれども実際はにせ教師によるものである(→24:11注、→「**大患難**」の項p.1690)。

(3) 現在は神の民の間にもサタンにつながる人々がいる。けれどもその状況はキリストが地上に戻り邪悪な人々を滅ぼすときに突然終る(13:38-43)。信者と不信者が入り混じった状態が強調されているほかのたとえ　→22:11-14、25:1-30、ルカ18:10-14、→「**七つの教会へのキリストのメッセージ**」の項 p.2478

13:30　両方とも育つままにしておきなさい　キリスト者のように装いながら実際はサタンの働きを推進している人々と本当のキリスト者は直面して対処しなければならない(13:38、⇒Ⅱコリ11:13-15)。この点について三つのことに注意をするべきである。

(1) キリストによる赦しと新しいいのちについてメッセージを聞いて受入れる機会を神が与えておられる限り、良いものと悪いものは一緒に存在する。終りのときの神のさばきが下るまで神は御使いたちに「悪い者の子どもたち」を滅ぼす命令を出されることはない(13:30, 38-42)。

(2) このたとえは神の民の中にある罪を容認するものではない。また教会員が反抗的な教会員を戒め、罪をやめて神に立返ろうとしない人々を教会から追放しなければならないという聖書の教えと矛盾するものでもない(→18:15注、使20:28注、Ⅰコリ5:1注)。けれども教会の戒規は(たとい最良のものでも)御国の中の悪い人々に対する部分的な解決でしかないことを理解しなければならない。最終的に正しい人々と悪い人々を分けるのは神と御使いである。

(3) サタンが神の働きのあらゆる領域で人をだまし霊的に反抗的な要素や反抗的な人々を植え付けていることに、忠実なキリスト者は絶えず警戒していなければならない。様々な意味でその人々は神の本当の子どものように見える(→Ⅱコリ11:13注、→「**にせ教師**」の項 p.1758、「神の国とサタンの国」の表 p.1711)。

13:31　からし種　→ルカ13:19注
13:33　パン種　→ルカ13:21注

て、「畑の毒麦のたとえを説明してください」と言った。
37 イエスは答えてこう言われた。「良い種を蒔く者は人の子です。
38 畑はこの世界のことで、良い種とは御国の子どもたち、毒麦とは悪い者の子どもたちのことです。
39 毒麦を蒔いた敵は悪魔であり、収穫とはこの世の終わりのことです。そして、刈り手とは御使いたちのことです。
40 ですから、毒麦が集められて火で焼かれるように、この世の終わりにもそのようになります。
41 人の子はその御使いたちを遣わします。彼らは、つまずきを与える者や不法を行う者たちをみな、御国から取り集めて、
42 火の燃える炉に投げ込みます。彼らはそこで泣いて歯ぎしりするのです。
43 そのとき、正しい者たちは、彼らの父の御国で太陽のように輝きます。耳のある者は聞きなさい。

36 ②囲 マタ15:15
37 ①囲 マタ8:20
38 ①囲 マタ8:12
 ②囲 ヨハ8:44、使13:10、
   Ⅰヨハ3:10
 ③囲 マタ5:37
39 ①囲 マタ13:40, 49, 24:3,
   28:20, Ⅰコリ10:11,
   ヘブ9:26,
   囲マタ12:32, 13:22
 * あるいは「総仕上げ」
40 ①囲 マタ13:40, 49, 24:3,
   28:20, Ⅰコリ10:11,
   ヘブ9:26,
   囲マタ12:32, 13:22
41 ①囲 マタ8:20
 ②囲 マタ24:31
 ③囲 ゼパ1:3
 * あるいは「障害となるもの」
42 ①囲 マタ13:50
 ②囲 マタ8:12
43 ①囲 ダニ12:3
 ②囲 マタ11:15

44 ①囲 マタ13:24
 ②囲 マタ13:46
45 ①囲 マタ13:24
47 ①囲 マタ13:44
49 ①囲 マタ13:39, 40

隠された宝と真珠のたとえ

44 天の御国は、畑に隠された宝のようなものです。人はその宝を見つけると、それを隠しておいて、大喜びで帰り、持ち物を全部売り払ってその畑を買います。
45 また、天の御国は、良い真珠を捜している商人のようなものです。
46 すばらしい値うちの真珠を一つ見つけた者は、行って持ち物を全部売り払ってそれを買ってしまいます。

地引き網のたとえ

47 また、天の御国は、海におろしてあらゆる種類の魚を集める地引き網のようなものです。
48 網がいっぱいになると岸に引き上げ、すわり込んで、良いものは器に入れ、悪いものは捨てるのです。
49 この世の終わりにもそのようになります。御使いたちが来て、正しい者の中から悪い者をえり分け、

13:41 つまずきを与える者・・・みな・・・取り集めて 患難時代(神が終わりの日のさばきを地上に行うとき 黙19:11-21)の後にキリストが地上に再び来られると、まだ地上に住んでいる悪い人々と正しい人々の霊的な収穫の時期が来る(13:30, 40-42, →**大患難**の項 p.1690)。(1) 最初に悪い人々が集められ正しい人々から離される(13:30, 41, 49)。(2) 次に正しい人々が集められる(13:30, 41-43, 49)。これは「御国から」集められるのである。(3) 悪い人々がさばきを受け、神から離された永遠の刑罰を受けたあと正しい人々は報いを受け、「彼らの父の御国で太陽のように輝」く(13:43, ⇒25:31-34, →黙20:4注, →「**さばき**」の項 p.2167)。

13:42 火の燃える炉 神に逆らい、罪を奨励し、悪を行う人々に対して終わりの日に起こることを主イエスは説明された(13:41)。その人々は火で焼かれ、非常な苦しみを受ける(⇒黙14:9-11, 20:10)。聖書を神のことばとして受け入れる人々はこの真理を否定できない。悪い人々はある宗教やカルトが言うように絶滅する(完全に滅ぼされる)のではない。「火の池」に投げ込まれるのである(→10:28注)。言い換えると悪い人々は永遠に生きる(神のために生きた人々のように)。ただ神を拒んだ人々は神から永遠に離されて想像を絶する苦しみの中で過すことになる(→10:28注)。

13:44-46 御国・・・宝 古代には宝物を地中に隠すことは珍しくなかった。隠した宝と真珠のたとえは二つの真理を教えている。(1) 御国は価値があり何にもまして人々が望む貴重な宝である。(2) 天の御国に入れられた人は神との関係を妨げたり神の目的が実現されるのを妨げたりするものをみな捨てなければならない。主イエスは金銭や良い行いによって御国の地位を買い取ることができるとは言っておられない。御国は私たちが最優先しなければならないものであると言われたのである。「全部売り払って」とはほかの興味からキリストという最高の興味に心を向けなければならないという意味である(ロマ12:1)。私たちはほかのものをみな脇に置いて主に仕えなければならない。

13:47 御国・・・地引き網 地引き網のたとえはキリストが強調された真理をもう一度明らかにしている。地上の目に見える御国(教会)につながる人がみな神の子どもとは限らない。教会やキリスト者の団体が必ずしも神の本当の信仰者を代表しているとは限らない。キリストは霊的に救われる機会を備え、あらゆる人々が救いにあずかれるようにしておられるけれども、本当の信仰と純粋さと義をもって生きる人だけが最終的には神の御国にとどまるのである(⇒24:11, 24, ガラ5:19-21, →ルカ13:21注, →「**キリストのたとえ**」の表 p.1940)。

13:49 正しい者の中から悪い者をえり分け 麦と毒麦のたとえのようにこのたとえも正しい人々と悪い

マタイの福音書　13-14章

50 火の燃える炉に投げ込みます。彼らはそこで泣いて歯ぎしりするのです。

51 あなたがたは、これらのことがみなわかりましたか。」彼らは「はい」とイエスに言った。

52 そこで、イエスは言われた。「だから、天の御国の弟子となった学者はみな、自分の倉から新しい物でも古い物でも取り出す一家の主人のようなものです。」

尊敬されない預言者
13:54-58　並行記事ーマコ6:1-6

53 これらのたとえを話し終えると、イエスはそこを去られた。

54 それから、ご自分の郷里に行って、会堂で人々を教え始められた。すると、彼らは驚いて言った。「この人は、こんな知恵と不思議な力をどこで得たのでしょう。

55 この人は大工の息子ではありませんか。彼の母親はマリヤで、彼の兄弟は、ヤコブ、ヨセフ、シモン、ユダではありませんか。

56 妹たちもみな私たちといっしょにいるではありませんか。とすると、いったいこの人は、これらのものをどこから得たのでしょう。」

57 こうして、彼らはイエスにつまずいた。しかし、イエスは彼らに言われた。「預言者が尊敬されないのは、自分の郷里、家族の間だけです。」

58 そして、イエスは、彼らの不信仰のゆえに、そこでは多くの奇蹟をなさらなかった。

50 ①マタ13:42
② 圏マタ8:12
53 圏マタ7:28
54 ①マタ13:54-58, マコ6:1-6
　②マタ4:23
　＊あるいは「教えておられた」
　③マタ7:28
　＊＊あるいは「奇蹟」
55 ①圏マタ12:46
56 ①マコ6:3
57 圏マタ11:6
　②マコ6:4, ルカ4:24, ヨハ4:44
58 ＊あるいは「力あるわざ」

1①マタ14:1-12, マコ6:14-29, マタ14:1, 2, ルカ9:7-9
　②圏マタ14:1-12, マコ6:14-29, マタ14:1, 2, ルカ9:7-9, マタ8:15, ルカ1, 19, 8:3, 13:31, 23:7, 8, 11, 12, 15, 使4:27, 12:1
2①マタ16:14, マコ6:14, ルカ9:7
3①圏マタ14:1-12, マコ6:14-29, マタ14:1, 2, ルカ9:7-9, マタ8:15, ルカ1, 19, 8:3, 13:31, 23:7, 8, 11, 12, 15, 使4:27, 12:1
　②マコ6:4, マコ6:17, 19, 22, ルカ3:19
　③マタ4:12, 11:2
4①レビ18:16, 20:21
5①圏マタ11:9
6①マタ14:3, マコ6:17, 19, 22, ルカ3:19
　＊直訳「中で」
　②マタ14:1-12, マコ6:14-29, マタ14:1, 2, ルカ9:7-9, マタ8:15, ルカ1, 19, 8:3, 13:31, 23:7, 8, 11, 12, 15, 使4:27, 12:1

打首にされるバプテスマのヨハネ
14:1-12　並行記事ーマコ6:14-29

14 1 そのころ、国主ヘロデは、イエスのうわさを聞いて、

2 侍従たちに言った。「あれはバプテスマのヨハネだ。ヨハネが死人の中からよみがえったのだ。だから、あんな力が彼のうちに働いているのだ。」

3 実は、このヘロデは、自分の兄弟ピリポの妻ヘロデヤのことで、ヨハネを捕らえて縛り、牢に入れたのであった。

4 それは、ヨハネが彼に、「あなたが彼女をめとるのは不法です」と言い張ったからである。

5 ヘロデはヨハネを殺したかったが、群衆を恐れた。というのは、彼らはヨハネを預言者と認めていたからである。

6 たまたまヘロデの誕生祝いがあって、ヘロデヤの娘がみなの前で踊りを踊ってヘロデを喜ばせた。

7 それで、彼は、その娘に、願う物は何でも必ず上げると、誓って堅い約束をした。

8 ところが、娘は母親にそそのかされて、こう言った。「今ここに、バプテスマのヨハネの首を盆に載せて私に下さい。」

9 王は心を痛めたが、自分の誓いもあり、また列席の人々の手前もあって、与えるように命令した。

10 彼は人をやって、牢の中でヨハネの首をはねさせた。

11 そして、その首は盆に載せて運ばれ、少女に与えられたので、少女はそれを母親の

人々（神に仕えた人と神に仕えなかった人）が最終的にえり分けられることを教えている。二つのたとえは両方とも終りの日の選別を同じ順序で描いている（13:30, 41, 43）。悪い行いをしていた人々が最初に集められ、正しい人々が次に集められる（⇒黙19:11-20:4）。この順序は選別が患難時代の終り頃に行われ（24:29-31, 黙19:11-20:4）、携挙のとき（患難の前にキリストが忠実な人々を邪悪な世界から引上げられるとき　→ Iテサ4:13-18, 黙3:10）ではないことを示している。つまり終りの日にえり分けられる正しい人々は非常に恐ろしい大患難の時代にキリストに立返った人々である（→**大患難**の項 p.1690、「**終末の事件**」の表 p.2471）。このたとえの中でキリストは神の民の中に神とみことばに誠実ではない人々が多くいることを再び強調された。

14:6 みなの前で踊りを踊って　神を敬わない一人の娘がヘロデとヘロデの客のために官能的な（好色な思いを抱かせる）踊りを踊ったことによって、今までのだれよりも神を敬っていた一人の人を死なせることになった。ヘロデ自身も愚かな約束をしたことを後悔し、ヨハネを処刑したことで苦しんだ。

（1）世俗的なパーティ、官能的な踊り、神を敬わない娯楽ではしばしば愚かで後悔をするようなことが決定される。そのようなところではみだらな情熱が燃上がり、人々は神を忘れ、罪を認めたり正しい判断をしたりする力を失ってしまう。神を信じる人々はこの

ところに持って行った。 ¹²それから、ヨハネの弟子たちがやって来て、死体を引き取って葬った。そして、イエスのところに行って報告した。

五千人に食物を与える主イエス

14:13-21　並行記事－マコ6:32-44, ルカ9:10-17, ヨハ6:1-13
14:13-21　参照記事－マタ15:32-38

¹³イエスはこのことを聞かれると、舟でそこを去り、自分だけで寂しい所に行かれた。すると、群衆がそれと聞いて、町々から、歩いてイエスのあとを追った。¹⁴イエスは舟から上がると、多くの群衆を見、彼らを深くあわれんで、彼らの病気をいやされた。¹⁵夕方になったので、弟子たちはイエスのところに来て言った。「ここは寂しい所ですし、時刻ももう回っています。ですから群衆を解散させてください。そして村に行ってめいめいで食物を買うようにさせてください。」¹⁶しかし、イエスは言われた。「彼らが出かけて行く必要はありません。あなたがたで、あの人たちに何か食べる物を上げなさい。」

13 ①マタ14:13-21,
マコ6:32-44,
ルカ9:10-17,
ヨハ6:1-13,
囲マタ15:32-38
14 ①囲マタ9:36
　②囲マタ4:23

17 ①マタ16:9
19 ①Ⅰサム9:13,
マタ26:26,
マコ6:41, 8:7, 14:22,
ルカ24:30, 使27:35,
囲マタ15:36, ロマ14:6
20 ①マタ6:43, 8:19,
ルカ9:17, ヨハ6:13
＊あるいは「大型のかご」
22 ①マタ14:22-33,
マコ6:45-51,
ヨハ6:15-21
23 ①マコ6:46,
ルカ6:12, 9:28,
囲ヨハ6:15

¹⁷しかし、弟子たちはイエスに言った。「ここには、パンが五つと魚が二匹よりほかありません。」¹⁸すると、イエスは言われた。「それを、ここに持って来なさい。」¹⁹そしてイエスは、群衆に命じて草の上にすわらせ、五つのパンと二匹の魚を取り、天を見上げて、それらを祝福し、パンを裂いてそれを弟子たちに与えられたので、弟子たちは群衆に配った。²⁰人々はみな、食べて満腹した。そして、パン切れの余りを取り集めると、十二の＊かごにいっぱいあった。²¹食べた者は、女と子どもを除いて、男五千人ほどであった。

湖の上を歩く主イエス

14:22-33　並行記事－マコ6:45-51, ヨハ6:15-21
14:34-36　並行記事－マコ6:53-56

²²それからすぐ、イエスは弟子たちを強いて舟に乗り込ませて、自分より先に向こう岸へ行かせ、その間に群衆を帰してしまわれた。²³群衆を帰したあとで、祈るために、ひとりで山に登られた。夕方になったが、まだそこに、ひとりでおられた。

ようなものに参加したり、容認したりするべきではない（→「**キリスト者とこの世**」の項p.2437）。
　（2）聖書によればヘブル人の女性や少女たちは戦いに勝利して主に歌うような（出15:19-21）、特別な喜びにあふれた機会に即興的な踊りをするものだった（⇒エレ31:4）。そのような踊りは神を敬う喜びを表すもので（しばしば「踊り」というこのことばは単に飛び跳ね回ることを意味している）、性的な興味を刺激したりそそったり、面白がったり楽しませたりする動きのあるものではなかった。さらにユダヤ人の男性が女性と踊ったという記録やユダヤ人の女性がある特定の人々のために踊ったという記事は聖書の中にはない。ヘロデの誕生日にヘロデヤの娘が踊ったのは異教（人間が作った多くの「神々」を信じる）の慣習によるものだった。

14:19　パンと・・・魚　五千人に食物を与えた奇蹟は四つの福音書全部に記録されている（マコ6:34-44, ルカ9:10-17, ヨハ6:1-14）。この奇蹟には次のような霊的原則が含まれている。（1）奇蹟を起こす主の力を証明している。（2）主イエスがからだとたましいの両方の「いのちのパン」であることを示す（⇒ヨハ6:）。（3）困っている人々に主イエスが同情を示された例である（14:14, ⇒出34:6, ミカ7:18）。（4）ささげるものがどんなに少なくても神は増し加えて大きなみわざを行われる。つまり自分の情況を神にゆだねるなら神は少しのもので大きなみわざを行うことができる。（5）主イエスは弟子たちを奇蹟にかかわらせてくださる。主イエスの超自然的みわざ　→「**キリストの奇蹟**」の表p.1942

14:23　祈る・・・ひとりで　地上にいる間、主イエスはしばしば群衆や活動から身を引いて御父とふたりだけの時間を過された（⇒マコ1:35, 6:46, ルカ5:16, 6:12, 9:18, 22:41-42, ヘブ5:7）。主イエスにこのような時間が必要だったなら、私たちはなおさら神に頼る姿勢を示さなければならない。神とふたりだけの時間を過ごすことは霊的健康を保つためにキリスト者に絶対に必要なことである。祈る気持が欠けていることは明らかに霊的生活が下降線をたどっていることを示している。そのようなことが起きているなら、自分の生

マタイの福音書 14–15章

²⁴しかし、舟は、陸からもう何キロメートルも離れていたが、風が向かい風なので、波に悩まされていた。
²⁵すると、夜中の三時ごろ、イエスは湖の上を歩いて、彼らのところに行かれた。
²⁶弟子たちは、イエスが湖の上を歩いておられるのを見て、「あれは幽霊だ」と言って、おびえてしまい、恐ろしさのあまり、叫び声を上げた。
²⁷しかし、イエスはすぐに彼らに話しかけ、「しっかりしなさい。わたしだ。恐れることはない」と言われた。
²⁸すると、ペテロが答えて言った。「主よ。もし、あなたでしたら、私に、水の上を歩いてここまで来い、とお命じになってください。」
²⁹イエスは「来なさい」と言われた。そこで、ペテロは舟から出て、水の上を歩いてイエスのほうに行った。
³⁰ところが、風を見て、こわくなり、沈みかけたので叫び出し、「主よ。助けてください」と言った。
³¹そこで、イエスはすぐに手を伸ばして、彼をつかんで言われた。「信仰の薄い人だな。なぜ疑うのか。」
³²そして、ふたりが舟に乗り移ると、風がやんだ。
³³そこで、舟の中にいた者たちは、イエスを拝んで、「確かにあなたは神の子です」と言った。
³⁴彼らは湖を渡ってゲネサレの地に着

²⁴ * 原語「多くのスタディオン」1スタディオンは185メートル
²⁵ 囲 マコ13:35、囲 マタ24:43
  * 直訳「第四の夜回り」すなわち「午前三―六時」
²⁶ 囲 ルカ24:37
  * あるいは「取り乱し」
²⁷ 囲 マコ9:2
  * あるいは「安心しなさい」
  ②ヨハ6:20、囲 マタ17:7, 28:10、マコ6:50、ルカ5:10, 12:32、黙1:17、囲 マタ28:5、ルカ1:13, 30, 2:10
²⁸ * 直訳「あなたのところまで」
³¹ 囲 マタ6:30, 8:26, 16:8
³³ 囲 マタ2:3
³⁴ 囲 マタ14:34-36、マコ6:53-56、囲 ヨハ6:24, 25
  ②マコ6:53、ルカ5:1

³⁵ * あるいは「知って」
³⁶ ① マタ9:20
  ② マタ9:21、マコ3:10, 6:56, 8:22、ルカ6:19

① マタ15:1-20、マコ7:1-23
② マコ3:22, 7:1、囲 ヨハ1:19、使25:7
② ルカ11:38
4 ① 出20:12、申5:16
  ② 出21:17、レビ20:9
6 *「その物をもって」は補足、あるいは「それを扶養のために用いて」を補う
  ** 異本「母」を欠く
  *** 異本「律法」

いた。
³⁵すると、その地の人々は、イエスと気がついて、付近の地域にくまなく知らせ、病人という病人をみな、みもとに連れて来た。
³⁶そして、せめて彼らに、着物のふさにでもさわらせてやってくださいと、イエスにお願いした。そして、さわった人々はみな、いやされた。

言伝えと神の戒め
15:1-20 並行記事―マコ7:1-23

15 ¹そのころ、パリサイ人や律法学者たちが、エルサレムからイエスのところに来て、言った。
²「あなたのお弟子たちは、なぜ長老たちの言い伝えを犯すのですか。パンを食べるときに手を洗っていないではありませんか。」
³そこで、イエスは彼らに答えて言われた。「なぜ、あなたがたも、自分たちの言い伝えのために神の戒めを犯すのですか。
⁴神は『あなたの父と母を敬え』、また『父や母をののしる者は死刑に処せられる』と言われたのです。
⁵それなのに、あなたがたは、『だれでも、父や母に向かって、私からあなたのために差し上げられる物は、供え物になりました』と言う者は、
⁶その物をもって父や母を尊んではならない』と言っています。こうしてあなたがたは、自分たちの言い伝えのために、神のことばを無にしてしまいました。

活を厳しく見つめ、神を怒らせたり神との関係を妨げたりしているものを取除かなければならない。その後、大胆にしかもへりくだって神の前に出て、祈りの中で神とともに過す時間を再び立て直さなければならない(→ルカ18:1注)。祈りとは神と話合い交わることである。祈りは双方向の交流で、私たちが神に話すだけではなく、神の応えと導きに耳を傾けることでもある(→「効果的な祈り」の項 p.585)。

14:27　恐れることはない 人生には恐ろしいことが多いけれども、主イエスは主に頼るようにと言われる。主イエスに頼るなら恐れるものは何もない。主イエスは励ましのことばをかけてくださる。それは無限の力を持ち、主につながる人々を深く愛しておられるからである。聖書の中に最も頻繁に出てくる禁止のこ

とば(「してはならない」と言われること)は「恐れてはならない」(あるいはこれと同じような表現)と思われる。「恐れることはない」という命令で人々を励ますのは大抵、父である神かイエス・キリストである(→ヨシ1:9, 11:6、Ⅱ列19:6、Ⅱ歴20:15, 32:7、ネヘ4:14、詩49:16, 91:5、イザ10:24, 37:6, 44:8、マタ17:7, 28:10、マコ5:36、ルカ12:4、ヨハ14:1, 27、使18:9、Ⅰペテ3:14)。

15:6　自分たちの言い伝えのために あるパリサイ人は神の律法を心から守っているように見せ掛けながら実際には自分勝手な考えや慣習や都合で律法に背いていた。たとえば人々が年老いた両親を経済的に面倒を見ることを認めなかった。そうすれば人々はそのお金を宮に持って来るしパリサイ人はそれを自由に使う

7 偽善者たち。イザヤはあなたがたについて預言しているが、まさにそのとおりです。

8 『この民は、口先ではわたしを敬うが、その心は、わたしから遠く離れている。

9 彼らが、わたしを拝んでも、むだなことである。人間の教えを、教えとして教えるだけだから。』

きよいものと汚すもの

10 イエスは群衆を呼び寄せて言われた。「聞いて悟りなさい。

11 口に入る物は人を汚しません。しかし、口から出るもの、これが人を汚します。」

12 そのとき、弟子たちが、近寄って来て、イエスに言った。「パリサイ人が、みことばを聞いて、＊腹を立てたのをご存じですか。」

13 しかし、イエスは答えて言われた。「わたしの天の父がお植えにならなかった木は、みな根こそぎにされます。

14 彼らのことは放っておきなさい。彼らは＊盲人を手引きする盲人です。もし、盲人が盲人を手引きするなら、ふたりとも穴に落ち込むのです。」

15 そこで、ペテロは、イエスに答えて言った。「私たちに、そのたとえを説明してください。」

16 イエスは言われた。「あなたがたも、まだわからないのですか。

17 口に入る物はみな、腹に入り、かわやに捨てられることを知らないのですか。

18 しかし、口から出るものは、心から出て来ます。それは人を汚します。

19 悪い考え、殺人、姦淫、不品行、盗み、偽証、ののしりは心から出て来るからです。

20 これらは、人を汚すものです。しかし、洗わない手で食べることは人を汚しません。」

カナン人の女の信仰

15:21-28　並行記事－マコ7:24-30

21 それから、イエスはそこを去って、ツロとシドンの地方に立ちのかれた。

22 すると、その地方のカナン人の女が出て来て、叫び声をあげて言った。「主よ。ダビデの子よ。私をあわれんでください。娘が、ひどく悪霊に取りつかれているのです。」

23 しかし、イエスは彼女に一言もお答えにならなかった。そこで、弟子たちはみもとに来て、「あの女を帰してやってください。叫びながらあとについて来るのです」と言ってイエスに願った。

24 しかし、イエスは答えて、「わたしは、イスラエルの家の失われた羊以外のところには遣わされていません」と言われた。

25 しかし、その女は来て、イエスの前にひれ伏して、「主よ。私をお助けください」と言った。

26 すると、イエスは答えて、「子どもたちのパンを取り上げて、小犬に投げてやるのはよくないことです」と言われた。

27 しかし、女は言った。「主よ。そのとおりです。ただ、小犬でも主人の食卓から落ちるパンくずはいただきます。」

28 そのとき、イエスは彼女に答えて言われた。「ああ、あなたの信仰はりっぱです。その願いどおりになるように。」すると、彼女の娘はその時から直った。

ことができ、大きな富と権力を手にすることができるからである。今日の教会員も慣習や一般的な考え、文化的常識、自分の利益などのために「神のことばを無に」することがないように気を付けなければならない。そのようなことをするならパリサイ人やユダヤ人の指導者たちと同じように罪のわなに陥ることになる（→マコ7:8注）。パリサイ人の背景　→3:7注、「**ユダヤ教の学派**」の表 p.1656

15:8　その心は、わたしから遠く離れている　→マコ7:6注

15:11　これが人を汚します　→マコ7:18注

15:19　心から出て来る　→マコ7:20-23注　→「**心**」の項 p.1043

15:28　あなたの信仰はりっぱです　我慢強いということは強い信仰に備わっている特徴の一つである。それは積極的な忍耐（どのような環境の中でも「待っている間信頼し続ける」態度）と定義することができる。非常に困難なときでも祈りの応えがないように見えても信頼し続ける人をキリストは大切にしてくださる。主イエスが言われた「小犬」とは家で飼われている犬やペットのことである。この女性は家族のペットには子どもと同じ特権がないと主イエスが言われた意味を理

四千人に食物を与える主イエス

15:29-31　並行記事ーマコ7:31-37
15:32-39　並行記事ーマコ8:1-10
15:32-39　参照記事　マタ14:13-21

²⁹それから、イエスはそこを去って、ガリラヤ湖の岸を行き、山に登って、そこにすわっておられた。³⁰すると大ぜいの人の群れが、足のなえた者、手足の不自由な者、盲人、口のきけない者、そのほか多くの人をみもとに連れて来た。そして彼らをイエスの足もとに置いたので、イエスは彼らをいやされた。³¹それで群衆は、口のきけない者がものを言い、手足の不自由な者が直り、足のなえた者が歩き、盲人たちが見えるようになるのを見て驚いた。そして彼らはイスラエルの神をあがめた。

³²イエスは弟子たちを呼び寄せて言われた。「かわいそうに、この群衆はもう三日間もわたしといっしょにいて、食べる物を持っていないのです。彼らを空腹のままで帰らせたくありません。途中で動けなくなるといけないから。」

³³そこで弟子たちは言った。「このへんぴな所で、こんなに大ぜいの人に、十分食べさせるほどたくさんのパンが、どこから手に入るでしょう。」

³⁴すると、イエスは彼らに言われた。「どれぐらいパンがありますか。」彼らは言った。「七つです。それに、小さい魚が少しあります。」

³⁵すると、イエスは群衆に、地面にすわるように命じられた。³⁶それから、七つのパンと魚とを取り、感謝をささげてからそれを裂き、弟子たちに与えられた。そして、弟子たちは群衆に配った。

³⁷人々はみな、食べて満腹した。そして、

29①マタ15:29-31,
 囮マコ7:31-37
 ②囮マタ4:18
30①囮マタ4:23
31①囮マタ9:8
32①マタ15:32-39,
 マコ8:1-10,
 囮マタ14:13-21
 ②囮マタ9:36
36①囮マタ14:19

37①マタ16:10,
 マコ8:8, 20, 囮使9:25
39①囮マコ3:9
 ②囮マコ8:10

1①マタ16:1-12,
 マコ8:11-21
 ②マタ16:6, 11, 12,
 囮マコ3:7
 ③囮マタ12:38
2①囮ルカ12:54, 55
 ＊最も古い写本は＊印以下の2節および3節を欠いている
4①マタ12:39
 ＊あるいは「証拠としての奇蹟」
6①マタ16:1, 11, 12,
 囮マコ3:7
 ②マタ16:11, マコ8:15,
 ルカ12:1
8①囮マタ6:30, 8:26, 14:31

パン切れの余りを取り集めると、七つのかごにいっぱいあった。³⁸食べた者は、女と子どもを除いて、男四千人であった。³⁹それから、イエスは群衆を解散させて舟に乗り、マガダン地方に行かれた。

しるしの要求

16:1-12　並行記事ーマコ8:11-21

16 ¹パリサイ人やサドカイ人たちがみそばに寄って来て、イエスをためそうとして、天からのしるしを見せてくださいと頼んだ。²しかし、イエスは彼らに答えて言われた。「＊あなたがたは、夕方には、『夕焼けだから晴れる』と言う。³朝には、『朝焼けでどんよりしているから、きょうは荒れ模様だ』と言う。そんなによく、空模様の見分け方を知っていながら、なぜ時のしるしを見分けることができないのですか。

⁴悪い、姦淫の時代はしるしを求めています。しかし、ヨナのしるしのほかには、しるしは与えられません。」そう言って、イエスは彼らを残して去って行かれた。

パリサイ人とサドカイ人のパン種

⁵弟子たちは向こう岸に行ったが、パンを持って来るのを忘れた。⁶イエスは彼らに言われた。「パリサイ人やサドカイ人たちのパン種には注意して気をつけなさい。」⁷すると、彼らは、「これは私たちがパンを持って来なかったからだ」と言って、議論を始めた。

⁸イエスはそれに気づいて言われた。「あなたがた、信仰の薄い人たち。パンがないからなどと、なぜ論じ合っているのですか。

解した（15:25-27）。主イエスは実際にはこの女性の信仰を試しておられたのである。けれども女性は主イエスがくださるものなら何でもいただくつもりだった。主イエスは女性の粘り強い信仰に報いて願ったものをみな与えてくださった（ルカ18:1-7、Ⅰペテ1:7、→マコ7:27注）。

16:6　パン種には注意して気をつけなさい　物質（特に食べ物や飲み物）を発酵させるパン種は聖書では悪や腐敗の象徴とされていることがある。ここではパリサイ人やサドカイ人の教えを指している（→3:7注、ルカ12:1注）。キリストがそれを「パン種」と呼ばれたのはわずかな量でも多くの人に影響を与えるからである

9 まだわからないのですか、覚えていないのですか。五つのパンを五千人に分けてあげて、なお幾かご集めましたか。
10 また、七つのパンを四千人に分けてあげて、なお幾かご集めましたか。
11 わたしの言ったのは、パンのことなどではないことが、どうしてあなたがたには、わからないのですか。ただ、パリサイ人やサドカイ人たちのパン種に気をつけることです。」
12 彼らはようやく、イエスが気をつけよと言われたのは、パン種のことではなくて、パリサイ人やサドカイ人たちの教えのことであることを悟った。

キリストを告白するペテロ
16:13-16　並行記事─マコ8:27-29、ルカ9:18-20
13 さて、ピリポ・カイザリヤの地方に行かれたとき、イエスは弟子たちに尋ねて言われた。「人々は人の子をだれだと言っていますか。」
14 彼らは言った。「バプテスマのヨハネだと言う人もあり、エリヤだと言う人もあります。またほかの人たちはエレミヤだとか、また預言者のひとりだとも言っています。」
15 イエスは彼らに言われた。「あなたがたは、わたしをだれだと言いますか。」
16 シモン・ペテロが答えて言った。「あなたは、生ける神の御子キリストです。」
17 するとイエスは、彼に答えて言われた。「バルヨナ・シモン。あなたは幸いです。このことをあなたに明らかに示したのは人間ではなく、天にいますわたしの父です。
18 ではわたしもあなたに言います。あなたはペテロです。わたしはこの岩の上にわたしの教会を建てます。ハデスの門もそれには打ち勝てません。

9 ① マタ14:17-21
  ② マタ14:20
10 ① マタ15:34-38
   ② マタ15:37
11 ① マタ16:6, 12,
      ② マタ16:6,
      マコ8:15, ルカ12:1
12 ① マタ16:6, 11,
      ② マタ3:7
13 ① マタ16:13-16, マコ8:27-29, ルカ9:18-20
      ② マタ20:27
      ③ マタ8:20, 16:27, 28
14 ② マタ14:2
      ② マタ6:15, ルカ9:8,
      因 マタ17:10, ヨハ1:21
16 ① 詩42:2, マタ26:63,
      使14:15, ロマ9:26,
      Ⅱコリ3:3, 6:16,
      Ⅰテサ1:9, Ⅰテモ3:15,
      4:10, ヘブ3:12, 9:14,
      10:31, 12:22, 黙7:2
      ② マタ4:3, ③ マタ16:20,
      ヨハ11:27, 因マタ19:17
17 * あるいは「ヨナの子シモン」、① ヨハ1:42, 21:15-17
      ② Ⅰコリ15:50, ガラ1:16, エペ6:12, ヘブ2:14
      ** 直訳「肉と血」
18 ① マタ4:18
      * ギリシャ語「ペトロス」─石
      ** ギリシャ語「ペトラ」
      ② マタ11:23

(→マコ8:15注)。

16:18　ペテロ・・・岩・・・教会　キリストは教会を一人の人ではなく（キリスト以外の）、ペテロやほかの弟子たちの「生ける神の御子キリストです」という大胆な告白の上に建てることを約束された（16:16、⇒使2:14-33）。ここで主イエスはことば遊びをしておられる。弟子を「ペテロ」（《ギ》ペトロス、小さい石という意味）と呼ばれたけれども、さらに「この岩（《ギ》ペトラ、大きな岩または絶壁という意味）の上にわたしの教会を建てます」と言われた。つまり教会は「主イエスはキリスト（世界の「救い主」）である」というペテロの堅い告白の上に建てられている。

(1) 教会の確固とした土台は岩であるイエス・キリストである（Ⅰコリ3:11）。ペテロは第一の手紙（ペテロの手紙第一）の中で、主イエスは「選ばれた、尊い、生ける石・・・家を建てる者たちが捨てた石」と言っている（Ⅰペテ2:4, 6-7）。同時に、ペテロやほかのキリスト者はみな神が建続けておられる霊の家を構成している「生ける石」である（Ⅰペテ2:5）。

(2) 「岩」はペテロのことではない。ペテロはキリストこそ教会（主イエスに従う人々の共同体）の土台であると単純に認めている。聖書のどこを見ても、ペテロがほかの弟子にまさる最高で誤りのない（完全に信頼でき、間違いがない）権威であるとは書いていない（⇒使15：, ガラ2:11）。またペテロがキリストを代表し、教会の正式なかしらとして活動する誤りのない後継者（今日ある教派が推進しているように）とも書かれていない。

(3) 主イエスの権威を大胆に告白することを基礎として築かれているように、教会はキリストのメッセージを大胆に伝え、キリストの力を示すことによって成長し前進し続けている。ここと聖書のほかの箇所に見られる教会について　→**教会**の項 p.1668

16:18　ハデスの門もそれには打ち勝てません　ハデスとは肉体を離れたたましいまたは死んだ人々の行く場所のことで、ギリシヤ語である。また最後のさばきの前に悪人が第一の罰を受ける場所の総称である（⇒ルカ16:19-31）。ここの「ハデスの門」は「死の力」を意味していると思われる。広い意味では、キリストと御国に敵対するサタンと世界にいるあらゆる悪の勢力を指している。

(1) ここでは教会が攻撃にさらされて受身になっている姿を描こうとしているのではない。また教会に反対している「ハデスの門」の姿を描いているのでもない。むしろサタンの王国の門（強固な霊的な壁）に向かって積極的に攻撃する教会の姿を描いている。教会が神のためにその領域（人間のいのち）を奪い返し、死の力から人々を救い出すのを、サタンが支配する領域の門は抑えたり対抗したりすることはできない。結局、神の目的を地上に実現しようとするキリストの教会の力を止めるものは何もない。

(2) ここのことばはキリスト者、地域教会、教団などが絶対に霊的に崩壊しないとか不道徳な行動、教理的間違い、神への反抗に陥らないと言っているので

マタイの福音書　16章

¹⁹わたしは、あなたに天の御国のかぎを上げます。何でもあなたが地上でつなぐなら、それは天においてもつながれており、あなたが地上で解くなら、それは天においても解かれています。」
²⁰そのとき、イエスは、ご自分がキリストであることをだれにも言ってはならない、と弟子たちを戒められた。

死を予告する主イエス
16:21-28　並行記事―マコ8:31-9:1, ルカ9:22-27

²¹その時から、イエス・キリストは、ご自分がエルサレムに行って、長老、祭司長、律法学者たちから多くの苦しみを受け、殺され、そして三日目によみがえらなければならないことを弟子たちに示し始められた。
²²するとペテロは、イエスを引き寄せて、いさめ始めた。「主よ。神の御恵みがありますように。そんなことが、あなたに起こるはずはありません。」
²³しかし、イエスは振り向いて、ペテロに言われた。「下がれ。サタン。あなたはわたしの邪魔をするものだ。あなたは神のことを思わないで、人のことを思っている。」
²⁴それから、イエスは弟子たちに言われた。「だれでもわたしについて来たいと思うなら、自分を捨て、自分の十字架を負い、そしてわたしについて来なさい。
²⁵いのちを救おうと思う者はそれを失い、わたしのためにいのちを失う者は、それを見いだすのです。
²⁶人は、たとい全世界を手に入れても、まことのいのちを損じたら、何の得がありましょう。そのいのちを買い戻すのには、人はいったい何を差し出せばよいでしょう。
²⁷人の子は父の栄光を帯びて、御使いたちとともに、やがて来ようとしているのです。その時には、おのおのその行いに応じて報いをします。
²⁸まことに、あなたがたに告げます。ここに立っている人々の中には、人の子が御国とともに来るのを見るまでは、決して死を味わわない人々がいます。」

はない。多くの人が信仰を失ったり捨てたりすると主イエスは予告しており、信仰と真理を捨てようとしている教会に罪から離れるように、そして御国から取除かれないように警告しておられる（24:10-11, 黙2:5, 12-29, 3:1-6, 14-16, → Ⅰテモ4:1注, →**背教**の項p.2350）。キリストを信じる信仰を捨てた人や霊的に怠惰な教会には16:18の約束は与えられていない。

（3）たといサタンから強烈な反撃があったり、信仰者の間で霊的反抗があったり、にせの教えやうそが神の国に入り込んだりしても、教会は破壊されることはないとキリストは言われる。新約聖書に現されているキリストのメッセージに忠実な人や、キリストとの関係の中で成長する人、キリストの権威に従い聖霊の力によって生きる人は神の恵みと知恵と力によって絶えず支えられる。その人々は神の民として神の力をサタン、悪魔、罪、病気、邪悪な世界に対して広く現すことができる。キリスト教会のこのような人々をサタンやその勢力は滅ぼすことも退けることも絶対にできない。

16:19　御国のかぎ　「つなぐ」と「解く」ということばの原語のギリシヤ語の時制は、キリストの弟子たちが地上でつないだり解いたりするなら、天においても既に「つながれており」、既に「解かれてい」るという意味である。したがってキリスト者は自分自身の新しい権威を確立するのではない。むしろ神に近付いて神が行われたことを認め、神の権威の中で神の行動と働きをただ宣言するのである。「かぎ」は神の権威のことで、神の教会の中の弟子たち（地上にある御国の代表）に渡される。これらのかぎによってキリスト者は、(1)罪を暴き、罪に反対をし、教会の戒規を行い（18:15-18）、(2)地上で神の目的が行われるように効果的な祈りをし（18:19-20, →**効果的な祈り**の項p.585）、(3)悪霊の力を抑え、打負かし、霊的に捕われている人々を自由にし（→**サタンと悪霊に勝利する力**の項p.1726）、(4)罪の意識、義についての神の基準、やがて来るさばきについて伝え（使2:36-39, 5:3, 9）、(5)罪から立返ってキリストに従う人々に赦しと霊的救いが与えられる機会を伝えるのである（ヨハ20:23, 使2:37-40, 15:7-9）。

16:24　自分の十字架を負い　→マコ8:34注
16:28　御国とともに来る　「人の子が御国とともに来る」はキリストが聖霊と大きな力によって弟子たちにバプテスマを授けた五旬節をめぐる出来事を指していると思われる（⇒マコ9:1, 使1:8, 2:4）。その時からキリストのメッセージとみわざは使徒の働きに描かれているように急速に広まった。

教　　会

「ではわたしもあなたに言います。あなたはペテロです。わたしはこの岩の上にわたしの教会を建てます。ハデスの門もそれには打ち勝てません。」(マタイの福音書16：18)

　ギリシヤ語の「エクレーシア」(教会)はある目的のために呼出され集められた人々の集団または集りを意味している。新約聖書ではこのグループは神の民、つまりキリストのメッセージを受入れ、その人生をキリストにゆだね、神の国の国民として(エペ2：19)神を礼拝するという目的のために集まった人々の集団または共同体を指している。「教会」ということばはキリストに従う人々の地域の集団(マタ18：17、使15：4)と、普遍的教会つまりキリストに本当に従う人々の世界的な共同体(マタ16：18、使20：28、エペ2：21-22)の両方を意味する。

　(1) 教会は神の民(Ⅰコリ1：2、10：32、Ⅰペテ2：4-10)とされている。それは主イエスの犠牲的死によって備えられた罪の赦しと新しいいのち(Ⅰペテ1：18-19)を受入れて霊的に救われ、きよめられ(霊的に聖くされた)、神の目的のために取分けられた人々のことである。教会の一員になった人々は基本的にこの地上では巡礼または旅人で、その目的地はこの地上にはない。天にある、より優れた家(ヘブ11：13-16、13：12-14)に向かってひたすら歩き続けるのである。そして地上にいるときには何よりも神との個人的関係を深め、神を代表し、あらゆることを通して神をあがめる共同体と一つになるように努力する(Ⅰペテ2：5、→ヘブ11：6注)。

　(2) 教会はこの世界から神の国へ「呼出された」(《ギ》エッカレオー)人々によって構成されている(→「神の国」の項 p.1654)。教会に定められたキリストの基準によれば、教会は腐敗した慣習や生活様式(世間では一般的であっても)からは離れなければならない。そのためには個人的にも犠牲を払いながら神が聖書の中に示された規準に沿ってひたすら前進することが必要である。霊的にきよく神の目的のために自分を整え続ける人々には、その報いとして神を父として持つことが許される(Ⅱコリ6：16-18、→「信者の霊的聖別」の項 p.2172)。

　(3) 教会は神の宮であり、聖霊の宮である(→Ⅰコリ3：16注、Ⅱコリ6：14-7：1、エペ2：11-22、Ⅰペテ2：4-10)。これは神の臨在が弟子たちの間にあり、教会という共同体は、神が人々にご臨在を現したいと願っておられるところという意味である。したがって教会の人々は世俗的で不道徳な行動、神のことばの基準に合わないものをみな避けなければならない(→「聖化」の項 p.2405)。

　(4) 教会はキリストのからだ(Ⅰコリ6：15-16、10：16-17、12：12-27)、つまりキリストがご自分を現し、目的をこの世界で実現するための生きた霊的有機体である。これは、教会員ひとりひとりがからだのかしらであるキリストと生きた積極的な結びつきをしていなければ本当の教会は存在しないという意味である(エペ1：22、4：15、5：23、コロ1：18)。からだの部分部分である教会員は一致して働き、だれもが同じように重要であることを認めてそれぞれが神から与えられた役割を果さなければならない(→Ⅰコリ12：12-27)。

　(5) 教会はキリストの花嫁である(Ⅱコリ11：2、エペ5：22-27、黙19：7-9)。これはあらゆる時代の主イエスに忠実に従う人々のことである。この結婚のたとえでは、キリストが教会に対して持たれる愛と親密さとともに、教会がキリストに対して献身をし忠実であることが強調されている。

　(6) 教会は霊的共同体(《ギ》コイノニア)で、神を愛し礼拝するという共通の関係を持ち共通の関心と目的を持つ信仰者のグループである(Ⅱコリ13：13、ピリ2：1)。その人々は自分たちの中に生き、自分たちを通して働いておられる神の御霊をともに体験しているので(ルカ11：13、ヨハ7：37-39、20：22)、御霊の一致を持つことができる(エペ4：4)。また神のメッセージを広め神の目的を実現するための力を与える聖霊の

バプテスマ(使1:5, 2:4, 8:14-17, 10:44, 19:1-7)を受けることができる(→「聖霊のバプテスマ」の項p.1950,「聖霊の働き」の表 p.2187)。キリスト者の交わりは互いに愛し合い配慮に満ちた生活をすることである。それは外部の人にもわかるような生活である(ヨハ13:34-35)。

(7) 教会は霊的奉仕(《ギ》ディアコニア)をする。それは聖霊によって与えられた種々の賜物(《ギ》カリスマタ)を通して行われる(ロマ12:6, Ⅰコリ1:7, 12:4-11, 28-31, エペ4:11)。御霊の賜物は神をあがめ、教会の中にいるほかの人々を霊的に建上げ励ますために神から与えられた特別な能力である(→「御霊の賜物」の項 p.2138,「聖霊の賜物」の表 p.2096)。

(8) 教会は霊的戦いにかかわっている軍隊である。この軍隊は地上の武器は使わないけれども、「御霊の与える剣である、神のことば」(エペ6:17)など御霊の武器と武具を使って戦う(エペ6:10-17)。つまり教会はサタンとその悪霊の勢力と罪とに対する霊的戦いをしているのである(→「神の国」の項 p.1654)。教会を満たし力を与える御霊は戦士のようで、生きた力強い神のことばを最大の武器として用いられる。みことばは人々をサタンの支配から解放し、神に逆らうこの反抗的な世界のあらゆる力に勝つことができる(使26:18, エペ6:10-18, ヘブ4:12, 黙1:16, 2:16, 19:15, 21, →「神の国とサタンの国」の表 p.1711)。

(9) 教会は「真理の柱また土台」である(Ⅰテモ3:15)。それは土台が建物を支えるように、真理が建てられしっかりと立ち続ける土台だということである。教会は真理を掲げ続け、真理の意味を変えたり曲げたり、あるいは真理ではないものを提供しようとするにせ教師やほかの人々から真理を守り防がなければならない(→ピリ1:16注, ユダ1:3注, →「にせ教師」の項 p.1758)。

(10) 教会は未来に希望を持っている人々である。この希望の中心はキリストがご自分の民のために再び来られることである(→ヨハ14:3注, Ⅰテモ6:14, Ⅱテモ4:8, テト2:13, ヘブ9:28, →「聖書的希望」の項 p.943,「携挙」の項 p.2278)。

(11) 教会は不可視的であり可視的である。(a) 不可視的教会とは、キリストに対する心からの積極的信仰によって結び合された、世界中のキリストに従う人々全体のことである(→「信仰と恵み」の項 p.2062)。(b) 可視的教会とは、霊的反対を乗越えて最後まで耐え忍ぶ、キリストに忠実に従う人々からなる地域の集団のことである(黙2:11, 17, 29, →黙2:7注)。けれども地域教会にはキリストに従うと言いながら実際には従っていない人々もいる(黙2:2)。そのようなにせの信仰者は聖書の中では「落ちた」(黙2:5)、霊的に「死んでいる」(黙3:1)、「なまぬる」いなどと言われている(黙3:16, →マタ13:24-25注, 使12:5注)。

(12) 教会は、主イエスは神の子、世界の救い主であるという大胆な告白と宣言(可能な限りあらゆる方法でメッセージを伝えること)である固い岩の上に建てられている。キリスト・イエスが教会を建てられる「岩」は個人(マタ16:18のペテロ)のことではない。それは全世界に向けて絶えずキリストを告白しキリストについてのメッセージを繰返し伝えることで、キリストの教会を拡大し前進させていくことである。教会は地上で神の目的を達成し、サタンと罪によって一度は失われた霊的領域を取戻す働きを進めていく。その働きを止められるものは何もない(→マタ16:18注)。

姿変り

17:1-8　並行記事―ルカ9:28-36
17:1-13　並行記事―マコ9:2-13

17 ¹ それから六日たって、イエスは、ペテロとヤコブとその兄弟ヨハネだけを連れて、高い山に導いて行かれた。
² そして彼らの目の前で、御姿が変わり、御顔は太陽のように輝き、御衣は光のように白くなった。
³ しかも、モーセとエリヤが現れてイエスと話し合っているではないか。
⁴ すると、ペテロが口出ししてイエスに言った。「先生。私たちがここにいることは、すばらしいことです。もし、およろしければ、私が、ここに三つの幕屋を造ります。あなたのために一つ、モーセのために一つ、エリヤのために一つ。」
⁵ 彼がまだ話している間に、見よ、光り輝く雲がその人々を包み、そして、雲の中から、「これは、わたしの愛する子、わたしはこれを喜ぶ。彼の言うことを聞きなさい」と言う声がした。
⁶ 弟子たちは、この声を聞くと、ひれ伏して非常にこわがった。
⁷ すると、イエスが来られて、彼らに手を触れ、「起きなさい。こわがることはない」と言われた。
⁸ それで、彼らが目を上げて見ると、だれもいなくて、ただイエスおひとりだけであった。
⁹ 彼らが山を降りるとき、イエスは彼らに、「人の子が死人の中からよみがえるときまでは、いま見た幻をだれにも話してはならない」と命じられた。
¹⁰ そこで、弟子たちは、イエスに尋ねて言った。「すると、律法学者たちが、まずエリヤが来るはずだと言っているのは、どうしてでしょうか。」
¹¹ イエスは答えて言われた。「エリヤが来て、すべてのことを立て直すのです。
¹² しかし、わたしは言います。エリヤはもうすでに来たのです。ところが彼らはエリヤを認めようとせず、彼に対して好き勝手なことをしたのです。人の子もまた、彼らから同じように苦しめられようとしています。」
¹³ そのとき、弟子たちは、イエスがバプテスマのヨハネのことを言われたのだと気づいた。

悪霊につかれた少年の癒し

17:14-19　並行記事―マコ9:14-28, ルカ9:37-42

¹⁴ 彼らが群衆のところに来たとき、ひとりの人がイエスのそば近くに来て、御前にひざまずいて言った。
¹⁵ *「主よ。私の息子をあわれんでください。①**てんかんで、たいへん苦しんでおります。何度も何度も火の中に落ちたり、水の中に落ちたりいたします。
¹⁶ そこで、その子をお弟子たちのところに連れて来たのですが、直すことができませんでした。」
¹⁷ イエスは答えて言われた。「ああ、不信仰な、曲がった今の世だ。いつまであなたがたといっしょにいなければならないのでしょう。いつまであなたがたにがまんして

17:2　御姿が変わり　「変わり」(《ギ》メテモルフォーテー)と訳されたことばはメタとモルフォオーをつないだもので、「ほかのかたちに変える」という意味である。主イエスの姿が変り、内側の栄光がまぶしく輝き出たのである(→ルカ9:29注)。私たちのいのちも主イエスによって変えられるとき、主のかたちに似たものを身につけていき(⇒Ⅱコリ3:18)、主の栄光をほかの人々に反映するようになる。

17:17　不信仰な、曲がった　神の国の力を受けても人々に仕えず影響も与えない信仰者を主イエスは厳しく責めておられる(→「神の国」の項p.1654)。(1) 悪霊の力によって悩まされていたり、抑圧されている人を自由にすることができないのは(17:15-21)、信仰と霊的理解と霊的権威が欠けているからである(17:17, 20-21, マコ9:29)。(2) 17:14-21の出来事を聖霊が記録された目的は、主イエスと同じように、弟子たちも主イエスの権威と信仰によって悪霊を追出することを主イエスが願っておられたことを示すためだった(17:20-21, →「**サタンと悪霊に勝利する力**」の項p.1726)。弟子たちがサタンの力との戦いに参加しないことを主イエスは嘆かれた。霊的暗やみに対してご自分の力を働かせたいからである(→10:1注, 10:8, マコ9:28-29, ルカ9:1, ヨハ14:12注)。

マタイの福音書　17章

いなければならないのでしょう。その子をわたしのところに連れて来なさい。」
18 そして、イエスがその子をおしかりになると、悪霊は彼から出て行き、その子はその時から直った。
19 そのとき、弟子たちはそっとイエスのもとに来て、言った。「なぜ、私たちには悪霊を追い出せなかったのですか。」
20 イエスは言われた。「あなたがたの信仰が薄いからです。まことに、あなたがたに告げます。もし、からし種ほどの信仰があったら、この山に、『ここからあそこに移れ』と言えば移るのです。どんなことでも、あなたがたにできないことはありません。
21 *①〔ただし、この種のものは、祈りと断食によらなければ出て行きません。〕」
22 彼らがガリラヤに集まっていたとき、イエスは彼らに言われた。「人の子は、いまに人々の手に渡されます。
23 そして彼らに殺されるが、三日目によみがえります。」すると、彼らは非常に悲し

20 ① マタ21:21, 22, マコ11:23, 24, ルカ17:6
② マタ13:31, ルカ17:6
③ マタ17:9, 圏 Ⅰコリ13:2
④ 圏 マコ9:23, ヨハ11:40
21 * 古い写本の多くは、この節を欠く
① 圏 マコ9:29
22 ① マタ17:22, 23, マコ9:30-32, ルカ9:44, 45
23 ① 圏 マタ16:21, マタ17:9

24 ① 出30:13, 38:26
　＊直訳「二ドラクマ」—2 デナリ
25 ① ロマ13:7
② マタ22:17, 19
27 ① マタ5:29, 30, 18:6, 8, 9, マコ9:42, 43, 45, 47, ルカ17:2, ヨハ6:61, Ⅰコリ8:13
＊ あるいは「シケル」—4 ドラクマ、
圏 マタ18:24注

んだ。

宮の納入金

24 また、彼らがカペナウムに来たとき、宮の納入金を集める人たちが、ペテロのところに来て言った。「あなたがたの先生は、宮の納入金を納めないのですか。」
25 彼は「納めます」と言って、家に入ると、先にイエスのほうからこう言い出された。「シモン。どう思いますか。世の王たちはだれから税や貢を取り立てますか。自分の子どもたちからですか、それともほかの人たちからですか。」
26 ペテロが「ほかの人たちからです」と言うと、イエスは言われた。「では、子どもたちにはその義務がないのです。
27 しかし、彼らにつまずきを与えないために、湖に行って釣りをして、最初に釣れた魚を取りなさい。その口をあけるとスタテル一枚が見つかるから、それを取って、わたしとあなたとの分として納めなさい。」

17:20　信仰・・・どんなことでも・・・できないことはありません　主イエスはよく本当の信仰、山を動かし、奇蹟や癒しを行い、神のために偉大なことを成し遂げる信仰について話をされた。その信仰とはどういうものだろうか。

（1）本当の信仰とは結果を生み出す力のある信仰である。山を「動かす信仰」である。

（2）本当の信仰とは力としての「信仰」そのものを信じることではなく、「神を信じる」ことである（マコ11:22）。信仰が力を現すためには信仰の対象または焦点が神でなければならない。ここでは信仰の「量」は問題ではない。からし種は非常に小さい（→13:31-32）。キリスト者はみな神の恵みによってそれくらいの信仰は持っており、それによって最初に霊的救いを受けたのである（ロマ5:1, エペ2:8）。したがってどのくらい信仰を持っているかではなく、信仰によって何をしたかが重要である。信仰は神ご自身に向けなければならない。神が私たちの信仰の源であり対象である。

（3）本当の信仰とはキリスト者の心の中に起こる神の働きである（マコ9:24, ピリ2:13）。私たちが非常な努力をして何かを創造することではない。神が祈りを聞き応えてくださることに気付く、神によって心の中に与えられる意識である（マコ11:23）。この信仰の意識は聖霊によって創造され吹込まれるもので、自分の頭で生み出せるものではない（ロマ12:3, Ⅰコリ12:9,→**信仰と恵み**」の項 p.2062）。

（4）本当の信仰はキリストを通して神が与えてくださる賜物である。したがってキリストに近付きみことばに精通することが重要である。そうするなら神への献身や神への確信は深まっていく（ロマ10:17, ピリ3:8-15）。そのように頼ることは非常に重要である。なぜならキリストは「わたしを離れては、あなたがたは何もすることができない」と言われたからである（ヨハ15:5, →ヨハ3:27, ヘブ4:16, 7:25）。それは「信仰の創始者であり、完成者であるイエス」（ヘブ12:2）と親密な関係を追い求めなければならないということである。神の臨在が絶えずあることと神のことばに従うことこそが信仰の源であり秘訣である（9:21, ヨハ15:7）。

（5）本当の信仰は神の支配のもとにある。神は愛と知恵と恵みに満ちた目的をもって信仰を与えてくださる。つまり神は必要なときに必要な信仰を与えてくださるのである。信仰は神の愛の表れであり、私たちがみこころを完成できるようにさせてくれるものである。自分勝手な目的のために用いるものではない（ヤコ4:3）。

天の御国で一番偉い人

18:1-5　並行記事ーマコ9:33-37, ルカ9:46-48

18 ¹そのとき、弟子たちがイエスのところに来て言った。「それでは、天の御国では、だれが一番偉いのでしょうか。」

²そこで、イエスは小さい子どもを呼び寄せ、彼らの真ん中に立たせて、

³言われた。「まことに、あなたがたに告げます。あなたがたも悔い改めて子どもたちのようにならない限り、決して天の御国には、入れません。

⁴だから、この子どものように、自分を低くする者が、天の御国で一番偉い人です。

⁵また、だれでも、このような子どもひとりを、わたしの名のゆえに受け入れる者は、わたしを受け入れるのです。

⁶しかし、わたしを信じるこの小さい者たちのひとりにでもつまずきを与えるような者は、大きい石臼を首にかけられて、湖の深みでおぼれ死んだほうがましです。

⁷つまずきを与えるこの世はわざわいだ。つまずきが起こるのは避けられないが、つまずきをもたらす者はわざわいだ。

（欄外注）
1①マタ18:1-5, マコ9:33-37, ルカ9:46-48
3＊直訳「向きを変えて」
①マタ19:14, マコ10:15, ルカ18:17, Ⅰコリ14:20, Ⅰペテ2:2
6①マコ9:42, ルカ17:2, Ⅰコリ8:12
②㊙マタ17:27
＊直訳「ろばがひく石臼」
7①ルカ17:1, Ⅰコリ11:19, Ⅰテモ4:1

18:1　だれが一番偉い　→ルカ22:24-30注

18:3　あなたがたも悔い改め・・・ない限り　最初の霊的救いの体験とその後の聖霊の働きを通して変えられて、私たちがまず子どものような（「子どもっぽい」ではない）態度をとるようになることを主イエスは望んでおられる。キリストによって性格が変えられ、御国にふさわしいものになるためにはへりくだり、正直で、主に頼り信頼し、天の父の姿に造り変えられたいと思う態度にならなければならない。子どものように神に頼り、回心（人生の変化）した人に主イエスは二つのことを求められる。それは自己中心で神を敬わないようなものに完全に背を向けて神の方へ意識的に向きを変えることと、本当に悔い改めた証拠として（→3:8注）、神の基準が正しいとすることを行って霊的な実を結ぶ（人格形成と前向きの行動）ことである。

（1）霊的な回心は過去の罪を1回だけ悲しんだり後悔したりすることではない。それは心を尽くして神のご計画を求めるために罪を拒み、自分勝手な願いを排除し続ける人生を目指してひたすらあらゆる面で努力し続ける姿勢である（→Ⅱコリ7:10注）。私たちには神の道から外れて永遠の死へ続く道を進もうとする性質があるので、この努力が必要である（ロマ1:18-32, エペ2:2-3）。また霊的回心は神の救いの賜物に応えて心を完全に変えることである。このような変化は神の恵み（受けるにふさわしくない好意、愛、助け、慈しみ、力）と聖霊の力によってだけ可能であり、恵みと聖霊の力と信仰によって受取ることができる（→使11:17注、→「信仰と恵み」の項p.2062）。

（2）真実の回心によって神との関係が新しくなったら、人間関係、物事の優先順位、習慣、活動、興味、全体的人生観など人生のほかの部分にも著しい変化が起こる。回心は人生の完全な変革であって、救いにつながる信仰になくてはならない要素であり、霊的成長を続けるためにも基本的な条件である（使26:18,

→「聖化」の項p.2405）。

18:6　石臼を首にかけられて　これはほかの人々（特に子どもや子どものようなキリスト者）に罪を犯させ神を汚すようにさせる人に対する強い警告のことばである。（1）信仰者の神を敬う姿に引かれて来る人々をつまずかせたり、霊的に間違った方向へ導いたりしないように気を付けなければならない。自分が意識的に道をはずすことはもちろん、ほかの人々を神から引き離すようにすることはさらに大きな罪で、キリストの激しい怒り（正当化された怒りとさばき）を受けることになる。（2）牧師、教師、特に子どもの親たちは主イエスのこのことばに特別の注意を払わなければならない。子どもに神の道を教え（→申6:1-9, ルカ1:17注, エペ6:4, Ⅰテモ4:16, →「親と子ども」の項p.2265）、神を敬わない世間の影響やサタンから守ることは親の責任である（テト1:10-11, 2:11-12, Ⅰヨハ2:15-17）。（3）キリスト者の親は自分の子どもたちが神を敬わない友だちから影響を受けないようにしなければならない。子どもたちの考えや心が特に教育によって、またテレビ、インターネット、音楽、そのほかのメディアによる娯楽から様々な世俗的なものの影響を受けないように注意しなければならない（⇒詩101:3, エペ6:4, コロ3:21）。

18:7　もたらす者はわざわいだ　ほかの人々に罪を犯させたり神を信じる信仰からそらせたりする教えや行いを紹介する人には、厳しいさばきが待っていると主イエスは警告された（18:2, 5-7）。（1）人に罪を犯させるものには好色的で下品な娯楽番組、人本主義の教え（神を離れた人間中心の理論に基づいた教え）、不道徳な映画、ポルノ、薬物、酒、無礼なユーモア、間違った教え、神を敬わない交際などがある。人々をこのようなものに誘うことは実際に誘惑の名人であるサタンの仲間になることである（⇒4:1, 創3:1-6, ヨハ8:44, ヤコ1:12）。（2）上に挙げたようなものは神に

マタイの福音書　18章

8 ① もし、あなたの手か足の一つがあなたをつまずかせるなら、それを切って捨てなさい。片手片足でいのちに入るほうが、両手両足そろっていて永遠の火に投げ入れられるよりは、あなたにとってよいことです。
9 ① また、もし、あなたの一方の目が、あなたをつまずかせるなら、それをえぐり出して捨てなさい。片目でいのちに入るほうが、両目そろっていて燃えるゲヘナに投げ入れられるよりは、あなたにとってよいことです。

失われた羊のたとえ
18:12-14　並行記事―ルカ15:4-7

10 あなたがたは、この小さい者たちを、ひとりでも見下げたりしないように気をつけなさい。まことに、あなたがたに告げます。彼らの天の御使いたちは、天におられるわたしの父の御顔をいつも見ているからです。

8 ① マタ5:30、マコ9:43、
　　マタ17:27
　② 図マタ17:27
9 ① マタ5:29、マコ9:47、
　　マタ17:27
　② 図マタ17:27
　③ マタ5:22
10 ① 図使12:15、
　　ルカ1:19、黙8:2、
　　Ⅱ列25:19、Ⅰ列10:8

11 * 古い写本の多くはこの節を欠く
　① 図ルカ19:10
12 ① マタ18:12-14、
　　図ルカ15:4-7
14 * 直訳「父の御前に」
15 ① ルカ17:3、図ガラ6:1、
　　Ⅱテサ3:15、ヤコ5:19、
　　レビ19:17
　*「あなたに対して」を挿入する異本も多い
　** 直訳「あなたと彼だけの間で」

11 *〔人の子は、失われている者を救うために来たのです。〕
12 あなたがたはどう思いますか。もし、だれかが百匹の羊を持っていて、そのうちの一匹が迷い出たとしたら、その人は九十九匹を山に残して、迷った一匹を捜しに出かけないでしょうか。
13 そして、もし、いたとなれば、まことに、あなたがたに告げます。その人は迷わなかった九十九匹の羊以上にこの一匹を喜ぶのです。
14 このように、この小さい者たちのひとりが滅びることは、天にいますあなたがたの*父のみこころではありません。

罪を犯す兄弟

15 また、もし、あなたの兄弟が罪を犯したなら、行って、**ふたりだけのところで責めなさい。もし聞き入れたら、あなたは兄

忠実な人々の態度や生活様式に入れてはならない。神に対して罪を犯させるように誘惑したり影響を与えたりするようなものを、家族、家庭、教会、自分の生活から除くようにキリスト者は最大の努力をしなければならない（18:7-9）。

18:10　御使いたち　神がしばしば御使い（この名称は神の「メッセンジャー」、神のしもべを意味している）を使って忠実な人々を守られると聖書は教えている。御使いたちは神の子どもたちに親しくかかわり愛している（⇒詩34:7、91:11、ルカ15:10、16:22、ヘブ1:14、黙5:11-12、→「**御使いたちと主の使い**」の項p.405）。

18:15　もし、あなたの兄弟が罪を犯したなら　18:15-17で主イエスは同じ教会の教会員に対して罪を犯した（神が与えられた行動規準を破ること）キリスト者を個人的に扱う正しい扱い方、矯正、訓戒、回復の仕方を教えておられる。キリストの教えをないがしろにするなら、教会員のきよさと目的は霊的に傷つけられ（⇒Ⅰペテ2:9、→マタ5:13注）、世界に対する影響力が失われることになる。

（1）教会が戒規を行うのは神の名誉を守り（6:9、ロマ2:23-24）、教会の道徳的純粋性と教理（基本的信仰と原理を扱う）の健全性を保護するためである（Ⅰコリ5:6-7、Ⅱヨハ1:7-11）。また義の道から外れていく教会員を救い、キリストに似た人格と行動を回復するためでもある（Ⅰコリ5:5、ヤコ5:19-20）。

（2）罪を犯している人にはまず直接話し、個人的に訴えなければならない。もし耳を傾け正しい反応を示すならその人を赦すべきである（18:15）。加害者がもし最初の人（可能なら被害者 18:15-16）から、さらに必要に応じて一人か二人の人から責められても（18:16）罪を認めず、態度を改めようとしないなら、その問題を教会員の前に持出さなければならない。それでも態度を改めないなら、好きな道に行かせ「異教徒」（御国に属さない人）として扱うべきである。なぜならその人はキリストのあわれみを拒み、キリストとの関係を切離したからである（18:17、⇒ガラ5:4）。それは罪を犯した人を残酷に扱うということではなく、ただ教会員としての権利を取上げ教会から除くということである。

（3）地域教会は罪や不道徳の分野だけではなく、間違った教えを伝えたり、新約聖書の本来のメッセージとは違うことを伝える場合にもその純粋性を保つことが重要である（→ガラ1:9注、ユダ1:3注、→「**にせ教師**」の項p.1758、「**監督とその務め**」の項p.2021）。

（4）教会が戒規を行うときには謙虚な態度や愛、後悔や自省の姿勢などが必要である。それはこの問題を扱う側の人に、神や教会に対する罪がないことをはっきりさせるためである（→22:37注、Ⅱコリ2:6-7、ガラ6:1）。

（5）教会の中で性的不品行のような罪が公に繰返し行われているなら、コリントⅠ5:1-5とコリントⅡ2:6-11の指示に従って扱わなければならない。この種の霊的罪は教会員全員が悲しみ反省すべき問題で

弟を得たのです。

16 もし聞き入れないなら、ほかにひとりかふたりをいっしょに連れて行きなさい。ふたりか三人の証人の口によって、すべての事実が確認されるためです。

17 それでもなお、言うことを聞き入れようとしないなら、教会に告げなさい。教会の言うことさえも聞こうとしないなら、彼を異邦人か取税人のように扱いなさい。

18 まことに、あなたがたに告げます。何でもあなたがたが地上でつなぐなら、それは天においてもつながれており、あなたがたが地上で解くなら、それは天においても解かれているのです。

19 まことに、あなたがたにもう一度、告げます。もし、あなたがたのうちふたりが、どんな事でも、地上で心を一つにして祈るなら、天におられるわたしの父は、それをかなえてくださいます。

20 ふたりでも三人でも、わたしの名において集まる所には、わたしもその中にいるからです。」

無慈悲なしもべのたとえ

21 そのとき、ペテロがみもとに来て言った。「主よ。兄弟が私に対して罪を犯した場合、何度まで赦すべきでしょうか。七度まででしょうか。」

22 イエスは言われた。「七度まで、などとはわたしは言いません。七度を七十倍するまでと言います。

16 ①申19:15、ヨハ8:17、Ⅱコリ13:1、Ⅰテモ5:19、ヘブ10:28
＊直訳「ことば」
17 ①圏Ⅰコリ6:1以下
②圏Ⅱテサ3:6、14、15
18 ①圏マタ16:19、ヨハ20:23
＊あるいは「禁じる」、「禁じられる」
＊＊あるいは「許す」、「許される」
19 ①圏マタ7:7
21 ①圏マタ18:15
②ルカ17:4
22 ①圏創4:24

23 ①圏マタ13:24
②マタ25:19
24 ＊1タラントは6,000デナリに相当する
圏マタ18:28注
25 ①ルカ7:42
②圏出21:2、レビ25:39、Ⅱ列4:1、ネヘ5:5
26 ①圏マタ8:2
28 ＊1デナリは当時の1日分の労賃に相当する

23 このことから、天の御国は、地上の王にたとえることができます。王はそのしもべたちと清算をしたいと思った。

24 清算が始まると、まず一万タラントの借りのあるしもべが、王のところに連れて来られた。

25 しかし、彼は返済することができなかったので、その主人は彼に、自分も妻子も持ち物全部も売って返済するように命じた。

26 それで、このしもべは、主人の前にひれ伏して、『どうかご猶予ください。そうすれば全部お払いいたします』と言った。

27 しもべの主人は、かわいそうに思って、彼を赦し、借金を免除してやった。

28 ところが、そのしもべは、出て行くと、同じしもべ仲間で、彼から百デナリの借りのある者に出会った。彼はその人をつかまえ、首を絞めて、『借金を返せ』と言った。

29 彼の仲間は、ひれ伏して、『もう少し待ってくれ。そうしたら返すから』と言って頼んだ。

30 しかし彼は承知せず、連れて行って、借金を返すまで牢に投げ入れた。

31 彼の仲間たちは事の成り行きを見て、非常に悲しみ、行って、その一部始終を主人に話した。

32 そこで、主人は彼を呼びつけて言った。『悪いやつだ。おまえがあんなに頼んだ

ある（Ⅰコリ5:2）。罪を犯した人々の処罰は「十分」でなければならない（Ⅱコリ2:6）。このことで神に逆らった人は教会から除名されなければならない（Ⅰコリ5:2, 13）。その後心から悔い改めている（神に対する態度を変え、罪を認めて罪から離れ、神に従い、神に立ち返る）ことが明らかになったら、その人を赦し教会に復帰させることができる（Ⅱコリ2:6-8）。

（6）教会の指導者の罪はまず個人的に扱い、そのあとで公にして懲罰にかけなければならない。「罪を犯している者をすべての人の前で責めなさい。ほかの人をも恐れさせるためです」（ガラ2:11-18、Ⅰテモ5:20注, →「**監督の道徳的資格**」の項 p.2303）。

（7）教会の指導者や地域教会の牧師は「全部の羊を監督する」義務があることを忘れてはならない（→「監督とその務め」の項 p.2021）。霊的な指導者は神のご計画と目的に従って教会員を訓戒したり除名したり回復させたりすることを怠ったために失われた、「すべての人たちの血について」（使20:26直訳）、キリストに対して責任をとらなければならない（⇒エゼ3:20-21、使20:26-27, →エゼ3:18注）。

18:19　もし・・・ふたりが・・・心を一つにして
人々の信仰と祈りが一つになるとき霊的な権威と力は大きくなる。したがって「ふたりでも三人でも」キリストを信じる信仰と深い愛をもって集まると、キリストもそこにおられると約束されたのである（18:20）。主の臨在は信仰を奮い立たせ、力を与え、導きと慰めを与える（⇒詩46:5、イザヤ12:6）。私たちはほかのキリスト者たちとともに祈る機会を持ち、心配事がある

からこそ借金全部を赦してやったのだ。
33 私がおまえをあわれんでやったように、おまえも仲間をあわれんでやるべきではないか。』
34 こうして、主人は怒って、借金を全部返すまで、彼を獄吏に引き渡した。
35 あなたがたもそれぞれ、心から兄弟を赦さないなら、天のわたしの父も、あなたがたに、このようになさるのです。」

離婚
19:1-9 並行記事－マコ10:1-12

19 ¹ イエスはこの話を終えると、ガリラヤを去って、ヨルダンの向こうにあるユダヤ地方に行かれた。
² すると、大ぜいの群衆がついて来たので、そこで彼らをいやされた。
³ パリサイ人たちがみもとにやって来て、イエスを試みて、こう言った。「何か理由があれば、妻を離別することは律法にか

35①⇒マタ6:14
1①⇒マタ7:28
②⇒マタ19:1-9, マコ10:1-12
2①⇒マタ4:23
3①囲⇒マタ5:31

4①創1:27, 5:2
5①エペ5:31, 創2:24
6① Ⅰコリ6:16
7①申24:1-4
9①⇒マタ5:32

なっているでしょうか。」
⁴ イエスは答えて言われた。「創造者は、初めから人を男と女に造って、
⁵ 『それゆえ、人は父と母を離れ、その妻と結ばれ、ふたりは一体となる』と言われたのです。それを、あなたがたは読んだことがないのですか。
⁶ それで、もはやふたりではなく、ひとりなのです。こういうわけで、人は、神が結び合わせたものを引き離してはなりません。」
⁷ 彼らはイエスに言った。「では、モーセはなぜ、離婚状を渡して妻を離別せよ、と命じたのですか。」
⁸ イエスは彼らに言われた。「モーセは、あなたがたの心がかたくななので、その妻を離別することをあなたがたに許したのです。しかし、初めからそうだったのではありません。
⁹ まことに、あなたがたに告げます。だれでも、不貞のためでなくて、その妻を離別

場合にはためらうことなく祈ってもらうべきである。

18:35 あなたがたも・・・赦さないなら ここで主イエスは、罪の赦しは罪を告白して離れる人には惜しみなく与えられるけれども、それは人を赦す気持があるかどうかにかかっていると教えられた。(1) 苦く憤った赦さない心のままでいるなら神に罪を赦していただく機会を失うことになる(→6:14-15, ヘブ12:15, ヤコ3:11, 14)。⇒エペ4:31-32 この箇所でパウロは苦み、憤り、敵意、悪意はキリスト者の中にあってはならず、取除かなければならないと言っている。(2) ここのたとえは人を赦さなかっただけではなく、自分が赦しを必要としていることを認めなかった人のことを描いている。わずかな借金をしている人に会ったときにこの人は自分の大きな借金が自分の口座から取除かれたことを覚えていたはずである。けれども実際にはそれが怒りの原因だったようである。このような人々が自分から借金をしていたから自分も借金をしたのだというように振舞った。神から赦しをいただくことはむずかしいことではない。けれども謙遜な態度、自分の罪を認めること、変ろうとする気持がなければならない。残念なことに多くの人はこのような態度を持とうとしない。その結果、その人々はキリストから赦しを受けることができない。→6:14注, 15注

19:9 不貞のため 結婚についての神のみこころは、一人の配偶者(一人の男性と一人の女性)と生涯に一度ということである(19:5-6, →創2:24注, 雅2:7注, 4:

12注, マラ2:14注)。けれども主イエスは「不貞」という例外を設けられた。不貞(《ギ》ポルネイア)には姦淫(配偶者以外の人との性的関係)やあらゆる性的不品行が含まれる(⇒5:32)。この節によると、性的不品行が行われたときには離婚が許された(離婚が許されたもう一つの理由は信仰を持たない夫や妻による婚姻の放棄である →Ⅰコリ7:15, 目にあまる虐待も「不貞」の定義に含まれる)。以下は離婚についての聖書の教えで重要である。

(1) 19:7-8で主イエスは離婚を批判されたけれども、不貞の理由で別居することを批判してはおられない。主イエスが批判されたのは「妻に何か恥ずべき事を発見したため、気に入らなくなり」(申24:1-4)という旧約聖書で許されていた離婚である。これは結婚前の性的関係が結婚後に発見されたことを指している。このような場合にも神はふたりが離婚をしないように願っておられる。けれども結婚前の不純な関係や「みだらな」ことを行ったため心がかたくなになった場合には離婚を許された(19:7-8)。

(2) 結婚後に不品行(性的な罪、不実)があった場合、旧約聖書の律法は結婚生活を解消し罪を犯した人々を死刑にするように規定していた(レビ20:10, 申22:22)。この場合罪を犯していない人には当然再婚の自由が与えられていた(ロマ7:2, Ⅰコリ7:39)。

(3) キリストのいのちと罪に対する犠牲を土台にした新しい契約の中でも離婚はやはり悲劇だった。結婚

し、別の女を妻にする者は姦淫を犯すので**す。**」

10 弟子たちはイエスに言った。「もし妻に対する夫の立場がそんなものなら、結婚しないほうがましです。」

11 しかし、イエスは言われた。「そのことばは、だれでも受け入れることができるわけではありません。ただ、それが許されている者だけができるのです。

12 というのは、母の胎内から、そのように生まれついた独身者がいます。また、人から独身者にさせられた者もいます。また、天の御国のために、自分から独身者になった者もいるからです。それができる者はそれを受け入れなさい。」

子どもたちと主イエス

19:13-15　並行記事―マコ10:13-16, ルカ18:15-17

13 そのとき、イエスに手を置いて祈っていただくために、子どもたちが連れて来られた。ところが、弟子たちは彼らをしかった。

14 しかし、イエスは言われた。「子どもたちを許してやりなさい。邪魔をしないでわたしのところに来させなさい。天の御国はこのような者たちの国なのです。」

9 *「彼女に姦淫をさせる」とする異本もある
**「そして離縁された女を妻とする者は姦淫を犯すのです」を挿入する異本もある
11 ①Ⅰコリ7:7以下,
②参マタ13:11
13 ①マタ19:13-15, マコ10:13-16, ルカ18:15-17
14 ①マタ18:3, マコ10:15, ルカ18:17, 囲Ⅰコリ14:20, Ⅰペテ2:2
②参マタ5:3

16 ①マタ19:16-29, マコ10:17-30, ルカ18:18-30, 囲ルカ10:25-28
②参マタ25:46
17 *別訳「尊い方」
①レビ18:5, ネヘ9:29, エゼ20:21
18 ①出20:13-16, 申5:17-20
19 ①出20:12, 申5:16, マタ15:4-6
②レビ19:18, マコ12:33
21 ①ルカ12:33,
①ルカ16:9,
使2:45, 4:34, 35
②マタ6:20

15 そして、手を彼らの上に置いてから、そこを去って行かれた。

金持の青年

19:16-29　並行記事―マコ10:17-30, ルカ18:18-30

16 すると、ひとりの人がイエスのもとに来て言った。「先生。永遠のいのちを得るためには、どんな良いことをしたらよいのでしょうか。」

17 イエスは彼に言われた。「なぜ、良いことについて、わたしに尋ねるのですか。良い方は、ひとりだけです。もし、いのちに入りたいと思うなら、戒めを守りなさい。」

18 彼は「どの戒めですか」と言った。そこで、イエスは言われた。「殺してはならない。姦淫してはならない。盗んではならない。偽証をしてはならない。

19 父と母を敬え。あなたの隣人をあなた自身のように愛せよ。」

20 この青年はイエスに言った。「そのようなことはみな、守っております。何がまだ欠けているのでしょうか。」

21 イエスは彼に言われた。「もし、あなたが完全になりたいなら、帰って、あなたの持ち物を売り払って貧しい人たちに与えなさい。そうすれば、あなたは天に宝を積み

生活での不貞は配偶者に対する残酷な罪である。そこでキリストは罪を犯していない人は離婚をして結婚生活に終止符を打ってもよいとされた。そして別のキリスト者と再婚する自由があるとされた（Ⅰコリ7:15）。

（4）使徒パウロ（新約聖書の多くの教会を始めた宣教師で新約聖書の多くの書物を書いた人）はさらにコリントⅠ7:12-16で離婚へのもう一つの例外を描いている。それはもしキリスト者ではない配偶者が結婚を解消しようとするなら、見捨てられたキリスト者は再婚することができるということである。それは罪にはならない。けれどもキリスト者ではない配偶者が結婚生活を続けることを望むならキリスト者は離婚を自分から進めることはできない（→Ⅰコリ7:15注, 7:27-28）。

（5）離婚は個人にも家族にも苦痛と崩壊をもたらすので神は離婚を憎んでおられる（マラ2:16）。けれども離婚は赦されない罪ではない。もしキリスト者がこの聖句の基準では許されない理由で過去に離婚をしていても希望がないわけではない。離婚を乗越え、過去の罪を認めてそれから離れ、心の変化を体験してい

るなら神は救ってくださる。そして今の環境（新しい結婚生活を含む）を通して働いてくださる。これはもちろん神に従い続け神の目的に従っている人にだけ当てはまることである。そうであっても以前の離婚や家族の崩壊によるマイナスの影響は必ずしもなくなるものではない。

19:13　子どもたち　→マコ10:16注

19:21　帰って、あなたの持ち物を売り払って　主イエスは金持の若い男の最大の弱点である富について試みられた。この若い男が人生のよりどころにしているもの、そして実際には神に従えなくさせているものを明らかにされた。この男は何か「良いこと」をして永遠のいのちを得たいと思っていた（19:16）。けれども霊的な救いは何か良いことをして手に入れるものではない（エペ2:8-9, テト3:5）。キリストの導きに自分をゆだねることである。ところがこの若い男は自分の持物よりもキリストを大切にすることができなかった。ここでキリストは救われるためにはみな自分の持物を売り払わなければならないと言われたのだろうか。そう

ことになります。そのうえで、わたしについて来なさい。」

22 ところが、青年はこのことばを聞くと、悲しんで去って行った。この人は多くの財産を持っていたからである。

23 それから、イエスは弟子たちに言われた。「まことに、あなたがたに告げます。①金持ちが天の御国に入るのはむずかしいことです。

24 まことに、あなたがたにもう一度、告げます。金持ちが神の国に入るよりは、らくだが針の穴を通るほうがもっとやさしい。」

25 弟子たちは、これを聞くと、たいへん驚いて言った。「それでは、だれが救われることができるのでしょう。」

26 イエスは彼らをじっと見て言われた。「それは人にはできないことです。しかし、神にはどんなことでもできます。」

27 そのとき、ペテロはイエスに答えて言った。「ご覧ください。私たちは、何もかも捨てて、あなたに従ってまいりました。私たちは何がいただけるでしょうか。」

28 そこで、イエスは彼らに言われた。「まことに、あなたがたに告げます。世が改まって人の子がその栄光の座に着く時、わたしに従って来たあなたがたも十二の座に着いて、イスラエルの十二の部族をさばく

23 ①圏マタ13:22, マコ10:23, 24, ルカ18:24
24 ①マコ10:25, ルカ18:25
26 ①創18:14, ヨブ42:2, エレ32:17, ゼカ8:6, マコ10:27, ルカ18:27, 圏ルカ1:37
28 ①圏マタ25:31 ②ルカ22:30, 圏黙3:21, 4:4, 11:16, 20:4

29 ①マコ10:29, 30, ルカ18:29, 30, 圏マタ6:33
＊「妻」を挿入する異本も多い
＊＊「百倍も」とある異本も多い
30 ①マタ20:16, マコ10:31, ルカ13:30

1 ①圏マタ13:24 ②マタ21:28, 33 ＊あるいは「地主」
3 ＊原語「第三時」
5 ＊原語「第六時ごろと第九時ごろ」
6 ＊原語「第十一時」

のです。

29 また、わたしの名のために、家、兄弟、姉妹、父、母＊、子、あるいは畑を捨てた者はすべて、＊＊その幾倍もを受け、また永遠のいのちを受け継ぎます。

30 ただ、先の者があとになり、あとの者が先になることが多いのです。

ぶどう園の労務者のたとえ

20 1 ①天の御国は、自分の②ぶどう園で働く労務者を雇いに朝早く出かけた＊主人のようなものです。

2 彼は、労務者たちと一日一デナリの約束ができると、彼らをぶどう園にやった。

3 それから、九時＊ごろに出かけてみると、別の人たちが市場に立っており、何もしないでいた。

4 そこで、彼はその人たちに言った。『あなたがたも、ぶどう園に行きなさい。相当のものを上げるから。』

5 彼らは出て行った。それからまた、十二時ごろと三時ごろに出かけて行って、同じようにした。

6 また、五時＊ごろ出かけてみると、別の人たちが立っていたので、彼らに言った。『なぜ、一日中仕事もしないでここにいるのですか。』

ではない。良い物を持っていても神との関係が妨げられなければ何の問題もない。むしろ物質的に家族を養ったり人々を助けたりすることを神は望んでおられる。けれどもキリストが求められるなら何でもささげる気持がなければならない。私たちにとって最も良いものが何であるかを主は知っておられるからである。そのように何よりも主を第一にしなければならない。

19:23　金持ち・・・御国　→「富と貧困」の項 p.1835
19:29　その幾倍もを受け　→マコ10:30注
19:30　先の者があとになり　「先の者」とは富、教育、地位、才能、機会などに恵まれていて世間や、時には教会によって尊敬されている人々のことである。「あとの者」とはあまり知られていない、社会的に地位の低い人々のことである。神の国の最終的評価では、教会で偉大な指導者また関係者とされている「多くの者」がほかの人々より劣った地位につき、世間で無名だった人々が名誉のある地位につくことになる（⇒Ⅰコリ15:41-42）。これは神が表面上の見かけではなく、心の中の忠実さ、きよさ、愛によって人の価値を決められるからである（Ⅰサム16:7）。貧しいやもめ（マコ12:42-44）やベタニヤのマリヤ（26:7-13）の話を読んで、身分の低い人々に対するキリストの態度を見るとよい。

20:1　ぶどう園で働く労務者　ぶどう園の労務者のたとえは、神の国につながることと神の目的にかかわることは特権であって自分の力で手に入れるものではないことを教えている。この話を通してキリストは三つの間違った態度に警告をしておられる。（1）地位、任務、機会などに恵まれても自分が偉くなったと思ってはならない。（2）神の思いやりや豊かな恵み（受けるにふさわしくない好意、愛、助け、慈しみ、あわれみ）をだれとでも分かち合うことを忘れてはならない。（3）ほかの人々の霊的祝福をうらやんではならない（ほかの人々が持っているものへのねたみ、うらみ、ほしいという気持を持つ）。神の国についてのほかの物語　→「キリストのたとえ」の表 p.1940

7 彼らは言った。『だれも雇ってくれないからです。』彼は言った。『あなたがたも、ぶどう園に行きなさい。』

8 こうして、夕方になったので、ぶどう園の主人は、監督に言った。『労務者たちを呼んで、最後に来た者たちから順に、最初に来た者たちにまで、賃金を払ってやりなさい。』

9 そこで、五時ごろに雇われた者たちが来て、それぞれ一デナリずつもらった。

10 最初の者たちがもらいに来て、もっと多くもらえるだろうと思ったが、彼らもやはりひとり一デナリずつであった。

11 そこで、彼らはそれを受け取ると、主人に文句をつけて、

12 言った。『この最後の連中は一時間しか働かなかったのに、あなたは私たちと同じにしました。私たちは一日中、労苦と焼けるような暑さを辛抱したのです。』

13 しかし、彼はそのひとりに答えて言った。『友よ。私はあなたに何も不当なことはしていない。あなたは私と一デナリの約束をしたではありませんか。

14 自分の分を取って帰りなさい。ただ私としては、この最後の人にも、あなたと同じだけ上げたいのです。

15 自分のものを自分の思うようにしてはいけないという法がありますか。それとも、私が気前がいいので、あなたの目にはねたましく思われるのですか。』

16 このように、あとの者が先になり、先の者があとになるものです。」

再び死を予告する主イエス
20:17-19　並行記事—マコ10:32-34, ルカ18:31-33

17 さて、イエスは、エルサレムに上ろうとしておられたが、十二弟子だけを呼んで、道々彼らに話された。

8 ①レビ19:13
 ②回ルカ8:3
12 ①回ヨナ4:8,
 ルカ12:55, ヤコ1:11
15 * 直訳「良い」
 ①マタ6:23,
 マコ7:22, 回申15:9
 ** 直訳「悪く」
16 ①回マタ19:30
17 ①マタ20:17-19,
 マコ10:32-34,
 ルカ18:31-33

18 ①回マタ16:21
19 ①マタ27:2,
 回使2:23, 3:13, 4:27,
 21:11
 ②回マタ16:21
20 ①マタ20:20-28,
 マコ10:35-45
 ②マタ4:21, 10:2
 ③回マタ8:2
21 ①回マタ19:28
22 ①マタ26:39, 42,
 ルカ22:42, ヨハ18:11,
 回イザ51:17, 22,
 エレ49:12
23 ①回使12:2, 黙1:9
 ②回マタ13:11
 * 直訳「備えられた人々になっています」
 ③マタ25:34
25 ①マタ20:25-28,
 回ルカ22:25-27
26 ①回マタ23:11,
 マコ9:35, 10:43

18 「さあ、これから、わたしたちはエルサレムに向かって行きます。人の子は、祭司長、律法学者たちに引き渡されるのです。彼らは人の子を死刑に定めます。

19 そして、あざけり、むち打ち、十字架につけるため、異邦人に引き渡します。しかし、人の子は三日目によみがえります。」

ある母親の願い
20:20-28　並行記事—マコ10:35-45

20 そのとき、ゼベダイの子たちの母が、子どもたちといっしょにイエスのもとに来て、ひれ伏して、お願いがありますと言った。

21 イエスが彼女に、「どんな願いですか」と言われると、彼女は言った。「私のこのふたりの息子が、あなたの御国で、ひとりはあなたの右に、ひとりは左にすわれるようにおことばを下さい。」

22 けれども、イエスは答えて言われた。「あなたがたは自分が何を求めているのか、わかっていないのです。わたしが飲もうとしている杯を飲むことができますか。」彼らは「できます」と言った。

23 イエスは言われた。「あなたがたはわたしの杯を飲みはします。しかし、わたしの右と左にすわることは、このわたしの許すことではなく、わたしの父によってそれに備えられた人々があるのです。」

24 このことを聞いたほかの十人は、このふたりの兄弟のことで腹を立てた。

25 そこで、イエスは彼らを呼び寄せて、言われた。「あなたがたも知っているとおり、異邦人の支配者たちは彼らを支配し、偉い人たちは彼らの上に権力をふるいます。

26 あなたがたの間では、そうではありません。あなたがたの間で偉くなりたいと思う者は、みなに仕える者になりなさい。

27 あなたがたの間で人の先に立ちたいと

20:26　あなたがたの間では、そうではありません

この世界では最高の地位、最も影響力のある人がほかの人々を「支配」することが多い。けれども神の国では、偉大さは人の上にある権威ではなく、人々に仕え、人々を自分より上にすることによって測られる（→ピリ2:3-5）。権力を手に入れほかの人々に影響力を持つためにトップになろうとしてはならない。最も強い影響力はへりくだって人々に仕えるときにある。したがってキリスト者はあらゆる人々に霊的に益となることを考え、人々を助け祝福となる方法を求め続けるべきである（20:28, ⇒ヨハ13:34, Ⅰコリ13:, コロ3:14, Ⅰヨハ3:14, 4:8）。

思う者は、あなたがたのしもべになりなさい。
28 人の子が来たのが、仕えられるためではなく、かえって仕えるためであり、また、多くの人のための、贖いの代価として、自分のいのちを与えるためであるのと同じです。」

見えるようになった二人の盲人
20:29-34　並行記事－マコ10:46-52, ルカ18:35-43

29 彼らがエリコを出て行くと、大ぜいの群衆がイエスについて行った。
30 すると、道ばたにすわっていたふたりの盲人が、イエスが通られると聞いて、叫んで言った。「主よ。私たちをあわれんでください。ダビデの子よ。」
31 そこで、群衆は彼らを黙らせようとして、たしなめたが、彼らはますます、「主よ。私たちをあわれんでください。ダビデの子よ」と叫び立てた。
32 すると、イエスは立ち止まって、彼らを呼んで言われた。「わたしに何をしてほしいのか。」
33 彼らはイエスに言った。「主よ。この目をあけていただきたいのです。」
34 イエスはかわいそうに思って、彼らの目にさわられた。すると、すぐさま彼らは見えるようになり、イエスについて行った。

勝利の入城
21:1-9　並行記事－マコ11:1-10, ルカ19:29-38
21:4-9　並行記事－ヨハ12:12-15

21 1 それから、彼らはエルサレムに近づき、オリーブ山のふもとのベテパゲまで来た。そのとき、イエスは、弟子をふたり使いに出して、
2 言われた。「向こうの村へ行きなさい。そうするとすぐに、ろばがつながれていて、いっしょにろばの子がいるのに気がつくでしょう。それをほどいて、わたしのところに連れて来なさい。
3 もしだれかが何か言ったら、『主がお入用なのです』と言いなさい。そうすれば、すぐに渡してくれます。」
4 これは、預言者を通して言われた事が成就するために起こったのである。
5 「シオンの娘に伝えなさい。
『見よ。あなたの王があなたのところに来られる。
柔和で、ろばの背に乗って、
それも、荷物を運ぶろばの子に乗って。』」
6 そこで、弟子たちは行って、イエスが命じられたとおりにした。
7 そして、ろばと、ろばの子とを連れて来て、自分たちの上着をその上に掛けた。イエスはそれに乗られた。
8 すると、群衆のうち大ぜいの者が、自分たちの上着を道に敷き、また、ほかの人々は、木の枝を切って来て、道に敷いた。
9 そして、群衆は、イエスの前を行く者も、あとに従う者も、こう言って叫んでいた。
「ダビデの子にホサナ。
祝福あれ。主の御名によって来られる方に。
ホサナ。いと高き所に。」
10 こうして、イエスがエルサレムに入られると、都中がこぞって騒ぎ立ち、「この方は、どういう方なのか」と言った。
11 群衆は、「この方は、ガリラヤのナザレの、預言者イエスだ」と言った。

宮での主イエス
21:12-16　並行記事－マコ11:15-18, ルカ19:45-47

12 それから、イエスは宮に入って、宮の中で売り買いする者たちをみな追い出し、両替人の台や、鳩を売る者たちの腰掛けを

20:28　多くの人のための、贖いの代価　贖いの代価とは人々を自由にするために払う代金である。罪によって壊されていた人間との関係を回復する神のご計画に従って、主イエスはご自分の完全ないのちをささげて神に対する全人類の罪の代価を払ってくださった。キリストの犠牲は罪の力と支配から人々を解放した（→「救いについての聖書用語」の項 p.2045）。キリストの犠牲を受入れ、人生をキリストにゆだねた人は罪悪感、罪の宣告（ロマ3:25-26）、罪（エペ1:7）、死（ロマ8:2）から自由にされる。ここで言う「多くの人」はすべての人のことである（Ⅰテモ2:5-6、→ロマ3:25注）。

21:12　イエスは・・・台・・・を倒された　主イエ

倒された。
13 そして彼らに言われた。「『わたしの家は祈りの家と呼ばれる』と書いてある。それなのに、あなたがたはそれを強盗の巣にしている。」
14 また、宮の中で、盲人や足のなえた人たちがみもとに来たので、イエスは彼らをいやされた。
15 ところが、祭司長、律法学者たちは、イエスのなさった驚くべきいろいろのことを見、また宮の中で子どもたちが「ダビデの子にホサナ」と言って叫んでいるのを見て腹を立てた。
16 そしてイエスに言った。「あなたは、子どもたちが何と言っているか、お聞きですか。」イエスは言われた。「聞いています。『あなたは幼子と乳飲み子たちの口に賛美を用意された』とあるのを、あなたがたは読まなかったのですか。」
17 イエスは彼らをあとに残し、都を出てベタニヤに行き、そこに泊まられた。

枯れたいちじくの木
21：18-22　並行記事―マコ11：12-14, 20-24
18 翌朝、イエスは都に帰る途中、空腹を覚えられた。
19 道ばたにいちじくの木が見えたので、近づいて行かれたが、葉のほかは何もないのに気づかれた。それで、イエスはその木に「おまえの実は、もういつまでも、ならないように」と言われた。すると、たちまちいちじくの木は枯れた。

13①イザ56:7, エレ7:11
＊直訳「ほら穴」
14①圏マタ4:23
15①圏マタ9:27
16①詩8:2
17①マタ26:6,
マコ11:1, 11, 12, 14:3,
ルカ19:29, 24:50,
ヨハ1:1, 18, 12:1
18①マタ21:18-22,
マコ11:12-14, 20-24

21①マタ17:20,
マコ11:23, ルカ17:6,
ヤコ1:6
22①圏マタ7:7
23①マタ21:23-27,
マコ11:27-33,
ルカ20:1-8

20 弟子たちは、これを見て、驚いて言った。「どうして、こうすぐにいちじくの木が枯れたのでしょうか。」
21 イエスは答えて言われた。「まことに、あなたがたに告げます。もし、あなたがたが、信仰を持ち、疑うことがなければ、いちじくの木になされたようなことができるだけでなく、たとい、この山に向かって、『動いて、海に入れ』と言っても、そのとおりになります。
22 あなたがたが信じて祈り求めるものなら、何でも与えられます。」

権威が問われる主イエス
21：23-27　並行記事―マコ11：27-33, ルカ20：1-8
23 それから、イエスが宮に入って、教えておられると、祭司長、民の長老たちが、みもとに来て言った。「何の権威によって、これらのことをしておられるのですか。だれが、あなたにその権威を授けたのですか。」
24 イエスは答えて、こう言われた。「わたしも一言あなたがたに尋ねましょう。もし、あなたがたが答えるなら、わたしも何の権威によって、これらのことをしているかを話しましょう。
25 ヨハネのバプテスマは、どこから来たものですか。天からですか。それとも人からですか。」すると、彼らはこう言いながら、互いに論じ合った。「もし、天から、と言えば、それならなぜ、彼を信じなかったか、と言うだろう。
26 しかし、もし、人から、と言えば、群衆

スが宮に入って神を敬わない活動を「きよめられた」のはこれが二度目のようである。ヨハネは主イエスの公生涯の初めにこのようなことを描いているけれども、細かい部分が少し異なっている（ヨハ2：13-22）。ある学者はこれらは同じ出来事を違う観点から描いたもので、ヨハネが福音書の冒頭でこの出来事を書いたのは神のさばきの権威がキリストの働きの初めからあったことを示すためだったとする。けれども宮ではこのようなことがいつも行われていたので、主イエスはその情況と何度も対決しなければならなかったのではないかと思われる。主イエスが厳しい行動をとられたことは、神の家にあった偽善、欲望、利己的な関心、不道徳、無礼などが今日キリストにつながる人々の中に

あってはならないことを示している。このようなものは神の怒りやさばきを受けて当然である。キリストは教会の主（導き手、権威）であり、教会は「祈りの家」でなければならない（21：13）。この出来事の背景と霊的意味　→ルカ19：45注
21：13　祈りの家　→マコ11：17注
21：21-22　もし、あなたがたが、信仰を持ち　主イエスは信仰と祈りの応えとの直接的な関係を説明された（21：22）。神が願っておられることと神の目的に沿ったことはみな（行うことも受けることも）疑わない人にとっては可能である（→17：20注, マコ11：24注, ⇒Ⅰ列17：1, 7, 18：42-45, ルカ17：5-6）。もちろん祈りが応えられるかどうかはそのほかの原則や行動

マタイの福音書　21章

がこわい。彼らはみな、ヨハネを預言者と認めているのだから。」
27 そこで、彼らはイエスに答えて、「わかりません」と言った。イエスもまた彼らにこう言われた。「わたしも、何の権威によってこれらのことをするのか、あなたがたに話すまい。

二人の息子のたとえ

28 ところで、あなたがたは、どう思いますか。
ある人にふたりの息子がいた。その人は兄のところに来て、『きょう、ぶどう園に行って働いてくれ』と言った。
29 兄は答えて『行きます。お父さん』と言ったが、行かなかった。
30 それから、弟のところに来て、同じように言った。ところが、弟は答えて『行きたくありません』と言ったが、あとから悪かったと思って出かけて行った。
31 ふたりのうちどちらが、父の願ったとおりにしたのでしょう。」彼らは言った。「あとの者です。」イエスは彼らに言われた。「まことに、あなたがたに告げます。取税人や遊女たちのほうが、あなたがたより先に神の国に入っているのです。
32 というのは、あなたがたは、ヨハネが義の道を持って来たのに、彼を信じなかった。しかし、取税人や遊女たちは彼を信じたからです。しかもあなたがたは、それを見ながら、あとになって悔いることもせず、彼を信じなかったのです。

悪い農夫のたとえ
21:33-46　並行記事─マコ12:1-12, ルカ20:9-19

33 もう一つのたとえを聞きなさい。ひとりの、家の主人がいた。彼はぶどう園を造って、垣を巡らし、その中に酒ぶ

26 ①圏マタ11:9,
 圏マコ6:20
28 * 原文に「子よ」という
 呼びかけ語がある
 ①マタ21:33, 20:1
29 * 直訳「主よ」
31 ①ルカ7:29, 37-50
32 ①ルカ3:12
33 ①マタ21:33-46,
 マコ12:1-12,
 ルカ20:9-19
 ②マタ21:28, 20:1
 ③詩80:8, イザ5:1以下
 ④イザ5:2

* あるいは「小作人」
 (34, 35, 38, 40節も同様)
 ⑤マタ25:14
34 * 直訳「結実」
 ①マタ22:3
36 ①マタ22:4
41 圏マタ8:11, 12,
 使13:46, 18:6, 28:28
42 ①詩118:22, 使4:11,
 Ⅰペテ2:7, 圏ロマ9:33

ねを掘り、やぐらを建てて、それを農夫たちに貸して、旅に出かけた。
34 さて、収穫の時が近づいたので、主人は自分の分を受け取ろうとして、農夫たちのところへしもべたちを遣わした。
35 すると、農夫たちは、そのしもべたちをつかまえて、ひとりは袋だたきにし、もうひとりは殺し、もうひとりは石で打った。
36 そこでもう一度、前よりももっと多くの別のしもべたちを遣わしたが、やはり同じような扱いをした。
37 しかし、そのあと、その主人は、『私の息子なら、敬ってくれるだろう』と言って、息子を遣わした。
38 すると、農夫たちは、その子を見て、こう話し合った。『あれはあと取りだ。さあ、あれを殺して、あれのものになるはずの財産を手に入れようではないか。』
39 そして、彼をつかまえて、ぶどう園の外に追い出して殺してしまった。
40 この場合、ぶどう園の主人が帰って来たら、その農夫たちをどうするでしょう。」
41 彼らはイエスに言った。「その悪党どもを情け容赦なく殺して、そのぶどう園を、季節にはきちんと収穫を納める別の農夫たちに貸すに違いありません。」
42 イエスは彼らに言われた。「あなたがたは、次の聖書のことばを読んだことがないのですか。
『家を建てる者たちの見捨てた石。
それが礎の石になった。
これは主のなさったことだ。
私たちの目には、
不思議なことである。』
43 だから、わたしはあなたがたに言います。神の国はあなたがたから取り去られ、神の国の実を結ぶ国民に与えられます。

よっても左右される(ダニ10:12-14, ヤコ4:3)。
21:33-44　農夫たち　このたとえはほとんどのイスラエル人が神の愛する御子である主イエスを拒んだことを示している(⇒マコ12:1注, ルカ20:9)。
21:43　神の国はあなたがたから取り去られ　イスラエルはメシヤ(「油そそがれた者」、救い主、キリスト)

としての主イエスを拒んだ。それは主イエスの目的を誤解していたからである。そして救いの計画に公然と逆らった(→**神の計画の中のイスラエル**」の項 p.2077)。その結果、神の国と力はほかの人々—ユダヤ人、異邦人(ユダヤの国と文化につながらない人々 Ⅰペテ2:9)に関係なく、キリストのメッセージに明

44 また、この石の上に落ちる者は、粉々に砕かれ、この石が人の上に落ちれば、その人を粉みじんに飛ばしてしまいます。」
45 祭司長たちとパリサイ人たちは、イエスのこれらのたとえを聞いたとき、自分たちをさして話しておられることに気づいた。
46 それでイエスを捕らえようとしたが、群衆を恐れた。群衆はイエスを預言者と認めていたからである。

結婚の披露宴のたとえ
22:2-14　参照記事　ルカ14:16-24

22 1 イエスはもう一度たとえをもって彼らに話された。
2 「天の御国は、王子のために結婚の披露宴を設けた王にたとえることができます。
3 王は、招待しておいたお客を呼びに、しもべたちを遣わしたが、彼らは来たがらなかった。
4 それで、もう一度、次のように言いつけて、別のしもべたちを遣わした。『お客に招いておいた人たちにこう言いなさい。「さあ、食事の用意ができました。雄牛も太った家畜もほふって、何もかも整いました。どうぞ宴会にお出かけください。」』
5 ところが、彼らは気にもかけず、ある者は畑に、別の者は商売に出て行き、
6 そのほかの者たちは、王のしもべたちをつかまえて恥をかかせ、そして殺してしまった。

7 王は怒って、兵隊を出して、その人殺しどもを滅ぼし、彼らの町を焼き払った。
8 そのとき、王はしもべたちに言った。『宴会の用意はできているが、招待しておいた人たちは、それにふさわしくなかった。
9 だから、大通りに行って、出会った者をみな宴会に招きなさい。』
10 それで、しもべたちは、通りに出て行って、良い人でも悪い人でも出会った者をみな集めたので、宴会場は客でいっぱいになった。
11 ところで、王が客を見ようとして入って来ると、そこに婚礼の礼服を着ていない者がひとりいた。
12 そこで、王は言った。『*あなたは、どうして礼服を着ないで、ここに入って来たのですか。』しかし、彼は黙っていた。
13 そこで、王はしもべたちに、『あれの手足を縛って、外の暗やみに放り出せ。そこで泣いて歯ぎしりするのだ』と言った。
14 招待される者は多いが、選ばれる者は少ないのです。」

カイザルへの納税
22:15-22　並行記事―マコ12:13-17, ルカ20:20-26

15 そのころ、パリサイ人たちは出て来て、どのようにイエスをことばのわなにかけようかと相談した。
16 彼らはその弟子たちを、ヘロデ党の者たちといっしょにイエスのもとにやって、こ

---

46 ①マタ21:26
　 ②マタ21:11
1 ①使3:12
2 ①マタ22:2-14,
　 囲ルカ14:16-24,
　 圏マコ13:24
3 ①マタ21:34
4 ①マタ21:36
5 *あるいは「野」

9 ①エゼ21:21, オバ14
10 *直訳「食卓に着いた人々」
11 ①囲II列10:22
12 *原文に「友に」という呼びかけ語がある
　 **直訳「持たないで」
13 ①囲マタ8:12
14 ①黙17:14,
　 囲II ペテ1:10,
　 マタ24:22
15 ①マタ22:15-22,
　 マコ12:13-17,
　 ルカ20:20-26
16 ①マコ3:6, 12:13,
　 囲マコ8:15

らに応答する人々—に与えられるようになった。この原理は今も生きている。御国と御国の力はキリストに忠実ではない人々から取去られる（ロマ11:19-22）。そして神を敬わない考えや世間の行動から離れて神の基準と目的を何よりも追い求める人々に与えられる（→5:6, 6:33）。

21:44　粉々に砕かれ　→ルカ20:18注
22:11　婚礼の礼服　キリストの招待を受けて神の国の一員になったと主張する人々の中には「婚礼の礼服」（霊的に準備し、備えが整った状態を表す）を着ていない人が多くいる。これは言い換えると、その人々がキリストを信じる信仰を持たず（主に頼らず、みことばに頼って人生を導いてもらうことをしない）、神のことばに心から従わず主が再び来られる日の準備をして

いないということである（⇒24:44, 25:21）。キリストが婚礼の礼服を着ていない人のことを言われたのは、神に仕え、神とともに永遠に生きる備えが確かにできているか、自分自身を調べるように私たち全員に促すためである。

22:14　選ばれる者は少ない　霊的救い（御子イエス・キリストの犠牲を通して罪が赦され、神と個人的な関係を持つ機会）への招きはだれにも（多くの人に）送られている。けれどもその招きに応え、自分勝手な道から離れてキリストに従って行く人は少ない。従って行く人々は御国を受継ぐように「選ばれ」ている。自分の自由意志を用いて神の恵み深い招きに応えることによって私たちは神の選ばれた民になる（→「**選びと予定**」の項 p.2215）。

う言わせた。「先生。私たちは、あなたが真実な方で、真理に基づいて神の道を教え、だれをもはばからない方だと存じています。あなたは、人の顔色を見られないからです。
17 それで、どう思われるのか言ってください。税金をカイザルに納めることは、律法にかなっていることでしょうか。かなっていないことでしょうか。」
18 イエスは彼らの悪意を知って言われた。「偽善者たち。なぜ、わたしをためすのか。
19 納め金にするお金をわたしに見せなさい。」そこで彼らは、デナリを一枚イエスのもとに持って来た。
20 そこで彼らに言われた。「これは、だれの肖像ですか。だれの銘ですか。」
21 彼らは、「カイザルのです」と言った。そこで、イエスは言われた。「それなら、カイザルのものはカイザルに返しなさい。そして神のものは神に返しなさい。」
22 彼らは、これを聞いて驚嘆し、イエスを残して立ち去った。

復活のときの結婚

22:23-33　並行記事―マコ12:18-27, ルカ20:27-40

23 その日、復活はないと言っているサドカイ人たちが、イエスのところに来て、質問して、
24 言った。「先生。モーセは『もし、ある人が子のないままで死んだなら、その弟は兄の妻をめとって、兄のための子をもうけねばならない』と言いました。
25 ところで、私たちの間に七人兄弟がありました。長男は結婚しましたが、死んで、子がなかったので、その妻を弟に残しました。

16 *すなわち「人に取り入ろうとしない」
17 ① マタ17:25
  *あるいは「人頭税」
  ② ルカ2:1, 3:1
  **あるいは「よろしいのでしょうか。よろしくないのでしょうか」
19 ① マタ17:25
  **あるいは「一デナリ貨」
21 ① マコ12:17, ルカ20:25, ロマ13:7
22 ① マコ12:12
23 ① マコ22:23-33, マコ12:18-27, ルカ20:27-40
  ② 使23:8
  ③ マタ3:7
24 ① 申25:5

26 次男も三男も、七人とも同じようになりました。
27 そして、最後に、その女も死にました。
28 すると復活の際には、その女は七人のうちだれの妻なのでしょうか。彼らはみな、その女を妻にしたのです。」
29 しかし、イエスは彼らに答えて言われた。「そんな思い違いをしているのは、聖書も神の力も知らないからです。
30 復活の時には、人はめとることも、とつぐこともなく、天の御使いたちのようです。
31 それに、死人の復活については、神があなたがたに語られた事を、あなたがたは読んだことがないのですか。
32 『わたしは、アブラハムの神、イサクの神、ヤコブの神である』とあります。神は死んだ者の神ではありません。生きている者の神です。」
33 群衆はこれを聞いて、イエスの教えに驚いた。

たいせつな戒め

22:34-40　並行記事―マコ12:28-31

34 しかし、パリサイ人たちは、イエスがサドカイ人たちを黙らせたと聞いて、いっしょに集まった。
35 そして、彼らのうちのひとりの律法の専門家が、イエスをためそうとして、尋ねた。
36 「先生。律法の中で、たいせつな戒めはどれですか。」
37 そこで、イエスは彼に言われた。「『心を尽くし、思いを尽くし、知力を尽くして、あなたの神である主を愛せよ。』
38 これがたいせつな第一の戒めです。
39 『あなたの隣人をあなた自身のように愛せよ』という第二の戒めも、それと同じよ

29 ① ヨハ20:9
30 ① マタ24:38, ルカ17:27
  *異本に「神の」が挿入されているものもある
32 ① 出3:6
33 ② マタ7:28
34 ① マタ22:34-40, マコ12:28-31, ルカ10:25-37
  ② マタ3:7
35 ① ルカ7:30, 10:25, 11:45, 46, 52, 14:3, テト3:13
37 ① 申6:5
39 ① マタ19:19, ガラ5:14, レビ19:18

22:30　人はめとることも　→マコ12:25注
22:35　律法の専門家　「律法の専門家」（《ギ》ノミコス）はモーセの律法（イスラエル人に与えるように神がモーセに与えられた戒めと規則）を解釈する人、教師のことである。
22:37　あなたの神である主を愛せよ　→マコ12:30注
22:39　あなたの隣人を・・・愛せよ　キリスト者はあらゆる人々を愛するように求められている（⇒ガラ6:10, Ⅰテサ3:12）。その中には敵も含まれている

(5:44)。けれども神に従う人々を特別に愛するようにも命じられた（→ヨハ13:34注, ガラ6:10, ⇒Ⅰテサ3:12, Ⅰヨハ3:11）。(1) キリスト者の信仰上の霊的兄弟姉妹、隣人（周りの人々や出会う人々）、敵などを愛する愛は神への愛と献身から流れ出てこなければならない。(2) 神への愛は「たいせつな第一の戒め」である（22:37-38）。したがって人々を愛そうとするときでも、みことばに示されている神の聖さ（純粋、完璧、霊的完全、悪からの分離）、神の目的、神の基準

キリストはだれの子か
22:41-46　並行記事―マコ12:35-37, ルカ20:41-44

41 パリサイ人たちが集まっているときに、イエスは彼らに尋ねて言われた。42「あなたがたは、キリストについて、どう思いますか。彼はだれの子ですか。」彼らはイエスに言った。「ダビデの子です。」43 イエスは彼らに言われた。「それでは、どうしてダビデは、御霊によって、彼を主と呼び、
44『主は私の主に言われた。
「わたしがあなたの敵を
　あなたの足の下に従わせるまでは、
わたしの右の座に着いていなさい。」』
と言っているのですか。45 ダビデがキリストを主と呼んでいるのなら、どうして彼はダビデの子なのでしょう。」46 それで、だれもイエスに一言も答えることができなかった。また、その日以来、もはやだれも、イエスにあえて質問をする者はなかった。

パリサイ人の罪
23:1-7　並行記事―マコ12:38, 39, ルカ20:45, 46
23:37-39　並行記事―ルカ13:34, 35

23 1 そのとき、イエスは群衆と弟子たちに話をして、2 こう言われた。「律法学者、パリサイ人たちは、モーセの座を占めています。3 ですから、彼らがあなたがたに言うことはみな、行い、守りなさい。けれども、彼らの行いをまねてはいけません。彼らは言うことは言うが、実行しないからです。4 また、彼らは重い荷をくくって、人の肩に載せ、自分はそれに指一本さわろうとはしません。5 彼らのしていることはみな、人に見せるためです。経札の幅を広くしたり、衣のふさを長くしたりするのもそうです。6 また、宴会の上座や会堂の上席が大好きで、7 広場であいさつされたり、人から先生と呼ばれたりすることが好きです。8 しかし、あなたがたは先生と呼ばれてはいけません。あなたがたの教師はただひとりしかなく、あなたがたはみな兄弟だからです。9 あなたがたは地上のだれかを、われらの父と呼んではいけません。あなたがたの父はただひとり、すなわち天にいます父だけだからです。10 また、師と呼ばれてはいけません。あなたがたの師はただひとり、キリストだからです。11 あなたがたのうちの一番偉大な者は、あなたがたに仕える人でなければなりません。12 だれでも、自分を高くする者は低くされ、自分を低くする者は高くされます。

七つの災い

13 わざわいだ。偽善の律法学者、パリサイ人。おまえたちは人々から天の御国をさ

などをなおざりにしてはならない。つまり神への愛が第一であって、人々を愛することによって神への愛がおろそかになってはならない。(3) 神を完全に愛し(22:37-38)、自分を捨てて人々を愛するなら(22:39)、態度や行動は最終的には神の戒め、教え、命令、指針、標準などに沿ったものになる(22:40)。

23:13　わざわいだ。偽善の律法学者、パリサイ人
「偽善者」と訳されているギリシヤ語は「ヒュポクリタイ」である。古典ギリシヤ語ではそれは芝居を演じる俳優のことだった。俳優はもちろん舞台の役柄をそのまま日常生活に持込むものではない。このことばを使って主イエスは人々の前では見せ掛けだけの役を演じている人のことを言われたのである。宗教的な見せ掛けは、霊的に盲目であることや心の中の腐敗を隠す仮面だった。23章の主イエスのことばは、神に献身しているように行動しながらなお主イエスが行っていることや教えていることをみな拒む人々への強力な告発、批判、非難になっている。それは啓示された神のことば(よく精通していた)の少くとも一部分を拒み、自分たちの考えや解釈に置き換えていた宗教的指導者やにせ教師たちに対して直接向けられたことばだった(23:23, 28, 15:3, 6-9, マコ7:6-9)。

(1) この部分に示されている主イエスの思いや態度に注目をしたい。それは人を傷つけることを恐れて

マタイの福音書　23章

えぎっているのです。自分も入らず、入ろうとしている人々をも入らせません。

14 [わざわいだ。偽善の律法学者、パリサイ人。おまえたちはやもめの家を食いつぶし、見えのために長い祈りをしています。だから、おまえたちは人一倍ひどい罰を受けます。]

15 わざわいだ。偽善の律法学者、パリサイ人。おまえたちは改宗者をひとりつくるのに、海と陸とを飛び回り、改宗者ができると、彼を自分より倍も悪いゲヘナの子にするのです。

16 わざわいだ。目の見えぬ手引きども。おまえたちは言う。『だれでも、神殿をさして誓ったのなら、何でもない。しかし、神殿の黄金をさして誓ったら、その誓いを果たさなければならない。』

17 愚かで、目の見えぬ者たち。黄金と、黄金を聖いものにする神殿と、どちらがたいせつなのか。

18 また、言う。『だれでも、祭壇をさして誓ったのなら、何でもない。しかし、祭壇の上の供え物をさして誓ったら、その誓いを果たさなければならない。』

19 目の見えぬ者たち。供え物と、その供え物を聖いものにする祭壇と、どちらがたいせつなのか。

20 だから、祭壇をさして誓う者は、祭壇をも、その上のすべての物をもさして誓っているのです。

21 また、神殿をさして誓う者は、神殿をも、その中に住まわれる方をもさして誓っているのです。

22 天をさして誓う者は、神の御座とそこに座しておられる方をもさして誓うのです。

23 わざわいだ。偽善の律法学者、パリサイ人。おまえたちは、はっか、いのんど、クミンなどの十分の一を納めているが、律法の中ではるかに重要なもの、正義とあわれみと誠実を、おろそかにしているのです。これこそしなければならないことです。ただし、十分の一もおろそかにしてはいけません。

24 目の見えぬ手引きども。ぶよは、こして

---

14 * 異本に、この節を欠くものもある
　①並 マコ12:40, ルカ20:47
15 ①使2:11, 6:5, 13:43　②並 マタ5:22
16 ①マタ23:24, 15:14　②並 マタ5:33-35　* あるいは「聖所」
17 ①並 出30:29　* あるいは「聖所」
19 ①並 出29:37
21 * あるいは「聖所」
　①Ⅰ列8:13, 詩26:8, 132:14
22 ①マタ5:34
23 ①並 マタ23:13, ルカ11:42
24 ①マタ23:16

我慢し、黙認し、調整するような態度ではない。主イエスが最も案じられたのは神とみことばに忠実であることだった。主イエスは罪や偽善を容認するような弱腰の説教者ではなかった。ご自分の使命に忠実だった主イエスは、悪に対しては怒り（⇒21:12-17, ヨハ2:13-16）、「高き所」の罪や腐敗を非難されている（23:23, 25）。

（2）神のことばへの愛と、神のことばをねじ曲げた人々によって傷つけられ破滅させられた人々を思う気持が非常に強かったため（→15:2-3, 18:6-7, 23:13, 15）、主イエスは次のような「偽善の律法学者」（23:15）、「ゲヘナの子」（23:15）、「目の見えぬ手引きども」（23:16）、「愚か」（23:17）、「強奪と放縦」（23:25）、「白く塗った墓・・・汚れたもの」（23:27）、「不法でいっぱい」（23:28）、「蛇ども」、「まむしのすえども」（23:33）などと激しいことばを使われた。さらに人殺しさえするだろうと言われた（23:34）。これらのことばは厳しく非難することばである。けれどもそれは、厳しく責め立てたこの相手の人々のためにやがてご自分のいのちを与える方が言われたもので、心を痛めながら言われた（23:37）ことを忘れてはならない（⇒ヨハ3:16, ロマ5:6, 8）。

（3）主イエスはにせ教師やにせ説教者の性格を次のように描いておられる。人気を求め（23:5）、名誉を愛し（23:6）、地位や肩書きによって高くあがめられたいと思い（23:7）、神のメッセージをねじ曲げて伝えて人々を天の御国から閉め出している（23:13, →「**にせ教師**」の項 p.1758）。この人々は霊的で神を敬っているように見せ掛ける「プロ」だったけれども、実際は不義で反抗的だった（23:14, 25-27）。神を敬う過去の霊的に偉大な指導者（預言者のような）を評価してもその教えや模範には従おうとはしなかった。神とみことばに頼らず（23:29-30）、神との確実な個人的関係を持ってもいなかった。

（4）聖書はこのようなにせ宗教的指導者に注意をし（7:15, 24:11）、不信者と見なし（→ガラ1:9注）、その働きを支援したり交わりを持ってはならないと命じている（Ⅱヨハ1:9-11）。けれどもこのことは自分が間違っているときにそれを指摘する牧師に賛成できないとか感謝できないということで、教会の働きそのものを支援するのをやめてよいということではない。

（5）教会の中でも神のことばに照らして間違っている行動に対して反対をしない（愛と忍耐と一致を装って）人々は（7:15, ガラ1:6-7, Ⅱヨハ1:9）、実際にはにせ預言者やにせ教師の悪い働きに加わっていることになる（Ⅱヨハ1:10-11）。

除くが、らくだは飲み込んでいます。

25 わざわいだ。偽善の律法学者、パリサイ人。おまえたちは杯や皿の外側はきよめるが、その中は強奪と放縦でいっぱいです。

26 目の見えぬパリサイ人たち。まず、杯の内側をきよめなさい。そうすれば、外側もきよくなります。

27 わざわいだ。偽善の律法学者、パリサイ人。おまえたちは白く塗った墓のようなものです。墓はその外側は美しく見えても、内側は、死人の骨や、あらゆる汚れたものがいっぱいです。

28 そのように、おまえたちも外側は人に正しく見えても、内側は偽善と不法でいっぱいです。

29 わざわいだ。偽善の律法学者、パリサイ人。おまえたちは預言者の墓を建て、義人の記念碑を飾って、

30 『私たちが、父祖たちの時代に生きていたら、預言者たちの血を流すような仲間にはならなかっただろう』と言います。

31 こうして、預言者を殺した者たちの子孫だと、自分で証言しています。

32 おまえたちも父祖たちの罪の目盛りの不足分を満たしなさい。

33 おまえたち蛇ども、まむしのすえども。おまえたちは、ゲヘナの刑罰をどうしてのがれることができよう。

34 だから、わたしが預言者、知者、律法学者たちを遣わすと、おまえたちはそのうちのある者を殺し、十字架につけ、またある者を会堂でむち打ち、町から町へと迫害して行くのです。

35 それは、義人アベルの血からこのかた、神殿と祭壇との間で殺されたバラキヤの子ザカリヤの血に至るまで、地上で流されるすべての正しい血の報復がおまえたちの上に来るためです。

36 まことに、おまえたちに告げます。これらの報いはみな、この時代の上に来ます。

エルサレムについて悲しまれる主イエス

37 ああ、エルサレム、エルサレム。預言者たちを殺し、自分に遣わされた人たちを石で打つ者。わたしは、めんどりがひなを翼の下に集めるように、あなたの子らを幾たび集めようとしたことか。それなのに、あなたがたはそれを好まなかった。

38 見なさい。あなたがたの家は荒れ果てたままに残される。

39 あなたがたに告げます。『祝福あれ。主の御名によって来られる方に』とあなたがたが言うときまで、あなたがたは今後決してわたしを見ることはありません。」

世の終りのしるし

24:1-51　並行記事−マコ13:1-37, ルカ21:5-36

24 1 イエスが宮を出て行かれるとき、弟子たちが近寄って来て、イエス

23:28　外側は・・・正しく　主イエスは当時の宗教的指導者や奉仕者について厳しいけれども真実のことばを話し続けられた。その人々の公の行動は正しく神を敬っているように見えるけれども心は偽善と誇りと欲望と邪悪で満ちていた。それはペンキを塗った墓石（時には夜でもよく見えるように「しっくい」を塗った）のようで、外側は人目を引付けるけれども内側には死と腐敗が隠れている。にせ教師についての聖書の記述→「にせ教師」の項 p.1758

23:37　ああ、エルサレム、エルサレム　→ルカ13:34注, ルカ19:41注

23:39　・・・ときまで、あなたがたは今後決してわたしを見ることはありません　エルサレムの町は主イエスのメッセージを拒み続けた。そこでイスラエルが罪を認め、主イエスをメシヤ（救い主、解放者、キリスト）として認め、心から救いを求めるようになるまでキリストは深い失望と悲しみをもってイスラエルから身を引かなければならなかった（23:37-38）。

（1）これはイスラエル（一部の残っている人々→イザ6:13注, 10:20注, 17:7注）が患難の恐ろしい日を体験し、敵によって完全に滅ぼされるときのことである（ホセ5:15-6:3, →**大患難**の項 p.1690）。

（2）世界を支配した反キリストの下でイスラエルが非常な迫害と苦しみを受けた後（→アモ9:9）、世界の国々はエルサレムに対して集まり（ゼカ12:1-4）、イスラエルの三分の二の人々が殺される（ゼカ13:8-9）。イスラエルが完全に滅ぼされそうになったとき、残った人々は死に物狂いで心から悔い改めて神に立返る。神はそれに応えて奇蹟的に救ってくださる（イザ26:16-17, 64:1, 6, ホセ5:15, ゼカ12:4-5, 10, ロマ

に宮の建物をさし示した。 2 そこで、イエスは彼らに答えて言われた。「このすべての物に目をみはっているのでしょう。まことに、あなたがたに告げます。①ここでは、石がくずされずに、積まれたまま残ることは決してありません。」 3 イエスがオリーブ山ですわっておられ

2①ルカ19:44
3②マタ21:1

②マタ24:27, 37, 39, マタ16:27, 28
4①エレ29:8

ると、弟子たちが、ひそかにみもとに来て言った。「お話しください。いつ、そのようなことが起こるのでしょう。あなたの来られる時や世の終わりには、どんな前兆があるのでしょう。」 4 そこで、イエスは彼らに答えて言われた。「①人に惑わされないように気をつけなさい。

11:26,→黙11:2注, 12:6注,→「神の計画の中のイスラエル」の項 p.2077）。

24:3-25:46 オリーブ山での預言 主イエスの預言は主に、「あなたの来られる時や世の終わりには、どんな前兆があるのでしょう」という弟子たちの質問に応えるものだった。そして次のことを教えられた。(1) 終りの日までに起こる一般的なしるしと主な出来事の概略(24:4-14)。(2) 今の時代の終りを告げる特別な警告、つまり大患難(24:15-28,→「**大患難**」の項 p.1690)。(3) 大患難の終りに「大能と輝かしい栄光を帯びて」キリストが勝利を得て地上に再び来られるときに起こる目を見張るようなしるし(24:29-31)。(4) 恐ろしい大患難の時代にキリストに頼ることにした人々に対して、キリストが再び来られて患難を終らせることを示すしるしに気を付けるようにという警告(24:32-35)。(5) 大患難の前に生きている信仰者に対するもので、いつかはわからないけれども、キリストが来られて忠実な信仰者をこの世界から引上げて地上に下るさばきから守ってくださる。そのことに霊的な準備をしておくようにという訴え(24:36-51, 25:1-30,→ヨハ14:3注,→「**携挙**」の項 p.2278)。患難のさばきの前にキリストは真実の教会を世界から引上げられるけれども、ある人々は患難のときにキリストのところに来る。それは反キリストのひどい迫害の中でのことである。キリストは肉体を持って地上に再び来られ、患難を終らせ反キリストの勢力を滅ぼされる。そのとき生き残っている信仰者はキリストによって救い出される。(6) 主イエスが地上に再び来られたあと諸国民が受けるさばきの様子(25:31-46)。キリストが再び来られることについて、細かい部分の多く(終りのとき全体も)はマタイ24章では明らかにされていない。実際のところ終りのときについての聖書の預言を全部完全に理解して説明できる人はこれまではいなかった。ある場合には出来事の時期や順序がはっきりしない。ある場合にはしるしや出来事の細かいところが不明瞭である。これは明らかに神のご計画で、新約聖書の著者も主イエスご自身も細かい部分を全部明らかにしようとされなかった。一番懸念されていたことは神の民が「目をさまして」いること(24:42,

25:13)と、キリストが来られることへの準備ができていることだった。したがって主イエスの預言には奥義的要素が含まれており、謙遜になり心の準備をし、心を主イエスご自身に向けていることが要求されている。終りのときの出来事が展開するにつれ、神の民にはさらに洞察と理解が神から与えられると期待することができる(⇒ダニ12:9)。聖書に明らかにされている終りのときの出来事 →「**終末の事件**」の表 p.2471

24:4-51 イエスは・・・答えて言われた 主イエスは終りのときに勝利のうちに再び来られ地上を治められる。ここでの主イエスのことばは、弟子たちと「世の終わり」まで神に忠実な人々全員に向けて言われている(→黙19:-20:)。

(1) 患難の時代より前に生きている人々はキリストが来られるときがいつなのか計算することも推測することもできないとキリストは言われた(24:42-44)。したがっていつ天の御国(「父の家」→ヨハ14:2注, 3注)に連れて行かれてもよいように準備をしていなければならない。その日は「思いがけない時に来る」(24:44注,→「**携挙**」の項 p.2278)。

(2) 大患難の時代にキリストに立返り、終りまで生き残った人々は主が再び来られるときをかなり正確に知ることができる。それはキリストが特別なしるしを与えられるからで(24:15-29)、それによって「人の子が戸口まで近づいていると知」ることができる(→24:33注)。聖書のほかの箇所では患難についての時間枠も明らかにされている(→ダニ9:25-27, 黙11:1-2, 12:6, 13:5-7,→ダニ9:25-27各注,→「**大患難**」の項 p.1690)。

24:4 世の終わりの前兆 24:4-14で主イエスは終りの日の出来事の特徴を示して、終りが近付くにつれて激しくなる前兆(⇒24:3)を次のように示された。(1) 世界中で宗教的な惑わしが普通に行われるようになる。教会の中ではにせ預言者やにせ教師が増えて、多くの人をだます(24:4-5, 11)。(2) 軍事的衝突や自然災害が増える。戦争、飢饉、地震(24:6-7)はメシヤ時代(歴史の終りにキリストが再び来られ悪を征服し地上を治めるとき →黙20:)の「産みの苦しみの初め」(24:8)である。(3) 神の民に対する迫害が

マタイの福音書　24章

5 わたしの名を名のる者が大ぜい現れ、『私こそキリストだ』と言って、多くの人を惑わすでしょう。
6 また、戦争のことや、戦争のうわさを聞くでしょうが、気をつけて、あわてないようにしなさい。これらは必ず起こることです。しかし、終わりが来たのではありません。
7 民族は民族に、国は国に敵対して立ち上がり、方々にききんと地震が起こります。
8 しかし、そのようなことはみな、産みの苦しみの初めなのです。
9 そのとき、人々は、あなたがたを苦しめに会わせ、殺します。また、わたしの名のために、あなたがたはすべての国の人々に憎まれます。
10 また、そのときは、人々が大ぜいつまずき、互いに裏切り、憎み合います。
11 また、にせ預言者が多く起こって、多くの人々を惑わします。
12 不法がはびこるので、多くの人たちの愛が冷たくなります。

5①マタ24:24、Ⅰヨハ2:18、囲マタ24:11、使5:36,37、Ⅰヨハ4:3
7①囲Ⅱ歴15:6、イザ19:2 ②囲使11:28
9①マタ10:17、ヨハ16:2 ②マタ10:22、囲マタ15:18以下
10①圖マタ11:6
11①マタ24:24、圖マタ7:15

増し、さらに厳しくなり(24:9)、多くの人がキリストへの忠誠心を捨てるようになる(24:9-10)。(4) 愛が消えて同情心がなくなる。人々は互いに非常に厳しくなる。暴力、犯罪、神の律法の無視などが急速に増加し、自然の愛や家族の愛情が減少する(24:12、⇒マコ13:12、Ⅱテモ3:3)。(5) 効果的な伝道が行われる。問題や不確実性が増加するけれども、キリストのメッセージが世界中に広められる(24:14)。多くの人がメッセージに応えて赦しを受入れ、神と個人的な関係を結ぶようになる。(6) 終りの日の苦難全体を通して堅く信仰に立った人々が最後に救われる(24:13)。(7) キリストに忠実な人々はこれらの前兆が増加しひどくなるのを見るとき、主が再び来られる日が「近づいている」ことを知る(ヘブ10:25、→ヨハ14:3注)。

24:5 大ぜい・・・多くの人を惑わす この最初の大きな前兆は非常に重要な警告である。今の時代の終りに向かって地上では宗教的惑わしが堂々と行われ教えられる。キリストは大変心配して弟子たちが世界中で起こる霊的惑わしに気付くように、同じ警告をこの説教の中でさらに2回も繰返しておられる(→24:11注、24:24、→「**反キリストの時代**」の項 p.2288)。

24:9 あなたがたは・・・憎まれます キリストの弟子たちはみな生きている間に当然問題や反対に遭うものと考えなければならない。キリストとみことばに忠実であるために苦しむことはキリスト教信仰の一部であり、苦しむことによって私たちは強くなることができる(⇒ヨハ15:20、16:33、使14:22、ロマ5:3、→マタ5:10注、Ⅱテモ3:12注)。

24:11 にせ預言者が多く起こって 終りの日が終りに近付くにつれてにせ教師やにせ説教者が増える(→「**にせ教師**」の項 p.1758)。そして「新しい」啓示を受けたとか困難な問題の解決ができると主張して教会の中で影響力を持つようになる。けれども既に証明されている文書になった神のことば(聖書)の教えがこれらの問題の答であることを否定する。キリスト教の多くが

霊的に反抗的で不忠実な状態になる。完全に信仰によって神のことばの基準に従って生きようとする人々は少なくなる。

(1) 忠実なキリスト者だと主張している多くの人も聖書に啓示されている神のことばと違う「新しい啓示」を受入れるようになる。これによって教会の中では聖書の真理に対する論争が起こり、反対が起こる(→Ⅰテモ4:1注、Ⅱテモ3:8、4:3-4注)。ゆがめられた説教をする人々が影響力の強い教会組織や神学校(宗教や神、神と世界との関係などを神学生が学んでいる)で極めて重要な指導的立場に就くようになる(→7:22注)。その地位が高いので教会内の多くの人がだまされ惑わされるようになる(→ガラ1:9注、Ⅱテモ4:3-4注、Ⅱペテ3:3-4)。

(2) 世界中で多くの人がオカルト(悪魔礼拝、儀式、魔術)や占星術(星の動きが人間に影響を与えると信じて星の動きを見る術)、魔法、交霊術(死者の霊が生きている人と交流できるとする信仰)、サタン信仰にかかわるようになる。これらの活動を通して悪魔と悪霊の影響が大きくなる(→Ⅰテモ4:1注)。

(3) だまされないようにする方法は、耐えて信仰を保ち続け、キリストを愛し、神のことばの絶対的な権威に揺らぐことなく従うことである(24:4, 11, 13, 25)。したがって神のことばを知っていることは非常に重要である(→Ⅰテモ4:16注)。

24:12 不法がはびこる 終りの日の特徴は不品行な行動、無恥、神への反抗が信じられないほど増加することである。多くの人があらゆる道徳的規律に逆らい、その結果、みだらな性的行動、不品行、姦淫、ポルノ、薬物、神を敬わない音楽、みだらな娯楽が今まで以上にはびこる。そして人の心に計ることがみな悪くなる一方だった(→創6:5)「ノアの日のよう」になる(24:37)。また男性間や女性間の同性愛など、あらゆる不道徳な性的関係が社会の様々な階層に満ちていた「ロトの時代」(ルカ17:28, 30)のようになる(→創19:

マタイの福音書 24章

13 しかし、最後まで耐え忍ぶ者は救われます。
14 この御国の福音は全世界に宣べ伝えられて、すべての国民にあかしされ、それから、終わりの日が来ます。
15 それゆえ、預言者ダニエルによって語られたあの『荒らす憎むべきもの』が、聖なる所に立つのを見たならば、（読者はよく読み取るように。）
16 そのときは、ユダヤにいる人々は山へ逃げなさい。
17 屋上にいる者は家の中の物を持ち出そうと下に降りてはいけません。
18 畑にいる者は着物を取りに戻ってはいけません。
19 だがその日、哀れなのは身重の女と乳飲み子を持つ女です。
20 ただ、あなたがたの逃げるのが、冬や安息日にならぬよう祈りなさい。
21 そのときには、世の初めから、今に至るまで、いまだかつてなかったような、またこれからもないような、ひどい苦難があるからです。
22 もし、その日数が少なくされなかったら、*ひとりとして救われる者はないでしょう。しかし、選ばれた者のために、その日数は少なくされます。
23 そのとき、『そら、キリストがここにいる』とか、『そこにいる』とか言う者があっても、信じてはいけません。
24 にせキリスト、にせ預言者たちが現れて、できれば選民をも惑わそうとして、大きなしるしや不思議なことをして見せます。
25 さあ、わたしは、あなたがたに前もって話しました。
26 だから、たとい、『そら、荒野にいらっしゃる』と言っても、飛び出して行ってはいけません。『そら、へやにいらっしゃる』と聞いても、信じてはいけません。
27 人の子の来るのは、いなずまが東から出て、西にひらめくように、ちょうどそのように来るのです。
28 死体のある所には、はげたかが集まります。
29 だが、これらの日の苦難に続いてすぐに、太陽は暗くなり、月は光を放たず、星は天から落ち、天の万象は揺り動かされます。

---

13 ①マタ10:22
14 ①関マタ24:3、②ルカ21:4,5、使11:28,17:6,31,19:27、ロマ10:18、ヘブ1:6、2:5、黙3:10, 16:14
  *直訳「人の住む地」
  ②ロマ10:18、コロ1:6, 23
15 ①ダニ9:27,11:31,12:11
  ②使6:13, 14, 21:28、関ヨハ11:48、ルカ21:20、マコ13:14
  ③ダニ13:14、関黙1:3
17 ①マタ10:27、ルカ5:19, 12:3、使10:9、Ⅰサム9:25、Ⅱサム11:2
19 ①ルカ23:29
21 ①ダニ12:1、ヨエ2:2、マタ24:29
22 *直訳「あらゆる肉は救われない」、①マタ24:24, 31、関マタ22:14、関ルカ18:7
23 ①マタ17:23, 24
24 ①マタ24:11、関マタ7:15
  ②マタ22:22, 31、
  関マタ22:18のギリシャ語、関ルカ18:7
  *関ヨハ4:48、関Ⅱテサ2:9、*あるいは「証拠としての奇蹟」
27 ①ルカ17:23, 24
  ②マタ8:20
  ③マタ24:3, 37, 39
28 ①マタ17:37、関ヨブ39:30、ハバ1:8、エゼ39:17
29 ①マタ24:21、②イザ13:10, 24:23、エゼ32:7、ヨエ2:10, 31, 3:15、使2:20、関アモ5:20,8:9、ゼパ1:15、黙6:12, 8:12
  ③黙6:13、関イザ34:4

5注、Ⅰテモ4:1注、Ⅱテモ3:1, 3, 5, 8各注）。さらに本当の愛はほとんど見られなくなると主イエスは明らかにされた。

24:14　この御国の福音・・・終わりの日　「御国の福音」が全世界に十分に伝えられた後に終わりが来る。
　（1）「御国の福音」とは、イエス・キリストの死と復活を通して与えられる赦しと新しいいのちについて新約聖書が伝えるメッセージである。このメッセージは聖霊の力によって引き続き伝えられ、神の権威と真理の力強いしるしが伴っていく（→「神の国」の項 p.1654）。
　（2）この働きが神のご計画に従っていつ完成するのかは神以外のだれにもわからない。けれども主が来られて教会（主イエスの弟子たち）を天に引上げられるまで、弟子たちは「すべての国民に」主のメッセージを忠実に忍耐強く広め続けなければならない（→28:19注、20注、ヨハ14:3注、Ⅰテサ4:13注）。
　（3）「終わり」は「キリストにある死者が、まず初めによみがえり」、キリストの教会の忠実な人々が「彼らといっしょに雲の中に一挙に引き上げられ、空中で主と会う」ときのことだと多くの注解者は解釈している（Ⅰテサ4:16-17、→「携挙」の項 p.2278）。弟子たちを天に連れて行くために突然思いがけないときに来られることについて、キリストは24:37-44でさらに詳しく話された。

24:14　それから、終わりの日が来ます　キリストは弟子たちに対して預言したことがその世代に起こるかのように話された。そうなることが新約聖書の教会の希望でもあった。それはまたあらゆる時代のイエス・キリストを信じて従う人々の希望だったに違いない。そして今日の信仰者が持つ確固とした希望でもある。どの時代の人々も主が再び来られるのを心待ちにし、自分たちの生きている間に「世の終わり」（24:3）が来るかのように生きることをキリストは願っておられる（→Ⅰコリ15:51注）。したがって私たちはキリストが間もなく再び来られると期待しながら生活をし、主が命じられたようにメッセージを伝え続けなければならない（28:19）。

24:15-28　大患難　この部分は大きな悩みと苦しみの時代を扱っている。このことについての詳細　→「大患難」の項 p.1690、→「終末の事件」の表 p.2471

24:29　太陽は暗くなり　患難の時代の終りには驚くべきことが天に起こり、その後キリストが現れる。患

大　患　難

「そのときには、世の初めから、今に至るまで、いまだかつてなかったような、またこれからもないような、ひどい苦難があるからです。」(マタイの福音書24：21)

　終りの時代に起こる特別なしるしについて主イエスはマタイの福音書24章15節から話し始められた。これはしばしば「大(きな)患難」(時代)と言われているものである(黙7：14，⇒マタ24：21の「ひどい苦難」も同じギリシヤ語)。ここで起きるしるしは今の時代の終りが近付いていることを警告するものである(マタ24：15-29)。また患難の後にキリストが肉体をもって地上に再び来られることにつながるもので、その合図になるものである(マタ24：30-31，⇒黙19：11-20：4)。キリストが来られると反キリストと悪の勢力を滅ぼし地上を1,000年間平和に治められる(→「終末の事件」の表 p.2471)。

　患難の始まりの合図になる最初の大きなしるしは「荒らす憎むべきもの」である(マタ24：15)。このことばは、キリストが実際に地上に来られることが非常に近いことを神に忠実に従う人々(患難時代に生きている)に教える明らかな事件を指している(患難時代にキリストに従う人々は教会の忠実な人々がこの世界から引上げられた後にキリストを受入れた人々のこと，→「携挙」の項 p.2278)。この明らかなしるしまたは事件は、第一に将来エルサレムのユダヤ人の神殿が反キリストによって汚される(冒瀆、悪用、乱用)ことを指している(→ダニ9：27注，Ⅰヨハ2：18，→「反キリストの時代」の項 p.2288)。反キリストまたは不法の人は自分が「神」であると宣言して神の神殿の中に自分の像を立てる(Ⅱテサ2：3-4，黙13：14-15)。次のことはこの後に続いて起こる事件への転機になる重要なことである。

　(1)「荒らす憎むべきもの」は患難の最終段階の始まりを示す。その患難はキリストが地上に再び来られて、ハルマゲドンの戦いで反キリストの勢力に勝利し、神を敬わない人々をさばいて滅ぼすことによって終結する(マタ24：21, 29-30，ダニ9：27，黙19：11-21)。

　(2) この事件が起こる時を注意していれば(マタ24：15の「読者はよく読み取るように」)、患難時代のキリスト者たちは患難がいつ終り、いつキリストが来て地上を治められるかを非常に正確に知ることができる(→マタ24：33注)。この事件と終りとの間には3年半または1,260日あることを聖書は4回も記録している(→ダニ9：25-27，黙11：1-2, 12：6, 13：5-7，→ダニ9：25-27各注)。

　(3) キリストが来られることを待っている人々は、熱心に期待するあまり(マタ24：33)キリストが既に来ておられるという知らせにだまされないように注意しなければならない(マタ24：23-27)。患難の終りに「人の子の来るのは」、目に見えるかたちで世界中の人々がみな知ることができるほどはっきりしたものである(マタ24：27-30)。

　大患難が始まったことを示すもう一つのしるしは、「大きなしるしや不思議なこと」を行うにせ預言者、サタンの使いが出現することである(マタ24：24)。

　(1) 主イエスは弟子たちに偽りに警戒し身を守るように強く警告された。「キリスト教」の預言者、教師、牧師であると自己主張する多くの人がたとい奇蹟や癒しやそのほかのしるしを行っているように見えても実際は偽善者でありうそつきであるかもしれない。その働きは成功しているように見えるかもしれない。けれどもにせ預言者たちは神のことばの中にある真理ではなく、それとは違う、変えたり曲げたりしたメッセージを伝えるのである(→マタ7：22注，ガラ1：9注，→「反キリストの時代」の項 p.2288)。

　(2) 聖書は教師、指導者、説教者などを動かしている「霊・・・を、ためし」、そのメッセージ、働き、生活が神の永遠のみことばの教え、原則、基準に合っているかどうか調べるように、キリスト者に勧めている(→Ⅰヨハ4：1注，→「にせ教師」の項 p.1758)。このような奇蹟を伴う偽り(真理を正しく伝えない)が存在することを神は許しておられるけれども、それは信仰者を試して神への愛の深さと質、そしてみことばの

真理に対する忠誠心をはっきりさせるためである(→申13:3)。この偽りの時代は非常に困難な時期である。主イエスはマタイの福音書24章24節で終りの時代には宗教的偽りが広がり、巧妙に伝えられるので「選民」(熱心なキリスト者)さえも真理とうそを区別するのがむずかしいだろうと言われた(→Ⅰテモ4:16注、ヤコ1:21注、「**選びと予定**」の項 p.2215)。

(3) 神の民の中でも真理を本当に愛していない人々はだまされてしまう。反キリストが来るとキリストの真理を信じて受入れる機会が奪われてしまう(→Ⅱテサ2:11注)。

最後に、大患難は世界中の人々にとって恐ろしい苦しみと悩みの期間になる。反キリストが世界を支配し神が終りのときの厳しいさばきを下されるこの恐ろしい時期について聖書は次のような事実を挙げている。

(1) それは世界的である(→黙3:10注)。
(2) それは人類の歴史の中で最悪の苦しみと悩みのときである(ダニ12:1、マタ24:21)。
(3) それはユダヤ人にとって恐ろしい迫害のときである(エレ30:5-7)。
(4) それは「不法の人」(反キリスト ⇒ダニ9:27、黙13:12、「**反キリストの時代**」の項 p.2288)が支配する期間である。
(5) キリストの教会の中の忠実な人々はこの時代が始まる前に患難から救い出され、「のがれ」ると約束されている(→ルカ21:36注、Ⅰテサ5:8-10、黙3:10注、→「**携挙**」の項 p.2278)。
(6) この期間にはイエス・キリストを信じて霊的に救われるユダヤ人や異邦人(ユダヤ人以外の人々)がいる(申4:30-31、ホセ5:15、黙7:9-17、14:6-7)。けれども患難が始まってからキリストに頼るようになった人々はこの後に起こることを耐え忍ばなければならない。
(7) それは神に対して忠実であり続ける人々にとって大変な苦しみと恐ろしい迫害のときである(黙12:17、13:15)。
(8) それは全世界の神を敬わない人々に対する神の怒り(正当化された怒り、報復)とさばきのときである(Ⅰテサ5:1-11、黙6:16-17)。
(9) その日数は少なくされると主イエスは言われたけれども(マタ24:22)、予告された3年半または1,260日より少なくなるということではない。むしろその期間が非常に恐ろしいので日数が限定されなければだれも生き残れない、つまり全人類が滅ぼされてしまうという事実を示されたのである。
(10) 大患難はイエス・キリストが花嫁(既にキリストとともに天にいる人々つまり教会 黙19:7-8、14)と一緒に栄光の姿で地上に来られることで終る。それは患難時代に主イエスを知りそのときまで生き残っていた人々を救い出すためである。帰って来られたキリストは、神の民であるイスラエルに向かって集まって来た反キリストの勢力をハルマゲドンの戦いで破られる(黙16:16)。そしてすべての邪悪な人々に対して最後のさばきを下される(エゼ20:34-38、マタ24:29-31、ルカ19:11-27、黙19:11-21)。
(11) 大患難の時代の終りに主イエスが来られることと、マタイの福音書24章42、44節で言われた突然に思いがけない時に天から降りて来られることとを混同してはならない(→マタ24:42注、44注 この来臨は患難時代の終りに最終的に地上に来られる前に起こる教会の携挙を指している)。患難の前に突然来られて教会を世界から引上げられることはキリストの再臨の「第一段階」とされている。大患難の終りに肉体をもって地上に来られることはキリストの再臨の「第二段階」である。
(12) 7年間の患難全体を描く重要な聖句は黙示録6-18章に見られる。

患難時代全体は7年間続く。その期間中に反キリストは政治的権力を握る。けれども完全に姿を現す、あるいは全世界を支配するのは後半の3年半になってからである(→ダニ9:25-27、黙13:5-7)。この後半の時期は上に挙げた特異な事件が起こるので、特に大患難と言われている(→「**終末の事件**」の表 p.2471)。

マタイの福音書 24章

30 そのとき、人の子のしるしが天に現れます。すると、地上のあらゆる種族は、悲しみながら、人の子が大能と輝かしい栄光を帯びて天の雲に乗って来るのを見るのです。
31 人の子は大きなラッパの響きとともに、御使いたちを遣わします。すると御使いたちは、天の果てから果てまで、四方からその選びの民を集めます。
32 いちじくの木から、たとえを学びなさい。枝が柔らかになって、葉が出て来ると、夏の近いことがわかります。
33 そのように、これらのことのすべてを見たら、あなたがたは、人の子が戸口まで近づいていると知りなさい。

34 まことに、あなたがたに告げます。これらのことが全部起こってしまうまでは、この*時代は過ぎ去りません。
35 この天地は滅び去ります。しかし、わたしのことばは決して滅びることがありません。

思いがけない時に来られる人の子
24:37-39　並行記事－ルカ17:26, 27
24:45-51　並行記事－ルカ12:42-46

36 ただし、その日、その時がいつであるかは、だれも知りません。天の御使いたちも子も知りません。ただ父だけが知っておられます。

30 ①マタ24:3, ❼ダニ7:13, 黙1:7
　②マタ24:3, 37, 39,
　③マタ16:27
31 ①イザ27:13,
　Ⅰコリ15:52,
　Ⅰテサ4:16,
　❼出19:16, ゼカ9:14,
　黙8:2, 11:15,
　ヘブ12:19
　②マタ13:41
　③申4:32
　④ダニ7:2, ゼカ2:6,
　黙7:1
　⑤❼マタ24:22
33 *あるいは「そのこと」
　①ヤコ5:9, 黙3:20

34 ❼マタ16:28,
　❼マタ10:23, 23:36
　*別訳「世代」
35 ❼マタ13:31,
　ルカ21:33, ❼マタ5:18
36 ❼マコ13:32, 黙使1:7

難の時代のキリスト者は神のことばに注意を払い、太陽、月、星、天地が揺れ動くことなどはっきりした前兆を観察していれば、キリストが「大能と輝かしい栄光を帯びて」地上に再び来られても(24:30)不意を突かれることはない(→イザ13:6-13注)。

24:30　人の子が・・・来る　ここでは患難と天に驚くようなしるしが起こった後にキリストが空中に現れることが描かれている。キリストは来て弟子たちを救い、反キリストの勢力を打砕き、悪者をさばき、地上を義と平安をもって治め、歴史を閉じられる(黙19:11-20:4)。キリスト者は生きている人も死んだ人(携挙のときに地上から引上げられた人々→ヨハ14:3注,→「携挙」の項 p.2278)もみな、「大能と輝かしい栄光を帯びて」キリストとともに戻って来る(→黙19:14注)。「しるし」はキリストご自身が輝かしい光に囲まれて「天の雲に乗って来」られることを指していると思われる。患難のさばきの前に教会をこの世界から引上げるために来られるとき、キリストは「どろぼう」のように予期しないときに来られることに注意しなければならない(24:42-44)。けれども大患難の後にキリストが再び来られるときは、世界中の人々がそれを見て知るようになる。そしてキリストが最終的に来られたことが確実になる。

24:31　その選びの民を集めます　患難の時代の後にキリストが地上に再び来られると次のようなことが起こる。(1) 神が邪悪な人々(24:30, 黙19:11-21)、反キリスト(黙19:20)、サタン(黙20:1-3)に勝利される。(2) そのときに生きている人々がさばかれ分けられる(→13:41注, 25:32-46注)。(3) キリストが来られたときに既に天にいる人々(⇒マコ13:27,→ヨハ14:3注, 黙19:14注, 20:4, 6)と生きている人々(→13:40)を含むあらゆる時代の神の民が集められる。(4) キリストが地上を1,000年間治められる(千年期 →黙20:4注)。

24:32　いちじくの木　いちじくの木に芽生える葉(⇒ルカ21:29-31)は患難の時代に起こる出来事を表している(24:15-29)。ある人はいちじくの木そのものがイスラエル国家の再建(既に実現している)を指すと解釈している(⇒ホセ9:10, ルカ13:6-9)。

24:33　これらのことのすべて　これは大患難の時代に起こるあらゆる前兆のことである(24:15-28)。この時期のクライマックスまたは最大の事件であるしるしは「荒らす憎むべきもの」である。このしるしは患難の最後の段階が始まっていることを示している(24:15, この重要な事件の詳細→「**大患難**」の項 p.1690)。預言された事件が展開するにつれ、聖書(神のことば)を調べている患難の時代のキリスト者は、「これらのことのすべてを見」て主の来られるのが「戸口まで近づいている」ことを知ることができる。

24:34　この時代　この時代とは、全体的なしるしが始まり、終わりの日まで増加し続け(24:4-14)、患難のしるしで終わるのを実際に見る人々の世代を指していると思われる(→24:5注)。「この時代」はまた民族としてのユダヤ人を指しているとも思われる。

24:36　父だけが　ここではキリストが再び来られるときを知っているのは父である神だけであると説明されている。この説明は地上におられたときのキリストの立場から言われていることを理解しなければならない。キリストは神ご自身であり、過去に御父とともにおられたときの栄光に今は戻っておられるから(ヨハ1:1-2, 17:5)、再び来られる未来のとき(患難の前とあとに)を今は知っておられる(→24:44注)。患難時代のキリスト者も、キリストが言われた患難のしるしを見張ることによってキリストが最終的に来られるとき

マタイの福音書　24章　1693

³⁷人の子が来るのは、ちょうど、ノアの日のようだからです。
³⁸洪水前の日々は、ノアが箱舟に入るその日まで、人々は、飲んだり、食べたり、めとったり、とついだりしていました。
³⁹そして、洪水が来てすべての物をさらってしまうまで、彼らはわからなかったのです。人の子が来るのも、そのとおりです。
⁴⁰そのとき、畑にふたりいると、ひとりは取られ、ひとりは残されます。
⁴¹ふたりの女が臼をひいていると、ひとりは取られ、ひとりは残されます。
⁴²だから、目をさましていなさい。あなたがたは、自分の主がいつ来られるか、知ら

37①マタ24:3, 30, 39, 圏マタ16:27, ルカ17:26, 27, 囮創6:5, 7:6-23
38①創7:7, ②マタ22:30
39＊直訳「知らなかった」
①マタ24:3, 30, 37, 圏マタ16:27
41①ルカ17:35, ②圏申24:6, 出11:5, イザ47:2
42①圏マタ24:43, 44, 25:10-13, ルカ12:39, 40, 圏ルカ21:36

を知ることができる（→「**大患難**」の項 p.1690）。

24:37　人の子が来る　「人の子が来る」という主イエスのことばは二つのことを言っている。(1) 弟子たちを天に連れて行く、いつかわからない予期しないときに起こる第一段階（教会の携挙　→24:42注、ヨハ14:3注、黙3:10注、→「**携挙**」の項 p.2278）。(2) 患難の後に邪悪な人々を滅ぼし、義人をみな御国に集める第二段階（黙19:11-20:4）。二重の意味があることはキリストが「ノアの日」の例話の中で三種類の人々を挙げていることで明らかである（24:37-44）。この三種類の人々とキリストが再び来られることには次のような関係がある。

　(1) 恐ろしい患難の時代にキリストをなお受入れない人々はノアの日に洪水の犠牲になった人と同じである。この人々はキリストが来られるのがいつか知らないので備えができていない。したがって、最後には滅ぼされる（24:38-39, 43, ⇒ルカ17:26-28）。これはキリストが再び来られる第二段階（患難の後に起こる）のことである。

　(2) 患難の時代にキリストを受入れる人々はノアと同じである。終りのときのしるしがあるので、この人々は主が再び来られるときをほぼ正確に知っている。したがって備えができていて救いにあずかることができる（24:27, ⇒創7:4, →「**大患難**」の項 p.1690）。これもキリストが再び来られる第二段階を指している。

　(3) 患難の前に生きている今日のキリスト者（本当の教会）は、主イエスの弟子（主イエスがこのメッセージを伝えた人々）と同じである。キリストがいつ来られ自分たちが天へ連れて行かれるのか、この人々は知らない（24:42, 44, →ヨハ14:3注、⇒Ⅰテサ4:14）。24:1-14に書かれていることのいくつかは社会や自然界の中にはっきり見ることができるけれども、忠実な弟子たち（生きている人々と死んだ人々）を一緒に天へ連れて行くために主が来られる直前のしるしではない（→Ⅰテサ4:13-18）。主が再び来られるのは突然で予期しないときであるとキリストは言われた（24:42, 44）。主イエスは弟子たち（教会の忠実な人々）をノア（患難時代のキリスト者）ではなく、洪水の犠牲者と比べておられることを注目するべきである（⇒24:39の「彼らはわからなかったのです」と24:42の「あなたがたは・・・知らないからです」）。つまり教会の人々はある意味で洪水の犠牲者のようである。洪水で犠牲になった人々は洪水がいつ起こるのか知らず、実際に洪水が起きたときに驚いた。同じようにキリスト者はキリストがいつ来られるのかを知らない。もちろん大きな違いはキリスト者は主イエスが再び来られることを知っており、備えができているなら滅びから免れることを知っていることである（24:44）。

24:40　ひとりは取られ、ひとりは残されます　「ひとりは取られ、ひとりは残されます」というキリストのことばは、既に弟子たちに話された警告と強く関係している。その警告は、キリストの教会につながりキリストに従う人々全員に対するものである。したがってこのことばはキリストとともにいるように、「携挙」のときにキリストが全世界から呼集め連れ出される人々のことを言っていると思われる（→ヨハ14:3注、→「**携挙**」の項 p.2278）。「携挙」ということば（英語のラプチャー）はラテン語の「ラプトゥ」から来ていて「連れ去られる」または「引上げられる」という意味である。このラテン語にはギリシヤ語の「ハルパゾー」と同じ意味があり、テサロニケⅠ4:17では「引き上げられ」ると訳されている。このことはコリントⅠ15章にも描かれているけれども、教会（キリストに従う人々で生きている人も死んだ人も含む－死んだ人のからだはよみがえる）が地上から取上げられ、空中で主に会うときのことを指している。このとき地上で生きていて本当にキリストに従っている人々は、このことのために備えができている。けれどもなお不意をつかれることもある（→24:37注）。

24:42　だから、目をさましていなさい　「目をさましていなさい」《ギ》グレーゴレオー）は現在命令形で現在の進行中の行動を表している。つまり私たちは主がいつ来られてもよいようにすぐに準備して今からずっと備えていなければならないということである（→ヨハ14:3注）。緊急の警報は出されないからキリスト者は主が今日にも来られると思って生活をしていなければならない（→24:44注、⇒マコ13:33-37）。

24:42　あなたがたは、・・・いつ・・・知らない　キ

ないからです。
43 しかし、このことは知っておきなさい。家の主人は、どろぼうが夜の何時に来ると知っていたら、目を見張っていたでしょうし、また、おめおめと自分の家に押し入られはしなかったでしょう。
44 だから、あなたがたも用心していなさい。なぜなら、人の子は、思いがけない時に来るのですから。

43 ①マタ24:42, 44, 25:10-13, ルカ12:39, 40, 囲ルカ21:36
②ルカ12:38, マタ14:25, マタ6:48, 囲マコ13:35
44 ①マタ24:42,43,25:10,13, ルカ12:39,40, ルカ21:36, ②マタ24:27
45 ①マタ24:45-51, ルカ12:46
②マタ25:21, 23
③マタ25:21, 23, ルカ16:10, ④囲マタ7:24, 10:16,25:2以下
47 ①マタ25:21, 23

45 主人から、その家のしもべたちを任されて、食事時には彼らに食事をきちんと与えるような忠実な賢いしもべとは、いったいだれでしょう。
46 主人が帰って来たときに、そのようにしているのを見られるしもべは幸いです。
47 まことに、あなたがたに告げます。その主人は彼に自分の全財産を任せるようになります。

リスト者はいつも備えをしていなければならないというキリストの警告は、携挙のとき（Ⅰテサ4:13-18に書かれている事件）キリストが来て教会を世界から引上げられることと関係がある（→24:40注, ヨハ14:3注, →「携挙」の項 p.2278）。これは今日の私たちにも当てはまる。

（1）主イエスは、患難の前の時代に生きている人々のために来られるときには予期しないときに警告なしに来るとはっきり言われた。「あなたがたは、自分の主がいつ来られるか、知らないからです」。事実、主イエスは「思いがけない時に来る」と言われた（24:44）。このことは教会の忠実な信仰者にとっても突然のことであり、予測していなかった驚きのことである。これはキリストが再び来られるときの第一段階と言われている（第二段階は予期されたことで患難時代のあとに地上に来られること）。

（2）患難の後、世界をさばくために「大能と輝かしい栄光を帯びて」最終的に来られるときは（24:30, 黙19:11-12）携挙のときと違って弟子たちが予期し、期待し、予測できるものである（ルカ21:28, →24:33注, →「大患難」の項 p.1690）。聖書のある部分ではこの事件に先行する時間枠も示されている（→ダニ9:25-27, 黙11:1-2, 12:6, 13:5-7, →ダニ9:25-27各注）。患難の時代の激しい迫害の時代にキリストに大胆に従うキリスト者は、しるしや事件によって確信と期待を持つようになる。現在のキリストの教会が携挙のときに体験する驚きを再び体験することはない（→24:44注, ヨハ14:3注）。患難の後にキリストが再び来られることは、キリストの再臨の第二段階と言われている（→24:44注, →「終末の事件」の表 p.2471）。

24:43　どろぼう　ここではキリストと「どろぼう」のたとえが完全に一致するのではない。キリストは犯罪者ではない。またキリストが来られるときにはご自分のものだけを手にされる。ここで言われていることは泥棒が家に押入るのと同じように思いがけないときにキリストが来られるということである。忠実な信仰者は主が来られる日に対していつも備えていなければならない（24:44）。

24:44　思いがけない時　キリストは予期しない思いがけないときに教会の忠実な人々のところに来ると再び言われた。

（1）この警告は、患難を通る人々に与えられたものではない（→「大患難」の項 p.1690）。キリストが思いがけないときに来られることについての教え（24:42, 44）と、予期されたときに来られることについての教え（24:33）の矛盾を調和する唯一の方法は、「第二降臨（再臨）」には二つの段階があると考えることである。(a) 第一段階はキリストが思いがけないときに来られて地上から教会を連れ去ることである（⇒Ⅰテサ4:17, →ヨハ14:3注, 黙3:10注, →「携挙」の項 p.2278）。これは反キリストが権力を握り、神の最後のさばきが地上に下される前のことである（→黙6:-19:）。(b) 第二段階は患難の終わりで期待されていたときである（24:29-30の天の万象のしるしと特定の時代の後 →ダニ9:25-27, 黙11:1-2, 12:6, 13:5-7, →ダニ9:25-27注）。そのときキリストは邪悪な人々を滅ぼし地上を治め始められる（→24:42注, 黙19:11-21, 20:4）。

（2）キリストが再び来られることは二段階からなる一つの事件として描かれているけれども、それはキリストが人間として最初に地上に来られることを伝えた旧約聖書の預言と同じようである。旧約聖書の預言者はしばしばメシヤ（キリスト）が来られることを一つの事件として預言した。けれどもそのような預言の成就は二段階で見ることができる。つまり、(a) 誕生を通して来られ罪のために死なれることと、(b) 終りのときに地上を治めるために来られること（→イザ9:2-7, 40:3-5, ⇒イザ61:1-3とルカ4:18-19 →イザ9:7注）である。

（3）思いがけないときにキリストが来られること（携挙）に対していつも霊的に備えているようにというキリストの強い警告は、患難の前の世代のキリスト者全員に与えられている（24:15-28）。その警告に従って私たちはキリストを信じる信仰にとどまり、みことばの基

マタイの福音書　24-25章

48 ところが、それが悪いしもべで、『主人はまだまだ帰るまい』と心の中で思い、49 その仲間を打ちたたき、酒飲みたちと飲んだり食べたりし始めていると、50 そのしもべの主人は、思いがけない日の思わぬ時間に帰って来ます。51 そして、彼をきびしく罰して、その報いを偽善者たちと同じにするに違いありません。しもべはそこで泣いて歯ぎしりするのです。

48 ＊直訳「時間がかかる」
51 ①圏マタ8：12

1①圏マタ13：24
②圏ヨハ18：3、使20：8、黙4：5、8：10のギリシャ語
2①圏マタ7：24、25：2以下、圏マタ10：16
4①圏マタ7：24、25：2以下、圏マタ10：16

十人の娘のたとえ

25 1 そこで、天の御国は、たとえて言えば、それぞれがともしびを持って、花婿を出迎える十人の娘のようです。2 そのうち五人は愚かで、五人は賢かった。3 愚かな娘たちは、ともしびは持っていたが、油を用意しておかなかった。4 賢い娘たちは、自分のともしびといっしょに、入れ物に油を入れて持っていた。

準を守り続ける強い決意を持たなければならない。

24：48　主人は・・・帰るまい　キリストが突然来られると言っても、教会の中で主に忠実ではない人々、準備をして備えている必要を感じない人々は何も感じることがない。（1）キリスト者と言いながら神の基準を無視して罪を犯し続け、キリストが来られるのはまだ2、3年先だと思っている人は悪いしもべにたとえられている。このような人には油断しているときに主が来られるという危機感がない（→24：44注、ルカ12：45注）。（2）キリストはすぐには来られないだろうという考えと思いを霊的な不忠実さと不誠実さに結び付けて主イエスが話されたことは重要である。

25：1　十人の娘のたとえ　キリストがだれも知らない思いがけないときに来られるのだから、キリストを信じる人々はみな絶えず自分の霊的状態を吟味していなければならないことを、このたとえ（ある点を説明または教訓を教える短い物語）は示している。どんなときでもキリストを信じる信仰を保ち続けなければならない。そうすればその日そのときが来たら主のために備えができており、主に受入れてもらえるからである（25：10）。主が来られたときに主とのしっかりした個人的な関係ができていない人は御国の外に取残されてしまう。

（1）愚かな娘と賢い娘との違いは、愚かな娘たちがそのときが近付いていても、はっきりした前兆がないまま突然主が来られる（→ヨハ14：3注）ことに気付いていなかったことである（25：13、→24：36注、44注）。

（2）ここでもほかの箇所でも（ルカ18：8）、教会の大部分は主が来られるときに備えができていないとキリストは言われた（25：8-13）。そして教会や自分は信者だと言っている人々がみな備えができるまで待ってはおられないとはっきり言われた。

（3）花婿が来たときに娘たち（忠実な人と不忠実な人の両方）全員が驚いていることに注目するべきである（25：5-7）。これは十人の娘のたとえが患難のときに生きている人ではなく、患難の前に生きている信仰者に当てはまることを意味している。患難の終りにキリストが再び来られることについてはそれを示す予兆が十分にある（→「**大患難**」の項 p.1690）。娘たちは最初全員が花婿を出迎える備えができていたようだけれども、愚かな娘たちには待続ける備えができていなかった。それはあとですればよいと思っていて眠ってしまったのかもしれない。目が覚めたときには既に遅かった。このことはキリストに従おうとする人々に強く訴えている。最初に決心することはたやすい。けれどもその決心を持続し、キリストが再び来られる日のために備えをして待つためには持続性と献身が必要である。信仰を生かし霊的に成長をしないなら、または主が来られるのはまだ先だと思っているなら、緊迫感はすぐに薄れていく。けれども期待し続けているなら一声ですぐに準備を整えることができる。

（4）忠実な人と忠実ではない人が「眠り始めた」ことはこの物語では大きな問題ではない。実際にはもし霊的に備えができていれば、休息するときにも平安でいることができる。そして予測していないときに主イエスが突然来られても主とともに行くことができる。

25：4　油　一連の例話を通して（25：）主イエスは再び来られる日まで忠実で目を覚ましている（備えをして期待していること）必要を強調された。十人の娘のたとえは、いつキリストが来られるか予測できないので、霊的に忍耐をして備えていなければならないことを強調している（→ルカ21：19注）。たとえの中の油は本当の信仰、神との正しい関係、聖霊がいつも臨在しておられることを表している。聖書では、油はしばしば聖霊の臨在と個人生活の中での力を象徴している。主イエスに従う人々はみなその臨在を楽しみ味わうことができる。賢い娘たちのように備えをしていたければ、生活を純粋に保ち、神の御霊が与えてくださる信仰と義に満たされていることが必要である。このほかにも持続性が必要なことを教えるたとえは種を蒔く人（ルカ8：4-15）、家の主人（ルカ12：35-40）、管理人（ルカ12：42-48）、塔の建築者（ルカ14：28-30）、塩気

5 花婿が来るのが遅れたので、みな、うとうとして眠り始めた。

6 ところが、夜中になって、『そら、花婿だ。迎えに出よ』と叫ぶ声がした。

7 娘たちは、みな起きて、自分のともしびを整えた。

8 ところが愚かな娘たちは、賢い娘たちに言った。『油を少し私たちに分けてください。私たちのともしびは消えそうです。』

9 しかし、賢い娘たちは答えて言った。『いいえ、あなたがたに分けてあげるにはとうてい足りません。それよりも店に行って、自分のをお買いなさい。』

10 そこで、買いに行くと、その間に花婿が来た。用意のできていた娘たちは、彼といっしょに婚礼の祝宴に行き、戸がしめられた。

11 そのあとで、ほかの娘たちも来て、『ご主人さま、ご主人さま。あけてください』と言った。

12 しかし、彼は答えて、『確かなところ、私はあなたがたを知りません』と言った。

13 だから、目をさましていなさい。あなたがたは、その日、その時を知らないからです。

タラントのたとえ
25:14-30 参照記事 ルカ 19:12-27

14 天の御国は、しもべたちを呼んで、自分の財産を預け、旅に出て行く人のようです。

15 彼は、おのおのその能力に応じて、ひとりには五タラント、ひとりには二タラント、もうひとりには一タラントを渡し、それから旅に出かけた。

16 五タラント預かった者は、すぐに行って、それで商売をして、さらに五タラントもうけた。

17 同様に、二タラント預かった者も、さらに二タラントもうけた。

18 ところが、一タラント預かった者は、出て行くと、地を掘って、その主人の金を隠した。

19 さて、よほどたってから、しもべたちの主人が帰って来て、彼らと清算をした。

20 すると、五タラント預かった者が来て、もう五タラント差し出して言った。『ご主人さま。私に五タラント預けてくださいましたが、ご覧ください。私はさらに五タラントもうけました。』

21 その主人は彼に言った。『よくやった。良い忠実なしもべだ。あなたは、わずかな物に忠実だったから、私はあなたにたくさんの物を任せよう。主人の喜びをともに喜んでくれ。』

22 二タラントの者も来て言った。『ご主人さま。私は二タラント預かりましたが、ご覧ください。さらに二タラントもうけました。』

23 その主人は彼に言った。『よくやった。良い忠実なしもべだ。あなたは、わずかな物に忠実だったから、私はあなたにたくさんの物を任せよう。主人の喜びをともに喜んでくれ。』

24 ところが、一タラント預かっていた者も来て、言った。『ご主人さま。あなたは、蒔かない所から刈り取り、散らさない所から集めるひどい方だとわかっていました。

のない塩(ルカ14:34-35、→「**キリストのたとえ**」の表p.1940)など五つある。

25:15 タラント 「タラント」は最初重さの単位(約34キログラム)だったけれども、後に通貨として使われるようになった。タラントのたとえは、天での私たちの地位や働きは地上での忠実さや奉仕によって決まることを忠告している(⇒25:29)。タラントは地上にいる間の神(また人々)に仕える能力、時間、財、機会を表している。神はこれらの賜物を私たちにゆだねてできるだけ賢く使うことを期待しておられる。そうすればキリストは投資したものの報酬を得ることができる。このたとえは(ほかのたとえと同じように)ある点だけを明らかにし、霊的教訓を教えるために用いられていて、あらゆる部分が必ず何かを直接示したり比較したりしているのではないことを忘れてはならない。たとえば主人は神を表しているけれども、神は蒔かないところから刈取ったり、散らさないところから集めるひどい主人ではない(25:24)。この表現はもともと自分の主人を正しく理解し良い関係を持っていなかった愚かなしもべが言ったことばである。ここでは主人がしもべの誤った判断を認めていないこと、そしてなまけ者のしもべのことばを質問のかたちで繰返してい

²⁵私はこわくなり、出て行って、あなたの一タラントを地の中に隠しておきました。さあどうぞ、これがあなたの物です。』
²⁶ところが、主人は彼に答えて言った。『悪いなまけ者のしもべだ。私が蒔かない所から刈り取り、散らさない所から集めることを知っていたというのか。
²⁷だったら、おまえはその私の金を、銀行に預けておくべきだった。そうすれば私は帰って来たときに、利息がついて返してもらえたのだ。
²⁸だから、そのタラントを彼から取り上げて、それを十タラント持っている者にやりなさい。』
²⁹だれでも持っている者は、与えられて豊かになり、持たない者は、持っているものまでも取り上げられるのです。
³⁰役に立たぬしもべは、外の暗やみに追い出しなさい。そこで泣いて歯ぎしりするのです。

羊と山羊

³¹人の子が、その栄光を帯びて、すべての御使いたちを伴って来るとき、人の子はその栄光の位に着きます。
³²そして、すべての国々の民が、その御前に集められます。彼は、羊飼いが羊と山羊とを分けるように、彼らをより分け、
³³羊を自分の右に、山羊を左に置きます。
³⁴そうして、王は、その右にいる者たちに言います。『さあ、わたしの父に祝福された人たち。世の初めから、あなたがたのために備えられた御国を継ぎなさい。
³⁵あなたがたは、わたしが空腹であったとき、わたしに食べる物を与え、わたしが渇いていたとき、わたしに飲ませ、わたしが旅人であったとき、わたしに宿を貸し、
³⁶わたしが裸のとき、わたしに着る物を与え、わたしが病気をしたとき、わたしを見舞い、わたしが牢にいたとき、わたしをたずねてくれたからです。』
³⁷すると、その正しい人たちは、答えて言います。『主よ。いつ、私たちは、あなたが空腹なのを見て、食べる物を差し上げ、渇いておられるのを見て、飲ませてあげましたか。
³⁸いつ、あなたが旅をしておられるときに、泊まらせてあげ、裸なのを見て、着る

るだけであることに注目するべきである（25：26）。

25：29　だれでも持っている者　主イエスは天の御国でのキリスト者の報いと地位について、大切な原則を教えておられる。キリスト者が未来の神の国で受けるものは今どれだけ神の目的をつかみ、それを追い求めているかによる。地上で神の国のためにしたことが将来天の御国で受ける「報い」に影響する。最初に最も多く受けた人がさらに多く受けることは、表面的には不公平で不合理に見えるかもしれない。けれども主イエスはここで、キリスト者の天での報いは現在の神への献身と、多くても少なくても与えられたものを使う忠実さによって決まるという一般的原則を教えられたのである（→ルカ22：24-30注）。

25：32-46　羊と山羊とを　このさばきは、患難の後キリストが実際に地上に来られ地上を治める前に行われると思われる（⇒ダニ7：9-14、黙5：10、19：11-20：4）。その目的はだれが神の国に入ることを許され、だれが永遠の刑罰の場に送られるかを決定することである。神の国と終わりの日を描写するために主イエスが使われたたとえ、類比、例話の中でもこれは「その日に」起こることを描いた数少ないたとえである（⇒7：22）。「その日」にキリストはひとりひとりの地上の生活をさばき、永遠のあり方を言い渡される。ここに神のさばきの最も基本的な部分が明らかにされている。（1）キリストが来られるとき、患難を乗越えた救われている人と救われていない人（キリストと個人的な関係を持っている人と持っていない人）は、まだ地上に一緒に住んでいる。（2）さばきでは邪悪な人と義人とが分けられる（25：32-33、→13：41注）。（3）さばきはキリスト者や苦しんでいる人、困っている人に具体的に愛と親切を行ったかどうかによって下される。私たちは良い行いによって救われるのではない。けれども聖書に描かれているさばきの情景ではみな、地上で行ったことや与えられた機会をどのように用いたかによって報いやさばきが決まることを示している。真実のキリスト教信仰と救いには愛の行動と具体的な同情が当然伴うものである（25：35-46）。（4）邪悪な人々はキリストの御国に入ることは許されないで永遠の刑罰を受ける（25：41、46、黙14：11）。（5）正しい人は永遠のいのち（キリストを知り神とともに永遠に生きること　25：46、→ヨハ17：3）と神の国を受継ぐ（25：34、→黙20：4注）。

物を差し上げましたか。
³⁹また、いつ、私たちは、あなたのご病気やあなたが牢におられるのを見て、おたずねしましたか。』
⁴⁰すると、王は彼らに答えて言います。『まことに、あなたがたに告げます。あなたがたが、これらのわたしの兄弟たち、しかも最も小さい者たちのひとりにしたのは、わたしにしたのです。』
⁴¹それから、王はまた、その左にいる者たちに言います。『のろわれた者ども。わたしから離れて、悪魔とその使いたちのために用意された永遠の火に入れ。
⁴²おまえたちは、わたしが空腹であったとき、食べる物をくれず、渇いていたときにも飲ませず、
⁴³わたしが旅人であったときにも泊まらせず、裸であったときにも着る物をくれず、病気のときも牢にいたときにもたずねてくれなかった。』
⁴⁴そのとき、彼らも答えて言います。『主よ。いつ、私たちは、あなたが空腹であり、渇き、旅をし、裸であり、病気をし、牢におられるのを見て、お世話をしなかったのでしょうか。』
⁴⁵すると、王は彼らに答えて言います。『まことに、おまえたちに告げます。おまえたちが、この最も小さい者たちのひとりにしなかったのは、わたしにしなかったのです。』
⁴⁶こうして、この人たちは永遠の刑罰に入り、正しい人たちは永遠のいのちに入るのです。」

40 ①マタ25:34, ルカ19:38, 黙17:14, 19:16 ②囲マタ10:42, ヘブ6:10, 箴19:17
41 ①マタ7:23 ②黙12:9, 囲マタ4:10 ③マコ9:48, ルカ16:24, ユダ7
46 ①囲ダニ12:2, ヨハ5:29, 使24:15 ②マタ19:29, ヨハ5:24, 6:27, 40, 47, 54, 17:2, 3, 使13:46, 48, ロマ2:7, 5:21, 6:23, ガラ6:8, Ⅰヨハ5:11等
1 ①囲マタ7:28 2 ①囲マタ26:2-5, マコ14:1, 2, ルカ22:1, 2 ②ヨハ11:55, 13:1

主イエスに対するたくらみ

26:2-5　並行記事—マコ14:1, 2, ルカ22:1, 2

26 ¹イエスは、これらの話をすべて終えると、弟子たちに言われた。
²「あなたがたの知っているとおり、二日たつと過越の祭りになります。人の子は十字

この終りの日のさばきの記事が教えていることは、弟子たちが傷ついている人や困っている人に気付いて助けるようになってほしいと主イエスが願っておられるということである(→「**貧困者への配慮**」の項 p.1510)。(1) 実際に神に仕えていることを具体的に表す方法は「最も小さい者たち」に親切にすることである(25:40, 45)。それは私たちの助けや配慮が必要な人(25:35, 36)、特に神の民の中の人々(「わたしの兄弟たち」25:40)のことである。この人々は親切に対してお返しをすることができないため見過されがちである。弟子たちがほかの人々に積極的に同情を示すことは、実際に主イエスにしたことであると主イエスは言われた(25:40)。それは直接主イエスに会い触れたければ、傷ついた人や困っている人々の中に主イエスを捜さなければならないということでもある。(2) ここで注目すべきことは、忠実な人も不忠実な人もともに人生のどこかで主イエスに出会っているのに気付いていなかったことである(25:37-39, 44)。正しいことをした人々でさえ親切をしていたことに気付いていなかった。その人々にとっては人を助けてもそれは特に変った特別なことをしたわけではなく、日常当り前のことだった。このことが示しているのは、本当に神に仕えるということはしばしば日常の決まりきった何気ない暮らしの中(だれも気付いていないとき)で行われるということである。けれども神のためにしたことを神は認め、さばきの日にそれに報いてくださる。

25:41　悪魔とその使いたち　最初に神に反抗したときに(→4:10注)サタンは天にいる御使いの三分の一をだました(黙12:4)。そのうちのある者は既に地獄にいて最後のさばきを待っているけれども(Ⅱペテ2:4, ユダ1:6)、残りの者は今もサタンの権威と支配の下で自由に活動している(12:24, 25:41, エペ2:2, 黙12:7)。これらの堕落した御使いたちの勢力は非常に組織化されていて、地上での悪魔の目的を推進している(エペ6:11-12)。それは聖書でしばしば悪霊と呼ばれているものと同じである(→「**サタンと悪霊に勝利する力**」の項 p.1726)。地獄はもともと人間のために造られたものではない。神は人々をそこに送ろうとは思っておられない。けれども実際は、主イエスの犠牲を通して神が備えられた赦しを拒み、主イエスに人生をゆだねようとしない人々が自分で自分を地獄に送っているのである。人々は罪にしがみつき(神に逆らうこと)、神に背き、あわれみを拒んでその恐ろしい結果を自ら受けるようにしている。それは刑罰であり永遠に神から離されることである。

26:2　過越の祭り　過越の祭り(《ギ》パスカ)はイスラエルがエジプトの奴隷状態から大脱出をした(「出エジプト」)歴史的事件と結び付いた春の祭りである。それは人々が神の命令を守って、門柱とかもいに羊の血を塗ってわざわいの御使いがヘブル人の家々を「過

マタイの福音書　26章

架につけられるために引き渡されます。」
3 そのころ、祭司長、民の長老たちは、カヤパという大祭司の家の庭に集まり、
4 イエスをだまして捕らえ、殺そうと相談した。
5 しかし、彼らは、「祭りの間はいけない。民衆の騒ぎが起こるといけないから」と話していた。

ベタニヤで香油を注がれる主イエス

26:6-13　並行記事ーマコ14:3-9
26:6-13　参照記事　ルカ7:37, 38, ヨハ12:1-8

6 さて、イエスがベタニヤで、ツァラアトに冒された人シモンの家におられると、
7 ひとりの女がたいへん高価な香油の入った石膏のつぼを持ってみもとに来て、食卓に着いておられたイエスの頭に香油を注いだ。
8 弟子たちはこれを見て、憤慨して言った。「何のために、こんなむだなことをするのか。
9 この香油なら、高く売れて、貧しい人たちに施しができたのに。」
10 するとイエスはこれを知って、彼らに言われた。「なぜ、この女を困らせるのです。わたしに対してりっぱなことをしてくれたのです。
11 貧しい人たちは、いつもあなたがたといっしょにいます。しかし、わたしは、いつもあなたがたといっしょにいるわけではありません。

2①並マタ10:4
3①マコ11:47
　②マタ26:57, ルカ3:2, ヨハ11:49, 18:13, 14, 24, 28, 使4:6
　＊祭司長と同じ原語
　②マタ26:58, 69, マコ14:54, 66, 15:16, ルカ11:21, 22:55, ヨハ18:15, 囲マタ27:27
4①並マタ12:14
5①マタ27:24
6①マタ26:6-13, マコ14:3-9, 囲マタ21:1-8, ルカ7:37-39
　②マタ21:17
11①マコ14:7, ヨハ12:8, 申15:11

12①並ヨハ19:40
13①マコ14:9
14①マタ26:14-16, マコ14:10, 11, ルカ22:3-6
　②マタ10:4, 26:25, 47, 27:3, ヨハ6:71, 12:4, 13:26, 黙1:16
15①並マタ10:4
＊あるいは「売り渡したいのだが」
　②囲ゼカ11:12, 出21:32
＊＊すなわち「シケル銀貨」
17①マタ26:17-19, マコ14:12-16, ルカ22:7-13
　②出12:18-20
18①マタ14:13, ルカ22:10
　②囲ヨハ7:6, 8

12 この女が、この香油をわたしのからだに注いだのは、わたしの埋葬の用意をしてくれたのです。
13 まことに、あなたがたに告げます。世界中のどこででも、この福音が宣べ伝えられる所なら、この人のした事も語られて、この人の記念となるでしょう。」

主イエスを裏切ることに同意するユダ

26:14-16　並行記事ーマコ14:10, 11, ルカ22:3-6

14 そのとき、十二弟子のひとりで、イスカリオテ・ユダという者が、祭司長たちのところへ行って、
15 こう言った。「彼をあなたがたに売るとしたら、いったいいくらくれますか。」すると、彼らは銀貨三十枚を彼に支払った。
16 そのときから、彼はイエスを引き渡す機会をねらっていた。

主の晩餐

26:17-19　並行記事ーマコ14:12-16, ルカ22:7-13
26:20-24　並行記事ーマコ14:17-21
26:26-29　並行記事ーマコ14:22-25, ルカ22:17-20, Ⅰコリ11:23-25

17 さて、種なしパンの祝いの第一日に、弟子たちがイエスのところに来て言った。「過越の食事をなさるのに、私たちはどこで用意をしましょうか。」
18 イエスは言われた。「都に入って、これこれの人のところに行って、『先生が「わたしの時が近づいた。わたしの弟子たちと

越」したことを祝う祭りである（→出12:7,→「**過越**」の項p.142）。キリストの十字架刑（処刑の方法の詳細→27:35注）が「過越の備え日」（ヨハ19:14）に行われたことには非常に重要な意味がある。キリストの称号の一つは「神の小羊」である（ヨハ1:29, 黙5:12, 14:4, 15:3, 17:14, 19:9, 21:23）。それは私たちの罪の最高の犠牲になられたからである。「私たちの過越の小羊キリストが、すでにほふられたから」（Ⅰコリ5:7）、私たちがキリストを受入れたとき霊的な意味でキリストの血が私たちに塗られ、私たちのいのちは罪の刑罰である死から救われるのである。

26:13　この人の記念となるでしょう　このマリヤの話（26:6-13）は福音（主イエスが赦しと新しいいのちと神との永遠の関係を持つ機会を与えられた「よい知らせ」）と一緒に、いつも伝えられなければならないと主イエスは言われた。それはマリヤが自分のことを顧みず心からキリストに仕える献身の最高の模範をキリスト者全員に示したからである。その親切で謙遜な態度は主への深い献身と強い愛を示していた。ある人はこれは「むだな」行いと考えた（26:8）。けれども主イエスはそれを受入れられた。それは「貧しい人たち」のことをあまり思わなかったからではなく（26:9）、ご自分の地上での時間が短いことを知っておられたからである（26:11-12）。ご自分のために特別なことをしてくれることが主イエスには嬉しかったのである。キリスト教の信仰では主イエスを愛し、主イエスに仕えることが第一の目的であり特権であることを忘れてはならない。それが主イエスとの関係の中で最も価値の

いっしょに、あなたのところで過越を守ろう』と言っておられる』と言いなさい。」
¹⁹そこで、弟子たちはイエスに言いつけられたとおりにして、過越の食事の用意をした。
²⁰さて、夕方になって、イエスは十二弟子といっしょに食卓に着かれた。
²¹みなが食事をしているとき、イエスは言われた。「まことに、あなたがたに告げます。あなたがたのうちひとりが、わたしを裏切ります。」
²²すると、弟子たちは非常に悲しんで、「主よ。まさか私のことではないでしょう」とかわるがわるイエスに言った。
²³イエスは答えて言われた。「わたしといっしょに鉢に手を浸した者が、わたしを裏切るのです。
²⁴確かに、人の子は、自分について書いてあるとおりに、去って行きます。しかし、人の子を裏切るような人間はわざわいです。そういう人は生まれなかったほうがよ

20①参マタ26:20-24,
マコ14:17-21
21①参ルカ22:21-23,
ヨハ13:21, 22
22＊あるいは「ひとりひとり」
23①参マタ13:26,
ヨハ13:18
24①参マタ26:31, 54, 56,
マコ9:12,
ルカ24:25-27, 46,
使17:2, 3, 26:22, 23,
Ⅰコリ15:3,
Ⅰペテ1:10, 11
②参マコ14:21,
マタ18:7

25①参マタ26:14
②参マタ23:7, 26:49
＊原語「ラビ」
26①参マタ26:64, 27:11,
ルカ22:70
26①参マタ26:26-29,
マコ14:22-25,
ルカ22:15-20,
Ⅰコリ11:23-25,
比Ⅰコリ10:16
27参マタ14:19
28①比ヘブ9:20
②参マタ20:28
30①参マタ26:30-35,
マコ14:26-31,
ルカ22:31-34
②参マタ7:21

かったのです。」
²⁵すると、イエスを裏切ろうとしていたユダが答えて言った。「先生。まさか私のことではないでしょう。」イエスは彼に、「いや、そうだ」と言われた。
²⁶また、彼らが食事をしているとき、イエスはパンを取り、祝福して後、これを裂き、弟子たちに与えて言われた。「取って食べなさい。これはわたしのからだです。」
²⁷また杯を取り、感謝をささげて後、こう言って彼らにお与えになった。「みな、この杯から飲みなさい。
²⁸これは、わたしの契約の血です。罪を赦すために多くの人のために流されるものです。
²⁹ただ、言っておきます。わたしの父の御国で、あなたがたと新しく飲むその日までは、わたしはもはや、ぶどうの実で造った物を飲むことはありません。」
³⁰そして、賛美の歌を歌ってから、みなオリーブ山へ出かけて行った。

あることである(→ヨハ21：15注)。
26：26 取って食べなさい。これはわたしのからだです →Ⅰコリ11：24-25 主の晩餐の注
26：28 契約 →「旧約と新契約」の項p.2363
26：28 罪を赦す 私たちはみな罪を犯したので(ロマ3：23、Ⅰヨハ1：8)赦しが必要である。罪とは神を怒らせ、神に逆らい、神の律法を破り、神の基準を無視して自分勝手な生き方をしてきたことである(→イザ53：6、Ⅰヨハ3：4)。罪は私たちと神との関係を破壊した。神は完全に聖く(純粋、完璧、完全、悪からの分離)、悪や反抗とは結び付かない方である。神は完全に正しい方であるから私たちの罪はさばかれなければならない。罪は神の特性と全く反対なものだから最も厳しい刑罰(死と神から永遠に分離されること)が加えられる。したがって神のあわれみがなければ、私たちは「有罪」であり死刑を宣告されて当然である(ロマ1：18-32、6：23)。けれども神ご自身が御子イエスを送り私たちの代りに死なせて罪の刑罰を完全に払い、罪の刑罰の問題を解決してくださった。そしてキリストの犠牲が自分のためだったとして受入れ、人生の主導権をキリストにゆだねる人に神は赦しを与えてくださる。そのことによって神との壊れた関係を回復することができる(エペ1：7、コロ2：13)。
(1) 神が罪を赦すためにはまず血による犠牲が必要だった(ヘブ9：22)。けれども完全な赦しを与えるためには犠牲が完璧でなければならない。完璧な犠牲を備えることができるのは神だけで、神はそれを十字架の上の主イエスの死を通して備えられた。主イエスの死を土台として罪の赦しは与えられるのである(26：28、ヨハ1：29、3：16、ロマ8：32)。
(2) ヘブル語とギリシヤ語の「赦し」ということばには「おおう」、「赦す」、「取消す」、「追払う」という意味がある。神の赦しは負債を取消し、犯した罪の記録を消すことである(マコ2：5、ヨハ8：11)。それはその人を永遠の刑罰から救い(ロマ5：9、Ⅰテサ1：10)、神の家族として迎え入れ(ルカ15：20〜)、縛られていた罪の支配から解放することである。赦しはその人の全部を根底から変えて新しくし、キリストの御国へ導き入れる(コロ1：13)。またキリストとともにいる永遠のいのちが与えられることが約束されている(ルカ23：43、ヨハ14：19b)。
(3) 赦しを受けるためには罪を告白し(認めること)、悔い改め(罪深い生き方から立返り、神に降伏し、完全に変り、神の目的に従って生きること →マタ3：2注、使2：38)、信仰を具体的に表さなければならない(積極的に神に頼り人生の神の導きにまかせること →使5：31、20：21、Ⅰヨハ1：9)。救われた関係を神との間に持続けるためには神の赦しを受続けること

マタイの福音書　26章

ペテロの否認を予告する主イエス
26:31-35 並行記事－マコ14:27-31, ルカ22:31-34

³¹そのとき、イエスは弟子たちに言われた。「あなたがたはみな、今夜、わたしのゆえにつまずきます。『わたしが羊飼いを打つ。すると、羊の群れは散り散りになる』と書いてあるからです。
³²しかしわたしは、よみがえってから、あなたがたより先に、ガリラヤへ行きます。」
³³すると、ペテロがイエスに答えて言った。「たとい全部の者があなたのゆえにつまずいても、私は決してつまずきません。」
³⁴イエスは彼に言われた。「まことに、あなたに告げます。今夜、鶏が鳴く前に、あなたは三度、わたしを知らないと言います。」
³⁵ペテロは言った。「たとい、ごいっしょに死ななければならないとしても、私は、あなたを知らないなどとは決して申しません。」弟子たちはみなそう言った。

ゲツセマネ
26:36-46 並行記事－マコ14:32-42, ルカ22:40-46

³⁶それからイエスは弟子たちといっしょにゲツセマネという所に来て、彼らに言われた。「わたしがあそこに行って祈っている間、ここにすわっていなさい。」
³⁷それから、ペテロとゼベダイの子ふたりとをいっしょに連れて行かれたが、イエスは悲しみもだえ始められた。

31 ①圏マタ11:6
②ゼカ13:7
③圏ヨハ16:32
32 ①マタ28:7, 10, 16, マタ16:7
34 ①ヨハ13:38, マタ26:75
②困マコ14:30
35 ①ヨハ13:37
36 ①マタ26:36-46, マコ14:32-42, ルカ22:40-46
②マタ14:32, 困ルカ22:39, ヨハ18:1
37 ①マタ17:1, マコ5:37, 困マタ4:21

38 ①ヨハ12:27
②マタ26:40, 41
39 ①圏マタ20:22
②マタ26:42, マコ14:36, ルカ22:42, ヨハ6:38
40 ①マタ26:38
41 ①マタ26:38
②マコ14:38
42 ①マタ20:22
②マタ26:39, マコ14:36, ルカ22:42, ヨハ6:38

³⁸そのとき、イエスは彼らに言われた。「わたしは悲しみのあまり死ぬほどです。ここを離れないで、わたしといっしょに目をさましていなさい。」
³⁹それから、イエスは少し進んで行って、ひれ伏して祈って言われた。「わが父よ。できますならば、この杯をわたしから過ぎ去らせてください。しかし、わたしの願うようにではなく、あなたのみこころのように、なさってください。」
⁴⁰それから、イエスは弟子たちのところに戻って来て、彼らの眠っているのを見つけ、ペテロに言われた。「あなたがたは、そんなに、一時間でも、わたしといっしょに目をさましていることができなかったのか。
⁴¹誘惑に陥らないように、目をさまして、祈っていなさい。心は燃えていても、肉体は弱いのです。」
⁴²イエスは二度目に離れて行き、祈って言われた。「わが父よ。どうしても飲まずには済まされぬ杯でしたら、どうぞこころのとおりをなさってください。」
⁴³イエスが戻って来て、ご覧になると、彼らはまたも眠っていた。目をあけていることができなかったのである。
⁴⁴イエスは、また彼らを置いて行かれ、もう一度同じことをくり返して三度目の祈りをされた。
⁴⁵それから、イエスは弟子たちのところに

が必要である（6:12, 14-15, Ⅰヨハ1:9）。

26:37　イエスは悲しみ・・・始められた　これはキリストの苦しみの第一段階（やがて死に至る）である。キリストの肉体的精神的な苦しみは、これから起こることのために祈るゲツセマネの祈りから始まった。「汗が血のしずくのように地に落ちた」（ルカ22:44）。極限状態の中では汗腺の毛細血管が破れて血が汗に混じることがある（この段階でのキリストの苦しみ →26:39注、キリストの苦しみの第二段階 →26:67注）。

26:39　この杯を・・・過ぎ去らせてください　キリストが何を指して「この杯」と言われたのかは長い間議論と論争の的になってきた。

（1）キリストが肉体的な死から救われるように祈られたとは考えにくい。なぜなら地上に来られたのはそのためだったからである。キリストはその使命を果し人類の罪のために死ぬために全生涯をかけて備えて

こられた（⇒マコ10:33-34, ルカ9:51, ヨハ12:24, 27, ヘブ10:5-9）。

（2）主イエスは罪の刑罰を全部背負うことによって、御父である神から離される（罪の究極的な刑罰として離される）苦しみから救われるように祈られたと思われる（→Ⅱコリ5:21）。キリストは祈るときご自分の肉体的死が罪の代価として受入れられることを知っておられたけれども、死の霊的な面（御父から離されること）のほうがそれ以上に問題だった。ところが主イエスは、「しかし、わたしの願うようにではなく、あなたのみこころのように、なさってください」と祈られた。そして私たちに霊的な救いを与えて保証するために、肉体的な死と天の父から霊的に離されることにご自分をまかせられた（⇒27:46）。父である神は明らかにこの祈りを聞いて、受けなければならない苦い「杯」を飲む力を与えられた（→ヘブ5:7）。

マタイの福音書 26章

来て言われた。「まだ眠って休んでいるのですか。見なさい。時が来ました。人の子は罪人たちの手に渡されるのです。 46 立ちなさい。さあ、行くのです。見なさい。わたしを裏切る者が近づきました。」

捕えられた主イエス

26：47-56　並行記事－マコ14：43-50, ルカ22：47-53

47 イエスがまだ話しておられるうちに、見よ、十二弟子のひとりであるユダがやって来た。剣や棒を手にした大ぜいの群衆もいっしょであった。群衆はみな、祭司長、民の長老たちから差し向けられたものであった。48 イエスを裏切る者は、彼らと合図を決めて、「私が口づけをするのが、その人だ。その人をつかまえるのだ」と言っておいた。49 それで、彼はすぐにイエスに近づき、「先生。お元気で」と言って、口づけした。50 イエスは彼に、「友よ。何のために来たのですか」と言われた。そのとき、群衆が来て、イエスに手をかけて捕らえた。51 すると、イエスといっしょにいた者のひとりが、手を伸ばして剣を抜き、大祭司のしもべに撃ってかかり、その耳を切り落とした。52 そのとき、イエスは彼に言われた。「剣をもとに納めなさい。剣を取る者はみな剣で滅びます。53 それとも、わたしが父にお願いして、十二軍団よりも多くの御使いを、今わたしの配下に置いていただくことができないと

45 *別訳「では、ぐっすり眠って休んでいなさい」
① マタ26：47-56, マコ14：43-50, ルカ22：47-53, ヨハ18：3-11
② 参 マタ26：14
49 ① 参 マタ23：7, 26：25
51 ① 比 ヨハ18：10, マコ14：47, ルカ22：50
② ルカ22：38
③ 比 マコ14：47, ルカ22：50
52 ① 比 創9：6, 黙13：10
53 ① 比 マコ5：9, 15, ルカ8：30
*原語「レギオン」1レギオンは6,000人編成
② 比 マタ4：11

54 ① 参 マタ26：24
55 ① 参 マコ12：35, 14：49, ルカ4：20, 19：47, 20：1, 21：37, ヨハ7：14, 28, 8：2, 20, 18：20
56 ① 参 マタ26：24
57 ① 参 マタ26：57-68, マコ14：53-65, ヨハ18：12, 13, 19-24
58 ① 比 ヨハ18：15
② 参 マタ26：3
③ ヨハ7：32, 45, 46他, 19：6, 使5：22, 26
*あるいは「下役ども」
59 ① 参 マタ26：3
*あるいは「サンヘドリン」
60 ① 申19：15

も思うのですか。54 だが、そのようなことをすれば、こうならなければならないと書いてある聖書が、どうして実現されましょう。」55 そのとき、イエスは群衆に言われた。「まるで強盗にでも向かうように、剣や棒を持ってわたしをつかまえに来たのですか。わたしは毎日、宮ですわって教えていたのに、あなたがたは、わたしを捕らえなかったのです。56 しかし、すべてこうなったのは、預言者たちの書が実現するためです。」そのとき、弟子たちはみな、イエスを見捨てて、逃げてしまった。

議会の前で

26：57-68　並行記事－マコ14：53-65, ヨハ18：12, 13, 19-24

57 イエスをつかまえた人たちは、イエスを大祭司カヤパのところへ連れて行った。そこには、律法学者、長老たちが集まっていた。58 しかし、ペテロも遠くからイエスのあとをつけながら、大祭司の中庭まで入って行き、成り行きを見ようと役人たちといっしょにすわった。59 さて、祭司長たちと全議会は、イエスを死刑にするために、イエスを訴える偽証を求めていた。60 偽証者がたくさん出て来たが、証拠はつかめなかった。しかし、最後にふたりの者が進み出て、

26：57　イエスをつかまえた　キリストの逮捕から十字架刑の死に至るまでの一連の事件について学ぶことは非常に有益である。事件の順序は次のようである。(1) 主イエスが捕えられる（26：47-56, マコ14：43-52, ルカ22：47-53, ヨハ18：2-12）。(2) 主イエスはアンナス（ヨハ18：12-14, 19-24）と大祭司カヤパによる宗教裁判を受けられる（26：57, 59-68, マコ14：53, 55-65, ルカ22：54, 63-65, ヨハ18：24）。(3) ペテロが主イエスを知らないと否定する（26：58, 69-75, マコ14：54, 66-72, ルカ22：54-62, ヨハ18：15-18, 25-27）。(4) 主イエスは議会（ユダヤ人の宗教と政治の機関　27：1, マコ15：1, ルカ22：66-71）から有罪とされる。(5) ユダ（主イエスを裏切った男）が自殺をする（27：3-10）。(6) 主イエスは一般の裁判を受けるためにローマの総督ピラトのところへ送られる（27：2, 11-14, マコ15：2-5, ルカ23：1-5, ヨハ18：28-38）。(7) ピラトは主イエスをユダヤ人の支配者ヘロデのところへ送り（ルカ23：6-12）、ヘロデは最終判決のために主イエスをピラトへ送り返す（27：11-26, マコ15：6-15, ルカ23：11-25, ヨハ18：28-19：1, 4-16）。(8) 主イエスは王と呼ばれてあざけられ、笑いものにされ（27：27-30, マコ15：16-19, ヨハ19：2-3）、その後むちで打たれ、十字架につけられるために連れて行かれる（27：31）。(9) 主イエスは十字架を背負って（途中まで）町中を通りゴルゴタまで行かれる（27：32-34, マコ15：20-23, ルカ23：26-33）。(10) 主イエス

マタイの福音書　26-27章

61 言った。「この人は、『わたしは神の神殿をこわして、それを三日のうちに建て直せる』と言いました。」
62 そこで、大祭司は立ち上がってイエスに言った。「何も答えないのですか。この人たちが、あなたに不利な証言をしていますが、これはどうなのですか。」
63 しかし、イエスは黙っておられた。それで、大祭司はイエスに言った。「私は、生ける神によって、あなたに命じます。あなたは神の子キリストなのか、どうか。その答えを言いなさい。」
64 イエスは彼に言われた。「あなたの言うとおりです。なお、あなたがたに言っておきますが、今からのち、人の子が、力ある方の右の座に着き、天の雲に乗って来るのを、あなたがたは見ることになります。」
65 すると、大祭司は、自分の衣を引き裂いて言った。「神への冒瀆だ。これでもまだ、証人が必要でしょうか。あなたがたは、今、神をけがすことばを聞いたのです。
66 どう考えますか。」彼らは答えて、「彼は死刑に当たる」と言った。
67 そうして、彼らはイエスの顔につばきをかけ、こぶしでなぐりつけ、また、他の者たちは、イエスを平手で打って、
68 こう言った。「当ててみろ。キリスト。あなたを打ったのはだれか。」

主イエスを否認するペテロ
26:69-75　並行記事－マコ14:66-72, ルカ22:55-62, ヨハ18:16-18, 25-27

69 ペテロが外の中庭にすわっていると、

61 ①マタ27:40, マコ14:58, 15:29, ヨハ2:19, 囲使6:14
＊あるいは「聖所」
＊＊あるいは「後に」
63 ①マタ27:12, 14, ヨハ19:9
②マタ26:63-66, 囲ルカ22:67-71
③囲マタ16:16
④レビ5:1
⑤マタ4:3
64 ①囲マタ26:25
②詩110:1
③ダニ7:13,
囲マタ16:27, 28
65 ①マタ14:63, 民14:6, 使14:14
＊あるいは「着物」
66 ①レビ24:16, ヨハ19:7
67 ①マタ26:67, 68, 囲ルカ22:63-65,
②ヨハ18:22
②マタ27:30, マコ10:34
＊あるいは「棒で打って」
68 ①マタ26:67-69, マタ22:64
＊すなわち「メシヤ」
69 ①マタ26:69-75,
マコ14:66-72,
ルカ22:55-62,
ヨハ18:16-18, 25-27
②囲マタ26:3

73 ①マコ14:70, ルカ22:59,
囲ヨハ18:26
75 ①マタ26:34

1 ①マコ15:1, ルカ22:66, ヨハ18:28
2 ①ルカ23:1, 13:1, 23:12, 使3:13, 4:27, Ⅰテモ6:13
②マタ20:19
3 ①囲マタ26:14
②マタ26:15
＊すなわち「シケル銀貨」

女中のひとりが来て言った。「あなたも、ガリラヤ人イエスといっしょにいましたね。」
70 しかし、ペテロはみなの前でそれを打ち消して、「何を言っているのか、私にはわからない」と言った。
71 そして、ペテロが入口まで出て行くと、ほかの女中が、彼を見て、そこにいる人々に言った。「この人はナザレ人イエスといっしょでした。」
72 それで、ペテロは、またもそれを打ち消し、誓って、「そんな人は知らない」と言った。
73 しばらくすると、そのあたりに立っている人々がペテロに近寄って来て、「確かに、あなたもあの仲間だ。ことばのなまりではっきりわかる」と言った。
74 すると彼は、「そんな人は知らない」と言って、のろいをかけて誓い始めた。するとすぐに、鶏が鳴いた。
75 そこでペテロは、「鶏が鳴く前に三度、あなたは、わたしを知らないと言います」とイエスの言われたあのことばを思い出した。そうして、彼は出て行って、激しく泣いた。

首をつるユダ

27 1 さて、夜が明けると、祭司長、民の長老たち全員は、イエスを死刑にするために協議した。
2 それから、イエスを縛って連れ出し、総督ピラトに引き渡した。
3 そのとき、イエスを売ったユダは、イエスが罪に定められたのを知って後悔し、銀貨三十枚を、祭司長、長老たちに返して、
4 「私は罪を犯した。罪のない人の血を

が十字架につけられる（→27:35注）。

26:67　つばきをかけ・・・なぐりつけ・・・平手で打って　これはキリストの苦しみの第二段階である（→26:37注）。夜半に捕えられた後、弟子たちは逃げ（26:55-57）、主イエスはカヤパとユダヤ人の議会へ連れて行かれた。そして目隠しをされ、何度もあざけられ、顔につばきをかけられ、なぐられた（→イザ50:6、→「**キリストによって成就した旧約聖書の預言**」の表p.1029）。（キリストの苦しみの第三段階　→27:2注）

27:2　イエスを・・・ピラトに引き渡した　十字架刑につながる主イエスの苦しみの第三段階は次の朝に起こる。さんざん打ちのめされ疲れ果てていたのに、

この地方のローマの総督ピラトの尋問を受けるために主イエスはエルサレムの町を横切って連れて行かれた。刑を下すことをためらったピラトは主イエスを釈放することを提案した（過越の祭りの期間中の総督の慣習だった）。けれども指導者たちや群衆は主イエスを釈放することを拒み、代わりにバラバという極悪人を釈放することを要求した（27:21）。主イエスはむちで打たれ（骨や金具がつけられた皮のむちで打たれた→27:26注）、十字架につけられるために引渡された（27:26）。（キリストの苦しみの第四段階　→27:26注）

27:3　ユダの後悔　ユダは自分の裏切りが主イエスの死を招くとは考えていなかったようである（主イエ

マタイの福音書　27章

売ったりして」と言った。しかし、彼らは、「私たちの知ったことか。自分で始末することだ」と言った。

5 それで、彼は銀貨を神殿に投げ込んで立ち去った。そして、外に出て行って、首をつった。

6 祭司長たちは銀貨を取って、「これを神殿の金庫に入れるのはよくない。血の代価だから」と言った。

7 彼らは相談して、その金で陶器師の畑を買い、旅人たちの墓地にした。

8 ①それで、その畑は、今でも血の畑と呼ばれている。

9 そのとき、預言者エレミヤを通して言われた事が成就した。「*彼らは銀貨三十枚を取った。イスラエルの人々に値積もりされた人の値段である。

10 彼らは、主が私にお命じになったように、その金を払って、陶器師の畑を買った。」

ピラトの前の主イエス

27:11-26　並行記事—マコ15:2-15, ルカ23:2, 3, 18-25, ヨハ18:29-19:16

11 さて、イエスは総督の前に立たれた。すると、総督はイエスに「あなたは、ユダヤ人の王ですか」と尋ねた。イエスは彼に「そのとおりです」と言われた。

12 しかし、祭司長、長老たちから訴えがなされたときは、何もお答えにならなかった。

13 そのとき、ピラトはイエスに言った。「あんなにいろいろとあなたに不利な証言をしているのに、聞こえないのですか。」

14 それでも、イエスは、どんな訴えに対し

---

4 ①マタ27:24
5 ①ルカ1:9, 21他, 囲マタ26:61注
6 ②使1:18
8 ①使1:19
9 ①ゼカ11:12, 13, 囲エレ18:2, 19:2, 11, 32:6-9
* あるいは「私は
10 * 異本「私は
11 ①マタ27:11-14, マコ15:2-5, ルカ23:2, 3, ヨハ18:29-38
②マタ2:2
③マタ26:25
12 ①マタ26:63, ヨハ19:9

14 ①マタ27:12, マコ15:5, ヨハ19:9, 囲ルカ23:9
15 ①マタ27:15-26, マコ15:6-15, ルカ23:(17)-25, 囲マコ18:39-19:16
17 ①マタ1:16, 27:22
19 ①ヨハ19:13, 使12:21, 18:12, 16, 17, 25:6, 10, 17
②マタ27:24
③囲マタ1:20, 2:12, 13, 19, 22, 創20:6, 31:11, 民12:6, ヨブ33:15
20 ①使3:14
22 ①囲マタ1:16

ても一言もお答えにならなかった。それには総督も非常に驚いた。

15 ところで総督は、その祭りには、群衆のために、いつも望みの囚人をひとりだけ赦免してやっていた。

16 そのころ、バラバという名の知れた囚人が捕らえられていた。

17 それで、彼らが集まったとき、ピラトが言った。「あなたがたは、だれを釈放してほしいのか。バラバか、それともキリストと呼ばれているイエスか。」

18 ピラトは、彼らがねたみからイエスを引き渡したことに気づいていたのである。

19 また、ピラトが裁判の席に着いていたとき、彼の妻が彼のもとに人をやって言わせた。「あの正しい人にはかかわり合わないでください。ゆうべ、私は夢で、あの人のことで苦しいめに会いましたから。」

20 しかし、祭司長、長老たちは、バラバのほうを願うよう、そして、イエスを死刑にするよう、群衆を説きつけた。

21 しかし、総督は彼らに答えて言った。「あなたがたは、ふたりのうちどちらを釈放してほしいのか。」彼らは言った。「バラバだ。」

22 ピラトは彼らに言った。「では、キリストと言われているイエスを私はどのようにしようか。」彼らはいっせいに言った。「十字架につけろ。」

23 だが、ピラトは言った。「あの人がどんな悪い事をしたというのか。」しかし、彼らはますます激しく「十字架につけろ」と叫び続けた。

スは民衆の要求によって釈放されるか、今までのように指導者たちを出し抜くとユダは考えていたと思われる）。それと同じように、私たちの罪深い行動（主イエスが死なれた理由）もほかの人々に影響を与えることは避けられない。一度仕掛けたことは途中で止めることができず、しばしば破滅的な結果を招く。自分ではほかの人々には影響がないと思っても、少しでも人を傷つける可能性があるならその計画や行動を避けることが非常に重要である。

27:5　ユダの死　マタイはユダは「首をつった」と言っている。使徒の働き1:18にはユダは「まっさかさまに落ち」たと記録されている（首つりをするには何か

から飛び降りなければならない）。ユダは尖った杭の上に飛び降りたと思われる。当時の「首つり」ということばはしばしば十字架刑または突き刺すこと（からだを刺し貫くことで時として高く柱に縛り付けて公衆に見せる、さらす）を指していた。

27:9　預言者エレミヤ　マタイは旧約聖書の預言者エレミヤ（畑を買う　エレ32:6-9）とゼカリヤ（銀30シェケルを受取る　ゼカ11:12-13）から二つの象徴的なことを取出して結び付けている。そして預言者の書物を指すときの当時の習慣に従って、年上のより尊敬されている預言者の名前（エレミヤ）を情報源として挙げている。

マタイの福音書　27章

24 そこでピラトは、自分では手の下しようがなく、かえって暴動になりそうなのを見て、群衆の目の前で水を取り寄せ、手を洗って、言った。「この人の血について、私には責任がない。自分たちで始末するがよい。」
25 すると、民衆はみな答えて言った。「その人の血は、私たちや子どもたちの上にかかってもいい。」
26 そこで、ピラトは彼らのためにバラバを釈放し、イエスをむち打ってから、十字架につけるために引き渡した。

主イエスをからかう兵士たち
27:27-31　並行記事－マコ15:16-20

27 それから、総督の兵士たちは、イエスを官邸の中に連れて行って、イエスの回りに全部隊を集めた。
28 そして、イエスの着物を脱がせて、緋色の上着を着せた。
29 それから、いばらで冠を編み、頭にかぶらせ、右手に葦を持たせた。そして、彼らはイエスの前にひざまずいて、からかって言った。「ユダヤ人の王さま。ばんざい。」
30 また彼らはイエスにつばきをかけ、葦を取り上げてイエスの頭をたたいた。
31 こんなふうに、イエスをからかったあげく、その着物を脱がせて、もとの着物を着せ、十字架につけるために連れ出した。

十字架刑
27:33-44　並行記事－マコ15:22-32, ルカ23:33-43, ヨハ19:17-24

32 そして、彼らが出て行くと、シモンというクレネ人を見つけたので、彼らは、この人にイエスの十字架を、むりやりに背負わせた。
33 ゴルゴタという所(「どくろ」と言われている場所)に来てから、
34 彼らはイエスに、苦みを混ぜたぶどう酒を飲ませようとした。イエスはそれをなめただけで、飲もうとはされなかった。
35 こうして、イエスを十字架につけてから、彼らはくじを引いて、イエスの着物を

27:24　ピラト　ピラトの最大の罪は真実で正しいことが何かを知っていながら(27:18, ヨハ19:4, 6)、民衆に好意を持たれ自分の名声を守るために妥協したことである。間違ったことをしたときには儀式(手を洗うこと)を行っても罪悪感を取除くことはできない。自分の信じることは大胆に適切な行動を通して示すべきである。

27:26　イエスをむち打ってから　十字架刑(→27:31注)へ続く主イエスの苦しみの第四段階はむち打ちである。
(1) ローマのむち打ちは受刑者を裸にしてからだを柱に向かって立たせるか、手を縛って低い杭の上に屈ませて行った。むち打ちの道具は小さな木の柄に皮ひもが何本かついたものだった。皮ひもには鉄か骨のかけらが編み込まれていた。大抵は二人の男がむち打ちをしたけれども一人が一方から、もう一人は別の側から打った。その結果肉が切裂かれ静脈や動脈が、時には内臓がむき出しになるほどだった。時には受刑者がむち打ちの最中に死ぬこともあった。
(2) むち打ちは残忍な拷問である。主イエスがゴルゴタまで十字架をかついで行くことができなかった最大の理由はこのような厳しいむち打ちを受けたことだった(27:32, ルカ23:26)。「しかし、彼は、私たちのそむきの罪のために刺し通され、私たちの咎のために砕かれた。彼への懲らしめが私たちに平安をもたらし、彼の打ち傷によって、私たちはいやされた」(イザ53:5, Iペテ2:24)。(キリストの苦しみの第五段階→27:28-29注)

27:28-29　緋色の上着・・・いばらで冠を編み　キリストの苦しみの第五段階は縄を解かれてローマの兵士たちの間に立たされることから始まった(27:27)。兵士たちは緋色の上着を肩に掛け、手に杖を持たせ、長いとげのあるいばらの枝を輪にしたものを頭に押付けた(27:29)。兵士たちは顔や頭を殴り、いばらをさらに深く頭皮に突き刺して主イエスをからかった(27:30-31)。(キリストの苦しみの第六段階 →27:31注)

27:31　十字架につけるために連れ出した　キリストの苦しみの第六段階は重い十字架を肩にくくりつけられたことである。主イエスはゴルゴタ(十字架につけられる丘)へゆっくりと歩き始められた。木の十字架の重みと肉体の完全な疲労によって主イエスは途中で倒れられた。立ち上がろうとしても立てなかった。そこでシモンが十字架を背負わされた。(キリストの苦しみの第七段階 →27:35注)

27:35　イエスを十字架につけて　キリストの苦しみの第七段階はゴルゴタ(「どくろ」と呼ばれる丘でしば

分け、
36 そこにすわって、イエスの見張りをした。
37 また、イエスの頭の上には、「これはユダヤ人の王イエスである」と書いた罪状書きを掲げた。
38 そのとき、イエスといっしょに、ふたりの強盗が、ひとりは右に、ひとりは左に、十字架につけられた。
39 道を行く人々は、頭を振りながらイエスをののしって、
40 言った。「神殿を打ちこわして三日で建てる人よ。もし、神の子なら、自分を救ってみろ。十字架から降りて来い。」
41 同じように、祭司長たちも律法学者、長老たちといっしょになって、イエスをあざけって言った。
42 「彼は他人を救ったが、自分は救えない。イスラエルの王だ。今、十字架から降りてもらおうか。そうしたら、われわれは信じるから。
43 彼は神により頼んでいる。もし神のお気に入りなら、いま救っていただくがいい。『わたしは神の子だ』と言っているのだから。」
44 イエスといっしょに十字架につけられた強盗どもも、同じようにイエスをののしった。

主イエスの死
27:45-56　並行記事―マコ15:33-41, ルカ23:44-49

45 さて、*十二時から、全地が暗くなって、**三時まで続いた。
46 三時ごろ、イエスは大声で、「エリ、エリ、レマ、サバクタニ」と叫ばれた。これは、「わが神、わが神。どうしてわたしをお見捨てになったのですか」という意味である。
47 すると、それを聞いて、そこに立ってい

36 ①マタ27:54
37 ①囲マコ15:26, ルカ23:38, ヨハ19:19
39 ①マコ15:29, ヨブ16:4, 詩22:7, 109:25, 哀2:15
40 ①マタ26:61　②マタ27:42
42 ①マコ15:31, ルカ23:35
  *あるいは「自分は救えないのか」
  ②ヨハ1:49, 12:13, 囲マタ27:37, ルカ23:37
43 ①詩22:8
44 ①囲ルカ23:39-43
45 ①マタ27:45-56, マコ15:33-41, ルカ23:44-49
  *直訳「第六時」
  **直訳「第九時」
46 ①詩22:1

しば処刑が行われた)で始まった。十字架の横木が地面に置かれ、主イエスはその上に寝かされた。両腕が横木に沿って広げられ、重い四角の鉄の釘が手(または手首)に打込まれ深く木に突き刺さった。次にキリストのからだは縄の梯子によって引上げられ、横木はからだを支える台のついた縦木にひもで結ばれるか釘で打付けられた。足が伸ばされさらに大きな鉄の釘が足に打込まれた。(キリストの苦しみの第八段階→27:39注)

27:39　イエスをののしって　キリストの苦しみの第八段階は、この身の毛もよだつ事件を目撃した人や公開処刑を見に来た人々による侮辱である。このとき既に主イエスは血まみれで傷だらけの姿を公衆の面前にさらす哀れな見世物になっていた。腕はだるく、筋肉はけいれんし、背中の皮膚は裂けてからだ中の苦痛を長時間体験しておられた。やがて別の痛みが襲い始めた。体液が増え始め、息が止まり、心臓を押しつぶすような胸の奥の痛みである。そして激しい渇きを覚えるとともに(ヨハ19:28)、十字架のそばを通り過ぎる人々からのののしりと軽べつのことばを浴びせられていた(27:39-44)。(キリストの苦しみの第九段階→27:46注)

27:46　どうしてわたしをお見捨てになったのですか　キリストの苦しみの第九段階は最悪で最も恐ろしいものだった(→26:39注)。肉体の拷問だけではなく神に見捨てられた(罪の究極の結果である)想像を絶する霊的苦痛である。次のことばは霊的に失われた世界のためにキリストが受けられた苦しみが最高潮に達したことを表している。アラム語でのキリストの叫び「わが神、わが神。どうしてわたしをお見捨てになったのですか」はキリストが神から捨てられたことを示している。それは罪を犯した人がみな体験するようになるものである。この神に見捨てられた感じは、人類がこれまで犯してきた罪とこれから犯すと思われる罪の罪悪感と刑罰の重みを全部背負われた(私たちの身代りとして)ためにさらに強まった(→Ⅱコリ5:21)。主イエスが十字架につけられて感じられた神に見捨てられた感じは到底理解することができないものである。神の御子であり、宇宙の創造主(ヨハ1:1-3)である方が創造されたものから拒まれただけではなく、どこにでもおられる遍在の方からも孤立している姿がここにある。これほどのさばきと神からの孤立感を体験した人はだれもいない。一度も罪を犯したことがない方を神は「私たちの代わりに罪とされ」た(Ⅱコリ5:21)。キリストは「私たちのそむきの罪のために刺し通され、私たちの咎のために砕かれ」(イザ53:4-5)、「多くの人のための、贖いの代価として、自分のいのちを与え」られたのである(20:28、Ⅰテモ2:6)。キリストは見捨てられて死なれた。それは私たちが見捨てられないためである(→詩22:)。キリストはご自分が苦しむことによってキリストに頼る人々に神との正しい関係を回復してくださった(Ⅰペテ1:19)。(キリストの苦しみの第十段階→27:50注)

た人々のうち、ある人たちは、「この人はエリヤを呼んでいる」と言った。

48 また、彼らのひとりがすぐ走って行って、海綿を取り、それに酸いぶどう酒を含ませて、葦の棒につけ、イエスに飲ませようとした。

49 ほかの者たちは、「私たちはエリヤが助けに来るかどうか見ることとしよう」と言った。

50 そのとき、イエスはもう一度大声で叫んで、息を引き取られた。

51 すると、見よ。神殿の幕が上から下まで真っ二つに裂けた。そして、地が揺れ動き、岩が裂けた。

52 また、墓が開いて、眠っていた多くの聖徒たちのからだが生き返った。

53 そして、イエスの復活の後に墓から出て来て、聖都に入って多くの人に現れた。

54 百人隊長および彼といっしょにイエスの見張りをしていた人々は、地震やいろいろの出来事を見て、非常な恐れを感じ、「この方はまことに神の子であった」と言った。

55 そこには、遠くからながめている女たちがたくさんいた。イエスに仕えてガリラヤからついて来た女たちであった。

56 その中に、マグダラのマリヤ、ヤコブとヨセフとの母マリヤ、ゼベダイの子らの母がいた。

主イエスの埋葬

27:57-61 並行記事－マコ15:42-47, ルカ23:50-56, ヨハ19:38-42

57 夕方になって、アリマタヤの金持ちでヨセフという人が来た。彼もイエスの弟子になっていた。

58 この人はピラトのところに行って、イエスのからだの下げ渡しを願った。そこで、ピラトは、渡すように命じた。

59 ヨセフはそれを取り降ろして、きれいな亜麻布に包み、

60 岩を掘って造った自分の新しい墓に納めた。墓の入口には大きな石をころがしかけて帰った。

61 そこにはマグダラのマリヤとほかのマリヤとが墓のほうを向いてすわっていた。

墓の番兵

62 さて、次の日、すなわち備えの日の翌日、祭司長、パリサイ人たちはピラトのところに集まって、

63 こう言った。「閣下。あの、人をだます男がまだ生きていたとき、『自分は三日の後によみがえる』と言っていたのを思い出しました。

64 ですから、三日目まで墓の番をするように命じてください。そうでないと、弟子たちが来て、彼を盗み出して、『死人の中からよみがえった』と民衆に言うかもしれません。そうなると、この惑わしのほうが、前の場合より、もっとひどいことになります。」

65 ピラトは「番兵を出してやるから、行ってできるだけの番をさせるがよい」と彼らに言った。

66 そこで、彼らは行って、石に封印をし、番兵が墓の番をした。

27:50　イエスはもう一度大声で叫んで　苦しみの最後の第十段階は私たちの罪のための死と犠牲にかかわるもので、主イエスが大声で「完了した」と叫ばれたことである（ヨハ19:30）。この最後のことばはキリストの苦しみが終わったことと、罪の最高の代価を払い神との個人的な関係を私たちに回復する使命が完了したことを示すものである。私たちの罪の代価を全部払い、神の救いの計画を完全に実現されたあと、主イエスは「父よ。わが霊を御手にゆだねます」（ルカ23:46）という最後の祈りをささげられた。（キリストの苦しみの第一段階　→26:37注）

27:51　幕が・・・裂けた　「神殿の幕」が裂けたこと（→出26:33注）は神の臨在への道が開かれたことを象徴している。聖所と至聖所の間にあった幕は罪深い人間は神に近付けないことを象徴していた。至聖所に入ることのできるのは大祭司だけで、しかも決められたときに厳しい条件のもとでしか許されていなかった。主イエスは究極の大祭司の役割を果たして（ヘブ4:14-15, 6:20, 8:1）御父である神へ近付かれた。その死によって私たちの罪の究極のいけにえをささげ、至聖所（神の臨在）への幕を裂いて、神に人生をゆだねる人々のために神に近付く道を永遠に開いてくださった（⇒ヘブ9:1-14, 10:19-22）。

27:52　多くの聖徒たち・・・が生き返った　この奇蹟的出来事は、キリストの死と復活によって既にこの世から去った弟子たちのからだがキリストが再び来ら

復活

28:1-8　並行記事―マコ16:1-8, ルカ24:1-10

28 ¹さて、安息日が終わって、週の初めの日の明け方、マグダラのマリヤと、ほかのマリヤが墓を見に来た。²すると、大きな地震が起こった。それは、主の使いが天から降りて来て、石をわきへころがして、その上にすわったからである。³その顔は、いなずまのように輝き、その衣は雪のように白かった。⁴番兵たちは、御使いを見て恐ろしさのあまり震え上がり、死人のようになった。⁵すると、御使いは女たちに言った。「恐れてはいけません。あなたがたが十字架につけられたイエスを捜しているのを、私は知っています。⁶ここにはおられません。前から言っておられたように、よみがえられたからです。来て、納めてあった場所を見てごらんなさい。⁷ですから急いで行って、お弟子たちにこのことを知らせなさい。イエスが死人の中からよみがえられたこと、そして、あなたがたより先にガリラヤに行かれ、あなたがたは、そこで、お会いできるということです。では、これだけはお伝えしました。」⁸そこで、彼女たちは、恐ろしくはあったが大喜びで、急いで墓を離れ、弟子たちに知らせに走って行った。⁹すると、イエスが彼女たちに出会って、「おはよう」と言われた。彼女たちは近寄って御足を抱いてイエスを拝んだ。¹⁰すると、イエスは言われた。「恐れてはいけません。行って、わたしの兄弟たちに、ガリラヤに行くように言いなさい。そこでわたしに会えるのです。」

---

1 ①マタ28:1-8、マコ16:1-8、ルカ24:1-10、囲ヨハ20:1-8　②圏マタ27:56, 61
2 ①囲ルカ24:4、ヨハ20:12　②マコ16:4、マタ27:66, 28:2
3 ①囲ダニ7:9, 10:6、マコ9:3, ヨハ20:12、使1:10
5 ①囲マタ28:10, 14:27　＊あるいは「恐れることをやめなさい」
6 ①囲マタ27:63、囲マタ12:40, 16:21

7 ①マタ26:32, 28:10, 16
10 ①マタ28:5, 14:27　②ヨハ20:17、囲ロマ8:29、ヘブ2:11, 12, 17　③マタ26:32, 28:7, 16

れる日に復活することを保証している(→「**肉体の復活**」の項p.2151)。キリストの復活は死が敗北したことをはっきりと示している(→Ⅰコリ15:50-58, Ⅰテサ4:14)。

28:6 よみがえられたからです　主イエスの復活は福音(キリストを通して赦しと永遠のいのちが与えられるという「よい知らせ」)の中心的な真理である(Ⅰコリ15:1-8)。復活がなければキリスト者には何の希望もなく、神を信じる信仰もキリストについてするあかしも無意味である(Ⅰコリ15:12-19)。主イエスの敵は復活のメッセージが与える影響が大きいことを知っているので、弟子たちがそのようなメッセージを広げないようにあらゆる努力をした(27:62-66)。けれども奇蹟を止めることはできなかった。復活が起きてからも復活のメッセージを押え込む計画が立てられていた(28:11-15)。けれども今わかっているように、その計画はみじめにも失敗した。ではなぜキリストを信じる人々にとってキリストの復活は重要なのだろうか。(1)キリストが神の御子であることを証明している(ヨハ10:17-18, ロマ1:4)。(2)私たちの罪のためのキリストの死が効果的であること(罪を赦し、神との関係を回復する道を備えたこと)を保証している(ロマ6:4, Ⅰコリ15:17)。(3)神のことばが真理であることを実証している(詩16:10, ルカ24:44-47, 使2:31)。(4)邪悪な人々に未来にはさばきがあることを証明している(使17:30-31)。(5)キリストが神の民に聖霊の賜物を与え霊的いのちを新しくしてくださることの土台であり(ヨハ20:22, ロマ5:10, Ⅰコリ15:45)、キリストに頼る人々のために現在も天でとりなし手(仲介者、弁護人)として働いていてくださることの土台になっている(ヘブ7:23-28)。(6)未来に受ける天の資産(Ⅰペテ1:3-4)と主が再び来られるときの復活を主イエスの弟子たちに確証している(→ヨハ14:3注、Ⅰテサ4:14～)。(7)キリストの臨在と罪に打勝つ力が日常生活の中に働くことを可能にする(ガラ2:20, エペ1:18-20)。

28:9 イエスが彼女たちに出会って　復活は歴史的に十分に証明されている。復活の後、キリストは地上に40日間とどまって最も親しい弟子やほかの多くの弟子たちに現れて話をされた。復活の後に現れたことは次にように記録されている。(1)マグダラのマリヤ(ヨハ20:11-18)。(2)墓から帰る女性たち(28:9-10)。(3)ペテロ(ルカ24:34)。(4)エマオへ行く二人の旅人(ルカ24:13-32)。(5)弟子たち(トマスはこのときいなかった)と一緒にいた人々(ルカ24:36-43)。(6)1週間後の日曜日の夜に集まっていた弟子たち全員(ヨハ20:26-31)。(7)ガリラヤ湖にいた7人の弟子たち(ヨハ21:1-25)。(8)ガリラヤにいた500人(⇒28:16-20とⅠコリ15:6)。(9)ヤコブ(Ⅰコリ15:7)。(10)大宣教命令を受けた弟子たち(28:16-20)。(11)天へ昇られたときに一緒にいた人々(使1:3-11)。(12)使徒パウロ(後に新約聖書の多くの教会を開拓し、新約聖書の多くの書物を書いた宣教師の草分け　Ⅰコリ15:8)。

28:10 恐れてはいけません　御使いは応答して、なぜ女性たちが恐れる必要がないのかを教えている。

マタイの福音書　28章

番兵の報告

11 女たちが行き着かないうちに、もう、数人の番兵が都に来て、起こった事を全部、祭司長たちに報告した。

12 そこで、祭司長たちは民の長老たちとともに集まって協議し、兵士たちに多額の金を与えて、

13 こう言った。「『夜、私たちが眠っている間に、弟子たちがやって来て、イエスを盗んで行った』と言うのだ。

14 もし、このことが総督の耳に入っても、私たちがうまく説得して、あなたがたには心配をかけないようにするから。」

15 そこで、彼らは金をもらって、指図されたとおりにした。それで、この話が広くユダヤ人の間に広まって今日に及んでいる。

11 ①マタ27:65, 66
14 ①マタ27:2
15 ①マタ9:31、マコ1:45

②図マタ27:8
16 ①マタ26:32, 28:7, 10
17 ①マコ16:11
18 ①マタ26:64,
　　囲ダニ7:13, 14,
　　ロマ14:9,
　　エペ1:20-22,
　　ピリ2:9, 10, コロ2:10,
　　Ⅰペテ3:22,
　　図マタ11:27
19 ①マコ16:15, 16
　　②ルカ24:47,
　　囲マタ25:32
　　③マタ13:52,
　　囲使14:21
　　④囲使2:38, 8:16,
　　ロマ6:3,
　　Ⅰコリ1:13, 15以下,
　　ガラ3:27

大宣教命令

16 しかし、十一人の弟子たちは、ガリラヤに行って、イエスの指示された山に登った。

17 そして、イエスにお会いしたとき、彼らは礼拝した。しかし、ある者は疑った。

18 イエスは近づいて来て、彼らにこう言われた。「わたしには天においても、地においても、いっさいの権威が与えられています。

19 それゆえ、あなたがたは行って、あらゆる国の人々を弟子としなさい。そして、父、子、聖霊の御名によってバプテスマを

「イエスを捜しているのを、私は知っています」(28:5)。主イエスの裁判のときに最も近い弟子たちさえ主イエスを見捨てて逃げた。また世間の大部分の人が主イエスを軽べつして十字架につけたときにも、この女性たちは引続き忠実だった。本当に忠実な弟子たちは、世間が主イエスの愛を拒み救いの必要を認めず神のことばの基準を拒むようなときにもキリストに忠実であり続けるので、キリストがいつ来られても恐れる必要がない。ヨハネはヨハネⅠ2:28でこの真理を次のように言っている「そこで、子どもたちよ。キリストのうちにとどまっていなさい。それは、キリストが現れるとき、私たちが信頼を持ち、その来臨のときに、御前で恥じ入るということのないためです」。

28:18　いっさいの権威　主イエスは弟子たち（今や主イエスの地上の代表者）に、世界中にメッセージを伝え広める権威と力が与えられると約束された(28:19-20)。けれどもまず主イエスの命令に従って、父である神が約束を守って聖霊を送り力を与えてくださるまで待たなければならない（この約束は五旬節の日に成就した　→ルカ24:47-49, 使1:8, 2:4, →「**聖霊のバプテスマ**」の項 p.1950）。使徒の働き1:8に描かれている力を持ってキリストのメッセージを国々に携えて行こうとするなら、私たちは使徒の働き1:4の順序に従わなければならない。

28:19　行って・・・弟子としなさい・・・バプテスマを授け　このことばはキリストの大宣教命令（キリストの主要な命令、指示、仕事、実行する権威を伴う）と言われている。この命令はあらゆる時代の弟子たち全員に適用される。この最後の指示の中でキリストは、教会（個人、地域教会、全世界の共同体としての忠実な弟子たち）の目標と責任を示しておられる。教会はキリストのメッセージをあらゆる国や文化の人々に伝えなければならない。

（1）教会は世界中に出て行き、キリストご自身の教えや使徒たち（最初の教会を建てメッセージを伝えるためにキリストが自ら任命された人々　→使14:4注）の教えや新約聖書を通して現された（→エペ2:20注）キリストのメッセージを広めなければならない。この働きはあらゆる国に宣教師を送ることでもある（使13:1-4）。

（2）福音は、「罪の赦しを得させる悔い改め」（ルカ24:47、→26:28注）と「賜物として聖霊を受ける」約束（使2:38）と霊的に堕落した世界とは明らかに違う生き方をするように訴えることとが中心になっている（使2:40）。また福音は、主イエスが教会のために再び来られることを期待しながら伝えなければならない（使3:19-20、Ⅰテサ1:10）。

（3）キリストの宣教命令の第一の目的は、弟子を作ること（《ギ》マセテウサテ）だった。弟子というのは主イエスに従い、主イエスの命令を守り、主イエスとの関係の中で絶えず成長していく、訓練を受けた「学習者」のことである。ここで直接命じられていることはただ一つ、弟子を作ることである（「行って」は「行きながら」と訳すことができる）。多くの人はこの大宣教命令を伝道（赦しと新しいいのちのメッセージを伝え、人々が前向きに応答してキリストを受入れることを目的に広めること）への召命と考えている。けれども実際にはもっと深い意味を持っていて、弟子を作ることについての命令だった。つまり伝道だけではなく、しっかりと教え、霊的に養育を続けて成長させ前進させることだった。効果的な伝道とは弟子を作ることである。キリストが弟子たちに願っておられるのは、単

授け、
20 また、わたしがあなたがたに命じておいたすべてのことを守るように、彼らを教えなさい。見よ。わたしは、世の終わりまで、いつも、あなたがたとともにいます。」

20①☞マタ13:39
　②マタ18:20, 使18:10

にキリスト教への改宗者を作り出すことではない。さらに訓練し指導すること(教えと模範を示すことによって訓練する)によってキリストに忠実に従うようにさせ、その人々が今度はほかの人々を導くことができるようにまでさせることを望まれたのである。もしキリストを受入れた人が最初の地点から全く成長しないなら、その人はほとんど確実に信仰を捨て、神に対して霊的にかたくなになっていく。教会はただ教会員を増やすことだけではなく、霊的エネルギーと努力を傾けて本当の弟子作りをするべきである。本当の弟子とは悪を避けてキリストの命令を守り、心と精神と思いを尽くしてキリストの目的を追い求めて一生涯キリストに従う人々である(→22:37注, ⇒ヨハ8:31)。

(4) キリストは救われていない人々に希望のメッセージを伝えることに専念するように命じられたけれども、それは社会をキリスト教化し、全世界がキリスト者になることを期待しておられるのではない。世界を前向きに変えていく努力はしなければならない。けれども同時にキリストが最終的に悪を滅ぼし、悪人をさばくために地上に再び来られるまで世界は神に逆らい続けることを理解しなければならない。そのときまで神の民は周りの堕落した考えや行動、生活様式などから離れていなければならない。信仰者は神と神の目的に心から専念しなければならない(ロマ13:12, Ⅱコリ6:14, →**信者の霊的聖別**の項p.2172, **キリスト者とこの世**の項 p.2437)。キリストに献身して仕えることは、世間にある悪や恥をためらうことなく暴き出し、人々がそれを避けるように励ますことでもある(エペ5:11-12)。

(5) キリストを信じた人(信仰によってキリストのメッセージを受入れ、積極的にキリストに自分の人生をゆだねた人)は水の「バプテスマ」を受けるべきである(「バプテスマ」と訳されていることばは水に浸す、完全に水の中に沈めることである)。バプテスマを受けることはキリストを信じる信仰を公に宣言することである。また主イエスの死、埋葬(水の中に沈むこと→コロ2:12)、復活(水から上がること)に自分を一体化したしるしである。さらに罪や不品行から完全に離れ、自分の罪の性質に死に、神の助けによってよみがえって新しいいのちを生きるという霊的誓約を象徴している(→ロマ6:4注)。この新しいいのちの中で、信仰者はキリストとその目的に完全に従うのである(→使22:16注)。

(6) キリストは聖霊の臨在と力を通して、従順な弟子たちとともにいてくださる(⇒28:20, 1:23, 18:20)。その人々はキリストのメッセージをどこへでも、あらゆる人々のところへ、あらゆる国へ伝えるという任務を実行できるようになる。それは「いと高き所から力を着せられ」て初めてできることである(ルカ24:49, →使1:8注)。

28:20　わたしは・・・あなたがたとともにいます
この約束は、霊的に失われている人々に積極的に接触し、「獲得」し(キリストの御国に引入れる)、真理の基準に従うことを教える弟子たちに対してキリストが与えられた確証である。主イエスは死からよみがえり、弟子たちの中で今も生きて働いておられる。神は神の子どもひとりひとりに個人的に関心を持ち、聖霊によって一緒にいると約束された(ヨハ14:16, 26, 父と子と聖霊についての詳細 →**神の属性**の項p.1016, **イエスと聖霊**の項p.1809, **聖霊の教理**の項p.1970)。神はまたみことばを通して私たちとともにいてくださる(ヨハ14:23)。立場や状態がどうであっても(金持、貧乏、弱い、低い身分、有名、無名)、主イエスは愛情をもって思いやり、人生の細かいところまで見守ってくださる。あなたの問題や葛藤を知り、理解し助けてくださり、どんなことにも耐え忍ぶ力を与えてくださる(→Ⅱコリ12:9)。実際に神の臨在があれば、だれでもどのような環境の中でも喜びに満たされる(詩16:11, 21:6)。神の臨在からはだれも逃げられないということは、考えさせられることかもしれない。けれどもそれは同時に大きな慰めでもある(詩139:7)。「あなたがたとともにいます」という主イエスの約束は、あらゆる恐れ、疑い、問題、頭痛の種、失望に対してキリスト者が持つことのできる解決策である。

マタイの福音書

神の国とサタンの国

A. 国の性質

項目	神の国 内容	神の国 聖句	サタンの国 内容	サタンの国 聖句
1. 支配	a. 神による支配 ー神権政治	Ⅱ歴20:6, 詩95:3, ダニ4:17, 32, Ⅰテモ1:17	a. サタンによる支配 ーこの世の神	ヨハ12:31, 14:30, Ⅱコリ4:4, エペ2:2, Ⅰヨハ5:19
	b. 御子を通しての 神の支配	詩110:1, イザ9:6-7, ダニ7:13-14, マタ28:18, ルカ1:32-33, エペ1:20-22, ヘブ1:3-8, 黙1:5, 19:13-16	b. サタンは主権、力、 暗やみの世界の支 配者たちを手伝わ せる	エペ1:21, 6:12, コロ1:16, 2:15, ⇒ダニ10:13
2. 特性	a. 義と平和と聖霊に よる喜び	マタ6:33, ロマ14:17	a. この世のものが中 心	Ⅰヨハ2:15-17, 5:19, 黙2:9, 13
	b. 神の力	ルカ11:20-22, Ⅰコリ2:4, 4:20, Ⅰテサ1:5	b. 病気、わずらい、 奴隷状態	マタ10:1, ルカ9:1
	c. 真理	ヨハ8:31-32, 14:6, 16-17, 15:26, 16:13, 17:17	c. 惑わし	創3:4-5, 13, ヨハ8:44, ロマ1:25, Ⅱコリ4:4, Ⅱテサ2:10-12
	d. 聖さ	Ⅰコリ1:2, 30, Ⅱコリ6:17-7:1, エペ4:24, ヘブ12:10, 14, Ⅰペテ1:15-16	d. 罪と悪	ロマ1:28-32, Ⅰコリ6:9-10, エペ2:1-3, Ⅰヨハ3:7-10, 12
	e. 光	ヨハ1:4-9, 3:19, 使26:18, コロ1:12-13, Ⅰテモ6:16, Ⅰヨハ1:5, 7	e. 暗やみ	ルカ22:53, 使26:18, エペ6:12, コロ1:13, Ⅰヨハ1:6, ⇒Ⅱコリ11:14
	f. 永遠のいのち	ヨハ1:4, 3:16, ロマ5:17, 6:4, 22, 8:1-2, Ⅰヨハ5:12, 黙1:18	f. 永遠の死	ロマ5:12, 14, 6:23, エペ2:1, 黙20:14-15, 21:8
3. 現れ方	a. 救い	マコ1:15, 使8:12	a. 滅び	ヨハ10:10, Ⅰペテ5:8
	b. 聖霊のバプテスマ	マタ3:1-12, 使1:3-8	b. この世の霊で満ち る	Ⅰコリ2:12, ヤコ4:4, Ⅰヨハ2:15
	c. 奇蹟と悪霊の追出 し	マタ4:23-24, 10:7-8, 12:28, ルカ9:1-2, 11, 11:20-22, 13:11-16	c. にせの奇蹟と悪霊 のとりつき	マタ4:24, 8:28, 24:24, Ⅱテサ2:9, 黙13:13-14

神の国とサタンの国

項目	内容	聖句	内容	聖句
	d. 主イエスの臨在	マタ3:1-3, 4:17, マコ1:14-15	d. 悪霊の存在	マタ8:28, 12:22-29, マコ5:2-5, 9, 6:7, 使19:16, 黙18:2
	e. 御霊の賜物	ロマ12:6-8, Ⅰコリ12:1-31	e. 魔術、魔法、薬物、オカルト	使16:16, 19:18-19, Ⅰコリ10:20, ガラ5:20, 黙2:24
	f. 御霊の実	ガラ5:22-23	f. 肉の行い	ガラ5:19-21

B. 国の人々

		神の国		サタンの国
項目	内容	聖句	内容	聖句
1. 入国	a. 悔い改めと赦し	マコ1:15, 使2:37-38, Ⅰヨハ1:9	a. 回心していない人類全員	ロマ3:23, 5:12, エペ2:2-3, コロ1:13
	b. 謙遜	マタ18:3, マコ10:15	b. 高ぶり、独立心	詩2:1-2, 箴16:18, エゼ16:40-50, ダニ4:30, オバ1:3, ロマ1:30, Ⅱテモ3:2, ユダ1:16
	c. 告白と信仰	ロマ10:8-13, ヘブ4:2	c. 反抗と不信仰	ロマ1:18-32, ヘブ3:19, 12:25
	d. 新生	ヨハ3:3, 5	d. 霊的な死	ロマ5:12, 17, 6:23, エペ2:1, コロ2:13
	e. キリストとの一体化	ロマ6:3-8	e. 神からの分離	エペ2:12
2. 国民の特性	a. 神の子ども	ヨハ1:12-13, 3:3-5, ロマ8:15, ガラ4:5, エペ1:5	a. サタンの子ども	ヨハ8:44, Ⅰヨハ3:8-10
	b. 信仰と従順	マタ6:25-32, ヨハ14:21, ロマ1:5, 16:26, ヘブ11:6	b. 不信仰と反抗	マタ17:17, ルカ12:46, Ⅱテサ3:2, テト1:15, 黙21:8
	c. 永遠のいのち	ヨハ3:16, 36, 5:24, 6:40, Ⅰヨハ2:25, 5:11, 黙2:7	c. 永遠の死	ヨハ3:18, 36, ロマ5:12, 6:23, ヤコ1:15, Ⅰヨハ5:12, 黙20:14-15, 21:8
	d. 光の中を歩く	ロマ13:13, エペ5:8, ピリ2:15, Ⅰテサ5:5, 8	d. やみの中を歩く	ヨハ3:19, ロマ13:12-13, エペ5:11-12, Ⅰヨハ1:6, 2:9, 11

神の国とサタンの国

項目	内容	聖句	内容	聖句
e.	真理に生きる	IIテサ2:13, Iテモ3:15, IIIヨハ1:3-5	e. うそをつき真理に反対する	ヨハ8:44, ロマ1:18, 25, IIテモ2:18, 3:8, 4:4
f.	地上の寄留者	ヘブ11:13, Iペテ2:11	f. 世のものへの愛着	Iコリ6:9, IIテモ3:4, IIペテ2:3, ユダ1:11, 黙3:17-19
g.	御霊によって生きる	ロマ8:9-11, Iコリ2:10-13, ガラ5:16-26	g. 肉によって生きる	ロマ8:5-6, ガラ5:16-26
h.	謙遜で子どものように正しく生きる	マタ5:6, 20, 6:33, 18:1-4, ルカ18:16-17, エペ4:24, Iテサ5:12	h. 悪、不従順、不道徳	ガラ5:19-21, エペ2:2-3, 5:5-6, ヤコ1:14-15, Iヨハ2:15-17, 3:8
i.	柔和と従順	箴16:19, マタ5:5, エペ5:21-22, ヤコ3:17, Iペテ2:13-3:9	i. 横柄と自己主張	IIテモ3:2, ヤコ4:6
j.	キリストにある自由	ロマ6:6, 18, 22, Iペテ2:16	j. 罪とサタンの束縛	ロマ7:14-24
k.	正直	出20:15-16, エペ4:25, 28	k. 欺き	箴12:5, 20a, ロマ1:29, エペ4:22, 黙21:8
l.	愛	マタ5:43-48, 7:12, Iコリ13:, エペ5:2	l. 憎しみと敵意	ルカ21:17, ヨハ15:18-19, 18:14, ロマ1:30, テト3:3, ヤコ4:4
m.	赦し	マタ6:14-15, エペ4:32	m. 苦さ	ロマ3:14, エペ4:31
n.	信仰深さの影響	マタ5:13-16, テト2:12, Iペテ2:12, IIペテ3:11	n. 堕落の影響	創19:1-38, 箴2:12-22, Iコリ15:33
o.	純潔と婚姻の忠実さ	エペ5:3, Iテサ4:3-8	o. 情欲と不品行	ロマ1:24-27, Iコリ6:9-10, ガラ5:19, エペ5:5-6
p.	惜しみなく与える心	ルカ6:38, 12:33-34, IIコリ8:2-5	p. 強欲とむさぼり	ルカ12:15-21, コロ3:5, IIペテ2:14
q.	聖い	マタ5:8, Iペテ1:15-16, 黙22:11	q. 聖くない	IIテモ3:2, IIペテ2:5-6, ユダ1:15, 黙22:11

神の国とサタンの国

項目		内容	聖句	内容	聖句
	r.	立派な話し方	出20:16, 箴10:19-21, 伝5:2, 6-7, エペ4:29, 5:4, ヤコ1:26, 3:1-2	r. 堕落した話し方	箴10:18, 15:28, ロマ3:13-14
	s.	御国を継ぐ	マタ25:34-40, ヨハ3:3-5, Ⅰコリ6:11, 黙21:7	s. 御国を継がない	Ⅰコリ6:9-11, ガラ5:21, エペ5:5
3. 義務	a.	神だけを礼拝する	出20:2-6, マタ4:10, ヨハ4:23-24, Ⅰテサ1:9	a. 偶像礼拝、自分のために生きる、究極的にサタンと反キリストを礼拝する	ダニ11:30-33, Ⅱテサ2:4, 黙13:4, 8, 12, 15
	b.	罪とサタンを憎む	詩139:21, ロマ12:9, ヘブ1:9, Ⅰヨハ2:15	b. 信仰者を憎み迫害する、キリストと義を憎む	ヨハ15:19, 16:3, 17:14, Ⅱテモ3:12, 黙12:13, 17
	c.	神の国と義を拡大させる	マタ6:31-33, 11:12, 28:19-20, 使1:6-8, 19:8, 28:23, 31, コロ4:11	c. 悪を増大させ、神の国と義を改悪する	マタ7:15, 13:24-28, 36-43, 24:23-24, ルカ21:8, 使20:29-30, ガラ1:8-9, Ⅰヨハ2:18-19, Ⅱヨハ1:7-11
	d.	世を愛さない	マタ6:19 24, ヨハ17:15-16, ロマ12:1-2, Ⅰコリ10:21-22, Ⅱコリ6:14-18, Ⅱテモ3:1-5, ヤコ4:4, Ⅰヨハ2:15-17	d. 世を愛する	詩17:14, マコ8:36, ピリ3:19, Ⅱテモ4:10, Ⅰヨハ2:15-16
	e.	キリストの天からの帰還を待望む	Ⅰテサ1:10, 4:13-18, Ⅰテモ4:8, テト2:13	e. キリストの帰還を待望まない	マタ24:45-51, ルカ12:42-46, Ⅰテサ5:4-6
4. 力と主権	a.	個人レベル	ルカ10:17, ヨハ16:33, ロマ6:12, 14	a. 個人レベル	ヨハ8:23, エペ2:1, Ⅰヨハ3:8
	b.	家族レベル	申6:1-9, Ⅰコリ11:3, エペ5:22-6:4	b. 家族レベル	ルカ16:27-31, 21:16, Ⅱテモ3:2-3, 6
	c.	教会レベル	マタ5:13-20, 18:15-20	c. 団体レベル	ヨハ12:31, エペ6:12, 黙13:1-11, 17-18
	d.	仕事レベル	ルカ16:1-13, コロ3:23-25	d. 仕事レベル	使16:16-21, 19:23-28, 黙18:3, 11-24

マタイの福音書

神の国とサタンの国

C. 二つの国の戦い

		神の国		サタンの国	
項目	内容		聖句	内容	聖句
1. キリストとサタンの戦い	a. キリストはサタンの国を滅ぼすために来られた	ルカ4:18-21, ヨハ12:31, 使26:15-18, Ⅰヨハ3:8		a. サタンはキリストの御国を滅ぼそうとする	マタ4:1-11, 16:22-23
	b. キリストは誘惑に打勝たれた	マタ4:1-11, ルカ4:1-13, ヘブ4:15		b. サタンはキリストを誘惑した	マタ4:1-11, ルカ4:1-13, ヘブ4:15
	c. キリストは悪霊を追出された	マコ1:25-26, 32-34, 39, 3:12, 5:12-15, 7:24-30, 9:14-29, ルカ11:20-22		c. 悪霊はキリストに挑戦した	マコ1:24, 34, 3:11, 5:7
	d. すべての力は永遠にキリストのものである	マタ28:18, Ⅰヨハ4:4		d. サタンの力は一時的で限界がある	ヨブ1:6-12, 2:1-6, ルカ22:53, 黙20:7-9
	e. 十字架による罪と病気からの解放	イザ53:, Ⅰペテ2:24		e. サタンは十字架の力に打勝てない	Ⅱコリ4:10, 黙12:10-11
	f. 最後の勝利はキリストのもの	Ⅱテサ2:7-8, Ⅱペテ3:10-13, 黙17:14, 19:11-21		f. 最後にサタンは負けて滅ぼされる	マタ25:41, 46, ヨハ16:11, 黙20:10, 14-15
2. 信仰者のサタンとの戦い	a. 信仰者は罪を憎み悪魔の働きを破壊する	マタ12:29-30, マコ3:27, ルカ11:21-23		a. サタンは信仰者を憎み迫害する	ヨハ15:19, 17:14, 黙12:13, 17
	b. 信仰者の武器は霊的なものであり、この世のものではない	マタ26:52, Ⅱコリ10:4-5, エペ6:10-17		b. サタンは世と肉と悪霊を使って信仰者を攻撃する	Ⅱコリ11:3, 14-15, ガラ5:17-21, エペ6:11-12, Ⅰペテ2:11, 5:8, 黙12:13, 17, 13:15-18
	c. 信仰者には悪霊を追出す権威が与えられている	マコ3:14-15, 6:7, 16:17, ルカ9:1-2, 10:17, 使5:16, 8:7, 16:18, 19:12		c. 悪霊は信仰者を霊的に滅ぼそうとする	マコ9:17-18, 使8:7, 16:16-17, Ⅰペテ5:8
	d. 信仰者は世に打勝たなければならない	ガラ6:14, Ⅰヨハ2:13-14, 4:4, 5:4, 黙2:7, 11, 17, 26, 3:5, 12, 21, 12:11, 21:7, 22:11		d. サタンは信仰者に打勝とうとする	エレ1:19, ルカ10:19, ロマ12:21, Ⅰテモ5:11, Ⅱペテ2:20
	e. 信仰者は十字架によって世に対して死んでいる	ガラ6:14, ヘブ11:25-26		e. サタンは世の罪の喜びへと誘惑する	ピリ3:19, Ⅱテモ3:4, Ⅰヨハ2:16-17

マルコの福音書

概　要
- Ⅰ．主イエスの宣教への備え（1:1-13）
    - A．バプテスマのヨハネの働き（1:2-8）
    - B．主イエスのバプテスマ（1:9-11）
    - C．主イエスに対する誘惑（1:12-13）
- Ⅱ．主イエスのガリラヤでの宣教（1:14-7:23）
    - A．初期ガリラヤ宣教（1:14-3:6）
        1. 最初の四人の弟子たち（1:14-20）
        2. カペナウムでの奇蹟（1:21-34）
        3. 最初の伝道旅行（1:35-45）
        4. パリサイ人との対立（2:1-3:6）
    - B．後期ガリラヤ宣教（3:7-7:23）
        1. 湖のそばでの宣教（3:7-12）
        2. 十二弟子の選び（3:13-19）
        3. 味方と敵（3:20-35）
        4. たとえ話による教え（4:1-34）
        5. 奇蹟を通しての宣教（4:35-5:43）
        6. 主イエスの郷里の人々の不信仰（6:1-6）
        7. 弟子たちの宣教（6:7-13）
        8. ヘロデとバプテスマのヨハネ（6:14-29）
        9. ガリラヤ湖周辺での奇蹟と教え（6:30-56）
        10. 言伝えとの対立（7:1-23）
- Ⅲ．主イエスのガリラヤを越えた地域への宣教（7:24-9:29）
    - A．異邦人の間での癒し（7:24-37）
    - B．さらに多くの奇蹟（8:1-26）
    - C．ペテロの大胆な告白と主イエスの厳しい要求（8:27-9:1）
    - D．主イエスの姿変り（9:2-13）
    - E．悪霊につかれた少年の癒し（9:14-29）
- Ⅳ．主イエスのエルサレムへの旅（9:30-10:52）
    - A．ガリラヤでの最後の宣教（9:30-50）
    - B．ユダヤとペレアでの宣教（10:1-52）
        1. 離婚についての教え（10:1-12）
        2. 子どもについての教え（10:13-16）
        3. 金持の青年（10:17-31）
        4. 主イエスの死の予告（10:32-34）
        5. 二人の兄弟の願い（10:35-45）
        6. バルテマイの癒し（10:46-52）
- Ⅴ．受難週（11:1-15:47）
    - A．日曜日：エルサレムへの勝利の入城（11:1-11）
    - B．月曜日：
        1. いちじくの木をのろう（11:12-14）
        2. 宮をきよめる（11:15-19）
    - C．火曜日：
        1. 信仰と恐れ（11:20-33）

マルコの福音書

    2．たとえ話と論争（12：1-44）
    3．しるしと終りの日（13：1-37）
    4．謙遜と油注ぎ（14：1-11）
  D．木曜日：最後の晩餐（14：12-25）
  E．金曜日：
    1．ゲツセマネでの祈り（14：26-52）
    2．ユダヤ人による裁判（14：53-72）
    3．ローマ人による裁判（15：1-20）
    4．十字架刑と埋葬（15：21-47）
VI．復活（16：1-20）
  A．復活の驚き（16：1-8）
  B．よみがえった後の主イエスの現れ（16：9-18）
  C．主イエスの昇天と弟子たちの宣教（16：19-20）

著　者：マルコ

主　題：奇蹟を起こす人、苦難のしもべ、神の子である主イエス

著作の年代：紀元55－65年

著作の背景

　マルコの福音書は四つ（マタイ、マルコ、ルカ、ヨハネ）の福音書（イエス・キリストの「よい知らせ」、福音の物語の記録）の中で「神の子イエス・キリストの福音のはじめ」（1：1）を伝える最も短い（同時に完全な）ものである。この書物の中では著者が明らかにされていない（どの福音書も同じ）けれども、歴史を通じて教会は一致してヨハネ・マルコが著作者だと証言してきた。この人はエルサレムで育ち、母親の家は初代のキリスト者の集会所として使われていた（使12：12）。ヨハネ・マルコは第一世代のキリスト者の一人で、パウロ（使13：1-13，コロ4：10，ピレ1：24）、バルナバ（使15：39）、ペテロ（Ⅰペテ5：13，→使14：4注）という三人の使徒たち（初代の教会を開拓した指導者）とともに働くという貴重な機会に恵まれた。パピアス（130年頃）や2世紀の教会の指導者や歴史家によると、マルコはこの福音書の情報のほとんどを親しい関係だったペテロ（主イエスに最も近い弟子の一人でエルサレムの最初の教会の指導者）から得ていた。マルコはローマでこの物語（イエス・キリストの生涯と、生涯を通して起きた話の歴史的記録）を書き、特にローマのキリスト者に伝えることに専念した。マルコの福音書がいつ書かれたかははっきりしないけれども、ほとんどの学者は50年代後期か60年代としている。そして四つの福音書の中で最初に書かれたと考えられている。

目　的

　紀元1世紀の60年代にローマの一般市民はキリスト者を残酷に扱い、多くのキリスト者がローマ皇帝ネロによって拷問を受けて殺された。言伝えによれば、初代教会の指導者だったペテロとパウロもこの時期にローマで殉教（キリストを信じる信仰のために殺されること）した。ローマの教会の指導者の一人だったヨハネ・マルコは迫害が迫っていることを予測し、それに対応するために主イエスの生涯を書くように聖霊による霊感を与えられた。主イエスの力と苦しみ、死と復活を順を追って書留めることによって、マルコはローマのキリスト者の信仰を力づけ励まし、信仰のために苦しむ人々に勇気を与えたと思われる。

概　観

　出来事を素早い動きで描写しながら、マルコはイエス・キリストを苦難のしもべと世界の霊的救い主という二つの役割を果した神の子として描いている。つまりマルコのメッセージは主イエスの人間性と神性（主イエスは神であるという事実）を強調している。この書物のクライマックス（頂点または最も重要な出来事でこのあと話は終りに向けて急速に展開する）は姿変りに続くピリポ・カイザリヤでのエピソードにある（この出来事の詳細　→8：27-9：10）。この時点で主イエスは弟子たちにご自分がキリスト（メシヤ、救い主）であることを明らかにし、私たちにいのちを与えるという使命を完全に示された。マルコの前半では、主イエスの力強い奇蹟と病気や悪霊に

対する権威を持っておられることに焦点が当てられている。それは神の国が近付いているしるしだった。このことは主イエスの力、目的、地上での生き方が神の完全なご計画に沿って現され進められていたことを意味している（→「**神の国**」の項 p.1654,「**サタンと悪霊に勝利する力**」の項 p.1726,「**キリストの奇蹟**」の表 p.1942）。けれどもピリポ・カイザリヤで主イエスは弟子たちに、自分は「必ず多くの苦しみを受け、長老、祭司長、律法学者たちに捨てられ、殺され、三日の後によみがえらなければならない」(8:31)と公に言われた。この福音書全体を見ると、キリストに従うときにはその代価として苦しみを受けることを示すことが繰返し書かれている(3:21-22, 30, 8:34-38, 10:30, 33-34, 45, 13:8, 11-13)。けれども神の国では、キリストのために苦しむことは最終的に自由と勝利につながっていく。それは主イエスが死からよみがえられたことで明らかにされている。

特　徴

マルコの福音書には四つの大きな特徴がある。

(1) 主イエスのことばよりも主イエスが行われたことに重点を置いている行動の福音書である。マルコの福音書には18の奇蹟が記録されているけれども、たとえ(教訓を教えたり、ある点を明らかにするための短いことばによる説明)は四つしかない(たとえの形式による宣言は含まない)。

(2) 特にローマ人のために書かれた福音書である。ユダヤ人の慣習が説明され、ユダヤ人の家系図(家族の歴史)や誕生の話は省略され、アラム語は翻訳され、ラテン語が使われている。

(3) 突然物語が開始し、一つの話から次の話へすばやく移り、その移るところに「すぐに」というギリシヤ語をしばしば(42回)用いている。

(4) 熟練した作家らしい直接的、簡潔、完全、芸術的な文体を用いて、主イエスの生涯の出来事をはっきりと生き生きとしたイメージと描写で報告している福音書である。主イエスの生涯と働きの概観　→「**キリストの伝道一覧**」の表 p.1937

マルコの福音書の通読

新約聖書全体を1年間で通読するためには、マルコの福音書を次のスケジュールに従って29日間で読まなければならない。

☐1:1-20 ☐1:21-45 ☐2:1-22 ☐2:23-3:12 ☐3:13-35 ☐4:1-20 ☐4:21-41 ☐5:1-20 ☐5:21-43 ☐6:1-29 ☐6:30-56 ☐7:1-23 ☐7:24-8:13 ☐8:14-26 ☐8:27-9:13 ☐9:14-32 ☐9:33-50 ☐10:1-31 ☐10:32-52 ☐11:1-25(26) ☐11:27-12:17 ☐12:18-44 ☐13 ☐14:1-26 ☐14:27-52 ☐14:53-72 ☐15:1-20 ☐15:21-47 ☐16

メモ

マルコの福音書　1章

道を備えるバプテスマのヨハネ
1:2-8　並行記事－マタ3:1-11, ルカ3:2-16

1 ¹神の子イエス・キリストの福音のはじめ。
² 預言者イザヤの書にこう書いてある。
「見よ。わたしは使いをあなたの前に遣わし、
あなたの道を整えさせよう。
³ 荒野で叫ぶ者の声がする。
『主の道を用意し、
主の通られる道をまっすぐにせよ。』」
そのとおりに、
⁴ バプテスマのヨハネが荒野に現れて、罪の赦しのための悔い改めのバプテスマを宣べ伝えた。
⁵ そこでユダヤ全国の人々とエルサレムの全住民が彼のところへ行き、自分の罪を告白して、ヨルダン川で彼からバプテスマを受けていた。
⁶ ヨハネは、らくだの毛で織った物を着て、腰に皮の帯を締め、いなごと野蜜を食べていた。
⁷ 彼は宣べ伝えて言った。「私よりもさらに力のある方が、あとからおいでになります。私には、かがんでその方のくつのひもを解く値うちもありません。
⁸ 私はあなたがたに水でバプテスマを授けましたが、その方は、あなたがたに聖霊のバプテスマをお授けになります。」

1① マタ4:3
＊異本「神の子」を欠く
2① マコ1:2-8, ルカ3:2-16
② マラ3:1, マタ11:10, ルカ7:27
③ イザ40:3, マタ3:3, ルカ3:4, ヨハ1:23
4① 使13:24
＊あるいは「宣言した」
7＊あるいは「宣言して」
8＊あるいは「水をもって」、異本「水の中で」
＊直訳「聖霊によって」
9① マコ1:9-11, マタ3:13-17, ルカ3:21, 22
② マタ2:23, ルカ2:51

ルカ1:15

主イエスのバプテスマと誘惑
1:9-11　並行記事－マタ3:13-17, ルカ3:21, 22
1:12, 13　並行記事－マタ4:1-11, ルカ4:1-13

⁹ そのころ、イエスはガリラヤのナザレ

1:1　福音のはじめ　「福音」ということばの意味　→14:9注　多くの学者はマルコの福音書は四つの福音書(マタイ、マルコ、ルカ、ヨハネ)の中で最初に書かれたと考えている。主イエスの生涯と働きの概観　→「**キリストの伝道一覧**」の表 p.1937

1:4　悔い改めのバプテスマ　悔い改めとは反対の方向に向かうこと、または完全に変ることである。霊的な意味や神との関係で言えば、自分の罪を認め、自分勝手な生き方をやめ、神に人生をゆだねて神の目的に従い始めることである(悔い改めの説明と霊的救いとの関係　→マタ3:2注)。新約聖書のバプテスマのヨハネのメッセージは悔い改めを中心にしていたけれども、それは旧約聖書の預言者の説教によく似ていた(エレ15:19, エゼ18:30, 32, ホセ3:4-5)。ヨハネの働きは悔い改めて来る人々にバプテスマを授けること(→使19:4)を特徴としていたので、ヨハネは「バプテスマのヨハネ」とか「洗礼者ヨハネ」と言われるようになった(「バプテスマを授ける」と訳されたことばは「浸す」という意味)。ヨハネは内側が霊的にきよめられたことを外側に示すしるしとして人々を水に浸した。これは罪を悔い改めて神に人生をささげたときに行われた。罪の赦しを神から受けるという点ではバプテスマは中心的な問題ではない。それは大切なことではあるけれども、心がささげられたことを表す象徴でしかないからである。本当に悔い改めたなら、イエス・キリストを信じる信仰を通して赦しという神の恵みに満ちた賜物を受けることが可能になる。主イエスが死んでよみがえられた後に、バプテスマは、キリストの死と埋葬(水に浸すこと)とよみがえり(霊的に変えられた新しい生活を生きるために立上がること　→使22:16, ロマ6:4注, コロ2:12)とに一つにされたことを示すしるしとして重要になった。悔い改めて人生の向きを神に向ける人々を神はいつも赦してくださる。

1:5　ユダヤ全国の人々　長い間イスラエルには預言者がいなかったため(前420頃の旧約聖書の最後の預言者ミカの時代以来　→「**マラキ書からキリストまでの歴史年表**」の表 p.1607)、ヨハネの働きには多くの人が集まって来た。その結果、ユダヤとガリラヤで霊的な目覚め(霊的な事柄に対する関心が高まり神への献身が新しくされる)が広く起こった。イスラエルの霊的情況は特に一般の人々の間で大きく変り、神の子イエス・キリストの出現と働きに対して道が備えられた(1:2-3)。

1:8　あなたがたに聖霊のバプテスマをお授けになります　バプテスマのヨハネは主イエスについてのよい知らせと、主イエスが来られることがイスラエルと全人類にどのような関係があるのかを最初に伝えた人である。マルコはヨハネの説教を、イエス・キリストは来られ、従う人々に聖霊のバプテスマを授ける(浸す、きよめる、力を与える)という一つのテーマに要約している。キリストを救い主であり主(罪を赦し人生を導く人)と告白して受入れる人はみな、主イエスは今も聖霊によってバプテスマを授ける方であるというメッセージを広めなければならない(→使1:8, 2:4, 38-39, →ルカ3:16注, 使1:5注, →「**聖霊のバプテスマ**」の項 p.1950)。

1:9　イエスは・・・バプテスマをお受けになった　→マタ3:13注

から来られ、ヨルダン川で、ヨハネからバプテスマをお受けになった。

10 そして、水の中から上がられると、すぐそのとき、天が裂けて御霊が鳩のように自分の上に下られるのを、ご覧になった。

11 そして天から声がした。「あなたは、わたしの愛する子、わたしはあなたを喜ぶ。」

12 そしてすぐ、御霊はイエスを荒野に追いやられた。

13 イエスは四十日間荒野にいて、サタンの誘惑を受けられた。野の獣とともにおられ

11 ①ルカ3:22、圏マタ3:17
12 ①マコ1:12, 13、マタ4:1-11, ルカ4:1-13
13 ①圏マタ4:10

14 ①マタ4:12
＊直訳「引き渡された」
②圏マタ4:23
15 ①ガラ4:4, エペ1:10, Ⅰテモ2:6, テト1:3
②囲使20:21
マコ1:16-20、マタ4:18-22, 囲ルカ5:2-11, ヨハ1:40-42

たが、御使いたちがイエスに仕えていた。

最初の弟子たちの召命

1:16-20 並行記事―マタ4:18-22, ルカ5:2-11, ヨハ1:35-42

14 *ヨハネが捕らえられた後、イエスはガリラヤに行き、神の福音を宣べて言われた。
15「時が満ち、神の国は近くなった。悔い改めて福音を信じなさい。」
16 ガリラヤ湖のほとりを通られると、シモンとシモンの兄弟アンデレが湖で網を

1:10 御霊が・・・自分の上に下られる →マタ3：16注

1:11 わたしの愛する子 主イエスのバプテスマ（→マタ3：17注）には三位一体の神の三位格（三つの別個で互いに関係しながら統一された人格を持つ一人のまことの神）がみな関わっていた。

（1）ここでは聖書のほかの箇所と同じように、父と子と聖霊という別個だけれども互いに関係し完全に統一された人格として存在する（⇒マタ3：16-17, 28：19, Ⅱコリ13：13, エペ4：4-6, Ⅰペテ1：2, ユダ1：20-21）、一人の方として啓示されている（12：29、申6：4、イザ45：21, ガラ3：20, Ⅰコリ8：5-6, エペ4：6, Ⅰテモ2：5）。三位格のそれぞれは完全に神格を持ち（完全な神）、等しく、神の特性をみな持っておられる。けれども三人の神（あるいは神の三つの部分）ではなく一人の神である。したがってある意味で神は一人であり（統一）ある意味では複数（三人）である（→「**神の属性**」の項 p.1016）。この神についての概念は「一人の方の中の三人、本質において一つ」とも言われてきた。

（2）これを一人のまことの神が歴史を通して様々な時代に三つの異なる「かたち」または表れ方で現れた（旧約聖書の時代には父である神、新約聖書の時代には主イエス、現在は聖霊として）と解釈しないように注意しなければならない。過去にはこのような間違った教えによって教会が分裂することがあった。この教理（信仰の教えまたは基礎）は、神は三つの独特のかたちで同時に存在し、完全に一致し、一人のまことの永遠の神を形成していると理解することが正しい。御子と聖霊はどちらもまことの神しか持たない属性を持っておられる（→創1：2, イザ61：1, ヨハ1：1, 14注, 5：18-24注, 14：16, 16：8, 13, 20：28注, 使5：3-4, ロマ8：2, 26-27, Ⅰコリ2：10-11, Ⅱテサ2：13, ヘブ9：14）。三つの位格は創造されたものではなく、それぞれが神の特性、力、栄光を全部持って、絶えず存在してこられたのである。

（3）三つの人格の中に一人の神が存在しているということは、永遠に（無限の過去と未来いつまでも）完全な霊的統一、完全な愛、神の特性、絶対的知識、完全な相互関係が「神」と言われる方それぞれに、また共通してあることを意味する（⇒ヨハ10：15, 11：27, 17：24, Ⅰコリ2：10）。

1:13 サタンの誘惑を受けられた →マタ4：1-11注
1:14 福音 →14：9注
1:15 神の国 一般的に「神の国」は、地上と永遠の世界での神の完全な力と権威のことを言う。キリストが来られたことによって神の国が人々のそば近くにあるというメッセージが伝えられ、その証拠が示された。そして地上での神の国の目的の多くが成就し完成した。主イエスのメッセージは神の国をテーマにしていた（マタ4：17）。人々を神との関係に引入れる神の全体的計画の中で、神の国は歴史を通していくつかの段階を通って出現しまた発展していく。

（1）イスラエルの中の神の国。旧約聖書ではイスラエル民族とかかわる神のご計画と行動そのものが神の国だった。そしてそれは全人類の霊的救いというさらに完全な計画への道を整えるものだった（→「**アブラハム、イサク、ヤコブとの神の契約**」の項 p.74）。イスラエルは主イエスがメシヤ（「油そそがれた者」、救い主、キリスト）であることを拒んだため、神の国を失うことになった（→マタ21：43注、→「**神の計画の中のイスラエル**」の項 p.2077）。

（2）キリストの中の神の国。神の国（その権威、力、目的）は王である主イエスの人格と働きの中で地上に現れ進められた（ルカ11：20）。

（3）教会の中の神の国。現在、神の国は教会（地域教会とキリスト者全員によって構成されている世界的共同体）の中の忠実な信仰者を通して実現されている。人々が自分の罪を認めて自分勝手な生き方をやめ、キリストを自分の心と人生を治める方とし、罪の赦しと新しいいのちのメッセージを受入れるとき、神の国は

マルコの福音書　1章

打っているのをご覧になった。彼らは漁師であった。
17 イエスは彼らに言われた。「わたしについて来なさい。人間をとる漁師にしてあげよう。」
18 すると、すぐに、彼らは網を捨て置いて従った。
19 また少し行かれると、ゼベダイの子ヤコブとその兄弟ヨハネをご覧になった。彼らも舟の中で網を繕っていた。
20 すぐに、イエスがお呼びになった。すると彼らは父ゼベダイを雇い人たちといっしょに舟に残して、*イエスについて行った。

悪霊を追出す主イエス
1:21-28　並行記事―ルカ4:31-37

21 それから、一行はカペナウムに入った。そしてすぐに、イエスは安息日に会堂に入って教えられた。
22 人々は、その教えに驚いた。それはイエスが、律法学者たちのようにではなく、権威ある者のように教えられたからである。
23 すると、すぐにまた、その会堂に汚れた霊につかれた人がいて、叫んで言った。

20 * 直訳「イエスのあとから出て行った」
21 ① マコ1:21-28, ルカ4:31-37
　② 図マタ4:23, マコ1:39, 10:1
22 ② 図マタ7:28

24 ① ルカ4:34, 図マタ8:29
　② マコ10:47, 14:67, 16:6, ルカ24:19, 圏マタ2:23, 使24:5
　③ ヨハ6:69, 圏ルカ1:35, 使3:14
27 ② マコ10:24, 32, 圏マコ14:33, 16:5, 6
29 ① マコ1:29-31, マタ8:14, 15, ルカ4:38, 39
　* 異本「一行は」
　② マコ1:21, 23

24 ①②「ナザレの人イエス。いったい私たちに何をしようというのです。あなたは私たちを滅ぼしに来たのでしょう。私はあなたがどなたか知っています。神の聖者です。」
25 イエスは彼をしかって、「黙れ。この人から出て行け」と言われた。
26 すると、その汚れた霊はその人をひきつけさせ、大声をあげて、その人から出て行った。
27 ①人々はみな驚いて、互いに論じ合って言った。「これはどうだ。権威のある、新しい教えではないか。汚れた霊をさえ戒められる。すると従うのだ。」
28 こうして、イエスの評判は、すぐに、ガリラヤ全地の至る所に広まった。

多くの人を癒す主イエス
1:29-31　並行記事―マタ8:14, 15, ルカ4:38, 39
1:32-34　並行記事―マタ8:16, 17, ルカ4:40, 41

29 ①*イエスは会堂を出るとすぐに、ヤコブとヨハネを連れて、シモンとアンデレの家に入られた。
30 ところが、シモンのしゅうとめが熱病で床に着いていたので、人々はさっそく彼女

マコ3:10-15

建上げられ成長する（ヨハ3:3, 5, ロマ14:17, コロ1:13）。この国は政治的に具体的な国ではなく、強力な霊的な国である。そして神は信じる人々を通して、また人々の間で働き、世界にあるサタンと罪と悪の力に打勝たれる（「神の国」の項 p.1654, 教会時代の神の国の詳細 →1:27, 9:1）。神の国の特徴と働きの概要 →「神の国とサタンの国」の図 p.1711

（4）完成したかたちでの地上の神の国。これについては多くの旧約聖書の預言者が預言していた（詩89:36-37, イザ11:1-9, ダニ7:13-14）。これは終りの日にキリストが再び来られ、反キリストの力を打砕き、悪人をさばかれた後に実現する。キリストは1,000年間地上で平安に治められる（黙20:4-6）。神の民はあらゆる国をキリストとともに治める（Ⅰコリ6:2-3, Ⅱテモ2:12, 黙2:26-27, →黙20:4注）。

（5）永遠の神の国。1,000年の終りに神の永遠の国が新しい天と新しい地に建てられる（黙21:1-4）。新しい地の中心は「聖なる都、新しいエルサレム」である（黙21:9-11）。そこに住むのは旧約聖書の人々（黙21:12）と新約聖書の弟子たち（黙21:14）などあらゆる時代の神に忠実だった人々である。その最大の祝福は「神の御顔を仰ぎ見る」ことである（黙22:4, →黙21:1注）。

1:17　わたしについて来なさい　主イエスの弟子になる人に与えられる第一で大切な召命（任命された職務、目的）は主イエスとともにいること（→3:14）、つまり主イエスに従い、主イエスを個人的に知ることである（ピリ3:8-10）。実際に「弟子」ということばは訓練されて学び従う人のことを指す。この関係を通してキリストに従う人々は、ほかの人々をも主イエスとの熱心な個人的関係に導き入れるようにならなければならない（⇒箴11:30, ダニ12:3, Ⅰコリ9:22）。

1:21　会堂　これは「集会所」または「会合所」という意味である。ユダヤ人のバビロニア捕囚（捕囚に関する詳細 →エズ緒論、ネヘ緒論）の間またその後に、会堂は祈りと教えと礼拝をするためにユダヤ人が集まる所になった。ユダヤ人の男性が12人以上住む村には最低一つの会堂があった。会堂はまた教室や地域の活動の場所にも使われていた。

1:27　汚れた霊・・・従う　→「サタンと悪霊に勝利する力」の項 p.1726

のことをイエスに知らせた。
31 イエスは、彼女に近寄り、その手を取って起こされた。すると熱がひき、彼女は彼らをもてなした。
32 夕方になった。日が沈むと、人々は病人や悪霊につかれた人をみな、イエスのもとに連れて来た。
33 こうして町中の者が戸口に集まって来た。
34 イエスは、さまざまの病気にかかっている多くの人をいやし、また多くの悪霊を追い出された。そして悪霊どもがものを言うのをお許しにならなかった。彼らがイエスをよく知っていたからである。

寂しい所で祈る主イエス

1:35-38　並行記事ールカ4:42, 43

35 さて、イエスは、朝早くまだ暗いうちに起きて、寂しい所へ出て行き、そこで祈っておられた。
36 シモンとその仲間は、イエスを追って来て、
37 彼を見つけ、「みんながあなたを捜しております」と言った。
38 イエスは彼らに言われた。「さあ、近くの別の村里へ行こう。そこにも福音を知らせよう。わたしは、そのために出て来たのだから。」
39 こうしてイエスは、ガリラヤ全地にわたり、その会堂に行って、福音を告げ知らせ、悪霊を追い出された。

ツァラアトに冒された男

1:40-44　並行記事ーマタ8:2-4, ルカ5:12-14

40 さて、ツァラアトに冒された人がイエスのみもとにお願いに来て、ひざまずいて言った。「お心一つで、私をきよくしていただけます。」

31 *あるいは「に仕えた」
32 ①マコ1:32-34, マタ8:16, 17, ②囲マタ8:16, ルカ4:40, 41 ③囲マタ4:24
33 ①マコ1:21
34 ①マコ2:3, 24 *異本「イエスがキリストであることを知っていた」
35 ①マコ1:35-38, ルカ4:42, 43 ②ルカ5:16, ③囲マタ14:23
39 ①囲マタ4:23,
40 ①マコ1:40-44, マタ8:2-4, ルカ5:12-14 *レビ13章を参照 ②マコ10:17, 囲マタ8:2, ルカ5:12

44 ①囲マタ8:4
②囲マタ8:4
*直訳「彼らへの」
45 ①ルカ5:15,
②囲マタ28:15
②囲マコ2:2, 13, 3:7, ルカ5:17, ヨハ6:2

2 ①マコ2:13,
②マコ1:45
3 ①マコ2:3-12, マタ9:2-8, ルカ5:18-26
②囲マタ4:24
4 ①囲ルカ5:19

41 イエスは深くあわれみ、手を伸ばして、彼にさわって言われた。「わたしの心だ。きよくなれ。」
42 すると、すぐに、そのツァラアトが消えて、その人はきよくなった。
43 そこでイエスは、彼をきびしく戒めて、すぐに彼を立ち去らせた。
44 そのとき彼にこう言われた。「気をつけて、だれにも何も言わないようにしなさい。ただ行って、自分を祭司に見せなさい。そして、人々へのあかしのために、モーセが命じた物をもって、あなたのきよめの供え物をしなさい。」
45 ところが、彼は出て行って、この出来事をふれ回り、言い広め始めた。そのためイエスは表立って町の中に入ることができず、町はずれの寂しい所におられた。しかし、人々は、あらゆる所からイエスのもとにやって来た。

中風の人を癒す主イエス

2:3-12　並行記事ーマタ9:2-8, ルカ5:18-26

2 1 数日たって、イエスがカペナウムにまた来られると、家におられることが知れ渡った。
2 それで多くの人が集まったため、戸口のところまですきまもないほどになった。この人たちに、イエスはみことばを話しておられた。
3 そのとき、ひとりの中風の人が四人の人にかつがれて、みもとに連れて来られた。
4 群衆のためにイエスに近づくことができなかったので、その人々はイエスのおられるあたりの屋根をはがし、穴をあけて、中風の人を寝かせたままその床をつり降ろした。
5 イエスは彼らの信仰を見て、中風の人

1:34　多くの悪霊を追い出された　→「**サタンと悪霊に勝利する力**」の項 p.1726。ルカはその福音書4:41で、主イエスが悪霊にものを言うのをお許しにならなかったのは、「彼らはイエスがキリストであることを知っていたからである」と言っている。主イエスは恐らく適切なときにご自分のことばと行いによってご自分がだれであり目的が何かを示そうとしておられたと思われる。したがってご自分の計画を悪霊が邪魔するのを許されなかったのである。時には、ご自分が行われたことを言ってはならないとほかの人々にも同じ指示をしておられる(→1:44)。それには人々が奇蹟にばかり注目して、肝心のメッセージを聞き逃してもらいたくないということなど別の理由があったものと考えられる。また使命が完成する前に働きに対する大々

に、「子よ。あなたの罪は赦されました」と言われた。

6 ところが、その場に律法学者が数人すわっていて、心の中で理屈を言った。
7 「この人は、なぜ、あんなことを言うのか。神をけがしているのだ。神おひとりのほか、だれが罪を赦すことができよう。」
8 彼らが心の中でこのように理屈を言っているのを、イエスはすぐにご自分の霊で見抜いて、こう言われた。「なぜ、あなたがたは心の中でそんな理屈を言っているのか。
9 中風の人に、『あなたの罪は赦された』と言うのと、『起きて、寝床をたたんで歩け』と言うのと、どちらがやさしいか。
10 人の子が地上で罪を赦す権威を持っていることを、あなたがたに知らせるために。」こう言ってから、中風の人に、
11 「あなたに言う。起きなさい。寝床をたたんで、家に帰りなさい」と言われた。
12 すると彼は起き上がり、すぐに床を取り上げて、みなの見ている前を出て行った。それでみなの者がすっかり驚いて、「こういうことは、かつて見たことがない」と言って神をあがめた。

レビの召命
2:14-17　並行記事－マタ9:9-13, ルカ5:27-32

13 イエスはまた湖のほとりに出て行かれた。すると群衆がみな、みもとにやって来たので、彼らに教えられた。
14 イエスは、道を通りながら、アルパヨの子レビが収税所にすわっているのをご覧になって、「わたしについて来なさい」と言われた。すると彼は立ち上がって従った。
15 それから、イエスは、彼の家で食卓に着かれた。取税人や罪人たちも大ぜい、イエスや弟子たちといっしょに食卓に着いていた。こういう人たちが大ぜいいて、イエスに従っていたのである。
16 パリサイ派の律法学者たちは、イエスが罪人や取税人たちといっしょに食事をしておられるのを見て、イエスの弟子たちにこう言った。「なぜ、あの人は取税人や罪人たちといっしょに食事をするのですか。」
17 イエスはこれを聞いて、彼らにこう言われた。「医者を必要とするのは丈夫な者ではなく、病人です。わたしは正しい人を招くためではなく、罪人を招くために来たのです。」

断食について質問される主イエス
2:18-22　並行記事－マタ9:14-17, ルカ5:33-38

18 ヨハネの弟子たちとパリサイ人たちは断食をしていた。そして、イエスのもとに来て言った。「ヨハネの弟子たちやパリサイ人の弟子たちは断食するのに、あなたの弟子たちはなぜ断食しないのですか。」
19 イエスは彼らに言われた。「花婿が自分たちといっしょにいる間、花婿につき添う友だちが断食できるでしょうか。花婿といっしょにいる時は、断食できないのです。

的な反対が起こってほしくなかったからである。
2:10　人の子　→ルカ5:24注
2:11　中風の人の癒し　人間が病気や疾患で苦しむことは神のご計画ではなかった。それらは人類の罪（人々が神に抵抗し背き神の基準を拒んだこと）とこの世界にいるサタンのしわざである。けれども、病気になったり苦しんだりするのは必ずしもその人が何かの罪を犯した直接の結果であるとは限らない。罪と反抗の結果は全人類に影響を与えていて、自分勝手な生き方をし、神と神の目的に逆らってきた世界では苦しむことが日常当り前のことになっている（→「**正しい人の苦しみ**」の項 p.825）。サタンは苦しみを利用して信仰者を落胆させ神を信じる信仰を破壊しようとする。し

たがってキリストによって癒されることは、神がサタンの領域に入って悪霊の働きを打破することを意味している（Ⅰヨハ3:8、→「**神による癒し**」の項 p.1640）。この話は友人に肉体的、霊的解放を与えようとした一人の人（またはグループ）の信仰や霊的決意を通して神が働いてくださることを示した良い例である。
2:17　罪人を招くために　→マタ9:11注　ここで主イエスは、神から離れた人でも霊的には正しいと言っているのではない。独善的な人（自分の考えや基準で自分は正しいと思う人）は、自分に神が必要であることに気付かない。自分の罪を知り認めた人、キリストを信じる信仰を通して神の赦しを受入れた人、霊的救いの恩恵を受入れた人には希望がある。

²⁰しかし、花婿が彼らから取り去られる時が来ます。その日には断食します。
²¹だれも、真新しい布切れで古い着物の継ぎをするようなことはしません。そんなことをすれば、新しい継ぎ切れは古い着物を引き裂き、破れはもっとひどくなります。
²²また、だれも新しいぶどう酒を古い皮袋に入れるようなことはしません。そんなことをすれば、ぶどう酒は皮袋を張り裂き、ぶどう酒も皮袋もだめになってしまいます。新しいぶどう酒は新しい皮袋に入れるのです。」

安息日の主
2:23-28 並行記事―マタ12:1-8, ルカ6:1-5
3:1-6 並行記事―マタ12:9-14, ルカ6:6-11

²³ある安息日のこと、イエスは麦畑の中を通って行かれた。すると、弟子たちが道々穂を摘み始めた。
²⁴すると、パリサイ人たちがイエスに言った。「ご覧なさい。なぜ彼らは、安息日なのに、してはならないことをするのですか。」
²⁵イエスは彼らに言われた。「ダビデとその連れの者たちが、食物がなくてひもじかったとき、ダビデが何をしたか、読まなかったのですか。
²⁶*アビヤタルが大祭司のころ、ダビデは神の家に入って、祭司以外の者が食べてはならない供えのパンを、自分も食べ、またともにいた者たちにも与えたではありませんか。」
²⁷また言われた。「安息日は人間のために設けられたのです。人間が安息日のために造られたのではありません。
²⁸人の子は安息日にも主です。」

3
¹イエスはまた会堂に入られた。そこに片手のなえた人がいた。
²彼らは、イエスが安息日にその人を直すかどうか、じっと見ていた。イエスを訴えるためであった。
³イエスは手のなえたその人に「立って真ん中に出なさい」と言われた。
⁴それから彼らに、「安息日にしてよいのは、善を行うことなのか、それとも悪を行うことなのか。いのちを救うことなのか、それとも殺すことなのか」と言われた。彼らは黙っていた。
⁵イエスは怒って彼らを見回し、その心のかたくなさを嘆きながら、その人に、「手を伸ばしなさい」と言われた。彼は手を伸ばした。するとその手が元どおりになった。
⁶そこでパリサイ人たちは出て行って、すぐにヘロデ党の者たちといっしょになって、イエスをどのようにして葬り去ろうかと相

欄外:
20①ルカ17:22, マタ9:15
21*直訳「欠けを満たすもの」
23①マコ2:23-28, マタ12:1-8, ルカ6:1-5
②申23:25
24①→マタ12:2
26①Ⅰ歴24:6, Ⅰサム21:1, またⅡサム8:17
*⦿エブヤタル

27①出23:12, 申5:14
②コロ2:16

1①マコ3:1-6, マタ12:9-14, ルカ6:6-11
2①ルカ21, 39
2①ルカ6:7, 14.1, 20:20
②マタ12:10, ルカ6:7, ヨハ11:54
5①ルカ6:10
6①→マタ22:16, マコ12:13

2:20 その日には断食します →マタ9:15注
2:22 新しいぶどう酒を古い皮袋に →マタ9:17注
2:23 安息日 →マタ12:1注
2:27 安息日は人間のために設けられた 神は安息日(7日目)を人間への祝福として定められた(安息日の定義と詳細 →出20:8注)。安息日は旧約聖書のユダヤ人にとっては週の最後の日だった。けれども、今のキリスト者はキリストの復活を記念して週の初めの日を礼拝の日と定めている。その日には通常の仕事をしない。その代りに神を礼拝し、自分自身をリフレッシュする。これは身体的に健康で霊的に強く保つために重要なことである(イザ58:13-14)。安息日の原則を無視する人々は祝福を失うことになり、しばしば肉体的、精神的、霊的状態を損なうことになる(→マタ12:1注)。
3:5 怒って・・・見回し 主イエスの怒りは神を敬わないあらゆる態度、反抗、不正に対する不快感と否定を表すもので当然のものだった(→ヘブ1:9注)。キリスト者は理由のない怒り方をしてはならない(ガラ5:20, コロ3:8)。けれども悪に対して怒ることはキリストもなさったことであり当然正当化される(出32:19, Ⅰサム11:6, Ⅱサム12:5, ネヘ5:6)。世間一般(時にはキリスト者も)が犯している罪に対して怒ることは、キリスト者が悪霊との戦いの中で神と神の聖さに一致している証拠である(出32:19, Ⅰサム11:6, 詩94:16, エレ6:11, 使17:16)。けれどもこれは、厳しい行動をとってキリストを知らない人々に悪い模範を示すことをキリストが許されたということではない。そのようなことをすればキリストの国や評判を傷付けることになる。
3:6 ヘロデ党 これはヘロデ王朝(ローマによって任命されたユダヤ人の支配者)を支持する影響力のあるユダヤ人である。ヘロデ王朝を支持したことはローマの権威を支持していたことを意味する。ヘロデ党は、主イエスが人々を分裂させるような政治的影響を与えることを恐れて反対した。

マルコの福音書　3章

談を始めた。

主イエスについて行く群衆
3:7-12　並行記事－マタ12:15, 16, ルカ6:17-19

⁷ それから、イエスは弟子たちとともに湖のほうに退かれた。すると、ガリラヤから出て来た大ぜいの人々がついて行った。また、ユダヤから、

⁸ エルサレムから、イドマヤから、ヨルダンの川向こうやツロ、シドンあたりから、大ぜいの人々が、イエスの行っておられることを聞いて、みもとにやって来た。

⁹ イエスは、大ぜいの人なので、押し寄せて来ないよう、ご自分のために小舟を用意しておくように弟子たちに言いつけられた。

¹⁰ それは、多くの人をいやされたので、病気に悩む人たちがみな、イエスにさわろうとして、みもとに押しかけて来たからである。

¹¹ また、汚れた霊どもが、イエスを見ると、みもとにひれ伏し、「あなたこそ神の子です」と叫ぶのであった。

¹² イエスは、ご自身のことを知らせないようにと、きびしく彼らを戒められた。

十二人の使徒の任命
3:16-19　並行記事－マタ10:2-4, ルカ6:14-16, 使1:13

¹³ さて、イエスは山に登り、ご自身のお望みになる者たちを呼び寄せられたので、彼らはみもとに来た。

¹⁴ そこでイエスは十二弟子を任命された。それは、彼らを身近に置き、また彼らを遣わして福音を宣べさせ、

¹⁵ 悪霊を追い出す権威を持たせるためであった。

---

7 ① マコ3:7-12,
マタ12:15, 16,
ルカ6:17-19
② マタ4:25, ルカ6:17
8 ① 囲 ヨシ15:1, 21,
エゼ35:15, 36:5
② マタ11:21
10 ① 圏 マタ4:23
② ルカ5:29, 34,
ルカ7:21
③ 圏 マコ6:56, 8:22,
マタ9:21, 14:36

11 ① 圏 マタ4:3
12 ① 圏 マコ1:34
13 ① ルカ6:12, 囲 マタ5:1
② マタ10:1, マコ6:7,
マコ9:1-6
14 ＊ 直訳「十二人」
＊＊異本「任命して使徒と名づけられた」

マコ3:20-27

3:10-12　多くの人をいやされた　→「神による癒し」の項 p.1640　主イエスが汚れた霊に「ご自身のことを知らせないように」(3:12)と戒められたことの説明 →1:34注

3:14　十二弟子を任命された　この12人のうちイスカリオテ・ユダを除く11人は使徒になった。使徒（《ギ》アポストロス）ということばは、「使者」または「遣わされた者」(ヨハ13:16)という意味である。使徒たちは主イエスの代理人または代表として派遣された。使徒の詳細　→使14:4注、→「奉仕の賜物」の項の使徒の部分 p.2225

3:14　それは、彼らを身近に置き　(1) 弟子（訓練されて学びキリストに心から従う人）になる召命の第一は、主イエスの「身近に置かれる」ことである。それは主イエスとの親しい個人的な関係を築くためである。神の目的に仕えるためには様々な働きについて教えられ練習をしなければならない。けれどもそれは主イエスとともに時間を過すことによって身に付くものである。キリストに仕えたいと思う人は主とともにいることをまず心がけなければならない（⇒ヨハ15:26-27、使4:13）。(2) キリストと深い関係を持つことによってキリストに効果的に仕え働く力と繊細さが身に付く。弟子たちは主イエスとともに過した後、メッセージを伝えるために送り出された。(3) そのメッセージは力（癒しのしるしと悪魔に対する権威を伴う）によって証明された。このような力は主イエスとともに過し主イエスを知ることによって与えられる。神のために働くにはまず神と親密になる、または霊的に神に近くならなければならない。

3:15　悪霊を追い出す権威　「悪霊を追い出す」とは人間のからだに住みついている悪霊に出て行くように命じて悪霊の支配から解放することである。地上に来られた主イエスの目的は悪霊の働きを打砕き(1:27、Ⅰヨハ3:8)、サタンと罪に抑圧され奴隷になっている人々を解放することだった(ルカ4:18、→「サタンと悪霊に勝利する力」の項 p.1726)。主イエスは弟子たちが暗やみの力に対抗して戦い続けるように、力と権威を与えられた。このことは次のことによって確認することができる。

(1) 主イエスは十二弟子を任命した後、「悪霊を追い出す権威」を与えられた(3:14-15、⇒マタ10:1)。72人を任命した後、「敵のあらゆる力に打ち勝つ権威」を授けられた(ルカ10:1, 17-19、⇒マタ10:1-8、マコ6:7, 13)。

(2) 弟子たちは出て行って福音を伝えるだけではなく(3:14、マタ10:7)、サタンと戦って悪霊を追出し、あらゆるわずらいや病気を癒すことによって神の国の力と権威を示すように命じられた(マタ10:1注、7注、→「神による癒し」の項 p.1640)。

(3) よみがえられた後、主イエスは弟子たちに主イエスのメッセージを伝え、神が与えられた権威をサタンと悪霊に対し用いるように、再び注意されたことをマルコは教えている(→「信者に伴うしるし」の項 p.1768)。

サタンと悪霊に勝利する力

「確かに、強い人の家に押し入って家財を略奪するには、まずその強い人を縛り上げなければなりません。そのあとでその家を略奪できるのです。」(マルコの福音書3:27)

　主イエスが地上に来られたのはサタンの働きを打壊し(Ⅰヨハ3:8)、神の国を建設し(→「**神の国**」の項p.1654)、私たち全人類をサタンの力から解放するためだった(マタ12:28, ルカ4:18, 13:16, 使26:18)。マルコの福音書はその主題の一つとして、主イエスが絶えずサタンと悪霊の勢力を打破ろうとしておられたことを挙げている。マルコの福音書3章27節で主イエスは「強い人(サタン)を縛り上げ」、「その家を略奪」する(サタンに縛られている人々または悪霊の力に「つかれている」人々を自由にして神の国に再び獲得すること)と表現された。そしてサタンやその力との霊的闘争の背後にある原則を具体的に行動で示された。主イエスは悪霊(《ギ》ダイモニオン)あるいは汚れた霊を追放することによって敵に勝利された。「追い出」すということは、サタンに支配されていた人々の生活と肉体から悪霊の支配を除くために主イエスが権威を行使されたということである。

サタンと悪霊
　サタン(ヘブル語で「非難する者」または「敵」という意味)は初め完全で良いものとして創造された大天使だった。そして天の神の御座の周りで直接奉仕するように任命されていた。ところが世界の始まる前に高ぶって神に反抗をした。その結果サタンは神の最大の敵になり、また全人類の敵になってしまった(エゼ28:12-19)。けれどもサタンは神と同等だと考えてはならない。サタンは被造物で、その力は神の最高の力には勝つことができない。神は遍在(同時にどこにもおられる)、全能(何でもできる)、全知(全部知っておられる)である。けれどもサタンはこのような特性を一つも持っていない。したがってその活動のほとんどを悪霊にさせている(マタ8:28, 黙16:13-14, →ヨブ1:12注)。神に反抗したときにサタンは多くの小天使を惑わした(黙12:4, 7)。天から「落ちた」小天使はその後悪霊あるいは汚れた霊と言われるようになった。サタンと多くの小天使は地上とその周りの空中に追放され、神が許される範囲で悪を行い続けている。そのように悪の影響が絶えずあるので、人間はみな神に従うか悪に従うかを選ばなければならない。サタンの性質と神と人間に対する活動についての詳細　→マタ4:10注

悪霊
　(1) 神に対して人間が罪を犯し反抗をした結果、世界は神から遠く離れ(不和になる、別れる)、サタンのとりこになったと新約聖書は説明している。現在サタンは地上でかなりの権威を用いている(→ヨハ12:31注, Ⅱコリ4:4, エペ6:10-12, →「**キリスト者とこの世**」の項 p.2437)。
　(2) 悪霊は人格と知性を持った霊的存在である。サタン王国の一員である悪霊は(→マタ12:26)「空中の権威を持つ」(エペ2:2)非常に組織化された邪悪な王国の一員である。サタンの目的を実行する立場の悪霊は神と人間の敵である(マタ12:43-45)。悪霊は徹底して悪く、憎しみに満ちていてサタンの権威の下にある(→マタ4:10注)。サタンと悪霊の勢力の計略と誘惑に打勝つために、キリスト者はそれらと絶えず霊的に戦わなければならない(→エペ6:12注)。
　(3) 神との親しい関係にない人のからだにはしばしば悪霊が住んでいることを、聖書は多くの例を挙げて明らかにしている(→マコ5:15, ルカ4:41, 8:27-28, 使16:18)。悪霊は「とりついた」人々を奴隷にしてしまう。そしてその人の声を使って話をし、邪悪なことや不道徳なこと、滅亡につながることなどを行うように影響を与える。
　(4) 悪霊は人間のからだに病気や疾患を引起こすことができる(マタ9:32-33, 12:22, 17:14-18, マコ

9:20-22, ルカ13:11, 16)。けれども、病気がみな悪霊の働きによるというのではない(マタ4:24, ルカ5:12-13)。

(5) 悪霊は人間が作った宗教の「神々」や「偶像」の背後にいる具体的な力である。したがって、人間の作ったにせの神々を拝むことは悪霊を拝むことと基本的に同じである(→Ⅰコリ10:20注, →「**偶像礼拝**」の項 p.468)。

(6) 交霊術(死者と交流しようとすること)や魔術(魔法を行うとされている)を行う人々は、悪霊にかかわっている。そのようなことを行う人は悪霊に簡単に支配されるようになる(⇒使13:8-10, 19:19, ガラ5:20, 黙9:20-21)。

(7) 悪霊の働きは終りの時代に特に活発になり、オカルト(魔法やサタン礼拝)、性的不道徳、暴力、残酷、集団詐欺などに人々を引入れる。さらに神のことばを攻撃したりその評判を悪くしたりして正しい教えと真理から人々を遠ざけようとする(マタ24:24, Ⅱコリ11:14-15, Ⅰテモ4:1)。悪霊の活動が最も盛んになるのは反キリストとそれに従うものが現れるときである(Ⅱテサ2:9, 黙13:2-8, 16:13-14)。

主イエスと悪霊

(1) 悪霊がからだに住み着いて生活を支配するようになったために、サタンの圧力と影響に苦しんでいる人々のことが新約聖書にはしばしば出てくる。けれども主イエスは福音書(「よい知らせ」の内容とイエス・キリストの実話)全体を通して、人々をこの霊的奴隷状態から解放してご自分の力と権威を示しておられる。マルコの福音書も主イエスが神の力で悪霊と接し対決したことを多く描いている(マコ1:23-28, 32-34, 39, 3:10-12, 14-15, 5:1-20, 6:7, 13, 7:24-30, 9:14-29, 16:17)。

(2) 主イエスは奇蹟を行うときにサタンと悪霊の勢力をしばしば攻撃された(マコ1:26, 34, 39, 3:10-11, 5:1-20, 9:17-29, ⇒ルカ13:16)。地上に来られた目的の一つは、サタンの働きを破壊して悪魔の奴隷にされていた人々を解放することであると主イエスははっきり宣言された(マタ12:29, マコ1:27, ルカ4:18)。

(3) 悪霊を追出す(権威を持って人々のからだから出て行かせ支配をやめさせる)ことによって、主イエスはサタンの力を縛り破壊された。けれどもサタンと悪に対する完全な勝利が得られたのは、主イエスの死と復活(私たちの罪の罰を払った)によってだった(ヨハ12:31)。この勝利によってサタンの王国は粉砕され、人々の中に神の国の力が回復された(→「神の国」の項 p.1654, 「神の国とサタンの国」の表 p.1711)。主イエスの働きと犠牲によってサタンの敗北は確かなものになり、神が勝利を得られたのである(ヘブ2:14)。

(4) 地獄(《ギ》ゲヘナ)は神から離れて苦しむ永遠の刑罰の場所で、悪魔と悪霊たちのために神が用意された場所である(マタ8:29, 25:41)。

信者と悪霊

(1) キリストに従う信者の中には聖霊が住んでおられるので、悪霊にとりつかれることはないと神のことばは教えている。神の御霊と悪霊は同じからだの中に同居することは絶対にできない(→Ⅱコリ6:15注, 16注)。けれども御霊の導きに従わず応答もしないキリスト者は、考えや感情や行動などに悪霊の影響を受けることがある(マタ16:23, Ⅱコリ11:3, 14)。

(2) 主イエスは従う人々にサタンと悪霊の力に打勝つ権威を与えると約束された。サタンや悪霊に直面したとき、私たちは主イエスに頼りその権威を用いて、私たちやほかの人々に向けられている悪霊の勢力の力を打破らなければならない(→ルカ4:14-19)。悪魔の暗やみの力と影響から私たちを解放し、神の霊的光と勝利に導くことができるのは神の力だけである。

(3) マルコの福音書3章27節にあるたとえ(霊的教訓を教えるための物語のかたちの生き生きとした文章)によると、サタンと悪霊に対する霊的戦いには三つの段階がある。(a) 神の目的に従ってサタンに対して戦宣布告をする(→ルカ4:14-19)。(b) サタンの領域(サタンの要塞があるところあるいは「強力に」支配しているところ)に侵入して、祈りとみことばをもって攻撃して打負かす。そうすることによって神は偽り

と誘惑という悪魔の武器を破壊してくださる(⇒ルカ11：20-22)。(c) 悪魔が持っているものを奪い取る。これはサタンの力によってとりこにされている人々を解放し、神の側に回復して、キリストを信じて罪の赦しと新しいいのちを受けるように助けることである(ルカ11：22, 使26：18)。

(4) 神の権威と力が与えられたら霊の戦いでは次の順序を踏むべきである。(a) 血肉(人間や人間の力や目的)と戦うのではなく、悪の霊的勢力と力に対して戦っていることを確認すること(エペ6：12)。(b) 神の真理に心から従い、みことばの基準に従って生き続けること(ロマ12：1-2, エペ6：14)。(c) サタンの力がどの領域を支配していても破壊できるという信仰を持つこと(使26：18, エペ6：16, Ⅰテサ5：8)。またキリストに従う人には、サタンの要塞を破壊できる強力な霊的武器が神から与えられていることも認めなければならない(Ⅱコリ10：4-5)。(d) 聖霊の力を受けてキリストとキリストの国の福音を大胆に伝えること(マタ4：23, ルカ1：15-17, 使1：8, 2：4, 8：12, ロマ1：16, エペ6：15)。(e) 完全に主イエスに頼り(使16：16-18)、神のことばを用い(エペ 6：17)、御霊によって祈り(使6：4, エペ6：18)、断食をし(→マタ 6：16注)、悪霊を追出し(→マタ10：1注, 12：28, 17：17-21, マコ16：17, ルカ10：17, 使5：16, 8：7, 16：18, 19：12, →「信者に伴うしるし」の項 p.1768)、サタンとその力に対して直接対決すること。(f) 霊的に失われている人々(キリストから罪の赦しを受けていないで神と個人的関係を持っていない人々, →**効果的な祈り**」の項 p.585)の良心に聖霊が働いてくださるように特に祈ること。罪について、神のことばの真理について、また神の基準にしたがってさばきを受けることについて、悟らせることができるのは聖霊だけである(ヨハ16：7-11)。(g) 自分の生活や奉仕の働きや教会の中で聖霊が御霊の賜物(キリストの教会を建上げ教会につながる人々を励ますために与えられる特別な霊的能力と力づけ)を通して活発に働いてくださることを願い祈り期待すること。御霊の賜物には癒し、預言、異言、奇蹟、しるしと不思議なわざなどが含まれている(使4：29-33, 10：38, Ⅰコリ12：7-11, →「**御霊の賜物**」の項 p.2138)。

霊的戦いをするためには、祈りと神のことばに時間をかけて神との正しい関係を保ち、十分な装備をしなければならない。このことはいくら強調しても足りないくらいである。私たちは神とみことばを深く理解し、キリスト者生活のあらゆる分野で霊的に積極的に成長し続けなければならない。これは非常に重要である。なぜなら自分の力ではサタンに抵抗できないからである(悪霊との闘争に備えていなかった人の例 →使19：13-16)。キリストに従う人々は絶えず祈り霊的に目を覚ましていなければならない。そして神の力と手段に頼り、サタンの邪悪な計略を認識してそれに打勝ち、強い信仰を維持しなければならない(エペ6：10-18, Ⅰペテ5：8-9)。また悪霊の力に直面したときには恐れることなく主イエスの権威を行使できるように神に頼っていなければならない。

マルコの福音書　3-4章

¹⁶こうして、イエスは十二弟子を任命された。そして、シモンにはペテロという名をつけ、
¹⁷ゼベダイの子ヤコブとヤコブの兄弟ヨハネ、このふたりにはボアネルゲ、すなわち、雷の子という名をつけられた。
¹⁸次に、アンデレ、ピリポ、バルトロマイ、マタイ、トマス、アルパヨの子ヤコブ、タダイ、熱心党員シモン、
¹⁹イスカリオテ・ユダ。このユダが、イエスを裏切ったのである。

主イエスとベルゼブル

3:23-27　並行記事ーマタ12:25-29, ルカ11:17-22

²⁰イエスが家に戻られると、また大ぜいの人が集まって来たので、みな食事する暇もなかった。
²¹イエスの身内の者たちが聞いて、イエスを連れ戻しに出て来た。「気が狂ったのだ」と言う人たちがいたからである。
²²また、エルサレムから下って来た律法学者たちも、「彼は、ベルゼブルに取りつかれている」と言い、「悪霊どものかしらによって、悪霊どもを追い出しているのだ」とも言った。
²³そこでイエスは彼らをそばに呼んで、たとえによって話された。「サタンがどうしてサタンを追い出せましょう。
²⁴もし国が内部で分裂したら、その国は立ち行きません。
²⁵また、家が内輪もめをしたら、家は立ち行きません。
²⁶サタンも、もし内輪の争いが起こって分裂していれば、立ち行くことができないで滅びます。
²⁷確かに、強い人の家に押し入って家財を略奪するには、まずその強い人を縛り上げなければなりません。そのあとでその家を略奪できるのです。

¹⁶①マコ3:16-19, マタ10:2-4, ルカ6:14-16, 使1:13,
参マタ10:2-4の名のリスト
＊直訳「十二人」
20①参マコ2:1, 7:17, 9:28
②マコ3:7, 参マコ1:45
③マコ6:31
21①参マコ3:31, 32
②参ヨハ10:20, 使26:24
22①参マタ15:1
②参マコ10:25, 参マタ11:18
③参マタ9:34
23①参マコ3:23-27, マタ12:25-29, ルカ11:17-22
②マタ4:2,
参マタ13:3以下,
マコ4:2以下等
25①参マタ4:10
26①参マタ4:10
27①参イザ49:24, 25

²⁸まことに、あなたがたに告げます。人はその犯すどんな罪も赦していただけます。また、神をけがすことを言っても、それはみな赦していただけます。
²⁹しかし、聖霊をけがす者はだれでも、永遠に赦されず、とこしえの罪に定められます。」
³⁰このように言われたのは、彼らが、「イエスは、汚れた霊につかれている」と言っていたからである。

主イエスの母と兄弟たち

3:31-35　並行記事ーマタ12:46-50, ルカ8:19-21

³¹さて、イエスの母と兄弟たちが来て、外に立っていて、人をやり、イエスを呼ばせた。
³²大ぜいの人がイエスを囲んですわっていたが、「ご覧なさい。あなたのお母さんと兄弟たちが、外であなたをたずねています」と言った。
³³すると、イエスは彼らに答えて言われた。「わたしの母とはだれのことですか。また、兄弟たちとはだれのことですか。」
³⁴そして、自分の回りにすわっている人たちを見回して言われた。「ご覧なさい。わたしの母、わたしの兄弟たちです。
³⁵神のみこころを行う人はだれでも、わたしの兄弟、姉妹、また母なのです。」

28①マコ3:28-30,
参マタ12:31, 32,
ルカ12:10
30＊「このように言われたのは」は補足
31①マコ3:31-35,
マタ12:46-50,
マコ8:19-21
32＊後代の写本に「と姉妹」を加えるものもある

1①マコ4:1-12,
マタ13:1-15,
ルカ8:4-10
②マタ12:13, 3:7
2①マコ3:23,
参マタ13:3以下,
マコ4:2以下等

種を蒔く人のたとえ

4:1-12　並行記事ーマタ13:1-15, ルカ8:4-10
4:13-20　並行記事ーマタ13:18-23, ルカ8:11-15

4 ¹イエスはまた湖のほとりで教え始められた。おびただしい数の群衆がみもとに集まった。それでイエスは湖の上の舟に乗り、そこに腰をおろされ、群衆はみな岸べの陸地にいた。
²イエスはたとえによって多くのことを教えられた。その教えの中でこう言われた。

3:27　その強い人を縛り上げなければなりません
→「サタンと悪霊に勝利する力」の項 p.1726
3:29　聖霊をけがす　→マタ12:31注
4:2　たとえ　「たとえ」とは道徳的霊的教訓を教えるために比喩を使った簡単な話のことである。「たとえ」は聞いている人々になじみのあるもので、大抵は日常の生活場面から取ったものを用いて、類似させたり象徴的に比較したりする。「たとえ」は特に重要な点や考えを伝えるために使われるもので、細かい部分がみな象徴的な意味を持っているのではない。主イエスはし

3「よく聞きなさい。種を蒔く人が種蒔きに出かけた。
4 蒔いているとき、種が道ばたに落ちた。すると、鳥が来て食べてしまった。
5 また、別の種が土の薄い岩地に落ちた。土が深くなかったので、すぐに芽を出した。
6 しかし日が上ると、焼けて、根がないために枯れてしまった。
7 また、別の種がいばらの中に落ちた。ところが、いばらが伸びて、それをふさいでしまったので、実を結ばなかった。
8 また、別の種が良い地に落ちた。すると芽ばえ、育って、実を結び、三十倍、六十倍、百倍になった。」
9 そしてイエスは言われた。「聞く耳のある者は聞きなさい。」
10 さて、イエスだけになったとき、いつもつき従っている人たちが、*十二弟子とともに、これらのたとえのことを尋ねた。
11 そこで、イエスは言われた。「あなたがたには、神の国の奥義が知されているが、ほかの人たちには、すべてがたとえで言われるのです。
12 それは、『彼らは確かに見るには見るがわからず、聞くには聞くが悟らず、悔い改めて赦されることのないため』です。」
13 そして彼らにこう言われた。「このたとえがわからないのですか。そんなことで、いったいどうしてたとえの理解ができましょう。
14 種蒔く人は、みことばを蒔くのです。
15 みことばが道ばたに蒔かれるとは、こういう人たちのことです——みことばを聞くと、すぐサタンが来て、彼らに蒔かれたみことばを持ち去ってしまうのです。
16 同じように、岩地に蒔かれるとは、こういう人たちのことです——みことばを聞くと、すぐに喜んで受けるが、
17 根を張らないで、ただしばらく続くだけです。それで、みことばのために困難や迫害が起こると、すぐにつまずいてしまいます。
18 もう一つの、いばらの中に種を蒔かれる

9 ①⇒マタ11:15、マコ4:23
10 *直訳「回りにいる人たち」 **直訳「十二人」

11 ① Ⅰコリ5:12、13、コロ4:5、Ⅰテサ4:12、② Ⅰテモ3:7 ②マコ3:23、4:2
12 ①イザ6:9、②マタ13:14、15
13 ①マコ4:13-20、マタ13:18-23、ルカ8:11-15
15 ①⇒マタ4:10

ばしばたとえを使って教えられたけれども、聞いている人がいつもそれを理解していたわけではなかった。主イエスのたとえは聞く気持のある人々にだけ神の国の真理を明らかにするものだった。同時にこれらのたとえで教えられている真理は、心がかたくなで神に反抗している人々には隠されていた(⇒イザ6:9-10、→マタ13:3注)。このことの概観　→「キリストのたとえ」の表 p.1940

4:3　種を蒔く人が種蒔きに出かけた　当時の農夫は種を地面に放り投げて植えていた。この方法で蒔くとある種は固い土地に落ちることがあった。このたとえを使って主イエスはご自分のメッセージがどのように受入れられるのかを描かれた。ここでは三つの真理を学ぶことができる。(1) 人生が変えられ霊的に成長するのは神のことばに応答する(最初だけではなく長期にわたって)かどうかによる(4:14、⇒ヨハ15:1-10)。(2) この世界の人々は福音に対して様々な反応をする。(a) ある人は聞いても理解しない(4:15)。(b) ある人はメッセージを聞きキリストの赦しを大喜びで受入れ、実際に神との個人的な関係を始める。けれども様々な理由からその関係を成長させることができない。人生の困難にぶつかると神に対して忠実でいられなくなり、ついには神から離れてしまう(4:16-19)。(c) またある人はキリストを受入れた後キリストに人生をゆだね、神との関係の中である期間だけ成長する。キリストの目的に仕えながら様々な段階まで成長するけれども、あるとき神から目を離し生活の問題や楽しみに目をそらしてしまう。そしてそれらのものを追い求めて神との関係を絶ってしまう(4:19)。(3) 神のことばに対してはサタン(4:15)、個人的信仰の成長の停止、訓練の不足(4:17)、世の心づかい、富、快楽など(4:19)が敵になる。(4) このたとえは一般に2種類の人のことを言っている。それは、(a) 神のメッセージを受取りそれを保っている人、(b) 様々な理由から神のことばを受取らない人、しっかりと握らない人、主に従い続けない人である。主イエスを信じる信仰の旅をどのように始めるかは大切なことであるけれども、どのようにして信仰と献身をもって主イエスを霊的に求めて従い続けて行くかはそれ以上に大切なことである(→「**背教**」の項 p.2350)。このたとえの詳細　→ルカ8:5、12、13、14、18各注

4:15-17　みことばを持ち去ってしまう　ここでキリストは不完全な霊的回心(神の責任ではなく個人の責任として)について話しておられる。それはキリストの赦しが必要であることを認めるのに、キリストを自分の人生の主(導き手、権威)として受入れずキリスト

とは、こういう人たちのことです――みことばを聞いてはいるが、
¹⁹世の心づかいや、富の惑わし、その他いろいろな欲望が入り込んで、みことばをふさぐので、実を結びません。
²⁰良い地に蒔かれるとは、みことばを聞いて受け入れ、三十倍、六十倍、百倍の実を結ぶ人たちです。」

燭台の上のあかり

²¹また言われた。「あかりを持って来るのは、枡の下や寝台の下に置くためでしょうか。燭台の上に置くためではありませんか。
²²隠れているのは、必ず現れるためであり、おおい隠されているのは、明らかにされるためです。
²³聞く耳のある者は聞きなさい。」
²⁴また彼らに言われた。「聞いていることによく注意しなさい。あなたがたは、人に量ってあげるその量りで、自分にも量り与えられ、さらにその上に増し加えられます。
²⁵持っている人は、さらに与えられ、持たない人は、持っているものまでも取り上げられてしまいます。」

成長する種のたとえ

²⁶また言われた。「神の国は、人が地に種を蒔くようなもので、
²⁷夜は寝て、朝は起き、そうこうしているうちに、種は芽を出して育ちます。どのようにしてか、人は知りません。
²⁸地は人手によらず実をならせるもので、初めに苗、次に穂、次に穂の中に実が入ります。
²⁹実が熟すると、人はすぐにかまを入れます。収穫の時が来たからです。」

からし種のたとえ

4:30-32　並行記事－マタ13:31, 32, ルカ13:18, 19

³⁰また言われた。「神の国は、どのようなものと言えばよいでしょう。何にたとえ

19①図マタ13:22　＊あるいは「時代」
21①マタ5:15, ルカ8:16, 11:33
22①マタ10:26, ルカ8:17, 12:2
23①マコ4:9, 図マタ11:15
24①マタ7:2, ルカ6:38

25①マタ13:12
26①マコ4:26-29, 田マタ13:24-30
29＊直訳「送ります」
30①マコ4:30-32, マタ13:31, 32, ルカ13:18, 19
②マタ13:24
＊直訳「どのように比べたらよいでしょう」

の教会につながろうとしない人のことである。またある人は最初キリストを受入れるけれども人生を聖霊によって変えられ（完全に変って新しくなる）ようとしない（→「**新生－霊的誕生と刷新**」の項 p.1874）。その結果、献身の度合いは強くならず人生の試練に耐えることができない。たとい教会に所属してもキリストに心からゆだねることができず、世間一般の神を敬わない教えや行動、生活様式から完全に離れることができない（→「**信者の霊的聖別**」の項 p.2172）。

このような中途半端な献身には次のような原因がある。（1）教会が次のように責任を果していないこと。（a）キリストのメッセージを徹底して伝えないで、キリストにゆだねることを簡単なこととし、キリストに従うことには代価が伴うことを強調していない。（b）新しくキリスト者になった人々を計画的な弟子訓練（霊的訓練と成長のプロセス）によってしっかりフォローしていない。そしてキリストとの関係を発展させ成長し、自分の行動に責任を持つように励ましていない。（c）人々を悩ませ抑圧し、罪を犯させる悪霊の力に対してきちんとした扱いをしていない（16:15-17, マタ10:1, 8, 12:22-29）。（2）霊的に「求める」人が、頭だけでキリストを信じ、心（全存在、全人格 ⇒ 使2:37, Ⅱコリ4:6）で信じていないこと。つまりキリストとその目的に完全にゆだねていないこと。（3）求める人が本当の悔い改め（罪に背を向け人生を完全に変えること）をしていないこと（⇒マタ3:2注, 使8:18-23）。（4）求める人がキリストを救い主として受入れても主としては受入れようとしないこと（マタ13:20-21）。つまり赦しと霊的救いという利益はほしいけれども、積極的に人生のリーダーシップをキリストにゆだね、その権威に完全に従いたくないということ。（5）求める人の信仰がカリスマ性のある人物や説得力のあることばに向けられていて、神の御霊や教会で現される神の力の表れに応答したものではないこと（Ⅰコリ2:4-5）。

4:25　持っているものまでも取り上げられてしまいます　主イエスはここで神の国の重要な原則を言われた。それは神に頼り続け神の真理を学んで人生に適用し続けなければならないということである。そうしなければ既に知っていることや受入れたことを失ってしまう危険性がある。祈りとみことばによって過去に神が示してくださったことを実践すればするほど神はさらに示し続けてくださる。けれども示されたことを生活に生かさなければそれは何の役にも立たない。実際に知っていても真理を適用しないなら次第に霊的にかたくなになり、神のことばに応答しにくくなる。既に示されたことを実際に行わないなら、さらに深いことをどうして神は示してくださるだろうか。霊的成長は

たらよいでしょう。
31 それはからし種のようなものです。地に蒔かれるときには、地に蒔かれる種の中で、一番小さいのですが、
32 それが蒔かれると、生長してどんな野菜よりも大きくなり、大きな枝を張り、その陰に空の鳥が巣を作れるほどになります。」
33 イエスは、このように多くのたとえで、彼らの聞く力に応じて、みことばを話された。
34 たとえによらないで話されることはなかった。ただ、ご自分の弟子たちにだけは、すべてのことを解き明かされた。

嵐を静める主イエス

4:35-41　並行記事－マタ8:18, 23-27, ルカ8:22-25

35 さて、その日のこと、夕方になって、イエスは弟子たちに、「さあ、向こう岸へ渡ろう」と言われた。
36 そこで弟子たちは、群衆をあとに残し、舟に乗っておられるままで、イエスをお連れした。他の舟もイエスについて行った。
37 すると、激しい突風が起こり、舟は波をかぶって、水でいっぱいになった。
38 ところがイエスだけは、とものほうで、枕をして眠っておられた。弟子たちはイエスを起こして言った。「先生。私たちがおぼれて死にそうでも、何とも思われないのですか。」
39 イエスは起き上がって、風をしかりつけ、湖に「黙れ、静まれ」と言われた。す

34 ①マタ13:34, 因ヨハ10:6, 16:25
35 ①マタ4:35-41, マコ8:18, 23-27, ルカ8:22-25
36 * あるいは「去らせ」 ①マコ4:1, 5:2, 21, 因マコ3:9

1 ①マコ5:1-17, マタ8:28-34, ルカ8:26-37
2 ①ルカ4:1, 36, 5:21, 因マコ3:9 ②マコ1:23
7 ①図マタ8:29 ②使8:28, 使16:17, ヘブ7:1 ③図マタ4:3

ると風はやみ、大なぎになった。
40 イエスは彼らに言われた。「どうしてそんなにこわがるのです。信仰がないのは、どうしたことです。」
41 彼らは大きな恐怖に包まれて、互いに言った。「風や湖までが言うことをきくとは、いったいこの方はどういう方なのだろう。」

悪霊につかれた人の癒し

5:1-17　並行記事－マタ8:28-34, ルカ8:26-37
5:18-20　並行記事－ルカ8:38, 39

5 ¹ こうして彼らは湖の向こう岸、ゲラサ人の地に着いた。
2 イエスが舟から上がられると、すぐに、汚れた霊につかれた人が墓場から出て来て、イエスを迎えた。
3 この人は墓場に住みついており、もはやだれも、鎖をもってしても、彼をつないでおくことができなかった。
4 彼はたびたび足かせや鎖でつながれたが、鎖を引きちぎり、足かせも砕いてしまったからで、だれにも彼を押さえるだけの力がなかったのである。
5 それで彼は、夜昼となく、墓場や山で叫び続け、石で自分のからだを傷つけていた。
6 彼はイエスを遠くから見つけ、駆け寄って来てイエスを拝し、
7 大声で叫んで言った。「いと高き神の子、イエスさま。いったい私に何をしようというのですか。神の御名によってお願いしま

大抵はゆっくりしたものであるけれども、霊的に成長していなければむしろ衰えていることを認識して、みことばをしっかり握って離さないように自分を鍛えなければならない（Ⅱペテ3:17-18）。神との関係をおろそかにすればその分だけ神との関係を失う危険性は高まる。けれども神を心から求め続けるなら、その分だけその危険性は減少する（ヘブ3:12-15, 4:11, 6:11-12, 10:23-39, 12:15, →「背教」の項 p.2350）。

4:31　からし種　→ルカ13:19注

4:38　イエスだけは・・・眠っておられた　主イエスが疲れて眠っておられるという描写は、マルコの福音書の特徴で主イエスの人間性を描いている。これはまた大抵の人なら心配するような状況の中でも、主イエスが御父の守りと聖霊の力を確信して揺らいだり心

配したりすることがなかったことを表している。

5:2-17　汚れた霊につかれた人　悪霊につかれた人は、文字通り悪霊が肉体に住みつくため（→ルカ13:11注）、サタンの支配（使10:38）または影響を受けて苦しむ（マタ12:45, 使16:16-18）。聖書には主イエスが悪霊に人々を解放し、干渉しないように命じて悪霊を追出された場面が多く記録されている（5:8, 悪霊と悪霊に対するキリスト者の力, →「**サタンと悪霊に勝利する力**」の項 p.1726）。この場面では悪霊に抑圧されて長年苦しめられてきた人を主イエスが解放しておられる。けれども町の人々は、悪霊につかれた人の霊的なみじめさより豚飼いの損害の方を心配した。主イエスが現された力と権威を人々は認めようとしなかった。この人のみじめな人生はそのままにしておいても

す。どうか私を苦しめないでください。」
8 それは、イエスが、「汚れた霊よ。この人から出て行け」と言われたからである。
9 それで、「おまえの名は何か」とお尋ねになると、「私の名はレギオンです。私たちは大ぜいですから」と言った。
10 そして、自分たちをこの地方から追い出さないでくださいと懇願した。
11 ところで、そこの山腹に、豚の大群が飼ってあった。
12 彼らはイエスに願って言った。「私たちを豚の中に送って、彼らに乗り移らせてください。」
13 イエスがそれを許されたので、汚れた霊どもは出て行って、豚に乗り移った。すると、二千匹ほどの豚の群れが、険しいがけを駆け降り、湖へなだれ落ちて、湖におぼれてしまった。
14 豚を飼っていた者たちは逃げ出して、町や村々でこの事を告げ知らせた。人々は何事が起こったのかと見にやって来た。
15 そして、イエスのところに来て、悪霊につかれていた人、すなわちレギオンを宿していた人が、着物を着て、正気に返ってすわっているのを見て、恐ろしくなった。
16 見ていた人たちが、悪霊につかれていた人に起こったことや、豚のことを、つぶさに彼らに話して聞かせた。
17 すると、彼らはイエスに、この地方から離れてくださるよう願った。
18 それでイエスが舟に乗ろうとされると、悪霊につかれていた人が、お供をしたいとイエスに願った。
19 しかし、お許しにならないで、彼にこう言われた。「あなたの家、あなたの家族のところに帰り、主があなたに、どんなに大きなことをしてくださったか、どんなにあわれんでくださったかを、知らせなさい。」
20 そこで、彼は立ち去り、イエスが自分にどんなに大きなことをしてくださったかを、デカポリスの地方で言い広め始めた。人々はみな驚いた。

死んだ少女と病気の婦人
5:22-43　並行記事―マタ9:18-26, ルカ8:41-56

21 イエスが舟でまた向こう岸へ渡られると、大ぜいの人の群れがみもとに集まった。イエスは岸辺にとどまっておられた。
22 すると、会堂管理者のひとりでヤイロという者が来て、イエスを見て、その足もとにひれ伏し、
23 いっしょうけんめい願ってこう言った。「私の小さい娘が死にかけています。どうか、おいでくださって、娘の上に御手を置いてやってください。娘が直って、助かるようにしてください。」
24 そこで、イエスは彼といっしょに出かけられたが、多くの群衆がイエスについて来て、イエスに押し迫った。
25 ところで、十二年の間長血をわずらっている女がいた。
26 この女は多くの医者からひどいめに会わされて、自分の持ち物をみな使い果たしてしまったが、何のかいもなく、かえって悪くなる一方であった。
27 彼女は、イエスのことを耳にして、群衆の中に紛れ込み、うしろから、イエスの着物にさわった。
28「お着物にさわることでもできれば、きっと直る」と考えていたからである。

9① マコ5:15, ルカ8:30, 団マタ26:53
15① マコ5:16, 18, 団マタ4:24
　② 団マコ5:9
　③ 団マコ8:27
　④ ルカ8:35
16① マコ5:15, 団マタ4:24
18① マコ5:18-20, ルカ8:38, 39
　② マコ5:15, 16, 団マタ4:24
　* 直訳「いっしょにいたい」

20① マコ7:31, マタ4:25
21① マタ9:1, ルカ8:40
　② 団マコ4:36
　③ 団マコ4:1
　* 直訳「おられた」
22① マコ5:22-43, マタ9:18-26, ルカ8:41-56
　② マコ5:35, 36, 38, ルカ8:49, 13:14, 使13:15, 18:8, 17, 団マタ9:23
23① マコ6:5, 7:32, 8:23, 16:18, ルカ4:40, 13:13, 使9:17, 28:8, 団使6:6
　* 直訳「救われて、生きるように」
27 * あるいは「上着」
28 * 直訳「救われる」
　** 直訳「言っていた」

5:28　**お着物にさわることでもできれば**　福音書（マタイ、マルコ、ルカ、ヨハネ）には病気の人が主イエスにさわる場面（3:10, 5:27-34, 6:56）や、主イエスが病人にさわる場面（1:41-42, 7:33-35, マタ8:3, 15, 9:29-30, 20:34, ルカ5:13, 7:14-15, 22:51）がしばしば登場する。大切なのは主イエスがそこにおられ、さわってくださることだった。父である神と親密な関係を持ち、聖霊に完全に頼ることによって、主イエスの全存在は神の奇蹟を行う力で満ち満ちていた。キリストは私たちの弱さに同情される方であり、いのちと恵み（受けるにふさわしくない好意、愛、親切、助け、能力　→ヘブ4:16）の源であるから、この力は私たちを癒すことができる。私たちが癒しを求めるときにするべきことは、キリストと親しい関係を持ち続け問題に応えてくださるように求め、最も良いときに癒してくださるように願うことである（→マタ17:20注）。主イエスが示されたのと同じ力は今も弟子たちを通して働いて奇蹟を起こすことができる。神と個人的な深い関係を保ち、聖霊の力に頼り続けるなら、私たちも神に

²⁹すると、すぐに、血の源がかれて、ひどい痛みが直ったことを、からだに感じた。
³⁰イエスも、すぐに、自分のうちから力が外に出て行ったことに気づいて、群衆の中を振り向いて、「だれがわたしの着物にさわったのですか」と言われた。
³¹そこで弟子たちはイエスに言った。「群衆があなたに押し迫っているのをご覧になっていて、それでも『だれがわたしにさわったのか』とおっしゃるのですか。」
³²イエスは、それをした人を知ろうとして、見回しておられた。
³³女は恐れおののき、自分の身に起こった事を知り、イエスの前に出てひれ伏し、イエスに真実を余すところなく打ち明けた。
³⁴そこで、イエスは彼女にこう言われた。「娘よ。あなたの信仰があなたを直したのです。安心して帰りなさい。病気にかからず、すこやかでいなさい。」

³⁵イエスが、まだ話しておられるときに、会堂管理者の家から人がやって来て言った。「あなたのお嬢さんはなくなりました。なぜ、このうえ先生を煩わすことがありましょう。」
³⁶イエスは、その話のことばをそばで聞いて、会堂管理者に言われた。「恐れないで、ただ信じていなさい。」
³⁷そして、ペテロとヤコブとヤコブの兄弟ヨハネのほかは、だれも自分といっしょに行くのをお許しにならなかった。
³⁸彼らはその会堂管理者の家に着いた。イエスは、人々が、取り乱し、大声で泣いたり、わめいたりしているのをご覧になり、
³⁹中に入って、彼らにこう言われた。「なぜ取り乱して、泣くのですか。子どもは死んだのではない。眠っているのです。」
⁴⁰人々はイエスをあざ笑った。しかし、イエスはみんなを外に出し、ただその子どもの父と母、それにご自分の供の者たちだけを伴って、子どものいる所へ入って行かれた。
⁴¹そして、その子どもの手を取って、「タリタ、クミ」と言われた。(訳して言えば、「少女よ。あなたに言う。起きなさい」という意味である。)
⁴²すると、少女はすぐさま起き上がり、歩き始めた。十二歳にもなっていたからである。彼らはたちまち非常な驚きに包まれた。
⁴³イエスは、このことをだれにも知らせないようにと、きびしくお命じになり、さらに、少女に食事をさせるように言われた。

尊敬されない預言者
6:1-6　並行記事―マタ13:54-58

6 ¹イエスはそこを去って、郷里に行かれた。弟子たちもついて行った。
²安息日になったとき、会堂で教え始められた。それを聞いた多くの人々は驚いて言った。「この人は、こういうことをどこから得たのでしょう。この人に与えられた知恵や、この人の手で行われるこのような力あるわざは、いったい何でしょう。
³この人は大工ではありませんか。マリヤの子で、ヤコブ、ヨセ、ユダ、シモンの兄

用いられて病気で苦しむ人々に癒しをもたらすことができる(→「信者に伴うしるし」の項 p.1768、「神による癒し」の項 p.1640)。この場面で「直した」(5:34)と訳されているギリシヤ語は、実際には「救われた」という意味で、この女性のキリストへの信仰はからだの癒し(「病気にかからず、すこやかでいなさい」)と霊的な救い(「安心して帰りなさい」)の両方に働いたことを示している。マルコはこの両方を一緒にしていることが多い(2:1-12、3:1-6)。このような場面の概要　→「キリストの奇蹟」の表 p.1942

5:36　ただ信じていなさい　会堂管理者(礼拝の場所と礼拝の順序に権威を持つ人)は幼い娘が死にかけているので必死の思いで主イエスのところに来た(5:22-23)。主イエスはヤイロと一緒に行くことに同意したけれども、家に着く前に娘は死んだという知らせを人々が持って来た(5:35)。この絶望的な情況の中でも主イエスは全く動じることなく応答し、ヤイロの信仰を勇気づけられた。いつの時代にもキリストの弟子たちは何もかも失われた情況の中でも主に頼り続けてきた。そのようなときに神は普通の人々に並外れた信仰を与えて、神のご計画と目的を成就してくださった(⇒詩22:4、イザ26:3-4、43:2)。アブラハム(創22:2、ヤコ2:21-22)、モーセ(出14:10-22、32:10-14)、ダビデ(Ⅰサム17:44-47)、ヨシャパテ(Ⅱ歴20:1-2、12)、ヤイロ(5:21-23、35-42)の場合も同じだった。

弟ではありませんか。その妹たちも、私たちとここに住んでいるではありませんか。」こうして彼らはイエスにつまずいた。
4 イエスは彼らに言われた。「預言者が尊敬されないのは、自分の郷里、親族、家族の間だけです。」
5 それで、そこでは何一つ力あるわざを行うことができず、少数の病人に手を置いていやされただけであった。
6 イエスは彼らの不信仰に驚かれた。

十二人を送り出す主イエス

6:7-11　並行記事－マタ10:1, 9-14, ルカ9:1, 3-5

それからイエスは、近くの村々を教えて回られた。
7 また、十二弟子を呼び、ふたりずつ遣わし始め、彼らに汚れた霊を追い出す権威をお与えになった。

3 ③ マタ13:56
　④ 圏マタ11:6
4 ① 圏マタ13:57
　② 圏マコ6:1
5 * あるいは「奇蹟」
　② 圏マタ5:23
6 ① 圏マタ9:35, ルカ13:22,
　圏 マコ1:39, 10:1
7 ① 圏マコ6:7-11,
　マタ10:1, 9-14,
　ルカ9:1, 3-5
　② 圏マタ10:4-11
　③ 圏マコ3:13, マタ10:1, 5,
　ルカ9:1, 3-5
　③ ルカ10:1

8 ① 圏マタ10:10
9 ① 圏マタ10:14
12 ① 圏マタ11:1, ルカ9:6
　* 直訳「悔い改めるべきことを」
13 ① ヤコ5:14

8 また、彼らにこう命じられた。「旅のためには、杖一本のほかは、何も持って行ってはいけません。パンも、袋も、胴巻に金も持って行ってはいけません。
9 くつは、はきなさい。しかし二枚の下着を着てはいけません。」
10 また、彼らに言われた。「どこででも一軒の家に入ったら、そこの土地から出て行くまでは、その家にとどまっていなさい。
11 もし、あなたがたを受け入れない場所、また、あなたがたに聞こうとしない人々なら、そこから出て行くときに、この人々に対する証言として、足の裏のちりを払い落としなさい。」
12 こうして十二人が出て行き、悔い改めを説き広め、
13 悪霊を多く追い出し、大ぜいの病人に油を塗っていやした。

6:4　イエス・・・預言者　福音書の中で、主イエスは預言者として描かれている(6:4, 15, マタ21:11, ルカ4:24, ⇒使3:20-23)。それは旧約聖書全体の預言者の働きやメッセージに調和しているからである(→「旧約聖書の預言者」の項 p.1131)。主イエスが預言者であることは、次のような特徴に見ることができる。(1) 聖霊に満たされ聖霊の力を与えられ神のことばの知識に満ちていた(マタ21:42, 22:29, ルカ4:1, 18, 24:27, ヨハ3:34)。(2) その生涯を通して父である神と霊的に一致し親密な関係を持っておられた(→ルカ5:16注)。(3) 預言による予告をされた。その中のあるものは既に成就したけれども、終りのときに関係するものはこれからのことである(マタ24:, ルカ19:43-44)。(4) 霊的真理を示す象徴的行動をとり、神に対する心からの情熱を示された(マタ21:12-13, ヨハ2:13-17)。(5) 宗教的指導者たちの深みのない不誠実な心を露わにし、神のことばではなく自分たちの慣習に従っていることを批判された(7:7-9, 13)。(6) 自分勝手な生き方をやめず神に従わない人々が霊的に失われた状態でいることに対して、神の悲しみと苦しみを共有された(ルカ13:34, 19:41)。(7) 神のことばの道徳的、倫理的原則(聖さ、公平、正義、愛、あわれみ)に焦点を当てて、宗教的行事に頼ることと比較された(12:38-40, マタ23:1-36)。そして人々が神と正しい関係を持つことができるようにされた。(8) 終りのときの神の最高の支配とさばきを宣言された(マタ10:15, 11:22, 24, ルカ10:12, 14)。

(9) 人々に悔い改め(神に対する態度を改め、自分の罪を認め、自分勝手な生き方をやめ、神とその目的に従い始めること)を求められた(6:12, マタ4:17)。

6:6　不信仰　主イエスの郷里では人々の不信仰によって奇蹟が起きなかった。それと同じように、今日の教会でもキリストが神の民の中で起こそうとしておられる強力なことが不信仰によって止められている。聖書が言っていることを真実として受入れず、聖霊の賜物(→Ⅰコリ12:, 14:)が今日の教会に与えられていることを否定し、神の善悪の基準を拒んで、人々は主が神の民の間で力を現そうとしておられるのを阻止している。キリスト者は神のことばに対する強い霊的飢え渇きを持って、「私たちの信仰を増してください」と祈らなければならない(ルカ17:5, →マタ17:20注, 「信仰と恵み」の項 p.2062)。

6:7　汚れた霊　→3:15注

6:13　油を塗って　癒しのために油を塗ること(癒しを必要としている人に少量の油を塗ること)は、こことヤコブ5:14にしか出てこない。古代にはオリーブ油は薬や膏薬として一般的に使われていたけれども(→イザ1:6, ルカ10:34)、神の民は旧約聖書全体を通して神の働きをする指導者を立てたり任命したりするときの儀式にオリーブ油を使っていた。ここではオリーブ油は聖霊の臨在と力の象徴として(→ゼカ4:3-6注)、また信仰を励ます接点として使われたと思われる(→「神による癒し」の項 p.1640,「信者に伴うしるし」の項 p.1768)。

マルコの福音書　6章

打首にされたバプテスマのヨハネ

6:14-29　並行記事－マタ14:1-12
6:14-16　並行記事－ルカ9:7-9

¹⁴イエスの名が知れ渡ったので、ヘロデ王の耳にも入った。人々は、「バプテスマのヨハネが死人の中からよみがえったのだ。だから、あんな力が、彼のうちに働いているのだ」と言っていた。
¹⁵別の人々は、「彼はエリヤだ」と言い、さらに別の人々は、「昔の預言者の中のひとりのような預言者だ」と言っていた。
¹⁶しかし、ヘロデはうわさを聞いて、「私が首をはねたあのヨハネが生き返ったのだ」と言っていた。
¹⁷実は、このヘロデが、自分の兄弟ピリポの妻ヘロデヤのことで、──ヘロデはこの女を妻としていた──人をやってヨハネを捕らえ、牢につないだのであった。
¹⁸これは、ヨハネがヘロデに、「あなたが兄弟の妻を自分のものとしていることは不法です」と言い張ったからである。
¹⁹ところが、ヘロデヤはヨハネを恨み、彼を殺したいと思いながら、果たせないでいた。
²⁰それはヘロデが、ヨハネを正しい聖なる人と知って、彼を恐れ、保護を加えていたからである。また、ヘロデはヨハネの教えを聞くとき、非常に当惑しながらも、喜んで耳を傾けていた。
²¹ところが、良い機会が訪れた。ヘロデがその誕生日に、重臣や、千人隊長や、ガリラヤのおもだった人などを招いて、祝宴を設けたとき、
²²ヘロデヤの娘が入って来て、踊りを踊ったので、ヘロデも列席の人々も喜んだ。そこで王は、この少女に、「何でもほしい物を言いなさい。与えよう」と言った。
²³また、「おまえの望む物なら、私の国の半分でも、与えよう」と言って、誓った。
²⁴そこで少女は出て行って、「何を願いましょうか」とその母親に言った。すると母親は、「バプテスマのヨハネの首」と言った。
²⁵そこで少女はすぐに、大急ぎで王の前に行き、こう言って頼んだ。「今すぐに、バプテスマのヨハネの首を盆に載せていただきとうございます。」
²⁶王は非常に心を痛めたが、自分の誓いもあり、列席の人々の手前もあって、少女の願いを退けることを好まなかった。
²⁷そこで王は、すぐに護衛兵をやって、ヨハネの首を持って来るように命令した。護衛兵は行って、牢の中でヨハネの首をはね、
²⁸その首を盆に載せて持って来て、少女に渡した。少女は、それを母親に渡した。
²⁹ヨハネの弟子たちは、このことを聞いたので、やって来て、遺体を引き取り、墓に納めたのであった。

五千人に食物を与える主イエス

6:32-44　並行記事－マタ14:13-21, ルカ9:10-17, ヨハ6:5-13
6:32-44　参照記事－マコ8:1-9

³⁰さて、使徒たちは、イエスのもとに集まって来て、自分たちのしたこと、教えたことを残らずイエスに報告した。
³¹そこでイエスは彼らに、「さあ、あなたがただけで、寂しい所へ行って、しばらく休みなさい」と言われた。人々の出入りが多くて、ゆっくり食事する時間さえなかったからである。
³²そこで彼らは、舟に乗って、自分たちだけで寂しい所へ行った。
³³ところが、多くの人々が、彼らの出て行くのを見、それと気づいて、方々の町々からそこへ徒歩で駆けつけ、彼らよりも先に着いてしまった。
³⁴イエスは、舟から上がられると、多くの群衆をご覧になった。そして彼らが羊飼いのいない羊のようであるのを深くあわれみ、いろいろと教え始められた。

14①マコ6:14-29, マタ14:1-12, ルカ9:7-9
②㊑マタ14:2
15①㊑マタ16:14, ㊓マコ8:28
16㊑マタ21:11
17①㊑マタ14:3
18①㊑マタ14:4
19①㊑マタ14:3
20①㊑マタ21:26
21①ルカ3:1
㊑エス1:3, 2:18
22①㊑マタ14:3
23①エス5:3, 6, 7:2

30①ルカ9:10
②㊑マタ10:2, (㊓マコ3:14のギリシヤ語), ルカ6:13, 9:10, 17:5, 22:14, 24:10, 使1:2, 26等
31㊑マコ3:20
32①㊑マコ6:32-44, マタ14:13-21, ルカ9:10-17, ヨハ6:5-13
㊑マコ8:2-9
②㊑マコ6:45, ㊓マコ3:9, ㊑マコ4:36
34①㊑マコ9:36

6:17　ヨハネを・・・牢につないだ　→マタ11:7注
6:22　踊りを踊った　→マタ14:6注
6:34　深くあわれみ　あわれみは、ほかの人々の苦しみや不幸に対して深く悲しむ心からの感情である。けれども苦しんでいる人と同じ気持になるだけではない。あわれみは困っている人に進んで助けの手を差伸べることでもある。それは神(申30:3, Ⅱ列13:23, 詩78:38, 111:4)と御子イエス(1:41, 8:2注, マタ9:36,

マルコの福音書　6-7章

35 そのうち、もう時刻もおそくなったので、弟子たちはイエスのところに来て言った。「ここはへんぴな所で、もう時刻もおそくなりました。
36 みんなを解散させてください。そして、近くの部落や村に行って何か食べる物をめいめいで買うようにさせてください。」
37 すると、彼らに答えて言われた。「あなたがたで、あの人たちに何か食べる物を上げなさい。」そこで弟子たちは言った。「私たちが出かけて行って、二百デナリものパンを買ってあの人たちに食べさせるように、ということでしょうか。」
38 するとイエスは彼らに言われた。「パンはどれぐらいありますか。行って見て来なさい。」彼らは確かめて言った。「五つです。それと魚が二匹です。」
39 イエスは、みなを、それぞれ組にして青草の上にすわらせるよう、弟子たちにお命じになった。
40 そこで人々は、百人、五十人と固まって席に着いた。
41 するとイエスは、五つのパンと二匹の魚を取り、天を見上げて祝福を求め、パンを裂き、人々に配るように弟子たちに与えられた。また、二匹の魚もみなに分けられた。
42 人々はみな、食べて満腹した。
43 そして、パン切れを十二のかごにいっぱい取り集め、魚の残りも取り集めた。
44 パンを食べたのは、男が五千人であった。

水の上を歩く主イエス
6:45-51　並行記事－マタ14:22-32、ヨハ6:15-21
6:53-56　並行記事－マタ14:34-36

45 それからすぐに、イエスは弟子たちを強いて舟に乗り込ませ、先に向こう岸のベツサイダに行かせ、ご自分は、その間に群衆を解散させておられた。
46 それから、群衆に別れ、祈るために、そこを去って山のほうに向かわれた。
47 夕方になったころ、舟は湖の真ん中に出ており、イエスだけが陸地におられた。
48 イエスは、弟子たちが、向かい風のために漕ぎあぐねているのをご覧になり、夜中の三時ごろ、湖の上を歩いて、彼らに近づいて行かれたが、そのままそばを通り過ぎようとのおつもりであった。
49 しかし、弟子たちは、イエスが湖の上を歩いておられるのを見て、幽霊だと思い、叫び声をあげた。
50 というのは、みなイエスを見ておびえてしまったからである。しかし、イエスはすぐに彼らに話しかけ、「しっかりしなさい。わたしだ。恐れることはない」と言われた。
51 そして舟に乗り込まれると、風がやんだ。彼らの心中の驚きは非常なものであった。
52 というのは、彼らはまだパンのことから悟るところがなく、その心は堅く閉じていたからである。
53 彼らは湖を渡って、ゲネサレの地に着き、舟をつないだ。
54 そして、彼らが舟から上がると、人々はすぐにイエスだと気がついて、
55 そのあたりをくまなく走り回り、イエスがおられると聞いた場所へ、病人を床に載せて運んで来た。
56 イエスが入って行かれると、村でも町でも部落でも、人々は病人たちを広場に寝かせ、そして、せめて、イエスの着物の端にでもさわらせてくださるようにと願った。そして、さわった人々はみな、いやされた。

言伝えと神の戒め
7:1-23　並行記事－マタ15:1-20

7 さて、パリサイ人たちと幾人かの律法学者がエルサレムから来ていて、イエスの回りに集まった。
2 イエスの弟子のうちに、汚れた手で、す

なわち洗わない手でパンを食べている者があるのを見て、
3 ──パリサイ人をはじめユダヤ人はみな、昔の人たちの言い伝えを堅く守って、手をよく洗わないでは食事をせず、
4 また、市場から帰ったときには、からだをきよめてからでないと食事をしない。まだこのほかにも、杯、水差し、銅器を洗うことなど、堅く守るように伝えられた、しきたりがたくさんある──
5 パリサイ人と律法学者たちは、イエスに尋ねた。「なぜ、あなたの弟子たちは、昔の人たちの言い伝えに従って歩まないで、汚れた手でパンを食べるのですか。」
6 イエスは彼らに言われた。「イザヤはあなたがた偽善者について預言をして、こう書いているが、まさにそのとおりです。
『この民は、口先ではわたしを敬うが、

3 ①マコ7:5, 8, 9, 13, 圏ガラ1:14
4 ①圏マタ23:25
5 ①マコ7:3, 8, 9, 13, 圏ガラ1:14
②マコ7:2
6 ①イザ29:13

7 ①イザ29:13
8 ①マコ7:3, 5, 9, 13, 圏ガラ1:14
9 ①マコ7:3, 5, 8, 13, 圏ガラ1:14
10 ①出20:12, 申5:16
②出21:17, レビ20:9
11 ①レビ1:2等のヘブル語, マタ15:5

その心は、わたしから遠く離れている。
7 彼らが、わたしを拝んでも、むだなことである。
人間の教えを、教えとして教えるだけだから。』
8 あなたがたは、神の戒めを捨てて、人間の言い伝えを堅く守っている。」
9 また言われた。「あなたがたは、自分たちの言い伝えを守るために、よくも神の戒めをないがしろにしたものです。
10 モーセは、『あなたの父と母を敬え』、また『父や母をののしる者は死刑に処せられる』と言っています。
11 それなのに、あなたがたは、もし人が父や母に向かって、私からあなたのために上げられる物は、コルバン(すなわち、ささげ物)になりました、と言えば、
12 その人には、父や母のために、もはや何

15:36, 26:26, ロマ14:6, Ⅰコリ10:31, Ⅰテモ4:4-5

7:6　その心は、わたしから遠く離れている　パリサイ人や律法の教師たちは律法主義という罪を犯していた。律法主義は神との聖い関係を持つことによって生れる神を敬う態度ではなく、表面的な行いやことばだけを大切にしたものである(→マタ5:20注、5:27-28、6:1-7、ヨハ1:13、3:3-6、→イザ1:11注、アモ4:4-5注)。律法主義者はことばでは神を敬っているようだったけれども、心(動機や気持)は神や神の目的から遠く離れていた。つまり表面的には正しい生き方をして神が喜ぶことをしているように見せ掛けていても、心には神への愛がなかったのである。

(1)　律法主義はただ神のことばの律法や基準に合せて生きることではない。なぜなら基準そのものは神の戒めや原則を土台にしている良い適切なものだからである。むしろ律法主義は神や神の目的に従う人々の動機に関係している。キリストを信じる積極的な信仰とキリストに従いたいという気持がなければ、何をしてもその動機は律法主義でしかない(マタ6:1-7、ヨハ14:21)。律法主義には、神が与えられた命令とは関係がない、人間が作った規則が加えられていた。キリストを信じる信仰がなくては得られないはずの霊的な価値や救いを律法や基準を守ることによって得ようとしたことが律法主義の最大の欠点である。

(2)　今の恵み(私たちの罪のためのキリストの死によって現された、受けるにふさわしくない神の好意と愛)の時代にはキリストを信じる信仰によって救われる。自分の努力によるのではない。これはキリストの

律法や神のことばの教えや訓練、義務を無視してもよいということではない。むしろそれらを忠実に行うことがキリストへの愛を現すことになると聖書は教えている。新約聖書は「自由の律法」(ヤコ1:25)、「最高の律法」(ヤコ2:8)、「キリストの律法」(ガラ6:2)、「御霊の原理」(ロマ8:2)について教えている。神のことばには、(a) 実行し習慣化するべき前向きの命令(Ⅰテサ5:16-18)、(b) 避けて離れるべきことを示す否定的な命令(ロマ12:2)、(c) 神の特性を反映し律法の土台になっている倫理的真理である基本的な原則(Ⅰコリ8:13)、(d) 霊的な事柄について霊的指導者たちが神から権威を与えられて言ったことば(エペ4:11-12、Ⅰテモ3:5、ヘブ13:7, 17)などが見られる。

7:8　人間の言い伝え　パリサイ人や律法の教師たちが犯した罪は、人間の言伝えを神の直接の啓示より上に置いたことである。そして自分たちの律法や言伝えが神のことばの基準と一致していなくてもそれを守っていた。ここで主イエスは言伝えを全部責めているのではなく、神のことばの命令や原則に反するもの、合わないものだけを責めておられる。言伝えや規則は聖書の真理を土台にし、合致していなければならない(⇒Ⅱテサ2:15)。教会の中に聖書よりも自分たちの規則や慣習、考え、好みを優先させる傾向があるなら、それを避けなければならない。聖書に示されている神のことばは信仰と生活の唯一の誤りのない(確かな間違いのない、完全に信頼できる)規則である。人間の考えが神のことばより重要になってはならない(7:13、→マタ15:6注、→「**聖書の霊感と権威**」の項p.2323)。

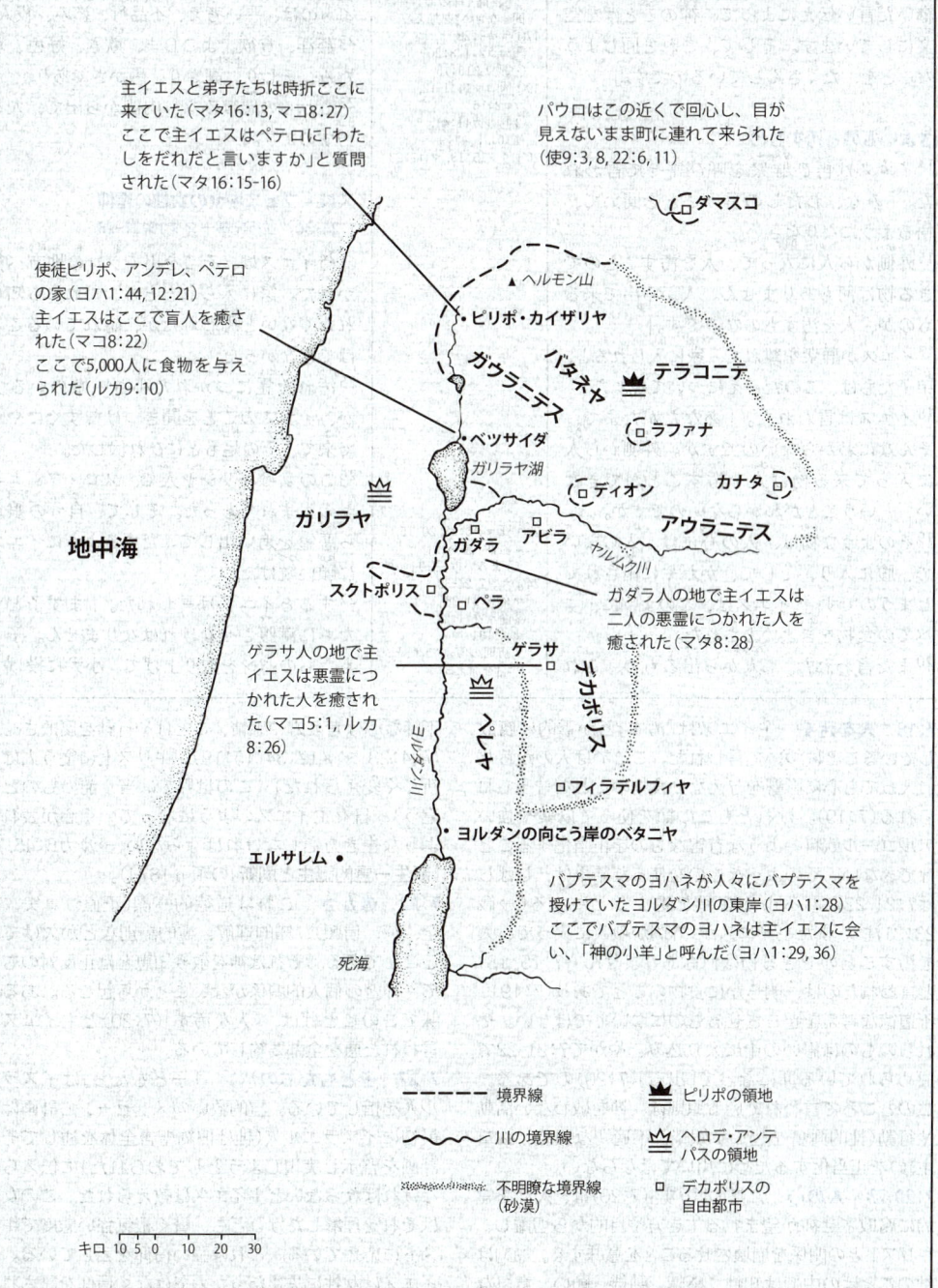

13 こうしてあなたがたは、自分たちが受け継いだ言い伝えによって、神のことばを空文にしています。そして、これと同じようなことを、たくさんしているのです。」

きよいものと汚すもの

14 イエスは再び群衆を呼び寄せて言われた。「みな、わたしの言うことを聞いて、悟るようになりなさい。
15 外側から人に入って、人を汚すことのできる物は何もありません。人から出て来るものが、人を汚すものなのです。」
17 イエスが群衆を離れて、家に入られると、弟子たちは、このたとえについて尋ねた。
18 イエスは言われた。「あなたがたまで、そんなにわからないのですか。外側から人に入って来る物は人を汚すことができない、ということがわからないのですか。
19 そのような物は、人の心には、入らないで、腹に入り、そして、かわやに出されてしまうのです。」イエスは、このように、すべての食物をきよいとされた。
20 また言われた。「人から出るもの、これが、人を汚すのです。
21 内側から、すなわち、人の心から出て来るものは、悪い考え、不品行、盗み、殺人、
22 姦淫、貪欲、よこしま、欺き、好色、ねたみ、そしり**、高ぶり、愚かさであり、
23 これらの悪はみな、内側から出て、人を汚すのです。」

スロ・フェニキヤの女性の信仰
7:24-30 並行記事－マタ15:21-28

24 イエスは、そこを出てツロの地方へ行かれた。家に入られたとき、だれにも知られたくないと思われたが、隠れていることはできなかった。
25 汚れた霊につかれた小さい娘のいる女が、イエスのことを聞きつけてすぐにやって来て、その足もとにひれ伏した。
26 この女はギリシヤ人で、スロ・フェニキヤの生まれであった。そして、自分の娘から悪霊を追い出してくださるようにイエスに願い続けた。
27 するとイエスは言われた。「まず子どもたちに満腹させなければなりません。子どもたちのパンを取り上げて、小犬に投げて

---

13 ①マコ7:3, 5, 8, 9, ⑮ガラ1:14
15 * 後代の写本に16節として、「聞く耳のある者は聞きなさい」を加える
17 ①マコ9:28, ⑮マタ2:1, 3:20 ②⑮マタ15:15
19 ①⑮ロマ14:1-12, コロ2:16 ②⑮ルカ11:41, 使10:15, 11:9
20 ①マタ15:18, マコ7:23

22 ①⑮マタ6:23, 20:15 * 直訳「悪い目」 ** あるいは「誇り」
24 ①マコ7:24-30, マタ15:21-28 ②⑮マタ11:21, マコ7:31 * 初期の写本では「とシドン」を加える

7:18 人を汚す 主イエスは「汚す」とか霊的に腐敗していることについて言われた。ここでは人のからだに入っても心に影響を与えない食物のことを言っておられる(7:19)。けれどもこの節を使って麻薬や強いアルコール飲料のような有害なものを正当化することはできない。そのようなものを使った結果は、しばしば7:21-22にあるような罪を犯すことになる(→箴23:31注)。また主イエスが「外側から人に入って、人を汚すことのできる物は何もありません」(7:15, 18)と言われたのは、明らかに食物のことであり(7:19)、不道徳な考えを起こさせるものについてではない。それらのものは思いの中に入り込み、やがて7:21-22で戒められている罪になって「出る」(7:20)のである。このところで言われている原則は、神を敬わない活動や行動(性的興奮を起こす娯楽、不適切な服装、物質主義)を正当化するために用いてはならない。

7:20-23 人の心 ここの「汚す」(7:20)は、人々を霊的に腐敗させ神が望まれる生き方や目的から切離し、キリストとの関係を崩壊させることを意味する。「心」は神のことばの中では知性、感情、動機、願い、意思など人間の内面全部を指している(→「心」の項p.1043)。不純な心は考え方や感情、ことばや行動を腐敗させる(箴4:23, マタ12:34, 15:19)。キリストに従う人は、新しく変えられた心(この世界では当り前のものとは違う)、日々主イエスのようになっていく心が表れるような生き方をしなければならない(→ルカ6:45, →「新生－霊的誕生と刷新」の項p.1874)。

7:22 愚かさ これは道徳的高潔(正直、真実、健全、徳、信頼)、知的理解、霊的識別などが欠けていることである。それは神を敬う知恵とは正反対のもので、神との個人的関係がないことから起こる。ある意味でこのことばは、「人を汚す」(7:20)と主イエスが言われた悪を全部要約している。

7:27 子どもたちのパン 「子どもたち」はイスラエル人を指している。霊的救いのメッセージと計画は、最初にイスラエル人(神は旧約聖書全体を通してその計画を啓示し実現しようとしておられた)に伝えられなければならないと主イエスは教えられた。この女性はそれを理解したけれども、賢く根気強い態度でキリストに応えている。これは強い信仰を表している。主イエスは女性に失礼だったのではなく信仰を試されたのである。女性は家族のペットには子どもと同じ特権

やるのはよくないことです。」
28 しかし、女は答えて言った。「主よ。そのとおりです。でも、食卓の下の小犬でも、子どもたちのパンくずをいただきます。」
29 そこでイエスは言われた。「そうまで言うのですか。それなら家にお帰りなさい。悪霊はあなたの娘から出て行きました。」
30 女が家に帰ってみると、その子は床の上に伏せっており、悪霊はもう出ていた。

耳と口の不自由な人の癒し

7:31-37　並行記事―マタ15:29-31

31 それから、イエスはツロの地方を去り、シドンを通って、もう一度、デカポリス地方のあたりのガリラヤ湖に来られた。
32 人々は、耳が聞こえず、口のきけない人を連れて来て、彼の上に手を置いてくださるよう、願った。
33 そこで、イエスは、その人だけを群衆の中から連れ出し、その両耳に指を差し入れ、それからつばきをして、その人の舌にさわられた。
34 そして、天を見上げ、深く嘆息して、その人に「エパタ」すなわち、「開け」と言われた。
35 すると彼の耳が開き、舌のもつれもすぐに解け、はっきりと話せるようになった。
36 イエスは、このことをだれにも言ってはならない、と命じられたが、彼らは口止めされればされるほど、かえって言いふらした。
37 人々は非常に驚いて言った。「この方のなさったことは、みなすばらしい。耳の聞こえない者を聞こえるようにし、口のきけない者を話せるようにされた。」

31 ①マコ7:31-37, マタ15:29-31
②圏マコ11:21, マコ7:24
③圏マコ5:20, マタ4:25
④圏マタ4:18
32 ①圏マコ5:23
33 ①圏マコ8:23
34 ①圏マコ8:12
36 ①圏マタ8:4
②マコ1:45

ルカ6・17-19

四千人に食物を与える主イエス

8:1-9　並行記事―マタ15:32-39
8:1-9　参照記事―マコ6:32-44
8:11-21　並行記事―マタ16:1-12

8 1 そのころ、また大ぜいの人の群れが集まっていたが、食べる物がなかったので、イエスは弟子たちを呼んで言われた。
2 「かわいそうに、この群衆はもう三日間もわたしといっしょにいて、食べる物を持っていないのです。
3 空腹のまま家に帰らせたら、途中で動けなくなるでしょう。それに遠くから来ている人もいます。」
4 弟子たちは答えた。「こんなへんぴな所で、どこからパンを手に入れて、この人たちに十分食べさせることができましょう。」
5 すると、イエスは尋ねられた。「パンはどれぐらいありますか。」弟子たちは、「七つです」と答えた。
6 すると、イエスは群衆に、地面にすわるようにおっしゃった。それから、七つのパンを取り、感謝をささげてからそれを裂き、人々に配るように弟子たちに与えられたので、弟子たちは群衆**に配った。
7 また、魚が少しばかりあったので、そのために感謝をささげてから、これも配るように言われた。
8 人々は食べて満腹した。そして余りのパ

1 ①マコ8:1-9（圏マコ6:34-44）, マタ15:32-39
2 ①圏マタ9:36, マコ6:34
6 * 直訳「からだを横にする」
** 直訳「の前に置いた」
7 ①圏マタ14:19

がないという主イエスのたとえをよく理解した。けれども、異邦人（ユダヤ人以外の人々）もイスラエルに与えられた神の祝福の恩恵にあずかることを神は願っておられるのではないかと女性は反論した。神の国の特権はキリストを信じる粘り強い信仰を示す人々に与えられるということをこの女性は理解していた（→マタ15:28注）。主イエスは女性の子どもを癒すことによってその信仰に報いられた（7:28-30）。神の民は自分のためでもほかの人々のためにでも、祈るときには根気強くなければならない。それは神が祈りになかなか応えてくださらないからではなく、たとい全部のことが理解できなくてもキリストに頼りきっていることを表すためである（→ルカ18:1-8）。

8:2　**かわいそうに**　人類の必要と苦しみ（→1:41)を主イエスはいつも同情をもって見ておられた（→6:34注）。福音書（マタイ、マルコ、ルカ、ヨハネが書いた主イエスの生涯の記録）の著者たちは、しばしば主イエスが奇蹟や癒しを行われた動機が同情だったと言っている（→**キリストの奇蹟**の表 p.1942）。主イエスは今も人類の必要と受けた傷に対して深く同情をしておられ、必要なものを満たすことによって（しばしば理解を越えた偉大な奇蹟的方法で）そのことを示しておられる。悩みのときに、私たちは恵みとあわれみと助けを受けることができると確信をもって祈りの中で主イエスのところに行くことができる（マタ6:31-32, ヘブ4:14-16, 7:25）。

ン切れを七つのかごに取り集めた。
⁹ 人々はおよそ四千人であった。それからイエスは、彼らを解散させられた。
¹⁰ そしてすぐ弟子たちとともに舟に乗り、ダルマヌタ地方へ行かれた。
¹¹ パリサイ人たちがやって来て、イエスに議論をしかけ、天からのしるしを求めた。イエスをためそうとしたのである。
¹² イエスは、心の中で深く嘆息して、こう言われた。「なぜ、今の時代はしるしを求めるのか。まことに、あなたがたに告げます。今の時代には、しるしは絶対に与えられません。」
¹³ イエスは彼らを離れて、また舟に乗って向こう岸へ行かれた。

パリサイ人とヘロデのパン種

¹⁴ 弟子たちは、パンを持って来るのを忘れ、舟の中には、パンがただ一つしかなかった。
¹⁵ そのとき、イエスは彼らに命じて言われた。「パリサイ人のパン種とヘロデのパン種とに十分気をつけなさい。」
¹⁶ そこで弟子たちは、パンを持っていないということで、互いに議論し始めた。
¹⁷ それに気づいてイエスは言われた。「なぜ、パンがないといって議論しているのですか。まだわからないのですか、悟らないのですか。心が堅く閉じているのですか。
¹⁸ 目がありながら見えないのですか。耳がありながら聞こえないのですか。あなたがたは、覚えていないのですか。
¹⁹ わたしが五千人に五つのパンを裂いて上げたとき、パン切れを取り集めて、幾つのかごがいっぱいになりましたか。」彼らは答えた。「十二です。」
²⁰ 「四千人に七つのパンを裂いて上げたときは、パン切れを取り集めて幾つのかごがいっぱいになりましたか。」彼らは答えた。「七つです。」
²¹ イエスは言われた。「まだ悟らないのですか。」

ベツサイダでの盲人の癒し

²² 彼らはベツサイダに着いた。すると人々が盲人を連れて来て、彼にさわってくださるよう、イエスに願った。
²³ イエスは盲人の手を取って村の外に連れて行かれた。そしてその両目につばきをつけ、両手を彼に当てて「何か見えるか」と聞かれた。
²⁴ すると彼は、見えるようになって、「人が見えます。木のようですが、歩いているのが見えます」と言った。
²⁵ それから、イエスはもう一度彼の両目に両手を当てられた。そして、彼が見つめていると、すっかり直り、すべてのものがはっきり見えるようになった。
²⁶ そこでイエスは、彼を家に帰し、「村に入って行かないように」と言われた。

8:15　パン種　パン種(酵母菌)は糖分とほかの炭水化物を発酵させて様々な反応を起こさせる微生物である。ごく少量のパン種がパン生地全体に広がってふくらませる。酵母菌はぶどう酒も発酵させ、アルコールにし酔いを招く飲み物にしてしまう。新約聖書では「パン種」は悪や腐敗を象徴していることが多い(→マタ13:33, 16:6, 11, ルカ12:1, Ⅰコリ5:6-8, ガラ5:9, →出13:7注)。(1)「パリサイ人のパン種」とは人々に神の戒めを捨てさせ神のことばや目的の大部分に霊の目を閉ざすようにさせた、パリサイ人の宗教的な慣習のことである(→7:8注)。(2)「ヘロデ(ガリラヤの支配者だったヘロデ・アンテパス)のパン種」とは、神を拒み、主イエスが神であることを証明するしるしを求めるようなこの世の価値観のことを言っている(→ルカ23:8)。これはサドカイ人の態度とよく似ていた(→マタ3:7注、→**ユダヤ教の学派**」の表 p.1656)。聖書に啓示されているキリストのメッセージを変えた思想や慣習を伝えたり教えたりする人々に、キリスト者は気を付けなければならない。そのような見解を受入れるなら教会員はキリストを愛する気持を失い、キリストとみことばに背くようになる。

8:25　すっかり直り　ベツサイダでの癒しは、主イエスによる癒しの中でも徐々に進んで行ったことを示す唯一の例である。癒しはみな瞬間的に行われるとは限らない。徐々に行われる癒しは判断しにくいかもしれない。けれども私たちは自分の必要や情況を正直に見つめ、それに対するキリストのみわざを大げさにして、神にとって自分がさも重要な存在であるかのように見せたりしてはならない。

マルコの福音書　8章

キリストを告白するペテロ
8:27-29　並行記事―マタ16:13-16, ルカ9:18-20

㉗それから、イエスは弟子たちとピリポ・カイザリヤの村々へ出かけられた。その途中、イエスは弟子たちに尋ねて言われた。「人々はわたしをだれだと言っていますか。」㉘彼らは答えて言った。「バプテスマのヨハネだと言っています。エリヤだと言う人も、また預言者のひとりだと言う人もいます。」㉙するとイエスは、彼らに尋ねられた。「では、あなたがたは、わたしをだれだと言いますか。」ペテロが答えてイエスに言った。「あなたは、*キリストです。」㉚するとイエスは、自分のことをだれにも言わないようにと、彼らを戒められた。

死を予告する主イエス
8:31-9:1　並行記事―マタ16:21-28, ルカ9:22-27

㉛それから、人の子は必ず多くの苦しみを受け、長老、祭司長、律法学者たちに捨てられ、殺され、三日の後によみがえらなければならないと、弟子たちに教え始められた。㉜しかも、はっきりとこの事がらを話された。するとペテロは、イエスをわきにお連れして、いさめ始めた。㉝しかし、イエスは振り向いて、弟子たちを見ながら、ペテロをしかって言われた。「下がれ。サタン。あなたは神のことを思わないで、人のことを思っている。」㉞それから、イエスは群衆を弟子たちといっしょに呼び寄せて、彼らに言われた。「だれでもわたしについて来たいと思うなら、自分を捨て、自分の十字架を負い、そしてわたしについて来なさい。㉟いのちを救おうと思う者はそれを失い、わたしと福音とのためにいのちを失う者はそれを救うのです。㊱人は、たとい全世界を得ても、いのちを損じたら、何の得がありましょう。㊲自分のいのちを買い戻すために、人はいったい何を差し出すことができるでしょう。

㉗①マコ8:27-29, マタ16:13-16, ルカ9:18-20
②マタ16:13
㉘①マコ6:14
㉙＊すなわち「メシヤ」
㉚①マタ16:20, ルカ9:21, マタ8:4
㉛①マコ8:31-9:1, マタ16:21-28, ルカ9:22-27
㉛②マタ16:21
㉜①ヨハ18:20, 囲ヨハ10:24, 11:14, 16:25, 29のギリシヤ語
㉝①マタ4:10
㉞①マタ10:38
㉟①マタ10:39

8:30　言わないようにと、彼らを戒められた　→1:34注　→マタ8:4注

8:33　下がれ。サタン　ここでの反応から見て、ペテロのメシヤ(救い主、キリスト)観にはメシヤが苦しみを受け拒まれることが含まれていないことがわかる。主イエスを苦しみと死から救おうとするペテロの試みは(8:32)、主イエスの働きの最初にサタンが示した見解や誘惑と同じものだった(→マタ8:4-10)。

8:34　自分を捨て、自分の十字架を負い　「自分を捨て」るとは、どんな代価を払ってもキリストに従いその目的に仕えるために自分中心の欲望を捨てることである。キリストの十字架は苦しみ(Ⅰペテ2:21, 4:13)、死(使10:39)、恥(ヘブ12:2)、あざけり(マタ27:39)、拒絶(Ⅰペテ2:4)、自己否定(マタ16:24)などを表す象徴である。自分の十字架を背負うキリストの弟子とは、自分中心の関心や生き方を捨て(ルカ14:26-27)、大胆にキリストと一つになることを自分から選ぶ人々である。したがって主イエスとしっかり結び付いているそのような人のことはキリストと離して考えることはできない。キリスト・イエスとこのように一体化している人はキリストのために次の四つの分野で戦いと苦しみを味わわなければならない。

(1) 一生涯罪と戦い(ロマ6:, Ⅰペテ4:1-2)、自分の罪の性質(ロマ6:, 8:13, ガラ2:20, 6:14, テト2:12, Ⅰペテ2:11, 21-24)を十字架につけて(死なせる、助長させない、無視する)苦しみに耐えなければならない。

(2) サタンと悪霊の力と戦い、地上でのキリストの目的を達成するために拒まれたり困難に遭ったりする覚悟をしなければならない(Ⅱコリ6:7, 10:4-5, エペ6:12, Ⅰテモ6:12, →**「サタンと悪霊に勝利する力」**の項 p.1726)。そして霊的に拒まれ敵意を受け(Ⅱコリ6:3-7, 11:23-29, Ⅰペテ5:8-10)、キリストのメッセージを歪曲するにせ教師に立ち向かうときには拒まれ迫害を受けるに違いない(マタ23:1-36, ガラ1:9, ピリ1:15-17)。

(3) キリストに従い真理と正しさについてのキリストの基準に心から従うなら(Ⅰコリ1:21-27)、世間から憎まれあざけられる(ヨハ15:18-25, ヘブ11:25-26)。世間に対して示す私たちの模範やあかし(愛と謙遜をもって伝えなければならない)が人々の考え、行動、生活様式などが邪悪であることを明らかにするので、人々は私たちに強硬に反対をしてくる(ヨハ7:7, →「信者の霊的聖別」の項 p.2172, 「**キリスト者とこの世**」の項 p.2437)。

(4) 主イエスと同じように、宗教者や神を敬わな

マルコの福音書　8–9章

38 このような姦淫と罪の時代にあって、わたしとわたしのことばを恥じるような者なら、人の子も、父の栄光を帯びて聖なる御使いたちとともに来るときには、そのような人のことを恥じます。」

9

1 イエスは彼らに言われた。「まことに、あなたがたに告げます。ここに立っている人々の中には、神の国が力をもって到来しているのを見るまでは、決して死を味わわない者がいます。」

姿変わり

9:2-8　並行記事－ルカ9:28-36
9:2-13　並行記事－マタ17:1-13

2 それから六日たって、イエスは、ペテロとヤコブとヨハネだけを連れて、高い山に導いて行かれた。そして彼らの目の前で御姿が変わった。

3 その御衣は、非常に白く光り、世のさらし屋では、とてもできないほどの白さであった。

4 また、エリヤが、モーセとともに現れ、彼らはイエスと語り合っていた。

5 すると、ペテロが口出ししてイエスに言った。「先生。私たちがここにいることは、すばらしいことです。私たちが、幕屋を三つ造ります。あなたのために一つ、モーセのために一つ、エリヤのために一つ。」

6 実のところ、ペテロは言うべきことがわからなかったのである。彼らは恐怖に打たれたのであった。

7 そのとき雲がわき起こってその人々をおおい、雲の中から、「これは、わたしの愛する子である。彼の言うことを聞きなさ

38 ①ルカ9:26,
　 田マタ10:33,
　 ヘブ11:16
② 田マタ8:20
③ 圏マタ16:27,
　 田マコ13:26, ルカ9:27

1 ①圏マタ16:27,
　 田マコ13:26,
　 ルカ9:27
2 ①圏マタ17:1-8,
　 ルカ9:28-36
3 ①圏マタ28:3
　 *直訳「地上の」
5 ①圏マタ23:7
　 *原語「ラビ」
　 **別訳「ちょうどよく私たちがここにいます」
②田マタ17:4, ルカ9:33
7 ①マコ1:11, 圏マタ3:17

② II ペテ1:17, 18
9 ①圏マコ9:9-13,
　 マタ17:9-13
　 *直訳「のほかは」
②マコ5:43, 7:36,
　 圏マコ8:30, マタ8:4
11 ①圏マタ11:14
12 ①マコ9:31
　 ②田マタ16:21,
　 圏マタ26:24
14 ①マコ9:14-28,
　 マタ17:14-19,
　 ルカ9:37-42
15 ①圏マコ14:33, 16:5, 6

い」と言う声がした。

8 彼らが急いであたりを見回すと、自分たちといっしょにいるのはイエスだけで、そこにはもはやだれも見えなかった。

9 さて、山を降りながら、イエスは彼らに、人の子が死人の中からよみがえるときまでは、いま見たことをだれにも話してはならない、と特に命じられた。

10 そこで彼らは、そのおことばを心に堅く留め、死人の中からよみがえると言われたことはどういう意味かを論じ合った。

11 彼らはイエスに尋ねて言った。「律法学者たちは、まずエリヤが来るはずだと言っていますが、それはなぜでしょうか。」

12 イエスは言われた。「エリヤがまず来て、すべてのことを立て直します。では、人の子について、多くの苦しみを受け、さげすまれると書いてあるのは、どうしてなのですか。

13 しかし、あなたがたに告げます。エリヤはもう来たのです。そして人々は、彼について書いてあるとおりに、好き勝手なことを彼にしたのです。」

悪霊につかれた少年の癒し

9:14-28, 30-32　並行記事－マタ17:14-19, 22, 23,
ルカ9:37-45

14 さて、彼らが、弟子たちのところに帰って来て、見ると、その回りに大ぜいの人の群れがおり、また、律法学者たちが弟子たちと論じ合っていた。

15 そしてすぐ、群衆はみな、イエスを見ると驚き、走り寄って来て、あいさつをした。

16 イエスは彼らに、「あなたがたは弟子

い指導者たちからあざけられ迫害を受ける（8:31、→8:15注）。

8:38　わたしとわたしのことばを恥じる　私たちが住んでいる世界の機構と社会を主イエスは「姦淫と罪の時代」と見ておられる。ほとんどの人はその人に対する神の目的に従わず、神に対して明らかに反抗的である。キリストは再び来られるとき、神よりも人の目を気にする人々を拒まれる（⇒マタ7:23, 25:41-46、ルカ9:26注、13:27）。

9:1　神の国が力をもって　→マタ16:28注
9:2　御姿が変わった　→ルカ9:29注
9:13　エリヤはもう来たのです　これは旧約聖書のエリヤのような預言者であるバプテスマのヨハネのことである。エリヤは強烈な真理のメッセージを伝え霊的挑戦をしたため、アハブ王やイゼベルから迫害を受けた（→I列19:1-10）。それと同じようにヨハネはヘロデやヘロデに忠実な人々から迫害を受けた（→6:17-29）。

マルコの福音書　9章

17すると群衆のひとりが、イエスに答えて言った。「先生。口をきけなくする霊につかれた私の息子を、先生のところに連れて来ました。
18その霊が息子にとりつくと、所かまわず彼を*押し倒します。そして彼はあわを吹き、歯ぎしりして、からだをこわばらせます**。それでお弟子たちに、霊を追い出すよう願ったのですが、できませんでした。」
19イエスは答えて言われた。「ああ、不信仰な世だ。いつまであなたがたといっしょにいなければならないのでしょう。いつまであなたがたにがまんしていなければならないのでしょう。その子をわたしのところに連れて来なさい。」
20そこで、人々はイエスのところにその子を連れて来た。その子がイエスを見ると、霊はすぐに彼をひきつけさせたので、彼は地面に倒れ、あわを吹きながら、ころげ回った。
21イエスはその子の父親に尋ねられた。「この子がこんなになってから、どのくらいになりますか。」父親は言った。「幼い時からです。
22この霊は、彼を滅ぼそうとして、何度も火の中や水の中に投げ込みました。ただ、もし、おできになるものなら、私たちをあわれんで、お助けください。」
23するとイエスは言われた。「できるものなら、と言うのか。信じる者には、どんなことでもできるのです。」
24するとすぐに、その子の父は叫んで言った。「信じます。不信仰な私をお助けください。」
25イエスは、群衆が駆けつけるのをご覧になると、汚れた霊をしかって言われた。「口をきけなくし、耳を聞こえなくする霊。わたしがおまえに命じる。この子から出て行け。二度とこの子に入るな。」
26するとその霊は、叫び声をあげ、その子を激しくひきつけさせて、出て行った。するとその子が死人のようになったので、多くの人々は、「この子は死んでしまった」と言った。
27しかし、イエスは、彼の手を取って起された。するとその子は立ち上がった。
28イエスが家に入られると、弟子たちがそっとイエスに尋ねた。「どうしてでしょう。私たちには追い出せなかったのですが。」
29すると、イエスは言われた。「この種のものは、祈りによらなければ、何によって

18 * あるいは「引き裂きます」
** あるいは「委縮させてしまいます」
20 * あるいは「霊が」

23 ① 囮マタ17:20, ヨハ11:40
25 ① マコ9:15 * あるいは「群がり寄って来る」
28 ① マコ7:17, マコ2:1
29 * 異本に「と断食」を加えるものもある

9:19　不信仰な世だ　悪霊と霊的戦いをしてもその影響や支配に対して勝利できないのは、キリストの弟子たちの側に霊的弱さがあり信仰が不足しているからだと主イエスは考えられた（→マタ17:17注）。キリストへの献身と信頼がなければ勝利もない。

9:23　どんなことでもできるのです　主イエスの約束は無条件ではない。(1)「どんなことでも」は思いつく限りのことゃ、自分のほしいものを何でもという意味ではない。信仰と祈りは神のみこころ（神の目的、計画、望まれること）に基づいていなければならない。愚かで自分勝手で間違った動機による祈りに神が応えてくださると思ってはならない（ヤコ4:3）。(2) 力強い奇蹟的みわざに必要な信仰は神の賜物として与えられるものである。神はこのような信仰を、神の目的と願いに沿って忠実に生きている信仰者の心の中に起こしてくださる（→マタ17:20注）。

9:24　不信仰な私をお助けください　生きている限り信仰にはしばしば疑問と疑いが入り込む。自分自身や自分の力不足のために信仰が弱いときに（神の力や能力の不足ではない）、神はその弱さを越えて働いてくださる。信仰の葛藤をしているときには、祈りは応えられないなどと考えてはならない。主は信仰が成長し成熟することを望んでおられるけれども、私たちの弱さも理解し同情してくださる（ヘブ4:15）。自分の信仰の弱さを私たちは正直に認めるべきである。そうすれば効果的に神に仕え完全に神をあがめるのに必要な信仰を求めて祈ることができる（→マタ17:20注）。

9:29　祈りによらなければ　祈りが必要なのは、悪霊の支配から少年を解放しようとするこのようなときだけではない。たまに祈るだけではこのような霊的な力と権威を育てることはできない。むしろ主イエスは祈りの不足は信仰の不足という祈りの原則について話されたのである。多く祈るところに（神とみことばに心から献身して）大きな信仰がある。弟子たちが主イエスにならって力強い祈りの生活を続けていたら、この場面でも霊的力を持ち十分に対応ができたはずであ

マルコの福音書　9章

も追い出せるものではありません。」
30 さて、一行はそこを去って、ガリラヤを通って行った。イエスは、人に知られたくないと思われた。
31 それは、イエスは弟子たちを教えて、「人の子は人々の手に引き渡され、彼らはこれを殺す。しかし、殺されて、三日の後に、人の子はよみがえる」と話しておられたからである。
32 しかし、弟子たちは、このみことばが理解できなかった。また、イエスに尋ねるのを恐れていた。

一番偉いのはだれか
9:33-37　並行記事－マタ18:1-5, ルカ9:46-48

33 カペナウムに着いた。イエスは、家に入った後、弟子たちに質問された。「道で何を論じ合っていたのですか。」
34 彼らは黙っていた。道々、だれが一番偉いかと論じ合っていたからである。
35 イエスはおすわりになり、十二弟子を呼んで、言われた。「だれでも人の先に立ちたいと思うなら、みなのしんがりとなり、みなに仕える者となりなさい。」
36 それから、イエスは、ひとりの子どもを連れて来て、彼らの真ん中に立たせ、腕に抱き寄せて、彼らに言われた。
37 「だれでも、このような幼子たちのひとりを、わたしの名のゆえに受け入れるならば、わたしを受け入れるのです。また、だれでも、わたしを受け入れるならば、わたしを受け入れるのではなく、わたしを遣わされた方を受け入れるのです。」

---

30 ①マコ9:30-32, マタ17:22, 23, ルカ9:43-45
31 ①マコ9:12, 8:31, 国マタ16:21
32 ①国ルカ2:50, 9:45, 18:34, ヨハ12:16
33 ①マコ9:33-37, マタ(17:24), 18:1-5, ルカ9:46-48
　②マタ3:20
34 ①ルカ22:24, 国マコ9:50
35 ①国マタ20:26, 27
37 ①国マタ10:40

38 ①マコ9:38-40, ルカ9:49, 50
　②国民11:27-29
　*ごく初期の写本に「私たちの仲間になろうとしなかったからです」を加
39 *あるいは「奇蹟」
40 ①国マタ12:30
41 ①国マタ10:42
　*直訳「キリストのものであるという名目で」
　②マタ18:6, ルカ17:2, 国Ⅰコリ8:12
　*直訳「ろばがひく石臼」
43 ①マタ5:30, 18:8, 国マタ5:22
　②国マタ5:22
　③マタ3:12, 国マタ5:41
　*48節と同じことばを加える異本がある
45 ①国マタ5:22
　*48節と同じことばを加える異本がある
47 ①マタ5:29, 18:9, 国マタ17:27

反対しない者は味方
9:38-40　並行記事－ルカ9:49, 50

38 ヨハネがイエスに言った。「先生。先生の名を唱えて悪霊を追い出している者を見ましたが、私たちの仲間ではないので、やめさせました。」
39 しかし、イエスは言われた。「やめさせることはありません。わたしの名を唱えて、力あるわざを行いながら、すぐあとで、わたしを悪く言える者はないのです。
40 わたしたちに反対しない者は、わたしたちの味方です。
41 あなたがたがキリストの弟子だからというので、あなたがたに水一杯でも飲ませてくれる人は、決して報いを失うことはありません。これは確かなことです。

罪を犯させるもの

42 また、わたしを信じるこの小さい者たちのひとりにでもつまずきを与えるような者は、むしろ大きい石臼を首にゆわえつけられて、海に投げ込まれたほうがましです。
43 もし、あなたの手があなたのつまずきとなるなら、それを切り捨てなさい。片手でいのちに入るほうが、両手そろっていてゲヘナの消えぬ火の中に落ち込むよりは、あなたにとってよいことです。*
45 もし、あなたの足があなたのつまずきとなるなら、それを切り捨てなさい。片足でいのちに入るほうが、両足そろっていてゲヘナに投げ入れられるよりは、あなたにとってよいことです。*
47 もし、あなたの目があなたのつまずきを

る(→「効果的な祈り」の項 p.585)。
9:34　一番偉い　→ルカ22:24-30注
9:42　小さい者たち・・・つまずきを与える　キリストの弟子たちはどのように生き、何を話し何をするかを通して子どもたちの模範になることを何よりも優先しなければならない。そうすることは、子どもたちに心からの愛を示すことになる。キリスト者の親は子どもがこの世界の悪い影響に染まらないように防ぎ、最善を尽くして守らなければならない(→「**親と子ども**」の項 p.2265)。キリストに従う人々は日々交わる周りの人々にも同じ模範を示さなければならない(→マタ18:6, ルカ17:2, ロマ14:20, Ⅰコリ8:9)。

9:43　ゲヘナ　「ゲヘナ」は火が消えることがない恐ろしい場所である。したがって、人々に罪を犯させる(人々を神から離してゲヘナに行かせる)悪い影響力には反対をし、どんなことをしても拒まなければならない。私たちの生活の中からも罪を除かなければならない(コロ3:5)。この点を強調するために、主イエスは過激な「霊的手術」をしなければ罪には勝てないと誇張表現(誇張して要点を示すたとえ)を使って言われた。罪との戦いは聖霊の力によって絶対にやめてはならない(ロマ8:13, エペ6:10)。ゲヘナについての詳細→マタ10:28注

引き起こすのなら、それをえぐり出しなさい。片目で神の国に入るほうが、両目そろっていてゲヘナに投げ入れられるよりは、あなたにとってよいことです。
⁴⁸そこでは、*彼らを食ううじは、尽きることがなく、火は消えることがありません。
⁴⁹すべては、火によって、塩けをつけられるのです。
⁵⁰塩は、ききめのあるものです。しかし、もし塩に塩けがなくなったら、何によって塩けを取り戻せましょう。あなたがたは、自分自身のうちに塩けを保ちなさい。そして、互いに和合して暮らしなさい。」

離婚
10:1-12　並行記事―マタ19:1-9

10 ¹イエスは、そこを立って、ユダヤ地方とヨルダンの向こうに行かれた。すると、群衆がまたもみもとに集まって来たので、またいつものように彼らを教えられた。

²すると、パリサイ人たちがみもとにやって来て、夫が妻を離別することは許されるかどうかと質問した。イエスをためそうとしたのである。

³イエスは答えて言われた。「モーセはあなたがたに、何と命じていますか。」

⁴彼らは言った。「モーセは、離婚状を書いて妻を離別することを許しました。」

⁵イエスは言われた。「モーセは、あなたがたの心がかたくななので、この命令をあな

47 ②罍マタ5:22
48 ①イザ66:24
　*直訳「彼らのうじ」
　②罍マタ3:12,
　罍マタ25:41
50 ①罍マタ5:13,
　ルカ14:34, 35
　*直訳「それに味をつけるのですか」
　②コロ4:6
　③囲マコ9:34,
　ロマ12:18,
　Ⅱコリ13:11,
　Ⅰテサ5:13

1 ①罍マコ10:1-12,
　マタ19:1-9
2 ②罍マコ1:21, 2:13, 4:2,
　6:2, 6, 34, 12:35, 14:49,
　罍マタ4:23, 26:55
4 ①申24:1, 3
5 ①罍マタ19:8

6 ①マコ13:19,
　Ⅱペテ3:4
　②創1:27, 5:2
7 ①罍マタ19:5
　*異本「その妻に結びついて」を加える
8 ①創2:24
11 ①罍マタ5:32
12 ①囲Ⅰコリ7:11, 13
13 ①罍マコ10:13-16,
　マタ19:13-15,
　ルカ18:15-17
14 ①罍マタ5:3
15 ①マタ18:3, 19:14,
　ルカ18:17,
　囲Ⅰコリ14:20,
　Ⅰペテ2:2

たがたに書いたのです。
⁶しかし、創造の初めから、神は、人を男と女に造られたのです。
⁷それゆえ、人はその父と母を離れ、*
⁸ふたりは一体となるのです。それで、もはやふたりではなく、ひとりなのです。
⁹こういうわけで、人は、神が結び合わせたものを引き離してはなりません。」

¹⁰家に戻った弟子たちが、この問題についてイエスに尋ねた。

¹¹そこで、イエスは彼らに言われた。「だれでも、妻を離別して別の女を妻にするなら、前の妻に対して姦淫を犯すのです。

¹²妻も、夫を離別して別の男にとつぐなら、姦淫を犯しているのです。」

子どもたちと主イエス
10:13-16　並行記事―マタ19:13-15, ルカ18:15-17

¹³さて、イエスにさわっていただこうとして、人々が子どもたちを、みもとに連れて来た。ところが、弟子たちは彼らをしかった。

¹⁴イエスはそれをご覧になり、憤って、彼らに言われた。「子どもたちを、わたしのところに来させなさい。止めてはいけません。神の国は、このような者たちのものです。

¹⁵まことに、あなたがたに告げます。子どものように神の国を受け入れる者でなければ、決してそこに、入ることはできません。」

9:49　火によって、塩けをつけられる　人はだれでも次の二つのうちのどちらかの中で火によって塩気をつけられる（拒絶や迫害の痛みで苦しむ）。（1）キリストを信じるために苦しみ、従う人に訪れる霊的精錬の厳しい試練（ルカ14:33-34, ヨハ15:18-21）、または、（2）地上の生活で主イエスを拒んだ人々に訪ずれる次の世界でのゲヘナの火（⇒9:47-48）。

9:50　塩　→マタ5:13注

10:11　姦淫を犯す　聖書に書かれた理由以外の理由で配偶者と離婚し再婚する人は、姦淫を犯し神に対して罪を犯すことになる（→マラ2:14注, マタ19:9注, Ⅰコリ7:15）。たとい国（または人が作った制度）が合法としても、必ずしも神がその離婚を正しく適切なことと認められたわけではない。離婚の問題と意味　→

マタ19:9注

10:14　神の国　マタイは通常ユダヤ人が好む「天の国」（ユダヤ人は主を極度に尊んだので神ということばを使うことを避けた）ということばを使っているのに、マルコとルカは「神の国」ということばを使っている。けれども意味は同じである。次の並行記事（同じ情況や出来事を描写している）を比較するとよい。マタイ4:17とマルコ1:15, マタイ5:3とルカ6:20, マタイ10:7とルカ10:9, マタイ11:11とルカ7:28（→「神の国」の項 p.1654）。

10:15　子どものように　子どものように神の国を受入れるとは、罪に背を向け、キリストを救い主（罪の赦し主）として受入れ、主（人生の導き手）として頼り、神を天の父として従い、単純に心から神の国を受入れ

16 そしてイエスは子どもたちを抱き、彼らの上に手を置いて祝福された。

金持の青年
10:17-31　並行記事―マタ19:16-30, ルカ18:18-30

17 イエスが道に出て行かれると、ひとりの人が走り寄って、御前にひざまずいて、尋ねた。「尊い先生。永遠のいのちを自分のものとして受けるためには、私は何をしたらよいでしょうか。」18 イエスは彼に言われた。「なぜ、わたしを『尊い』と言うのですか。尊い方は、神おひとりのほかには、だれもありません。19 戒めはあなたもよく知っているはずです。『殺してはならない。姦淫してはならない。盗んではならない。偽証を立ててはならない。欺き取ってはならない。父と母を敬え。』」20 すると、その人はイエスに言った。「先生。私はそのようなことをみな、小さい時から守っております。」21 イエスは彼を見つめ、その人をいつくしんで言われた。「あなたには、欠けたことが一つあります。帰って、あなたの持ち物をみな売り払い、貧しい人たちに与えなさい。そうすれば、あなたは天に宝を積むことになります。そのうえで、わたしについて来なさい。」22 すると彼は、このことばに顔を曇らせ、悲しみながら立ち去った。なぜなら、この人は多くの財産を持っていたからである。23 イエスは、見回して、弟子たちに言われた。「裕福な者が神の国に入ることは、何とむずかしいことでしょう。」24 弟子たちは、イエスのことばに驚いた。しかし、イエスは重ねて、彼らに答えて言われた。「子たちよ。神の国に入ることは、何とむずかしいことでしょう。25 金持ちが神の国に入るよりは、らくだが針の穴を通るほうがもっとやさしい。」26 弟子たちは、ますます驚いて互いに言った。「それでは、だれが救われることができるのだろうか。」27 イエスは、彼らをじっと見て言われた。「それは人にはできないことですが、神は、そうではありません。どんなことでも、神にはできるのです。」28 ペテロがイエスにこう言い始めた。「ご覧ください。私たちは、何もかも捨てて、あなたに従ってまいりました。」29 イエスは言われた。「まことに、あなたがたに告げます。わたしのために、また福音のために、家、兄弟、姉妹、母、父、子、畑を捨てた者で、30 その百倍を受けない者はありません。今のこの時代には、家、兄弟、姉妹、母、子、畑を迫害の中で受け、後の世では永遠のいのちを受けます。31 しかし、先の者があとになり、あとの者が先になることが多いのです。」

再び死を予告する主イエス
10:32-34　並行記事―マタ20:17-19, ルカ18:31-33

32 さて、一行は、エルサレムに上る途中

16 ① マコ9:36
17 ① 囲 マコ10:17-31, マタ19:16-30, ルカ18:18-30
② 圏 マコ1:40
③ ① ルカ10:25, 18:18, 囲 使20:32, エペ1:18, Ⅰペテ1:4等, 圏 マタ25:34
18 * 直訳「良い方」
19 ① 出20:12-16, 申5:16-20
20 ① 囲 マタ19:20
21 ① マタ6:20

23 ① 圏 マタ19:23
24 ① 囲 マコ1:27
　* 異本「富にたよる者が」を加える
25 ① 圏 マタ19:24
27 ① 圏 マタ19:26
28 ① 囲 マタ4:20-22
29 ① 圏 マタ19:29, ルカ18:29, 30, 圏 ルカ6:33
30 ① 圏 マタ12:32
31 ① 圏 マタ19:30
32 ① 囲 マコ10:32-34, マタ20:17-19, ルカ18:31-33

ることである(→マタ18:3注)。

10:16　祝福された　キリストは子どもたちが健やかであり、霊的に救われるように深い思いを寄せておられた。これは子どもたちの養育と家庭での生活についても言えることである。キリスト者である親は、神の助けと知恵と導きに従ってあらゆる方法を用いて子どもたちがキリストを知り仕えるように育てなければならない。神は子どもたちを幼いときから受入れ、愛し祝福しようと望んでおられる(10:13-16, →「親と子ども」の項 p.2265)。

10:23　裕福な者　→「富と貧困」の項 p.1835　→マタ19:21注

10:30　百倍を受け　ここで約束されている報いは、文字通りに解釈するべきではない。これは何かを神にささげた人に、神はその代りにご自分の目的に従って無限に大きなものを与えてくださるという意味である。主のために犠牲を払う忠実なキリスト者は、ここに挙げられているようなあらゆる祝福や喜びを体験する。これらの祝福は迫害とともに来るけれども、そのことはまた、弟子の生活(キリストから学び従うこと)は約束と迫害、祝福と苦しみ、悲しみと栄光の組合せであることを教えている。けれども「今の時のいろいろの苦しみは、将来私たちに啓示されようとしている栄光に比べれば、取るに足りないもの」である(ロマ8:18)。

10:31　先の者があとになり　→マタ19:30注

にあった。イエスは先頭に立って歩いて行かれた。弟子たちは驚き、また、あとについて行く者たちは恐れを覚えた。すると、イエスは再び十二弟子をそばに呼んで、ご自分に起ころうとしていることを、話し始められた。

33「さあ、これから、わたしたちはエルサレムに向かって行きます。人の子は、祭司長、律法学者たちに引き渡されるのです。彼らは、人の子を死刑に定め、そして、異邦人に引き渡します。
34すると彼らはあざけり、つばきをかけ、むち打ち、ついに殺します。しかし、人の子は三日の後に、よみがえります。」

ヤコブとヨハネの願い
10:35-45　並行記事－マタ20:20-28

35さて、ゼベダイのふたりの子、ヤコブとヨハネが、イエスのところに来て言った。「先生。私たちの頼み事をかなえていただきたいと思います。」
36イエスは彼らに言われた。「何をしてほしいのですか。」
37彼らは言った。「あなたの栄光の座で、ひとりを先生の右に、ひとりを左にすわらせてください。」
38しかし、イエスは彼らに言われた。「あなたがたは自分が何を求めているのか、わかっていないのです。あなたがたは、わたしの飲もうとする杯を飲み、わたしの受けようとするバプテスマを受けることができますか。」
39彼らは「できます」と言った。イエスは言われた。「なるほどあなたがたは、わたしの飲む杯を飲み、わたしの受けるべきバプテスマを受けはします。
40しかし、わたしの右と左にすわることは、わたしが許すことではありません。それに備えられた人々があるのです。」*
41十人の者がこのことを聞くと、ヤコブとヨハネのことで腹を立てた。
42そこで、イエスは彼らをよび寄せて、言われた。「あなたがたも知っているとおり、異邦人の支配者と認められた者たちは彼らを支配し、また、偉い人たちは彼らの上に権力をふるいます。
43しかし、あなたがたの間では、そうでありません。あなたがたの間で偉くなりたいと思う者は、みなに仕える者になりなさい。
44あなたがたの間で人の先に立ちたいと思う者は、みなのしもべになりなさい。
45人の子が来たのも、仕えられるためではなく、かえって仕えるためであり、また、多くの人のための、贖いの代価として、自分のいのちを与えるためなのです。」

目が見えるようになった盲人バルテマイ
10:46-52　並行記事－マタ20:29-34, ルカ18:35-43

46彼らはエリコに来た。イエスが、弟子たちや多くの群衆といっしょにエリコを出られると、テマイの子のバルテマイという盲人の物ごいが、道ばたにすわっていた。
47ところが、ナザレのイエスだと聞くと、「ダビデの子のイエスさま。私をあわれんでください」と叫び始めた。
48そこで、彼を黙らせようと、大ぜいでたしなめたが、彼はますます、「ダビデの子よ。私をあわれんでください」と叫び立てた。

32②圏マコ1:27
33①マコ8:31, 9:12
34①マタ26:67, 27:30, マコ14:65, 圏マタ16:21, マコ9:31
35①マコ10:35-45, マタ20:20-28
37①圏マタ19:28
38①圏マタ20:22 ②ルカ12:50
39①圏使12:2, 黙1:9

40①圏マタ13:11
＊直訳「備えられた人々に与えられるのです」
42①マコ10:42-45, 圏ルカ22:25-27
43①圏マタ20:26, 圏マコ9:35
45①圏マタ20:28
46①マコ10:46-52, マタ20:29-34, ルカ18:35-43
①圏ルカ18:35, 19:1
47①ルカ1:24 ②圏マタ9:27
48①圏マタ9:27

10:38　わたしの飲もうとする杯を飲み　これはユダヤ人特有の表現で、だれかの不しあわせを共有することを意味している。旧約聖書ではぶどう酒の杯は人間の罪や反抗に対する神の怒りとさばきを表す比喩、または象徴的な意味だった（詩75:8, イザ51:17-23, エレ25:15-28, 49:12）。したがってキリストが私たちの身代りに苦しみ罪の罰を受けられることを意味している（10:45, ⇒14:36, →イザ53:5）。

10:43　偉くなりたいと思う者は　本当の偉さは指導力や権威、能力、個人的な成功ではない（10:42）。神の目的に仕え、ほかの人々のために祝福を求める心の態度にある（→ピリ2:3-5）。私たちは神に心から仕え、栄光や地位、物質的報いを求めずに地上での神のご計画と目的を追い求めなければならない。神の目的を達成し、ほかの人々をキリストとの個人的な関係に導き入れ、キリストに喜ばれることこそ、神の目から見て本当に偉い人に与えられる最大の報いである（→ルカ22:24-30注）。

10:45　贖いの代価　→マタ20:28注, ロマ3:25注
キリストの死によって私たちは罪の束縛から解放され

⁴⁹ すると、イエスは立ち止まって、「あの人を呼んで来なさい」と言われた。そこで、彼らはその盲人を呼び、「心配しないでよい。さあ、立ちなさい。あなたをお呼びになっている」と言った。
⁵⁰ すると、盲人は上着を脱ぎ捨て、すぐ立ち上がって、イエスのところに来た。
⁵¹ そこでイエスは、さらにこう言われた。「わたしに何をしてほしいのか。」すると、盲人は言った。「先生。目が見えるようになることです。」
⁵² するとイエスは、彼に言われた。「さあ、行きなさい。あなたの信仰があなたを救ったのです。」すると、すぐさま彼は見えるようになり、イエスの行かれる所について行った。

49 ①参 マタ9:2
51 ①ヨハ20:16, 囲マタ23:7
  ＊原語「ラボニ」、直訳「私の先生」
52 ①参 マタ9:22

1 ①マコ11:1-10, マタ21:1-9, ルカ19:29-38
  ②参 マタ21:1
  ③マタ21:17

勝利の入城

11:1-10　並行記事—マタ21:1-9, ルカ19:29-38
11:7-10　並行記事—ヨハ12:12-15

11 ¹ さて、彼らがエルサレムの近くに来て、オリーブ山のふもとのベテパゲとベタニヤに近づいたとき、イエスはふたりの弟子を使いに出して、
² 言われた。「向こうの村へ行きなさい。村に入るとすぐ、まだだれも乗ったことのない、ろばの子が、つないであるのに気がつくでしょう。それをほどいて、引いて来なさい。
³ もし、『なぜそんなことをするのか』と言う人があったら、『主がお入用なのです。すぐに、またここに送り返されます』と言いなさい。」
⁴ そこで、出かけて見ると、表通りにある家の戸口に、ろばの子が一匹つないであったので、それをほどいた。

7 ①マコ11:7-10, ヨハ12:12-15
9 ①参 マタ21:9, 詩118:25
10 ①参 マタ21:9
11 ①マタ21:12
  ②マタ21:17
12 ①マコ11:12-14(20-24), マタ21:18-22

⁵ すると、そこに立っていた何人かが言った。「ろばの子をほどいたりして、どうするのですか。」
⁶ 弟子たちが、イエスの言われたとおりを話すと、彼らは許してくれた。
⁷ そこで、ろばの子をイエスのところへ引いて行って、自分たちの上着をその上に掛けた。イエスはそれに乗られた。
⁸ すると、多くの人が、自分たちの上着を道に敷き、またほかの人々は、木の葉を枝ごと野原から切って来て、道に敷いた。
⁹ そして、前を行く者も、あとに従う者も、叫んでいた。

「ホサナ。
祝福あれ。主の御名によって来られる方に。
¹⁰ 祝福あれ。いま来た、われらの父ダビデの国に。
ホサナ。いと高き所に。」

¹¹ こうして、イエスはエルサレムに着き、宮に入られた。そして、すべてを見て回った後、時間ももうおそかったので、十二弟子といっしょにベタニヤに出て行かれた。

宮をきよめる主イエス

11:12-14　並行記事—マタ21:18-22
11:15-18　並行記事—マタ21:12-16, ルカ19:45-47, ヨハ2:13-16

¹² 翌日、彼らがベタニヤを出たとき、イエスは空腹を覚えられた。
¹³ 葉の茂ったいちじくの木が遠くに見えたので、それに何かありはしないかと見に行かれたが、そこに来ると、葉のほかは何もないのに気づかれた。いちじくのなる季節ではなかったからである。
¹⁴ イエスは、その木に向かって言われた。

神との個人的な関係を回復することが可能になった。

11:1　受難週　ここからマルコは、十字架の上での死を控えたキリストの最後の1週間の出来事（11:–15:）と、それに続く復活の出来事を書いていく（16:）。この時期の概要　→「受難週の出来事」の表 p.1845

11:9　祝福あれ・・・来られる方に　「ホサナ」は「ああ、救ってください」という意味である。けれども群衆は主イエスが言われたのとは違う意味の救いを考え

ていた。メシヤ（約束された救い主、キリスト）は社会活動家で、最終的にイスラエル国家を再建し国を治める政治的指導者だと思っていた。主イエスはこの世界に来られた目的（霊的な救いをもたらし、主の王国を建上げ、人々の心を治めること）を示されたけれども、人々はそれを理解していなかった。その間違った期待に主イエスが応えられないので、人々は「十字架につけろ」と叫ぶようになった（15:13）。

「今後、いつまでも、だれもおまえの実を食べることのないように。」弟子たちはこれを聞いていた。

15 それから、彼らはエルサレムに着いた。イエスは宮に入り、宮の中で売り買いしている人々を追い出し始め、両替人の台や、鳩を売る者たちの腰掛けを倒し、16 また宮を通り抜けて器具を運ぶことをだれにもお許しにならなかった。17 そして、彼らに教えて言われた。「『わたしの家は、すべての民の祈りの家と呼ばれる』と書いてあるではありませんか。それなのに、あなたがたはそれを強盗の巣にしたのです。」18 祭司長、律法学者たちは聞いて、どのようにしてイエスを殺そうかと相談した。イエスを恐れたからであった。なぜなら、群衆がみなイエスの教えに驚嘆していたから

15①マコ11:15-18, マタ21:12-16, ルカ19:45-47, 囲ヨハ2:13-16
17①イザ56:7
②エレ7:11
＊直訳「ほら穴」
18①囲マコ12:12, マタ21:46, ルカ20:19, ヨハ7:1
②圏マタ7:28

19①ルカ21:37, 囲マタ21:17, マコ11:11
20①マコ11:20-24(圏マコ11:12-14), マタ21:19-22
21①圏マタ23:7
22①マタ17:20, 21:21, 22

である。
19 夕方になると、イエスとその弟子たちは、いつも都から外に出た。

枯れたいちじくの木
11:20-24　並行記事―マタ21:19-22

20 朝早く、通りがかりに見ると、いちじくの木が根から枯れていた。21 ペテロは思い出して、イエスに言った。「先生。ご覧なさい。あなたののろわれたいちじくの木が枯れました。」22 イエスは答えて言われた。「神を信じなさい。23 まことに、あなたがたに告げます。だれでも、この山に向かって、『動いて、海に入れ』と言って、心の中で疑わず、ただ、自分の言ったとおりになると信じるなら、そのとおりになります。

11:14　今後、いつまでも、だれもおまえの実を食べることのないように　エルサレムではこの時期のいちじくの木はまだ一、二か月は葉が十分に成長していないはずだった。けれどもこの木は例外だった。葉が成長したら実がなったしるしがあるはずである。主イエスの行動は、いちじくが表すイスラエルへのさばきと見ることができる(→ホセ9:10, ナホ3:12)。主イエスが両替人を宮から追出した出来事は、いちじくの二つの記述に挟まれているけれども(⇒11:20)、そのことはさばきのテーマを裏付けているものと思われる。けれども主イエスは信仰と祈りについてしか言われなかった(11:21-25)。

11:15　イエスは宮に入り　宮で売り買いしている人々を追出したことは、神を礼拝しているという人々に聖さ(道徳的的純粋、霊的完全、悪からの分離、神への献身)と祈りを求める主イエスの情熱の現れである(→イザ56:7注, ルカ19:45注)。過越の祭りを祝いにエルサレムに来た人々には、いけにえの儀式をするために動物が必要だった。けれども宮はささげものの動物を売る台を設置するのにふさわしい場所ではなかった。さらにその年の宮の税金を納めるために外国の通貨を換金しなければならない人々を両替人はうまく利用していた。宮の中庭は商人たちが町の反対側へ商品を運搬する近道になっていた(11:16)。宮の境内全体が商品を運ぶ人々であふれかえる市場のようになっていた。

11:17　すべての民の祈りの家　神の家は、神の民が祈り礼拝をして神と会うことのできる特別な場所のはずだと主イエスははっきり言われた(→ルカ19:45注)。社交の場や商品の売買、金もうけの場所にして粗末にしたり汚したりしてはならないのである。これらのことが行われていた宮の外庭は、異邦人の庭(ユダヤ人以外の人が礼拝と祈りをささげるために集まれる場所)と呼ばれていた。そこでは様々なことが行われていて、祈り礼拝をすることはほとんど不可能だった。両替人は人々の弱みに付け込んでいただけではなく、外国人が神を礼拝できないようにもしていた。両替人の最大の罪はこれである。主イエスはだれもが礼拝の場所に近付けるように行動されたのである。

11:22　神を信じなさい　ギリシヤ語は「ピステイン セウー」(神の信仰)で神(セウー)は目的格的所有格と理解することができる。それを直訳すると「神の信仰」または「神からの信仰」となり、奇蹟を起こすために神によって与えられた信仰ということになる。このような信仰は、私たちの神への応答としての「神への信仰」を要求している。これは神が信仰の対象である。目的格的所有格を使った例は、このほかにルカ6:12(祈りの対象である神)、11:42(愛の対象である神)、ロマ3:18(恐れの対象である神)などにある。聖書全体を通して神は信仰の源であるとともに信仰の対象でもある。「アブラハムは(神の約束だけではなく)神を信じた。それ(アブラハムの信仰)が彼の義とみなされた」(ロマ4:3)。私たちも問題や信仰そのものではなく、完全に神に信仰と信頼を集中させなければな

24 だからあなたがたに言うのです。祈って求めるものは何でも、すでに受けたと信じなさい。そうすれば、そのとおりになります。

25 また立って祈っているとき、だれかに対して恨み事があったら、赦してやりなさい。そうすれば、天におられるあなたがたの父も、あなたがたの罪を赦してくださいます。*

権威が問われる主イエス
11:27-33　並行記事―マタ21:23-27, ルカ20:1-8

27 彼らはまたエルサレムに来た。イエスが宮の中を歩いておられると、祭司長、律法学者、長老たちが、イエスのところにやって来た。

28 そして、イエスに言った。「何の権威によって、これらのことをしておられるのですか。だれが、あなたにこれらのことをする権威を授けたのですか。」

29 そこでイエスは彼らに言われた。「一言尋ねますから、それに答えなさい。そうすれば、わたしも、何の権威によってこれらのことをしているかを、話しましょう。

30 ヨハネのバプテスマは、天から来たのですか、人から出たのですか。答えなさい。」

31 すると、彼らは、こう言いながら、互いに論じ合った。「もし、天から、と言えば、それならなぜ、彼を信じなかったかと言うだろう。

32 だからといって、人から、と言ってよいだろうか。」――彼らは群衆を恐れていたのである。というのは、人々がみな、ヨハネは確かに預言者だと思っていたからである。

33 そこで彼らは、イエスに答えて、「わかりません」と言った。そこでイエスは彼らに、「わたしも、何の権威によってこれらのことをするのか、あなたがたに話すまい」と言われた。

農夫たちのたとえ
12:1-12　並行記事―マタ21:33-46, ルカ20:9-19

12 1 それからイエスは、たとえを用いて彼らに話し始められた。

「ある人がぶどう園を造って、垣を巡らし、酒ぶねを掘り、やぐらを建て、それを農夫たちに貸して、旅に出かけた。

2 季節になると、ぶどう園の収穫の分けまえを受け取りに、しもべを農夫たちのところへ遣わした。

3 ところが、彼らは、そのしもべをつかまえて袋だたきにし、何も持たせないで送り帰した。

4 そこで、もう一度別のしもべを遣わしたが、彼らは、頭をなぐり、はずかしめた。

5 また別のしもべを遣わしたところが、彼らは、これも殺してしまった。続いて、多くのしもべをやったけれども、彼らは袋だたきにしたり、殺したりした。

6 その人には、なおもうひとりの者がいた。それは愛する息子であった。彼は、『私の息子なら、敬ってくれるだろう』と

らない（→マタ17:20注，→「**信仰と恵み**」の項 p.2062）。

11:24　信じなさい・・・そのとおりになります　このような結果を生み出す信仰は、人間が「創造」したり「つくり上げ」たりできるものではない。神ご自身から受取らなければならない（→9:23注）。なぜなら神こそ信仰の源であり対象であり中心だからである（→11:22注）。この信仰によって起きた結果は、自分の功績にすることはできない。あるときには信じてすぐに何かが起こるけれども、そうならない時もある。それでも祈りは聞かれ、神の完全な時に完全な方法で応えられると信じる信仰を神は与えてくださる（→マタ17:20注, 21:21注）。

11:25　立って祈っているとき・・・赦してやりなさい　心の中にひそかに人に対する憎しみや苦い思い、憤りなどを抱えているときには、正しい信仰を持つことはできない（赦しの必要性　→マタ18:35注）。

12:1　農夫たちのたとえ　このたとえは、神の啓示やキリストに対する応答の中でユダヤ民族がどのように罪深いかを示している。ユダヤ人は高ぶって、神の国を自分たちの個人財産であるかのように勝手に利用していた。また神のことばを軽べつし、御子イエス・キリストを受入れず、従うことを拒んだ。現代の教会にもこの悪い農夫と同じような態度をとり、キリストのことばの訓練や基準を無視し拒む人々がいる。本当の使者を馬鹿にし拒み（旧約聖書の預言者を迫害し殺した神の民のように）、自分勝手な考えを土台にして

マルコの福音書　12章

言って、最後にその息子を遣わした。

7 すると、その農夫たちはこう話し合った。『あれはあと取りだ。さあ、あれを殺そうではないか。そうすれば、財産はこちらのものだ。』

8 そして、彼をつかまえて殺してしまい、ぶどう園の外に投げ捨てた。

9 ところで、ぶどう園の主人は、どうするでしょう。彼は戻って来て、農夫どもを打ち滅ぼし、ぶどう園をほかの人たちに与えてしまいます。

10 あなたがたは、次の聖書のことばを読んだことがないのですか。
　『家を建てる者たちの見捨てた石、
　　それが礎の石になった。

11 これは主のなさったことだ。
　　私たちの目には、
　　不思議なことである。』」

12 彼らは、このたとえ話が、自分たちをさして語られたことに気づいたので、イエスを捕えようとしたが、やはり群衆を恐れた。それで、イエスを残して、立ち去った。

カイザルへの納税
12:13-17　並行記事―マタ22:15-22, ルカ20:20-26

13 さて、彼らは、イエスに何か言わせて、わなに陥れようとして、パリサイ人とヘロデ党の者数人をイエスのところへ送った。

14 彼らはイエスのところに来て、言った。「先生。私たちは、あなたが真実な方で、だれをもはばからない方だと存じています。あなたは人の顔色を見ず、真理に基づいて神の道を教えておられるからです。ところで、カイザルに税金を納めることは律法にかなっていることでしょうか、か

9 * 直訳「来て」
10 ① 詩118:22
11 ① 詩118:23
12 ① 囲 マコ11:18
　② マタ22:22
13 ① マコ12:13-17,
　マタ22:15-22,
　ルカ20:20-26
　② ルカ11:54
　③ 囲 マタ22:16
14 * すなわち「人に取り入ろうとしない」
　** あるいは「人頭税」
　*** あるいは「よろしいのでしょうか、よろしくないのでしょうか」

15 * 1デナリは当時の1日分の労賃に相当する
17 ① 囲 マタ22:21
18 ① マコ12:18-27,
　マタ22:23-33,
　ルカ20:27-38
19 ① 申25:5
23 * ご初期の写本に「彼らがよみがえるとき」を欠くものも多い

なっていないことでしょうか。納めるべきでしょうか、納めるべきでないのでしょうか。」

15 イエスは彼らの擬装を見抜いて言われた。「なぜ、わたしをためすのか。デナリ銀貨を持って来て見せなさい。」

16 彼らは持って来た。そこでイエスは彼らに言われた。「これはだれの肖像ですか。だれの銘ですか。」彼らは、「カイザルのです」と言った。

17 するとイエスは言われた。「カイザルのものはカイザルに返しなさい。そして神のものは神に返しなさい。」彼らはイエスに驚嘆した。

よみがえった後の結婚
12:18-27　並行記事―マタ22:23-33, ルカ20:27-38

18 また、復活はないと主張していたサドカイ人たちが、イエスのところに来て、質問した。

19 「先生。モーセは私たちのためにこう書いています。『もし、兄が死んで妻をあとに残し、しかも子がない場合には、その弟はその女を妻にして、兄のための子をもうけなければならない。』

20 さて、七人の兄弟がいました。長男が妻をめとりましたが、子を残さないで死にました。

21 そこで次男がその女を妻にしたところ、やはり子を残さずに死にました。三男も同様でした。

22 こうして、七人とも子を残しませんでした。最後に、女も死にました。

23 復活の際、彼らがよみがえるとき、その女はだれの妻なのでしょうか。七人ともその女を妻にしたのですが。」

24 イエスは彼らに言われた。「そんな思い

生きることは神を軽べつすることである。
12:10　礎の石になった　キリストはイスラエル(そして世界のほとんどの人)が拒み、「見捨てた石」である。けれども新しい神の民である教会の礎の石(ゼカ10:4, エペ2:20, Ⅰペテ2:6)となられた(使4:11-12, →詩118:22-23注)。礎の石(直訳では「隅のかしら」)は、扉の枠の上に置く大きな石(アーチのかなめ石)、ま

たは壁の隅をまとめて固定するために使う大きな石(基礎の中心の石)のことである。キリストは新しい建物(教会)の最も重要な石である。→**キリストによって成就した旧約聖書の預言**の表 p.1029

12:13　ヘロデ党　→3:6注
12:18　サドカイ人たち　→**ユダヤ教の学派**の表 p.1656

マルコの福音書 12章

違いをしているのは、聖書も神の力も知らないからではありませんか。

25 人が死人の中からよみがえるときには、めとることも、とつぐこともなく、天の御使いたちのようです。

26 それに、死人がよみがえることについては、モーセの書にある柴の個所で、神がモーセにどう語られたか、あなたがたは読んだことがないのですか。『わたしは、アブラハムの神、イサクの神、ヤコブの神である』とあります。

27 神は死んだ者の神ではありません。生きている者の神です。あなたがたはたいへんな思い違いをしています。」

一番たいせつな戒め
12:28-34 並行記事—マタ22:34-40

28 律法学者がひとり来て、その議論を聞いていたが、イエスがみごとに答えられたのを知って、イエスに尋ねた。「すべての命令の中で、どれが一番たいせつですか。」

26 ①ルカ20:37,
 ㋺ロマ11:2
 ㋩出3:6
27 ㋑マタ22:32, ルカ20:38
28 ①マコ12:28-34,
 マタ22:34-40,
 ㋺ルカ10:25-28, 20:39, 40
 ㋩ルカ20:39,
 ㋥マタ22:34
 *あるいは「第一ですか」

29 ①申6:4
30 ①申6:5
31 ①レビ19:18
32 ①申4:35
33 ①申6:5
 ②Ⅰサム15:22,
 ホセ6:6, ミカ6:6-8,
 マタ9:13, 12:7
34 ①㋑マタ22:46

29 イエスは答えられた。「一番たいせつなのはこれです。『イスラエルよ。聞け。われらの神である主は、唯一の主である。30 心を尽くし、思いを尽くし、知性を尽くし、力を尽くして、あなたの神である主を愛せよ。』31 次にはこれです。『あなたの隣人をあなた自身のように愛せよ。』この二つより大事な命令は、ほかにありません。」

32 そこで、この律法学者は、イエスに言った。「先生。そのとおりです。『主は唯一であって、そのほかに、主はない』と言われたのは、まさにそのとおりです。33 また『心を尽くし、知恵を尽くし、力を尽くして主を愛し、また隣人をあなた自身のように愛する』ことは、どんな全焼のいけにえや供え物よりも、ずっとすぐれています。」

34 イエスは、彼が賢い返事をしたのを見て、言われた。「あなたは神の国から遠くない。」それから後は、だれもイエスにあ

12:25 めとることも・・・なく 主イエスは夫や妻がその関係を失うとか、互いを認識しなくなると教えられたのではない。むしろ配偶者との関係は深い霊的なものになり、地上での結婚の結びつきによって支配されなくなるのである。

12:30 あなたの神である主を愛せよ この部分は申命記6:5(心、精神、力)とマタイ22:37(心、思い、知力)で言われている、人間の性質の四つの面を合せて教えている。キリストを信じて霊的救いを受けた人々に神が最も求めることは、全存在をもって主を愛することである(⇒申6:5, ロマ13:9-10, Ⅰコリ13:)。

(1)「心を尽くし」て神を愛するということは、自分が一番望むもの、情熱を傾けるものの源であり対象が神であるという意味で、愛情が神に集中しているということである。また神に完全に忠実になり献身をし、人生のあらゆる面で神のみこころによって導かれることである。このように神を愛するということは、神のためなら何でもするということである。神を愛する愛は、御子を与えてくださったほどに愛してくださった神の愛に感動し、それによって人生を導いてもらおうとする愛でなければならない(→ヨハ3:16注, ロマ8:32)。

(2)「思いを尽くし」て神を愛するとは最も深い渇望と感情と確信に関係することで、キリストに焦点を当てキリストをあがめるようにすることである。「思い」とはその人の核(本当の自分)そのものを指しており、自分がキリストと完全に一つになっていることを意味している。

(3)「知性を尽くし」て神を愛するとは、神に仕えることはただの感覚や感情のことではないことを示している。それはよく考えた上での意思決定のことである。知性をもって神に仕え、神のことばに基づいた考えやアイデア、決断によって神を喜ばせようとすることである。「知性を尽くし」て神を愛することは、感情に頼らず、たとい世間から拒まれても正しいことを行うことである。

(4)「力を尽くして」神を愛することは、神に仕え目的を推進するために最大のエネルギーと努力をつぎ込むことである(Ⅰコリ9:23)。また情況が思わしくなく肉体的に消耗する状態でも信仰をもって耐え続ける覚悟を持つことである。時には、神を愛するためには厳しい選択を迫られ、神に従う苦痛をキリストのように味わわなければならない(ピリ3:10)。私たちが求める愛の姿はいろいろなところに描かれている(ロマ12:1-2, コリⅠ6:20, 10:31, コリⅡ9:15, エペソ4:30, 5:1-2, コロサイ3:12-17)。

12:31 あなたの隣人を・・・愛せよ →マタ22:39注

キリストはだれの子か

12:35-37　並行記事―マタ22:41-46, ルカ20:41-44
12:38-40　並行記事―マタ23:1-7, ルカ20:45-47

³⁵イエスが宮で教えておられたとき、こう言われた。「律法学者たちは、どうして*キリストをダビデの子と言うのですか。³⁶ダビデ自身、聖霊によって、こう言っています。

『主は私の主に言われた。
「わたしがあなたの敵を
あなたの足の下に従わせるまでは、
わたしの右の座に着いていなさい。」』

³⁷ダビデ自身がキリストを主と呼んでいるのに、どういうわけでキリストがダビデの子なのでしょう。」大ぜいの群衆は、イエスの言われることを喜んで聞いていた。

³⁸イエスはその教えの中でこう言われた。「律法学者たちには気をつけなさい。彼らは、長い衣をまとって歩き回ったり、広場であいさつされたりすることが大好きで、³⁹また会堂の上席や、宴会の上座が大好きです。⁴⁰また、やもめの家を食いつぶし、見えを飾るために長い祈りをします。こういう人たちは人一倍きびしい罰を受けるのです。」

やもめの献金

12:41-44　並行記事―ルカ21:1-4

⁴¹それから、イエスは献金箱に向かってすわり、人々が献金箱へ金を投げ入れる様子を見ておられた。多くの金持ちが大金を投げ入れていた。⁴²そこへひとりの貧しいやもめが来て、*レプタ銅貨を二つ投げ入れた。それは一コドラントに当たる。⁴³すると、イエスは弟子たちを呼び寄せて、こう言われた。「まことに、あなたがたに告げます。この貧しいやもめは、献金箱に投げ入れていたどの人よりもたくさん投げ入れました。⁴⁴みなは、あり余る中から投げ入れたのに、この女は、乏しい中から、あるだけを全部、生活費の全部を投げ入れたからです。」

終りの日のしるし

13:1-37　並行記事―マタ24:1-51, ルカ21:5-36

13 ¹イエスが、宮から出て行かれるとき、弟子のひとりがイエスに言った。「先生。これはまあ、何とみごとな石でしょう。何とすばらしい建物でしょう。」

²すると、イエスは彼に言われた。「この大きな建物を見ているのですか。石がくずされずに、積まれたまま残ることは決してありません。」

³イエスがオリーブ山で宮に向かってすわっておられると、ペテロ、ヤコブ、ヨハネ、アンデレが、ひそかにイエスに質問した。

欄外注：
35 ①マコ12:35-37, マタ22:41-46, ルカ20:41-44
②囲マタ26:55, 田マタ10:1
*すなわち「メシア」
*マタ9:27
36 ①詩110:1
37 ①田ヨハ12:9
38 ①マコ12:38-40, マタ23:1-7, ルカ20:45-47
②ルカ11:43, 囲マタ23:6
40 ①ルカ20:47
41 ①マコ12:41-44, ルカ21:1-4
②田ヨハ8:20
③田Ⅱ列12:9
*直訳「銅貨」
42 *1レプタは1デナリの128分の1に相当する最小単位の銅貨
**1コドラントは1デナリの64分の1
44 ①ルカ8:43, 15:12, 30, 21:4
1 ①マコ13:1-37, マタ24章, ルカ21:5-36
②ルカ19:44
3 ①囲マタ21:1
②田マタ17:1

12:38-39　上座が大好きです　ほかの人々から賞賛と名誉を求める宗教の指導者たちには気を付けるようにと主イエスは弟子たちに警告をしておられる。それは心にある動機や願いが神に対して正しくないからで、主イエスはその人々を偽善者と呼ばれた（マタ23：13-15, 23, 25, 29, →マタ23：13注）。そしていかにも神と正しい関係を持っているかのように見せ掛けているにせ者で、だます者だと言われた（⇒マタ23：25-28）。そのような人々は神の御霊の思いや導きに導かれるのではなく、自分たちの罪深い思いに支配されている（⇒ロマ8：5-14）。そのような状態にいる限り、「ゲヘナの刑罰を・・・のがれる」ことはできない（マタ23：33, →マタ23：13注, →「**にせ教師**」の項 p.1758）。

12:40　やもめの家を食いつぶし　律法学者には定期的な給与がなく、人々からの善意や寄付に頼っていた。この制度は人々の善意の悪用につながり、ユダヤ教の指導者の中には純真なやもめたち、特に神の人と思われる人々を援助しようとするやもめたちにつけ込む人がいた。律法の教師たちは、やもめたちに異常に高い寄付を要求し犠牲を払ってでも寄付をするように仕向けていた。そしてそれを使ってぜいたくな暮らしをしていたのである。これと同じことが昔から現在に至るまで教会の歴史の中で起きており、どの時代にも宗教をゆがめて示すのが得意な人々がいた。

12:42　貧しいやもめ　→ルカ7：13注

12:42　レプタ銅貨を二つ　人々のささげものと善意を神はささげものの量ではなく、それに込められた愛や献身や犠牲によって測られる（→ルカ21：1-4注）。

マルコの福音書 13章

4「お話しください。いつ、そういうことが起こるのでしょう。また、それがみな実現するようなときには、どんな前兆があるのでしょう。」

5 そこで、イエスは彼らに話し始められた。「人に惑わされないように気をつけなさい。6 わたしの名を名のる者が大ぜい現れ、①『私こそそれだ』と言って、多くの人を惑わすでしょう。

7 また、戦争のことや戦争のうわさを聞いても、あわててはいけません。それは必ず起こることです。しかし、終わりが来たのではありません。8 民族は民族に、国は国に敵対して立ち上がり、方々に地震があり、ききんも起こるはずだからです。これらのことは、産みの苦しみの初めです。

9 だが、あなたがたは、気をつけていなさい。人々は、あなたがたを議会に引き渡し、また、あなたがたは会堂でむち打たれ、また、わたしのゆえに、総督や王たち

4＊あるいは「証拠としての奇蹟」
6①圏ヨハ8:24
9①マタ10:17
＊ギリシャ語「サンヘドリン」
②圏マタ10:17

の前に立たされます。それは彼らに対してあかしをするためです。

10 こうして、福音がまずあらゆる民族に宣べ伝えられなければなりません。

11 彼らに捕らえられ、引き渡されたとき、何と言おうかなどと案じるには及びません。ただ、そのとき自分に示されることを、話しなさい。話すのはあなたがたではなく、聖霊です。

12 また兄弟は兄弟を死に渡し、父は子を死に渡し、子は両親に逆らって立ち、彼らを死に至らせます。

13 また、わたしの名のために、あなたがたはみなの者に憎まれます。しかし、最後まで耐え忍ぶ人は救われます。

14 『荒らす憎むべきもの』が、自分の立ってはならない所に立っているのを見たならば（読者はよく読み取るように。）ユダヤにいる人々は山へ逃げなさい。

15 屋上にいる者は降りてはいけません。家から何かを取り出そうとして中に入っては

10①囵マタ24:14
11①マコ13:11-13、マタ10:19-22、ルカ21:12-17
＊あるいは「引いて行かれ」
13①圏ヨハ15:21
14①マタ24:15

13:5 気をつけなさい オリーブ山の教えで主イエスは、終わりが近付くにつれ、宗教的にだまされないようにいつも気を付けなければならないと警告を繰り返して言われた。そして「気をつけなさい」(13:5)、「あなたがたは、気をつけていなさい」(13:9)、「だから、気をつけていなさい」(13:23)、「気をつけなさい。目をさまし、注意していなさい」(13:33)、「だから、目をさましていなさい」(13:35)、「目をさましていなさい」(13:37)と訴えられた。この警告は、教会の中には聖書的ではない信仰や教えが広まると言っている。キリスト者はこれまで以上に神のことばを知り従うことが必要である（→マタ24:5注）。そのためには聖書を読んで学ぶ時間を持ち、実生活に適用することが必要である（ヤコ1:22）。

13:6 大ぜい・・・多くの人を惑わすでしょう →マタ24:11注

13:10 福音が・・・あらゆる民族に宣べ伝えられ →マタ24:14注

13:13 最後まで耐え忍ぶ キリストが再び来られる日まで霊的救いを保つためには、強くて耐え忍ぶ信仰とキリストへの忠誠が必要である（⇒ヘブ3:14, 6:11-12, 10:36）。黙示録はこの救いに含まれる恩恵、名誉、栄光などを明らかに描いている（黙2:7, 17, 26-28, 3:5, 12, 20-21, 7:9-17, 14:13, 21:1-7）。

13:14 荒らす憎むべきもの 聖いもの、つまり神の礼拝と目的のために聖く保たれていたものが汚されるという重要な転換点がここで言われている（→ダニ9:25-27）。

（1）キリストのことばは特に二つの出来事を預言している。(a) ローマがエルサレムに侵攻し神殿を破壊すること（紀元70年）、(b) キリストが再び来られ反キリストに勝利し邪悪な人々をさばかれる直前に、反キリストの像がエルサレムに建てられること（→Ⅱテサ2:2-4, 黙13:14-15, 19:11-21）。

（2）多様な未来の出来事に触れているこの部分は「預言的前兆」とも言われる。それは二つ以上の出来事を一つの出来事のように見て描くことである。このことを示す例はイザヤ11:1-4, 61:1-2, ゼカリヤ9:9-10にあり、キリストの第一降臨（霊的救いのメッセージを持って来られる）と第二降臨（さばきを持って来られる）が一つの預言の中に組合されている。これらの出来事はまるで一つの出来事のように描かれている（→これらの聖句の注 →マタ24:44注）。同じように五旬節の日にキリストの弟子たちに聖霊が注がれることと、「主の大いなる恐るべき日」はヨエル2:28-31で一つの出来事としてまとめて描かれている。エルサレムの破壊についての主イエスの描写は終わりのときに起こる大患難を象徴している（→「**大患難**」の項 p.1690）。

マルコの福音書　13章

いけません。
16 畑にいる者は着物を取りに戻ってはいけません。
17 だがその日、哀れなのは身重の女と乳飲み子を持つ女です。
18 ただ、このことが冬に起こらないように祈りなさい。
19 その日は①、神が天地を創造した初めから、今に至るまで、いまだかつてなかったような、またこれからもないような苦難の日だからです。
20 そして、もし主がその日数を少なくしてくださらないなら、ひとりとして救われる者はないでしょう。しかし、主は、ご自分で選んだ選びの民のために、その日数を少なくしてくださったのです。
21 そのとき、あなたがたに、『そら、キリストがここにいる』とか、『ほら、あそこにいる』とか言う者があっても、信じてはいけません。
22 にせキリスト、にせ預言者たちが現れて、できれば選民を惑わそうとして、しるしや不思議なことをして見せます。
23 だから、気をつけていなさい。わたしは、何もかも前もって話しました。
24 だが、その日には、その苦難に続いて、太陽は暗くなり、月は光を放たず、
25 星は天から落ち、天の万象は揺り動かされます。
26 そのとき、人々は、人の子が偉大な力と栄光を帯びて雲に乗って来るのを見るの

19①マコ10:6
21＊すなわち「メシヤ」
22①図マタ7:15
　②マタ24:24、
　図ヨハ4:48
　＊あるいは「証拠としての奇蹟」
24①イザ13:10
25①イザ34:4
26①ダニ7:13
　②図マタ16:27、マコ8:38

27①ゼカ2:6
②申30:4
29＊あるいは「そのこと」
30＊別訳「世代」
32①マタ24:36、図使1:7
33①エペ6:18、コロ4:2
＊異本に「祈っていなさい」を加えるものがある
34＊直訳「権限を与え」
35①マタ13:37、図マタ24:42
②図マコ14:30
③マタ6:48、図マタ14:25

です。
27 そのとき、人の子は、御使いたちを送り、地の果てから天の果てまで、四方からその選びの民を集めます。
28 いちじくの木から、たとえを学びなさい。枝が柔らかになって、葉が出て来ると、夏の近いことがわかります。
29 そのように、これらのことが起こるのを見たら、人の子が戸口まで近づいていると知りなさい。
30 まことに、あなたがたに告げます。これらのことが全部起こってしまうまでは、この時代は過ぎ去りません。
31 この天地は滅びます。しかし、わたしのことばは決して滅びることがありません。

その日その時はわからない

32 ただし、その日、その時がいつであるかは、だれも知りません。天の御使いたちも子も知りません。ただ父だけが知っておられます。
33 気をつけなさい。目をさまし、注意していなさい。その定めの時がいつだか、あなたがたは知らないからです。
34 それはちょうど、旅に立つ人が、出がけに、しもべたちにはそれぞれ仕事を割り当てて責任を持たせ、門番には目をさましているように言いつけるようなものです。
35 だから、目をさましていなさい。家の主人がいつ帰って来るか、夕方か、夜中か、鶏の鳴くころか、明け方か、わからないか

13:19-22　苦難　→「大患難」の項 p.1690
13:22　にせ預言者たち　→「にせ教師」の項 p.1758
13:24　太陽は暗くなり　→マタ24:29注
13:26　人の子が・・・来る　→マタ24:30注
13:27　その選びの民　→マタ24:31注
13:28　いちじくの木　→マタ24:32注
13:29　これらのことが起こるのを見たら　→マタ24:33注
13:30　この時代　→マタ24:34注
13:32　その日、その時がいつであるかは、だれも知りません　→マタ24:36注
13:33　注意していなさい　→マタ24:42注
13:35　夕方か、夜中か・・・明け方か　キリストは昼でも夜でもいつでも忠実な弟子たちのところへ来ら

れることを強調された。忠実な人々（死んだ人々とそのとき生きている人々）が地上から取去られてキリストとともに住むようになるのは、キリストが再び来られること（再臨）の第一段階であるけれども、その日は全く予測がつかないとはっきり教えられた（→「携挙」の項 p.2278）。キリストは突然、予測していないときに来られるので、信仰者はみな霊的に目をさましてキリストに忠実でいなければならない（→マタ24:42注、24:44注、⇒ルカ12:35-36、38-40、46、21:34-36）。最終段階では、患難時代の終りにキリストが文字通り肉体をもって来られ（→「大患難」の項 p.1690）、反キリストを滅ぼし邪悪な人々をさばき、地上を平安に治められる（→黙19:-20:、「終末の事件」の表 p.2471）。

にせ教師

「にせキリスト、にせ預言者たちが現れて、できれば選民を惑わそうとして、しるしや不思議なことをして見せます。」(マルコの福音書13:22)

惑わし

今日ある教会には、神のことばを教えたり説教したりしていながら、内側は主イエスの時代に神の律法について教えていた堕落した教師たちと同じような人がいることに、主イエスに従う人々は注意しなければならない(マタ24:11, 24)。キリストを知っていて従っていると主張する人がみな本当の信仰者ではないと主イエスは言われた。「キリスト者」だという著作家、宣教師、牧師、伝道師、教師、音楽家、そのほかの教会の指導者や奉仕者が、必ずしもみな主張している通りあるいは見た目通りの人とは限らない。

(1) この人々は外側は「人に正しく見え」る(マタ23:28)。「羊のなりをしてやって来るが、うちは貪欲な狼」(マタ7:15)であるかもしれない。このような人に神を敬う人々がだまされるのは、伝えるメッセージが神のことばが示す基準や原則に基づいているからである。また道徳的、霊的に高い標準のことを話すからである。そして神の働きに心から関心を持ち、失われた人の霊的救いに大いに関心を持っているように見える。このような指導者たちはしばらくは聖霊の力を受けた偉大な奉仕者、しもべのように見えるかもしれない。そして奇蹟を行ったり、大成功をして多くの人がついて行くようになるかもしれない(→マタ7:21注、22注、23注、24:11, 24, Ⅱコリ11:13-15)。

(2) どんなに霊的に成功しているように見えても、このような人々はむなしい心から話したり行動したりしている。この人々は旧約聖書のにせ預言者(→申13:3注、Ⅰ列18:40注、ネヘ6:12注、エレ14:14注、ホセ4:15注、→「旧約聖書の預言者」の項 p.1131)や新約聖書のパリサイ人(→マタ23:)と同類だと聖書は言っている。大衆から離れて隠れた生活をしているパリサイ人は、「強奪と放縦でいっぱい」(マタ23:25)だった。パリサイ人や律法の教師たちは律法を難しくして真理を受入れられないようにしていたので、主イエスは強く非難された。そして二重生活やにせの指導力を暴いて、「おまえたちは白く塗った墓のようなものです。墓はその外側は美しく見えても、内側は、死人の骨や、あらゆる汚れたものがいっぱいです。そのように、おまえたちも外側は人に正しく見えても、内側は偽善と不法でいっぱいです」と言われた(マタ23:27-28)。

(3) このような詐欺師が教会の中で影響力のある立場につく方法が二つある。(a) ある教師や説教者は最初は正しい動機を持って霊的真理に打込み、道徳的にも純粋でキリストに対する心からの信仰を持っている。ところが高慢(しばしば不安感、認められたいという願い、成功への圧力による)になり、不道徳な欲望を持つことによってキリストに対する愛と献身を次第に失っていく。それを続けているうちに献身の思いが消えて神の国を見失ってしまう(Ⅰコリ6:9-10, ガラ5:19-21, エペ5:5-6)。その結果、自分は真理の奉仕者だと思いながらサタンの道具になってしまう(→Ⅱコリ11:15)。(b) ある教師や説教者は初めからキリストを本当には信じていない。サタンはその人々を最初から教会の中に植え付けて、その働きを始めるようにさせている(マタ13:24-28, 36-43)。能力やカリスマ性、魅力や影響力のある性格などを用いて、「成功」に向けて前進させるのである。そのような人々を影響力のある立場につけて、キリストの働きを弱めて邪魔をするのが悪魔の策略である。このような指導者が不誠実でだましていたことが判明したときには、教会のメッセージと評判が大きく損なわれることをサタンはよく知っている。さらに悪いことには、キリストの御名が辱められることにある。

吟味

真理を曲げて誤りに導く指導者たちに注意するように、主イエスは福音書(マタイ、マルコ、ルカ、ヨハ

ネによる書物)の中で少なくとも14回弟子たちに注意された(マタ7:15, 16:6, 11, 24:4, 9, 24, マコ4:24, 8:15, 12:38-40, 13:5, ルカ12:1, 17:23, 20:46, 21:8)。このほかの箇所では、教会の中にいる教師、説教者、指導者たちの心が神と正しい関係にあるか、メッセージと生活が神のことばの原則や基準と一致しているか「ためしなさい」と神のことばは指示している(Ⅰテサ5:21, Ⅰヨハ4:1)。にせ教師やにせ預言者を見分け(認識し時間をかけて評価する)、試し、暴くためには次のことを行うとよい。

(1) 性格を見分ける。その人は積極的で首尾一貫した祈りの生活をしているだろうか。心から純粋な献身を神に対して示しているだろうか。正直で正しく道徳的にきちんとしているだろうか。「御霊の実」(神の御霊が生きて働いていることを証明するような神を敬う品性の成長)を現しているだろうか(ガラ5:22-23)。キリストと個人的関係をまだ持っていない人々を愛して導こうとしているだろうか(ヨハ3:16)。悪を憎み正義を愛しているだろうか(ヘブ1:9注)。罪に反対する説教をし、自分の生活の中でもあらゆるかたちの罪を避けているだろうか(マタ23:, ルカ3:18-20)。

(2) 動機を見分ける。本当のキリスト教の指導者は次の四つのことをしようとする。(a) 何よりもキリストをあがめる(Ⅱコリ8:23, ピリ1:20)。(b) 教会を霊的に成長させ、聖さ(道徳的純粋性、霊的健全性、悪からの分離、神への献身)に導く(使26:18, Ⅰコリ6:18, Ⅱコリ6:16-18)。(c) 霊的に失われている人々を罪の赦しと、イエス・キリストとの個人的関係を教え示す光の中に導く(Ⅰコリ9:19-22)。(d) 新約聖書に啓示されたキリストのメッセージを伝え、擁護する(→ピリ1:6注, ユダ1:3注)。

(3) 生活とメッセージの「実」を見分ける。ほかの生物と同じように、人間は自分と同じものを生み出す。これは肉体的にも霊的にも言えることであって、神を敬わない人はやがて神を敬わない実(性格と影響力)を結ぶ。説教をしても真理は隠され、聴衆は混乱させられ、教会は分裂してしまう。にせの説教者たちの実は、大抵は神のことばに完全に頼らず、深みのない回心者や信仰者でしかない(→マタ7:16注,「罪の性質の行いと御霊の実」の項 p.2208)。

(4) 聖書に対する信頼の度合いを見分ける。これにはにせの説教者を暴く上で重要なポイントである。信じ、話し、教えていることが旧約聖書と新約聖書の原典が示すことと一致していないなら、そのメッセージは拒まなければならない。聖書に啓示されている神のことばは完全に神の霊感を受けており、その教えに全く服従するべきであると信じていないなら、その人の教えていることはみな疑ってみるべきである(Ⅱヨハ1:9-11, 聖書はみな「神の霊感による」ということ, →「聖書の霊感と権威」の項 p.2323)。もし説教者が神のことばの真理を確信せず個人的にも頼っていないなら、その人とそのメッセージは神が送られたものではないことが確かである。

(5) 主のお金を扱う領域で誠実(真実で正直な性格)であるかどうかを調べる。個人的に大金が提供されたら拒むだろうか。どのようなお金を扱う場合にも徹底した正直さと最高の責任をもって扱っているだろうか。新約聖書が示す指導者の基準と一致している方法で神の働きが成長するように努めているだろうか(Ⅰテモ3:3, 6:9-10)。

指導者たちの生活とメッセージをこのように評価しても、神がその正体を暴き出されない限り、にせの教師たちは見分けられないままサタンの助けを受けながら残ってしまう可能性がある。このことは理解しておかなければならない。

36 主人が不意に帰って来たとき眠っているのを見られないようにしなさい。
37 わたしがあなたがたに話していることは、すべての人に言っているのです。目をさましていなさい。」

ベタニヤで香油を注がれた主イエス

14:1-11　並行記事─マタ26:2-16
14:1, 2, 10, 11　並行記事─ルカ22:1-6
14:3-8　参照記事─ヨハ12:1-8

14 ¹ さて、過越の祭りと種なしパンの祝いが二日後に迫っていたので、祭司長、律法学者たちは、どうしたらイエスをだまして捕らえ、殺すことができるだろうか、ととけんめいであった。
² 彼らは、「祭りの間はいけない。民衆の騒ぎが起こるといけないから」と話していた。
³ イエスがベタニヤで、ツァラアトに冒された人シモンの家におられたとき、食卓に着いておられると、ひとりの女が、純粋で、非常に高価なナルド油の入った石膏のつぼを持って来て、そのつぼを割り、イエスの頭に注いだ。
⁴ すると、何人かの者が憤慨して互いに言った。「何のために、香油をこんなにむだにしたのか。
⁵ この香油なら、三百デナリ以上に売れて、貧しい人たちに施しができたのに。」そうして、その女をきびしく責めた。
⁶ すると、イエスは言われた。「そのままにしておきなさい。なぜこの人を困らせるのですか。わたしのために、りっぱなことをしてくれたのです。
⁷ 貧しい人たちは、いつもあなたがたといっしょにいます。それで、あなたがたがしたいときは、いつでも彼らに良いことをしてやれます。しかし、わたしは、いつもあなたがたといっしょにいるわけではありません。
⁸ この女は、自分にできることをしたのです。埋葬の用意にと、わたしのからだに、前もって油を塗ってくれたのです。
⁹ まことに、あなたがたに告げます。世界中のどこででも、福音が宣べ伝えられる所なら、この人のした事も語られて、この人の記念となるでしょう。」
¹⁰ ところで、イスカリオテ・ユダは、十二弟子のひとりであるが、イエスを売ろうとして祭司長たちのところへ出向いて行った。
¹¹ 彼らはこれを聞いて喜んで、金をやろうと約束した。そこでユダは、どうしたら、うまいぐあいにイエスを引き渡せるかと、ねらっていた。

主の晩餐

14:12-26　並行記事─マタ26:17-30, ルカ22:7-23
14:22-25　並行記事─Ⅰコリ11:23-25

¹² 種なしパンの祝いの第一日、すなわち、過越の小羊をほふる日に、弟子たちは

14:9　福音　「福音」ということばは「よいメッセージ」または「よい知らせ」という意味で、原語のギリシヤ語「ユーアンゲリオン」（神の「メッセージ」）の正確な訳である。よい知らせとは、神が私たちのために御子イエス・キリストの生涯と死とよみがえりを通して救しと神との個人的な関係を結ぶ方法と機会を備えてくださったというメッセージのことである（ルカ4:18-21, 7:22, ヨハ3:16）。このメッセージが御霊の力によって伝えられるところでは（Ⅰコリ2:4, ガラ1:11）、(1) 権威をもって伝えられ（マタ28:18-20）、(2) 霊的な救いの力を与えて神の義を明らかにし（ロマ1:16-17）、(3) 応答、つまり悔い改め（神の目的に従うために自分の罪深い生き方をやめること）を要求し（1:15, マタ3:2, 4:17）、(4) 人々の良心に働きかけて罪を暴き出し、何が正しいかを示して神に対して申開きをしなければならないことを思い出させ（ヨハ16:8, ⇒使24:25）、(5) 感動を与えて信仰を生み出し（ロマ10:17, ピリ1:27）、(6) 霊的救い、自由、いのち、聖霊の賜物をもたらす（使2:33, 38-39, ロマ1:16, Ⅰコリ15:22, Ⅰペテ1:23）、(7) 人々を罪とサタンの力と支配から解放し（マタ12:28, 使26:18, ロマ6:）、(8) 希望（コロ1:5, 23）、平安（エペ2:17, 6:15）、不滅（Ⅱテモ1:10）をもたらし、(9) さばきを警告し（ロマ2:16）、(10) 拒まれるなら罪の宣告と永遠の霊的死（神から永遠に切離されること）をもたらす（ヨハ3:18）。

14:9　この人の記念　→マタ26:13注

マルコの福音書　14章

イエスに言った。「過越の食事をなさるのに、私たちは、どこへ行って用意をしましょうか。」
13 そこで、イエスは、弟子のうちふたりを送って、こう言われた。「都に入りなさい。そうすれば、水がめを運んでいる男に会うから、その人について行きなさい。
14 そして、その人が入って行く家の主人に、『弟子たちといっしょに過越の食事をする、わたしの客間はどこか、と先生が言っておられる』と言いなさい。
15 するとその主人が自分で、席が整って用意のできた二階の広間を見せてくれます。そこでわたしたちのために用意をしなさい。」
16 弟子たちが出かけて行って、都に入ると、まさしくイエスの言われたとおりであった。それで、彼らはそこで過越の食事の用意をした。
17 夕方になって、イエスは十二弟子といっしょにそこに来られた。
18 そして、みなが席に着いて、食事をしているとき、イエスは言われた。「まことに、あなたがたに告げます。あなたがたのうちのひとりで、わたしといっしょに食事をしている者が、わたしを*裏切ります。」
19 弟子たちは悲しくなって、「まさか私ではないでしょう」とかわるがわるイエスに言いだした。
20 イエスは言われた。「この十二人の中のひとりで、わたしといっしょに鉢に浸している者です。
21 確かに、人の子は、自分について書いてあるとおりに、去って行きます。しかし、人の子を裏切るような人間はわざわいです。そういう人は生まれなかったほうがよかったのです。」
22 それから、みなが食事をしているとき、イエスはパンを取り、祝福して後、これを裂き、彼らに与えて言われた。「取りなさい。これはわたしのからだです。」
23 また、杯を取り、感謝をささげて後、彼らに与えられた。彼らはみなその杯から飲んだ。
24 イエスは彼らに言われた。「これはわたしの契約の血です。多くの人のために流されるものです。
25 まことに、あなたがたに告げます。神の国で新しく飲むその日までは、わたしはもはや、ぶどうの実で造った物を飲むことはありません。」
26 そして、賛美の歌を歌ってから、みなでオリーブ山へ出かけて行った。

ペテロの裏切りを予告する主イエス
14:27-31　並行記事－マタ26:31-35

27 イエスは、弟子たちに言われた。「あなたがたはみな、つまずきます。『わたしが羊飼いを打つ。すると、羊は散り散りになる』と書いてありますから。
28 しかしわたしは、よみがえってから、あなたがたより先に、ガリラヤへ行きます。」
29 すると、ペテロがイエスに言った。「たとい全部の者がつまずいても、私はつまずきません。」
30 イエスは彼に言われた。「まことに、あ

14①ルカ22:11、⑪ルカ22:7のギリシヤ語
17①マコ14:17-21、マタ26:20-24、ルカ22:14, 21-23、⑪ヨハ13:18以下
18＊あるいは「引き渡します」

22①マコ14:22-25、マタ26:26-29、ルカ22:17-20、Ⅰコリ11:23-25、⑪マタ10:16
②⑯マタ14:19
26①マタ26:30
②⑯マタ21:1
27①マコ14:27-31、マタ26:31-35
②ゼカ13:7

14:14　過越　→マタ26:2注
14:21　生まれなかったほうが　主イエスは人の人生を霊的な永遠の観点から評価し判断される。そしてこの世界に生れながら主イエスの赦しと人生の導きを拒んだり受けいれないなら、生れないほうがよかったと断言された。そのような人生は永遠をゲヘナで過すことになるからである（→ヨハ6:64注）。
14:22　パン・・・わたしのからだ　→ルカ22:20注、Ⅰコリ11:24-27注
14:24　契約の血　私たちの罪の代価を払い罪が赦され霊的に救われる（回復され新しくされた神との永遠の関係）機会を与えるためにキリストの血は流された（十字架の上の死を通していのちを与えられた）。十字架の上での死によって、キリストを救い主また主（罪を赦し人生を導く方）として受入れる人と神との間に新しい契約、「終生協定」が確立された（→エレ31:31-34注）。悔い改め（自分の罪深さを認めて離れること）、キリストを信じる信仰を通して神に立返る人は、罪が赦され罪とサタンの力から解放され、新しい霊的いのちが与えられる。その結果、神の子どもになり賜物である聖霊を受け、いつでも神に近付いてあわれみと力と助けを受けることができるようになる（→マタ26:28注、ヘブ4:16, 7:25）。キリストの血によって成立した新しい契約の意味と恩恵、→「旧契約と新契

なたに告げます。あなたは、きょう、今夜、鶏が二度鳴く前に、わたしを知らないと三度言います。」
31 ペテロは力を込めて言い張った。「たとい、ごいっしょに死ななければならないとしても、私は、あなたを知らないなどは決して申しません。」みなの者もそう言った。

ゲツセマネ
14:32-42　並行記事―マタイ26:36-46, ルカ22:40-46

32 ゲツセマネという所に来て、イエスは弟子たちに言われた。「わたしが祈る間、ここにすわっていなさい。」
33 そして、ペテロ、ヤコブ、ヨハネをいっしょに連れて行かれた。イエスは深く恐れもだえ始められた。
34 そして彼らに言われた。「*わたしは悲しみのあまり死ぬほどです。ここを離れないで、目をさましていなさい。」
35 それから、イエスは少し進んで行って、地面にひれ伏し、もしできることなら、この時が自分から過ぎ去るようにと祈り、
36 またこう言われた。「アバ、父よ。あなたにおできにならないことはありません。どうぞ、この杯をわたしから取りのけてください。しかし、わたしの願うことではなく、あなたのみこころのままを、なさってください。」
37 それから、イエスは戻って来て、彼らの眠っているのを見つけ、ペテロに言われた。「シモン。眠っているのか。一時間でも目をさましていることができなかったの

30 ①囲 マタ26:34
②マコ14:68, 72, ヨハ13:38
32 ①マコ14:32-42, マタ26:36-46, ルカ22:40-46
33 ①囲 マコ9:15, 16:5, 6
34 ①囲 マタ26:38, ヨハ12:27
＊別訳「わたしの心は」
35 ①マコ14:41, 囲 マコ26:45
36 ①ロマ8:15, ガラ4:6
②囲 マタ26:39

38 ①囲 マタ26:41
41 ＊別訳「では、ぐっすり眠って休んでいなさい」
①マコ14:35
43 ①マコ14:43-50, マタ26:47-56, ルカ22:47-53, ヨハ18:3-11
45 ①囲 マタ23:7
＊原語「ラビ」

か。
38 誘惑に陥らないように、目をさまして、祈り続けなさい。心は燃えていても、肉体は弱いのです。」
39 イエスは再び離れて行き、前と同じことばで祈られた。
40 そして、また戻って来て、ご覧になると、彼らは眠っていた。ひどく眠けがさしていたのである。彼らは、イエスにどう言ってよいか、わからなかった。
41 イエスは三度目に来て、彼らに言われた。「まだ眠って休んでいるのですか。もう十分です。時が来ました。見なさい。人の子は罪人たちの手に渡されます。
42 立ちなさい。さあ、行くのです。見なさい。わたしを裏切る者が近づきました。」

捕えられた主イエス
14:43-50　並行記事―マタ26:47-56, ルカ22:47-50, ヨハ18:3-11

43 そしてすぐ、イエスがまだ話しておられるうちに、十二弟子のひとりのユダが現れた。剣や棒を手にした群衆もいっしょであった。群衆はみな、祭司長、律法学者、長老たちから差し向けられたものであった。
44 イエスを裏切る者は、彼らと前もって次のような合図を決めておいた。「私が口づけをするのが、その人だ。その人をつかまえて、しっかりと引いて行くのだ。」
45 それで、彼はやって来るとすぐに、イエスに近寄って、「先生」と言って、口づけした。
46 すると人々は、イエスに手をかけて捕ら

約」の項 p.2363

14:32　ゲツセマネ・・・祈る　ここでの主イエスの行動は、信仰者がひどく悩み悲しむときに何をするべきかを示す良い模範である。それは、（1）祈りの中で神に向かう（14:32, 35-36, 39）、（2）友人に支援を求める（14:33-34, 42）、（3）神がいつも見守り最も良いことをしてくださる愛の父であることを認める（14:36）、（4）神に信頼し、神のご計画と目的に自分をゆだねる（14:36）ことである。キリストの苦しみの十段階　→マタ26:37以降の注

14:35　この時が自分から過ぎ去るように　→マタ26:39注

14:37　一時間でも目をさましている　先に待受けている苦難のとき（14:50）に、失敗しないようにさせてくれるものは祈りしかないのに、ペテロと弟子たちは目を覚まして祈っていなかった。そればかりか、霊的に弱かった弟子たちは主イエスが捕えられたとき散り散りになってしまった（14:50-52）。ペテロなどは主イエスを知らないと言った（14:66-72）。祈りがなければキリスト者生活は必ず失敗する（→使10:9注）。

14:46　イエス・・・捕らえた　キリストの逮捕から十字架刑までの出来事の順序　→マタ26:57注

えた。
47 そのとき、イエスのそばに立っていたひとりが、剣を抜いて大祭司のしもべに撃ちかかり、その耳を切り落とした。
48 イエスは彼らに向かって言われた。「まるで強盗にでも向かうように、剣や棒を持ってわたしを捕らえに来たのですか。
49 わたしは毎日、宮であなたがたといっしょにいて、教えていたのに、あなたがたは、わたしを捕らえなかったのです。しかし、*こうなったのは聖書のことばが実現するためです。」
50 すると、みながイエスを見捨てて、逃げてしまった。
51 ある青年が、素はだに亜麻布を一枚まとったままで、イエスについて行ったところ、人々は彼を捕らえようとした。
52 すると、彼は亜麻布を脱ぎ捨てて、はだかで逃げた。

全議会の前で

14:53-65　並行記事－マタ26:57-68, ヨハ18:12, 13, 19-24
14:61-63　並行記事－ルカ22:67-71

53 ①彼らがイエスを大祭司のところに連れて行くと、祭司長、長老、律法学者たちがみな、集まって来た。
54 ペテロは、遠くからイエスのあとをつけながら、大祭司の庭の中まで入って行った。そして、*役人たちといっしょにすわって、**火にあたっていた。
55 さて、祭司長たちと全議会は、イエスを

49 ①マコ12:35
 ＊あるいは「聖書のことばを実現させなさい」
53 ①マコ14:53-65,
 マタ26:57-68,
 ヨハ18:12, 13, 19-24
54 ①図マタ26:3
 ＊あるいは「下役」
 ①マコ14:67, ヨハ18:18
 ＊＊直訳「光」
55 ①図マタ5:22
 ＊ギリシャ語「サンヘドリン」

58 ①マコ15:29,
 図マタ26:61
 ＊あるいは「聖所」
61 ①マコ14:61-63,
 マタ26:63以下,
 ルカ22:67-71
 ①図マタ26:63
 ＊すなわち「メシヤ」
62 ①詩110:1, マコ13:26
 ①ダニ7:13
63 ①図マタ26:65, 使14:14, 民14:6
 ＊あるいは「下着」

死刑にするために、イエスを訴える証拠をつかもうと努めたが、何も見つからなかった。
56 イエスに対する偽証をした者は多かったが、一致しなかったのである。
57 すると、数人が立ち上がって、イエスに対する偽証をして、次のように言った。
58 「私たちは、この人が①『わたしは手で造られたこの神殿をこわして、三日のうちに、手で造られない別の神殿を造ってみせる』と言うのを聞きました。」
59 しかし、この点でも証言は一致しなかった。
60 そこで大祭司が立ち上がり、真ん中に進み出てイエスに尋ねて言った。「何も答えないのですか。この人たちが、あなたに不利な証言をしていますが、これはどうなのですか。」
61 ①しかし、②イエスは黙ったままで、何もお答えにならなかった。大祭司は、さらにイエスに尋ねて言った。「あなたは、ほむべき方の子、*キリストですか。」
62 そこでイエスは言われた。「わたしは、それです。①人の子が、力ある方の右の座に着き、②天の雲に乗って来るのを、あなたがたは見るはずです。」
63 すると、大祭司は、①自分の衣を引き裂いて言った。「これでもまだ、証人が必要でしょうか。
64 あなたがたは、神をけがすこのことばを聞いたのです。どう考えますか。」すると、彼らは全員で、イエスには死刑に当たる罪

14:50　みながイエスを見捨てて　主イエスが逮捕されたときのペテロやほかの弟子たちの失敗を、キリストが死んでよみがえられた後の時代の牧師や指導者たちの霊的、道徳的失敗と比較してはならない。二つの状況を同じように比較することはできない理由がいくつかある。

（1）ペテロと弟子たちが失敗したときには、まだ新しい契約（神の御子イエス・キリストのいのちと犠牲を通して与えられる神の霊的救いの計画と新しくされた関係 →14:24注）の下にいなかった。新しい契約はキリストが十字架で息を引取られるまで効力を発揮しなかった（ヘブ9:15-20）。

（2）ペテロと弟子たちは、聖霊によって霊的に新しくされ変えられる霊的な「新しく生まれる」体験をしていなかった（→ヨハ3:3-7）。キリストがよみがえられた日に、「息を吹きかけて・・・聖霊を受けなさい」と言われるまで、弟子たちを導き力を与え内側に住むように聖霊は与えられていなかった（ヨハ20:22, →「弟子たちの新生」の項 p.1931）。弟子たちの失敗は悪意からではなく弱さのためだった。

（3）キリストを見捨てたときペテロと弟子たちは、現在私たちが知っているような十字架の上でのキリストの犠牲の死の霊的意味を知らなかった（→ロマ6:）。さらにキリストの犠牲によって与えられる霊的力や、死からよみがえられたことによって感動を与えられる信仰も持っていなかった。

があると決めた。

65 そうして、ある人々は、イエスにつばきをかけ、御顔をおおい、こぶしでなぐりつけ、「言い当ててみろ」などと言ったりし始めた。また、役人たちは、イエスを受け取って、*平手で打った。

主イエスを否認するペテロ

14:66-72　並行記事－マタ26:69-75, ルカ22:56-62, ヨハ18:16-18, 25-27

66 ペテロが下の庭にいると、大祭司の女中のひとりが来て、
67 ペテロが火にあたっているのを見かけ、彼をじっと見つめて、言った。「あなたも、あのナザレ人、あのイエスといっしょにいましたね。」
68 しかし、ペテロはそれを打ち消して、「何を言っているのか、わからない。見当もつかない」と言って、出口のほうへと出て行った。**
69 すると女中は、ペテロを見て、そばに立っていた人たちに、また、「この人はあの仲間です」と言いだした。
70 しかし、ペテロは再び打ち消した。しばらくすると、そばに立っていたその人たちが、またペテロに言った。「確かに、あなたはあの仲間だ。ガリラヤ人なのだから。」
71 しかし、彼はのろいをかけて誓い始め、「私は、あなたがたの話しているその人を知りません」と言った。
72 するとすぐに、鶏が、二度目に鳴いた。そこでペテロは、「鶏が二度鳴く前に、あなたは、わたしを知らないと三度言います」というイエスのおことばを思い出した。*それに思い当たったとき、彼は泣き出した。

ピラトの前の主イエス

15:2-15　並行記事－マタ27:11-26, ルカ23:2, 3, 18-25, ヨハ18:29-19:16

15 1 夜が明けるとすぐに、祭司長たちをはじめ、長老、律法学者たち

65 ①マコ10:34, マタ26:67
②エス7:8
③マタ26:68, ルカ22:64
＊あるいは「棒で打った」
66 ①マコ14:66-72, マタ26:69-75, ルカ22:56-62, ヨハ18:16-18, 25-27
②マコ14:54
67 ①マコ14:54
②マコ1:24
68 ①マコ14:54
＊あるいは「前庭」
＊＊異本に「すると、鶏が鳴いた」を加えるものもある
70 ①マコ14:68
②マタ26:73, ルカ22:59
72 ①マコ14:30, 68
＊異本「そして、ペテロは泣き出した」

1 ①圏マタ27:1

②圏マタ5:22
＊ギリシヤ語「サンヘドリン」
2 ①マコ15:2-5, マタ27:11-14, ルカ23:2, 3, ヨハ18:29-38
3 ＊あるいは「多くのことで」
5 ①圏マタ27:12
6 ①マコ15:6-15, マタ27:15-26, ルカ23:18-25, ヨハ18:39-19:16
11 ①使3:14

と、全議会とは協議をこらしたすえ、イエスを縛って連れ出し、ピラトに引き渡した。
2 ピラトはイエスに尋ねた。「あなたは、ユダヤ人の王ですか。」イエスは答えて言われた。「そのとおりです。」
3 そこで、祭司長たちはイエスを*きびしく訴えた。
4 ピラトはもう一度イエスに尋ねて言った。「何も答えないのですか。見なさい。彼らはあんなにまであなたを訴えているのです。」
5 それでも、①イエスは何もお答えにならなかった。それにはピラトも驚いた。
6 ところでピラトは、その祭りには、人々の願う囚人をひとりだけ赦免するのを例としていた。
7 たまたま、バラバという者がいて、暴動のとき人殺しをした暴徒たちといっしょに牢に入っていた。
8 それで、群衆は進んで行って、いつものようにしてもらうことを、ピラトに要求し始めた。
9 そこでピラトは、彼らに答えて、「このユダヤ人の王を釈放してくれというのか」と言った。
10 ピラトは、祭司長たちが、ねたみからイエスを引き渡したことに、気づいていたからである。
11 しかし、祭司長たちは群衆を扇動して、むしろバラバを釈放してもらいたいと言わせた。
12 そこで、ピラトはもう一度答えて、「ではいったい、あなたがたがユダヤ人の王と呼んでいるあの人を、私にどうせよというのか」と言った。
13 すると彼らはまたも「十字架につけろ」と叫んだ。
14 だが、ピラトは彼らに、「あの人がどんな悪い事をしたというのか」と言った。しかし、彼らはますます激しく「十字架につけろ」と叫んだ。

14:65　こぶしでなぐりつけ　→マタ26:67注、→イザ50:6、→「キリストによって成就した旧約聖書の預言」の表 p.1029

15:1　ピラトに引き渡した　→マタ27:2注

15 それで、ピラトは群衆のきげんをとろうと思い、バラバを釈放した。そして、イエスをむち打って後、十字架につけるようにと引き渡した。

主イエスをからかう兵士たち
15:16-20　並行記事－マタ27:27-31

16 兵士たちはイエスを、邸宅、すなわち総督官邸の中に連れて行き、全部隊を呼び集めた。
17 そしてイエスに紫の衣を着せ、いばらの冠を編んでかぶらせ、
18 それから、「ユダヤ人の王さま。ばんざい」と叫んであいさつをし始めた。
19 また、葦の棒でイエスの頭をたたいたり、つばきをかけたり、ひざまずいて拝んだりしていた。
20 彼らはイエスを嘲弄したあげく、その紫の衣を脱がせて、もとの着物をイエスに着せた。それから、イエスを十字架につけるために連れ出した。

十字架刑
15:22-32　並行記事－マタ27:33-44, ルカ23:33-43, ヨハ19:17-24

21 そこへ、アレキサンデルとルポスとの父で、シモンというクレネ人が、いなかから出て来て通りかかったので、彼らはイエスの十字架を、むりやりに彼に背負わせた。
22 そして、彼らはイエスをゴルゴタの場所(訳すと、「どくろ」の場所)へ連れて行った。
23 そして彼らは、没薬を混ぜたぶどう酒をイエスに与えようとしたが、イエスはお飲みにならなかった。
24 それから、彼らは、イエスを十字架につけた。そして、だれが何を取るかをくじ引きで決めたうえで、イエスの着物を分けた。
25 彼らがイエスを十字架につけたのは、午前九時であった。
26 イエスの罪状書きには、「ユダヤ人の王」と書いてあった。
27 また彼らは、イエスとともにふたりの強盗を、ひとりは右に、ひとりは左に、十字架につけた。
29 道を行く人々は、頭を振りながらイエスをののしって言った。「おお、神殿を打ちこわして三日で建てる人よ。
30 十字架から降りて来て、自分を救ってみろ。」
31 また、祭司長たちも同じように、律法学者たちといっしょになって、イエスをあざけって言った。「他人は救ったが、自分は救えない。
32 キリスト、イスラエルの王さま。今、十字架から降りてもらおうか。われわれは、それを見たら信じるから。」また、イエスといっしょに十字架につけられた者たちもイエスをののしった。

主イエスの死
15:33-41　並行記事－マタ27:45-56, ルカ23:44-49

33 さて、十二時になったとき、全地が暗くなって、午後三時まで続いた。
34 そして、三時に、イエスは大声で、「エロイ、エロイ、ラマ、サバクタニ」と叫ばれた。それは訳すと「わが神、わが神。どうしてわたしをお見捨てになったのですか」という意味である。
35 そばに立っていた幾人かが、これを聞いて、「そら、エリヤを呼んでいる」と言った。
36 すると、ひとりが走って行って、海綿に

---

15 ①マタ27:26
16 ①マコ15:16-20, マタ27:27-31
   ②③マタ27:27, ㊤マタ26:3
   ③㊤使10:1
   ＊あるいは「大隊」
21 ①マコ15:21, マタ27:32, ルカ23:26
22 ①マコ15:22-32, マタ27:33-44, ルカ23:33-43, ヨハ19:17-24
   ②ヨハ19:17, ㊤ルカ23:33
23 ①㊤マタ27:34

24 ①詩22:18, ③ヨハ19:24
25 ①㊤ヨハ19:14, マコ15:33
   ＊直訳「第三時」
26 ①③マタ27:37
27 ＊異本28節として「こうして『この人は罪人とともに数えられた』とある聖書が実現したのである」を加えるものもある
29 ①詩22:7, マタ27:39
30 ①マコ14:58
31 ①マタ27:42, ルカ23:35
   ＊あるいは「自分は救えないのか」
32 ①③マタ27:42, ㊤マコ15:26, ㊤マタ27:44, ルカ23:39-43
33 ①マコ15:33-41, マタ27:45-56, ルカ23:44-49
   ＊直訳「第六時」
   ①㊤マタ27:45, 46, ルカ23:33, ㊤マコ15:25
   ＊＊直訳「第九時」
34 ①㊤マタ27:45, 46, ルカ23:44, ㊤マコ15:25
   ②㊤詩22:1, マタ27:46

15:15　イエスをむち打って　→マタ27:26注 「群衆のきげんをとろうと」思うことがキリストを侮り、キリストに背くことになることに注目するとよい。

15:17　いばらの冠　→マタ27:28-29注

15:20　イエスを十字架につけるために連れ出した　→マタ27:31注

15:24　十字架につけた　→マタ27:35注

15:29　ののしって言った　→マタ27:39注

15:33　暗くなって　暗くなったのは太陽の皆既日食によるのではなかった。過越の祭りは満月のときで、月は地球の反対側にあって、地球と太陽が一直線に並ぶその間に入ること(日食)などできない時だった。これは神が直接行われた奇蹟的な働きだった。

15:34　どうしてわたしをお見捨てになったのですか

酸いぶどう酒を含ませ、それを葦の棒につけて、イエスに飲ませようとしながら言った。「エリヤがやって来て、彼を降ろすかどうか、私たちは*見ることにしよう。」
37 それから、イエスは大声をあげて息を引き取られた。
38 神殿の幕が上から下まで真っ二つに裂けた。
39 イエスの正面に立っていた百人隊長は、イエスがこのように息を引き取られたのを見て、「この方はまことに神の子であった」と言った。
40 また、遠くのほうから見ていた女たちもいた。その中にマグダラのマリヤと、小ヤコブとヨセの母マリヤと、またサロメもいた。
41 イエスがガリラヤにおられたとき、いつもつき従って仕えていた女たちである。このほかにも、イエスといっしょにエルサレムに上って来た女たちがたくさんいた。

主イエスの埋葬
15:42-47 並行記事－マタ27:57-61、ルカ23:50-56、ヨハ19:38-42

42 すっかり夕方になった。その日は備えの日、すなわち安息日の前日であったので、
43 アリマタヤのヨセフは、思い切ってピラトのところに行き、イエスのからだの下げ渡しを願った。ヨセフは有力な議員であり、みずからも神の国を待ち望んでいた人であった。
44 ピラトは、イエスがもう死んだのかと驚いて、百人隊長を呼び出し、イエスがすでに死んでしまったかどうかを問いただした。
45 そして、百人隊長からそうと確かめてから、イエスのからだをヨセフに与えた。
46 そこで、ヨセフは亜麻布を買い、イエスを取り降ろしてその亜麻布に包み、岩を掘って造った墓に納めた。墓の入口には石をころがしかけておいた。
47 マグダラのマリヤとヨセの母マリヤとは、イエスの納められる所をよく見ていた。

よみがえり
16:1-8 並行記事－マタ28:1-8、ルカ24:1-10

16 1 さて、安息日が終わったので、マグダラのマリヤとヤコブの母マリヤとサロメとは、イエスに油を塗りに行こうと思い、香料を買った。
2 そして、週の初めの日の早朝、日が上ったとき、墓に着いた。
3 彼女たちは、「墓の入口からあの石をころがしてくれる人が、だれかいるでしょうか」とみなで話し合っていた。
4 ところが、目を上げて見ると、あれほど大きな石だったのに、その石がすでにころがしてあった。
5 それで、墓の中に入ったところ、真っ白な長い衣をまとった青年が右側にすわっているのが見えた。彼女たちは驚いた。
6 青年は言った。「驚いてはいけません。あなたがたは、十字架につけられたナザレ人イエスを捜しているのでしょう。あの方はよみがえられました。ここにはおられません。ご覧なさい。ここがあの方の納められた所です。
7 ですから行って、お弟子たちとペテロに、『イエスは、あなたがたより先にガリラヤへ行かれます。前に言われたとおり、そこでお会いできます』とそう言いなさい。」
8 女たちは、墓を出て、そこから逃げ去った。すっかり震え上がって、気も転倒していたからである。そしてだれにも何も言わなかった。恐ろしかったからである。*

→マタ27:46注
15:36 酸いぶどう酒 →ヨハ19:29注
15:37 息を引き取られた →マタ27:50注
15:38 神殿の幕が・・・裂けた →マタ27:51注
16:1 イエスに油を塗りに 現在多くの民族の間で行われているように、埋葬のために遺体を整えることを当時のユダヤ人はしなかった。したがって、主イエスの遺体に塗る香料を持って来ることは愛と献身を表す特別な行動だった。この婦人たちは主イエスが死からよみがえられることを期待していなかったと思われる。
16:6 あの方はよみがえられました →マタ28:6注

よみがえって現れた主イエス

9 *〔さて、週の初めの日の朝早くによみがえったイエスは、まずマグダラのマリヤにご自分を現された。イエスは、以前に、この女から七つの悪霊を追い出されたのであった。
10 マリヤはイエスといっしょにいた人たちが嘆き悲しんで泣いているところに行き、そのことを知らせた。
11 ところが、彼らは、イエスが生きておられ、お姿をよく見た、と聞いても、それを①信じようとはしなかった。
12 その後、彼らのうちのふたりがいなかのほうへ歩いていたおりに、イエスは別の姿でご自分を現された。
13 そこでこのふたりも、残りの人たちのところへ行ってこれを知らせたが、彼らはふたりの話も信じなかった。
14 しかしそれから後になって、イエスは、その十一人が食卓に着いているところに現れて、彼らの②不信仰とかたくなな心をお責めになった。それは、彼らが、よみがえられたイエスを見た人たちの言うところを信じなかったからである。

9 * 異本9-20節を欠くものがある
① ヨハ20:14, 図マタ27:56
10 ① ヨハ20:18
11 ① マコ16:13,14, ルカ24:11, 図マタ28:17, ヨハ20:25,
12 ② ルカ24:13-35
13 ① マコ16:11,14, ルカ24:11, 図ルカ24:41, ヨハ20:25, 図マタ28:17
14 図ルカ24:36, ヨハ20:19, 26, I コリ15:5
① マコ16:11,14, ルカ24:11
② マコ16:11,13, ルカ24:11, 図ルカ24:41, ヨハ20:25, 図マタ28:17
15 ① マタ28:19
16 ① ヨハ3:18, 36, 使徒16:31
17 * あるいは「証拠としての奇蹟」
① マコ9:38, ルカ10:17, 使5:16,8:7,16:18,19:12
② 図使2:4, 10:46, 19:6, I コリ12:10,28,30,13:1, 14:2等
18 ① 図ルカ10:19, 使28:3-5
② 図マコ5:23
19 ① 図使1:3
② 図ルカ9:51, 24:51, ヨハ6:62, 20:17, 使1:2, I テモ3:16
③ 詩110:1, ルカ22:69, 使7:55, 56, ロマ8:34, エペ1:20, コロ3:1, ヘブ1:3,8:1,10:12,12:2, I ペテ3:22
20 * あるいは「証拠としての奇蹟」
** 異本「アーメン」を加える
別の追加文
* この追加文を8節のあとに置いている少数の異本や古代訳がある

出て行って宣べ伝えること

15 それから、イエスは彼らにこう言われた。「全世界に出て行き、すべての造られた者に、福音を宣べ伝えなさい。
16 信じてバプテスマを受ける者は、救われます。しかし、信じない者は罪に定められます。
17 信じる人々には次のようなしるしが伴います。すなわち、①わたしの名によって悪霊を追い出し、②新しいことばを語り、
18 ①蛇をもつかみ、たとい毒を飲んでも決して害を受けず、また、②病人に手を置けば病人はいやされます。」
19 主イエスは、彼らにこう話されて後、①天に上げられて②神の③右の座に着かれた。
20 そこで、彼らは出て行って、至る所で福音を宣べ伝えた。主は彼らとともに働き、みことばに伴うしるしをもって、みことばを確かなものとされた。〕**

別の追加文
〔さて、女たちは、命じられたすべてのことを、ペテロとその仲間の人々にさっそく知らせた。その後、イエスご自身、彼らによって、きよく、朽ちることのない、永遠の救いのおとずれを、東の果てから、西の果てまで送り届けられた。〕

ルカ24:47-48

使6:8

16:9-20　主イエスの現れ　16:9-20は二つの古いギリシヤ語写本にはないけれども、新約聖書を編纂するために使われた古代の写本や、古代の世界全域から集められた大多数のギリシヤ語写本に見ることができる。多くの学者や専門家は、古代写本の大多数に含まれているならその文は聖書のどの部分でも聖書記者自身が書いたものと考えられると結論付けている。ここに書かれている内容は、初代教会が実際に見、信じ、体験したことを確かに示している。正しく解釈すれば、ここに書かれていることは神のことばのほかの箇所と矛盾するものではない。このような理由から16:9-20は霊感を受けて書かれた権威ある神のことばであると考えられる。

16:17　次のようなしるしが伴います　→「信者に伴うしるし」の項 p.1768

16:18　蛇をもつかみ　蛇をつかんだり毒を飲んだり、そのほかの異常な行動は、どんなかたちでも自分が霊的であることを証明するために儀式化したり習慣化してはならない。ここの約束は、キリストの弟子たちがキリストの大宣教命令を実行する過程で非常な危険に遭ったときのためのものである(16:15)。愚かで不必要な危険を自分から起こしたり、それに自分をさらすことは、神を試す罪である(マタ4:5-7, 10:23, 24:16-18)。

信者に伴うしるし

「信じる人々には次のようなしるしが伴います。すなわち、わたしの名によって悪霊を追い出し、新しいことばを語り、蛇をもつかみ、たとい毒を飲んでも決して害を受けず、また、病人に手を置けば病人はいやされます。」(マルコの福音書 16：17-18)

　キリストに従う人々の生活と奉仕の働きには超自然的なわざが伴うようになることをキリストは願っておられると、聖書に啓示されている神のことばははっきりと教えている。キリストを信じる信仰によって罪の赦しと永遠のいのちを受けることができるというメッセージを広める人々は、主イエスと同じようにキリストの名前によって奇蹟も行うべきである。それは神の国が今地上でも活動しており、だれもが体験できる事実を示す証拠である(→マタ10：1, マコ3：14-15, ルカ9：2注, 10：17, ヨハ14：12注)。そのようなことをキリスト者は自分では行うことができない。けれどもキリスト者は主イエスの地上での代理人であり、その権威の下にいるので(→マタ28：18-20, Ⅱコリ5：20)、聖霊の力によってそれらのことを行えるのである。それは主イエスがあがめられるためである。主イエスはご自分が地上を去り聖霊が来られて力を与えられると、主イエスより大きなわざを行うことができるようになると弟子たちに言われた(ヨハ14：12, →「**キリストの奇蹟**」の表 p.1942)。これは弟子たちがさらに広くメッセージを伝え、長い間にはさらに多くの人に伝えるようになることを言っておられる。また広い範囲でさらに偉大な超自然的な働きを行うことも意味している。「さらに大きなわざ」を行うかぎはキリストを信じることである。キリストに従う人々が奇蹟を行うのはその人が優れているからではなく、今も主イエスがその人々を通して働き奇蹟を行ってくださるからである。

　(1) キリストの弟子たちが行うこれらのしるし(《ギ》セーメイオン)は福音(キリストの「よい知らせ」)のメッセージが本物であり、神の国(神の偉大な力、権威、目的、生き方)が力強く超自然的なかたちで地上に来ていることを確実に示している(→「**神の国**」の項 p.1654)。主イエスの名前によって(主イエスの代理としてその権威の下で行動する)行う奇蹟やしるしは、主イエスがキリスト者を通して今も生きておられ、臨在し、活発に働いておられることを示している(→ヨハ10：25, 使10：38)。

　(2) これらのしるしはみな(毒を飲むことを除いて)初代教会の歴史の記録の中に見ることができる。それは、(a) 新しいことばを話すこと(→使2：4, 10：46, 19：6, Ⅰコリ12：30, 14：, →「**異言**」の項 p.1957)、(b) 悪霊を追出すこと(使5：15-16, 16：18, 19：11-12)、(c) 蛇の毒から逃れること(使28：3-5)、(d) 病人を癒すこと(使3：1-7, 8：7, 9：33-34, 14：8-10, 28：7-8, →「**使徒たちの奇蹟**」の表 p.1941)などである。

　(3) 主イエスが地上に再び来られるまで、これらの超自然的霊的活動がキリストの教会の中に継続することを神は望んでおられる。神のことばは、主イエスが地上を離れて天に戻られた直後の期間にだけこれらのしるしが限定されていたなどとは示していない(→Ⅰコリ1：7注, 12：28, ガラ3：5)。ある人々は教会が始まり、キリストのメッセージが早く伝わるためにこれらのしるしは最初の期間にだけ必要だったと言う。けれどメッセージが広がり教会が成長するにつれてこれらの超自然的活動は減少するとか必要ではなくなるなどと聖書は教えていない。またそのような証拠も示していない。むしろ逆に新約聖書は多くの箇所で、教会は同じ力と同じ御霊の賜物の働きを持って奉仕の働きを続けるように指示を出している(→「**御霊の賜物**」の項 p.2138)。主イエスご自身のことばに加えてパウロは御霊の賜物について教えており(Ⅰコリ12：, 14：)、ヤコブは病人のために祈ることを教えている(ヤコ5：13-18, →「**神による癒し**」の項 p.1640)。結局教会は「使徒の働き」や新約聖書のほかの箇所に描かれているのと同じ目的に仕えているので、今も同じ力を必要としているのである(→「**教会**」の項 p.1668)。

　(4) キリストに従う人々は神の国のメッセージを伝えるだけではなく(マタ28：19-20, マコ16：15-16, ルカ24：47)、神の国の力をも伝えるべきである。つまりキリストについて話をするだけではなく、キリス

トが地上におられたときにされたようにその力を示すべきである(使10:38)。それは悪霊を追出し、病人を癒すことである(→「**神の国**」の項 p.1654)。このような奉仕の働きは、キリストの救いは全存在(からだとたましいと霊)の解放と癒しを行うものというその完全な姿を示すものである(→イザ53:,→「**人間性**」の項 p.1100)。

(5) 主イエスはマルコの福音書16章15－20節で、これらのしるしは少数の人にだけ与えられる特別な賜物ではなく、キリストに従ってメッセージを伝え、約束に頼るキリストの弟子たち全員に与えられると教えられた(→「**御霊の賜物**」の項 p.2138)。

(6) 今日の教会にこれらの「しるし」が起きていないのは、キリストが約束を守っておられないのではない。むしろ大抵はその地域教会の信仰者たちの信仰と献身が不足していることを示す証拠なのである(→マタ17:17注)。

(7) キリストに誠実であり続けるなら、サタンの王国と戦うときにキリストの権威と力と臨在はともにあるとキリストは約束された(マタ28:18-20, ルカ24:47-49)。私たちは主イエスの真理を広め、神の基準に従った生活をし(マタ6:33, ロマ6:13, 14:17)、御霊の力を通して超自然的しるしと奇蹟を行って、人々を悪魔の支配から助け出さなければならない(→マタ10:1注, マコ16:16-20, 使4:31-33, →「**サタンと悪霊に勝利する力**」の項 p.1726)。

ルカの福音書

概　　要

I. ルカの福音書の序言 (1:1-4)
II. 救い主イエスの出現 (1:5-2:52)
　A. バプテスマのヨハネの誕生の予告 (1:5-25)
　B. 主イエスの誕生の予告 (1:26-56)
　C. バプテスマのヨハネの誕生 (1:57-80)
　D. 主イエスの誕生 (2:1-20)
　E. 宮での幼子主イエス (2:21-39)
　F. 宮での少年主イエス (2:40-52)
III. 主イエスの公生涯の準備 (3:1-4:13)
　A. バプテスマのヨハネの働き (3:1-20)
　B. 主イエスのバプテスマ (3:21-22)
　C. 主イエスの系図 (3:23-38)
　D. 主イエスに対する誘惑 (4:1-13)
IV. ガリラヤ内外での働き (4:14-9:50)
　A. 主イエスの働きの開始とナザレでの拒絶 (4:14-30)
　B. カペナウムで現された主イエスの超自然的な権威と力 (4:31-44)
　C. 多くの奇蹟と最初の弟子たちの召命 (5:1-28)
　D. 罪びとを救う主イエスの働きとユダヤ人指導者との対決 (5:29-6:11)
　E. 十二弟子の選び (6:12-16)
　F. 平野で教えられた人生の原則 (6:17-49)
　G. 百人隊長の偉大な信仰と死に打勝つ主イエスの力 (7:1-17)
　H. 主イエスに対するバプテスマのヨハネの質問とヨハネに対する主イエスの評価 (7:18-35)
　I. 女性とのやり取りの中での主イエスの同情に満ちた働き (7:36-8:3)
　J. 神の国での生産力と行動のたとえ (8:4-21)
　K. 自然、悪魔、死に対する主イエスの力 (8:22-56)
　L. 主イエスが弟子たちに授けた力とヘロデの悩み (9:1-9)
　M. 五千人に食物を与える奇蹟 (9:10-17)
　N. ペテロの告白と主イエスの応答 (9:18-27)
　O. 救い主の栄光の現れ (9:28-50)
V. エルサレムへ行く途中のユダヤでの伝道 (9:51-13:21)
　A. サマリヤでの拒絶 (9:51-56)
　B. 主イエスに従う代価 (9:57-62)
　C. 七十人の任命、報告、祝福 (10:1-24)
　D. 律法の専門家からの挑戦と良いサマリヤ人のたとえ (10:25-37)
　E. 主イエスの訪問に対するマルタとマリヤの反応 (10:38-42)
　F. 祈りについての教え (11:1-13)
　G. 悪霊に対する権威と宗教的偽善についての指導者との対決 (11:14-54)
　H. 反対、いのち、終りのときについての警告と励まし (12:1-13:9)
　I. 安息日の癒しと神の国のたとえ (13:10-21)
VI. エルサレムへの最後の旅の途中でのペレア伝道 (13:22-19:27)
　A. 神の国への狭い門 (13:22-30)
　B. ヘロデについての警告とエルサレムに対する嘆き (13:31-35)
　C. パリサイ人への挑戦 (14:1-24)

ルカの福音書

　　D．弟子になることの代価(14:25-35)
　　E．霊的に失われ、見つけられた人についてのたとえ(15:1-32)
　　F．抜け目のない管理人のたとえ(16:1-18)
　　G．金持とラザロ(16:19-31)
　　H．神の国の到来に対する心構えについての教え(17:1-19:27)
　　　1．罪、信仰、義務(17:1-10)
　　　2．感謝－ツァラアトが癒された十人と主イエスに感謝する一人(17:11-19)
　　　3．期待－神の国の到来と主イエスの再臨(17:20-37)
　　　4．粘り強さ－祈りと不正な裁判官のたとえ(18:1-8)
　　　5．自分を正しいとする姿勢－パリサイ人と取税人のたとえ(18:9-14)
　　　6．素直な信仰か自信か－幼子たち、金持の役人、苦難の救い主、物乞いの盲人、金持の取税人(18:15-19:10)
　　　7．忠実－10ミナのたとえ(19:11-27)
Ⅶ．エルサレムでの主イエスの最後の日々（19:28-23:56)
　　A．エルサレムに入城し、宮をきよめる主イエス(19:28-46)
　　B．宮で教え、権力者の挑戦に応える主イエス(19:47-21:4)
　　C．破壊、迫害、再臨を予告する主イエス(21:5-38)
　　D．主イエスを裏切ることに同意するユダ(22:1-6)
　　E．弟子たちと最後の晩餐をする主イエス(22:7-38)
　　F．激しく祈り、進んで逮捕に応じる主イエス(22:39-53)
　　G．あざけられ、ユダヤ人の宗教議会での裁判を受ける主イエス(22:54-71)
　　H．ピラト、次にヘロデ、再びピラトの前でのローマ人による裁判に耐える主イエス(23:1-25)
　　Ⅰ．処刑された主イエス(23:26-49)
　　J．墓に納められた主イエス(23:50-56)
Ⅷ．主イエスのよみがえりと昇天(24:1-53)
　　A．よみがえりの朝(24:1-12)
　　B．よみがえられた主の現れ(24:13-43)
　　C．最後の教え(24:44-53)

著　者：ルカ

主　題：神であり人間である救い主イエス

著作の年代：紀元60－63年

著作の背景

　ルカの福音書(「よい知らせ」のルカの記録とイエス・キリストの実話)はテオピロ(1:3, 使1:1)という人にあてて書かれた二冊の書物の中の最初のもの(あとの一冊は「使徒の働き」)である。「尊敬する」という表現はテオピロがローマの役人か高い地位にあった人、または裕福な人だったことを意味している。またルカの後援者で経済的に支援をした人、あるいは書物が書き写されて配布されるように責任を持ってくれる人だったと思われる。ルカの福音書はそのテオピロに教えるために書かれたものでもあった。著者の名前はどちらの書物にも(ルカの福音書と使徒の働き)ないけれども、初期のキリスト教の証言が一致しており、文体や構成が基本的に同じであることから両方とも著者はルカであると言うことができる。

　ルカはキリスト者になった異邦人(ユダヤ人以外の人々)と思われる。聖書の書物の著者の中でユダヤ人ではないのはルカだけである。異邦人の教会にはキリスト教の始まりの完全で正確な記録が必要だったので、ルカは聖霊の霊感を受けてテオピロ(「神を愛する者」という意味)にあててこの書物を書いた。その目的を果すためにルカの書物は、(1) 主イエスの誕生、人生、働き、死、復活、昇天を記録しているルカの福音書、(2) エルサレムでの聖霊の注ぎ(初期の教会のキリスト者全体を強めるために神が聖霊を送られた)と、その後の使徒たち(初期の教会の開拓者である指導者)に起こった出来事を記録している使徒の働きの二つの部分から成り立っている。

ルカの福音書

この二冊の書物は新約聖書の四分の一を占めている。

諸教会にあてたパウロの手紙（新約聖書の中の数冊の書物）によれば、ルカは「愛する医者」（コロ4:14）と言われていて、パウロの忠実な同労者だったことがわかる（Ⅱテモ4:11, ピレ1:24, 使徒の働きの中で「私たち」という代名詞が使われていることにも注目。それは様々なことが起きたときに著者がパウロと一緒にいたことを意味している →使緒論）。ルカ自身の文章からルカは高度の教育を受けたすぐれた書き手であり、綿密な歴史家で霊感を受けた神学者（神や神と人間の関係について学んだ人）だったことがわかる。ルカが福音書を書いた頃にはユダヤ人社会の外には、主イエスについてのきちんとした書物や世間に行き渡っているメッセージがなかったと思われる。マタイはユダヤ人のために福音書を書き、マルコはローマの教会のためにずっと短い、けれどもまとまった福音書を書いた。ギリシヤ語を話す異邦人の世界には主イエスの目撃証人の口伝とともに短い文書（要約文）があったけれども、順序立てて書かれた完全な福音書はなかった（→1:1-4）。このような理由からルカは「初めから」（1:3）全部のことを綿密に調べることにした。そしてパウロがカイザリヤの牢獄にいる間（使21:17, 23:23-26:32）にパレスチナで調査をして、その時期の終り頃パウロとローマに到着した直後にこの書物を書き終えたと考えられる（使28:16）。

目　　的

ルカは異邦人（ユダヤ人以外の人々）に「イエスが行い始め、教え始められたすべてのこと・・・天に上げられた日のことにまで」（使1:1-2）、完全で正確な記録を残すためにこの福音書を書いた。聖霊の霊感を受けながら書く中でルカはテオピロやキリストを信じて受入れた（またはキリストのメッセージに関心を持つ）異邦人にそれまでに聞いたあかしや教えが正確な真理であることを知ってほしいと願っていた（1:3-4）。ルカが異邦人にあてて書いたことはこの福音書全体から明らかである。たとえばルカは主イエスの系図（先祖や家族の歴史）をマタイのようにアブラハム（⇒マタ1:1-17）ではなく、最初の人であるアダムまで（3:23-38）さかのぼって書いている。ルカの福音書では主イエスは明らかにアダムの子孫全員（全人類）に霊的救いの道を備えられた神人（神であり同時に人間）である救い主として描かれている。

概　　観

ルカの福音書はバプテスマのヨハネ（その説教によってキリストへの道が備えられた）の誕生と主イエスの誕生にまつわる出来事を示す、すぐれた記録から始まっている（1:5-2:40）。また主イエスの少年時代をわずかであるけれども記録している（2:41-52）。そしてバプテスマのヨハネの働きと主イエスの家族の歴史を描いた後に、ルカは主イエスの働きを大きく三つに区分して示している。
　(1) ガリラヤ内外での働き（4:14-9:50）
　(2) エルサレムへの最後の旅の途中での働き（9:51-19:27）
　(3) エルサレムでの最後の週（19:28-24:49）

この記録の中ではガリラヤでの主イエスの奇蹟の働きがしばしば強調されているけれども、一番焦点が当てられているのは、エルサレムへ行くまでの長期の働きの中で話された教えとたとえ話である（9:51-19:27）。この部分にはルカの福音書特有の大きな資料の塊があり、有名な物語やたとえ話が多く含まれている。ルカの福音書の転換点になることば（主イエスが最後にエルサレムに向けて出発する転機を示すことば 9:51）とかぎのことば（主イエスが地上に来られた第一の目的を示している 19:10）がこの部分の最初と最後に書かれている。そしてほかの福音書には見られないことが多く描かれている。

特　　徴

ルカの福音書には八つの大きな特徴がある。
　(1) 主イエスの誕生前から昇天までの出来事を記録した最もわかりやすく完全な福音書で、新約聖書の書物の中で一番長い書物である。
　(2) 福音書の中で最も文学的で、独特の文体と内容を持ち、豊かなことば遣いやたくみなギリシヤ語を使った福音書である。
　(3) 主イエスはユダヤ人も異邦人も同じように、あらゆる人々に救いを与えるために来られたという福音の世界的な広がりを強調している。
　(4) 女性、子ども、貧しい人、底辺にいる人など恵まれない人々に対する主イエスの思いを強調している。
　(5) 主イエスの祈りの生活と祈りについての教えを強調している（→**効果的な祈り**」の項 p.585）。

(6) 主イエスの称号で最も多く使用されているのは「人の子」で、主イエスの神性（神であること）とともに人間性を強調している。
　(7) 主イエスとそのメッセージを受入れた人々が喜んで応答し喜んでいる態度が記録されている。
　(8) 主イエスの生涯と弟子たちの人生での聖霊の働きの重要性が強調されている（1:15, 41, 67, 2:25-27, 4:1, 14, 18, 10:21, 12:12, 24:49, →**イエスと聖霊**」の項 p.1809）。

ルカの福音書の通読

　新約聖書全体を1年間で通読するためには、ルカの福音書を次のスケジュールに従って49日間で読まなければならない。

☐1:1-25 ☐1:26-56 ☐1:57-80 ☐2:1-20 ☐2:21-52 ☐3 ☐4:1-13 ☐4:14-44 ☐5:1-16 ☐5:17-39 ☐6:1-16 ☐6:17-49 ☐7:1-35 ☐7:36-50 ☐8:1-21 ☐8:22-39 ☐8:40-56 ☐9:1-17 ☐9:18-36 ☐9:37-62 ☐10:1-24 ☐10:25-42 ☐11:1-13 ☐11:14-36 ☐11:37-54 ☐12:1-21 ☐12:22-48 ☐12:49-59 ☐13:1-21 ☐13:22-35 ☐14:1-24 ☐14:25-15:10 ☐15:11-32 ☐16 ☐17:1-19 ☐17:20-18:14 ☐18:15-43 ☐19:1-27 ☐19:28-48 ☐20:1-19 ☐20:20-21:4 ☐21:5-38 ☐22:1-38 ☐22:39-65 ☐22:66-23:25 ☐23:26-49 ☐23:50-24:12 ☐24:13-35 ☐24:36-53

メモ

序言

1:1-4　参照記事－使1:1

1 ¹,² 私たちの間ですでに確信されている出来事※については、初めからの目撃者で、みことばに仕える者となった人々が、私たちに伝えたそのとおりを、多くの人が記事にまとめて書き上げようと、すでに試みておりますので、

³ 私も、すべてのことを初めから綿密に調べておりますから、あなたのために、順序を立てて書いて差し上げるのがよいと思います。尊敬するテオピロ殿。

⁴ それによって、すでに教えを受けられた事がらが正確な事実であることを、よくわかっていただきたいと存じます。

バプテスマのヨハネの誕生の予告

⁵ ユダヤの王ヘロデの時に、アビヤの組の者でザカリヤという祭司がいた。彼の妻はアロンの子孫で、名をエリサベツといった。

⁶ ふたりとも、神の御前に正しく、主のすべての戒めと定めを落度なく踏み行っていた。

⁷ エリサベツは不妊の女だったので、彼らには子がなく、ふたりとももう年をとっていた。

⁸ さて、ザカリヤは、自分の組が当番で、神の御前に祭司の務めをしていたが、

⁹ 祭司職の習慣によって、くじを引いたところ、主の神殿に入って香をたくことになった。

¹⁰ 彼が香をたく間、大ぜいの民はみな、外で祈っていた。

¹¹ ところが、主の使いが彼に現れて、香壇の右に立った。

¹² これを見たザカリヤは不安を覚え、恐怖に襲われたが、

¹³ 御使いは彼に言った。「こわがることはない。ザカリヤ。あなたの願いが聞かれたのです。あなたの妻エリサベツは男の子を産みます。名をヨハネとつけなさい。

¹⁴ その子はあなたにとって喜びとなり楽しみとなり、多くの人もその誕生を喜びます。

¹⁵ 彼は主の御前にすぐれた者となるからです。彼は、ぶどう酒も強い酒も飲まず、まだ母の胎内にあるときから聖霊に満たされ、

¹⁶ そしてイスラエルの多くの子らを、彼らの神である主に立ち返らせます。

¹⁷ 彼こそ、エリヤの霊と力で主の前ぶれを

1,2 圀ロマ14:5, コロ4:12, Iテサ1:5, ヘブ6:11
※別訳「すでに成就された出来事」
①ヨハ15:27,
②使1:21, 22
③Ⅱペテ1:16, Iヨハ1:1
④マコ1:14, 16:20, 使8:4, 14:25, 16:6, 17:11
⑤使26:16, Iコリ4:1, ヨハ15:27
3①使11:4
②圀使23:26, 24:2, 26:25
③使1:1
4①圀使18:25, ロマ2:18, Iコリ14:19, ガラ6:6
5①マタ2:1
②Ⅰ歴24:10
6①創7:1, 圀使8:21
※あるいは「非難されるところなく」
②ピリ2:15, 3:6, Iテサ3:13

8①Ⅰ歴24:19, 圀8:14, 31:2
9①出30:7, 8
10①圀レビ16:17
11①ルカ2:9, 圀使5:19
13①ルカ1:30, 圀マタ14:27
②ルカ1:60, 63
15①民6:3, 士13:4, マタ11:18, ルカ7:33
17①圀マタ11:14
②ルカ1:76

1:1-4　テオピロ殿　著者と受取人の詳細　→ルカ緒論

1:5　アビヤの組・・・アロンの子孫で　神は祭司職を旧約聖書のアロンを通して設けておられたけれども、ザカリヤと妻はともにそのアロン(モーセの兄)の家系だった。ダビデ王の時代から祭司は24の組に分けられていて、アビヤは「祭司で一族のかしら」の一人だった(ネヘ12:12, →Ⅰ歴24:10)。

1:6　神の御前に正しく　→ルカ2:25注

1:15　聖霊に満たされ　生れた時からヨハネの中には神の御霊が宿っておられ、導きと神に仕えるための力を与えておられた。御霊に満たされたヨハネの生涯と働きには注目するべきものがある。聖霊の力によってヨハネは、(1) 説教を通して人々の罪をさらけ出し、神に立返らなければならない自覚させ(1:15-17, →ヨハ16:8注)、(2) 預言者エリヤの霊と力によって説教をし(1:17, →使1:8注)、(3) 家族関係を正しく回復させ、神の基準通りに正しいことを行うように多くの人を導いた(1:17)。

1:15　ぶどう酒も強い酒も　ギリシヤ語聖書を直訳すると、「彼はぶどう酒(《ギ》オイノス)や強い酒(シケラ)を飲まない」となる。「強い酒」を指すギリシヤ語はシケラである。このことばの正確な意味はわかっていないけれども、旧約聖書の「シェカール」のことと思われる(→「**旧約聖書のぶどう酒**」の項 p.1069, →「**新約聖書のぶどう酒**」の項 p.1870)。

1:17　エリヤの霊と力　様々な面でヨハネは旧約聖書の勇敢な預言者エリヤに似ている(→マラ4:5注)。ヨハネは聖霊に満たされていた(完全に導かれ力を与えられている)ので(1:15)、その説教の中心は神の基準に照らして道徳的に霊的に何が正しいのかを示すことだった(3:7-14, マタ3:1-10)。そして罪(人々が神に反抗し、自分の努力で神の基準に到達できないこと)と義(神との正しい関係に生き、神の基準で正しいことを行うこと)とさばき(生涯で行ったことの責任を神の前で問われること →ヨハ16:8注)について説教して、神との正しい関係に立返るように人々に訴えた(1:16)。また「逆らう者を義人の心に立ち戻らせ」た(→マタ11:7注)。ヨハネは自分の立場や人気や身の安全のために正しいことを妥協したり神のことばの原

し、父たちの心を子どもたちに向けさせ、逆らう者を義人の心に立ち戻らせ、こうして、整えられた民を主のために用意するのです。」
¹⁸そこで、ザカリヤは御使いに言った。「私は何によってそれを知ることができましょうか。私ももう年寄りですし、妻も年をとっております。」
¹⁹御使いは答えて言った。「私は神の御前に立つガブリエルです。あなたに話をし、この喜びのおとずれを伝えるように遣わされているのです。
²⁰ですから、見なさい。これらのことが起こる日までは、あなたは、ものが言えず、話せなくなります。私のことばを信じなかったからです。私のことばは、その時が来れば実現します。」
²¹人々はザカリヤを待っていたが、神殿であまり暇取るので不思議に思った。
²²やがて彼は出て来たが、人々に話すことができなかった。それで、彼は神殿で幻を見たのだとわかった。ザカリヤは、彼らに合図を続けるだけで、口がきけないままであった。
²³やがて、務めの期間が終わったので、彼は自分の家に帰った。
²⁴その後、妻エリサベツはみごもり、五か月の間引きこもって、こう言った。
²⁵「主は、人中で私の恥を取り除こうと心にかけられ、今、私をこのようにしてくださいました。」

主イエスの誕生の予告

²⁶ところで、その六か月目に、御使いガブリエルが、神から遣わされてガリラヤのナザレという町のひとりの処女のところに来た。
²⁷この処女は、ダビデの家系のヨセフという人のいいなずけで、名をマリヤといった。
²⁸御使いは、入って来ると、マリヤに言っ

17③マラ4:6
19①圏マタ18:10
　②ルカ1:26, ダニ8:16, 9:21

22①ルカ1:62
　*あるいは「身振り、手振りをする」「うなずく」
25①創30:23, イザ4:1
26①圏ルカ1:19
　②マタ2:23
27①マタ1:18
　マタ1:16, 20, ルカ2:4
　*ギリシヤ語「マリアム」、ヘブル語の「ミリヤ」に当たる

則を曲げたりすることはなく(3:19-20, マタ14:1-11)、ただ神に従い真理に忠実だった。これらのことからヨハネは「神の人」(神の特性と力と目的を表すのにふさわしい模範)と言われる。

1:17 父たちの心を子どもたちに 父親が息子や娘を愛することなく神の道や命令を教えてこなかったことは、神の民が歴史を通して犯してきた一つの大きな罪である(→マラ4:6注)。その父親たちに、ヨハネの説教はもう一度神を尊びその目的を果すように、そして家族を導くように迫ったのである。

(1) 福音(主イエスについての「よい知らせ」)が目的としていることの一つは、神が願っておられる家族関係が実現すること、特に父親と子どもの関係が再建されることである(その関係が崩壊または希薄な場合、家族は困難に直面したり機能しなくなりやすい)。ヨハネは人々にへりくだって神に立返り、人生の主導権を神に明け渡すように訴え、父親には、神に喜ばれる態度を持って子どものために生きるように励ました。

(2) 今の教会が神の望まれるような教会になれない要因の一つは、家族関係(特に父親が子どもの世話を放棄して)が具体的、感情的、霊的に崩壊していることではないかと考えられる。父親たちは、自分は子どもを放棄したり放置したりしていないと否定するかもしれない。けれども子どもと一緒の時間を過さなかったり、子どもに神のことばや神の基準を教えたりしていないなら、明らかに父親には愛が欠けているのである。

(3) 父親と子どもの関係については次のような重要な聖句がある。(a) 神と神の目的に忠実に従うことを子どもに教えること(出10:2, 13:8, 申4:9-10, 6:6-25, 11:18-21, 詩78:5-8, イザ38:19, ヨエ1:3, エペ6:4, Ⅰテサ2:11)。(b) 子どもを愛し、間違いを正し、しつけること(詩103:13, 箴3:12, 13:24, 23:13-14, マラ4:6, ルカ11:11-13, Ⅱコリ12:14, エペ6:4, コロ3:21, Ⅰテサ2:11, Ⅰテモ3:4-5, 12, 5:8, テト2:4, ヘブ12:7)。(c) 自分の子どものために祈ること(創17:18, Ⅱサム12:16, Ⅰ歴22:11-12, 29:19, ヨブ1:5, エペ3:14-19, →ヨハ17:1注―ここに子どものために父親が祈る模範的な祈りがある, →**「親と子ども」**の項 p.2265)。

1:27 いいなずけ これはギリシヤ語の「エムネーステウメネン」(直訳「いいなずけになっている」)という単語から訳されている。「いいなずけ」は結婚に法的に同意することで(「婚約」よりもはるかに強い)、実際の結婚と同じように拘束力があり、解消するには離婚をするしかなかった。またいいなずけになる前にもあとにも性的自制が双方に求められた。この期間に不誠実な行いをするなら姦淫と見なされ、神がモーセを通してイスラエルに与えられた律法に従って死刑にされた(申22:23-24)。したがってマリヤが身重になったとき、正しい人であり寛大な人だったヨセフは内密に離婚しようとした(マタ1:18-21)。そのとき主がマリヤの妊娠した実情を夢の中で啓示されたので、ヨセフは

た。「おめでとう、恵まれた方。主があなたとともにおられます。」

29 しかし、マリヤはこのことに、ひどくとまどって、これはいったい何のあいさつかと考え込んだ。

30 すると御使いが言った。「こわがることはない。マリヤ。あなたは神から恵みを受けたのです。

31 ご覧なさい。あなたはみごもって、男の子を産みます。名をイエスとつけなさい。

32 その子はすぐれた者となり、いと高き方の子と呼ばれます。また、神である主は彼にその父ダビデの王位をお与えになります。

33 彼はとこしえにヤコブの家を治め、その国は終わることがありません。」

34 そこで、マリヤは御使いに言った。「どうしてそのようなことになりえましょう。私はまだ男の人を知りませんのに。」

35 御使いは答えて言った。「聖霊があなたの上に臨み、いと高き方の力があなたをおおいます。それゆえ、生まれる者は、聖なる者、神の子と呼ばれます。

36 ご覧なさい。あなたの親類のエリサベツ

28 *異本「あなたはどの女よりも祝福された方です」を加えるものもある
29 ①囲ルカ1:12
30 ①囲ルカ1:13,囲マタ14:27
31 ①囲マタ1:21, 25,ルカ2:21
32 ①囲ルカ1:35, 76, 6:35,使7:48, 圖マコ5:7
33 ①囲マタ28:18,ダニ2:44, 7:14, 18, 27
35 ①囲ルカ1:18
②圖ルカ1:32
*直訳「生まれて来る聖なる者は」
③囲マコ1:24
④マタ4:3

37 ①囲マタ19:26
39 ①ルカ1:65,囲ヨシ20:7, 21:11
41 ①ルカ1:67
43 ①囲ルカ2:11

も、あの年になって男の子を宿しています。不妊の女といわれていた人なのに、今はもう六か月です。

37 神にとって不可能なことは一つもありません。」

38 マリヤは言った。「ほんとうに、私は主のはしためです。どうぞ、あなたのおことばどおりこの身になりますように。」こうして御使いは彼女から去って行った。

エリサベツを訪れるマリヤ

39 そのころ、マリヤは立って、山地にあるユダの町に急いだ。

40 そしてザカリヤの家に行って、エリサベツにあいさつした。

41 エリサベツがマリヤのあいさつを聞いたとき、子が胎内でおどり、エリサベツは聖霊に満たされた。

42 そして大声をあげて言った。「あなたは女の中の祝福された方。あなたの胎の実も祝福されています。

43 私の主の母が私のところに来られるとは、何ということでしょう。

「その妻を迎え入れ」た(マタ1:24)。そして主イエスが生れるまで性的関係を持つことはなかった(マタ1:25)。

1:28 恵まれた方 主イエスの母として選ばれたマリヤは、ある意味でどの女性よりも恵まれていた。けれどもマリヤを礼拝したり、マリヤに向けて祈ったり、特別な称号を与えたりすることを新約聖書は教えることも提案することもしていない。マリヤは尊敬に値する。けれども礼拝するのにふさわしいのはその息子である主イエスだけである。(1) マリヤは神の心にかなっていたので選ばれた(⇒創6:8)。謙遜で神を敬う生活をしていたので神に喜ばれ、この最も重要な働きのために選ばれた(⇒Ⅱテモ2:21)。(2) マリヤの祝福は大きな喜びだけではなく、多くの苦しみと痛みをももたらすものだった(→2:35)。それはマリヤの息子(主イエス)は人々から拒まれ罪がないのに処刑されるからである。この世界では、神がある働きのために人々を召されるときにはほとんど必ず、祝福と苦しみ、喜びと悲しみ、成功と落胆の両方が伴うのである。

1:32 父ダビデ ユダヤ人のメシヤ(「油そそがれた者」、選ばれた者、救い主、キリスト)は神を敬うダビ

デ王の「子」、子孫であることがはるか昔から約束され預言されていた(1:69, ⇒エレ23:5, →マタ1:1-16注、→「ダビデとの神の契約」の項 p.512)。→「キリストによって成就した旧約聖書の預言」の表 p.1029

1:35 聖なる者 主イエスが処女から生れたことをルカもマタイも誤解のないほどはっきりと書いている(1:27, マタ1:18, 23注)。マリヤのからだの中で聖霊の奇蹟が行われ神の超自然的働きによって子どもをみごもったのである。したがって、主イエスは完全に「聖」(純粋、完全、霊的に完璧、神の目的に全部ささげられている)である。この場合、主は罪のしみがない状態で(人間として生まれただれとも違って)、霊的な堕落と無関係にこの世界に来られたということである。詳細 →「イエスと聖霊」の項 p.1809

1:38 あなたのおことばどおり マリヤは神のみこころ(神がご自分の特性と目的をもとに願い計画されること)に自分を完全にゆだね、神のメッセージに頼った。そして主イエスの母となることに伴う名誉と批判の両方を素直に受け入れた。たとい聖霊の奇蹟によってであっても、結婚前に妊娠したことが明らかになるなら(2:5, →マタ1:18, 19)、一部の批判と拒絶がすぐに起こると思われた。教会にいる若い女性はど

44 ほんとうに、あなたのあいさつの声が私の耳に入ったとき、私の胎内で子どもが喜んでおどりました。
45 主によって語られたことは必ず実現すると信じきった人は、何と幸いなことでしょう。」

マリヤの歌
1:46-53　並行記事－Ⅰサム2:1-10
46 マリヤは言った。
「わがたましいは主をあがめ、
47 わが霊は、わが救い主なる神を喜びたたえます。
48 主はこの卑しいはしために
目を留めてくださったからです。
ほんとうに、これから後、どの時代の人々も、
私をしあわせ者と思うでしょう。
49 力ある方が、
私に大きなことをしてくださいました。
その御名は聖く、
50 そのあわれみは、主を恐れかしこむ者に、
代々にわたって及びます。
51 主は、御腕をもって力強いわざをなし、
心の思いの高ぶっている者を追い散らし、
52 権力ある者を王位から引き降ろされます。
低い者を高く引き上げ、
53 飢えた者を良いもので満ち足らせ、
富む者を何も持たせないで追い返されました。
54 主はそのあわれみをいつまでも忘れないで、
そのしもベイスラエルをお助けになり

45①ルカ1:48, 囚ルカ1:20
46①ルカ1:46-53, Ⅰサム2:1-10
②詩34:2, 3
47①Ⅰテモ1:1, 2:3, テト1:3, 2:10, 3:4, ユダ25
②詩35:9
48①ルカ1:45
50①詩103:17
51①詩98:1, 118:15
53①詩107:9

55①囚創17:19, 詩132:11, ガラ3:16
58①創19:19
59①創17:12, レビ12:3, ルカ2:21, ピリ3:5
60①ルカ1:13, 63
62①ルカ1:22
63①ルカ1:13, 60
64①ルカ1:20
65①囚ルカ1:39
66①使11:21

ました。
55 私たちの父祖たち、アブラハムとその子孫に
語られたとおりです。」
56 マリヤは三か月ほどエリサベツと暮らして、家に帰った。

バプテスマのヨハネの誕生
57 さて月が満ちて、エリサベツは男の子を産んだ。
58 近所の人々や親族は、主がエリサベツに大きなあわれみをおかけになったと聞いて、彼女とともに喜んだ。
59 さて八日目に、人々は幼子に割礼するためにやって来て、幼子を父の名にちなんでザカリヤと名づけようとしたが、
60 母は答えて、「いいえ、そうではなくて、ヨハネという名にしなければなりません」と言った。
61 彼らは彼女に、「あなたの親族にはそのような名の人はひとりもいません」と言った。
62 そして、身振りで父親に合図して、幼子に何という名をつけるつもりかと尋ねた。
63 すると、彼は書き板を持って来させて、「彼の名はヨハネ」と書いたので、人々はみな驚いた。
64 すると、たちどころに、彼の口が開け、舌は解け、ものが言えるようになって神をほめたたえた。
65 そして、近所の人々はみな恐れた。さらにこれらのことの一部始終が、ユダヤの山地全体にも語り伝えられて行った。
66 聞いた人々はみな、それを心にとどめて、「いったいこの子は何になるのでしょう」と言った。主の御手が彼とともにあったからである。

んなことがあっても、マリヤの模範にならって神への愛、みことばへの信仰を保ち、聖霊に聞き従い、マタイ1:25にあるように性的なきよさを保つべきである。

1:47　わが救い主なる神　このことばの中で、マリヤは自分が霊的救いを必要としていることを認めている。過去のあらゆる人々と同じようにマリヤもまた、「救い主」としてのキリストを必要とする罪びとだった。マリヤがしみ一つなく母の胎に宿り（アダムとエバが最初に神に逆らって以来全人類に受継がれてきた

原罪と神からの分離の影響をマリヤのたましいは受けていないという考え方）、欠点のない生涯を送ったという考えは、神のことばのどこにも教えられていない（⇒ロマ3:9, 23）。この「マリヤの歌」はルカによって保存されている四つの賛美（神をたたえる歌）の一つである（→1:68-79, 2:14, 29-32）。この賛美の歌は「マグニフィカト」（ラテン語ウルガタ訳聖書のこの祈りの冒頭のことば）として知られている。「ほめたたえる」という意味である。

ザカリヤの歌

67 さて父ザカリヤは、聖霊に満たされて、預言して言った。

68 「ほめたたえよ。イスラエルの神である主を。
主はその民を顧みて、贖いをなし、

69 救いの角を、われらのために、
しもべダビデの家に立てられた。

70 古くから、その聖なる預言者たちの口を通して、
主が話してくださったとおりに。

71 この救いはわれらの敵からの、
すべてわれらを憎む者の手からの救いである。

72 主はわれらの父祖たちにあわれみを施し、
その聖なる契約を、

73 われらの父アブラハムに誓われた誓いを覚えて、

74,75 われらを敵の手から救い出し、
われらの生涯のすべての日に、
きよく、正しく、
恐れなく、主の御前に仕えることを許される。

76 幼子よ。あなたもまた、
いと高き方の預言者と呼ばれよう。
主の御前に先立って行き、その道を備え、

77 神の民に、罪の赦しによる救いの知識を与えるためである。

78 これはわれらの神の深いあわれみによる。
そのあわれみにより、
日の出がいと高き所からわれらを訪れ、

79 暗黒と死の陰にすわる者たちを照らし、
われらの足を平和の道に導く。」

80 さて、幼子は成長し、その霊は強くなり、イスラエルの民の前に公に出現する日まで荒野にいた。

主イエスの誕生

2 1 そのころ、全世界の住民登録をせよという勅令が、皇帝アウグストから出た。

2 これは、クレニオがシリヤの総督であったときの最初の住民登録であった。

3 それで、人々はみな、登録のために、それぞれ自分の町に向かって行った。

4 ヨセフもガリラヤの町ナザレから、ユダヤのベツレヘムというダビデの町へ上って行った。彼は、ダビデの家系であり血筋でもあったので、

5 身重になっているいいなずけの妻マリヤもいっしょに登録するためであった。

6 ところが、彼らがそこにいる間に、マリヤは月が満ちて、

7 男子の初子を産んだ。それで、布にくるんで、飼葉おけに寝かせた。宿屋には彼ら

1:67 聖霊に満たされて イエス・キリストの誕生にかかわった多くの人に、聖霊が力を与えられたことをルカは記録している(1:15, 35, 41, 67, 2:25)。キリストが昇天(天に帰ること)された後には、キリストに従う人ならだれにでも聖霊に満たされる道が開かれた(使1:-2:, →「旧約聖書の聖霊」の項 p.1493,「聖霊のバプテスマ」の項 p.1950,「聖霊の教理」の項 p.1970)。

1:75 きよく、正しく 贖い(霊的な救い、罪からの解放、神との正しい関係への回復)の最高の目的は、私たちをサタンの王国から解放し、その力から自由にし(使26:18)、「われらの生涯のすべての日に、きよく、正しく」神に仕えることができるようにすることである(⇒エペ1:4)。信仰者にとって「聖さ」とは道徳的純粋性、高潔さ、霊的健全性、悪からの分離、神への献身のことである。「正しく」歩くということは神との正しい関係を保ち神の基準に照らして正しいことを行うことである。神の民はみな、邪悪な世界の中にいても神の助けによって「きよく、正しく」生きることを目指さなければならない。このきよい生活は「主の御前に」、神の臨在を絶えず意識しながら生きることである。

2:7 飼葉おけ キリストは家畜を入れる馬小屋(ほら穴と思われる)でお生まれになった。飼葉おけとは家畜のえさを入れる細長い入れ物である。救い主の誕生(神が人間のからだをとられた)という歴史の中で最大の出来事は(ヨハ1:1, 14)、最も粗末な環境の中で起きた。主イエスは王の王である(黙17:14, 19:16)のに、地上の基準からすると王のようには生れず、王のような生活もされなかった。神の民も神の国の中では王であり祭司である(→Ⅰペテ2:5, 9, 黙5:10)。けれどもこの地上の生活では、主イエスが模範を示された謙遜と質素な生き方に従わなければならない。

ルカの福音書　2章

のいる場所がなかったからである。

羊飼いと御使い

8 さて、この土地に、羊飼いたちが、野宿で夜番をしながら羊の群れを見守っていた。
9 すると、主の使いが彼らのところに来て、主の栄光が回りを照らしたので、彼らはひどく恐れた。
10 御使いは彼らに言った。「恐れることはありません。今、私はこの民全体のためのすばらしい喜びを知らせに来たのです。
11 きょうダビデの町で、あなたがたのために、救い主がお生まれになりました。この方こそ主キリストです。
12 あなたがたは、布にくるまって飼葉おけに寝ておられるみどりごを見つけます。これが、あなたがたのためのしるしです。」
13 すると、たちまち、その御使いといっしょに、多くの天の軍勢が現れて、神を賛美して言った。
14 「いと高き所に、栄光が、神にあるように。
　地の上に、平和が、
　　御心にかなう人々にあるように。」
15 御使いたちが彼らを離れて天に帰ったとき、羊飼いたちは互いに話し合った。「さ

9① ルカ1:11, 黙5:19
　② ルカ24:4, 使12:7
10① 田 マタ14:27
11① ヨハ4:42, 使5:31,
　　田 マタ1:21
　② 使2:36, 10:36,
　　ルカ1:43
　③ マタ16:16, 20,
　　ヨハ11:27, 田 マタ1:16
　＊ すなわち「メシヤ」－
　　油そそがれた者
12① Ⅰサム2:34,
　　Ⅱ列19:29, 20:8, 9,
　　イザ7:11, 14
14① ルカ19:38,
　　田 マタ21:9
　② ルカ3:22,
　　エペ1:9, ピリ2:13

19① ルカ2:51
20① 田 マタ9:8
21① 田 ルカ1:59
22① 田 ルカ1:31
23① 出13:2, 12

あ、ベツレヘムに行って、主が私たちに知らせてくださったこの出来事を見て来よう。」
16 そして急いで行って、マリヤとヨセフと、飼葉おけに寝ておられるみどりごを捜し当てた。
17 それを見たとき、羊飼いたちは、この幼子について告げられたことを知らせた。
18 それを聞いた人たちはみな、羊飼いの話したことに驚いた。
19 しかしマリヤは、これらのことをすべて心に納めて、思いを巡らしていた。
20 羊飼いたちは、見聞きしたことが、全部御使いの話のとおりだったので、神をあがめ、賛美しながら帰って行った。♪ルカ18・43

宮でささげられる主イエス

21 八日が満ちて幼子に割礼を施す日となり、幼子はイエスという名で呼ばれることになった。胎内に宿る前に御使いがつけた名である。
22 さて、モーセの律法による彼らのきよめの期間が満ちたとき、両親は幼子を主にささげるために、エルサレムへ連れて行った。
23 ──それは、主の律法に「母の胎を開く男子の初子は、すべて、主に聖別された者、と呼ばれなければならない」と書いて

2:11　救い主・・・主キリスト　生れた時から主イエスは「救い主」と呼ばれた。(1) 主イエスは罪とその結果である霊的死と神から分離した状態から私たちを救うために、救い主として来られた。その働きは私たちをサタンの力から解放し、神を敬わないこの世界の悪影響から守り恐れから解放し、死に対して勝利し神に背いたことに対する最後のさばきから救うことである(→マタ1:21注)。(2) 救い主は「主キリスト」でもあって、私たちの人生の導き手、また最高の権威者としてふさわしい唯一の方である。キリストはメシヤ(「油そそがれた者」、救い主)として、またご自分の民を愛によって治める(→マタ1:1 キリストの注)主として油を注がれた(分離され、任命され、力を与えられた)。主イエスを救い主とした人は、また主としても従わなければならない。つまり主イエスは私たちの罪を赦す方であるとともに、私たちの生涯を導く方でもなければならない。

2:17　羊飼いたちは・・・知らせた　主イエスの誕生が最初に伝えられたのは、王族や社会の上流階級の人々、影響力のある人々ではなかった。その人々はほかのことに心を奪われていたようである。キリストが来られることについて、知識人は懐疑的で、権力者たちは不安だった(ヘロデ王　マタ2:13)。一方、羊飼いは普通の人だった。一般の人々はほとんどの場合、主イエスのメッセージを熱狂的に受け入れた。羊飼いたちはメッセージにすぐ応答して、聞いたことを直ちに実際に確かめに行った。そして主イエスに会った後には恥ずかしがったりためらったりすることなく、このよい知らせを広く伝えた。

2:22　主にささげる　ヨセフとマリヤが宮に行き神の働きのために主イエスをささげたように、親たちはみな子どもたちを心から神にささげて神を敬うような人に育てなければならない。そして子どもたちが生涯の初めから終わりまで自分をキリストにささげ、神を尊んで、神がそれぞれに持っておられる目的を実現するように祈り続けなければならない。

あるとおりであった――
24 また、主の律法に「山ばと一つがい、または、家ばとのひな二羽」と定められたところに従って犠牲をささげるためであった。

神をほめたたえるシメオンとアンナ

25 そのとき、エルサレムにシメオンという人がいた。この人は正しい、敬虔な人で、イスラエルの慰められることを待ち望んでいた。聖霊が彼の上にとどまっておられた。
26 また、主のキリストを見るまでは、決して死なないと、聖霊のお告げを受けていた。
27 彼が御霊に感じて宮に入ると、幼子イエスを連れた両親が、その子のために律法の慣習を守るために、入って来た。
28 すると、シメオンは幼子を腕に抱き、神をほめたたえて言った。
29 「主よ。今こそあなたは、あなたのしもべを、
  みことばどおり、安らかに去らせてくださいます。
30 私の目があなたの御救いを見たからです。
31 御救いはあなたが
  万民の前に備えられたもので、
32 異邦人を照らす啓示の光、
  御民イスラエルの光栄です。」
33 父と母は、幼子についていろいろ語られる事に驚いた。
34 また、シメオンは両親を祝福し、母マリヤに言った。「ご覧なさい。この子は、イスラエルの多くの人が倒れ、また、立ち上がるために定められ、また、反対を受けるしるしとして定められています。
35 剣があなたの心さえも刺し貫くでしょう。それは多くの人の心の思いが現れるためです。」
36 また、アセル族のパヌエルの娘で女預言者のアンナという人がいた。この人は非常に年をとっていた。処女の時代のあと七年

24 ①レビ12:8, 5:11
25 ①囲ルカ1:6
   ②囲ルカ2:38, 23:51,
     囲マコ15:43
26 ①詩89:48, ヘブ11:5,
     囲ヨハ8:51
   ②囲マタ2:12
27 ①囲ルカ2:22
29 ①囲ルカ2:26

30 ①イザ52:10, ルカ3:6
32 ①イザ42:6, 49:6,
     使13:47, 26:23
33 ①囲マタ12:46
34 ①囲マタ12:46
   ②囲マタ21:44,
     Ⅰコリ1:23,
     Ⅱコリ2:16, Ⅰペテ2:8
36 ①ヨハ19:24
   ②使21:9, ルカ2:38
   ＊あるいは「ハンナ」
   ③Ⅰテモ5:9
   ＊＊別訳「結婚してから七年……」

2:24 山ばと一つがい 山ばと一つがいをささげていることからヨセフとマリヤはこのとき比較的貧しかったことがわかる(レビ12:8)。キリストは最初から庶民や恵まれない人々の仲間になっておられたのである(9:58, マタ8:20, →黙2:9注)。

2:25 正しい、敬虔な人 「正しい」(⇒1:6)は「まっすぐ」という意味のギリシャ語「ディカイオス」(《ヘ》ヤシャール)から訳されたことばである。旧約聖書ではこのことばは十戒を守ることだけではなく、心と行動の両方で神と正しい関係にあるという意味だった(→Ⅱコリ5:18注, 詩32:2注)。(1) 旧約聖書を通して神が人々に求められた義とは心の状態で、信仰と愛と神を敬う思いを土台にしたものだった(申4:10, 29, 5:29)。このことはバプテスマのヨハネの両親の中にはっきり見ることができる。ふたりは「主のすべての戒めと定めを落度なく踏み行っていた」(1:6, →創7:1, 17:1, Ⅰ列9:4―ここでは「全き心」ということばが使われている)。シメオンの人生にも同じ特徴が見られた。(2)「正しい」とされている人々は、道徳的に完全で欠点がないということではない(→ヨブ1:1注)。シメオンは誠実に神に従い、心から神に頼っていた。罪を犯した(失敗する、神に逆らう)ときには、神の要求に従って、信仰と悔い改め(自分勝手な道から離れて神に従う)の心で動物のいけにえをささげて赦しを受けていたのである(レビ4:27-35, →「贖罪の日」の項 p.223)。

2:25 慰められることを待ち望んでいた イスラエルだけではなく世界中が霊的にひどい状態だったときにも、シメオンは神にひたすら仕え聖霊に導かれていた。そして信仰と忍耐と大きな期待をもってメシヤ(救い主、キリスト)が来られるのを待っていた。キリストがご自分の教会(世界中の忠実なキリストの弟子たち)に再び来られる終わりの日には、世界中のほとんどの人が霊的にひどい状態で生きていると思われる。多くの人はキリストを信じる信仰を捨て、キリストが来られるのを待望んでいない(→テト2:13)。けれどもシメオンのように信仰深い人々はいつでも必ずいる。ほかの人々が一時的な地上的なものに希望を置いていても、神に忠実な人々はマタイ24:45-47に描かれている忠実なしもべのように、長く暗い夜の間でも主の帰りを待って目を覚ましている。「主のキリスト」と顔と顔を合せて会い(2:26, ⇒黙22:4)、神の臨在の中で永遠に生きることこそ私たちの最大の希望であり願いである。主が来られるときに備えができているなら、そのことが実現する(→黙21:-22:)。

2:35 剣があなたの心さえも刺し貫くでしょう 剣が刺し貫くということは、人々がキリストを拒むため、主イエスと同じようにマリヤも将来ひどい苦しみに遭うことを指している。これはルカの福音書の中で、キリストの苦しみと死について初めて言われている箇所である。

2:36-37 アンナ・・・神に仕えていた アンナはシ

間、夫とともに住み、
³⁷その後やもめになり、八十四歳になっていた。そして宮を離れず、夜も昼も、断食と祈りをもって神に仕えていた。
³⁸ちょうどこのとき、彼女もそこにいて、神に感謝をささげ、そして、エルサレムの贖いを待ち望んでいるすべての人々に、この幼子のことを語った。

³⁹さて、彼らは主の律法による定めをすべて果たしたので、ガリラヤの自分たちの町ナザレに帰った。
⁴⁰幼子は成長し、強くなり、知恵に満ちていった。神の恵みがその上にあった。

宮での少年主イエス

⁴¹さて、イエスの両親は、過越の祭りには毎年エルサレムに行った。
⁴²イエスが十二歳になられたときも、両親は祭りの慣習に従って都へ上り、
⁴³祭りの期間を過ごしてから、帰路についたが、少年イエスはエルサレムにとどまっておられた。両親はそれに気づかなかった。
⁴⁴イエスが一行の中にいるものと思って、一日の道のりを行った。それから、親族や知人の中を捜し回ったが、
⁴⁵見つからなかったので、イエスを捜しながら、エルサレムまで引き返した。
⁴⁶そしてようやく三日の後に、イエスが宮で教師たちの真ん中にすわって、話を聞いたり質問したりしておられるのを見つけた。
⁴⁷聞いていた人々はみな、イエスの知恵と答えに驚いていた。
⁴⁸両親は彼を見て驚き、母は言った。「まあ、あなたはなぜ私たちにこんなことをしたのです。見なさい。父上も私も、心配してあなたを捜し回っていたのです。」
⁴⁹するとイエスは両親に言われた。「どうしてわたしをお捜しになったのですか。わたしが必ず自分の父の家にいることを、ご存じなかったのですか。」
⁵⁰しかし両親には、イエスの話されたことばの意味がわからなかった。
⁵¹それからイエスは、いっしょに下って行かれ、ナザレに帰って、両親に仕えられた。母はこれらのことをみな、心に留めておいた。

⁵²イエスはますます知恵が進み、背たけも大きくなり、神と人とに愛された。

メオンと同じように、キリストが来られることを長い間望み備えてきた女預言者だった。何年間もやもめだったけれども、アンナは自分自身を完全に神にささげて夜も昼も「断食と祈り」をしていた。神に仕えるためには独身であることが大きな祝福や利点になると聖書は教えている。宣教師だったパウロは新約聖書の一つの手紙の中で、結婚していない人々は神の目的のために心と努力を集中することができると言っている。心をほかのものに奪われずにひたすら神に集中しやすいからである(→Ⅰコリ7:32-35)。

2:40 幼子は成長し 主イエスは本当の人間の子どもとして、肉体的霊的成長の過程を体験された。神の恵みが注がれ知恵が増し加えられていった。そして神の願い通りにあらゆる面で成長し人間として完全になられた(そのような人はだれもいない)。

2:49 わたしが必ず自分の父の家にいる 主イエスは両親に反抗しているのではない。このときには生涯の大きな使命のほうが社会通念よりも優先されたのである。主イエスは天の父の目的を実現するために地上に来られた。それこそが最大の務めだった。マリヤが「父上」と言った(2:48)のに対して主イエスが「自分の父」(神)と言われたことに注意するべきである。これは尊敬していないということではない。主イエスは12歳で神との独特の関係に気付いておられたのである。それでも家に帰ったときには両親に仕えられた(2:51, →「親と子ども」の項 p.2265)。

2:52 イエスはますます知恵が進み 聖書の中で主イエスの10代の若い頃について書かれているのはここだけである。2:52と3:1の間には約18年の年月が流れている。けれどもこの短い文章の中には、主イエスの全体的成長の姿がよく示されている。主イエスの生涯の後半を描いている部分からは、生活のほかの断片をさらに見ることができる。マタイ13:55とマルコ6:3からは主イエスが大家族の中で育ち、父親は大工で主イエスもその職業を身に付けていたことがわかる。この後ヨセフは福音書(マタイ、マルコ、ルカ、ヨハネによる主イエスの生涯の物語)には出てこないので、主イエスが公の働きを始める前に死亡し、主イエスが母親と弟や妹たちの生活を支えていたのではないかと考えられる。大工の仕事は家の修理、家具作り、すきやくびきなどの農作業の道具作りなどだった。この時期に主イエスは精神的にも(知恵)、肉体的

道を備えるバプテスマのヨハネ

3:2-10　並行記事－マタ3:1-10, マコ1:3-5
3:16, 17　並行記事－マタ3:11, 12, マコ1:7, 8

3 ¹ 皇帝テベリオの治世の第十五年、ポンテオ・ピラトがユダヤの総督、ヘロデがガリラヤの国主、その兄弟ピリポがイツリヤとテラコニテ地方の国主、ルサニヤがアビレネの国主であり、² アンナス①とカヤパが大祭司であったころ、神のことばが、荒野でザカリヤの子ヨハネに下った。

³ そこでヨハネは、ヨルダン川のほとりのすべての地方に行って、罪が赦されるための悔い改めに基づくバプテスマを説いた。⁴ そのことは預言者イザヤのことばの書に書いてあるとおりである。

　「荒野で叫ぶ者の声がする。
　『主の道を用意し、
　主の通られる道をまっすぐにせよ。
⁵ すべての谷はうずめられ、
　すべての山と丘とは低くされ、
　曲がった所はまっすぐになり、
　でこぼこ道は平らになる。
⁶ こうして、あらゆる人が、
　神の救いを見るようになる。』」

⁷ それで、ヨハネは、彼からバプテスマを受けようとして出て来た群衆に言った。「まむしのすえたち。だれが必ず来る御怒りをのがれるように教えたのか。⁸ それならそれで、悔い改めにふさわしい実を結びなさい。『われわれの父はアブラハムだ』などと心の中で言い始めてはいけません。よく言っておくが、神は、こんな石ころからでも、アブラハムの子孫を起こすことがおできになるのです。⁹ 斧もすでに木の根元に置かれています。だから、良い実を結ばない木は、みな切り倒されて、火に投げ込まれます。」

¹⁰ 群衆はヨハネに尋ねた。「それでは、私たちはどうすればよいのでしょう。」

¹¹ 彼は答えて言った。「下着を二枚持っている者は、一つも持たない者に分けなさい。食べ物を持っている者も、そうしなさい。」

¹² 取税人たちも、バプテスマを受けに出て来て、言った。「先生。私たちはどうすればよいのでしょう。」

¹³ ヨハネは彼らに言った。「決められたもの以上には、何も取り立ててはいけません。*」

¹⁴ 兵士たちも、彼に尋ねて言った。「私たちはどうすればよいのでしょうか。」ヨハネは言った。「だれからも、力ずくで金をすったり、無実の者を責めたりしてはいけません。自分の給料で満足しなさい。」

¹⁵ 民衆は救い主を待ち望んでおり、みな心の中で、ヨハネについて、もしかするとこの方*がキリストではあるまいか、**と考えていたので、

¹⁶ ヨハネはみなに答えて言った。「私は水であなたがたにバプテスマを授けています。しかし、私よりもさらに力のある方がおいでになります。私などは、その方のくつのひもを解く値うちもありません。その

---

1 ①圏マタ27:2
　②圏マタ14:1
2 ①ヨハ18:13, 24,
　使4:6
　②マタ26:3
　③ルカ3:3-10,
　マタ3:1-10, マコ1:3-5
3 ①マタ3:5
4 ①イザ40:3
5 ①イザ40:4
6 ①イザ40:5
　＊直訳「肉」
　②圏ルカ2:30
8 ①ルカ5:21, 13:26

13 ＊あるいは「強請しては……」
15 ①ヨハ1:19, 20
　＊すなわち「メシヤ」
　＊＊あるいは「論じていた、討論していた」
16 ①ルカ3:16, 17,
　マタ3:11, 12, マコ1:7, 8

にも(背たけ)、社会的にも霊的にも(神と人とに愛され)成長し、神が父であることを十分に意識した(2:49)円満に成熟した人物になられたことがわかる。

3:1-2　皇帝テベリオ・・・ピラト・・・ヘロデ　歴史家はしばしば支配者の治世を使って出来事の日付を記録する。テベリオはローマ帝国全土の支配者で、ここに挙げられているほかの人物はテベリオの下でそれぞれの地域を治めている人々だった。主イエスを殺そうとした(マタ2:13)ヘロデ大王の死後(前4世紀)、その息子たち(アケラオ、ヘロデ・アンテパス、ヘロデ・ピリポ)は、ルサニヤとともに分割された王国の四つの部分を治めていた。これが「国主」(「四分の一の支配者」)である。

3:3　悔い改めに基づくバプテスマ　悔い改め　→マタ3:2注　→マコ1:4注

3:8　悔い改めにふさわしい実を結びなさい　詳細→マタ3:8注　ヨハネは群衆の中にいる偽善的な宗教指導者や社会の指導者のことを「まむしのすえたち」(→マタ3:7注)と呼んでいる。また人々には親切な行い、思いやり、自己犠牲などの実際的な行動を通して神への思いを証明するようにと迫った(3:11)。これは態度を変えればできることだった(3:13-15)。このような良い行いをすれば人々は救われるのではない。良い行いは神の救いへの応答であり、神に本当に従っていることを示す証拠なのである(→「罪の性質の行いと御霊の実」の項 p.2208)。

ルカの福音書　3章

方は、あなたがたに聖霊と火とのバプテスマをお授けになります。
17 また手に箕を持って脱穀場をことごとくきよめ、麦を倉に納め、殻を消えない火で焼き尽くされます。」
18 ヨハネは、そのほかにも多くのことを教えて、民衆に福音を知らせた。
19 さて国主ヘロデは、その兄弟の妻ヘロデヤのことについて、また、自分の行った悪事のすべてを、ヨハネに責められたので、
20 ヨハネを牢に閉じ込め、すべての悪事にもう一つこの悪事を加えた。

主イエスのバプテスマと系図
3:21, 22　並行記事—マタ3:13-17, マコ1:9-11
3:23-38　並行記事—マタ1:1-17

21 さて、民衆がみなバプテスマを受けていたころ、イエスもバプテスマをお受けになり、そして祈っておられると、天が開け、
22 聖霊が、鳩のような形をして、自分の上に下られるのをご覧になった。また、天から声がした。「あなたは、わたしの愛する子、わたしはあなたを喜ぶ。」
23 教えを始められたとき、イエスはおよそ三十歳で、人々からヨセフの子と思われていた。このヨセフは、ヘリの子、順次さかのぼって、
24 マタテの子、レビの子、メルキの子、ヤンナイの子、ヨセフの子、
25 マタテヤの子、アモスの子、ナホムの子、エスリの子、ナンガイの子、
26 マハテの子、マタテヤの子、シメイの子、ヨセクの子、ヨダの子、
27 ヨハナンの子、レサの子、ゾロバベルの子、サラテルの子、ネリの子、
28 メルキの子、アデイの子、コサムの子、エルマダムの子、エルの子、
29 ヨシュアの子、エリエゼルの子、ヨリムの子、マタテの子、レビの子、
30 シメオンの子、ユダの子、ヨセフの子、ヨナムの子、エリヤキムの子、
31 メレヤの子、メナの子、マタタの子、ナタンの子、ダビデの子、
32 エッサイの子、オベデの子、ボアズの

16 * あるいは「……によるバプテスマ」
17 ① 囮 イザ30:24
19 ① ルカ3:1, 囮 マタ14:1
　 ② 囮 マタ14:3, マコ6:17
20 ① ヨハ3:24
21 ① ルカ3:22,
　　 囮 マタ3:13-17, マコ1:9-11
22 ① ルカ5:16, 9:18, 28, 29, 囮 マタ14:23
22 ① 囮 マタ3:17

23 ① マタ4:17, 使1:1
　　② ルカ3:23-27, 囮 マタ1:13-16
　　* イエスの母マリヤの父、ヨセフの義父、「エリ」とも読む
25 * 「ヘスリ」ともつづる
27 ① マタ1:12
　　* ギリシヤ語「サラティエール」
29 * ギリシヤ語「イエス」
32 ① ルカ3:32-34, 囮 マタ1:6

3:16　聖霊・・・のバプテスマをお授けになります　キリストによって聖霊のバプテスマを授けられることは（⇒マタ3:11）、その人が神の民であることを示す新しいしるしになる。
（1）これはヨエル2:28の預言によって約束され、主イエスが復活された後に再確認されたものである（24:49, 使1:4-8）。この予告は五旬節の日から実現し始めた（→使2:4注）。
（2）弟子たちに聖霊によるバプテスマ（浸す、きよめる、力を与える）を与えるキリストの働きは、今日まで継続している働きである（→「**聖霊のバプテスマ**」の項 p.1950）。このことはヨハネ1:33（「聖霊によってバプテスマを授ける方」）のギリシヤ語本文ではっきりする。そこでは現在分詞形（《ギ》ホ バプティゾーン）が使われていて、「バプテスマを授け続ける方」という意味である。つまりルカとヨハネは五旬節のときの最初の聖霊の注ぎ（神が聖霊を送り豊かに弟子たちを満たし、力を与えられたとき）のことだけではなく、聖霊によるバプテスマを授けるという主イエスの重要な働きが継続されることを言っているのである。「なぜなら、この約束は、あなたがたと、その子どもたち、ならびにすべての遠くにいる人々、すなわち、私たちの神である主がお召しになる人々に与えられているからです」（使2:39）。
（3）このバプテスマの目的はキリストのために生き、そのメッセージを広めるために必要な大きな霊的力と霊感と情熱を与えることである（ルカ24:49, 使1:8, →マタ3:11注）。

3:17　殻を・・・焼き尽くされます　自分の罪から離れてキリストとキリストのことばを受け入れる人々には、聖霊によるバプテスマが与えられる。自分勝手な道を行くことにこだわり、罪を犯し続ける人は「消えない火」で罰せられる（→マタ10:28注）。主イエスは後に「わたしが来たのは、地に火を投げ込むためです」（12:49）と言われた。その火は（神に従う人々を）きよめるか、（神を拒む人々を）滅ぼす火である。人々のいのちを霊的にきよめることも聖霊の働きの一つである（→使15:8-9）。

3:22　聖霊が・・・自分の上に下られる　主イエスは最初から聖霊によって母の胎に宿り、聖霊に満たされておられた（1:35）。そして今、聖霊によってご自分の働きに任命され力を与えられた。主イエスの聖霊のバプテスマの意味　→「**イエスと聖霊**」の項 p.1809　この記事が父である神と御子と聖霊の関係を示していることの詳細　→マタ3:17注

3:23　主イエスの家系　→マタ1:1　イエス・キリス

子、*サラの子、ナアソンの子、
³³アミナダブの子、アデミンの子、アルニの子、エスロンの子、パレスの子、ユダの子、
³⁴ヤコブの子、イサクの子、アブラハムの子、テラの子、ナホルの子、
³⁵セルグの子、レウの子、ペレグの子、エベルの子、サラの子、
³⁶カイナンの子、アルパクサデの子、セムの子、ノアの子、ラメクの子、
³⁷メトセラの子、エノクの子、ヤレデの子、マハラレルの子、カイナンの子、
³⁸エノスの子、セツの子、アダムの子、このアダムは神の子である。

主イエスに対する誘惑
4:1-13　並行記事─マタ4:1-11, マコ1:12, 13

4 ¹さて、聖霊に満ちたイエスは、ヨルダンから帰られた。そして御霊に導かれて荒野におり、
²四十日間、悪魔の試みに会われた。その間何も食べず、その時が終わると、空腹を覚えられた。
³そこで、悪魔はイエスに言った。「あなたが神の子なら、この石に、パンになれと言いつけなさい。」
⁴イエスは答えられた。「『人はパンだけで生きるのではない』と書いてある。」
⁵また、悪魔はイエスを連れて行き、またたくまに世界の国々を全部見せて、
⁶こう言った。「この、国々のいっさいの権力と栄光とをあなたに差し上げましょう。それは私に任されているので、私がこれと思う人に差し上げるのです。
⁷ですから、もしあなたが私を拝むなら、すべてをあなたのものとしましょう。」
⁸イエスは答えて言われた。「『あなたの神である主を拝み、主にだけ仕えなさい』と

---

32 *「サルモン」とする異本もある
33 *異本「ラム」
34①ルカ3:34-36, 創11:26, Ⅰ歴1:27
35 *ギリシヤ語「ラガウ」
36①ルカ3:36-38, 創5:32, Ⅰ歴1:4

1①ルカ4:1-13, マタ4:1-11, マコ1:12, 13
2①ルカ3:3, 21
*直訳「御霊にあって」

4①申8:3
5①マタ4:8-10
②マタ24:14
*直訳「人が居住していた地の国々」
6①Ⅱコリ5:19
7 *あるいは「私の前にひれ伏すなら」
8①申6:13

トの系図の注

4:1　聖霊に満ちたイエス　サタンの誘惑に遭われたとき、主イエスは聖霊の力を受け、御霊に導かれていた。主イエスの生涯の中での聖霊の働き　→**イエスと聖霊**」の項 p.1809

4:2　悪魔の試みに会われた　主イエスに対する誘惑は、主イエスがどのようなメシヤ、救い主になり、神からの油注ぎ(権威と力が与えられた)をどのように用いられるかという点を中心に展開した(主イエスが軍事力をもってローマの支配から解放してくれる政治的な「救い主」となる期待に応えなかったので、多くのユダヤ人は主イエスを拒むことになる)。(1)サタンは主イエスがやがて受ける辱めや苦しみではなく、自分の利益のために力を用いて(4:3-4)国々を支配する栄光と力を手に入れるように誘惑した(4:5-8)。これは主イエスにとってカリスマ的なメシヤであること(4:9-11)を期待している人々を満足させる絶好の機会だった。(2)サタンは今もキリスト教の指導者たちに、霊的権威、地位、能力を個人的な利益のために使って自分の名声を高めたり権力を確立したりして、神よりも人々を喜ばせるように誘惑をしてくる。自己中心的にサタンと妥協する人は、実際にはサタンに降伏してしまうのである。(3)主イエスは神のことばを適切に用いて(「と書いてある」)サタンの誘惑をみな退けられた。これが主イエスにとって効果的な方法だったことから見ると、私たちもまた聖書に示されているみことばを知り、それに頼らなければならない

(→「**聖書の霊感と権威**」の項 p.2323)。

4:2　何も食べず　→マタ4:2注　断食は霊的なことに集中して祈るために、ある期間食物をとらずに過すことである。

4:4　パンだけで生きるのではない　サタンは主イエスの「肉」、肉体的な欲求、中でも最も強い空腹の部分(特にこのように長期間食物をとらずに過したあとでは)を誘惑した。食物のために奇蹟を行うことは適切であるように思われるけれども、個人的な目的のために力を使う誘惑に主イエスは負けなかった。サタンの誘惑に遭われても、主イエスは何よりも神のことばによって生きると宣言して誘惑を退けられた(⇒申8:3)。(1)人生で本当に重要なものはみな、神と神のご計画と目的につながっていると主イエスは言われる(ヨハ4:34)。神の方法と目的から離れて成功やしあわせや物質的な豊かさを追い求めるなら、結局は失望し失敗に終る。(2)何よりもまず神の国(私たちの生涯での神の権威、働き、みこころ、力)を求めなければならないと主イエスは教えられ、この真理を強調された。もしそうするなら、神は私たちになくてはならないものをみな満たし、ほかにも必要とされるものをみこころのままに与えてくださる(→マタ5:6注, 6:33注)。

4:5　世界の国々　世界のあらゆる国の支配権を提供すると言ってサタンは主イエスを誘惑したけれども、主イエスはこの提案を拒まれた。これは物質的な富と財産と力への誘惑と見ることができる。(1)今の時代の主イエスの御国はこの地上の国ではない(ヨハ

書いてある。」

9 また、悪魔はイエスをエルサレムに連れて行き、神殿の頂に立たせて、こう言った。「あなたが神の子なら、ここから飛び降りなさい。
10 『神は、御使いたちに命じてあなたを守らせる』とも、
11 『あなたの足が石に打ち当たることのないように、彼らの手で、あなたをささえさせる』とも書いてあるからです。」
12 するとイエスは答えて言われた。「『あなたの神である主を試みてはならない』と言われている。」
13 誘惑の手を尽くしたあとで、悪魔はしばらくの間イエスから離れた。

主イエスと聖霊の力

14 イエスは御霊の力を帯びてガリラヤに帰られた。すると、その評判が回り一帯に、くまなく広まった。
15 イエスは、彼らの会堂で教え、みなの人にあがめられた。

ナザレで拒まれた主イエス

16 それから、イエスはご自分の育ったナザレに行き、いつものとおり安息日に会堂に入り、朗読しようとして立たれた。
17 すると、預言者イザヤの書が手渡されたので、その書を開いて、こう書いてある所を見つけられた。
18
「わたしの上に主の御霊がおられる。
主が、貧しい人々に福音を伝えるようにと、
わたしに油をそそがれたのだから。
主はわたしを遣わされた。
捕らわれ人には赦免を、
盲人には目の開かれることを告げるために。

9①マタ4:5-7
10①詩91:11
11①詩91:12
12①申6:16
14①マタ4:12
　②ルカ4:37, ⓔマタ9:26

15①ⓔマタ4:23
16①ルカ2:39, 51
　②ⓔマタ13:54,
　マコ6:1, 2
③ⓔ使13:14-16
17＊あるいは「巻物」
18①イザ61:1, マタ12:18,
　ⓔマタ11:5, ヨハ3:34

18:36-37）。主イエスは生涯の働きを通して、妥協や地上の権力、政治的策略や暴力、個人的な人気など、この世界が用いる方法を使ってご自分の国を建てようとはされなかった。(2) 主イエスの御国は霊的な国であって、神を敬わないこの世界の流れを拒む信仰者の心の中に建てられる。天の御国は、(a) 苦しみ、自己否定、謙遜、柔和によって（これはこの世界の人々が権力を追い求めるときの方法とは逆である）得られるもので、(b)「聖い、生きた供え物として」自分自身をささげること（神と神の目的のため自分をささげ従うこと）が求められるところで（ロマ12:1）、(c) 霊的武器を用いてサタン、罪、誘惑、邪悪と戦い（エペ6:10-20）、(d) 世間では当り前の考え、行動、生活様式を拒むことである（ロマ12:2）。→「**神の国**」の項 p.1654 (3) サタンを礼拝するようにというサタンの招きは、主イエスに世界を治める近道をとらせようとする誘惑で、辱められ苦しめられて十字架で死ぬのを避けさせようとするものだった。つまり悪魔は主イエスが地上に来られた目的を全部放棄させようとしたのである（→マタ4:10）。けれどもキリストは、目の前のあらゆる困難に進んで立向かわれた。それはキリスト者全員の模範である。ほかにどれほど魅力的な道があるとしても、私たちの人生で神の完全な目的を実現する近道はないことを主イエスは教えてくださった。神の目的とサタンの目的の概観と比較　→「**神の国とサタンの国**」の表 p.1711

4:9　悪魔　サタンは主イエスに対して主であり権威を持つ方であるというプライドの面を誘惑してきた。自己中心な高ぶりこそ神が嫌われるもので（箴8:13, 16:5）、サタンが神に逆らい天で反抗をして堕落することになった原因そのものだった（→マタ4:10注）。

4:10　サタンの聖書の使い方　→マタ4:6注

4:18　わたしの上に主の御霊がおられる　→「**イエスと聖霊**」の項 p.1809

4:18　わたしに油をそそがれたのだから　「油をそそがれた」とは、霊的な奉仕に指名され、任命され、力を与えられた人の上に、そのことの象徴として油を注ぐ、あるいは塗ることを指している。注がれる油は聖霊を象徴している。主イエスには実際に油が注がれたのではなく、御霊が注がれたのである。ここで主イエスは聖霊の油が注がれた目的について次のように言われた。(1) 福音（赦しと霊的救いの「よい知らせ」）を貧しい人、抑圧された人、身分の低い人、痛めつけられた人、心が傷ついた人、「わたしのことばにおののく」人に伝えるため（→イザ61:1-3注, 66:2注）。主イエスが来られたのは、ほとんどの人が見過したり拒んだりしてきた人々に接するためである。(2) 自分自身の罪や悪の奴隷になったり、社会の問題や残酷な出来事に巻込まれたりした人々に自由をもたらすため。キリストの救いには、生活上の問題や依存症からの感情的、身体的な解放も含まれている。けれどもここでは霊的な解放を第一に指している。(3) 盲目の人、傷ついた人、抑圧された人を癒すため。この癒しは肉体的な面と霊的な面を含む全人格的な癒しである。キ

しいたげられている人々を自由にし、
19 主の恵みの年を告げ知らせるために。」
20 イエスは書を巻き、係りの者に渡してすわられた。会堂にいるみなの目がイエスに注がれた。
21 イエスは人々にこう言って話し始められた。「きょう、聖書のこのみことばが、あなたがたが聞いたとおり実現しました。」
22 みなイエスをほめ、その口から出て来る恵みのことばに驚いた。そしてまた、「この人は、ヨセフの子ではないか」と彼らは言った。
23 イエスは言われた。「きっとあなたがたは、『医者よ。自分を直せ』というたとえを引いて、カペナウムで行われたと聞いていることを、あなたの郷里のここでもしてくれ、と言うでしょう。」
24 また、こう言われた。「まことに、あなたがたに告げます。預言者はだれでも、自分の郷里では歓迎されません。
25 わたしが言うのは真実のことです。エリヤの時代に、三年六か月の間天が閉じて、全国に大ききんが起こったとき、イスラエルにもやもめは多くいたが、
26 エリヤはだれのところにも遣わされず、

19 ① イザ61:2, レビ25:10
20 * あるいは「巻き物」
 ① ルカ4:17
 ② 📖 マタ26:55
22 * あるいは「証言する、確認する」
 📖 ルカ4:14
 ① マコ13:55, マコ6:3, ヨハ6:42
23 ① マタ13, マコ7:21以下, 2:1以下, ヨハ4:46以下
 📖 ルカ4:35以下
 ② ルカ4:16, 2:39, 51, マコ6:1
24 ① マタ13:57, マコ6:4, ヨハ4:44
25 ① Ⅰ列17:1, 18:1, ヤコ5:17

26 📖 マタ11:21
 ② Ⅰ列17:9
27 * レビ13章を参照
 ① Ⅱ列5:1-14
29 ① 使7:58, 民15:35, ヘブ13:12
30 📖 ヨハ10:39
31 ① ルカ4:31-37, マコ1:21-28
 ② マタ4:13, 📖 ルカ4:23
32 ① マタ7:28
 ② ルカ4:36, マタ7:46
34 * 別訳「放っておいてください」
 ① 📖 マコ1:24
 ② 📖 マタ8:29

① シドンのサレプタにいたやもめ女にだけ遣わされたのです。
27 また、預言者エリシャのときに、イスラエルには、ツァラアトに冒された人がたくさんいたが、そのうちのだれもきよめられないで、シリヤ人ナアマンだけがきよめられました。」
28 これらのことを聞くと、会堂にいた人たちはみな、ひどく怒り、
29 立ち上がってイエスを町の外に追い出し、町が立っていた丘のがけのふちまで連れて行き、そこから投げ落とそうとした。
30 しかしイエスは、彼らの真ん中を通り抜けて、行ってしまわれた。
31 それからイエスは、ガリラヤの町カペナウムに下られた。そして、安息日ごとに、人々を教えられた。

悪霊を追い出す主イエス

4:31-37 並行記事ーマコ1:21-28

32 人々は、その教えに驚いた。そのことばに権威があったからである。
33 また、会堂に、汚れた悪霊につかれた人がいて、大声でわめいた。
34 「ああ、ナザレ人のイエス。いったい私

リストはこの世界やサタンによって盲目にされた人々の霊的な目を開き、神の福音の真理を見えるようにしてくださる(⇒ヨハ9:39)。(4) 今やサタンの力、罪、恐れ、罪悪感から本当の自由が与えられるようになったことを伝えるため(⇒ヨハ8:36, 使26:18)。主イエスは「主の恵みの年」と言われたけれども、それは実際の暦の上の年のことではなく、キリストのメッセージを受入れ、主の赦しを受入れて生涯の支配をゆだねる人々に霊的救いが与えられるようになった時代のことを言われたのである。

主イエスの宣教と癒しの働きはあらゆる人々のあらゆる必要を満たすように計画されていた。その働きは今もキリストの霊に満たされた弟子たちによって続けられている。その人々は罪とサタンの力がもたらした恐ろしい問題と不幸を聖霊の力を通して見極め、それにきちんと対応することができる。その結果、悪霊のとりこになり、心が傷つき霊的に盲目になり、肉体的に苦しめられている人々に希望と助けを与えることができるようになる。生活のあらゆる面での聖霊の継続的な働き →「**聖霊の働き**」の表 p.2187

4:32 そのことばに権威があった 「権威」ということば(《ギ》エクスウシア)の意味は基本的に「決断し行動する自由と権利」ということである。これには能力と力(⇒4:36)が含まれている。主イエスには神の権威が御父から与えられていた(ヨハ17:2)。これは御父を知り、御父が世界の中で何をしておられるかをわきまえることによって得られた権威だった。主イエスもまた弟子たちに権威を与えられた(マコ3:15, ルカ9:1)。けれども権威が与えられたことによっておごり高ぶることがないように、「権力をふるい」(マタ20:25-28)、権威を濫用してほかの人々を支配するこの世界の支配者や役人のようになってはならないと警告された。主イエスは人々に仕え、助け、教え、人々を悪魔の支配から解放するために権威を用いられた(4:36, →**サタンと悪霊に勝利する力**」の項 p.1726)。キリストに従う人々はみなこの模範にならうべきである。

4:33 悪霊 ルカの記録によると、主イエスが本当のメシヤ(救い主が来られるという預言を成就する方)であることを宣言されたあとに最初にとられた行動は、悪霊の力と直接対決することだった。(1) 主イエス

たちに何をしようというのです。あなたは私たちを滅ぼしに来たのでしょう。私はあなたがどなたか知っています。神の聖者です。」
³⁵ イエスは彼をしかって、「黙れ。その人から出て行け」と言われた。するとその悪霊は人々の真ん中で、その人を投げ倒して出て行ったが、その人は別に何の害も受けなかった。
³⁶ 人々はみな驚いて、互いに話し合った。「今のおことばはどうだ。権威と力とでお命じになったので、汚れた霊でも出て行ったのだ。」
³⁷ こうしてイエスのうわさは、回りの地方の至る所に広まった。

多くの人を癒す主イエス

4:38-41　並行記事―マタ8:14-17
4:38-43　並行記事―マコ1:29-38

³⁸ イエスは立ち上がって会堂を出て、シモンの家に入られた。すると、シモンのしゅうとめが、ひどい熱で苦しんでいた。人々は彼女のためにイエスにお願いした。
³⁹ イエスがその枕もとに来て、熱をしかりつけられると、熱がひき、彼女はすぐに立ち上がって彼らをもてなし始めた。
⁴⁰ 日が暮れると、いろいろな病気で弱っている者をかかえた人たちがみな、その病人をみもとに連れて来た。イエスは、ひとりひとりに手を置いて、いやされた。
⁴¹ また、悪霊どもも、「あなたこそ神の子です」と大声で叫びながら、多くの人から出て行った。イエスは、悪霊どもをしかって、ものを言うのをお許しにならなかった。彼らはイエスが*キリストであることを知っていたからである。
⁴² 朝になって、イエスは寂しい所に出て

35 ① ルカ4:39, 41, マタ8:26, マコ4:39, ルカ8:24
36 ① 圏ルカ4:32
37 ① ルカ4:14
38 ① ルカ4:38, 39, マタ8:14, 15, マコ1:29-31
39 ① ルカ4:35, 41 ＊あるいは「仕え始めた」
40 ① ルカ4:40, 41, マタ8:16, 17, マコ1:32-34
  ② 圏マタ1:32
  ③ 圏マコ5:23
  ④ 圏マコ4:23
41 ① 圏マタ4:3
  ② 圏ルカ4:35
  ③ 圏マタ8:4
  ＊すなわち「メシヤ」
42 ① ルカ4:42, 43, マコ1:35-38

43 ① 圏マコ1:38
44 ① 圏マタ4:23
  ＊異本「ガリラヤの諸会堂で」

1 ① ルカ5:1-11, 圏マタ4:18-22, マコ1:16-20, ヨハ1:40-42
  ② 民34:11, 申3:17, ヨシ12:3, 13:27, 圏マコ6:53
3 ① 圏マタ13:2, マコ4:1
4 ① 圏ヨハ21:6
5 ① ルカ8:24, 9:33, 49, 17:13

行かれた。群衆は、イエスを捜し回って、みもとに来ると、イエスが自分たちから離れて行かないよう引き止めておこうとした。
⁴³ しかしイエスは、彼らにこう言われた。「ほかの町々にも、どうしても神の国の福音を宣べ伝えなければなりません。わたしは、そのために遣わされたのですから。」
⁴⁴ そしてユダヤの諸会堂で、福音を告げ知らせておられた。

最初の弟子たちの召命

5:1-11　並行記事―マタ4:18-22, マコ1:16-20, ヨハ1:40-42

5 ¹ 群衆がイエスに押し迫るようにして神のことばを聞いたとき、イエスはゲネサレ湖の岸べに立っておられたが、
² 岸べに小舟が二そうあるのをご覧になった。漁師たちは、その舟から降りて網を洗っていた。
³ イエスは、そのうちの一つの、シモンの持ち舟に乗り、陸から少し漕ぎ出すように頼まれた。そしてイエスはすわって、舟から群衆を教えられた。
⁴ 話が終わると、シモンに、「深みに漕ぎ出して、網をおろして魚をとりなさい」と言われた。
⁵ するとシモンが答えて言った。「先生。私たちは、夜通し働きましたが、何一つとれませんでした。でもおことばどおり、網をおろしてみましょう。」
⁶ そして、そのとおりにすると、たくさんの魚が入り、網は破れそうになった。
⁷ そこで別の舟にいた仲間の者たちに合図をして、助けに来てくれるように頼んだ。彼らがやって来て、そして魚を両方の舟いっぱいに上げたところ、二そうとも沈みそうになった。

が働きの中で最も関心を持っておられたのは、悪魔の働きを打壊することだった（Ⅰヨハ3:8）。サタンの国と対決して勝利しない限り、信仰者は神の国の完全な恩恵を知り体験することができない（→マタ12:28, →「**神の国**」の項 p.1654）。(2) 神の民が神の国を体験できず、その存在を証明できないのは、明らかに悪霊の力と直接対決せず罪と悪霊の力に縛られている人々を解放していないところに原因がある。悪霊はキリストとキリストの権威を確かに認めている。したがってキリストの力を持つキリスト者にも服従する。キリストとの間に深く揺るがない関係ができている人々には、その力がある（→「**サタンと悪霊に勝利する力**」の項 p.1726）。

4:40　いやされた　→マタ4:23注　→「**神による癒し**」の項 p.1640, 「**キリストの奇蹟**」の表 p.1942

⁸これを見たシモン・ペテロは、イエスの足もとにひれ伏して、「主よ。私のような者から離れてください。私は、罪深い人間ですから」と言った。
⁹それは、大漁のため、彼もいっしょにいたみなの者も、ひどく驚いたからである。
¹⁰シモンの仲間であったゼベダイの子ヤコブやヨハネも同じであった。イエスはシモンにこう言われた。「こわがらなくてもよい。これから後、あなたは人間をとるようになるのです。」
¹¹彼らは、舟を陸に着けると、何もかも捨てて、イエスに従った。

ツァラアトに冒された人
5:12-14　並行記事－マタ8:2-4, マコ1:40-44

¹²さて、イエスがある町におられたとき、全身ツァラアトの人がいた。イエスを見ると、ひれ伏してお願いした。「主よ。お心一つで、私をきよくしていただけます。」
¹³イエスは手を伸ばして、彼にさわり、「わたしの心だ。きよくなれ」と言われた。すると、すぐに、そのツァラアトが消えた。
¹⁴イエスは、彼にこう命じられた。「だれにも話してはいけない。ただ祭司のところに行って、自分を見せなさい。そして人々へのあかしのため、モーセが命じたように、あなたのきよめの供え物をしなさい。」
¹⁵しかし、イエスのうわさは、ますます広まり、多くの人の群れが、話を聞きに、また、病気を直してもらいに集まって来た。
¹⁶しかし、イエスご自身は、よく荒野に退いて祈っておられた。

中風の人を癒す主イエス
5:18-26　並行記事－マタ9:2-8, マコ2:3-12

¹⁷ある日のこと、イエスが教えておられると、パリサイ人と律法の教師たちも、そこにすわっていた。彼らは、ガリラヤとユダヤとのすべての村々や、エルサレムから来ていた。イエスは、主の御力をもって、病気を直しておられた。

8 *直訳「ひざもと」
10 ①圏マタ14:27　②因Ⅱテモ2:26
11 ①圏マタ4:20, 22, マコ1:18, 20, ルカ5:28, 因マタ19:29
12 ①ルカ5:12-14, マタ8:2-4, マコ1:40-44

15 ①圏マタ9:26
16 ①圏マタ14:23, マコ1:35, ルカ6:12
17 ①因マタ15:1　②因ルカ2:42　③因マコ1:45　④マコ5:30, ルカ6:19, 8:46

5:10 あなたは人間をとるようになる この節の詳細 →マタ4:19注　主イエスが最も近い弟子として選ばれた人々には大きな特徴がある。その一つは主イエスに従うためにはほかのものをみな捨てる気持があったことである(→5:27-28)。その人々は必ずしもほかの人々より大胆で知的で霊的だったのではない。ただ主イエスについて何か特別なものを感じ、ためらわずに信仰によって応答したのである。

5:16 主イエスの祈り (1) ルカはほかの福音書の著者よりも主イエスの生涯での祈りの重要性と祈りの力に焦点を当てている。主イエスにとって御父と過す時間と交わりこそが、疑いなく超自然的な導きと力の源だった。ヨルダン川でバプテスマを受けて聖霊が下られたとき、主イエスは「祈っておられ」た(3:21)。時には群衆から「退いて祈っておられた」(5:16)。また十二弟子を選ぶ前には「祈りながら夜を明かされた」(6:12)。弟子たちに重要な質問をする前に主イエスは「ひとりで祈っておられた」(9:18)。モーセとエリヤとの超自然的な体験(「姿変り」)をする前には、「祈るために、山に登られた」(9:28)。実際に姿が変ったのは主が「祈っておられる」最中だった(9:29)。弟子たちが祈り方を教えてほしいと近付いてきたとき、主イエスは「祈っておられた」(主の祈り 11:1)。ゲッセマネでの逮捕の直前にも「いよいよ切に祈られた」(22:44)。十字架の上で死なれるとき人々のために祈られた(23:34)。息を引取る直前に最後に口に出されたことばは祈りだった(23:46)。ルカはまた主イエスがよみがえられた後にも祈られたと記録している(24:30)。(2) ほかの福音書(マタイ、マルコ、ヨハネ)で主イエスの生涯を調べてみると、主は「すべて、疲れた人、重荷を負っている人は、わたしのところに来なさい」(マタ11:25-28)と人々を招かれる前にも祈っておられたことがわかる。ラザロを生き返らせる前に祈り(ヨハ11:41-42)、弟子たちと最後の晩餐をとり、聖餐式である主の晩餐を制定されたときにも祈られた(ヨハ17:)。主イエスの生涯での祈り →マタ14:23　→「**効果的な祈り**」の項 p.585
聖書は、主イエスがいつも祈っておられたことを伝えている。神ご自身だった主イエスがこれほど御父との祈りに頼っておられたなら、知恵と導きを受け悪を克服して私たちの生涯に対する神の目的を実現するために、私たちはどれほど主の模範にならうことが必要だろうか。

5:17 パリサイ人 パリサイ人の詳細　→マタ3:7注 →「**ユダヤ教の学派**」の表 p.1656

5:17 主の御力をもって 「御力」と訳されていることば(《ギ》デュナミス)は「勢力、力、強さ」を意味していて、新約聖書では神の力に最も多く使われている。複数形のデュナメイスは主イエスの奇蹟を描くときに使われている(→「**キリストの奇蹟**」の表 p.1942)。キ

ルカの福音書　5章

18 するとそこに、男たちが、中風をわずらっている人を、床のままで運んで来た。そして、何とかして家の中に運び込み、イエスの前に置こうとしていた。
19 しかし、大ぜい人がいて、どうにも病人を運び込む方法が見つからないので、屋上に上って屋根の瓦をはがし、そこから彼の寝床を、ちょうど人々の真ん中のイエスの前に、つり降ろした。
20 彼らの信仰を見て、イエスは「友よ。あなたの罪は赦されました」と言われた。
21 ところが、律法学者、パリサイ人たちは、理屈を言い始めた。「神をけがすことを言うこの人は、いったい何者だ。神のほかに、だれが罪を赦すことができよう。」
22 その理屈を見抜いておられたイエスは、彼らに言われた。「なぜ、心の中でそんな理屈を言っているのか。
23 『あなたの罪は赦された』と言うのと、『起きて歩け』と言うのと、どちらがやさしいか。
24 人の子が地上で罪を赦す権威を持っていることを、あなたがたに悟らせるために」と言って、中風の人に、「あなたに命じる。起きなさい。寝床をたたんで、家に帰りなさい」と言われた。
25 すると彼は、たちどころに人々の前で立ち上がり、寝ていた床をたたんで、神をあがめながら自分の家に帰った。
26 人々はみな、ひどく驚き、神をあがめ、恐れに満たされて、「私たちは、きょう、驚くべきことを見た」と言った。

レビの召命
5:27-32　並行記事―マタ9:9-13, マコ2:14-17

27 この後、イエスは出て行き、収税所にすわっているレビという取税人に目を留めて、「わたしについて来なさい」と言われた。
28 するとレビは、何もかも捨て、立ち上がってイエスに従った。
29 そこでレビは、自分の家でイエスのために大ぶるまいをしたが、取税人たちや、ほかに大ぜいの人たちが食卓に着いていた。

---

18 ① ルカ5:18-26, マタ2-8, マコ2:3-12
19 ① 囲 マタ24:17
20 * 直訳「人よ」　① 圏 マタ9:2
21 ① 圏 ルカ3:8　② イザ43:25
24 ① 圏 マタ4:24
25 ① 圏 マタ9:8
26 ① 圏 マタ9:8　② ルカ7:16, 囲ルカ1:65
27 ① ルカ5:27-39, マタ9:9-13, マコ2:14-22
28 ① 圏 マタ9:9
29 ① 圏 マタ9:9　② 囲 ルカ15:1

リストの福音（「よい知らせ」とメッセージ）は救いを得させる神の力である（ロマ1:16）。聖霊はキリストの弟子たちの中に、また弟子たちを通して強力な賜物を現される（→「御霊の賜物」の項 p.2138,「聖霊の賜物」の表 p.2096）。神の力（《ギ》デュナミス）は今も教会を通して主イエスの癒しの働きに現されている（⇒使4:33, 5:12-16, 6:8, →「神による癒し」の項 p.1640）。

5:18　中風をわずらっている人を・・・運んで　中風をわずらっている人の友人たちには、主イエスは癒すことができるという強い信仰があった。病人を主イエスのところに連れて行くという強い決意にそれが表れている。私たちも知人たちの必要をキリストは満たすことができると確信して、あらゆる機会を用いて主イエスを紹介しなければならない。もし本当に人々をキリストのところへ導きたいと思うなら、神の御霊はその機会を多く与えてくださる。この中風の人は友人たちの信仰と決意によって霊的に救われ、肉体的に癒されたことに私たちは注意するべきである。

5:22　その理屈を見抜いておられたイエス　神は私たちの思いや願い、想像していることを全部知っておられることを忘れてはならない（→詩139:, マタ17:25, ヨハ1:48, 2:25, 21:17, ヘブ4:13）。罪深い思いについて主イエスは、神に喜ばれないことを考え続けることは実際に罪を犯しているのと同じであると言われた（→マタ5:27-28）。この弱さに対応する道は、神が私たちの心を新しくしてくださることを信じて、考え方を鍛錬していくことである（→ロマ12:2, Ⅱコリ10:5, ピリ4:8）。

5:24　人の子　「人の子」という表現は主イエスがご自分を指すときに最も頻繁に使われたものである。これはダニエル書から取られたと思われる（ダニ7:13）。ダニエルは幻の中で見た人にこの称号を使って、天の雲に乗って来て永遠の神の国を与えられた「人の子のような方」（→ダニ7:13注）と言っている。この表現を用いることによって、主イエスはご自分が預言され神によって送られたメシヤ（キリスト、救い主）であると言っておられるのである。この表現は、主イエスの人間性（神がキリストを通して私たちのところに来られたという事実）と、私たちと関係を持ち、助け救ってくださる能力があることとを強調している。主イエスはこのことばを、(1)「わたし」と言う代りに（マタ11:19）、(2) 重要な主張をされるとき（マタ20:28, マコ10:45）、(3) 十字架のご自分の死を予告されるとき（9:44, マタ17:22, マコ8:31）、(4) ご自分の復活について話されるとき（マタ17:9）、(5) 栄光に満ちた地上への帰還を話すとき（マタ24:27, マコ13:26, 14:62）、(6) さばきの中でのご自分の役割について言われるとき（マタ13:41）に用いられた。

30 すると、パリサイ人やその派の律法学者たちが、イエスの弟子たちに向かって、つぶやいて言った。「なぜ、あなたがたは、取税人や罪人どもといっしょに飲み食いするのですか。」

31 そこで、イエスは答えて言われた。「医者を必要とするのは丈夫な者ではなく、病人です。

32 わたしは正しい人を招くためではなく、罪人を招いて、悔い改めさせるために来たのです。」

断食について質問される主イエス

5:33-39　並行記事－マタ9:14-17, マコ2:18-22

33 彼らはイエスに言った。「ヨハネの弟子たちは、よく断食をしており、祈りもしています。また、パリサイ人の弟子たちも同じなのに、あなたの弟子たちは食べたり飲んだりしています。」

34 イエスは彼らに言われた。「花婿がいっしょにいるのに、花婿につき添う友だちに断食させることが、あなたがたにできますか。

35 しかし、やがてその時が来て、花婿が取り去られたら、その日には彼らは断食します。」

36 イエスはまた一つのたとえを彼らに話された。「だれも、新しい着物から布切れを引き裂いて、古い着物に継ぎをするようなことはしません。そんなことをすれば、その新しい着物を裂くことになるし、また新しいのを引き裂いた継ぎ切れも、古い物には合わないのです。

37 また、だれも新しいぶどう酒を古い皮袋に入れるようなことはしません。そんなことをすれば、新しいぶどう酒は皮袋を張り裂き、ぶどう酒は流れ出て、皮袋もだめになってしまいます。

38 新しいぶどう酒は新しい皮袋に入れなければなりません。

39 また、だれでも古いぶどう酒を飲んでから、新しい物を望みはしません。『古い物は良い』と言うのです。」

欄外注:
30 ① 囲 マコ2:16, 使23:9
31 ① 囲 マタ9:12, 13, マコ2:17
33 ① 囲 マタ9:14, マコ2:18
34 * 直訳「婚礼の式場の子ら」
35 ① 囲 マタ9:15, マコ2:20, ルカ17:22

5:30 罪人どもといっしょに飲み食いする →マタ9:11注 主イエスは「医者」の類比を用いられたけれども(5:31)、パリサイ人が「丈夫な者」だと言っておられるのではない。人々は自分が罪びと(霊的な病気を持っている)であり神から離れていて霊的に癒される必要があることを認めなければならないと言われたのである。

5:35 その日には彼らは断食します →マタ9:15注

5:37 新しいぶどう酒を古い皮袋に →マタ9:17注

5:39 『古い物は良い』　「良い」と訳されていることば(《ギ》クレーストス)は「十分に良い」という意味で「ふさわしい」と訳されたほうがよい。主イエスが言おうとされたことは、人々は今持っているもので満足しているので、それ以上のものを求めないということである。多くのユダヤ人と指導者たちは「古いぶどう酒」(1世紀のユダヤ教の伝統)が十分に良いと感じていたので「新しいぶどう酒」であるキリストのメッセージを拒んだのである。主イエスがぶどう酒のたとえ話、あるいは象徴的比較を用いられたのは、発酵したぶどう酒を飲むことに慣れている人はそれを求め、未発酵のぶどう酒を求めないことを示すためだった(→「旧約聖書のぶどう酒」の項 p.1069、「新約聖書のぶどう酒」の項 p.1870)。主イエスはアルコール飲料には習慣性があり依存症にさせることを知っておられた。「古い物は良い」と考えるのは主イエスではなく、「古いぶどう酒」を飲む人である。ここでの問題はぶどう酒ではない。自分たちの宗教的伝統を変えようとせず、神と神の子イエス・キリストが望まれる生き方を受入れようとしない人々のことを主イエスは描かれたのである。

(1) ここでは「古いぶどう酒」(人が作った信念と伝統)のほうが、「新しいぶどう酒」(キリストを信じる信仰による赦しと新しいいのちのメッセージ)より良いと解釈してはならない。それはたとえ話が教えていることとは逆である。パリサイ人は神が望んでおられること以下の生活で満足していると主イエスは言っておられる。したがってパリサイ人やその弟子たちは新しい生き方の真理も恩恵も知ることができない。「古い物」で十分であると感じているからである。全人類に必要な救いをもたらすのは、「新しいぶどう酒」(キリストのいのちを与えるメッセージ)だけである。

(2) パリサイ人は神の律法の目的と、それがキリストとキリストのメッセージによって成就することを完全に見落していた。そして神の新しい啓示を受入れることを拒み、伝統的な変質した(古いぶどう酒のように発酵した)メッセージに固執していた。けれども主イエスとその新鮮で新しいメッセージを受入れた人々は、それが罪に満ちた古い生活よりもはるかに良

安息日の主

6:1-11　並行記事―マタ12:1-14, マコ2:23-3:6

6 ¹ある安息日に、イエスが麦畑を通っておられたとき、弟子たちは麦の穂を摘んで、手でもみ出しては食べていた。
²すると、あるパリサイ人たちが言った。「なぜ、あなたがたは、安息日にしてはならないことをするのですか。」
³イエスは彼らに答えて言われた。「あなたがたは、ダビデが連れの者といっしょにいて、ひもじかったときにしたことを読まなかったのですか。
⁴ダビデは神の家に入って、祭司以外の者はだれも食べてはならない供えのパンを取って、自分も食べたし、供の者にも与えたではありませんか。」
⁵そして、彼らに言われた。「人の子は、安息日の主です。」
⁶別の安息日に、イエスは会堂に入って教えておられた。そこに、右手のなえた人がいた。
⁷そこで律法学者、パリサイ人たちは、イエスが安息日に人を直すかどうか、じっと見ていた。彼を訴える口実を見つけるためであった。
⁸イエスは彼らの考えをよく知っておられた。それで、手のなえた人に、「立って、真ん中に出なさい」と言われた。その人は、起き上がって、そこに立った。

1①ルカ6:1-5,
マタ12:1-8,
マコ2:23-28
＊多くの写本に「第二・第一安息日」と読む
②申23:25
2①圏マタ12:2
3①Ⅰサム21:6
4①圏出25:30,
レビ24:5-9,
Ⅰ歴9:32等
6①ルカ6:6-11,
マタ12:9-14, マコ3:1-6
②ルカ6:1
7①圏マタ4:23
7①圏マコ3:2
8①圏マタ9:4

⁹イエスは人々に言われた。「あなたがたに聞きますが、安息日にしてよいのは、善を行うことなのか、それとも悪を行うことなのか。いのちを救うことなのか、それとも失うことなのか、どうですか。」
¹⁰そして、みなの者を見回してから、その人に、「手を伸ばしなさい」と言われた。そのとおりにすると、彼の手は元どおりになった。
¹¹すると彼らはすっかり分別を失ってしまって、イエスをどうしてやろうかと話し合った。

十二使徒

6:13-16　並行記事―マタ10:2-4, マコ3:16-19, 使1:13

¹²このころ、イエスは祈るために山に行き、神に祈りながら夜を明かされた。
¹³夜明けになって、弟子たちを呼び寄せ、その中から十二人を選び、彼らに使徒という名をつけられた。
¹⁴すなわち、ペテロという名をいただいたシモンとその兄弟アンデレ、ヤコブとヨハネ、ピリポとバルトロマイ、
¹⁵マタイとトマス、アルパヨの子ヤコブと熱心党員と呼ばれるシモン、
¹⁶ヤコブの子ユダとイエスを裏切ったイスカリオテ・ユダである。

10①マコ3:5
12①マタ14:23, ルカ9:28,
圏ルカ9:18, 5:16
②圏マタ5:1
13①ルカ6:13-16,
マタ10:2-4,
マコ3:16-19, 使1:13
②圏マコ6:30
15①圏マタ9:9

いことを知ったのである。

6:1　安息日　→マタ12:1注

6:2-10　主イエスと安息日　パリサイ人は主イエスが安息日（礼拝と休息のために神がとっておかれた日→出20:8注,「旧約聖書の律法」の項 p.158）を守らないと言って非難した。けれども実際にはパリサイ人こそが律法を極端に解釈して神の律法の真意を理解していなかったのである。主イエスは安息日を守ることが儀式的になって、人間の本当の必要を見逃してはならないと教えられた。そしてそのような必要に応えようとされた。主イエスこそ安息日の主なのである（6:5）。安息日は人々の益にならなければならない。それは日常の生活から離れ、主であるキリストを礼拝して肉体的にも霊的にも新しくされるときである。さらに主イエスはことばと行動によって（6:6-10）、主の日は肉体的にも霊的にも困っている人々を助ける機会

でなければならないと教えられた。関連事項 →「契約の重要事項」の表 p.340

6:12　祈りながら夜を明かされた　主イエスは祈りの中で御父とふたりきりになるため、特に重要な決断をしなければならないときには繰返し、群衆で混乱している所から離れられた（→5:16注）。(1) 集中して祈りながら夜を明かした結果、驚くべきことが起きた（→ヤコ5:16注）。徹夜の祈りの後に主イエスは、最も近い弟子で「使徒」（初期の教会で開拓の指導者となるように任命された人々 6:13-16）になる十二人を選ばれた。また多くの病人を癒し（6:17-19）、後に最も有名になった説教をされた（6:20-49）。(2) もし完全な神の子である主イエスが重要な決断をするために祈りながら夜を明かされたのであれば、弱さと欠点を持つ私たちが祈り、天の父との個人的な交わりを持つことはどれほど必要なことだろう。→「効果的な祈り」

祝福とわざわい

6:20-23　並行記事－マタ5:3-12

17 それから、イエスは、彼らとともに山を下り、平らな所にお立ちになったが、多くの弟子たちの群れや、ユダヤ全土、エルサレム、さてはツロやシドンの海べから来た大ぜいの民衆がそこにいた。18 イエスの教えを聞き、また病気を直していただくために来た人々である。また、汚れた霊に悩まされていた人たちもいやされた。19 群衆のだれもが何とかしてイエスにさわろうとしていた。大きな力がイエスから出て、すべての人をいやしたからである。20 イエスは目を上げて弟子たちを見つめながら、話しだされた。「貧しい者は幸いです。神の国はあなたがたのものだから。21 いま飢えている者は幸いです。やがてあなたがたは満ち足りるから。いま泣く者は幸いです。やがてあなたがたは笑うから。22 人の子のため、人々があなたがたを憎むとき、あなたがたを除名し、辱め、あなたがたの名をあしざまにけなすとき、あなたがたは幸いです。23 その日には喜びなさい。おどり上がって喜びなさい。天ではあなたがたの報いは大きいから。彼らの父祖たちも、預言者たちに同じことをしたのです。24 しかし、あなたがた富む者は哀れです。慰めをすでに受けているから。25 いま食べ飽きているあなたがたは哀れです。やがて飢えるようになるから。いま笑うあなたがたは哀れです。やがて悲しみ泣くようになるから。26 みなの人がほめるとき、あなたがたは哀れです。彼らの父祖たちも、にせ預言者たちに同じことをしたのです。

の項 p.585

6:17 平地での説教　→マタ5-7：山上の説教の各注　この教えがマタイ5－7章の出来事を指しているなら、「平らな所」は高原または台地のことで、マタイ5:1の「山」のことと思われる。

6:20 貧しい者　→「富と貧困」の項 p.1835

6:20 幸いです　→マタ5:3注

6:21 泣く者　→マタ5:4注

6:22 人々があなたがたを憎むとき　主イエスに従う人々は、キリストとその基準に忠実に従ったために非難され拒まれても、そのときには喜ぶべきである(6:23)。キリストにひたすら仕えているために(この世界の動きや基準に対してごう慢に反抗をしたためではなく)迫害を受けるなら、それは主との親しい関係を持っている証拠である。主イエスもこの世界から憎まれ不当に扱われたのである(ヨハ15:18-21、→マタ5:10注)。

6:23 彼らの父祖たちも、預言者たちに同じことをした　旧約聖書時代のイスラエル人はしばしば預言者とその挑戦的なメッセージを拒んだ(Ⅰ列19:10、マタ5:12、23:31、37、使7:51-52)。

(1) 今日の教会は神が今もご自分の民に預言者を送っておられることを心に留めなければならない(Ⅰコリ12:28、エペ4:11)。それはきよく正しく誠実で、神のことばに忠実な生活を回復して保ち続け、神から離れたこの世界の考えや生活様式と手を切るように指導者や人々に訴えるためである(→黙2:-3:)。

(2) 教会は自分たちのしていることを深く理解しないまま旧約聖書時代のイスラエル人と同じことをして、本当の預言者や指導者のメッセージを拒み、神の祝福と目的を失っている。けれども実際には、神のメッセージを受入れて罪から離れ、神とみことばに忠誠を尽し神の民に対するご計画を悟ることは可能なのである。神の本当の預言者を拒む教会はある時点で神ご自身から拒まれることになる(13:34-35、黙2:-3:、→「奉仕の賜物」の項 p.2225)。

(3) サタンは教会ににせ預言者を送ることがある(マタ13:24-30、36-43)。それは神のことばの絶対的な権威を否定する人々である。そのような人々は自分たちには神の権威のある「新しい」啓示が与えられていると主張する。そして自分たちのメッセージは絶対に信頼できるものであり、霊的洞察力のある人が調べてみても問題がないと言って巧みに多くの人をだます(→「にせ教師」の項 p.1758)。このようなにせ預言者は断固として拒まなければならない。

6:24 あなたがた富む者は哀れです　主イエスは金持をみな非難しているのではない。お金や物質的なものを追い求めることが生活、目的、幸福、目標などの中心になっている人々のことを言っておられるのである(→「富と貧困」の項 p.1835)。

6:26 みなの人がほめるとき、あなたがたは哀れです　信仰者や神に仕える人々が、神を信じていない人からほめられるなら、それはキリストの本当の弟子ではないことを証明しているのかもしれない。にせ預言者はキリストに忠実ではない人々の間で人気がある。本当

敵を愛すること

6:29, 30　並行記事－マタ5:39-42

²⁷しかし、いま聞いているあなたがたに、わたしはこう言います。あなたの敵を愛しなさい。あなたを憎む者に善を行いなさい。
²⁸あなたをのろう者を祝福しなさい。あなたを侮辱する者のために祈りなさい。
²⁹あなたの片方の頬を打つ者には、ほかの頬をも向けなさい。上着を奪い取る者には、下着も拒んではいけません。
³⁰すべて求める者には与えなさい。奪い取る者からは取り戻してはいけません。
³¹自分にしてもらいたいと望むとおり、人にもそのようにしなさい。
³²自分を愛する者を愛したからといって、あなたがたに何の良いところがあるでしょう。罪人たちでさえ、自分を愛する者を愛しています。
³³自分に良いことをしてくれる者に良いことをしたからといって、あなたがたに何の良いところがあるでしょう。罪人たちでさえ、同じことをしています。
³⁴返してもらうつもりで人に貸してやったからといって、あなたがたに何の良いところがあるでしょう。貸した分を取り返すつもりなら、罪人たちでさえ、罪人たちに貸しています。
³⁵ただ、自分の敵を愛しなさい。彼らによくしてやり、返してもらうことを考えずに貸しなさい。そうすれば、あなたがたの受ける報いはすばらしく、あなたがたは、いと高き方の子どもになれます。なぜなら、いと高き方は、恩知らずの悪人にも、あわれみ深いからです。
³⁶あなたがたの天の父があわれみ深いように、あなたがたも、あわれみ深くしなさい。

人をさばくこと

6:37-42　並行記事－マタ7:1-5

³⁷さばいてはいけません。そうすれば、自分もさばかれません。人を罪に定めてはいけません。そうすれば、自分も罪に定められません。赦しなさい。そうすれば、自分も赦されます。
³⁸与えなさい。そうすれば、自分も与えら

にキリストに従う人々は主が地上におられたときに体験されたように、人々の反対に遭うものである。それは信念、メッセージ、生活様式が神を敬わない罪のある人々と極端に違うからである。その結果、神に従わない人々にあざけられ拒まれるのである。

6:27　あなたの敵を愛しなさい　6:27-42で主イエスは、ほかの人々、特に対立し争う人々に対してどのように行動するべきかを教えておられる。信仰者は主イエスがここで求めておられることをきちんと受止めなければならない。

（1）敵を愛するということは、敵に好意を持つという感情的な愛のことではない。この愛は敵のしあわせ、特に永遠の霊的救いについて心配することである。神と神の民に敵対する人々には恐ろしい結果が待っていることがわかっているのだから、この人々のために祈り、キリストに導くように努力しなければならない（⇒箴20:22, 24:29, マタ5:39-45, ロマ12:17, Ⅰテサ5:15, Ⅰペテ3:9）。その一つの方法はやさしく親切にし、悪に対して善を憎しみに対しては愛をもって応じることである。

（2）敵を愛するということは、悪い人々が神に逆らい続けているときに何もしないで傍観していることではない。神の承認と導きを受けながら、私たちは丁重に謙遜に、けれども大胆に悪と神に逆らう事柄に立向かわなければならない。神の名誉やほかの人々の安全のために、そして悪い人自身のために、その悪を止めるために必要なら究極の行動もとらなければならない（→マコ11:15, ヨハ2:13-17）。

6:29　下着も拒んではいけません　→マタ5:39注

6:37　さばいてはいけません　このことばはよく引用されるけれども、同時に最も誤解され悪用されていることばである。神を敬わない人々が自分の罪深い振舞や生活様式を正当化するためにこの原則をよく口にする。神を信じる人々はいつも洞察力を用いて人々の考えや振舞を正しく判断し、それを受入れるか拒むかを決めていかなければならない（→箴3:21, ヨハ7:24）。けれども自分の欠点を見逃しておいて、人々の欠点だけを暴露したり不当な結論を出したりしないように気を付けなければならない。判断を下すときには最終的なさばきを行われるのは神であると認めながら、必ず優しさと謙遜とをもって行わなければならない。　→マタ7:1注

6:38　与えなさい　人々を愛するという原則を守るなら、私たちは困っている人々を助けなければならない

れます。人々は量りをよくして、押しつけ、揺すり入れ、あふれるまでにして、ふところに入れてくれるでしょう。あなたがたは、人を量る量りで、自分も量り返してもらうからです。」

39 イエスはまた一つのたとえを話された。「いったい、盲人に盲人の手引きができるでしょうか。ふたりとも穴に落ち込まないでしょうか。

40 弟子は師以上には出られません。しかし十分訓練を受けた者はみな、自分の師ぐらいにはなるのです。

41 あなたは、兄弟の目にあるちりが見えながら、どうして自分の目にある梁には気がつかないのですか。

42 自分の目にある梁が見えずに、どうして兄弟に、『兄弟。あなたの目のちりを取らせてください』と言えますか。偽善者たち。まず自分の目から梁を取りのけなさい。そうしてこそ、兄弟の目のちりがはっきり見えて、取りのけることができるのです。

木とその実
6:43, 44　並行記事－マタ7:16, 18, 20

43 悪い実を結ぶ良い木はないし、良い実を結ぶ悪い木もありません。

44 木はどれでも、その実によってわかるものです。いばらからいちじくは取れず、野ばらからぶどうを集めることはできません。

38 ①詩79:12, イザ65:6, 7, エレ32:18　②マタ4:24
39 ①マタ15:14
40 ①囲マタ10:24
43 ①ルカ6:43, 44, マタ7:16, 18, 20
44 ①囲マタ7:16

45 ①マタ12:35　②囲マタ12:34
46 ①マタ7:21, 囲マラ1:6
47 ①ルカ6:47-49, マタ7:24-27
1 ①囲マタ7:28　②ルカ7:1-10, マタ8:5-13

45 良い人は、その心の良い倉から良い物を出し、悪い人は、悪い倉から悪い物を出します。なぜなら人の口は、心に満ちているものを話すからです。

家を建てる賢い人と愚かな人
6:47-49　並行記事－マタ7:24-27

46 なぜ、わたしを『主よ、主よ』と呼びながら、わたしの言うことを行わないのですか。

47 わたしのもとに来て、わたしのことばを聞き、それを行う人たちがどんな人に似ているか、あなたがたに示しましょう。

48 その人は、地面を深く掘り下げ、岩の上に土台を据えて、それから家を建てた人に似ています。洪水になり、川の水がその家に押し寄せたときも、しっかり建てられていたから、びくともしませんでした。

49 聞いても実行しない人は、土台なしで地面に家を建てた人に似ています。川の水が押し寄せると、家は一ぺんに倒れてしまい、そのこわれ方はひどいものとなりました。」

百人隊長の信仰
7:1-10　並行記事－マタ8:5-13

7 1 イエスは、耳を傾けている民衆にこれらのことばをみな話し終えられると、カペナウムに入られた。

(→Ⅱコリ8:2注、→「**貧困者への配慮**」の項 p.1510)。神ご自身が私たちの行いを量られ、それに応じて報いてくださる。神の祝福はいつも目に見える物質的な収入によって示されるものではない。けれどもほかの人々に対する積極的な関心や寛大さ、そして助けの手を延べることに比例して神は報いてくださる(→Ⅱコリ9:6)。「ふところに入れてくれる」とは着ている長い上着のすそをベルトの上までまくり上げると多くのものが入るポケットのようになることを言っていると思われる。与えることの詳細　→「**十分の一とささげ物**」の項 p.1603

6:45　その心　心は私たちの存在の中心であり、私たち自身である。そして私たちの外面的行動を決定する。したがって神の基準と目的に沿うように心は変えられ転換されなければならない(→マコ7:20-23注、→「**新生－霊的誕生と刷新**」の項 p.1874)。内面の変化がなければ神のみこころを行い、自分に対する神の目的を実現することはできない(⇒エレ24:7, 31:33, 32:39, エゼ36:23, 27, マタ7:16-20, 12:33-35, 15:18-19, 21:43, ルカ1:17, ロマ6:17)。多くの人の考えや意見とは逆に、人間は基本的に「良い心」を持っていない。神から離れた心は邪悪で「陰険で」あると聖書ははっきり言っている(エレ17:9)。最初の人間が神に逆らい罪が世界に入って来てあらゆる人に影響を与えたために、私たちの心は神に治められない限り信用できないものになってしまった(→「**心**」の項 p.1043)。

6:46　わたしの言うことを行わない　私たちは人生の土台を神の真理、原則、基準に置かないなら(みことばを実行しないなら)、人生の嵐や困難を切抜けることはできない。最後は確実に破滅となる。この原則の詳細　→マタ7:21注

ルカの福音書 7章

2 ところが、ある百人隊長に重んじられているひとりのしもべが、病気で死にかけていた。
3 百人隊長は、イエスのことを聞き、みもとにユダヤ人の長老たちを送って、しもべを助けに来てくださるようお願いした。
4 イエスのもとに来たその人たちは、熱心にお願いして言った。「この人は、あなたにそうしていただく資格のある人です。
5 この人は、私たちの国民を愛し、私たちのために会堂を建ててくれた人です。」
6 イエスは、彼らといっしょに行かれた。そして、百人隊長の家からあまり遠くない所に来られたとき、百人隊長は友人たちを使いに出して、イエスに伝えた。「主よ。わざわざおいでくださいませんように。あなたを私の屋根の下にお入れする資格は、私にはありません。
7 ですから、私のほうから伺うことさえ失礼と存じました。ただ、おことばをいただかせてください。そうすれば、私のしもべは必ずいやされます。
8 と申しますのは、私も権威の下にある者ですが、私の下にも兵士たちがいまして、そのひとりに『行け』と言えば行きますし、別の者に『来い』と言えば来ます。また、しもべに『これをせよ』と言えば、そのとおりにいたします。」
9 これを聞いて、イエスは驚かれ、ついて来ていた群衆のほうに向いて言われた。「あなたがたに言いますが、このようなりっぱな信仰は、イスラエルの中にも見たことがありません。」

3①田マタ8:5
7＊直訳「子(若者)」
9①マタ8:10, 田ルカ7:50

10 使いに来た人たちが家に帰ってみると、しもべはよくなっていた。

やもめの息子をよみがえらせる主イエス

7:11-16　参照記事－Ⅰ列17:17-24, Ⅱ列4:32-37, マコ5:21-24, 35-43, ヨハ11:1-44

11 それから間もなく、イエスはナインという町に行かれた。弟子たちと大ぜいの人の群れがいっしょに行った。
12 イエスが町の門に近づかれると、やもめとなった母親のひとり息子が、死んでかつぎ出されたところであった。町の人たちが大ぜいその母親につき添っていた。
13 主はその母親を見てかわいそうに思い、「泣かなくてもよい」と言われた。
14 そして近寄って棺に手をかけられると、かついでいた人たちが立ち止まったので、「青年よ。あなたに言う、起きなさい」と言われた。
15 すると、その死人が起き上がって、ものを言い始めたので、イエスは彼を母親に返された。
16 人々は恐れを抱き、「大預言者が私たちのうちに現れた」とか、「神がその民を顧みてくださった」などと言って、神をあがめた。
17 イエスについてこの話がユダヤ全土と回りの地方一帯に広まった。

主イエスとバプテスマのヨハネ

7:18-35　並行記事－マタ11:2-19

11＊異本「翌日」とするものもある
13①ルカ7:19, 10:1, 11:1, 39, 12:42, 13:15, 17:5, 6, 18:6, 19:8, 22:61, 24:34, ヨハ4:1, 6:23, 11:2
16①田ルカ5:26
②田マタ21:11, 田ルカ7:39
③マタ9:8
17①田マタ9:26
18①ルカ7:18-35, マタ11:2-19

18 さて、ヨハネの弟子たちは、これらのことをすべてヨハネに報告した。
19 すると、ヨハネは、弟子の中からふたり

7:9　このようなりっぱな信仰　百人隊長は主イエスの権威を悟っただけではなく、完全な信仰で応答した。詳細 →マタ8:10注

7:13　かわいそうに思い　このやもめに対して主イエスが同情を示されたことによって、やもめや一人ぽっちにされた人々に対して神が特別に愛を示し配慮をしてくださることが明らかにされた。(1) 神はみなしごの父であり、やもめを守られる方で(→詩68:5注)、特別に配慮をし守ってくださる(出22:22-23, 申10:18, 詩146:9, 箴15:25)。(2) 十分の一(神の働きのために取分けた収入の十分の一)や善意のささげものによって、みなしごややもめを助ける機会を神は私たちに与えてくださる(申14:28-29, 24:19-21, 26:12-13)。(3) 困っている人を助け親切にする人を神は祝福してくださる(イザ1:17, 19, エレ7:6-7, 22:3-4)。(4) みなしごややもめの弱みに付け込んだり傷つけたりする人に神は厳しく対処される(出22:22-24, 申24:17, 27:19, ヨブ24:3, 詩94:6, 16, ゼカ7:10)。(5) やもめは神の優しい愛と同情を受ける(7:11-17, 18:2-8, 21:2-4, マコ12:42-43)。(6) 初期の教会はやもめの世話を優先的に行った(使6:1-6)。(7) 信仰があるなら困難や苦難に遭っているみなしごややもめの世話をすることは当然のことと考えられる(ヤコ1:27, ⇒Ⅰテモ5:3-8)。→**貧困者への配慮**

を呼び寄せて、主のもとに送り、「おいでになるはずの方は、あなたですか。それとも、私たちはほかの方を待つべきでしょうか」と言わせた。

20 ふたりはみもとに来て言った。「バプテスマのヨハネから遣わされてまいりました。『おいでになるはずの方は、あなたですか。それとも私たちはなおほかの方を待つべきでしょうか』とヨハネが申しております。」

21 ちょうどそのころ、イエスは、多くの人々を病気と苦しみと悪霊からいやし、また多くの盲人を見えるようにされた。

22 そして、答えてこう言われた。「あなたがたは行って、自分たちの見たり聞いたりしたことをヨハネに報告しなさい。目の見えない者が見、足のなえた者が歩き、ツァラアトに冒された者がきよめられ、耳の聞こえない者が聞き、死人が生き返り、貧しい者たちに福音が宣べ伝えられている。

23 だれでもわたしにつまずかない者は幸いです。」

24 ヨハネの使いが帰ってから、イエスは群衆に、ヨハネについて話しだされた。「あなたがたは、何を見に荒野に出て行ったのですか。風に揺れる葦ですか。

25 でなかったら、何を見に行ったのですか。柔らかい着物を着た人ですか。きらびやかな着物を着て、ぜいたくに暮らしている人たちなら宮殿にいます。

26 でなかったら、何を見に行ったのですか。預言者ですか。そのとおり。だが、わたしが言いましょう。預言者よりもすぐれ

19 ① ルカ7:13, 10:1, 11:1, 39, 12:42, 13:15, 17:5, 6, 18:6, 19:8, 22:61, 24:34, ヨハ4:1, 6:23, 11:2
21 ① マコ3:10
② 圏マタ4:23
22 ① イザ61:1

27 ① マラ3:1, マタ11:10, マコ1:2
28 * 別訳「劣った者」
29 ① 「ヨハネの教えを」は補足
① 使18:25, 19:3
② ルカ3:12,
圏マタ21:32
③ ルカ7:35
**あるいは「神を正しとした」
30 ① 圏マタ22:35
33 ① 圏ルカ1:15

た者をです。

27 その人こそ、
『見よ、わたしは使いをあなたの前に遣わし、
あなたの道を、あなたの前に備えさせよう』
と書かれているその人です。

28 あなたがたに言いますが、女から生まれた者の中で、ヨハネよりもすぐれた人は、ひとりもいません。しかし、神の国で一番小さい者でも、彼よりすぐれています。

29 *ヨハネの教えを聞いたすべての民は、取税人たちさえ、ヨハネのバプテスマを受けて、神の正しいことを認めたのです。

30 これに反して、パリサイ人、律法の専門家たちは、彼からバプテスマを受けないで、神の自分たちに対するみこころを拒みました。

31 では、この時代の人々は、何にたとえたらよいでしょう。何に似ているでしょう。

32 市場にすわって、互いに呼びかけながら、こう言っている子どもたちに似ています。
『笛を吹いてやっても、君たちは踊らなかった。
弔いの歌を歌ってやっても、泣かなかった。』

33 というわけは、バプテスマのヨハネが来て、パンも食べず、ぶどう酒も飲まずにいると、『あれは悪霊につかれている』とあなたがたは言うし、

34 人の子が来て、食べもし、飲みもすると、『あれ見よ。食いしんぼうの大酒飲み、

の項 p.1510

7:24 揺れる葦 バプテスマのヨハネは死につながる絶望的な情況の中に置かれていたけれども、落胆をしないようにと主イエスは応答をされた(7:23)。そしてヨハネの人生と人柄を賞賛された。ヨハネについて主イエスが言われたことば →マタ11:11注

7:28 ヨハネ →マタ11:11注

7:34 食いしんぼうの大酒飲み 新約聖書の「ぶどう酒」のギリシヤ語(オイノス)はあらゆる種類のぶどう酒(発酵したものと未発酵のものの両方)を指す一般的なことばだったと思われる(→**新約聖書のぶどう酒**の項 p.1870, 発酵は酵母菌が糖分の中で働いてアルコールに分解し、酔いを招く飲み物にする生化学の過程である)。主イエスのことばでは、ご自分はある種のぶどう酒を飲んでいたけれどもヨハネは飲まなかったことが示唆されている。けれどもこのことからは、主イエスがどの種のぶどう酒を飲んだのかは確定できない。主イエスの人格についてのパリサイ人の申立ては明らかに間違っているからである。食いしんぼうの大酒飲みと非難しているけれども、それは真理の教師としての主イエスの影響力を弱めるためだった(→マタ12:24, ヨハ7:20, 8:48)。酒に酔うことを聖書は明らかに非難している(→箴20:1, 23:31, ロマ13:13, Ⅰコリ5:11, 6:10, エペ5:18, Ⅰペテ4:3)。主イエスが飲んだ可能性のあるぶどう酒の種類について →**新約聖書のぶどう酒**の項 p.1870 ⇒箴23:31

取税人や罪人の仲間だ』と言うのです。 35 だが、知恵の正しいことは、そのすべての子どもたちが証明します。」

罪深い女から香油を塗られる主イエス

7:37-39　参照記事―マタ26:6-13, マコ14:3-9, ヨハ12:1-8
7:41, 42　参照記事―マタ18:23-34

36 さて、あるパリサイ人が、いっしょに食事をしたい、とイエスを招いたので、そのパリサイ人の家に入って食卓に着かれた。 37 すると、その町にひとりの罪深い女がいて、イエスがパリサイ人の家で食卓に着いておられることを知り、香油の入った石膏のつぼを持って来て、 38 泣きながら、イエスのうしろで御足のそばに立ち、涙で御足をぬらし始め、髪の毛でぬぐい、御足に口づけして、香油を塗った。 39 イエスを招いたパリサイ人は、これを見て、「この方がもし預言者なら、自分にさわっている女がだれで、どんな女であるか知っておられるはずだ。この女は罪深い者なのだから」と心ひそかに思っていた。 40 するとイエスは、彼に向かって、「シモン。あなたに言いたいことがあります」と言われた。シモンは、「先生。お話しくださ

35①ルカ7:29
37①ルカ7:37-39, 図マタ26:6-13, マコ14:3-9, ヨハ12:1-8
*すなわち「不道徳な女」
39①ルカ7:16, ヨハ4:19
*異本「あの預言者」

41①マタ18:28, マコ6:37
42①ルカ18:25
44①創18:4, 19:2, 43:24, 士19:21, Iテモ5:10
45①Ⅱサム15:5
46①詩23:5, 伝9:8, 図Ⅱサム12:20, ダニ10:3

い」と言った。 41 「ある金貸しから、ふたりの者が金を借りていた。ひとりは五百デナリ、ほかのひとりは五十デナリ借りていた。 42 彼らは返すことができなかったので、金貸しはふたりとも赦してやった。では、ふたりのうちどちらがよけいに金貸しを愛するようになるでしょうか。」 43 シモンが、「よけいに赦してもらったほうだと思います」と答えると、イエスは、「あなたの判断は当たっています」と言われた。 44 そしてその女のほうを向いて、シモンに言われた。「この女を見ましたか。わたしがこの家に入って来たとき、あなたは足を洗う水をくれなかったが、この女は、涙でわたしの足をぬらし、髪の毛でぬぐってくれました。 45 あなたは、口づけしてくれなかったが、この女は、わたしが入って来たときから足に口づけしてやめませんでした。 46 あなたは、わたしの頭に油を塗ってくれなかったが、この女は、わたしの足に香油を塗ってくれました。 47 だから、わたしは『この女の多くの罪は赦されている』と言います。それは彼女がよけい愛したからです。しかし少ししか赦されない者は、少ししか愛しません。」

7:35　知恵の正しいことは、そのすべての子どもたちが証明します　愚かな批評家とは違って、霊的に賢明な人々は主イエスとヨハネの働きは方法こそいくらか違っていても、本当に神を敬うもので互いに補い合うものであることを結果から知っていた(ヨハネは主イエスの道を備えるために送られていた 7:27)。

7:38　泣きながら　この女性は主イエスを愛するあまり、ほかの人々がどう思うかを気にもせず、へりくだって主の足を涙でぬらした。涙は多くのことを表すことができる。悲しみや嘆き、喜びや高揚、キリストへの感謝にあふれた愛などを表すことができる。

(1) 信仰者は泣きながら祈り信じることによって、ことばを使わないで心の中にあることを神に言い表すことができる。主はこのような涙を神へのささげ物や奉仕として受け入れてくださる(7:37-50, 詩126:5-6, エレ9:1, 14:17, 31:15-16, 使20:19, 31, Ⅱコリ2:4, →ネヘ8:9注)。涙は時にはキリストとともに苦しみ拒まれることに耐えていることの証拠でもある(Ⅱコリ1:5, ピリ3:10, Ⅰペテ4:13)。

(2) キリストご自身も霊的に失われた人々のために同情して涙を流された(19:40-41, ヨハ11:35)。使徒パウロ(新約聖書の多くの手紙を書き多くの教会を開拓した宣教師)も多くの涙を流して主に仕えた。それはキリストを信じた人々のための喜びの涙であり、信じなかった人々のための悲しみの涙でもあった(使20:19, Ⅱコリ2:4)。今も悲しみの涙を流す神の民は幸いで、やがて喜びを見出すと考えられている(6:21)。キリストの未来の永遠の御国では、神が人々の目から涙を全くぬぐい取ってくださる(神は悲しみや苦しみ、痛みなどの原因を全部除いてくださる　黙7:17, 21:4)。祈りと涙の詳細　→Ⅱ列20:5, 詩39:12, →詩56:8注

7:47　彼女がよけい愛した　主イエスへの愛と献身は、次のことを深く知ることによって生れてくる。(a) キリストから離れていた自分の過去の罪深い状態。(b) 十字架の上で主イエスがいのちを与えて示

⁴⁸ そして女に、「あなたの罪は赦されています」と言われた。
⁴⁹ すると、いっしょに食卓にいた人たちは、心の中でこう言い始めた。「罪を赦したりするこの人は、いったいだれだろう。」
⁵⁰ しかし、イエスは女に言われた。「あなたの信仰が、あなたを救ったのです。安心して行きなさい。」

種蒔きのたとえ
8:4-15 並行記事―マタ13:2-23, マコ4:1-20

8 ¹ その後、イエスは、神の国を説き、その福音を宣べ伝えながら、町や村を次から次に旅をしておられた。十二弟子もお供をした。
² また、悪霊や病気を直していただいた女たち、すなわち、七つの悪霊を追い出していただいたマグダラの女と呼ばれるマリヤ、
³ 自分の財産をもって彼らに仕えているヘロデの執事クーザの妻ヨハンナ、スザンナ、そのほか大ぜいの女たちもいっしょであった。
⁴ さて、大ぜいの人の群れが集まり、また方々の町からも人々がみもとにやって来たので、イエスはたとえを用いて話された。
⁵ 「種を蒔く人が種蒔きに出かけた。蒔いているとき、道ばたに落ちた種があった。すると、人に踏みつけられ、空の鳥がそれを食べてしまった。

⁴⁸①參マタ9:2
⁴⁹＊別訳「彼らの間で」
⁵⁰①四參マタ9:22
　②ルカ8:48, 參マコ5:34

①四マタ4:23
②參マタ27:55, 56, 四ルカ23:49
③四マタ14:1
④參マタ20:8
⁴①ルカ8:4-8, マタ13:2-9, マコ4:1-9

⁸①參マタ11:15
⁹①ルカ8:9-15, マタ13:10-23, マコ4:10-20
¹⁰①參マタ13:11
　②イザ6:9, 參マタ13:14
¹¹①四 Ⅰペテ1:23

⁶ また、別の種は岩の上に落ち、生え出たが、水分がなかったので、枯れてしまった。
⁷ また、別の種はいばらの真ん中に落ちた。ところが、いばらもいっしょに生え出て、それを押しふさいでしまった。
⁸ また、別の種は良い地に落ち、生え出て、百倍の実を結んだ。」
イエスは、これらのことを話しながら「聞く耳のある者は聞きなさい」と叫ばれた。
⁹ さて、弟子たちは、このたとえがどんな意味かをイエスに尋ねた。
¹⁰ そこでイエスは言われた。「あなたがたに、神の国の奥義を知ることが許されているが、ほかの者には、たとえで話します。彼らが見ていても見えず、聞いていても悟らないためです。
¹¹ このたとえの意味はこうです。種は神のことばです。
¹² 道ばたに落ちるとは、こういう人たちのことです。みことばを聞いたが、あとから悪魔が来て、彼らが信じて救われることのないように、その人たちの心から、みことばを持ち去ってしまうのです。
¹³ 岩の上に落ちるとは、こういう人たちのことです。聞いたときには喜んでみことばを受け入れるが、根がないので、しばらくは信じていても、試練のときになると、身を引いてしまうのです。

された私たちへの愛。(c) 今は罪を赦され神によって守られているという確信。これらの土台の上に立っていない信仰は長続きしない。

8:3 彼らに仕えている 主イエスによって癒され特別な扱いを受けた女性たちは感謝を表し、主イエスをあがめて主の働きを忠実に支えた。主イエスと弟子たちへの支援は経済面と日常の必要を満たすことの両方だったと思われる。女性たちの奉仕と献身はキリストに従う人々にとって(男女を問わず)良い模範である。傷ついている人、孤独な人、必要を抱えている人を助けることを通してキリストに仕えるなら、マタイ25:34-40のことばが当てはまることになる。

8:4 たとえ →マタ13:3注　→「**キリストのたとえ**」の表 p.1940

8:5 種蒔きのたとえ →マコ4:3注

8:12 みことばを持ち去ってしまうのです →マコ

4:15-17注

8:13 しばらくは信じていても・・・身を引いてしまうのです このたとえ話を説明するに当たってキリストは、たといキリストを信じても(主イエスに心から自分をゆだねて信仰生活を始めること)、後には離れてしまい、ゆだねる決意が消えてしまう可能性があることを認めておられた。これは物事がうまくいかなくなったり、誘惑を退けられなくなったりしたときに起こる(→「**背教**」の項 p.2350)。それとは逆に、「みことばを聞くと、それをしっかりと守り、よく耐えて、実を結ばせる」(8:15)人々もいる。みことばを聞いた人は、それを「しっかりと保って」いくことが絶対に必要であると主イエスは教えられた(11:28, ヨハ8:51, Ⅰコリ15:1-2, コロ1:21-23, Ⅰテモ4:1, 16, Ⅱテモ3:13-15, Ⅰヨハ2:24-25, →ヨハ15:6注)。みことばを保つ一つの方法は生活に適用する方法が示されたときに、

¹⁴いばらの中に落ちるとは、こういう人たちのことです。みことばを聞きはしたが、とかくしているうちに、この世の心づかいや、富や、快楽によってふさがれて、実が熟するまでにならないのです。
¹⁵しかし、良い地に落ちるとは、こういう人たちのことです。正しい、良い心でみことばを聞くと、それをしっかりと守り、よく耐えて、実を結ばせるのです。

燭台の上のあかり

¹⁶あかりをつけてから、それを器で隠したり、寝台の下に置いたりする者はありません。燭台の上に置きます。入って来る人々に、その光が見えるためです。
¹⁷隠れているもので、あらわにならぬものはなく、秘密にされているもので、知られず、また現れないものはありません。
¹⁸だから、聞き方に注意しなさい。というのは、持っている人は、さらに与えられ、持たない人は、持っていると思っているものまでも取り上げられるからです。」

主イエスの母と兄弟たち

8:19–21　並行記事―マタ12:46-50, マコ3:31-35

¹⁹イエスのところに母と兄弟たちが来たが、群衆のためにそばへ近寄れなかった。
²⁰それでイエスに、「あなたのお母さんと兄弟たちが、あなたに会おうとして、外に立っています」という知らせがあった。
²¹ところが、イエスは人々にこう答えられた。「わたしの母、わたしの兄弟たちとは、神のことばを聞いて行う人たちです。」

嵐を静める主イエス

8:22–25　並行記事―マタ8:23-27, マコ4:36-41
8:22–25　参照記事―マコ6:47-52, ヨハ6:16-21

²²そのころのある日のこと、イエスは弟子たちといっしょに舟に乗り、「さあ、湖の向こう岸へ渡ろう」と言われた。それで弟子たちは舟を出した。
²³舟で渡っている間にイエスはぐっすり眠ってしまわれた。ところが突風が湖に吹きおろして来たので、弟子たちは水をかぶって危険になった。
²⁴そこで、彼らは近寄って行ってイエスを起こし、「先生、先生。私たちはおぼれて死にそうです」と言った。イエスは、起き上がって、風と荒波とをしかりつけられた。すると風も波も収まり、なぎになった。
²⁵イエスは彼らに、「あなたがたの信仰はどこにあるのです」と言われた。弟子たちは驚き恐れて互いに言った。「風も水も、お命じになれば従うとは、いったいこの方はどういう方なのだろう。」

悪霊につかれた人の癒し

8:26–37　並行記事―マタ8:28-34
8:26–39　並行記事―マコ5:1-20

²⁶こうして彼らは、ガリラヤの向こう側の*ゲラサ人の地方に着いた。
²⁷イエスが陸に上がられると、この町の者で悪霊につかれている男がイエスに出会った。彼は、長い間着物も着けず、家には住

欄外注

16①マタ5:15, マコ4:21, ルカ11:33
17①ルカ12:2, マタ10:26, マコ4:22
18①㊎マタ13:12, ㊋ルカ19:26 *あるいは「持っているように見えるものまでも」
19①ルカ8:19-21, マタ12:46-50, マコ3:31-35
21①ルカ11:28
22①ルカ8:22-25, マタ8:23-27, マコ4:36-41
　②ルカ8:23, マコ5:1, 2
23①ルカ8:22, マコ5:1, 2
24①㊎ルカ5:5 ②㊋ルカ4:39
26①ルカ8:26-37, マタ8:28-34, マコ5:1-17 *異本「ゲルゲサ人」、「ガダラ人」

それをすぐに実行することである（→ヤコ1:22-25）。

8:14　この世の心づかい・・・によってふさがれて
主イエスを信じて従うときには、この世界での責任、物質、快楽などで頭が一杯になり、それが人生の最優先課題にならないように注意しなければならない。そのようになると、主イエスとの関係によって受けた力が霊的生活から流れ去ってしまう。この世界の心遣いや快楽のいばらや雑草が神のことばや目的への情熱をゆっくりと、けれども確実にふさいでいく。したがって、私たちは次のことを自分に問い続けなければならない。自分には何が起きているのだろうか。地上の一時的なことや心遣いにどんどん捕われていっているのではないか。それとも神の永遠のみことばや目的が優先され、時が経つにつれ一層重要なことになってきているだろうか。

8:18　持っている人は、さらに与えられ　→マタ25:29注

8:21　わたしの母、わたしの兄弟たち　みことばを聞いて従う人（受入れるだけではなく実行する人）だけが神の家族として主イエスと個人的につながる。神の霊的家族には服従を伴わない信仰はあり得ない（→ヤコブの手紙）。

8:27-33　悪霊につかれている男　悪霊につかれること（悪霊が実際に人のからだの中に住み、その人の生活や人格を支配すること）は、サタンや悪霊の国が神の国に戦いを挑むときに用いる究極の方法である。こ

まないで、墓場に住んでいた。²⁸彼はイエスを見ると、叫び声をあげ、御前にひれ伏して大声で言った。「いと高き神の子、イエスさま。いったい私に何をしようというのです。お願いです。どうか私を苦しめないでください。」²⁹それは、イエスが、汚れた霊に、この人から出て行け、と命じられたからである。汚れた霊が何回となくこの人を捕らえたので、彼は鎖や足かせでつながれて看視されていたが、それでもそれらを断ち切っては悪霊によって荒野に追いやられていたのである。

³⁰イエスが、「何という名か」とお尋ねになると、「①*レギオンです」と答えた。悪霊が大ぜい入っていたからである。³¹悪霊どもはイエスに、底知れぬ所に行け、とはお命じになりませんようにと願った。³²ちょうど、山のそのあたりに、おびただしい豚の群れが飼ってあったので、悪霊どもは、その豚に入ることを許してくださいと願った。イエスはそれを許された。³³悪霊どもは、その人から出て、豚に入った。すると、豚の群れはいきなりがけを駆け下って湖に入り、おぼれ死んだ。³⁴飼っていた者たちは、この出来事を見て逃げ出し、町や村々でこの事を告げ知らせた。³⁵人々が、この出来事を見に来て、イエスのそばに来たところ、イエスの足もとに、悪霊の去った男が着物を着て、正気に返って、すわっていた。人々は恐ろしくなった。³⁶目撃者たちは、悪霊につかれていた人の救われた次第を、その人々に知らせた。³⁷ゲラサ地方の民衆はみな、すっかりおびえてしまい、イエスに自分たちのところから離れていただきたいと願った。そこで、イエスは舟に乗って帰られた。³⁸そのとき、悪霊を追い出された人が、お供をしたいとしきりに願ったが、イエスはこう言って彼を帰された。

²⁸①圀マコ5:7
　②圀マタ8:29
³⁰①圀マタ26:53
　*すなわち、「ローマ軍隊の一軍団」、別訳「大ぜい、多数」
³¹①ロマ10:7、黙9:1, 2, 11, 11:7, 17:8, 20:1, 3
³²*直訳「彼らに」
³³①ルカ8:22、圀ルカ5:1
³⁵①圀ルカ10:39
³⁶①圀マタ4:24
³⁷*異本「ゲルゲサ地方」、「ガダラ地方」
³⁸①ルカ8:38, 39、マコ5:18-20
　*直訳「いっしょにいたい」

³⁹「家に帰って、神があなたにどんなに大きなことをしてくださったかを、話して聞かせなさい。」そこで彼は出て行って、イエスが自分にどんなに大きなことをしてくださったかを、町中に言い広めた。

死んだ少女と病気の女性
8:40-56　並行記事－マタ9:18-26, マコ5:22-43

⁴⁰さて、イエスが帰られると、群衆は喜んで迎えた。みなイエスを待ちわびていたからである。⁴¹するとそこに、ヤイロという人が来た。この人は会堂管理者であった。彼はイエスの足もとにひれ伏して自分の家に来ていただきたいと願った。⁴²彼には十二歳ぐらいのひとり娘がいて、死にかけていたのである。イエスがお出かけになると、群衆がみもとに押し迫って来た。⁴³ときに、十二年の間長血をわずらった女がいた*。だれにも直してもらえなかったこの女は、⁴⁴イエスのうしろに近寄って、イエスの着物のふさにさわった。すると、たちどころに出血が止まった。⁴⁵イエスは、「わたしにさわったのは、だれですか」と言われた。みな自分ではないと言ったので、ペテロ*は、「先生。この大ぜいの人が、ひしめき合って押しているのです」と言った。⁴⁶しかし、イエスは、「だれかが、わたしにさわったのです。わたしから力が出て行くのを感じたのだから」と言われた。⁴⁷女は、隠しきれないと知って、震えながら進み出て、御前にひれ伏し、すべての民の前で、イエスにさわったわけと、たちどころにいやされた次第とを話した。⁴⁸そこで、イエスは彼女に言われた。「娘よ*。あなたの信仰があなたを直したのです。安心して行きなさい。」⁴⁹イエスがまだ話しておられるときに、

⁴⁰①圀マタ9:1, マコ5:21
⁴¹①ルカ8:41-56、マタ9:18-26、マコ5:22-43
　②ルカ8:49、圀マコ5:22
⁴³*異本に「医者のために自分の生活費を全部使い果たしてしまった」を加えるものもある
⁴⁵*異本「[……および彼とともにいた者たち]」を加えるものもある
　①ルカ8:5
⁴⁶①圀ルカ5:17
⁴⁸①圀マタ9:22
　*直訳「救ったのです」
　②ルカ7:50、圀マコ5:34

の問題の詳細 →「サタンと悪霊に勝利する力」の項 p.1726　ここの情況と町の人々の反応の詳細 →マコ5:2-17注

8:44　イエスの着物のふさにさわった →マコ5:28注 →「キリストの奇蹟」の表 p.1942

会堂管理者の家から人が来て言った。「あなたのお嬢さんはなくなりました。もう、先生を煩わすことはありません。」 50 これを聞いて、イエスは答えられた。「恐れないで、ただ信じなさい。そうすれば、娘は直ります*。」

51 イエスは家に入られたが、ペテロとヨハネとヤコブ、それに子どもの父と母のほかは、だれもいっしょに入ることをお許しにならなかった。 52 人々はみな、娘のために泣き悲しんでいた。しかし、イエスは言われた。「泣かなくてもよい。死んだのではない。眠っているのです。」 53 人々は、娘が死んだことを知っていたので、イエスをあざ笑っていた。 54 しかしイエスは、娘の手を取って、叫んで言われた。「子どもよ。起きなさい。」 55 すると、娘の霊が戻って、娘はただちに起き上がった。それでイエスは、娘に食事をさせるように言いつけられた。 56 両親がひどく驚いていると、イエスは、この出来事をだれにも話さないように命じられた。

49 ①ルカ8:41
50 ①マコ5:36
　＊あるいは「救われます」
52 ①ルカ23:27, マタ11:17
　②ヨハ11:13
56 ①囲マタ8:4

1 ①マタ10:5, マコ6:7
2 ①囲マタ10:7
3 ①ルカ9:3-5,
　マタ10:9-15,
　囲ルカ10:4-12, 22:35
　②マタ10:10, マコ6:8,
　囲ルカ22:35, 36
5 ①使13:51,
　囲マコ6:11
6 ①ルカ8:1, マコ6:12
7 ①ルカ9:7-9,
　マタ14:1, 2,
　囲マコ6:14, 15
　②囲マタ14:1,
　囲ルカ3:1, 13:31, 23:7
　②囲マタ14:2

十二人を送り出す主イエス

9:3-5　並行記事ーマタ10:9-15, マコ6:8-11
9:7-9　並行記事ーマタ14:1, 2, マコ6:14-16

9 1 イエスは、十二人を呼び集めて、彼らに、すべての悪霊を追い出し、病気を直すための、力と権威とをお授けになった。 2 それから、神の国を宣べ伝え、病気を直すために、彼らを遣わされた。 3 イエスは、こう言われた。「旅のために何も持って行かないようにしなさい。杖も、袋も、パンも、金も。また下着も、二枚は、いりません。 4 どんな家に入っても、そこにとどまり、そこから次の旅に出かけなさい。 5 人々があなたがたを受け入れない場合は、その町を出て行くときに、彼らに対する証言として、足のちりを払い落としなさい。」 6 十二人は出かけて行って、村から村へと回りながら、至る所で福音を宣べ伝え、病気を直した。

7 さて、国主ヘロデは、このすべての出来事を聞いて、ひどく当惑していた。それは、ある人々が、「ヨハネが死人の中から

8:50　恐れないで、ただ信じなさい →マコ5:36注

9:1　すべての悪霊を追い出し・・・権威 →マタ10:1注

9:2　神の国を宣べ伝え、病気を直す　(1) これは主イエスが中心グループの十二人の弟子(従う人、学ぶ人)を主イエスに代ってメッセージを伝え活動するように送り出された最初の場面である。主イエスは霊の力を与えられ、宣教の働きをする権威も与えられた。十二人の弟子に与えられた指示はマタイの並行記事によると、「イスラエルの家の失われた羊のところに行」くことだった(マタ10:6)。それは第一の使命が主イエスのメッセージをまだ聞いたことのないユダヤ人に伝え、神の国の力を示すことだったことを示している。けれどもよみがえられた後、主イエスは宣教の範囲をあらゆる国へと広げられた。それは宣教命令の中で示されたけれども、その命令は「世の終わりまで」効力のある命令である(マタ28:18-20, マコ16:15-20)。

(2) 神の国(神の究極の力、権威、目的、地上と永遠での生き方)を伝えなさいという主イエスの宣教命令にはいつも、病人を癒し悪霊を追出すこと(人のからだや生活を支配する病気や悪霊の支配を砕くこと)が含まれていた(マタ9:35-38, 10:7-8, マコ3:14-15, 6:7-13, 16:15, 17, ルカ9:2, 6, 10:1, 9, ⇒4:17-19, →「**神の国**」の項 p.1654)。神のメッセージには同じ御霊の力の現れが伴うように、神は今も望んでおられる(マタ10:1注, マコ16:15-18, 使1:8, ロマ15:18-19, Ⅰコリ2:4-5, 4:20, →「**信者に伴うしるし**」の項 p.1768, 「**サタンと悪霊に勝利する力**」の項 p.1726)。そのような力に満ち権威に満ちたメッセージこそが、キリストが再び来られる直前の終りの時代(今、現在の日)に、サタンの挑戦と対決し勝利することができるのである(Ⅰテモ4:1, Ⅱテモ3:1-5)。

(3) それぞれの地域教会は、ほかの現代風の教会と自分たちを比較するべきではない。むしろ新約聖書にあるメッセージとひな型によって自分たちを測るべきである。自分たちは主イエスの最初の弟子たちのように御国の力を全部見たり体験したりしているだろうか。周りの人々に神の国を近付けて(キリストの真理と力を明らかに現して)いるだろうか。もしそうでなければ、その理由はどこにあるのだろうか。

9:7　国主ヘロデ →3:1-3注

よみがえったのだ」と言い、
⁸ほかの人々は、「エリヤが現れたのだ」と言い、さらに別の人々は、「昔の預言者のひとりがよみがえったのだ」と言っていたからである。
⁹ヘロデは言った。「ヨハネなら、私が首をはねたのだ。そうしたことがうわさされているこの人は、いったいだれなのだろう。」ヘロデはイエスに会ってみようとした。

五千人に食物を与える主イエス
9:10-17　並行記事－マタ14:13-21, マコ6:32-44, ヨハ6:5-13

9:13-17　参照記事－Ⅱ列4:42-44

¹⁰さて、使徒たちは帰って来て、自分たちのして来たことを報告した。それからイエスは彼らを連れてベツサイダという町へひそかに退かれた。
¹¹ところが、多くの群衆がこれを知って、ついて来た。それで、イエスは喜んで彼らを迎え、神の国のことを話し、また、いやしの必要な人たちをおいやしになった。
¹²そのうち、日も暮れ始めたので、十二人はみもとに来て、「この群衆を解散させてください。そして回りの村や部落にやって、宿をとらせ、何か食べることができるようにさせてください。私たちは、こんな人里離れた所にいるのですから」と言った。
¹³しかしイエスは、彼らに言われた。「あなたがたで、何か食べる物を上げなさい。」彼らは言った。「私たちには五つのパンと二匹の魚のほか何もありません。私たちが出かけて行って、この民全体のために食物を買うのでしょうか。」
¹⁴それは、男だけでおよそ五千人もいたからである。しかしイエスは、弟子たちに言われた。「人々を、五十人ぐらいずつ組に

⁸①マタ16:14
⁹①ルカ23:8
¹⁰①🔲マコ6:30
　②🔲マコ6:30
　③ルカ9:10-17, マタ14:13-21, マコ6:32-44, ヨハ6:5-13
　④🔲マタ11:21
¹⁴①マコ6:39

¹⁷①🔲マタ14:20
　＊あるいは「大型のかご」
¹⁸①ルカ9:18-20, マタ16:13-16, マコ8:27-29
　②🔲マタ14:23, ルカ6:12, 9:28
²⁰①🔲ヨハ6:68, 69
　＊すなわち「メシヤ」
²¹🔲マタ16:20, マコ8:30, 🔲マタ8:4
²²①ルカ9:22-27, マタ16:21-28, マコ8:31-9:1
　②🔲マタ16:21, ルカ9:44
²³①🔲マコ10:38

してすわらせなさい。」
¹⁵弟子たちは、そのようにして、全部をすわらせた。
¹⁶するとイエスは、五つのパンと二匹の魚を取り、天を見上げて、それらを祝福して裂き、群衆に配るように弟子たちに与えられた。
¹⁷人々はみな、食べて満腹した。そして、余ったパン切れを取り集めると、十二かごあった。

キリストを告白するペテロ
9:18-20　並行記事－マタ16:13-16, マコ8:27-29

9:22-27　並行記事－マタ16:21-28, マコ8:31-9:1

¹⁸さて、イエスがひとりで祈っておられたとき、弟子たちがいっしょにいた。イエスは彼らに尋ねて言われた。「群衆はわたしのことをだれだと言っていますか。」
¹⁹彼らは、答えて言った。「バプテスマのヨハネだと言っています。ある者はエリヤだと言い、またほかの人々は、昔の預言者のひとりが生き返ったのだとも言っています。」
²⁰イエスは、彼らに言われた。「では、あなたがたは、わたしをだれだと言いますか。」ペテロが答えて言った。「神の＊キリストです。」
²¹するとイエスは、このことをだれにも話さないようにと、彼らを戒めて命じられた。
²²そして言われた。「人の子は、必ず多くの苦しみを受け、長老、祭司長、律法学者たちに捨てられ、殺され、そして三日目によみがえらねばならないのです。」
²³イエスは、みなの者に言われた。「だれでもわたしについて来たいと思うなら、自分を捨て、日々自分の十字架を負い、そしてわたしについて来なさい。

9:12-17　五千人に食物を与える奇蹟　主イエスは弟子たちをどのようにして奇蹟や超自然的な働きに参加するようにさせたのか注意をするべきである。この出来事の詳細　→マタ14:19注

9:21　話さないようにと、彼らを戒めて命じられた
多くの人がメシヤ（待っていた救い主、キリスト）について間違った考え方をしていたので、主イエスはご自分のことを明かす前に正しく教え証拠を示すことが必要だと思われた。主イエスの使命は特別なものであり、それを果す時間は限られていたので、人々の反応によって変更はできなかった。癒された人に口止めをしたり、悪霊に主イエスがだれであるかを言わないように命じられたのも一部には同じ理由があった（4:41, →マタ8:4注）。

9:23　日々自分の十字架を負い　主イエスを救い主また主（罪を赦し人生を導く方）として受入れるには、

ルカの福音書 9章

24 自分のいのちを救おうと思う者は、それを失い、わたしのために自分のいのちを失う者は、それを救うのです。
25 人は、たとい全世界を手に入れても、自分自身を失い、損じたら、何の得がありましょう。
26 もしだれでも、わたしとわたしのことばとを恥じと思うなら、人の子も、自分と父と聖なる御使いとの栄光を帯びて来るときには、そのような人のことを恥とします。
27 しかし、わたしは真実をあなたがたに告げます。ここに立っている人々の中には、神の国を見るまでは、決して死を味わわない者たちがいます。」

姿変り

9:28-36　並行記事─マタ17:1-8, マコ9:2-8

28 これらの教えがあってから八日ほどして、イエスは、ペテロとヨハネとヤコブとを連れて、祈るために、山に登られた。
29 祈っておられると、御顔の様子が変わり、御衣は白く光り輝いた。
30 しかも、ふたりの人がイエスと話し合っているではないか。それはモーセとエリヤであって、
31 *栄光のうちに現れて、イエスがエルサレムで遂げようとしておられるご最期についていっしょに話していたのである。
32 ペテロと仲間たちは、眠くてたまらなかったが、はっきり目がさめると、イエスの栄光と、イエスといっしょに立っているふたりの人を見た。
33 それから、ふたりがイエスと別れようとしたとき、ペテロがイエスに言った。「先生。ここにいることは、すばらしいことです。私たちが三つの幕屋を造ります。あなたの

---

24 ①圏マタ10:39
25 ①ヘブ10:34
26 ①囲ルカ12:9, マタ10:33
27 ①圏マタ16:28
28 ①ルカ9:28-36, マタ17:1-8, マコ9:2-8

②圏マタ17:1
③ルカ3:21, 5:16, 6:12, 9:18
④囲マタ5:1
29 ①ルカ3:21, 5:16, 6:12, 9:18
②囲マコ16:12
＊直訳「いなずまのように光り輝いた」
31 ＊あるいは「輝き」
①ペテⅡ1:15
32 ①マタ26:43, マコ14:40
33 ①圏ルカ5:5, 9:49
②囲マタ17:4, マコ9:5
＊あるいは「聖なる天幕」

主イエスのメッセージの真理を信じる必要がある。けれどもまた、どんな犠牲を払っても主イエスに従っていく献身も必要である（→マコ8:34注）。今日では十字架は高貴な感じで人気があるように見えるけれども、主イエスの時代には残酷な処刑の方法だった。主イエスにとっては恥と辱しめを意味していた。けれども主イエスが十字架の上で払われた犠牲によって、私たちには神と永遠の関係を持つ機会が与えられたのである。そこで私たちはキリストとその苦しみと一つになり、主イエスに献身をしなければならない。自分のために生きるのか（キリストを否定して）、キリストのために生きるのか（自分自身を否定して）、日々決断をしなければならない。どちらを選ぶかによって私たちの永遠の過し方が決まっていく。

9:24　自分のいのちを失う者　主イエスのこのことばは四つの福音書（マタイ、マルコ、ルカ、ヨハネによって書かれた主イエスの生涯の物語の記録）全部に書かれている。二つの福音書には複数回書かれている（マタ10:38-39, 16:24-25, マコ8:34-35, ルカ14:26-27, 17:33, ヨハ12:25─ここでは少し違ったかたちで書かれている）。福音書の記者がこれほど注目した主イエスのことばはほかにはない。これは必ずしも肉体のいのちを失うことを言っているのではない。困難な情況の中で主イエスに忠実に生きることのほうがもっと大変なこともある。もし神のご計画や原則に従って生きないで、自分のしあわせや快楽を人生の目標にしているなら、失望し霊的損失を味わうだけである。けれどももし自分中心の生き方をやめてみことばの上に生活の土台を置いて主イエスとの関係を最優先させるなら、現在だけではなく永遠にいのちと喜びを私たちは見つけることができる。

9:26　わたし・・・を恥と思う　主イエスを恥と思うということは、主イエスが教えられた人生や価値観、目標に合せて生活していることを恥ずかしく思うことである。それはみことばを恥と思い、そこに書かれていることが全部神によって与えられていると主張することを恥じて、それによって生き、それを擁護することを恥ずかしく思うことである。キリストについてこのように思う人はキリストから自分を切離している。そのような人はさばきの日にキリストから拒まれ責められることになる（マタ10:33, マコ8:34注, ロマ1:16, Ⅱテモ1:8, 12, 16, 黙3:14-16）。

9:27　神の国を見る　→マタ16:28注

9:29　姿変り　この出来事は「姿変り」と言われるもので、三人の弟子たちの前で主イエスの姿が変り、人間になられた神である主イエスの天の栄光の姿を一瞬現すものだった（→Ⅱペテ1:16-18, マタ17:2注）。この体験によって、（1）間もなく十字架での死に直面する主イエスが励まされ（⇒マタ16:21）、（2）弟子たちに主イエスが十字架の上で苦しまれることが知らされ（9:31）、（3）主イエスが神の御子であって、人間の罪によって破壊された神との関係を神と人間の両方を代表して修復できる唯一の方であるという保証が神によって与えられた（9:35）。弟子たちがキリストを含む三人をあがめようとしたとき、ほかの二人が消えたこと、そしてキリストだけが礼拝にふさわしい方で

ために一つ、モーセのために一つ、エリヤのために一つ。」ペテロは何を言うべきかを知らなかったのである。
34 彼がこう言っているうちに、雲がわき起こってその人々をおおった。彼らが雲に包まれると、弟子たちは恐ろしくなった。
35 すると雲の中から、「これは、わたしの愛する子、わたしの選んだ者である。彼の言うことを聞きなさい」と言う声がした。
36 この声がしたとき、そこに見えたのはイエスだけであった。彼らは沈黙を守り、その当時は、自分たちの見たこのことをいっさい、だれにも話さなかった。

悪霊につかれた少年の癒し
9:37-42, 43-45　並行記事－マタ17:14-18, 22, 23, マコ9:14-27, 30-32

37 次の日、一行が山から降りて来ると、大ぜいの人の群れがイエスを迎えた。
38 すると、群衆の中から、ひとりの人が叫んで言った。「先生。お願いです。息子を見てやってください。ひとり息子です。
39 ご覧ください。霊がこの子に取りつきますと、突然叫び出すのです。そしてひきつけさせてあわを吹かせ、かき裂いて、なかなか離れようとしません。
40 お弟子たちに、この霊を追い出してくださるようお願いしたのですが、お弟子たちにはできませんでした。」
41 イエスは答えて言われた。「ああ、不信仰な、曲がった今の世だ。いつまで、あなたがたといっしょにいて、あなたがたにがまんしていなければならないのでしょう。あなたの子をここに連れて来なさい。」
42 その子が近づいて来る間にも、悪霊は彼を打ち倒して、激しくひきつけさせてしまった。それで、イエスは汚れた霊をしかって、その子をいやし、父親に渡された。
43 人々はみな、神のご威光に驚嘆した。
イエスのなさったすべてのことに、人々がみな驚いていると、イエスは弟子たちにこう言われた。

44 「このことばを、しっかりと耳に入れておきなさい。人の子は、いまに人々の手に*渡されます。」
45 しかし、弟子たちは、このみことばが理解できなかった。このみことばの意味は、わからないように、彼らから隠されていたのである。また彼らは、このみことばについてイエスに尋ねるのを恐れた。

一番偉いのはだれか
9:46-48　並行記事－マタ18:1-5
9:46-50　並行記事－マコ9:33-40

46 さて、弟子たちの間に、自分たちの中で、だれが一番偉いかという議論*が持ち上がった。
47 しかしイエスは、彼らの心の中*の考えを知っておられて、ひとりの子どもの手を取り、自分のそばに立たせ、
48 彼らに言われた。「だれでも、このような子どもを、わたしの名のゆえに受け入れる者は、わたしを受け入れる者です。また、わたしを受け入れる者は、わたしを遣わされた方を受け入れる者です。あなたがたすべての中で一番小さい者が一番偉いのです。」
49 ヨハネが答えて言った。「先生。私たちは、先生の名を唱えて悪霊を追い出している者を見ましたが、やめさせました。私たちの仲間ではないので、やめさせたのです。」
50 しかしイエスは、彼に言われた。「やめさせることはありません。あなたがたに反対しない者は、あなたがたの味方です。」

サマリヤ人の拒絶
51 さて、天に上げられる日が近づいて来たころ、イエスは、エルサレムに行こうとして御顔をまっすぐ向けられ、
52 ご自分の前に使いを出された。彼らは行って、サマリヤ人の町に入り、イエスのために準備した。
53 しかし、イエスは御顔をエルサレムに向

9:41　不信仰な・・・今の世だ　→マタ17:17注

けて進んでおられたので、サマリヤ人はイエスを受け入れなかった。

54 弟子のヤコブとヨハネが、これを見て言った。「主よ。私たちが天から火を呼び下して、彼らを焼き滅ぼしましょうか。」

55 しかし、イエスは振り向いて、彼らを戒められた。*

56 そして一行は別の村に行った。

主イエスに従う代価

9:57-60　並行記事ーマタ8:19-22

57 さて、彼らが道を進んで行くと、ある人がイエスに言った。「私はあなたのおいでになる所なら、どこにでもついて行きます。」

58 すると、イエスは彼に言われた。「狐には穴があり、空の鳥には巣があるが、人の子には枕する所もありません。」

59 イエスは別の人に、こう言われた。「わたしについて来なさい。」しかしその人は言った。「まず行って、私の父を葬ることを許してください。」

60 すると彼に言われた。「死人たちに彼らの中の死人たちを葬らせなさい。あなたは出て行って、神の国を言い広めなさい。」

61 別の人はこう言った。「主よ。あなたに従います。ただその前に、家の者にいとまごいに帰らせてください。」

62 するとイエスは彼に言われた。「だれでも、手を鋤につけてから、うしろを見る者は、神の国にふさわしくありません。」

七十人を送り出す主イエス

10:4-12　並行記事ールカ9:3-5
10:13-15, 21, 22　並行記事ーマタ11:21-23, 25-27
10:23, 24　並行記事ーマタ13:16, 17

10 1 その後、主は、別に*七十人を定め、ご自分が行くつもりのすべての町や村へ、ふたりずつ先にお遣わしになった。

2 そして、彼らに言われた。「実りは多いが、働き手が少ない。だから、収穫の主に、収穫のために働き手を送ってくださるように祈りなさい。

3 さあ、行きなさい。いいですか。わたしがあなたがたを遣わすのは、狼の中に小羊を送り出すようなものです。

4 財布も旅行袋も持たず、くつもはかずに行きなさい。だれにも、道であいさつしてはいけません。

5 どんな家に入っても、まず、『この家に平安があるように』と言いなさい。

6 もしそこに平安の子がいたら、あなたがたの祈った平安は、その人の上にとどまり

9:53　サマリヤ人はイエスを受け入れなかった　サマリヤ人は、前722年にイスラエルの国がアッシリヤ人によって征服され捕囚にされたときにそこに残されたイスラエル人と後にアッシリヤ人によって連れて来られたほかの民族との結婚によって生れた混血人の子孫である（→Ⅱ列17:24注）。後にユダヤ人が故郷に戻って来たときから、ユダヤ人とサマリヤ人は激しく憎み合っていて、主イエスの時代にも争いは激しかった（→ヨハ4:9）。ユダヤ人はサマリヤ人を霊的に劣ると考えていたので、ユダヤ教の例祭を守るために、この地域を通ってエルサレムまで旅をするときにはサマリヤ人の襲撃が深刻な脅威だった。

9:55　彼らを戒められた　私たちはキリストに対してどんなに誠意があり熱心であっても、キリストを知らない人や霊的に失われている人に対して暴力的にならないように注意しなければならない。最終的に人々をさばくのは神である。今私たちがすることは、人々に愛とキリストのメッセージを届けることである。

9:60　死人たちに彼らの中の死人たちを葬らせなさい　→マタ8:22注

10:1　ふたりずつ・・・お遣わしになった　働き手を二人ずつ遣わすことは、神の働きの中で大変重要な原則である。それは信仰が結束し、よりすぐれた知恵を出し合う機会になるからである。また勇気を出し責任感を養うのに役立つ。二人一組の原則を扱っていることばは、このほかにも次の箇所に見ることができる。伝4:9-12, マタ18:16, マコ6:7, 14:13, ルカ7:19, ヨハ1:35-41, 8:17, 使9:38, 10:7, 15:36-41, 19:22, Ⅱコリ13:1, Ⅰテモ5:19, ヘブ10:28, 黙11:3-6, 10-12

10:2　実りは多い　→マタ9:37注

10:3　狼の中に小羊を　神のみこころ（神の計画、目的、願い）に忠実に従う信仰者はしばしば危険に直面したり脅かされたりする。その伝えるメッセージや物事の進め方、人格や日常生活までもが神を敬わない人々やこの世界の悪の破壊的勢力によって攻撃され、反対される。私たちはこのことをわきまえて神の臨

ます。だが、もしいないなら、その平安はあなたがたに返って来ます。
7 その家に泊まっていて、出してくれる物を飲み食いしなさい。働く者が報酬を受けるのは、当然だからです。家から家へと渡り歩いてはいけません。
8 どの町に入っても、あなたがたを受け入れてくれたら、出される物を食べなさい。
9 そして、その町の病人を直し、彼らに、『神の国が、あなたがたに近づいた』と言いなさい。
10 しかし、町に入っても、人々があなたがたを受け入れないならば、大通りに出て、こう言いなさい。
11 『私たちは足についたこの町のちりも、あなたがたにぬぐい捨てて行きます。しかし、神の国が近づいたことは承知していなさい。』
12 あなたがたに言うが、その日には、その町よりもソドムのほうがまだ罰が軽いのです。
13 ああコラジン。ああベツサイダ。おまえたちの間に起こった力あるわざが、もしもツロとシドンでなされたのだったら、彼らはとうの昔に荒布をまとい、灰の中にすわって、悔い改めていただろう。
14 しかし、さばきの日には、そのツロとシドンのほうが、まだおまえたちより罰が軽

いのだ。
15 カペナウム。どうしておまえが天に上げられることがありえよう。ハデスにまで落とされるのだ。
16 あなたがたに耳を傾ける者は、わたしに耳を傾ける者であり、あなたがたを拒む者は、わたしを拒む者です。わたしを拒む者は、わたしを遣わされた方を拒む者です。」
17 さて、七十人が喜んで帰って来て、こう言った。「主よ。あなたの御名を使うと、悪霊どもでさえ、私たちに服従します。」
18 イエスは言われた。「わたしが見ていると、サタンが、いなずまのように天から落ちました。
19 確かに、わたしは、あなたがたに、蛇やさそりを踏みつけ、敵のあらゆる力に打ち勝つ権威を授けたのです。だから、あなたがたに害を加えるものは何一つありません。
20 だがしかし、悪霊どもがあなたがたに服従するからといって、喜んではなりません。ただあなたがたの名が天に書きしるされていることを喜びなさい。」
21 ちょうどこのとき、イエスは、聖霊によって喜びにあふれて言われた。「天地の主であられる父よ。あなたをほめたたえます。これらのことを、賢い者や知恵のある者には隠して、幼子たちに現してくださいました。そうです、父よ。これがみこころ

在、守り、支えを求めて祈らなければならない。

10:9 病人を直し・・・『神の国・・・』 主イエスは再び、「神の国」(地上と永遠の世界での神の究極的権威、力、計画、目的)は病人を癒すことと強く結び付いていることを示された。詳細 →9:2注、→「神の国」の項 p.1654、「神による癒し」の項 p.1640

10:18 わたしが見ていると、・・・サタンが・・・落ちました 原語のギリシヤ語ではここは直訳すると「いなずまのようにサタンが落ちるのを見ていました」である。弟子たちが主イエスの権威によって奉仕しているときに主イエスは霊の領域で起きていることを見ておられた。サタンの勢力が何回も何回も打砕かれたのである。主イエスは弟子たちの働きの本当の姿を見ておられた。そして神の働きをする弟子たちの喜び(10:21)と熱意を共有し、霊の戦いを効果的に行い悪霊に対し大勝利を収めたと断言された。けれども同時に弟子たちが自分たちの働きを自慢しないようにと戒

めてもおられる。主イエスこそが弟子たちの働きの背後にある力であり、サタンが落ちて敗北するのを世界が始まる前から見ておられた方である。ここまでの弟子たちの働きの中で非常に重要なことは、弟子たちや主イエスのメッセージを受入れた人々が天に居場所を持ったことである(10:20)。

10:19 蛇やさそり 「蛇やさそり」は悪霊の中で最も危険な勢力を表すことばである。けれども、キリスト者はサタンに対する権威をキリストから与えられているので、悪霊に勝利することができる(→**サタンと悪霊に勝利する力**の項 p.1726)。

10:20 喜んではなりません キリストは弟子たちに、悪霊に対する力を持ち、働きが成功したことで喜んではならないと忠告された。最高の喜びと満足は、罪が赦され罪の力から解放され、天に行くようにされたことでなければならない(→マタ7:22注、23注)。

10:21 賢い者・・・幼子たちに 知的で賢いと思っ

にかなったことでした。
22 すべてのものが、わたしの父から、わたしに渡されています。それで、子がだれであるかは、父のほかには知る者がありません。また父がだれであるかは、子と、子が父を知らせようと心に定めた人たちのほかは、だれも知る者がありません。」
23 それからイエスは、弟子たちのほうに向いて、ひそかに言われた。「あなたがたの見ていることを見る目は幸いです。
24 あなたがたに言いますが、多くの預言者や王たちがあなたがたの見ていることを見たいと願ったのに、見られなかったのです。また、あなたがたの聞いていることを聞きたいと願ったのに、聞けなかったのです。」

良いサマリヤ人のたとえ
10:25-28　並行記事ーマタ22:34-40, マコ12:28-31

25 すると、ある律法の専門家が立ち上がり、イエスをためそうとして言った。「先生。何をしたら永遠のいのちを自分のものとして受けることができるでしょうか。」
26 イエスは言われた。「律法には、何と書いてありますか。あなたはどう読んでいますか。」
27 すると彼は答えて言った。「『心を尽くし、思いを尽くし、力を尽くし、知性を尽くして、あなたの神である主を愛せよ』、また『あなたの隣人をあなた自身のように愛せよ』とあります。」
28 イエスは言われた。「そのとおりです。それを実行しなさい。そうすれば、いのちを得ます。」
29 しかし彼は、自分の正しさを示そうとしてイエスに言った。「では、私の隣人とは、だれのことですか。」
30 イエスは答えて言われた。
「ある人が、エルサレムからエリコへ下る道で、強盗に襲われた。強盗どもは、その人の着物をはぎ取り、なぐりつけ、半殺しにして逃げて行った。
31 たまたま、祭司がひとり、その道を下って来たが、彼を見ると、反対側を通り過ぎて行った。
32 同じようにレビ人も、その場所に来て彼を見ると、反対側を通り過ぎて行った。
33 ところが、あるサマリヤ人が、旅の途中、そこに来合わせ、彼を見てかわいそうに思い、
34 近寄って傷にオリーブ油とぶどう酒を注いで、ほうたいをし、自分の家畜に乗せて宿屋に連れて行き、介抱してやった。
35 次の日、彼はデナリ二つを取り出し、宿屋の主人に渡して言った。『介抱してあげてください。もっと費用がかかったら、私が帰りに払います。』
36 この三人の中でだれが、強盗に襲われた者の隣人になったと思いますか。」

ている人々ではなく、みことばに示された真理をへりくだって受入れる人々に、御父が神の原則と目的についての深いけれども単純な真理を啓示されたことを主イエスは喜んでおられる。自分の「すぐれた」知恵や知識と思うものを根拠にして神のことばの真理を疑ったり拒んだりする人々は完全な真理を理解し受入れることができない。その結果、本当の知識もキリストとの救いの関係を持つこともできないのである(10:22)。

10:27　『・・・主を愛せよ』・・・また、『あなたの隣人を・・・愛せよ』　→マタ22:37注, 39注

10:30　良いサマリヤ人のたとえ話　このたとえ話は信仰と服従(霊的救いとキリストとの純粋な関係へ導くもの)には、困っている人々に積極的に同情を示す行動が伴うことを強調している。主イエスが「私の隣人とは、だれのことですか」という質問には答えておられないことに注意するとよい。答える代りに主イエスが律法の専門家に言われたことは、基本的に言えば、積極的に隣人になりなさい(「あなたも行って同じようにしなさい」10:37)ということ、積極的にほかの人々を助け、ほかの人々に仕えなさいということだった。神を愛しなさいという招きはほかの人々を愛しなさいという招きでもある。(1) キリストを受入れた人には新しい心といのちが与えられる。そこからは傷つき悩み苦しんでいる人々への愛とあわれみと同情が生み出される。キリストに従う人はみな、内側にある聖霊の愛によって行動する責任がある。したがって、機会を逃さずキリストの同情を具体的に現さなくてはならない。(2) キリスト者と言いながらほかの人々の必要や苦しみに心が動かされない人は、本当にキリストに従っていないことを自分で証明している(10:25-28, 31-37, ⇒マタ25:41-46, Ⅰヨハ3:16-20)。このたとえ話から学ぶさらに重要なことは、本当の同情

37 彼は言った。「その人にあわれみをかけてやった人です。」するとイエスは言われた。「あなたも行って同じようにしなさい。」

マルタとマリヤの家で

38 さて、彼らが旅を続けているうち、イエスがある村に入られると、マルタという女が喜んで家にお迎えした。
39 彼女にマリヤという妹がいたが、主の足もとにすわって、みことばに聞き入っていた。
40 ところが、マルタは、いろいろともてなしのために気が落ち着かず、みもとに来て言った。「主よ。妹が私だけにおもてなしをさせているのを、何ともお思いにならないのでしょうか。私の手伝いをするように、妹におっしゃってください。」
41 主は答えて言われた。「マルタ、マルタ。あなたは、いろいろなことを心配して、気を使っています。
42 しかし、どうしても必要なことはわずかです。いや、一つだけです。マリヤはその良いほうを選んだのです。彼女からそれを取り上げてはいけません。」

祈りについての主イエスの教え

11:2-4　並行記事―マタ6:9-13
11:9-13　並行記事―マタ7:7-11

11 ¹ さて、イエスはある所で祈っておられた。その祈りが終わると、弟子のひとりが、イエスに言った。「主よ。ヨハネが弟子たちに教えたように、私たちにも祈りを教えてください。」
² そこでイエスは、彼らに言われた。「祈るときには、こう言いなさい。
『父よ。御名があがめられますように。御国が来ますように。
³ 私たちの日ごとの糧を毎日お与えください。
⁴ 私たちの罪をお赦しください。私たちも私たちに負いめのある者をみな赦します。
私たちを試みに会わせないでください。』」
⁵ また、イエスはこう言われた。「あなたがたのうち、だれかに友だちがいるとして、真夜中にその人のところに行き、『君。パンを三つ貸してくれ。
⁶ 友人が旅の途中、私のうちへ来たのだが、出してやるものがないのだ』と言ったとします。
⁷ すると、彼は家の中からこう答えます。『めんどうをかけないでくれ。もう戸締まりもしてしまったし、子どもたちも私も寝ている。起きて、何かをやることはできない。』
⁸ あなたがたに言いますが、彼は友だちだからということで起きて何かを与えることはしないにしても、あくまで頼み続けるなら、そのためには起き上がって、必要な物

心が宗教的な指導者（祭司）や助手（レビ人で礼拝を導く役割を持つ家族）の心にはなく、軽べつしていた敵のような人の心にあったことである（→9:53注、Ⅱ列17:24注）。主イエスは民族の壁を越えた同情心について話されたのである。

10:42　必要なことは・・・一つだけです　積極的に具体的に神に仕えることは重要で良いことであるけれども、第一で最優先させなければならないことは主イエスへの愛と献身である。それはひたすら主とともに時間を過ごし、礼拝をし、みことばに耳を傾け、みことばから学ぶことである（→マタ26:13注）。主のために働くことが忙しくて、主の臨在にひたる時間がないということはないだろうか。神のために忙しく働いていると思って、神とともに過す時間をとっていないのではないだろうか。最も必要なのはこのことである。

11:2-4　主の祈り　→マタ6:9-15各注
11:3　私たちの日ごとの糧　神の民は、生活に必要なもの（⇒マタ6:11）を次の四つの原則に基づいて祈り求めるようにしなければならない。(1) このような願いをするときは神のご計画、願い、特性に沿って神をあがめることを目的にしなければならない（マタ6:10, 33、Ⅰコリ10:31、Ⅰヨハ5:14-15）。(2) 神が父親としての愛を示してくださることを望み期待しなければならない（マタ6:9, 25-34）。(3) 基本的な必要が満たされ、より効果的にキリストに仕える能力が与えられるように祈らなければならない（Ⅱコリ9:8、Ⅰテモ6:8、ヘブ13:5）。(4) 忠実に神にささげ、人々にも分け与えて初めてほしいものを祈り求めることができる（Ⅱコリ9:6、→Ⅱコリ8:2注）。

イエスと聖霊

「してみると、あなたがたも、悪い者ではあっても、自分の子どもには良い物を与えることを知っているのです。とすれば、なおのこと、天の父が、求める人たちに、どうして聖霊を下さらないことがありましょう。」(ルカの福音書 11:13)

　主イエスは聖霊との特別な関係を持っておられたけれども、その関係は私たちの個人生活にとって最も重要なものである。この記事はその関係とその実際的な意味を探るものである(主イエスと聖霊との関係の詳細 →マコ1:11注, →「神の属性」の項 p.1016, 「聖霊の教理」の項 p.1970)。

旧約聖書の預言

　やがて来られるメシヤ(「油そそがれた者」、救い主、キリスト)についての旧約聖書の預言の多くはメシヤが聖霊に導かれ聖霊の力を受けるとはっきり予告していた(→イザ11:2注, 61:1-3注, マタ3:16注)。ナザレの会堂でイザヤ書61章1－2節を朗読されたとき、主イエスは「きょう、聖書のこのみことばが、あなたがたが聞いたとおり実現しました」と宣言された(ルカ4:18-21)。

主イエスの誕生

　マタイとルカはともに、主イエスは神の奇蹟的な働きの結果としてこの世界に来られたとはっきり言っている。主イエスは聖霊によって(男女の交わりによらないで)宿り、処女マリヤからお生まれになった(マタ1:18, 23, ルカ1:27)。受胎が奇蹟的だったから主イエスは完全に「聖なる者」(純粋、完全、霊的に完璧、悪から分離、神の目的に完全に献身した人 ルカ1:35)だった。つまり、主イエスは罪に汚れることなく(人間として生れたほかの人々とは違って)霊的腐敗と無縁のままこの世界に来られたのである。そのことによって、主イエスは人類の罪(神に対する違反)のために払わなければならない犠牲としてこれ以上ない方になられた。その結果、私たちの罪を全部背負い、罪の代価を全部支払うことが可能になった(→マタイ1:23注)。罪のない完全な救い主がおられなければ、私たちは完全な赦しを体験し聖い神との個人的関係を回復することはできなかった。

主イエスのバプテスマ

　バプテスマのヨハネによってバプテスマを受けたとき、主イエスは聖霊の油注ぎ(力を与えられ奉仕のための任命を受ける)を受けられた(→マタ3:16-17, ルカ3:21-22)。そのとき御霊は鳩のようなかたち、姿で来られ、贖いの働き(私たちが神との個人的関係を得る機会を回復すること)を含む奉仕の働きを完成するために必要な大きな力を与えられた。水のバプテスマの後に荒野に行かれた主イエスは、「聖霊に満ち」ておられた(ルカ4:1)。そしてやがて主イエスは、ご自分で弟子たちに聖霊のバプテスマ(浸す、きよめる、力づける)を授けることになる(→ルカ3:16, 使1:4-5, 2:33, 38-39)。その働きは今も変らず続いている。霊的救いを体験した人(聖霊によってその生涯を超自然的に変えられた人)はみな、人生に力を受け奉仕の働きに備えるために御霊のバプテスマを受けるべきである(→使1:8注, 「聖霊のバプテスマ」の項 p.1950, 「聖霊の教理」の項 p.1970)。

主イエスに対するサタンによる誘惑

　バプテスマのすぐあとに主イエスは御霊によって荒野に導かれた。そしてそこで40日間悪魔の誘惑を受けられた(ルカ4:1-2)。人間としての主イエスがサタンと対決してその誘惑を退けることができたのは、聖霊に満たされていたからだった。私たちが御霊の力を受けないままで悪と罪の力と対決することを神は願っ

ておられない。サタンと悪霊の力に勝つためには、神の権威を完全に身に付けて神の導きに従わなければならない(→「サタンと悪霊に勝利する力」の項 p.1726)。もし御霊がその人の中に生きておられず(→ロマ8:9, 16, Ⅱコリ1:21-22)、罪に打勝って正しいことを行う力にも満たされていないなら、その人は実際に神の子どもでキリストにつながる者とは神の目には見られないのである。

主イエスの奉仕の働き

御霊が臨むことについてのイザヤの預言を読まれたとき(→「旧約聖書の預言」の部分)、主イエスは宣べ伝え、癒し、解放する(人々を霊的に肉体的に感情的に自由にする)というご自分の働きの基本的目標を示している箇所を引用された(イザ61:1-2, ルカ4:16-19)。

(1) 御霊は主イエスが使命を達成されるために油注ぎ(任命と力づけ)をされた。主イエスは神であるけれども(ヨハ1:1)人間でもあった(Ⅰテモ2:5)。人間としての主イエスは与えられた責任と目的を果すために、私たちと同じように御霊の助けと力に頼らなければならなかった(⇒マタ12:28, ルカ4:1, 14, ロマ8:11, ヘブ9:14)。

(2) 御霊の油注ぎを受け御霊に導かれたときに、主イエスは初めて神が願っておられるように生き、奉仕をし、福音を伝えることができた(使10:38)。主イエスはこの点で私たちにとって完全な模範であり、キリスト者はみな御霊が与えてくださるものを全部受け、御霊に完全に頼り、導きと力を受けなければならないことを示された(→使1:8注, 2:4注)。

主イエスの聖霊についての約束

主イエスは従う人々に聖霊によってバプテスマを授けてくださると、バプテスマのヨハネは預言した(マタ3:11, マコ1:8, ルカ3:16, →ルカ3:16注, ヨハ1:33)。これは主イエスご自身が何回も繰返して言われた預言でもある(使1:5, 11:16)。ルカの福音書11章13節で、主イエスは求める人全員に聖霊を与えることを約束された(→ルカ11:13注)。これらの聖句はみな、キリストが神の子たち(キリストによる罪の赦しを受入れ神との個人的関係を持っている人)に与えると約束された御霊の臨在と力のことを言っている。この約束は主イエスが天に戻られたあと、最初の五旬節(ペンテコステ, →「ヘブルの暦と主な出来事」の表 p.167)のときにまず成就した(→使2:4注)。これはキリストの弟子(従う人)になり、御霊のバプテスマを求める人々に今も変らず与えられる約束である(→使1:5, 2:39注, 「聖霊のバプテスマ」の項 p.1950, 「御霊のバプテスマの吟味」の項 p.1991)。

主イエスの復活

御霊の力を通して主イエスは死から復活し、メシヤ(キリスト、救い主)であり神の子であることを証明された。ローマ人への手紙1章3-4節には、主イエスは「聖い御霊(聖霊)によれば・・・大能によって公に神の御子として示された方」であり、ローマ人への手紙8章11節には、御霊が「死者の中からよみがえらせた方」とある。その同じ御霊の力がキリスト者をキリストのために生きるようにしてくださる。主イエスが復活するために聖霊に頼られたように、主イエスに従う人々も現在の生活の中で力と導きを受け、将来に肉体の復活を体験するために御霊に頼らなければならない(ロマ8:10-11, 「**肉体の復活**」の項 p.2151)。

主イエスの昇天

復活の後、主イエスは天に戻って神の国の共同支配者として御父の「右の座」(名誉と権威のある立場)に着かれた(マコ16:19, ルカ24:51, 使1:9-11, エペ4:8-10)。この高く上げられた立場で主イエスは「御父から約束された聖霊を受けて・・・お注ぎになった」。これは五旬節の日に始まった(使2:33, ⇒ヨハ16:5-14)。そしてこの約束が実現したことによって、主イエスが預言者、祭司、王であり主であること(優れた指導性と権威)が確証された(→マタ3:12, 使13:33, ヘブ1:5, 5:5, 7:28, Ⅱペテ1:13)。五旬節の日(従う人々を満たし力を与えるために神が豊かに御霊を注がれた日)と現在までの教会時代を通して、聖霊が「注が

れていること」は、主イエスの臨在と権威と力が変らないことを証明している。

主イエスの人々への近さ

現在の聖霊の働きは多くあるけれども、その一つは主イエスの真理と目的を従う人々に示して主イエスをあがめるようにさせることである(ヨハ16:14-15)。また霊的救いとキリストとの新しい関係を持つという恩恵が御霊を通して与えられるようになる(⇒ロマ8:14-16, ガラ4:6)。けれども最大の恩恵は、主イエスがそばにおられることである(ヨハ14:18)。御霊を通して主イエスは絶えず私たちとともにおられる。主イエスの臨在、愛、祝福、助け、赦し、癒し、そのほかの信仰を通して与えられるものをみな聖霊は意識させてくださる。またみことばや祈りや礼拝を通して、御霊は神とのさらに深い関係を追い求めるように私たちの思いをつのらせてくださる(→ヨハ4:23-24, 16:14注)。

主イエスの帰還

主イエスは再び来られて忠実な人々を天に引上げられ、いつまでもともにいることができるようにすると約束された(→ヨハ14:13注, Ⅰテサ4:13-18)。これは信仰者全員の「祝福された望み」(テト2:13)であり、私たちが祈り待望むべき出来事である(Ⅱテモ4:8)。聖霊は私たちの心を奮い立たせ主の帰還を叫び求めるようにさせると聖書は明らかにしている。実際に神のことばは「保証として、御霊を・・・与えてくださいました」と言っている(Ⅱコリ1:22, 5:5, エペ1:14)。キリストが再び来られるときに、私たちの神との関係は回復し完成することを御霊は心の中であかししてくださる(⇒ロマ8:23)。その聖霊は聖書の最後の箇所でヨハネに感動を与え、「主イエスよ、来てください」ということばを叫ばせておられる(黙22:20)。

を与えるでしょう。
⁹ わたしは、あなたがたに言います。求めなさい。そうすれば与えられます。捜しなさい。そうすれば見つかります。たたきなさい。そうすれば開かれます。
¹⁰ だれであっても、求める者は受け、捜す者は見つけ出し、たたく者には開かれます。
¹¹ あなたがたの中で、子どもが魚を下さいと言うときに、魚の代わりに蛇を与えるような父親が、いったいいるでしょうか。
¹² 卵を下さいと言うのに、だれが、さそりを与えるでしょう。
¹³ してみると、あなたがたも、悪い者ではあっても、自分の子どもには良い物を与えることを知っているのです。とすれば、なおのこと、天の父が、求める人たちに、どうして聖霊を下さらないことがありましょう。」

主イエスとベルゼブル

11:14, 15, 17-22, 24-26　並行記事－マタ12:22, 24-29, 43-45
11:17-22　並行記事－マコ3:23-27

¹⁴ イエスは悪霊、それも口をきけなくする悪霊を追い出しておられた。悪霊が出て行くと、口がきけなかった者がものを言い始めたので、群衆は驚いた。
¹⁵ しかし、彼らのうちには、「悪霊ども

⁹ ①ルカ11:9-13, マタ7:7-11
¹¹ * 異本に「パンを下さいと言うときに、石を与える父親がいるでしょうか。あるいは子どもが」を挿入するものもある
¹³ ① 囲 ルカ18:7, 8
② 囲 マタ7:11
¹⁴ ① ルカ11:14, 15, マタ12:22, 24, 囲 マコ9:32-34
¹⁵ ① 囲 マタ9:34

② 囲 マタ10:25
* 異本に15, 18, 19節のこの語を「ベエゼブル」とするものもある
¹⁶ ① 囲 マタ12:38
* あるいは「証拠としての奇蹟」
¹⁷ ① ルカ11:17-22, マタ12:25-29, マコ3:23-27
* 直訳「家が家の上に倒れる」
¹⁸ ① 囲 マタ4:10
¹⁹ ① 囲 マタ10:25
* あるいは「子ら」
²⁰ ① 出8:19
② 囲 マタ3:2
²¹ * 原文には「強い人」に定冠詞がある
① 囲 マタ26:3
²³ ① マタ12:30

かしら②ベルゼブルによって、悪霊どもを追い出しているのだ」と言う者もいた。
¹⁶ また、イエスをためそうとして、彼に天からのしるしを求める者もいた。
¹⁷ しかし、イエスは、彼らの心を見抜いて言われた。「どんな国でも、内輪もめしたら荒れすたれ、家にしても、内輪で争えばつぶれます。
¹⁸ サタンも、もし仲間割れしたのだったら、どうしてサタンの国が立ち行くことができましょう。それなのにあなたがたは、わたしがベルゼブルによって悪霊どもを追い出していると言います。
¹⁹ もしもわたしが、ベルゼブルによって悪霊どもを追い出しているのなら、あなたがたの仲間は、だれによって追い出すのですか。だから、あなたがたの仲間が、あなたがたをさばく人となるのです。
²⁰ しかし、わたしが、神の指によって悪霊どもを追い出しているのなら、神の国はあなたがたに来ているのです。
²¹ 強い人が十分に武装して自分の家を守っているときには、その持ち物は安全です。
²² しかし、もっと強い者が襲って来て彼に打ち勝つと、彼の頼みにしていた武具を奪い、分捕り品を分けます。
²³ わたしの味方でない者はわたしに逆らう者であり、わたしとともに集めない者は散

11:9　求めなさい・・・捜しなさい・・・たたきなさい　神は私たちがあきらめずに求め続けることを望んでおられる(11:5-8)けれども、それは祈りに応えたくないからではない。私たちが神に信頼し頼っていることを言い表せるようにしておられるのである。それが力強い効果的な信仰の土台である。→マタ7:7-8注　→「効果的な祈り」の項 p.585

11:11　蛇を与える　→マタ7:11注

11:13　求める人たちに、どうして聖霊を下さらないことがありましょう　キリストを受入れて神との関係が結ばれた人はみな、自動的に聖霊の臨在を内側に迎えることから(ロマ8:9-10、Ⅰコリ6:19-20、→「弟子たちの新生」の項 p.1931)、このことばは救われたときの最初の聖霊の体験のことを言っているのではない。むしろここでは、キリストが弟子たちに約束された聖霊のバプテスマのことを言っていると思われる(→「イエスと聖霊」の項 p.1809,「聖霊のバプテスマ」の項 p.1950)。

11:20　悪霊ども・・・神の国　ここでは三つの事柄が明らかにされている。(1) 地上での神の国(信仰者を通して働く)が成功するかどうかは、サタンを滅ぼし人々を罪の奴隷と悪霊の影響から解放するかどうかと密接につながっている。(2) サタンは地上のキリストの国を強力に拒む(11:24-26、⇒マタ13:18-30、黙12:12)。(3) 主イエスはサタンと悪霊の力に対して神の力と権威を示して圧倒し、神があがめられるために人々のいのちを取戻される(11:20-22)。詳細→「神の国」の項 p.1654,「**サタンと悪霊に勝利する力**」の項 p.1726

11:23　わたしの味方でない者はわたしに逆らう者であり　キリストの国と悪霊の力との霊的戦いで中立を保つことは不可能である。(1) サタンや悪霊に対抗するときに、キリストの側につかない人は実際のところ、イエス・キリストとこの世界での神の目的に反対する立場に立つことになる。だれもがキリストと真理

ルカの福音書　11章

らす者です。
²⁴汚れた霊が人から出て行って、水のない所をさまよいながら、休み場を捜します。一つも見つからないので、『出て来た自分の家に帰ろう』と言います。
²⁵帰って見ると、家は、掃除をしてきちんとかたづいていました。
²⁶そこで、出かけて行って、自分よりも悪いほかの霊を七つ連れて来て、みな入り込んでそこに住みつくのです。そうなると、その人の後の状態は、初めよりもさらに悪くなります。」
²⁷イエスが、これらのことを話しておられると、群衆の中から、ひとりの女が声を張り上げてイエスに言った。「あなたを産んだ腹、あなたが吸った乳房は幸いです。」
²⁸しかし、イエスは言われた。「いや、幸いなのは、神のことばを聞いてそれを守る人たちです。」

ヨナのしるし
11:29-32　並行記事―マタ12:39-42

²⁹さて、群衆の数がふえてくると、イエスは話し始められた。「この時代は悪い時代です。しるしを求めているが、ヨナのし

24①ルカ11:24-26, マタ12:43-45
＊原文には「人」に定冠詞がついている
27①ルカ23:29
28①ルカ8:21
29①ルカ11:29-32, マタ12:39-42
②ルカ11:16,
圏マタ12:38
＊あるいは「証拠としての奇蹟」

33①ルカ8:16, マタ5:15, マコ4:21
34①ルカ11:34, 35, マタ6:22, 23

るしのほかには、しるしは与えられません。
³⁰というのは、ヨナがニネベの人々のために、しるしとなったように、人の子がこの時代のために、しるしとなるからです。
³¹南の女王が、さばきのときに、この時代の人々とともに立って、彼らを罪に定めます。なぜなら、彼女はソロモンの知恵を聞くために地の果てから来たからです。しかし、見なさい。ここにソロモンよりもまさった者がいるのです。
³²ニネベの人々が、さばきのときに、この時代の人々とともに立って、この人々を罪に定めます。なぜなら、ニネベの人々はヨナの説教で悔い改めたからです。しかし、見なさい。ここにヨナよりもまさった者がいるのです。

からだのあかり
11:34, 35　並行記事―マタ6:22, 23

³³だれも、あかりをつけてから、それを穴倉や、枡の下に置く者はいません。燭台の上に置きます。入って来る人々に、その光が見えるためです。
³⁴からだのあかりは、あなたの目です。目が健全なら、あなたの全身も明るいが、し

の側に立って戦うか、神に従わない人々やサタンの側に立って戦うかどちらかである。(2) 霊的戦いの中で中立を保とうとする人や、神を敬わない人々と妥協しようとする人を主イエスは非難しておられる。神は中途半端な献身や部分的服従などは受入れてくださらない。→「神の国とサタンの国」の表 p.1711

11:26　ほかの霊を七つ・・・そこに住みつくのです
ここで言おうとしていることは、マタイ12:43-45の並行記事を見ると一層明らかになる(→マタ12:43注)。マタイでは(霊的に)きれいに掃除されたけれども、だれも住んでいない家(いのち)のことを言っている。霊的に変えられ刷新されても神の臨在のない(主イエスと個人的な関係を持たない)いのちは、悪霊の影響を受けやすく、再び悪霊が「住みつく」可能性が高い。神の御霊が住んでおられたら悪霊はそこに住み着くことはできない。キリストを受入れた人々は霊的生活の中で次のことに注意しなければならない。(1) キリストによって罪の赦しを受けて霊的に「新しく生まれ」た人(ヨハ3:3)は神に従い、祈り、みことばの基準を守り、聖霊に満たされ続けなければならない(→使2:4,

ロマ8:)。(2) キリストを受入れ神との個人的な関係を持っても、サタンが邪悪な目的のために影響を与えなくなるわけではない(22:31、→マタ6:13注)。キリストに完全に仕え、キリストを信じる信仰を通して神が与えてくださる助けや抵抗力をみな使うことによって、初めて人々は罪やサタンから自由でいることができる(→エペ6:11注,「**サタンと悪霊に勝利する力**」の項 p.1726)。(3) 悪霊の力から解放されてもなお罪を完全に捨て切らずに神の御霊の力や目的に自分を明け渡していない人は、悪霊が新しい勢力とともに戻って来るのを待っているようなものである。

11:34　からだのあかりは、あなたの目です　目は光と像(かたち)へ続くからだの門(肉体的にも霊的にも)である。目が健康ならその人は十分に光を受け、光を利用することができ、見えたものが何であるかを判断することができる。けれども盲目だったり視力が弱い場合には、光がないと目の前のもののかたちが変ったりねじ曲げられたりして、その人の行動にも影響を与える。ここのことばには、文字通りの意味と象徴的な意味の両方が含まれている。

かし、目が悪いと、からだも暗くなります。35 だから、あなたのうちの光が、暗やみにならないように、気をつけなさい。36 もし、あなたの全身が明るくて何の暗い部分もないなら、その全身はちょうどあかりが輝いて、あなたを照らすときのように明るく輝きます。」

六つのわざわい

37 イエスが話し終えられると、ひとりのパリサイ人が、食事をいっしょにしてください、とお願いした。そこでイエスは家に入って、食卓に着かれた。38 そのパリサイ人は、イエスが食事の前に、まずきよめの洗いをなさらないのを見て、驚いた。39 すると、主は言われた。「なるほど、あなたがたパリサイ人は、杯や大皿の外側はきよめるが、その内側は、強奪と邪悪とでいっぱいです。40 愚かな人たち。外側を造られた方は、内側も造られたのではありませんか。41 とにかく、うちのものを施しに用いなさい。そうすれば、いっさいが、あなたがたにとってきよいものとなります。

42 だが、わざわいだ。パリサイ人。おまえたちは、はっか、うん香、あらゆる野菜などの十分の一を納めているが、公義と神への愛はなおざりにしています。これこそしなければならないことです。ただし、十分の一もなおざりにしてはいけません。43 わざわいだ。パリサイ人。おまえたちは会堂の上席や、市場であいさつされることが好きです。44 わざわいだ。おまえたちは人目につかぬ墓のようで、その上を歩く人々も気がつかない。」

45 すると、ある律法の専門家が、答えて言った。「先生。そのようなことを言われることは、私たちをも侮辱することです。」46 しかし、イエスは言われた。「おまえたちもわざわいだ。律法の専門家たち。人々には負いきれない荷物を負わせるが、自分は、その荷物に指一本さわろうとはしない。47 わざわいだ。おまえたちは預言者たちの墓を建てている。しかし、おまえたちの父祖たちが彼らを殺しました。48 したがって、おまえたちは父祖たちがしたことの証人となり、同意しているのです。彼らが預言者たちを殺し、おまえたちが墓を建てているのだから。49 だから、神の知恵もこう言いました。『わたしは預言者たちや使徒たちを彼らに遣わすが、彼らは、そのうちのある者を殺し、ある者を迫害する。50, 51 それは、アベルの血から、祭壇と神の家との間で殺されたザカリヤの血に至るまでの、世の初めから流されたすべての預言

（1）私たちは目を通して何を見、何を内側に取入れるか注意しなければならない。からだの目や霊的な目は自分に興味のあるものしか取入れない。取入れる像（かたち）や考えが神に従わない邪悪なものなら、それによって私たちの思いは霊的に濁り腐敗して、神と神のご計画に従うことができなくなってしまう。

（2）霊的な目（態度、動機、願い）が神と神の目的に向いているなら、みことばの光が心に入って、祝福や恩惠や品性、霊的に救われ神へ献身をしていることを示す具体的な証拠などを生み出すことになる（ガラ5：22-23）。けれども神のことを思う思いがないなら、神の啓示や真理は見えないままになっている。

（3）霊的な目が開かれ罪から離れていて、神のことばによって生活の内側も外側もきよめられ刷新され変革されているか、私たちは絶えず自分の生活を調べなければならない。神のことばを読んで教えられたときに、私たちは神への愛、みことばへのさらなる飢え渇きや神の目的に仕えたいという思いなどをもって応答しているだろうか。あるいは神を敬うメッセージや聖書の教えを受けているのに、霊的には渇いたままでたましいは無気力で、そのために問題を抱え罪の奴隷になっていないだろうか。もしそうであるなら、罪を告白し、心を神に開いて自分勝手な生き方をやめ、神の光と目的に再び従い始めなければならない。霊的な目が開いていれば、妥協する余地などないことがわかるはずである。

11：42　だが、わざわいだ　→マタ23：13注　主イエスは十分の一（収入の十分の一を神にささげること）をささげることを非難しておられるのではない。愛と正義を行った上でなおそれも行うべきだと言われたのである。

ルカの福音書　11-12章

者の血の責任を、この時代が問われるためである。そうだ。わたしは言う。この時代はその責任を問われる。』
⁵²わざわいだ。律法の専門家たち。おまえたちは知識のかぎを持ち去り、自分も入らず、入ろうとする人々をも妨げたのです。」
⁵³イエスがそこを出て行かれると、律法学者、パリサイ人たちのイエスに対する激しい敵対と、いろいろのことについてのしつこい質問攻めとが始まった。
⁵⁴彼らは、イエスの口から出ることに、言いがかりをつけようと、ひそかに計った。

警告と励まし
12:2-9　並行記事－マタ10:26-33

12

¹ そうこうしている間に、おびただしい数の群衆が集まって来て、互いに足を踏み合うほどになった。イエスはまず弟子たちに対して、話しだされた。「パリサイ人のパン種に気をつけなさい。それは彼らの偽善のことです。
² おおいかぶされているもので、現されないものはなく、隠されているもので、知られずに済むものはありません。
³ ですから、あなたがたが暗やみで言ったことが、明るみで聞かれ、家の中でささやいたことが、屋上で言い広められます。
⁴ そこで、わたしの友であるあなたがたに言います。からだを殺しても、あとはそれ以上何もできない人間たちを恐れてはいけません。
⁵ 恐れなければならない方を、あなたがたに教えてあげましょう。殺したあとで、ゲヘナに投げ込む権威を持っておられる方を恐れなさい。そうです。あなたがたに言います。この方を恐れなさい。
⁶ 五羽の雀は二アサリオンで売っているでしょう。そんな雀の一羽でも、神の御前に

50, 51 ＊＊＊ あるいは「求められる」
52 ①ルカ11:45, 46,
図マタ22:35
②マタ23:13
54 ①マタ12:13
②使23:21, ルカ20:20,
図マコ3:2

1①マタ16:6, 11以下,
マコ8:15
2①ルカ12:2-9,
マタ10:26-33,
ルカ8:17, マタ10:26,
マコ4:22
3 ＊直訳「耳の中に語った」
①マタ10:27,
図マタ24:17
4①ヨハ15:13-15
5①ヘブ10:31,
図マタ5:22
6①囲マタ10:29
＊1デナリの16分の1

12:1　偽善　主イエスはパリサイ人の偽善（不誠実な心、見せ掛け、二重の基準）を非難し、弟子たちの生活や働きにも同じ傾向が入り込まないように警告された。

（1）偽善とは実際の自分とは違う自分を演じるという意味である。たとえば表面上は神を敬う忠実なキリスト者のように演じながら、実際は（私生活やキリスト者ではない人々といるとき）隠れて罪や不道徳、どん欲、欲望、あるいはそのほかの神に逆らう態度をとったり行ったりすることである。偽善者は、自分を「正しく」見せることでは巧妙な詐欺師である（→**にせ教師**」の項 p.1758）。

（2）偽善はうそをついて生きることであり、偽善者は「偽りの父」であるサタンの仲間であり協力者である（ヨハ8:44）。

（3）主イエスは弟子たちに偽善や隠れた罪はみな明らかにされる（今の人生でなければさばきの日には必ず）と警告された（→ロマ2:16, Ⅰコリ3:13, 4:5, 黙20:12）。閉ざされた扉のうしろでひそかに行われたことはいつか公に示される（12:2-3）。これは告白して赦された罪がなお問われるという意味ではない。偽善によって隠されたものは必ず明らかにされるという意味である（12:2-3）。

（4）偽善的な生き方をしていることは、神の特性、力、さばきを認めたり神を恐れたりしていない証拠である（12:5）。またキリストの御姿に変えてくださる神の御霊を拒んでいるかあるいは持っていないということである（→ロマ8:5-14, Ⅰコリ6:9-10, ガラ5:19-21, エペ5:5）。このような状態の人は、「ゲヘナの刑罰を」逃れることはできない（マタ23:33）。

12:5　恐れなさい　（1）主イエスに従う人は神の尊厳、聖さ（純粋、完全、完璧、悪からの分離）、正当な怒り、罪に対するさばきなどに対して恐れを持ち、敬意を払わなければならない（⇒イザ6:1-5）。そのような態度があるなら、神の特性を理解して近付くことができるし、神に反抗して災いを招くようなこともなくなるはずである（→**神への恐れ**」の項 p.316）。（2）キリスト者の中には、「神を恐れる」とはただ神に驚き尊敬することと考えたがる人がいる。けれどもここではそうではない。キリスト者は恐れおののきながら（特に赦されない罪のさばきに対して →Ⅰヨハ4:16-18）生きる必要はなく、むしろ神の愛に守られて生きることができる一方、きよく、そして「殺したあとで、ゲヘナに投げ込む権威を持っておられる方」を正しく理解して歩まなければならないと警告されている。それは最後のさばきを指しているけれども、そのことを知っている人々は、神に反抗して歩んで神が用意された人生を見失うことがないようにしなければならない。（3）キリスト者が聖い神を正しく理解して生きるなら、慰めが与えられ、神の愛と配慮、導きと守り、必要を満たしてくださる力などを喜ぶことができるようになる。主イエスが「恐れることはありません」と言って、さらに必要なものを備えてくださると説明されたことに注意するべきである（12:7）。

は忘れられてはいません。

7 それどころか、あなたがたの頭の毛さえも、みな数えられています。恐れることはありません。あなたがたは、たくさんの雀よりもすぐれた者です。

8 そこで、あなたがたに言います。だれでも、わたしを人の前で認める者は、人の子もまた、その人を神の御使いたちの前で認めます。

9 しかし、わたしを人の前で知らないと言う者は、神の御使いたちの前で知らないと言われます。

10 たとい、人の子をそしることばを使う者があっても、赦されます。しかし、聖霊をけがす者は赦されません。

11 また、人々があなたがたを、会堂や役人や権力者などのところに連れて行ったとき、何をどう弁明しようか、何を言おうかと心配するには及びません。

12 言うべきことは、そのときに聖霊が教えてくださるからです。」

愚かな金持のたとえ

13 群衆の中のひとりが、「先生。私と遺産を分けるように私の兄弟に話してください」と言った。

14 すると彼に言われた。「いったいだれが、わたしをあなたがたの裁判官や調停者に任命したのですか。」

15 そして人々に言われた。「どんな貪欲にも注意して、よく警戒しなさい。なぜなら、いくら豊かな人でも、その人のいのちは財産にあるのではないからです。」

16 それから人々にたとえを話された。「ある金持ちの畑が豊作であった。

17 そこで彼は、心の中でこう言いながら考えた。『どうしよう。作物をたくわえておく場所がない。』

18 そして言った。『こうしよう。あの倉を取りこわして、もっと大きいのを建て、穀物や財産はみなそこにしまっておこう。

19 そして、自分のたましいにこう言おう。「たましいよ。これから先何年分もいっぱい物がためられた。さあ、安心して、食べて、飲んで、楽しめ。」』

20 しかし神は彼に言われた。『愚か者。おまえのたましいは、今夜おまえから取り去られる。そうしたら、おまえが用意した物は、いったいだれのものになるのか。』

21 自分のためにたくわえても、神の前に富まない者はこのとおりです。」

心配してはいけない

12:22-31　並行記事－マタ6:25-33

22 それから弟子たちに言われた。「だから、わたしはあなたがたに言います。いのちのことで何を食べようかと心配したり、からだのことで何を着ようかと心配したりするのはやめなさい。

12:8　わたしを人の前で認める　→マタ10:32注

12:9　わたしを・・・知らないと言う者　キリストを知らないと言う人々は、（1）ほかの人々の前で自分が信仰者であることを明らかにしないで、主イエスとの関係を否定し、（2）キリストのメッセージに従うことを拒み、非キリスト教の価値観で動いている社会の中で神のことばの真理と原則を擁護しようとしない人である。私たちはことばだけではなく、行動によってもキリストを否定することがある。

12:10　聖霊をけがす　→マタ12:31注

12:15　貪欲にも・・・よく警戒しなさい　人生で地上の利益や富や欲望を最優先にすることは、高価で致命的な間違いを犯すことになり永遠の損失につながる（12:20-21）。富が私たちの価値や存在意義を決めるのではないことを知らなければならない。（1）ギリシヤ語の「貪欲」ということば（《ギ》プレオネクシア）は、もっとほしいという熱望を表している。（2）もっとほしいという自分本位の間違った欲望には、自分と家族に日常必要なものを得るという意味はない（⇒箴6:6）。人生には自分の必要を満たすために働かなければならない部分があるけれども、「神の前に富」むことができるように注意深く時間を使い努力をし財を用いることもしければならない（12:21）。それには何にもまして神の国とその義（神の目的と基準）を求めなければならない（12:31, ⇒マタ6:33注）。（3）私たちは主イエスの忠告に耳を傾け、心の中に自己中心的なものやどん欲さがないかどうか調べなければならない。詳細　→「富と貧困」の項 p.1835

12:22　いのちのことで・・・心配したりするのはやめなさい　→マタ6:25注

ルカの福音書　12章

²³いのちは食べ物よりたいせつであり、からだは着物よりたいせつだからです。
²⁴鳥のことを考えてみなさい。蒔きもせず、刈り入れもせず、納屋も倉もありません。けれども、神が彼らを養っていてくださいます。あなたがたは、鳥よりも、はるかにすぐれたものです。
²⁵あなたがたのうちのだれが、心配したからといって、自分のいのちを少しでも延ばすことができますか。
²⁶こんな小さなことさえできないで、なぜほかのことまで心配するのですか。
²⁷ゆりの花のことを考えてみなさい。どうして育つのか。紡ぎもせず、織りもしないのです。しかし、わたしはあなたがたに言います。栄華を窮めたソロモンでさえ、このような花の一つほどにも着飾ってはいませんでした。
²⁸しかし、きょうは野にあって、あすは炉に投げ込まれる草をさえ、神はこのように装ってくださるのです。まして あなたがたには、どんなによくしてくださることでしょう。ああ、信仰の薄い人たち。
²⁹何を食べたらよいか、何を飲んだらよいか、と捜し求めることをやめ、気をもむことをやめなさい。

24 ①ヨブ38:41
②ルカ12:18
25 ①詩39:5
＊あるいは「身長」
＊＊原語「ペーキュス」
長さを測る単位（「前腕」の長さ）
27＊異本に「育つのか」を欠くものもある
①Ⅰ列10:4-7
28 ①マタ6:30
29 ①マタ6:31

30＊別訳「これらの物をすべての異邦人……」
31 ①マタ6:33
32 ①ヨハ21:15-17
②マタ14:27
③エペ1:5, 9
33 ①マタ19:21,ルカ18:22,ルカ11:41
②マタ6:20,ルカ12:21
34 ①マタ6:21
35 ①ルカ12:35, 36,マタ25:1以下
②エペ6:14,Ⅰペテ1:13

³⁰これらはみな、この世の異邦人たちが切に求めているものです。しかし、あなたがたの父は、それがあなたがたにも必要であることを知っておられます。
³¹何はともあれ、あなたがたは、神の国を求めなさい。そうすれば、これらの物は、それに加えて与えられます。
³²小さな群れよ。恐れることはない。あなたがたの父は、喜んであなたがたに御国をお与えになるからです。
³³持ち物を売って、施しをしなさい。自分のために、古くならない財布を作り、朽ちることのない宝を天に積み上げなさい。そこには、盗人も近寄らず、しみもいためることがありません。
³⁴あなたがたの宝のあるところに、あなたがたの心もあるからです。

目をさましていること
12:35, 36　並行記事─マタ25:1-13,マコ13:33-37
12:39, 40, 42-46　並行記事─マタ24:43-51

³⁵腰に帯を締め、あかりをともしていなさい。
³⁶主人が婚礼から帰って来て戸をたたいたら、すぐに戸をあけようと、その帰りを待ち受けている人たちのようでありなさい。

12:24　はるかにすぐれたものです　→マタ6:25注,30注

12:31　神の国を求めなさい　→マタ6:33注

12:33　持ち物を売って　→マタ19:21注　主イエスがここで言われた意味─Ⅰコリ16:2,Ⅱコリ8:1-5

12:34　あなたがたの宝・・・あなたがたの心　宝とは人生で最も大切にし、また求めるもので、その人の優先順位や熱意、行動などがそのことを証明している。人の心はその人の中心部分で感情や考え、願い、価値観、意志、決心などを表す（→「心」の項p.1043）。心は大切だと思うものに引寄せられる。(1) 宝がこの地上のものなら、心は地上のものによって捕えられ動かされる。(2) 宝が神の国（永遠の世界に影響を及ぼす地上での神の目的）にあり、みことばや神の臨在、神との関係に結び付いているなら、心は神に引寄せられる。その結果、その人の人生は主の再臨に備えながら永遠を目指すようになる（12:35-40）。

12:35-40　腰に帯を締め　主が再び来られるのは間もなくで、それはいつでも起こり得ると新約聖書時代の教会は信じていた（→マコ13:35注,→「携挙」の項p.2278）。そのような姿勢で準備をして、正しい生き方をすることを主イエスは望んでおられた。地上を離れてから今日まで、主イエスは弟子たち全員に主が再び来られるのを待ちながらいつも霊的に整えているように呼びかけておられる。(1) 主イエスの弟子たちは、主イエスこそ最も愛する方、宝として慕い(12:34)、主が再び来られることを最大の希望として待っている(12:35-37)。(2) キリストが来られるのがいつであるかわからないので、私たちは待っている間にも霊的に衣服を整えて（主イエスの品性を身につけて与えられた目的に仕えること）備えをしていなければならない(12:38注, 40注)。(3) キリストは今すぐにでも来られる(12:38)。私たちはそれに伴う一連のしるしや終りの日の出来事ではなく、キリストご自身を待望んでいなければならない（→マタ24:42注, 44注,ヨハ14:3注,Ⅰコリ15:51注）。

12:36　その帰りを待ち受けている　→マタ25:1注,4注

37 帰って来た主人に、目をさましているところを見られるしもべたちは幸いです。まことに、あなたがたに告げます。主人のほうが帯を締め、そのしもべたちを食卓に着かせ、そばにいて給仕をしてくれます。
38 主人が真夜中に帰っても、夜明けに帰っても、いつでもそのようであることを見られるなら、そのしもべたちは幸いです。
39 このことを知っておきなさい。もしも家の主人が、どろぼうの来る時間を知っていたなら、おめおめと自分の家に押し入られはしなかったでしょう。
40 あなたがたも用心していなさい。人の子は、思いがけない時に来るのですから。」
41 そこで、ペテロが言った。「主よ。このたとえは私たちのために話してくださるのですか。それともみなのためなのですか。」
42 主は言われた。「では、主人から、その家のしもべたちを任されて、食事時には彼らに食べ物を与える忠実な賢い管理人は、いったいだれでしょう。
43 主人が帰って来たときに、そのようにしているのを見られるしもべは幸いです。
44 わたしは真実をあなたがたに告げます。主人は彼に自分の全財産を任せるようになります。
45 ところが、もし、そのしもべが、『主人の帰りはまだだ』と心の中で思い、下男や下女を打ちたたき、食べたり飲んだり、酒に酔ったりし始めると、
46 しもべの主人は、思いがけない日の思わぬ時間に帰って来ます。そして、彼をきびしく罰して、不忠実な者どもと同じめに会わせるに違いありません。
47 主人の心を知りながら、その思いどおりに用意もせず、働きもしなかったしもべは、ひどくむち打たれます。
48 しかし、知らずにいたために、むち打たれるようなことをしたしもべは、打たれても、少しで済みます。すべて、多く与えられた者は多く求められ、多く任された者は多く要求されます。

平和ではなく分裂
12:51-53　並行記事―マタ10:34-36

49 わたしが来たのは、地に火を投げ込む

12:38　しもべたちは幸いです　天に挙げられて（地上を離れて天へ戻られたとき 使1:9-11）から再び来られるまでの間、主が来られるのを忠実に「待ち受け」（12:36）、「目をさましている」（12:37）人には特別な祝福が用意されている（→「携挙」の項 p.2278）。今の時に与えられる特別な祝福には神の臨在と聖霊による助けが含まれている（→Ⅱコリ1:22, 5:5, エペ1:14）。

12:40　思いがけない時に　主はいつ来られるかわからないので、神に仕える人々は霊的に備えをし、従順（みことばの教えを守る）でなければならない（12:35）。同じ真理が次のところに強調されている。マタ24:36, 42-44, ルカ21:34, Ⅰテサ5:2-4

12:42-48　忠実な管理人と不忠実な管理人　主イエスはこのたとえ話（霊的教訓を教えたり要点を明らかにするための簡単な説明や物語）を使って、キリストの弟子たちは主イエスがおられなくなることと再び来られるという約束を踏まえて、どのように生活をしてどのように時間や財を使って責任を果すべきか、二つの可能性を教えられた。(1) 神に忠実に従順に生きる（主がいつ来られてもよいように備えをして待っている）こと。そうすれば主人の祝福を受けることができる（→12:35注, マコ13:35注, ヨハ14:3注）。(2) 主が来られるのは遅くなると考えて、いい加減で世間的な考えになること。この場合には罪を拒まず神に忠実に従う道からそれるようになる。その結果、キリストが来られるときには拒まれ厳しいさばきを受けることになる（12:45-46, →マタ24:44注, ヨハ5:24注, 15:6注）。

12:45　主人の帰りはまだだ　人々をさばくためにキリストが今にも戻って来られることを否定する不信仰な人々は、用意をしているようにというキリストの警告を完全に無視する（12:35, 37-38, 40）。霊的責任をなおざりにした人にとっては、キリストが来られることは悲劇である。神に逆らい神との関係を断ってしまったからである。神に立返り、赦しと永遠のいのちを受ける機会は失われてしまう。このことはいつでも起こる可能性があり、決定的なことである（→マタ24:42注, 44注, マコ13:35注, Ⅱテサ2:11注）。

12:47-48　打たれても、少しで済みます　天での報いに段階があるように（Ⅰコリ15:41-42）、地獄での刑罰にも段階がある。永遠に失われ霊的に有罪とされた人々の受ける刑罰は、神が与えられた特権と責任を人生の中でどのように無視したかによって異なるものと思われる（⇒マタ23:14, ヘブ10:29）。

12:49-51　わたしが来たのは、地に火を投げ込むためです・・・分裂です　「火」は神のことばの中ではいろいろなかたちで使われている。ここではさばきと分裂

ためです。だから、その火が燃えていたらと、どんなに願っていることでしょう。

50 しかし、わたしには受けるバプテスマがあります。それが成し遂げられるまでは、どんなに苦しむことでしょう。

51 あなたがたは、地に平和を与えるためにわたしが来たと思っているのですか。そうではありません。あなたがたに言いますが、むしろ、分裂です。

52 今から、一家五人は、三人がふたりに、ふたりが三人に対抗して分かれるようになります。

53 父は息子に、息子は父に対抗し、母は娘に、娘は母に対抗し、しゅうとめは嫁に、嫁はしゅうとめに対抗して分かれるようになります。」

時代を見分けること

54 群衆にもこう言われた。「あなたがたは、西に雲が起こるのを見るとすぐに、『にわか雨が来るぞ』と言い、事実そのとおりになります。

55 また南風が吹きだすと、『暑い日になるぞ』と言い、事実そのとおりになります。

56 偽善者たち。あなたがたは地や空の現象を見分けることを知りながら、*どうして今のこの時代を見分けることができないのですか。

57 また、なぜ自分から進んで、何が正しいかを判断しないのですか。

58 あなたを告訴する者といっしょに役人の前に行くときは、途中でも、熱心に彼と和解するよう努めなさい。そうでないと、その人はあなたを裁判官のもとにひっぱって行きます。裁判官は執行人に引き渡し、執行人は牢に投げ込んでしまいます。

59 あなたに言います。最後の一レプタを支払うまでは、そこから決して出られないのに関係している。神の火は人生では二つの大きな目的を持っているけれども、どのように神に応答するかによってそれは決まる(→申4:24、エレ23:29、ヘブ12:29)。みことばを受入れて神に従う人々にとって、火はきよめて神が望まれる通りの人間に練り上げるものである。けれども神を拒み逆らう人々にとって、神の火は焼き尽し滅ぼすものである。神のさばきの火に

50 ①マコ10:38
51 ①ルカ12:51-53、マタ10:34-36
53 ①ミカ7:6、マタ10:21
54 ①㊙マタ16:2, 3
55 ①㊙マタ20:12
56 ①㊙マタ16:3
 *直訳「どのようにして」
57 ①㊙ルカ21:30
58 ①ルカ12:58, 59、マタ5:25, 26
 *直訳「彼から赦してもらえるように」
59 ①マコ12:42
 *1レプタは1デナリの128分の1に相当する最小単位の銅貨

1 ①㊙マタ27章
 *あるいは「とともに流した」
2 ①㊙ヨハ9:2, 3
4 ①イザ8:6(㊙ネヘ3:15)、ヨハ9:7, 11
 ②㊙マタ6:12、ルカ11:4
 *直訳「負いめのある人たち」
6 ①マタ21:19
7 *直訳「私は見ていない」
 ①マタ3:10, 7:19、ルカ3:9
9 *「よし」は補足

です。」

悔い改めなければ滅びる

13 1 ちょうどそのとき、ある人たちがやって来て、イエスに報告した。ピラトがガリラヤ人たちの血をガリラヤ人たちのささげるいけにえに*混ぜたというのである。

2 イエスは彼らに答えて言われた。「①そのガリラヤ人たちがそのような災難を受けたから、ほかのどのガリラヤ人よりも罪深い人たちだったとでも思うのですか。

3 そうではない。わたしはあなたがたに言います。あなたがたも悔い改めないなら、みな同じように滅びます。

4 また、シロアムの塔が倒れ落ちて死んだあの十八人は、エルサレムに住んでいるだれよりも*罪深い人たちだったとでも思うのですか。

5 そうではない。わたしはあなたがたに言います。あなたがたも悔い改めないなら、みな同じように滅びます。」

6 イエスはこのようなたとえを話された。「ある人が、ぶどう園にいちじくの木を植えておいた。実を取りに来たが、何も見つからなかった。

7 そこで、ぶどう園の番人に言った。『見なさい。三年もの間、やって来ては、このいちじくの実のなるのを待っているのに、*なっていたためしがない。これを切り倒してしまいなさい。何のために土地をふさいでいるのですか。』

8 番人は答えて言った。『ご主人。どうか、ことし一年そのままにしてやってください。木の回りを掘って、肥やしをやってみますから。

9 もしそれで来年、実を結べばよし、それでもだめなら、切り倒してください。』」

よって私たちの人生と働きは試される(→Ⅰコリ3:13-15)。この違いが人々の人生を分け、神を拒む人は神から永遠に離されることになる。キリストがもたらす分離の詳細　→マタ10:34注

13:6-9　いちじくの木・・・切り倒してください　いちじくの木のたとえ話は第一にイスラエルを指している(⇒3:9、ホセ9:10、ヨエ1:7)。けれども、その真理

安息日に癒された腰の曲がった女性

¹⁰イエスは安息日に、ある会堂で教えておられた。
¹¹すると、そこに十八年も病の霊につかれ、腰が曲がって、全然伸ばすことのできない女がいた。
¹²イエスは、その女を見て、呼び寄せ、「*あなたの病気はいやされました」と言って、
¹³手を置かれると、女はたちどころに腰が伸びて、神をあがめた。
¹⁴すると、それを見た会堂管理者は、イエスが安息日にいやされたのを憤って、群衆に言った。「働いてよい日は六日です。その間に来て直してもらうがよい。安息日には、いけないのです。」
¹⁵しかし、主は彼に答えて言われた。「偽善者たち。あなたがたは、安息日に、牛やろばを小屋からほどき、水を飲ませに連れて行くではありませんか。
¹⁶この女はアブラハムの娘なのです。それを十八年もの間サタンが縛っていたのです。安息日だからといってこの束縛を解いてやってはいけないのですか。」
¹⁷こう話されると、反対していた者たちはみな、恥じ入り、群衆はみな、イエスのなさったすべての輝かしいみわざを喜んだ。

10 ①参マタ4:23	
11 ①ルカ13:16	
12 *「あなた」の前に、女の人に対する呼びかけ語「ギュナイ」がある	
13 ①参マコ5:25 ②参マタ9:8	
14 ①参マコ5:22 ②比マタ12:2, ルカ14:3 ③出20:9, 申5:13	
15 ①参マコ7:13 ②ルカ14:5	
16 ①比ルカ19:9 ②参マタ4:10, ③ルカ13:11	
17 ①ルカ18:43	
18 ①ルカ13:18,19, マタ13:31,32, マコ4:30-32	
	②ルカ13:24, ルカ13:20

からし種とパン種のたとえ

13:18, 19　並行記事—マコ4:30-32
13:18-21　並行記事—マタ13:31-33

¹⁸そこで、イエスはこう言われた。「神の国は、何に似ているでしょう。何に比べたらよいでしょう。
¹⁹それは、からし種のようなものです。それを取って庭に蒔いたところ、生長して木になり、空の鳥が枝に巣を作りました。」

は主イエスを信じると言いながら自分勝手な生き方をやめず主イエスに従おうとしない人にも当てはまる。神はだれにでも悔い改める(自分の罪を認め自分中心の生き方をやめて主に従って生きること)機会を十分に与えておられる。けれども、神に対する罪をいつでも見逃しておられるわけではない。やがて神の恵みが取去られ、神を拒んでいた人々が容赦なくさばきを受けるときが来る(⇒20:16, 21:20-24)。主イエスが御国について教えるために用いられた話　→「**キリストのたとえ**」の表 p.1940

13:11　病の霊につかれ、腰が曲がって　ある種の病気は悪霊の働きまたは抑圧によるものと主イエスは見ておられた。この腰の曲がった女性は「病の霊」(サタンの代理 →13:16, ⇒マタ9:32-33, 12:22, マコ5:1-5, 9:17-18, 使10:38)に悩まされていた。

13:16　この女は・・・サタンが縛っていたのです　主イエスによれば、苦しんでいる人に気付くことも助けることもしないのは神に対する最も重い罪である(13:11-14)。人々は罪や病気や霊的死のとりこになっていて悩み苦しんでいると主イエスは教えられた(13:11, 16, マタ4:23, 使26:18)。今日私たちは世界の悲惨な状態と苦難(特に霊的な)に無関心で無感覚になる危険性がある。多くの人や団体が慈善活動や人道的努力を今までにないほど行っているけれども、一方でメディアは娯楽のかたちで不道徳や暴力を見せつけて文化の汚染を続けている。その結果、社会全体が自分たちは大丈夫だとごまかされている。けれども実際は、人間のいのちの価値や本当の必要に対して無感覚で無関心になっているのである。キリスト者は主と同じようになり、人生を実際に脅かし悩ますものに気付いて、人々の霊的必要に対して確実な助けの手を差伸べなければならない(10:33-37, ロマ8:22, →「**貧困者への配慮**」の項 p.1510)。

13:19　からし種　からし種とパン種のたとえ話は一体のものとされているけれども、その正確な意味については議論がされている。多くの注解者はふたつとも神の国の発展と影響を中心に描いていると考える。けれどもこの解釈をある程度は認めるものの、この物語のある部分は地上の目に見える神の国(教会、主イエスの弟子たちの共同体)に悪が徐々に忍び込もうとしている姿を描いていると考えている人もいる。からし種のたとえ話は御国の小さな始まりと歴史の中で発展していく姿を説明している。始まりは小さく取るに足らないもの(主イエスと弟子たちの小さなグループ)だったけれども(→ヨハ20:22, 使2:4)、目に見える御国は時代とともに広がっていった。そして大きくなり影響力が強くなることによって、「空の鳥」も引付けられてくる。これは真理の種を奪う邪悪な詐欺師たちである(マタ13:4, 19)。黙示録18:2では、大バビロン(後戻りし不忠実で神に反抗する教会を指す)は悪魔の住まいであり、「あらゆる汚れた霊どもの巣くつ、・・・憎むべき鳥どもの巣くつ」になっている(キリストは霊的腐敗が七つの教会の多くに浸透している情況を描いておられる →黙2:-3:, 偽りの教会 → 黙18:4注)。

²⁰またこう言われた。「神の国を何に比べましょう。
²¹パン種のようなものです。女がパン種を取って、三サトンの粉に混ぜたところ、全体がふくれました。」

狭い門

²²イエスは、町々村々を次々に教えながら通り、エルサレムへの旅を続けられた。²³すると、「主よ。救われる者は少ないのですか」と言う人があった。イエスは、人々に言われた。²⁴「努力して狭い門から入りなさい。なぜなら、あなたがたに言いますが、入ろうとしても、入れなくなる人が多いのですから。²⁵家の主人が、立ち上がって、戸をしめてしまってからでは、外に立って、『ご主人さま。あけてください』と言って、戸をいくらたたいても、もう主人は、『あなたがたがどこの者か、私は知らない』と答えるでしょう。²⁶すると、あなたがたは、こう言い始めるでしょう。『私たちは、＊ごいっしょに、食べたり飲んだりいたしましたし、私たちの大通りで教えていただきました。』²⁷だが、主人はこう言うでしょう。『私はあなたがたがどこの者だか知りません。不正を行う者たち。みな出て行きなさい。』²⁸神の国にアブラハムやイサクやヤコブや、すべての預言者たちが入っているのに、あなたがたは外に投げ出されることになったとき、そこで泣き叫んだり、歯ぎしりしたりするのです。²⁹人々は、東からも西からも、また南からも北からも来て、神の国で食卓に着きます。³⁰いいですか、今しんがりの者があとで先頭になり、いま先頭の者がしんがりになるのです。」

20①參マタ13:24, ルカ13:18
21①ルカ13:20, 21, マタ13:33
②參マタ13:33
＊1サトンは13リットル
22①參ルカ9:51
24①參マタ7:13
25①參マタ25:10
②マタ25:11, 匚マタ7:22
③參マタ13:27, マタ7:23, 25:12

26①參ルカ3:8
＊直訳「あなたの前で」
27①ルカ13:25
＊參マタ25:41
28①參マタ8:12
29①マタ8:11
30①參マタ19:30

13:21 パン種 からし種のたとえ話と同じように(→13:19注)、このたとえ話にもわずかに異なる二つの解釈がある。(1) パン種は神の国の持っている強力な影響力のことで、人の内側から出て世界にまで影響を与えるとある人は解釈する。(2) 別の人は、旧約聖書ではパン種が通常発酵し腐敗させる邪悪または不純なものの存在を象徴していることを考える(→出12:19, 13:6-8, レビ2:11, 6:17, 申16:3-4, アモ4:4-5, →出13:7注)。新約聖書でパン種は、パリサイ人、サドカイ人(マタ16:12)、ヘロデ党(→マコ8:15注)の間違った教えや偽善的な生き方を象徴している。コリントＩ5:6-8でパウロは、パン種を「悪意と不正」と考え、パン種を入れないパンを「純粋で真実」としている(⇒ガラ5:9)。このような理由から多くの人はこのたとえ話が悪いにせの教えや霊的に不純なものが神の働きのあらゆる領域に存在し広がっていて、多くの人をだましていることを教えていると考える。これらの解釈は両方とも、地上にある神の国についての真理を正しく表している。

神の国の中で悪霊が影響力を広げるのは次のようなときである。(a) 聖書の権威より人間的な考え方が優先されるとき(⇒マタ22:23, 29)。(b) 世俗的なものや不道徳なことが教会に忍び込むとき(⇒Ｉコリ5:1-2, 黙2:-3:)。(c) 神のことより自分の野心のほうを大切にする人々が教会の中で地位や力を得るとき(⇒マタ23:)。(d) にせ教師が影響力のある地位に着いて(マタ24:11, 24)間違った教えを教えて支配すると き(⇒ガラ1:9)。(e) 自分はキリスト者だと言い、良い人に見える人々が実際にはキリストに従っていないとき(⇒マタ23:, ユダ1:12-19)。終りのとき、キリストが再び来られる前の時代には、このような邪悪な影響力がキリスト教会や教団、大学、神学校など多くの神の働きの中に入り込み、新約聖書のキリストのメッセージや善悪を示す聖書の基準を薄めて、大々的に腐敗させようとする(→18:8, マタ24:10-12, ガラ1:9注, Ⅱテサ2:3, Ⅰテモ4:1注, 黙2:-3:, →**大患難**」の項 p.1690,「**監督とその務め**」の項 p.2021)。キリスト者はみな悪のパン種が自分の生活に侵入しないように注意していなければならない。これらに勝利する秘訣は、主イエスだけを忠実に見続け(テト2:13, ヘブ12:2, 15)、この世の誘惑や悪い影響力を退け(ヤコ1:27, Ⅰヨハ2:15-17)、神のことばを学んで日常生活に生かし(ヨハ15:7, ヤコ1:21)、キリストが再び来られるのを待望み(12:35-40)、聖霊の声に絶えず耳を傾け(ロマ8:12-14, ガラ5:16-18)、苦しみを覚悟し(Ⅰペテ4:1-2)、悪と戦い(Ⅰコリ10:6, Ⅰテサ5:15, Ⅰペテ3:11)、キリストのメッセージを擁護して(ピリ1:17)、神の霊的武具を完全に身に着けることである(エペ6:11-18)。神の働きと目的、サタンの働きと目的の比較、→「**神の国とサタンの国**」の表 p.1711

13:24 狭い門 →マタ7:14注
13:30 しんがりの者が・・・先頭になり →マタ19:30注

エルサレムについて悲しまれる主イエス

13:34, 35　並行記事－マタ23:37-39
13:34, 35　参照記事－ルカ19:41

31 ちょうどそのとき、何人かのパリサイ人が近寄って来て、イエスに言った。「ここから出てほかの所へ行きなさい。ヘロデがあなたを殺そうと思っています。」

32 イエスは言われた。「行って、あの狐にこう言いなさい。『よく見なさい。わたしは、きょうと、あすとは、悪霊どもを追い出し、病人をいやし、三日目に全うされます。

33 だが、わたしは、きょうもあすも次の日も進んで行かなければなりません。なぜなら、預言者がエルサレム以外の所で死ぬことはありえないからです。』

34 ああ、エルサレム、エルサレム。預言者たちを殺し、自分に遣わされた人たちを石で打つ者、わたしは、めんどりがひなを翼の下にかばうように、あなたの子らを幾たび集めようとしたことか。それなのに、あなたがたはそれを好まなかった。

35 見なさい。あなたがたの家は荒れ果てたままに残される。わたしはあなたがたに言います。『祝福あれ。主の御名によって来られる方に』とあなたの言うときが来るまでは、あなたがたは決してわたしを見ることができません。」

パリサイ人の家での主イエス

14:8-10　参照記事－箴25:6, 7

14 1 ある安息日に、食事をしようとして、パリサイ派のある指導者の家に入られたとき、みんながじっとイエスを見つめていた。

2 * そこには、イエスの真っ正面に、水腫をわずらっている人がいた。

3 イエスは、律法の専門家、パリサイ人たちに、「安息日に病気を直すことは正しいことですか、それともよくないことですか」と言われた。

4 しかし、彼らは黙っていた。それで、イエスはその人を抱いていやし、帰された。

5 それから、彼らに言われた。「自分の息子や牛が井戸に落ちたのに、安息日だからといって、すぐに引き上げてやらない者があなたがたのうちにいるでしょうか。」

6 彼らは答えることができなかった。

7 招かれた人々が上座を選んでいる様子に気づいておられたイエスは、彼らにたとえを話された。

8 「婚礼の披露宴に招かれたときには、上座にすわってはいけません。あなたより身分の高い人が、招かれているかもしれないし、

9 あなたやその人を招いた人が来て、『この人に席を譲ってください』とあなたに言うなら、そのときあなたは恥をかいて、＊末席に着かなければならないでしょう。

10 招かれるようなことがあって、行ったなら、末席に着きなさい。そうしたら、あなたを招いた人が来て、＊『どうぞもっと上席にお進みください』と言うでしょう。そのときは、満座の中で面目を施すことになります。

11 なぜなら、だれでも自分を高くする者は低くされ、自分を低くする者は高くされるからです。」

12 また、イエスは、自分を招いてくれた人にも、こう話された。「昼食や夕食のふ

---

31 ①マタ14:1, ルカ3:1, 9:7, 23:7
32 ①田ヘブ2:10, 5:9, 7:28
33 ①田ヨハ11:9　②田マタ21:11
34 ①ルカ13:34, 35, マタ23:37-39, 田ルカ19:41　②田マタ23:37
35 ①詩118:26, マタ21:9, ルカ19:38

1 ①田マコ3:2

2 ＊直訳「見よ」
3 ①田マタ22:35　②田マタ12:2, ルカ13:14　③田使3:12
5 ＊異本に「ろば」とするものがある
6 ①田マタ22:46, 田ルカ20:40
7 ①田マタ23:6
8 ①田箴25:6, 7
9 ＊直訳「末席に着くために動き始める」
10 ①田箴25:6, 7
　＊直訳「友よ」
　＊＊直訳「共に席に着いている全員の前で」
11 ①ルカ18:14, マタ23:12

13:34　主の大きな悲しみ　エルサレムのかたくなさに主イエスが涙を流されたことは(⇒19:41)、人間には自由意志(選択し、願い、意図する自由)があって神の恵みと目的を拒むことができることをあかししている(→19:41注, 使7:51, ロマ1:18-32, 2:5)。

14:2　水腫をわずらっている　これは体液が増加したり集まったりして、からだの機能や動作に重大な影響を及ぼす病気である。このギリシャ語は新約聖書の中ではここにしか使われていない医学用語で、医者としてのルカの知識が示されている(→ルカ緒論)。

14:11　自分を高くする・・・低くされ　地上の生活の中で自分を前に押し出し、自分の利益だけを誇らしげに追い求める人々は、次の世界では辱しめを受けることになるとルカは警告している。地上の名誉にまさって重要なのは、神から名誉ある地位を受けることである。その名誉は自己推薦では得られない。ただ謙遜に人々に仕え(14:12-14)、神をあがめる生活をすることによって得られるもので、そうすることによって「唯一の神からの栄誉」(ヨハ5:44)という報いを受けるのである。

るまいをするなら、友人、兄弟、親族、近所の金持ちなどを呼んではいけません。でないと、今度は彼らがあなたを招いて、お返しすることになるからです。¹³祝宴を催す場合には、むしろ、貧しい者、からだの不自由な者、足のなえた者、盲人たちを招きなさい。¹⁴その人たちはお返しができないので、あなたは幸いです。義人の復活のときお返しを受けるからです。」

盛大な宴会のたとえ
14:16-24　参照記事—マタ22:2-14

¹⁵イエスといっしょに食卓に着いていた客のひとりはこれを聞いて、イエスに、「神の国で食事する人は、何と幸いなことでしょう」と言った。¹⁶するとイエスはこう言われた。「ある人が盛大な宴会を催し、大ぜいの人を招いた。¹⁷宴会の時刻になったのでしもべをやり、招いておいた人々に、『さあ、おいでください。もうすっかり、用意ができましたから』と言わせた。

14①囲ヨハ5:29、使24:15、黙20:4, 5(?)
15①囲黙19:9
16①囲ルカ14:16-24、囲マタ22:2-14

18＊直訳「お願いいたします」
19＊直訳「お願いいたします」
20①申24:5、囲Ⅰコリ7:33

¹⁸ところが、みな同じように断り始めた。最初の人はこう言った。『畑を買ったので、どうしても見に出かけなければなりません。すみませんが、お断りさせていただきます。』¹⁹もうひとりはこう言った。『五くびきの牛を買ったので、それをためしに行くところです。＊すみませんが、お断りさせていただきます。』²⁰また、別の人はこう言った。『結婚したので、行くことができません。』²¹しもべは帰って、このことを主人に報告した。すると、おこった主人は、そのしもべに言った。『急いで町の大通りや路地に出て行って、貧しい者や、からだの不自由な者や、盲人や、足のなえた者たちをここに連れて来なさい。』²²しもべは言った。『ご主人さま。仰せのとおりにいたしました。でも、まだ席があります。』²³主人は言った。『街道や垣根のところに出かけて行って、この家がいっぱいになるように、無理にでも人々を連れて来なさい。

14:15-24　盛大な宴会のたとえ　このたとえ話はもともとキリストとそのメッセージをともに拒んだイスラエルに向けて言われたものだった。けれども今の教会や信仰者個人にも当てはめることができる。

（1）このたとえ話の主題はキリストの未来の天の御国と、キリストが再び来られることによって実際に神の国に入れられる人々のことである（14:14-15、⇒22:18）。

（2）最初に招待されたのは、地上に神の国が実現するのを待っていると主張していたユダヤ人とその指導者たちだった。けれどもその人々はキリストが来られると、その御国への招きを拒んだ。自分たちの期待に沿わなかったからである。今日、永遠のいのちへのキリストの招きはあらゆる人々に向けられている。この招きを受取り承諾したように見えても、多くの人は最後にはキリストとともに住む機会を逃してしまう。それはほかのことに関心や心配が向けられて、主イエスや天の御国への愛が冷ややかになるからである（14:17-20）。この人々の言訳はどれも見せ掛けでしかない。たとえば土地や牛を買う場合、まず調べないで買う人はいないはずである。

（3）この人々は神の永遠の基準を土台にして目標を立てて、それに向かって進もうとはしていない（14:18-20）。キリストが再び来られるのを待っているはずなのに、「地上のものを思わず、天にあるものを思いなさい」（コロ3:1-4）という聖書の訴えを拒んでいる。人生の希望や努力がこの世界の一時的なものに向けられている。そしてもはや「さらにすぐれた故郷、すなわち天の故郷」（ヘブ11:16）を熱心に求めなくなっている。

（4）14:21-23は、心を完全にキリストに向け、永遠のことだけに集中している人々もいることを教えている。この人々はキリストの招きに無条件で応答し、主イエスとともにいることを地上の何よりも大切に思っている。そのような人々は御霊と花嫁（教会にいる忠実な人々）と一緒に、「アーメン。主イエスよ、来てください」（黙22:20）と祈ることができる。

（5）主イエスの弟子たちは招きにかかわる人々で、「町の大通りや路地」（14:21）や「街道や垣根のところ」（14:23）で人々にメッセージを伝える。そして人がいると思えないような場所にいる、このような人のほうがキリストのメッセージに応答するのである。天の御国

²⁴言っておくが、あの招待されていた人たちの中で、私の食事を味わう者は、ひとりもいないのです。』」

弟子になることの代価

²⁵さて、大ぜいの群衆が、イエスといっしょに歩いていたが、イエスは彼らのほうに向いて言われた。
²⁶「わたしのもとに来て、自分の父、母、妻、子、兄弟、姉妹、そのうえ自分のいのちまでも憎まない者は、わたしの弟子になることができません。
²⁷自分の十字架を負ってわたしについて来ない者は、わたしの弟子になることはできません。
²⁸塔を築こうとするとき、まずすわって、完成に十分な金があるかどうか、その費用を計算しない者が、あなたがたのうちにひとりでもあるでしょうか。
²⁹基礎を築いただけで完成できなかったら、見ていた人はみな彼をあざ笑って、
³⁰『この人は、建て始めはしたものの、完成できなかった』と言うでしょう。
³¹また、どんな王でも、ほかの王と戦いを交えようとするときは、二万人を引き連れて向かって来る敵を、一万人で迎え撃つことができるかどうかを、まずすわって、考えずにいられましょうか。
³²もし見込みがなければ、敵がまだ遠くに離れている間に、使者を送って講和を求めるでしょう。
³³そういうわけで、あなたがたはだれでも、自分の財産全部を捨てないでは、わたしの弟子になることはできません。
³⁴ですから、塩は良いものですが、もしその塩が塩けをなくしたら、何によってそれに味をつけるのでしょうか。
³⁵土地にも肥やしにも役立たず、外に投げ捨てられてしまいます。聞く耳のある人は聞きなさい。」

失われた羊のたとえ
15:4-7　並行記事—マタ18:12-14

15 ¹さて、取税人、罪人たちがみな、イエスの話を聞こうとして、みもとに近寄って来た。
²すると、パリサイ人、律法学者たちは、つぶやいてこう言った。「この人は、罪人たちを受け入れて、食事までいっしょにする。」
³そこでイエスは、彼らにこのようなたとえを話された。
⁴「あなたがたのうちに羊を百匹持っている人がいて、そのうちの一匹をなくしたら、その人は九十九匹を野原に残して、いなくなった一匹を見つけるまで捜し歩

26①マタ10:37, 38
27①園マタ10:38

32＊あるいは「大使」
33①匹ピリ3:7, ヘブ11:26
34①マタ5:13, マコ9:50
35＊直訳「彼らはそれを外に投げ捨ててしまいます」
①園マタ11:15

1①匹ルカ5:29
2①園マタ9:11
4①匹ルカ15:4-7,
匹マタ18:12-14
＊直訳「荒野」

は「救われそうもなかった」人々で一杯である。

14:26　自分の父・・・憎まない　主イエスは誇張法（効果を高めるために明らかに大げさに言うこと）を用いて、主イエスを何よりも愛することを教えられた。ここでの「憎む」は、「少なく愛する」ことを意味する（⇒マタ10:37, →創29:31注, マラ1:3注）。主イエスに対する私たちの忠実さと愛は、自分の家族など地上のどんな愛すべきものや愛らしいものに対する愛よりもまさるものでなければならないと主イエスは言われたのである。

14:27　自分の十字架を負って　→9:23注　マコ8:34注

14:28-33　弟子になることの代価　従いたいと思う人は、まず代価を払う覚悟があるかどうかはっきりしなければならないと主イエスは教えられた。主イエスの弟子になるため（キリストに従うために訓練される過程、キリストのようになることを学ぶ）の代価とは、人生のほかのもの（人間関係、財産、地位、計画、機会など）を捨てる覚悟を持つことである(14:33)。これは持っているものを全部処分したり、神から与えられた才能や利益を否定したりすることではなく、持っているものはみなキリストのものとしてささげ、主のご用のために主の導きに従って用いていただくという意味である（→13:24, マタ7:14, ⇒ヨハ16:33, Ⅱテモ3:12）。

15:4　失われた羊のたとえ　ルカの福音書のかぎのことばは「人の子は、失われた人を捜して救うために来たのです」(19:10)である。15章にある三つのたとえ話（教訓を教えたり要点を説明するための短い象徴的な話）は、主イエスの地上の働きの目的（人々が霊的に救われて神と永遠の関係を持つようになってほしいという神の思い）を教えるために書かれている。主イエスは次のように教えられた。(1) 霊的に失われている人々（主イエスを個人的に知らない人々）を追い

かないでしょうか。
5 見つけたら、大喜びでその羊をかついで、
6 帰って来て、友だちや近所の人たちを呼び集め、『いなくなった羊を見つけましたから、いっしょに喜んでください』と言うでしょう。
7 あなたがたに言いますが、それと同じように、ひとりの罪人が悔い改めるなら、悔い改める必要のない九十九人の正しい人にまさる喜びが天にあるのです。

失われた銀貨のたとえ
8 また、女の人が銀貨を十枚持っていて、もしその一枚をなくしたら、あかりをつけ、家を掃いて、見つけるまで念入りに捜さないでしょうか。
9 見つけたら、友だちや近所の女たちを呼び集めて、『なくした銀貨を見つけましたから、いっしょに喜んでください』と言うでしょう。
10 あなたがたに言いますが、それと同じように、ひとりの罪人が悔い改めるなら、

8 * ギリシャ語「ドラクマ」

10 * 直訳「の前に」
 ①囲ルカ15:7
12①申21:17
 ②圏マコ12:44、ルカ15:30

神の御使いたちに喜びがわき起こるのです。」

失われた息子のたとえ
11 またこう話された。
「ある人に息子がふたりあった。
12 弟が父に、『お父さん。私に財産の分け前を下さい』と言った。それで父は、身代をふたりに分けてやった。
13 それから、幾日もたたぬうちに、弟は、何もかもまとめて遠い国に旅立った。そして、そこで放蕩して湯水のように財産を使ってしまった。
14 何もかも使い果たしたあとで、その国に大ききんが起こり、彼は食べるにも困り始めた。
15 それで、その国のある人のもとに身を寄せたところ、その人は彼を畑にやって、豚の世話をさせた。
16 彼は豚の食べるいなご豆で腹を満たしたいほどであったが、だれひとり彼に与えようとはしなかった。

求め、罪を赦して神との関係を回復させることが神の最優先課題である（15:4, 8, 20, 24）。(2) たった一人でも自分勝手な道から立返りキリストの赦しと新しいいのちを受入れるなら、神と御国に大きな喜びがある（15:7, 10）。(3) 霊的に失われている人を主イエスのところに連れて来ることができるなら、どんな犠牲も苦難も大きすぎることはない（15:4, 8）。神にとってこれが最優先のことなら、キリストを知って従っている人々にとっても最優先にするべきことである。

15:7 喜びが天に 神と天にいる御使いたちは、罪の奴隷になって霊的に死んでいる人々を愛し同情し悲しんでいる。したがって、たった一人でも自分の無力さを認めキリストの赦しを受入れて自分勝手な道から離れてキリストに従い始めるなら、そのことを知って大きな喜びを持つ（罪びとへの神の愛 →イザ62:5, エレ32:41, エゼ18:23, 32, ホセ11:8, ヨハ3:16, ロマ5:6-11, Ⅱペテ3:9）。主イエスが「悔い改める必要のない・・・正しい人」と言われたのは、悔い改める必要を感じていない人々（パリサイ人や律法の教師など）のことを皮肉を込めて言われたものと思われる。

15:8 見つけるまで念入りに捜さないでしょうか 主イエスのメッセージと情け深さを人々に伝えたいという強い願いを聖霊が私たちの中に満たしてくださるように、そしてそれによって人々が主イエスと個人的な関係を持って霊的救いを見つけることができるように、私たちは祈らなければならない。人生と神の国について教えるために主イエスが用いられたたとえ話，→**キリストのたとえ**」の表 p.1940

15:13 遠い国に旅立った このたとえ話の中で主イエスは罪（自分勝手な道を進み、神とその基準に逆らうこと）と自己中心の生活は、神の愛、交わり、権威を拒むものだと教えられた。神と個人的な関係をまだ持っていない人、または神を知っていながら自分勝手な生き方をして神との関係に背を向けている人は、自分の楽しみを求めて家出をした息子のようである。持物を全部持って家を出たときの目的ははっきりしていた。父親の権威と束縛から自由になって自分の好きなようにやりたかったのである。これは今の世界の多くの人が持っている態度である。人々は神の基準に「縛られる」ことを嫌う。けれどもそれを拒むことは、本来神がくださった肉体的、知的、霊的賜物を失うことでしかない。その結果は幻滅であって、悲しみと後悔の思いに満ちることになる。堕落して恥ずかしい状態に落ち込む人もいる。神から離れた人はみな本当のいのちを持っていない。それは神との正しい関係を持つことによってしか得ることができないものである。

ルカの福音書 15章

17 しかし、我に返ったとき彼は、こう言った。『父のところには、パンのあり余っている雇い人が大ぜいいるではないか。それなのに、私はここで、飢え死にしそうだ。
18 立って、父のところに行って、こう言おう。「お父さん。私は天に対して罪を犯し、またあなたの前に罪を犯しました。
19 もう私は、あなたの子と呼ばれる資格はありません。雇い人のひとりにしてください。」』
20 こうして彼は立ち上がって、自分の父のもとに行った。ところが、まだ家までは遠かったのに、父親は彼を見つけ、かわいそうに思い、走り寄って彼を抱き、口づけした。
21 息子は言った。『お父さん。私は天に対して罪を犯し、またあなたの前に罪を犯しました。もう私は、あなたの子と呼ばれる資格はありません。*
22 ところが父親は、しもべたちに言った。『急いで一番良い着物を持って来て、この子に着せなさい。それから、手に指輪をはめさせ、足にくつをはかせなさい。
23 そして肥えた子牛を引いて来てほふりなさい。食べて祝おうではないか。
24 この息子は、死んでいたのが生き返り、いなくなっていたのが見つかったのだから。』
そして彼らは祝宴を始めた。
25 ところで、兄息子は畑にいたが、帰って来て家に近づくと、音楽や踊りの音が聞こえて来た。
26 それで、しもべのひとりを呼んで、これはいったい何事かと尋ねると、
27 しもべは言った。『弟さんがお帰りになったのです。無事な姿をお迎えしたというので、お父さんが、肥えた子牛をほふらせなさったのです。』
28 すると、兄はおこって、家に入ろうともしなかった。それで、父が出て来て、いろいろなだめてみた。
29 しかし兄は父にこう言った。『ご覧なさい。長年の間、私はお父さんに仕え、戒

20 ① 創45:14, 46:29, 使20:37
* 直訳「首を抱きかかえて」
** 直訳「何度も何度も口づけした」
21 * 異本に「私をあなたの雇い人のひとりのようにしてください」を加えるものがある
22 ① 囲ゼカ3:4, 黙6:11
② 囲創41:42
24 ① 囲ルカ15:32, マタ8:22, ルカ9:60, Ⅰテモ5:6, エペ2:1, 5, 5:14, コロ2:13, 囲ロマ11:15

15:17　我に返った　霊的に失われた人が神に近付くためには、自分が罪の奴隷になっていて神から離れていることに気付かなければならない(15:14-17)。そしてへりくだって父のところへ戻り、自分の罪を認めて父が求めることは何でもする覚悟を持たなければならない(15:17-19)。神を信じる人々は、ほかの人々に影響を与えキリストに立返るように導くことができる。けれども聖霊の働きがなければ、罪びとはこのことを実際に理解するようにはならない(ヨハ16:7-11)。

15:20　まだ家までは遠かったのに　神はわがままな子どもを肉親以上に愛し、霊的に救いたいと望んでおられることをキリスト者の親たちは理解しなければならない。天の父のところに戻って来るまで、神が追い続けてくださることを信じながら、霊的に失われている愛する家族のために祈り続けなければならない。

15:20　父親は彼を見つけ、かわいそうに思い　息子の帰還に対する父親の反応を主イエスは描かれたけれども、そこにはいくつかの重要な真理が教えられている。(1) 神から離れたみじめな状態にいる(意識していてもいなくても)、霊的に失われた人々を神はかわいそうに思ってくださる。(2) この人々への神の愛は大きくいつも変らない。そして悲しみながら戻って来るのを待っておられる。(3) 罪びとが心から立返るとき神は即座に受入れて赦し、愛しあわれみ、神の子どもとしての権利を全部与えてくださる(⇒ヨハ1:12)。神を求めて立返るようにという招きに応える人には、私たちの罪のために死んでくださったキリストの死による祝福、聖霊の影響力、神の豊かな恵み(受けるにふさわしくない好意、愛、助け)がみな備えられている。(4) 罪びとが立返り回復されたときの神の喜びは測り知れない(15:6-7, 10, 22-24)。

15:24　この息子は・・・いなくなっていた　「いなくなっていた」は、「羊のようにさまよって」いたのと同じように(Ⅰペテ2:25, ⇒イザ53:6)、神との関係が失われていたことを意味している。神との交わりを持たないいのちは霊的に死んでいる(エペ2:1, Ⅰヨハ3:14)。けれども神に立返るなら、本当のいのちが与えられる(ヨハ11:26, →「**新生－霊的誕生と刷新**」の項 p.1874)。

15:28-30　おこって　「兄」が象徴しているのは次のどちらかである。(1) 神の家族ではあるけれども、ほかの人々に対する神の同情心や自分に与えられている神の子どもとしての特権を十分理解していない人々。(2) かたちの上では宗教的で表面的には神のために生きているように見えるけれども、内側は神から離れていて神の目的を押し進めようとしない人々。

めを破ったことは一度もありません。そのには、友だちと楽しめと言って、子山羊一匹下さったことがありません。
30 それなのに、遊女におぼれてあなたの身代を食いつぶして帰って来たこのあなたの息子のためには、肥えた子牛をほふらせなさったのですか。』
31 父は彼に言った。『子よ。おまえはいつも私といっしょにいる。私のものは、全部おまえのものだ。
32 だがおまえの弟は、死んでいたのが生き返って来たのだ。いなくなっていたのが見つかったのだから、楽しんで喜ぶのは当然ではないか。』」

抜け目のない管理人のたとえ

16 1 イエスは、弟子たちにも、こういう話をされた。
「ある金持ちにひとりの管理人がいた。この管理人が主人の財産を乱費している、という訴えが出された。
2 主人は、彼を呼んで言った。『おまえについてこんなことを聞いたが、何ということをしてくれたのだ。もう管理を任せておくことはできないから、会計の報告を出しなさい。』
3 管理人は心の中で言った。『主人にこの管理の仕事を取り上げられるが、さてどうしよう。土を掘るには力がないし、物ごいをするのは恥ずかしいし。
4 ああ、わかった。こうしよう。こうしておけば、いつ管理の仕事をやめさせられても、人がその家に私を迎えてくれるだろう。』
5 そこで彼は、主人の債務者たちをひとりひとり呼んで、まず最初の者に、『私の主人に、いくら借りがありますか』と言うと、
6 その人は、『油百バテ』と言った。すると彼は、『さあ、あなたの証文だ。すぐにすわって五十と書きなさい』と言った。
7 それから、別の人に、『さて、あなたは、いくら借りがありますか』と言うと、『小麦百コル』と言った。彼は、『さあ、あなたの証文だ。八十と書きなさい』と言った。
8 この世の子らは、自分たちの世のことについては、光の子らよりも抜けめがないものなので、主人は、不正の管理人がこうも抜けめなくやったのをほめた。
9 そこで、わたしはあなたがたに言いますが、不正の富で、自分のために友をつくりなさい。そうしておけば、富がなくなったとき、彼らはあなたがたを、永遠の住まいに迎えるのです。
10 小さい事に忠実な人は、大きい事にも忠実であり、小さい事に不忠実な人は、大きい事にも不忠実です。
11 ですから、あなたがたが不正の富に忠実でなかったら、だれがあなたがたに、まことの富を任せるでしょう。
12 また、あなたがたが他人のものに忠実でなかったら、だれがあなたがたに、あなたがたのものを持たせるでしょう。

注釈欄:
29 * あるいは「に従わなかった」
30 ①ルカ15:12, 団箴29:3
32 ①圏ルカ15:24
1 ①ルカ15:13
6 * 1バテは37リットル
7 * 1コルは370リットル
8 ①圏マタ12:32, ルカ20:34
　②ヨハ12:36, エペ5:8, Ⅰテサ5:5
9 ①ルカ16:11, 13, マタ6:24
　②マタ19:21, ルカ11:41, 12:33
　③団ルカ16:4
10 ①マタ25:21, 23
11 ①ルカ16:9
12 * 異本「私たち自身のもの」

16:8 不正な管理人・・・ほめた 主イエスは管理人の不正を認められたわけではない。主イエスが言おうとされたのは、世間の人々は自分の利益やしあわせを求める能力に優れている(たとい疑わしい不正な方法を使っても)ということである。それに対して信仰者は地上の能力や持物を使ってでも霊的なことや永遠の利益を得ようとはしない。天の御国のことをあまり考えていないように思える。

16:9 不正の富 「不正の富」を蓄積して使うときには、不正やどん欲、権力などが使われることが多い(→「富と貧困」の項 p.1835)。けれども私たちは神の働きのため、人々の霊的救いのために財産やお金(神が私たちにゆだねられたもの)を使うべきである。「不正の富で、自分のために友をつくりなさい」と主イエスが言われたのは、財産を使って困っている人々を助け、その人々をキリストに導きなさい、そうすればその人々もやがて天の御国に受入れられるようになるということだった。このようにすれば地上の富と財が永遠の祝福のために賢く用いられることになる。

16:11 あなたがたが・・・忠実でなかったら 地上の財産や能力、機会を手に入れたり用いたりするときに、信用できない人々は霊的なことについても同じように無責任である。したがって神を信じる人々、特に教会の指導者たちは金銭には無欲でなければならない(Ⅰテモ3:1-3)。

ルカの福音書 16章

¹³しもべは、ふたりの主人に仕えることはできません。一方を憎んで他方を愛したり、または一方を重んじて他方を軽んじたりするからです。あなたがたは、神にも仕え、また富にも仕えるということはできません。」

¹⁴さて、金の好きなパリサイ人たちが、一部始終を聞いて、イエスをあざ笑っていた。

¹⁵イエスは彼らに言われた。「あなたがたは、人の前で自分を正しいとする者です。しかし神は、あなたがたの心をご存じです。人間の間であがめられるものは、神の前で憎まれ、きらわれます。

13①マタ6:24
②ルカ16:9
14①Ⅱテモ3:2
②ルカ23:35
15①ルカ10:29,
囲ルカ18:9, 14
②Ⅰサム16:7, 箴21:2, ロマ8:27, 圏使1:24

16①マタ11:12, 13
②囲マタ4:23
17①マタ5:18
18①圏マタ5:32

追加の教え

¹⁶律法と預言者はヨハネまでです。それ以来、神の国の福音は宣べ伝えられ、だれもかれも、無理にでも、これに入ろうとしています。

¹⁷しかし律法の一画が落ちるよりも、天地の滅びるほうがやさしいのです。

¹⁸だれでも妻を離別してほかの女と結婚する者は、姦淫を犯す者であり、また、夫から離別された女と結婚する者も、姦淫を犯す者です。

金持とラザロ

¹⁹ある金持ちがいた。いつも紫の衣や細布を着て、毎日ぜいたくに遊び暮らしていた。

16:13　あなたがたは、神にも仕え、また富にも仕えるということはできません　皮肉なことに、人間は富を持てば持つほど蓄えた富とそれに伴う責任の奴隷になりやすい。富を持つと神を人生の中心に置くことが非常に難しくなる。詳細　→**「富と貧困」**の項 p.1835

16:14　金の好きなパリサイ人たち　パリサイ人は、富は自分たちが律法に忠実に従っているので（実際には律法に従うことも正しく解釈することもしていなかったのに）神から与えられた祝福のしるしであると考えていた。そして主イエスには富がなく、富について強調もしていないのは神が祝福しておられないしるしだとして「あざ笑っていた」（→**「富と貧困」**の項 p.1835）。

16:18　姦淫を犯す　主イエスは姦淫の例を用いて、神の律法には今も権威があると断言された（→16:17）。姦淫（配偶者以外の人との性的関係）は今でも違法であり罪である。ここではさらに深く掘り下げて、神のことばが認めていない理由によって配偶者を離縁して（または放棄し）（→マタ19:9注）再婚する人は、「姦淫を犯す」と定めている。（1）原語のギリシャ語では「姦淫を犯す」は現在形直接法能動態で、行動が続いていることを意味している。つまり、「無実」の配偶者が和解を望み求めているなら、別の人と結婚しようとしている不実な人（不誠実で背いている）は姦淫を行っていることになる（⇒マコ10:11-12）。（2）けれども不実な人が（a）最初の結婚に戻る可能性がなく、（b）主イエスが描かれた姦淫となる結婚生活を既にしていて、（c）神に心から悔い改めて神を敬う原則に従って新しい結婚生活を真剣に築いていくと決意しているなら、その結婚生活は合法（神に認められる）となる。離婚問題の詳細　→マタ19:9注

16:19-31　金持とラザロ　この金持の生活は全く自己中心的だった。そして間違った選択をしたために永遠に苦しむことになった（16:22-23）。ラザロは一生の間ずっと貧しかったけれども、心は神と正しい関係を持っていた。その名前は「神はわが助け」という意味で、神を信じる信仰を捨てることがなかった。ラザロは死んですぐにパラダイスに引上げられた（16:22、→23:43、使7:59、Ⅱコリ5:8、ピリ1:23）。パラダイスと「アブラハムのふところ」は休息と喜びの場所で、神との正しい関係を持っていた人々が死んで神の御前に行き、よみがえりと神のご計画が全部成就するのを待っているところである（→23:43注, Ⅱコリ12:2、4－「天」と「パラダイス」が交互に使われている）。「ハデス」は悪人が死んで最後のさばきを待っている場所である。「ハデス」はほかの箇所では地獄を意味する苦しみの場所として描かれている（→マタ8:12、黙14:11、20:10）けれども、ギリシヤ語の「ゲヘナ」と混同してはならない（→マタ10:28注）。「ゲヘナ」は実際には地獄を指すことばで、もともと悪魔とその使いたちのために用意された永遠の苦しみと刑罰の場所である（マタ25:41）。けれども神を敬わない人々もそこに行く（⇒マコ9:43, 48）。ここで描かれているパラダイスとハデスの位置と距離は明らかではない。ただ永遠に分離されていることが示されている。ある人々は、ここで「アブラハムのふところ」と「ハデス」の場所（状態ではない）について主イエスが言われたことは文字通りに解釈するべきではないと考えている。けれども重要な点は、ふたりの人の運命は死んだ後には変えられないということである（16:24-26）。

²⁰ ところが、その門前にラザロという全身おできの貧しい人が寝ていて、
²¹ 金持ちの食卓から落ちる物で腹を満たしたいと思っていた。犬もやって来ては、彼のおできをなめていた。
²² さて、この貧しい人は死んで、御使いたちによってアブラハムのふところに連れて行かれた。金持ちも死んで葬られた。
²³ その金持ちは、ハデスで苦しみながら目を上げると、アブラハムが、はるかかなたに見えた。しかも、そのふところにラザロが見えた。
²⁴ 彼は叫んで言った。『父アブラハムさま。私をあわれんでください。ラザロが指先を水に浸して私の舌を冷やすように、ラザロをよこしてください。私はこの炎の中で、苦しくてたまりません。』
²⁵ アブラハムは言った。『子よ。思い出してみなさい。おまえは生きている間、良い物を受け、ラザロは生きている間、悪い物を受けていました。しかし、今ここで彼は慰められ、おまえは苦しみもだえているのです。
²⁶ そればかりでなく、私たちとおまえたちの間には、大きな淵があります。ここからそちらへ渡ろうとしても、渡れないし、そこからこちらへ越えて来ることもできないのです。』
²⁷ 彼は言った。『父よ。ではお願いです。ラザロを私の父の家に送ってください。
²⁸ 私には兄弟が五人ありますが、彼らまでこんな苦しみの場所に来ることのないように、よく言い聞かせてください。』
²⁹ しかしアブラハムは言った。『彼らには、モーセと預言者があります。その言うことを聞くべきです。』
³⁰ 彼は言った。『いいえ、父アブラハム。もし、だれかが死んだ者の中から彼らのところに行ってやったら、彼らは悔い改めるに違いありません。』
³¹ アブラハムは彼に言った。『もしモーセと預言者との教えに耳を傾けないのなら、たといだれかが死人の中から生き返っても、彼らは聞き入れはしない。』」

罪、信仰、義務

17 ¹ イエスは弟子たちにこう言われた。「つまずきが起こるのは避けられない。だが、つまずきを起こさせる者はわざわいだ。
² この小さい者たちのひとりに、つまずきを与えるようであったら、そんな者は石臼を首にゆわえつけられて、海に投げ込まれたほうがましです。
³ 気をつけていなさい。もし兄弟が罪を犯したなら、彼を戒めなさい。そして悔い改めれば、赦しなさい。
⁴ かりに、あなたに対して一日に七度罪を

17:2 石臼を首にゆわえつけられて 石臼は穀物を粉にひくために使われる重い石の道具である。主イエスが警告をしておられるのは、自分で神に逆らうことも罪であるけれども、ほかの人々に影響を与えて(行動、態度、神の基準を無視した生き方などによって)罪を犯させることはそれ以上に深刻な罪であるということである。不注意でごう慢なこのような態度は厳しい罰を受けることになる。そのような罪を犯すなら、その前に死んだほうがましなくらいである(→マタ18:6注、7注)。

17:3 悔い改めれば、赦しなさい 赦しについて主イエスが言われた次の点を注意するとよい。(1) 主イエスが望まれるのは自分を傷つけた人に報復をしたり憎んだりするのではなく、赦してむしろ助けてあげたいと思う態度を持ち続けることである。(2) 傷つけた人が自分の間違いを認め心から悔い改め(心から悲しみ完全に変ること)なければ、本当の赦しは与えられず関係の回復も実現しない。けれども赦そうという気持は、相手の態度にかかわりなく持たなければならない。ここで主イエスは同じ罪を絶えず繰返す人のことを言っておられるのではない。さらに赦すということは、自分やほかの人々を絶えず傷つけている人を生まじめに信用し続けることでもない。(3) 心から悔い改める人を私たちは赦さなければならない。主イエスは「一日に七度罪を犯しても」赦すと言われたけれども、それは習慣的な罪(同じ罪を何度も犯すこと)を認められたのではない。また、だれかが私たちを繰返しひどく虐待したり、ののしったりしても、それをよいとしなさいと言われたのでもない。むしろ人々を助け赦す態度をいつも持ち続けなければならないと教えられたのである(→マタ6:14注、15注)。

犯しても、『悔い改めます』と言って七度あなたのところに来るなら、赦してやりなさい。」

5 使徒たちは主に言った。「私たちの信仰を増してください。」
6 しかし主は言われた。「もしあなたがたに、からし種ほどの信仰があったなら、この桑の木に、『根こそぎ海の中に植われ』と言えば、言いつけどおりになるのです。
7 ところで、あなたがたのだれかに、耕作か羊飼いをするしもべがいるとして、そのしもべが野らから帰って来たとき、『さあ、さあ、ここに来て、食事をしなさい』としもべに言うでしょうか。
8 かえって、『私の食事の用意をし、帯を締めて私の食事が済むまで給仕しなさい。あとで、自分の食事をしなさい』と言わないでしょうか。
9 しもべが言いつけられたことをしたからといって、そのしもべに感謝するでしょうか。
10 あなたがたもそのとおりです。自分に言いつけられたことをみな、してしまったら、『私たちは役に立たないしもべです。なすべきことをしただけです』と言いなさい。」

ツァラアトに冒された十人の癒し

11 そのころイエスはエルサレムに上られる途中、サマリヤとガリラヤの境を通られた。
12 ある村に入ると、十人のツァラアトに冒された人がイエスに出会った。彼らは遠く離れた所に立って、
13 声を張り上げて、「イエスさま、先生。どうぞあわれんでください」と言った。
14 イエスはこれを見て言われた。「行きなさい。そして自分を祭司に見せなさい。」彼らは行く途中できよめられた。
15 そのうちのひとりは、自分のいやされたことがわかると、大声で神をほめたたえながら引き返して来て、
16 イエスの足もとにひれ伏して感謝した。彼はサマリヤ人であった。
17 そこでイエスは言われた。「十人きよめられたのではないか。九人はどこにいるのか。
18 神をあがめるために戻って来た者は、この外国人のほかには、だれもいないのか。」
19 それからその人に言われた。「立ち上がって、行きなさい。あなたの信仰が、あなたを直したのです。」

神の国の到来

17：26, 27　並行記事－マタ24：37-39

20 さて、神の国はいつ来るのか、とパリサイ人たちに尋ねられたとき、イエスは答えて言われた。「神の国は、人の目で認められるようにして来るものではありません。
21 『そら、ここにある』とか、『あそこにある』とか言えるようなものではありません。いいですか。神の国は、あなたがたのただ中にあるのです。」

17：6　信仰　→マタ17：20注, 21：21注, マコ11：24注
→「信仰と恵み」の項 p.2062

17：16　感謝した　神の愛、恵み、救い、そのほかあらゆる霊的祝福を与えられている私たちは神に感謝することを忘れてはならない。神がしてくださったことを覚えて、いつも感謝の心をもって神に近付くべきである。「私たちは愛しています。神がまず私たちを愛してくださったからです」（Ⅰヨハ4：19）。

17：21　神の国は、あなたがたのただ中にあるのです　主イエスによれば現在の神の国は霊的な国であって物質的でも政治的な国でもない。多くの人は自分たちに対する神のご計画を見逃していて自分たちを内側から神に変えてもらおうとしない。「神の国は、人の目で認められるようにして来るものではありません」（17：20）ということは、神の国が地上の政治的権力ではないことを意味している。したがって、だれも努力によって神の国に入ることはできない。神の国に入るには心と思いが完全に変えられていなければならない。それは人生を神にゆだねたときに神のみがしてくださることである。私たちの内側で神の国の目的が大きくなるにつれ、「義と平和と聖霊による喜び」（ロマ14：17）など、キリストに似た品性が成長していく。私たちは聖霊の力によって王や国を征服することではなく、罪の力や病気、サタンなどに打勝って神の国の力を現すのである（→「**神の国**」の項 p.1654）。主イエスが再び地上に来られるときに、神の国は王や国々やあらゆる悪に勝利して（黙11：15-18, 19：11-21）、最高の力と栄光を伴って実現する（17：24, ⇒マタ24：30）。

ルカの福音書　17–18章

²² イエスは弟子たちに言われた。「人の子の日を一日でも見たいと願っても、見られない時が来ます。
²³ 人々が『こちらだ』とか、『あちらだ』とか言っても行ってはなりません。あとを追いかけてはなりません。
²⁴ いなずまが、ひらめいて、天の端から天の端へと輝くように、人の子は、人の子の日には、ちょうどそのようであるからです。
²⁵ しかし、人の子はまず、多くの苦しみを受け、この時代に捨てられなければなりません。
²⁶ 人の子の日に起こることは、ちょうど、ノアの日に起こったことと同様です。
²⁷ ノアが箱舟に入るその日まで、人々は、食べたり、飲んだり、めとったり、とついだりしていたが、洪水が来て、すべての人を滅ぼしてしまいました。
²⁸ また、ロトの時代にあったことと同様です。人々は食べたり、飲んだり、売ったり、買ったり、植えたり、建てたりしていたが、
²⁹ ロトがソドムから出て行くと、その日に、火と硫黄が天から降って、すべての人を滅ぼしてしまいました。
³⁰ 人の子の現れる日にも、全くそのとおりです。
³¹ その日には、屋上にいる者は家に家財があっても、取り出しに降りてはいけません。同じように、畑にいる者も家に帰ってはいけません。
³² ロトの妻を思い出しなさい。
³³ 自分のいのちを救おうと努める者はそれを失い、それを失う者はいのちを保ちます。
³⁴ あなたがたに言うが、その夜、同じ寝台でふたりの人が寝ていると、ひとりは取られ、他のひとりは残されます。
³⁵ 女がふたりいっしょに臼をひいていると、ひとりは取られ、他のひとりは残されます。」*
³⁷ 弟子たちは答えて言った。「主よ。どこでですか。」主は言われた。「死体のある所、そこに、はげたかも集まります。」

22 ①マタ9:15, マコ2:20, ルカ5:35
23 ①マタ24:23, マコ13:21, ルカ21:8
24 ①マタ24:27
25 ①❷マタ16:21, ルカ9:22
26 ①ルカ17:26, 27, マタ24:37-39
28 ①創19章

30 Ⅰコリ1:7, Ⅱテサ1:7, Ⅰペテ1:7, ❷コロ3:4, Ⅰペテ4:13, ❸マタ16:27
31 ①マタ24:17, 18, マコ13:15, 16, ルカ21:21
32 ①創19:26
33 ①マタ10:39
35 ①マタ24:41
* 異本に36節として「ふたりの男が畑にいると、ひとりは取られ、他のひとりは残されます」と加えるものもある
❷マタ24:40
37 ①マタ24:28
* あるいは「鷲」

1) ①ルカ11:5-10
②Ⅱコリ4:1

ヨハ14:3

粘り強いやもめのたとえ

18 ¹ いつでも祈るべきであり、失望してはならないことを教えるために、イエスは彼らにたとえを話された。

17:26　ノアの日　→マタ24:37注
17:31　その日には　→マコ13:14注　→「大患難」の項 p.1690
17:32　ロトの妻を思い出しなさい　ロトの妻（創19:26）の悲劇は、天のものではなく地上の生活に心を向け引かれるという間違いをしたことによるものだった（⇒ヘブ11:10）。振返ったのは心（感情や望み）がまだソドムに残っていたからである（創19:17, 26, →創19:26注）。信仰者はみな自分自身に問わなければならない。私の思いは一時的なものに向けられているだろうか、それとも永遠のものに向けられているだろうか。私の心は地上のものよりも主イエスや主イエスが再び来られる希望に結び付いているだろうか。
17:37　死体・・・はげたか　ここのことばは霊的に死んだ人々にさばきが必ず来ることを示している（⇒マタ24:28, 黙19:17-18）。はげたかが死体に群がって来るように、キリストが再び来られるときには邪悪な人々の上にさばきが必ずやって来る。
18:1　いつでも祈るべきであり　主イエスは弟子たちが絶えず熱心に祈り、それぞれに与えられた神のご計画と目的を完全に実現できるようになることを願っておられた（→「効果的な祈り」の項 p.585）。たとえ話とは聞いている人が教訓や要点を学べるように、説明的なことばを使ってある考えを教えたり表現したりするもので、たとえ話のあらゆる部分が必ず何かを表現したり意味しているのではないことを忘れてはならない。たとえば、特別に訴えなければ公正な裁判をしてくれないようなこの不正な裁判官は神のことではない。主イエスはただ信じて祈り続けることを教えられただけである。このたとえ話からいくつかのことを学ぶことができる。（1）祈りは心配事を神に伝える方法である。主イエスが再び来られるまで、私たちはあらゆることについて祈り続けなければならない（18:7-8, ロマ12:12, エペ6:18, コロ4:2, Ⅰテサ5:17）。（2）地上の生活に不正はつきものである（18:3）。最大の敵はサタンである（Ⅰペテ5:8）。祈りは悪から私たちを守ってくれる（マタ6:13）。（3）祈りの中で私たちは罪や不正に対して叫び声を上げ、神が完全な正義を行ってくださるように願わなければならない（18:7）。願うときには神の導きに耳を傾け、神が言われることを行う備えがなければならない。（4）ひたすら祈る祈りは神に対する信仰と信頼を表すもので

2 「ある町に、神を恐れず、人を人とも思わない裁判官がいた。
3 その町に、ひとりのやもめがいたが、彼のところにやって来ては、『私の相手をさばいて、私を守ってください』と言っていた。
4 彼は、しばらくは取り合わないでいたが、後には心ひそかに『私は神を恐れず人を人とも思わないが、
5 どうも、このやもめは、うるさくてしかたがないから、この女のために裁判をしてやることにしよう。でないと、ひっきりなしにやって来てうるさくてしかたがない』と言った。」
6 主は言われた。「不正な裁判官の言っていることを聞きなさい。
7 まして神は、夜昼神を呼び求めている選民のためにさばきをつけないで、いつまでもそのことを放っておかれることがあるでしょうか。
8 あなたがたに言いますが、神は、すみやかに彼らのために正しいさばきをしてくださいます。しかし、人の子が来たとき、はたして地上に信仰が見られるでしょうか。」

パリサイ人と取税人のたとえ

9 自分を義人だと自任し、他の人々を見下している者たちに対しては、イエスはこのようなたとえを話された。
10 「ふたりの人が、祈るために宮に上った。

欄注:
2 ① ルカ18:4, 団 ルカ20:13, ヘブ12:9 *あるいは「敬むかな」
3 *直訳「私の敵に対して、私を正当に扱ってください」
4 ① ルカ18:2, 団 ルカ20:13, ヘブ12:9
5 ① ルカ11:8 *直訳「彼女を正当に扱うことにしよう」 **直訳「私の目の下を打ちたたく」
6 団 ルカ7:13
7 ① マタ24:22, ロマ8:33, コロ3:12, Ⅱテモ2:10, テト1:1 ② 団 黙6:10 ③ 団 Ⅱペテ3:9
8 ① 団 ルカ17:26以下 *原語では「信仰」に定冠詞がついている ② 団 ルカ16:15 ③ 団 ロマ14:3, 10
10 ① 使3:1, Ⅱ列20:5, 8, 団 Ⅰ列10:5

ある（→18:8注）。(5) キリストが再び来られる直前の、終りの日には神に忠実な人々の祈りを阻止しようとするサタンと悪霊の働きが強まる（Ⅰテモ4:1）。したがって、祈りをやめさせようとする力を退けなければならない。サタンの策略とこの世界の快楽によって、多くの人が熱心に祈らなくなってしまう（8:14, マタ13:22, マコ4:19）。祈り続ける効果 →**効果的な祈り**」の項 p.585

18:7 夜昼神を呼び求めている選民 もし神を敬わない人でも頼み続ける人には応答してくださるなら、熱心な信仰者が神の目的が地上に現され、サタンの力と邪悪な世界の組織を破壊するためにキリストが再び来られることを祈り続ける祈りに神は必ず応えてくださるはずである。そのときまで弟子たちが祈りを通して神のご計画に参加することをキリストは望んでおられる。そのような祈りに神は完全な時に完全な方法で応えてくださる。神の民が神を信頼してあきらめることなく祈り続けるなら、「神は、すみやかに彼らのために正しいさばきをしてくださいます」（18:8）。

18:8 神は・・・彼らのために正しいさばきをしてくださいます 神は祈りに応えられないのではない。むしろ私たちがさらに神に頼り、神の目的の中で積極的な役割を果すようになることを望んでおられる。祈りの中で神とともに時間を過すことによって私たちは神をよりよく知り、自分の生活や望みを神の目的に合せることができるようになる。このことは将来の困難な時代には最も重要なことになる。「夜昼神を呼び求めている」（18:7）人々のところに再び来られるとき、主イエスは邪悪で敵対的な世界の中でその人々が味わい耐えてきた困難や苦しみを終らせてくださる。そして主イエスはいつまでもともにいてくださる（ヨハ14:2

注、3注）。キリストが来られる時、忠実な弟子たちは「たちまち彼らといっしょに雲の中に一挙に引き上げられ」る（Ⅰテサ4:17 →「**携挙**」の項 p.2278）。その後、神は正義を行い悪をさばかれる（Ⅰテサ5:2-3, 9）。最終的にキリストは、弟子たちとともに地上に来られて完全な正義をもって治められる（→黙19:-20:）。キリストが来られることこそ、神の民とこの世界にとって唯一の真実な希望である（⇒ヨハ14:2, Ⅰテサ5:2-3, Ⅱテサ2:8, 黙19:11-21）。

18:8 はたして地上に信仰が見られるでしょうか この例話（説明の話）の終りに、主イエスは信仰とひたすら続けて祈る祈りとを直接結び付けておられる。自分の必要を神に訴え続けることは信仰がないからではなく、むしろその逆である。そのことによって、問題を神にゆだねたことがわかる。また私たちの心配事が神のものになったことを示している。キリストに頼ることによって心配や思い煩いは取除かれる。このことは将来、今まで以上に重要になる。主イエスの問いかけによれば、再び来られる日が近付くにつれて悪が増大し、教会の中の多くの人がキリストに頼らなくなり信仰を捨てるようになっていく（マタ24:11-13, 24, Ⅰテモ4:1 →「**大患難**」の項 p.1690,「**反キリストの時代**」の項 p.2288,「**背教**」の項 p.2350）。キリストが再び来られる日が近付くにつれキリスト者はみな、自分はあらゆることを祈り続けて信仰を表しているだろうか、今もいつまでも神の正義が支配し神の目的が完全に実現するように祈っているだろうか、もし祈っていないなら、信仰者として本当に主が再び来られるのを待望み、そのために生きているだろうか、と自分に問い続けなければならない（黙19:-22:）。

18:9-14 パリサイ人と取税人 パリサイ人の背景 ⇒

ルカの福音書 18章

ひとりはパリサイ人で、もうひとりは取税人であった。11 パリサイ人は、立って、心の中でこんな祈りをした。『神よ。私はほかの人々のようにゆする者、不正な者、姦淫する者ではなく、ことにこの取税人のようではないことを、感謝します。12 私は週に二度断食し、自分の受けるものはみな、その十分の一をささげております。』13 ところが、取税人は遠く離れて立ち、目を天に向けようともせず、自分の胸をたたいて言った。『神さま。こんな罪人の私をあわれんでください。』14 あなたがたに言うが、この人が、義と認められて家に帰りました。パリサイ人ではありません。なぜなら、だれでも自分を高くする者は低くされ、自分を低くする者は高くされるからです。」

11 ①マタ6:5, マコ11:25, 田ルカ22:41
12 ①マタ9:14 ①ルカ11:42
13 ①マタ6:5, マコ11:25, 田ルカ22:41 ②エズ9:6 ③ルカ23:48
14 ①ルカ14:11, マタ23:12
15 ①ルカ18:15-17, マタ19:13-15, マコ10:13-16

幼子たちと主イエス
18:15-17　並行記事－マタ19:13-15, マコ10:13-16

15 イエスにさわっていただこうとして、人々がその幼子たちを、みもとに連れて来

マタ3:7注　「ユダヤ教の学派」の表 p.1656　(1) パリサイ人はうぬぼれと自分を正しいとする思いで思い上がっていた。そのような人々は自分が正しい(神との良い正しい関係)のは努力の結果であると考えている。そして罪深い性質(神に反対し神から離れている状態)や自分が無価値で絶えず神の助けとあわれみが必要であるとは考えない。自分の働きが優れたもので良く見えるので、悔い改めて神の赦しを求める必要もないと考えている。(2) 取税人はパリサイ人とは違うタイプの人で違うタイプの心を持っていた。多くの人をだましてきたので自分の罪や間違いをよく知っていて、心から悔い改め(へりくだり罪を認めて勝手な道から離れ、神に降伏して神の目的に従うこと)ようとしていた。この人はへりくだって神の前に来て悔

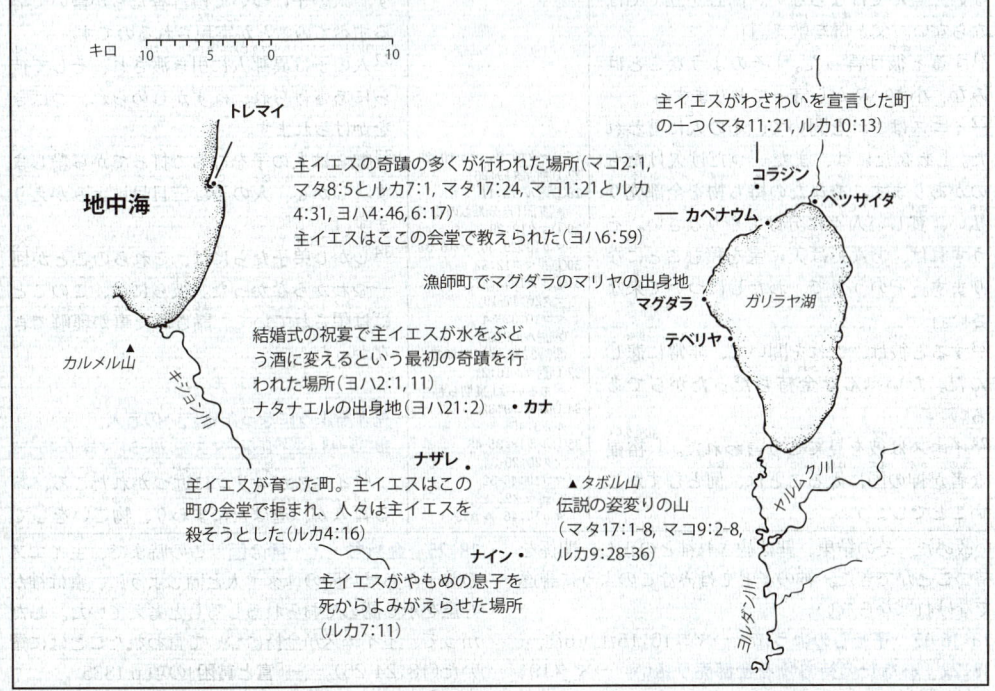

キリストのガリラヤ伝道

た。ところが、弟子たちがそれを見てしかった。

16 しかしイエスは、幼子たちを呼び寄せて、こう言われた。「子どもたちをわたしのところに来させなさい。止めてはいけません。神の国は、このような者たちのものです。

17 まことに、あなたがたに告げます。子どものように神の国を受け入れる者でなければ、決してそこに、入ることはできません。」

金持の役人
18:18-30　並行記事—マタ19:16-29, マコ10:17-30

18 またある役人が、イエスに質問して言った。「*尊い先生。私は何をしたら、永遠のいのちを自分のものとして受けることができるでしょうか。」

19 イエスは彼に言われた。「なぜ、わたしを『尊い』と言うのですか。尊い方は、神おひとりのほかにはだれもありません。

20 戒めはあなたもよく知っているはずです。『姦淫してはならない。殺してはならない。盗んではならない。偽証を立ててはならない。父と母を敬え。』」

21 すると彼は言った。「そのようなことはみな、小さい時から守っております。」

22 イエスはこれを聞いて、その人に言われた。「あなたには、まだ一つだけ欠けたものがあります。あなたの持ち物を全部売り払い、貧しい人々に分けてやりなさい。そうすれば、あなたは天に宝を積むことになります。そのうえで、わたしについて来なさい。」

23 すると彼は、これを聞いて、非常に悲しんだ。たいへんな金持ちだったからである。

24 イエスは彼を見てこう言われた。「①裕福な者が神の国に入ることは、何とむずかしいことでしょう。

17 ①マタ18:3, 19:14, マコ10:15, ⓔⅠコリ14:20, Ⅰペテ2:2
18 ①ルカ18:18-30, マタ19:16-29, マコ10:17-30, ⓔルカ10:25-28　*直訳「良い」
20 ①出20:12-16, 申5:16-20
22 ①マタ12:33, ⓔマタ19:21　②マタ6:20
24 ①マタ19:23, マコ10:23, 24

25 ①マタ19:24, マコ10:25
27 ①ⓔマタ19:26
28 ①ⓔルカ5:11　*直訳「自分たちの物」
29 ①マタ19:29, マコ10:29, 30, マタ6:33
30 ①ⓔマルコ12:32
31 ①ルカ18:31-33, マタ20:17-19, マコ10:32-34　②ⓔルカ9:51　③ⓔ詩22篇, イザ53章等
32 ①ⓔマタ16:21　*あるいは「裏切られ」
34 ①ⓔマコ9:32, ルカ9:45
35 ①ルカ18:35-43, マタ20:29-34, マコ10:46-52, マコ10:46, ルカ19:1

25 金持ちが神の国に入るよりは、らくだが針の穴を通るほうがもっとやさしい。」

26 これを聞いた人々が言った。「それでは、だれが救われることができるでしょう。」

27 イエスは言われた。「①人にはできないことが、神にはできるのです。」

28 すると、ペテロが言った。「ご覧ください。私たちは自分の*家を捨てて従ってまいりました。」

29 イエスは彼らに言われた。「まことに、あなたがたに告げます。神の国のために、家、妻、兄弟、両親、子どもを捨てた者で、だれひとりとして、

30 この世にあってその幾倍かを受けない者はなく、後の世で永遠のいのちを受けない者はありません。」

再び死を予告する主イエス
18:31-33　並行記事—マタ20:17-19, マコ10:32-34

31 さてイエスは、十二弟子をそばに呼んで、彼らに話された。「さあ、これから、わたしたちはエルサレムに向かって行きます。人の子について預言者たちが書いているすべてのことが実現されるのです。

32 人の子は異邦人に引き渡され、そして彼らにあざけられ、はずかしめられ、つばきをかけられます。

33 彼らは人の子をむちで打ってから殺します。しかし、人の子は三日目によみがえります。」

34 しかし弟子たちには、これらのことが何一つわからなかった。彼らには、このことばは隠されていて、話された事が理解できなかった。

見えるようになった物乞いの盲人
18:35-43　並行記事—マタ20:29-34, マコ10:46-52

35 イエスがエリコに近づかれたころ、ある盲人が、道ばたにすわり、物ごいをして

い改めた。その結果、罪は赦され神との正しい関係を持つことができた。神の子どももみなこのように謙遜でなければならない。

18:16-17　子どものように　→マコ10:15注, 16注
18:22　あなたの持ち物を全部売り払い　→マタ19:21注

18:25　金持・・・神の国　この時まで、主イエスの弟子たちは当時のユダヤ人と同じように、富は神が好意を示し認めておられるしるしと考えていた。したがって、主イエスが金持について言われたことばに驚いた(18:24-26)。→「富と貧困」の項 p.1835
18:30　幾倍かを受け　→マコ10:30注

富と貧困

> 「イエスは彼を見てこう言われた。『裕福な者が神の国に入ることは、何とむずかしいことでしょう。金持ちが神の国に入るよりは、らくだが針の穴を通るほうがもっとやさしい。』」(ルカの福音書18：24-25)

　金持が神の国に入るのは非常に難しいと言われたことは、主イエスのことばの中で最も驚くべきことばの一つである。けれどもこれは富と貧しさについて言われた多くのことばの中の一つでしかない。新約聖書の重要な人物や手紙を書いた人々はこのことばが示していることと同じ見方を繰返し説明している。

富

　(1) 新約聖書の時代からユダヤ人の間では一般的に、富は神の特別な好意のしるしであり、貧しさは不信仰や神に喜ばれていないしるしであると考えられていた(→箴10：15注)。特にパリサイ人(→マタ3：7注, →「ユダヤ教の学派」の表 p.1656)はそのように考えて、反対の考えを持っておられる主イエスを見下げてあざ笑っていた(ルカ16：14)。この間違った考え方はキリスト教の歴史の中でも繰返し強まっていった。けれどもキリストはそれを完全に否定しておられた(→ルカ6：20, 16：13, 18：24-25)。

　(2) 聖書はどん欲と富を得ようとする強い欲望は偶像礼拝(人間が作ったにせの神々を拝んだり、まことの神よりほかのものを重要とすること)の罪と同じで、悪魔的であり悪魔の働きと力に結び付いているとしている(⇒Ⅰコリ10：19-20, コロ3：5, →「偶像礼拝」の項 p.468)。物質的な持ち物に頼ることは悪と腐敗に結び付く。したがって、豊かになることを望んでそれを追い求め続けるならその奴隷になってしまう(⇒マタ6：24)。

　(3) 主イエスの考えによると、救い(キリストの赦しを受入れてその導きに従い、神との個人的関係を持つように心を開くこと)と弟子になること(キリストに従い続け、神の目的を追い求め、神との関係を成長させること マタ19：24, 13：22)にとって富は邪魔である。富はにせの安心感を与え(ルカ12：15〜)、人をだまし(マタ13：22)、完全な忠誠心を人の心に要求する(マタ6：21)。その意味で、富は人々の生活の中でその人の神になってしまう。多くの豊かな人はまるで神が必要ではないかのような生活をしている。富を追い求めるなら霊的生活は窒息させられ(ルカ8：14)、人々はあらゆる種類の問題や誘惑や有害な欲望に引かれるようになる(→箴15：27, Ⅰテモ6：9)。その結果しばしば、救い(Ⅰテモ6：10)と人生の本当の目的を与える神を信じる信仰が失われてしまう。また社会では、金持が貧しい人々をたくみに利用していることがしばしば見られる(ヤコ2：5-6)。したがって、キリスト者は豊かになろうとする欲望に捕われてはならない(Ⅰテモ6：9-11)。

　(4) 物質的財産をひたすら利己的に蓄えようとすることは、その人がもはや永遠という観点から人生を見ていないしるしである(コロ3：1)。利己的でどん欲な人々は神を中心にした計画を持たず、その生活や目的は自己中心で財産のことで夢中になっている。たとえばロトの妻の悲劇が起きたのは、天の都ではなく地上の町に愛着を感じていたからである(創19：16,26, ルカ17：28-33, ヘブ11：8-10)。富を追い求めるなら人々は神から引離されていく(Ⅰテモ6：10)。地上の富は長続きしない(箴11：24)。そして私たちを裏切り(箴11：28)、さばきの日には何の役にも立たない(箴27：24)ことを神の民はいつも覚えておくべきである。

　(5) キリスト者の本当の富は神を信じる信仰と神とほかの人々を愛する愛の中にある。このような態度は自己否定や主イエスに従う服従の中に表される(Ⅰコリ13：4-7, ピリ2：3-5)。熱心なキリスト者は自分のことより神の目的とほかの人々の必要なものに心を配る。神が自分を見捨てることはないと確信し、自分に必要なものは備えてくださると信頼して、この世界のものへの愛着から自由になった人こそ本当に豊かな人である(Ⅱコリ9：8, ピリ4：19, ヘブ13：5-6)。

(6) 物質的な持物や富に関連して、キリスト者は持っているものを謙虚に忠実に扱うという姿勢と責任を基本的に持つべきである(ルカ16:11)。この考え方は、私たちの持っているものはみな神のものであるから(Ⅰ歴29:14-16, 詩24:1)、賢く扱わなければならないという認識を土台にしている。キリスト者は地位や安心感を保つために持物にしがみついていてはならない。むしろ富や収入をどのように扱うかについて主の導きを求め、キリストの働きを全世界に進める働きに参加するなどして、神の目的に用いられるようにするべきである。つまり所属する教会の働きにささげること(→「十分の一とささげ物」の項 p.1603)、キリストの霊的救いのメッセージを全世界に広める働きを進めること、困っている人々の必要を具体的に満たすこと、などを考えるのである。富や物質的財産を持っているキリスト者は、もはや自分が金持だと考えるのではなく神の資金の管理者と考えて(ルカ12:31-48)、寛大になり喜んで分け合い良い行いに富む人になるべきである(エペ4:28, Ⅰテモ6:17-19)。

(7) キリスト者はみな次のように問いかけながら、自分の心と自分が願っていることを調べるべきである。自分はどん欲な人間ではないだろうか。自分は利己的な人間ではないだろうか。自分は絶えずより多くのものを求めているのではないだろうか。自分は豊かになることによって得られる名誉や地位や権力を願っていないだろうか。

貧しさ

聖霊に導かれた主イエスはその働きの中で「貧しい人々に福音を伝える」ことは重要であると見ておられた(ルカ4:18, ⇒イザ61:1)。それは福音つまりキリストを信じる信仰による罪の赦しと霊的救いと新しいいのちの「よい知らせ」は、貧しい人々にとっては希望のメッセージだということである(マタ5:3, 11:5, ルカ7:22, ヤコ2:5)。

(1) 「貧しい人々」(《ギ》プトーコス)とは、この世界で生活が苦しく恵まれない、そしてしばしば抑圧されている人々のことである。聖書では、大変困っていて謙虚に神に助けを求める人々のことを指している。貧しい人々はこの世界では地位も影響力もないかもしれない。けれども神に忠実なら、この世界にある罪、苦しみ、飢え、憎しみなどから神が救い出してくださる日を期待することができる(→「聖書的希望」の項 p.943)。神に頼り霊的に豊かになりたいと願う人々は、人生の土台を地上のものの上に置いたりはしない(→詩18:27, 22:26, 25:9, 37:11, 72:2, 12-13, 74:19, 147:6, イザ11:4, 29:19, ルカ6:20, 16:25, ヨハ14:3注)。

(2) 貧しくても神に頼り神に忠実な人々は、いつか必ず苦しみや抑圧、不正、貧困などから解放される(ルカ6:20-23, 18:1-8)。けれども今は、神を信じていて物質的に恵まれている親切で寛大な人々から部分的でも支援や助けを受けて過さなければならないかもしれない(「貧困者への配慮」の項 p.1510)。

(3) 地上の基準からすれば貧しくても、神に生涯をゆだねている人を神は「富んでいる」と宣言される(黙2:9)。貧しい人々は霊的に道徳的に劣っているなどと絶対に見てはならない(→黙2:9注)。むしろその人々のほうが、しばしば財産や人生、霊的な事柄などについて、より正しい考えや尊敬するべき姿勢を持っているのである。

ルカの福音書　18–19章

いた。
36 群衆が通って行くのを耳にして、これはいったい何事ですか、と尋ねた。
37 ナザレのイエスがお通りになるのだ、と知らせると、
38 彼は大声で、「ダビデの子のイエスさま。私をあわれんでください」と言った。
39 彼を黙らせようとして、先頭にいた人々がたしなめたが、盲人は、ますます「ダビデの子よ。私をあわれんでください」と叫び立てた。
40 イエスは立ち止まって、彼をそばに連れて来るように言いつけられた。
41 彼が近寄って来たので、「わたしに何をしてほしいのか」と尋ねられると、彼は、「主よ。目が見えるようになることです」と言った。
42 イエスが彼に、「見えるようになれ。あなたの信仰があなたを直したのです」と言われると、
43 彼はたちどころに目が見えるようになり、神をあがめながらイエスについて行った。これを見て民はみな神を賛美した。

取税人ザアカイ

19 1 それからイエスは、エリコに入って、町をお通りになった。

38 ①ルカ18:39, ②マタ9:27
39 ①ルカ18:38
42 ①マタ9:22
43 ①マタ9:8, ②ルカ3:17, 囲ルカ9:43, 19:37
1 ①ルカ18:35

4 ①Ⅰ列10:27, Ⅰ歴27:28, Ⅱ歴1:15, 9:27, 詩78:47, イザ9:10,
7 *あるいは「宿を取られた」 **直訳「彼らの間でつぶやいた」
8 ①囲ルカ7:13 ②囲ルカ3:14 ③囲出22:1, レビ6:5, 民5:7, ④Ⅱサム12:6
9 ①囲ルカ3:8, 13:16, ロマ4:16, ガラ3:7
10 ①囲マタ18:11注

2 ここには、ザアカイという人がいたが、彼は取税人のかしらで、金持ちであった。
3 彼は、イエスがどんな方か見ようとしたが、背が低かったので、群衆のために見ることができなかった。
4 それで、イエスを見るために、前方に走り出て、いちじく桑の木に登った。ちょうどイエスがそこを通り過ぎようとしておられたからである。
5 イエスは、ちょうどそこに来られて、上を見上げて彼に言われた。「ザアカイ。急いで降りて来なさい。きょうは、あなたの家に泊まることにしてあるから。」
6 ザアカイは、急いで降りて来て、そして大喜びでイエスを迎えた。
7 これを見て、みなは、「あの方は罪人のところに行って客となられた」と言ってつぶやいた。
8 ところがザアカイは立って、主に言った。「主よ。ご覧ください。私の財産の半分を貧しい人たちに施します。また、だれからでも、私がだまし取った物は、四倍にして返します。」
9 イエスは、彼に言われた。「きょう、救いがこの家に来ました。この人もアブラハムの子なのですから。
10 人の子は、失われた人を捜して救うため

18:38-39　ダビデの子　このように言うことによってこの人は、主イエスがメシヤ（「油そそがれた者」、救い主、キリスト）でダビデ王の子孫であることを認め、また大きな信仰を表明した（→マタ1:1-16注, ⇒エレ23:5, マタ12:23, 21:15-16, ヨハ7:42, →「ダビデとの神の契約」の項 p.512）。

19:1-10　ザアカイの霊的回心　主イエスは十字架につけられて死ぬ直前まで、「失われた人を捜して救うために」（19:10）というご自分が来られた目的を積極的に達成しようとしておられた（⇒15:3-7, エゼ34:16）。ローマ政府の権威によって、取税人ザアカイは人々から必要以上に税金を取立てて生活をしていた（取税人のかしらだったということは、当時かなり裕福だった地区あるいは地域の責任を持っていたと思われる）。取税人という地位ととん欲さを人々は軽べつしていた。けれども主イエスは、社会的には好ましくないとされていたこの人に手を差伸べられた。ザアカイに対する主イエスの思いやりを見るとき、社会で多くの人から「好ましくない」と思われている人々にもキリストのメッセージを伝えなければならないことが示される。ザアカイの話から、主イエスが私たちのところに来られたらどのように応えるべきかが教えられる。ザアカイには主イエスに会いたいという強い願いがあり、招かれると即座に応えて心の変化を行動で証明した（→19:8注, →マタ3:8注）。

19:8　貧しい人たちに施します　罪の悔い改めと、キリストへの純粋な信仰（霊的救いをもたらすもの）によって人々の性格は確実に変えられ、それを行動によって示すようになる。主イエスと親しくなり救いを受けながら、なおごう慢で不正直で人々に無慈悲でいることはできない。

19:10　捜して救うために　これはルカの福音書のかぎのことばで、主イエスの地上の働きの中心を示している。そしてこれは、主イエスの弟子である私たちの地上の働きの核でもなければならない（⇒マタ24:14, 28:18-20）。

10 ミナのたとえ
19:12-27　参照記事－マタ 25:14-30

11 人々がこれらのことに耳を傾けているとき、イエスは、続けて一つのたとえを話された。それは、イエスがエルサレムに近づいておられ、そのため人々は神の国がすぐにでも現れるように思っていたからである。

12 それで、イエスはこう言われた。
「ある身分の高い人が、遠い国に行った。王位を受けて帰るためであった。

13 彼は自分の十人のしもべを呼んで、十*ミナを与え、彼らに言った。『私が帰るまで、これで商売しなさい。』

14 しかし、その国民たちは、彼を憎んでいたので、あとから使いをやり、『この人に、私たちの王にはなってもらいたくありません』と言った。

15 さて、彼が王位を受けて帰って来たとき、金を与えておいたしもべたちがどんな商売をしたかを知ろうと思い、彼らを呼び出すように言いつけた。

16 さて、最初の者が現れて言った。『ご主人さま。あなたの一ミナで、十ミナをもうけました。』

17 主人は彼に言った。『よくやった。良いしもべだ。あなたはほんの小さな事にも忠実だったから、十の町を支配する者になりなさい。』

18 二番目の者が来て言った。『ご主人さま。あなたの一ミナで、五ミナをもうけました。』

19 主人はこの者にも言った。『あなたも五つの町を治めなさい。』

20 もうひとりが来て言った。『ご主人さま。さあ、ここにあなたの一ミナがございます。私はふろしきに包んでしまっておきました。

21 あなたは計算の細かい、きびしい方ですから、恐ろしゅうございました。あなたはお預けにならなかったものをも取り立て、お蒔きにならなかったものをも刈り取る方ですから。』

22 主人はそのしもべに言った。『悪いしもべだ。私はあなたのことばによって、あなたをさばこう。あなたは、私が預けなかったものを取り立て、蒔かなかったものを刈り取るきびしい人間だと知っていた、というのか。

23 だったら、なぜ私の金を銀行に預けておかなかったのか。そうすれば私は帰って来たときに、それを利息といっしょに受け取れたはずだ。』

24 そして、そばに立っていた者たちに言った。『その一ミナを彼から取り上げて、十ミナ持っている人にやりなさい。』

19:11　神の国がすぐにでも現れるように思っていた
人々は、メシヤ（約束された救い主）は地上に王国を建ててユダヤ人を敵の手から解放してくれる政治的な指導者と期待していた。その点について、主イエスは人々の期待に応えておられなかった。その結果、多くの人がキリストを拒むようになった（19:14）。けれども、主イエスは（地上ではまだであるが）天において王である（19:15）。そして主イエスはある日ご自分の民のところに戻って来られる。したがって、神の民は最後まで忠実でなければならない（19:12-27）。

19:13　私が帰るまで　10ミナ（1ミナは3か月分の給料に相当する）のたとえ話は、キリストの弟子たちに神が与えられたものを誠実に用いる責任があることを示している。私たちはみな時間、才能、機会を与えられている。それらを神があがめられるために用いなければならない。私たちにはそのような資産を最大限活用して神の御国に貢献する責任がある。

19:17　あなたは・・・忠実だった　この地上での主の働きに参加し、主の目的に忠実に仕える人は未来の御国で豊かな報いを受ける。そして新しい天と地ではさらに大きな責任が与えられる（黙21:1）。忠実さがわずかだった人が受けるのは小さい場所や小さな責任である（たとえ話に書かれていることが全部実生活に直接関係があるとは限らないことを忘れてはならない。王はキリストを現しているけれども、キリストは悪いしもべが言った、「あなたはお預けにならなかったものをも取り立て」る厳しい方だということを認めてはおられない。王はしもべのことばを質問のかたちで繰返しているだけである。しもべは王について考え違いをしていた。本当にそう思っていたなら違う行動をとったはずである。→マタ25:15注．→「**キリストのたとえ**」の表 p.1940）。

ルカの福音書　19章

25 すると彼らは、『ご主人さま。その人は十ミナも持っています』と言った。
26 彼は言った。『あなたがたに言うが、だれでも持っている者は、さらに与えられ、持たない者からは、持っている物までも取り上げられるのです。
27 ただ、私が王になるのを望まなかったこの敵どもは、みなここに連れて来て、私の目の前で殺してしまえ。』」

勝利の入城

19:29-38　並行記事―マタ21:1-9, マコ11:1-10
19:35-38　並行記事―ヨハ12:12-15

28 これらのことを話して後、イエスは、①さらに進んで、エルサレムへと上って行かれた。
29 オリーブという①*山のふもとのベテパゲとベタニヤに近づかれたとき、イエスはふたりの弟子を使いに出して、
30 言われた。「向こうの村に行きなさい。そこに入ると、まだだれも乗ったことのない、ろばの子がつないであるのに気がつくでしょう。それをほどいて連れて来なさい。
31 もし、『なぜ、ほどくのか』と尋ねる人があったら、こう言いなさい。『主がお入用なのです。』」
32 使いに出されたふたりが行って見ると、イエスが話されたとおりであった。
33 彼らがろばの子をほどいていると、その*持ち主が、「なぜ、このろばの子をほどくのか」と彼らに言った。
34 弟子たちは、「主がお入用なのです」と言った。
35 そしてふたりは、それをイエスのもとに連れて来た。そして、そのろばの子の上に自分たちの上着を敷いて、イエスをお乗せした。
36 イエスが進んで行かれると、人々は道に自分たちの上着を敷いた。
37 イエスがすでにオリーブ山のふもとに近づかれたとき、弟子たちの群れはみな、自分たちの見たすべての力あるわざのことで、喜んで大声で神を賛美し始め、
38 こう言った。
　「祝福あれ。
　　主の御名によって来られる王に。
　　天には平和。
　　栄光は、いと高き所に。」
39 するとパリサイ人のうちのある者たちが、群衆の中から、イエスに向かって、「先生。お弟子たちをしかってください」と言った。
40 イエスは答えて言われた。「わたしは、あなたがたに言います。もしこの人たちが黙れば、石が叫びます。」

エルサレムのために泣かれる主イエス

41 エルサレムに近くなったころ、都を見られたイエスは、その都のために泣いて、
42 言われた。「おまえも、もし、この日のうちに、平和のことを知っていたのなら。しかし今は、そのことがおまえの目から隠されている。
43 やがておまえの敵が、おまえに対して塁

26①マタ13:12, ルカ8:18
27①ルカ19:14
①囲マタ22:7, ルカ20:16
28①囲ルカ10:32
①囲ルカ9:51
29①囲ルカ19:29-38, マタ21:1-9, マコ11:1-10
①囲マタ21:17, 使1:12
*あるいは「オリーブの森」
**あるいは「丘」
33*直訳「主人たち」

35①ルカ19:35-38, ヨハ12:12-15
37①ルカ21:1, ①囲ルカ19:29
②ルカ18:43
38①詩118:26
①囲マタ2:2, ①囲マタ25:34
②ルカ2:14, ①囲マタ21:9
39①囲マタ21:15, 16
40①囲ハバ2:11
41①囲ルカ13:34, 35
43①囲伝9:14, イザ29:3, 37:33, エレ6:3, エゼ4:2, 26:8

使2:46, 47

19:26　持っている物までも取り上げられるのです　→マタ25:29注

19:28-44　勝利の入城　主イエスはろばの背に乗ってエルサレムに入城して、イスラエルの約束された王でありメシヤであることを公にされた（→ゼカ9:9注）。(1) 預言者ゼカリヤはこの出来事を予言していた（→**キリストによって成就した旧約聖書の預言**の表p.1029）。(2) 主イエスの慎ましい入城は、主の御国がこの世のものではないことを象徴的に示していた。主イエスは力や暴力によって支配するために来られたのではない。政治の指導者または軍隊の征服者として行動されなかったのは、御国が霊的なものだからである（→17:21注）。

19:41　都を見られたイエスは・・・泣いて　人々や指導者が政治的な救い主を期待し、最後には神の約束されたメシヤである主イエスを拒むようになることを知っておられた主イエスは、間もなく恐ろしいさばきに苦しむ人々のことをあわれに思って泣かれた。「泣く」というギリシャ語は涙を流すだけではない。深い悲しみ、もだえるたましいの激しいすすり泣きを意味している。主イエスは神として自分の感情を表されただけではなく、人類が霊的に失われていること、神に立返って救いの賜物を受取ろうとしないことを悲しむ御父の心をも表されたのである（→マコ11:9注）。

19:43　おまえの敵が・・・回りを取り巻き　40年後（紀元70年）にローマ軍がエルサレムを破壊し多くの

を築き、回りを取り巻き、四方から攻め寄せ、44 そしておまえとその中の子どもたちを地にたたきつけ、おまえの中で、一つの石もほかの石の上に積まれたままでは残されない日が、やって来る。それはおまえが、神の訪れの時を知らなかったからだ。」

宮での主イエス

19:45, 46　並行記事－マタ21:12-16, マコ11:15-18, ヨハ2:13-16

45 宮に入られたイエスは、商売人たちを追い出し始め、46 こう言われた。「『わたしの家は、祈りの家でなければならない』と書いてある。それなのに、あなたがたはそれを強盗の巣にした。」

47 イエスは毎日、宮で教えておられた。

43 ②ルカ21:20
44 ①マタ24:2, マコ13:2, ルカ21:6
　②Ⅰペテ2:12
＊「神の」は補足
45 ①ルカ19:45, 46, マタ21:12-16, マコ11:15-18, 辺ヨハ2:13-16
46 ①イザ56:7, エレ7:11, マコ11:13, マコ11:17
＊直訳「ほら穴」
47 ①圏マタ26:55

②ルカ20:19
48 ＊直訳「彼に」

1 ①ルカ20:1-8, マタ21:23-27, マコ11:27-33
　②圏マタ26:55
　③ルカ8:1
　④使4:1, 6:12

祭司長、律法学者、民のおもだった者たちは、イエスを殺そうとねらっていたが、48 どうしてよいかわからなかった。民衆がみな、熱心にイエスの話に耳を傾けていたからである。

権威が問われる主イエス

20:1-8　並行記事－マタ21:23-27, マコ11:27-33

20 1 イエスは宮で民衆を教え、福音を宣べ伝えておられたが、ある日、祭司長、律法学者たちが、長老たちといっしょにイエスに立ち向かって、

2 イエスに言った。「何の権威によって、これらのことをしておられるのですか。あなたにその権威を授けたのはだれですか。それを言ってください。」

3 そこで答えて言われた。「わたしも一言尋ねますから、それに答えなさい。

ユダヤ人が殺されたときに、主イエスのこの予言は実現した。

19:45　商売人たちを追い出し　宮きよめと言われているこの出来事は、主イエスの働きの中で最初の公的な大胆な行動(ヨハ2:13-22)、また最後の公的な大胆な行動(⇒マタ21:12-17, マコ11:15-17, →マタ21:12注)として描かれている。強い正当な怒りに動かされた主イエスは、神の家の本来の霊的目的を壊している人々を追出された(→マコ11:15注, 17注)。主イエスは神殿で行われていたことを懸念しておられたけれども、今も教会で行われていることを懸念しておられる。

(1) キリストが最も懸念しておられることは教会の中の聖さ(道徳的純粋性、霊的健全性、悪からの分離、神への献身)と神を敬う誠実さである(⇒ヨハ17:17, 19)。主イエスが死なれたのは、「教会をきよめて聖なるものとするためであり・・・聖く傷のないものとなった栄光の教会を・・・立たせるため」である(エペ5:25-27)。

(2) 教会での礼拝は「霊とまことによって」(ヨハ4:24, →ヨハ4:24注)行われなければならない。礼拝とは神への深い献身の姿勢から出るもので、神を敬う生き方を反映しているはずである。そして神の御霊と神の特性への直接の応答である(→「礼拝」の項 p.789)。教会は祈りの場であって、人々が神と出会い神の臨在を体験するところでなければならない(⇒マタ21:13)。

(3) 教会やメッセージや御国を利用して個人的な利益や名誉を得、自分の売込みをする人々をキリストはみなさばかれる。

(4) 神と神の目的を心から愛する愛は、神の家と御国に対する激しい情熱と熱意(主イエスのご自分を食い尽す「熱心」のような)を生み出す(→ヨハ2:17)。主イエスのようになるということは、教会の中にある不義や霊的悪習を見逃さないことでもある(⇒黙2:-3:)。

(5) 本当のキリスト者は、教会の中で神の御国を露骨に見下したり無視したりして主の御名を尊ばない人々に反対をするはずである(⇒Ⅰコリ6:9-11, ガラ1:6-10, 黙2:-3:)。

(6) 私たちはキリストに教会や教会の集会に来ていただいて、ごまかし、不品行、不敬、世的なこと、腐敗などから人々をきよめていただくか(→黙2:-3:)、それともキリストが再び来られるときにさばきによって教会をきよめていただくか、そのどちらかを選ばなければならない(→マラ3:2)。

19:46　祈りの家　詳細　→マコ11:17注

20:2　何の権威によって　宗教指導者たちは、主イエスが宮で行動を起こしたり人々を教えたりする権威を問いただした(19:45-48)。それは神の家で行われていた神に逆らう行いを自分たちが黙認し関係してきたのに、主イエスがそれを非難されたので感情を害したからである。けれどもこのような行動は、この人々が霊的指導者としてふさわしくないことを表している。主イエスは本当の霊的指導者として、いのちを失うことになっても真理と正しいことのためにご自分の権威を用いられた(→4:32注)。

ルカの福音書 20章

4 ヨハネのバプテスマは、天から来たのですか、人から出たのですか。」
5 すると彼らは、こう言って、互いに論じ合った。「もし、天から、と言えば、それならなぜ、彼を信じなかったか、と言うだろう。
6 しかし、もし、人から、と言えば、民衆がみなで私たちを石で打ち殺すだろう。ヨハネを預言者と信じているのだから。」
7 そこで、「どこからか知りません」と答えた。
8 するとイエスは、「わたしも、何の権威によってこれらのことをするのか、あなたがたに話すまい」と言われた。

農夫たちのたとえ
20:9-19　並行記事―マタ21:33-46, マコ12:1-12

9 また、イエスは、民衆にこのようなたとえを話された。
「ある人がぶどう園を造り、それを*農夫たちに貸して、長い旅に出た。
10 そして季節になったので、ぶどう園の収穫の分けまえをもらうために、農夫たちのところへひとりのしもべを遣わした。ところが、農夫たちは、そのしもべを袋だたきにし、何も持たせないで送り帰した。
11 そこで、別のしもべを遣わしたが、彼らは、そのしもべも袋だたきにし、はずかしめたうえで、何も持たせないで送り帰した。
12 彼はさらに三人目のしもべをやったが、彼らは、このしもべにも傷を負わせて追い出した。
13 ぶどう園の主人は言った。『どうしたのか。よし、愛する息子を送ろう。彼らも、この子はたぶん敬ってくれるだろう。』
14 ところが、農夫たちはその息子を見て、議論しながら言った。『あれはあと取り

6①圏マタ11:9,
ルカ7:29, 30
9①ルカ20:9-19,
マタ21:33-46,
マコ12:1-12
＊あるいは「小作人」
(9, 10, 14, 16節も同様)
13①圏ルカ18:2注

16＊直訳「来て」
①ルカ19:27,
圏マタ21:41, マコ12:9
②ロマ3:4, 6, 31, 6:2, 15,
7:7, 13, 9:14, 11:1, 11,
Iコリ6:15,
ガラ2:17, 3:21, 6:14
17①詩118:22
圏エペ2:20,
Iペテ2:6
18①マタ21:44
19①ルカ19:47
20①ルカ20:20-26,
マタ22:15-22,
マコ12:13-17,
圏マコ3:2
②ルカ11:54, 20:26
③圏マタ27:2
22①ルカ23:2, マタ17:25
＊あるいは「許されている」か

だ。あれを殺そうではないか。そうすれば、財産はこちらのものだ。』
15 そして、彼をぶどう園の外に追い出して、殺してしまった。
こうなると、ぶどう園の主人は、どうするでしょう。
16 彼は戻って来て、この農夫どもを打ち滅ぼし、ぶどう園をほかの人たちに与えてしまいます。」これを聞いた民衆は、「そんなことがあってはなりません」と言った。
17 イエスは、彼らを見つめて言われた。「では、
『家を建てる者たちの見捨てた石、
それが礎の石となった。』
と書いてあるのは、何のことでしょう。
18 この石の上に落ちれば、だれでも粉々に砕け、またこの石が人の上に落ちれば、その人を粉みじんに飛び散らしてしまうのです。」
19 律法学者、祭司長たちは、イエスが自分たちをさしてこのたとえを話されたと気づいたので、この際イエスに手をかけて捕らえようとしたが、やはり民衆を恐れた。

カイザルへの税金
20:20-26　並行記事―マタ22:15-22, マコ12:13-17

20 さて、機会をねらっていた彼らは、義人を装った間者を送り、イエスのことばを取り上げて、総督の支配と権威にイエスを引き渡そう、と計った。
21 その間者たちは、イエスに質問して言った。「先生。私たちは、あなたがお話しになり、お教えになることは正しく、またあなたは分け隔てなどせず、真理に基づいて神の道を教えておられることを知っています。
22 ところで、私たちが、カイザルに税金を納めることは、律法にかなっていることでしょうか。かなっていないことでしょうか。」

20:9-16　農夫たちのたとえ　→マタ21:33注
20:16　ぶどう園をほかの人たちに与えてしまいます
→マタ21:43注
20:18　この石　主イエスを受入れない人々はやがて主イエスによって砕かれ、主イエスに逆らう人々は主イエスのさばきによってつぶされる。イザヤ8:14とルカ2:34でキリストは「妨げの石とつまずきの岩」として描かれている。ダニエル2:34-35と44-45では、メシヤが世界の国々を砕く石とされている。→「**キリストによって成就した旧約聖書の預言**」の表 p.1029

²³ イエスはそのたくらみを見抜いて彼らに言われた。
²⁴「*デナリ銀貨をわたしに見せなさい。これはだれの肖像ですか。だれの銘ですか。」彼らは、「カイザルのです」と言った。
²⁵ すると彼らに言われた。「では、カイザルのものはカイザルに返しなさい。そして神のものは神に返しなさい。」
²⁶ 彼らは、民衆の前でイエスのことばじりをつかむことができず、お答えに驚嘆して黙ってしまった。

よみがえりと結婚

20:27-40　並行記事－マタ22:23-33, マコ12:18-27

²⁷ ところが、復活があることを否定するサドカイ人のある者たちが、イエスのところに来て、質問して、
²⁸ こう言った。「先生。モーセは私たちのためにこう書いています。『もし、ある人の兄が妻をめとって死に、しかも子がなかった場合は、その弟はその女を妻にして、兄のための子をもうけなければならない。』
²⁹ ところで、七人の兄弟がいました。長男は妻をめとりましたが、子どもがなくて死にました。
³⁰ 次男も、
³¹ 三男もその女をめとり、七人とも同じようにして、子どもを残さずに死にました。
³² あとで、その女も死にました。
³³ すると復活の際、その女はだれの妻になるでしょうか。七人ともその女を妻としたのですが。」
³⁴ イエスは彼らに言われた。「この世の子

24 *1デナリは当時の1日分の労賃に相当する
25①⑱マタ22:21, マコ12:17
26①⑱ルカ11:16
27①⑱ルカ20:27-40, マタ22:23-33, マコ12:18-27
28①申25:5
34①⑱マタ12:32, ルカ16:8

35①⑱マタ12:32, ルカ16:8
36①囲ロマ8:16, 17, Ⅰヨハ3:1, 2
37①⑱マコ12:26 ②出3:6
38①⑱マタ22:32, マコ12:27 ②囲ロマ14:8
40①⑱マタ22:46, 囲ルカ14:6
41①⑱ルカ20:41-44, マタ22:41-46, マコ12:35-37
　*すなわち「メシヤ」
42①⑱マタ9:27
42①詩110:1

らは、めとったり、とついだりするが、
³⁵ 次の世に入るのにふさわしく、死人の中から復活するのにふさわしい、と認められる人たちは、めとることも、とつぐこともありません。
³⁶ 彼らはもう死ぬことができないからです。彼らは御使のようであり、また、復活の子として神の子どもだからです。
³⁷ それに、死人がよみがえることについては、モーセも柴の個所で、主を、『アブラハムの神、イサクの神、ヤコブの神』と呼んで、このことを示しました。
³⁸ 神は死んだ者の神ではありません。生きている者の神です。というのは、神に対しては、みなが生きているからです。」
³⁹ 律法学者のうちのある者たちが答えて、「先生。りっぱなお答えです」と言った。
⁴⁰ 彼らはもうそれ以上何も質問する勇気がなかった。

キリストはだれの子か

20:41-47　並行記事－マタ22:41-23:7, マコ12:35-40

⁴¹ すると、イエスが彼らに言われた。「どうして人々は、*キリストをダビデの子と言うのですか。
⁴² ダビデ自身が詩篇の中でこう言っています。
　『主は私の主に言われた。
⁴³ 「わたしが、あなたの敵を
　あなたの足台とする時まで、
　わたしの右の座に着いていなさい。」』
⁴⁴ こういうわけで、ダビデがキリストを主

20:25　では・・・カイザルに返しなさい　キリスト者は神を最高の権威として従っているけれども、普通の生活情況においては税金を払い、国の権威に従わなければならない（→ロマ13:1-7）。神の律法と真正面から対立しない限り、私たちはみなこの世界の政府に従わなければならない。そういう意味において、この世界の規則に従わなければならないという主イエスの命令に背いてはならないのである。

20:27　サドカイ人　→「ユダヤ教の学派」の表 p.1656

20:36　御使いのようであり　次の世界で信仰者が持つついのちはよみがえりから始まり、死ぬことのない栄光の新しいからだになることを主イエスは明らかにさ

れた。そのいのちにはもはや結婚などの地上の人間関係は伴わない。その関係は今と違ったとしても、互いに見分けがつかないとか、以前の関係を覚えていないということではない。よみがえられた主イエスを弟子たちはすぐに認識することができた（24:31, 39, マタ28:9，→「肉体の復活」の項 p.2151）。

20:44　ダビデがキリストを主と呼んでいる　ユダヤ人はメシヤまたは救い主はダビデ王の子孫であり、したがって人間であると思っていた。主イエスは詩篇110:1を示して、ダビデが自分の子どもを「主」と呼んでいることは、メシヤが人間ではなく神の御子であることを示していると指摘された（→詩110:1-7注）。　→「キ

ルカの福音書　20-21章

と呼んでいるのに、どうしてキリストがダビデの子でしょう。」

⁴⁵また、民衆がみな耳を傾けているときに、イエスは弟子たちにこう言われた。⁴⁶「律法学者たちには気をつけなさい。彼らは、長い衣をまとって歩き回ったり、広場であいさつされたりすることが好きで、また会堂の上席や宴会の上座が好きです。⁴⁷また、やもめの家を食いつぶし、見えを飾るために長い祈りをします。こういう人たちは人一倍きびしい罰を受けるのです。」

やもめの献金
21:1-4　並行記事ーマコ12:41-44

21 ①さてイエスが、目を上げてご覧になると、金持ちたちが献金箱に献金を投げ入れていた。²また、ある貧しいやもめが、そこにレプタ銅貨二つを投げ入れているのをご覧になった。³それでイエスは言われた。「わたしは真実をあなたがたに告げます。この貧しいやもめは、どの人よりもたくさん投げ入れました。⁴みなは、あり余る中から献金を投げ入れたのに、この女は、乏しい中から、持っていた生活費の全部を投げ入れたからです。」

45①ルカ20:45-47,
マタ23:1-7,
マコ12:38-40
46①ルカ11:43,
囲ルカ14:7

1①ルカ21:1-4,
マコ12:41-44
2①マコ12:42
＊1レプタは1デナリの128分の1に相当する最小単位の銅貨
4①圏マコ12:44

5①ルカ21:5-36,
マタ24章, マコ13章
6①圏ルカ19:44
＊別訳「石が……石の上に」
7＊あるいは「証拠としての奇蹟」
8①圏ヨハ8:24
11①囲ルカ17:23

世の終りのしるし
21:5-36　並行記事ーマタ24:, マコ13:
21:12-17　並行記事ーマタ10:17-22

⁵宮がすばらしい石や奉納物で飾ってあると話していた人々があった。するとイエスはこう言われた。⁶「あなたがたの見ているこれらの物について言えば、石がくずされずに*積まれたまま残ることのない日がやって来ます。」⁷彼らは、イエスに質問して言った。「先生。それでは、これらのことは、いつ起こるのでしょう。これらのことが起こるときは、どんな*前兆があるのでしょう。」⁸イエスは言われた。「惑わされないように気をつけなさい。わたしの名を名のる者が大ぜい現れ、『私がそれだ』とか『時は近づいた』とか言います。そんな人々のあとについて行ってはなりません。⁹戦争や暴動のことを聞いても、こわがってはいけません。それは、初めに必ず起こることです。だが、終わりは、すぐには来ません。」

¹⁰それから、イエスは彼らに言われた。「民族は民族に、国は国に敵対して立ち上がり、¹¹大地震があり、方々に疫病やききんが起こり、恐ろしいことや天からのすさまじい

リストによって成就した旧約聖書の預言」の表p.1029
20:46　律法学者たちには気をつけなさい　→マタ23:13注　→「にせ教師」の項 p.1758
21:1-4　貧しいやもめの献金　主イエスは献金を神がどのように評価されるかを教えられた。(1) ささげ物はささげる額ではなく、どのくらい犠牲を払ってささげたかによって評価される。金持は本当の意味での犠牲を払わないで、自分の豊かな富の中からささげることができる。やもめは持っているものを全部投げうってささげた。できる限りのものをささげたのである。(2) この原則は、主イエスのための奉仕全部に適用することができる。働きや奉仕はその大きさや影響力や成功したかどうかではない。どのくらい心からの献身、犠牲、信仰、愛が含まれているかによって主は評価してくださる(→22:24-30注, マタ20:26注)。
21:6　石がくずされずに積まれたまま残ることのない　この予言は、紀元70年にローマの将軍テトスとその軍隊がエルサレムを134日間包囲して破壊し、宮を焼

き払ったときに成就した。イスラエルが神の御子と御子による救いを拒んだことに対するさばきとして、宮は破壊された。
21:7-19　これらのことは、いつ起こるのでしょう　弟子の質問に対する主イエスの答では、エルサレムの崩壊(→21:6注)と患難時代の後に主イエスが地上に再び来られることが結び付けられている。それは非常に密接に関係しているので、詳細に見てどれがエルサレムにだけ言われているのか、どれが主イエスの再臨を指しているのか区別するのが非常に難しい(→マタ24:3-25:46注, →「大患難」の項 p.1690)。主イエスは、世界をさばくためにご自分が最終的に来られることの象徴としてエルサレムの崩壊を言われたものと思われる。
21:8　惑わされないように気をつけなさい　→マタ24:5注
21:9　戦争や暴動　→マタ24:4注

前兆が現れます。

¹²しかし、これらのすべてのことの前に、人々はあなたがたを捕らえて迫害し、会堂や牢に引き渡し、わたしの名のために、あなたがたを王たちや総督たちの前に引き出すでしょう。

¹³それはあなたがたのあかしをする機会となります。

¹⁴それで、どう弁明するかは、あらかじめ考えないことに、心を定めておきなさい。

¹⁵どんな反対者も、反論もできず、反証もできないようなことばと知恵を、わたしがあなたがたに与えます。

¹⁶しかしあなたがたは、両親、兄弟、親族、友人たちにまで裏切られます。中には殺される者もあり、

¹⁷わたしの名のために、みなの者に憎まれます。

¹⁸しかし、あなたがたの髪の毛一筋も失われることはありません。

¹⁹あなたがたは、忍耐によって、自分の

---

11 *あるいは「証拠としての奇蹟」
12 ①ルカ21:12-17、マタ10:19-22、マコ13:11-13
13 *直訳「あなたがたにとって一つのあかしとなります」
　囲ピリ1:12
14 ①ルカ12:11
15 囲ルカ12:12
　*直訳「口」
18 ①参マタ10:30、ルカ12:7
19 囲マタ10:22, 24:13、ロマ2:7, 5:3, 4、ヤコ1:3、ヘブ10:36、Ⅱペテ1:6

20 ①ルカ19:43
21 囲ルカ17:31
22 ①イザ63:4、ホセ9:7、囲ダニ9:24-27
23 囲ダニ8:19、Ⅰコリ7:26
24 ①創34:26、出17:13、ヘブ11:34
　②ロマ11:25
　③囲イザ63:18、ダニ8:13、黙11:2
　④黙11:2
25 *あるいは「証拠としての奇蹟」

のちを勝ち取ることができます。

²⁰しかし、エルサレムが軍隊に囲まれるのを見たら、そのときには、その滅亡が近づいたことを悟りなさい。

²¹そのとき、ユダヤにいる人々は山へ逃げなさい。都の中にいる人々は、そこから立ちのきなさい。いなかにいる者たちは、都に入ってはいけません。

²²これは、書かれているすべてのことが成就する報復の日だからです。

²³その日、哀れなのは身重の女と乳飲み子を持つ女です。この地に大きな苦難が臨み、この民に御怒りが臨むからです。

²⁴人々は、剣の刃に倒れ、捕虜となってあらゆる国に連れて行かれ、異邦人の時の終わるまで、エルサレムは異邦人に踏み荒らされます。

²⁵そして、日と月と星には、前兆が現れ、地上では、諸国の民が、海と波が荒れどよめくために不安に陥って悩み、

²⁶人々は、その住むすべての所を襲おうと

21:16 中には殺される者もあり 古代の書物には使徒たちがみな（ヨハネを除く）、キリストを信じキリストについて説教をしたために迫害する者たちの手によって殉教者（主義または信仰のために死ぬ人）として死んだことが書いてある。キリスト教の初期には、多くの信仰者が拷問にかけられ殺されていった（→マタ24:9注）。

21:18 髪の毛一筋も失われることはありません この約束は霊的な安全を保証していて危害が加えられないことを保証しているのではない（⇒21:16）。信仰者がキリストとそのメッセージに忠実であるなら、神はあらゆる情況を働かせて益としてくださる（⇒ロマ8:28）。神の愛から離すものは何もない（ロマ8:35-39）。

21:19 忍耐によって どのような情況、問題、迫害に遭っても、私たちはキリストにひたすら仕えていかなければならない。祈りや聖書の学び、礼拝やキリスト者たちとの交わり、伝道や日々罪を退けることなどを通してキリストへの献身は強められていく（→ヨハ15:6注）。信仰を貫くなら、信仰者は神とともに住む永遠のいのちを得てどんな環境の中でも勝利をすることができる。

21:20 エルサレムが軍隊に囲まれる ここで再び主イエスは、紀元70年の出来事（→21:6注）と患難時代の終わりにご自分が再び来られる直前に起こる終末の出来事を一緒にして話しておられるようである（→「大患難」の項 p.1690）。そのようにして、神の正義が主イエスを拒む「この時代の上に来ます」（マタ23:36、⇒ルカ23:27-30）というご自分の予言が成就すると説明された。また主イエスは弟子たちの「あなたの来られる時や世の終わりには、どんな前兆があるのでしょう」（マタ24:3）という質問にも答えておられる。

21:24 異邦人の時 「異邦人の時」とは、イスラエルがユダヤ人以外の人々に支配され抑圧される時を指している。その始まりは前586年に一部のイスラエル人がバビロニヤに捕えられて行ったときにまでさかのぼる（Ⅱ歴36:1-21、ダニ1:1-2）。そして「時」が満ちるまでは終わらない。これは、キリストが歴史の終わりに栄光と力をもって地上に再び来て国々を治められるときのことと思われる（1:32-33、エレ23:5-6、ゼカ6:13、9:10、ロマ11:25-26、黙20:4）。「異邦人の時」には、罪を赦し人生を導く方としてキリストを受入れる機会があらゆる人々に提供される。その機会はキリストが再び来られたときに終了する。

21:25 日と月と星には、前兆が 主イエスが再び来られる前には物理的兆候が天（宇宙）に現れ、世界は大患難の最も厳しい苦難を体験する（→マタ24:29注、「大患難」の項 p.1690）。自分勝手な道から離れずキリストを受入れようともしない人々は、神が地上に厳しいさばきを下されるこのときに最大の恐怖と絶望に襲われる。

受難週の出来事

1. ベタニヤに到着　　　　　金曜日　　　ヨハ12:1

主イエスは過越の6日前にベタニヤに到着して友人のマリヤ、マルタ、ラザロと一緒に過された。ここにおられる間に、マリヤは謙虚に高価な香油を主イエスの足に注いだ。この優しさはマリヤの主イエスへの献身と仕えたいという気持の表れだった。

2. 安息日－休息の日　　　　土曜日　　　福音書には記録されていない

この日は安息日だったので、主は友人たちと伝統的な過し方をされた。

3. 勝利の入城　　　　　　　日曜日　　　マタ21:1-11, マコ11:1-11,
　　　　　　　　　　　　　　　　　　　　　ルカ19:28-44, ヨハ12:12-19

週の初めの日に、主イエスはろばに乗ってエルサレムに入り、昔の預言を成就された(ゼカ9:9)。群衆は「ホサナ」と詩篇118:25-26のことばで主イエスを迎えた。これは遣わされた、やがて来られるイスラエルの王としてのメシヤであることを示す称号で主イエスを呼んだのである。

4. 宮をきよめる　　　　　　月曜日　　　マタ21:10-17, マコ11:15-18,
　　　　　　　　　　　　　　　　　　　　　ルカ19:45-48

この日、主イエスは宮に戻って異邦人の庭で商人や両替人たちが「外国」のお金とユダヤの銀貨を両替して大きな利益を得ているのを見られた。主イエスはその人々を追出し、台を倒された。

5. 論争とたとえの日　　　　火曜日　　　マタ21:23-24:51, マコ11:27-13:37,
　　　　　　　　　　　　　　　　　　　　　ルカ20:1-21:36

エルサレムで－主イエスは祭司たちが仕掛けたわなから逃れられた。
エルサレムが見えるオリーブ山で－主イエスは人々にたとえによって教え、パリサイ人には気を付けるように警告された。主イエスはヘロデの大神殿の破壊を予言し、弟子たちには再臨を含む将来の出来事について教えられた。

6. 休息の日　　　　　　　　水曜日　　　福音書には記録されていない

聖にはこの日のことが書かれていないけれども、日数を数えると(マコ14:1, ヨハ12:1)福音書に記録されていない日がもう一日あったと考えられる。

7. 過越の最後の晩餐　　　　木曜日　　　マタ26:17-30, マコ14:12-26,
　　　　　　　　　　　　　　　　　　　　　ルカ22:7-38, ヨハ13:1-30

主イエスは二階の部屋でご自分の死に対して自ら準備をし、弟子たちにも準備をさせられた。また過越の食事に新しい意味を加えられた。パンとぶどう酒の杯は間もなく犠牲になる主イエスのからだと流される血を表していた。こうして主イエスは「主の晩餐」を制定された。賛美の歌を歌った後に一同はゲツセマネの園へ行った。そこで主イエスはこれからご自分の身に起こることのために苦しみもだえて祈られた。

8. 十字架刑　　　　　　　　金曜日　　　マタ27:1-66, マコ15:1-47,
　　　　　　　　　　　　　　　　　　　　　ルカ22:66-23:56, ヨハ18:28-19:37

裏切られ、捕えられ、見捨てられ、にせの裁判を受け、否定され、宣告され、むち打たれ、あざけられた後、主イエスはご自分の十字架を「どくろの地」まで運ばなければならなかった。そしてそこで二人の囚人とともに十字架につけられた。

9. 墓の中で　　　　　　　　金曜日　　　マタ27:57-61, マコ15:42-47,
　　　　　　　　　　　　　　　　　　　　　ルカ23:50-56, ヨハ19:38-42

主イエスのからだは金曜日の夕方午後6時前に墓の中に安置された。安息日が始まり、あらゆる仕事が中止されたけれども、主イエスのからだは安息日の間ずっと墓の中に安置されていた。

10. 復活　　　　　　　　　 日曜日　　　マタ28:1-15, マコ16:1-20,
　　　　　　　　　　　　　　　　　　　　　ルカ24:1-49, ヨハ20:1-31

朝早く女性たちが墓に行くと、墓の入り口をふさいでいた石がわきへ転がしてあった。御使いが女性たちに主イエスは生きておられると言い、メッセージを伝えた。主イエスは園でマグダラのマリヤに、そしてペテロに、次にエマオへ行く途中の二人の弟子に、そしてその日の午後にトマスを除く弟子たち全員に姿を現された。主イエスの復活は事実として確立された。

© 1989 Zondervan Corporation

していることを予想して、恐ろしさのあまり気を失います。天の万象が揺り動かされるからです。
²⁷ そのとき、人々は、人の子が力と輝かしい栄光を帯びて雲に乗って来るのを見るのです。
²⁸ これらのことが起こり始めたなら、からだをまっすぐにし、頭を上に上げなさい。①贖いが近づいたのです。」
²⁹ それからイエスは、人々にたとえを話された。「いちじくの木や、すべての木を見なさい。
³⁰ 木の芽が出ると、それを見て夏の近いことがわかります。
³¹ そのように、これらのことが起こるのを見たら、①神の国は近いと知りなさい。
³² まことに、あなたがたに告げます。すべてのことが起こってしまうまでは、この*時代は過ぎ去りません。
³³ この天地は滅びます。しかし、わたしのことばは決して滅びることがありません。
³⁴ あなたがたの心が、放蕩や深酒やこの

²⁷①マタ24:30、マコ13:26、圏マタ16:27, 26:64
②ダニ7:13
²⁸①圏ルカ18:7
³⁰①圏ルカ12:57
³¹①圏マタ3:2
³²＊別訳「世代」
³³①マタ5:18、ルカ16:17
³⁴①圏マタ24:42-44、ルカ12:40, 45、マコ4:19、Ⅰテサ5:2以下

³⁶①圏ルカ1:19、黙7:9, 8:2, 11:4
②マタ13:33、圏ルカ12:40
³⁷①圏マタ26:55
②マタ11:19
＊あるいは「オリーブの森」
³⁸①ヨハ8:2

①ルカ22:1, 2、マタ26:2-5、マコ14:1, 2
②ヨハ11:55, 13:1
²①圏マタ12:14

世の煩いのために沈み込んでいるところに、その日がわなのように、突然あなたがたに臨むことのないように、よく気をつけていなさい。
³⁵ その日は、全地の表に住むすべての人に臨むからです。
³⁶ しかし、あなたがたは、やがて起ころうとしているこれらすべてのことからのがれ、①人の子の前に立つことができるように、②いつも油断せずに祈っていなさい。」
³⁷ さてイエスは、昼は宮で教え、夜はいつも外に出て＊オリーブという山で過ごされた。
³⁸ 民衆はみな朝早く起きて、教えを聞こうとして、宮におられるイエスのもとに集まって来た。

主イエスを裏切ることに同意するユダ

22:1, 2 並行記事―マタ26:2-5、マコ14:1, 2, 10, 11

22 ¹ さて、過越の祭りといわれる、種なしパンの祝いが近づいていた。
² 祭司長、律法学者たちは、イエスを殺す

21:27 人の子が・・・来る 「人の子」とは主イエスがしばしばご自分を指して言われたことばである。それは主イエスの人間性と私たちのために完成された働きを強調している(→マタ24:30注)。

21:31 これらのことが起こるのを見たら 患難時代にキリストを受け入れて生き残っている人々は、主イエスが再び来られて御国を建てる時が近いことを、このしるしを見ることによって知ることができる(→マタ24:33注)。けれども、教会にいる忠実な弟子たちのためにキリストが来られるのは(患難のさばきの前、→「**携挙**」の項 p.2278)、いつであるかわからず予測することができない(⇒ヨハ14:1-4、Ⅰテサ4:13-18)。21:34-36はこのことを指していると思われる(→マタ24:44注)。→「**終末の事件**」の表 p.2471

21:31 神の国は近い →マタ24:33注

21:32 この時代 →マタ24:34注

21:34 その日が・・・突然あなたがたに臨む 主イエスは預言のメッセージを終えるに当たって、信仰者はこの世界の心遣いや快楽に気をとられて、主が来られることへの用意を怠ってはならないと警告された。(1) そのことばは患難の時代の終り頃に生きている人だけではなく、あらゆる時代の神の民全員に向けられている。霊的に忠実でいなければならないという命令は、主イエスが予測していない時にまず忠実な弟子たちのところへ再び来られることを教えている。そのことを踏まえて生きている私たちにとって最も重要なことは、霊的に忠実なことである。主が教会のために来られるのがいつかわからないので、信仰者はいつも備えをしていなければならない(→マタ24:40注、42注、ヨハ14:3注)。(2) いつかわからないときに来られる(Ⅰテサ4:16-17の教会の携挙のこと)ことによって、主イエスは「やがて来る御怒りから私たちを救い出してくださ」り(Ⅰテサ1:10)、地上に「やがて起ころうとしているこれらすべてのことからのがれ」させてくださる(21:35-36、⇒21:25-26、→21:36注、黙3:10注、→「**携挙**」の項 p.2278)。

21:36 やがて起ころうとしているこれらすべてのことからのがれ キリスト者はいつも罪に対して警戒をし、祈りを通して絶えず神と交わりを続けていなければならない。そしてキリストへの愛が冷えることなく、キリストへの信仰が強く保たれるようにするべきである。これ以外に終りの日に世界に起こる恐ろしい出来事から「のがれる」方法はない(→Ⅰテサ1:10注、黙3:10注、→「**大患難**」の項 p.1690)。携挙こそが、忠実に祈り続けている人々が「のがれる」方法であると多くの人は考えている(→ヨハ14:3注、→「**携挙**」の項 p.2278)。

22:1 過越の祭り →マタ26:2注

ルカの福音書 22章

ための良い方法を捜していた。というのは、彼らは民衆を恐れていたからである。
³ さて、十二弟子のひとりで、イスカリオテと呼ばれるユダに、サタンが入った。
⁴ ユダは出かけて行って、祭司長たちや宮の①守衛長たちと、どのようにしてイエスを彼らに引き渡そうかと相談した。
⁵ 彼らは喜んで、ユダに金をやる約束をした。
⁶ ユダは承知した。そして群衆のいないときにイエスを彼らに引き渡そうと機会をねらっていた。

最後の晩餐

22:7-13　並行記事ーマタ26:17-19, マコ14:12-16
22:17-20　並行記事ーマタ26:26-29, マコ14:22-25, Ⅰコリ11:23-25
22:21-23　並行記事ーマタ26:21-24, マコ14:18-21, ヨハ13:21-30
22:25-27　並行記事ーマタ20:25-28, マコ10:42-45
22:33, 34　並行記事ーマタ26:33-35, マコ14:29-31, ヨハ13:37, 38

⁷ さて、①②過越の小羊のほふられる、種なしパンの日が来た。
⁸ イエスは、こう言ってペテロとヨハネを遣わされた。「わたしたちの過越の食事ができるように、準備をしに行きなさい。」
⁹ 彼らはイエスに言った。「どこに準備いたしましょうか。」
¹⁰ イエスは言われた。「町に入ると、水がめを運んでいる男に会うから、その人が入る家にまでついて行きなさい。
¹¹ そして、その家の主人に、『弟子たちといっしょに過越の食事をする客間はどこか、と先生があなたに言っておられる』と言いなさい。
¹² すると主人は、席が整っている二階の大広間を見せてくれます。そこで準備をしなさい。」
¹³ 彼らが出かけて見ると、イエスの言われたとおりであった。それで、彼らは過越の食事の用意をした。
¹⁴ さて時間になって、イエスは食卓に着かれ、使徒たちもイエスといっしょに席に着いた。
¹⁵ イエスは言われた。「わたしは、苦しみを受ける前に、あなたがたといっしょに、この過越の食事をすることをどんなに望んでいたことか。
¹⁶ あなたがたに言いますが、過越が神の国において成就するまでは、わたしはもはや二度と過越の食事をすることはありません。」
¹⁷ そしてイエスは、杯を取り、感謝をささげて後、言われた。「これを取って、互いに分けて飲みなさい。
¹⁸ あなたがたに言いますが、今から、神の国が来る時までは、わたしはもはや、ぶどうの実で造った物を飲むことはありません。」
¹⁹ それから、パンを取り、①感謝をささげてから、裂いて、弟子たちに与えて言われた。「これは、あなたがたのために与える、わたしのからだです。わたしを覚えてこれを行いなさい。」

3①ルカ22:3-6, マタ26:14-16, マコ14:10, 11
②ヨハ13:2, 27
4①ルカ22:52, ⓑ使4:1, 5:24, 26, Ⅰ歴9:11, ネヘ11:11
6*あるいは「騒ぎを起こさないで」
7①ルカ22:7-13, マタ26:17-20, マコ14:12-16
②ⓢマコ14:12
8①ⓑ使3:1, 11, 4:13, 19, 8:14, ⓒガラ2:9

14①マタ26:20, マコ14:17
②ⓢマコ6:30
16①ⓒルカ22:18, 30, 14:15, 黙19:9
17①ルカ22:17-20, マタ26:26-29, マコ14:22-25, Ⅰコリ11:23, 25, ⓑⅠコリ10:16
②ⓢマタ14:19
18①マタ26:29, マコ14:25
19①ⓢマタ14:19

22:3　ユダに、サタンが入った　主イエスのそばで仕える弟子の一人だったユダは(詩41:9, ⇒ヨハ13:18)裏切ることによって主との関係を失った(→ヨハ6:64注)。このユダの悲劇はキリストに従うすべての人への警告である。人生には優先することを取違えたり、主イエスが自分の期待していた人とは違うと思って霊的に失望したり、キリストに対して冷たくなったりする可能性がいつもある。このような気持でいるとサタンに付け込まれ徐々にこの世界と妥協し、主との期待を裏切るようになってしまう。

22:18　主の晩餐　→Ⅰコリ11:24-25注

22:18　ぶどうの実で造った物　主イエスと弟子たちが過越の晩餐で飲んだものは、「杯」または「祝福の杯」(22:17, マタ26:27, マコ14:23, Ⅰコリ10:16, 11:25)、「ぶどうの実で造った物」(22:18, マタ26:29, マコ14:25)などと呼ばれている。この場合、ルカもほかの聖書記者も「ぶどう酒」(《ギ》オイノス)を指すことばを使っていない。主イエスが弟子たちととられた最後の過越の食事でのぶどうの飲み物は、聖書の証拠から見て発酵したものではなかったことが明らかである。一つには、出エジプト12:14-20の過越の律法では過越の週の間、酵母菌または発酵させるものを指すセオルはみな取除いて使ってはならないと禁止されていたからである(出12:15)。さらにハメツ(発酵したもの)はみな禁止されていた(出12:19, 13:7, →13:7注, →「**新約聖書のぶどう酒**」の項 p.1870)。

²⁰食事の後、杯も同じようにして言われた。「この杯は、あなたがたのために流されるわたしの血による新しい契約です。²¹しかし、見なさい。わたしを裏切る者の手が、わたしとともに食卓にあります。²²人の子は、定められたとおりに去って行きます。しかし、人の子を裏切るような人間はわざわいです。」²³そこで弟子たちは、そんなことをしようとしている者は、いったいこの中のだれなのかと、互いに議論をし始めた。

²⁴また、彼らの間には、この中でだれが一番偉いだろうかという論議も起こった。²⁵すると、イエスは彼らに言われた。「異邦人の王たちは人々を支配し、また人々の上に権威を持つ者は守護者と呼ばれています。²⁶だが、あなたがたは、それではいけません。あなたがたの間で一番偉い人は一番年の若い者のようになりなさい。また、治める人は仕える人のようでありなさい。²⁷食卓に着く人と給仕する者と、どちらが偉いでしょう。むろん、食卓に着く人でしょう。しかしわたしは、あなたがたのうちにあって給仕する者のようにしています。²⁸けれども、あなたがたこそ、わたしのさまざまの試練の時にも、わたしについて来てくれた人たちです。²⁹わたしの父がわたしに王権を与えてくださったように、わたしもあなたがたに王権を与えます。³⁰それであなたがたは、わたしの国でわた

20 ①マタ26:28, マコ14:24 ②Ⅰコリ11:25, Ⅱコリ3:6, ヘブ9:15, 8:8, 囲エレ31:31, 出24:8(ヘブ8:13)
21 ①ルカ22:21-23, マタ26:21-24, マコ14:18-21, 囲ヨハ13:18, 21, 22, 26
22 ①使2:23, 4:28, 10:42, 17:31
24 ①マコ9:34, ルカ9:46
25 ①ルカ22:25-27, マタ20:25-28, マコ10:42-45
26 ①ルカ9:48 ②Ⅰペテ5:5
27 ①ルカ12:37 ②囲マタ20:28
28 ①ヘブ2:18, 4:15
29 ①囲マタ5:3, Ⅱテモ2:12
30 ①囲マタ5:3, Ⅱテモ2:12

22:20 あなたがたのために流されるわたしの血 → マタ26:28注

22:20 わたしの血による新しい契約 主イエスは新しい契約（私たちの罪のための主イエスの犠牲の死を基にした新しい「終生協定」）の開始（正式開始、始まり）を発表された（⇒マタ26:28, Ⅰコリ11:25, →エレ31:31注）。新しい契約は、キリストの死によって始めて発効すると聖書は教えている（ヘブ9:15-18, →「旧契約と新契約」の項 p.2363）。弟子たちは、主イエスがよみがえられた夜に霊的に新しくされ聖霊を受けた。そしてキリストを信じる信仰とキリストの赦しを土台として、この新しい契約関係に入れられた（ヨハ20:22, →「弟子たちの新生」の項 p.1931）。そしてその後、五旬節の日に聖霊のバプテスマを与えられた（→使2:4注, →「聖霊のバプテスマ」の項 p.1950）。

22:24-30 本当に偉いこと 「本当に偉いこと」は地位や知名度のことではない。それは霊と心の中、内側の謙遜のことであって、キリストに従い（ピリ2:3）、神や仲間の人々に仕え、神の御国で最も低い地位を喜んで受入れて、キリストへの愛を表す人々の中に見ることができる。

（1）本当の偉大さは地位や役職、指導力、権力、影響力、学歴、知名度、才能、功績、成功などによって証明されるものではない。また神のためにどれだけのことをしたかではなく、神とどのような霊的関係にあるかが重要である（22:25-27, マタ18:3-4, 20:25-28）。

（2）本当の偉大さが求められる領域は明らかである。私たちは信仰、謙遜、品性、知恵、自制、忍耐、愛などの領域で優れたものとならなければならない（ガラ5:22-23）。そのような品性は「義を愛し、不正を憎まれ」る（ヘブ1:9）キリストの偉大さを反映したものである。

（3）本当の偉大さは、神への心からの愛と献身の問題である。神が私たちをどこにどのように置かれても、神の目的のために生きることが大切である。神の目から見て、御国で最も偉い人は神に最大の愛を示し、聖書を通して明らかにされた神のことばに忠実に従う人である（21:3, ロマ12:1-2）。

（4）キリストに心から仕え悪から離れている人は神の働きで良い結果を出すけれども、それは神が計画された通りに仕えたときにのみ可能である。それは与えられた賜物と機会を最大限に生かして神と人々に忠実に仕えることである（ロマ12:3-8, Ⅰコリ12:）。

22:27 給仕する者 教会で指導者に選ばれた人（Ⅰテモ3:1-7）は、自分で模範（しもべとして）を示しながら指導し、人々が神から与えられた賜物を成長させ、人生の目的を実現するのを助けなければならない。これはキリストが言われたことである。教会の指導者は人気や権力、富や特権を手に入れることばかりに心を砕いて、指導者としての信頼を絶対に乱用したり裏切ったりしてはならない。

22:28 わたしについて来てくれた 困難な情況に囲まれたときもずっと主イエスに忠実だった弟子たちに主イエスは感謝を表された。主の目的や真理の基準に反対するこの世界で、私たちの最大の仕事はやはり主のそばにいて、みことばに忠実に従うことである。

22:29 あなたがたに王権を与えます 主イエスは忠実な弟子たちに、「王権」（すぐれた永遠の祝福とともに）を与えられる。それは主イエスが建てられた国の

しの食卓に着いて食事をし、王座に着いて、イスラエルの十二の部族をさばくのです。

³¹シモン、シモン。見なさい。サタンが、あなたがたを麦のようにふるいにかけることを願って聞き届けられました。³²しかし、わたしは、あなたの信仰がなくならないように、あなたのために祈りました。だからあなたは、立ち直ったら、兄弟たちを力づけてやりなさい。」

³³シモンはイエスに言った。「主よ。ごいっしょなら、牢であろうと、死であろうと、覚悟はできております。」

³⁴しかし、イエスは言われた。「ペテロ。あなたに言いますが、きょう鶏が鳴くまでに、あなたは三度、わたしを知らないと言います。」

³⁵それから、弟子たちに言われた。「わたしがあなたがたを、財布も旅行袋もくつも持たせずに旅に出したとき、何か足りない物がありましたか。」彼らは言った。「いいえ。何もありませんでした。」

³⁶そこで言われた。「しかし、今は、財布のある者は財布を持ち、同じく袋を持ち、剣のない者は着物を売って剣を買いなさい。³⁷あなたがたに言いますが、『彼は罪人たちの中に数えられた』と書いてあるこのことが、わたしに必ず実現するのです。わたしにかかわることは実現します。」

³⁸彼らは言った。「主よ。このとおり、ここに剣が二振りあります。」イエスは彼らに、「それで十分」と言われた。

オリーブ山で祈る主イエス
22:40-46　並行記事―マタ26:36-46, マコ14:32-42

³⁹それからイエスは出て、いつものようにオリーブ山に行かれ、弟子たちも従った。⁴⁰いつもの場所に着いたとき、イエスは彼らに、「誘惑に陥らないように祈っていなさい」と言われた。⁴¹そしてご自分は、弟子たちから石を投げて届くほどの所に離れて、ひざまずいて、こう祈られた。

権利であるけれども、また主が弟子たちとともに持たれる権威でもある(22:30)。この約束を与えられている弟子たちは今の時代、地上の栄光やこの世界の権力を持つ必要はない(→「神の国」の項 p.1654)。

22:31-32　サタンが、あなたがたを麦のようにふるいにかける　主イエスのことばは二つの重要な真理を明らかにしている。(1) サタンが私たちを試みるのを神はある範囲で、またある時だけ許される(→ヨブ1:10注, 12注)。悪魔は神の民に何でもしたい放題にできるわけではない。(2) 主イエスは信仰がなくならないように祈っておられる。天におられる仲介者である主イエスは、「ご自分によって神に近づく人々」のために祈り続けておられる。「キリストはいつも生きていて、彼らのために、とりなしをしておられるからです」(ヘブ7:25)。神は私たちが誘惑を受けるときにはいつも逃れる道と勝利を忠実に備えてくださる(Ⅰコリ10:13)。けれども、主イエスの祈りが聞かれ、私たちが誘惑に勝利するには条件がある。もし神に信頼しないでむしろ神のあわれみや導きや助けを拒むなら、キリストのとりなし(私たちのためのキリストの祈りと助け)は効力を生むことがない(→19:41注)。

22:36　剣を買いなさい　主イエスは弟子たちに剣を買うべきだと言って、反語(はっきりさせるために反対の意味を持たせることば)を使われたと思われる。このときまで主イエスは弟子たちに、世間一般の人と同じ厳しく敵意のある方法ではなく、謙遜と自己犠牲によって生きるように訴えてこられた(このすぐあとで主イエスは弟子の一人が剣を使ったのを非難された22:49-51)。弟子たちは前に派遣されたときと同じように(9:3, 10:4)、ここでも霊的力を持って出て行くようにと言われているようである。けれども今度は、苦しみと犠牲が伴うと言われている。そのあと、主イエスはご自分も苦しみという神の道に進むことを説明された(22:37)。この苦しみは十字架での死に続くものである。22:38は主イエスの言われた意味が弟子たちには理解できなかったことを示している。

22:40　誘惑に陥らないように祈っていなさい　悪を避け、あるいは乗越えるために祈りがどんなに重要であるかを主イエスのことばは教えている。その夜オリーブ山での初めと終りに、主イエスは弟子たちに警告されたけれども(22:40, 46)、弟子たちはそれを守らなかった。後に主イエスを捨てて否定さえしたのはそのためではなかったかと思われる(マコ14:50, 66-72, →22:62注)。絶えず祈りの生活をしていることは極めて重要である。そうすれば、人生の試練や誘惑があっても主イエスから離れることはないと思われる。

42「父よ。みこころならば、この杯をわたしから取りのけてください。しかし、わたしの願いではなく、みこころのとおりにしてください。」
43 *すると、御使いが天からイエスに現れて、イエスを力づけた。
44 イエスは、苦しみもだえて、いよいよ切に祈られた。汗が血のしずくのように地に落ちた。
45 イエスは祈り終わって立ち上がり、弟子たちのところに来て見ると、彼らは悲しみの果てに、眠り込んでしまっていた。
46 それで、彼らに言われた。「なぜ、眠っているのか。起きて、誘惑に陥らないように祈っていなさい。」

捕えられた主イエス
22:47-53　並行記事ーマタ26:47-56, マコ14:43-50, ヨハ18:3-11

47 イエスがまだ話をしておられるとき、群衆がやって来た。十二弟子のひとりで、ユダという者が、先頭に立っていた。ユダはイエスに口づけしようとして、みもとに近づいた。
48 だが、イエスは彼に、「ユダ。口づけで、人の子を裏切ろうとするのか」と言われた。
49 イエスの回りにいた者たちは、事の成り行きを見て、「主よ。剣で撃ちましょうか」と言った。
50 そしてそのうちのある者が、大祭司のしもべに撃ってかかり、その右の耳を切り落とした。
51 するとイエスは、「*やめなさい。それまで」と言われた。そして、耳にさわって彼をいやされた。
52 そして押しかけて来た祭司長、宮の守衛長、長老たちに言われた。「まるで強盗でも向かうように、剣や棒を持ってやって来たのですか。
53 あなたがたは、わたしが毎日宮でいっしょにいる間は、わたしに手出しもしなかった。しかし、今はあなたがたの時です。暗やみの力です。」

主イエスを否認するペテロ
22:55-62　並行記事ーマタ26:69-75, マコ14:66-72, ヨハ18:16-18, 25-27

54 彼らはイエスを捕らえ、引いて行って、大祭司の家に連れて来た。ペテロは、遠く離れてついて行った。
55 彼らは中庭の真ん中に火をたいて、みなすわり込んだので、ペテロも中に混じって腰をおろした。
56 すると、女中が、火あかりの中にペテロのすわっているのを見つけ、まじまじと見て言った。「この人も、イエスといっしょにいました。」
57 ところが、ペテロはそれを打ち消して、「いいえ、私はあの人を知りません」と言った。
58 しばらくして、ほかの男が彼を見て、「あなたも、彼らの仲間だ」と言った。しかしペテロは、「いや、違います」と言った。
59 それから一時間ほどたつと、また別の男が、「確かにこの人も彼といっしょだった。この人もガリラヤ人だから」と言い張った。
60 しかしペテロは、「あなたの言うことは私にはわかりません」と言った。それといっしょに、彼がまだ言い終えないうちに、鶏が鳴いた。
61 主が振り向いてペテロを見つめられた。ペテロは、「きょう、鶏が鳴くまでに、あなたは、三度わたしを知らないと言う」と言われた主のおことばを思い出した。
62 彼は、外に出て、激しく泣いた。

22:42 この杯 →マタ26:39注
22:44 汗が血のしずくのように 私たちの罪のために死なれた主イエスの10段階の苦しみ →マタ26:37以降の注
22:54 彼らはイエスを捕らえ キリストの逮捕から処刑までの順序 →マタ26:57注
22:62 激しく泣いた ペテロは主イエスを否定したけれども、それは邪悪な心からではなく弱さからだった。主イエスを信じなくなり愛さなくなったのではないことがその後の行動からわかる。霊的に弱かったので強い反対や誘惑に抵抗できなかったのである。けれども、聖霊のバプテスマを受けた後には誘惑に打勝つ力が与えられた。その力は、今では新しい契約（主イエスのいのちと死とよみがえりを通して神が与えてくださる霊的救い）の中にいるキリストに従う人はだれでもいただくことができるものである。主イエスがよ

主イエスをからかう監視人

22:63-65　並行記事－マタ26:67, 68, マコ14:65, ヨハ18:22, 23

⁶³さて、イエスの監視人どもは、イエスをからかい、むちでたたいた。⁶⁴そして目隠しをして、「言い当ててみろ。今たたいたのはだれか」と聞いたりした。⁶⁵また、そのほかさまざまな悪口をイエスに浴びせた。

ピラトとヘロデの前の主イエス

22:67-71　並行記事－マタ26:63-66, マコ14:61-63, ヨハ18:19-21

23:2, 3　並行記事－マタ27:11-14, マコ15:2-5, ヨハ18:29-37

23:18-25　並行記事－マタ27:15-26, マコ15:6-15, ヨハ18:39-19:16

①⁶⁶夜が明けると、民の長老会、それに祭司長、律法学者たちが、②集まった。彼らはイエスを議会に連れ出し、⁶⁷こう言った。「あなたが*キリストなら、そうだと言いなさい。」しかしイエスは言われた。「わたしが言っても、あなたがたは決して信じないでしょうし、⁶⁸わたしが尋ねても、あなたがたは決して答えないでしょう。⁶⁹しかし今から後、人の子は、神の大能の右の座に着きます。」⁷⁰彼らはみなで言った。「ではあなたは神の子ですか。」すると、イエスは彼らに「①あなたがたの言うとおり、わたしはそれです」と言われた。

⁷¹すると彼らは「これでもまだ証人が必要でしょうか。私たち自身が彼の口から直接それを聞いたのだから」と言った。

23

¹そこで、彼らは全員が立ち上がり、イエスをピラトのもとに連れて行った。²そしてイエスについて訴え始めた。彼らは言った。「この人はわが国民を惑わし、カイザルに税金を納めることを禁じ、自分は王キリストだと言っていることがわかりました。」

³するとピラトはイエスに、「あなたは、ユダヤ人の王ですか」と尋ねた。イエスは答えて、「そのとおりです」と言われた。

⁴ピラトは祭司長たちや群衆に、「この人には何の罪も見つからない」と言った。⁵しかし彼らはあくまで言い張って、「この人は、ガリラヤからここまで、ユダヤ全土で教えながら、この民を扇動しているのです」と言った。

⁶それを聞いたピラトは、この人はガリラヤ人かと尋ねて、⁷ヘロデの支配下にあるとわかると、イエスをヘロデのところに送った。ヘロデもそのころエルサレムにいたからである。

⁸ヘロデはイエスを見ると非常に喜んだ。ずっと前からイエスのことを聞いていたので、①イエスに会いたいと思っていたし、イエスの行う何かの*奇蹟を見たいと考えていたからである。⁹それで、いろいろと質問したが、イエスは彼に何もお答えにならなかった。

みがえられて近付いて来られたときに、最初の弟子たちは聖霊が臨在しとどまるのを体験した（→マコ14:50注、→「**弟子たちの新生**」の項 p.1931）。その後、弟子たちは五旬節の日に聖霊のバプテスマ（浸す、満たす、力を与える）を受け、福音のメッセージを伝えるための特別な霊的力と大胆さ（使1:8）を与えられた（→使2:4注、→「**聖霊のバプテスマ**」の項 p.1950）。

22:63　イエスをからかい、むちでたたいた　→マタ26:67注

23:1　ピラト　主イエスは当時のローマの総督であるピラトのところへ連れて来られた。ローマの法律によれば、ユダヤ人は死刑を正式に執行できなかったからである。ピラトは真理や正義ではなく、政治的な都合

や人々の評判をもとに宗教的決断をする人々の代表的存在になってしまった。このことを考えると、神の民は神のことばへの信仰や献身に妥協を許してはならない。自分の評判を守り利己的な野心を実現するためではなく、正しいことのために強く進まなければならない。

23:3　あなたは、ユダヤ人の王ですか　→マタ27:2注

23:8-11　ヘロデ王の前の主イエス　このヘロデは、バプテスマのヨハネを処刑したヘロデと同じ人物である。ヘロデの心はかたくなで真理に対して開かれていなかった。そして、主イエスは苦難を受入れる備えをされていたので何も応えようとされなかった。怒ったヘロデと家来たちは主イエスをあざけったりユダヤ人

10 祭司長たちと律法学者たちは立って、イエスを激しく訴えていた。
11 ヘロデは、自分の兵士たちといっしょにイエスを侮辱したり嘲弄したりしたあげく、はでな衣を着せて、ピラトに送り返した。
12 この日、ヘロデとピラトは仲よくなった。それまでは互いに敵対していたのである。
13 ピラトは祭司長たちと指導者たちと民衆とを呼び集め、
14 こう言った。「あなたがたは、この人を、民衆を惑わす者として、私のところに連れて来たけれども、私があなたがたの前で取り調べたところ、あなたがたが訴えているような*罪は別に何も見つかりません。
15 ヘロデとても同じです。彼は私たちにこの人を送り返しました。見なさい。この人は、死罪に当たることは、何一つしていません。
16 だから私は、懲らしめたうえで、釈放します。」*
18 しかし彼らは、声をそろえて叫んだ。「この人を除け。バラバを釈放しろ。」
19 バラバとは、都に起こった暴動と人殺しのかどで、牢に入っていた者である。
20 ピラトは、イエスを釈放しようと思って、彼らに、もう一度呼びかけた。
21 しかし、彼らは叫び続けて、「十字架だ。十字架につけろ」と言った。
22 しかしピラトは三度目に彼らにこう言った。「あの人がどんな悪いことをしたというのか。あの人には、死に当たる罪は、何も見つかりません。だから私は、懲らしめたうえで、釈放します。」
23 ところが、彼らはあくまで主張し続け、十字架につけるよう大声で要求した。そしてついにその声が勝った。
24 ピラトは、彼らの要求どおりにすることを宣告した。
25 すなわち、暴動と人殺しのかどで牢に入っていた男を願いどおりに釈放し、イエスを彼らに引き渡して好きなようにさせた。

処刑

23:34-43　並行記事ーマタ27:33-44, マコ15:22-32, ヨハ19:17-24

26 彼らは、イエスを引いて行く途中、いなかから出て来たシモンというクレネ人をつかまえ、この人に十字架を負わせてイエスのうしろから運ばせた。
27 大ぜいの民衆やイエスのことを嘆き悲しむ女たちの群れが、イエスのあとについて行った。
28 しかしイエスは、女たちのほうに向いて、こう言われた。「エルサレムの娘たち。わたしのことで泣いてはいけない。むしろ自分自身と、自分の子どもたちのために泣きなさい。
29 なぜなら人々が、『不妊の女、子を産だことのない胎、飲ませたことのない乳房は、幸いだ』と言う日が来るのですから。
30 そのとき、人々は山に向かって、『われわれの上に倒れかかってくれ』と言い、丘に向かって、『われわれをおおってくれ』と言い始めます。
31 彼らが生木にこのようなことをするのなら、枯れ木には、いったい、何が起こるでしょう。」
32 ほかにもふたりの犯罪人が、イエスとともに死刑にされるために、引かれて行っ

11 ①囲 マタ27:28
12 ①囲 使4:27
13 ①囲 ルカ23:35, ヨハ7:26, 48, 12:42, 使3:17, 4:5, 8, 13:27
14 ①ルカ23:2　②囲 ルカ23:4
＊ あるいは「有罪とする理由」
15 ①ルカ9:9
16 ①囲 マタ27:26, マコ15:15, ヨハ19:1, 使16:37, ルカ23:22
＊異本17節「さて、ピラトは祭りのときにひとりを彼らのために釈放してやらなければならなかった」を挿入する
18 ①ルカ23:18-25, マタ27:15-26, マコ15:6-15, 囲 ヨハ18:39-19:16
22 ＊あるいは「有罪とする理由」
①ルカ23:16

26 ①ルカ23:26, マタ27:32, マコ15:21, 囲 ヨハ19:17
②囲 マタ27:32
27 ①ルカ8:52
＊直訳「胸をたたき」
29 ①マタ24:19, ルカ21:23, 囲 ルカ11:27
30 ①ホセ10:8, 黙6:16, 囲 イザ2:19, 20
32 ①マタ27:38, マコ15:27, ヨハ19:18

の王と主張しておられることを馬鹿にしたりした。
23:11　イエスを・・・嘲弄したりした・・・はでな衣　→マタ27:28-29注
23:14　あなたがたが訴えているような罪は別に何も見つかりません　主イエスはローマに対する反逆(不忠実で権力を傷つけまたは転覆をはかること)で訴えられていた。けれどもピラトは、主イエスがローマ政府への反逆については無罪だという結論に達した。主イエスはご自分の国はこの世界の政治的な国ではなく、霊的な国であると主張されたのである(→ヨハ18:36)。
23:22　懲らしめた　→マタ27:26注
23:25　イエスを彼らに引き渡して好きなようにさせた　ピラトが主イエスをユダヤ人の権力者たちに引渡したのは、「政治的判断」と自分の都合によるものだった(→23:1注)。
23:31　生木・・・枯れ木　新しいいのちを与えるために人々と一緒におられた主イエス(生木)を十字架につけるようなひどいことをするなら、主イエスがおられなくなったあと主イエスを拒んだ人々(枯れ木)に下

ルカの福音書　23章

33「どくろ」と呼ばれている所に来ると、そこで彼らは、イエスと犯罪人とを十字架につけた。犯罪人のひとりは右に、ひとりは左に。
34*そのとき、イエスはこう言われた。「父よ。彼らをお赦しください。彼らは、何をしているのか自分でわからないのです。」彼らは、くじを引いて、イエスの着物を分けた。
35民衆はそばに立ってながめていた。指導者たちもあざ笑って言った。「あれは他人を救った。もし、神の*キリストで、選ばれた者なら、自分を救ってみろ。」
36兵士たちもイエスをあざけり、そばに寄って来て、酸いぶどう酒を差し出し、
37「ユダヤ人の王なら、自分を救え」と言った。
38「これはユダヤ人の王」と書いた札もイエスの頭上に掲げてあった。
39十字架にかけられていた犯罪人のひとりはイエスに悪口を言い、「あなたはキリストではないか。自分と私たちを救え」と言った。
40ところが、もうひとりのほうが答えて、彼をたしなめて言った。「おまえは神をも恐れないのか。おまえも同じ刑罰を受けているではないか。
41われわれは、自分のしたことの報いを受けているのだからあたりまえだ。だがこの

33 ① ルカ23:33-43, マタ27:33-44, マコ15:22-32, ヨハ19:17-24
34 *異本に「そのとき、イエスはこう言われた。『父よ。……自分でわからないのです』」を欠くのがある
① 圏マタ11:25, ルカ22:42
② 詩22:18, ヨハ19:24
35 ① 圏ルカ23:13
 *すなわち「メシヤ」
② 圏マタ27:43

36 ① 圏マタ27:48
37 ① 圏マタ27:37,
38 ① 圏マタ27:37, マコ15:26, ヨハ19:19
39 ① ルカ23:39-43, マタ27:44, マコ15:32
② ルカ23:35, 37

るさばきはどのように恐ろしいものになるだろう。

23:33　どくろ　主イエスは町の外で十字架につけられた(⇒ヘブ13:12)。その場所は「どくろ」と呼ばれているけれども、その理由については今も議論が続いている。ギリシヤ語のどくろはラテン語聖書では「カルバリア」と訳されたので、それが「カルバリ」ということばの語源になっている。

23:33　彼らは、イエス・・・を十字架につけた　十字架での主イエスの死は、人間との関係(神に対する罪と違反によって壊れた関係)を回復する神のご計画の中心であり基本である(Ⅰコリ1:23-24)。罪を犯したことのない主イエスが罪深い人類の代りに死なれた。主イエスの死は完全な犠牲で、あらゆる罪に対する代価を支払うものだった。その死はまたサタンの働きと目的を打砕いた(⇒ロマ3:25注)。そこで、信仰によってキリストの犠牲を受入れ心から悔い改めて(自分の罪を認め、自分勝手な道を離れ、キリストに人生をゆだねること)神に立返る人はだれでも罪を赦され、神とともにいることのできる永遠のいのちを受ける。霊的救いの詳細　→「救いについての聖書用語」の項 p.2045

23:34　主イエスの最後の七つのことば　最後に主イエスは、十字架の上で七つのことばを言われたと記録されているけれども、34節はその最初のことばと考えられる。七つのことばは次の順序で言われている。
(1) 午前9時から正午まで ―(a) 赦しのことば ―「父よ。彼らをお赦しください」(23:34) (b) 救いのことば ―「あなたはきょう、わたしとともにパラダイスにいます」(23:43) (c) 愛と思いやりのことば ―「女の方。そこに、あなたの息子がいます。・・・そこに、あなたの母がいます」(ヨハ19:26-27)
(2) 3時間の暗やみ ― 正午から午後3時までの間には記録されたことばはない。
(3) 午後3時頃 ―(a) 霊的苦しみのことば ―「わが神、わが神。どうしてわたしをお見捨てになったのですか」(マコ15:34) (b) 肉体の苦しみのことば ―「わたしは渇く」(ヨハ19:28) (c) 勝利のことば ―「完了した」(ヨハ19:30) (d) ゆだね、信頼することば ―「父よ。わが霊を御手にゆだねます」(23:46)

23:35　民衆はそばに立ってながめていた　人々が暴力や血や死を喜ぶのは、人間の心の中に暗やみと堕落がある証拠である。(1) それはローマ人やギリシヤ人が競技場で人間同士を互いに戦わせ、殺し合いをするのを見て喜んでいたことでも明らかである。同じことは、ひどい死に方をされる主イエスを見ている群衆の中にも見られた(23:35-37)。またキリスト者やほかの人々の迫害の歴史の中にも見ることができる。(2) これは今の社会にも言えることで、暴力、残酷、死などの情景をテレビや映画やそのほかのメディアを通して見て、多くのおとなや子どもが喜んでいる(→ロマ1:32注)。(3) 主イエスが死なれたのは、このような心の態度を変え、いのちと人類に対する本当の愛を示すためだった。罪が人間のいのちにこのような打撃を与えていることを、同情の目をもって見、苦しんでいる人々の嘆きを聞いて、人々の傷や必要に応えようとする気持を持つことをキリストは私たちにも望んでおられる(→13:16注)。(4) 子どもの親や保護者には人間の痛みや悲劇に対して心を閉ざすようにさせる影響力から自分自身を守り、また家族を守る責任がある(→マタ18:6注)。

23:35　あざ笑って言った　→マタ27:39注　→「キリストによって成就した旧約聖書の預言」の表 p.1029

方は、悪いことは何もしなかったのだ。」
42 そして言った。「イエスさま。あなたの御国の位にお着きになるときには、私を思い出してください。」
43 イエスは、彼に言われた。「まことに、あなたに告げます。あなたはきょう、わたしとともにパラダイスにいます。」

主イエスの死

23:44-49　並行記事－マタ27:45-56, マコ15:33-41

44 そのときすでに十二時ごろになっていたが、全地が暗くなって、**三時まで続いた。
45 太陽は光を失っていた。また、神殿の幕は真っ二つに裂けた。
46 イエスは大声で叫んで、言われた。「父よ。わが霊を御手にゆだねます。」こう言って、息を引き取られた。
47 この出来事を見た百人隊長は、神をほめたたえ、「ほんとうに、この人は正しい方であった」と言った。
48 また、この光景を見に集まっていた群衆もみな、こういういろいろの出来事を見たので、胸をたたいて悲しみながら帰った。
49 しかし、イエスの知人たちと、ガリラヤからイエスについて来ていた女たちはみな、遠く離れて立ち、これらのことを見ていた。

主イエスの埋葬

23:50-56　並行記事－マタ27:57-61, マコ15:42-47, ヨハ19:38-42

50 さてここに、ヨセフという、議員のひとりで、りっぱな、正しい人がいた。
51 この人は議員たちの計画や行動には同意しなかった。彼は、アリマタヤというユダヤ人の町の人で、神の国を待ち望んでいた。
52 この人が、ピラトのところに行って、イエスのからだの下げ渡しを願った。
53 それから、イエスを取り降ろして、亜麻布で包み、そして、まだだれをも葬ったことのない、岩に掘られた墓にイエスを納めた。
54 この日は準備の日で、もう安息日が始まろうとしていた。
55 ガリラヤからイエスといっしょに出て来た女たちは、ヨセフについて行って、墓と、イエスのからだの納められる様子を見届けた。
56 そして、戻って来て、香料と香油を用意した。
安息日には、戒めに従って、休んだが、

23:43　あなたは・・・わたしとともにパラダイスにいます　(1)「パラダイス」は天国または神の御前(死からよみがえるまでの間の神の御前での休息と喜びの場所)を指している(「天国」と「パラダイス」が同じ場所であることはⅡコリ12:2, 4で明らかである)。肉体が死んだあと、神との個人的関係を持っていた人は直ちに天の神の御前に行くと主イエスは教えられた(→Ⅱコリ5:8, ピリ1:23)。(2) ここのことばは救いに導く信仰が難しいものではないことも教えている。この死にかけている犯罪人は、主イエスの使命など理解しておらず、主イエスが神の本当の御子であることについてもはっきりしていなかったと思われる。けれども主イエスには罪がないことと王であることを認めて(23:42)、単純に願い事をした。驚いたことに、主イエスはその願いを聞きそれ以上のことを承諾された。このことは人生を無駄に過してきた人がこのように単純な信仰と簡単な願い事をすることによって神の好意を受けたほど、主イエスのあわれみが豊かであることを示している。神の恵みは私たちが良い行いをすることによって与えられるものではない。また、人々が人生を神にゆだねて永遠のいのちの賜物をいただく道を主イエスは難しくはしておられない(従って生きることには代価が伴うけれども)。キリストの犠牲を受入れ、キリストに人生をゆだねる人はみな罪の赦しをいただく。過去にどのような生活をし、何をし、何があったとしても、求めさえすれば救いの確信はすぐに与えられる。したがって、私たちはできるだけ多くの人がキリストに従うようにキリストのメッセージを伝えなければならない。

23:45　神殿の幕は・・・裂けた　→マタ27:51注

23:46　父よ・・・御手に　主イエスは自らのいのちを私たちのために与え、死に至るまで人生のあらゆる瞬間を神のご計画と目的のためにささげられた。死の瞬間、主イエスの霊は天の父のところへ戻られた(→詩31:5注)。

23:46　ゆだねます　→マタ27:50注　→「キリストによって成就した旧約聖書の預言」の表 p.1029

主イエスのよみがえり

24:1-10　並行記事－マタ28:1-8, マコ16:1-8, ヨハ20:1-8

24 ¹週の初めの日の明け方早く、女たちは、準備しておいた香料を持って墓に着いた。
²見ると、石が墓からわきにころがしてあった。
³入って見ると、主イエスのからだはなかった。
⁴そのため女たちが途方にくれていると、見よ、まばゆいばかりの衣を着たふたりの人が、女たちの近くに来た。
⁵恐ろしくなって、地面に顔を伏せていると、その人たちはこう言った。「あなたがたは、なぜ生きている方を死人の中で捜すのですか。
⁶ここにはおられません。よみがえられたのです。まだガリラヤにおられたころ、お話しになったことを思い出しなさい。
⁷人の子は必ず罪人らの手に引き渡され、十字架につけられ、三日目によみがえらなければならない、と言われたでしょう。」

1 ①ルカ24:1-10,
　マタ28:1-8,
　マコ16:1-8,
　ヨハ20:1-8
3 ①使1:21, ルカ7:13
4 ①ヨハ20:12
　②ルカ2:9, 使12:7
6 *異本「ここには……よみがえられたのです」を欠く
　①⑳マコ16:6
6 ②マタ17:22, 23,
　マコ9:30, 31, ルカ9:44,
　ルカ24:44
7 ①⑳マタ16:21,
　ルカ24:46

8 ①ヨハ2:22
10 ①囚マタ27:56
　②⑳マコ6:30
11 *直訳「彼らの前には」
　①⑳マコ16:11
12 *異本12節を欠く
　①ヨハ20:3-6
　②ヨハ20:11
13 ①⑳マコ16:12
　*原語「60スタディオン」
　1スタディオンは185メートル

⁸女たちはイエスのみことばを思い出した。
⁹そして、墓から戻って、十一弟子とそのほかの人たち全部に、一部始終を報告した。
¹⁰この女たちは、マグダラのマリヤとヨハンナとヤコブの母マリヤとであった。彼女たちといっしょにいたほかの女たちも、このことを使徒たちに話した。
¹¹ところが使徒たちにはこの話はたわごとと思われたので、彼らは女たちを信用しなかった。
¹²*〔しかしペテロは、立ち上がると走って墓へ行き、かがんでのぞき込んだところ、亜麻布だけがあった。それで、この出来事に驚いて家に帰った。〕

エマオへの道で

¹³ちょうどこの日、ふたりの弟子が、エルサレムから十一キロメートル余り離れたエマオという村に行く途中であった。
¹⁴そして、ふたりでこのいっさいの出来事について話し合っていた。
¹⁵話し合ったり、論じ合ったりしているうちに、イエスご自身が近づいて、彼らとと

24:6　よみがえられたのです　主イエスのよみがえり（→マタ28:6注）は次の事実によって確認されている。
（1）空の墓。もし敵対する勢力が主イエスのからだを持去っていたなら、主イエスはよみがえらなかったと言ってそのからだを証拠として提示できたはずである。実際にその人々はできる限りのことをしてよみがえりを阻止し、よみがえりのメッセージをごまかそうとしていた（→マタ27:62-66, 28:11-15）。もし弟子たちが主イエスのからだを持去っていたのなら、よみがえりはうそと知っているのだから、そのうそのためにいのちや財産を犠牲にすることはなかったはずである。墓が空であることは、主イエスが本当に死からよみがえられたこと、そして本当の神の御子であることを明らかにしている。
（2）初代教会の人々の存在、力、喜び、献身。もし主イエスがよみがえって現れてくださらなかったら、弟子たちの悲しみと失意（主イエスの死による）が特別な喜び、勇気、希望に変ることはなかったと思われる（24:52-53）。
（3）新約聖書の著作。新約聖書は、主イエスが教えられた真理にひたすら仕え、自分たちのいのちを犠牲にした人々が書いたものである。けれども死と失望でその働きが終っていたらそのような救い主のことなどはだれも書こうとしなかったに違いない（→Ⅰコリ15:12-19）。
（4）聖霊のバプテスマと教会の中で働く御霊の賜物（教会を建上げ人々の祝福になるために神が個人に与えられた能力）。五旬節の日に聖霊が注がれたこと（神が豊かに御霊を注いで弟子たちを満たし力を与えられたとき）は、主イエスがよみがえって天の父のところにある栄光の座に着かれたことを証明するものだった（⇒使1:3-5, 2:33）。もしキリストがよみがえらなかったら、御霊の力による証明はなく（⇒ヨハ16:7）、よみがえりのキリストをあがめるために御霊が教会で活発に働かれることもなかったに違いない（ヨハ16:8-15）。詳細　→「聖霊のバプテスマ」の項 p.1950,「御霊の賜物」の項 p.2138,「聖霊の賜物」の表 p.2096,「聖霊の働き」の表 p.2187
（5）キリストによって変えられ刷新されたいのち。過去2,000年にわたって多くの人が人生を全く変える主イエスの臨在を、聖霊の力と聖霊のあかしによって体験してきた。

24:15　イエスご自身が近づいて　よみがえった後にキリストが現れたことの詳細　→マタ28:9注

もに道を歩いておられた。
16 しかしふたりの目はさえぎられていて、イエスだとはわからなかった。
17 イエスは彼らに言われた。「歩きながらふたりで話し合っているその話は、何のことですか。」すると、ふたりは暗い顔つきになって、立ち止まった。
18 クレオパというほうが答えて言った。*「エルサレムにいながら、近ごろそこで起こった事を、あなただけが知らなかったのですか。」
19 イエスが、「どんな事ですか」と聞かれると、ふたりは答えた。「ナザレ人イエスのことです。この方は、神とすべての民の前で、行いにもことばにも力のある預言者でした。
20 それなのに、私たちの祭司長や指導者たちは、この方を引き渡して、死刑に定め、十字架につけたのです。
21 しかし私たちは、この方こそイスラエルを贖ってくださるはずだ、と望みをかけていました。事実、そればかりでなく、その事があってから三日目になりますが、
22 また仲間の女たちが私たちを驚かせました。その女たちは朝早く墓に行ってみましたが、
23 イエスのからだが見当たらないので、戻って来ました。そして御使いたちの幻を見たが、御使いたちがイエスは生きておられると告げた、と言うのです。
24 それで、仲間の何人かが墓に行ってみたのですが、はたして女たちの言ったとおりで、イエスさまは見当たらなかった、というのです。」
25 するとイエスは言われた。「ああ、愚かな人たち。預言者たちの言ったすべてを信じない、心の鈍い人たち。
26 キリストは、必ず、そのような苦しみを受けて、それから、彼の栄光に入るはずではなかったのですか。」
27 それから、イエスは、モーセおよびすべての預言者から始めて、聖書全体の中で、ご自分について書いてある事がらを彼らに説き明かされた。
28 彼らは目的の村に近づいたが、イエスはまだ先へ行きそうなご様子であった。
29 それで、彼らが、「いっしょにお泊まりください。そろそろ夕刻になりますし、日もおおかた傾きましたから」と言って無理に願ったので、イエスは彼らといっしょに泊まるために中に入られた。
30 彼らとともに食卓に着かれると、イエスはパンを取って祝福し、裂いて彼らに渡された。
31 それで、彼らの目が開かれ、イエスだとわかった。するとイエスは、彼らには見えなくなった。
32 そこでふたりは話し合った。「道々お話しになっている間も、聖書 *説明してくださった間も、私たちの心はうちに燃えていたではないか。」
33 すぐさまふたりは立って、エルサレムに戻ってみると、十一使徒とその仲間が集まって、
34 「ほんとうに主はよみがえって、シモンにお姿を現された」と言っていた。
35 彼らも、道であったいろいろなことや、パンを裂かれたときにイエスだとわかった次第を話した。

主イエスは弟子たちに現れる

36 これらのことを話している間に、イエスご自身が彼らの真ん中に立たれた。*
37 彼らは驚き恐れて、霊を見ているのだと思った。
38 すると、イエスは言われた。「なぜ取り

24:19 イエス・・・預言者 福音書記者たちとイエス・キリストの初期の弟子たちは、主イエスを神が送られた「預言者」として理解していた（⇒申18:15-16, 19, マコ6:4, 使3:22, →ルカ6:23注）。

24:27 イエスは・・・聖書・・・説き明かされた 人々を罪から救い神との関係を回復するためにメシヤ（「油そそがれた者」、救い主、キリスト）は苦しまれるというのが旧約聖書の中心的主題だった。キリストが引用されたことばは次のようなものと思われる。創3:15, 22:18, 49:10, 民24:17, 詩22:1, 18, 110:1, イザ25:8, 52:14, 53:, エレ23:5, ダニ2:34, 35, 44, ミカ5:2, ゼカ3:8, 9:9, 13:7, マラ3:1（→「旧約聖書の

乱しているのですか。どうして心に疑いを起こすのですか。³⁹わたしの手やわたしの足を見なさい。まさしくわたしです。わたしにさわって、よく見なさい。霊ならこんな肉や骨はありません。わたしは持っています。」⁴¹それでも、彼らは、うれしさのあまりまだ信じられず、不思議がっているので、イエスは、「ここに何か食べ物がありますか」と言われた。⁴²それで、焼いた魚を一切れ差し上げると、⁴³イエスは、彼らの前で、それを取って召し上がった。

⁴⁴さて、そこでイエスは言われた。「わたしがまだあなたがたといっしょにいたころ、あなたがたに話したことばはこうです。わたしについてモーセの律法と預言者と詩篇とに書いてあることは、必ず全部成就するということでした。」

⁴⁵そこで、イエスは、聖書を悟らせるために彼らの心を開いて、⁴⁶こう言われた。「次のように書いてあります。キリストは苦しみを受け、三日目に死人の中からよみがえり、⁴⁷その名によって、罪の赦しを得させる悔い改めが、エルサレムから始まってあらゆる国の人々に宣べ伝えられる。⁴⁸あなたがたは、これらのことの証人です。⁴⁹さあ、わたしは、わたしの父の約束してくださったものをあなたがたに送ります。あなたがたは、いと高き所から力を着せられるまでは、都にとどまっていなさい。」

昇天

⁵⁰それから、イエスは、彼らをベタニヤまで連れて行き、手を上げて祝福された。

キリスト」の項 p.611)。

24:39 霊ならこんな肉・・・はありません 主イエスのからだは変えられた「栄光の」霊のからだだった(ピリ3:20-21)。これは天にいる人々がみな持つからだでもある(Ⅰコリ15:40、→「**肉体の復活**」の項p.2151)。

24:46 よみがえりの重要性 →マタ28:6注

24:47 罪の赦しを得させる悔い改め 私たちは、人々に罪の赦しを伝えるなら悔い改めも迫らなければならない。自分勝手な生き方をやめてみことばに従う決意をしないままで、キリストのみわざをただ信じればよいという楽な信仰によって救われると説教する説教者は、にせの福音を伝えているのである。悔い改めとは神に対する態度を完全に変えて人生の方向を変えることである。人はみな罪や反抗的な生き方を認め、それから離れ、それを捨てて、神の目的に完全に従わなければならない。これこそ本当の福音(キリストを信じる信仰によって罪の赦しと新しいいのちが与えられるという新約聖書に啓示された「よい知らせ」)の中心部分である(→マタ3:2注)。

24:47 あらゆる国の人々に キリストは自らキリスト者による宣教(世界中のあらゆる地域、国民、文化にキリストのメッセージを運んで行き伝えること)を教会の第一の義務として制定された。宣教は旧約聖書(創22:18、Ⅰ列8:41-43、詩72:8-11、イザ2:3、45:22-25)と新約聖書(マタ28:19、使1:8、28:28、エペ2:14-18)両方の中心主題である。

24:47 宣べ伝えられる →マタ28:19注

24:49 わたしの父の約束してくださったもの 「いと高き所から力を着せられる」というこの約束は、五旬節の日に始まった聖霊の注ぎ(神が豊かに御霊を注いで弟子たちを満たし力を与えられたとき)のことである(→使1:4注、2:4注、→「**聖霊のバプテスマ**」の項p.1950)。この約束は旧約聖書(イザ32:15、44:3、エゼ39:29、ヨエ2:28)と新約聖書(ヨハ14:16-17、26、15:26、16:7、使1:4-8、2:33、38-39)両方に記録されている。弟子たちはこの約束が実現するのを待って、心を合せて祈り続けた(→使1:14注)。聖霊のバプテスマを望むキリストの弟子たちは、今も同じようにするべきである。私たちが自分たちの周囲や全世界にキリストのメッセージを広める働きをするためには、新約聖書の初期の教会と同じ力と導きが必要である。

24:50 イエスは・・・祝福された 主に従う人々の人生には神の祝福が必要である。その祝福について神のことばはいくつかのことを教えている。

(1)「祝福」(《ギ》ユーロギア)には次の意味がある。(a) 私たちの働きを成功させるために神が与えられる賜物(申28:12)。(b) 神の臨在(創26:3)。(c) 神が強さ、力、助けを与えられること(エペ3:16、コロ1:11)。(d) 私たちの中で、また私たちを通して神ご自身が働いて良いことを行われること(ピリ2:13)。

(2) 旧約聖書では「祝福」に関係することばが400回以上登場する。神が人間との関係で最初にされたのは創造された人々を祝福することだった(創1:28)。神はまた祝福することによってみわざを支えておられる(エゼ34:26)。神の民の人生と歴史は、神に聞き従うか背くかによって祝福を受けるかのろいを受けるか異

⁵¹ そして祝福しながら、彼らから離れて行かれた。*
⁵² 彼らは、非常な喜びを抱いてエルサレム に帰り、
⁵³ いつも宮にいて神をほめたたえていた。*

51 * 異本「そして、天に上げられた」を加える
52 * 異本「イエスを拝し、そして……」を加える
53 * 直訳「祝福していた」

なってくる(申11:26～)。

(3) 新約聖書では、キリストの働き全体が「あなたがたを祝福して、ひとりひとりをその邪悪な生活から立ち返らせてくださるためなのです」(使3:26)ということばに要約されている。主イエスは小さい子どもたちを祝福し(マコ10:13-16)、地上を離れるときに弟子たちを祝福された(24:50-51)。祝福はまた使徒(「遣わされた人」、新約聖書の初期の教会の開拓の指導者 ロマ15:29)の働きの中でも重要な部分だった。

(4) 神の祝福は条件付きである。神の民は従うことによって祝福を受けるか、従わないことによってのろいを受けるか選択をしなければならない(申30:15-18、エレ17:5, 7)。

(5) どのようにしたら私たちは主の祝福を受けることができるのだろうか。三つのことが要求されている。(a) 奉仕、仕事、家庭を祝福してくださるように、絶えず主イエスを第一にし頼っていること(ヘブ12:2)。(b) 積極的に主イエスを愛し、信頼し、従うこと(⇒マタ5:3-11, 24:45-46, 黙1:3, 16:15, 22:7)。(c) 祝福を阻止するものや邪魔をするもの(主の基準や目的に反し主に喜ばれないもの ロマ13:12、エペ4:22、ヘブ12:1)を生活の中から全部取除くこと。

(6) 神の「祝福」は、地上の「成功」や個人の利益、あるいは苦しみに遭わないことではない(→ヘブ11:37-39, 黙2:8-10)。聖書はこのことをはっきり示している。成功し、みなうまく行っているように見える人が必ずしも神に認められているとは限らない。富や成功、奉仕についての神の基準はほとんどの場合、人間的な基準とは正反対である(→Ⅰサム16:7、マタ10:39, 20:26、ルカ12:21, 13:30、ガラ2:6)。

ヨハネの福音書

概　　要
序文：「ことば」の紹介 (1:1-18)
I. イスラエルに対するキリストの紹介 (1:19-51)
   A. バプテスマのヨハネによって (1:19-36)
   B. 最初の弟子たちへ (1:37-51)
II. キリストの公の働き － しるし、教え、証言、啓示 (2:1-12:50)
   A. イスラエルへのキリストの啓示 (2:1-11:45)
     1. 最初のしるし － 水をぶどう酒に変える (2:1-11)
       (家族と弟子たちとともにカペナウムに行く　2:12)
     2. 神殿についてのユダヤ人との対決 (2:13-22)
       (エルサレムでの過越の期間中に人々の注目を集める　2:23-25)
     3. 最初の対話/教え － 新生と新しいいのち (3:1-21)
       (主イエスについてのバプテスマのヨハネのあかし　3:22-4:3)
     4. 二度目の対話/教え － 生ける水 (4:4-42)
       (ガラリヤでの歓迎　4:43-45)
     5. 二つ目のしるし － 役人の息子の癒し (4:46-54)
       (エルサレムの祭りへの参加　5:1)
     6. 三つ目のしるし － 安息日に病人を癒す (5:2-18)
     7. 三度目の対話/教え － 神の子の権威 (5:19-47)
     8. 四つ目のしるし － 五千人の給食 (6:1-15)
     9. 五つ目のしるし － 水の上を歩く (6:16-21)
     10. 四度目の対話/教え － いのちのパン (6:22-59)
     11. 多くの弟子たちが主イエスから離れる (6:60-71)
       (時が来るまでユダヤ行きを避ける　7:1-9)
     12. 仮庵の祭りでのユダヤ人とのやりとり (7:10-36)
     13. 五度目の対話/教え － いのちを与える霊 (7:37-52)
     14. 姦淫で捕えられた女性への同情 (7:53-8:11)
     15. 六度目の対話/教え － 世の光 (8:12-30)
     16. 主イエスの本質についてユダヤ人との論争 (8:31-59)
     17. 六つ目のしるし － 生まれつきの盲人の癒し (9:1-41)
     18. 七度目の対話/教え － 良い羊飼い (10:1-21)
     19. 宮きよめの祭りでのユダヤ人の敵意 (10:22-42)
     20. 七つ目のしるし － ラザロのよみがえり (11:1-45)
   B. イスラエルによるキリストの拒絶 (11:46-12:50)
     1. パリサイ人たちによるキリスト殺害の陰謀 (11:46-57)
     2. 主イエスに香油を注ぐマリヤ (12:1-11)
     3. エルサレムに入城する主イエス (12:12-19)
     4. 自らの死を予告する主イエス (12:20-36)
     5. 主イエスを拒み続けるユダヤ人 (12:37-50)
III. キリストの最後の時 － 新しい契約の民への注目 (13:1-20:29)
   A. 弟子たちとの最後の晩餐 (13:1-14:31)
     1. 謙遜と仕える心の模範 (13:1-17)
     2. 裏切りと否認の予告 (13:18-38)
     3. 父への道 (14:1-14)

　　　　　4．聖霊の約束（14：15-31）
　　　B．ゲツセマネへの道での最後の説教（15：1-16：33）
　　　　　1．キリストに頼ること（15：1-17）
　　　　　2．キリストと一つになること（15：18-16：4）
　　　　　3．聖霊を期待すること（16：5-16）
　　　　　4．悲しみが喜びに変ること（16：17-33）
　　　C．弟子たちと未来の弟子たちのための祈り（17：1-26）
　　　D．主イエスの究極の苦難（18：1-19：42）
　　　　　1．裏切りと逮捕（18：1-12）
　　　　　2．ユダヤ人の裁判（18：13-27）
　　　　　3．ローマの裁判（18：28-19：16）
　　　　　4．十字架刑（19：17-37）
　　　　　5．埋葬（19：38-42）
　　　E．キリストの勝利の復活（20：1-29）
　著者による目的の宣言（20：30-31）
　結語（21：1-25）

著　　者： ヨハネ

主　　題： イエス・キリスト、神の子、人々の救い主

著作の年代： 紀元80－95年

著作の背景

　ヨハネの福音書（「よい知らせ」とイエス・キリストの実話の記録）は四つの福音書（マタイ、マルコ、ルカ、ヨハネ）の中でも特異な書物である。ほかの三つの福音書が省いているユダヤとエルサレムでの主イエスの働きを多く記録し、神であり人である主イエスの人格の「奥義」について深く洞察をしている。著者は自分を「弟子のひとりで、イエスが愛しておられた者」としている（13：23、19：26、20：2、21：7、20）。この福音書から明らかなことは、著者が目撃者という視点で出来事を描写しており、ユダヤ人の生活をよく知っていて、初代教会に大きな影響を与えた指導者の一人だったことである。エウセビオスやテルトリアヌスなどの歴史家たちの著作、初期のキリスト教の証言、福音書自身の内部証拠などは著者がゼベダイの子ヨハネであると示している。ヨハネは最初の十二弟子（主イエスが個人的に選んだ弟子たち）の一人であり、主イエスの側近（ペテロ、ヤコブ、ヨハネ）とも呼ばれるメンバーの一人でもあった。

　いくつかの古代の資料によると、アジアの教会指導者たちがエペソに住んでいた年老いたヨハネにこの「霊的福音書」を書くように依頼した。それは当時信仰者たちの間で起こったイエス・キリストの特性と人格に関する危険な異端（間違った教え）を否定し反論するためだった。ケリントスと呼ばれる説得力のあるユダヤ人に率いられて誤った教えに従う人々は主イエスの神性（神であるという事実）を否定していた。ヨハネの福音書は教会にとって今も変らず、主イエスが実際に生きて人々に示された「真理」についての重要で権威ある証言になっている。

目　　的

　この書物が書かれた目的は、「イエスが神の子キリストであることを、あなたがたが信じるため、また、あなたがたが信じて、イエスの御名によっていのちを得るためである」とヨハネは20章31節に書いている。ヨハネの福音書の古代ギリシヤ語の写本では「信じる」と訳されたことば（20：31）が不定過去接続法（信じ始めるなら）か現在接続法（信じ続けるなら）という二つの時制のどちらかで書かれている。ヨハネが第一の時制を使っていたら信じていない人々にイエス・キリストを受入れて霊的に救われるように説得するために書いたのである。もし第二の時制を使っていたのなら、既にキリストに従っている人々に信仰を強め、にせの教えを退けて父である神と御子キリストとの関係を深めるように励ますために書いたのである（⇒17：3）。ヨハネの書物は両方の目的を示しているけれども、メッセージ全体としてはキリスト者を強めることが最も重要な目的だったと思える。

ヨハネの福音書

概　　観

　ヨハネは主イエスがイスラエル人のメシヤ（「油そそがれた者」、救い主、キリスト）であり、初めから神の子（人となられた創造者）であることを示す厳選された証拠を提供している。その証拠には次のようなものがある。
　(1) 主イエスがご自分の身分をはっきり示すために用いられた七つの重要なしるし(2:1-11, 4:46-54, 5:2-18, 6:1-15, 6:16-21, 9:1-41, 11:1-45)と七つの重要な講話（教え、メッセージ、対話、3:1-21, 4:4-42, 5:19-47, 6:22-59, 7:37-52, 8:12-30, 10:1-21)。
　(2) 主イエスがご自分と人々との関係を示し、神との関係を回復する目的を持っておられることを象徴的に示すために用いられた「わたしは・・・です」という七つの宣言(6:35, 8:12, 10:7, 10:11, 11:25, 14:6, 15:1)。
　(3) 主イエスが「神の子キリスト」(20:31)であることの究極的なしるし、決定的な証拠としての主イエスの死からの復活。
　ヨハネの福音書は明らかに二つの部分に分けることができる。
　(1) 1－12章はイエス・キリストの受肉（神が主イエスという人間のかたちで来られたこと）、紹介と公の働きを描いている。主イエスの七つの完璧なしるし、七つの非常に深い教え、「わたしは・・・です」という七つの驚くべき宣言にもかかわらず、ほとんどのユダヤ人はメシヤとして受入れなかった。
　(2) 古い契約のイスラエル人（神が律法と約束を与えられた民）の多くから拒まれた主イエスは、そこで(13:-21:)新しい契約の民の母体になる弟子たち（主イエスの完全な生涯、犠牲的死、奇蹟的復活の上に建てられた教会）に集中するようにされた。この部分には主イエスの最後の晩餐(13:)、最後の対話と教え(14:-16:)、弟子たちと未来の弟子たちのための最後の祈り(17:)などが含まれている。この書物の最後は、神の新しい契約（主イエスの「終生協定」とあらゆる人々の霊的救いの計画）がどのように始まり確立され、キリストの死(18:-19:)と復活(20:-21:、→「**旧契約と新契約**」の項 p.2363)によって確認されたかを表すことで終っている。

特　　徴

　ヨハネの福音書には八つの大きな特徴がある。
　(1) 「神の子」としての主イエスの神性に焦点を当てている。「父のみもとから来られたひとり子としての栄光である」(1:14)という紹介部分の公の宣言から、「私の主。私の神」(20:28)というトマスの告白の結論まで、主イエスははっきりと人となられた御子である神（「ことば」）として紹介されている。
　(2) 「信じる」ということばがギリシャ語原本では98回出てくる。これはキリストを神の子として信仰によって受入れることを意味する(1:12)。けれども聖書的信仰は、単に知的に信じるとか認めることではない。それは積極的に頼るという心からの応答で、自分の人生をキリストに握っていただき神の目的に従い続けることである。それは人生を全部主にささげ続けることでもある（→「**信仰と恵み**」の項 p.2062)。
　(3) 「永遠のいのち」がヨハネのかぎの話題である。これは終りのない存在（神と永遠に生きる）のことだけではなく、現在の変革された（根本的に変えられた）いのちと、キリストを信じる生き生きとした信仰を通して与えられる神との継続的な関係を意味している。この関係によって私たちは罪とサタンの奴隷状態から解放され、神に絶えず近付き神が用意されたいのちを得ることができる。17章3節で、「永遠のいのちとは、彼らが唯一のまことの神であるあなたと、あなたの遣わされたイエス・キリストとを知ることです」と定義されている。
　(4) 主イエスとの個人的な出会いが福音書全体を通して(27回以上、→「**キリストの伝道一覧**」の表 p.1937)示されている。
　(5) 聖霊の働きによって、キリストの死と復活の後にも主イエスの弟子たちは引続き主イエスのいのちと力を体験することができる（→「**聖霊の働き**」の表 p.2187)。
　(6) 主イエスは真理であり、聖霊は真理の御霊であり、神のことばは真理であるというように、「真理」に焦点が当てられている。神の真理は人々を自由にし(8:32)、きよめ(15:3)、サタンの性質や行動とは全く反対のものである(8:44-47, 51)。
　(7) この福音書では「7」という数字がかぎの数字になっている。七つのしるし、七つの主な講話（メッセージの論題）、七つの「わたしは・・・です」宣言などである。これらはみな主イエスがだれであるかをあかししている（「7」とうい数字はヨハネの黙示録のかぎでもある）。
　(8) ヨハネの書物でこのほかのかぎになることばや概念には「光」、「ことば」、「肉」、「愛」、「あかし」、「知る」、「やみ」、「世」などがある。

ヨハネの福音書の通読

　新約聖書全体を1年間で通読するためには、ヨハネの福音書を次のスケジュールに従って37日間で読まなければならない。

☐1:1-18 ☐1:19-51 ☐2 ☐3:1-21 ☐3:22-36 ☐4:1-26 ☐4:27-54 ☐5:1-30 ☐5:31-47 ☐6:1-24 ☐6:25-59 ☐6:60-71 ☐7:1-24 ☐7:25-8:11 ☐8:12-30 ☐8:31-47 ☐8:48-59 ☐9 ☐10:1-21 ☐10:22-42 ☐11:1-16 ☐11:17-57 ☐12:1-19 ☐12:20-50 ☐13:1-30 ☐13:31-14:14 ☐14:15-31 ☐15:1-17 ☐15:18-16:16 ☐16:17-33 ☐17 ☐18:1-27 ☐18:28-19:16 ☐19:17-42 ☐20:1-18 ☐20:19-31 ☐21

メ　モ

ヨハネの福音書　1章

ことばは人となった

1 ¹*初めに、ことばがあった。ことばは神とともにあった。ことばは神であった。

² この方は、初めに神とともにおられた。

³ すべてのものは、この方によって造られた。造られたもので、この方によらずにできたものは一つもない。

⁴ この方にいのちがあった。このいのちは人の光であった。

⁵ 光はやみの中に輝いている。*やみはこれに打ち勝たなかった。

⁶ 神から遣わされたヨハネという人が現れた。

⁷ この人はあかしのために来た。光についてあかしするためであり、すべての人が彼によって信じるためである。

⁸ 彼は光ではなかった。ただ光についてあ

側注：
1①創1:1, ⑤コロ1:17, Ⅰヨハ1:1
*「ことば」はキリストのことし、したがって「ことば」はキリストの永遠的存在を意味する、②ヨハ1:14, 黙19:13, ③Ⅰヨハ1:2, ⑥ヨハ17:5, ④⑥ヘブ1:2, 3①ヨハ1:10, Ⅰコリ8:6, コロ1:16, ヘブ1:2 4①ヨハ5:26, ⑤ヨハ11:25,14:6

2①ヨハ8:12, 9:5, 12:46
5①囲ヨハ3:19,*別訳「しかし、やみはこれを悟らなかった」
6①⑤マタ3:1
7①ヨハ1:15,19,32,3:26,5:33, ②囲ヨハ1:12, 使19:4
8①ヨハ1:20, ガラ3:26

右側欄外：⑤ヨハ4:7-30

1:1 ことば 主イエスを「ことば」(《ギ》ロゴス）と呼ぶことによってヨハネは福音書（「よい知らせ」、イエス・キリストの実話の記録）を始める。この称号を使うことによって、ヨハネは主イエスがあらゆるものを創造された神のことば（1:3、→創1:3, 6, 9, 14, 20, 24）であることを示している。また神が御子を通して私たちに語りかけていること（⇒ヘブ1:1-3）、主イエスがご自分のことばは神から直接与えられたものだと宣言しておられることを明らかにしている（→8:28, 14:24）。イエス・キリストはあらゆる意味で私たちにとって神の知恵であり、神の目的を理解させ達成させてくださるとも書かれている（Ⅰコリ1:30、エペ3:10-11、コロ2:2-3）。さらに主イエスが御父のご性質と特性を完全に啓示し表現する方として描いている（ヨハ1:3-5, 14, 18、コロ2:9）。つまり主イエスは人の姿となられた神である（→**神の属性**の項 p.1016）。ことばが人の心や思いを現すように、「ことば」としてのキリストは神の心と思いを現されるのである（14:9、→**神のことば**の項 p.1213）。ヨハネは「ことば」としてのイエス・キリストの特徴を三つ挙げている。

（1）**御父との関係** （a）キリストは世界が造られる前から「神とともに」おられた（⇒コロ1:15）。永遠（始めも終りもない）から存在され、父である神とは明らかに異なるけれども、永遠に一つの関係にある方だった（→**神の属性**の項 p.1016）。（b）キリストは神であり（「ことばは神であった」）、御父と同じ性質、人格、特性を持つ方である（コロ2:9、→マコ1:11注）。

（2）**世界との関係** 神はキリストを通して世界を造られた（1:3）。実際に「すべてのものは、この方（キリスト、ことば）によって造られた」だけではなく、この方のために造られたのである（コロ1:16、ヘブ1:2）。

（3）**人類との関係** 「ことばは人とな」られた（1:14）。主イエスによって、神は罪の性質を別にして、私たちのかたちを持ち（聖霊の奇蹟によって身ごもられたので →マタ1:23注）人間になられた。これは受肉（神が人の姿になって来られた）についての基本的な宣言である。キリストは天を離れ、人間としての誕生

という入口を通して人間生活の中に入れられたのである（→1:14注、マタ1:23注）。

1:2 初めに神とともにおられた キリストは被造物ではない。永遠（始めも終りもない）で無限であり、御父と聖霊と絶えず愛の交わりを持ってこられた（→マコ1:11注、→**神の属性**の項 p.1016）。

1:4 このいのちは人の光であった （1）「いのち（《ギ》ゾーエー）」はヨハネの福音書のかぎの主題の一つである。このことばはギリシヤ語原本では36回使用されている。主イエスは「いのちのパン」（6:35, 48）、「生ける（いのちの）水」（4:10-11, 7:38）と描かれている。その話されることばは「永遠のいのちのことば」である（6:68）。また「いのちを与える」方（6:33, 10:10）であり、いのちはキリストからの贈り物である（10:28）。実際にはキリストご自身が「いのち」（14:6）なのである。つまりまことのいのちはキリストの中に現され（肉体的なかたちで表現される ⇒14:6）、キリストと個人的な関係を結ぶことによって体験できるのである（17:3）。（2）「光（《ギ》フォース）」はヨハネの福音書にはほかのどの新約聖書の書物より多く、23回出てくる。主イエスのいのちはあらゆる人々のための光だった。それは神とそのご計画を明らかにし神に立ち返る道を示すのである。神の真理、特性、力はキリストを通して表され、キリストを通してだれもが受取ることができる（8:12, 12:35-36, 46）。主イエスを通して私たちは光の子（12:36）になることができ、光の中を歩くことができる（Ⅰヨハ1:7）。

1:5 光はやみの中に輝いている ヨハネは光とやみを強く対比させている（→12:35）。キリストの光はサタンに支配されている邪悪な罪深い世界（神に逆らい反抗して勝手な道を行く世界）で輝く。世界の大部分の人は主イエスのいのちや光を受入れていない。なぜなら罪深さが暴き出されるからである。人間の性質は霊的暗やみに引かれ、そこにとどまろうとする。けれどもやみは「（光に）打ち勝たなかった（光を受入れず理解もしなかった）」。

1:6 ヨハネという人 この福音書では、「ヨハネ」と

かしするために来たのである。

⁹すべての人を照らすそのまことの光が世に来ようとしていた。

¹⁰この方はもとから世におられ、世はこの方によって造られたのに、世はこの方を知らなかった。

¹¹この方はご自分のくにに来られたのに、ご自分の民は受け入れなかった。

¹²しかし、この方を受け入れた人々、すなわち、その名を信じた人々には、神の子どもとされる特権をお与えになった。

¹³この人々は、血によってではなく、肉の欲求や人の意欲によってでもなく、ただ、神によって生まれたのである。

9① Ⅰ ヨハ2:8
* 別訳「まことの光があった。それは世に来て、すべての人を照らすものである」
10① Ⅰ コリ8:6, コロ1:16, ヘブ1:2
11* あるいは「ご自分のもの、所領」
* あるいは「ご自分の人々」
12① ⓛヨハ1:7, 3:1,18, Ⅰ ヨハ5:13, ⓛ Ⅰ ヨハ3:23
ⓛヨハ11:52, ガラ3:26
13① ヨハ3:5, Ⅰ ペテ1:23, ヤコ1:18, Ⅰ ヨハ2:29, 3:9

いう名前は著者ではなく、バプテスマのヨハネを指している。

1:9 すべての人を照らす キリストは神がどのような方であるかを明らかにし神への道を示される。そして神との個人的な関係を持つ方法を自ら提供される。罪の赦しと新しいいのちのメッセージを聞く人々が理解できるように、恵み（受けるにふさわしくない好意、霊的な能力）を豊かに与えられる。理解すれば、人々はキリストのメッセージを受入れるか拒むかを自由に決めることができる。このキリストの光のほかに私たちが真理を見て霊的に救われるための光はない（⇒ヨハ14:6）。

1:10 世はこの方を知らなかった 「世」もヨハネの文書でしばしば使われることばである。福音書では78回、手紙（ヨハネⅠ,Ⅱ,Ⅲ）では24回見受けられる。「世」ということばには宇宙、地球、地上の全人類、大衆、神に逆らう人々、神の目的に反対する世界の人間的組織など広い意味がある。一般的には神、みことば、神の支配とは別に組織され、運営されている社会全体を指している。世のほとんどはキリストを認めも受入れもしない。応答をすることもなく、ほとんどの場合キリストとそのメッセージに強く反対する。そのような行動は、キリストが悪を最終的に滅ぼすために再び来られる日まで続く。ヨハネは世界の姿を救い主の敵、強い敵対者として示している（⇒ヤコ4:4, Ⅰヨハ2:15-17, 4:5）。したがって、「世」の友になることは神に敵対することだと聖書は言っている（→ヤコ4:4, →「キリスト者とこの世」の項 p.2437）。

1:12 受け入れた・・・信じた この節は、救いの信仰（神から罪の赦しを受取り神との個人的な関係に入らせるもの）はある時点での一つの行動であるとともに、継続する手順でもあることを明らかにしている。（1）神の子どもとなるためにはキリストを「受け入れ」（《ギ》エラボン、ランバノーの変化したもの）なければならない。ここの不定過去形（アオリスト形）は、ある時点で信じ受入れるという明らかな行動があったことを意味している。（2）信仰の行動には、信じるという行動が続かなければならない。「信じた」ということばは（《ギ》ピステウシン、ピステウオーの変化したもの）は継続している行動を示す動詞形で、信仰には忍耐が必要であることを指している。それは神に頼り続け信仰を実践に移すことを意味している（→1:12注, →5:24注）。最終的に救われるには、最初にキリストを受入れたあとも信仰を継続しなければならない（マタ10:22, 24:12-13, コロ1:21-23, ヘブ3:6, 12-15, 7:25, →「信仰と恵み」の項 p.2062）。

1:12 信じた人々には・・・特権をお与えになった（1）重要なことは、ヨハネが「信仰（《ギ》ピスチス）」という名詞を使わないで「信じる（ピステウオー）」という動詞を98回使っていることである。それは、神を信じる救いの信仰は実際的で行動的だからである。聖書的意味では「信じる」ことは単なる精神的活動ではなく、自分の人生をキリストの導きにゆだねるという積極的行動である。信仰とは無私の行動、従順と奉仕によって頼り続けることである（→ヤコ2:14-26）。私たちは自分の行いによって霊的に救われることはない。行いは信仰と救いの結果生れるものであり、神に対する感謝と信頼を継続的に表すものである（→5:24注）。信仰は成長し、絶えず主（人生の導き手であり権威）であり救い主であるキリストとのさらに深い依存した関係へと導いていく（⇒ヘブ7:25）。

1:12 神の子どもとされる特権 神の国は自分が何かをして入るものではない。自分の人生を神に明け渡したときに、神は神の子どもになる特権を与えてくださる。したがって神の家族の一員になるのは、ただ恵み（受けるにふさわしくない神の好意、あわれみ、親切と助け →エペ2:8-9, →「信仰と恵み」の項 p.2062）によるのである。霊的救いは神からの贈り物で、自分の努力によって得られるものではない（→1:13）。神の子どもとされるにはキリストのメッセージを「信じ」、その贈り物を「受取」らなければならない（前の注）。「その（主イエスの）名を信じ」ることは、キリストの全部、キリストが行われたことの全部、キリストが行ってくださることの全部を認めて、キリストの人格とその働きの上に堅く立つことである。このようにキリストを受入れ人生をイエス・キリストに明け渡したときに、その人は「新しく生まれ(3:7)」て神の子どもになる(3:1-21)。「信じ」、「受け入れ」る決心をした人だけが「神の子ども」である。

1:13 人の意欲によってでもなく・・・生まれたの

ヨハネの福音書 1章

14ことばは人となって、私たちの間に住まわれた。私たちはこの方の栄光を見た。父のみもとから来られたひとり子としての栄光である。この方は恵みとまことに満ちておられた。
15ヨハネはこの方について証言し、叫んで言った。「『私のあとから来る方は、私にまさる方である。私より先におられたからである』と私が言ったのは、この方のことです。」
16私たちはみな、この方の満ち満ちた豊かさの中から、恵みの上にさらに恵みを受けたのである。
17というのは、律法はモーセによって与えられ、恵みとまことはイエス・キリストによって実現したからである。
18いまだかつて神を見た者はいない。父のふところにおられるひとり子の神が、神を説き明かされたのである。

14①黙19:13、②ロマ1:3、ガラ4:4、ピリ2:7,8、I テモ3:16、ヘブ2:14、I ヨハ1:1,2等・別訳:肉 ③黙21:3 ④ルカ9:32、ヨハ2:11、17:22、24等・別訳……栄光で、恵みとまことに満ちていた ⑤ヨハ1:17、ロマ5:21,26:14
15①ヨハ1:7、②ヨハ1:27,30、マタ3:11、・直訳:私の前に成った ③ヨハ1:30
16①エペ1:23、3:19、4:13等、・別訳「恵みに代えて恵みを……」
17①ヨハ7:19 ②ヨハ1:14、ロマ5:21,6:14 ③ヨハ8:32、14:6、18:37
18①黙33:20、ヨハ6:46、コリ1:15、I テモ6:16、I ヨハ4:12 ②ヨハ13:23、ルカ6:22 ③ヨハ3:16,18、I ヨハ4:9・異本に「子」となっているものもある。「ただひとりの御子」と訳す ④ヨハ3:11

19①ヨハ1:7、②ロマ2:18、20,5:10,15,16,18,6:41,52,7:1,11,13,15,35,8:22,48,52,57,9:18,22,10:24,31,33、③・別訳マタ5:17
20①ヨハ3:28、②ルカ3:15,16・すなわち「メシヤ」
21①②マタ11:14、16:14 ②申18:15、18、ヨハ1:25、③マタ21:11
23①マタ3:3、マコ1:3、ルカ3:4 ②イザ40:3

キリストであることを否定するバプテスマのヨハネ

19ヨハネの証言は、こうである。ユダヤ人たちが祭司とレビ人をエルサレムからヨハネのもとに遣わして、「あなたはどなたですか」と尋ねさせた。
20彼は告白して否まず、「私はキリストではありません」と明言した。
21また、彼らは聞いた。「では、いったい何ですか。あなたはエリヤですか。」彼は言った。「そうではありません。」「あなたはあの預言者ですか。」彼は答えた。「違います。」
22そこで、彼らは言った。「あなたはだれですか。私たちを遣わした人々に返事をしたいのですが、あなたは自分を何だと言われるのですか。」
23彼は言った。「私は、預言者イザヤが言ったように『主の道をまっすぐにせよ』と荒野で叫んでいる者の声です。」

である この節は二つの真理を明らかにしている。(1) キリストの家族の中に生れるということは霊的な事柄で、いのちの変革(神の御霊だけができる)が必要である(3:5-7)。人間による肉体的妊娠や誕生とは全く関係がない。(2) 神には私たちの罪のためにキリストの死という犠牲を払って私たちに救いを提供しなければならない任務や義務はない。けれども神は全人類に救いをもたらす責任を負ってくださった。私たちに救し、新しいいのち、神との永遠の関係を受取る機会を与えられたのは、神ご自身の愛、同情、恵み(受けるにふさわしくない好意、思いやり、あわれみ、霊的能力)によるものだった(⇒3:16, 17:3)。

1:14 ことばは人となって 永遠の神であるキリストが人間になられた(ピリ2:5-9)。人性と神性は主イエスの中で一つになった。この謙遜な方法で、神は人間の限界を持って人間生活に入ってくださった(⇒3:17, 6:38-42, 7:29, 9:5, 10:36)。そのことによって、人間が直面するあらゆる困難や誘惑を体験(失敗したり神に逆らうことなく勝利して)された。それはあらゆるかたちで私たちを理解するためだった(⇒ヘブ4:15)。私たちと同じになられた主イエスは、罪(神に対する反抗と敵対)の罰を完全に受けて私たちの代りにいのちを捨てられたのである。罪のない主イエスは、神が要求される条件を全部満たされた。罪によってできた、神と人間の間の溝に橋渡しができる人はほかにいなかった。その主イエスの働きの結果、だれに対しても神との個人的関係を回復する機会が与えられている。それなのに、驚いたことに多くの人がこの機会を拒み続けている(⇒1:10-13)。

1:17 恵みとまこと 主イエスが来られて人間の罪(神に対する違反と反抗)のために死なれる前の旧約聖書の時代には、神の民は、預言者モーセを通して神が与えられた旧約聖書の律法を基にして神との関係を保たなければならなかった(→「旧約聖書の律法」の項p.158)。けれども律法が与えられる前の時代でも、神のために生き神の前に「正しく」あるためには、ただ命令と規則に従えばよいというものではなかった。神を信じる信仰が最も基本的な条件だった。そのことはエノク、ノア、アブラハムのような人々の生涯が証明している(創5:24, 7:1, 15:6)。人々の信仰と神の赦しの約束(出34:6-7, レビ5:17-18)は、旧約聖書の時代でも神の恵み(受けるにふさわしくない好意と愛)を証明するものだった。けれども、今やキリストを通して神の恵みとまことは豊かに与えられるようになった(ロマ5:17-21)。まこと(真理)はもはや預言的しるしや象徴的行為(犠牲など)の後ろに隠されてはいない。ことばであるキリストが(1:1, 14)、今や神の約束、原則、目的を完全に明らかにされた。「恵みの上にさらに恵み」(1:16)とは、神の恵みに応答してキリストの赦しと人生の指導権を受入れた人々に、神が臨在と力の恩恵を絶えず与えられるという意味である(→「信仰と恵み」の項p.2062)。霊的救いは私たちが律法

²⁴彼らは、パリサイ人の中から遣わされたのであった。
²⁵彼らはまた尋ねて言った。「キリストでもなく、エリヤでもなく、またあの預言者でもないなら、なぜ、あなたはバプテスマを授けているのですか。」
²⁶ヨハネは答えて言った。「私は水でバプテスマを授けているが、あなたがたの中に、あなたがたの知らない方が立っておられます。
²⁷その方は私のあとから来られる方で、私はその方のくつのひもを解く値うちもありません。」
²⁸この事があったのは、①ヨルダンの向こう岸のベタニヤであって、ヨハネはそこでバプテスマを授けていた。

神の小羊イエス

²⁹その翌日、ヨハネは自分のほうにイエスが来られるのを見て言った。「見よ、①世の罪を取り除く神の小羊。
³⁰私が『私のあとから来る人がある。その方は私にまさる方である。私より先に②おられたからだ』と言ったのは、この方のことです。
³¹私もこの方を知りませんでした。しかし、

²⁵①申18:15, 18, ヨハ1:21, 関マタ21:11
²⁶①マタ3:11, マコ1:8,
²⁷①ヨハ1:30, マタ3:11
②マコ1:7, ルカ3:16, 関マタ3:11
²⁸①ヨハ3:26, 10:40
²⁹①Ⅰヨハ3:5, 関マタ1:21
②イザ53:7, ヨハ1:36, 使8:32, 関Ⅰペテ1:19, 黙5:6, 8, 12, 13, 6:1
³⁰①ヨハ1:27, マタ3:11
*直訳「私の前に成った」
³¹①マラ3:1, 関ルカ1:15
³¹*あるいは「メシヤとしては」を補う

³²①ヨハ1:7
②マタ3:16, マコ1:10, ルカ3:22
³³①マタ3:11, マコ1:8, ③マタ3:16, 使1:5
³⁴①ヨハ1:49, 関マタ4:3
³⁵①ヨハ1:29
³⁶①関ヨハ1:29

この方がイスラエルに明らかにされるために、私は来て、水でバプテスマを授けているのです。」

聖霊によってバプテスマを授ける主イエス

³²またヨハネは①証言して言った。「②御霊が鳩のように天から下って、この方の上にとどまられるのを私は見ました。
³³私もこの方を知りませんでした。しかし、水で①バプテスマを授けさせるために私を遣わされた方が、私に言われました。『御霊がある方の上に下って、その上にとどまられるのがあなたに見えたなら、その方こそ、③聖霊によってバプテスマを授ける方である。』
³⁴私はそれを見たのです。それで、この方が①神の子であると証言しているのです。」

主イエスの最初の弟子たち

1:40-42 並行記事－マタ4:18-22, マコ1:16-20, ルカ5:2-11

³⁵その翌日、またヨハネは、ふたりの①弟子とともに立っていたが、
³⁶イエスが歩いて行かれるのを見て、「①見よ、神の小羊」と言った。
³⁷ふたりの弟子は、彼がそう言うのを聞い

を守るという不完全な努力によるのではなく、聖霊（真理の御霊）によってもたらされる（14:17, 16:13）。聖霊は神の真理を明らかにし、キリストを受入れた人の中に来て、その霊を刷新しキリストの姿に再創造してくださる。それはキリストに応答して個人的な関係を持ち、キリストの愛やほかの品性を反映し始めるようになるということである。

1:24　パリサイ人 →「ユダヤ教の学派」の表 p.1656 →マタ3:7注

1:29　神の小羊　主イエスは神ご自身によって備えられた小羊（小羊は旧約聖書で罪の償いまたは「おおい」のためのいけにえとして、特に過越の祭りに使われた）として描かれている。それは、全人類が神に逆らったために受ける死の刑罰を受けるためだった（⇒出12:3-17, イザ53:7, →「過越」の項 p.142）。旧約聖書の動物のいけにえは不完全で、罪を実際には取除くことができなかったけれども、イエス・キリストは完全で罪のないいけにえであり、罪の罰を一度で完全に支払うことができる方である。死によって罪と罪過の

力を打破り、罪を赦し人生を導く方として主イエスを受入れる人々全員に神への道を開かれるのである。

1:33　聖霊によってバプテスマを授ける　「によって」と訳されていることばはギリシヤ語の「エン」で、「で」または「中で」という意味がある。したがって、「水のバプテスマ」は「水の中でのバプテスマ」と理解できるように、ここは「聖霊の中でバプテスマを授ける」と訳すことができる（「バプテスマを授ける」は「浸す」とか「水の中に入れる」という意味である）。

福音書（マタイ、マルコ、ルカ、ヨハネによる主イエスの生涯と働きの記録）は全部、主イエスを「聖霊によってバプテスマを授ける方」としている（マタ3:11, マコ1:8, ルカ3:16）。このバプテスマ（きよめられ力が与えられるしるし）は主イエスの弟子たちをほかの人々とは全く違う力強い人々にするものだった。聖霊が（上と内に）注がれると、弟子たちは全世界に霊的救いのメッセージを運び続けるようになる（⇒ヨハ1:8）。主イエスは聖霊によってバプテスマを授ける働きを今に至るまで続けておられる（→マタ3:11注, 使2:39, ほ

て、イエスについて行った。

38 イエスは振り向いて、彼らがついて来るのを見て、言われた。「あなたがたは何を求めているのですか。」彼らは言った。「ラビ（訳して言えば、先生）。今どこにお泊まりですか。」

39 イエスは彼らに言われた。「来なさい。そうすればわかります。」そこで、彼らはついて行って、イエスの泊まっておられる所を知った。そして、その日彼らはイエスといっしょにいた。時は第十時ごろであった。

40 ヨハネから聞いて、イエスについて行ったふたりのうちのひとりは、シモン・ペテロの兄弟アンデレであった。

41 彼はまず自分の兄弟シモンを見つけて、「私たちはメシヤ（訳して言えば、キリスト）に会った」と言った。

42 彼はシモンをイエスのもとに連れて来た。イエスはシモンに目を留めて言われた。「あなたはヨハネの子シモンです。あなたをケパ（訳すとペテロ）と呼ぶことにします。」

ピリポとナタナエルを召し出す主イエス

43 その翌日、イエスはガリラヤに行こうとされた。そして、ピリポを見つけて「わたしに従って来なさい」と言われた。

44 ピリポは、ベツサイダの人で、アンデレやペテロと同じ町の出身であった。

45 彼はナタナエルを見つけて言った。「私たちは、モーセが律法の中に書き、預言者たちも書いている方に会いました。ナザレ

38 ①参マタ23:7, 8, ヨハ1:49
39 * 別訳「イエスのところにとどまった」
**この書では、共観福音書の時刻の呼称と異なる方式を用いたとみると、同じなら午後4時
40 ①ヨハ1:40-42, 囲マタ4:18-22, マコ1:16-20, ルカ5:2-11
41 ①ダニ9:25, ヨハ4:25
* 原意「油をそそがれた者」
42 ①ヨハ21:15-17
② Ⅰコリ1:12, 3:22, 9:5, ガラ1:18, 2:9, 11, 2:14
* すなわち「岩」
③マタ16:18
43 ①ヨハ1:35, 囲ヨハ1:29
② 囲ヨハ1:28, マタ4:12, ヨハ2:11
③ 囲ヨハ10:3, ヨハ1:44-48, 6:5, 7, 12:21, 22, 14:8, 9
囲マタ8:22
44 ①参マタ11:21
45 ①ヨハ1:46-49, 21:2
② 囲ルカ24:27
②マタ2:23

④ルカ3:23, 2:48, 4:22, ヨハ6:42
46 ①囲ヨハ7:41, 52
47 ①囲ロマ9:4
49 ①参ヨハ1:38
②ヨハ1:34
③ 囲マタ2:2, 27:42, マコ15:32, ヨハ12:13
51 ①エゼ1:1, マタ3:16, ルカ3:21, 使7:56, 10:11, 黙示1:7
②創28:12
③参マタ8:20

1 ①ヨハ1:29, 35, 43
②ヨハ2:11, 4:46, 21:2
②参マタ12:46
2 ①ヨハ1:40-49, 2:12, 17, 22, 3:22, 4:2, 8, 27以下, 6:8, 12, 16, 22, 24, 囲ヨハ6:60, 61, 66, 7:3, 8:31

の人で、ヨセフの子イエスです。」

46 ナタナエルは彼に言った。「ナザレから何の良いものが出るだろう。」ピリポは言った。「来て、そして、見なさい。」

47 イエスはナタナエルが自分のほうに来るのを見て、彼について言われた。「これこそ、ほんとうのイスラエル人だ。彼のうちには偽りがない。」

48 ナタナエルはイエスに言った。「どうして私をご存じなのですか。」イエスは言われた。「わたしは、ピリポがあなたを呼ぶ前に、あなたがいちじくの木の下にいるのを見たのです。」

49 ナタナエルは答えた。「先生。あなたは神の子です。あなたはイスラエルの王です。」

50 イエスは答えて言われた。「あなたがいちじくの木の下にいるのを見た、とわたしが言ったので、あなたは信じるのですか。あなたは、それよりもさらに大きなことを見ることになります。」

51 そして言われた。「まことに、まことに、あなたがたに告げます。天が開けて、神の御使いたちが人の子の上を上り下りするのを、あなたがたはいまに見ます。」

水をぶどう酒に変える主イエス

2 ¹ それから三日目に、ガリラヤのカナで婚礼があって、そこにイエスの母がいた。

² イエスも、また弟子たちも、その婚礼に招かれた。

³ ぶどう酒がなくなったとき、母がイエス

詳細 →「**聖霊のバプテスマ**」の項 p.1950）。

1:39　第十時　これは午後4時である。

1:41　彼はまず　アンデレがしたことに注目するとよい。アンデレは迷うことなく主イエスに従い（1:37）、すぐにほかの人々をキリストに紹介した（1:42）。これはキリストに従う人がとるべき姿である。

1:42　ケパ・・・ペテロ　この二つの名前（アラム語とギリシヤ語）は両方とも「岩」を意味する。皮肉にも福音書を通して見るペテロはことばにも行いにも岩のように揺るがない、信頼できる人ではない。実際にはしばしば感情的、霊的に不安定になって極端に走っている。けれども「使徒の働き」では大胆で力強い忠実な教会の指導者になった。主イエスは過去の姿ではなく

将来の姿を見てペテロと名付けられたのである（ペテロの大胆で力強い働きの起点が使徒の働き2章の聖霊のバプテスマだったことに注目するとよい　→1:33 注、→「**聖霊のバプテスマ**」の項 p.1950）。

1:51　天が開けて・・・見ます　主イエスはご自分のことを、神の啓示がこの世界にくだるためのはしごとして描写された（⇒創28:12、→ルカ5:24注）。主イエスはまた、神の子を信じる信仰によって人々が神のもとに来ることができるようにする、神と人を結ぶ橋でもある（神であり人であるので →1:14注）。

2:3　ぶどう酒　新約聖書の「ぶどう酒《ギ》オイノス）」ということばは発酵したもの（アルコールを含み酔いを招くもの）と未発酵のものなど、いろいろな種類

に向かって「ぶどう酒がありません」と言った。

4 すると、イエスは母に言われた。「あなたはわたしと何の関係があるのでしょう。女の方。わたしの時はまだ来ていません。」
5 母は手伝いの人たちに言った。「あの方が言われることを、何でもしてあげてください。」
6 さて、そこには、ユダヤ人のきよめのしきたりによって、それぞれ八十リットルから百二十リットル入りの石の水がめが六つ置いてあった。
7 イエスは彼らに言われた。「水がめに水を満たしなさい。」彼らは水がめを縁までいっぱいにした。
8 イエスは彼らに言われた。「さあ、今くみなさい。そして宴会の世話役のところに持って行きなさい。」彼らは持って行った。
9 宴会の世話役はぶどう酒になったその水を味わってみた。それがどこから来たのか、知らなかったので、——しかし、水をくんだ手伝いの者たちは知っていた——彼は、花婿を呼んで、
10 言った。「だれでも初めに良いぶどう酒を出し、人々が十分飲んだころになると、悪いのを出すものだが、あなたは良いぶど

4 ①参 マタ8:29
5 ②ヨハ19:26
6 ③⑬ ヨハ7:6,8,30,8:20
6 ④参 マタ12:46
6 ⑥⑬ マコ7:3, ヨハ3:25
＊原語「2,3メトレテス」
1メトレテスは約40リットル

9 ①ヨハ4:46
10 ①マタ24:49, ルカ12:45,使2:15, Ⅰコリ11:21,エペ5:18, Ⅰテサ5:7,黙17:2,6
＊別訳「酔ったころになると」

のぶどうの飲料を指す漠然としたことばである（→「**新約聖書のぶどう酒**」の項 p.1870）。どのようなぶどうの飲料かは文脈によって判断しなければならない。

2:3　ぶどう酒がありません　私たちと違う立場の人々は、この結婚式の初めに提供されたぶどう酒も、主イエスが造られたぶどう酒もともに発酵したもの（アルコール分を含む）で大量に飲まれたと考えている。けれどももしそうであるなら、この立場をとる人は次のような可能性があることを認め、それを説明しなければならない。（1）主イエスがさらにぶどう酒を提供するように求められた時には婚宴に出席していた人々は酔っていたかそれに近い状態だったと思われる。なぜなら客たちは主人が用意したぶどう酒を既に飲み尽していたからである。（2）主イエスの母マリヤは酔いを招く酒が底をついたのを気の毒に思い、既に飲み過ぎている人々に、さらにアルコール分を含むぶどう酒を提供するように主イエスに頼んだことになる。（3）母の願いに応えるために、主イエスは450〜700リットルもの酔いを招くぶどう酒を造り出したことになる（2:6-9）。それは人々を極端に酔わせてなお余る量である。（4）主イエスは「最初のしるし」としてこの発酵したぶどう酒を造り、「ご自分の栄光を現」して（2:11）、ご自分が神の子であり人類の霊的救い主であることを表されたのだろうか。

主イエスがアルコール分を含むぶどう酒を造られたと提案することは、明らかに神のことばの別の部分に書かれている道徳的原則に矛盾するように見える。神の聖い特性（神が全く純粋、完全、完璧で、悪から分離しておられる事実）、キリストの人類への愛に満ちた配慮、マリヤの優しい性格などを考えてみると、主イエスが造られた「良いぶどう酒」は純粋で甘くて未発酵の飲料だったと結論するべきである。それが当時の「新しいぶどう酒」（古い発酵したぶどう酒とは違って）

の特徴だった。さらに主イエスが造られたぶどう酒は普通のものよりも良かったと言われている。量と情況から考えると、宴会の主人が用意した劣ったぶどう酒は発酵していなかったか、あるいは少なくともひどく薄められていた（当時はいろいろな種類があった）と思われる。詳細→「**新約聖書のぶどう酒**」の項 p.1870

2:10　良いぶどう酒　ここで重要なことは、「良い」（2:10）と訳されているギリシヤ語の形容詞は「良い」という意味のアガソスではなく、「道徳的に優れていて益になる」という意味のカロスということばである。当時の一般の著作家たちも、最良の「ぶどう酒」は甘く未発酵のものという考えを認めている。ローマの作家プリニウスはサパと呼ばれる「良いぶどう酒」は発酵していなかった（アルコール分がない）と言っている。サパはぶどうの果汁を元の量の三分の一になるまで煮詰めて甘さを増したものである（Ⅳ.13）。プリニウスはまた、「ぶどう酒はろ過されてすべての発酵要素が取除かれたときに最も有益である」と書いている（プリニウス「博物史」XIV.23-24）。プリニウス、プルターク、ホラースなども、「害がなく罪のない」ものが最高のぶどう酒だと言っている。

2:10　十分飲んだ　「十分飲んだ」ということばはギリシヤ語の「メスュースコー」で二つの意味を持っている。それは（1）酔う、（2）満腹するあるいは満足する（酔うことなく）という意味である。ここでの「メスュースコー」は二番目の意味と思われる。どのように訳されても、宴会の世話役は飲料の種類に関係なく、ほかの婚宴と同じように全体を観察していたのである。そして主人が客を喜ばせようとしていたことを認めたのである。このことばは客が酔っていてぶどう酒の質を見極められないと言っているのではない。前後を見ても、主イエスが酔っ払いの宴会に参加して手助けをしたのではないことが明らかである（→2:3 注、

う酒をよくも今まで取っておきました。」
11 イエスはこのことを最初のしるしとしてガリラヤのカナで行い、ご自分の栄光を現された。それで、弟子たちはイエスを信じた。

宮をきよめる主イエス
2:14-16 並行記事ーマタ21:12,13, マコ11:15-17, ルカ19:45,46

12 その後、イエスは母や兄弟たちや弟子たちといっしょに、カペナウムに下って行き、長い日数ではなかったが、そこに滞在された。
13 ユダヤ人の過越の祭りが近づき、イエスはエルサレムに上られた。
14 そして、宮の中に、牛や羊や鳩を売る者たちと両替人たちがすわっているのをご覧になり、
15 細なわでむちを作って、羊も牛もみな、宮から追い出し、両替人の金を散らし、その台を倒し、
16 また、鳩を売る者に言われた。「それをここから持って行け。わたしの父の家を商売の家としてはならない。」
17 弟子たちは、「あなたの家を思う熱心がわたしを食い尽くす」と書いてあるのを思い起こした。
18 そこで、ユダヤ人たちが答えて言った。「あなたがこのようなことをするからには、どんなしるしを私たちに見せてくれるのですか。」
19 イエスは彼らに答えて言われた。「この神殿をこわしてみなさい。わたしは、三日でそれを建てよう。」
20 そこで、ユダヤ人たちは言った。「この神殿は建てるのに四十六年かかりました。あなたはそれを、三日で建てるのですか。」
21 しかし、イエスはご自分のからだの神殿のことを言われたのである。
22 それで、イエスが死人の中からよみがえられたとき、弟子たちは、イエスがこのように言われたことを思い起こして、聖書とイエスが言われたことばとを信じた。
23 イエスが、過越の祭りの祝いの間、エルサレムにおられたとき、多くの人々が、イエスの行われたしるしを見て、御名を信じた。
24 しかし、イエスは、ご自身を彼らにお任せにならなかった。なぜなら、イエスはすべての人を知っておられたからであり、
25 また、イエスはご自身で、人のうちにあるものを知っておられたので、人についてだれの証言も必要とされなかったからである。

ニコデモを教える主イエス

3 ¹ さて、パリサイ人の中にニコデモという人がいた。ユダヤ人の指導者であった。
² この人が、夜、イエスのもとに来て言った。「先生。私たちは、あなたが神のもとから来られた教師であることを知っています。神がともにおられるのでなければ、あなたがなさるこのようなしるしは、だれも行うことができません。」
³ イエスは答えて言われた。「まことに、ま

→「**新約聖書のぶどう酒**」の項 p.1870)。

2:11 しるし このことばはギリシヤ語で「セーメイオン」である。学者の中にはヨハネ1－12章を「しるしの書」と呼ぶ人がいる。ヨハネは七つのしるし(2:1-11, 4:46-54, 5:2-18, 6:1-15, 6:16-21, 9:1-41, 11:1-45)を強調している。しるしは主イエスが神の子であり (1:18)、「神の子キリスト」(→20:30-31)であることを指している。そして主イエスの活動が神の働きであり、主イエスの神性と権威を証明していることを強調している。また主イエスに(しるしそのものではない)信仰を置くようにとうながしている。新約聖書は、終りのときに反キリストがにせのしるしを使って多くの人を惑わそうとすることに注意するように警告をしている(マタ24:24, マコ13:22, Ⅱテサ2:9, 黙13:14)。→6:2注, →「**キリストの奇蹟**」の表 p.1942

2:15 みな、宮から追い出し マタイ、マルコ、ルカはこのような「宮きよめ」を主イエスの働きの最後のところで記録している(→マタ21:12, マコ11:15, 17, ルカ19:45注)。

2:19 神殿 主イエスは神殿のことを象徴として使いながら、ご自分のからだのことを言っておられる(2:21)。→「**神殿**」の項 p.707

新約聖書のぶどう酒

「イエスはこのことを最初のしるしとしてガリラヤのカナで行い、ご自分の栄光を現された。それで、弟子たちはイエスを信じた。」(ヨハネの福音書2:11)

古代世界のぶどう酒

古代の地中海世界では食用のぶどうと搾って果汁にするためのぶどうの生産が農業の極めて重要な部分を占めていた。したがってぶどう畑、新鮮なぶどう、干しぶどう、ぶどう酒などが旧約聖書にも新約聖書にもしばしば出てくる。

新約聖書でぶどう酒が出てくる場合いくつかの疑問が湧いてくる。その疑問は次のような当時のぶどう酒の扱い方と今日の扱い方についてのものである。

(1) 新約聖書の「ぶどう酒」(《ギ》オイノス)は今日のぶどう酒のように必ずアルコール分を含んでいたのだろうか。

(2) 古代の発酵したぶどう酒のアルコールの分量は今日のいろいろなぶどう酒と比べてどうだったのだろうか。

(3) 主イエスは発酵した(アルコール分を含む)ぶどう酒を使われたのだろうか(発酵とは酵母菌が糖分に働きかけてアルコールに分解し酔いを招く飲料にする過程のこと)。

聖書に出てくるぶどう酒はアルコール分を含んでいなかったと主張するのは正しくないし筋が通らない。なぜなら聖書には酔いを招くぶどう酒について多くの警告と規定が書いてあるからである(箴20:1, 23:31, エペ5:18, テト2:3, Ⅰペテ4:3)。けれども聖書に出てくるぶどう酒は全部アルコール分を含むと主張するのも正しくない。ぶどう酒はみなアルコール分を含んでいたと確信する人々は古代には冷蔵設備がなかったのでぶどう酒を保存する方法もなかったと主張する。したがってすぐに消費してしまわなければ暖かい地中海の気候では自然に発酵してしまうと言う。けれどもこの見解は「アイゴルコス」(「いつも甘い」)と言われているぶどう酒の造り方を詳しく説明しているプリニウス(「博物誌」XIV.11.83)やコルメラ(「デ・レ・ラステカ-農業論」12.29)など古代の著作家が提供している膨大な証拠を無視している。

プリニウスとコルメラ(ほかの人々も)は搾りたての果汁を器に入れて封印をし外気温が暑い間は冷たい水の中に格納しておくことを説明している。この方法によれば果汁を約1年間甘く新鮮に保つことができ、イスラエルの地ではうまくいっていたようである(→申8:7, 11:11-12, 詩65:9-13)。さらに古代の人々はしばしば「甘いぶどう酒」を好んだようである。それは今日のように飲み物の種類が多くなかったからである。アルコール分を含むぶどう酒はぶどう果汁の中の糖分を発酵によって化学的に減らすので、未発酵の果汁に比べると甘くなかった。そこで搾りたての果汁を甘くしかも発酵しないように保つためにいくつかの方法が用いられた。

ぶどう酒をアルコール分を含まない状態で長期間保存する最も一般的な方法では、新鮮なぶどうの果汁を約三分の一の量になるまで煮詰める。それを大きな素焼きの器か羊かやぎの皮の袋に入れて保存する。それは糖分が多いので長期間保存しても腐敗しないし発酵もしない(コルメラ 12.19.1-6, 20.1-8, プリニウス 14.11.80)。後に水を加えれば再び新鮮な果汁の状態になる。ある場合には発酵したぶどう酒を薄めるためにも水を加えた。それはアルコール分の度合いを少なくするためだったり、情況に応じて分量を増やしたりするためだったと思われる。

ギリシヤやローマの著作家たちはぶどうの飲料に水を混ぜる割合についていろいろ書いている。ホメロスはぶどう酒1に対して水20の割合と言っている(「オデュッセイア」IX208～)。プリニウスはぶどう酒1に対して水8の割合と言っている(14.6.54)。けれども通常はぶどう酒1に対して水3が典型的な混合の割合だった。1対3の割合はヘーシオド(「仕事と日」596)やユダヤのタルムード(「シャバット」77a, b, 「ペサ

ヒーム」108b)にも出ている。

　聖書時代のユダヤ人の間では、ぶどう酒が特に発酵している場合は水を混ぜるか水で薄めるのが社会的にも宗教的にも慣習になっていた。タルムード（前200年から紀元200年頃のユダヤ人の伝承とユダヤ教の律法を描いたユダヤの書物）ではこの問題について何回か議論している。あるユダヤ教のラビたちは発酵した（酔いを招く可能性がある）ぶどう酒は少なくとも1対3の割合で水を混ぜなければ祝福できないし、それを飲む人は汚れて、霊的に堕落すると主張していた。

　ヨハネの黙示録には「神の怒りのぶどう酒」という興味深いことばがあり、それが「混ぜ物なしに注がれた」と宣言されている（黙14：10，→エレ25：15注）。そのように書かれているのは当時の読者たちは通常ぶどうの飲料は水で薄めるものと考えていたからである（→ヨハ2：3注）。

ぶどう酒：発酵したものか未発酵のものか

　聖書で「ぶどう酒」に使われた最も一般的なことばはギリシヤ語の「オイノス」である（ルカ7：33）。「オイノス」はぶどうからとった全く異なる二つのものを指している。それは（1）未発酵の果汁、（2）発酵した酔いを招くぶどう酒である。このことは次の資料に見ることができる。

　（1）「オイノス」というギリシヤ語のことばは、キリスト教以前の時代や初代教会の時代の一般（宗教的ではない世間）の著作家や宗教的著者たちによって新鮮なぶどうの果汁（未発酵）を指すものとして使われていることが多い（アリストテレス「メテオロロジカ－気象学」387ページb.9-13）。

　　　（a）アナクレオン（前500頃）は「ぶどうを搾りぶどう酒（オイノス）を搾り出せ」（「オード－頌歌」5）と書いている。

　　　（b）ニカンドロス（前2世紀）はぶどうを搾ることについて書き、果汁を「オイノス」と言っている（「ゲオルギカ－農事詩」断片86）。

　　　（c）アテナイオス（200年頃）はぶどうを集める人のことを書き、「彼は歩き回って畑からぶどう酒（オイノス）を取った」と言っている（「食卓の賢人たち」1.54）。

　（2）前200年頃に旧約聖書をギリシヤ語に翻訳したユダヤ人の学者たちはぶどう酒を指すいくつかのヘブル語を「オイノス」ということばに訳した（→**旧約聖書のぶどう酒**の項 p.1069）。したがって新約聖書の著者たちは「オイノス」が発酵したぶどう酒と未発酵の果汁の両方を指していることを理解していたのである。

　（3）新約聖書の聖句を調べてみると「オイノス」が発酵したぶどう酒と未発酵の果汁の両方を意味していることがわかる。エペソ人への手紙5章18節の「酒（オイノス）に酔ってはいけません」という命令は明らかにアルコール飲料を指している。けれどもヨハネの黙示録19章15節ではキリストが酒ぶね（平らな低い床でぶどうを足でつぶして果汁をとる所）の中におられる姿が描かれている。ギリシヤ語の本文には「彼はぶどう酒（オイノス）の酒ぶねを踏む」とある。酒ぶねから出て来る「オイノス」は新鮮なぶどうの果汁である（→イザ16：10注，エレ48：32-33）。ヨハネの黙示録6章6節では「オイノス」はまだ木になっているぶどうの実のことを指している。これらのことは「ぶどう酒」（オイノス）が甘い未発酵の果汁と発酵して酔いを招くぶどう酒と二種類の違ったぶどうの飲料の両方を指す一般的なことばとして新約聖書の時代の人々が理解していた証拠である。

ぶどう酒を通して現された主イエスの栄光

　ヨハネはその福音書の第2章で、主イエスがカナの結婚式で水から「ぶどう酒」を造られたと記録している。ぶどう酒の奇蹟はヨハネの福音書にある七つの奇蹟の「しるし」（《ギ》セメイア）の一つだった。それらのしるしは主イエスがイスラエルのメシヤ（救い主、キリスト）であり、「恵みとまことに満ちておられ」る（⇒ヨハ1：14,17）神の御子であることを示すものである。この奇蹟はまた、ヨハネが最初の部分で強調している「新しい」という主題（「新しいぶどう酒」2：1-11，「新しい神殿」2：14-22，「新しい誕生」3：1-8，「新しいいのち」4：4-26）の一部分だった。イエス・キリストの生涯と働きの中では、神と人類との関係の歴史の今までにない全く新しい何かが始まろうとしていた。けれども古いユダヤ教（モーセ五書とユダヤ人の慣習の解

釈を基にした宗教)の体制が主イエスが持って来られた「新しいもの」に抵抗し反対し拒んでいた。

　主イエスが造られたぶどう酒の種類はこの「新しい」という主題の流れの中で考えなければならない。それはアルコール分を含むものだったのか未発酵のものだったのか。それは「新しいぶどう酒」かそれとも「熟成したぶどう酒」だろうか。既に見てきたようにこれは発酵したものでもあり未発酵のものでもあり、そのままのものでもあり、薄めたものでもあり得る。回答を見つけるには聖書のこの部分の前後関係と、主イエスがとられたと思われる道徳的立場を考えなければならない。ここでは次の理由から主イエスは「熟成したぶどう酒」(アルコール分を含む)ではなく、「新しいぶどう酒」(純粋な未発酵のもの)を造られたと考える。

　(1) 主イエスが伝えているメッセージの一部として「新しい」という主題に焦点を絞っているヨハネのこの部分(→2：1-11, 2：14-22, 3：1-8, 4：4-26, ⇒マタ9：16-17, Ⅱコリ5：17)では、「新しいぶどう酒」がよりよく当てはまる。さらに古い皮袋と古い(熟成した)ぶどう酒は福音(イエス・キリストの「よい知らせ」→ルカ5：37-39)ではなく、ユダヤ教と結び付く。贖い(人々の霊的救いと神との関係を回復するキリストの働き)の最高の目的は、すべてのことを新しくすることである(黙21：5)。

　(2) 主イエスが造られたぶどう酒は「悪い」(《ギ》エラソー)ぶどう酒と比べて「良い」(《ギ》カロン)ぶどう酒だったと言われている(ヨハ2：10)。古代のいろいろな著作家によると「良い」(最高の)ぶどう酒は甘いぶどう酒でだれもが自由にたくさん飲めて悪い影響を受けないもの(発酵によって糖分がアルコール分に変化していないぶどう酒)のことだった。「悪い」ぶどう酒(《ギ》エラソー)は通常多くの水で薄めたアルコール分を含むぶどう酒だった。古代では(今日とは違って)、ぶどう酒は年代とともに良くなるとは考えられていなかった。酢のように酸っぱくなったり好ましくないおり(底にたまる沈殿物)ができたりするからである。

　(3) 主イエスが最初のしるしとしてぶどう酒の奇蹟を行われた目的は、(a) 主イエスを「創造者」(ヨハ2：9)として現し、(b)「栄光」を現して弟子たちが主イエスを神の子として信じることができるように感動させるためだった(ヨハ2：11, ⇒20：31)。既に十分に飲んだ人々(人々は自由に飲んでいたと思われる →2：10注)のために酔いを招くタイプのぶどう酒をさらに多く造り出して、ご自分が父のひとり子(ヨハ1：14)としての神であること(神の特性)を示されたとはとても考えられない。もしそのようなことをしたら霊的救い主としての働きに確実に傷がつくことになる(⇒マタ1：21)。

　(4) 主イエスは旧約聖書を神の権威を持つ啓示として認めておられ、酔っ払いを非難する聖書のことば(→箴20：1)やハバクク書2章15節の「わざわいだ。自分の友に飲ませ、毒を混ぜて酔わせ・・・・ようとする者」ということばを支持しておられたと思われる(⇒レビ10：8-11, 民6：1-5, 申21：20, 箴31：4-7, イザ28：7, アモ2：8, 12, 4：1, 6：6, ロマ14：13, 21)。さらに、御父に完全に服従されたキリスト(⇒Ⅱコリ5：21, ヘブ4：15, Ⅰペテ2：22)が、アルコール分のあるぶどう酒とその悪い影響について神のことばが示している強い警告(→箴23：29-35注, →「旧約聖書のぶどう酒」の項 p.1069)に反するようなことを行われるはずがない。けれども水を新鮮で甘い未発酵の収穫したばかりのぶどう酒に変えるなら、自然界を治める主は(ヨハ1：3, 14)、あらゆるものを新しく造られる創造主、そして「神の子キリスト」(ヨハ20：31)としてご自分を弟子たちに示すことになったはずである。

ヨハネの福音書　3章

ことに、あなたに告げます。人は、新しく生まれなければ、神の国を見ることはできません。」

4 ニコデモは言った。「人は、老年になっていて、どのようにして生まれることができるのですか。もう一度、母の胎に入って生まれることができましょうか。」

5 イエスは答えられた。「まことに、まことに、あなたに告げます。人は、水と御霊によって生まれなければ、神の国に入ることができません。

6 肉によって生まれた者は肉です。御霊によって生まれた者は霊です。

7 あなたがたは新しく生まれなければならない、とわたしが言ったことを不思議に思ってはなりません。

8 風はその思いのままに吹き、あなたはその音を聞くが、それがどこから来てどこへ行くかを知らない。御霊によって生まれる者もみな、そのとおりです。」

9 ニコデモは答えて言った。「どうして、そのようなことがありうるのでしょうか。」

10 イエスは答えて言われた。「あなたはイスラエルの教師でありながら、こういうことがわからないのですか。

11 まことに、まことに、あなたに告げます。わたしたちは、知っていることを話し、見たことをあかししているのに、あなたがたは、わたしたちのあかしを受け入れません。

12 あなたがたは、わたしが地上のことを話したとき、信じないくらいなら、天上のことを話したとて、どうして信じるでしょう。

13 だれも天に上った者はいません。しかし天から下った者はいます。すなわち人の子です。

14 モーセが荒野で蛇を上げたように、人の子もまた上げられなければなりません。

15 それは、信じる者がみな、人の子にあって永遠のいのちを持つためです。」

16 神は、実に、そのひとり子をお与えになったほどに、世を愛された。それは御子を信じる者が、ひとりとして滅びることなく、永遠のいのちを持つためである。

17 神が御子を世に遣わされたのは、世をさばくためではなく、御子によって世が救われるためである。

18 御子を信じる者はさばかれない。信じない者は神のひとり子の御名を信じなかったので、すでにさばかれている。

3：3　新しく生まれ　新生（霊的に刷新される、「新しく生まれる」）についての聖書的教理　→「**新生－霊的誕生と刷新**」の項 p.1874

3：5　水・・・によって生まれ　ある聖書学者はこの水は自然の誕生（人としてまず肉体的に、それから霊的に生れること）のこととしている。別の学者はみことばによる霊的きよめだと信じている（ヨハ15：3, 17：17, エペ5：26, テト3：5, Ⅰペテ1：23）。けれどもヨハネの福音書では、「水」はしばしば神の御霊のことを指している。3：8には単純に「御霊によって生まれる」とある。ギリシヤ語の接続詞「カイ」（「と」）は「すなわち」という意味にもなるので、3：5の直訳は「水すなわち御霊によって生まれる」と訳すことができる。つまり主イエスは新生（霊的救い）に含まれるきよめ、聖霊の霊的浄化の働きについて言われたものと思われる。テトス3：5でパウロは、「聖霊による、新生と更新との洗い」と言っている。

3：8　風・・・御霊　風は目に見えないけれども、ものの動きと音によってわかる。同じように、聖霊も新しく生れた人々への活動とその結果によって認めることができる。

3：14　モーセが・・・蛇を上げたように　イスラエルののろわれた共同体に肉体的癒しをもたらしたこの事件は、民数記21：4-9に記録されているけれども、象徴的で予言的な事件だった。そのときと同じように、しかもさらにすぐれた方法で、キリストの十字架の犠牲は信仰をもって見上げる人々全員に霊的癒しを提供するのである。　→「**キリストによって成就した旧約聖書の預言**」の表 p.1029

3：16　神は、実に・・・世を愛された　この節は神のみこころと目的、つまり人類の救いの計画を進めさせた偉大な真理を次のように明らかにしている。

（1）神の愛は深く広く、あらゆる人（「世」）を包み込んでいる（⇒Ⅰテモ2：4）」。

（2）神は全人類の罪（神に対する反抗）の代価を支払うために御子をささげ物として「お与えになった」（神もご自分を与えられた 10：17-18）。これは一方的で完全な愛の行動だった。神には私たちのためにこの犠牲を払う必要などなく、強制されてもいなかった（ロマ8：32, Ⅰヨハ4：10）。

新生 – 霊的誕生と刷新

> 「イエスは答えて言われた。『まことに、まことに、あなたに告げます。人は、新しく生まれなければ、神の国を見ることはできません。』」(ヨハネの福音書3:3)

　ヨハネの福音書3章1－8節で主イエスはキリスト教信仰の基本的な教理(教え、根本的原則、信仰の基盤)の一つである「新生」(テト3:5)、霊的誕生について話しておられる。霊的な意味で「新しく生まれなければ」だれも神の国に入ることができない。イエス・キリストを信じる信仰を通して霊的に救われ永遠のいのちと神の賜物を受けるためには、人々のいのちが新しくされなければならないのである。霊的誕生と刷新には次のような重要な事実が含まれている。

　(1) 新生または霊的誕生は霊的に内面の再創造が行われ、中から人生が変革すること(態度、考え、行動が完全に変ることまたは造り直すこと)である(ロマ12:2, エペ4:23-24)。それは聖霊の働き(ヨハ3:6, テト3:5, →「**弟子たちの新生**」の項 p.1931)で、この変革の働きを通して神は永遠のいのちの賜物を送ってくださる。これがキリストに人生をゆだねた人と神との新しい個人的関係の始まりである(ヨハ3:16, Ⅱペテ1:4, Ⅰヨハ 5:11)。霊的誕生によって人は神の子になり(ヨハ1:12, ロマ8:16-17, ガラ3:26)、「新しく造られた者」になる(Ⅱコリ5:17, コロ3:9-10)。霊的に新しく生れた人は、もはや神を敬わないこの世界の考え、行動、生活様式の特徴や影響にならう生活をしたり従ったりしない(ロマ12:2)。むしろ「真理に基づく義と聖をもって神にかたどり造り出された、新しい人を身に着るべき」である(エペ4:24, →「**神の属性**」の項 p.1016)。

　(2) キリストから離れている人はみな生れたときから罪の性質を持っている(神から離れ神に反対している)ので新生が必要である。自分の力では神との親しい個人的関係を持つことはできない。人生を変革する聖霊の力がなければ、神に従い神に喜ばれる生活をすることはできない(詩篇51:5, エレ17:9, ロマ8:7-8, Ⅰコリ2:14, エペ2:3, →「**聖霊の教理**」の項 p.1970)。

　(3) 罪を悔い改め(罪を認め自分勝手な道から離れること)、神のところへ帰り(マタ3:2)、救い主、主、罪を赦す方、人生の導き手であるイエス・キリストに自分の人生の支配をゆだねる人に、霊的誕生は与えられる(→ヨハ1:12注)。この霊的救いの体験は「聖霊による、新生と更新との洗いをもって」始まる(テト3:5)。霊的誕生は悔い改めて神の赦しを受入れるとすぐに体験するけれども、神はキリスト者の心(ロマ12:2)や内面の深い部分を新しくし変え続けてくださる(エペ4:23)。この霊的刷新は「日々」継続されるものである(Ⅱコリ4:16, →「**聖化**」の項 p.2405)。

　(4) 霊的誕生では、罪(神に対する反抗の道である自分勝手な道を行くこと)の古い生活からイエス・キリストに従う新しい生活への移行または完全な変化が行われる(Ⅱコリ5:17, ガラ6:15, エペ4:23-24, コロ3:10)。それはキリスト者の態度や生活に明らかな変化が起きるということである(→Ⅰペテ4:1-2)。本当に生れ変った人は、罪の奴隷から解放されて自分の人生に対する神の目的を果せるようになる(→ヨハ8:36注, ロマ6:14-23)。そして神に従い聖霊の導きに従いたいという新しい態度と願いを持つようになる(ロマ8:13-14)。神に頼ることによって神の基準による正しいことを行い(Ⅰヨハ2:29)、ほかの人々をことばだけではなく行動をもって愛し(Ⅰヨハ4:7)、神に逆らうことや神に喜ばれないことを避け(Ⅰヨハ3:9, 5:18)、この世界の一時的な物事に心を引かれたりしなくなる(Ⅰヨハ2:15-16)。

　(5) 霊的に生れ変った人は罪を犯し続けることはない(自分勝手な道を進み神の戒めや基準を無視したり逆らったりすること →Ⅰヨハ3:9注)。けれども神の目的を熱心に追い求め、悪を注意深く避けなければ神との正しい個人的関係を保ち続けることはできない(Ⅰヨハ1:5-7)。このことは、神の恵み(受けるにふさわしくない好意、あわれみ、力づけ →Ⅰヨハ2:3-11, 15-17, 24-29, 3:6-24, 4:7-8, 20, 5:1)に頼り、キリストとの強いさらに密接な関係を保ち(→ヨハ15:4注)、聖霊の力と導きに頼ること(ロマ8:2-14)に

よってのみ可能になる。霊的に新しく生れた人の中に現れるべき品性について　→「**罪の性質の行いと御霊の実**」の項 p.2208

(6)　どんなに霊的に話したり霊的に見えたり、霊的であると主張したりしても、その人が不道徳な原則に従った生活をし世間の生き方に従っているなら、その人の中には霊的いのちがなく悪魔の子のように生活していることが行動によって明らかになる（Ⅰヨハ3:6-10）。

(7)　人は、神に頼り赦しと永遠のいのちを受けることによって「御霊によって生まれる」（ヨハ3:8）のと同じように、愚かで自分勝手に神を敬わない選択をして神に頼ることを拒むなら、その人はいのちを受けられなくなる。その結果、神が下さるいのちを逃すことになり、霊的に死んでしまう。「もし肉に従って生きるなら、あなたがたは死ぬのです」（ロマ8:13）と聖書は警告している。信仰者でも罪の道を進み続け聖霊の導き（多くは神のことばと良心を通して与えられる）に従うことを拒むなら、たましいの中にある神のいのちの光は消え神の国を失うことになる（⇒マタ12:31-32、Ⅰコリ6:9-10、ガラ5:19-21、ヘブ6:4-6、Ⅰヨハ5:16、→「**背教**」の項 p.2350）。

(8)　新生は神の御霊によってのみ与えられるもので、生物学的誕生と同じようには考えられない。なぜなら、神と神に従う人々との関係は肉または人間的努力の行動ではなく、霊的なことだからである（ヨハ3:6）。またこのことは、生物学的に父親と子どもの結びつきは完全に断たれたり逆転することはないけれども、神が望んでおられる父親と神の子との関係は自由意志によるもので、地上にいる間には背を向けたり否定することができることを意味している（→ロマ8:13注）。神との関係、神にある永遠のいのちとの関係は条件付きで、私たちがキリストを信じ続けるか、そしてキリストに従う生活をしているか、本当にキリストを愛しているかにかかっている（ロマ8:12-14、Ⅱテモ 2:12）。

要約すると、霊の誕生、新生によって次のようなものが与えられる。霊的きよめ（ヨハ3:5、テト3:5）、神の御霊の内住（ロマ8:9、Ⅱコリ1:22）、キリストのうちにある「新しく造られた者」への変革（Ⅱコリ5:17）、霊的に神の子とされる（ヨハ1:12-13、ロマ8:16、ガラ3:26、4:4-6）、聖霊の導きと霊的なことの理解（ヨハ16:13-15、Ⅰコリ2:9-16、Ⅰヨハ2:27）、神の基準に従って正しく生き、神と同じ品性を育てる能力（ガラ5:16-23、Ⅰヨハ2:29、5:1-2）、罪に対する勝利（Ⅰヨハ3:9、5:4、18）、キリストとともに受ける永遠の資産（ロマ8:17、ガラ4:7、Ⅰペテ1:3-4）。

¹⁹そのさばきというのは、こうである。光が世に来ているのに、人々は光よりもやみを愛した。その行いが悪かったからである。²⁰悪いことをする者は光を憎み、その行いが明るみに出されることを恐れて、光のほうに来ない。²¹しかし、真理を行う者は、光のほうに来る。その行いが神にあってなされたことが明らかにされるためである。

主イエスのあかしをするバプテスマのヨハネ

²²その後、イエスは弟子たちと、ユダヤの地に行き、彼らとともにそこに滞在して、バプテスマを授けておられた。²³一方ヨハネもサリムに近いアイノンでバプテスマを授けていた。そこには水が多かったからである。人々は次々にやって来て、バプテスマを受けていた。²⁴――ヨハネは、まだ投獄されていなかったからである――²⁵それで、ヨハネの弟子たちが、あるユダヤ人ときよめについて論議した。²⁶彼らはヨハネのところに来て言った。

19①圏ヨハ12:46
 ②ヨハ7:7
20①ヨハ3:20, 21,
 囲エペ5:11, 13
21①Ⅰヨハ1:6
22①圏ヨハ2:2
 ②ヨハ4:1
24①圏マタ4:12
25①圏ヨハ2:6

26①ヨハ3:2, 囲マタ23:7
 ②圏ヨハ1:28
27①Ⅰコリ4:7, 囲ヘブ5:4
28①ヨハ1:20, 23
29①圏マタ25:1, 9:15
 ②ヨハ15:11, 16:24,
 17:13, ピリ2:2,
 Ⅰヨハ1:4, Ⅱヨハ12
30 * バプテスマのヨハネの引用をここまでとしないで、36節の終わりまでとして訳すこともできる
31①圏ヨハ3:13, 8:23
 ②圏ヨハ4:5
 ③圏ヨハ3:13, 8:23
32①ヨハ3:11

「先生。見てください。ヨルダンの向こう岸であなたといっしょにいて、あなたが証言なさったあの方が、バプテスマを授けておられます。そして、みなあの方のほうへ行きます。」²⁷ヨハネは答えて言った。「人は、天から与えられるのでなければ、何も受けることはできません。²⁸あなたがたこそ、『①私はキリストではなく、その前に遣わされた者である』と私が言ったことの証人です。²⁹花嫁を迎える者は花婿です。そこにいて、花婿のことばに耳を傾けているその友人は、花婿の声を聞いて大いに喜びます。それで、私もその喜びで満たされているのです。³⁰あの方は盛んになり私は衰えなければなりません。」*

³¹上から来る方は、すべてのものの上におられ、地から出る者は地に属し、地のことばを話す。天から来る方は、すべてのものの上におられる。³²①この方は見たこと、また聞いたことをあ

（3）信じること（《ギ》ピステュウオー）には次の三つの大切なことが含まれている。(a) イエス・キリストが神の子であり霊的に失われた人類の唯一の救い主であると信じる信仰と確信。(b) 人生の主導権をキリストに明け渡すという行動と、キリストに従い続けるという服従の姿勢（⇒15:1-10, →14:21注, 15:4注）。(c) キリストは信じる人々のために救いを完成し天でともに永遠に生きるようにさせることができるし、そうしてくださるという信仰と確信（→「**信仰と恵み**」の項p.2062）。「信じる」という聖書的意味はただの知的作業ではなく、人生の主導権をキリストに明け渡す積極的信頼であることを忘れてはならない（→1:12注）。信仰は、無私の行動と服従と奉仕を通して頼り続けることである（→ヤコ2:14-26）。

（4）神がくださる恵みの賜物があまりにもすばらしいので、16節の「滅びる」ということばが見逃されがちである。これは神を拒んだ（キリストを信じない、人生を明け渡さない、罪の赦しと永遠のいのちという賜物を受け入れない）ために起こる悲しい結果である。滅びは肉体の死ではなく、霊的死（神からの永遠の分離）と永遠の刑罰という恐ろしい現実のことである（マタ10:28注）。

（5）「永遠のいのち」は罪のために払われたキリストの犠牲と罪の赦しを受け入れ、霊的に「新しく生まれ」た人に与えられる神の賜物である（→「**新生－霊的誕生と刷新**」の項p.1874）。それは良い行いや個人的努力で得られるものではない。受取るべき贈り物である。「永遠」とは、単にいつまでも生きるということではない。地上の生活からでも始まる存在の質を意味し、神を知る機会のことである（永遠のいのちの定義 →17:3）。また私たちを罪とサタンの力から自由にし、神との永遠の関係を築き上げるために、地上の物事を超えて霊的に生きるようにさせるいのちである（⇒8:34-36, →17:3注）。

3:19 光よりもやみを愛した 悪い人（キリストを拒む人々）の特徴は、基本的にやみを愛することである。それは不道徳な振舞（ほかの人々の同じ振舞も）を喜ぶことであり、神の正義や真理の基準を平気で無視することである（ロマ1:18-32, ピリ3:19, Ⅱテモ3:2-5, Ⅱペテ2:12-15）。新しく生まれた人は（→3:16注）、それとは全く逆である。正義と真理を愛し神が喜ばれることを喜んで行う（Ⅰコリ13:6）。悪を憎み（→ヘブ1:9注）、人々が神を拒みその基準に背くとき深く悲しむ。また現代社会では一般的になっている肉欲をそそのかすような行事や公然と行われる罪深い振舞などを喜ばない（詩97:10, 箴8:13, ロマ12:9, →Ⅱペテ2:8注, 黙

かしされるが、だれもそのあかしを受け入れない。
33 そのあかしを受け入れた者は、神は真実であるということに確認の印を押したのである。
34 神がお遣わしになった方は、神のことばを話される。神が御霊を無限に与えられるからである。
35 父は御子を愛しておられ、万物を御子の手にお渡しになった。
36 御子を信じる者は永遠のいのちを持つが、御子に聞き従わない者は、いのちを見ることがなく、神の怒りがその上にとどまる。

サマリヤの女性と話す主イエス

4 ¹ イエスがヨハネよりも弟子を多くつくって、バプテスマを授けていることがパリサイ人の耳に入った。それを主が知られたとき、
² ――イエスご自身はバプテスマを授けておられたのではなく、弟子たちであったが――
³ 主はユダヤを去って、またガリラヤへ行かれた。
⁴ しかし、サマリヤを通って行かなければならなかった。
⁵ それで主は、ヤコブがその子ヨセフに与えた地所に近いスカルというサマリヤの町に来られた。
⁶ そこにはヤコブの井戸があった。イエスは旅の疲れで、井戸のかたわらに腰をおろしておられた。時は第六時ごろであった。
⁷ ひとりのサマリヤの女が水をくみに来た。イエスは「わたしに水を飲ませてください」と言われた。
⁸ 弟子たちは食物を買いに、町へ出かけていた。
⁹ そこで、そのサマリヤの女は言った。「あなたはユダヤ人なのに、どうしてサマリヤの女の私に、飲み水をお求めになるのですか。」――ユダヤ人はサマリヤ人とつきあいをしなかったからである――
¹⁰ イエスは答えて言われた。「もしあなたが神の賜物を知り、また、あなたに水を飲ませてくれと言う者がだれであるかを知っていたなら、あなたのほうでその人に求めたことでしょう。そしてその人はあなたに生ける水を与えたことでしょう。」
¹¹ 彼女は言った。「先生。あなたはくむ物を持っておいでにならず、この井戸は深いのです。その生ける水をどこから手にお入

2:6注)。

3:34　御霊を無限に与えられる　主イエスの聖霊による油注ぎ(任命と力づけ)について　→マタ3:16注, ルカ3:22注。　→「**イエスと聖霊**」の項 p.1809

3:36　聞き従わない者　「聞き従わない」と訳されているギリシヤ語は「アペイテオー」で、「無視して(注意に背を向ける)従わない」とか「服従しない」という意味である。それは「無関心」とか関心が足りないことである。そして熱心に受入れ、従い、服従することを表す「信じる」(《ギ》ピステュウオー)と対比されている。ヨハネにとって不信仰は、「御子を拒む」ことであり従わないことだった。信仰と従順ということばは、互いに言い換えることができることばである。なぜなら両方ともキリストに積極的に頼り従うことにつながっているからである(⇒ロマ1:8と16:19, Ⅰテモ1:8, →ロマ15:18)。神との関係の中では、だれも従順にならないで信仰を持つことはできないし、信仰なしに従順になることもできない。霊的救いは、キリストを受入れる人に無料の贈り物として与えられる(ロマ5:15-16, 6:23)けれども、一度受入れたらあとは好きなことを行ってよいということではない。本当に救われた人は神に従い続け(ロマ10:3)、神の基準に沿って生き、キリストの品性を育て続けるのである(→1:5注, →「**信仰と恵み**」の項 p.2062)。

4:7　サマリヤの女　サマリヤの女性との会話は、主イエスご自身が天の父の目的に仕えている姿と、あらゆる民族、文化、背景を持つ人々を神との個人的な関係に導こうという願いとを表している(ユダヤ人とサマリヤ人の憎み合う関係　→Ⅱ列17:24注, ルカ9:53注)。主イエスは霊的に失われている人々を救おうという強い思いを持っておられた(→ルカ15:, ⇒箴言11:30, ダニ12:3, ヤコ5:20)。それは食物や飲み物よりもはるかに重要なことだった(4:34)。私たちはこの主イエスの模範(またこの女性が町の人々に伝えたように 4:28-30)に従わなければならない。周りの人々はみな神のことばを聞く準備ができている。人々の霊的必要と主イエスがそれを満たしてくださることを速やかにためらうことなく伝えなければならない。

れになるのですか。
¹²あなたは、私たちの父ヤコブよりも偉いのでしょうか。ヤコブは私たちにこの井戸を与え、彼自身も、彼の子たちも家畜も、この井戸から飲んだのです。」
¹³イエスは答えて言われた。「この水を飲む者はだれでも、また渇きます。
¹⁴しかし、わたしが与える水を飲む者はだれでも、決して渇くことがありません。わたしが与える水は、その人のうちで泉となり、永遠のいのちへの水がわき出ます。」
¹⁵女はイエスに言った。「先生。私が渇くことがなく、もうここにくみに来なくてもよいように、①その水を私に下さい。」
¹⁶イエスは彼女に言われた。「行って、あなたの夫をここに呼んで来なさい。」
¹⁷女は答えて言った。「私には夫はありません。」イエスは言われた。「私には夫がないというのは、もっともです。
¹⁸あなたには夫が五人あったが、今あなたといっしょにいるのは、あなたの夫ではな

12 ①ヨハ4:6
14 ①ヨハ6:35, 7:38
　②参マタ25:46,
　ヨハ6:27
15＊別訳「主よ」
　①比ヨハ6:34

19＊別訳「主よ」
　①参マタ21:11,
　比ルカ7:39
20 ①創33:20?（比ヨハ4:12）
　②申11:29, ヨシ8:33
　③比ルカ9:53
21＊原文には「わたし」の前に、女の人に対する呼びかけ語「ギュナイ」がある
　①マラ1:11, Ⅰテモ2:8
　②比ヨハ5:28, 16:2,
　比ヨハ4:23, 5:25, 16:32
22 ①イザ2:3,
　ロマ3:1, 2, 9:4, 5
　②Ⅱ列17:28-41
23 比ピリ3:3
　②ヨハ5:25, 16:32,
　比ヨハ4:21, 5:28, 16:2
24 比ピリ3:3

いからです。あなたが言ったことはほんとうです。」
¹⁹女は言った。「＊先生。あなたは①預言者だと思います。
²⁰私たちの父祖たちは①この山で②礼拝しましたが、あなたがたは、礼拝すべき場所は③エルサレムだと言われます。」
²¹イエスは彼女に言われた。「＊わたしの言うことを信じなさい。あなたがたが父を礼拝するのは、この山でもなく、エルサレムでもない、そういう時が来ます。
²²救いは①ユダヤ人から出るのですから、わたしたちは知って礼拝していますが、あなたがたは②知らないで礼拝しています。
²³しかし、真の①礼拝者たちが霊とまことによって父を礼拝する②時が来ます。今がその時です。父はこのような人々を礼拝者として求めておられるからです。
²⁴神は霊ですから、神を礼拝する者は、霊とまことによって礼拝しなければなりません。」

4:14 水は・・・永遠のいのちへ 主イエスが提供する「水」は霊的ないのちである（⇒イザ12:3）。このいのちを体験するには、生ける水を「飲」まなければならない（→7:37）。この飲むという行動は、瞬間的な一回の体験ではなく継続的な生き方を指している。いのちの水を飲むには、そのいのちの水の源であるイエス・キリストご自身と絶えず交わり続けなければならない。キリストとの関係をおろそかにし水の源から離れていたら、いのちの水を飲むことはできない。そのような人々は霊的に渇ききり、ペテロが言っているように「水のない泉」（Ⅱペテ2:17）になってしまう。

4:22 あなたがたは知らないで礼拝しています サマリヤ人の聖書にはモーセの五書（旧約聖書の最初の5巻）しかない。したがって、神の啓示を十分に受取っていないことになり、神について少ししか知らないということでもある。「救いはユダヤ人から出る」ということは、単純にメシヤまたはキリスト（4:25）はユダヤ人であるということである。

4:23-24 霊とまことによって・・・礼拝する 主イエスはここでいくつかのことを教えられた。（1）礼拝の場所は問題ではない。神が最も関心を持っておられるのは私たちの霊的態度である。（2）「霊・・・によって」は、礼拝が行われるレベルあるいは深さを指している。礼拝は心から行われなくてはならない。神を敬う品性と神への深い心の内の献身を反映するべきである。心を開き、聖霊に導かれた霊をもって神に近付き、自分自身を神にささげなければならない。とりわけ私たちの礼拝は神の特性、属性に焦点を合せ、神の御座に向かって私たちの霊を表現するものでなければならない。（3）「まこと（真理）」（《ギ》アレテイア）は、神の特性の中でも大きな特徴であり（詩31:5, ロマ1:25, 3:7, 15:8）、キリストの中に人格化された（人間の姿で表される）ものである（14:6, Ⅱコリ11:10, エペ4:21）。それは聖霊についても言われていて（14:17, 15:26, 16:13）、キリストの福音メッセージの中心でもある（8:32, ガラ2:5, エペ1:13）。礼拝は、御子によって現され聖霊を通して与えられた御父の「まこと」に対する反映であり、応答でなければならない（「**神の属性**」の項 p.1016）。神のことばの真理と教えに基づかない礼拝をしている人々は、本当の礼拝をする唯一で正当な根拠を失っている（→「**礼拝**」の項 p.789）。

4:24 まこと イエス・キリストは真理であるから（1:14, 5:31, 14:6, ルカ4:25, 9:27, 12:44）、キリストに結ばれて生きるなら真理を話し（Ⅰコリ5:8, エペ4:25）、真理によって生きなければならない。キリストとの関係がある（霊的に救われている）と主張しながら、神のことばの中に啓示されている真理によって生き、また真理を話さない人々は自分を偽っており（Ⅰヨハ1:6）、やがて本当の心の状態をさらけ出す（8:

ヨハネの福音書　4章

²⁵女はイエスに言った。「私は、キリストと呼ばれるメシヤの来られることを知っています。その方が来られるときには、いっさいのことを私たちに知らせてくださるでしょう。」
²⁶イエスは言われた。「あなたと話しているこのわたしがそれです。」

主イエスと再合流する弟子たち

²⁷このとき、弟子たちが帰って来て、イエスが女の人と話しておられるのを不思議に思った。しかし、だれも、「何を求めておられるのですか」とも、「なぜ彼女と話しておられるのですか」とも言わなかった。
²⁸女は、自分の水がめを置いて町へ行き、人々に言った。
²⁹「来て、見てください。私のしたこと全部を私に言った人がいるのです。この方が*キリストなのでしょうか。」
³⁰そこで、彼らは町を出て、イエスのほうへやって来た。
³¹そのころ、弟子たちはイエスに、「先生。召し上がってください」とお願いした。
³²しかし、イエスは彼らに言われた。「わたしには、あなたがたの知らない食物があります。」
³³そこで、弟子たちは互いに言った。「だれか食べる物を持って来たのだろうか。」
³⁴イエスは彼らに言われた。「わたしを遣わした方のみこころを行い、そのみわざを成し遂げることが、わたしの食物です。

²⁵①印マタ1:16　②印ヨハ1:41
²⁶①印ヨハ8:24, ②印ヨハ9:35-37
²⁷①印ヨハ2:2　②ヨハ4:8
²⁹①印ヨハ4:17, 18 ②印ヨハ7:26, 31, マタ12:23
　＊すなわち「メシヤ」
³¹①印マタ23:7
³³①ヨハ2:2
³⁴①ヨハ5:30, 6:38 ②ヨハ5:36, 17:4, 印ヨハ19:28, 30

³⁵あなたがたは、『刈り入れ時が来るまでに、まだ四か月ある』と言ってはいませんか。さあ、わたしの言うことを聞きなさい。目を上げて畑を見なさい。色づいて、刈り入れるばかりになっています。
³⁶＊すでに、刈る者は報酬を受け、永遠のいのちに入れられる実を集めています。それは蒔く者と刈る者がともに喜ぶためです。
³⁷こういうわけで、『ひとりが種を蒔き、ほかの者が刈り取る』ということわざは、ほんとうなのです。
³⁸わたしは、あなたがたに自分で労苦しなかったものを刈り取らせるために、あなたがたを遣わしました。ほかの人々が労苦して、あなたがたはその労苦の実を得ているのです。」

多くのサマリヤ人が信じる

³⁹さて、その町のサマリヤ人のうち多くの者が、「あの方は、私がしたこと全部を私に言った」と証言したその女のことばによってイエスを信じた。
⁴⁰そこで、サマリヤ人たちはイエスのところに来たとき、自分たちのところに滞在してくださるように願った。そこでイエスは二日間そこに滞在された。
⁴¹そして、さらに多くの人々が、イエスのことばによって信じた。
⁴²そして彼らはその女に言った。「もう私たちは、あなたが話したことによって信じているのではありません。自分で聞いて、

³⁵①印ルカ10:2
³⁶＊「すでに」を35節の「色づいて」の前に置く読み方もある
　①Ⅰコリ9:17, 18
　②ヨハ4:14
　③ロマ1:13
³⁷①印ヨブ31:8, ミカ6:15
³⁹①ヨハ4:5, 30
　②ヨハ4:29

44, 使5:3)。その人々は実際には神に敵対しているので、天の御国には入れない(黙21:8, 27, 22:15, ⇒黙14:5)。うそをつく人々は「サタンの会衆に属する者」であると聖書は言っている(黙3:9)。

4:27　イエスが女の人と話しておられるのを不思議に思った　ユダヤ人の宗教教師が公に女性と話をするのは非常にまれなことだった。しかも女性がサマリヤ人だったので、弟子たちの驚きはさらに大きくなった(→Ⅱ列17:24注, ルカ9:53注)。

4:35　畑を見なさい　→マタ9:37注

4:36　永遠のいのちに入れられる実　主イエスをほかの人に紹介し、キリストを受入れて人生をゆだねるところまで導くことは永遠の価値があることである。祈り、模範を示し、あかしをしてだれかを救いに導い

た人々はいつの日か天で喜ぶことができる。けれども主イエスのためのその奉仕ができたのは、キリストの犠牲と、ほかの人々が祈り「霊的種蒔き」(4:38)をした結果であることを認めて謙遜であり続けなければならない。また私たちは自分の霊的働きの結果を全部見たり体験したりすることがほとんどない。それは私たちがあらかじめ植え働きかけていたものの収穫を、あとから来るほかの忠実なキリスト者たちがするからである。私たちが愛や思いやりの霊的種を蒔き、後にそのことによってだれかがキリストを受入れるようになっても、あるいは私たちがキリストを受入れるようにだれかを直接導いたとしても、私たちはみな同じ働きの一部を分担しているのである。神の民の間では競争があってはならない。だれかが主イエスのところに

この方がほんとうに世の救い主だと知っているのです。」

役人の息子を癒す主イエス

⁴³ さて、二日の後、イエスはここを去って、ガリラヤへ行かれた。
⁴⁴ イエスご自身が、①「預言者は自分の故郷では尊ばれない」と証言しておられたからである。
⁴⁵ そういうわけで、イエスがガリラヤに行かれたとき、ガリラヤ人はイエスを歓迎した。彼らも祭りに行っていたので、①イエスが祭りの間にエルサレムでなさったすべてのことを見ていたからである。
⁴⁶ イエスは再びガリラヤのカナに行かれた。そこは、かつて水をぶどう酒にされた所である。さて、カペナウムに病気の息子がいる王室の役人がいた。
⁴⁷ この人は、イエスがユダヤからガリラヤに来られたと聞いて、イエスのところへ行き、下って来て息子をいやしてくださるように願った。息子が死にかかっていたからである。
⁴⁸ そこで、イエスは彼に言われた。「あなたがたは、しるしと不思議を見ないかぎり、決して信じない。」
⁴⁹ その王室の役人はイエスに言った。「主よ。どうか私の子どもが死なないうちに下って来てください。」
⁵⁰ イエスは彼に言われた。「帰って行きなさい。あなたの息子は直っています。」その人はイエスが言われたことばを信じて、帰途についた。
⁵¹ 彼が下って行く途中、そのしもべたちが彼に出会って、彼の息子が直ったことを告げた。
⁵² そこで子どもがよくなった時刻を彼らに尋ねると、「きのう、第七時に熱がひきました」と言った。
⁵³ それで父親は、イエスが「あなたの息子は直っている」と言われた時刻と同じであることを知った。そして彼自身と彼の家の者がみな信じた。
⁵⁴ イエスはユダヤを去ってガリラヤに入られてから、またこのことを第二のしるしとして行われたのである。

池での癒し

5 ¹ その後、ユダヤ人の祭りがあって、イエスはエルサレムに上られた。
² さて、エルサレムには、羊の門の近くに、②ヘブル語でベテスダと呼ばれる池があって、五つの回廊がついていた。
³ その中に大ぜいの病人、盲人、足のなえた者、やせ衰えた者たちが伏せっていた。*
⁵ そこに、三十八年もの間、病気にかかっている人がいた。
⁶ イエスは彼が伏せっているのを見、それがもう長い間のことなのを知って、彼に言われた。「よくなりたいか。」
⁷ 病人は答えた。「主よ。私には、水がかき回されたとき、池の中に私を入れてくれる人がいません。行きかけると、もうほかの人が先に降りて行くのです。」

---

42 ① Ⅰヨハ4:14, 囲 Ⅰテモ4:10, ルカ2:11, 使5:31, 13:23
43 ① ヨハ4:40
44 ① 圏マタ13:57 ② 圏マコ13:57
45 ① ヨハ2:23
46 ① ヨハ2:1 ② ヨハ2:9 ③ ヨハ2:12, 囲ルカ4:23
47 ① ヨハ4:3, 54
48 ① ダニ4:2, 3, 6:27, マタ24:24, マコ13:22, 使2:19, 22, 43, 4:30, 5:12, 6:8, 7:36, 14:3, ロマ15:19, Ⅱコリ12:12, Ⅱテサ2:9, ヘブ2:4, 囲 Ⅰコリ1:22

52 * 圏ヨハ1:39注
53 ① 囲使11:14
54 ① ヨハ4:45, 46 ② 圏ヨハ2:11

1 * 定冠詞のある異本がある。その場合は過越祭のこと
2 ① ネヘ3:1, 32, 12:39 ② ヨハ19:13, 17, 20, 20:16, 黙9:11, 16:16, 囲使21:40
* 「ベテサダ」または「ベテサイダ」と読む写本が多い
3 * 異本に3節後半、4節として、次の一部または全部を含むものがある。「彼らは水の動くのを待っていた。
4 主の使いが時々この池に降りて来て、水を動かすのであるが、水が動かされたあとで最初に池に入った者は、どのような病気にかかっている者でもいやされたからである」
7 ① ヨハ5:3注

来たなら、それはキリスト者全員が喜ぶことである。
4:48 しるしと不思議 しるしと不思議（キリストの力と神性を表す驚くべき奇蹟）は神の国（神の目的と地上での生き方と永遠に至る生き方、→「**神の国**」の項 p.1654）の働きである。けれども私たちの信仰はしるし中心ではなく、イエス・キリストが中心でなければならない。なぜならしるしはキリストの栄光を現すためのものだからである（→ 2:11注）。つまり私たちの信仰と献身（祈りも）は、奇蹟ではなく奇蹟を行う方（主イエス）に向けられるべきなのである。私たちは神の子、救い主であるイエス・キリストを信じる。それは主イエスがただ私たちのために肉体的、物質的に何かをしてくださるからではなく、愛、あわれみ、忠実、義の方であって、礼拝と尊敬を受けるべき方だからである。しるし、不思議、奇蹟はこの役人の場合と同じように（4:50-53）、私たちの主への信仰と献身を強め深めてくれれるものである。
5:5 三十八年 38年間の苦しみの中でこの男性は繰返し神に期待したのに癒されることなく、失望を長く体験していた（なぜ人々が池の周りで待っていたのかを説明する別の写本の文が欄外注にある）。けれども癒しがついに来た。こんなにも長い間苦しんでいた男性に同情された主イエスは、助けの手を伸ばされた。あなたの人生でなぜ助けや奇蹟が来ないのかと思うときがあっても、奇蹟を起こす神の時が間もなく来るかもしれないという希望を決して捨ててはならない。

ヨハネの福音書　5章

⁸イエスは彼に言われた。「起きて、床を取り上げて歩きなさい。」
⁹すると、その人はすぐに直って、床を取り上げて歩き出した。
ところが、その日は安息日であった。
¹⁰そこでユダヤ人たちは、そのいやされた人に言った。「きょうは安息日だ。床を取り上げてはいけない。」
¹¹しかし、その人は彼らに答えた。「私を直してくださった方が、『床を取り上げて歩け』と言われたのです。」
¹²彼らは尋ねた。「『取り上げて歩け』と言った人はだれだ。」
¹³しかし、いやされた人は、それがだれであるか知らなかった。人が大ぜいそこにいる間に、イエスは立ち去られたからである。
¹⁴その後、イエスは宮の中で彼を見つけて言われた。「見なさい。あなたはよくなった。もう罪を犯してはなりません。そうでないともっと悪い事があなたの身に起こるから。」
¹⁵その人は行って、ユダヤ人たちに、自分を直してくれた方はイエスだと告げた。

御子によるいのち

¹⁶このためユダヤ人たちは、イエスを迫害した。イエスが安息日にこのようなことをしておられたからである。
¹⁷イエスは彼らに答えられた。「わたしの父は今に至るまで働いておられます。ですからわたしも働いているのです。」
¹⁸このためユダヤ人たちは、ますますイエスを殺そうとするようになった。イエスが安息日を破っておられただけでなく、ご自身を神と等しくして、神を自分の父と呼んでおられたからである。
¹⁹そこで、イエスは彼らに答えて言われた。「まことに、まことに、あなたがたに告げます。子は、父がしておられることを見て行う以外には、自分からは何事も行う

→「キリストの奇蹟」の表 p.1942

5:9 その人はすぐに直って 主イエスはしばしば個人の信仰に直接応答して癒しを行われた。けれどもこの場合は、本人からの信仰を全く求めておられない。この男性は主イエスのことばだけによって直ったのである。キリストへの具体的な信仰の行動がなくても、神のみこころに沿って癒される人は今日でもいると思われる。癒しの信仰は三つあると聖書は教えている。(1)　癒される人の信仰（マタ9:27-29）。(2)　癒しが必要な人のためにほかの人々が信じる信仰（マタ8:5-10, ⇒17:15-20, ヤコ5:14-16）。(3)　癒しの賜物を働かせる力を与えられた人の信仰（Ⅰコリ12:9）。→「神による癒し」の項 p.1640

5:14 もう罪を犯してはなりません 主イエスを信じ従う人は罪を犯してはならないと主は求めておられる。本当に救われキリストに全く頼っている人は習慣的に罪を犯さない（自分の意思の力ではなく内におられる神の御霊の力によって）。これはもし主イエスに従うなら絶対に罪を犯さなくなるという意味ではなく、罪を犯し続ける今までと同じ道を歩き続けたり、何度も繰返して神に反抗し続けたりしないということである。信仰者はキリストにいのちをゆだねているので、聖霊の力によって守られ、罪によって人生が決められたり支配されたりすることはない（Ⅰペテ1:5, Ⅰヨハ3:6, 9）。ある人々は信仰者であっても思い、ことば、行いの中で毎日罪を犯さずにはいられないと言うけれども、主イエスはこれと全く違うことを新しく生れた人（3:3-7）に期待しておられる。この節は、また人生に何か悪いことが起こってもそれは自分が罪を犯した結果であるとは限らないと言っている。けれども神の命令、原則、願いに逆らえば災いを招くのは当然でもある。

5:16 イエスを迫害した ヨハネはこの福音書（主イエスの生涯とメッセージの記録）のこの時点で、主イエスが奇蹟を行われたのに（そしてそのために）宗教指導者たちが強く反抗したことを示し始めた。主イエスの働きの大部分、特に終りのほうでは多くの反対が起こるようになる（→「キリストの伝道一覧」の表 p.1937）。

5:18-24 ご自身を神と等しくして ここで主イエスはいくつかの驚くべき主張をされた。(1)　神は独特なかたちで父である。(2)　ご自分は神との一致、交わり、権威を保っておられる（5:19-20）。(3)　いのちを与え死者をよみがえらせる力を持っておられる（5:21）。(4)　人々をさばく権利を持っておられる（5:22）。(5)　神の栄誉（神だけが受ける尊敬 5:23）と同じ栄誉を受ける権利を持っておられる。(6)　永遠のいのちを与える力を持っておられる（5:24）。これらのものを全部持っておられるのに、主イエスは御父に完全に頼っていると言っておられる（5:19, 8:28）。もし神である主イエスがこのように御父に頼っていたのなら、私たちは導きと霊的力を得るためにさらに神に頼り、祈りとみことばを通して神との時間を過すべ

ことができません。父がなさることは何でも、子も同様に行うのです。²⁰ それは、父が子を愛して、ご自分のなさることをみな、子にお示しになるからです。また、これよりもさらに大きなわざを子に示されます。それは、あなたがたが驚き怪しむためです。
²¹ 父が死人を生かし、いのちをお与えになるように、子もまた、与えたいと思う者にいのちを与えます。
²² また、父はだれをもさばかず、すべてのさばきを子にゆだねられました。
²³ それは、すべての者が、父を敬うように、子を敬うためです。子を敬わない者は、子を遣わした父をも敬いません。
²⁴ まことに、まことに、あなたがたに告げます。わたしのことばを聞いて、わたしを遣わした方を信じる者は、永遠のいのちを持ち、さばきに会うことがなく、死からいのちに移っているのです。
²⁵ まことに、まことに、あなたがたに告げます。死人が神の子の声を聞く時が来ます。今がその時です。そして、聞く者は生きるのです。
²⁶ それは、父がご自分のうちにいのちを持っておられるように、子にも、自分のうちにいのちを持つようにしてくださったからです。
²⁷ また、父はさばきを行う権を子に与えられました。子は*人の子だからです。
²⁸ このことに驚いてはなりません。墓の中にいる者がみな、子の声を聞いて出て来る時が来ます。
²⁹ 善を行った者は、よみがえっていのちを

20 ① 囲 ヨハ 3:35
　② ヨハ 14:12
21 ① ロマ 4:17, 8:11
　囲 ヨハ 11:25
22 ① ヨハ 5:27, 9:39,
　使 10:42, 17:31
23 ① 囲 ルカ 10:16,
　Ⅰ ヨハ 2:23
24 ① 囲 ヨハ 3:18, 12:44,
　20:31, Ⅰ ヨハ 5:13
　② ヨハ 3:18
　③ Ⅰ ヨハ 3:14
25 ① 囲 ルカ 15:24
　囲 ヨハ 4:23,
　囲 ヨハ 5:28, 4:21
　③ 囲 ヨハ 6:60, 8:43, 47,
　9:27
26 ① ヨハ 1:4,
　囲 ヨハ 6:57
27 ① ヨハ 9:39,
　使 10:42, 17:31
　*「人の子」は「人」と訳すこともできる
28 ① ヨハ 11:24,
　Ⅰ コリ 15:52
　② 囲 ヨハ 4:21
29 ① ダニ 12:2, 使 24:15,
　囲 マタ 25:46

きではないだろうか。

5:24 聞いて・・・信じる 主イエスは永遠のいのちを持ち（神との個人的関係を持ち神と永遠に生きる人）罪に定められない人を、「聞いて・・・信じる者」と表現された。「聞く」（《ギ》アクーオーン、アクーオーの変化)」と「信じる（ピステュウオーン、ピステュウオーの変化）」という動詞は現在分詞で継続的な行動を表す（「聞き続け、信じ続ける者はだれでも」）。このことは「聞くこと」も「信じること」も一度限りの行動ではなく、続けるべき行動だという意味である（→1:12注）。聖書では「聞く」ということばは聞いて応答することであり、学んだことを行うという意味である。永遠のいのちは過去のある時点での一時的決断ではなく、信仰を実際に生きて成長し続けることが条件であるとキリストは言われたのである（→1:12注, 4:14注）。

5:24 さばきに会うことがなく 「さばき」（《ギ》クリシス）ということばは永遠の霊的死に追いやられるという意味で使われている。キリストの弟子たちはこの世界のほかの人々と一緒にさばきを受けることはない（Ⅰコリ11:32）。けれども地上にいる間に神がくださった機会や資金を忠実に用いたかどうか、その責任が問われるのである（→「**さばき**」の項 p.2167）。

5:26 子にも、自分のうちにいのちを持つようにしてくださった イエス・キリストは永遠のいのちの源であり、永遠のいのちはイエス・キリストご自身である（→1:4注）。したがって、キリストを知ることは本当のいのちを知ることである。神は私たちに永遠のいのち（神との個人的で永遠の関係）を持つようにしてくださったけれども、それは私たちの力によるのではない。神が望まれるようにキリストに頼り親しい関係を保つときに初めて、私たちは神が望まれるようにこのいのちを持つことができる（→15:4注, 6注, ガラ2:20）。

5:29 善を行った者 神のことばによると、さばきは活動と行動に基づいて行われる。それは行動はその人の実際の考え、態度、内面の霊的状態を表すからである。つまり私たちはキリストを信じているという主張ではなく、キリストに応答しキリストを信じる信仰に応じてどのように生きたかによってさばかれるのである（マタ12:36-37, 16:27, ロマ2:6-10, 14:12, Ⅰコリ3:13-15, Ⅱコリ5:10, エペ6:8, コロ3:25, 黙2:23, 20:12, 22:12）。けれども良い行いが私たちを救うのではない。行いは信仰を表し、主イエスとの関係から自然に流れ出るものである（→エペ2:10, テト2:14, 3:8）。私たちは信仰により恵みによって救われ（あるいはキリストに頼ったりまかせることを拒むことによってさばかれ）たけれども（エペ2:8-9）、行いにしたがってさばかれ報いを受けるのである（エペ6:8, Ⅰペテ1:17, 黙20:12, →「**信仰と恵み**」の項 p.2062, 「**さばき**」の項 p.2167）。

5:29 よみがえっていのちを受け 新約聖書は死んだ人々がみな一度に同時に（同じ時刻に起こる）よみがえるとは教えていない。（1）むしろ聖書は、主イエスのよみがえりのすぐ後に多くの「聖徒」がよみがえったこと（マタ27:52-53）、キリストによる教会の携挙あるいは「引き上げられる」ときのよみがえり（Ⅰコリ15:51-52, →「**携挙**」の項 p.2278）と、「第一の復活」（→黙20:6注）と、黙示録20:6の「第一の復活」の1,000年後に起こるよみがえり（地上でのキリストの

ヨハネの福音書　5章

受け、悪を行った者は、よみがえってさばきを受けるのです。

30 わたしは、自分からは何事も行うことができません。ただ聞くとおりにさばくのです。そして、わたしのさばきは正しいのです。わたし自身の望むことを求めず、わたしを遣わした方のみこころを求めるからです。

主イエスのご自分についての証言

31 もしわたしだけが自分のことを証言するのなら、わたしの証言は真実ではありません。
32 わたしについて証言する方がほかにあるのです。その方のわたしについて証言される証言が真実であることは、わたしが知っています。
33 あなたがたは、ヨハネのところに人をやりましたが、彼は真理について証言しました。
34 といっても、わたしは人の証言を受けるのではありません。わたしは、あなたがたが救われるために、そのことを言うのです。
35 彼は燃えて輝くともしびであり、あなたがたはしばらくの間、その光の中で楽しむことを願ったのです。
36 しかし、わたしにはヨハネの証言よりもすぐれた証言があります。父がわたしに成し遂げさせようとしてお与えになったわざ、すなわちわたしが行っているわざそのものが、わたしについて、父がわたしを遣わしたことを証言しているのです。
37 また、わたしを遣わした父ご自身がわたしについて証言しておられます。あなたがたは、まだ一度もその御声を聞いたこともなく、御姿を見たこともありません。
38 また、そのみことばをあなたがたのうちにとどめてもいません。父が遣わした者をあなたがたが信じないからです。
39 あなたがたは、聖書の中に永遠のいのちがあると思うので、聖書を調べています。その聖書が、わたしについて証言しているのです。
40 それなのに、あなたがたは、いのちを得るためにわたしのもとに来ようとはしません。
41 わたしは人からの栄誉は受けません。
42 ただ、わたしはあなたがたを知っています。あなたがたのうちには、神の愛がありません。
43 わたしはわたしの父の名によって来ましたが、あなたがたはわたしを受け入れません。ほかの人がその人自身の名において来れば、あなたがたはその人を受け入れるの

1,000年間の統治の後　黙20：4)について教えている。(2) キリストが反キリストの勢力を打破するために再び来られ、地上での1,000年間の統治を始める前の「第一の復活」では、キリスト者がみなよみがえると思われる(黙20：4-6)。その場合、黙示録20：4-6のよみがえりが第一の復活を完成するのである。詳細　→「肉体の復活」の項 p.2151

5：29　悪を行った者　キリストの弟子たちの生活の中には不道徳、汚れ、情欲、悪い欲、堕落、欺き、そのほかの罪深い行いがあってはならない(→コロ3：5)。神のことばが定めた範囲を越えて生活をしていてもキリストを「信じる」人はなお永遠のいのちを受けるなどと教える人々は、キリストの教えに逆らい、うそを広めているのである。このような信仰は、「永遠の堅持」という間違った安心感を与えるものである(→Ⅰコリ6：9-10、ガラ5：19-21、エペ5：5-6)。神の愛から私たちを離し神の御手から取去るものは何もない(10：28、ロマ8：31-35)けれども、自分自身が神のことばに従わず逆らうなら永遠のいのちと神の配慮から離れる可能性はある。私たちは主イエスが言われた「悪を行った者は、よみがえってさばきを受けるのです」ということばに注意をしなければならない。

5：33　ヨハネのところに人をやりました　これは主イエスの道を備えるために来たバプテスマのヨハネのことである(1：19-23)。

5：39　聖書を調べています　多くのユダヤ人は旧約聖書の神のことばが何を言っているかを知っていたけれども、その本当の意味を理解していなかった(5：38)。ユダヤ教の指導者たちは詳細に聖書を学んでいたけれども、みことばが指している人物を理解し受入れなかった。このことは神のことばが何を言っているかを知り、またある程度は信じて従っていてもそれで救われるのではないことを示している。私たちはキリストを個人的に受入れ、人生をささげて従わなければならない。それにはみことばに啓示されている原則と目的を実行することが必要である。

です。
44 互いの栄誉は受けても、唯一の神からの栄誉を求めないあなたがたは、どうして信じることができますか。
45 わたしが、父の前にあなたがたを訴えようとしていると思ってはなりません。あなたがたを訴える者は、あなたがたが望みをおいているモーセです。
46 もしあなたがたがモーセを信じているのなら、わたしを信じたはずです。モーセが書いたのはわたしのことだからです。
47 しかし、あなたがたがモーセの書を信じないのであれば、どうしてわたしのことばを信じるでしょう。」

44 ①ヨハ5:41
＊あるいは「名誉」、「評判」
②ヨハ17:3、関Ⅰテモ1:17
③ロマ2:29
45 ①圏ヨハ9:28、ロマ2:17以下
46 ①関ルカ24:27
47 ①囲ルカ16:29, 31

1 ①ヨハ6:1-13、マタ14:13-21、マコ6:32-44、ルカ9:10-17
2 ①関マタ4:18、囲ルカ5:1
②ヨハ21:1
③関ヨハ6:23
2 ①関ヨハ2:11
＊あるいは「証拠としての奇蹟」
3 ①ヨハ6:15、囲マタ5:1
4 ①関ヨハ2:13

五千人に食物を与える主イエス

6:1-13　並行記事—マタ14:13-21, マコ6:32-44, ルカ9:10-17

6 ¹ その後、イエスはガリラヤの湖、すなわち、テベリヤの湖の向こう岸へ行かれた。
² 大ぜいの人の群れがイエスにつき従っていた。それはイエスが病人たちになさっていたしるしを見たからである。
³ イエスは山に登り、弟子たちとともにそこにすわられた。
⁴ さて、ユダヤ人の祭りである過越が間近になっていた。
⁵ イエスは目を上げて、大ぜいの人の群れ

5:44　互いの栄誉は受けても　本当にキリストに自分をささげ頼っている人は、ほかの人々からの賞賛や尊敬を求めて行動することはない。またほかの人々の意見ばかり気にすることもない。ただ神に喜ばれること、自分に対する神の目的を達成することを追い求めるのである。ほかの人々の賞賛を頼りにするという悪い習慣に陥った人は、実際には自分を偶像(神として拝む対象)にしている。賛美を受けるのは神だけである。神からの誉れよりも人からの栄誉を求める人は、キリストの教えに逆らっているのであって純粋な信仰を持つことはできない(⇒ロマ2:29)。

5:47　モーセの書を信じない　この教えは旧約聖書についての主イエスの考えを知る上で重要である。主イエスはモーセがモーセの五書(モーセが記録した旧約聖書の初めの5巻にある神の働き、イスラエルの歴史、神の律法)を書いたと信じておられた。このことからわかることは、もし神によって与えられ聖霊が導いて霊感を与えられた信用できる旧約聖書の書物を信じないなら、その人は主イエスのことばと新約聖書の書物の権威を信じ従っていないということである。聖書という神のことばはみな、キリストご自身とキリストが成就されようとしている目的をあかししている(→使24:14注、→「**聖書の霊感と権威**」の項 p.2323)。

6:2　しるし　(1) しるしとは何だろうか。それは、(a) 超自然的起源を持つ力(《ギ》デュナミス →使8:13, 19:11)による働きである。(b) 神から権威が与えられていることを示すしるし(《ギ》セーメイオン)である(→2:11注、ルカ23:8, 使4:16, 30, 33)。新約聖書にある中心的で最大のしるしはキリストの復活である(Ⅰコリ15:)。

(2) 神の国ではしるしには少くとも三つの目的がある。(a) イエス・キリストをあがめ、そのメッセージが真理であることを証明し、主イエスが神の子であり救い主であることを証明すること(2:23, 5:1-21, 10:25, 11:42)。(b) キリストのあわれみ深い愛を表現すること(マコ8:2, ルカ7:12-15, 使10:38)。(c) 救いの機会(マタ11:2〜)、神の国の到来(→「**神の国**」の項 p.1654)、サタンの国になだれ込んで打勝つ神の力を示すこと(→「**サタンと悪霊に勝利する力**」の項 p.1726)。

(3) しるしはキリストの弟子たちを通して教会の中に現れ続けると神のことばは教えている。(a) 主イエスはみことばを伝え、しるしを行うように弟子たちを送り出された(マタ10:7-8, マコ3:14-15, →ルカ9:2注)。(b) 主イエスを信じた人々はみことばの宣教の中で主イエスが行われた働きを行い、またそれよりも大きなことを行うと主イエスは宣言された(14:12, マコ16:15-20)。(c)「使徒の働き」には弟子たちの中で、また弟子たちを通して行われた多くの奇蹟が記録されている(使3:1〜、5:12, 6:8, 8:6〜、9:32〜、15:12, 20:7〜)。これは新約聖書のほかの箇所ではキリストのメッセージの真理を確証する「しるし」と呼ばれている(使4:29-30, 14:3, ロマ15:18-19, Ⅱコリ12:12, ヘブ2:3-4)。(d) 聖霊は今日も教会の内外でこれらのしるしを現したいと望んでおられる(Ⅰコリ12:8-12, 28, ヤコ5:14-15, →「**信者に伴うしるし**」の項 p.1768)。新約聖書のしるし　→「**キリストの奇蹟**」の表 p.1942,「**使徒たちの奇蹟**」の表 p.1941

(4) 新約聖書はまた超自然的なしるしや不思議がにせ教師やにせ説教者、特に反キリストとそのにせ預言者たちを通してサタンの力によって行われると教えている(→「**大患難**」の項 p.1690,「**にせ教師**」の項 p.1758)。

6:5　五千人の給食　→マタ14:19注

がご自分のほうに来るのを見て、ピリポに言われた。「どこからパンを買って来て、この人々に食べさせようか。」

⁶ もっとも、イエスは、ピリポをためしてこう言われたのであった。イエスは、ご自分では、しようとしていることを知っておられたからである。

⁷ ピリポはイエスに答えた。「めいめいが少しずつ取るにしても、二百デナリのパンでは足りません。」

⁸ 弟子のひとりシモン・ペテロの兄弟アンデレがイエスに言った。

⁹「ここに少年が大麦のパンを五つと小さい魚を二匹持っています。しかし、こんなに大ぜいの人々では、それが何になりましょう。」

¹⁰ イエスは言われた。「人々をすわらせなさい。」その場所には草が多かった。そこで男たちはすわった。その数はおよそ五千人であった。

¹¹ そこで、イエスはパンを取り、感謝をささげてから、すわっている人々に分けてやられた。また、小さい魚も同じようにして、彼らにほしいだけ分けられた。

¹² そして、彼らが十分食べたとき、弟子たちに言われた。「余ったパン切れを、一つもむだに捨てないように集めなさい。」

¹³ 彼らは集めてみた。すると、大麦のパン五つから出て来たパン切れを、人々が食べたうえ、なお余ったもので十二のかごがいっぱいになった。

¹⁴ 人々は、イエスのなさったしるしを見て、「まことに、この方こそ、世に来られるはずの預言者だ」と言った。

¹⁵ そこで、イエスは、人々が自分を王とするために、むりやりに連れて行こうとしているのを知って、ただひとり、また山に退かれた。

水の上を歩く主イエス
6:16–21 並行記事―マタ14:22–33, マコ6:47–51

¹⁶ 夕方になって、弟子たちは湖畔に降りて行った。

¹⁷ そして、舟に乗り込み、カペナウムのほうへ湖を渡っていた。すでに暗くなっていたが、イエスはまだ彼らのところに来ておられなかった。

¹⁸ 湖は吹きまくる強風に荒れ始めた。

¹⁹ こうして、四、五キロメートルほどこぎ出したころ、彼らは、イエスが湖の上を歩いて舟に近づいて来られるのを見て、恐れた。

²⁰ しかし、イエスは彼らに言われた。「わたしだ。恐れることはない。」

²¹ それで彼らは、イエスを喜んで舟に迎えた。舟はほどなく目的の地に着いた。

²² その翌日、湖の向こう岸にいた群衆は、そこには小舟が一隻あっただけで、ほかにはなかったこと、また、その舟にイエスは弟子たちといっしょに乗られないで、弟子たちだけが行ったということに気づいた。

²³ しかし、主が感謝をささげられてから、人々がパンを食べた場所の近くに、テベリヤから数隻の小舟が来た。

²⁴ 群衆は、イエスがそこにおられず、弟子たちもいないことを知ると、自分たちもその小舟に乗り込んで、イエスを捜してカペナウムに来た。

主イエスはいのちのパン

²⁵ そして湖の向こう側でイエスを見つけたとき、彼らはイエスに言った。「先生。いつここにおいでになりましたか。」

²⁶ イエスは答えて言われた。「まことに、まことに、あなたがたに告げます。あなたがたがわたしを捜しているのは、しるしを見たからではなく、パンを食べて満腹したからです。

²⁷ なくなる食物のためではなく、いつまでも保ち、永遠のいのちに至る食物のために働きなさい。それこそ、人の子があなたがたに与えるものです。この人の子を父なる神が認証されたからです。

6:15　ただひとり、また山に退かれた　→マタ14:23注　　6:20　恐れることはない　→マタ14:27注

ヨハネの福音書　6章

²⁸すると彼らはイエスに言った。「私たちは、神のわざを行うために、何をすべきでしょうか。」
²⁹イエスは答えて言われた。「あなたがたが、神が遣わした者を信じること、それが神のわざです。」
³⁰そこで彼らはイエスに言った。「それでは、私たちが見てあなたを信じるために、しるしとして何をしてくださいますか。どのようなことをなさいますか。
³¹私たちの父祖たちは荒野でマナを食べました。『彼は彼らに天からパンを与えて食べさせた』と書いてあるとおりです。」
³²イエスは彼らに言われた。「まことに、まことに、あなたがたに告げます。モーセはあなたがたに天からのパンを与えたのではありません。しかし、わたしの父は、あなたがたに天からまことのパンをお与えになります。
³³というのは、神のパンは、天から下って来て、世にいのちを与えるものだからです。」
³⁴そこで彼らはイエスに言った。「主よ。いつもそのパンを私たちにお与えください。」
³⁵イエスは言われた。「わたしがいのちのパンです。わたしに来る者は決して飢えることなく、わたしを信じる者はどんなときにも、決して渇くことがありません。
³⁶しかし、あなたがたはわたしを見ながら信じようとしないと、わたしはあなたがたに言いました。
³⁷父がわたしにお与えになる者はみな、わたしのところに来ます。そしてわたしのところに来る者を、わたしは決して捨てません。
³⁸わたしが天から下って来たのは、自分のこころを行うためではなく、わたしを遣わした方のみこころを行うためです。
³⁹わたしを遣わした方のみこころは、わたしに与えてくださったすべての者を、わたしがひとりも失うことなく、ひとりひとりを終わりの日によみがえらせることです。
⁴⁰事実、わたしの父のみこころは、子を見て信じる者がみな永遠のいのちを持つことです。わたしはその人たちをひとりひとり終わりの日によみがえらせます。」
⁴¹ユダヤ人たちは、イエスが「わたしは天から下って来たパンである」と言われたので、イエスについてつぶやいた。
⁴²彼らは言った。「あれはヨセフの子で、われわれはその父も母も知っている、そのイエスではないか。どうしていま彼は『わたしは天から下って来た』と言うのか。」

6:35　わたしがいのちのパンです　これはヨハネの福音書に記録されている「わたしは・・・です」という七つの宣言の最初のものであるけれども、それぞれが主イエスの重要な働きの一面を描いている。ここの宣言はキリストが私たちの霊的生活を支え養う方であることを教えている(→6:53)。ほかの「わたしは・・・です」宣言は、「世の光」(8:12)、「門」(10:9)、「良い牧者」(10:11,14)、「よみがえりです。いのちです」(11:25)、「道であり、真理であり、いのち」(14:6)、「まことのぶどうの木」(15:1.5)である。

6:37　わたしは決して捨てません　どんな人でも、今までどこにいてどんなことを体験してきたとしても、謙遜になってキリストに近付くならその人は受入れてもらうことができる。本当の悔い改めと信仰をもって来る人(自分の罪深さを十分に認めてそこから離れ自分の人生の主導権を主イエスにゆだねて頼る人)を、みな迎え入れると主イエスは約束された。主イエスのところに来る人は、自分の力ではなく神が与えられた恵みに応答して来るのである(→6:44注、→「信仰と恵み」の項 p.2062)。

6:40　わたしの父のみこころ　神のみこころとは、神の特性と目的に基づいた神ご自身の願いとご計画である。したがって神のみこころと人間の責任との関係を理解することは重要である。(1) 信仰者が神への献身をやめて、「恵みから落ち」(⇒ガラ5:4)、神から離れてしまうことは神のみこころではない。人々が滅びたり(Ⅱペテ3:9)、霊的死から救う真理を拒んだりするのは神のみこころではない(Ⅰテモ2:4)。(2) 神の完全みこころと許容されたみこころ(神が願っておられることと、人間が願い神が許されたこと)には大きな違いがある(→「**神のみこころ**」の項 p.1207)。悔い改めてキリストを信じるという責任を、神は人々に問われる。それでも多くの人は神を拒み、自分の人生に対する神の完全みこころに従おうとしない(→ルカ19:41注)。(3) ご自分の民を終わりのときによみがえらせ(キリストとともに永遠に生きるために肉体を生き返らす)ようと、神は願い計画をしておられる。だからと言って、私たちが今みことばを守らなくても

ヨハネの福音書 6章

43 イエスは彼らに答えて言われた。「互いにつぶやくのはやめなさい。
44 わたしを遣わした父が引き寄せられないかぎり、だれもわたしのところに来ることはできません。わたしは終わりの日にその人をよみがえらせます。
45 預言者の書に、『そして、彼らはみな神によって教えられる』と書かれていますが、父から聞いて学んだ者はみな、わたしのところに来ます。
46 だれも父を見た者はありません。ただ神から出た者、すなわち、この者だけが、父を見たのです。
47 まことに、まことに、あなたがたに告げます。信じる者は永遠のいのちを持ちます。
48 わたしはいのちのパンです。
49 あなたがたの父祖たちは荒野でマナを食べたが、死にました。
50 しかし、これは天から下って来たパンで、それを食べると死ぬことがないのです。
51 わたしは、天から下って来た生けるパンです。だれでもこのパンを食べるなら、永遠に生きます。またわたしが与えようとするパンは、世のいのちのための、わたしの肉です。」
52 すると、ユダヤ人たちは、「この人は、どのようにしてその肉を私たちに与えて食べさせることができるのか」と言って互いに議論し合った。
53 イエスは彼らに言われた。「まことに、まことに、あなたがたに告げます。人の子の肉を食べ、またその血を飲まなければ、あなたがたのうちに、いのちはありません。
54 わたしの肉を食べ、わたしの血を飲む者は、永遠のいのちを持っています。わたしは終わりの日にその人をよみがえらせます。
55 わたしの肉はまことの食物、わたしの血はまことの飲み物だからです。
56 わたしの肉を食べ、わたしの血を飲む者は、わたしのうちにとどまり、わたしも彼のうちにとどまります。
57 生ける父がわたしを遣わし、わたしが父によって生きているように、わたしを食べる者も、わたしによって生きるのです。
58 これは天から下って来たパンです。あなたがたの父祖たちが食べて死んだようなものではありません。このパンを食べる者は永遠に生きます。」
59 これは、イエスがカペナウムで教えられたとき、会堂で話されたことである。

44 ①エレ31:3、ホセ11:4、ヨハ12:32、6:65
 ②ヨハ6:39
45 ①引使7:42、13:40、引ヘブ8:11
 ②イザ54:13、エレ31:34
 ③Ⅰテサ4:9、引ピリ3:15、引Ⅰヨハ2:27
46 ①引ヨハ1:18
47 *異本「わたしを信じている者」
 ①ヨハ6:51、58、引ヨハ3:36、5:24、11:26
48 ①ヨハ6:35、51
49 ①ヨハ6:41、58
50 ①ヨハ6:33
51 ①ヨハ6:47、51、58、引ヨハ3:36、5:24、11:26
 ②ヨハ6:35、48
 ③ヨハ6:47、58
 ④引ヨハ1:29、3:14、15、ヘブ10:10、Ⅰヨハ4:10
 *異本「世のいのちのためにわたしが与えるものはわたしの肉」
52 ①ヨハ6:53-56
 ②引ヨハ1:19、6:41
 ②引ヨハ9:16、10:19
53 ①ヨハ6:27、62、引マタ26:26
54 ①ヨハ6:39
56 ①Ⅰヨハ15:4,5、Ⅰヨハ2:24、3:24,4:15,16、引ヨハ17:23
57 ①引マタ16:16、引ヨハ5:26
 ②引ロマ3:17、6:29、38
58 ①ヨハ6:41、51、引ヨハ6:33
 ②ヨハ6:31、49
 ③ヨハ6:47、51、引ヨハ3:36、5:24、11:26
59 ①ヨハ6:24
 ②引マタ4:23

神に従わなくてもよいというわけではない（10:27、14:21）。神に従い続け信じ続ける人に与えられるいのちは死も奪うことはできない。

6:44 父が引き寄せ 御父は聖霊を通して人々を主イエスのところに引寄せられる。聖霊は神の真理に向けて人々の心を開いてくださる。聖霊はまた人々に罪があることと神が必要であることを自覚させてくださる（⇒16:8-11）。主イエスが「わたしはすべての人を自分のところに引き寄せます」（12:32）と言われたように、神はあらゆる人々を招いておられる。けれどもこの招きは強制ではない。私たちはそれを拒むこともできる（→マタ23:37「あなたがたはそれを好まなかった」）。このことは神の御霊に応答することが重要であることを示している。もし神に向かって引寄せられる何かを感じたら、それを拒むべきではない。なぜなら、私たちは自分で好きな時に好きな方法で神に近付くことができないからである。神の恵み（受けるにふさわしくない好意と神がくださる能力 6:65、→「信仰と恵み」の項 p.2062）によってのみ応答し近付くことができるのである。

6:54 わたしの肉を食べ、わたしの血を飲む 私たちはキリストを信じることによって、また私たちの罪のために十字架で死んでくださったキリストの恩恵にあずかることによって霊的いのちを受取る（ロマ3:24-25、Ⅰヨハ1:7）。そして、キリストとみことばと親しい関係を保つことによってキリストのいのちを体験し続ける。6:53を「わたしがあなたがたに話したことばは、霊であり、またいのちです」と言われた63節と、また「わたしがいのちのパンです」と言われた6:35を比較するとよい。祈り続け、神のことばの上に人生を建上げ信じ続けることによって、私たちは霊的に養われ、キリストのいのちにあずかるのである。

（1）主イエスはいのちのことばであり（1:1-5）、聖書は神のことばである（Ⅱテモ3:16、Ⅱペテ1:21）。主イエスはご自分を「いのちのパン」（6:35）と呼ばれたけれども、ほかの箇所ではこのパンは神のことばであると言われた。『人はパンだけで生きるのではなく、神の口から出る一つ一つのことばによる』」（マタ

多くの弟子たちが主イエスから離れる

60 そこで、弟子たちのうちの多くの者が、これを聞いて言った。「これはひどいことばだ。そんなことをだれが聞いておられようか。」

61 しかし、イエスは、弟子たちがこうつぶやいているのを、知っておられ、彼らに言われた。「このことであなたがたはつまずくのか。

62 それでは、もし人の子がもといた所に上るのを見たら、どうなるのか。

63 いのちを与えるのは御霊です。肉は何の益ももたらしません。わたしがあなたがたに話したことばは、霊であり、またいのちです。

64 しかし、あなたがたのうちには信じない者がいます。」——イエスは初めから、信じない者がだれであるか、裏切る者がだれであるかを、知っておられたのである——

65 そしてイエスは言われた。「それだから、わたしはあなたがたに、『父のみこころによるのでないかぎり、だれもわたしのところに来ることはできない』と言ったのです。」

66 こういうわけで、弟子たちのうちの多くの者が離れ去って行き、もはやイエスとともに歩かなかった。

67 そこで、イエスは十二弟子に言われた。「まさか、あなたがたも離れたいと思うのではないでしょう。」

68 すると、シモン・ペテロが答えた。「主よ。私たちがだれのところに行きましょう。あなたは、永遠のいのちのことばを持っておられます。

69 私たちは、あなたが神の聖者であることを信じ、また知っています。」

70 イエスは彼らに答えられた。「わたしがあなたがた十二人を選んだのではありませんか。しかしそのうちのひとりは悪魔です。」

71 イエスはイスカリオテ・シモンの子ユダのことを言われたのであった。このユダは十二弟子のひとりであったが、イエスを売ろうとしていた。

仮庵の祭りに行く主イエス

7 1 その後、イエスはガリラヤを巡っておられた。それは、ユダヤ人たちがイエスを殺そうとしていたので、ユダヤを巡りたいとは思われなかったからである。

4:4)。このように私たちは、主イエスとの関係の中で主の肉を食べながら成長する。それは神のことばを受け入れ応答する(従う)ことである(6:63)。

(2) 私たちは神の恵み(受けるにふさわしくない好意、愛、霊的な能力)と人生を変える御霊の力によって、神のことばを聞き受け入れ応答したときに霊的に救われる(1:12, 使2:41)。そしてキリストに仕え続け神のことばによって養われ続けることによって救いの祝福を体験し続ける。私たちはみことばの真理を読み、守り、心の中に吸収しなければならない(Iテモ4:13-16, ヤコ1:21)。キリストとの関係から離れてみことばをおろそかにするなら霊的生活は危険である。

(3) ここは「主の晩餐」(教会の聖餐式)のことに直接触れていない。また聖餐を受けることが永遠のいのちに必要であるとか、この儀式が何かのかたちで救いの祝福をもたらすなどと主イエスは教えておられない。この部分全体で信仰がかぎであることをはっきりされたのである(→6:35, 40, 47)。

6:64 イエスは初めから・・・知っておられた 「初めから」が何を意味するのか明らかではない。ユダが悪いことに引かれ、それを行うような性格だったことを主イエスは知っておられたということかもしれない。あるいは、ユダが最初の信仰から離れ主イエスを裏切る計画を立てた時からという意味かもしれない。どちらにしてもユダはほかの弟子たちと同じ情況に置かれていたはずである。ユダは主イエスに完全に自分をささげていなかったのかもしれないけれども、初めは本当に信じていたと思われる。なぜなら、主イエスの信頼する親しい友と言われているからである(詩41:9, ヨハ13:18)。主イエスはユダを含めて弟子たち全員にご自分を預け、ご自分の力を用いることができるようにしておられた(マタ10:1-4, マコ3:13-19)。けれどもある時点でユダはキリストに失望して(主イエスを裏切らなくてもよかったのに)、自分のほうから離れていった(使1:25)。主イエスが裏切られることははっきりと預言されていたけれども、裏切る人は予定されたりあらかじめ決められたりしていたのではない。ユダが敵の言うなりになり、その結果悲劇を招いたのである。これはキリストに従う人々全員への警告である。私たちはこの世界と親しくなってキリストへの献身を捨ててはならない(ヘブ10:29, 12:25, ヤコ4:4, →「**背教**」の項 p.2350)。

ヨハネの福音書 7章

2 さて、仮庵の祭りというユダヤ人の祝いが近づいていた。
3 そこで、イエスの兄弟たちはイエスに向かって言った。「あなたの弟子たちもあなたがしているわざを見ることができるように、ここを去ってユダヤに行きなさい。
4 自分から公の場に出たいと思いながら、隠れた所で事を行う者はありません。あなたがこれらの事を行うのなら、自分を世に現しなさい。」
5 兄弟たちもイエスを信じていなかったのである。
6 そこでイエスは彼らに言われた。「わたしの時はまだ来ていません。しかし、あなたがたの時はいつでも来ているのです。
7 世はあなたがたを憎むことはできません。しかしわたしを憎んでいます。わたしが、世について、その行いが悪いことをあかしするからです。
8 あなたがたは祭りに上って行きなさい。わたしはこの祭りには行きません。わたしの時がまだ満ちていないからです。」
9 こう言って、イエスはガリラヤにとどまられた。
10 しかし、兄弟たちが祭りに上ったとき、イエスご自身も、公にではなく、いわば内密に上って行かれた。
11 ユダヤ人たちは、祭りのとき、「あの方はどこにおられるのか」と言って、イエスを捜していた。
12 そして群衆の間には、イエスについて、いろいろとひそひそ話がされていた。「良い人だ」と言う者もあり、「違う。群衆を惑わしているのだ」と言う者もいた。
13 しかし、ユダヤ人たちを恐れたため、イエスについて公然と語る者はひとりもいなかった。

祭りで教える主イエス

14 しかし、祭りもすでに中ごろになったとき、イエスは宮に上って教え始められた。
15 ユダヤ人たちは驚いて言った。「この人は正規に学んだことがないのに、どうして学問があるのか。」
16 そこでイエスは彼らに答えて言われた。「わたしの教えは、わたしのものではなく、わたしを遣わした方のものです。
17 だれでも神のみこころを行おうと願うなら、その人には、この教えが神から出たものか、わたしが自分から語っているのかがわかります。
18 自分から語る者は、自分の栄光を求めます。しかし自分を遣わした方の栄光を求める者は真実であり、その人には不正があり

7:2 仮庵の祭り 「仮庵の祭り」は作物の収穫を祝い、イスラエルが出エジプト（前1445年のエジプトでの奴隷状態からの大脱出）をした後に荒野で放浪していたときに示された神の慈しみを思い出すためのユダヤの大きな祭りだった。祭りの期間、人々は仮小屋やテントの中で7日間を過す（→レビ23:34-43注, ゼカ14:16-19, →**ヘブルの暦と主な出来事**の表 p.167）。

7:7 わたしを憎んでいます 「世」（神から離れているほとんどの人々、世界の制度と社会）は主イエスを憎んだ。それは主イエスが悪をさらけ出し、神から離れている人はみな霊的、道徳的に堕落し、自己中心で神に敵対していると言われたからである（⇒2:14-16, 3:19-20, 5:30-47）。その働き全体を通して、主イエスは不正義、無慈悲、あらゆるかたちの不道徳な振舞を非難された。その大胆で妥協しないメッセージは人間の罪深さに挑戦し、それをさらけ出した。悔い改めと義（自分勝手な罪の道から離れ神に従い、みことばが正しいとしていることを行うこと）をはっきり求め

ない、いわゆる「積極的福音」を伝える人々がいる中で主イエスのメッセージは正反対のものだった。

7:17 だれでも神のみこころを行おうと願うなら 神のみこころとは神の特性と目的に基づいた神ご自身の願いとご計画のことである。救いに導く信仰（自分の人生の主導権を神にゆだね神との正しい関係を保つもの）には、神のみこころを行おうとする強い願いと献身が伴うものである。キリストを信じることは、神が求めておられるのは実践的で生き生きした信仰であることをわきまえて、心から神に従うことである（→1:12注, 5:24注, →**信仰と恵み**の項 p.2062）。

7:18 自分の栄光を求めます 主イエスは宗教的説教者や奉仕者が本当に神に仕えているかどうかを試す重要な基準を次のように示された。その人々は自分の誉れのために働き、自分の立場を高め自分の目的を進めようとしていないか。それとも、どのような犠牲が伴い自分の評判がどうなっても神の栄光を現すために謙虚に働いているだろうか。奉仕者を評価するときに

ません。
¹⁹モーセがあなたがたに律法を与えたではありませんか。それなのに、あなたがたはだれも、律法を守っていません。あなたがたは、なぜわたしを殺そうとするのですか。」
²⁰群衆は答えた。「あなたは悪霊につかれています。だれがあなたを殺そうとしているのですか。」
²¹イエスは彼らに答えて言われた。「わたしは一つのわざをしました。それであなたがたはみな驚いています。
²²モーセはこのためにあなたがたに割礼を与えました。──ただし、それはモーセから始まったのではなく、父祖たちから──それで、あなたがたは安息日にも人に割礼を施しています。
²³もし、人がモーセの律法が破られないようにと、安息日にも割礼を受けるのなら、わたしが安息日にも人の全身をすこやかにしたからといって、何でわたしに腹を立てるのですか。
²⁴うわべによって人をさばかないで、正しいさばきをしなさい。」

主イエスはキリストか

²⁵そこで、エルサレムのある人たちが言った。「この人は、彼らが殺そうとしている人ではないか。
²⁶見なさい。この人は公然と語っているのに、彼らはこの人に何も言わない。議員たちは、この人がキリストであることを、ほんとうに知ったのだろうか。
²⁷けれども、私たちはこの人がどこから来たのか知っている。しかし、キリストが来られるとき、それが、どこからか知っている者はだれもいないのだ。」
²⁸イエスは、宮で教えておられるとき、大声をあげて言われた。「あなたがたはわたしを知っており、また、わたしがどこから来たかも知っています。しかし、わたしは

自分で来たのではありません。わたしを遣わした方は真実です。あなたがたは、その方を知らないのです。
²⁹わたしはその方を知っています。なぜなら、わたしはその方から出たのであり、その方がわたしを遣わしたからです。」
³⁰そこで人々はイエスを捕らえようとしたが、しかし、だれもイエスに手をかけた者はなかった。イエスの時が、まだ来ていなかったからである。
³¹群衆のうちの多くの者がイエスを信じて言った。「キリストが来られても、この方がしているよりも多くのしるしを行われるだろうか。」
³²パリサイ人は、群衆がイエスについてこのようなことをひそひそと話しているのを耳にした。それで祭司長、パリサイ人たちは、イエスを捕らえようとして、役人たちを遣わした。
³³そこでイエスは言われた。「まだしばらくの間、わたしはあなたがたといっしょにいて、それから、わたしを遣わした方のもとに行きます。
³⁴あなたがたはわたしを捜すが、見つからないでしょう。また、わたしがいる所に、あなたがたは来ることができません。」
³⁵そこで、ユダヤ人たちは互いに言った。「私たちには、見つからないという。それならあの人はどこへ行こうとしているのか。まさかギリシヤ人の中に離散している人々のところへ行って、ギリシヤ人を教えるつもりではあるまい。
³⁶『あなたがたはわたしを捜すが、見つからない』、また『わたしのいる所にあなたがたは来ることができない』とあの人が言ったこのことばは、どういう意味だろうか。」
³⁷さて、祭りの終わりの大いなる日に、イエスは立って、大声で言われた。「だれでも渇いているなら、わたしのもとに来て飲みなさい。
³⁸わたしを信じる者は、聖書が言っている

7:38 聖書が言っているとおりに 主イエスは聖書（神のことば）のことを言われたけれども、それは御父のことばであり主イエスの生涯と教えの中の究極の権

とおりに、その人の心の奥底から、生ける水の川が流れ出るようになる。」

39 これは、イエスを信じる者が後になってから受ける御霊のことを言われたのである。イエスはまだ栄光を受けておられなかったので、御霊はまだ注がれていなかったからである。

40 このことばを聞いて、群衆のうちのある者は、「あの方は、確かにあの預言者なのだ」と言い、

41 またある者は、「この方はキリストだ」と言った。またある者は言った。「まさか、*キリストはガリラヤからは出ないだろう。

42 キリストはダビデの子孫から、またダビデがいたベツレヘムの村から出る、と聖書が言っているではないか。」

43 そこで、群衆の間にイエスのことで分裂が起こった。

44 その中にはイエスを捕らえたいと思った者もいたが、イエスに手をかけた者はなかった。

ユダヤ人指導者たちの不信仰

45 それから役人たちは祭司長、パリサイ人たちのもとに帰って来た。彼らは役人たちに言った。「なぜあの人を連れて来なかったのか。」

46 役人たちは答えた。「あの人が話すように話した人は、いまだかつてありません。」

47 すると、パリサイ人が答えた。「おまえたちも惑わされているのか。

48 議員とかパリサイ人のうちで、だれかイエスを信じた者があったか。

49 だが、律法を知らないこの群衆は、のろわれている。」

50 彼らのうちのひとりで、イエスのもとに来たことのあるニコデモが彼らに言った。

51 「私たちの律法では、まずその人から直接聞き、その人が何をしているのか知ったうえでなければ、判決を下さないのではないか。」

52 彼らは答えて言った。「あなたもガリラヤの出身なのか。調べてみなさい。ガリラヤから預言者は起こらない。」

53 *〔そして人々はそれぞれ家に帰った。

8

1 イエスはオリーブ山に行かれた。

2 そして、朝早く、イエスはもう一度宮に入られた。民衆はみな、みもとに寄っ

威だったからである。聖書はまた、キリスト者にとっても最高で最終的な権威でもある。なぜなら神だけが私たちの行動の基準を決める権利を持っておられるからである。神はこの権威を使って聖書の中に真理を示された。神ご自身の啓示である聖書は、神が直接私たちに話しておられるのと同じ権威を持っている（→「**聖書の霊感と権威**」の項 p.2323）。

（1）霊感された（「神のいぶきによる」、聖霊が導かれた）聖書は、信仰者にとって最高の権威である。教会の伝統、預言、啓示、霊的信条、人間の考えは、みな神のことばの命令と基準に照らして評価されなければならないもので、絶対に聖書の権威と同列に置いてはならないものである（⇒マコ7:13、コロ2:8、Ⅰペテ1:18-19）。

（2）神やみことば以外のもの（人でもものでも）に忠誠を示す人は、聖書的信仰を否定しキリストが主（自分の人生の導き手）になることも拒んでいる。ある人、組織、教会、信条が神の霊感された啓示と等しい、あるいはそれ以上であると言うことは偶像礼拝（人間が作ったにせの神々やただ一人のまことの神の代わりに別のものを礼拝すること）と同じである。新約聖書の権威に従おうとしない人々は神の救いの計画を拒み、神との個人的関係を持つ機会を拒んでいる。

7:38　生ける水の川　主イエスは、ご自分が地上を去った後に弟子たちに与えられる聖霊の賜物のことを言われた（16:7）。御霊はキリストの弟子たちを導き力を与えて、キリストのあふれるいのちを体験させてくださる。キリスト者がこの霊の導きに応えてその力を用いるなら、この「生ける水」は主イエスの霊的癒しといのちを与えるメッセージを伴ってほかの人々に「流れ出るようになる」（10:10, 14:12, 15:5, →詩1:3, 46:4, イザ32:15, 44:3, 58:11, エレ31:12, エゼ47:1-12, ヨエ3:18, ゼカ14:8）。

7:39　イエスはまだ栄光を受けておられなかった　これは主イエスが私たちの罪のために十字架の上で死に（→12:23-24）、死からよみがえることによって得られる栄光と誉れのことである。主イエスが地上での働きを完成させなければ、聖霊は教会の中での働きを始めることはなかった。これは今日の私たちの生活の中でも真理である。罪を処理しないまま（キリストに告白し赦され罪を捨てるまで）御霊を受けることはできない。「御霊」は霊的誕生と刷新（20:22, →「**弟子た**

て来た。イエスはすわって、彼らに教え始められた。

3 すると、律法学者とパリサイ人が、姦淫の場で捕らえられたひとりの女を連れて来て、真ん中に置いてから、

4 イエスに言った。「先生。この女は姦淫の現場でつかまえられたのです。

5 モーセは律法の中で、こういう女を石打ちにするように命じています。ところで、あなたは何と言われますか。」

6 彼らはイエスをためしてこう言ったのである。それは、イエスを告発する理由を得るためであった。しかし、イエスは身をかがめて、指で地面に書いておられた。

7 けれども、彼らが問い続けてやめなかったので、イエスは身を起こして言われた。「あなたがたのうちで罪のない者が、最初に彼女に石を投げなさい。」

8 そしてイエスは、もう一度身をかがめて、地面に書かれた。

9 彼らはそれを聞くと、年長者たちから始めて、ひとりひとり出て行き、イエスがひとり残された。女はそのままそこにいた。

10 イエスは身を起こして、その女に言われた。「婦人よ。あの人たちは今どこにいますか。あなたを罪に定める者はなかったのですか。」

11 彼女は言った。「だれもいません。」そこで、イエスは言われた。「わたしもあなたを罪に定めない。行きなさい。今からは決して罪を犯してはなりません。」」

2 ①圖マタ26:55、ヨハ8:20
5 ①レビ20:10、申22:22, 23
6 ①マタ16:1, 19:3, 22:18, 35、マコ8:11, 10:2, 12:15、ルカ10:25, 11:16
　②マコ3:2
7 ①ヨハ8:10
　②圖マタ7:1、ロマ2:1
　③圖申17:7

10 ①ヨハ8:7
11 * 原文では「主よ」との呼びかけがある
　①圖ヨハ3:17
　②圖ルカ5:14
12 ①ヨハ1:4、圖ヨハ12:35、マタ5:14
　②圖ヨハ1:43

主イエスの証言の正当性

12 イエスはまた彼らに語って言われた。「わたしは、世の光です。わたしに従う者は、決してやみの中を歩むことがなく、いのちの光を持つのです。」

13 そこでパリサイ人はイエスに言った。

ちの新生」の項 p.1931)と聖霊のバプテスマ(使2:4、→「聖霊のバプテスマ」の項 p.1950)を含めて信仰者の中に働く聖霊の働き全部を指している。人々の生活の中での聖霊の働き　→「聖霊の働き」の表 p.2187

8:7　あなたがたのうちで罪のない者　主イエスを陥れようとして、権力者たちは実際には律法を曲げ、この出来事を演出していたと思われる。ここに出てくる処刑方法はある特定の情況の中でしか行われないもので、ここで適用できるかどうかは問題だった(→申22:23-24)。律法は、婚外での性的関係を持った両方の当事者に対して死刑を要求していた(レビ20:10、申22:22)。けれどもローマ政府はユダヤ人に死刑の執行を許可していなかったから(18:31)、この情況は明らかに主イエスを試すものだった。主イエスがもしこの件をただ却下したら、ユダヤの律法を無視していると非難されることになる。そこで主イエスは質問に応えて権力者たちのわなに陥ることを避けられた。主イエスは石を投げるようにと言われたので、律法を無視したと非難されることはない。さらに権力者たちが自分たちの手で行動を起こすのも防がれた。私たちはここでの主イエスのことばを使って教会内での罪を正当化したり容認したり、キリスト者と名乗る人々の道徳的過ちを軽く扱ったりしないように注意しなければならない。そうすることは神の民の間にある罪に対して聖書が教えていること(神が言っておられること)を拒むことである。(1)　神に応答する機会がほとんどなかった教会の外の罪びとと、教会の中にいながら罪を犯しキリストに背く人に対してとる行動や反応は違って当然である。(2)　教会内の人が犯した公然の恥知らずな罪は容認するべきではなく(黙2:20)、決して暴くべきだと神のことばは教えている(ルカ17:3、Ⅰコリ5:1-13、Ⅱコリ2:6-8、エペ5:11、Ⅱテモ4:2、テト1:13, 2:15、黙3:19、→マタ13:30注2)。

8:11　わたしもあなたを罪に定めない　主イエスの態度には罪を赦して人々を神との正しい関係に回復したいというあわれみと願いが反映されている(3:16)。主イエスはこの女性には赦される余地がないと責めたりせずに、悔い改め(「罪の生活」から離れること)に導こうとして思いやりと忍耐をもって扱われた。主イエスの訴えに応えるなら、この女性は過去に何をしたとしても霊的な救いを受取ることができる(⇒ルカ7:47)。(1)　けれども最も重要なことは、主イエスは罪びとを赦されたのであって、姦淫(配偶者以外との性的関係)の罪や、その結果当事者同士とその子どもたちに与える心の痛みなどを容認されたのではないということである。(2)　主イエスはここで救いと罪深い生活から離れる機会をこの女性に提供されたのである。けれども古い生き方から完全に離れ、神の国のひとりとしての生活を始めなければこの女性は神のさばきから完全に逃れることはできない(ロマ2:1-10)。

8:12　わたしは、世の光です　主イエスはまことの、そして完全な神の光である(1:9)。主イエスは神への正しい道を照らし出し、主イエスを信じる信仰によって霊的に救われる機会を明らかにして霊的やみと欺き

「あなたは自分のことを自分で証言しています。だから、あなたの証言は真実ではありません。」

¹⁴イエスは答えて、彼らに言われた。「もしこのわたしが自分のことを証言するなら、その証言は真実です。わたしは、わたしがどこから来たか、また、どこへ行くかを知っているからです。しかしあなたがたは、わたしがどこから来たのか、またどこへ行くのか知りません。

¹⁵あなたがたは肉によってさばきます。わたしはだれをもさばきません。

¹⁶しかし、もしわたしがさばくなら、そのさばきは正しいのです。なぜなら、わたしひとりではなく、わたしとわたしを遣わした方*とがさばくのだからです。

¹⁷あなたがたの律法にも、ふたりの証言は*真実であると書かれています。

¹⁸わたしが自分の証人であり、また、わたしを遣わした父が、わたしについてあかしされます。」

¹⁹すると、彼らはイエスに言った。「あなたの父はどこにいるのですか。」イエスは答えられた。「あなたがたは、わたしをも、わたしの父をも知りません。もし、あなたがたがわたしを知っていたなら、わたしの父をも知っていたでしょう。」

²⁰イエスは宮で教えられたとき、献金箱のある所でこのことを話された。しかし、だれもイエスを捕らえなかった。イエスの時がまだ来ていなかったからである。

²¹イエスはまた彼らに言われた。「わたしは去って行きます。あなたがたはわたしを捜すけれども、自分の罪の中で死にます。わたしが行く所に、あなたがたは来ることができません。」

²²そこで、ユダヤ人たちは言った。「あの人は『わたしが行く所に、あなたがたは来

¹³①囲ヨハ5:31
＊別訳「有効ではありません」
¹⁴①囲ヨハ18:37、黙1:5, 3:14
②囲ヨハ13:3, 16:28、
③囲ヨハ8:42
③囲ヨハ7:28, 9:29
¹⁵Ⅰサム16:7, ヨハ7:24
＊すなわち「人間的判断で」
③囲ヨハ3:17
¹⁶①囲ヨハ5:30
＊異本「父」
＊＊「さばく」は原文にないが含意されている
¹⁷①申19:15, 17:6
②囲マタ18:16
＊別訳「有効である」
¹⁸①囲ヨハ5:37、
囲Ⅰヨハ5:9
¹⁹①囲ヨハ14:7, 16:3、
囲ヨハ7:28, 14:9, 8:55
²⁰①参ヨハ7:14、
囲ヨハ8:2
②マタ12:41, 43、
ルカ21:1
③ヨハ7:30
²¹①囲ヨハ7:34
②囲ヨハ8:24
²²囲参ヨハ1:19, 8:48, 52, 57
囲ヨハ7:35

²³①囲ヨハ3:31
②Ⅰヨハ4:5
③ヨハ17:14, 16
²⁴①囲ヨハ8:21
②ヨハ8:28, マコ13:6、
ルカ21:8(囲マタ24:5)、
ヨハ4:26, 13:19
＊直訳「わたしがあるということを」、出3:14と関連させてキリストが主なる神であることを言われたと解する者が多い
²⁵＊別訳「話して来たとおりのものです」
²⁶①囲ヨハ7:28、
囲ヨハ3:33
②ヨハ12:49, 15:15, 8:40
²⁸①囲ヨハ3:14, 12:32
②ヨハ8:24, マコ13:6、
ルカ21:8(囲マタ24:5)、
ヨハ4:26, 13:19
＊参ヨハ8:24注
③参ヨハ5:19、
囲ヨハ3:11
²⁹①囲ヨハ8:16, 16:32
＊あるいは「残された」
³⁰①囲ヨハ7:31

ることができない』と言うが、自殺するつもりなのか。」

²³それでイエスは彼らに言われた。「あなたがたが来たのは下からであり、わたしが来たのは上からです。あなたがたはこの世の者であり、わたしはこの世の者ではありません。

²⁴それでわたしは、あなたがたが自分の罪の中で死ぬと、あなたがたに言ったのです。もしあなたがたが、わたしのことを信じなければ、あなたがたは自分の罪の中で死ぬのです。」

²⁵そこで、彼らはイエスに言った。「あなたはだれですか。」イエスは言われた。「それは初めからわたしがあなたがたに話そうとしていることです。

²⁶わたしには、あなたがたについて言うべきこと、さばくべきことがたくさんあります。しかし、わたしを遣わした方は真実であって、わたしはその方から聞いたことをそのまま世に告げるのです。」

²⁷彼らは、イエスが父のことを語っておられたことを悟らなかった。

²⁸イエスは言われた。「あなたがたが人の子を上げてしまうと、その時、あなたがたは、わたしが何であるか、また、わたしがわたし自身からは何事もせず、ただ父がわたしに教えられたとおりに、これらのことを話していることを、知るようになります。

²⁹わたしを遣わした方はわたしとともにおられます。わたしをひとり残されることはありません。わたしがいつも、そのみこころにかなうことを行うからです。」

³⁰イエスがこれらのことを話しておられると、多くの者がイエスを信じた。

アブラハムの子孫

³¹そこでイエスは、その信じたユダヤ人

を取除かれる。(1) 主イエスの赦しを受入れ勝手な生き方を捨てて主イエスに従う人はみな罪、世、サタンのやみから解放される。主イエスに従わない人は霊的やみにとどまることを選んだ人である(⇒Ⅰヨハ1:6-7)。(2)「わたしに従う者」ということばは現在分詞で、「従い続ける者」という継続的な行動を示している。キリストの弟子になること(主イエスに従って似るようになること)を私たちは自分の生き方そのものにしなければならない(→8:31注)。

8:15 わたしはだれをもさばきません 主イエスは不十分でしばしば偽善的な人間的基準でさばいてはいないと言われた。けれども最後の日には当然、ご自分の完全な基準によって全人類をさばかれるのである(8:16, 26)。

たちに言われた。「①もしあなたがたが、わたしのことばにとどまるなら、あなたがたはほんとうにわたしの弟子です。³²そして、あなたがたは真理を知り、真理はあなたがたを自由にします。」
³³彼らはイエスに答えた。「私たちはアブラハムの子孫であって、決してだれの奴隷になったこともありません。あなたはどうして、『あなたがたは自由になる』と言われるのですか。」
³⁴イエスは彼らに答えられた。「まことに、まことに、あなたがたに告げます。①罪を行っている者はみな、罪の奴隷です。³⁵奴隷はいつまでも家にいるのではありません。しかし、②息子はいつまでもいます。³⁶ですから、もし子があなたがたを自由にするなら、あなたがたはほんとうに自由なのです。

³⁷わたしは、あなたがたがアブラハムの子孫であることを知っています。しかしあなたがたはわたしを殺そうとしています。わたしのことばが、あなたがたのうちに入っていないからです。³⁸わたしは*父のもとで見たことを話しています。ところが、あなたがたは、あなたがたの父から示されたことを行うのです。」
³⁹彼らは答えて言った。「私たちの父はアブラハムです。」イエスは彼らに言われた。「あなたがたがアブラハムの子どもなら、アブラハムのわざを行いなさい。⁴⁰ところが今あなたがたは、神から聞いた真理をあなたがたに話しているこのわたしを、殺そうとしています。アブラハムはそのようなことはしなかったのです。⁴¹あなたがたは、あなたがたの父のわざを行っています。」彼らは言った。「私たちは

31 ①ヨハ15:7, Ⅱヨハ9
② 参ヨハ2:2
32 ①圏ヨハ1:14, 17
② ヨハ8:36, 圏ロマ8:2, Ⅱコリ3:17, ガラ5:1, 13, ヤコ2:12, Ⅰペテ2:16
③ ヨハ8:37, 39, マタ3:9
34 ①ロマ6:16, Ⅱペテ2:19
35 ①創21:10, ガラ4:30
② ルカ15:31
36 ①ヨハ8:32

37 ①ヨハ8:39, マタ3:9
② 参ヨハ7:1
38 * あるいは「父の前で」
① ヨハ8:41, 44
39 ①ヨハ8:37, マタ3:9
② 圏ロマ9:7, ガラ3:7
40 ①圏ヨハ8:26
② 参ヨハ8:37, 参ヨハ7:1
41 ①ヨハ8:38, 44

8:31　わたしのことばにとどまるなら　主イエスは弟子たちに過去の信仰や体験に頼らないようにと言われた。霊的救いは、「わたしのことばにとどまるなら」確実になる。キリストの弟子たちはキリストのことばに従い、それによって生き続ける（→15:6注, ルカ21:19）。

8:32　真理はあなたがたを自由にします　これは哲学的真理（真理の概念）を言っているのでも無知からの自由を言っているのでもない。人間の持っている知識の多くは真理であり真実である。けれども人々を罪、滅び、サタンの力から自由にする真理はただ一つである。その真理は主イエスご自身であり、みことばに啓示された真理である。私たちはその真理を個人的に知ることができる。主イエスは「恵みとまことに満ちておられた」(1:14)。「恵みとまことはイエス・キリストによって実現した」(1:17)。また主イエスは「道であり、真理であり、いのち」(14:6)である。その教えは真理のことばである(コロ1:5, Ⅱテサ2:13)。真理については次のことが考えられる。(1) 最高のいのちを与えることばは神のことば、いのちのことば(キリスト1:1, 14)と文書になったことば(イエス・キリストを信じる信仰による赦しと新しいいのちの教えを啓示する)の中にのみある。(2) 神のことば、特に新約聖書にあるキリストの啓示と使徒たち(最初のメッセージを確立し教会を設立するためキリストが任命された人々)の教えは、人々を罪、堕落した世界、悪魔の力から人々を解放する真理を提供する(→エペ2:20注)。(3) キリストの福音を完全にしたり高めたりするためにこれ以上の「真理」の啓示は必要ではない。(4) 人々を霊的に救い自由にする真理は神から「御霊によって・・・啓示された」もので(Ⅰコリ2:10)、どのような人間の知恵によるものでもない(Ⅰコリ2:12-13)。ロマ1:25は「神の真理を(サタンの)偽り(《ギ》トプスュデイ、「うそ」)と取り代え」る人々のことを言っている。終りのときには、「救われるために真理への愛を受け入れなかった」(Ⅱテサ2:10)人々に、「神は、彼らが偽りを信じるように、惑わす力を送り込まれます。それは、真理を信じないで、悪を喜んでいたすべての者が、さばかれるためです」(Ⅱテサ2:11-12)。感謝なことに、私たちはキリストとそのことばの真理を受入れ、人生の土台にすることによってこの惑わしとさばきを逃れることができる。真理は私たちを自由にし、偽りは私たちを霊的に奴隷にする。真理は回復し、偽りは破壊する。私たちは主イエスとそのことばを愛するために召された。私たちを自由にする真理を知るためである。

8:34　罪を行っている者はみな　新約聖書は、弟子たちの生活の中にある罪の力と支配をイエス・キリストご自身が打破られるとはっきり教えている(8:31-32, 36)。習慣的に罪を犯している人は引き続き罪の奴隷であり、サタンの影響と支配を受けている(⇒Ⅰヨハ3:6-10)。キリストの死と復活を土台にしてキリストの赦しを受取り個人的な関係に入る人々は、キリストに頼り続ける限り罪からの自由を体験し続けることができる(⇒ロマ6:, →8:36注)。

8:36　あなたがたはほんとうに自由なのです　キリ

不品行によって生まれた者ではありません。私たちにはひとりの父、神があります。」

悪魔の子たち

42 イエスは言われた。「神がもしあなたがたの父であるなら、①あなたがたはわたしを愛するはずです。なぜなら、②わたしは神から出て来てここにいるからです。わたしは自分で来たのではなく、*神がわたしを遣わしたのです。

43 あなたがたは、なぜわたしの話していることが①わからないのでしょう。それは、あなたがたがわたしのことばに*耳を傾けることができないからです。

44 あなたがたは、あなたがたの父である①悪魔から出た者であって、あなたがたの父の②欲望を成し遂げたいと願っているのです。

④悪魔は初めから人殺しであり、真理に立ってはいません。彼のうちには真理がないからです。彼が偽りを言うときは、⑤自分にふさわしい話し方をしているのです。なぜなら彼は偽り者であり、また偽りの父であるからです。

45 しかし、このわたしは真理を話しているために、あなたがたはわたしを信じません。

46 あなたがたのうちだれか、わたしに罪があると責める者がいますか。わたしが真理を話しているなら、なぜわたしを信じないのですか。

47 神から出た者は、神のことばに聞き従います。ですから、あなたがたが聞き従わないのは、あなたがたが神から出た者でないからです。」

---

41 ② 申32:6, イザ63:16, 64:8
42 ① Ⅰヨハ5:1
   ② ヨハ13:3, 16:28, 30, 17:8
   ③ ヨハ7:28
   ④ 囲ヨハ3:17
   * 直訳「彼」、「そのかた」
43 ① ヨハ8:33, 39, 41
   * あるいは「わたしの話しかた」
   ② Ⅰヨハ5:25
44 ① ヨハ8:38, 41
   ② Ⅰヨハ3:8
   ③ 囲ヨハ7:17
   ④ 創3:4, 囲Ⅰヨハ3:8, 15
   ⑤ Ⅰヨハ2:4
   * 別訳「人が偽りを言うときは、自分にふさわしい話し方をしているのです。なぜなら、彼の父もまたそうだからです」
   ⑥ マタ12:34
45 ① 囲ヨハ18:37
46 ① 囲ヨハ18:37
47 ① 囲Ⅰヨハ4:6

ストと個人的関係を持っていない人は、意識していてもいなくても、罪、サタン、自分の不道徳な振舞の奴隷になっている(8:34, ロマ6:17-20)。その人々は自分勝手な願い、罪深い性質の欲望、悪霊の道に従っている(エペ2:1-3)。

(1) 内に住まわれる聖霊の力と導きに頼る弟子たちは罪と不道徳の力から解放されている(ロマ6:17-22, 8:1-17)。たとい誘惑に遭っても既にその人々には神の願いと求めを実行する力がある。そして自由に神のしもべになり、正しいことをすることができる(ロマ6:18, 22)。

(2) 罪の奴隷(絶えず誘惑に負けて勝手なことをした結果を体験し続けること)から自由になっていることが、本当にキリストの弟子になっているかどうかを表す確実な基準である。キリストとの個人的関係を持っているなら、神の力によって私たちの人生が変えられ、人格が変えられ、主イエスの姿に変えられ続けているのがはっきりわかるはずである。不道徳なことや神を敬わない振舞などに今捕えられている人は、霊的誕生(救い)を体験していないか、罪に戻り罪の奴隷にやって来る霊的死という結果に自分をまかせてしまっているのである(ロマ6:16, 21, 23, 8:12-13, →Ⅰヨハ3:15注)。→「罪の性質の行いと御霊の実」の項 p.2208

(3) このことは、キリスト者が罪との霊的戦いをしないですむということではない。人生を通して私たちは世、自分の罪深い性質(生まれながらの傾向)、サタンの力などの圧力と戦い続けなくてはならない(→ガラ5:17注、エペ6:11注、12注)。罪の誘惑と影響から完全に自由になるのは、私たちが死んでキリストのところに行くか、キリストが忠実な弟子たちのところに帰って来られるときのことである。今キリストが私たちに提供しておられるのは、悪と誘惑に打ち勝ち、人生を変えて霊的に成長するための力である。聖霊を通して与えられるこの力によって、私たちは神に逆らい自分勝手な道を進もうとする傾向から解放され(ガラ5:16-24)、霊的にきよく汚れのない生き方ができるようになる(エペ1:4)。

8:42 神がもしあなたがたの父であるなら ここで主イエスは霊的救いの基本的な原則を言われた。本当に神の子どもであるという証拠は主イエスを愛する態度に見られる。したがってキリスト者は神とみことばに対して心から仕え信じる姿勢を示さなければならない。結局のところ、ヨハネが手紙(ヨハネの手紙第一)の中で「神を愛するとは、神の命令を守ることです」と書いている通りである(5:3)。このことを行わない人々は、自分たちが神の子どもではないことを証明している(⇒8:31, 10:2-5, 14, 27-28, 14:15, 21)。

8:44 彼は偽り者であり、また偽りの父である ここでは、偽りを言うことは悪魔の特徴だとはっきり言われている。悪魔はあらゆる不正直と偽りの源である(創3:1-6, 使5:3, Ⅱテサ2:9-11, 黙12:9)。つまりうそをつくこと、だますこと、そのほかの不正直はみな、真理である神の思いと特性に完全に対立する(黙19:11)。うそという罪に無関心な状態は、明らかに神に従わない状態を示す症状である。そして「御霊によって生まれ」ていないで(3:6)、サタンの影響を受けているしるしである(→4:24注、黙22:15注)。

主イエスご自身についての主張

48 ユダヤ人たちは答えて、イエスに言った。「私たちが、あなたはサマリヤ人で、悪霊につかれていると言うのは当然ではありませんか。」

49 イエスは答えられた。「わたしは悪霊につかれてはいません。わたしは父を敬っています。しかしあなたがたは、わたしを卑しめています。

50 しかし、わたしはわたしの栄誉を求めません。それをお求めになり、さばきをなさる方がおられます。

51 まことに、まことに、あなたがたに告げます。だれでもわたしのことばを守るならば、その人は決して死を見ることがありません。」

52 ユダヤ人たちはイエスに言った。「あなたが悪霊につかれていることが、今こそわかりました。アブラハムは死に、預言者たちも死にました。しかし、あなたは、『だれでもわたしのことばを守るならば、その人は決して死を味わうことがない』と言うのです。

53 あなたは、私たちの父アブラハムよりも偉大なのですか。そのアブラハムは死んだのです。預言者たちもまた死にました。あなたは、自分自身をだれだと言うのですか。」

54 イエスは答えられた。「わたしがもし自分自身に栄光を帰するなら、わたしの栄光はむなしいものです。わたしに栄光を与える方は、わたしの父です。この方のことを、あなたがたは『私たちの神である』と言っています。

55 けれどもあなたがたはこの方を知ってはいません。しかし、わたしは知っています。もしわたしがこの方を知らないと言うなら、わたしはあなたがたと同様に偽り者となるでしょう。しかし、わたしはこの方を知っており、そのみことばを守っています。

56 あなたがたの父アブラハムは、わたしの日を見ることを思って大いに喜びました。彼はそれを見て、喜んだのです。」

57 そこで、ユダヤ人たちはイエスに向かって言った。「あなたはまだ五十歳になっていないのにアブラハムを見たのですか。」

58 イエスは彼らに言われた。「まことに、まことに、あなたがたに告げます。アブラハムが生まれる前から、わたしはいるのです。」

59 すると彼らは石を取ってイエスに投げつけようとした。しかし、イエスは身を隠して、宮から出て行かれた。

生まれつきの盲人を癒す主イエス

9 1 またイエスは道の途中で、生まれつきの盲人を見られた。

2 弟子たちは彼についてイエスに質問して言った。「先生。彼が盲目に生まれついたのは、だれが罪を犯したからですか。この人ですか。その両親ですか。」

3 イエスは答えられた。「この人が罪を犯したのでもなく、両親でもありません。神のわざがこの人に現れるためです。

4 わたしたちは、わたしを遣わした方のわざを、昼の間に行わなければなりません。だれも働くことのできない夜が来ます。

5 わたしが世にいる間、わたしは世の光です。」

6 イエスは、こう言ってから、地面につばきをして、そのつばきで泥を作られた。そしてその泥を盲人の目に塗って言われた。

7 「行って、シロアム（訳して言えば、遣わされた者）の池で洗いなさい。」そこで、彼は行って、洗った。すると、見えるようになって、帰って行った。

---

48 ①参ヨハ1:19
②参マタ10:5, ヨハ4:9
③比ヨハ7:20
49 ①比ヨハ7:20
50 ①ヨハ5:41,
51 ①ヨハ14:23, 15:20, 17:6,
比ヨハ8:55
②ルカ2:26, ヘブ11:5
③マタ16:28, ヘブ2:9,
ヨハ8:52
52 ①参ヨハ1:19
②比ヨハ7:20
③ヨハ14:23, 15:20, 17:6,
比ヨハ8:55
④比ヨハ8:51
53 ①比ヨハ4:12
54 ①比ヨハ8:50
②比ヨハ7:39
55 ①比ヨハ8:19,
②比ヨハ15:21
③比ヨハ7:29
④比ヨハ8:44

④ヨハ15:10,
比ヨハ8:51
56 ①比ヨハ8:37, 39
＊直訳「わたしの日を見る」
②比マタ13:17,
ヘブ11:13
57 ①参ヨハ1:19
＊異本「アブラハムがあなたを見たことがあるのですか」
58 ＊直訳「存在するようになる」
①比ヨハ17:5, 24, 1:1
＊＊ヨハ8:24注、あるいは「あった」と訳す
59 ①比ヨハ10:31, 11:8,
比マタ12:14
②比ヨハ12:36
＊直訳「隠されて」
＊＊異本に「そして彼らの間を通り抜けて進み、通り過ぎて行かれた」を挿入するものもある

2 ①参マタ23:7
②比ヨハ9:34, ルカ13:2,
使28:4
③出20:5
3 ①比ヨハ11:4
4 ①ヨハ11:9, 12:35,
比ヨハ7:33, ガラ6:10
5 ①ヨハ1:4, 8:12, 12:46
6 ①マコ7:33, 8:23
7 ①ヨハ9:11,
②ルカ13:4
③ヨハ11:37

8:51 決して死を見ることがありません →10:28注

8:58 アブラハムが生まれる前から、わたしはいるのです これは神が出エジプト3:14で、ご自分のことをモーセに告げられたときのことばと同じである。主イエスは「わたしはいた」ではなく「私はいる」と言って、永遠性、無限の能力、父である神との一体性を示された（→「神の属性」の項 p.1016）。

9:3 神のわざがこの人に現れるためです 弟子たちは苦しみの原因について間違った考えを持っていたので、主イエスはそれを正された。重い病気や困難はみな神に対する罪や反抗の結果だと考えていたのである。確かに、病気や苦しみは大きな罪や愚かな選択の結果として起こることがある(5:14)。けれどもいつも必ずそうなるとは限らない。神は時には苦しみ（世界の人々に影響を与えるような）がやってくるのを許されることがある。それは神に大きな目的（あとに

8 近所の人たちや、前に彼が物ごいをしていたのを見ていた人たちが言った。「これはすわって物ごいをしていた人ではないか。」
9 ほかの人は、「これはその人だ」と言い、またほかの人は、「そうではない。ただその人に似ているだけだ」と言った。当人は、「私がその人です」と言った。
10 そこで、彼らは言った。「それでは、あなたの目はどのようにしてあいたのですか。」
11 彼は答えた。「イエスという方が、泥を作って、私の目に塗り、『シロアムの池に行って洗いなさい』と私に言われました。それで、行って洗うと、見えるようになりました。」
12 また彼らは彼に言った。「その人はどこにいるのですか。」彼は「私は知りません」と言った。

癒しを検証するパリサイ人たち

13 彼らは、前に盲目であったその人を、パリサイ人たちのところに連れて行った。
14 ところで、イエスが泥を作って彼の目をあけられたのは、安息日であった。
15 こういうわけでもう一度、パリサイ人も彼に、どのようにして見えるようになったかを尋ねた。彼は言った。「あの方が私の目に泥を塗ってくださって、私が洗いました。私はいま見えるのです。」
16 すると、パリサイ人の中のある人々が、「その人は神から出たのではない。安息日を守らないからだ」と言った。しかし、ほかの者は言った。「罪人である者に、どうしてこのようなしるしを行うことができよう。」そして、彼らの間に、分裂が起こった。
17 そこで彼らはもう一度、盲人に言った。「あの人が目をあけてくれたことで、あの人を何だと思っているのか。」彼は言った。「あの方は預言者です。」
18 しかしユダヤ人たちは、目が見えるようになったこの人について、彼が盲目であっ

8 ①囧使3:2, 10
11 ①囧ヨハ9:7
14 ①ヨハ5:9
15 ①ヨハ9:10
16 ①囧マタ12:2
  ②囧ヨハ2:11
  *あるいは「証拠としての奇蹟」
  ③囧ヨハ6:52, 7:43, 10:19
17 ①囧ヨハ9:15
  ②囧マタ21:11
18 ①囧ヨハ1:19, 9:22

22 ①囧ヨハ7:13
  *すなわち「メシヤ」
  ②ヨハ12:42, 16:2, 囧ルカ6:22
  ③囧ヨハ7:45-52
23 ①ヨハ9:21
24 ①ヨハ7:19, 囧エズ10:11, 黙11:13
  *別訳「真実を言いなさい」
  ②ヨハ9:16
27 ①ヨハ9:15
  ②囧ヨハ5:25
28 ①囧ヨハ5:45, ロマ2:17

たが見えるようになったということを信ぜず、ついにその両親を呼び出して、
19 尋ねて言った。「この人はあなたがたの息子で、生まれつき盲目だったとあなたがたが言っている人ですか。それでは、どうしていま見えるのですか。」
20 そこで両親は答えた。「私たちは、これが私たちの息子で、生まれつき盲目だったことを知っています。
21 しかし、どのようにしていま見えるのかは知りません。また、だれがあれの目をあけたのか知りません。あれに聞いてください。あれはもうおとなです。自分のことは自分で話すでしょう。」
22 彼の両親がこう言ったのは、ユダヤ人たちを恐れたからであった。すでにユダヤ人たちは、イエスをキリストであると告白する者があれば、その者を会堂から追放すると決めていたからである。
23 そのために彼の両親は、「あれはもうおとなです。あれに聞いてください」と言ったのである。
24 そこで彼らは、盲目であった人をもう一度呼び出して言った。「神に栄光を帰しなさい。私たちはあの人が罪人であることを知っているのだ。」
25 彼は答えた。「あの方が罪人かどうか、私は知りません。ただ一つのことだけ知っています。私は盲目であったのに、今は見えるということです。」
26 そこで彼らは言った。「あの人はおまえに何をしたのか。どのようにしてその目をあけたのか。」
27 彼は答えた。「もうお話ししたのですが、あなたがたは聞いてくれませんでした。なぜもう一度聞こうとするのです。あなたがたも、あの方の弟子になりたいのですか。」
28 彼らは彼をののしって言った。「おまえもあの者の弟子だ。しかし私たちはモーセの弟子だ。

なって初めてわかるような)があるからである。困難の中で神はあわれみ、愛、力を示してくださる。また人々は苦しみを通して助けや霊的救いをキリストに求めるようにもなる。けれども現実には、悪人が苦しまないで罪のない人々が苦しむことがしばしばある(⇒詩73:1-14, 苦しみの原因、理由または利益についての詳細 →「**正しい人の苦しみ**」の項 p.825)。

²⁹私たちは、神がモーセにお話しになったことは知っている。しかし、あの者については、どこから来たのか知らないのだ。」
³⁰彼は答えて言った。「これは、驚きました。あなたがたは、あの方がどこから来られたのか、ご存じないと言う。しかし、あの方は私の目をおあけになったのです。
³¹神は、罪人の言うことはお聞きになりません。しかし、だれでも神を敬い、そのみこころを行うなら、神はその人の言うことを聞いてくださると、私たちは知っています。
³²盲目に生まれついた者の目をあけた者があるなどとは、昔から聞いたこともありません。
³³もしあの方が神から出ておられるのでなかったら、何もできないはずです。」
³⁴彼らは答えて言った。「おまえは全く罪の中に生まれていながら、私たちを教えるのか。」そして、彼を外に追い出した。

霊的盲目

³⁵イエスは、彼らが彼を追放したことを聞き、彼を見つけ出して言われた。「あなたは人の子を信じますか。」
³⁶その人は答えた。「主よ。その方はどなたでしょうか。私がその方を信じることができますように。」
³⁷イエスは彼に言われた。「あなたはその方を見たのです。あなたと話しているのがそれです。」
³⁸彼は言った。「主よ。私は信じます。」そして彼はイエスを拝した。
³⁹そこで、イエスは言われた。「わたしはさばきのためにこの世に来ました。それは、目の見えない者が見えるようになり、見える者が盲目となるためです。」
⁴⁰パリサイ人の中でイエスとともにいた人々が、このことを聞いて、イエスに言った。「私たちも盲目なのですか。」
⁴¹イエスは彼らに言われた。「もしあなたがたが盲目であったなら、あなたがたに罪はなかったでしょう。しかし、あなたがたは今、『私たちは目が見える』と言っています。あなたがたの罪は残るのです。」

羊飼いとその群れ

10 ¹「まことに、まことに、あなたがたに告げます。羊の囲いに門から入らないで、ほかの所を乗り越えて来る者は、盗人で強盗です。
²しかし、門から入る者は、その羊の牧者です。
³門番は彼のために開き、羊はその声を聞き分けます。彼は自分の羊をその名で呼んで連れ出します。
⁴彼は、自分の羊をみな引き出すと、その先頭に立って行きます。すると羊は、彼の

9:34 彼を外に追い出した 生まれつき目の見えないこの男性にとって最も良いことは、それまでの宗教から公に追出されたことだった。もし会堂の人々（一緒に礼拝をするユダヤ教信者のグループ）のところに残っていたら、キリストとその真理のメッセージ、霊的救い、神との個人的関係を受入れないようにしている伝統的信仰に引戻されたかもしれない。今日、これと同じことが霊的にいのちのない教会や非聖書的な宗教組織にいる人々にも起こる可能性がある。霊的体験をしても、もしそのような教会や情況の中にとどまっているなら、堅固な聖書の教えを土台にしたキリスト教を求める飢え乾きが失われてしまうかもしれない。その結果、それまでの霊的に有害な道に戻ってしまうことになる。キリストにさらに近付くためには、霊的に見えても実際には神とみことばに一致していないものから離れなければならない（9:35-38）。

9:39 見える者が盲目となるためです 主イエスが来られたことと伝えられたメッセージによって、人々の心の状態が明らかになり動機がさらけ出された（ヘブ4:12）。その結果、主イエスを受入れる人と受入れない人とを分ける分裂が起こった（⇒ルカ12:51）。自分にキリストが必要であることを謙虚に認める人は、信仰によって新しいいのちと癒しを見出す。けれどもキリストを受入れなくても本当のいのちを知り体験できるとごう慢に考える人々は、実際には霊的盲目のままでいることを選んだのである。

10:1 良い羊飼いである主イエス 良い羊飼いのメッセージ（10:1-30）は主イエスが人々の本当の羊飼い（導き手で世話をする人）であり、神の民を治める方であることを示している。その本当の愛と導きはにせの羊飼いや不誠実な指導者たちとは対照的である（この章をより良く理解するためにはにせの羊飼いを非難し

ヨハネの福音書　10章

声を知っているので、彼について行きます。5 しかし、ほかの人には決してついて行きません。かえって、その人から逃げ出します。その人たちの声を知らないからです。」6 イエスはこのたとえを彼らにお話しになったが、彼らは、イエスの話されたことが何のことかよくわからなかった。

7 そこで、イエスはまた言われた。「まことに、まことに、あなたがたに告げます。わたしは羊の門です。8 わたしの前に来た者はみな、盗人で強盗です。羊は彼らの言うことを聞かなかったのです。9 わたしは門です。だれでも、わたしを通って入るなら、救われます。また安らかに出入りし、牧草を見つけます。10 盗人が来るのは、ただ盗んだり、殺したり、滅ぼしたりするだけのためです。わたしが来たのは、羊がいのちを得、またそれを豊かに持つためです。*

11 わたしは、良い牧者です。良い牧者は羊のためにいのちを捨てます。12 牧者でなく、また、羊の所有者でない雇い人は、狼が来るのを見ると、羊を置き去りにして、逃げて行きます。それで、狼は羊を奪い、また散らすのです。13 それは、彼が雇い人であって、羊のことを心にかけていないからです。14 わたしは良い牧者です。わたしはわたしのものを知っています。また、わたしのものは、わたしを知っています。15 それは、父がわたしを知っておられ、わたしが父を知っているのと同様です。また、わたしは羊のためにわたしのいのちを捨てます。16 わたしにはまた、この囲いに属さないほかの羊があります。わたしはそれをも導かなければなりません。彼らはわたしの声に聞き従い、一つの群れ、ひとりの牧者となるのです。

---

5 ①ヨハ10:4, 5, 16, 27
6 ①ヨハ16:25, 29, Ⅱペテ2:22
7 ①ヨハ10:1, 2, 9
8 ①ヨハ10:1, 団エレ23:1, 2, エゼ34:2以下
9 ①ヨハ10:1, 2, 7
10 団ヨハ5:40
　＊ あるいは「豊かになる」

11 ①ヨハ10:14, 団イザ40:11, エゼ34:11-16, 23, ヘブ13:20, Ⅰペテ5:4, 黙7:17
　②ヨハ10:15, 17, 18, Ⅰヨハ3:16
　団ヨハ15:13
10 団ヨハ10:2
14 ①圖ヨハ10:11
　②ヨハ10:27
15 団マタ26:31
16 ①ヨハ10:11, 17, 18
　団イザ56:8
　②ヨハ11:52, 17:20, 21, エペ2:13-18, Ⅰペテ2:25
　団エゼ34:23, 37:24

ている旧約聖書の次の聖句を読むとよい　イザ56:9-12, エレ23:1-4, エゼ34:, ゼカ11:)。7－18節の中で主イエスは1－5節をご自分に当てはめておられる。

10:9　わたしは門です　ここでは霊的救いに導く道はただ一つ、イエス・キリストを信じる信仰だけであると教えている(→14:6, 使4:12)。主イエスを通して神の国に入る人は罪の永遠の結果(霊的死と神からの断絶)から「救われ」、神との終ることのない個人的関係を体験する(10:10)。その結果、神の目的に仕えるために必要なものがみな与えられ、罪、罪悪感、非難などに勝利することができる。

10:10　盗人が来るのは・・・わたしが来たのは　ここではサタンの目的とキリストの目的が対比されている。サタンとその勢力は自分のためにだけ働く。そして人々を滅ぼし(→Ⅰペテ5:8)、神から遠ざけようとする。逆に主イエスが来られたのは、個人的な関係を通して人々に本当のいのちを与えるためだった。キリストの赦しと新しいいのちを受取るなら、人々は自分が神に造られた最高の目的を見出し、それを成就することができるようになる(→「神の国とサタンの国」の表 p.1711)。

10:11　わたしは、良い牧者です　主イエスはご自分が旧約聖書を通して預言されていた、約束の良い牧者であると宣言された(→詩23:1注, イザ40:11注, エゼ34:23注, 37:24, →「キリストによって成就した旧約聖書の預言」の表 p.1029)。

(1) この隠喩(象徴的イメージ)は弟子たちに対する主イエスの優しく献身的な配慮に満ちた姿を描いている。主イエスは絶えず人々を見守り導き、わざわいから守ってくださる。

(2) 究極の良い牧者としてのキリストに見られるすぐれた特徴は羊のために死んでくださることである。十字架の上で死んで、キリストに従う人々を霊的に助け出し救ってくださるのである(イザ53:12, マタ20:28, マコ10:45)。キリストはここでは「良い牧者」と呼ばれ、ヘブル13:20とペテロⅠ5:4では「大牧者」と呼ばれている。

(3) 生活費を得るため、あるいはほかの人々から名誉や賞賛を得るためだけに教会で働く奉仕者や指導者は、12－13節の「雇い人」である。本当の霊的指導者(導いたり影響を与えたりする人々)は自分の羊の世話をするけれども、神を敬わないにせの指導者にとっては自分と自分の地位のほうが重要なのである。

10:14　わたしはわたしのものを知っています　神はご自分の子どもたちを知っていて、深く誠実に愛してくださる。そして絶えず正しい道に導き必要なものに配慮してくださる。私たちは手のひらに深く刻まれているので、忘れられることはないと主イエスは言われた(十字架に釘づけられたときの傷　→イザ49:14-17注)。私たちが神に忘れられることはない。神は良いことを願って、私たちを見守り続けておられる(⇒出33:17, エレ1:5, →マタ10:31注, ロマ8:28注, →「神の摂理」の項 p.110)。

ヨハネの福音書 10章

17 わたしが自分のいのちを再び得るために自分のいのちを捨てるからこそ、父はわたしを愛してくださいます。
18 だれも、わたしからいのちを取った者はいません。わたしが自分からいのちを捨てるのです。わたしには、それを捨てる権威があり、それをもう一度得る権威があります。わたしはこの命令をわたしの父から受けたのです。」
19 このみことばを聞いて、ユダヤ人たちの間にまた分裂が起こった。
20 彼らのうちの多くの者が言った。「あれは悪霊につかれて気が狂っている。どうしてあなたがたは、あの人の言うことに耳を貸すのか。」
21 ほかの者は言った。「これは悪霊につかれた人のことばではない。悪霊がどうして盲人の目をあけることができようか。」

ユダヤ人の不信仰

22 そのころ、エルサレムで、宮きよめの祭りがあった。
23 時は冬であった。イエスは、宮の中で、ソロモンの廊を歩いておられた。
24 それでユダヤ人たちは、イエスを取り囲んで言った。「あなたは、いつまで私たちに気をもませるのですか。もしあなたがキリストなら、はっきりとそう言ってください。」
25 イエスは彼らに答えられた。「わたしは話しました。しかし、あなたがたは信じな

17 ①ヨハ10:11, 15, 18
18 ①囲マタ26:53, ヨハ2:19, 5:26
　*異本「取るのではありません」
　②囲ヨハ10:11, 15
　③囲ヨハ14:31, 15:10, ピリ2:8, ヘブ5:8
19 ①ヨハ7:43, 囲ヨハ9:16
20 ①囲ヨハ7:20
　②囲マコ3:21
21 ①囲マタ4:24
　②囲ヨハ9:32, 33, 出4:11
23 ①使3:11, 5:12
24 ①囲ヨハ1:19, 10:31, 33
　*すなわち「メシヤ」
　②囲ヨハ16:25, ルカ22:67
25 ①囲ヨハ8:56-58

②囲ヨハ5:36, 10:38
26 ①囲ヨハ8:47
27 ①囲ヨハ10:16,
　②囲ヨハ10:4
　②ヨハ10:14
28 ①囲ヨハ17:2, 3, Ⅰヨハ2:25, 5:11
　②囲ヨハ6:37, 39
29 *異本「わたしの父がわたしにお与えになったものは、すべてにまさって大きいものです」
30 ①囲ヨハ17:21以下
　*あるいは「同一の本質」
31 ①囲ヨハ8:59
33 ①レビ24:16
　②ヨハ5:18
34 ①囲ヨハ8:17
　②囲ヨハ12:34, 15:25, ロマ3:19, Ⅰコリ14:21
　③詩82:6

いのです。わたしが父の御名によって行うわざが、わたしについて証言しています。
26 しかし、あなたがたは信じません。それは、あなたがたがわたしの羊に属していないからです。
27 わたしの羊はわたしの声を聞き分けます。またわたしは彼らを知っています。そして彼らはわたしについて来ます。
28 わたしは彼らに永遠のいのちを与えます。彼らは決して滅びることがなく、また、だれもわたしの手から彼らを奪い去るようなことはありません。
29 わたしに彼らをお与えになった*父は、すべてにまさって偉大です。だれもわたしの父の御手から彼らを奪い去ることはできません。
30 わたしと父とは一つです。」
31 ユダヤ人たちは、イエスを石打ちにしようとして、また石を取り上げた。
32 イエスは彼らに答えられた。「わたしは、父から出た多くの良いわざを、あなたがたに示しました。そのうちのどのわざのために、わたしを石打ちにしようとするのですか。」
33 ユダヤ人たちはイエスに答えた。「良いわざのためにあなたを石打ちにするのではありません。冒瀆のためです。あなたは人間でありながら、自分を神とするからです。」
34 イエスは彼らに答えられた。「あなたがたの律法に、『わたしは言った、おまえたちは神々である』と書いてはいないか。
35 もし、神のことばを受けた人々を、神々

10:27 わたしの羊はわたしの声を聞き分けます キリストの弟子たちはキリストの声を聞き分けてその導きに従って行く。時間を割いてキリストと交わり、耳を傾けるのでその声を聞き分けるようになる。具体的には祈りとみことばを学ぶために時間をかけるのである。またキリストの導きをわきまえる(神の知恵によって霊的に知る)ようになる。そのような知恵は、祈りとみことばを通して主イエスが言われることを実行することによって与えられる。「聞き」と「ついて来ます」はギリシヤ語では現在形で、継続的で、絶えず変らない行動を意味している。つまり従い続ける人々にキリストは永遠のいのちを与えてくださるのである。キリストから離れて、聞いても従おうとしない人々はキリストの羊ではないことを自分から証明することになる(15:1-6)。

10:28 彼らは決して滅びることがなく これはキリストの弟子たち全員への貴重な約束である。主イエスは霊的いのち(神を知り神と永遠に生きる →17:3)と霊的死(神との永遠の断絶)について話しておられる。キリストの弟子たちは死に打ちかされることも、死によって神の愛や臨在から引離されることもない。キリストとともに永遠を過ごすように定められている。地上のどのような力も環境も(自分から離れようとしない限り)、羊を牧者から奪うことはできない(⇒ロマ8:35-39)。最も弱い羊でも良い牧者であるキリストに従い声を聞くなら、キリストの力と権威によって安全に守られ安心して生きることができる(→10:27注)。

10:34 おまえたちは神々である 主イエスは弟子た

ヨハネの福音書　10–11章

と呼んだとすれば、聖書は廃棄されるものではないから、
36『わたしは神の子である』とわたしが言ったからといって、どうしてあなたがたは、父が、聖であることを示して世に遣わした者について、『神を冒瀆している』と言うのですか。
37 もしわたしが、わたしの父のみわざを行っていないのなら、わたしを信じないでいなさい。
38 しかし、もし行っているなら、たといわたしの言うことが信じられなくても、わざを信用しなさい。それは、父がわたしにおられ、わたしが父にいることを、あなたがたが*悟り、また知るためです。」
39 そこで、彼らはまたイエスを捕らえようとした。しかし、イエスは彼らの手からのがれられた。
40 そして、イエスはまたヨルダンを渡って、ヨハネが初めてバプテスマを授けていた所に行かれ、そこに滞在された。
41 多くの人々がイエスのところに来た。彼らは、「ヨハネは何一つしるしを行わなかったけれども、彼がこの方について話したことはみな真実であった」と言った。
42 そして、その地方で多くの人々がイエスを信じた。

ラザロの死

11 ¹ さて、ある人が病気にかかっていた。ラザロといって、マリヤとその姉妹マルタとの村の出で、ベタニヤの人であった。
² このマリヤは、主に香油を塗り、髪の毛でその足をぬぐったマリヤであって、彼女の兄弟ラザロが病んでいたのである。
³ そこで姉妹たちは、イエスのところに使いを送って、言った。「主よ。ご覧ください。あなたが愛しておられる者が病気です。」
⁴ イエスはこれを聞いて、言われた。「この病気は死で終わるだけのものではなく、神の栄光のためのものです。神の子がそれによって栄光を受けるためです。」
⁵ イエスはマルタとその姉妹とラザロとを愛しておられた。
⁶ そのようなわけで、イエスは、ラザロが

---

* 直訳「知り、また知り続ける」

36 ①団ヨハ10:30, 5:17, 18
　　団ヨハ6:69, エレ1:5
37 ①団ヨハ15:24, 10:25
38 ①団ヨハ10:25, 14:11
　　②ヨハ14:10, 11, 20, 17:21, 23
39 ①団ヨハ7:30
　　②団ヨハ8:59, ルカ4:30
40 ①団ヨハ1:28
41 ①団ヨハ2:11

　②ヨハ1:27, 30, 34, 3:27-30
42 ①団ヨハ7:31

1 ①ヨハ11:5, 19以下, 団ルカ10:38
　②団マタ21:17, ヨハ11:18
2 ①団ルカ7:13, ヨハ3, 21, 32, 団ヨハ13:13, 14
　②ヨハ12:3, 団ルカ7:38
3 ①団ルカ7:13, ヨハ3, 21, 32, 団ヨハ13:13, 14
　②団ヨハ11:5, 11, 36
4 ①団ヨハ11:40, 団ヨハ9:3, 10:38
5 ①団ヨハ11:1

ちに、自分たちがみな神であると考えるべきだと教えられたのではない。むしろ逆に、自分が神であると宣言する人々(自分が自分の神であるかのように振舞う人々)は神の厳しいさばきを受けることを示されたのである(エレ10:11)。(1) 主イエスは神から特別な使命を与えられていたさばきつかさ(指導者や支配者たち)のことを指している詩篇82:6を引用された(→出22:8, 申1:17, Ⅱ歴19:6, 神は指導者やさばきつかさに神に代って責任を負う権威を与えられた)。霊的義と救いという最高の使命のために御父から遣わされている主イエスは、その人々以上に神と認められるべきではないだろうか。(2) ここで主イエスは、「おまえたちは神々である」ということばを使って、神を敬わない人々には好意を示すのに子どもたちには無慈悲な堕落した支配者たちのこと言っておられる(詩82:1-4)。これらの支配者はまるで神であるかのように振舞っているけれども、やがてさばかれ死ななければならない(詩82:7, →82:6注)。(3) 自分を神と宣言することは反キリストが犯す究極の罪である(Ⅱテサ2:4, 11, →「**反キリストの時代**」の項p.2288)。

11:4　この病気は・・・神の栄光のためのものです　神の民の病気は死で終わるものではない。なぜならキリストが既に死を滅ぼされたので(Ⅰコリ15:55, Ⅱテモ1:10, ヘブ2:14, 黙1:18)、死はキリストの弟子たちにはもはや何の力もなく、キリストから引離すことなどできないからである(→10:28注)。最後に死は復活(キリストと弟子たちの)によって滅ぼされる(11:25-26)。キリストと個人的関係を持つ人の霊は、「決して死ぬことがありません」というのが究極の真理である(11:26, →「**死**」の項p.850)。

11:5　イエスはマルタとその姉妹とラザロとを愛しておられた　ここには主イエスを心から深く愛し仕えている家族がいた(11:2)。この人々は主イエスと密接な個人的関係を持っていて(ルカ10:38-42)、主イエスも特別な友人と考えておられた(11:3-5)。それでもこの人々は悲しみや病気、死を体験した。忠実なキリスト者の人生には今でも同じような問題が起こる。けれども主イエスは痛みに気付いてくださり、困難なときにはいつもそこにいて導いてくださる(→「**正しい人の苦しみ**」の項p.825)。教会には外見的にも熱心に主に仕えている人(マリヤのように)、忠実に良い働きと奉仕をする人(マルタのように)、そして苦しんで死ぬ人(ラザロのように)などがいる。この家族と同じように、教会の人々もなぜ神は何もしてくださらな

病んでいることを聞かれたときも、そのおられた所になお二日とどまられた。

7 その後、イエスは、「もう一度ユダヤに行こう」と弟子たちに言われた。

8 弟子たちはイエスに言った。「先生。たった今ユダヤ人たちが、あなたを石打ちにしようとしていたのに、またそこにおいでになるのですか。」

9 イエスは答えられた。「昼間は十二時間あるでしょう。だれでも、昼間歩けば、つまずくことはありません。この世の光を見ているからです。

10 しかし、夜歩けばつまずきます。光がその人のうちにないからです。」

11 イエスは、このように話され、それから、弟子たちに言われた。「わたしたちの友ラザロは眠っています。しかし、わたしは彼を眠りからさましに行くのです。」

12 そこで弟子たちはイエスに言った。「主よ。眠っているのなら、彼は助かるでしょう。」

13 しかし、イエスは、ラザロの死のことを言われたのである。だが、彼らは眠った状態のことを言われたものと思った。

14 そこで、イエスはそのとき、はっきりと彼らに言われた。「ラザロは死んだのです。

15 わたしは、あなたがたのため、すなわちあなたがたが信じるためには、わたしがその場に居合わせなかったことを喜んでいます。さあ、彼のところへ行きましょう。」

16 そこで、デドモと呼ばれるトマスが、弟子の仲間に言った。「私たちも行って、主といっしょに死のうではないか。」

姉妹たちを慰める主イエス

17 それで、イエスがおいでになってみると、ラザロは墓の中に入れられて四日もたっていた。

18 ベタニヤはエルサレムに近く、*三キロメートルほど離れた所にあった。

19 大ぜいのユダヤ人がマルタとマリヤのところに来ていた。その兄弟のことについて慰めるためであった。

20 マルタは、イエスが来られたと聞いて迎えに行った。マリヤは家ですわっていた。

21 マルタはイエスに向かって言った。「主よ。もしここにいてくださったなら、私の兄弟は死ななかったでしょうに。

22 今でも私は知っております。あなたが神にお求めになることは何でも、神はあなたにお与えになります。」

23 イエスは彼女に言われた。「あなたの兄弟はよみがえります。」

24 マルタはイエスに言った。「私は、終わりの日のよみがえりの時に、彼がよみがえることを知っております。」

25 イエスは言われた。「わたしは、よみがえりです。いのちです。わたしを信じる者は、死んでも生きるのです。

26 また、生きていてわたしを信じる者は、決して死ぬことがありません。このことを信じますか。」

いのかと考えることがある。そして自分たちは忘れられてしまったのかとさえ感じる(→詩13:1, ⇒マタ27:46, 黙6:10)。けれどもたとい主イエスの癒しや助けが遅いように見えても、それは愛し、あわれみ、同情しておられないからではない。主イエスは神の最大の栄光を現し(11:4)、人々に最も良いことを行うために最も良い時を待っておられるのである(11:15, 23-26, 40-44)。

11:6　そのおられた所になお二日とどまられた　この愛する家族のところに(11:5)主イエスはすぐに行かれなかった。それはこの家族と弟子たちの信仰を強めるためだった。最初、主イエスはこの人々の苦しみや悲しみに無関心のように見えた。けれどもヨハネは主イエスがこの家族を愛しておられ悲しみを共有しておられたことを繰返し強調している(11:3, 5, 35)。主イエスのタイミングと目的はその人々が望んでいたものとは違っていた。けれども主は全員に最善の計画を立てておられた。神のタイミングとご計画は私たちには理解しにくい(特に困難にぶつかっているときには)かもしれない。けれども、神は必ず変らない愛と知恵にしたがって応えてくださる。

11:25-26　わたしは、よみがえりです　主イエスに人生をゆだねた人にとって、肉体の死は悲劇的な終りではない。むしろそれは神とともに過す永遠のいのちへの入口である。25節の「生きる」はキリストの弟子たちを待っている復活を指している。26節の「死ぬことがありません」は、キリストの弟子たちも肉体的には死ぬけれども、永遠のさばきと神との断絶という霊

27 彼女はイエスに言った。「はい、主よ。私は、あなたが世に来られる神の子キリストである、と信じております。」
28 こう言ってから、帰って行って、姉妹マリヤを呼び、「先生が見えています。あなたを呼んでおられます」とそっと言った。
29 マリヤはそれを聞くと、すぐ立ち上がって、イエスのところに行った。
30 さてイエスは、まだ村に入らないで、マルタが出迎えた場所におられた。
31 マリヤとともに家にいて、彼女を慰めていたユダヤ人たちは、マリヤが急いで立ち上がって出て行くのを見て、マリヤが墓に泣きに行くのだろうと思い、彼女について行った。
32 マリヤは、イエスのおられた所に来て、お目にかかると、その足もとにひれ伏して言った。「主よ。もしここにいてくださったなら、私の兄弟は死ななかったでしょうに。」
33 そこでイエスは、彼女が泣き、彼女といっしょに来たユダヤ人たちも泣いているのをご覧になると、霊の憤りを覚え、心の動揺を感じて、
34 言われた。「彼をどこに置きましたか。」彼らはイエスに言った。「主よ。来てご覧ください。」
35 イエスは涙を流された。
36 そこで、ユダヤ人たちは言った。「ご覧なさい。主はどんなに彼を愛しておられたことか。」
37 しかし、「盲人の目をあけたこの方が、あの人を死なせないでおくことはできなかったのか」と言う者もいた。

27 ①ヨハ6:14
  *別訳「きたるべきかた」(「メシヤ」の称号)
  ②マタ16:16、
  囲ルカ9:20
  **すなわち「メシヤ」
28 ①ヨハ11:30
  ②マタ26:18、
  マコ14:14, ルカ22:11、
  囲ヨハ13:13
30 ①ヨハ11:20
31 ①ヨハ11:19
  ②參ヨハ11:19, 33
  *異本「と言って」
32 ①參ヨハ11:2
  ②參ヨハ11:21

33 ①參ヨハ11:19
  ②ヨハ11:38
  ③ヨハ12:27, 13:21
35 ①囲ルカ19:41
36 ①參ヨハ11:19
  ②ヨハ11:3
37 ①ヨハ9:7
38 ①囲マタ27:60、
  ルカ15:46, ルカ24:2、
  ヨハ20:1

ラザロをよみがえらせる主イエス

38 そこでイエスは、またも心のうちに憤りを覚えながら、墓に来られた。墓はほら

的死(「第二の死」黙2:11)を体験することはないという意味である。むしろキリストの弟子たちは新しいからだを持って復活する。そのからだは不死で腐敗することのない(Ⅰコリ15:42, 54)、死んだり朽ちたりしないものである(⇒ロマ8:10、Ⅱコリ4:16、→「**肉体の復活**」の項 p.2151)。

11:27 私は、あなたが・・・キリストである、と信じております マルタについては欠点がルカ10:40-41に書かれていると言われているけれども、キリストを信じる力強い女性だったことを知らなければならない。マルタは主イエスの親しい友人であり、主イエスのことを正しく理解し主イエスの愛と力や目的に頼りきっていた。

11:33 霊の憤りを覚え ここはこの世界のあらゆる悪によって引起こされた心の痛みと苦しみを目にした主イエスが深く共感し同情されたことを表している。
(1)「動揺を感じて」(《ギ》エムブリマオマイ)」ということばは、同情と怒りを伴う深い悲しみを意味している。主イエスは罪(ラザロの罪ではなく、全人類の神に対する反抗と違反)の結果であるあらゆる悲惨な出来事、その最も厳しい結果である死に直面して悲しみと怒りを覚えられた。けれども主イエスはこの情況にただ悲しんでいたのではない。ラザロをよみがえらせようとしておられたのである。この後、主イエスは人類のあらゆる罪のために死に、そしてよみがえられる。それは全人類に罪の赦しと救いの機会を提供するためだった(→11:35注、マタ23:13注、マタ21:12-13、マコ11:15, 17、ルカ19:45-46、ヨハ2:14-16)。
(2) 私たちの中で神の救いの働きが行われていることを示す確かなしるしは、どれほど多くの悲劇、悲しみ、苦しみが罪によって(自分勝手な道を行き神に反抗し拒む人々によって ⇒創3:16-19、ロマ5:12)引起こされているかに気付くことである。このことに気付くと、苦しんでいる人々への同情が増し罪を憎むようになる。そしてキリストの赦しと永遠のいのちが必要な、霊的に失われている人々に福音を伝えなければならないと感じるようになる。キリストに従う人々は、罪やきよめと真理とについての神の基準に平気で逆らうようなことは絶対にありえない(→ロマ1:32注、Ⅱテサ2:12注、ヘブ1:9注)。

11:35 イエスは涙を流された この短いことばは、ご自分の民が損害を受け、悲しみ嘆くときに感じられる神の深い同情を表している。「涙を流された」(《ギ》ダクルオー)は、主イエスが突然わーと泣き出し、それから静かに泣かれたという意味である。悲しむ人にとってこれは慰めではないだろうか。ラザロの親族だけではなく、私たちのためにもキリストは同じように感じてくださる。愛していてくださるからである。このことばが、聖書のどの書物よりも主イエスの神性(神の特性)を強調している書物に書かれていることに注意するとよい。友のために泣かれたのは、神であり人であり、「すべてのものは、この方によって造られた」(1:3)という主イエスだったのである。神は深く感情のこもった思いやりに満ちた愛を全人類に持って

穴であって、石がそこに立てかけてあった。 **39** イエスは言われた。「その石を取りのけなさい。」死んだ人の姉妹マルタは言った。「主よ。もう臭くなっておりましょう。四日になりますから。」
40 イエスは彼女に言われた。「もしあなたが信じるなら、あなたは神の栄光を見る、とわたしは言ったではありませんか。」
41 そこで、彼らは石を取りのけた。イエスは目を上げて、言われた。「父よ。わたしの願いを聞いてくださったことを感謝いたします。
42 わたしは、あなたがいつもわたしの願いを聞いてくださることを知っておりました。しかしわたしは、回りにいる群衆のために、この人々が、あなたがわたしをお遣わしになったことを信じるようになるために、こう申したのです。」
43 そして、イエスはそう言われると、大声で叫ばれた。「ラザロよ。出て来なさい。」
44 すると、死んでいた人が、手と足を長い布で巻かれたままで出て来た。彼の顔は布切れで包まれていた。イエスは彼らに言われた。「ほどいてやって、帰らせなさい。」

主イエスを殺そうとする陰謀

45 そこで、マリヤのところに来ていて、イエスがなさったことを見た多くのユダヤ人が、イエスを信じた。
46 しかし、そのうちの幾人かは、パリサイ人たちのところへ行って、イエスのなさったことを告げた。
47 そこで、祭司長とパリサイ人たちは議会を召集して言った。「われわれは何をしているのか。あの人が多くのしるしを行っているというのに。

39 ①ヨハ11:17
40 ①ヨハ11:4, 23以下
41 ①凹マタ27:60,
マコ15:46, ルカ24:2,
ヨハ20:1
②ヨハ17:1, 凹使7:55
③参マタ11:25
42 ①凹ヨハ12:30, 17:21
②凹ヨハ3:17
44 ①凹ヨハ19:40
②ヨハ20:7
45 ①ヨハ11:19,
凹ヨハ12:17, 18
②ヨハ2:23
③参ヨハ7:31
46 ①ヨハ11:57,
凹ヨハ7:32, 45
47 ①ヨハ11:57,
凹ヨハ7:32, 45
②マタ5:22
③マタ26:3
④ヨハ2:11
*あるいは「証拠としての奇蹟」

48 もしあの人をこのまま放っておくなら、すべての人があの人を信じるようになる。そうなると、ローマ人がやって来て、われわれの土地も国民も奪い取ることになる。」
49 しかし、彼らのうちのひとりで、その年の大祭司であったカヤパが、彼らに言った。「あなたがたは全然何もわかっていない。
50 ひとりの人が民の代わりに死んで、国民全体が滅びないほうが、あなたがたにとって得策だということも、考えに入れていない。」
51 ところで、このことは彼が自分から言ったのではなくて、その年の大祭司であったので、イエスが国民のために死のうとしておられること、
52 また、ただ国民のためだけでなく、散らされている神の子たちを一つに集めるためにも死のうとしておられることを、預言したのである。
53 そこで彼らは、その日から、イエスを殺すための計画を立てた。
54 そのために、イエスはもはやユダヤ人たちの間を公然と歩くことをしないで、そこから荒野に近い地方に去り、エフライムという町に入り、弟子たちとともにそこに滞在された。
55 さて、ユダヤ人の過越の祭りが間近であった。多くの人々が、身を清めるために、過越の祭りの前にいなかからエルサレムに上って来た。
56 彼らはイエスを捜し、宮の中に立って、互いに言った。「あなたがたはどう思いますか。あの方は祭りに来られることはないでしょうか。」
57 さて、祭司長、パリサイ人たちはイエスを捕らえるために、イエスがどこにいるか

48 ①凹マタ24:15
49 ①ヨハ11:51, 18:13
②マタ26:3
50 ①ヨハ18:14
51 ①ヨハ11:51, 18:13
②凹出28:30, 民27:21,
Ⅰサム9:30:7,
エズ2:63
52 ①ヨハ10:16
53 ①マタ26:4
54 ①ヨハ7:1
②Ⅱ歴13:19
55 ①マタ26:1, 2,
マコ14:1, ルカ22:1,
ヨハ13:1,
③参ヨハ2:13
②民9:10,
Ⅱ歴30:17, 18,
凹ヨハ18:28
56 ①ヨハ7:11
57 ①参ヨハ11:47

おられる（ルカ19:41）。

11:44 死んでいた人が・・・出て来た ラザロのよみがえりの奇蹟は主イエスが復活といのちの源であるだけではなく、ご自分がよみがえりであり、いのちであることを指し示すしるしだった（11:25-26）。主イエスにとって死は最後ではない。そのことは後にご自分がよみがえることによって証明された。主イエスがラザロに行われたことは、神が既に死んだ忠実な人々に行ってくださることを示す見本だった。その人々も

またよみがえる（14:3, Ⅰテサ4:13-18,→**「肉体の復活」**の項 p.2151）。この奇蹟はまた、ユダヤ人指導者たちのねたみを引起こす最後の不愉快な事件になった。そして主イエスを殺さなければならないということが決定された（11:45-53）。

11:52 散らされている神の子たち 主イエスの死は全世界のあらゆる国のあらゆる時代の人々に影響を与え、霊的いのちを与えるものとなる（⇒1:29, 3:16, 4:42, 10:16）。

ヨハネの福音書　11–12章

を知っている者は届け出なければならないという命令を出していた。

ベタニヤで香油を塗られる主イエス
12:1-8　並行記事－マタ26:6-13, マコ14:3-9, ルカ7:37-39

12 ¹ イエスは過越の祭りの六日前にベタニヤに来られた。そこには、イエスが死人の中からよみがえらせたラザロがいた。
² 人々はイエスのために、そこに晩餐を用意した。そしてマルタは給仕していた。ラザロは、イエスとともに食卓に着いている人々の中に混じっていた。
³ マリヤは、非常に高価な、純粋なナルドの香油三百グラム＊を取って、イエスの足に塗り、彼女の髪の毛でイエスの足をぬぐった。家は香油のかおりでいっぱいになった。
⁴ ところが、弟子のひとりで、イエスを裏切ろうとしているイスカリオテ・ユダが言った。
⁵「なぜ、この香油を三百デナリに売って、貧しい人々に施さなかったのか。」
⁶ しかしこう言ったのは、彼が貧しい人々のことを心にかけていたからではなく、彼は盗人であって、金入れを預かっていたが、その中に収められたものを、いつも盗んでいたからである。
⁷ イエスは言われた。「そのままにしておきなさい。マリヤはわたしの葬りの日のために、＊それを取っておこうとしていたのです。
⁸ あなたがたは、貧しい人々とはいつも

---

1 ① ヨハ12:1-8,
　囲 マタ26:6-13,
　マコ14:3-9,
　ルカ7:37-39
　② 囲 ヨハ11:55,
　囲 マタ21:17,
　ヨハ11:43, 44
　2 ① 囲 ルカ10:38
　3 ① 囲 ヨハ11:2
　囲 ヨハ14:3
　＊ 直訳「1リトラ」－328グラム
　4 ＊ あるいは「引き渡そうと」
　① 囲 ヨハ6:71
　5 ＊ 約10か月分の生活費に相当する金額
　6 ② ヨハ13:29
　囲 ルカ8:3
　7 ① 囲 ヨハ19:40
　＊ 別訳「そうしたのです」
　8 ① ② マタ26:11, マコ14:7, 申15:11

9 ① 囲 マコ12:37,
　ヨハ12:12
　② 囲 ヨハ11:43, 44, 12:1, 17, 18
11 ① ヨハ12:18,
　囲 ヨハ11:45, 46
　② 囲 ヨハ7:31,
　ヨハ11:42
12 ① ヨハ12:12-15,
　マタ21:4-9,
　マコ11:7-10,
　ルカ19:35-38
　② ヨハ12:1
13 ① 囲 詩118:25, 26
　囲 ヨハ1:49
15 ① ゼカ9:9
16 ① 囲 マコ9:32,
　囲 ヨハ2:22, 14:26
　② 囲 ヨハ7:39, 12:23

いっしょにいるが、わたしとはいつもいっしょにいるわけではないからです。」
⁹ 大ぜいのユダヤ人の群れが、イエスがそこにおられることを聞いて、やって来た。それはただイエスのためだけではなく、イエスによって死人の中からよみがえったラザロを見るためでもあった。
¹⁰ 祭司長たちはラザロも殺そうと相談した。
¹¹ それは、彼のために多くのユダヤ人が去って行き、イエスを信じるようになったからである。

勝利の入城
12:12-15　並行記事－マタ21:4-9, マコ11:7-10, ルカ19:35-38

¹² その翌日、祭りに来ていた大ぜいの人の群れは、イエスがエルサレムに来ようとしておられると聞いて、
¹³ しゅろの木の枝を取って、出迎えのために出て行った。そして大声で叫んだ。
「ホサナ。
祝福あれ。
主の御名によって来られる方に。
イスラエルの王に。」
¹⁴ イエスは、ろばの子を見つけて、それに乗られた。それは次のように書かれているとおりであった。
¹⁵「恐れるな。シオンの娘。
見よ。あなたの王が来られる。
ろばの子に乗って。」
¹⁶ 初め、弟子たちにはこれらのことがわからなかった。しかし、イエスが栄光を受け

12:3　マリヤは・・・イエスの足に塗り　香油は非常に高価なものだったので、マリヤの行動は大きな犠牲、献身、愛を表すものだった。マリヤが行ったことは次のような点できわめてまれなことだった。まず、香油は通常頭に注ぐものだった。さらにきちんとした女性は通常、公の席で長い髪の毛をほぐして下ろすことはしなかった。この両方の行動は謙遜を表すものだった。つまりマリヤは、主イエス以外のだれにどう思われても構わなかったのである。あるいは主イエスへの献身を表す機会が間もなくなくなることをマリヤは感じて、できるだけのことを行ったのかもしれない。主イエスはほかの人々やほかの目的のためにこの資金を使えることはわかっておられたけれども、ご自分の地上での残り時間が少ないことからこの献身的な行いを受入れられたのである。このことはだれかが自分を捨てて主イエスのためにだけ何かを行おうとすることが、主イエスにとっては特別だったことを意味している（12:7-8）。マリヤが示した信仰と献身は、神が最も望んでおられることを示す良い模範だった。したがって主イエスは、そのメッセージが伝えられるところではどこででもこの愛の行いも伝えられると言われたのである（→マタ26:13注）。

12:12　勝利の入城　→マコ11:19注, →ルカ19:28注

12:13　大声で叫んだ。「ホサナ・・・」　→マコ11:19注

られてから、これらのことがイエスについて書かれたことであって、人々がそのとおりにイエスに対して行ったことを、彼らは思い出した。

17 イエスがラザロを墓から呼び出し、死人の中からよみがえらせたときにイエスといっしょにいた大ぜいの人々は、そのことのあかしをした。

18 そのために群衆もイエスを出迎えた。イエスがこのしるしを行われたことを聞いたからである。

19 そこで、パリサイ人たちは互いに言った。「どうしたのだ。何一つうまくいっていない。見なさい。世はあげてあの人のあとについて行ってしまった。」

死を予告する主イエス

20 さて、祭りのとき礼拝のために上って来た人々の中に、ギリシヤ人が幾人かいた。

21 この人たちがガリラヤのベツサイダの人であるピリポのところに来て、「先生。イエスにお目にかかりたいのですが」と言って頼んだ。

22 ピリポは行ってアンデレに話し、アンデレとピリポとは行って、イエスに話した。

23 すると、イエスは彼らに答えて言われた。「人の子が栄光を受けるその時が来ました。

24 まことに、まことに、あなたがたに告げます。一粒の麦がもし地に落ちて死ななければ、それは一つのままです。しかし、もし死ねば、豊かな実を結びます。

25 自分のいのちを愛する者はそれを失い、この世でそのいのちを憎む者はそれを保って永遠のいのちに至るのです。

26 わたしに仕えるというのなら、その人はわたしについて来なさい。わたしがいる所に、わたしに仕える者もいるべきです。もしわたしに仕えるなら、父はその人に報いてくださいます。

27 今わたしの心は騒いでいる。何と言おうか。『父よ。この時からわたしをお救いください』と言おうか。いや。このためにこそ、わたしはこの時に至ったのです。

28 父よ。御名の栄光を現してください。」そのとき、天から声が聞こえた。「わたしは栄光をすでに現したし、またもう一度栄光を現そう。」

29 そばに立っていてそれを聞いた群衆は、雷が鳴ったのだと言った。ほかの人々は、「御使いがあの方に話したのだ」と言った。

30 イエスは答えて言われた。「この声が聞こえたのは、わたしのためにではなくて、あなたがたのためにです。

31 今がこの世のさばきです。今、この世を支配する者は追い出されるのです。

12:23-24　人の子が栄光を受ける　主イエスはご自分の死が悲劇ではなく、栄光を受ける方法だと言われた。それまでに行われてきたことはみな、この時に向けられていた。主イエスは今や私たちの罪の代価を払うためにいのちを捨てようとしておられた。けれどもまた死からよみがえって天の父とともにある栄光と最高の誉れの場所に戻られるのである。主イエスは弟子たちに、苦しみと肉の性質の死を通らなければ霊的な実りや効力は生れないと教えられた（12:24）。この死によるいのちという原理は、種が地に落ちて朽ちることによって新しいいのちが芽生えるという植物の世界で明らかに見られるものである。

12:25　この世でそのいのちを憎む者　自分のいのちを憎むとは、地上の何よりも天の永遠のものを大切にする姿勢のことである。神を何よりも愛するのである。キリストに熱心に従う人々は、この世界の人々が共通して持っている楽しみ、思想、成功、価値、目標などを重要とは思わない。思いはキリストが下さる「永遠のいのち」に向けられている。キリストに従いその目的を達成することを犠牲にしてでも欲しいと思うほど重要なものは、この世界にはない（マタ16:24-25, マコ8:34-35, →「**キリスト者とこの世**」の項p.2437）。

12:26　わたしに仕えるというのなら　主イエスを信じるなら、主に従い個人的な時間をともに過し、教えを守り主のみこころの中心で生活するという、行動的な献身をするべきである。主イエスに従うことは、自分を否定しキリストと完全に一つになろうとすることである（→マコ8:34注）。

12:31　この世を支配する者は追い出される　キリストの死と復活によって、サタンとその手下たちの敗北が始まった。最後の敗北は火と硫黄との池に投込まれたときに実現する（黙20:10）。けれどもサタンは今なお「この世を支配する者」（14:30, 16:11, Ⅱコリ4:4, ⇒エペ2:2）として支配している（人々は神を否定して

32 わたしが地上から上げられるなら、わたしはすべての人を自分のところに引き寄せます。」
33 イエスは自分がどのような死に方で死ぬかを示して、このことを言われたのである。
34 そこで、群衆はイエスに答えた。「私たちは、律法で、キリストはいつまでも生きておられると聞きましたが、どうしてあなたは、人の子は上げられなければならない、と言われるのですか。その人の子とはだれですか。」
35 イエスは彼らに言われた。「まだしばらくの間、光はあなたがたの間にあります。やみがあなたがたを襲うことのないように、あなたがたは、光がある間に歩きなさい。やみの中を歩く者は、自分がどこに行くのかわかりません。
36 あなたがたに光がある間に、光の子どもとなるために、光を信じなさい。」
　イエスは、これらのことをお話しになると、立ち去って、彼らから身を隠された。

ユダヤ人たちの不信仰が続く

37 イエスが彼らの目の前でこのように多くのしるしを行われたのに、彼らはイエスを信じなかった。
38 それは、「主よ。だれが私たちの知らせを信じましたか。また主の御腕はだれに現されましたか」と言った預言者イザヤのことばが成就するためであった。
39 彼らが信じることができなかったのは、イザヤがまた次のように言ったからである。
40 「主は彼らの目を盲目にされた。また、彼らの心をかたくなにされた。それは、彼らが目で見ず、心で理解せず、回心せず、そしてわたしが彼らをいやすことのないためである。」
41 イザヤがこう言ったのは、イザヤがイエスの栄光を見たからで、イエスをさして言ったのである。
42 しかし、それにもかかわらず、指導者たちの中にもイエスを信じる者がたくさんいた。ただ、パリサイ人たちをはばかって、告白はしなかった。会堂から追放されないためであった。
43 彼らは、神からの栄誉よりも、人の栄誉を愛したからである。
44 また、イエスは大声で言われた。「わ

支配権を渡している)。そしてこの世界では力と権威を持っていて、キリストと教会に対してこの世的なものを利用して攻撃を仕掛けてくる。したがって「世の友となりたいと思ったら、その人は自分を神の敵としている」ことになる(ヤコ4:4、→Ⅰヨハ2:15-16)。

12:32　すべての人を自分のところに引き寄せます　キリストはあらゆる国、民族、背景の人々を、十字架の死を通してご自分との個人的な関係に導き入れてくださる。それは人生をゆだねようとする人々に罪の赦しを与えることによって行われる。永遠のいのちという神の恵みの賜物(3:16、17:3)は排他的ではない。言い換えると、それは例外なしにあらゆる人々に提供されているのである。キリストを受入れ従う機会はだれにも与えられている。けれどほとんどの人は自分勝手な道を行き、神が提供しておられる赦しと永遠のいのちの賜物を拒んでいる(→マタ23:37)。

12:39　彼らが信じることができなかったのは　人々が信じることができなかったのは、主イエスについての勝手な見方や判断によって思いや心がふさがれていたからである。言い換えると、神が明らかにされたものを人々は見ようとしなかったのである。その結果、人々の心はさらにかたくなになり神に対して反抗的になった。キリストのメッセージは決断を求め、聞く人々を変える(たとい受入れなくても)。そのメッセージは受入れる人の心を柔らかくし、神を拒む人の心をかたくなにする。宣教師であるパウロは、イスラエルの民が神との関係を絶たれたのは不信仰だったからだと言っている(ロマ11:20、⇒詩95:8、ヘブ3:8)。けれどもその国の人々の霊的かたくなさはいつまでも続くものではない。だれでもキリストを受入れて従う人は永遠のいのちを受ける(12:44-50)。実際に五旬節の日の聖霊降臨と大胆な神のことばの説教の結果、多くのイスラエル人は信じたのである(使2:41)。

12:43　人の栄誉を愛した　多くの人は周りの人々にほめられたり認められたりしたいので、自分の考えや確信を捨てて神を恐れる良心に従おうとしない。真理を受入れてキリストに従おうとしないで、多数派の意見を受入れ群衆に従うのである。ほかの人々を恐れたり、認められたいという思いに勝利する秘訣は、キリストを信じる信仰(Ⅰヨハ5:4)である。それはキリストのように自分を守り犠牲を払ってくださる方はほかにはいないと認める信仰である。また神、キリスト、

たしを信じる者は、わたしではなく、わたしを遣わした方を信じるのです。
⁴⁵また、わたしを見る者は、わたしを遣わした方を見るのです。
⁴⁶わたしは光として世に来ました。わたしを信じる者が、だれもやみの中にとどまることのないためです。
⁴⁷だれかが、わたしの言うことを聞いてそれを守らなくても、わたしはその人をさばきません。わたしは世をさばくために来たのではなく、世を救うために来たからです。
⁴⁸わたしを拒み、わたしの言うことを受け入れない者には、その人をさばくものがあります。わたしが話したことばが、終わりの日にその人をさばくのです。
⁴⁹わたしは、自分から話したのではありません。わたしを遣わした父ご自身が、わたしが何を言い、何を話すべきかをお命じになりました。
⁵⁰わたしは、父の命令が永遠のいのちであることを知っています。それゆえ、わたしが話していることは、父がわたしに言われたとおりに、そのままに話しているのです。」

弟子たちの足を洗う主イエス

13 ¹さて、過越の祭りの前に、この世を去って父のみもとに行くべき自分の時が来たことを知られたので、世にいる自分のものを愛されたイエスは、その愛を残るところなく示された。
²夕食の間のことであった。悪魔はすでにシモンの子イスカリオテ・ユダの心に、イエスを売ろうとする思いを入れていたが、
³イエスは、父が万物を自分の手に渡されたことと、ご自分が神から出て神に行くことを知られ、
⁴夕食の席から立ち上がって、上着を脱ぎ、手ぬぐいを取って腰にまとわれた。
⁵それから、たらいに水を入れ、弟子たちの足を洗って、腰にまとっておられる手ぬぐいで、ふき始められた。
⁶こうして、イエスはシモン・ペテロのところに来られた。ペテロはイエスに言った。「主よ。あなたが、私の足を洗ってくださるのですか。」
⁷イエスは答えて言われた。「わたしがしていることは、今はあなたにはわからないが、あとでわかるようになります。」
⁸ペテロはイエスに言った。「決して私の足をお洗いにならないでください。」イエスは答えられた。「もしわたしが洗わなければ、あなたはわたしと何の関係もありません。」
⁹シモン・ペテロは言った。「主よ。私の足だけでなく、手も頭も洗ってください。」
¹⁰イエスは彼に言われた。「水浴した者は、足以外は洗う必要がありません。全身きよいのです。あなたがたはきよいのですが、みながそうではありません。」
¹¹イエスはご自分を裏切る者を知っておられた。それで、「みながきよいのではない」と言われたのである。
¹²イエスは、彼らの足を洗い終わり、上着を着けて、再び席に着いて、彼らに言われた。「わたしがあなたがたに何をしたか、わかりますか。

天、地獄、さばき、永遠を現実のこととして見る信仰である（ロマ1：20、エペ3：16-19、ヘブ11：）。神の称賛よりも人の称賛を求めながらキリストに従うのは、霊的な偽善である。

12：50　永遠のいのち　→17：3注

13：5　弟子たちの足を洗って　足を洗うというこの劇的な行動は典型的な奴隷の仕事だった。主イエスは地上での最後の夜にこのことを行われた。それは、（1）どれほど弟子たちを愛しているかを表すため、（2）十字架での犠牲を前もって示す（象徴的に予告する）ため、（3）従う人々に互いに仕え合わなければならないという真理を伝えるためだった。弟子たちは絶えず偉くなりたいという願いに悩まされていた（マタ18：1-4、20：20-27、マコ9：33-37、ルカ9：46-48）。一番になりたい（ほかの人々よりすぐれていてあがめられる）という願いは、キリストが示された模範とは正反対のものだということを、キリストは弟子たちにわからせようとされたのである（→ルカ22：24-30注、ヨハ13：12-17、Ⅰペテ5：5）。

13：8　もしわたしが洗わなければ　このことばは罪と罪悪からきよめる霊的な洗いを指している。このきよめは十字架でのキリストの死によってだれでも受取れるようになった。けれどもこのきよめを実際に受取れるのは、神への罪を認め、自分勝手な生き方から離

ヨハネの福音書　13章

13 あなたがたはわたしを先生とも主とも呼んでいます。あなたがたがそう言うのはよい。わたしはそのような者だからです。
14 それで、主であり師であるこのわたしが、あなたがたの足を洗ったのですから、あなたがたもまた互いに足を洗い合うべきです。
15 わたしがあなたがたにしたとおりに、あなたがたもするように、わたしはあなたがたに模範を示したのです。
16 まことに、まことに、あなたがたに告げます。しもべはその主人にまさらず、遣わされた者は遣わした者にまさるものではありません。
17 あなたがたがこれらのことを知っているのなら、それを行うときに、あなたがたは祝福されるのです。

裏切りを予告する主イエス

18 わたしは、あなたがた全部の者について言っているのではありません。わたしは、わたしが選んだ者を知っています。しかし聖書に『わたしのパンを食べている者が、わたしに向かってかかとを上げた』と書いてあることは成就するのです。
19 わたしは、そのことが起こる前に、今あなたがたに話しておきます。そのことが起こったときに、わたしがその人であることをあなたがたが信じるためです。
20 まことに、まことに、あなたがたに告げます。わたしの遣わす者を受け入れる者は、わたしを受け入れるのです。わたしを受け入れる者は、わたしを遣わした方を受け入れるのです。」
21 イエスは、これらのことを話されたとき、霊の激動を感じ、あかしして言われた。「まことに、まことに、あなたがたに告げます。あなたがたのうちのひとりが、わたしを裏切ります。」
22 弟子たちは、だれのことを言われたのか、わからずに当惑して、互いに顔を見合わせていた。
23 弟子のひとりで、イエスが愛しておられた者が、イエスの右側で席に着いていた。
24 そこで、シモン・ペテロが彼に合図をして言った。「だれのことを言っておられるのか、知らせなさい。」
25 その弟子は、イエスの右側で席に着いたまま、イエスに言った。「主よ。それはだれですか。」
26 イエスは答えられた。「それはわたしがパン切れを浸して与える者です。」それからイエスは、パン切れを浸し、取って、イスカリオテ・シモンの子ユダにお与えになった。
27 彼がパン切れを受けると、そのとき、サタンが彼に入った。そこで、イエスは彼に言われた。「あなたがしようとしていることを、今すぐしなさい。」
28 席に着いている者で、イエスが何のためにユダにそう言われたのか知っている者は、だれもなかった。
29 ユダが金入れを持っていたので、イエスが彼に、「祭りのために入用の物を買え」と

れて人生をキリストに明け渡し、自分に与えられた神の目的に従う人だけである。この洗いがなければ、だれも本当の意味でキリストのものにはなれないし（Ⅰヨハ1:7）、神が計画された人生と目的を体験することはできない。

13:14　互いに足を洗い合うべきです　初期の教会はこの主イエスの模範に従い命令を守って、文字通りに謙遜に互いの足を洗い合ったようである。さらにパウロはテモテⅠ5:10で、やもめがある基準や原則に従っているなら教会は特別な世話をするべきだと言っている。そのような行動が、「聖徒の足を洗」うということである。神の祝福はいつでもみことばを実践するところにある（13:17）。

13:22　だれのことを言われたのか、わからずに当惑して　ユダが裏切りを実際にするまでほかの弟子たちはだれもその不誠実さと偽りに気付いていなかった。これは重要なことである。ユダは偽善をうまく隠していた。今日でも教会の中には、外側は正しく誠実に見せていても内側ではキリストに対して忠実ではなく、献身もしていない人々がいるかもしれない（→「にせ教師」の項 p.1758）。

13:26　パン切れ　主イエスはユダにパン切れを渡された。これは通常は尊敬を表す行いだった。この時はユダに悪い計画をやめさせる最後の訴えだったと思われる。けれどもユダは心を変えなかった。そしてサタンに支配されてしまった（13:27, →ルカ22:3注）。

言われたのだとか、または、貧しい人々に何か施しをするように言われたのだとか思った者も中にはいた。

30 ユダは、パン切れを受けるとすぐ、外に出て行った。すでに夜であった。

ペテロの否認を予告する主イエス
13:37, 38　並行記事－マタ26:33-35, マコ14:29-31, ルカ22:33, 34

31 ユダが出て行ったとき、イエスは言われた。「今こそ人の子は栄光を受けました。また、神は人の子によって栄光*をお受けになりました。
32 *神が、人の子によって栄光をお受けになったのであれば、神も、ご自身によって人の子に栄光をお与えになります。しかも、ただちにお与えになります。
33 子どもたちよ。わたしはいましばらくの間、あなたがたといっしょにいます。あなたがたはわたしを捜すでしょう。そして、『わたしが行く所へは、あなたがたは来ることができない』とわたしがユダヤ人たちに言ったように、今はあなたがたにも言う

29 ③ ヨハ12:5
30 ① ヨハ ルカ22:53
31 ② マタ8:20
　② ヨハ7:39
　* あるいは「受けます」
　① ヨハ14:13,
　② ヨハ17:4, Ⅰペテ4:11
　** あるいは「お受けになります」
32 * この句を欠く写本がある
33 ① ヨハ17:1
　② ヨハ2:1
　② ヨハ7:33
　③ ヨハ7:34

34 ① Ⅰヨハ2:7,8,3:11,23, Ⅱヨハ5,
　② ヨハ15:12, 17
　② レビ19:18, Ⅰテサ4:9, Ⅰペテ1:22, Ⅰヨハ4:7, ヘブ13:1, ガラ5:14, マタ5:44
　③ エペ5:2, Ⅰヨハ4:10, 11
35 ① Ⅰヨハ3:14, 4:20
36 ① ヨハ13:33, ② ヨハ14:2, 16:5
　② ヨハ21:18, 19, Ⅱペテ1:14
37 ① Ⅰヨハ3:17, 38, マタ26:33-35, マコ14:29-31, ルカ22:33, 34
38 ① ヨハ18:27, マタ14:30

のです。
34 あなたがたに新しい戒めを与えましょう。互いに愛し合いなさい。わたしがあなたがたを愛したように、あなたがたも互いに愛し合いなさい。
35 もし互いの間に愛があるなら、それによってあなたがたがわたしの弟子であることを、すべての人が認めるのです。」
36 シモン・ペテロがイエスに言った。「主よ。どこにおいでになるのですか。」イエスは答えられた。「わたしが行く所へ、あなたは今はついて来ることができません。しかし後にはついて来ます。」
37 ペテロはイエスに言った。「主よ。なぜ今はあなたについて行くことができないのですか。あなたのためにはいのちも捨てます。」
38 イエスは答えられた。「わたしのためにはいのちも捨てる、と言うのですか。まことに、まことに、あなたに告げます。鶏が鳴くまでに、あなたは三度わたしを知らないと言います。」

13:34　互いに愛し合いなさい　キリストの弟子たちは同じ教会や教団に所属していなくても、あるいは同意できないことがどこかにあっても、互いに特別に愛し合うように命じられている。

（1）信仰者はキリストを愛し従っているか、神のことばに忠実であるかどうかによって、本当のキリスト者と主イエスに従うふりをしているだけの人とを見分けなければならない（5:24, 8:31, 10:27, マタ7:21, ガラ1:9注）。

（2）イエス・キリストを信じる実際的信仰を持ち、神のことばの権威（祈りと聖書の熱心な学びを通して聖霊が明らかにされる）に忠実に従う人は、だれでも神の家族の中の兄弟姉妹である。キリストに仕える姿勢を示し、人気があっても神を敬わない今の時代の考えや振舞を退ける人々は、互いの特別な愛と助けを受けるべき人々である。

（3）自分の所属する教会や団体の人ではなくても、キリスト者をみな愛することは、自分の聖書的信仰を妥協したり、ほかの人々の教理に完全に同意したりすることではない。これらの違いがあっても人々をキリストの真理を受入れるように導くという最高の使命を達成する努力は、ともに進められるべきである。その場合に信仰や組織の問題では必ずしも同意したり一致しなければならないわけではない。

（4）キリスト者はにせの一致のために、神の聖さ（純粋、霊的純潔さ、悪からの分離）の面で妥協してはならない。神を愛しみことばに表された神の目的を愛するなら、私たちは神の愛をほかの人々（特に私たちとは違ったかたちで信じている人々）に示すことができるようになる。神を愛することはどんなときにも最優先にするべきことである（→13:35注, マタ22:37注, 39注）。

13:35　あなたがたがわたしの弟子であることを・・・認めるのです　神をあがめる愛（《ギ》アガペー）はキリストに従う人々独特のものである（Ⅰヨハ3:23, 4:7-21）。このアガペーの愛は、基本的に人々にとって良いことを行おうとし、自分を与えようとする犠牲的愛である（Ⅰヨハ4:9-10）。キリスト者同士の関係にはこの種の愛と献身がなければならない。もしこのような愛がなければ、教会の外の人々はキリストの愛を正確に知ることができないし、教会員に魅力を感じないかもしれない。キリスト者は困難の中でも互いに親しくし、互いの感情や評判に注意し、自分の利益を脇に置いてでも互いのしあわせを求めるようにしなければならない（⇒Ⅰコリ13:, ガラ6:2, Ⅰテサ4:9, Ⅱテサ1:3, Ⅰペテ1:22, Ⅱペテ1:7, Ⅰヨハ3:23）。

ヨハネの福音書　14章

再臨を約束する主イエス

14 ¹「あなたがたは心を騒がしてはなりません。神を信じ、またわたしを信じなさい。
² わたしの父の家には、住まいがたくさんあります。もしなかったら、あなたがたに言っておいたでしょう。あなたがたのために、わたしは場所を備えに行くのです。
³ わたしが行って、あなたがたに場所を備えたら、また来て、あなたがたをわたしのもとに迎えます。わたしのいる所に、あなたがたをもおらせるためです。
⁴ わたしの行く道はあなたがたも知っています。」

父への道である主イエス

⁵ トマスはイエスに言った。「主よ。どこへいらっしゃるのか、私たちにはわかりません。どうして、その道が私たちにわかりましょう。」
⁶ イエスは彼に言われた。「わたしが道であり、真理であり、いのちなのです。わたしを通してでなければ、だれひとり父のみもとに来ることはありません。
⁷ あなたがたは、もしわたしを知っていたなら、父をも知っていたはずです。しかし、今や、あなたがたは父を知っており、また、すでに父を見たのです。」
⁸ ピリポはイエスに言った。「主よ。私たちに父を見せてください。そうすれば満足します。」
⁹ イエスは彼に言われた。「ピリポ。こんなに長い間あなたがたといっしょにいるのに、あなたはわたしを知らなかったのです

---

1 ①ヨハ14:27, 囮ヨハ16:22, 24
  *あるいは「あなたがたは神を信じています」
2 ①ヨハ13:33, 36
3 ①ヨハ14:18, 28
  ②圀ヨハ12:26
4 *異本「わたしがどこへ行くかあなたがたは知っており、またその道を知っています」
5 ①圀ヨハ11:16
6 ①①ヨハ10:9, ロマ5:2, ヘブ10:20, エペ2:18
  ②圀ヨハ1:14
  ③圀ヨハ1:4, 11:25, Ⅰヨハ5:20
7 ①圀ヨハ8:19
  ②Ⅰヨハ2:13
  ③圀ヨハ6:46
8 ①圀ヨハ1:43

14:2　わたしの父の家　このことばは、主イエスが弟子たちのために用意に帰る天の住まいのことをはっきりと指している（マタ6:9, ⇒詩33:13-14, イザ63:15）。神の永遠の家にはたくさんの「住まい」（永遠に住むところ）がある。今地上にいる「神の家族」（エペ2:19）は、いつの日か神とともに過す永遠の家に移される。「私たちは、この地上に永遠の都を持っているのではなく、むしろ後に来ようとしている都を求めているのです」（ヘブ13:14）。

14:3　また来て　主イエスは天に帰られたのと同じように確実に再び来られて、弟子たちを用意された場所に連れて行ってくださる（→14:2注, ⇒17:24）。これは新約聖書時代のキリスト者の希望であり、今日のキリスト者全員の希望でもある（→**聖書的希望**の項p.943）。

（1）主が再び来られる究極の目的は、忠実な人々を永遠に主と一緒にいるようにさせることである（→「**肉体の復活**」の項p.2151）。

（2）「あなたがたをわたしのもとに迎えます」ということばは携挙のことを言っている。それはキリストの弟子たちがみな（既に亡くなっている人もその時に生きている人も）、「たちまち・・・雲の中に一挙に引き上げられ、空中で主と会うのです。このようにして、私たちは、いつまでも主とともにいることに」なるときである（Ⅰテサ4:17, →「**携挙**」の項p.2278）。このことは突然予期しない時に起こる（→マタ24:14注, 30注, 37注, 42-44各注）。

（3）キリストが来られることによって忠実な弟子たちは、未来の「試練の時」と終りのときに来るさばきから逃れることができるようになる（→ルカ21:36注, Ⅰテサ1:10注, 5:9, 黙3:10注, →**大患難**の項p.1690）。

（4）「いつまでも主とともにいることになります。こういうわけですから、このことばをもって互いに慰め合いなさい」（Ⅰテサ4:17-18）ということを望む人々には、この栄光にあふれた永遠の再会が大きな希望であり慰めである。

14:6　わたしが道であり、真理であり、いのちなのです　これはヨハネが記録した「わたしは・・・です」という七つの宣言の一つである（→6:35注）。（1）主イエスは「道」である。それは多くある中の一つの道ではない。父である神に導く唯一の道である（⇒使4:12, ヘブ10:19-20）。神の完全な御子以外にはだれも、神に対する私たちの罪の代価を完全に払い、神との新しい関係への道を開いた方はいない。教会の初期にはキリスト教は「この道」と呼ばれるときがあった（使9:2, 19:9, 23, 24:14, 22）。それは主イエスが霊的やみ（Ⅰペテ2:9）、失われた状態（ルカ19:10）、罪の奴隷（ロマ6:6）、罪悪感（ヘブ10:22）、罪の非難（ロマ8:1）の人生から抜け出る唯一の道を備えてくださったと認めたからである。主イエスはこのようなことを行って、私たちが人生の最高の目的と達成感を見出し、天において永遠の報いを受取ることのできる唯一の道を備えてくださった（14:2-3）。神への道は一つしかないと主張することは不人気（今は特に）だったけれども、これは主イエスが言われた通り事実なのである。イエス・キリストを信じる信仰によらないで神との本当の関係を持つ方法はほかにはない。（2）主

か。わたしを見た者は、父を見たのです。どうしてあなたは、『私たちに父を見せてください』と言うのですか。

¹⁰わたしが父におり、父がわたしにおられることを、あなたは信じないのですか。わたしがあなたがたに言うことばは、わたしが自分から話しているのではありません。わたしのうちにおられる父が、ご自分のわざをしておられるのです。

¹¹わたしが父におり、父がわたしにおられるとわたしが言うのを信じなさい。さもなければ、わざによって信じなさい。

¹²まことに、まことに、あなたがたに告げます。わたしを信じる者は、わたしの行うわざを行い、またそれよりもさらに大きなわざを行います。わたしが父のもとに行くからです。

¹³またわたしは、あなたがたがわたしの名によって求めることは何でも、それをしましょう。父が子によって栄光をお受けになるためです。

¹⁴あなたがたが、わたしの名によって何かをわたしに求めるなら、わたしはそれをしましょう。

聖霊を約束する主イエス

¹⁵もしあなたがたがわたしを愛するなら、あなたがたはわたしの戒めを守るはずです。

イエスは「真理」である。それは多くある真理の一部ではなく、真理全体である。いのちのことばである（1：1-3）キリストと、そのメッセージにかかわることはみな真理である。そしてその真理は絶対的(総体的、確実、無条件、不変、決定的)であり、普遍的(あらゆる時代のあらゆる情況であらゆる人々にとって真理)である。最高の真理はキリストによって現されたという事実は、ヨハネの福音書のかぎのテーマである（→1：17注）。(3) 主イエスは「いのち」である。永遠に続く霊的いのちはその人生、死、復活を通してしか与えられない（→11：25-26注）。主イエスの完全ないのちが、神に対する私たちの罪のための永久的で恒久的でただ一つの犠牲だった。主イエスのいのちと犠牲を自分のこととして受入れた(人生の主導権を主イエスに明け渡す)人々は、罪の赦しとキリストにある永遠のいのちを受けることができる（3：15-16, 36, 5：24, 6：40, 47, 54, 10：28, 17：2-3）。

14：12　さらに大きなわざ　主イエスはご自分の働きを弟子たちが継続することを願われた。(1)「さらに大きなわざ」とは、主イエスのメッセージを広め人々をキリストを信じる信仰に導き、主イエスが行われたように奇蹟を行うことである。このことは「使徒の働き」全体の中に（使2：41, 43, 4：33, 5：12）、またマルコ16：17-18の主イエスの宣言の中に見られる（→「**信者に伴うしるし**」の項 p.1768）。主イエスの弟子たちを通して、さらに多くの人がキリストのもとに来て新しいいのち、癒し、超自然的な助けなどを受取るようになる。(2)「さらに大きなわざ」は弟子たち自身の努力や霊性によって起こるものではない。弟子たちの働きはやはり主イエスの働きであり、主イエスが御父のところに戻られたときに送られる聖霊の力によって行われるものである（→14：16, 16：7, 使1：8, 2：4）。

そのときには、主イエスの弟子たちは主の名前によって祈ることができる（14：13-14）。すると神は御霊を通して力強く応えてくださる。その結果、弟子たちの働きは数においても広がりにおいても「さらに大きな」ものになり、キリストのメッセージと力は世界中の人々に届けられるようになる。

14：13　わたしの名によって求める　主イエスの名前によって何かを求めることは、主イエスがどういう方で何をすることができ、みこころは何であるかを完全にわきまえていることを意味する。そして主イエスの力と権威を持って代理人のように行動することである。それはまた自分が行うことを通して主イエスの栄光を現し、主の目的に従うことである。したがって主イエスの名前による私たちの祈りは、(1) 主イエスの特性を反映し、その願いと目的に一致し、(2) 主イエスとその権威を信じる信仰を表し、(3) 御父と御子をあがめたいという心からの願いを表すものでなければならない（使3：16）。このような態度と意識を持ってささげる祈りは、信仰を建上げ、神が今も支配をしておられ私たちにとって最善のことをしてくださるという平安をもたらしてくれる。主イエスはご自分でも（主の目的に完全に一致した）祈りに応えてくださる。心からの信仰と主イエスの願いに沿って主イエスまたは父である神に向けて祈られた祈りには、無限の力がある（→マタ17：20注，→「**効果的な祈り**」の項 p.585）。

14：15　もしあなたがたがわたしを愛するなら・・・守る　神への愛は従順と切離すことができない。もしキリストに心から仕えているなら、私たちは行動を起こし、みことばの中で言われていることを実践するはずである（→14：21注, 24注, Ⅰヨハ5：3）。

ヨハネの福音書　14章

¹⁶わたしは父にお願いします。そうすれば、父はもうひとりの助け主をあなたがたにお与えになります。その助け主がいつまでもあなたがたと、ともにおられるためにです。
¹⁷その方は、真理の御霊です。世はその方を受け入れることができません。世はその方を見もせず、知りもしないからです。しかし、あなたがたはその方を知っています。その方はあなたがたとともに住み、あなたがたのうちにおられるからです。
¹⁸わたしは、あなたがたを捨てて孤児にはしません。わたしは、あなたがたのところに戻って来るのです。
¹⁹いましばらくで世はもうわたしを見なくなります。しかし、あなたがたはわたしを見ます。わたしが生きるので、あなたがたも生きるからです。
²⁰その日には、わたしが父におり、あなたがたがわたしにおり、わたしがあなたがたにおることが、あなたがたにわかります。
²¹わたしの戒めを保ち、それを守る人は、わたしを愛する人です。わたしを愛する人はわたしの父に愛され、わたしもその人を

16①ヨハ14:26, 15:26, 16:7, Ⅰヨハ2:1, 図ヨハ7:39, ロマ8:26
＊ギリシヤ語「パラクレトス」—援助のためにそばに呼ばれた人、とりなしてくれる人
17①ヨハ15:26, 16:13, Ⅰヨハ4:6, 5:6
②Ⅰコリ2:14
18①ヨハ14:3, 28
19①図ヨハ7:33
②ヨハ16:16, 22
②回ヨハ16:57
20①ヨハ16:23, 26
②図ヨハ10:38, ヨハ14:11
21①ヨハ14:15, 23,
回ヨハ15:10, Ⅰヨハ5:3, Ⅱヨハ6
②ヨハ16:27, 14:23

14:16　わたしは父にお願いします　15－16節では主イエスが助け主を、主イエスを愛しみことばに従う人々にだけ与えるように御父に願うことが示されている。主イエスは15節で現在形を使って（「もしあなたがたがわたしを愛するなら」）、愛と従順が絶えず必要であることを示された。

14:16　助け主　主イエスは聖霊を「もうひとりの助け主」と呼ばれた。主イエスご自身が弟子たちに対して助け主だったのと同じである。「助け主」はギリシヤ語のパラクレートスの訳で、直訳すると「助けるためにそばに呼ばれた人」という意味である。これは多くの意味を持つことばで、助言者、励まし手、慰め手、助け手、忠告者、代弁者、とりなし手、味方、友など霊的役割を幅広く指している。「もうひとりの」のギリシヤ語は「アロン」で「同じ種類のもう一つ」を意味し、「別の種類のもう一つ」を意味する「ヘテロス」ではない。したがって聖霊は主イエスのように神であり、キリストが地上で行われたことを継続される方なのである（→「**聖霊の教理**」の項 p.1970）。

（1）聖霊は弟子たちのそばに立つ人格的な存在で、助け強め（⇒マタ14:30-31）、真理を教え人生を導き（14:26）、困難な状況では強め慰め（14:18）、祈りを通して（ロマ8:26-27, ⇒8:34）とりなし（人々のために訴える）、最も良いことを進める友となり（14:17）、いつまでもともにいてくださる（→「**聖霊の働き**」の表 p.2187）。

（2）「パラクレートス」ということばはヨハネⅠ2:1では主イエスに使われている。今主イエスは天で私たちの助け手でありとりなし手（私たちのために訴え、代理の役を果す弁護者）であるけれども（⇒ヘブ7:25）、聖霊は地上で私たちの助け手でありとりなし手なのである（ロマ8:9, 26, Ⅰコリ3:16, 6:19, Ⅱコリ6:16, Ⅱテモ1:14, →「**イエスと聖霊**」の項 p.1809）。

14:17　真理の御霊　聖霊は「真理の御霊」と呼ばれている（15:26, 16:13, ⇒Ⅰヨハ4:6, 5:6）。それは真理である主イエスの霊だからである。聖霊は真理をあかしし（15:26）、人々の心に真理を照らし出し、真理ではないものをさらけ出し（16:8）、主イエスの弟子たちをあらゆる真理に導かれる（16:13）。真理を犠牲にして快適さ、人気、愛、そのほかのものを求める人々は、真理の御霊を拒み反抗している。真理を捨てる教会は主イエスを捨てている。聖霊は、キリストを信じる信仰は当り前のことと思って軽んじている人々や、真理に対していい加減な人々には助言者になってくださらない。「霊とまことによって」主を礼拝する人々のそばにしか来てくださらない（→4:23-24注）。

14:17　あなたがたとともに住み、あなたがたのうちにおられる　聖霊はそれまでも弟子たちとともにおられたけれども、これからは「あなたがたのうちにおられる」ようになるとキリストは約束された。聖霊がキリストの弟子たちの中に、またその人々を通して住まわれるというこの約束は、復活の後に主イエスが息を吹きかけて「聖霊を受けなさい」と言われたときにまず成就した（20:22, →「**弟子たちの新生**」の項 p.1931）。また五旬節の日の体験の後、聖霊はさらに強力に満たし力を与えてくださっている（→使2:）。

14:18　わたしは、あなたがたのところに戻って来るのです　イエス・キリストは愛し従う人々に聖霊を通してご自分とご自分の臨在を現される（14:21）。御霊は私たちに、主イエスが近くにおられることとその愛、祝福、助けを感じさせてくださる。これは御霊の主な働きの一つである。キリストが御霊を通して来られ、その臨在をもって祝福してくださるときに、私たちは愛、礼拝、献身をもって応答することができる。→「**イエスと聖霊**」の項 p.1809

14:21　わたしの戒めを保ち　神との永遠のいのちを体験したい人々にとって、キリストの戒めを守ることは重要なことである（3:36, 14:21, 23, 15:8-10, 13-14, ルカ6:46-49, ヤコ1:22, Ⅱペテ1:5-11, Ⅰヨハ2:

愛し、わたし自身を彼に現します。」

22 イスカリオテでないユダがイエスに言った。「主よ。あなたは、私たちにはご自分を現そうとしながら、世には現そうとなさらないのは、どういうわけですか。」

23 イエスは彼に答えられた。「だれでもわたしを愛する人は、わたしのことばを守ります。そうすれば、わたしの父はその人を愛し、わたしたちはその人のところに来て、その人とともに住みます。

24 わたしを愛さない人は、わたしのことばを守りません。あなたがたが聞いていることばは、わたしのものではなく、わたしを遣わした父のことばなのです。

25 このことをわたしは、あなたがたといっしょにいる間に、あなたがたに話しました。

26 しかし、助け主、すなわち、父がわたしの名によってお遣わしになる聖霊は、あなたがたにすべてのことを教え、また、わたしがあなたがたに話したすべてのことを思

27 わたしは、あなたがたに平安を残します。わたしは、あなたがたにわたしの平安を与えます。わたしがあなたがたに与えるのは、世が与えるのとは違います。あなたがたは心を騒がしてはなりません。恐れてはなりません。

28 『わたしは去って行き、また、あなたがたのところに来る』とわたしが言ったのを、あなたがたは聞きました。あなたがたは、もしわたしを愛しているなら、わたしが父のもとに行くことを喜ぶはずです。父はわたしよりも偉大な方だからです。

29 そして今わたしは、そのことの起こる前にあなたがたに話しました。それが起こったときに、あなたがたが信じるためです。

30 わたしは、もう、あなたがたに多くは話すまい。この世を支配する者が来るからです。彼はわたしに対して何もすることはできません。

31 しかしそのことは、わたしが父を愛して

3-6)。(1) 地上の生活では私たちはキリストに完全に従うことはできないかもしれない。けれども心から純粋でなければならない。それは信仰にはなくてはならない一面であり、本当の愛を表すものである(14：15, 21, 23-24, →マタ7：21注)。キリストの戒めを守る動機として最も重要なのは愛だけである。(2) キリストへの深い愛がないまま戒めを守ろうとするのは律法主義(律法の背後にある精神と目的に従わずに律法の細かい規定だけを守ること)で、それは失敗に終り欲求不満になる。(3) キリストを愛し、その戒めを絶えず守ろうとする人々に、キリストは特別な愛、恵み(与えられる好意と助け)、深い内住を約束しておられる(⇒14：23)。キリストへの純粋な献身には愛と従順が必ず伴う。主への純粋な愛があるなら、愛による従順もある。

14：23 わたしたちは・・・その人とともに住みます 主イエスを愛し、みことばに従う人々は御父と御子の愛と臨在をはっきりと強く体験する。御父と御子は、信仰者のところに来て聖霊によって力と目的を現される(→14：18注)。御父が愛に満ちた配慮をしてくださるかどうかは、私たちが主イエスを愛しみことばに忠実であるかどうかにかかっている。

14：24 わたしを愛さない人 キリストの教えに従わない人々はキリストを愛していないのである。主イエスへの愛がなければ救いの信仰(人生を積極的にキリ

ストに明け渡し、愛の関係に導き入れる信仰 →Ⅰヨハ2：3-4)を持つことができない。キリストの戒めや教えに反する生活をしていても、霊的救いを保ち続けることができると言ったり信じたりしている人がいるなら、その人々は神のことばの真理を否定しているのである。神に不従順な生活をしている人のうちに聖霊はとどまってくださらない。

14：26 聖霊 助け主はここでは「聖霊」と呼ばれている。御霊が「聖い」ということは新約聖書のキリスト者にとって最も重要なことである。つまり私たちと聖霊との関係は単に何をしてくださるか(⇒その力 使1：8)ということではなく、聖霊の特性(「聖い霊」)とのかかわりである。神の聖とは純潔、完全、完璧、悪からの分離を意味する。したがって最も大切なことは、聖霊の特性がキリストの弟子たちの生活にどのように現されているかということである(⇒ロマ1：4、ガラ5：22-26)。主イエスに仕え、心の中に御霊が生きておられる人々は、道徳的純潔、霊的な健全性と高潔さ、悪からの分離、神の目的への献身などを通して主イエスの聖さを反映しなければならない。御霊の特性が明らかに現れているキリスト者は、よりすぐれた霊的力を持ち、より効果的にキリストのメッセージをほかの人々に伝えること(御霊のバプテスマの第一の目的 →使1：8注)ができる。→「聖霊の教理」の項p.1970、「聖霊のバプテスマ」の項p.1950

おり、父の命じられたとおりに行っていることを世が知るためです。立ちなさい。さあ、ここから行くのです。

ぶどうの木と枝

15 ¹ わたしはまことのぶどうの木であり、わたしの父は農夫です。
² わたしの枝で実を結ばないものはみな、父がそれを取り除き、実を結ぶものはみな、もっと多く実を結ぶために、刈り込みをなさいます。
³ あなたがたは、わたしがあなたがたに話したことばによって、もうきよいのです。
⁴ わたしにとどまりなさい。わたしも、あなたがたの中にとどまります。枝がぶどうの木についていなければ、枝だけでは実を結ぶことができません。同様にあなたがたも、わたしにとどまっていなければ、実を結ぶことはできません。
⁵ わたしはぶどうの木で、あなたがたは枝です。人がわたしにとどまり、わたしもその人の中にとどまっているなら、そういう人は多くの実を結びます。わたしを離れては、あなたがたは何もすることができないからです。
⁶ だれでも、もしわたしにとどまっていなければ、枝のように投げ捨てられて、枯れます。人々はそれを寄せ集めて火に投げ込

15:1 わたしはまことのぶどうの木 ぶどうの木は、旧約聖書でしばしばイスラエル民族の象徴として使われている（詩80:8-16, イザ5:1-7, エレ2:21）。そして何かの点で不適切だったり不足していたりすることが示されている。けれどもここのたとえでは、主イエスが「まことのぶどうの木」で、弟子になった人々がその「枝」として描かれている。弟子たちはいのちの源としての主イエスにつながり続けるなら、実を結ぶのである。霊的実を結ぶということは、神を敬う人格を育て（→ガラ5:22-23, エペ5:9, ピリ1:11）、神を敬う模範を示し（→マタ3:8, 7:16-20）、効果的な奉仕をし、ほかの人々をキリストに導くことである。神は庭師のように枝が実を結ぶように世話をされる（15:2, 8）。そして私たちがみな成長して、霊的実を結ぶことを期待しておられる（→15:2注, マタ3:8注）。

15:2 わたしの枝で・・・みな 主イエスは実を結ばない枝と実を結ぶ枝という二種類の枝について話された。（1）実を結ばない、あるいは実を結ぶことを止めてしまった枝とは、キリストに対する忍耐強い信仰と愛から生まれる霊的生活をしていない人々のことである。そのような「枝」を御父は最後には切捨ててしまう。つまりいのちを与えるキリストとの関係を断たれてしまうのである（⇒マタ3:10）。ぶどうの木から切離されてつながっていない枝はいのちがなく実を結ぶことができない。結果として、神はそのような枝をさばき退けてしまわれる（15:6）。（2）実を結ぶ枝は、キリストに対する信仰と愛によっていのちを内に持っている人々のことである（→**罪の性質の行いと御霊の実**の項p.2208）。そのような「枝」がよりよく成長し、実をより豊かに結ぶように神は「刈り込み」をされる。これは、その人々の生活の中からキリストへの献身を奪うものや、いのちを与えるつながりを邪魔する

を神がみな除かれるということである。ほとんどの場合、これは不快で痛みの伴う訓練や挑戦の過程である。けれどもその結果は、キリスト者の人格という甘い実を結び、神を敬う生活とあかしによって主イエスの誉れと栄光を現すようになる（→マタ3:8, 7:20, ロマ6:22, ガラ5:22-23, エペ5:9, ピリ1:11）。

15:4 わたしにとどまりなさい キリストを受入れて罪を赦された人は永遠のいのちを受ける。そのいのちの中心はキリストとの個人的関係であり（→17:3）、その関係を維持し育てる聖霊の力がそこにある。その力が与えられたキリスト者には、キリストと霊的につながり頼り続ける責任が生まれる。「メノー」というギリシヤ語はとどまる、続ける、生きるという意味である。枝は、ぶどうの木のいのちが流れ込んでいる限り生きている。それと同じように、信仰者も生き生きとした関係を通してキリストのいのちが流れ込む限り、本当のいのちを持ち続けることができる。キリストとつながり続けるには次の条件が必要である。（1）神のことばを読み、学ぶために時間を割くこと。そうすれば私たちの心と思いの中に真理が流れ込み、行動の指針になる（15:7）。（2）祈りの習慣を保つこと。祈りを通して主イエスの声を聞き、力を受けることができる（15:7）。（3）戒めを守ること。キリストへの愛を表し（15:10）、互いに愛し合うこと（15:12, 17）。（4）神のことばにとどまって生活をきよく守ること。誘惑を退け聖霊の導きに従うこと（15:3, 17:17, ロマ8:14, ガラ5:16-25, エペ5:26, Ⅰペテ1:22）。

15:6 枝のように投げ捨てられて このぶどうの木と枝のたとえは、「まことのぶどうの木」（主イエス）につながり続けようとしないなら、「まことのぶどうの木」から切取られてしまうことをはっきり教えている。主イエスは一度救われたら永遠に救われ続けるとは教

むので、それは燃えてしまいます。

7 あなたがたがわたしにとどまり、わたしのことばがあなたがたにとどまるなら、何でもあなたがたのほしいものを求めなさい。そうすれば、あなたがたのためにそれがかなえられます。

8 あなたがたが多くの実を結び、①わたしの弟子となることによって、②わたしの父は栄光をお受けになるのです。

互いに愛し合いなさい

9 父がわたしを愛されたように、わたしもあなたがたを愛しました。わたしの愛の中にとどまりなさい。

10 ①もし、あなたがたがわたしの戒めを守るなら、あなたがたはわたしの愛にとどまるのです。それは、わたしがわたしの父の戒めを守って、わたしの父の愛の中にとどまっているのと同じです。

11 ①わたしがこれらのことをあなたがたに話

7 ⓐマタ7:7, ヨハ15:16
8 ⓐヨハ8:31
  * 異本「そうしてわたしの弟子であることを証明することによって」
  ①マタ5:16
9 ①ヨハ17:23, 24, 26,
  ②ヨハ3:35
10 ①ヨハ14:15
  ②ヨハ8:29
11 ⓐヨハ17:13

12 ⓐヨハ3:29
  ⓑヨハ13:34, 15:17
13 ⓐヨハ10:11
  ②ロマ5:7, 8
14 ⓐマタ12:50
  ②ルカ12:4
15 ⓑヨハ8:26, 16:12
16 ①ヨハ15:19, 6:7:10,
  ⓑヨハ13:18

したのは、わたしの喜びがあなたがたのうちにあり、あなたがたの喜びが満たされるためです。

12 わたしがあなたがたを愛したように、あなたがたも互いに愛し合うこと、これがわたしの戒めです。

13 ①人がその友のためにいのちを捨てるという、これよりも大きな愛はだれも持っていません。

14 わたしがあなたがたに命じることをあなたがたが行うなら、あなたがたはわたしの友です。

15 わたしはもはや、あなたがたをしもべとは呼びません。しもべは主人のすることを知らないからです。わたしはあなたがたを友と呼びました。なぜなら父から聞いたことをみな、あなたがたに知らせたからです。

16 あなたがたがわたしを選んだのではありません。わたしがあなたがたを選び、あなたがたを任命したのです。それは、あなた

えておられない。むしろ信仰者でも信仰を捨てたり主イエスに背を向けたり、主イエスとの関係を保とうとしなくなる可能性があることを弟子たちに厳しくまた愛をもって警告されたのである。切捨てられて地獄の火に投入れられないためである。

（1）ここではキリストと信じる人との救いの関係について最も基本的なことが教えられている。主イエスとの関係は静止した（受動的または不変）ものではない。絶えず成長しているかそれとも死につつあるか、強くなりつつあるかそれとも弱くなりつつあるか、どちらかである。キリストにつながり続けるには、キリストの弟子たちは過去の決断や体験にいつまでも頼り続けることはできない。神の御霊が信じる人々の中に住み、キリストのいのちを分け与えてくださるので、主イエスとの親しい関係は成長し発展し続ける（→17:3注, コロ3:4, Ⅰヨハ5:11-13）。

（2）このたとえは三つの重要な真理を教えている。(a) どんな外部の情況も勢力もキリスト者を神の手から離すことはできない（10:28-29）。けれどもキリストに自分をささげ続けキリストの目的と配慮から離れないようにするかどうかは、キリスト者自身の責任である（→15:4注）。キリストとのいのちにかかわる、しっかりとつながった関係（キリストの救いと新しいいのちを受取ったときに始まった関係）にとどまり続けることを絶えず選び取っていかなければならない。

(b) キリストにとどまるなら、主イエスは弟子たちの中にそしてその生活全体を通して生き続け（15:4a）、霊的実を結ばせ（15:5）、効果的な祈りをさせ（15:7）、喜びに満たしてくださる（15:11）。(c) キリストにとどまらないなら、その結果は実を結ばず（15:4-5）、キリストから離され滅びることになる（15:2a, 6）。

15:7 何でもあなたがたのほしいものを求めなさい 祈りの答を受取ることとキリストとみことばに個人的につながっていることには密接な関係がある。キリストの教えを知りながら信じて生きることをしないで、霊的に生産的な祈りの生活をすることは不可能である。みことばを学び適用してキリストとの関係を育てていくときに、私たちの祈りはキリストの願いや目的に沿うものになる。そしてそうなればなるほど私たちの祈りは効果的になる（→14:13注, 15:4注, 詩66:18注, マタ7:7-8注, →「効果的な祈り」の項p.585）。

15:9-10 わたしの愛の中にとどまりなさい キリストの愛に信仰をもって応える方法はただ一つ、その戒めを守ることである。霊的救いとキリストとの個人的な関係を持つ機会はキリストの愛によって備えられた。その関係を保ち、私たちに対する神の目的を成就するためには従順が重要になる（→14:15, 21, 23）。神との関係では、従順と愛がどんなときにも共存していなければならない（→Ⅰヨハ2:5, 5:2-3）。

がたが行って実を結び、そのあなたがたの実が残るためであり、また、あなたがたがわたしの名によって父に求めるものは何でも、父があなたがたにお与えになるためです。

17 あなたがたが互いに愛し合うこと、これが、わたしのあなたがたに与える戒めです。

世は弟子たちを憎む

18 もし世があなたがたを憎むなら、世はあなたがたよりもわたしを先に憎んだことを*知っておきなさい。

19 もしあなたがたがこの世のものであったなら、世は自分のものを愛したでしょう。しかし、あなたがたは世のものではなく、かえってわたしが世からあなたがたを選び出したのです。それで世はあなたがたを憎むのです。

20 しもべはその主人にまさるものではない、とわたしがあなたがたに言ったことばを覚えておきなさい。もし人々がわたしを迫害したなら、あなたがたをも迫害します。もし彼らがわたしのことばを守ったなら、あなたがたのことばをも守ります。

21 しかし彼らは、わたしの名のゆえに、あなたがたに対してそれらのことをみな行います。それは彼らがわたしを遣わした方を知らないからです。

22 もしわたしが来て彼らに話さなかったら、彼らに*罪はなかったでしょう。しかし

今では、その罪について弁解の余地はありません。

23 わたしを憎んでいる者は、わたしの父をも憎んでいるのです。

24 もしわたしが、ほかのだれも行ったことのないわざを、彼らの間で行わなかったのなら、彼らには*罪がなかったでしょう。しかし今、彼らはわたしをも、わたしの父をも見て、そのうえで憎んだのです。

25 これは、『彼らは理由なしにわたしを憎んだ』と彼らの律法に書かれていることばが成就するためです。

26 わたしが父のもとから遣わす助け主、すなわち父から出る真理の御霊が来るとき、その御霊がわたしについてあかしします。

27 あなたがたも*あかしするのです。初めからわたしといっしょにいたからです。

16 1 これらのことをあなたがたに話したのは、あなたがたがつまずくことのないためです。

2 人々はあなたがたを会堂から追放するでしょう。事実、あなたがたを殺す者がみな、そうすることで自分は神に奉仕しているのだと思う時が来ます。

3 彼らがこういうことを行うのは、父をもわたしをも知らないからです。

4 しかし、わたしがこれらのことをあなたがたに話したのは、その時が来れば、わたしがそれについて話したことを、あなたがたが思い出すためです。わたしが初めから

15:16 行って実を結ぶ 主イエスの時代には、普通は弟子(従う人、学ぶ人)のほうが自分がついていきたいラビ(教師)を選んでいた。けれども主イエスは、中心になる弟子たちを、「実を結」ぶという目的のために、ご自分で選ばれた(15:2, 4-5, 8)。キリストに従う人々にはこの目的がある。実を結ぶということは、(1) ガラテヤ5:22-23にある愛、喜び、平安、寛容、親切、善意、誠実、柔和、自制という、御霊の実のような霊的品性と神を敬う人格(⇒エペ5:9、コロ1:6、ヘブ12:11、ヤコ3:18)を育てることと、(2) まだキリストとの個人的関係を持っていない人々の霊的救いのために働くことである(4:36、12:24、→15:1注)。→「罪の性質の行いと御霊の実」の項 p.2208

15:20 あなたがたをも迫害します キリストの弟子たちは、地上にいる間はキリストを信じ信頼していることで憎まれ拒まれ迫害されることがある。「世」(世界にいるキリストに従わない人々と神に敵対する世界の制度)は、歴史のどの時代でもキリストと神の民の敵だった。(1) この世(にせの宗教組織やグループを含む)は絶えず神、真理、御国の原則に敵対していることを、キリスト者は理解しなければならない。そのような神の敵は、最後まで忠実な弟子たちを拒み、反対し、迫害する(ヤコ4:4、→マタ5:10注)。(2) キリスト者がこの世によって苦しめられるのはほかの人々と同じではないからである。また世間一般の道に従わず、「世のものではなく」、「世から」出たものだからである(15:19)。キリストの弟子たちの価値観、基準、態度、生活様式、究極の目標は、堕落した社会の不信仰の道とは対立するものである。キリスト者は不信仰な基準とは妥協しない。「地上のものを思わず、天に

ヨハネの福音書　16章

これらのことをあなたがたに話さなかったのは、わたしがあなたがたといっしょにいたからです。

聖霊の働き

⁵ しかし今わたしは、わたしを遣わした方のもとに行こうとしています。しかし、あなたがたのうちには、ひとりとして、どこに行くのですかと尋ねる者がありません。

⁶ かえって、わたしがこれらのことをあなたがたに話したために、あなたがたの心は悲しみでいっぱいになっています。

⁷ しかし、わたしは真実を言います。わたしが去って行くことは、あなたがたにとって益なのです。それは、もしわたしが去って行かなければ、助け主があなたがたのところに来ないからです。しかし、もし行けば、わたしは助け主をあなたがたのところに遣わします。

⁸ その方が来ると、罪について、義について、さばきについて、世にその誤りを認めさせます。

⁹ 罪についてというのは、彼らがわたしを信じないからです。

¹⁰ また、義についてとは、わたしが父のもとに行き、あなたがたがもはやわたしを見なくなるからです。

¹¹ さばきについてとは、この世を支配する者がさばかれたからです。

¹² わたしには、あなたがたに話すことがま

---

5 ① 圏ヨハ7:33, 16:10, 17, 28
② ヨハ13:36, 14:5
6 ① ヨハ16:22, 囲ヨハ14:1
7 ① 圏ヨハ14:16
② ヨハ16:7
9 ① ヨハ15:22, 24
10 ① 囲使3:14, 7:52, 17:31, Ⅰペテ3:18
② ヨハ16:5
11 ① ヨハ12:31

あるものを思」うのである（コロ3:2, →「**キリスト者とこの世**」の項p.2437）。

16:7　もし行けば・・・遣わします　聖霊の注ぎ（神が豊かに弟子たちに御霊を遣わして満たし力を授け働かれるとき）はキリストが地上を去られた後に起こる（⇒使2:33, →「**弟子たちの新生**」の項p.1931）ことで、最初の注ぎは五旬節の日に起きた（→使2:）。この日の出来事は聖霊の時代の始まりを告げるものだった。

16:8　世にその誤りを認めさせます　キリストのメッセージを広める働きの中で聖霊が果す重要な役割は、「世にその誤りを認めさせ」ることである。「誤りを認めさせる（《ギ》エレンコー）」ということばは、さらけ出す、間違いを証明する、確信させるという意味である。

（1）誤りを認めさせる霊の働きは三つの領域で行われる。(a) 罪ー聖霊はひとりひとりの罪と不信仰をさらけ出し、罪悪感を与え、赦しの必要に気付かせてくださる。誤りを認めるときには、キリストを拒み罪を犯し続ける（神から離れて自分勝手な道を進む）ことの悲惨な結果も明らかになる。御霊によって罪を自覚させられたら、キリストについて決断をしなければならない。この体験によって人々が悔い改め、救い主であり主（罪を赦し人生を導く方）である主イエスに立返ることが望まれる（使2:37-38）。(b) 義ー御霊は主イエスが神への正しい道を示すために来られた神の子であることを認めさせてくださる。また神との正しい関係は、私たちの良い行いや努力によるのではなく、私たちの罪のためにキリストが十字架の上で死なれたことによることを明らかにされる。もし私たちが赦しを受入れ人生の主権をゆだねるなら、御霊は私たちに力を与え神の基準に沿って正しいことを行い、神を敬わない世のやり方や誘惑に打勝たせてくださる（使3:

12-16, 7:51-60, 17:31, Ⅰペテ3:18）。(c) さばきー御霊は人々にサタンの敗北を認めさせてくださる。それはキリストが私たちの罪のために十字架で死んで確保し保証してくださったものである（12:31, 16:11）。御霊はまた、世に対して下されている現在のさばきに気付かせ（ロマ1:18-32）、全人類に対する未来のさばきにも気付かせてくださる。そこではだれもが神の前で申し開きをしなければならない（マタ16:27, 使17:31, 24:25, ロマ14:10, Ⅰコリ6:2, Ⅱコリ5:10, ユダ1:14）。

（2）罪、義、さばきについて誤りを認めさせる聖霊の働きは、聖霊のバプテスマを受け（御霊に「満たされ」力を受ける）、御霊に満たされた信仰者として生きる人々の中で明らかである（→「**聖霊のバプテスマ**」の項p.1950）。キリストご自身が御霊に満たされ（ルカ4:1）、世に「その行いが悪いことをあかし」し（→7:7, 15:18）、人々に悔い改めて神に立返るように呼びかけられた（マタ4:17）。「母の胎内にあるときから聖霊に満たされ」ていたバプテスマのヨハネ（→ルカ1:15注）は、ユダヤ人の罪をさらけ出し生き方を変えるように訴えた（→マタ11:7注, ルカ3:1-20）。「聖霊に満たされ」たペテロは（使2:4）、説教をして3,000人に罪を認めさせ、罪から離れて神の赦しを受取るように呼びかけた（使2:37-41）。

（3）罪をさらけ出し悔い改めて（罪から離れ神の目的に従うように神への態度を変えること）、神を敬う生き方をするように呼びかけることを恐れて行わない奉仕者や教会は、聖霊に導かれているとは言えない。コリントⅠ14:24-25は集会の中にある神の臨在は不信者の罪（心の中の秘密、神に反抗する姿勢）を暴き出し、聖霊によって罪を認めさせ、キリストの救いを受

だたくさんありますが、今あなたがたはそれに耐える力がありません。
13 しかし、その方、すなわち真理の御霊が来ると、あなたがたをすべての真理に導き入れます。御霊は自分から語るのではなく、聞くままを話し、また、やがて起ころうとしていることをあなたがたに示すからです。
14 御霊はわたしの栄光を現します。わたしのものを受けて、あなたがたに知らせるからです。
15 父が持っておられるものはみな、わたしのものです。ですからわたしは、御霊がわたしのものを受けて、あなたがたに知らせると言ったのです。
16 しばらくするとあなたがたは、もはやわたしを見なくなります。しかし、またしばらくするとわたしを見ます。」

弟子たちの悲しみは喜びに変わる

17 そこで、弟子たちのうちのある者は互いに言った。「『しばらくするとあなたがたは、わたしを見なくなる。しかし、またしばらくするとわたしを見る』、また『わたしは父のもとに行くからだ』と主が言われる

13 ①圏ヨハ14:17
②ヨハ14:26
14 ①圏ヨハ7:39
15 ①ヨハ17:10
16 ①圏ヨハ7:33
②ヨハ16:16-24,
囚ヨハ14:18-24
②ヨハ16:22
17 ①ヨハ16:16
②ヨハ16:5

19 ①囚ヨハ6:61,
マコ9:32
20 ①マコ16:10, ルカ23:27
②ヨハ20:20
21 ①囚イザ13:8, 21:3,
26:17, 66:7,
ホセ13:13, ミカ4:9,
Ⅰテサ5:3
22 ①ヨハ16:16
②圏ヨハ16:16

のは、どういうことなのだろう。」
18 そこで、彼らは「しばらくすると、と主が言われるのは何のことだろうか。私たちには主の言われることがわからない」と言った。
19 イエスは、彼らが質問したがっていることを知って、彼らに言われた。「『しばらくするとあなたがたは、わたしを見なくなる。しかし、またしばらくするとわたしを見る』とわたしが言ったことについて、互いに論じ合っているのですか。
20 まことに、まことに、あなたがたに告げます。あなたがたは泣き、嘆き悲しむが、世は喜ぶのです。あなたがたは悲しむが、しかし、あなたがたの悲しみは喜びに変わります。
21 女が子を産むときには、その時が来たので苦しみます。しかし、子を産んでしまうと、ひとりの人が世に生まれた喜びのために、もはやその激しい苦痛を忘れてしまいます。
22 あなたがたにも、今は悲しみがあるが、わたしはもう一度あなたがたに会います。そうすれば、あなたがたの心は喜びに満たされます。そして、その喜びをあなたがた

けるようにさせるとはっきり言っている。御霊の働きの詳細　→「**聖霊の働き**」の表 p.2187

16:13　あなたがたをすべての真理に導き入れます
誤りを認めさせる聖霊の働き（→16:8注）は、キリストを知らない人々にだけ向けられるものではなく（16:7-8）、キリスト者の中にも働いて、教え、正し、真理へ導くものである（マタ18:15, Ⅰテモ5:20, 黙3:19）。

（1）聖霊は神の民にも罪、キリストの義、悪のさばきについて説明される。それは、(a) その人々の中にキリストに似た品性を育てキリストの善悪の基準に沿って生きようとする願いを強め（⇒Ⅱコリ3:18）、(b) 真理によって生きることを理解して実際に生きる力を与え、(c) 生活を通してキリストをあがめるためである（16:14）。このように聖霊はキリストに従う人々の間に働き、キリストの聖さ（道徳的純潔、霊的健全さ、悪からの分離、神への献身）が日々の生活の中で大きく育ち反映されるようにしてください。

（2）もし御霊に満たされた信仰者が聖霊の導きや誤りを認めさせる働き（→16:8注）を拒み、「御霊によって、からだの行いを殺す」（ロマ8:13）さないなら、

その人々は神に反抗しているのであって、そのことによってさばかれることになる。真理を受取り応答し、「神の御霊に導かれる」人々だけが本当の「神の子ども」（ロマ8:14）であり、自分たちの中にある御霊のいのちの祝福を体験することができる（→エペ5:18注）。罪（神に対する反対と反抗）は信仰者の中の聖霊によるいのちと聖霊の働きを妨げたり破壊したりしてしまう（ロマ6:23, 8:13, ガラ5:17, ⇒エペ5:18, Ⅰテサ5:19, →「**罪の性質の行いと御霊の実**」の項 p.2208）。

16:14　わたしのものを受けて　聖霊は信仰者に主イエスのことをさらに明らかに示される。聖霊を通して信仰者は、主イエスの臨在、愛、赦し、品性、力、霊的賜物、癒し、そのほかの信仰とキリストとの関係による祝福を体験することができる（⇒14:16-23）。聖霊はご自分に注目を集めるのではなく、キリストの御名を高める。また御霊は、私たちの生活の中で主イエスの臨在をさらに強く感じるようにさせてくださる。それによって私たちは、信仰が強められ神をさらに熱心に愛し従い礼拝できるようになる（→「**イエスと聖霊**」の項 p.1809）。

から奪い去る者はありません。
²³その日には、あなたがたはもはや、わたしに何も尋ねません。まことに、まことに、あなたがたに告げます。あなたがたが父に求めることは何でも、父は、わたしの名によってそれをあなたがたにお与えになります。
²⁴あなたがたは今まで、何もわたしの名によって求めたことはありません。求めなさい。そうすれば受けるのです。それはあなたがたの喜びが満ち満ちたものとなるためです。

²⁵これらのことを、わたしはあなたがたにたとえで話しました。もはやたとえでは話さないで、父についてはっきりと告げる時が来ます。
²⁶その日には、あなたがたはわたしの名によって求めるのです。わたしはあなたがたに代わって父に願ってあげようとは言いません。
²⁷それはあなたがたがわたしを愛し、また、わたしを神から出て来た者と信じたので、父ご自身があなたがたを愛しておられるからです。
²⁸わたしは父から出て、世に来ました。もう一度、わたしは世を去って父のみもとに行きます。」
²⁹弟子たちは言った。「ああ、今あなたははっきりとお話しになって、何一つたとえ

話はなさいません。
³⁰いま私たちは、あなたがいっさいのことをご存じで、だれもあなたにお尋ねする必要がないことがわかりました。これで、私たちはあなたが神から来られたことを信じます。」
³¹イエスは彼らに答えられた。「あなたがたは今、信じているのですか。
³²見なさい。あなたがたが散らされて、それぞれ自分の家に帰り、わたしをひとり残す時が来ます。いや、すでに来ています。しかし、わたしはひとりではありません。父がわたしといっしょにおられるからです。
³³わたしがこれらのことをあなたがたに話したのは、あなたがたがわたしにあって平安を持つためです。あなたがたは、世にあっては患難があります。しかし、勇敢でありなさい。わたしはすでに世に勝ったのです。」

ご自分のために祈る主イエス

17 ¹イエスはこれらのことを話してから、目を天に向けて、言われた。「父よ。時が来ました。あなたの子があなたの栄光を現すために、子の栄光を現してください。
²それは子が、あなたからいただいたすべての者に、永遠のいのちを与えるため、あなたは、すべての人を支配する権威を子に

16:23 求めることは何でも、父は、わたしの名によって →14:13注、→「効果的な祈り」の項 p.585

16:27 父ご自身があなたがたを愛しておられる 父である神は人々をみな愛しておられる(3:16)。けれども同時に、御子イエスを受入れて赦しを受取り神との正しい関係に回復された人々には、特別な家族愛を持っておられることも確かである。神は、神を愛しながらなおこの世界で困難に直面している忠実な人々に、特別な配慮をしてくださる(16:33)。主イエスを愛することによって私たちは御父の愛を体験することができる。愛は愛に応答するのである。

17:1 信じる人々のためのキリストの祈り 信じる弟子たちのための主イエスの最後の祈りは、当時と今の主の弟子たちへの強い願いを表している。これは牧師や指導者たちがみな祈るべき祈りの模範でもある。またキリスト者である親が子どもたちのために祈るべ

き祈りでもある。その祈りの中で、私たちは次のような重要な課題を祈るべきである。(1) イエス・キリストとそのことばをもっとよく知るようになること(17:2-3, 17, 19, →17:3注)。(2) この世界の悪い影響から守られ、神から離れないように守り、神を敬わない信仰やにせの霊的教えを見分けて拒むことができる判別力(賢明に神を敬う判断)が神によって与えられること(17:6, 11, 14-17)。(3) キリストに仕える喜びに満たされ続けること(17:13)。(4) 神が示された考えや行動や品性のきよさと、真理の標準によって生きること(→17:17注)。(5) 主イエスと御父のように、愛と目的によって一つにされること(17:11, 21-22, →17:21注)。(6) ほかの人々をキリストに導くことができるようになること(17:21, 23)。(7) 信仰が保たれてやがて天の御国でキリストとともに過すようになること(17:24)。(8) 神の愛と臨在を絶えず体

お与えになったからです。
3 その永遠のいのちとは、彼らが唯一のまことの神であるあなたと、あなたの遣わされたイエス・キリストとを知ることです。
4 あなたがわたしに行わせるためにお与えになったわざを、わたしは成し遂げて、地上であなたの栄光を現しました。
5 今は、父よ、みそばで、わたしを栄光で輝かせてください。世界が存在する前に、ごいっしょにいて持っていましたあの栄光で輝かせてください。

弟子たちのために祈る主イエス

6 わたしは、あなたが世から取り出してわたしに下さった人々に、あなたの御名を明らかにしました。彼らはあなたのものであって、あなたは彼らをわたしに下さいました。彼らはあなたのみことばを守りました。
7 いま彼らは、あなたがわたしに下さったものはみな、あなたから出ていることを知っています。
8 それは、あなたがわたしに下さったみことばを、わたしが彼らに与えたからです。彼らはそれを受け入れ、わたしがあなたから出て来たことを確かに知り、また、あなたがわたしを遣わされたことを信じました。
9 わたしは彼らのためにお願いします。世のためにではなく、あなたがわたしに下さった者たちのためにです。なぜなら彼らはあなたのものだからです。
10 わたしのものはみなあなたのもの、あなたのものはわたしのものです。そして、わたしは彼らによって栄光を受けました。
11 わたしはもう世にいなくなります。彼らは世におりますが、わたしはあなたのみもとにまいります。聖なる父。あなたがわたしに下さっているあなたの御名の中に、彼らを保ってください。それはわたしたちと同様に、彼らが一つとなるためです。
12 わたしは彼らといっしょにいたとき、あなたがわたしに下さっている御名の中に彼らを保ち、また守りました。彼らのうちだれも滅びた者はなく、ただ滅びの子が滅びました。それは、聖書が成就するためです。
13 わたしは今みもとにまいります。わたしは彼らの中でわたしの喜びが全うされるために、世にあってこれらのことを話しているのです。

験し続けること(17:26)。

17:3 永遠のいのち ここにはキリストによる永遠のいのちの賜物の定義が示されている。それは単に終りのない存在ということではない。永遠のいのちは神を知ることであり、それは御子イエス・キリストを通して可能になった。したがって神は、生きている間に神を知ろうとしなかった人々とともに永遠を過そうとは願っておられない。私たちはキリストを信じ心から仕えることによって初めて最高の人生を送り、神が願っておられる目的を成就することができる。永遠のいのちについて新約聖書は次のように描写している。

(1) これは現実のことである(5:24, 10:27-28)。キリストに従う人々は永遠のいのちを神からの贈り物としていただく(ロマ6:23)。キリスト者は、罪の赦しを受入れて自分のいのちをキリストにゆだねた瞬間からその一部分を体験する。けれどもただ一回の信仰決心だけで永遠のいのちを保つことはできない(→5:24注)。この新しいいのちの祝福は決心したときから始まり、主イエスとの関係が成長し続ける中で体験し続けるものである。今のこのときに永遠のいのちを体験するためには、積極的で継続的な信仰とキリストとの関係を深め続けることが必要である(Ⅰヨハ5:12)。キリストとの関係なしに永遠のいのちはありえない(10:27〜, 11:25〜, Ⅰヨハ5:11-13)。

(2) これは未来の希望である。永遠のいのちは神とともに永遠に生きるという栄光に満ちた時である。このような永遠のいのちに入る方法は、肉体の死によって地上のいのちを終るか、忠実な弟子たちのためにキリストが再び来られるときにともに天に引上げられるか、どちらかである(→14:3注, ⇒マコ10:30, Ⅱテモ1:1, 10, テト1:2, 3:7)。けれども永遠のいのちを体験することは(現在でも永遠でも)、聖霊の力と導きによって生きているかどうかにかかっている(ロマ8:12-17, ガラ6:8)。→「**聖書的希望**」の項 p.943

17:6 彼らはあなたのみことばを守りました キリストは保護、喜び、愛、一致、きよめ(霊的成長、発展と神の目的のための準備)などを求めて祈られたけれども、この祈りはキリストを信じる信仰によって神のものになった人々にだけ当てはまる(17:8)。心から神につながる人々は、世間では当り前であっても神に逆らう振舞や生き方から離れて、罪深い影響や考えを退け続けていく(17:14-16)。それができるのは、

ヨハネの福音書 17章

¹⁴わたしは彼らにあなたのみことばを与えました。しかし、世は彼らを憎みました。わたしがこの世のものでないように、彼らもこの世のものでないからです。¹⁵彼らをこの世から取り去ってくださるようにというのではなく、悪い者から守ってくださるようにお願いします。¹⁶わたしがこの世のものでないように、彼らもこの世のものではありません。¹⁷真理によって彼らを聖め別ってください。あなたのみことばは真理です。¹⁸あなたがわたしを世に遣わされたように、わたしも彼らを世に遣わしました。¹⁹わたしは、彼らのため、わたし自身を聖め別ちます。彼ら自身も真理によって聖め別たれるためです。

すべての信仰者のために祈る主イエス

²⁰わたしは、ただこの人々のためだけでなく、彼らのことばによってわたしを信じる人々のためにもお願いします。²¹それは、父よ、あなたがわたしにおられ、わたしがあなたにいるように、彼らがみな一つとなるためです。また、彼らもわたしたちにおるようになるためです。そのことによって、あなたがわたしを遣わされ

14 ①ヨハ15:19
 ②ヨハ17:16, 8:23
15 ①圏ヨハ17:16, 8:23
  *あるいは「悪」
16 ①ヨハ17:14
17 ①ヨハ17:14
18 ①圏ヨハ17:3, 8, 21, 23, 25, 3:17
  ②ヨハ20:21,
  国マタ10:5, ヨハ4:38

19 国ヨハ15:3
 ②Ⅱコリ7:14, コロ1:6, Ⅰヨハ3:18
 ③国ヨハ15:3
21 ①圏ヨハ10:38, 17:23, 国ヨハ17:11
 ②圏ヨハ17:3, 8, 18, 23, 25, 3:17

みことばに啓示されたキリストの戒め、基準、教え(17:6, 8)を受け入れ守っているからである。

17:17 真理によって彼らを聖め別ってください
「聖め別って」は、聖く(道徳的に霊的に純潔、健全、悪からの分離、神への献身)して分けるとか、区別する(神の目的のために)という意味である。主イエスは十字架につけられる前の夜、弟子たちが聖い民となるように祈られた。またこの世の悪から離れて、神を礼拝し神に仕え、地上での目的を達成できるようにと祈られた。聖い神と親しい関係を持ち、神のために生き神に似たものになるためには、聖別されなければならない。主イエスの弟子たちが御霊によって啓示された真理によってひたすら生きるときに、聖霊はこの聖別の過程を完成してくださる(⇒14:17, 16:13)。真理とは、生きている神のことば(主イエス →1:1)と聖書に啓示されている文書になった神のことばの両方である(→「聖化」の項p.2405)。

17:19 わたしは・・・わたし自身を聖め別ちます
(→17:17注) 主イエスは御父のみこころを行い、地上に来られた最高の目的(十字架で死に神に対する私たちの罪の代価を払うこと)を果すためにご自分を聖別された。人々が神との関係を持つ機会を回復するために、主イエスは十字架の上で苦しまれた。そのような犠牲が払われたのだから、キリスト者も世から離れて神とその目的のために自分をきよめなければならない(→ヘブ13:12)。

17:21 彼らがみな一つとなるためです このことばは、民全体に対するキリストの最も強い願いを表している。一つになるということがこの祈りの中で4回繰返されている(17:11, 21-23)。それは一致こそが、神の目的を達成しキリストのメッセージの真理を確実にする第一の要因だからである(17:21, 23)。主イエスが祈られた一致は組織化された統一ではなく、霊的な一致である。その土台になるのは霊的な救いとキリストとの個人的な関係(17:23)、御父の愛と御子の交わりを知り体験すること(17:26)、この世界の悪い道から離れること(17:14-16)、真理の知識と神の目的に仕える姿勢が成長すること(17:17, 19)、神のことばを受取り信じ守ること(17:6, 8, 17)、キリストとの個人的関係をまだ持っていない人々にキリストの赦しと霊的救いのメッセージを伝えたいと願うこと(17:21, 23)などである。これらが一つでも欠けていたら、主イエスの弟子たちの完全な一致はキリストが願っておられるようには実現しない。

(1) 主イエスは弟子たちの心と思いが「一つである」ようにと祈られた。ここで使われている現在仮定法は行為が継続していることを意味し、「絶えず一つである」ということである。この種の一致は御父と御子と共通の関係を持ち、この世とみことば、霊的に失われている人々(主イエスとの関係をもっていない人々)に伝える必要などについても同じ基本的姿勢を持っていることを土台にしている(⇒Ⅰヨハ1:7)。

(2) 集会や大会、複雑な組織を持つことによって一致を作り出そうとしても、結果は緊張と失望を生み出すだけである。主イエスが考えておられたのは、統一された集会や見せ掛けの一体感などではない。キリストとみことばに心から仕えている人々の心、思い、目的の霊的一致である(→エペ4:3注)。

(3) このことは、神の民はあらゆる問題について同意し同じ見方をしなければならないということではなく、キリストをあがめ、みことばに忠実に従い、ほかの人々を神との個人的関係に導くことにおいて一致し、妥協することなく専念するということである。

(4) この種の一致が必要な大きな理由は、人々を神との関係に連れ戻すために御父が主イエスを遣わされたということを知らせなければならないからである(そ

ヨハネの福音書　17-18章

たことを、③世が*しんじるためなのです。
22 またわたしは、あなたがわたしに下さった栄光を、彼らに与えました。それは、わたしたちが一つであるように、彼らも一つであるためです。
23 わたしは彼らにおり、あなたはわたしにおられます。それは、彼らが**全うされて一つとなるためです。それは、あなたがわたしを遣わされたことと、あなたがわたしを愛されたように彼らをも愛されたこととを、この世**が知るためです。
24 父よ。お願いします。あなたがわたしに下さったものをわたしのいる所にわたしといっしょにおらせてください。あなたがわたしを世の始まる前から愛しておられたためにわたしに下さったわたしの④栄光を、彼らが見るようになるためです。
25 ①正しい父よ。この世はあなたを知りません。しかし、わたしはあなたを知っています。また、この人々は、あなたがわたしを遣わされたことを知りました。
26 そして、わたしは彼らにあなたの御名を知らせました。また、これからも知らせます。それは、あなたがわたしを愛してくださったその愛が彼らの中にあり、またわたしが彼らの中にいるためです。」

捕えられた主イエス

18:3-11　並行記事―マタ26:47-56, マコ14:43-50, ルカ22:47-53

18 1 イエスはこれらのことを話し終えられると、弟子たちとともに、ケデロンの①*川筋の向こう側に出て行かれた。そこに③園があって、イエスは弟子たちといっしょに、そこに入られた。
2 ところで、イエスを裏切ろうとしていた

21 ③圏ヨハ17:8
　＊あるいは「信じ続ける」
22 ①ヨハ17:24,
　圏ヨハ1:14
23 ①圏ヨハ10:38, 17:21,
　圏ヨハ1:14
　＊あるいは「一致の中に完成される」
　②圏ヨハ17:3, 8, 18, 21, 25, 3:17
　③圏ヨハ16:27
　＊＊あるいは「知り続ける」
24 ①ヨハ17:2
　＊異本「(あなたがわたしに下さった)人々を」
　②圏ルカ12:26
　③圏マタ25:34,
　圏マタ17:5
　④ヨハ17:22,
　圏ヨハ1:14
25 ①圏ヨハ17:11,
　Ⅰヨハ1:9
　②圏ヨハ7:29, 15:21
　③圏ヨハ17:3, 8, 18, 21, 23, 3:17
26 ①圏ヨハ17:6
　②圏ヨハ15:9

1 ①Ⅱサム15:23,
　Ⅰ列2:37, 15:13,
　Ⅱ列23:4, 6, 12,
　Ⅱ歴15:16, 29:16,
　30:14, エレ31:40
　＊原語「ケイマロス」(冬になると激流になる川)
　②マタ26:30, 36,
　マコ14:26, 32,
　ルカ22:39
　③マタ26:36,
　マコ14:32, ヨハ18:26

2 ①圏ルカ21:37, 22:39
3 ①ヨハ18:3-11,
　マタ26:47-56,
　マコ14:43-50,
　ルカ22:47-53
　②ヨハ18:12, 圏使10:1
　＊ローマの軍隊の1単位で通常600人
　③圏ヨハ7:32, 18:12, 18
　④圏マタ25:1
4 ①圏ヨハ6:64, 13:1, 11
5 ②ヨハ18:7
7 ①ヨハ18:4
9 ①ヨハ17:12
10 ①圏マタ26:51,
　マタ14:47
11 ①圏マタ20:22

ユダもその場所を知っていた。イエスがたびたび弟子たちとそこで会合されたからである。
3 そこで、ユダは一隊②*の兵士と、祭司長、パリサイ人たちから送られた役人たちを引き連れて、ともしびとたいまつと武器を持って、そこに来た。
4 イエスは自分の身に起ころうとするすべてのことを知っておられたので、出て来て、「だれを捜すのか」と彼らに言われた。
5 彼らは、「ナザレ人イエスを」と答えた。イエスは彼らに「それはわたしです」と言われた。イエスを裏切ろうとしていたユダも彼らといっしょに立っていた。
6 イエスが彼らに、「それはわたしです」と言われたとき、彼らはあとずさりし、そして地に倒れた。
7 そこで、イエスがもう一度、「だれを捜すのか」と問われると、彼らは「ナザレ人イエスを」と言った。
8 イエスは答えられた。「それはわたしだと、あなたがたに言ったでしょう。もしわたしを捜しているのなら、この人たちはこのままで去らせなさい。」
9 それは、「あなたがわたしに下さった者のうち、ただのひとりをも失いませんでした」とイエスが言われたことばが実現するためであった。
10 シモン・ペテロは、①剣を持っていたが、それを抜き、大祭司のしもべを撃ち、右の耳を切り落とした。そのしもべの名はマルコスであった。
11 そこで、イエスはペテロに言われた。「剣をさやに①納めなさい。父がわたしに下さった杯を、どうして飲まずにいられよう。」

の人々が「あなたがわたしを遣わされたことを・・・信じるため」)。キリストの弟子たちは一致を保ちながら生きなければ、ほかの人々をキリストに導くという目的を効果的に達成することはできない。一致がなければあかしは信用されず、キリストを信じて教会につながろうと真剣に考える人はいなくなってしまう。

17:22　あなたがわたしに下さった栄光　キリストの「栄光」は、自己否定の奉仕の生活と、人々を罪の奴隷から救い出し神との関係を回復させるための十字架の

上での死を通して現された。キリストの弟子たちの「栄光」も同じように、へりくだって奉仕をしキリストの苦しみと一つになること(⇒ルカ9:23注)を通して現される。謙遜、自己否定、自己犠牲、キリストのための苦しみなどを通して、私たちはキリストと一つであることがいよいよ確実になり、また栄光へと導かれていくことになる(→「神の栄光」の項 p.1366)。

18:11　杯　→マタ26:39注　ぶどう酒の杯は旧約聖書でよく使われる比喩またはたとえで、杯の中身は人

アンナスのところに連れて行かれる主イエス

18:12, 13　並行記事－マタ26:57

¹²そこで、一隊の兵士と千人隊長、それにユダヤ人から送られた役人たちは、イエスを捕らえて縛り、¹³まずアンナスのところに連れて行った。彼がその年の大祭司カヤパのしゅうとだったからである。¹⁴カヤパは、ひとりの人が民に代わって死ぬことが得策である、とユダヤ人に助言した人である。

ペテロの最初の否認

18:16-18　並行記事－マタ26:69, 70, マコ14:66-68, ルカ22:55-57

¹⁵シモン・ペテロともうひとりの弟子は、イエスについて行った。この弟子は大祭司の知り合いで、イエスといっしょに大祭司の中庭に入った。¹⁶しかし、ペテロは外で門のところに立っていた。それで、大祭司の知り合いである、もうひとりの弟子が出て来て、門番の女に話して、ペテロを連れて入った。¹⁷すると、門番のはしためがペテロに、「あなたもあの人の弟子ではないでしょうね」と言った。ペテロは、「そんな者ではない」と言った。¹⁸寒かったので、しもべたちや役人たちは、炭火をおこし、そこに立って暖まっていた。ペテロも彼らといっしょに、立って暖まっていた。

主イエスを尋問する大祭司

18:19-24　並行記事－マタ26:59-68, マコ14:55-65, ルカ22:63-71

¹⁹そこで、大祭司はイエスに、弟子たちのこと、また、教えのことについて尋問した。²⁰イエスは彼に答えられた。「わたしは世に向かって公然と話しました。わたしはユ

12①ヨハ18:12, 13,
　田マタ26:57以下
　②ヨハ18:3
13①ヨハ18:24,
　圏ルカ3:2
　②マタ26:3,
　ヨハ11:49, 51
14①ヨハ11:50
15①ヨハ26:58,
　マコ14:54, ルカ22:54
　②マタ26:3,
　ヨハ18:24, 28
16①ヨハ18:16-18,
　マタ26:69, 70,
　マコ14:66-68,
　ルカ22:55-57
17①使12:13
　②ヨハ18:25
18①圏ヨハ18:3
　②ヨハ21:9
　③田マコ14:54, 67
19①ヨハ18:19-24,
　田マタ26:59-68,
　マコ14:55-65,
　ルカ22:63-71
20①ヨハ7:26,
　田ヨハ8:26

　②マタ26:55
　③圏マタ4:23,
　圏ヨハ6:59
22①圏ヨハ18:3
　②ヨハ19:3
23①田マタ5:39,
　使23:2-5
24①圏ヨハ18:13
25①ヨハ18:25-27,
　マタ26:71-75,
　マコ14:69-72,
　ルカ22:58-62
　②ヨハ18:18
　③ヨハ18:17
26①圏ヨハ18:10
　②圏ヨハ18:1
27①圏ヨハ13:38
28①マタ27:2, マコ15:1,
　ルカ23:1
　②ヨハ18:13
　③ヨハ18:33, 19:9,
　マタ27:27
　*原語「プラエトリウム」

ダヤ人がみな集まって来る会堂や宮で、いつも教えたのです。隠れて話したことは何もありません。²¹なぜ、あなたはわたしに尋ねるのですか。わたしが人々に何を話したかは、わたしから聞いた人たちに尋ねなさい。彼らならわたしが話した事がらを知っています。」²²イエスがこう言われたとき、そばに立っていた役人のひとりが、「大祭司にそのような答え方をするのか」と言って、平手でイエスを打った。²³イエスは彼に答えられた。「もしわたしの言ったことが悪いなら、その悪い証拠を示しなさい。しかし、もし正しいなら、なぜ、わたしを打つのか。」²⁴アンナスはイエスを、縛ったままで大祭司カヤパのところに送った。

ペテロの2回目と3回目の否認

18:25-27　並行記事－マタ26:71-75, マコ14:69-72, ルカ22:58-62

²⁵一方、シモン・ペテロは立って、暖まっていた。すると、人々は彼に言った。「あなたもあの人の弟子ではないでしょうね。」ペテロは否定して、「そんな者ではない」と言った。²⁶大祭司のしもべのひとりで、ペテロに耳を切り落とされた人の親類に当たる者が言った。「私が見なかったとでもいうのですか。あなたは園であの人といっしょにいました。」²⁷それで、ペテロはもう一度否定した。するとすぐ鶏が鳴いた。

ピラトの前の主イエス

18:29-40　並行記事－マタ27:11-18, 20-23, マコ15:2-15, ルカ23:2, 3, 18-25

²⁸さて、彼らはイエスを、カヤパのところから総督官邸に連れて行った。時は明け方であった。彼らは、過越の食事が食べら

間の罪と反抗に対する神の怒りとさばきを象徴するものだった。キリストが私たちの代りに苦しみ、罪の罰を受けられた理由がそこにある（→イザ53:5）。

18:12　イエスを捕らえて　→マタ26:57注

18:15　ペテロの否認　→マコ14:50注, 14:71注, ルカ22:62注

18:28　ピラトの前の主イエス　→マタ27:2注, ルカ23:1注

ヨハネの福音書 18章

れなくなることのないように、汚れを受けまいとして、官邸に入らなかった。²⁹そこで、ピラトは彼らのところに出て来て言った。「あなたがたは、この人に対して何を告発するのですか。」³⁰彼らはピラトに答えた。「もしこの人が悪いことをしていなかったら、私たちはこの人をあなたに引き渡しはしなかったでしょう。」³¹そこでピラトは彼らに言った。「あなたがたがこの人を引き取り、自分たちの律法に従ってさばきなさい。」ユダヤ人たちは彼に言った。「私たちには、だれを死刑にすることも許されてはいません。」³²これは、ご自分がどのような死に方をされるのかを示して話されたイエスのことばが成就するためであった。
³³そこで、ピラトはもう一度官邸に入っ

28④㊟ヨハ11:55, 使11:3
29①ヨハ18:29-38,
マタ27:11-14,
マコ15:2-5,
ルカ23:2, 3
32①ヨハ12:32, 33,
㊟ヨハ3:14, 8:28,
マタ20:19, 26:2,
マコ10:33, 34,
ルカ18:32, 33
33①ヨハ18:28, 29,
19:9

②ルカ23:3,
㊟ヨハ19:12
36①㊟ヨハ6:15,
マタ26:53, ルカ17:21
*あるいは「この世から出たものではありません」

て、イエスを呼んで言った。「②あなたは、ユダヤ人の王ですか。」³⁴イエスは答えられた。「あなたは、自分でそのことを言っているのですか。それともほかの人が、あなたにわたしのことを話したのですか。」³⁵ピラトは答えた。「私はユダヤ人ではないでしょう。あなたの同国人と祭司長たちが、あなたを私に引き渡したのです。あなたは何をしたのですか。」³⁶イエスは答えられた。「わたしの国はこの世のものではありません。もしこの世のものであったなら、わたしのしもべたちが、わたしをユダヤ人に渡さないように、戦ったことでしょう。しかし、事実、わたしの国はこの世のものではありません。」³⁷そこでピラトはイエスに言った。「それ

18:36　わたしの国はこの世のものではありません
キリストの国の性質と目的については次の三つの点が重要である。

（1）主イエスの国は何でないか ― それは「この世のものではありません」。この世界に起源があるものではないし、この世界の組織を奪い取る目的を持ったものでもない。主イエスは政治的な神政国家（宗教団体や神の視点から治める政府）を建てるために来られたのではないし世界を支配しようとされたのでもない。もし地上に政治的な国を建てるために来られたのなら、「わたしのしもべたちが・・・戦ったことでしょう」と主イエスは言われた。主イエスの国はそのような性質のものではないので地上での目的を推進するために軍事力や革命に訴えることはなかった（⇒マタ26:51-52）。地上に神の国を建て目的を果すために政治団体や社会的圧力団体、そのほかの一般の組織とも提携されなかった。また「しもべたち」はごう慢になり、主イエスが十字架の上で勝利した力（キリストのメッセージ）を使って社会を支配しようともしなかった。弟子たちはこの世界の武器ではなく（Ⅱコリ10:4）、霊的武器を身につけていた（エペ6:10-18）。けれどもこのことはキリスト者が政治や社会的行動を避けるべきだということではない。むしろキリスト者には、無秩序なところでは神が望んでおられる正義、平和、抑制を推進する責任がある。丁寧なことばや立派な生き方によって、神への道徳的責任について政府や社会に訴えるべきである。

（2）主イエスの国は何であるか ― キリストの国（または神の国）はキリストを受け入れ、みことばに従う人々の中にあるキリストの力、権威、目的、霊的活動である（18:37）。神の国は「義と平和と聖霊による喜び」（ロマ14:17, これらのものはみな内側の霊的資質で外側の態度と行動に影響する）である。キリストの国は、霊的武器を用いてサタンの霊的勢力に対して戦いを展開する（→マタ12:28, ルカ11:20, 使26:18, エペ6:12）。教会（世界的広がりを持ち地域にもあるキリストの弟子たちの共同体）の役割は、イエス・キリストのしもべになることでこの世界の支配者になることではない。教会の強さはこの世界の力ではなく、十字架（イエス・キリストの犠牲と救い）にある。神の民が今の世界から拒まれ迫害されるなら、それは本当に名誉なことである。なぜならキリストと同じことを体験していることになるからである（Ⅱコリ3:7-18）。この世の力を拒まなければ、新約聖書の教会は神の力を持つことができなかった。今日のキリストの弟子たちもそれぞれの生活の中で同じ決断を迫られている。この世界でいのちを失うときに（個人的な興味と関心を脇に置いて神に完全に明け渡すこと）、初めて神の中に最高の目的を見出すのである（→「**神の国**」の項p.1654,「**神の国とサタンの国**」の表 p.1711）。

（3）主イエスの国は何になるか ― キリストの国は将来、新しい天と新しい地を治め、統治するようになる。このことは、患難時代の後に国々をさばき反キリストを滅ぼし、1,000年の間地上を治めるために主イエスが再び来られた後に起こる。主イエスはそれからサタンを火の池に投込んで滅ぼされる（黙19:11-20:15, →「**終末の事件**」の表 p.2471）。

では、あなたは王なのですか。」イエスは答えられた。「わたしが王であることは、あなたが言うとおりです。わたしは、真理のあかしをするために生まれ、このことのために世に来たのです。真理に属する者はみな、わたしの声に聞き従います。」

38 ピラトはイエスに言った。「真理とは何ですか。」

彼はこう言ってから、またユダヤ人たちのところに出て行って、彼らに言った。「私は、あの人には罪を認めません。39 しかし、過越の祭りに、私があなたがたのためにひとりの者を釈放するのがならわしになっています。それで、あなたがたのために、ユダヤ人の王を釈放することにしましょうか。」40 すると彼らはみな、また大声をあげて、「この人ではない。バラバだ」と言った。このバラバは強盗であった。

十字架刑を宣告される主イエス
19:1-16　並行記事―マタ27:27-31, マコ15:16-20

19 1 そこで、ピラトはイエスを捕らえて、むち打ちにした。2 また、兵士たちは、いばらで冠を編んで、イエスの頭にかぶらせ、紫色の着物を着せた。3 彼らは、イエスに近寄っては、「ユダヤ人の王さま。ばんざい」と言い、またイエスの顔を平手で打った。

4 ピラトは、もう一度外に出て来て、彼らに言った。「よく聞きなさい。あなたがたのところにあの人を連れ出して来ます。あの人に何の罪も見られないということを、あなたがたに知らせるためです。」5 それでイエスは、いばらの冠と紫色の着物を着けて、出て来られた。するとピラトは彼らに「さあ、この人です」と言った。6 祭司長たちや役人たちはイエスを見ると、激しく叫んで、「十字架につけろ。十字架につけろ」と言った。ピラトは彼らに言った。「あなたがたがこの人を引き取り、十字架につけなさい。私はこの人には罪を認めません。」7 ユダヤ人たちは彼に答えた。「私たちには律法があります。この人は自分を神の子としたのですから、律法によれば、死に当たります。」

8 ピラトは、このことばを聞くと、ますます恐れた。

9 そして、また官邸に入って、イエスに言った。「あなたはどこの人ですか。」しかし、イエスは彼に何の答えもされなかった。10 そこで、ピラトはイエスに言った。「あなたは私に話さないのですか。私にはあなたを釈放する権威があり、また十字架につける権威があることを、知らないのですか。」

18:37　真理のあかしをするため　真理をあかしして人々を真理に向けることが、地上での主イエスの重要な使命だった。その真理には、主イエスが人の姿をとられた神であることと、神との関係を持つ機会を回復して霊的救いを人々にもたらすために来られたということが含まれている。この福音(キリストを信じる信仰による赦しと新しいいのちの「よい知らせ」)の真理は、今や全人類への神の真理である聖書(神のことば)に記録されている。誤った教えを教えたり勧めたりし、非聖書的振舞を黙認したり、無意味な議論にかかわり、人々が喜ぶようなメッセージをする奉仕者は、この真理を割引いたり見えなくさせたりしている。正しいことと悪いこと、真理と間違いの違いをはっきり教えない不忠実な奉仕者たち(そしてその模範に従う人々)は、キリストが来られた目的を拒んで多くの人を迷わせている。教会は絶対に真理を捨ててはならない(⇒17:8, 17, Ⅱテサ2:10)。なぜならピラトのように、今日多くの人が「真理とは何ですか」と思い巡らしているからである。献身的なキリスト者から真理を見たり聞いたりしたいのである。

19:1　むち打ちにした　ローマのむち打ちの方法→マタ27:26注

19:4　何の罪も見られない　→ルカ23:14注　人々が主イエスをその死の直前にも拒んだ本当の理由は、今日の人々が拒む理由と同じである。人々が期待していることを主イエスはしてくださらないことが多い。多くの人はキリストを誤解し、その目的についても間違った考え方をしている。そしてほとんどの場合、主イエスのメッセージが自分たちの自己中心で罪深い欲望や生き方と逆なので拒むのである。その結果、人々は今も主イエスのメッセージを拒み、主に従う人々を迫害している。

11 イエスは答えられた。「もしそれが上から与えられているのでなかったら、あなたにはわたしに対して何の権威もありません。ですから、わたしをあなたに渡した者に、もっと大きい罪があるのです。」

12 こういうわけで、ピラトはイエスを釈放しようと努力した。しかし、ユダヤ人たちは激しく叫んで言った。「もしこの人を釈放するなら、あなたはカイザルの味方ではありません。自分を王とする者はすべて、カイザルにそむくのです。」

13 そこでピラトは、これらのことばを聞いたとき、イエスを外に引き出し、敷石(ヘブル語ではガバタ)と呼ばれる場所で、裁判の席に着いた。

14 その日は過越の備え日で、時は*第六時ごろであった。ピラトはユダヤ人たちに言った。「さあ、あなたがたの王です。」

15 彼らは激しく叫んだ。「除け。除け。十字架につけろ。」ピラトは彼らに言った。「あなたがたの王を私が十字架につけるのですか。」祭司長たちは答えた。「カイザルのほかには、私たちに王はありません。」

16 そこでピラトは、そのとき、イエスを、十字架につけるため彼らに引き渡した。

十字架
19:17-24　並行記事―マタ27:33-44, マコ15:22-32, ルカ23:33-43

17 彼らはイエスを受け取った。そして、イエスはご自分で十字架を負って、「どくろの地」という場所(ヘブル語でゴルゴタと言われる)に出て行かれた。

18 彼らはそこでイエスを十字架につけた。イエスといっしょに、ほかのふたりの者をそれぞれ両側に、イエスを真ん中にしてであった。

19 ピラトは罪状書きも書いて、十字架の上に掲げた。それには「ユダヤ人の王ナザレ人イエス」と書いてあった。

20 それで、大ぜいのユダヤ人がこの罪状書きを読んだ。イエスが十字架につけられた場所は都に近かったからである。またそれはヘブル語、ラテン語、ギリシヤ語で書いてあった。

21 そこで、ユダヤ人の祭司長たちがピラトに、「ユダヤ人の王、と書かないで、彼はユダヤ人の王と自称した、と書いてください」と言った。

22 ピラトは答えた。「私の書いたことは私が書いたのです。」

23 さて、兵士たちは、イエスを十字架につけると、イエスの着物を取り、ひとりの兵士に一つずつあたるよう四分した。また*下着をも取ったが、それは上から全部一つに織った、縫い目なしのものであった。

24 そこで彼らは互いに言った。「それは裂かないで、だれの物になるか、くじを引こう。」それは、「彼らはわたしの着物を分け合い、わたしの下着のためにくじを引い

---

11 ①ロマ13:1
②ヨハ18:13, 14, 28以下, 使3:13
12 ①ルカ23:2, 囲ヨハ18:33以下
13 ①囲ヨハ5:2, 19:17, 20
* ユダヤのアラム語
②囲マタ27:19
14 ①囲マタ27:62, ヨハ19:31, 42
* 囲ヨハ1:39注
②ヨハ19:19, 21
15 ①ルカ23:18
16 ①マタ27:26, マコ15:15, ルカ23:25
17 ①ヨハ19:17-24, マタ27:33-44, マコ15:22-32, ルカ23:33-43

②囲ルカ14:27, 囲マタ27:32, マコ15:21, ルカ23:26
③囲ルカ23:33
④囲ヨハ19:13
18 ②囲ルカ23:32
19 ①ヨハ19:14, 21 囲マタ27:37, マコ15:26, ルカ23:38
20 ①ヨハ19:13
21 ①ヨハ19:14, 19
23 ①マタ27:35, ②囲マタ27:35, マコ15:24, ルカ23:34
②囲使12:4
* ギリシヤ語「キトン」―肌着として着たもの
24 ②マタ27:35, 囲出28:32
②詩22:18

19:11　上から与えられている・・・権威　地上の権威はみな、神に許されて存在していると主イエスは言われた(⇒ダニ4:34-35, ロマ13:1)。ピラトの罪(神に対する反抗)は、政治的都合と群衆を喜ばせたいために人々に負けたことである。メシヤ(自分たちの唯一の救い主)を拒んだイスラエルの罪はさらに大きいものだった。

19:14　第六時　ヨハネは、主イエスの裁判は「第六時ごろ」に終ろうとしていたと言っている。けれどもマルコは主イエスが「午前九時」(直訳は第三時)に十字架につけられたと言っている(マコ15:25)。これは矛盾しているように見えるけれども、マルコはユダヤ式に時間を数えたのに、ヨハネはローマ式に数えたと理解すれば解決する。ローマの一日は真夜中に始まるけれどもユダヤの一日は日の出から始まった。

19:15　カイザルのほかには、私たちに王はありません　このことばは宗教的指導者たちが完全に偽善者で、これ以上ないほどうそつきになっていたことを表している。ユダヤの宗教的指導者たちと人々は、ローマの横暴と圧制(と思っていた)から自由になりたいと望んでいた。それなのにここでは完全にローマ政府に忠誠があるように振舞おうとしている。本当のところ、この人々は自分たちの権力構造を何によっても邪魔されたくなかったのである。また政府が主イエスを殺す計画を許可し、実行する権威を与えてくれることがわかっていた。

19:16　十字架につけるため・・・引き渡した　→ルカ23:25注

19:17　ご自分で十字架を負って　→マタ27:31注

19:18　イエスを十字架につけた　十字架刑について

た」という聖書が成就するためであった。
25 兵士たちはこのようなことをしたが、イエスの十字架のそばには、イエスの母と母の姉妹と、クロパの妻のマリヤとマグダラのマリヤが立っていた。
26 イエスは、母と、そばに立っている愛する弟子を見て、母に「女の方。そこに、あなたの息子がいます」と言われた。
27 それからその弟子に「そこに、あなたの母がいます」と言われた。その時から、この弟子は彼女を自分の家に引き取った。

主イエスの死
19:29, 30　並行記事－マタ 27:48, 50, マコ 15:36, 37, ルカ 23:36

28 この後、イエスは、すべてのことが完了したのを知って、聖書が成就するために、「わたしは渇く」と言われた。
29 そこには酸いぶどう酒のいっぱい入った入れ物が置いてあった。そこで彼らは、酸いぶどう酒を含んだ海綿を*ヒソプの枝につ

24 ③ヨハ19:28, 36, 37
25 ① 囮マタ27:55, 56, マコ15:40, 41, ルカ23:49
　②囮マタ12:46
　③囮ルカ24:18
　④ヨハ20:1, 18, ルカ8:2
26 ①囮ヨハ13:23
　②囮ヨハ2:4
27 ①ルカ18:28, ヨハ11, 16:32, 使21:6
28 ①ヨハ1:17:4
　②ヨハ19:24, 36, 37
　③詩69:21
29 ①ヨハ19:29, 30, 囮マタ27:48, 50, マコ15:36, 37, ルカ23:36

＊直訳「ヒソプにつけて」

30 ①囮ヨハ17:4
　②囮マタ27:50, マコ15:37, ルカ23:46
31 ①ヨハ19:14, 42
　②囮出12:16
　③囮申21:23, ヨシ8:29, 10:26, 27
32 ①ヨハ19:18
34 ①囮Ⅰヨハ5:6, 8
35 ①囮ヨハ15:27, 囮ヨハ21:24

けて、それをイエスの口もとに差し出した。
30 イエスは、酸いぶどう酒を受けられると、「完了した」と言われた。そして、頭をたれて、霊をお渡しになった。
31 その日は備え日であったため、ユダヤ人たちは安息日に（その安息日は大いなる日であったので）、死体を十字架の上に残しておかないように、すねを折ってそれを取りのける処置をピラトに願った。
32 それで、兵士たちが来て、イエスといっしょに十字架につけられた第一の者と、もうひとりの者とのすねを折った。
33 しかし、イエスのところに来ると、イエスがすでに死んでおられるのを認めたので、そのすねを折らなかった。
34 しかし、兵士のうちのひとりがイエスのわき腹を槍で突き刺した。すると、ただちに血と水が出て来た。
35 それを目撃した者があかしをしているのである。そのあかしは真実である。その人が、あなたがたにも信じさせるために、真

→マタ27:35注

19:26　女の方。そこに、あなたの息子がいます　恐ろしく残虐な死の苦しみの中でも、主イエスは母のことを案じておられた。そして「愛する弟子」（ヨハネと思われる）に母の面倒を見るように頼んだ。私たちは最後まで無力で困っている家族の面倒を見、助ける責任を負わなければならない。ここでは扶養するべき両親に対する子どもの責任に焦点が当てられている。

19:29　酸いぶどう酒　「酸いぶどう酒」と訳されたギリシヤ語は「オクソス」で、酸っぱいぶどう酒または酢のことである。酢または酸いぶどう酒は酢酸の形成によってアルコールが酢に変ってできる。キリストが酢を口にされたことは詩篇69:21の「彼らは・・・私が渇いたときには酢を飲ませました」という預言の成就である。　→「キリストによって成就した旧約聖書の預言」の表 p.1029

19:30　「完了した」　このことばはギリシヤ語では一言（テテレスタイ）である。これは死ぬ人の叫びではない。十字架の上でのキリストの働きが完成したことを宣言する勝利の叫びである。この勝利の宣言は、主イエスが次のことをされたことを示している。（1）御父から与えられた地上での使命を果たされた（18:37）。（2）メシヤの苦しみについての旧約聖書の預言を成就された（⇒創3:15, イザ53:）。（3）罪のための完璧ないけにえをささげて霊的救出と回復の働きを完成さ

れた（⇒1:29, Ⅰコリ5:7, エペ1:7, ヘブ9:12, 22）。（4）サタンと悪霊の組織に対する決定的な勝利を確かなものとされた（コロ2:15）。（5）創造されたものや罪深い人類との神の関係を回復された（Ⅱコリ5:18-19, 21, コロ1:20-22）。
十字架の上でキリストが完成された働きには、何も付け加える必要がない。そしてその結果は今も継続している。キリストは神に対する私たちの違反と反抗の罰を耐え忍んで、人々が神との関係を持てるように道を開いてくださった（→マタ27:50注, ルカ23:46注）。キリストの犠牲は自分のためだったと受入れ人生を明け渡した人は、みな神の赦しと永遠のいのちの賜物をいただくことができる。
神のすばらしい創造の働きを考えると、死を通さなければ永遠のいのちを与えるという最高の目的が成就しなかったことは、少し皮肉のように見える。創造者（ヨハ1:1-3）がご自分の創造されたもののために犠牲になられたのである。この恐ろしい出来事を通して主イエスの使命は完成した。神であり人である方が罪のために完全な代価を支払われ、聖い神と罪深い人々との隔たりの橋渡しをしてくださった。そこで今私たちはキリストを信じる信仰を通して自由に神に近付くことができる（→マタ27:51注）。究極的なことをしてくださったこの方に人生を明け渡すなら、この方が与えようと願っておられたいのちを私たちは体験すること

実を話すということをよく知っているのである。

36 この事が起こったのは、「彼の骨は一つも砕かれない」という聖書のことばが成就するためであった。

37 また聖書の別のところには、「彼らは自分たちが突き刺した方を見る」と言われているからである。

主イエスの埋葬
19:38-42　並行記事―マタ27:57-61、マコ15:42-47、ルカ23:50-56

38 そのあとで、イエスの弟子ではあったがユダヤ人を恐れてそのことを隠していたアリマタヤのヨセフが、イエスのからだを取りかたづけたいとピラトに願った。それで、ピラトは許可を与えた。そこで彼は来て、イエスのからだを取り降ろした。

39 前に、夜イエスのところに来たニコデモも、没薬とアロエを混ぜ合わせたものをおよそ三十キログラムばかり持って、やって来た。

40 そこで、彼らはイエスのからだを取り、ユダヤ人の埋葬の習慣に従って、それを香料といっしょに亜麻布で巻いた。

41 イエスが十字架につけられた場所に園があって、そこには、まだだれも葬られたことのない新しい墓があった。

42 その日がユダヤ人の備え日であったため、墓が近かったので、彼らはイエスをそこに納めた。

空の墓
20:1-8　並行記事―マタ28:1-8、マコ16:1-8、ルカ24:1-10

20 1 さて、週の初めの日に、マグダラのマリヤは、朝早くまだ暗いうちに墓に来た。そして、墓から石が取りのけてあるのを見た。

2 それで、走って、シモン・ペテロと、イエスが愛された、もうひとりの弟子とのところに来て、言った。「だれかが墓から主を取って行きました。主をどこに置いたのか、私たちにはわかりません。」

3 そこでペテロともうひとりの弟子は外に出て来て、墓のほうへ行った。

4 ふたりはいっしょに走ったが、もうひとりの弟子がペテロよりも速かったので、先に墓に着いた。

5 そして、からだをかがめてのぞき込み、亜麻布が置いてあるのを見たが、中に入らなかった。

6 シモン・ペテロも彼に続いて来て、墓に入り、亜麻布が置いてあって、

7 イエスの頭に巻かれていた布切れは、亜麻布といっしょにはなく、離れた所に巻かれたままになっているのを見た。

8 そのとき、先に墓に着いたもうひとりの弟子も入って来た。そして、見て、信じた。

9 彼らは、イエスが死人の中からよみがえらなければならないという聖書を、まだ理解していなかったのである。

マグダラのマリヤに姿を現す主イエス

10 それで、弟子たちはまた自分のところに帰って行った。

11 しかし、マリヤは外で墓のところにたたずんで泣いていた。そして、泣きながら、からだをかがめて墓の中をのぞき込んだ。

12 すると、ふたりの御使いが、イエスのからだが置かれていた場所に、ひとりは頭のところに、ひとりは足のところに、白い衣をまとってすわっているのが見えた。

13 彼らは彼女に言った。「なぜ泣いているのですか。」彼女は言った。「だれかが私の主を取って行きました。どこに置いたのか、私にはわからないのです。」

14 彼女はこう言ってから、うしろを振り向いた。すると、イエスが立っておられるのを見た。しかし、彼女にはイエスであることができる。

19:41　新しい墓　この墓は固い岩をくりぬいたものだった(マコ15:46)。大きさは歩いて入れるほどだったけれども、入口は低かったと思われる(20:11)。主イエスの遺体を墓に納めた後、ヨセフは入口の前に巨大な石を転がしておいた(マタ27:60)。

20:9　よみがえらなければならない　→マタ28:6注、ルカ24:6注

ヨハネの福音書 20章

とがわからなかった。
15 イエスは彼女に言われた。「*なぜ泣いているのですか。だれを捜しているのですか。」彼女は、それを園の管理人だと思って言った。「あなたが、あの方を運んだのでしたら、どこに置いたのか言ってください。そうすれば私が引き取ります。」
16 イエスは彼女に言われた。「マリヤ。」彼女は振り向いて、ヘブル語で、「ラボニ(すなわち、先生)」とイエスに言った。
17 イエスは彼女に言われた。「わたしにすがりついてはいけません。わたしはまだ父のもとに上っていないからです。わたしの兄弟たちのところに行って、彼らに『わたしは、わたしの父またあなたがたの父、わたしの神またあなたがたの神のもとに上る』と告げなさい。」
18 マグダラのマリヤは、行って、「私は主にお目にかかりました」と言い、また、主が彼女にこれらのことを話されたと弟子たちに告げた。

弟子たちに姿を現す主イエス

19 その日、すなわち週の初めの日の夕方のことであった。弟子たちがいた所では、ユダヤ人を恐れて戸がしめてあったが、イエスが来られ、彼らの中に立って言われた。「平安があなたがたにあるように。」
20 こう言ってイエスは、その手とわき腹を彼らに示された。弟子たちは、主を見て喜んだ。

15 ①ヨハ20:13
   *「なぜ」の前に、女の人に対する呼びかけ語「ギュナイ」がある
16 ①圏ヨハ5:2
   ②マコ10:51,
   囮マタ23:7
17 ①圏マタ28:10
   ②圏ヨハ7:33,
   マコ16:19, 圏マコ12:26
18 ①ヨハ20:1
   ②マコ16:10,
   囮ルカ24:10, 23
19 ①圏ヨハ7:13
   *あるいは「かぎをかけられていた」
   ②ヨハ20:21, 26,
   ルカ24:36,
   囮ヨハ14:27
20 ①ルカ24:39, 40,
   ②ヨハ19:34
   ③ヨハ16:20, 22

21 ①ヨハ20:19, 26,
   ルカ24:36,
   囮ヨハ14:27
   ②圏ヨハ17:18
23 ①圏マタ18:18,
   ②圏ヨハ16:19
   *直訳「赦されている」
24 ①圏ヨハ6:67
   ②圏ヨハ11:16
25 ①ヨハ20:20
   ②マコ16:11
26 *あるいは「かぎをかけられていた」
   ①ヨハ20:19, 21,
   ルカ24:36,
   囮ヨハ14:27
27 ①圏ヨハ20:25,
   ルカ24:40

弟子たちが聖霊を受ける

21 イエスはもう一度、彼らに言われた。「平安があなたがたにあるように。父がわたしを遣わしたように、わたしもあなたがたを遣わします。」
22 そして、こう言われると、彼らに息を吹きかけて言われた。「聖霊を受けなさい。
23 あなたがたがだれかの罪を赦すなら、その人の罪は赦され、あなたがたがだれかの罪をそのまま残すなら、それはそのまま残ります。」

トマスに姿を現す主イエス

24 十二弟子のひとりで、デドモと呼ばれるトマスは、イエスが来られたときに、彼らといっしょにいなかった。
25 それで、ほかの弟子たちが彼に「私たちは主を見た」と言った。しかし、トマスは彼らに「私は、その手に釘の跡を見、私の指を釘のところに差し入れ、また私の手をそのわきに差し入れてみなければ、決して信じません」と言った。
26 八日後に、弟子たちはまた室内におり、トマスも彼らといっしょにいた。戸が*閉じられていたが、イエスが来て、彼らの中に立って「平安があなたがたにあるように」と言われた。
27 それからトマスに言われた。「あなたの指をここにつけて、わたしの手を見なさい。手を伸ばして、わたしのわきに差し入れなさい。信じない者にならないで、信じ

20:16 マリヤに姿を現す主イエス よみがえられた後に主イエスが最初に会われたのはマリヤだった。福音書(マタイ、マルコ、ルカ、ヨハネによって記録された主イエスの生涯の記録)の中で、マリヤはキリストの弟子の一人としてしか出てこないけれども、主イエスは新約聖書の教会のすぐれた指導者になるどの弟子よりも先に姿を現された。どの時代にも、主イエスはないがしろにされたり世界の基準からすれば役に立たないと思われる人々にご自分の臨在と愛を現してくださる。当時の文化では多くの人が女性を男性より低く見たり扱ったりしていたけれども、主イエスは異なっていた。実際には女性たちが主イエスの働きの中で大きな役割を果たしていたのである(ルカ8:1-3)。けれどもキリストの最も忠実な弟子たち(主に対して深い愛と献身を保つ人々)の多くは、マリヤのように教会の中でも外ででもあまり注目されることはなかった。

20:17 わたしにすがりついてはいけません この意味は「私を手放しなさい。まだ父のところには行きません。また会う機会はあります」ということだったと思われる。それまでの間にしなければならない重要な役目をマリヤは与えられた。それはキリストがよみがえられたすばらしい知らせをだれよりも先に伝えるという役目だった。

20:22 聖霊を受けなさい この重要な節の意味、私たちの霊的新生と刷新(3:3, 7)、聖霊のバプテスマとの関係について →**弟子たちの新生**の項 p.1931

20:23 だれかの罪を赦すなら →マタ16:19注

弟子たちの新生

> 「そして、こう言われると、彼らに息を吹きかけて言われた。『聖霊を受けなさい。』」
> (ヨハネの福音書 20:22)

　主イエスは復活された日に弟子たちに聖霊を与えられた。けれどもそれは後に五旬節の日に体験した御霊による「バプテスマ」ではなく(使1:5, 2:4)、霊的に新しくする聖霊の臨在を初めて実際に受けることだった。この御霊は、主イエスを死者の中からよみがえらせた同じ御霊である(ロマ8:11)。御霊はこうして弟子たちの中に住まわれた。聖霊のこの内面的臨在はキリストに従う人々がみなキリストの赦しを受入れて自分のいのちをゆだねるときに受ける新しいいのちの一部である。

　(1) 主イエスは逮捕され審問され十字架につけられる直前に、最後のメッセージを弟子たちに話された。その中で弟子たちは新しく生れさせてくださる(霊的に新しくする)聖霊を受けるだろうと約束された。そして「その方はあなたがたとともに住み、あなたがたのうちにおられるからです」と言われた(ヨハ14:17, →ヨハ14:17注)。主イエスは復活して弟子たちと一緒にいたときに、その約束を成就された。

　(2) ヨハネの福音書20章22節は「彼らに息を吹きかけて」と言っているので、それが新生(霊的誕生と聖霊による刷新)を指していると論理的に結論することができる。「息を吹きかける」というギリシヤ語(《ギ》エムフュサオー)は「神・・・は・・・その鼻にいのちの息を吹き込まれた。そこで人は生きものとなった」という創世記2章7節の「七十人訳聖書」(旧約聖書のギリシヤ語訳)で使われているのと同じ動詞である。またエゼキエル書37章9節の「この殺された者たちに吹きつけて、彼らを生き返らせよ」にある動詞と同じである。ヨハネはこの動詞を使って(ほかの場所と同じようにいのちを与える過程と関係している)、いのちと「新しい創造」(Ⅱコリ5:17)を与えるために主イエスが御霊を与えられたことを示している。神が最初の人間の肉体に「いのちの息」を吹き込み、「人は生きものとなった」(創2:7)のと同じように、主イエスは弟子たちに息を吹きかけられた。そして弟子たちはそれぞれ霊的に「新しく造られた者」になったのである(→「**新生－霊的誕生と刷新**」の項 p.1874)。復活を通して主イエスは「生かす御霊」となられた(Ⅰコリ15:45)。

　(3) 「聖霊を受けなさい」ということばは、御霊がその歴史的な瞬間に弟子たちの中に入り、弟子たちの中でまた弟子たちを通して活動を始められたことを示し表している。「受けなさい」という動詞は(《ギ》ラベテ、ランバノから)不定過去の命令形で一度限り直ちに受取る行動を指している。つまりその時点で確かに起きたことを指している。聖霊は弟子たちを霊的に再生させ、新しい誕生を通してキリストとの新しい個人的関係に入れるために与えられた(⇒Ⅱコリ5:17, 18)。御霊から新しいいのちを「受け」ることは、主イエスの権威を受けること(ヨハ20:23)と五旬節の日に聖霊のバプテスマを受けることの前提条件だった(使2:4, →使19:2注, 5注 →「**聖霊のバプテスマ**」の項 p.1950)。

　(4) この時より前の弟子たちは、厳密に言えば主イエスを信じ主イエスに従っていたけれども、古い契約(神の律法と約束でキリストが来られて死んで復活する前の時代に神との個人的関係を持つようにさせたもの)によって救われた人々だった。完全な新しい契約での新生(霊的に再創造され刷新される)は体験していなかった。それがこの時点で初めて、主イエスのいのちと死と復活に基づいた「終生協定」である新しい契約に入れられたのである(→マタ26:28, ルカ22:20, Ⅰコリ11:25, エペ2:15-16, ヘブ9:15-17, →「**新生－霊的誕生と刷新**」の項 p.1874, 「**旧契約と新契約**」の項 p.2363)。また厳密に言えば、教会は五旬節の日ではなくこの時点で誕生した。教会は主イエスに従う人々の共同体で、主イエスをあがめそのメッセージを全世界に広める目的を持っている。最初の弟子たちの霊的誕生と教会の誕生は全く同一である(→「**教会**」の項 p.1668)。

　(5) ヨハネの福音書20章22節のことばは、神の民に対する聖霊の働きを理解する上で非常に重要である。次に示す二つのことは真実である。

(a) 弟子たちは五旬節の前に聖霊を受けた（弟子たちの中に聖霊が住み霊的に刷新されるため）。

　(b) 使徒の働き2章4節の御霊の傾注（最初の弟子たちを満たし任命し力づけるために神が御霊を豊かに注がれたこと）は、弟子たちが御霊によって既に霊的に刷新された（新生した）あとの体験である。したがって五旬節の御霊のバプテスマは、弟子たちの中での御霊の第二の働きで、救いとは別の働きと言うことができる。

　(6) 主イエスの弟子たちの中に行われた聖霊によるこの二つの別々の働きは、今日のキリスト者全員にとっても基準になるべきものである。超自然的力を与える聖霊のバプテスマは霊的救いを既に受けた人ならだれでも受けることができる。信仰者はみな霊的誕生（最初の救い →ロマ8:9）のとき、つまりキリストを信じる信仰によって罪の赦しと永遠のいのちという神の賜物を最初に受けたときに聖霊を受ける。その後、キリストの証人となりそのメッセージを広めるために必要な超自然的力を与える聖霊のバプテスマを体験することができるし、体験するべきである（使1:5, 8, 2:4, →2:39注, →「**聖霊のバプテスマ**」の項 p.1950）。

　(7) ヨハネの福音書20章22節で主イエスが「聖霊を受けなさい」と言われたことばは、使徒の働き2章に描かれている五旬節の日の聖霊の降臨を預言した象徴的なものだったと信じる人々がいるけれども、それには聖書的根拠がない。「受けなさい」という不定過去の命令形が使われていること（前述）はヨハネが記録しているように、弟子たちがその時にその場所で聖霊を受けたことを示している。

キリストのユダヤとサマリヤ伝道

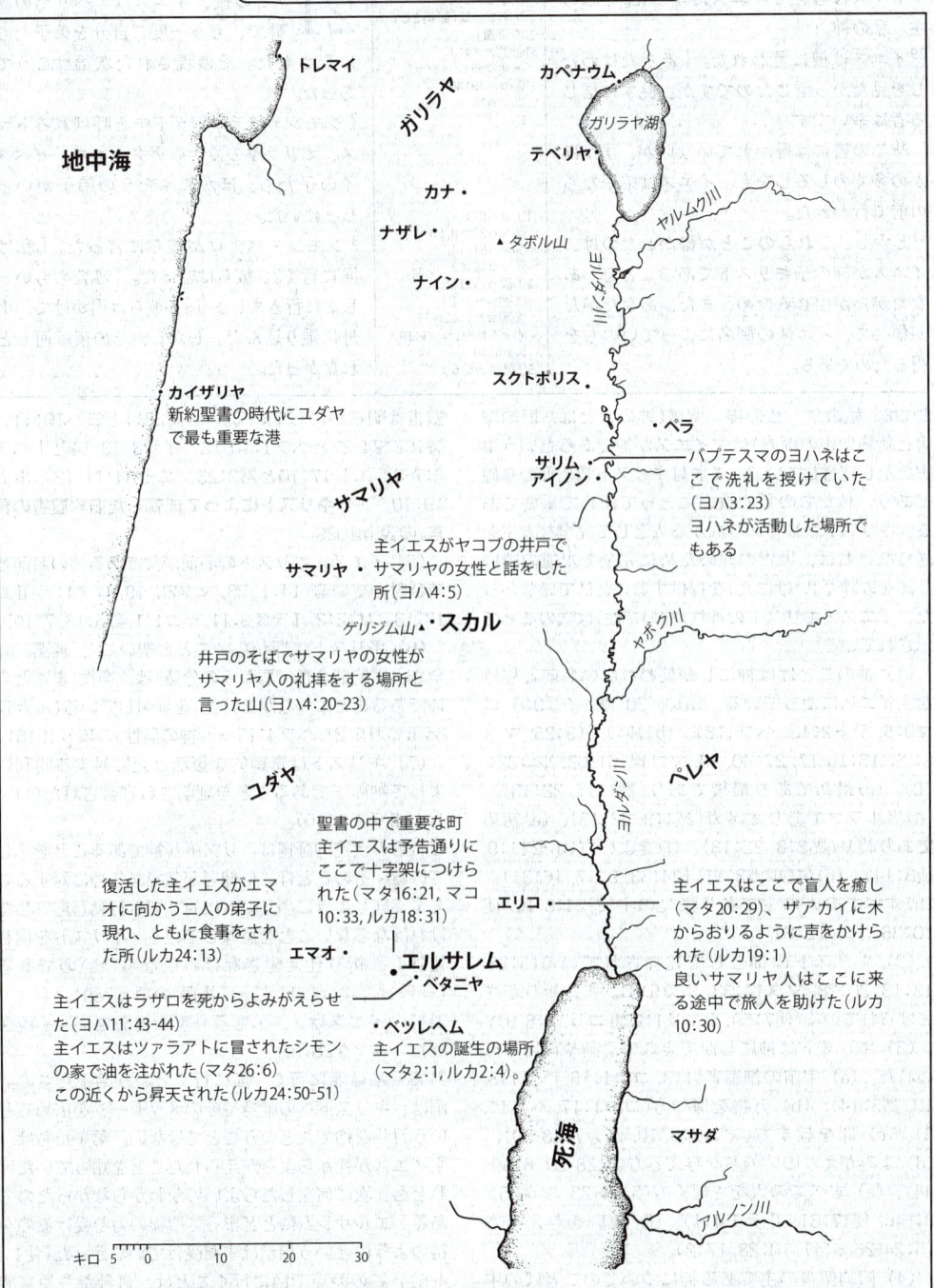

る者になりなさい。」

²⁸トマスは答えてイエスに言った。「私の主。私の神。」

²⁹イエスは彼に言われた。「あなたはわたしを見たから信じたのですか。見ずに信じる者は幸いです。」

³⁰この書には書かれていないが、まだほかの多くのしるしをも、イエスは弟子たちの前で行われた。

³¹しかし、これらのことが書かれたのは、イエスが神の子キリストであることを、あなたがたが信じるため、また、あなたがたが信じて、イエスの御名によっていのちを得るためである。

29 ①Ⅰペテ1:8
30 ①ヨハ21:25
　②ヨハ2:11
　＊あるいは「証拠としての奇蹟」
31 ①ヨハマタ4:3
　＊すなわち「メシヤ」
　②ヨハ19:35
　③ヨハ3:15

1 ①ヨハ6:1
　②ヨハ20:19, 26
　③ヨハ21:14,
　④マコ16:12
2 ①ヨハ11:16
　②ヨハ2:1
　③ヨハ1:45以下
　④マタ4:21, マコ1:19, ルカ5:10
3 ①ルカ5:5

主イエスと奇蹟的な大漁

21 ¹この後、イエスはテベリヤの湖畔で、もう一度ご自分を弟子たちに現された。その現された次第はこうであった。

²シモン・ペテロ、デドモと呼ばれるトマス、ガリラヤのカナのナタナエル、ゼベダイの子たち、ほかにふたりの弟子がいっしょにいた。

³シモン・ペテロが彼らに言った。「私は漁に行く。」彼らは言った。「私たちもいっしょに行きましょう。」彼らは出かけて、小舟に乗り込んだ。しかし、その夜は何もとれなかった。

20:28 私の主。私の神 聖書(神のことば、旧約聖書と新約聖書の両方)は主イエスが神であるという事実を示し宣言している。これはキリスト教信仰の基礎であり、私たちの霊的救いにとって極めて重要である。キリストが神でありながら人として完全な人生を送らなければ、世界の罪のために完全で永遠の贖い(「罪を取除く」いけにえ)を提供することはできなかった。イエス・キリストの神性(神の特性)は次のことで示されている。

(1) 神のことばは神にしか使われない名前と称号を主イエスに使っている。(a)神(20:28, イザ9:6, ロマ9:5, テト2:13, ヘブ1:8)、(b)神の子(5:25, マタ8:29, 16:16-17, 27:40, 43, マコ14:61-62, ルカ22:70)、(c)最初であり最後であり(黙1:17, 22:13)、(d)アルファでありオメガ(黙1:8, 22:13)、(e)初めであり終り(黙2:8, 22:13)、(f)きよい方(ホセ11:9, 使3:14)、(g)主(ルカ2:11, 使4:33, 9:17, 16:31)、(h)すべての人の主であり栄光の主(詩24:8-10, 使10:36, Ⅰコリ2:8)。

(2) キリストは神として礼拝されている(5:23, 13:13, 20:28, マタ14:33, ルカ5:8)。また祈りがささげられている(使7:59, Ⅰコリ1:2, Ⅱコリ12:8-9)。

(3) キリストは神にしかできない活動や役目を行われた。(a) 宇宙の創造者(1:3, コロ1:16, ヘブ1:8, 10, 黙3:14)、(b) 万物を保つ方(コロ1:17, ヘブ1:3)、(c) 罪を赦す方(マコ2:5, 10, ルカ7:48-50)、(d) よみがえりのいのちを与える方(5:28-29, 6:39-44)、(e) すべての人をさばく方(5:21-23, マタ25:31-46, 使17:31, Ⅱテモ4:1)、(f) 救いを与える方(5:24-26, 6:47, 10:28, 17:2)。

(4) 旧約聖書の主である神についてのことばの中にキリストについての預言が含まれていることを新約聖書は明らかにしている。⇒詩23:1とヨハ10:11, 詩102:24-27とヘブ1:10-12, イザ8:13-14とⅠペテ2:7-8, エレ17:10と黙2:23, エゼ34:11-12とルカ19:10。→「**キリストによって成就した旧約聖書の預言**」の表 p.1029

(5) イエス・キリストの名前が父である神の名前と結び付いている(14:1, 23, マタ28:19, ロマ1:7, Ⅱコリ13:13, コロ2:2, Ⅰテサ3:11, ヤコ1:1, 黙5:13, 7:10)。

(6) キリストに罪がないことと聖いこと(純潔、完全さ、霊的健全性、悪からの分離)は、神性(まことの神であることにつながる特性)を証明している(ルカ1:35, Ⅱコリ5:21, ヘブ4:15, →「**神の属性**」の項 p.1016)。

(7) キリストは奇蹟的な復活と死に対する勝利によって神の子であることを証明され宣言された(ロマ1:4, Ⅱテモ1:10)。

これらの決定的証拠はキリストが神であることを示している。そのことは、信仰者が父である神に対するのと全く同じようにキリストに対しても行動し応答しなければならないことを意味している。キリストを信じ礼拝し、祈り仕え愛さなければならないのである(→1:1注, マコ1:11注, →「**礼拝**」の項 p.789)。

21:1 イエスは・・・もう一度ご自分を・・・現された →マタ28:9注

21:3 私は漁に行く 漁に行くという弟子たちの計画は、キリストへの献身やそのメッセージを広めるという召しを捨てたということではない。弟子たちは、主イエスが死からよみがえられたことを知っていたけれども、次に何をしたらよいのかわからなかったのである。エルサレムにとどまって聖霊の力を受けるのを待つようにという指示はまだ受けていなかった(使1:4-5)。この時点で漁に行くことは、自分たちや家族を養うために必要だったと思われる。

ヨハネの福音書　21章

4 夜が明けそめたとき、イエスは岸べに立たれた。けれども弟子たちには、それがイエスであることがわからなかった。
5 イエスは彼らに言われた。「子どもたちよ。食べる物がありませんね。」彼らは答えた。「はい。ありません。」
6 イエスは彼らに言われた。「舟の右側に網をおろしなさい。そうすれば、とれます。」そこで、彼らは網をおろした。すると、おびただしい魚のために、網を引き上げることができなかった。
7 そこで、イエスの愛されたあの弟子がペテロに言った。「主です。」すると、シモン・ペテロは、主であると聞いて、裸だったので、上着をまとって、湖に飛び込んだ。
8 しかし、ほかの弟子たちは、魚の満ちたその網を引いて、小舟でやって来た。陸地から遠くなく、百メートル足らずの距離だったからである。
9 こうして彼らが陸地に上がったとき、そこに炭火とその上に載せた魚と、パンがあるのを見た。
10 イエスは彼らに言われた。「あなたがたの今とった魚を幾匹か持って来なさい。」
11 シモン・ペテロは舟に上がって、網を陸地に引き上げた。それは百五十三匹の大きな魚でいっぱいであった。それほど多かったけれども、網は破れなかった。
12 イエスは彼らに言われた。「さあ来て、朝の食事をしなさい。」弟子たちは主であることを知っていたので、だれも「あなたはどなたですか」とあえて尋ねる者はいなかった。
13 イエスは来て、パンを取り、彼らにお与えになった。また、魚も同じようにされた。
14 イエスが、死人の中からよみがえってから、弟子たちにご自分を現されたのは、すでにこれで三度目である。

4 ①ヨハ20:14, 参ルカ24:16
5 ①ルカ24:41
6 ①団ルカ5:4以下
7 ①参ヨハ13:23, 21:20
8 ＊直訳「200ペーキュス」1ペーキュスは45センチ
9 ①ヨハ18:18 ②ヨハ21:10, 13, 団ヨハ6:9, 11
10 ①ヨハ21:10, 13, 団ヨハ6:9, 11

12 ①ヨハ21:15
13 ③ヨハ21:9 ②ヨハ21:9, 10, 団ヨハ6:9, 11
14 ①ヨハ20:19, 26
15 ①ヨハ21:12
　・異本「ヨナ」
　②ヨハ13:37, 団マタ26:33, マコ14:29
　＊＊ギリシヤ語「アガパオー」
　＊＊＊ギリシヤ語「フィレオー」
　③団ルカ12:32
16 ＊ギリシヤ語「アガパオー」
　＊＊ギリシヤ語「フィレオー」

ペテロを回復する主イエス

15 彼らが食事を済ませたとき、イエスはシモン・ペテロに言われた。「ヨハネの子シモン。あなたは、この人たち以上に、わたしを愛しますか。」ペテロはイエスに言った。「はい。主よ。私があなたを愛することは、あなたがご存じです。」イエスは彼に言われた。「わたしの小羊を飼いなさい。」
16 イエスは再び彼に言われた。「ヨハネの子シモン。あなたはわたしを愛しますか。」ペテロはイエスに言った。「はい。主よ。私があなたを愛することは、あなたがご存

21:6　右側に網をおろしなさい　私たちの働き全部に主から導きをいただくことは非常に重要である。キリストの臨在と導きなしに生きるなら、私たちの行うことのほとんどは無駄な努力と失敗の繰返しになるだけである。

21:15　わたしを愛しますか　主に対して本当に心からの愛を持っているかと聞かれたことは、ペテロにとってそれまでにない重要な出来事だったと思われる。主イエスが質問を繰返されたので、ペテロは当惑し感情も傷ついたようである。けれども実際は、ご自分をつい最近否定した(18:17, 25-27)ばかりのこの弟子に、主は情け深さを示しておられたのである。たとい感情的に熱心であっても、もしキリストへの愛の確信がなければペテロの仕える姿勢は長続きしないことを主イエスは知っておられたのである。

(1) ここでは「愛する」というギリシヤ語が二つ使われている。第一は(主イエスの初めの二つの質問に使われている)「アガパオー」で、知的で思慮深く意図をもった全人格による愛で、心と意志の決断を中心にしたものである。もう一つのことばは「フィレオー」で、温かく自然で、より自発的な感情と愛情を表すもので、より感情的な愛である。この二つのことばを通して主イエスはペテロの愛は精神的献身だけではなく、心からの愛でなければならないと示された。それは意思と個人的な愛情の両方による愛でなくてはならない。

(2) キリストに従う人々はみな同じ質問を受ける。問題は「あなたは神のために何でも喜んでしますか」とか、「ほかの人々を愛していますか」ではない。主イエスが弟子たち全員に答えてほしい質問は、「あなたは本当に私を愛していますか」なのである。神に仕えるに当たって効果的な動機はただ一つ、神に対する深い心からの愛だけである(14:15, 16:27, マタ10:37, ルカ7:47, Ⅰコリ16:22, Ⅱコリ5:14, ガラ5:6, エペ6:24, ヤコ1:12, Ⅰペテ1:8, 黙2:4)。キリストの弟子である私たちに与えられた召しは、キリストとともにいること、キリストを知ること、そしてキリストを愛することである。その愛の関係から、神が与えられた人生の目的をたとい途中でどんな苦しみに遭ったとしても達成するという動機と力が生れるのである。

じです。」イエスは彼に言われた。「わたしの羊を牧しなさい。」

17 イエスは三度ペテロに言われた。「ヨハネの子シモン。あなたはわたしを愛しますか。」ペテロは、イエスが三度「あなたはわたしを愛しますか」と言われたので、心を痛めてイエスに言った。「主よ。あなたはいっさいのことをご存じです。あなたは、私があなたを愛することを知っておいでになります。」イエスは彼に言われた。「わたしの羊を飼いなさい。

18 まことに、まことに、あなたに告げます。あなたは若かった時には、自分で帯を締めて、自分の歩きたい所を歩きました。しかし年をとると、あなたは自分の手を伸ばし、ほかの人があなたに帯をさせて、あなたの行きたくない所に連れて行きます。」

19 これは、ペテロがどのような死に方をして、神の栄光を現すかを示して、言われたことであった。こうお話しになってから、ペテロに言われた。「わたしに従いなさい。」

20 ペテロは振り向いて、イエスが愛された弟子があとについて来るのを見た。この弟子はあの晩餐のとき、イエスの右側にいて、「主よ。あなたを裏切る者はだれですか」と言った者である。

21 ペテロは彼を見て、イエスに言った。「主よ。この人はどうですか。」

22 イエスは彼に言われた。「わたしの来るまで彼が生きながらえるのをわたしが望むとしても、それがあなたに何のかかわりがありますか。あなたは、わたしに従いなさい。」

23 そこで、その弟子は死なないという話が兄弟たちの間に行き渡った。しかし、イエスはペテロに、その弟子が死なないと言われたのでなく、「わたしの来るまで彼が生きながらえるのをわたしが望むとしても、それがあなたに何のかかわりがありますか」と言われたのである。

24 これらのことについてあかしした者、またこれらのことを書いた者は、その弟子である。そして、私たちは、彼のあかしが真実であることを、知っている。

25 イエスが行われたことは、ほかにもたくさんあるが、もしそれらをいちいち書きしるすなら、世界も、書かれた書物を入れることができまい、と私は思う。

21:16 わたしの羊を牧しなさい 主イエスは弟子たちを小羊(21:15)とか羊(21:16)と言われた。それは四つのことを示唆している。(1) 私たちには愛にあふれ能力と忠実さを備えた指導者による牧会的配慮が必要である。(2) 私たちは絶えず神のことばによって養われることが必要である。(3) 羊が迷いやすい性質を持っているように、私たちには神と神が用いられる人々による導き、守り、矯正が繰返し必要である。(4) 私たちは絶えずイエス・キリストの忠実な弟子(従う人、訓練を受ける生徒)でなければならない。

21:17 あなたはわたしを愛しますか・・・わたしの羊を飼いなさい 主イエスは、キリスト者の奉仕の基本は愛であるとされた。ほかの資格や条件も必要ではあるけれども(Ⅰテモ3:1-13)、キリストとほかの人々への愛の代りになるものはない(⇒Ⅰコリ13:1-3)。

21:18 あなたは自分の手を伸ばし このことばはペテロがどのような死に方をして神をあがめるかを表している。伝説によると、ペテロはネロ皇帝のもとでローマで十字架につけられたとされている。それはパウロがキリストを信じる信仰と奉仕のために殉教したのと同じ頃だった(67/68年頃)。ペテロは主と同じように十字架につけられるにはふさわしくないと考え、逆さまにつけられることを願ったと言われている。

21:25 ほかにもたくさんある 主イエスの生涯と働きを記録するに当たって、福音書の記者たちは何を書くか取捨選択をしなければならなかった(→20:30,「キリストの伝道一覧」の表 p.1937)。主イエスについて私たちが歴史的に知ることができることは限られているけれども、主イエスについて決断し、願っておられるような生き方をするために知らなければならないことは、みな与えられている(神のことば、聖書を通して)と神は保証しておられる。また数え切れないほどの力ある働きや啓示のことばはみな、主イエスが御父から見たり聞いたりされたものだった(→5:19, 8:28)ということは重要である。そこには主イエスが祈りの中で御父と過された時間(導きを待ち聞いていた)が全部反映されているのである。もし神の子である主イエスが日々の導きと力を受けるためにこのような時間が必要だったとすれば、私たちはさらに多く祈りとみことばのために時間をとって神に頼っていることを具体的に示さなければならない。

ヨハネの福音書

キリストの伝道一覧

開始の年

出来事	場所	マタイ	マルコ	ルカ	ヨハネ
主イエスはバプテスマを受けられた	ヨルダン川	3:13-17	1:9-11	3:21-23	1:29-39
主イエスはサタンの誘惑を受けられた	荒野	4:1-11	1:12-13	4:1-13	
主イエスの最初の奇蹟	カナ				2:1-11
主イエスとニコデモ	ユダヤ				3:1-21
主イエスはサマリヤの女性と話された	サマリヤ				4:5-42
主イエスは役人の息子を癒された	カナ				4:46-54
ナザレの人々が主イエスを殺そうとした	ナザレ			4:16-31	

人気のあった年

出来事	場所	マタイ	マルコ	ルカ	ヨハネ
主イエスは4人の漁師を召された	ガリラヤ湖	4:18-22	1:16-20	5:1-11	
主イエスはペテロのしゅうとめを癒された	カペナウム	8:14-17	1:29-34	4:38-41	
主イエスはガリラヤで説教を始められた	ガリラヤ	4:23-25	1:35-39	4:42-44	
マタイは主イエスに従うことを決めた	カペナウム	9:9-13	2:13-17	5:27-32	
主イエスは12人の弟子を選ばれた	ガリラヤ	10:2-4	3:13-19	6:12-15	
主イエスは山の上の説教をされた	ガリラヤ	5:1-7:29		6:20-49	
罪深い女性が主イエスに香油を注いだ	カペナウム			7:36-50	
主イエスは再びガリラヤの旅をされた	ガリラヤ			8:1-3	
主イエスは神の国のたとえを教えられた	ガリラヤ	13:1-52	4:1-34	8:4-18	
主イエスは嵐を静められた	ガリラヤ湖	8:23-27	4:35-41	8:22-25	
主イエスはヤイロの娘をよみがえらせた	カペナウム	9:18-26	5:21-43	8:40-56	
主イエスは十二弟子を遣わされた	ガリラヤ	9:35-11:1	6:6-13	9:1-6	

反対に遭った年

出来事	場所	マタイ	マルコ	ルカ	ヨハネ
バプテスマのヨハネがヘロデに殺された	ユダのマケルス	14:1-12	6:14-29	9:7-9	
主イエスは5,000人に食物を与えられた	ベツサイダ	14:13-21	6:30-44	9:10-17	6:1-14

© 1989 Zondervan Publishing House

キリストの伝道一覧

出来事	場所	マタイ	マルコ	ルカ	ヨハネ
主イエスは水の上を歩かれた	ガリラヤ湖	14:22-23	6:45-52		6:16-21
主イエスは4,000人に食物を与えられた	ガリラヤ湖	15:32-39	8:1-9		
ペテロは主イエスを神の子と告白した	ピリポ・カイザリヤ	16:13-20	8:27-30	9:18-21	
主イエスは死を予告された	ピリポ・カイザリヤ	16:21-26	8:31-37	9:22-25	
主イエスの姿が変った	ヘルモン山	17:1-13	9:2-13	9:28-36	
主イエスは納入金を納められた	カペナウム	17:24-27			
主イエスは仮庵の祭りに行かれた	エルサレム				7:11-52
主イエスは生まれつきの盲人を癒された	エルサレム				9:1-41
主イエスはマルタとマリヤを訪ねられた	ベタニヤ			10:38-42	
主イエスはラザロをよみがえらせた	ベタニヤ				11:1-44
主イエスはエルサレムへの最後の旅を始められた	境の道			17:11	
主イエスは幼子を祝福された	ヨルダンの向こう	19:13-15	10:13-16	18:15-17	
主イエスは金持の青年と話された	ヨルダンの向こう	19:16-30	10:17-31	18:18-30	
主イエスは再び死を予告された	ヨルダンの近く	20:17-19	10:32-34	18:31-34	
主イエスは盲目のバルテマイを癒された	エリコ	20:29-34	10:46-52	18:35-43	
主イエスはザアカイと話された	エリコ			19:1-10	
主イエスは再びマルタとマリヤを訪ねられた	ベタニヤ				11:55-12:1

最後の週

出来事	場所	曜日	マタイ	マルコ	ルカ	ヨハネ
勝利の入城	エルサレム	日曜日	21:1-11	11:1-10	19:29-44	12:12-19
主イエスはいちじくの木をのろわれた	エルサレム	月曜日	21:18-19	11:12-14		
主イエスは宮をきよめられた	エルサレム	月曜日	21:12-13	11:15-18	19:45-48	
主イエスの権威が問われた	エルサレム	火曜日	21:23-27	11:27-33	20:1-8	
主イエスは宮で教えられた	エルサレム	火曜日	21:28-23:29	12:1-44	20:9-21:4	
主イエスの足に香油が塗られた	ベタニヤ	火曜日	26:6-13	14:3-9		12:2-11
主イエスへの悪だくみ	エルサレム	水曜日	26:14-16	14:10-11	22:3-6	
最後の晩餐	エルサレム	木曜日	26:17-29	14:12-25	22:7-20	13:1-38

© 1989 Zondervan Publishing House

キリストの伝道一覧

出来事	場所	曜日	マタイ	マルコ	ルカ	ヨハネ
主イエスは弟子たちを慰められた	エルサレム	木曜日				14:1-16:33
主イエスの大祭司としての祈り	エルサレム	木曜日				17:1-26
ゲツセマネ	エルサレム	木曜日	26:36-46	14:32-42	22:40-46	
主イエスの逮捕と裁判	エルサレム	金曜日	26:47-27:26	14:43-15:15	22:47-23:25	18:2-19:16
主イエスの十字架と死	ゴルゴタ	金曜日	27:27-56	15:16-41	23:26-49	19:17-30
主イエスの埋葬	園の墓	金曜日	27:57-66	15:42-47	23:50-56	19:31-42

復活後の現れ

出来事	場所	曜日	マタイ	マルコ	ルカ	ヨハネ	使徒	Iコリント
空の墓	エルサレム	復活の日曜日	28:1-8	16:1-8	24:1-12	20:1-10		
庭でマグダラのマリヤに	エルサレム	復活の日曜日		16:9-11		20:11-18		
別の女性たちに	エルサレム	復活の日曜日	28:9-10					
エマオへ行く二人に	エマオへの道	復活の日曜日		16:12-13	24:13-32			
ペテロに	エルサレム	復活の日曜日			24:34			15:5
二階座敷の10人の弟子たちに	エルサレム	復活の日曜日			24:36-43	20:19-25		
二階座敷の11人の弟子たちに	エルサレム	次の日曜日		16:14		20:26-31		15:5
漁をしていた7人の弟子たちに	ガリラヤ湖	しばらく後				21:1-25		
山の上で11人の弟子たちに	ガリラヤ	しばらく後	28:16-20	16:15-18				
500人以上に	不明	しばらく後						15:6
ヤコブに	不明	しばらく後						15:7
昇天の時に弟子たちに	オリーブ山	復活から40日後			24:44-51		1:3-9	15:7
パウロに	ダマスコ	数年後					9:1-19, 22:3-16, 26:9-18	9:1, 15:8

© 1989 Zondervan Publishing House

キリストのたとえ

たとえ話	マタイ	マルコ	ルカ
枡の下のあかり	5:14-15	4:21-22	8:16, 11:33
家を建てる賢い人と愚かな人	7:24-27		6:47-49
古い着物に新しい布	9:16	2:21	5:36
古い皮袋に新しいぶどう酒	9:17	2:22	5:37-38
種を蒔く人と土地	13:3-8, 18-23	4:3-8, 14-20	8:5-8, 11-15
毒麦	13:24-30, 36-43		
からし種	13:31-32	4:30-32	13:18-19
パン種	13:33		13:20-21
隠された宝	13:44		
高価な真珠	13:45-46		
地引き網	13:47-50		
一家の主人	13:52		
失われた羊	18:12-14		15:4-7
無慈悲なしもべ	18:23-34		
ぶどう園の労務者	20:1-16		
二人の息子	21:28-32		
農夫たち	21:33-44	12:1-11	20:9-18
結婚の披露宴	22:2-14		
いちじくの木	24:32-35	13:28-29	21:29-31
忠実な賢いしもべ	24:45-51		12:42-48
十人の娘	25:1-13		
タラント(ミナ)	25:14-30		19:12-27
羊と山羊	25:31-46		
成長する種		4:26-29	
目をさましているしもべ		13:35-37	12:35-40
金貸し			7:41-43
良いサマリヤ人			10:30-37
困っている友人			11:5-8
愚かな金持			12:16-21
実を結ばないいちじくの木			13:6-9
宴会の末席			14:7-14
盛大な宴会			14:16-24

© 1989 Zondervan Publishing House

キリストのたとえ

たとえ話	マタイ	マルコ	ルカ
弟子になることの代償			14:28-33
失われた銀貨			15:8-10
失われた(放蕩)息子			15:11-32
抜け目のない管理人			16:1-8
金持とラザロ			16:19-31
主人としもべ			17:7-10
粘り強いやもめ			18:2-8
パリサイ人と取税人			18:10-14

© 1989 Zondervan Publishing House

使徒たちの奇蹟

奇　蹟	使徒の働き
足のなえた人の癒し(ペテロ)	3:6-9
アナニヤとサッピラの死	5:1-10
サウロの視力の回復	9:17-18
アイネヤの癒し	9:33-35
ドルカスのよみがえり	9:36-41
エルマの目が見えなくなる	13:8-11
足のなえた人の癒し(パウロ)	14:8-10
若い女奴隷からの悪霊の追出し	16:16-18
ユテコのよみがえり	20:9-10
まむしの害を受けないパウロ	28:3-5
ポプリオの父の癒し	28:7-9

© 1989 Zondervan Publishing House

キリストの奇蹟

	マタイ	マルコ	ルカ	ヨハネ
癒しの奇蹟				
ツァラアトに冒された人	8:2-4	1:40-42	5:12-13	
ローマの百人隊長のしもべ	8:5-13		7:1-10	
ペテロのしゅうとめ	8:14-15	1:30-31	4:38-39	
ガダラの二人	8:28-34	5:1-15	8:27-35	
中風の人	9:2-7	2:3-12	5:18-25	
長血の女性	9:20-22	5:25-29	8:43-48	
二人の盲人	9:27-31			
悪霊につかれて口の不自由な人	9:32-33			
片手のなえた人	12:10-13	3:1-5	6:6-10	
悪霊につかれて目が見えず口の不自由な人	12:22		11:14	
カナン人の女性の娘	15:21-28	7:24-30		
悪霊につかれた少年	17:14-18	9:17-29	9:38-43	
二人の盲人（バルテマイを含む）	20:29-34	10:46-52	18:35-43	
耳が聞こえず口の不自由な人		7:31-37		
会堂にいた汚れた霊につかれた人		1:23-26	4:33-35	
ベツサイダの盲人		8:22-26		
腰の曲がった女性			13:11-13	
水腫をわずらっている人			14:1-4	
10人のツァラアトに冒された人			17:11-19	
大祭司のしもべ			22:50-51	
カペナウムの役人の息子				4:46-54
ベテスダの池の病人				5:1-9
生まれつきの盲人				9:1-7

自然にまさる力を示す奇蹟				
嵐を静める	8:23-27	4:37-41	8:22-25	
水の上を歩く	14:25	6:48-51		6:19-21
5,000人に食物を与える	14:15-21	6:35-44	9:12-17	6:5-13
4,000人に食物を与える	15:32-38	8:1-9		
魚の中の硬貨	17:24-27			
いちじくの木が枯れる	21:18-22	11:12-14, 20-25		

© 1989 Zondervan Publishing House

キリストの奇蹟

	マタイ	マルコ	ルカ	ヨハネ
大漁			5:4–11	
水がぶどう酒に変る				2:1–11
もう一つの大漁				21:1–11

死者をよみがえらせた奇蹟

	マタイ	マルコ	ルカ	ヨハネ
ヤイロの娘	9:18–19, 23–25	5:22–24, 38–42	8:41–42, 49–56	
ナインのやもめの息子			7:11–15	
ラザロ				11:1–44

© 1989 Zondervan Publishing House

使徒の働き

概　　要
序言(1:1-2)
I．主イエスの復活から五旬節の日までの期間(1:3-26)
 A．主イエスの復活から昇天まで－40日間の証拠と指示(1:3-11)
  1．復活の後の主イエスの出現(1:3)
  2．間もなく来られる聖霊の約束と目的(1:4-8)
  3．主イエスの昇天と再臨の約束(1:9-11)
 B．主イエスの昇天から五旬節の日まで－10日間の祈りと準備(1:12-26)
II．五旬節の日に成就した約束の力(2:1-41)
 A．聖霊の力強い到来と群衆の反応(2:1-13)
 B．御霊に満たされたペテロの説教と群衆の反応(2:14-41)
III．エルサレム教会の初期の時代(2:42-8:1a)
 A．御霊の力を受けた教会の特徴(2:42-47)
 B．驚くべき奇蹟とその影響(3:1-4:31)
 C．共同体の祝福とごまかしの結果(4:32-5:11)
 D．使徒たちによる奇蹟と宗教組織による反対(5:12-42)
 E．指導者の助手七人の選出(6:1-7)
 F．ステパノ－記録されている最初の殉教したキリスト者(6:8-8:1a)
IV．過酷な迫害に続く急速な拡大(8:1b-9:31)
 A．ユダとサマリヤへ散らされたキリスト者たち(8:1b-4)
 B．ピリポ－ひとりの伝道者の働き(8:5-40)
 C．タルソのサウロ－迫害者の回心(9:1-31)
V．ユダヤ人を超えて広がるキリスト教(9:32-12:25)
 A．ペテロのルダとヨッパでの働き(9:32-43)
 B．ペテロのカイザリヤでの異邦人伝道(10:1-48)
 C．エルサレム教会へのペテロの報告とペテロの行動の承認(11:1-18)
 D．アンテオケ－最初の異邦人教会(11:19-30)
 E．ヘロデ・アグリッパI世による教会迫害(12:1-23)
 F．教会の前進の要約(12:24-25)
VI．パウロの第一次伝道旅行(13:1-14:28)
 A．アンテオケの教会によるパウロとバルナバの任命(13:1-3)
 B．小アジヤでのパウロとバルナバ(13:4-14:28)
VII．エルサレム会議(15:1-35)
VIII．パウロの第二次伝道旅行(15:36-18:22)
 A．バルナバとの別れ(15:36-40)
 B．前に訪れた地域への再訪問(15:41-16:5)
 C．新しい地域への進出(16:6-18:21)
 D．シリヤのアンテオケへの帰還(18:22)
IX．パウロの第三次伝道旅行(18:23-21:16)
 A．ガラテヤとフルギヤでの激励(18:23)
 B．アポロの働き(18:24-28)
 C．エペソでの長期間にわたる働き(19:1-41)
 D．マケドニヤ、ギリシヤ、再びマケドニヤ(20:1-5)
 E．エルサレムへ帰る旅(20:6-21:16)

使徒の働き

X．パウロの逮捕と投獄期間中の働き(21:17-28:31)
    A．エルサレムで(21:17-23:35)
    B．カイザリヤで(24:1-26:32)
    C．ローマへの船旅で(27:1-28:10)
    D．ローマで(28:11-31)

著　　者：ルカ

主　　題：聖霊の力による福音の勝利と拡大

著作の年代：紀元63年頃

著作の背景

　「使徒の働き」はルカの福音書の続編(続き)で、同じ「テオピロ」という人にあてて書かれている(1:1、→ルカ緒論)。著者の名前はどちらの書物でも明らかにされていない。けれども初期のキリスト者の大部分の意見や両方の書物の証拠などから、著者は「愛する医者」ルカ(コロ4:14)であるとされている。

　教会の必要、特にローマ帝国の中東地域と地中海地域の異邦人(ユダヤ人以外の人々)キリスト者の必要を満たすために、ルカはテオピロにあててこの書物を書くように聖霊によって霊感を与えられた。ルカの書物はキリスト教の始まりを正確に示す出来事で満ちている。(1)「前の書」とは、主イエスの生涯を書いたルカの福音書(「よい知らせ」の記録)である。(2) ルカの後に書かれた書物(「使徒の働き」)は、エルサレムで聖霊が注がれた出来事(神が聖霊を送り最初のキリスト者たちを満たし力を与えられたとき)の記録である。そしてその後の初期の教会の成長と発展の様子を記録している。ルカは巧みな書き手であり、注意深い歴史家であり、霊感された神学者(神、特にキリスト教信仰、神と世界との関係などについて学ぶ人)だったことが明らかである。

　「使徒の働き」は、教会(神を礼拝し世界中に主イエスの福音を伝えるという共通の目的を持つキリストの弟子たちの大きな共同体、→「**教会**」の項 p.1668)の歴史の最初の30年間の中から厳選した出来事を書いている。教会史家だったルカは、キリストの福音がエルサレムからローマまで広がっていった跡を辿っている。その中でルカは32の国、54の都市、九つの地中海の島、95人の異なる人物、様々な政府の役人とその役職名などを挙げている。現代の考古学はルカの詳細な記述が驚くほど正確であることを立証し続けている。歴史の細部に加えて、ルカは教会の初期の様々な体験や出来事の意味と重要性についても深い洞察力をもって描いている。

　新約聖書は、初期の段階で二つのグループに分けて収集されていた。(1) 四つの福音書―マタイ、マルコ、ルカ、ヨハネによる主イエスの生涯と働きの記録。(2) パウロ(異邦人、つまりユダヤ人以外の人々の中に多くの教会を始めた開拓宣教師であり、キリスト教の指導者)の手紙。この二つのグループをつなぐ重要な鎖として、「使徒の働き」は真実で権威ある神のことばと認められた書物の中に収められている。特に13-28章は、パウロの働きと教会に送られた書簡をよりよく理解するために必要な歴史的背景を提供している。「使徒の働き」の中の「私たち」ということばが使われている部分(16:10-17、20:5-21:18、27:1-28:16)は、ルカ自身がパウロの旅行に参加していたことを示している。

目　　的

　ルカが教会の始まりを書いた目的は少なくとも二つある。
　(1) ルカは、福音(イエス・キリストを信じる信仰によって罪の赦しと永遠のいのちが得られることについての「よい知らせ」)がどのようにユダヤ人信仰者から異邦人(ユダヤ人以外の人々)にまで効果的に伝わったのかを示している。反対や迫害にもかかわらず、キリストの福音が最終的にローマ帝国のほとんどの地域へ伝わったことを「使徒の働き」は明らかにしている。
　(2) ルカは、教会の生活と使命の中で聖霊が中心的役割を果たしたことを明らかにし、聖霊のバプテスマ(→2:)こそが教会に力を与えて主イエスの福音を伝え、主イエスの働きを継続させる神の方法であることを強調している。そして聖霊のバプテスマの特徴は、異言を話すこと(聖霊の感動を受けて学んだことのない言語で祈ったり賛美したり預言をすること　2:4～、10:45-46、19:1-7)であると3回もはっきりと記録している。その文脈を見ると、異言を話すことは初期のキリスト教では普通の体験であり、今日に至るまで神が変らず教会に求めておられるものであることが明らかである(→「**聖霊のバプテスマ**」の項 p.1950、「**異言**」の項 p.1957)。

概　観

　ルカの福音書は「イエスが行い始め、教え始められたすべてのことについて」(使1：1) 書いているけれども、「使徒の働き」は主イエスが天に戻られた後も（弟子たちを通して）行い、教え続けられたことについて書いている。主イエスの働きは、聖霊の力によってそれぞれの弟子たちや教会を通して、世界中の村や町、地域や国々で続けられた。天に昇られる前に（使1：9-11）主イエスが弟子たちに与えられた最後の指示は、「聖霊のバプテスマを受ける」(1：4-5) までエルサレムで待ちなさいということだった。この「使徒の働き」のかぎになることば (1：8) は、この書物の霊的主題と、地理的意味を強調し要約している。つまり主イエスは弟子たちに聖霊が臨まれるときに力を受けると約束されたのである。その力は (1)「エルサレム」(1：-7：)、(2)「ユダヤとサマリヤの全土」(8：-12：)、(3)「地の果てにまで」(13：-28：)、主イエスの福音を伝えその働きを行う力である。

　「使徒の働き」では、神の力と目的が人間の活動と溶け合って働くという重要なことが明らかになっている。教会全体（開拓の指導者だけではなく所属する人全員）は、「みことばを宣べながら、巡り歩いた」(8：4)。ステパノやピリポのような人々 (6：1-6) は、教会の指導者たちを補助し、真理のために大胆に立上り、すぐれた信仰を示し聖霊の力に頼って「すばらしい不思議なわざとしるしを行っていた」(6：8)。その結果、キリストの福音は直ちに町々に大きな衝撃を与えた (8：5-13)。神に導かれた人々は熱い祈りをささげ、御使いを見、幻を見、力強い奇蹟を目撃し、悪霊の力から人々を解放し、病人を癒し、大胆に権威をもって主イエスを宣べ伝えた。時には信仰者たちの間で問題が起こり（ユダヤ人とユダヤ人以外の人々との間の緊張 15：）、教会の外の宗教組織や政治の権威筋から迫害があったけれども、主イエスの福音は町から町へ、ことばと行いによって力強く広まっていった。

　1-12章では教会の働きと活動の中心地はエルサレムで、福音を広めるために神が用いられた中心的リーダーはペテロだったことが示されている（→「**ピリポとペテロの伝道旅行**」の地図 p.1989）。13-28章では、教会の活動の中心地はシリヤのアンテオケに移り、ユダヤ人の枠を越えてほかの国の人々にまで福音を広めるために神が用いられた中心的な人物はパウロだったことが示されている。「使徒の働き」は、そのパウロがローマでカイザルの裁判を待っているところで突然終っている。裁判の結果はわからないままであるけれども、「使徒の働き」は囚人のパウロが大胆に自由に主イエスを伝え教え続けていたという、前向きの勝利の姿勢を最後まで示している (28：31)。パウロの働きの概要　→「**パウロの第一次伝道旅行**」の地図 p.1998,「**パウロの第二次伝道旅行**」の地図 p.2008,「**パウロの第三次伝道旅行**」の地図 p.2019

特　徴

　「使徒の働き」には九つの大きな特徴がある。

　(1) 教会－「使徒の働き」は、全世界の弟子たちの共同体（教会）の力の源とその性質を明らかにしている。それとともに、あらゆる時代の教会を導く原則を明らかにしている。

　(2) 聖霊－三位一体（三人で一人という神の本質、→「**聖霊の教理**」の項 p.1970）の第三格として50回もはっきりと挙げられている。聖霊のバプテスマと御霊の働きによって力 (1：8)、大胆さ (4：31)、神への恐れ (5：3, 5, 11)、知恵 (6：3, 10)、導き (16：6-10)、御霊の賜物と能力が与えられている (19：6, →「**聖霊の賜物**」の表 p.2096,「**聖霊の働き**」の表 p.2187)。

　(3) 初期の教会の福音－ルカはペテロ、ステパノ、パウロ、ヤコブ、そのほかの人々が聖霊の霊感を受けて行った説教を巧みに伝えて、新約聖書のどこにも書かれていない初期の教会の内情を示している。

　(4) 祈り－初期のキリスト者たちは絶えず熱心に祈りをささげ、時には徹夜で祈り、絶えずその力強い結果を体験していた（→「**効果的な祈り**」の項 p.585）。

　(5) しるし、奇蹟、不思議－力強い御霊の現れによってキリストの福音の真理が立証され、人々は主の力を確信し、真理を受入れた人々の間では主の栄光が現された（→「**信者に伴うしるし**」の項 p.1768）。

　(6) 迫害－主イエスについて伝えたり教えたりするときには絶えず宗教組織やこの世界の権力から反対や厳しい抵抗が引起こされた。

　(7) ユダヤ人から異邦人への順序－「使徒の働き」全体を見ると、キリストの福音はまずユダヤ人に伝えられ、次にほかの国の人々に伝えられていった。

　(8) 女性－教会の働きの進展に参加している女性が特別に紹介されている。

　(9) 福音の勝利－どんな障壁（国家、宗教、文化、民族）、反対や迫害も主イエスの福音が全世界に広められるのを止めることはできなかった。

使徒の働き

解釈の原則

　学者や聖書を解釈する人々（牧師も）の中には、「使徒の働き」は新約聖書のほかの書物とは全く異なる部類のものと考える人がいる。その人々は「使徒の働き」は主に、初期の教会が始まるに当たって神が与えられたご計画を描いたものであると考えている。この見解では、描かれている御霊の賜物や力や活動の多くは、教会の成長を促し影響力を強めるためにある限られた期間にだけ与えられたことになる。簡単に言えばこの見解は、「使徒の働き」は新約聖書が「終わりの日」と言う期間（通常は教会が始まった時からキリストの再臨の時まで ⇒2：17注）に存在する教会全体に対する神の基準、またはひな型ではないとしている。けれども神はこの書物を単に初期の教会の歴史として私たちに与えられたのではない。内容を見れば、神がキリスト者の生き方と御霊に満たされた教会（神の民を通して働く聖霊によって導かれ、力を与えられ特徴づけられた）の案内書として与えられたことが明らかである。

　今日のキリスト者は、新約聖書の教会で顕著だった働きや体験が自分たちの生活や教会の中でも同じように現れることを願い期待するべきである（と言っても新約聖書、神のことばの続きを書くのではない）。教会は御霊の力を十分に受けて活動しなければこの聖書の基準に達することはできない。この書物の中にある奇蹟や御霊の賜物、教会の基準などが一つの時代に限られていたという教えは、「使徒の働き」や新約聖書のほかの書物のどこにも書かれていない。これらの力強い聖霊の働きはキリストの最初の弟子たちで終るものではなかった。今日のキリスト者も、キリストから与えられた使命を今の時代に達成するという同じ目的を持っている。それを果すためには同じ力が必要である。五旬節の聖霊の力を受けて主イエスの働きを継続する上で教会はどうあるべきか、何を行うべきかを「使徒の働き」ははっきりと示している（→使7：44注）。

使徒の働きの通読

　新約聖書全体を1年間で通読するためには、使徒の働きを次のスケジュールに従って46日間で読まなければならない。

☐1 ☐2：1-21 ☐2：22-47 ☐3 ☐4：1-31 ☐4：32-5：11 ☐5：12-42 ☐6 ☐7：1-53 ☐7：54-8：8 ☐8：9-40 ☐9：1-31 ☐9：32-43 ☐10：1-23 ☐10：24-48 ☐11：1-18 ☐11：19-30 ☐12 ☐13：1-12 ☐13：13-52 ☐14 ☐15：1-21 ☐15：22-35 ☐15：36-16：15 ☐16：16-40 ☐17：1-15 ☐17：16-34 ☐18：1-23 ☐18：24-19：7 ☐19：8-41 ☐20：1-16 ☐20：17-38 ☐21：1-16 ☐21：17-36 ☐21：37-22：21 ☐22：22-23：11 ☐23：12-35 ☐24 ☐25：1-12 ☐25：13-26：1 ☐26：2-18 ☐26：19-32 ☐27：1-26 ☐27：27-44 ☐28：1-16 ☐28：17-31

メモ

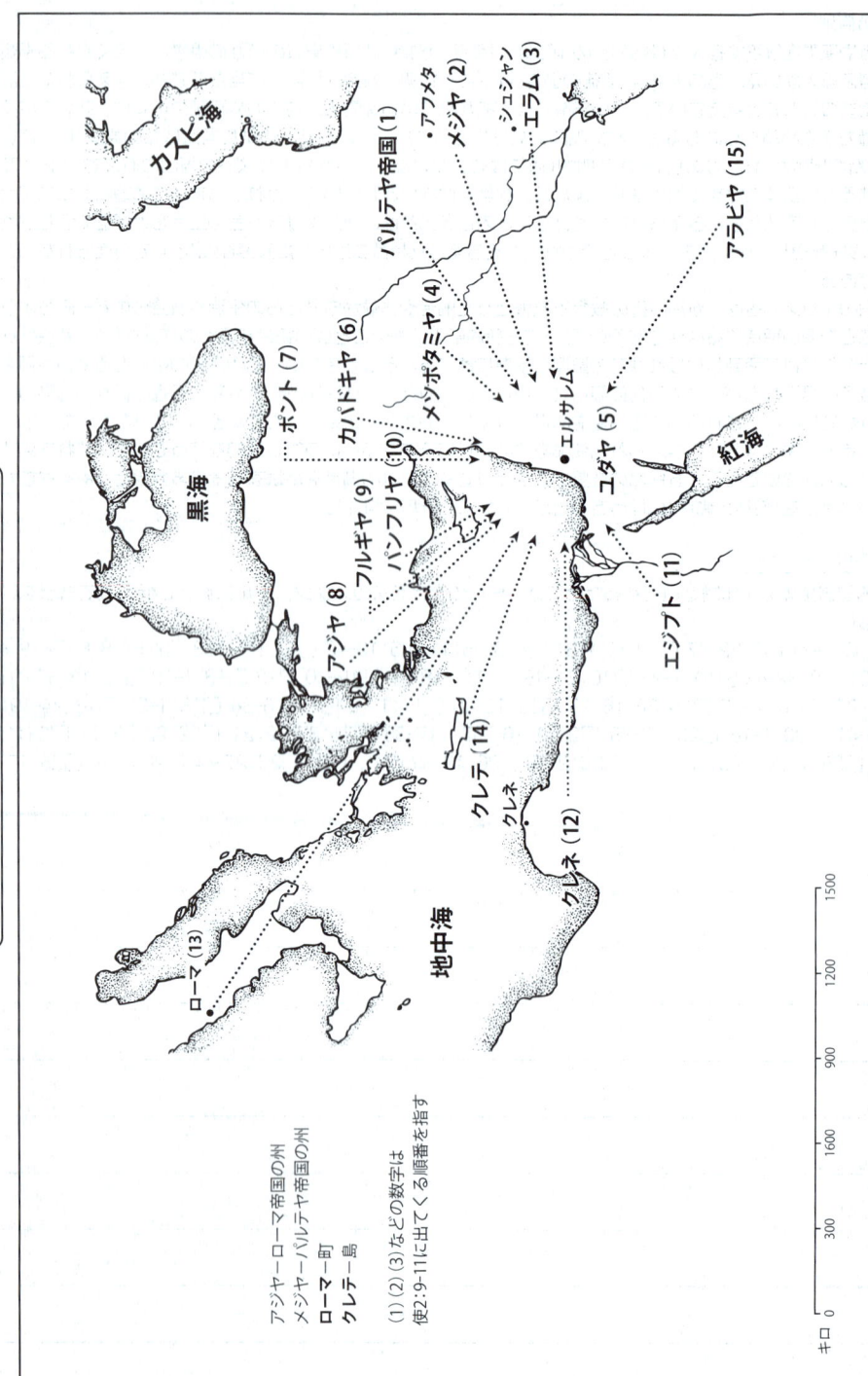

使徒の働き　1章

聖霊のバプテスマの約束

1 ¹ テオピロよ。私は前の書で、イエスが行い始め、教え始められたすべてのことについて書き、
² お選びになった使徒たちに聖霊によって命じてから、天に上げられた日のことにまで及びました。

³ イエスは苦しみを受けた後、四十日の間、彼らに現れて、神の国のことを語り、数多くの確かな証拠をもって、ご自分が生きていることを使徒たちに示された。
⁴ 彼らといっしょにいるとき、イエスは彼らにこう命じられた。「エルサレムを離れないで、わたしから聞いた父の約束を待ちなさい。
⁵ ヨハネは水でバプテスマを授けたが、もう間もなく、あなたがたは聖霊のバプテス

欄外参照：
1 ①ルカ1:3, ②ルカ3:23
2 ①囲ヨハ13:18,囲使10:41
　②囲マタ6:30他
　③囲マタ28:19,20,マコ16:15,
　ヨハ20:21,22,囲使10:42
　④囲マコ16:19,使9:11,22
3 ①囲使8:12,19:8,28:23,31
　②囲マタ28:17,マコ16:12,14,
　ルカ24:34,36,ヨハ20:19,
　26,21:1,14, Ⅰコリ15:5-7
4 * あるいは「食事をともにしている」
　①ルカ24:49, ②使2:33,
　囲ヨハ14:16, 26, 15:26
5 ①使11:16,囲マタ3:11
　②使2:1-4

1:1　前の書　ルカの福音書(ルカが書いた「よい知らせ」の物語とイエス・キリストの実話)には、「イエスが行い始め、教え始められたすべてのこと」の記録が書かれている(ルカがテオピロにこの書物を書き送った背景 →ルカ緒論)。この表現は主イエスが今も行い続け教え続けておられること(弟子たちを通して)を意味している(⇒ヨハ14:12,→注)。「使徒の働き」にはまさしく、主イエスの弟子たちがどのようにして(主イエスの生涯の特徴だった聖霊の力によって ⇒ルカ4:1, 14)同じ福音を伝え、同じような奇蹟を行い、同じような生き方をしたかについての話の続きが書かれている(⇒3:6-7, 4:1-2, 18)。その中心主題は、教会(ともに働く弟子たちの世界的規模の共同体)を通して聖霊がどのように主イエスのいのちと働きを現し続けられたかということである。したがって、「使徒の働き」は「聖霊の働き」とも言うことができる。「使徒の働き」にある聖霊の霊感による記録については次のようなことが言える。

(1) 神のことばは「使徒の働き」の歴史の記録を含めてみな、神について、神と人間や世界との関係について教え学ぶ上で正確であり、適切で有益である。これは次の二つの事実によって確認される。(a)「聖書はすべて、神の霊感によるもので、教えと戒めと矯正と義の訓練とのために有益です」(Ⅱテモ3:16)という聖書の宣言。(b) 旧約聖書の歴史的記録には、明らかに教え諭す目的があるというパウロのことば(Ⅰコリ10:11)。パウロはこれらの物語は今日のキリスト者にとって実践的にも霊的にも適切な模範として与えられていると主張している(ロマ15:4)。このことは旧約聖書の歴史的記録について言われているのであるけれども、「使徒の働き」にある新約聖書の時代の教会や指導者たちの記録についても言えることである。

(2) ルカが霊感されて記録した最初の段階での教会の歴史には、次のことが含まれている。(a) 聖霊の活動の方式。それは教会時代(キリストが再び来られて弟子たちをこの世界から携え挙げられるときまで)全体を通しての模範になった。(b) 信仰の基礎と聖霊についての正確な教理が築き上げられていく過程の情報。(c) 聖霊の働きがキリスト者の生き方とどのようにかかわるかについての啓示。キリスト者個人と信仰者の集合体である教会の生活の中では、この書物に出てくる次の二つの要素は当り前のこととされていた。(i) 聖霊のバプテスマ(または満たし)。これはキリストの弟子たち全員に与えられている神の約束である(→2:39注, ⇒1:5, 8, 2:4, 4:8, 31, 8:15-17, 9:17, 10:44-46, 13:9, 52, 15:8, 19:1-6, →「**聖霊のバプテスマ**」の項 p.1950)。(ii) 御霊の様々な活動。これは教会につながる人々に神が今も望んでおられる品性、大胆さ、力の基準を示している(→「**聖霊の働き**」の表 p.2187)。

1:3　現れて　→マタ28:9注

1:4　父の約束　父である神が約束された賜物(ヨエ2:28-29, マタ3:11)は聖霊のバプテスマである(→1:5注)。その約束の成就は、「聖霊に満たされ」(2:4)ということばで描かれている。つまり「使徒の働き」では、「聖霊のバプテスマ」と「聖霊に満たされる」ということばは交互に使われている。けれども、「聖霊に満たされ」たところが必ずしも全部聖霊のバプテスマのことを言っているわけではない。聖霊のバプテスマは、キリストに罪を赦されキリストに人生をゆだね霊的に「救われた」ときに聖霊を受けるのと同じではない(→「**新生－霊的誕生と刷新**」の項 p.1874)。これは聖霊による二つの別々の働きであり、時には時間の隔たりがかなりある(→「**弟子たちの新生**」の項 p.1931)。

1:5　聖霊の　「の」はギリシヤ語の「エン」の訳で、英語では「in(の中に、で)」と訳されることが多い。そこでこの場所は、「あなたがたは聖霊の中に(で)バプテスマを受ける」と訳すこともできる。同じように「水のバプテスマを受ける」は「水の中に(で)バプテスマを受ける」と訳すことができる。「バプテスマを受ける」は浸すという意味であるから、聖霊のバプテスマは聖霊の力の中に浸し染み込ませることである。弟子たちに聖霊の中でバプテスマを授けられるのは主イエスご自身である(→ヨハ1:33注)。

聖霊のバプテスマ

「ヨハネは水でバプテスマを授けたが、もう間もなく、あなたがたは聖霊のバプテスマを受けるからです。」(使徒の働き1:5)

　新約聖書の中心的教理(教え)の一つに聖霊のバプテスマがある(→使1:4注)。神のことばは聖霊のバプテスマについて次のように教えている。

バプテスマについての聖書的事実
　神は私たちに聖霊のバプテスマを賜物として与えたいと願っておられる。主イエスも、この賜物はキリストに従い福音を広める使命を果そうと決意している人々全員に与えられる御父の約束であると言われた(→ヨエ2:28-29, ルカ24:49, 使1:4-5, 8)。

　(1) 聖霊のバプテスマは、キリストによる罪の赦しを受入れて人生の支配権を神にゆだねた人々、霊的に「新しく生まれ」た人々(ヨハ3:3-7)に与えられるものである。神の御霊はその人々の中に来て住んでくださり、その人生を変えて品性を成長させ神の目的に導いてくださる。けれども、このようにして(霊的救いの時点で)聖霊を受けることは聖霊のバプテスマではない。

　(2) 地上でのキリストの使命の一つは、聖霊によるバプテスマを弟子たちに与えることだった(マタ3:11, マコ1:8, ルカ3:16, ヨハ1:33, →ルカ3:16注)。主イエスが復活の後に間もなく去って行かれるのは、聖霊が来られて弟子たちとともにおられるためであると言われた(→ヨハ16:5-7)。御霊がともにおられるということはそれほど重要なことだった。主イエスは地上を離れて天に戻られる前に、聖霊のバプテスマを受けて「いと高き所から力を着せられるまでは」(ルカ24:49, 使1:4-5, 8)、キリストの福音を全世界に広める使命を始めてはいけないと弟子たちに命じられた。イエス・キリストご自身も、「聖霊と力を注がれ」るまでは(使10:38, ⇒ルカ4:1, 18)公の奉仕の働きを始められなかった。油を注がれることは、区別され、任命され、奉仕のために力を与えられることである。バプテスマは「浸す」ことである。主イエスと同じように、私たちも神の御霊に浸され(完全にずぶぬれにする、しみ込ませる)、力を受けなければならない。そして罪の赦しと信仰によって受ける新しいいのちについての「よい知らせ」を広め続けなければならない。

　(3) 聖霊のバプテスマは霊的誕生(救い)とは別の明らかに区別される御霊の働きである。キリストは、復活された日に弟子たちに息を吹きかけて「聖霊を受けなさい」(ヨハ20:22)と言われて、霊的に新しいいのちを与えられた(→「**弟子たちの新生**」の項 p.1931)。そして後に、聖霊の「力を着せられ」なければならないと言われた(ルカ24:49, ⇒使1:5,8)。これは弟子たちにとって明らかに、イエス・キリストを信じて与えられた霊的「誕生」のあとに体験するものだった(→使11:17注)。聖書は、使徒の働き8章14-17節のグループが霊的救いに続いてこの体験をしたことを描いている。それは次のように記録されている「さて、エルサレムにいる使徒たちは、サマリヤの人々が神のことばを受け入れたと聞いて、ペテロとヨハネを彼らのところへ遣わした。ふたりは下って行って、人々が聖霊を受けるように祈った。彼らは主イエスの御名によってバプテスマを受けていただけで、聖霊がまだだれにも下っておられなかったからである。ふたりが彼らの上に手を置くと、彼らは聖霊を受けた」。使徒の働き19章1-7節では、キリストの福音を受入れ水のバプテスマを受けたエペソの弟子たちが異言と預言のしるしを伴う聖霊のバプテスマを受けたことが書かれている(→「異言」の項 p.1957)。このような事実は「新しく生まれ」霊的に「救われた」人(聖霊がその人の中に住んでおられる)でも、聖霊によるバプテスマをまだ受けていないことを示している(→使19:6注)。

　(4) 聖霊のバプテスマを受けることは「聖霊に満たされ」ることを意味する(使1:5, ⇒2:4)。「バプテスマ」ということばは実際に浸すとかずぶぬれにすることを意味する。けれども御霊は人々の内側に働かれるので、聖霊のバプテスマは御霊が内側からあふれ流れることを指している。たとえば霊的救いを受けた人

は、前には空だった器が新しいきれいな水で満たされたようなものである。その人はもはや空ではなく、聖霊が内側に住んでおられる(→Ⅰコリ3:16, 6:19)。聖霊のバプテスマはその器にさらにきれいな水があふれ出るまで注がれることである(⇒ヨハ7:38-39)。聖霊のバプテスマを受けた人は、神の臨在によってずぶぬれになり浸されて(バプテスマ)あふれ出るほどになり、ほかの人々にも影響を与えるようになる。この聖霊のバプテスマという体験は、五旬節の日とその後にしか起きなかった(→使2:)。ルカは五旬節より前に聖霊に満たされたと言われている人々に(ルカ1:15, 67)、「聖霊のバプテスマ」ということばを使っていない。これはキリストが地上を去って天に戻られた後にしか起きていないのである(ルカ24:49-51, ヨハ16:7-14, 使1:4)。

(5) 聖霊のバプテスマを受けたことを示す最初の外側に現れたしるし、具体的な証拠は、使徒の働きの中では御霊が話させる、あるいは話す能力とことばを与えるままに異言で話したことである(使2:4, 10:45-46, 19:6)。異言を話すということは、学んだことのない言語を話すことで(使2:4, Ⅰコリ14:14-15)、それは地上のどこかで使われている言語かもしれない(使徒の働き2章6節では、屋上の間の120人が異言を話すのを聞いた人々はその言語を理解できた)。また地上のだれも知らない天のことばであるかもしれない(→Ⅰコリ13:1, パウロは「御使いの異言」と言っている)。聞く人が理解できることばであっても地上にないことばであっても、それは神と話合う方法であり神を賛美する方法である。聖霊のバプテスマは、異言を話すという外面的現れと密接に結び付いているので、異言を話すことはこのバプテスマを受けたときに伴う通常のしるしと考えるべきである(→「異言」の項 p.1957)。ある人々は異言を話すという証拠を伴ったこの強烈な体験は、教会を始めるためのしるしでしかなかったと考えている。けれどもその目的は、ただ人々の注意を引付けるとか教会を始めるときの神の力を証明することだけではなかった。聖霊は前進する力と導きを弟子たちに与えると主イエスは言われた(→ヨハ16:13)。この世界でキリストの使命を実行するためには、私たちにもその力と導きが必要である。したがってこの目的は今も変っていない。

(6) 聖霊のバプテスマの第一の目的はキリスト者の生活の中に大胆さと神の御霊の力を与えて、権威をもってキリストの目的を実現させることである。この霊的力が目指すことは、キリストの福音を全世界に広めることができるようにキリスト者を整えることである(⇒使1:8, 2:14-41, 4:31, 6:8, ロマ15:18-19, Ⅰコリ2:4)。この力は非人格的な力ではなく、主イエスの臨在、力、目的を人々に現実のものとして体験させる聖霊ご自身の現れである(ヨハ14:16-18, 16:14, Ⅰコリ 12:7, →「**聖霊の教理**」の項 p.1970)。聖霊のバプテスマはただ異言を話したり、「深い」霊的体験をしたりするだけのことではない。キリストに従う人々は、主イエスをまだ知らない人々に福音を知らせるために御霊の力を用いるべきである。五旬節の日に聖霊のバプテスマに伴ったしるしは異言を話すことだったけれども(使2:4)、外側に現れた結果は、神を知らない多くの人が神を知るようになったことだった(使2:41)。

(7) 聖霊のバプテスマにはほかにも次のような結果が伴う。(a) 預言のことば(予告、警告、訴え、激励、感動などを与える宣言)と賛美の表明(使2:4, 17, 10:46, Ⅰコリ14:2)。(b) 神の心を傷つけ聖霊を悲しませることを敏感に感じる強い受感性、罪に対する神のさばきを感じる意識、正しいことを行う能力と強い願い(→ヨハ16:8注, 使1:8注)。(c) イエス・キリストの栄光を現す生活(ヨハ16:13-14, 使4:33)。(d) 新しいビジョンと神の目的に対する深い理解(使2:17)。(e) 種々の御霊の賜物の積極的活用(Ⅰコリ12:4-10, →「**聖霊の賜物**」の表 p.2096)。(f) 祈りたいという強い願い(使2:41-42, 3:1, 4:23-31, 6:4, 10:9, ロマ8:26)。(g) 神のことばに対する深い愛と理解(ヨハ16:13, 使2:42)。(h) 神が自分の父であると感じる強い意識(使1:4, ロマ8:15, ガラ4:6)。聖霊のバプテスマは総体的にキリスト者の個人的礼拝を高め(レベルを高める)、公のあかしに力を加える(⇒使1:8, ロマ8:26-27, Ⅰコリ14:2-4)。→「**聖霊のバプテスマの吟味**」の項 p.1991

(8) 聖霊のバプテスマを受けるためには必要な条件がいくつかあることを聖書は示している。(a) 第一に、信仰によってイエス・キリストを救い主、主(罪を赦す方、人生の導き手)として受入れなければならない。それとともに自分勝手な罪深い道から離れなければならない(使2:38-40, 8:12-17)。そして自分の意思、願い、目的、動機を神に明け渡さなければならない(「ご自分に従う者たち」使5:32)。「尊いことに使

われる器」となるためには（Ⅱテモ2：21）、神の心を痛めるものを避けて捨てなければならない。（b）満たされたいと願わなければならない。キリスト者は聖霊のバプテスマと聖霊が与えてくださる神の臨在、力、目的に満たされたいという深い飢え渇きを持たなければならない（ヨハ7：37-39、⇒イザ44：3、マタ5：6、6：33）。（c）この聖霊のバプテスマを、私たちはしばしば祈りの応えとして体験する（ルカ11：13、使1：14、2：1-4、4：31、8：15、17）。（d）神が聖霊のバプテスマを与えてくださることを、私たちは期待しなければならない（マコ11：24、使1：4-5）。

（9）信じる人々の生活の中で聖霊のバプテスマは、絶えず祈り（使4：31）、大胆にあかしし（使4：31、33）、御霊によって礼拝をし（エペ5：18-19）、神を敬う品性を絶えず成長させること（→エペ5：18注）によって保たれていく（維持する、絶えず流れるようにする）。最初の体験がどんなに強烈で特別なものだったとしても、これらの分野で成長し、それに合せて聖さ（道徳的純粋性、霊的健全性、悪からの分離、神への献身）をさらに強く願っていかなければ、この体験は間もなく消えてしまう。聖霊のバプテスマと、異言で祈ることが祈りの生活の効力を高めることについて　→「異言」の項 p.1957

（10）聖霊のバプテスマはキリスト者の生活の中で一度しかない体験である。それは、その人が神の働きのために分離され、承認され、力を与えられて力と清さを持って神のメッセージを広めるようにされたことを示すものである。聖書は、聖霊のバプテスマを受けた後にも聖霊の新しい「新鮮な」満たしがあることを教えている（→使4：31注、⇒2：4、4：8、13：9、エペ5：18）。キリスト者は、聖霊のバプテスマによって神の御霊との特別な関係に入る。けれどもその関係は、絶えず新しくされ（使4：31）維持されなければならない（エペ5：18）。この関係による生活と流れを確実にする一つの方法は、毎日「御霊によって」祈ることである（→ロマ8：26注、エペ6：18注）。これは霊的に成長する上で決定的な部分である（→Ⅰコリ14：4）。聖霊に満たされるということは一度限りの体験ではなく、前進を続けるキリスト者生活の一面であって、聖霊の導きを悟り応答する能力を高めてくれるものである。

神の賜物を受ける準備

聖霊のバプテスマは神が与えたいと願っておられる賜物であり、自分でもほしいし必要としている賜物であると認めても、それに向けて自分自身を開いたときに何が起こるのかとなお疑問を持つ人がいる。ここで覚えておくべきことは、自分の体験はほかの人々とは同じではないかもしれないということである。どのようなことが起こるのか正確に言える人はいない。けれども受ける準備をするときに覚えておくべきことがいくつかある。

（1）神との関係を正しくすること。罪があるなら悔い改め（罪を認めて後悔の思いを言い表し、神の心を傷つけていたものから離れる）、主イエスから赦しをいただき人生の導きをゆだねること。

（2）信じて求めること。聖霊によってバプテスマを授けるという約束を神は実現してくださると信じて祈ること（ヨハ14：16、使1：4、2：33）。神の賜物を受けたときには、最初の具体的証拠として異言を話すことを疑わないこと。祈るときに、さらに聖くなること（道徳的に純粋、霊的に健全、悪からの分離、神への献身）を求める強い願いを込めること。

（3）備えていること。肉体的には何かが起こるかもしれないけれども、それはよくあることである。神の力が肉体の感覚を圧倒するこの特別な体験をするときには、舌がもつれ、涙が出てからだが震えるかもしれない。けれども自分で感情を掻き立ててその情況を操作してはならない。バプテスマを求めて祈る人を、善意のキリスト者たちが取囲んでいるのを見たことがあるかもしれない。その人々は大声で祈り感情を表し、求めている人を何とか励まそうとするかもしれない。けれども神はそのようなかたちでは働かれない。体験を求めるのではなく、むしろキリストご自身を強く求めるべきである。

（4）集中すること。聖霊のバプテスマを受けることは一つの選択である。ある人々は、自分で制御できないような神秘的な体験を待っているので受けることができない。御霊は人間の意志を押え込む方ではない。むしろ御霊に協力し御霊を招き入れるべきである。時には御霊に完全にとらえられて異言を楽々と話しているように見えることがあるかもしれない。けれどもこの賜物はいつもそのように体験できるわけではな

い。御霊の賜物はそれを与えられた人に従う（考え次第で用いられる）と聖書は教えている（→Ⅰコリ14：32）。バプテスマを与えるのは神であるけれども、どのように応答するかは受ける人の責任である。

聖霊のバプテスマを受けること

　聖霊のバプテスマをこうすれば絶対に受けることができると保証している特別な処方箋などはない。けれども、この力に満ちた賜物を受けるために備えて祈る上で役に立つことがいくつかある。

　（1）楽にすること。聖霊のバプテスマは必ずしもすぐに受けられるとは限らない。使徒の働きでは、二階の広間にいた信仰者たちは10日間待った。落胆してはならない。

　（2）神を礼拝すること。聖霊のバプテスマは神をあがめる一つの方法である。それは自分で神から得るものではなく、神が与えてくださるものである。キリストに注意を完全に向けるべきである。愛と感謝を心の中だけではなく、口に出して表現して礼拝と感謝の雰囲気を作ること。

　（3）賜物ではなく賜物を与えてくださる方を求めること。異言や霊的体験に集中するのではなく、主イエスをさらに知り、その力をさらにいただくことに焦点を絞ること。聖霊が願い目的としておられることは、私たちがキリストに注意を向けるようになることである（ヨハ16：13, 14）。

　（4）新しいことばを話せるように自分のことばにこだわらないこと。礼拝をし満たされるのを待っている間に不思議な知らないことばや音を感じるかもしれない。人間は二つの言語を同時に話せないから、ある時点で自分のことばで話すのをやめて霊のことばで神を賛美し始めなければならない。聖霊は思いの中にことばを入れてくださるけれども、実際には自分が話出さなければならない（唇が震えたり舌がもつれ始めたら聖霊が話させようとしておられると思われる。話すことばは頭に浮かばないかもしれないけれども、御霊にまかせて信仰を持って踏出すときに、聖霊はその信仰を受止めて話出すのを助けてくださる）。

　（5）ことばのようでなくても話出すこと。外国語や方言が意味のないように聞こえるのは、それを理解できないからである。人間は理解して聖霊に満たされるのではなく、御霊の導きに従って満たされるのである。

　（6）短いことばでも話出すこと。霊のことばが最初は少なくても心配しないこと。さらに多く話せるようになる。異言で話始めたら、ことばが多くても少なくても自分のことばに戻らないこと。御霊に協力すること。舌や唇が動いて違うことばを出しても怖がらないこと（ほかの人々が最初にこう言うようにと教えたり、取留めのないことを教えたりしても、それによってこの体験ができるのではない。ことばを備えてくださるのは聖霊だけである）。

　（7）求めたものをいただいていると信頼すること。心を尽して神を求める人に聖霊という良い賜物を与えると神は約束された（→ルカ11：9-13）。話出すように御霊が促していると感じ始めても、それが自分の勝手なことばか訳のわからない音（でたらめなことば）ではないかと恐れる人がよくいる。けれどもキリストに焦点を集中し大胆に賜物を用いようと踏出すなら、約束されたそのものを受取っていることを確信して間違いない。

　要約すると、主イエスは弟子たちに聖霊のバプテスマの賜物を期待し（→ルカ24：49）、絶えず聖霊に満たされているように（エペ5：18）と言われた。霊的力と霊的敏感さが与えられることを知っておられたからである。新約聖書の使徒の働きから黙示録までの中に、私たちは主イエスの弟子たちが聖霊の力によって行ったことを見ることができる。今日まで聖霊のバプテスマを受けることによって、キリスト者はいつの時代にも全世界にキリストの福音を伝えるというキリストの命令を実行したいという願いと切迫感に満たされてきた（→使1：8, 2：42-47）。聖霊のバプテスマは初代の教会と同じように今も必要である。なぜなら、今日のキリスト者もキリストのために生きてその目的を果すために同じ力と導きを必要としているからである。

マを受けるからです。」

6 そこで、彼らは、いっしょに集まったとき、イエスにこう尋ねた。「主よ。今こそ、イスラエルのために国を再興してくださるのですか。」

7 イエスは言われた。「いつとか、どんなときとかいうことは、あなたがたは知らなくてもよいのです。それは、父がご自分の権威をもってお定めになっています。

6 ①マタ17:11, マコ9:12, ルカ17:20, 19:11

7 ①マタ24:36, マコ13:32
8 ①使2:1-4
②使8:1, 5, 14
③マタ28:19, マコ16:15, Ⅰコロ1:23, ロマ10:18
④圏ルカ24:48, ヨハ15:27

8 しかし、聖霊があなたがたの上に臨まれるとき、あなたがたは力を受けます。そして、エルサレム、ユダヤとサマリヤの全土、および地の果てにまで、わたしの証人となります。」

1:8 あなたがたは力を受けます

これは「使徒の働き」のかぎのことばである。聖霊のバプテスマの第一の目的は、神と個人的な関係を持っていない人が罪を赦されて主イエスに従うことを学び、自分に対する神のご計画を実行できるようになるというメッセージを伝えるために、力を受けることである。その結果、より多くの人が主イエスを知り、愛し、主(人生の導き手、権威)としてあがめるようになる(⇒マタ28:18-20、ルカ24:49、ヨハ5:23、15:26-27)。

(1)「力」(《ギ》デュナミス)は単に力や能力だけを指しているのではない。それは行動の中の力を意味している。ルカ(福音書と「使徒の働き」で)は、聖霊の力には悪霊を追出す権威(悪霊に、支配している人から手を引くように命じること)と、病人を癒す油注ぎ(力を与えること、権限を与えること)があると示している。これらは神の国を大胆に伝えるときに伴う二つの重要なしるしである(ルカ4:14, 18, 36, 5:17, 6:19, 9:1-2, 使6:8, 8:4-8, 12-13, 10:38, 14:3, 19:8-12, →「サタンと悪霊に勝利する力」の項 p.1726、「神による癒し」の項 p.1640)。聖霊のバプテスマとは、神がキリスト者の生活の中に聖霊の力を具体的に表される方法なのである(→「聖霊のバプテスマ」の項 p.1950)。

(2) ルカはここでは聖霊のバプテスマと最初の霊的救いの体験とを結び付けていない。聖霊のバプテスマは既にキリストの弟子になっている人に下る力で、その人の中から働き出してキリストの福音を効果的に伝えるようにさせるものとして描いている(→「弟子たちの新生」の項 p.1931)。

(3) 主イエスの福音を伝え広める上で聖霊の最も重要な働きは、神の力を持ってキリスト者のところに来られること(または「着せる」)である。人々に罪の赦しが必要であり、キリストの死とよみがえりが霊的救いをもたらし、神との個人的な関係を可能にするという真理を悟らせるのは御霊ご自身である(⇒2:14-42)。聖霊がどのようにあかしをし、それが個人の生活にどのような意味を持つか　→次の注

1:8 わたしの証人となります

聖霊のバプテスマは、主イエスを信じる信仰によって罪の赦しと新しいいのちが与えられるというメッセージを伝える力を与えるだけではなく(→前の注)、キリスト者の個人的なあかしを効果的にする(→13:31注)。それは父、子(主イエス)、聖霊との個人的関係(御霊に満たされることによって与えられた)を強め深めることによって行われる(⇒ヨハ14:26, 15:26-27, →マコ1:11注)。

(1) 聖霊は主イエスご自身の臨在を明らかにし、さらに強いものにしてくださる(ヨハ14:16-18)。私たちの内側にある御霊の声やあかしに応えるなら、主イエスとの関係がより深くより親密になり、その結果、救い主である主イエスを愛しあがめ、喜ばれたいという思いが増すようになる(「聖霊の教理」の項 p.1970)。

(2) 聖霊はキリスト者に、そしてキリスト者を通してあかしをして人々に、神の「義」(ヨハ16:8, 10)と「真理」(ヨハ16:13)を認めさせ、それによって主イエス・キリストの「栄光を現」される(ヨハ16:14)。これはことばと行動によって行われる。キリストの霊的回復の働きについての御霊のあかしを既に受入れて応答した人は、愛、真理、正しい振舞というキリストの品性を生活の中で示すようになる(⇒Ⅰコリ13:)。

(3) 御霊で満たされたキリスト者(キリストを受入れ御霊が内側に住んでいる人)は、聖霊によって初めて力を受けてキリストの福音を効果的に伝えることができるようになる。この力にはキリストを持たない人生は霊的に失われていること、神に対して申開きをしなければならないこと、神と正しい関係を持たなければならないことを人々に認めさせる力が含まれている(→ヨハ16:8注)。このことを意識すると、キリストの福音を受入れる人と同じように福音を伝えている人にも変化が起きるようになる(2:39-40)。

(4) 聖霊のバプテスマは、悔い改め(罪を認めて心から後悔し自分勝手な道から離れて主イエスの導きに従うこと 2:38, 3:26, →マタ3:2注)をして神に立返った人にだけ与えられる。バプテスマの力を維持するには、イエス・キリストと神の目的に誠実に従うことである(→5:32注)。

(5) 聖霊のバプテスマとは、聖い御霊(⇒ロマ1:4)の中にバプテスマされること(浸されること)である。神の聖さは、神の純粋さ、完全、霊的完璧さ、悪から

使徒の働き　1章

主イエスが天に上げられる

9 こう言ってから、イエスは彼らが見ている間に上げられ、雲に包まれて、見えなくなられた。
10 イエスが上って行かれるとき、弟子たちは天を見つめていた。すると、見よ、白い衣を着た人がふたり、彼らのそばに立っていた。
11 そして、こう言った。「ガリラヤの人たち。なぜ天を見上げて立っているのですか。あなたがたを離れて天に上げられたこのイエスは、天に上って行かれるのをあなたがたが見たときと同じ有様で、またおいでになります。」

ユダの後継者にマッテヤが選ばれる

12 そこで、彼らはオリーブという山からエルサレムに帰った。この山はエルサレムの近くにあって、安息日の道のりほどの距離であった。
13 彼らは町に入ると、泊まっている屋上の間に上った。この人々は、ペテロとヨハネとヤコブとアンデレ、ピリポとトマス、バルトロマイとマタイ、アルパヨの子ヤコブと熱心党員シモンとヤコブの子ユダであった。
14 この人たちは、婦人たちやイエスの母マリヤ、およびイエスの兄弟たちとともに、みな心を合わせ、祈りに専念していた。

15 そのころ、百二十名ほどの兄弟たちが集まっていたが、ペテロはその中に立ってこう言った。
16 「兄弟たち。イエスを捕らえた者どもの手引きをしたユダについて、聖霊がダビデの口を通して預言された聖書のことばは、成就しなければならなかったのです。
17 ユダは私たちの仲間として数えられており、この務めを受けていました。
18 （ところがこの男は、不正なことをして得た報酬で地所を手に入れたが、まっさかさまに落ち、からだは真っ二つに裂け、はらわたが全部飛び出してしまった。
19 このことが、エルサレムの住民全部に知れて、その地所は彼らの国語でアケルダマ、すなわち『血の地所』と呼ばれるようになった。）
20 実は詩篇には、こう書いてあるのです。『彼の住まいは荒れ果てよ、そこには住む

の分離のことである。つまり神に心からゆだねて、御霊が私たちの中に完全に働いておられるなら、私たちの生活には神の特性が染み渡るようになるのである。その結果、私たちはさらにキリストのようになり、キリストの聖さを表すものになっていく。
これらの聖書的真理に照らして見ると、聖霊のバプテスマを受けた人はあらゆることにおいてキリストを喜ばせたいという気持を強く持つようになる。それはキリスト者の生活の中の、聖霊による救いと霊的きよめの働きを御霊のバプテスマが補う（完全にする、満たす）からである。御霊の満たし（バプテスマ）を体験したと言いながら、神の聖霊の特性と正反対な生き方をしている人は、この体験を実際にはしていないことを証明している。たとい霊的な能力や奇蹟や驚くようなしるしを行い雄弁な説教をすることができても、本当の信仰、愛、清さが欠けているなら、その人の働きは聖霊によるものではない。神ではない汚れた霊によるものである（マタ7:21-23, ⇒マタ24:24, Ⅱコリ11:13-15, →「御霊のバプテスマの吟味」の項 p.1991）。キリストのあかしをすることの詳細　→13:31注

1:14 みな心を合わせ、祈りに専念していた　ここのギリシヤ語は「ホモウ」（「ともに、同じ場所」）と「スュモス」（「精神」または「霊」）を合せた「ホモスュマドン」である。五旬節の前にキリストの弟子たちは、父の約束である聖霊を待ちなさいという主イエスの教えに忠実に従って一か所に集まっていた（1:4-5）。そして今までにない一致と目的意識をもってその心と思いと望みを「祈りに」集中していた。そして聖霊がすさまじい力で訪れる「まで」（⇒ルカ24:49）、待続けた。ペンテコステの体験（五旬節の日に最初に起きた聖霊のバプテスマ →2:1注）には、必ず人間側の責任も必要である。神の働きに携わるために力を与えてくださる聖霊の臨在を求める人は、神のみこころ（神の願い、目的、計画）にゆだね祈ることによって（1:4, 2:38, 9:11-17, ⇒イザ40:29-31, ルカ11:5-13, 24:49）、聖霊に自分を明け渡さなければならない。御霊が主イエスの上に下られたことと、弟子たちの上に下られたことには次のような類似点が見られる。(1) 祈り終ったときに聖霊は下られた（ルカ3:21-22, 使1:14, 2:4）。(2) 目に見えるしるしと証拠が現れた（ルカ3:22, 使2:2-4）。(3) 主イエスの働きも弟子たちの働きも聖霊が下り力が与えられてから始まった（⇒マタ3:

者がいなくなれ。』また、『②その職は、ほかの人に取らせよ。』
²¹ですから、主イエスが私たちといっしょに生活された間、
²²すなわち、ヨハネのバプテスマから始まって、私たちを離れて天に上げられた日までの間、いつも私たちと行動をともにした者の中から、だれかひとりが、私たちとともにイエスの復活の証人とならなければなりません。」
²³そこで、彼らは、バルサバと呼ばれ別名①をユストというヨセフと、マッテヤとのふたりを立てた。
²⁴そして、こう祈った。「①すべての人の心を知っておられる②主よ。
²⁵この務めと使徒職の地位を継がせるため*に、このふたりのうちのどちらをお選びになるか、お示しください。ユダは自分のところへ行くために脱落して行きましたから。」
²⁶そしてふたりのためにくじを引くと、くじはマッテヤに当たったので、彼は十一人の使徒たちに加えられた。

五旬節の日に聖霊が下る

2 ¹五旬節の日になって、みなが一つ所に集まっていた。
²すると突然、天から、激しい風が吹いて来るような響きが起こり、彼らのいた家全体に響き渡った。
³また、炎のような*ª分かれた舌が現れて、ひとりひとりの上にとどまった。
⁴すると、みなが聖霊に満たされ、御霊が

20 ②詩109:8
21 ①ルカ24:3
22 ①マコ1:1-4、②使1:2
   ②使1:8, 2:32
23 ①使1:26
24 ①囲使6:6, 13:3, 14:23
   ②使15:8, ロマ8:27,
   Ⅰサム16:7, エレ17:10
25 ①囲使1:17
   ①ロマ1:5, Ⅰコリ9:2, ガラ2:8
   *直訳「取る」

26 ①レビ16:8, ヨシ14:2,
   Ⅰサム14:41, 42,
   ネヘ10:34, 11:1他, 箴16:33
   ②囲使1:23, 使2:14

1 ①囲使20:16, Ⅰコリ16:8,
   囲使23:15, 16
   *直訳「が満ちて」
2 ①囲使4:31
3 *あるいは「分けられた」
4 ①使4:8, 31, 9:17, 13:9, 52,
   囲使1:5, 8, 6:3, 5, 7:55,
   8:17, 11:15他,
   囲マタ10:20

16と4:17、ルカ3:21-23と4:14-19、⇒使2:14-47)。

1:26 使徒 →14:4注

2:1 五旬節 五旬節はユダヤ年(→「ヘブルの暦と主な出来事」の表 p.167)の中で二番目に大きな祭りである。それは穀物の収穫の初穂(最初に収穫された穀物または産物)が神にささげられる収穫の祭りである(⇒レビ23:17)。同じように、五旬節は教会にとって、全世界にいるたましいの霊的収穫(人々が神を個人的に知るようになること)の始まりを象徴している。旧約聖書の時代には聖霊はある人に時折臨み、一時的に力を与えておられた。けれども現在では神の民全部に継続して臨在が与えられ、力が保たれるようになっている。五旬節の日に起きた出来事はこのふたつをはっきりと区別するものになった。この特別な日に、聖霊は臨在をもって信仰者を満たしてとどまられた。

2:2-3 激しい風・・・炎のような・・・舌 このときに聖霊のバプテスマに先立って現れた目に見えるしるしは、神が臨在し強力に働いておられることを表している。神の臨在に炎が伴うことは旧約聖書にも何回かあった(⇒出3:1-6、13:21、Ⅰ列18:38-39)。この五旬節の日に信仰者の間に現れた炎によって、これは神の臨在であるという確信が一層強くされたと思われる。「炎」はまた、神の民がキリストの働きとキリストをあがめ(ヨハ16:13-14)、あかしをするために(→1:8注、13:31注)聖別された(分離される、きよめられる)ことを象徴していた。炎の舌のことが言われているのは、最初の聖霊のバプテスマのときだけである。けれども異言(聖霊に霊感されて話す学んだことのない言語)を話すことは、聖霊のバプテスマに伴い続けていた(→2:4他国のことばでの注、8:17、9:17、

10:45, 46、19:6、→「異言」の項 p.1957)。

2:4 聖霊に満たされ (→4:31各注)五旬節の日に初めて聖霊が「注がれた」こと(神が御霊を送り、弟子たちを満たし力を与え、弟子たちを通して働きをされたこと)には、次のような意義や意味があった。

（1）終りの日に御霊を「すべての人に注ぐ」というヨエル2:28-29の神の約束が成就され始めたことを意味している(⇒1:4-5、マタ3:11、ルカ24:49、ヨハ1:33、→ヨエ2:28-29注)。

（2）この聖霊の注ぎは終りの日の始まりを示しているので(2:17、⇒ヘブ1:2、Ⅰペテ1:20)、だれもが罪深い反抗的な道から離れ、信仰をもってキリストに人生をささげる決心をすることが、今や求められている(3:19、マタ3:2、ルカ13:3、→使2:17注)。

（3）弟子たちは「いと高き所から力を着せられ」(ルカ24:49、⇒使1:8)、大胆に権威をもってキリストの福音と真理を伝えることができるようになった。弟子たちは御霊に用いられ、霊的に失われた状態であること、神に申開きをする責任があること、神と正しい関係を持つ必要があること、そしてその関係はキリストを信じる信仰によってのみ可能であることをほかの人々に悟らせることのできる人になった(⇒1:8注、4:13, 33、6:8、ロマ15:19、→ヨハ16:8注)。

（4）聖霊はあらゆる国の人々が霊的に救われることを切に願い求めるという、ご自分の特性を明らかにされた。聖霊のバプテスマを受けた人々は人類の救いを願う同じ強い願いに満たされた(2:38-40、4:12, 33、ロマ9:1-3、10:1)。したがって五旬節は、世界宣教(キリストの福音をあらゆる国や文化圏の人々に伝える努力)の始まりだった(1:8、2:6-11、39)。

異　　　言

　「すると、みなが聖霊に満たされ、御霊が話させてくださるとおりに、他国のことばで話しだした。」（使徒の働き 2:4）

　新約聖書のキリスト者たちは異言を話すこと、「グローソラリア」（《ギ》グローサイスとラレインから）が聖霊のバプテスマに伴って神が与えられたしるしと考えていた（→使2:4, 10:45-47, 19:6, →「**聖霊のバプテスマ**」の項 p.1950）。御霊に満たされることについて聖書が示しているかたちは今に至るまで変っていない。キリスト者が主イエスとの関係を保つ上で異言を話すことはきわめて重要で、基本的なことであると神は定められた。それは神の賜物を神の導きに従って用いることである。

異言の正しい話し方

　(1) 異言を話すことは聖霊ご自身の超自然的な表現である。それは聖霊の感動によって一度も学んだことのない言語（《ギ》グローサ）で話し、祈り、神を賛美することである（使2:4, Ⅰコリ14:14-15）。異言は世界にある人間の言語かもしれないし（→使2:6, 120人が異言を話すのを聞いた人々はその言語を理解した）、あるいは地上では知られていない言語かもしれない（⇒Ⅰコリ13:1, パウロは「御使いの異言」と言っている）。それは自制心を失って無意識にべらべらしゃべる「恍惚または錯乱した発言」ではない。異言を話すことについて、「恍惚的発言」ということばを聖書は一度も使っていない。その言語が聞いている人々に理解されるものであっても、あるいは地上のどの言語と違っていても、それは神との交流であり賛美の表現である。

　(2) 異言を話すことは、聖霊のバプテスマを最初に受けたときに外側に現れるしるしであり、具体的な証拠である。キリスト者が御霊の感動を受けて異言を話すときは、その人の霊が聖霊と一緒になって祈り、賛美し、預言（予告、警告、訴え、激励、感動を与えて神をあがめるメッセージ）をしているのである。神は異言を話すことと聖霊のバプテスマとを最初から結び付けておられる（使2:4）。したがって、五旬節のときにあの120人は（その後のキリスト者たちも）自分たちが本当に聖霊のバプテスマを受けたことを確認することができた（⇒使10:45-46）。教会の歴史の中で異言を話すことが否定されたり放棄されたり、忘れられたりしたときがあった。けれどもそのときには必ず、ペンテコステの真理と体験（新約聖書に描かれている聖霊のバプテスマ）がゆがめられたり完全に無視されたりしていた。

　(3) 異言を話すことはキリストの弟子たちに与えられる聖霊の賜物の一つでもある（Ⅰコリ12:4-10）。この賜物には二つの大きな目的がある。(a) 地域教会の会衆全体の益になるためには異言の解き明かしが伴わなければならない。これは異言を話した人または会衆の中の別のキリスト者に、異言で話されているメッセージを人々が理解できることばで伝えるように神がさせてくださることである。公の集会でこのことが起こると、異言のメッセージは礼拝に感動を与え人々に訴えたり励ましたりして会衆全体の祝福になる（Ⅰコリ14:5-6, 13-17）。(b) また異言は主との個人的時間の中で話すことによってキリスト者個人の益になる。規則的に異言を話し続けているなら、霊的に成長し力づけられる（Ⅰコリ14:4）。それは霊のレベルで祈り（Ⅰコリ14:2, 14, 15, 28）、感謝をし（Ⅰコリ14:16-17）、歌を歌う（Ⅰコリ14:15, →「**御霊の賜物**」の項 p.2138）ことである（14:2, 14）。御霊によって祈る（異言で祈る）なら、祈りはさらに効果的になる。願いや心配事を神に表現する適切なことばが見つからないときに、聖霊は私たちを通して祈ってくださる（→ロマ8:26-27）。神との個人的な時間の中でキリスト者が御霊に満たされて「祈りのことば」を使うなら、聖霊がその人を通して実際に神の特性、願い、目的に完全に一致した祈りをしてくださる。そして口から出ることばを理解できなくても、このことばは必要なことを表現しているという確信を持つことができる。

なぜ異言なのか

（1）異言を話すことは聖書的である。（a）それは聖霊に「満たされ」た、あるいはバプテスマを受けたときに現れる外面的しるし、または具体的な証拠であると聖書は言っている。（b）聖書は、キリスト者がその生活の中でこの体験をし続けることを勧めている。けれども、神がなぜ異言のような特異なものを聖霊のバプテスマの証拠として選ばれたのかについては決定的に明らかな答はない。

（2）それは舌がからだの中で最も制御しにくい器官だから（大抵の人にとって非常に制御しにくい）かもしれない（ヤコ3：5）。大きな船の小さなかじのように、舌は全人格と行動の方向付けをすることができる（ヤコ3：4）。したがって異言を話すことは降伏することで、自分の全存在を神の支配にゆだねたことを示している。

（3）なぜ異言を話すという特異なしるしが聖霊のバプテスマの最初の具体的な証拠なのかを示す理由はほかにもある。（a）人間の理解を越えている。したがってだれも自分に頼ることができない。（b）信仰者の霊と御霊との交流と祈りのかたちである。御霊が人間の霊を通して神のみこころと目的に完全に調和して話出してくださるのである。（c）神が心の深いところに臨在しておられることを外面的に示すしるしである。神の臨在は信仰がなければ受けられない。（d）知らないことばで話始めるには、意識的に大胆に踏み出さなければならない。それは聖霊のバプテスマの第一の目的がキリストのことを話す力を与えることと結び付いている。（e）個人と創造者という神との直接交流であって、ほかの人々との交流ではない（解き明かしが伴ったときを除いて　Ⅰコリ14：5-6, 13-17）。

異言の間違った話し方

「異言」を話したりほかの超自然的な活動が行われたりしても、それは必ずしも御霊の働きや臨在を示す確実な証拠にはならない。異言を話しているように見えても、それは神の御霊によるものではなく、人間的努力や悪霊の活動によって本当の体験をまねしたものかもしれない。つまりそれはにせものであり模造品である。霊あるいは霊的な現れに見えるものをみな信じてはいけないと聖書は警告をしている。むしろ霊的体験が本当に神から与えられたものかどうか、吟味するべきである（→Ⅰヨハ4：1注）。

（1）神による異言は「御霊が話させてくださるとおりに」（使2：4）話すものである。使徒の働きの中で体験され記録されている型に従うなら、異言は聖霊のバプテスマの最初の体験から自然に自動的に生れる結果である（→「聖霊のバプテスマ」の項 p.1950）。それは学習して得たものではなく、知らなかった音を出すように教えられて話すものでもない。

（2）主イエスが再び来られる前の終りの日には、教会の中にいくつかの惑わしがあると聖霊ははっきりと警告しておられる。それは不誠実（間違った動機）や偽善（間違った行動）（Ⅰテモ4：1-2）、サタンの力によるしるしと不思議（マタ7：22-23, ⇒Ⅱテサ2：9）、神のしもべのように見せ掛けるにせの働き人（Ⅱコリ11：13-15）などである。にせの霊的活動や現れに対するこれらの警告には注意をしなければならない（マタ7：22-23, Ⅱテサ2：8-10）。

（3）異言が本当に聖霊によるものであるかどうかを識別するためには、聖書が言う聖霊のバプテスマの結果が伴っているかどうかを見るべきである（→「御霊のバプテスマの吟味」の項 p.1991）。異言を話すと言っていても、キリストと聖書の権威に自分をささげず、みことばに従おうとしていないなら、どんな体験をし、どんな現れがあってもその人は神の御霊に満たされているのではない（Ⅰヨハ3：6-10, 4：1-3, ⇒マタ24：11, 24, ヨハ8：31, ガラ1：9注）。

使徒の働き　2章

話させてくださるとおりに、他国のことばで話しだした。

5 さて、エルサレムには、敬虔なユダヤ人たちが、天下のあらゆる国から来て住んでいたが、
6 この物音が起こると、大ぜいの人々が集まって来た。彼らは、それぞれ自分の国のことばで弟子たちが話すのを聞いて、驚きあきれてしまった。
7 彼らは驚き怪しんで言った。「どうでしょう。いま話しているこの人たちは、みなガリラヤの人ではありませんか。
8 それなのに、私たちめいめいの国の国語で話すのを聞くとは、いったいどうしたことでしょう。
9 私たちは、パルテヤ人、メジヤ人、エラム人、またメソポタミヤ、ユダヤ、カパドキヤ、ポントとアジヤ、
10 フルギヤとパンフリヤ、エジプトとクレネに近いリビヤ地方などに住む者たち、また滞在中のローマ人たちで、
11 ユダヤ人もいれば改宗者もいる。またクレテ人とアラビヤ人なのに、あの人たちが、私たちのいろいろな国ことばで神の大きなみわざを語るのを聞こうとは。」
12 人々はみな、驚き惑って、互いに「いったいこれはどうしたことか」と言った。
13 しかし、ほかに「彼らは甘いぶどう酒に酔っているのだ」と言ってあざける者たちもいた。

4② ㊥マコ16:17, Ⅰコリ12:10, 11, 14:21
5① 使8:2, ルカ2:25
6① 使2:2
7① 使2:12　②㊥ローマ1:11, ㊥マタ26:73
9① Ⅰペテ1:1　② Ⅰペテ1:1, ㊥使18:2　③使6:9, 16:6, 19:10他, 20:4他, 21:27, 24:18, 27:2, ローマ16:5, Ⅰコリ16:19, Ⅱコリ1:8, Ⅱテモ1:15, 黙1:4
＊すなわち「小アジヤの西海岸の州」
10① 使16:6, 18:23　②使13:13, 14:24, 15:38, 27:5　③㊥マタ27:32
11① ㊥使17:21　②㊥マタ23:15
＊すなわち「ユダヤ教に回心した外国人」
12① 使2:7
13① ㊥ルカ14:23
＊あるいは「発酵中の新しいぶどう酒」
14① 使1:26

使2:38/39

ペテロが御霊の注ぎを説明する

14 そこで、ペテロは十一人とともに立って、声を張り上げ、人々にはっきりとこう言った。「ユダヤ人々、ならびにエルサレムに住むすべての人々。あなたがたに知っていただきたいことがあります。どうか、私のことばに耳を貸してください。

（5）弟子たちは御霊に仕える人々になった。そして主イエスが十字架につけられ死からよみがえって、信仰によって受入れる人々に罪の赦しと新しいいのちを与えてくださることを伝えた。またキリストを受入れた人々に、自分たちが五旬節の日に受けたように「賜物として聖霊」（2:38-39）を受けるように訴えた。聖霊のバプテスマを受けるように人々を導くことは、新約聖書全体を通じてキリストの福音を広めて強力な教会を建設するためには必要不可欠なことだった。それは現在も同じである（→8:17, 9:17-18, 10:44-46, 19:6）。

（6）御霊のバプテスマを受けることによって、弟子たちは地上でのキリストの働きの相続者になった。そして聖霊の力によって、「イエスが行い始め、教え始められた」ことを行い続け教え続けていった（1:1, →ヨハ14:12注, →「**信者に伴うしるし**」の項 p.1768）。

2:4　他国のことばで話しだした　ほかの国の言語で話出すということは、神の御霊の超自然的な表現である。それは聖霊の感動を受けたキリスト者が、学んだことのない言語（《ギ》グローサ）で神に語りかけ、祈り賛美する方法である（Ⅰコリ14:14-15）。その言語は現存する言語かもしれない（→2:6, 人々は120名が話すのを聞いて理解することができた）。あるいは地上では知られていない言語かもしれない（⇒Ⅰコリ13:1, パウロは「御使いの異言」で話すと言っている）。ほかの国の言語（異言）を話す意味（にせの異言の可能性も）についての詳細　→「**異言**」の項 p.1957,「**御霊のバプテスマの吟味**」の項 p.1991

2:13　ぶどう酒　「甘いぶどう酒」（《ギ》グルーコス）ということばが使われている場合は、普通には未発酵の（アルコール分を含まない）ぶどうジュースを指している。主イエスの弟子たちをあざけった人々は、一般的に使われているぶどう酒（《ギ》オイノス）ではなく、こちらのことばを使っている。それは主イエスの弟子たちは、この種のぶどう酒しか飲まなかったからである。さらに、このような祭りの日には、典型的なユダヤ人は夕方から午前10時まで断食（食事をとらない時間）をしていたので、どんな人でもこのような早い時間に酔っ払うということはあり得ないことだった。ある人々は、弟子たちが本当に酔っていると思ったようだ（2:13,15）けれども、ほかの人々は皮肉を込めてこのことばを使ったと思われる。

2:14-40　ペテロの五旬節の日の説教　五旬節の日のペテロの説教は、3:11-26の説教とともに、福音（イエス・キリストを信じる信仰による罪の赦し、新しいいのち、神との永遠の関係についての「よい知らせ」）を次のように極めて適切なかたちで示している。

（1）主イエスは主でありキリストである。十字架につけられ、死からよみがえり、父である神のところに引上げられている（2:22-36, 3:13-15）。主イエス以外に救い主（キリスト、私たちの罪を赦す方）、主（私たちの人生の導き手、絶対的権威）としてふさわしい方はほかにおられない。

（2）今御父の右におられる（最高の栄誉の場所）イ

15 今は朝の九時ですから、あなたがたの思っているようにこの人たちは酔っているのではありません。
16 これは、預言者ヨエルによって語られた事です。

15①Ⅰテサ5:7
＊直訳「第三時」

17①ヨエ2:28-32

17 『神は言われる。
終わりの日に、わたしの霊をすべての人に注ぐ。
すると、あなたがたの息子や娘は預言し、

エス・キリストは、人々に霊的救いを与え、弟子たち全員に聖霊を注ぐ権威を持っておられる(2:16-18, 32-33, 3:19)。

(3) 霊的救い(神との個人的な関係)を得たい人々は、主イエスを主と信じ罪を悔い改め(神に逆らっていたことを認めて立返ること)、主イエスとその目的に従って生きなければならない。水のバプテスマは、霊的救いによって内側がきよめられたことを目に見えるかたちで公にあかしするものである(→21:16注, ロマ6:4注)。バプテスマが人々を霊的に救うのではない。けれどもそれは、罪の赦しと関連してはっきりと命じられているものである(2:36-38, 3:19)。赦しと救いを受ける条件は悔い改めと信仰である(→2:38注, マコ16:16)。積極的に自分をゆだねて頼る、救いに至る信仰について →「信仰と恵み」の項 p.2062

(4) 信仰者は罪を悔い改めて人生をキリストにゆだねた後、約束の聖霊の賜物(聖霊のバプテスマ)を期待しなければならない(2:38-39)。

(5) キリストの福音を聞き、信仰をもって受入れた人は世界の一般的な堕落した考え方、振舞、生活様式から離れなければならない(2:40, 3:26, →「信者の霊的聖別」の項 p.2172)。

(6) イエス・キリストは再び来られ、神の国を完全に回復される(3:20-21)。

五旬節の日のペテロの大胆な説教を考えるとき、その人生が聖霊のバプテスマによって大きく変ったことがわかる。たった二か月前にペテロは主イエスを知らないと言って(ルカ22:54-62)、声をかける数人の人の前から臆病にも逃げたのである。けれども今は何千人(その多くは主イエスの処刑を望んでいた)もの人々の前に大胆に立っている。その結果、その日のうちに3,000人が応答してキリストを受入れた(2:41)。

2:16 預言者ヨエルによって語られた 聖霊のバプテスマとこの体験に伴う霊的しるしや現れは、ヨエル2:28-29が成就したものである(→ヨエ2:28-29注)。

2:17 終わりの日 (1) 旧約聖書では、「終わりの日」は神が強力に働いて悪をさばき、神の民を救われるときと考えられていた(⇒イザ2:2-21, 3:18-4:6, 10:20-23, ホセ1:-2:, ヨエ1:-3:, アモ8:9-11, 9:9-12)。

(2) 新約聖書では、「終わりの日」がキリストの最初の来臨(キリストの誕生)と神の民への聖霊の最初の注ぎで始まったことが明らかにされている。この「終わりの日」は主の再臨で終る(マコ1:15, ルカ4:18-21, ヘブ1:1-2)。この時期の特徴としては、悪に対するさばき、悪魔に対する権威の時代、人類の救いの機会と神の国(現在の地上から永遠に至る神の力、目的、生き方)の臨在、などが挙げられている。この時代の終りに主は教会を地上から取去られる(Ⅰテサ4:13-5:3, →「携挙」の項 p.2278)。そして最も厳しいさばきを世界に下される(マタ24:21-22, 黙6:-19:, →「大患難」の項 p.1690)。終末の出来事の概観 →「終末の事件」の表 p.2471

(a) 「終わりの日」の神の働きには御霊の力が伴う(マタ12:28)。

(b) 「終わりの日」にはキリスト者を通して神の力が働き、サタンの領域を侵略して悪魔の働きを破壊し、人々を神に取戻す。けれども、戦いは始まったばかりでまだ終結していない。サタンの悪い働きはまだ力があり破壊力を持っている(エペ6:10-18)。悪霊の働きを終らせて「終わりの日」を完成させることができるのは、主イエスの再臨だけである(⇒Ⅰペテ1:3-5, 黙19:, →「大患難」の項 p.1690)。

(c) 「終わりの日」は、キリストと個人的な関係を持っていない世界中の人々にキリストの霊的救いのメッセージを大胆に伝える、伝道の時代である。神に反抗的な生き方から離れてキリストを信じ、聖霊の力を体験するように人々を招くときである(1:8, 2:4, 38-40, ヨエ2:28-32)。この時代にキリストの弟子たちは最後のさばき(ロマ2:5)―「主の大いなる輝かしい日」(2:20a)―が下ることを念頭に置き、キリストの救いのみわざを力を尽して御霊の力によって伝え示さなければならない。罪深い世界からキリスト者を解放するためにキリストがいつ来られてもよいように、私たちは目を覚ましていなければならない(ヨハ14:3, Ⅰテサ4:15-17, →「携挙」の項 p.2278)。

(d) 「終わりの日」が来ると、神の国が正式に実現しその働きが活発になる。神の国が力を伴って出現するのである(→ルカ11:20注, →「神の国」の項 p.1654)。キリストに仕えているために霊的戦い(Ⅱコリ10:3-5, エペ6:11-12)や反対、苦難に遭う(マタ5:10-12, Ⅰペテ1:6-7)ことがあるなら、私たちはその最大の力を体験しそれを用いて対応するべきである。

2:17 息子や娘は預言し ペテロは異言を話すこと(2:4, 11)と預言(2:17-18)とを結び付けている。つ

青年は幻を見、
老人は夢を見る。
18 その日、わたしのしもべにも、はしためにも、
わたしの霊を注ぐ。
すると、彼らは預言する。
19 また、わたしは、上は天に不思議なわざを示し、
下は地にしるしを示す。
それは、血と火と立ち上る煙である。
20 主の大いなる輝かしい日が来る前に、
太陽はやみとなり、月は血に変わる。
21 しかし、主の名を呼ぶ者は、みな救われる。』
22 イスラエルの人たち。このことばを聞いてください。神はナザレ人イエスによって、あなたがたの間で力あるわざと不思議としるしを行われました。それらのことによって、神はあなたがたに、この方のあかしをされたのです。これは、あなたがた自身がご承知のことです。
23 あなたがたは、神の定めた計画と神の予知とによって引き渡されたこの方を、不法な者の手によって十字架につけて殺しました。
24 しかし神は、この方を死の苦しみから解き放って、よみがえらせました。この方が死につながれていることなど、ありえないからです。
25 ダビデはこの方について、こう言っています。
『私はいつも、自分の目の前に主を見ていた。
主は、私が動かされないように、
私の右におられるからである。
26 それゆえ、私の心は楽しみ、

まり、知らない言語を話すことは預言の一種で、基本的に聖霊の影響を直接受けて、神の働きと栄光のために声を使うことである（→「**御霊の賜物**」の項 p.2138）。「使徒の働き」では、(1) 120人は「聖霊に満たされ、御霊が話させてくださるとおりに、他国のことばで話しだした」(2:4)。(2) 聖霊はコルネリオと家族の上に下られ、ペテロは「彼らが異言を話し、神を賛美するのを聞いた」(10:44-47)。(3) エペソの弟子たちの場合、「聖霊が彼らに臨まれ、彼らは異言を語ったり、預言をしたりした」(19:6)。(4) 御霊に満たされた人々を通して御霊が行われたそのほかのしるしや現れには預言的な夢や幻もあった（→2:17, 10:9-23, ⇒ヨエ2:28）。(5) 御霊は年齢、性別、身分に関係なく、神の民（キリストの弟子たち）全員に力を与えるために注がれる（→2:18）。

2:18 その日 ペテロはヨエル書を引用して、神は「その日」御霊を注がれると言っている（→2:17 最初の注）。聖霊の注ぎ（弟子たちを満たし力を与え、弟子たちを通して生きるために神が豊かに御霊を送られるとき）とそれに伴う超自然的なしるしと現れは五旬節の「日」だけに限られたものではない。聖霊の力と祝福は教会時代全体を通してキリスト者全員が受けることのできるものである。それはキリストの第一の来臨（正確にはよみがえり、昇天、聖霊を送られたことを取巻く情況）と第二の来臨（黙19：-20：, →使2:39注）の間の全期間である。それには私たちが今生きている時代も含まれる。

2:18 わたしのしもべにも、はしためにも ペテロがここで引用したヨエルの預言によれば、聖霊のバプテスマは既に神の国にいる人々、つまり既に「新しく生まれ」（ヨハ3:3-6）たキリストの弟子たちに約束されているものである。この約束はあらゆる人々、男性女性を含めて主イエスに献身して神のものとなった人々全員に与えられている。

2:24 死につながれていることなど、ありえない 神にとって不可能なことは何もない。神は生と死を含むあらゆることを支配しておられる。けれども、死が主イエスをつないでおけない理由はほかにもある。それは主イエスがだれであるかということと、人間としてどのような人生を送られたかに関連している。死は、主イエスのいのちを要求する権利がない。したがって主イエスの奇蹟的なよみがえりは当然なことで、保証されていた。死は私たちのいのちを要求する。罪の報酬は死だからである（創3:19, ロマ6:23）。けれども、主イエスは罪のない人生を送られた（どのようなことがあっても父である神に逆らい反抗することはなかった）ので、死は主イエスのいのちを要求はできなかった。主イエスのいのちに対して死は何の権限も持っていなかったので、主イエスを墓の中に閉じ込めておくことは権限を越えることで、その力はなかった。死が主イエスを捕えることができなかったのは、霊的な事実である。主イエスはご自分のいのちについて、「だれも、わたしからいのちを取った者はいません。わたしが自分からいのちを捨てるのです。わたしには、それを捨てる権威があり、それをもう一度得る権威があります」と言っておられる（ヨハ10:18）。

私の舌は大いに喜んだ。
さらに私の肉体も望みの中に安らう。
27 あなたは私のたましいをハデスに捨てて置かず、
あなたの聖者が朽ち果てるのを
お許しにならないからである。
28 あなたは、私にいのちの道を知らせ、
御顔を示して、私を喜びで満たしてくださる。』
29 兄弟たち。父祖ダビデについては、私はあなたがたに、確信をもって言うことができます。彼は死んで葬られ、その墓は今日まで私たちのところにあります。
30 彼は預言者でしたから、神が彼の子孫のひとりを彼の王位に着かせると誓って言われたことを知っていたのです。
31 それで後のことを予見して、キリストの復活について、『彼はハデスに捨てて置かれず、その肉体は朽ち果てない』と語ったのです。
32 神はこのイエスをよみがえらせました。私たちはみな、そのことの証人です。
33 ですから、神の右に上げられたイエス

27 ①圏マタ11:23, 使2:31
②使13:35
＊直訳「与える」
29①圏使7:8, 9, ヘブ7:4
②使13:36
③Ⅰ列2:10
④圏ネヘ3:16
30①圏マタ22:43
②Ⅱサム7:12, 13,
詩89:3, 4, 132:11
31①圏マタ11:23,
使2:27
32①使2:24, 3:15, 26,
4:10等, ロマ4:24,
Ⅰコリ6:14, 15:15,
Ⅱコリ4:14, ガラ1:1,
エペ1:20, コロ2:12,
Ⅰテサ1:10, ヘブ13:20
②圏使1:8
33①使5:31,
圏マコ16:19
＊別訳「右手によって」

②ガラ3:14,
圏ヨハ7:39
③圏使1:4
④使2:17, 10:45
34①詩110:1,
圏マタ22:44, 45
36①エゼ36:22, 32, 37, 45:6
②ルカ2:11
③使2:23
37①圏ルカ3:10, 12, 14
38①使3:19等,
圏ルカ24:47, マコ1:15
②使16, 12, 16,
圏マコ16:16

が、御父から約束された聖霊を受けて、今あなたがたが見聞きしているこの聖霊をお注ぎになったのです。
34 ダビデは天に上ったわけではありません。彼は自分でこう言っています。
『主は私の主に言われた。
35 わたしがあなたの敵をあなたの足台とするまではわたしの右の座に着いていなさい。』
36 ですから、イスラエルのすべての人々は、このことをはっきりと知らなければなりません。すなわち、神が、今や主ともキリストともされたこのイエスを、あなたがたは十字架につけたのです。」

御霊はすべての信仰者に与えられる

37 人々はこれを聞いて心を刺され、ペテロとほかの使徒たちに、「兄弟たち。私たちはどうしたらよいでしょうか」と言った。
38 そこでペテロは彼らに答えた。「悔い改めなさい。そして、それぞれ罪を赦していただくために、イエス・キリストの名によってバプテスマを受けなさい。そうすれ

2:33 神の右 主イエスによって聖霊が注がれたことは、主イエスがよみがえられ高く挙げられたメシヤ(キリスト、救い主)で、現在天で最高の栄誉のある場所におられることを証明している。そこで主イエスは地上にいるご自分の代理人たちのためにとりなし(代りに訴える)をしておられる(ヘブ7:25)。(1) バプテスマを受けられて以来、キリスト(御霊によって油注がれ任命され力を受けた ⇒ルカ3:21-22, 4:1, 14, 18-19)の上には御霊の油注ぎが最大限にあった。今は御父とともにおられるその最高の栄誉と権威の場所から、主はご自分に仕える人々に同じ御霊を送り満たして、その人々を通して働いておられる(→**イエスと聖霊**の項 p.1809)。(2) 聖霊を注がれたときに主イエスは、弟子たちが御霊によって主の臨在を強く感じ、地上におられるときに始められた働きを継続する力を受けることを願っておられた。

2:36 主ともキリストとも ギリシヤ語では「キュリオン カイ クリストン」である。主イエスが「主」であるということはただ「主人」という意味ではない。それは高く挙げられた主で、あらゆるものの上に権威を持つ支配者、導き手ということである。この方こそ私たちが霊的救いを求めて頼るべき方である。また人類に対する神の完全な啓示である(ピリ2:9)。「キリス

ト」は、新約聖書では旧約聖書のメシヤと同じ意味を持っている。どちらも「油そそがれた者」、救い主という意味である。五旬節の出来事は、主イエスが今や「主ともキリストとも」されて天に高く挙げられたことを地上で示す証拠だったのである。

2:38 悔い改めなさい・・・バプテスマを受けなさい 賜物として聖霊を受ける条件は、罪を認めてそれから離れ、神の赦しを受け水のバプテスマを受けることだとペテロはここで言っている。けれども、御父の約束を受ける前に水のバプテスマを受けるようにという聴衆に対するペテロの招きは(⇒1:4, 8)、必ずしも霊的な救いや御霊の満たしと力を受けるための絶対条件とみなすべきではない。罪の赦しと霊的救いを受ける条件とは悔い改めと信仰である(→マコ16:16, 主イエスは水のバプテスマと救いとの関係を説明して、主イエスを信じること、あるいは信じないことが霊的に救われるか罪に定められるかを決める条件であるとはっきり言っておられる)。また御霊のバプテスマは、水のバプテスマを受けると自動的に受けるものでもない(→ロマ6:4注)。

(1) この場面でペテロは、約束の御霊を受ける前に水のバプテスマを受けるように求めた。それはユダヤ人の聴衆にとっては、自分勝手な生き方から離れて

使徒の働き　2章

ば、賜物として聖霊を受けるでしょう。 39 なぜなら、この約束は、あなたがたと、その子どもたち、ならびにすべての遠くにいる人々、すなわち、私たちの神である主がお召しになる人々に与えられているからです。」

40 ペテロは、このほかにも多くのことばをもって、あかしをし、「この曲がった時代から救われなさい」と言って彼らに勧めた。 41 そこで、彼のことばを受け入れた者は、バプテスマを受けた。その日、三千人ほどが弟子に加えられた。

信仰者たちの交わり

42 そして、彼らは使徒たちの教えを堅く守り、交わりをし、パンを裂き、祈りをしていた。

43 そして、一同の心に恐れが生じ、使徒たちによって多くの不思議としるしが行われた。

39 ①ロマ9:4, イザ44:3, 54:13, 57:19, ヨエ2:32, 囲エペ2:12 ②囲エペ2:13, 17
40 ①囲ルカ16:28 ②申32:5, ピリ2:15, *別訳「のがれなさい」
42 ①ルカ24:30, 使20:7, Ⅰコリ10:16, 使2:46 ②囲使1:14
43 *異本[エルサレムにおいて、使徒たちによって多くの不思議なわざとあかしの奇蹟が行われ、大いなる恐れがすべての上にあった] ①囲使2:22

神に従う決心をするときには当然バプテスマを受けるものと考えられていたからである。けれども9:17-18（使徒パウロ）や10:44-48（コルネリオの家族）では、水のバプテスマは御霊のバプテスマのあとだった。

　(2) 罪深い生き方をやめて信仰によってイエス・キリストを受入れた信仰者はみな、御霊のバプテスマを「受け」るべきである（⇒ガラ3:14）。これは救いに必要な条件ではないけれども、「使徒の働き」全体を通して、御霊の賜物はひとりひとりが意識的に求め、受け、用いるものとして示されている（1:4, 14, 4:31, 8:14-17, 19:2-6）。新約聖書の中で唯一の例外は、コルネリオの場合である（10:44-48）。御霊のバプテスマは、意識して求めなくても自動的にキリスト者に与えられる賜物と考えてはならない。

2:39　あなたがたと、その子どもたち、ならびにすべての・・・人々　聖霊のバプテスマの約束は、五旬節の日に集まっていた人々にだけ与えられたものではなく（2:4）、時代を越えてキリストを受入れて従う人々全部、つまり「あなたがた」（ペテロの聴衆）、「その子どもたち」（次の世代）、「すべての遠くにいる人々」（将来の世代）に与えられている。(1) 聖霊のバプテスマとそれによって与えられる力は、教会の歴史の中で1回限りの出来事ではない。それは五旬節だけで終るものでも（⇒2:38, 8:15, 9:17, 10:44-46, 19:6）、使徒の時代（キリストの最初の弟子たち、初期の教会の開拓者）で終るものでもない。ある人々は異言を伴うこの強烈な体験は、最初の教会が始まるのを助けるためのしるしでしかなかったと考える。けれどもその目的は人々の注意を引いたり、神の力を証明したりすることだけではなかった。御霊は弟子たちに、主の福音を広めるための力と導きを与え続けると主イエスは言われた（→ヨハ16:13）。この目的は今日も生きている。私たちは今も、教会の働きを進めて行く上で御霊の最高の力を必要としているからである。(2) 新約聖書のキリスト者に約束され与えられたのと同じ御霊のバプテスマを求め期待し体験することは、今のキリスト者ひとりひとりにも与えられている特権である（1:4, 8, ヨエ2:28, マタ3:11, ルカ24:49）。

2:40　この曲がった時代　今の社会の腐敗した活動とかかわり続けているなら、霊的に救われて神との関係を持つことはだれにもできない（⇒ルカ9:41, 11:29, 17:25, ピリ2:15）。キリスト者になったばかりの人には、神に喜ばれない人間関係から離れ、神に逆らう行いをやめてキリストやキリストを信じる人々と深く結び付いて神の目的に仕えるように教えなければならない（Ⅱコリ6:14, 17,→「信者の霊的聖別」の項p.2172）。

2:42-47　使徒たちの教え・・・交わり・・・パンを裂き・・・祈り　今日の多くの教会が新約聖書の教会と同じ力を持ち、同じように成長し同じような効果を挙げることを期待して、新約聖書の教会に習おうとしている。ここには新約聖書の教会に神の奇蹟的な力を体験させ（2:43）、成長を続けさせた（2:47）理由が示されている。これらのことは驚くほど平凡で実践的なものだった（詳細 →12:5注）。

　(1)「使徒たちの教え」（2:42a）。最初のキリスト者たちはキリストの福音に心から仕えていた。したがって、主イエスから受けた福音を伝え教会を建てるように直接命令を受けた人々のことばに注意深く耳を傾けた。その教えのあるものは、後に新約聖書（聖書にある神の霊感を受けて書かれた権威あることば）の一部分になった。初期のキリスト者はみことばに深い飢え渇きを持っていたので、その結果として霊的に養われ強い信仰へと成長していった。教会はみことば中心の教会だった。

　(2)「交わり」（《ギ》コイノニア 2:42b）。初期の教会のキリスト者は、神との関係を第一にすることに専念していたけれども、同時に神の民と率直で正直な霊的に励まし合う関係を築くことにも励んでいた（エペ4:3, 13, 14, →エペ4:3注, 13注, 14注）。そして多くの時間をともに過し互いを頼りにしていた。また愛と目的で一致していた。それは信頼関係を作る教会だった。

44 信者となった者たちはみないっしょにいて、いっさいの物を共有にしていた。
45 そして、資産や持ち物を売っては、それぞれの必要に応じて、みなに分配していた。
46 そして毎日、心を一つにして宮に集まり、家でパンを裂き、喜びと真心をもって食事をともにし、
47 神を讃美し、すべての民に好意を持たれた。主も毎日救われる人々を仲間に加えてくださった。

44 ①使4:32, 回使4:37,5:2
45 ①使マタ19:21, 使4:34
46 ①使5:42
  *あるいは「家々で」
  ②ルカ24:30, 使20:7, Ⅰコリ10:16, 使2:42
  ***あるいは「心の純真さ」
47 ①回使5:13
  ②Ⅰコリ1:18
  ③使2:41,5:14等, 回使4:4等

1 ①回ルカ22:8, 使3:3,4,11
  *直訳「第九時」
  ②回詩55:17, 使10:30, マタ27:45
2 ①回使14:8

  ②使3:10, 回ヨハ9:8
  回ルカ16:10
3 ①回ルカ22:8, 使3:1,4,11
4 ①回使10:4
6 ①回使4:10, 回使3:16,2:22

ペテロが足のなえた人を癒す

3 1 ペテロとヨハネは午後三時の祈りの時間に宮に上って行った。
2 すると、生まれつき足のなえた人が運ばれて来た。この男は、宮に入る人たちから施しを求めるために、毎日「美しの門」という名の宮の門に置いてもらっていた。
3 彼は、ペテロとヨハネが宮に入ろうとするのを見て、施しを求めた。
4 ペテロは、ヨハネとともに、その男を見つめて、「私たちを見なさい」と言った。
5 男は何かもらえると思って、ふたりに目を注いだ。
6 すると、ペテロは、「金銀は私にはない。しかし、私にあるものを上げよう。ナザレのイエス・キリストの名によって、歩きなさい」と言って、
7 彼の右手を取って立たせた。するとたちまち、彼の足とくるぶしが強くなり、

(3) 「パンを裂き」（2:42c, 46）。「使徒の働き」と初期の教会によく出てくるこの表現はいくつかのことを意味していた。まず互いの家で食事をともにすることを指していた。またアガペーの愛の食事（→Ⅰコリ11:21注）、つまり主の晩餐（聖餐式）を指すこともあった。これは単純に神とお互いに感謝の気持を表す方法でもあった。人々は一緒に集まることを楽しみ、思いやりと分ち合いをする共同体だった。それは感謝をして人をもてなす人々の集まりだった。

(4) 「祈り」（2:42d, ⇒1:14, 4:23-31）。祈りは初期の教会では最も重要なもので、生活の大部分を占めていた。「使徒の働き」では祈りが多くささげられると聖霊の働きが多くなり、聖霊の働きが多くあるところに多くの祈りがあった。祈りが神と親密になる秘訣であることを一同は理解していた。そのことによって、人々は主の導きに敏感になり神の力が現されるようになっていった。

このようにキリスト者としての規律正しい生活が行われた結果、初期の教会は次のように力強く効果的な奉仕の働きを体験していった。

(1) 不思議としるし（2:43）。奇蹟は、聖霊が神の民の間に臨在し力を持っておられることを示す上で重要なものだった。キリストの福音をまだ知らない人々に伝えるとき、しばしば超自然的なしるしが伴った（⇒3:1-10, 4:30, 5:12-16, 6:8, 8:6、→**「使徒たちの奇蹟」の表p.1941**）。

(2) 共同体と寛大さ（2:44-47a）。神は人間を共同体の環境（神や人々と正しい関係を持つ）の中で機能し繁栄するように創造された。エルサレムの初期の教会は、それまで地上ではあまり知られていなかった共同体意識と目的意識を持っていた。そして持物を分ち合い、互いに実際の必要を満たし合って、利己心がなく寛大だった。神への愛と感謝がそのことによく表れていた。

(3) 成長と弟子の増加（2:47b）。神と人々に忠実に仕えた結果、神は初期のキリスト者を祝福して、霊的にも数の上でも成長させてくださった。人々は主イエスを知るようになり、信仰が成長し、教会に積極的に加わるようになった。さらに「行って、・・・弟子としなさい」（マタ28:19）というキリストの大宣教命令を積極的にまた効果的に実行していた。

3:6　イエス・・・の名によって、歩きなさい　この足のなえた人は弟子たちを通して働くキリストの力によって癒された。だれかの名前によって何かを行うことは、その人の代理になりその人の力と権威によって行動することである（→ヨハ14:13注）。主イエスは主イエスを信じる弟子たちに、「わたしの名によって・・・病人に手を置けば病人はいやされます」（マコ16:17-18）と言われた。教会はみこころ（主イエスの特性と目的を基本に据えた主イエスの願いと計画、→**「神による癒し」の項p.1640**）に従って、主イエスの癒しの働きを続けた。この奇蹟は、「イエス・キリストの名」の信仰により、ペテロを通して働く「いやしの賜物」により実現した（→Ⅰコリ12:1, 9, →**「御霊の賜物」の項p.2138**）。

ペテロは金や銀は持っていないけれども、もっと価値のあるものをあげようと言った。物質的に豊かでも霊的な力を持っていない教会は、ペテロのことばをしっかり考えるべきである。今日の多くの教会はもはや「金銀は私にはない」と言えない。そして「ナザレのイエス・キリストの名によって、歩きなさい」とも言うことができないでいる。

使徒の働き 3章

8 おどり上がってまっすぐに立ち、歩きだした。そして歩いたり、はねたりしながら、神を賛美しつつ、ふたりといっしょに宮に入って行った。
9 人々はみな、彼が歩きながら、神を賛美しているのを見た。
10 そして、これが、施しを求めるために宮の「美しの門」にすわっていた男だとわかると、この人の身に起こったことに驚き、あきれた。

ペテロが見物人に話す

11 この人が、ペテロとヨハネにつきまとっている間に、非常に驚いた人々がみないっせいに、ソロモンの廊という回廊にいる彼らのところに、やって来た。
12 ペテロはこれを見て、人々に向かってこう言った。「イスラエル人たち。なぜこのことに驚いているのですか。なぜ、私たちが自分の力とか信仰深さとかによって彼を歩かせたかのように、私たちを見つめるのですか。
13 アブラハム、イサク、ヤコブの神、すなわち、私たちの父祖たちの神は、そのしもべイエスに栄光をお与えになりました。あなたがたは、この方を引き渡し、ピラトが釈放すると決めたのに、その面前でこの方を拒みました。
14 そのうえ、このきよい、正しい方を拒んで、人殺しの男を赦免するように要求し、

15 いのちの君を殺しました。しかし、神はこのイエスを死者の中からよみがえらせました。私たちはそのことの証人です。
16 そして、このイエスの御名が、その御名を信じる信仰のゆえに、あなたがたがいま見ており知っているこの人を強くしたのです。イエスによって与えられる信仰が、この人を皆さんの目の前で完全なからだにしたのです。
17 ですから、兄弟たち。私は知っています。あなたがたは、自分たちの指導者たちと同様に、無知のためにあのような行いをしたのです。
18 しかし、神は、すべての預言者たちの口を通して、キリストの受難をあらかじめ語っておられたことを、このように実現されました。
19 そういうわけですから、あなたがたの罪をぬぐい去っていただくために、悔い改めて、神に立ち返りなさい。
20 それは、主の御前から回復の時が来て、あなたがたのためにメシヤと定められたイエスを、主が遣わしてくださるためなのです。
21 このイエスは、神が昔から、聖なる預言者たちの口を通してたびたび語られた、あの万物の改まる時まで、天にとどまっていなければなりません。
22 モーセはこう言いました。『神である主は、あなたがたのために、私のようなひと

3:19 悔い改めて、神に立ち返りなさい 神は人々を選び、聖霊を豊かに満たして祝福してくださった。この賜物を受ける条件は悔い改めて（自分の罪深い生き方やこの世の堕落した風潮を認めてそれから離れること →マタ3:2注）、神に立ち返り（人生を神にゆだね神の目的に従って生きること）、「預言者」であるキリストが私たちに言われることに耳を傾け（3:22-23, 特にみことばを通して言われること）、絶えずキリストに従うように励むことである（⇒2:38-41, 5:29-32）。

3:20 回復の時 今の時代からキリストが再び来られる日まで、神は自分勝手な道から離れて神に従う人々に「回復の時」（聖霊の注ぎと働きを通して）を与えてくださる。キリストが再び来られる前には困難なときが訪れ、多くの人が神を信じる信仰を捨てる（Ⅱテサ2:3, Ⅱテモ3:1）けれども、神に忠実な弟子たちを

励ますために神は霊的なリバイバルや刷新、「回復の時」を与えると約束しておられる。この世界の反対に耐えてその悪い影響を拒み、困難なときにも神に忠実な人々は、キリストの臨在、霊的祝福、奇蹟、御霊の力の証拠などを体験し続けることができる（⇒26:18）。

3:21 万物の改まる時 いつかキリストは天から再び来られ悪の勢力を滅ぼして罪のない神の国を地上に建ててくださる（→黙19:-20:）。最後には旧約聖書が回復を予告していたもの（⇒ゼカ12:-14:, ルカ1:32-33）がみな回復される。キリストは造られたものを完全に回復して新しくし、「神の子どもたちの栄光の自由の中に入れ」てくださる（ロマ8:18-23）。その時には主イエスご自身が地上を治められる（→黙20:-21:）。神の勝利と神の国を実現するのは地上にいる人々ではなく、キリストと天の軍勢である（→黙19:

りの預言者を、あなたがたの兄弟たちの中からお立てになる。この方があなたがたに語ることはみな聞きなさい。
²³その預言者に聞き従わない者はだれでも、民の中から滅ぼし絶やされる。』
²⁴また、サムエルをはじめとして、彼に続いて語ったすべての預言者たちも、今の時について宣べました。
²⁵あなたがたは預言者たちの子孫です。また、神がアブラハムに、『あなたの子孫によって、地の諸民族はみな祝福を受ける』と言って、あなたがたの父祖たちと結ばれたあの契約の子孫です。
²⁶神は、まずそのしもべを立てて、あなたがたにお遣わしになりました。それは、この方があなたがたを祝福して、ひとりひとりをその邪悪な生活から立ち返らせてくださるためなのです。」

議会でのペテロとヨハネ

4 ¹彼らが民に話していると、祭司たち、宮の守衛長、またサドカイ人たちがやって来たが、
²この人たちは、ペテロとヨハネが民を教え、イエスのことを例にあげて死者の復活を宣べ伝えているのに、困り果て、
³彼らに手をかけて捕らえた。そして翌日まで留置することにした。すでに夕方だったからである。
⁴しかし、みことばを聞いた人々が大ぜい信じ、男の数が五千人ほどになった。
⁵翌日、民の指導者、長老、学者たちは、エルサレムに集まった。
⁶大祭司アンナス、カヤパ、ヨハネ、アレキサンデル、そのほか大祭司の一族もみな出席した。
⁷彼らは使徒たちを真ん中に立たせて、「あなたがたは何の権威によって、また、だれの名によってこんなことをしたのか」と尋問しだした。
⁸そのとき、ペテロは聖霊に満たされて、彼らに言った。「民の指導者たち、ならびに長老の方々。
⁹私たちがきょう取り調べられているのが、病人に行った良いわざについてであり、その人が何によっていやされたか、ということのためであるなら、
¹⁰皆さんも、またイスラエルのすべての

11-20:9)。 →「終末の事件」の表 p.2471

3:22 預言者 モーセが申命記18:15で「あなたの神、主は・・・私のようなひとりの預言者をあなたのために起こされる」と預言したのは、イエス・キリストのことだと思われる。主イエスとモーセが似ているのは次の点である。(1) モーセは御霊の油注ぎ(任命され力を与えられる)を受けた(民11:17)。罪の赦しと新しいいのちの「よい知らせ」を伝えるために御霊は主イエスの上におられた(ルカ4:18-19)。(2) 神は古い契約(人々に対する神の律法と約束、そして神に対する人々の忠誠と服従に基づいた神とイスラエルとの「終生協定」)をもたらすためにモーセを用いられた。主イエスは新しい契約(主イエスのいのちと犠牲を通して人々に霊的救いと新しい関係を与える神の計画)をもたらされた。(3) モーセはイスラエルをエジプトから導き出し神との契約関係を打立てた。キリストは人々を罪とサタンの霊的束縛から解放し神との新しい個人的な関係を打立てられた。(4) モーセは旧約聖書の律法の中で神に対する罪をおおい、神との関係を保つために子羊のいけにえがあると教えた。キリストは自ら神の小羊になって罪の代価を払い、受入れる人々に霊的救いを与えるためにご自分のいのちを犠牲として与えられた。(5) モーセは神の民が神の祝福を受けるために神の律法と義務を忠実に示し続けた。キリストは神のみこころを成就し神の祝福と永遠のいのちを受ける方法としてご自分と聖霊とを示された。→「旧契約と新契約」の項 p.2363

3:26 その邪悪な生活から立ち返らせ キリストの救いを受ける信仰を持ち、聖霊のバプテスマを受けられるかどうかは、それぞれが罪深い反抗的な生き方から立返り悪から離れるかどうかにかかっているとペテロは再び強調している(→2:38注、40注、3:19注、8:21注)。新約聖書のメッセージは神のことばのほかの部分と一致しており、個人的に聖く(道徳的な純粋性、霊的な健全性、悪からの分離、神の目的に献身すること)なければ神が約束された祝福はないことを強調している。

4:8 ペテロは聖霊に満たされて ペテロは新しく聖霊に満たされて、霊感や知恵や大胆さが突然与えられて神の真理を宣言した。御霊の満たしは一度だけのものではなく、神の働きの中で繰返されるものであると理解することが重要である。ここに挿入されている話

使徒の働き　4章

人々も、よく知ってください。この人が直って、あなたがたの前に立っているのは、あなたがたが十字架につけ、神が死者の中からよみがえらせたナザレ人イエス・キリストの御名によるのです。

11『あなたがた家を建てる者たちに捨てられた石が、礎の石となった』というのはこの方のことです。

12この方以外には、だれによっても救いはありません。天の下でこの御名のほかに、私たちが救われるべき名は人に与えられていないからです。」

13彼らはペテロとヨハネとの大胆さを見、またふたりが無学な、普通の人であるのを知って驚いたが、ふたりがイエスとともにいたのだ、ということがわかって来た。

14そればかりでなく、いやされた人がふたりといっしょに立っているのを見ては、返すことばもなかった。

15彼らはふたりに議会から退場するように命じ、そして互いに協議した。

16彼らは言った。「あの人たちをどうしよう。あの人たちによって著しいしるしが行われたことは、エルサレムの住民全部に知れ渡っているから、われわれはそれを否定できない。

17しかし、これ以上民の間に広がらないために、今後だれにもこの名によって語ってはならないと、彼らをきびしく戒めよう。」

18そこで彼らを呼んで、いっさいイエスの名によって語ったり教えたりしてはならない、と命じた。

19ペテロとヨハネは彼らに答えて言った。「神に聞き従うより、あなたがたに聞き従うほうが、神の前に正しいかどうか、判断してください。

20私たちは、自分の見たこと、また聞いたことを、話さないわけにはいきません。」

21そこで、彼らはふたりをさらにおどしたうえで、釈放した。それはみなの者が、この出来事のゆえに神をあがめていたので、人々の手前、ふたりを罰するすべがなかったからである。

22この奇蹟によっていやされた男は四十歳余りであった。

信仰者たちの祈り

23釈放されたふたりは、仲間のところへ行き、祭司長たちや長老たちが彼らに言ったことを残らず報告した。

24これを聞いた人々はみな、心を一つにして、神に向かい、声を上げて言った。「主よ。あなたは天と地と海とその中のすべてのものを造られた方です。

25あなたは、聖霊によって、あなたのしもべであり私たちの父であるダビデの口を通して、こう言われました。
『なぜ異邦人たちは騒ぎ立ち、

はルカ12:11-12にある主イエスの約束の成就である。御霊の満たしが繰返された例は、ほかにも使7:55と13:9に見ることができる。

4:12　だれによっても救いはありません　主イエスの弟子たちは、人々にとって最も必要なことは神への反逆と反抗の罪から救い出され神との個人的で永遠の関係を持つことだと確信していた。そこで、この必要はイエス・キリスト以外のだれによっても満たされないと説教した。完全に罪のない人生を送られた（ヘブ4:15）この方だけが、罪の刑罰を一度に全部払うことができたのである（Ⅰペテ3:18）。この真理は霊的な救いがほかにはないこと（救いはイエス・キリストを信じる信仰というただ一つの道を通して与えられること→ヨハ14:6）を明らかにしている。このことはまた、教会にはキリストの福音をあらゆる人々に伝える責任があることを強調している。もし霊的に救われ神と個人的な関係を持つ道がほかにもあるなら、教会はそんなに急いで宣教をしなくてもよいはずである。けれどもキリストご自身のことばによれば（→ヨハ14:6注）、キリストとキリストを信じる信仰がなければだれも救われる希望はないのである（⇒10:43、Ⅰテモ2:5-6）。これこそが教会が宣教の働き（ほかの場所にいる人々や国や文化圏の違う人々にキリストの福音を伝える人やその働き）を支援する根拠である。

4:20　話さないわけにはいきません　聖霊は初期の教会でキリストの福音を伝える人や初期の指導者たちに、キリストの福音を広く伝えたいという強い思いを与えられた。御霊は「使徒の働き」全体を通して信仰者たちに霊感を与えて罪の赦しと新しいいのちのメッセージを伝えるようにさせておられる（1:8, 2:14-41, 3:12-26, 8:25, 35, 9:15, 10:44-48, 13:1-4）。

もろもろの民はむなしいことを計るのか。
26 地の王たちは立ち上がり、指導者たちは、主とキリストに反抗して、一つに組んだ。』
27 事実、ヘロデとポンテオ・ピラトは、異邦人やイスラエルの民といっしょに、あなたが油をそそがれた、あなたの聖なるしもべイエスに逆らってこの都に集まり、
28 あなたの御手とみこころによって、あらかじめお定めになったことを行いました。
29 主よ。いま彼らの脅かしをご覧になり、あなたのしもべたちにみことばを大胆に語らせてください。
30 御手を伸ばしていやしを行わせ、あなたの聖なるしもベイエスの御名によって、しるしと不思議なわざを行わせてください。」
31 彼らがこう祈ると、その集まっていた場所が震い動き、一同は聖霊に満たされ、

注:
26 ①詩2:2, *別訳「来て」 ②ダ9:24,25, ルカ4:18, 使10:38, ヘブ1:9, *すなわち「メシヤ」-油そそがれた者
27 ①マタ14:1 ②ルカ23:12, マタ27:2 ③マタ20:19 *使徒4:25注 ④使4:30, 使3:13
28 ①使2:23
29 *別訳「今の事情について」 ①使4:13,31, 使14:3 ②ピリ1:14
30 ①使4:27, 使3:13 *使3:13注 ②ヨハ4:48
31 ①使2:1, 使2:4

4:29 しもべたちに・・・大胆に語らせてください

キリストの弟子たち(キリストに忠実で訓練された信仰者)には、キリストについてあかしし伝える新しい勇気が必要だった。キリスト者生活を通して私たちも苦しめられ拒まれ、批判されたり迫害されたりする恐れを乗越えるために祈らなければならない。聖霊に満たされ続けることによって神の恵み(受けるにふさわしくない神の好意、愛、霊的な力)が与えられ、私たちは大胆にイエス・キリストを伝えることができるようになる(⇒マタ10:32)。

4:30 いやしを行わせ・・・しるしと不思議なわざを行わせ

キリストを伝えることと奇蹟とは切離せない関係にある(3:1-10, 4:8-22, 29-33, 5:12-16, 6:7-8, 8:6〜, 15:12, 20:7〜)。奇蹟は、福音が真実であり事実であることをキリストが確証してくださるしるしである(14:3, ⇒マコ16:20)。(1)「しるし」は、通常神の力がそこにあることを立証したり警告したり、信仰を励ますために現される超自然的な活動や出来事である。「しるし」としての神の奇蹟は、キリストとその福音に人々の注意を向けさせる。(2)「不思議なわざ」は、人々を驚かせて超自然的な働きの背後にある力に目を向けさせる特異な出来事のことである。教会は癒しとしるしと不思議なわざが起こることを祈っていた。キリストが再び来られる前の、終りの日に近づいている現代の教会は、神が偉大な力と奇蹟と好意をもって福音に確証を与えてくださるように祈らなければならない(4:33)。御霊の力によってキリストの福音を伝えない限り、霊的に失われている現代の人々をキリストに連れて来ることはできない。詳細 →「神による癒し」の項 p.1640,「信者に伴うしるし」の項 p.1768

4:31 一同は聖霊に満たされ

ここではいくつかの重要な真理が浮び上がっている。

(1)「聖霊の(によって)バプテスマを受ける」(→1:5注)という表現は、イエス・キリストの福音を大胆に効果的に伝えることができるように、聖霊がキリストの弟子たちを聖別して、神の力を吹き込まれることを指している。「満たされる」、「着せられる」、「力を受ける」ということばは、働きや奉仕のために御霊が信仰者に備えをさせることを表している(2:4, 4:8, 31, 9:17, 13:9, 52)。「満たされる」は繰返され新しくされることでもある。

(2)「バプテスマを受ける」と「満たされる」という二つのことばは、キリスト者生活の中で起こるこの体験をともに見事に表現している。「バプテスマを授ける」ということばは、実際に浸すとかずぶぬれにするという意味である。けれども御霊は人の内側で働かれるので、御霊のバプテスマでは御霊が内側からあふれ出るようになる。たとえば霊的救いを受けた人は、空だった容器に新鮮な水を入れたようなものである。その人はもう空ではなく、聖霊が内側に住んでおられる(→Ⅰコリ3:16, 6:19)。そして聖霊のバプテスマはさらにきれいな水を容器にあふれるまで注ぐようなものである(⇒ヨハ7:38-39)。御霊のバプテスマを受けた人は神の臨在で浸されずぶぬれになって(バプテスマ)、あふれ出るほどになる。それはだれが見ても衝撃を受けるほどはっきりとしたものである。

(3)「霊を注ぐ」(2:17-18, 10:45)、「賜物として聖霊を受ける」(2:38, 8:15)、「聖霊が下る」(8:16, 10:44, 11:15, 19:6)ということばはみな、キリスト者が「聖霊に満たされ」た(2:4, 4:31, 9:17)ときのことを指す表現である。

(4) 以前に満たされた人も含めて(2:4)信仰者はみな、ユダヤ人の反対に立向かうために新しく御霊に満たされた(4:29)。聖霊のバプテスマを受けるのは1回だけであるけれども、聖霊に満たされる体験は聖霊のバプテスマを受けた人全員に神が備えられたものであり、神のご計画である(⇒4:8注, 13:52)。その満たしを私たちも望み、期待しなければならない。

(5) 御霊はここで全会衆に触れて強い影響を与えられた。教会に与えられた神のみこころと使命を果すためには、ひとりひとりが御霊に満たされるだけでは

神のことばを大胆に語りだした。

信仰者たちが財産を共有する

32 信じた者の群れは、心と思いを一つにして、だれひとりその持ち物を自分のものと言わず、すべてを共有にしていた。

33 使徒たちは、主イエスの復活を非常に力強くあかしし、大きな恵みがそのすべての者の上にあった。

34 彼らの中には、ひとりも乏しい者がなかった。地所や家を持っている者は、それを売り、代金を携えて来て、

35 使徒たちの足もとに置き、その金は必要に従ておのおのに分け与えられたからである。

36 キプロス生まれのレビ人で、使徒たちによってバルナバ（訳すと、慰めの子）と呼ばれていたヨセフも、

37 畑を持っていたので、それを売り、その代金を持って来て、使徒たちの足もとに置いた。

アナニヤとサッピラ

5 ¹ ところが、アナニヤという人は、妻のサッピラとともにその持ち物を売り、² 妻も承知のうえで、その代金の一部を残しておき、ある部分を持って来て、使徒たちの足もとに置いた。

³ そこで、ペテロがこう言った。「アナニヤ。どうしてあなたはサタンに心を奪われ、聖霊を欺いて、地所の代金の一部を自分のために残しておいたのか。

⁴ それはもともとあなたのものであり、売ってからもあなたの自由になったのではないか。なぜこのようなことをたくらんだのか。あなたは人を欺いたのではなく、神

脚注欄:
31 ①使4:13, 囲使14:3　④ピリ1:14
32 * あるいは「仲間」　①使2:44
33 * ある異本は「キリストを加えている」　①使1:8　②囲ルカ24:48
34 ①囲マタ19:21, 使2:45
35 ①使4:37, 5:2　②使6:1, 2:45
36 ①囲使11:19, 20, 13:4, 15:39, 21:3, 16, 27:4　②使9:27, 11:22, 30, 12:25, 13:15, Ⅰコリ9:6, ガラ2:1, 9, 13, コロ4:10　③使13:15, Ⅰコリ14:3, Ⅰテサ2:3　囲使2:40, 11:23　* 別訳「勧めの子」
37 ①使4:35, 5:2
2 * あるいは「と共謀して」　①使5:3, ②使4:35, 37
3 ①囲マタ10:, 囲ルカ22:3, ヨハ13:2, 27　②囲使5:4, 9
4 * 直訳「権威のうちにある」　①囲使5:3, 9

なく（4:8, 9:17, 13:9）、特別な必要や問題が起きたときには教会全体（2:4, 4:31, 13:52）が聖霊の力の現れを繰返し体験しなければならない。

（6）会衆全体に神が聖霊の新しい満たしを与えられたとき、教会は偉大な勇気と力をもってキリストを伝えるようになり、互いに愛し仕え合いたいという強い思いを持ち、神と人々から大きな好意を受けるようになった。

4:31　神のことばを大胆に語りだした　内側に感じる聖霊の力と神の臨在によって弟子たちは、恐れから解放されて勇敢に神のことを話出すように奮い立たされた。聖霊のバプテスマの目的は大きく分けて二つある。一つは神に対する個人的な礼拝を深めること、もう一つはほかの人々に公にあかしする力を与えることである（→使1:8, ロマ8:26-27, Ⅰコリ14:2-4, →「御霊のバプテスマの吟味」の項 p.1991）。

4:33　力強く　「力強さ」は御霊に満たされた説教やあかし（→1:8注）に見られる独特の特徴である。その理由は三つある。（1）最初の弟子たちと初期の教会の開拓者たちのあかしや説教は、神のことばにしっかり根ざしていた（4:29）。そしてキリストの弟子たちのこの確信は聖霊の霊感によって与えられていた（→「聖書の霊感と権威」の項 p.2323）。（2）弟子たちは自分たちを救うために死んでよみがえり、自分たちを通して働かれるイエス・キリストご自身によって送り出され任命されていることをはっきりと認識していた。（3）聖霊は弟子たちを通して働き（4:31）、福音を聞く人々に誤りを認めさせ、神が必要で

あることをはっきりと示し、キリストの福音が真実であることを説得された。ヨハネ16:8-11によると、聖霊は人々に罪について（私たちはみな神に罪を犯しており神によって赦される必要がある）、キリストの義について（キリストは神への正しい道を示し備えられた）、神のさばきについて（最終的に私たちは神に申開きをしなければならない　この領域における聖霊の働きについての詳細 →ヨハ16:8注）「認めさせ」てくださる。

5:3　聖霊を欺いて　アナニヤとサッピラは、ほめれ認められるために自分たちの献金について教会に対してうそをついた。神はこのうそが聖霊に対する深刻な罪であると考えられた。アナニヤとサッピラの死は、生まれ変り（ヨハ3:3-6）御霊に満たされたキリストの弟子と言いながら、勝手なプライドを持ってごまかしをすることに対して神はどのような態度を示されるかを表す具体的な例だった（5:3-4, →黙22:15注, →「聖霊の教理」の項 p.1970）。

5:4　なぜこのようなことをたくらんだのか　アナニヤとサッピラの罪と神への反抗の原因は、お金への執着とほかの人々からほめられたいという気持だった。この気持によって、聖霊に対して真っ向から反対することになったのである（5:9）。一度、金銭、権力、賞賛の欲にとらわれると、その人はあらゆる悪い影響をそのまま受けるようになる（Ⅰテモ6:10）。お金を愛しながら同時に神を愛し仕えることはできない（マタ6:24, ヨハ5:41-44, →「富と貧困」の項 p.1835）。

聖霊の教理

「そこで、ペテロがこう言った。『アナニヤ。どうしてあなたはサタンに心を奪われ、聖霊を欺いて、地所の代金の一部を自分のために残しておいたのか。それはもともとあなたのものであり、売ってからもあなたの自由になったのではないか。なぜこのようなことをたくらんだのか。あなたは人を欺いたのではなく、神を欺いたのだ。』」（使徒の働き5:3-4）

人々を霊的に贖う（罪の中から救い出し、霊的に刷新し、神との個人的関係に回復すること）という神の目的が実現される中で、聖霊の働きがどれほど重要であるかを認識することは非常に大切である。聖霊の臨在がなかったら物事がどれほど違っていたか、多くのキリスト者は考えたこともない。聖霊がおられなかったら天地創造はなく、宇宙も人類も存在しなかった（創1:2, ヨブ33:4）。聖霊がおられなかったら聖書もなく（Ⅱペテ1:21）、新約聖書もなく（ヨハ14:26, 15:26-27, Ⅰコリ2:10-14）、キリストの福音を効果的に伝える力もなかった（使1:8）。聖霊がおられなかったら信仰を持つことも、霊的誕生や刷新を体験することも、主イエスに従う者として聖い（道徳的に純粋、霊的に健全、悪からの分離、神への献身）生活をすることもできなかった。実際問題として、世界にはキリスト者というものが存在さえしなかったはずである。そこで聖霊とその目的についての基本的教えを調べて、そのいくつかをまとめると次のようになる。

聖霊という方

聖霊は人格のない勢力、または神または神の臨在を示す概念でしかないと多くの信仰のない人は（そしてある信仰者も）考えている。けれども聖書は、聖霊を単なる影響力とか霊的な力ではなく人格として描いている。聖書全体を通じて御霊は明らかに一人の方として啓示されている（Ⅱコリ3:17-18, ヘブ9:14, Ⅰペテ1:2）。御霊は御父や御子と同じように神性を持った方（完全に神）であり（→マコ1:11注）、独自の特性を持っておられる。御霊は考え（ロマ8:27）、感じ（ロマ15:30）、意志決定をし（願い決定し意図する Ⅰコリ12:11）、愛して交わりを喜ぶ能力を持っておられる。ヨハネの福音書15章26節では御霊は御父から出てキリストについてあかしする、つまり自由に働いてみことばを伝えてくださると言われている。信じる人々を主イエスとの親しい関係に入れるために御父から派遣されたのである（ヨハ14:16-18, 26, →**「イエスと聖霊」**の項 p.1809）。このような神との関係を持ちたいという願いを持つものとして神は人間を創造された。そしてその機会を与えるために主イエスを送られた。そこでその願いを満たし、キリストとの個人的関係を持つことができるように、主イエスは聖霊を送ってくださった。聖霊は神であるから、遍在（同時にどこにでもおられる）で全知（全部を知る）、全能（何でもできる）である。また愛し赦し、あわれみ深く忍耐強い。私たちが「心」または良心の中で神について何かを感じるのは、聖霊が神に向くように促したり神との親しい関係に導こうとしておられるからである。このような真理を踏まえて、私たちは聖霊を一人の人格を持つ方として考え、永遠に生きておられる神であり礼拝と愛と献身とを受けるにふさわしい方として理解するべきである（→マコ1:11注）。

聖霊の働き

(1) 旧約聖書－旧約聖書に啓示された神の御霊の独特の役割と働きについて　→**「旧約聖書の聖霊」**の項 p.1493

(2) 新約聖書－聖霊についての新約聖書の啓示は、聖霊独特の様々な役割を描いている。

(a) 聖霊は、霊的救いの背後で救いへの願いを起こさせ、またそれを実現される方である。聖霊はまず罪を示し（ヨハ16:7-8）、神に対する反抗を暴き出し、赦しが必要であることを意識させてくださる。ま

た主イエスについての真理を良心に啓示される(ヨハ14:16, 26)。そしてキリストの福音に信仰をもって応答する人々に、霊的誕生をさせてくださる(ヨハ3:3-6)。このことによってキリストの「からだ」である教会(信じる人々全員)のひとりにしてくださる(Ⅰコリ12:13)。神の赦しを受入れ人生をキリストにゆだねたときにその人は御霊を受入れる(ヨハネ3:3-6, 20:22)。聖霊は来てその人の内に住み、霊的に新しくし、神のご計画に加わらせ、主イエスの品性が育つようにさせてくださる(Ⅱペテ1:4,→**弟子たちの新生**」の項p.1931)。さらに聖霊はキリスト者の「証印」であり「保証」(霊的救いと永遠のいのちの保証)である(エペ1:13-14)。それは聖霊が絶えず臨在しておられるなら、天の神の臨在の中に永遠にいるときの前味を地上で味わうことができるということである。聖霊が今私たちとともにおられるなら、主イエスはやがて来られ天に連れて行ってくださることが確かである。聖霊が臨在しておられるなら私たちは孤独ではないことを確信することができる(→ヨハ14:16-18)。

(b) 聖霊は聖化(神のものとして神の目的のために区分される過程、霊的成長の継続的過程)を実際に行ってくださる方である。神の赦しを受けて人生をキリストにゆだねたときに、聖霊は私たちの中に来て住み、霊的にきよめて神の目的のために備えさせてくださる(ロマ8:9, Ⅰコリ6:19)。それから聖霊は聖い(道徳的純粋性、霊的健全性、悪からの分離、神への献身)生活を求めるようにさせ、導くことを始めてくださる。そして罪の奴隷から解放し(ロマ8:2-4, ガラ5:16-17, Ⅱテサ2:13)、自分勝手な道を行く悲惨な結果から守ってくださる。キリストに本当に従い続けるなら、聖霊は私たちが神の子であることを絶えず思い出させてくださる(ロマ8:16)。また神を礼拝しあがめるように助けてくださる(使10:46)。祈るときには助け、また問題に圧倒されてどう祈ったらよいのかわからないときにはとりなしもしてくださる(ロマ8:26-27)。聖霊はまた、私たちの中にキリストのような品性を育て主イエスをあがめるようにしてくださる(ガラ5:22-23, Ⅰペテ1:2)。教師であり助け主である聖霊は(ヨハ14:16, 26, 16:7)、人間的理解力を超えた神からの情報を提供してくださる。そしてみことばの中に既に啓示されていることを思い出させ、あらゆる真理に導いてくださる(ヨハ14:26, 16:13, Ⅰコリ2:9-16)。さらに神の愛を引き続き注いでくださり(ロマ5:5)、喜び、慰め、助けを与えてくださる(ヨハ14:16, Ⅰテサ1:6)。

(c) 聖霊はキリスト者に奉仕の力を実際に与えてくださる方である。聖霊はキリストに従う人々がキリストの目的に仕え、罪の赦しと新しいいのちのメッセージをほかの人々に効果的に伝えることができるようにさせてくださる。聖霊のこの働きは御霊のバプテスマと関連している(→「**聖霊のバプテスマ**」の項p.1950)。聖霊のバプテスマを受けるとき私たちは神の力に「浸され」、「満たされる」。その目的はキリストの福音を広め、教会の中で効果的に奉仕をし、世界に対して神の愛と神の特性を反映して示すことである(使1:8)。私たちはキリストと(ヨハ1:32-33)最初の弟子たちに下った(使2:4)のと同じ「油注ぎ」(任命、力の付与)を受けることによって、神のことばを伝え(使1:8, 4:31)、奇蹟を行うことができるようになる(使2:43, 3:2-8, 5:15, 6:8, 10:38)。神はキリストに従う人々全員が聖霊のバプテスマを体験することを願っておられる(使2:39)。神が与えられた使命を世界で果すために最初の弟子たちが体験したのと同じ力と導きは、今日のキリスト者にも必要である。聖霊は、キリスト者が使命を果すために御霊の賜物(神が与えられる特別な能力と奉仕の働き)をひとりひとりに与えてくださる(Ⅰコリ12:-14:)。そして教会を建上げ強めることができるようにしてくださる。キリストの教会全体の益になるように、聖霊はこれらの賜物を用いてそれぞれのキリスト者を通して働き、キリストの臨在、愛、真理、基準などを現してくださる(Ⅰコリ12:7-11, →「**御霊の賜物**」の項 p.2138,「**聖霊の賜物**」の表 p.2096)。

(d) 聖霊は神の民をキリストの一つの「からだ」(キリスト者全員によってできている)に引寄せられる(Ⅰコリ12:13)。これにつながる人々は、教会全体の目的を実現するためにそれぞれが独特の役割を持っている。教会の奉仕の働きの背後で動機付けをされる聖霊は、教会の中に住み(Ⅰコリ3:16)、教会を建上げ(エペ2:22)、教会の礼拝に感動を与え(ピリ3:3)、教会の宣教の使命を導き(使13:2,4)、教会の働き人を任命し(使20:28)、教会に特別な賜物と能力を与え(Ⅰコリ12:1-11)、説教者に力を与え(使2:4, Ⅰコリ2:4)、福音(キリストの福音)を守り(Ⅱテモ1:14)、教会と神との関係を深めそれを保ってくださる(ヨハ16:8, Ⅰコリ3:16, 6:18-20)。

（3）聖霊の様々な活動は、主イエスの目的を推進し主イエスをあがめるという共通の目的のために協力して進められる（ヨハ16：12-14）。上に挙げた聖霊の四つの働きは実際には互いに結び付いていて、キリスト者の生活の中では切離すことができないものである。それは、(a) キリストにある霊的救いと刷新されたいのち、(b) 適切な霊的成長と発展、(c) キリストの福音を伝えキリストの目的に仕える力、(d) 教会の中の完全な共同体生活などを体験するためには、このような四つの面がみな私たちの生活の中で同時に活発に活動していなければならないということである。たとえば聖霊のバプテスマの恩恵を受続けるためには、神を敬う品性を聖霊によって生み出してもらわなければならない。さらに教会の中で目的を実現するためには、神のことばをさらに深く知り従えるように聖霊の導きに従わなければならないのである。世界、教会、個人の中での聖霊の働きの詳細　→**「聖霊の働き」**の表 p.2187

使徒の働き　5 章

を欺いたのだ。」

5 アナニヤはこのことばを聞くと、倒れて息が絶えた。そして、これを聞いたすべての人に、非常な恐れが生じた。

6 青年たちは立って、彼を包み、運び出して葬った。

7 三時間ほどたって、彼の妻はこの出来事を知らずに入って来た。

8 ペテロは彼女にこう言った。「あなたがたは地所をこの値段で売ったのですか。私に言いなさい。」彼女は「はい。その値段です」と言った。

9 そこで、ペテロは彼女に言った。「どうしてあなたがたは心を合わせて、主の御霊を試みたのですか。見なさい、あなたの夫を葬った者たちが、戸口に来ていて、あなたをも運び出します。」

10 すると彼女は、たちまちペテロの足もとに倒れ、息が絶えた。入って来た青年たちは、彼女が死んだのを見て、運び出し、夫のそばに葬った。

11 そして、教会全体と、このことを聞いたすべての人たちとに、非常な恐れが生じた。

5① 使5:10, 囮エゼ11:13
  ② 使5:11, 2:43
6① 囮ヨハ19:40
8① 囮使3:12
  ② 使5:2
9① 使5:3, 4
  ② 囮使15:10
10① 使5:5, 囮エゼ11:13
11① 使5:5, 2:43

12 * 直訳「を通して」
  ① 囮ヨハ4:48
  ② 使3:11, ヨハ10:23
13① 使2:47, 囮使4:21
14① 囮Ⅱコリ6:15
  ② 使2:47, 11:24
15① 囮使19:12
17① 囮マタ3:7, 囮使4:1

使徒たちが多くの人を癒す

12 また、使徒たちの手によって、多くのしるしと不思議なわざが人々の間で行われた。みなは一つ心になってソロモンの廊にいた。

13 ほかの人々は、ひとりもこの交わりに加わろうとしなかったが、その人々は彼らを尊敬していた。

14 そればかりか、主を信じる者は男も女もますますふえていった。

15 ついに、人々は病人を大通りへ運び出し、寝台や寝床の上に寝かせ、ペテロが通りかかるときには、せめてその影でも、だれかにかかるようにするほどになった。

16 また、エルサレムの付近の町々から、大ぜいの人が、病人や、汚れた霊に苦しめられている人などを連れて集まって来たが、その全部がいやされた。

使 8・6-7

使徒たちが迫害を受ける

17 そこで、大祭司とその仲間たち全部、すなわちサドカイ派の者はみな、ねたみに燃えて立ち上がり、

5:5　アナニヤは・・・倒れて息が絶えた　神の国ではあらゆる偽りとごまかしが許されないことを明らかにするために、神はアナニヤとサッピラを打たれた(5:5, 10)。自分と神との関係や、神に仕える姿勢をつくろうことは最悪の罪の一つである。この種の罪や偽善はキリストを利用して自分の名誉を得ようとすることである。そしてキリストが苦しみ死なれた目的、そのものに反するものである(エペ1:4, ヘブ13:12)。それはまた、主に対する聖い恐れや主を敬う思いが欠けていることを表すものであり(5:5, 11)、聖霊に対する侮辱でもある(5:3)。このような罪は必ず神にさばかれる。

5:11　教会全体・・・非常な恐れが生じた　アナニヤとサッピラの罪に対する神のさばきによって、すぐに謙遜と恐れ(全能の神に対して申開きをしなければならないことを自覚させる、驚いてへりくだる聖い思い、尊敬する気持)が人々の間に生じた。神への恐れと罪に対する神の当然の怒りとさばきとに対する恐れがなければ、神の民は神に敵対するこの世界の風潮にすぐに染まってしまう。その結果、聖霊の力と祝福や神の奇蹟的臨在を体験しなくなってしまう。そして神の恵みと祝福から離れるようになる。新約聖書の時代の信仰にとって、主を恐れることはなくてはならないものだった。また現代の聖書的キリスト教にとっても重要な要素である(→「神への恐れ」の項 p.316)。

5:15-16　その全部がいやされた　神の民の指導者たちは聖霊によって神の臨在に完全に満たされあふれていたので、行く所どこででも、神の奇蹟の力が現された。直接触れなくても、神の奇蹟は現された(⇒19:12, パウロの手ぬぐいや前掛け　マタイ9:20では主イエスの着物のふさ)。もちろん、これらの物そのものに不思議な超自然的な力があるわけではなかった。けれどもわずかな物や影(5:15)が信仰の接点になり、神の超自然的な臨在がもたらされたのである。このことは、主イエスの弟子たちが主と同じ働きを続けている証拠だった。弟子たちは人々を癒し、悪霊によって苦しめられている人々を解放した(→マコ1:34)。これは神の国が人々の間に現れて、偉大な力をもって活動していることを表す重要なしるしであり、証拠である(→「サタンと悪霊に勝利する力」の項 p.1726, 「信者に伴うしるし」の項 p.1768)。私たちが聖霊によって良いことを行い、病気とサタンに苦しめられ抑圧されている人々を癒せるようにしてくださいと祈るときに、神はいつも喜んで応えてくださる(4:30, →「神による癒し」の項 p.1640)。

使徒の働き　5章

18 使徒たちを捕らえ、留置場に入れた。
19 ところが、夜、主の使いが牢の戸を開き、彼らを連れ出し、
20 「行って宮の中に立ち、人々にこのいのちのことばを、ことごとく語りなさい」と言った。
21 彼らはこれを聞くと、夜明けごろ宮に入って教え始めた。一方、大祭司とその仲間たちは集まって来て、議会とイスラエル人のすべての長老を召集し、使徒たちを引き出して来させるために、人を獄舎にやった。
22 ところが役人たちが行ってみると、牢の中には彼らがいなかったので、引き返してこう報告した。
23 「獄舎は完全にしまっており、番人たちが戸口に立っていましたが、あけてみると、中にはだれもおりませんでした。」
24 宮の守衛長や祭司長たちは、このことばを聞いて、いったいこれはどうなって行くのかと、使徒たちのことで当惑した。
25 そこへ、ある人がやって来て、「大変です。あなたがたが牢に入れた人たちが、宮の中に立って、人々を教えています」と告げた。
26 そこで、宮の守衛長は役人たちといっしょに出て行き、使徒たちを連れて来た。しかし、手荒なことはしなかった。人々に石で打ち殺されるのを恐れたからである。
27 彼らが使徒たちを連れて来て議会の中に立たせると、大祭司は使徒たちを問いただして、
28 言った。「あの名によって教えてはならないときびしく命じておいたのに、何ということだ。エルサレム中にあなたがたの教えを広めてしまい、そのうえ、あの人の血の責任をわれわれに負わせようとしているではないか。」
29 ペテロをはじめ使徒たちは答えて言った。「人に従うより、神に従うべきです。
30 私たちの父祖たちの神は、あなたがたが十字架にかけて殺したイエスを、よみがえらせたのです。
31 そして神は、イスラエルに悔い改めと罪の赦しを与えるために、このイエスを君とし、救い主として、ご自分の右に上げられました。
32 私たちはそのことの証人です。神がご自分に従う者たちにお与えになった聖霊もそのことの証人です。」
33 彼らはこれを聞いて怒り狂い、使徒たちを殺そうと計った。
34 ところが、すべての人に尊敬されている律法学者で、ガマリエルというパリサイ人が議会の中に立ち、使徒たちをしばらく外に出させるように命じた。
35 それから、議員たちに向かってこう言った。「イスラエルの皆さん。この人々をどう扱うか、よく気をつけてください。
36 というのは、先ごろチュダが立ち上がって、自分を何か偉い者のように言い、彼に従った男の数が四百人ほどありましたが、結局、彼は殺され、従った者はみな散らされて、あとかたもなくなりました。
37 その後、人口調査のとき、ガリラヤ人ユダが立ち上がり、民衆をそそのかして反乱

5:20 ことごとく語りなさい　主の使いは使徒たちに、キリストについて話すのを控えてはならないと伝えた。そしてキリストを信じる信仰によって受ける新しいいのちについて、「ことごとく語りなさい」（直訳は「全部のことば」）と言われた。それは罪の赦しの約束（⇒13:38）、あらゆる種類の霊的問題からの癒やしや解放など、キリストの犠牲の死に含まれる祝福全部を意味した。「ことごとく語」ることは、全人格の完全な救いと解放につながる。

5:29 人に従うより、神に従う　キリスト者がみな問わなければならないのは、「このこと、あるいはこの活動は人々に便利で楽しくて喜ばれるだろうか」ではなく、「このこと、あるいはこの活動は神の前で正しいことだろうか、神の願われることだろうか」ということである（⇒ガラ1:10）。いつも人を喜ばせようとしている人は、神を喜ばせることができない。

5:32 ご自分に従う者たちに・・・聖霊　キリストに心から従いキリストの基準に沿った正しいことやキリストのご計画を真剣に求める努力をしていなければ（マタ6:33, ロマ14:17）、聖霊に満たされていると言ってもそれには根拠がない。キリストの主権（主の導きと権威 ⇒2:38-42）に従わなければ、聖霊のバプテスマの力によって生き続けることは不可能である。力を伴った御霊は、「信仰の従順」によって生きる人にしか与えられない（ロマ1:5、→**御霊のバプテスマの吟味**の項 p.1991）。

使徒の働き　5-6章

を起こしましたが、自分は滅び、従った者たちもみな散らされてしまいました。
38 そこで今、あなたがたに申したいのです。あの人たちから手を引き、放っておきなさい。もし、その計画や行動が人から出たものならば、自滅してしまうでしょう。
39 しかし、もし神から出たものならば、あなたがたには彼らを滅ぼすことはできないでしょう。もしかすれば、あなたがたは神に敵対する者になってしまいます。」彼らは彼に説得され、
40 使徒たちを呼んで、彼らをむちで打ち、イエスの名によって語ってはならないと言い渡したうえで釈放した。
41 そこで、使徒たちは、御名のためにはずかしめられるに値する者とされたことを喜びながら、議会から出て行った。
42 そして、毎日、宮や家々で教え、イエスがキリストであることを宣べ伝え続けた。

七人の選出

6 1 そのころ、弟子たちがふえるにつれて、ギリシャ語を使うユダヤ人たちが、ヘブル語を使うユダヤ人たちに対して苦情を申し立てた。彼らのうちのやもめたちが、毎日の配給でなおざりにされていたからである。
2 そこで、十二使徒は弟子たち全員を呼び集めてこう言った。「私たちが神のことばをあと回しにして、食卓のことに仕えるのはよくありません。
3 そこで、兄弟たち。あなたがたの中から、御霊と知恵とに満ちた、評判の良い人たち七人を選びなさい。私たちはその人たちをこの仕事に当たらせることにします。
4 そして、私たちは、もっぱら祈りとみことばの奉仕に励むことにします。」
5 この提案は全員の承認するところとなり、彼らは、信仰と聖霊とに満ちた人ステパノ、およびピリポ、プロコロ、ニカノル、テモン、パルメナ、アンテオケの改宗者ニコラオを選び、
6 この人たちを使徒たちの前に立たせた。そこで使徒たちは祈って、手を彼らの上に置いた。
7 こうして神のことばは、ますます広

6:3 御霊と知恵とに満ちた　使徒たち(キリストに任命され福音を伝えた人で初期の教会を開拓した指導者たち)は、七人の人に聖霊の導きのもとで忠実に生きてきたことを証明するように求めた。信仰者全員が必ずしも御霊に満たされ続けてはいないと使徒たちは考えた。つまり神の御霊の力と導きによって忠実に生活していない人々は(ガラ5:16-25)、御霊に満たされなくなるのである。「聖霊に満ちた」と「聖霊に満たされた」ということについては次のことが考えられる。
　(1)「聖霊に満ちた」(⇒6:5, 11:24)ということばは、御霊の臨在と力があふれ出た結果がキリスト者の中に続いている状態を表現している。この満たしによって人々は非常に効果的に神に仕え、御霊の感動を受けてキリストをあがめるように話をし、ほかの人々にそのメッセージの真理を納得させることができる。
　(2)「聖霊に満たされた」ということばには三つの使い方がある。(a) 聖霊のバプテスマを受けること(1:5, 2:4, 9:17, 11:16)。(b) ある場合には聖霊の強い衝撃を受けて話すように力を与えること(4:8, 13:9, ルカ1:41-45, 67-79)。(c) 聖霊の感動と力を与えられて預言(人々に神について考え、神をあがめ、応答するように訴えるメッセージ)の働きを短期長期にかかわらず行うこと(4:31-33, 13:52, ルカ1:15)。(3) 御霊のバプテスマを受けた後に、御霊の導きに忠実に従い、御霊によって罪深い性質に勝ち続けている(ロマ8:13-14)人は、「聖霊に満たされた」人と呼ばれている。七人(特にステパノ 6:3, 5, 7:55、またはバルナバ 11:24)はこのことの良い例である。御霊に満たされた生活を保っている人は、特別の目的や任務に対して、特に聖霊の力によって大胆に話さなければならないときに、御霊の満たしを新しく受けることができる。

6:4 祈り・・・に励む　キリスト者として効果的に指導をするためには、聖霊のバプテスマだけでは十分ではない。教会と指導者たちは絶えず祈ることと、神のことばを忠実に伝え教えることに励み続けなければならない。「励む」と訳されたことば(《ギ》プロスカルテレオー)は、大義や目的に対して継続的に集中して忠実に励むことを意味している。またその目的や一連の行動に、多くの時間を割くことも意味している。使徒たちは、祈りとみことばの奉仕こそキリスト教の指導者として最優先させるべきものだと感じていた。「使徒の働き」には祈りについての記述が多くある(→1:14, 24, 2:42, 4:24-31, 6:4, 6, 9:40, 10:2, 4, 9, 31, 11:5, 12:5, 13:3, 14:23, 16:25, 22:17, 28:8)。

6:6 手を彼らの上に置いた　手を置くことは新約聖

使徒の働き　6-7章

まって行き、エルサレムで、弟子の数が非常にふえて行った。そして、多くの祭司たちが次々に信仰に入った。

恵みと力とに満ちたステパノ

使11：27、28

8 さて、ステパノは恵みと力とに満ち、人々の間で、すばらしい不思議なわざとしるしを行っていた。
9 ところが、いわゆるリベルテンの会堂に属する人々で、クレネ人、アレキサンドリヤ人、キリキヤやアジヤから来た人々などが立ち上がって、ステパノと議論した。
10 しかし、彼が知恵と御霊によって語っていたので、それに対抗することができなかった。
11 そこで、彼らはある人々をそそのかし、「私たちは彼がモーセと神とをけがすことばを語るのを聞いた」と言わせた。

ステパノが捕えられる

12 また、民衆と長老たちと律法学者たちを扇動し、彼を襲って捕えらえ、議会にひっぱって行った。
13 そして、偽りの証人たちを立てて、こう言わせた。「この人は、この聖なる所と律法とに逆らうことばを語るのをやめません。
14 『あのナザレ人イエスはこの聖なる所をこわし、モーセが私たちに伝えた慣例を変えてしまう』と彼が言うのを、私たちは聞きました。」
15 議会で席に着いていた人々はみな、ステパノに目を注いだ。すると彼の顔は御使いの顔のように見えた。

議会に向けたステパノの説教

7 1 大祭司は、「そのとおりか」と尋ねた。
2 そこでステパノは言った。「兄弟たち、父たちよ。聞いてください。私たちの父アブラハムが、ハランに住む以前まだメソポタミヤにいたとき、栄光の神が彼に現れて、
3 『あなたの土地とあなたの親族を離れ、

7②使13:8, 14:22, ガラ1:23, 6:10, ユダ3, 20
8①ヨハ4:48
9①使2:10, マタ27:32
③使15:23, 41, 21:39, 22:3, 23:34, 27:5, ガラ1:21
④使16:6, 19:10, 21:27, 24:18他
＊すなわち「小アジヤの西海岸の州」

12①使4:1, ルカ20:1
②マタ5:22
13①マタ26:59-61, 使25:8
③マタ24:15, 使21:28, 使25:8
14①マタ26:61
②使15:1, 21:21, 26:3, 28:17
15①マタ5:22

2①使22:1
②詩99:3, ⅠコリⅠ2:8
③創11:31, 15:7他
3①創12:1

書では、（1）癒しの奇蹟（28:8、マタ9:18、マコ5:23、6:5）、（2）人々の祝福（マタ19:13, 15）、（3）聖霊のバプテスマ（8:17, 19, 19:6）、（4）働きまたは責任を委嘱（公に任命する）する（6:6, 13:3、Ⅰテモ5:22）、（5）教会の指導者から霊的賜物を譲り渡す、または賜物を認める（8:17, 19:6、Ⅰテモ4:14、Ⅱテモ1:6）などの場合に行われた。神が霊の賜物（神の栄光を現し人々を助けるために神から与えられた能力）や祝福を与える方法の一つとして、初期の教会では手を置くことは基本的な教えになっていた（ヘブ6:2）。それは祈りとは切離せないものだった。なぜなら祈りは奉仕をする人ではなく、賜物や癒し、聖霊のバプテスマなどの源である神に向けられるものだからである。
ここで七人が按手によって任命されたことには、基本的に次の二つの意味がある。（1）この七人が神を敬う人々で、聖霊の導きに忠実だったことを教会が公に認めてあかししたことである（⇒Ⅰテモ3:1-10）。（2）七人を聖別して神の働きに奉献し、本人たちが神から与えられたその責任を受入れたことを確認したことである。

6:8　ステパノ・・・恵みと力　キリストと教会に心から仕えていたステパノには、神の好意が示されていた。さらに聖霊はステパノに「人々の間で、すばらしい不思議なわざとしるし」を行う力と福音を伝えるすぐれた知恵を与えておられた。それは反対者たちがその伝える真理に反論できないほどだった（6:10、⇒出4:15、ルカ21:15）。

7:2-53　兄弟たち、父たちよ。聞いてください　議会（ユダヤ人の宗教と自治の議会）でステパノが話したことは、キリストや最初の弟子たち、初期の教会の指導者たちが伝えた福音や信仰を弁護するものだった。ステパノは、聖書の教えに反対したりその教えを曲げようとしたりする人々から、聖書的信仰を守ろうとした最初の人であり模範である。そしてまたそのために死んだ最初の人である。主イエスはステパノの行動を認めて、天の御父の前に立上がってこの忠実なしもべが正しかったことを証明された（7:55注）。ステパノの真理を愛する心と、その真理をいのちを懸けて守り弁護しようとする覚悟は、「聖徒にひとたび伝えられた信仰のために戦う」（ユダ1:3）ことを拒む人々とは極めて対照的である。霊的に弱く惑わされている人々は愛と平安と忍耐を理由に戦おうとしない。そして自分たちの行動を弁護するかもしれないけれども、実際には、キリストがいのちを懸けて教えられた真理を曲げて教えるにせ教師たちに反対しなければならない必要を感じていないのである（→ガラ1:9注、→「**監督とその務め**」の項p.2021）。

ステパノの説教は短いけれども、先祖アブラハムからモーセ、ダビデ王やソロモン王までのユダヤ人の歴史を非常に詳しく示している。そしてアブラハムへの神

使徒の働き 7章

わたしがあなたに示す地に行け』と言われました。

4 そこで、アブラハムはカルデヤ人の地を出て、ハランに住みました。そして、父の死後、神は彼をそこから今あなたがたの住んでいるこの地にお移しになりましたが、

5 ここでは、足の踏み場となるだけのものさえも、相続財産として彼にお与えになりませんでした。それでも、子どももなかった彼に対して、この地を彼とその子孫に財産として与えることを約束されたのです。

6 また神は次のようなことを話されました。『彼の子孫は外国に移り住み、四百年間、奴隷にされ、虐待される。』

7 そして、こう言われました。『彼らを奴隷にする国民は、わたしがさばく。その後、彼らはのがれ出て、この所で、わたしを礼拝する。』

8 また神は、アブラハムに割礼の契約をお与えになりました。こうして、彼にイサクが生まれました。彼は八日目にイサクに割礼を施しました。それから、イサクにヤコブが生まれ、ヤコブに十二人の族長が生まれました。

9 族長たちはヨセフをねたんで、彼をエジプトに売りとばしました。しかし、神は彼とともにおられ、

10 あらゆる患難から彼を救い出し、エジプト王パロの前で、恵みと知恵をお与えになったので、パロは彼をエジプトと王の家全体を治める大臣に任じました。

11 ところが、エジプトとカナンとの全地にききんが起こり、大きな災難が襲って来たので、私たちの父祖たちには、食物がなくなりました。

12 しかし、ヤコブはエジプトに穀物があると聞いて、初めに私たちの父祖たちを遣わしました。

13 二回目のとき、ヨセフは兄弟たちに、自分のことを打ち明け、ヨセフの家族のことがパロに明らかになりました。

14 そこで、ヨセフは人をやって、父ヤコブと七十五人の全親族を呼び寄せました。

15 ヤコブはエジプトに下り、そこで彼も私たちの父祖たちも死にました。

16 そしてシケムに運ばれ、かねてアブラハムがいくらかの金でシケムのハモルの子から買っておいた墓に葬られました。

17 神がアブラハムにお立てになった約束の時が近づくにしたがって、民はエジプトの中にふえ広がり、

18 ヨセフのことを知らない別の王がエジプトの王位につくときまで続きました。

19 この王は、私たちの同胞に対して策略を巡らし、私たちの父祖たちを苦しめて、幼子を捨てさせ、生かしておけないようにしました。

20 このようなときに、モーセが生まれたのです。彼は神の目にかなった、かわいらしい子で、三か月の間、父の家で育てられましたが、

21 ついに捨てられたのをパロの娘が拾い上げ、自分の子として育てたのです。

22 モーセはエジプト人のあらゆる学問を教え込まれ、ことばにもわざにも力がありました。

23 四十歳になったころ、モーセはその兄弟であるイスラエル人を、顧みる心を起こしました。

24 そして、同胞のひとりが虐待されているのを見て、その人をかばい、エジプト人を打ち倒して、乱暴されているその人の仕返

---

4 ①創11:31, 15:7他
②創12:5
5 ①創12:7, 17:8他
6 ①創15:13, 14
7 ①出3:12
8 ①創17:10以下
②創21:2-4
③創25:26
④創29:31以下, 30:5以下, 35:23以下
9 ①創37:11, 28, 45:4, 39:2, 21, 22
10 ①創39:21, 41:40-46, 詩105:21
11 ①創41:54, 55, 42:5
12 ①創42:2

13 ①創45:1-4
14 ①創45:9, 10
②囲創46:26, 27, 出1:5, 申10:22
15 ①創46:5, 49:33, 出1:6
16 ①囲創23:16, 50:13, 創33:19, ヨシ24:32
＊囲「エモル」
17 ①出1:7, 8
18 ①出1:8
＊直訳「に起こるとき」
19 ①出1:10, 11, 16以下
20 ①出2:2
＊直訳「神に」
21 ①出2:5, 6, 10
22 ①囲Ⅰ出4:30, イザ19:11
23 ①出2:11, 12
24 ＊「同胞の」は補足

の召しやイスラエルの先祖たちの家系を強調している。またイスラエルの民がどのようにしてエジプトに住み着いたのか、また神がどのようにして奴隷の状態から神が良いとされた時に奇蹟的に解放してくださったのかを詳しく説明した。そして神の民が荒野で使った幕屋(移動可能な聖所、礼拝の中心)や、後にソロモンが建てた神殿についても話した。これらのことを通してステパノはイスラエルの民が神に反抗し、神がイスラエルを通して行っておられることを認めようとしなかったことを強調した。その人々は神の預言者たちを殺すことまでしたのである。ステパノは、宗教の指導者たちが神の御子を殺して同じことをしたと指摘した。神は神の民とともに住むことだけではなく、御霊によって神の民の中に住むことを計画しておられた。それなのに指導者たちはそれに対して目を開こうとしなかった。そして昔の人々と同じように、心をかたくなにしてステパノとその説教を拒み、神の目的を見失ってしまった。

しをしました。
25 彼は、自分の手によって神が兄弟たちに救いを与えようとしておられることを、みなが理解してくれるものと思っていましたが、彼らは理解しませんでした。
26 翌日彼は、兄弟たちが争っているところに現れ、和解させようとして、『あなたがたは、兄弟なのだ。それなのにどうしてお互いに傷つけ合っているのか』と言いました。
27 すると、隣人を傷つけていた者が、モーセを押しのけてこう言いました。『だれがあなたを、私たちの支配者や裁判官にしたのか。
28 きのうエジプト人を殺したように、私も殺す気か。』
29 このことばを聞いたモーセは、逃げてミデアンの地に身を寄せ、そこで男の子ふたりをもうけました。
30 四十年たったとき、御使いが、モーセに、シナイ山の荒野で柴の燃える炎の中に現れました。
31 その光景を見たモーセは驚いて、それをよく見ようとして近寄ったとき、主の御声が聞こえました。
32 『わたしはあなたの父祖たちの神、アブラハム、イサク、ヤコブの神である。』そこで、モーセは震え上がり、見定める勇気もなくなりました。
33 すると、主は彼にこう言われたのです。『あなたの足のくつを脱ぎなさい。あなたの立っている所は聖なる地である。
34 わたしは、確かにエジプトにいるわたし

25 * 別訳「解放」
26 ①出2:13, 14
27 ①出2:14, 使7:35
28 ①出2:14
29 ①出2:15, 22
30 ①出3:1, 2
31 ①出3:6
32 ①出3:5
33 ①出3:7

②出3:10
35 ①圏使7:27
36 ①出12:41, 33:1, 圏ヘブ8:9
②出16:35, 民14:33, 詩95:8-10, ヘブ3:8, 9, 使7:42, 13:18
③出7:3, 圏ヨハ4:48
37 * 別訳「私を立てられたように、ひとりの預言者を」
①申18:15, 使3:22
38 ①圏使7:53
②出19:17
* 圏「エクレシヤ」
③圏申32:47, ヘブ4:12
④ロマ3:2, ヘブ5:12, Ⅰペテ4:11
39 ①民14:3, 4
* 直訳「心中で振り向き」
40 ①出32:1, 23
41 ①出32:4, 6
②圏黙9:20
42 ①ヨシ24:20, イザ63:10, エレ19:13, エゼ20:39

の民の苦難を見、そのうめき声を聞いたので、彼らを救い出すために下って来た。さあ、行きなさい。わたしはあなたをエジプトに遣わそう。』
35 『だれがあなたを支配者や裁判官にしたのか』と言って人々が拒んだこのモーセを、神は柴の中で彼に現れた御使いの手によって、支配者また解放者としてお遣わしになったのです。
36 この人が、彼らを導き出し、エジプトの地で、紅海で、また四十年間荒野で、不思議なわざとしるしを行いました。
37 このモーセが、イスラエルの人々に、『神はあなたがたのために、私のようなひとりの預言者を、あなたがたの兄弟たちの中からお立てになる』と言ったのです。
38 また、この人が、シナイ山で彼に語った御使いや私たちの父祖たちとともに、荒野の集会において、生けるみことばを授かり、あなたがたに与えたのです。
39 ところが、私たちの父祖たちは彼に従うことを好まず、かえって彼を退け、エジプトをなつかしく思って、
40 『私たちに、先立って行く神々を作ってください。私たちをエジプトの地から導き出したモーセは、どうなったのかわかりませんから』とアロンに言いました。
41 そのころ彼らは子牛を作り、この偶像に供え物をささげ、彼らの手で作った物を楽しんでいました。
42 そこで、神は彼らに背を向け、彼らが天の星に仕えるままにされました。預言者たちの書に書いてあるとおりです。

7:38 荒野の集会 「荒野の集会」は神の選民であるイスラエル(神がご自分の計画と目的を全人類に明らかに示すために用いる人々)のことを指している。「教会」と訳されていることばは、ヘブル語では「カーハール」で、七十人訳聖書(旧約聖書のギリシヤ語訳)では「エクレーシア」(「集会」または「教会」と訳されている。(1) モーセが旧約聖書の教会を導いたように、キリストは新約聖書の教会を導かれる。新約聖書の教会は、「アブラハムの子孫」(アブラハムの霊的な子孫 ガラ3:29、⇒ロマ4:11-18)、「神のイスラエル」(霊的イスラエル ガラ6:16)と呼ばれている。それは教会が旧約聖書の神の民の継続であり、つながっていることを意味している。(2) 旧約聖書の教会と同じように、新約聖書の教会も「荒野」にあり、約束された目的地からまだ程遠いところにいる寄留の教会(この世界を通過しているだけ)である(ヘブ11:6-16)。したがって、私たちはこの地上の生活に満足してしまってはならない。それは究極の住まいではないからである。→「教会」の項 p.1668

7:42 神は・・・ままにされました ステパノは神の民の歴史の中で繰返し証明されてきた、神のことばにある確かな原理について話している。神を拒み続ける人々は、やがて悪やサタンや自分自身の不道徳な欲望の影響を受け続ける状態に捨て置かれるようになる(⇒

『イスラエルの家よ。あなたがたは
荒野にいた四十年の間に、
ほふられた獣と供え物とを、
わたしにささげたことがあったか。
43 あなたがたは、モロクの幕屋と
＊ロンパの神の星をかついでいた。
それらは、あなたがたが拝むために
作った偶像ではないか。
それゆえ、わたしは、あなたがたを
バビロンのかなたへ移す。』
44 私たちの父祖たちのためには、荒野にあかしの幕屋がありました。それは、見たとおりの形に造れとモーセに言われた方の命令どおりに、造られていました。
45 私たちの父祖たちは、この幕屋を次々に受け継いで、神が彼らの前から異邦人を追い払い、その領土を取らせてくださったときには、ヨシュアとともにそれを運び入れ、ついにダビデの時代となりました。
46 ダビデは神の前に恵みをいただき、ヤコブの神のために御住まいを得たいと願い求めました。
47 けれども、神のために家を建てたのはソロモンでした。
48 しかし、いと高き方は、手で造った家にはお住みになりません。預言者が語っているとおりです。
49 『主は言われる。
天はわたしの王座、
地はわたしの足の足台である。
あなたがたは、どのような家を
わたしのために建てようとするのか。
わたしの休む所とは、どこか。
50 わたしの手が、これらのものを

42 ②アモ5:25
③使7:36
43 ①アモ5:26, 27
＊異本「ロンパン」、「レンパム」、「ライパン」、「レパン」等
44 ①出25:8, 9, 38:21
45 ①ヨシ3:14以下, 18:1, 23:9, 24:18, 申32:49, 詩44:2, 3

46 ①Ⅱサム7:8以下, 詩132:1-5, 使13:22
＊ごく初期の写本に「家」とあるものが多い。七十人訳が「神」(詩132:5)である
47 ①Ⅰ列8:20
48 ①ルカ1:32
49 ①イザ66:1, マタ5:34, 35
50 ①イザ66:2

ロマ1:24, 28)。愛や罪の赦しは、私たちの状態や応答するかどうかに関係なく与えられるという評判の良い教えとは違って、神は無限に愛し赦される方ではない。神が罪を赦し愛を示してくださるのは、心を開いて自分の罪を認めて神にあわれみを求め、人生をキリストにゆだねて心から従順に神の目的に従い始める人に対してである。心を固くし神の御霊を拒み、罪の赦しと霊的な救いという神の賜物を拒む人には、神の怒りとさばきしか残されていない(ロマ2:4-6, 8)。

7:44 見たとおりの形に 神はいつも民のために、従うべきひな型を示してこられた。

(1) 神はモーセのために、古い契約(人々に対する神の律法と約束、神に対する人々の忠実と服従に基づくイスラエルとの「終生協定」)のもとで神を敬う生き方の基準になるひな型を与えられた。(a) 出エジプト記12章で、神はモーセにエジプトでの最初の過越(何百年にもわたる奴隷状態からイスラエルが解放される前の晩)について具体的な指示を与えられた。それはイスラエルの子孫が守り続ける原型になった(→「過越」の項 p.142)。(b) 出エジプト記20章で、神は将来の世代が守るべき道徳の原型と基準として十戒を与えられた(→「旧約聖書の律法」の項 p.158)。(c) 出エジプト記25章で、神はモーセに幕屋(可動式聖所、礼拝の中心)を建設するように命じられたけれども、それは天にあるものの写しであり、神がイエス・キリストを通して実現しようとしておられる霊的救いを象徴するものだった。モーセは神が神の知恵によって設計されたものと「全く同じように」、幕屋と全部の備品を注意深く造り上げた(出25:9, 40, ⇒ヘブ8:1-5, →「幕屋」の図 p.174,「幕屋の備品」の図 p.174)。

(2) 古い契約の時代に幕屋の型を示されたように、神は新しい契約(神の御子イエス・キリストのいのちと犠牲を通して霊的救いと人々との新しい関係を実現する神の計画)の時代の教会のために原型を決められた。新約聖書の教会の指導者は教会をどのように成長させ機能させるか、勝手に決めることはなかった。教会にとって適切な原型を定めた(新約聖書に聖霊が記録された神のことばを通して)のは、御父と御子(主イエス)である。福音書(マタイ、マルコ、ルカ、ヨハネによって書かれている主イエスの生涯の記録)全体、「使徒の働き」、教会に送られた新約聖書の手紙、黙示録の七つの教会に送られた手紙(黙2:-3:)などを通して、神は教会のために詳しい指示を与えられた。その指示は地域教会とともに、全世界の信仰者、キリストの弟子たちの組織にも適用されるものである。

(3) 残念なことに、新約聖書に記録されている時代の後、最初の指導者たちが世を去った後に、教会は次第に最初の啓示からそれていった。教会の指導者たちは、この世界の型に合せて神が示された天のひな型を変更し、周囲の文化圏に適応し過ぎるほどに適応していった。そして自分たちの団体の組織を人間的な考えや目的に沿って変えていった。その結果、人間がつくった教会の型や考え方が広がるようになった。

(4) イエス・キリストの教会がもう一度、神のご計画や力、臨在を完全に体験したいと思うなら、神の民全体が自分勝手な生き方を止め、新約聖書の原型を、時間を越えて神が教会に与えられた基準として受け止めていかなければならない(→「教会」の項 p.1668)。

使徒の働き　7-8章

みな、造ったのではないか。』
51 かたくなで、心と耳とに割礼を受けていない人たち。あなたがたは、父祖たちと同様に、いつも聖霊に逆らっているのです。
52 あなたがたの父祖たちが迫害しなかった預言者がだれかあったでしょうか。彼らは、正しい方が来られることを前もって宣べた人たちを殺したが、今はあなたがたが、この正しい方を裏切る者、殺す者となりました。
53 あなたがたは、御使いたちによって定められた律法を受けたが、それを守ったことはありません。」

ステパノの石打ち

54 人々はこれを聞いて、*はらわたが煮え返る思いで、ステパノに向かって歯ぎしりした。
55 しかし、聖霊に満たされていたステパノは、天を見つめ、神の栄光と、神の右に立っておられるイエスとを見て、
56 こう言った。「見なさい。天が開けて、人の子が神の右に立っておられるのが見え

51 ①出32:9, 33:3, 5, レビ26:41, 民27:14, イザ63:10, エレ6:10, 9:26
52 ①Ⅱ歴36:15, 16, マタ23:31, 37, 関マタ5:12 ②使22:14, 関使3:14, Ⅰヨハ2:1 ③関使3:14, 関使5:28
53 ①使7:38, ガラ3:19, ヘブ2:2, 関申33:2(七十人訳)
54 * 直訳「心をのこぎりで引き切る」, 関使5:33
55 ①関使2:4, ②関ヨハ11:41 ②関マコ16:19
56 ①関ヨハ1:51 ②関マタ8:20

58 ①レビ24:14,16,関ルカ4:29 ②関使6:13, 申13:9, 10, 17:7, ③関使8:1, 22:20, 関使26:10 ④使22:20
59 * 「主を」は補足 ①関使9:14, 21, 22:16, ロマ10:12, 13, 14, ⅠコリⅠ:2, Ⅱテモ2:22
60 ①関ルカ22:41 ②関マタ5:44, 関ルカ23:34 ③関ダニ12:2, マタ27:52, ヨハ11:11, 12, 使13:36, Ⅰコリ15:6, 18, 20, Ⅰテサ4:13以下, Ⅱペテ3:4

1 ①使7:58, 22:20, 関使26:10 ②関使9:31 ③関使1:8, 8:5, 14, 関使9:31 ④関使8:4, 11:19

ます。」
57 人々は大声で叫びながら、耳をおおい、いっせいにステパノに殺到した。
58 そして彼を町の外に追い出して、石で打ち殺した。証人たちは、自分たちの着物をサウロという青年の足もとに置いた。
59 こうして彼らがステパノに石を投げつけていると、ステパノは主を呼んで、こう言った。「主イエスよ。私の霊をお受けください。」
60 そして、ひざまずいて、大声でこう叫んだ。「主よ。この罪を彼らに負わせないでください。」こう言って、眠りについた。

8 1 サウロは、ステパノを殺すことに賛成していた。

教会が迫害を受けて散らされる

その日、エルサレムの教会に対する激しい迫害が起こり、使徒たち以外の者はみな、ユダヤとサマリヤの諸地方に散らされた。
2 敬虔な人たちはステパノを葬り、彼のために非常に悲しんだ。

7:51　いつも聖霊に逆らっているのです　イスラエルの歴史は、神と神が啓示されたみことばに従うことを繰返し拒んだ人々の物語である。神の律法の知恵に満ちた基準や制限に従わずに、人々の心は神を敬わない周囲の国々や文化圏の考え方や振舞、生活様式に引付けられていった。そして神に立返るように訴え、そうしなければさばきが下ると警告した預言者たち(同じ預言者たちがキリストの来られることを預言していた7:52-53)を殺した。このようにして人々は聖霊に逆らったのである。

キリストによる新しい契約によるイスラエル人(神の民、弟子たち)は、古い契約のイスラエル人がしたように真理を棄てることがないように注意しなければならない(→「**旧契約と新契約**」の項 p.2363)。キリストの教会も、キリストとみことばから離れて聖霊の声に耳をふさぐことがある。そのような信仰者は神のさばきを受けることになる。そして神の国が取去られてしまう(→ロマ11:20-22, 黙2:-3:)。

7:55　立っておられるイエスとを見て　聖書では通常、主イエスが神の右の座(天での最高の栄誉と権威の場所 2:34, マコ14:62, ルカ22:69, コロ3:1)に着いておられるように描かれている。けれどもここでは、主イエスは最初の殉教者(主義や信仰のために死

ぬ人)を天に迎え入れるために立っておられる。ステパノは人々の前で大胆にキリストを告白し信仰を擁護した。今キリストはこのしもべに敬意を払い、その働きを認めて天の御父に示されたのである。忠実なキリスト者が死に直面したときに、救い主は直ちに栄光の御国に迎え入れようと待っていてくださる(⇒マコ8:38, ルカ12:8, ロマ8:34, Ⅰヨハ2:1)。

8:1　激しい迫害　教会に対する最初の大規模な迫害を指導したのはサウロ(キリストを信じる信仰に霊的に回心をした後にはパウロと呼ばれた →9:, 13:9)だったと考えられる (8:1-3, 9:1)。迫害は激しく厳しいものだった。男性も女性も牢に入れられ(8:3)、むち打たれた(22:19)。殺される人も多かった(22:20, 26:10-11)。けれども神はこの迫害を用いて、教会の大宣教活動(神の福音をほかの地域、人種、文化圏へ伝えること 8:4)を開始された。神のご計画により、この困難な時期が主イエスの大宣教命令(福音を「ユダヤとサマリヤの全土、および地の果てにまで」伝えるようにという主イエスが直接与えられた命令 使1:8)を実現する出発点になったのである。迫害によってキリストの弟子たちはさらに大胆になり、「みことばを宣べながら、巡り歩いた」(8:4)。

使徒の働き 8章

3 サウロは教会を荒らし、家々に入って、男も女も引きずり出し、次々に牢に入れた。

サマリヤでのピリポ

4 他方、散らされた人たちは、みことばを宣べながら、巡り歩いた。5 ピリポはサマリヤの町に下って行き、人々にキリストを宣べ伝えた。6 群衆はピリポの話を聞き、その行っていたしるしを見て、みなそろって、彼の語ることに耳を傾けた。7 汚れた霊につかれた多くの人たちからは、その霊が大声で叫んで出て行くし、多くの中風の者や足のなえた者は直ったからである。

3 ①使9:1, 13, 21, 22:4, 19, 26:10, 11, Ⅰコリ15:9, ガラ1:13, ピリ3:6, Ⅰテモ1:13
②関ヤコ2:6
4 ①関使8:1
5 ①関使8:12, 15:35
6 ①関使6:5, 8:26, 30他
7 ①関マコ16:17
②関マタ4:24

8 ①使8:39, 関ヨハ4:40-42
9 ①使8:11, 13:6
②関使5:36
10 ①使14:11, 28:6
11 ①関使1:3
12 ①使8:4, 関使1:3
②関使2:38

8 それでその町に大きな喜びが起こった。

魔術師シモン

9 ところが、この町にシモンという人がいた。彼は以前からこの町で魔術を行って、サマリヤの人々を驚かし、自分は偉大な者だと話していた。10 小さな者から大きな者に至るまで、あらゆる人々が彼に関心を抱き、「この人こそ、大能と呼ばれる、神の力だ」と言っていた。11 人々が彼に関心を抱いたのは、長い間、その魔術に驚かされていたからである。12 しかし、ピリポが神の国とイエス・キリストの御名について宣べるのを信じた彼らは、男も女もバプテスマを受けた。

8:5-24 ピリポはサマリヤの町に下って行き サマリヤのキリスト者に聖霊が注がれた(神が御霊を送り弟子たちの中に住み豊かに満たし力を与えてくださること)ときには、次のようなことが連続して起きたことが記録されている。

(1) ピリポがキリストについてのメッセージを伝え、神は力ある奇蹟によってみことばを確かなものとされた(8:5-7)。

(2) 多くのサマリヤ人がみことばを受入れ(8:14)、主イエスを信じ(8:12)、癒され、悪霊から解放され(8:7)、水のバプテスマを受けた(8:12-13)。そしてこれらのことを通して霊的救い、人生を変える聖霊の働き、神の国の力を体験した(→8:12 注)。

(3) サマリヤ人はキリストを受入れ、キリストに従う決心をしたあかしとして水のバプテスマを受けた。けれども聖霊は「まだだれにも下っておられなかった」(聖霊のバプテスマを受けていなかった 8:16, →1:4, 2:18注)。

(4) しばらくしてからペテロとヨハネがサマリヤへ行き、サマリヤ人が聖霊を受けるように祈った(8:14-15)。霊的救い(キリストを信じる信仰によって与えられる)から聖霊のバプテスマ(8:16-17, ⇒2:4)までは確実にある期間があった。サマリヤ人の聖霊の受け方は、主イエスの弟子たちが五旬節に体験したものと同じ型だった(→「**弟子たちの新生**」の項 p.1931,「**聖霊のバプテスマ**」の項 p.1950)。

(5) 聖霊を受けたときには、はっきりとしたしるしや現れがあったと思われる。それは異言を話したり預言をしたりすることだったと思われる(→8:18注)。

8:6 その行っていたしるし キリストはみことばの真理を確実なものにするために奇蹟のしるしを約束された

けれども、この約束は最初の弟子たちや教会の指導者たちに限定されていなかった(マコ16:15-18, →「**信者に伴うしるし**」の項 p.1768)。弟子たちのメッセージを聞いてキリストを受入れた人(「信仰者」)も、主イエスの御名によってしるしを行うことができるとキリストは約束された。それは悪霊に人々を支配することを止めるように命令し(マコ16:17)、病人を癒す(マコ16:18)ことである。ピリポはこれを行っていた。

8:12 イエス・キリストの御名・・・を信じた サマリヤ人は霊的な救いを受ける条件を十分に満たしていた。そして御霊が下る前に既にキリスト者になっていた。

(1) サマリヤ人は「信じて、バプテスマを受け」ていた(→2:38注)。サマリヤ人の信仰が純粋な救いの信仰(神との個人的関係を結ぶ信仰)だったことは、二つの事実によって明らかである。(a) ピリポ(8:12)と使徒たち(8:14, →14:4注)はサマリヤ人の信仰は本物だと考えていた。(b) サマリヤ人は水のバプテスマによってキリストを信じたことを公に認めていた。聖書には、「信じてバプテスマを受ける者は、救われます」と書かれている(マコ16:16, →2:38注)。人々はバプテスマによって救われるのではない。けれどもバプテスマは主イエスと一つになる手段であり(→ロマ6:4注)、キリストを信じる信仰を公にあかしする手段である。この信仰の結果、サマリヤ人は霊的に「新しく生まれ」(ヨハ3:3-6)、内側に聖霊が住まわれるようになった(ロマ8:9)。

(2) 数日後に聖霊を受けた(8:17)のは救いのためではなかった。それは五旬節の日に弟子たちが受けたのと同じように、キリストに仕え福音を広めるための力が与えられることだった(1:8, 2:4)。ルカは「聖霊

¹³シモン自身も信じて、バプテスマを受け、いつもピリポについていた。そして、しるしとすばらしい奇蹟が行われるのを見て、驚いていた。

サマリヤ人が御霊を受ける

¹⁴さて、エルサレムにいる使徒たちは、サマリヤの人々が神のことばを受け入れたと聞いて、ペテロとヨハネを彼らのところへ遣わした。¹⁵ふたりは下って行って、人々が聖霊を受けるように祈った。¹⁶彼らは主イエスの御名によってバプテスマを受けていただけで、聖霊がまだだれにも下っておられなかったからである。¹⁷ふたりが彼らの上に手を置くと、彼らは聖霊を受けた。

ペテロがシモンを叱責する

¹⁸使徒たちが手を置くと御霊が与えられるのを見たシモンは、使徒たちのところに金を持って来て、¹⁹「私が手を置いた者がだれでも聖霊を受けられるように、この権威を私にも下さい」と言った。²⁰ペテロは彼に向かって言った。「あなたの金は、あなたとともに滅びるがよい。あなたは金で神の賜物を手に入れようと思っているからです。²¹あなたは、このことについては何の関係もないし、それにあずかることもできません。あなたの心が神の前に正しくないから

13 ①使8:6
　 囲使19:11
14 ①使8:1
　 囲ルカ22:8
15 ①使2:38, 囲使19:2
16 ①囲マタ28:19
17 ①囲使6:6, マコ5:23

② ①使2:4
20 ①使2:38, 囲マタ10:8, イザ55:1, Ⅱ列5:16, ダニ5:17
21 * 直訳「ことば」、別訳「教え」
　 ①申10:9, 12:12他, 囲エペ5:30
　 囲詩78:37

②聖霊
を受けた。

を受ける」ということばを力を受けるという意味で使っていて（1:8, 2:38, 8:17, 10:47, 19:2）、霊的救いという意味では使っていない（→「新生－霊的誕生と刷新」の項 p.1874,「弟子たちの新生」の項 p.1931,「聖霊のバプテスマ」の項 p.1950）。

（3）ある人々はサマリヤ人の信仰は霊的な救いや刷新に導く信仰（キリストと個人的な関係を結ぶ信仰）ではないと教えてきた。けれども聖霊と知恵に満ちたピリポ（6:3-5）が、まだ信仰を持っていないと思われる人々にバプテスマを授け、癒し、悪霊から解放していたとは考えられない。

8:16　まだだれにも下っておられなかった　サマリヤ人は、五旬節の日にキリストの弟子たちが体験したような（2:4）聖霊の力をまだ体験していなかった。聖霊はまだ「下って」おられず、父である神が約束され（1:4）、キリストが「あなたがたは聖霊のバプテスマを受ける」（1:5）と予告された御霊の賜物を受けていなかった。明らかに聖霊のバプテスマに伴うとされた霊的しるしや現れもなかった（→8:5-24注, 8:18注）。

8:17　彼らは聖霊を受けた　手を置くことによって（→6:6注）、サマリヤ人は聖霊を受けた。それは五旬節の日に起きた聖霊のバプテスマと同じ出来事だった（1:8, 2:4）。

（1）サマリヤ人の「二段階」の体験（最初に信じ、次に御霊に満たされる）は五旬節の日のキリストの弟子たちの「二段階」の体験が特異ではなかったことを示している。9:5-17のパウロや19:1-6のエペソ人の体験もサマリヤ人の体験と同じだった。まずキリストを救い主、主（罪を赦し人生を導く方）として受入れ、後に御霊に満たされた（御霊のバプテスマを受けた）のであ

る。救いに導く信仰から御霊のバプテスマを受けるまで、ある一定の期間を置かなければならないということはない。カイザリヤのキリスト者のように（10章）短時間でもよいのである。

（2）私たちは聖霊のバプテスマによって救われるのではない。救いに必要なのは悔い改めて（自分の罪深い生き方を認めて罪から離れ信仰を持って神に向かうこと）、人生をキリストに明け渡すことである。水のバプテスマが救いによって内側に起きたことを外側であかしするように（→ロマ6:4注）、聖霊のバプテスマは御霊の力強い臨在が信仰者の人生からあふれ出ていることを外側に証明するものである。神の御霊は救われた瞬間からキリスト者の内側で生きておられ、生活を導いておられる（ロマ8:9, Ⅰコリ6:19）。けれども聖霊のバプテスマは神の力とご計画を完全に体験するためになくてはならないものである。ある意味で、救いによって聖霊は人々の内側に入れられるけれども、「御霊に満たされ」ることによって御霊は内側から力強くあふれ出てくださるのである（→2:37-39, →4:31注）。

8:18　見たシモンは　御霊がサマリヤ人の上に下られたとき、魔術師（魔術の力を持っていると言う人）シモンにもはっきりとわかる現れがあった。目に見えるそのしるしは、五旬節の日に主イエスの弟子たちに御霊が最初に下られたときと同じようなもの（主として異言を話すこと）だったと言うことができる（→2:4, 10:45-46, 11:15注, 19:6, →「異言」の項 p.1957）。この目に見えるしるしによって、サマリヤ人も使徒たちもともに聖霊が新しく信仰者になった人々に力を与えるために下られたことを知ることができた。

8:21　あなたの心が・・・正しくない　「使徒の働き」を

です。
²²だから、この悪事を悔い改めて、主に祈りなさい。あるいは、心に抱いた思いが赦されるかもしれません。
²³あなたはまだ苦い胆汁と不義のきずなの中にいることが、私にはよくわかっています。」
²⁴シモンは答えて言った。「あなたがたの言われた事が何も私に起こらないように、私のために主に祈ってください。」
²⁵このようにして、使徒たちはおごそかにあかしをし、また主のことばを語って後、エルサレムへの帰途につき、サマリヤ人の多くの村でも福音を宣べ伝えた。

ピリポとエチオピヤ人

²⁶ところが、主の使いがピリポに向かってこう言った。「立って南へ行き、エルサレムからガザに下る道に出なさい。」（このガザは今、荒れ果てている。）
²⁷そこで、彼は立って出かけた。すると、そこに、エチオピヤ人の女王カンダケの高官で、女王の財産全部を管理していた宦官のエチオピヤ人がいた。彼は礼拝のためエルサレムに上り、
²⁸いま帰る途中であった。彼は馬車に乗って、預言者イザヤの書を読んでいた。
²⁹御霊がピリポに「近寄って、あの馬車といっしょに行きなさい」と言われた。
³⁰そこでピリポが走って行くと、預言者イザヤの書を読んでいるのが聞こえたので、

23 ①イザ58:6
25 ①📖ルカ16:28
　②📖使徒13:12
　③📖マタ10:5
　④📖使8:40
26 ①📖使5:19, 📘使8:29
　②📖使8:5
　③📘創10:19他
　＊別訳「これは、荒れ果てた道である」
27 ①詩68:31, 87:4, イザ56:3以下
28 ①📘Ⅰ列8:41, 42, ヨハ12:20
29 ①📖使10:19, 11:12, 13:2, 20:23, 21:11, 📘使16:6, 7, 28:25, ヘブ3:7, 使8:39

31 ＊「馬車に」は補足
32 ①イザ53:7
33 ①イザ53:8, 9
　＊別訳「生まれ」
35 ①📖マタ5:2
　②📖ルカ24:27, 使17:2, 18:28, 28:23
　③📖使5:42
36 ①使10:47
　＊異本は37節をこのあとに挿入している。「そこでピリポは言った。『もしあなたが心の底から信じるならば、よいのです。』すると彼は答えて言った。『私は、イエス・キリストが神の御子であると信じます。』」

「あなたは、読んでいることが、わかりますか」と言った。
³¹すると、その人は、「導く人がなければ、どうしてわかりましょう」と言った。そして、馬車に乗っていっしょにすわるように、ピリポに頼んだ。
³²彼が読んでいた聖書の個所には、こう書いてあった。
「ほふり場に連れて行かれる羊のように、
また、黙々として
毛を刈る者の前に立つ小羊のように、
彼は口を開かなかった。
³³彼は、卑しめられ、そのさばきも取り上げられた。
彼の時代のことを、だれが話すことができようか。
彼のいのちは地上から取り去られたのである。」
³⁴宦官はピリポに向かって言った。「預言者はだれについて、こう言っているのですか。どうか教えてください。自分についてですか。それとも、だれかほかの人についてですか。」
³⁵ピリポは口を開き、この聖句から始めて、イエスのことを彼に宣べ伝えた。
³⁶道を進んで行くうちに、水のある所に来たので、宦官は言った。「ご覧なさい。水があります。私がバプテスマを受けるのに、何かさしつかえがあるでしょうか。」
³⁸そして馬車を止めさせ、ピリポも宦官も

見ると、聖霊のバプテスマはイエス・キリストを既に受入れ、従っていく決心をした人にしか与えられていない。

（1）シモンは自分勝手に立場をわきまえず、聖霊の賜物と力と、その賜物を与える権威が欲しいと思った(8:19)。けれどもその願いは拒まれた。それはシモンが神の御前に正しくなく邪悪で、「不義のきずなの中」にいたからである(8:22-23)。聖霊の賜物は「神を恐れかしこみ、正義を行う人」にだけ与えられる(10:35, ⇒10:44-48, →5:32)。

（2）五旬節の前後には、キリストの弟子たちはよみがえられた救い主であり主である主イエスに仕え(1:2-14, 2:32)、祈り続けていた(1:14, 6:4)。そして罪や神を敬わないこの世の考えや振舞から離れ(2:38-40)、使徒たちの教えに従っていた(2:42,

6:4)。神の御霊は罪深い反抗的な生き方から離れ、キリストに頼り従っていく人にだけ繰返し、また新しく与えられた(⇒2:42, 3:1, 19, 22-26, 4:8, 19-35, 5:29-32, 6:4, 8:14-21, 9:1-19, 10:34-47, 19:1-6, 24:16)。御霊に満たされているためには御霊の導きに従い、私たちの中に神の品性を育てるようにしていただくことである(→ガラ5:16-25, エペ5:18)。

（3）主イエスとの個人的な関係がなく罪の性質に従って生きている人が聖霊のバプテスマと思われる超自然的な体験をしても、それはキリストが与えられたものではない(⇒Ⅰヨハ4:1-6)。それは「にせの」聖霊のバプテスマで、その特徴としては悪霊のしるしや悪霊の力が伴っている(マタ7:21-23, Ⅱテサ2:7-10, →「御霊のバプテスマの吟味」の項 p.1991)。

水の中へ降りて行き、ピリポは宦官にバプテスマを授けた。39 水から上がって来たとき、主の霊がピリポを連れ去られたので、宦官はそれから後彼を見なかったが、喜びながら帰って行った。
40 それからピリポはアゾトに現れ、すべての町々を通って福音を宣べ伝え、カイザリヤに行った。

サウロの回心
9:1-19　並行記事—使22:3-16, 26:9-18

9 ¹ さてサウロは、なおも主の弟子たちに対する脅かしと殺害の意に燃えて、大祭司のところに行き、
² ダマスコの諸会堂あての手紙を書いてくれるよう頼んだ。それは、この道の者であれば男でも女でも、見つけ次第縛り上げてエルサレムに引いて来るためであった。
³ ところが、道を進んで行って、ダマスコの近くまで来たとき、突然、天からの光が彼を巡り照らした。
⁴ 彼は地に倒れて、「サウロ、サウロ。なぜわたしを迫害するのか」という声を聞いた。
⁵ 彼が、「主よ。あなたはどなたですか」と言うと、お答えがあった。「わたしは、あなたが迫害しているイエスである。

⁶ 立ち上がって、町に入りなさい。そうすれば、あなたのしなければならないことが告げられるはずです。」
⁷ 同行していた人たちは、声は聞こえても、だれも見えないので、ものも言えずに立っていた。
⁸ サウロは地面から立ち上がったが、目は開いていても何も見えなかった。そこで人々は彼の手を引いて、ダマスコへ連れて行った。
⁹ 彼は三日の間、目が見えず、また飲み食いもしなかった。

¹⁰ さて、ダマスコにアナニヤという弟子がいた。主が彼に幻の中で、「アナニヤよ」と言われたので、「主よ。ここにおります」と答えた。
¹¹ すると主はこう言われた。「立って、『まっすぐ』という街路に行き、サウロというタルソ人をユダの家に尋ねなさい。そこで、彼は祈っています。
¹² 彼は、アナニヤという者が入って来て、自分の上に手を置くと、目が再び見えるようになるのを、幻で見たのです。」
¹³ しかし、アナニヤはこう答えた。「主よ。私は多くの人々から、この人がエルサレムで、あなたの聖徒たちにどんなにひどいことをしたかを聞きました。

9:3-19　パウロの霊的回心　この時までサウロ(後にパウロと呼ばれる 13:9)は、キリスト者に対する憎しみに燃え迫害をしていたことで有名だった。9:3-9にはダマスコの町の外で起きたキリストへの回心の様子が記録されている(⇒22:3-16, 26:9-18)。パウロの回心(心が変えられてキリストと霊的救いを受入れること)は、ユダの家ではなく(9:11)、町の外で起きことが次の点から明らかである。(1) パウロはキリストの指示に従い(9:6, 22:10, 26:15-19)、キリストの福音の「奉仕者、また証人」になり(26:16)、ユダヤ人以外の人々のための宣教師になり(26:17-19)、祈りに専心していた(9:11)。(2) アナニヤはパウロを「兄弟サウロ」と呼んだ(9:17)。アナニヤはサウロが新生(霊的に救われて神と新しい関係を持つこと →ヨハ3:3-7)を体験した信仰者で、キリストと神の使命に献身していると考えていた。パウロに必要なのはバプテスマを受けること(回心のあかしとして)と、目が見えるようになり聖霊に満たされることだった(9:

17-18, →9:17注)。

9:11　そこで、彼は祈っています　サウロ(パウロ)は主イエスに出会い、メシヤ(キリスト、救い主)として受入れ、その導きと権威に人生をゆだねた後、何も食べずに自分を神にささげる態度をもって導きを祈り求めた。純粋に救いに導く信仰(神の赦しを受け主イエスとの個人的関係を持つ信仰)を持ち、それによって人生が変えられると、主イエスとご計画を知りたいと願い祈りに励むようになる。

9:13　聖徒たち　新約聖書の中でキリストの弟子たちは「聖徒」と呼ばれている(⇒26:10, ロマ1:7, Ⅰコリ1:2, 黙13:7, 19:8)。(1)「聖徒」(《ギ》ハギオス)ということばは、基本的に「聖い」(道徳的に純粋、霊的に健全、罪からの分離、神への献身)という意味である。聖徒は「神に取分けられた人」、または「神の聖い民」である。その人々の生活は絶えず聖霊によって導かれ、聖別(霊的にきよめられ成長し取分けられる)されている(ロマ8:14, Ⅰコリ6:11, Ⅱテサ2:13, Ⅰペテ1:2)。

使徒の働き　9章

14 彼はここでも、あなたの御名を呼ぶ者たちをみな捕縛する権限を、祭司長たちから授けられているのです。」

15 しかし、主はこう言われた。「行きなさい。あの人はわたしの名を、異邦人、王たち、イスラエルの子孫の前に運ぶ、わたしの選びの器です。

16 彼がわたしの名のために、どんなに苦しまなければならないかを、わたしは彼に示すつもりです。」

17 そこでアナニヤは出かけて行って、その家に入り、サウロの上に手を置いてこう言った。「兄弟サウロ。あなたの来る途中、あなたに現れた主イエスが、私を遣わされました。あなたが再び見えるようになり、聖霊に満たされるためです。」

18 するとただちに、サウロの目からうろこのような物が落ちて、目が見えるようになった。彼は立ち上がって、バプテスマを受け、

19 食事をして元気づいた。

ダマスコとエルサレムでのサウロ

サウロは数日の間、ダマスコの弟子たちとともにいた。

20 そしてただちに、諸会堂で、イエスは神の子であると宣べ伝え始めた。

21 これを聞いた人々はみな、驚いてこう言った。「この人はエルサレムで、この御名を呼ぶ者たちを滅ぼした者ではありませんか。ここへやって来たのも、彼らを縛って、祭司長たちのところへ引いて行くためではないのですか。」

22 しかしサウロはますます力を増し、イエ

14 ①使7:59, ②使9:2, 21
15 ①ロマ11:13, 15:16, ガラ1:16, 2:7以下, エペ3:2, 8, Ⅰテモ2:7, Ⅱテモ4:17,
囲使22:21, 26:17
囲使25:22, 23, 26:1, 32,
囲Ⅱテモ4:16
②囲使21, ロマ1:1, ガラ1:15, エペ3:7,
囲ロマ9:23
16 ①使20:23, 21:11①使9:4, 13), Ⅰテサ3:3, 特にⅡコリ6:4, 5, 11:23-27
17 ①使9:3, ②囲マコ5:23,
囲使6:6
②使22:13
②囲使2:4
19 ①使26:20
②囲使11:26, 9:26, 38
20 ①使13:5, 14, 14:1, 17:2, 10, 18:4, 19, 19:8,
囲使16:13, 28:17
②囲マタ4:3, 使13:33,
囲使9:22
21 ①囲使9:14
②囲使8:3, 9:13, ガラ1:13, 23
22 * 直訳「この方」

したがって神を敬わないこの世界の生き方には意識的に背を向けて、主イエスに従うのである（ヨハ17:15-17, →「聖化」の項 p.2405）。ただし「聖徒」ということばは、既に完全になって罪を犯すことがないという意味ではない（⇒Ⅰヨハ2:1）。（2）信仰者のことを「救われた罪びと」と呼ぶ習慣は、新約聖書にはなかった。聖書の中では、キリストの弟子たちを呼ぶ一般的な呼び名は、「聖徒」だった。それは、(a) 神の善悪の基準に従って生きることが期待されていて（エペ5:3）、(b) 霊的に純粋で、キリストに仕え続けることが必要（Ⅰコリ1:30）であると強調されているからである。

9:16　わたしの名のために、・・・苦しまなければならない　サウロ（パウロ）の霊的変革には、キリストの福音を伝える任務だけではなく、キリストのために苦しむという召しも含まれていた。キリストのために苦しむことは、キリストの御国では神から最高の好意を受けたしるしである（14:22, マタ5:11-12, ロマ8:17, Ⅱテモ2:12）。苦しむことはしばしば実りの豊かな効果的な働きを生み出し（ヨハ12:24, Ⅱコリ1:3-6）、天において多くの報いを受けることになる（マタ5:12, Ⅱテモ2:12）。キリストの弟子たちは日々、「自分に死ぬ」（罪を拒み罪や自分勝手な欲望に応答しなくなること）ということを体験しなければならない（⇒ロマ6:2-11, 8:10-14, Ⅰコリ15:31）。「自分に死ぬ」ことによって、信仰者は自分の中を神のいのちが流れ、神の愛と救いをほかの人々に提供できるようになることを体験する（ロマ8:17-18, 36-37, Ⅱコリ4:10-12）。
パウロの苦しみの詳細　→20:23, Ⅱコリ4:8-18, 6:3-10, 11:23-27, ガラ6:17, Ⅱテモ1:11-12, →Ⅱコ

リ1:4注, 11:23注

9:17　兄弟サウロ　→9:3-19注

9:17　聖霊に満たされる　ダマスコへ行く途中でキリストと超自然的な出会いをしキリストに人生をゆだねた三日後に、パウロは聖霊に満たされた。パウロの体験は五旬節の弟子たちの体験と同じようだった（→「聖霊のバプテスマ」の項 p.1950）。初めに霊的新生を体験して救われ（→9:3-19注）、その後「聖霊に満たされた」のである。ルカはパウロが聖霊の賜物を受けたときに異言を話したとは特に書いていない。けれども次の理由から異言を話したと考えるのが妥当である。(1) 新約聖書が明らかにしている型によれば、御霊に満たされた人は異言（学んだことがない御霊が話させてくださる言語 2:4, 10:45-46, 19:6, →11:15注）を話し始める。(2) パウロ自身「私は、あなたがたのだれよりも多くの異言を話すことを神に感謝しています」と、しばしば異言を話したと言っている（Ⅰコリ14:18）。

9:18　彼は・・・バプテスマを受け　ルカが最も問題にしたのはパウロが異言を話したかどうかではなく、実際に御霊のバプテスマを受けたかどうかだった（9:17）。聖霊のバプテスマを願い求める人は、イエス・キリストに思いを集中しなければならない。聖霊はこの方の栄光を現すために来られる（ヨハ16:14）。目に見えるしるしや体験に思いを集中するべきではない。つまり、私たちは賜物ではなく与えてくださる方を求めるべきである（1:4, 2:33）。けれども聖霊に満たされたいと思うキリスト者は、そのバプテスマに目に見える霊的な証拠が伴うことも期待するべきである（2:4, 17, 聖霊の賜物を受けるための手引き, →「聖霊

スがキリストであることを証明して、ダマスコに住むユダヤ人たちをうろたえさせた。
23 多くの日数がたって後、ユダヤ人たちはサウロを殺す相談をしたが、
24 その陰謀はサウロに知られてしまった。彼らはサウロを殺してしまおうと、昼も夜も町の門を全部見張っていた。
25 そこで、彼の弟子たちは、夜中に彼をかごに乗せ、町の城壁伝いにつり降ろした。
26 サウロはエルサレムに着いて、弟子たちの仲間に入ろうと試みたが、みなは彼を弟子だとは信じないで、恐れていた。
27 ところが、バルナバは彼を引き受けて、使徒たちのところへ連れて行き、彼がダマスコへ行く途中で主を見た様子や、主が彼に向かって語られたこと、また彼がダマスコでイエスの御名を大胆に宣べた様子などを彼らに説明した。
28 それからサウロは、エルサレムで弟子たちとともにいて自由に出はいりし、主の御名によって大胆に語った。
29 そして、ギリシヤ語を使うユダヤ人たちと語ったり、論じたりしていた。しかし、彼らはサウロを殺そうとねらっていた。
30 兄弟たちはそれと知って、彼をカイザリヤに連れて下り、タルソへ送り出した。
31 こうして教会は、ユダヤ、ガリラヤ、サマリヤの全地にわたり築き上げられて平安を保ち、主を恐れかしこみ、聖霊に励まされて前進し続けたので、信者の数がふえて行った。

23 ①団ガラ1:17, 18
② 団Ⅰテサ2:16
24 ①使20:3, 19, 23:12, 30, 25:3
② 団Ⅱコリ11:32, 33
25 ①団マタ15:37
26 ①使22:17-20, 26:20
27 ①団使4:36
② 使9:19, 22
③ 使9:3-6
④ 使9:29, 団使4:13, 29
28 ①使9:29, 団使4:13, 29
29 ①団使6:1
30 ①団使1:15
② 団使8:40
③ 使9:11
④ 団ガラ1:21
31 ①団使5:11, 8:1, 16:5
＊「信者の数が」は補足

32 ①団Ⅰ歴8:12, エズ2:33, ネヘ7:37, 11:35
② 団使9:13
35 ①Ⅰ歴8:12, エズ2:33, ネヘ7:37, 11:35
② Ⅰ使5:16, 27:29, イザ33:9, 35:2, 65:10
③ 使9:21, 団使2:47, 団使9:42
36 ①ヨシ19:46, Ⅱ歴2:16, エズ3:7, ヨナ1:3, 団使9:38, 42, 43, 団10:5, 8, 23, 32, 11:5, 13
＊意味「かもしか」
37 ①使9:39, 団使1:13
② 団使6:1
38 ①ヨシ19:46, Ⅱ歴2:16, エズ3:7, ヨナ1:3, 団使9:36, 42, 43, 10:5, 8, 23, 32, 11:5, 13
39 ①団使9:37, 団使1:13
② 団使6:1
40 ①団マタ9:25
② 使7:60, 団ルカ22:41

アイネヤとドルカス

32 さて、ペテロはあらゆる所を巡回したが、ルダに住む聖徒たちのところへも下って行った。
33 彼はそこで、八年の間も床に着いているアイネヤという人に出会った。彼は中風であった。
34 ペテロは彼にこう言った。「アイネヤ。イエス・キリストがあなたをいやしてくださるのです。立ち上がりなさい。そして自分で床を整えなさい。」すると彼はただちに立ち上がった。
35 ルダとサロンに住む人々はみな、アイネヤを見て、主に立ち返った。
36 ヨッパにタビタ（ギリシヤ語に訳せば、＊ドルカス）という女の弟子がいた。この女は、多くの良いわざと施しをしていた。
37 ところが、そのころ彼女は病気になって死に、人々はその遺体を洗って、屋上の間に置いた。
38 ルダはヨッパに近かったので、弟子たちは、ペテロがそこにいると聞いて、人をふたり彼のところへ送って、「すぐに来てください」と頼んだ。
39 そこでペテロは立って、いっしょに出かけた。ペテロが到着すると、彼らは屋上の間に案内した。やもめたちはみな泣きながら、彼のそばに来て、ドルカスがいっしょにいたころ作ってくれた下着や上着の数々を見せるのであった。
40 ペテロはみなの者を外に出し、ひざます

のバプテスマ」の項 p.1950）。

9:31　主を恐れかしこみ　ルカ（著者）は福音書（→ルカ1:50, 18:2, 23:40）と「使徒の働き」の両方で、「神を恐れかしこむ」必要を強調している。ユダヤ人を超えてほかの文化圏の人々にまでキリストの福音を伝える教会の宣教の働きは、神を恐れる人々から始まった（10:2, 22, 35, 13:16, 26）。「主を恐れかしこむ」ことは、実際には教会の数が増える大きな理由でもあった。神を恐れるということは、神の無限の力と権威に対して驚きと敬意を感じることである。そのことによって私たちは、いのちを与えるとともにさばきを行う最高の方である神に対して申開きをしなければならないことに気付くようになる。主を恐れることによって信頼と従順が生れ、悪や神を悲しませたり汚したり

するものを避けるようになる（ヨブ28:28, 詩111:10, 箴1:7）。そうすることによって、今度は聖霊の励ましを受けることになる。　詳細　→「**神への恐れ**」の項 p.316

9:36　ドルカス・・・多くの良いわざ・・・をしていた　神はペテロを通して働き、癒しを行い（9:33-35）、死者をよみがえらせられたけれども（9:40）、ドルカスの親切で愛に満ちた行いを通しても働いておられた。困っている人々を助ける愛の行いは、聖霊の目に見える働きの一つで、肉体の癒しやほかの奇蹟と同じように重要である。パウロはこの真理をコリント人への手紙Ⅰ13章で教えている（⇒Ⅰペテ4:10-11, →「**貧困者への配慮**」の項 p.1510）。

いて祈った。そしてその遺体のほうを向いて、「タビタ。起きなさい」と言った。すると彼女は目をあけ、ペテロを見て起き上がった。

41 そこで、ペテロは手を貸して彼女を立たせた。そして聖徒たちとやもめたちとを呼んで、生きている彼女を見せた。

42 このことはヨッパ中に知れ渡り、多くの人々が主を信じた。

43 そして、ペテロはしばらくの間、ヨッパで、皮なめしのシモンという人の家に泊まっていた。

コルネリオがペテロを招く

10 1 さて、カイザリヤにコルネリオという人がいて、イタリア隊という部隊の百人隊長であった。

2 彼は敬虔な人で、全家族とともに神を恐れかしこみ、ユダヤの人々に多くの施しをなし、いつも神に祈りをしていたが、

3 ある日の午後三時ごろ、幻の中で、はっきりと神の御使いを見た。御使いは彼のところに来て、「コルネリオ」と呼んだ。

4 彼は、御使いを見つめていると、恐ろしくなって、「主よ。何でしょうか」と答えた。すると御使いはこう言った。「あなたの祈りと施しは神の前に立ち上って、覚えられています。

5 さあ今、ヨッパに人をやって、シモンという人を招きなさい。彼の名はペテロとも呼ばれています。

6 この人は皮なめしのシモンという人の家に泊まっていますが、その家は海べにあります。」

7 御使いが彼にこう語って立ち去ると、コルネリオはそのしもべたちの中のふたりと、側近の部下の中の敬虔な兵士ひとりとを呼び寄せ、

8 全部のことを説明してから、彼らをヨッパへ遣わした。

ペテロの幻

10:9-32　参照記事→使11:5-14

9 その翌日、この人たちが旅を続けて、町の近くまで来たころ、ペテロは祈りをするために屋上に上った。昼の十二時ごろであった。

10 すると彼は非常に空腹を覚え、食事を

10:4　あなたの祈り・・・神の前に・・・覚えられています　私たちの祈りはいけにえであり、直接神をほめたたえるささげものであると神は考えておられる。また、祈りは私たちが神に頼り仕え続けていることを明らかにする（→詩141:2, ヘブ13:15-16）。

10:9　ペテロは祈りをするために屋上に上った　聖書（書かれた神のことば）の著者である聖霊は、新約聖書のキリスト者は熱心に祈る人々だったことを明らかにしておられる。弟子たちは、毎日数分間祈るだけでは力ある神の国（神の権威、力、目的、生き方）が現れることも体験することもできないことを知っていた（1:14, 2:42, 3:1, 6:4, エペ6:18, コロ4:2）。

(1) 熱心なユダヤ人は毎日2回も3回も祈った（⇒詩55:17, ダニ6:10）。同じように心を込めて祈ることはキリスト者、特にその指導者たち（6:4）の習慣だった。ペテロとヨハネは「祈りの時間に宮に上って行った」けれども（3:1）、ルカとパウロも同じだった（16:16）。ペテロは毎日規則正しく正午に祈った。神はコルネリオが忠実に祈りの時間を守っていることに報いられた（10:30～）。

(2) 神のことばはキリスト者に、忠実に祈り（ロマ12:12）、いつでも祈り（ルカ18:1）、絶えず祈り（Ⅰテサ5:17）、どこででも祈り（Ⅰテモ2:8）、すべての祈りと願いを用いてどんなときにも祈り（エペソ6:18）、たゆみなく祈り（コロ4:2）、力強く祈るように（ヤコ5:16）強く勧めている。毎日変わらずに祈り続けることこそ、罪やサタンやこの世界の悪との戦いに勝利する力であり、人々をキリストに導く努力をする中で勝利をすることができる力である（→「**効果的な祈り**」の項 p.585）。

(3) 主イエスが捕えられた夜、急に弟子たちに「一時間でも」目を覚まして祈っているようにと訴えられたこと（マタ26:38-41）を思うと、私たちが今生きている終りの時にある緊急性についても考える必要がある。キリストの弟子ひとりひとりが毎日きちんと祈りとみことばを学ぶ時間をとる（主イエスが弟子たちに言われたように少なくとも「一時間」）なら、神はどれほど喜ばれることだろう。このような時間を持つなら、みことばをよりよく理解して神の目的を実現し、地上の神の国を前進させることができる（マタ6:10, 33）。

(4) 一時間の祈りの中では次のようなことができる。(a) 声に出して賛美する。(b) 主に向って歌う。(c) 感謝する。(d) 神を待望む。(e) みことばを読む。(f) 御霊の声を聞く。(g) 聖書のことばを用いて

使徒の働き　10章

たくなった。ところが、食事の用意がされている間に、彼はうっとりと夢ごこちになった。

11 見ると、天が開けており、大きな敷布のような入れ物が、四隅をつるされて地上に降りて来た。

12 その中には、地上のあらゆる種類の四つ足の動物や、はうもの、また、空の鳥などがいた。

13 そして、彼に、「ペテロ。さあ、ほふって食べなさい」という声が聞こえた。

14 しかしペテロは言った。「主よ。それはできません。私はまだ一度も、きよくない物や汚れた物を食べたことがありません。」

15 すると、再び声があって、彼にこう言った。「神がきよめた物を、きよくないと言ってはならない。」

16 こんなことが三回あって後、その入れ物はすぐ天に引き上げられた。

17 ペテロが、いま見た幻はいったいどういうことだろう、と思い惑っていると、*ちょうどそのとき、コルネリオから遣わされた人たちが、シモンの家をたずね当てて、その門口に立っていた。

18 そして、声をかけて、ペテロと呼ばれるシモンという人がここに泊まっているだろうかと尋ねていた。

19 ペテロが幻について思い巡らしていると、御霊が彼にこう言われた。「見なさい。*三人の人があなたをたずねて来ています。

20 さあ、下に降りて行って、*ためらわずに、彼らといっしょに行きなさい。彼らを遣わしたのはわたしです。」

21 そこでペテロは、その人たちのところへ降りて行って、こう言った。「あなたがたのたずねているペテロは、私です。どんなご用でおいでになったのですか。」

22 すると彼らはこう言った。「百人隊長コルネリオという正しい人で、神を恐れかしこみ、ユダヤの全国民に評判の良い人が、あなたを自分の家にお招きして、あなたからお話を聞くように、聖なる御使いによって示されました。」

23 それで、ペテロは、彼らを中に入れて泊まらせた。

コルネリオの家でのペテロ

明くる日、ペテロは、立って彼らといっしょに出かけた。ヨッパの兄弟たちも数人同行した。

24 その翌日、彼らはカイザリヤに着いた。コルネリオは、親族や親しい友人たちを呼び集め、彼らを待っていた。

25 ペテロが着くと、コルネリオは出迎えて、彼の足もとにひれ伏して拝んだ。

26 するとペテロは彼を起こして、「お立ちなさい。私もひとりの人間です」と言った。

27 それから、コルネリオとことばをかわしながら家に入り、多くの人が集まっているのを見て、

28 彼らにこう言った。「ご承知のとおり、ユダヤ人が外国人の仲間に入ったり、訪問したりするのは、律法にかなわないことです。ところが、神は私に、どんな人のことでも、きよくないとか、汚れているとか言ってはならないことを示してくださいま

祈る。(h) 自分の欠点や失敗を告白する。(i) 人のために祈る。(j) 自分の必要が満たされるように訴える。(k) 異言で祈る。

10:19　御霊が彼にこう言われた　人々がみな霊的に救われて主イエスとの個人的で永遠の関係を持つことを聖霊は望んでおられる(マタ28:19、Ⅱペテ3:9)。キリストの弟子たちは御霊を受けたので、ほかの人々にもみなキリストを知り受け入れてほしいと願った。けれども救いや神との個人的な関係は、イスラエル人にだけ与えられて継承されていく特別な権利ではないことを知的には十分に理解していなかった。神の賜物は、今やあらゆる国の人々に自由に与えられていた

(10:34-35)。このような広いビジョンを教会に与えられたのは聖霊である。「使徒の働き」の中で福音をほかの国々に伝える使命を背後にあって支えた力は聖霊であり、教会を新しい奉仕の働きの領域へと導かれたのも聖霊だった(8:29, 39、11:11-12、13:2, 4、16:6、19:21)。御霊が注がれることと、宣教(キリストの福音をほかの民、国々、文化圏へ伝えること)への情熱はいつも一体である(⇒1:8)。今日多くのキリスト者は、自分たちの地域の人々にキリストを知ってほしいと願っている。けれども、全世界の人々に福音を伝える人を送ろうとする聖霊のご計画についてはあまり理解していないし、積極的に加わろうともしていない

した。²⁹それで、お迎えを受けたとき、ためらわずに来たのです。そこで、お尋ねしますが、あなたがたは、いったいどういうわけで私をお招きになったのですか。」

³⁰するとコルネリオがこう言った。「四日前のこの時刻に、私が家で午後三時の祈りをしていますと、**どうでしょう、輝いた衣を着た人が、私の前に立って、³¹こう言いました。『コルネリオ。あなたの祈りは聞き入れられ、あなたの施しは神の前に覚えられている。

30 ①使10:9, 22, 23
②使10:3, 3:1
＊直訳「第九時」
＊＊直訳「見よ」
③使10:30-32,
㋓使10:3-6

32 ①使11:3,
㋢ヨハ4:9, 18:28
34 ①㋐マタ5:2
②申10:17, Ⅱ歴19:7,
ロマ2:11, ガラ2:6,
エペ6:9, コロ3:25,
Ⅰペテ1:17

³²それで、ヨッパに人をやってシモンを招きなさい。彼の名はペテロとも呼ばれている。この人は海べにある、皮なめしのシモンの家に泊まっている。』³³それで、私はすぐあなたのところへ人を送ったのですが、よくおいでくださいました。いま私たちは、主があなたにお命じになったすべてのことを伺おうとして、みな神の御前に出ております。」

³⁴そこでペテロは、口を開いてこう言った。「これで私は、はっきりわかりました。神はかたよったことをなさらず、

(→マタ28:19注, ルカ24:47注)。

10:34 神はかたよったことをなさらず 神はある国や民族をえこひいきしたり、国籍や生まれ、階級などによる差別をされることはない（⇒ヤコ2:1）。神はどのような国や民族の人でも、罪深い生き方から離れ神の赦しを受入れて人生をキリストにゆだね、神のご計画に従順に従う人々に好意を示して受入れてくださる（10:35, ⇒ロマ2:6-11）。そのように生きる人はだれ

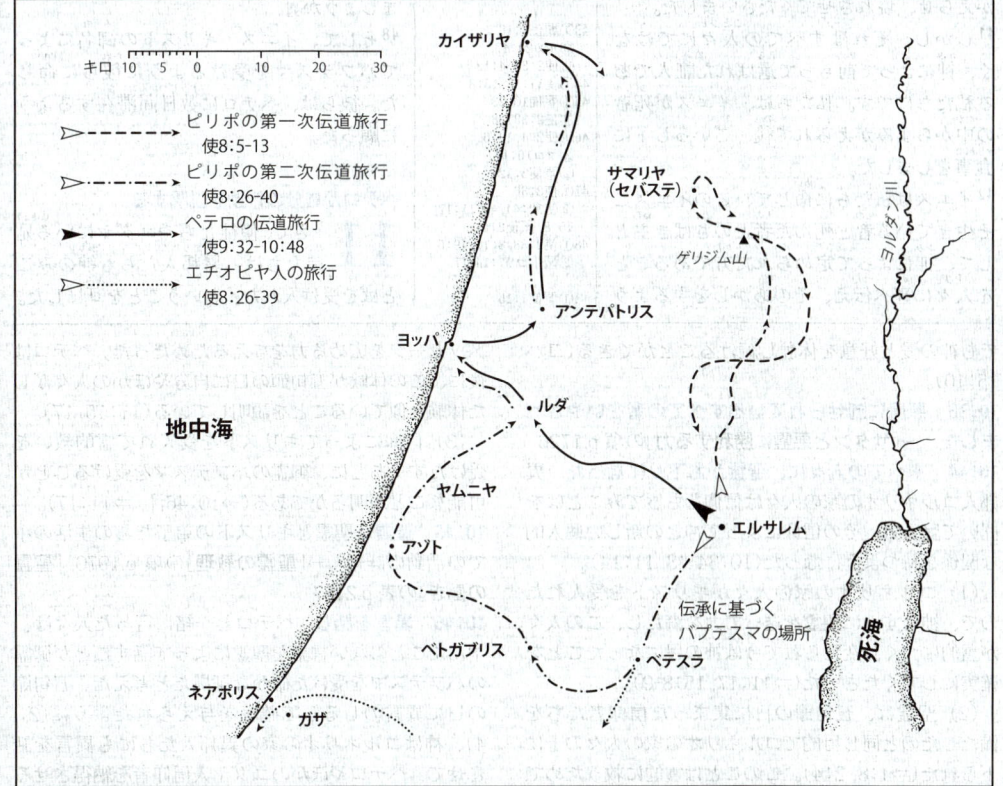

ピリポとペテロの伝道旅行

使徒の働き　10-11章

35 どの国の人であっても、神を恐れかしこみ、正義を行う人なら、神に受け入れられるのです。
36 神はイエス・キリストによって、平和を宣べ伝え、イスラエルの子孫にみことばをお送りになりました。このイエス・キリストはすべての人の主です。
37 あなたがたは、ヨハネが宣べ伝えたバプテスマの後、ガリラヤから始まって、ユダヤ全土に起こった事がらを、よくご存じです。
38 それは、ナザレのイエスのことです。神はこの方に聖霊と力を注がれました。このイエスは、神がともにおられたので、巡り歩いて良いわざをなし、また悪魔に制せられているすべての者をいやされました。
39 私たちは、イエスがユダヤ人の地とエルサレムとで行われたすべてのことの証人です。人々はこの方を木にかけて殺しました。
40 しかし、神はこのイエスを三日目によみがえらせ、現れさせてくださいました。
41 しかし、それはすべての人々にではなく、神によって前もって選ばれた証人である私たちにです。私たちは、イエスが死者の中からよみがえられて後、ごいっしょに*食事をしました。
42 イエスは私たちに命じて、このイエスこそ生きている者と死んだ者とのさばき主として、神によって定められた方であることを人々に宣べ伝え、そのあかしをするよう

35 ①使10:28　②団使10:2　*あるいは「敬い」
36 *異本「神がすべての人の……イスラエルの子孫に送られたことばについては」
①ルカ1:79, 2:14, ロマ5:1, エペ2:17
②団使13:32
③団使10:12, 使2:36, マタ28:18
38 *別訳「すなわち、神がどのようにナザレのイエスに……を注がれたかを」
①使2:22
②団使4:26
③ヨハ3:2
④団マタ4:23
39 ①団ルカ24:48, 団使10:41
②団使5:30
40 ①団使2:24
41 ①団ヨハ14:19, 22, 15:27
②団ルカ24:48, 使10:39
③ルカ24:43, 使1:4
*直訳「食べたり、飲んだりしました」
42 ①団使1:2
②Ⅱテモテ4:1, Ⅰペテ4:5, ヨハ5:22, 27, 団使17:31
③団ルカ22:22
④団ルカ16:28
43 ①団使3:18
②ルカ24:47, 団使2:38, 4:12
44 ①使11:15, 15:8
45 ①団使10:23
②団使2:33, 38
46 ①使2:4, 19:6, 団マコ16:17
②団使3:12
47 ①使8:36
②団使10:44, 45, 11:17, 15:8, 団使2:4
48 ①団使2:38, 8:16, 19:5
②団Ⅰコリ1:14-17
1 ①団使1:15

に、言われたのです。
43 イエスについては、預言者たちもみな、この方を信じる者はだれでも、その名によって罪の赦しが受けられる、とあかししています。」

異邦人が御霊を受ける

44 ペテロがなおもこれらのことばを話し続けているとき、みことばに耳を傾けていたすべての人々に、聖霊がお下りになった。
45 割礼を受けている信者で、ペテロといっしょに来た人たちは、異邦人にも聖霊の賜物が注がれたので驚いた。
46 彼らが異言を話し、神を賛美するのを聞いたからである。そこでペテロはこう言った。
47 「この人たちは、私たちと同じように、聖霊を受けたのですから、いったいだれが、水をさし止めて、この人たちにバプテスマを受けさせないようにすることができましょうか。」
48 そして、イエス・キリストの御名によってバプテスマを受けるように彼らに命じた。彼らは、ペテロに数日間滞在するように願った。

ペテロが自分の行動を説明する

11 1 さて、使徒たちやユダヤにいる兄弟たちは、異邦人たちも神のみことばを受け入れた、ということを耳にした。

でも神の愛と好意を体験し続けることができる（ヨハ15:10）。

10:38　悪魔に制せられているすべての者をいやされました　→「サタンと悪霊に勝利する力」の項 p.1726

10:44　すべての人々に、聖霊がお下りになった　異邦人コルネリオの家の人々は信仰をもってみことばを聞いて受入れ、その信仰によって神との新しい個人的な関係を持つようになった（10:34-48, 11:14）。

（1）コルネリオの家の人々がキリストを受入れたので、神はすぐに聖霊を送って力を満たし、この人々が霊的につくり変えられて今は神の民になったことを確実にしてくださった（⇒11:17, 15:8-9）。

（2）聖霊は、五旬節の日に集まった信仰者たちを満たしたのと同じ目的でコルネリオの家の人々の上に下られた（⇒1:8, 2:4）。このことは霊的に救うためではなく（既に信仰によってキリストを信じていた）、メッセージを広める力を与えるためだった。ペテロは後に、この体験が五旬節の日に自分やほかの人々がした体験と似ていることを説明している（11:15, 17）。

（3）信仰によってキリストを受入れて霊的救いを受けたすぐあとに、御霊のバプテスマを受けることが可能なことが明らかである（→10:46注, ⇒11:17）。

10:45　聖霊　聖霊とキリストの弟子たちの生活の中での活動の詳細　→「聖霊の教理」の項 p.1970,「聖霊の働き」の表 p.2187

10:46　異言を話し　ペテロと一緒に行った人々は、学んだことのない言語を聖霊によって話すことが御霊のバプテスマを受けた確かな証拠だと考えた。五旬節の日に異言のしるしで確証を与えられたように（2:4）、神はコルネリオの家の異邦人たちにも異言を話させて、ペテロやほかのユダヤ人信仰者を納得させるしるしとされたのである（→「異言」の項 p.1957）。

御霊のバプテスマの吟味

「ペテロがなおもこれらのことばを話し続けているとき、みことばに耳を傾けていたすべての人々に、聖霊がお下りになった。割礼を受けている信者で、ペテロといっしょに来た人たちは、異邦人にも聖霊の賜物が注がれたので驚いた。」(使徒の働き10：44-45)

聖書はキリストを信じて従う人々に神が与えられた識別力(正しい理解をもたらす知恵)を用いて、聖霊の働きのように見えるもの全部に対して正しい判断をするようにと教えている(Ⅰテサ5：19-21、⇒Ⅰコリ14：29)。「霊だからといって、みな信じてはいけません。それらの霊が神からのものかどうかを、ためしなさい」(Ⅰヨハ4：1)。聖霊のバプテスマを受けたと主張する人またはそのように振舞う人が本当に神によってその体験をしたのかどうかを判断する場合には、次のような聖書的原理がガイドラインになる(この問題の土台 →「聖霊のバプテスマ」の項 p.1950)。

(1) 聖霊のバプテスマが本物なら、それまで以上に父である神と主イエス・キリストを愛し、あがめ、礼拝するようになる(→ヨハ16：13-14、使2：11、36、4：12、7：55-56、10：44-46)。心の中で神に対する愛が成長するのは、聖霊の働きによるのである(ロマ5：5)。けれども霊的体験が私たちの思いや祈り、また礼拝と愛情を神と主イエス以外のものに向けさせるようなら、それは神によるものではない。

(2) 聖霊のバプテスマが本物なら、天の父との関係についてさらに注意をするようになり(→使1：4)、神が私たちを愛し神の子として配慮をしてくださることを確信できるようになる(ロマ8：15-16、ガラ4：6)。また日常生活でキリストの臨在を強く意識するようになる(ヨハ14：16、23、15：26)。けれどもキリストとのより深い関係や神の深い配慮と神との交わりをより強く意識するようにならない霊的体験は、神から与えられたものではない。

(3) 聖霊のバプテスマが本物なら、神のことばをさらに愛し正しく認識するようになる。真理の御霊(ヨハ14：17)は神のことばを書いた人々に霊感を与えて、神が思っておられる通りに書くように導かれた(Ⅱテモ3：16、Ⅱペテ1：20-21)。そして神のことばの真理に対する私たちの愛と献身を深めてくださる(ヨハ16：13、使2：42、3：22、Ⅰヨハ4：6、→「聖書の霊感と権威」の項 p.2323)。けれども神のことばを読み、そして従いたいという飢え渇きを増さない霊的体験は、神によるものではない(⇒ヨハ8：31、15：4-7)。

(4) 聖霊のバプテスマが本物なら、キリストに従うほかの人々に対する愛と関心が深まる(使2：42-47、4：31-37)。キリスト者の交わりと共同社会は、御霊が与えてくださる一致を土台にしたものでなければならない(Ⅱコリ13：13)。けれども主イエスを人生の権威として従おうとしている人々に対する愛を邪魔したり減少させたりする霊的体験は、神によるものではない(ロマ5：5、⇒Ⅰヨハ4：21)。

(5) 聖霊のバプテスマが本物なら、その前に悔い改め(自分勝手な罪深い道を認めそれから離れキリストに降伏すること)とキリストに対する忠実な服従がある(使2：38、8：15-24)。聖霊のバプテスマの効果と影響は、私たちが神の御霊によってきよくされ品性が養われ神の目的を実現する備えをしているなら、その間ずっと続いていく(使2：40、3：26、5：29-32、8：21、26：18、ガラ5：16-25)。そのためには、人間性の中にある罪を犯す傾向に打勝つように聖霊に導かれ助けていただくことが必要である。それは、「からだの行いを殺し」、「神の御霊に導かれる」ことである(ロマ 8：13-14、⇒ガラ5：24-25、→「罪の性質の行いと御霊の実」の項 p.2208)。けれどもキリストの赦しを受入れず罪(自分の罪深い性質の願いに従うこと)から解放されていない人は、聖霊のバプテスマを体験することはできない(使2：38-40、8：18-23、ロマ6：22-23、8：2-15)。そのような人に与えられているように見える力は、別の源、つまりサタンの偽りの活動から来たものと思われる(⇒詩5：4-5、Ⅱコリ11：13-15、Ⅱテサ2：9-10)。

(6) 聖霊のバプテスマが本物なら、神に逆らい霊的に聖い神の特性に反する活動に対して不満が増大す

る。そして地上の富や名声を利己的に追求することをやめるようになる(使4:32-37, 8:14-24, 20:33, Ⅰヨハ2:15-17)。けれども世間で一般的な神を敬わない考えや行動や生活様式を受入れることを認めるような霊的体験は、神から与えられたものではない。なぜならキリストに従う人々は、「この世の霊を受けたのではなく、神の御霊を受け」(Ⅰコリ2:12)ているからである。 →「**キリスト者とこの世**」の項 p.2437

(7) 聖霊のバプテスマが本物なら、イエス・キリストを信じる信仰による罪の赦し、霊的救い、永遠のいのちの賜物についてのメッセージを広めたいという願いと力が増大する(⇒ルカ4:18, 使1:4-8, 2:1-4, 37-42, 4:8-33, ロマ9:1-3, 10:1)。けれどもほかの人々がキリストを個人的に知るようになることを願うようにならない霊的体験は、神によるものではない(→使4:20注)。

(8) 聖霊のバプテスマが本物なら、教会全体(キリストに従う人々の間)と個人の生活の中での御霊の働きと目的に、心を開き受入れる姿勢がつくり出される。これは御霊の賜物(神をあがめほかの人々の益になるために神が与えられる特別な能力)、特に聖霊のバプテスマの最初の外面的しるしとして使徒の働きに示されている異言を話す賜物(使2:4, 16-18, 43, 4:29-30, 5:12-16, 6:8, 8:5-7, 10:44-46, Ⅰコリ12:-14:, ガラ3:5, →「**異言**」の項 p.1957)についても言えることである。けれども生活の中により明らかな御霊の現れを生み出さない霊的体験は、使徒の働きに描かれている新約聖書のキリスト者の体験と合致したものではない(使2:4, 18, 10:45-46, 19:6, →「**聖霊の働き**」の表 p.2187)。

(9) 聖霊のバプテスマが本物なら、日常生活の中で聖霊の働きと導きと臨在をさらに意識するようになる。新約聖書の信仰者たちは聖霊のバプテスマを受けた後、御霊の臨在と力と導きを絶えず感じていた(使2:4, 16-18, 4:31, 6:5, 9:31, 10:19, 13:2, 4, 52, 15:28, 16:6-7, 20:23)。けれども御霊の臨在についての意識を増さず、御霊の導きに従いたいという願いを強めない霊的体験は、神の御霊の本当の体験ではない。さらに神に喜ばれ私たちに対する神の目的を実現し、あらゆる面で神の働きの前進につながるような生き方をしようという私たちの目標を強化しないものは(エペ4:30, Ⅰテサ5:19)、神によるものではない。

使徒の働き　11章

2 そこで、ペテロがエルサレムに上ったとき、割礼を受けた者たちは、彼を非難して、
3 「あなたは割礼のない人々のところに行って、彼らといっしょに食事をした」と言った。
4 そこでペテロは口を開いて、事の次第を順序正しく説明して言った。
5 「私がヨッパの町で祈っていると、うっとりと夢ごこちになり、幻を見ました。四隅をつり下げられた大きな敷布のような入れ物が天から降りて来て、私のところに届いたのです。
6 その中をよく見ると、地の四つ足の獣、野獣、はうもの、空の鳥などが見えました。
7 そして、『ペテロ。さあ、ほふって食べなさい』と言う声を聞きました。
8 しかし私は、『主よ。それはできません。私はまだ一度も、きよくない物や汚れた物を食べたことがありません』と言いました。
9 すると、もう一度天から声がして、『神がきよめた物を、きよくないと言ってはならない』というお答えがありました。
10 こんなことが三回あって後、全部の物がまた天へ引き上げられました。
11 すると、どうでしょう。ちょうどそのとき、カイザリヤから私のところへ遣わされた三人の人が、私たちのいた家の前に来ていました。
12 そして御霊は私に、ためらわずにその人たちといっしょに行くように、と言われました。そこで、この六人の兄弟たちも私に同行して、私たちはその人の家に入って行きました。
13 その人が私たちに告げたところによると、彼は御使いを見ましたが、御使いは彼の家の中に立って、『ヨッパに使いをやって、ペテロと呼ばれるシモンを招きなさい。
14 その人があなたとあなたの家にいるすべての人を救うことばを話してくれます』と言ったというのです。
15 そこで私が話し始めていると、聖霊が、あの最初のとき私たちにお下りになったと同じように、彼らの上にもお下りになったのです。
16 私はそのとき、主が、『ヨハネは水でバプテスマを授けたが、あなたがたは、聖霊によってバプテスマを授けられる』と言われたみことばを思い起こしました。
17 こういうわけですから、私たちが主イエス・キリストを信じたとき、神が私たちに下さったのと同じ賜物を、彼らにもお授けになったのなら、どうして私などが神のなさることを妨げることができましょう。」
18 人々はこれを聞いて沈黙し、「それでは、

11:15　聖霊が、あの最初のとき私たちにお下りになったと同じように、彼らの上にもお下りになったのです　五旬節の日(神が御霊を豊かに注いで弟子たちを満たして力を与えられたとき　2:4)に聖霊が注がれたけれども、これはそのあとの御霊を受けるときの原型になった。御霊のバプテスマはその人を内側から全く変えてしまうとともに、大きな喜び、御霊の感動による異言(話す人が学んだことのない言語)の賛美、キリストについてあかしする大胆さなどを伴っていた(2:4, 4:31, 8:15-19, 10:45-47, 19:6)。このような理由から、ペテロがエルサレムの人々にコルネリオの家の人々が聖霊を受けたときに異言を話したことを指摘すると(⇒10:45-46)、ユダヤ人たちは神がキリストを通して異邦人(ユダヤ人以外の人々　11:18)にも救いを与えられたことを確信した。もし異言を話すという外側に現れるしるしがなければ、御霊のバプテスマが与えられたと見なすことはできない。外側に現れるしるしがないまま信仰や直感だけで聖霊のバプテスマを受けたと見なされた例は、「使徒の働き」の中には一つもない(→8:12注, 16注, 19:6注, →「**異言**」の項 p.1957,「御霊のバプテスマの吟味」の項 p.1991)。

11:17　信じたとき・・・私たちに　ギリシヤ語の原本では、「信じたとき・・・私たちに」はそのときより前の行動または状態を描いている。これを直訳すると「私たちが信じた後に、神が下さったのと同じ賜物を、彼らにもお授けになられた」となる。これは歴史的事実と一致していて、弟子たちは主イエスを信じて霊的に救われ聖霊によって刷新されてから、五旬節の日に御霊のバプテスマを受けたのである(→「**弟子たちの新生**」の項 p.1931)。

11:18　人々はこれを聞いて　ペテロの話によって反対の声はみな静まった(11:4-18)。神は異邦人(ユダヤ人以外の民族)に聖霊のバプテスマを与え(10:45)、異言を話すという確かな証拠を与えられたのである(10:46)。これこそが、異邦人の体験が信じることのできる疑いのない事実だったと認める上で必要な唯一

神は、いのちに至る悔い改めを異邦人にもお与えになったのだ」と言って、神をほめたたえた。

アンテオケの教会

19 さて、ステパノのことから起こった迫害によって散らされた人々は、フェニキヤ、キプロス、アンテオケまでも進んで行ったが、ユダヤ人以外の者にはだれにも、みことばを語らなかった。20 ところが、その中にキプロス人とクレネ人が幾人かいて、アンテオケに来てからは*ギリシヤ人にも語りかけ、主イエスのことを宣べ伝えた。21 そして、主の御手が彼らとともにあったので、大ぜいの人が信じて主に立ち返った。22 この知らせが、エルサレムにある教会に聞こえたので、彼らはバルナバをアンテオケに派遣した。23 彼はそこに到着したとき、神の恵みを見て喜び、みなが心を堅く保って、常に主にとどまっているようにと励ました。24 彼はりっぱな人物で、聖霊と信仰に満ちている人であった。こうして、大ぜいの人が主に導かれた。25 バルナバはサウロを捜しにタルソへ行き、26 彼に会って、アンテオケに連れて来た。そして、まる一年の間、彼らは教会に集まり、大ぜいの人たちを教えた。弟子たちは、アンテオケで初めて、キリスト者と呼ばれるようになった。

27 そのころ、預言者たちがエルサレムからアンテオケに下って来た。28 その中のひとりでアガボという人が立って、世界中に大ききんが起こると御霊によって預言したが、はたしてそれがクラウ

のしるしだった。

11:23 常に主にとどまっている 新約聖書の信仰者たちは、神の赦しの賜物や霊的救い、聖霊のバプテスマを受ければ自動的に主に忠実になれるとは考えていなかった。信仰者になったばかりの人々は、誘惑や世間の悪い影響を受けてキリストへの信仰や献身から離れる可能性があった。バルナバの行ったことは、成熟した信仰者がまだ信仰歴の浅い人々をどのように扱ったらよいのかを示す良い模範を示している。成熟したキリスト者は、若いキリスト者が信仰や愛、キリストや教会の人々との個人的な友情の面で成長するように絶えず助け励ますべきである（⇒13:43, 14:22）。

11:26 弟子たちは・・・キリスト者と呼ばれるようになった

（1）当時アンテオケは、ローマ帝国の東部の地域で最大の最も重要な都市だったと思われる。キリスト者が迫害によって散らされて行って、福音はこの都市にまで広がり強力な教会が起こされた。バルナバとパウロはかなり長期間アンテオケに滞在して、そこにいる信仰者たちを教えまた訓練をした。

（2）この時点まで、初期の教会のキリストの弟子たちは自分たちのことを「信者」(2:44, 10:45, 15:5, 16:1)、「弟子」(6:1-2, 7, 9:1, 19, 26)、「この道の者」(9:2, 19:9, 23, 24:14, 22)、「聖徒」(9:13, 32, 26:10, パウロの手紙では多く使われている）「教会」(《ギ》エクレーシア、「アッセンブリー、集会」5:11, 8:1, 3, 9:31)などと呼んでいた。主イエスの弟子たちが教会の外の人々から「キリスト者」と呼ばれたのは、キリストの福音がアンテオケに広がってからと思われる。

（3）この名前は、最初はキリストの弟子たちを侮辱するものだったと思われる。けれども弟子たちは、この呼び名が自分たちとキリストを直接結び付けるので名誉なことだと考えた。

（4）「キリスト者」(《ギ》クリスティアノス）ということばは新約聖書では3回しか使われていない(11:26, 26:28, Ⅰペテ4:16)。最初はキリストと一つであることを示すために、社会にある不信仰や腐敗、不道徳から離れた熱心なキリストのしもべ、または弟子たちを指す呼び名だった。今日この呼び名は、主イエスを信じていると言う人ならだれにでも使われる一般的なものになっている。その結果、新約聖書で最初に使われていた意味はほとんど失われている。けれどもその名前は、私たちの贖い主（救い主、霊的救出者、回復者 ロマ3:24)を指し、キリストとの個人的な深い関係と献身（ロマ8:38-39）とを指していなければならない。また私たちは永遠の主（ロマ5:1)、救い主（ヘブ5:9)としてこの方に無条件で仕え従っていることを示唆していなければならない。「キリスト者」と名乗ることは、キリストとみことばを人生の最高の権威として受入れたのであり、主イエスのようになろうとしていることを宣言することにほかならない。また主イエスだけが、私たちの未来の希望の源であることも意味するのである（コロ1:5, 27)。

11:27 預言者たち 教会での預言者の役割は、パウロの手紙（聖書の「使徒の働き」のあとの書物 →**奉仕の賜物**」の項 p.2225)の中で明らかにされている。

使徒の働き　11-12章

デオの治世に起こった。
29 そこで、弟子たちは、それぞれの力に応じて、ユダヤに住んでいる兄弟たちに救援の物を送ることに決めた。
30 彼らはそれを実行して、バルナバとサウロの手によって長老たちに送った。

ヤコブが殺されペテロが投獄される

12 1 そのころ、ヘロデ王は、教会の中のある人々を苦しめようとして、その手を伸ばし、

2 ヨハネの兄弟ヤコブを剣で殺した。
3 それがユダヤ人の気に入ったのを見て、次にはペテロをも捕らえにかかった。それは、種なしパンの祝いの時期であった。
4 ヘロデはペテロを捕らえて牢に入れ、四人一組の兵士四組に引き渡して監視させた。それは、過越の祭りの後に、民の前に引き出す考えであったからである。
5 こうしてペテロは牢に閉じ込められていた。教会は彼のために、神に熱心に祈り続けていた。

29 ①參使11:1
30 ①使12:25, ②參使4:36 ③使14:23, 15:2, 4, 6, 22, 23, 16:4, 20:17, 21:18, Ⅰテモ5:17, 19, テト1:5, ヤコ5:14, Ⅰペテ5:1, Ⅱヨハ1, Ⅲヨハ1

1 ＊すなわち「ヘロデ・アグリッパ一世」

2 ①マタ4:21, 照マタ20:23 ②マコ10:39
3 ①照マタ24:27, 25:9 ②出12:15, 23:15, 使20:6
4 ①参ヨハ19:23 ②マコ14:1, 參使12:3

12:2　ヤコブを・・・殺した　神は、ヨハネの兄弟（⇒マタ4:21）で主イエスに最も近い最初の弟子の一人だったヤコブが死ぬことを許された。けれどもペテロは御使いを送って助けられた（12:3-17）。ペテロが生き続けて奉仕をしたのにヤコブが死んだことは、神の働きの奥義を示している。ヤコブは、主イエスの最初の弟子の中でキリストを信じる信仰のために最初に殉教する（殺される）という栄誉を受けた（ステパノは最初の殉教者だけれども主イエスの最初の弟子ではなかった）。ヤコブは主イエスと同じように、神のご計画のために死んだのである（⇒マコ10:36-39）。

12:5　教会　「使徒の働き」からは、新約聖書のほかの箇所と同じように教会の権威の基準やそのほかの特徴を見ることができる。

（1）第一に最も重要なことは、教会は都市であれ地方であれ、その地域の会衆によって構成されていることである。その地域の信仰者の集合体は神と御子イエス・キリストを礼拝し、キリストとの個人的な関係を忠実に続けることを目的に、聖霊によって一つにされたものである（13:2, 16:5, 20:7, ロマ16:3-4, Ⅰコリ16:19, Ⅱコリ11:28, ヘブ11:6注）。

（2）人々は教会の愛の奉仕と力強いあかしによってキリストの福音を聞いて受け入れ、罪の赦しを受け入れて主との個人的な関係を持つようになる。それからその信仰のあかしとして水のバプテスマを受けて教会の一員になる（→22:16注）。また主の晩餐（聖餐）にあずかり、キリストの再臨を大きな期待をもって待つようになる（2:41-42, 4:33, 5:14, 11:24, Ⅰコリ11:26）。

（3）新しく信仰を持った人々には聖霊のバプテスマのことが教えられ（→2:39注）、御霊の臨在と力がはっきりと効果的に働くようになる（→「**聖霊の働き**」の表 p.2187）。

（4）聖霊の賜物（神の栄光を現し人々を助けるために神から与えられた能力）が教会につながる人々を通して働く（ロマ12:6-8, Ⅰコリ12:4-11, エペ4:11-

12）。賜物の中にはしるしや癒しが含まれている（2:18, 43, 4:30, 5:12, 6:8, 14:10, 19:11, 28:8, マコ16:18, →「**御霊の賜物**」の項 p.2138, 「**聖霊の賜物**」の表 p.2096）。

（5）主イエスの弟子たちが教会や地域社会、さらにほかの場所で神のご計画に仕える備えが十分にできるように、神は教会に指導者の賜物を与えられる（エペ4:11-12, →「**奉仕の賜物**」の項 p.2225）。

（6）主イエスの弟子たちは悪霊に対して、住みついていた人のからだから離れ支配するのをやめるように命じることができる（5:16, 8:7, 16:18, 19:12, マコ16:17, →「**サタンと悪霊に勝利する力**」の項 p.1726）。

（7）聖書を通して明らかにされた福音（キリストと、キリストによって福音を伝えて初期の教会を指導するように任命された人々による最初のメッセージと教え）に完全に忠実でなければならない（2:42, →エペ2:20注）。人々はみことばを学び従うことに専念する（6:4, 18:11, ロマ15:18, コロ3:16, Ⅱテモ2:15）。

（8）地域教会員は絶えず、特に週の初めの日に一緒に集まる（20:7, Ⅰコリ16:2）。それは礼拝や奉仕をし、神のことばや御霊の賜物と働きによって互いに励まし合うためである（Ⅰコリ12:7-11, 14:26, Ⅰテモ5:17, →「**聖霊の働き**」の表 p.2187）。

（9）教会は、聖い全能の神に対してへりくだり驚き敬う思いを表す（5:11）。周りの人々は教会の道徳的霊的きよさに強い関心を持っている。したがって神に逆らい続けたり、神のことばの真理に忠実ではない人々には厳しくしなければならない（20:28, Ⅰコリ5:1-13, →マタ18:15注）。

（10）神を敬う人格、神の基準を守る姿勢、教会に仕える熱心さを備えている人々は、長老（指導者、牧師、奉仕者）に任命される（選任する、取分ける、就任する）。その指導者たちは地域教会を監督し、信仰者たちの霊的生活と成長のために忠実に働く（マタ18:15注, Ⅰコリ5:1-5, Ⅰテモ3:1-7, テト1:5-9, →「**監

使徒の働き 12章

6 ところでヘロデが彼を引き出そうとしていた日の前夜、ペテロは二本の鎖につながれてふたりの兵士の間で寝ており、戸口には番兵たちが牢を監視していた。

7 すると突然、主の御使いが現れ、光が牢を照らした。御使いはペテロのわき腹をたたいて彼を起こし、「急いで立ち上がりなさい」と言った。すると、鎖が彼の手から落ちた。

8 そして御使いが、「帯を締めて、くつをはきなさい」と言うので、彼はそのとおりにした。すると、「上着を着て、私について来なさい」と言った。

9 そこで、外に出て、御使いについて行った。彼には御使いのしている事が現実の事だとはわからず、幻を見ているのだと思われた。

10 彼らが、第一、第二の衛所を通り、町に通じる鉄の門まで来ると、門がひとりでに開いた。そこで、彼らは外に出て、ある通りを進んで行くと、御使いは、たちまち彼を離れた。

11 そのとき、ペテロは我に返って言った。「今、確かにわかった。主は御使いを遣わして、ヘロデの手から、また、ユダヤ人たちが待ち構えていたすべての災いから、私を救い出してくださったのだ。」

12 こうとわかったので、ペテロは、マルコと呼ばれているヨハネの母マリヤの家へ行った。そこには大ぜいの人が集まって、祈っていた。

13 彼が入口の戸をたたくと、ロダという女中が応対に出て来た。

14 ところが、ペテロの声だとわかると、喜びのあまり門をあけもしないで、奥へ駆け込み、ペテロが門の外に立っていることをみなに知らせた。

15 彼らは、「あなたは気が狂っているのだ」と言ったが、彼女はほんとうだと言い張った。そこで彼らは、「それは彼の御使いだ

---

6 ① 使21:33
7 * 直訳「見よ」
 ① 圏 使5:19
 ② ルカ2:9, 24:4
 ③ 圏 使16:26
 ④ 圏 使9:10
 ⑤ 圏 使5:19, 16:26

11 ① ルカ15:17
 ② 圏 ダニ3:28, 6:22
 * 「災い」は補足
12 ① 使12:25, 13:5, 13, 15:37, 39, コロ4:10, Ⅱテモ4:11, ピレ24, Ⅰペテ5:13
 ② 使12:5
13 ① ヨハ18:16, 17
14 ① ルカ24:41
15 ① 圏 マタ18:10

督とその務め」の項 p.2021)。

(11) 同じように教会は様々な領域で奉仕し地域教会の生活と活動の責任を持つ指導者を任命する(→ Ⅰテモ3:8注)。

(12) 教会員の間には、神の御霊の感動によって生れた愛や友情、共通意識などが明らかに存在する(2:42, 44-46, →ヨハ13:34注)。それらのものは一つの地域教会の間だけではなく、聖書を信じるほかの教会の人々との間にも存在する(15:1-31, Ⅱコリ8:1-8)。

(13) 教会は信仰者を訓練し、祈りと断食(霊的なことと祈りに集中するために食物やそのほかの肉体的物質的なものを断つこと 1:14, 6:4, 12:5, 13:2, ロマ12:12, コロ4:2, エペ6:18)に専念する。

(14) 神の民は、世間では一般的な神を敬わない考え方や振舞、生活様式などから離れ、周りの文化圏の悪影響を拒む(2:40, ロマ12:2, Ⅱコリ6:17, ガラ1:4, Ⅰヨハ2:15-16, →「信者の霊的聖別」の項 p.2172)。

(15) 教会につながる人々は、キリストに仕えているために受ける反対や苦難、迫害などを耐え忍ぶ(4:1-3, 5:40, 9:16, 14:22)。

(16) 教会は、自分の教会や地域社会を越えた所にまで福音を積極的に広める働きに参加する。そしてほかの国や民族や文化圏にキリストの福音を伝える宣教師を送り出す。教会の会員も奉仕をしたり献金をささげたりして、時にはほかの所にまで出て行って福音を伝える(2:39, 13:2-4, Ⅱコリ8:11-12)。

教会についての聖書の教えの詳細 →「教会」の項 p.1668

12:5 熱心に祈り続けていた 反対や迫害に対して新約聖書の信仰者たちは熱心な祈りで対応した。情況は絶望的だった。ヤコブは既に死に、ペテロはヘロデに捕えられて16人の番兵に見張られていた。けれども初期の教会は「義人の祈りは働くと、大きな力があります」(ヤコ5:16)という確信を強く持って、ペテロのために熱心に祈り続けた。その祈りはすぐに応えられた(12:6-17, →「効果的な祈り」の項 p.585)。

新約聖書の教会はしばしば長時間にわたって合同の祈り(一緒に祈る祈祷会 1:14, 2:42, 4:24-31, 12:5, 12, 13:2)をしていた。神はしばしば目標を決めて一致して祈ることを求めておられる。主イエスは「わたしの家は祈りの家と呼ばれる」(マタ21:13)と言われた。自分たちは信仰と実践、働きの土台を「使徒の働き」と新約聖書の他の書物に置いていると主張する教会は、熱心な祈りを礼拝の中心に置かなければならない。つまり集会の中の祈りが数分間ということはないのである。初期の教会では、祈祷会には神の力強い臨在がいつも満ちていた。祈りがなければ、説教も教えも、賛美や音楽や活動も聖霊の力と臨在を招くことができない。新約聖書の教会の主イエスの弟子たちは「みな心を合わせ、祈りに専念していた」(1:14)。

12:7 御使い 御使いは「仕える霊であって、救いの相続者となる人々に仕えるため遣わされた」ものである

使徒の働き　12-13章

と言っていた。
16 しかし、ペテロはたたき続けていた。彼らが門をあけると、そこにペテロがいたので、非常に驚いた。
17 しかし彼は、手ぶりで彼らを静かにさせ、主がどのようにして牢から救い出してくださったかを、彼らに話して聞かせた。それから、「このことをヤコブと兄弟たちに知らせてください」と言って、ほかの所へ出て行った。
18 さて、朝になると、ペテロはどうなったのかと、兵士たちの間に大騒ぎが起こった。
19 ヘロデは彼を捜したが見つけることができないので、番兵たちを取り調べ、彼らを処刑するように命じ、そして、ユダヤからカイザリヤに下って行って、そこに滞在した。

ヘロデの死

20 さて、ヘロデはツロとシドンの人々に対して強い敵意を抱いていた。そこで彼らはみなでそろって彼をたずね、王の侍従ブラストに取り入って和解を求めた。その地方は王の国から食糧を得ていたからである。
21 定められた日に、ヘロデは王服を着けて、王座に着き、彼らに向かって演説を始めた。
22 そこで民衆は、「神の声だ。人間の声ではない」と叫び続けた。
23 するとたちまち、主の使いがヘロデを打った。ヘロデが神に栄光を帰さなかったからである。彼は虫にかまれて息が絶えた。
24 主のみことばは、ますます盛んになり、広まって行った。
25 任務を果たしたバルナバとサウロは、マルコと呼ばれるヨハネを連れて、エルサレムから帰って来た。

17 ①使13:16, 19:33, 21:40
②使15:13, 21:18, Ⅰコリ15:7, ガラ1:19, 2:9, 12, 関マコ6:3
関使1:15
19 ①関使16:27, 27:42
②関使8:40
20 ①関マタ11:21
②関Ⅰ列5:11, エズ3:7, エゼ27:17

21 * あるいは「さばきの座」
23 ①関使5:19, Ⅱサム24:16, Ⅱ列19:35
24 ①使6:7, 19:20
25 ①使11:30
②使13:1以下, 関使4:36
③関使12:12
* 異本「へ」

1 ①関使11:19
②使11:26
③使13:1以下, 関使4:36
④関マタ27:32, 使11:20
⑤関マタ14:1
6 使11:27, 15:32, Ⅰコリ14:29, 32, 37, 関19:6, 21:9, Ⅰコリ13:2, 8, 9
⑦Ⅰコリ12:28, 29, エペ4:11, 関ロマ12:6, 7, ヤコ3:1
2 ①関使8:29, 13:4
②使13:1以下, 関使4:36
③関使9:15

バルナバとサウロが送り出される

13 1 さて、アンテオケには、そこにある教会に、バルナバ、ニゲルと呼ばれるシメオン、クレネ人ルキオ、国主ヘロデの乳兄弟マナエン、サウロなどという預言者や教師がいた。
2 彼らが主を礼拝し、断食をしていると、聖霊が、「バルナバとサウロをわたしのために聖別して、わたしが召した任務につかせなさい」と言われた。

(ヘブ1:14、→「御使いたちと主の使い」の項 p.405)。

13:2　礼拝し、断食をしている　御霊に満たされたキリスト者は断食をして祈っている間、聖霊の語りかけには特に敏感である(→マタ6:16注)。断食はある期間食物を断つことであるけれども、それは祈りを通して霊的な事柄に集中するためである。聖霊のメッセージは預言の賜物(聖霊に感動した信仰者が神のメッセージを伝える賜物 ⇒13:1)を通して与えられたと思われる。

13:2　わたしが召した任務に　パウロとバルナバは、宣教の奉仕(キリストの福音をほかの民族、国、文化圏へ伝えること)への召しを神から受け、アンテオケの教会によって任命された(→11:26注)。この働きの性質については次の箇所に書かれている。9:15, 13:5, 22:14-15, 21, 26:16-18

(1) パウロとバルナバは福音(キリストを信じる信仰を通して罪の赦しと新しいいのちが与えられる「よい知らせ」)を伝え、人々をキリストとの個人的な関係に導き入れるように召しを受けた。聖書のどこを見ても、新約聖書の宣教師が世界のほかの地域へ社会活動や政治活動だけをするために派遣されたと書いてある箇所はない。宣教師の目標は人々にキリストのことを知らせ(16:31, 20:21)、サタンの力から解放し(26:18)、聖霊の力が与えられるようにし(19:6)、地域教会に根ざすようにすることだった。新しくキリスト者になった人々は、自分たちの内に住んで働かれる聖霊の力によって、御霊の賜物(神の栄光を現し教会を祝福するために神から与えられた能力 Ⅰコリ12:-13:)を受取り、それを用いていった。御霊はその人々を通して、その地域で人生を変革する神の働きを進めていかれた。

(2) 現代のキリスト教の宣教師も同じような活動に専念するべきである。つまり、キリストの奉仕者(しもべ)になり、福音(「よい知らせ」)を伝える人になるべきである。宣教師は多くの実際的に必要なことのためにも奉仕をしなければならない。けれども(特に公に福音を伝えられない文化圏において)宣教師の第一の目的は、やはり人々にキリスト(人々を罪と神への反抗の結果から救いサタンの力から救ってくださる唯一の方)を知らせることである(26:18)。宣教師は

3 そこで彼らは、断食と祈りをして、ふたりの上に手を置いてから、送り出した。

キプロスで

4 ふたりは聖霊に遣わされて、セルキヤに下り、そこから船でキプロスに渡った。
5 サラミスに着くと、ユダヤ人の諸会堂で神のことばを宣べ始めた。彼らはヨハネを助手として連れていた。
6 島全体を巡回して、パポスまで行ったところ、にせ預言者で、名をバルイエスというユダヤ人の魔術師に会った。
7 この男は地方総督セルギオ・パウロのもとにいた。この総督は賢明な人であって、バルナバとサウロを招いて、神のことばを聞きたいと思っていた。

3①使1:24
②使6:6
③使14:26, 13:4
4①使13:2, 3
②使4:36
5①使9:20, 13:14
②使12:12

6①マタ7:15
②使8:9
7①使13:8, 12, 18:12, 19:38

そのほかにも新しいキリスト者の訓練(キリストに従うことと毎日みことばを学ぶ実際的訓練)をしなければならない。それには聖霊と賜物を受けるように励まし(2:38, 8:17)、キリストが命じられたことをみな守るように教えることも含まれている(マタ28:19-20)。その働きにはしるし、不思議、奇蹟(病人を癒し、悪霊に抑えられている人を解放すること)が伴わなければならない(2:43, 4:30, 8:7, 10:38, マコ16:17-18)。主イエスについてのメッセージを伝えることは第一の働きであるけれども、貧しい人々に実際的に個人的に愛と親切を示すことも忘れてはならない(⇒ガラ2:10)。このようにして、キリストの福音を伝える召しを受けた人々は主イエスの模範に見習ってその働きを進めるのである(→ルカ9:2注)。

13:3 送り出した このことばから「地の果てにまで」(1:8)というキリスト教の宣教活動が始まった。13章に描かれている原則の中に、宣教師を送り出す教会にとってのひな型を見ることができる。

パウロの第一次伝道旅行

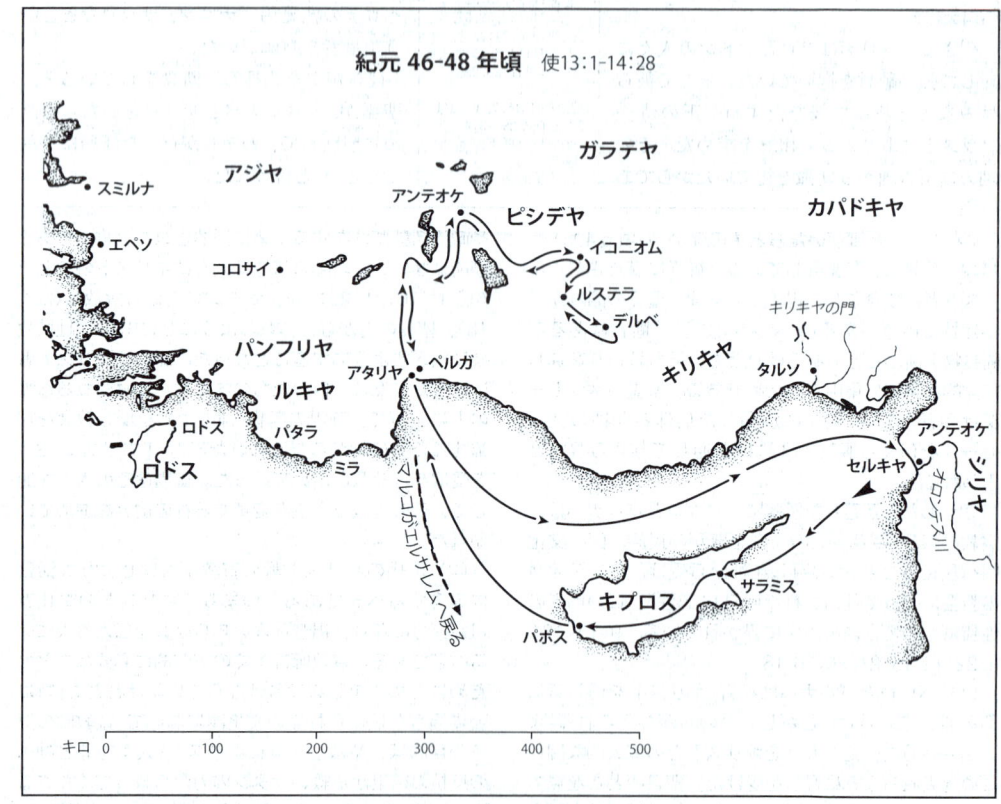

紀元46-48年頃　使13:1-14:28

© 1989 Zondervan Corporation

使徒の働き 13章

8 ところが、魔術師エルマ（エルマという名を訳すと魔術師）は、ふたりに反対して、総督を信仰の道から遠ざけようとした。

9 しかし、サウロ、別名でパウロは、聖霊に満たされ、彼をにらみつけて、

10 言った。「ああ、あらゆる偽りとよこしまに満ちた者、悪魔の子、すべての正義の敵。おまえは、主のまっすぐな道を曲げることをやめないのか。

11 見よ。主の御手が今、おまえの上にある。おまえは盲目になって、しばらくの間、日の光を見ることができなくなる」と言った。するとたちまち、かすみとやみが彼をおおったので、彼は手を引いてくれる人を捜し回った。

12 この出来事を見た総督は、主の教えに驚嘆して信仰に入った。

ピシデヤのアンテオケで

13 パウロの一行は、パポスから船出して、パンフリヤのペルガに渡った。ここでヨハネは一行から離れて、エルサレムに

8 ①使8:9, ②使13:7,12, 18:12, 19:38, ③囲使6:7
9 ①使2:4
10 ①使マタ13:38, 囲ヨハ8:44
②ホセ14:9, 囲Ⅱペテ2:15
11 ①ヨハ9:3, Ⅰサム5:6,7, 詩32:4, ヨブ19:21, ヘブ10:31
12 ①使13:7,8, 18:12, 19:38
②囲使13:49, 8:25, 15:35, 36, 19:10, 20
13 ①使13:6
②使2:10, 14:24, 15:38, 27:5
③使14:25
④囲使12:12

---

　(1) 宣教活動(→13:2注)は、主と御国(神の目的、力、生き方)に深く献身しているキリスト教の指導者を通して働き始める時に始まる。宣教に重荷のある教会は、様々な霊的訓練の中でも特に祈りと断食に重点を置いている(13:2最初の注)。

　(2) 教会は聖霊の導き、預言の働き(聖霊の霊感を受け、聖霊に促されて神のメッセージを話すこと)、会衆の中での活動などに敏感でなければならない(13:2)。

　(3) 教会から送り出される宣教師は、聖霊の明らかな導きとみこころ(神の願い、計画、目的)のもとで送り出されなければならない(13:2b)。

　(4) 教会は祈りと断食によって御霊のご計画と意図を見極め、それに沿うように努めなければならない(13:3-4)。そうすることによって、教会は宣教の働きに神が召しておられる人を確認することができる。教会の目標は神が望んでおられる人だけを送り出すことである。

　(5) 宣教師の上に手を置いて(奉仕のために祝福し任命すること →6:6注)送り出すことによって、教会は宣教地へ出て行く人々を援助し励まし続けることを明らかにする。愛と、神につながるものとしてふさわしい態度で宣教師を宣教地へ送り出すことが教会の責任である(Ⅲヨハ1:6)。つまり、教会は宣教師のために祈り(13:3, エペ6:18-19)、経済的支援をし(ルカ10:7, Ⅲヨハ1:6-8)、特別な必要が出てきたときには愛のささげものをする(ピリ4:10, 14-18)べきである。宣教師は、教会に与えられた目的と使命の出先機関と考えられる。それは送り出す側と送り出される側が、「真理のため・・・の同労者」なのである(Ⅲヨハ1:8, ⇒ピリ1:5)。

　(6) 宣教師として出て行く人々は、イエス・キリストのためにいのちの危険を冒す覚悟でなければならない(15:26)。

13:8　魔術師　魔術師は、天体によって個人の運命が決定されると教えていたユダヤ人の占星術師だったと思われる。その人々は、星や惑星の位置を調べることによって未来を予告できるとも信じていた。魔術や星占いはみなキリストの福音に反するものである。それはサタンや悪霊の働きと関係があり(13:10, →申18:9-11注)、神以外のものに導きを求めているからである。

13:9　サウロ、別名でパウロ　「サウロ」はユダヤ人の名前である。ヘブル語は「シャウール」で、「求められた」という意味がある。「パウロ」はラテン語の「パウラス」からきていて、「小さい」という意味である。聖霊の新しい満たしを受けた後、パウロは異邦人(イスラエル人またはユダヤ人以外の人々)宣教の中心的指導者になった。ローマ人の名前の「パウロ」が使われるようになったのは、異邦人宣教をすることが理由だったと思われる。ある聖書の注解者たちは、パウロは弟子を持ち自分の教会を持つようなことはしたくなかったので、「小さい者」として知られることを望んだのだと言っている。パウロはキリストをあがめキリストを高く掲げ、教会の中心にキリストを置くことを望んでいた。確かにパウロはそのような生活をしていた。

13:9　パウロは、聖霊に満たされ　パウロのように御霊のバプテスマを受けた人も(9:17)、特別な問題が起きたときには新しく御霊に満たされることが必要になる。御霊の満たしは、(1) キリスト教の働きが反対に遭うとき(4:8-12)、(2) キリストの福音を広めるとき(4:8, 31)、(3) サタンの働きと直接対決するとき(13:9, 50-52)には、特に必要である。聖霊のバプテスマを受けたキリスト者は、御霊に繰返し満たされるべきで、それは当然のことと考えるべきである。

13:11　おまえは盲目になって　新約聖書の奇蹟は癒しだけに限らない。エルマ(13:8-11)やヘロデ(12:20-23)に神の怒りが下ったように、神に逆らう人々にはさばきが下ることもある。アナニヤとサッピラに下った奇蹟的さばき(5:1-11)は、教会の中の罪に対

使徒の働き　13章

帰った。

14 しかし彼らは、ペルガから進んでピシディヤのアンテオケに行き、安息日に会堂に入って席に着いた。

15 律法と預言者の朗読があって後、会堂の管理者たちが、彼らのところに人をやってこう言わせた。「兄弟たち。あなたがたのうちどなたか、この人たちのために奨励のことばがあったら、どうぞお話しください。」

16 そこでパウロが立ち上がり、手を振りながら言った。

「イスラエルの人たち、ならびに神を恐れかしこむ方々。よく聞いてください。17 この民イスラエルの神は、私たちの父祖たちを選び、民がエジプトの地に滞在していた間にこれを強大にし、御腕を高く上げて、彼らをその地から導き出してくださいました。18 そして約四十年間、荒野で彼らを耐え忍ばれました。19 それからカナンの地で、七つの民を滅ぼし、その地を相続財産として分配されました。これが、約四百五十年間のことです。20 その後、預言者サムエルの時代までは、さばき人たちをお遣わしになりました。21 それから彼らが王をほしがったので、神はベニヤミン族の人、キスの子サウロを四十年間お与えになりました。22 それから、彼を退けて、ダビデを立てて王とされましたが、このダビデについてあかしして、こう言われました。『わたしはエッサイの子ダビデを見いだした。彼はわたしの心にかなった者で、わたしのこころを余すところなく実行する。』

23 神は、このダビデの子孫から、約束に従って、イスラエルに救い主イエスをお送りになりました。24 この方がおいでになる前に、ヨハネがイスラエルのすべての民に、前もって悔い改めのバプテスマを宣べ伝えていました。25 ヨハネは、その一生を終えようとするころ、こう言いました。『あなたがたは、私をだれと思うのですか。私はその方ではありません。ご覧なさい。その方は私のあとからおいでになります。私は、その方のくつのひもを解く値うちもありません。』

26 兄弟の方々、アブラハムの子孫の方々、ならびに皆さんの中で神を恐れかしこむ方々。この救いのことばは、私たちに送られているのです。27 エルサレムに住む人々とその指導者たちは、このイエスを認めず、また安息日ごとに読まれる預言者のことばを理解せず、イエスを罪に定めて、その預言を成就させてしまいました。28 そして、死罪に当たる何の理由も見いだせなかったのに、イエスを殺すことをピラトに強要したのです。29 こうして、イエスについて書いてあることを全部成し終えて後、イエスを十字架から取り降ろして墓の中に納めました。30 しかし、神はこの方を死者の中からよみがえらせたのです。31 イエスは幾日にもわたり、ご自分といっしょにガリラヤからエルサレムに上った人たちに、現れました。きょう、その人たちがこの民に対してイエスの証人となっています。

---

14 ①使14:24
②使14:19,21、Ⅱテモ3:11
(使11:20他の、シリヤのアンテオケとは別)
③使13:42,44,16:13,18:4,14
④圏使9:20,13:5
15 ①使13:27
②使15:21,
圏Ⅱコリ3:14,15
圏マコ5:22
16 ①圏使12:17
②圏使10:2,13:26
17 ①申7:6-8, 出6:1,6, 13:14,16, 使7:17以下
18 ①圏使7:36
* 異本「彼らを養われました」
②申1:31
19 ①申7:1
②圏使7:45
③ヨシ19:51, 詩78:55
④圏士13:1, Ⅰ列6:1
20 ①使3:24
②士2:16
21 ①Ⅰサム8:5
②Ⅰサム10:1, 9:1,2
22 ①Ⅰサム15:23,26,28, 16:1,13
②Ⅰサム13:14, 詩89:20, 圏使7:46
23 ①圏マタ1:1
②圏使13:32,33
③圏ルカ2:11, ヨハ4:42
24 ①マコ1:1-4,
圏使13:19,19:4
25 ①使20:24
②ヨハ1:20,27,
圏マタ3:11, マコ1:7, ルカ3:16
* 別訳「私はあなたがたが考えているような人ではありません」
26 ①使28:28, 圏使5:20, 4:12, 13:40, ヨハ6:68
27 ①圏ルカ23:13
②使13:15
③圏ルカ24:27
④圏使3:17
28 ①圏使3:14
29 ①圏使26:22
* 「イエスを」は補足
** 直訳「木」
②使13:53
30 ①使13:33,34,37, ②使2:24
31 ①圏使1:11 ②圏ルカ24:48

する神の怒りの例である。

13:31　この民に対してイエスの証人　「証人」(《ギ》マルトゥス)とは、「真理を行動やことばであかしする人」のことである。キリスト教の証人は、イエス・キリストの霊的な救いの働きをことばや行動、生活、必要なら死によってでもあかしし確証する人である。あかしには七つの原則がある。

　(1) あかしをすることは、キリストの弟子たち全員に与えられている責任である(1:8, マタ4:19, 28:19-20)。

　(2) キリストの証人は、宣教精神に満ち(→13:2注、

3注)、キリストの福音をあらゆる国のあらゆる文化圏の人々に(地の果てにまで)伝えようと決意していなければならない(11:18, 13:2-4, 26:16-18, マタ28:19-20, ルカ24:47)。

　(3) キリストの証人は、キリストの生涯、死、よみがえり、救いの力、聖霊の賜物の約束を中心に、話さなければならない(2:32, 38-39, 3:15, 10:39-41, 43, 18:5, 26:16, Ⅰコリ15:1-8)。

　(4) キリストの証人は、人々が確信できるように(人々の霊的必要を明らかにし認めさせること)、自分たちを通して聖霊に働いていただかなければならな

使徒の働き　13章

32 私たちは、神が父祖たちに対してなされた①約束について、あなたがたに良い知らせをしているのです。
33 神は、イエスをよみがえらせ、それによって、*私たち子孫にその約束を果たされました。詩篇の第二篇に、『あなたは、わたしの子。きょう、わたしがあなたを生んだ』と書いてあるとおりです。
34 神がイエスを死者の中からよみがえらせて、もはや朽ちることのない方とされたことについては、『わたしはダビデに約束した*聖なる確かな祝福を、あなたがたに与える』というように言われていました。
35 ですから、ほかの所でこう言っておられます。『あなたは、あなたの*聖者を朽ち果てるままにはしておかれない。』
36 ダビデは、その生きていた時代において*神のみこころに仕えて後、死んで父祖たちの仲間に加えられ、ついに朽ち果てました。
37 しかし、神がよみがえらせた方は、朽ちることがありませんでした。
38 ですから、兄弟たち。あなたがたに罪の赦しが宣べられているのはこの方によるということを、よく知っておいてください。
39 モーセの律法によっては解放されることのできなかったすべての点について、信じる者はみな、この方によって、*解放されるのです。
40 *預言者たちに言われているような事が、あなたがたの上に起こらないように気をつけなさい。
41 『見よ。あざける者たち。驚け。そして滅びよ。
わたしはおまえたちの時代に一つのこ

32 ①使26:6,
ロマ1:2, 4:13, 9:4,
囲使13:23
②使5:42, 14:15
33 ①使13:30, 34, 37,
囲使8:24
* 権though威ある写本に「私たちの子孫」と読むものがある
②詩2:7
34 ①使13:30, 33, 37,
囲使2:24
②イザ55:3
35 ①詩16:10, 使2:27
* あるいは「敬虔な者」
36 ①使2:29
* 別訳「神のみこころによって、その時代に仕え」
②囲使13:22, 20:27
③囲使8:1, Ⅰ列2:10
37 ①使13:30, 33, 34,
囲使2:24
38 ①ルカ24:47, 囲使2:38
39 * 直訳「義と認められる」
①ロマ3:28, 10:4,
囲ロマ10:43
40 ①ヨハ6:45, 囲使7:42,
ルカ24:44
* 直訳「預言者たち」
41 ①ハバ1:5

42 ①囲使13:14
* 直訳「ことば」
43 ①使5:50, 17:4, 17,
囲使16:14, 18:7
②囲マタ23:15
③囲使11:23
44 ①囲使13:14
* 異本「主」
45 ①使13:50, 14:2, 4, 5, 19,
囲Ⅰテサ2:16
46 ①使3:26,
囲使13:5, 14, 9:20
②使18:6, 22:21, 26:20, 28:28, 囲使19:9, 15
47 ①イザ49:6
②囲ルカ2:32
48 ①囲使13:12
* 異本「神」
②ロマ8:28以下,
エペ1:4, 5, 11

とをする。
それは、おまえたちに、どんなに説明しても、
とうてい信じられないほどのことである。』」
42 ふたりが会堂を出るとき、人々は、次の安息日にも同じことについて話してくれるように頼んだ。
43 会堂の集会が終わってからも、多くのユダヤ人と神を敬う改宗者たちが、パウロとバルナバについて来たので、ふたりは彼らと話し合って、いつまでも神の恵みにとどまっているように勧めた。
44 次の安息日には、ほとんど町中の人が、*神のことばを聞きに集まって来た。
45 しかし、この群衆を見たユダヤ人たちは、ねたみに燃え、パウロの話に反対して、口ぎたなくののしった。
46 そこでパウロとバルナバは、はっきりとこう宣言した。「神のことばは、まずあなたがたに語られなければならなかったのです。しかし、あなたがたはそれを拒んで、自分自身を永遠のいのちにふさわしくない者と決めたのです。見なさい。私たちは、これからは異邦人のほうへ向かいます。
47 なぜなら、主は私たちに、こう命じておられるからです。
『わたしはあなたを立てて、異邦人の光とした。
あなたが地の果てまでも救いをもたらすためである。』」
48 異邦人たちは、それを聞いて喜び、主の*みことばを賛美した。そして、永遠のいのちに定められていた人たちは、みな、信仰

い。それは神に対する罪、キリストを通して神と正しい関係を持つ必要、最後に神に対して申開きをする責任があることを悟らせることである(2:37-40, 7:51-54, 24:24-25, →ヨハ16:8注)。神の霊感を受けてするこのようなあかしは、信仰をもって神に応答し神との個人的な関係を受入れるように人々に訴えるはずである(2:41, 4:33, 6:7, 11:21)。

(5) キリストの証人は、苦しむことがある(7:57-60, 22:20, Ⅱコリ11:23-29)。「殉教者」(信念や信仰のために死ぬ人)ということばは、ギリシヤ語の証人ということばから来ている。弟子であるということは

どんな代価を払っても献身し続けることである。

(6) キリストの証人は、神を敬わない世間の慣習から離れなければならない(2:40)。そして神の善悪の基準に沿った生活をし(ロマ14:17)、聖霊に全く頼った生活をしなければならない(4:29-33)。その結果、証人の生活の中に神の臨在と力がはっきり見えるようになる(Ⅰコリ2:4)。

(7) キリスト者のあかしは預言的である。それは聖霊の力(1:8)と霊感(2:4, 4:8)により、その人の声を使って神をあがめるものだからである。

13:48 永遠のいのちに定められていた ある人は、

に入った。
49 こうして、主のみことばは、この地方全体に広まった。
50 ところが、ユダヤ人たちは、神を敬う貴婦人たちや町の有力者たちを扇動して、パウロとバルナバを迫害させ、ふたりをその**地方から追い出した。
51 ふたりは、彼らに対して足のちりを払い落として、イコニオムへ行った。
52 弟子たちは喜びと聖霊に満たされていた。

イコニオムで

14 1 イコニオムでも、ふたりは連れ立って町のユダヤ人の会堂に入り、話をすると、ユダヤ人もギリシヤ人も大ぜいの人々が信仰に入った。

2 しかし、信じようとしないユダヤ人たちは、異邦人たちをそそのかして、兄弟たちに対し悪意を抱かせた。
3 それでも、ふたりは長らく滞在し、主によって大胆に語った。主は、彼らの手にしるしと不思議なわざを行わせ、御恵みのことばの証明をされた。
4 ところが、町の人々は二派に分かれ、ある者はユダヤ人の側につき、ある者は使徒たちの側についた。
5 異邦人とユダヤ人が彼らの指導者たちといっしょになって、使徒たちをはずかしめて、石打ちにしようと企てたとき、
6 ふたりはそれを知って、ルカオニヤの町であるルステラとデルベ、およびその付近の地方に難を避け、

ここのことばは予定説(神はあらかじめ天国へ行く人と地獄へ行く人を定めておられるとする説)を教えていると考える。けれどもこのことばの前後関係も、「定められていた」(《ギ》テタグメノイ、タッソーの派生語)と訳されたことばもそのような解釈を示唆していない。(1) 13:46は、神と過す永遠のいのちを受入れるか拒むかは人間の責任であることをはっきり示している。したがって「テタグメノイ」を直訳すると「受入れる傾向にあった、気持または準備があった」となる。そこでここは、「永遠のいのちを受入れる気持があり、準備ができていた人々はみな信じた」と読むことができる。この訳はテモテⅠ2:4、テトス2:11、ペテロⅡ3:9で言われていることと完全に一致する(→「**選びと予定**」の項 p.2215)。(2) さらにパウロによれば、無条件で永遠のいのちに選ばれている人はいないのである(→ロマ11:20-22)。

13:52 聖霊に満たされていた 「満たされていた」と訳されたギリシヤ語の動詞形は過去の継続した行動を表している。弟子たちは毎日引続き満たされ力を与えられていた。つまり、弟子たちは新鮮な水の入った容器のようなもので、新鮮な水が注がれ続け、それがあふれて周りのいろいろなものに影響を与えるような状態だったのである。御霊の満たしは最初の1回だけの体験ではなく、むしろ新鮮な新しい満たしを受続けて生活することで、そのことによって神の民は与えられた任務を果し、必要に応え、ほかの人々にもいのちや霊的力を与え続けていくことができるようになる(⇒エペ5:18)。

14:3 しるしと不思議なわざ 神は福音に不思議なしるしを伴わせ、みことばの真理と力を確かなものとされた(→4:30注、⇒マコ16:20、→「**信者に伴うしるし**」の項 p.1768)。そのようにして主は、ご自分の民と一緒になって働かれ(神の民はみことばを伝えて仕え、主は人々を変えられた)、福音を聞き奇蹟を見ている人々に真理をはっきり伝わるようにされた。「終わりの日には困難な時代がやって来る」と言われているその時代にいる私たちにも、みことばを確証するこのように強力なだれも否定できないような奇蹟が必要である(Ⅰテモ4:1、→Ⅱテモ3:1-13)。

14:4 使徒たち 「使徒」(《ギ》アポストロス)ということばは、「使者」または「遣わされた者」(ヨハ13:16)という意味である。このことばは新約聖書では最初の福音を確立し、主の権威をもって使命を遂行するようにキリストから直接任命された人々を指している(→エペ2:20注)。使徒たちは福音を広め、教会を建上げる働きを率いる主の代理人だった。また教会を開拓していく指導者でもあった。新約聖書に出てくる使徒は、ユダが死んだ後に残った主イエスの11人の中心的弟子たちとマッテヤ(ユダの代りに選ばれた)だった。パウロも主イエスに直接出会い特別な啓示を受けたことから、使徒と考えられていた(Ⅰコリ9:1、15:5-9、Ⅱコリ12:11-12、ガラ1:17-19)。さらに広い意味で「使徒」ということばは、使徒のような賜物を持っていると認められて教会から新約聖書のメッセージを伝えるために派遣された初代の宣教師たちにも使われるようになった(Ⅰコリ12:28-29)。ここではパウロとバルナバがともに使徒と呼ばれている(14:4、14)。さらにこのことばはもっとゆるやかに「諸教会の使者(アポストロイ)」にも使われている(Ⅱコリ8:23、⇒ピリ2:25、→「**奉仕の賜物**」の項 p.2225)。

使徒の働き 14章

7 そこで福音の宣教を続けた。

ルステラとデルベで

8 ルステラでのことであるが、ある足のきかない人がすわっていた。彼は生まれつき足のなえた人で、歩いたことがなかった。

9 この人がパウロの話すことに耳を傾けていた。パウロは彼に目を留め、いやされる信仰があるのを見て、

10 大声で、「自分の足で、まっすぐに立ちなさい」と言った。すると彼は飛び上がって、歩き出した。

11 パウロのしたことを見た群衆は、声を張り上げ、ルカオニヤ語で、「神々が人間の姿をとって、私たちのところにお下りになったのだ」と言った。

12 そして、バルナバをゼウスと呼び、パウロがおもに話す人であったので、パウロをヘルメスと呼んだ。

13 すると、町の門の前にあるゼウス神殿の祭司は、雄牛数頭と花飾りを門の前に携えて来て、群衆といっしょに、いけにえをささげようとした。

14 これを聞いた使徒たち、バルナバとパウロは、衣を裂いて、群衆の中に駆け込み、叫びながら、

15 言った。「皆さん。どうしてこんなことをするのですか。私たちも皆さんと同じ人間です。そして、あなたがたがこのようなむなしいことを捨てて、天と地と海とその中にあるすべてのものをお造りになった生ける神に立ち返るように、福音を宣べ伝えている者たちです。

16 過ぎ去った時代には、神はあらゆる国の人々がそれぞれ自分の道を歩むことを許しておられました。

17 とはいえ、ご自身のことをあかししないでおられたのではありません。すなわち、恵みをもって、天から雨を降らせ、実りの季節を与え、食物と喜びとで、あなたがたの心を満たしてくださったのです。」

18 こう言って、ようやくのことで、群衆が彼らにいけにえをささげるのをやめさせた。

19 ところが、アンテオケとイコニオムからユダヤ人たちが来て、群衆を抱き込み、パウロを石打ちにし、死んだものと思って、町の外に引きずり出した。

20 しかし、弟子たちがパウロを取り囲んでいると、彼は立ち上がって町に入って行った。その翌日、彼はバルナバとともにデルベに向かった。

シリヤのアンテオケへ戻る

21 彼らはその町で福音を宣べ、多くの人を弟子としてから、ルステラとイコニオムとアンテオケとに引き返して、

22 弟子たちの心を強め、この信仰にしっかりととどまるように勧め、「私たちが神の国に入るには、多くの苦しみを経なければならない」と言った。

14:9 信仰があるのを見て パウロが足のなえた人に信仰があるのに気付いたのは、聖霊の洞察力によるものと思われる。パウロはさらにこの人に立上がるように命じてその信仰を励ました。主イエスの弟子たちは神の恵みや助け、癒しを必要としている人々の信仰に気付く霊的洞察力が与えられるように祈らなければならない。

14:19 パウロを石打ちにし 新約聖書の時代に、神はしもべたちを必ず危害から守られるわけではなかった。キリストの福音を広めるときにはいつも困難と反対がつきまとっていた。それは今でも変わっていない。神の国はいつも神のしもべたちの大きな犠牲によって前進するのである。この苦しい事件についてパウロは後に、「石で打たれたことが一度」と言っている（Ⅱコリ11:25, →使9:16注）。そしてガラテヤ人への手紙の中で「私は、この身に、イエスの焼き印を帯びているのですから」と書いているけれども、このような辛い体験を思い出していたのではないかと思われる（ガラ6:17, →Ⅱコリ11:23注）。

14:22 多くの苦しみを経なければ キリストを主として人生をゆだねた人（自分の人生に対する主の権威を認め神の永遠の国に場所が備えられている人）は、生きている間「多くの苦しみ」に遭わなければならない。伝える福音や仕える主に敵対する世界に住んでいる限り、罪とサタンの力に対して絶えず霊的戦いを進めなければならない（エペ6:12, ⇒ロマ8:17, Ⅱテサ1:4-7, Ⅱテモ2:12）。(1) キリストとみことばと主の完全なご計画に忠実な人々は、この世界では当然問題に遭うと予想することができる（ヨハ16:33）。この世界の中で平和や慰め（と思えるもの）を見つけられる

使徒の働き　14-15章

23 また、彼らのために教会ごとに長老たちを選び、断食をして祈って後、彼らをその信じていた主にゆだねた。
24 ふたりはピシデヤを通ってパンフリヤに着き、
25 ペルガでみことばを語ってから、アタリヤに下り、
26 そこから船でアンテオケに帰った。そこは、彼らがいま成し遂げた働きのために、以前神の恵みにゆだねられて送り出された所であった。
27 そこに着くと、教会の人々を集め、神が彼らとともにいて行われたすべてのことと、異邦人に信仰の門を開いてくださったこととを報告した。
28 そして、彼らはかなり長い期間を弟子たちとともに過ごした。

エルサレム会議

15 1 さて、ある人々がユダヤから下って来て、兄弟たちに、「モーセの慣習に従って割礼を受けなければ、あなたがたは救われない」と教えていた。
2 そしてパウロやバルナバと彼らとの間に激しい対立と論争が生じたので、パウロとバルナバと、その仲間のうちの幾人かが、この問題について使徒たちや長老たちと話し合うために、エルサレムに上ることになった。

23 ①使11:30
②テト1:5, ⅡⅡコリ8:19
③使13:3, 使ガラ1:24
③使20:32
24 ①使13:14
②使13:13
25 ①使13:13
26 ①使11:19
②使15:40, 使11:23
③使13:3
27 ①Ⅰコリ16:9, Ⅱコリ2:12, コロ4:3, 黙3:8
②使15:4,
③使3:12, 21:19
28 ①使2:26, 14:22

1 ①使15:24
②使1:15, 15:3, 22, 32
③使6:14
使コリ5:7, ガラ5:2, 3,
 Ⅰコリ7:18,
 ガラ2:11, 14
2 ①使15:7
②使ガラ2:1
③使15:4, 6, 22, 23, 16:4,
 使11:30

3 ①使20:38, 21:5,
 ロマ15:24,
 Ⅰコリ16:6, 11,
 Ⅱコリ1:16, テト3:13,
 Ⅲヨハ6
②使11:19
③使14:27, 15:4, 12
4 ①使14:27, 15:12
5 ①使マタ3:7, 使26:5
②使24:5, 14, 26:5,
 28:22
③使ガラ5:2, 3,
 Ⅰコリ7:18,
 ガラ2:11, 14
7 ①使15:2
②使10:19, 20
 *別訳「の中で私をお選びになり」
③使20:24
8 ①使1:24
②使10:47
9 ①使26:18, 34, 11:12
②使10:43
10 ①使マタ23:4, ガラ5:1

3 彼らは教会の人々に見送られ、フェニキヤやサマリヤを通る道々で、異邦人の改宗のことを詳しく話したので、すべての兄弟たちに大きな喜びをもたらした。
4 エルサレムに着くと、彼らは教会と使徒たちと長老たちに迎えられ、神が彼らとともにいて行われたことを、みなに報告した。
5 しかし、パリサイ派の者で信者になった人々が立ち上がり、「異邦人にも割礼を受けさせ、また、モーセの律法を守ることを命じるべきである」と言った。
6 そこで使徒たちと長老たちは、この問題を検討するために集まった。
7 激しい論争があって後、ペテロが立ち上がって言った。「兄弟たち。ご存じのとおり、神は初めのころ、あなたがたの間で事をお決めになり、異邦人が私の口から福音のことばを聞いて信じるようにされたのです。
8 そして、人の心の中を知っておられる神は、私たちに与えられたと同じように異邦人にも聖霊を与えて、彼らのためにあかしをし、
9 私たちと彼らとに何の差別もつけず、彼らの心を信仰によってきよめてくださったのです。
10 それなのに、なぜ、今あなたがたは、私たちの父祖たちも私たちも負いきれなかったくびきを、あの弟子たちの首に掛けて、

のは、主に仕えていない人だけである(⇒黙3:14-17)。(2) 今の悪い世界とにせの信仰者たちは、キリストの福音の真理に絶えず反抗をする。けれどもそれは主が再び来られ悪い世界の組織を打倒されるまでのことである(黙19:-20:)。それまでの間、主イエスの弟子たちの希望は「天にたくわえられてある」(コロ1:5)もので、「終わりのときに現される」ものでしかない(Ⅰペテ1:5)。今の人生やこの世界ではなく、主イエスが再び来られ天の住まいへ連れて行ってくださることに希望を持っているのである(ヨハ14:1-3, Ⅰヨハ3:2-3, →「**聖書的希望**」の項 p.943)。

14:23　長老たちを選ぶ　長老(監督、牧師、教会の指導者)を選び任命する過程では、祈りと断食(祈りに集中するために食物をある期間断つこと)をして、神のみこころ(神の願い、導き、意図、目的)を探り求めなければならなかった。その過程ではまた、指導者に

しようと考えられている人の性格、霊的な賜物(神の栄光を現し人々を祝福するために神から与えられる能力)、評判、御霊の実(品性と影響力)が実っているかどうかを調べることも求められた(Ⅰテモ3:1-10)。そして神の基準に合った人は、奉仕をするように任命された(→「**監督の道徳的資格**」の項 p.2303)。

15:8　心の中を知っておられる神　神が異邦人(コルネリオとその家の人々)の心の中を知っておられたということは、その人々の中に救いにつながる信仰がある(罪を赦し人生を導く方として主イエスを心から受入れていた)のを見られたということである。その信仰が純粋であることは神ご自身が、(1) 心の内側での聖霊の働きによって霊的にきよめ(15:9)、(2) その直後に(信仰による霊的救いに続いて)異言を話すというしるしを伴った聖霊のバプテスマを与えて(10:44-46, 11:15-18)あかしされた。

神を試みようとするのです。

11 私たちが主イエスの恵みによって救われたことを私たちは信じますが、あの人たちもそうなのです。」

12 すると、全会衆は沈黙してしまった。そして、バルナバとパウロが、彼らを通して神が異邦人の間で行われたしるしと不思議なわざについて話すのに、耳を傾けた。

13 ふたりが話し終えると、ヤコブがこう言った。「兄弟たち。私の言うことを聞いてください。

14 神が初めに、どのように異邦人を顧みて、その中から御名をもって呼ばれる民をお召しになったかは、シメオンが説明したとおりです。

15 預言者たちのことばもこれと一致しており、それにはこう書いてあります。

16 『この後、わたしは帰って来て、
倒れたダビデの幕屋を建て直す。
すなわち、廃墟と化した*幕屋を建て直し、
それを元どおりにする。

17 それは、残った人々、すなわち、
わたしの名で呼ばれる異邦人がみな、
主を求めるようになるためである。

18 大昔からこれらのことを知らせておられる主が、
こう言われる。』

19 そこで、私の判断では、神に立ち返る異邦人を悩ませてはいけません。

20 ただ、偶像に供えて汚れた物と不品行と絞め殺した物と血を避けるように書き送るべきだと思います。

21 昔から、町ごとにモーセの律法を宣べる者がいて、それが安息日ごとに諸会堂で読まれているからです。」

会議から異邦人の信仰者たちに宛てた手紙

22 そこで使徒たちと長老たち、また、全教会もともに、彼らの中から人を選んで、パウロやバルナバといっしょにアンテオケへ送ることを決議した。選ばれたのは兄弟たちの中の指導者たちで、バルサバと呼ばれるユダおよびシラスであった。

23 彼らはこの人たちに託して、こう書き送った。「兄弟である使徒および長老たちは、アンテオケ、シリヤ、キリキヤにいる異邦人の兄弟たちに、あいさつをいたします。

24 私たちの中のある者たちが、私たちから

15:11　主イエスの恵みによって　エルサレムの会議での最大の問題は、救われるためには割礼(旧約聖書で神の契約を受入れたしるしとして男性性器の包皮を切取ること)を受け、神がモーセを通して与えられた律法を守らなければならないか、ということだった。代表者たちは、異邦人(ユダヤ人以外の人々)は主イエスの恵みによって霊的に救われ、罪を赦され、主イエスを信じる信仰によって新しく造られたと結論をした(→「信仰と恵み」の項 p.2062)。神の恵み(受けるにふさわしくない好意と霊的な力づけ)は悔い改めて(神に逆らっていたことを認めて罪から離れること)、キリストを救い主、また主として信じる(罪の赦しを受け入れキリストの導きに人生をゆだねること 2:38-39)ときに注がれる。私たちは神の恵みにこのように応答することによって神の子どもになり、キリストと個人的な関係を持つことができる(ヨハ1:12)。

15:14　異邦人を顧みて、その中から・・・民をお召しになった　あらゆる国の人々を神との個人的な関係に導き入れ神の目的のために聖別することが、歴史の中のこの時期の神のご計画だった。腐敗した世界から集められ聖別されたキリストの弟子たちの全世界にわたる集合体は、キリストの花嫁として整えられていくのである(黙19:7-8)。

15:16　倒れたダビデの幕屋　ヤコブはアモスの預言を引用して、人々を神との正しい関係に回復するキリストの使命には、ユダヤ人とユダヤ人以外の人々の両方が含まれていたと話した。「倒れたダビデの幕屋」(→アモ9:11-15注)とは、神に忠実でさばきを免れるイスラエルの残りの人々のことである。(1) アモスの預言は次のことを言っている。(a) 神に逆らうイスラエルを神はさばかれるけれども、民族を完全に滅ぼされるのではない。(b) キリストを拒み自分勝手な生き方から離れようとしない人々を神はみな滅ぼされる(アモ9:10)。(c) 神を拒む者たちを滅ぼされた後、神は「ダビデの倒れている仮庵を起こ」される(アモ9:11)。(2) 忠実で霊的にきよめられたユダヤ人が救われることによって、ほかの国の人々が主を信じあがめるようになる(15:17)。パウロはほかの箇所でも、神と和解して回復された一部のユダヤ人によって異邦人が祝福されることを指して同じことを言ってい

は何も指示を受けていないのに、いろいろなことを言ってあなたがたを動揺させ、あなたがたの心を乱したことを聞きました。²⁵そこで、私たちは人々を選び、私たちの愛するバルナバおよびパウロといっしょに、あなたがたのところへ送ることに衆議一決しました。²⁶このバルナバとパウロは、私たちの主イエス・キリストの御名のために、いのちを投げ出した人たちです。²⁷こういうわけで、私たちはユダとシラスを送りました。彼らは口頭で同じ趣旨のことを伝えるはずです。²⁸聖霊と私たちは、次のぜひ必要な事のほかは、あなたがたにその上、どんな重荷も負わせないことを決めました。²⁹すなわち、偶像に供えた物と、血と、絞め殺した物と、不品行とを避けることです。これらのことを注意深く避けていれば、それで結構です。以上。」

³⁰さて、一行は送り出されて、アンテオケに下り、教会の人々を集めて、手紙を手渡した。³¹それを読んだ人々は、その励ましによって喜んだ。³²ユダもシラスも預言者であったので、多くのことばをもって兄弟たちを励まし、また力づけた。

³³彼らは、しばらく滞在して後、兄弟たちの平安のあいさつに送られて、彼らを送り出した人々のところへ帰って行った。*
³⁵パウロとバルナバはアンテオケにとどまって、ほかの多くの人々とともに、主のみことばを教え、宣べ伝えた。

パウロとバルナバの不一致

³⁶幾日かたって後、パウロはバルナバにこう言った。「先に主のことばを伝えたすべての町々の兄弟たちのところに、またたずねて行って、どうしているか見て来ようではありませんか。」³⁷ところが、バルナバは、マルコとも呼ばれるヨハネもいっしょに連れて行くつもりであった。³⁸しかしパウロは、パンフリヤで一行から離れてしまい、仕事のために同行しなかったような者はいっしょに連れて行かないほうがよいと考えた。³⁹そして激しい反目となり、その結果、互いに別行動をとることになって、バルナバはマルコを連れて、船でキプロスに渡って行った。⁴⁰パウロはシラスを選び、兄弟たちから主の恵みにゆだねられて出発した。⁴¹そして、シリヤおよびキリキヤを通り、諸教会を力づけた。

る(→ロマ11：11-15, 25-26)。

15：28　聖霊と・・・ことを決めました　聖霊は、エルサレムの会議に出ている人々が正しい決定をするように導かれた。主イエスは、御霊はすべての真理に導き入れてくださると言われた(ヨハ16：13)。教会は人間の判断だけで決断をするべきではない。指導者はみこころであるとはっきり賢明な判断ができるまで祈り断食をし、みことばに仕えて御霊の導きを求め、それを受入れなければならない(⇒13：2-4)。キリストに忠実であろうとするなら、教会は御霊が教会に言われることを聞かなければならない(⇒黙2：7)。

15：29　避けることです　ユダヤ人ではない信仰者が道徳的腐敗から離れるとともに、ユダヤ人のキリスト者も異邦人の兄弟姉妹と仲良く暮らせるように、聖霊(15：28)はある禁止事項を設けるように提案された。そして異邦人のキリスト者は、ユダヤ人が不快に感じる行いをしないことと、堕落させるような神の喜ばれない性的関係にかかわらないように求められた。自分では正しいと思っても、ほかのキリスト者が悪いと感じる活動にはかかわらないことが、キリスト者の成熟の度合いを示す基準である。つまずかせたり迷わせたりしないようにすることもそうである(→Ⅰコリ8：1-11のパウロの議論)。

15：39　激しい反目　主を愛し互いに愛し合っているキリスト者の間にも、厳しい不和が起こることがある。それが解決できないとき(しばしば性格、見解、体験の違いから)には一致しないことを認めて、神が関係者全員にみこころを教え具体的に働いてくださるのを待つことが最善の方法である。パウロとバルナバのように意見の対立から別れることになっても、苦い思いや憤り、敵意などを長く引きずってはならない。パウロとバルナバは、ともに神の祝福と力を受けて神の働きを続けていった。

使徒の働き　16章

テモテがパウロとシラスに加わる

16　¹ それからパウロはデルベに、次いでルステラに行った。そこにテモテという弟子がいた。信者であるユダヤ婦人の子で、ギリシヤ人を父としていたが、² ルステラとイコニオムとの兄弟たちの間で評判の良い人であった。³ パウロは、このテモテを連れて行きたかったので、その地方にいるユダヤ人の手前、彼に割礼を受けさせた。彼の父がギリシヤ人であることを、みなが知っていたからである。
⁴ さて、彼らは町々を巡回して、エルサレムの使徒たちと長老たちが決めた規定を守らせようと、人々にそれを伝えた。
⁵ こうして諸教会は、その信仰を強められ、日ごとに人数を増して行った。

パウロが見たマケドニヤ人の幻

⁶ それから彼らは、アジヤでみことばを語ることを聖霊によって禁じられたので、フルギヤ・ガラテヤの地方を通った。
⁷ こうしてムシヤに面した所に来たとき、ビテニヤのほうに行こうとしたが、イエスの御霊がそれをお許しにならなかった。
⁸ それでムシヤを通って、トロアスに下った。
⁹ ある夜、パウロは幻を見た。ひとりのマケドニヤ人が彼の前に立って、「マケドニヤに渡って来て、私たちを助けてください」と懇願するのであった。
¹⁰ パウロがこの幻を見たとき、私たちはただちにマケドニヤへ出かけることにした。神が私たちを招いて、彼らに福音を宣べさせるのだ、と確信したからである。

ピリピでのルデヤの回心

¹¹ そこで、私たちはトロアスから船に乗り、サモトラケに直航して、翌日ネアポリスに着いた。
¹² それからピリピに行ったが、ここはマケドニヤのこの地方第一の町で、植民都市であった。私たちはこの町に幾日か滞在した。
¹³ 安息日に、私たちは町の門を出て、祈り場があると思われた川岸に行き、そこに腰をおろして、集まった女たちに話した。
¹⁴ テアテラ市の紫布の商人で、神を敬う、ルデヤという女が聞いていたが、主は彼女の心を開いて、パウロの語る事に心を留めるようにされた。
¹⁵ そして、彼女も、またその家族もバプテスマを受けたとき、彼女は、「私を主に忠実な者とお思いでしたら、どうか、私の家に来てお泊まりください」と言って頼み、強いてそうさせた。

牢獄の中のパウロとシラス

¹⁶ 私たちが祈り場に行く途中、占いの霊につかれた若い女奴隷に出会った。この女は占いをして、主人たちに多くの利益を得させている者であった。
¹⁷ 彼女はパウロと私たちのあとについて来

16:5　諸教会は・・・強められ　新約聖書の教会のかたちや特徴　→12:5注

16:6　語ることを聖霊によって禁じられた　キリストの福音をほかの人々や地域、異なった文化圏に伝えようとする働きは、聖霊の導きによって始められ、また続けられるべきである（→13:2注, 3注）。「使徒の働き」に記録されている宣教旅行や宣教の働きがそうだった（1:8, 2:14-41, 4:8-12, 31, 8:26-29, 39-40, 10:19-20, 13:2, 16:6-10, 20:22）。御霊の導きは、預言の啓示（聖霊の感動を受けて神から与えられたメッセージを話すこと）、心や霊の中で感じる導き、情況、幻などによって与えられたと思われる（16:6-9）。神に仕える人々は、聖霊に迫られて、キリストの福音をまだ聞いたことがない人や霊的に失われている人々に伝えるために前進して行った。御霊の導きに頼ったということは、毎回はっきりしたしるしを待っていたということではない。心の中に神の思いや導きが与えられたと信じて、計画した通りに進んだのである。ある方向に進む道を神が閉じられたら別の方向に進みながら、聖霊がその計画を認めてくださるか認めてくださらないかを求めるのである。御霊は人々の忠実さを大切にし、ご自分の願っている方向に進む道の扉を開いたり閉じたりしてご自分の思いや目的を確実に示してくださった。

16:16　霊につかれ・・・占いをして　惑わされた人々は、悪霊につかれた若い女奴隷が話すことばを神のメッセージだと思ったので、この女性は占い師として引っ張りだこだった。キリストはご自分の力をパウロ

て、「この人たちは、いと高き神のしもべたちで、救いの道をあなたがたに宣べ伝えている人たちです」と叫び続けた。
18 幾日もこんなことをするので、困り果てたパウロは、振り返ってその霊に、「イエス・キリストの御名によって命じる。この女から出て行け」と言った。すると即座に、霊は出て行った。
19 彼女の主人たちは、もうける望みがなくなったのを見て、パウロとシラスを捕らえ、役人たちに訴えるため広場へ引き立て

17 ①圏マコ5:7
18 ①圏マコ16:17
19 ①使16:16,
   ＊あるいは「去った」
   ②使15:40, 16:25, 29, 使15:22
   ③圏使17:6, 7, 21:30, ヤコ2:6, 使8:3

21 ①使16:12
   ②圏エス3:8
22 ②Ⅱコリ11:25, 圏Ⅰテサ2:2
23 ①使16:27, 36

行った。
20 そして、ふたりを長官たちの前に引き出してこう言った。「この者たちはユダヤ人でありまして、私たちの町をかき乱し、
21 ローマ人である私たちが、採用も実行もしてはならない風習を宣伝しております。」
22 群衆もふたりに反対して立ったので、長官たちは、ふたりの着物をはいでむちで打つように命じ、
23 何度もむちで打たせてから、ふたりを牢に入れ、看守には厳重に番をするように

使19:13-20

を通して悪霊の領域を超えて示された（→「サタンと悪霊に勝利する力」の項 p.1726）。

16:23　何度もむちで打たせて　ローマ人が認めない宗教は「レリジオ　イリシタ」（「不法な宗教」16:21）と

パウロの第二次伝道旅行

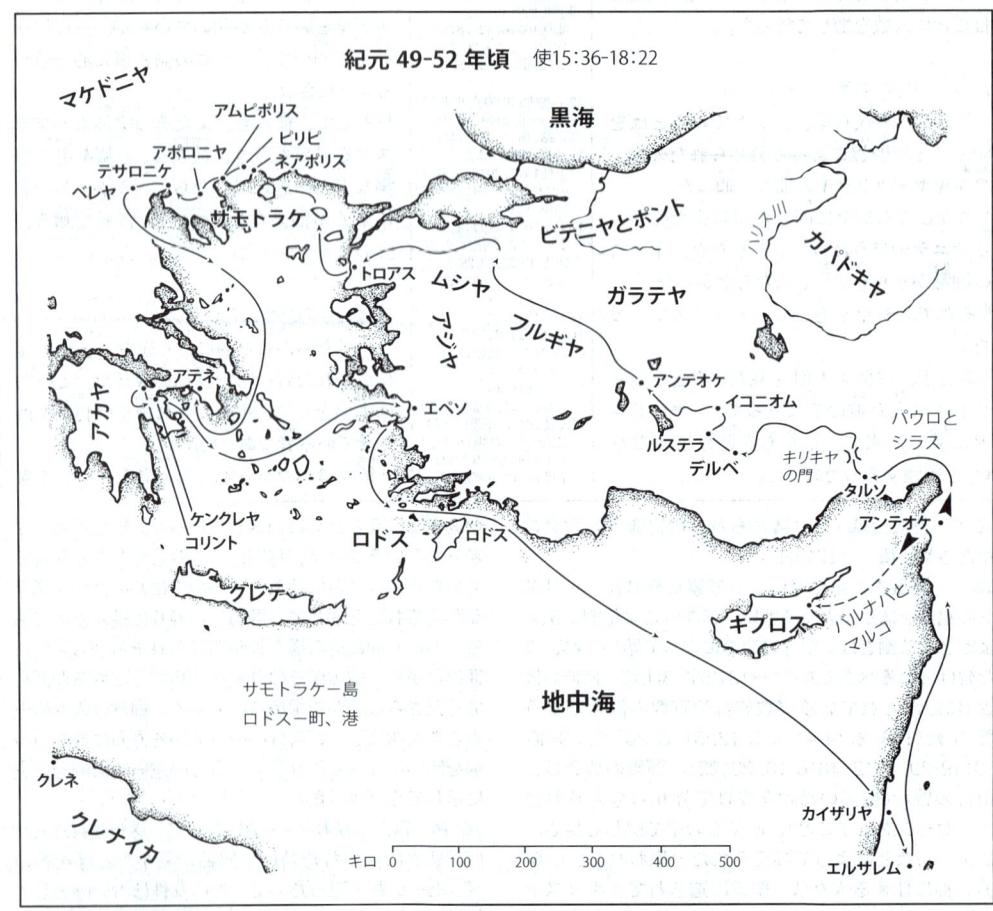

紀元49-52年頃　使15:36-18:22

サモトラケ―島
ロドス―町、港

© 1989 Zondervan Corporation

使徒の働き　16章

命じた。
24 この命令を受けた看守は、ふたりを奥の牢に入れ、足に足かせを掛けた。
25 真夜中ごろ、パウロとシラスが神に祈りつつ賛美の歌を歌っていると、ほかの囚人たちも聞き入っていた。
26 ところが突然、大地震が起こって、獄舎の土台が揺れ動き、たちまちとびらが全部あいて、みなの鎖が解けてしまった。
27 目をさました看守は、見ると、牢のとびらがあいているので、囚人たちが逃げてしまったものと思い、剣を抜いて自殺しようとした。
28 そこでパウロは大声で、「自害してはいけない。私たちはみなここにいる」と叫んだ。
29 看守はあかりを取り、駆け込んで来て、パウロとシラスとの前に震えながらひれ伏した。
30 そして、ふたりを外に連れ出して「先生がた。救われるためには、何をしなければなりませんか」と言った。
31 ふたりは、「主イエスを信じなさい。そうすれば、あなたもあなたの家族も救われます」と言った。
32 そして、彼とその家の者全部に主のことばを語った。
33 看守は、その夜、時を移さず、ふたりを引き取り、その打ち傷を洗った。そして、そのあとですぐ、彼とその家の者全部がバプテスマを受けた。
34 それから、ふたりをその家に案内して、食事のもてなしをし、全家族そろって神を信じたことを心から喜んだ。
35 夜が明けると、長官たちは警吏たちを

24①ヨブ13:27, 33:11, エレ20:2, 3, 29:26
25①国使16:19
　②国エペ5:19
26①国使4:31
　②国使12:10
　③国使12:7
27①国使6:23, 36
　②国使12:19
29①国使16:19

30①国使2:37, 22:10
31①国マコ16:31
　②国使11:14, 16:15
32 *異本「神」
33①国使16:25
34①国使11:14, 16:15
*別訳「神を信じたことを、全家族とともに心から喜んだ」

使18:9-10

考えられた。ユダヤ教（旧約聖書と追加された多くの慣習を基にしたユダヤ人の宗教）は法的に認められていたけれども、キリスト教は認められていなかった。ユダヤの法律によれば、正式な罰はむちで（時には棒で）打つことで、「三十九のむち」（Ⅱコリ11:24）もそれに含まれていた。ローマ人の裁判は裁判官次第で恐ろしく残酷になることもあった。むち打ちは裸にして行うのが普通だった。

16:25　祈りつつ賛美の歌を歌っている　パウロとシラスはむち打ちと投獄という屈辱を味わった。打ちたたかれたからだに、さらに拷問として足かせが掛けられた。けれどもこの苦しみの中でもふたりは祈り、神を賛美していた（⇒マタ5:10-12）。ふたりの体験から次のことを学ぶことができる。(1) キリスト者の喜びは、内側から湧いてくるもので外側の環境によるものではない。平安と喜びは、迫害や苦痛によって壊されるものではない（ヤコ1:2-4）。(2) キリストの敵はキリストの弟子たちの信仰と神への愛を奪うことができない（ロマ8:35-39）。(3) 最悪の環境の中でも神は苦難を耐えるのに必要な恵みと力を与え、みこころを成就し、ご計画を前進させてくださる（マタ5:10-12, Ⅱコリ12:9-10）。(4) キリストの弟子たちは、キリストにつながったために苦しみを受ける人に「栄光の御霊、すなわち神の御霊が・・・とどまってくださる」（Ⅰペテ4:14）ので慰めを受けることができる。

16:26　みなの鎖が解けてしまった　「使徒の働き」でルカは、忠実な弟子たちによってキリストの福音が広がっていくのを止めることができるものはないことを示している。ピリピで神は、人間が行うことの中に介入された。そしてパウロとシラスは地震によって自由になった。その結果、キリストの福音はさらに影響力を増し、看守とその家族が霊的な救いにあずかった。極度の困難に直面したときにも神を喜び信頼し続けるなら、神はご自分が忠実な方であることを証明してくださる。そして人々もそれに気付くようになる。絶望的に見える情況の中でも信じて喜ぶなら、その結果として人々がキリストを知るようにもなる。

16:30　救われるためには、何をしなければなりませんか　これは最も重要な質問である。その答は「主イエスを信じなさい」（16:31）である。(1) 主イエスを信じるということは、主イエスについてのある真理を頭や知性で認めることではない。主イエスを救い主、主（罪を赦し人生を導く方）として認めて受入れる積極的な信仰である。聖書的で救いに導く信仰は、キリストがだれであるか（御父から使わされた神の御子）を認め、キリストが話されたことばはみな真理であり人生の最高の権威であることを認めることである。救いに導く信仰は、人間が神に対して犯した罪を赦すためにキリストが行われたことを受入れ、人生をキリストの導きにゆだねて任せることである。(2) キリストを信じるこのような信仰を示した人は神の子どもとなり（ヨハ1:12, ロマ8:16）、イエス・キリストと個人的な関係を持ち、変わることのない助け手、導き手、慰め手として聖霊を受けるようになる（ヨハ14:15-17, ロマ8:9, Ⅰコリ6:19）。御霊は私たちの思いを絶えず主イエスに向けさせ（ヨハ16:14）、主イエスにさらに近い関係に導き入れてくださる。また御霊は、神とともに過す未来や神の永遠の臨在がある場所が備えられていること

送って、「あの人たちを釈放せよ」と言わせた。
36 そこで看守は、この命令をパウロに伝えて、「長官たちが、あなたがたを釈放するようにと、使いをよこしました。どうぞ、ここを出て、ご無事に行ってください」と言った。
37 ところが、パウロは、警吏たちにこう言った。「彼らは、ローマ人である私たちを、取り調べもせずに公衆の前でむち打ち、牢に入れてしまいました。それなのに今になって、ひそかに私たちを送り出そうとするのですか。とんでもない。彼ら自身で出向いて来て、私たちを連れ出すべきです。」
38 警吏たちは、このことばを長官たちに報告した。すると長官たちは、ふたりがローマ人であると聞いて恐れ、
39 自分で出向いて来て、わびを言い、ふたりを外に出して、町から立ち去ってくれるように頼んだ。
40 牢を出たふたりは、ルデヤの家に行った。そして兄弟たちに会い、彼らを励ましてから出て行った。

テサロニケで

17 1 彼らはアムピポリスとアポロニヤを通って、テサロニケへ行った。そこには、ユダヤ人の会堂があった。
2 パウロはいつもしているように、会堂に入って行って、三つの安息日にわたり、聖書に基づいて彼らと論じた。
3 そして、キリストは苦しみを受け、死者の中からよみがえらなければならないことを説明し、また論証して、「私があなたがたに伝えているこのイエスこそ、キリストなのです」と言った。
4 彼らのうちの幾人かはよくわかって、パウロとシラスに従った。またほかに、神を

36 ①使16:27
　 ②使15:33
37 ①使22:25-29
38 ①使22:29
39 ①団マタ8:34
40 ①使16:14
　 ②使16:2, ③使1:15

1 ①使17:11, 13, 27:2,
　 ピリ4:16, Ⅱテモ4:10,
　 ③使20:4, Ⅰテサ1:1,
　 Ⅱテサ1:1
2 ①③使9:20, 17:10, 17
　 ②使13:14
　 ③使8:35
3 ①③使3:18
　 ②ヨハ20:9
　 ③使9:22, 18:5, 28
4 ①③使14:4
　 ②使17:10, 15:40,
　 ③使15:22, 17:14, 15
　 ④使17:17, ③使13:43

④③ヨハ7:35
⑤使13:50
5 ①使17:13,
　 ③Ⅰテサ2:16
　 ②使17:6, 7, 9,
　 ロマ16:21(?)
6 ①③使16:19, 20
　 ②使17:31,
　 ③マタ24:14
7 ①③ルカ10:38,
　 ヤコ2:25
　 ②ルカ23:2
9 ①③使17:5
　 ＊あるいは「約束」、「保証」
10 ①使17:6, 14, 15,
　 ③1:15
　 ②③使17:4
　 ③使17:13, 20:4
　 ④使17:2
11 ①③使17:1
12 ①③使2:47
　 ②マコ15:43
　 ③使13:50
13 ①③使17:10, 20:4
14 ①③使17:6, 10,
　 ③1:15
　 ②使17:4, 10,
　 ③使15:22
　 ③使16:1

敬うギリシヤ人が大ぜいおり、貴婦人たちも少なくなかった。
5 ところが、ねたみにかられたユダヤ人は、町のならず者をかり集め、暴動を起こして町を騒がせ、またヤソンの家を襲い、ふたりを人々の前に引き出そうとして捜した。
6 しかし、見つからないので、ヤソンと兄弟たちの幾人かを、町の役人たちのところへひっぱって行き、大声でこう言った。「世界中を騒がせて来た者たちが、ここにも入り込んでいます。
7 それをヤソンが家に迎え入れたのです。彼らはみな、イエスという別の王がいると言って、カイザルの詔勅にそむく行いをしているのです。」
8 こうして、それを聞いた群衆と町の役人たちとを不安に陥れた。
9 彼らは、ヤソンとそのほかの者たちから＊保証金を取ったうえで釈放した。

ベレヤで

10 兄弟たちは、すぐさま、夜のうちにパウロとシラスをベレヤへ送り出した。ふたりはそこに着くと、ユダヤ人の会堂に入って行った。
11 ここのユダヤ人は、テサロニケにいる者たちよりも良い人たちで、非常に熱心にみことばを聞き、はたしてそのとおりかどうかと毎日聖書を調べた。
12 そのため、彼らのうちの多くの者が信仰に入った。その中にはギリシヤの貴婦人や男子も少なくなかった。
13 ところが、テサロニケのユダヤ人たちは、パウロがベレヤでも神のことばを伝えていることを知り、ここにもやって来て、群衆を扇動して騒ぎを起こした。
14 そこで兄弟たちは、ただちにパウロを送り出して海べまで行かせたが、シラスとテモテはベレヤに踏みとどまった。

17:11 毎日聖書を調べた ベレヤの人々が行ったことは説教や聖書の教えを聞く人々にとって良い模範である。ほかの人々の解釈や教えを私たちは鵜呑みにしてはならない。神のことばを自分で注意深く学び調べ

て、人々の考えや教えが真理にかなっているかどうかを見分けなければならない。「調べ」(《ギ》アナクリノー)と訳されていることばは、「よくふるいにかけて注意深く正確な調査をする」という意味である。聖書的説教によって、聞く人々は聖書を学ぶ人に変えられ

使徒の働き　17章

15 パウロを案内した人たちは、彼をアテネまで連れて行った。そしてシラスとテモテに一刻も早く来るように、という命令を受けて、帰って行った。

アテネで

16 さて、アテネでふたりを待っていたパウロは、町が偶像でいっぱいなのを見て、心に憤りを感じた。
17 そこでパウロは、会堂ではユダヤ人や神を敬う人たちと論じ、広場では毎日そこに居合わせた人たちと論じた。
18 エピクロス派とストア派の哲学者たちも幾人かいて、パウロと論じ合っていたが、その中のある者たちは、「このおしゃべりは、何を言うつもりなのか」と言い、ほかの者たちは、「彼は外国の神々を伝えているらしい」と言った。パウロがイエスと復活とを宣べ伝えたからである。
19 そこで彼らは、パウロをアレオパゴスに連れて行ってこう言った。「あなたの語っているその新しい教えがどんなものであるか、知らせていただけませんか。
20 私たちにとっては珍しいことを聞かせてくださるので、それがいったいどんなものか、私たちは知りたいのです。」
21 アテネ人も、そこに住む外国人もみな、何か耳新しいことを話したり、聞いたりすることだけで、日を過ごしていた。
22 そこでパウロは、アレオパゴスの真ん中に立って言った。「アテネの人たち。あらゆる点から見て、私はあなたがたを宗教心にあつい方々だと見ております。
23 私が道を通りながら、あなたがたの拝むものをよく見ているうちに、『知られない神に』と刻まれた祭壇があるのを見つけました。そこで、あなたがたが知らずに拝んでいるものを、教えましょう。
24 この世界とその中にあるすべてのものをお造りになった神は、天地の主ですから、手でこしらえた宮などにはお住みになりません。

---

15 ①案内
　① 使 15：3
　② 使 17：16, 21, 22, 18：1, Ⅰテサ 3：1
　③ 使 17：14
　④ 使 18：5
16 ① 使 17：15, 21, 22, 18：1, Ⅰテサ 3：1
17 ① 使 9：20, 使 17：2
　② 使 17：4
18 ① Ⅰコリ 4：10, 1：20
　＊別訳「さえずる者」
　＊＊原「ダイモニオン」
　② 使 4：2, 17：31, 32
19 ① 使 17：22, 34
　＊あるいは「アレオパゴスの議会」
　② 使 23：19

　③ 使 マコ 1：27
21 ① 使 17：19
22 ① 使 17：15
　② 使 25：19
23 ① 使 Ⅱテサ 2：4
　② 使 ヨハ 4：22
24 ① イザ 42：5, 使 14：15
　② マタ 11：25, 使 10：14, 詩 115：16
　③ 使 7：48

ていく（→エペ 2：20 注）。

17：16　心に憤りを感じた　パウロは目の前の光景に心を痛めた（→ヘブ 1：9 注）。そして霊的に失われていて救われなければならない人々を見て怒りを覚えた。そして罪と罪の破壊力に対して、主イエスと同じような態度を表した（→ヨハ 11：33 注）。キリストに心から仕えている信仰者も、神に逆らう姿勢や道徳の腐敗を見ると悲しくなる。キリストを知らない人々や、神ではないほかのいろいろなものに頼っている人々を見ると、行動を起こしたくなる。また自分の生活では、聖書が非難していて神には喜ばれず人々を滅びに導くようなものを避けるように努力する（⇒Ⅰコリ 6：17）。そしてたとい人々が関心を持たなくても、パウロのように希望と新しいいのちについてのキリストの福音を声を大きくして伝えようとするはずである。

17：18　エピクロス派とストア派の哲学者たち　エピクロス派は、もともと最高の善を行ったり発見したりすることが人生を幸せにすると教えていた。けれどもこの考え方は、パウロの時代までには肉欲を満足させる快楽追求主義に堕落していた。ストア派の哲学者たちは、自然と調和して生き、自立して人に頼らないで、肉欲的でみだらな欲望を退けなければならないと教えていた。ストア派は以前にはきちんとした内容を教えていたけれども、この頃にはごう慢で高慢になっていた。この二つの哲学は、自分の利益だけを求めたり人生の意味を求めて神ではないものに頼ったりする多くの現代人と驚くほど似ている。このような哲学は、いつもキリストとその弟子たちのメッセージに反対をする。けれども霊的に誤解している人々に対して、私たちはパウロのように、信仰を守ることばやキリストこそ本当のいのちへ導く唯一の道であるという真理を悟らせることばを聖霊によって与えられて、ていねいに説明しなければならない（→ヨハ 14：6 注）。

17：23　知られない神に　「神々」に注意を向けないと怒りを受けるのではないかとギリシヤ人は恐れていたので、自分たちが見逃していたかもしれない神々をカバーしようとして、このような碑を建てた。今日でも多くの人が、人生に何かが欠けているのではないか（特に霊的なもの）と感じている。ある人々は一生懸命探し求めているけれども、惑わされて超自然的な何かとつながろうと考えて努力をしている。そのために信仰や宗教には熱心なのに、霊的には失われた状態のままでいる。あるキリスト者は驚くかもしれないけれども、このような人々の多くは、答や希望を与えると主張するメッセージに心を開いているのである（→「**聖書的希望**」の項 p.943）。罪を赦されキリストと個人的な関係を持つことによって答を見出した神の民は、真理を探し求めている人々に遠慮することなくこの希望のメッセージを伝えなければならない。一人のキリスト者の大胆なあかしによって、多くの人が探し求めてい

²⁵また、何かに不自由なことでもあるかのように、人の手によって仕えられる必要はありません。神は、すべての人に、いのちと息と万物とをお与えになった方だからです。
²⁶神は、＊ひとりの人からすべての国の人々を造り出して、地の全面に住まわせ、それぞれに決められた時代と、その住まいの境界とをお定めになりました。
²⁷これは、神を求めさせるためであって、もし探り求めることでもあるなら、神を見いだすこともあるのです。確かに、神は、私たちひとりひとりから遠く離れてはおられません。
²⁸私たちは、神の中に生き、動き、また存在しているのです。あなたがたのある詩人たちも、『私たちもまたその子孫である』と言ったとおりです。
²⁹そのように私たちは神の子孫ですから、神を、人間の技術や工夫で造った金や銀や石などの像と同じものと考えてはいけません。
³⁰神は、そのような無知の時代を見過ごしておられましたが、今は、どこででもすべての人に悔い改めを命じておられます。
³¹なぜなら、神は、お立てになったひとりの人により義をもってこの世界をさばくため、日を決めておられるからです。そして、その方を死者の中からよみがえらせることによって、このことの確証をすべての人にお与えになったのです。」
³²死者の復活のことを聞くと、ある者たちはあざ笑い、ほかの者たちは、「このことについては、またいつか聞くことにしよう」と言った。
³³こうして、パウロは彼らの中から出て行った。
³⁴しかし、彼につき従って信仰に入った人たちもいた。それは、アレオパゴスの裁判官デオヌシオ、ダマリスという女、その他の人々であった。

コリントで

18 ¹その後、パウロはアテネを去って、コリントへ行った。
²ここで、アクラというポント生まれのユダヤ人およびその妻プリスキラに出会った。クラウデオ帝が、すべてのユダヤ人をロー

側注参照（使徒17:25-34, 18:1-2）

25 ①詩50:10-12, ④ヨブ22:2
26 ①マラ2:10 ＊後期のある写本「一つの血」 ②申32:8, ヨブ12:23 ③申4:7, エレ23:23, 24, ④使14:17 ⑤ヨブ12:10, ダニ5:23 ⑥イザ40:18以下, ロマ1:23
30 ①使14:16, ロマ3:25 ③ルカ24:47, 使26:20, テト2:11, 12

31 ①ルカ22:22 ②マタ24:14, 使17:6 ③ヨハ5:22, 27, 使10:42, 詩9:8, 96:13, 98:9 ④マタ10:15 ⑤使2:24
32 ①使17:18
34 ①使17:19, 22

1 ①使17:15 ②使19:1, Iコリ1:2, IIテモ4:20, 使18:8, IIコリ6:11
2 ①使18:18, 26, ロマ16:3, Iコリ16:19, IIテモ4:19 ②使2:9 ③使11:28

たものを見つけることができるのである。

17:26-27　これは、神を・・・探り求めることでもある　神は私たちの人生の細かい部分まで知っておられ、またひとりひとりのために細かな計画を持っておられる。私たちはそれに従おうとしなければならない。神は私たちを強制的に従わせたりされないけれども、人生の様々な出来事を通して必要なことに私たちの注意を向けさせてくださる。人生の中で神が行われることはみな、私たちを御子イエス・キリストを通して神との個人的関係に入れるためのものである。キリストを知っていてもいなくても関係なく、主は近くにおられる。そして主は忠実な人々の祈りにすぐに応えてくださり、また神のあわれみと赦しを求めて神を初めて呼ぶ人にもすぐに応えてくださる。神はおられるという意識と神を知りたいという願いを、神は人間の中に生れたときから備えてくださった。神を知らない詩人「「クレシア」の作者であるエピメニデス（前600年）、「フエノメナ」のアラトス（前315-240年）、「ゼウスへの賛歌」のクレアンテス（前331-233年）]でさえ、パウロが引用したのと同じことを言って、人間と神との関係を認めている。けれども自分たちに神が必要なことを認めただけでは十分ではない。私たちはキリストの赦しを受入れ、人生をゆだねて応答しなければならない。→「**信仰と恵み**」の項 p.2062

17:30　すべての人に悔い改めを命じておられます　過去の時代、つまりイエス・キリストを通して霊的救いの計画を完全に現される前には、神は人間の無知や神に対する罪や反抗の多くを見逃しておられた（⇒ロマ3:25）。けれども神の完全な計画が十分に明らかにされた今、人々はみなキリストの福音に応答し、神に背く生き方をしてきたことを認めてそれから離れ、救い主であり主（罪を赦し人生を導く方）であるイエス・キリストに人生をゆだねることが命じられている。これには例外がない。神はだれの罪をも見逃されないからである。人はみな、自分勝手な生き方から離れてキリストに従うか、キリストに従わないで罰を受けるかどちらかである。一言で言えば救われるためには悔い改めなければならない（→マタ3:2注）。

17:31　義をもってこの世界をさばく　さばきの日が決められていることについてのパウロの話の詳細　→ロマ2:5, 16, Iコリ1:8, ピリ1:6, 10, Iテサ5:2, 4, IIテサ1:7-10, 2:2, →「**さばき**」の項 p.2167

使徒の働き　18章

マから退去させるように命令したため、近ごろイタリヤから来ていたのである。パウロはふたりのところに行き、

3 自分も同業者であったので、その家に住んでいっしょに仕事をした。彼らの職業は天幕作りであった。

4 パウロは安息日ごとに会堂で論じ、ユダヤ人とギリシヤ人を承服させようとした。

5 そして、シラスとテモテがマケドニヤから下って来ると、パウロはみことばを教えることに専念し、イエスがキリストであることを、ユダヤ人たちにはっきりと宣言した。

6 しかし、彼らが反抗して暴言を吐いたので、パウロは着物を振り払って、「あなたがたの血は、あなたがたの頭上にふりかかれ。私には責任がない。今から私は異邦人のほうに行く」と言った。

7 そして、そこを去って、神を敬うテテオ・ユストという人の家に行った。その家は会堂の隣であった。

8 会堂管理者クリスポは、一家をあげて主を信じた。また、多くのコリント人も聞いて信じ、バプテスマを受けた。

9 ある夜、主は幻によってパウロに、「恐れないで、語り続けなさい。黙ってはいけない。

10 わたしがあなたとともにいるのだ。だれもあなたを襲って、危害を加える者はない。この町には、わたしの民がたくさんいるから」と言われた。

11 そこでパウロは、一年半ここに腰を据えて、彼らの間で神のことばを教え続けた。

12 ところが、ガリオがアカヤの地方総督であったとき、ユダヤ人たちはこぞってパウロに反抗し、彼を法廷に引いて行って、

18:3　同業者・・・天幕作り　パウロは説教と奉仕の働きのほかに天幕作りの職業を持っていた。キリストの福音を伝え教会を建上げるために旅をし、各地に宿泊しながら天幕作りをして生活費を得ていた（20:34、Ⅰテサ2:9、Ⅱテサ3:8）。自分や家族を養うために働きながら伝道奉仕をしている人々は、教会などからフルタイムの経済的支援が受けられる人々と同じように神の働きをしているのである。パウロの例からそのことが明らかである。

18:9　恐れないで　ここにはパウロの人間的な感情が明らかにされている。このときパウロのメッセージとパウロ個人に対する反対と憎しみが激しくなっていた。その結果、パウロは恐れと疑いと戦いながらコリントを離れるべきかそれともしばらく静かにしているべきか悩んでいた（⇒Ⅰコリ2:3）。神に忠実な人も時にはこのように感じることがある。預言者エリヤ（Ⅰ列19:4）やエレミヤ（エレ15:15）もそうだった。けれどもそのような情況の中で神は必ず励ましを与えてくださる。神がともにいて守ってくださる（18:10）という約束があれば、慰められ恐れが除かれ、神の目的を実現するために必要な平安と確信が十分に与えられる（18:10-11）。

18:10　わたしがあなたとともにいるのだ　パウロに与えられたこのことばは、どこにでもおられるキリストの臨在のことを言っているのではない（⇒17:26-28，詩139:，エレ23:23-24，アモ9:2-4）。主に忠実な人のそば近くにおられることを言っているのである。キリストが近くにおられるということは、そばにいて

ご自分の願いや目的を伝え、その目的を実現するためにともに働いてくださるということである。神が特別に臨在してくださることによって、神の民は神の愛をさらに強く感じ神との深い交わりを体験するようになる。神がともにおられるということは、私たちがどんな情況にいても祝福し、助け、守り、導いてくださるということである。

（1）「キリストがともにおられる」ことについては、神が忠実な民とともにいると言われた旧約聖書のことばを考えることによってさらに学ぶことができる。エジプトへ帰るのを恐れていたモーセに、神は「わたしはあなたとともにいる」（出3:12）と言われた。モーセが死んでヨシュアがイスラエルの指導者になったとき、神は「あなたとともにいよう。わたしはあなたを見放さず、あなたを見捨てない」（ヨシ1:5）と約束された。そして神は次のことばをもってイスラエルを激励された「あなたが水の中を過ぎるときも、わたしはあなたとともにおり・・・恐れるな。わたしがあなたとともにいるからだ」（イザ43:2, 5）。

（2）新約聖書でマタイは、主イエスが地上に来られたのは神が人々に近付くためだったと言っている。主イエスは「インマヌエル」と呼ばれたけれども、それは「神は私たちとともにおられる」という意味である（マタ1:23）。そしてマタイは、主イエスが弟子たちにされた約束を再びその福音書の最後に記録している「見よ。わたしは・・・いつも、あなたがたとともにいます」（マタ28:20）。マルコは主イエスの生涯の記録を、「そこで、彼らは出て行って、至る所で福音を

使徒の働き　18章

13「この人は、律法にそむいて神を拝むことを、人々に説き勧めています」と訴えた。14パウロが口を開こうとすると、ガリオはユダヤ人に向かってこう言った。「ユダヤ人の諸君。不正事件や悪質な犯罪のことであれば、私は当然、あなたがたの訴えを取り上げもしようが、15あなたがたの、ことばや名称や律法に関する問題であるなら、自分たちで始末をつけるのがよかろう。私はそのようなことの裁判官にはなりたくない。」16こうして、彼らを法廷から追い出した。17そこで、みなの者は、会堂管理者ソステネを捕らえ、法廷の前で打ちたたいた。ガリオは、そのようなことは少しも気にしなかった。

プリスキラ、アクラ、アポロ

18パウロは、なお長らく滞在してから、兄弟たちに別れを告げて、シリヤへ向けて出帆した。プリスキラとアクラも同行した。パウロは一つの誓願を立てていたので、ケンクレヤで髪をそった。19彼らがエペソに着くと、パウロはふたりをそこに残し、自分だけ会堂に入って、ユダヤ人たちと論じた。20人々は、もっと長くとどまるように頼んだが、彼は聞き入れないで、21「神のみこころなら、またあなたがたのところに帰って来ます」と言って別れを告げ、エペソから船出した。22それからカイザリヤに上陸してエルサレムに上り、教会にあいさつしてからアンテオケに下って行った。23そこにしばらくいてから、彼はまた出発し、ガラテヤの地方およびフルギヤを次々に巡って、すべての弟子たちを力づけた。24さて、アレキサンドリヤの生まれで、*雄弁なアポロというユダヤ人がエペソに来た。彼は聖書に通じていた。25この人は、主の道の教えを受け、霊に燃えて、イエスのことを正確に語り、また教えていたが、ただヨハネのバプテスマしか知らなかった。26彼は会堂で大胆に話し始めた。それを聞いていたプリスキラとアクラは、彼を招き入れて、神の道をもっと正確に彼に説明した。27そして、アポロがアカヤへ渡りたいと思っていたので、兄弟たちは彼を励まし、そこの弟子たちに、彼を歓迎してくれるようにと手紙を書いた。彼はそこに着くと、*すでに恵みによって信者になっていた人たちを大いに助けた。

宣べ伝えた。主は彼らとともに働き」ということばで閉じている（マコ16:20）。

18:23　すべての弟子たちを力づけた　ここからパウロの第三次伝道旅行が始まる（18:23-21:16）。パウロは第一次伝道旅行（13:1-14:28）と第二次伝道旅行（15:36-18:22）のときに建上げた教会を訪ねるために出発する（→「**パウロの第一次伝道旅行**」の地図 p.1998、「**パウロの第二次伝道旅行**」の地図 p.2008、「**パウロの第三次伝道旅行**」の地図 p.2019）。パウロは人々を導いてキリストとの関係を持つようにさせ、教会を建上げておきながら、その人々を忘れてしまうような人ではなかった。新しく信仰を持った人々を見守り、神との関係を成長させることにも同じように心を砕いていたのである。多くの体験をし成熟したキリスト者は、キリスト者になったばかりの人と接触し励まし続けるべきである。そしてともに祈り、みことばを学んでそれを適用するのを助けてあげるべきである。そうすることによって教会のほかの人々とのつながりができ、礼拝で行われる祈り、みことばの奉仕（説教）、御霊の賜物を用いて教会の人々に仕えることなどを理解することができるようになる（2:42, マタ28:19-20, Ⅰコリ12:7-11, 14）。

18:25　ただヨハネのバプテスマしか知らなかった　アポロは旧約聖書については非常によく知っていて、主イエスについても知っていることは正確に教えていた。けれどもキリストの福音についてのアポロの理解は、この時点ではまだ十分とは言えなかった。アポロは既にヨハネ（バプテスマの）のバプテスマを受けていて、主イエスが罪のために死に新しいいのちを与えるためによみがえられた神の御子であることを信じていたと思われる。また神の赦しを受け、主イエスに人生をゆだねてキリスト者になっていたことも明らかだった。けれども主イエスご自身が信じる人々に聖霊のバプテスマを与えておられるということは知らなかった（→2: 各注）。エペソの弟子たちも似たような情況だった（19:2, 6）。

28 彼は聖書によって、イエスがキリストであることを証明して、力強く、公然とユダヤ人たちを論駁したからである。

エペソの弟子たちが御霊を受ける

19 1 アポロがコリントにいた間に、パウロは奥地を通ってエペソに来た。そして幾人かの弟子に出会って、2 「信じたとき、聖霊を受けましたか」と尋ねると、彼らは、「いいえ、聖霊の与えられることは、聞きもしませんでした」と答えた。3 「では、どんなバプテスマを受けたのか」と言うと、「ヨハネのバプテスマです」と答えた。

28 ①使8:35、②使18:5
1 ①使18:24、②使18:1 ③使18:23 ④使18:21
2 ①使8:15,16,11:16,17 ②ヨハ7:39
＊直訳「聖霊のあることを聞いたことさえありませんでした」
3 ①ルカ7:29、使18:25

19:1 エペソ・・・幾人かの弟子 エペソの12人の弟子たちはキリスト者だったのだろうか。あるいはバプテスマのヨハネの弟子だったのだろうか。それは両方とも考えられる。

(1) ある人々はキリスト者だったと信じている。(a) ルカ(著者)はその人々を「弟子」(従う人、訓練された生徒)と呼んでいるけれども、ルカは普通このことばをキリスト者以外の人には使わなかった。もしこの人々がキリスト者ではなく、ただバプテスマのヨハネの弟子だったことを言おうとしていたのなら、ルカはそのようにはっきり言ったと思われる。(b) パウロはこの人々が既に信じていたと言っている(19:2)。「信じる」という動詞は「使徒の働き」の中で目的語なしに約20回使われている。そしてどの場合にも、前後関係によるとルカは霊的救いのためにキリストを信じたことを指していることがわかる(→次の注)。

(2) 別の人々は、エペソの弟子たちは、メシヤ(救い主、キリスト)が来られるのを待続けているバプテスマのヨハネの弟子たちだったと考えている。そして弟子たちはパウロから主イエスの話を聞いて、主イエスが預言されていたキリストであることを信じて初めて霊的に救われた(御霊によって新しく生れた)のだとする(19:4-5、→ヨハ3:3-6)。

(3) どちらにしても明らかなのは、この弟子たちが聖霊に満たされた(バプテスマを受けた)のは、信仰によってキリストを受入れてバプテスマを受け按手をされたあとだったことである(19:5-6)。

19:2 聖霊を受けましたか パウロの質問について次のことを注意しておきたい。

(1) エペソの弟子たちは本当のキリスト者だったけれども、聖霊にはまだ満たされ—あるいは「バプテスマを受け」(1:5)—ていないとパウロは見ていたことが強く示唆されている。

(2) 聖霊のバプテスマは力と奉仕のためのものであることが示されている。それは五旬節の日にともに祈り待続けていたキリストの弟子たちに与えられたのと同じものである(⇒1:8、2:4)。それは自分をキリストにゆだねて霊的に「新しく生まれ」たときに御霊が来てくださったことを(ヨハ3:3-6)言っているのではない。罪の人生からキリストとの個人的関係へと霊的に

回心した瞬間から、キリストの弟子の中には御霊が住んでおられることをパウロははっきり知っていた(ロマ8:9、Ⅰコリ6:19、Ⅱコリ1:22)。

(3) パウロの質問を直訳すると、「信じたので(あるいは信じてから)、あなたは聖霊を受けましたか」となる。「信じたとき」(《ギ》ピステュサンテス、ピステュオーからの変化)は不定過去分詞で、通常は前に行われた行いを指す(この場合は聖霊のバプテスマを受ける前)。そこでこの文は、「あなたは信じた後に聖霊を受けましたか」と訳すことができる。この訳はエペソの弟子たちの体験と一致する。(a) エペソの弟子たちはパウロと会う前に既にキリストを信じていた(19:1-2)。(b) 弟子たちはパウロの話を聞き、キリストと聖霊について知らされたことをみな信じた(19:4)。(c) パウロはエペソの弟子たちがキリストを信じた信仰を霊的救いと考えて、その信仰の公のあかしとして主イエスの御名によるバプテスマを授けた(19:5)。(d) 信じて公に告白したそのあとに、パウロは初めて弟子たちに手を置いた。そして「聖霊が彼らに臨まれ」(19:6)た。つまりキリストを信じたときと御霊が大きな力をもって来られたときとの間にはしばらく時間があったのである。

パウロの質問は、聖霊のバプテスマを体験しなくてもキリストを「信じる」こと(キリスト者になること)ができることを示している(→**聖霊のバプテスマ**」の項p.1950)。けれどもそのままでいるなら、完全に効果的に(御霊のバプテスマを受けない場合よりずっと効果的に)神のメッセージを伝え、神の目的に奉仕できるように神が与えようとしておられる祝福と力をいただくことはできない。聖霊のバプテスマは神の賜物であって、受けるなら個人的礼拝にもキリストについての公のあかしにも深みが加わることになる(→1:8注、13:31注)。

19:2 聞きもしませんでした エペソの弟子たちの応えは、聖霊のことを聞いたことがないという意味ではない。御霊についての旧約聖書の教えは知っていたはずであり、キリストが聖霊のバプテスマを授けてくださるというヨハネのメッセージも確かに聞いていたはずである(ルカ3:16)。けれども御霊がこのような方法で(豊かに与えられる)キリストの弟子たちに注がれ

4 そこで、パウロは、「ヨハネは、自分のあとに来られるイエスを信じるように人々に告げて、悔い改めのバプテスマを授けたのです」と言った。

5 これを聞いたその人々は、主イエスの御名によってバプテスマを受けた。

6 パウロが彼らの上に手を置いたとき、聖霊が彼らに臨まれ、彼らは異言を語ったり、預言をしたりした。

7 その人々は、みなで十二人ほどであった。

エペソでのパウロ

8 それから、パウロは会堂に入って、三か月の間大胆に語り、神の国について論じて、彼らを説得しようと努めた。

9 しかし、ある者たちが心をかたくなにして聞き入れず、会衆の前で、この道をののしったので、パウロは彼らから身を引き、弟子たちをも退かせて、毎日ツラノの講堂で論じた。

10 これが二年の間続いたので、アジヤに住む者はみな、ユダヤ人もギリシヤ人も主のことばを聞いた。

11 神はパウロの手によって驚くべき奇蹟を行われた。

12 パウロの身に着けている手ぬぐいや前掛けをはずして病人に当てると、その病気は去り、悪霊は出て行った。

13 ところが、諸国を巡回しているユダヤ人の魔よけ祈禱師の中のある者たちも、ためしに、悪霊につかれている者に向かって主イエスの御名をとなえ、「パウロの宣べ伝えているイエスによって、おまえたちに命じる」と言ってみた。

14 そういうことをしたのは、ユダヤの祭司長スケワという人の七人の息子たちであった。

15 すると悪霊が答えて、「自分はイエスを

19:5 バプテスマを受けた 「主イエスの御名によって」(19:5)水のバプテスマを受けたことによって、エペソの12人の弟子たちがキリストによる救いの信仰を持ち、霊的に新しく生れたことがあかしされた(→ヨハ3:3-6)。この水のバプテスマは内側が霊的にきよめられたことをあかしして(→ロマ6:4注)、主イエスと一つであることを公にする手段だった。

19:6 聖霊が彼らに臨まれ この出来事は、五旬節の日に最初に聖霊が注がれてから(神が豊かに御霊を送って弟子たちを満たし力を与えられたとき 2:4)約25年後に起きた。けれどもこの12人が聖霊の満たしを受けた型は「使徒の働き」全体を通して見られる型と一致している(→8:5-24注)。(1) エペソの弟子たちは主イエスを信じて御霊によって新しく生れる体験をしていた(霊的に刷新され、または「救われ」て主イエスと個人的な関係を持った →19:5注)。(2) 水のバプテスマを受けた後(19:5)にパウロが手を置くと、聖霊のバプテスマを受けた。(3) 聖霊が下られたとき、この弟子たちは異言を話し預言をし始めた。ルカの記録によれば、聖霊の注ぎは信仰によらなければわからないものではない。むしろはっきりとわかり確認できる体験で、客観的に証明できるものとして示されている。異言を話したことは、この主イエスの弟子たちに聖霊が下られたことを示す外側に現れた目に見える証拠だった。(→「異言」の項 p.1957)。

19:12 手ぬぐいや前掛け エペソでのパウロの働きは、癒しや悪霊の支配から人々を解放する驚くべき奇蹟を伴った著しいものだった。その働きの中には、御霊に導かれたパウロが直接行ったものもあったけれども、ある奇蹟はパウロが身につけていた手ぬぐいや前掛け(皮を使う仕事で使った汗拭き用の布や前掛け)による間接的接触によって起きた。パウロの生活も神のための働きもその内も外も神の力で充満していたからである。もちろん、これらの物自体に魔法の力や霊的な力があったのではなく、神との強い関係を持っている人を通して信仰の接点になったのである(⇒マタ9:20, 女性が主イエスの着物のふさに触れて癒された)。そして苦しんでいる人が布に触れると病気が癒され悪霊が出て行った(⇒5:15, マコ5:27)。今日有名になろうとしたり経済的支援を集めたりするために、癒しのハンカチを宣伝している人がいるけれども、それはパウロの精神や動機とは異なるものである。パウロはこれらの奇蹟を使って金もうけをしたり霊的力を見せびらかしたりしてはいない。聖霊はパウロやこれらのものを通して奇蹟的に働いて、人々にキリストを信じる信仰の接点を与えられたのである。このことによって、パウロが直接触れるよりはるかに多くの人が癒されていった。

ルカ(著者)がこの出来事を書いたのは、パウロと神との関係には力が伴っていて、自分の力で悪霊を追出そうとしてできなかった人々とは違うことを示すためだったと思われる(→19:13-16)。悪霊や町の人々が認めたように、悪霊に対する権威は主イエスの力と権

知っているし、パウロもよく知っている。けれどおまえたちは何者だ」と言った。
16 そして悪霊につかれている人は、彼らに飛びかかり、ふたりの者を押さえつけて、みなを打ち負かしたので、彼らは裸にされ、傷を負ってその家を逃げ出した。
17 このことがエペソに住むユダヤ人とギリシヤ人の全部に知れ渡ったので、みな恐れを感じて、主イエスの御名をあがめるようになった。
18 そして、信仰に入った人たちの中から多くの者がやって来て、自分たちのしていることをさらけ出して告白した。
19 また魔術を行っていた多くの者が、その書物をかかえて来て、みなの前で焼き捨てた。その値段を合計してみると、銀貨五万枚になった。
20 ①*こうして、主のことばは驚くほど広まり、ますます力強くなって行った。
21 これらのことが一段落すると、パウロは*御霊の示しにより、マケドニヤとアカヤを通ったあとでエルサレムに行くことにした。そして、「私はそこに行ってから、ローマも見なければならない」と言った。
22 そこで、自分に仕えている者の中からテモテとエラストのふたりをマケドニヤに送り出したが、パウロ自身は、なおしばらくアジヤにとどまっていた。

17 ①圏使18:19
19 ①圏ルカ15:8
* たぶん5万ドラクマ
20 ①圏使19:10
* 別訳「主の力により、みことばはますます広がり、力強くなって行った」
② 使6:7, 12:24
21 *直訳「御霊によって」
① ロマ15:26, Ⅰテサ1:7, 8, 圏使16:9, 19:22, 29
② 圏使18:12
③ Ⅰコリ16:5, 囲使20:1
④ 使20:16, 22, 21:15, ロマ15:25, Ⅱコリ1:16
⑤ ロマ15:24, 28, 囲使23:11
22 ①圏使19:29, 囲使13:5, 20:34, Ⅱコリ8:19
② 圏使16:1
③ ロマ16:23(?), Ⅱテモ4:20(?)
④ 圏使16:9, 19:21, 29
⑤ 使19:10

23 ①圏使19:9
24 *「の模型」は補足
26 ①使17:29, Ⅰコリ8:4, 10:19, 囲申4:28, 詩115:4, イザ44:10-20, エレ10:3以下, 黙9:20
② 圏使19:10
③ 圏使19:10
27 ①圏使19:10
② 圏マタ24:14
28 ①圏使18:19
29 ①圏使19:22, 囲使13:5, 20:34, Ⅱコリ8:19
② 圏使16:9, 19:22
③ 使20:4のデルベ人ガイオでない
④ 使20:4, 27:2, コロ4:10, ピレ24

エペソでの騒動

23 そのころ、この道のことから、ただならぬ騒動が持ち上がった。
24 それというのは、デメテリオという銀細工人がいて、銀でアルテミス神殿の模型を作り、職人たちにかなりの収入を得させていたが、
25 彼が、その職人たちや、同業の者たちをも集めて、こう言ったからである。「皆さん。ご承知のように、私たちが繁盛しているのは、この仕事のおかげです。
26 ところが、皆さんが見てもいるし聞いてもいるように、あのパウロが、手で作った物など神ではないと言って、エペソばかりか、ほとんどアジヤ全体にわたって、大ぜいの人々を説き伏せ、迷わせているのです。
27 これでは、私たちのこの仕事も信用を失う危険があるばかりか、大女神アルテミスの神殿も顧みられなくなり、全アジヤ、全世界の拝むの大女神のご威光も地に落ちてしまいそうです。」
28 そう聞いて、彼らは大いに怒り、「偉大なのはエペソ人のアルテミスだ」と叫び始めた。
29 そして、町中が大騒ぎになり、人々はパウロの同行者であるマケドニヤ人ガイオとアリスタルコを捕らえ、一団となって劇場へなだれ込んだ。
30 パウロは、その集団の中に入って行こ

威によって与えられるのである(→19:15-20)。

19:15 おまえたちは何者だ 悪霊は主イエスのことを知っていて、その最高の権威を認めていた。そしてキリストと強い関係を持つパウロの中にも主イエスの権威があることを認めていた。けれども主イエスとの真実な関係を持たないで権威だけをまねしようとする人々のことを悪霊は知らなかった。悪霊との霊的戦いをするときに私たちは、キリストに仕えるほかの人々の霊的な形式や体験や力などに頼ってはならない。キリストの力を簡単に考え、だれかのまねをして自分の力で神のために働こうとしても悪霊の力には勝つことができない。合法的で効果的な霊的権威を持つためには(既にキリストとの関係を持っていても)、キリストに心から仕え、神のことばと祈りを通して個人的に絶えず成長し続けなければならない(⇒マコ9:29)。そのようにして初めて私たちは霊的な領域で何が起きているのかを敏感に感じ、悪に対する戦いの中で主イエスの力を用いる権威を持つことができる。

19:19 魔術を行っていた 魔術の書物を公の場で焼き捨てたことは、主イエスを信じた人々がそれまでのオカルト信仰(魔術、魔法、悪魔信仰とその儀式)からすぐに離れ、拒むように教えられたことを示している。魔法、黒魔術、魔術、交霊術(死者と交流できるとされているもの)、そのほかのオカルトでは悪霊との交流が行われ、キリスト者の信仰とは全く正反対の活動が含まれている。キリスト者でありながら同時にいろいろな霊と関係を持ち、あるいは死者に接触しようとすることはありえない。神はそれらの行いを憎み非難される(→申18:9-11注)。たとい単に面白半分であってもオカルトや交霊術にかかわることは、サタンの強力な破壊力に自分をさらすことになり、さらには悪霊にとりつかれることにもなる。

としたが、弟子たちがそうさせなかった。

31 アジヤ州の高官で、パウロの友人である人たちも、彼に使いを送って、劇場に入らないように頼んだ。

32 ところで、集会は混乱状態に陥り、大多数の者は、なぜ集まったのかさえ知らなかったので、ある者はこのことを叫び、ほかの者は別のことを叫んでいた。

33 ユダヤ人たちがアレキサンデルという者を前に押し出したので、群衆の中のある人たちが彼を促すと、彼は手を振って、会衆に弁明しようとした。

34 しかし、彼がユダヤ人だとわかると、みなの者がいっせいに声をあげ、「偉大なのはエペソ人のアルテミスだ」と二時間ばかりも叫び続けた。

35 町の書記役は、群衆を押し静めてこう言った。「エペソの皆さん。エペソの町が、大女神アルテミスと天から下ったそのご神体との守護者であることを知らない者が、いったいいるでしょうか。

36 これは否定できない事実ですから、皆さんは静かにして、軽はずみなことをしないようにしなければいけません。

37 皆さんがここに引き連れて来たこの人たちは、宮を汚した者でもなく、私たちの女神をそしった者でもないのです。

38 それで、もしデメテリオとその仲間の職人たちが、だれかに文句があるのなら、裁判の日があるし、地方総督たちもいることですから、互いに訴え出たらよいのです。

39 もしあなたがたに、これ以上何か要求することがあるなら、正式の議会で決めてもらわなければいけません。

40 きょうの事件については、正当な理由がないのですから、騒擾罪に問われる恐れがあります。その点に関しては、私たちはこの騒動の弁護はできません。」

41 こう言って、その集まりを解散させた。

マケドニヤとギリシヤへ

20 1 騒ぎが治まると、パウロは弟子たちを呼び集めて励まし、別れを告げて、マケドニヤへ向かって出発した。

2 そして、その地方を通り、多くの勧めを

して兄弟たちを励ましてから、ギリシヤに来た。

3 パウロはここで三か月を過ごしたが、そこからシリヤに向けて船出しようというときに、彼に対するユダヤ人の陰謀があったため、彼はマケドニヤを経て帰ることにした。

4 プロの子であるベレヤ人ソパテロ、テサロニケ人アリスタルコとセクンド、デルベ人ガイオ、テモテ、アジヤ人テキコとトロピモは、パウロに同行していたが、

5 彼らは先発して、トロアスで私たちを待っていた。

6 種なしパンの祝いが過ぎてから、私たちはピリピから船出し、五日かかってトロアスで彼らと落ち合い、そこに七日間滞在した。

トロアスでユテコが生き返る

7 週の初めの日に、私たちはパンを裂くために集まった。そのときパウロは、翌日出発することにしていたので、人々と語り合い、夜中まで語り続けた。

8 私たちが集まっていた屋上の間には、ともしびがたくさんともしてあった。

9 ユテコというひとりの青年が窓のところに腰を掛けていたが、ひどく眠けがさし、パウロの話が長く続くので、とうとう眠り込んでしまって、三階から下に落ちた。抱き起こしてみると、もう死んでいた。

10 パウロは降りて来て、彼の上に身をかがめ、彼を抱きかかえて、「心配することはない。まだいのちがあります」と言った。

11 そして、また上がって行き、パンを裂いて食べてから、明け方まで長く話し合って、それから出発した。

12 人々は生き返った青年を家に連れて行き、ひとかたならず慰められた。

エペソの長老たちとのパウロの別れ

13 さて、私たちは先に船に乗り込んで、アソスに向けて出帆した。そしてアソスでパウロを船に乗せることにしていた。パウロが、自分は陸路をとるつもりで、そう決めておいたからである。

14 こうして、パウロはアソスで私たちと落

ち合い、私たちは彼を船に乗せてミテレネに着いた。
15 そこから出帆して、翌日キヨスの沖に達し、次の日サモスに立ち寄り、その翌日ミレトに着いた。
16 それはパウロが、アジヤで時間を取られないようにと、エペソには寄港しないで行くことに決めていたからである。彼は、できれば五旬節の日にはエルサレムに着いていたい、と旅路を急いでいたのである。

15 * 異本「トロギュリヤに泊まり、その後」を挿入する
  ① 使20:17, Ⅱテモ4:20
16 ① 使16:6, 20:4, 18
  ② 圏使18:19
  ③ 圏使2:1
  ④ 使19:21, 20:22,
  ⑤ 使20:6, Ⅰコリ16:8

17 ① 圏使18:19
  ② 圏使11:30
18 ① 使18:19, 19:1, 10,
  ② 使20:4, 16
19 ① 圏使20:3

17 パウロは、ミレトからエペソに使いを送って、教会の長老たちを呼んだ。
18 彼らが集まって来たとき、パウロはこう言った。
「皆さんは、私がアジヤに足を踏み入れた最初の日から、私がいつもどんなふうにあなたがたと過ごして来たか、よくご存じです。
19 私は謙遜の限りを尽くし、涙をもって、またユダヤ人の陰謀によりわが身にふりか

20:19 涙をもって パウロは何度も「涙をもって」主に仕えていると言っている(20:31, Ⅱコリ2:4, ピリ3:18)。エペソの教会の指導者に対する話の中で(20:17-38)、パウロは三年の間、毎日涙とともに訓戒をしたと言っている(20:31)。パウロの涙は霊的に失われた人々の状態、罪の害毒、キリストの福音について

パウロの第三次伝道旅行

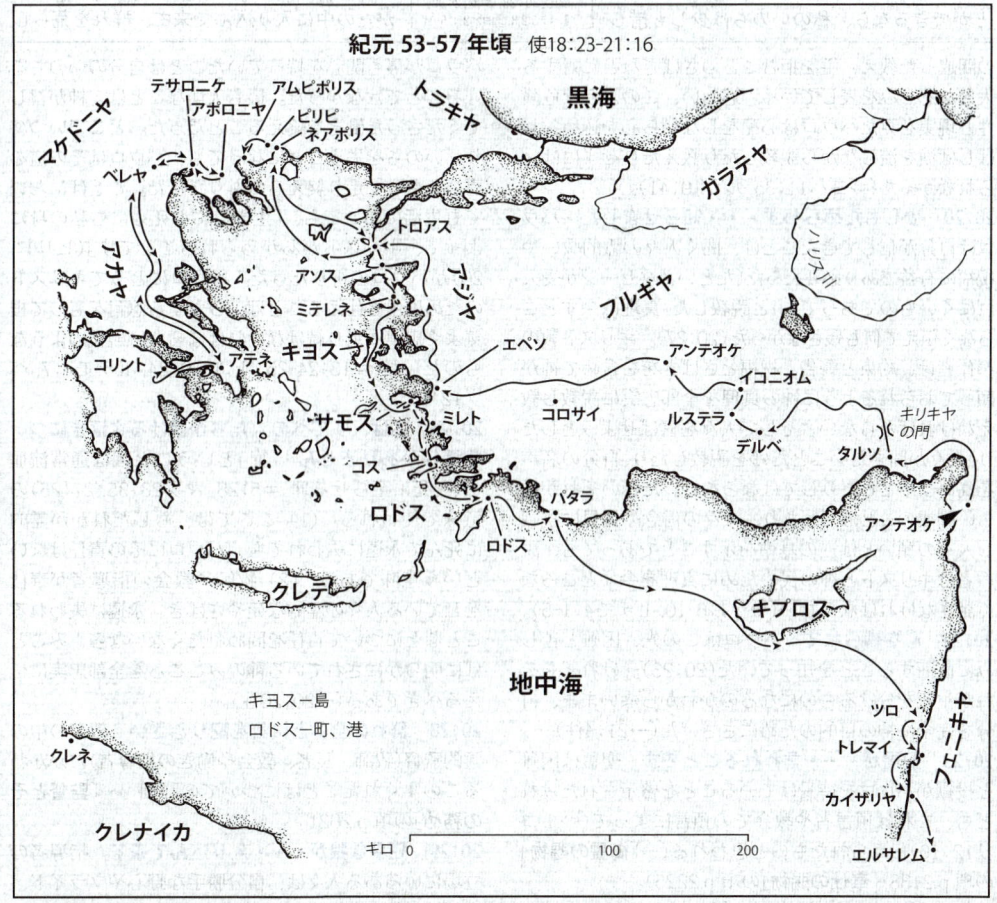

紀元 53-57 年頃　使18:23-21:16

© 1989 Zondervan Corporation

かる数々の試練の中で、主に仕えました。 ²⁰益になることは、少しもためらわず、あなたがたに知らせました。人々の前でも、家々でも、あなたがたを教え、 ²¹ユダヤ人にもギリシヤ人にも、神に対する悔い改めと、私たちの主イエスに対する信仰とをはっきりと主張したのです。 ²²いま私は、心を縛られて、エルサレムに上る途中です。そこで私にどんなことが起こるのかわかりません。 ²³ただわかっているのは、聖霊がどの町でも私にはっきりとあかしされて、なわめと苦しみが私を待っていると言われることです。 ²⁴けれども、私が自分の走るべき行程を走り尽くし、主イエスから受けた、神の恵みの福音をあかしする任務を果たし終えることができるなら、私のいのちは少しも惜しいとは思いません。 ²⁵皆さん。御国を宣べ伝えてあなたがたの中を巡回した私の顔を、あなたがたはもう二度と見ることがないことを、いま私は知っています。 ²⁶ですから、私はきょうここで、あなたがたに宣言します。私は、すべての人たちが受けるさばきについて責任がありません。 ²⁷私は、神のご計画の全体を、余すところなくあなたがたに知らせておいたからです。 ²⁸あなたがたは自分自身と群れの全体とに気を配りなさい。聖霊は、神がご自身の血をもって買い取られた神の教会を牧させるために、あなたがたを群れの監督にお立てになったのです。 ²⁹私が出発したあと、狂暴な狼があなたがたの中に入り込んで来て、群れを荒らし

の間違った教え、主を拒むのさばきなどに対する大きな悲しみを表している。悲しい、このような危険性と現実を見たパウロは心配をしながら心を込め、しばしば涙を流しながら説教したり教えたりせずにはいられなかった(⇒ヨハ11：35, ルカ19：41)。

20：20 少しもためらわず・・・知らせました パウロは自分が信じてきたことは、聞く人々の霊的救いや祝福に有益であり必要だった（たといメッセージが受入れにくいものであっても）と説教した。真理は余すところなく伝えて何も残さなかった(20：27)。キリスト教の奉仕者は、約束と警告、祝福とさばきをも含めて神が願っておられるように神の真理を全部忠実に説教し教えなければならない。そして人々を喜ばせようとしたり、人々が聞きたいことだけを説教したり、自分の名声を高めようとしたりしてはならない。たといそれが厳しい訓戒のことばだったり、人々の信念や偏見に挑戦し人々の願いとは逆の基準を示すことであっても、説教者はキリストと神の民のために真理を余すところなく話さなければならない(ガラ1：6-10, Ⅱテモ4：1-5)。

20：22 心を縛られて パウロはこの先、困難と苦しみに直面することを知っていた(20：23)。けれどもそれが生死を分けるものになるのかわからないまま、自分を完全に神の目的のためにささげた(→21：4注)。

20：23 聖霊が・・・言われることです 聖霊は困難と投獄がパウロを待受けていることを啓示されたけれども、これは預言者や教会での預言によって(⇒Ⅰコリ12：10)伝えられたものと思われる(→「御霊の賜物」の項 p.2138,「奉仕の賜物」の項 p.2225)。

20：24 私のいのちは少しも惜しいとは思いません パウロが最も関心を持っていたことは自分のいのちを守ることではなかった。最も大切なことは、神が召してくださった働きを終えることだった。どこでいつ終り、いのちを失うことになっても、パウロはその道を喜びをもって走り終えるつもりだった。ことばにおいても生活においても、「生きるにも死ぬにも私の身によって、キリストがあがめられることです」(ピリ1：20)がパウロの祈りだった。パウロにとってキリストのために生き仕えることは、ひたすら忍耐をもって根気よく忠実に走り続けなければならない競技のようなものだった(⇒13：24-25, Ⅰコリ9：24, Ⅱテモ4：7, ヘブ12：1)。

20：26 私は、すべての人たちが受けるさばきについて責任がありません 「血」ということばは通常流血（人を死に至らせる罪 ⇒5：28, マタ23：35, 27：25）の意味で使われる。(1) ここでは、もしだれかが霊的に死んで永遠に失われても、パウロにその責任はないという意味である。(2) 牧師や教会の指導者が奉仕をしている人々の霊的な死やさばき、永遠に失われることなどについて責任を問われたくないなら、みことばに明らかにされている神のみこころを全部忠実に伝えるべきである(→20：20注)。

20：28 群れの全体とに気を配りなさい 教会の中の霊的監督（牧師、長老、教会や働きの指導者）にかかわるこのすぐれたことばについての詳細 →「**監督とその務め**」の項 p.2021

20：29 狂暴な狼が・・・入り込んで来て 指導者の立場にいるある人々は、自分勝手な野心やプライド、金銭欲や権力、名声などに影響されて教会の人々を利

監督とその務め

「あなたがたは自分自身と群れの全体とに気を配りなさい。聖霊は、神がご自身の血をもって買い取られた神の教会を牧させるために、あなたがたを群れの監督にお立てになったのです。」(使徒の働き20:28)

　教会は任命された指導者がいなければ機能を果すことができない。したがって使徒の働き14章23節にあるように、ある人々が長老または監督の務め(地位、職務、責任)に任命されてきた。今日の教会では「牧師」ということばが使われている。けれども長老は地域の教会または奉仕団体の一員であって、専任の奉仕者ではなく専門職としての背景を持っていないかもしれない。それでも神が定められた霊的指導者としての聖書の基準を満たしていなければならない。そのような人々は大抵、その人格と霊的知恵、指導者としての能力などがあると認められた人々である。監督は大抵は管理、牧会、説教、教育、そのほかの奉仕など特定の分野の責任を持っている。この人々は祈りと断食(霊的なことに集中するためにある期間食物を断つこと)を通して神のみこころ(神の願い、計画、目的)を求める、御霊に満たされたほかのキリスト者によって任命される。その決定はテモテへの第一の手紙3章1－7節とテトスへの手紙1章5－9節で聖霊によって定められた基準、原理、霊的資格を土台にして行われなければならない(「→「監督の道徳的資格」の項 p.2303」。したがって教会の監督になる準備をさせて任命をするのは、実際には聖霊ご自身である。エペソの長老たちに対するパウロの最後の説教(使20:18-35)は、監督が地域教会でどのように働くのかを示した、すぐれた聖書的指針である。その務めはある面では旧約聖書の預言者の務めに似たものである(→「旧約聖書の預言者」の項 p.1131)。

信仰を育成する

　(1) 監督に与えられた大切な義務の一つは、神のことばを教えることによって羊(霊的に世話をしなければならない教会の中の人々)を養うこと、あるいは霊的に滋養物を与えることである。羊の「群れ」は神が御子の尊い血によってご自分のために贖われた(買取られた、連戻された、罪から助け出された、救われた)神の民であることを、監督はいつも心に留めておかなければならない(⇒使20:28, Iコリ6:20, Iペテ1:19, 2:9, 黙5:9)。神に対して逆らった人々の代価として、主イエスはいのちを与えられた。それは神との個人的関係が回復されるためだった。

　(2) 使徒の働き20章19－27節で、パウロは自分がエペソの教会の羊飼い(指導者、世話役)としてどのように仕えたかを説明している。パウロはその責任を厳粛に受止め、エペソのキリスト者たちに忠実に教え励まし、警告をして神のみこころ全体(神のことばと目的の全体)を明らかに伝えた(使20:27)。その結果、「私は、すべての人たちが受けるさばきについて責任がありません」(使20:26, →注)と言うことができた。同じように、今日の監督や霊的指導者は自分の教会に対して神のことばの全部をバランスよく妥協することなく正しい文脈の中で伝えなければならない。「みことばを宣べ伝えなさい。・・・寛容を尽くし、絶えず教えながら、責め、戒め、また勧めなさい」(IIテモ4:2)と聖書は言っている。そして人々を喜ばせようとして、聞きたがることだけを話すどっちつかずのメッセージを話すことは拒まなければならない(IIテモ 4:3)。

信仰を守る

　牧師は霊的略奪者から羊を守るために絶えず注意していなければならない。それは、会衆を霊的に動揺させだまし滅ぼそうとする霊的な敵から牧師や教会の指導者は安全に保護しなければならないということである。教会の未来に、時には教会の内側からそして時には外側から会衆の中に入り込んで、神のことばとは違う信仰や行動を示すにせの教師たちがサタンによって起こされることをパウロは知っていた。このような敵

は教会のある人々の中に入り込んで信仰を破壊してしまう(→「**にせ教師**」の項 p.1758)。それは強く扱いにくく危険なので、パウロは「凶暴な狼」と呼んでいる(→使20:29注,⇒マタ10:16)。その人々は聖書の教えを変えて、人々をキリストから引離して自分たちに引付けようとする。パウロは緊急の訴えをして(使20:25-31)、間違った教えから教会を守るという厳粛な責任を霊的指導者全員に与えている。教会の指導者たちは、信仰者のために熱心に祈り、また堅実な聖書の教えと霊的指導を通して教会を守らなければならない。

(1) 教会を構成しているのは、真心からキリストに従う人々だけである。その人々はキリストの助けと力、聖霊の助言と交わりに頼って、イエス・キリストと神のことばに忠実であり続けようとしている人々である(→「**聖書の霊感と権威**」の項 p.2323)。したがって、教会の指導者は神のことばの真理を曲げる(使20:30)教会内部の人々を厳しく訓戒し、愛をもって正し(エペ4:15)、強く反対しなければならない(Ⅱテモ4:1-4, テト1:9-11)。

(2) 教会の指導者たちや地域教会の牧師たち、団体の責任者たちは、自分たちが世話をしている人々のいのちに対する責任が主イエスから与えられていることを心に留めていなければならない(使20:26-27,⇒エゼ3:20-21)。もし指導者が教会に対する神の目的全体を伝えず、それを実行しないなら(使20:27)、特に自分と会衆の霊的状態について責任を果さないなら(使20:28)、「すべての人たちが受けるさばきについて責任がありません」などとは言えなくなる(使20:26,→注,⇒エゼ34:1-10)。にせ教師やにせの教えについて警告をしないで、それらから守らなかったために霊的に害を受けたり失われたりした人々がいるなら、神はその責任を霊的指導者たちに求められる(→Ⅱテモ1:14注,黙2:2注)。

(3) 正確な聖書の教えや道徳的誠実さについて規律を保つことは、教会にとって極めて重要なことである。つまり教会を導く責任を持つ人々は、ほかの人々のしつけができなければならない。これはまた自分が道徳的に霊的に限度を越えそうな問題に直面したときには、自分に対しても厳しくしなければならないということである。生活と教えの中にきよさがなければならない。つまり、神のことばの完全な権威に従って生活し説教をすることである。さらに教会に所属する大学、聖書学校、神学校、出版社など教会のあらゆる組織も、権威ある誤りのない真理の基準、信仰と生活の規則として神のことばに頼り続けなければならない(Ⅱテモ1:13-14)。

(4) ここでの重要な問題点は、パウロが「その恵みのみことば」(使20:32)と言った神の霊感を受けたみことばに対する指導者の態度である。にせ教師、にせ牧師、にせ指導者たちは、不正確な教えや非聖書的な原理を教えて聖書の権威を弱めようとする。神のことばの完全な権威を否定することによって、聖書が教えることは必ずしも全部が真実で信頼できるものではないと否定するのである(使20:28-31,→ガラ1:6注,Ⅰテモ4:1,Ⅱテモ3:8)。このような人々とは、教会のために対決し厳しく対処しなければならない。そして間違いを認めず自分たちのやり方も変えず、神に従おうとしないなら、その人々を教会から除外しなければならない(Ⅱヨハ1:9-11,→ガラ1:9注)。

(5) 霊的きよさを思う聖霊の熱い思いを教会はともに持たなければならない(使20:18-35)。真理のために立上らず、神のことばの権威をひそかに破壊する人々を矯正しようとしない教会は、新約聖書の基準による教会としてはやがて存在できなくなる(→使12:5注,→「**教会**」の項 p.1668)。そのような教会は、神への不信仰な反抗の道を進むのである。みことば(聖書)を通して与えられたキリストの啓示を拒むなら、その結果として教会と会員は神から与えられた目的も力もいのちも失うことになる。

回ることを、私は知っています。
30 あなたがた自身の中からも、いろいろな曲がったことを語って、弟子たちを自分のほうに引き込もうとする者たちが起こるでしょう。
31 ですから、目をさましていなさい。私が三年の間、夜も昼も、涙とともにあなたがたひとりひとりを訓戒し続けて来たことを、思い出してください。
32 いま私は、あなたがたを神とその恵みのみことばにゆだねます。みことばは、あなたがたを育成し、すべての聖なるものとされた人々の中にあって御国を継がせることができるのです。

33 私は、人の金銀や衣服をむさぼったことはありません。
34 あなたがた自身が知っているとおり、この両手は、私の必要のためにも、私とともにいる人たちのためにも、働いて来ました。
35 このように労苦して弱い者を助けなければならないこと、また、主イエスご自身が、『受けるよりも与えるほうが幸いである』と言われたみことばを思い出すべきことを、私は、万事につけ、あなたがたに示して来たのです。」
36 こう言い終わって、パウロはひざまずき、みなの者とともに祈った。
37 みなは声をあげて泣き、パウロの首を抱

30 ① 圀使11:26
31 ① 圀使19:1, 8, 10, 24:17
② 使20:19
32 ＊ 最も古い写本の一つ「主」
① 使14:3, 圀使20:24
② 使14:23
③ 圀使9:31
④ 圀使26:18, エペ1:14, 5:5, コロ1:12, 3:24, ヘブ9:15, Ⅰペテ1:4
33 ① 圀Ⅰコリ9:4-18, Ⅱコリ11:7-12, 12:14-18, Ⅰテサ2:5, 6
34 ① 圀使18:3
② 使19:22
36 ① 使9:40, 21:5, 圀ルカ22:41
37 ① 圀ルカ15:20

用して自分の王国を築こうとする（Ⅰテモ1:6-7、Ⅱテモ1:15、4:3-4、Ⅲヨハ1:9）。このようなにせの指導者たちは、新約聖書にあるキリストの福音を次のようにして「曲げ」てしまう。(1) 基本的な真理を疑ったり無視したりする。(2) 人間的な考えや哲学を加える。(3) ほかの宗教の考えや宗教的慣習をキリスト教の教えや慣習に混ぜる。(4) 神のことばの中で決められている基準に反する不道徳な生活様式を黙認する（→Ⅰテモ4:1、黙2:-3:、→「**にせ教師**」の項 p.1758）。牧師であるテモテにパウロが後に送った手紙には、このような狼が実際にエペソの羊の群れ（教会の会衆）の中に入り込み、パウロから受けた教えや慣習から力といのちを取去ろうとした証拠が挙げられている（→Ⅰテモ1:3-4, 18-19、4:1-3、Ⅱテモ1:15, 2:17-18, 3:1-8）。牧会の書簡は、アジア地方全体で教会のある人々がにせの考えを受入れ、正確な教えを拒み始めたことを明らかにしている。そのような教会は、主イエスや使徒たち（主イエスの福音を伝え教会を建てるために任命された人々）から学んだ最初の福音から迷い出たのである。このような傾向は、神の警告を真剣に受取らず、聖書の絶対的な権威にしっかり立たない教会の中で繰返し見られている（→「**聖書の霊感と権威**」の項 p.2323）。

20:31 ですから、目をさましていなさい 神の民の指導者は会衆の中の神のことばの絶対的真理（あらゆる時代のあらゆる情況のあらゆる人々にとって正確で権威があり、適用される信仰と生活の基準であること）に心から仕えようとしない人々に気付いていなければならない。そのような人には、権威のある地位を与えたり、教える機会を提供したりしてはならない。もし間違った信仰を広めたり問題を引起すようなら、対決して罰しなければならない。時には会衆全体の益を考えて教会から永久に追放しなければならないこともある。愛のある本当の指導者は、聖霊と一つになって人々の霊的健康を脅かすものに気付かなければならない。そして人々のために熱心に祈り、危険に襲われる可能性については迷わず警告をしなければならない。本当の霊的指導者は、人生の確かな基盤であるキリストとそのみことばを人々にいつも教えているものである（→「**監督とその務め**」の項 p.2021）。

20:33 私は、人の金銀・・・をむさぼったことはありません パウロは神に奉仕する人々の模範だった。神の奉仕の働きから富を得ようとしたり、金持になろうとしたりすることはなかった（⇒Ⅱコリ12:14）。パウロは多くの信仰者や教会に強い影響力を持っていたし、しばしば神に用いられて癒しの奇蹟を行っていたので、金持になる機会はいくらでもあったと思われる。さらに初期のキリスト者はお金や財産を教会の中心的指導者に渡す傾向があった。それは貧しい人々に分け与えるためだった（→4:34-35, 37）。パウロがもし自分の賜物や地位、またほかの人々の親切を利用したら、裕福な人生を送ることができたと思われる。けれども聖霊に導かれキリストを愛していたパウロは、自分の地位を利用して個人的利益を得ようとは考えもしなかった（⇒Ⅰコリ9:4-18、Ⅱコリ11:7-12, 12:14-18、Ⅰテサ2:5-6）。結局、成熟したキリスト者としてパウロは、主イエスご自身が言われた「受けるよりも与えるほうが幸いである」ということば（20:35）の本当の意味を理解していたのである。

20:37 みなは声をあげて泣き この別れ方はキリスト者の一致と愛を示す良い例である。パウロはエペソ教会の指導者たちに深い思いやりをもって仕えた。そして喜びや悲しみを分かち合い、困難なときにも熱い情熱をもって奉仕をした（20:19, 31）。指導者たちはニ

いて幾度も口づけし、
38 彼が、「もう二度と私の顔を見ることがないでしょう」と言ったことばによって、特に心を痛めた。それから、彼らはパウロを船まで見送った。

エルサレムへ

21 ¹ 私たちは彼らと別れて出帆し、コスに直航し、翌日ロドスに着き、そこからパタラに渡った。
² そこにはフェニキヤ行きの船があったので、それに乗って出帆した。
³ やがてキプロスが見えて来たが、それを左にして、シリヤに向かって航海を続け、ツロに上陸した。ここで船荷を降ろすことになっていたからである。
⁴ 私たちは弟子たちを見つけ出して、そこに七日間滞在した。彼らは、御霊に示されて、エルサレムに上らぬようにと、しきりにパウロに忠告した。
⁵ しかし、滞在の日数が尽きると、私たちはそこを出て、旅を続けることにした。彼らはみな、妻や子どもといっしょに、町はずれまで私たちを送って来た。そして、ともに海岸にひざまずいて祈ってから、私たちは互いに別れを告げた。
⁶ それから私たちは船に乗り込み、彼らは家へ帰って行った。
⁷ 私たちはツロからの航海を終えて、トレマイに着いた。そこの兄弟たちにあいさつをして、彼らのところに一日滞在した。
⁸ 翌日そこを立って、カイザリヤに着き、あの七人のひとりである伝道者ピリポの家に入って、そこに滞在した。
⁹ この人には、預言する四人の未婚の娘がいた。
¹⁰ 幾日かそこに滞在していると、アガボという預言者がユダヤから下って来た。
¹¹ 彼は私たちのところに来て、パウロの帯を取り、自分の両手と両足を縛って、「『この帯の持ち主は、エルサレムでユダヤ人に、こんなふうに縛られ、異邦人の手に渡される』と聖霊がお告げになっています」と言った。
¹² 私たちはこれを聞いて、土地の人たちといっしょになって、パウロに、エルサレムには上らないよう頼んだ。
¹³ するとパウロは、「あなたがたは、泣いたり、私の心をくじいたりして、いったい何をしているのですか。私は、主イエスの御名のためなら、エルサレムで縛られることばかりでなく、死ぬことさえも覚悟しています」と答えた。

度とパウロに会えないと思って悲しみに打ちひしがれていた（20:38）。パウロと長老たちの間にあった強い愛がキリストのために働く人々の間にもなければならない。

21:4　彼らは、御霊に示されて、エルサレムに上らぬようにと、しきりにパウロに忠告した　「御霊に示されて」とは、「御霊が言われたことによって」（御霊は既にパウロに苦しみを受け投獄されると言われていた→20:22注, 23注）という意味である。聖霊はパウロがエルサレムへ行くのを禁止されたのではない。エルサレムへ行くことは神のみこころだった（→21:14, 23:11）。けれども神は、何が待受けているかをパウロに警告しておられたのである。御霊はツロで言われたのと同じことをカイザリヤでも言われたと思われる（21:8-14）。パウロは犠牲になることを既に承知しており、キリストとその福音のためには死ぬ覚悟までしていた（21:10-14）。

21:10　アガボという預言者　アガボは46年に起きたききんを予告した預言者の一人だった（11:27-28）けれども、ここでパウロの逮捕と投獄を予告した。パウロがエルサレムに近付くにつれて、何が起こるのかがさらにはっきりと示されてきた（21:11）。アガボの預言は、パウロにエルサレムへ行くべきではないと言っているのではない。ただ行けば何が待受けているかを言っているだけである。

文書になった神のことば（聖書）の中に啓示されている原則によって決定できることについては、預言の賜物を通して個人的に導きが与えられた例は、新約聖書の中には記録されていない。道徳問題や売買、結婚や家庭や家族などに関することは、神のことばの原則を適用しそれに従って決めるべきで、「預言」（だれかが神に代って告げること）によってするものではない。けれども時には神が預言のメッセージを用いられることがある。それは神から与えられた使命を果そうとしている人に、みことばを通して与えられた方向性を確実にし、励まし慰め（Ⅰコリ14:3）、導かれるためである（→16:6注）。　→「神のみこころ」の項 p.1207

21:13　するとパウロは・・・答えた　大部分の人が望むことや思いやりのあるキリスト者が一致した意見

使徒の働き 21章

14 彼が聞き入れようとしないので、私たちは、「主のみこころのままに」と言って、黙ってしまった。

15 こうして数日たつと、私たちは旅仕度をして、エルサレムに上った。
16 カイザリヤの弟子たちも幾人か私たちと同行して、古くからの弟子であるキプロス人マナソンのところに案内してくれた。私たちはそこに泊まることになっていたのである。

パウロのエルサレム到着

17 エルサレムに着くと、兄弟たちは喜んで私たちを迎えてくれた。
18 次の日、パウロは私たちを連れて、ヤコブを訪問した。そこには長老たちがみな集まっていた。
19 彼らにあいさつしてから、パウロは彼の奉仕を通して神が異邦人の間でなさったことを、一つ一つ話しだした。
20 彼らはそれを聞いて神をほめたたえ、パウロにこう言った。「兄弟よ。ご承知のように、ユダヤ人の中で信仰に入っている者は幾万となくありますが、みな律法に熱心な人たちです。
21 ところで、彼らが聞かされていることは、あなたは異邦人の中にいるすべてのユダヤ人に、子どもに割礼を施すな、慣習に従って歩むな、と言って、モーセにそむくように教えているということなのです。
22 それで、どうしましょうか。あなたが来たことは、必ず彼らの耳に入るでしょう。
23 ですから、私たちの言うとおりにしてください。私たちの中に誓願を立てている者が四人います。
24 この人たちを連れて、あなたも彼らといっしょに身を清め、彼らが頭をそる費用を出してやりなさい。そうすれば、あなたについて聞かされていることは根も葉もないことで、あなたも律法を守って正しく歩んでいることが、みなにわかるでしょう。
25 信仰に入った異邦人に関しては、偶像の神に供えた肉と、血と、絞め殺した物と、不品行とを避けるべきであると決定しましたので、私たちはすでに手紙を書きました。」
26 そこで、パウロはその人たちを引き連れ、翌日、ともに身を清めて宮に入り、清めの期間が終わって、ひとりひとりのために供え物をささげる日時を告げた。

パウロが捕えられる

27 ところが、その七日がほとんど終わろうとしていたころ、アジヤから来たユダヤ人たちは、パウロが宮にいるのを見ると、全群衆をあおりたて、彼に手をかけて、
28 こう叫んだ。「イスラエルの人々。手を

などが、必ずしも神のみこころであるとは限らない。パウロは人々の心配を感謝したけれども、神のご計画が別にあることを知っていた。したがって、たとい投獄されて苦しみ、あるいは主イエスのために死ぬことがあっても自分の道を進む覚悟だった(21:14)。

21:14 主のみこころのままに 多くの弟子たちも(21:4)預言者アガボも(21:11)、エルサレムに行けば苦しみに遭うとパウロに警告をした。このキリスト者たちは、預言のメッセージはパウロがエルサレムへ行くべきではないことを示していると解釈したのである(21:4, 12)。けれどもパウロは、預言が伝える真理とその目的は(21:11)、待受けているものに対し心の準備をさせることだと理解していた。したがってこの人々の正直な預言の解釈を受入れなかった(21:13)。そして聖霊が個人的に与えられた導きと与えられた神のことばに頼ってこの重要な決断をした(23:11、→21:4注)。これからの計画や奉仕について考えると

き、私たちはほかの人々の助言だけではなく、みことばと祈りを通して神から個人的に確信が与えられるまで待ち、それを基にして決断をするべきである。

21:20 信仰に入っている・・・・みな律法に熱心な人たちです ヤコブもパウロも、ユダヤ人の宗教的な儀式によっては霊的救いが得られないことを知っていた(⇒15:13-21、ガラ2:15-21)。けれども律法やユダヤ人の慣習のある部分は、キリストを信じる信仰とキリストへの愛を表すものとして守ってもよいと理解していた。ユダヤ人の信仰者たちは、純粋にキリストを受入れてキリストと個人的な関係を持っていた。また聖霊のバプテスマも体験していた。律法や慣習へのその情熱は、律法主義(霊的救いまたは神の好意を得るために律法または自分の行いに頼ること)によるものではなく、キリストにささげた心と神の道を忠実に守ろうとする心によるものだった(→マタ7:6)。→「旧約聖書の律法」の項 p.158

貸してください。この男は、この民と、律法と、この場所に逆らうことを、至る所ですべての人に教えている者です。そのうえ、ギリシヤ人を宮の中に連れ込んで、この神聖な場所をけがしています。」
29 彼らは前にエペソ人トロピモが町でパウロといっしょにいるのを見かけたので、パウロが彼を宮に連れ込んだのだと思ったのである。
30 そこで町中が大騒ぎになり、人々は殺到してパウロを捕らえ、宮の外へ引きずり出した。そして、ただちに宮の門が閉じられた。
31 彼らがパウロを殺そうとしていたとき、エルサレム中が混乱状態に陥っているという報告が、ローマ軍の千人隊長に届いた。
32 彼はただちに、兵士たちと百人隊長たちとを率いて、彼らのところに駆けつけた。人々は千人隊長と兵士たちを見て、パウロを打つのをやめた。
33 千人隊長は近づいてパウロを捕らえ、二つの鎖につなぐように命じたうえ、パウロが何者なのか、何をしたのか、と尋ねた。
34 しかし、群衆がめいめい勝手なことを叫び続けたので、その騒がしさのために確かなことがわからなかった。そこで千人隊長は、パウロを兵営に連れて行くように命令した。
35 パウロが階段にさしかかったときには、群衆の暴行を避けるために、兵士たちが彼をかつぎ上げなければならなかった。
36 大ぜいの群衆が「彼を除け」と叫びながら、ついて来たからである。

パウロが群衆に話す
22:3-16 並行記事－使9:1-22, 26:9-18

37 兵営の中に連れ込まれようとしたとき、パウロが千人隊長に、「一言お話ししてもよいでしょうか」と尋ねると、千人隊長は、「あなたはギリシヤ語を知っているのか。
38 するとあなたは、以前暴動を起こして、四千人の刺客を荒野に引き連れて逃げた、あのエジプト人ではないのか」と言った。
39 パウロは答えた。「私はキリキヤのタルソ出身のユダヤ人で、れっきとした町の市民です。お願いです。この人々に話をさせてください。」
40 千人隊長がそれを許したので、パウロは階段の上に立ち、民衆に向かって手を振った。そして、すっかり静かになったとき、彼はヘブル語で次のように話した。

22 1「兄弟たち、父たちよ。いま私が皆さんにしようとする弁明を聞いてください。」
2 パウロがヘブル語で語りかけるのを聞いて、人々はますます静粛になった。そこでパウロは話し続けた。
3「私はキリキヤのタルソで生まれたユダヤ人ですが、この町で育てられ、ガマリエルのもとで私たちの先祖の律法について厳格な教育を受け、今日の皆さんと同じように、神に対して熱心な者でした。
4 私はこの道を迫害し、男も女も縛って牢に投じ、死にまでも至らせたのです。
5 このことは、大祭司も、長老たちの全議会も証言してくれます。この人たちから、私は兄弟たちへあてた手紙までも受け取り、ダマスコへ向かって出発しました。そこにいる者たちを縛り上げ、エルサレムに連れて来て処罰するためでした。
6 ところが、旅を続けて、真昼ごろダマスコに近づいたとき、突然、天からまばゆい光が私の回りを照らしたのです。
7 私は地に倒れ、『サウロ、サウロ。なぜわたしを迫害するのか』という声を聞きました。
8 そこで私が答えて、『主よ。あなたはどなたですか』と言うと、その方は、『わたしは、あなたが迫害しているナザレのイエスだ』と言われました。
9 私といっしょにいた者たちは、その光は見たのですが、私に語っている方の声は聞き分けられませんでした。
10 私が、『主よ。私はどうしたらよいのでしょうか』と尋ねると、主は私に、『起きて、ダマスコに行きなさい。あなたがするように決められていることはみな、そこで告げられる』と言われました。
11 ところが、その光の輝きのために、私の

使徒の働き　22章

目は何も見えなかったので、いっしょにいた者たちに手を引かれてダマスコに入りました。
12 すると、律法を重んじる敬虔な人で、そこに住むユダヤ人全体の間で評判の良いアナニヤという人が、
13 私のところに来て、そばに立ち、『兄弟サウロ。見えるようになりなさい』と言いました。すると、そのとき、私はその人が見えるようになりました。
14 彼はこう言いました。『私たちの父祖たちの神は、あなたにみこころを知らせ、義なる方を見させ、その方の口から御声を聞かせようとお定めになったのです。
15 あなたはその方のために、すべての人に対して、あなたの見たこと、聞いたことの証人とされるのですから。
16 さあ、なぜためらっているのですか。立ちなさい。その御名を呼んでバプテスマを受け、自分の罪を洗い流しなさい。』
17 こうして私がエルサレムに帰り、宮で祈っていますと、夢ごこちになり、
18 主を見たのです。主は言われました。『急いで、早くエルサレムを離れなさい。人々がわたしについてのあなたのあかしを受け入れないからです。』
19 そこで私は答えました。『主よ。私がどの会堂ででも、あなたの信者を牢に入れたり、むち打ったりしていたことを、彼らはよく知っています。
20 また、あなたの証人ステパノの血が流されたとき、私もその場にいて、それに賛成し、彼を殺した者たちの着物の番をしていたのです。』
21 すると、主は私に、『行きなさい。わたしはあなたを遠く、異邦人に遣わす』と言

22：16　バプテスマを受け　福音の説教と水のバプテスマは、教会の働きの最初から行われていた（2：38, 41）。水のバプテスマはイエス・キリストに完全に自分をささげたことを公に宣言するために行われた、新約聖書の儀式である。信仰者は「父、子、聖霊の御名によって」（マタ28：19）、または「主イエスの御名によって」（19：5）水の中へ入ることによって、自分の信仰をキリスト者の共同体全体にはっきり示した。

（1）「キリストにつく」水のバプテスマ（ガラ3：27）、または「イエス・キリストの名によって」（2：38, ⇒マタ28：19）水のバプテスマを受けることは、その人がキリストと一つになり、今や神のものになったしるしだった。神の子どもになった人は、神の御霊、永遠の資産を自分のものとすることができる（ロマ8：14-17, ガラ3：26-4：7）。

（2）水のバプテスマは、キリストが私たちにしてくださったことに対する応答である。けれどもそれが有効なものになるためには、水のバプテスマを受ける前に悔い改め（神に反抗する生活を認めて罪から離れ神の導きと目的にゆだねること 2：38）とキリストを信じる個人的信仰がなければならない（コロ2：12）。

（3）主イエスを自分の人生の最高の権威として信じて自分をささげて受けた水のバプテスマは、キリストから恵み（受けるにふさわしくない好意、助け、受容、能力）を受ける手段でもある（⇒Ⅰペテ3：21, →「信仰と恵み」の項 p.2062）。

（4）水のバプテスマは、キリストを救い主、主（罪を赦し人生を導く方）として受入れた内側の体験を外側に表すしるしである。それはまた罪がきよめられ、神に対する罪の罪悪感がみな洗い流されたしるしでもある（⇒2：38, テト3：5, Ⅰペテ3：21）。

（5）水のバプテスマは、主イエスの弟子たちが主イエスの死、埋葬、死からのよみがえりと一つになっていることを象徴するものである（ロマ6：1-11, コロ2：11-12）。これは罪の人生の終わり（「死」）（ロマ6：3-4, 7, 10, 12, コロ3：3-14）と、キリストにある新しい人生の始まりを象徴している（→ロマ6：4注, ロマ6：11, コロ2：12-13）。水のバプテスマは、世間の悪や神に逆らう流れから離れ（ロマ6：6, 11-13）、神の御霊の力によって新しい人生（神の真理と義の基準を反映した人生）を一生続ける決意を示すものでなければならない（コロ2：1-17）。

22：16　自分の罪を洗い流しなさい　パウロはダマスコへ行く道でキリストに出会って、霊的に救われ人生をゆだねた（→9：5注）。そして受けたバプテスマは神に赦され霊的に変えられたことを公にあかしするものだった。また以前の、神に逆らう人生を捨ててキリストのために自分をささげる決意を反映していた。

22：17　夢ごこちになり　「夢ごこち」ということばはここでは、自分の注意が周囲のことではなく神の御霊の超自然的な領域の中にあることに向けられた状態を指している。それはパウロが、神からのメッセージや啓示を特に受けやすい状態だったことを意味している。このような体験は聖霊によって神とより深く密接に交流できるようにされたことを意味している（ペテロの場合 →10：10, 11：5, ⇒Ⅱコリ12：3-4）。

ローマ市民としてのパウロ

22 人々は、彼の話をここまで聞いていたが、このとき声を張り上げて、「こんな男は、地上から除いてしまえ。生かしておくべきではない」と言った。
23 そして、人々がわめき立ち、着物を放り投げ、ちりを空中にまき散らすので、
24 千人隊長はパウロを兵営の中に引き入れるように命じ、人々がなぜこのようにパウロに向かって叫ぶのかを知ろうとして、彼をむち打って取り調べるようにと言った。
25 彼らがむちを当てるためにパウロを*縛ったとき、パウロはそばに立っている百人隊長に言った。「ローマ市民である者を、裁判にもかけずに、むち打ってよいのですか。」
26 これを聞いた百人隊長は、千人隊長のところに行って報告し、「どうなさいますか。あの人はローマ人です」と言った。
27 千人隊長はパウロのところに来て、「あなたはローマ市民なのか、私に言ってくれ」と言った。パウロは「そうです」と言った。
28 すると、千人隊長は、「私はたくさんの金を出して、この市民権を買ったのだ」と言った。そこでパウロは、「私は生まれながらの市民です」と言った。
29 このため、パウロを取り調べようとしていた者たちは、すぐにパウロから身を引いた。また千人隊長も、パウロがローマ市民だとわかると、彼を鎖につないでいたので、恐れた。

議会で

30 その翌日、千人隊長は、パウロがなぜユダヤ人に告訴されたのかを確かめたいと思って、パウロの鎖を解いてやり、祭司長たちと全議会の召集を命じ、パウロを連れて行って、彼らの前に立たせた。

23

1 パウロは議会を見つめて、こう言った。「兄弟たちよ。私は今日まで、全くきよい良心をもって、神の前に生活して来ました。」
2 すると大祭司アナニヤは、パウロのそばに立っている者たちに、彼の口を打てと命じた。
3 そのとき、パウロはアナニヤに向かってこう言った。「ああ、白く塗った壁。神があなたを打たれる。あなたは、律法に従って私をさばく座に着きながら、律法にそむいて、私を打てと命じるのですか。」
4 するとそばに立っている者たちが、「あなたは神の大祭司をののしるのか」と言ったので、
5 パウロが言った。「兄弟たち。私は彼が大祭司だとは知らなかった。確かに、『あなたの民の指導者を悪く言ってはいけない』と書いてあります。」
6 しかし、パウロは、彼らの一部がサドカイ人で、一部がパリサイ人であるのを見て取って、議会の中でこう叫んだ。「兄弟たち。私はパリサイ人であり、パリサイ人の子です。私は死者の復活という望みのことで、さばきを受けているのです。」
7 彼がこう言うと、パリサイ人とサドカイ

23:1 全くきよい良心をもって 良心とは私たちの内面に神から与えられた意識で、行動が正しいか間違っているかを判断するものである。「きよい良心」は正しいことをしたこと、神に逆らったりみこころに背いたりしなかったことを強く示している。パウロの主張（公の生活と人々への奉仕のことと思われる）は偽りのないものだった。ピリピ3:6でパウロは、前に持っていた義についての考えについて「律法による義についてならば非難されるところのない者です」と言っている。これはキリストを信じる前には、キリストの弟子たちを迫害することによって神に喜ばれることをしていると考えていたということである（26:9）。けれどもその行動が正しいもので神に受入れられたという意味ではない（良心は麻痺し腐敗することがあるので、たとい「きよい良心」があっても神の前に正しいとは限らないとパウロは説明している →Ⅰコリ4:4、→Ⅰテモ4:2、テト1:15）。世間的な考え方をするキリスト者は、神を喜ばせようというパウロのこの決意（キリストを受入れる前でもあとでも）を通して考えるべきである。キリストに仕えていると言いながら、罪はだれでも犯すのだから「全くきよい良心」を保つことは不可能だと言って、神に逆らう自分の振舞を正当化している人々がいるけれども、その人々には弁解の余地はない。私たちは神の恵みに頼ることによって「きよい良心」を持って神に仕え、罪に勝ち続けることができると神のことばははっきりと教えている（→24:16注）。

人との間に意見の衝突が起こり、議会は二つに割れた。

8 サドカイ人は、復活はなく、御使いも霊もないと言い、パリサイ人は、どちらもあると言っていたからである。

9 騒ぎがいよいよ大きくなり、パリサイ派のある律法学者たちが立ち上がって激しく論じて、「私たちは、この人に何の悪い点も見いださない。もしかしたら、霊か御使いかが、彼に語りかけたのかもしれない」と言った。

10 論争がますます激しくなったので、千人隊長は、パウロが彼らに引き裂かれてしまうのではないかと心配し、兵隊に、下に降りて行って、パウロを彼らの中から力ずくで引き出し、兵営に連れて来るように命じた。

11 その夜、主がパウロのそばに立って、「勇気を出しなさい。あなたは、エルサレムでわたしのことをあかししたように、ローマでもあかしをしなければならない」と言われた。

パウロを殺す陰謀

12 夜が明けると、ユダヤ人たちは徒党を組み、パウロを殺してしまうまでは飲み食いしないと誓い合った。

13 この陰謀に加わった者は、四十人以上であった。

14 彼らは、祭司長たち、長老たちのところに行って、こう言った。「私たちは、パウロを殺すまでは何も食べない、と堅く誓い合いました。

15 そこで、今あなたがたは議会と組んで、パウロのことをもっと詳しく調べるふりをして、彼をあなたがたのところに連れて来るように千人隊長に願い出てください。私たちのほうでは、彼がそこに近づく前に殺す手はずにしています。」

16 ところが、パウロの姉妹の子が、この待ち伏せのことを耳にし、兵営に入ってパウロにそれを知らせた。

17 そこでパウロは、百人隊長のひとりを呼んで、「この青年を千人隊長のところに連れて行ってください。お伝えすることがありますから」と言った。

18 百人隊長は、彼を連れて千人隊長のもとに行き、「囚人のパウロが私を呼んで、この青年があなたにお話しすることがあるので、あなたのところに連れて行くようにと頼みました」と言った。

19 千人隊長は彼の手を取り、だれもいない所に連れて行って、「私に伝えたいことというのは何か」と尋ねた。

20 すると彼はこう言った。「ユダヤ人たちは、パウロについてもっと詳しく調べようとしているかに見せかけて、あす、議会にパウロを連れて来てくださるように、あなたにお願いすることを申し合わせました。

21 どうか、彼らの願いを聞き入れないでください。四十人以上の者が、パウロを殺すまでは飲み食いしない、と誓い合って、彼を待ち伏せしているのです。今、彼らは手はずを整えて、あなたの承諾を待っています。」

22 そこで千人隊長は、「このことを私に知らせたことは、だれにも漏らすな」と命じて、その青年を帰らせた。

パウロがカイザリヤへ移される

23 そしてふたりの百人隊長を呼び、「今夜九時、カイザリヤに向けて出発できるように、歩兵二百人、騎兵七十人、槍兵二百人を整えよ」と言いつけた。

24 また、パウロを乗せて無事に総督ペリクスのもとに送り届けるように、馬の用意もさせた。

25 そして、次のような文面の手紙を書いた。

26 「クラウデオ・ルシヤ、つつしんで総督ペリクス閣下にごあいさつ申し上げます。

23:11 主がパウロのそばに立って パウロはこれから何が起こるのかと心配し神経質になっていた。エルサレムで殺されキリストの福音をローマとさらに西の方へ伝えに行くという計画は実現しないように見えた。この危機的な状況の中で神はパウロに現れて励まし、なおローマで神のためにあかしをすることを保証された。確信を持たせるために、主はパウロに3回現れたことが聖書には記録されている（18:9-10, 22:17-18, 23:11, ⇒27:23-24, →18:10注）。

使徒の働き　23-24章

27 この者が、ユダヤ人に捕らえられ、まさに殺されようとしていたとき、彼がローマ市民であることを知りましたので、私は兵隊を率いて行って、彼を助け出しました。
28 それから、どんな理由で彼が訴えられたかを知ろうと思い、彼をユダヤ人の議会に出頭させました。
29 その結果、彼が訴えられているのは、ユダヤ人の律法に関する問題のためで、死刑*や投獄に当たる罪はないことがわかりました。
30 しかし、この者に対する陰謀があるという情報を得ましたので、私はただちに彼を閣下のもとにお送りし、訴える者たちには、閣下の前で彼のことを訴えるようにと言い渡しておきました。」*
31 そこで兵士たちは、命じられたとおりにパウロを引き取り、夜中にアンテパトリスまで連れて行き、
32 翌日、騎兵たちにパウロの護送を任せて、兵営に帰った。
33 騎兵たちは、カイザリヤに着き、総督に手紙を手渡して、パウロを引き合わせた。
34 総督は手紙を読んでから、パウロに、どの州の者かと尋ね、キリキヤの出であることを知って、
35 「あなたを訴える者が来てから、よく聞くことにしよう」と言った。そして、ヘロデの官邸に彼を守っておくように命じた。

ペリクスの前での裁判

24 1 五日の後、大祭司アナニヤは、数人の長老およびテルトロという**弁護士といっしょに下って来て、パウロを総督に訴えた。
2 パウロが呼び出されると、テルトロが訴えを始めてこう言った。
「ペリクス閣下。閣下のおかげで、私たちはすばらしい平和を与えられ、また、閣下のご配慮で、この国の改革が進行しておりますが、
3 その事実をあらゆる面において、また至る所で認めて、私たちは心から感謝しております。
4 さて、あまりご迷惑をおかけしないように、ごく手短に申し上げますから、ご寛容をもってお聞きくださるようお願いいたします。
5 この男は、まるでペストのような存在で、世界中のユダヤ人の間に騒ぎを起こしている者であり、ナザレ人という一派の首領でございます。
6 この男は宮さえもけがそうとしましたので、私たちは彼を捕らえました。*
8 閣下ご自身で、これらすべてのことについて彼をお調べくださいますなら、私たちが彼を訴えております事がらを、おわかりになっていただけるはずです。」
9 ユダヤ人たちも、この訴えに同調し、全くそのとおりだと言った。
10 そのとき、総督がパウロに、話すようにと合図したので、パウロはこう答えた。
「閣下が多年に渡り、この民の裁判をつかさどる方であることを存じておりますので、私は喜んで弁明いたします。
11 お調べになればわかることですが、私が礼拝のためにエルサレムに上って来てから、まだ十二日しかたっておりません。
12 そして、宮でも会堂でも、また市内でも、私がだれかと論争したり、群衆を騒がせたりするのを見た者はありません。
13 いま私を訴えていることについて、彼らは証拠をあげることができないはずです。
14 しかし、私は、彼らが異端と呼んでいるこの道に従って、私たちの先祖の神に仕えていることを、閣下の前で承認いたします。私は、律法にかなうことと、預言者たちが書いていることとを全部信じています。

24:14 この道 キリストによって備えられた霊的な救いの手段は、「この道」と呼ばれた（⇒9:2、16:17、19:9、23、24:14、22）。このギリシヤ語（《ギ》ホドス）には小道とか道路という意味がある。新約聖書の信仰者たちは、本当の救いは一つの体験だけではなく、信仰によって歩き続ける小道や道路であって、主イエスとの関係を成長させていくものと考えていた。私たちも神との永遠の関係を持ち神とともに住む最終的救いに入るために、その道を最後まで歩かなければならない（→「救いについての聖書用語」の項 p.2045）。

24:14 私は・・・書いていることとを全部信じています　パウロは文書になった神のことばは無誤であり

使徒の働き　24章

15 また、義人も悪人も必ず復活するという、この人たち自身も抱いている望みを、神にあって抱いております。
16 そのために、私はいつも、神の前にも人の前にも責められることのない良心を保つように、と最善を尽くしています。
17 さて私は、同胞に対して施しをし、また供え物をささげるために、幾年ぶりかで帰って来ました。
18 その供え物のことで私は清めを受けて宮の中にいたのを彼らに見られたのですが、別に群衆もおらず、騒ぎもありませんでした。ただアジヤから来た幾人かのユダヤ人がおりました。
19 もし彼らに、私について何か非難したいことがあるなら、自分で閣下の前に来て訴えるべきです。
20 でなければ、今ここにいる人々に、議会の前に立っていたときの私にどんな不正を見つけたかを言わせてください。
21 彼らの中に立っていたとき、私はただ一

15 ① ダニ12:2, ヨハ5:28, 29, 11:24,
16 ① 使23:1
＊「最善を」は補足。別訳「努めています」
17 ① 使20:31
② ロマ15:25-28, Ⅰコリ16:1-4, Ⅱコリ8:1-4, 9:1, 2, 12, 使11:29, 30, ガラ2:10
18 ① 使21:26
② 使24:12
③ 使21:27
19 ① 使23:30
20 ① マタ5:22

21 ① 使23:6, 使24:15
22 ① 使24:14
23 ① 使21:35
② 使28:16
③ 使23:16, 27:3
24 ① 使20:21
25 ① テト2:12
② ガラ5:23, Ⅱペテ1:6, 使テト1:8
③ 使10:42
26 ① 使24:17

言、『死者の復活のことで、私はきょう、あなたがたの前でさばかれているのです』と叫んだにすぎません。」
22 しかしペリクスは、この道について相当詳しい知識を持っていたので、「千人隊長ルシヤが下って来るとき、あなたがたの事件を解決することにしよう」と言って、裁判を延期した。
23 そして百人隊長に、パウロを監禁するように命じたが、ある程度の自由を与え、友人たちが世話をすることを許した。
24 数日後、ペリクスはユダヤ人である妻ドルシラを連れて来て、パウロを呼び出し、キリスト・イエスを信じる信仰について話を聞いた。
25 しかし、パウロが正義と節制とやがて来る審判とを論じたので、ペリクスは恐れを感じ、「今は帰ってよい。おりを見て、また呼び出そう」と言った。
26 それとともに、彼はパウロから金をもらいたい下心があったので、幾度もパウロを

（神が願われたとおりに誤りがない）、無謬であり（間違いがなく完全に信頼できる）、すべてにおいて信頼できるとして信じ確信を持っていた。これは聖書の「ある部分」だけを信じると言う、この終りの日の多くの宗教的指導者たちとは全く対照的である（→**聖書の霊感と権威**の項 p.2323）。霊と思いをキリストと一つにし（マタ5:18）、使徒たち（→14:4注、Ⅱテモ3:16、Ⅰペテ1:11）の最初の教えに同意している人は、神のことばに書かれている「全部」を信じ擁護する。そのように思わない人は、ここに書かれているパウロのことばにも同意しない。

24:15　義人も悪人も必ず復活する　聖書は死んだ人がみな（神と個人的な関係を持っている人もそうでない人も）復活すると教えている。義人（キリストの赦しを受け入れて人生をゆだねた人）は復活して、新しいからだを持って主イエスとともに永遠に生きる（Ⅰテサ4:13-18）。悪人は復活して主のさばきを受ける（二つの復活について　→ダニ12:2注、ヨハ5:29注、黙20:6-14各注）。二つの復活が同じ文章の中にあるけれども、両方が必ずしも同時に起こるということではない（→ヨハ5:29注、→**肉体の復活**の項 p.2151）。

24:16　責められることのない良心を保つ　神のことばでは、責められることのないきよい良心は霊的な人生を成功させ、効果的に神に仕えるために絶対に必要なものとして挙げられている（Ⅱコリ1:12、Ⅰテモ1:

19）。(1) きよい良心とは、私たちの考えや行いが神に喜ばれていて、神の基準に照らして間違っていないことを知ることから来る、内面的確信と霊的な自由を指している（→23:1注、詩32:1、Ⅰテモ1:5、Ⅰペテ3:16、Ⅰヨハ3:21-22）。(2) きよい良心が麻痺し腐敗すると、信仰や祈りの生活、神との全体的関係がひどく傷つけられる（テト1:15-16）。そのような人はいかがわしい行動にも疑問を持たなくなり、内側にある神の導きには応答しなくなる。きよい良心を拒み退け続ける人は、やがて完全に神に反抗するようになり、信仰も失ってしまう（Ⅰテモ1:19）。

24:25　正義と節制とやがて来る審判　パウロがペリクスに、イエス・キリストを信じる信仰と「正義と節制とやがて来る審判」について話すと、ペリクスはおびえてしまった。これは聖霊が来ると「罪について、義について、さばきについて、世にその誤りを認めさせます」（ヨハ16:8）という主イエスのことばと結び付いている。霊的な救いは、神の真理とキリストの福音を忠実に大胆にそして正確に伝えるかどうかにかかっている。みことばが伝えられるときに、神の御霊は神と正しい関係を持っていない人に誤りを認めさせてくださる（→ヨハ16:8注）。「認めさせる」とは御霊が罪を暴き出し、神と正しい関係を持つためにキリストに人生をゆだねなければならないことを納得させてくださることである。

呼び出して話し合った。

27 二年たって後、ポルキオ・フェストがペリクスの後任になったが、ペリクスはユダヤ人に恩を売ろうとして、パウロを牢につないだままにしておいた。

フェストの前での裁判

25 1 フェストは州総督として着任すると、三日後にカイザリヤからエルサレムに上った。

2 すると、祭司長たちとユダヤ人のおもだった者たちが、パウロのことを訴え出て、3 パウロを取り調べる件について自分たちに好意を持ってくれるように頼み、パウロをエルサレムに呼び寄せていただきたいと彼に懇願した。彼らはパウロを途中で殺害するために待ち伏せをさせていた。

4 ところが、フェストは、パウロはカイザリヤに拘置されているし、自分はまもなく出発の予定であると答え、5「だから、その男に何か不都合なことがあるなら、あなたがたのうちの有力な人たちが、私といっしょに下って行って、彼を告訴しなさい」と言った。

6 フェストは、彼らのところに八日あるいは十日ばかり滞在しただけで、カイザリヤへ下って行き、翌日、裁判の席に着いて、パウロの出廷を命じた。

7 パウロが出て来ると、エルサレムから下って来たユダヤ人たちは、彼を取り囲んで立ち、多くの重い罪状を申し立てたが、それを証拠立てることはできなかった。

8 しかしパウロは弁明して、「私は、ユダヤ人の律法に対しても、宮に対しても、また

27 ①使25:1, 4, 9, 12他, 26:24, 25, 32
②使25:9, 回使12:3
③回使23:35, 25:14

1 ①使23:34
②回使8:40, 25:4, 6, 13
2 ①使24:1, 25:15
3 ①回使9:24
4 ①回使8:40, 25:1, 6, 13
②使24:23
⑤使25:16
6 ①回使8:40, 25:1, 4, 13
②回マタ27:19, 使25:10, 17
7 ①回使24:5, 6
②使24:13
8 ①回使24:12, 28:17, 回使6:13

9 ①使24:27, 回使12:3
②使25:20
10 ①回マタ27:19, 使25:10, 17
11 ①回使25:21, 25, 26:32, 28:19
13 ①回使8:40, 25:1, 4, 6
14 ①使24:27
15 ①使24:1, 25:2

カイザルに対しても、何の罪も犯してはおりません」と言った。

9 ところが、ユダヤ人の歓心を買おうとしたフェストは、パウロに向かって、「あなたはエルサレムに上り、この事件について、私の前で裁判を受けることを願うか」と尋ねた。

10 すると、パウロはこう言った。「私はカイザルの法廷に立っているのですから、ここで裁判を受けるのが当然です。あなたもよくご存じのとおり、私はユダヤ人にどんな悪いこともしませんでした。11 もし私が悪いことをして、死罪に当たることをしたのでしたら、私は死をのがれようとはしません。しかし、この人たちが私を訴えていることに一つも根拠がないとすれば、だれも私を彼らに引き渡すことはできません。私はカイザルに上訴します。」

12 そのとき、フェストは陪席の者たちと協議したうえで、こう答えた。「あなたはカイザルに上訴したのだから、カイザルのもとへ行きなさい。」

フェストはアグリッパ王に相談する

13 数日たってから、アグリッパ王とベルニケが、フェストに敬意を表するためにカイザリヤに来た。

14 ふたりがそこに長く滞在していたので、フェストはパウロの一件を王に持ち出してこう言った。「ペリクスが囚人として残して行ったひとりの男がおります。15 私がエルサレムに行ったとき、祭司たちとユダヤ人の長老たちとが、その男のことを私に訴え出て、罪に定めるように要求し

25:8 ユダヤ人の律法に対して パウロには、ユダヤ人や律法に対しては何の罪も犯していない確信があった。旧約聖書の律法の道徳基準に従って生きていたからである（⇒21:24）。そして神が決して変らないように、律法の道徳基準も決して変らないと知っていた。律法は聖く正しく霊的であり（ロマ7:12, 14）、神の特性や正しい生き方を表していることを理解していた（⇒マタ5:18-19）。けれども、律法は神と正しい関係を持つために必要な規定や基準であるとは考えていなかった。神と正しい関係を持ち神に喜ばれる生き方をするには、聖霊の働きが必要である。私たちはイエス・キリストを信じる信仰を通して、神の恵み（受けるにふさわしくない好意、救いの賜物を受けるあわれみ深い機会）に応答して初めて、霊的に刷新され神との正しい関係に入ることができる。その関係ができたときに、私たちは愛と感謝と献身と神に喜ばれたいという気持の現れとして、神の道徳律法に従いたいと思いまたそれができるようになる。キリストの律法の下にいる限り、私たちは神の律法から離れることはない。それはキリストが律法全体を成就されたからである（Ⅰコリ9:21, →マタ5:17注, ロマ3:21, 8:4）。

ました。
16 そのとき私は、『被告が、彼を訴えた者の面前で訴えに対して弁明する機会を与えられないで、そのまま引き渡されるということはローマの慣例ではない』と答えておきました。
17 そういうわけで、訴える者たちがここに集まったとき、私は時を移さず、その翌日、裁判の席に着いて、その男を出廷させました。
18 訴えた者たちは立ち上がりましたが、私が予期していたような犯罪についての訴えは何一つ申し立てませんでした。
19 ただ、彼と言い争っている点は、彼ら自身の宗教に関することであり、また、死んでしまったイエスという者のことで、そのイエスが生きているとパウロは主張しているのでした。
20 このような問題をどう取り調べたらよいか、私には見当がつかないので、彼に『エルサレムに上り、そこで、この事件について裁判を受けたいのか』と尋ねたところが、
21 パウロは、皇帝の判決を受けるまで保護してほしいと願い出たので、彼をカイザルのもとに送る時まで守っておくように、命じておきました。」
22 すると、アグリッパがフェストに、「私も、その男の話を聞きたいものです」と言ったので、フェストは、「では、明日お聞きください」と言った。

アグリッパ王の前でのパウロ
26:12-18 並行記事―使9:3-8, 22:6-11

23 こういうわけで、翌日、アグリッパとベルニケは、大いに威儀を整えて到着し、千人隊長たちや市の首脳者たちにつき添われて講堂に入った。そのとき、フェストの命令によってパウロが連れて来られた。
24 そこで、フェストはこう言った。「アグリッパ王、ならびに、ここに同席の方々。ご覧ください。ユダヤ人がこぞって、一刻も生かしてはおけないと呼ばわり、エルサレムでも、ここでも、私に訴えて来たのは、この人のことです。
25 私としては、彼は死に当たることは何一つしていないと思います。しかし、彼自身が皇帝に上訴しましたので、彼をそちらに送ることに決めました。
26 ところが、彼について、わが君に書き送るべき確かな事がらが一つもないのです。それで皆さんの前に、わけてもアグリッパ王よ、あなたの前に、彼を連れてまいりました。取り調べをしてみたら、何か書き送るべきことが得られましょう。
27 囚人を送るのに、その訴えの個条を示さないのは、理に合わないと思うのです。」

26 ¹ すると、アグリッパがパウロに、「あなたは、自分の言い分を申し述べてよろしい」と言った。そこでパウロは、手を差し伸べて弁明し始めた。

² 「アグリッパ王。私がユダヤ人に訴えられているすべてのことについて、きょう、あなたの前で弁明できることを、幸いに存じます。
³ 特に、あなたがユダヤ人の慣習や問題に＊精通しておられるからです。どうか、私の申し上げることを、忍耐をもってお聞きくださるよう、お願いいたします。
⁴ では申し述べますが、私が最初から私の国民の中で、またエルサレムにおいて過ごした若い時からの生活ぶりは、すべてのユダヤ人の知っているところです。
⁵ 彼らは以前から私を知っていますので、証言するつもりならできることですが、私は、私たちの宗教の最も厳格な派に従って、パリサイ人として生活してまいりました。
⁶ そして今、神が私たちの父祖たちに約束されたものを待ち望んでいることで、私は裁判を受けているのです。
⁷ 私たちの十二部族は、夜も昼も熱心に神に仕えながら、その約束のものを得たいと望んでおります。王よ。私は、この希望のためにユダヤ人から訴えられているのです。
⁸ 神が死者をよみがえらせるということを、あなたがたは、なぜ信じがたいこととされるのでしょうか。
⁹ ＊以前は、私自身も、ナザレ人イエスの名に強硬に敵対すべきだと考えていました。
10 そして、それをエルサレムで実行しまし

た。祭司長たちから権限を授けられた私は、多くの聖徒たちを牢に入れ、彼らが殺されるときには、それに賛成の票を投じました。
11 また、すべての会堂で、しばしば彼らを罰しては、強いて御名をけがすことばを言わせようとし、彼らに対する激しい怒りに燃えて、ついには国外の町々にまで彼らを追跡して行きました。
12 このようにして、私は祭司長たちから権限と委任を受けて、ダマスコへ出かけて行きますと、
13 その途中、正午ごろ、王よ、私は天からの光を見ました。それは太陽よりも明るく輝いて、私と同行者たちの回りを照らしたのです。
14 私たちはみな地に倒れましたが、そのとき声があって、ヘブル語で私にこう言うのが聞こえました。『サウロ、サウロ。なぜわたしを迫害するのか。とげのついた棒をけるのは、あなたにとって痛いことだ。』
15 私が『主よ。あなたはどなたですか』と言いますと、主がこう言われました。『わた

10 ②使9:1, 2
　③使22:20
11 ①使22:19, 回マタ10:17
　②使9:1
　③使22:5
　*すなわち「パレスチナの外の町々」
12 ①使26:12-18, 9:3-8, 22:6-11
13 *直訳「太陽の輝きよりも明るく」
14 ①回使9:7
　②回使21:40

16 ①エゼ2:1, ダニ10:11
　*異本「わたしを」を挿入
　①ルカ1:2
　②回使22:15
　③回使22:14
17 ①Ⅰ歴16:35, 回使9:15
　②エレ1:8, 19
18 ①イザ35:5, 42:7, 16, エペ5:8, コロ1:13, Ⅰペテ2:9
　②ヨハ1:5, エペ5:8, コロ1:12, 13, Ⅰテサ5:5, Ⅰペテ2:9
　③回マタ4:10
　④回使20:21
　⑤ルカ24:47, 使2:38
　⑥回使20:32
20 ①使9:19以下
　②使9:26-29, 22:17-20
　③回使13:46, 9:15
　④使3:19
　⑤マタ3:8, ルカ3:8
21 ①使21:27, 30
　②使21:31

しは、あなたが迫害しているイエスである。
16 起き上がって、自分の足で立ちなさい。わたしがあなたに現れたのは、あなたが見たこと、また、これから後わたしがあなたに現れて示そうとすることについて、あなたを奉仕者、また証人に任命するためである。
17 わたしは、この民と異邦人との中からあなたを救い出し、彼らのところに遣わす。
18 それは彼らの目を開いて、暗やみから光に、サタンの支配から神に立ち返らせ、わたしを信じる信仰によって、彼らに罪の赦しを得させ、聖なるものとされた人々の中にあって御国を受け継がせるためである。』
19 こういうわけで、アグリッパ王よ、私は、この天からの啓示にそむかず、
20 ダマスコにいる人々をはじめエルサレムにいる人々に、またユダヤの全地方に、さらに異邦人にまで、悔い改めて神に立ち返り、悔い改めにふさわしい行いをするようにと宣べ伝えて来たのです。
21 そのために、ユダヤ人たちは私を宮の中で捕らえ、殺そうとしたのです。

26:18 神から与えられたパウロの任務 この節のことばは、霊的に失われた人々（罪の赦しと主イエスとの新しい個人的関係を持っていない人々）に福音のメッセージが伝えられたときにどんな効果を主イエスが期待しておられるかを示したすぐれた文章である。

（1）「目を開いて」―キリストを知らない人々は、自分が霊的に失われていてやがて滅ぼされるという現実をサタンによって見えなくされている。そして福音の真理を理解していない（Ⅱコリ4:4）。本当の状態を明らかにし理解の「目を開く」には、聖霊の力によってイエス・キリストのことを伝えるほかない（⇒Ⅱコリ4:5、エペ1:18）。

（2）「サタンの支配から神に立ち返らせ」―自分勝手な生き方をする人々で満ちたこの世界を支配しているのはサタンである。キリストの権威に人生をゆだねていない人はみな、サタンに支配されその力の奴隷になっている。サタンの働きと影響力は世間の慣習に従って生きている人や、「不従順の子らの中に」（エペ2:2）明らかに現れている。聖霊の力によってイエス・キリストのことを伝えなければ、人々をサタンの支配から救い出して神のキリストの御国へ連れて行くことはできない（→コロ1:13、Ⅰペテ2:9）。

（3）「彼らに罪の赦しを得させ」―罪の赦しは十字架の上での主イエスの犠牲の死によって初めて可能になった。主イエスはそこで私たちの罪の代価を全部払ってくださった。このメッセージを聞くときに、人々は初めて信仰をもって応答し、キリストの犠牲は自分のためだったと受入れて人生の支配をゆだねることができるようになる。

（4）「聖なるものとされた人々の中にあって御国を受け継がせる」―罪を赦されてサタンの力から解放され、聖霊によって霊的に新しくされた人は、この世界から聖別され神の目的を実現するように整えられる。さらに聖霊のバプテスマを受けることによってその目的を果すための力を与えられて、キリストとの関係がさらに深まるようになる（→「**聖化**」の項 p.2405）。

26:19 私は・・・そむかず パウロがキリストを信じる信仰に回心（救い、人生の転換）をしたのはダマスコへ行く途中のことだった。その瞬間からパウロは主イエスが救い主であり、主（罪を赦し人生を導く方）であると認め、人生をささげて従ってきた（⇒ロマ1:5）。

26:20 悔い改めにふさわしい行いをする パウロはある人々のように、永遠の救いはただキリストとキリストが私たちの罪のために死なれたことを知的に認めて頼れば与えられるとは言わなかった。良い行いをすれば霊的に救われるのではない（⇒エペ2:8-9）。けれ

22 こうして、私はこの日に至るまで神の助けを受け、堅く立って、小さい者にも大きい者にもあかしをしているのです。そして、預言者たちやモーセが、後に起こるはずだと語ったこと以外は何も話しませんでした。
23 すなわち、キリストは苦しみを受けること、また、死者の中からの復活によって、この民と異邦人とに最初に光を宣べ伝える、ということです。」
24 パウロがこのように弁明していると、フェストが大声で、「気が狂っているぞ。パウロ。博学があなたの気を狂わせている」と言った。
25 するとパウロは次のように言った。「フェスト閣下。気は狂っておりません。私は、まじめな真理のことばを話しています。
26 王はこれらのことをよく知っておられるので、王に対して私は率直に申し上げているのです。これらのことは片隅で起こった出来事ではありませんから、そのうちの一つでも王の目に留まらなかったものはないと信じます。
27 アグリッパ王。あなたは預言者を信じておられますか。もちろん信じておられると思います。」
28 するとアグリッパはパウロに、「あなたは、わずかなことばで、私をキリスト者にしようとしている」と言った。
29 パウロはこう答えた。「ことばが少なかろうと、多かろうと、私が神に願うことは、あなたばかりでなく、きょう私の話を聞いている人がみな、この鎖は別として、私のようになってくださることです。」
30 ここで王と総督とベルニケ、および同席の人々が立ち上がった。
31 彼らは退場してから、互いに話し合って言った。「あの人は、死や投獄に相当することは何もしていない。」
32 またアグリッパはフェストに、「この人は、もしカイザルに上訴しなかったら、釈放されたであろうに」と言った。

パウロがローマへ出帆する

27 1 さて、私たちが船でイタリヤへ行くことが決まったとき、パウロと、ほかの数人の囚人は、ユリアスという親衛隊の百人隊長に引き渡された。
2 私たちは、アジヤの沿岸の各地に寄港して行くアドラミテオの船に乗り込んで出帆した。テサロニケのマケドニヤ人アリスタルコも同行した。
3 翌日、シドンに入港した。ユリアスはパウロを親切に取り扱い、友人たちのところへ行って、もてなしを受けることを許した。
4 そこから出帆したが、向かい風なので、キプロスの島陰を航行した。
5 そしてキリキヤとパンフリヤの沖を航行して、ルキヤのミラに入港した。
6 そこに、イタリヤへ行くアレキサンドリヤの船があったので、百人隊長は私たちをそれに乗り込ませた。
7 幾日かの間、船の進みはおそく、ようやくのことでクニドの沖に着いたが、風のためにそれ以上進むことができず、サルモネ沖のクレテの島陰を航行し、
8 その岸に沿って進みながら、ようやく、良い港と呼ばれる所に着いた。その近くにラサヤの町があった。
9 かなりの日数が経過しており、断食の季節もすでに過ぎていたため、もう航海は危険であったので、パウロは人々に注意して、
10 「皆さん。この航海では、きっと、積荷や船体だけではなく、私たちの生命にも、危害と大きな損失が及ぶと、私は考えます」と言った。
11 しかし百人隊長は、パウロのことばよりも、航海士や船長のほうを信用した。
12 また、この港が冬を過ごすのに適していなかったので、大多数の者の意見は、ここを出帆して、できれば何とかして、南西と北西とに面しているクレテの港ピニクスまで行って、そこで冬を過ごしたいということになった。

どもその信仰が誠実なものであることは行いによって証明されるのである。新約聖書は救われるためには「悔い改めて神に立返り、悔い改めにふさわしい行いをしなければならないと言っている(⇒マタ3:8注, ルカ3:8注, →「信仰と恵み」の項 p.2062)。

暴風

13 おりから、穏やかな南風が吹いて来ると、人々はこの時とばかり錨を上げて、クレテの海岸に沿って航行した。 **14** ところが、まもなくユーラクロンという暴風が陸から吹きおろして来て、 **15** 船はそれに巻き込まれ、風に逆らって進むことができないので、しかたなく吹き流されるままにした。 **16** しかしクラウダという小さな島の陰に入ったので、ようやくのことで小舟を処置することができた。 **17** 小舟を船に引き上げ、備え綱で船体を巻いた。また、スルテスの浅瀬に乗り上げるのを恐れて、船具をはずして流れるに任せた。 **18** 私たちは暴風に激しく翻弄されていたので、翌日、人々は積荷を捨て始め、 **19** 三日目には、自分の手で船具までも投げ捨てた。 **20** 太陽も星も見えない日が幾日も続き、激しい暴風が吹きまくるので、私たちが助かる最後の望みも今や絶たれようとしていた。 **21** だれも長いこと食事をとらなかったが、そのときパウロが彼らの中に立って、こう言った。「皆さん。あなたがたは私の忠告を聞き入れて、クレテを出帆しなかったら、こんな危害や損失をこうむらなくて済んだのです。 **22** しかし、今、お勧めします。元気を出しなさい。あなたがたのうち、いのちを失う者はひとりもありません。失われるのは船だけです。 **23** 昨夜、私の主で、私の仕えている神の御使いが、私の前に立って、 **24** こう言いました。『恐れてはいけません。パウロ。あなたは必ずカイザルの前に立ちます。そして、神はあなたと同船している人々をみな、あなたにお与えになったのです。』 **25** ですから、皆さん。元気を出しなさい。すべて私に告げられたとおりになると、私は神によって信じています。 **26** 私たちは必ず、どこかの島に打ち上げられます。」

難破

27 十四日目の夜になって、私たちがアドリヤ海を漂っていると、真夜中ごろ、水夫たちは、どこかの陸地に近づいたように感じた。 **28** 水の深さを測ってみると、四十メートルほどであることがわかった。少し進んでまた測ると、三十メートルほどであった。 **29** どこかで暗礁に乗り上げはしないかと心配して、ともから四つの錨を投げおろし、夜の明けるのを待った。 **30** ところが、水夫たちは船から逃げ出そうとして、へさきから錨を降ろすように見せかけて、小舟を海に降ろしていたので、 **31** パウロは百人隊長や兵士たちに、「あの人たちが船にとどまっていなければ、あなたがたも助かりません」と言った。 **32** そこで兵士たちは、小舟の綱を断ち切って、そのまま流れ去るのに任せた。 **33** ついに夜の明けかけたころ、パウロは、

27:24 恐れてはいけません。パウロ 地上の人生に神が場所を備えておられ、果すべき神のご計画が残っており、その人が神との深い関係を求めて聖霊の導きに従っている限り（⇒23:11, 24:16）、主はその人を死なないように守ってくださる。神に忠実な人はみな「主よ。私はあなたのものです。あなたに仕えます。私をお守りください」と祈って当然である（⇒詩16:1-2）。

27:25 元気を出しなさい パウロは船の中では囚人だった。けれども霊的には、キリストとの関係を持つ自由人だった。荒れる海に人々は驚いて身動きができなかったけれども、パウロは神がともにいてくださるので恐れることはなかった。地上の生活で神がそばにおられることを体験している誠実で忠実な信仰者は、人生の危険にもキリストにある勇気と確信をもって直面することができる。

27:31 あの人たちが船にとどまっていなければ この場面でのパウロのことばは、27:22, 24で言われていることと矛盾しているように見える。神はパウロに同船している人々のいのちをみな助け（27:24）、「いのちを失う者はひとりもありません」（27:22）と約束された。けれどもこの約束は人々が船にとどまっていることが条件だった。神のことばの中では、人々に対する神の約束は通常みな条件付きで、神のみこころ、命令、導きに従うことにかかっている（⇒創1:26-31と6:5-7, 出3:7-8と民14:28-34, Ⅱサム7:12-16とⅠ列11:11-13, 12:16）。

一同に食事をとることを勧めて、こう言った。「あなたがたは待ちに待って、きょうまで何も食べずに過ごして、十四日になります。34 ですから、私はあなたがたに、食事をとることを勧めます。これであなたがたは助かることになるのです。あなたがたの頭から髪一筋も失われることはありません。」35 こう言って、彼はパンを取り、一同の前で神に感謝をささげてから、それを裂いて＊食べ始めた。
36 そこで一同も元気づけられ、みなが食事をとった。
37 船にいた私たちは全部で二百七十六人①であった。
38 十分食べてから、彼らは麦を海に投げ捨てて、船を軽くした。
39 夜が明けると、どこの陸地かわからないが、砂浜のある入江が目に留まったので、できれば、そこに船を乗り入れようということになった。
40 錨を切って海に捨て、同時にかじ綱を解き、風に前の帆を上げて、砂浜に向かって進んで行った。
41 ところが、潮流の流れ合う浅瀬に乗り上げて、船を座礁させてしまった。へさきはめり込んで動かなくなり、ともは激しい波に打たれて破れ始めた。
42 兵士たちは、囚人たちがだれも泳いで逃げないように、殺してしまおうと相談した。
43 しかし百人隊長は、パウロをあくまでも助けようと思って、その計画を押さえ、泳げる者がまず海に飛び込んで陸に上がるように、
44 それから残りの者は、板切れや、その他の、船にある物につかまって行くように命じた。こうして、彼らはみな、無事に陸に上がった。

マルタ島への上陸

28 1 こうして救われてから、私たちは、ここがマルタと呼ばれる島であることを知った。
2 島の人々は私たちに非常に親切にしてくれた。おりから雨が降りだして寒かったので、彼らは火をたいて私たちみなをもてなしてくれた。
3 パウロがひとかかえの柴をたばねて火にくべると、熱気のために、一匹のまむしがはい出して来て、彼の手に取りついた。
4 島の人々は、この生き物がパウロの手から下がっているのを見て、「この人はきっと人殺しだ。海からはのがれたが、正義の女神はこの人を生かしてはおかないのだ」と互いに話し合った。
5 しかし、パウロは、その生き物を火の中に振り落として、何の害も受けなかった。
6 島の人々は、彼が今にも、はれ上がって来るか、または、倒れて急死するだろうと待っていた。しかし、いくら待っても、彼に少しも変わった様子が見えないので、彼らは考えを変えて、「この人は神さまだ」と言いだした。
7 さて、その場所の近くに、島の首長でポプリオという人の領地があった。彼はそこに私たちを招待して、三日間手厚くもてなしてくれた。
8 たまたまポプリオの父が、熱病と下痢とで床に着いていた。そこでパウロは、その人のもとに行き、祈ってから、彼の上に手を置いて直してやった。
9 このことがあってから、島のほかの病人たちも来て、直してもらった。
10 それで彼らは、私たちを非常に尊敬し、私たちが出帆するときには、私たちに必要な品々を用意してくれた。

ローマに到着

11 三か月後に、私たちは、この島で冬を過ごしていた、船首にデオスクロイの飾りのある、アレキサンドリヤの船で出帆した。
12 シラクサに寄港して、三日間とどまり、
13 そこから回って、レギオンに着いた。一日たつと、南風が吹き始めたので、二日目

にはポテオリに入港した。

14 ここで、私たちは兄弟たちに会い、勧められるままに彼らのところに七日間滞在した。こうして、私たちはローマに到着した。

15 私たちのことを聞いた兄弟たちは、ローマから*アピオ・ポロと**トレス・タベルネまで出迎えに来てくれた。パウロは彼らに会って、神に感謝し、勇気づけられた。

16 私たちがローマに入ると、*パウロは番兵付きで自分だけの家に住むことが許された。

パウロは監視のもとローマで説教をする

17 三日の後、パウロはユダヤ人のおもだった人たちを呼び集め、彼らが集まったときに、こう言った。「兄弟たち。私は、私の国民に対しても、先祖の慣習に対しても、何一つそむくことはしていないのに、エルサレムで囚人としてローマ人の手に渡されました。

18 ローマ人は私を取り調べましたが、私を死刑にする理由が何もなかったので、私を釈放しようと思ったのです。

19 ところが、ユダヤ人たちが反対したため、私はやむなくカイザルに上訴しました。それは、私の同胞を訴えようとしたのではありません。

20 このようなわけで、私は、あなたがたに会ってお話ししようと思い、お招きしました。私はイスラエルの望みのためにこの鎖につながれているのです。」

21 すると、彼らはこう言った。「私たちは、あなたのことについて、ユダヤから何の知らせも受けておりません。また、当地に来た兄弟たちの中で、あなたについて悪いことを告げたり、話したりした者はおりませ

ん。

22 私たちは、あなたが考えておられることを、直接あなたから聞くのがよいと思っています。この宗派については、至る所で非難があることを私たちは知っているからです。」

23 そこで、彼らは日を定めて、さらに大ぜいでパウロの宿にやって来た。彼は朝から晩まで語り続けた。神の国のことをあかしし、また、モーセの律法と預言者たちの書によって、イエスのことについて彼らを説得しようとした。

24 ある人々は彼の語る事を信じたが、ある人々は信じようとしなかった。

25 こうして、彼らは、お互いの意見が一致せずに帰りかけたので、パウロは一言、次のように言った。「聖霊が預言者イザヤを通してあなたがたの父祖たちに語られたとは、まさにそのとおりでした。

26 『この民のところに行って、告げよ。
あなたがたは確かに聞きはするが、
決して悟らない。
確かに見てはいるが、決してわからない。

27 この民の心は鈍くなり、
その耳は遠く、
その目はつぶっているからである。
それは、彼らがその目で見、
その耳で聞き、
その心で悟って、立ち返り、
わたしにいやされることのないためである。』

28 ですから、承知しておいてください。神のこの救いは、異邦人に送られました。彼らは、耳を傾けるでしょう。」*

30 こうしてパウロは満二年の間、自費で借りた家に住み、たずねて来る人たちをみ

28:16 私たちがローマに入ると ローマでキリストの福音を伝えることはパウロの望みだった(ロマ15:22-29)。それはまた神の目的とご計画の一部でもあった(23:11)。パウロは妨害や嵐、難破やそのほかの多くの苦難を体験してローマに到着したけれども、まだ鎖につながれていた。そして神に忠実に仕えてきたけれども、神はパウロの道を楽な、問題のないものにはされなかった。同じように私たちも神のご計画に従い神に完全に忠実であっても、神は大きな困難や問題のある辛い道に導かれるかもしれない。けれども「神を愛する人々・・・のためには、神がすべてのことを働かせて益としてくださる」ことを私たちは知ることができる(ロマ8:28)。

28:30 パウロは満二年の間・・・住み ルカによる初期の教会の歴史の記録はここで終る。このあとのことはルカが記録し終ったあとでパウロに起きたものと

な迎えて、
31 大胆に、少しも妨げられることなく、神の国を宣べ伝え、主イエス・キリストのことを教えた。

31 ①Ⅱテモ2:9
②囲マタ4:23、使20:25、28:23

考えられている。パウロは二年間監禁(獄に)されていた。けれどもパウロは訪問客を迎えてキリストのことを伝えることができた。そしてこの時期にエペソの人々、ピリピの人々、コロサイの人々、そしてピレモンに手紙(「獄中書簡」と呼ばれている聖書の中の書物)を書いた。63年頃にパウロは釈放された。そのあとの数年間、パウロは伝道旅行を続けて、計画通りスペインにも行ったと考えられる(ロマ15:28)。そしてこの間にテモテへの第一の手紙とテトスへの手紙を書いた。67年頃には再び捕えられてローマへ送り返された。ローマでのこの二度目の投獄の間にパウロはテモテへの第二の手紙を書いた。そのローマでの投獄生活は、ローマ皇帝ネロのもとでの殉教(信仰のために死ぬこと、伝説によれば打首にされた)によって終った。

28:31 神の国を宣べ伝え 「使徒の働き」は、神が聖霊や使徒たち(キリストの福音を伝え教会を建上げる働きを指導するようにキリストから直接任命された人々)を通して行われたことについてきちんとした結論を書かないまま突然終っている。このような終り方はあるいは適切だったのかも知れない。なぜなら教会(世界中にいる信仰者全員)に対するキリストの働きはまだ完了していないからである。神は聖霊の働きとキリストの福音を伝える働きはキリストが再び来られるときまでキリストの弟子たちの生活を通して続けられるように計画をしておられる(2:17-21、マタ28:18-20)。ルカは、教会はどうあるべきか、そして何を行うべきかを示す神の原型を御霊の霊感を受けて明らかにした。そしてキリスト者の忠実さの模範を示し、キリストの福音(「よい知らせ」)が反対勢力に勝利していく姿を示した。また、聖霊が教会(地域教会と全世界の教会)や神の民の間でどのように力強く効果的に働かれるかを示した。これもまた、現在と未来の教会に対する神の原型だった。私たちは忠実にそれを伝えるとともに、自分たちもそれによって生きなければならない(Ⅱテモ1:14)。教会はみな、主イエスの最初の弟子たちの間で御霊が言われたことと行われたことに照らして自分たちの状態を調べなければならない。もし今の教会にある力、純粋性、喜び、信仰が「使徒の働き」に見られるようなものと同じではないなら、私たちは生きておられるキリストを信じる信仰を新しくし、聖霊を新しく注いでいただいて、神の最高の目的のために霊的にきよめられ新しくされて、力を与えられるように祈り求めなければならない。

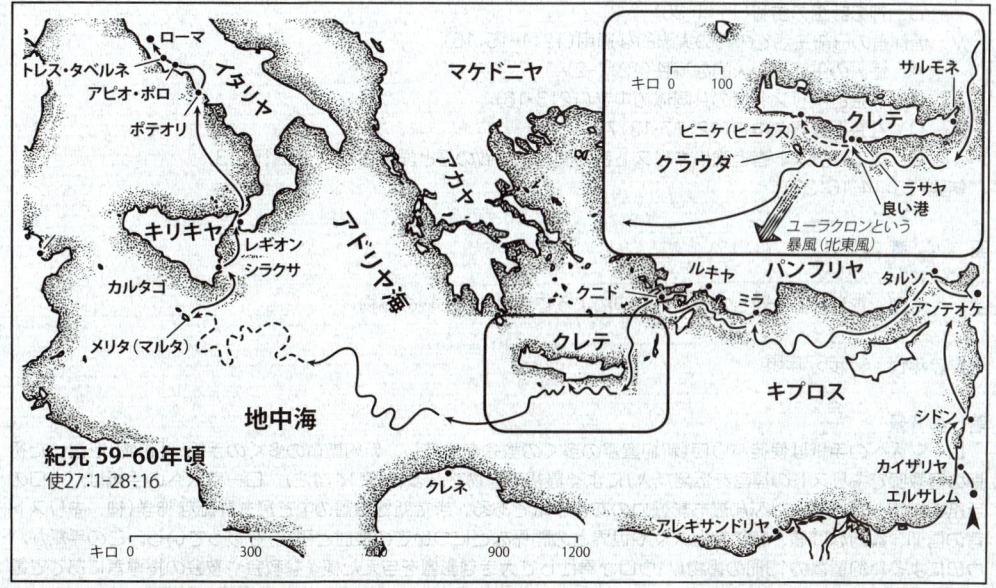

パウロのローマへの旅行

紀元 59-60年頃
使27:1-28:16

© 1991 Zondervan Corporation

ローマ人への手紙

概　要
　序言(1:1-17)
　I. 神に対する人類の反抗と神の義が絶対に必要なこと(1:18-3:20)
　　A. 異邦人(神の律法を持たない人々)の罪(1:18-32)
　　B. ユダヤ人(神の律法を持つ人々)の罪(2:1-3:8)
　　C. すべての人の罪(神に対する責任)(3:9-20)
　II. 救いと義が神によって提供されること(3:21-5:21)
　　A. 義認－キリストを信じる信仰による神との正しい関係(3:21-31)
　　　1. キリストによって提供された(3:21-26)
　　　2. 信仰によって受取ること(3:27-31)
　　B. 信仰による義認の実例－アブラハムが義と認められたこと(4:1-25)
　　C. 神との正しい関係による祝福－平和、交わり、喜び、救い(5:1-11)
　　D. アダムとキリスト－人間の不義と神の義の賜物との比較(5:12-21)
　　　1. アダム、罪、有罪宣告、死
　　　2. キリスト、恵み、義認、いのち
　III. キリスト者の中での神の働きと義の成長(6:1-8:39)
　　A. 罪の奴隷からの解放(6:1-23)
　　　1. 罪の力を打砕くためにキリストとともに死ぬこと(6:1-14)
　　　2. 義の奴隷としてキリストとともに生きること(6:15-23)
　　B. 律法の下での有罪宣告からの解放(7:1-25)
　　C. 神の御霊の力によって生きる自由(8:1-39)
　IV. イスラエルの拒絶とキリストを通して与えられる義の回復(9:1-11:36)
　　A. イスラエルが拒絶されたことの問題(9:1-10:21)
　　B. 神の計画の勝利(11:1-36)
　V. 信仰者の日常生活での義の実際的な適用(12:1-15:13)
　　A. 個人の生活と個人的な犠牲(12:1-2)
　　B. 教会とキリスト者の共同体の中で(12:3-16)
　　C. 社会と世界の中で(12:17-13:7)
　　D. 弱いキリスト者と強いキリスト者の関係－－一致の霊と愛の律法(13:8-15:13)
　結論(15:14-16:27)

著　者：パウロ

主　題：キリストを通して現され信仰によって受ける神の義の賜物

著作の年代：紀元57年頃

著作の背景
　　ローマ人への手紙は使徒パウロ(新約聖書の多くの教会を設立し、新約聖書の多くの手紙、「書物」を書いた初期の宣教師でキリストの福音を伝えた人)による最初の書物である(→使14:4注)。ローマ人への手紙はパウロの手紙の中で一番長く、たぶん最も影響力のある手紙である。また新約聖書の中で最も詳細な神学(神、キリスト者の信仰、霊的な問題、特に神と人々や世界との関係などについての検討と研究)を扱っている。この手紙がパウロによる新約聖書の13冊の書物(パウロが奉仕して大きな影響を与えた様々な教会や教会の指導者にあてて書かれた手紙)の最初に置かれているのは、そこに理由があると思われる。パウロは異邦人(ユダヤ人以外の人々、

ローマ

ユダヤ人社会の外にいるあらゆる国の人々)の世界にイエス・キリストの福音を伝えるという使命を神から与えられてこの手紙を書いた。一部の教会の歴史や伝統的見解とは違って、ローマの教会はペテロ(主イエスの最初の最も身近にいた弟子の一人でエルサレム教会の指導者)によって設立されたものではない。またたれかほかの使徒(ここでの「使徒」は主に主イエスの最初の弟子たちのこと—キリストの最初の福音を伝え、教会を建上げるためにキリストから直接任命された人々 →使14:4注)が始めたものでもなかった。ローマの教会は、五旬節の日(使2:10)に聖霊とキリストについての福音に応答したユダヤ人やほかの人々と、パウロによってキリストを信じる信仰に導かれたマケドニヤやアジヤの人々によって設立されたと思われる。パウロはそのローマにいるキリストの弟子たちに手紙を書いて霊的に指導をする必要があると感じた。それはその地域がどの使徒の指導も直接受けていないと考えたからである(15:20)。

ローマ人への手紙の中でパウロはローマのキリスト者たちに、実際にローマに行ってキリストの福音を伝えようとしばしば計画したけれどもそれが妨げられていたと伝えている(1:13-15, 15:22)。そして何とかして訪問をしたいと心から願っていて、すぐにでも行くつもりであると言っている(15:23-32)。

パウロがこの手紙を書いたのは第三次伝道旅行の終り頃(⇒15:25-26, 使20:2-3, Ⅰコリ16:5-6, →「**パウロの第三次伝道旅行**」の地図 p.2019)、コリントのガイオの家に客として滞在しているときだった(16:23, Ⅰコリ1:14)。そのときパウロは、このローマ人への手紙を助手であるテルテオに口述筆記させた(16:22)。また五旬節までにはエルサレムに戻る計画をしていた(使20:16, 紀元57年か58年の春と思われる)。その願いの中には、異邦人(ユダヤ人以外の人々)教会からの支援献金をエルサレムにいるひどく貧しい信仰者たちに手渡したいという思いがあった(15:25-27)。そのすぐあとにキリストの福音をスペインに伝えたいと思い、途中でローマの教会を訪ねて西に向かうための支援を受けたいとパウロは願った(15:24, 28)。

目 的

パウロがこの手紙を書いたのは、予定しているローマでの働きと計画していたスペインでの奉仕の下準備をするためだった。それには特に二つの目的があった。(1) ローマの人々は神についてのパウロのことばと教えについて、ゆがめられたまぎらわしいうわさを聞いていたと思われる(3:8, 6:1-2, 15)。そこでパウロは25年間伝え続けてきた教えを文書にする必要があると感じた。(2) パウロは教会の中にある問題、つまり異邦人に対するユダヤ人の態度(2:1-29, 3:1, 9)と、ユダヤ人に対する異邦人(11:11-32)の態度から生れたいくつかの問題を修正しようと考えた。

概 観

ローマ人への手紙の主題は1章16-17節に紹介されている。そこで初めにパウロは、人々を霊的に救い神との正しい関係に導き入れるキリストの福音の力を示している。義という賜物(神との正しい関係と神の基準に従って正しいことを行う力)は神から与えられるもので、罪に対する神のさばきに対する回答である。神はこの賜物を御子イエス・キリストを通して現された。主イエスは神に対する私たちの違反を赦し、神との正しい関係を回復する道を備えられた。その中心にあるのは、神がご自分とイエス・キリストを信じる人々との間を正しい状態に回復されたということである。この手紙を書き進める中で、パウロは福音(「よい知らせ」とイエス・キリストを信じる信仰を通して与えられる赦しと霊的救いについての真理)の根本的真理を展開している。第一にパウロは、罪の問題(神に対する反抗と対立)と、人類には罪から救い出されて神との正しい関係を回復する必要があることを示している(1:18-3:20)。ユダヤ人もユダヤ人以外の人々もともに罪のために神から引離されていて、神のさばきに直面している。神の恵み(受けるにふさわしくない好意、愛、力)がなければだれも神との正しい関係を持つことはできないし、自分の努力で神の基準に沿って生きることもできない(→「**信仰と恵み**」の項 p.2062)。神に頼り人生をゆだねて、イエス・キリストを信じる信仰によって義の賜物を受入れなければならないのである(3:21-4:25)。

神の恵み深い賜物を受入れたとき、私たちは平安と喜びを体験し霊的救いと神との個人的な関係を確信することができる(5:)。私たちの罪のために死なれたイエス・キリストを知り一つになることによって、私たちも罪に対して「死ぬ」(人生に破壊的な影響を与える罪に抵抗して打勝つこと)力がキリストから与えられる。その結果、神の基準に照らして正しいことを行うことができるようになり、神が願っておられる人生と霊的自由を体験することができるようになる(6:-7:)。この「御霊による」新しい人生は神の願いと目的を目指したものになる。したがって、人生の様々な困難の中でも主イエスに忠実に従う人々は辱められることはない(8:)。もし神が味方であるなら、私たちは「私たちを愛してくださった方によって・・・圧倒的な勝利者」(8:37)となる。イスラ

エルは不信仰でキリストを拒んだけれども、神は今もイスラエルとの関係を回復するご計画を進めておられる（9：-11：）。

手紙の最後でパウロは、キリストによって人生が変えられた人々は義、愛そのほかの神の特性をどのように人生のあらゆる領域で反映するべきかを描いている。それは教会の内外の人々との交流や関係のことであり、個人的な態度や振舞のことである（12：-14：）。最後に訴えや励ましや自分の計画などを伝えたあとに（15：）、パウロは長い個人的なあいさつを書いている。さらに手紙を終えるに当たって、教会の中の惑わしと分裂に対して最後の警告をした。そして神がイエス・キリストを通して完成されたことをほめたたえてこの手紙を終えている（16：）。

特　　徴
ローマ人への手紙には七つの大きな特徴がある。
（1）ローマ人への手紙はパウロの最も綿密で整った手紙で、広範囲にわたって具体的に新約聖書神学（神の働きと御子イエス・キリストを通しての人々との関係）の概観が描かれている。
（2）質問と答、つまり討論形式（3：1, 4-6, 9, 31）で書かれている。
（3）キリストについての真実の教えを示すために、パウロはその権威の土台として旧約聖書を広範囲にわたって使っている。
（4）福音（キリストの「よい知らせ」1：16-17）の中心的な啓示として、パウロは「神の義」という霊的概念を示している。神はイエス・キリストを通して物事を正しい状態に戻されたのである。
（5）パウロは罪の性質に見られる二つの要素に焦点を当てるとともに、それぞれの要素を神がキリストのいのちと犠牲を通して扱われた方法を示している。それは、（a）神に対する個人的な悪い行い、反抗、不従順、違反としての罪（1：1-5：11）と、（b）最初にアダムが誘惑に負けて罪が世の中に入ったときから人々の中にある「罪」（《ギ》ヘー　ハマルティア）の原理（神を無視し自分勝手な道を行くという人間の生まれつきの傾向）である（5：12-8：39、→5：12注、6：2注）。
（6）8章は、キリストに従う人々の生活の中での聖霊の役割について聖書の中で最も詳しく扱っている章である。
（7）ローマ人への手紙ではユダヤ人がキリストを拒んだこと（メシヤまたは救い主として受入れた少数の例外を除いて）と、神は究極的にイスラエルをどのように回復されるのか（9：-11：）、そのご計画について聖書の中で最も強力な議論が展開されている。

ローマ人への手紙の通読
新約聖書全体を1年間で通読するためには、ローマ人への手紙を次のスケジュールに従って22日間で読まなければならない。
☐1：1-17 ☐1：18-32 ☐2 ☐3 ☐4 ☐5：1-11 ☐5：12-21 ☐6：1-14 ☐6：15-7：6 ☐7：7-25 ☐8：1-17 ☐8：18-39 ☐9：1-29 ☐9：30-10：21 ☐11：1-24 ☐11：25-36 ☐12：1-16 ☐12：17-13：14 ☐14：1-15：4 ☐15：5-13 ☐15：14-33 ☐16

メ　モ

ローマ　1章

1 ¹神の福音のために選び分けられ、使徒として召されたキリスト・イエスのしもべパウロ、²──この福音は、神がその預言者たちを通して、聖書において前から約束されたもので、³御子に関することです。御子は、肉によればダビデの子孫として生まれ、⁴*聖い御霊によれば、死者の中からの復活により、大能によって公に神の御子として示された方、私たちの主イエス・キリストです。⁵このキリストによって、私たちは恵みと使徒の務めを受けました。それは、御名のためにあらゆる国の人々の中に信仰の従順をもたらすためです。⁶あなたがたも、それらの人々の中にあって、イエス・キリストによって召された人々です、──このパウロから、⁷ローマにいるすべての、神に愛されている人々、召された聖徒たちへ。

私たちの父なる神と主イエス・キリストから恵みと平安があなたがたの上にありますように。

パウロのローマ訪問の願い

⁸まず第一に、あなたがたすべてのために、私はイエス・キリストによって私の神に感謝します。それは、あなたがたの信仰が全世界に言い伝えられているからです。⁹私が御子の福音を宣べ伝えつつ霊をもって仕えている神があかししてくださることですが、私はあなたがたのことを思わぬ時はなく、¹⁰いつも祈りのたびごとに、神のみこころによって、何とかして、今度はついに道が開かれて、あなたがたのところに行けるようにと願っています。¹¹私があなたがたに会いたいと切に望むのは、御霊の賜物をいくらかでもあなたがたに分けて、あなたがたを強くしたいからです。¹²というよりも、あなたがたの間にいて、あなたがたと私との互いの信仰によって、ともに励ましを受けたいのです。¹³兄弟たち。ぜひ知っておいていただきたい。私はあなたがたの中でも、ほかの国の人々の中で得たと同じように、いくらかの実を得ようと思って、何度もあなたがたのところに行こうとしたのですが、今なお妨げられているのです。¹⁴私は、ギリシヤ人にも未開人にも、知識のある人にも知識のない人にも、返さなければならない負債を負っています。

1:1 使徒として召された →使14:4注．→「**奉仕の賜物**」の項 p.2225

1:4 聖い御霊 「聖い御霊」とは三位一体(三つの別個でありながら互いに関係し統一された人格を持つ一人のまことの神 →マコ1:11注)の神の第三位格である聖霊のことである。神が聖い(純粋、完全、完璧、悪からの分離)ということは、神が人間の霊や罪、この世界から全く離れていることと神の特性と働きとを示している(⇒ガラ5:16-24，→「**神の属性**」の項 p.1016)．聖霊の力は主イエスとともにあり、その生涯を通して働いて、主イエスこそ間違いなくキリスト(約束の救い主)として来られた神の御子であることを確実にした。この力は特に主イエスのよみがえりを通して明らかにされた。→「**聖霊の教理**」の項 p.1970

1:5 信仰の従順 パウロはローマ人への手紙の最初と最後(16:26)で、信仰を「従順」ということばで定義している。救いに導く信仰(神との個人的関係を持たせる)は自分の人生を神と結び付け、御子イエスに愛と献身、感謝と従順をもって従おうとするものである(→ヤコ2:17注，⇒ヨハ15:10，14，ヘブ5:8-9，→「**信仰と恵み**」の項 p.2062)．

1:7 召された聖徒たちへ 「聖徒たち」と訳されたことば《ギ》ハギオスは聖さ、献身、聖別、奉献などと同じ語源のことばである。これらのことばはみな、自分を完全に神にささげて神を礼拝し神に仕えるためには罪(神に対する挑戦や反抗)から離れるべきであることを何らかのかたちで意味している。キリスト者は神に近付いて神の目的を果すために、罪とこの世界から分離され(⇒1:1)取分けられている(→出19:6注，レビ11:44注)．けれども「聖徒」ということばは信仰者が自分の努力で完全になったことを意味していない。聖霊によらなければ、聖さという特性は育つことも新しくされることもないからである(→使9:13注，⇒エペ4:23-24，→「**聖化**」の項 p.2405)．

1:13 ほかの国の人々 →10:12注

15 ですから、私としては、ローマにいるあなたがたにも、ぜひ福音を伝えたいのです。16 私は福音を恥とは思いません。福音は、ユダヤ人をはじめギリシヤ人にも、信じるすべての人にとって、救いを得させる神の力です。

17 なぜなら、福音のうちには神の義が啓示されていて、その義は、信仰に始まり信仰に進ませるからです。「義人は信仰によって生きる」と書いてあるとおりです。

人類に対する神の怒り

18 というのは、不義をもって真理をはばんでいる人々のあらゆる不敬虔と不正に対して、神の怒りが天から啓示されているからです。

1:16 救い この節と次の節はこの書物全体の重要な主題を扱っている。その主題とは、イエス・キリストを信じる信仰による霊的な救いと神との正しい関係という神の賜物のことである。あらゆる人々に希望といのちのメッセージを伝える福音（「よい知らせ」）を、私たちは決して恥じるべきではない。「救い」ということばと救いについて聖書が使っているほかのことばの意味 →「**救いについての聖書用語**」の項 p.2045

1:17 信仰に始まり信仰に進ませる 義人（神と「正しい」関係にある人）は信仰によって生活し、一つの段階から次の段階へと徐々に成熟し続ける。そのようにして信仰者は義とされ神に認められて道を進み、充実した霊的人生へと成長していく（→8:12-13, 14:13-23, ヘブ10:38注, →「**信仰と恵み**」の項 p.2062）。

1:18 神の怒り 神の怒り（《ギ》オルゲー）は人がよくするような感情的な怒りの爆発ではない。むしろそれは神の基準や特性に正反対で反抗的なものに対して、正しく聖い反応が現されたものである（エゼ7:8-9, エペ5:6, 黙19:15）。神の怒りを引起こすのは個人（出4:14, 民12:1-9, Ⅱサム6:6-7）や国（イザ10:5, 13:3, エレ50:13, エゼ30:15）の不道徳な振舞や神の民の不誠実さ（民25:3, 32:10-13, 申29:24-28）などである。罪に対する神の怒りはさばきや罰となって現されるけれども、それは実際には神の義と聖さが現れたものである（→1:4注, →「**神の属性**」の項 p.1016）。

（1）罪と反抗に対する神の怒り（聖い反応）や嫌悪感などは、過去には洪水（創6:-8:）やきん、疫病（エゼ6:11〜）、完全な破壊（申29:22-23）、人々の離散（哀4:16）、土地の焼失（イザ9:18-19）などを通して現された。

（2）現在では、神の怒りは邪悪で反抗的な人々の道徳的な汚れや霊的腐敗、罪深い情欲などの中に見られる（→1:24注）。つまり神に反抗する人々が邪悪な自己中心的な道を進み、自分で自分に破滅や滅亡、死を招くのを神は許しておられるのである（1:18-3:20, 6:23, エゼ18:4, エペ2:3）。

（3）未来では、神の怒りは神を敬わないこの世界の人々にはひどい苦難（マタ24:21, 黙5:-19:, →「**大患難**」の項 p.1690）を、そしてあらゆる国と人々にはさばきの日（エゼ7:19, ダニ8:19）を送ることになる。神を拒み、御子イエス・キリストとの関係を拒んだ人にとって、さばきの日は「荒廃と滅亡の日、やみと暗黒の日」（ゼパ1:15）であり、神との正しい関係にない人にとっては恐ろしいさばきの日である（2:5, マタ3:7, ルカ3:17, エペ5:6, コロ3:6, 黙11:18, 14:8-10, 19:15）。最終的に神の怒りは、自分勝手な道から立返らず神の目的に従い永遠のいのちの賜物を受取ることを拒む人に対する、永遠の処罰と神からの永遠の分離というかたちになる（→マタ10:28注）。

（4）神の怒りは人類に対する最後の決定ではない。神は逃れる道を備えておられる。自分の罪を認めて神の赦しを受入れ、自分勝手な道から離れて人生をイエス・キリストに明け渡せば救われることができる（5:8, ヨハ3:36, Ⅰテサ1:10, 5:9, →「**救いについての聖書用語**」の項 p.2045）。

（5）信仰者は罪に対する神の怒りに同意して協力をするべきである。けれども自分で報復をするのではなく、神の聖さの基準（→ヘブ1:9注）に従って、神に喜ばれないことを憎み正しいことを愛する愛を示すべきである。新約聖書は、聖い怒りとは神が憎まれることを憎むことであるとしている。その怒りは主イエスご自身（マコ3:5, ヨハ2:12-17, ヘブ1:9, →ルカ19:45注）やパウロ（使17:16）、義人（Ⅱペテ2:7-8, 黙2:6注）などによってはっきりと表されている。神に従わない人々に対するこのような態度は個人的な判断によって表すものではない。さばきは神だけが持っておられる権利である（12:19）。むしろ私たちは、周りに見られる神を敬わない振舞や生き方に同調したり参加したりすることを拒むことによって、悪に対する憎しみを示すべきである（→「**信者の霊的聖別**」の項 p.2172）。私たちは罪を憎むとともに、罪びと（キリストの赦しを受入れず、キリストとの個人的な関係を持っていない人）には同情を示さなければならない。そして私たちのメッセージと生き方によってキリストを受入れ従うようになる人がいく人かでも起こることを期待するべきである。

救いについての聖書用語

「私は福音を恥とは思いません。福音は、ユダヤ人をはじめギリシヤ人にも、信じるすべての人にとって、救いを得させる神の力です。」(ローマ人への手紙1：16)

　神はイエス・キリストを信じる信仰を通して永遠のいのちという賜物（神との永遠の個人的関係）をあらゆる人々に与えてくださる。けれどもそのいのちを手に入れる過程を正確に理解することは難しい。そこで霊的救いの概念と実際を把握するために、神は聖書の中に様々な絵を描いてくださった。それぞれの絵には独特の強調点がある。ここではその中の救い、贖い、義認という三つの絵を検討する。

救　　い

　「救い」(《ギ》ソーテーリア)は解放、救出、安全に守る、危害を防ぐなどを意味している。神は旧約聖書の中で既に、ご自分がご自分の民を救う者であると啓示しておられた(詩27：1, 88：1, →申26：8注, 詩62：1注, イザ25：6注, 53：6注)。救いの方法と過程は、新約聖書では「道」(地上の生活から天におられる神とともに過す永遠のいのちに導く手段)として描写されている(マタ7：14, マコ12：14, ヨハ14：6, 使16：17, Ⅱペテ2：2, 21, ⇒使9：2, 22：4, ヘブ10：20)。永遠の神の国での立場を受継ぐためには(マタ25：34, ヘブ1：14, 6：12)、この救いの道を地上の最後の日まで歩み続けなければならない。この救いの道には二つの側面と三つの段階がある。

　(1) 救いの一つの道ーイエス・キリストは父である神に至る道(唯一の道)である(ヨハ14：6, 使4：12)。神は恵み(受けるにふさわしくない神の好意、愛、思いやり、助け)によって救いを備え提供してくださった。その恵みは御子イエス・キリストを通して示された(ロマ3：24)。神の恵み深い救いの賜物はキリストの死(ロマ3：25, 5：8)、奇蹟的復活(ロマ5：10)、私たちのために天で続いているとりなし(仲立ち、代理)の上に成り立っている(ヘブ7：25)。キリストの死は、神に対して私たちが犯した罪の最高で完全な代価を支払い罪が赦されるただ一つの方法を提供するものだった(マタ26：28, ルカ24：46-47)。その復活はキリストの力と権威がいのちと死の上にあることを示し、確認し、確実なものにした。また私たちが霊的死に勝利し(ロマ6：4, 8：11)、最後には永遠のいのちによみがえる方法を提供してくれた。天での私たちのためのとりなし(天の父に私たちの代理として訴える)が続いていることは、私たちが神に近付けることと神が引続きあわれみと助けを与えてくださることを保証している(ロマ5：2, エペ2：18)。

　(2) 救いの二つの側面ー霊的救いは神の恵みによる賜物で、イエス・キリストを信じる信仰によって受けるものである(ロマ3：22, 24-25, 28)。つまり救いは神の恵み(ヨハ1：16)の結果として提供されているもので、信仰による応答によって受取るものである(使16：31, ロマ1：17, エペ1：15, 2：8, →「信仰と恵み」の項 p.2062)。

　(3) 救いの三段階

　(a) 救いの過去の段階は、罪の赦しを神から受け、人生をキリストにゆだねることを決意したそのときに個人的に体験したことである(使10：43, ロマ4：6-8)。その時点で私たちは霊的死から霊的いのちへ(Ⅰヨハ3：14, →「新生ー霊的誕生と刷新」の項 p.1874)、罪の力から主の力へ(ロマ6：17-23)、サタンの支配から神の支配へ(使26：18)移った。このようにして私たちは神との新しい個人的関係に入り(ヨハ1：12)、霊的死、神からの永遠の分離という罪の最終的罰から救い出されたのである(ロマ1：16, 6：23, Ⅰコリ1：18)。

　(b) 救いの現在の段階は日常生活の中で私たちを罪の行動、習慣、支配から救い出すことで、それは私たちの中に住んでおられる神の聖い御霊の力によるものである。救いのこの側面にはいくつかの要素が含まれている。(i) 神を私たちの父とし、主イエスを私たちの主、救い主とする一対一の個人的関係を持つ特

権(マタ6:9, ヨハ14:18-23, →ヨハ17:3注, ガラ4:6注)、(ⅱ)自分自身を罪とその影響力に対して「死んだ者」と見なし(ロマ6:1-14)、聖霊の導き(ロマ8:1-17)と神のことば(ヨハ8:31, 14:21, Ⅱテモ3:15-16)にゆだねるという迫り、(ⅲ)聖霊に満たされる招きと聖霊に満たされ続けるようにという命令(→使2:33-39, エペ5:18, →「**聖霊のバプテスマ**」の項 p.1950)、(ⅳ)罪(ロマ6:1-14)とキリストが救い主であることを知らない人々の間では一般的になっている堕落した考え、行動、生活様式から分離するようにとの要求(使2:40, Ⅱコリ6:17, →「**信者の霊的聖別**」の項 p.2172)、(ⅴ)サタンと悪霊に対抗して神の国のために霊的戦いを進めるようにとの召命(Ⅱコリ10:4-5, エペ6:11, 16, Ⅰペテ5:8, →「**サタンと悪霊に勝利する力**」の項 p.1726)。

(c) 救いの未来の段階(ロマ13:11-12, Ⅰテサ5:8-9, Ⅰペテ1:5)にもいくつかの要点がある。(ⅰ)罪に対してやがて神が示される怒り、あるいは罪をさばく神のさばきからの救出と自由(ロマ5:9, Ⅰコリ3:15, 5:5, Ⅰテサ1:10, 5:9)、(ⅱ)神の栄光を共有し(ロマ8:29, Ⅰコリ15:49)、復活し変えられたからだを受けること(Ⅰコリ15:52)、(ⅲ)忠実にキリストに従い、この世界の試練に勝利したことに対する永遠の報酬を受けること(→黙2:7注)。この未来の救いはキリスト者がみな追い求めていく目標である(Ⅰコリ9:24-27, ピリ3:8-14)。神のことばの中で命じられている現在の警告、訓練、刑罰はみな、キリストに従う人々がこの未来の救いを途中で失わない(あきらめない、見失わない)ようにさせることを目的にしている(Ⅰコリ5:1-13, 9:24-27, ピリ2:12, 16, Ⅱペテ1:5-11, →ヘブ12:1注)。

贖　　い

「贖い」(《ギ》アポリュトローシス)の語源は身代金を払って受け戻す、買い戻す、代価を支払って回復するという意味である。また救出される、解放される、自由にされることも意味する。「贖い」ということばは救いが手に入る手段、つまり賠償金の支払いを示している。「贖い」という考え、その教えは要約すると次のようになる。

(1) 罪の状態－新約聖書は人間は神から遠ざけられている、あるいは引離されていると描いている(ロマ3:10-18)。それは生まれつき神に逆らい、自分勝手な道を行く傾向があるからである。神から離れた人間は、サタンや悪の勢力の影響を受けてその支配下にあり(使10:38, 26:18)、罪の奴隷(ロマ6:6, 7:14)であって罪の意識と刑罰と力から解放される必要がある(使26:18, ロマ1:18, 6:1-18, 23, エペ5:8, コロ1:13, Ⅰペテ2:9)。

(2) 自由にするための代価－キリストは私たちの代りにご自分の血を流し、いのちを与えることによって贖いの代価とされた(マタ20:28, マコ10:45, Ⅰコリ6:20, エペ1:7, テト2:14, ヘブ9:12, Ⅰペテ1:18-19)。罪は神の完全なご性質、特性と全く反対のものであるから、極刑に値する。それは死であり(ロマ6:23)、神から永遠に離されることである。「血を注ぎ出すことがなければ、罪の赦しはないのです」(ヘブ9:22)とあるように、神の赦しがなければその刑罰から逃れることはできない。罪の完全で完璧な代価を支払うことができるのは神以外におられない。それを神は御子イエス・キリストの自発的犠牲を通して行われた。その犠牲はあらゆる時代のあらゆる罪を十分におおうものだった。その犠牲が自分のためだったと受入れて人生をゆだねる人は、罪の赦しと永遠のいのちという賜物をいただくことができる(ヨハ3:16, 6:40, ロマ6:23, Ⅰヨハ5:11)。

(3) 贖われたことの結果－キリストの犠牲と罪の赦しを受入れ神の権威と目的に人生をゆだねるときに、私たちはサタンの支配や罪の意識と力から自由になる(使26:18, ロマ6:7, 12, 14, 18, コロ1:13)。けれども罪から自由になることは、自分が好きなように行うことができるという意味ではない。神が賠償金を払われたのだから私たちは神の所有物になる。キリストが与えてくださる罪からの自由を選んだことによって、私たちは喜んで神に仕えるしもべになる(使26:18, ロマ6:18, 22, Ⅰコリ6:19-20, 7:22-23)。

(4) 新約聖書の贖いの教えは、旧約聖書にある贖いの様々な事件によって予表され象徴的に示されていた。旧約聖書の中にある贖いの最大の出来事は出エジプト、つまりイスラエルがエジプトでの奴隷生活の中から奇蹟的に助け出され大挙して出発したことである(→出6:7注, 12:26注)。さらに犠牲の制度では、動

物の血が罪の償い（おおい、赦し）のために支払われる代価だった（→レビ9:8，→「**贖罪の日**」の項 p.223）。

義　認

「義とされる」(《ギ》ディカイオオー) ということは、「神の前に正しい」(ロマ2:13)、「義と認められ」(ロマ5:18-19)、正しいと証明する、正しいとすることを意味している。法律的には無罪にする、無罪と宣告されることを意味する。その点でこのことばは、キリストの犠牲によって可能になった神の赦しと直接結び付いている。人はみな神に逆らい神に反対をしている罪びとである。神の完全な律法によると私たちは有罪であり永遠の死の宣告を受けている。けれども悔い改める（罪を認め自分勝手な道を離れキリストにゆだねて神の目的に従い始める）人は神との正しい関係を持つことになる。神の立場から見ると、キリストの償い（罪をおおう、赦しを与える）の死を自分のためだったと受入れる人は、その瞬間に今まで罪を犯したことがない人のように認められる。神はキリストの義をキリストを受入れて従う人々のものにしてくださる（→ロマ4:24-25，ピリ3:9）。こうすることによって神は死ぬべき人間が天国に入るのを許してくださるのである。自分自身の功績で天国の地位を獲得できるほど良い人は一人もいないからである。使徒パウロは義認についていくつかの真理とそれが実現する方法を明らかにしている。

(1) 義認（神との正しい関係に置かれること）は霊的「回心」の体験の一部分に過ぎない。神の赦しを受入れて人生をキリストにゆだねた人の人生は、霊的死の支配から永遠のいのちに向かう新しい方向に変えられる。その瞬間にいくつかのことが起こる。第一にその人は新しいいのちを受取る。霊的に「新しく生まれ」るのである（ヨハ3:3，→「**新生－霊的誕生と刷新**」の項 p.1874）。キリストが来てその人の中に住んでくださる（ガラ2:20）。聖霊も信者の中に住んでくださり、罪に打勝ち神の基準に従って生きる力を与えてくださる（ロマ8:5-13，→「**聖霊の教理**」の項 p.1970）。聖霊はまた、キリストに従う人々は神の子どもでありキリストとともに永遠の資産を受継ぐことを確証してくださる（ロマ8:16-17）。霊的回心の瞬間にはこのほか多くの祝福がキリスト者に与えられる。義認はこの体験の一部であって、完全に純粋で完璧な神との関係を回復してくれる。そのときからキリスト者は、罪に打勝ち霊的に成長して神の目的に効果的に仕えるために神に頼りみことばに従い続けなければならない。そのことによって、義認はキリストとともに歩む霊的旅行の出発点になる。キリスト者は「義と認められ」神との正しい関係を保ちながら生き続ける。そして罪を犯したときは赦しを求め、神のご計画を実現するためには力と導きを求めていくのである。

(2) 神と正しい関係を持つことは一つの賜物である（ロマ3:24，エペ2:8）。神の律法を完全に守ること（不可能である）や、良い行いをすることによって神との正しい関係を持つことはだれにもできない（ロマ4:2-6）。「すべての人は、罪を犯したので、神からの栄誉を受けることができ」ない（ロマ3:23）。

(3) 神との正しい関係を持つことはイエス・キリストの働きを土台にしている。それは「キリスト・イエスによる贖いのゆえに」行われることである（ロマ3:24）。キリストの贖いを受取って罪とその力から自由にされていない人は、義と認められない（⇒ガラ2:16）。

(4) 神との正しい関係は「恵み」によって（受けるにふさわしくない神の好意、愛、助けの結果）与えられ、主、救い主（罪を赦す方、人生の導き手）として「イエス・キリストを信じる信仰」を通して受取るものである（ロマ3:22-24，⇒4:3-5，「**信仰と恵み**」の項 p.2062）。

(5) 神との正しい関係に入れられることは罪の赦しと関係している（ロマ4:7）。罪びとは神の律法に従って有罪と宣告され（ロマ3:9-18, 23）、永遠の死という罰を受ける（⇒ロマ3:9-18, 23, 6:23）。けれどもキリストを信じるならその信仰によって赦される。それはキリストが罪を贖う（おおう）ために死んで復活されたからである（→ロマ3:25注, 4:5注, 4:25, 5:6-11）。その結果、永遠のいのちという神の賜物を受けることになる（⇒ロマ6:23, 8:1-3）。

(6) キリストを信じる信仰によって神と正しい関係を持つとき、私たちは「キリストとともに十字架につけられ」（ガラ2:20）、キリストが私たちのうちに生きるようになる（ガラ2:16-21）。それは私たちの罪のためのキリストの死と一つになり、さらにキリストの復活と一つになり、神に反抗しようとする力に勝利し続けることができるようにいのちの賜物と力を受けることである。この体験を通して私たちは神との正しい関

係を持つだけではなく、キリストに従いキリストが私たちの中に生きてくださる(ガラ2:19-21)ことによって義の中で成長を続けることが可能になる。キリストによって進められるこの人生変革の働きは聖霊によって実現する(⇒Ⅱテサ2:13, Ⅰペテ1:2)。キリストが始められた霊的贖いの働きは、霊的聖化という聖霊の継続的な働きと一体である。聖化とはきよめ、完成、悪からの分離、神の目的のための成長と成育などのことである(→「**聖化**」の項 p.2405)。キリストの働きと聖霊の働きは相互依存的であり協力的で相互支援的である。

ローマ 1章　2049

¹⁹それゆえ、神について知られることは、彼らに明らかです。それは神が明らかにされたのです。
²⁰神の、目に見えない本性、すなわち神の永遠の力と神性は、世界の創造された時からこのかた、被造物によって知られ、はっきりと認められるのであって、彼らに弁解の余地はないのです。
²¹それゆえ、彼らは神を知っていながら、その神を神としてあがめず、感謝もせず、かえってその思いはむなしくなり、その無知な心は暗くなりました。

19①使14:17, 17:24以下
20①回マコ10:6
②詩19:1-6,
ヨブ12:7-9,
エレ5:21, 22
21＊ あるいは「栄光を帰せ
よ」
①Ⅱ列17:15, エレ2:5,
回エペ4:17, 18

22①回エレ10:14,
Ⅰコリ1:20
23①詩106:20, エレ2:11,
使17:29
24①ロマ1:26, 28,
回エペ4:19
②回エペ2:3
25①イザ44:20,
エレ10:14, 13:25, 16:19
②ロマ9:5, Ⅱコリ11:31

²²彼らは、自分では知者であると言いながら、愚かな者となり、
²³不滅の神の御栄えを、滅ぶべき人間や、鳥、獣、はうもののかたちに似た物と代えてしまいました。
²⁴それゆえ、神は、彼らをその心の欲望のままに汚れに引き渡され、そのために彼らは、互いにそのからだをはずかしめるようになりました。
²⁵それは、彼らが神の真理を偽りと取り代え、造り主の代わりに造られた物を拝み、これに仕えたからです。造り主こそ、と

1:21　神を神としてあがめず　21－28節には、神を知らず神に従わない人々の間に見られる霊的反抗や道徳的な堕落の醜い情況が描かれている。同時にここには、キリスト教の指導者やキリストに従う人々の間でも道徳的な失敗は重要な問題になることを示す原則が示されている（→1:24注）。

（1）教会の指導者たちは高慢になると（1:22）、自分の名誉を求め始める（1:21）。そして造られたものが造り主よりも高く上げられるようになる（1:25）。また様々な、神を敬わない恥ずべき欲望や性的不道徳に心が向けられるようになる（1:24, 26, →Ⅱペテ2:2, 15注）。神の助けと赦しを拒み続けるなら、その人々の思いはある時点で完全に罪に捕えられて（1:28）、人生が破壊されてしまう。

（2）そのような人々は、恥ずべき欲望や罪をしばしば犯しながら、自分の行動は人間の弱さによるものとして正当化している。そして自分は依然として聖霊の導きに従っているし、霊的に救われている（神との正しい関係にある）と自分を納得させている。その人々は、「不品行な者や、汚れた者や、むさぼる者・・・はだれも、キリストと神との御国を相続することができません」（エペ5:5）という神のことばの警告に目をつぶっている。→「**性道徳の規準**」の項 p.2379

1:22　自分では知者であると言いながら　この世界のほとんどの人が賢くて正しいと思う道は、決まって神が正しいと言われることと正反対である。それでも神に逆らう人々は、自分たちの考えを自慢していて神の真理については考えようともしない。神と神のことばの権威に従おうとしない人々は、実際にはサタンによって真理に対して目がふさがれている（→Ⅱコリ4:4注）。その結果、良いことと悪いこと、善と悪についての考えが完全にゆがめられている。このことは、高学歴で知性があり学識のある人々に当てはまることが多い（⇒Ⅰコリ1:20, 27）。そのこと自体が、神の道は

私たちの道とは違うことを証明している（イザ55:8）。自分自身の考えや慣習を頑固に保ちながら神の真理や神の道を無視し続ける人々は、実際は無知と愚かさをさらけ出しているのである（3:18-19）。けれどもこれらのことが全部神の正しいさばきによって明らかにされる日がやがて来る（⇒箴14:12, マタ7:13-14）。

1:24　神は、彼らを・・・引き渡され　今日、性的不品行や性の乱用が増えていることは、神が激しく怒りこのような社会を見捨てられたことを示している。

（1）「神は、彼らを・・・引き渡され」たということは、この人々が完全に自分勝手な道を行き、「欲望」（《ギ》エピスミア）や「恥ずべき情欲」（1:26）を徹底的に体験するようにさせられたということである。「欲望」というこのことばは、罪深い性的行動や快楽を意味する非常に強い欲望のことを指している（⇒Ⅱコリ12:21, ガラ5:19, エペ5:3）。そのような振舞は行きつくところまで行ったとき、しばしば残酷な結果を招きそれにふさわしいさばきを受けることになる。

（2）神が人々を見捨てて霊的、道徳的に不純な行動を自由にさせる場合には、次の三つの段階がある。(a) からだを辱める罪深い性的欲望に引渡す（1:24）。(b) 同性愛の情欲に引渡す（1:26-27）、(c) 不道徳な思い（神に従わない行動や抑えられない罪への執着を正当化しようとするねじれた考え 1:28）に引渡す。これらの段階は、神のことばの真理を激しく拒み官能的な欲望や振舞によって快楽を求める人々の間に見られるものである（1:18, →1:27注）。

（3）神が人々を見捨てて罪の道に勝手に進むようにさせるのには、二つの目的がある。(a) さばきとして罪とその悲惨な結果が増すようにさせること（2:2）、(b) 神のあわれみや赦し、霊的救いや神との正しい関係が必要なことに人々が気付くようにさせること（2:4）。

1:25　偽り　このギリシヤ語（トーイ プシューデイ）

しえにほめたたえられる方です。アーメン。

26 こういうわけで、神は彼らを恥ずべき情欲に引き渡されました。すなわち、女は自然の用を不自然なものに代え、

27 同じように、男も、女の自然な用を捨てて男どうしで情欲に燃え、男が男と恥ずべきことを行うようになり、こうしてその誤りに対する当然の報いを自分の身に受けているのです。

28 また、彼らが神を知ろうとしたがらないので、神は彼らを良くない思いに引き渡され、そのため彼らは、してはならないことをするようになりました。

29 彼らは、あらゆる不義と悪とむさぼりと悪意とに満ちた者、ねたみと殺意と争いと欺きと悪だくみとでいっぱいになった者、陰口を言う者、

30 そしる者、神を憎む者、人を人と思わぬ者、高ぶる者、大言壮語する者、悪事をたくらむ者、親に逆らう者、

31 わきまえのない者、約束を破る者、情け知らずの者、慈愛のない者です。

32 彼らは、そのようなことを行えば、死罪に当たるという神の定めを知っていながら、それを行っているだけでなく、それを行う者に心から同意しているのです。

26 ① Ⅰテサ4:5
② ⇒ロマ1:24
27 ① レビ18:22, 20:13, ⇒ Ⅰコリ6:9
28 ① ⇒ロマ1:24

29 ① ⇒ Ⅱコリ12:20
30 ① 詩5:5
＊別訳「神に憎まれる者」
② Ⅱテモ3:2
31 ① Ⅱテモ3:3
32 ① ロマ6:21
② ルカ11:48, 使8:1, 22:20

には定冠詞がついていて直訳すると「その偽り」で、それは「偽りの父」(ヨハ8:44)であるサタンの最初の偽りのことと思われる。サタンはエバに「あなたがたが神のようになり」(創3:5)と言った。人類に向かってサタンが言う偽りのことばは全部これから生じている。(1) 偽りを信じることは、「神の真理」を拒むことであり偶像礼拝に参加することである(創3:5、コロ3:5、Ⅱテサ2:11注、→「**偶像礼拝**」の項 p.468)。偶像礼拝は人間が作ったにせの神々を礼拝すること、または一人のまことの神よりも人や物を優先することである。間違ったものに愛情を注いだり満足や達成感を求めて神以外のものに頼ったりする人はこの罪を犯しているのである。(2) 人間の性質にはうそを信じ、自分自身や欲望、権威を拡大しようとする傾向がある。聖書が絶えず高慢に対して警告をしている理由はそこにある。「あなたは心高ぶり、『私は神だ・・・』と言った」(エゼ28:2、⇒箴6:17, 8:13, 16:18、Ⅰテモ3:6、ヤコ4:6、Ⅰヨハ2:16)。

1:27 男が男と ここには同性愛の情況が描かれている。それは、人間の神に対する反抗、堕落、自己満足を求める欲望などを示す一つの重要な証拠である。このような行動は神が人間のために備えられた行動の原型を拒むことから起こる。そこで神は、自分勝手な道から離れようとしない人々をそのままにしておかれる(→1:25注、→創19:4-5、レビ18:22)。同性愛を生活様式の一部として受け入れ正当化する国は、道徳的堕落の中でも最終段階に来ている(→1:24注)。このことは歴史の中で既に証明されている事実である。この種の行動について聖書はさらに次の箇所で教えている。→創19:4-9、レビ20:13、申23:17、Ⅰ列14:24, 15:12, 22:46、イザ3:9、Ⅰコリ6:9-10、Ⅰテモ1:10、Ⅱペテ2:6、ユダ1:7

神に頼らず神の道に従おうとしなければ、「してはならない」という神に逆らう様々な行動(神が忌み嫌われること)をとることになる(→1:28-31)。ここに挙げられている罪の中には、驚くほど一般的なもの(むさぼり、陰口、高ぶり、親への反抗)がある。けれども神にとって罪は罪である。そしてそれはみな神への反抗である。このような罪を一つでも犯している人は(同性愛にかかわっている人と同じように)、神に対して罪を犯していることに気付き、罪の赦しを受入れ、神の御子イエスに人生をゆだねてその導きに従うべきである。人生を変えていただくように神に頼るとき、聖霊はその人の内側で働き始め、問題を乗越えて人生により高い達成感を得られるように助けてくださる。→「**罪の性質の行いと御霊の実**」の項 p.2208

1:32 それを行う者に心から同意している パウロは人類の罪深さと堕落を扱ったこの部分をまとめるに当たって、これと同じ(ある意味ではさらに)深刻な情況と向き合っている。人々が不道徳な行動をとるのを喜び、それを認める人がいるのである。それは邪悪な行動を支持したり励ましたりすることである。使徒パウロはそれを見て心を痛めた。邪悪なことに同意しそれを擁護することは罪の行動そのものよりも影響が大きく、社会により早くそれを広がらせることになる。

(1)「同意する」(《ギ》スニュードケオー)ということばは、賛成する、承諾する、あるいは共感するという意味で、ほかの人々の罪を軽く楽しむことを指している。これは罪と官能的な振舞が娯楽のかたちになったときに見られる、最も堕落した姿である。

(2) 今日では様々な種類の、露骨で不信仰な例が映画や書物、雑誌、劇場やテレビなどを通して社会に満ちている。そのため、多くの人が大きな被害を受けている。それなのに多くの人(青年も老人も)が結果的には滅亡を招くこれらのことに同意し楽しんでいる。キリスト者でさえも、見当違いの言訳をしながらこの

神の正しいさばき

2 ¹ ですから、すべて他人をさばく人よ。あなたに弁解の余地はありません。あなたは、他人をさばくことによって、自分自身を罪に定めています。さばくあなたが、それと同じことを行っているからです。² 私たちは、そのようなことを行っている人々に下る神のさばきが正しいことを知っています。
³ そのようなことをしている人々をさばきながら、自分で同じことをしている人よ。あなたは、自分は神のさばきを免れるのだとでも思っているのですか。
⁴ それとも、神の慈愛があなたを悔い改めに導くことも知らないで、その豊かな慈愛と忍耐と寛容とを軽んじているのですか。
⁵ ところが、あなたは、かたくなさと悔い改めのない心のゆえに、御怒りの日、すなわち、神の正しいさばきの現れる日の御怒りを自分のために積み上げているのです。
⁶ 神は、ひとりひとりに、その人の行いに従って報いをお与えになります。
⁷ 忍耐をもって善を行い、栄光と誉れと不滅のものを求める者には、永遠のいのちを与え、
⁸ 党派心を持ち、真理に従わないで不義に従う者には、怒りと憤りを下されるのです。
⁹ 患難と苦悩とは、ユダヤ人をはじめギリシヤ人にも、悪を行うすべての者の上に下り、
¹⁰ 栄光と誉れと平和は、ユダヤ人をはじめ

絶望的な道に引込まれようとしている。そしてそれは害のない楽しみであり、交際の手段、現実を教える体験、文化を理解する助けであるなどと言訳をする。けれども、ほかの人々が罪を犯し不信仰な行動をとっているのを見て楽しむことは、自分自身が参加しなくても直接罪を犯している人と同じように、神に喜ばれないことをしているのである。

　(3) ほかの人々の不道徳な行動を娯楽と思っている人（特にキリスト者）は、道徳的にみだらなことや霊的に無神経なことを一般の人々が許し好意的に見ていることの手助けをしたことになる。このような不注意な態度をとれば、人々は今行っていることを続けるように励まされていると思い、悪の影響はさらに増大することになる。認められれば罪や恥の意識はなくなり、変更したりやめたりする理由もなくなる。けれどもそのような道の最後は、さばきの日に受ける霊的な死であり永遠の滅びである(Ⅱテサ2：12)。

2：1　あなたが、それと同じことを行っている　1章でパウロは、神の律法を持っていなかった異邦人(ユダヤ人以外の人々)が神を無視して罪深い道を進んでいたことを説明した。2章では、神の律法を受取っていたユダヤ人が同じように不信仰な振舞をしており、キリストによる霊的救いがやはり必要であることを示している。

2：3　同じことをしている　人は自分自身の悪い行いを直せないのに、ほかの人々に正しいことを行うように指図をするべきではない。キリスト者や教会の中には救われていない社会に対して、聖書の律法と基準に従うように説得しようとする人がいる。それなのに自分たちの生活や会衆の中にある世俗性や不道徳に気が付かないでいる(⇒ルカ6：42)。より良い生活をするように世界に影響を与えようとするなら、キリスト者は神のサーチライトの光の下にまず自分を置いて自分の生活を明らかにし、きよめ、改め、世界の模範としてふさわしいものにしていただかなければならない。

2：7　栄光と誉れと不滅のもの　救いという主題について詳しい教えを始めるに当たってパウロは、神が全人類をどのように取扱われるかについて、つまり神は悪人(邪悪で自己中心的で神を拒む人)を罰し義人に報いを与える(→ヨハ5：29注，ガラ6：7-8)という基本的な真理を教えている。(1) 義人とは神の御子イエス・キリストを信じる信仰と赦しを通して義とされた人々(神との正しい関係を持った人々)である(1：16-17，3：24)。その人々は、主イエスの助けによって神の基準に沿った正しいことを行う(2：7，10，⇒マタ24：13，コロ1：23，ヘブ3：14，黙2：10)。そして神から認められ栄誉が与えられることこそ最高に価値があることとして(1：23，2：7，5：2，8：18)、永遠のいのち(神を知り神と永遠にともにいること)を追い求めていく(8：23，ヨハ17：3，Ⅰコリ15：51-57，Ⅰペテ1：4，黙21：1-22：5)。(2) この不滅のもの(永遠のいのちと神からの栄誉)を求める人々は、神の恵みを受入れイエス・キリストを信じて求め続ける(3：24-25，エペ1：4-7，2：8-10，Ⅱテモ2：1，→ピリ2：12注，13注)。そして「忍耐をもって善を行」うことによって(⇒マタ24：12-13)、「栄光と誉れと不滅のもの」に入る。このことはキリストに従いその恵み(受けるにふさわしくない好意、愛、親切、助け、能力 →マタ7：21注，→「信仰と恵み」の項 p.2062)に頼り続けることによってのみ可能である。(3) 悪を行う人々は自己中心で真理に従わず、神の標準では正しくないとされているものを楽しむ。けれども最後には神から怒りや苦難、罰

ギリシヤ人にも、善を行うすべての者の上にあります。

11 神にはえこひいきなどはないからです。

12 律法なしに罪を犯した者はすべて、律法なしに滅び、律法の下にあって罪を犯した者はすべて、律法によってさばかれます。

13 それは、律法を聞く者が神の前に正しいのではなく、律法を行う者が正しいと認められるからです。

14 ──律法を持たない異邦人が、生まれつきのままで律法の命じる行いをする場合は、律法を持たなくても、自分自身が自分に対する律法なのです。

15 彼らはこのようにして、律法の命じる行いが彼らの心に書かれていることを示しています。彼らの良心もいっしょになってあかしし、また、彼らの思いは互いに責め合ったり、また、弁明し合ったりしています。──

16 私の福音によれば、神のさばきは、神がキリスト・イエスによって人々の隠れたことをさばかれる日に、行われるのです。

ユダヤ人と律法

17 もし、あなたが自分をユダヤ人ととなえ、律法を持つことに安んじ、神を誇り、

18 みこころを知り、なすべきことが何であるかを律法に教えられてわきまえ、

19, 20 また、知識と真理の具体的な形として律法を持っているため、盲人の案内人、やみの中にいる者の光、愚かな者の導き手、幼子の教師だと自任しているのなら、

21 どうして、人を教えながら、自分自身を教えないのですか。盗むなと説きながら、自分は盗むのですか。

22 姦淫するなと言いながら、自分は姦淫するのですか。偶像を忌みきらいながら、自分は神殿の物をかすめるのですか。

23 律法を誇りとしているあなたがた、どうして律法に違反して、神を侮るのですか。

24 これは、「神の名は、あなたがたのゆえに、異邦人の中でけがされている」と書い

---

11 ①圏使10:34
12 ①Ⅰコリ9:21, 使2:23
13 ①ヤコ1:22, 23, 25, 圏マタ7:21, 24以下, ヨハ13:17
14 ①圏ロマ2:15, ロマ1:19, 使10:35
15 ①圏ロマ2:14, 27
16 ①圏ロマ6:25, Ⅱテモ2:8, 圏Ⅰコリ15:1, ガラ1:11, Ⅰテモ1:11 ②使10:42, 17:31, 圏ロマ3:6, 14:10

17 ①ロマ2:23, 9:4, 圏ミカ3:11, ヨハ5:45
18 ＊別訳「何が重要であるかを律法に教えられて、それを判別し」 ①ピリ1:10
19, 20 圏Ⅱテモ1:13, ロマ3:31 ＊別訳「教導者」
21 圏マタ23:3以下
22 ①使19:37
23 ①ロマ2:17, 9:4, 圏ミカ3:11, ヨハ5:45
24 ①イザ52:5 ②エゼ36:20以下, Ⅱペテ2:2

やさばきなどを受けることになる(1:28-32, 2:8-9)。

2:12-15　滅び　罪の中にとどまり続ける(神に敵対し自分勝手な道を行く)人はみな、神の律法を知らなくてもさばかれ罰せられる。それは神の存在に気付いており、善悪についてもある程度わかっているからである(2:14-15)。神のことばを聞いたことのない人を神はそのまま救われることはないし、死後に救われる機会を再び与えることもない。人々は神についてどの程度知っていたか、福音を聞く機会があったかどうかなどによってさばかれる。けれども実際は一人のまことの神を信じる(永遠のいのちと神の目的に頼る)かどうかという責任が問われるのである。イエス・キリストを通して罪の赦しと新しいいのちが与えられるという福音を聞いて受け入れる機会がなかった人々が永遠の世界でどうなるかを考えると、私たちはあらゆる国のあらゆる人々に対して、あらゆる努力をして神のことばを伝えなければならない(→マタ4:19注, 9:37注)。

2:13　律法を行う者が正しいと認められる　パウロはここでは、「律法」ということばを私たちが救われるために守らなければならない規則や規定という意味では使っていない。救いは神の恵みによらなければ与えられない(→「信仰と恵み」の項 p.2062)。ここでの「律法」は、人類に知らされた(自然界と人の良心を通してであるけれども 1:20, 2:15)神のみこころ(神の完全な目的と特性に基づいた願いや指示や意向)のことを

意味している。けれどもそれよりすぐれたかたちで、神はみこころの最高の実例であり表現であるキリストの生涯と福音を通してご自分の目的を明らかにされた。人はただ神のことばを聞くだけで変わり、霊的に救われるのではない。聞くことには信仰と服従と「信仰の従順」が伴わなければならない(1:5, ⇒16:26)。信仰はキリストへのひたすらな愛を通して表されるものである(ガラ5:6)。

2:16　神が・・・人々の隠れたことをさばかれる　→「さばき」の項 p.2167

2:17-24　律法を持つことに安んじ、神を誇り　パウロは仲間の多くのユダヤ人が、自分を義人とする態度をとっていると暴いている。パウロ自身、以前にはそのように考えていたのでよくわかっていたのである(ピリ3:4-6)。ユダヤ人は神がモーセを通して与えられた律法を持っていたので、様々な利益を受けて優越感を持っていた(→「旧約聖書の律法」の項 p.158)。けれども心から律法に従う生活をしようとしなかったため、神の律法と約束は重荷や障害になってしまった。多くの人の場合、信じていると言うことと実際の生活で行っていることとの間につながりがなかった(信仰が行動に生かされていなかった)。

2:24　神の名は・・・けがされている　ユダヤ人は神に従うと言いながら、明らかに罪を犯し神に逆らっていたので、ほかの国や文化圏の人々はそれを見てこと

ローマ 2-3章

てあるとおりです。
25 もし律法を守るなら、割礼には価値があります。しかし、もしあなたが律法にそむいているなら、あなたの割礼は、無割礼になったのです。
26 もし割礼を受けていない人が律法の規定を守るなら、割礼を受けていなくても、割礼を受けている者とみなされないでしょうか。
27 また、からだに割礼を受けていないで律法を守る者が、律法の文字と割礼がありながら律法にそむいているあなたを、さばくことにならないでしょうか。
28 外見上のユダヤ人がユダヤ人なのではなく、外見上のからだの割礼が割礼なのではありません。
29 かえって人目に隠れたユダヤ人がユダヤ人であり、文字ではなく、御霊による、心の割礼こそ割礼です。その誉れは、人からではなく、神から来るものです。

神の真実

3 1 では、ユダヤ人のすぐれたところは、いったい何ですか。割礼にどんな益があるのですか。
2 それは、あらゆる点から見て、大いにあります。第一に、彼らは神のいろいろなおことばをゆだねられています。
3 では、いったいどうなのですか。彼らのうちに不真実な者があったら、その不真実

25 ①聖ロマ2:13, 14, 27
  ②エレ4:4, 9:25, 26
26 ①Ⅰコリ7:19
  ②エペ2:11,
  聖ロマ3:30
  ③聖ロマ8:4,
  聖ロマ2:25, 27
27 ①聖エペ2:11,
  聖ガラ2:41
  *「律法の」は補足
  ②マタ12:41
28 ①聖ロマ9:6, ヨハ8:39,
  聖ガラ6:15, ロマ2:17
29 ①聖ピリ3:3, コロ2:11
  ②聖ロマ7:6, Ⅱコリ3:6
  ③Ⅰコリ4:5,
  Ⅱコリ10:18,
  聖ヨハ5:44, 12:43

2 ①聖申4:8, 詩147:19,
  ロマ9:4
  ②聖使7:38
3 ①ロマ10:16, ヘブ4:2
  * 別訳「不信仰」

4 ①聖ルカ20:16,
  ロマ3:6, 31
  ②聖ロマ3:7, 詩116:11
  ③詩51:4
5 ①ロマ5:8
  (Ⅱコリ6:4, 7:11),
  聖ガラ3:15
  * あるいは「推薦する」
  ②ロマ7:7, 8:31, 9:14, 30, Ⅱコリ4:1
  ③ロマ6:19, Ⅰコリ9:8,
  聖ガラ3:15,
  聖Ⅰコリ15:32
6 ①聖ルカ20:16,
  ロマ3:4, 31
  ②聖ロマ2:16
7 ①聖ロマ3:4
  ②聖ロマ2:19
8 ①聖ロマ6:1
9 ①聖ロマ3:1

によって、神の真実が無に帰することになるでしょうか。
4 絶対にそんなことはありません。たとい、すべての人を偽り者としても、神は真実な方であるとすべきです。それは、
　「あなたが、そのみことばによって正しいとされ、
　さばかれるときには勝利を得られるため。」
と書いてあるとおりです。
5 しかし、もし私たちの不義が神の義を明らかにするとしたら、どうなるでしょうか。人間的な言い方をしますが、怒りを下す神は不正なのでしょうか。
6 絶対にそんなことはありません。もしそうだとしたら、神はいったいどのように世をさばかれるのでしょう。
7 でも、私の偽りによって、神の真理がますます明らかにされて神の栄光となるのであれば、なぜ私がなお罪人としてさばかれるのでしょうか。
8 「善を現すために、悪をしようではないか」と言ってはいけないのでしょうか――私たちはこの点でそしられるのです。ある人たちは、それが私たちのことばだと言っていますが。――もちろんこのように論じる者どもは当然罪に定められるのです。

義人はひとりもいない

9 では、どうなのでしょう。私たちは他

ばや行動で神を呪ったり疑ったりさげすんだりするようになってしまった。今日も同じで、神に完全に従っていないキリスト者や教会は、キリストを知らない人々に悪い見本を示している。その結果、多くの人はさらに主イエスの御名を攻撃しその愛を拒むようになっている。

2:29　御霊による、心の割礼　割礼は男性性器の包皮を切除する儀式である。神はこの肉体への儀式をアブラハムの子孫を偉大な民族にするという約束を確認するしるしとして定め、さらに後にはイスラエル人が神との契約を受入れたしるしとして定められた（→創17:1-14, レビ12:3, →「アブラハム、イサク、ヤコブとの神の契約」の項 p.74,「イスラエル人との神の契約」の項 p.351）。ユダヤ人はこの儀式を神の好意を受けられる保証として受入れるようになった。神の律法

を持っていることは祝福のはずである。ところが背後にある精神や本来の意味を受入れなかったため、律法はかえってユダヤ人を責めるものになってしまった。神につながることを示す本当のしるしはからだにつけられた目印ではなく、むしろ信仰者の心を変えることのできる聖霊の内側の働きである。心を変えられた人々は、神との個人的な関係を持ち神の目的に参加するようになる。この内側の神の御霊の働きによって、キリストに従う人々は罪から離れて、完全に神に献身する（⇒申10:16, エレ4:4, Ⅱペテ1:4）霊的にきよい生活を送ることができるようになる。これが聖くなるということである。それが新しい契約（神の御子イエス・キリストの生涯と犠牲に基づいて神を信じる人々と結ばれた神の「終生協定」）の下で生きていることのしるしである（→「旧契約と新契約」の項 p.2363）。

の者にまさっているのでしょうか。決して そうではありません。私たちは前に、ユダヤ人もギリシヤ人も、すべての人が罪の下にあると責めたのです。
10 それは、次のように書いてあるとおりです。
「義人はいない。ひとりもいない。
11 悟りのある人はいない。神を求める人はいない。
12 すべての人が迷い出て、
みな、ともに無益な者となった。
善を行う人はいない。ひとりもいない。」
13 「彼らののどは、開いた墓であり、
彼らはその舌で欺く。」
「彼らのくちびるの下には、まむしの毒があり、」
14 「彼らの口は、のろいと苦さで満ちている。」
15 「彼らの足は血を流すのに速く、

9 *「劣っている」とも訳せる
② ロマ2:1-29
② ロマ1:18-32
④ 囲ロマ3:19, 23, 11:32, ガラ3:22
10 ① 詩14:1-3, 53:1-4
13 ① 詩5:9
② ロマ140:3
14 ① 詩10:7
15 ① イザ59:7, 8

18 ① 詩36:1
19 ① 囲ヨハ10:34
② 囲ロマ2:12
③ 囲ロマ3:9
20 ① 使13:39, ガラ2:16, 囲ロマ143:2
② ロマ7:7,
② マタ4:15, 5:13, 20
21 ① ロマ1:2, 使10:43
② 囲ロマ1:17, 9:30

16 彼らの道には破壊と悲惨がある。
17 また、彼らは平和の道を知らない。」
18 「彼らの目の前には、神に対する恐れがない。」
19 さて、私たちは、律法の言うことはみな、律法の下にある人々に対して言われていることを知っています。それは、すべての口がふさがれて、全世界が神のさばきに服するためです。
20 なぜなら、律法を行うことによっては、だれひとり神の前に義と認められないからです。律法によっては、かえって罪の意識が生じるのです。

信仰による義
21 しかし、今は、律法とは別に、しかも律法と預言者によってあかしされて、神の義が示されました。

3:9 すべての人が罪の下にある 1章と2章でパウロはユダヤ人もユダヤ人以外の人も含めてあらゆる人々が同じように霊的に罪の奴隷になっていることを示してきた。3:9-18では、なぜ人々はみなそのように罪の性質(絶えず罪や悪に引きつけられる生れたときからの性質)を持っているのかを説明する(→3:10-18注)。その結果はみな神の前で有罪であって、最も重い罰である死(3:23)を受け、神から永遠に引離されることになる。けれどもこの惨めな状況に神は愛をもって応答して、神との正しい関係を回復する道を提供してくださった。そして御子である主イエスの犠牲を受入れ、私たちの罪のための代価を支払うために死なれたこの方に生涯を明け渡すなら、恵みと赦し、霊的な救いと永遠のいのちをいただくことができるようにしてくださった(3:21-26)。

3:10-18 義人はいない この部分では人間の本質が明らかにされている。生まれつき人間はみな罪びとで、神から離れていて自分勝手な道を行く傾向がある(⇒イザ53:6)。私たちの存在全体が罪の影響を受けている。神から離れた人々はこの世(→**キリスト者とこの世**の項 p.2437)の悪と反抗の道、悪魔(→マタ4:10注)と人間の自己中心な性質(→**罪の性質の行いと御霊の実**の項 p.2208)に引かれていく。人はみな神を敬うことを拒み、自己中心という罪を犯している。

3:18 神に対する恐れがない 人間の恥ずべき情況はなぜ続くのだろうか。それは「彼らの目の前には、神に対する恐れがない」からである。神を恐れるということは神に対する深い驚きと敬意を持つことである。それ

によって、全能の神に対して申し開きをしなければならない責任があることに気付くようになる。本当に神を恐れるなら、人々は神との関係を回復し神との平和を結びたいと願うはずである。「主を恐れることによって、人は悪を離れる」(箴16:6, ⇒箴3:7, 8:13, 9:10, →使5:11 注, →「**神への恐れ**」の項 p.316)。

3:21 神の義 このことばは人間の罪に関連した神の贖い(霊的救済、救い、回復)の働きを指している。人間は自分の努力によって神のあわれみや好意を得ることができないので、神は恵みによって神との正しい関係を回復する道を提供してくださった。それは神の完全な義を満たす方法(罪のための罰金と刑罰を要求する)でありながら(3:26)、罪の赦しと解放、悪の力に対する勝利を提供する方法でもあった。神の霊的救いによって人々は罪の最終的な結果から救われ、神の御子イエス・キリストを信じる信仰によって永遠のいのちの賜物を与えられる(→6:23)。この賜物を受取ることによって、人々は義とされる(神との正しい関係を持ち神の基準に従って正しく生きる力が与えられる)。霊的救いと義とは直接関係しているので、旧約聖書では神の救いの働きと神の義の現れとは基本的に同じものである(→詩98:1-2, イザ46:13, 51:5-8, 56:1, 62:1, →詩32:2注, イザ56:1-2注)。新約聖書のイエス・キリストの福音を通して明らかにされた神の義は、神に対する私たちの罪の代価を全部支払った主イエスの犠牲によって可能になった赦しと新しいいのちを受入れるなら、今でも与えられる。霊的な救い(1:16)を与え人々を神との正しい関係に導き入れる

ローマ　3章

22すなわち、イエス・キリストを信じる信仰による神の義であって、それはすべての信じる人に与えられ、何の差別もありません。
23すべての人は、罪を犯したので、神からの栄誉を受けることができず、
24ただ、神の恵みにより、キリスト・イエスによる贖いのゆえに、価なしに義と認められるのです。
25神は、キリスト・イエスを、その血による、また信仰による、なだめの供え物として、公にお示しになりました。それは、ご自身の義を現すためです。というのは、今までに犯されて来た罪を神の忍耐をもって見のがして来られたからです。
26それは、今の時にご自身の義を現すためであり、こうして神ご自身が義であり、ま

22 ①使3:16, ガラ2:16, 20, 3:22, エペ3:12, ロマ4:5
③関ロマ1:17, 9:30
④ロマ4:11, 16, 10:4
⑤ロマ10:12, 関ガラ3:28, コロ3:11
23 関ロマ3:9
＊別訳「神の栄光に達しない」
24 ①ロマ4:4以下, 16, エペ2:8
②エペ1:7, コロ1:14, ヘブ9:15, 関ロマ1:30
25 ①関Ⅰコリ5:7, ヘブ9:14, 28, Ⅰペテ1:19, 黙5:15他
②Ⅰヨハ2:2, 4:10
＊あるいは「なだめる物」
③ロマ2:4
④使17:30, 14:16
27 ①ロマ2:17, 23, 関ロマ4:2, Ⅰコリ1:29以下
②ロマ9:31
28 ①ロマ3:20, 21, 関使13:39, エペ2:9, 関ヤコ2:20, 24, 26
＊直訳「なぜなら」、異本「それゆえに」
29 ①ロマ9:24, 10:12, 15:9, ガラ3:28, 関使10:34, 35
30 ①ロマ10:12, ②ロマ4:11, 12, 16, ガラ3:8, 関ロマ3:22

た、イエスを信じる者を義とお認めになるためなのです。
27それでは、私たちの誇りはどこにあるのでしょうか。それはすでに取り除かれました。どういう原理によってでしょうか。行いの原理によってでしょうか。そうではなく、信仰の原理によってです。
28人が義と認められるのは、律法の行いによるのではなく、信仰によるというのが、私たちの考えです。
29それとも、神はユダヤ人だけの神でしょうか。異邦人にとっても神ではないのでしょうか。確かに神は、異邦人にとっても、神です。
30神が唯一ならばそうです。この神は、割礼のある者を信仰によって義と認めてくださるとともに、割礼のない者をも、信仰に

ロマ10:4-13

この福音の力は、いつも新鮮で効果的である。→「**救いについての聖書用語**」の項 p.2045

3:22　信仰　この神からの義（→3:21注）はイエス・キリストを救い主、主（罪を赦す方、人生の導き手）として信じる信仰によらなければ与えられない。この信仰（神が求められる救いのための唯一の条件）は、単に神がおられることや主イエスの死が私たちの罪のためだったことを知的に信じ認めることではない。それはキリストの導きに自分をまかせ、愛による従順と感謝の心をもって従い続ける、積極的で途切れない信仰である（→ヨハ1:12各注, 5:24各注）。救いに導く信仰についての詳細　→「**信仰と恵み**」の項 p.2062

3:24　神の恵みにより・・・贖いのゆえに、値なしに義と認められる　ここには、パウロが救いという意味を表すために最も多く使用した「義と認められる」と「贖い」という二つのことばを見ることができる。「贖い」（《ギ》アポルトローシス）ということばの語源は代価を支払った上での解放という意味である。贖われるとは代価が支払われる、買取られる、買戻される、回復されるという意味である。また救出される、解放される、自由にされることとも関連している。「義と認められる」こと（《ギ》ディカイオオー）とは「神の前に正しい」（2:13）、「義と認められる」（5:18-19）、「正しいと確証すること」あるいは「何かを正しくする」という意味である。法律的には「無罪」と宣言されることである。この二つの意味についての詳細　→「**救いについての聖書用語**」の項 p.2045

3:25　その血　新約聖書はキリストの死についていくつかの真理を強調している。

（1）それは犠牲だった。主イエスはご自分の完全で罪のないいのちをみずから提供された（⇒Ⅰコリ5:7, エペ5:2）。

（2）それは身代り（ほかの人々のために一人の人が体験し耐え忍ぶもの）だった。主イエスはご自分のためではなく、ほかの人々のために死なれた（5:8, 8:32, マコ10:45, エペ5:2）。

（3）それは代償だった。キリストは私たちの罪の罰として私たちの身代りに死なれた（6:23, →「**贖罪の日**」の項 p.223）。

（4）それは和解（平和を作り問題を解決する）だった。神が要求される完全な正義、義、道徳的秩序は罪びとのためのキリストの死によって満たされた。罪は処罰され、違反の代価は支払われなければならない。キリストの犠牲はその代価を完全に支払い、罪を認めて罪から立返り、キリストの赦しを受入れて生涯をゆだねる人から神の怒り（当然の怒りと罰）を完全に取除いた。キリストの血によって神の聖さは保たれ、神の恵み（受けるにふさわしくない無償の好意）と私たちへの愛が表された（⇒ヨハ3:16）。神が自らこのご計画を実行されたのは、私たちに義務を負っているからではなく、私たちを愛しあわれまれたからである。既に「神は、キリストにあって、この世をご自分と和解させ」ておられた（Ⅱコリ5:19, ⇒ヨハ3:16, ロマ5:8, 8:3, 32, Ⅰコリ8:6, エペ4:4-6）。

（5）それは補償（神に対する私たちの悪を埋合せること）だった。主イエスの完全な犠牲は私たちの罪に対する代価を全部支払っただけではなく、赦しを受入れて従う人々の罪を消去り帳消しにする。そしてその

よって義と認めてくださるのです。

31 それでは、私たちは信仰によって律法を無効にすることになるのでしょうか。絶対にそんなことはありません。かえって、律法を確立することになるのです。

行いなしで義と認められたアブラハム

4 ¹ それでは、肉による私たちの父祖アブラハムの場合は、どうでしょうか。² もしアブラハムが行いによって義と認められたのなら、彼は誇ることができます。しかし、神の御前では、そうではありません。³ 聖書は何と言っていますか。「それでアブラハムは神を信じた。それが彼の義とみなされた」とあります。
⁴ 働く者の場合に、その報酬は恵みでなくて、当然支払うべきものとみなされます。⁵ 何の働きもない者が、不敬虔な者を義と認めてくださる方を信じるなら、その信仰が義とみなされるのです。
⁶ ダビデもまた、行いとは別の道で神によって義と認められる人の幸いを、こう

31 ①ルカ20:16, ロマ3:4
②囲ロマ4:3, 8:4, マタ5:17

1①圖ロマ1:3
＊別訳「私たちの先祖アブラハムの肉による場合」

2①囲 Ⅰコリ1:31
3①創15:6, ロマ4:9, 22, ガラ3:6, ヤコ2:23
4①ロマ11:6
5①ロマ3:22,囲ヨハ6:29

人が一度も神に対して罪を犯したことがなかったかのようにする。人々を神から離れさせた罪の力は、キリストに完全に明け渡した人の中ではキリストの死によって砕かれてしまった。

（6）それは徹底的で効果的だった。キリストの贖い（罪をおおい赦しを提供する）の死にはキリストを信じる人々に神との正しい関係を回復する力がある（→「信仰と恵み」の項p.2062）。

（7）それは勝利だった。十字架で死ぬことによってキリストは、全人類を捕虜にしていた罪とサタンと悪の勢力の力と戦って勝利された。その死によって神と人類の共通の敵に対する勝利が始まったのである（8:3, ヨハ12:31-32, コロ2:15）。主イエスの死は贖いの代価（サタンではなく神に対する）だった（Ⅰペテ1:18-19）。その結果、主イエスは人々を罪（6:6）と死（Ⅱテモ1:10, Ⅰコリ15:54-57）とサタン（使10:38）から自由にしてくださる。キリストの勝利によって人々は神に仕えることができるようにされた（6:18, →「救いについての聖書用語」の項p.2045）。上に挙げたキリストの犠牲の死の結果はあらゆる人々に提供されていて、だれもが手に入れることができる。けれども実際には、信仰によって主イエスの犠牲を自分のものとして受入れ神のご計画に自分をゆだねて心から従う人にだけ効果を表すのである。

3:31 律法を確立する 霊的救いはキリストを信じる信仰によって受取るものである。けれどもそれは、神の律法と基準は役に立たないという意味ではない。事実、信仰による義（神との正しい関係にあること）は、律法の必要性とその正しい目的と機能を弁護し支持をしている。神に対する私たちの罪を明らかにし、神のあわれみと救いが私たちに必要なことを示したのは神の律法だった（⇒7:7-13, ガラ3:24）。神のあわれみに応答し、キリストを信じる信仰によって神との個人的な関係が回復されたとき、私たちは聖霊の力によって内側から全く新しくされる（→「新生－霊的誕生と刷

新」の項 p.1874）。その結果、私たちには神の道徳律を尊びそれを守る力と能力が与えられる（→8:2-4, 「旧約聖書の律法」の項 p.158）。

4:3 アブラハムは神を信じた 良い行い（律法を守ること）ではなく信仰によって救いを受けるという教えは新約聖書だけではなく旧約聖書の特徴でもある。パウロはアブラハム（ユダヤ人の先祖で建国の父）を信仰の模範にしている。アブラハムは神を信じていた。つまり主に対して熱い思いを持ち忠実で神の約束を信じ（4:20-21, 創12:1-3, 15:5-6）、神の命令と指示に従順に応答したのである（創12:1-4, 22:1-19, ヘブ11:8-19, ヤコ2:21-22, →「アブラハムの召命」の項 p.50）。

4:5 信仰が義とみなされる アブラハムは神との正しい関係を持ち、神の基準が正しいとすることを行う力を与えられた。それはアブラハムの行いによってではなくその信仰によることだった。神は救いに導く信仰（罪の赦しを受けて神との個人的な関係を持たせるもの）を、信仰者の生活の中に見られる義と同じレベルで認めてくださる。つまり霊的に救われた人を神は「義」（神にとって正しい）と「みなされる」。神がある人を「義」と呼ばれるときには、その人は霊的に救われて神と正しい関係にあると言っておられるのである。

（1）パウロは「義と認められる」、あるいは「義とみなされる」ということを4章の中で何回も言っている。そしてどの場合も信仰あるいは信じることと結び付けている。つまり信仰者の信仰が「義とみなされる」のである（4:3, 5-6, 9, 11, 22, 24, →創15:6注）。神を「信じる」ことの意味　→ヨハ1:12各注, 5:24各注

（2）ただ信じてキリストに身をささげれば、神との正しい関係を持つ機会そして持つ能力が与えられるのではない。それは何よりも神の恵みとあわれみによるのである（→4:16各注）。私たちが信仰を働かせる能力も神からの贈り物である（4:16, →「信仰と恵み」の項 p.2062）。神が和解（正しい関係を回復する）の道を用意されたので、信じる人々はキリストにあって「新

ローマ 4章

言っています。

7 「不法を赦され、罪をおおわれた人たちは、
　幸いである。
8 主が罪を認めない人は幸いである。」
9 それでは、この幸いは、割礼のある者にだけ与えられるのでしょうか。それとも、割礼のない者にも与えられるのでしょうか。私たちは、「アブラハムには、その信仰が義とみなされた」と言っていますが、
10 どのようにして、その信仰が義とみなされたのでしょうか。＊割礼を受けてからでしょうか。＊＊まだ割礼を受けていないときにでしょうか。割礼を受けてからではなく、割礼を受けていないときにです。
11 彼は、割礼を受けていないとき信仰によって義と認められたことの証印として、割礼というしるしを受けたのです。それは、彼が、割礼を受けないままで信じて義と認められるすべての人の父となり、
12 また割礼のある者の父となるためです。すなわち、割礼を受けているだけではなく、私たちの父アブラハムが無割礼のときに持った信仰の足跡に従って歩む者の父となるためです。
13 というのは、世界の相続人となるという約束を、アブラハムに、あるいはまた、その子孫に与えられたのは、律法によってではなく、信仰の義によったからです。
14 もし律法による者が相続人であるとするなら、信仰はむなしくなり、約束は無効になってしまいます。
15 律法は怒りを招くものであり、律法のないところには違反もありません。

信仰によって義と認められたアブラハム

16 そのようなわけで、世界の相続人となることは、信仰によるのです。それは、恵みによるためであり、こうして約束がすべての子孫に、すなわち、律法を持っている

脚注欄:
7 ①詩32:1, 2
8 ①Ⅱコリ5:19
9 ①ロマ3:30
　②圏ロマ4:3
　③創15:6
10 ＊直訳「割礼において」
　＊＊直訳「無割礼において」
11 ①圏ヨハ3:33
　②創17:10, 11
　③圏ロマ3:22, 4:16
　④ロマ4:16, 圏ルカ19:9

13 ①創17:4-6, 22:17, 18
　②圏ロマ9:8, ガラ3:16
14 ①ガラ3:18
15 ①ロマ7:7, 10-25等
　②圏ロマ3:20
16 ＊別訳「からです」
　①圏ロマ3:24
　②圏ロマ4:11, 9:8, 15:8

しく造られた者」になる(⇒Ⅱコリ5:17-18)。

(3) 人々が信仰によってキリストのほうを向くときに、神はその人々の心を見て罪を赦し、その信仰を義とみなし、神の子どもとして受入れてくださる(4:5-8、→**「救いについての聖書用語」**の項p.2045)。神は人々を神との正しい関係に回復させてくださるとともに、霊的に成長し続け人生の中の神のご計画を達成できるように力と能力も与えてくださる(→4:16, 5:2, ピリ3:9, テト3:5-7, →**「聖化」**の項p.2405)。

(4) 義と認められる信仰は、神に対する私たちの罪の代価を完全に支払われたキリストとその死を信じる信仰である(3:24-26)。キリストの十字架での身代りの死のほかに、神との関係が回復され刷新される基礎になるものは絶対に何もない(→5:10注)。

4:7　不法を赦され　詩篇32:1-2からのこの引用によれば、ダビデ(→詩32:2注)とパウロはともに信仰によって義とされたときには罪が赦され神との関係も回復されたと理解していることがわかる。これは神のあわれみに基づいた贈り物であり、十字架の上でのキリストの死を通して可能になったものである(→4:5注, ⇒Ⅱコリ5:19, 21)。

4:9　割礼のある者・・・割礼のない者　→2:29注

4:12　私たちの父アブラハムが・・・持った信仰　アブラハムの信仰は、耐え忍び信じ信頼し従い強くなり、神を敬う信仰だった(4:16-21)。私たちもこのような信仰によって神の子どもになることができる。

4:16　世界の相続人となることは、信仰によるのです　信仰者は、霊的に救われて神とともに永遠に生きて支配する(⇒4:13, 3:23, 6:23, Ⅱテモ2:12, 黙22:5)という神の約束を、ただ信仰によって受取る。それは神の恵み(受けるにふさわしくない好意、愛、特別な能力)があるからである。けれども救いに導く信仰の性質については、二つの聖書の原則があることを理解しておかなければならない。

(1) 人は信仰だけによって救われる。けれども救いに導く信仰だけで信仰が全部表明されるのではない。ヤコブは「行いのない信仰は、死んでいる」と言っている(ヤコ2:14-26)。パウロはこの行いを、「愛によって働く信仰」と呼んでいる(ガラ5:6)。救いに導く信仰は、キリストへの愛と服従やほかの人々への親切や奉仕を通して表される積極的な信仰である。罪が赦されるために神に頼るけれども、自分勝手な道から離れずキリストを主(人生の最終的な権威)として従おうとしない信仰は、救いに導く信仰と言うことはできない(→**「信仰と恵み」**の項p.2062)。

(2) 霊的に救われるということは信じることであるとともに、広い意味でそれを具体的に表現することでもある。信仰による救いは当然、霊的な死や永遠の刑罰、神から離れた状態から救われることを意味している。また神との交わりや礼拝、霊的きよめや良い働きのために救われることでもある(エペ2:10)。

4:16　それは、恵みによるためであり　神の律法に完

人々にだけでなく、アブラハムの信仰にならう人々にも保証されるためなのです。「わたしは、あなたをあらゆる国の人々の父とした」と書いてあるとおりに、アブラハムは私たちすべての者の父なのです。
17 このことは、彼が信じた神、すなわち死者を生かし、無いものを有るもののようにお呼びになる方の御前で、そうなのです。
18 彼は望みえないときに望みを抱いて信じました。それは、「あなたの子孫はこのようになる」と言われていたとおりに、彼があらゆる国の人々の父となるためでした。
19 アブラハムは、およそ百歳になって、自分のからだが死んだも同然であることと、サラの胎の死んでいることとを認めても、その信仰は弱りませんでした。
20 彼は、不信仰によって神の約束を疑うようなことをせず、反対に、信仰がますます強くなって、神に栄光を帰し、
21 神には約束されたことを成就する力があることを堅く信じました。
22 だからこそ、それが彼の義とみなされたのです。
23 しかし、「彼の義とみなされた」と書いてあるのは、ただ彼のためだけでなく、
24 また私たちのためです。すなわち、私たちの主イエスを死者の中からよみがえらせた方を信じる私たちも、その信仰を義とみなされるのです。
25 主イエスは、私たちの罪のために死に渡され、私たちが義と認められるために、よみがえられたからです。

全に従わなければ霊的な救いと神との正しい関係が得られないなら、救われる人はだれもいない。けれども救いは神の恵みにより信仰によって与えられるので、神のあわれみにすがる人はみな救われる。あわれみとは、当然受けるべき罪の結果とさばきから避けさせてくださるということである。恵みは、受けるにふさわしくない好意や祝福を神が私たちに与えてくださることである。主イエスは、神に対する私たちの罪の罰を支払うためにご自分のいのちを与えてくださった。神はその御子イエスを通して恵みを備えてくださった。この主イエスが犠牲を払われたので神は寛大に罪を赦し、聖霊を通して恵みを与えてくださる。そして聖霊はその力をもって、信仰者の生活を変えて神の子どもとしてくださる(→「**信仰と恵み**」の項 p.2062)。キリストに従う人々は、聖霊の臨在と導きを通して神の恵みを体験し続けることができる。聖霊は人生の中で神の目的を達成したいという願いと、そのための力を与えてくださる(ヨハ3:16、Ⅰコリ15:10、ピリ2:13、Ⅰテモ1:15-16、→「**聖霊の教理**」の項 p.1970)。

4:16 私たちすべての者の父なのです アブラハムは肉的にはユダヤ人の父であるけれども、その模範に従って同じ種類の信仰を持ってキリストに従う人々にとっても霊的な意味で父である。神を信じるアブラハムの信仰は完璧だった。神の比類のない力(「死者を生か」す)とともに、神の約束(「無いものを有るもののようにお呼びになる方」)をも完全に確信していた。その置かれた特異な情況でのアブラハムの信仰は、子孫を偉大な国民にするという神の約束の成就を信じることだった(→「**アブラハムの召命**」の項 p.50)。アブラハムは「神には約束されたことを成就する力があること を堅く信じ」(4:21)、自分たちには子どもがなく人間的には年をとり過ぎていたのにこの確信に立って行動した(→創12:-22:)。神は完全なタイミングと方法で、この約束をアブラハムとその子孫に成就してくださった(→「**アブラハム、イサク、ヤコブとの神の契約**」の項 p.74)。信仰の民である私たちも、今日この約束の祝福にあずかっている。

4:22 彼の義とみなされた 義(神との正しい関係を持ち神との関係で「無罪」と宣言されていること)についてのパウロの説明には、神の義またはキリストの義が信じる人々に実際に移されたと言っているところはない。義について考えるときに私たちは、主イエスが旧約聖書の律法に忠実だった(あらゆる面で律法を成就されたという事実 ⇒10:4、マタ5:17)ことが、そのまま主イエスを信じた人が律法を守ったことになると考えてはならない。もし神の律法を守ったことによって神との正しい関係が転嫁されたとするなら、その義はアブラハムと同じ信仰に基づいてはいないことになる(4:12)。そして神の約束は無効になる(4:14)。なぜなら私たちは行いの結果、救われたことになって恵みの賜物ではなくなってしまうからである(4:16)。アブラハムの信仰が義と見なされたのは神のあわれみと恵みによるのであって、はるか後に与えられた律法とは何の関係もないとパウロははっきりと言っている(4:16-22)。同じようにキリストを受入れる人々の義は「律法によってではなく」(4:13)、神のあわれみと恵み、愛と赦し(4:6-9)によるのである。信仰と神の恵みによる義認と義の詳細 →3:24注、4:5注、16注、→「**救いについての聖書用語**」の項 p.2045)。

4:25 私たちが義と認められるために、よみがえら

平和と喜び

5 ¹ですから、信仰によって義と認められた私たちは、私たちの主イエス・キリストによって、神との平和を持っています。

²またキリストによって、いま私たちの立っているこの恵みに信仰によって導き入れられた私たちは、神の栄光を望んで大いに喜んでいます。

³そればかりではなく、患難さえも喜んでいます。それは、患難が忍耐を生み出し、

⁴忍耐が練られた品性を生み出し、練られた品性が希望を生み出すと知っているからです。

⁵この希望は失望に終わることがありません。なぜなら、私たちに与えられた聖霊によって、神の愛が私たちの心に注がれているからです。

⁶私たちがまだ弱かったとき、キリストは定められた時に、不敬虔な者のために死んでくださいました。

⁷正しい人のためにでも死ぬ人はほとんどありません。情け深い人のためには、進んで死ぬ人があるいはいるでしょう。

⁸しかし私たちがまだ罪人であったとき、キリストが私たちのために死んでくださったことにより、神は私たちに対するご自身の愛を明らかにしておられます。

れた　私たちの中に働かれるイエス・キリストのいのちと臨在と恵み（受けるにふさわしくない好意、愛、能力）がなければ、義と認められる（神との正しい関係を持つ）ことは絶対にない。義と認められるとは、罪が赦され神との関係を持ったので「無罪」と判決されることである。したがってそれは、イエス・キリストとの親しい関係にとどまる限り一生続く霊的状態である。

5:1　ですから・・・義と認められた私たちは　信仰による義認（→「**救いについての聖書用語**」の項p.2045）によって、様々な結果が信仰者にもたらされる。それは神との新しい関係、神との平和（→「**神の平和**」の項p.1301）、恵み（→4:16注）、希望（→「**聖書的希望**」の項p.943）、確証（→「**救いの確証**」の項p.2447）、患難、神の愛、聖霊の臨在（→「**聖霊の教理**」の項p.1970）、神の怒りと刑罰からの解放、キリストを通して神の臨在に絶えず近付けること、神との関係を持つ喜び（5:1-11）などである。

5:3　患難さえも喜んでいます　パウロはキリストによる救いと神との新しい関係の中に含まれる祝福の一つとして、「患難」を挙げている。

（1）「患難」ということばは、私たちの人生に影響を与える様々な問題や困難のことである。具体的には学校や仕事でのプレッシャー、家族の情況、経済や健康的問題、災害、悲しみ、病気、迫害、虐待や孤独などである（→「**正しい人の苦しみ**」の項p.825）。

（2）このような困難の中でも神は私たちに神の臨在があることを確信させ、神に頼ってさらに神に近付くように成長させてくださる。苦難を通して私たちは力を得、成長して人生で起きるほかの困難をも乗越えることができるようになる（ヤコ1:3-4）。患難によって絶望するのではなく、むしろ忍耐が生み出される（5:

3）。忍耐は品性を生み出し（5:4）、練られた品性は成熟した希望を生み出す。この希望は神とともに過す未来を見る希望で失望に終ることはない（5:5）。

（3）神の恵みは私たちに現在の問題のはるか先を見させ、神との関係の中に希望を見つけさせてくれる。そして最後にこの希望は、この邪悪な世界から神の民を救出し、新しい天と新しい地をともに治めるために主イエスが必ず来られることに向けられる（Ⅰテサ4:13, 黙19:-22:）。それを待っている今の時代に、神は「聖霊によって、神の愛が私たちの心に注がれ」るようにし（5:5）、問題の中にいる私たちを慰めキリストの臨在を身近に感じるようにさせてくださる（ヨハ14:16-23）。

5:5　この希望は失望に終わることがありません　「希望」（《ギ》エルピス）と訳されていることばは、今日私たちが使っている意味と同じではない。通常、希望というのは情況が変って何かが起こるかもしれないと期待することである。けれども聖書の言う「希望」は、将来何か良いことが起こるかもしれないと希望的観測をすることではない。それは神の約束について神から与えられる確信で、疑わずに確信することである。それは神のことばを土台にしている。神は「望みの神」であるので（15:13）私たちはこの希望が現実になることを体験することができる。「望みの神」とは神ご自身が私たちの希望の対象であり保証であるということである（→「**聖書的希望**」の項p.943）。

5:5　神の愛が私たちの心に注がれている　キリスト者は聖霊を通して神の愛を体験する。特に問題があるときにそうである。「注がれている」という動詞の時制は、前に行われたことに基づいた現在の情況を表している。私たちは神の愛をいただいたけれども、聖霊はさらに私たちの心を愛で満たしあふれ続けさせてくだ

⁹ですから、今すでにキリストの血によって義と認められた私たちが、彼によって神の怒りから救われるのは、なおさらのことです。

¹⁰もし敵であった私たちが、御子の死によって神と和解させられたのなら、和解させられた私たちが、彼のいのちによって救いにあずかるのは、なおさらのことです。¹¹そればかりでなく、私たちのために今や和解を成り立たせてくださった私たちの主イエス・キリストによって、私たちは神を大いに喜んでいるのです。

9①ロマ3:25
　②Ⅰテサ1:10, 因ロマ1:18
10①圏ロマ11:28,
　因エペ2:3, コロ1:21, 22,
　Ⅱコリ5:18, 19
　②因ロマ8:34, ヘブ7:25,
　因ヨハ2:1
11①因ロマ5:3, 8:23, 9:10,
　Ⅱコリ8:19
　②因ロマ5:10, 11:5,
　Ⅱコリ5:18, 19

12①創2:17, 3:6, 19,
　Ⅰコリ15:21, 22,
　ロマ5:15, 16, 17
　②ロマ6:23, Ⅰコリ15:56,
　ヤコ1:15
　③ロマ5:14, 19, 21,
　Ⅰコリ15:22
13＊「モーセ律法」
　④因ロマ4:15
14①ホセ6:7
　②Ⅰコリ15:45

アダムによる死、キリストによるいのち

¹²そういうわけで、ちょうどひとりの人によって罪が世界に入り、罪によって死が入り、こうして死が全人類に広がったのと同様に、——それというのも全人類が罪を犯したからです。¹³というのは、＊律法が与えられるまでの時期にも罪は世にあったからです。しかし罪は、何かの律法がなければ、認められないものです。¹⁴ところが死は、アダムからモーセまでの間も、アダムの違反と同じようには罪を犯さなかった人々をさえ支配しました。アダ

さる。この神の愛こそ、患難の中でも私たちを励まし支え(5:3)、将来の栄光の望みが単なる想像ではないことを確信させてくれるのである(5:4-5)。キリストが私たちのために再び来られることは確かな事実である(⇒8:17, ヨハ14:2, 3, 「**携挙**」の項p.2278)。

5:9　キリストの血によって義と認められた　→3:25注、→「**救いについての聖書用語**」の項p.2045

5:10　敵であった私たち　人間は神の敵であってもその逆ではない。人々は罪を犯して神に逆らったけれども、神はこの敵意を取除いて一つになる道を備えてくださった。これは罪を赦すための御子イエスの犠牲を通して行われた(5:11, コロ1:21-22)。

5:10　彼のいのちによって救いにあずかる　救いの第一歩は、主イエスの犠牲を通して可能になった罪の赦しという神の賜物を受取ることである(3:21-26, 4:5-9)。そこから私たちはキリストとともに生きる永遠のいのちという目的地に向かって、キリストとの個人的な交わりの道を歩き始める。そして信仰によって生きてキリストに従うことによって救われ続けていく。私たちが神の敵だったときに御子を死ぬために送られたほど私たちを愛されたのなら(5:8)、神の子どもになった今信仰によって生き続けるときに、神は私たちとの関係を保つために必要なものをみな備えてくださるはずである(→「**信仰と恵み**」の項p.2062)。主イエスの犠牲の死を通して私たちは罪を赦され、神との正しい関係に入れられた。そして主イエスが死からよみがえられたことによって、救いと神とともに住む永遠のいのちはさらに確実に保証されるものになった(4:22-5:2, 5:9-10, Ⅰコリ1:30, ピリ2:12-16, コロ3:3-4, Ⅰテサ1:10, Ⅱテモ2:12, ヤコ1:12, →黙2:7注)。→「**救いについての聖書用語**」の項p.2045

5:12　ひとりの人によって罪が世界に入り　最初の人であるアダムは誘惑に負けて神から直接与えられた命令に背いた。そこで罪あるいは神に対する反抗心が活動の原則や力として人間の中に入り込んでしまった(5:17, 19, 創3:1, Ⅰコリ15:21-22)。

(1) その結果、二つのことが起こった。(a) 罪や腐敗がアダムの心といのちに入り込み、アダムの一部になった。(b) アダムはそれから人間のいのちの流れの中に罪を伝達し、人間をみな堕落させていった。人間は今や、罪と悪を行おうとする衝動や傾向を持ってこの世界に生れてくる。それは今私たちの性質の一部になっている(1:21, 5:19, 7:24, 創6:5, 12, 8:21, 詩14:1-3, エレ17:9, マコ7:21-22, Ⅰコリ2:14, ガラ5:19-21, エペ2:1-3, コロ1:21, Ⅰヨハ5:19)。

(2) アダムの罪がどのようにその子孫に伝えられたのかをパウロは精密には説明していない。けれども聖書は、人間はみな道徳的に堕落し罪と悪に向かう強い傾向を受継いでいると教えている(→6:1注)。

(3) 死が罪によってこの世界に入り、「全人類が罪を犯したから」、今では人間はみな死ななければならない(5:12, 14, ⇒3:23, 創2:17, 3:19)。アダムが罪を犯したときに即座に現れた結果と、最終的結果はともに霊的死、つまり神から離されることだった(→「**死**」の項p.850)。人間がこの罪の最終的結果を免れ神との正しい関係を回復する方法は、キリストの犠牲を通して神が備えてくださった霊的救いだけである。

5:14　死は、アダムからモーセまでの間も・・・支配しました　人間は、モーセを通して律法が与えられる前に既に死と神からの分離を体験してきた。その理由は、死刑を含む神の律法(神が直接与えられた命令)にアダムと同じように従わなかったからではない(5:13-14, ⇒創2:17)。人間の思いと心の中に刻まれている良心の法則(内にある善悪の感覚)を破り、人間の本性をもとに自分勝手な行動をして罪びとになったからである(→2:14-15)。

ローマ　5-6章

ムはきたるべき方のひな型です。

15 ただし、恵みには違反の場合とは違う点があります。もしひとりの違反によって多くの人が死んだとすれば、それにもまして、神の恵みとひとりの人イエス・キリストの恵みによる賜物とは、多くの人々に満ちあふれるのです。

16 また、賜物には、罪を犯したひとりによる場合と違った点があります。さばきの場合は、一つの違反のために罪に定められたのですが、恵みの場合は、多くの違反が義と認められるからです。

17 もしひとりの違反により、ひとりによって死が支配するようになったとすれば、なおさらのこと、恵みと義の賜物とを豊かに受けている人々は、ひとりのイエス・キリストにより、いのちにあって支配するのです。

18 こういうわけで、ちょうどひとりの違反によってすべての人が罪に定められたのと同様に、ひとりの義の行為によってすべての人が義と認められ、いのちを与えられるのです。

19 すなわち、ちょうどひとりの人の不従順によって多くの人が罪人とされたのと同様に、ひとりの従順によって多くの人が義人とされるのです。

20 律法が入って来たのは、違反が増し加わるためです。しかし、罪の増し加わるところには、恵みも満ちあふれました。

21 それは、罪が死によって支配したように、恵みが、私たちの主イエス・キリストにより、義の賜物によって支配し、永遠のいのちを得させるためなのです。

14 *別訳「予表」
15 ①ロマ5:12, 18
②ロマ5:19, 囲ロマ5:18
③使15:11
16 ①Ⅰコリ11:32
17 ①創2:17, 3:6, 19, Ⅰコリ15:21, 22, ロマ5:12, 15, 16
②Ⅰテモ2:12, 黙22:5
18 ①ロマ5:12, 15
②ロマ3:25
③ロマ5:19
19 ①ロマ5:15, 囲ロマ5:18
②ロマ1, 11:32
③囲ピリ2:8
20 ①ガラ3:19, 囲ロマ3:20, 7:7, 8
②囲ロマ6:1, Ⅰテモ1:14
21 ①ロマ5:12, 14
②囲ヨハ1:17, 囲ロマ6:23
1①囲ロマ3:5
②囲ロマ6:15, 囲ロマ3:8

罪に対して死に、キリストによって生きる

6 1 それでは、どういうことになりますか。恵みが増し加わるために、私たちは罪の中にとどまるべきでしょうか。

5:15　それにもまして、神の恵み　5:12-21の中でパウロは、人間の罪と神への反抗の結果を帳消しにする上で、イエス・キリストによって提供された霊的救いと回復がどれほどすぐれて完全な効果をもたらすかを強調している。これがこの箇所で最も重要な点である。アダムは罪と死をもたらした。けれどもキリストは恵みといのちをもたらされた (5:17)。もし罪によって多くの人が死と滅びを体験したなら、神の救いによってはるかに多くの人がいのちと回復を体験することができるはずである。

5:18　すべての人が義と認められ、いのちを与えられる　人はみな罪を犯してさばかれる。個人的には心に書かれた（良心を通して）啓示、または文書になったみことばに示された啓示や神を拒むときに、そのさばきは現実のものとなる (⇒2:12-16)。同じように、霊的救い（「義と認められ、いのちを与えられる」）はだれでも手に入れることができる。けれども実際にそれを体験するためには、神のいのちの賜物をイエス・キリストを信じる信仰によって受入れなければならない (5:17)。→「救いについての聖書用語」の項 p.2045

5:21　恵み　聖書の中の「恵み」ということばの意味→「信仰と恵み」の項 p.2062

6:1　私たちは罪の中にとどまるべきでしょうか　6章の中でパウロは、信仰者は罪を犯し続けても神の恵みがあるから、救いの中に安心してとどまることができるし罪を責められないという誤った考えに異議を唱えている。この間違った考えを持った人々は、信仰を持ち神の恵みに頼っているなら神の道徳律法には縛られないと考えていた。このねじれた考えに強く反対したパウロは、キリストによって義と認められた人々の生き方について最も基本的なことを示している。つまり信仰者は、「自分は罪に対しては死んだ者であり、神に対しては・・・生きた者」なので、「キリスト・イエスにあって生きた者」になったということである (6:11)。そして今や「従順の奴隷となって義に至る」(6:16) ので、罪の支配から自由であり、その影響には反応しないのである。バプテスマについて言われていることを見ると、新約聖書の時代には公に水のバプテスマを受けること (→6:4注, 使22:16注) とキリストに従う決心とは密接につながっていて、その二つはほとんど一つの出来事と考えられていた。キリストとの個人的関係が結ばれるのはバプテスマによるのではなく、キリストを信じる個人の信仰による。けれどもバプテスマを受けることは、主イエスの死と復活とに一つになろうとする決意を外側に表すことである (6:5)。それは古い反抗的な生き方に死んで（罪からはっきりと離れ）、完全に神のために生きて罪の情欲ではなく神に従うというしるしである (6:12)。もし罪の中に生き続けているなら、その人は自分が信仰者ではないことを示すことになる (⇒Ⅰヨハ3:4-10)。この章全体を通してパウロは罪の奴隷（自発的奴隷）でありながら同時にキリストの奴隷にはなれないことを強調している (6:11-13, 16-18)。もし自分を罪にささげるなら、その結果は有罪判決であり永遠の死である (6:16, 23)。

信仰と恵み

「それは、罪が死によって支配したように、恵みが、私たちの主イエス・キリストにより、義の賜物によって支配し、永遠のいのちを得させるためなのです。」(ローマ人への手紙5:21)

　霊的救いは神の恵み(受けるにふさわしくない神の好意、愛、思いやり、助け、霊的能力)の賜物として与えられるけれども、信仰の応答によって受取らなければ個人の生活の中に実現はしない。救いの過程を理解するためには、信仰と恵みというこの二つのことばを理解しなければならない(霊的救いについて、→「**救いについての聖書用語**」の項 p.2045)。

救いの信仰

　霊的救いという神の賜物を受取るために要求される条件はただ一つ、イエス・キリストを信じる信仰である。信仰とはキリストについて信じることだけではなく、キリストを救い主(罪を赦してくださる方)として受入れ、主(人生の導き手 ⇒マタ4:19, 16:24, ルカ9:23-25, ヨハ10:4, 27, 12:26, 黙14:4)として従って行きたいと願う心からの積極的な応答でもある。つまり信仰とは、イエス・キリストが神の御子で私たちの罪の代価を払うために死なれたことを知的に認めるだけではないということである。聖書的信仰(霊的救いをもたらす)は、人生を完全にキリストによって支配していただき神の目的に従うように自分をゆだねる積極的な信頼である。

　(1) 新約聖書は信仰の姿と型には次の四つの要素が含まれていることを描いている。

　　(a) 信仰とは、キリストが私たちのために死んでいのちを与えるために復活されたことを信じ、さらに自分の主、救い主として頼ることである(→ロマ1:17注)。それは心を尽して信じること(ロマ6:17, エペ6:6, ヘブ10:22)、意思(願い、好み、計画、目的、動機など)をゆだねること、イエス・キリストに、また聖書に啓示されている神の目的に対して、自分自身を完全にささげることである。

　　(b) 信仰には、悔い改め(罪深く神に逆らう道を認め心から悲しみ罪から離れること 使17:30, Ⅱコリ7:10)と、キリストに従うために完全に神に向きを変えることとが含まれている。聖書的信仰には、謙遜と心からの悔い改めとが伴うはずである(使2:37-38, →マタ3:2注)。

　　(c) 信仰はイエス・キリストとみことばに従うことでもある。このような服従は、キリストに頼ること、神に感謝すること、聖霊の働きなどを通して生き方そのものに現されなければならない(ヨハ3:3-6, 14:15, 21-24, ヘブ5:8-9)。それが「信仰の従順」である(ロマ1:5)。したがって信仰と服従(従順)は一体である。実際に神に仕えキリストに従うときにこの二つは切離すことができない(⇒ロマ16:26)。信仰は、聖化(霊的純粋性、悪からの分離、成長、神の目的への備えなどを絶えず目指す過程, →「**聖化**」の項 p.2405)を目指さない限り救いをもたらすことができない。

　　(d) 信仰はイエス・キリストに自分自身を心からささげることであるけれども、その態度は無私無欲で完全な信頼と愛、感謝と忠誠というかたちで現される。キリストとの個人的関係では、信仰は愛と区別することができない。この二つは同じ布の縦糸と横糸のようなもので、どちらもなくてはならない。キリストに自分をささげ自分を犠牲にして従う姿勢は、信仰と愛によって現されるのである(⇒マタ22:37, ヨハ21:15-17, 使8:36欄外注, ロマ6:17, ガラ2:20, エペ6:6, Ⅰペテ1:8)。

　(2) 主イエスを主、救い主として信じる信仰は、一度の瞬間的決断(罪を悔い改め、神の赦しを受入れ人生をキリストに最初にゆだねたとき)であるとともに、絶えず成長し強められていかなければならない継続的態度でもある(→ヨハ1:12注)。私たちを愛し私たちのために死なれたひとりの確実な方を信じているなら(ロマ4:25, 8:32, Ⅰテサ5:9-10)、私たちの信仰はさらに優れたものになるはずである(ロマ4:20, Ⅱ

テサ1：3，Ⅰペテ1：3-9)。信頼と従順（神が私たちに求められる大切なもの）は忠誠と献身に発展し(ロマ14：8，Ⅱコリ5：15)、忠誠と献身は主イエス・キリストに対する強い個人的な愛情と愛に発展する(ピリ1：21，3：8-10，→ヨハ15：4注，ガラ2：20注)。キリストを信じるこのような信仰によって私たちは神との新しい関係へ導き入れられ、罪に対する最後のさばきから守られる(ロマ1：18，8：1)。その新しい関係を通して、私たちは「罪に対して死ん」で（その支配から自由になり、その影響力に応答しなくなる ロマ6：1-18)、私たちのうちに生きておられる聖霊の力によってキリストの中に生きるものになるのである(ガラ3：5，4：6)。

神の恵み

旧約聖書の中で、神はご自分を恵みとあわれみの神として啓示された。そして価値があるからではなく個人的関係を持ちたいという願いとアブラハム、イサク、ヤコブにされた約束を忠実に守りたいという願いから、ご自分の民に愛を示された(→出6：8，→**「アブラハム、イサク、ヤコブとの神の契約」**の項 p.74，**「過越」**の項 p.142，**「贖罪の日」**の項 p.223)。公正は、当然受けるべきものを受けることと言うことができる。あわれみは、私たちが当然受けるべき結果とさばきを神が免除してくださることと言うことができる。恵みは、神が私たちに受けるにふさわしくない好意と恩恵を与えてくださることと言うことができる。新約聖書はその神の恵みという主題に焦点を当てている。それは神が御子イエスを与えてくださり、御子は受ける価値のない罪びとのためにご自分のいのちを与えられたということである。今日のキリスト者は、聖霊の臨在と導きを通してその恵みを引き続き体験することができる。神があわれみ、赦し、受入れてくださったことを御霊は現実のものにしてくださる。そして神のみこころを行いたいという願いと行う力を与えてくださる(ヨハ3：16，Ⅰコリ15：10，ピリ2：13，Ⅰテモ1：15-16)。キリスト者生活の全過程は、最初から最後までこの恵みに依存している。

(1) 神は未信者（まだキリストを知らない人、受入れていない人）に対してもある程度の恵みを賜物として(Ⅰコリ1：4)与えてくださる。それは神のことばとあわれみに応答して主イエス・キリストを信じることができるようになるためである(エペ2：8-9，テト2：11，3：4)。

(2) 神は信じる人々（キリストを受入れて従う決意をした人）に対しても恵みを与えられる。それは「罪から解放され」る(ロマ6：20，22)ためであり、「みこころのままに・・・志を立てさせ、事を行わせ」る(ピリ2：13，⇒テト2：11-12，→マタ7：21注)ためである。また神の恵みは信じる人々を助けて祈らせ(ゼカ12：10)、キリストとの関係を成長させ(Ⅱペテ3：18)、キリストについての「よい知らせ」をほかの人々に伝えるようにさせてくださる(使4：33，11：23)

(3) 神の恵みを私たちは慕い追い求め、受取らなければならない(ヘブ4：16)。神の恵みを受取る方法は、神のことばを学びそれに従うこと(ヨハ15：1-11，20：31，Ⅱテモ3：15)、福音（キリストについての「よい知らせ」）の宣教を聞いて応答すること(ルカ24：47，使1：8，ロマ1：16，Ⅰコリ1：17-18)、祈ること(ヘブ4：16，ユダ1：20)、断食（祈りをして霊的なことに集中するためにある期間食物をとらないこと）をすること(マタ4：2，6：16)、キリストを礼拝すること(コロ3：16)、絶えず聖霊に満たされること(エペ5：18)、主の晩餐（聖餐式）にあずかること(使2：42，→エペ2：9注)などである。

(4) 神の恵みに抵抗し拒む人がいる(ガラ5：4)。そのような人は、キリストを一度は信じて受入れたのに恵みを無駄にし(ガラ2：21)何も体験しないまま(Ⅱコリ6：1)、脇に押しやり無視し捨ててしまうのである(ヘブ12：15)。

² 絶対にそんなことはありません。罪に対して死んだ私たちが、どうして、なおもその中に生きていられるでしょう。

³ それとも、あなたがたは知らないのですか。キリスト・イエスにつくバプテスマを受けた私たちはみな、その死にあずかるバプテスマを受けたのではありませんか。

⁴ 私たちは、キリストの死にあずかるバプテスマによって、①キリストとともに葬られたのです。それは、キリストが御父の栄光によって死者の中からよみがえられたように、私たちも、いのちにあって新しい歩みをするためです。

⁵ もし私たちが、*キリストにつぎ合わされて、キリストの死と同じようになっている**のなら、必ずキリストの復活とも同じようになるからです。

⁶ 私たちの古い人がキリストとともに十字架につけられたのは、罪のからだが滅びて、私たちがもはやこれからは罪の奴隷でなくなるためであることを、私たちは知っています。

2 ①圏ルカ20:16, ロマ6:15
②田ロマ6:11,7:4,6, ガラ2:19, コロ2:20,21,3:3, Ⅰペテ2:24
3 ①田使2:38, 8:16, 19:5, ガラ3:27, ②圏マタ28:19
4 ①コロ2:12
②田ヨハ11:40, Ⅱコリ13:4
③圏使2:24, ロマ6:9
5 ①田ロマ7:6, Ⅱコリ5:17, ガラ6:15, エペ4:23,24, コロ3:10
6 ①Ⅱコリ4:10, ピリ3:10,11, コロ2:12,3:1, Ⅰペテ2:24 ＊別訳「キリストの死のさまにつぎ合わされるなら」, ＊＊あるいは「につぎ合わされるなら」
6 ①田エペ4:22, コロ3:9
②ガラ2:20, 5:24, 6:14
③田ロマ7:24
＊別訳「無力となり」

6:2 罪 (1) 新約聖書では、罪の様々な面を示すためにいくつかのギリシヤ語が使われている。最も重要なことばは次のようなものである。(a)「ハマルティア」—これは犯罪、悪行や神に対する違反(ヨハ9:41)としての罪である。また神の命令、指示、基準などに逆らう行動でもある。(b)「アディキア」—これは悪行、不義、不法としての罪である(1:18, Ⅰヨハ5:17)。それはまた愛の不足とも言うことができる。なぜなら、悪行はみな神やほかの人々への愛と配慮が欠けているので起こるからである(マタ22:37-40, ルカ10:27-37)。(c)「アノミア」—これは「不法」で神の律法に逆らうことである(6:19, Ⅰヨハ3:4)。(d)「アピスティア」 これは不信仰、または「不真実」の罪のことである(3:3, ヘブ3:12)。

(2) これらの定義から罪とは基本的に自分勝手で自分の利益と楽しみを追い求め、神の命令やほかの人々のしあわせを無視することであることがわかる。これが進むと、ほかの人々に対して冷酷になり神と神の律法に反抗するようになる。一般的に罪は、神とは無関係に自分勝手な道を行くことである(⇒イザ53:6)。つまり罪とは神とみことばに服従することを拒むことである(1:18-25, 8:7)。また神に敵対することであり(5:10, 8:7, コロ1:21)、従わないことである(11:32, エペ2:2, 5:6)。

(3) 罪は道徳的堕落(人間の生まれつきの性質と性格の部分)であり、人間が行いたいと願う善に対立するものである。それによって私たちは正しくないことを行って喜び、ほかの人々の悪い行動を喜ぶようになる(1:21-32, →1:32注, ⇒創6:5)。罪はまた人をとりこにし、堕落させる力でもある(3:9, 6:12〜, 7:14, ガラ3:22)。罪は人間の欲望から生れてくる(ヤコ1:14, 4:1-2, →Ⅰペテ2:11注)。

(4) 罪は最初の人であるアダムを通して人類にもたらされた(5:12)。そしてあらゆる人々を変え(5:12)、神のさばきを招き(1:18)、肉体的死と霊的死をもたらした(6:23, 創2:17)。この罪の力は、キリストを信じる信仰と罪をおおい赦しを与えいのちを回復するキリストの働きを受入れなければ、打砕くことはできない(5:8-11, ガラ3:13, エペ4:20-24, Ⅰヨハ1:9, 黙1:5)。

6:2 罪に対して死んだ →6:11注

6:4 バプテスマによって、キリストとともに葬られた キリスト者にとっての水のバプテスマは、キリストと一つにされたことの象徴である。バプテスマは、字義的には浸す(完全に水の中に沈める)という意味であるけれども、これはまた霊的きよめの象徴でもある。つまり内面の霊的現実を示す外側に現れた目に見える行動である。神の赦しと救いの賜物を受入れ、イエス・キリストの死と葬りと一つになり(水に沈められること)、その復活のいのちと結び付けられたのである(6:4-5)。信仰が伴ったときに、バプテスマは信仰者が罪を拒んでキリストに完全に献身するというしるしになる。そのような献身があるとき、神の恵み(受けるにふさわしくない好意、愛、能力)と神のいのちが絶えず注がれるようになる(→使22:16注)。キリストは確かに死からよみがえられた。したがってキリストに心から従う人々も、新しい人生を生きる力を持つことができる(6:5)。

6:6 古い人・・・罪のからだ パウロはここで二つの重要なことばを使っている。(1)「古い人」—これは霊的に「新しく生まれ」(ヨハ3:3-7)、神との正しい関係を回復する前のキリスト者のことである。それは神から離れて自分勝手な道を歩いていた当時の姿である。この神に敵対していた古い人は、十字架の上でキリストとともに釘づけにされ(死に)、造り変えられて新しいいのちが与えられた。その人はキリストにあって霊的に新しく造られた人である(⇒ガラ2:20, Ⅱコリ5:17)。(2)「罪のからだ」—これは汚れた欲望によって支配されている人間の肉体のことである。罪の奴隷になっていた状態は今や打砕かれた(⇒エペ4:

⁷死んでしまった者は、罪から解放されているのです。
⁸もし私たちがキリストとともに死んだのであれば、キリストとともに生きることにもなる、と信じます。
⁹キリストは死者の中からよみがえって、もはや死ぬことはなく、死はもはやキリストを支配しないことを、私たちは知っています。
¹⁰なぜなら、キリストが死なれたのは、ただ一度罪に対して死なれたのであり、キリストが生きておられるのは、神に対して生きておられるのだからです。
¹¹このように、あなたがたも、自分は罪に対しては死んだ者であり、神に対してはキリスト・イエスにあって生きた者だと、思いなさい。
¹²ですから、あなたがたの死ぬべきからだを罪の支配にゆだねて、その情欲に従ってはいけません。

7①囲Ⅰペテ4:1　＊別訳「放免されて」
8①囲Ⅱテモ2:11,　囲Ⅱコリ4:10, ロマ6:4
9①①圏使2:24, ロマ6:4　②黙1:18
11①ロマ6:2, 7:4, 6, ガラ2:19, コロ2:20, 3:3, Ⅰペテ2:25
12①ロマ6:14

22, コロ3:9-10)。この時点から信仰者は古いかたちの自分や、自分のやり方によって生き方を左右されたり肉体を支配されたりしないようにしなければならない(Ⅱコリ5:17, エペ4:22, コロ3:9-10, →「罪の性質の行いと御霊の実」の項 p.2208)。

6:7　罪から解放されて　→ヨハ8:36注

6:10　ただ一度罪に対して死なれた　キリストは罪のない方なのに、私たちのために罪の力と罰によって苦しみ恥を受けられた(5:21, ⇒Ⅱコリ5:21)。それを耐え忍ばれたのは、私たちが神との関係を回復する機会を得るためだった(Ⅰペテ3:18)。主イエスはその死を通して罪の影響と結果に対して死に、復活を通して死の力に勝利された(→使2:24)。その結果として主イエスのいのちと力は、罪を赦す主イエスの犠牲を受入れ人生の主導権をゆだねる人ならだれにでも与えられるようになった。主イエスとのこの個人的関係に入る人はみな、主イエスとともに罪に対して死んで罪の力から自由になる(6:2, 11)。そして神がくださる新しいいのちを体験するようになる(6:4-5, 10)。

6:11　自分は罪に対しては死んだ者・・・だと、思いなさい　6章に示されている基本的原則は、信仰者がキリストの死といのちに結び合されることである。信じた人は罪に対して死んでいる。そのことはキリスト者としての体験の中に反映されている。(1) 神の目から見て私たちは罪に対して死んだ。キリストとともに十字架の上で死んで、キリストの復活を通して新しいいのちによみがえったと神は見ておられる(6:5-10)。(2) 私たちはキリストを受入れ聖霊の力によって霊的に「新しく生まれ」たときに、罪に対して死んだ(→「新生－霊的誕生と刷新」の項 p.1874)。その結果、罪を退け(6:14-18)、「からだの行いを殺」し(8:13)、神に従って新しいいのちを生きるためにキリストの力を与えられた(6:5-14, 18, 22)。(3) 水のバプテスマを受けて主イエスの死と葬りと復活とに一つになり、罪を拒んでキリストのために生きるように自分をささげたときに、私たちは罪に対して死んだのである(6:3-5, →6:4注)。

キリスト者としてのこれらの領域での体験は、罪に対して死に神に対して生きていることを示す第一段階である。さらに罪に対して勝利をし続けるためには、原則としてだけではなく、実際的に自分が罪に対して死んだと考えなければならない。罪に対して死ぬとはどういう意味だろうか。(1) もし死んでいるならそれは活動をしないし反応もしない。罪に対して死んでいるとは、以前には負けて罪を犯してしまった原因である影響や誘惑にはもはや反応をしなくなることで、それによって支配されることはないということである。(2) この種の霊的抵抗力を養うためには、自分の中にある罪の性質を育てたり動かしたりしないように慎重に意識的に努力することが必要である。それには、悩んだり誘惑されやすい活動や生活の領域に自分自身を不注意にさらさないことである。(3) その代りキリストに近づき、サタンの誘惑や自分の中にある人間的な罪を犯す傾向を退ける力を増し加えるために、霊的に養われ信仰的に訓練をしなければならない。その霊的訓練とは祈り、神のことば、礼拝、キリスト者との交わり、奉仕活動などに時間を割くことである。(4) 罪に対して死ぬことは罪が支配するのを拒み、自分自身を全く(霊的、肉体的、精神的、感情的)神の栄誉と目的のためにささげることである(6:13)。

6:12　罪の支配にゆだねて・・・はいけません　支配していた罪が取除かれたあと、信仰者は再び支配されないように罪に対して抵抗をし続けるべきである。罪はからだの欲望や誘惑を通して支配しようとする。そのような欲望は、キリストを通して与えられる霊的力に頼って退けなければならない(→6:15注)。そうすることによって、からだを通して目的を果そうとする罪深い欲望や肉欲に対して「ノー」(⇒テト2:12)と言うことができる(6:12)。欲望に負けてそれらのことを行ったり見たり考えたりして支配されないようにしなければならない(6:13)。むしろ自分のからだと全存在を神に仕えるしもべとして差出し、神の願いや

13 また、あなたがたの手足を不義の器としてささげてはいけません。むしろ、死者の中から生かされた者として、あなたがた自身とその手足を義の器として神にささげなさい。
14 というのは、罪はあなたがたを①支配することがないからです。なぜなら、あなたがたは②律法の下にはなく、③恵みの下にあるからです。

義の奴隷

15 それではどうなのでしょう。私たちは、①律法の下にではなく、恵みの下にあるのだから罪を犯そう、ということになるのでしょうか。②絶対にそんなことはありません。
16 あなたがたはこのことを知らないのですか。あなたがたが自分の身をささげて①奴隷として服従すれば、その服従する相手の②奴隷であって、あるいは罪の奴隷となって死に至り、あるいは従順の奴隷となって義に至るのです。

13 ①ロマ7:5, 国コロ3:5, ロマ6:16, 19
②ロマ12:1, Ⅱコリ5:14, 15, Ⅰペテ2:24
14 ①国ロマ8:2, 12
②国ガラ5:18
③国ロマ7:4, 6, ガラ4:21, ロマ5:18
⑤ロマ5:17, 21
15 ①国ロマ6:1
②国ルカ20:16, ロマ6:2
16 ①国ロマ11:2, ルカ13:3, 5:6, 6:2, 3, 9, 15, 16, 19, 9:13, 24, 国ヨハ8:34, 国Ⅱペテ2:19
③ロマ6:21, 23
17 ①国ロマ1:8, 国Ⅱコリ2:14
②国Ⅱテモ1:13
18 ①国ロマ8:2, ヨハ8:32, ロマ6:22
19 ①国ロマ3:5
②国ロマ6:13
20 ①国ロマ6:16, マタ6:24
21 ①国ロマ7:5, 国エレ12:13, エゼ16:63
②ロマ6:16, 23, 1:32, 8:6, 13, 国ガラ6:8, ロマ5:12
22 ①国ロマ8:2, ヨハ8:32, ロマ6:18
Ⅰペテ2:16, 国Ⅰコリ7:22
②国ロマ7:4
④国Ⅰペテ1:9

17 神に感謝すべきことには、あなたがたは、もとは罪の奴隷でしたが、伝えられた①教えの規準に心から服従し、
18 ①罪から解放されて、義の奴隷となったのです。
19 あなたがたにある肉の弱さのために、私は①人間的な言い方をしています。あなたがたは、以前は自分の手足を汚れと不法の奴隷としてささげて、不法に進みましたが、今は、その手足を義の奴隷としてささげて、聖潔に進みなさい。
20 罪の奴隷であった時は、あなたがたは義については、自由にふるまっていました。
21 その当時、今ではあなたがたが恥じているそのようなものから、何か良い実を得たでしょうか。それらのものの行き着く所は②死です。
22 しかし今は、①罪から解放されて②神の奴隷となり、聖潔に至る実を得たのです。その

目的が実現し、神が正しいと言われることができるようにしなければならない(6:13-19)。→「罪の性質の行いと御霊の実」の項 p.2208

6:15 罪を犯そう 罪は神の恵みによって赦されるので、キリスト者は注意深く罪を退ける必要はないと考える人がパウロの時代の教会にはいた(→6:1注)。これに対して信仰者はみな罪を退け、キリストに従う決意を固め続けなければならないとパウロは教えた(6:19)。(1) キリストを受入れた後、私たちは仕えていくことを選び続けなければならない(6:16)。(a) もし自分の生活の中で罪に戻りその影響や支配を退けようとしないなら、私たちはもう一度罪と死(霊的、永遠)の奴隷になってしまう(6:16, 21, 23)。(b) もし罪からの解放を受入れ(6:17)、しもべとして神とその目的に仕えるように自分をささげ続けるなら、私たちは成長し、さらにキリストのように変えられ永遠のいのちを体験するようになる(6:19, 22)。(2) 6:15-23によれば、キリストの導きと権威に従わず自分の生活の中にある罪の力に抵抗しない人には、キリストを救い主として主張する権利はない。「だれも、ふたりの主人に仕えることはできません」(マタ6:24, →ルカ6:46, Ⅱコリ6:14-7:1, ヤコ4:4, Ⅰヨハ2:15-17)。

6:16 罪の奴隷となって死に至り 自分たちは恵みの下にいる(自動的に受入れ赦してくださる神に頼る)ので罪を犯しても罰を受けないと考えている信仰者に対して、パウロは厳しい警告をしている。信仰者でも罪を犯すなら、実際には罪の奴隷になり(⇒ルカ16:13, ヨハ8:34)、その結果「死」に至る(⇒6:23)。ここで言う「死」は「主の御顔の前・・・から退けられて、永遠の滅び」(Ⅱテサ1:9)に至ることであり、「永遠のいのち」とは全く異なる結果である(⇒6:23)。

6:17 教えの規準に心から服従し 初期の教会では、新しくキリストの弟子になった人々は、主イエスと使徒たち(主イエスの最初の福音を伝え、教会を建上げるように主イエスが直接任命された人々 ⇒マタ5:-7:, 使2:42)によって与えられた原則と指示に基づいたある一定の教えと行動の基準を守らなければならなかった。(1) この基準は、キリストの道徳的、倫理的教えをまとめたものと思われる。キリストを新しい主人として受入れた新しい信仰者たちは、これに従わなければならなかった。それは牧会の手紙の中で「健全な教え」、「健全なことば」と言われているものである(→Ⅰテモ1:10, Ⅱテモ1:13, 4:3, テト1:9, 2:1)。(2) キリスト教には信仰者の考えや行動を規制する決まった型はないとか、行動の規則を持つことは「律法主義」(霊的救いと神の好意を得るために神の律法と善行に頼ること)であるなどという考えや思想は、聖書の教えには見られない。キリスト教は神を敬う基準を守るように求める。けれどもそれは信仰者に強制するものではない。キリストへの愛と感謝の表現として守るものである(→マコ7:6注)。

行き着く所は永遠のいのちです。²³罪から来る報酬は死です。しかし、神の下さる賜物は、私たちの主キリスト・イエスにある永遠のいのちです。

信仰者は律法に対しては死んでいる

7 ¹それとも、兄弟たち。あなたがたは、律法が人に対して権限を持つのは、その人の生きている期間だけだ、ということを知らないのですか――私は律法を知っている人々に言っているのです。――²夫のある女は、夫が生きている間は、律法によって夫に結ばれています。しかし、夫が死ねば、夫に関する律法から解放されます。³ですから、夫が生きている間に他の男に行けば、姦淫の女と呼ばれるのですが、夫が死ねば、律法から解放されており、たとい他の男に行っても、姦淫の女ではありません。
⁴私の兄弟たちよ。それと同じように、あなたがたも、キリストのからだによって、律法に対しては死んでいるのです。それは、あなたがたが他の人、すなわち死者の中からよみがえった方と結ばれて、神のために実を結ぶようになるためです。⁵私たちが肉にあったときは、律法による数々の罪の欲情が私たちのからだの中に働いていて、死のために実を結びました。⁶しかし、今は、私たちは自分を捕らえていた律法に対して死んだので、それから解放され、その結果、古い文字にはよらず、新しい御霊によって仕えているのです。

罪との戦い

⁷それでは、どういうことになりますか。律法は罪なのでしょうか。絶対にそんなことはありません。ただ、律法によらないでは、私は罪を知ることがなかったでしょう。律法が、「むさぼってはならない」と言わなかったら、私はむさぼりを知らなかったでしょう。

23①ロマ6:16, 21, 1:32, 8:6, 13, 圏ガラ6:8, 圏ロマ8:12
②ロマ5:21, 8:39, 圏マタ25:46

1①圏ロマ1:13
2①Ⅰコリ7:39

4①圏コロ1:22
②圏ガラ2:19, 5:18, 圏ロマ8:2
③ロマ7:6, 圏ロマ6:2
圏Ⅱコリ10:3
②ロマ8:8, 9
②ロマ7:7, 8
③ロマ6:13, 21, 23
＊直訳「肢体」
6①ロマ6:2
②ロマ7:2
③圏ロマ6:4
④ロマ2:29
＊別訳「霊」
7①圏ロマ3:5
②圏ルカ20:16
③圏ロマ3:20, 4:15, 5:20
④出20:17, 申5:21
＊あるいは「悪い欲望を持ってはいけない」
＊＊あるいは「悪い欲望」

6:23　罪から来る報酬・・・神の下さる賜物　罪の当然支払うべき代償は死である。それは神に逆らったために私たちが払わなければならなかったものである。永遠のいのちは自分の手で手に入れることができるものではない。それは受けるにふさわしくない神の好意による賜物で、イエス・キリストを信じる信仰によって受入れるべきものである（⇒4:4-5）。主イエスが私たちの罪の代価を支払うためにご自分のいのちを与えられたという事実を受入れ、罪に背を向けて主の導きにゆだねるなら、私たちは罪の赦しと永遠のいのち（主を知る機会、いつまでも主とともにいること）という神の賜物を受取ることができる（ヨハ17:3）。

7:4　律法に対しては死んでいる　神との関係を持ち続けるために、あるいは神に近付き受入れられるために、私たちはもはや旧約聖書の律法といけにえに頼ることはない（⇒ガラ3:23-25, 4:4-5,→「旧約聖書の律法」の項 p.158）。(1)神は古い契約の律法の要求を満たすことができない罪悪感と結果から私たちを解放してくださった。キリストは自ら律法を成就し（マタ5:17）、そのいのちと死と復活に基づいた新しい契約を作られた。この契約はキリストご自身の血で成立した「終生協定」である（→3:25注）。キリストの犠牲の死によって、今私たちは信仰をもって赦しと神の新しい関係とを求めることができる（→「旧契約と新契約」の項 p.2363）。(2) 主イエスを信じて（Ⅰヨハ5:13）聖霊と恵みを受けた（→「信仰と恵み」の項 p.2062）私たちは、罪の赦しと霊的に「新しく生まれ」るという祝福を体験することができる。この新しいのちには神の御霊の力が伴い、それによって「神のために実を結」び（6:22-23、エペ2:10、ガラ5:22-23、コロ1:5-6）、神の律法の道徳上の要求を満たすことができるようになる（8:3-4、マタ5:17注）。そして義務からではなく、キリストへの愛と感謝の心をもって神に従う。

7:7-25　律法によらないでは・・・罪を知ることが　ここでパウロは、神の恵みとあわれみと力に頼らずに自分の力だけで正しく生活し神を喜ばせようとすることが無意味であることを総合的に説明している（→8:5）。パウロはこのことをキリストに出会う前の個人的体験からよく理解していた（使9:1-19）。その時まで、パウロは「義人」になり神に喜ばれるために神の律法を厳格に守っていた。この情況は、パウロがローマ人に対して無益で不可能であると説明したことと同じだった。私たちは律法を守ることによっては義と救いを手に入れることは絶対にできない。神との正しい関係は、神の恵みとキリストを信じる信仰によらなければ持つことができない（→「信仰と恵み」の項 p.2062）。

（1）7:7-8でパウロは、律法には罪を明らかにして、私たちが神の完全な標準に到達できないことを気付かせるという価値があることを説明している。神の

ローマ　7章

⁸ しかし、罪はこの戒め①によって機会②を捕らえ、私のうちにあらゆるむさぼり*を引き起こしました。律法③がなければ、罪は死んだものです。
⁹ 私はかつて律法なしに生きていましたが、戒めが来たときに、罪が生き、私は死にました。
¹⁰ それで私には、いのちに導くはずのこの戒め①が、かえって死に導くものであることが、わかりました。
¹¹ それは、戒めによって機会①を捕らえた罪が私を欺き、戒めによって私を殺したからです。
¹² ですから、律法は聖なるものであり、戒めも聖であり、正しく、また良いものなのです。
¹³ では、この良いものが、私に死をもたらしたのでしょうか。絶対にそんなことはありません。それはむしろ、罪なのです。罪は、この良いもので私に死をもたらすことによって、罪として明らかにされ、戒めによって、極度に罪深いものとなりました。
¹⁴ 私たちは、律法が霊的なものであることを知っています。しかし、私は罪ある人間であり、売られて罪の下にある者です。

8 ①ロマ7:11
　②圏ロマ3:20
　*あるいは「悪い欲望」
　④Ⅰコリ15:56
10 ①レビ18:5, ロマ10:5, ガラ3:12, ルカ10:28
11 ②圏ロマ7:8
　②圏ロマ3:20
　③圏創3:13
12 ①ロマ7:16, Ⅰテモ1:8
13 ①圏ルカ20:16
14 ①Ⅰコリ3:1
　②圏Ⅰ列21:20, 25, Ⅱ列17:17, ロマ6:6, ガラ4:3
　②圏ロマ3:9

律法は私たちに神が必要なことを示すために置かれている。そしてキリストを信じる信仰によって神に近付けるように、私たちの目をキリストに向けさせてくれる(→ガラ3:24)。

(2) 7:9-12でパウロは、人々が「責任のある年齢」に達する前の、純真な幼子の期間について説明をしている。子どもたちは成長し、やがてみことばや心(良心 ⇒2:14-15, 7:7, 9, 11)の中に示された神の律法や基準を知り、それを意識的に無視するようになる。それまでは、「律法なしに生きて」(罪の意識と霊的な責任を持たずに)いたのである(7:9)。

(3) 7:13-20でパウロは、悪いことを行っていることに気付いたときに私たちは罪の奴隷になり、その結果として霊的に死んだ状態になった姿を示している。この自覚によって、神に反抗する傾向がだれにもあることがあからさまになり、私たちがみな神の義の基準に届いていないことが示される。この罪意識と罪悪感によって全人類は、時には罪の衝動を退けようとすることがあっても、神と絶えず対立をしているのである。

(4) 7:21-25でパウロは、罪の意識と罪の力によって人々は押しつぶされるような悲惨さ、罪意識、恥に襲われ、葛藤と絶望に捕われることを明らかにしている。

7:9-11　私はかつて・・・生きていました　「私は・・・生きていました」と「罪が・・・私を殺した」(7:11)というパウロのことばは、責任能力がある年齢に達し心から意識的に神の律法に対して罪を犯すようになるまで、子どもたちは神によって無罪と見なされるという見解を支持しているように思える(2:14-15, →7:7-25注)。人はみな堕落した人間性と罪と悪に対する衝動を持って生れてくる(→5:12注)。小さな赤ん坊には生れたときから罪があり、永遠の破滅を受けて当然という教えは聖書の中には見られない。

7:12　律法は聖なるものであり　→マタ5:17注, ガラ3:19注

7:14　律法　パウロはここで、キリストとの関係を持たず、この関係に含まれる霊的変化を体験しないまま、旧約聖書の神の律法の真理を受入れてその道徳的要求に従って生きようとする人々の状態を分析している。そのような人は、神に喜ばれるような生き方が自分にはできないことを強く意識するに違いない(⇒7:1)。パウロは自分の力で罪の力と争う内面の道徳的戦いを描いた上で、私たちは自分の努力によって罪を退け神の律法を守り霊的に救われることはないことを示している。神と正しい関係を持っている人も罪との戦いを体験するかもしれない。けれどもその戦いの性格は全く異なったものである。罪の力に対してキリストと聖霊とが一つになって戦ってくださるからである(⇒ガラ5:16-18)。この関係から与えられる力によって、キリスト者は罪に対して常に豊かに勝利を得ることができる。御霊による生活によって罪に勝利する方法をパウロは8章で説明している。

7:14　私は罪ある人間であり、売られて罪の下にある者です　ここの短いことばは7章のほかのどこよりもはっきりと、まだキリストとの個人的な関係によって新しくされていない人の霊的(または霊的ではない)状態を示している(→7:15注)。このことばは非常に強いので、キリスト者のことを言っているとは思えない。それは次の理由による。

(1) 7章でパウロは、律法は人を罪から救うことができないと説明している。それに対して福音(キリストによる罪の赦しと新しいいのちについての「よい知らせ」)は、神の恵みを通して霊的救いと罪からの自由を完全に与えることができる(⇒ガラ3:24, →**信仰と恵み**」の項 p.2062)。

(2) 7:5でパウロは、「罪の欲情が・・・からだの中に働いて」いる人(霊的ではない、自分勝手で肉欲によって動かされている人)は「死のために実」(霊的な永遠の死)を結んでいると言っている。また8:13では

ローマ　7章

¹⁵私には、自分のしていることがわかりません。私は自分がしたいと思うことをしているのではなく、自分が憎むことを行っているからです。
¹⁶もし自分のしたくないことをしているとすれば、律法は良いものであることを認めているわけです。
¹⁷ですから、それを行っているのは、もはや私ではなく、私のうちに住みついている罪なのです。
¹⁸私は、私のうち、すなわち、私の肉のうちに善が住んでいないのを知っています。私には善をしたいという願いがいつもあるのに、それを実行することがないからです。
¹⁹私は、自分でしたいと思う善を行わないで、かえって、したくない悪を行っています。
²⁰もし私が自分でしたくないことをしているのであれば、それを行っているのは、もはや私ではなくて、私のうちに住む罪です。
²¹そういうわけで、私は、善をしたいと願っているのですが、その私に悪が宿っているという原理を見いだすのです。
²²すなわち、私は、内なる人としては、神の律法を喜んでいるのに、
²³私のからだの中には異なった律法があって、それが私の心の律法に対して戦いをいどみ、私を、からだの中にある罪の律法の

15 ①圏ヨハ15:15
16 ①ガラ5:17, ロマ7:19
16 ①ロマ7:12, Iテモ1:8
17 ①ロマ7:20
18 ①圏ロマ7:25, 8:3, ヨハ3:6

19 ①圏ロマ7:15
20 ①ロマ7:17
21 ①圏ロマ7:23, 25, 8:2
22 ①Ⅱコリ4:16, エペ3:16, 圏Ⅰペテ3:4
*別訳「に関しては」
23 *別訳「肢体」
①圏ガラ5:17, ヤコ4:1, Ⅰペテ2:11, ロマ6:19
②圏ロマ7:25
③圏ロマ7:21, 25, 8:2

「もし肉に従って生きるなら、あなたがたは死ぬのです」とも言っている（⇒ガラ5:19-21）。7章で描かれている人は霊的に死んでいる人（主イエスとの個人的な関係を持っていない人）である。

（3）「売られて罪の下にある」という表現は罪の力によって捕えられ支配されていることを意味している（⇒Ⅰ列21:20, 25, Ⅱ列17:17）。これはキリストを信じている信仰者には当てはまらない。なぜならキリストはご自分の血の代価によって（→マタ20:28注）私たちを罪の力から救って自由にし、罪はもはや私たちを支配しないと宣言されたからである（6:14）。キリストご自身も、「もし子があなたがたを自由にするなら、あなたがたはほんとうに自由なのです」と断言された（ヨハ8:36注, ⇒ロマ8:2）。実際に「イエス」という名前は「この方こそ、ご自分の民をその罪から救ってくださる方です」という意味なのである（マタ1:21）。

（4）キリスト者の心の中におられる聖霊（8:）は、信仰者を罪の奴隷として罪に対して無力なままにしておかれることはない。「キリスト・イエスにある、いのちの御霊の原理が、罪と死の原理から、あなたを解放したからです」とパウロは宣言している（8:2）。そして「肉に従って歩まず、御霊に従って歩む」人の中に自分も含めている（8:4）。それは「私たちは、肉に従って歩む責任を、肉に対して負っては」いないからである（8:12）。キリストを知っている人は習慣的に罪を犯し続けることはないと神のことばも言っている（Ⅰヨハ3:6-9, 5:18）。

これは、キリスト者である私たちは罪と争うことはないという意味ではない。私たちは生涯を通して罪の性質と戦い（ヘブ12:4, Ⅰペテ2:11）、時には失敗をする（⇒Ⅰヨハ2:1）。けれども神の恵みと聖霊の力によって打勝つ力を得て罪に勝利するのである（8:）。

7:15　私は自分がしたいと思うことをしているのではなく　ここでパウロは自分の中で行われている罪との争いを非常に率直に話していると言われている。けれどもあるキリスト者は、罪と誘惑との戦いで繰返し失敗する自分を正当化する言訳にこのことばを使っている。確かにパウロは霊的な争いに直面し失敗をした。けれども罪に対して死ぬことと、罪の性質に勝つためにキリストが与えてくださる力について言っていることとを照らしてみると（8:）、いつも罪に負けるような習慣があったとは思えない（7:19）。さらに「売られて罪の下にある」（7:14）、「私の肉のうちに善が住んでいないのを知っています」（7:18）、「私は、ほんとうにみじめな人間です」（7:24）などということばは、パウロがこの手紙を通して訴えているキリスト者の体験を描いているとも思えない。むしろこれは、キリストに出会う前のパウロの個人的体験と思われる（使9:1-19）。その時までパウロは、「義人」になり神に喜ばれるために神の律法を厳格に守っていた。

過去の体験を通してパウロは誇張のない真理を発見した。キリストとの関係を持たずその力を受けていないままで神の命令を守ろうと努力する人々は、その意欲があっても実際には達成できないことに気付くのである。悪と罪に支配されているので、キリストの権威がなければ自分の霊的生活を制御することができないのである。その人々は罪の性質と汚れた欲望の奴隷であり（7:15-21）、「罪の律法のとりこ」である（7:23）。キリストと個人的な関係を持ちキリストに頼るときに初めて、神は誘惑から「脱出の道も備えて」、「耐えられるように」してくださる（Ⅰコリ10:13, →注）。

7:22　神の律法を喜んでいる　旧約聖書の神の律法を知りそれによって生きようとした多くの人は、その良さを理解していた（→**旧約聖書の律法**の項 p.158）。

とりこにしているのを見いだすのです。

24 私は、ほんとうにみじめな人間です。だれがこの死の、からだから、私を救い出してくれるのでしょうか。

25 私たちの主イエス・キリストのゆえに、ただ神に感謝します。ですから、この私は、心では神の律法に仕え、肉では罪の律法に仕えているのです。

御霊によるいのち

8 1 こういうわけで、今は、キリスト・イエスにある者が罪に定められることは決してありません。

2 なぜなら、キリスト・イエスにある、いのちの御霊の原理が、罪と死の原理から、あなたを解放したからです。

3 肉によって無力になったため、律法にはできなくなっていることを、神はしてくださいました。神はご自分の御子を、罪のために、罪深い肉と同じような形でお遣わしになり、肉において罪を処罰されたのです。

4 それは、肉に従って歩まず、御霊に従って歩む私たちの中に、律法の要求が全うされるためなのです。

24 *別訳「死の、このからだ」
①ロマ8:2
②Ⅲロマ6:6, コロ2:11
25 ①Ⅰコリ15:57
②Ⅲロマ7:21, 23, 8:2

1 ①Ⅲロマ8:9, 10
②Ⅲロマ8:2, 11, 39, ロマ16:3
③ロマ8:34, Ⅲロマ5:16

2 ①ロマ8:1, 11, 39, 16:3
*別訳「あって」
②Ⅰコリ15:45
**異本「私」
③ロマ6:18, Ⅲロマ6:14, 7:4, Ⅲヨハ8:32, 36

3 ①ヘブ7:18, ロマ7:18, 19
②Ⅲガラ4:4
③Ⅲピリ2:7, ヘブ2:14, 17, 4:15
4 ①ガラ5:16, 25
②ルカ1:6, Ⅲロマ2:26

そして神の基準と戒めを尊重し大切にしていた(⇒詩119:, イザ58:2)。けれども同時に、律法を守ることによって神の好意や霊的救いを手に入れようとする試みは挫折するだけで、神からさらに離れていくことを感じさせられていた。罪深い情欲がまだ支配していたからである(7:23, →7:15注)。今日の教会の中にもキリストの福音の真理ときよさ、優越性を知りながら、罪の赦しを受入れずキリストに人生をゆだねないために罪の奴隷のままでいる人々がいる。キリストを信じる信仰とキリストとの個人的な関係を持たないまま、罪と自己中心と不道徳な欲望から解放された生活を送ろうとしても、その努力は効果がなく無意味である。キリストを信じる信仰とキリストとの関係がなければ、人生が作り変えられてサタンの力から自由にされ、罪に対して最高の勝利を得る聖霊の力をいただくことはできない(→8:, Ⅱコリ5:17)。

7:24 私は、ほんとうにみじめな人間です キリストとの個人的な関係を持たずに自分の力と決意だけで良いことや正しいことを行おうとしている人々は、やがて罪との戦いに負けていることに気付くようになる。罪の力から自分を解放することができないのである(7:23)。けれども、このみじめな情況から救うことのできるすぐれた力がある。その答は「私たちの主イエス・キリストのゆえに」(7:25)である。「罪と死の原理から」解放してくださるのはこの方だけである(8:2)。

8:1 キリスト・イエスにある者 パウロが「キリストにある」ということばを使うときには、信じて主イエスと正しい関係を持っている人々のことを指している(→「信仰と恵み」の項 p.2062)。そのような人々はキリストと結び付いており、キリストとともに罪に対して死に(→6:11注)、新しいいのちによみがえらされている(→6:4注)。前の章でパウロはキリストの恵み(受けるにふさわしくない好意、愛、助け、能力)のない人生は敗北であり、みじめで罪の奴隷(神から引離し霊的永遠の死をもたらす反抗的な道)であると示したばかりである。そこでこの8章では、霊的生活、罪の宣告(罪、神からの分離、永遠の処罰)からの解放、罪に対する勝利、神との平和などが主イエスとの個人的な関係を通して与えられると教える。この関係を通して、聖霊がキリスト者の生活の中に来てくださる。その御霊の導きに従いその力に頼ることによって、キリストに従う人々は罪の力から救い出され、キリストとともに永遠のいのちと名誉を受ける道を歩み始めることができる。

8:2 御霊の原理 「いのちの御霊の原理」とは、キリスト者の中に働いて人生を整え動機づけをする聖霊の力のことである。聖霊はキリストの赦しを受入れ自分をキリストにゆだねる人の中に来て、罪の力と霊的死という最終結果から解放してくださる(⇒7:23)。御霊の原理の働きは、キリスト者が自分を御霊にゆだねて従うときに最高になる(8:4-5, 13-14)。そしてキリスト者は自分の中に新しい力が働いているのを感じ、罪と誘惑に打勝ち自分の人生に対する神の目的を実現できるようになる(→「**聖霊の働き**」の表 p.2187)。「罪と死の原理」とは、人々を奴隷にし(7:14)、人生を支配し霊的に責め続ける、霊的にみじめな恥ずかしい状態に陥らせるような罪の力である(7:24)。

8:4 私たちの中に、律法の要求が全うされる 聖霊は信仰者の中に働いて、神との正しい関係を保ち神の基準による正しいことを行えるようにさせてくださる。キリスト者の生活の中で、神の道徳律はやはり重要な役割を持っている。それは霊的な救いを得る手段ではなく倫理的指標であって、神に対する愛と聖霊が与えてくださる力によって従い守るべきものである。このように、神の恵みと神の律法に従うこととは互いに対立するものではない(⇒2:13, 3:31, 6:15, 7:12, 14)。その両方が、私たちの霊的成長と成熟にそして私たちの中に神の品性が反映されるためにそれぞれの

5 肉に従う者は肉的なことをもっぱら考えますが、御霊に従う者は御霊に属することをひたすら考えます。

6 肉の思いは死であり、御霊による思いは、いのちと平安です。

7 というのは、肉の思いは神に対して反抗するものだからです。それは神の律法に服従しません。いや、服従できないのです。

8 肉にある者は神を喜ばせることができません。

9 けれども、もし神の御霊があなたがたのうちに住んでおられるなら、あなたがたは肉の中にではなく、御霊の中にいるのです。キリストの御霊を持たない人は、キリストのものではありません。

10 もしキリストがあなたがたのうちにおられるなら、からだは罪のゆえに死んでいても、霊が、義のゆえに生きています。

11 もしイエスを死者の中からよみがえらせた方の御霊が、あなたがたのうちに住んでおられるなら、キリスト・イエスを死者の中からよみがえらせた方は、あなたがたのうちに住んでおられる御霊によって、あなたがたの死ぬべきからだをも生かしてくださるのです。

12 ですから、兄弟たち。私たちは、肉に従って歩む責任を、肉に対して負ってはいません。

13 もし肉に従って生きるなら、あなたがたは死ぬのです。しかし、もし御霊によって、からだの行いを殺すなら、あなたがたは生きるのです。

役割を果すのである(→「**聖化**」の項 p.2405)。

8:5-14 肉に従う者・・・御霊 パウロは二種類の人のことを描いている。それは反抗的な性質から出て来る自分勝手な欲望に引かれる人と、聖霊の導きと力によって生きる人である。

(1)「肉に従う」生活とは罪深い人間の性質が持つ堕落した欲望を求め、それを楽しみ、それによって支配され満たされようとすることである。そのような生き方には不道徳な振舞、利己的な野望、ねたみ、憎しみ、酩酊、怒りの爆発、そのほかの神に喜ばれない態度や振舞などが伴う(→ガラ5:19-21, →「**罪の性質の行いと御霊の実**」の項 p.2208)。みだらなこと、ポルノ、薬物中毒、映画や演劇や雑誌や本やテレビなどの性的画像などが、数えきれないほど多くの人の生活に精神的にも感情的にも強い影響を与えている。

(2)「御霊に従って歩む」生活とは、聖霊の導きと指示を求めてそれに従い、御霊の力に頼って神が願われるように生きることである。それは集中力、考え、活力、価値観などを神の願いと目的に合せることである(→「**罪の性質の行いと御霊の実**」の項 p.2208)。そのためには絶えず神の臨在を意識し、神のみこころ(神の特性と目的に基づいた神の願い、計画や意向)を達成するために必要な助けと力が与えられるように、頼り続けることが必要である。

(3) 罪の性質と聖霊とに同時に従うことは不可能である(8:7-8, ガラ5:17-18)。聖霊の力と助けを退け自分自身の能力に頼る人は(8:13)神の敵となる(8:7, ヤコ4:4)。その人は霊的に永遠の死を味わうことになる(8:13)。神の願いと目的を第一に考え、それに情熱を燃やす人は、永遠のいのちと神との交わりを期待することができる(8:10-11, 15-16)。

8:9 もし神の御霊があなたがたのうちに住んでおられるなら イエス・キリストを罪を赦す方、人生の導き手として受入れた瞬間から、信仰者の内側には聖霊が住んでおられる(⇒Ⅰコリ3:16, 6:19-20, エペ1:13-14, →「**聖霊の教理**」の項 p.1970)。

8:10 からだは罪のゆえに死んでいても 罪は人間のあらゆる部分に満ちているので(肉体面を含めて)、私たちのからだは死ぬか造り変えられるかしなければならない(⇒Ⅰコリ15:50-54, Ⅰテサ4:13-17)。けれどももしキリストに従いキリストの御霊が私たちの中に宿っておられるなら、私たちは「御霊によって」霊的に造り変えられた新しいいのちを体験することができる(8:11)。つまり、私たちは神との個人的な関係を楽しむことができ、また私たちのからだもいつの日か神とともにいる永遠の世界で新しいいのちによみがえるのである(→「**肉体の復活**」の項 p.2151)。

8:13 からだの行いを殺すなら 私たちの生活の中で神の働きと目的を制限しようとするあらゆるものに対して戦い続けなければならないことをパウロは強調する(⇒6:11-19)。それは罪がいつも私たちを再び支配しようとしているからである。

(1) この霊的な戦いはサタンと悪の力に向けられたものであるけれども(エペ6:12)、根本的には私たち自身の神に逆らう勝手な熱情、つまり「肉の欲望」に対するものである(ガラ5:16-21, ヤコ4:1, Ⅰペテ2:11)。キリスト者として私たちは、罪深い欲望に身をまかせるか、それとも今私たちがつながっている神のご性質と特性が求めることに従うか、絶えず決めていかなければならない(ガラ5:16, 18, Ⅱペテ1:4)。

14 神の御霊に導かれる人は、だれでも神の子どもです。
15 あなたがたは、人を再び恐怖に陥れるような、奴隷の霊を受けたのではなく、子としてくださる御霊を受けたのです。私たちは御霊によって、「アバ、父」と呼びます。

14 ①ガラ5:18、②ホセ1:10(ロマ9:26)、マタ5:9、ヨハ1:12、Ⅰコリ6:18等
15 ①Ⅰテモ1:7、ヘブ2:15、ガラ4:5,6、マタ6:23、③マコ14:36、ガタ4:6
16 ①ホセ1:10(ロマ9:26)、マタ5:9、ヨハ1:12、Ⅱコリ6:18等、②Ⅱ使5:32
17 ①ガラ3:29,4:7、エペ3:6、Ⅰペテ3:7、②使20:32、ヘブ1:14、黙21:7、②Ⅱコリ1:5, 7、ピリ3:10等、③コロ1:24

16 私たちが神の子どもであることは、御霊ご自身が、私たちの霊とともに、あかししてくださいます。
17 もし子どもであるなら、相続人でもあります。私たちがキリストと、栄光をともに受けるために苦難をともにしているなら、

(2) 誘惑を退け乗越えるために私たちは聖霊の力に頼って、「からだの行いを殺す」ことが必要である。けれども私たちは誘惑を退けるだけではなく、汚れた欲情の代りに信仰深いことを追い求めていかなければならない(→Ⅱコリ10:5注)。私たちの思いを悪い不純な思いに使うのではなく、むしろ神から見て「真実なこと、・・・誉れあること、・・・正しいこと、・・・清いこと、・・・愛すべきこと、・・・評判の良いこと、・・・徳と言われること、・・・称賛に値すること」に向けるべきである(ピリ4:8)。もし罪深い欲望を死なせたいなら、それを養ってはならない。つまり何を見、聞き、考え、行い、接触するかに注意しなければならない。そして霊的に成長し、私たちに対する神の目的を達成するのに役立つことに時間や注意、気力や情熱を意識的に当てるようにしなければならない。祈りや神のことば、礼拝やキリスト者の奉仕などに時間を割くような霊的な訓練は、誘惑を退け乗越える力を育てる上で役に立つ。もし罪の性質を養い続けるなら、それはもっと強くなる。けれどももし霊的性質を養うなら、それよりさらに強くなる(→6:11注)。

(3) 「からだの行いを殺す」ことに失敗した人は、霊的に死に(8:6, 13)、神の永遠の御国に入ることができなくなる(ガラ5:19-21)。「あなたがたは死ぬ」ということばは、キリスト者が霊的いのちから霊的死に戻ってしまうことを意味している。つまり、キリストを受入れ霊的に「新しく生まれ」たときに受取った新しいいのち(ヨハ3:3-6)は、もし自分自身の罪深い欲望を追い続けているなら消えてなくなってしまうのである(→「**背教**」の項 p.2350)。

8:13-14　神の子どもです　パウロは救いの確信の根拠(神との正しい関係にあり、神とともに過す永遠のいのちに向かっていることを知ることができること)になるものを示している。もしキリストを受入れて従い続け、「からだの行いを殺す」(8:13、→注)なら、私たちは聖霊に導かれている。御霊に導かれている人はまことの神の子どもである(→「**救いの確証**」の項 p.2447)。

8:14　神の御霊に導かれる　聖霊は神の子どもの中に住んで、神のことばの原則、基準、模範に従って考え、話し、行動するように導いてくださる。

(1) 聖霊は主に内面的な促し(たましいの中の訴え、動機、霊感)によって、日々の生活の中でキリスト者を導かれる。この内面的な促しは、(a) 神の目的に従ってそれを達成し、罪の性質に勝利するのを助ける(8:13、ピリ2:13、テト2:11-12)、(b) いつでも神のことばと一致し(Ⅰコリ2:12-13、⇒Ⅱペテ1:20-21)、(c) 人生の方向を示し(ルカ4:1、使10:19-20、16:6-7)、(d) 罪深い欲望に反対し(ガラ5:17-18、1ペテ2:11)、(e) 罪の意識、神の善悪の基準、悪に対する神のさばきに関心を持ち(ヨハ16:8-11)、(f) キリストに熱心に従うように励まし、キリストを信じる信仰から離れないように警告し(8:13、ヘブ3:7-14)、(g) 長期間抵抗して従わなければ弱くなり(1:28、エペ4:17-19, 30-31、Ⅰテサ5:19)、(h) 拒めば霊的な死をもたらし(8:6, 13)、(i) 従えば霊的ないのちと平安をもたらす(8:6, 10-11, 13、ガラ5:22-23)。

(2) 聖霊による促しは、(a) 神のことばを心して読むこと(ヨハ14:26, 15:7, 26, 16:13、Ⅱテモ3:16-17)、(b) 熱心に絶えず祈ること(8:26、使13:2-3、→「**効果的な祈り**」の項 p.585)、(c) 信仰深い説教や教えを聞くこと(Ⅱテモ4:1-2、ヘブ13:7, 17)、(d) 御霊の賜物を働かせること(→Ⅰコリ12:7-10, 14:6、→「**御霊の賜物**」の項 p.2138)、(e) キリスト者の両親や信頼できる霊的指導者の助言を聞くこと(エペ6:1、コロ3:20)などによって与えられる。→「**聖霊の働き**」の表 p.2187

8:15　アバ、父　→ガラ4:6注
8:16　御霊ご自身が・・・あかししてくださいます　聖霊の導きに従って主イエスとの正しい関係を保ち続けるなら、御霊は私たちの神の子どもであるという確信を与えてくださる(8:15)。そして主イエスが私たちを愛し続けてくださり、天において絶えずとりなしをしておられることを感じさせてくださる(⇒ヘブ7:25)。聖霊はまた父である神がひとり子主イエスを愛するのと同じように、私たちを養子として愛しておられることを示される(ヨハ14:21, 23, 17:23)。また主イエスが天にある報いを私たちとともに分かち合ってくださることを教えてくださる。御霊はまた私たちの中に愛と確信を作り出し、「アバ、父」(神に近付き神との深い個人的な関係があるときの表現)と呼ぶようにしてくださる(8:15)。→「**聖霊の教理**」の項 p.1970
8:17　苦難をともにしているなら　勝利者の生活は決して楽な道ではないことをパウロは示している。主イ

私たちは神の相続人であり、キリストとの共同相続人であります。

将来の栄光

18 今の時のいろいろの苦しみは、将来私たちに啓示されようとしている栄光に比べれば、取るに足りないものと私は考えます。 19 被造物も、切実な思いで神の子どもたちの現れを待ち望んでいるのです。 20 それは、被造物が虚無に服したのが自分の意志ではなく、服従させた方によるのであって、望みがあるからです。 21 被造物自体も、滅びの束縛から解放され、神の子どもたちの栄光の自由の中に入れられます。 22 私たちは、被造物全体が今に至るまで、ともにうめきともに産みの苦しみをしていることを知っています。 23 そればかりでなく、御霊の初穂をいただ

18 ①Ⅱコリ4:17, 回Ⅰペテ4:13
②コロ3:4, テト2:13等
19 ①書ピリ1:20, ②ホセ1:10
(ロマ9:26), マタ5:9,
ヨハ1:12, Ⅱコリ6:18等
③Ⅰコリ1:7,8, コロ3:4等
20 ①創3:17-19
②詩39:5,6, 伝1:2
③ロマ3:17,5:29
21 ①書使3:21,
Ⅱペテ3:13等
＊異本「入れられるからです」
22 ①書エレ12:4, 11
23 ①書ロマ5:3
②Ⅰコリ1:22,
回ロマ8:16

③Ⅱコリ5:2, 4
④ロマ7:24
⑤ロマ8:19, 25,
回ロマ8:15, ガラ5:5
24 ①回エペ2:8-9,
テト3:7, ②書Ⅱコリ5:7
(回ロマ4:18), ヘブ11:1
＊異本「だれが目で見ていることを望むでしょう」
25 ①Ⅰテサ1:3
26 ①回マタ20:22,
Ⅱコリ12:8
②ロマ8ハ14:16,
エペ6:18等
27 ①詩139:1,2, ルカ16:15,
黙2:23, 書使1:24
回ロマ8:5

いている私たち自身も、心の中でうめきながら、子にしていただくこと、すなわち、私たちのからだの贖われることを待ち望んでいます。 24 私たちは、この望みによって救われているのです。目に見える望みは、望みではありません。＊だれでも目で見ていることを、どうしてさらに望むでしょう。 25 もしまだ見ていないものを望んでいるのなら、私たちは、忍耐をもって熱心に待ちます。 26 御霊も同じようにして、弱い私たちを助けてくださいます。私たちは、どのように祈ったらよいかわからないのですが、御霊ご自身が、言いようもない深いうめきによって、私たちのためにとりなしてくださいます。 27 人間の心を探り窮める方は、御霊の思いが何かをよく知っておられます。なぜな

エスは苦しまれた。主に従う私たちも拒絶や困難、迫害などを体験するに違いない。けれども私たちは苦難を通して主イエスにつながり、その臨在によって慰めを体験し続ける(⇒Ⅱコリ1:5, ピリ3:10, コロ1:24, Ⅱテモ2:11-12)。私たちが神との関係を持ちキリストと一つになり、キリストをあかしし、この世界の不信仰な生き方に同調しないときに苦難が襲うのは、結果としてごく自然なことである(⇒12:1-2)。

8:18　今の時のいろいろの苦しみ　今の時代の苦しみや困難(病気、痛み、失望、不正、虐待、拒絶、悲しみ、迫害、様々な問題)は、主イエスとともに永遠を過すときに信仰者に与えられる祝福、特権、栄光に比べれば、とても小さなことと思われる(⇒Ⅱコリ4:17)。　→「正しい人の苦しみ」の項 p.825

8:22　被造物全体が・・・うめき　8:22-27でパウロは被造物(8:22)、信仰者(8:23)、聖霊(8:26)という三種類のうめきについて触れている。「被造物」(自然の中の生物と無生物)は、人間の罪のために苦しみ大災害を味わってきた(8:20)。したがって神はいつの日か自然そのものを再創造される。新しい天と新しい地ができて、何もかもが神のみこころの通りに回復される(⇒Ⅱコリ5:17, ガラ6:15, 黙21:1,5)。そのときに神の子どもたちは神の国の資産と報いを豊かに受取ることになる(8:14, 23)。

8:23　私たち自身も・・・うめき　キリスト者は聖霊とその様々な祝福を受けているけれども、なお心の中ではこの世界から救われ神とともに過す永遠の世界を待望んでうめく。このうめきには理由が二つある。(1) 罪深い世界に住んでいるキリスト者は周りにある悪の影響を見て深く悲しみうめく。そしてこの世界にいる限り、欠点や痛み悲しみを体験する。またほかの人々に罪の破壊的な影響が及ぶのを目にする(⇒Ⅱコリ5:2-4)。(2) キリスト者は地上で神の目的が達成されて神の国が来ることを求めてうめく。またキリストが再び来られるときに自分たちの救いが完成し、罪深い世界から解放されることを求める。そして神の子どもとしての特権を完全に受ける日を待望んでいる(⇒Ⅱコリ5:4)。

8:24　この望みによって救われている　→「聖書的希望」の項 p.943

8:26　御霊も・・・助けてくださいます　「助ける」と訳されていることばは複合語《ギ》スナンティラムバネタイ)で、聖霊は私たちの仲介者(ほかの人々のために訴える人)として、(a) 私たちとともに(スン)、(b) 私たちに代って(アンティ)、私たちの弱さを「取上げ」て(ラムバネタイ)くださるという意味である。それは私たちが置かれた状況の中で勝利者となるために(敗北者ではない)、私たちとともにいて助け力を与えてくださるという意味である。けれども御霊は、私たちのために離れて働いてくださることもある。私たちが無力なときに私たちの「助け手」でいてくださるのである(→「聖霊の教理」の項 p.1970)。

8:26　御霊ご自身が・・・私たちのためにとりなしてくださいます　私たちが祈るのを助けてくださる聖霊

ら、御霊は、神のみこころに従って、聖徒のためにとりなしをしてくださるからです。

圧倒的な勝利者

²⁸神を愛する人々、すなわち、神のご計画に従って召された人々のためには、神がすべてのことを働かせて益としてくださることを、私たちは知っています。
²⁹なぜなら、神は、あらかじめ知っておられる人々を、御子のかたちと同じ姿にあらかじめ定められたからです。それは、御子が多くの兄弟たちの中で長子となられるためです。

27③ロマ8:34
28①ロマ8:30, 9:24等
　＊異本「すべてのことが働いて益となることを」
　②ロマ8:32
29①ロマ11:2, Ⅰペテ1:2,20
　②Ⅰコリ15:49, ピリ3:21等
　③Ⅰコリ2:7, エペ1:5, 11
　④コロ1:18, ヘブ1:6

30①Ⅰコリ2:7, エペ1:5, 11,
　ヨハ6:44
　②ロマ8:28, 9:24,
　Ⅰコリ1:9等, ⑩ロマ11:29
　③Ⅰコリ6:11
　④ヨハ17:22, Ⅰコリ2:7等
31①⒅ロマ3:5, 4:1
　詩118:6, ⒁マタ1:23
32①⒅ヨハ3:16, ロマ5:8
　②ロマ4:25
33①⒅ルカ18:7

³⁰神はあらかじめ定めた人々をさらに召し、召した人々には義と認め、義と認めた人々にはさらに栄光をお与えになりました。
³¹では、これらのことからどう言えるでしょう。神が私たちの味方であるなら、だれが私たちに敵対できるでしょう。
³²私たちすべてのために、ご自分の御子をさえ惜しまずに死に渡された方が、どうして、御子といっしょにすべてのものを、私たちに恵んでくださらないことがありましょう。
³³神に選ばれた人々を訴えるのはだれです

の働きについて次の三つの点が重要である。（1）神の子どもである私たちには二人のとりなし手（仲介者、ほかの人々のために訴えるまたはほかの人々の必要や立場に責任を負う人）がおられる。キリストは天において私たちのためにとりなしてくださる（8:34、→ヘブ7:25注、Ⅰヨハ2:1）。そして聖霊は地上で私たちの内側からとりなしてくださる（→「**とりなし**」の項 p.1454）。（2）「深いうめきによって」とは、私たちが必要や神への願いを表す適切なことばが見つからないときに、聖霊が私たちの内側からの必死な叫びや心の願いを通して父である神と話合ってくださることを示していると思われる。（3）私たちの心の願いは、私たちの内に住んでおられる聖霊から出て来るものでなければならない。聖霊は「神のみこころに従って」（8:27）、私たちの必要を御父に訴えてくださる。神の願いが私たちの願いになるとき、私たちの祈りは効果的になる（「**効果的な祈り**」の項 p.585）。

8:28 神がすべてのことを働かせて益としてくださる
人生で苦しみに遭うとき、このことばは神の子どもたちにとって大きな励ましになる。（1）忠実な人々のために神はあらゆる困難や問題、迫害や苦しみの中から良いものを引出してくださる。最高に良いものとは、主イエス・キリストとさらに親しくなりその姿に似るものになることで、最終的には主の栄光にあずかるようになることである（8:18, 29、→「**神の摂理**」の項 p.110、「**正しい人の苦しみ**」の項 p.825）。（2）この約束は、神を愛しキリストを信じる信仰を通して神に服従している人にだけ与えられている（⇒出20:6、申7:9、詩37:17、イザ56:4-7、Ⅰコリ2:9）。（3）「すべてのこと」には、私たちの罪や霊的怠慢などは当然含まれていない（6:16, 21, 23, 8:6, 13、ガラ6:8）。神が益に変えてくださるのだからと言って罪を犯してはならない。実際に罪を犯した後に罪を神に告白し赦していただいたとしても、私たちはその罪の結果を一時的だったとしても体験する。（4）けれども神に対する罪を告白して本当にそれから立返るなら、たといどんな失敗をしたとしても神は最高のご計画を私たちの人生に実現してくださる。

8:29 神は、あらかじめ知っておられる人々を「あらかじめ知っておられる」とは、「あらかじめ愛しておられる」、または「前もって愛しておられた」と同じ意味である。そのことばは私たちが存在する前から、また神を知る前から、神が私たちに愛を示そうと決めておられたという意味で使われている（⇒5:8、出2:25、詩1:6、ホセ13:5、マタ7:21-23、Ⅰコリ8:3、ガラ4:9、Ⅰヨハ3:1）。

（1）予知とは神が永遠の昔（初めのない無限の過去）から人類を愛し、自分勝手な道から救い出し、キリストを通して神との関係を回復することを望んで決めておられたという意味である（5:8、ヨハ3:16）。神の予知の対象（神の愛を受ける人）は複数形（人々）で示されていて、教会（キリストの弟子たち全員）を指している。これは「キリストのからだ」全体を意味している（エペ1:4, 2:4、Ⅰヨハ4:19）。このからだである教会には、信仰、従順、献身によってキリストと一つになった人々だけが含まれている（ヨハ15:1-6、「**選びと予定**」の項 p.2215）。

（2）キリストの普遍的なからだ（あらゆる時代の信仰者全員）は、最後には栄光へと変えられる（神から栄誉と報いを受けキリストとともに永遠に治める 8:30）。神の目的から離れ、キリストを信じる信仰にとどまらない人々は、この名誉を失うことになる（8:12-14, 17、コロ1:21-23）。

8:30 あらかじめ定めた 予定の説明 →「**選びと予定**」の項 p.2215

か。神が義と認めてくださるのです。
34 罪に定めようとするのはだれですか。死んでくださった方、いや、よみがえられた方であるキリスト・イエスが、神の右の座に着き、私たちのためにとりなしていてくださるのです。
35 私たちをキリストの愛から引き離すのはだれですか。患難ですか、苦しみですか、迫害ですか、飢えですか、裸ですか、危険ですか、剣ですか。
36 「あなたのために、私たちは一日中、
　　死に定められている。
　　私たちは、ほふられる羊とみなされた。」
と書いてあるとおりです。
37 しかし、私たちは、私たちを愛してくださった方によって、これらすべてのこと

33 ①イザ50:8, 9
34 ①ロマ8:1, ②ロマ5:6, 7, ③Ⅰ使2:24
　*異本「死人の中よりよみがえられた方」
　④Ⅰマコ16:19
　⑤ヘブ7:25, ロマ8:27, 函ヘブ9:24, Ⅰヨハ2:1
35 ①ロマ8:37以下
　*異本「神の」
　②ロマ2:9, 函Ⅱコリ4:8
　③Ⅰコリ4:11, Ⅱコリ11:26, 27
36 ①詩44:22, Ⅰコリ4:9, 15:30以下, Ⅱコリ1:9, 4:10, 11, 6:9, 11:23, 函黙20:24
37 ①ガラ2:20, エペ5:2, 黙1:5
　②函Ⅰコリ15:57, ヨハ16:33
38 ①Ⅰコリ3:22
　②Ⅰコリ15:24, エペ1:21, Ⅰペテ3:22, ③Ⅰコリ3:22
39 ②ロマ8:1, ②ロマ5:8
1 ①Ⅱコリ11:10, ガラ1:20, Ⅰテモ2:7, 函ロマ1:9

中にあっても、圧倒的な勝利者となるのです。
38 私はこう確信しています。死も、いのちも、御使いも、権威ある者も、今あるものも、後に来るものも、力ある者も、
39 高さも、深さも、そのほかのどんな被造物も、私たちの主キリスト・イエスにある神の愛から、私たちを引き離すことはできません。

神の卓越した選び

9 1 私はキリストにあって真実を言い、偽りを言いません。次のことは、私の良心も、聖霊によってあかししています。
2 私には大きな悲しみがあり、私の心には絶えず痛みがあります。

Ⅱコリ11:12-15

8:34 私たちのためにとりなしていてくださる →ヘブ7:25注、→「とりなし」の項 p.1454

8:35-39 私たちをキリストの愛から引き離すのはだれですか ここでのパウロのメッセージの主な目的は、信仰者は人生の苦しみがあってもキリストから引離されないことを示すことだった。実際に信仰者は、困難に遭うことによってさらにキリストとその目標に近付くようになる。多くの人が神の愛を拒むことがあり、神がその人々に愛の祝福を注がれないときがあるかもしれない。けれども、神の愛が届かないところはない。この約束は特にキリストを信じる信仰によって義とされ（神との関係が回復された 8:33）、信仰にとどまり忠実であり続ける人々に与えられている。

8:36 ほふられる羊 8:35-36に挙げられている困難や厳しい情況は、あらゆる世代の神の民が体験してきたことである（使14:22、Ⅱコリ11:23-29、ヘブ11:35-38）。キリスト者は、困難や迫害、飢えや危険、深刻な貧困などを体験しても疑問を持つべきではない。これらのことは神が私たちを見捨てて愛することを止められたということではない（8:35）。むしろ逆に、神の民は苦しむことによってさらに多くの神の愛と慰めを体験するようになる（Ⅱコリ1:4-5）。このような逆境の中にあっても、私たちは信仰とキリストとの関係によってそれらを乗越え勝利できるとパウロは保証している（8:37-39、⇒マタ5:10-12、ピリ1:29）。

8:37 私たちは・・・圧倒的な勝利者となる この文章全体はギリシヤ語では一つのことば（ヒュペルニコーメン）である。これは複合語で、新約聖書では一度だけ、ここにしか出てこない。ヒュペルは「上の、超えて」という意味で、ニコーメンは「勝利する」とい

う意味である。したがってキリスト者は罪の世界で苦しみや環境の「犠牲者」ではなく、むしろ「圧倒的な勝利者」または「超勝利者」であるとパウロは言っている。キリストの弟子たちは、人生の困難な情況を辛うじて切抜けているのではなく、「絶対的な勝利者」なのである。それは主イエスが十字架の死を通して私たちのために勝利を得られたからである。その勝利によって私たちは今、霊的救いと私たちの内に住む聖霊の臨在を持ち、人生の戦いの中でも「圧倒的な勝利者」になる力が与えられる（⇒8:28, 38-39）。

8:39 私たちの主キリスト・イエスにある神の愛 もし霊的生活に失敗する人がいても、それは神の愛と恵み（受けるにふさわしくない好意、助け、特別な力 8:31-34）が足りないからでも、外からの力や災難が強力だったからでもない（8:35-39）。むしろそれは自分の霊的怠慢や主イエスに忠実でなかったことによる（→ヨハ15:6注）。神の愛はただ、「キリスト・イエスに」あって完全に現されるのであって、私たちはこの方との個人的関係を通して、初めてその愛を完全に体験することができる。「私たちの主」としてキリストに忠実であるなら（主の導きと権威に服従し続ける限り）、私たちは神の愛から引離されることは絶対にない。

9:1 イスラエルの不信仰 9－11章でパウロは、イスラエルの過去の選び（神の選民になり救いの計画を世界に啓示するために用いられること 9:6-29）、現在福音を拒んでいる問題（9:30-10:21）、未来の救いの希望（11:1-36）という問題を扱っている。詳細→「神の計画の中のイスラエル」の項 p.2077

9:2 私には大きな悲しみがあり パウロはキリスト

³ もしできることなら、私の同胞、肉による同国人のために、この私がキリストから引き離されて、のろわれた者となることさえ願いたいのです。

⁴ 彼らはイスラエル人です。子とされることも、栄光も、契約も、律法を与えられることも、礼拝も、約束も彼らのものです。

⁵ 父祖たちも彼らのものです。またキリストも、人としては彼らから出られたのです。このキリストは万物の上にあり、とこしえにほめたたえられる神です。アーメン。

⁶ しかし、神のみことばが無効になったわけではありません。なぜなら、イスラエルから出る者がみな、イスラエルなのではなく、

⁷ アブラハムから出たからといって、すべてが子どもなのではなく、「イサクから出る者があなたの子孫と呼ばれる」のだからです。

⁸ すなわち、肉の子どもがそのまま神の子どもではなく、約束の子どもが子孫とみなされるのです。

⁹ 約束のみことばはこうです。「私は来年の今ごろ来ます。そして、サラは男の子を産みます。」

¹⁰ このことだけでなく、私たちの父イサクひとりによってみごもったリベカのこともあります。

¹¹ その子どもたちは、まだ生まれてもおらず、善も悪も行わないうちに、神の選びの計画の確かさが、行いにはよらず、召してくださる方によるようにと、

¹² 「兄は弟に仕える」と彼女に告げられたのです。

¹³ 「わたしはヤコブを愛し、エサウを憎んだ」と書いてあるとおりです。

¹⁴ それでは、どういうことになりますか。神に不正があるのですか。絶対にそんなことはありません。

¹⁵ 神はモーセに、「わたしは自分のあわれむ者をあわれみ、自分のいつくしむ者をいつくしむ」と言われました。

¹⁶ したがって、事は人間の願いや努力によるのではなく、あわれんでくださる神によるのです。

¹⁷ 聖書はパロに、「わたしがあなたを立てたのは、あなたにおいてわたしの力を示し、わたしの名を全世界に告げ知らせるためである」と言っています。

¹⁸ こういうわけで、神は、人をみこころの

を知らない人々に深い関心を持ちまた悲しんでいた（10:1、11:14、Ⅰコリ9:22）。キリスト者はみな同じ態度を持つべきである。この悲しみと、ほかの人々の救いのためなら自分は苦しんでも構わないという姿勢は、モーセ（出32:32）と主イエス（マタ23:37、ロマ3:24-25）の中にも見ることができた。

9:6 神のみことばが無効になった ここからパウロは、イスラエル民族に対する神の対応と現在のイスラエルが主イエスをメシヤ（救い主、キリスト）として信じないで拒んでいる理由について長い議論を始める。
→「神の計画の中のイスラエル」の項 p.2077

9:11 神の選びの計画 エサウとヤコブに実現した神のご計画 →「アブラハム、イサク、ヤコブとの神の契約」の項 p.74、「神の計画の中のイスラエル」の項 p.2077

9:13 わたしはヤコブを愛し、エサウを憎んだ これは、「私はヤコブを選び、エサウを退けた」という意味である。ヤコブ（神はイスラエルという名前を与えられた 創32:28）とその子孫は永遠の救いを受けるように選ばれたけれども、エサウとその子孫は永遠の滅び（さばきと神からの分離）に定められたという意味ではない。神がヤコブの子孫（イスラエル人またはユダヤ人）を選ばれたのは、神の啓示と祝福を世界へ届ける管とするためだった（→マラ1:3注）。注目するべきことは、9－11章によると、ヤコブの子孫の大部分は神から与えられた目的を実現することができず、後には神から拒否されてしまったことである（9:27、30-33、10:3、11:20）。ところが、「愛され」ず選ばれもしなかった（異邦人－イスラエル人でもユダヤ人でもない人々）多くの人がキリストを信じる信仰によって神に従い、「生ける神の子ども」（9:25-26）になった。

9:15 わたしは・・・あわれみ ここでは神のあわれみの自由さが強調されている。神のあふれる愛情を、人間は自分の力で手に入れたり調整したりすることはできない（9:16）。神は全世界の人をあわれもうと決意された（11:32）。けれども神の愛とあわれみに応答して受入れるのは、個人個人にゆだねられている。

9:18 神は、人をみこころのままにあわれみ 神は悔い改め（自分たちの反抗的な生き方を認めそれから離れること）、神の赦しを受入れて主イエスを救い主、

神の計画の中のイスラエル

「しかし、神のみことばが無効になったわけではありません。なぜなら、イスラエルから出る者がみな、イスラエルなのではなく」(ローマ人への手紙9：6)

序　論

ローマ人への手紙9－11章でパウロは、イスラエル民族の過去の選び(救いの計画を啓示するために神が用いられる神の特別な民として選ばれること)、現在キリストを拒んでいる問題、未来の救いと神の目的への回復の希望について書いている。この三つの章は、ユダヤ人のキリスト者の質問に応えるために書かれている。その質問は、イスラエル民族全体が福音のメッセージ(キリストの「よい知らせ」)と何も関係していないのに、アブラハムとイスラエルの民に与えられた神の約束は今も有効なのかということだった(この問題の背景 →**「アブラハム、イサク、ヤコブとの神の契約」**の項 p.74、**「イスラエル人との神の契約」**の項 p.351)。それについてのパウロの議論は次のように要約することができる。

概　論

神の救いの計画(あらゆる国の人々を神との個人的関係に引入れる神の計画)の中のイスラエルについてパウロは三つの要点を挙げている。

(1) 第一に(ロマ9：6-29)、神の選民としてのイスラエルの過去の特権を検討している。(a) 9章6－13節でパウロは、イスラエルに対する神の約束は無効になっていない、なぜならその約束は本当のイスラエル、つまり神と神の約束に忠実なイスラエルだけを対象にしているからであると主張する(→創12：1-3, 17：19)。イスラエル民族全体を見るときに、一部分ではあるけれどもその約束を受入れたイスラエル人(残された民)が必ずいる。(b) 9章14-29節でパウロは、神には個人に対しても民族に対してもご自分が好むように行う権利があると指摘している。もしイスラエルが従わないなら神には拒む権利があり、異邦人(イスラエル人またはユダヤ人以外のほかの民族の人々)にあわれみを示して霊的救いを提供する権利がある。

(2) 第二に(ロマ9：30-10：21)、キリストとその福音を拒んでいる現在のイスラエルの姿を分析している。キリストを受入れず応答もしないのは、神の不変のご計画に含まれていたことではなく、イスラエル自身の不信仰と不従順によるものである(→ロマ10：3注)。神が強制的に神のご計画を拒むようにさせたのではなく、イスラエルが自分で神から離れたのである。

(3) 第三にパウロは、イスラエルが拒まれたのは一部分で、一時的であると説明している(ロマ11：)。キリストを受入れて忠実なイスラエル人はいつの時代にも必ずいる。そして未来のある時点で、イスラエルは民族全体としてキリストをメシヤ、救い主として受入れて神の救いを体験するようになる。パウロのこの議論にはいくつかの段階がある。(a) 神は本当のイスラエルを拒まれたのではなく、「残された者」たち(イスラエルの一部分)に今も忠実でおられる(ロマ11：1-6)。(b) イスラエルの大部分が不信仰で不忠実になった結果、神は自分勝手な道を行かせ、さらにキリストを拒むのを許された(ロマ11：7-10, ⇒ロマ9：31-10：21, 出7：3注)。(c) 神はイスラエルが犯した大きな罪(キリストを拒んで十字架につけたこと)を全世界に霊的救いのメッセージを広めるための機会に変えられた(ロマ11：11-12, 15)。(d) イスラエル民族がキリストを拒んでいる今の時代に、ユダヤ人と異邦人の両方(⇒ロマ10：12-13)に与えられる個人的霊的救いは、イエス・キリストを信じるかどうかによる(ロマ11：13-24)。(e) イスラエル民族の一部分は、未来にイエス・キリストを受入れるようになる(ロマ11：25-29)。(f) 神の最高の目的は、ユダヤ人と異邦人の両方のあらゆる人々にあわれみをかけることである。キリストに頼り、自分の罪を赦してくださる方、人生の導き手として受入れる人をみな、神は御国に入れてくださる(ロマ11：30-36, ⇒ロマ10：12-13, 11：20-24)。

見通し

ローマ人への手紙の中のこの三つの章にはいくつかの特徴がある。

(1) イスラエルについてのこの議論は、個人の霊的状態や永遠のいのち、永遠の死のことを扱っているのではない。パウロは国や民族を神がどのように取扱われるかを広く歴史的に議論しているのである。全体的計画の中で、神はみこころのままに国や民族を、神への応答の仕方や神の基準や目的へのかかわり方にしたがって用いられる。たとえば、神がエサウよりヤコブを選ばれた（ロマ9：11-12）のは、このふたりから出たイスラエル民族とエドム人を創設して用いるという目的のためだった。それは霊的に救われているかそれとも滅びるかという個人の永遠の運命とは関係がなかった。大切なことは、神には特別な目的のためにこのような個人や民族を選んで責任を与える権利があるということである。

(2) パウロはユダヤ民族に対して心を痛めながら、関心を示し深い悲しみを表している（ロマ9：1-3）。パウロは仲間のユダヤ人が救われるように祈っているけれども、そのことは、人々がキリストを受入れるか拒むか、そして天国へ行くか地獄へ行くか既に予定されている（あらかじめ神によって決定され定まっている）というふうにパウロは考えていなかったことを示している。むしろパウロの祈りは、ユダヤ人に対する神の願いを反映したものである（⇒ロマ10：21、→ルカ19：41注）。この世界に生れて来る前にある人々は（決定権がないまま）地獄に行くように予定されているという教えは、新約聖書のどこにも見ることができない（→「選びと予定」の項 p.2215）。キリストにどのように応答するか、選択権はだれにも与えられている。

(3) この議論全体の中で最も重要なのは信仰の問題である。大部分のイスラエル人が霊的に失われた状態であるのは、神によって予定され定められたからではない。それはキリストを信じる信仰によって救われるという神のご計画に従おうとしなかった結果である（ロマ9：33、10：3、11：20）。けれどもほかの国々の多くの人は、神の定めた信仰の道を受入れ、御子イエス・キリストを通して神との正しい関係を受入れている。神に頼り従ったので、その人々は「生ける神の子ども」（ロマ9：25-26）になった。このことは神を信じる信仰と神のご計画を受入れた結果としての従順さが重要であることを示している（ロマ1：5、16：26、「信仰と恵み」の項 p.2062）。

(4) もしイスラエル民族が現在の不信仰から離れてキリストを自分たちの霊的救い主として受入れるなら、神は今でも希望を与えてくださる（ロマ11：23）。神との個人的関係を体験するには、これ以外に方法はない。神はまた、ユダヤ人ではないけれどもキリストの教会につながっている人々に対して、ユダヤ人が救いから外された（自分でそのように選んだ）のと同じことを体験する可能性があることを警告しておられる。したがって、現在キリストに従っている人々は謙虚になり、毎日の生活の中で神をあがめ神に従って信じ続けていかなければならない（ロマ11：20-23）。この警告は、パウロがこれを書いた時と同じように今でも重要である。

(5) 神のことばにはイスラエルがやがて回復されるという約束が満ちている。それは、イスラエル全体がついに主イエスをキリスト（メシヤ、救い主）として受入れるときである。このことは大患難の時代（他に例を見ない地上に下る神のさばきのとき）が終り、キリストが地上に再び来られて反キリストの軍勢に勝利し地上に御国を建上げ、歴史を閉じられる直前に起こることである（→イザ11：10-16注、24：17注、21注、23注、49：22-26注、エレ31：31-34注、エゼ37：12-14注、ロマ11：26注、黙12：6注、20：1-6、→「大患難」の項 p.1690、「終末の事件」の表 p.2471）。

ローマ　9章

ままにあわれみ、またみこころのままにかたくなにされるのです。

19 すると、あなたはこう言うでしょう。「それなのになぜ、神は人を責められるのですか。だれが神のご計画に逆らうことができましょう。」

20 しかし、人よ。神に言い逆らうあなたは、いったい何ですか。形造られた者が形造った者に対して、「あなたはなぜ、私をこのようなものにしたのですか」と言えるでしょうか。

21 陶器を作る者は、同じ土のかたまりから、尊いことに用いる器でも、また、つまらないことに用いる器でも作る権利を持っていないのでしょうか。

22 ですが、もし神が、怒りを示してご自分の力を知らせようと望んでおられるのに、その滅ぼされるべき怒りの器を、豊かな寛容をもって忍耐してくださったとしたら、どうでしょうか。

23 それも、神が栄光のためにあらかじめ用意しておられたあわれみの器に対して、その豊かな栄光を知らせてくださるためになのです。

24 神は、このあわれみの器として、私たちを、ユダヤ人の中からだけでなく、異邦人の中からも召してくださったのです。

25 それは、ホセアの書でも言っておられるとおりです。

「わたしは、わが民でない者をわが民と呼び、
　愛さなかった者を愛する者と呼ぶ。
26 『あなたがたは、わたしの民ではない』と、
　わたしが言ったその場所で、彼らは、生ける神の子どもと呼ばれる。」

27 また、イスラエルについては、イザヤがこう叫んでいます。

「たといイスラエルの子どもたちの数は、海べの砂のようであっても、
　救われるのは、残された者である。
28 主は、みことばを完全に、しかも敏速に、地上に成し遂げられる。」

29 また、イザヤがこう預言したとおりです。

主(人生の導き手、権威者)として自分の人生を明け渡す人々にあわれみを示したいと願っておられる。ところがキリストを拒む人々は、神に対してさらに反抗的になる。神のあわれみ深いご計画は、人や民族によって異なるものではない(⇒2:4-11)。

9:18　みこころのままにかたくなにされる　神はパロの心をかたくなにされたと聖書は言っている(出4:21, 7:3, 13, 9:12, 10:1, 11:10, 14:17)。またある時には、パロ自身が心をかたくなにしたとも言っている(出7:22-23, 8:15, 32)。その心が神に対して既に反抗的だったパロは、神からさばかれて当然だった。神の願いや目的を退けたとき、神はパロをさらにかたくなにされた(→出7:3注)。これは神の勝手な行き当たりばったりの行動ではない。神はパロにしてもだれにしても、強制的に神に反抗させたりなさらない。けれども既に反抗的になっている人々は神と向き合うとさらに反抗して心をかたくなにする。霊的に心が固くなるこの原理は、神に反抗する人々に対する神のさばきの一つである(⇒1:21-32)。最終的に、神は不信仰なイスラエルを退けられた(9:30-32)。

9:21　陶器を作る者は・・・権利を持っていないのでしょうか　神は最高の主権(決めたことを行う最高の権力と権威)を持ち、目的を達成するためにはだれに相談することもなく人々を使う権利を持っておられるとパウロは論じている。(1) ここで私たちは、個人や民族を扱う場合の道徳的基準が神には欠けているなどと考えてはならない。聖さ(純粋、完璧、完全、悪からの分離)と完全な正義こそ神のご性質と特性である。それは不完全な人間の知恵によって左右されるものではない。むしろ神ご自身の完全な愛(ヨハ3:16)やあわれみ(詩25:6)、道徳的高潔性(純粋で真実な品性)や慈愛(詩116:5)を伴うものである。(2) 9:6-29を神が勝手に行き当たりばったりにある人々を救うために選び、ほかの人々を滅びに選ばれるという意味に解釈する人がいたら、それは非常に大きな誤解である(→「選びと予定」の項 p.2215)。

9:22-23　怒りの器・・・あわれみの器　「怒りの器」ということばは、永遠の滅びに行く道にいる人々のことである。人々はその罪深い行動と神に対する反抗によって怒りの対象になっている。それはパウロが、「ところが、あなたは、かたくなさと悔い改めのない心のゆえに・・・御怒りを自分のために積み上げているのです」と前に言った通りである(2:5)。けれどもここの中心点は、やはり神のあわれみである。「怒りの器」(神に逆らう人々)は、まだ悔い改めて(自分勝手な生き方を認めてそれから離れる)、神に立返りあわ

「もし万軍の主が、私たちに
　子孫を残されなかったら、
　私たちはソドムのようになり、
　ゴモラと同じものとされたであろう。」

イスラエルの不信仰

30 では、どういうことになりますか。義を追い求めなかった異邦人は義を得ました。すなわち、信仰による義です。
31 しかし、イスラエルは、義の律法を追い求めながら、その律法に到達しませんでした。
32 なぜでしょうか。信仰によって追い求めることをしないで、行いによるかのように追い求めたからです。彼らは、つまずきの石につまずいたのです。
33 それは、こう書かれているとおりです。

「見よ。わたしは、
　シオンに、つまずきの石、妨げの岩を
　置く。
　彼に信頼する者は、
　失望させられることがない。」

29 ①イザ1:9
　②ヤコ5:4
　③申29:23, イザ13:19,
　エレ49:18, 50:40,
　アモ4:11
30 ①黙9:14
　②ロマ10:6,
　ガラ2:16, 3:24,
　ピリ3:9, ヘブ11:7,
　囲ロマ1:17, 3:21,22
31 ①イザ51:1,
　ロマ10:2, 3, 11:7,
　囲ロマ9:30, 10:20
　②囲ガラ5:4
32 ①イザ8:14,
　Ⅰペテ2:6, 8
33 ①イザ28:16
　②囲ロマ9:30
　③囲ロマ5:5

2 ①圏使21:20
3 ①圏ロマ1:17
　②イザ51:1,
　ロマ10:2, 3, 11:7,
　囲ロマ9:30, 10:20
4 ＊別訳「律法の目標であり」
　①圏ロマ3:22
5 ①レビ18:5, ネヘ9:29,
　エゼ20:11, 13, 21,
　囲ロマ7:10
6 ①圏ロマ9:30
　②申30:12, 13
7 ①圏ルカ8:31
　②ヘブ13:20
8 ①申30:14
9 ①圏マタ10:32,
　ルカ12:8, 囲ロマ14:9,
　Ⅰコリ12:3, ピリ2:11
　＊別訳「すなわち、」
　②ロマ4:24, 囲使16:31
　③囲使2:24

いるのは、彼らの救われることです。
2 私は、彼らが神に対して熱心であることをあかしします。しかし、その熱心は知識に基づくものではありません。
3 というのは、彼らは神の義を知らず、自分自身の義を立てようとして、神の義に従わなかったからです。
4 ＊キリストが律法を終わらせられたので、信じる人はみな義と認められるのです。
5 モーセは、律法による義を行う人は、その義によって生きる、と書いています。
6 しかし、信仰による義はこう言います。「あなたは心の中で、だれが天に上るだろうか、と言ってはいけない。」それはキリストを引き降ろすことです。
7 また、「だれが地の奥底に下るだろうか、と言ってはいけない。」それはキリストを死者の中から引き上げることです。
8 では、どう言っていますか。「みことばはあなたの近くにある。あなたの口にあり、あなたの心にある。」これは私たちの宣べ伝えている信仰のことばです。
9 ＊なぜなら、もしあなたの口でイエスを主と告白し、あなたの心で神はイエスを死者

10

1 兄弟たち。私が心の望みとし、また彼らのために神に願い求めて

れみを受取ることができる。「あわれみの器」ということばは、イエス・キリストに頼り従うユダヤ人と異邦人(→10:12注)の両方を指している(9:24-33)。

9:32 信仰によって追い求めることをしない 大多数のイスラエルの霊的情況は、キリストを信じる信仰によって救われるという神のご計画に従おうとしないものだった(9:33)。けれども多くの異邦人は、主イエスの福音を聞いて神の霊的救いの道を受入れた。その結果、神の赦しを受取り、イエス・キリストを信じる生きた信仰に基づいた神との正しい関係に入れられた(9:30、→「信仰と恵み」の項 p.2062)。

10:1 私が心の望みとし、また・・・神に願い求めているのは ここに示されているパウロの態度によると、パウロは、人々が天国へ行くか地獄へ行くかは予定されている(あらかじめ神によって決められている)とは信じていないことがわかる。詳細 →「選びと予定」の項 p.2215、→「神の計画の中のイスラエル」の項 p.2077

10:3 彼らは・・・従わなかった 10章が9－11章のパウロの議論とどのようにかみ合うかについての説明 →「神の計画の中のイスラエル」の項 p.2077

10:9-10 告白し・・・心に信じて 霊的な救いに最も必要な条件がここにまとめられている。その中心は、キリストが主(指導性と権威)であることと、肉体をもってよみがえられたこととを信じる信仰である。信仰は心の中のものであるけれども、感情や知性、意思を伴い(→「心」の項 p.1043)、その人全体とかかわるものである。信仰はまた、ことばと行いの両方によって公に主イエスを主として表明して、献身することでなければならない(→「信仰と恵み」の項 p.2062)。

10:9 イエスを主と告白し 最も初期の信条(信仰の宣言)や新約聖書の教会の信仰告白のことばは、「イエスは救い主」ではなく、「イエスは主」だった(⇒使8:16, 19:5, Ⅰコリ12:3)。新約聖書の中でイエス・キリストが「救い主」と呼ばれているのは20回ほどである。けれども「主」と呼ばれているのは数百回もある。

（1）ある宗教グループは、主イエスは救い主(罪の赦しと霊的救いという神の贈り物をくださる方)であっても必ずしも主ではないと教えている。けれどもそのような教えは新約聖書の中には見当たらない。主イエスを救い主として受入れながら主として受入れないなら、自分の人生の最高の導き手、権威者として従

の中からよみがえらせてくださったと信じるなら、あなたは救われるからです。
10 人は心に信じて義と認められ、口で告白して救われるのです。
11 聖書はこう言っています。「彼に信頼する者は、失望させられることがない。」
12 ユダヤ人とギリシヤ人との区別はありません。同じ主が、すべての人の主であり、主を呼び求めるすべての人に対して恵み深くあられるからです。
13「主の御名を呼び求める者は、だれでも救われる」のです。
14 しかし、信じたことのない方を、どうして呼び求めることができるでしょう。聞いたことのない方を、どうして信じることができるでしょう。宣べ伝える人がなくて、どうして聞くことができるでしょう。
15 遣わされなくては、どうして宣べ伝えることができるでしょう。次のように書かれているとおりです。「良いことの知らせを伝える人々の足は、なんとりっぱでしょう。」

11 ①イザ28:16, ロマ9:33
12 ①訳ロマ3:22,
 訳ロマ3:29
 ②ロマ3:29
 ③訳使10:36
13 ①ヨエ2:32, 使2:21,
 訳使7:59
14 ①訳エペ2:17, 4:21
 ②訳8:31, テト1:3
15 ①イザ52:7
 ②訳ロマ1:15, 15:20

16 ①訳ロマ3:3
 ②イザ53:1, ヨハ12:38
17 ①訳ガラ3:2,5
 ②コロ3:16
 *別訳「(キリスト)の」
18 ①詩19:4, コロ1:6, 23,
 Ⅰテサ1:8, 訳ロマ1:8
 *別訳「人の住む果て」
19 ①申32:21
 ②ロマ11:11, 14
20 ①訳イザ65:1, ロマ9:30

16 しかし、すべての人が福音に従ったのではありません。「主よ。だれが私たちの知らせを信じましたか」とイザヤは言っています。
17 そのように、信仰は聞くことから始まり、聞くことは、キリスト*についてのみことばによるのです。
18 でも、こう尋ねましょう。「はたして彼らは聞こえなかったのでしょうか。」むろん、そうではありません。
「その声は全地に響き渡り、
そのことばは地の果て*まで届いた。」
19 でも、私はこう言いましょう。「はたしてイスラエルは知らなかったのでしょうか。」まず、モーセがこう言っています。
「わたしは、民でない者のことで、
あなたがたのねたみを起こさせ、
無知な国民のことで、あなたがたを怒らせる。」
20 またイザヤは大胆にこう言っています。
「わたしは、わたしを求めない者に見

い続けることはできない。これが聖書の教えであり、キリスト教の中心点である(使2:36-40)。

(2)「主」(《ギ》キュリオス)ということばは力、権威、統制力を持つこと、そして主人として支配する権利を行使できるということを意味している。「イエスは主である」と告白することは、主イエスが神と等しい方であり(10:13、ヨハ20:28、使2:36、ヘブ1:10)、力(黙5:12)、礼拝(ピリ2:10-11)、信頼(ヨハ14:1、ヘブ2:13)、服従(ヘブ5:9)、祈り(使7:59-60、Ⅱコリ12:8)を受けるべき方であると宣言することである。

(3) 新約聖書のキリスト者が主イエスを「主」と呼んだのは、単に外側に向けての告白ではなく、キリストとそのみことばが人生の最高の権威であると認めた、心の内側の真剣な態度(⇒Ⅰペテ3:15)の表明だった(ルカ6:46-49、ヨハ15:14)。主イエスは家庭や教会、学校や職場で私たちの主でなくてはならない。また人生の知的領域、経済的領域、教育や娯楽など、あらゆる領域で私たちの主でなくてはならない(12:1-2、Ⅰコリ10:31)。

10:9 神はイエスを死者の中からよみがえらせてくださった キリストが肉体をもってよみがえられたことを否定する人は、霊的な意味でキリスト者であるとは言えない。その人はまだ未信者である。なぜなら、キリストの死と復活は救いの中心的な出来事だからである(1:4、4:25、5:10, 17、6:4-10、8:11, 34)。

10:12 ギリシヤ人 ここで「ギリシヤ人」と訳されているギリシヤ語は「ヘローノス」で、「ギリシヤ語とギリシヤ文化圏の人」という意味である。それはローマ社会全体に行き渡っている中心的な文化であり言語だった。けれどもまた広い意味で、イスラエル人やユダヤ人以外の国籍や文化圏の人々のことを指していた。

10:13-15 主の御名を呼び求める者は、だれでも救われる 神は罪の赦しと霊的救い、神とともに過す永遠のいのちを神のすばらしい贈り物として、だれでも自由に受けられるようにしてくださった。けれども、キリストを拒みキリストに従う人々を迫害する世界の中でキリストに従うには、犠牲が伴う(⇒ルカ14:25-34)。それでも神が必要であることに気付いて、謙虚に自分の罪を認めて神にあわれみを求めるなら、その人は赦しと霊的救いをいただくことができる。救いの第一歩はこのように単純である。けれどもキリストを信じなければそれは起こらないし、福音を聞かなければ信じることもできない。人々が主イエスの福音を聞いて受取るためには、だれかが伝えなければならない。この全過程は、だれかが人々のことを心にかけてキリストの福音を伝えようとするところから始まる。ほかの国々や違う文化圏の人々に福音を伝えるために神が召された人がいても、その人々を送り出し支援をする人がいなければ、多くの場合その福音はほかの国々や人々には伝わらない。そのように協力して送り

いだされ、
わたしをたずねない者に自分を現した。」
²¹またイスラエルについては、こう言っています。
「不従順で反抗する民に対して、
わたしは一日中、手を差し伸べた。」

恵みによって選ばれた残りの者

11 ¹すると、神はご自分の民を退けてしまわれたのですか。絶対にそんなことはありません。この私もイスラエル人で、アブラハムの子孫に属し、ベニヤミン族の出身です。
²神は、あらかじめ知っておられたご自分の民を退けてしまわれたのではありません。それともあなたがたは、聖書がエリヤに関する個所で言っていることを、知らないのですか。彼はイスラエルを神に訴えてこう言いました。
³「主よ。彼らはあなたの預言者たちを殺し、あなたの祭壇をこわし、私だけが残されました。彼らはいま私のいのちを取ろうとしています。」
⁴ところが彼に対して何とお答えになりましたか。「バアルにひざをかがめていない男子七千人が、わたしのために残してある。」
⁵それと同じように、今も、恵みの選びに

²¹ ①イザ65:2
1 ①圏Ⅰサム12:22、エレ31:37, 33:24-26
②圏ルカ20:16
③圏Ⅱコリ11:22, ピリ3:5
2 ①圏ロマ8:29
②詩94:14
③圏ロマ6:16
3 ①Ⅰ列19:10
＊ギリシヤ語「プシュケー」
4 ①Ⅰ列19:18

5 ①圏ロマ9:27、圏Ⅱ列19:4
6 ①圏ロマ4:4
7 ①圏ロマ9:31
②マコ6:52、Ⅱコリ3:14, ロマ11:25、圏ロマ9:18
8 ①イザ6:10, 申29:4、圏マタ13:13-15
9 ①詩69:22, 23
10 ①圏ロマ11:1
②圏ルカ20:16
③圏使28:28
④ロマ11:14

よって残された者がいます。
⁶もし恵みによるのであれば、もはや行いによるのではありません。もしそうでなかったら、恵みが恵みでなくなります。
⁷では、どうなるのでしょう。イスラエルは追い求めていたものを獲得できませんでした。選ばれた者は獲得しましたが、他の者は、かたくなにされたのです。
⁸こう書かれているとおりです。
「神は、彼らに鈍い心と
見えない目と聞こえない耳を与えられた。
今日に至るまで。」
⁹ダビデもこう言います。
「彼らの食卓は、彼らにとって
わなとなり、網となり、
つまずきとなり、報いとなれ。
¹⁰ その目はくらんで見えなくなり、
その背はいつまでもかがんでおれ。」

つぎ木された枝

¹¹では、尋ねましょう。彼らがつまずいたのは倒れるためなのでしょうか。絶対にそんなことはありません。かえって、彼らの違反によって、救いが異邦人に及んだのです。それは、イスラエルにねたみを起こさせるためです。
¹²もし彼らの違反が世界の富となり、彼ら

出す人々も、ほかの人々にキリストを紹介する重要な役割を果している。それはすばらしい特権である。私たちはみな、まだ聞いたことのない人々へ主イエスについての「良いことの知らせを伝える」働きに参加できるのである。

11:1　神はご自分の民を退けてしまわれたのですか
ここでパウロは神がイスラエルを退けられたのは（イスラエルが神を拒んだため）部分的で一時的であると説明している。イスラエル全体は、やがてあるときにキリストをメシヤ（救い主、キリスト）として受入れるようになり、忠実な人々は神の救いを体験するようになる（→11:26注）。11章が9－11章の中のパウロの主張にどのように当てはまるかについて　→「神の計画の中のイスラエル」の項 p.2077

11:5　恵みの選びによって　このことばは、信仰によって神のことばを受入れ人生を神にゆだねる人々をみな救うために御子をこの世界に送られた神の恵みの計画を指している。この救いには罪の赦しと神との関係の回復、永遠のいのちという神の賜物が含まれている。これらの賜物は良い行いによって手に入れられるものではない。それは神の恵みに関係すること（主イエスの犠牲による受けるにふさわしくない好意）で、信仰によって受取るものである。「世界の基の置かれる前から」（エペ1:4）あった神の救いの目的の中で、神は御子をこの世界に送り、御子の死を通して私たちの罪の代価を支払い、新しいいのちを与えるために御子を死からよみがえらせてくださった。キリストを信じて従う人々を、神はみな受入れるように選ばれた。神の選びではこのように神と人類がともに行動をしているのである。恵みによるこの選びの目的は、神の目から見て「聖く、傷のない者」となることである（エペ1:4、⇒ロマ3:22, 4:1-5, 16, 11:11-24、Ⅱコリ5:19-20、エペ2:8-10、→「選びと予定」の項 p.2215）。

11:7　他の者は、かたくなにされた　→9:18かたくなにされるの注　→出7:3注

11:11　救いが異邦人に及んだ　イスラエルが主イエ

ローマ 11章

の失敗が異邦人の富となるのなら、彼らの完成は、それ以上の、どんなにかすばらしいものを、もたらすことでしょう。
13 そこで、異邦人の方々に言いますが、私は異邦人の使徒ですから、自分の務めを重んじています。
14 そして、それによって何とか私の同国人にねたみを引き起こさせて、その中の幾人でも救おうと願っているのです。
15 もし彼らの捨てられることが世界の和解であるとしたら、彼らの受け入れられることは、死者の中から生き返ることでなくて何でしょう。
16 初物が聖ければ、粉の全部が聖いのです。根が聖ければ、枝も聖いのです。
17 もしも、枝の中のあるものが折られて、野生種のオリーブであるあなたがその枝に混じってつがれ、そしてオリーブの根の豊かな養分をともに受けているのだとしたら、
18 あなたはその枝に対して誇ってはいけません。誇ったとしても、あなたが根をささえているのではなく、根があなたをささえているのです。
19 枝が折られたのは、私がつぎ合わされるためだ、とあなたは言うでしょう。
20 そのとおりです。彼らは不信仰によって折られ、あなたは信仰によって立っています。高ぶらないで、かえって恐れなさい。
21 もし神が台木の枝を惜しまれなかったとすれば、あなたをも惜しまれないでしょう。
22 見てごらんなさい。神のいつくしみときびしさを。倒れた者の上にあるのは、きびしさです。あなたの上にあるのは、神のいつくしみです。ただし、あなたがそのいつくしみの中にとどまっていればであって、そうでなければ、あなたも切り落とされるのです。
23 彼らであっても、もし不信仰を続けなければ、つぎ合わされるのです。神は、彼らを再びつぎ合わすことができるのです。
24 もしあなたが、野生種であるオリーブの木から切り取られ、もとの性質に反して、栽培されたオリーブの木につがれたのであれば、これらの栽培種のものは、もっとた

12 ①図ロマ11:25
  ＊あるいは「成就」
13 ①図使9:15
14 ①図ロマ9:3、
  図創29:14、
  Ⅱサム19:12, 13
  ②ロマ11:11
  ③Ⅰコリ7:16, 9:22、
  Ⅰテモ1:15, 2:4、
  Ⅱテモ1:9、テト3:5、
  図Ⅰコリ1:21
15 ①図ロマ5:11
  ②図ルカ15:24, 32
16 ①民15:18以下、
  ネヘ10:37、エゼ44:30
17 ①図エレ11:16、
  ②図エペ2:11以下
18 ①図ヨハ4:22

19 ①図ロマ9:19
20 ①Ⅱコリ1:24、
  ②図Ⅰコリ10:12、ロマ5:2
  ②Ⅰテモ2:16、
  Ⅰテモ6:17、Ⅰペテ1:17
22 ①図ロマ2:4
  ②Ⅰコリ15:2、
  ヘブ3:6, 14
  ③図ヨハ15:2
23 ①図Ⅱコリ3:16

スを拒みその処刑にかかわったことによって、霊的に救われる機会は全世界に広げられた（→イザ49:5-6注）。

11:12　彼らの完成　イスラエルの「完成」とは、イスラエルの中の多くの人が主イエスを神の御子、そして自分たちのメシヤ（キリスト、救い主　→11:15）として信じて受入れるときのことを指していると思われる。このことによって、さらに大きな祝福が世界に及ぶことになる（→イザ11:10-16注、29:17-24注）。

11:14　ねたみを引き起こさせて　世界中のキリスト者はみな神の力と祝福とが豊かに与えられ、それを見たイスラエルの多くの人がねたみを覚えて救い主である主に立返るように願い祈るべきである。キリストの救いと御国（キリストの権威、権力、目的）の特権とがキリスト者の中に実現することによって、イスラエルの中にも同じ祝福を求める思いが生れてくるはずである。

11:20　彼らは不信仰によって　イスラエルの運命を握るかぎは神の行動にあり、それは突然受入れたり拒んだりして行き当たりばったりで予想できないと言う人がいるけれども、それは間違っている。イスラエル民族がキリストを拒んで、神の恵みを拒み不信仰の道を選んだのである（→**神の計画の中のイスラエル**の項 p.2077）。

11:22　あなたも切り落とされる　パウロは、異邦人のキリスト者全員（ユダヤ人以外のあらゆるキリスト教会、教団、教派）に対して厳しい警告をしている。

（1）もし神の「いつくしみの中にとどま」らないなら、だれでも（個人や教会、団体を問わず）神によって「切り落とされる」という恐ろしい可能性がある。したがって救いを確実なものにしておくには、キリストに忠実でありみことばによって確立された信仰と行いの基準に忠実に従っていなければならない。

（2）神はイスラエルを惜しまれなかった。したがって、「ご自分の民」と呼ばれている信仰者のグループでももし神の道を拒み、未信者の間に見られる考えや振舞、生活様式に従うなら（→12:2注）、神は惜しまれることはない（11:21）。そこで神はキリスト者ひとりひとりに、「恐れ」て（11:20）「神のいつくしみときびしさ」（11:22）の両方を心にとめるように警告された。これはキリストと、その福音を伝えて教会を建上げるように命じられた人々（使徒たち）が伝えた教えと福音に、私たちが最善の努力をして忠実でなければならないということである。どのキリスト教会もどの働きも、思い上がって、自分たちは決して神にさばかれないなどと考えてはならない。教会に対しても個々人と同じように、「神にはえこひいきなどはない」のである（2:11、→黙2:-3: 各注）。

やすく自分の台木につがれるはずです。

イスラエルはみな救われる

25 兄弟たち。私はあなたがたに、ぜひこの奥義を知っていていただきたい。それは、あなたがたが自分で自分を賢いと思うことがないようにするためです。その奥義とは、イスラエル人の一部がかたくなになったのは異邦人の完成のなる時までであり、26 こうして、イスラエルはみな救われる、ということです。こう書かれているとおりです。

「救う者がシオンから出て、
ヤコブから不敬虔を取り払う。
27 これこそ、彼らに与えたわたしの契約である。
それは、わたしが彼らの罪を取り除く時である。」

28 彼らは、福音によれば、あなたがたのゆえに、神に敵対している者ですが、選びによれば、父祖たちのゆえに、愛されている者なのです。29 神の賜物と召命とは変わることがありま

| 25 ① ⇒ロマ1:13
② ロマ16:26,
Ⅰコリ2:7-10,
エペ3:3-5, 9,
囲 マタ13:11
③ ロマ12:16
④ ロマ11:7
⑤ ⇒ロマ11:12,
ルカ21:24,
囲 ヨハ10:16
26 ① イザ59:20, 21
27 ① イザ27:9,
囲 ヘブ8:10, 12
28 ① ロマ5:10
② ロマ9:5,
囲 申7:8, 10:15
29 ① Ⅰコリ1:9,
エペ1:18, 4:1, 4,
ピリ3:14, Ⅱテサ1:11,
ヘブ3:1, Ⅱペテ1:10,
囲 ロマ8:28
② 囲 ヘブ7:21
32 ① ガラ3:22, 23,
囲 ロマ3:9
33 ① コロ2:3, エペ3:10
＊別訳「富と、知恵と、知識とは」
② エペ3:8, ⇒ロマ2:4
③ 囲 ヨブ5:9, 11:7, 15:8
34 ① イザ40:13, 14,
Ⅰコリ2:16
35 ① ヨブ35:7, 41:11
36 ① Ⅰコリ8:6, 11:12,
コロ1:16, ヘブ2:10 |

せん。30 ちょうどあなたがたが、かつては神に不従順であったが、今は、彼らの不従順のゆえに、あわれみを受けているのと同様に、31 彼らも、今は不従順になっていますが、それは、あなたがたの受けたあわれみによって、今や、彼ら自身もあわれみを受けるためなのです。32 なぜなら、神は、すべての人をあわれもうとして、すべての人を不従順のうちに閉じ込められたからです。

頌栄

33 ああ、神の知恵と知識との富は、何と底知れず深いことでしょう。そのさばきは、何と知り尽くしがたく、その道は、何と測り知りがたいことでしょう。34 なぜなら、だれが主のみこころを知ったのですか。また、だれが主のご計画にあずかったのですか。35 また、だれが、まず主に与えて報いを受けるのですか。36 というのは、すべてのことが、神から発

11:25 異邦人の完成　「異邦人の完成」とは、神ご自身との個人的な関係を持つようにあらゆる国の人々を招かれる神のご計画が完成することである（使15:14）。それはまた、人々の悪と神に対する反抗が最悪な状態に達するときであると思われる（⇒創15:16）。そのとき、キリストは世界をさばくために再び来られる（ルカ21:24, 27, ⇒創6:5-7, 11-13, 18:20-33, 19:24-25, ルカ17:26-30）。

11:26 イスラエルはみな　「イスラエルはみな」という表現は、イスラエル全体の中の信仰者（主イエスをメシヤ、救い主として受入れて従う人）として理解するべきである。(1) キリストを信じるユダヤ人の数は、患難時代（神が終りのときの厳しいさばきを世界に下すとき）という極めて困難な時期に非常に増加する（申4:30-31, ホセ5:14-6:3, 黙7:1-8,「**大患難**」の項 p.1690）。その患難時代は、キリストが地上に再び来られてイスラエルの中の信仰者を救い、なお信じようとしない人々を滅ぼされるときに終る（→イザ10:20注, ゼカ13:8-9注）。信じないユダヤ人はみな取除かれてしまう（→エゼ20:34-44注）。(2) 信仰を持っているイスラエルの「残された者」たち（神に忠実で患難を生き延びた人々）と、過去の世代の忠実だった人々が「すべてのイスラエル」となる（→エゼ37:12-14注）。

11:29 神の賜物と召命　このことばは、9:4-5と11:26で言われたイスラエルの特権を指している。ところがある人は、これは教会を指導し奉仕をする人が与えられている賜物を忠実に用いなくても、その奉仕の力は取除かれないという意味だと考えている。けれども前後関係から見ると、これはイスラエルとその国のための神のご計画を指していて、教会の中の聖霊の働きや関連した聖霊の賜物や働きのことではないことが明らかである（⇒12:6-8, Ⅰコリ12:）。神の民の中の働きや奉仕の場所は、だれにも保証などされていない。神の民の間で正しい奉仕の地位を保とうとするなら、牧師や教会の指導者は神に対して忠実であり、神のことばの中に明らかに示されている個人的資質を満たしていなければならない（→「**監督の道徳的資格**」の項 p.2303）。

11:33-36 神の知恵・・・何と底知れず深い　この部分でパウロは、神を恐れ敬う気持を表し、救いの計画の中で現された神の知恵とさばきは私たちの理解をはるかに超えているという事実を示している。「どうか、この神に、栄光がとこしえにありますように。アーメン」。これ以上に何と言うことができるだろうか（11:36b）。

し、神によって成り、神に至るからです。どうか、この神に、栄光がとこしえにありますように。アーメン。

生きた供え物

12 ¹ そういうわけですから、兄弟たち。私は、神のあわれみのゆえに、あなたがたにお願いします。あなたがたのからだを、神に受け入れられる、聖い、生きた供え物としてささげなさい。それこ

36②ロマ16:27、エペ3:21、ピリ4:20等
①Ⅰコリ1:10、Ⅱコリ10:2
②囮ロマ6:13、16、19

2①圖マタ13:22、ガラ1:4
②囮Ⅰペテ1:14
③エペ5:10、17
④テト3:5
3①ロマ15:16、
 Ⅰコリ3:10、15:10等
②ロマ11:20、12:16
③囮Ⅰコリ7:17、
 Ⅱコリ10:13、エペ4:7

そ、あなたがたの霊的な礼拝です。² この世と調子を合わせてはいけません。いや、むしろ、神のみこころは何か、すなわち、何が良いことで、神に受け入れられ、完全であるのかをわきまえ知るために、心の一新によって自分を変えなさい。³ 私は、自分に与えられた恵みによって、あなたがたひとりひとりに言います。だれでも、思うべき限度を越えて思い上がってはいけません。いや、むしろ、神がおのお

Ⅰコリ2:6-16

12:1 あなたがたのからだを・・・生きた供え物として 主イエスに従う人々は主をあがめようという思いを生活のあらゆる面で強く持っていなければならない。神のあわれみと救いを感謝して、神を愛し神の基準に従って生活して、私たちに対する神のご計画に仕えようと自分自身をささげるべきである。(1) 私たちは自分のあらゆる行動を通して神の聖さ（道徳的な純粋性、霊的健全性、悪からの分離）が表れることを目指すべきである。そのためには、世間の生き方や慣習から離れて神とのより深い関係を追い求めなければならない。私たちのためにどんな犠牲が払われたかを考えて、自分自身を「生きた供え物」としてささげるのである。それが神に受入れられ喜ばれる霊的な礼拝である(12:1)。(2) 私たちは自分のからだを罪に対しては死に、神に対しては生きているものとして(→6:11注、8:10注)、また聖霊の宮として(→12:2注、⇒Ⅰコリ6:15, 19)神にささげなければならない。(3) ことばや行いを通してキリストをあがめるような生活をすることも、神を敬う礼拝である。このことを理解しなければならない。人々が集まる教会で声に出して神を礼拝するときに犠牲を払うことはあまりないかもしれない(⇒ヘブ13:15)。けれども教会の外で神をあがめ敬い、人々の目を神に向けさせるような生活をして神を礼拝しようとすると犠牲が伴うようになってくる(→**「礼拝」**の項p.789)。

12:2 調子を合わせてはいけません。いや・・・変えなさい パウロはこの節の中でいくつかのことを明らかにする。

(1) 日々の生活の様々なレベルでこの世と「調子を合わせ」、同じことを無理やり行わせようとする強い圧力が現実にある。世間の考え方や振舞を受入れて、同じように行おうとする誘惑をキリスト者は断固として退けなければならない。

(2) 私たちが世間のやり方を退ける理由は、それが悪であり(使2:40、ガラ1:4)、サタンに支配されていて(ヨハ12:31、Ⅱコリ4:4、Ⅰヨハ5:19)、神と神の民に敵対するもので(ヨハ7:7, 15:18-21、ヤコ4:4、Ⅰヨハ2:15-17)、人間の知恵と価値観の上に築かれているからである(⇒Ⅰコリ1:17-25)。この世界はキリスト者が受入れることができない世界観を持っている。それは神と神の基準を拒んでいるからである(ロマ1:18-32、コロ2:8注、→**「キリスト者とこの世」**の項p.2437)。

(3) キリストの御国はこの世界のものではない(ヨハ18:36)。この世界の国は霊的暗やみとごまかしと誘惑に満ちている(⇒マタ5:14-16、ヨハ3:19、Ⅰコリ6:9-10、エペ2:1-3、Ⅰペテ2:9、黙12:9)。キリストの弟子たちは、この暗やみの中で光となるように召されている(⇒マタ5:14-16、エペ5:8-11)。したがって私たちの生活はこの世界の人々が気付くほどはっきりと違ったものでなければならない。一般の社会には様々な世俗的な誘惑（どん欲、利己主義、人間中心主義的な考え、権力への願望、ねたみ、憎しみ、報復、下品なことば、性的欲望や不品行、汚れた娯楽、下品で魅惑的な服装、薬物乱用、神に喜ばれない人間関係、神のことばの基準に反する様々なことなど）がある。けれども私たちの生活は、それらのものを退ける生活である(⇒エペ5:3-16、Ⅰヨハ2:15-17)。

(4) 私たちの心はこの世界の価値観や生活様式に従うのではなく、絶えず新しくされ変革され（変えられ）、神の考えと一つになっていなければならない(Ⅰコリ2:16、ピリ2:5)。これはみことばを読み、思い巡らす（それが何を意味し自分の生活にどう適応するか繰返し深く考える）ことによって可能になる(詩119:11, 148、ヨハ8:31-32, 15:7)。そうすることによって、私たちの夢や価値観、振舞や計画がこの世の一時的な当てにならないものではなく、神の永遠の真理に導かれるようになる。

12:2 神のみこころ キリストとのより深い関係を持つことによって心が霊的に新しくされ人生が変えられた私たちは、神のみこころ（神の特性と目的に基づいた神の願い、計画、意図）を悟って従うことができるようになる。それは神が私たちのために備えてくださ

のに分け与えてくださった信仰の量りに応じて、慎み深い考え方をしなさい。

4 一つのからだには多くの器官があって、すべての器官が同じ働きはしないのと同じように、

5 大ぜいいる私たちも、キリストにあって一つのからだであり、ひとりひとり互いに器官なのです。

6 私たちは、与えられた恵みに従って、異なった賜物を持っているので、もしそれが預言であれば、その信仰に応じて預言しな

4 ① Ⅰコリ12:12-14、エペ4:4、16
5 ① Ⅰコリ10:17、33
   ② 圀 Ⅰコリ12:20、27、エペ4:12、25
6 ① 圀 Ⅰコリ7:7、12:4、Ⅰペテ4:10、11、圀ロマ12:3
   ② Ⅰコリ12:10、圀使13:1

7 ① 圀 Ⅰコリ12:5、28
   ② Ⅰコリ12:28、14:26等
8 ① 圀使4:36、11:23、13:15
   ② Ⅱコリ8:2、9:11、13
   ③ Ⅰテモ5:17、
   ② Ⅰコリ12:28
   ④ 圀 Ⅱコリ9:7
9 ① Ⅱコリ6:6、Ⅰテモ1:5
   ② Ⅰテサ5:21、22

さい。

7 奉仕であれば奉仕し、教える人であれば教えなさい。

8 勧めをする人であれば勧め、分け与える人は惜しまずに分け与え、指導する人は熱心に指導し、慈善を行う人は喜んでそれをしなさい。

愛

9 愛には偽りがあってはなりません。悪を憎み、善に親しみなさい。

る最高で最善（必ずしも最も楽とは限らない）の生活である。ある人は「良いこと・・・神に受け入れられ、完全」ということばを神のみこころの三段階と間違って考えている。けれどもこれは神の究極の目的を示す一つの表現でしかない。神のみこころは、キリスト者を霊的に道徳的に成長させるから「良い」ものである。それは神の目的に仕える（いつも理解できるとは限らないけれども）ものであるから、「受け入れられ」るものである。神のみこころを私たちはそれ以上よくすることができないから、それは「完全」である。みこころは神の目的を成就するために私たちにとっても最善のことである（→「**神のみこころ**」の項 p.1207）。

12:6 恵みに従って、異なった賜物 パウロは恵みの賜物（《ギ》カリスマタ）と呼ばれるものをここに挙げている。それらは神から与えられた傾向や願いであるとともに、特別な能力あるいは才能である（ピリ2:13）。聖霊はひとりひとりにこれらの賜物を与えて、教会の中にいる神の民の徳を建てるため、また神の愛をほかの人々に伝えるために用いられる（→Ⅰコリ12:1注、14:12、26、Ⅰペテ4:10）。キリスト者はみなこのような賜物を少なくとも一つは持っている（Ⅰコリ12:11、Ⅰペテ4:10）。けれども必要があるときには、ある賜物を持っている人がほかの賜物を用いることも可能である。ここに挙げられている七つの恵みの賜物は、神が教会の中の人々に分け与えてくださる能力の代表的なものでしかない。神やほかの人々に仕えたいという願いや能力とともに神が与えてくださる賜物は、このほかにも多くある（聖霊の賜物の詳細 →Ⅰコリ12::-14:、→「**聖霊の賜物**」の表 p.2096）。

12:6 預言 預言の賜物についての説明 →「**御霊の賜物**」の項 p.2138、「**奉仕の賜物**」の項 p.2225

12:7 奉仕・・・教える (1)「奉仕」は、教会の人や指導者たちを具体的に支援して、その人々が賜物をよりよく用い神に対する責任を果せるようにするために、神から与えられた願いや能力や力である（⇒使6:

2-3）。(2)「教える」は、神のことばを調べ研究してほかの人々がよりよく理解して適応できるように助けるために、与えられた願いや能力や力である。また、教えるということは神のことばの真理を弁明したり主張したりして、ほかの人々が霊的に成長し信仰深い品性を育てることでもある（Ⅰコリ2:10-16、Ⅰテモ4:16、6:3、Ⅱテモ4:1-2、→Ⅱテモ2:2注、「**奉仕の賜物**」の項 p.2225、「**信徒の聖書的訓練**」の項 p.2318）。

12:8 勧めをする人・・・分け与える人・・・指導する人・・・慈善を行う人 (1)「勧めをする」とは、ほかの人々の意気を高め感動させ、神に信頼して賜物を用いて積極的に行動するようにさせる、神から与えられた願いや能力や力である。この賜物はしばしば教えることと結び付いて、神のことばを伝えるときに聞く人々の心、良心、意志などに強く触れてさらに大きな信仰を生み出し、キリストへの深い献身を生み出していく（→使11:23、14:22、15:30-32、16:40、Ⅰコリ14:3、Ⅰテサ5:14-22、ヘブ10:24-25）。教師は人々が行うべきことを教えるけれども、勧めをする人はそれを実行するようにさせてくれる。

(2)「分け与える」は、経済的、物質的に力のある人が自由にささげて、ほかの人々の必要が満たされ神の働きが前進するようにする、神から与えられた願いや能力や力である（Ⅱコリ8:1-8、エペ4:28）。

(3)「指導する」とは、教会の多様な活動を導き監督して全員の霊的祝福になるようにする、神から与えられた願いや能力や力である（エペ4:11-12、Ⅰテモ3:1-7、ヘブ13:7、17、24、→「**奉仕の賜物**」の項 p.2225）。

(4)「慈善を行う」とは、困っている人や苦しんでいる人を助けて慰める、神から与えられた願いや能力や力である（⇒エペ2:4）。

これらの能力を私たちはしぶしぶ、あるいはいやいやながらではなく「喜んで」（神が与えられた機会として）活用するべきである。

12:9 悪を憎み →ヘブ1:9注

10 兄弟愛をもって心から互いに愛し合い、尊敬をもって互いに人を自分よりまさっていると思いなさい。
11 勤勉で怠らず、霊に燃え、主に仕えなさい。
12 望みを抱いて喜び、患難に耐え、絶えず祈りに励みなさい。
13 聖徒の入用に協力し、旅人をもてなしなさい。
14 あなたがたを迫害する者を祝福しなさい。祝福すべきであって、のろってはいけません。
15 喜ぶ者といっしょに喜び、泣く者といっしょに泣きなさい。
16 互いに一つ心になり、高ぶった思いを持たず、かえって身分の低い者に順応しなさい。自分こそ知者だなどと思ってはいけません。
17 だれに対してでも、悪に悪を報いることをせず、すべての人が良いと思うことを図りなさい。

10 ①Ⅰテサ4:9、ヘブ13:1、Ⅱペテ1:7
 ②ピリ2:3
11 ①使18:25
 ②使20:19
12 ①ロマ5:2
 ②ヘブ10:32, 36
 ③圏使1:14
13 ①圏ロマ15:25、Ⅰコリ16:15
 ②圏Ⅰテモ3:2
14 ①圏マタ5:44、ルカ6:28等
 *異本「あなたがたを」を欠く
15 ①ヨブ30:25、ヘブ13:3
16 ①圏ロマ15:5、Ⅱコリ13:11、ピリ2:2, 4:2
 ②圏ロマ12:3
 ③ロマ11:25、箴3:7
17 ①圏ロマ20:22, 24:29、圏ロマ12:19
 ②Ⅱコリ8:21
18 ①圏ロマ1:15
 ②圏マタ9:50、ロマ14:19
19 ①圏ロマ20:22, 24:29
 ②申32:35、ヘブ10:30、圏詩94:1
20 ①圏マタ25:21, 22、圏マタ5:44、ルカ6:27
 ②圏Ⅱ列6:22
21 ①圏使2:41
 ②テト3:1、Ⅰペテ2:13, 14
 ③ヨハ19:11、圏ダニ2:21, 4:17

18 あなたがたは、自分に関する限り、すべての人と平和を保ちなさい。
19 愛する人たち。自分で復讐してはいけません。神の怒りに任せなさい。それは、こう書いてあるからです。「復讐はわたしのすることである。わたしが報いをする、と主は言われる。」
20 もしあなたの敵が飢えたなら、彼に食べさせなさい。渇いたなら、飲ませなさい。そうすることによって、あなたは彼の頭に燃える炭火を積むことになるのです。
21 悪に負けてはいけません。かえって、善をもって悪に打ち勝ちなさい。

権威に対する服従

13 1 人はみな、上に立つ権威に従うべきです。神によらない権威はなく、存在している権威はすべて、神によって立てられたものです。
2 したがって、権威に逆らっている人は、神の定めにそむいているのです。そむいた

12:10 心から互いに愛し合い イエス・キリストを心から信じている人はみな、互いにキリストにある兄弟姉妹として、心からこまやかさをもってやさしく愛し合うべきである（Ⅰテサ4:9-10）。そしてほかの人々の生活情況や必要や霊的状態に心を配り、悲しみや苦しみに遭っているときには同情し、助けの手を伸べるべきである。またお互いを大切に思い尊敬して、お互いの中にあるすぐれた点を認めるべきである。そうするなら、私たちの中に反映されているキリストの愛にキリストを知らない人々が気付いて、引付けられて来るようになる（→ヨハ13:34注、35注）。

12:12 絶えず祈りに励みなさい ここは「プロスカルテルウーンテス」（切れ目のない根気強さ、忍耐、執拗さを意味する）という非常に強いギリシヤ語から訳されている。多くの人が祈りの態度を保つことだけではなく、真剣に祈る時間を持てないでいることを聖書は認めている。そこでこの節は、私たちに忠実に絶えず祈るように励ましている。祈ることによって私たちは神に近付き、霊的に神と親しくなり力に満ちた生活を送ることができるからである。また祈りは神が神の国の目的を地上で前進させてくださる手段でもある（→「効果的な祈り」の項p.585）。

12:18 すべての人と平和を保ちなさい キリストに従う人々はほかの人々と平和な関係を持つように最善を尽くすべきである。平和を作り出す人に対して主イエ

スは特別な祝福を宣言された（→マタ5:9注）。これはほかの人々と仲良くし喜ばせるためなら信仰や価値観を妥協してもよいということではない。キリスト者はしばしばこの世界の価値観や振舞に対して自分の立場をはっきり示さなければならない。特に、そのようなものが教会に入り込み神とみことばへの献身を人々から奪おうとするときにはそうしなければならない。それでも人々に（教会の内外でも）影響を与えるには、キリスト者は同情をもって親切に「善をもって悪に打ち勝つ」ように努力をするべきである（12:21）。

12:19 復讐 神の「復讐」は恨みを晴らすことではなく悪を行う人を神の完全な正義によって罰することである（→Ⅰペテ2:14）。ルカ21:22では同じことばが「報復」と訳されている。ルカ18:7-8では、「正しいさばき」が行われることを指している。

12:20 彼の頭に燃える炭火を積む →箴25:21-22注

13:1 上に立つ権威に従う 神はキリスト者に、神によって立てられた制度として政府にいる人々を尊敬し従うように命じておられる。神が政府を認められたのは、神を敬わない無秩序な世界では罪の結果として当然混沌と無法状態に陥るけれども、人々をそれから守る抑止力が必要だからである。(1) 政府は人々と同じように神の律法に従うべきである。(2) 政府は社会の中の違反者を罰し、良い人々を守り、悪を抑制

人は自分の身にさばきを招きます。

³ 支配者を恐ろしいと思うのは、良い行いをするときではなく、悪を行うときです。権威を恐れたくないと思うなら、善を行いなさい。そうすれば、支配者からほめられます。

⁴ それは、彼があなたに益を与えるための、神のしもべだからです。しかし、もしあなたが悪を行うなら、恐れなければなりません。彼は無意味に剣を帯びてはいないからです。彼は神のしもべであって、悪を行う人には怒りをもって報います。

⁵ ですから、ただ怒りが恐ろしいからだけでなく、良心のためにも、従うべきです。

⁶ 同じ理由で、あなたがたは、みつぎを納めるのです。彼らは、いつもその務めに励んでいる神のしもべなのです。

⁷ あなたがたは、だれにでも義務を果たしなさい。みつぎを納めなければならない人にはみつぎを納め、税を納めなければならない人には税を納め、恐れなければならない人を恐れ、敬わなければならない人を敬いなさい。

ほかの人々への責任

⁸ だれに対しても、何の借りもあってはいけません。ただし、互いに愛し合うことについては別です。他の人を愛する者は、律法を完全に守っているのです。

⁹ 「姦淫するな、殺すな、盗むな、むさぼるな」という戒め、またほかにどんな戒めがあっても、それらは、「あなたの隣人をあなた自身のように愛せよ」ということばの中に要約されているからです。

¹⁰ 愛は隣人に対して害を与えません。それゆえ、愛は律法を全うします。

¹¹ あなたがたは、今がどのような時か知っているのですから、このように行いな

して正義を実行する機関になるように神は定められた（13：3-4、Ⅰペテ2：13-17）。（3）パウロは政府のあるべき姿を説明している。けれども政府がその機能を適切に果さないなら、神の目的に沿った作用をしないことになる。もし政府が神のことばに反することを要求するなら、キリスト者は人よりも神に従わなければならなくなる（使5：29、⇒ダニ3：16-18、6：6-10）。それでも政府の役人が神に従わないときには、キリスト者は大抵の場合指導者たちに対して慎み深く尊敬をしながらではあるけれども、行動をすることが求められる。パウロは政府や宗教の指導者たちにしばしば直接対決をした。けれどもその際にはこのような態度を実際に保っていた（⇒使22：22-29、23：1-11、24：-26：）。（4）上に立ち権威を持つ人々のために祈ることは、キリスト者の義務である（Ⅰテモ2：1-2）。

13：4　剣　剣は国内でも国際的にも政府（ローマ）の権威の象徴だった。社会の中で秩序を保つために政府が実力を適切に使用してもそれは聖書の原則に反するわけではない。剣はまた死刑の道具だったので、しばしば死と結び付いていた（マタ26：52、ルカ21：24、使12：2、16：27、ヘブ11：34、黙13：10）。そこである人々はこの節が重大な罪を犯した危険な犯罪者を死刑にする制度を許していると考えている（創9：6、民35：31、33）。

13：8　だれに対しても、何の借りもあってはいけません　キリスト者は不必要な借金を避けなければならない。そして請求書にはきちんと支払いをするべきである。これは、どんなに困ったときでも人からお金を借りてはいけないという意味ではない（⇒出22：25、詩37：26、マタ5：42、ルカ6：35）。不必要な借金をすることや、借金の返済について不注意や無関心な態度を示すことの両方に反対しているのである（⇒詩37：21）。私たちが負うべき「負債」は、お互いのための愛の負債だけである。

13：10　愛は隣人に対して害を与えません　「愛」は肯定的な命令（私たちが行うべきこと　12：9-21、Ⅰコリ13：4、6-7）だけではなく、「否定的な」命令（私たちが行うべきではないこと）によっても実現されるものである。このあとに出てくる命令はみな、キリスト者が行うべきではないことを示している。それはほかの人々を傷つけたり悪い影響を与えたりするからである（13：9、⇒Ⅰコリ13：4-6）。愛は、いつもほかの人々にとって益になる最善のことを求めるものでなければならない（⇒ピリ2：3-5、Ⅰヨハ3：16-18）。

（1）愛は肯定的である。けれども否定的（一定の振舞に制限を加えること）でもなければならない。それは、人間は罪や利己主義、残酷さなどに向かう傾向が極めて強いからである。十戒の内の八つは規制すること（神の民が行ってはならないことを告げる　→出20：）である。また罪なら努力せずに行えるけれども、良いことはそうはいかないからである。違法なことを行わず、ほかの人々を傷つけたり悲しませたりしないことこそキリスト者の愛を示す第一の証拠である。

（2）キリスト教倫理（道徳的行動の原則）はみな肯定的（私たちができること、また行うべきことと関連し

さい。あなたがたが眠りからさめるべき時刻がもう来ています。というのは、私たちが信じたころよりも、今は救いが私たちにもっと近づいているからです。

12 夜はふけて、昼が近づきました。ですから、私たちは、やみのわざを打ち捨てて、光の武具を着けようではありませんか。
13 遊興、酩酊、淫乱、好色、争い、ねたみの生活ではなく、昼間らしい、正しい生き方をしようではありませんか。
14 主イエス・キリストを着なさい。肉の欲のために心を用いてはいけません。

弱い人と強い人

14 1 あなたがたは信仰の弱い人を受け入れなさい。その意見をさばいてはいけません。
2 何でも食べてよいと信じている人もいますが、弱い人は野菜よりほかには食べません。
3 食べる人は食べない人を侮ってはいけないし、食べない人も食べる人をさばいてはいけません。神がその人を受け入れてくださったからです。
4 あなたはいったいだれなので、他人のしもべをさばくのですか。しもべが立つのも倒れるのも、その主人の心次第です。このしもべは立つのです。なぜなら、主には、彼を立たせることができるからです。
5 ある日を、他の日に比べて、大事だと考える人もいますが、どの日も同じだと考える人もいます。それぞれ自分の心の中で確信を持ちなさい。
6 日を守る人は、主のために守っています。食べる人は、主のために食べています。なぜなら、神に感謝しているからです。食べない人も、主のために食べないのであって、神に感謝しているのです。
7 私たちの中でだれひとりとして、自分のために生きている者はなく、また自分のた

ている）であるという考えは誤解を招く。それはほかの人々にとって何が最善であるかと考えるのではなく、個人の権利や自由に焦点を当てた自分本位の考えに基づいているからである。この種の考えは、不信仰な社会の中ではごく一般的なものである。それは一般的に罪深い欲望から生れる行動を抑制したり禁じたりする道徳基準をむしろ拒むものである（ガラ5:19-21）。

（3）自分の良心の自由と特権を使って行動して、ほかの人々に誤解をさせたり混乱をさせたり、良心に背くようにさせたりするキリスト者は、愛に基づいて行動しているとは言えない。キリスト者の愛は自分の行うこと（行わないことも含めて）を通してほかの人々を霊的に建上げることに心を砕く（14:15, 19-21）。関連した内容 →Ⅰコリ8:各注、→「偶像にささげた食物」の項p.2122

13:12　夜はふけて 主が忠実な弟子たちを天に連れて行くために再び来られる日が速やかに来るとパウロは信じていた（→ヨハ14:3注、→「携挙」の項p.2278）。パウロはこの出来事が自分の時代に起こるとも思っていた。キリストは人々が思ってもいないときに来られると警告された（→マタ24:42注、44注）。したがって主イエスに従う人々はいつも「やみのわざを打ち捨てて」、霊的に備えをしていなければならない（→ルカ12:35-40注）。

13:14　主イエス・キリストを着なさい 私たちはキリストと結び付き、一つになってその生き方を模範として見習うべきである。それはキリストの価値観や原則を受入れ、その命令に従ってキリストのようになるという意味である。そのためには、不道徳な振舞と罪の性質による行動を完全に拒むべきである（⇒ガラ5:19-21、→「罪の性質の行いと御霊の実」の項p.2208）。キリスト者は心の中に起きた霊的変化を外側に向けて示さなければならない。

14:2　何でも食べてよい・・・野菜よりほかには食べません ローマにいた多くの信者は、議論の余地のある問題によって分裂していた。ある人々は野菜しか食べないと決めていたのに、ほかの人々は野菜や肉やほかのものを何でも食べていた。パウロは食べること自体が道徳的な問題ではなく、何を食べるかについての個人的な態度が互いに不当な批判を生み出していると言っている。この部分では、「信じる」ということばが自信または確信という意味で使われている。キリスト者は何を行うにしても、神がその人にとって最善であり、ほかの人々にとっても最善であるとされることを確信を持って行うべきである。関連した問題　→Ⅰコリ8:各注

14:5　ある日を、他の日に比べて、大事だと考える これは旧約聖書の儀式律法の特別な祭りのことを指していると思われる（→「旧約聖書の祭り」の表 p.235）。キリスト者の中には、今まで通りこれらの日を特に聖い（神のために備えられた）日で、霊的な祝福がある日と考える人がいたようである。けれどもほかの人々は

めに死ぬ者もありません。
⁸もし生きるなら、主のために生き、もし死ぬなら、主のために死ぬのです。ですから、生きるにしても、死ぬにしても、私たちは主のものです。
⁹キリストは、死んだ人にとっても、生きている人にとっても、その主となるために、死んで、また生きられたのです。
¹⁰それなのに、なぜ、あなたは自分の兄弟をさばくのですか。また、自分の兄弟を侮るのですか。私たちはみな、神のさばきの座に立つようになるのです。
¹¹次のように書かれているからです。
「主は言われる。わたしは生きている。
すべてのひざは、わたしの前にひざまずき、
すべての舌は、神をほめたたえる。」
¹²こういうわけですから、私たちは、おのおの自分のことを神の御前に申し開きすることになります。
¹³ですから、私たちは、もはや互いにさばき合うことのないようにしましょう。い

8①ピリ1:20,
Ⅰテサ5:10, 黙14:13,
ルカ20:38
9①ピリ2:11,
㊟マタ28:18,
㊟ヨハ12:24,
Ⅰテサ5:10
②黙1:18, 2:8
10㊟ロマ14:3, ㊟ルカ18:9
12㊟ロマ2:16,
㊟Ⅱコリ5:10
11①イザ45:23
②ピリ2:10, 11
＊別訳「告白する」
12㊟マタ12:36,
Ⅰペテ4:5, ㊟マタ16:27
13㊟ロマ14:3, マタ7:1

㊟Ⅰコリ8:13
14①ロマ14:2, 20,
㊟使10:15
②Ⅰコリ8:7
15①エペ5:2
②Ⅰコリ8:11,
㊟ロマ14:20
16㊟Ⅰコリ10:30,
テト2:5
17①ロマ8:8
②㊟ガラ5:22,
ロマ15:13
18①㊟ロマ16:18
②Ⅱコリ8:21,
㊟ピリ4:8, Ⅰペテ2:12

や、それ以上に、兄弟にとって妨げになるもの、つまずきになるものを置かないように決心しなさい。
¹⁴主イエスにあって、私が知り、また確信していることは、それ自体で汚れているものは何一つないということです。ただ、これを汚れていると認める人にとっては、それは汚れたものなのです。
¹⁵もし、食べ物のことで、あなたの兄弟が心を痛めているのなら、あなたはもはや愛によって行動しているのではありません。キリストが代わりに死んでくださったほどの人を、あなたの食べ物のことで、滅ぼさないでください。
¹⁶ですから、あなたがたが良いとしている事がらによって、そしられないようにしなさい。
¹⁷なぜなら、神の国は飲み食いのことではなく、義と平和と聖霊による喜びだからです。
¹⁸このようにキリストに仕える人は、神に喜ばれ、また人々にも認められるのです。

これに特別に注意をすることなく、毎日が同じように神をあがめ奉仕をするすばらしい機会であると考えていた。パウロは答の中で、一週間の中の一日は休息と礼拝のための特別な日として取っておくという、神の原則を否定しようとしたのではない(→マタ12:1注)。神ご自身がこの日を取分けられた(創2:2-3, ⇒出20:11, 31:17, イザ58:13-14)。新約聖書では、週の最初の日が主イエスの復活された日として特別な意味を持つ日とされている(使20:7, Ⅰコリ16:2, 黙1:10)。

14:13　さばき合うことのないように　この章の初めから(次の15章にかけて)、パウロは広い信仰を持ってかなり自由に物事を決めて行っている人に対して意見を言っている。そのような人々は、「兄弟にとって妨げになるもの、つまずきになるものを置かないように」するべきである。そしてその自由を、ほかの人々の益となるように使うべきである(⇒Ⅰコリ10:23-33)。自由に行う人も自分に制限を加える人も、ともに互いに批判したりさばき合ったりしないように自制するべきである。私たちはみな、自分の行ったことについて神に申し開きをしなければならないことを忘れてはならない(14:11-12)。キリスト者はわずかなことで互いにさばき合うことを自制しなければならない。けれども信仰や聖書の教えや道徳の問題では、どのようにしたらますますキリストのようになるために

互いに励まし合うことができるかを考えるべきである(ヘブ10:24)。そのためには互いに愛と謙遜をもって心を込めて評価をし(Ⅰテサ5:21, Ⅰヨハ4:1)、矯正し、責めることも必要である(ルカ17:3)。それは重大な道徳的、霊的な罪を犯した人に対しては、必要なら教会の戒規を行うことでもある(⇒Ⅰコリ5:12-13, Ⅱテサ3:6, 14, Ⅰテモ5:20-21, Ⅱテモ2:24-26, 4:2)。

14:17　飲み食いのことではなく　取るに足りないことに関心を持ち過ぎると、神の国の第一の目的とキリスト者の生活の意味を見失うことになる。この部分で扱われている問題は、主に食べることと特定の日を守るという外面上のまたは肉体的な問題である。キリスト者の自由と権利を扱っているこのようなことば(⇒Ⅰコリ8:-10:)はしばしば文脈から取出されて、心やたましいに害を与える可能性のある振舞を正当化するために使われている。食物はからだの中に入って出ていき、霊的な問題とはほとんど関係がない。けれどもこの権利と、さばいてはいけないという原則を、たましいや霊に実際に影響を与える道徳的に疑問のある活動や行動に適応しようとするなら、それはひどく問題を取違えていることになる(→コロ2:20注, 23注)。たとえばある種の娯楽は個人の好みや良心によって判断されるものである。霊的生活に悪い影響を与えないなら、それは確かに個人の問題かもしれない。けれど

19 そういうわけですから、私たちは、平和に役立つことと、お互いの霊的成長に役立つこととを追い求めましょう。
20 食べ物のことで神のみわざを破壊してはいけません。すべての物はきよいのです。しかし、それを食べて人につまずきを与えるような人の場合は、悪いのです。
21 肉を食べず、ぶどう酒を飲まず、そのほか兄弟のつまずきになることをしないのは良いことなのです。
22 あなたの持っている信仰は、神の御前でそれを自分の信仰として保ちなさい。自分が、良いと認めていることによって、さばかれない人は幸福です。
23 しかし、疑いを感じる人が食べるなら、罪に定められます。なぜなら、それが信仰から出ていないからです。信仰から出ていないことは、みな罪です。

15

1 私たち力のある者は、力のない人たちの弱さをになうべきです。自分を喜ばせるべきではありません。
2 私たちはひとりひとり、隣人を喜ばせ、その徳を高め、その人の益となるようにすべきです。
3 キリストでさえ、ご自身を喜ばせることはなさらなかったのです。むしろ、「あなたをそしる人々のそしりは、わたしの上にふりかかった」と書いてあるとおりです。
4 昔書かれたものは、すべて私たちを教えるために書かれたのです。それは、聖書の与える忍耐と励ましによって、希望を持たせるためなのです。
5 どうか、忍耐と励ましの神が、あなたがたを、キリスト・イエスにふさわしく、互いに同じ思いを持つようにしてくださいますように。
6 それは、あなたがたが、心を一つにし、声を合わせて、私たちの主イエス・キリストの父なる神をほめたたえるためです。
7 こういうわけですから、キリストが神の栄光のために、私たちを受け入れてくださったように、あなたがたも互いに受け入れなさい。
8 私は言います。キリストは、神の真理を現すために、割礼のある者のしもべとなられました。それは父祖たちに与えられた約束を保証するためであり、
9 また異邦人も、あわれみのゆえに、神をあがめるようになるためです。こう書かれているとおりです。

欄外注

19 ① 詩34:14, Ⅰコリ7:15, Ⅱロマ2:22, ヘブ12:14, ② ロマ12:18
② ロマ15:2, Ⅰコリ10:23, 14:3, 4, 26, Ⅱコリ12:19, エペ4:12, 29
* 異本「求めます」
20 ① Ⓥロマ14:15
② ロマ14:2, 14, 囮使10:15
③ Ⅰコリ9:8-12
* あるいは「自分自身つまずくような人」
21 ① Ⅰコリ8:13
22 ① Ⅰヨハ3:21
23 ① Ⓥロマ14:5

1 ① Ⓥロマ14:1, 囮ガラ6:2, Ⅰテサ5:14
2 ① Ⅰコリ10:33, Ⅰコリ9:22, 10:24, Ⅱコリ13:9
② ロマ14:19, Ⅰコリ10:23, 14:3, 4, 26, Ⅱコリ12:19, エペ4:12, 29
③ ① Ⅱコリ8:9

② 詩69:9
4 ① ロマ4:23, 24, Ⅱテモ3:16
5 ① 囮Ⅱコリ1:3
② ロマ12:16
6 ① 黙1:6
7 * 異本「あなたがた」
① Ⓥロマ14:1
8 ① Ⓥマタ15:24, 囮使ロマ4:16, Ⅱコリ1:20
9 ① Ⓥロマ3:29, 11:30
② Ⓥマタ9:8

もここに描かれているのは必ずしもそのようなことではない。多くの娯楽には性的に挑発的な画像やわいせつなことばや下品な冗談などが含まれていて、心や霊に悪い影響を与える。神のことばはこれらの問題については、からだに入って出て行く心と霊に影響を与えないものとは全く違うかたちで扱っている（⇒エペ5:3-7、コロ3:5）。このような娯楽に触れることは、霊的破壊につながる可能性がある。その画像やことばは心の中に入り込み、霊を堕落させ、行動に悪い影響を与えるからである。そして不信仰な行動を正当化してしまい、キリスト者の行動の模範を私たちに求めている人々を迷わせることになる。信仰と良心について勝手に考えて行動する人々に対してパウロは、「自分が、良いと認めていることによって、さばかれない人は幸福です」と、再び最も強い警告をしている（14:22）。関連した内容　→Ⅰコリ8:-10: 各注　→「**偶像にささげた食物**」の項p.2122

14:19-21　平和に役立つ　信者はどんなときにも、ほかの信仰者の徳を高め成長するようにあらゆる努力をするべきである。食事に出された食物が、儀式律法にこだわる人にとっては不愉快なことになるかもしれない。この問題について、パウロはコリント第一8章でも議論をしている。兄弟を愛するキリスト者は、ほかの人々に罪を犯させたり「つまずきを与えるような」ことは個人的に避けるはずである。

15:3　キリストでさえ、ご自身を喜ばせることはなさらなかった　自分の好きなことを行うためにほかの人々の確信と良心を無視する人は、神の働き（自分とほかの人々の人生の中の）を壊すことになる（14:15, 20）。ほかの人々を助け益となるように自分は無欲で犠牲的に生きる人は神の国を強めることになる。パウロは自分のためではなく、ほかの人々のために生きたキリストを模範とするように示している（→ピリ2:3～）。

15:4　昔書かれたものは、すべて　旧約聖書は、キリスト者の霊的生活にとって非常に重要である。そこには、私たちが神に従い悪を避けようと努力する中で役に立つ、霊的勝利と失敗の例が数多く記録されている。中でも神の知恵と道徳律には、神ご自身や救いの計画、キリストが来られることについての啓示などと

③「それゆえ、私は異邦人の中で、
あなたをほめたたえ、
あなたの御名をほめ歌おう。」
10 また、こうも言われています。
「異邦人よ。主の民とともに喜べ。」
11 さらにまた、
①「すべての異邦人よ。主をほめよ。
もろもろの国民よ。主をたたえよ。」
12 さらにまた、イザヤがこう言っています。
「エッサイの根が起こる。
異邦人を治めるために立ち上がる方である。
異邦人はこの方に望みをかける。」
13 どうか、望みの神が、あなたがたを信仰によるすべての喜びと平和をもって満たし、聖霊の力によって望みにあふれさせてくださいますように。

異邦人のための奉仕者パウロ

14 私の兄弟たちよ。あなたがた自身が善意にあふれ、すべての知恵に満たされ、また互いに訓戒し合うことができることを、この私は確信しています。
15 ただ私が所々、かなり大胆に書いたのは、あなたがたにもう一度思い起こしてもらうためでした。
16 それも私が、異邦人のためにキリスト・イエスの仕え人となるために、神から恵みをいただいているからです。私は神の福音をもって、祭司の務めを果たしています。それは異邦人を、聖霊によって聖なるものとされた、神に受け入れられる供え物とするためです。
17 それで、神に仕えることに関して、私はキリスト・イエスにあって誇りを持っているのです。
18 私は、キリストが異邦人を従順にならせるため、この私を用いて成し遂げてくださったこと以外に、何かを話そうなどとはしません。キリストは、ことばと行いにより、
19 また、しるしと不思議をなす力により、さらにまた、御霊の力によって、それを成し遂げてくださいました。その結果、私はエルサレムから始めて、ずっと回ってイルリコに至るまで、キリストの福音をくまなく伝えました。
20 このように、私は、他人の土台の上に建てないように、キリストの御名がまだ語られていない所に福音を宣べ伝えることを切に求めたのです。
21 それは、こう書いてあるとおりです。
「彼のことを伝えられなかった人々が
見るようになり、
聞いたことのなかった人々が
悟るようになる。」
22 そういうわけで、私は、あなたがたのところに行くのを幾度も妨げられましたが、

パウロのローマ訪問計画

23 今は、もうこの地方には私の働くべき所がなくなりましたし、また、イスパニヤに行く場合は、あなたがたのところに立ち寄ることを多年希望していましたので
24 ——というのは、途中あなたがたに会い、まず、しばらくの間あなたがたとともにいて心を満たされてから、あなたがたに送られ、そこへ行きたいと望んでいるから

同じように、永遠の価値がある（Ⅱテモ3:16、→マタ5:17注、→「旧約聖書の律法」の項 p.158）。

15:17 私は・・・誇りを持っている 神が私たちを通して行っておられることを興奮して喜んで話すことは、謙虚に神に感謝する心をもって話しているなら間違いではない。個人的なあかしをするときには、自分だけがほめられ認められて、ほかの人々が落胆させられるようになってはならない。神の栄光を現すために行った私たちの努力や奉仕の働きが成功したかどうかは、数や奇蹟やそのほかの外面的なことで判断できるものではない。むしろ神のために行った私たちの努力は、聖霊の純粋な働きと力によってほかの人々の中に生み出された神のことばを信じる信仰と従順によってこそ計られるべきである（15:18-19）。

15:20 キリストの御名がまだ語られていない所 パウロの働きの方針は宣教を中心にしていた。それは主イエスの福音をまだ聞いたことのない人々や国や文化圏に伝えるという熱意をパウロが持っていたということである。そこでパウロは福音（キリストを信じる信仰を通して罪の赦し、新しいいのち、神との個人的な関係を得るという「よい知らせ」）がまだ十分に伝わっていない地域を働き場所として選んだ。福音を聞いて

です、──
25ですが、今は、聖徒たちに奉仕するためにエルサレムへ行こうとしています。
26それは、マケドニヤとアカヤでは、喜んでエルサレムの聖徒たちの中の貧しい人たちのために醵金することにしたからです。
27彼らは確かに喜んでそれをしたのですが、同時にまた、その人々に対してはその義務があるのです。異邦人は霊的なことでは、その人々からもらいものをしたのですから、物質的な物をもって彼らに奉仕すべきです。
28それで、私はこのことを済ませ、彼らにこの実を確かに渡してから、あなたがたのところを通ってイスパニヤに行くことにします。
29あなたがたのところに行くときは、キリストの満ちあふれる祝福をもって行くことと信じています。
30兄弟たち。私たちの主イエス・キリストによって、また、御霊の愛によって切にお願いします。私のために、私とともに力を尽くして神に祈ってください。
31私がユダヤにいる不信仰な人々から救い出され、またエルサレムに対する私の奉仕が聖徒たちに受け入れられるものとなりますように。
32その結果として、神のみこころにより、喜びをもってあなたがたのところへ行き、あなたがたの中で、ともにいこいを得ることができますように。
33どうか、平和の神が、あなたがたすべてとともにいてくださいますように。アーメン。

25①使24:17 ②使19:21
26①Ⅰコリ16:5, Ⅱコリ1:16, 2:13, 7:5, 8:1, 9:2, 4, 11:9, ピリ4:15, Ⅰテモ1:7, 8, 4:10, Ⅰテモ1:3, 翻使16:9 翻使18:12, 翻使19:21
27①Ⅰコリ9:11
28＊直訳「彼らのために、この実に確認の印を押してから」
 ①ヨハ3:33
 ②ロマ15:24
29①翻使19:21, ロマ1:10, 11, 15:23, 32
30①翻ガラ5:22, コロ1:8
 ②翻コロ4:12,
 ③Ⅰコリ1:11
31①Ⅱコリ1:10, Ⅱテサ3:2, Ⅱテモ3:11, 4:17
 ②ロマ15:25, 26, Ⅱコリ8:4, 9:1
 ③翻使19:21, 翻使9:15
32①翻ロマ1:10, 翻使18:21
 ②翻ロマ15:23
33①翻ロマ16:20, Ⅱコリ13:11, ピリ4:9, Ⅰテサ5:23, ヘブ13:20, 翻Ⅱテサ3:16
1①使18:18
 ＊別訳「女執事」、「しもべ」, ②翻Ⅰコリ3:1
2①翻使9:13, 翻使9:15
 ②ピリ2:29
3①Ⅱコリ5:17, 12:2, ガラ1:22, ロマ16:7, 9, 10, 翻ロマ8:11以下
 ②ロマ8:1
 ③翻使18:2
5①Ⅰコリ16:19, コロ4:15, ピレ2
 ②翻使16:6
＊すなわち「小アジヤの西海岸の州」
 ③Ⅰコリ16:15
7①ロマ16:11, 21, 翻ロマ9:3
 ②コロ4:10, ピレ23
＊別訳「ユニア」(女性)
 ③翻Ⅰコリ5:17, 12:2, ガラ1:22, ロマ16:3, 9, 10, 翻ロマ8:11以下
9①Ⅱコリ5:17, 12:2, ガラ1:22, ロマ16:3, 7, 10, 翻ロマ8:11以下
10①Ⅱコリ5:17, 12:2, ガラ1:22, ロマ16:3, 7, 9, 翻ロマ8:11以下
 ②Ⅰコリ1:11

個人的あいさつ

16¹ ケンクレヤにある教会の*執事で、私たちの姉妹であるフィベを、あなたがたに推薦します。
² どうぞ、聖徒にふさわしいしかたで、主にあってこの人を歓迎し、あなたがたの助けを必要とすることは、どんなことでも助けてあげてください。この人は、多くの人を助け、また私自身をも助けてくれた人です。
³ キリスト・イエスにあって私の同労者であるプリスカとアクラによろしく伝えてください。
⁴ この人たちは、自分のいのちの危険を冒して私のいのちを守ってくれたのです。この人たちには、私だけでなく、異邦人のすべての教会も感謝しています。
⁵ またその家の教会によろしく伝えてください。私の愛するエパネトによろしく。この人はアジヤでキリストを信じた最初の人です。
⁶ あなたがたのために非常に労苦したマリヤによろしく。
⁷ 私の同国人で私といっしょに投獄されたことのある、アンドロニコとユニアス*にもよろしく。この人々は使徒たちの間によく知られている人々で、また私より先にキリストにある者となったのです。
⁸ 主にあって私の愛するアムプリアトによろしく。
⁹ キリストにあって私たちの同労者であるウルバノと、私の愛するスタキスによろしく。
¹⁰ キリストにあって練達したアペレによろしく。アリストブロの家の人たちによろしく。

キリストを受入れる機会はだれにでも与えられるべきだという思いがパウロに迫っていた(15:21)。

15:29　キリストの満ちあふれる祝福　パウロの働きは、キリストのあふれるばかりの祝福と力と臨在によって確かなものとされていた。パウロが働くところではどこでも、人々はこの祝福にあずかっていた。今日、主と主の教会に仕える人々はこのパウロの信仰と献身の模範に従い、同じ祝福が働きの中に与えられるように求め続けるべきである(⇒Ⅰコリ11:1)。

16:1　フィベ　フィベはこの手紙をローマに持って行った人と思われている。フィベはケンクレヤの教会のしもべまたは女性執事(教会の諸問題や働きについて牧師の補佐をする人)だった。そしてパウロのような宣教師を助けるとともに、貧しい人や病人や困っている人々に仕えていた。この章の中でパウロが8人の女性に挨拶を送っていることから、女性が教会の中で重要な奉仕の役割を果たしていたことがわかる。

16:7　使徒たちの間によく知られている　アンドロニコとユニアスは使徒と呼ばれている。「使徒」ということばは、ここでは新しい教会を開拓するのを手伝う特別な使命に「遣わされた人」という広い意味で使われている。この人々は最初の福音を伝え、教会を建上げる

¹¹私の同国人ヘロデオンによろしく。ナルキソの家の主にある人たちによろしく。
¹²主にあって労している、ツルパナとツルポサによろしく。主にあって非常に労苦した愛するペルシスによろしく。
¹³主にあって選ばれた人ルポスによろしく。また彼と私との母によろしく。
¹⁴アスンクリト、フレゴン、ヘルメス、パトロバ、ヘルマスおよびその人たちといっしょにいる兄弟たちによろしく。
¹⁵フィロロゴとユリヤ、ネレオとその姉妹、オルンパおよびその人たちといっしょにいるすべての聖徒たちによろしく。
¹⁶あなたがたは聖なる口づけをもって互いのあいさつをかわしなさい。キリストの教会はみな、あなたがたによろしくと言っています。

11①ロマ16:7, 21,
囲ロマ9:3
12①マコ15:21(?)
15①囲ロマ16:2,
囲ロマ16:14
16①Ⅰコリ16:20,
②Ⅰコリ13:12,
Ⅰテサ5:26

17囲Ⅰテモ1:3, 6:3
②ガラ1:8, 9,
Ⅱテサ3:6, 14,
テト3:10, Ⅱヨハ10,
囲マタ7:15
18①ロマ14:18
②ピリ3:19
* 直訳「腹」
囲コロ2:4, Ⅱペテ2:3
19①ロマ1:8
②Ⅰコリ14:20,
囲マタ10:16,
囲エペ4:22
20①囲ロマ15:33
* 別訳「足の下で」
②囲マタ4:10
③Ⅰコリ15:23,
Ⅱコリ13:13, ガラ6:18,
ピリ4:23, Ⅰテサ5:28,
Ⅱテサ3:18, 黙22:21

¹⁷兄弟たち。私はあなたがたに願います。あなたがたの学んだ教えにそむいて、分裂とつまずきを引き起こす人たちを警戒してください。彼らから遠ざかりなさい。
¹⁸そういう人たちは、私たちの主キリストに仕えないで、自分の欲に仕えているのです。彼らは、なめらかなことば、へつらいのことばをもって純朴な人たちの心をだましているのです。
¹⁹あなたがたの従順はすべての人に知られているので、私はあなたがたのことを喜んでいます。しかし、私は、あなたがたが善にはさとく、悪にはうとくあってほしい、と望んでいます。
²⁰平和の神は、すみやかに、あなたがたの*足でサタンを踏み砕いてくださいます。
どうか、私たちの主イエスの恵みが、あ

ようにとキリストから直接任命された人々とは違って、「使徒」というよりはむしろ旅をしながら伝道する人、つまり宣教師だった（Ⅰコリ9:1-2, Ⅱコリ8:23, エペ4:11-13, ピリ2:25, ⇒使14:4注, →「**奉仕の賜物**」の項 p.2225）。

16:17-18 人たちを警戒してください 手紙の最後でパウロは、パウロやほかの使徒たち（→使14:4注）が伝えた最初の「教え」を変えて、教会に害を与えている人々を警戒するように、ローマにある教会に強く警告している。にせ教師たちを「警戒し・・・彼らから遠ざかり」、またその働きから離れるべきである。ここで言われているのは、律法に反対して、救いは恵みによるのだから救いの信仰を持ったら神の道徳律法には必ずしも従う必要はないと教えた人々のことと思われる（⇒6:1-2, Ⅱコリ4:2, 11:3, エペ4:14, 黙2:4-5, →「**にせ教師**」の項 p.1758）。このにせ教師たちは、人間は神の基準を無視しキリストに背き続けてもなお霊的に永遠に救われると信じていた。しかも雄弁で説得力があり、心地よいことばを使いお世辞を言っていた（⇒ユダ1:16）。けれども実際には、この人々は詐欺師だった。

16:19 悪にはうとく 「うとく」ということば（《ギ》アケライオス）は混じり物のないまたは純粋な（悪にさらされず、この世の価値観が混じっていない子どもの心のような）という意味である（⇒Ⅰコリ14:20）。実際的な意味で「善にはさとく、悪にはうとく」とは、良いことには熟練し、悪いことには未熟という意味である。

（1）キリスト者はキリストのためにほかの人々に仕え、神の基準に照らして正しいことを行い続けなければならない。同時に悪い振舞にうっかりかかわったり、神を敬わない活動に参加したりすることを避けなければならない。神を敬わない振舞の問題や領域で「熟練する」なら、将来さらにサタンに誘惑され罪の問題に巻込まれる機会が増えることになる。けれども悪を避け神を敬わない振舞に参加するのを拒むなら、サタンの誘惑を退けることになる。それはこれらの領域に「うとく」て、「混じり合わない」からである（→「**信者の霊的聖別**」の項 p.2172）。

（2）キリスト者（特にその子どもたち）は誘惑や実際の生活に対応する方法を学ぶために、あらゆる「人生の現実」（罪、不道徳、不信仰）にさらされる必要があると考える人がいるけれども、この聖書の原則はそれとは真っ向から対立する。子どもたちを不信仰から守る必要はないという間違った哲学は、だれもが善悪を知るようになるべきだという悪魔の願いと一致するものである（⇒創3:5）。社会のあらゆる悪の現実から子どもたちを完全に守ることは無理かもしれない。けれども社会の様々な分野で一般的に見られるごまかしや不信仰などに、必要以上にさらされないように私たちは最大限の努力をするべきである。親は霊的保護者として、子どもたちに真剣に悪を避けるように教えなければならない。そうしないなら、信仰者がみな悪にうとくなってほしいという神の願いを無視する罪を犯すことになる。→「**親と子ども**」の項 p.2265

（3）悪を知りサタンのやり方にさらされ続けるなら、多くの人は神を敬う信仰と服従の道からはぐれて行くことになる。アブラハムの甥のロトは、自分の妻を失い娘たちがソドムの不信仰な性道徳によって堕落

なたがたとともにありますように。

²¹私の同労者テモテが、あなたがたによろしくと言っています。また私の同国人ルキオとヤソンとソシパテロがよろしくと言っています。

²²この手紙を筆記した私、テルテオも、主にあってあなたがたにごあいさつ申し上げます。

²³私と全教会との家主であるガイオも、あなたがたによろしくと言っています。市の収入役であるエラストと兄弟クワルトもよろしくと言っています。*

²⁵,²⁶私の福音とイエス・キリストの宣教によって、すなわち、世々にわたって長い間隠されていたが、今や現されて、永遠の神の命令に従い、預言者たちの書によって、信仰の従順に導くためにあらゆる国の人々に知らされた奥義の啓示によって、あなたがたを堅く立たせることができる方、

²⁷知恵に富む唯一の神に、イエス・キリストによって、御栄えがとこしえでありますように。アーメン。

21 ① 使16:1, ② ロマ16:7,11, ③ ロマ9:3, ③ 使13:1(?), ④ 使17:5(?), ⑤ 使20:4(?)
22 ① Ⅰコリ16:21, ガラ6:11, コロ4:18, Ⅱテサ3:17, ピレ19
23 ① Ⅰコリ1:14, 使20:4(?), ② 使19:22
* 異本24節として「私たちの主イエス・キリストの恵みがあなたがたすべてとともにありますように。アーメン」を挿入するものがある
25, 26 ① 使ロマ2:16, ② Ⅱテモ1:9, テト1:2 ③ ロマ1:2

④ ロマ1:5
⑤ Ⅰコリ2:7, 4:1, エペ1:9, 3:3, 9, 6:19, コロ1:26, 27, 2:2, 4:3, Ⅰテモ3:16, 使ロマ11:25, マタ13:35
⑥ エペ3:20, ユダ24
27 ① ロマ11:36

するという厳しい悲劇を通してこのことに気付かされた(創13:12-13, 19:1-38)。聖書は、「友だちが悪ければ、良い習慣がそこなわれます」と警告をしている(Ⅰコリ15:33)。自分や子どもたちを肉体的にも霊的にも不健全な環境や不信仰な影響力にさらす人々は、マタイ18:6の主イエスの警告に背いているものと思われる。その箇所で主イエスは、「小さい者たちのひとりにでもつまずきを与える」よりは「大きい石臼を首にかけられて、湖の深みでおぼれ死んだほうがまし」だと警告をされた。「キリストは、今の悪の世界から私たちを救い出そうとして・・・ご自身をお捨てに」なったのである(ガラ1:4)。

聖霊の賜物

A. 教会の奉仕の賜物

賜物	定義	参照聖句	具体例
使徒（特定）	復活した主によって教会と福音の最初のメッセージを確立するように任命された人々	使4:33-37, 5:12, 18-42, 6:6, 8:14, 18, 9:27, 11:1, 15:1-6, 22-23, 16:4, Ⅰコリ9:5, 12:28-29, ガラ1:17, エペ2:20, 4:11, ユダ1:17	**十二使徒：**マタ10:2, マコ3:14, ルカ6:13, 使1:15-26, 黙21:14 **パウロ：**ロマ1:1, 11:13, Ⅰコリ1:1, 9:1-2, 15:9-10, Ⅱコリ1:1, ガラ1:1, Ⅰテモ2:7 **ペテロ：**Ⅰペテ1:1, Ⅱペテ1:1
使徒（一般）	宣教師あるいはほかの特別な責任のために任命された宣教師	使13:1-3, Ⅰコリ12:28-29, エペ4:11	**バルナバ：**使14:4, 14 **アンドロニコとユニアス：**ロマ16:7 **テトスたち：**Ⅱコリ8:23 **エパフロデト：**ピリ2:25 **主イエスの兄弟ヤコブ：**ガラ1:19
預言者	聖霊の霊感を受けて話し教会への神のメッセージを伝えた人々。その主な動機と関心は教会の霊的生活と純潔だった	ロマ12:6, Ⅰコリ12:10, 14:1-33, エペ4:11, Ⅰテサ5:20-21, Ⅰテモ1:18, Ⅰペテ4:11, Ⅰヨハ4:1-3	**ペテロ：**使2:14-40, 3:12-26, 4:8-12, 10:34-44 **パウロ：**使13:1, 16-41 **バルナバ：**使13:1 **シメオン：**使13:1 **ルキオ：**使13:1 **マナエン：**使13:1 **アガボ：**使11:27-28, 21:10 **ユダとシラス：**使15:32 **ヨハネ：**黙1:1, 3, 10:8-11, 11:18
伝道者	救われていない人々に福音を伝えるために神から賜物を与えられた人々	エペ4:11	**ピリポ：**使8:5-8, 26-40, 21:8 **パウロ：**使26:16-18
牧師 （長老または監督）	教会を監督しその霊的必要のために世話をするように選ばれ賜物を与えられた人々	使14:23, 15:1-6, 22-23, 16:4, 20:17-38, ロマ12:8, エペ4:11-12, ピリ1:1, Ⅰテモ3:1-7, 5:17-20, テト1:5-9, ヘブ13:17, Ⅰペテ5:1-5	**テモテ：**Ⅰテモ1:1-4, 4:12-16, Ⅱテモ1:1-6, 4:2, 5 **テトス：**テト1:4-5 **ペテロ：**Ⅰペテ5:1 **ヨハネ：**Ⅰヨハ2:1, 12-14 **ガイオ：**Ⅲヨハ1:1-7
教師	教会を建上げるために神のことばをはっきりさせ説明する賜物を与えられた人々	ロマ12:7, エペ4:11-12, コロ3:16, Ⅰテモ3:2, 5:17, Ⅱテモ2:2, 24	**パウロ：**使15:35, 20:20, 28:31, ロマ12:19-21, 13:8-10, Ⅰコリ4:17, Ⅰテモ1:5, 4:16, Ⅱテモ1:11 **バルナバ：**使15:35 **アポロ：**使18:25-28 **テモテ：**Ⅰコリ4:17, Ⅰテモ1:3-5, 4:11-13, 6:2, Ⅱテモ4:2 **テトス：**テト2:1-3, 9-10

聖霊の賜物

賜物	定義	参照聖句	具体例
執事	教会員を実際的に助けるために選ばれ賜物を与えられた人々	使6:1-6, ロマ12:7, ピリ1:1, Ⅰテモ3:8-13, Ⅰペテ4:11	**七人の執事**：使6:5 **フィベ**：ロマ16:1-2
助ける者	様々な助けをするための賜物を与えられた人々	Ⅰコリ12:28	**パウロ**：使20:35 **ルデヤ**：使16:14-15 **ガイオ**：Ⅲヨハ1:5-8
治める者	教会の様々な活動を指導し監督する賜物を与えられた人々	Ⅰコリ12:7, エペ4:11-12, Ⅰテモ3:1-7, ヘブ13:7-17, 24	**ペテロ**：使6:3-4, 11:1-18 **パウロ**：使20:17-35, Ⅰコリ11:23-24, 14：, 16:1-9
勧めをする人	ほかのキリスト者に対してキリストに対するより深い信仰と献身を勧め、聖霊の現れと実が十分に現され、この世から完全に分離するように励まし動機づける賜物を与えられた人々	ロマ12:8, Ⅰコリ14:3, Ⅰテサ5:11, 14-22, ヘブ10:24-25	**バルナバ**：使11:23-24, 14:22 **パウロ**：使14:22, 16:40, 20:1, ロマ8:26-39, 12:1-2, Ⅱコリ6:14-7:1, ガラ5:16-26 **ユダとシラス**：使15:32, 16:40 **テモテ**：Ⅰテサ3:2, Ⅱテモ4:2 **テトス**：テト2:6, 13 **ペテロ**：Ⅰペテ5:1-2 **ヨハネ**：Ⅰヨハ2:15-17, 3:1-3
分け与える人	神の民の必要を満たすために自分の資金を自由に与えることのできる賜物を与えられた人々	使2:44-45, 4:34-35, 11:29-30, ロマ12:8, Ⅰコリ16:1-4, Ⅱコリ8：-9：, エペ4:28, Ⅰテモ6:17-19, ヘブ13:16, Ⅰヨハ3:16-18	**バルナバ**：使4:36-37 **マケドニヤのキリスト者**：ロマ15:26-27, Ⅱコリ8:1-5 **アカヤのキリスト者**：ロマ15:26-27, Ⅱコリ9:2
慰めを与える人	苦しんでいる人々に親切にして慰めを与える賜物を与えられた人々	ロマ12:8, Ⅱコリ1:3-7	**パウロ**：Ⅱコリ1:4 **ヘブル人キリスト者**：ヘブ10:34 **様々なキリスト者**：コロ4:10-11 **ドルカス**：使9:36-39

B. 個々の信仰者を通して見られる聖霊の現れ

賜物	定義	参照聖句	具体例
知恵のことば	特定の情況に適用する神のことばや知恵を聖霊によって伝えること	使6:3, Ⅰコリ12:8, 13:2, 9, 12	**ステパノ**：使6:10 **ヤコブ**：使15:13-21
知識のことば	人々、情況、聖書の真理などについての知識を聖霊によって明らかにすること	使10:47-48, 13:2, 15:7-11, Ⅰコリ12:8, 13:2, 9, 12, 14:25	**ペテロ**：使5:9-10

聖霊の賜物

賜物	定義	参照聖句	具体例
信仰	キリスト者が神の奇蹟を信じることができるようにさせる聖霊によって与えられる超自然的な信仰	マタ21:21-22, マコ9:23-24, 11:22-24, ルカ17:6, 使3:1-8, 6:5-8, Ⅰコリ12:9, 13:2, ヤコ5:14-15	**百人隊長**：マタ8:5-10 **病気の女性**：マタ9:20-22 **二人の盲人**：マタ9:27-29 **カナン人の女性**：マタ15:22-28 **罪深い女性**：ルカ7:36-50 **ツァラアトに冒された人**：ルカ17:11-19
癒し	神による超自然的な方法で肉体の健康を回復すること	マタ4:23-24, 8:16, 9:35, 10:1, 8, マコ1:32-34, 6:13, 16:18, ルカ4:40-41, 9:1-2, ヨハ6:2, 14:12, 使4:30, 5:15-16, 19:11-12, Ⅰコリ12:9 28, 30	**主イエス**：→「キリストの奇蹟」の表 p.1942 **使徒たち**：→「使徒たちの奇蹟」の表 p.1941
奇蹟を行う力	悪霊の追出しを含め、自然界の歩みを変える神の超自然的な力	マタ4:23-24, 8:16, 10:1, 8, 13:54, マコ1:32-33, 39, 3:15, 6:13, 16:17, ルカ4:40-41, 9:1, 10:17, ヨハ7:3, 10:25, 32, 14:11, 15:24, 使2:22, 43, 4:30, 5:15-16, 6:8, 8:6-7, 14:3, 15:12, 19:11-12, ロマ15:19, Ⅰコリ12:10, 29, Ⅱコリ12:12, ガラ3:5	**主イエス**：→「キリストの奇蹟」の表 p.1942 **使徒たち**：→「使徒たちの奇蹟」の表 p.1941
預言	聖霊の迫りを受けて神からのことば、警告、奨励、啓示などをもたらす特別な一時的能力	ルカ12:12, 使2:17-18, Ⅰコリ12:10, 13:9, 14:1-33, エペ4:11, Ⅰテサ5:20-21, Ⅱペテ1:20-21, Ⅰヨハ4:1-3	**エリサベツ**：ルカ1:40-45 **マリヤ**：ルカ1:46-55 **ザカリヤ**：ルカ1:67-79 **ペテロ**：使2:14-40, 4:8-12 **エペソの12人の弟子たち**：使19:6 **ピリポの四人の娘たち**：使21:9 **アガボ**：使21:10-11
霊を見分ける力	預言や伝えられたことばが聖霊によるものかどうかを判断する特別な能力	Ⅰコリ12:10, 14:29	**ペテロ**：使8:18-24 **パウロ**：使13:8-12, 16:16-18

聖霊の賜物

賜物	定義	参照聖句	具体例
異言	聖霊の直接的な影響を受けて自分の霊の中に与えられたことを学んだことのない、あるいは知らないことばで表現すること	1コリ12：10, 28, 30, 13：1, 14：1-40	**弟子たち**：使2：4-11 **コルネリオとその家族**：使10：44-45, 11：17 **エペソの弟子たち**：使19：2-7 **パウロ**：1コリ14：6, 15, 18
異言を解き明かす力	異言で伝えられたことを解き明かす特別な能力	1コリ12：10, 30, 14：5, 13, 26-28	

コリント人への手紙　第一

概　要
序言(1:1-9)
I．パウロに伝えられた問題についての議論(1:10-6:20)
 A．教会の中の分裂(1:10-4:21)
  1．分派の問題(1:10-17)
  2．分派の原因(1:18-4:5)
   a．キリスト教の教えについての誤解(1:18-3:4)
   b．伝道奉仕の働きについての誤解(3:5-4:5)
  3．分派を解消する訴え(4:6-21)
 原則－キリストのからだである教会(⇒12:12～)は分けられない(1:10,13)
 B．教会の中の道徳的倫理的問題(5:1-6:20)
  1．規律訓練の不足(5:1-13)
  2．キリスト者同士の訴訟(6:1-11)
  3．からだの性的乱用(6:12-20)
 原則－キリストと一つになっている人はキリストの栄光を現す行動をとるべきである(6:17, 20)
II．コリントの人々が手紙に書いてきた質問への応答(7:1-16:9)
 A．結婚についての質問(7:1-40)
  1．結婚と独身(7:1-9)
  2．結婚生活でのキリスト者の義務(7:10-16)
  3．充足感の原則(7:17-24)
  4．未婚の人への忠告(7:25-38)
  5．再婚についての指導(7:39-40)
 原則－神はある人には配偶者の、ある人には独身の賜物を与えられる(7:7, 32)
 B．キリスト者の自由と疑わしい行動についての質問(8:1-11:1)
  1．偶像にささげた食物の問題(8:1-13)
  2．自由の正しい用い方(9:1-27)
  3．うぬぼれに対する警告(10:1-13)
  4．偶像礼拝と主の晩餐の矛盾(10:14-23)
  5．一般的原則と実際的な忠告(10:24-11:1)
 原則－何をするにも神の栄光と人々の益のためにすること。自分やほかの人々のキリストとの関係を損
  なうことはしないこと(9:24-27, 10:31-32)
 C．公の礼拝についての質問(11:2-14:40)
  1．礼拝での節度と敬意(11:2-16)
  2．主の晩餐での振舞(11:17-34)
  3．御霊の賜物の祝福とその使い方(12:1-14:40)
   a．賜物の条件(12:1-3)
   b．賜物の一致(12:4-11)
   c．賜物の多様性(12:12-31a)
   d．愛をもって賜物を用いる必要性(12:31b-13:13)
   e．異言よりも預言にある祝福(14:1-25)
   f．公の礼拝での規定(14:26-40)
 原則－礼拝は適切に秩序をもって行われるべきである(14:40)
 D．復活についての質問(15:1-58)
  1．Q. どうして死者の復活がないと言えるのか(15:12)

         A. 復活の確実性（15:1-34）
      ２．Q. 死者はどのようにしてよみがえり、どのようなからだで来るのか（15:35）
         A. 復活のからだの性質（15:36-57）
      ３．質問への結論（15:58）
    原則－キリストの復活はキリストが再び来られるときの弟子たちの復活を保証する（15:22-23）
    E. エルサレム教会のための献金についての質問（16:1-9）
  最後の指導（16:10-24）

著　　　者：パウロ

主　　　題：教会の問題と解決策

著作の年代：紀元55/56年

著作の背景

　ギリシャの古代都市の一つであるコリントは様々な意味でパウロの時代の最も優れた都市の一つだった。今日の繁栄している都市の多くに見られるように、コリント人は自分たちの知性を極度に誇り、その莫大な富を自慢にし道徳的に腐敗していた。欲望を満たすためのあらゆる悪と堕落がこの町では見られた。
　パウロは第二次伝道旅行のときにコリントに１８か月間滞在した。そしてアクラとプリスカ（16:19）や自分の開拓伝道チーム（使18:5）とともにコリントの教会を始めた（使18:1-17，→「**パウロの第二次伝道旅行**」の地図p.2008）。この教会にはユダヤ人もいたけれども、ほとんどが異教的背景（まことの神を拒んで人間が作った多くの「神々」に従う宗教や生活様式）を持つ異邦人（ギリシャ人などユダヤ人以外の人々）だった。パウロがコリントを離れたあとでこの若い教会には様々な問題が起こったので、パウロが手紙を書いたり実際に訪問したりして神から与えられた権威や教えについて説明することが必要だった。
　コリント人への手紙第一はパウロの第三次伝道旅行（使18:23-21:16，→「**パウロの第三次伝道旅行**」の地図p.2019）の途中で、エペソで三年間働いていたときに書かれた（使20:31）。エペソにいるパウロにコリントの問題についての報告が届けられ（1:11）、さらにコリントの教会の代表者たちがパウロに手紙を持って来て（16:17）、様々な問題に対する指導を求めた（7:1，⇒8:1，12:1，16:1）。その報告と手紙に応答してパウロはコリントの教会にこの手紙を書いた。

目　　　的

　パウロはこの手紙を書くに当たって二つの重要なことを考えていた。
　（1）報告にあった教会の深刻な問題を是正しようと願った。コリントのキリスト者たちはいくつかの問題を軽く見ていたようである。けれどもこれは重要な問題であり、神の基準に対する深刻な違反であるとパウロは見た。
　（2）またコリントの人々が手紙の中で挙げた様々な質問に対して信仰的な助言と指導を与えようと願った。それにはキリスト教の信仰と教えの問題とともに、ある人々の振舞や教会全体の道徳的純潔の問題などが含まれていた。

概　　　観

　この手紙は、教会員が「肉に属する人」（3:1-3）のままでいて、周りの社会の考えや振舞、神に逆らう生活様式などから離れようとしないために教会の中で起こる問題を扱っている（Ⅱコリ6:17）。問題は個性や社会的階級に基づく争いと分裂（1:10-13，11:17-22）、教会や家族の中での不自然な性的行動の容認（5:1-13）、一般的な性的不品行（6:12-20）、キリスト者の間での訴訟（6:1-11）、神の真理を曲げる個人的考えや意見（15:）、「キリスト者の自由」についての論争と疑わしい振舞（8:，10:）などだった。パウロはまた、結婚と独身（7:）、主の晩餐を含む公の礼拝（11:-14:）、困っているエルサレムのキリスト者への献金（16:1-4）にかかわる問題についてもコリントの人々を指導した。
　コリント人への手紙第一の中に見られるパウロの教えの中で最も重要で貢献度の高いものは、教会の礼拝の情況での聖霊の賜物（キリストの栄光を現しほかの人々の益になるために神が与えられる能力）についての教えであ

る(12:-14:)。初期の教会の礼拝がどのように行われていたかは新約聖書のほかの箇所には見当たらない(14:26-33)。パウロによると、神は教会の中で聖霊が様々なかたちで働かれるのを願っておられる。聖霊は、奉仕の働きのために神によって任命され賜物を与えられた忠実なキリスト者(12:4-10)を通して働かれる(12:28-30,→「**聖霊の賜物**」の表 p.2096,「**聖霊の働き**」の表 p.2187)。このことを、パウロは教会の中のひとりひとりとからだの中の様々な部分とを対比させて説明している。ひとりひとりはみな重要である。けれどもそれぞれが違った機能を果すことによってからだ全体の益となるのである(12:12-27)。パウロは教会の情況の中で御霊の賜物をどのように用いるか指針を示したけれども、その中でパウロは賜物から個人がどのような益を受けるか、教会全体がどのような益を受けるかを区別している(14:2-6, 12, 16-19, 26)。そして御霊の賜物が公に現われるときには、必ずほかの人々への愛と配慮から行われなければならず(13:)、会衆全体の益になり徳を高めるために用いられなければならないと断言している(12:7, 14:4-6, 26,→「**御霊の賜物**」の項 p.2138)。

特　　徴

コリント人への手紙第一には五つの大きな特徴がある。
　(1) 新約聖書の中で最も実際的な問題を中心に書かれた手紙である。コリントの様々な問題を扱う中で、パウロは今日のキリストの教会にとっても意味があり、適応できる明らかで不変の霊的原則(→概要)を示している(1:10, 6:17, 20, 7:7, 9:24-27, 10:31-32, 14:1-10, 15:22-23)。
　(2) 地域教会にはキリストのからだとしての一致が必要であると、パウロは全体的に強調している。からだには多くの器官、部分があるけれども目的はただ一つ、キリストの栄光を現し地域と世界にキリストの福音を広めることである(→「**教会**」の項 p.1668)。教会は一つのからだであるという考えは、分裂や主の晩餐(聖餐)、御霊の賜物についての議論の中でも取上げられている。
　(3) この手紙には独身者、結婚と再婚(7:)、主の晩餐(10:16-21, 11:17-34)、礼拝での異言、預言、御霊の賜物の用い方(12:, 14:)、神を敬う本当の愛(13:)、からだのよみがえり(15:)などの重要な主題について教えられているけれども、それらは新約聖書の中でも最も広範囲にわたって扱われている。
　(4) 牧師や教会の指導者たちに、教会での訓練や規律の方法と原則についての知恵を提供している(5:)。
　(5) もし心からキリストに従わず神に逆らった振舞を続けるなら、一度持ったキリストを信じる純粋な信仰から離れる危険性が実際にあることを強調している(6:9-10, 9:24-27, 10:5-12, 20-21, 15:1-2,→「**背教**」の項 p.2350)。

コリント人への手紙第一の通読

　新約聖書全体を1年間で通読するためには、コリント人への手紙第一を次のスケジュールに従って18日間で読まなければならない。
☐1 ☐2 ☐3 ☐4 ☐5 ☐6 ☐7 ☐8 ☐9 ☐10:1-13 ☐10:14-11:1 ☐11:2-34 ☐12 ☐13 ☐14 ☐15:1-34 ☐15:35-58 ☐16

メ　モ

Ⅰコリント　1章

1 ①神のみこころによってキリスト・イエスの使徒として召されたパウロと、兄弟ソステネから、

2 コリントにある神の教会へ。すなわち、私たちの主イエス・キリストの御名を、至る所で呼び求めているすべての人々とともに、聖徒として召され、キリスト・イエスにあって聖なるものとされた方々へ。主は私たちの主であるとともに、そのすべての人々の主です。

3 私たちの父なる神と主イエス・キリストから、恵みと平安があなたがたの上にありますように。

感謝

4 私は、キリスト・イエスによってあなたがたに与えられた神の恵みのゆえに、あなたがたのことをいつも神に感謝しています。

5 というのは、あなたがたは、ことばといい、知識といい、すべてにおいて、キリストにあって豊かな者とされたからです。

6 それは、キリストについてのあかしが、あなたがたの中で確かになったからで、

7 その結果、あなたがたはどんな賜物にも欠けるところがなく、また、熱心に私たちの主イエス・キリストの現れを待っています。

8 主も、あなたがたを、私たちの主イエス・キリストの日に責められるところのない者として、最後まで堅く保ってくださいます。

9 神は真実であり、その方のお召しによって、あなたがたは神の御子、私たちの主イエス・キリストとの交わりに入れられました。

教会の中の分裂

10 さて、兄弟たち。私は、私たちの主イエス・キリストの御名によって、あなたがたにお願いします。どうか、みなが一致して、仲間割れすることなく、同じ心、同じ判断を完全に保ってください。

11 実はあなたがたのことをクロエの家の者から知らされました。兄弟たち。あなたがたの間には争いがあるそうで、

12 あなたがたはめいめいに、「私はパウロにつく」「私はアポロに」「私はケパに」

1:2　聖徒として召され　神は私たちがキリストとの個人的関係を通して道徳的に清く霊的に健全で悪から離れ神とその目的に献身することを願っておられる。→使9:13注

1:7　あなたがたはどんな賜物にも欠けるところがなく　パウロはコリントの教会のことで感謝し賛美をしている。それは神が恵み（受けるにふさわしくない好意、愛、能力 1:4）によって御霊の賜物（→12:-14:）を与えられたからである。御霊の賜物とは聖霊を通して与えられる特別な能力で、ひとりひとりが教会の必要を満たして神の栄光を現し、また教会の中の人々の祝福になるために与えられるものである。忠実で献身的な教会が神のみこころを達成しようとするときに、神は最も必要なときに必要なものを与えてくださる。この手紙の中のどこを見ても、パウロがこれらの賜物を省いたり用いるのを禁止したりしている箇所は見つからない。むしろパウロは御霊の賜物に対するコリントの人々の態度を変えて、神が望まれるように賜物を用いることができるようにさせようとしている。→「御霊の賜物」の項 p.2138、「聖霊の賜物」の表 p.2096

1:7　私たちの主イエス・キリストの現れを待っています　初期のキリスト者たちはキリストがすぐにも再び来られると期待して生きていた（→マタ24:42注、ヨハ14:3注）。そして大きな希望を持って絶えず心待ちにしていた。この人々が望みを置いていたのは、終りのとき世界全体に起こる出来事ではなく、主イエス・キリストが再び来てくださることだった（⇒Ⅰテサ1:9-10, 4:13-17, テト2:13, ヘブ9:28、→「**聖書的希望**」の項 p.943）。

1:9　神は真実であり　神の民が神の召しと目的に忠実に従い、「神の御子、私たちの主イエス・キリストとの交わり」にとどまる限り、神は「最後まで堅く保」つという約束（1:8）を間違いなく守ってくださる信頼できる方である（Ⅰテサ5:24）。

1:12　私はパウロに・・・アポロに・・・ケパに　教会の指導者たちの間では分裂が大きくなり始めていた。ある人々は、キリストの福音そのものよりも教師たちに引付けられていた。パウロはこの態度を非難して、自分もほかの指導者たちも教会のためにいのちを与えてはいない、いのちを与えられたのはキリストだけであると指摘した。今日の教会や個人の中にも同じように、キリストとそのみことば以上に牧師や伝道師、教

「私はキリストにつく」と言っているということです。
13 *キリストが分割されたのですか。あなたがたのために十字架につけられたのはパウロでしょうか。あなたがたがバプテスマを受けたのはパウロの名によるのでしょうか。
14 私は、クリスポとガイオのほか、あなたがたのだれにもバプテスマを授けたことがないことを*感謝しています。
15 それは、あなたがたが私の名によってバプテスマを受けたと言われないようにするためでした。
16 私はステパナの家族にもバプテスマを授けましたが、そのほかはだれにも授けた覚えはありません。
17 キリストが私をお遣わしになったのは、バプテスマを授けさせるためではなく、福音を宣べ伝えさせるためです。それも、キ

13 *別訳「キリストが分割されています」
 ①聖マタ28:19, 使2:38
14 ①使18:8
 ②聖ロマ16:23
 *異本「神に感謝して」
16 ①Ⅰコリ16:15(17)
17 ①聖ヨハ4:2, 使10:48
 ②Ⅰコリ2:1, 4, 13, 聖Ⅱコリ10:10, 11:6
18 ①Ⅰコリ2:15, 4:3, Ⅱテサ2:10, 聖使2:47
 ②Ⅰコリ1:21, 23, 25, 2:14, 聖Ⅰコリ4:10
 ③Ⅰコリ1:24, ロマ1:16
19 ①聖イザ29:14
20 ①聖ヨブ12:17, イザ19:11, 12, 33:18
 ②聖マタ3:22, Ⅰコリ2:6, 8, 3:18, 19
 ③Ⅰコリ1:27, 28, 6:2, 聖ヨハ12:31, ヤコ4:4他
 ④ロマ1:20以下
21 ①Ⅰコリ1:27, 28, 6:2, 11:32, 聖ヨハ12:31, ヤコ4:4他
 ②ガラ1:15, 聖コロ1:19, ルカ12:32
 ③Ⅰコリ1:18, 23, 25, 2:14, 聖Ⅰコリ4:10

リストの十字架がむなしくならないために、ことばの知恵によってはならないのです。

神の知恵と力であるキリスト
18 十字架のことばは、滅びに至る人々には愚かであっても、救いを受ける私たちには、神の力です。
19 それは、こう書いてあるからです。
「わたしは知恵ある者の知恵を滅ぼし、
賢い者の賢さをむなしくする。」
20 知者はどこにいるのですか。学者はどこにいるのですか。この世の議論家はどこにいるのですか。神は、この世の知恵を愚かなものにされたではありませんか。
21 事実、この世が自分の知恵によって神を知ることがないのは、神の知恵によるのです。それゆえ、神はみこころによって、宣教のことばの愚かさを通して、信じる者を

師やそのほかの奉仕者に引付けられる傾向がある。このような態度はキリスト者の原則に背くもので、教会の中に分裂を起こし続けることになる。福音を伝える人ではなく、神とみことばそのものを愛し忠誠心を向けるように注意しなければならない。

1:12 私はキリストにつく 自分は主イエスに忠誠を示していると誇らしげに主張する人々は、自分たちのほうがよりすぐれた知恵と啓示と霊性をキリストから直接いただいていると考えていたようである。その人々は神の恵みと自分の知識によって(8:1)、神の律法の束縛や拘束(6:12, 10:23)、あらゆる道徳の規則や基準の要求から自由にされたと信じていたようである(5:2)。このようなねじ曲がった福音を教えている人々は教会全体を自分たちの考えに引込もうとしていた(Ⅱコリ11:4, 17-22)。そしてこのような誤った考えを持ちそれに従っている人々はごう慢で自負心が強く、本当の権威を持つパウロのような指導者には従えなかったようである(⇒4:18-19)。

1:17 キリスト・・・は、バプテスマを授けさせるためではなく ここでパウロはバプテスマについての主イエスの教えが重要ではないと言っているのではない(マタ28:19)。むしろ自分はキリスト(ヨハ4:1-2)やペテロ(使10:47-48)のように、同労者たちにバプテスマを授けるようにさせていたと言っているのである。パウロは自分がキリストに導いた人々に「パウロの名に」によって「バプテスマを受けた」と言われたくなかったのである(1:13, →使22:16注, ロマ6:4注)。パウロ自身は福音を伝えることに専念していた。

1:18 神の力です 十字架のメッセージは、キリストが私たちの罪の刑罰を払うためにいのちを与えられたことを宣言している。そして主イエスの犠牲を伝え、その犠牲によって与えられたいのちをたたえ、キリストの犠牲に応答して受入れる決断を個人的にするように求めている。このメッセージには知恵と真理だけではなく、霊的救いや癒し、悪霊からの解放と罪の力からの救出など、神の生き生きとした力が伴っている(→「神の国」の項 p.1654)。

1:20 この世の知恵 この世界の知恵は神を閉め出す。それは自立を強調し人間の知識を最高の権威にするからであり、またイエス・キリストによる神の啓示も拒むからである。(1) 神はこの知恵を愚かと呼ばれる(3:19-20)。なぜならこの世界の知恵によっては、真理を見つけることも真理を信じることもできず、創造者を知ることもできないからである(1:21)。(2) キリスト者の世界観は神のことばとキリストの福音の上に堅く立っていなければならない。その神のことばは、世俗的な世界観が神とその真理を拒んでいることを示している(→1:18-31, 2:1-16, 使17:18, ロマ1:20-32, コロ2:8注, Ⅱテサ2:10-12, Ⅱテモ3:1-9, Ⅱペテ2:1-3, 7, ユダ1:4-19)。「キリストの十字架」の福音(1:17, →1:18注)は、この世界の哲学や科学やそのほか人間がすぐれていると考えるあらゆる知恵と妥協させたり適合させようとしてねじ曲げたりしてはならない(2:4-5, ガラ6:14)。

1:21 宣教のことばの愚かさ 愚かとされるのは宣教の方法ではなく、十字架につけられ(十字架の上で処

Ⅰコリント　1-2章

④救おうと定められたのです。

²²ユダヤ人はしるしを要求し、ギリシヤ人は知恵を追求します。
²³しかし、私たちは十字架につけられたキリストを宣べ伝えるのです。ユダヤ人にとってはつまずき、異邦人にとっては愚かでしょうが、
²⁴しかし、ユダヤ人であってもギリシヤ人であっても、召された者にとっては、キリストは神の力、神の知恵なのです。
²⁵なぜなら、神の愚かさは人よりも賢く、神の弱さは人よりも強いからです。
²⁶兄弟たち、あなたがたの召しのことを考えてごらんなさい。この世の知者は多くはなく、権力者も多くはなく、身分の高い者も多くはありません。
²⁷しかし神は、知恵ある者をはずかしめるために、この世の愚かな者を選び、強い者をはずかしめるために、この世の弱い者を選ばれたのです。
²⁸また、この世の取るに足りない者や見下されている者を、神は選ばれました。すなわち、有るものをない者のようにするため、無に等しいものを選ばれたのです。
²⁹これは、神の御前でだれをも誇らせないためです。
³⁰しかしあなたがたは、＊神によってキリスト・イエスのうちにあるのです。キリストは、私たちにとって、神の知恵となり、また、義と聖めと、贖いとになられました。
³¹まさしく、「誇る者は主を誇れ」と書いてあるとおりになるためです。

2 ¹さて兄弟たち。私があなたがたのところへ行ったとき、私は、すぐれたことば、すぐれた知恵を用いて、神のあかしを宣べ伝えることはしませんでした。
²なぜなら私は、あなたがたの間で、イエス・キリスト、すなわち十字架につけられ

21④ Ⅰテモ4:16、Ⅱテモ2:10, 3:15, 4:18、ヘブ7:25、ヤコ5:20、围ロマ11:14
22① 围マタ12:38
23① 围Ⅰコリ2:2、ガラ3:1, 5:11、②围ルカ2:34、Ⅰペテ2:8、③Ⅰコリ1:18, 21, 25, 2:14、围Ⅰコリ4:10
24① 围ロマ8:28、②Ⅰコリ1:18、ロマ1:16、③围ルカ11:49、Ⅰコリ1:30
25① Ⅰコリ1:18, 21, 23, 2:14、围Ⅰコリ4:10、②围Ⅱコリ13:4
26① 围ロマ11:29、②Ⅰコリ2:8, 1:20、围マタ11:25
27① ヤコ2:5、②Ⅰコリ1:20
28① 围Ⅰコリ1:20、② Ⅰコリ2:6、ヨブ34:19、Ⅰテサ2:8、ヘブ2:14、③ロマ4:17
29① エペ2:9
30 ＊別訳「キリスト・イエスによって、神の(子)です」① Ⅰコリ4:15、围ロマ8:1、② Ⅰコリ1:24、③ Ⅰコリ1:30、ピリ3:9、围エレ23:5, 6, 33:16、④ Ⅰコリ1:2, 6:11、Ⅰテサ5:23、围エペ1:7,14、コロ1:14、围ロマ3:24
31① 围エレ9:23,24、Ⅱコリ10:17

1① Ⅰコリ2:4,13、围Ⅰコリ1:17
2① 围コリ2:7、＊異本「奥義」
2① ガラ6:14、Ⅰコリ1:23

刑された)死者の中からよみがえられたキリストの力と権威についての福音のことである。人間の考えでは、神のご計画や教えはどのレベルでも理解することができない。したがってほとんどの人がこの福音を受入れない。パウロの時代のユダヤ人はこの福音を拒んだ(1:23)。それは十字架につけられた人ではなく、政治的な指導者、メシヤ(救い主、キリスト　使1:6)を期待していたからである。ギリシヤ人やローマ人は立派な人が十字架につけられるはずがないと考え、犯罪人として死んだ人がどうして救い主になるのか理解できず、この福音を拒んだのである。→マタ27:35注

1:27　神は・・・愚かな者を選び　1:25-29でパウロは、神の基準や価値観は世間で受入れられているものとは全く違うことを説明している。神は今やこの世界の誤った基準や知恵をさらけ出し、くつがえそうとしておられる。その目的を実現するご計画の中で、神は賢い人々や影響力の強い人々を必ずしも必要としてはおられない(1:26)。むしろへりくだって、キリストを受入れ自分の人生をゆだねる人々を選んで用いられるのである。

1:28　有るものをない者のようにする　主イエスのみじめな処刑(1:18, 23)と勝利の復活を通して、また最も身分の低い人々や価値のないものを最高の目的のために用いることを通して(1:26-27)、神は世界で最も価値があるとされているものは、実際には無価値であることを証明しておられる。そして今や人間の哲学や心理学、そのほかのあらゆる考え方を終らせようとしておられる。

1:30　キリストは、私たちにとって、神の知恵となり　主イエスが私たちのために実現してくださったことと私たちが主イエスと個人的な関係を持つことによって、私たちは初めて神の知恵を本当に理解し受取ることができる。キリストによって私たちは罪から救い出されて、神との正しい関係を回復することができる(ロマ3:24、エペ4:30、⇒ロマ4:)。その関係を持てばキリストに似た品性を持ち、共通の目的を持つ者に成長することができる(Ⅱテサ2:13-15)。この祝福の源はキリストである。したがってこの方との誠実な正しい関係を保たなければその祝福にあずかることができない(→ヨハ15:1注、2注、4注、6注)。

2:1　知恵を用いて・・・宣べ伝えることはしませんでした　パウロの宣教は雄弁な演説や受けのよいアピールによるものではなく、世間一般の人間の「知恵」や教会の中に見られる「知恵」に基づくものでもなかった。むしろイエス・キリストを信じる信仰によって罪の赦しと新しいいのち、神との永遠の関係が与えられるという、「よい知らせ」である福音の中心的真理に集中していた。パウロは自分の人間的、個人的限界をよくわきまえていた。したがって自分自身ではなくキリストの福音と聖霊の力に頼っていた(2:4)。そうすることによって人々の注意は神に向けられ、信仰は神の権威と力に基づくようになった。

た方のほかは、何も知らないことに決心したからです。
3 あなたがたといっしょにいたときの私は、弱く、恐れおののいていました。
4 そして、私のことばと私の宣教とは、説得力のある知恵のことばによって行われたものではなく、御霊と御力の現れでした。
5 それは、あなたがたの持つ信仰が、人間の知恵にささえられず、神の力にささえられるためでした。

御霊による知恵

6 しかし私たちは、成人の間で、知恵を語ります。この知恵は、この世の知恵でもなく、この世の過ぎ去って行く支配者たちの知恵でもありません。
7 私たちの語るのは、隠された奥義としての神の知恵であって、それは、神が、私たちの栄光のために、世界の始まる前から、あらかじめ定められたものです。
8 この知恵を、この世の支配者たちは、だれひとりとして悟りませんでした。もし悟っていたら、栄光の主を十字架につけはしなかったでしょう。
9 まさしく、聖書に書いてあるとおりです。
「目が見たことのないもの、
耳が聞いたことのないもの、
そして、人の心に思い浮かんだことのないもの。
神を愛する者のために、
神の備えてくださったものは、みなそうである。」
10 神はこれを、御霊によって私たちに啓示されたのです。御霊はすべてのことを探り、神の深みにまで及ばれるからです。
11 いったい、人の心のことは、その人のうちにある霊のほかに、だれが知っているでしょう。同じように、神のみこころのことは、神の御霊のほかにはだれも知りません。
12 ところで、私たちは、この世の霊を受けたのではなく、神の御霊を受けました。それは、恵みによって神から私たちに賜ったものを、私たちが知るためです。
13 この賜物について話すには、人の知恵に教えられたことばを用いず、御霊に教えられたことばを用います。その御霊のことば

2:4 御霊と御力の現れ パウロはへりくだり聖霊に頼っていたのでパウロの奉仕には御霊の力強い働きが伴っていた。
(1) パウロの宣教には聖霊の力が伴っている証拠として(1:18, 24)次のような働きが見られた。(a) 人々の罪を明らかにし、よみがえられたキリストを信じて神との正しい関係を持つ必要があることを確信させること(⇒5:-6:, →ヨハ16:8注, 使2:36-41)。(b) 人生を変革すること(1:26-27, ⇒使4:13)。(c) 信仰者の生活に霊的清さ、健全さ、目的をもたらすこと(5:3-5)。(d) しるしや奇蹟を通して聖霊の力を現すこと(使2:29-33, 4:29-30, 5:12, 14:3, Ⅱコリ12:12, →「信者に伴うしるし」の項p.1768,「使徒たちの奇蹟」の表p.1941)。
(2) 主イエスについての福音を伝えるときに聖霊の特別な力が伴っていた例は、新約聖書のほかの箇所にも示されている。マコ16:17-18, ルカ10:19, 使28:3-6, ロマ15:19, Ⅰコリ4:20, Ⅰテサ1:5, ヘブ2:4
(3) 牧師、伝道師だけではなく、キリストに従う人々はみな、主に奉仕するときに次のようなことが起こるように祈るべきである。(a) 人々が主イエスを知り、霊的に救われること(使2:41, 11:21, 24, 14:1)。(b) 新しく主イエスの弟子になった人々が聖霊に満たされること(使2:4, 4:31, 8:17, 19:6, →「聖霊のバプテスマ」の項p.1950)。(c) 悪霊が人々の中から追い出されること(使5:16, 8:7, 16:18, →「サタンと悪霊に勝利する力」の項p.1726)。(d) 病人が癒されること(使3:6, 4:29-30, 14:10, →「神による癒し」の項p.1640)。(e) 人々がキリストの弟子(訓練されて従う人、学ぶ人)になり戒めを守り、キリストの基準と教えに沿って生きるようになること(マタ28:18-20, 使11:23, 26)。

2:12 私たちが知るためです 神の御霊はあらゆることを知っておられ、神のご計画の本質と深さを十分に理解しておられる。そして神を心から愛する人々のために適切なときに適切な方法で神が用意されたこと(2:9)を啓示し、それに光を当ててくださる(2:10-16)。私たちが聖書を読み学ぶときに、聖霊は真理を理解するために光を照らしてくださる。御霊はまたキリストに忠実に従う人々に、聖書が神から与えられたことを強く確信させてくださる(ヨハ16:13, エペ1:17, →「聖書の霊感と権威」の項p.2323)。

2:13 御霊に教えられたことば パウロは自分の宣教が神によって始められ御霊に導かれたと書いているけれども、2:9-13では聖書(文書になった神のことば)を書く上で聖霊が霊感を与えられた順序が示されている。

をもって御霊のことを解くのです。

14 生まれながらの人間は、神の御霊に属することを受け入れません。それらは彼には愚かなことだからです。また、それを悟ることができません。なぜなら、御霊のことは御霊によってわきまえるものだからです。

15 御霊を受けている人は、すべてのことをわきまえますが、自分はだれによってもわきまえられません。

16 いったい、「だれが主のみこころを知り、主を導くことができたか。」ところが、私たちには、キリストの心があるのです。

教会の中の分裂について

3 1 さて、兄弟たちよ。私は、あなたがたに向かって、御霊に属する人に対するようには話すことができないで、肉に属する人、キリストにある幼子に対するよう

ステップ1：神は人類にご自分の知恵を伝えたいと願われた(2:7-9)。その知恵には御子イエスの生涯と死と復活を通して個人的な関係を回復するというご計画と目的が含まれていた(⇒1:30, 2:2, 5)。

ステップ2：聖霊によって神の真理と知恵が人類に啓示された(2:10)。聖霊は神であるから神の思いを十分に知っておられる(2:11, →「**聖霊の教理**」の項 p.1970)。

ステップ3：神の啓示が選ばれた人々に、その人々の中に宿っておられる御霊を通して与えられた(2:12, ⇒ロマ8:11, 15)。

スッテプ4：聖書記者たちは聖霊によって教えられたみことばを記録した(2:13)。御霊は記者たちの考えを導かれただけではなく、その使うことばの選び方も導いて(⇒出24:4, イザ51:16, エレ1:9, 36:28, 32, エゼ2:7, マタ4:4)、神が望まれる通りに正確に伝えるようにされた。神の真理を表すようにされたそのときの御霊の導きは、機械的でも非人格的なものでもなく、それぞれの記者のことばや個性を用いられた。

ステップ5：信仰者は神の霊感されたみことばの内容を調べるときに聖霊の助けと洞察によって理解できるようになる(2:14-16)。

神の御霊は聖書の思想とことばの両方を霊感された。記者はだれ一人間違ったことばや言い回しを使ってはいない。聖霊が神のことばをあらゆる過ちと偽りから守ってくださるのである(→「**神のことば**」の項 p.1213,「**聖書の霊感と権威**」の項 p.2323)。

2:14　生まれながらの人間は　解説　→「**三種類の人々**」の項 p.2108

2:16　私たちには、キリストの心があるのです　「キリストの心がある」ということは、みこころ(神の特性と目的に基づいた計画と願い)と人々を神との個人的関係に回復するというご計画を理解できるという意味である(2:9-10)。そして神の視点から物事を見て評価し神の価値観を自分のものとし、神が愛するものを愛し神が憎まれるものを憎むことである(2:15, ヘブ1:9)。神の聖さ(純潔、完璧、人格の完全性、悪から

の分離)と罪の恐ろしさを理解することである。キリストの心を持つことはまた謙遜でしもべのように無欲な姿勢で、自分のことよりもほかの人々の必要や益を優先すること(キリストが私たちを救うためにご自分のいのちを与えられたように)である(⇒ピリ2:3-8)。したがって御霊を受け御霊に従うこと(2:12)によってキリスト者の価値観や世界観はこの世の生き方や知恵とは全く異なるものになる。キリストのために生きるには「キリストの心」を持たなければならない。

3:1　御霊に属する人に対するようには話すことができない　コリントの教会の問題の一つは、神の祝福を受けようとしながらこの世の堕落した考えや振舞、生活様式から離れようとしないことだった(→「**キリスト者とこの世**」の項 p.2437)。

(1) コリントの教会の牧師や指導者たちはキリストを受入れたと言いながら、神に逆らう行動をやめない人々を受入れ奉仕をさせていた。またコリントの人々は教会の中に自分勝手な分裂(11:18)、世の中の哲学(1:18-25, 3:19)、ねたみや争い(3:3)、誇り(3:21, 4:7)、不道徳な振舞(5:1)、些細な問題の訴訟(6:1-8)、人間が作ったにせの神々の祭りへの参加(8:, 10:)、キリストの本来の教えをねじ曲げて教えること(14:36-37)、などを容認していた。そして真理や愛、神の基準に忠実であることが絶対に必要だと理解していなかったので(6:9-10, 13)、御霊の賜物(12:, 14:)や「主の晩餐」(聖餐式 11:20-34)を乱用したり、キリストの教えは自由に変えることができると思ったりしていた(1:18-31)。

(2) 不信仰な行いや聖書的真理を間違って示すのを見逃している教会に主イエスは警告し(→黙2:20注)、そのような教会は退けて神の国から除外すると言われた(⇒黙2:5, 16, 3:15-16, 3:15-16注)。御霊はそのような教会に対して悔い改めをし(神に逆らう自分たちの道を認めて離れる 5:2)、神に逆らう生き方から離れ(Ⅱコリ6:16-18)、「神を恐れかしこんで聖きを全う」するように呼びかけておられる(Ⅱコリ7:1)。

三種類の人々

「生まれながらの人間は、神の御霊に属することを受け入れません。それらは彼には愚か　なことだからです。また、それを悟ることができません。なぜなら、御霊のことは御霊によってわきまえるものだからです。御霊を受けている人は、すべてのことをわきまえますが、自分はだれによってもわきまえられません。」(コリント人への手紙第一2:14-15)

基本的分類

聖書はすべての人間を、(1) 神との個人的関係を持たずに自分勝手な罪深い道(神に反抗し神の基準を拒絶している)を今もなお歩いている人と、(2) イエス・キリストを信じることを通して罪の赦しを受入れ、神との個人的関係を持って生きている人の二種類に分類している。理想から言えば、キリストに従う人々は完全にキリストに従い、キリストの力に頼って、罪に引かれる人間的な傾向を退けるべきである。けれども聖書はキリストに人生をゆだねた人々の中にさらに別の区分を設けている。そこでこの記事ではこの第三の種類の人も見ることにする。(3) このグループは信仰者ではあるけれども、都合がよいときまたは自分の目的に合うときには自分の願い(世間一般の生き方を反映している)を引き続き追い求める人々である。この「世間的キリスト者」はキリストを捨ててはいない。その活動や行動の中で妥協して、悪魔の危険な影響に身をさらしている。この三種類の人々をさらに分析すると次のようになる。

(1) 生まれながらの、霊的ではない人(《ギ》プシュキコス　Ⅰコリ2:14)とは、霊的に刷新され変えられ「新しく生まれ」ていない人々である(ヨハ3:3-7)。そのような人々は今も生まれながらの本能(神を退け反抗し逆らう人間の性質　→ロマ8:5-8)によって支配されている(Ⅱペテ2:12)。そして聖霊を内側に持っておらず(ロマ8:9)、サタンの支配と影響の下で生活をしている(使26:18)。その結果、自分自身の熱情や限界や欲望などの奴隷になったままである(エペ2:3)。この種の人々は、神と親しくなろうとしないでこの世界と親しくなろうとし、自分を神の敵にしている(ヤコ4:4)。そして神の御霊の真実で正しい道を拒んでいる(Ⅰコリ2:14)。この人々は神がどのような方でどのように働き、またなぜそのように働かれるのかを理解できないので、人間的考えと感情に頼っている。

(2) 「御霊を受けている人」、霊的な人(《ギ》プニューマティコス　Ⅰコリ2:15, 3:1)とは、イエス・キリストを信じ個人的関係を持つことによって霊的に刷新され変えられた人々である。その人々の中には聖霊が住んでおられる(ロマ8:9, 11)。その人々は霊的な思いを持ち、神が既に与えてくださったもの、そして御霊と神の知恵をいただいた人ならだれでも受けることができるものについての真理を理解することができる(Ⅰコリ2:11-13)。そして神の御霊の導きによって生きている(ロマ8:4-17, ガラ5:16-26)。神の御霊に導かれる人はイエス・キリストとその導きに自分の生活をゆだね、自分たちの中に住んでおられる御霊の助けと力によって従おうと努力する(Ⅰコリ6:19, Ⅱテモ1:14)。その結果、身を滅ぼすような欲望を拒み、罪深い性質の影響に勝利することができる(ロマ8:13-14)。

人間はどのようにして霊的になれるのだろうか。自分の罪(神に対する反抗全部)を告白し、神が御子イエス・キリストを通して提供された罪の赦しと霊的救いを信仰によって受入れるときに、その人は「新しく生まれ」(ヨハ3:3, 5, 7)、霊的に刷新される(ロマ12:2)。古い生活をキリストに明け渡すことによって霊的に新しい人になる(Ⅱコリ5:17)。聖霊が内側からその人を変えて、神のいのちが満ちあふれている新しい性質を与えてくださる(Ⅱペテ1:4,→「**新生－霊的誕生と刷新**」の項 p.1874)。罪の代価をご自分のいのちをもって支払われたキリストを信じる信仰によって(ピリ3:9)、その人は神との良い関係に入れられるのである(⇒ロマ5:6-11, Ⅰペテ3:18)。

キリスト者の中にある区分

　新しく生れたキリスト者は神の御霊の新しいいのちをいただいたけれども、神に反抗するように引寄せる罪深い性質を今も持っている(ガラ5：16-21)。この罪深い性質は良い性質に変えることができない。それは「キリストとともに十字架につけられ」て霊的に死に(ロマ6：6, ガラ2：20, 5：24)、神の御霊の力と助けによって支配されなければならない(ロマ8：13)。キリストに従う人々は日々、自分を否定する(自分勝手な欲望を退けて神の道を選ぶ)ことによって初めて人間的性質を克服することができる(マタ16：24, ロマ8：12-13, テト2：12)。また神との関係を弱めたり神に逆らったりする神に喜ばれないものをみな、はっきりと完全に取除く決意をすることができる(ヘブ12：1)。また罪の誘惑を避け退けることができるように自己鍛錬をすることもできる(ロマ13：14, ガラ5：16, Ⅰペテ2：11)。自分の中に住んでおられる神の御霊の力によって、キリスト者は罪の性質と戦い(ロマ8：13-14, ガラ5：16-18)、それを日々十字架につけ(ガラ5：24)、殺す(コロ3：5)のである。実際には自分自身が「罪に対しては死んだ」(罪の支配から逃れてその影響に反応しない ロマ6：11、→ロマ6：11注)と見なすのである。自己否定の過程ときよめて成長させてくださる聖霊の働きに服従することによって、キリスト者は自分たちの罪深い性質の力と支配から解放されていく(ロマ6：13, ガラ5：16)。このようにして霊的な(御霊に導かれ御霊の力を与えられた)キリスト者として生きることができるようになる。

　けれどもキリスト者がみなこの罪の性質に完全に打勝つように必要な努力をしているわけではない。コリントの人々に向けてパウロは、ある人々は世的で霊的ではない(〈ギ〉サルキコス)振舞をしていると注意している(Ⅰコリ3：1, 3)。その人々は罪に向かわせる罪の性質を退けず、ある種の罪の誘惑にはしばしば負けていた。絶えず不従順な生活をしていたのではないけれども、この世界の考えや行動、さらに自分の罪深い性質と妥協をし続けていたのである。このような人々は神の民につながっていたいと願いながら、生活のある分野では悪魔に働く機会を提供しているのである(Ⅰコリ10：21, Ⅱコリ6：14-18, 11：3, 13：5)。

　(1) **世間的キリスト者の状態**　このグループの生活は、罪や反抗によって完全に支配されていたわけではない。また神の国から完全に引離されるような、不道徳や神を敬わない振舞をしていたのでもない(→Ⅰコリ6：9-11, ⇒ガラ5：21, エペ5：5)。けれども神との関係を育てるようなことはもはやしなくなっていた。そしてキリストに従うことがどういうことか、毎日の生活にそれがどういう影響を与えるのかを理解していない、まるで未熟な信仰者のように行動していた(Ⅰコリ3：1-2)。世間的で未熟なその姿は、「ねたみや争い」(Ⅰコリ3：3)に表れていた。そして教会の中に不道徳があっても無関心で、容認さえもしていた(Ⅰコリ5：1-13, 6：13-20)。また神のことばを真剣に受止めず、霊的権威を重んじてもいなかった(Ⅰコリ4：18-19)。さらに、大して重要ではない小さなことを法廷に訴えて互いに争っていた(Ⅰコリ6：6)。教会の中で恥ずべき性的不品行や、それと同じように破壊的な罪に公にかかわっているこのような人々は、キリストによって救われているとは考えられないとパウロは言っている(Ⅰコリ5：1, 9-11, 6：9-10)。

　(2) **世間的キリスト者の危険**　コリントの世間的キリスト者は、心からキリストに従うのはやめるようにという圧力を受けていた(Ⅱコリ11：3)。そしてこの世界では当り前になっている、神を敬わない方法や考え、振舞に生活がどんどん順応するようになっていた(Ⅱコリ6：14-18)。したがって主はこの人々を懲らしめさばかれる。それでも世間に合せ続けていくなら、やがてこの人々は神の国から除かれるようになる(Ⅰコリ6：9-10, 11：31-32)。実際にある人々は極端に走り、キリストから引離され霊的死に至るような最悪の罪を公に犯していた(→Ⅰヨハ3：15注, 5：17注, ⇒ロマ 8：13, Ⅰコリ5：5, Ⅱコリ12：21, 13：5)。 →「**罪の性質の行いと御霊の実**」の項 p.2208

　(3) **世間的キリスト者への警告**　(a) 世間的キリスト者は、もし神が悲しまれるようなものから完全に離れる気持がないなら、信仰そのものを失う危険がある(ロマ6：14-16, Ⅰコリ6：9-10, Ⅱコリ11：3, ガラ6：7-9, ヤコ1：12-16)。(b) 神に反抗したために滅ぼされたイスラエル人の悲しい例から教訓を学ばなければならない(Ⅰコリ10：5-12)。(c) サタンやこの世界、自分の罪深い性質の影響のとりこになりながら、神のご計画や目的に同時に参加することは不可能であることを理解しなければならない(マタ6：24, Ⅰコリ10：21)。(d) 世間の人々とは違う道を離れて歩かなければならない(Ⅱコリ6：14-18)。聖霊の助けと力を

いただく人は、「いっさいの霊肉の汚れから自分をきよめ、神を恐れかしこんで聖きを全う」することができるようになる（Ⅱコリ7：1）。詳細　→「信者の霊的聖別」の項 p.2172,「キリスト者とこの世」の項 p.2437

Ⅰコリント　3章

に話しました。

2 私はあなたがたには乳を与えて、堅い食物を与えませんでした。あなたがたには、まだ無理だったからです。実は、今でもまだ無理なのです。

3 あなたがたは、まだ肉に属しているからです。あなたがたの間にねたみや争いがあることからすれば、あなたがたは肉に属しているのではありませんか。そして、ただの人のように歩んでいるのではありませんか。

4 ある人が、「私はパウロにつく」と言えば、別の人は、「私はアポロに」と言う。そういうことでは、あなたがたは、ただの人たちではありませんか。

5 アポロとは何でしょう。パウロとは何でしょう。あなたがたが信仰に入るために用いられたしもべであって、主がおのおのに授けられたとおりのことをしたのです。

6 私が植えて、アポロが水を注ぎました。しかし、成長させたのは神です。

7 それで、たいせつなのは、植える者でも水を注ぐ者でもありません。成長させてくださる神なのです。

8 植える者と水を注ぐ者は、一つですが、それぞれ自分自身の働きに従って自分自身の*報酬を受けるのです。

9 私たちは神の協力者であり、あなたがたは神の畑、神の建物です。

10 与えられた神の恵みによって、私は賢い建築家のように、土台を据えました。そして、ほかの人がその上に家を建てています。しかし、どのように建てるかについてはそれぞれが注意しなければなりません。

11 というのは、だれも、すでに据えられている土台のほかに、ほかの物を据えることはできないからです。その土台とはイエス・キリストです。

12 もし、だれかがこの土台の上に、金、銀、宝石、木、草、わらなどで建てるなら、

13 各人の働きは明瞭になります。その日がそれを明らかにするのです。というのは、その日は火とともに現れ、この火がその力で各人の働きの真価をためすからです。

14 もしだれかの建てた建物が残れば、その人は報いを受けます。

15 もしだれかの建てた建物が焼ければ、その人は損害を受けますが、自分自身は、

2 ①ヘブ5:12, 13,
関 Ⅰペテ2:2
②ヨハ16:12
3 ①ロマ13:13,
関 Ⅰコリ1:10, 11, 11:18
②Ⅰコリ3:4
4 ①Ⅰコリ1:12
②Ⅰコリ3:3
5 ①Ⅰコリ6:4, エペ3:7,
コロ1:25, ロマ15:16,
Ⅱコリ3:3, 6, 4:1, 5:18,
Ⅰテモ1:12
②ロマ12:6, 関 Ⅰコリ3:10
3 ①使18:4-11, 18,
Ⅰコリ4:15, 9:1, 15:1,
Ⅱコリ10:14, 15
②使18:27, 関 Ⅰコリ1:12
③Ⅰコリ15:10
8 ①Ⅰコリ3:14, 4:5, 9:17,
関 ロマ6:4
* あるいは「賃金」
9 ①マコ16:20, Ⅱコリ6:1
②関 イザ61:3,
マタ15:13
③エペ2:20-22,
コロ2:7, Ⅰペテ2:5,
関 Ⅰコリ3:16
10 ①関 ロマ12:3,
Ⅰコリ15:10
②関 ロマ15:20,
Ⅰコリ3:6
③Ⅰテサ3:2
11 ①関 イザ28:16,
Ⅰペテ2:4以下, エペ2:20
13 ①Ⅰコリ4:5
②Ⅰテサ1:7-10,
Ⅰテモ1:12, 18, 4:8,
関 Ⅰテモ1:8, マタ10:15,
Ⅰコリ4:3注
14 ①Ⅰコリ3:8, 4:5, 9:17,
関 ガラ6:4

3:3　あなたがたは、まだ肉に属している　信仰者が未熟であり世俗的であることは互いの不一致と、キリストではなく仲間のだれかを偶像化してそれについていこうとすることの中に、最もはっきりと表されてくる。世俗的なキリスト者と霊的なキリスト者の違いについての詳細　→「三種類の人々」の項 p.2108

3:8　一つ　神の民はそれぞれ違った役割を果しているけれども、神の全体的目的の中ではみな同じように必要な存在であり重要である。まず神のことばを最初に伝えるキリスト者がいる。あとから別の人が来て、神の真理を深く考えキリストとの関係を成長させるようにことばや模範によって励ましてくれる。ある場合には、キリストを知らない家族のために何年も祈りながら応えられないでいたところにほかの人々が来て祈ると、すぐにキリストを受入れるようなことがある。この人々はみな同じ目的のために努力をしているのである。けれども人々を神との関係を持つように導き、また神が望んでおられるように成長させてくださるのは神ご自身である(3:7)。したがってキリストに仕える人はみな、自分たちの奉仕の結果をすぐに見ることができてもできなくても、神が与えられた務めと機会に対してただ忠実であることが求められているのである。そのことで自分を励ましたらよい(⇒4:2, マタ25:21, 23)。人には霊的結果を生み出す責任はない。同時に、キリストに仕える人は自分の奉仕の結果が出て成功をしても、それを誇ったり自慢をしたりするべきではない。それは全部神のみわざである。ここのたとえでは、神の民は神の畑や建物で(3:9)、パウロやアポロやほかのしもべたちはみな神のために一緒に働いていることが描かれている。

3:15　その人は損害を受けますが　神の民はみなキリストに仕え、自分に与えられている神のみこころを達成するために忠実に注意深く努力をしなければならない(3:10)。特に神のことばを扱うときには注意しなければならない。やがてそれぞれの奉仕の質が試され、「働きは明瞭に」なる日が来るからである(3:13)。罪の赦しを受取りキリストと個人的な関係を持っている人は、神のさばき(永遠の罰と神からの分離 ヨハ5:24, ロマ8:1, ヘブ10:14-17)を受けることがないと聖書は保証している。けれども、神の民にも将来のさばきはある(Ⅰヨハ4:17)。それは地上での生涯の間に神に対し、また神から与えられた機会に対してどれだけ忠実だったかが問われるものである(3:10, 4:2-5, Ⅱコリ5:10)。その結果によっては、たとい霊的に

火の中をくぐるようにして助かります。

16 あなたがたは神の神殿であり、神の御霊があなたがたに宿っておられることを知らないのですか。

17 もし、だれかが神の神殿をこわすなら、神がその人を滅ぼされます。神の神殿は聖なるものだからです。あなたがたがその神殿です。

18 だれも自分を欺いてはいけません。もしあなたがたの中で、自分は今の世の知者だと思う者がいたら、知者になるためには愚かになりなさい。

19 なぜなら、この世の知恵は、神の御前では愚かだからです。こう書いてあります。「神は、知者どもを彼らの悪賢さの中で捕らえる。」

20 また、次のようにも書いてあります。「主は、知者の論議を無益だと知っておられる。」

21 ですから、だれも人間を誇ってはいけません。すべては、あなたがたのものです。

22 パウロであれ、アポロであれ、ケパであれ、また世界であれ、いのちであれ、死であれ、また現在のものであれ、未来のものであれ、すべてあなたがたのものです。

23 そして、あなたがたはキリストのものであり、キリストは神のものです。

キリストの使徒たち

4 1 こういうわけで、私たちを、キリストのしもべ、また神の奥義の管理者だと考えなさい。

救われていても信仰者は大きな損失を受ける(《ギ》ゼーミオオー 損失または損害を受けるという意味)可能性がある。

不注意なキリスト者は、次のような損失または損害を受ける危険性がある。(1) キリストが来られるときに恥じ入る(Ⅱテモ2:15, Ⅰヨハ2:28)。(2) 神のためにしてきた一生の働きを失う(3:12-15)。(3) 神から受けるはずの栄光と誉れを失う(⇒ロマ2:7)。(4) 天での奉仕の機会と権威を失う(マタ25:14-30)。(5) 天では低い地位しか受けられない(マタ5:19, 19:30)。(6) 報酬を失う(⇒3:14-15)。(7) ほかの人々に行った不正に対する報いを受ける(コロ3:24-25)。これらの聖句は、主に対して完全な献身と自己犠牲の奉仕をする必要があることを私たちに強く示している(⇒ロマ12:1-2, ピリ2:12, 4:3, →「**さばき**」の項p.2167)。

3:15 火の中をくぐるようにして助かります 「火の中をくぐるようにして助かります」とは、「かろうじて逃れる」とか、「やっとのことで救われる」という意味と思われる。神はそれぞれ(特に奉仕者)の生活や奉仕、影響力、教えと御国のための働きの質などを評価される(3:13)。もしその働きに欠けがあったり価値がないと判断されたりすれば、その人は報いのいくらかを失う。けれども救われて天国に行くことはできる。ここには煉獄の教理(罪の改善ができて天国に入れるようになるまでたましいがとどまる場所があるという信仰)などはない。パウロは働きに対するさばきについて話しているのであって、永遠のさばきと神から離されるような罪のきよめについて言っているのではない。

3:16 あなたがたは神の神殿 ここでは教会の会衆全体、つまり地域のキリスト者の共同体が強調されている。聖書のほかの場所では、ひとりひとりのキリスト者(そのからだ)もまた「聖霊の宮」と言われている(6:19)。けれどもここでは、教会全体のことを聖霊の住まわれるところとしている(⇒3:9, Ⅱコリ6:16, エペ2:21)。コリントの神の民は堕落した社会のただ中にある神の神殿として、しばしばその地域全体で行われる、神に逆らう邪悪な行事に参加するべきではなかった。神に逆らう不道徳な考えや振舞はみな拒むべきだった。神が聖であるから神の神殿も(3:17)聖(道徳的に純潔、霊的に健全、悪から分離、神への完全な献身)でなければならない(⇒Ⅰペテ1:14-16, →「**神殿**」の項p.707)。

3:17 神がその人を滅ぼされます ここでパウロはキリストの教会を建上げ成長させる責任を持つ人々に対して、新約聖書の中で最も強い警告を出している。このことばは、特に教師や指導的地位にいる人々にかかわるものである。神の神殿(地域の教会や会衆)を汚したり堕落させたりするなら、その人を神ご自身が恐ろしい破滅と永遠の死をもって罰せられる。職務に不注意なしもべたちが次のようなことを行うときに、キリストの教会は堕落し滅ぼされてしまう。(1) 不道徳な振舞や生活をする(5:1)。(2) うそや偽り、利己的な野心などを推し進める(3:3, 使5:1-11)。(3) 間違った教えを広め、神の本来の啓示を拒み、みことばの真理を無視する(Ⅰテモ4:1, ユダ1:4)。(4) キリストに従っていると言う人々が行っている罪や世俗的なことを大目に見る(5:1-2, 5-7, 黙3:17)。(5) この世の知恵や、人間の基準または本当の「福音」ではない教えによって教会を建上げようとする(1:18-2:5,

Ⅰコリント　4章

2 この場合、管理者には、忠実であることが要求されます。
3 しかし、私にとっては、あなたがたによる判定、あるいは、およそ人間による判決を受けることは、非常に小さなことです。事実、私は自分で自分をさばくことさえしません。
4 私にはやましいことは少しもありませんが、だからといって、それで無罪とされるのではありません。私をさばく方は主です。
5 ですから、あなたがたは、主が来られるまでは、何についても、先走ったさばきをしてはいけません。主は、やみの中に隠れた事も明るみに出し、心の中のはかりごとも明らかにされます。そのとき、神から各人に対する称賛が届くのです。
6 さて、兄弟たち。以上、私は、私自身とアポロに当てはめて、あなたがたのために言って来ました。それは、あなたがたが、私たちの例によって、「書かれていることを越えない」ことを学ぶため、そして、

＊ 直訳「人の日による」
4 ① Ⅱコリ1:12, 使徒23:1
② 詩143:2, ロマ2:13
5 ① 圏ロマ2:16,
圏ヨハ21:22
② マタ7:1, ロマ2:1
③ Ⅰコリ3:13
④ Ⅱコリ10:18,
圏ロマ2:29,
圏Ⅰコリ3:8
6 ① 圏Ⅰコリ1:19, 31,
3:19, 20

② 圏Ⅰコリ1:12, 3:4
③ Ⅰコリ4:18, 19, Ⅰコリ8:1, 13:4他
7 ① ヨハ3:27, ロマ12:3, 6,
Ⅰペテ4:10
8 ① 圏黙3:17, 18
9 ① Ⅰコリ15:31,
Ⅱコリ11:23, 圏ロマ8:36
② ヘブ10:33
＊ 別訳「この世にも」とし「御使いにも」の前に置く
10 ① 圏Ⅰコリ1:18,
圏使徒17:18, 26:24
② Ⅱコリ11:19,
圏Ⅰコリ1:19, 20, 3:18

② いっぽう
一方にくみし、他方に反対して高慢にならないためです。
7 いったいだれが、あなたをすぐれた者と認めるのですか。あなたには、何か、もらったものでないものがあるのですか。もしもらったのなら、なぜ、もらっていないかのように誇るのですか。
8 あなたがたは、もう満ち足りています。もう豊かになっています。私たち抜きで、王さまになっています。いっそのこと、あなたがたがほんとうに王さまになっていたらよかったのです。そうすれば、私たちも、あなたがたといっしょに王になれたでしょうに。
9 私は、こう思います。神は私たち使徒を、死罪に決まった者のように、行列のしんがりとして引き出されました。こうして私たちは、御使いにも人々にも、この世の見せ物になったのです。
10 私たちはキリストのために愚かな者ですが、あなたがたはキリストにあって賢い者

ピリ1:15-16)。

4:5　心の中のはかりごとも明らかにされます　神はやがて人々の隠された行いを明るみに出し、良いことでも悪いことでもその思いと動機をあばき出される（マタ6:3-4, 6, Ⅰテモ5:24-25, →「**さばき**」の項 p.2167)。つまり、ひとりひとりの内側にあるものが全部そのまま明らかにされるのである。隠せるものは何もない（マコ4:22, ルカ12:2-3, ロマ2:16)。

4:7　なぜ・・・誇るのですか　高ぶりは教会の人々の間に分裂を起こす根本的原因の一つである。謙遜であるためには、自分の能力や御霊の賜物は神から与えられたものであると認め、自分はほかの人々より優れているとか価値があるなどと思わないようにしなければならない。私たちが今持っているものも未来の自分の姿もみな神によるものであり、また私たちを助けるために神が用いてくださった人々によるのである。したがって私たちが誇る理由は何もない。あるのは神とほかの人々への感謝だけである。

4:8　もう満ち足りています。もう豊かになっています　コリントの教会のある人々は、自分の知恵やすぐれた知識、御霊の賜物などを誇りにしていた。そして必要なものは全部神から与えられているので、自分たちはパウロの権威よりまさっていて指導を受ける必要はないと感じていた。パウロは皮肉な言い方をしてその人々の霊的高ぶりや未熟さを指摘している。そして続けて、主イエスと一つになろうとする人は誉れや栄光を受ける前に苦しみや困難の道を歩むことが多いことを示した（⇒ロマ8:17)。

4:9-13　使徒を、死罪に決まった者のように　ここでパウロは、使徒たち（キリストの教えを伝え教会を建上げる努力をするように直接任命された人々）が耐えてきたいくつかの困難を描いている。「見せ物になった」ということばは、闘技場で戦う剣闘士（あるいはローマの将軍が勝利の行進をして捕虜を市内に引回すること）の情況を描いている。それは使徒たちが逆境や不便、苦しみの人生を送り、世界や御使いや教会の見せ物になるように神によって定められたことを意味している。(1) パウロの情況はこのときでさえ（エペソでこの手紙を書いていたとき →緒論）食物や飲み物、衣服などが不足していた。そして軽べつされ虐待され家もなかった。昼も夜も猛烈に働いたけれどものろわれ迫害され、そしられ、「この世のちり、あらゆるもののかす（ごみ）」と見なされていた（⇒Ⅱコリ4:8-9, 6:4-5, 8-10, 11:23-29, 12:10)。(2) ある意味でパウロの苦しみは、使徒としての働きに伴ってくる特別な条件だった（⇒使9:16)。けれどもそれはまた、キリストに忠実で、罪やサタン、悪や不正などに対抗する信仰者ならだれもが体験する共通の体験でもある。困難を通して私たちはキリストの苦しみにあずかり、それと一つになるのである（ロマ8:17, ピリ1:29, 3:

です。私たちは弱いが、あなたがたは強いのです。あなたがたは栄誉を持っているが、私たちは卑しめられています。

11 今に至るまで、私たちは飢え、渇き、着る物もなく、虐待され、落ち着く先もありません。

12 また、私たちは苦労して自分の手で働いています。はずかしめられるときにも祝福し、迫害されるときにも耐え忍び、

13 ののしられるときには、慰めのことばをかけます。今でも、私たちはこの世のちり、あらゆるもののかすです。

14 私がこう書くのは、あなたがたをはずかしめるためではなく、愛する私の子どもとして、さとすためです。

15 たといあなたがたに、キリストにある養育係が一万人あろうとも、父は多くあるはずがありません。この私が福音によって、キリスト・イエスにあって、あなたがたを生んだのです。

16 ですから、私はあなたがたに勧めます。どうか、私にならう者となってください。

17 そのために、私はあなたがたのところへテモテを送りました。テモテは主にあって

私の愛する、忠実な子です。彼は、私が至る所のすべての教会で教えているとおりに、キリスト・イエスにある私の生き方を、あなたがたに思い起こさせてくれるでしょう。

18 私があなたがたのところへ行くことはあるまいと、思い上がっている人たちがいます。

19 しかし、主のみこころであれば、すぐにもあなたがたのところへ行きます。そして、思い上がっている人たちの、ことばではなく、力を見せてもらいましょう。

20 神の国はことばにはなく、力にあるのです。

21 あなたがたはどちらを望むのですか。私はあなたがたのところへむちを持って行きましょうか。それとも、愛と優しい心で行きましょうか。

不道徳な兄弟の追放

5 1 あなたがたの間に不品行があるということが言われています。しかもそれは、異邦人の中にもないほどの不品行で、父の妻を妻にしている者がいるとのことです。

10, Ⅰテサ3：3）。→「正しい人の苦しみ」の項 p.825

4：20　神の国は・・・力にあるのです　「神の国」は力の中に現れる。これは、神の国の人々はただ話をしたり良い教えを伝えたりするだけではなく、聖霊の力の生きたあかしも示さなければならないということである（2：4、使1：8）。新約聖書にあるこの力は強力で、これを見た人々は自分たちの罪や神に対する責任、神との関係を正しくする必要などを強く迫られた（ヨハ16：8）。その結果、心の素直な人々はキリストを信じる信仰によって罪の赦しを受取り、神との個人的関係を持つようになった（4：15、使26：16-18）。神の国の力はまた、奇蹟（→2：4注、→「神の国」の項 p.1654）や神の基準に沿った正しいことを行う力などを通しても明らかにされた（ロマ14：17）。

5：1　あなたがたの間に不品行がある　パウロはコリントの教会の中に極端な性的不品行があり、指導者たちがその人々を指導するのを拒んでいるという報告を受けたことを書いている（5：1-8）。そして教会は聖い民として会員の中の不道徳な行いを許したり大目に見たりしてはいけないと強く言っている。教会がなぜ神と神の基準に背く人々をしつけたり罰したりするべき

か、パウロはその理由を三つ挙げている。

（1）それは本人たちのためになる（5：5）。教会から追出されたら自分たちの罪の深刻さと罪の赦しと霊的回復が必要なことに目覚めるかもしれない。

（2）それは教会の純潔を保つためである（5：6-8）。教会の中で（口先だけでキリストに従っている人々の間で）悪が大目に見られるなら、教会のほかの人々の道徳規範を徐々に下げることになり、罪があっても何も感じなくなってしまう。

（3）それは世界のためになる（⇒5：1）。教会がこの世界と同じ状態で（⇒マタ5：13）、特にキリストの品性を示す良い模範になっていないなら、人々にキリストに従い教会に加わるように影響を与えることはできない。教会の規律についての新約聖書の教え　→マタ5：22、18：15-17、Ⅱテサ3：6、黙2：19-23

5：1　父の妻を妻にしている　正確なことは明らかではないけれども、「父の妻」というパウロのことばは継母との性的関係を持ったことと思われる。

（1）パウロはそのような不道徳を教会が大目に見ていることに衝撃を受けた。そして教会の中にこのような罪を受入れていることは当人の罪であるとともに

Ⅰコリント　5章

2 それなのに、あなたがたは誇り高ぶっています。＊＊そればかりか、そのような行いをしている者をあなたがたの中から取り除こうとして悲しむこともなかったのです。

3 私のほうでは、からだはそこにいなくても心はそこにおり、現にそこにいるのと同じように、そのような行いをした者を主イエスの御名によってすでにさばきました。

4 あなたがたが集まったときに、私も、霊においてともにおり、私たちの主イエスの権能をもって、

5 このような者をサタンに引き渡したのです。それは彼の肉が滅ぼされるためですが、それによって彼の霊が主の日に救われるためです。

6 あなたがたの高慢は、よくないことです。あなたがたは、ほんのわずかのパン種が、粉のかたまり全体をふくらませることを知らないのですか。

7 新しい粉のかたまりのままでいるために、古いパン種を取り除きなさい。あなたがたはパン種のないものだからです。私たちの過越の小羊キリストが、すでにほふられたからです。

8 ですから、私たちは、古いパン種を用いたり、悪意と不正のパン種を用いたりしないで、パン種の入らない、純粋で真実なパンで、祭りをしようではありませんか。

9 私は前にあなたがたに送った手紙で、不品行な者たちと交際しないようにと書きました。

10 それは、世の中の不品行な者、貪欲な者、略奪する者、偶像を礼拝する者と全然交際しないようにという意味ではありません。もしそうだとしたら、この世界から出て行かなければならないでしょう。

11 私が書いたことのほんとうの意味は、もし、兄弟と呼ばれる者で、しかも不品行な者、貪欲な者、偶像を礼拝する者、人をそしる者、酒に酔う者、略奪する者がいたな

---

2 ①Ⅰコリ4:6
＊別訳「……いるのですか」
＊＊別訳「むしろ悲しんで……除こうとするはずではありませんか」
②図Ⅰコリ5:13
③図Ⅱコリ7:7-10
3 ①コロ2:5,Ⅰテサ2:17
①Ⅱテサ3:14
＊別訳「主イエスの御名によって」を4節冒頭に置く
4 ①図ヨハ20:23,Ⅱコリ2:6, 10, 13:3, 10, Ⅰテモ5:20
①Ⅰテモ5:21
5 ①図マタ4:10
②図ルカ12:31, Ⅰテモ1:20, 黙23:14
③図Ⅰコリ1:8
＊異本「イエス」を挿入
6 ①ヤコ4:16, 図Ⅰコリ5:2
②ガラ5:9,
図マタ16:6, 12, ホセ7:4
③図ロマ6:16

7 ①図マコ14:12, Ⅰペテ1:19
8 ①出12:19, 13:7, 申16:3
9 ①図Ⅱコリ6:14, エペ5:11, Ⅰテサ3:6
10 ①図Ⅰコリ10:27
11 ＊別訳「しかし、私はいま書きます。兄弟と呼ばれる者で……、いっしょに食事をしてもいけないのです」
①Ⅱテサ3:6, 図使1:15
②図Ⅰコリ10:7, 14, 20, 21

教会にとっても深刻な問題であると考えた。

（2）コリントの人々の自由奔放さ（神が認めないものを正しいとして受け入れること）は、今日の私たちの情況に対する忠告でもある。会員の間にある姦淫や、様々な性的に不純な行動や不道徳な振舞を大目に見て黙っている教会が多くある。婚前の性的行動は大目に見られているだけではなく、時には愛と献身の表現として正当化されることさえある。多くの指導者は、今日の若者の間で見られる不健康で不道徳な交際に異議を唱えようとしない。そしてコリントの指導者たちと同じように教会の中の霊的堕落に悲しむこともない。その結果、信仰者はどんどん周りの社会と同じようになっている。

5:2　悲しむ　パウロはキリストに従うと言っている会員の間に不道徳な振舞が見つかったとき、御霊に満たされ御霊に導かれている教会なら当然するべき反応を示している。聖書が示す神の聖さ（純潔、完全、人格の成熟、悪からの分離）と罪に対する神の悲しみを知っている人は、驚き、深く悲しみ、後悔をしないではいられない（⇒イザ6:）。そしてその結果、自分たちの中から悪を取除かずにはいられなくなるはずである（5:2, 4-5, 7, 13, →マタ18:15注）。

5:5　このような者をサタンに引き渡した　「サタンに引き渡した」とは、教会が不道徳な人々を追出して好きな道を行かせたことを意味している。それはまたその人々が悪と悪魔の破滅的な影響にさらされることで

もある（5:7, 13）。（1）この厳しい戒規には二つの目的がある。それは、（a）その罪を犯した人が困難な問題や肉体的苦痛などを体験することによってへりくだって神に助けと赦しを求め、最終的には救われるためであり（⇒ルカ15:11-24）、（b）教会が「古いパン種」（罪深い影響　5:7）を取除いて、神の民が「純粋で真実な」新しいパンのようになるため（5:8）である。（2）今日の教会も同じ行動をとるべきである。それは霊的に反抗した人が、その世俗的な振舞によってどこにも行くことができず神に帰るほかないことを悟るようになるためである（⇒Ⅰテモ1:20）。

5:6　ほんのわずかのパン種が、粉のかたまり全体をふくらませる　パウロは教会が純潔と戒規について学ぶ必要がある霊的原則を、だれもが知っているものと比べながら話している。そして過越の祭りで食べるパンを用意するときにはパン種の使用が禁止されている例を挙げている（出12:15）。聖書では、「パン種」（変化をもたらす反応を引起こすもの）はしばしば悪または罪の象徴になっている。そのパン種のように罪は教会やキリスト者の共同体全体に広がり、真理に従い純粋な霊的生活をしようとする姿勢を腐敗させてしまう（ガラ5:7-9, →出13:7注, マコ8:15注）。会員の間にある性的不道徳に対して断固とした行動をとらない教会では、その悪の影響が会衆全体に広がり多くの人に感染するようになる。そして最後には教会から聖霊の影響力と力が取除かれてしまう（→黙2:-3: 各注）。

ら、そのような者とはつきあってはいけない、いっしょに食事をしてもいけない、ということです。
12 外部の人たちをさばくことは、私のすべきことでしょうか。あなたがたがさばくべき者は、内部の人たちではありませんか。
13 外部の人たちは、神がおさばきになります。その悪い人をあなたがたの中から除きなさい。

信仰者の間の訴訟問題

6 1 あなたがたの中には、仲間の者と争いを起こしたとき、それを聖徒たちに訴えないで、あえて、正しくない人たちに訴え出るような人がいるのでしょうか。
2 あなたがたは、聖徒が世界をさばくようになることを知らないのですか。世界があなたがたによってさばかれるはずなのに、あなたがたは、ごく小さな事件さえもさばく力がないのですか。
3 私たちは御使いをもさばくべき者だ、ということを、知らないのですか。それならこの世のことは、言うまでもないではありませんか。
4 それなのに、この世のことで争いが起こると、教会のうちでは無視される人たちを裁判官に選ぶのですか。
5 私はあなたがたをはずかしめるためにこう言っているのです。いったい、あなたがたの中には、兄弟の間の争いを仲裁することのできるような賢い者が、ひとりもいないのですか。
6 それで、兄弟は兄弟を告訴し、しかもそれを不信者の前でするのですか。
7 そもそも、互いに訴え合うことが、すでにあなたがたの敗北です。なぜ、むしろ不正をも甘んじて受けないのですか。なぜ、むしろだまされていないのですか。
8 ところが、それどころか、あなたがたは、不正を行う、だまし取る、しかもそのようなことを兄弟に対してしているのです。

正しくない者は神の国を相続できない

9 あなたがたは、正しくない者は神の国を相続できないことを、知らないのですか。だまされてはいけません。不品行な者、偶

---

12 ①圏マコ4:11
　②囲 I コリ5:3-5, 6:1-4
13 ①囲 I コリ5:2, 申13:5, 17:7, 12, 21:21, 22:21 他

1 ①囲マタ18:17
2 ①圏マタ19:28, ダニ7:18, 22, 27
　②囲 I コリ1:20
　③圏ロマ6:16
3 ①圏ロマ6:16

5 ①I コリ15:34, 囲 I コリ4:14
　②圏使1:15, 囲 I コリ5:1, 使9:13
6 ①II コリ6:14, 15, I テモ5:8
7 ①圏マタ5:39, 40
8 ①I テサ4:6
9 ①I コリ15:50, ガラ5:21, エペ5:5, 囲使20:32
　②圏ロマ6:16
囲 I コリ15:33, ガラ6:7, ヤコ1:16, 囲ルカ21:8, I ヨハ3:7
④囲マタ13:13, I コリ5:11, ガラ5:19-21, エペ5:5, I テモ1:10, 黙21:8, 22:15

5:10-12　さばくべき者は、内部の人たち　キリスト者は悪に立向かい、この世界にある神に逆らう慣習を避けるべきであるけれども、教会の外にいる罪深い振舞に縛られている人々をさばくべきではない(5:10)。教会員がさばき交際を制限する相手は、キリストに従っていると言いながら公に不道徳な振舞をしてキリストを辱めている、教会の中の人々である(5:9, 11)。キリスト者はほかのキリスト者を不当に批判するべきではない(⇒マタ7:1-5)。けれども深刻な罪や神に逆らうことが継続的に行われている場合には、ともに神のことばの基準に照らして責任を感じていかなければならない。そのような邪悪な行動に対しては、当事者のために、そして教会の純粋性を保ちキリストを知らない人々に教会の悪い影響を与えないために、教会はさばきや戒規を行わなければならない(→5:1注)。

6:1　正しくない人たちに　キリスト者同士が大して重要ではない小さなことに合意できないときは(6:2)、裁判所ではなく教会の中で解決をするべきである。教会は正しいことと間違っていることとを判断し公正な決定をして、必要なときには戒規を行う力を持たなければならない(→マタ18:15注)。

(1) これは不信者との深刻な事件についてもキリスト者は裁判に訴えるべきではないと言っているのではない。パウロ自身も一度ならず裁判に訴えている(→使16:37-39, 25:10-12)。

(2) キリスト者は、時には自分たちに対する人々の攻撃を無視したほうがよいことがここでは暗示されている(6:7)。けれどもパウロは教会員に対して、やもめや子ども、恵まれない人など罪のない人々をいじめたり虐待したりしてもよいと言っているのではない。パウロは明らかな答が出ないような問題について言っているのである。明らかに害のある行動は許してはならない。そして教会の中での違法行為はマタイ18:15-17にあるキリストの教えに沿って扱われなければならない。

(3) 神との誠実な関係を既に失った「兄弟」が離婚したり家族を見捨てたりして妻や子どもを養おうとしない場合に、母親は正しい動機と子どもへの配慮から法廷に訴えることができる。パウロは自分の社会的責任を放棄したり、律法を破りほかの人々のいのちやしあわせをだましたり危険にさらすような人々を弁護しているのではない。6:8のことばは許したり大目に見ることのできるような小さな争いのことを言っているのである。

6:9-10　正しくない者は神の国を相続できない　コリントのある人々は、たといキリストに不誠実でキリス

像を礼拝する者、姦淫をする者、男娼となる者、男色をする者、10 盗む者、貪欲な者、酒に酔う者、そしる者、略奪する者はみな、神の国を相続することができません。

11 あなたがたの中のある人たちは以前はそのようなものでした。しかし、主イエス・キリストの御名と私たちの神の御霊によって、あなたがたは洗われ、聖なる者とされ、義と認められたのです。

不品行

12 すべてのことが私には許されたことです。しかし、すべてが益になるわけではありません。私にはすべてのことが許されています。しかし、私はどんなことにも支配されはしません。

10 ①Ⅰコリ15:50、ガラ5:21、エペ5:5、関使20:32
11 ①Ⅰコリ12:2、エペ2:2,3、コロ3:5-7、テト3:3-7
 ②関使22:16、関エペ5:26
 ③Ⅰコリ1:2,30
 ④ロマ8:30
12 ①Ⅰコリ10:23

13 ①関マタ15:17
 ②関コロ2:22
 ③Ⅰコリ6:15,19
 ④関ガラ5:24、エペ5:23
14 ①関使2:24
 ②Ⅰコリ15:23、関ヨハ6:39,40
15 ①Ⅰコリ6:13、関ロマ12:5、Ⅰコリ12:27、エペ5:30
 ②Ⅰコリ6:3
 ③関ルカ20:16
16 ①関Ⅰコリ6:3
 ②創2:24、マタ19:5、マコ10:8、エペ5:31
17 ①ヨハ17:21-23、ロマ8:9-11、ガラ2:20、エペ6:15

13 食物は腹のためにあり、腹は食物のためにあります。ところが神は、そのどちらをも滅ぼされます。からだは不品行のためにあるのではなく、主のためであり、主はからだのためです。

14 神は主をよみがえらせましたが、その御力によって私たちをもよみがえらせてくださいます。

15 あなたがたのからだはキリストのからだの一部であることを、知らないのですか。キリストのからだを取って遊女のからだとするのですか。そんなことは絶対に許されません。

16 遊女と交われば、一つからだになることを知らないのですか。「ふたりは一体となる」と言われているからです。

17 しかし、主と交われば、一つ霊となるの

トとの関係を捨てて不道徳な振舞や不正を行って神に逆らっていても、救いや御国の相続は確保されているとだまされて信じていた。

(1) けれどもパウロは、一度信じた人でも習慣的に罪を犯しているなら、その最終的な結果は霊的死であると断言している(⇒ロマ8:13)。自己中心で不道徳なことを楽しみながら生きていて、神の永遠の御国に入れる人はいない(⇒ロマ6:16、ヤコ1:15、→1ヨハ2:4注、3:9注)。パウロはこの基本的な教えを繰返している(ガラ5:21、エペ5:5-6)。この原則は旧約聖書の預言者たちによってもしばしば伝えられていた(→エレ8:7注、23:17注、エゼ13:10注)。

(2) パウロの警告はキリスト者の共同体全体に向けられている。私たちはだまされてはならない。「正しくない者は神の国を相続できない」。人生を変え霊的にきよめ人格を築く聖霊の働きを伴わない「救い」などを新約聖書は教えていない。

6:11 御霊によって・・・義と認められた 義認(神の前に正しくされる、神との関係で「無罪」と宣言されること)は主イエスの贖い(霊的な救いと回復)の働きだけではなく、信仰者の中に働く神の御霊の働きでもある(→「救いについての聖書用語」の項p.2045)。

6:12 すべてのことが私には許されたことです このことばはパウロに敵対する人々がキリスト者の自由について言ったのをそのまま引用したことが明らかである。その人々は自分たちにはしたいことをする権利があると考えていた。けれどもパウロは信仰者にも許されていないことがあるとはっきり教えている(⇒6:9-10、18、→「偶像にささげた食物」の項p.2122)。

6:13 不品行のためにあるのではなく 6:12-13でパウロは、自分には好きなことを行う権利(特に肉体との関係で)があると考えているコリントの人々のことばを再び引用している。その人々は食物を食べるような肉体の行動は霊的生活とは関係がないと主張し、その間違った理屈を性的乱れ(婚姻関係以外の性的行動)にも当てはめていた。けれどもパウロは、からだを含めて人間の全存在は神をあがめるためにあると宣言している。特にこのことは、神のご計画に沿って用いるように神が与えられた美しい愛に満ちた賜物である性について言えることである(⇒ヘブ13:4)。

6:15 キリストのからだの一部 信仰者は全存在(肉体と霊)をもってキリストと教会とに結び付いている。したがってキリストは、私たちが肉体の尊厳を保つように願っておられる。性的に不道徳な行動をするなら、それはその過程で肉体の尊厳性を奪いキリストを辱めることになる。パウロは道徳的に不注意にならないように警告する中で、信仰者の性的罪は恐ろしい結果を引起こすことを説明している。不道徳な人と関係を持つなら二人は一つとなり(6:16、⇒創2:24、マタ19:5)、キリストが死んできよめてくださったいのちを冒瀆することになり、神の国から人々を切離すことになる(6:9)。婚姻関係外での性的行動は、結婚によって一つにされるという神のご計画に対する極度の反抗と侮辱であるだけではなく、自分の肉体を汚れたものと一つにすることによってキリストとの一致を失うことにもなる(コリントでは一つになるということは愛と性の女神であるアフロディトに仕える売春婦と関係することでもあった)。

です。
18 不品行を避けなさい。人が犯す罪はすべて、からだの外のものです。しかし、不品行を行う者は、自分のからだに対して罪を犯すのです。
19 あなたがたのからだは、あなたがたのうちに住まれる、神から受けた聖霊の宮であり、あなたがたは、もはや自分自身のものではないことを、知らないのですか。
20 あなたがたは、代価を払って買い取られたのです。ですから自分のからだをもって、神の栄光を現しなさい。

結婚

7 ¹ さて、あなたがたの手紙に書いてあったことについてですが、男が女に触れないのは良いことです。
² しかし、不品行を避けるため、男はそれぞれ自分の妻を持ち、女もそれぞれ自分の夫を持ちなさい。
³ 夫は自分の妻に対して*義務を果たし、同様に妻も自分の夫に対して*義務を果たしなさい。
⁴ 妻は自分のからだに関する権利を持って

18 ① Ⅰコリ12:21,
エペ5:3, コロ3:5,
ヘブ13:4, 圏 Ⅰコリ6:9
19 ① 囧 Ⅰヨハ2:21
② 圏 ロマ14:7, 8
③ 圏 Ⅰコリ6:3
20 ① Ⅰコリ7:23,
使20:28,
Ⅰペテ1:18, 19,
Ⅱペテ2:1, 黙5:9
② 圏 ロマ12:1,
圏 ピリ1:20

1 ① Ⅰコリ7:8, 26
2 * あるいは「その当然受けるべきものを与え」

5 ① 圏 出19:15,
Ⅰサム21:5
② 圏 マタ4:10
6 ① Ⅱコリ8:8
7 * 異本「それは、私の願うところが……であることだからです」
① Ⅰコリ7:8,
囧 Ⅰコリ9:5
② Ⅰコリ12:4, 11,
圏 Ⅰコリ12:6,
圏 マタ19:11, 12
8 ① Ⅰコリ7:7,
囧 Ⅰコリ9:5
② Ⅰコリ7:1, 26
9 ① 囧 Ⅰテモ5:14
* 「情の」は補足
10 ① Ⅰコリ7:6,
囧 マラ2:16, マタ5:32,
19:3-9, マコ10:2-12,
ルカ16:18

はおらず、それは夫のものです。同様に夫も自分のからだについての権利を持ってはおらず、それは妻のものです。
⁵ 互いの権利を奪い取ってはいけません。ただし、祈りに専心するために、合意の上でしばらく離れていて、また再びいっしょになるというのならかまいません。あなたがたが自制力を欠くとき、サタンの誘惑にかからないためです。
⁶ 以上、私の言うところは、容認であって、命令ではありません。
⁷ * 私の願うところは、すべての人が私のようであることです。しかし、ひとりひとり神から与えられたそれぞれの賜物を持っているので、人それぞれに行き方があります。
⁸ 次に、結婚していない男とやもめの女に言いますが、私のようにしていられるなら、それがよいのです。
⁹ しかし、もし自制することができなければ、結婚しなさい。情の燃えるよりは、結婚するほうがよいからです。
¹⁰ 次に、すでに結婚した人々に命じます。命じるのは、私ではなく主です。妻は夫と別れてはいけません。

6:18 不品行を避けなさい 信仰者の性的な罪は特に神に対する侮辱であり、個人や教会を破滅させるものである。それは多くの人の生活に悪影響を及ぼすだけではなく、聖霊の宮である肉体を汚すからである(6:15-20)。性的に不道徳なことを思ったり行ったりするように誘惑する行動や情況から離れるように、パウロが強く警告したのはそのためである(→Ⅱテモ2:22注)。ここで現在形が使われているのは、このように神に逆らうように誘惑する情況をキリスト者は慎重に避け続けるべきであることを示している(⇒創39:12、→「性道徳の基準」の項 p.2379)。

6:19 あなたがたのからだは・・・聖霊の宮 キリスト者のからだは聖霊が住まわれるところ(→ロマ8:11、御霊がおられるところは神につながっていることを示す神のしるしがつけられたところ)である。御霊が住まわれ私たちが神のものであるなら、からだを不道徳な思いや願い、行いや想像などによって汚してはならない。この原則は性的なことだけではなく、あらゆる面でからだを適切に責任を持って管理することを意味している。私たちは自分のからだをもって神をあがめ神に喜ばれるために自分を管理して生活しなければ

ばならない(6:20)。結局のところ私たちは自分自身のものではない。罪から解放し神との個人的な関係に入れるために、キリストがご自分のいのちをもって買い取ってくださったのである(マタ20:28、マコ10:45、Ⅰテモ2:6、ヘブ9:15)。

7:1 男が女に触れないのは良いことです 7章全体は、コリントの教会からの婚姻関係についての質問に対するパウロの応答である。その指導は26節の「現在の危急のときには、男はそのままの状態にとどまるのがよいと思います」という観点から見る必要がある。初期のキリスト者たちには危機と迫害が迫っていたので、そのような情況の中で婚姻関係を維持するのが困難だった。

7:3 夫は自分の妻に対して義務を果たし 結婚の誓約は、互いに求められるときに自分のからだの独占権を配偶者に明け渡すということである。つまり配偶者同士は互いの通常の性的満足を得る権利を否定しないということである。結婚生活の中で配偶者に性的要求が向けられるのは自然なことで、それは神から与えられたものである。相手の必要を満たすことを拒むことはサタンによる姦淫の誘惑に結婚関係をさらすことに

Ⅰコリント 7章

11 ——もし別れたのだったら、結婚せずにいるか、それとも夫と和解するか、どちらかにしなさい——また夫は妻を離別してはいけません。
12 次に、そのほかの人々に言いますが、①これを言うのは主ではなく、私です。信者の男子に信者でない妻があり、その妻がいっしょにいることを承知している場合は、離婚してはいけません。
13 また、信者でない夫を持つ女は、夫がいっしょにいることを承知している場合は、離婚してはいけません。
14 なぜなら、信者でない夫は妻によって聖められており、また、信者でない妻も信者の夫によって聖められているからです。そうでなかったら、あなたがたの子どもは汚れているわけです。ところが、現に聖いのです。
15 しかし、もし信者でないほうの者が離れて行くのであれば、離れて行かせなさい。そのような場合には、信者である夫あるいは妻は、縛られることはありません。神は、平和を得させようとしてあなたがたを*召されたのです。
16 なぜなら、妻よ。あなたが夫を救えるかどうかが、どうしてわかりますか。また、夫よ。あなたが妻を救えるかどうかが、どうしてわかりますか。
17 ただ、おのおのが、主からいただいた①分に応じ、また神がおのおのをお召しになったときのままの状態で歩むべきです。私は、②すべての教会で、このように指導しています。
18 召されたとき割礼を受けていたのなら、その跡をなくしてはいけません。また、召されたとき割礼を受けていなかったのなら、①割礼を受けてはいけません。
19 ①割礼は取るに足らぬこと、②無割礼も取るに足らぬことです。重要なのは神の命令を守ることです。

12 ①圏Ⅰコリ7:6,
  圀Ⅱコリ11:17
14 ①エズ9:2, マラ2:15

15 ①圀ロマ14:19
  *異本「私たち」
16 ①Ⅰペテ3:1,
  圀ロマ11:14
17 ①圀ロマ12:3
  ②Ⅰコリ14:33,
  Ⅱコリ9:18, 11:28,
  圀Ⅰコリ11:16,
  ガラ1:22, Ⅰテサ2:14,
  Ⅱテサ1:4
  ③Ⅰコリ4:17
18 ①圀使15:1以下
19 ①ガラ5:6, 6:15,
  コロ3:11,
  圀ロマ2:27, 29,
  ガラ3:28
  ②ロマ2:25

もなる(7:5)。

7:11　結婚せずにいるか　神は結婚の誓約が一生続くことを願っておられることをパウロは10節で認めている。けれども時には結婚関係が堪え難いものになり、相手から離れることが必要になることも承知していた。ここでパウロは配偶者の姦淫(→マタ19:9注)や家庭放棄(→7:15注)による離婚(これは神が許される)について言っているのではない。法的離婚ではない離別について話しているのである。それは配偶者や子どもたちが肉体的に、あるいは霊的に危険にさらされるような情況になっているときのことである。そのような情況ではどちらか一人が家から離れ、再婚しないでいることが最善と思われる。暴力や虐待が妻(妻が虐待するなら夫)や子どもたちに繰返し加えられているのに、そこにとどまるようにパウロが主張したとは考えられない。

7:12　これを言うのは主ではなく、私です　パウロはここで単に自分の意見を言っているのではないし、書こうとしていることは主イエスが直接言われたことでもないと言っているのである。けれども聖霊の霊感を受けて神から与えられた権威をもって神のことばを伝えるように直接キリストから任命された人として書いているのである(⇒7:25, 40, 14:37, ⇒使9:1-21)。

7:14　夫・・・妻・・・子ども　キリスト者が未信者と結婚したとき、その結婚と生れた子どもたちはキリスト者の配偶者を通して神の聖い影響を受けている。したがってこの場合、信仰者は未信者と一緒にいるべきで、別居や離婚によって結婚や家庭を裂くべきではない。けれどもここのことばは親がキリストに仕えているからキリスト者の子どもたちは霊的に救われ、神と正しい関係を持っていると言っているのではない。それはひとりひとりが自分で決断をしなければならないことである。けれどもキリスト者の夫または妻は、キリストに対する忠実さを通して自分の伴侶と家族に影響を与えて、最終的にはキリストを受入れるようにさせることができると思われる(⇒Ⅰペテ3:1-2)。

7:15　縛られることはありません　キリスト者ではない配偶者がキリスト者の伴侶を見捨てたり離婚したりする場合には、結婚関係は解消される。「縛られることはありません」ということは、信仰者がその結婚の誓約から解放されるという意味である。「縛られる」(《ギ》ドゥーロオー)ということばは、直訳すると「奴隷にする」という意味である。忠実な信仰者はもはや結婚の誓約の奴隷ではなくなるのである。この場合、離縁された人は相手がキリスト者であるなら再婚することができる(7:39, →マタ19:9注)。

7:19　神の命令を守ること　どのような背景を持っていても、信仰者は人に取入ったり神に喜ばれようとして社会や宗教的儀式、慣習や伝統に頼ったり従ったりするべきではない(→使2:40注)。そのような行動によって私たちは救いを得ることはできない。ただイエス・キリストを信じる信仰によるほかない。ではなぜ

²⁰おのおの自分が召されたときの状態にとどまっていなさい。
²¹奴隷の状態で召されたのなら、それを気にしてはいけません。しかし、もし自由の身になれるなら、むしろ自由になりなさい。
²²奴隷も、主にあって召された者は、主に属する自由人であり、同じように、自由人も、召された者はキリストに属する奴隷だからです。
²³あなたがたは、代価をもって買われたのです。人間の奴隷となってはいけません。
²⁴兄弟たち。おのおの召されたときのままの状態で、神の御前にいなさい。
²⁵処女のことについて、私は主の命令を受けてはいませんが、主のあわれみによって信頼できる者として、意見を述べます。
²⁶現在の危急のときには、男はそのままの状態にとどまるのがよいと思います。
²⁷あなたが妻に結ばれているなら、解かれたいと考えてはいけません。妻に結ばれていないのなら、妻を得たいと思ってはいけません。
²⁸しかし、たといあなたが結婚したからといって、罪を犯すのではありません。たとい処女が結婚したからといって、罪を犯すのではありません。ただ、それらの人々は、その身に苦難を招くでしょう。私はあ

なたがたを、そのようなめに会わせたくないのです。
²⁹兄弟たちよ。私は次のことを言いたいのです。時は縮まっています。今からは、妻のある者は妻のない者のようにしていなさい。
³⁰泣く者は泣かない者のように、喜ぶ者は喜ばない者のように、買う者は所有しない者のようにしていなさい。
³¹世の富を用いる者は用いすぎないようにしなさい。この世の有様は過ぎ去るからです。
³²あなたがたが思い煩わないことを私は望んでいます。独身の男は、どうしたら主に喜ばれるかと、主のことに心を配ります。
³³しかし、結婚した男は、どうしたら妻に喜ばれるかと世のことに心を配り、
³⁴*心が分かれるのです。独身の女や処女は、身もたましいも聖くなるため、主のことに心を配りますが、結婚した女は、どうしたら夫に喜ばれるかと、世のことに心を配ります。
³⁵ですが、私がこう言っているのは、あなたがた自身の益のためであって、あなたがたを束縛しようとしているのではありません。むしろあなたがたが秩序ある生活を送って、ひたすら主に奉仕できるための

²⁰ ① Ⅰコリ7:24
²² ② ヨハ8:32, 36, 匯ピレ16
② エペ6:6, コロ3:24, Ⅰペテ2:16
²³ ① Ⅰコリ6:20
²⁴ ① Ⅰコリ7:20
²⁵ ① Ⅰコリ7:6
② Ⅱコリ4:1, Ⅰテモ1:13, 16
²⁶ ① 匯ルカ21:23, Ⅱテサ2:2
② Ⅰコリ7:1, 8

²⁹ ① ロマ13:11, 12, Ⅰコリ7:31
³¹ ① Ⅰコリ9:18
³² ① Ⅰコリ7:29, ヨハ2:17
³² ① Ⅰテモ5:5
³⁴ * 異本「(33節の終わり) 配します。³⁴妻と処女との間にも違いがあります。結婚していない者は……主のことに心を配りますが……」

救いは信仰による(ロマ3:-4:)と強調しているパウロが、「重要なのは神の命令を守ることです」と言っているのだろうか。それはもし信仰による救いが本当の体験であるなら、キリストへの愛と感謝から(義務感ではなく)神に従い仕えるようになると言えるからである。服従がないならそれは新約聖書が教える救いにつながる本当の信仰ではない(⇒ガラ5:6, 6:15)。

7:29 時は縮まっています 神のために働ける時間には限りがある。人生は短くキリストが再び来られる日が迫っている。つまり物質的なものはいつまでも続かないのだから、私たちは地上のものや心配事にことさらに心を奪われてはならないのである(7:29-31)。ここでは誇張法(効果を挙げるためにわざと大げさに言うこと)が特に感情の表現や地上の関係について用いられている。私たちは地上のことにとらわれて永遠のことを見逃してはならない。とは言ってもキリスト者は結婚関係をないがしろにし解消するべきだと言っているのではない。

7:31 世の富を用いる者は 今私たちが生きているこの時代に世界は急速に終りに近付いている。したがって、私たちにとって最も重要なものはこの世界のものではない。むしろ天の故郷に最大の注意を向け(ヘブ11:13-16)、永遠とかかわることに努力をするべきである(⇒マタ6:19-21, Ⅱコリ4:18)。

7:34 独身の女 独身でいることは結婚していることより劣るものではないと神のことばは主張する。集中して神に仕える可能性からすると、それは何よりも重要なことで、むしろ優れたことかもしれない。独身の男性(7:32-33)や女性(7:34)は結婚している人々よりも主のことに専念することができる。「身もたましいも・・・主のことに心を配」るということは、道徳的あるいは倫理的によりすぐれたことを達成するという意味ではなく、家族の責任や問題や心配などなしに、神に集中して仕える可能性があることを言っているのである。多くの場合、結婚していない人々は神とみことばにさらに多くの時間と意識を向け、賜物や能

です。

36 もし、処女である自分の娘の婚期も過ぎようとしていて、そのままでは、娘に対しての扱い方が正しくないと思い、またやむをえないことがあるならば、その人は、その心のままにしなさい。罪を犯すわけではありません。彼らに結婚させなさい。

37 しかし、もし心のうちに堅く決意しており、ほかに強いられる事情もなく、また自分の思うとおりに行うことのできる人が、処女である自分の娘をそのままにしておくのなら、そのことはりっぱです。

38 ですから、処女である自分の娘を結婚させる人は良いことをしているのであり、また結婚させない人は、もっと良いことをしているのです。

39 妻は夫が生きている間は夫に縛られています。しかし、もし夫が死んだなら、自分の願う人と結婚する自由があります。ただ主にあってのみ、そうなのです。

39 ① ロマ7:2
② 関 Ⅱコリ6:14

40 ① 関 Ⅰコリ7:6,
関 Ⅰコリ7:25

1 ① Ⅰコリ8:4, 7, 10,
関 使15:20
② 関 Ⅰコリ8:7, 10,
10:15, ロマ15:14
③ Ⅰコリ4:6
④ 関 ロマ14:19
2 ① 関 Ⅰコリ3:18
3 ① 関 Ⅰコリ13:8, 9, 12,
Ⅰテモ6:4
3 ① ガラ4:9,
関 ロマ8:29, 11:2,
詩1:6, エレ1:5,
アモ3:2
4 ① Ⅰコリ8:1, 7, 10,
関 使15:20
② Ⅰコリ10:19,
関 使14:15, ガラ4:8
③ Ⅰコリ8:6,
申4:35, 39, 6:4

40 ① 私の意見では、もしそのままにしていられたら、そのほうがもっと幸いです。私も、神の御霊をいただいていると思います。

偶像にささげた食物

8 1 次に、偶像にささげた肉についてですが、私たちはみな知識を持っているということなら、わかっています。しかし、知識は人を高ぶらせ、愛は人の徳を建てます。

2 人がもし、何かを知っていると思ったら、その人はまだ知らなければならないほどのことも知ってはいないのです。

3 しかし、人が神を愛するなら、その人は神に知られているのです。

4 そういうわけで、偶像にささげた肉を食べることについてですが、私たちは、世の偶像の神は実際にはないものであること、また、唯一の神以外には神は存在しないことを知っています。

力を全部完全に主にささげて仕えることができる。

8:1 偶像にささげた肉 8-10章でパウロは、人間が作ったにせの神である偶像にささげた肉についてのコリントの人々の質問を扱っている。そのような肉を買って食べたり、偶像の神殿での祭りに参加したりすることは正しいことなのか多くの人が迷っていた(8:10)。

(1) この問題を扱う中で、パウロはあらゆる時代のキリスト者が守るべき重要な原則を明らかにしている。その原則は、信仰者に罪を犯させ霊的に滅びるように誘惑する疑わしい問題にも適用することができる(8:11)。聖霊は、キリスト者たちがいつもほかの人々を愛し、その人々にとって最も良いことをしたいという願いを持って行動をするようにパウロを通して教えられた。そのような行動をとるにはしばしば自己犠牲と自己否定が求められる。

(2) 自己否定とは自分の自由を制限し疑わしい活動や行いを避けて、聖書的原則に基づいて信じているほかのキリスト者たちの誠実な確信を傷つけたり弱めたりしないようにすることである。自己否定の反対は、たといほかの人々の良心に反し正しいと感じない方法であっても、疑わしいことを行う権利を主張して勝手に実行することである(⇒ロマ14:1-15:3, 使15:29注, Ⅰコリ9:19注)。パウロは食物については、ある人には受入れられある人には受入れられない良心の問題であるとしたけれども、偶像の宮で食べることについてはきっぱりと非難している。そして偶像の宮で食べることは悪霊と関係を持つこととみなしている(→10:14-22, →**偶像にささげた食物**の項 p.2122)。

8:2 まだ・・・知ってはいないのです 自分の「知識」や「成人としての理解力」を基にして疑わしい何かを行う権利があると主張する人は、実は理解していなければならないほどのことも理解していないのである。人生での私たちの知識はいつも不十分で不完全である。つまり、私たちはまず神とほかの人々への愛に基づいて行動をしなければならない。「知識は人を高ぶらせ(間違った誇りで満たす)、愛は人の徳を建てます」(8:1)。もし私たちの配慮と動機の中心に愛があるなら、ほかの信仰者の良心を否定し神との関係を弱めるようなことを行ったり励ましたりはしないはずである(⇒8:11)。愛の原則によって生活する人は「神に知られている」人である(8:3)。

8:4-5 世の偶像の神 偶像はまことの神を示すものではなく、それ自体には何の力もない(→詩115:4-7, 135:15-17, イザ44:12-20)。けれども偶像が表すにせの神々の背後には悪霊が存在する。その悪霊にはにせの神々に仕える人々を迷わせる力が明らかにある(10:20)。「神々と呼ばれるもの」はギリシヤとローマの神話に結び付いている。けれども実際にまことの神や主はほかにいない。聖書が明らかにしているように、まことの神はただ一人である(申6:4)。神々と言われているものは実際には存在しないのに、人々はその多くを拝んでいるとパウロは言っている。

偶像にささげた食物

「次に、偶像にささげた肉についてですが、私たちはみな知識を持っているということなら、わかっています。しかし、知識は人を高ぶらせ、愛は人の徳を建てます。」(コリント人への手紙第一 8:1)

コリント人への手紙第一8章1節のことばは、三か所(Ⅰコリ8:1-13, 10:1-22, 23-33)に見られるパウロの広範囲にわたる偶像礼拝についての議論の糸口になっている。その議論は全部コリントの教会からパウロに出されたこの問題についての質問に対する応答だった(⇒Ⅰコリ7:1)。パウロの議論は実際的で、またキリスト者の自由や個人の良心などほかの問題とも関係した議論になっている。

宮と偶像礼拝

偶像礼拝についてのコリントの論争の中心点は、地域の肉屋で売られている肉を食べることについてキリスト者の間に意見の違いがあることだったと考えられていることが多い。売られている肉の一部分は一度偶像にささげられたものと思われるので、(⇒Ⅰコリ10:25)、コリントのある人々にとっては市場で売られている肉が問題だった。けれども論争の主な問題は、キリスト者が異教徒の友人とともに「偶像の宮で」(Ⅰコリ8:10)食事をしたいと願っていることだった(→G. D. フィー著「コリント人への第一の手紙」)。1世紀のコリントではほかのローマの都市と同じように、偶像の宮が今日のレストランのような機能を持っていた。友人たちが集まって食事をする場所だったのである。確かにコリントの信仰者の多くは、回心する前には異教徒の宮でしばしば食事をしていた。そこである人々はこの習慣を続けたいと思っていた。けれどもパウロは、異教徒の宮で食事をすることは悪魔との交流や悪霊との霊的交わりをするものであるとして断固として反対した(Ⅰコリ10:20-22)。

新約聖書のほかの箇所(使15:29、黙2:14, 20)や2世紀のキリスト教の文書(ユスティノス「トリュフォンの対話」34、イレナエウス「異端反駁論」1.6.3)では、「偶像にささげた肉」(Ⅰコリ8:1)はキリスト者には受入れられないものとしてきっぱりと拒否されている。直訳すると「偶像への供え物」(《ギ》エイドーロスュトン)となることばには「偶像」ということばが入っているので、そのような肉は拒むべきであることが明らかである。このことばはキリスト者の間で普通に使われていたけれども、異教の礼拝者たちは使っていなかった。異教徒が使っていたのは「ヒエロスュトン」(神聖な供え物)という独特のことばで、パウロはコリント人への手紙10章28節で異教徒の言い方を反映したこのことばを使っている。

当時問題になった一つの問題は今日と同じように、存在しないと思われる神を対象にして拝む偶像礼拝によって、果してキリスト者は汚されるのかということだった。コリント人への手紙第一8章1-13節を見ると、ある人々は明らかに板ばさみになっている。それは唯一の神であるヤハウェ以外の神の存在を否定しているからである。それなのに異教徒の神々の宮に足を踏み入れることを恐れているなら、恐れること自体がその神々の存在を認めることになるのではないか。

後の時代のキリスト教の批評家たち、特に2世紀のケルソスや3世紀のポルフュリオスなどは同じ不満を口にしている。「もし(キリスト者が)考えているように偶像は存在しないなら、(宗教的)祭礼のような一般社会が考えている義務に参加するのを拒む理由はない」(オリゲネスの「ケルソス反駁論」8.24に引用されたケルソスの「真の言葉」より)。→ポルフュリオス「キリスト教徒論駁書」p.88

それに対して偶像の宮で(レストランとして)食事をすることに賛成の人々は、自分たちは「知識を持っている」と主張していた(Ⅰコリ8:1-2. 10)。そして「すべてのことは、してもよいのです」とも主張していた(Ⅰコリ10:23、→6:12)。8章1-13節でパウロはこの議論に反駁している。そして「すべての人にこの知識があるのではありません」(Ⅰコリ8:7)と言って、このことを知らない信仰者は「罪を犯」す危険性がある

と結論している。「知識がある」と主張する人々は異教徒の神々は実際には存在しないのだから間違っていない（Ⅰコリ8:4, 13）。けれどもそれと結び付いている悪霊は存在する。さらにほとんどの人の目には、異教徒の神々の宮の中で食事をすることは、その神々をあがめ、その存在を認めているように見える。そのような理由から偶像の宮の中で食事をすることは間違っており、そうすることによってほかの人々にも同じように行うように影響を与えて滅びに導くことになる（Ⅰコリ8:11）。偶像の宮で食事をする人は（Ⅰコリ8:10）、その行動を見た「弱い人」が「あなたの知識によって」良心を汚して滅びたら（Ⅰコリ8:11）、「キリストに対して罪を犯」す（Ⅰコリ8:12）ことになるとパウロは警告をしている。知識に従って行動しても愛を行えないなら、その「知識」は譲らなければならない。8章1節が言うように「知識は人を高ぶらせ、愛は人の徳を建て」上げるのである。

　ローマ人への手紙14－15章では「弱い人」と「力のある者」という二つのグループのことが議論されているけれども、その人々はどの食物がキリスト者にとって適切かということでは異なった見解を持っていた。けれどもここでパウロが言っている「弱い人」（Ⅰコリ8:11, 9:22）は、コリントの教会の中の「弱い人」のグループを指しているのかは確かではない。

　ローマ人への手紙の中でパウロは、自分は「弱い人」（その立場を容認しているけれども賛成していない）ではなく「力のある者」だとはっきり認めている（ロマ15:1）。ローマの教会の会衆は食物については宗教的禁止命令を守り続けているユダヤ人がほとんどだったと思われる。そこでパウロは「力のある者」は「弱い人」を見下げるのではなく、「弱い人」は「力のある者」を非難するべきではないと教えている（ロマ14:3）。食事のことでは違っていても互いに兄弟姉妹として受入れるべきである。さらにそれぞれのグループは、個人的には自分たちが良いと思う食事をすることができる（ロマ14:22）。けれども会衆が集まるときには「力のある者」は「弱い人」の前で汚れた肉（旧約聖書の基準による）を見せびらかして食べるべきではない（ロマ14:15）。ローマ人への手紙では異教徒の宮で食事をする権利を主張している人はいなかったようである。そこではむしろ出所のわからない肉を家や教会で食べることが問題だったのである。

　コリント人への手紙第一8章1－13節だけを見ると、「弱い人」がまねをしてそれによって良心を汚す危険がなければ、「知識がある」人は異教徒の宮で食事をしてもよいとされていると理解できるかもしれない。けれどもコリント人への手紙第一10章1－22節を見ると、パウロの反対はそれ以上に強力であることが非常に明らかである。偶像礼拝そのもの（背後に悪霊がいる Ⅰコリ10:20）が重要な問題である。したがって10章1－22節は信仰から落ちる危険に対する聖書の中で最も強力な警告になっている。

　あるキリスト者たちは、バプテスマと特に主の晩餐が偶像礼拝と背教という双子の危険から魔法のように守ってくれると信じていたようである。それに対してパウロはイスラエルの荒野の放浪からいくつかの例を引いて、偶像礼拝をするなら神はご自分の民をも滅ぼされるということを示した（出32:1-14, 民14:1-45, 申6:14-16, 詩78:12-31）。そして主はねたむ神（Ⅰコリ10:22）で、ご自分と争うものを認められないし、神はただ一人であるけれども悪霊は多くおり、その多くは偶像の宮と結び付いていると指摘した。異教徒の宮で食べたり飲んだりすることは悪霊の食卓に参加し悪霊の杯にあずかることで非常に危険なことで、キリスト者には絶対に受入れられるものではない。異教徒の作家の中にも悪霊が偶像の宮にいること、特に神託のような預言が行われる宮にいることを認めている人がいる（プルターク「神託の休止」418）。

食物と偶像礼拝

　10章23－33節でパウロはコリントでの第二の問題である市場で購入した肉の問題を扱っている。異邦人によって処理された、流通経路がわからない食物は汚染され霊的に汚れていると標準的ユダヤ人は考えていた。この禁止された食物についてのユダヤ的定義をパウロは退けている。人間が偶像礼拝者になるのは食物によってではなく、食物をもってする礼拝そのものによるのである。コリントの信仰者が肉を買う前に肉屋にどこから仕入れたかを確かめたり、食事の接待をする主人に肉をどこで購入したのかを尋ねたりするようにとパウロは言っていない。肉と偶像礼拝の関係がだれかに指摘されたときだけキリスト者はその肉を避けるべきで、そのときも食べようとしているキリスト者本人ではなく、それを指摘した人の良心を守るために

避けるのである（Ⅰコリ10：29）。コリント人はユダヤ人ではない。異邦人がキリスト者になっていたので、ユダヤ人のように旧約聖書の食物の律法や規定を守るように求められてはいなかった。さらに主イエスは、食物はみなきよいと宣言しておられた（マコ7：19）。パウロは主イエスと同じ考えだった。けれどもパウロはコリントの信仰者に偶像礼拝のように見えるもの、偶像の宮で食事をして異教の神や悪霊をあがめているように見えることからは、はっきりと距離を置くように厳しく勧告をしている。

　コリント人への手紙一10章27－33節で食卓に出た肉が偶像にささげられたものであることを指摘した人は、キリスト者ではないと思われる。その食事会の主人は特に「信仰のない者」と描かれている（Ⅰコリ10：27）。また28節では肉ということばには、キリスト者が通常使う「エイドーロスュトン（偶像の供え物）」ではなく、異教徒の用語の「ヒエロスュトン（神聖な供え物）」ということば（キリスト者には不快なことば）が使われている。したがってパウロの言おうとしていることは、キリスト者はその行動の中で、キリスト者としての信仰には無頓着で無関心であるという印象を信仰のない人に与えてはならないということである。信仰のない人は肉がどのようなものであるかを言いそれに伴う問題を示すことによって、キリスト者ならこの食物は食べないだろうと理解していることが示されている。普通なら信仰者が自分の良心を傷つけることなく食べることができるものでも、このような環境で食べるなら信仰のない人々へのキリスト者としてのあかしが傷つくことになるので、それは間違っている。たとい時には面倒であっても、あらゆる情況の中で私たちはキリストがあがめられるようにしなければならない。

　要約すると、偶像にささげられた食物についてのパウロの教えには、たとい文化が違っても信仰者ならだれもが守るべき重要な原則が三つ示されている。

　(1) 信仰のない人々へのキリスト者のあかしを薄めたり傷つけたりするような疑わしい行動は敏感に感じてやめるべきである（Ⅰコリ10：27-33）。

　(2) 偶像礼拝とのつながり、またそのように見えることはみなはっきりと避けるべきである（Ⅰコリ8：10, 10：7, 12, 14, 18-20）。この原則はたとえば、先祖崇拝または先祖礼拝が問題になるような文化では信仰者の守るべき指針になる。亡くなった親や先祖の霊が子どもや子孫の生活に今も力を及ぼすと考えられているところでは、亡くなった人の写真などに香をたき、お供えをし、拝礼をして霊をなだめたり引寄せたり拝んだりすることは偶像礼拝になる。したがってキリスト者には禁じられている（→「**偶像礼拝**」の項p.468）。

　(3) キリスト者としての自由は、愛の律法によって自発的に制限されるものである。それはほかの信仰者が私たちの模範を見て、その信念を崩したり良心を汚したりして霊的に破滅への道をたどることがないようにするためである（Ⅰコリ8：9-13, 10：24, ⇒ロマ14：1-15：3）。

Iコリント　8-9章

5 なるほど、多くの神や、多くの主があるので、神々と呼ばれるものならば、天にも地にもありますが、
6 私たちには、父なる唯一の神がおられるだけで、すべてのものはこの神から出ており、私たちもこの神のために存在しているのです。また、唯一の主なるイエス・キリストがおられるだけで、すべてのものはこの主によって存在し、私たちもこの主によって存在するのです。
7 しかし、すべての人にこの知識があるのではありません。ある人たちは、今まで偶像になじんで来たため偶像にささげた肉として食べ、それで彼らのそのように弱い良心が汚れるのです。
8 しかし、私たちを神に近づけるのは食物ではありません。食べなくても損にはならないし、食べても益にはなりません。
9 ただ、あなたがたのこの権利が、弱い人たちのつまずきとならないように、気をつけなさい。
10 知識のあるあなたが偶像の宮で食事をし

5 ①Ⅱテサ2:4
6 ①マラ2:10、エペ4:6
　②Ⅰコリ8:4、
　申4:35, 39, 6:4
　③圏ロマ11:36
　④Ⅰコリ1:2、エペ4:5、
　圏ヨハ13:13、
　Ⅰテモ2:5
　⑤ヨハ1:3、コロ1:16
7 ①Ⅰコリ8:4以下
　②Ⅰコリ10:22, 23
8 ①ロマ14:17
9 ①Ⅰコリ8:10, 11、
　圏ロマ14:1
　②ロマ14:13, 21、
　Ⅰコリ10:28、ガラ5:13
10 ①Ⅰコリ8:4以下
　②圏Ⅰコリ8:1, 4, 7、
　圏使15:20
11 ①Ⅰコリ8:4以下
　ロマ14:15, 20
12 ①圏マタ18:6、
　ロマ14:20
　②圏25:45
13 ①ロマ14:21、
　圏Ⅰコリ10:32、
　Ⅱコリ6:3、11:29

1 ①Ⅰコリ9:19、
　圏ロマ10:29
　②使14:14、
　Ⅰコリ12:12、
　Ⅰテサ2:6、Ⅰテモ2:7、
　Ⅱテモ1:11、圏ロマ1:1
　使9:3, 17, 26, 27、
　22:14, 18, 23:11、
　圏Ⅰコリ15:8
　④圏Ⅰコリ3:6, 4:15

ているのをだれかが見たら、それによって力を得て、その人の良心は弱いのに、偶像の神にささげた肉を食べるようなことにならないでしょうか。
11 その弱い人は、あなたの知識によって、滅びることになるのです。キリストはその兄弟のためにも死んでくださったのです。
12 あなたがたはこのように兄弟たちに対して罪を犯し、彼らの弱い良心を踏みにじるとき、キリストに対して罪を犯しているのです。
13 ですから、もし食物が私の兄弟をつまずかせるなら、私は今後いっさい肉を食べません。それは、私の兄弟につまずきを与えないためです。

使徒の権利

9 1 私には自由がないでしょうか。私は使徒ではないのでしょうか。私は私たちの主イエスを見たのではないでしょうか。あなたがたは、主にあって私の働きの実ではありませんか。

8:7 彼らのそのように弱い良心が　この場合良心の「弱い」人とは、偶像の神々は実際には存在しないのだからそういう偶像にささげた肉を食べても別に問題にはならないということを十分に理解していない人々のことである。

（1）ある人々は、人間が作ったにせの神々の祭壇にささげた肉を食べることによって神が望まれない礼拝にかかわり、キリストに対して罪を犯すことになると考えていた。この考えは完全に筋が通らないわけではないけれども、霊的自由についての理解が不足している。このように考える人々は良心の問題としているけれども、良心を痛めずに肉を食べることができる人々もいる。その人々は、霊的にあるいは誠実さや知識において必ずしも劣っているということではない。

（2）この問題は食物（からだの中に入り出て行く）の問題であって、霊に影響を与える問題ではない。したがってこの原則を文脈から取出して、精神や霊にかかわる道徳的に疑わしい問題に適用してはならない。つまりキリスト者は疑わしいかたちの娯楽や慎みのない服装を選んでもよいとしているのではない（→Ⅰテモ2:9注）。それは食物とは全く違う種類の問題である。なぜならそれらは肉体ではなく人々の考えに影響を与え、サタンの霊的誘惑を受ける糸口になってしまうからである（→マコ7:21-23、エペ5:3-7、コロ3:5）。道

徳的に当然問題になり精神や霊に影響を及ぼすような問題について言えば、実はそのような活動を避ける人こそ強く、より霊的に敏感な良心を持っているのである。むしろキリスト者の自由についてゆるい考えを持っている人々のほうが自分の個人的な好みに従って行動をして良心を弱めてしまう危険を冒している。

（3）パウロは良心の「弱い」人々がよりよく理解できるように説得しようとしているのではない。むしろ行動についての正しい見識を持つ人々に、自分たちの自由を誇ることなく、厳しい考えを持っているほかの人々に自分の自由を押付けないように訴えているのである（→「偶像にささげた食物」の項 p.2122）。

8:12 キリストに対して罪を犯している　悪い例を示すことによってほかの信者を罪や霊的破滅に導く人々（8:11）は、ほかの人々に対して罪を犯しているだけではなく、キリストご自身に対しても罪を犯している。そのような配慮のない態度は、キリストが人々を罪と罪悪から解放し神との親しい個人的関係に導くために死なれた目的そのものに逆らっている。自分で良いと思っていることを行ってほかの人々の良心や罪悪感を無視するなら、私たちはキリストの目的やほかの人々のことよりも自分の権利や自己中心の思いを優先させていることになる（→マタ18:7注）。

9:1 私は使徒ではないのでしょうか　パウロはキリ

²たとい私がほかの人々に対しては使徒でなくても、少なくともあなたがたに対しては使徒です。あなたがたは、主にあって、私が使徒であることの証印です。

³私をさばく人たちに対して、私は次のように弁明します。

⁴いったい私たちには飲み食いする権利がないのでしょうか。

⁵私たちには、ほかの使徒、主の兄弟たち、ケパなどと違って、信者である妻を連れて歩く権利がないのでしょうか。

⁶それともまた、私とバルナバだけには、生活のための働きをやめる権利がないのでしょうか。

⁷いったい自分の費用で兵士になる者がいるでしょうか。自分でぶどう園を造りながら、その実を食べない者がいるでしょうか。羊の群れを飼いながら、その乳を飲まない者がいるでしょうか。

⁸私がこんなことを言うのは、人間の考えによって言っているのでしょうか。律法も同じことを言っているではありませんか。

⁹モーセの律法には、「穀物をこなしている牛に、くつこを掛けてはいけない」と書いてあります。いったい神は、牛のことを気にかけておられるのでしょうか。

¹⁰それとも、もっぱら私たちのために、こう言っておられるのでしょうか。むろん、私たちのためにこう書いてあるのです。なぜなら、耕す者が望みを持って耕し、脱穀する者が分配を受ける望みを持って仕事をするのは当然だからです。

¹¹もし私たちが、あなたがたに御霊のものを蒔いたのであれば、あなたがたから物質的なものを刈り取ることは行き過ぎでしょうか。

¹²もし、ほかの人々が、あなたがたに対する権利にあずかっているのなら、私たちはなおさらその権利を用いてよいはずではありませんか。それなのに、私たちはこの権利を用いませんでした。かえって、すべてのことについて耐え忍んでいます。それは、キリストの福音に少しの妨げも与えまいとしてなのです。

¹³あなたがたは、宮に奉仕している者が宮の物を食べ、祭壇に仕える者が祭壇の物にあずかることを知らないのですか。

¹⁴同じように、主も、福音を宣べ伝える者が、福音の働きから生活のささえを得るように定めておられます。

¹⁵しかし、私はこれらの権利を一つも用いませんでした。また、私は自分がそうされたくてこのように書いているのでもありません。私は自分の誇りをだれかに奪われるよりは、死んだほうがましだからです。

¹⁶というのは、私が福音を宣べ伝えても、それは私の誇りにはなりません。そのことは、私がどうしても、しなければならないことだからです。もし福音を宣べ伝えなかったなら、私はわざわいだ。

¹⁷もし私がこれを自発的にしているのなら、報いがありましょう。しかし、強いられたにしても、私には務めがゆだねられているのです。

¹⁸では、私にどんな報いがあるのでしょう。それは、福音を宣べ伝えるときに報酬を求めないで与え、福音の働きによって持つ自分の権利を十分に用いないことなのです。

¹⁹私はだれに対しても自由ですが、より多くの人を獲得するために、すべての人の奴隷となりました。

ストの福音を妨げないために自分の権利を放棄したと自分を例にして、8:13で言った原則(→8:1注)を説明している(9:12,→9:19注)。 →使14:4注

9:14 福音の働きから生活のささえを得る 旧約聖書(申25:4,⇒レビ6:16, 26, 7:6)も新約聖書(マタ10:10, ルカ10:7)もともに、神のことばを伝える働きに従事する人々(奉仕の働きをする人、牧師、伝道者)は、その教えと奉仕によって霊的に利益を受ける人々によって支えられるべきであると教えている(→ガラ6:6-10注,Ⅰテモ5:18)。

9:19 すべての人の奴隷となりました パウロはほかの人々のために自分を否定する原則として、自分の例を話している(→8:1注)。パウロはほかの人々の霊的確信を妨げないように愛をもって配慮し、自分の権利を放棄した(ロマ14:15-21)。それはどのようなかたちであっても自分の働きが制限されたり、またキリストの福音が妨げられたりしないためだった(9:12)。また人々を喜ばせて評判や尊敬を得ようとしていたの

20 ユダヤ人にはユダヤ人のようになりました。それはユダヤ人を獲得するためです。
律法の下にある人々には、私自身は律法の下にはいませんが、律法の下にある者のようになりました。それは律法の下にある人々を獲得するためです。
21 律法を持たない人々に対しては、——私は神の律法の外にある者ではなく、キリストの律法を守る者ですが——律法を持たない者のようになりました。それは律法を持たない人々を獲得するためです。
22 弱い人々には、弱い者になりました。弱い人々を獲得するためです。すべての人に、すべてのものとなりました。それは、何とかして、幾人かでも救うためです。
23 私はすべてのことを、福音のためにしています。それは、私も福音の恵みをともに

20 ①使16:3, 21:23-26, ロマ11:14
②ガラ2:19
21 ①ロマ2:12, 14
②囲ガラ2:2, Ⅰコリ7:22
③囲ガラ2:3, 3:2
22 ①Ⅱコリ11:29,
②ロマ14:1, 15:1
③Ⅰコリ10:33
③囲ロマ11:14

24 ①ピリ3:14, コロ2:18
②Ⅰコリ9:13
③ヘブ12:1,
囲Ⅱテモ4:7, 囲ガラ2:2
25 ①Ⅰテモ6:12,
②Ⅱテモ2:5, 4:7,
囲エペ6:12
②Ⅱテモ4:8, ヤコ1:12,
Ⅰペテ5:4,
黙2:10, 3:11
26 ①ヘブ12:1,
②Ⅰコリ9:13, 囲ロマ8:13
②Ⅰコリ14:9
27 ①囲ロマ8:13

受ける者となるためなのです。
24 競技場で走る人たちは、みな走っても、賞を受けるのはただひとりだ、ということを知っているでしょう。ですから、あなたがたも、賞を受けられるように走りなさい。
25 また闘技をする者は、あらゆることについて自制します。彼らは朽ちる冠を受けるためにそうするのですが、私たちは朽ちない冠を受けるためにそうするのです。
26 ですから、私は決勝点がどこかわからないような走り方はしていません。空を打つような拳闘もしてはいません。
27 私は自分のからだを打ちたたいて従わせます。それは、私がほかの人に宣べ伝えておきながら、自分自身が失格者になるようなことのないためです。

でもない（ガラ1:8-10）。パウロが言っているのは、自分が助けようとしている人々の持っている確信がキリスト者の信仰と原則に反しない限り、認める用意があるということである。またもしほかの人々が良心的に良いとか悪いとか考えていることを無視してその人々を傷つけたら、その人々のための自分の奉仕は断たれてしまうとパウロは理解していた（9:12, 19-23, →8:1注）。

9:22 すべての人に、すべてのものとなりました パウロは人々をキリストにつなげるために、キリスト者としての原則を妥協するように励ましているのではない（⇒9:19注）。ほかの人々がキリストの言っておられることを考え神との個人的関係を見出すように導くためには、自分の習慣や好みを神の命令や原則にかかわらない限り調整してもよいと思っていたのである。けれどもこの原則を守るには、適切なバランスを保つように注意しなければならない。パウロがこの部分で強調しているのは、さらに自由を体験できるように知識を得ることではなく、自分の自由を制限してでも基準を緩やかにすることである。ほかの人々のために調整するということは、時には自分自身の考えを「ゆるめる」ことである。あるいはほかの人々を受入れることは個人的には好まなくても自分を抑え制限を「きつくする」ことである。いずれにしてもキリスト者は、ほかの人々のことを愛をもって配慮するときには自分の権利を広げるのと同じように、自分の権利を制限することも考えなければならない。

9:24 賞 コリント人は競技のことをよく知っていた。オリンピックに次いで重要なイストミヤ大会（前581年に組織された体育競技で、イストモス—コリントの二つの大きな陸地を結ぶ、水で囲まれた狭い地峡—で行われた）が一年おきに開かれていた。賞は花冠（リース）だったから当然長持ちするものではなかった。これと比べてキリストの忠実な弟子たちが受けるのは「朽ちない冠」（9:25）であって、キリスト者生活の最大の目標である永遠の救いの勝利（神とともに永遠に生きること）である（⇒1:8, 4:5, 6:2, 9-10, 15:12-19）。このゴールはほかの人々のために自分の権利を主張せず（8:7-13）、競技の邪魔になるものを棄てることによって初めて到達できるものである（10:5-22）。私たちはキリスト者生活を、神から何を得ることができるかだけではなく、神の目的のために何をささげることができるかという面でも考えるべきである。そうすることによって私たちはささげたものは必ずはるかに優れた祝福を受けるようになることを（この人生でなければ永遠の世界で）知ることができる（⇒マコ10:29-30, ルカ18:29-30）。

9:24 賞を受けられるように走りなさい パウロは引き続きこのたとえの中で、もし自制や自己鍛錬、自己否定、ほかの人々との愛の関係などの面で努力しないなら、私たち自身が神から拒まれる危険性があることを強調している（→9:27注）。

9:27 自分自身が失格者になるようなことのないため「失格者になる」（《ギ》アドキモス）には「試験に失敗する」、あるいは「拒まれる」という意味がある。パウロはコリントⅡ13:5で同じことばを使って、「不適格（《ギ》アドキモイ）」な人々の中にキリストはおられないと言っている。パウロは奉仕の報酬を失うことだけ

イスラエルの歴史からの警告

10¹ そこで、兄弟たち。私はあなたがたにぜひ次のことを知ってもらいたいのです。私たちの父祖たちはみな、雲の下におり、みな海を通って行きました。² そしてみな、雲と海とで、モーセにつくバプテスマを受け、³ みな同じ御霊の食べ物を食べ、⁴ みな同じ御霊の飲み物を飲みました。というのは、彼らについて来た御霊の岩から飲んだからです。その岩とはキリストです。⁵ にもかかわらず、彼らの大部分は神のみこころにかなわず、荒野で滅ぼされました。⁶ これらのことが起こったのは、私たちへの戒めのためです。それは、彼らがむさぼったように私たちが悪をむさぼることのないためです。⁷ あなたがたは、彼らの中のある人たちにならって、偶像崇拝者となってはいけません。聖書には、「民が、すわっては飲み食いし、立っては踊った」と書いてあります。⁸ また、私たちは、彼らのある人たちが姦淫をしたのにならって姦淫をすることはないようにしましょう。彼らは姦淫のゆえに一日で二万三千人死にました。⁹ 私たちは、さらに、彼らの中のある人たちが主を試みたのにならって主を試みることはないようにしましょう。彼らは蛇に滅ぼされました。¹⁰ また、彼らの中のある人たちがつぶやいたのにならってつぶやいてはいけません。彼らは滅ぼす者に滅ぼされました。

---

1 ① 圀ロマ1:13
② 出13:21, 詩105:39
③ 出14:22, 29, 詩66:6
2 * あるいは「雲の中、海の中で」
② 圀ロマ6:3, ガラ3:27, Ⅰコリ1:13
3 ① 出16:4, 35, 申8:3, ネヘ9:15, 20, 詩78:24, 25, 圀ヨハ6:31
4 ① 出17:6, 民20:11, 詩78:15
5 ① 民14:29以下, 37, 26:65, ヘブ3:17, ユダ5
6 ① Ⅰコリ10:11
② 民11:4, 34, 詩106:14
7 ① 出32:4, 圀Ⅰコリ10:14, 5:11
② 出32:6
③ 出32:19
8 ① 民25:1以下
② 圀民25:9
9 ① 民21:5, 6
10 ① 民16:41, 17:5, 10
② 出12:23, Ⅱサム24:16, Ⅰ歴21:15, ヘブ11:28
③ 民16:49

を言っているのではない。もし鍛錬された聖い生活をやめるなら、その人は賞（永遠の救いの資産 9:24-25）を全く失う可能性があると考えているのである。その聖い生活は道徳と霊的純潔、高潔さ、悪からの分離、神への完全な献身の生活である。レースを走り抜いて（生涯キリストに忠実である）神とともに過す永遠のいのちの賞を得るためには、自分を制しキリストのために困難の中を通り抜けなければならない（9:25-27）。

10:1 あなたがたにぜひ次のことを知ってもらいたいのです 一度はキリストから罪の赦しを受け、その導きに従い正しい関係を持つ祝福を体験した人でも、後に邪悪なことを行えば神から拒まれることがある（→9:27注）。パウロはここではイスラエルの歴史の例を用いて永遠の祝福を受けるために耐え忍ぶことを教えている（10:1-12, →「背教」の項p.2350）。

10:2 モーセにつくバプテスマ イスラエル人は神が任命された解放者（エジプトの奴隷状態から導き出した人 出14:31）であるモーセの指導に従って、神のご計画のもとに一つの民族として統一された。神はモーセの指導を通して民を導き、ご自分との正しい関係を保つようにさせ、危険から救い、あらゆる必要を満たしてくださった。

10:4 その岩とはキリストです イスラエル人が荒野の旅をしている間（出16:2-36, 17:1-7, 民20:2-11, 21:16）、神は奇蹟的な方法で食物と水を与えてくださった（10:3）。これは神がご自分の民を絶えず養ってくださること（肉体的に霊的に）を示している。奇蹟的に水が流れ出た岩、奇蹟的に与えてくださった食物は、神が今でもキリスト（いのちの水であり、いのちのパンである）を通して超自然的ないのちを与えてくださることを象徴している（ヨハ4:14, 6:30-35）。

10:5 荒野で滅ぼされました イスラエル人はエジプトから救い出され大脱出をしたときに、神の恵み（受けるにふさわしくない好意、愛、助け、能力）を体験した（→「**出エジプトの経路**」の地図 p.149）。そして奴隷状態から解放され（10:1）、バプテスマを受け（象徴的な意味で 10:2）、荒野で神に支えられた。このようにして人々はキリストによって守られ必要なものが供給されることを実際に体験した（10:3-4）。けれどもこれらの霊的祝福を味わったあとで、人々は神に頼るのをやめてしまった。そのため荒野をさまよい一つの世代が完全に死に絶えるような罰を受けた（民14:29）。その人々は受継ぐべき資産を失い約束の地にもたどり着けなかった（⇒民14:30, →「**イスラエル人との神の契約**」の項 p.351）。パウロの言おうとしていることはこうである。神はイスラエルの不信仰と反抗を容認されなかった。同じように、新しい契約（御子イエス・キリストのいのちと犠牲を通して人々に霊的救いを与え神との関係の回復を図る神の計画）に入れられた信仰者も罪を犯すなら神はそれを許されない。

10:6 これらのことが起こったのは・・・戒めのためです 不従順なイスラエル人に対して神が厳しいさばきを下されたことは、邪悪なことを求めたり自分勝手な反抗的なことを行ったりして神に逆らわないようにという新しい契約（キリストが来られた後）に入れられた人々に対する具体的な例であり警告である。コリントの人々にパウロは、もしイスラエル人と同じように不忠実になるなら（10:7-10）、同じように神のさばきを受け、天の「約束の地」に入ることはできないと警告をしている。

Ⅰコリント　10章

11 これらのことが彼らに起こったのは、戒めのためであり、それが書かれたのは、世の終わりに臨んでいる私たちへの教訓とするためです。
12 ですから、立っていると思う者は、倒れないように気をつけなさい。
13 あなたがたの会った試練はみな人の知らないものではありません。神は真実な方ですから、あなたがたを、耐えられないほどの試練に会わせることはなさいません。むしろ、耐えられるように、試練とともに脱出の道も備えてくださいます。

11 ①Ⅰコリ10:6
②関ロマ4:23
③関ロマ13:11
＊直訳「私たちの教訓のためです。この私たちに世の終わりが来ています」
12 ①関ロマ11:20, Ⅱペテ3:17
13 ①関Ⅰコリ1:9
②関Ⅱペテ2:9
14 ①関ヘブ6:9
①Ⅰコリ10:7, 匹Ⅰコリ10:19, 20, Ⅰヨハ5:21
16 ①マタ26:27, 28, Ⅰコリ11:25
②マタ26:26, Ⅰコリ11:23, 24, 関使2:42

偶像にささげた食物と主の晩餐

14 ですから、私の愛する者たちよ。偶像礼拝を避けなさい。
15 私は賢い人たちに話すように話します。ですから私の言うことを判断してください。
16 私たちが祝福する祝福の杯は、キリストの血にあずかることではありませんか。私たちの裂くパンは、キリストのからだにあずかることではありませんか。

10:11　書かれたのは・・・教訓とするためです　聖書(文章になった神のことばでここでは旧約聖書)の中にご自分の民に対する神のさばきの歴史が書かれたのは、キリストに従う新約聖書の弟子たちに、神に逆らって新しいいのちと神との永遠の関係という恵みの賜物を失わないようにという警告をしっかりと与えるためだった(10:12, →民14:29注)。

10:12　倒れないように気をつけなさい　イスラエル人は、神に選ばれた民(神が霊的救いの計画を世界に示すために用いようとされた人々)であるから偶像礼拝(人間が作ったにせの神々の像を拝むこと)や不道徳な性的行動のような罪を犯しても安全と考えていた。けれどもそれは間違いだった。神に対する罪は厳しいさばきを招いた。同じように自己中心で性的欲望を満たす生活をしていても大丈夫と信じている人々には、さばきが待っていることを悟らなければならない。

10:13　神は真実な方です　自分はキリスト者であると言う人は、神の基準に逆らったときに自分はただの人間で不完全であるとか、ことばや思いや行いで罪を犯さない人はいないなどと言訳をして、自分を正当化するべきではない(⇒ロマ6:1)。キリストに従う人は、神との関係を失うような危険に遭うことはないとパウロはコリントの人々に保証をした。

(1) 誘惑されることは罪ではない。主イエスご自身も誘惑に遭われた(マタ4:1-11)。けれども誘惑に負けることは罪である。ところが人々は明らかに誘惑が存在するか必ずやって来るような状況の中に自分から入り込んでいくような間違いをしばしば犯す。そのように誘惑に向かっていくなら失敗することは確実である。

(2) 神は神の子どもたちに、誘惑に打勝つのに必要な力と機会を与えてくださると聖霊ははっきりと確証された。神は罪を退けたいという願いを与え、また退ける力を与えてくださる(⇒黙2:7, 17, 26)。神が忠実であることは次の二つのことで明らかである。

(a) 私たちが対処したり拒んだりできないような誘惑には遭わせられない。(b) どの誘惑に対しても誘惑に耐え罪に打勝つ方法を具体的に備えてくださる(⇒Ⅱテサ3:3)。

(3) キリストに従う人々はみな罪や悪の勢力と戦って勝つ力と能力を持っている(エペ6:10-18, ヘブ7:25)。この力は神の恵み(エペ2:8-10, テト2:11-14)、イエス・キリストの血(私たちの罪のための個人的な犠牲　エペ2:13, Ⅰペテ2:24)、神のことば(エペ6:17, Ⅱテモ3:16-17)、キリスト者の中に住まわれる聖霊の力(テト3:5-6, Ⅰペテ1:5)、キリストの天でのとりなし(私たちのための訴え)を通して与えられる。

(4) キリスト者が誘惑と罪に負けるのは、キリストの力や助けが十分ではなかったからではない。聖霊の力に頼って自分の欲望を拒もうとしなかったからである(ロマ8:13-14, ガラ5:16, 24, ヤコ1:13-15)。「神としての御力は、いのちと敬虔に関するすべてのことを私たちに与える」(Ⅱペテ1:3)。そしてイエス・キリストとの個人的関係を通して、私たちは「主にかなった歩みをして、あらゆる点で主に喜ばれ、あらゆる善行のうちに実を結び・・・神の栄光ある権能に従い、あらゆる力をもって強くされて、忍耐と寛容を尽く」すことができるようになる(コロ1:10-11, →マタ4:1-11注)。神に喜ばれたいと心から願い神の力と誠実さに頼るなら、私たちはあらゆる誘惑に打勝ち脱出する道を見出すことができる。

10:16　祝福の杯　これはユダヤ人が過越の祭りで飲む杯のことであり(→「過越」の項 p.142)、主イエスが主の晩餐または聖餐式と呼ばれるものを制定された情況のことである(マタ26:17-30, マコ14:12-26, ルカ22:7-23)。キリスト者が主の晩餐に参加して受ける杯は、神に対して人々が犯した罪の罰を支払うために死なれたキリストの犠牲を象徴している。「キリストの血にあずかる」とは、キリストに従う人々がキリストの死によって与えられた霊的救いをともに受けることを指している(⇒11:25)。聖書はパンと杯が本当に

¹⁷パンは一つですから、私たちは、多数であっても、一つのからだです。それは、みなの者がともに一つのパンを食べるからです。
¹⁸肉によるイスラエルのことを考えてみなさい。供え物を食べる者は、祭壇にあずかるではありませんか。
¹⁹私は何を言おうとしているのでしょう。偶像の神にささげた肉に、何か意味があるとか、偶像の神に真実な意味があるとか、言おうとしているのでしょうか。
²⁰いや、彼らのささげる物は、神にではなくて悪霊にささげられている、と言っているのです。私は、あなたがたに悪霊と交わる者になってもらいたくありません。
²¹あなたがたが主の杯を飲んだうえ、さらに悪霊の杯を飲むことは、できないことです。主の食卓にあずかったうえ、さらに悪霊の食卓にあずかることはできないことです。
²²それとも、私たちは主のねたみを引き起こそうとするのですか。まさか、私たちが主よりも強いことはないでしょう。

信仰者の自由

²³すべてのことは、してもよいのです。しかし、すべてのことが有益とはかぎりません。すべてのことは、してもよいのです。しかし、すべてのことが徳を高めるとはかぎりません。
²⁴だれでも、自分の利益を求めないで、他人の利益を心がけなさい。
²⁵市場に売っている肉は、良心の問題として調べ上げることはしないで、どれでも食べなさい。
²⁶地とそれに満ちているものは、主のものだからです。
²⁷もし、あなたがたが信仰のない者に招待されて、行きたいと思うときは、良心の問題として調べ上げることはしないで、自分の前に置かれる物はどれでも食べなさい。
²⁸しかし、もしだれかが、「これは偶像にささげた肉です」とあなたがたに言うなら、そう知らせた人のために、また良心のために、食べてはいけません。
²⁹私が良心と言うのは、あなたの良心ではなく、ほかの人の良心です。私の自由が、他の人の良心によってさばかれるわけがあるでしょうか。
³⁰もし、私が神に感謝をささげて食べるなら、私が感謝する物のために、そしられるわけがあるでしょうか。

キリストのからだと血になるとは教えていない。これらの象徴と式そのものが、キリストの犠牲と私たちのために獲得してくださった祝福を思い出させてくれるのである(→11:24-25注)。

10:20　悪霊にささげられている　偶像礼拝(またはそれと関係すること)は人間が作ったにせの神々の背後にいる悪霊(邪悪な霊)を拝むことになる(⇒申32:17, 詩106:35-38, →「偶像礼拝」の項 p.468,「偶像にささげた食物」の項 p.2122)。偶像礼拝(人間が作ったにせの神々を礼拝する、または唯一のまことの神の代りにほかのものを拝むこと)の罪は、どん欲や貪りとも関係している。つまり他人のものや自分が持つべきではないものを求めることである(→コロ3:5注)。このことは、悪霊の力が人々にこの世界の物質や名誉、地位などを慕い求めるように影響を与えていることを意味している。

10:21　主の杯・・・悪霊の杯　主の晩餐にあずかることがキリストの犠牲と罪からの救いにともにあずかることを表しているのと同じように、偶像を拝む場所で行われる祭りに参加することは悪霊に加担することになる(10:20)。コリントのある人々は、何が神をあがめ何がサタンをあがめるかについて正しい判断ができないという過ちを犯していた。人々は確かに偶像などはないものと認めていたかもしれない。けれども、神の聖さ(霊的純潔、完全さ、完璧さ、悪からの分離)を完全に理解していなかった。神の神聖なねたみ(10:22, ⇒出20:5, 申4:24, ヨシ24:19)と、この世界と妥協することの深刻さがわかっていなかった。この致命的な過ちについて、キリストご自身も「だれも、ふたりの主人に仕えることはできません」と教えておられる(マタ6:24)。　詳細　→「偶像にささげた食物」の項 p.2122

10:23-24　すべてのことが有益とはかぎりません　個人の良心やキリスト者の自由について最も重要なことは、何が神をあがめ、神との関係で何がほかの人々に最も益になるかということである。キリスト者は自分の権利ではなく、自分を模範としてくれる人や、キリストに似た姿を見ようとしている人々にとって何が最

Ⅰコリント　10-11章

31 こういうわけで、あなたがたは、食べるにも、飲むにも、何をするにも、ただ神の栄光を現すためにしなさい。
32 ユダヤ人にも、ギリシヤ人にも、神の教会にも、つまずきを与えないようにしなさい。
33 私も、人々が救われるために、自分の利益を求めず、多くの人の利益を求め、どんなことでも、みなの人を喜ばせているのですから。

11 1 私がキリストを見ならっているように、あなたがたも私を見ならってください。

礼拝にふさわしいこと

2 さて、あなたがたは、何かにつけて私を覚え、また、私があなたがたに伝えたものを、伝えられたとおりに堅く守っているので、私はあなたがたをほめたいと思います。
3 しかし、あなたがたに次のことを知っていただきたいのです。すべての男のかしらはキリストであり、女のかしらは男であり、キリストのかしらは神です。

31⑳コロ3:17, Ⅰペテ4:11
32⑳使20:28注,Ⅰコリ1:2, 11:22, 15:9,Ⅱコリ6:3, ガラ1:13, Ⅰテモ3:5, 15, 黙Ⅰコリ7:17, ピリ3:6, 黙Ⅰコリ8:13, 使24:16
33⑳Ⅰテサ2:16, 黙ロマ11:14
②Ⅰコリ13:5,ピリ2:21, 黙Ⅱコリ12:14, 黙ロマ15:2
③黙Ⅰコリ9:22, ロマ15:2, 黙ガラ1:10

1⑳黙Ⅰコリ4:16

2①黙Ⅰコリ4:17, 15:2, Ⅰテサ1:6, 3:6
②黙Ⅱテサ2:15, 3:6
③黙Ⅰコリ11:17, 22
3①Ⅰコリ1:22, 4:15, 5:23, コロ1:18, 2:19, 黙エペ5:23, 黙創3:16, ③黙Ⅰコリ3:23

も良いことかということに思いを集中して生きるべきである（→8:各注）。

10:31 何をするにも、ただ神の栄光を現すためにしなさい キリスト者生活の最大の目標は主イエスに似た者になり、主イエスの謙遜と自己否定の姿勢を神の前にも人々の前にも反映して（⇒ピリ2:3-8）、神に喜ばれ神の栄光を現すようになることである（→「神の栄光」の項p.1366）。神の栄光を現すこと（創造者、救い主、主としての神をあがめ感謝すること）にならないものはみな避けるべきである。むしろ神をあがめるために、私たちは神に対して従順になり、感謝をささげ謙遜になり誠実になり、祈り頼り、ほかの人々をキリストに導くために思いやりのある配慮などをする。この原則（「何をするにも、ただ神の栄光を現すためにしなさい」）は私たちの人生の根本的な方針、行動の指針、試金石でなければならない。

11:1 キリストを見ならっている 信仰者はパウロのようにキリストの模範にならいキリストに似る人になるように召されている（⇒ロマ13:14, ガラ3:27）。キリストに似るとはどのようなことだろうか。

（1）キリストに似ることで第一の最も重要なことは神に対する完全な愛とほかの人々に対する思いやりのある愛である（マタ22:37-39, ルカ10:27, →マタ22:37注, 39注, ルカ10:27注）。主イエスの場合、御父に対する愛はいつも第一であり、ほかの人々への愛はたとい第二であってもそれは必ず御父への愛に基づいていた（⇒マタ22:37-39, ヨハ17:23-24）。同じようにほかの人々へのキリスト者の愛も、神への愛によって生れ導かれるものでなければならない（Ⅰヨハ4:20-21）。

（2）御父へのキリストの愛は神の栄光（マタ6:9, ヨハ12:28, 17:4, →「**神の栄光**」の項p.1366）、神のみこころ（マタ26:42, ヨハ4:34, ヘブ10:7-12, →「**神のみこころ**」の項p.1207）、神のことば（マタ26:54, ヨハ8:28, 17:14, 17, →「**神のことば**」の項p.1213）、御父との交流や交わり、一致などの中に現された（ルカ5:16, ヨハ17:21）。この愛を私たちは、神への忠実さ（ヘブ3:2）とみこころ（究極的計画と目的）の実現、つまりご自分のいのちを犠牲にして私たちを神との関係に回復してくださったことの中に見る（マタ26:42, ヨハ3:16-17, ヘブ10:4-9）。御父に対するキリストの愛はさらに、正しいものや真実なものを愛し罪を憎むことの中に現されている（→ヘブ1:9注）。

（3）人々へのキリストの愛は同情（マタ9:36, 14:14, 15:32, 20:34, ⇒ルカ15:11-24）、親切（マタ8:3, 16-17, 9:22）、涙（ヨハ11:35）、謙遜（マタ11:29）、良いわざ（使10:38）、優しさ（マタ11:29）、赦し（ルカ23:34）、忍耐（ルカ13:34）、あわれみ（マタ15:22-28, ユダ1:21）などの中に見られた。またキリストは罪に対して強くはっきりと反対され（マタ16:23, マコ9:19, 10:13-14）、ほかの人々の苦しみや欠乏に対して冷酷で無関心な人々に怒りを表され（→マコ3:5注）、地獄の警告をされ（マタ5:29-30, ルカ12:5）、罪の赦しと神の永遠の関係を得る機会を提供するためにご自分を犠牲としてささげてその愛を示された（マタ26:38, ヨハ10:11, 17-18, 13:1）。

11:2 伝えたもの 「伝えたもの」とは、パウロがキリストの権威をもって教会に伝えた教理（基本的な信仰と原則）、道徳的基準、行動の規則などの教えである。11章にある教えは、神の民の衣服、慎み、外見、正しい行動などについての神が願い求めておられることの概略を示すものである。神は内側の態度にしか関心がなく「外側」には関心がないと教える人がいるけれども、それはみことばにある明らかで実際的な啓示と矛盾している。神とほかの人々との関係の中で、適切で慎ましい服装をして行動をすることは今も変らない聖書的原則である（→Ⅰテモ2:9注）。

11:3 すべての男のかしら この部分は公の礼拝の中で一般的に受入れられる適切な行動を扱っている。け

4 男が、祈りや預言をするとき、頭にかぶり物を着けていたら、自分の頭をはずかしめることになります。
5 しかし、女が、祈りや預言をするとき、頭にかぶり物を着けていなかったら、自分の頭をはずかしめることになります。それは髪をそっているのと全く同じことだからです。
6 女がかぶり物を着けないのなら、髪も切ってしまいなさい。髪を切り、頭をそることが女として恥ずかしいことなら、かぶり物を着けなさい。
7 男はかぶり物を着けるべきではありません。男は神の似姿であり、神の栄光の現れだからです。女は男の栄光の現れです。
8 なぜなら、男は女をもとにして造られたのではなくて、女が男をもとにして造られたのであり、
9 また、男は女のために造られたのではなく、女が男のために造られたのだからです。
10 ですから、女は頭に権威のしるしをかぶるべきです。それも御使いたちのためにです。
11 とはいえ、主にあっては、女は男を離れてあるものではなく、男も女を離れてあるものではありません。
12 女が男をもとにして造られたように、同様に、男も女によって生まれるのだからです。しかし、すべては神から発しています。
13 あなたがたは自分自身で判断しなさい。女が頭に何もかぶらないで神に祈るのは、ふさわしいことでしょうか。

4 ①参使13:1, Ⅰテサ5:20
5 ①参ルカ2:36, 使21:9, 囲Ⅰコリ14:34
②囲マ21:12
7 ①ヤコ3:9, 創1:26, 5:1, 9:6
8 ①創2:21-23, Ⅰテモ2:13
＊直訳「男は女からのものではなくて、女が男のものだからです」

9 ①創2:18
12 ①Ⅱコリ5:18
②参ロマ11:36
13 ①囲ルカ12:57

れどもその原則は、広い意味での男性と女性（特に夫と妻）の関係に適用できる神によって決められた原則でもある。

(1) キリストとの関係では男性と女性は霊的に完全に平等で、神の恵みによる霊的救いの賜物を受け、教会を建上げ福音を世界中に広めるというご計画にともにかかわっている。けれどもここで言われている平等には、順序、権威、従順、相互の尊敬などが含まれている（→ガラ3:28注）。「かしら」ということばは、神の秩序の中での名誉（キリストは神をあがめ人はキリストをあがめる）と権威を表現していると思える（⇒3:23, 11:8, 10, 15:28, 士10:18, エペ1:21-22, 5:23-24, コロ1:18, 2:10）。

(2) 夫がかしらであるという教えをパウロが示したのは文化的背景を配慮したからではなく、男性を助けるために女性を造られたという神の創造のわざと目的に基づいていた（11:8-9, →創2:18注, Ⅰテモ2:13注）。

(3) この秩序に従うことによってだれかの地位が下がることはない。なぜならこれは、支配とか抑圧などを意味していないからである。むしろ夫は神が女性に与えられた価値を認め、責任をもって守り、家庭や教会など生活全体の中で神が与えられた役割と責任を果さなければならない。

(4) 御父がかしら（主イエスは父に従い父をあがめることを目的にしていた）だからキリストが劣っているとか二流ではないのと同じように、女性が男性との関係に劣っているのではない。神の国では指導者の地位は決して「偉大さ」と結び付かない。神の国ではしもべであることと服従が偉大さのかぎである（マタ20:25-28, ピリ2:5-9）。神のご計画の中では服従と奉仕の中にこそ最高の名誉はある（→マタ23:11-12, ルカ22:26-27）。男性と女性の関係を扱ったパウロの教えは結婚生活での妻と夫それぞれの責任についての命令と関連付けて学ぶべきである（→エペ5:21注, 23注）。

11:6 かぶり物を着けなさい パウロの時代に女性は慎ましさを表し、夫を敬い自分の品位を表すために被り物を着けていた。当時、女性が公の場で被り物を着けないで髪の毛を表すことは、ふしだらで性関係が乱れている（婚姻関係外の性的行動）しるしとされていた。被り物は女性として尊敬され大切にされることを意味していた。また女性の慎ましさ、神秘さ、価値、栄光のしるしでもあった。

そのように被り物を着けることは当時の文化だった。この文化的な装いやおおいが表す女性の価値や品位、栄誉などは時代や文化が異なっても大切にするべきである。キリスト者の女性は、神の名を汚しほかの人々に失礼になるような、そして不必要で不適切な注意を引くような服装を避けて、慎み深く品位のある着こなしを注意深くするべきである。この原則は特に流行に敏感な若い女性（男性も）に当てはまる。おしゃれだったりよい服装をしたりすることは基本的に悪いことではない。けれども神を敬う女性はこの世界の流れにならうべきではない。この世界は神に喜ばれ神の聖さを反映することを目標としていないからである。さらに若い女性に対して新約聖書が命令を直接与えているときは（Ⅰテモ2:9-10, 5:2, テト2:4-5）、慎みと純潔が問題の中心になっている。したがってこの問題を軽く扱うことは正しい態度とは言えない。慎み深く適切な服装をする女性は、神から賜った美しさや品位、価値を高め神の栄光を現すことができる（→Ⅰテモ2:9注）。

Ⅰコリント　11章

¹⁴自然自体が、あなたがたにこう教えていないでしょうか。男が長い髪をしていたら、それは男として恥ずかしいことであり、¹⁵女が長い髪をしていたら、それは女の光栄であるということです。なぜなら、髪はかぶり物として女に与えられているからです。¹⁶たとい、このことに異議を唱えたがる人がいても、私たちにはそのような習慣はないし、神の諸教会にもありません。

主の晩餐
11：23-25　並行記事―マタ26：26-28, マコ14：22-24, ルカ22：17-20

¹⁷ところで、聞いていただくことがあり

16①囲Ⅰコリ9：1-3, 6, 4：5
　②囲Ⅰコリ7：17

17①囲Ⅰコリ11：2, 22
18①劉Ⅰコリ1：10,
　囲Ⅰコリ3：3
　＊あるいは「分派争い」
　ギリシャ語「スキスマ」
19①Ⅰヨハ2：19,
　囲申13：3
　＊直訳「試験済みのもの」
　②囲マタ18：7,
　ルカ17：1, Ⅰテモ4：1,
　Ⅱペテ2：1

ます。私はあなたをほめません。あなたがたの集まりが益にならないで、かえって害になっているからです。¹⁸まず第一に、あなたがたが教会の集まりをするとき、あなたがたの間には分裂があると聞いています。ある程度は、それを信じます。¹⁹というのは、あなたがたの中でほんとうの信者が明らかにされるためには、分派が起こるのもやむをえないからです。²⁰しかし、そういうわけで、あなたがたはいっしょに集まっても、それは主の晩餐を食べるためではありません。²¹食事のとき、めいめい我先にと自分の食

11：14　自然自体が　キリスト者は自分の行動が周りの人々にどのように映りどのように思われているか敏感に感じなければならない。それは「うまく付き合う」ために絶えず周りの人々に合せるということではない。実際にもしキリスト者が何も違わないなら、人々はわざわざキリストを受入れて人生を変えようとは思わないかもしれない。自分たちの持っている文化を認めることは、時には社会的に当然とされていることを受入れる(聖書の命令や教えや原則に逆らわない限り)ことでもある。けれども神はまたご自分の民がはっきりと特別な民になり、キリストに従うこととこの世に従うことの違いを示すことができるように召しておられる(⇒Ⅱコリ6：17, Ⅰペテ2：9)。ここでは男性と女性が肉体的に異なることを私たちが認めるように、神は一般原則を示しておられる。

(1) パウロは髪の毛を一つの例として取上げている。それはその時代の文化では重要な問題だったからである。そして髪の毛の長さは男性と女性で違うべきだと言っている。女性の髪の毛は当然男性に比べて長い。それは女性が女性としての品位と価値を受入れていることの象徴である(→11：6注)。実際に女性の髪の毛は「女の光栄」の一部とされていた(11：15)。男性の髪の毛は女性のものと比べると短いはずである。

(2) 髪の毛の長さは今日では特に大きな問題ではない。けれども新約聖書の時代には特にユダヤ人男性が長髪であることは不名誉なこととして嫌われていた。1世紀のコリントでは男性の長髪は男娼のしるしであり、短い髪の女性は一般的に娼婦とみなされていた。

(3) 今日の社会では重要ではないかもしれないけれども歴史的正確さから言うと、主イエスを描いた絵が長い髪なのはナジル人の誓い(→民6：2注, 6：3ぶどう酒の注, 6：3ぶどう汁の注, 5注)をしていたという仮定、あるいは中世からの画家の聖書的歴史的証拠に基づかない想像に基づくものだからである(新約聖書時代の数千の絵画や彫刻がこのことを確証している)。

11：20　主の晩餐　主イエスご自身によって定められた主の晩餐(聖餐式の礼典)は次の箇所に描かれている―マタ26：26-29, マコ14：22-25, ルカ22：15-20, Ⅰコリ11：23-25。そして過去、現在、未来とのかかわりの中で重要な意味を持っている。

(1) 過去についての意義　(a) これは信じる人々を罪とさばきから贖い出す(救出、解放、救い)ためにキリストが死なれたことを生き生きと描き出す、記念または思い出(《ギ》アナムネーシス　11：24-26, ルカ22：19)の式である。主の晩餐にあずかることによってキリストの犠牲と私たちの人生にとっての意義を私たちは再び思い起こす。そして私たちのためにいのちを与えてくださったキリストの愛に動かされて、キリストに従い悪を避けた生活をさらに続けようと決意する(Ⅰテサ5：22)。(b) これは十字架の上でのキリストの犠牲によって可能にしてくださった救い(11：24, マタ26：27, マコ14：23, ルカ22：19)と祝福(霊的、物質的、そのほかあらゆる分野の)を神に感謝(《ギ》ユーカリスティア)する機会でもある(→イザ53：4-5)。

(2) 現在の意義　(a) 主の晩餐は交わり(《ギ》コイノニア)、つまりキリストとの交わりと一致、そしてキリストのからだ(教会　10：16-17)につながる人々との一体感を体験するときである。またキリストの犠牲的死の恵みにあずかる機会である。よみがえられた主は、この主の晩餐に主人役として特別な方法で臨在を示してくださる(⇒マタ18：20, ルカ24：35)。(b) これは新しい契約(《ギ》カイネー　ディアセーケー)の確認と公の宣言である。新しい契約は、霊的救いとイエス・キリストの生と死と復活によって人々との関係を結ぶ神

事を済ませるので、空腹な者もおれば、酔っている者もいるというしまつです。²²飲食のためなら、自分の家があるでしょう。それとも、あなたがたは、神の教会を軽んじ、貧しい人たちをはずかしめたいのですか。私はあなたがたに何と言ったらよいでしょう。ほめるべきでしょうか。このことに関しては、ほめるわけにはいきません。²³私は主から受けたことを、あなたがたに伝えたのです。すなわち、主イエスは、渡される夜、パンを取り、

21 ① 関 ユダ12
22 ① 関 Ⅰコリ10:32
　　② 関 ヤコ2:6
　　③ 関 Ⅰコリ11:2, 17
23 Ⅰコリ11:23-25, マタ26:26-28, マコ14:22-24, ルカ22:17-20, 関 Ⅰコリ10:16
　　関 Ⅰコリ15:3,
　　関 ガラ1:12, コロ3:24
24 * 異本に「裂かれたわたしのからだ」
25 ① 関 Ⅰコリ10:16
　　② Ⅱコリ3:6,
　　関 ルカ22:20
26 ① Ⅰコリ4:5,
　　関 ヨハ21:22

²⁴感謝をささげて後、それを裂き、こう言われました。「これはあなたがたのための、わたしのからだです。わたしを覚えて、これを行いなさい。」*
²⁵夕食の後、杯をも同じようにして言われました。「この杯は、わたしの血による新しい契約です。これを飲むたびに、わたしを覚えて、これを行いなさい。」
²⁶ですから、あなたがたは、このパンを食べ、この杯を飲むたびに、主が来られるまで、主の死を告げ知らせるのです。

のご計画である。この記念の食事（記念の式）を通して私たちはキリストが主であること、みこころを行い忠実に従い罪を退けてキリストの使命を自分の使命とすることなどを再確認していく（11:25, マタ26:28, マコ14:24, ルカ22:20, →「旧約聖書と新約」の項p.2363）。

　（3）未来についての意義　（a）主の晩餐は未来の神の国と、忠実な弟子たちがみな集められてキリストを中心に持たれる未来の天の食事の予告であり「前味」である（マタ8:11, 22:1-14, マコ14:25, ルカ13:29, 22:17-18, 30）。（b）これは神の民のためにキリストが再び来られるのを待望むときであり（11:26）、「御国が来ますように」という祈りをはっきり言い表すときである（マタ6:10, ⇒黙22:20）。
ここに挙げた三つの分野での主の晩餐の意義は、私たちが真心からの信仰と祈り、神のことばとみこころに心から従う思いをもって参加するときに初めて理解できるものである。

11:21　空腹な者もおれば、酔っている者もいる
（1）初期の教会は主の晩餐に加えて愛餐会（アガペー）と言われるものを持っていた。それは今日の教会の親睦の食事会のようなものと思われる（⇒Ⅱペテ2:13, ユダ1:12）。この二つは人々が礼拝や交わりのために集まった家でしばしば行われたと思われる。ところが遅れて来た人がまだ何も口にしないうちに、既に飽きるほど食べたり飲んだりした人がいたようである。
（2）ここは明らかに普通の食事のことを言っている。コリントの人々は主の晩餐（⇒Ⅱペテ2:13, ユダ1:12）の前に交わりの食事に集まったけれども、ある人々は社会的な階級によって小グループで集まって別々に食事をしていた（11:18-19）。食事を持寄ることのできない貧しい人々はしばしば無視され、空腹のままだった。貧しい人々を無視するその態度をパウロはここで非難しているけれども（⇒11:17）、その理由は三つあった。（a）人々は教会を分裂させ、それを大きくしている。悲しいことに、これらのことはみな

主の晩餐を中心に起きていた（→11:27注）。（b）人々は貧しくて食事をしないまま仕事から直接集まって来た教会員たちに恥をかかせていた（11:22, ⇒マタ25:40）。（c）金持の中には発酵したぶどう酒を持ち込み酔っている人もいたようで、これはパウロにとってはさらに受入れられないことだった。けれどもある聖書の解釈者は、パウロがここで言っているのは酔いのことではない。もしそうだったらパウロはこの手紙のほかの箇所でしたのと同じように厳しく戒めたはずであると考えている（⇒6:10）。酒に酔うことはほかの人々を侮辱するだけではなく、人々を神の国から遠ざける深刻な問題だとパウロは考えていた（6:10, ガラ5:21, →「旧約聖書のぶどう酒」の項p.1069）。

　（3）この問題の悲しい点は主の晩餐の目的（キリストを記念して祝いほかのキリスト者との共同体意識を喜ぶこと）が、食べ過ぎと差別という自己中心的な行動によって台無しにされていたことである。

11:24-25　わたしのからだ・・・わたしの血　キリストがパンのことを「これは・・・わたしのからだです」と言われたのは、ご自分のからだを象徴するという意味である。「杯」は、キリストを信じる信仰によって与えられる霊的救いの「新しい契約」に調印し確認するためにキリストが流された血を象徴している。「このパンを食べ、この杯を飲む」（⇒ヨハ6:54注）ことは、十字架の上でのキリストの犠牲の死による祝福を認めて受取ることを意味する（11:26, →11:20注）。

11:25　この杯　主イエスが主の晩餐（聖餐式）の霊的意味を教えるときに用いられたのは、発酵したぶどう酒かそれとも未発酵のぶどうジュースだろうか（マタ26:26-29, マコ14:22-25, ルカ22:17-20, Ⅰコリ11:23-26）。次の情報を見ると主イエスと弟子たちはそのとき未発酵のぶどうジュースを飲んだものと結論することができる。
（1）ルカもほかの聖書記者も主の晩餐（主イエスが死なれる前に弟子たちととられた「最後の晩餐」）の場

²⁷ したがって、もし、ふさわしくないままでパンを食べ、主の杯を飲む者があれば、主のからだと血に対して罪を犯すことになります。
²⁸ ですから、ひとりひとりが自分を吟味して、そのうえでパンを食べ、杯を飲みなさい。
²⁹ みからだをわきまえないで、飲み食いするならば、その飲み食いが自分をさばくことになります。
³⁰ そのために、あなたがたの中に、弱い者や病人が多くなり、死んだ者が大ぜいいます。
³¹ しかし、もし私たちが自分をさばくなら、さばかれることはありません。
³² しかし、私たちがさばかれるのは、主によって懲らしめられるのであって、それは、

27①圏 ヘブ10:29
28①Ⅱコリ13:5, ガラ6:4, 圏マタ26:22

30①圏使7:60
32①Ⅱサム7:14, 詩94:12, ヘブ12:7-10, 黙3:19

合、「ぶどう酒《ギ》オイノス）」ということばを使っていない。最初の三つの福音書の記者たちは「ぶどうの実で造った物」（マタ26:29, マコ14:25, ルカ22:18）ということばを使ってそれが純粋で生の、未発酵のものであることを示している。

（2）主の晩餐（主イエスが私たちのためにいのちを与えられたことを思い出すためのもの ルカ22:19, Ⅰコリ11:24-25）は、主イエスと弟子たちが過越の食事をしたときに制定された（→**過越**の項 p.142）。出エジプト12:14-20にある過越についての律法によると、過越の期間には発酵をもたらすパン種などを意味する《ギ》「セオル」（出12:15）の使用は禁じられ、さらに《ギ》「ハメツ」（発酵したものを含むもの）も禁じられていた（出12:19, 13:7, →13:7注）。神がこのような律法を与えられたのは、パン種や発酵成分がしばしば堕落と罪を象徴するからである（⇒マタ16:6, 12, Ⅰコリ5:6-8）。主イエスはあらゆる面で律法を成就された方であるから（マタ5:17）、この過越の律法にも従って発酵したぶどう酒は用いられなかったと思われる。

（3）象徴の価値は、伝えようとする霊的真実をどれだけ適切にまた正確に表しているかによって決まる。キリストの清いからだを表すパンは、パン種のないもの（イースト菌を使わない平らで膨らませていない無発酵の「汚されていないもの」）でなければならなかった。同じ原則に従おうとするなら、ぶどう酒も未発酵のものでなければならない。いずれにせよぶどう酒は汚れも欠点もない尊いキリストの血を象徴している（⇒Ⅰペテ1:18-19）。

11:27 ふさわしくないままで 《ギ》「アナクシオース」は「価値がない、適切でない、不注意なやり方」を意味する。自己中心で不遜な態度のことである。

（1）主の晩餐は過越の食事の初めの部分で行われたので（マコ14:12-26, ルカ22:14-20）、コリントの人々はそれを食事と一緒に行っていた。パウロがこの手紙の最初の部分で扱った（1:10〜）教会員の間の分裂の問題は、この「愛餐会」（実態を示す呼び方ではない）のときの問題でもあった（→11:21注）。ある人々は食べ過ぎているのに貧しい人々には何も残されていなかった（11:22）。このような振舞は主イエスにつながる人にはふさわしくない。主の晩餐を祝うのは主が私たちを愛してご自分を犠牲にしてくださったからである。そこでパウロは互いに待つように、つまり互いの心にキリストの愛が満たされ互いを思いやる心ができるようにと言ったのである。そうすればふさわしいかたちで主の晩餐を祝うことができるようになる。

（2）ふさわしくない態度で食べたり飲んだりすることは、主の晩餐を軽んじ大切にしない気持のまま参加することで罪を犯したままでいることである。これは罪の赦しという神の賜物を汚すことであり、罪を赦すためにキリストが払われた犠牲を侮辱することである。これは特別な罪（キリストを再び十字架につけるような）で特別なさばきを受けることになる（11:29-32）。

（3）罪を自覚しながら主の晩餐に来る人は、その罪のために神のさばきを受けるのではないかと恐れる必要はない。なぜならそこで自分を吟味する機会が与えられ（11:28）、キリストに喜ばれない態度や行動がみな明らかに示されるからである。そして主の晩餐によって神の恵みと赦しを豊かに受取るようになる。またキリストの犠牲を祝い本当にふさわしいかたちで主の食卓にあずかることができるようになる。

11:29 みからだをわきまえないで 「みからだ」ということばは、私たちのために犠牲となった主イエスのからだ、または主の晩餐をともに受ける教会（キリストのからだ 12:13, 27）を指している。（1）第一の見方は、主の晩餐が十字架につけられたキリストのからだと私たちのために払われた代価を象徴していることに気付かずに、無知のまま参加することを意味している。（2）第二の見方は、教会のほかの人々のことを無視して、その結果11:20-21にあるような自己中心的行動をとることを意味している（「ふさわしくないまま」主の晩餐にあずかることの詳細 →11:27注）。この態度はどちらの見方をとっても神のさばきを受けることになる。けれども無責任な行動をとったキリスト者に対する神のさばきは永遠の滅びにつながるさばき（不信者に下る）ではない。それは厳しい懲らしめであって、その結果、病気や時には死につながることもあった（「死んだ者」11:30, →11:32注）。

11:32 懲らしめられる 主のさばきが目的としてい

私たちが、この世とともに罪に定められることのないためです。

³³ですから、兄弟たち。食事に集まるときは、互いに待ち合わせなさい。³⁴空腹な人は家で食べなさい。それは、あなたがたが集まることによって、さばきを受けることにならないためです。その他のことについては、私が行ったときに決めましょう。

御霊の賜物

12 ¹さて、兄弟たち。御霊の賜物についてですが、私はあなたがたに、ぜひ次のことを知っていていただきたいのです。²ご承知のように、あなたがたが異教徒であったときには、どう導かれたとしても、引かれて行った所は、ものを言わない偶像の所でした。³ですから、私は、あなたがたに次のことを教えておきます。神の御霊によって語る者はだれも、「イエスはのろわれよ」と言わず、また、聖霊によるのでなければ、だれも、「イエスは主です」と言うことはできません。

⁴さて、賜物にはいろいろの種類があり

32②圏Ⅰコリ1:20
34①Ⅰコリ1:21,②Ⅰコリ11:22,③圏Ⅰコリ4:19
③圏Ⅰテサ7:17, 16:1,④圏Ⅰコリ4:17

1①Ⅰコリ14:1,囲Ⅰコリ12:4
＊別訳「霊的な事がら」

②圏ロマ1:13
2①エペ2:11, 12,Ⅰペテ4:3, ①Ⅰコリ6:11
②圏Ⅰテサ1:9,
③ハバ2:18,19,囲詩115:5, イザ46:7, エレ10:5
3①Ⅰヨハ4:2, 3,囲マタ22:43, 黙1:10他
＊ギリシヤ語「アナテマ」
③ガラ13:13, ロマ10:9
4①圏ロマ12:6, 7,囲Ⅰコリ12:11,エペ4:4以下, 11, ヘブ2:4

ること(⇒11:30)は、私たちがこの世界やキリストを受入れない人々とともに永遠の刑罰を受けないようにすることである。もし私たちが自分で自分を正しくさばくなら(11:31)、神の懲らしめによって悔い改め(自分勝手な歩みを認め方向転換すること Ⅱコリ7:10)に導かれ、神との関係が改善されるようになる(⇒Ⅱペテ3:18, ヘブ12:7-11)。

12:1 御霊の賜物について 12-14章でパウロは、キリストのからだである教会に与えられた聖霊の賜物または「現れ」(実証、表現、証拠)を扱っている。これらの賜物はキリストをあがめ教会の中のほかの人々を建上げるために神が特別に与えられる能力や思いや力である。御霊の賜物は、初期の教会の生活や奉仕の中で重要な役割を果していた。神はこれらの賜物がキリストの再び来られるときまで活動し続けることを願っておられる(→1:7注)。御霊の賜物が与えられるのは、次のような目的のためである。

(1) 公の集まり、家、家族、個人の生活の中で恵み(受けるにふさわしくない好意、愛、助け、霊的力)と御霊の力を示すため(12:4-7, 14:25, ロマ15:18-19, エペ4:8)。

(2) 主イエスについての「よい知らせ」が超自然的なしるしや奇蹟によって確証され効果的に伝えられるようになるため(マコ16:15-20, 使14:8-18, 16:16-18, 19:11-20, 28:1-10)。

(3) 人々の必要を満たし、教会(12:7, 14-30, 14:3, 12, 26)やキリスト者個人(14:4)を霊的に建上げ、「きよい心と正しい良心と偽りのない信仰とから出て来る愛」を成長させるため(Ⅰテモ1:5, ⇒Ⅰコリ13:)。

(4) サタンや悪の勢力に対して霊的戦いを効果的に進めるため(イザ61:1, 使8:5-7, 26:18, エペ6:11-12)。御霊の賜物は次の箇所にも見ることができる。ロマ12:3-8, Ⅰコリ1:7, 12:-14:, エペ4:4-16, Ⅰペテ4:10-11

12:1-6 御霊の賜物 御霊の賜物のそれぞれの性質と目的は、聖書に使われている名前そのものによってよく理解することができる。

(1)「御霊の賜物」(《ギ》プニューマティカ、プニューマ「霊」の派生語)は教会全体の益になるために信仰者個人を通して働かれる聖霊の超自然的な現れのことである(12:1, 7, 14:1, →**聖霊の賜物**の表 p.2096)。

(2)「賜物」または「恵みの賜物」(《ギ》カリスマタ、カリス「恵み」の派生語)は、御霊によって与えられる心の中の動機と奉仕の力の両方のことである。このような賜物は、信仰者の共同体と霊的な助けが必要な人々とを強め励ましてくれる(12:4, →ロマ12:6注, エペ4:11, Ⅰペテ4:10, →**奉仕の賜物**の項 p.2225)。

(3)「奉仕」あるいは「働き」(《ギ》ディアコニアイ、ディアコニア「奉仕」の派生語)は、奉仕には様々な方法があることと、ある賜物にはほかの人々を助ける能力と力があることを強調している(12:4-5, 27-31, エペ4:7, 11-13)。パウロは御霊の賜物の奉仕の部分は主イエスの「しもべ」としての働きを反映するものであると教えている(⇒ルカ22:26-27)。こうして御霊の賜物は、私たちの間にキリストの臨在があり力強い働きがあることを表す(⇒12:3, 1:4)。

(4)「働き」あるいは「効果」(《ギ》エネルゲーマタ、エネルゲース「行動的な、活発な」の派生語)は御霊の賜物が神の力の直接的な働きであり、結果が生み出されることを意味している(12:6, 10)。

(5)「御霊の現れ」(《ギ》ファネローシス、ファイノー「現す」の派生語)は、御霊の賜物が教会の会衆の中に聖霊の働きと臨在があることを直接証明するという意味である(12:7-11)。

12:3 イエスは主です パウロは御霊の賜物についての討議を始めるに当たって、まず聖霊の賜物や働きは

Ⅰコリント 12章

ますが、御霊は同じ御霊です。

5 奉仕にはいろいろの種類がありますが、主は同じ主です。

6 働きにはいろいろの種類がありますが、神はすべての人の中ですべての働きをなさる同じ神です。

7 しかし、みなの益となるために、おのおのに御霊の現れが与えられているのです。

8 ある人には御霊によって知恵のことばが与えられ、ほかの人には同じ御霊にかなう知識のことばが与えられ、

9 またある人には同じ御霊による信仰が与えられ、ある人には同一の御霊によって、いやしの賜物が与えられ、

10 ある人には奇蹟を行う力、ある人には預言、ある人には霊を見分ける力、ある人には異言、ある人には異言を解き明かす力が与えられています。

11 しかし、同一の御霊がこれらすべてのことをなさるのであって、みこころのままに、おのおのにそれぞれの賜物を分け与えてくださるのです。

一つのからだ、多くの部分

12 ですから、ちょうど、からだが一つでも、それに多くの部分があり、からだの部分はたとい多くあっても、その全部が一つのからだであるように、キリストもそれと同様です。

13 なぜなら、私たちはみな、ユダヤ人もギリシヤ人も、奴隷も自由人も、一つのからだとなるように、一つの御霊によってバプテスマを受け、そしてすべての者が一つの御霊を飲む者とされたからです。

14 確かに、からだはただ一つの器官ではなく、多くの器官から成っています。

15 たとい、足が、「私は手ではないから、からだに属さない」と言ったところで、そんなことでからだに属さなくなるわけではありません。

16 たとい、耳が、「私は目ではないから、からだに属さない」と言ったところで、そんなことでからだに属さなくなるわけではありません。

17 もし、からだ全体が目であったら、どこで聞くのでしょう。もし、からだ全体が聞くところであったら、どこでかぐのでしょう。

18 しかしこのとおり、神はみこころに従って、からだの中にそれぞれの器官を備えてくださったのです。

19 もし、全部がただ一つの器官であったら、からだはいったいどこにあるのでしょう。

20 しかしこういうわけで、器官は多くありますが、からだは一つなのです。

21 そこで、目が手に向かって、「私はあなたを必要としない」と言うことはできないし、頭が足に向かって、「私はあなたを必要としない」と言うこともできません。

22 それどころか、からだの中で比較的に弱いと見られる器官が、かえってなくてはならないものなのです。

教会の主（指導者、権威）である主イエスを賛美しあがめ、人々の注意を引寄せるという事実に焦点を絞っている。御霊の活動であるかどうかを示す最も確かな証拠は、主イエス・キリストの姿、存在、力、愛、品性などが現されるかどうかである。御霊の賜物を通してキリストご自身が、聖霊によってご自分の民を通して、またご自分の民に働かれるのである（→12：12-27、マタ25：40）。

12：7　御霊の現れ　ここに挙げられている様々な賜物の解説と内容の詳細　→「**御霊の賜物**」の項 p.2138

12：12　キリストもそれと同様です　→12：1注

12：13　私たちはみな・・・一つの御霊によってバプテスマを受け　「一つの御霊」によるバプテスマは水のバプテスマでも、五旬節の日にキリストが信仰者に授けられた聖霊のバプテスマでもない（→マコ1：8、使2：4注）。これは聖霊が信仰者をキリストのからだ（教会、キリストの弟子たちの共同体）の中へバプテスマ（浸す）されたことを意味している。そのことによってキリストを受入れた人はみな、ほかのキリスト者たちと一つの愛と目的に結ばれる。これはキリストの赦しを受入れて人生をゆだね神との個人的関係に入るときに、霊的新生（ヨハ3：3-7）や刷新、変革を通して起こることである（→「**新生－霊的誕生と刷新**」の項 p.1874）。キリストのからだには民族や文化、社会の壁や区分はない。キリストはご自分の完璧な知恵と目的に従って（12：18）、多様性を通しての一致を生み出すようにご自分のからだ（教会の中の信仰者）を整えられた（→12：14-26）。

御霊の賜物

「しかし、みなの益となるために、おのおのに御霊の現れが与えられているのです。」
（コリント人への手紙第一12：7）

賜物の全体像

聖霊の活動や働きは、キリスト者個人の生活と教会生活全体の中で神を信じる人々に与えられる様々な御霊の賜物を通して現される（Ⅰコリ12：7）。賜物は、教会を霊的に成長させ発展させるという神の第一の目的を達成するために特別に与えられた能力である（Ⅰコリ12：7、→14：26注）。ここで言う御霊の賜物は、ローマ人への手紙12章6－8節とエペソ人への手紙4章11節に挙げられている賜物や働きと同じものではない。それは長期に専任で行う教会の中の働きにキリスト者を任命し必要な力を与える賜物である（→「聖霊の賜物」の表 p.2096）。コリント人への手紙第一12章8－10節には御霊の賜物のリストがあるけれども、神が弟子たちに与えて用いられる御霊の賜物が必ずしも全部そこに挙げられているのではない。また挙げられている賜物も実際には様々な方法や様々に組合されたかたちで現される。

（1）教会の中で働く賜物は、神の御霊のみこころ（願い、動機、目的）に従って現される（Ⅰコリ12：11）。また賜物は教会の中の必要に応じ賜物を用いる信仰者の霊的願いに応じて働く（Ⅰコリ12：31、14：1）。

（2）いくつかの賜物は、一人の人を通していつも現される。またあるキリスト者は特別な必要に応じるために複数の賜物を与えられているようである。信仰者は、一つの賜物ではなく複数の「賜物」を求めるべきである（Ⅰコリ12：31、14：1）。

（3）ある人は病気の癒しや預言など感動的な賜物を用いるので、目立たない賜物を持っている人よりも霊的であると見られるけれども、それは非聖書的であり愚かな考えである。実際問題として、賜物を持っていてもその人が行うことや教えることを神が全部認めておられるのではない。御霊の賜物と御霊の実を混同してはならない。御霊の実は、キリスト者の人格や霊的成長に直接かかわっているものである（ガラ5：22-23）。

（4）サタンや、キリストのしもべであるふりをしてキリスト者に変装した人々は、御霊の賜物のまねをすることがある（マタ7：21-23、24：11、24、Ⅱコリ11：13-15、Ⅱテサ2：8-10、→「にせ教師」の項 p.1758）。キリスト者は霊的体験やしるしや現れがあれば何でも信じるべきではない。聖書は「それらの霊が神からのものかどうかを、ためしなさい。なぜなら、にせ預言者がたくさん世に出て来たからです」と教えている（Ⅰヨハ4：1、⇒Ⅰテサ5：20-21、→「聖霊のバプテスマの吟味」の項 p.1991）。

それぞれの賜物

コリント人への手紙第一12章8－10節でパウロは聖霊がキリスト者に与えてくださる様々な賜物を挙げている。その賜物の特徴をパウロは一つずつ定義していないけれども、聖書のほかの箇所からその特色がどのようなものかを見定めることができる。

（1）知恵のことば－これは聖霊によって示される実際的な洞察や導きのメッセージである。その目的は神のことばに啓示されている約束、命令、指示などの真理を適用したり、ある情況や問題についての聖霊の知恵を現したりすることである（使6：10、15：13-22）。けれどもそれは毎日の生活の中で与えられる神を敬う知恵と同じではない。毎日の生活に必要な知恵は祈り（ヤコブ1：5-6）と神のことばを絶えず学び適用することによって得られるものである。

（2）知識のことば－これは聖霊の感動を受けて話すメッセージで、人々や情況についての実情（知識）、または神以外だれも知らない、あるいは理解していない聖書の真理を啓示することである。その目的は大抵の場合、導きを与えたり決定されたことを確認したり、ある人の霊的成長にかかわる重要なことを表面に現

したりすることである。これは預言の賜物と密接に結び付いていることが多い(使5:1-10, 10:47-48, 15:7-11, Ⅰコリ14:24-25)。

(3) 信仰－これは最初にキリストを受入れ人生をゆだねたときに信じた救いの信仰ではなく、特別な奇蹟的なことを神に求めて信じることができるようにさせる特別で超自然的、例外的信仰である。それは山を動かすほどの信仰で(Ⅰコリ13:2)、しばしば癒しや奇蹟を行う力など、ほかの賜物や現れと結び付いている(→マタ17:20注、マコ11:22-24, ルカ17:6)。

(4) いやしの賜物－これは超自然的な方法で肉体的健康を回復するために教会に与えられる賜物である(マタ4:23-25, 10:1, 使3:6-8, 4:30)。原文は複数形であるけれども、複数であることは様々な病気の癒しを意味しており、どの癒しも神の特別な賜物であることを示している。「いやしの賜物」は教会の中の全員に与えられるものではないけれども(⇒Ⅰコリ12:11, 30)、病人のためにはだれもが祈ることができる。信仰の賜物がありそれが用いられるときに病人は癒される(「**神による癒し**」の項 p.1640)。ヤコブの手紙5章14－16節の指示に従うなら、その結果としても癒しは行われる(→ヤコ5:15注)。

(5) 奇蹟を行う力－これは自然界の通常の流れを変える超自然的な力(複数)の現れである。それはサタンと悪霊に打勝つ神の国の力、神の行動である(→ヨハ6:2注、→「**神の国**」の項 p.1654,「**サタンと悪霊に勝利する力**」の項 p.1726)。

(6) 預言－神の御霊が一時的に、また瞬間的にご自分を現される預言(Ⅰコリ12:10)と、教会の奉仕の賜物としての預言(エペ4:11)とを区別しなければならない。奉仕の賜物としての預言は大勢に与えられるものではなく、与えられた人は教会の中で預言者としての機能を絶えず果さなければならない(「**奉仕の賜物**」の項 p.2225)。コリント人への手紙第一12章に挙げられている預言の賜物は、時々現される神の御霊の現れ(目に見える表現)で、御霊に満たされたキリスト者ならだれにでも与えられるものである(使2:17-18)。

御霊の賜物としての預言は次のようなものである。

　(a) 預言とはキリスト者が聖霊のうながしを受けて、神から直接メッセージまたは啓示を受けて伝えることができるようになる特別な賜物である(Ⅰコリ14:24-25, 29-31)。それはあらかじめ準備されていた説教をすることではない。

　(b) 旧約聖書でも新約聖書でも預言は単に、または主として、未来のことを予告することではない。むしろそれは神のみこころ(神の特性と目的を土台にした神の願いと計画)を広く伝えて、正しいことを行い神に忠実であるように神の民を励ましたり勧告したりすることである(Ⅰコリ14:3, →「**旧約聖書の預言者**」の項 p.1131)。

　(c) そのメッセージは聞いている人の心の霊的状態をさらけ出したり(Ⅰコリ14:25)、導き、励まし、慰め、警告をし、さばきを下したりする(Ⅰコリ14:3, 25-26, 31)。

　(d) ある預言のメッセージはにせもの(神からのことばではない)である可能性があることを教会は覚えておくべきである。にせ預言者が教会に入って来てキリストの弟子たちをだまそうとすると、聖書は警告をしている(Ⅰヨハ4:1)。つまり預言の賜物は聖書に啓示された神の権威あることばと同じレベルのものと考えてはならないのである。したがって預言はみな、それが確実であり真実であるかを確かめなければならない(Ⅰコリ14:29, 32, Ⅰテサ5:20-21)。そして神のことばに一致しているか(Ⅰヨハ4:1)、神を敬う生活を勧めているか(Ⅰテモ6:3)、伝えている人が本当にキリストの権威と導きの下で生活しているか(Ⅰコリ12:3)などを考えなければならない。

　(e) 預言は人間の意志ではなく神のみこころ(神の願いと目的)に沿って伝えられる。新約聖書の中には、自分は預言者であると主張する人々に教会が啓示や指示を求めた例は見られない。また預言の賜物で用いられたとされる人々が、自分たちで好きなようにメッセージを伝えたということも示されていない。預言は神の賜物であるから、神がメッセージを授けられたときに初めて教会はそれを聞くことができるのである(Ⅰコリ12:11, Ⅱペテ1:21)。

(7) 霊を見分ける力－これは預言を正しく識別し判断して、メッセージや霊的発言が聖霊によって与え

られたものかどうかを見分けるために御霊が与えられる特別な能力である（→Ⅰコリ14：29注，Ⅰヨハ4：1）。終りのときにはにせ教師（→マタ24：5注）や聖書的キリスト教をねじ曲げた教えが増し加わると聖書は警告をしている（→Ⅰテモ4：1注）。したがってこの賜物は教会にとって非常に重要なものになってくる。

（8）異言－神の御霊の超自然的現れである「異言」（《ギ》グローサ 本来「舌」を意味するけれどもパウロは象徴的に「言語」という意味で使った）については次のことに注意しなければならない。

（a）異言は現在話されている言語（使2：4-6）や地上では知られていない言語（「御使いの異言」Ⅰコリ13：1，→14：各注，→「**異言**」の項 p.1957）と思われる。この賜物が現されているときには、話されていることばは修得したものではなく、大抵は話している人も（Ⅰコリ14：14）聞いている人も理解できない（Ⅰコリ14：16）。

（b）異言を話すのは人間の霊と神の御霊であって、それらは一つになって協力するのである。キリスト者は直接神と話合い、神の目的と願いに一致した祈りをすることができる。異言を話す人は、知性のレベルではなく霊のレベルにおいて直接（祈り、賛美、礼拝、感謝を通して）神と話合う（Ⅰコリ14：2，14）。この祈りは聖霊の影響を受けて人間の能力を超えたかたちで、自分やほかの人々のために祈るものである（⇒Ⅰコリ14：2，4，15，28，ユダ1：20）。

（c）教会の集会で異言の賜物が用いられたときには、そのメッセージの内容と意味を出席者が理解できることばで伝える御霊による解き明かしの賜物が伴わなければならない（Ⅰコリ14：3，27-28）。異言でメッセージを伝える人は自分でそれを解き明かせるように祈るべきであるけれども（Ⅰコリ14：13）、そこに出席している別の人が神の御霊に促されて解き明かしをすることもできる。異言のメッセージと解き明かしの内容には会衆のための啓示、知識、預言、教え、訴え、励ましなどがある（⇒Ⅰコリ14：6）。

（d）集会の中で異言を話すときには統制がとれた適切で秩序正しいかたちで行われなければならない。そして礼拝が妨げられることなく、メッセージが人々に伝えられるようにするべきである。会衆全体に異言のメッセージが伝えられるときには、話す人は決して「恍惚」状態や「抑えられない」状態になってはならない（Ⅰコリ14：27-28，→「**異言**」の項 p.1957）。

（9）異言を解き明かす力－これは異言で話されたメッセージの意味を理解し伝えることのできる、御霊によって与えられた能力である。異言のメッセージが解き明かされると、会衆は感動を覚えさらに深い礼拝と祈りに導かれる。これは預言の賜物と同じ目的を果すことになる。そして教会全体が御霊の霊感を受け応答をすることができる。異言のメッセージが解き明かされると会衆全体が励まされ徳が高められる（⇒Ⅰコリ14：6，13）。解き明かしの賜物は異言を話す本人に与えられることも、別の人に与えられることもある。けれども異言を話す人々は自分でも解き明かしができるようにこの賜物を求めて祈るべきである（Ⅰコリ14：13）。このことについての新約聖書の総合的な学び →「**聖霊の賜物**」の表 p.2096

繰返しになるけれども、ここに挙げられたリストは完全ではない（キリストの弟子たちが持つことのできる神の賜物、能力が全部含まれているのではない）。コリント人への手紙第一12章に挙げられている賜物は奉仕の働きのための霊的な賜物のようである。けれども神は目的を果すために、ごく普通に見えても同じように重要な願いや能力を多く、ご自分の民に与えてくださる（→Ⅰペテ4：10，ロマ12：3-8）。「賜物」が記録されている部分には見られないけれども、様々な実際的なかたちで神の目的を果すために用いられる能力やタレント（才能）はほかにも多くある。たとえば「賜物」と言うと私たちはすぐに音楽や芸術の分野での能力のことを考える。そのような才能はここで扱った霊的賜物や能力のリストには載っていない。けれども教会の働きで重要な役割を果すことは確かである。さらに表面には現れないけれども独特で有益なかたちで用いられ、神に仕えまた人々の益になる賜物（物事を習得し、デザインをし、料理をし、建築をし、コンピューターの仕事をするなどの独特の能力）もこれに加えることができると思われる。

Ⅰコリント 12-13章

²³また、私たちは、からだの中で比較的に尊くないとみなす器官を、ことさらに尊びます。こうして、私たちの見ばえのしない器官は、ことさらに良いかっこうになりますが、

²⁴かっこうの良い器官にはその必要がありません。しかし神は、劣ったところをことさらに尊んで、からだをこのように調和させてくださったのです。

²⁵それは、からだの中に分裂がなく、各部分が互いにいたわり合うためです。

²⁶もし一つの部分が苦しめば、すべての部分がともに苦しみ、もし一つの部分が尊ばれれば、すべての部分がともに喜ぶのです。

²⁷あなたがたはキリストのからだであって、ひとりひとりは各器官なのです。

²⁸そして、神は教会の中で人々を次のように任命されました。すなわち、第一に使徒、次に預言者、次に教師、それから奇蹟を行う者、それからいやしの賜物を持つ者、助ける者、治める者、異言を語る者などです。

²⁹みなが使徒でしょうか。みなが預言者でしょうか。みなが教師でしょうか。みなが奇蹟を行う者でしょうか。

³⁰みながいやしの賜物を持っているでしょうか。みなが異言を語るでしょうか。みなが解き明かしをするでしょうか。

³¹あなたがたは、よりすぐれた賜物を熱心に求めなさい。

愛

また私は、さらにまさる道を示してあげましょう。

13 ¹たとい、私が人の異言や、御使いの異言で話しても、愛がないなら、

12:25 各部分が互いにいたわり合うためです 御霊の賜物を持っていることを根拠にしてだれかをあがめたり、ほかの人々よりも優れていると考えたりしてはならない(12:22-24)。またキリスト者は教会の中での自分の賜物の重要性や奉仕の場所について、自分は劣っている(12:14-20)とか優れている(12:21-26)などと勝手に判断するべきではない。(1) 神の完全なご計画と目的に従って私たちはみなキリストのからだの中にそれぞれの立場を持っており(12:18)、だれもがからだである教会全体の霊的健全性と活動にとって重要な存在である。実際問題として、目立つ賜物を持っている人に特に注目する必要はないし(12:24)、より実際的な能力を持っている人がもっと尊敬されるべきでもある(12:23)。(2) 御霊の賜物は決して自分が誇ったり注目されたりするために使うものではなく、ほかの人々のためになりたいという心からの願いや、互いに思いやる純粋な心をもって使うものである(→13:)。また賜物は個人の利益のためではなく教会全体の益のために与えられている。からだの各部分がそれぞれ独自の機能を果すようにキリストの弟子たちも互いに依存し合う関係にある(12:21)。

12:28 神は教会の中で・・・任命されました パウロはここで奉仕の賜物の一部分を示している。奉仕の賜物とは、教会の中の神の民のために霊的指導と奉仕をするために神が与えられた能力と奉仕の役割のことである(ほかの奉仕の賜物 →ロマ12:6-8、エペ4:11-13)。使徒、預言者、伝道者、牧師また教師の定義 →「奉仕の賜物」の項 p.2225、「奇蹟」の定義 →ヨハ6:2注、「助ける者(慈善を行う)」と「治める者(指導)」の賜物 →ロマ12:7-8注

12:30 みなが異言を語るでしょうか パウロのここでの修辞的疑問文(応答を求めていないことが明らかな質問)は、否定的な答(だれもが同じことを行ったり同じ賜物を用いたりするのではない)を暗示している。12章の文脈で明らかなことは、パウロは公の礼拝での異言の賜物とそれに伴う解き明かしの賜物について言っていることである。ここで「異言を語る」と言うのは聖霊の感動を受けて学んだことのない言語(《ギ》グローサ →14:14-15)を話すことである。公の礼拝でこの賜物が用いられると、会衆は神からのメッセージによってチャレンジを受けたり励まされたりして祝福にあずかる(1コリ14:5-6、13-17)。けれどもそのためには異言のメッセージは解き明かされなければならない。それは異言を話した本人か会衆の中の別のキリスト者が異言で話されたメッセージを理解できることばで伝えることである。この節でパウロは個人的な祈りや賛美を異言ですることを制限しているのではない(⇒14:5)。聖霊のバプテスマを受けたキリスト者は、聖霊の導きに自分をゆだね聖霊が自分を通して祈り賛美してくださるようにするなら、いつも普通に異言で祈ることができる。五旬節の日に(使2:4)、またカイザリヤ(使10:44-46)やエペソで(使19:2-6)聖霊に満たされた人々はみな、主イエスが約束された通りに聖霊の満たしを受けたしるしとして異言を話した(→「異言」の項 p.1957)。

13:1 愛がないなら 13章の中でパウロは引き続き御霊

Ⅰコリント　13章

やかましいどらや、うるさいシンバルと同じです。

2 また、たとい私が預言の賜物を持っており、またあらゆる奥義とあらゆる知識とに通じ、また、山を動かすほどの完全な信仰を持っていても、愛がないなら、何の値うちもありません。

3 また、たとい私が持っている物の全部を貧しい人たちに分け与え、また私のからだを焼かれるために渡しても、愛がなければ、何の役にも立ちません。

4 愛は寛容であり、愛は親切です。また人をねたみません。愛は自慢せず、高慢になりません。

5 礼儀に反することをせず、自分の利益を求めず、怒らず、人のした悪を思わず、

6 不正を喜ばずに真理を喜びます。

7 すべてをがまんし、すべてを信じ、すべてを期待し、すべてを耐え忍びます。

8 愛は決して絶えることがありません。預言の賜物はすたれます。異言ならばやみます。知識ならばすたれます。

9 というのは、私たちの知っているところは一部分であり、預言することも一部分だからです。

10 完全なものが現れたら、不完全なものはすたれます。

11 私が子どもであったときには、子どもとして話し、子どもとして考え、子どもとして論じましたが、おとなになったときには、子どものことをやめました。

12 今、私たちは鏡にぼんやり映るものを見ていますが、その時には顔と顔とを合わせて見ることになります。今、私は一部分しか知りませんが、その時には、私が完全に知られているのと同じように、私も完全に知ることになります。

13 こういうわけで、いつまでも残るものは信仰と希望と愛です。その中で一番すぐれているのは愛です。

の賜物についての問題と疑問を扱っている。ここでの焦点は神の愛を伴わない御霊の賜物は何の意味もないということである（13:1-3）。「さらにまさる道（12:31）」は、心から愛に満ちた姿勢で御霊の賜物を用いることである（13:4-8）。愛はあらゆる御霊の現れの背後にある指導原理（主な動機）でなければならない。なぜなら御霊の賜物が神の目的を達成できる環境は愛以外にないからである。そこでパウロはコリント人に、「愛を追い求めなさい。また、御霊の賜物・・・を熱心に求めなさい」（14:1）と励ましたのである。ほかの人々を助け、慰め、祝福しようとするなら御霊に用いられることを真剣に願わなければならない。

13:2　何の値うちもありません　どんなに「宗教的活動」（異言、預言、偉大な信仰の働きを含む）をしていても、「愛がないなら」（13:1-3）霊性を知り理解していることにはならない。その人々がどれだけ多くのことを知っていてどれだけ多くのことを行っていてもそれは問題にならない。なぜなら神は、霊的に私たちを救うことができない宗教的知識や活動によっては心を動かされないからである（エペ2:8-9、テト3:5）。神の目から見るなら、愛がなければそれらのものは「何の値うち」ないのである。神のために行うことはみな神とほかの人々への愛から流れ出るものでなければならない。そのような愛がなければ神の国に入ることはできない（⇒マタ7:21-23）。

13:4-7　愛は寛容であり　この部分では愛は単に心の中の気持や感情、思いなどではなく、活動や行動として描かれている。ここに挙げられている愛の様々な姿には、父である神、御子、聖霊の特性が描き出されている（→「神の属性」の項 p.1016）。キリストに従う人々はみなこのような愛の中で成長するように努め、主イエスに似た人にならなければならない（→マタ22:39注、マコ12:30注）。

13:8　異言ならばやみます　預言、異言、知識のような御霊の賜物は今の時代の終り（キリストが地上に再び来られ最終的に悪が滅ぼされたあと　黙20: ～）にはなくなる。そして今は部分的で不完全なものを代表している（13:9）。けれども歴史の終りに「完全なものが現れたら」必要ではなくなる（13:10）。信仰者の知識や品性は、そのとき永遠の世界でキリストとともに過す中で完全なものになる（13:12、1:7）。けれどもそのときまでは教会の中に聖霊とその賜物が必要である。1世紀が終ると賜物を通しての聖霊の働きも終るという教えは、ここにも、また聖書のほかの箇所にも見ることができない。御霊の賜物は初期の教会と同じように今も必要であり、重要な意味を持っている。なぜならキリストのために生き神のみこころを行うために、今日のキリスト者にも同じ力や導きや励ましが必要だからである。

13:13　一番すぐれているのは愛です　この章から明らかなことは、神は私たちの奉仕や信仰、あるいは御霊の賜物を持ちそれを用いることよりもキリストに似

預言と異言の賜物

14 ¹愛を追い求めなさい。また、御霊の賜物、特に預言することを熱心に求めなさい。
²異言を話す者は、人に話すのではなく、神に話すのです。というのは、だれも聞いていないのに、自分の霊で奥義を話すからです。
³ところが預言する者は、徳を高め、勧めをなし、慰めを与えるために、人に向かっ

*Ⅰコリ16:14、②Ⅰコリ12:1
＊賜物は補足、③⑥Ⅰコリ13:2、④⑤Ⅰコリ12:31、14:39
②Ⅰコリ12:10、28、30、13:1、14:18以下、26、27、⑦ロマ16:17、
＊自分のは補足、②Ⅰコリ13:2
③①Ⅰコリ14:5、12、17、26、⑥ロマ14:19、②使4:36

た品性を持つことを喜ばれるということである。

（1）神が大切にされ強調されるのは、教会の中での並外れた信仰や偉大な実績（13:1-2, 8, 13）などよりも、愛、寛容（13:4）、親切（13:4）、自分の利益を求めないこと（13:5）、不正を喜ばずに真理を喜ぶこと（13:6）、正直（13:6）、神に頼り忍耐すること（13:7）などとともに表れる品性である。

（2）神の国で最も偉大な人は、内面の品性が優れ神と人々に対して愛を示す人で、必ずしも見えるかたちで偉大な功績を挙げた人ではない（→ルカ22:24-30注）。聖霊の臨在によって与えられる神の愛こそが、信仰や希望やほかの霊的規律、個性以上に重要なのである（ロマ5:5）。

14:1 御霊の賜物・・・を熱心に求めなさい キリストのからだ（教会）につながる人々を心から愛する信仰者は、人々の徳を高め困っている人々を助けることができるように御霊の賜物を求めなければならない（⇒12:27-31）。神が御霊の賜物をくださるのを消極的に待っているのではなく（12:7-10）、むしろ熱心に願い求めなければならない。特にほかの人々を励まし慰め力づけることができる賜物を祈り求めるべきである（14:3, 13, 19, 26）。

14:2 異言を話す コリントの人々は公の礼拝での異言の賜物の重要性を過大に評価し（→「**異言**」の項p.1957）、ほかの賜物以上に注目していた。さらに解き明かしなしにこの賜物を用いていた。つまり神が異言で話されたメッセージを、異言を話した人または別の人が一同に理解できることばに直して伝えるのを待とうとしなかったのである。パウロは公の礼拝では解き明かしが伴わないなら異言で話すことは会衆全体にとっては何の価値もないと指摘して、この行き過ぎを正そうとしている（→「**御霊の賜物**」の項p.2138）。この章の概要は次の通りである。

（1）預言（キリスト者が聖霊の導きと油注ぎを受けて神からのメッセージや啓示を伝えることができるようにする賜物 14:24-25, 29-31）は、解き明かしのない異言よりも教会を励まし建上げる（14:1-4）。

（2）預言の賜物と解き明かしのある異言の賜物は、教会にとって同じように重要である（14:5）。

（3）公の礼拝での異言は、だれかがそのメッセージを解き明かさなければほかの人々の益にはならない（14:6-12）。

（4）教会で異言を話し異言で祈る人々は、異言のメッセージの意味を明らかにできるように解き明かしの賜物を求めて祈り、教会を力づけ感動を与え励ますことを目指すべきである（14:13）。

（5）パウロの個人的生活では、異言で神に話すことは礼拝と霊的成長にとって重要な手段である（14:14-19, →「**異言**」の項p.1957）。

（6）預言は理解できるので、解き明かしのない異言より有益である。なぜなら預言は罪を明らかにし、神が必要であることを人々に悟らせ、神の臨在を感じさせるからである（14:20-25）。

（7）礼拝の中での異言や預言は、教会の秩序を保つために統制され適切な方法で用いられなければならない（14:26-40）。

14:2 人に話すのではなく、神に話すのです この文章には二つの理解の仕方がある。

（1）異言は教会の中であっても個人であっても人ではなく神に向けて話すものである。神に向けられているときには、異言を話す人は祈りや賛美、歌や祝福、感謝などのかたちで聖霊によって神と話し合う。その異言の内容は話している人にも周りで聞いている人にも理解できない「奥義」である（⇒14:2, 13-17）。けれども礼拝の中で異言が解き明かされると（14:5, 13）、会衆はそれを御霊の感動による祈りや賛美として受止め、それに「アーメン」（14:16）と言うことができるようになる（→14:6注）。

（2）あるいはパウロが言っていることは、異言は解き明かされなければ神にしか理解できないということである（14:5）。解き明かされたときにだけ、神ではなく人に向けて話されているのである。したがって異言を話す人は人に対して話すのではない。この見方は「だれも聞いていない（わからない）」からというパウロのことばによって裏付けられている（→14:6注）。

14:3 預言する者は、徳を高め 教会の中での預言の賜物（キリスト者が聖霊に動かされ導かれるままに神からのメッセージを伝えること）は、基本的に未来のことを予告するものではない（14:24-25, 29-31）。むしろキリスト者の信仰、霊的生活、主イエスとその教えに忠実に従うという決断を励ますためのものである。預言は準備された説教ではなく、個人や会衆の徳を高めるために聖霊の導きと油注ぎを受けてその場で与えられたことばを伝えることである（→「**御霊の賜**

て話します。
4 異言を話す者は自分の徳を高めますが、預言する者は教会の徳を高めます。
5 私はあなたがたがみな異言を話すことを望んでいますが、それよりも、あなたがたが預言することを望みます。もし異言を話す者がその解き明かしをして教会の徳を高めるのでないなら、異言を語る者よりも、預言する者のほうがまさっています。
6 ですから、兄弟たち。私があなたがたのところへ行って異言を話すとしても、黙示や知識や預言や教えなどによって話さないなら、あなたがたに何の益となるでしょう。
7 笛や琴などいのちのない楽器でも、はっきりした音を出さなければ、何を吹いているのか、何をひいているのか、どうしてわかりましょう。
8 また、ラッパがもし、はっきりしない音を出したら、だれが戦闘の準備をするでしょう。
9 それと同じように、あなたがたも、舌で明瞭なことばを語るのでなければ、言って

4①圏Ⅰコリ14:2
 ②Ⅰコリ14:5, 12, 17, 26,
 圏ロマ14:19
 圏Ⅰコリ13:2
5①圏Ⅰコリ14:2
 ②民11:29
 圏Ⅰコリ14:4
6①Ⅰコリ14:26,
 エペ1:17
 ②圏Ⅰコリ12:8
 ③圏Ⅰコリ13:2
 Ⅰコリ14:26,
 囲使2:42, ロマ6:17
8①囲民10:9, エレ4:19,
 エゼ33:3-6, ヨエ2:1

9①囲Ⅰコリ9:26
11①圏使28:2
12＊「賜物」は補足
 ①Ⅰコリ14:4, 5, 17, 26,
 圏ロマ14:19
15①Ⅰコリ14:26,
 囲使21:22
 ②囲エペ5:19, コロ3:16

いる事をどうして知ってもらえるでしょう。それは空気に向かって話しているのです。
10 世界にはおそらく非常に多くの種類のことばがあるでしょうが、意味のないことばなど一つもありません。
11 それで、もし私がそのことばの意味を知らないなら、私はそれを話す人にとって異国人であり、それを話す人も私にとって異国人です。
12 あなたがたの場合も同様です。あなたがたは御霊＊の賜物を熱心に求めているのですから、教会の徳を高めるために、それが豊かに与えられるよう、熱心に求めなさい。
13 こういうわけですから、異言を語る者は、それを解き明かすことができるように祈りなさい。
14 もし私が異言で祈るなら、私の霊は祈るが、私の知性は実を結ばないのです。
15 ではどうすればよいのでしょう。私は霊において祈り、また知性においても祈りましょう。霊において賛美し、また知性においても賛美しましょう。

物」の項 p.2138)。

14:4　自分の徳を高め　異言を話すなら(解き明かしなしに)その人は信仰や霊的生活が引上げられる(→14:26注)。なぜなら聖霊によって神と直接交流をし、霊的一致に導かれるからである(⇒エペ3:16, ユダ1:20)。それは霊的レベル(14:2, 14)で祈り(14:15, 28)感謝し(14:16-17)賛美をする(14:15)ことである。パウロは知性で(自分で理解することばで 14:14-15)祈るのと同じように、この方法でも祈り神と親しく交わると言っている。

14:5　みな異言を話すことを望んでいます　ここでパウロが願っていることは、神への個人的な祈りと礼拝の中で異言を話すことである。そのような異言は明らかにキリスト者の個人的礼拝と祈りでは有益である(14:2, 4, →14:2各注, 4注)。さらにパウロは公の礼拝で異言を話すことは、解き明かしが伴うときは預言と同じように教会の霊的生活を高めると付け加えている。解き明かしのない異言は教会全体には益にならない(14:7-9)。→「異言」の項 p.1957

14:6　異言を話すとしても・・・あなたがたに何の益となるでしょう　異言はキリスト者の共同体(教会全体)に直接向けて話されることがある。パウロは自分がコリントの教会を訪ね、礼拝の中で異言を話している情況を想像するようにと言っている。その場合もし神からの啓示または教えのことばを「話さないなら」、異言でいくら話しても何の益にもならない。けれどもこの文章の構造から見ると、異言のメッセージは解き明かされるなら会衆に対する神からの黙示や知識、預言や教えになると考えることができる。この解釈は、14:8でパウロが使ったはっきりしたメッセージを間違いなく伝えるラッパの例と比べても矛盾していない(→14:8注)。

14:8　ラッパ・・・戦闘の準備　異言を話す人は、人々に戦闘の準備をさせるラッパのようにすぐにわかるはっきりしたメッセージを伝えなければならない(14:7)。このことが教えているのは、異言が解き明かされるなら、神の民に悪の勢力に対する霊的戦いの備えをさせるメッセージになるということである。あるいは神の民にキリストが再び来られる日のために備えるように訴えるものになる。けれどもはっきりしたメッセージを伝えるためには、異言を話した人がほかの人々の益のために自分で解き明かせるように祈らなければならない(14:12)。

14:15　私は霊において祈り、また知性においても祈りましょう　パウロは異言の個人的体験と個人的な使い方について触れている。「私は霊において祈り」とは聖霊の迫り(導きと油注ぎ)を受けて自分の霊で異言で祈ることを意味している。聖霊に感じことばが与えら

Ⅰコリント　14章

16 そうでないと、あなたが霊において祝福しても、異言を知らない人々の座席に着いている人は、あなたの言っていることがわからないのですから、あなたの感謝について、どうしてアーメンと言えるでしょう。
17 あなたの感謝は結構ですが、他の人の徳を高めることはできません。
18 私は、あなたがたのだれよりも多くの異言を話すことを神に感謝していますが、
19 教会では、異言で一万語話すよりは、ほかの人を教えるために、私の知性を用いて五つのことばを話したいのです。
20 兄弟たち。物の考え方において子どもであってはなりません。悪事においては幼子でありなさい。しかし考え方においてはおとなになりなさい。
21 律法にこう書いてあります。「『わたし

16 * 別訳「霊の賜物を持っていない人」または「一般人の席に着いている人」
①マタ15:36
②図申27:15-26、Ⅰ歴16:36(詩106:48)、ネヘ5:13, 8:6、エリ11:5, 28:6、黙15:3, 4, 7:12
17① Ⅰコリ14:4, 5, 12, 26, 図ロマ14:19
20①図ロマ1:13
②エペ4:14、図ヘブ5:12, 13
③図詩131:2、ロマ16:19、Ⅰペテ2:2、図マタ5:37
21①図ヨハ10:34、図Ⅰコリ14:34
②イザ28:11, 12

22① Ⅰコリ14:1
23①図使2:13
24① Ⅰコリ14:1
②ヨハ16:8
＊あるいは「良心を責められます」

は、異なった舌により、異国の人のくちびるによってこの民に語るが、彼らはなおわたしの言うことを聞き入れない』と主は言われる。」
22 それで、異言は信者のためのしるしではなく、不信者のためのしるしです。けれども、預言は不信者でなく、信者のためのしるしです。
23 ですから、もし教会全体が一か所に集まって、みなが異言を話すとしたら、初心の者とか信者でない者とかが入って来たとき、彼らはあなたがたを、気が狂っていると言わないでしょうか。
24 しかし、もしみなが預言をするなら、信者でない者や初心の者が入って来たとき、その人はみなの者によって罪を示されます。みなにさばかれ、

れると信仰者の霊は祈り出す(⇒12:7, 11, 使2:4)。いつも異言で祈るなら(14:2, 14, 28)それは霊的レベルで話すことであるから、霊的生活が引上げられ強められていく(14:4)。御霊によって祈るなら、祈りは一層効果的なものになる。自分の願いや心配を自分のことばで十分に言い表すことができないときには、聖霊が私たちを通して祈ってくださる(→ロマ8:26-27)。私たちが物事をはっきり見ることができなくても聖霊は見ておられる。そして何を言い何を行うべきか正確に知っておられる。御霊に満たされたキリスト者が神との交わりの中で「祈りのことば」を使うときには、聖霊が実際にその人々を通して神の特性、願い、目的に完全に合致した祈りをしてくださる。異言の祈りは自分でも何を言っているのか理解できないけれども、必要なことが正確に表現されていると確信することができる(→**異言**の項 p.1957)。パウロは異言を祈りだけではなく神への歌や賛美、感謝にも用いた(14:14-16)。「知性においても祈」ることは自分が知っていることばで祈り賛美することである。それも聖霊によって導かれ動かされて祈る祈りである。

14:18　私は・・・異言を話す　パウロは聖霊に感じ動かされて学んだことのない霊のことばで頻繁に祈り歌い賛美し感謝をして(⇒14:14-15, 使2:4)、異言の賜物が自分の霊的生活の中で非常に重要な役割を果していると考えていた。パウロはこの御霊の賜物に敬意を払い感謝しながら話している。ある人はこの箇所を、パウロはコリントのだれよりも多く学んだ知識人のことばを話すと言っていると解釈する。けれども「多くの」(《ギ》マロン)は名詞の「異言」を修飾する形

容詞ではなく、「話す」を修飾する副詞の比較級である。したがってパウロは「私は多くの言語を話す」と言ったのではなく、「私はあなたがたのだれよりも多く(しばしば)異言を話す」と言ったのである。

14:19　教会では　教会の集会ではパウロは解き明かしのない異言で一万語話すよりも、むしろ人々が理解できることばを少し話したいと言っている。したがって14:18-19は、パウロが公の礼拝よりも神との個人的時間の中で多く異言を話したことを意味している。

14:22　それで、異言は・・・しるし　異言が教会の中で話されると不信者は何が起きているのか理解できないで、自分が神から離れていることを感じるようになる(14:21, 23)。けれども預言は信仰者にとってのしるしである。なぜならそれが聖霊の超自然的現れであり、神がその教会で働いておられることを証明していることに気付くからである(14:24-25)。異言もまた、神の御霊が豊かに注がれて神の民を満たし動かし力づけておられることを示す信仰者に対するしるしと言うことができる。

14:24　信者でない者・・・みなにさばかれ　キリスト者の集まりの中で聖霊が臨在し働いておられることを示す最も確かなしるしは、罪や義、さばきについて認めさせられることである(→ヨハ16:8注)。(1) これは聖霊が、罪をその人の良心にさらけ出し、神に対して申し開きをする責任があるので神との間で解決しなければならないということに気付かせてくださるということである。もし御霊のこの働きがなければ、人々は自分の罪を認めて神の赦しを受け、自分勝手な道から離れて自分の人生をキリストにゆだねる必要が

25心の秘密があらわにされます。そうして、神が確かにあなたがたの中におられると言って、ひれ伏して神を拝むでしょう。

秩序だった礼拝

26兄弟たち。では、どうすればよいのでしょう。あなたがたが集まるときには、それぞれの人が賛美したり、教えたり、黙示を話したり、異言を話したり、解き明かしたりします。そのすべてのことを、徳を高めるためにしなさい。

27もし異言を話すのならば、ふたりか、多くても三人で順番に話すべきで、ひとりは解き明かしをしなさい。

28もし解き明かす者がだれもいなければ、教会では黙っていなさい。*自分だけで、神に向かって話しなさい。

29預言する者も、ふたりか三人が話し、ほかの者はそれを吟味しなさい。

30もしも座席に着いている別の人に黙示が

25①箴ヨハ4:19, ②イザ45:14, ゼカ8:23, ③ダニ2:47, 使4:13, ③ルカ17:16
26①箴ロマ1:13, ②箴Ⅰコリ14:15, ③箴Ⅰコリ12:8-10 ④エペ5:19, ⑤箴Ⅰコリ14:6, ⑥箴Ⅰコリ14:2, ⑦箴Ⅰコリ14:5, 13, 27, 28, ⑧Ⅰコリ12:10, ⑨箴ロマ14:19
27①箴Ⅰコリ14:2 ②Ⅰコリ14:5, 13, 26以下, ③Ⅰコリ12:10
28＊直訳「自分と神とに語りなさい」
29①箴Ⅰコリ14:32, 37, ②箴Ⅰコリ13:2 ③箴Ⅰコリ12:10

あることを知ることができない。このようなキリストに従う決意をする人が教会の中で起こらないなら、それは聖霊が聖書的パターンに沿って働いておられないのである。(2) 心の中にある罪を明らかにする(14:25)のに、霊的な啓示や「読心術」のような特別な賜物は必要ではない。聖霊の迫り(導きと油注ぎ)のもとで預言のメッセージが与えられ、その真理が説明されるだけで、神との正しい関係を持っていない人の心に罪が明らかに示されるようになる(ヘブ4:12)。

14:26　すべてのことを、徳を高めるためにしなさい　御霊の賜物の一番の目的は、教会とそれぞれのキリスト者の徳が高められることである(14:3-4, 12, 17, 26)。「徳を高める(《ギ》オイコドメオー)」ということはキリストに従う人々の霊的生活や成熟度、品性を高めるということである。聖霊はこのことを、御霊の賜物を通して(→12:1-6注)教会の中のひとりひとりを霊的に変える働きをしながら達成してくださる。目標にしているのはキリスト者が神に逆らうこの世界の生き方にならうのではなく、キリストのようになることである(ロマ12:2-8)。キリスト者個人と教会全体に働く聖霊の働きを通して神の民は、神への愛、ほかの人々への思いやり、心の純潔、きよい良心、真心からの信仰、神の目的に仕える姿勢などの成長を続けていく(→13:、ロマ8:13、Ⅰコリ14:1-4, 26、ガラ5:16-26、エペ2:19-22, 4:11-16、コロ3:16、Ⅰテサ5:11、ユダ1:20、→Ⅰテモ1:5注)。　→「聖霊の賜物」の表 p.2096,「聖霊の働き」の表 p.2187

14:27　ひとりは解き明かしをしなさい　御霊の賜物を用いる場合には秩序とバランスがなければならない。教会で異言を話すことについては次のような聖書的基準がある。(1) 異言で話したり祈ったり賛美をするのは、一つの集会では二人か三人までである。そして人々が理解してそのメッセージから益を得られるように、解き明かしがされなければならない(14:27-28)。(2) 異言を話すのは一度に一人だけである(14:27)。(3) 異言はみなそれが正しいかどうか(疑問や否定の余地がない真理 14:29, 32、→14:29注)、会衆によって判断され評価されなければならない。(4) もし解き明かしをする人がいなければ、個人的に異言で祈るべきである(14:28)。

14:29　ほかの者はそれを吟味しなさい　預言(または解き明かしを伴う異言)はみな、その内容に従って評価されなければならない。つまり識別力(神の知恵と御霊に導かれた理解)を用いずに、また神のことばと矛盾しないか自分たちが置かれている状況にふさわしいかなどを考慮せずに、自動的にそのメッセージを受入れてはならないのである。これはそのメッセージがいつも必ず喜ばしく、自分たちに都合がよく適用しやすいものでなければならないと言っているのではない。神と正しい関係を持っている人は、そのメッセージが本当に主から来たものであるかどうかを判別できなければならないということである。このことは、集会の中での預言が全く誤りのないもの(完全に信頼できる誤りのないもの)ではなく、時には訂正が必要であることを示している。その上で、みことば(聖書に記録された神のことば)と同じレベルのものとして受入れてはならないことを明らかにしている。

(1) 時には預言や異言が本物ではない、あるいは神からの本当のメッセージではないことがある(⇒Ⅰヨハ4:1)。自分の感情にとらわれたり、時には御霊の導きを間違ってとったりした人が、善意からではあるけれども実際は自分の思いや動機からメッセージを話そうとすることがある。時には悪霊がにせ教師やにせ預言者を通して会衆の中に働くこともある。預言をしたり異言を話したりほかの超自然的な賜物を持っていても、その人が本当の預言者であるか、さらには本当のキリスト者であるかは必ずしも保証されているわけではない(→「にせ教師」の項 p.1758)。なぜならサタンは御霊の賜物を偽造し、まねることができるからである(マタ24:24、Ⅱテサ2:9-12、黙13:13-14)。またたとい御霊の賜物を確かに神から与えられていても、その人がその賜物をいつも正しく用いるという保証もない。

与えられたら、先の人は黙りなさい。
31 あなたがたは、みながかわるがわる預言できるのであって、すべての人が学ぶことができ、すべての人が勧めを受けることができるのです。
32 預言者たちの霊は預言者たちに服従するものなのです。
33 それは、神が①混乱の神ではなく、平和の神だからです。

33①囲 Iコリ14:40
＊別訳「聖徒たちのすべての教会におけると同様に、平和の神からです」

②囲使9:13
③囲 Iコリ4:17,
Iコリ7:17
34①囲 Iコリ11:5, 13
②創3:16,
囲 Iコリ14:21
③囲 Iテモ2:11, 12,
Iペテ3:1

聖徒たちのすべての教会で行われているように、
34 教会では、妻たちは黙っていなさい。彼らは語ることを許されていません。律法も言うように、服従しなさい。
35 もし何かを学びたければ、家で自分の夫に尋ねなさい。教会で語ることは、妻に

---

(2) もし教会に預言を適用し吟味する方法がきちんと適切に決められていないなら（⇒14:40）、その教会は聖書の基準を守っていないのである。また預言は御霊の迫りを抑えられないからするものでもないことに注意するべきである。複数の人が同時に預言することはできない（14:30-32）。したがって預言する人は御霊の迫りを自分で制御することができるはずである。

(3) 預言のメッセージに対して教会はどのような態度をとるべきだろうか。(a) 預言はみな聖書の真理の基準に従って試されなければならない（⇒申13:1-3）。もし預言が未来のことであるなら、最終的に判断をする前にそれが実現するかどうかを見守らなければならない（⇒申18:22）。これは預言が実現するかもしれないし、しないかもしれないと考えておくことである。(b) もし預言のことばが奨励（訴えや励ましのことば）なら会衆は「御霊のみこころや目的に従うためには何を行うべきだろうか」と尋ね求める必要がある。

(4) 御霊の賜物や現れを正しく評価し用いるために教会の指導者たちは、神による識別力（神の知恵と御霊に導かれた理解）を求めて祈らなければならない。さらに指導者が礼拝中に、あるいは個人的に、賜物の用法について矯正をしたり指導をしたりすることがあっても、教会の人々は感情を害してはならない。そのようなことはあって当然なことである。私たちはごう慢になって、自分はほかの人々の指導や矯正を受けずに御霊の賜物をどんなときにも正確に用いることができるなどと思ってはならない。指導や矯正が行われたのは、神が喜んでおられないからでも指導者が気を悪くしたからでもない。新約聖書の手紙の多くは、このコリント人への手紙のように多くの部分を割いてこのような問題の指導と矯正を行っていることを忘れてはならない。そのような指導は、人々を深く愛し、神が人々の中で行っておられる働きを尊重している指導者たちが行っているのである。

14:31 あなたがたは、みながかわるがわる預言できる 御霊の賜物としての預言と聖書（文書になった神のことば）にある預言はともに神から与えられたメッセージではあるけれども、その違いを認めることが必要である。

(1) 聖書の記者たちは聖霊の直接的な霊感によってメッセージを受取り、誤りなくそれを伝えた。その結果メッセージは、絶対に誤りがない（完全に信頼できる）ものだった（→「**聖書の霊感と権威**」の項 p.2323）。

(2) けれども12章と14章に描かれている預言は、霊感された神のことばと同じ権威や誤りがない品質を持っているとは見なされない（IIテモ3:16）。この種の預言は聖霊の導きを受けているけれども、完全に信頼できるものではない。人間の誤りが伴う可能性がいつもあるからである。したがって今日の預言は聖書に記録されているものと同等であるとは見なされない。さらに教会は、今日の預言を自動的に受入れるべきではない。まず預言を聞いた人々がメッセージの内容を吟味してその有効性や真実性を判断するべきである（→14:29注, 12:10）。評価をするときの基準は神のことばである。つまりその預言のメッセージは、聖書の教えと一致しているだろうかと問うことである。文書になった神のことば（聖書）はいつもあらゆる体験とメッセージの上に権威を持つ判断基準である。

14:34 妻たちは黙っていなさい これは当時の社会秩序や文化的問題に照らして理解しなければならない。この場合の重要な問題は、女性が男性ほど公の教育を受けていなかったことである。その結果、教えられたり指示されたりする哲学的内容を理解できなかった。そのため、普段の礼拝の中で夫たちに質問をして集会の邪魔をすることがあった。また複雑な議論、特に異言と預言についての議論にもかかわっていた。男性と女性の席が礼拝の場所で分けられていると、この問題はさらに大きくなった。ここでパウロは、家でできるような質問をして集会の邪魔をしてはならないと言っているだけである（14:35）。話すこと自体を禁じているのではなく無秩序に話すことを禁じているのである。パウロは既に女性が公の集会で祈り預言することを認めていた（11:5, ⇒14:23-24, 31にある「みな」）。女性が聖職者になれないとか教会で権威ある地位につけないということを意味しているのではない。

とっては*ふさわしくないことです。 36神のことばは、あなたがたのところから出たのでしょうか。あるいはまた、あなたがたにだけ伝わったのでしょうか。 37自分を預言者、あるいは、御霊の人と思う者は、私があなたがたに書くことが主の命令であることを認めなさい。 38*もしそれを認めないなら、その人は認められません。 39それゆえ、私の兄弟たち。預言することを熱心に求めなさい。異言を話すことも禁じてはいけません。 40ただ、すべてのことを適切に、秩序をもって行いなさい。

キリストの復活

15 1兄弟たち。私は今、あなたがたに福音を知らせましょう。これは、私があなたがたに宣べ伝えたもので、あなたがたが受け入れ、また、それによって立っている福音です。 2また、もしあなたがたがよく考えもしないで信じたのでないなら、私の宣べ伝えたこの福音のことばをしっかりと保っていれば、この福音によって救われるのです。 3私があなたがたに最もたいせつなこととして伝えたのは、私も受けたことであって、次のことです。キリストは、聖書の示すとおりに、私たちの罪のために死なれたこと、 4また、葬られたこと、また、聖書の示すとおりに、三日目によみがえられたこと、 5また、ケパに現れ、それから十二弟子に現れたことです。 6その後、キリストは五百人以上の兄弟たちに同時に現れました。その中の大多数の者は今なお生き残っていますが、すでに眠った者もいくらかいます。 7その後、キリストはヤコブに現れ、それから使徒たち全部に現れました。 8そして、最後に、月足らずで生まれた者と同様な私にも、現れてくださいました。

35 ※直訳「恥ずべき」
37 ①囚 Ⅱコリ10:7
　②囚 Ⅰコリ2:15
　③囚 Ⅰコリ7:40, Ⅰヨハ4:6
38 ※異本「無知な者があれば無知のままにしておきなさい」
39 ①囚 Ⅰコリ14:1, 囚 Ⅰコリ13:2
40 ①囚 Ⅰコリ14:33

1 ①囚 Ⅰコリ3:6, 4:15, 囚 ロマ2:16, ガラ1:11, 囚 ロマ2:16, ロマ5:2, 囚 ロマ11:20, Ⅱコリ1:24
2 ①囚 ガラ3:4
　②囚 ロマ11:22
3 ①囚 Ⅰコリ11:23, ②囚 イザ53:5-12, 囚 マタ26:24, ルカ24:25-27, 使8:32, 33, 17:2, 3, 26:22
　③囚 ヨハ1:29, ガラ1:4, ヘブ5:1, 3, Ⅰペテ2:24
4 ①囚 詩16:8以下, 使2:31, 26:22, 23
　②囚 マタ16:21, ヨハ2:21, 22, 使2:24
5 ①囚 Ⅰコリ1:12
　②囚 ルカ24:34
6 ①囚 使16:14
　②囚 使7:60, Ⅰコリ15:18, 20
7 ①囚 使12:17, ②囚 ルカ24:33, 36, 37, 使1:3, 4
8 ①囚 使9:1, 囚 使9:3-8, 22:6-11, 26:12-18

パウロの目的は、教会の礼拝や指導の中での性別による役割を定義することではなく、適切で秩序のある礼拝を確立することだった(14:27-31, 34 35, 40)。

14:39 預言・・・を熱心に求めなさい。異言・・・も禁じてはいけません 預言と異言についてのパウロの議論の結論は、ここの正式な命令にあった。もしコリントの人々がパウロの命令を「主の命令」(14:37)と認めないなら、自分たち自身が預言者でもなければ御霊の賜物を持たず御霊に導かれてもいないことを証明しているようなものである(14:37-38)。神のことばに従っていると宣言しながら異言を話すことを禁じ、預言によって神をあがめようとしない今日の教会は、37-38節をどのように適用するのか自分自身に問いかけてみなければならない。

15:2 私の宣べ伝えたこの福音のことばをしっかりと保っていれば キリスト者とはイエス・キリストをただ知的に信じている人のことではない。福音(新約聖書に与えられているキリストの「よい知らせ」とメッセージ)の中に完全に啓示されているキリストに積極的に従う信仰を持っている人々のことである(15:1-4)。その人々の信仰は、いつも神のことばと主イエスや使徒たち(キリストの福音を伝え教会を建上げる働きをするように直接任命された人々)の教えに結び付いている(15:1, 3, 11:2, 23, ロマ6:17, ガラ1:12)。したがってキリスト者は聖書の示すキリストに主、救い主として従い、神のことばを積極的に守る人と言うことができる。その人々は聖書の権威に無条件に服従し、その教えを固く握りしめ、約束に頼り警告を受取り、命令を守る。そして自分から神のことばのとりこになり、あらゆる人間の考えを聖書を用いて吟味し、聖書と反対なものは何一つ受入れることはない。

15:3-4 最もたいせつなこととして この部分は福音(イエス・キリストの「よい知らせ」と人生を変えるメッセージ)の中心部分を要約している(このメッセージは「聖書の示すとおりに」と繰返し紹介されているようにみことばの権威に基づいている)。そのメッセージとは、キリストは私たちの罪のために死に(ご自分は罪を犯さなかったのに ⇒ヘブ7:27)、葬られ(本当に死なれたことを確証している)、死者の中からよみがえられた(私たちに新しいいのちを与える力と権威を確証している ⇒ロマ4:25, 6:4)ということである。

15:8 そして、最後に パウロの「最後に」ということばは、その通りに受取らなければならない。パウロは最後の使徒(キリストが話された基本的な福音を伝え教会を建上げる働きを指導するように直接任命された人)だった(⇒使9:3-8, 22:6-11, 26:12-18, →使14:4注)。最初の十二使徒(キリストの中核の弟子たち)は教会の始まりであり礎石だった(→エペ2:20注, ⇒マタ16:18, 黙21:14)。その使徒としての役割は独特の

Ⅰコリント　15章

⁹私は使徒の中では最も小さい者であって、使徒と呼ばれる価値のない者です。なぜなら、私は神の教会を迫害したからです。¹⁰ところが、神の恵みによって、私は今の私になりました。そして、私に対するこの神の恵みは、むだにはならず、私はほかのすべての使徒たちよりも多く働きました。しかし、それは私ではなく、私にある神の恵みです。

¹¹そういうわけですから、私にせよ、ほかの人たちにせよ、私たちはこのように宣べ伝えているのであり、あなたがたはこのように信じたのです。

死者の復活

¹²ところで、キリストは死者の中から復活された、と宣べ伝えられているのなら、どうして、あなたがたの中に、死者の復活はない、と言っている人がいるのですか。¹³もし、死者の復活がないのなら、キリストも復活されなかったでしょう。¹⁴そして、キリストが復活されなかったのなら、私たちの宣教は実質のないものになり、あなたがたの信仰も実質のないものになるのです。

¹⁵それどころか、私たちは神について偽証をした者ということになります。なぜなら、もしもかりに、死者の復活はないとしたら、神はキリストをよみがえらせなかったはずですが、私たちは神がキリストをよみがえらせた、と言って神に逆らう証言をしたからです。¹⁶もし、死者がよみがえらないのなら、キ

9①エペ3:8,
  圏Ⅱコリ12:11,
  Ⅰテモ1:15
  ②圏ガラ8:3
10①圏ロマ12:3
  ②圏Ⅱコリ11:23,
  コロ1:29, Ⅰテモ4:10
  ③圏Ⅰコリ3:6,
  Ⅱコリ3:5, ピリ2:13
12①圏使17:32, 23:8,
  Ⅱテモ2:18
  *複数「死んだ人々」
14①Ⅰテサ4:14
15①圏使2:24
  *別訳「について」

17①圏ロマ4:25
18①Ⅰテサ4:16,
  黙14:13, Ⅰコリ15:6
19①圏Ⅰコリ4:9,
  Ⅱテモ3:12
20①Ⅰテサ4:16,
  黙14:13, Ⅰコリ15:6
  ②Ⅰコリ15:23,
  圏使26:23, 黙1:5
  ③Ⅰペテ1:3, 圏使2:24
21①ロマ5:12
22①ロマ5:14-18
  ②圏使26:23, 黙1:5
  ③Ⅰテサ2:19
  ③Ⅰコリ15:52, 6:14,
  Ⅰテサ4:16
24①圏ロマ8:38
  ②圏ダニ2:44, 7:14, 27,
  Ⅱペテ1:11
  ③圏エペ5:20
25①詩110:1,
  圏マタ22:44
26①Ⅰテモ1:10,
  圏黙20:14, 21:4
27①詩8:6
  ②エペ1:22, ヘブ2:8,
  圏マタ11:27, 28:18

リストもよみがえらなかったでしょう。¹⁷そして、もしキリストがよみがえらなかったのなら、あなたがたの信仰はむなしく、あなたがたは今もなお、自分の罪の中にいるのです。¹⁸そうだったら、キリストにあって眠った者たちは、滅んでしまったのです。¹⁹もし、私たちがこの世にあってキリストに単なる希望を置いているだけなら、私たちは、すべての人の中で一番哀れな者です。

²⁰しかし、今やキリストは、眠った者の初穂として死者の中からよみがえられました。²¹というのは、死がひとりの人を通して来たように、死者の復活もひとりの人を通して来たからです。²²すなわち、アダムにあってすべての人が死んでいるように、キリストによってすべての人が生かされるからです。²³しかし、おのおのにその順番があります。まず初穂であるキリスト、次にキリストの再臨のときキリストに属している者です。²⁴それから終わりが来ます。そのとき、キリストはあらゆる支配と、あらゆる権威、権力を滅ぼし、国を父なる神にお渡しになります。²⁵キリストの支配は、すべての敵をその足の下に置くまで、と定められているからです。²⁶最後の敵である死も滅ぼされます。²⁷「彼は万物をその足の下に従わせた」からです。ところで、万物が従わせられた、と言うとき、万物を従わせたその方がそれに

ピリ3:20-21

もので、ほかの人々には当てはまらない。よみがえられた主の直接の証人でありそれを伝えたこの人々はイエス・キリストの教会の土台（決して変えられたり加えられたりできない土台）を据えた。その意味で最初の十二人（キリストを裏切ったユダを除く →使1:15-26）にパウロを加えた使徒たちに後継者はいない（広い意味での「使徒」ということばはほかの人々にも使われている →「奉仕の賜物」の項 p.2225）。

15:10　神の恵み　恵みとは受けるにふさわしくない神の好意、愛、助け、力のことで、イエス・キリストを通して可能になり、聖霊の臨在によって信じる人々に与えられるものである。神の恵みによって私たちは、神のあわれみや赦し、神の目的が私たちの中に実現するのを助けてくれる力などを体験することができる（ヨハ3:16, ピリ2:13, Ⅰテモ1:15-16, →「**信仰と恵み**」の項 p.2062）。

15:17　もしキリストがよみがえらなかったのなら　ある人々はキリストが文字通り肉体をもってよみがえられたことを否定していた（15:12）。それに対してパウロは、もしキリストが死者の中からよみがえらなかったら罪からの救いも解放もないし、霊的に新しく変えられたいのちを持つ機会もないと言っている。キリストのよみがえりの事実を否定する人々は明らかにキリスト教信仰そのものを否定しているのである。そ

含められていないことは明らかです。
28 しかし、万物が御子に従うとき、御子自身も、ご自分に万物を従わせた方に従われます。これは、神が、すべてにおいてすべてとなられるためです。

29 もしこうでなかったら、死者のゆえにバプテスマを受ける人たちは、何のためにそうするのですか。もし、死者は決してよみがえらないのなら、なぜその人たちは、死者のゆえにバプテスマを受けるのですか。
30 また、なぜ私たちもいつも危険にさらされているのでしょうか。
31 兄弟たち。私にとって、毎日が死の連続です。これは、私たちの主キリスト・イエスにあってあなたがたを誇る私の誇りにかけて、誓って言えることです。
32 もし、私が人間的な動機から、エペソで獣と戦ったのなら、何の益があるでしょう。もし、死者の復活がないのなら、「あすは死ぬのだ。さあ、飲み食いしようではないか」ということになるのです。
33 思い違いをしてはいけません。友だちが悪ければ、良い習慣がそこなわれます。
34 目をさまして、正しい生活を送り、罪をやめなさい。神についての正しい知識を持っていない人たちがいます。私はあなたがたをはずかしめるために、こう言っているのです。

復活のからだ

35 ところが、ある人はこう言うでしょう。「死者は、どのようにしてよみがえるのか。どのようなからだで来るのか。」
36 愚かな人だ。あなたの蒔く物は、死ななければ、生かされません。
37 あなたが蒔く物は、後にできるからだではなく、麦やそのほかの穀物の種粒です。

28 ①ピリ3:21
② Ⅰ コリ12:6,
囲 Ⅰ コリ3:23
30 ① Ⅱ コリ11:26
31 ①圏ロマ8:36
32 ①囲 Ⅰ コリ15:8, 9,
使徒18:19
②囲 Ⅱ コリ1:8(?)
囲イザ22:13,
囲イザ56:12, ルカ12:19
33 ① Ⅰ コリ6:9
34 ①圏ロマ13:11
①囲マタ22:29, 使26:8
③圏ペテ6:5
35 ①圏ロマ9:19
囲エゼ37:3
36 ①圏ルカ11:40
②ヨハ12:24

38 ①創1:11
42 ①ダニ12:3,
囲マタ13:43
② Ⅰ コリ15:50,
ロマ8:21, ガラ6:8
③圏ロマ2:7
43 ①ピリ3:21, 囲コロ3:4
44 ①囲 Ⅰ コリ2:14
＊別訳「生まれながらのからだ」
②囲 Ⅰ コリ15:50
＊＊別訳「霊のからだ」
45 ①創2:7
②ロマ5:14
③ヨハ5:21, 6:57, 58,
ロマ8:2
46 ＊「来るのです」は補足
47 ①ヨハ3:31
②ロマ2:7, 3:19
48 ①ピリ3:20, 21
49 ①創5:3
＊異本「私たちも天上のかたちをも帯びましょう」

38 しかし神は、みこころに従って、それにからだを与え、おのおのの種にそれぞれのからだをお与えになります。
39 すべての肉が同じではなく、人間の肉もあり、獣の肉もあり、鳥の肉もあり、魚の肉もあります。
40 また、天上のからだもあり、地上のからだもあり、天上のからだの栄光と地上のからだの栄光とは異なっており、
41 太陽の栄光もあり、月の栄光もあり、星の栄光もあります。個々の星によって栄光が違います。
42 死者の復活もこれと同じです。朽ちるもので蒔かれ、朽ちないものによみがえらされ、
43 卑しいもので蒔かれ、栄光あるものによみがえらされ、弱いもので蒔かれ、強いものによみがえらされ、
44 血肉のからだで蒔かれ、御霊に属するからだによみがえらされるのです。血肉のからだがあるのですから、御霊のからだもあるのです。
45 聖書に「最初の人アダムは生きた者となった」と書いてありますが、最後のアダムは、生かす御霊となりました。
46 最初にあったのは血肉のものであり、御霊のものではありません。御霊のものはあとに来るのです。
47 第一の人は地から出て、土で造られた者ですが、第二の人は天から出た者です。
48 土で造られた者はみな、この土で造られた者に似ており、天からの者はみな、この天から出た者に似ているのです。
49 私たちは土で造られた者のかたちを持っていたように、天上のかたちをも持つのです。
50 兄弟たちよ。私はこのことを言ってお

の人々は神とみことばに反対するにせ証人である。そのような信仰に価値はない。

15:29 死者のゆえにバプテスマを受ける これは既に世を去った友人や家族と次の世界で再会することを望んでバプテスマを受けたキリスト者のことを指していると思われる。このようなことは、「もし、死者がよみがえらないのなら」(15:16-17)無意味である。この慣習についてはパウロがここで何気なく触れている

だけで、ほかには聖書のどこにもないので、意味はあまり明らかではない。これから後も明らかでないまま残ると思われる。 →使22:16バプテスマの注, 16自分の罪の注, ロマ6:4注

15:35-54 死者は、どのようにしてよみがえるのか ここでパウロは死者のよみがえりの教理(基本的教え、信仰の土台)と、それに含まれることについて議論を展開している。詳細 →「肉体の復活」の項 p.2151

肉体の復活

> 「ところが、ある人はこう言うでしょう。『死者は、どのようにしてよみがえるのか。どのようなからだで来るのか。』」（コリント人への手紙第一15：35）

　肉体の復活（肉体的に死んだけれども天国または地獄で永遠を過す人々のからだ）は神のことばの中にある重要な教理の一つである。それは神が死者の肉体をよみがえらせてその人のたましいと霊をもう一度結合させてくださることである。肉体の死と復活の間の中間期間には肉体はたましいと霊から分かれている。肉体の死と復活の間にはある期間が置かれているけれども、死と次のいのちの間には時間的間隔はないと聖書は教えている（→Ⅱコリ5：8, ルカ23：42-43, ピリ1：23, →「死」の項 p.850）。キリスト者は死ぬとすぐにキリストのおられるところに行く（Ⅰコリ13：12）。けれども復活を待っている間、信仰者はむなしい影のような状態あるいは肉体のない裸のたましいとして存在しているのではない。たとえばモーセとエリヤは復活の肉体を待っている状態だったけれども、姿変りの山では天のからだをまとって現れた（→マタ17：2-3, マコ9：2-4）。さらにヨハネの黙示録6章9－11節には天にいるたましいが目に見えるかたちで白い衣を着ている姿が描かれている。

　(1) 肉体の復活がなぜ必要なのか聖書は少なくとも三つの理由を明らかにしている。

　　(a) 肉体は人間という存在にとって基本的な部分である。肉体がなければ人間は不完全である。したがってキリストが提供される贖い（霊的救い、回復、解放、刷新）は肉体を含む全人格に適用される（ロマ8：18-25, →「**人間性**」の項 p.1100）。

　　(b) キリストの弟子たちにとってからだは聖霊の宮である（Ⅰコリ6：19）。復活のときにからだは再び御霊の宮になる。

　　(c) 罪の悲しい結果をあらゆるレベルで消し去るためには人間の最後の敵（肉体の死）を復活を通して打破らなければならない（Ⅰコリ15：26）。

　(2) 旧約聖書も（⇒創22：1-14とヘブ11：17-19, 詩16：10と使2：24～, ⇒ヨブ19：25-27, イザ26：19, ダニ12：2, ホセ13：14)、新約聖書も（ルカ14：13-14, 20：35-36, ヨハ5：21, 28-29, 6：39-40, 44, 54, Ⅰコリ15：22-23, ピリ3：11, Ⅰテサ4：14-16, 黙20：4-6, 13）ともに未来の復活を教えている。

　(3) からだの復活はキリストがよみがえられた事実によって保証されている（→マタ28：6注, 使17：31, Ⅰコリ15：12, 20-23）。

　(4) よみがえったキリスト者のからだは、キリストご自身がよみがえられたときのからだのようだと一般的に考えられている（ロマ8：29, Ⅰコリ15：20, 42-44, 49, ピリ3：20-21, Ⅰヨハ3：2）。さらに具体的に言えば、よみがえったからだは次のようである。

　　(a) 構造的にはこの地上の生活のからだに似ている。したがってはっきりと認めることができる（ルカ16：19-31）。

　　(b) からだは地上のものから天のからだに変えられ、新しい天と新しい地のいのちに適応できる（Ⅰコリ15：42-44, 47-48, 黙21：1）。

　　(c) 不滅（不変で壊れない）で腐敗も死もない滅びることのないからだである（Ⅰコリ15：42）。

　　(d) キリストのからだのように栄化された（天国のために奇蹟的に変えられた）ものである（Ⅰコリ15：43, ピリ3：20-21）。

　　(e) 病気や疾患にかからない丈夫なからだである（Ⅰコリ15：43）。

　　(f) 自然の法則に縛られない霊的な（自然ではなく超自然の）からだである（ルカ24：31, ヨハ20：19, Ⅰコリ15：44）。

　　(g) 飲んだり食べたりできる（ルカ14：15, 22：14-18, 30, 24：43）。

(5) 新しいからだが与えられるときに神の民は朽ちないものを「着る」ことになる。そのことによって死に対するキリスト者の最後の完全な勝利が実現する（Ⅰコリ15：53-54）。そこには少なくとも三つの目的があることを聖書は示している。

(a) 神が創造のときに人類に望んでおられたことが全部実現するため（⇒Ⅰコリ2：9）。

(b) 神を信じる人々が、神が望んでおられるように完全に神を知り神との関係を持つことができるようになるため（ヨハ17：3）。

(c) 神の子どもたちに神が望み通りに愛を表すことができるようになるため（ヨハ3：16，エペ2：7，Ⅰヨハ4：8-16）。

(6) 教会のためにキリストが再び来られるときになお生きていて忠実にキリストに従っている人々は、復活の日の前に死んだ人々と同じようにからだが変えられる（Ⅰコリ15：51-53）。そのときに受けるからだは、よみがえった人々に与えられるものと全く同じ新しいからだである。その人々は肉体の死を味わうことがないのである（→「**携挙**」の項 p.2278）。

(7) キリストに従う人々はいのちに、そして従わない人々はさばきによみがえると主イエスは言っておられる（ヨハ5：28-29）。

きます。血肉のからだは神の国を相続できません。朽ちるものは、朽ちないものを相続できません。
⁵¹聞きなさい。私はあなたがたに奥義を告げましょう。私たちはみな、眠ることになるのではなく変えられるのです。
⁵²終わりのラッパとともに、たちまち、一瞬のうちにです。ラッパが鳴ると、死者は朽ちないものによみがえり、私たちは変えられるのです。
⁵³朽ちるものは、必ず朽ちないものを着なければならず、死ぬものは、必ず不死を着なければならないからです。
⁵⁴しかし、朽ちるものが朽ちないものを着、死ぬものが不死を着るとき、「死は勝利にのまれた」としるされている、みことばが実現します。
⁵⁵「死よ。おまえの勝利はどこにあるのか。死よ。おまえのとげはどこにあるのか。」
⁵⁶死のとげは罪であり、罪の力は律法です。
⁵⁷しかし、神に感謝すべきです。神は、私たちの主イエス・キリストによって、私たちに勝利を与えてくださいました。
⁵⁸ですから、私の愛する兄弟たちよ。堅く立って、動かされることなく、いつも主のわざに励みなさい。あなたがたは自分たちの労苦が、主にあってむだでないことを知っているのですから。

神の民のための献金

16 ¹さて、聖徒たちのための献金については、ガラテヤの諸教会に命じたように、あなたがたにもこう命じます。
²私がそちらに行ってから献金を集めるようなことがないように、あなたがたはおのおの、いつも週の初めの日に、収入に応じて、手もとにそれをたくわえておきなさい。
³私がそちらに行ったとき、あなたがたの承認を得た人々に手紙を持たせて派遣し、あなたがたの献金をエルサレムに届けさせましょう。
⁴しかし、もし私も行くほうがよければ、彼らは、私といっしょに行くことになるでしょう。

個人的訴え

⁵私は、マケドニヤを通って後、あなたがたのところへ行きます。マケドニヤを通るつもりでいますから。
⁶そして、たぶんあなたがたのところに滞在するでしょう。冬を越すことになるかもしれません。それは、どこに行くとしても、あなたがたに送っていただこうと思うからです。
⁷私は、いま旅の途中に、あなたがたの顔を見たいと思っているのではありません。主がお許しになるなら、あなたがたのところにしばらく滞在したいと願っています。
⁸しかし、五旬節まではエペソに滞在するつもりです。
⁹というのは、働きのための広い門が私のために開かれており、反対者も大ぜいいるからです。
¹⁰テモテがそちらへ行ったら、あなたが

15:51 奥義 パウロが描いている奥義とは、主イエスが天から教会(信仰者)のために再び来られるときに生きている信仰者のからだが一瞬のうちに変えられて、永遠に朽ちることのない不死のからだになるという真理のことである(→ヨハ14:3注、→「**携挙**」の項 p.2278)。

15:51 私たちはみな、眠ることになるのではなく ここの「私たちは」ということばは、パウロも、キリストがパウロの時代の忠実な人々のために再び来られるという新約聖書の時代の見方をしていたことを示している。キリストはパウロが生きている間には来られなかったけれども、パウロの信仰は間違っていなかった。主イエスと新約聖書全体のみことばは、キリストに従う人々はみな終わりの時代に生きており、キリストがすぐに来られるという希望を持ち続けるように訴えている(⇒1:7-8、ロマ13:12、ピリ3:20、Ⅰテサ1:10、4:15-17、テト2:13、ヤコ5:8-9、Ⅰヨハ2:18, 28、黙22:7, 12, 20、→マタ24:42注、44注、ルカ12:35-40注)。自分の生きている間に主イエスが再び来られるのを期待していない人々は新約聖書の教えに従って生きているとは言えない。

15:52 私たちは変えられるのです →「**肉体の復活**」の項 p.2151

16:1 献金について 16章でパウロはエルサレムにいる貧しい恵まれないキリスト者のための資金集め(献金)について指示をしている。また自分の将来の計

たのところで心配なく過ごせるよう心を配ってください。彼も、私と同じように、主のみわざに励んでいるからです。
11 だれも彼を軽んじてはいけません。彼を平安のうちに送り出して、私のところに来させてください。私は、彼が兄弟たちとともに来るのを待ち望んでいます。
12 兄弟アポロのことですが、兄弟たちといっしょにあなたがたのところへ行くように、私は強く彼に勧めました。しかし、彼は今、そちらへ行こうとは全然思っていません。しかし、機会があれば行くでしょう。
13 目を覚ましていなさい。堅く信仰に立ちなさい。男らしく、強くありなさい。
14 いっさいのことを愛をもって行いなさい。
15 兄弟たちよ。あなたがたに勧めます。ご承知のように、ステパナの家族は、アカヤの初穂であって、聖徒たちのために熱心に奉仕してくれました。
16 あなたがたは、このような人たちに、また、ともに働き、労しているすべての人たちに服従しなさい。
17 ステパナとポルトナトとアカイコが来たので、私は喜んでいます。なぜなら、彼ら

10 ② Ⅰコリ15:58
11 ① Ⅰテモ4:12, 囲テト2:15
② 囲ロマ15:33
③ Ⅰコリ16:6, 囲使15:3
12 ② 囲使18:24(Ⅰコリ1:12, 3:5, 6)
13 ① マタ24:42, ② ガラ5:1, ピリ1:27, 4:1, Ⅰテサ3:8, Ⅱテサ2:15, 囲Ⅰコリ15:1
③ Ⅰサム4:9, Ⅱサム10:12, イザ46:8
④ 詩31:24, エペ6:10, 囲エペ3:16, コロ1:11
14 ① 囲Ⅰコリ14:1
15 ① Ⅰコリ1:16
② 囲使18:12
③ 囲ロマ16:5
④ Ⅰコリ15:31
⑤ 囲ロマ15:31
⑥ Ⅰテサ5:12, ヘブ13:17
17 ① 囲Ⅱコリ7:6, 7
＊ 別訳「いてくれるのを」

② ピリ2:30, 囲Ⅱコリ11:9
＊＊ 別訳「あなたがたの欠けたものを補って」
18 ① Ⅱコリ7:13, ピレ7, 20
② 囲ピリ2:29, Ⅰテサ5:12
19 ① 囲ロマ16:6, ② 囲使18:2
② 囲ロマ16:5
20 ① 囲ロマ16:16
21 ① コロ4:18, Ⅰテサ3:17, 囲ロマ16:22, ガラ6:11, ピレ19
22 ① 囲ロマ9:3
＊ ギリシヤ語「アナテマ」
② 囲黙22:20, ピリ4:5
＊＊ ギリシヤ語「マラナ・タ」
23 ① 囲ロマ16:20
24 ＊ 異本「アーメン」を欠く

② ＊＊は、あなたがたの足りない分を補ってくれたからです。
18 彼らは、私の心をも、あなたがたの心をも安心させてくれました。このような人々の労をねぎらいなさい。

最後のあいさつ

19 アジヤの諸教会がよろしくと言っています。アクラとプリスカ、また彼らの家の教会が主にあって心から、あなたがたによろしくと言っています。
20 すべての兄弟たちが、あなたがたによろしくと言っています。聖なる口づけをもって、互いにあいさつをかわしなさい。
21 パウロが、自分の手であいさつを書きます。
22 主を愛さない者はだれでも、のろわれよ。主よ、来てください。
23 主イエスの恵みが、あなたがたとともにありますように。
24 私の愛は、キリスト・イエスにあって、あなたがたすべての者とともにあります。＊アーメン。

画を描き、同労者たちについても話している。

16:22 のろわれよ パウロはこの手紙を終えるに当たって、主イエスを知り従っていると主張しているのに愛を示していない信仰者は、非難され滅ぼされることを示している。「主を愛さない」ということは、神とみことばに積極的に従う本物の愛を主イエスに対して持っていないことである（ヨハ14:21）。キリストを知っていると言いながら、この愛が欠けているならそれは新約聖書の啓示とキリストの福音を正しくとらえていないのである（→ガラ1:9注）。のろわれるとは、地上の霊的教会とやがて来る天の御国の両方から除外されることである。パウロは読者に、キリストの弟子（訓練されてキリストに仕えキリストとの成長した関係を持つ）としての最高の試験は、主イエス・キリストに対する個人的で情熱にあふれた愛と忠誠心があるかどうかであることを理解してほしかったのである（⇒ロマ10:9）。

16:22 主よ、来てください アラム語のマラナ・タという表現は、キリスト者の間で祈りや挨拶のことばとして使われていたと思われる。初期の教会はキリストがすぐに来られるように絶えず祈っていた。キリストの弟子たちはいつもその現れ（再び来られること、再臨 →Ⅱテモ4:8）を待ち望み、この願いをことばや態度や行いで表すものである（Ⅰテサ1:10, 黙22:20）。

コリント人への手紙　第二

概　　要
あいさつと初めの祝福の祈り(1:1-2)
I．パウロの行動と働き(多くの忠実な人のため)の説明　1:3-7:16)
　　A．苦しみを通して与えられる神の慰めに対する賛美と感謝(1:3-11)
　　B．旅行計画の変更の説明とその理由(1:12-2:4)
　　C．違反者に対する処罰と赦し(2:5-11)
　　D．働きの中での導きと勝利(2:12-17)
　　E．パウロの働きの特徴についての説明(3:1-6:10)
　　　　1．新しい契約の栄光(3:1-18)
　　　　2．開放性と真理(4:1-6)
　　　　3．個人的な苦難(4:7-5:10)
　　　　4．愛のこもった献身(5:11-6:10)
　　F．コリントの人々への誠実な訴えと愛(6:11-7:16)
II．エルサレムにいるキリスト者のための献金(8:1-9:15)
　　A．惜しみなくささげるキリスト者の模範と訴え(8:1-15)
　　B．テトスの使命と準備の必要(8:16-9:5)
　　C．惜しみなくささげることへの応答と結果(9:6-15)
III．パウロの権威(少数の反抗的な人々に対して)の弁明(10:1-13:10)
　　A．パウロの働きに対する非難と働きの範囲への回答(10:1-18)
　　B．使徒権についての控え目な自己弁護(11:1-12:13)
　　　　1．コリントでの働きの正当化(11:1-15)
　　　　2．使徒としての権利の主張(11:16-12:13)
　　C．3回目の訪問の予告と警告(12:14-13:10)
　　　　1．約束と心配(12:14-21)
　　　　2．警告と期待(13:1-10)
結論と最後の祝福の祈り(13:11-13)

著　者：パウロ

主　題：苦しみを通しての栄光

著作の年代：紀元55/56年

著作の背景
　パウロはこの手紙をコリントの教会とアカヤ地方(ローマ帝国のギリシヤの地域でマケドニヤの南)全土にいる信仰者に向けて書いた(1:1)。パウロはこの手紙の中で自分の名前を二度書いている(1:1, 10:1)。パウロは第二次伝道旅行のときにコリントの教会を設立した。その後パウロとコリントの人々は教会の中に持ち上がった問題について頻繁に連絡を取合っていた(→Iコリ緒論)。
　その連絡の順序とこの第二の手紙を書いた背景は次の通りである。
　(1) パウロと教会の間で最初の何度かの連絡と手紙のやり取りのあと(Iコリ1:11, 5:9, 7:1)、パウロは第一の手紙をエペソから書き送った(55年か56年春)。
　(2) 次にパウロはエーゲ海を渡ってコリントに行き、教会の中のさらなる問題に対処した。第一の手紙と第二の手紙の間のこの訪問(⇒13:1-2)は問題が深刻だったためにパウロと会衆にとっては痛みを伴うものだった(2:1-2)。

(3) この辛い訪問の後エペソにいたパウロのところに、コリントの教会の中で反対者たちが未だにパウロを攻撃し霊的権威に疑問を投げかけているという報告が届いた。その問題を起こす人々はパウロの働きを拒むように教会の一部の人々に説得をしていた。
　(4) それに応えてパウロはこの第二の手紙をマケドニヤから書き送った（55年か56年の秋）。
　(5) そのすぐあとでパウロは再びコリントに行って（13:1）、三か月ほど滞在した（⇒使20:1-3a）。そこでパウロはローマ人への手紙を書いた（→「**パウロの第三次伝道旅行**」の地図 p.2019）。

目　的
　パウロはこの手紙をコリントの教会にいる三種類の人々にそれぞれ書いている。
　(1) 最初に、パウロを霊的な父（キリストを信じる信仰に最初に導き教会を設立する助けをした指導者）として忠実に従っている大部分の人々を励まそうとした。
　(2) パウロのリーダーシップと権威を傷つけて個人的に逆らい、メッセージを変えようとし続けているにせの指導者や教師たちに挑戦しその姿を明らかにしようとした。
　(3) 教会の中でパウロに敵対する人々の影響を受けてパウロの権威と指導を拒んでいる少数の人々に警告し強く教えようとした。
　パウロは自分の働きが誠実なものであると弁明し、コリントの教会を開拓した指導者としての権威を再確認した。またコリントの人々への愛と懸念を示し、これ以上の反抗をしないように警告をした。コリント人への手紙第二はパウロの次の訪問に対して教会全体に備えをさせるものでもあった。

概　観
　コリント人への手紙第二の内容は大きく三つに区分することができる。
　(1) 最初の区分（1:-7:）でパウロは、キリストとその教えのために苦しむ中で平安と慰めを与えてくださる神にまず感謝することから始めている。それから旅行計画を変更した理由を話して弁解し、コリントの人々が霊的違反者たちに戒規を行ったことをほめている。次の区分（3:1-6:10）でパウロは、キリスト者の働きの性質を説明しているけれども、それは新約聖書の中で最も広範囲にわたる洞察に満ちたものである。第三の区分では、この世界の考えや振舞、生活様式から離れることの重要性を強調している（6:11-7:1）。それから以前パウロの権威に逆らった（7:）多くの人の心が変えられたということをテトス（パウロが助言し指導をしている助手）から聞いて、喜んでいることを表している。
　(2) 8章と9章でパウロは、エルサレムで困っているキリスト者のために献金をしたマケドニヤのキリスト者の心を込めた惜しみない行動に加わるようにコリントの人々を励ましている。
　(3) 10－13章では手紙の語調が変る。ここでパウロは自分の使徒権（キリストの教えを届け教会を建上げる働きを指導するために神から与えられた権威）を弁護している。そしてまずキリストご自身によって最初に任命されたときのこと、霊的資格と神のメッセンジャーとして苦しみを体験したことなどを説明している。この自己弁護をすることによってパウロは、コリントの人々が自分たちの中にいるにせの教師たちと比較して違いを見極め、再び訪問するときにはさらに戒規を行わないですむように希望している。パウロはコリント人への手紙第二を祝禱（終りの祝福の祈り）で終えているけれども、これは三位一体の三つの位格（父である神、子であるキリスト、聖霊）によるもので、新約聖書ではここにしか見られないものである（13:13, →「**神の属性**」の項 p.1016, マコ1:11注）。

特　徴
　この手紙には四つの大きな特徴がある。
　(1) パウロの手紙の中で最も自伝的（自分の背景や情況、考え方を多く書き表す）である。多くの個人情報が示されているけれども、それは率直で偽りがなく、謙遜で誠実な弁解とともに行われ、さらに自分を弁護しなければならない当惑なども示されている。このような語調はコリントの情況からすると理解できるものであり必要なものだった。
　(2) 新約聖書のどのパウロの手紙よりも霊の子どもたち（キリストを信じる信仰に導き霊的に育てた人々）に対する深い愛と配慮が示されている。
　(3) キリスト者の苦しみ（1:3-11, 4:7-18, 6:3-10, 11:23-30, 12:1-10, →「**正しい人の苦しみ**」の項 p.825）とささげ物（8:-9:）について、新約聖書の中で最も充実した教えが含まれている。

(4) 弱さ、悲しみ、涙、苦難、患難、慰め、誇り、真理、務め、栄光などのかぎのことばがこの手紙の特徴を示している。

コリント人への手紙第二の通読
　新約聖書全体を１年間で通読するためには、コリント人への手紙第二を次のスケジュールに従って12日間で読まなければならない。
☐1:1-2:4　☐2:5-3:6　☐3:7-4:18　☐5:1-6:2　☐6:3-7:1　☐7:2-16　☐8-9　☐10　☐11:1-15　☐11:16-33　☐12　☐13

メ　モ

1

¹ 神のみこころによるキリスト・イエスの使徒パウロ、および兄弟テモテから、コリントにある神の教会、ならびにアカヤ全土にいるすべての聖徒たちへ。

² 私たちの父なる神と主イエス・キリストから、恵みと平安があなたがたの上にありますように。

すべての慰めの神

³ 私たちの主イエス・キリストの父なる神、慈愛の父、すべての慰めの神がほめたたえられますように。

⁴ 神は、どのような苦しみのときにも、私たちを慰めてくださいます。こうして、私たちも、自分自身が神から受ける慰めによって、どのような苦しみの中にいる人をも慰めることができるのです。

⁵ それは、私たちにキリストの苦難があふれているように、慰めもまたキリストによってあふれているからです。

⁶ もし私たちが苦しみに会うなら、それはあなたがたの慰めと救いのためです。もし私たちが慰めを受けるなら、それもあなたがたのためで、その慰めは、私たちが受けている苦難と同じ苦難に耐え抜く力をあなたがたに与えるのです。

⁷ 私たちがあなたがたについて抱いている望みは、動くことがありません。なぜなら、あなたがたが私たちと苦しみをともにしているように、慰めをもともにしていることを、私たちは知っているからです。

⁸ 兄弟たちよ。私たちがアジヤで会った苦しみについて、ぜひ知っておいてください。私たちは、非常に激しい、耐えられないほどの圧迫を受け、ついにいのちさえも危くなり、

⁹ ほんとうに、自分の心の中で死を覚悟しました。これは、もはや自分自身を頼まず、死者をよみがえらせてくださる神により頼む者となるためでした。

¹⁰ ところが神は、これほどの大きな死の危険から、私たちを救い出してくださいました。また将来も救い出してくださいます。なおも救い出してくださるという望みを、

1:4 どのような苦しみのときにも、私たちを慰めてくださいます　「慰める」(《ギ》パラカレオー)ということばは苦しんでいる人のそばに立ち、励まし助けるという意味である。神は聖霊を送ってご自分の子どもたちを豊かに慰めてくださる(→ヨハ14:16注、→「**聖霊の教理**」の項 p.1970)。パウロは多くの苦難に遭ったけれども、その中でたといどんなに苦しみが大きくても主イエスに従う人々を天の御父の配慮と深いあわれみから引離すものは何もないことを学びとっていた(ロマ8:35-39)。神は時には私たちの人生に問題が起こることを許される。それは私たちが神に頼ることを学び、また困難に直面しているほかの人々をどのように慰めたらよいかをよりよく理解するようになるためである(→「**正しい人の苦しみ**」の項 p.825)。

1:5 苦難・・・慰め　この手紙全体を通してパウロはキリスト者の人生には苦難とキリストの慰めが(しばしば同時に)あるということを強調している。キリストのために苦しむなら私たちは「悲しみの人で病を知っていた」キリストとよりよい関係を持つようになる(イザ53:3, →「**キリストによって成就した旧約聖書の預言**」の表 p.1029)。キリストに従うことによって苦難に直面しても神に頼り続けるなら、私たちはより大きな慰めを受けることができる。したがって困難が大きいときほど神の臨在を強く感じるのである。主イエスは神に対する私たちの罪のためにいのちを与えるという究極の苦しみを味わわれたけれども、罪が世界に悲劇をもたらし続けている今、ご自分の民の痛み苦しみをともに味わい続けておられる(⇒マタ25:42-45, ロマ8:22-26)。苦難は必ずしも自分の不従順や過ちによって起こるのではなく、サタンの働きやこの世界の攻撃によるものである。またキリスト者が神のみこころを追い求めキリストの恵みを分け合おうしているときに、にせキリスト者から抵抗を受け悲嘆に暮れることもある。

1:8-10 いのちさえも危くなり　キリストとの関係を忠実に従順に保っている人も、時には危険な恐ろしい絶望的な体験をすることがある。人間的には耐えられないような状況に直面することさえある。(1) 人生に厳しい問題が起きたときに私たちは神に見捨てられたとか、神は愛してくださらないなどと考えるべきではない。むしろそのようなことは歴史を通して見ても神に忠実な人々にしばしば起きていたことを思い出すべきである。(2) 私たちは絶望的な状況を体験することがある。それは「自分自身を頼まず・・・神により頼む者となるため」に神が許されたことである(1:9)。キリストがともにおられることを知り、信仰によって見上げるときに神はその状況に耐え、勝利をする力を与えてくださる(2:14, 12:7-10, 13:4)。

私たちはこの神に置いているのです。
11 あなたがたも祈りによって、私たちを助けて協力してくださるでしょう。それは、多くの人々の祈りにより私たちに与えられた恵みについて、多くの人々が感謝をささげるようになるためです。

パウロの計画の変更

12 私たちがこの世の中で、特にあなたがたに対して、聖さと神から来る誠実さとをもって、人間的な知恵によらず、神の恵みによって行動していることは、私たちの良心のあかしするところであって、これこそ私たちの誇りです。
13 私たちは、あなたがたへの手紙で、あなたがたが読んで理解できること以外は何も書いていません。そして私は、あなたがたが十分に理解してくれることを望みます。
14 あなたがたは、ある程度は、私たちを理解しているのですから、私たちの主イエスの日には、あなたがたが私たちの誇りであるように、私たちもあなたがたの誇りであるということを、さらに十分に理解してくださるよう望むのです。
15 この確信をもって、私は次のような計画を立てました。まず初めにあなたがたのところへ行くことによって、あなたがたが恵みを二度受けられるようにしようとしたのです。
16 すなわち、あなたがたのところを通ってマケドニヤに行き、そしてマケドニヤから再びあなたがたのところに帰り、あなたがたに送られてユダヤに行きたいと思ったのです。
17 そういうわけですから、この計画を立てた私が、どうして軽率でありえたでしょう。それとも、私の計画は人間的な計画であって、私にとっては、「しかり、しかり」は同時に、「否、否」なのでしょうか。
18 しかし、神の真実にかけて言いますが、あなたがたに対する私たちのことばは、「しかり」と言って、同時に「否」と言うようなものではありません。
19 私たち、すなわち、私とシルワノとテモテとが、あなたがたに宣べ伝えた神の子キリスト・イエスは、「しかり」と同時に「否」であるような方ではありません。この方には「しかり」だけがあるのです。
20 神の約束はことごとく、この方において「しかり」となりました。それで私たちは、この方によって「アーメン」と言い、神に栄光を帰するのです。

1:11 あなたがたも祈りによって、私たちを助けて 神のことばの中には、私たちがほかの人々のために祈るならその人々の中に神の力と働きが現されるという、まぎれもない明らかな原則が示されている。したがって私たちは困っている人々のために熱心に祈らなければならない(⇒ロマ1:9, エペ1:16, ピリ1:3, コロ1:3, Ⅰテサ1:2)。→「とりなし」の項 p.1454、「効果的な祈り」の項 p.585

1:12 これこそ私たちの誇りです パウロは自分の行動は誠実で、道徳的にも健全であると確信していたので、素直に神の働きをしていることを喜び誇ることができた。パウロの権威を否定するにせ教師たちは悪口を広め続けていたけれども、コリントの人々はそれまでの体験からパウロが信頼できる人物であることを知っていた。パウロはこの世界の指導者たちのように人々を利用したりすることなく、絶対に忠実な態度でキリストに仕えようと固く決意し、天に召されるまでキリストの働きに心から励み、自分を人格的にもきよく保ち続けるつもりだった(ロマ12:1-2)。私たちにとってもやがて来る永遠の世界で、自分は救い主キリストの誉れのために「聖さと・・・誠実さとをもって」生きてきたと言えるなら、それに勝る喜びはない。

1:17-19 私たちのことばは、「しかり」と言って、同時に「否」と言うようなものではありません パウロは自分の計画と行動を弁護するとともに、自分が伝えている福音のメッセージ(イエス・キリストを信じる信仰による罪の赦しと新しいいのちの「よい知らせ」)が完全であり、否定できないほど明らかであると弁明している。コリントを訪ねる日程は変更されたけれども、訪ねる計画そのものは変らず、最も良いときにあらゆることが最も良いかたちで行われることを期待している。けれどもそれより重要なことは、パウロが伝えてきた福音は真実で力強いことが証明されているということである。それは間違いなくキリストによって承認され証明されたものである。

1:20 アーメン キリスト者が祈りや賛美の終わりに唱える「アーメン」ということばは、神の愛と忠実さ、約束の確かさに対する確信を表すことばである。それは

²¹私たちをあなたがたといっしょにキリストのうちに堅く保ち、私たちに油をそそがれた方は神です。
²²神はまた、確認の印を私たちに押し、保証として、御霊を私たちの心に与えてくださいました。
²³私はこのいのちにかけ、神を証人にお呼びして言います。私がまだコリントへ行かないでいるのは、あなたがたに対する思いやりのためです。
²⁴私たちは、あなたがたの信仰を支配しようとする者ではなく、あなたがたの喜びのために働く協力者です。あなたがたは、信仰に堅く立っているからです。

2 ¹そこで私は、あなたがたを悲しませることになるような訪問は二度とくり返すまいと決心したのです。
²もし私があなたがたを悲しませているのなら、私が悲しませているその人以外に、だれが私を喜ばせてくれるでしょうか。
³あのような手紙を書いたのは、私が行く

21 ① Ⅰコリ1:8
　 囲 Ⅰヨハ2:20, 27
22 ① 囲 ヨハ3:33
　 ② Ⅱコリ5:5, エペ1:14,
　 囲 ロマ8:16
　 ＊ あるいは「手付け金」
23 ① 囲 ロマ1:9,
　 囲 ガラ1:20
　 ② 囲 Ⅰコリ1:1
　 ③ 参 Ⅰコリ4:21,
　 Ⅰコリ2:1, 3
24 ① Ⅰペテ5:3,
　 囲 Ⅰコリ4:5, 11:20
　 ② ロマ11:20,
　 ③ Ⅰコリ15:1

1 ① 囲 Ⅰコリ4:21,
　 Ⅱコリ12:21
2 ① 囲 Ⅱコリ7:8
3 ① 囲 Ⅱコリ2:9, 7:8, 12
　 ＊「手紙」は補足
　 ② 囲 Ⅰコリ4:21,
　 Ⅱコリ12:21

ときには、私に喜びを与えてくれるはずの人たちから悲しみを与えられたくないからでした。それは、私の喜びがあなたがたすべての喜びであることを、あなたがたすべてについて確信しているからです。
⁴私は大きな苦しみと心の嘆きから、涙ながらに、あなたがたに手紙を書きました。それは、あなたがたを悲しませるためではなく、私があなたがたに対して抱いている、あふれるばかりの愛を知っていただきたいからでした。

違反者の赦し
⁵もしある人が悲しみのもとになったとすれば、その人は、私を悲しませたというよりも、ある程度――というのは言い過ぎにならないためですが――あなたがた全部を悲しませたのです。
⁶その人にとっては、すでに多数の人から受けたあの処罰で十分ですから、
⁷あなたがたは、むしろ、その人を赦し、

③ ガラ5:10, Ⅱテサ3:4,
　 ピレ21
4 ① Ⅱコリ2:9, 7:8, 12
5 ① 囲 Ⅰコリ5:1, 2(？)
6 ① Ⅱコリ5:4, 5,
　 Ⅱコリ7:11
7 ① ガラ6:1, エペ4:32

基本的には「その通り」という意味で、キリストによるいのち、力、希望の揺るぎない真理のメッセージを再確認し受入れる信仰の声である。黙示録3:14では主イエスが「アーメン」と呼ばれている。

1:22　保証として、御霊を私たちの心に　パウロは聖霊を通してキリスト者の中に実現した神の働きの四つの面を挙げている。

（1）御霊は人々を霊的刷新によってキリストとの正しい関係に導き入れた後（ヨハ3:3-8）、信仰が成長する霊的土台をしっかり据えてくださる（→Ⅰペテ1:5注）。→「新生－霊的誕生と刷新」の項 p.1874

（2）御霊は信仰者に油を注いで（分離し、任命し、力を与える）キリストの福音を伝え（→使1:8注）、キリストの働きと目的を達成し（イザ61:1, マタ10:19-20, ヨハ14:12, 使10:38）、真理を知る（Ⅰヨハ2:20）力を与えてくださる。→「聖霊の働き」の表 p.2187

（3）御霊は神の所有権を示す正式な証印であって、信仰者に神のものになったしるしをつけ、神にならった品性を造り出してくださる（⇒3:18, ガラ5:22-23, エペ1:13）。→「罪の性質の行いと御霊の実」の項 p.2208

（4）御霊は「保証」であり、永遠のいのちと信仰者がキリストとともに受ける相続の、最初の分であり保証である（5:5, ロマ8:23, →エペ1:13-14注）。→「聖霊

の教理」の項 p.1970

2:1　悲しませることになるような訪問　パウロは問題があったので既に一度コリントを訪問していた。そのような辛い訪問をパウロは繰返したくはなかった（→緒論）。

2:4　大きな苦しみと心の嘆きから　キリストに仕える奉仕者には、神の民がキリストに従う道から離れて罪と過ちに陥るのを見るときに、心から悲しむ愛と細やかな心が必要である（⇒詩126:5-6, マコ9:24注, →ルカ19:41注, ヨハ11:35注, 使20:19注）。

2:6　あの処罰で十分です　この箇所から私たちは、深刻な罪を犯した（性的不品行、姦淫など →Ⅰコリ5:）教会員に対する新約聖書の戒規について知ることができる。

（1）キリストの教会の高潔な特徴を守るために（⇒Ⅰコリ5:1-2）、罪を犯した人には霊的変化を生み出し生活を改革するために必要な罰を加えなければならない。けれども厳し過ぎて教会の共同体に復帰する希望や機会がなくなるような罰であってはならない（2:7）。ただし、赦しと回復は無条件に与えられるものではない。

（2）処罰が十分に行われた後にその人が本当に悔い改めるなら（罪に対して心から悲しみ、神に対して心を変え自分勝手な道から離れて神に服従すること）、

慰めてあげなさい。そうしないと、その人はあまりにも深い悲しみに押しつぶされてしまうかもしれません。

8 そこで私は、その人に対する愛を確認することを、あなたがたに勧めます。

9 私が手紙を書いたのは、あなたがたがすべてのことにおいて従順であるかどうかをためすためであったのです。

10 もしあなたがたが人を赦すなら、私もその人を赦します。私が何かを赦したのなら、私の赦したことは、あなたがたのために、キリストの御前で赦したのです。

11 これは、私たちがサタンに欺かれないためです。私たちはサタンの策略を知らないわけではありません。

新しい契約の働き人たち

12 私が、キリストの福音のためにトロア

スに行ったとき、主は私のために門を開いてくださいましたが、

13 兄弟テトスに会えなかったので、心に安らぎがなく、そこの人々に別れを告げて、マケドニヤへ向かいました。

14 しかし、神に感謝します。神はいつでも、私たちを導いてキリストによる勝利の行列に加え、至る所で私たちを通して、キリストを知る知識のかおりを放ってくださいます。

15 私たちは、救われる人々の中でも、滅びる人々の中でも、神の前にかぐわしいキリストのかおりなのです。

16 ある人たちにとっては、死から出て死に至らせるかおりであり、ある人たちにとっては、いのちから出ていのちに至らせるかおりです。このような務めにふさわしい者は、いったいだれでしょう。

その罪を赦し愛の心をもって慰めなければならない（2:7-8）。

（3）罪を犯した人を処置しまた教会生活に回復させる場合には、柔和な心（ガラ6:1）、悲しみ、真剣さ、罪に対する正義の怒り、神とみことばへの恐れなどが必要である。教会の指導者は、神の名前が汚されないように、そして正義が行われるようにという強い思いをもってこのことに当たらなければならない。なぜなら目標は、罪を犯した人にキリストと教会に対して申し開きをする責任があることを理解させることだからである（→7:11, ⇒Ⅰコリ5:5, 13）。今日の多くの教会は新約聖書の原則を捨ててしまっている。そして罪を大目に見て罪を犯した人々を無条件で赦して受入れている。それは本当の恵みの行動ではない。つまり神に対する献身、責任、服従などがないのに、神の愛、あわれみ、助けが与えられると保証している。そのような教会の指導者たちは怠慢で、聖霊が教会に言っておられることを聞こうとしていないのである（→黙2:-3: いくつかの教会に対するキリストの訴え、叱責、戒規が描かれている）。その結果、教会員は罪を軽く扱い神に逆らうことが恐ろしいこととは思わずに生活するようになる。悲しいことに、教会員たちは最後のさばきのときにキリストに対して申し開きをする責任があることを考えようとしなくなっている（→マタ18:15注）。

2:11 サタンに欺かれないためです サタンの霊的攻撃を防ぐ上で大切なことは、私たちの弱みに付け込んでキリストへの献身から遠ざけようとする働きに注意

することである（→エペ6:11注）。サタンは絶えず私たちを滅ぼそうとねらっているので、いつも「身を慎み、目をさまして」（Ⅰペテ5:8）神に頼り続け、悪に打勝つために与えられた武器を使う備えをしていなければならない（→エペ6:10-18, →**サタンと悪霊に勝利する力**」の項p.1726）。

2:14-16 勝利の行列 ここでは戦いに勝利したローマの軍隊の情景が用いられている。勝利した将軍は兵士たちの先頭に立ち戦闘で得た捕虜を連れて町中を行進する。人々が歓声を上げる中、芳香や香を焚いたかおりが道に満ちる。これはキリスト者が、キリストをリーダーとして霊的戦いを進め勝利する姿を表す光景でもある。その場合、神はキリスト者をキリストの愛と霊的救いの勝利のあかしとしてこの世界に示されるのである。キリスト者は世界に向けてキリストの福音を伝える。その福音はかぐわしいかおりのようにどこに行くときもついてくる。ローマ軍の行進では香料のかおりは勝利した軍隊にとっては勝利のかおりだったけれども、捕虜にとっては同じかおりが敗北と死を意味していた。同じようにキリストの福音とそれを伝える人々に対して、見物人はそれぞれの神との関係によって異なる反応を示す。「救われる人々」（キリストを知りその福音を歓迎して受取る人々 2:15）にとって、キリストの福音はいのちを意味する。けれどもキリストを拒む「滅びる人々」にとってはその福音とそれを伝える人は「死に至らせるかおり」となる（2:16）。福音そのものが死を意味するのではない。自分でキリストを拒むことが死を選ぶことになる。

17 私たちは、多くの人のように、神のことばに混ぜ物をして売るようなことはせず、真心から、また神によって、神の御前でキリストにあって語るのです。

3 1 私たちはまたもや自分を推薦しようとしているのでしょうか。それとも、ある人々のように、あなたがたにあてた推薦状とか、あなたがたの推薦状とかが、私たちに必要なのでしょうか。

2 私たちの推薦状はあなたがたです。それは私たちの心にしるされていて、すべての人に知られ、また読まれているのです。

3 あなたがたが私たちの奉仕によるキリストの手紙であり、墨によってではなく、生ける神の御霊によって書かれ、石の板にではなく、人の心の板に書かれたものであることが明らかだからです。

4 私たちはキリストによって、神の御前でこういう確信を持っています。

5 何事かを自分のしたことと考える資格が私たち自身にあるというのではありません。私たちの資格は神からのものです。

6 神は私たちに、新しい契約に仕える者となる資格を下さいました。文字に仕える者ではなく、御霊に仕える者です。文字は殺し、御霊は生かすからです。

新しい契約の栄光

7 もし石に刻まれた文字による、死の務めにも栄光があって、モーセの顔の、やがて消え去る栄光のゆえにさえ、イスラエルの人々がモーセの顔を見つめることができなかったほどだとすれば、

8 まして、御霊の務めには、どれほどの栄光があることでしょう。

9 罪に定める務めに栄光があるのなら、義

---

17 ①図Ⅱコリ4:2、図ガラ1:6-9、*あるいは(神のことばを腐敗させる(ようなことはせず)」 ②図Ⅱコリ1:12、Ⅰコリ5:8、図Ⅰテサ2:4、Ⅰペテ4:11 ③図Ⅱコリ12:19

1 ①図Ⅱコリ5:12、10:12、18、12:11、②図使18:27、ロマ16:1、Ⅰコリ16:3 2 ①図Ⅰコリ9:2 3 ①図Ⅱコリ3:6、②図マタ16:16、③図Ⅱコリ3:7、ロマ24:12、31:18、32:15、16 ④エレ31:33、図エゼ11:19 *直訳「肉の心」 ⑤箴3:3、7:3、エレ17:1

4 ①エペ3:12 5 ①図Ⅰコリ15:10 6 ①図Ⅱコリ2:20、②図Ⅰコリ3:5、③図ロマ2:29 ④ヨハ6:63、ロマ7:6 7 ①図Ⅱコリ3:9、ロマ7:5、6、ガラ3:10、21、22 ②図Ⅱコリ3:3、出24:12、31:18、③Ⅱコリ3:13、出34:29-35

9 ①図Ⅱコリ3:7、図マ27:26、ヘブ12:18-21 ②図ロマ1:17、3:21、22

2:17 神のことばに混ぜ物をして パウロはここでキリストの福音が求めているもの、つまりキリストへの個人的な献身、責任、犠牲などを薄めている説教者のことを描いている。その人々の関心は、人々に受入れられることと富と成功にしかなかった(⇒11:4、12-15)。ある人々には才能があり説得力もあった。けれども実際には人を欺き富と力にどん欲だった(⇒ヨハ10:12-13、ピリ1:15、17、Ⅰペテ5:2、Ⅱペテ2:1-3、14-16)。

3:3 人の心の板に書かれた 新しい契約(イエス・キリストのいのちと犠牲を通して与えられる神の霊的救いの計画 マタ26:28)のもとでは、神の律法がシナイ山で古代のイスラエル人に石の板に書いて与えられたようにではなく(出31:18)、聖霊が「人の心の板」に書いてくださる(→「旧契約と新契約」の項 p.2363)。キリストを受入れて従う人々は、神の律法を心の中に持ち聖霊の力によってそれを守ることができるようになる(→エレ31:33注、エゼ11:19注)。この内側の律法は神とほかの人々に対する完全な無私の愛によって成り立つものである(⇒マタ22:34-40、マコ12:28-31、ロマ13:8-10)。

3:6 神は私たちに・・・仕える者となる資格を下さいました 「資格を下さいました」と訳されていることば(《ギ》ヒカノーセン)は、「適任であり十分に力が与えられた」という意味で、その結果神に喜ばれるようになるのである。つまり神はキリストに従う人々を罪の赦しと新しいいのちのことばを広めるために召され

ただけではなく、そのことばを効果的に伝える力をも与えてくださるのである。

3:6 文字は殺し、御霊は生かす 人々を殺すのは神の律法やみことばではない。人々を罪に定めるのは律法の要求であって、聖霊のいのちと力ではない(3:7、9、⇒エレ31:33、ロマ3:31、→「**信仰と恵み**」の項 p.2062)。つまり神の律法は良いもので正しい(⇒ロマ7:12-14)。けれどもその完全な基準によれば、人はみな有罪で死に定められている。そこで律法は「罪に定める務め」と呼ばれるのである(3:9)。この律法の機能は必要だった。それは神の基準に合うような生活が私たちにはできないことを明らかにし、キリストを必要としていることを示すからである(⇒ロマ5:20、7:7、13、ガラ3:24-25)。神に対する罪を告白して罪の赦しを受入れ自分の人生を神の支配と導きにゆだねる人々は、霊的に新しくされ神の御霊が来て住んでくださる。聖霊はキリストに従う人々の中に臨在を現し、神の律法を愛する愛を与え、さらにその道徳的基準と原則によって生きる力まで与えてくださる。

3:8 御霊の務め パウロは新しい契約を「御霊の務め」と呼んでいる(新しい契約とは御子イエス・キリストのいのちと犠牲を通して人々に霊的救いを与え神との関係を回復する神の計画である)。キリストを信じる信仰によって人々は聖霊を受け霊的に生れ変る(⇒ヨハ3:3-8、→「**新生—霊的誕生と刷新**」の項 p.1874)。また、約束された聖霊のバプテスマも受けることができる(使1:8、2:4、→「**聖霊のバプテスマ**」の

とする務めには、なおさら、栄光があふれるのです。

10 そして、かつて栄光を受けたものは、この場合、さらにすぐれた栄光のゆえに、栄光のないものになっているからです。

11 もし消え去るべきものにも栄光があったのなら、永続するものには、なおさら栄光があるはずです。

12 このような望みを持っているので、私たちはきわめて大胆にふるまいます。

13 そして、モーセが、消えうせるものの最後をイスラエルの人々に見せないように、顔におおいを掛けたようなことはしません。

14 しかし、イスラエルの人々の思いは鈍くなったのです。というのは、今日に至るまで、古い契約が朗読されるときに、同じおおいが掛けられたままで、取りのけられてはいません。なぜなら、それはキリストによって取り除かれるものだからです。

15 かえって、今日まで、モーセの書が朗読

12①Ⅱコリ7:4
②ピレ8, 囲使4:13, 29
13①囲Ⅱコリ3:7
14①囲ロマ1:7,囲Ⅱコリ4:4
②囲Ⅱコリ3:6
③囲使13:15
＊別訳「[掛けられ]ていますそれはキリストにあって取り除かれることが、まだ啓示されていなかったからです」

16①出34:34, ロマ11:23
17①囲ガラ4:6, 囲イザ61:1,2
②ヨハ8:32, ガラ5:1, 13
18①Ⅰコリ13:12
＊あるいは「主の栄光を鏡に映すように見ながら」
②囲Ⅱコリ4:4, 6,
囲ヨハ17:22, 24
③囲ロマ8:29
④囲Ⅱコリ3:17

①①囲Ⅰコリ7:25
②囲Ⅱコリ3:5
③囲Ⅱコリ4:16, ルカ18:1,
ガラ6:9, エペ3:13,
囲Ⅰテサ3:13
2①囲ロマ6:21, Ⅰコリ4:5
②囲2:17
③囲Ⅱコリ5:11, 12

されるときはいつでも、彼らの心にはおおいが掛かっているのです。

16 しかし、人が主に向くなら、そのおおいは取り除かれるのです。

17 主は御霊です。そして、主の御霊のあるところには自由があります。

18 私たちはみな、顔のおおいを取りのけられて、＊鏡のように主の栄光を反映させながら、栄光から栄光へと、主と同じかたちに姿を変えられて行きます。これはまさに、御霊なる主の働きによるのです。

土の器の中の宝

4 ¹こういうわけで、私たちは、あわれみを受けてこの務めに任じられているのですから、勇気を失うことなく、²恥ずべき隠された事を捨て、悪巧みに歩まず、神のことばを曲げず、真理を明らかにし、神の御前で自分自身をすべての人の良心に推薦しています。

項 p.1950)。霊的救いと神との個人的関係の回復に含まれる祝福はみな、信じる人々の中に働く聖霊を通して与えられる。聖霊は忠実に従う人々の中にキリストの臨在と祝福を強力に実現してくださる(3:9, →「聖霊の教理」の項 p.1970,「聖霊の働き」の表 p.2187)。

3:14 同じおおいが掛けられたままで モーセはシナイ山から神の戒めが刻まれた石の板を持って戻って来た。そのとき自分の顔にある神の栄光の輝きを隠すためにおおいをかけた(出34:29-35)。けれどもそれは神の栄光が消えていくのを人々から隠すためでもあった。この節でパウロは、キリストを受入れていない人々にはおおいがまだ残っているかのように言っている。その人々は古い契約(神の律法と約束、人々の忠実と服従に基づいた神とイスラエルとの「終生協定」)が一時的なもので、人々にキリストを指し示すものだったことがわからないのである(⇒ガラ3:24-25)。人々はキリストを信じる信仰によって初めて新しい契約(その偉大な栄光のゆえに)が古い契約にとって代わったことを知るようになる(→「旧契約と新契約」の項 p.2363)。

3:17 御霊のあるところには自由があります キリストを信じる信仰と献身を通して与えられる自由(ガラ5:1)は人々を罪の奴隷(3:7-9, ロマ6:6, 14, 8:2, エペ4:22-24, コロ3:9-10)とサタンの力と支配(使26:18, コロ1:13, Ⅰペテ5:8)から救い出し解放する。

(1)自由は人々が神の赦しを受入れイエス・キリストとの個人的関係を持ち(使4:12,エペ1:7)、聖霊を受けたときから始まる(→「新生−霊的誕生と刷新」の項 p.1874)。そして御霊の導きに従うことにより自分たちの内に住まわれる聖霊の力によって霊的奴隷状態からの解放を体験し続けることができる(ロマ8:1〜, ガラ5:18, ⇒ヨハ15:1-11)。

(2)キリストによって信仰者に与えられた自由はしたいことを何でもできるという自由ではなく(Ⅰコリ10:23-24)、しなければならないことをみな行うことができるという自由である(ロマ6:18-23)。霊的自由はいかがわしい振舞の言訳をしたり悪いことを隠したり、ほかのキリスト者との争いを正当化するために用いるものではない(ヤコ4:1-2, Ⅰペテ2:16-23)。キリスト者の自由は神が正しいと決められた方法に従ってキリストが望んでおられることを行い、自由に神に仕え(Ⅰテサ1:9)ほかの人々に仕える(Ⅰコリ9:19)ことができるようにする(ロマ6:18〜)。私たちは今やキリストの奴隷(奴隷以上に喜んで仕えるしもべ)であって(ロマ1:1, Ⅰコリ7:22, ピリ1:1)、神をあがめる生活を御霊の助けと力によって行っているのである(ロマ5:21, 6:10-13)。

3:18 主の栄光を反映させながら 私たちは祈りと聖霊を通してキリストの臨在と情熱、力を体験することによって主イエスにさらに似た者(4:6, ⇒コロ1:15,

³ それでもなお私たちの福音におおいが掛かっているとしたら、それは、滅びる人々の場合に、おおいが掛かっているのです。
⁴ その場合、この世の神が不信者の思いをくらませて、神のかたちであるキリストの栄光にかかわる福音の光を輝かせないようにしているのです。
⁵ 私たちは自分自身を宣べ伝えるのではなく、主なるキリスト・イエスを宣べ伝えます。私たち自身は、イエスのために、あなたがたに仕えるしもべなのです。
⁶「光が、やみの中から輝き出よ」と言われた神は、私たちの心を照らし、キリストの御顔にある神の栄光を知る知識を輝かせてくださったのです。
⁷ 私たちは、この宝を、土の器の中に入れているのです。それは、この測り知れない力が神のものであって、私たちから出たものでないことが明らかにされるためです。

3 ①圏Ⅱコリ2:12
　②Ⅱコリ3:14,
　囲Ⅰコリ1:18以下
　③圏Ⅰコリ1:18,
　Ⅱコリ2:15
4 ①圏ヨハ12:31,②圏マタ13:22,③囲Ⅱコリ3:14,
　④コロ1:15,囲ピリ2:6,ヘブ1:3,ヨハ1:18
　⑤Ⅱコリ3:18
　囲ヨハ4:6
5 ①Ⅰテサ2:6,7
　* あるいは「による」
6 ①圏創1:3,②囲Ⅰペテ1:19
　囲ヨハ4:4,囲ヨエ26:18
7 ①Ⅱコリ5:1,Ⅱテモ2:20,
　囲ヨハ4:19,10:9,33:6,
　哀4:2
　②圏Ⅰコリ2:5,囲士7:2
8 ①Ⅱコリ7:5,囲Ⅱコリ1:8
　②圏ガラ4:20
9 ①圏ヨハ15:20,
　ロマ8:35,36
　②ヘブ13:5,囲詩129:2
　③囲詩37:24,箴24:16,ミカ7:8
10 ①圏ロマ6:5,8:36,
　囲ガラ6:17
　②囲ロマ6:8
13 ①詩116:10
　②Ⅰコリ12:9
14 ①圏使2:24

⁸ 私たちは、四方八方から苦しめられますが、窮することはありません。途方にくれていますが、行きづまることはありません。
⁹ 迫害されていますが、見捨てられることはありません。倒されますが、滅びません。
¹⁰ いつでもイエスの死をこの身に帯びていますが、それは、イエスのいのちが私たちの身において明らかに示されるためです。
¹¹ 私たち生きている者は、イエスのために絶えず死に渡されていますが、それは、イエスのいのちが私たちの死ぬべき肉体において明らかに示されるためなのです。
¹² こうして、死は私たちのうちに働き、いのちはあなたがたのうちに働くのです。
¹³「私は信じた。それゆえに語った」と書いてあるとおり、それと同じ信仰の霊を持っている私たちも、信じているゆえに語るのです。
¹⁴ それは、主イエスをよみがえらせた方

ヘブ1:3)に変えられていく。そしてキリストはどのような方で何を行おうと望んでおられるのかをほかの人々に正確に印象付けるようになっていく。このような私たちの変化は地上の生活の中では漸進的で部分的である。けれどもキリストが再び来られるとき、顔と顔を合わせて会うことができるのでその変化は完成される(Ⅰヨハ3:2,黙22:4)。 →「神の栄光」の項 p.1366

4:4 この世の神が不信者の思いをくらませて　「この世の神」とは今、世界中で多くの活動に力を振っているサタンのことである(⇒ヨハ12:31, 14:30, 16:11, エペ2:2, Ⅰヨハ5:19)。けれどもサタンの力は一時的で暫定的である。キリストを受入れて従うのか、それとも自分勝手な生き方をして悪に従い続けるのか、選択をするようにサタンは神が許される範囲で人々に迫る。そのサタンの影響は歴史の終りになって終り、サタンは永遠に火の池に投げ込まれる(黙19:11-20:10)。けれども現在の時点でサタンはその悪の働きを続けており、イエス・キリストに従わない人々はサタンの影響のもとにとどまっている。サタンは人々を欺き神のことばの真理を見えないようにさせ、キリストが必要であることを悟らせないようにしている。その暗やみの中で人々は霊的救いを拒んでいる。
キリストを知っている私たちは、真理に目を閉ざされている人々を神のあわれみの目を通して見なければならない。そのような人々の反抗的な態度に私たちはがっかりしたり怒ったりしやすいけれども、謙遜と積極的な同情心をもって祈り、キリストの福音を伝え続けなければならない。そのために聖霊は私たちに力を与えて(使1:8)、だれもが聞いて理解し真理を信じるか信じないか(キリストを受入れるか拒むか)決断ができるようにしてくださる(4:5-6, →マタ4:10注)。

4:7 この宝を、土の器の中に入れている　キリスト者は「土の器」のような存在で、時には不安、恐れ、悲しみ、弱さなどを感じ、自分のもろさや傷つきやすさを覚える(⇒1:4, 8-9, 7:5)。けれども神の「宝」を内に持っているなら価値が下がったり敗北したりすることはない。キリスト教とはこの地上の生活で弱さがなくなったり取除かれたりすることではない。また神の力の単なる見世物でもない。それは神の力が人の弱さを通して現されることである(12:9)。これは、(1) 私たちがあらゆる問題や困難の中で神の力と愛によって「圧倒的な勝利者」(ロマ8:37)になり、(2) キリストの愛と力、いのちが私たちの弱さや問題、苦難のうちに現されるという意味である(4:8-11, ⇒12:7-10)。

4:8 苦しめられますが、窮することはありません　キリストとの個人的関係をしっかり保ちキリストの臨在と力を体験しているなら、どんな困難や病気、悲劇によっても霊的に敗北することはない。外側の情況が耐えられないように見え、人間の能力や手段が尽きたときにこそ、神の力と手段が与えられ信仰や希望や力が増し加えられる。どのような情況の中でも神はご自分の忠実な子どもたちを見捨てられることはない(ロマ8:35-39,ヘブ13:5)。

4:11-12 死に渡されています　キリストの愛といの

が、私たちをもイエスとともによみがえらせ、あなたがたといっしょに御前に立たせてくださることを知っているからです。

15 すべてのことはあなたがたのためであり、それは、恵みがますます多くの人々に及んで感謝が満ちあふれ、神の栄光が現れるようになるためです。

16 ですから、私たちは勇気を失いません。たとい私たちの外なる人は衰えても、内なる人は日々新たにされています。

17 今の時の軽い患難は、私たちのうちに働いて、測り知れない、重い永遠の栄光をもたらすからです。

18 私たちは、見えるものにではなく、見えないものにこそ目を留めます。見えるものは一時的であり、見えないものはいつまでも続くからです。

14 ② Ⅰテサ4:14
③ エペ5:27, コロ1:22, ユダ24, 脚ルカ21:36
15 ① 脚ロマ8:28
② Ⅱコリ1:11, 団コリ9:19
* 直訳「多くの人によって増し加わり」
16 ① 脚コリ4:1
② 脚ロマ7:22
③ 脚コロ3:10, イザ40:29, 31
17 ① ロマ8:18
18 ① Ⅱコリ5:7, ロマ8:24, ヘブ11:1, 13

1 * 直訳「地上の幕屋の家」
① Ⅰコリ15:47,
団 Ⅱコリ4:7, ヨブ4:19
② Ⅰペテ1:13, 14
③ 団マコ14:58,
使7:48, ヘブ9:11, 24
2 ① ロマ8:23, Ⅱコリ5:4
② 団 Ⅰコリ15:53, 54, Ⅱコリ5:4
4 ① 脚コリ5:2
② 団 Ⅰコリ15:53, 54, Ⅱコリ5:2
③ Ⅰコリ15:54
5 ① Ⅱコリ1:22, ロマ8:23
* あるいは「手付け金」

私たちの天の住まい

5 1 私たちの住まいである地上の幕屋がこわれても、神の下さる建物があることを、私たちは知っています。それは、人の手によらない、天にある永遠の家です。

2 私たちはこの幕屋にあってうめき、この天から与えられる住まいを着たいと望んでいます。

3 それを着たなら、私たちは裸の状態になることはないからです。

4 確かにこの幕屋の中にいる間は、私たちは重荷を負って、うめいています。それは、この幕屋を脱ぎたいと思うからでなく、かえって天からの住まいを着たいからです。そのことによって、死ぬべきものがいのちにのまれてしまうためにです。

5 私たちをこのことにかなう者としてくださった方は神です。神は、その保証として

ちをほかの人々にも届けようとするなら、私たち自身の自己中心的な願いや神に対する反抗的姿勢がキリストの苦しみと死(ロマ6:10注, 11注)に結び付かなければならない(4:12)。キリストのために自己否定や問題、失望や自己犠牲、苦難などを体験することによって初めてほかの人々に神の愛や配慮、豊かな祝福を示すことができるようになる(⇒11:23-29, ロマ8:36-37, ピリ1:29, Ⅰペテ4:14)。主イエスはヨハネ12:24-25で、これと同じ謙遜や自己犠牲、服従などの原則を教えられた。

4:16 外なる人・・・内なる人 「外なる人」とは人間の肉体のことで、肉体は人間の定めと人生の苦労から日々衰え死に向かって進んでいる(4:17)。「内なる人」とはキリストの霊的いのちによって変えられたキリスト者の霊を指している。肉体は年をとり衰えていくけれども、私たちはキリストのいのちと信じる力を与え続けてくださる聖霊によって、霊的刷新を体験し続けていくことができる。そして思いや感情、願いや振舞はキリストの導きや感化によってキリストの品性と永遠の目的に一致するようになっていく。

4:17 今の時の軽い患難・・・重い永遠の栄光 キリストに忠実に従う人々も問題や困難に直面するけれども、それらはキリストを通して最後に受ける栄光と誉れに比べれば軽くて、ないのと同じである。その栄光は既に部分的に現れている。けれども完全に体験できるのは未来のことである(⇒ロマ8:18)。したがってどんな問題に直面しても私たちは希望を失ったり信仰を捨てたりしてはならない。 →「正しい人の苦し

み」の項 p.825

4:18 いつまでも続く ギリシャ語の「アイオーニオス」は「始めも終りもない」という意味で、普通は終りのない時という意味の「永遠」を意味している。この人生で私たちは理解しにくいことをしばしば見たり体験したりするけれども、それらはほんの一時的なものでいつかは終る。したがって私たちは永遠のことを考えて、心を強め落胆しないようにするべきである(4:1, 16)。目に見えない霊的報いは目に見えるものと同じように確かである(⇒ヘブ11:1, 6, 26-27)。むしろ目に見えないものがいつまでも続くのである。信仰者として私たちは日々の生活の中でそれらのものにこそ目を留めていかなければならない(→ピリ3:20, ヘブ12:2)。

5:1 地上の幕屋 パウロはキリストがすぐに再び来られると思っていたので、「私たちの住まいである地上の幕屋がこわれても」と条件付きで話している。そして死ぬことを想定していない。からだはキリストのところに行くためにたちまち変えられるというのである(→「携挙」の項 p.2278)。このこと(死ぬことまたは変えられること)は今日のキリストに忠実に従う人々にも起こることである。主イエスが再び来られる日や時間を私たちは知らないと主は言われた(マタ24:36, 42, 44)。したがって私たちはいつも備えていなければならない。その強い動機を持って道徳的に霊的にきよく悪から分離し心から神に献身した聖い生活をするべきである(→マタ24:42注, Ⅰヨハ3:2-3)。

5:1 地上の幕屋・・・建物 (1)「地上の幕屋」とい

御霊を下さいました。

6 そういうわけで、私たちはいつも心強いのです。ただし、私たちが肉体にいる間は、主から離れているということも知っています。

7 確かに、私たちは見るところによってはなく、信仰によって歩んでいます。

8 私たちはいつも心強いのです。そして、むしろ肉体を離れて、主のみもとにいるほうがよいと思っています。

9 そういうわけで、肉体の中にあろうと、肉体を離れていようと、私たちの念願とするところは、主に喜ばれることです。

10 なぜなら、私たちはみな、キリストのさばきの座に現れて、善であれ悪であれ、各自その＊肉体にあってした行為に応じて報いを受けることになるからです。

和解の務め

11 こういうわけで、私たちは、主を恐れることを知っているので、人々を説得しようとするのです。私たちのことは、神の御前に明らかです。しかし、あなたがたの良

6① 囲ヘブ11：13, 14
7① 囲Ⅱコリ4：18, Ⅰコリ13：12
8① 囲ヨハ12：26, ピリ1：23
② 囲ピリ1：23
9① 囲ロマ14：18, コロ1：10, Ⅰテサ5：1
10① 囲マタ16：27, 囲使10：42, ロマ2：16, 14：10, 12, エペ6：8
＊直訳「肉体による事から（複数）」
11① 囲ヘブ10：31, 12：29, ユダ23
② 囲Ⅱコリ4：2

12① 囲Ⅱコリ3：1
② Ⅱコリ1：14, ピリ1：26
13① Ⅱコリ11：1, 16以下, 12：11, 囲マコ3：21
＊直訳「狂っていた」
14① 囲使18：5
② 囲ロマ5：15, 6：6, 7, ガラ2：20, コロ3：3
15① 囲ロマ14：7-9
16① Ⅱコリ11：18, ピリ3：4, 囲ヨハ8：15
＊直訳「肉によって」

心にも明らかになることが、私の望みです。

12 私たちはまたも自分自身をあなたがたに推薦しようとするのではありません。ただ、私たちのことを誇る機会をあなたがたに与えて、心においてではなく、うわべのことで誇る人たちに答えることができるようにさせたいのです。

13 もし私たちが気が狂っているとすれば、それはただ神のためであり、もし正気であるとすれば、それはただあなたがたのためです。

14 というのは、キリストの愛が私たちを取り囲んでいるからです。私たちはこう考えました。ひとりの人がすべての人のために死んだ以上、すべての人が死んだのです。

15 また、キリストがすべての人のために死なれたのは、生きている人々が、もはや自分のためにではなく、自分のために死んでよみがえった方のために生きるためなのです。

16 ですから、私たちは今後、人間的な＊標準で人を知ろうとはしません。かつては人間的な標準でキリストを知っていたとして

うことばは、一時的ではかない私たちのからだまたは地上の人生を指している。(2)「神の下さる建物・・・人の手によらない、天にある永遠の家」は永遠に続く天の情況を全体的に指していると思われる。また復活のからだを待っている信仰者たちに用意されているからだのことでもある（→「**肉体の復活**」の項 p.2151）。ある人はここのことばを使って、信仰者は死んだ後に復活を待つ間はからだのない霊、漠然とした影、かたちのない裸のたましいであると教えてきた。けれども変貌の山でのモーセとエリヤは復活のからだを待っていたはずなのに、目に見える天のからだで現れている（→マタ17：2-3, マコ9：2-4）。さらに黙示録6：9-11では、天にいる「たましい」（その中には患難の時代に信仰のために殺され悪に対する神の最後のさばきの日を待っている人々がいる）は目に見える白い衣をまとっていると描写されている。

5：8 主のみもとにいる この節はほかの節とともに（ルカ23：42-43, ピリ1：23）死と死後のいのちの間には中断がないことをはっきりと教えている（→「**死**」の項 p.850）。キリスト者は死ぬと直ちにキリストのおられる所に行く（Ⅰコリ13：12）。したがって信仰者にとっては「死ぬことも益」（ピリ1：21）である。このこ

とはキリストが今は信じる人々とともにおられないという意味ではない。キリストに従う人々の中には聖霊が住んでおられ、キリストの臨在を確かなものにしておられる（→「**聖霊の教理**」の項 p.1970）。同時にこのことは、私たちが今は見えるものではなく信仰によって従っていることを教えている（ヘブ11：1）。

5：10 キリストのさばきの座 さばきの日に信仰者に何が起こるかについての詳細 →「**さばき**」の項 p.2167

5：13 もし私たちが気が狂っているとすれば パウロがキリストに出会ったこと（使9：）や恐ろしい苦難を耐え忍んだことなどをあかしすると、パウロの働きに反対し教会の中での権威に挑戦している人々は、大げさで気が狂っていると言って非難したようである。けれどもパウロは、たとい気が狂っていると思われてもあかしを否定したり撤回したりすることはなかった。むしろそれらのことはみなキリストの働きを成就するためには必要な部分であるとして喜んで耐えたのである。そしてコリントの人々に対する奉仕と教えの中で乱暴なことは何一つしなかった。いつも完全に冷静で率直に話し扇情的になったり誇張したりすることを避けていた（⇒Ⅰコリ2：1-5）。

さばき

「なぜなら、私たちはみな、キリストのさばきの座に現れて、善であれ悪であれ、各自その肉体にあってした行為に応じて報いを受けることになるからです。」(コリント人への手紙第二5:10)

神の民つまり神を信じる人々は、地上の人生についていつか「キリストのさばきの座」で説明をしなければならないと聖書は教えている。私たちは自分の働きや行いによって救われ神との関係ができたのではない。神の恵みと自分の人生をキリストにささげる信仰によって救われたのである（⇒エペ2:8-9, テト3:5）。けれどもなお地上の生活で何を行ったか、何を行わなかったかによってさばきを受けることになる。それは特に神を尊び神の目的に仕える機会をどのように活用したかということと関係している。神の民のさばきについては次のことに注意が必要である。

(1) キリスト者はみなさばきを受けなければならない。これには例外がない（ロマ14:12, Ⅰコリ3:12-15, Ⅱコリ5:10, →伝12:14注）。

(2) このさばきはキリストがご自分の教会（キリストの弟子たち）のために再び来られたあとに行われる（→ヨハ14:3注, Ⅰテサ4:14-17）。患難時代にキリストを受入れてキリストのために生きた（そしてその信仰のために死んだと思われる）人々は、後によみがえって報いを受ける（黙20:4, →「終末の事件」の表p.2471）。

(3) さばくのはキリストである（ヨハ5:22, Ⅱテモ4:8）。

(4) 信仰者のさばきは荘厳で厳粛である。それは特に「損害」とか「損失」を伴い（Ⅰコリ3:15, Ⅱヨハ1:8）、「来臨のときに、御前で恥じ入る」ことになり（Ⅰヨハ2:28）、人生で行ってきたことが全部焼かれる（Ⅰコリ3:13-15）可能性があるからである。けれどもたとい何を失ったとしても信仰者のさばきには神による罪の刑罰（神から離され天国から除外される）は含まれていない。

(5) 何もかもが明らかにされる。「現れて」(《ギ》ファネロオー Ⅱコリ5:10)ということばは「はっきりと、あるいは公に明らかにされる」という意味である。けれども私たちの失敗や欠点がほかの人々の前で暴かれるということではない。さばきはその人と神との間のことである。キリストの前で人がほかの人々をさばくことはない。神はただご自分の目的のために調べ、真実を（私たちが全く気付いていなかったかたちで）公に明らかにされるのである。調べられるのは私たちの、(a) 隠れた行動（マコ4:22, ロマ2:16）、(b) 性格（ロマ2:5-11）、(c) ことば（マタ12:36-37）、(d) 良い行い（エペ6:8）、(e) 態度（マタ5:22）、(f) 動機（Ⅰコリ4:5）、(g) 愛の不足（コロ3:18-4:1）、(h) 神や人々への働きと奉仕（Ⅰコリ3:13）などである。

(6) 信仰者は神に対する忠実さまたは不忠実さについて（マタ25:21, 23, Ⅰコリ4:2-5）、また与えられた能力と責任に照らして自分がとった行動について（ルカ12:48, ヨハ5:24, ロマ8:1）弁明しなければならない。

(7) 永遠の刑罰との関係で言えば、信仰者の悪い行いは悔い改める（神の前で認め、変え、離れること）なら赦されるものである（ロマ8:1）。けれどもさばかれるときにはやはり考慮に入れられる。「なぜなら、私たちはみな、キリストのさばきの座に現れて、善であれ悪であれ、各自その肉体にあってした行為に応じて報いを受けることになるからです」（Ⅱコリ5:10, ⇒伝12:14, Ⅰコリ3:15, コロ3:25）。信仰者の良い行いと愛は神に覚えられ報いを受ける（ヘブ6:10）。「良いことを行えば、奴隷であっても自由人であっても、それぞれその報いを主から受けることをあなたがたは知っています」（エペ6:8）。私たちの人生を評価するときに神は私たちが神の真理をどれだけ知っていたか、またどのような情況にいたかを考慮に入れてくださる。キリスト者にとってこれらのことは刑罰を下すためではなく、悪いことを行ったことを非難するために思い返させるのでもない（⇒イザ43:25, ヘブ8:12）。信仰者のさばきでは永遠の報いを決めるために忠実

さが問われるのである。さばきの土台になるのは人生で与えられた時間、能力、機会、財力などを神に仕え神の目的を実現するためにどう使ったかということである(⇒マタ25：14-30, ルカ19：12-27)。

(8) 神の民、神を信じる人々のさばきの結果は様々である。喜びを得たり(Ⅰヨハ2：28)、神に認められたり(マタ25：21)、使命と権威が与えられたり(マタ25：14-30)、地位(マタ5：19, 19：30)や報酬(Ⅰコリ3：12-14, ピリ3：14, Ⅱテモ4：8)、名誉(ロマ2：10, ⇒Ⅰペテ1：7)などが与えられたりあるいは失ったりするのである。

(9) キリスト者のさばきが近付いていることを思うと私たちはますます主を尊び主を恐れていくべきである。主を恐れるということはさばきを行うことのできる神の力と権威を厳粛に驚きの思いをもって認めることである。そして私たちが行うあらゆることを通して神をあがめることである(Ⅱコリ5：11, ピリ2：12, Ⅰペテ1：17, →「**神への恐れ**」の項 p.316)。さばきは確実に来ることを考えると、神の民はきよい思いと自制心を持ち、霊的に目を覚まして祈り(Ⅰペテ4：5, 7)、きよく神を敬う生活をし(Ⅱペテ3：11)、だれに対しても同情と親切を示す(マタ5：7, ⇒Ⅱテモ1：16-18)ようにするべきである。

要約すると、霊的に救われた人々(イエス・キリストを信じる信仰を通して神を知り個人的関係を保っている人々 ヨハ3：36, 17：3, ⇒マタ7：23)の人生を神は次のような項目にしたがって評価されるのである。(1) 神に対する忠実さと与えられたものに対する責任(Ⅰコリ4：2, ⇒ロマ1：17)、(2) 与えられた機会と財力を元手にどのように人生を送り、神の目的に仕えたか(マタ25：14-22, Ⅰコリ 3：11-15)、(3) キリストがあがめられるために良いことを行う機会にどのように対応したか(マタ25：34-40)、(4) 地上の生涯で行ったことはどのような動機で行ったのか(ロマ2：16, Ⅰコリ4：5)。

Ⅱコリント　5章

も、今はもうそのような知り方はしません。*
①
17だれでもキリストのうちにあるなら、そ
の人は新しく造られた者です。古いものは
②　　　　　　　③
過ぎ去って、見よ、すべてが新しくなりま
した。
①
18これらのことはすべて、神から出ている
のです。神は、キリストによって、私たち
②　　　　　　③
をご自分と和解させ、また和解の務めを私
たちに与えてくださいました。
①
19すなわち、神は、キリストにあって、こ

17①㊟ロマ16:7
　＊あるいは「そこには新
　　しい創造があります」
　②㊟ガラ6:15, ヨハ3:3,
　　ロマ6:4, ㊟イザ43:18,
　　19, 65:17, エペ4:24,
　　黙21:4,5
18①㊟Ⅰコリ11:12
　②㊟コロ1:20, 黙ロマ5:10
　③㊟Ⅰコリ3:5
19①㊟コロ2:9
　　ロマ4:8, ㊟Ⅰコリ13:5
20①㊟エペ6:20, 黙マラ2:7
　②㊟Ⅱコリ6:1
　③㊟コロ1:20, 黙ロマ5:10
21①㊟ヘブ4:15,7:26,Ⅰペテ2:
　　22等, ㊟ロマ8:3, ガラ3:13

の世をご自分と和解させ、違反行為の責め
を人々に負わせないで、和解のことばを私
たちにゆだねられたのです。
20こういうわけで、私たちはキリストの
使節なのです。ちょうど神が私たちを通し
て懇願しておられるようです。私たちは、
キリストに代わって、あなたがたに願いま
す。神の和解を受け入れなさい。
21神は、罪を知らない方を、私たちの代わ
りに罪とされました。それは、私たちが、

5:17 その人は新しく造られた者です 神の赦しを受け入れ信仰によって自分の人生を主イエスにささげた人々は「新しく生まれ」(ヨハ3:3-8)完全に新しくされる。神の創造的宣言によって(4:6)霊的に変えられるのである。信じる人々は主イエスとの個人的関係を通して神の姿に新しくされ(神との関係を保つことによって神の品性を身につける 4:16, Ⅰコリ15:49, エペ4:24, コロ3:10)、新しい人になり(ガラ6:15, エペ2:10, 15, 4:24, コロ3:10)、そしてキリスト者になる。新しく造られた者としてキリスト者は栄光にあずかり(3:18)、新しく神を知る知識を持ち(コロ3:10)、考えと行動が変えられ(ロマ12:2)、神の聖さ(道徳的純粋性、霊的健全性、悪からの分離、神の目的への献身エペ4:24)を反映するようになる。神に所属する新しい創造物として、キリスト者は神の御霊によって治められる全く新しい存在になる(ロマ8:14, ガラ5:25, エペ2:10)。これらのことによって信仰者は神が最初に人間を造られたときの目的に回復されるのである(→「**新生－霊的誕生と刷新**」の項 p.1874)。

5:18 私たちをご自分と和解させ 「和解」(《ギ》カタラゲー)はキリストの贖い(霊的救い、回復、刷新)の働きの一部である。神と和解するとは神との正しい関係が回復されることである。

(1) 人間の罪と反抗は神に対する敵意となり神からの断絶になった(エペ2:3, コロ1:21)。この反抗は神の怒り(当然の怒り)とさばきを招く(ロマ1:18, 24-32, Ⅰコリ15:25-26, エペ5:6)。罪は神の完全な特性と正反対のものである。したがって人間には死と神からの永遠の断絶という究極の罰が下ることになる(ロマ5:12, 6:23)。

(2) 私たちは自分の努力だけで神に近付くことはできない(エペ2:8-9, テト3:5)。そこで神ご自身が私たちの罪のために愛をもって完全な支払いをしてくださった。御子イエスを送り(ヨハ3:16)、私たちの代わりに死んで罰を受け神と人々の間の溝を埋めるようにしてくださった(Ⅰペテ3:18)。キリストの贖い(罪をおおい赦しを与える)の死を通して神は罪の壁を取除き、罪びとである私たちが神に戻る道を開いてくださった(5:19, ロマ3:25, 5:10, エペ2:15-16)。

(3) 和解が有効になるのはそれぞれの人が悔い改め(罪を認めて離れ神の赦しを受け入れ、自分のいのちをキリストにささげその目的に沿って生きること →マタ3:2注)をしたときである。これはイエス・キリストを信じる信仰によって進めなければならない手続きである(ロマ3:22)。

(4) 教会(キリストに従うすべての人)にはこの和解の務め(キリストの福音を広め人々が神と和解して正しい関係を回復するのを助ける機会と責任)が与えられている(5:20, →ロマ3:25注)。

5:20 キリストの使節 「使節」とは一つの国(その政府)を公に代表してほかの国に行く権威を与えられた人のことである。パウロは協力者の兄弟たちとともにイエス・キリストの使節(《ギ》プレスビューオメン 大使という意味)とされていることを自覚し(⇒エペ6:20)、キリストの権威をもって人々に話し、人々が神との正しい関係に戻るように努力をしていた。キリストに従う人々もみな、同じようにキリストの大使として仕えて福音を伝えキリストの働きをし、神との個人的関係がまだできていない人々に神の国を代表して示すのである。この働きを私たちは一人で行うのではない。その奉仕のためにキリストは聖霊を与えて導き力を与えてくださる(使1:8)。

5:21 罪を知らない方を・・・罪とされました 神のことばの中のどこを見てもキリストが実際に「罪びと」になったとは書いていない。完全でしみのない神の小羊(罪のための唯一で完全ないけにえ Ⅰペテ1:19, ⇒Ⅰコリ5:7, 黙5:6, 12)のままである。それなのに主イエスは私たちの罪を全部背負われ(→「**贖罪の日**」の項 p.223)、父である神はさばきの対象として主イエスが十字架の上で死ぬようにされたのである(イザ53:10)。主イエスはご自分の完全ないのちを私たちの罪深いいのちの代りに差出して、あらゆる時代のあ

Ⅱコリント　5-6章

この方にあって、神の義となるためです。

6 ¹ 私たちは神とともに働く者として、あなたがたに懇願します。神の恵みをむだに受けないようにしてください。
² 神は言われます。
「わたしは、恵みの時にあなたに答え、
救いの日にあなたを助けた。」
確かに、今は恵みの時、今は救いの日です。

パウロの苦難

³ 私たちは、この務めがそしられないために、どんなことにも人につまずきを与えないようにと、
⁴ あらゆることにおいて、自分を神のしもべとして推薦しているのです。すなわち非常な忍耐と、悩みと、苦しみと、嘆きの中で、
⁵ また、むち打たれるときにも、入獄にも、暴動にも、労役にも、徹夜にも、断食にも、
⁶ また、純潔と知識と、寛容と親切と、聖霊と偽りのない愛と、
⁷ 真理のことばと神の力とにより、また、

左右の手に持っている義の武器により、
⁸ また、ほめられたり、そしられたり、悪評を受けたり、好評を博したりすることによって、自分を神のしもべとして推薦しているのです。私たちは人をだます者のように見えても、真実であり、
⁹ 人に知られないようでも、よく知られ、死にそうでも、見よ、生きており、罰せられているようであっても、殺されず、
¹⁰ 悲しんでいるようでも、いつも喜んでおり、貧しいようでも、多くの人を富ませ、何も持たないようでも、すべてのものを持っています。
¹¹ コリントの人たち。私たちはあなたがたに包み隠すことなく話しました。私たちの心は広く開かれています。
¹² あなたがたは、私たちの中で制約を受けているのではなく、自分の心で自分を窮屈にしているのです。
¹³ 私は自分の子どもに対するように言います。それに報いて、あなたがたのほうでも

らゆる罪の苦しみと罰を受け、神に対する私たちの負債を全部支払って神の完璧な正義に応えてくださった。そして私たちのために主イエスが犠牲となられたことを受入れ、過去の自分をささげるなら、罪の赦しを受けることができるようにしてくださった（→イザ53:5注、ロマ3:24注、25注）。

5:21 私たちが・・・神の義となるためです　義とは神と正しい関係にあることであり、キリストを信じる信仰と聖霊の力によって神の基準に沿った正しい生き方をすることである。

（1）ここでの義は、人間が自分の力で神の律法を守ることを指しているのではない。良い行いをすることによって神との関係を回復できる人はいないし、自分の力で神の律法を守ることのできる人もいない。私たちが義とされる道はただ一つ、私たちの罪のために主イエスが払われた犠牲を受入れ（→前の注）、私たちの罪深いいのちをキリストにささげることである（ピリ3:9、→ロマ3:21注、4:5、22注）。

（2）信仰者はキリストとの関係を成長させ、人生を神の目的のためにささげ続けることによって神の義を体験し続け、それをほかの人々に向けて反映することができるようになる。この文脈全体（5:14-21）はキリストのために生き（5:15）、キリストの愛に支配され（5:14）、「新しく造られた者」になり（5:17）、この世

界でキリストの代理人となり、ほかの人々をキリストとの関係に導き入れることなど（5:18-20、→Ⅰコリ1:30注）、キリスト者の生活について展開している。私たちはキリストに近付き、結ばれる度合いに応じて神の義を示すことができるようになるのである（→ヨハ15:4-5、ガラ2:20注、Ⅰヨハ1:9）。

6:1 神の恵みをむだに受けないように　人は神の赦しを受入れ神との個人的関係を体験しても（6:2）、そのあとで不注意にまたは神への反抗によって信仰を捨てて再び霊的に失われた者になり神から離れてしまうことがあるとパウロは考えていた。自分のためにしか生きないならこれは当然起こることである（→5:15）。私たちは、神の恵み（一方的に与えられる好意とあわれみ）を受けキリストを信じる信仰によって神と和解するように、人々に訴えなければならない（5:20、「信仰と恵み」の項 p.2062）。それに加えて神に結び付けられた人々には、神に対して忠実になり神のみこころに従うように訴えなければならない（⇒5:14-18）。

6:4 悩みと・・・嘆きの中で　→11:23注
6:10 貧しい　熱心なキリスト者がこの世界の標準から見て経済的に恵まれていないことがある。けれどもそれは神の福音と神のことばの原則に矛盾することではない。神は私たちの必要をみな満たしてくださると約束しておられるし（ピリ4:19）、また多くの

心を広くしてください。

不信者とのつり合わぬくびき

14 不信者と、つり合わぬくびきをいっしょにつけてはいけません。正義と不法とに、どんなつながりがあるでしょう。光と暗やみとに、どんな交わりがあるでしょう。

15 キリストとベリアルとに、何の調和があるでしょう。信者と不信者とに、何のかかわりがあるでしょう。

16 神の宮と偶像とに、何の一致があるでしょう。私たちは生ける神の宮なのです。神はこう言われました。

「わたしは彼らの間に住み、また歩む。
わたしは彼らの神となり、
彼らはわたしの民となる。

17 それゆえ、彼らの中から出て行き、

---

14 ① Ⅰコリ6:6, ② 申22:10
③ エペ5:7, 11
15 ① Ⅰコリ10:21
② 使5:16
＊直訳「信者はどんな部分を不信者とともに所有するのでしょう」
③ Ⅰコリ6:6
16 ① Ⅰコリ10:21
② マタ16:16
③ Ⅰコリ3:16
④ レビ26:12, 出29:45, エゼ37:27, エレ31:1
⑤ 出25:8, ⑥ 黙2:1
17 ① イザ52:11, ② 黙18:4

人が実際に自分たちの必要以上に物質的な恵みを受けてほかの人々への祝福にもなっている。けれども霊性は富によって測られるものではない。世間的な言い方では、パウロ自身にも財産はほとんどなかったけれども神のしもべとして多くの人を霊的に豊かにしていた(⇒8:9, 使3:1～, エペ3:8)。

6:14　不信者と、つり合わぬくびきをいっしょにつけて　パウロは旧約聖書の「混合」についての律法(申22:10～)、特に強い動物(牛)と弱い動物(ろば)とを一緒に土地を耕させることを禁じる律法を考えていたようである。それは結果的に効果がなくむしろ害になるからである。そしてこれを人間関係に比喩またはたとえとして用いている。神の目には、人はみなキリストにある人(神との正しい関係を持っている人)とそうではない人の二種類に分けられる。(6:14-16, →「三種類の人々」の項 p.2108)。したがってキリストを知っている人々は不信者と自発的に親密な関係を持ったり交際をしたりするべきではない。そのような関係がキリストとの関係を損ない腐敗させる可能性があるからである。パウロは、教会に潜り込み説得力のあることばで影響を与えているにせ教師たちに協力するのをコリントの人々に思いとどまらせようとしていた。けれどもこの原則は明らかに異性との交際、結婚、仕事の共同経営、秘密結社、緊密な友人関係などにも当てはまる。キリスト者と不信者との関係は日常生活の中で適切な社会的、経済的目的のために必要であるけれども、人々に霊的救いとキリストとの個人的関係を持つ方法を示すことを中心としたものにするべきである。キリスト者の最も親しく深い個人的関係は、霊的に互いに理解できるほかのキリスト者との間にこそあるべきである(→「信者の霊的聖別」の項 p.2172)。

6:15　ベリアル　ギリシヤ語の「ベリアル」はヘブル語の「ベルイアル」から来ており、「無益な、価値がない」という意味である。旧約聖書では悪党(ペテン師、ほかの人々に恥ずべきことを行う者)を表す形容詞として使われていたけれども、新約聖書の時代にはサタンのもう一つの呼び名になっていた。

6:16　神の宮と偶像　ここには神の民と神を敬わない人々やものとの汚れた結びつきに対するパウロの反対論が展開されている。これは特にコリントの信仰者たちを、社会にはびこっている、そして多くの人がキリストを受入れる前に行っていたと思われる偶像礼拝とかかわらないようにさせるためだった(→Ⅰコリ8:1-5各注)。この節はまた、新しく生れたキリスト者(ヨハ3:3-7)は聖霊の宮(ヨハ14:23, Ⅰコリ6:19, →「**神殿**」の項 p.707)だから、悪霊にとりつかれたり悪霊に占領され支配されたりしないはずだという議論を強く展開している。

(1) 偶像は旧約聖書でも新約聖書でも悪霊を象徴している(申32:17, Ⅰコリ10:20-21, →「**偶像礼拝**」の項 p.468)。したがって旧約聖書にある最悪の道徳的退廃の例は神の宮に偶像を置くことだった(Ⅱ列21:7, 11-14)。それと同じように、私たちは悪と交わったり生活の中で悪霊の影響を受けたりして、聖霊の住んでおられる私たちのからだを絶対に汚してはならないのである(⇒6:15, ここでのベリアルはサタンを指している →ルカ10:19注, Ⅱテモ2:25-26, Ⅰヨハ4:4, 5:18)。→「**偶像にささげた食物**」の項 p.2122

(2) 汚れた霊はキリスト者の中に聖霊と一緒に住むことはできない。けれども、キリストの福音に心を開き自分の人生を神にゆだねたいと願っている人の中に汚れた霊が住んでいることがある。そのような人はまだ霊的に救われていないし聖霊によって新しくされてもいない(→「**新生－霊的誕生と刷新**」の項 p.1874)。その場合、霊的に回心するためにはキリストに心から従いたいと願いながら罪の問題を抱えている人から悪霊を追い出す(キリストの権威を用いて悪霊の支配からその人を解放する)必要がある。悪霊の力や霊の要塞が打壊されない限り(→「**サタンと悪霊に勝利する力**」の項 p.1726)その人は純粋な霊的救いを体験し「生ける神の宮」になることはできない(⇒マタ12:28-29)。

信者の霊的聖別

「それゆえ、彼らの中から出て行き、彼らと分離せよ、と主は言われる。汚れたものに触れないようにせよ。そうすれば、わたしはあなたがたを受け入れ、わたしはあなたがたの父となり、あなたがたはわたしの息子、娘となる、と全能の主が言われる。」
(コリント人への手紙第二6:17-18)

悪(神の特性や基準や目的を否定し反対し背くもの全部)から聖別されているかどうかは神と神の民との関係では根本的な問題である。聖書によれば、この聖別には消極的面(避けるべきことあるいは行ってはならないこと)と積極的面(求めるべきことあるいは行わなくてはならないこと)の二つの面がある。(a) 私たちは注意深く罪から自分を引離さなければならない(→ロマ6:1注)。ここで言う罪は、イエス・キリストと神のことばの働きと特性を否定するもの全部を意味する。(b) 私たちは祈りや神のことばの学び、礼拝や奉仕などに意識的に時間をかけて神とのより深く、より近い関係を追い求めなければならない。神とのより深い関係を追い求め自分の人生に対する神の目的を実現するように何よりも優先して努力するなら、私たちは自然にキリストの品性を身につけ悪から遠く離れるようになる。このような二重の意味での聖別の結果、私たちは天の父である神との関係を強く感じるようになる。神は御霊によって私たちとともに住み、私たちの生活に配慮してくださる。私たちが神の息子、娘となるからである(Ⅱコリ6:16-18)。

(1) 旧約聖書では神の民にはいつも聖別が求められていた(→出23:24注、レビ11:44注、申7:3注、エズ9:2注)。神の民は聖く(道徳的に純粋、霊的に健全、悪からの分離、神の目的への献身)なければならなかった。それは神に従わない人々とは異なる生活をすることだった。極端に見えたかもしれないけれども、神はイスラエルにほかの国の人々から離れるように求められた。それは堕落した生活様式や宗教行事が影響を与え、神に逆らわせ信仰を捨てるようにさせるからである(→「カナン人の滅亡」の項 p.373)。神がその民イスラエルをさばき、アッシリヤとバビロニヤによって征服され捕囚にされる(移住される、連れて行かれる)のを許された重要な理由の一つは、人間が作ったにせの神々を礼拝し、周りの国々の邪悪な生活様式をまねし続けていたからである(→Ⅱ列17:7注、8注、24:3注、Ⅱ歴36:14注、エレ2:5注、13注、エゼ23:2注、ホセ7:8注、→「イスラエル(北王国)の捕囚」の地図 p.633、「ユダ(南王国)の捕囚」の地図 p.633)。

(2) 新約聖書ではキリストの弟子たちに次の事柄から離れているように神は命令された。(a) 堕落した世界の体制(神に逆らう考え、生き方、やり方)と、神の純粋さと誠実さの基準をいい加減にする振舞(ヨハ17:15-16、Ⅱテモ3:1-5、ヤコ1:27、4:4、→「キリスト者とこの世」の項 p.2437)、(b) 教会の中にいる人で、特に主イエスの弟子だと主張しながら神に従わず逆らって自分勝手な道から離れずキリストに心から従おうとしない人々(マタ18:15-17、Ⅰコリ5:9-11、Ⅱテサ3:6-15)、(c) 神に従わない信仰を宣伝し、聖書に啓示されている神のことばの真理を否定するにせの教師や教会や教派組織(→マタ7:15、ロマ16:17、ガラ1:9注、テト3:9-11、Ⅱペテ2:17-22、Ⅰヨハ4:1、Ⅱヨハ1:10-11、ユダ1:12-13)。

(3) 聖別された私たちは次のような態度をとるべきである。(a) 罪(神に逆らい、反対し、背き、神の特性と基準とは逆のものすべて)と堕落した世界の体制を憎む(ロマ12:9、ヘブ1:9、Ⅰヨハ2:15)。(b) にせの教えに反対する(ガラ1:9)。(c) ものの見方や振舞などで距離を置かなければならない人々に対しては心から同情し祈るとともに、キリストの愛と福音を届けるようにする(ヨハ3:16、Ⅰコリ5:5、ガラ6:1、⇒ロマ9:1-3、Ⅱコリ2:1-8、11:28-29、ユダ1:22)。(d) 神を敬いながら恐れ(全能の神の前に立って申し開きをしなくてはならないことを意識した尊敬とおののきの思い)、神の目的に対して純粋で忠実である(Ⅱコリ7:1、→「神への恐れ」の項 p.316)。

(4) 聖別の目的は私たちが神の民としてキリストによる義の道をしっかりと保ち、次の分野で成長することである。(a) 霊的救い(Ⅰテモ4:16、黙2:14-17)、信仰(Ⅰテモ1:19、6:10、20-21)、個人の純粋さ

と聖さ（ヨハ17：14-21，Ⅱコリ7：1）。(b) 主であり父である神への奉仕と献身（マタ22：37，Ⅱコリ6：16-18）。(c) ほかの人々にキリストの福音の真理とキリストに従うことの祝福を悟らせる能力（ヨハ17：21，ピリ2：15）。

(5) 信仰と心からの服従の分野で聖別されるなら、神ご自身がそれに報いてより深い関係に引入れてくださる。その結果、神の守りや祝福、父としての心遣いなどをさらに強く感じるようになる。神はあらゆる面で良い父親のようになると約束された。そして相談相手、導き手になり、私たちをご自分の子どもとして愛し大切に育ててくださる（Ⅱコリ6：16-18）。

(6) 神の民が悪から離れることを拒むなら神との交わり（Ⅱコリ6：16）、神による受入れ（Ⅱコリ6：17）、神の子どもとしての権利（Ⅱコリ6：18，⇒ロマ8：15-16）を必ず失うことになる。

(7) 聖別とは罪びとたち（キリストと個人的関係をまだ持っていない人々）との交流や接触をしないという意味ではない。神の命令や原則や基準をいい加減にしたりそれに逆らったりするような関係や活動や振舞（教会の中にいる人でも ⇒Ⅰコリ5：9-11，Ⅱテサ3：14）などは確かに避けなければならない。けれども神の導きに従って愛をもってその人々に接触し、キリストを信じる信仰による罪の赦しと新しいいのちのメッセージを何らかの方法で伝えなければならない。その場合にも誘惑や悪い影響に不用意に身をさらして影響力や神との関係を弱めたりしないように注意するべきである（⇒Ⅱテモ2：22，テト2：7）。一度は熱心だったキリスト者が、神とその基準を持たずに生活している人々と親しくなったために後悔するようなことになった例は少なくない。その結果その人々は、なぜ霊的に疑問のある活動や人格の卑しい人々との交際を避けるように神が繰返し警告されたのか、その背後にある真理と理由があとになってやっとわかったのである（⇒Ⅰコリ15：33）。

彼らと分離せよ、と主は言われる。
汚れたものに触れないようにせよ。
そうすれば、わたしはあなたがたを受け入れ、

18 わたしはあなたがたの父となり、
あなたがたはわたしの息子、娘となる、
と全能の主が言われる。」

7 ¹愛する者たち。私たちはこのような約束を与えられているのですから、いっさいの霊肉の汚れから自分をきよめ、神を恐れかしこんで聖きを全うしようではありませんか。

パウロの喜び

² 私たちに対して心を開いてください。私たちは、だれにも不正をしたことがなく、だれをもそこなったことがなく、だれからも利をむさぼったことがありません。
³ 責めるためにこう言うのではありません。前にも言ったように、あなたがたは、私たちとともに死に、ともに生きるために、私たちの心のうちにあるのです。
⁴ 私のあなたがたに対する信頼は大きいのであって、私はあなたがたを大いに誇りとしています。私は慰めに満たされ、どんな苦しみの中にあっても喜びに満ちあふれています。

⁵ マケドニヤに着いたとき、私たちの身には少しの安らぎもなく、さまざまの苦しみに会って、外には戦い、うちには恐れがありました。
⁶ しかし、気落ちした者を慰めてくださる神は、テトスが来たことによって、私たちを慰めてくださいました。
⁷ ただテトスが来たことばかりでなく、彼があなたがたから受けた慰めによっても、私たちは慰められたのです。あなたがたが私を慕っていること、嘆き悲しんでいること、また私に対して熱意を持っていてくれることを知らされて、私はますます喜びにあふれました。
⁸ あの手紙によってあなたがたを悲しませたけれども、私はそれを悔いていません。あの手紙がしばらくの間であったにしろあなたがたを悲しませたのを見て、悔いたけれども、
⁹ 今は喜んでいます。あなたがたが悲しんだからではなく、あなたがたが悲しんで悔い改めたからです。あなたがたは神のみこころに添って悲しんだので、私たちのために何の害も受けなかったのです。
¹⁰ 神のみこころに添った悲しみは、悔いの

6:17 分離せよ →「信者の霊的聖別」の項 p.2172
7:1 私たちはこのような約束を与えられているのですから パウロは道徳的純粋性、霊的健全性、悪からの分離、神への献身などを含む聖い生活なしに6:16-18に挙げられている神の恵みに満ちた約束を求めることはできないことを明らかにしている(→「信者の霊的聖別」の項 p.2172)。これによって、なぜあるキリスト者は喜びを失い(ヨハ15:11)、神の守り(ヨハ17:12, 14-15)や祈りの応え(ヨハ15:7, 16)、神の臨在感(ヨハ14:21, 23)を失っているのかがよくわかる。この世界とその神から離れた考えや振舞や生活様式と結び付くことは神の臨在と約束という祝福を失うことである。
7:1 自分をきよめ キリスト者として私たちはあらゆるかたちの神から離れた振舞や妥協案とはっきりと縁を切らなければならない。そして自分のからだが求める罪深い欲望を拒み続けなければならない。また自分の罪深い性質を死ぬようにさせ(→ロマ6:6, 11, 12, 8:13注)、神に逆らうように誘惑する情況を避けて汚

れた欲望を満たすことがないようにしなければならない(7:9-11, ガラ5:16)。そしてむしろ私たちは祈りと礼拝、神のことば(生活に適用するときにきよめられる)に時間を割いて自分の霊を養い続けなければならない(→詩119:9)。
7:5 苦しみに会って・・・恐れ 再び私たちはパウロのことばと体験を通して、献身的で神を大切にしているキリストの弟子たちも外側の問題や内側の恐れを体験することを教えられる。
7:6 気落ちした者を慰めてくださる 神はあわれみと慈愛の神(1:3)であるから、悩み気落ちしている人々を慰めてくださる。キリストに仕えていく中で、困難に遭えば遭うほど私たちは生活の中でキリストの慰めと近さを実際に強く感じるようになる。神はテトスを通してパウロを慰められた。私たちも聖霊に対して敏感でなければならない。困っている人々を慰めるように聖霊は私たちを導いておられるかもしれないのである。
7:10 神のみこころに添った悲しみ・・・世の悲しみ

ない、救いに至る悔い改めを生じさせますが、世の悲しみは死をもたらします。

11 ご覧なさい。神のみこころに添ったその悲しみが、あなたがたのうちに、どれほどの熱心を起こさせたことでしょう。また、弁明、憤り、恐れ、慕う心、熱意を起こさせ、処罰を断行させたことでしょう。あの問題について、あなたがたは、自分たちがすべての点で潔白であることを証明したのです。

12 ですから、私はあなたがたに手紙を書きましたが、それは悪を行った人のためでもなく、その被害者のためでもなくて、私たちに対するあなたがたの熱心が、神の御前に明らかにされるためであったのです。

13 こういうわけですから、私たちは慰めを受けました。
　この慰めの上にテトスの喜びが加わって、私たちはなおいっそう喜びました。テトスの心が、あなたがたすべてによって安らぎを与えられたからです。

14 私はテトスに、あなたがたのことを少しばかり誇りましたが、そのことで恥をかかずに済みました。というのは、私たちがあなたがたに語ったことがすべて真実であったように、テトスに対して誇ったことも真実となったからです。

15 彼は、あなたがたがみなよく言うことを聞き、恐れおののいて、自分を迎えてくれたことを思い出して、あなたがたへの愛情をますます深めています。

16 私は、あなたがたに全幅の信頼を寄せることができるのを喜んでいます。

惜しみなくささげることの勧め

8 1 さて、兄弟たち。私たちは、マケドニヤの諸教会に与えられた神の恵みを、あなたがたに知らせようと思います。

2 苦しみゆえの激しい試練の中にあっても、彼らの満ちあふれる喜びは、その極度の貧しさにもかかわらず、あふれ出て、その惜しみなく施す富となったのです。

---

10 ① 使11:18
11 *直訳「神による悲しみ」
　① Ⅱコリ7:7
　② Ⅱコリ2:6
　③ 圏ロマ3:5
12 ① 圏Ⅱコリ8, 2:3, 9
　② Ⅰコリ5:1, 2
13 ① Ⅱコリ7:6
　② 圏Ⅱコリ7:6, 14
　③ Ⅰコリ16:18

14 ① Ⅱコリ7:4, 8:24, 9:2, 3, 圏Ⅱコリ10:8, Ⅱテサ1:4, ピリ1:26
　② 圏Ⅱコリ2:13, 圏Ⅱコリ7:6, 13
15 ① 圏Ⅱコリ2:9
　② 圏ピリ2:12,
　　　Ⅰコリ2:3
　*直訳「恐れとおののきをもって」
　**直訳「内臓」
16 ① 圏Ⅱコリ2:5

1 ① 圏使16:9
　② 圏Ⅱコリ8:5
2 ① 圏ロマ2:4

パウロはここで悲しみには次のように二種類あることを明らかにしている。(1) 神に逆らったことについての真実な悲しみがある。これは悔い改め（罪から離れて神に従うようにさせる心の変化）に導くものである。この種の悔い改めは霊的救いと神への新しい関係に導いていく。罪から離れキリストを信じる信仰を表すことは、救いの過程の中で人間側に求められている条件であるとパウロは考えていた（→マタ3:2注)。(2) それに対して、罪を認めて自分勝手な道から離れることを拒む人々が悲しむのは罪の結果に対してだけである。この不誠実な悲しみによって心はかたくなになって聖霊を拒み、最後には永遠の死とさばきにつながっていく（マタ13:42, 50, 25:30, ロマ6:23）。

8:1-9:15　マケドニヤの諸教会　8章と9章では、エルサレムの貧しく経済的に恵まれない信仰者たちのための献金についての指導がされている。ここにあるパウロの指導は、キリスト者のささげ物についての新約聖書の教えの中では最も広範囲にわたるものである。ここで示された原則はあらゆる時代の信仰者と教会が守るべき指針である（→8:2注)。

8:2　惜しみなく施す富　ここには（8:-9:）キリスト者のささげ物についての重要な原則と約束が示されている。(1) 私たちは神のものである。私たちの持っているものはみな神から与えられている。したがってそれは神から委託されたものとして投資をしなければならない（8:5）。(2) お金に仕えるのではなく神に仕えるということを基本的原則としなければならない（8:5, マタ6:24）。(3) 私たちがささげるのは、(a) 神をあがめ頼ることを学ぶため（申14:22-23）、(b) 神の国の計画を進めるため（Ⅰコリ9:14, ピリ4:15-18）、(c) 天に宝を積むため（マタ6:20, ルカ6:32-35）、(d) 困っている人々を助けるためである（8:14, 9:12, 箴19:17, ガラ2:10, →「貧困者への配慮」の項p.1510）。(4) それぞれの収入と与えられた機会に応じてささげるべきである（8:3, 12, Ⅰコリ16:2）。(5) ささげ物は私たちの愛を証明するもので（8:24）、犠牲的に（8:3）自分から進んで行うべきものである（9:7）。(6) 神にささげることは投資をすることでもあり、お金だけではなく信仰や時間、奉仕という種を「蒔く」のである。その結果、より大きな信仰や働き、個人的祝福などを集め収穫するようになる（8:5, 9:6, 10-12）。(7) 神が必要以上のものを与えてくださるのは、良い働きを増やしほかの人々に祝福となるためではないかと思われる（9:8, エペ4:28）。(8) ささげることによって私たちの神への献身は増し（マタ6:21）、神の働きが活発になり、私たちの経済生活がさらに祝福されるようになる（ルカ6:38）。詳細 →「十分の一とささげ物」の項p.1603

³私はあかしします。彼らは自ら進んで、力に応じ、いや力以上にささげ、
⁴聖徒たちをささえる交わりの恵みにあずかりたいと、熱心に私たちに願ったのです。
⁵そして、私たちの期待以上に、神のみこころに従って、まず自分自身を主にささげ、また、私たちにもゆだねてくれました。
⁶それで私たちは、テトスがすでにこの恵みのわざをあなたがたの間で始めていたのですから、それを完了させるよう彼に勧めたのです。
⁷あなたがたは、すべてのことに、すなわち、信仰にも、ことばにも、知識にも、あらゆる熱心にも、*私たちから出てあなたがたの間にある愛にも富んでいるように、この恵みのわざにも富むようになってください。
⁸こうは言っても、私は命令するのではありません。ただ、他の人々の熱心さをもって、あなたがた自身の愛の真実を確かめたいのです。
⁹あなたがたは、私たちの主イエス・キリストの恵みを知っています。すなわち、主は富んでおられたのに、あなたがたのために貧しくなられました。それは、あなたがたが、キリストの貧しさによって富む者となるためです。
¹⁰この献金のことについて、私の意見を述べましょう。それはあなたがたの益になることだからです。あなたがたは、このことを昨年から、他に先んじて行っただけでなく、このことを他に先んじて願った人たちです。

¹¹ですから、今、それをし遂げなさい。喜んでしようと思ったのですから、持っている物で、それをし遂げることができるはずです。
¹²もし熱意があるならば、持たない物によってではなく、持っている程度に応じて、それは受納されるのです。
¹³私はこのことによって、他の人々には楽をさせ、あなたがたには苦労をさせようとしているのではなく、平等を図っているのです。
¹⁴今あなたがたの余裕が彼らの欠乏を補うなら、彼らの余裕もまた、あなたがたの欠乏を補うことになるのです。こうして、平等になるのです。
¹⁵「多く集めた者も余るところがなく、少し集めた者も足りないところがなかった」と書いてあるとおりです。

コリントへのテトスの派遣

¹⁶私があなたがたのことを思うのと同じ熱心を、テトスの心にも与えてくださった神に感謝します。
¹⁷彼は私の勧めを受け入れ、非常な熱意をもって、自分から進んであなたがたのところに行こうとしています。
¹⁸また私たちは、テトスといっしょに、ひとりの兄弟を送ります。この人は、福音の働きによって、すべての教会で称賛されていますが、
¹⁹そればかりでなく、彼は、この恵みのわざに携わっている私たちに同伴するよう諸教会の任命を受けたのです。私たちがこの

8:7　すべてのことに・・・富んでいるように、この恵みのわざにも富むように　神は私たちが大きな信仰や信仰的なことばや神を知る知識、人々と神の目的への純粋な愛を示すようになることを期待しておられる。それと同じように、神がくださった資金を惜しみなく使うようになることも期待しておられる。そしてこの霊的規律をきちんと守ることを願っておられる。「富む」（期待されている以上のことを行う）ということは神に対する信仰と信頼を示すことである。神はたとい神の助けがあっても、能力以上のことを私たちに求められない（8:12）。けれども逆に自分ではできないと思うことでも信仰を増してできるようにしてくださ

る。神は喜んでささげることを求められる。神の働きのためにささげるなら私たちの行ったことは何倍にもなり、結局のところ祝福がこの世の尺度では測れないほど戻って来るのである。

8:9　主は・・・貧しくなられました　犠牲を払うことは、初めからキリストに備わった性質であり特性だった。「貧しくなられました」とは天の栄光を捨てて人となり謙虚なしもべの務めを果たして、最後は私たちのためにすべてを（いのちまでも）与えられたことである。その結果、私たちは今その永遠の富の一部にあずかっている。神はキリストに従う人々の間にキリストの働きと特性が成長している証拠として、同じ無私の

働きをしているのは、主ご自身の栄光のため、また、私たちの誠意を示すためにほかなりません。

20 私たちは、この献金の取り扱いについて、だれからも非難されることがないように心がけています。

21 それは、主の御前ばかりでなく、人の前でも公明正大なことを示そうと考えているからです。

22 また、彼らといっしょに、もうひとりの兄弟を送ります。私たちはこの兄弟が多くのことについて熱心であることを、しばしば認めることができました。彼は今、あなたがたに深い信頼を寄せ、ますます熱心になっています。

23 テトスについて言えば、彼は私の仲間で、あなたがたの間での私の同労者です。兄弟たちについて言えば、彼らは諸教会の使者、キリストの栄光です。

24 ですから、あなたがたの愛と、私たちがあなたがたを誇りとしている証拠とを、諸教会の前で、彼らに示してほしいのです。

9

1 聖徒たちのためのこの奉仕については、いまさら、あなたがたに書き送る必要はないでしょう。

2 私はあなたがたの熱意を知り、それについて、あなたがたのことをマケドニヤの人々に誇って、アカヤでは昨年から準備が進められていると言ったのです。こうして、あなたがたの熱心は、多くの人を奮起させました。

3 私が兄弟たちを送ることにしたのは、この場合、私たちがあなたがたについて誇ったことがむだにならず、私が言っていたとおりに準備していてもらうためです。

4 そうでないと、もしマケドニヤの人が私といっしょに行って、準備ができていないのを見たら、あなたがたはもちろんですが、私たちも、このことを確信していただけに、恥をかくことになるでしょう。

5 そこで私は、兄弟たちに勧めて、先にそちらに行かせ、前に約束したあなたがたの贈り物を前もって用意していただくことが必要だと思いました。どうか、この献金を、惜しみながらするのではなく、好意に満ちた贈り物として用意しておいてください。

豊かに蒔くこと

6 私はこう考えます。少しだけ蒔く者は、少しだけ刈り取り、豊かに蒔く者は、豊かに刈り取ります。

7 ひとりひとり、いやいやながらでなく、強いられてでもなく、心で決めたとおりに

姿勢がそれぞれの生活の中に現れることを願っておられる。あわれみ、罪の赦し、救い、御霊の賜物（→「聖霊の賜物」の表 p.2096）、天の御国、さらにキリストのための苦しむ機会などはみな神の賜物で、私たちが罪のぼろ切れと引換えに受取った永遠の豊かさの一部なのである（ルカ12:15, エペ1:3, ピリ4:11-13, 18-19, ヘブ11:26, 黙3:17）。

9:6 少しだけ刈り取り キリスト者は気前よくささげることも控えめにささげることもできる。けれども神はそれに応じて報いてくださる（→マタ7:1-2）。パウロにとってささげることは失うことではなく蓄えの一つだった。ささげる人に大きな利益になるのである（→8:2注, 9:11注）。パウロはささげ物の量を言っているのではなく心にある願いと動機という、ささげ物の質を言っているのである。貧しいやもめはわずかしかささげなかったけれども、神はそれを多いと見なされた。それはささげたものの割合と完全な献身の姿勢を見られたからである（→ルカ21:1-4注, ⇒箴11:24-25, 19:17, マタ10:41-42, ルカ6:38）。物質主義と利便性にゆがめられた現代の文化の中では犠牲を払うことは必ずしも容易ではない。便利なものは犠牲も努力も寛容な心も必要としない。けれども神はご自分の民には時間とお金をささげて寛容な心を表してほしいと望んでおられる。それは特にほかの人々がその奉仕に加わるようになるためである。報いは必ずしも物質的または経済的なかたちで与えられるとは限らないし、すぐに与えられないかもしれない。けれども惜しみなく（良い態度で）ささげる人々はやがて良い報いを受けると神は約束された。報いを当てにしてささげることを神は願っておられない。本当のささげ物は何も期待しないでささげることである。特にお返しができないような人々に与えるときにはそのことが明らかである。ほかの人々を祝福する人を神は祝福してくださる。神のご計画を信じ頼り従うときに神は約束を果たし、寛容な心という蒔いた種に豊かな実りを与えてくださる。

しなさい。神は喜んで与える人を愛してくださいます。
8 神は、あなたがたを、常にすべてのことに満ち足りて、すべての良いわざにあふれる者とするために、あらゆる恵みをあふれるばかり与えることのできる方です。
9 「この人は散らして、貧しい人々に与えた。
　　その義は永遠にとどまる。」
と書いてあるとおりです。
10 蒔く人に種と食べるパンを備えてくださる方は、あなたがたにも蒔く種を備え、それをふやし、あなたがたの義の実を増し加えてくださいます。
11 あなたがたは、あらゆる点で豊かになって、惜しみなく与えるようになり、それが私たちを通して、神への感謝を生み出すのです。
12 なぜなら、この奉仕のわざは、聖徒たちの必要を十分に満たすばかりでなく、神への多くの感謝を通して、満ちあふれるようになるからです。
13 このわざを証拠として、彼らは、あなたがたがキリストの福音の告白に対して従順であり、彼らに、またすべての人々に惜しみなく*与えていることを知って、神をあが

7②箴22:8（七十人訳）、出25:2, 旺Ⅱコリ8:12
8①旺エペ3:20
9①詩112:9
10①旺イザ55:10
②旺ホセ10:12
11①Ⅰコリ1:5
②旺Ⅱコリ1:11
12①旺Ⅱコリ8:14
②旺Ⅱコリ1:11
13①旺Ⅱコリ8:4,
旺ロマ15:31
②旺Ⅱコリ2:12
③Ⅰテモ6:12, 13,
ヘブ3:1, 4:14, 10:23
*あるいは「わかち合っていることを知って」
④旺マタ9:8

15①ロマ5:15, 16
②旺Ⅱコリ2:14

1①ガラ5:2, エペ3:1,
旺コロ1:23
②マタ11:29,
Ⅰコリ4:21, ピリ4:5
③旺ロマ12:1
④旺Ⅱコリ10:10,
Ⅰコリ2:3, 4
*直訳「謙遜であるが」
2①旺Ⅱコリ13:2, 10,
②旺Ⅱコリ4:21
③旺Ⅱコリ1:17,
ロマ8:4
①旺Ⅰコリ4:18, 19
②旺Ⅱコリ1:17,
ロマ8:4
4①旺Ⅱコリ6:7,
ⅠテモⅠ:18
②使7:20注
③エレ1:10,
旺Ⅱコリ10:8, 13:10

めることでしょう。
14 また彼らは、あなたがたのために祈るとき、あなたがたに与えられた絶大な神の恵みのゆえに、あなたがたを慕うようになるのです。
15 ことばに表せないほどの賜物のゆえに、神に感謝します。

パウロの働きについての弁明

10 1 さて、私パウロは、キリストの柔和と寛容をもって、あなたがたにお勧めします。私は、あなたがたの間にいて、面と向かっているときはおとなしく、離れているあなたがたに対しては強気な者です。
2 しかし、私は、あなたがたのところに行くときには、私たちを肉に従って歩んでいるかのように考える人々に対して勇敢にふるまおうと思っているその確信によって、強気にふるまうことがなくて済むように願っています。
3 私たちは肉にあって歩んではいても、肉に従って戦ってはいません。
4 私たちの戦いの武器は、肉の物ではなく、神の御前で、要塞をも破るほどに力のあるものです。

9:7　神は喜んで与える人を愛してくださいます　「喜んで」と訳されていることば（《ギ》ヒラロス）は、踊ったり笑ったりする騒々しい抑えられない情況のことではない。それは心から惜しまずにささげたときに感じる内側のあふれるような喜びと楽しさ、充実感を体験するということである。

9:8　あらゆる恵みをあふれるばかり　困っている人を助けるためにささげる信仰者は、やがて自分自身の必要を（そしてそれ以上に）神が豊かに与えてくださることを知るようになる。そしてさらに気前良く良い働きを続けることができるようになる（⇒エペ4:28）。恵みは一方的に与えられる、受けるにふさわしくない神の好意、愛、助け、能力である。ほかの人々に私たちが愛を示し、効果的な方法で援助をするなら、神は私たちに特別な愛を示し、私たちを助けてさらに多くのことができるようにしてくださる。

9:11　あらゆる点で豊かになって　寛容な心を表すためには私たちの心がほかの人々に対する愛と同情心によって豊かになっていなければならない。ほかの人々

へのこのような心を私たちは絶えず神に祈り求めるべきである。自分と自分の持っているものをささげることは、(1)何かを欠いている人々の必要を補うことになり、(2)神への賛美と感謝になり(9:12)、(3)助けを受けた人々からの愛を受けることになる(9:14)。

9:15　ことばに表せないほどの賜物　神は私たちを愛して御子イエスを与えてくださり（ヨハ3:16）、御子は私たちにご自分を与えてくださった。キリスト者のささげものはみな、この類まれな神の贈り物への感謝の応答に過ぎないのである（⇒8:9, Ⅰヨハ4:9-11）。

10:1　私パウロは・・・あなたがたにお勧めします　コリントの信者の大部分はパウロの権威を受入れ、その教えと使徒性(7:8-16)に従っていた。けれども中には、キリストの福音を弱めようとし、実際にはサタンの働きをしている(11:13)にせ教師たちに従う人々がいた。その人々はパウロに反抗しその人格を中傷し続けていた。10－13章でパウロはこれらのにせ信仰者たちに話しかけている。

10:4　私たちの戦いの武器　私たちの戦い（または人

5 私たちは、さまざまの思弁と、神の知識に逆らって立つあらゆる高ぶりを打ち砕き、すべてのはかりごとをとりこにしてキリストに服従させ、

6 また、あなたがたの従順が完全になるとき、あらゆる不従順を罰する用意ができているのです。

7 *あなたがたは、**うわべのことだけを見ています。もし自分はキリストに属する者だと確信している人がいるなら、その人は、自分がキリストに属しているように、私たちもまたキリストに属しているということを、もう一度、自分でよく考えなさい。

8 あなたがたを倒すためにではなく、立てるために主が私たちに授けられた権威については、たとい私が多少誇りすぎることがあっても、恥とはならないでしょう。

9 私は手紙であなたがたをおどしているかのように見られたくありません。

10 彼らは言います。「パウロの手紙は重みがあって力強いが、実際に会った場合の彼は弱々しく、その話しぶりは、なっていない。」

11 そういう人はよく承知しておきなさい。離れているときに書く手紙のことばがそうなら、いっしょにいるときの行動もそのとおりです。

12 私たちは、自己推薦をしているような人

---

5 ①囲イザ2:11, 12
②囲Ⅱコリ9:13
6 ①囲Ⅱコリ2:9
7 ①囲ヨハ7:24, Ⅱコリ5:12
  *別訳「あなたがたの前にあることを、見なさい」、「あなたがたは、うわべのことしか見ていないのですか」
  **直訳「あなたがたの顔の前にあること」
  ②Ⅰコリ1:12, 囲Ⅰコリ14:37, ③Ⅱコリ11:23, 囲Ⅰコリ9:1, ガラ1:12

8 ①Ⅱコリ13:10
  ②Ⅱコリ7:4
  *あるいは「大いに誇ったとしても」

10 *直訳「そのからだでいるのは弱々しく」
  ①Ⅰコリ2:3, 囲Ⅱコリ12:7, ガラ4:13, 14
  ②囲Ⅰコリ1:17, Ⅱコリ11:6
12 ①Ⅱコリ10:18, ②Ⅱコリ3:1

生での様々な争い)は、ほかの人々とではなく悪霊の勢力に対するものである(エペ6:12)。したがって人間の発明、才能、富、組織的技能、軍事力、雄弁さ、宣伝、カリスマ性、個性など、この世界の武器は本当の敵を打負かしサタンの拠点を破壊するには十分とは言えない。悪を退けサタンの抵抗を砕き不信仰を打負かしにせの教えと戦うことのできる武器は、神が備えてくださったものしかない。

(1) その武器は霊的で神から与えられたものであるから強力である。ほかの箇所でパウロはこの武器のいくつかを挙げているけれども、それは真理への服従、神を敬う生活、キリストについての大胆なあかし、信仰、愛、神とともに過す永遠の希望、神のことば、粘り強い祈りなどである(エペ6:11-19, Ⅰテサ5:8)。これらの武器を霊の敵に対して使うことによって教会もそれぞれのキリスト者も人生の戦いや争いに勝利をしながら進むことができる。その結果、神の臨在や力や目的が弟子たちを通して現され、人々が霊的に救われ、悪霊が追い出され、キリスト者の品性がきよめられて成長し、信仰者には聖霊のバプテスマが与えられ、病人が癒されるようになる(→「**サタンと悪霊に勝利する力**」の項 p.1726,「**信者に伴うしるし**」の項 p.1768)。

(2) 今日の教会は人生の問題に対してこの世界の道具や方法や武器をもって対応しようとする。つまり、しばしば人間の知恵や哲学に頼ろうとするキリスト者がいるのである。そして深い祈り、神のことばへの徹底した服従、神を中心にした礼拝、主イエスに代って行うほかの人々への奉仕、大胆な説教などを通して与えられる力の代りにこれらのものを用いようとするのである。けれどもこの世界の武器や戦略によって霊の絶対的な勝利や霊的リバイバルを体験することはでき

ない。真理、信仰、聖霊の力という効果的な霊的武器以外に人々の中の罪の力を滅ぼしサタンの策略から人々を救い出し、今日の世界にある制御できない悪の情熱をくつがえすことができるものはない。この世界の武器を使うなら教会はこの世界と同じようになり、主イエスを現し、違いを示すキリスト者としてのあかしを失うことになる。キリストを通して用いることができる霊的武器を使わない教会は、暗やみの霊的力に打負かされ、教会員は悪の力の襲撃を受けて捕虜になってしまう。

10:5 すべてのはかりごとをとりこにして 霊的戦いはしばしばキリスト者の心の中を戦場として行われる。その戦いでは私たちの考えや願いを全部キリストの品性と目的に合せることが必要である。それができないと、考えが不信仰になり不道徳な欲望を持ち邪悪な振舞を行い、ついには霊的死に至る(ロマ6:16, 23, 8:13, →ヤコ1:14-15, ⇒マコ7:20-23)。キリストの導きと権威の下で物事をよく考えて生活をするためには、次の六つのことが必要である。

(1) 神は私たちの考えをみな知っておられ何も隠すことができないことを覚えること(詩94:11, 139:2, 4, 23-24)。私たちは自分のことばや行動だけではなく考えについても神の前で申し開きをしなければならない(5:10, 伝12:14, マタ12:35-37, ロマ14:12)。

(2) 私たちの戦場は思いの中にあることを覚えること。ある考えは自分の願いや想像や空想から生れる。またある考えはこの世の影響を受け、あるいは悪の影響力から直接湧いてくる。たといどこから出て来たとしても不信仰な考えや誘惑は、「神の知識に逆らって」自分たちの主張をする。けれども私たちは自分の考えの奴隷になる必要はない。自分で何を考えるか制御できるはずである。誘惑を受けることは罪ではない。主

たちの中のだれかと自分を同列に置いたり、比較したりしようなどとは思いません。しかし、彼らが自分たちの間で自分を量ったり、比較したりしているのは、知恵のないことなのです。

13 私たちは、限度を越えて誇りはしません。私たちがあなたがたのところまで行くのも、神が私たちに量って割り当ててくださった限度内で行くのです。

14 私たちは、あなたがたのところまでは行かないのに無理に手を伸ばしているのではありません。事実、私たちは、キリストの福音を携えてあなたがたのところにまで行ったのです。

15 私たちは、自分の限度を越えてほかの人の働きを誇ることはしません。ただ、あなたがたの信仰が成長し、あなたがたによって、私たちの領域内で私たちの働きが広げ

13 ① Ⅱコリ10:15
   圏 ロマ12:3,
   Ⅱコリ10:15, 16
14 ① 圏 Ⅱコリ2:12
   ② 圏 Ⅰコリ3:6
15 ① Ⅱコリ10:13
   ② 圏 ロマ15:20
   ③ Ⅱテサ1:3
   ④ 圏 創5:13
   ＊別訳「重んじられるようになること」

16 ① 使19:21, Ⅱコリ11:7
   ③ 圏 ロマ15:20
   ＊直訳「準備された」
17 エレ9:24,
   圏 Ⅰコリ1:31
18 ① 圏 Ⅱコリ10:12
   ② 圏 ロマ2:29,
   Ⅰコリ4:5

1 ① Ⅱコリ11:17, 21,
   圏 Ⅱコリ5:13
   ② Ⅱコリ11:4, 19, 20,
   圏 マタ17:17, Ⅱコリ11:16
   ＊別訳「私を忍んでください」
2 ① ホセ2:19, 20,
   エペ5:26, 27
   ② 圏 Ⅱコリ4:14

られることを望んでいます。

16 それは、私たちがあなたがたの向こうの地域にまで福音を宣べ伝えるためであって、決して他の人の領域でなされた働きを誇るためではないのです。

17 誇る者は、主を誇りなさい。

18 自分で自分を推薦する人でなく、主に推薦される人こそ、受け入れられる人です。

パウロとにせ使徒たち

11 1 私の少しばかりの愚かさをこらえていただきたいと思います。いや、あなたがたはこらえているのです。

2 というのも、私は神の熱心をもって、熱心にあなたがたのことを思っているからです。私はあなたがたを、清純な処女として、ひとりの人の花嫁に定め、キリストにささげることにしたからです。

イエスご自身も誘惑を受けられた(マタ4:1-11)。誘惑に負けることが罪である。愚かにも不信仰な考えや欲望を引起こすような映像や情況にわざと自分をさらすなら、私たちはそのとき既に一線を越えて霊的失敗に身をゆだねているのである(→Ⅰコリ10:13注)。

(3)「すべてのはかりごとをとりこに」するためにはサタンの霊的勢力と戦うのと同じように、自分の罪の性質とも戦わなければならない(エペ6:12-13, ⇒マタ4:3-11)。ある考えや誘惑が自分の思いの中に湧いてきたときにはこのことば通りにすぐにそれをとりこにして霊の中にまで入り込まないようにしなければならない。その上で、それが神のことばによって確立されたよさや品位、真理などの基準にどのようにかなっているかを考えるべきである。つまりその考えを持ち続けてそれにとらわれないことが大切である。そしてその考えを神の御手にゆだねて調べていただき、神の力に頼って誘惑を退ける。「神よ、これが問題です。受取ってください。あなたは私の罪のために苦しまれたときに既にこの問題を扱っておられます。私はあなたの助けを必要としています。今私の思いをあなたにおゆだねします」と訴えるのである。

(4) 神に服従するということは神に逆らう考えを拒み退けるだけではない。悪いものを良いもの(神をあがめたいという考えと願い)に置き換えなければならないのである。ピリピ4:8には、「すべての真実なこと、すべての誉れあること、すべての正しいこと、すべての清いこと、すべての愛すべきこと、すべての評判の良いこと、そのほか徳と言われること、称賛に値

することがあるならば、そのようなことに心を留めなさい」とある。このように考えるなら汚れた欲望から守られ、サタンや誘惑や罪に対して「ノー」と言うことができるようになる(テト2:11-12, ヤコ4:7, 黙12:11, ⇒マタ4:3-11)。

(5) 自分の思い(考え、願い、方策)を地上のことや一時的なことではなく、キリストと永遠の事柄にしっかりと集中すること(ピリ3:19, コロ3:2)。御霊に支配された思いはいのちと平安である(ロマ8:6-7)。私たちは神やみことばについての考え(詩1:1-3, 19:7-14, 119:)や誉れあること、徳と言われること、賞賛に値すること(ピリ4:8)などで自分の思いを満たすべきである。

(6) いつも目で見るもの耳で聞くものに注意すること。目と耳はいろいろな考えが思いの中に入り込む入り口である。(a) 目や耳が官能的な欲望や道徳的腐敗、「さまざまの思弁と、神の知識に逆らって立つあらゆる高ぶり」の道具にならないようにすること(10:5, ヨブ31:1, Ⅰヨハ2:16)。(b) 映画、書物、雑誌、写真、テレビ番組など日常生活のあらゆる領域の中で益にならないもの、悪いものを目の前に置かないようにすること(詩101:3, イザ33:14-15, ロマ13:14)。

10:12 自分たちの間で自分を量ったり 自分をこの世界の基準やほかの人々(キリスト者であっても)と比較することは、個人として、また神のからだ(教会、すべてのキリスト者の共同体)の一部としての自分に対する神のみこころを理解していないことの表れである。自分を測る基準は、神によってキリストとみこと

Ⅱコリント 11章

³ しかし、蛇が悪巧みによってエバを欺いたように、万一にもあなたがたの思いが汚されて、キリストに対する真実と貞潔を失うことがあってはと、私は心配しています。
⁴ というわけは、ある人が来て、私たちの宣べ伝えなかった別のイエスを宣べ伝えたり、あるいはあなたがたが、前に受けたことのない異なった霊を受け入れたことのない異なった福音を受けたりするときも、あなたがたはみごとにこらえているからです。
⁵ 私は自分をあの大使徒たちに少しでも劣っているとは思いません。
⁶ たとい、話は巧みでないにしても、知識についてはそうではありません。私たちは、すべての点で、いろいろな場合に、そのことをあなたがたに示して来ました。
⁷ それとも、あなたがたを高めるために、自分を低くして報酬を受けずに神の福音をあなたがたに宣べ伝えたことが、私の罪だったのでしょうか。

3①創3:4, 13, Ⅰテモ2:14, 黙12:9, 15, ヨハ8:44, Ⅰテサ3:5
4①囲 Ⅰコリ3:11
  ②囲 ロマ8:15
  ③ガラ1:6
  ④囲 マコ7:9
  ⑤囲 Ⅱコリ11:1
5①囲 Ⅱコリ12:11, ガラ2:6
6①囲 Ⅰコリ1:17
  ②囲 Ⅰコリ12:8, エペ3:4
  ③Ⅱコリ4:2
7①囲 Ⅱコリ12:13
  ②Ⅰコリ9:18, 使18:3
  ③囲 ロマ1:1, 囲 Ⅱコリ2:12

8①ピリ4:15, 18,
  囲 ロマ4:2, 9:6
9①Ⅱコリ12:13, 14, 16
  ②囲 ロマ15:26
  ③使18:5
10①囲 ロマ9:1,
  囲 ロマ1:9, Ⅱコリ1:23, ガラ2:20
  ②囲 使18:12
  ③ Ⅰコリ9:15
11①Ⅱコリ12:15
  ②囲 Ⅱコリ11:31,
  囲 Ⅱコリ2:3,
  ロマ1:9, Ⅱコリ2:17
12①囲 Ⅰコリ9:12
13①黙2:2, 囲 黙20:30,
  ガラ1:7, 2:4, ピリ1:15,
  テト1:10, 11, Ⅰペテ2:1
  ②囲 ピリ3:2

⁸ 私は他の諸教会から奪い取って、あなたがたに仕えるための給料を得たのです。
⁹ あなたがたのところにいて困窮していたときも、私はだれにも負担をかけませんでした。マケドニヤから来た兄弟たちが、私の欠乏を十分に補ってくれたのです。私は、万事につけあなたがたの重荷にならないようにしましたし、今後もそうするつもりです。
¹⁰ 私にあるキリストの真実にかけて言います。アカヤ地方で私のこの誇りが封じられることは決してありません。
¹¹ なぜでしょう。私があなたがたを愛していないからでしょうか。神はご存じです。
¹² しかし、私は、今していることを今後も、し続けるつもりです。それは、私たちと同じように誇るところがあるとみなされる機会をねらっている者たちから、その機会を断ち切ってしまうためです。
¹³ こういう者たちは、にせ使徒であり、人を欺く働き人であって、キリストの使徒に

ばを通して示された基準だけである。

11:3 あなたがたの思いが汚されて コリントの教会のある人々はにせ教師にだまされて、主イエスについてのゆがめられた教えを受入れようとしていた(11:4)。この「人を欺く働き人」(11:13)の教えを受入れた人々は、キリストへの完全な献身についても乱されていた。パウロはコリントの教会の霊の父(⇒6:13)として人々を「ひとりの人の花嫁」にすると約束していたので(11:2)、このことで非常に心を痛めていた。「ひとりの人」とはしばしば花婿(マタ9:15, ヨハ3:29, ロマ7:4, Ⅰコリ6:15, エペ5:23-32, 黙19:7-9, 21:2)として描かれているキリストのことで、教会は、腐敗した考えやにせの教えによって汚されていない「清純な処女として」キリストの花嫁にされている(→11:3-4)。今日の教会にもすぐれた奉仕者の姿をしながら神のことばとは逆のことを教えて、それに従ってくる人々を霊的破滅に導く人々がいる(→11:4注, 5注, マタ23:13注)。そのような人々には注意をしなければならない(→「**にせ教師**」の項 p.1758,「**監督とその務め**」の項 p.2021)。

11:4 異なった福音 にせ教師たちは、聖書にあることが真理であることは認めているけれども、自分たちにはそれにつけ加える啓示や聖書と同じ権威のある知識があると主張していた。そのようなにせの教えは大抵はキリスト教の真理とほかの宗教の考えや哲学を混ぜ合せたものである。その結果、次のような間違いが起こる。(1) 新しい啓示と思われるものに人々は聖書に啓示されたキリストの教えと等しい権威があると考える。(2) 神のことばが重要ではなくなり、改革運動や教会の指導者または創設者のほうがキリストよりも上の位置に置かれる。(3) にせ教師は、聖書の中のいわゆる「隠された啓示」を深く理解していると主張する。そして、過去の数えきれないほど多くの神を敬う人々や説教者が気付かなかったり見逃したりしてきたことを教えて「明らかに」すると言う。

11:5 大使徒たち これは、教会に潜入して自分では神を敬う指導者だと言っていても実際はそれとは全く違うにせ教師たちに対するパウロの皮肉な言い方である(⇒10:12, →使14:4注)。

11:13 人を欺く働き人であって・・・使徒に変装している 大うそつきであるサタン(11:3, ヨハ8:44)は邪悪な人々を手下にし、「にせ使徒・・・人を欺く働き人」に変えて教会とキリスト者の間で影響力を持つようさせる。

(1) 聖書はこのようなにせの指導者たちがサタンから力を与えられて、(a) 神のために偉大なことを行っているように見せ掛け(11:15, 黙13:2)、(b) 魅力的な説教をし(11:4, →Ⅰテモ4:1注)、(c) 道徳的な良い人のようにしていると言っている。けれども実際には本当の信仰深さを認めずその力を否定している(Ⅱ

変装しているのです。
14 しかし、驚くには及びません。サタンさえ光の御使いに変装するのです。
15 ですから、サタンの手下どもが義のしもべに変装したとしても、格別なことはありません。彼らの最後はそのしわざにふさわしいものとなります。

苦難についてのパウロの誇り

16 くり返して言いますが、だれも、私を愚かと思ってはなりません。しかし、もしそう思うなら、私を愚か者扱いにしなさい。私も少し誇ってみせます。
17 これから話すことは、主によって話すのではなく、愚か者としてする思い切った自慢話です。
18 多くの人が肉によって誇っているので、私も誇ることにします。
19 あなたがたは賢いのに、よくも喜んで愚か者たちをこらえています。
20 事実、あなたがたは、だれかに奴隷にされても、食い尽くされても、だまされても、いばられても、顔をたたかれても、こらえているではありませんか。
21 言うのも恥ずかしいことですが、言わなければなりません。私たちは弱かったのです。しかし、人があえて誇ろうとすることなら、――私は愚かになって言いますが――私もあえて誇りましょう。
22 彼らはヘブル人ですか。私もそうです。彼らはイスラエル人ですか。私もそうです。彼らはアブラハムの子孫ですか。私もそうです。
23 彼らはキリストのしもべですか。私は狂気したように言いますが、私は彼ら以上にそうなのです。私の労苦は彼らよりも多く、牢に入れられたことも多く、また、むち打たれたことは数えきれず、死に直面し

テモ3:5）。

（2）この人々は「キリストの使徒」や「義のしもべ」に変装する（11:15）。そして自分の教えを混ぜ合せたり、「見えるところは敬虔」に生活したりして（Ⅱテモ3:5）純粋なキリスト教の奉仕者のまねをする。中には実際に人々の世話をし配慮を示す人もいる。また罪の赦し、平安、充実感、愛、そのほかの有益なことを多く説教する人もいる。けれどもその人々はサタンの影響を受け完全に惑わされて生きている。その教えが間違っている証拠は、伝えているメッセージが人間の考えに基づいていて神の啓示の正しい解釈に基づいていないことにある（⇒ガラ1:6-7, Ⅰペテ2:1-3）。聖書に啓示されている純粋な新約聖書の信仰と教えから離れているのである（→Ⅰヨハ4:1注）。

（3）キリストに従う人々はみなこのようなまぎらわしい奉仕者に用心しなければならない（11:3-4, マタ7:15, 16:6）。私たちは賜物や雄弁、学歴や奇蹟、目に見える成功や評判の良い説教などの裏をよく見て、にせの教えにだまされないようにしなければならない。

（4）宗教的指導者に対する判断はみな、イエス・キリストの犠牲の死と新約聖書に示されている救いのメッセージに対してどのような態度と忠誠心を持っているかを見て、下さなければならない（→ガラ1:9注, →「にせ教師」の項 p.1758）。

11:14 サタンさえ光の御使いに変装する 私たちは悪の性質と惑わしに気付いて冷静に対処しなければならない。そして絶えず霊的知恵と判断力を求めて祈らなければならない。なぜなら物事は必ずしも目に見える通りではないからである。特に優れて潔白で喜ばしく益になるように見えながら聖書の真理のある部分を否定するものがある。これは人々や団体について、あるいは宗教的哲学、政治戦略、社会的原因など、人々に関係し影響を与えるもの全部について言えることである。サタンでさえ実際は暗闇の支配者であるのに、光の天使になりすまそうとするのである。

11:23 私の労苦 「思い切った自慢話（11:17）」を通して、パウロは皮肉を用いながら、自分の人格と教えを中傷する人々の愚かさを明らかにしようとしている。コリントの教会でパウロに反対する人々とは違って、パウロの教えとキリストへの献身の姿勢は多くの苦難や困難を通して証明されていた。けれどもパウロは自分の強さを自慢していない。むしろ「自分の弱さ」を喜んでいた（11:30）。それは自分の弱さを通してキリストの力が明らかに現れるからである（12:9）。パウロのことばを通して聖霊はキリストとみことば、そしてキリストが死なれた目的に対して完全に献身している人の苦悩と苦難を明らかにされた（→「**正しい人の苦しみ**」の項 p.825）。パウロは神の御思いに触れ、キリストの情熱とキリストが受けられた迫害に自分自身を結び付けている。パウロは次のようなかたちでキリストの苦しみをともに味わっていた。

（1）神に仕えることで遭遇した「多くの苦しみ」（使14:22）

（2）社会にある罪（神に対する抵抗と反抗）に対する

Ⅱコリント　11-12章

たこともしばしばでした。

24 ユダヤ人から三十九のむちを受けたことが五度、

25 むちで打たれたことが三度、石で打たれたことが一度、難船したことが三度あり、一昼夜、海上を漂ったこともあります。

26 幾度も旅をし、川の難、盗賊の難、同国民から受ける難、異邦人から受ける難、都市の難、荒野の難、海上の難、にせ兄弟の難に会い、

27 労し苦しみ、たびたび眠られぬ夜を過ごし、飢え渇き、しばしば食べ物もなく、寒さに凍え、裸でいたこともありました。

28 このような外から来ることのほかに、日々私に押しかかるすべての教会への心づかいがあります。

29 だれかが弱くて、私が弱くない、ということがあるでしょうか。だれかがつまずいていて、私の心が激しく痛まないでおられ

24 ① 申25:3
  * 直訳「四十に一つ足りない」
25 ① 使16:22
  ② 使14:19
26 ① 囲 使9:23, 13:45, 50, 14:5, 17:5, 13, 18:12, 20:3, 19等
  ② 囲 使15:19, 19:23以下, 27:42
  ③ 使21:31
  ④ ガラ2:4
27 ① Ⅰテサ2:9, Ⅱテサ3:8
  ② Ⅰコリ4:11, ピリ4:12
  ③ Ⅰコリ6:5
  ④ Ⅰコリ4:11
28 * 別訳「言及されなかったいろいろのこと」
  ① 参 Ⅰコリ7:17
  ② Ⅰコリ9:22,
  囲 Ⅰコリ8:9, 13
30 ① 参 Ⅰコリ2:3
31 ① 参 ロマ1:25
29 ① 囲 Ⅰコリ11:11
32 ① 使9:2, ② 使9:24
33 ① 囲 使9:25

1 ① Ⅱコリ11:30,
  囲 Ⅱコリ11:16, 18
  ② Ⅱコリ12:6,
  ガラ1:12, 2:2,
  エペ3:3, 囲 Ⅰコリ14:6
2 ① 参 ロマ16:7

ましょうか。

30 もしどうしても誇る必要があるなら、私は自分の弱さを誇ります。

31 主イエス・キリストの父なる神、永遠にほめたたえられる方は、私が偽りを言っていないのをご存じです。

32 ダマスコではアレタ王の代官が、私を捕らえようとしてダマスコの町を監視しました。

33 そのとき私は、城壁の窓からかごでつり降ろされ、彼の手をのがれました。

パウロの幻ととげ

12 1 無益なことですが、誇るのもやむをえないことです。私は主の幻と啓示のことを話しましょう。

2 私はキリストにあるひとりの人を知っています。この人は十四年前に──肉体のままであったか、私は知りません。肉体を離

強い憤り（使17:16）

（3）「涙ながらに」主とその民に仕えたこと（2:4）

（4）キリストの福音をゆがめる人々によって破壊されたことのために「夜も昼も、涙とともに」教会を訓戒した（使20:31、→「**監督とその務め**」の項 p.2021）

（5）同労者と仕えてきた会衆から別れる悲しみ（使20:17-38）とその人々の悲しみによる心の痛み（使21:13）

（6）自分の「兄弟たち」（仲間のユダヤ人）が主イエスをメシヤ（救い主、キリスト）として受入れないための「大きな悲しみ」と絶えることのない「痛み」（ロマ9:2-3, 10:1）。

（7）キリストのために働いた結果として受けた多くの困難と問題（4:8-12, 11:23-29, Ⅰコリ4:11-13）

（8）教会員の間の罪や不信仰を大目に見ている教会に対する悲しみ（2:1-3, 12:21, Ⅰコリ5:1-2, 6:8-10）

（9）キリストへの信仰とパウロの教えに従うことをやめようとしている人々に手紙を書いているときの「大きな苦しみと心の嘆き」（2:4）

（10）この世界の問題や罪や心遣いから解放されてキリストとともにいたいという強い願い（5:1-4, ⇒ピリ1:23）

（11）教会の純潔に努力したために「さまざまの苦しみ」に遭ったこと（7:5, 11:3-4）

（12）日々の「すべての教会への心づかい」（11:28）

（13）だまされて罪を犯すキリスト者への心の痛み（11:29）

（14）新約聖書の純粋な啓示とは違う福音を伝える人々に対する非難（ガラ1:6-9）

（15）神の恵みを拒んで自分の努力によって霊的救いを得ようとする人々のための「産みの苦しみ」の体験（ガラ4:19, 5:4）

（16）キリストの十字架の敵に対する「涙」（ピリ3:18）

（17）だれかが信仰を捨てるように誘惑されるのではないかという心配からの「苦しみ」（Ⅰテサ3:5-8）

（18）敬虔に生きようとするための迫害（Ⅱテモ3:12）

（19）厳しい迫害の中でパウロを見捨てたアジヤの信仰者に対する悲しみ（Ⅱテモ1:15）

（20）やがて不信仰と神への霊的反抗が起こることを踏まえて、本当の信仰を守るようにというテモテへの必死の訴え（Ⅰテモ4:1, 6:20, Ⅱテモ1:14）

12:2　キリストにあるひとりの人　パウロは自分のことを「キリストにあるひとりの人」と言って、天に引上げられキリストの福音と神に忠実な人々のために用意されている、ことばに表せない天の栄光の啓示を受取ったことを説明している（12:7, ⇒ロマ8:18, Ⅱテモ4:8）。このすぐれた特権によってパウロは励まされ力づけられて、自分は神によって遣わされているという確信をもって奉仕生活の中で受ける苦しみに耐えることができた。

IIコリント 12章

れてであったか、それも知りません。神はご存じです、——第三の天にまで引き上げられました。

3 私はこの人が、——それが肉体のままであったか、肉体を離れてであったかは知りません。神はご存じです、——

4 パラダイスに引き上げられて、人間には語ることを許されていない、口に出すことのできないことばを聞いたことを知っています。

5 このような人について私は誇るのです。しかし、私自身については、自分の弱さ以外には誇りません。

6 たとい私が誇りたいと思ったとしても、愚か者にはなりません。真実のことを話すのだからです。しかし、誇ることは控えましょう。私について見ること、私から聞くこと以上に、人が私を過大に評価するといけないからです。

7 また、その啓示があまりにもすばらしいからです。そのために私は、高ぶることのないようにと、肉体に一つのとげを与えられました。それは私が高ぶることのないように、私を打つための、サタンの使いです。

8 このことについては、これを私から去らせてくださるようにと、三度も主に願いました。

9 しかし、主は、「わたしの恵みは、あなたに十分である。というのは、わたしの力は、弱さのうちに完全に現れるからである」と言われたのです。ですから、私は、キリストの力が私をおおうために、むしろ大いに喜んで私の弱さを誇りましょう。

10 ですから、私は、キリストのために、弱さ、侮辱、苦痛、迫害、困難に甘んじています。なぜなら、私が弱いときにこそ、私は強いからです。

コリントの人々へのパウロの心配

11 私は愚か者になりました。あなたがたが無理に私をそうしたのです。私は当然あなたがたの推薦を受けてよかったはずです。たとい私は取るに足りない者であっても、私はあの大使徒たちにどのような点でも劣るところはありませんでした。

12 使徒としてのしるしは、忍耐を尽くしてあなたがたの間で行われた、しるしと不思議と力あるわざです。

13 あなたがたが他の諸教会より劣っている点は何でしょうか。それは、私のほうであ

12:2 第三の天 このことばは私たちに見える「空」を超えた場所を指している。（1）第一の天は地球を囲む大気圏である（ホセ2:18, ダニ7:13）。（2）第二の天は星や宇宙空間である（創1:14-18）。（3）第三の天は次の節にパラダイスとも呼ばれている（12:3-4, ルカ23:43, 黙2:7）、神と地上の生活を終えた忠実な人々が住む所である（5:8, ピリ1:23）。その場所は明らかにされていない。

12:4 パラダイス ギリシヤ語の「パラデイソス」は七十人訳聖書（ヘブル語旧約聖書のギリシヤ語訳）の中で、神が最初に人間を造って住まわせたエデンの園を表している（創3:24, 13:10, エゼ28:13, 31:8）。新約聖書では神が御座におられる第三の天（→12:2注）の完全な喜びの場所を指している（IIコリ12:2, 4）。主イエスは死ぬ直前に主イエスに立返った犯罪人と同じように、十字架につけられたその日にパラダイスに行かれた（ルカ23:43, ⇒黙2:7）。

12:7 肉体に一つのとげ 「とげ」ということばは痛み、問題、苦しみ、辱しめ、肉体の問題、弱さなどを表している。けれども罪への誘惑という意味はない（⇒ガラ4:13-14）。（1）パウロのとげが具体的に何だったのかはわからない。けれどもここには、それぞれの、「とげ」を持っている神の子たちに適用できる霊的教訓がある。（2）パウロのとげは悪霊の活動によるもの、あるいは悪霊から来たもののように見える。それは神によって（制限されているけれども）許可されていた（⇒ヨブ2:1～）。（3）同時にパウロのとげは受けた啓示の偉大さによってごう慢にならないためのものだった。（4）パウロは受けたとげによってさらに神の愛や助け、力に頼るようにさせられた（12:9注, ヘブ12:10）。

12:8 三度も主に願いました 誠実な祈りに神が「いいえ」または「今はまだ」と拒絶の応えをされるときには、何かさらに良いものが代りに与えられることが考えられる（→12:9注, エペ3:20）。

12:9 わたしの恵みは、あなたに十分である 恵みとは、神がその臨在と愛、助けと力とを伴って好意を示してくださることである。また神に頼り助けを求める人々に与えられる天の力でもある。この恵みは自分の弱さや困難（罪とは無関係の）を通してキリストをあが

なたがたには負担をかけなかったことだけです。この不正については、どうか、赦してください。

14 今、私はあなたがたのところに行こうとして、三度目の用意ができています。しかし、あなたがたに負担はかけません。私が求めているのは、あなたがたの持ち物ではなく、あなたがた自身だからです。子は親のためにたくわえる必要はなく、親が子のためにたくわえるべきです。

15 ですから、私はあなたがたのたましいのためには、大いに喜んで財を費やし、また私自身をさえ使い尽くしましょう。私があなたがたを愛すれば愛するほど、私はいよいよ愛されなくなるのでしょうか。

16 あなたがたに重荷は負わせなかったにしても、私は、悪賢くて、あなたがたからだまし取ったのだと言われます。

17 あなたがたのところに遣わした人たちのうちのだれによって、私があなたがたを欺くようなことがあったでしょうか。

18 私はテトスにそちらに行くように勧め、また、あの兄弟を同行させました。テトスはあなたがたを欺くようなことをしたでしょうか。私たちは同じ心で、同じ歩調で歩いたのではありませんか。

19 あなたがたは、前から、私たちがあなたがたに対して自己弁護をしているのだと思っていたことでしょう。しかし、私たちは神の御前で、キリストにあって語っているのです。愛する人たち。すべては、あなたがたを築き上げるためなのです。

20 私の恐れていることがあります。私が行ってみると、あなたがたは私の期待しているような者でなく、私もあなたがたの期待しているような者でないことになるのではないでしょうか。また、争い、ねたみ、憤り、党派心、そしり、陰口、高ぶり、騒動があるのではないでしょうか。

21 私がもう一度行くとき、またも私の神が、あなたがたの面前で、私をはずかしめることはないでしょうか。そして私は、前から罪を犯していて、その行った汚れと不品行と好色を悔い改めない多くの人たちのために、嘆くようなことにはならないでしょうか。

めようとする忠実なキリスト者とともにある（ピリ4：13、→「**信仰と恵み**」の項 p.2062）。（1）私たちの弱さとキリストのための苦しみが大きければ大きいほど、神は恵みをさらに増し加えて神のみこころを実現できるようにしてくださる。その恵みは絶えず日毎に十分に与えられ、私たちはその日に神が望んでおられることを成し遂げどんな苦しみや困難または肉体の「とげ」にも耐えることができるようになる（⇒Ⅰコリ10：13）。キリストに頼り続ける限り神は力と平安を与えてくださる。（2）私たちは自分の弱さを感謝し、弱さの中にある永遠の価値を見るべきである。なぜなら天の家に向かう人生の旅の途上でキリストの力がこの弱さによって私たちの中にまた私たちを通して現されるようになるからである。キリストに頼ることによって私たちはパウロの「私が弱いときにこそ、私は強い」ということばが真実であることを知るのである（12：10）。

12：15 財を費やし、また私自身をさえ使い尽くしましょう 助けようとしている人々に対するパウロの献身的な愛の精神は、すべての牧師や指導者、教師、宣教師たちの模範である。それは子どもに対する良い父親のような無私のささげ切った愛だった（⇒6：11-13、7：1-4）。自分を犠牲にし、ほかの人々のために自分を使い尽くす覚悟のある愛である。自分よりもほかの人々の益になることを先にして、自分が世話をしている人々への慈愛に満ちた愛である。その見返りにパウロが求めたのは、ただ主イエスに忠実に従うことと感謝をささげることだった。キリストに忠実に奉仕する人々にはこのような愛がなければならない。

12：20 そしり、陰口 聖書はほかの人々を傷つけるようなことばを非難している。それはキリスト者の愛の律法に対する重大な違反だからである（ロマ13：9-10）。ほかの人々の人格をけなすような、厳しく傷つけることばは避けなければならない。ほかの人々の罪を明らかにしたり対応を話合ったりするときも、その人を助け、ほかの人々を守り、神の国を擁護しようという純粋な動機と最大の謙遜と良識をもって行わなければならない（ロマ1：29-30、エペ4：31、Ⅱテモ4：10、14-15、Ⅰペテ2：1）。

12：21 前から罪を犯していて・・・多くの人たちのために、嘆く キリストに奉仕する人々は、自分の罪を認めずそれから離れようともしない人々が教会の中にいるなら、心から悲しむべきである。その人々が霊的に死んでいるからである。その人々にはパウロのコ

最後の警告

13 ¹ 私があなたがたのところへ行くのは、これで三度目です。すべての事実は、ふたりか三人の証人の口によって確認されるのです。

² 私は二度目の滞在のときに前もって言っておいたのですが、こうして離れている今も、前から罪を犯している人たちとほかのすべての人たちに、あらかじめ言っておきます。今度そちらに行ったときには、容赦はしません。

³ こう言うのは、あなたがたはキリストが私によって語っておられるという証拠を求めているからです。キリストはあなたがたに対して弱くはなく、あなたがたの間にあって強い方です。

⁴ 確かに、弱さのゆえに十字架につけられましたが、神の力のゆえに生きておられます。私たちもキリストにあって弱い者ですが、あなたがたに対する神の力のゆえに、キリストとともに生きているのです。

⁵ あなたがたは、信仰に立っているかどうか、自分自身をためし、また吟味しなさい。それとも、あなたがたのうちにはイエス・キリストがおられることを、自分で認めないのですか——あなたがたがそれに不適格であれば別です。──

⁶ しかし、私たちは不適格でないことを、あなたがたが悟るように私は望んでいます。

⁷ 私たちは、あなたがたがどんな悪をも行わないように神に祈っています。それによって、私たち自身の適格であることが明らかになるというのではなく、たとい私たちは不適格のように見えても、あなたがたに正しい行いをしてもらいたいためです。

⁸ 私たちは、真理に逆らっては何をすることもできず、真理のためなら、何でもできるのです。

⁹ 私たちは、自分は弱くてもあなたがたが強ければ、喜ぶのです。私たちはあなたがたが完全な者になることを祈っています。

¹⁰ そういうわけで、離れていてこれらのことを書いているのは、私が行ったとき、主が私に授けてくださった権威を用いて、きびしい処置をとることのないようにするためです。この権威が与えられたのは築き上げるためであって、倒すためではないのです。

最後のあいさつ

¹¹ 終わりに、兄弟たち。喜びなさい。完全な者になりなさい。慰めを受けなさい。一つ心になりなさい。平和を保ちなさい。そうすれば、愛と平和の神はあなたがたとともにいてくださいます。

¹² 聖なる口づけをもって、互いにあいさつをかわしなさい。すべての聖徒たちが、あなたがたによろしくと言っています。

¹³ 主イエス・キリストの恵み、神の愛、聖霊の交わりが、あなたがたすべてとともにありますように。

リント人（Ⅰコリ6:9）、ガラテヤ人（ガラ5:21）、エペソ人（エペ5:5-6）へのことばと同じように、神の国から排除されるという悲しい知らせしかない。

13:2 容赦はしません キリストのために働く人は、自分とかかわりのある人々（→12:15注）に対しては優しい愛情を示すとともに、時には断固としたしつけをする愛を持たなければならない。人々が悔い改めるのを忍耐強く待っていてもこれ以上待てないときがある。そのときには神の名誉と教会を守るために、罪を犯した人を大目に見ることも戒規を行うことも見送るべきではない。

13:5 信仰に立っているかどうか・・・吟味しなさい 永遠のいのちを持っているという確信は、信仰者にとっては何よりも重要なことである（⇒Ⅰヨハ5:13、→ヨハ17:3注）。キリスト者だという人はみな、自分自身を吟味し動機を確認するべきである。そして神との正しい関係を確かめるべきである（→「**救いの確証**」の項 p.2447）。

13:13 恵み・・・愛・・・交わり パウロのこの手紙の結びのことばは、新約聖書の教会が三位一体（三つの別個で互いに関係しながら統一された人格を持つ一人のまことの神 →マコ1:11注）を信じていたことを示している。パウロはコリントの教会が、（1）キリストの恵み（その臨在と力、愛、平安）、（2）あらゆる祝福を伴う父である神の愛、（3）聖霊との深い交わりを引続き体験するように祈っている。このかたちで神の臨在がある限り、永遠の救いと神とともに住む場所は私たちにとって確実である。

聖霊の働き

A. 聖霊と天地創造や啓示とのかかわり

働き	引照聖句
1. 天地創造にかかわられた	創1:2, ヨブ33:4
2. 神が造られたものにいのちを与えられた	創2:7, ヨブ33:4, 詩104:30
3. 預言者と使徒たちに霊感を与えられた	民11:29, イザ59:21, ミカ3:8, ゼカ7:12, Ⅱテモ3:16, Ⅱペテ1:21
4. みことばを通して語られた	Ⅱサム23:1-2, 使1:16-20, エペ6:17, ヘブ3:7-11, 9:8, 10:15

B. 聖霊とイエス・キリストとのかかわり

働き	引照聖句
1. 主イエスは聖霊によってマリヤの胎内に宿られた	マタ1:18, 20-23, ルカ1:34-35
2. 主イエスは聖霊に満たされた	マタ3:16-17, マコ1:12-13, ルカ3:21-22, ルカ4:1
3. 主イエスは御霊によって語られた	イザ11:2-4, 61:1-2, ルカ4:16-27
4. 主イエスは聖霊の力によって奇蹟を行われた	イザ61:1, マタ12:28, ルカ11:20, 使10:38
5. 主イエスは信じる人々に聖霊のバプテスマを授けられる	マタ3:11, マコ1:8, ルカ3:16, ヨハ1:33, 使1:4-5, 11:16
6. 主イエスは助け主としての聖霊を約束された	ヨハ14:16-18, 25-26, 15:26-27, 16:7-15
7. 主イエスは聖霊の働きが信じる人々を通して流れ出ると約束された	ヨハ7:37-39
8. 主イエスは聖霊によって明らかにされる	ヨハ16:13-15
9. 主イエスは聖霊によってご自分をささげ十字架につけられた	ヘブ9:14
10. 主イエスは聖霊によってよみがえられた	ロマ1:3-4, 8:11
11. 主イエスは御父から聖霊を受取られた	ヨハ16:5-14, 使2:33
12. 主イエスは信じる人々に聖霊を注がれた	使2:33, 38-39
13. 主イエスは聖霊によって栄光を受けられる	ヨハ16:13-14
14. 主イエスが再び来られるように御霊が祈られる	黙22:17

C. 聖霊と教会とのかかわり

働き	引照聖句
1. 宮としての教会に住まわれる	Ⅰコリ3:16, エペ2:22, ⇒ハガ2:5
2. 教会に雨のように注がれる	使1:5, 2:1-4, 16-21, ⇒イザ32:15, 44:3, ホセ6:3, ヨエ2:23-32

聖霊の働き

働　　き	引照聖句
3. 教会に語りかけられる	黙2:7, 11, 17, 29, 3:6, 13, 22
4. 教会の中で交わりを生み出される	IIコリ13:13, ピリ2:1
5. 教会を一つにされる	Iコリ12:13, エペ4:4
6. 教会に賜物を与えられる	ロマ12:6-8, Iコリ12:, →「聖霊の賜物」の表 p.2096
7. 超自然的な現れで教会を強められる	使4:30-33, Iコリ12:7-13, 14:1-33
8. 教会の指導者を任命される	使20:28, エペ4:11, →「聖霊の賜物」の表 p.2096
9. 聖霊に満たされた人々を通して働かれる	使6:3, 5, 8, 8:6-12, 15:28, 32, ⇒民27:18, 士6:34, Iサム16:13, ゼカ4:6
10. 説教者に力を与えられる	Iコリ2:4
11. 神の民を任務につかせられる	使13:2-4
12. 宣教師の働きを導かれる	使8:29, 39, 16:6-7, 20:23
13. 過ちから教会を守られる	IIテモ1:14
14. 教会に背教の警告をされる	Iテモ4:1, ⇒ネヘ9:30
15. 霊的戦いのために教会に武具を与えられる	エペ6:10-18
16. キリストの栄光を現される	ヨハ16:13-15
17. 義を促進される	ロマ14:17, エペ2:21-22, 3:16-21, Iテサ4:7-8

D. 聖霊と信仰者個人とのかかわり

働　　き	引照聖句
1. 信仰者ひとりひとりのうちに住まわれる	ロマ8:11, Iコリ6:15-20, IIコリ3:3, エペ1:13, ヘブ6:4, Iヨハ3:24, 4:13
2. 罪を悟らせてくださる	ヨハ16:7-11, 使2:37
3. 新しく生れさせてくださる	ヨハ3:5-6, 14:17, 20:22, ロマ8:9, IIコリ3:6, テト3:5
4. 神の愛を与えてくださる	ロマ5:5
5. 神が父であることを悟らせてくださる	ロマ8:14-16, ガラ4:6
6. 「イエスは主です」と告白させてくださる	Iコリ12:3
7. キリストを示してくださる	ヨハ15:26, 16:14-15, Iコリ2:10-11
8. 神の真理を現してくださる	ネヘ9:20, ヨハ14:16-17, 26, 16:13-14, Iコリ2:9-16
9. 真理と誤りを見分けられるようにしてくださる	Iヨハ4:1-3
10. 教会の一員にしてくださる	Iコリ12:13
11. 求めるならだれにも与えられる	ルカ11:13

Ⅱコリント

聖霊の働き

働 き	引照聖句
12. キリストのからだにつながるバプテスマを授ける	Ⅰコリ12:13
13. キリストのバプテスマにかかわる方	マタ3:11, マコ1:8, ルカ3:16, ヨハ1:33, 使1:4-5, 11:16
14. 満たしてくださる	ルカ1:15, 41, 67, 使2:4, 4:8, 31, 6:3-5, 7:55, 11:24, 13:9, 52, エペ5:18, ⇒出31:3, 士14:19, Ⅰサム10:10
15. 大胆にあかしする力を与えてくださる	ルカ1:15-17, 24:47-49, 使1:8, 4:31, 6:9-10, 19:6, ロマ9:1-3
16. 特別な賜物を与えてくださる	マコ16:17-18, Ⅰコリ1:7, 12:7-11, Ⅰペテ4:10-11, →「聖霊の賜物」の表 p.2096
17. 幻と預言を与えてくださる	ヨエ2:28-29, 使2:17-18, 10:9-22, Ⅰコリ14:1-5, 21-25
18. 実を結ばせてくださる	ロマ14:17, Ⅰコリ13:, ガラ5:22-23, Ⅰテサ1:6
19. 聖い生活をできるようにしてくださる	詩51:10-12, 143:10, エゼ11:19-20, 37:26, ロマ8:4-10, 15:16, ガラ5:16-18, 25, ピリ2:12-13, Ⅱテサ2:13, Ⅰペテ1:2
20. 罪の力から自由にしてくださる	ロマ8:2, エペ3:16
21. みことばによって悪魔と戦えるようにしてくださる	エペ6:17
22. 困難な情況でも話せるようにしてくださる	マタ10:17-20, マコ13:11, ルカ12:11-12
23. 慰めと励ましを与えてくださる	ヨハ14:17-18, 26-27, 使9:31
24. 祈りを助けてくださる	使4:23-24, ロマ8:26, エペ6:18, ユダ1:20
25. 礼拝を助けてくださる	ヨハ4:23-24, 使10:46, エペ5:18-19, ピリ3:3
26. 罪を悲しまれる	創6:3, エペ4:30, ⇒マタ12:31-32
27. 最終的贖いの保証である	Ⅱコリ1:22, 5:5, エペ1:13-14
28. キリストの再臨を待望むようにさせてくださる	ロマ8:23, 黙22:20
29. 死ぬべきからだにいのちを与えてくださる	ロマ8:11

E. 聖霊と未信者とのかかわり

働 き	引照聖句
1. 罪、義、さばきについて悟らせる	ヨハ16:7-11
2. 伝道者を任命し福音を未信者に伝えさせる	使1:8, 2:17, 21, 4:31, 11:12-18, 13:1-4
3. 救いに至る福音の真理を明らかにしてくださる	ルカ4:18-19, ヨハ15:26-27, 使4:8, 11:15, 18, 14:3, Ⅰコリ2:4, 12, Ⅰテサ1:5

ガラテヤ人への手紙

概　　要
　序言(1:1-10)
　　A．あいさつ(1:1-5)
　　B．キリストの正しい福音の放棄、曲解、弁護(1:6-10)
　I．個人的なこと－霊的自由と信仰の使者としての権威を弁明するパウロ(1:11-2:21)
　　A．その権威はキリストによって啓示された(1:11-24)
　　B．その権威はヤコブ、ペテロ、ヨハネによって認められた(2:1-10)
　　C．その権威はペテロとの対決の中で試され証明された(2:11-21)
　II．教理的なこと－霊的自由と信仰について神から与えられた教えを弁護するパウロ(3:1-4:31)
　　A．御霊と新しいいのちは行いではなく信仰によって受取る(3:1-14)
　　B．救いは律法ではなく約束によって与えられる(3:15-18)
　　C．神の律法の目的は罪を明らかにしキリストを示すことである(3:19-25)
　　D．キリストに頼る人々は奴隷ではなく子どもである(3:26-4:7)
　　E．ガラテヤの人々は考えと行動を見直さなければならない(4:8-20)
　　F．律法に頼る人々は子どもではなく奴隷である(4:21-31)
　III．実践的なこと－霊的自由と信仰の歩みを弁護するパウロ(5:1-6:10)
　　A．恵みによる救いとキリスト者の自由(5:1-12)
　　　1．キリストにある自由を持って堅く立つこと(5:1)
　　　2．救いを得るために律法に頼らないこと(5:2-12)
　　B．キリスト者の自由を罪の口実にするべきではない(5:13-26)
　　　1．愛をもって互いに仕えること(5:13-15)
　　　2．罪の性質によってではなく御霊によって生きること(5:16-26)
　　C．キリスト者の自由は愛とキリストの律法を通して表されなければならない(6:1-10)
　　　1．互いの心配事をともに負い合うこと(6:1-5)
　　　2．みことばを教える人を支えること(6:6)
　　　3．善を行うことに疲れないこと(6:7-10)
　結論(6:11-18)

著　　者：パウロ

主　　題：恵みにより信仰によって与えられる霊的救いと自由

著作の年代：紀元49年頃

著作の背景
　パウロはこの手紙を「ガラテヤの諸教会へ」(1:2)あてて書いた(1:1, 5:2, 6:11)。ガラテヤ人とは小アジヤの北部中央にいたゴール族(前3世紀にこの地域を侵略した人々の子孫)であると考える人々がいる。けれどもパウロがこの手紙を書き送ったのは、小アジヤ南部のローマ帝国のガラテヤ県にあった教会(ピシデヤのアンテオケ、イコニオム、ルステラ、デルベ)で、第一次宣教旅行でバルナバとともに建てた教会だった可能性のほうがはるかに高い(使13:-14:,→「**パウロの第一次伝道旅行**」の地図 p.1998)。またこの手紙は、パウロがその伝道旅行を終えて派遣元の教会であるシリヤのアンテオケの教会に戻った直後、エルサレムでの教会会議(使15:)の直前に書かれたものと思われる。
　ガラテヤ人への手紙に書かれている中心的な問題は、エルサレムでの会議(49年頃 ⇒使15:)で議論され解決された問題と同じである。それは次の二つの問題だった。

(1) 救いを受け神との個人的関係を回復するために必要なのは、イエス・キリストを救い主、主(罪を赦し人生を導く方)として信じる信仰だけなのだろうか。
　(2) それとも霊的に救われ神との正しい関係を持つためには、旧約聖書にあるユダヤ教の慣習と律法を守ることが求められているのだろうか。
　パウロはこの論争がエルサレム会議で正式に議論され、教会の公式の立場が確認される前にこの手紙を書いたものと思われる。するとガラテヤ人への手紙はパウロが書いた最初の手紙ということになる。

目　的

　何人かのユダヤ人教師たちがモーセの律法(神がイスラエルのためにモーセを通して与えられた命令、→「旧約聖書の律法」の項 p.158)の制約や要求を押付けて、ガラテヤの新しく回心した人々(キリスト信仰にパウロが導いた人々)を混乱させ動揺させていることをパウロは知った。その教師たちが新しい信仰者に強要しようとしていた律法の一つは、男性の性器の包皮を切除する割礼の慣習(神と契約関係にあることを示す旧約聖書のしるし →創17:11注)だった。にせ教師たちは、霊的に救われて教会に受入れられるためにはそれらの律法を守ることが必要だと言っていた。これを聞いたパウロは、(1) 割礼のような律法の要求は、イエス・キリストを信じる信仰によって霊的救いを可能にする神の恵み(一方的に与えられる神の好意、愛、霊的な力)の賜物とは何の関係もないと強く否定し、(2) 私たちが聖霊を受けて新しい霊的いのちを受けるのは、主イエス・キリストを信じる信仰によるのであって、旧約聖書の律法に頼ることによるのではないことをはっきり再確認するためにこの手紙を書いた。

概　観

　この手紙の内容によると、ガラテヤのユダヤ人でパウロに反対する人々は、パウロの諸教会に対する影響力を弱めるために個人攻撃をしていた。そして、(1) パウロは最初の使徒(主イエスの中心的な弟子たちで、その福音を広め教会を建上げるために主イエスが直接任命された人々 →使14:3注)ではないので、正当な権威を持っていないし(⇒1:1, 7, 12, 2:8-9)、(2) その教えはエルサレムで話されている救いの教えと矛盾していて(⇒1:9, 2:2-10)、(3) 伝えている恵みのメッセージは勝手でずさんな生き方を助長すると非難した(⇒5:1, 13, 16, 19-21)。けれどもこのような主張は誤りだった。
　パウロはこの三つの批判に対して直接応答をしている。
　(1) パウロは強い説得力と明瞭さをもって、自分はイエス・キリストの使徒(福音を最初に伝える人)としての権威を持っている。その権威は主からの直接の啓示によって与えられ、ヤコブ、ペテロ、ヨハネという三人の主イエスの最初の弟子たちによって支持されていると弁護した(1:-2:)。
　(2) 霊的救いと自由は、キリストを信じる信仰によってのみ与えられる神の恵みに満ちた賜物であるという教えを熱心に弁護した(3:-4:)。
　(3) 福音(キリストを通して罪の赦しと新しいいのちが与えられるという「よい知らせ」)には、人間の罪深い性質による反抗的な行動からの解放とともに、ユダヤ教の律法の伝統からの解放も含まれていると断固として主張した。キリスト者の自由は聖霊の力によって生きることであり、「キリストの律法」を成就することである。それは神を愛して従い、ほかの人々を愛して思いやる生き方である(5:-6:)。
　ガラテヤ人への手紙には、ガラテヤ、アンテオケ、エルサレム(使15:1-2, 5)、そのほかパウロが奉仕してきたほとんどの場所で反対をしていた、ユダヤ人教師たちの特徴が描かれている。その人々は福音を正しく伝えず混乱を招き(1:7)、その教えは信じる人々の前に障害物を置いているとパウロは指摘している(5:7)。さらにその人々は外見的には良い印象を与えようとしているけれども、それはただキリストのために苦しむのを避けようとしているだけである(6:12)。したがってこの人々は人を喜ばせようとする者であり(1:10)、にせ兄弟であり(2:4)、割礼派であり(2:12)、人を迷わせる者である(3:1)。　詳細　→「にせ教師」の項 p.1758

特　徴

　この手紙には四つの大きな特徴がある。
　(1) 福音の基本(罪の赦し、自由、霊的救いは御子イエス・キリストの生涯、死、十字架を通して神が与えてくださる恵みによってのみ得られるという教え)を弁護する、新約聖書の中で最も強力な書物である。救いはキリストを信じて人生を積極的にゆだねたときに初めて受取ることのできる賜物である。パウロは大胆に断固とした姿勢で対立する人々と議論し(1:8-9, 5:12)、ガラテヤの人々がそのような誤った教えに心を開いて受入れて

いることを非難しているので(1:6, 3:1, 4:19-20)、この手紙の論調は鋭く、深刻で切迫感があるものになっている。

(2) 自分のことを言っている部分(著者、パウロ、自分のこと)は、コリント人への第二の手紙の次に多くなっている。

(3) パウロの手紙の中では複数の教会にあてて書かれたことがはっきりしている唯一の手紙である(→エペ緒論)。

(4) 御霊の実(神の御霊がキリスト者の中に働いて生み出される結果または品性)のリスト(5:22-23)と、人間の罪深い性質による行いについての新約聖書の中で最も完全なリストを見ることができる(5:19-21, →「**罪の性質の行いと御霊の実**」の項 p.2208)。

ガラテヤ人への手紙の通読

新約聖書全体を1年間で通読するためには、ガラテヤ人への手紙を次のスケジュールに従って8日間で読まなければならない。
☐1 ☐2 ☐3:1-14 ☐3:15-25 ☐3:26-4:20 ☐4:21-5:15 ☐5:16-26 ☐6

メ モ

ガラテヤ　1章

1

¹ 使徒となったパウロ——私が使徒となったのは、人間から出たことでなく、また人間の手を通したことでもなく、イエス・キリストと、キリストを死者の中からよみがえらせた父なる神によったのです——

² および私とともにいるすべての兄弟たちから、ガラテヤの諸教会へ。

³ どうか、私たちの父なる神と主イエス・キリストから、恵みと平安があなたがたの上にありますように。

⁴ キリストは、今の悪の世界から私たちを救い出そうとして、私たちの罪のためにご自身をお捨てになりました。私たちの神であり父である方のみこころによったのです。

⁵ どうか、この神に栄光がとこしえにありますように。アーメン。

脚注参照

1］①Ⅱコリ1:1
②ガラ1:11, 12
③使20:24、使9:15, ガラ1:15, 16
④使ガラ2:24

2］①ピリ4:21
②Ⅰコリ16:1、使16:6

3］①使ロマ1:7
　＊異本「父なる神と私たちの主イエス・キリスト」
④①使マタ13:22、ロマ12:2, Ⅱコリ4:4、使マタ20:28, ロマ4:25、Ⅰコリ15:3, 使ガラ2:20、③ピリ4:20, Ⅰテサ1:3、3:11, 13
　＊別訳「神であり私たちの父である」

5］使ロマ11:36

6］①ガラ5:8, 1:15, 使ロマ8:28、②使16:6, 18:23, ガラ4:13、③Ⅱコリ11:4, 使Ⅰテモ1:3, ガラ1:7, 11, 2:2, 7

7］①使15:24, ガラ5:10

8］①Ⅰ Ⅱコリ11:14
②使マタ9:3
　＊ギリシヤ語「アナテマ」

9］使ルカ18:23
②使ロマ16:17
③使マタ9:3
　＊ギリシヤ語「アナテマ」

ほかに福音はない

⁶ 私は、キリストの恵みをもってあなたがたを召してくださったその方を、あなたがたがそんなにも急に見捨てて、ほかの福音に移って行くのに驚いています。

⁷ ほかの福音といっても、もう一つ別に福音があるのではありません。あなたがたをかき乱す者たちがいて、キリストの福音を変えてしまおうとしているだけです。

⁸ しかし、私たちであろうと、天の御使いであろうと、もし私たちが宣べ伝えた福音に反することをあなたがたに宣べ伝えるなら、その者はのろわれるべきです。

⁹ 私たちが前に言ったように、今もう一度私は言います。もしだれかが、あなたがたの受けた福音に反することを、あなたがたに宣べ伝えているなら、その者はのろわれるべきです。

1:4　今の悪の世界から私たちを救い出そうとして
この節は新約聖書時代の教会に広く行き渡っていた初期の信仰告白のことばだったと思われる。そしてキリストの死を罪（神に対する私たちの反抗と違反行為）の赦しと「今の悪の世界から」の霊的救いに結び付けている。キリストの犠牲（人々を神との正しい関係に回復すること）の中心目標は、社会を支配する様々な悪から人々を解放することだった。五旬節の日には、聖霊がキリストの弟子たちのところに来て満たし力を与えられた。その後、弟子たちが伝えた福音のメッセージ（罪の赦しと新しいいのちがイエス・キリストの生涯と死と復活によって可能になったという「よい知らせ」）には、「この曲がった時代から救われなさい」（使2:40）ということばが含まれていた。キリスト者は神を敬い神の目的に仕えるように生きなければならない。それにはキリストに従わない世間の人々の間でもてはやされている価値観や知恵、意見、堕落した欲望や自己中心的な楽しみなどに誘われないようにしなければならない（⇒ロマ12:2注、テト2:14、→「キリスト者とこの世」の項p.2437）。

1:6　ほかの福音　ガラテヤの人々のところにはにせ教師たちが来て、パウロの教えを拒み「ほかの福音」を受け入れるように説得していた。その人々が教えていたのは、霊的救いや神との正しい関係を持つにはキリストを信じるだけではなく、割礼を受け（5:2、→ロマ2:29注、ピリ3:2注、コロ2:11注、⇒使15:11）、律法に従い（3:5）、ユダヤ教の聖い日を守って（4:10）、ユダヤ教信仰と結び付かなければならないということ

だった。(1) 聖書ははっきりと、霊的救いについてのメッセージはただ一つしかない、それは「キリストの福音」であると断言している（1:7）。それは「イエス・キリストの啓示」（1:12）と聖霊による霊感（→「**聖書の霊感と権威**」の項 p.2323）によって私たちに与えられた。この福音（「よい知らせ」と主イエスのまことのことば）は、文書になった神のことばである聖書の中に定義され啓示されている。(2) どんなにすぐれた人や教会や伝統が伝えているものであっても、神のことばに含まれず示されていない教えや信条や思想はまことの福音ではなくキリストの福音でもない（1:11）。人間が作り出したそのような考えや哲学を主イエスのことばと混ぜ合せることは、「福音を変えて」（1:7）しまうことである。

1:9　その者はのろわれるべきです　「のろわれるべきです」ということば（《ギ》アナテマ）は神にのろわれた人のことで、その人は滅ぼされ神のさばきと永遠の罰を受けて神から完全に捨てられることを意味している。

(1) キリストの福音の真理をねじ曲げ（1:7）、神のことばに啓示された真理を変えようとする人々に対して、パウロは聖霊に霊感された正義の怒りを表してさばく姿勢を示している。このような態度は、イエス・キリスト（→マタ23:13注）やペテロ（Ⅱペテ2:）、ヨハネ（Ⅱヨハ1:7-11）やユダ（ユダ1:3-4, 12-19）にも見られた。また、キリストの真理を神のことばに啓示された通りに愛し守り続けたいと考えるキリスト者の中にも見られるものである。それは、キリストの福音こそが救いについての「よい知らせ」であり、罪と反抗に

10 いま私は人に取り入ろうとしているのでしょうか。いや、神に、でしょう。あるいはまた、人の歓心を買おうと努めているのでしょうか。もし私がいまなお人の歓心を買おうとするようなら、私はキリストのしもべとは言えません。

神の召命を受けたパウロ

11 兄弟たちよ。私はあなたがたに知らせましょう。私が宣べ伝えた福音は、人間によるものではありません。12 私はそれを人間からは受けなかったし、また教えられもしませんでした。ただイエス・キリストの啓示によって受けたのです。13 以前ユダヤ教徒であったころの私の行動は、あなたがたがすでに聞いているところです。私は激しく神の教会を迫害し、これを滅ぼそうとしました。14 また私は、自分と同族で同年輩の多くの者たちに比べ、はるかにユダヤ教に進んで

よって霊的に失われ神から切離された世界にとってそれ以外に希望がないと、神に忠実な人々は確信しているからである（→ロマ1：16、10：14-15）。

（2）パウロが伝えているキリストによって啓示されたままの福音と異なる福音を伝えている人々は罪に定められる（1：11-12、→1：6注）。キリストと使徒たち（初期の教会で主イエスの福音を確立するために主イエスによって直接任命された人々）が伝えた最初の根本的な福音に付け加えたりそこから何かを取除こうとする人は、みな神ののろいを受ける。「神は・・・いのちの木・・・から、その人の受ける分を取り除かれる」（黙22：18-19）。

（3）神はキリスト者に、信仰を守り（ユダ1：3注）、ほかの人々と向き合うときには愛に満ちた態度で接し（Ⅱテモ2：25-26）、主イエスと使徒たちが教えられた基本的真理を教会の中で否定する教師や牧師、その他の人々からは離れるようにと命じられた（1：8-9、ロマ16：17-18、Ⅱコリ6：17、→使14：4注）。

基本的な真理には次のようなものが含まれる。

（a）キリストの神性（主イエスが完全に神であるという事実）と処女降誕（マタ1：23、→ヨハ20：28注、→「**神の属性**」の項p.1016）。

（b）神のことばとその教えるあらゆる事柄にある完全な霊感と絶対的な権威（→「**聖書の霊感と権威**」の項p.2323）。

（c）アダムの「堕落」という歴史的事実（神に対する人類の最初の不従順で神との完全な関係を壊し罪による堕落を人間にもたらしたこと ロマ5：12-19）。

（d）最初の罪の結果、人間の性質が生まれつき（自然の、先天的）堕落していること（創6：5、8：21、ロマ1：21-32、3：10-18、7：14、21）。

（e）キリストから離れた人類の、霊的に失われた絶望的情況（→使4：12注、ロマ1：16-32、10：13-15）。

（f）神の恵み（一方的に与えられる好意、あわれみ）によって可能になった霊的救い（罪の赦しと神との個人的関係の回復）。この贈り物は、いのちを捨てて私たちの罪の代価を支払われたキリストに生涯をささげる信仰を通して受取ることができる（ロマ3：24-25、5：10、→Ⅱコリ5：17注、→「**信仰と恵み**」の項p.2062）。

（g）キリストが死者の中から肉体を伴って復活されたこと（→マタ28：6注、Ⅰコリ15：3-4）。

（h）旧約聖書と新約聖書の両方にある神の奇蹟が歴史的事実であること（Ⅰコリ10：1）。

（i）霊的存在であるサタンと悪霊が現実に存在すること（マタ4：1、8：28、Ⅱコリ4：4、エペ2：2、6：11-18、Ⅰペテ5：8、→「**サタンと悪霊に勝利する力**」の項p.1726）。

（j）永遠のさばきの場で神から完全に捨てられる場所である地獄についての聖書の教え（→マタ10：28注）。

（k）キリストが文字通り再び来られること（ヨハ14：3注、使1：11、Ⅰコリ1：7注、黙19：11注）。

（4）にせ教師に対する警告のことばは次の箇所にも見られる。ロマ16：17、Ⅱペテ2：17-22、Ⅱヨハ1：9-11、ユダ1：12-13、→Ⅱコリ11：13注、→「**にせ教師**」の項p.1758

1：10 あるいはまた、人の歓心を買おうと努めているのでしょうか 神が願っておられることより人がどう思うかを気にしていたら、キリストの福音を効果的に広めたり、キリストに従うようにほかの人々を導いたりすることはできない。そのような人々は、自分がキリストとその福音を信じていることを恥ずかしく思っているので、真理について妥協するのである（⇒Ⅰコリ4：3-6）。パウロは、「人を喜ばせようとしてではなく、私たちの心をお調べになる神を喜ばせようとして」（Ⅰテサ2：4注）話すことが自分の義務であると考え、そうすることをはっきり心に決めていた。キリスト者はみな、たといある人を不愉快にさせることがあっても神に喜ばれ神のご計画と願いが実現するように励まなければならない（⇒使5：29、エペ6：6、コロ3：22）。主イエスのように私たちを愛し希望を与えてくださった方はほかにおられないのである（⇒ヨハ15：

ガラテヤ 1-2章

おり、先祖からの伝承に人一倍熱心でした。
¹⁵けれども、生まれたときから私を選び分け、恵みをもって召してくださった方が、
¹⁶異邦人の間に御子を宣べ伝えさせるために、御子を私のうちに啓示することをよしとされたとき、私はすぐに、人には相談せず、
¹⁷先輩の使徒たちに会うためにエルサレムにも上らず、アラビヤに出て行き、またダマスコに戻りました。
¹⁸それから三年後に、私はケパをたずねてエルサレムに上り、彼のもとに十五日間滞在しました。
¹⁹しかし、主の兄弟ヤコブは別として、ほかの使徒にはだれにも会いませんでした。
²⁰私があなたがたに書いていることには、神の御前で申しますが、偽りはありません。
²¹それから、私はシリヤおよびキリキヤの地方に行きました。
²²しかし、キリストにあるユダヤの諸教会には顔を知られていませんでした。
²³けれども、「以前私たちを迫害した者が、

14 ②マタ15:2、マコ7:3、
 囲コロ2:8、エレ9:14
15 ①囲使9:15、ロマ1:1、
 イザ49:1, 5、エレ1:5
 ②囲ガラ1:6
16 ①囲ガラ2:9、囲使9:5
 ②使9:20、③囲マタ16:17
 * 直訳「血肉」
17 ①囲使9:19-22、囲使9:2
18 ①囲使9:22, 23
 ②囲ヨハ1:42、ガラ2:9, 11, 14、③囲使9:26, 27
19 ①囲マタ12:46、使12:17
20 ①囲ロマ9:1、
 Ⅱコリ1:23, 11:31
21 ①囲使9:30(?)
 ②使15:23, 41、③囲使6:9
22 ①囲ロマ16:7
 ②Ⅰテサ2:14、Ⅰコリ7:17
23 ①囲使9:21
 ②使6:7、ガラ6:10
24 ①囲マタ9:8
1 ①囲使4:36、ガラ2:9, 13
 ②囲Ⅱコリ2:13、ガラ2:3
 ③囲使15:2
2 ①囲使9:15、②囲ガラ1:12
 ③囲ガラ1:6
 ③ガラ5:7、ピリ2:16、
 囲マコ9:16、Ⅰコリ9:24以下、ヘブ12:1、Ⅱテモ4:7
3 ①囲Ⅱコリ2:13、ガラ2:1
 囲使16:3、Ⅰコリ9:21
4 ①囲Ⅱペテ2:1、ユダ4
 ②囲ガラ1:7、使15:1, 24、
 Ⅱコリ11:13, 26、③囲使
 Ⅱコリ11:20、ロマ8:15
 ④ガラ5:1, 13、囲ヤコ1:25

そのとき滅ぼそうとした信仰を今は宣べ伝えている」と聞いてだけはいたので、
²⁴彼らは私のことで神をあがめていました。

使徒たちに受入れられたパウロ

2 ¹それから十四年たって、私は、バルナバといっしょに、テトスも連れて、再びエルサレムに上りました。
²それは啓示によって上ったのです。そして、異邦人の間で私の宣べている福音を、人々の前に示し、おもだった人たちには個人的にそうしました。それは、私が力を尽くしていま走っていること、またすでに走ったことが、むだにならないためでした。
³しかし、私といっしょにいたテトスさえ、ギリシヤ人であったのに、割礼を強いられませんでした。
⁴実は、忍び込んだにせ兄弟たちがいたので、強いられる恐れがあったのです。彼らは私たちを奴隷に引き落とそうとして、キリスト・イエスにあって私たちの持つ自由

1:15 私を選び分け・・・てくださった方 ここでパウロが言っているのは、自分の使徒(キリストの福音を伝え新約聖書の教会を建上げる働きを指導するためにキリストから直接任命され「派遣された者」)としての働きのことである。けれども信仰者はみな神によって選ばれているという意味も含まれている。それは神がその人々を通して神のことばを広め、御子イエス・キリストの品性を現すという目的を達成されるためである。信仰者である私たちは、罪と悪から救われ分離されている(→1:4注)。それは神との密接な個人的関係を体験し、キリストによる希望といのちのメッセージをほかの人々に効果的に伝えるためである。選び分けるということは、神と神の目的のために予め別にしておくという意味である。また神とともに神のために生きるということでもある。さらに霊的に選び分けられることは、神を敬い御子を世界に示すために信仰に立って従順に生きることでもある。→「**信者の霊的聖別**」の項 p.2172)。

2:4 にせ兄弟たち これはユダヤ教(ユダヤ人の宗教、慣習、文化)の規則を厳格に守るユダヤ主義者たちのことである。ユダヤ人ではない人々が救われて神と正しい関係に入るためには、旧約聖書のモーセの律法(⇒使15:5、Ⅱコリ11:26)、とりわけ割礼の規定

(→2:12注、→ロマ2:29注、→ピリ3:2注、⇒使15:11)を守る必要があると、この人々は主張していた(⇒ロマ2:29注)。この哲学は律法主義とも呼ばれている。律法主義は、霊的救いと神の好意を得るためには宗教的規定や慣習を守り、個人的に善行を行うべきであると教えていた。けれども細かい律法を守る一方で、律法の背後にある精神や目的には必ずしも心から賛同をしてはいなかった(→使25:8注)。神の律法は良いもので霊的である(ロマ7:12-14)。その倫理基準と原理は今もキリスト者生活に当てはまる。けれどもただ律法を守れば救われるわけではない。神の律法の目的は、神の完全な基準に沿って生きる能力がないことを示し、キリストが必要であることを示すことだった(3:24)。だれでも信仰によって神の赦しを受取り生涯をキリストの導きに明け渡すなら、聖霊はその人に力を与えて神の基準に沿って生きることができるようにしてくださる(⇒ロマ8:4)。その人は変革された新しい人生を神の好意を得る手段としてではなく、神に対する愛と感謝をもって生きるようになる。ユダヤ主義者の多くは律法に対して必ずしも誠実ではないのに、ただ教会の中での影響力を強めキリスト信仰から人々を引離そうとしていたのである(4:17)。→「**にせ教師たち**」の項 p.1758

をうかがうために忍び込んでいたのです。
5 私たちは彼らに一時も譲歩しませんでした。それは福音の真理があなたがたの間で常に保たれるためです。
6 そして、おもだった者と見られていた人たちからは、――彼らがどれほどの人たちであるにしても、私には問題ではありません。神は人を分け隔てなさいません――そのおもだった人たちは、私に対して、何もつけ加えることをしませんでした。
7 それどころか、ペテロが割礼を受けた者への福音をゆだねられているように、私が割礼を受けない者への福音をゆだねられていることを理解してくれました。
8 ペテロにみわざをなして、割礼を受けた者への使徒となさった方が、私にもみわざをなして、異邦人への使徒としてくださっ

5 ① ガラ2:14, コロ1:5,
  囲 ガラ1:6
6 ① ガラ2:9, 囲ガラ6:3,
  Ⅱコリ11:5, 12:11
  ② 囲使10:34
7 囲 ガラ2:9, 11, 14,
  ガラ1:18
  ② ガラ1:16, 囲使9:15
  Ⅰテサ2:4,
  Ⅰテモ1:11,
  囲 Ⅰコリ9:17
8 ① 囲使1:25
9 ① 囲ロマ12:3
  ② 黙3:12, 囲 Ⅰテモ3:15
  ③ ガラ2:2, 6, 囲ガラ6:3,
  Ⅱコリ11:5, 12:11
  囲 使12:17, ガラ2:12
  ④ 囲 ガラ2:7, 11, 14,
  1:18, 囲ルカ22:8
  ⑥ 囲使4:36, ガラ2:1, 13
  ⑦ 囲 Ⅱ列10:15,
  エズ10:19
  ⑧ ガラ1:16
10 ① 囲使24:17
11 ① ガラ2:7, 9, 14,
  ガラ1:18
  囲 使11:19, 囲使15:1
12 ① 囲使12:17, ガラ2:9
  ② 囲使11:3

たのです。
9 そして、私に与えられたこの恵みを認めて、柱として重んじられているヤコブとケパとヨハネが、私とバルナバに、交わりのしるしとして右手を差し伸べました。それは、私たちが異邦人のところへ行き、彼らが割礼を受けた人々のところへ行くためです。
10 ただ私たちが貧しい人たちをいつも顧みるようにとのことでしたが、そのことなら私も大いに努めて来たところです。

ペテロに反対するパウロ

11 ところが、ケパがアンテオケに来たとき、彼に非難すべきことがあったので、私は面と向かって抗議しました。
12 なぜなら、彼は、ある人々がヤコブのところから来る前は異邦人といっしょに食事

2:5 彼らに一時も譲歩しませんでした パウロは多くの事柄に対して、柔和で寛容で忍耐強く対応した（⇒Ⅰコリ13:4-7）。けれども「福音の真理」となるとその態度は固く頑固でさえあった。パウロがキリストから直接に受取った啓示（1:12）こそ、それを信じて受入れ応答する人々をみな救う力を持つ唯一の福音である（ロマ1:16）。この福音（「よい知らせ」→マコ14:9注）は、平和や一致のためであっても、あるいは流行の意見に合せるためであっても妥協することはできないことをパウロは理解していた。問題は、イエス・キリストの名誉と霊的に失われた（神の赦しとキリストとの個人的関係を受入れていない）人々の救いの両方が危機にさらされていることだった。新約聖書に啓示された福音をたとい部分的であっても無視したり放棄したりするなら、それは人々を永遠の滅びから救うことのできる唯一の福音を破壊してしまうことになる（⇒マタ18:6）。

2:6 神は人を分け隔てなさいません 神は人をその境遇や名声、地位や業績などによって偏愛やえこひいきをされることはない（⇒レビ19:15, 申10:17, ヨブ34:19, 使10:34, エペ6:9）。(1) 神は心（内なる人、献身と動機 →「**心**」の項 p.1043）をご覧になるのであり、愛と信仰、霊的な純粋さをもって心から神に仕える人々に好意を示してくださる（⇒Ⅰサム16:7, マタ23:28, ルカ16:15, ヨハ7:24, Ⅱコリ10:7, →Ⅰコリ13:1注）。(2) それは神が教育のない人よりも教育のある人、貧しい人よりも裕福な人、弱い人よりも力のある人、無名の人よりも影響力のある人との愛による交わりや祈りを好まれるということではない。「どの

国の人であっても、神を恐れかしこみ、正義を行う人なら、神に受け入れられるのです」（使10:35）というのが神の永遠の原則である。

2:10 貧しい人たちを・・・顧みる 神のことばには貧しい人々を助けるということが重要なテーマとして繰返し出てくる（出23:10-11, 申15:7-11, エレ22:16, アモ2:6-7, マタ6:2-4, ヨハ13:29）。私たちの周りには助けを必要としている人々がいつもいる。恵まれない人々、特に「信仰の家族の人たち」（6:10）は、私たちの物質的な助けと祈りとを必要としている。「これらのわたしの兄弟たち、しかも最も小さい者たちのひとり」の実際的な必要を満たすなら、それは「わたしにしたのです」と主イエスは言われた（マタ25:40, →「**貧困者への配慮**」の項 p.1510）。

2:11 私は面と向かって抗議しました 教会の奉仕者や霊的指導者（どの信仰者も）で、間違ったあるいは偽善的なあかしをする人々（2:13）がいるなら、その人々には面と向かって話してその誤りを正さなければならない（⇒Ⅰテモ5:20）。この原則は、その人々の評判や立場、影響力などに関係なくだれに対しても当てはまる。神に力強く用いられ有名で尊敬されたペテロ（主イエスに最も近い弟子の一人で初代教会の中心的な指導者）のような人でも、その行動が信仰と一致していない場合には正されなければならなかった（2:11-17, ⇒Ⅰテモ5:20-21）。聖書はペテロが自分の過ちに気付いてパウロの叱責を謙遜に受入れ、その行動を変えたことを明らかにしている。ペテロは後に、パウロのことを「私たちの愛する兄弟パウロ」と呼んでいる（Ⅱペテ3:15）。

ガラテヤ 2章

をしていたのに、その人々が来ると、割礼派の人々を恐れて、だんだんと異邦人から身を引き、離れて行ったからです。

13 そして、ほかのユダヤ人たちも、彼といっしょに本心を偽った行動をとり、バルナバまでもその偽りの行動に引き込まれてしまいました。

14 しかし、彼らが福音の真理についてまっすぐに歩んでいないのを見て、私はみなの面前でケパにこう言いました。「あなたは、自分がユダヤ人でありながらユダヤ人のようには生活せず、異邦人のように生活していたのに、どうして異邦人に対して、ユダヤ人の生活を強いるのですか。**

15 私たちは、生まれながらのユダヤ人であって、異邦人のような罪人ではありません。**16** しかし、人は律法の行いによっては義と認められず、ただキリスト・イエスを信じる信仰によって義と認められる、ということを知ったからこそ、私たちもキリスト・イエスを信じたのです。これは、律法の行いによってではなく、キリストを信じる信仰によって義と認められるためです。なぜなら、律法の行いによって義と認められる者は、ひとりもいないからです。

17 しかし、もし私たちが、キリストにあって義と認められることを求めながら、私たち自身も罪人であることがわかるのなら、キリストは罪の助成者なのでしょうか。そんなことは絶対にありえないことです。

18 けれども、もし私が前に打ちこわしたものをもう一度建てるなら、私は自分自身を違反者にしてしまうのです。

19 しかし私は、神に生きるために、律法によって律法に死にました。

20 私はキリストとともに十字架につけられました。もはや私が生きているのではなく、キリストが私のうちに生きておられるのです。いま私が肉にあって生きているのは、私を愛し私のためにご自身をお捨てになった神の御子を信じる信仰によっているのです。

2:12 割礼派の人々を恐れて 割礼は男性の性器の包皮を切除する。これは最初アブラハムの子孫を偉大な民族にするという神の約束を確認するために行われた(創17:1-14)。それが後には、イスラエル人に対する神の律法と約束、そして神に対するイスラエル人の忠実さと服従とに基づく契約関係をイスラエル人が神との間に結んでいることのしるしになった(→レビ12:3、→ロマ2:29注)。「割礼派の人々」とは、ユダヤ人キリスト者で旧約聖書の割礼のしるしは新しい契約のキリスト者全員にも必要であると信じる、特にエルサレムの教会にいる人々だった(→2:4注)。その人々はまた、ユダヤ人キリスト者は、ユダヤ人の慣習と食物の規則に従わず割礼を受けていない異邦人(非ユダヤ人)キリスト者とは食事をともにするべきではないと教えていた。ペテロは異邦人キリスト者を神が偏見も差別もなく受入れられたことを知っていたのに(使10:34-35)、批判を恐れ、またエルサレムの教会の一部の人々の間で権威を失うことを恐れて自分の原則を曲げてしまった。そして異邦人キリスト者と食事をともにしなかったことによって、キリストのからだが二つある(二つの違う教会)―ユダヤ人と異邦人―という誤った考え方を後押しすることになってしまった。

2:16 信仰によって義と認められる これはパウロのガラテヤ人への手紙での中心的な問題である(ローマ人への手紙と同じ →ロマ3：-8:)。パウロはここで罪びとはどのようにして義とされるか(罪を赦され神に受入れられ神との正しい関係に入れられる)という問題を扱っている。それは「律法の行いによって」でも宗教的な慣習を守ることによってでもなく、キリスト・イエスを信じる生きた信仰によってである(→**「救いについての聖書用語」**の項 p.2045)。パウロは律法が「聖なるものであり・・・正しく、また良いもの」ではないと言っているのではない(ロマ7：12)。パウロが反対しているのは、神の好意を得、神に受入れられるために律法を用いようとすることである。神の恵み(一方的に与えられる好意)により信仰による救いこそが神の福音の最も重要な要素である(→ロマ3：20, 28、ピリ3：9、→**「信仰と恵み」**の項 p.2062)。

2:19 私は・・・律法に死にました →ロマ7：4注、マタ5：17注、→**「旧約聖書の律法」**の項 p.158

2:20 私はキリストとともに十字架につけられました パウロはキリストと自分との関係を、深い個人的結びつきと主に依存していることを示すことばで描いている。キリストを信じている人々は自分たちがキリストの死と復活の両方につながり一つになるというかたちでキリストと結び付いていることを考えるべきである。

(1) ある意味でキリスト者はみなキリストとともに十字架につけられている。主イエスが罪を背負い、死によってその代価を完全に支払ってくださったときに、

²¹私は神の恵みを無にはしません。もし義が律法によって得られるとしたら、それこそキリストの死は無意味です。」

信仰かそれとも律法を守ることか

3 ¹ああ愚かなガラテヤ人。十字架につけられたイエス・キリストが、あなたがたの目の前に、あんなにはっきり示されたのに、だれがあなたがたを迷わせたのですか。²ただこれだけをあなたがたから聞いておきたい。あなたがたが御霊を受けたのは、律法を行ったからですか。それとも信仰をもって聞いたからですか。³あなたがたはどこまで道理がわからないのですか。御霊で始まったあなたがたが、いま肉によって完成されるというのですか。⁴あなたがたがあれほどのことを経験した

21 ①ガラ3:21
1 ①囲 ガラ1:2
②囲 Ⅰコリ1:23、ガラ5:11
2 ①囲 ロマ10:17
*直訳「信仰について」
4 *別訳「あれほど苦しみを受けたことが無意味なことだったのでしょうか」

古くて罪深い反抗的な生き方は主イエスとともに死んだ（→Ⅱコリ5:21注）。さらにキリスト者は、罪を赦され神との関係を保つために動物の不完全ないけにえに頼らなければならないという律法の要求からも自由にされた。キリストの完全で罪のないいのちがただ一度人々の罪のための完全な犠牲となったからである（⇒Ⅰペテ3:18）。この犠牲によって提供された赦しを受入れた人は、キリストを信じる信仰によって新しいいのちを受取る（Ⅱコリ5:17）。そして神が用意された最高の目的を実現することができるようになる。霊的救いとイエス・キリストを通しての神との個人的関係があるので罪はもはやその人々を支配することはない（→ロマ6:11注、⇒ロマ6:4, 8, 14, ガラ5:24, 6:14, コロ2:12, 20）。

（2）キリストとともに十字架につけられた私たちは今や主イエスを死者の中からよみがえらせたのと同じ力によって生きる（ロマ8:11）。つまり、キリストとその力が聖霊の臨在を通して私たちの内に生きておられるのである（ヨハ16:13-14）。主イエスが私たちの人生の源となり目標となってくださる。そしてあらゆる考え、ことば、行動の中心になってくださる（ヨハ15:1-6, エペ3:17）。私たちの第一の目標は主イエスが備えてくださった目的を成就することであり、行いのすべてを通して主イエスをあがめることである。

（3）キリストの死と復活に結び合され、それにあずかるということは神の恵みによる贈り物である。それはキリストを信じる信仰を通して現実のものになる。その信仰とは単に知的に認めることではなく、私たちを愛してご自分を与えてくださった神の御子に自分の生涯の主導権を明け渡すという積極的に信頼することである（⇒ヨハ3:16、→「信仰と恵み」の項p.2062）。キリストを信じる信仰と聖霊の導きによって生きることはまた、御霊によって生きるということでもある（3:3, 5:25, ⇒ロマ8:9-11）。

2:21 恵み 「恵み」と訳されていることば（《ギ》カリス）は、一方的に与えられる、受けるにふさわしくない神の好意のことである。「公正」とは自分に見合ったものを受けることである。神とその基準に逆らうことは、さばきと刑罰を受けることである。「あわれみ」とは自分が当然受けるべき悪い事柄やさばきを受けずに済むことである。「恵み」は受けるにふさわしくない好意と祝福を与えられることである。神の恵みは、さばきを受けて有罪とされるはずの罪びとに対して与えられる神の慈しみ、愛、好意などである（ロマ5:2）。神に対する私たちの反抗のためにキリストが死んでくださったことを通して提供された神のあわれみを受取ることによって、その恵みは私たちのものになる（ロマ5:8-9）。けれども私たちには神の恵みを見過したり（ヘブ12:15）、拒んだり無視したりしてしまう可能性がある（ガラ2:21）。神は高ぶる人々には恵みを与えず、へりくだる人々には恵みをさらに増し加えられる（ヤコ4:6）。

2:21 義 パウロの理解では、信仰によって義と認められること（2:16-17）と義（ともに神との正しい関係を意味する）は、私たちが神の赦しを受けたときに神が「無罪である」と「法的」に宣告されることだけではなかった。キリストを信じる信仰を通して与えられる義には、倫理的変化（2:19）と神の恵み（2:21）、キリストの復活の力にあずかるというキリストとの継続的な関係が含まれている（2:20, →2:20注）。義には人生の変革が含まれている（ロマ12:2, Ⅱコリ3:18）。パウロはこのことを3:2-5で確認して、キリストを信じる信仰によって与えられる義は、キリストを受入れた人々の中に来て住んでくださる聖霊の働きの直接の結果であることを明らかにしている（3:2-3, 14, →「救いについての聖書用語」の項p.2045）。

3:2 あなたがたが御霊を受けたのは・・・信仰をもって聞いたからですか キリストを信じることによって私たちは罪の赦し、神との関係の回復、聖霊の臨在、神と過す永遠のいのちという賜物など、あらゆる神の祝福をいただいている（3:2-3, 5, 14, 21, 4:6）。けれども、規則や宗教的慣習を守り自分の努力に頼って神を喜ばせ救いを得ようとする人々は、聖霊といのちにあずかることができない。律法はいのちと霊的救

ガラテヤ　3章

のは、むだだったのでしょうか。万が一にもそんなことはないでしょうが。

5 とすれば、あなたがたに御霊を与え、あなたがたの間で奇蹟を行われた方は、あなたがたが律法を行ったから、そうなさったのですか。それともあなたがたが信仰をもって聞いたからですか。

6 アブラハムは神を信じ、それが彼の義とみなされました。それと同じことです。

7 ですから、信仰による人々こそアブラハムの子孫だと知りなさい。

8 聖書は、神が異邦人をその信仰によって義と認めてくださることを、前から知っていたので、アブラハムに対し、「あなたによってすべての国民が祝福される」と前もって福音を告げたのです。

9 そういうわけで、信仰による人々が、信仰の人アブラハムとともに、祝福を受けるのです。

10 というのは、律法の行いによる人々はすべて、のろいのもとにあるからです。こう書いてあります。「律法の書に書いてある、すべてのことを堅く守って実行しなければ、だれでもみな、のろわれる。」

いを与えることができないからである(3:21)。ガラテヤ書のここから、パウロは聖霊について17回も触れている。

3:5 御霊　パウロは多くの箇所で御霊について教えているけれども(3:2, 3, 5, 14, 4:6)、その中には次のようなことが教えられている。(1) 聖霊が心の中に臨在されるのを体験する。それはキリストの赦しを受入れ霊的に「新しく生まれ」たとき(→**「新生―霊的誕生と刷新」**の項 p.1874)に、人生が変革されることに伴うものである。(2) 聖霊のバプテスマを受ける。これはキリストとの個人的関係を既に持っている人々が受けることのできるもので、キリストに仕え、その福音をほかの人々に伝えるための力を増し加えるものである(→**「聖霊のバプテスマ」**の項 p.1950)。(3) 御霊はキリスト者の生活の中で引き続き働かれる(特別な賜物や現れを含む)。それは教会を強め、信仰者ひとりひとりを励まし成長して信仰が成熟するのを助けるためである(→**「御霊の賜物」**の項 p.2138、**「聖霊の賜物」**の表 p.2096)。聖霊の様々な働きについては次の箇所に示されている。使1:4-5, 2:4, 8:14-17, 10:44-47, 11:16-17, 19:1-6, Ⅰコリ12:4-11 パウロが説明している聖霊の働きについては、そこで使われていることばや前後関係から判断しなければならない。(1) パウロが聖霊を受けることを「信仰」(3:2)や「御霊で始まった」(3:3)ということばと結び付けているときには、キリストを受入れた(罪の赦しと霊的救い、神との個人的関係を受取る)ときに御霊が初めてその人の中に来られたことを指しているようである。(2) パウロが「約束の御霊」(3:14)という表現を用いるとき、これは使徒の働き2:33のペテロのことばとほぼ同じであるけれども(⇒ルカ24:49, 使1:4)、聖霊のバプテスマを指していることがほぼ確実である(→**「聖霊のバプテスマ」**の項 p.1950)。4:6では人々は既に神の子どもとされているので(既に霊的に救われていて神との正しい関係にある)、神はそれを基に御霊を遣わされることが示されている。これもまた、キリストを信じる信仰による回心に続く聖霊のバプテスマのことを指していると思われる。(3) 「奇蹟」(《ギ》デュナミス 3:5)ということばが用いられていることは、五旬節の日に(使1:8, ⇒2:1-4)御霊が「力」(《ギ》デュナミス)をもって来られたあとの超自然的な現れをパウロが考えていたことを示している。この目を境に、聖霊はキリスト者の間で様々な賜物や力によって働きを始められたのである(→Ⅰコリ12:1-6注、→**「聖霊の賜物」**の表 p.2096、**「聖霊の働き」**の表 p.2187)。(4) パウロが現在分詞を用いている(「与え」、「行われた」 3:5)のは、御霊の賜物や働きや力が継続的に示され現れていることを指している。

3:5 御霊・・・奇蹟を行われた　ガラテヤの教会で続けられている聖霊の働きには奇蹟が含まれていた。パウロにとって聖霊を受けることは、内面的な目に見えない働きではなく、信仰者の間に目に見えるかたちで働く神の超自然的な力の体験そのものだった。御霊の賜物は御霊の臨在と権威を示す当然の証拠である(⇒Ⅰコリ12:-14:)。霊的回心(救い、「新しく生まれ」ること―ヨハ3:7、イエス・キリストを通して神との個人的関係を結ぶこと)と聖霊のバプテスマを受けた後には、奇蹟の働きや御霊の超自然的現れが絶えず現されるべきである(→**「聖霊の賜物」**の表 p.2096)。

3:6 それが彼の義とみなされました　→ロマ4:3注、4:5注、4:22注

3:10 のろいのもとに　このことばは、キリストを信じる信仰を通して受ける神の救いの賜物を拒み、神の律法や自分たちの伝統や日常の慣習を厳しく守ることによって神との関係を追い求めることを主張する「律法主義者」のことを指している(⇒2:4注、5注)。けれども、規則を守ることによってはどんなかたちであっても神との正しい関係を持つことはできない。実際に

¹¹ところが、律法によって神の前に義と認められる者が、だれもいないということは明らかです。「義人は信仰によって生きる」のだからです。
¹²しかし律法は、「信仰による」のではありません。「律法を行う者はこの律法によって生きる」のです。
¹³キリストは、私たちのためにのろわれたものとなって、私たちを律法ののろいから贖い出してくださいました。なぜなら、「木にかけられる者はすべてのろわれたものである」と書いてあるからです。
¹⁴このことは、アブラハムへの祝福が、キリスト・イエスによって異邦人に及ぶためであり、その結果、私たちが信仰によって約束の御霊を受けるためなのです。

律法と約束

¹⁵兄弟たち。人間の場合にたとえてみましょう。人間の契約でも、いったん結ばれたら、だれもそれを無効にしたり、それにつけ加えたりはしません。
¹⁶ところで、約束は、アブラハムとそのひとりの子孫に告げられました。神は「子孫たちに」と言って、多数をさすことはせず、ひとりをさして、「あなたの子孫に」と言っておられます。その方はキリストです。
¹⁷私の言おうとすることはこうです。先に神によって結ばれた契約は、その後四百三十年たってできた律法によって取り消されたり、その約束が無効とされたりすることがないということです。
¹⁸なぜなら、相続がもし律法によるのなら、もはや約束によるのではないからです。ところが、神は約束を通してアブラハムに相続の恵みを下さったのです。
¹⁹では、律法とは何でしょうか。それは約束をお受けになった、この子孫が来られる

11 ①ガラ2:16
②ハバ2:4, ロマ1:17, ヘブ10:38
＊別訳「信仰による義人は生きる」
12 ＊別訳「信仰に基づいているのではありません」
①レビ18:5, ロマ10:5
13 ①ガラ4:5
②申21:23
③圀使5:30
＊別訳「十字架」
14 ①ロマ4:9, 16, 圀ガラ3:28
②圀使2:33, 圀エペ1:13
③圀ガラ3:2
15 ①圀ロマ6:18, ロマ1:13, 使1:15
②圀ロマ3:5
③圀ヘブ6:16
＊別訳「遺言」
16 ①圀ルカ1:55, ロマ4:13, 16, 9:4
②創13:15
③圀17:8, 圀ガラ3:25
17 ①出12:40, 圀創15:13, 14, 使7:6
18 ①ロマ4:14
②圀ヘブ6:13, 14
19 ①圀ロマ5:20
②ガラ3:16

神の律法が要求することを完全に満たすような生活や、良い行いによって神の好意を得ることのできる人など一人もいない。このようにして律法主義者たちは神の祝福を逃し、自分たちを「のろいのもとに」閉じ込め、完全に従うという目標からはずれ、自分自身で努力をすることによってかえって神から離れていった。

3:11 義人は信仰によって生きる パウロはハバクク2:4を引用して、人は行いによってではなく、信仰によって(⇒ロマ1:17)義と認められる(神との関係を正しくされる)ことを説明している。預言者ハバククは、信仰によって義とされた人は内面的義(品性、態度、行動などで神との正しい関係を持ち神の基準に照らして正しいことを行う能力)を持つと示した。ハバククは、この正しい人を「心は・・・まっすぐでない」正しくない人と比べている(→ハバ2:4注)。パウロもまた、信仰によって義と認められることは実際に内面的に義とされることと信じていた。けれどもそれは自分の努力や精神によるのではなく、キリストの働きとその人の内に宿る聖霊の力によるのである(→「**救いについての聖書用語**」の項 p.2045)。

3:13 キリストは・・・私たちを・・・のろいから贖い出してくださいました イエス・キリストは私たちを罪ののろいと霊的死、永遠の刑罰と神からの永遠の分離という最終的で悲劇的な結果から救い出してくださった。キリストは神に対する私たちの反逆と反抗への刑罰を全部背負い(→Ⅱコリ5:21注)、神の律法の要求に応じられないために受けるはずののろいを引受けることによって、このことを実行してくださった(⇒ロマ8:3)。古典ギリシヤ語では、木にかけられるということはからだが串刺しにされる(拷問や処罰の目的で鋭い杭をからだに刺し通すこと)丸太や棒を指していた。ここではキリストがつけられた十字架を指している(→マタ27:35注, ⇒使5:30, 10:39, Ⅰペテ2:24)。→「**キリストによって成就した旧約聖書の預言**」の表 p.1029

3:14 アブラハムへの祝福 アブラハムへの神の約束の内容(3:8)は、「約束の御霊」(⇒ルカ24:49, 使1:4-5)であると定義されている。神の御霊を受けることは、義(→3:11注)や新しくされたいのち、神との正しい関係に伴うあらゆる祝福をいただくことである(→3:5注, 4:6注)。

3:19 では、律法とは何でしょうか 「律法」ということば(《ギ》ノモス、《ヘ》トーラー)は、「教え」や「指示」を意味している。律法とは十戒やモーセ五書(旧約聖書の最初の5冊)を指し、また旧約聖書の命令を指すことばだった(「**旧約聖書の律法**」の項 p.158)。パウロがここで言っている律法には、神がモーセを通して与えられたイスラエル人との契約に含まれているいけにえの制度(→「**旧約聖書のいけにえとささげ物**」の表 p.202)も含まれていたと思われる(契約とは人々に対する神の律法と約束、そして神に対する人々の忠実さと服従に基づく神とイスラエルとの「終生協定」だった)。律法についてパウロはいくつかのことを言っている。

ガラテヤ　3章

ときまで、違反を示すためにつけ加えられたもので、御使いたちを通して仲介者の手で定められたのです。
²⁰仲介者は一方だけに属するものではありません。しかし約束を賜る神は唯一者です。²¹とすると、律法は神の約束に反するのでしょうか。絶対にそんなことはありません。もしも、与えられた律法がいのちを与えることのできるものであったなら、義は確かに律法によるものだったでしょう。²²しかし聖書は、逆に、すべての人を罪の下に閉じ込めました。それは約束が、イエス・キリストに対する信仰によって、信じる人々に与えられるためです。
²³信仰が現れる以前には、私たちは律法の監督の下に置かれ、閉じ込められていましたが、それは、やがて示される信仰が得られるためでした。
²⁴こうして、律法は私たちをキリストへ導くための私たちの養育係となりました。私たちが信仰によって義と認められるためなのです。
²⁵しかし、信仰が現れた以上、私たちはもはや養育係の下にはいません。

神の子ども

²⁶あなたがたはみな、キリスト・イエスに対する信仰によって、神の子どもです。²⁷バプテスマを受けてキリストにつく者とされたあなたがたはみな、キリストをその身に着たのです。²⁸ユダヤ人もギリシヤ人もなく、奴隷も自由人もなく、男子も女子もありません。なぜなら、あなたがたはみな、キリスト・イ

（1）「違反を示すために」神が与えられたものである。つまりそれは、(a) 神に対する反抗を明らかにし、罪は神のみこころ（神の完全な特性や計画に基づく目的、基準、願い）に反することを明らかにし、(b) 神のあわれみと恵みとキリストによる救いが必要であることに人類を目覚めさせるものである（3:24, ⇒ロマ5:20, 8:2）。

（2）旧約聖書の律法は「聖なるもの」、「正しく、また良いもの」（ロマ7:12）であるけれども、人々に霊的いのちや道徳的力を与えることができないという点では不完全だった（3:21, ロマ8:3, ヘブ7:18-19）。規則を守ること（神の規則を守り従うこと）ではだれも神との正しい関係を持つことはできない。

（3）律法は神の民にとって、一時的な教師あるいは指導書として機能した。そして欠陥のない完全な霊的救いが啓示され、イエス・キリストを信じる信仰によって受けることができるようになるまで、神の民を守り正しい方向に導いた（3:22-26）。そのときまで律法は神の民の行いに対する神のみこころと基準を示していた（出19:4-6, 20:1-17, 21:1-24:8）。それはまた人々の罪をおおう血のいけにえの制度を提供して（→レビ1:5, 16:33）、罪をおおい、赦しを与えるキリストの死を預言的に指し示すものでもあった（ヘブ9:14, 10:12-14）。

（4）律法が与えられたのは、「私たちが信仰によって義と認められるため」に「私たちをキリストへ導くため」だった（3:24）。けれどもキリストが来られた今、律法の教育的な役割は終った（3:25）。神の律法は今も神の完全な基準を示し、私たちにキリストが必要なことを明らかにするけれども、私たちはもはや神との正しい関係を維持するために、いけにえの制度を含む旧約聖書の律法を守る必要はない。救いは今では新しい契約が提供するもの（神の御子イエスの生涯、死、復活に基づく神と人々との「終生協定」）を土台にしているのである。その提供されているものの中心は、主イエスの贖罪（罪をおおう）の死と奇蹟的な復活である。それによって神の新しい契約は成立し、生涯をキリストにゆだねる人々に罪の赦しと新しいいのちが備えられたのである（3:27-29, →マタ5:17注, →「旧約聖書の律法」の項 p.158）。

3:19　御使いたちを通して仲介者の手で　→使7:38, 53, ヘブ2:2

3:24　私たちをキリストへ導くため　ギリシヤ語「パイダゴーゴス」は、ここでは「養育係となりました」と訳されている。新約聖書の時代に、「養育係」になったのは個人所有の奴隷で、主人の子どもがどこに行くときにも（学校にも）ついて行き、保護者になってある程度のしつけも行った。同じように神の律法の目的もある期間、人々を神の道に導きその行動を守り、しつけをすることだった。けれども神の律法の最大の目的は罪を明らかにし、神の完璧な基準に沿って生きることができないことを私たちに思い知らせ、キリストとその霊的救いの働きが必要なことに目を向けさせることだった（→3:19注）。

3:27　バプテスマを受けてキリストにつく者とされた　→Ⅰコリ12:13注

3:28　男子も女子もありません　パウロはイエス・キリストとの霊的な関係の中から民族、人種、国籍、社

エスにあって、一つだからです。29もしあなたがたがキリストのものであれば、それによってアブラハムの子孫であり、約束による相続人なのです。

4 1ところが、相続人というものは、全財産の持ち主なのに、子どものうちは、奴隷と少しも違わず、2父の定めた日までは、後見人や管理者の下にあります。3私たちもそれと同じで、まだ小さかった時には、この世の幼稚な教えの下に奴隷となっていました。4しかし定めの時が来たので、神はご自分の御子を遣わし、この方を、女から生まれた

28 ㋐ヨハ17:11、エペ2:15
29 ①㋐Ⅰコリ3:23
② ガラ3:18, 4:28、ロマ9:8

1 * 直訳「主」
3 ①コロ2:8, 20、ヘブ5:12、ガラ4:9、*別訳「霊力または「原理」、ガラ4:8, 9、㋐ガラ4:24, 25, 2:4
4 ①㋐マコ1:15
②ヨハ1:14、ロマ1:3、㋐ロマ8:3、ピリ2:7
5 ①㋐ルカ2:21, 22, 27
②㋐ガラ3:26、ロマ8:14
6 ①㋐ロマ5:5, 8:9, 16、㋐ガラ3:17、㋐Ⅰヨハ4:13
②マコ14:36、ロマ8:15
7 ㋐ロマ8:17
8 ①Ⅰコリ1:21、Ⅰテサ4:5、Ⅱテサ1:8、㋐エペ2:12
②Ⅱ歴13:9、イザ37:19、エレ2:11、Ⅰコリ10:20
③㋐ガラ4:3

者、また律法の下にある者となさいました。5これは律法の下にある者を贖い出すためで、その結果、私たちが子としての身分を受けるようになるためです。6そして、あなたがたは子であるゆえに、神は「アバ、父」と呼ぶ、御子の御霊を、私たちの心に遣わしてくださいました。7ですから、あなたはもはや奴隷ではなく、子です。子ならば、神による相続人です。

ガラテヤの人々についてのパウロの心配

8しかし、神を知らなかった当時、あなたがたは本来は神でない神々の奴隷でした。9ところが、今では神を知っているのに、

会的経済的地位、性別などの違いの障壁を取除いた。「キリストにある」人はみな同じように「いのちの恵み」（Ⅰペテ3:7）と約束の御霊（3:14、4:6）を受け、神のかたちにかたどって霊的に新しくされている（コロ3:10-11）。男性も女性もキリストの平等の相続人である。ただし、結婚生活の中での神から与えられた役割や、人生や社会でのある部分には独特の違いがやはり残っている（Ⅰペテ3:1-4、→エペ5:22注、23注、Ⅰテモ2:13注、15注）。

4:2 父の定めた日までは・・・管理者の下に パウロがここで言っていることは、主に旧約聖書の契約（キリストが罪のためにご自分のいのちを完全な犠牲としてささげる前の時代に旧約聖書の律法といけにえを土台に神が人々との関係を維持するために設けられた基準）の下にいる信仰者の情況を説明するものだった。けれどもこの原則は、神を敬う親たちが通常子どもたちを教え監督するときの原則でもある（→申6:7注）。親の監督は、家庭での教育や神を敬う教師に子どもの世話と指導をゆだねることを通して行われていた。聖書は子どもたちが、家庭から始まって生活のあらゆる面で神を中心としキリストを敬う教育を受けることができるように両親はできる限りのことを行うべきだとはっきり教えている。このことはまた、神に逆らうような影響を受けるときには子どもたちを守り、そのような影響力を見分けて退ける方法を教えなければならないことでもある。私たちは、神に逆らうこの世の哲学や非聖書的な原則から子どもたちを遠ざけ、神を信じて従うように導かなければならない（→ルカ1:17注、→「**親と子ども**」の項 p.2265）。

4:6 「アバ、父」と呼ぶ・・・御霊 神の子どもになったキリスト者には、今や新しい「後見人」（4:2、法律によるものではない）がいる。それは神の御霊である（⇒ロマ8:9）。聖霊の働きの一つは神の子どもたちの内に、神を父として知るようにさせる子どもとしての（両親や家族に対する）愛を生み出すことである。

（1）「アバ」ということばはアラム語で「父」を意味する。これは主イエスが天の父を指すときに用いたことばである。アラム語の「アバ」とギリシヤ語の「父」を表すことば（パテール）をつなぐと、親密さ、暖かさ、信頼の深さが表される。聖霊はそれを用いて、私たちを神に近付け叫び声を上げるように助けてくださる（⇒マコ14:36、ロマ8:15、26-27）。聖霊が私たちの中で働いておられることを示す確かなしるしは二つある。それは自然にまた意識的に神を「父」と呼ぶことができることと、自然にまた意識的に主イエスを「主」として従うことができることである（→Ⅰコリ12:3注）。

（2）信仰者の心の中には聖霊が住んでおられる（ロマ8:9-11、Ⅰコリ6:15-20、Ⅱコリ3:3、エペ1:13、ヘブ6:4、Ⅰヨハ3:24、4:13）。けれどもここでパウロが考えているのは、聖霊のバプテスマと継続的な満たしであると思われる（⇒使1:5、2:4、エペ5:18）。つまり、神が御霊を送られる理由は私たちが神の「子」だからである。「子としての身分」（4:5）を受取るということは、霊的救いと神との正しい関係を指していると思われる。ここではそれは、「御子の御霊」を送られる前のこととしている（→3:5注）。

4:8 神でない神々の奴隷 キリストを心に受入れる前には、ガラテヤの人々の多くは、偶像や自分たちが神と考えるものを礼拝していた。そうでない人々もサタンや罪の奴隷になっていた。けれどもキリスト者になったときに、人間が作ったにせの神々に頼ったり、一人のまことの神との関係を持つために儀式や規則に頼ったりすることがどんなに愚かで空しいことかがわかったのである。

ガラテヤ　4章

いや、むしろ神に知られているのに、どうしてあの無力、無価値の幼稚な教えに逆戻りして、再び新たにその奴隷になろうとするのですか。

10 あなたがたは、各種の日と月と季節と年とを守っています。

11 あなたがたのために私の労したことは、むだだったのではないか、と私はあなたがたのことを案じています。

12 お願いです。兄弟たち。私のようになってください。私もあなたがたのようになったのですから。あなたがたは私に何一つ悪いことをしていません。

13 ご承知のとおり、私が最初あなたがたに福音を伝えたのは、私の肉体が弱かったためでした。

14 そして私の肉体には、あなたがたにとって試練となるものがあったのに、あなたがたは軽蔑したり、きらったりしないで、かえって神の御使いのように、またキリスト・イエスご自身であるかのように、私を迎えてくれました。

15 それなのに、あなたがたのあの喜びは、今どこにあるのですか。私はあなたがたのためにあかしますが、あなたがたは、もしできれば自分の目をえぐり出して私に与えたいとさえ思ったではありませんか。

16 それでは、私は、あなたがたに真理を語ったために、あなたがたの敵になったのでしょうか。

17 あなたがたに対するあの人々の熱心は正しいものではありません。彼らはあなたがたを自分たちに熱心にならせようとして、あなたがたを福音の恵みから締め出そうとしているのです。

18 良いことで熱心に慕われるのは、いつであっても良いものです。それは私があなたがたといっしょにいるときだけではありません。

19 私の子どもたちよ。あなたがたのうちにキリストが形造られるまで、私は再びあなたがたのために産みの苦しみをしています。

20 それで、今あなたがたといっしょにいることができたら、そしてこんな語調でなく話せたらと思います。あなたがたのことをどうしたらよいかと困っているのです。

ハガルとサラ

21 律法の下にいたいと思う人たちは、私に答えてください。あなたがたは律法の言うことを聞かないのですか。

22 そこには、アブラハムにふたりの子があって、ひとりは女奴隷から、ひとりは自由の女から生まれた、と書かれています。

---

9 ①園Ⅰコリ8:3
　②コロ2:20
　③園ガラ4:3
　＊別訳「霊力」または「原理」
10 ①園ロマ14:5, コロ2:16
12 ①園ガラ6:18
　②園Ⅱコリ6:11, 13
13 ＊別訳「以前」
14 ①園マタ10:40, Ⅰテサ2:13
　②園ガラ3:26
16 ＊別訳「あなたがたを真理に従って扱ったために」
　①アモ5:10
17 ＊「福音の恵みから」は補足
18 ①園ガラ4:13, 14
19 ①Ⅰヨハ2:1
　②エペ4:13
　③園Ⅰコリ4:15
20 ①園Ⅱコリ4:8
21 ①園ルカ16:29

4:13　私の肉体が弱かったため　ここで言われている肉体の弱さとは、目の問題か(4:15)、マラリアか、コリントⅡ12:7で言われている肉のとげか、石打ち(パウロがキリストのために耐え忍んだ激しい迫害の一つ)による肉体的問題のどれかだったと思われる。神の目的を果し活発に奉仕するキリストの忠実な弟子たちも、健康を害したり、からだの痛みや弱さを覚えたりすることがある。

4:17　あの人々　→2:4注, 2:12注

4:19　産みの苦しみ　「産みの苦しみ」《ギ》オーディノー)とは、にせの指導者たちとその教えに従ったためにキリストを信じる信仰を捨ててしまったガラテヤの人々に対する、パウロの苦しみや心の痛み、霊的愛情のことである。そして律法の規則を守ることによって救いを得ようとしてかえって無駄なことをして「キリストから離れ、恵みから落ちてしまった」(5:4)人々のためにパウロは必死に祈っている。この産みの苦しみのたとえは、これらの勝手な人々には第二の霊的な誕生が必要なこと(⇒ヨハ3:3-7)と、パウロ自身がもう一度霊的に産みの苦しみをすることとを意味している。それは信仰と神との関係が刷新されて、人々の中に「キリストが形造られる」ためである。

4:22　アブラハムにふたりの子があって　パウロは古い契約と新しい契約の違いを説明するために、歴史上の出来事を例に用いている(→「**旧契約と新契約**」の項p.2363)。ハガル(アブラハムの最初の息子で神の約束の子ではないイシュマエルを産んだ →創16:)はシナイ山で制定された旧契約を表している(4:25, →出19:2, 20:1-17)。ハガルの子どもは旧契約の下で生きる人々のようで、「肉によって生まれ」た人々である(4:23)。つまりまだ「御霊によって生まれ」ていない人々を代表している(ヨハ3:8)。アブラハムの妻で神の約束の子であるイサクを産んだサラは(→創21:1-7)新契約を代表している。その子どもは霊的な意味で「御霊によって生まれ」た神のまことの子どもたちである(4:29, →「**イスラエル人との神の契約**」の項

²³ 女奴隷の子は肉によって生まれ、自由の女の子は約束によって生まれたのです。

²⁴ このことには比喩があります。この女たちは二つの契約です。一つはシナイ山から出ており、奴隷となる子を産みます。その女はハガルです。

²⁵ このハガルは、アラビヤにあるシナイ山のことで、今のエルサレムに当たります。なぜなら、彼女はその子どもたちとともに奴隷だからです。

²⁶ しかし、上にあるエルサレムは自由であり、私たちの母です。

²⁷ すなわち、こう書いてあります。
「喜べ。子を産まない不妊の女よ。
声をあげて呼ばわれ。
産みの苦しみを知らない女よ。
夫に捨てられた女の産む子どもは、
夫のある女の産む子どもよりも多い。」

²⁸ 兄弟たちよ。あなたがたはイサクのように約束の子どもです。

²⁹ しかし、かつて肉によって生まれた者が、御霊によって生まれた者を迫害したように、今もそのとおりです。

³⁰ しかし、聖書は何と言っていますか。
「奴隷の女とその子どもを追い出せ。奴隷の女の子どもは決して自由の女の子どもとともに相続人になってはならない。」

---

23 ① ガラ4:29、廻 ロマ9:7
   ② ガラ4:28、
   創17:16以下、18:10以下、21:1、ヘブ11:11
24 囲 Ⅰコリ10:11
   ② 申33:2
   ③ 廻 ガラ4:3
26 ① 廻 ヘブ12:22、
   黙3:12, 21:2, 10
27 ① 囲 イザ54:1
28 ① 廻 ガラ4:23
   ② ガラ3:29、
   ロマ9:7以下
29 ① ガラ4:23
   ② 創21:9
   ③ 廻 ガラ5:11
30 ① 囲 ガラ4:21, 10:12
   ② 囲 ヨハ8:35

31 * 異本は5章1節の前半を4章31節に続けて、「しかし、キリストは、自由の女の自由をもって私たちを自由にしてくださいました」としている

1 ① ガラ2:4, 5:13,
   ヨハ8:32, 36,
   囲 ロマ8:15, Ⅱコリ3:17
   ② 囲 Ⅰコリ16:13
   ③ 廻 使5:10、廻 ガラ2:4
2 ① 廻 Ⅱコリ10:1
   ② 廻 使15:1,
   ガラ5:3, 6, 11
3 ① 廻 使5:1,
   ガラ5:2, 6, 11
   ② 廻 ルカ16:16
   ③ ロマ2:25
4 ① 廻 Ⅱペテ3:17,
   ヘブ12:15
5 ① 廻 ロマ8:23, Ⅰコリ1:7
6 ① 廻 ガラ3:26
   ② 廻 Ⅰコリ7:19,
   ガラ6:15
   ③ 廻 コロ1:4, 5,
   Ⅰテサ1:3,
   ヤコ2:18, 20, 22
7 ① 廻 ガラ2:2

---

³¹ こういうわけで、兄弟たちよ。私たちは奴隷の女の子どもではなく、自由の女の子どもです。

キリストにある自由

5 ¹ キリストは、自由を得させるために、私たちを解放してくださいました。ですから、あなたがたは、しっかり立って、またと奴隷のくびきを負わせられないようにしなさい。

² よく聞いてください。このパウロがあなたがたに言います。もし、あなたがたが割礼を受けるなら、キリストは、あなたがたにとって、何の益もないのです。

³ 割礼を受けるすべての人に、私は再びあかしします。その人は律法の全体を行う義務があります。

⁴ 律法によって義と認められようとしているあなたがたは、キリストから離れ、恵みから落ちてしまったのです。

⁵ 私たちは、信仰により、御霊によって、義をいただく望みを熱心に抱いているのです。

⁶ キリスト・イエスにあっては、割礼を受ける受けないは大事なことではなく、愛によって働く信仰だけが大事なのです。

⁷ あなたがたはよく走っていたのに、だれ

---

p.351)。

4:25 シナイ山・・・エルサレム シナイ山は、イスラエルの生活を支配する律法が与えられ旧契約が結ばれた場所である(→出19:2, 20:1-17)。けれどもシナイ山はエルサレムと同じと見られている。それはエルサレムがユダヤ教(ユダヤ人の生き方としての宗教、行動、慣習、文化)の中心であり、シナイ山で与えられた律法による霊的束縛を今も受けているという意味からである。

5:4 恵みから落ちてしまった ガラテヤのある人々は、信仰の焦点をキリストから神の律法やほかの伝統に基づいた基準や規則を守ることへ移してしまった(1:6-7, 5:3)。「キリストから離れ、恵みから落ちてしまった」のはこのためである。つまり、その人々は自ら主イエスとの個人的関係を捨て(⇒ヨハ15:4-6、→ヨハ15:4注, 15:16注)、まことのいのちと霊的救いをもたらすことのできる唯一の神の恵み(一方的に与えられる神の好意と愛)を捨ててしまったのである

(→Ⅱペテ2:15, 20-22, →「**信仰と恵み**」の項 p.2062)。キリスト者にとって神の律法と命令の道徳的基準と原則は、キリストへの愛と感謝の気持から聖霊の力によって守るべきものである。もし霊的救いや神の好意を得ようとして律法を守るなら、それは無意味で間違ったものになってしまう。神との正しい関係を結んでそれを保つ方法は、キリストを信じる信仰だけである(→エペ2:8-9, テト3:5)。

5:6 愛によって働く信仰 人が救われるのは信仰によると聖書は宣言している(2:15-16, ロマ3:22, エペ2:8-9)。(1) ここでパウロはその信仰の性質を正確に定義している。救いをもたらす信仰とは、生きている救い主を信じる生きた信仰である。それは単なる知的信念ではなく、自分の人生をキリストの導きに明け渡して従順に従い続けるという積極的な信頼である。それはいのちにあふれ、愛に動機づけられた行動をとらずにはいられないものである。(2)キリストを心から愛することもキリストに従うこともしない信仰は(⇒

ガラテヤ　5章　2205

があなたがたを妨げて、真理に従わなくさせたのですか。

8 そのような勧めは、あなたがたを召してくださった方から出たものではありません。
9 わずかのパン種が、こねた粉の全体を発酵させるのです。
10 私は主にあって、あなたがたが少しも違った考えを持っていないと確信しています。しかし、あなたがたをかき乱す者は、だれであろうと、さばきを受けるのです。
11 兄弟たち。もし私が今でも割礼を宣べ伝えているなら、どうして今なお迫害を受けることがありましょう。それなら、十字架のつまずきは取り除かれているはずです。
12 あなたがたをかき乱す者どもは、いっそのこと切り取ってしまうほうがよいのです。
13 兄弟たち。あなたがたは、自由を与えられるために召されたのです。ただ、その自由を肉の働く機会としないで、愛をもって互いに仕えなさい。
14 律法の全体は、「あなたの隣人をあなた自身のように愛せよ」という一語をもって全うされるのです。
15 もし互いにかみ合ったり、食い合ったりしているなら、お互いの間で滅ぼされてしまいます。気をつけなさい。

御霊によるいのち

16 私は言います。御霊によって歩みなさい。そうすれば、決して肉の欲望を満足させるようなことはありません。
17 なぜなら、肉の願うことは御霊に逆らい、御霊は肉に逆らうからです。この二つは互いに対立していて、そのためあなたがたは、自分のしたいと思うことをすることができないのです。
18 しかし、御霊によって導かれるなら、あなたがたは律法の下にはいません。

Ⅰヨハ2:3, 5:3)、神の国の働きに関心を示さない信仰(⇒マタ12:28)、罪やこの世の影響力を退けようとしない信仰(5:16-17)は救いにつながる信仰ではない(⇒ヤコ2:14-16, →「**信仰と恵み**」の項 p.2062)。

5:7　妨げて、真理に従わなくさせた　教会の中に現れるにせの教えは、大抵の次の二つのうちのどちらかのかたちを取る。つまり、キリスト教信仰の根本的真理を否定するか(→1:9注)、完全な信仰者になるためには新約聖書の教えに何かを加える必要があると主張するかのどちらかである(⇒1:6, 2:16, 5:2, 6, →「**にせ教師**」の項 p.1758)。(1) キリスト教の教えはみな、新約聖書に見られるキリストと使徒たちの教え(→使14:4注)の水準に達しているかあるいは合致しているかによって評価されなければならない(⇒1:11-12, 2:1-2, 7-9, →エペ2:20注)。私たちは次のように問わなければならない。その教えは聖書の教え以下(何かが欠けている)ではないだろうか。その教えは聖書の真理を支持しながら何か非聖書的なものを加えてはいないだろうか。(2) 感情や体験、結果や奇蹟、あるいはほかの人々がどう言っているかなどを基準にして教えを評価したり受け入れたりしてはならない。真理を見分けるときの基準は新約聖書である。(3) 聖書に啓示されている神のことばだけでは不十分であるという教えや、教会にはその能力を最大限に引出すために現代の学問や科学、哲学や心理学、あるいは新しい霊的洞察に基づいた追加の啓示が必要であるとする教えには注意しなければならない。救いと霊的成熟をもたらすのは聖書の真理だけである。

5:13　自由を与えられるために召された　→Ⅱコリ3:17注

5:13　その自由を肉の働く機会としないで　キリストはご自分に従う人々を、ある規則を守ること(心からの応答なしに)だけに頼る宗教組織から解放してくださった。けれどもキリスト者は、今もキリストの命令と神の律法の要求する道徳的基準や原則を守る責任がある(⇒ロマ8:4)。つまりキリスト者はその自由を罪深い欲望を満たしたりいかがわしいことを行ったりするために用いてはならない。さらに自分の自由を勝手に自慢して、ほかの誠実な信仰者たちに不快な思いをさせたり、良い模範を期待している人々を迷わせたりしてはならない(→ロマ6:17注, 13:10注, 14:17注, Ⅰコリ8:-9: 各注)。

5:17　御霊は肉に　信仰者の内側にある霊的な葛藤には、その人の精神、肉体、霊という全人格が関係する。その葛藤は自分の罪の欲望に負けて罪に支配されるか、それとも御霊の求めに自分をゆだねてキリストの権威と支配の下にとどまり続けるかという戦いである(5:16, ロマ8:4-14)。この戦いの戦場はひとりひとりのキリスト者の内側で、将来キリストとともに治める者になろうとするならこの戦いは地上の生涯が終るまで継続していく(ロマ7:7-25, Ⅱテモ2:12, 黙12:11, →エペ6:11注)。けれども聖霊の力に頼りその導きに従うなら、キリスト者は神に逆らう自分自身の欲望に打勝ち罪深い性質との戦いに勝利をすること

19 肉の行いは明白であって、次のようなものです。不品行、汚れ、好色、20 偶像礼拝、魔術、敵意、争い、そねみ、憤り、党派心、分裂、分派、21 ねたみ、酩酊、遊興、そういった類のものです。前にもあらかじめ言ったように、私は今もあなたがたにあらかじめ言っておきます。こんなことをしている者たちが神の国を相続することはありません。

22 しかし、御霊の実は、愛、喜び、平安、寛容、親切、善意、誠実、23 柔和、自制です。このようなものを禁ずる律法はありません。

24 キリスト・イエスにつく者は、自分の肉を、さまざまな情欲や欲望とともに、十字架につけてしまったのです。

25 もし私たちが御霊によって生きるのなら、御霊に導かれて、進もうではありませんか。

26 互いにいどみ合ったり、そねみ合ったりして、虚栄に走ることのないようにしましょう。

すべての人に良いことを行う

6 1 兄弟たちよ。もしだれかがあやまちに陥ったなら、御霊の人であるあなたがたは、柔和な心でその人を正してあげなさい。また、自分自身も誘惑に陥らないように気をつけなさい。

2 互いの重荷を負い合い、そのようにしてキリストの律法を全うしなさい。

3 だれでも、りっぱでもない自分を何かりっぱでもあるかのように思うなら、自分を欺いているのです。

4 おのおの自分の行いをよく調べてみなさい。そうすれば、誇れると思ったことも、ただ自分だけの誇りで、ほかの人に対して誇れることではないでしょう。

5 人にはおのおの、負うべき自分自身の重荷があるのです。

6 みことばを教えられる人は、教える人とすべての良いものを分け合いなさい。

ができる(5:16)。

5:19 肉の行い 個人の行動について →「罪の性質の行いと御霊の実」の項 p.2208

5:21 神の国を相続することはありません パウロは律法を守ったり宗教的慣習に従ったりすることで、神との正しい関係や天での永遠のいのちを得ることはできないと主張している(2:16, 5:4)。けれどもその一方では、悪い振舞にかかわるなら自分自身を御国から閉め出すことになるとも教えている(→Ⅰコリ6:9注, ⇒マタ25:41-46, エペ5:7-11)。→「背教」の項 p.2350

5:22-23 御霊の実 御霊の実の様々な側面について→「罪の性質の行いと御霊の実」の項 p.2208

6:1 柔和な心でその人を正してあげなさい 「正す」ということば(《ギ》カタルティゾー)は、新約聖書では網を修理することに用いられている(マタ4:21)。けれども人間に使う場合には、人格を成長させ完成させるという意味になる(Ⅱコリ13:11)。キリスト者はこのことを覚えながら、気まぐれな信仰者たちを霊的に整え癒して、欲望や行動を神に逆らうものから離してキリストの支配にゆだね、イエス・キリストに対して新しく献身をするように助けてあげなければならない。そのためには懲戒処分が必要なときもある(→マタ13:30注)。その場合には、謙虚にしかし断固として、また「柔和な心で」行わなければならない。

パウロがここで考えているのは、キリストや教会に公に恥をかかすような深刻な罪や人目につく道徳的な問題ではない(⇒Ⅰコリ5:5)。そのような罪に対しては回復が許されるまで一時的にでも教会から除外することが必要である(Ⅰコリ5:11)。

6:2 互いの重荷を負い合い 互いの重荷(不安、問題、むずかしい職務)を負い合うということは、病気の人や悲しみや経済的問題を持っている人々を助けることである。それはその人々のために熱心に祈るとともに、目に見える実際的なかたちで必要な援助をすることである。パウロは宣教師や教師たちへの支援を考えていたのかもしれない(→6:6-10注, ⇒ロマ15:1, Ⅰコリ9:14)。ほかの人々の重荷を負うことは神が求められる品性の一つである(詩55:22, Ⅰペテ5:7)。

6:6-10 すべての良いものを分け合いなさい 私たちのために信仰の奉仕をしたり教えたりしてくれる人々に、経済的、物質的支援をすることは私たちの霊的な義務である(Ⅰコリ9:14, Ⅰテモ5:18)。そのような支援にふさわしい人々とは、忠実に務めている牧師や様々な働き人、教師、伝道者、宣教師などである(Ⅰコリ9:14, Ⅲヨハ1:6-8)。資金や機会があるのに支援をしないなら、それは自己中心という種を「蒔く」(植える)ことであり、滅びを「刈り取る」(収穫する)ことになる(6:7-9)。みことばの奉仕をする人々にささげることは、「信仰の家族の人たちに善を行う」ことである(6:10)。みことばの働きを支援し機会を逃さず

ガラテヤ　6章

⁷ 思い違いをしてはいけません。神は侮られるような方ではありません。人は種を蒔けば、その刈り取りもすることになります。⁸ 自分の肉のために蒔く者は、肉から滅びを刈り取り、御霊のために蒔く者は、御霊から永遠のいのちを刈り取るのです。⁹ 善を行うのに飽いてはいけません。失望せずにいれば、時期が来て、刈り取ることになります。¹⁰ ですから、私たちは、機会のあるたびに、すべての人に対して、特に信仰の家族の人たちに善を行いましょう。

割礼ではなく新しい創造

¹¹ ご覧のとおり、私は今こんなに大きな字で、自分のこの手であなたがたに書いています。¹² あなたがたに割礼を強制する人たちは、肉において外見を良くしたい人たちです。彼らはただ、キリストの十字架のために迫害を受けたくないだけなのです。¹³ なぜなら、割礼を受けた人たちは、自分自身が律法を守っていません。それなのに彼らがあなたがたに割礼を受けさせようとするのは、あなたがたの肉を誇りたいためなのです。¹⁴ しかし私には、私たちの主イエス・キリストの十字架以外に誇りとするものが決してあってはなりません。この十字架によって、世界は私に対して十字架につけられ、私も世界に対して十字架につけられたのです。¹⁵ 割礼を受けているか受けていないかは、大事なことではありません。大事なのは新しい創造です。¹⁶ どうか、この基準に従って進む人々、すなわち神のイスラエルの上に、平安とあわれみがありますように。

¹⁷ これからは、だれも私を煩わさないようにしてください。私は、この身に、イエスの焼き印を帯びているのですから。

¹⁸ どうか、私たちの主イエス・キリストの恵みが、兄弟たちよ、あなたがたの霊とともにありますように。アーメン。

キリストのためにほかの人々に仕え善を行うなら、私たちは報い（マタ10:41-42）と永遠のいのち（6:8）をともに、「時期が来て、刈り取ることに」（6:9）なる。
→「**十分の一とささげ物**」の項 p.1603

6:7　神は侮られるような方ではありません　神の家族につながり（新しく生まれる　ヨハ3:3-7）、神の御霊に満たされていると言いながら、神に逆らう実（罪の性質　5:19-21）を実らせる人々は自分を欺いているのである。その人々は神を侮っている。私たちはだまされてはならない。このことについて神のことばは非常にはっきりしている。そのような人々が「永遠のいのち」を受取ることはない。むしろその報いは「滅び」（6:8）であり「死」である（ロマ6:20-23，→Ⅰコリ6:9注）。

6:14　世界は私に対して十字架につけられ　十字架は世界中で人気のあるシンボルになっているけれども、それが表している救い主の苦しみや犠牲に心を向けようとする人はほとんどいない。私たちの永遠の救いのために主イエスが味わわれた恐ろしい死を表す十字架（→マタ27:35注，マコ8:34注）は、キリスト者と不信仰な世界とを分ける境界線なのである。キリストと一つになることは、神とその目的、真理の基準に対立しているこの「世界」から分離することである（⇒4:3，Ⅰコリ2:12，3:19，Ⅰヨハ2:15-17）。（1）大胆にキリストと一つになっている人々（その苦しみにあずかる備えをしそのメッセージの真理を土台にして生活する人々　ロマ8:17，⇒Ⅱコリ1:7）にとっては、この世界は魅力的ではなくなっている。その人々が、この世界で受入れられている基準や価値観、意見、栄誉、生活様式を愛してそれに従うことはもはやない。（2）私たちが「キリストとともに十字架につけられ」た（2:20，→2:20注）ということは、この世界に対しても十字架につけられた（欲望に死に、その支配から解放され影響力に応答しなくなる）ということである。私たちの心をキリストとその臨在や目的から引離す地上のあらゆる楽しみに背を向けることがなくてはキリストの十字架の救いと栄光にあずかることはできない（→マコ8:34注）。

6:15　大事なのは新しい創造です　→Ⅱコリ5:17注

6:16　神のイスラエル　このことばは新しい契約（神の御子イエス・キリストの生涯と犠牲によって霊的救いと新しい関係を与える神の計画）の下にいるすべての神の民を指している。それはキリストに心から従うユダヤ人と異邦人（イスラエル人やユダヤ人以外のあらゆる国の人々）の両方である。「私たちの主イエス・キリストの十字架」を信じる信仰によって世界に対して十字架につけられ（6:14，→6:14注）、「新しい創造」（6:15）とされた人々は、本当の意味で「神のイスラエル」である（⇒ロマ2:28-29，9:7-8，エペ2:14-22，ピリ3:3，Ⅰペテ2:9）。

罪の性質の行いと御霊の実

> 「しかし、御霊の実は、愛、喜び、平安、寛容、親切、善意、誠実、柔和、自制です。このようなものを禁ずる律法はありません。」(ガラ5:22-23)

　ガラテヤ人への手紙5章16-26節は、御霊に満たされたキリストの弟子たち（神の御霊が宿っている人 ヨハ3:5, ロマ8:9, Ⅰコリ6:19, Ⅱコリ1:22, Ⅰヨハ4:13）の生活の仕方と、罪に満ちた人間の性質に今も支配されている人の生活の仕方とを聖書の中で最も明らかに対照的に描いている部分である。神の御霊と罪の性質は互いに争い合い反対し合うものであることを強調することによって、パウロは生活の仕方全般の違いを説明している。そして罪の性質（反抗的、挑戦的）の行いと御霊の実（特性、影響力）の両方のリストを挙げている。

罪の性質（肉）の行い－「肉」(《ギ》サルクス）の行いは、堕落した欲望、神への抵抗、自分勝手な道へのこだわりなどを持つ人間の性質を指している。これは最初の男性と女性が神に逆らって罪が世界に入り込み、人類全体に広がったとき以来の現実の姿である（創3:, ロマ5:12-21, →「**人間性**」の項 p.1100）。罪の性質は、キリストを受入れキリストに従うことを決心したあとでもなおキリスト者の中に残っていて、霊的に戦いを挑んでくる恐るべき敵である（ロマ8:6-8, 13, ガラ5:17, 21）。罪の性質の言いなりになっている人は神の国に入ることはできない（ガラ5:21）。したがってキリスト者は霊的戦いを押し進め、聖霊の力によって勝利して、罪の性質を撃退し霊的に死なせていかなければならない（ロマ8:4-14, →ガラ5:17注）。罪の性質（肉）の行いには次のようなものがある（ガラ5:19-21）。

　(1)「不品行」(《ギ》ポルネイア）は、婚姻関係以外での性的関係やそのほかの性的行動のことである。この中には写真や性的行動を暗示する娯楽や映画や書物などのポルノも含まれる（⇒出20:14, マタ5:31-32, 19:9, 使15:20, 29, 21:25, Ⅰコリ5:1, →「**性道徳の基準**」の項 p.2379）。

　(2)「汚れ」(《ギ》アカタルシア）も、性的罪、邪悪な振舞、神に喜ばれない動機、傾向、習慣のことを指している。またひそかな思いや欲望も含まれる。そこから汚れが始まり、道徳的に霊的に影響が出て来る（エペ5:3, コロ3:5）。

　(3)「好色」(《ギ》アセルゲイア）は、恥ずべき異常な振舞や自制心の欠けた状態を指している。それは恥も世間体もなく、自分の激情と欲望に従って勝手に行動することでもある（Ⅱコリ12:21）。

　(4)「偶像礼拝」(《ギ》エイドーロラトリア）は、一人のまことの神ではなく、種々の霊や人間が作ったにせの神々、人物や像、そのほか様々なものを礼拝することである。偶像礼拝はまた、神以上に人や物を愛し頼り大切にするときに起こる問題でもある。神とみことばと同等あるいはそれ以上に人や物の影響を受け、その権威に従おうとすることも極めて微妙なかたちの偶像礼拝である（コロ3:5, →「**偶像礼拝**」の項 p.468）。

　(5)「魔術」(《ギ》ファルマケイア）には、魔法、交霊術（死者との交流を試みること）、黒魔術（悪魔や悪霊を呼出し邪悪な目的のために魔術を行う）、悪魔礼拝、「霊的」体験をするための麻薬の使用などが含まれる（出7:11, 22, 8:18, 黙9:21, 18:23）。

　(6)「敵意」(《ギ》エクスュラ）は、あらゆるかたちの強烈な敵対意識と動機と行動のことで、極端な嫌悪、怒り、闘争心なども含まれる。

　(7)「争い」(《ギ》エリス）は、けんかをし必要以上の緊張と不一致を作り出し、だれよりも優越感を求めて争うことなどである（ロマ1:29, Ⅰコリ1:11, 3:3）。

　(8)「そねみ」(《ギ》ゼーロス）は、ほかの人々の情況や成功に対して憤慨し、ねたむことを指す（ロマ13:13, Ⅰコリ3:3）。

(9)「憤り」(《ギ》スーモス)は、暴言または暴力に発展するような爆発的怒りである(コロ3:8)。

(10)「党派心」(《ギ》エリテイア)は、神のみこころやほかの人々への影響などを考えることなく、個人的権力や成功を追い求めることである(Ⅱコリ12:20, ピリ1:15-17)。

(11)「分裂」(《ギ》デイコスタシア)は不和を起こしたり、神のことばに基づかない教えを導入したりすることである(ロマ16:17)。

(12)「分派」(《ギ》ハイレシス)は、利己的なグループや徒党(排他的グループ)を生み出す教会内の派閥やキリスト者のグループのことで、教会の一致を壊すものである(Ⅰコリ11:19)。

(13)「ねたみ」(《ギ》フトノス)は、自分がほしい物を持っているほかの人々をうらやみ、恨みをもって嫌うことである。まただれかが持っている物をうらやんでほしがることでもある。

(14)「酩酊」(《ギ》メテー)は、アルコール飲料、酔いを招く飲み物を飲んで精神的、肉体的にコントロールを失うことである(→「旧約聖書のぶどう酒」の項 p.1069,「新約聖書のぶどう酒」の項 p.1870)。

(15)「遊興」(《ギ》コーモス)は、一般的には異教の祭りや異教の宗教的行事の一部として大勢の人が集まって性的交流や活動をするようなグループ活動のことである。

信仰者と言いながら、これらのことにかかわっている人はうそを言っているとパウロは厳しく強いことばを最後に書いている。この種の行いにふける人々は、自分自身を神から遠ざけ神の国と手を切っている。つまり神との永遠の関係を持つことがないのである(ガラ5:21, →Ⅰコリ6:9注)。

御霊の実－肉の行いと対照的なのは、神中心の霊的生活に重点を置いた生活の仕方で、「御霊の実」が反映された生活である。そのような生活はキリストの品性にならったもので、聖霊に導かれ聖霊の感化を受けることによって生れ育つものである。御霊の力を通して、キリスト者は罪の力(特に肉の行い)を滅ぼし、神との交わりの中にある祝福を受けることができるようになる(→ロマ8:5-14注, 8:14注. ⇒Ⅱコリ6:6, エペ4:2-3, 5:9, コロ3:12-15, Ⅱペテ1:4-9)。御霊の実には次のようなものがある。

(1)「愛」(《ギ》アガペー)は、自分の個人的利益を求めるという隠れた動機を持つことなく、ほかの人々にとって何が最も良いことかを考えて進める、神の愛のような利己心のない愛のことである。この種の愛は、キリストやほかの人々の利益のために自分を犠牲にすることを惜しまない(ロマ5:5, Ⅰコリ13:, エペ5:2, コロ3:14)。

(2)「喜び」(《ギ》カラ)は、置かれた状況によるものではなく、キリストに従う人々にしかない愛、恵み、祝福、約束、神の臨在などに基づいた、内側にある強い喜びの感情である(詩119:16, Ⅱコリ6:10, 12:9, Ⅰペテ1:8, →ピリ1:4注)。

(3)「平安」(《ギ》エイレーネー)は、自分が神と正しい関係にあり神があらゆることを治めておられることを認めて、持つことのできる心の平静さと満足のことである(ロマ15:33, ピリ4:7, Ⅰテサ5:23, ヘブ13:20)。

(4)「寛容」(《ギ》マクロスュミア)とは、耐えること、我慢すること、怒ったりいらいらしたり動転したりすることなく待つことのできる能力のことである(エペ4:2, Ⅱテモ3:10, ヘブ12:1)。

(5)「親切」(《ギ》クレーストテース)は、ほかの人々のことを心から積極的に思いやることである。また、ほかの人々を傷つけたり苦しめたりしないようにすることでもある(エペ4:32, コロ3:12, Ⅰペテ2:3)。

(6)「善意」(《ギ》アガトースネー)は、正しいこと、ほかの人々の益になることを行おうとする特性である。また、真理には熱心になり悪を憎むことでもある。これはしばしば親切な行い(ルカ7:37-50)や、悪や不正に挑戦したりそれを正したりする行動(マタ21:12-13)の中に現れる。

(7)「誠実」(《ギ》ピスティス)は、約束や誓約によって関係ができた人に対して示す堅く揺るがない誠実さや献身のことである。それはまじめで信頼ができることでもある。誓約したことは積極的に守り抜く努力が求められている(マタ23:23, ロマ3:3, Ⅰテモ6:12, Ⅱテモ2:2, 4:7, テト2:10)。

(8)「柔和」(《ギ》プラウテース)は、人に対して、特に厳しい行動が予測される敵に対して友好的で温和で寛大な態度を示すことのできる特性のことである。同意語の「エピエイケイア」と同じように、「柔和」と訳

されているこのギリシヤ語は、人生の正しい道を進む人のことを意味していたけれども、後になって寛容とか寛大を意味するようになった。柔和な人は慈悲深く適切な行動をとることができる（IIテモ2：25，Iペテ3：16，主イエスの柔和 ⇒マタ11：29とマタ23：，マコ3：5，パウロの柔和 ⇒IIコリ10：1と10：4-6，ガラ1：9，モーセの柔和 ⇒民12：3と出32：19-20）。

　（9）「自制」（《ギ》エグクラテイア）は、自分の願い、感情、情熱を抑制する規律正しい行動のことである。誘惑に勝ち自分を霊的に強く純真に保つには、神に頼らなければならない。これはまた結婚の誓いに忠実であることにも密接につながっている（Iコリ7：9, 9：25, テト1：8, 2：5）。

　御霊の実についてのパウロの最後のことばは、ここに描かれている生活の仕方には何の例外も制限もないことを示している。キリスト者はこれらの品性を何度も繰返して試し行うべきである。これらの原理に従って生活するのを禁じる律法はどこにもないはずである。

エペソ人への手紙

概　　要
　キリストにあるあいさつ（1：1-2）
　Ⅰ．強力な原則－キリストにある霊的救い（1：3-3：21）
　　　A．御父の救いの計画にある霊的祝福の源（1：3-23）
　　　　　1．イエス・キリストにあって選ばれ定められた（1：3-6）
　　　　　2．イエス・キリストにあって救われ光を受けた（1：7-12）
　　　　　3．キリストにあって一つにされ聖霊の証印を受けた（1：13-14）
　　　　　祈り－神の民が神の目的と教会に対する力を知るように（1：15-23）
　　　B．キリストによる霊的救いの結果（2：1-3：21）
　　　　　1．罪と死からキリストにある新しいいのちへの解放（2：1-10）
　　　　　2．キリストにあって救われたほかの人々との和解（2：11-22）
　　　　　3．キリストの教会を通しての神の知恵の啓示（3：1-13）
　　　　　祈り－神の民が霊的力を受けキリストの愛を理解できるように（3：14-21）
　Ⅱ．実際的な教え（4：1-6：20）
　　　A．教会の中でのキリスト者の責任（4：1-16）
　　　　　1．多様性の中の一致（4：1-6）
　　　　　2．奉仕の働きと成熟を通しての一致（4：7-16）
　　　B．キリスト者の新しい生活（4：17-5：21）
　　　　　1．個人的きよさの成長（4：17-5：7）
　　　　　2．霊的光の中の歩み（5：8-14）
　　　　　3．注意深く生活し御霊に満たされること（5：15-21）
　　　C．キリスト者の個人的関係（5：22-6：9）
　　　　　1．妻と夫（5：22-33）
　　　　　2．子どもと両親（6：1-4）
　　　　　3．奴隷と主人（6：5-9）
　　　D．キリスト者の霊的戦い（6：10-20）
　　　　　1．私たちの味方－神（6：10-11）
　　　　　2．私たちの敵－サタンとその勢力（6：11-12）
　　　　　3．私たちの装備－神のすべての武具（6：13-20）
　結論（6：21-24）

著　　者：パウロ

主　　題：キリストの弟子たちと教会に対する神の目的

著作の年代：紀元62年頃

著作の背景
　エペソ人への手紙は神の啓示と聖書の教えの中でも最高峰の一つであり、またパウロの手紙の中でも特異な地位を占めている。けれどもパウロのほかの手紙のように霊的問題や指導者の問題や教会の中での論争などは扱っていない。むしろエペソ人への手紙にはパウロの祈りの生活からあふれ出ている霊的成熟度の深み、感謝、洞察などが反映されている。パウロはこの手紙をキリストの福音を伝えたために投獄されていたときに（3：1，4：1，6：20）、ローマで書いたと思われる。エペソ人への手紙にはコロサイ人への手紙に類似している点が多くあるけれども、コロサイ人への手紙の少しあとで書かれたようである。そして二つの手紙は、パウロの同労者であるテ

キコによってそれぞれのあて先に届けられたと思われる(6:21, ⇒コロ4:7)。

エペソは小アジヤ西部(現在のトルコ)にある最も重要な町で、ローマ帝国の東の地域に、向かうときの陸上海上両方の交通の要所だった。したがって貿易と商業の大中心地だった。新約聖書の時代にエペソで有名なのはローマの女神アルテミス(⇒使19:23-31)にささげられた神殿だった。パウロは三年間エペソを中心に伝道し(使19:)、教会はかなりの期間、活発で強い影響力を持っていた。けれども後にはその欠けているところが聖霊によって示され非難されるようになってしまった(→黙2:1-7)。この地域の概観 →「**パウロの第三次伝道旅行**」の地図 p.2019

パウロはエペソ人への手紙をエペソの教会よりも広い範囲の読者を想定して書いたと考えられている。アジヤ地方全体の教会にこの手紙が回覧されるように願っていたのかもしれない。小アジヤ(アジヤの最西端の半島で現在のトルコの地域)の各教会は最初、この手紙はイエス・キリストの教会全部にあてられたと考えて、1章1節の「エペソ」のところに自分たちの町の名前を書き入れて保存していたと思われる。パウロがコロサイ人への手紙4章16節で「ラオデキヤから回って来る手紙」と言っているものは、このエペソ人への手紙だと多くの人は考えている。

目　的

パウロがエペソ人への手紙を書いた直接の目的は1章15-18節に示唆されている。パウロは信仰者がみな信仰と愛、そして父である神が御子イエス・キリストを通して行われたこと、また啓示されたことについて知る知恵の領域で成長することを心から願っている。そして神をさらによく知り、神の目的を理解し、イエス・キリストを主としている者にふさわしい生活をすることを願った(4:1-3, 5:1-2)。そのためにパウロは、「キリストにあ」る霊的救いと回復に含まれている(1:3-14, 3:10-12)神の永遠の目的をさらに完全に明らかにして信仰と霊的土台を強めようとした。そしてこれを教会(1:22-23, 2:11-22, 3:21, 4:11-16, 5:25-27)と個人(1:15-21, 2:1-10, 3:16-20, 4:1-3, 17-32, 5:1-6:20)に当てはめている。

概　観

新約聖書には簡単に言うと基本的な主題が二つある。それは、(1) 人々はどのようにして神によって贖われ(罪から救い出され、霊的に救われ、解放され、回復され)神との正しい関係に入れられるか、(2) 霊的に救われた人はどのようにして神との関係の中で生き続けるべきか、ということである。エペソ人への手紙の1-3章は第一の主題を扱い、4-6章は第二の主題を扱っている。

(1) 1-3章は聖書の中でも最も壮大で卓越した文章で始まっている(1:3-14)。この賛美によるすぐれた宣言は、信仰によって神を父として受入れて神の子どもになった人々を神が選び、進んでいく道を備えてくださったことをほめたたえている(1:3-6)。神の御子イエスは、その犠牲を受入れる人々にご自分の血によって罪の赦しと霊的救いを与えてくださった(1:7-12)。主イエスに従う人々は救いの証印、未来の保証(永遠のいのちの資産を受取る最初の分割払い)として聖霊を受け、聖霊はその人々の中にとどまり続けてくださる(1:13-14)。この部分でパウロは、生涯をキリストにささげる人々を神が恵みによって回復し、ご自分との個人的関係に入れてくださることを強調している(2:1-10)。神はまたご自分に従う人々を互いに一つにし(2:11-15)、そのキリストへの献身を通して教会という一つのからだに建上げてくださる(2:16-22, →「**教会**」の項 p.1668)。贖い(霊的救いと回復)の目標は「いっさいのものがキリストにあって、天にあるもの地にあるものがこの方にあって、一つに集められる」ことである(1:10)。

(2) 4-6章には、キリストに従う人の生活の中で個人的にも教会としても求められる実際的な教えが示されている。つまり神の目的を実際的にまた霊的に実現するための手引書である。エペソの人々に与えられたキリスト者の生き方についての指示あるいは命令は全部で35あるけれども、大きく三つの分野に分けることができる。(a) キリスト者は道徳的にも霊的にもよく、神を敬わないこの世界の慣習から離れ、神の目的に専念するような新しい生活をするように召されている(→「**信者の霊的聖別**」の項 p.2172)。その召しは「聖く、傷のない者」(1:4)、「聖なる宮」(2:21)になり、「召しにふさわしく歩み」(4:1)、「おとなになって」(4:13)、「義と聖をもって」生き(4:24)、「愛のうちに歩み」(5:2, ⇒3:17-19)、「みことばにより・・・聖なるものと」なることである(5:26)。キリストに従う人はこのように生活し、「しみや、しわ・・・の何一つない、聖く傷のない」教会ができるようにするべきである(5:27)。(b) キリスト者は個人や家庭、社会や職場などの人間関係でも新しい生き方をするように召されている(5:22-6:9)。そのような関係でも、キリスト者は神を敬わない周りの社会とは明らかに違う原則に基づいて生活をしなければならない。(c) 信仰者は悪魔のあらゆる策略と強力な「天にいるも

ろもろの悪霊」に対して堅く立つように召されている(6:10-20)。

特　　徴
　この手紙には五つの大きな特徴がある。
　(1)　1－3章には神と私たちとの関係についての偉大な霊的真理が示されているけれども、途中には新約聖書の中で最も強力な祈りが挿入されている。一つの祈りは、神の民が知恵と啓示を与えられ神とその目的をさらに深く知ることができるように求めている(1:15-23)。もう一つの祈りは、神の愛と力と栄光を知ることに絞られている(3:14-21)。
　(2)　「キリストにあって」と、それと類似のことばがパウロの手紙全体に160回ほど使われているけれども、それはエペソ人への手紙のかぎのことばでもある(原典では約36回)。「すべての霊的祝福」と人生の実際的問題はみな、「キリストにある」(主イエスと一つになるまたは正しい関係を持つ)ことに結び付いている。
　(3)　教会に対する神の永遠の目的と目標が強調されている。
　(4)　キリスト者生活での聖霊の様々な役割が強調されている(1:13-14, 17, 2:18, 3:5, 16, 20, 4:3-4, 30, 5:18, 6:17-18 →**「聖霊の働き」の表 p.2187**)。
　(5)　時にはコロサイ人への手紙と「ふたごの手紙」と見られている。この二つの手紙は内容が類似しており、ほぼ同時に書かれているからである(⇒二つの手紙の緒論の概要)。

エペソ人への手紙の通読
　新約聖書全体を1年間で通読するためには、エペソ人への手紙を次のスケジュールに従って9日間で読まなければならない。
☐1:1-14 ☐1:15-2:10 ☐2:11-22 ☐3 ☐4:1-16 ☐4:17-5:2 ☐5:3-21 ☐5:22-6:9 ☐6:10-24

メ　モ

エペソ 1章

1 ¹神のみこころによるキリスト・イエスの使徒パウロから、キリスト・イエスにある忠実なエペソの聖徒たちへ。
²私たちの父なる神と主イエス・キリストから、恵みと平安があなたがたの上にありますように。

キリストにある霊的祝福

³私たちの主イエス・キリストの父なる神がほめたたえられますように。神はキリストにあって、天にあるすべての霊的祝福をもって私たちを祝福してくださいました。
⁴すなわち、神は私たちを世界の基の置かれる前から彼にあって選び、御前で聖く、傷のない者にしようとされました。
⁵神は、みむねとみこころのままに、私たちをイエス・キリストによってご自分の子にしようと、愛をもってあらかじめ定めておられました。
⁶それは、神がその愛する方にあって私たちに与えてくださった恵みの栄光が、ほめたたえられるためです。
⁷この方にあって私たちは、その血による贖い、罪の赦しを受けています。これは神の豊かな恵みによることです。
⁸この恵みを、神は私たちの上にあふれさせ、あらゆる知恵と思慮深さをもって、
⁹みこころの奥義を私たちに知らせてくださいました。それは、この方にあって神があらかじめお立てになったみむねによることであり、
¹⁰時がついに満ちて、実現します。いっさいのものがキリストにあって、天にあるも

1:1 使徒・・・聖徒たち →使14:4注、→使9:13注

1:1 キリスト・イエスにある 「忠実な」信仰者(キリストに従う人)のいのちは「キリスト・イエス」の中にしかない。(1)「キリスト・イエスにある」、「主にある」、「この方にある」、などということばはパウロの手紙の中に160回(エペソ人への手紙の原典では36回)も出てくる。「キリストにある」ということは、信仰者が今や主イエスと個人的な関係で結ばれ、キリストの特性や影響力、みこころの中で生活しているということである。キリストとの結びつきとはキリスト者の新しい生活の環境のことで、信仰者が行うことはみな主イエスとの関係の中で行われ、主の影響と導きを反映したものになる。「キリストにある」弟子たちは、絶えず主の臨在と導きを感じている。そしてその関係は非常に密接なものとなり、周りの人々はキリストがその人の中に生きておられるのではないかと見るほどになる(→ガラ2:20注)。キリストとのこの個人的結びつきとキリストとともに生きる関係とは、キリスト者生活と体験の中で最も重要なもので、信仰を通して与えられる神の賜物である。

(2)聖書は、「キリストにある」私たちの新しいいのちを「アダムにある」古い、死んで回復されていない霊的いのちと比較している。古いいのちには不従順や罪(神への反逆、反抗)、さばきや死などという特徴があったのに対して、「キリストにある」新しいいのちには救い、神の愛、神の御霊による導き、真理、神とともに過ず永遠のいのちなどの特徴がある(→ロマ5:12-21, 6:, 8:, 14:17-19, Ⅰコリ15:21-22, 45-49, ピリ2:1-5, 4:6-9, →「信仰と恵み」の項 p.2062)。

1:4 選び →「選びと予定」の項 p.2215

1:5 ご自分の子にしよう →Ⅰヨハ3:1注

1:5 あらかじめ定めておられました →「選びと予定」の項 p.2215

1:7 贖い 「贖い」と訳されていることば(《ギ》アポリュトロシス)はパウロのエペソ人への手紙の中に3回出てくる(1:7, 14, 4:30)。それは「代金を払って受け戻すまたは回復する」という意味である。贖われるということはまた、救出され解放されるという意味でもある。霊的救いは身代金を払って得られたものであるから、「贖い」ということばは極めて適切なことばである。私たちを救い霊的に回復するために主イエスが払われた代価は、非常に高価な「その血」だった。神はキリストの犠牲を通して「贖い」と霊的救いを提供された。それは、人間の必要としているものを完全におおうものだったとパウロは説明している。それには罪の赦し、霊的解放、神との正しい関係の回復、平和、愛、新しいいのち、理解、交わり、容認、安心感、希望、サタンとその悪の勢力との戦いでの勝利、などがみな含まれている。「贖い」についての詳細 →「救いについての聖書用語」の項 p.2045

1:9 みこころの奥義 このことばは、私たちひとりひとりの人生に対する神のみこころを知り理解し従うことがキリストによって困難になったという意味ではない。それは人々に対する神の特別な目的全体を指していて、神の啓示によってのみ示されるもので、人間の知恵や考え方では知ることができないと言っているのである。 →3:4注

選びと予定

「すなわち、神は私たちを世界の基の置かれる前から彼にあって選び、御前で聖く、傷のない者にしようとされました。神は、みむねとみこころのままに、私たちをイエス・キリストによってご自分の子にしようと、愛をもってあらかじめ定めておられました。」(エペソ人への手紙1:4-5)

疑　　問

選びと予定の問題を考えるときにはしばしば、神はだれを救って永遠をともに過すようにするか、だれを罪に定めて永遠にみもとから消し去るかを予め決定しておられるのではないかという疑問が出されてきた。つまり神は天国へ行く人と地獄へ行く人とを既に決めておられるのではないかということである。神は全知(すべてを知っている　詩44:21, 139:1-6, 147:5)で、人間の生活や創造された世界と積極的にかかわっておられると聖書ははっきり示している(使17:26-28)。けれども聖書はまた、人々は自分で神に従うか従わないかを選ぶるし(申30:19, ヨシ24:15, ヨハ1:12, 6:37, 13:20)、その選択によって永遠を神とともに過すか過さないかが決まることを同じようにはっきりと示している(ヨハ3:36, 5:40, 黙16:9)。神があらゆる可能性とそれによる最終的結果を知っておられるとしても(⇒イザ42:9, 使2:23, Ⅰペテ1:2)、その知識自体が結果を生み出すのではない(→「**神の属性**」の項 p.1016)。神は過去に起きたことを全部知っておられ未来に起こることも全部知っておられる。けれどもその起こることを(私たちの選択や行動も)起こるように決めておられるということではない。神は私たちを自由意志を持ち自分で決断ができるように造られた(創2:16)。それは自分が行った選択とその結果に責任を持たなければならないということである(マタ12:36, ロマ14:12, ヘブ4:13)。

選　　び

キリストを信じて受入れる人を神が選ばれることは、使徒パウロの基本的な教えである(→ロマ8:29-33, 9:6-26, 11:5, 7, 28, コロ3:12, Ⅰテサ1:4, Ⅱテサ2:13, テト1:1)。選び(《ギ》エクロゲー)とは、神の赦しを受入れて人生をイエス・キリストにゆだねる選択をした人を神がそのことを基にご自分のものとして選び宣言されるということである。人々は、キリストの犠牲の働きとそのきよめる力を受入れることによって自分を霊的にきよく保ち、神の特別な目的のために仕える道を選ぶのである(⇒Ⅱテサ2:13)。この選びは、御子イエス・キリストを受入れる人をみなご自分のものとして受入れる神の愛の表れであるとパウロは見ている(ヨハ1:12)。簡単に言えば、キリストの導きと権威を自分の人生に受入れる人を神も受入れ選ばれるということである。選びの教理には次のような真理が含まれている。

(1) 選びはキリスト中心である。人々がキリストの犠牲と自分の罪の赦しを受入れてキリストと一つに合されたときに、神はその人を選ばれる。「神は私たちを・・・彼(キリスト)にあって選」ばれた(エペ1:4, →1:1注)。まず主イエスが神に「選ばれた」方である。主イエスについて神は「これぞ、わたしの選んだわたしのしもべ」と言っておられる(マタ12:18, ⇒イザ42:1, 6, Ⅰペテ2:4)。したがってキリストこそが、選ばれた者としての私たちの選びの土台である。キリストと一つにされること(個人的関係で)によってのみ、私たちは選ばれた者になる(エペ1:4, 6-7, 9-10, 12-13)。信仰によってキリストを受入れ人生をゆだねない限り、あるいはゆだねるまではだれも選ばれた者になることはない。

(2) 選びは「この方にあって・・・その血による」のである(エペ1:7)。神に選ばれた民という立場は、イエス・キリストの犠牲がなければ得ることができない。人々が神に逆らい自分勝手な道を行くようになることを知っておられた神は、創造の前から(エペ1:4)神との正しい関係を回復する道を備えようと考えられた。その道が十字架でのイエス・キリストの死によるものだった。私たちの選びは、キリストの犠牲の死に

根ざしたものである。その死だけが、私たちの罪と神への反抗の代価を払い刑罰を完全に満たすものだった（使20:28, ロマ3:24-26）。キリストの犠牲によって、私たちは神と再び結び合され神に選ばれた民になることができる。

（3）キリストにある選びとは幅の広いことばであるけれども、特に一つの民を選ぶことを意味している（エペ1:4-5, 7, 9）。選ばれた人々は「キリストのからだ」（エペ4:12）、「わたしの教会」（マタ16:18）、「神の所有とされた民」（Ⅰペテ2:9）、キリストの「花嫁」（黙19:7）と呼ばれている。このように、選びは神の民になった人々の集団全体のことを指している。この集団は、キリストを信じる信仰によってキリストのからだ（教会）と一つになり、つながった個々人の集まりである（エペ1:22-23）。この原則は既に旧約聖書のイスラエル民族との間で確立されていた。神に忠実に従うことを選んだ人だけが神に選ばれた民として祝福と約束を受継ぐことができた（→申29:18-21注、Ⅱ列21:14注、→**「イスラエル人との神の契約」**の項 p.351）。

（4）神の民、キリストのからだ（教会）全体の選びは確実なことである。霊的に救われた（神との正しい関係にある）聖い（霊的に純粋で悪から離れ神の特別な目的に仕える）人々はいつの時代にもいる。けれどもそのからだの一部として個人個人が選ばれるかどうかは条件次第である。それは、イエス・キリストを信じる信仰と自分の人生の主、最高の権威としてキリストに仕え続けるかどうかによる。パウロはこの点を次のように明らかにしている。（a）教会に対する神の永遠の目的は「私たちを・・・御前で聖く、傷のない者にしようとされ」ることである（エペ1:4）。これは罪の赦し（エペ1:7）とキリストの花嫁としての教会のきよさを指している（⇒黙19:7）。神に選ばれた民は聖霊に導かれて聖化と聖さに進む（霊的成長、発達、純潔、神の目的のための献身 →ロマ8:14, ガラ5:16-25, →**「聖化」**の項 p.2405）。この神の最高の目的をパウロは繰返し強調している（→エペ2:10, 3:14-19, 4:1-3, 13-24, 5:1-18）。（b）教会全体に対するこの目的が実現することは確実である。キリストは「ご自身で・・・聖く傷のないものとなった栄光の教会を、ご自分の前に立たせ」てくださる（エペ5:27）。（c）教会の中の個人に対してこの目的が実現するかどうかは条件次第である。もし信仰にとどまるならキリストは私たちを「御前で聖く、傷のない者」（エペ1:4）として立たせてくださる。パウロはこのことをはっきり次のように言っている。「それはあなたがたを、聖く、傷なく、非難されるところのない者として御前に立たせてくださるためでした。ただし、あなたがたは、しっかりとした土台の上に堅く立って、すでに聞いた福音の望みからはずれることなく、信仰に踏みとどまらなければなりません」（コロ1:22-23）。

（5）キリストを信じる信仰による霊的救いへの選びは、あらゆる人々に提供されている（ヨハ3:16-17, Ⅰテモ2:4-6, テト2:11, ヘブ2:9）。けれどもそれは自分の罪深さを認めてそこから立返り、キリストが備えられた赦しを受入れて人生をキリストにゆだね、信仰に基づく神との個人的関係に入るときに個人的に実現する（エペ2:8, 3:17, ⇒使20:21, ロマ1:16, 4:16）。信じたその時に、聖霊によってキリストのからだ（教会）に組入れられるのである（Ⅰコリ12:13）。その結果として、神に選ばれた者、選ばれた民になる。このようにして神も人間も霊的選びに当たってはそれぞれに決断をするのである（→ロマ8:29注、Ⅱペテ1:1-11）。

予　　定

予定する（《ギ》プロオリゾー）とは「前もって定めること」を意味し、選びの結果実現する神の目的のことを言う（→前述の「選び」の部分）。選びとは、神と個人的関係を持って生きて神の特別な目的を実現する人々（教会）を神がご自分のために「キリストにあって」選ぶことである。予定は神が定められたことが神の民（キリストを受入れ従う選択をした信仰者全員）にその通り起こることで、それは人々が神に従い仕えることを選択した結果、起こることである。

（1）神はご自分が選ばれた人々（神に従い仕える人々）が、（a）召され（神を知るように招かれ、神の目的に仕えるように任命される　ロマ8:30）、（b）義と認められ（神との関係を正しくする　ロマ3:24, 8:30）、（c）「聖く傷のない者」にされ（純粋で神の目的に備えられる　エペ1:4）、（d）神の子とされ（エペ1:5）、（e）贖われ（霊的に解放され神との個人的関係を回復する　エペ1:7）、（f）聖霊を受け（エペ1:13, ガラ3:

14)、(g) 御子のかたちに変えられ(主イエスのように品性と力が成長する ロマ8:29)、(h) 良い行いをするために造られ(エペ2:10)、(i) 神の誉れと栄光のために生活し(エペ1:12, 1ペテ2:9)、(j) 永遠の資産を受継ぎ(天での報い エペ1:14)、(k) 栄光を受ける(誉れを受け神の永遠の御国に入る究極的な報いを受ける ロマ8:30)ように予定あるいは定められる。

(2) 予定は選びと同じように、キリストのからだ全体(教会、あらゆる時代のキリストに従う人すべて)に当てはまる。そして個人には、イエス・キリストを信じる生きた積極的な信仰を通してそのからだにつながることによって実現する(エペ1:5, 7, 13, ⇒使2:38-41, 16:31)。

要　　約

選びと予定について私たちは天国に向かう途上の大きな船の例を考えることができる。船(教会)は神がご自分の器として選ばれたものである。キリストがこの船の船長であり水先案内人である。天国への旅をともにしたいと願う人は、船長を個人的に知らなければならない。船に乗ろうとするなら(教会の一員になる)、いのちを船長に任せなければならない。船長と交わりながら船に乗っている限り、その人は選ばれた人の仲間で天国に向かっている。もし船と船長を捨てて去ろうとするなら、その人は選ばれた人の仲間ではなくなる。選びは船長との個人的関係と船の中にいるかどうかによるのである。予定とは、船の目的地とその船の中にとどまり続ける人々のために神が備えられたもののことである。神は、イエス・キリストを信じる信仰を通して選びの船に乗るようにだれをも招いておられる。

の地にあるものがこの方にあって、一つに集められるのです。

11 この方にあって私たちは御国を受け継ぐ者ともなりました。みこころによりご計画のままをみな行う方の目的に従って、私たちはあらかじめこのように定められていたのです。

12 それは、前からキリストに望みを置いていた私たちが、神の栄光をほめたたえるためです。

13 この方にあってあなたがたもまた、真理のことば、あなたがたの救いの福音を聞き、またそれを信じたことにより、約束の聖霊をもって証印を押されました。

14 聖霊は私たちが御国を受け継ぐことの保証です。これは神の民の贖いのためであり、神の栄光がほめたたえられるためです。

感謝と祈り

15 こういうわけで、私は主イエスに対するあなたがたの信仰と、すべての聖徒に対する愛とを聞いて、

16 あなたがたのために絶えず感謝をささげ、あなたがたのことを覚えて祈っています。

17 どうか、私たちの主イエス・キリストの神、すなわち栄光の父が、神を知るための

欄外参照

11 ①エペ1:14,18、テト2:14、申4:20, 9:26, 29, 32:9
②ロマ9:11、ヘブ6:17
③エペ3:11、ロマ8:28, 29
④エペ1:5
②エペ1:6, 14
13 ①コロ1:5, 使13:26、③エペ4:21
＊別訳「信じ、御子にあって」
②使1:4, 5, 2:33

③エペ4:30、ヨハ3:33
14 ①Ⅱコリ1:22
②使20:32
③エペ1:11
④エペ1:7, 5 エペ1:6, 12
15 ①コロ1:4, ピレ5, ロマ1:8
②エペ3:18
＊異本「愛」を欠く
17 ①ヨハ20:17, ロマ15:6
②使6:7:2, Ⅰコリ2:8

1:10 一つに集められる ここでパウロが使っていることばは単に指導者や権威を持つ人々のことを言っているのではない。それは一つの項目に入っている数字を計算して、正しく合計するという意味を持っている。今のことばで言うなら、困難で混乱している世界では物事は必ずしも道理に合わない、あるいは「つじつまが合わない」。その中で私たちは、あらゆるものがキリストの権威の下で意味のある関係と目的に集められるときが来るのを待望するということである。

1:11 あらかじめ・・・定められていた →「選びと予定」の項 p.2215 これは神があらかじめだれが霊的に救われ、だれが永遠に罪に定められるかを決めておられるということではない。神は人間が行うことを全部知っておられるけれども、あらかじめ定めたことを行うようにさせたり強制したりはされない。私たちが神の全体的なご計画や、神に従う人に備えられた永遠の目的に加わるかどうかは、私たち自身が選択することであるとパウロは示している。そしてさらに1:13で、エペソの信仰者たちが神の民に加わりキリストによる救いを受けたのはその人々が真理のことばを聞いて信じ応答したときであると説明している。

1:13 聖霊をもって証印 聖霊は、信じた人々が神のものになったしるしとして与えられる。御霊を与えることによって神は私たちがご自分のものであるというしるしをつけられるのである(→Ⅱコリ1:22)。聖霊が私たちの中におられることは、私たちが神の子とされたこと(1:5)と、私たちと神との関係が本物であることを示す証拠である。御霊が私たちを霊的に新しくし、神との個人的関係を回復してくださったとき、私たちは自分が本当に神のものになったことを知るようになる(ヨハ1:12-13, 3:3-6)。そのようにして聖霊は私たちを罪の力から解放し(ロマ8:1-17, ガラ5:16-25)、神が私たちの父であるという意識を与え(1:5,

ロマ8:15, ガラ4:6)、神のことばを伝える力で満たしてくださる(使1:8, 2:4)。→「**聖霊の教理**」の項 p.1970

1:13 聖霊 信仰者の贖い(霊的救い、再生、神との正しい関係への回復)の中での聖霊の役割は、エペソ人への手紙の中心主題である。聖霊は、(1) 神の所有権のしるしまたは証印であり(1:13)、(2) キリスト者の相続の最初の分割払いであり(1:14)、(3) 知恵と啓示の御霊であり(1:17)、(4) キリストに従う人々が神に近附くときに助け(2:18)、(5) 信仰者を結び合せて「聖なる宮」に築き上げ(2:21 22)、(6) キリストの奥義を啓示し(3:4-5)、(7) キリスト者の「内なる人」を力づけ(3:16)、(8) キリストに似たものとして完全に成熟させ、キリスト者同士の一致と平和を作らせ(4:3, 13-14)、(9) 信仰者の生活に罪があるときには悲しみ(4:30)、(10) キリストに従う人々を繰返し満たして力を与え(5:18)、(11) キリスト者の祈りと霊的な戦いを助けてくださる(6:18)。 →「**聖霊の教理**」の項 p.1970,「**聖霊の働き**」の表 p.2187

1:13-14 聖霊・・・保証 聖霊は「保証金」、つまり私たちの天の相続を保証する最初の分割払いである。聖霊は将来完全なかたちで与えられるものの頭金としてキリストに従う人々に与えられる。私たちの中の聖霊の臨在と働きは未来に受ける相続と永遠の報いを保証している(⇒ロマ8:23, Ⅱコリ1:22, 5:5)。

1:16-20 祈っています エペソの人々のためのパウロの祈りには、キリストに従う人ひとりひとりに対する神の最高の願いが反映されている。パウロは御霊が信仰者の中により大きくより力強く働くように祈っている(⇒3:16)。御霊が活動するときに目指すものは、キリスト者が、(1) キリストをよりよく知り(1:17)、(2) 現在と未来の神の目的についての知恵や洞察や理解を与えられ(1:18)、(3) より偉大な聖霊の「力」

エペソ 1-2章

知恵と啓示の御霊を、あなたがたに与えてくださいますように。
18 また、あなたがたの心の目がはっきり見えるようになって、神の召しによって与えられる望みがどのようなものか、聖徒の受け継ぐものがどのように栄光に富んだものか、
19 また、神の全能の力の働きによって私たち信じる者に働く神のすぐれた力がどのように偉大なものであるかを、あなたがたが知ることができますように。
20 神は、その全能の力をキリストのうちに働かせて、キリストを死者の中からよみがえらせ、天上においてご自分の右の座に着かせて、
21 すべての支配、権威、権力、主権の上に、また、今の世ばかりでなく、次に来る世においてもとなえられる、すべての名の上に高く置かれました。

22 また、神は、いっさいのものをキリストの足の下に従わせ、いっさいのものの上に立つかしらであるキリストを、教会にお与えになりました。
23 教会はキリストのからだであり、いっさいのものをいっさいのものによって満たす方の満ちておられるところです。

キリストにあって生かされる

2 ¹ あなたがたは自分の罪過と罪との中に死んでいた者であって、
2 そのころは、それらの罪の中にあってこの世の流れに従い、空中の権威を持つ支配者として今も不従順の子らの中に働いている霊に従って、歩んでいました。
3 私たちもみな、かつては不従順の子らの中にあって、自分の肉の欲の中に生き、肉と心の望むままを行い、ほかの人たちと同じように、生まれながら御怒りを受けるべ

を体験するようになることである（1:19-20）。

1:18　神の召しによって与えられる望み　→「聖書的希望」の項 p.943

1:19　神の・・・力　キリスト者が霊的力と能力を得てサタンと罪に勝利をしてキリストの福音を効果的に伝え、最終的な救いを得るためには、神の力が絶えず注ぎ込まれていなければならない。この力は、忠実にキリストに従う人々の中に聖霊が働いてきよめ練り鍛え、神の目的のために備えさせた結果、備わるものである（⇒Ⅰペテ1:5）。それはキリストを死者の中から生き返らせ最高の名誉と権威の場所である神の右の座に着かせたのと同じ力であり、同じ御霊である（1:20, ロマ8:11-16, 26-27, ガラ5:22-25）。

1:23　満ちておられるところ　「満ちて」と訳されていることば（《ギ》プレローマ）はエペソ人への手紙に3回出てくる（1:23, 3:19, 4:13）。このことばは、キリストのからだである教会の中に臨在されるキリストの満ち満ちた姿を描いている。教会（キリストの弟子たちの共同体）には、主イエスご自身に備わっているもの、既に成就されたこと、所有しておられるものなどをみな受取りその恩恵にあずかる可能性がある。それはこの世界で主の奉仕の働きと宣教を継続するためである（⇒3:16-21「満ち満ち」ることへのパウロの祈り）。パウロはさらに教会は霊的に成熟する途上にあり、最終的には生活や奉仕、宣教において最高の目標である「キリストの満ち満ちた身たけにまで達する」（4:13）ことを目指すのであると説明している。聖霊である神が教会を通してイエス・キリストのいのち、奉仕、宣教を再現するために完全な姿で来てくださるということは、「使徒の働き」が最も重要な主題として伝えていることである。

2:2　不従順の子ら　2:1-4には、キリストを知らない人々、まだ自分勝手な道を進んでいる人々、罪（神に対する抵抗、反対、反抗）に捕われている人々にキリスト者が深い同情とあわれみの心を持たなければならない理由がいくつか示されている。（1）キリストから離れて生きている人はみな、「空中の権威を持つ支配者」、サタンの影響を受けている（2:2）。その知性は、サタンによって神の真理に対して盲目にされている（2:2, Ⅱコリ4:3-4, →4:4注）。そして罪と罪の性質による欲望のとりこにされている（2:3, ルカ4:18）。（2）キリストとの個人的関係を持って造り変えられていない人々は、その霊的状態のため、神の恵み（受けるにふさわしくない好意、愛、助け、力づけ）がなければ真理を理解し受入れることができない（2:5, 8, Ⅰコリ1:18, テト2:11-14）。（3）キリスト者は聖書の観点から人々を見なければならない。不道徳な行動や神を敬わない高ぶりに捕われている人々を同情をもって見なければならない。罪とサタンの奴隷になっているからである（2:1-3, ⇒ヨハ3:16）。（4）キリストを持たない人々は、自分の罪と神への違反について責任をとらなければならない。なぜなら神は人間に神を認めて神に立返ることができるように必要な光と恵みを与えて（良心の中にも）、罪の奴隷状態から逃れる

エペソ　2章

き子らでした。

4 しかし、あわれみ豊かな神は、私たちを愛してくださったその大きな愛のゆえに、**5** 罪過の中に死んでいたこの私たちをキリストとともに生かし、──あなたがたが救われたのは、ただ恵みによるのです──**6** キリスト・イエスにおいて、ともによみがえらせ、ともに天の所にすわらせてくださいました。**7** それは、あとに来る世々において、このすぐれて豊かな御恵みを、キリスト・イエスにおいて私たちに賜る慈愛によって明らかにお示しになるためでした。**8** あなたがたは、恵みのゆえに、信仰によって救われたのです。それは、自分自身から出たことではなく、神からの賜物です。**9** 行いによるのではありません。だれも誇ることのないためです。**10** 私たちは神の作品であって、良い行いをするためにキリスト・イエスにあって造られたのです。神は、私たちが良い行いに歩むように、その良い行いをもあらかじめ備えてくださったのです。

4 ①エペ1:7, ②ヨハ3:16
5 ①エペ2:1
　＊異本「(キリスト)にあって」
　②エペ2:8, 使15:11
6 ①エペ1:1, 2:10, 13
　②コロ2:12
　③エペ1:20
　④エペ1:3
7 ①ロマ2:4, エペ1:7
　②テト3:4
8 ①エペ2:5, 使15:11
　②Ⅰペテ1:5
　③ヨハ4:10, ヘブ6:4
9 ①Ⅱテモ1:9, テト3:5, ロマ3:28, Ⅰコリ1:29
10 ①テト2:14
　②エペ1:1, 2:6, 13
　③エペ2:15, 4:24, コロ3:10
　④エペ4:1
　⑤エペ1:5
11 ①Ⅰコリ12:2, エペ5:8
　②㊟エペ2:2

Ⅰテサ5:8-18
エペ5:1-15

キリストにあって一つ

11 ですから、思い出してください。あなたがたは、以前は肉において異邦人でした。すなわち、肉において人の手による、

自由をキリストを通して備えてくださっているからである(ヨハ1:9, ロマ1:18-32, 2:1-16)。

2:8　恵みのゆえに、信仰によって　→「信仰と恵み」の項 p.2062

2:9　行いによるのではありません　良い行いや愛の行いをし、神の戒めまたは宗教的慣習を懸命に守る努力をすることによって「救われ」、神との正しい関係を持つことができる人は一人もいない。神の恵み(受けるにふさわしくない好意、愛、力づけ)によらなければだれも霊的に救われることはない。この事実については、はっきりした理由が聖書に示されている。

(1) 救われていない人々(神との個人的関係に回復されていない人々)は、サタンの影響と支配下にいて(2:2)罪の奴隷になり(2:3)、神の有罪判決を受けていて(2:3)霊的に死んでいる(2:1)。

(2) 救われる(神との関係を回復する)ためには、神が御子イエスを通して示されたあわれみに応答してそれを受取り(2:4-5)、罪を赦され(ロマ4:7-8)霊的に生かされ(コロ1:13)、サタンと罪の力から解放され(コロ1:13)新しく造られ(2:10, Ⅱコリ5:17)、聖霊の内住(ヨハ7:37-39, 20:22)を受けなければならない。どんなに努力をしても私たちにはこれらのことを自分で達成することはできない。

(3) 救いは神の恵み(自分の努力ではなく神を敬う信仰の応えとして与えられる好意)の賜物によってひとりひとりに与えられる(2:5, 8)。神の恵みの賜物には次のものが含まれている。(a) 神は人々に悔い改めて(自分たちの反抗的な道から立返り赦しを受入れ人生をキリストにささげ自分たちに対する神の目的に従うこと)、御子イエスを信じることによって与えられる新しいいのちを受入れるように呼びかけておられる(使2:38 →マタ3:2注)。この招きとともに聖霊が

その人の内に働き、神に応答する力と能力が与えられる。(b) 信仰によって応答しキリストを主、救い主(罪を赦す方、人生の導き手)として受入れる人々は、さらに恵みを受ける。そのことによって人々は霊的に刷新され、御霊によって「新しく生まれ」る(ヨハ3:7, →「新生－霊的誕生と刷新」の項 p.1874)。その過程の中で聖霊は来てその人々の中に宿り、また罪の赦しと新しいいのちのメッセージをほかの人々に伝えるために必要な力を満たしてくださる(使1:8, 2:38, エペ5:18)。(c) キリストにあって新しく創造された人々(Ⅱコリ5:17)は、キリストのために生活し罪を退け神の目的に仕えるために恵みを受続けることができる(ロマ8:13-14, Ⅱコリ9:8)。神の恵みはキリストに従い続ける人々の中に働き、自分たちに与えられている神のすぐれた目的を成就したいという願いを起こし、そのために必要な力を与えてくださる(ピリ2:12-13)。救いは、初めから終りまで神の恵みによるものである(→「信仰と恵み」の項 p.2062)。

2:10　良い行いに歩むように　私たちは、良い行いをすることによっては救われることも神との関係を正すこともできない(2:8-9, →2:9注)けれども神は、キリスト者の特徴として良い行いが身につくように願っておられる。それは神が人間を創造された目的の一つである。神はその良い行いを私たちのために備えてもおられる。良い行いは神の好意を得るために行うものではない。むしろ神がキリストを信じる信仰を通して霊的救いを与えてくださった好意に対して、愛と感謝を示すために行うものである(⇒テト2:14, 3:8)。神に対して良い行いをするなら、それはほかの人々にも良い影響を与える。神の愛と慈しみが具体的に示され、キリストの赦しと新しいいのちを人々が受入れるようになる(→マタ5:14-16注)。

いわゆる割礼を持つ人々からは、無割礼の人々と呼ばれる者であって、

12 そのころのあなたがたは、キリストから離れ、イスラエルの国から除外され、約束の契約については他国人であり、この世にあって望みもなく、神もない人たちでした。13 しかし、以前は遠く離れていたあなたがたも、今ではキリスト・イエスの中にあることにより、キリストの血によって近い者とされたのです。

14 キリストこそ私たちの平和であり、二つのものを一つにし、隔ての壁を打ちこわし、15 ご自分の肉において、敵意を廃棄された方です。敵意とは、さまざまの規定から成り立っている戒めの律法なのです。このことは、二つのものをご自身において新しいひとりの人に造り上げて、平和を実現するためであり、

16 また、両者を一つのからだとして、十字架によって神と和解させるためなのです。敵意は十字架によって葬り去られました。17 それからキリストは来られて、遠くにいたあなたがたに平和を宣べ、近くにいた人たちにも平和を宣べられました。18 私たちは、このキリストによって、両者ともに一つの御霊において、父のみもとに近づくことができるのです。

19 こういうわけで、あなたがたは、もはや他国人でも寄留者でもなく、今は聖徒たちと同じ国民であり、神の家族なのです。20 あなたがたは使徒と預言者という土台の上に建てられており、キリスト・イエスご自身がその礎石です。21 この方にあって、組み合わされた建物の全体が成長し、主にある聖なる宮となるのであり、22 このキリストにあって、あなたがたもともに建てられ、御霊によって神の御住まいとなるのです。

2:11 割礼・・・無割礼 →使15:11注, ロマ2:29注, ガラ2:4注, 12注, コロ2:11注

2:14-17 二つのもの・・・敵意・・・平和 ここには、歴史的にユダヤ人と異邦人(イスラエル人またはユダヤ人以外のほかの国の人々)を分けてきた「隔ての壁」(2:14)のことが詳しく描かれている。この区別は主に宗教を根拠にしていた。けれども神は、神との個人的関係を求めるあらゆる人々を民族や背景にかかわらず一つにされた(6:9, ⇒使10:34, ロマ2:11)。このことを行うに当たって、神は私たちの注意を神との関係を築く土台だった律法から(ロマ3:28-30)キリストだけを信じる信仰(ロマ9:30, ガラ2:16)と恵み(与えられた好意と愛)による救いの賜物に完全に移してくださった。信仰者はみな神との平和(2:16-17)を持ち、また互いの間に平和を持っている。それはその信仰の土台が律法ではなく、イエス・キリストの死と復活にあるからである。→「**キリストによって成就した旧約聖書の預言**」の表 p.1029

2:18 父のみもとに近づく 私たちは御子イエス・キリストを通し、信じる人々の中におられる聖霊によって、父である神に近付くことができる。「近づく」ということは、キリストを信じている私たちが、受入れられ歓迎され愛されるという確信を持って近付く自由と権利があるということである。(1) これは、キリストが私たちの罪の代価を払い、神との個人的関係を持つ機会を回復するためにいのちを十字架で与えてくださったので可能になった(2:13, ロマ5:1-2)。キリストは今も、ご自分のところに来る人々のために天におられる御父にとりなし(仲立ちをする、代って訴える)をしておられる(ヘブ7:25, ⇒4:14-16)。(2) 神に近付くには聖霊の助けが必要である。キリストに従う人々はまた、自分たちの中にある御霊の力によって神の完全なみこころと目的に沿った祈りができるようになる(ヨハ14:16-17, 16:13-14, ロマ8:15-16, 26-27, →「**効果的な祈り**」の項 p.585)。

2:20 使徒・・・という土台 教会は、最初の使徒たちに与えられ、キリストによって霊感された不可謬(完全に信頼できる、間違いがない)の啓示の上に建てられて初めて真実の教会になる。

(1) 新約聖書の使徒たち(「派遣された人」)は、キリストの福音を伝え新約聖書の教会を設立する働きを指導するようにキリストから直接任命された人々だった(→使14:4注)。神はその中の何人かを聖書(文書になった神のことば)の一部を書くために用いられた。使徒たちは教会の土台石であり、そのメッセージは新約聖書に保存されている。それは、キリストの福音こそ信頼できる本当のメッセージ(あらゆる時代のあらゆる人々に有効なメッセージ)であることを示した最初の基本的な証言である。「使徒」の詳細 →「**奉仕の賜物**」の項 p.2225

(2) 信仰者と教会はみな、「使徒の働き」と使徒たちが霊感されて書いた新約聖書の書物に記録された最初

異邦人に福音を伝えるパウロ

3 ¹ こういうわけで、あなたがた異邦人のためにキリスト・イエスの囚人となった私パウロが言います。
² あなたがたのためにと私がいただいた、神の恵みによる私の務めについて、あなたがたはすでに聞いたことでしょう。
³ 先に簡単に書いたとおり、この奥義は、啓示によって私に知らされたのです。
⁴ それを読めば、私がキリストの奥義をどう理解しているかがよくわかるはずです。
⁵ この奥義は、今は、御霊によって、キリストの聖なる使徒たちと預言者たちに啓示されていますが、前の時代には、今と同じようには人びとに知らされていませんでした。
⁶ その奥義とは、福音により、キリスト・イエスにあって、異邦人もまた共同の相続者となり、ともに一つのからだに連なり、ともに約束にあずかる者となるということです。
⁷ 私は、神の力の働きにより、自分に与えられた神の恵みの賜物によって、この福音に仕える者とされました。
⁸ すべての聖徒たちのうちで一番小さな私に、この恵みが与えられたのは、私がキリストの測りがたい富を異邦人に宣べ伝え、
⁹ また、万物を創造した神のうちに世々隠されていた奥義の実現が何であるかを、明らかにするためです。
¹⁰ これは、今、天にある支配と権威とに対して、教会を通して、神の豊かな知恵が示されるためであって、
¹¹ 私たちの主キリスト・イエスにおいて成し遂げられた神の永遠のご計画によること

の使徒たちのことばやメッセージ、その信仰の上に立っている。あらゆる時代を通して、教会には神が与えられたこの啓示に従う責任とその真理をあかしする特権が与えられている。聖霊を通して新約聖書の使徒たちに与えられた福音(「よい知らせ」、キリストの教え)の中に、教会はいつまでも変らないいのち、真理、指針の源を見るのである。

(3)信仰者と教会はみな、キリストのからだにつながっていることを次のように示すべきである。(a) キリストとその教えについての新約聖書の教えと啓示に同意し、それに従うように熱心に努力する(使2:42)。使徒の教えを拒むことは、主ご自身を拒むことになる(ヨハ16:13-15、Ⅰコリ14:36-38、ガラ1:9-11)。(b) 御霊の力をもって忠実に話し、説教をし教えることによって、新約聖書にあるキリストの福音を伝えて使徒の使命(キリストの福音と権威を持って派遣され世界中で働きを開拓すること)を続けていく(使1:8、Ⅱテモ1:8-14、テト1:7-9)。(c) 新約聖書の最初の使徒たちの福音を信じるだけではなく、間違って教えられたり変更されたりしないように擁護し守っていく。新約聖書にある使徒たちの最初の啓示は、後の時代の啓示や証言、預言などと置き換えたり無効に(取消し、空にする)したりすることができない(使20:27-31、Ⅰテモ6:20)。

3:4 キリストの奥義 パウロは長い間隠されていた(3:9)けれども今は御霊によって使徒や預言者たちに(3:5)啓示によって知らされた(3:3)、「キリストの奥義」について話している。その奥義とは、「天にあるも の地にあるものがこの方にあって、一つに集められ」

(1:10、→1:10注)、あらゆる民族(→2:14-17)が霊的救いと永遠のいのちの約束に含まれるという神のご計画のことである(3:6、ロマ16:25-26、Ⅱテモ1:1)。旧約聖書では、異邦人(ユダヤ人以外の人々)もイスラエルの神に立返って救われると預言されていた(→ロマ15:9-12)。したがってそのことは新約聖書の世界では奥義ではなかった。けれども異邦人がユダヤ人と平等にいのちと約束と神の目的にあずかるということは(3:6)、ユダヤ人も異邦人も予想していないことだった。それは神が、キリストを信じる信仰による救いの全計画を明らかにするまで隠されていた奥義だった(→コロ1:26注)。

3:7 神の恵み 神の恵み(受けるにふさわしくない好意と神の目的を実現するために与えられる霊的能力)は、復活したキリストから流れ出て、信仰者それぞれの中に生きておられる聖霊を通して活動する力である(1:19、4:7、使6:8、11:23、14:26、Ⅰコリ15:10、Ⅱコリ12:9、ピリ2:13、コロ1:29、テト2:11-13、→「信仰と恵み」の項 p.2062)。

3:10 支配と権威 この節には二つの解釈が可能である。(1)「天にある支配と権威」は良い御使いたちのことかもしれない(⇒コロ1:16)。その御使いたちは、教会を通して現される神の驚くべき知恵を見ている(Ⅰペテ1:10-12)。(2)また「天にある支配と権威」とは、現在世界で権威を行使している霊的領域にある悪の支配力のことかもしれない(⇒6:12、ダニ10:13、20-21)。教会がキリストの霊的救いの福音を広め続け、キリストに従う人々がサタンとその勢力に対して霊的戦いを進めるときに、「神の永遠のご計画」(3:11)は

です。
12 私たちはこのキリストにあり、キリストを信じる信仰によって大胆に確信をもって神に近づくことができるのです。
13 ですから、私があなたがたのために受けている苦難のゆえに落胆することのないようお願いします。私の受けている苦しみは、そのまま、あなたがたの光栄なのです。

エペソの人々への祈り

14 こういうわけで、私はひざをかがめて、
15 天上と地上で家族と呼ばれるすべてのものの名の元である父の前に祈ります。
16 どうか父が、その栄光の豊かさに従い、御霊により、力をもって、あなたがたの内なる人を強くしてくださいますように。
17 こうしてキリストが、あなたがたの信仰によって、あなたがたの心のうちに住んでいてくださいますように。また、愛に根ざし、愛に基礎を置いているあなたがたが、
18 すべての聖徒とともに、その広さ、長さ、高さ、深さがどれほどであるかを理解する力を持つようになり、
19 人知をはるかに越えたキリストの愛を知ることができますように。こうして、神ご自身の満ち満ちたさまにまで、あなたがたが満たされますように。
20 どうか、私たちのうちに働く力によって、私たちの願うところ、思うところのすべてを越えて豊かに施すことのできる方に、
21 教会により、またキリスト・イエスにより、栄光が、世々にわたって、とこしえでありますように。アーメン。

キリストのからだの一致

4 ¹ さて、主の囚人である私はあなたがたに勧めます。召されたあなたがたは、その召しにふさわしく歩みなさい。
² 謙遜と柔和の限りを尽くし、寛容を示し、愛をもって互いに忍び合い、
³ 平和のきずなで結ばれて御霊の一致を熱心に保ちなさい。

このような神の敵に対しても明らかにされていく（⇒6:12-18, ダニ9:2-23, 10:12-13, Ⅱコリ10:4-5）。

3:16-19 内なる人を強くして 「内なる人」が御霊によって強められるためには、私たちの霊が神のいのちのエネルギーに満たされ、たましい（動機、願い、感情、考え、目的）がさらに豊かに御霊の影響と指示を受けて従うようにならなければならない。これは神が、私たちを通してその力を大きく現されるということを意味している。この霊的に「強くする」目的は四つある。それは、(1) キリストが私たちの心の中に臨在を確立するため（3:16-17, ⇒ロマ8:9-10）、(2) 私たちが神、キリスト、人々へのまことの愛にしっかりと根ざすため、(3) 私たちがキリストの愛を頭で理解するとともに実生活でも体験するため（3:18-19）、(4) 神の「満ち満ちたさま」にまで私たちが満たされるため（3:19, →1:23注）である。私たちの生活は聖霊を通して神の臨在によって満ち満たされて、内なる人が主イエス・キリストの品性と姿を反映するほどにならなければならない（⇒4:13, 15, 22-24）。

3:17 根ざし、愛に基礎を置いている 「根ざし」（《ギ》エリゾーメノイ）は園芸学（植物を扱う）用語で、「基礎を置いて」は建築学（建物や構造を扱う）用語で「基礎を据える」ことである。キリストにある神の愛に根ざしている主イエスの弟子たちは、土の中に深く根を下ろした植物のようである。「愛に基礎を置いている」とは堅い岩に強力な基礎を据えた建物の姿である。この隠喩（たとえ）はともに浅い関係に対する深い関係を表している。また神の栄光を力強く現すような神との深い関係を持つには、「キリストの愛」（3:19）が啓示されることが必要であると伝えている（3:19-21）。

3:20 越えて豊かに 神は私たちが祈りの中で願い求める以上のことを行うことができる。神の能力は私たちの想像をはるかに越えたものである。けれどもこの約束は条件付きで、私たちの生活に働く聖霊の臨在や目的、力の量などによって異なってくる（1:19, 3:16-19, イザ65:24, ヨハ15:7, ピリ2:13）。

4:3 一致を・・・保ち 「御霊の一致」は人間や信仰者のグループによってつくりだされるものではない。この一致はパウロが1－3章で強調したように、真理を受入れキリストを受入れた人々のために既に存在している。今エペソの人々は人間の努力や組織によってではなく、「召された・・・召しにふさわしく」生きることによってその一致を保てばよいのである（4:1）。霊的一致はあらゆる点について知的に合意することではない。それは愛と目的の一致であり、真理に忠実で御霊の導きに従って行動することによって維持されるものである（4:1-3, 14-15, ガラ5:22-26）。この一致は私たちの中に、そして私たちを通して働く神の愛と

⁴からだは一つ、御霊は一つです。あなたがたが召されたとき、召しのもたらした望みが一つであったのと同じです。

⁵主は一つ、信仰は一つ、バプテスマは一つです。

⁶すべてのものの上にあり、すべてのものを貫き、すべてのもののうちにおられる、すべてのものの父なる神は一つです。

⁷しかし、私たちはひとりひとり、キリストの賜物の量りに従って恵みを与えられました。

⁸そこで、こう言われています。
　「高い所に上られたとき、
　　彼は多くの捕虜を引き連れ、
　　人々に賜物を分け与えられた。」

⁹──この「上られた」ということばは、彼がまず地の低い所に下られた、ということでなくて何でしょう。

¹⁰この下られた方自身が、すべてのものを満たすために、もろもろの天よりも高く上られた方なのです──

¹¹こうして、キリストご自身が、ある人を使徒、ある人を預言者、ある人を伝道者、ある人を牧師また教師として、お立てになったのです。

¹²それは、聖徒たちを整えて奉仕の働きをさせ、キリストのからだを建て上げるためであり、

¹³ついに、私たちがみな、信仰の一致と神の御子に関する知識の一致とに達し、完全におとなになって、キリストの満ち満ちた身たけにまで達するためです。

神の目的を土台にしたものである。「人間の努力」によって達成できるものではない(ガラ3:3)。けれども良い行いが行われるときに、それを通して具体的に見えるようになる(⇒2:10, ガラ6:10, テト2:14, Ⅰヨハ3:17-18)。→詩133:1-3注, ヨハ17:21注

4:5 主は一つ キリスト者の信仰と一致に絶対になくてはならないのは、「主は一つ」という告白である。
　(1)「主は一つ」であるということは、イエス・キリストの贖い（霊的救い、罪からの解放、神との関係の回復）の働きが完璧で十分であることを意味している。私たちが神に近付くのにほかの救い主や仲立ちは必要ではない。霊的救いの機会を提供してくださるのは主イエスだけである(Ⅰテモ2:5-6, ヘブ9:15)。キリストを通してでなければ、私たちは神に近付くことができない(ヘブ7:25)。
　(2) 神以外の権威（社会または宗教の）に対して神と同じまたはそれ以上の忠誠を示すことは（キリストと霊感されたみことばが明らかにしているように）、キリストを主と認めず、キリストにしかないいのちを拒むことである。キリストに心から従い「御霊の一致」を体験するためには(4:3)、主イエスを人生の最高の導き手として自分をゆだね、神のことばが伝えているキリストの権威に従わなければならない。

4:11 キリストご自身が・・・お立てになったのです →「**奉仕の賜物**」の項 p.2225, 「**キリストによって成就した旧約聖書の預言**」の表 p.1029

4:12 聖徒たちを整えて奉仕の働きをさせ この箇所には、賜物を持った指導者たちをキリストが教会に与えられた第一の目的が示されている。人々に対する働きは、11節に言われている奉仕の働きの賜物を持つ人だけが全部行うのではない。この人々の主な役割は教会の人々を訓練し教会の内外で奉仕ができるように備えさせることである。この奉仕の原則を指導者たちは学び、教会の人々が種々の奉仕の働きに自由に参加できるようにさせなければならない。それはまた教会の人々にも、ただ座って奉仕を受けているだけではいけないと教えている。教会での奉仕の役割を積極的に求め、神から与えられた能力を用いて、ほかの人々を助け教会を建上げるようにするべきである。

4:13 信仰の一致 4章でパウロは、「御霊の一致」(4:3)と「信仰の一致」を体験し維持し完成するには、次のことが必要だと教えている。(1) 新約聖書の信仰と、神が任命された使徒、預言者、伝道者、牧師、教師の教えを受入れ、応答すること(4:11-12, →「**奉仕の賜物**」の項 p.2225)。(2) キリストにある霊の富を受入れ(4:13, ⇒3:19)、規律や品性、キリストとの関係や奉仕のあらゆる面で成熟すること(4:15)。(3) もはや様々な「教えの風」を受入れる子どもではなく、真理を知り、にせ教師を見極めて拒むことができる者になること(4:14-15)。(4) 神のことばを守り続け愛をもって話し続けること(4:15)。(5)「真理に基づく義と聖をもって」生きること(4:24, ⇒4:17-32)。教会の中のキリスト者ひとりひとりがこのような規律を受入れて守るなら、キリストとの関係と互いの関係はさらに成長するに違いない。その結果、教会全体が霊的に建上げられ多くの面で成長するようになる(4:16, →「**教会**」の項 p.1668)。

奉仕の賜物

「こうして、キリストご自身が、ある人を使徒、ある人を預言者、ある人を伝道者、ある人を牧師また教師として、お立てになったのです。」(エペソ人への手紙4：11)

与える方

エペソ人への手紙4章11節にはキリストが教会に与えられた奉仕の賜物のリストがある。これは教会の中で神の民が奉仕をし霊的に指導をするために神が与えられた能力と奉仕の役割のことである。パウロは、(1) 神の民を整えて奉仕の働きをさせるために(4：12)、(2) 神が意図されたようにキリストのからだ(教会―全体としても信仰者個人としても)が霊的に成長するように、これらの賜物がキリストによって与えられたと言っている(4：13-16, →「御霊の賜物」の項 p.2138)。

使　徒

「使徒」という称号が新約聖書のある指導者たちに使われている。名詞の「アポストロス」は「アポステロー」という動詞から来ている。それはある人を特別な使命のために使者、または個人的代理人として「遣わす」ことを意味する(→使14：4注)。聖書ではこの称号は、一般的にイエス・キリストの代りになって最初の福音を伝え教会を設立するように特に召され任命され権威を与えられた人々のことを指していた(⇒エペ2：20, 3：5)。この称号は主イエス(ヘブ3：1)や十二使徒(マタ10：2)、パウロ(ロマ1：1, Ⅱコリ1：1, ガラ1：1)や、そのほかの人々にも(使14：4, 14, ロマ16：7, ガラ1：19, 2：8-9, Ⅰテサ2：6-7)使われている。テサロニケ人への手紙第一2章6-7節ではパウロは自分のことを言っているけれども、シラスとテモテのことも言っている。

(1) 限定された意味での使徒職　(a) 新約聖書では、「使徒」という称号は聖霊の感動を受けたキリストの証人としてふさわしい人を示す特別なことばとして使われることが多かった。この証人たちはキリストの最初の福音を伝えてそれを確かなものとし、教会を設立するようにキリストから直接任命された人々だった。その意味で一般的には、主イエスの弟子たちの中核になる12名(イスカリオテのユダに代ってマッテヤ　使1：21-26)を指している。十二使徒は特別で新しいエルサレムの土台の石にその名前が刻み込まれている(黙21：14)。(b) 新約聖書には、教会の中で特別な権威を持っていた別の使徒たちのことが書いてある。その一人はパウロだった(ガラ1：1, 2：7-8, Ⅰコリ15：9)。ある人々は、最初の弟子または使徒たちが12番目の使徒としてマッテヤを選んだけれども、実際にはキリストご自身によって選ばれたパウロがその役割を果たしたと考えている。そのほかに使徒として認められていたのはバルナバ(使14：4, 14)と主の兄弟のヤコブ(ガラ1：19, 2：9, Ⅰコリ15：7)だった。シラス(Ⅰテサ1：1, 2：1, 6-7)、アンドロニコ、ユニアス(ロマ16：7)、そのほかの人々も使徒と呼ばれているけれども、同じレベルの使徒であるかどうかは確かではない。1世紀の使徒は、主イエスの指導を受け、キリストの働きの目撃者と親しく交わっていたか(使1：21-22)、復活された主イエスと直接出会った人々だった(⇒Ⅰコリ15：7-9)。1世紀の使徒たちの特別な点は、聖書を書くために神に用いられたことである。その聖書とは新約聖書のことで、旧約聖書と同じ権威を持つものとして認められている(Ⅱペテ3：16)。このことにかかわった「使徒」の役割は、今日ではもはやだれにも当てはめることはできない(→エペ2：20注)。したがって最初の使徒たちには直接の後継者はいなかった(→Ⅰコリ15：8注)。

(2) 広い意味での使徒職　「使徒」という称号は、新約聖書の中で教会から任命された代表者という広い意味でも使われた。それは宣教師(キリストの福音をほかの国またはほかの文化圏の人々に伝える人)とか、特別な働きのために任命され派遣される使者などである(→使14：4, 14, ロマ16：7, Ⅱコリ8：23, ピリ2：25)。その人々は聖霊に満たされた、信仰の強い祈りの人だった(→使11：23-25, 13：2-5, 46-52, 14：1-7,

21-23)。神はしばしば特別な奇蹟を起こしてその人々のメッセージを裏付けてくださった。この指導者たちは、キリストのメッセージに沿って教会を建てるために献身的に励んだ。そしてしばしば、イエス・キリストとキリストの福音を伝えるためにいのちの危険を冒した(使11:21-26, 13:50, 14:19-22, 15:25-26)。この広い意味での使徒は、教会で神の目的が実現するために必要である。もし教会が開拓伝道をする御霊に満たされた指導者たちを送り出してキリストの福音を全世界に広めることをやめるなら、教会は霊的にも数字的にも成長することができなくなる。けれども教会がこのような人々を生み出し育て、開拓伝道者として国内や海外に送り出すなら、教会は使命を果しており、全世界に福音を伝えるというキリストの大宣教命令に忠実に従っていることになる(マタ28:18-20)。

　(3) 一般的な使徒の務め　新約聖書の使徒たちの務めは、主に教会と教会にかかわる働きを開拓して設立し、キリストへの心からの献身とキリストの福音を信じる信仰の上に教会の基礎を確実に据えることだった(⇒ヨハ21:15-17, Ⅰコリ12:28, Ⅱコリ11:2-3, エペ4:11-13, ピリ1:17)。この務めには次の二つの重要な責任も含まれていた。(a)　教会を、罪やこの世界の神に逆らう考えや行動あるいは生活様式から離れさせ純潔を保つこと(Ⅰコリ5:1-5, Ⅱコリ6:14-18, ヤコ2:14-26, Ⅰペテ2:11, 4:1-5, Ⅰヨハ2:1, 15-17, 3:3-10)。(b)　キリストの正しい福音を伝えて、矛盾した信仰や新しい宗教的傾向やにせ教師などから福音を守ること(ロマ16:17, Ⅰコリ11:2, Ⅱコリ11:3-4, 14注, ガラ1:9注, Ⅱペテ2:1-3, Ⅰヨハ4:1-6, Ⅱヨハ1:7-11, ユダ1:3-4, 12-13, →「監督とその務め」の項 p.2021)。

　(4) 用語の区別　(a)　1世紀の最初の使徒たちの何人かは、聖書(「聖書」という書物に記録された神の霊感を受けたみことば)を書くように特別に任命された。したがってその人々は後のキリスト教指導者とはきちんと区別されなければならない。新約聖書の27冊の書物はほかのキリスト教文書とは全く別のものである。神のことばは聖霊の霊感を受けて書かれた。そのことによってキリスト教の教えの完全性が将来的に保護された。教会は聖書に記録された使徒たちの教えを忠実に守らなければならない。神の霊感を受けた使徒たちの啓示を拒むことは、聖書が示す新約聖書の教会のあり方をやめ、主ご自身を拒むことになる(ヨハ16:13-15, Ⅰコリ14:36-38, ガラ1:9-11)。けれどもみことばに啓示されたキリストの福音を信じて従い続け、キリストの福音に沿わないあらゆる教えから身を守り続けることによって、教会(信仰者の地域の共同体)は聖書に対して忠実になることができる(使20:28, Ⅱテモ1:14)。このような信仰があるなら、神のいのちと祝福と臨在が教会の中に絶えず流れてくることが保証されている(→エペ2:20注)。キリスト教の神学や教理(基本的教え、信仰の基盤)、体験や慣習、霊的表現などはみな、聖書に記録されている神のことばの光に照らして評価しなければならない。(b)　同時に、新約聖書に見られる使徒的指導性のある部分は、明らかに教会の歴史を通して継続するはずだった(→エペ4:11-13)。1世紀の使徒たちが特別な存在で聖書を書く権威が与えられていたことを認めて区別した上で、今日の教会の中で使徒的働きを認め励ますためには、「使徒職」という称号を使うのではなく「使徒的」指導者または使徒的機能ということばを使うことが望ましいと思われる。そうするなら、実際に使徒という称号を使うことによって信仰上の権威の乱用や間違いがしばしば起きているけれども、それを避けることができる。また一方では、開拓伝道での使徒的機能と奉仕の役割やその重要性は認め続けることができる。(c)　エペソ人への手紙4章11-13節の中で「達する」(4:13)ということばが使われているけれども、それはここに挙げられている五つの奉仕の賜物(使徒を含む)がみな、キリストのからだ全体(キリストに従う人々の世界的共同体)がエペソ人への手紙4章13節に描かれているキリストの身たけに達するまで引続き必要であることを意味している。

預言者

　新約聖書の預言者とは、聖霊の働きを通して神と交わり、神から直接啓示を受ける特別な賜物を与えられた霊的指導者のことである。その人々は絶えず教会の霊的生活と聖さについて心を配っていた。新しい契約(イエス・キリストのいのちと犠牲を通して人々に霊的救いを与え、神との関係の回復を図る神の計画)の下で預言者は、神によって選ばれ聖霊の力を受けて神からのことばを神の民に伝えた(使2:17, 4:8, 21:4)。

　(1) 初期の教会での預言者の働きを理解するには、旧約聖書の預言者を土台にして考えなければならな

い。旧約聖書の預言者の第一の務めは、聖霊の感動を受けて神のことばを伝え、神の民が神との契約の関係（神の律法と約束、神に対する人々の忠実と服従に基づく）を忠実に守り続けるように励ますことだった。時には御霊が啓示するままに未来のことを予告することもあった（→「旧約聖書の預言者」の項 p.1131）。キリストと最初の使徒たちは旧約聖書が理想とした本当の預言者の姿を示している（使3:22-23, 13:1-2）。

(2) 新約聖書の教会での預言者は次のような働きをする人々だった。(a) 聖霊に満たされて神のことばを伝え解き明かす人で、神の民に警告、勧告をし、励まし徳を高めるために神に召された人だった（使2:14-36, 3:12-26, Ⅰコリ12:10, 14:3）。(b) 預言の賜物を用いる人だった（→「御霊の賜物」の項 p.2138）。(c) 時には未来を予告する（使11:28, 21:10-11）「先見者」だった（⇒Ⅰ歴29:29）。(d) 旧約聖書の預言者と同じように罪を明らかにし、神の基準によると何が正しいことかを知らせ、近付いているさばきについて警告し神の民の中にある世俗性と霊的自己満足や無関心と戦うように伝える人だった（ルカ1:14-17）。正義のメッセージ（正しいこと、真実なことに立ち、神との正しい関係を保つこと）を伝えたために、人々が霊的に無関心で反抗的なときには教会の中の多くの人に拒まれる覚悟が必要だった。

(3) 預言者には次のような特徴や関心、願いや能力などがあった。(a) 教会のきよさを求める熱意（ヨハ17:15-17, Ⅰコリ6:9-11, ガラ5:22-25）。(b) 悪に対する強い感受性と、神に反対し逆らうものを感知する能力（ロマ12:9, ヘブ1:9）。(c) 間違った教えの危険性を察知する鋭敏さ（マタ7:15, 24:11, 24, ガラ1:9, Ⅱコリ11:12-15）。(d) 神のことばが自分たちの伝えるメッセージを実証してくれることへの強い信頼（ルカ4:17-19, Ⅰコリ15:3-4, Ⅱテモ3:16）。(e) 神の国と神の目的が成長することへの関心（マタ21:11-13, 使20:27-31）。(f) 神の御思いを共有する能力（マタ23:37, ルカ13:34, ヨハ2:14-17）。

(4) 新約聖書の預言者が伝えるメッセージ（聖書に特に記録されていないなら）は、無誤（完全で間違いがない）と考えてはならない。メッセージは教会やほかの預言者によって評価されるものである。そして何よりも、神のことばのメッセージや原則、原型に調和していなければならない。したがって教会の人々は預言者のメッセージが本当に神から与えられたものかどうかを識別し検討するように求められている（Ⅰコリ14:29-33, Ⅰヨハ4:1）。

(5) 預言者の働きは教会に対する神の目的が実現するために今も必要である。神の預言者を拒む教会は霊的感受性と識別力を失っていく。そして聖書の真理を妥協させたり投げ捨てたりして、世俗的態度や振舞の方向に徐々に押流されていく（Ⅰコリ14:3, ⇒マタ23:31-38, ルカ11:49, 使7:51-52）。もし預言者が聖霊に促されて訴えや訓戒、警告や励ましのことば、神に対する罪と不義を暴くことば（ヨハ16:8-11）、さらに慰めのことばを伝えることが許されないなら、その教会では神の声がもはやはっきりと聞くことができないようになるに違いない。そのような場合には、御霊の力ではなく教会政治やプログラムが優先することになる（Ⅱテモ3:1-9, 4:3-5, Ⅱペテ2:1-3, 12-22）。けれどももし教会とその指導者たちが預言者を通して神の声を聞いて受入れるなら、人々は罪から立返ってキリストと新しい関係を持ち、御霊の強力な臨在にはっきりと触れることができるようになる（Ⅰコリ14:3, Ⅰテサ5:19-21, 黙3:20-22）。

伝道者

新約聖書が言う伝道者は、ピリポのように（使8:）、霊的救いの福音（「よい知らせ」）をキリストを知らない人々に伝えるために神によって賜物を与えられ任命された奉仕者のことである。伝道者は、多くの都市やキリストを信じる信仰に目覚める必要がある人々の間にキリストの新しい働きを設立する働きをしていた（使8:4-40）。福音が正しく伝えられるなら、それは当然霊的救いという祝福と力が与えられ（ロマ1:16-17）、人々が罪の赦しを受け神との個人的関係を持つ機会になった。

(1) 「伝道者」ピリポの働きを見ると（使21:8）、新約聖書の伝道者の働きの原型がはっきり描き出されている。(a) ピリポはキリストの福音を伝えた（使8:4-5, 35）。(b) 多くの人が救われ水のバプテスマを受けた（使8:6, 12）。(c) 宣教活動にはしるしや癒し、悪霊の支配からの解放などが伴っていた（使8:6-7, 13）。(d) ピリポは新しく回心した人々が聖霊に満たされることを願った（使8:12-17, ⇒2:38, 19:1-6, →「聖霊のバプテスマ」の項 p.1950）。

(2) 教会に対する神の目的が実現するためには伝道者が絶対に必要である。伝道者の働きを支援しない教会は、神が望まれるほど回心者を得ることができない。そして霊的に停滞し成長が止まり効果的な宣教ができなくなる。それとは対照的に、伝道者の賜物を重んじ、キリストをまだ知らない人々に対して深い思いと愛を持つ教会は、救いの福音を強力にまた効果的に伝えるようになる（使2：14-41）。

牧　　師

　牧師とは、神が与えられた奉仕の賜物と召命によって、地域教会を監督し霊的必要が満たされるように世話をする働きに専念する人のことである。牧師は「長老」（使20：17，テト1：5）とか「監督」（Ⅰテモ3：1，テト1：7）とも呼ばれている。

　（1）牧師は地域教会を指導するとともに（Ⅰテサ5：12，Ⅰテモ3：1-5）、道徳的純潔と健全な教えを保つ良い模範でなければならない（テト2：7-8）。牧師の務めは、信仰者がキリストをかしらにしたからだ（教会）として成長し、個人も教会も、神から与えられた奉仕の役割（エペ4：15-16）を果すように成長し整えられ備えができるように助けることである。正確な説教と教えを通して神のことばを伝えること、にせの信仰や思想や教えに対抗することも牧師の働きである（テト1：9-11）。そして教会の人々がみな、神のことばや働きや恵み（受けるにふさわしくない好意とあわれみと助け　ヘブ12：15，13：17，Ⅰペテ5：2）に忠実に応じ続けるように励まさなければならない。使徒の働き20章28－31節には、教会の中の惑わす信仰やにせの教えに警戒をし、本来の新約聖書の真理や神の民を守ることが牧師の務めとして描かれている（→「**監督とその務め**」の項　p.2021）。牧師は羊飼い（「群れ」つまり教会の世話をし守る人）の役割を果すけれども、良い羊飼いである主イエスこそがその模範である（ヨハ10：11-16，Ⅰペテ2：25，5：2-4）。

　（2）新約聖書には、地域教会の霊的生活を指導する多くの牧師の姿が示されている（使20：28，ピリ1：1）。牧師は人間的策略や評判ではなく、教会に与えられた聖霊の知恵によって人格と霊的資格を審査された上で任命されていた（→「**監督の道徳的資格**」の項　p.2303）。

　（3）牧師は教会に対する神の目的が実現するために必要である。神を敬う忠実な牧師のいない教会は御霊の思いに従わないようになる（→Ⅰテモ3：1-7）。そのような教会は、サタンやこの世界の破壊的勢力の前にさらされたままになる（→使20：28-31）。神のことばが説教されず高い水準のキリストの福音が失われてしまう（Ⅱテモ1：13-14）。そのような教会の会員や家族は、神の目的に沿った適切な配慮が受けられなくなる（Ⅰテモ4：6，12-16，6：20-21）。そして多くの人が真理から離れていき、神話や神についての人間的哲学を受入れてしまう（Ⅱテモ4：4）。けれども神を敬う牧師がいるなら、教会員は神のことばの説教と正確な教えによって霊的に養われていく。そして訓練されて神の目的に効果的に奉仕できるようになる（Ⅰテモ4：6-7）。神を敬う牧師のいる教会は、キリストと最初の使徒たちの教えに従って生活するように教えられる。そして霊的救いを通してキリストとの関係においても成長し、福音をほかの人々にも伝えることができるようになっていく（Ⅰテモ4：16，Ⅱテモ2：2）。

教　　師

　教師とは、キリストのからだ（教会　エペ4：12）を建上げるために神のことばを明らかにし説明をして伝える特別な賜物を神から与えられた人々である。

　（1）教師に与えられた務めは、ゆだねられた真理のことばを聖霊の助けによって守ることである（Ⅱテモ1：11-14）。教師は忠実に、聖書の啓示とキリストと使徒たちの福音に教会の目を向けさせ、「奉仕の働き」のために神の民を整えなければならない（エペ4：12）。

　（2）聖書を教える目的の第一は、真理を広めそれを保って神の民の中に聖さ（道徳的純粋性、霊的健全性、悪からの分離、神への献身）を生み出すことである。そのために、神のことばに描かれ示されている神を敬う生活へ妥協することなく献身するように人々を指導するのである。キリスト教の教えの目標は、「きよい心と正しい良心と偽りのない信仰とから出て来る愛」であると聖書は言っている（Ⅰテモ1：5）。つまりキリスト者が本当に学んだかどうかは何を知っているかだけではなく、どのように生きているか（愛ときよ

さと信仰と神を敬う姿勢を持っているか）によって証明されるのである。

　（3）教師は、教会に対する神の目的が実現するために必要である。もし教会が神のことばに忠実な教師の教えを無視したりそれを受入れないなら、キリスト者は福音の持つ真理や権威に対して関心を失うことになる。その結果、人々は神が啓示された真理ではなく、聖書の教えの間違った解釈を受入れ、間違った宗教体験や人間の哲学を求めるような不健康なことを求めるようになる。けれども御霊に導かれた教師たちは、文書になった神のことば（聖書）の真理の上に自分たちの信仰や行動、生活の土台を置いている。そのような神を敬う教師に耳を傾ける教会は、キリストの純粋な福音を薄めるような思想や行動を暴き出して拒むことができる。神のことばはあらゆる教えの試金石である。御霊の霊感を受けたみことばこそ、信仰と生活の最高で究極の真理であり権威であることを教会は絶えず確認し続けなければならない。

エペソ　4章

¹⁴それは、私たちがもはや、子どもではなくて、人の悪巧みや、人を欺く悪賢い策略により、教えの風に吹き回されたり、波にもてあそばれたりすることがなく、

¹⁵むしろ、愛をもって真理を語り、あらゆる点において成長し、かしらなるキリストに達することができるためなのです。

¹⁶キリストによって、からだ全体が、一つ一つの部分がその力量にふさわしく働く力により、また、備えられたあらゆる結び目によって、しっかりと組み合わされ、結び合わされ、成長して、愛のうちに建てられるのです。

光の子どもらしく歩む

¹⁷そこで私は、主にあって言明し、おごそかに勧めます。もはや、異邦人がむなしい心で歩んでいるように歩んではなりません。

¹⁸彼らは、その知性において暗くなり、彼らのうちにある無知と、かたくなな心とのゆえに、神のいのちから遠く離れています。

¹⁴①Ⅰコリ14:20, ②Ⅰコリ3:19, Ⅱコリ4:2, 11:3
③エペ6:11
①ヤコ1:6, ユダ12
¹⁵①エペ1:5, ②エペ2:21
②エペ1:22
¹⁶①コロ2:19, ロマ12:4, 5, Ⅰコリ10:17, ②エペ1:5
②コロ2:2
¹⁷①ロマ1:21
②ルカ16:28
③圏エペ2:2, 4:22
①ロマ1:21, Ⅰペテ1:18, Ⅱペテ2:18
¹⁸①ロマ1:21, 使17:30, ヘブ9:9, 7, Ⅰペテ1:14, 使3:17, Ⅰコリ2:8
③マコ3:5, ロマ11:7, 25, ２コリ3:14, ②エペ2:1, 12
¹⁹①Ⅰテモ4:2, ロマ1:24, コロ3:5, Ⅱペテ2:7
²⁰①マタ11:29
²¹①ロマ10:14, エペ1:13, 2:17, コロ1:5, ②コロ2:7
²²①圏Ⅱコリ11:3, ヘブ3:13
②コロ3:6
③エペ4:25, 31, コロ3:8, ヘブ12:1, ヤコ1:21, Ⅰペテ2:1
²³①ロマ12:2
²⁴①エペ2:10
②コロ3:10, ロマ6:4, 7:6, Ⅱコリ5:17
③コロ3:14
²⁵①圏エペ4:22
②ゼカ8:16, コロ3:9, エペ4:15
③ロマ12:5
²⁶①詩4:4, ②申24:15

¹⁹道徳的に無感覚となった彼らは、好色に身をゆだねて、あらゆる不潔な行いをむさぼるようになっています。

²⁰しかし、あなたがたはキリストを、このようには学びませんでした。

²¹ただし、ほんとうにあなたがたがキリストに聞き、キリストにあって教えられているのならばです。まさしく真理はイエスにあるのですから。

²²その教えとは、あなたがたの以前の生活について言うならば、人を欺く情欲によって滅びて行く古い人を脱ぎ捨てるべきこと、

²³またあなたがたが心の霊において新しくされ、

²⁴真理に基づく義と聖をもって神にかたどり造り出された、新しい人を身に着るべきことでした。

²⁵ですから、あなたがたは偽りを捨て、おのおの隣人に対して真実を語りなさい。私たちはからだの一部分として互いにそれぞれのものだからです。

²⁶怒っても、罪を犯してはなりません。日

4:14 もはや、子どもではなくて　13-15節でパウロは、キリストに満たされて霊的に「おとなに」なった人のことを描いている。(1) 霊的に成長していない人は献身が不安定で、誤った教えや強烈な個性や表現などの影響を受けてだまされやすい。聖書の真理を理解しそれに従うことが十分にできない人(4:14-15)、また神のことばを学びそれを適用して神への献身や奉仕の面で成長しない人は、霊的には子どものままである(⇒ヘブ5:14, 6:1, ヤコ1:4)。(2) 霊的におとなになっているキリスト者は、神のことばと神への奉仕には喜んで強力に応答する(4:11)。そして奉仕の働きを通して(4:12)教会を建上げ、愛と目的の一致を押し進める役割を積極的に果す(4:16)。その人々は椅子に深く腰掛けてほかの人々が奉仕してくれるのを待っているのではなく、ほかの人々に仕えほかの人々を強め成長させることを積極的に求めていく。霊的に成熟した人は、教会の内外で「愛をもって真理を語」り(4:15)、キリストの福音を広め伝える役割を果す。そして新約聖書に示されているキリストの福音を愛をもって保ち、愛をもって人々に示し、愛の精神をもって擁護しなければならないことを理解している。愛はまず「キリスト」に向けられ(4:15)、次に教会(4:16)とお互いに向けて示されていくべきである(4:32, ⇒Ⅰコリ16:14)。

4:15 愛をもって真理　信仰の一致を保つには(4:13)、ほかの人々にとって最も良いことを求める積極的な愛を土台にしなければならない。そのためには、キリストとそのみことばに対して忠誠と服従を示しながら、互いの問題を解決し違いを認める努力をし続けなければならない。それはキリスト教の制度や伝統、指導者や地域教会に忠誠を尽よりも、愛と謙遜をもって神のことばを伝えることを優先しなければならないという意味である。けれども友情や一致を維持するために神のことばの原則と逆のことをしたり、聖書の真理への態度を緩めたりしてはならない(4:14)。

4:17-19 むなしい心・・・かたくなな心・・・むさぼる　神を持たない生活は、やがて無駄な努力と挫折に行き着く(⇒伝1:2, ロマ1:21)。思いや心が神の真理に向かって開かれていないなら、人々は自分の考えのとりこになり、神に対してますますかたくなになって応答しなくなる。そしてやがて神意識を全く失い、神に反抗する自分勝手な道の中で迷子になってしまう(→ロマ1:25注)。

4:22-24 古い人を脱ぎ捨て・・・新しい人を身に着る　→ロマ6:6-11各注, ロマ12:2注, ロマ13:14注

4:26 怒っても、罪を犯してはなりません　ある種の怒りは、神に逆らう罪であり、ほかの人々に対する愛の律法に違反したものである(→箴29:11, マタ5:

エペソ 4-5章

が暮れるまで憤ったままでいてはいけません。

27 悪魔に機会を与えないようにしなさい。

28 盗みをしている者は、もう盗んではいけません。かえって、困っている人に施しをするため、自分の手をもって正しい仕事をし、ほねおって働きなさい。

29 悪いことばを、いっさい口から出してはいけません。ただ、必要なとき、人の徳を養うのに役立つことばを話し、聞く人に恵みを与えなさい。

30 神の聖霊を悲しませてはいけません。あなたがたは、贖いの日のために、聖霊によって証印を押されているのです。

31 無慈悲、憤り、怒り、叫び、そしりなどを、いっさいの悪意とともに、みな捨て去りなさい。

32 お互いに親切にし、心の優しい人となり、神がキリストにおいてあなたがたを赦してくださったように、互いに赦し合いなさい。

5

1 ですから、愛されている子どもらしく、神にならう者となりなさい。

2 また、愛のうちに歩みなさい。キリストもあなたがたを愛して、私たちのために、ご自身を神へのささげ物、また供え物とし、香ばしいかおりをおささげになりました。

3 あなたがたの間では、聖徒にふさわしく、不品行も、どんな汚れも、またむさぼりも、口にすることさえいけません。

4 また、みだらなことや、愚かな話や、下品な冗談を避けなさい。そのようなことは良くないことです。むしろ、感謝しなさい。

5 あなたがたがよく見て知っているとおり、不品行な者や、汚れた者や、むさぼる者——これが偶像礼拝者です、——こういう

---

22)。けれども神への献身、正しいことと間違っていること、真理と偽り、正義と不正義の基準などに基づいたある種の怒りは、正当化される。ただし正当な怒りで神の思いと同じものであっても、神の名誉を汚すような方法で応答したり行動したりしないように注意しなければならない。そのように行動するなら、私たちは怒りに支配されサタンに絶好の機会を与えて(4:27)、怒りが恨みや苦い思い、人を傷つける行動にまで発展し、キリスト者の間に分裂を起こすことにもなる。日暮れまで怒り続けてはいけないと神のことばが言う理由がそこにある。

4:30 聖霊を悲しませては 主イエスはエルサレムのために泣かれ、またほかのことについても嘆かれた。同じように、キリスト者の中に生きておられる聖霊(ロマ8:9, Ⅰコリ6:19)も深く嘆き悲しまれる方である(マタ23:37, マコ3:5, ルカ19:41, ヨハ11:35)。(1)信仰者が聖霊の臨在や内面の声、導きを無視するなら御霊は嘆き悲しまれる(ロマ8:5-17, ガラ5:16-25, 6:7-9)。また不健全な会話や(4:29)人を傷つける乱暴な感情や行動によっても悲しまれる(4:31)。(2)御霊を悲しませる人は聖霊に逆らうようになり(使7:51)、次に御霊の火を消すようになり(Ⅰテサ5:19)、最終的には「恵みの御霊を侮る」ようになる(ヘブ10:29)。御霊を侮る人は御霊を冒瀆するようになるけれども、それには赦しがない(→マタ12:31注)。→「聖霊の教理」の項 p.1970

4:32 互いに赦し合いなさい →マタ6:15注, 18:35注, ルカ17:3注

5:3 口にすることさえ この罪深く反抗的な世界には、多くの人にとっては当り前のことでも「聖徒にふさわしく」ない、全く受入れられない活動や行動や慣習が多くある。それは私たち自身の活動や行動の中に受入れられないだけではなく、私たちが交わる人々の中にもあってほしくないものである(5:7)。それは、私たちが聴覚や視覚メディアを通して取込むものの中にもある。「みだらなことや、愚かな話や、下品な冗談」(5:4)などは、たとい現在の文化や評判の良い娯楽の中で受入れられていても避けなければならない。日常生活のあらゆる面で、また社会全体の中でこれらのものを完全に避けることは不可能かもしれない。けれども自分から進んで接触したり、参加したり支援したり承認したりするべきではない。私たちはこの聖書の教えを真剣に受止めなければならない。なぜなら、この教えは聖霊を悲しませることへの警告(4:30〜)や神のさばきと神の国での立場を失うことへの警告(5:5-7)の部分で言われているからである。→「性道徳の基準」の項 p.2379

5:5 よく・・・知っている 使徒パウロもエペソの人々も、不道徳に汚れてどん欲な人々(教会の中であれ外であれ)はみなキリストの御国に入れないことを明らかに確実に知っていた。それは、人々を真理から惑わすあらゆる種類の官能的で過度の欲望を容認する人々のことである。そのような人々は神よりも物を愛している。そして神に喜ばれるよりも自分が喜ぶことを行おうと考えている。このような人々が神の国に入れないことは、旧約聖書の預言者や(→エレ8:7注

人はだれも、キリストと神との御国を相続することができません。

6 むなしいことばに、だまされてはいけません。こういう行いのゆえに、神の怒りは不従順な子らに下るのです。

7 ですから、彼らの仲間になってはいけません。

8 あなたがたは、以前は暗やみでしたが、今は、主にあって、光となりました。光の子どもらしく歩みなさい。

9 ——光の結ぶ実は、あらゆる善意と正義と真実なのです——

10 そのためには、主に喜ばれることが何であるかを見分けなさい。

11 実を結ばない暗やみのわざに仲間入りしないで、むしろ、それを明るみに出しなさい。

12 なぜなら、彼らがひそかに行っていることは、口にするのも恥ずかしいことだからです。

13 けれども、明るみに引き出されるものは、みな、光によって明らかにされます。

14 明らかにされたものはみな、光だからです。それで、こう言われています。
「眠っている人よ。目をさませ。
　死者の中から起き上がれ。
　そうすれば、キリストが、あなたを照らされる。」

15 そういうわけですから、賢くない人のようにではなく、賢い人のように歩んでいるかどうか、よくよく注意し、

16 機会を十分に生かして用いなさい。悪い時代だからです。

17 ですから、愚かにならないで、主のみこころは何であるかを、よく悟りなさい。

18 また、酒に酔ってはいけません。そこには放蕩があるからです。御霊に満たされなさい。

5②コロ1:13
6①コロ2:8, ②ロマ1:18, コロ3:6, ③エペ2:2
8①エペ2:2, ②使26:18, コロ1:13, ③ルカ16:8, ヨハ12:36,⑤ロマ13:12
9①ガラ5:22
　②ロマ15:14
11①使26:18, コロ1:13
　②ロマ13:12
　③Ⅰコリ5:9, Ⅱコリ6:14
　④Ⅰテモ5:20

13①ヨハ3:20, 21
14①イザ26:19, 51:17, 52:1, 60:1
　②ロマ13:11
　③エペ2:1
　④ルカ1:78, 79
15①コロ4:5, ②エペ5:2
16①コロ4:5
　②エペ6:13, ガラ1:4
17①ロマ12:2, コロ1:9, 图Ⅰテサ4:3
18①箴20:1, 23:31, 32, ロマ13:13, Ⅰコリ5:11, Ⅰテサ5:7
　②テト1:6, Ⅰペテ4:4
　③ルカ1:15

ピリ2:12-16

23:17注, エゼ13:10注)、新約聖書の教会の指導者たち(→Ⅰコリ6:9注, ガラ5:21注)によってはっきりと、絶対的な確信をもって教えられていた。そのような罪を犯す人々は、霊的に救われて(神との正しい関係を持って)いないし、神と永遠のいのちから切捨てられていることを自分から証明しているのである(→ヨハ8:42注, Ⅰヨハ3:15注)。→「**神の国**」の項 p.1654,「神の国とサタンの国」の表 p.1711

5:6 だまされて 将来起こる情況を見据えてパウロは、不道徳なことを行っても神の怒りやさばきを恐れる必要はないと教える教師たちが出てくるとエペソの人々に警告をしている。「だまされてはいけません」と注意したのはそのためである。このことから明らかなのは、ある人々はだまされていて、たといきよさと神の道徳基準に逆らっていてもキリストの国は相続できると信じていたのである(→「**にせ教師**」の項 p.1758)。

5:11 暗やみのわざ 「暗やみのわざ」や不道徳な振舞を見たときに、キリストに誠実な人々は中立だったり黙っていたりすることはできない(5:3-6)。むしろあらゆる邪悪に対抗し、それを暴き出し、是正し反対する備えをしていなければならない。同時に自分自身がひそかに同じ問題のとりこにならないように注意しなければならない(⇒ロマ2:1, 3)。神を敬わない振舞に対して心から反対を叫ぶ(謙虚な姿勢で)ことは、とりもなおさず罪を憎むことであり(ヘブ1:9)、悪に対して神とともに立向かうことであり(詩94:16)、邪悪な行動を暴き出されたキリストに忠実に従うことである(ヨハ7:7, 15:18-20, ⇒ルカ22:28)。

5:18 酒 →「**旧約聖書のぶどう酒**」の項 p.1069,「**新約聖書のぶどう酒**」の項 p.1870

5:18 御霊に満たされなさい 「満たされなさい」と訳されているギリシヤ語(現在受動態命令形)は、御霊に1回、つまり1回だけ満たされるということではなく、「繰返し満たされ」続ける生き方を指している。キリストの弟子たちは聖霊に満たされ続けて、絶えず霊的に新しくされ刷新され続けなければならない(3:14-19, 4:22-24, ロマ12:2)。(1) キリスト者はキリストを信じる信仰を持った後、聖霊によるバプテスマを受けるべきである(→使1:5, 2:4)。そして礼拝や奉仕、あかしのためになお繰返し御霊によって満たされるべきである(→使4:31注, 33注, 6:3注)。(2) キリスト者はイエス・キリストに対する積極的な信仰を成長させ(ガラ3:5)、神のことばで満たされ(コロ3:16)、主に祈り感謝をささげ歌を歌い(5:19-20, Ⅰコリ14:15)、ほかの人々に仕え(5:21)聖霊が望まれることを行うこと(4:30, ロマ8:1-14, ガラ5:16～, Ⅰテサ5:19)によって、御霊の充満を繰返しあるいは引き続き体験することができる。(3) パウロはぶどう酒で酔うことと御霊で満たされることとを対比しているけれども、要点は両方とも満たされることによって考えや行動が影響されることである。けれどもその結果は全く違う。キリスト者は、絶えず考えを変革し人生を導き品性を成長させてくださる聖霊に支配され、その影響の下で生活をしなければならない(→ガラ5:16-26)。(4) 聖霊に満たされた結果私たちは、(a) 神に喜びをもって賛美し語り歌い(5:19)、(b) 感謝し(5:20)、

エペソ　5章

19 詩と賛美と霊の歌とをもって、互いに語り、主に向かって、心から歌い、また賛美しなさい。
20 いつでも、すべてのことについて、私たちの主イエス・キリストの名によって父なる神に感謝しなさい。
21 キリストを恐れ尊んで、互いに従いなさい。

19 ①Ⅰコリ14:26
   ②使16:25, ③黙5:9
   ④コロ3:16, ヤコ5:13
   ⑤Ⅰコリ14:15
20 ①Ⅰコリ15:24, ②エペ5:4, コロ3:17, ロマ1:8
21 ①Ⅱコリ5:11, ②圏ガラ5:13, Ⅰペテ5:5, ピリ2:3
22 ①Ⅰペテ5:22-6:9, コロ3:18-4:1, ②エペ6:5
   ③Ⅰコリ14:34, 35, テト2:5, エペ3:1
23 ①圏エペ1:22, ②田Ⅰコリ6:13, ③圏Ⅰコリ11:3

妻と夫

5:22-6:9　並行記事－コロサイ3:18-4:1

22 妻たちよ。あなたがたは、主に従うように、自分の夫に従いなさい。
23 なぜなら、キリストは教会のかしらであって、ご自身がそのからだの救い主であられるように、夫は妻のかしらであるからです。
24 教会がキリストに従うように、妻も、す

(c) キリストを尊んで互いに従うようになる（5:21）。

5:19　主に向かって・・・歌い　ここで御霊に満たされた人々（5:18）は三種類の歌を歌うように勧められている。(1)「詩」は旧約聖書の詩篇のことで、詩篇は教会時代の初期まで神の民の主な賛美歌集だったと思われる。これは広い意味で神のことばを歌うことだった。(2)「賛美」は神とキリストの福音に対する初代のキリスト者の信仰告白で、教会全体で歌うものだった。大抵の賛美は神の行動や特性に目を向けて神を賛美する歌である。(3)「霊の歌」は神をたたえ礼拝者たちを引上げる歌のことで、預言の歌のように瞬間的に生れる賛美のことばも含まれていた（⇒Ⅰサム2:1-10, ルカ1:46-55, 67-79）。

歌というものは心のことばで、内にある喜びや賛美、礼拝や愛、願いや感謝を神に言い表す一つの方法である。歌うことはまた、私たちの内におられる聖霊の表現手段でもあると考えられる（5:18～, Ⅰコリ14:14～）。キリスト者の歌はどんなかたちのものも（教会でも個人であっても）、第一に神に向けられた賛美や礼拝、心からの嘆願の祈りでなければならない（⇒詩40:3, 77:6）。けれども歌はまた、人々を励まし徳を立て教え感謝をし祈る手段でもある（コロ3:16）。神のことばや賛美や霊の歌を歌う目的は、人々を楽しませたり自分が楽しんだり、あるいは自分の霊的状態を見せびらかしたりすることであってはならない。本当の目的は、神をあがめ賛美し礼拝をすることである（ロマ15:9-11, 黙5:9-10）。→「礼拝」の項 p.789,「賛美」の項 p.891

5:21　互いに従いなさい　互いに従うとは、自分の権利をほかの人々のために譲るという意味である。キリストにあって互いに従う（神の民が人間関係において互いに譲る）という聖書的原則が目標としていることは、ほかの人々にとって最も良いことを行い、神が与えられた目的をその人々が達成できるように助けることである。この原則は、まずキリスト者の家族全員に適用するべきである。そして服従や謙遜、柔和や忍耐、尊敬などが家族全員の特徴として生活の中に見ることができなければならない。家族の中で妻は夫の

リーダーとしての責任に従う（愛をもって譲る）べきである（→5:22注）。夫は愛と犠牲的態度をもって妻の必要に応じなければならない（→5:23注）。子どもたちは神に服従する姿勢をもって両親の権威を受入れなければならない（→6:1注）。両親は子どもたちの必要を満たし主の道に沿って教育をしなければならない（→6:4注）。

5:22　妻たちよ・・・従いなさい　妻には夫を助けて従う（→5:21注）という務めが神から与えられている（5:22-24）。ここの「従いなさい」という意味は、厳しい意味での服従ではない。聖書では夫と妻との関係にそのようなことを求めてはいない。夫に対する妻の義務として神が与えられたのは、愛すること（テト2:4）、尊敬すること（5:33, Ⅰペテ3:1-2）、補佐をし（創2:18）純潔を守ること（テト2:5, Ⅰペテ3:2）、従順で（5:22, Ⅰペテ3:5）穏やかで柔和な霊を育てること（Ⅰペテ3:4）、良い母となり（テト2:4）家庭をよく管理すること（Ⅰテモ2:15, 5:14, テト2:5）、などである。「主に従うように」夫に従うということは夫が主の立場になることではなく、主に従うように夫に従うべきだということである。このような行動を、神は主イエスへの服従の姿として見てくださる（→ガラ3:28注, Ⅰテモ2:13注, 15注, テト2:4-5注）。

5:23　夫は・・・かしら　神は家族を社会の基礎また基本的単位として定められた。どの家族にもリーダーがいなければならない。そこで神は、夫に対して妻と家族のかしらとしての責任を割当てられた（5:23-33, 6:4）。夫はかしらとしてのその務めを愛と柔和、妻や家族への思いやりなどをもって果さなければならない（5:25-30, 6:4）。「妻のかしら」として、神から与えられた夫の責任には次のようなことが含まれている。(1) 家族の霊的必要や家庭的必要を満たすこと（創3:16-19, Ⅰテモ5:8）、(2) キリストが教会を愛されるのと同じように妻を愛し保護し、しあわせにすること（5:25-33）、(3) 尊敬し理解し感謝の気持ち豊かな配慮をすること（コロ3:19, Ⅰペテ3:7）、(4) 結婚関係に絶対に忠実であること（5:31, マタ5:27-28）。

べてのことにおいて、夫に従うべきです。
25 夫たちよ。キリストが教会を愛し、教会のためにご自身をささげられたように、あなたがたも、自分の妻を愛しなさい。
26 キリストがそうされたのは、みことばにより、水の洗いをもって、教会をきよめて聖なるものとするためであり、
27 ご自身で、しみや、しわや、そのようなものの何一つない、聖く傷のないものとなった栄光の教会を、ご自分の前に立たせるためです。
28 そのように、夫も自分の妻を自分のからだのように愛さなければなりません。自分の妻を愛する者は自分を愛しているのです。
29 だれも自分の身を憎んだ者はいません。かえって、これを養い育てます。それはキリストが教会をそうされたのと同じです。
30 私たちはキリストのからだの部分だからです。
31「それゆえ、人は父と母を離れ、その妻と結ばれ、ふたりは一体となる。」
32 この奥義は偉大です。私は、キリストと教会とをさして言っているのです。
33 それはそうとして、あなたがたも、おのおの自分の妻を自分と同様に愛しなさい。妻もまた自分の夫を敬いなさい。

子どもと両親

6 1 子どもたちよ。主にあって両親に従いなさい。これは正しいことだからです。

2「あなたの父と母を敬え。」これは第一の戒めであり、約束を伴ったものです。すなわち、
3「そうしたら、あなたはしあわせになり、地上で長生きする」という約束です。
4 父たちよ。あなたがたも、子どもをおこらせてはいけません。かえって、主の教育と訓戒によって育てなさい。

奴隷と主人

5 奴隷たちよ。あなたがたは、キリストに従うように、恐れおののいて真心から地上の主人に従いなさい。
6 人のごきげんとりのような、うわべだけの仕え方でなく、キリストのしもべとして、心から神のみこころを行い、
7 人にではなく、主に仕えるように、善意をもって仕えなさい。
8 良いことを行えば、奴隷であっても自由人であっても、それぞれその報いを主から受けることをあなたがたは知っています。
9 主人たちよ。あなたがたも、奴隷に対して同じようにふるまいなさい。おどすことはやめなさい。あなたがたは、彼らとあなたがたとの主が天におられ、主は人を差別されることがないことを知っているのですから。

神の武具

10 終わりに言います。主にあって、その

5:25 夫たちよ・・・自分の妻を愛しなさい 夫婦関係の中で従う態度は妻にだけ求められるものではない(5:21注)。家庭のかしらである夫は妻と子どもたちの最善を願い、導き、そのために仕えるべきである。そして妻が家庭や教会やそのほかのあらゆる分野で神から与えられた役割を果せるように助けるべきである。夫は「キリストが教会を愛し、教会のためにご自身をささげられたように」妻を愛するように召されている。これは大切な課題である。キリストが私たちを愛されたようにキリストを愛することさえ人間にはほとんど不可能なのに、夫は妻をそのように愛する責任を負わされている。もちろんこれは神よりも妻を愛するということではない。けれどもキリストがご自分を犠牲にして示された愛を模範にして、夫は妻を愛するべきだということである。したがって夫は妻よりもさらに大きな服従と献身を示すように召されている。

6:1 子どもたちよ・・・従いなさい 通常子どもたちは、結婚して自分の家族ができるまで親の指導の下にいる。(1) 小さな子どもたちには、神の教えを通して両親に従い尊ぶことをしつけ、教えなければならない(→箴13:24注, 22:6注, →エペ6:4注)。(2) 成人した子どもたちは、結婚した後にも両親の忠告には敬意を払い(6:2)、老年期には世話をして必要なら財政的援助をして大切にするべきである(マタ15:1-6)。(3) 両親を大切にする子どもたちは、地上でも永遠の世界でも神によって祝福される(6:3)。

6:4 父たちよ・・・子どもを 子どもたちを礼儀正しく育てる上での両親の役割 →「親と子ども」の項 p.2265

6:5 奴隷たちよ →コロ3:22注, 23注, →テト2:9-

エペソ　6章

大能（たいのう）の力（ちから）によって強（つよ）められなさい。11 悪魔（あくま）の策略（さくりゃく）に対（たい）して立（た）ち向（む）かうことができるために、神（かみ）のすべての武具（ぶぐ）を身（み）に着（つ）けなさい。12 私（わたし）たちの格闘（かくとう）は血肉（けつにく）に対（たい）するものではなく、主権（しゅけん）、力（ちから）、この暗（くら）やみの世界（せかい）の支配者（しはいしゃ）たち、また、天（てん）にいるもろもろの悪霊（あくれい）に対（たい）するものです。13 ですから、邪悪（じゃあく）な日（ひ）に際（さい）して対抗（たいこう）できるように、また、いっさいを成（な）し遂（と）げて、堅（かた）く立（た）つことができるように、神（かみ）のすべての武具（ぶぐ）をとりなさい。

10 ②圖Ⅰコリ16:13, 圏Ⅱテモ2:1
11 ①圖エペ4:14, ②圖エペ6:13, ②圖ロマ13:12
12 ①圖Ⅰコリ9:25, ②圖マタ16:17, ③圖エペ1:21, 2:2, 3:10, ④圖使26:18, コロ1:13, ⑤圖Ⅰヨハ12:31
⑥圖エペ1:3, ⑦圖エペ3:10
13 ①圏エペ5:16
②圏ヤコ4:7, ③エペ6:11

10注, →ピレ1:12-16各注, →ピレ緒論, ⇒Ⅰテモ6:1-2, ⇒Ⅰペテ2:18-19

6:11　悪魔の策略に対して　キリスト者は悪との霊的戦いにかかわっている。この霊的戦いは現在の生活を終えて未来のいのちに入る（Ⅱテモ4:7-8, →ガラ5:17注）まで続く、信仰の戦いとして描かれている（Ⅱコリ10:4, Ⅰテモ1:18-19, 6:12）。サタンは巧みな戦略家として、私たちを傷つけ滅ぼそうとして様々な策略を立ててくる。教会を分裂させ神の約束を信じないようにさせるのも「悪魔の策略」である。悪魔は私たちを落胆させたり誘惑したり、不寛容にさせ、恐れさせたり、非難をしたり罪深い欲望に負けさせ（特に弱い領域で）、霊的に怠惰になるようにさせたり様々な戦略を練ってくる。そして良心を妥協させ、主イエスに対する献身を揺るがせるためには何でもしてくる。そこでパウロは悪魔の策略に対して立向かうように教えている。

　（1）勝利は、十字架で死んで私たちの罪の代価を支払われたキリストを通して確保されていると私たちは確信することができる。主イエスは、悪の力と権威を武装解除し（コロ2:15, ⇒マタ12:29, ルカ10:18, ヨハ12:31）、捕虜を引連れ（4:8）、主に頼る人々を救い出された（1:7, 使26:18, ロマ3:24, コロ1:13-14）。

　（2）現在私たちは聖霊の力によって霊的戦いにかかわっている（ロマ8:13）。その戦いとは、（a）自分自身の反抗的な願い（Ⅰペテ2:11, →ガラ5:17注）や、（b）神に逆らうこの世界の楽しみやあらゆる種類の誘惑（マタ13:22, ガラ1:4, ヤコ1:14-15, Ⅰヨハ2:16）、（c）サタンと悪霊の力などに対する戦いである（→6:12注）。神の民としての私たちは、現在の世界では当り前になっている神を敬わない考えや行動、生活様式などから離れるように召されている（→**信者の霊的聖別**の項p.2172）。そして世界の悪を憎み退け避けて（ヘブ1:9, →**キリスト者とこの世**の項p.2437）、その誘惑を乗越えまたそれに対して死に（→ガラ6:14注, Ⅰヨハ5:4）、罪と悪を暴き出して非難をするべきである（ヨハ7:7）。

　（3）私たちは自分の力ではなく（Ⅱコリ10:3）、霊的な武器であらゆる悪との戦いを展開しなければならない（6:10-18, ⇒Ⅱコリ10:4-5）。

　（4）信仰の戦いの中で私たちは多くのことを行うように召されている。それは神の武具をとり（6:13）、しっかりと立って（6:14）戦いを進め（Ⅱコリ10:3）、信仰の戦いを勇敢に戦い（Ⅰテモ6:12, Ⅱテモ4:7）忍耐をして祈り（6:18）、キリストの立派な兵士として困難に耐え（Ⅱテモ2:3）、キリストの福音のために苦しみ（マタ5:10-12, ロマ8:17, Ⅱコリ11:23, Ⅱテモ1:8）、キリストの福音を擁護し（ピリ1:16）、信仰のために奮闘し（ピリ1:27, ユダ1:3）、敵によって驚かされず（ピリ1:28）、征服し（ロマ8:37）、勝ち（Ⅰコリ15:57）、勝利の行列に加わり（Ⅱコリ2:14）、サタンの要塞を破壊し（Ⅱコリ10:4）、すべてのはかりごとをとりこにし（→Ⅱコリ10:5注）、戦いにおいて強力になる（ヘブ11:34）ことである。

6:12　悪霊　人生での戦いの相手は、環境でも私たちをいらいらさせたり不快にさせ困らせたり傷つけたりする人でもない。それらのものは本当の敵ではない。私たちが戦う敵は、サタンと数多くの悪霊である（→マタ4:10注, →「**サタンと悪霊に勝利する力**」の項p.1726）。（1）暗やみの支配者は、神を敬わない人々に力を供給し影響を与えて支配する（2:2）悪の霊的勢力である（ヨハ12:31, 14:30, 16:11, Ⅱコリ4:4, Ⅰヨハ5:19）。暗やみの勢力は神の目的やご計画、願いなどに反対をする（創3:1-7, ダニ10:12-13, マタ13:38-39）。そして様々な策略や戦略を用いて、人々、特にキリスト者をしばしば攻撃してくる（Ⅰペテ5:8, →6:11注）。（2）悪の勢力は非常に多く（黙12:4, 7）、階級制度を持つ高度に体系化した悪の帝国に組織化されている（2:2, ヨハ14:30）。

6:13　神のすべての武具をとりなさい　私たちは、自分の力や計画や戦略などによって霊的戦いにかかわって勝つことはできない。負けることが確実である。あるいは滅ぼされてしまうかもしれない。霊的戦いを効果的に進めサタンの邪悪な勢力に勝利するには、神が備えてくださる武具を用いなければならない。神の武具には次のようなものが備えられている。（1）「真理の帯」―神の真理に忠実に従い正しいことを行うことによって霊的戦いに勝ち、霊的武具のほかの部分を確実に身に着けることができる（⇒イザ11:5, ヨハ8:32, 17:17）。（2）「正義の胸当て」―心を守り、きよさと

14では、しっかりと立ちなさい。腰には真理の帯を締め、胸には正義の胸当てを着け、15足には平和の福音の備えをはきなさい。16これらすべてのものの上に、信仰の大盾を取りなさい。それによって、悪い者が放つ火矢を、みな消すことができます。17救いのかぶとをかぶり、また御霊の与える剣である、神のことばを受け取りなさい。18すべての祈りと願いを用いて、どんなときにも御霊によって祈りなさい。そのためには絶えず目をさましていて、すべての聖徒のために、忍耐の限りを尽くし、また祈りなさい。19また、私が口を開くとき、語るべきことばが与えられ、福音の奥義を大胆に知らせることができるように私のためにも祈ってください。20私は鎖につながれて、福音のために大使の役を果たしています。鎖につながれていても、語るべきことを大胆に語れるように、祈ってください。

最後のあいさつ

21あなたがたにも私の様子や、私が何をしているかなどを知っていただくために、主にあって愛する兄弟であり、忠実な奉仕者であるテキコが、一部始終を知らせるでしょう。22テキコをあなたがたのもとに遣わしたのは、ほかでもなく、あなたがたが私たちの様子を知り、また彼によって心に励ましを受けるためです。23どうか、父なる神と主イエス・キリストから、平安と信仰に伴う愛とが兄弟たちの上にありますように。24私たちの主イエス・キリストを朽ちぬ愛をもって愛するすべての人の上に、恵みがありますように。

正義のために戦いを効果的にするには、神を敬う品性と神との正しい関係が必要である（⇒イザ59：17、Ⅰペテ2：24）。(3)「足には平和の福音の備え」―キリストの福音を信じて大胆に宣言することが、キリストの働きを前進させ敵に打勝つ確実な方法である（⇒使10：36、黙12：11）。(4)「信仰の大盾」―これはローマ軍が使っていた革でおおわれた大きな盾で、火矢を消すようにしばしば水に浸して使っていたものである。これは大胆な信仰（神の約束を信じ宣言すること）が敵の攻撃を払いのけることができることを象徴している（→Ⅰヨハ5：4）。(5)「救いのかぶと」―心を新しくし（ロマ12：2）神との関係を確信するなら、戦いの中でも守られ、神による勝利の戦略を進めることができる（⇒詩27：1、イザ59：17、使4：12）。(6)「御霊の与える剣である、神のことば」（→6：17注）。

6：17　御霊の与える剣　「御霊の与える剣」（神のことば）は、悪の力との戦いで使用する攻撃用武器である。主イエスはサタンに対してこの武器を効果的に用いられた（マタ4：1-11、ルカ4：1-13）。私たちは神のことばを知り、その力と効果を確信するべきである。サタンは初めから神のことばをねじ曲げようとしてきた（⇒創3：1-5）。そして今も神のことばに対するキリスト者の確信を揺るがせ失わせようとあらゆる努力をしてくる。教会は霊感された神のことばを保ち続け、それは神のことばなどではなくその教えることはみな正確ではないという主張や攻撃に対してはきちんと弁護をしなければならない。もし神の霊感されたみことばに対してキリストや使徒たちと同じ態度をとらないなら、それは悪を暴き修正し、人々を救い癒し、悪霊を追出しあらゆる悪に打勝つみことばの力を否定することになる。聖書の絶対的な権威と、聖書が教えていることすべての信頼性を否定することは、サタンのごまかしや影響、支配や最終的滅亡に身をゆだねることになる（⇒Ⅱペテ1：21注、マタ4：1-11、→**聖書の霊感と権威**」の項 p.2323）。

6：18　御霊によって祈りなさい　サタンの霊的勢力に対する戦いでは真剣な祈りが絶えず求められる。それは「すべての祈り・・・を用いて」、「どんなときにも」、「御霊によって」、「絶えず」、「すべての聖徒のために」祈ることである。祈りは単に一つの武器であるだけではなく、実際の戦いそのものである。神とともに働くことは、自分自身とほかの人々のために勝利を得ることである。どんなときにもすべての祈りを用いて熱心に祈るなら勝利をすることができる（ルカ18：1、ロマ12：12、ピリ4：6、コロ4：2、Ⅰテサ5：17）。→「**効果的な祈り**」の項 p.585、「**とりなし**」の項 p.1454

ピリピ人への手紙

概　要
　序言(1:1-11)
　　A．キリストにあるあいさつ(1:1-2)
　　B．ピリピの人々への感謝と祈り(1:3-11)
　Ⅰ．パウロの個人的情況(1:12-26)
　　A．投獄が福音を前進させている(1:12-14)
　　B．キリストがあらゆるかたちで伝えられている喜び(1:15-18)
　　C．生きるにも死ぬにも備えができている(1:19-26)
　Ⅱ．教会のためのパウロの実践的な指示と心配(1:27-4:9)
　　A．ピリピの人々へのパウロの訴えと激励(1:27-2:18)
　　　1．反対に遭っても堅く立つこと(1:27-30)
　　　2．愛と霊と目的において一致すること(2:1-2)
　　　3．謙遜と自己犠牲をもって仕えること(2:3-11)
　　　4．従順と態度と行動の模範になること(2:12-18)
　　B．パウロの働きの同労者とその謙遜と奉仕の模範(2:19-30)
　　　1．テモテ(2:19-24)
　　　2．エパフロデト(2:25-30)
　　C．間違った教えについてのパウロの警告(3:1-21)
　　　1．律法主義を拒むこと－律法ではなくキリストによる義(3:1-11)
　　　2．目標に向けて前進すること－過去を忘れ栄冠を目指す(3:12-16)
　　　3．放縦を避けること－この世のことではなく霊的に考える(3:17-21)
　　D．パウロの最後の勧告のことば(4:1-9)
　　　1．安定と調和(4:1-3)
　　　2．喜びと柔和(4:4-5)
　　　3．不安からの解放(4:6-7)
　　　4．考えと行動の訓練(4:8-9)
　結論(4:10-23)
　　A．感謝の表明(4:10-20)
　　　1．あらゆる情況でのパウロの満足(4:10-13)
　　　2．ピリピの人々からの働きのためのささげ物(4:14-18)
　　　3．あらゆる必要に対する神の備え(4:19-20)
　　B．最後のあいさつと祝禱(4:21-23)

著　　者：パウロ

主　　題：キリストのために生きる究極の喜び

著作の年代：紀元62/63年

著作の背景
　ピリピの町はマケドニヤの東部、エーゲ海から16キロほど内陸部にあった。町の名前はアレキサンドロス大王の父であるマケドニヤの王フィリップ2世にちなんでつけられた。パウロの時代にはローマ帝国の特別市の一つで軍隊の駐屯地でもあった。
　ピリピの教会はパウロと同労者(シラス、テモテ、ルカ)たちが第二次伝道旅行のときにトロアスで神から与え

られた幻に応答した結果建てられた(使16:9-40, →「**パウロの第二次伝道旅行**」の地図 p.2008)。パウロとピリピの教会とは強い友情で結ばれていた。教会は何回かパウロに経済的支援をし(Ⅱコリ11:9, ピリ4:15-16)、エルサレムの困っているキリスト者のためにパウロが持っていく献金にも惜しみなくささげた(⇒Ⅱコリ8:-9:)。第三次伝道旅行のとき、パウロはピリピの教会を2回訪問しているようである(使20:1, 3, 6, →「**パウロの第三次伝道旅行**」の地図 p.2019)。

目　　的

パウロは投獄されていた所(1:7, 13-14)からピリピのキリスト者たちにこの手紙を書き送った。場所はローマではないかと思われる(使28:16-31)。それはエパフロデトが持ってきた多額の贈物に感謝をするとともに(4:14-19)、自分の最近の情況を伝えるためだった。この手紙でパウロは自分の投獄を通しても神の目的が実現しつつあることをピリピの教会の人々に自信をもって書いている(1:12-30)。パウロはまた教会が送ってくれた使者(エパフロデト)がその務めを忠実に果たしてくれたことと、その務めを果さなければ帰らないつもりだったことを伝えて教会の人々を安心させている(2:25-30)。全体的に、パウロはキリストとの関係をさらに進め、一致と謙遜、喜びと平和において成長するようにピリピの人々を励ました。

概　　観

パウロの他の多くの手紙とは異なって、ピリピ人への手紙はとりたてて教会の問題や争いを扱うために書かれたものではない。基調となっている感じ、雰囲気は教会の人々に対する穏やかな愛情と感謝である。冒頭のあいさつ(1:1)から最後(4:23)までこの手紙はキリスト・イエスに焦点を合せ、この方こそすべての人にとって生きる目的、喜びの源、永遠の希望であると示している。

パウロはピリピの三つの小さな問題に触れている。

(1) ある人々はパウロが長期間投獄されていることで落胆している(1:12-26)。

(2) 前にパウロに仕えてくれた、教会内の二人の女性の間に対立や不一致がある(4:2, ⇒2:2-4)。

(3) 次の二つの極端な立場に立つにせ教師たちによる脅かしが絶えずある。(a) 霊的救いを得るためには、キリストを信じる信仰に加えて律法の一部の要求を満たさなければならないと主張する立場。(b) 救いは信仰により神の恵みによって与えられるから、道徳的な律法は無視してもよいとする立場(3:)。神学(宗教と神、特にキリスト教信仰についての学び)用語では、第一の誤った教えの人々は律法主義者と呼ばれ、第二のグループは無律法主義者(律法に反対する人)または宗教的自由主義者(道徳的に節度のない人々)と呼ばれる。

これらの三つの問題との関係でここには、(1) 人生のあらゆる情況で喜ぶこと(1:4, 12, 2:17-18, 4:4, 11-13)、(2) キリスト者としての謙遜と奉仕(2:1-18)、(3) キリストを知ることのすぐれた価値(3:)についてのパウロの非常に豊かな教えがある。

特　　徴

この手紙には五つの大きな特徴がある。

(1) ピリピの信仰者たちとのパウロの親しい関係を反映した、極めて個人的なものである。

(2) パウロのキリストとの深い関係を反映した、極めてキリスト中心的なものである(1:21, 3:7-14)。

(3) 聖書の中でキリストについて最も深い示唆に富んだ記述が含まれ、キリストの究極の謙遜とすぐれた栄誉の両面が強調されている(2:5-11)。

(4) 新約聖書の「喜びの手紙」として際立っている。

(5) キリスト者生活の極めて強力で積極的な基準を示し、謙遜になることや仕える姿勢を持つこと(2:1-8)、目標に向かって強い決意を持って進むこと(3:13-14)、主にあっていつも喜ぶこと(4:4)、不安から解放されること(4:6)、あらゆる環境の中で満ち足りること(4:11)、何事もキリストの力によって行うこと(4:13)などが必要であることを示している。

ピリピ人への手紙の通読

新約聖書全体を1年間で通読するためには、ピリピ人への手紙を次のスケジュールに従って5日間で読まなければならない。

☐1 ☐2:1-18 ☐2:19-3:11 ☐3:12-4:3 ☐4:4-23

ピリピ　1章

1 ¹ キリスト・イエスのしもべであるパウロとテモテから、ピリピにいるキリスト・イエスにあるすべての聖徒たち、また監督と執事たちへ。
² どうか、私たちの父なる神と主イエス・キリストから、恵みと平安があなたがたの上にありますように。

感謝と祈り

³ 私は、あなたがたのことを思うごとに私の神に感謝し、
⁴ あなたがたすべてのために祈るごとに、いつも喜びをもって祈り、
⁵ あなたがたが、最初の日から今日まで、福音を広めることにあずかって来たことを感謝しています。
⁶ あなたがたのうちに良い働きを始められた方は、キリスト・イエスの日が来るまでにそれを完成させてくださることを私は堅く信じているのです。
⁷ 私があなたがたすべてについてこのように考えるのは正しいのです。あなたがたはみな、私が投獄されているときも、福音を弁明し立証しているときも、私とともに恵みにあずかった人々であり、私は、そのようなあなたがたを、心に覚えているからです。
⁸ 私が、キリスト・イエスの愛の心をもって、どんなにあなたがたすべてを慕っているか、そのあかしをしてくださるのは神です。

1①ピリ1:8, 2:5, 3:3, 8, 12, 14, 4:7, 19, 21, ガラ3:26
②ロマ1:1, ガラ1:10
③Ⅱコリ1:1, コロ1:1, ピレ1, Ⅰテサ1:1, Ⅱテサ1:1
④使16:1, ⑤使16:12
⑥Ⅱコリ1:1, ㊗コロ1:2
使9:13, ㊗使20:28, Ⅰテモ3:1, 2, テト1:7
⑨Ⅰテモ3:8以下
2①ロマ1:7
3①ロマ1:8
5①ピリ2:12, 4:15, 使16:12-40
②ピリ1:7, 12, 16, 27, 2:22, 4:3, 15
＊別訳「福音にあずかって」
③使2:42, ピリ4:15
6①Ⅰコリ1:8, ピリ1:10, 2:16
7①㊗Ⅱペテ1:13
②ピリ1:13, 14, 17, 使21:33, エペ6:20
③㊗ピリ1:5, 4②Ⅱコリ7:3
8①㊗ピリ1:1, ②ロマ1:9

1:1　監督と執事たち　→「監督とその務め」の項 p.2021

1:4　喜び　これはピリピの教会にあてたパウロの手紙の中心的主題である。喜びは私たちの霊的救いとイエス・キリストとの個人的な関係の中心である(コンコルダンスには「喜び」について多くの聖句の箇所が挙げられている)。キリスト者の喜びは父である神、主イエス・キリスト、聖霊が持っておられる内面的な平安と喜びを反映したものであり(→「神の属性」の項 p.1016)、この神との関係から流れ出る祝福である(Ⅱコリ13:13)。喜びは環境に左右されることの多い感情的な幸福感よりも深いものである。この喜びは私たちに対する神のはかり知れない愛と、キリストが私たちのためにしてくださったことによって与えられている平安と希望とに基づいている。忠実な人々のために蓄えられていたものをやがて神が明らかにしてくださるときに私たちの喜びは最大のものになる(→「神の平和」の項 p.1301, 「聖書的希望」の項 p.943)。神のことばは喜びについて次のことを教えている。

（1）喜びは、私たちを「愛して、私たちのために、ご自身を・・・おささげに」なったイエス・キリストの犠牲によって与えられる霊的救い(罪の赦しと神との個人的な関係)と直接関係している(エペ5:2, →Ⅰペテ1:3-6, ⇒詩5:11, 9:2, イザ35:10)。喜びはまた、神のことばと直接結び付いている(エレ15:16, ⇒詩119:14)。したがって本当の喜びは、私たちの感情や環境によって増えたり減ったりするものではない。なぜならそれはキリストが私たちのために既に実現してくださった固い基盤と永遠に変らないみことばに基づいているからである(⇒ルカ21:33, ヨハ1:1)。

（2）喜びは、聖霊の「実」(神がキリスト者の中に育ててくださる品性)の一つとして神から与えられる(詩16:11, ロマ15:13, ガラ5:22)。喜びは自動的に与えられるのではない。私たちがキリストとの個人的関係を深めていく中で体験できるものである(ヨハ15:1-11)。私たちの中にある神の臨在と身近さを聖霊が強く感じさせてくださるときに、喜びは増し加わっていく(⇒箴16:11, ヨハ14:15-21, →16:14注)。完全な喜びは、神のことばを知ってそれにとどまり命令に従い(ヨハ15:7, 10-11)、人々を愛しこの世界の悪から離れる(ヨハ17:13-17)ことと強く結び付いていると主イエスは教えられた。

（3）喜びは、神がそばにおられるという慰めと楽しさ(使2:28)、罪の赦しや霊的救い、神との永遠の関係などの賜物を通して与えられる。本当の喜びは、痛みや苦しみ、弱さや困難な環境などによって壊されることはない(マタ5:12, 使16:23-25, Ⅱコリ12:9)。

（4）神に仕え私たちの人生に与えられた神の目的を実現しようという思いは、喜びから与えられる。そのための力も与えられる(→ネヘ8:10第二の注)。

1:6　堅く信じているのです　ピリピの人々についてのパウロの確信は、神が人々と教会の中ですばらしい働きをされたということとともに、キリストのためなら何でもするという人々の情熱と犠牲に基づいていた(1:5, 7, 4:15-18)。この人々は既に奉仕の働きを忠実に支援しそれに参加していたので、パウロは神が引き続きその人々の中に、そしてその人々を通して働かれることを確信していた。神はご自分に忠実な人々やご自分に頼る人々の中に力強く働いてくださることをいつも確約しておられる。けれども、どんなに神が真実であっても恵み(一方的に与えられる好意、愛、助け、霊的な力)を退けて救いの賜物を拒む人々には何もす

ピリピ 1章

9 私は祈っています。あなたがたの愛が真の知識とあらゆる識別力によって、いよいよ豊かになり、
10 あなたがたが、真にすぐれたものを見分けることができるようになりますように。またあなたがたが、キリストの日には純真で非難されるところがなく、
11 イエス・キリストによって与えられる義の実に満たされている者となり、神の御栄えと誉れが現されますように。

パウロの鎖が福音を前進させる

12 さて、兄弟たち。私の身に起こったことが、かえって福音を前進させることになったのを知ってもらいたいと思います。
13 私がキリストのゆえに投獄されている、ということは、親衛隊の全員と、そのほかのすべての人にも明らかになり、
14 また兄弟たちの大多数は、私が投獄され

9 ① Iテサ3:12
② コロ1:9
10 * 別訳「異なっているものを区別する」
① ロマ2:18
② ひとりビト
② ピリ1:6, 2:16
** 直訳「のために」
12 ① ヤコ3:2
② ルカ21:13
② ピリ1:5
13 ① ピリ1:7, IIテモ2:9
② 使28:30
* 別訳「総督官邸」
14 ① ピリ1:7, IIテモ2:9

② ピリ1:20,
IIコリ3:12, 7:4,
使4:31
15 ① Iコリ11:13
16 * 異本16節と17節を入れ替えたものがある
① ピリ1:7
② ピリ1:5, 7, 12, 27, 2:22, 4:3, 15
17 ① ロマ2:8, ② ピリ2:3
② ピリ1:7, ② テモ2:9

たことにより、主にあって確信を与えられ、恐れることなく、ますます大胆に神のことばを語るようになりました。
15 人々の中にはねたみや争いをもってキリストを宣べ伝える者もいますが、善意をもってする者もいます。
16 一方の人たちは愛をもってキリストを伝え、私が福音を弁証するために立てられていることを認めていますが、
17 他の人たちは純真な動機からではなく、党派心をもって、キリストを宣べ伝えており、投獄されている私をさらに苦しめるつもりなのです。
18 すると、どういうことになりますか。つまり、見せかけであろうとも、真実であろうとも、あらゆるしかたで、キリストが宣べ伝えられているのであって、このことを私は喜んでいます。そうです、今からも喜ぶことでしょう。

ることができない(→2:13注, IIテモ2:13注)。

1:9 愛が真の知識・・・によって、いよいよ豊かになり 愛が本当にキリストによるものであるなら、聖書の啓示と知識(神がみことばを通して示し与えてくださっている事柄)に基づいているはずである。

(1) 新約聖書では、「知識」(《ギ》エピグノーシス)は単に情報や事実を知ることだけを意味していない。それは心の中の霊的確信を指している。それは神の特性や働きや目的に直接つながる深い確信であり、神に対して積極的に信頼し従うときに示されるものである。その意味で、私たちは神のことばを実際に行い、みことばが自分の一部になるときに、みことばを本当に知ったと言えるのである。聖書の言う知識は、神について知るだけではなく絶えず関係を深め実際に神を個人的に知ることである。そのような関係ができるなら、結果として私たちはキリストに似た者になり、キリストの品性を自分のものとし神と人々をさらに愛するようになっていく(1:10-11, エペ3:16-19)。

(2) 神のことば(⇒ロマ7:1)を知ること、または神のみこころ(神の特性と目的に基づく神の願いと計画 使22:14, ロマ2:18)を知ることは、神を個人的に知ること(ヨハ17:3)、みことばに従うこと(Iヨハ5:3)、その愛を表すこと(Iヨハ4:8)である。神のことばの真理を知る目標は(Iテモ6:3, テト1:9, →ガラ1:9注)、神をさらに愛し罪(神に逆らい背くすべてのこと ロマ6:16, →「信徒の聖書的訓練」の項 p.2318)から解放されることである。「あらゆる識別力」とはキリ

スト者が本当の愛と神を敬う知識を通して善と悪、真実とにせ物、正しいことと誤ったことを区別することを学んでいくことである。

1:10 純真で非難されるところがなく 「純真」とは「悪いものが混ざっていない」という意味である。「非難されるところがなく」とは神やほかの人々に「不愉快な思いをさせない」という意味である。これは聖さ(道徳的純粋性、霊的健全性、悪からの分離、神への献身)と関係していて、キリストが間もなく再び来られることと合せて考えるなら、キリスト者がみな何よりも目指すべきことである。自分の中に働く聖霊の情熱や臨在や力によらなければ、だれも神を敬う品性を育て(ロマ5:5, ⇒テト3:5-6)、神のことばに完全に自分を明け渡して「真にすぐれたものを見分け」、「キリストの日には純真で非難されるところが」ないようになることはできない。

1:16 福音を弁証するため 神は、キリストが自ら最初に話された福音の内容(現在、新約聖書に神のことばとして明らかにされている)を守るという重要な務めをパウロに与えられた。キリスト者も同じように、聖書の真理を守り、この真理をゆがめようとする人々に抵抗するように召されている(1:27, →ガラ1:9注, ユダ1:3注, →「奉仕の賜物」の項 p.2225)。今日、もはや「聖徒にひとたび伝えられた信仰のために戦う」(ユダ1:3)必要などないと感じている人々はパウロの模範と指示を無視しているのである。

ピリピ　1章

¹⁹というわけは、あなたがたの祈りとイエス・キリストの御霊の助けによって、このことが私の救いとなることを私は知っているからです。

²⁰それは私の切なる祈りと願いにかなっています。すなわち、どんな場合にも恥じることなく、いつものように今も大胆に語って、生きるにも死ぬにも私の身によって、キリストがあがめられることです。

²¹私にとっては、生きることはキリスト、死ぬことも益です。

²²しかし、もしこの肉体のいのちが続くとしたら、私の働きが豊かな実を結ぶことになるので、どちらを選んだらよいのか、私にはわかりません。

²³私は、その二つのものの間に板ばさみとなっています。私の願いは、世を去ってキリストとともにいることです。実はそのほうが、はるかにまさっています。

²⁴しかし、この肉体にとどまることが、あなたがたのためには、もっと必要です。

²⁵私はこのことを確信していますから、あなたがたの信仰の進歩と喜びとのために、私が生きながらえて、あなたがたすべてといっしょにいるようになることを知っています。

²⁶そうなれば、私はもう一度あなたがたのところに行けるので、私のことに関するあなたがたの誇りは、キリスト・イエスにあって増し加わるでしょう。

苦しむ特権

²⁷ただ一つ。キリストの福音にふさわしく生活しなさい。そうすれば、私が行ってあなたがたに会うにしても、また離れているにしても、私はあなたがたについて、こう聞くことができるでしょう。あなたがたは霊を一つにしてしっかりと立ち、心を一つにして福音の信仰のために、ともに奮闘しており、

²⁸また、どんなことがあっても、反対者たちに驚かされることはないと。それは、彼らにとっては滅びのしるしであり、あなたがたにとっては救いのしるしです。これは神から出たことです。

²⁹あなたがたは、キリストのために、キリストを信じる信仰だけでなく、キリストのための苦しみをも賜ったのです。

---

19 ① Ⅱ コリ1：11
　② 使16：7
20 ① ㊎ロマ8：19
　② ㊎ロマ5：5、Ⅰ ペテ4：16
　* あるいは「恥を受けることなく」
　③ Ⅱ コリ3：12、7：4、ピリ1：14
　④ ㊎ロマ14：8
　⑤ ㊎ Ⅰ コリ6：20
21 ① ガラ2：20
22 ① 別訳「もし肉体において生きることが私にとって実り多い働きとなるとしたら、私はどちらを選んだらよいのか」
　② ㊎ロマ1：13
23 ① Ⅱ コリ5：8、Ⅱ テモ4：6
　② ㊎ヨハ12：26
25 ① ㊎ピリ2：24

26 ① ㊎ Ⅱ コリ5：12、Ⅱ コリ7：4、ピリ2：16
27 ① ㊎ピリ1：5
　② ㊎エペ4：1
　* 別訳「御国の民の生活をしてください」
　③ ㊎エペ4：32
　④ ㊎ピリ4：1、㊎ Ⅰ コリ16：13
　⑤ ユダ3
28 ① Ⅱ テサ1：5
29 ① ㊎マタ5：12
　② ㊎使14：22

1：19　イエス・キリストの御霊　キリスト者の中に住んでおられる聖霊は、「イエス・キリストの御霊」（⇒使16：7、ロマ8：9、ガラ4：6）と呼ばれている。それは人々が罪の赦しを受入れ人生を明け渡したときに、キリストがくださったからである（→「**弟子たちの新生**」の項 p.1931）。また弟子たちに御霊のバプテスマを与えてくださるのもキリストである（→使1：8注、→「**聖霊のバプテスマ**」の項 p.1950）。この聖霊は、世界に救いをもたらすために主イエスに油を注がれた（任命した、力を与えた）のと同じ聖霊である（→ルカ4：18）。聖霊は今も主イエスの栄光を現すことを目的としておられる（→ヨハ16：14、「**イエスと聖霊**」の項 p.1809）。

1：21　死ぬことも益です　パウロの人生はキリストとの関係によって完全に占められ満たされていた。その関係がパウロの喜びの源であり人生の目的の中心だった。死がもたらす「益」とはキリストと文字通りともにいるようになることである。神のみこころの真中を歩んでいるキリストの弟子たちは死を恐れる必要がない。それは自分の人生の計画は神が持っておられ、死が訪れるならそれはこの地上の使命が終りキリストとともに過すさらにすばらしい歩みが始まることを知っているからである（1：20-25、→ロマ8：28注、→「**死**」の項 p.850）。

1：27　霊を一つにしてしっかりと立ち　キリスト者の間にある聖霊による一致とは、立派な生き方をし(神のことばとキリストの福音の基準と目的にかなった歩み ⇒エペ4：1-3)、霊を一つにし志を一つにしてしっかりと立つことである（2：2、⇒エペ4：3）。それには聖書にあるキリストの教えをともに守り（1：16、⇒エペ4：13-15）、そのメッセージを「十字架の敵」である人々から擁護しなければならない（3：18注）。キリスト者がキリストの目的を前進させ、その働きを守るためには、お互いが必要であり、ともにしっかりと立たなければならない。

1：28　彼らにとっては滅び・・・あなたがたにとっては救い　教会やキリストの福音、神のことばの真理に反対をし続けることは、その人が滅びに向かっていることをはっきり示すしるしである。なぜなら霊的救いに導く唯一の道を拒んでいるからである（ヨハ14：6）。一方、神の民がキリストのために反対や拒絶や迫害などを受けてもそれを耐え忍ぶなら、その信仰が真実なものであり救いが確かであることがはっきり示される（→ Ⅱ テモ1：5）。

1：29　キリストのための苦しみ　→ロマ8：17注、18注、

³⁰あなたがたは、私について先に見たこと、また、私についていま聞いているのと同じ戦いを経験しているのです。

キリストの謙遜に見習う

2 ¹こういうわけですから、もしキリストにあって励ましがあり、愛の慰めがあり、御霊の交わりがあり、愛情とあわれみがあるなら、
²私の喜びが満たされるように、あなたがたは一致を保ち、同じ愛の心を持ち、心を合わせ、志を一つにしてください。
³何事でも自己中心や虚栄からすることなく、へりくだって、互いに人を自分よりもすぐれた者と思いなさい。
⁴自分のことだけではなく、他の人のことも顧みなさい。
⁵あなたがたの間では、そのような心構えでいなさい。それはキリスト・イエスのうちにも見られるものです。
⁶キリストは神の御姿である方なのに、神のあり方を捨てられないとは考えず、

---

30 ①使16:19-40、ピリ1:13 ②Ⅰテサ2:2、ヘブ10:32、コロ1:29,2:1、Ⅰテモ6:12、Ⅱテモ4:7、関連ヘブ12:1のギリシヤ語

1 ①Ⅱコリ13:13、関連コロ3:12 2 ①関連ヨハ3:29 ②関連ロマ12:16、ピリ4:2

3 ①⽐ピリ1:17、ロマ2:8 *あるいは「党派心」 ②ガラ5:26、⽐ロマ12:10、⽐エペ5:21 4 ①⽐ロマ15:1,2 5 ①関連マタ11:29、ロマ12:3、②関連ピリ1:1 6 ①ヨハ17:5,22、②⽐Ⅰコリ4:4 ③⽐ヨハ5:18,10:33,14:28

Ⅱコリ1:5注、Ⅱコリ4:11-17各注、→「正しい人の苦しみ」の項 p.825

2:2 一致を保ち、同じ愛の心を持ち、心を合わせ、志を一つにし →ヨハ17:21注、エペ4:3注

2:3 へりくだって キリスト者の一致にとって大きな障壁になるのは、当然のことながら自分の利益を優先して自分の見方や考えを譲ろうとしないことである。私たちの罪深い反抗的な性質の中には自己中心性がある(⇒ガラ5:20)。それが助長されるのは、謙遜というものがこの世界では報われないからである。けれども謙遜はキリスト者の一致にとって最も必要なものである。それは主イエスの中でも重要な特性だった(2:5〜、マタ11:29)。人間と霊的救いについて神を中心に聖書を見るなら、人間にとって最も重要なものは謙遜であることがわかる。

(1) 謙遜は自分の弱さや足りなさを認識し、何かを完成できたとしたらそれは神とほかの人々の助けによるという姿勢である(ヨハ3:27,5:19,14:10、ヤコ4:6)。そして自分を不当に高く評価することなく(ロマ12:3)、自分にも神やほかの人々に対しても適切な態度を保つことである。

(2) 私たちが謙遜でなければならないのは、もしキリストから離れたら私たちはただの罪びとであり(神に反抗し神から切離された者、霊的に死んだ者 ルカ18:9-14)、主の偉大さを除いては(Ⅱコリ10:17)何も誇るものがないからである(ロマ7:18、ガラ6:3)。私たちの価値や目的や何かを産み出す力はみな神によるもので、神とほかの人々の助けがなければいつまでも残る価値のあることは何一つ達成することができない(詩8:4-5、ヨハ15:1-16)。

(3) 神がその民に求められる大切なものの一つが謙遜である(ミカ6:8)。

(4) 神は謙虚に従う人々とともに歩まれる(イザ57:15)。神は謙遜な人々に恵み(一方的に与えられる好意、あわれみ、助け)をさらに与えられるけれども、高ぶる者には反対をされる(ヤコ4:6、Ⅰペテ5:5)。キリストの弟子の中で最も熱心で献身的な人々は「謙遜の限りを尽くし」て神に仕えるのである(使20:19)。

(5) キリストに従う者として、私たちはほかの人々に対して謙遜になり、自分が認められる以上にほかの人々を認めるべきである(⇒ロマ12:3,10)。これは主イエスご自身の模範に従うことである(2:5〜、マタ11:29)。

(6) 謙遜の反対は高慢であり、ごう慢(自分が重要であるという誇張された感覚)である。自分の長所や優越性や達成したことなどを見てほくそ笑むことも高ぶりである。人間の心や世界の傾向が謙遜ではなく、高慢に向かうのは避けられない(Ⅰヨハ2:16、⇒イザ14:13-14、エゼ28:17、Ⅰテモ6:17)。

2:5 あなたがたの間では、そのような心構えでいなさい キリストがとられた態度はパウロがここまで描いてきた通り完全な自己否定であり、ほかの人々の必要を優先させるしもべの姿だった。ここでパウロは、主イエスがどのようにしてその態度を私たちに示されたかを具体的に描き始めている。そして主イエスが天の栄光を離れて、「卑し」いしもべの立場をとられたことを強調している。そして主イエスは神のご計画に従い、ほかの人々に最大の益をもたらすためにご自分のいのちをささげられた(2:5-8)。その犠牲によって、私たちは霊的死から解放される唯一の機会を与えられた。罪の赦しを受入れ生涯をゆだねる人々は、永遠のいのちという究極の賜物を受けることができる。キリストに従う者として、私たちもキリストの謙遜を見習って示しながら、自己否定の犠牲的な生活をし、ほかの人々の必要や問題に配慮しながら良いことを行っていかなければならない(→Ⅰコリ2:16注)。

2:6 神の御姿である 「神の御姿である」イエス・キリストは、御子である神であって、地上に来られる前も地上におられる間もその後も父である神と等しい方である(→マコ1:11注、ヨハ1:1,8:58,17:24,20:28

ピリピ　2章

7 ①ご自分を無にして、*仕える者の姿をとり、③人間と同じようになられました。人としての性質をもって現れ、
8 自分を卑しくし、死にまで従い、実に十字架の死にまでも従われました。
9 それゆえ神は、この方を高く上げて、すべての名にまさる名をお与えになりました。
10 それは、イエスの御名によって、①天にあるもの、地にあるもの、地の下にあるもののすべてが、ひざをかがめ、
11 すべての口が、「イエス・キリストは①主である」と告白して、父なる神がほめたたえられるためです。

7①参Ⅱコリ8:9
*すなわち「特権を主張されずに」
②参マタ20:28
③参ヨハ1:14, ロマ8:3, ガラ4:4, ヘブ2:17
8①参Ⅱコリ8:9, ヘブ12:2
③ヘブ5:8, 関マタ26:39, ヨハ10:17, ロマ15:19
9①参ヘブ1:9, ②参マタ28:18, 使2:33, ヘブ2:9
③参エペ1:21
10①参エペ1:10, ロマ14:11
11①参イザ45:23, ヨハ13:13, ロマ10:9, 14:9
12①参ピリ1:5, 6, 4:15
②参Ⅱコリ7:15, ヘブ5:9

世の光として星のように輝く

12 そういうわけですから、愛する人たち、いつも従順であったように、私がいるときだけでなく、私のいない今はなおさら、②恐れおののいて自分の救いの達成に努めなさい。

注, コロ1:15, 17, →「神の属性」の項p.1016）。つまり主イエスは過去も現在も未来も神である。キリストが「神のあり方を捨てられないとは考えず」というのは、私たちが救われるために人間として地上で生活し、最後にはいのちを与えるために天での特権と栄光を放棄されたということである。

2:7　ご自分を無にして　ここのことばはギリシヤ語の「ケノオー」で、直訳すると「自分を空にした」となる。けれどもこれは、主イエスが神性（完全に神であること）を捨てられたという意味ではない。それはみずから進んで無限の神としての特権を脇に置いて、天の栄光（ヨハ17:4）、地位（ヨハ5:30, ヘブ5:8）、富（Ⅱコリ8:9）、権利（ルカ22:27, マタ20:28）、神としての属性（ヨハ5:19, 8:28, 14:10）などを用いられなかったということである。「ご自分を無にして」とはまた、人間として苦しみや誤解、不当な扱いや憎しみを受けて最後には十字架の死というのろいまで受けられたということである。

2:7　仕える者の姿・・・人としての性質　キリストがしもべの姿をとられたことを聖書は次の箇所で伝えている　→マコ13:32, ルカ2:40-52, ロマ8:3, Ⅱコリ8:9, ヘブ2:7, 14。キリストは完全な神性（完全に神）を保ちながら、卑しく弱い人間の性質を取って誘惑を受けられた。けれどもその中で、罪を犯すことはなかった。つまり神の完全な基準に照らして見ても、一度も神に逆らうことも拒むことも、間違いを犯すこともなかったのである（2:7-8, ヘブ4:15）。したがってキリストは完全な犠牲となり、私たちの罪のための刑罰をただ一度だけで完全に究極的に払うことができたのである（Ⅰペテ3:18）。

2:12　自分の救いの達成に努めなさい　私たちは神の恵み（一方的に与えられる好意、愛、力）によって霊的救いを与えられている。けれどもその救いの達成には最後まで努めなければならない（⇒マタ24:13, ヘブ6:11）。私たちは自分の競走を完走し（Ⅰコリ9:24-27）、地上での旅を忠実に全うしなければならない。これができなければ、既に与えられている救いを失うことになる。

（1）これは、行いによって救いまたは神の好意を得るという意味ではない。むしろ私たちの救いとは、継続的な霊的成長と発達であると言うのである。救いとは、ただ一度だけ与えられて終りという賜物ではなく、人生をキリストに全く明け渡してみこころに従うという継続的な過程を通して、実際に生活し実現していくものである。信仰にしっかりとどまり霊的に成長し続けるには、しばしば強い決意が求められる（Ⅰコリ9:24-27, Ⅱペテ1:5-8）。

（2）私たちは良い行いによって救われるのではない（エペ2:8-9, テト3:5）。それと同じように、人間的な努力だけで救いが達成されるのでもない。最初に救いをもたらした神の恵み（一方的に与えられる好意、愛、助け）と聖霊の力に頼り続けなければならないのである（「信仰と恵み」の項p.2062）。

（3）救いを達成するためには誘惑と罪（神に背く私たちの生き方）を退け、私たちの内におられる聖霊の願っておられることに従わなければならない。そのためには、神が与えられたあらゆる手段を用いて悪に打勝ち、キリストのいのちを体験し続けなければならない。これは聖化の過程（神の所有として、また神が備えられた目的のために霊的成長と発達を通して霊的に純化され精錬され取分けられる過程）の一部である（→ガラ5:17注, →「罪の性質の行いと御霊の実」の項p.2208,「聖化」の項p.2405）。

（4）私たちはキリストに近付くように成長し続けて救いを達成するのである（→ヘブ7:25注）。そのことによって、神が備えられた目的を成就する力を得るとともに、キリストの品性と願いをも自分のものとすることになる（→2:13注）。

（5）救いを達成することは非常に必要で重要なことで、時には感情面でも「恐れおののいて」達成しなければならない（→2:12注）。

2:12　恐れおののいて　キリストを信じる信仰による

¹³神は、みこころのままに、あなたがたのうちに働いて志を立てさせ、事を行わせてくださるのです。
¹⁴すべてのことを、つぶやかず、疑わずに行いなさい。
¹⁵それは、あなたがたが、非難されるところのない純真な者となり、また、曲がった邪悪な世代の中にあって傷のない神の子どもとなり、
¹⁶いのちのことばをしっかり握って、彼らの間で世の光として輝くためです。そうすれば、私は、自分の努力したことがむだではなく、苦労したこともむだでなかったことを、キリストの日に誇ることができます。
¹⁷たとい私が、あなたがたの信仰の供え物と礼拝とともに、注ぎの供え物となっても、私は喜びます。あなたがたすべてとともに喜びます。
¹⁸あなたがたも同じように喜んでください。私といっしょに喜んでください。

13 ① Ⅰコリ12:6, 15:10, 囲ロマ12:3, ヘブ13:21 ② 囲エペ1:5
14 囲 Ⅰコリ10:10, Ⅰペテ4:9
15 ①ルカ3:6, ピリ3:6 ② 囲使2:40 ③マタ5:45, エペ5:1
16 ①創1:16 ②囲マタ24:27 ③囲ガラ2:2,④ガラ4:11, Ⅰテサ3:5, 囲イザ49:4 ⑤囲ピリ3:1
17 ①Ⅱテモ4:6, 囲Ⅱコリ12:15 ②ロマ15:16,囲マタ28:6,7
＊別訳「灌祭」

霊的救いを達成する過程では、「恐れおののいて」という要素がなければならない。これは恐怖や疑いや不安などではなく、真剣に神を敬い、神の目的を積極的に追い求める態度である。けれども神への恐れ(《ギ》フォボス)とは、しばしば定義されるような単なる「うやうやしい恐れと信頼」ではない。そこには、罪に対する神の力や聖さ、さばきなどを意識する深い恐れと冷静な認識がなければならない(⇒出3:6, 詩119:120, ルカ12:4-5)。神の民はみな、神が最高の力と権威を持っておられることを意識し、自分が神に申し開きをする責任があることを強く自覚して、神への聖い恐れを持たなければならない。神はこのような態度の人、「へりくだって心砕かれ、わたしのことばにおののく者」に、「わたしが目を留める」と言われた(イザ66:2)。神への恐れは破壊的な恐れではなく、回復する(救助し、自由にし、救う)恐れで、人々にあらゆる悪から離れて神に近付くようにさせるものである(⇒箴5:7, 8:13)。神を敬う恐れは祝福と道徳的純潔、いのちと救いにつながっていく(⇒詩5:7, 85:9, 箴14:27, 16:6, →「**神への恐れ**」の項 p.316)。

2:13 神は・・・あなたがたのうちに働いて 神は御霊を通してキリストに従う人々の中に働いて、正しいことや良いことを行い、神が備えられた人生の目的を実現したいという願いとそれを行う力を生み出してくださる(→「**信仰と恵み**」の項 p.2062)。けれども神の働きは強制ではなく、恵み(一方的に与えられる神の好意、愛、霊的な助け)でさえ拒むことができる。つまり私たちは神の助けと導きを拒み、自分から進んで罪と破滅の道を進むこともできる。神の働き(1:6, Ⅰテサ5:24, Ⅱテモ4:18, テト3:5-7)は、私たちが忠実に協力しないなら私たちの中で行われることはない(2:12, 14-16)。

2:15 曲がった邪悪な世代 主イエスとみことばを伝えるために聖霊を通して用いられた人々は、私たちが住むこの世界は「不信仰な、曲がった今の世」であると強調した(マタ17:17, ⇒12:39, 使2:40)。神から離れているこの世界の人々は、霊的な偽りと暗やみの中に生きている。そのため人生や価値観や宗教についてゆがんだ間違った考え方をしている。その結果、神のことばの真理を拒んで不道徳な生き方をしている。それとは対照的に、キリストに従う人々は違う世界観と価値観を持っている。したがって社会のほかの人々の間では当り前の、神に逆らう信仰や振舞や生き方から浮き上がってしまう(⇒Ⅰヨハ2:15, →「**キリスト者とこの世**」の項 p.2437)。主イエスに忠実な人々は非難されるところのない純真な過ちのない人になろうと努力する。それはキリストにある希望やいのちをまだ知らない人々にそのメッセージを効果的に伝えたいからである。霊的に暗い世界でキリストに従う人々は、神の光を反射しながらほかの人々に神への道を示し、「世界の光」として輝かなければならない(→マタ5:14-16注)。

2:17 注ぎの供え物となっても 旧約聖書の「注ぎの供え物」は、大抵神に対する特別ないけにえや全焼のいけにえとともにささげられていた(→民15:1-12, 28:7, 24)。それはいけにえの上に注がれるか乾いた地に注がれて回収したり残したりされることはなかった。パウロは自分のいのちを神への供え物のように与えてもよいと思うほど、ピリピの人々を愛し強い関心を持っていた。(1) パウロは自分が究極の供え物になったとしても、それがキリストに対する人々の信仰と愛を深めることになるなら、後悔ではなく喜びであり特権であると考えた(⇒Ⅱテモ4:6)。(2) もしパウロが自分の信仰の子どもたち(キリストとの個人的関係に導いた人々)に対してそれほどの犠牲的な愛を持っていたなら、私たちは自分の子どもや神が導くようにゆだねられた人々のために、どのような犠牲を払い苦しみに耐えるべきだろうか。子どもたちが神との関係をできるだけ完全なかたちで持つようにさせるために、私たちは自分のいのちを神への供え物として注ぎ出す必要があるかもしれない。親としてあるいは霊的指導者として、私たちはそのような犠牲を払う備えをしておくべきである(→「**親と子ども**」の項 p.2265

テモテとエパフロデト

19 しかし、私もあなたがたのことを知って励ましを受けたいので、早くテモテをあなたがたのところに送りたいと、主イエスにあって望んでいます。 **20** テモテのように私と同じ心になって、真実にあなたがたのことを心配している者は、ほかにだれもいないからです。 **21** だれもみな自分自身のことを求めるだけで、キリスト・イエスのことを求めてはいません。 **22** しかし、テモテのりっぱな働きぶりは、あなたがたの知っているところです。子が父に仕えるようにして、彼は私といっしょに福音に奉仕して来ました。 **23** ですから、私のことがどうなるかがわかりしだい、彼を遣わしたいと望んでいます。 **24** しかし私自身も近いうちに行けることと、主にあって確信しています。 **25** しかし、私の兄弟、同労者、戦友、またあなたがたの*使者として私の窮乏のときに仕えてくれた人エパフロデトは、あなたがたのところに送らねばならないと思っています。 **26** 彼は、*あなたがたすべてを慕い求めており、また、自分の病気のことがあなたがたに伝わったことを気にしているからです。 **27** ほんとうに、彼は死ぬほどの病気にかかりましたが、神は彼をあわれんでくださいました。彼ばかりでなく私をもあわれんで、私にとって悲しみに悲しみが重なることのないようにしてくださいました。 **28** そこで、私は大急ぎで彼を送ります。あなたがたが彼に再び会って喜び、私も心配が少なくなるためです。 **29** ですから、喜びにあふれて、主にあって、彼を迎えてください。また、彼のような人々には尊敬を払いなさい。 **30** なぜなら、彼は、キリストの仕事のために、いのちの危険を冒して死ぬばかりになったからです。彼は私に対して、あなたがたが私に仕えることのできなかった分を果たそうとしたのです。

肉に頼ってはならない

3 **1** 最後に、私の兄弟たち。主にあって喜びなさい。前と同じことを書きますが、これは、私には煩わしいことではなく、あなたがたの安全のためにもなることです。 **2** どうか犬に気をつけてください。悪い働き人に気をつけてください。肉体だけの割礼の者に気をつけてください。 **3** 神の御霊によって礼拝をし、キリスト

---

19 ①圏ピリ1:1
　②ピリ2:23
20 ①囲ピリ16:10、Ⅱテモ3:10, 11
21 ①囲Ⅰコリ10:24, 13:5、ピリ2:4
22 * 直訳「適格性」
　①囲Ⅰコリ4:17
　②囲ピリ16:10、Ⅱテモ3:10, 11
23 ①圏ピリ2:19
24 ①囲ピリ1:25
25 ①圏ロマ16:3, 9, 21、ピリ4:3, ピレ1, 24他
　②ピレ2
　③Ⅱコリ8:23、囲ヨハ13:16
　*直訳「使徒」ギリシャ語「アポストロス」
　④囲ピリ4:18
　⑤ピリ4:18
26 *異本「あなたがたすべてを見ることを願い求めており」

29 ①ロマ16:2
　②Ⅰコリ16:18
30 ①囲使20:24
　②圏Ⅰコリ16:17、囲ピリ4:10

1 ①ピリ4:4, 囲ピリ2:18
　*別訳「ごきげんよう」
2 ①詩22:16, 20、黙22:15, 囲ガラ5:15
　②Ⅱコリ11:13
3 ①囲ガラ5:25
　②ピリ3:12, 圏ピリ1:1, 囲ロマ8:39

神を敬う生活に子どもを導くために親がとるべき16の基本的方策が提示されている）。

2:19 テモテ テモテは神に仕える牧師や宣教師にとって良い模範を示している。テモテは神のことばを熱心に従順に学び（Ⅱテモ3:15）、キリストの役に立つしもべであり（Ⅰテサ3:2）評判の良い人で（使16:2）、人々に愛され忠実で（Ⅰコリ4:17）、ほかの人々のことを心配し（2:20）信頼できる人で（Ⅱテモ4:9, 21）、パウロ（師である）とキリストの福音とに心から仕えている人だった（2:22, ロマ16:21）。

2:21 だれもみな自分自身のことを求めるだけ 奉仕者の中にはキリストの福音を前進させたいという思いではなく、自分の関心や光栄、名声や自己中心な野心などのために説教をしたり教えたり、牧師をしたり管理の仕事をしたり、また書物を書いたりする人がいる。主イエスに喜ばれるためではなく、人々を喜ばせ人気を得ようとするのである（2:20-21, 1:15, Ⅱテモ4:10, 16）。そのような奉仕者は神の本当のしもべではない。

3:2 犬・・・悪い働き人・・・割礼の者 キリストの福音をねじ曲げて、誤ったかたちで伝える人や、その結果、妥協したり信仰を捨てたりしてしまった人がいたために、パウロがひどく悲しんでいたことはほぼ確実である。キリストと教会、そしてキリストを信じる信仰による霊的救いのメッセージを深く愛していたパウロは真理をゆがめる人々に対しては大胆に反対をした。そのようなうそを広め始めた人々のことを、パウロは、「犬」、「悪い働き人」と言っている（→1:27注, 28注, ガラ1:9注, ⇒マタ23:）。それはその間違いが深刻なものであり、人々を霊的に滅ぼし飲み込んでしまうものだったからである。「肉体だけの割礼の者」とはユダヤ主義者の教えていた割礼の儀式に対するパウロの表現である（→ガラ2:4注）。その人々は、救われるためには旧約聖書の割礼（男性の性器の包皮を切除すること）のしるしが必要だと主張していた（→ガラ2:12注）。にせ教師たちは古い契約のしるしである割

イエスを誇り、人間的なものを頼みにしない私たちのほうこそ、割礼の者なのです。
4 ただし、私は、人間的なものにおいても頼むところがあります。もし、ほかの人が人間的なものに頼むところがあると思うなら、私は、それ以上です。
5 私は八日目の割礼を受け、イスラエル民族に属し、ベニヤミンの分かれの者です。きっすいのヘブル人で、律法についてはパリサイ人、
6 その熱心は教会を迫害したほどで、律法による義についてならば非難されるところのない者です。

3③ロマ15:17, 圆ガラ6:14
＊直訳「肉を」
④圆ロマ2:29,9:6,
圆ガラ6:15
4①圆Ⅱコリ11:18, 5:16
5①圆ルカ1:59
②圆Ⅱコリ11:22,
圆ロマ11:1
③圆ロマ11:1
④圆使22:3, 23:6, 26:5
6①圆使8:3
②圆ピリ3:9
②圆ピリ2:15

7①圆ルカ14:33
8①圆ピリ3:12, 圆ピリ1:1,
圆ロマ8:39
②圆ヨハ17:3, エペ4:13,
Ⅱペテ1:3, 圆ピリ3:10,
エレ9:23, 24
9①圆ロマ10:5, 圆ピリ3:6
②圆ロマ9:30,
圆Ⅰコリ1:30

キリストを得たいというパウロの願い

7 しかし、私にとって得であったこのようなものをみな、私はキリストのゆえに、損と思うようになりました。
8 それどころか、私の主であるキリスト・イエスを知っていることのすばらしさのゆえに、いっさいのことを損と思っています。私はキリストのためにすべてのものを捨てて、それらをちりあくたと思っています。それは、私には、キリストを得、また、
9 キリストの中にある者と認められ、律法による自分の義ではなくて、キリストを信じる信仰による義、すなわち、信仰に基づいて、神から与えられる義を持つことがで

礼の意味と目的とをねじ曲げていた。したがって割礼はただ無意味にからだを傷つけるだけのことになっていた(3:3)。それに対してパウロは、本当の割礼は聖霊が心の中に働いて罪と悪が切取られたときに行われたと宣言している(3:3, →ロマ2:29注, ⇒ロマ2:25-29, コロ2:11)。

3:8-11　キリストを得　この部分には、使徒パウロの心とキリスト教の本質が明らかにされている。パウロが何よりも求めていたのはキリストを知ることであり、キリストの臨在とキリストとの交わりをさらに親密に体験することだった。パウロはこれらのことを何よりも強く願い求めていた。実際にキリストをさらによく知ること以外はみな、価値のない「ちりあくた」のようなものだった(3:8)。キリストとのさらに深い関係を追い求める中で、パウロは次のことを最高の目標として目指していた。

（1）キリストを親しく知るとともにキリストの行われることを理解し、ともにいてくださることを体験してキリストの本質を理解し、神のことばに啓示されているキリストの品性に届くまで成長すること。キリストを知るには、みことばを聞いて学ぶことが必要であるけれども、同時にみことばを適用し体験することも必要である(→1:9注)。そして聖霊の導きに信仰をもって従順に従うことが求められる。それはキリストの品性や思い、願いと一つになることである。

（2）キリストの中にある者と認められること(3:9)。これはキリストに結び付けられて、その品性と力と約束に含まれる祝福と恩恵を体験することである(1:10-11, Ⅰコリ1:30注, →**救いについての聖書用語**」の項p.2045)。パウロは自分が完全にキリストとの関係の中に包まれてしまい、パウロと言えば即座に人々が主イエスのことを思うようにまでなることを願っていた。

（3）主イエスの復活の力を知ること(3:10)。これは主「イエスを死者の中からよみがえらせた」奇蹟的な力を指している(⇒ロマ8:11)。パウロは霊的に新しくし人生を変え、奇蹟を起こし罪を打砕く、その同じ力を自分の生活と働きの中で体験したいと願っていた(ロマ6:4, エペ2:5-6)。そして心の底で、自分もまた死者の中からの復活を体験すると信じていた(3:11, エペ1:18-20)。

（4）自分を否定し(→マコ8:34注)古い自分に死に(→ガラ2:20注)、キリストとその目的のために苦しみを受けることを通してキリストの苦しみにあずかること(1:29, 使9:16, ロマ6:5-6, Ⅰコリ15:31, Ⅱコリ4:10, ガラ2:20, コロ1:24, Ⅰペテ4:13)。→「**正しい人の苦しみ**」の項 p.825, →ロマ8:17注, Ⅱコリ1:5注, 4:8注, 11-12注, 16注, 17注, 18注

3:9　神から与えられる義　キリストに従う人々の義（神との正しい関係）は、まず信仰によって罪が赦され義と認められ（神との関係が正しくされること）、神に受入れられること(→ロマ4:5注)である。

（1）けれども私たちの義はこれだけではない。私たちの義は、私たちの心の中に住んでおられるキリスト・イエスご自身だと神のことばは言っている(⇒1:20-21, ロマ8:10, Ⅰコリ1:30, ガラ2:20, エペ3:17, コロ3:4)。つまり主イエスの義が私たちを通して表されていることである。旧約聖書では、メシヤ（救い主、キリスト）が「正しい若枝」で、「主は私たちの正義」と呼ばれている(→エレ23:5-6注, →**キリストによって成就した旧約聖書の預言**」の表 p.1029)。つまり私たちが持っている義は私たちのものではなく、私たちが頼っているキリストのものである(Ⅰコリ1:30注, ガラ2:20注)。キリストが私たちの罪のために犠牲を払ってくださり、聖霊によって私たちの中に宿っ

ピリピ　3章

きる、という望みがあるからです。
10 私は、キリストとその復活の力を知り、またキリストの苦しみにあずかることも知って、キリストの死と同じ状態になり、
11 どうにかして、死者の中からの復活に達したいのです。

目標を目ざして一心に走る

12 私は、すでに得たのでもなく、すでに完全にされているのでもありません。ただ捕らえようとして、追求しているのです。そして、それを得るようにとキリスト・イエスが私を捕らえてくださったのです。
13 兄弟たちよ。私は、自分はすでに捕らえたなどと考えてはいません。ただ、この一事に励んでいます。すなわち、うしろのものを忘れ、ひたむきに前のものに向かって進み、
14 キリスト・イエスにおいて上に召してくださる神の栄冠を得るために、目標を目ざして一心に走っているのです。
15 ですから、成人である者はみな、このような考え方をしましょう。もし、あなたがたがどこかでこれと違った考え方をしているなら、神はそのこともあなたがたに明らかにしてくださいます。
16 それはそれとして、私たちはすでに達しているところを基準として、進むべきです。

脚注・参照：
10 ①ロマ6:5, ②ヨハ17:3, エペ4:13, Ⅱペテ1:3, ③ピリ3:10, エレ9:23, 24 ③ロマ8:17, ④ロマ6:5, 8:36, ガラ6:17
11 ①Ⅰコリ15:23, 黙20:5,6, Ⅲヨハ26:7
12 ①Ⅰコリ9:24, 25, Ⅰテモ6:12, 19
　②Ⅰコリ13:10
　③Ⅰテモ6:12, 19
　*別訳「なぜなら……捕らえてくださったからです」
　④使9:5,6, ⑤ピリ3:3, 8, ⑥ピリ1:1, Ⅱテモ1:5
13 ①ルカ9:62
14 ①ピリ3:3, ②ロマ11:29, Ⅱテモ8:28, Ⅱヘブ1:9 ③Ⅰコリ9:24, Ⅲヘブ7:6
15 ①Ⅰコリ2:6, Ⅱマタ5:48 *別訳「完全」②ガラ5:10, ③エペ1:17, Ⅰテサ4:9, Ⅲヨハ6:45
16 ①ガラ6:16

ておられるので、私たちはキリストにあって「神の義となる」（→Ⅱコリ5:21注）。

（2）私たちが霊的に救われ、キリストとの正しい関係を保ち続けることができるのは、ただキリストの犠牲の死と流された血（ロマ3:24, 4:25, 5:9, 8:3-4, Ⅰコリ15:3, ガラ1:4, 2:20, エペ1:7, ヘブ9:14, Ⅰペテ1:18-19, Ⅰヨハ4:10）と聖霊によって心の中に与えられているキリストの復活のいのちがあるからである（ロマ4:25, 5:9-10, 8:10-11, ガラ2:20, コロ3:1-3, →ロマ4:22注）。

3:13　この一事に励んでいます　パウロは自らを競技に参加している選手になぞらえて（⇒ヘブ12:1注, ⇒Ⅰコリ9:24-27, Ⅰテモ6:12, Ⅱテモ4:7-8）、固い決意と集中力で全力を傾けてコースを走り抜き、賞を受ける姿を描いている。その目標はキリストが定めてくださったゴールに到着し完走することである。その「ゴール」は、キリストと最終的な救いと死者の中からの復活（3:11）とに完全に一つに結ばれることだった（3:8-10）。

（1）これがパウロの人生の動機だった。パウロは既に天の栄光を垣間見ていた（Ⅱコリ12:4）。そして神がやがて天に召してくださるまで、自分の全生涯をキリストのみこころを中心に送る決意をしていた。天に召されたときには顔と顔を合せてキリストに会うことができる（⇒Ⅱテモ4:8, 黙2:10, 22:4）。

（2）このような決意は私たちにも必要である。私たちの人生では日々の心配事や富や邪悪な思いなどあらゆる種類の邪魔や誘惑がキリストに対する献身の思いをふさいでしまう（⇒マコ4:19, ルカ8:14）。けれども私たちは、主イエスとともに永遠を過すという賞から目を離してはならない。つまり腐敗した世界と自分の古い罪の生活とともに「うしろのものを忘れ」（⇒創19:17, 26, ルカ17:32）、「ひたむきに前のものに向かって」（キリストにある最終的な救い）進まなければならないのである。うしろのものを忘れるということは、良い体験も悪い体験も手放すということである。過去の恐れや困難や失敗にとどまり続けて、サタンによって挫折感を持たされたり罪悪感に打ちのめされたりしてはならない。キリストは既にそれらのものから私たちを解放してくださっている（ロマ6:18, ヘブ10:22, 黙1:5）。私たちはまた過去の実績や成功にとどまっていて霊的に高ぶり、現在あるいは未来に向けて怠惰になってはならない。最も大切なことは私たちに与えられた神の目的がどのように実現するか、そして天で受ける最終的で貴重な報いがどのようなものになるかということである。

3:15-16　成人である者は…すでに達しているところを基準として、進む　霊的成長と堅実性という面で、成長したキリスト者は無関心になったり献身の気持を失ったりしてはならない。成熟した人々とは、「すでに達しているところを基準として」歩き続けて、さらにそれ以上に進み、神との関係において（時が良くても悪くても）成長を続ける人々である。成熟した人になり、キリスト者生活の中でさらに成長をするためには次のようなことが必要である。

（1）既に持っている聖書的な知識と理解している真理を実践に移さなければならない。私たちには、神が既に示してくださったことを日々の生活に適用する責任がある。キリスト者はしばしば霊的に「さらに多くのもの」を神に求める。けれども既に知っている聖書的原則に達していないし、また適用もしていないならどうして神がさらに多くのものをくださるだろうか（→Ⅰコリ2:6, 3:1-3, ヘブ5:12-6:1）。

（2）神とともに歩く霊的生活の中で、私たちはさら

ピリピ 3-4章

¹⁷兄弟たち。私を見ならう者になってください。また、あなたがたと同じように私たちを手本として歩んでいる人たちに、目を留めてください。
¹⁸というのは、私はしばしばあなたがたに言って来たし、今も涙をもって言うのですが、多くの人々がキリストの十字架の敵として歩んでいるからです。
¹⁹彼らの最後は滅びです。彼らの神は彼らの欲望であり、彼らの栄光は彼ら自身の恥なのです。彼らの思いは地上のことだけです。
²⁰けれども、私たちの国籍は天にあります。そこから主イエス・キリストが救い主としておいでになるのを、私たちは待ち望んでいます。
²¹キリストは、万物をご自身に従わせることのできる御力によって、私たちの卑しいからだを、ご自身の栄光のからだと同じ姿に変えてくださるのです。

4 ¹そういうわけですから、私の愛し慕う兄弟たち、私の喜び、冠よ。どうか、このように主にあってしっかりと立ってください。私の愛する人たち。

勧告のことば

²ユウオデヤに勧め、スントケに勧めます。あなたがたは、主にあって一致してください。
³ほんとうに、真の*協力者よ。あなたにも

17 ①Ⅰコリ4:16, 囲ピリ1:9 ②Ⅰペテ5:3
18 ①囲使20:31 ②圏Ⅱコリ11:13 ③囲ガラ6:14
19 ①圏ロマ16:18, 囲テト1:12 * 直訳「腹」 ②圏ロマ6:21, ユダ13 ③圏ロマ8:5,6, 囲コロ3:2
20 ①圏エペ2:19, 囲ピリ1:27, コロ3:1, ヘブ12:22 ②圏Ⅰコリ1:7
21 ①Ⅰコリ15:28 ②圏エペ1:19 ③圏Ⅰコリ15:43,49 ④ロマ8:29, コロ3:4 ⑤Ⅰコリ15:43-53

1 ①ピリ1:8 ②圏ロマ16:13, ピリ1:27
2 ①圏ピリ2:2
3 * 別訳「スズゴス（人名）」

Ⅰテサ1:10

に高い水準と深い関係を求めて進まなければならない。これはキリスト者の成熟を妨げたり完全に止めたりしてしまう、霊的勝利と敗北が交互に来るような繰返す循環を断ち切ることである。環境は変り気分も上下する。けれどもたといどんなことがあっても、私たちは神にさらに近付きみことばを適用しながら、安定した霊的成長を続けることができるはずである（→「**聖化**」の項 p.2405）。

3:18 キリストの十字架の敵 ここで言う敵とは、キリストに従っていると言いながらその裏で不道徳な生き方や誤った教えによってその福音を骨抜きにし、キリストの評判を汚している人々と理解するべきである。パウロは霊的に強い影響力を持っていた。そのかぎの一つは、キリストの福音の真理と純粋さを保つことに強い情熱を持っていたことであり、その福音を伝える働きでは非常に誠実だったことである。したがって、福音がねじ曲げられ、自分が仕えてきた人々がキリストを信じる信仰を捨てる危険に直面しているのを知ったとき、パウロの心はひどくかき乱された（→3:2注, ガラ1:9注, →「**監督とその務め**」の項 p.2021）。

3:19 彼らの神は彼らの欲望であり・・・彼らの思いは地上のことだけです ここは、自分の欲求と欲望（肉体だけではない）を何よりも優先させる自己中心的な人々のことを言っている。この人々は地上のことだけを思っている。そして律法を拒み反対し道徳的には節度がない。律法主義者とは逆である。律法主義者は、霊的救いを得るためにはある規則を守らなければならないという極端な間違いを主張していた（3:2-3）。けれども宗教的自由主義者（道徳的に節度のない人々）は反対の極端を主張して、キリスト者は神の恵みに頼っている限りしたいことは何をしてもよいと

言っていた。どちらも霊的には致命的な間違いを犯していた。

3:20 私たちの国籍は天にあります キリスト者はもはやこの世の住民ではない。主イエスに従うことにしたためこの地上では旅人であり寄留者になったのである（ヨハ18:36, ロマ8:22-24, ガラ4:26, ヘブ11:13, 12:22-23, 13:14, Ⅰペテ1:17, 2:11, →「**アブラハムの召命**」の項 p.50）。

（1）主イエスは弟子たちについて、「わたしがこの世のものでないように、彼らもこの世のものではありません」と言われた（ヨハ17:16）。キリスト者である私たちは、この世界では旅をする巡礼者であり新しい住まいに向かっているのである。私たちの人生の旅も価値観も進むべき方向もみな目的地を天に定めている。天こそが待ち焦がれている故郷なのである。新しく生れた（ヨハ3:3）私たちの名前は天の名簿に書かれてあり（4:3）、生活は天の基準によって導かれ、権利と財産は天に蓄えられている。

（2）神に忠実であるなら私たちの祈りは天に届き（⇒Ⅱ歴6:21, 30:27）、希望はそこに向けられている。私たちの友人や家族が既にそこにおり、私たちも間もなくそこに行く。そこには主イエスがおられ、私たちのために場所を備えておられる。またそこから再び来て、ともにいるために私たちを天に連れて行ってくださると約束をしてくださった（→ヨハ14:2注, 3注, ⇒ヨハ3:3, 14:1-4, ロマ8:17, エペ2:6, コロ3:1-3, ヘブ6:19-20, 12:22-24, Ⅰペテ1:4-5, 黙7:9-17）。このような理由から、キリスト者はみな「さらにすぐれた故郷、すなわち天の故郷にあこがれていたのです。それゆえ、神は彼らの神と呼ばれることを恥となさいませんでした。事実、神は彼らのために都を用意

頼みます。彼女たちを助けてやってください。この人たちは、いのちの書に名のしるされているクレメンスや、そのほかの私の同労者たちとともに、福音を広めることで私に協力して戦ったのです。

4 いつも主にあって喜びなさい。もう一度言います。喜びなさい。

5 あなたがたの寛容な心を、すべての人に知らせなさい。主は近いのです。

6 何も思い煩わないで、あらゆる場合に、感謝をもってささげる祈りと願いによっ

3 ①囲ルカ10:20
②囲ピリ2:25
4 ①囲ピリ3:1
5 ①囲Ⅰコリ16:22注、ヘブ10:37、ヤコ5:8,9
6 ①囲マタ6:25
②エペ6:18、囲Ⅰテモ2:1, 5:5

7 ①囲ピリ3:19
②イザ26:3、ピリ4:9、囲ヨハ14:27、コロ3:15
③囲Ⅱコリ10:5
④囲ピリ1:1, 4:19, 21
⑤Ⅰペテ5:7
8 ①囲ロマ14:18、Ⅰペテ2:12
＊あるいは「良いと言われるもの」

て、あなたがたの願い事を神に知っていただきなさい。

7 そうすれば、人のすべての考えにまさる神の平安が、あなたがたの心と思いをキリスト・イエスにあって守ってくれます。

8 最後に、兄弟たち。すべての真実なこと、すべての誉れあること、すべての正しいこと、すべての清いこと、すべての愛すべきこと、すべての評判の良いこと、そのほか徳と言われること、称賛に値することがあるならば、そのようなことに心を留め

しておられました」(ヘブ11:16)と言うのである。

4:4　主にあって喜びなさい　神の民はどんな環境の中でも、たとい苦しみの中でも喜ぶことと神の慈しみや忠実さ、近さや約束などを思い出して力を得ることを学ばなければならない(→1:4注, ⇒ヤコ1:2, Ⅰペテ4:13)。苦難のただ中でも喜び柔和であるなら、それは人の目を引き「すべての人に知ら」れるようになる。なぜならそのような態度は、神を知らず人生の重圧に向き合うための確かな手段を持たない人々の中には絶対的に欠けているからである(→1:4注)。

4:5　主は近いのです　主イエスは今にでも帰って来られると私たちは信じなければならない。新約聖書はキリストの再臨は間近(確実ですぐ)であると警告をしている(→ルカ12:35-40注)。この希望と期待は、新約聖書のキリスト者と教会とに一貫して見られる特徴である。私たちも同じように主イエスの現れに対して準備を整え、それに向けて働き見張っていてほしいとキリストは願っておられる(マタ24:36, 25:1-13, ロマ13:12-14, →「携挙」の項 p.2278)。

4:6　何も思い煩わないで　思い煩いを解決するための確実な方法は祈りである。それには次のような理由がある。(1) 神への祈りは当面の困難な情況から視点をそらして、神の力に向けてくれる(⇒エペ3:20)。(2) 祈りを通して私たちは神の真実さに改めて頼り、不安や問題を神にお渡しすることができる。それは神が私たちのことを心配し、それらを引受けてくださると知っているからである(マタ6:25-34, Ⅰペテ5:7)。(3) 私たちが問題や心配を明け渡したとき、神はその代りに平安を与えてくださる。この超自然的な平安は、キリスト・イエスとの交わりと親しい関係を持った結果として私たちの思いと心を守ってくれる(4:6-7, イザ26:3, コロ3:15, →「神の平和」の項 p.1301)。(4) 祈りを通して、神はみこころを行うことができるように私たちを強めてくださる(4:13, 3:20注, エペ3:16)。(5) 祈りを通して、私たちはあわれみと恵み、

「おりにかなった助けを受ける」ことができる(ヘブ4:16)。(6) 祈りの中で神との時間を過すときに、神は私たちに「すべてのことを働かせて益としてくださる」という確信を与えてくださる(4:11注, ロマ8:28注)。
→「効果的な祈り」の項 p.585

4:7　神の平安が、あなたがたの心と思いを・・・守ってくれます　神の平安は、人間の不安とは逆のものである。その平安は、キリストとみことばにささげ切った心から神を呼び求めたときに与えられる(ヨハ15:7)。思い煩いを神にゆだねたとき、それは神の手にゆだねたことになる。したがって私たちは、もはや心配はしないと心を決めることができる。(1) この平安は、私たちの内におられる聖霊によってキリストが与えてくださる、落ち着いた感覚であり確信である(ロマ8:15-16)。それは感情や環境によるものではなく、神との強固な関係を基盤にしている。そして主イエスがそばにおられ、神の愛が私たちの中に働いて益をもたらしてくれるという強い確信が与えられる(ロマ8:28, 32, ⇒イザ26:3)。(2) 問題や心配を祈りによって神にゆだねるとき、神の平安は心の扉の前で見張りをして、私たちの心と思いが生活の不安や心配、悲しみなどによってかき乱されたり、キリストにある希望が奪われたりしないように守ってくれる(4:6, イザ26:3-4, 12, 37:1-7, ロマ8:35-39, Ⅰペテ5:7)。(3) もし恐れや不安が戻って来ても、私たちは感謝の心を持って祈りの中で神のもとに行くことができる。そうすれば、神は再び平安を送って私たちの心を守ってくださる。私たちは神の「安全管理」の下で再び安心感を得て、主にあって喜ぶことができるようになる(4:4, →「神の平和」の項 p.1301)。

4:8　すべての清いこと　神の平安と不安からの解放を体験するには、信仰者は真実なこと、誉れあること、正しいこと、清いことなどに心を留めなければならない。そうするなら、「平和の神があなたがたとともにいてくださいます」とパウロは言っている(4:9)。神

なさい。
⁹あなたがたが私から学び、受け、聞き、また見たことを実行しなさい。そうすれば、平和の神があなたがたとともにいてくださいます。

贈り物への感謝

¹⁰私のことを心配してくれるあなたがたの心が、このたびついによみがえって来たことを、私は主にあって非常に喜びました。あなたがたは心にかけてはいたのですが、機会がなかったのです。
¹¹乏しいからこう言うのではありません。私は、どんな境遇にあっても満ち足りることを学びました。
¹²私は、貧しさの中にいる道も知っており、豊かさの中にいる道も知っています。また、飽くことにも飢えることにも、富むことにも乏しいことにも、あらゆる境遇に対処する秘訣を心得ています。
¹³私は、私を強くしてくださる方によって、どんなことでもできるのです。

9①参ピリ3:17
 ②参ロマ15:33
10①拡Ⅱコリ11:9, ピリ2:30
11①参Ⅰテモ6:6, 8,
 ②拡Ⅱコリ9:8, ヘブ13:5
12①参Ⅰコリ4:11
 ②拡Ⅱコリ11:9
13①拡Ⅱコリ12:9, エペ3:16, コロ1:11

14①拡ヘブ10:33, 黙1:9
15①拡ピリ1:5
 ②参ロマ15:26
 ③拡Ⅱコリ11:9
16①参使17:1,
 Ⅰテサ2:9
17①拡Ⅱコリ9:5,
 Ⅰコリ9:11, 12
 ＊直訳「果実」
18①参ピリ2:25
 ②参Ⅱコリ2:14, エペ5:2
 ③拡Ⅱコリ9:8
19①参ロマ2:4

¹⁴それにしても、あなたがたは、よく私と困難を分け合ってくれました。
¹⁵ピリピの人たち。あなたがたも知っているとおり、私が福音を宣べ伝え始めたころ、マケドニヤを離れて行ったときには、私の働きのために、物をやり取りしてくれた教会は、あなたがたのほかには一つもありませんでした。
¹⁶テサロニケにいたときでさえ、あなたがたは一度ならず二度までも物を送って、私の乏しさを補ってくれました。
¹⁷私は贈り物を求めているのではありません。私のほしいのは、あなたがたの収支を償わせて余りある霊的祝福なのです。
¹⁸私は、すべての物を受けて、満ちあふれています。エパフロデトからあなたがたの贈り物を受けたので、満ち足りています。それは香ばしいかおりであって、神が喜んで受けてくださる供え物です。
¹⁹また、私の神は、キリスト・イエスにあるご自身の栄光の富をもって、あなたがたの必要をすべて満たしてくださいます。

に反するこの世界のものによって思いを占領されるなら、その結果は神の喜びや平安が失われ、神が遠くに感じられ心を守れなくなってしまう。ここのことばはまた、人間の考えや態度が人生に影響を与えることについても触れている。人間の考えを占めているものはどのようなものでも、やがてその人のことばや行動に表れるものである（→マタ5:28, 15:19, マコ7:21, ルカ6:45）。パウロは「そのようなことに心を留めなさい」という強い勧めの後に、それらのことを「実行しなさい」（4:9）と続けている。ここに挙げられている品性や特質を追い求めるなら、私たちの考え方は健康なものになり、道徳的に純粋で霊的には健全な生き方として表れるようになる。

4:11 私は・・・満ち足りることを学びました 満ち足りるための秘訣は、キリストとの関係の中で耐え忍び、神に近付いて勝利をし続けるのに必要なものを神がみな現在の情況の中で既に与えてくださっていることに気付くことである（Ⅰコリ15:57, Ⅱコリ2:14, Ⅰヨハ5:4）。絶えず変化する環境の中で安定した勝利の生活をし続ける能力は、私たちの中に流れ込みまたあふれ出るキリストの力から与えられる（4:13, →Ⅰテモ6:8注）。けれどもこの能力は自然に備わるものではない。キリストに頼り従順に従うことを通して学び育てられていくものである。

4:13 どんなことでもできるのです 私たちはキリストの臨在や力や目的に頼ることによって、キリストが願っておられるあらゆることを耐え忍び達成することができる（→「**信仰と恵み**」の項 p.2062）。「私を強くしてくださる方」ということばは、ギリシヤ語では「エンデュナムーンティ」で「私に力を与えてくださる方」という意味である。神が望み用意しておられることを行う能力は、自分の能力や創造力や霊性によるのではなく、それを可能にしてくださる神の力から来るのである。

4:16 あなたがたは一度ならず二度までも物を送って ピリピの教会は、パウロの宣教旅行中にその必要に配慮をし、支え続けた宣教的な教会だった（4:15-17, 1:4-5）。忠実な宣教師たち（キリストの福音をほかの文化圏や共同体、ほかの地域の人々に伝えるためにキリストによって召され任命された人々）を支援するためにささげ物をすることは、神に直接にささげるのと同じである。私たちのささげ物は「香ばしいかおりであって、神が喜んで受けてくださる供え物」となり、神に大切に受入れられる（4:18）。困っている人々を助けることも、実際には神ご自身に行ったことであると主イエスは言われた（マタ25:40）。

4:19 あなたがたの必要をすべて満たしてくださいます 父である神は子どもたちに対して愛に満ちた配慮

ピリピ 4章

²⁰ どうか、私たちの父なる神に御栄えがとこしえにありますように。アーメン。

最後のあいさつ

²¹ キリスト・イエスにある聖徒のひとりひとりに、よろしく伝えてください。私といっしょにいる兄弟たちが、あなたがたによろしくと言っています。²² 聖徒たち全員が、そして特に、カイザルの家に属する人々が、よろしくと言っています。

²³ どうか、主イエス・キリストの恵みが、あなたがたの霊とともにありますように。

20①ガラ1:4
　②ロマ11:36
21①ガラ1:2
22①使9:13
　②Ⅱコリ13:12
23①ロマ16:20
　②Ⅱテモ4:22

をしてくださることをパウロは強調している。神に対して忠実であり続け、神が与えてくださったものをほかの人々と分け合っていくなら、私たちの必要(物質的、肉体的、霊的)も、神に頼るときに神はみな満たしてくださる。ここの文脈で大切なことは、ピリピの人々がほかの人々を忠実に助けていたので神の祝福が与えられたことである。神が「キリスト・イエスに」あって私たちの必要を満たしてくださるということは、私たちがキリストと親しい個人的関係をもって結び合されているなら、必要なものを余すところなく体験できるということである。神のことばの中には、神の配慮と助けについて神の民に希望と励ましを与える約束が多くある。以下にあるのはその一部分である。
創28:15, 50:20, 出33:14, 申2:7, 32:7-14, 33:27, ヨシ1:9, Ⅰサム7:12, Ⅰ列17:6, 16, Ⅱ歴20:17, 詩18:35, 23:, 121:, イザ25:4, 32:2, 40:11, 41:10, 43:1-2, 46:3-4, ヨエ2:21-27, マラ3:10, マタ6:25-34, 14:20, 23:37, ルカ6:38, 12:7, 22:35, ヨハ10:27-28, 17:11, ロマ8:28, 31-39, Ⅱテモ1:12, 4:18, Ⅰペテ5:7　→「神の摂理」p.110

コロサイ人への手紙

概　　要
　序言(1:1-12)
　　A．キリストにあるあいさつ(1:1-2)
　　B．コロサイの人々の信仰、愛、望みについての感謝(1:3-8)
　　C．霊的成長のための祈り(1:9-12)
　I．強力な原則－キリストによる霊的刷新と回復(1:13-2:23)
　　A．キリストの絶対的な超越性(1:13-23)
　　　1．罪からの救い主として(1:13-14, ⇒1:20, 22)
　　　2．被造物の主として(1:15-17)
　　　3．教会のかしらとして(1:18)
　　　4．あらゆるものの回復者として(1:19-20)
　　　5．コロサイの人々を神と和解させる仲介者として(1:21-23)
　　B．キリストの奥義についてのパウロの忠実な働き(1:24-2:7)
　　　1．教会の完成を目指してキリストのために受ける苦難(1:24-28)
　　　2．欺きを避けるためのキリストの弟子たちに対する励まし(2:1-7)
　　C．誤った教えに対する警告(2:8-23)
　　　1．問題－キリストよりもこの世界の伝統と原則に重きを置くこと(2:8)
　　　　解決－キリストの中に完全ないのちと満たしを見出すこと(2:9-15)
　　　2．問題－キリストとの関係を宗教的行事に置き換えること(2:16-23)
　　　　解決－キリストにあるいのちによってこの世界の伝統と原則に死ぬこと(2:20)
　II．実際的な教え－聖い生活と正しい人間関係のための基準(3:1-4:6)
　　A．キリスト者個人の行動(3:1-17)
　　　1．キリストとともに天にあるものを思う(3:1-4)
　　　2．罪の古い生活を捨てる(3:5-9)
　　　3．キリストにある新しい自分を着る(3:10-17)
　　B．キリスト者個人の人間関係(3:18-4:1)
　　　1．妻と夫(3:18-19)
　　　2．子どもと両親(3:20-21)
　　　3．奴隷と主人(3:22-4:1)
　　C．キリスト者の霊的影響力(4:2-6)
　　　1．奉仕の働きのための熱い祈り(4:2-4)
　　　2．教会の外部の人に対する賢明な行動(4:5)
　　　3．人々に対する親切なことば遣い(4:6)
　結論(4:7-18)

著　　者：パウロ

主　　題：キリストは最高であり十分な方である

著作の年代：紀元62年頃

著作の背景
　コロサイの町は小アジヤの南西部にあるラオデキヤ(⇒4:16)の近くで、エペソの真東約160キロのところにあった(この地域の全体像 →「パウロの第二次伝道旅行」の地図 p.2008)。コロサイの教会はパウロが三年とい

コロサイ

う例外的に長い期間エペソに滞在し働いたときの実として始まったと思われる(使20:31)。そのときのパウロの働きは非常に力強く、その影響は遠くにまで及んだ。その結果、「アジヤに住む者はみな、ユダヤ人もギリシヤ人も主のことばを聞いた」(使19:10)。パウロは個人的にはコロサイを訪ねたことがなかったけれども(2:1)、コロサイ出身の協力者であるエパフラスを通してコロサイの教会とは連絡を取合っていた(1:7, 4:12)。

この手紙が書かれたのは、コロサイの教会の未来を霊的におびやかす誤った教えと対決し、これを完全に抑えるためだった(2:8)。また、コロサイの教会の指導者(創立者とも思われる)が遠路パウロを訪ねて来て、コロサイの情況を伝えたことに対してパウロが応答したものだった(1:8, 4:12)。このときパウロはローマで(使28:16-31)捕われていて(4:3, 10, 18)カイザルへの上訴の機会を待っていたと思われる(使25:11-12)。この手紙を実際にコロサイに届けたのは、パウロの同労者であるテキコだった(4:7)。

コロサイで広がっていた異端(証明され確立している教えに矛盾する間違った教えや信仰)がどういう性質のものだったのか、パウロははっきり説明をしていない。この手紙を読む人々には既にわかっていることだったからである。その教えがどのようなものだったとしても、ある人々のキリストに頼る信仰と生活の中心部分が少しずつむしばまれていたようである。パウロの反論から見ると、この誤った教えはキリスト教の教えとユダヤ教の伝統、人間中心的な哲学(人間の理想や価値観に基づくもの)、神秘主義(超自然的な直感や洞察力を通して神と交わることができるとする教え)などが奇妙に混じり合ったもののようである。今日の多くのカルトや、間違った宗教哲学が混ざった信仰もこれとよく似ている。

目　的

パウロがこの手紙を書いた目的は次の通りである。(1) コロサイでの誤った危険な教えと戦うため。その理由は、キリストこそあらゆる被造物や啓示、霊的救いや教会などの上に最高の力と権威を持つ方として頼っている人々の信仰と焦点を、この教えがほかのものに移そうとしていたからである。(2) キリストとともにある新しいいのちの本質や特徴、守るべき基準などを強調するため。

概　観

パウロは教会にあいさつをし、コロサイの人々の信仰、愛、望みとひたすらな霊的成長について感謝の気持を表した後、正しい教理(信仰と教えの基礎 1:13-2:23)と実際的訴えと指導(3:1-4:6)という二つの重要な問題に焦点を当てている。

パウロはまずあとで話すことの土台として、主イエス・キリストの特性と栄光について強調している。そして「御子は、見えない神のかたち」(1:15)であり、「神の満ち満ちたご性質が形をとって宿」った(2:9)、万物の創造主(1:16-17)、教会のかしら(1:18)、救いと神との新しい関係の完全な源(1:14, 20-22)であると示した。キリストはそれに完全に当てはまる(十分、完全)方であるけれども、これに対してコロサイの異端(誤った教え)は全く不適切な(不完全、欠陥がある)ものである。それは空虚で人を惑わし、人間中心で世俗的であり(2:8)、霊的には浅くごう慢で(2:18)、肉体の罪深く反抗的な欲望に対しては無力である(2:23)。

実際的な教えとして、パウロはコロサイの人々に人生のあらゆる面で本当の聖さ(道徳的純粋、霊的健全、悪からの分離、神への献身)を実現するように訴えている。そしてそれは、キリストに完全に頼らなければできないことを強調した。信仰者の中にキリストが臨在しておられるなら(1:27)、それはキリスト者の行動(3:1-17)や人間関係(3:18-4:1)、霊的な規律(4:2-6)の中に現れるはずである。

特　徴

この手紙には三つの大きな特徴がある。

(1) 新約聖書のほかのどの書物よりも、(a) キリストはあらゆるものの上に力と権威を持ち、(b) 人生のあらゆる必要と目的を満たすのに十分な方であるという二項目の真理に焦点を当てている。

(2) キリストが完全に神であると断言し(2:9)、あらゆるものに勝るキリストの栄光と偉大さを新約聖書のどの書物よりもはっきりとことばに表現している(1:15-23)。

(3) エペソ人への手紙と合せて「ふたごの手紙」と言われることがある。それは内容がかなり似ており、ほとんど同じ時期に書かれているからである(⇒エペソ、コロサイ両方の手紙の緒論の概要)。

コロサイ人への手紙の通読

新約聖書全体を1年間で通読するためには、コロサイ人への手紙を次のスケジュールに従って5日間で読まな

ければならない。
☐1:1-23 ☐1:24-2:5 ☐2:6-23 ☐3:1-4:1 ☐4:2-18

メ　モ

コロサイ 1章

1 ¹神のみこころによる、キリスト・イエスの使徒パウロ、および兄弟テモテから、
²コロサイにいる聖徒たちで、キリストにある忠実な兄弟たちへ。どうか、私たちの父なる神から、恵みと平安があなたがたの上にありますように。

感謝と祈り

³私たちは、いつもあなたがたのために祈り、私たちの主イエス・キリストの父なる神に感謝しています。
⁴それは、キリスト・イエスに対するあなたがたの信仰と、すべての聖徒に対してあなたがたが抱いている愛のことを聞いたからです。
⁵それらは、あなたがたのために天にたくわえられてある望みに基づくものです。あなたがたは、すでにこの望みのことを、福音の真理のことばの中で聞きました。
⁶*この福音は、あなたがたが神の恵みを聞き、それをほんとうに理解したとき以来、あなたがたの間でも見られるとおりの勢いをもって、世界中で、実を結び広がり続けています。福音はそのようにしてあなたがたに届いたのです。
⁷これはあなたがたが私たちと同じしもべである愛するエパフラスから学んだとおりのものです。彼は私たちに代わって仕えている忠実な、キリストの仕え人であって、
⁸私たちに、御霊によるあなたがたの愛を知らせてくれました。
⁹こういうわけで、私たちはそのことを聞いた日から、絶えずあなたがたのために祈り求めています。どうか、あなたがたがあらゆる霊的な知恵と理解力によって、神のみこころに関する真の知識に満たされますように。

1:2　コロサイにいる・・・忠実な兄弟たち　パウロがコロサイの人々にこの手紙を書いたのは、その教会の信仰者たちのところににせ教師たちが入り込んでいたからである。にせ教師たちは、イエス・キリストに仕えキリストの使徒たちの教えに忠実であっても(→使14:4注、⇒使2:42)、それだけではキリスト教信仰としても霊的に救われるためにも十分ではないと宣言していた。その誤った教えは、人間的な「哲学」と「言い伝え」を福音(キリストのメッセージ)と混ぜ合せたもので(2:8)、天使を神と人間との間の仲介者として礼拝するように呼びかけていた(2:18)。この詐欺師たち(キリスト者のように見せ掛けている人々)はまた、ユダヤ教のある宗教的戒律を厳格に守ることを求めていた(2:16, 21-23)。そして自分たちの規則は、幻による特別な啓示によって与えられたと主張して正当化していた(2:18)。

(1) この誤りの背後にある基本的な哲学と同じものは今の時代にも現れ、イエス・キリストの教えと新約聖書のメッセージだけでは霊的必要を十分に満たすことはできないと教えている(→Ⅱペテ1:3注)。

(2) パウロはこの異端(聖書に啓示され証明された信仰の基盤に矛盾した誤った教え)に対して大胆に反論している。その際にパウロは、キリストが単に私たちの個人的な救い主(罪を赦し霊的死から救い出す方)であるだけではなく、教会のかしらであり宇宙と被造物全部の主(最高の権威を持つ方)であることを示している。したがって、人間の努力や考えや知恵ではなく、イエス・キリスト(私たちの中に働くキリストの力とともに)こそが私たちを罪の力から救い出し、神との正しい関係に入れて永遠に救ってくださる。私たちと神との間にほかの仲介者(人間であれ霊的な存在であれ)は必要ではない。私たちは直接キリストを通して神に近付くことができる。

(3) 本当の信仰者は、積極的にキリストの導きに従い人生をまかせ、キリストを愛し従い、その目的に沿って生きることによって、キリストとその福音を信じている信仰を示していくはずである。キリストの福音(「よい知らせ」、キリストの教え)に私たちは何も加えてはならない。またどんな体験や教えや哲学がその代わりに提供されてもそれを支持してはならない。

1:5　あなたがたのために・・・たくわえられてある望み　→「**聖書的希望**」の項 p.943

1:9　神のみこころに関する真の知識　神のみこころ(神の特性と目的に基づいた神の願いと計画)は神ご自身を知り、神と個人的関係を深めていくことによってわかってくる。そのような関係は絶えず時間をとって祈り(神に聞き神と話合う)、みことばを学ぶことによって深まっていく。神のみこころを認めて理解する能力は、日々の生活の中で決断をし、みことばを態度や行動に適用する中で育っていく。私たちの心と生活を神が願われるように導き変えていく霊的知恵と理解力は、この種の知識によらなければ生れてこない(1:9-11, →ピリ1:9注)。→「**神のみこころ**」の項 p.1207

1:9-12　絶えずあなたがたのために祈り求めています

10 また、主にかなった歩みをして、あらゆる点で主に喜ばれ、あらゆる善行のうちに実を結び、神を知る知識を増し加えられますように。
11 また、神の栄光ある権能に従い、あらゆる力をもって強くされて、忍耐と寛容を尽くし、
12 また、光の中にある、聖徒の相続分にあずかる資格を私たちに与えてくださった父なる神に、喜びをもって感謝をささげることができますように。
13 神は、私たちを暗やみの圧制から救い出して、愛する御子のご支配の中に移してくださいました。

10 ①エペ4:1, ②コロ2:6
②Ⅱコリ5:9, エペ5:10
*あるいは「によって成長しますように」
11 ①エペ3:16, Ⅰコリ16:13
12 ①使26:18, ①エペ6:12
②使20:32, ③エペ2:18
④エペ4:2
* 別訳「喜びをもって」を11節の「忍耐……」の前に挿入する
13 ①使26:18, エペ6:12
②マタ3:17, エペ1:6
14 ①エペ1:7, ロマ3:24
15 Ⅰテモ1:17,
ヘブ11:27, ヨハ1:18
②Ⅱコリ4:4
③コロ1:17, 18, ロマ8:29
16 ①エペ1:10
②エペ1:20, 21, コロ2:15
③ヨハ1:3, ロマ11:36, Ⅰコリ8:6
17 ①ヨハ1:1, 8:58

14 この御子のうちにあって、私たちは、贖い、すなわち罪の赦しを得ています。

キリストの超越性
15 御子は、見えない神のかたちであり、造られたすべてのものより先に生まれた方です。
16 なぜなら、万物は御子にあって造られたからです。天にあるもの、地にあるもの、見えるもの、また見えないもの、王座も主権も支配も権威も、すべて御子によって造られたのです。万物は、御子によって造られ、御子のために造られたのです。
17 御子は、万物よりも先に存在し、万物は

これは御霊の霊感を受けて新約聖書に記録されたパウロの四つのすぐれた祈りの中の一つである(ほかの三つはエペ1:16-19, 3:14-19, ピリ1:9-11)。これらの祈りは友人や両親、子どもたちやほかのキリスト者、宣教師や牧師など、ほかの人々のためにどのように祈るべきかを示す非常に優れた模範である。私たちはほかの人々のために次のように祈らなければならない。(1) 神のみこころを理解できるように(→1:9注)、(2) 霊的知恵を得るように、(3) 聖く(道徳的に純潔、霊的に健全、悪からの分離、神への献身)神に喜ばれる生活ができるように、(4) キリストのために実を結ぶ(奉仕の働きと人格において望ましい結果が得られること)ように、(5) 聖霊によって霊的に強められるように、(6) 信仰と義(神との正しい関係と神の基準が正しいとすることを行える御霊の力)にとどまり続けるように、(7) 父である神に感謝をささげるように、(8) 希望を天に向けて生活ができるように、(9) キリストがそばにおられることを体験できるように、(10) キリストの愛を知り体験できるように、(11) 神の満ち満ちた姿で満たされる(深い関係を通して神が私たちに願っておられることをみな受取り体験する)ように、(12) ほかの人々に愛と親切を示すことができるように、(13) 善と悪、正しいことと間違っていること、真理と誤りとを見分けられるように、(14) 誠実で責められるところがないように、(15) 主が再び来られるのを切に待望するように。 →「とりなし」の項p.1454,「効果的な祈り」の項p.585

1:11 あらゆる力をもって強くされて 主に結び付き主を代表する者としてふさわしい生き方をするためには(1:10)、主の力によって強められなければならない。力を注がれることは、私たちの中におられる聖霊の臨在によって神ご自身のいのちを受継ける体験である。それ以外に私たちを罪(神に逆らう自分勝手な道を進もうとする生まれつきの傾向)やサタンや世界に打勝たせてくれるものは何もない(⇒ピリ4:13, →「信仰と恵み」の項 p.2062)。

1:13 暗やみの圧制から 私たちの霊的救いと、神との新しい関係との中心にあるのは、サタンとその勢力の力と支配から助け出され自由にされることである(マタ4:8-11, ルカ22:52-53, エペ2:2, 6:12)。今私たちはキリストの御国とその支配の中に入れられている(ロマ6:17-22, →使26:18注)。→「サタンと悪霊に勝利する力」の項 p.1726,「神の国とサタンの国」の表 p.1711

1:14 贖い、すなわち罪の赦し →「救いについての聖書用語」の項 p.2045

1:15 造られたすべてのものより先に生まれた方 ここでパウロは、キリストも神によって造られたと言っているのではない。「すべてのものより先に生まれた方」ということばは、旧約聖書での「第一の地位」、「相続人」、「最も高い者」(出4:22, 詩89:27―ここではダビデが長男ではなかったのに王であることから「長子」と言われている)という意味を受継いでいる。永遠の神の御子であるキリストは、被造物全部を相続しそれを支配する方であり(⇒1:18, ヘブ1:1-2)、あらゆるものの上に立つ方である(望むままのことを行う完全な権威と支配と力を持っている ⇒1:16, 2:9-10, マタ28:18, Ⅰペテ3:22, Ⅱペテ2:1, ユダ1:4)。

1:16 万物は、御子にあって造られた パウロはキリストの天地創造の働きを次のように確認している。(1) キリストは天地創造のときに活動された方であり、物質的なもの霊的なもの全部がその働きによって生み出された。「すべてのものは、この方によって造られた」(ヨハ1:3, ⇒ヘブ1:2)。(2) あらゆるものは

コロサイ　1章

御子にあって成り立っています。18また、御子はそのからだである教会のかしらです。御子は初めであり、死者の中から最初に生まれた方です。こうして、ご自身がすべてのことにおいて、第一のものとなられたのです。

19なぜなら、神はみこころによって、満ち満ちた神の本質を御子のうちに宿らせ、20その十字架の血によって平和をつくり、御子によって万物を、御子のために和解させてくださったからです。地にあるものも天にあるものも、ただ御子によって和解させてくださったのです。

18 ①エペ1:23,
　コロ1:24, 2:19
　②エペ1:22
　③圏黙3:14
　④使26:23
19 ①エペ1:5, ヨハ1:16
20 ①圏エペ2:13
　②ロマ5:1, 圏エペ2:14
　③圏コロ1:16
　④圏Ⅱコリ5:18,
　圏エペ2:6
　＊「和解」以下は補足
21 ①圏ロマ5:10,
　エペ2:3, 圏エペ2:12
22 ①ロマ7:4
　②圏コリ5:18,
　圏エペ2:16
　③圏エペ1:4
　④圏エペ5:27, コロ1:28
23 ①圏エペ3:17,
　圏コロ2:7
　②圏コロ1:5

21あなたがたも、かつては神を離れ、心において敵となって、悪い行いの中にあったのですが、22今は神は、御子の肉のからだにおいて、しかもその死によって、あなたがたをご自分と和解させてくださいました。それはあなたがたを、聖く、傷なく、非難されるところのない者として御前に立たせてくださるためでした。23ただし、あなたがたは、しっかりとした土台の上に堅く立って、すでに聞いた福音の望みからはずれることなく、信仰に踏みとどまらなければなりません。この福音は、

キリストにあって互いに結び合され、支えられ動き続け、必要なものが与えられている(1:17, ヘブ1:3, →「**天地創造**」の項 p.29)。(3) パウロは六つの節の中で7回、「造られたすべてのもの」、「万物」、「すべて」と言って、あらゆるものに対するキリストの超越性と絶対的な権威とを強調している。この中には、「王座も主権も支配も権威も」含まれている。これはコロサイの教会に入ってきたにせの教えの重要な部分になっている、御使いの階級(等級、組織、命令系統)を指しているものと思われる(→1:2注, 2:18注)。

1:18　死者の中から最初に生まれた方　イエス・キリストは、肉体と霊の両方をもって死者の中からよみがえられた最初の方である(Ⅰコリ15:20)。死からよみがえった人はほかにもいるけれども、その人々は再び死んでいった(Ⅱ列4:35, ルカ7:15, ヨハ11:44, 使9:36-41, 20:7-11)。よみがえられた日に主イエスは教会(全世界に広がるあらゆる時代のキリストの弟子たちの共同体)のかしらとなられた。新約聖書の教会はその日に始まり、弟子たちはその日に聖霊を受けた(→「**弟子たちの新生**」の項 p.1931)。キリストが「死者の中から最初に生まれた方」であるという事実によって、キリストが代りに死んでくださった人々には最後の復活という希望が与えられる(キリストはすべての人のために死なれた。そしてすべての人々はやがてよみがえる。キリストを受入れた人はよみがえってキリストとともにいる永遠のいのちを受け、キリストを受入れなかった人はよみがえって永遠のさばきを受け、神から切離される →ヨハ5:28-29)。

1:19　満ち満ちた神の本質を御子のうちに宿らせ　パウロはキリストの神性(キリストが完全に神であること)を最も簡潔なことばで描いている。キリストの中には神のすべてと完全さがそのあらゆる力と特性とともに宿っているのである(2:9, ⇒ヘブ1:8, →「**神の属性**」の項 p.1016)。

1:20　万物を、御子のために和解させてくださった　聖書では、「和解する」とは神との正しい関係を回復するという意味である。けれどもここでは、キリストが人々をみな自動的に救われたと言っているのではない。神との関係を受入れるか拒むかはそれぞれの人が選ばなければならない。キリストを拒む人は神の敵であり続け(ロマ2:4-10)、永遠の地獄に向かっている。キリストの赦しを受入れて人生を明け渡す人だけが神と和解して救われるのである。最初の人が罪を犯したときには、神と人との間の霊的調和が壊れただけではなく、あらゆる被造物に混乱と腐敗が入り込んでしまった(ロマ8:19-22)。けれどもキリストは私たちの罪のために十字架の上で死に、神と人間との間の平和を再び可能なものとし、キリストを信じる信仰によって神との個人的関係を持つ機会を回復してくださった(⇒1:22, →Ⅱコリ5:18注, Ⅰペテ3:18)。この過程の中で、キリストはまた物質的世界と宇宙にあるすべてのものとに調和(潜在的な)を回復してくださった(⇒1:16-18)。ただし完全な回復は、歴史の終りにキリストが地上に再び来られたときに初めて起こることである(ロマ8:21, 黙20:-21:)。

1:23　信仰に踏みとどまらなければなりません　キリスト者が最終的にキリストの御前に「聖く、傷なく、非難されるところのない者として」(1:22)立つためには、信仰によって応答し続けなければならないとパウロは言っている。このことに私たちは注意しなければならない。私たちは、(1)「信仰に踏みとどまらなければ」ならない。それは何を行うにしても、人生を積極的にキリストに明け渡し、みことばに従い、その権威と目的にゆだね続けることである(→「**信仰と恵み**」の項 p.2062)。(2) 主イエスと使徒たちの福音と教えの「しっかりとした土台の上に堅く立って」いなければ

天の下のすべての造られたものに宣べ伝えられているのであって、このパウロはそれに仕える者となったのです。

教会のためのパウロの労苦

24 ですから、私は、あなたがたのために受ける苦しみを喜びとしています。そして、キリストのからだのために、私の身をもって、キリストの苦しみの欠けたところを*満たしているのです。キリストのからだとは、教会のことです。
25 私は、あなたがたのために神からゆだねられた務めに従って、教会に仕える者となりました。神のことばを余すところなく伝えるためです。
26 これは、多くの世代にわたって隠されていて、いま神の聖徒たちに現された奥義なのです。
27 神は聖徒たちに、この奥義が異邦人の間にあってどのように栄光に富んだものであるかを、知らせたいと思われたのです。この奥義とは、あなたがたの中におられるキリスト、栄光の望みのことです。
28 私たちは、このキリストを宣べ伝え、知恵を尽くして、あらゆる人を戒め、あらゆる人を教えています。それは、すべての人を*、キリストにある成人として立たせるためです。
29 このために、私もまた、自分のうちに力強く働くキリストの力によって、労苦しながら奮闘しています。

2 1 あなたがたとラオデキヤの人たちと、そのほか直接私の顔を見たことのない人たちのためにも、私がどんなに苦闘しているか、知ってほしいと思います。
2 それは、この人たちが心に励ましを受け、愛によって結び合わされ、理解をもって豊かな全き確信に達し、神の奥義であるキリストを真に知るようになるためです。
3 このキリストのうちに、知恵と知識との宝がすべて隠されているのです。
4 私がこう言うのは、だれもまことしやかな議論によって、あなたがたをあやまちに導くことのないためです。
5 私は、肉体においては離れていても、霊においてはあなたがたといっしょにいて、

---

23 ③コロ1:6、囲マコ16:15、使2:5 ①コロ1:25、囲エペ3:7 *直訳「私、パウロ」 ⑤圏Ⅰコリ3:5
24 ②圏ピリ2:17、圏ロマ8:17、Ⅱコリ1:5、12:15 ②圏コロ1:18 ③囲Ⅱテモ1:8、2:10 *別訳「代表で満たしています」「満たすために私の分を果たしています」
25 ①圏エペ3:2 ②圏1:23
26 ①圏エペ3:3、4、ロマ16:25、26、コロ2:4、4:3
27 ①圏エペ1:18、3:16、囲エペ1:6、②圏マタ13:11 ③圏ロマ8:10 ④圏Ⅰテモ1:1
28 ①囲Ⅰコリ2:6,7、囲コロ2:3 ②使20:31、コロ3:16 *別訳「あって完全な者」 ③圏エペ4:13、囲マタ5:48 ④囲コロ1:22
29 ①圏エペ1:19、囲コロ2:12 *あるいは「働き」 ②圏Ⅰコリ15:10 ③圏コロ4:12、囲コロ2:1
1 ①圏コロ4:13,15,16、黙1:11 ②圏コロ4:12、囲コロ2:1 2 ①圏エペ6:22、コロ4:8、囲Ⅰコリ14:31、②圏コロ2:19 ③圏エペ1:9、囲Ⅰペテ1:5、圏コロ1:26、⑤圏マタ13:11 3 ①囲イザ11:2、ロマ11:33 4 ①圏エペ4:14 ②圏ロマ16:18 5 ①圏Ⅰコリ5:3

ならない。(3)「福音の望みからはずれ」てはならない。つまり私たちはキリストから離れた、以前の罪と絶望と霊的滅亡の生活に戻ってはならないのである(3:5-11、→ヘブ10:38注)。

1:24 あなたがたのために受ける苦しみ ここで言われていることは、私たちの罪のためのキリストの犠牲が不完全だったということではなく、キリストの福音を伝えるためにパウロが苦しみ続けているということである。パウロはそれを、キリストが引続き苦しんでおられるととらえている。けれどもその苦しみは私たちの罪のために犠牲を払う苦しみではなく、人々がキリストの目的に向けて仕えていく中でしばしば大きな困難に直面することと関連している。私たちが神に対して犯した罪の代価を完全に支払うために、キリストは十字架の上で苦しまれた。けれども神に敵対し霊的に失われた世界にキリストの福音を伝える上で、パウロはさらに必要な苦しみに耐えていたのである(⇒使9:16)。パウロはキリストの苦しみを共有することが許されていることを喜んでいる(ピリ3:10、⇒Ⅱコリ1:4注、5注、4:7注、11:23注、→「正しい人の苦しみ」の項 p.825)。

1:26 隠されていて・・・現された奥義 「奥義」とは、コロサイの人々が知っていたある異教の中でよく用いられる教えだった。それはある特定の人々にだけ知らされる秘密の情報である。けれどもパウロはこのことばの意味を、「現された」(1:26)、「知らせて」(エペ1:9)、「明らかにする」(エペ3:9)、「啓示」(ロマ16:25)などのことばと組合せて徹底的に変えている。キリスト教は限られた少数の人のための秘密の知識ではない。神は心から求める人に対してご計画を隠されることはない。むしろご自分の真理を公に啓示し広く伝えてくださったのである(→エペ1:9注、3:4注)。

1:27 あなたがたの中におられるキリスト、栄光の望み キリストが聖霊によって私たちの中に生きておられることによって、私たちは未来の栄光と永遠のいのちについて確信を持つことができる(→エペ1:13-14、4:30)。キリストが私たちの中に臨在しておられることと私たちがキリストと絶えず親しく交わりを続けることによって、やがてキリストとともに天で生きることに対する疑いは取除かれていく(⇒ロマ8:11)。キリストを持つということは、いのちを持つということである(⇒ヨハ17:3、Ⅰヨハ5:11-12)。

1:28 成人として ここで「成人として」と訳されていることば(《ギ》テレイオン)は、「全体の、完全な、成熟

コロサイ　2章

あなたがたの秩序とキリストに対する堅い信仰とを見て喜んでいます。

人間的な規制からのキリストによる解放

6 あなたがたは、このように主キリスト・イエスを受け入れたのですから、彼にあって歩みなさい。

7 キリストの中に根ざし、また建てられ、また、教えられたとおり信仰を堅くし、あふれるばかり感謝しなさい。

8 あのむなしい、だましごとの哲学によってだれのとりこにもならぬよう、注意しなさい。それは人の言い伝えによるもの、この世の幼稚な教えによるものであって、キリストによるものではありません。

9 キリストのうちにこそ、神の満ち満ちたご性質が形をとって宿っています。

10 そしてあなたがたは、キリストにあって、満ち満ちているのです。キリストはすべての支配と権威のかしらです。

11 キリストにあって、あなたがたは人の手によらない割礼を受けました。肉のからだを脱ぎ捨て、キリストの割礼を受けたのです。

5② Ⅰコリ14:40
③圏 Ⅰペテ5:9
6①圏 ガラ3:26
②圏 コロ1:10
7①圏 エペ3:17, エペ2:20,
②圏 ガラ3:9, エペ4:21
④圏 Ⅰコリ1:8, *異本「信仰において」または「キリストにおいて」を挿入
8①圏 コロ2:23,
Ⅰテモ6:20, エペ5:6
②圏 Ⅰヨリ8:9, 10:12
③圏 コロ2:20, ガラ4:3
*別訳「霊力」
9①圏 コロ1:19, Ⅱコリ5:19
10①圏 エペ3:19, Ⅰペテ3:21, 22, ②圏 コロ2:15, 圏 エペ3:10, 圏 Ⅰコリ15:24
11①圏 ロマ2:29, 圏 エペ2:11, ②圏 ロマ6:6, 7:24

した」という意味である。道徳的な完全さや欠点のない振舞などを指すものではない。神をどこまでも愛し完全に神に仕え、人々を愛する生き方を通して神の目的を追い求めるという、神との成熟した関係を指すものである。このような生き方はキリストが命令されたことに応えるものである（→マタ22:39注, マコ12:30注）。

2:7　キリストの中に根ざし、また建てられ　→エペソ3:17注

2:8　だましごとの哲学・・・キリストによるもの
パウロは神と、聖書という神の啓示から離れた人間活動を強調するような哲学、宗教、伝統には注意するように警告をしている。今日、聖書を土台にしている純粋なキリスト教にとって、「世俗的ヒューマニズム（人本主義）」は最大の哲学的脅威になっている（世俗的ヒューマニズムとは超自然的な権威ではなく、人間にとって最善と思われる価値、特性、行動に基づく思考体系である）。これは世俗の（この世界の、霊的ではない）教育、政府、一般の社会大半に潜む基本的哲学（思想、世界観、信条、価値体系、生き方）であり、一般の人の宗教になっている。また世界中のほとんどのニュースや娯楽メディアの共通の考え方でもある。

（1）この人本主義の哲学は何を教えているのだろうか。それは次のようなことである。(a) 人間や宇宙や存在するものはみな物質とエネルギーで構成されていて、自然界の物理的な力と非人格的な偶然によって現在のかたちに形作られている。(b) 人間は人格を持つ神によって造られたのではなく、進化（あらゆる種が前段階的な単純な生命形態から遺伝物質上の変化によって発展してきたことを提案する仮定の理論）の偶然的な過程の産物である。(c) 人格を持った全能で無限の（始まりも終りもない）神を信じる信仰を拒み、聖書が人間に対する神の霊感を受けた啓示であることを否定する。(d) 知識は人間が発見しなければ存在せず、正しい道徳（「道徳の」原則、価値、基準など）は人間の理性が決定すると主張する。これは人間を最高の権威とするものである。(e) 人間の行動を教育や経済政策、組織や富の再分配、現代心理学や人間の知恵によって修正し向上させることを目指す。(f) 道徳的基準は絶対的（あらゆる人々にとって、あらゆる情況で、あらゆる時代に真理であり有効であること）なものではなく、相対的（個人の考えや環境に左右される）であると教える。行動の基準は何が人々をしあわせにするか、何が喜ばせるか、そして指導者が目指す社会にとって何が良いものかによって決定される。その結果、聖書の価値観や道徳（善悪や、正しいことと間違っていることの基準）は否定される。(g) 人間の自己実現や満足、楽しみこそが人生の最高の善であると考える。(h) 人間は神を信じたり頼ったりしないで、死や人生の困難に立向かうことを学ぶべきであると主張する。

（2）人本主義の哲学はサタンに始まるものであり、人間は神のようになることができるというサタンのうそが表されたものである（創3:5）。聖書は人本主義者を「神の真理を偽りと取り代え、造り主の代わりに造られた物を拝み、これに仕えた」人々と定義している（ロマ1:25）。

（3）キリスト教の指導者、牧師、親たちは、子どもたちや自分たちにゆだねられている人々を人本主義の教えから守るために最善を尽さなければならない。その際には人本主義の誤りをさらけ出し、その破壊的な影響力を無視（憎む、嫌う）するようにさせなければならない。それと同時に、その人々や子どもたちに神が啓示された聖書にある真理をはっきりと教えるべきである（ロマ1:20-32, Ⅱコリ10:4-5, Ⅱテモ3:1-10, ユダ1:4-20, →Ⅰコリ1:20注, Ⅱペテ2:19注）。

2:11　キリストの割礼を受けた　肉体の割礼は男性の性器の包皮を切除するものである。それは旧約聖書では、イスラエル人が神の律法と約束、そして神に対する人々の忠実と服従に基づいた神との契約関係を結んで

コロサイ　2章

12 あなたがたは、バプテスマによってキリストとともに葬られ、また、キリストを死者の中からよみがえらせた神の力を信じる信仰によって、キリストとともによみがえらされたのです。
13 あなたがたは罪によって、また肉の割礼がなくて死んだ者であったのに、神は、そのようなあなたがたを、キリストとともに生かしてくださいました。それは、私たちのすべての罪を赦し、
14 いろいろな定めのために私たちに不利な、いや、私たちを責め立てている債務証書を無効にされたからです。神はこの証書を取りのけ、十字架に釘づけにされました。
15 神は、キリストにおいて、すべての支配と権威の武装を解除してさらしものとし、彼らを捕虜として凱旋の行列に加えられました。
16 こういうわけですから、食べ物と飲み物について、あるいは、祭りや新月や安息日のことについて、だれにもあなたがたを批評させてはなりません。
17 これらは、次に来るものの影であって、本体はキリストにあるのです。

12 ①ロマ6:4,5, ②使2:24
③ロマ6:5, エペ2:6,
②コロ2:13, 3:1
13 ①エペ2:1
②エペ2:1, 5,
②コロ2:12
14 ②エペ2:15, 凹コロ2:21

②凹Ⅰペテ2:24
＊別訳「キリスト」
15＊別訳「十字架」
①コロ2:10, ②凹エペ4:8, ③凹イザ53:12, マタ12:29, ④Ⅱコリ2:14
16 ①マコ2:17:9, ロマ14:17, ヘブ9:10, ②レビ23:2, ロマ14:5, ③Ⅰ王8:13, Ⅱ歴31:3, ネヘ10:33他
④マコ2:27, 28,
⑤ガラ2:10, 11
17 ①ヘブ8:5, 10:1

いることを示すしるしだった(→創17:11注)。それはまた、この世のあらゆる邪悪や乱れや汚れから切離され分離することの象徴でもあった。新しい契約(神の御子イエス・キリストのいのちと犠牲を通して人々に霊的救いを与え神との関係の回復を図る神の計画)の下にいる信仰者は、「肉のからだ(罪の性質)を脱ぎ捨て」たことを象徴する霊的な割礼を体験した。そのような割礼は、神に対して反抗する私たちの古い性質をキリストが切捨てて新しい霊的いのちを与えてくださった霊的行為である。そのいのちは主イエスを死者の中からよみがえらせたのと同じいのちで、人生を一新する力を持つものである(2:12 13)。これが心の割礼である(申10:16, 30:6, エレ4:4, 9:26, →ロマ2:29注)。

2:12　バプテスマによってキリストとともに葬られ
→ロマ6:4注

2:14　債務証書　これはモーセの律法(預言者であり指導者であるモーセを通して神がイスラエルに与えられた法律)を指している。それには正しい行動の基準を定めた道徳の規則が含まれていた。けれどもそれは人々にいのちや神に従う力を与えることはできなかった(ガラ3:21)。律法は、神に対する私たちの反抗や神の完全な基準に到達できない人間の弱さをさらけ出すだけだった(⇒ロマ7:7)。この神との関係を保つ方法としての古い契約(命令を守りいけにえをささげることによる)は十字架に釘づけにされた。なぜならキリストが律法を完全に成就し、ただ一度、完全な「いけにえ」になられたからである。この過程で神はキリストのいのちと御霊の力によって、より良い契約を立てて下さった(Ⅱコリ3:6-9, ヘブ8:6-13, 10:16-17, 29, 12:24, →「旧約契約と新契約」の項 p.2363)。つまり信仰をもってキリストに応答し、キリストの赦しを受入れてその人生をゆだねる人々に対して、律法の告発を神は帳消しにされたのである。けれども神の律法や戒めが時代遅れのものになったわけではない(⇒ロマ7:12, 16, Ⅰテモ1:8)。律法は今も罪をさらけ出し人々にキリストが必要であることを指し示している。さらに神の律法と道徳的行動の基準は、神に従う人々にとって依然として有効である。違いは、キリスト者には今や「律法の要求」(ロマ8:4)を満たす力(聖霊によって)があるということである。それは救いや神の好意にあずかるためではなく、愛と感謝を表すために行うことである。

2:15　すべての支配と権威の武装を解除して　キリストはその死と復活を通して、この世のあらゆる悪霊の勢力やサタンの力に対して大勝利を収められた(⇒エペ6:12)。そして人々をその意志に反して束縛してしまう悪の支配の力を奪い取られた(⇒1:13, マタ12:29, ルカ10:18, 11:20-22, ヘブ2:14, →「サタンと悪霊に勝利する力」の項 p.1726)。キリストが「彼らを捕虜として凱旋の行列に加えられました」ということは、「彼らを勝利の行列に入れて引連れた」という意味で、将軍が捕虜を引連れて町中を行進して完全に勝利したあかしを人々に明らかにする軍隊の様子を描いている(⇒Ⅱコリ2:14)。神の民はキリストの大勝利にあずかる。そしてこの世と誘惑に勝利する(Ⅰヨハ4:4)だけではなく、邪悪な霊的勢力との戦いに立ち向かう力も得るのである(→エペ6:12注, 「信者に伴うしるし」の項 p.1768)。

2:16　食べ物と飲み物について・・・安息日　「食べ物と飲み物について」というのはユダヤ教の食べ物の規則のことで、にせ教師たちは、救われるためにはこれをさらに守らなければならないものとしてコロサイの人々に強要していたと考えられる(⇒2:17)。「祭りや新月や安息日」ということばは、ユダヤ教の暦で聖なる日とされていたものと思われる。キリスト者はこのような律法的、儀式的義務からは解放されているとパウロは教えた(ガラ4:4-11, 5:1, →マタ12:1注, マコ7:6律法主義の注)。

18 あなたがたは、ことさらに自己卑下をしようとしたり、御使い礼拝をしようとする*者に、ほうびをだまし取られてはなりません。彼らは幻を見たことに安住して、肉の思いによっていたずらに誇り、
19 かしらに堅く結びつくことをしません。このかしらがもとになり、からだ全体は、関節と筋によって養われ、結び合わされて、神によって成長させられるのです。
20 もしあなたがたが、キリストとともに死んで、この世の幼稚な教えから離れたのなら、どうして、まだこの世の生き方をしているかのように、
21 「すがるな。味わうな。さわるな」というような定めに縛られるのですか。
22 そのようなものはすべて、用いれば滅びるものについてであって、人間の戒めと教えによるものです。
23 そのようなものは、人間の好き勝手な礼拝とか、謙遜とか、または、肉体の苦行なとのゆえに賢いもののように見えますが、肉のほしいままな欲望に対しては、何のき

18 ①Ⅰコリ9:24, ピリ3:14, ②コロ2:23
＊別訳「ほうびについて……あなたがたに対する不利な批評をさせては」
③囲ロマ8:7
④囲ガラ4:6
19 ①圏エペ1:22
②エペ1:23, 4:16
20 ①コロ2:20, 21, 圏ロマ6:2, ②圏コロ2:8
＊別訳「霊力」
③ガラ4:3
21 ①囲コロ2:14, 16
22 ①Ⅰコリ6:13, ②イザ29:13, マタ15:9, テト1:14
23 ①コロ2:18, ②圏Ⅰテモ4:3, ③囲ロマ13:14, Ⅰテモ4:8

2:18 御使い礼拝 にせ教師たちは、神に近付くためには仲介者として御使いを呼んで礼拝をするべきだと教えていた。御使いを呼び求めることは、パウロにとってはイエス・キリストが教会の最高の完全なかしらとしての存在であることを認めないことを意味していた（2:19）。そこでパウロはコロサイの信仰者たちに厳しい警告を送った。私たちの時代も同じで、神と人との間の唯一の仲介者である主イエス・キリストの代りに既にこの世を去った聖徒たちを守護者、仲介者とみなして礼拝し祈ることが行われている。このことは、霊的な救いをもたらす神のご計画の中でキリストが果される最高の役割を否定しようとするものである。父である神、御子、聖霊以外のものを礼拝し祈りをささげることは、非聖書的であり拒まなければならない（→1:2注、→「礼拝」の項p.789）。

2:20 キリストとともに死んで、この世の幼稚な教えから離れた →ガラ2:20注、6:14注　パウロがキリスト者には当てはまらないと言っている規則は、「この世の幼稚な教え」と呼ばれている。そのほとんどは表面的な宗教的儀式や規制、日常的行為や慣習につながるものだった（「すがるな。味わうな。さわるな」2:21）。それらはパウロの時までは旧約聖書の律法を極端に人間的に強要する指導基準のことだった。けれどもパウロがここで言っている詳細な規制は、ほとんどがにせ教師たち自身によってつくり出されたものである。霊的救いや神の好意を得るためにそのような規則に頼ることは（それがたとい神の律法の一部であっても）、律法主義である（→マコ7:6注）。ここで私たちは、神の霊感を受けたパウロの教えの背後にある霊的原則を誤って適用したり濫用したりしないように気を付けなければならない。たとえば割礼（2:11, ⇒ガラ2:4, 12, ピリ3:2）や食物についての規則（2:16, ⇒ロマ14:6, Ⅰコリ10:25）などの表面的な規制には従う必要はない。けれども神が命じておられる道徳的基準には従わなくてはならない。その命令に従うことによって霊的に救われるのではない。けれども救われて神との正しい関係にあるなら、私たちはキリストに対する愛と感謝をもってその命令に従うのである。それが良いものであり正しいものだからである（→ロマ8:4）。

さらに何を食べどの日を祝うかという規則（2:16）から解放されたことは、道徳的に重要な基準や霊的な結果を伴う基準から「自由」にされたことではない。キリスト者の自由を扱う聖句（Ⅰコリ8:-10:）は、しばしば誤解され濫用され、文脈から切離されて解釈されている。そして妥協をしたり道徳的に一線を越えるような振舞を正当化したりするために用いられている。食物はからだの中に入りまた外に出て行くだけで、霊的にはほとんど影響がない。けれどもこの原則を私たちの思いや霊に影響を与えるような、道徳的に疑わしい活動や振舞に適用しようとするなら、それは大きな間違いである（→2:23注, ロマ14:17注, Ⅰコリ8:7注, →「**偶像にささげた食物**」の項p.2122）。

2:23 肉のほしいままな欲望 規則や宗教的慣習の多くは価値がないとパウロが言っている理由は、それらが罪の欲求を全く抑制できないからである。できるのは表面上の制約だけで、ほとんどが肉体に関係すること（食べること）だけである。けれども私たちの思いや霊に影響を与える問題（パウロが3章で言うような振舞や態度）は、これとは別である。ここでの問題は、自分は道徳や「肉のほしいままな欲望」（考えや霊に影響を与えること）などにかかわる規則や基準から自由であると主張して、これらの原則を間違ったかたちで適用しようとする人がいることである。たとえばある種の娯楽はしばしば個人の好みや良心によって判断されるものである。霊的生活に影響を与えないなら、それは確かに個人的問題かもしれない。けれどもそのような活動はこの部分に描かれている種類のこととは違う。映画やテレビには性的な映像や暗示、わいせつなことばや下品な冗談などが満ちているけれども、これを見ることは食物のように単にからだに入ってまた出

きめもないのです。

聖い生活のための規則

3 ¹ こういうわけで、もしあなたがたが、キリストとともによみがえらされたのなら、上にあるものを求めなさい。そこにはキリストが、神の右に座を占めておられます。
² あなたがたは、地上のものを思わず、天にあるものを思いなさい。
³ あなたがたはすでに死んでおり、あながたのいのちは、キリストとともに、神のうちに隠されてあるからです。
⁴ 私たちのいのちであるキリストが現れると、そのときあなたがたも、キリストとともに、栄光のうちに現れます。
⁵ ですから、地上のからだの諸部分、すなわち、不品行、汚れ、情欲、悪い欲、そしてむさぼりを殺してしまいなさい。このむさぼりが、そのまま偶像礼拝なのです。
⁶ このようなことのために、神の怒りが下るのです。
⁷ あなたがたも、以前、そのようなものの中に生きていたときは、そのような歩み方をしていました。
⁸ しかし今は、あなたがたも、すべてこれらのこと、すなわち、怒り、憤り、悪意、そしり、あなたがたの口から出る恥ずべきことばを、捨ててしまいなさい。
⁹ 互いに偽りを言ってはいけません。あな

欄外注
1 ①参コロ2:12
②参マコ16:19
2 ①参ピリ3:19, 20, 囲マタ16:23
3 ①参ロマ6:2, Ⅱコリ5:14, 囲コロ2:20
②参ガラ2:20, 囲ヨハ11:25
* 異本「あなたがたの」
②参Ⅰコリ1:7, Ⅰペテ1:13, 囲ピリ3:21
5 ①参ロマ8:13
②囲コロ2:11
③参マコ7:21,22, ガラ5:19, ①コリ6:9, 10, 18, Ⅱコリ12:21, エペ4:19, 5:3, 5
6 ①参ロマ1:18, エペ5:6
* 異本「不従順の子らの上に」を加える
7 ①参エペ2:2
8 ①囲エペ4:31
②参エペ4:29
③参エペ4:22
9 ①参エペ4:25

て行くようなものではない。これらのものは、「肉のほしいままな欲望」とされているもので、神のことばはそれに対しては全く違うかたちで扱っている（→3：5, エペ5:3-7）。それは私たちの思いの中に神に逆らう映像を送り込み、霊を堕落させるものだからである（→ロマ14:17注）。パウロは3章でキリスト者の聖さ（道徳的純粋性、霊的健全性、悪からの分離、神とその目的への献身）の基準について大きく取扱い始める。

3:2 天にあるものを思いなさい キリスト者になった私たちは、今やキリストとの関係の中に包まれて生きている（3:3）。したがって霊的な事柄に私たちの思いを集中し、上にあるものによって態度を決めていかなければならない。大切にするもの、最優先にするものはいつまでも続くものでなければならないし、「宝」を「天にたくわえ」ることに最大の努力を払わなければならない（マタ6:19-20）。あらゆるものは永遠の天の立場から評価され、判断され考えられるべきである。私たちは霊的な事柄を求めること（3:1-4）、罪に抵抗すること（3:5-11）、キリストの品性を育てること（3:12-17）を目標にしなければならない。永遠の目標を追求するときに、キリストは天の資源を利用できるようにして、真剣に求め探し叩き続ける人々に必要なものを与えてくださる（→ルカ11:1-13, Ⅰコリ12:11, エペ1:3, 4:7-8）。キリストに忠実であるなら、私たちは天においてキリストとともに栄光と誉れと報いを受けることを確信することができる（マタ25:21, Ⅱテモ2:12）。

3:3 あなたがたはすでに死んでおり、あながたのいのちは、キリストとともに・・・隠されてある → ロマ6:11注, 7:4注, →ガラ2:20注, ⇒ロマ6:2

3:4 私たちのいのちであるキリスト 霊的生活とキリストとの関係を継続的に保つ上で、信仰（Ⅱテモ1:13-14）と聖い生活（3:5-17, ヨハ14:15, 21）という正しい基盤はなくてはならないものである。けれども絶えず中心に置かなければならないのは、キリストとの親しい関係でありキリストに対する愛である（⇒ロマ3:22）。パウロがこの手紙の中で信仰者のキリストとの個人的な一致や関係、交わりについて繰返し触れていることに注意するべきである（1:27, 2:6-7, 10, 20, 3:1, 3-4）。

3:5 地上のからだの諸部分・・・を殺してしまいなさい →ロマ6:11注, 8:13注,「罪の性質の行いと御霊の実」の項 p.2208

3:5 このむさぼりが、そのまま偶像礼拝なのです 人間が神の代りに作ったにせの神々やその像などを礼拝することを、聖書は一貫して偶像礼拝と言っている。これは恥ずかしげもなく公に神を拒むことであり、神への反抗であって厳しい罰に価することである。では今日の私たちにとって偶像礼拝とは具体的に何を意味するのだろうか。（1）神の代りにほかのものを優先することである。神を信じることも頼ることもしないで神ではないものを求め大切にして頼ることである（⇒出20:3-6, 申7:25-26, イザ40:18-23,「偶像礼拝」の項 p.468）。むさぼりが偶像礼拝と言われるのはこのためである。（2）神とみことばに忠実だと言う人々も、人や組織、伝統や社会的権威などに神と同じかそれ以上の忠誠を示すなら、偶像礼拝に巻込まれていることになる。私たちは神と聖書に啓示されたみことば以上にどんなものをも優先させるべきではない（ロマ1:22-23, エペ5:5）。

3:6 このようなことのために、神の怒りが →エペ5:3注, 5注, 6注

コロサイ　3章

たがたは、古い人をその行いといっしょに脱ぎ捨てて、
10 新しい人を着たのです。新しい人は、造り主のかたちに似せられてますます新しくされ、真の知識に至るのです。
11 そこには、ギリシヤ人とユダヤ人、割礼の有無、未開人、スクテヤ人、奴隷と自由人というような区別はありません。キリストがすべてであり、すべてのうちにおられるのです。
12 それゆえ、神に選ばれた者、聖なる、愛されている者として、あなたがたは深い同情心、慈愛、謙遜、柔和、寛容を身に着けなさい。
13 互いに忍び合い、だれかがほかの人に不満を抱くことがあっても、互いに赦し合いなさい。主があなたがたを赦してくださったように、あなたがたもそうしなさい。
14 そして、これらすべての上に、愛を着けなさい。愛は結びの帯として完全なものです。
15 キリストの平和が、あなたがたの心を支配するようにしなさい。そのためにこそあなたがたも召されて一体となったのです。また、感謝の心を持つ人になりなさい。
16 キリストのことばを、あなたがたのうちに豊かに住まわせ、知恵を尽くして互いに教え、互いに戒め、詩と賛美と霊の歌とにより、感謝にあふれて心から神に向かって歌いなさい。
17 あなたがたのすることは、ことばによると行いによるとを問わず、すべて主イエスの名によってなし、主によって父なる神に感謝しなさい。

キリスト者の家庭での規則
3:18-4:1　並行記事=エペ5:22-6:9
18 妻たちよ。主にある者にふさわしく、夫に従いなさい。
19 夫たちよ。妻を愛しなさい。つらく当

3:9-10　古い人を・・・脱ぎ捨てて、新しい人を着たのです　→ロマ6:6注, 11注, 12:2調子を合わせての注, 13:14注

3:13　赦し　→マタ6:14注, 15注, ルカ17:3注

3:14　愛を着けなさい。・・・愛は結びの帯として完全なものです　→ヨハ13:34注, 17:21注, エペ4:3注

3:15　キリストの平和　→「神の平和」の項 p.1301

3:16　キリストのことばを、あなたがたのうちに・・・住まわせ　「キリストのことば」(聖書、文書になった神のことば)を私たちは絶えず読み、学び思い巡らすべきである(神のことばを思い巡らすということはある箇所を読み、それについて繰返し思いを巡らせ、その意味を考え、特にそこにある真理をどのように自分の生活に適用するかを見定めることである →詩1:2注)。キリストのことばを私たちの内に住まわせるには、それが自分の一部になるまで祈り、その原則を実践しなければならない。このように自分を鍛錬していくなら、私たちの思いやことば、行動や動機はいよいよキリストの影響を受け制御されていくようになる(詩119:11, ヨハ15:7, →Ⅰコリ15:2注)。神のことばを教え、キリストを愛し従っていくように信仰者を励ますためには、詩篇や賛美、霊の歌などを用いるとよい(→エペ5:19注)。

3:17　あなたがたのすることは、ことばによると行いによるとを問わず　聖書は一般的原則を提供していて、みことばがはっきりと示していない活動や行動については、それが正しいか間違っているかを聖霊に導かれているキリスト者が判断できるようにしている。言うことと行うこと、思うことと楽しむこと全部について、私たちは次のように問いながら導かれていく必要がある。(1) それは神の栄光と誉れのためになるだろうか(Ⅰコリ10:31, →Ⅰコリ10:23-24注, 10:31注, 11:1注)。(2) それは「主イエスの名によって」(主イエスがどのような方で何を示しているか、自分がこの方の代理人であることを完全に意識した上で)行えるものか。そして主イエスの祝福と承認を求めることができるか(→ヨハ14:13注)。(3) それは神に感謝をささげながらできることか。(4) それはキリストがなさるような行動か。主イエスはそれをなさるだろうか(Ⅰヨハ2:6)。(5) それはほかのキリスト者に影響を与え良心や信仰上の確信を揺るがせたり、何かの点でキリストへの献身を弱めたりしないだろうか(→Ⅰコリ8:1注)。(6) それは霊的な事柄や神のことばや祈りに対する気持を強めるだろうか、それとも弱めるだろうか(ルカ8:14, →マタ5:6注)。(7) それはキリストを知らない人々や、自分たちがキリストと同じように振舞うことを期待している人々へ良い模範となるだろうか、それともそれを弱めたり邪魔したりしないだろうか(マタ5:13-16)。

3:18-19　妻たちよ・・・夫に従いなさい　→エペ5:

たってはいけません。
²⁰子どもたちよ。すべてのことについて、両親に従いなさい。それは主に喜ばれることだからです。
²¹父たちよ。子どもをおこらせてはいけません。彼らを気落ちさせないためです。
²²奴隷たちよ。すべてのことについて、地上の主人に従いなさい。人のごきげんとりのような、うわべだけの仕え方ではなく、主を恐れかしこみつつ、真心から従いなさい。
²³何をするにも、人に対してではなく、主に対してするように、心からしなさい。
²⁴あなたがたは、主から報いとして、御国を相続させていただくことを知っています。あなたがたは主キリストに仕えているのです。
²⁵不正を行う者は、自分が行った不正の報いを受けます。それには不公平な扱いはありません。

4 ¹主人たちよ。あなたがたは、自分たちの主も天におられることを知っているのですから、奴隷に対して正義と公平を示しなさい。

追加の指示

²目をさまして、感謝をもって、たゆみなく祈りなさい。

20①エペ6:1
21①エペ6:4
　＊異本「いらだたせては」
22①エペ6:5
②エペ6:6
23①エペ6:7
24①田エペ6:8
②圏使20:32, Ⅰペテ1:4
③圏Ⅰコリ7:22
25①圏エペ6:8
②圏使10:34, エペ6:9
2①圏使1:14, エペ6:18

21注, 22注, 23注, Ⅰテモ2:13注, 15注

3:20　子どもたちよ・・・両親に従いなさい　→エペ6:1注

3:21　父たちよ。子どもをおこらせてはいけません　この箇所についての議論（キリストを敬う人に子どもたちを育てるための16段階を含む）→「**親と子ども**」の項 p.2265

3:22　奴隷たちよ・・・地上の主人に従いなさい　パウロは奴隷制度を承認しているのでも、主人たちに反抗するのを許しているのでもない。ただ奴隷たちと主人たちに対して、キリストにふさわしく行動することを教えているだけである。そうすることでこの望ましくない情況を内側から変えようとしているのである（→ピレ1:10, 12, 14-17, 21, →テト2:9-10注, →ピレ1:12注, 14注, 16注, →ピレ緒論）。同時にパウロは関係者全員の益となるように調整をしているのである（エペ6:5-9, Ⅰテモ6:1-2, テト2:9-10, ⇒Ⅰペテ2:18-19）。

3:23　主に対してするように　パウロは、自分たちが行っている努力や労苦はみな直接主のために行っていると考えるように、キリスト者を励ましている。「主のために」した働きはやがて報われることを覚えながら、私たちはキリストが雇い主であるかのように務め励まなければならない（3:24, ⇒エペ6:6-8）。

3:25　不正を行う者　神は、神の民が家族や教会、学校や職場などあらゆる社会的関係の中で（3:12-25）、互いに愛と正義と公正さなどを示すことを期待しておられる。ここのことばを真剣にとらえるなら、ほかの人々に対する愛のない行動や不公平な扱いの多くは除かれると思われる。特に私たちは次のことを学ぶべきである。

　（1）キリスト者がほかの人々を不当に扱うことは、天国での未来にかかわる深刻な問題である（⇒Ⅱコリ5:10）。(a) ほかの人々を愛と慈しみをもって扱う人は、主から報いを受けることができる（3:24, エペ6:8）。(b) ほかのキリスト者に悪いことを行い手荒に扱う人は、「自分が行った不正の報いを受け」る。そのようなことをした人は、偏見やえこひいきなどのない公平なさばきを受け、その結果を背負うことになる（申10:17, Ⅱ歴19:7, 使10:34, ロマ2:11）。

　（2）やがて神に対して申し開きをしなければならない日が来ることを考えれば、私たちはあらゆる人々に愛や親切やあわれみなどを示さずにはおられない（ガラ6:7, →マタ22:37注, 39注, ヨハ13:34注, →「**さばき**」の項 p.2167）。

4:2　目をさまして・・・たゆみなく祈りなさい　「たゆみなく」（《ギ》プロスカルテレオー）とは、「着実に続ける」、または「やり通す」という意味で、祈りに対する強い決意と熱意を示唆している。「目をさまして」（《ギ》グレーゴレオー）とは、「霊的に目覚めている」、または「警戒している」という意味である。（1）たゆみなく重要な祈りをするためには、この目的から気をそらせる可能性のある多くのものに対して警戒をしていなければならない。私たちを祈りから引離そうとするものの中には、サタンやこの世の楽しみや心配、自分自身の人間的弱さなどがある。霊的に成熟しキリスト者として勝利をし続けるためには、祈りの生活で成長するように訓練をしていかなければならない。（2）新約聖書の教会の中心は祈りだった。「彼らは・・・祈りをしていた」（使2:42, →使2:42-47注）。そのような熱心な祈りは、私たちのためにキリストが行ってくださったことに対する愛と感謝が根底にあって初めてできることである。→「**効果的な祈り**」の項 p.585

親と子ども

> 「父たちよ。子どもをおこらせてはいけません。彼らを気落ちさせないためです。」
> （コロサイ人への手紙3：21）

　キリスト者に必要な教えと訓戒を子どもたちに与えることは、両親（《ギ》パテレス－単数はパテールーは父親または両親を意味する）にとって重要な務めである。親はキリスト者としての生活や行動の模範を示すべきで、子どもたちの将来の仕事や職業、教会での奉仕や社会的立場以上に霊的救いと霊的成長に配慮をするべきである（→詩127：3）。

　(1) 旧約聖書にある多くの神の教えや（→創18：19注、申6：7注、詩78：5注、箴4：1-4注、6：20注）、エペソ人への手紙6章4節とコロサイ人への手紙3章21節にある神の霊感を受けたパウロの命令によれば、子どもたちをそれぞれに与えられた神の目的を実現できるように育てることは両親の責任である。この訓練の第一の責任は、教会や学校やそのほかの機関ではなく家族にある。聖書的、霊的訓練の場合は特にそうである。教会や教会関係の学校は、ただ両親の訓練の補佐をするだけである。

　(2) キリスト者の両親が配慮するべき最も重要な点は、父親（または両親）の心が子どもたちの心と調和し、対話ができるようになっていることである。それは子どもたちが天の御父とその御子である救い主イエス・キリストに心を向け、応答をするようにさせるためである（→ルカ1：17注）。

　(3) 子どもを育てる場合に、親は一人の子どもだけを偏愛してはならない。また、子どもたちを戒めるとともに励ますべきである。意識的に悪いことをしたときには罰を加えるべきである。そして同情心や優しく謙虚で柔和な心、忍耐をもって子どもたちのために人生をささげるべきである（コロ3：12-14, 21）。

　(4) キリストとの個人的関係を持ち、神を敬う生活に子どもたちを導くために、親としてとるべき16の基本的方策がここにある。

　　(a) 子どもたちの生涯の初めに、子どもたちを（そして神の基準に従って子どもを育てるために自分自身を）神にささげること（Ⅰサム1：28, ルカ2：22）。

　　(b) あらゆることを通して主をあがめ、神に喜ばれないものから離れ、神の標準に沿った正しいことを愛し罪を憎むように教えること。罪（神に対する反抗と抵抗、自分勝手な道を行く思い →ヘブ1：9注）に対する神の姿勢とさばきを意識するように、しっかり教え込むこと（→「神への恐れ」の項 p.316,「神の属性」の項 p.1016）。

　　(c) 聖書の訓練を適切に行い、それを通して親の指導に従うように教えること（申8：5, 箴3：11-12, 13：24, 23：13-14, 29：15, 17, ヘブ12：7）。

　　(d) サタンはこの世界にある魅力的なものや不道徳な仲間を通して様々な方法で霊的に滅ぼそうとしてくることを意識して、神を敬わない影響から子どもたちを守ること（箴13：20, 28：7, Ⅰコリ15：33, Ⅰヨハ2：15-17）。慎重に友だちを選ぶように教えること。　→「キリスト者とこの世」の項 p.2437

　　(e) 神はそれぞれが行ったり考えたり言ったりすることをみな絶えず見守り評価しておられることを意識させること（詩139：1-12）。→「さばき」の項 p.2167

　　(f) 幼いうちにキリストを受入れ、罪を赦し人生を導く方として自分自身をゆだねるように導くこと。そしてキリストを信じる信仰を公にあかしして、キリストと一つであることを表すために、主イエスが教えられたように水のバプテスマを受けるように導くこと（マタ19：14）。

　　(g) 神のことばをそのまま教え、神の基準を誠実に守り、様々な賜物や働きを通して聖霊が自由に活動しておられ、聖書を土台にした霊的に健全な教会に根付かせること（→「御霊の賜物」の項 p.2138,「聖霊の賜物」の表 p.2096,「聖霊の働き」の表 p.2187）。「私は、あなたを恐れるすべての者・・・のともがらです」というモットーを教えること（詩119：63, →使12：5注）。

(h) この世界では当り前になっている、神に逆らう考えや振舞から離れるように導くこと。キリストを信じていることを口に出し、自分に与えられている神の目的を追い求めるように励ますこと（Ⅱコリ6：14-7：1, ヤコ4：4, →「**信者の霊的聖別**」の項 p.2172）。人生では多くの問題に直面するけれども（ヨハ16：33）、落胆しないように教えること。聖書は、自分たちが「地上では旅人であり寄留者で」（ヘブ11：13-16）、さらにすぐれたところに向かって歩いていると言っている。本当の故郷と国籍はキリストとともに過す天にある（ピリ3：20, コロ3：1-3）。

(i) 聖霊のバプテスマの重要性を教えること（使1：4-5, 8, 2：4, 39, →「**聖霊のバプテスマ**」の項 p.1950）。

(j) 神が愛しておられ、人生に特別な目的を持っておられることを教えること（ルカ1：13-17, ロマ8：30, Ⅰペテ1：3-9）。自分に与えられている賜物や才能、能力を見つけてそれを伸ばし、神のために用いるように導くこと（Ⅰペテ4：10, ロマ12：3-8）。

(k) 個人的収入を用いて神をあがめ、神の働きのために規則正しく献金をするように教えること（箴3：9, マラ3：8-10, ルカ16：10-11, Ⅱコリ8：7, 12, 9：6-7）。機会があるごとにほかの人々の益になることを行うように教えること（マタ25：34-40, Ⅰコリ10：24, ガラ6：9-10, Ⅰテモ6：17-19）。

(l) 家族でともに神のことばを読み祈るとき（家庭礼拝－デボーション）や、会話の中で日々神のことばを教え込むこと（申4：9, 6：5-7, Ⅰテモ4：6, Ⅱテモ3：15）。

(m) 祈りに励むように勧めるとともに、自ら模範を示して励ますこと（使6：4, ロマ12：12, エペ6：18, ヤコ5：16）。→「**効果的な祈り**」の項 p.585

(n) キリストに心から仕えていこうとするときに遭う激しい反対に耐えられるように備えさせること（マタ5：10-12, 10：22）。「キリスト・イエスにあって敬虔に生きようと願う者はみな、迫害を受け」ることを知るべきである（Ⅱテモ3：12）。

(o) 絶えず子どもたちのために祈ること（エペ6：18, ヤコ5：16-18, →ヨハ17：1注－弟子たちのための主イエスの祈りは子どもたちのための父親の祈りの模範である, →「**とりなし**」の項 p.1454,「**効果的な祈り**」の項 p.585）。

(p) 信仰が深まりキリストとの関係を通して神が願っておられるような人になるように、親はいのちを与えるほどに子どもたちを愛し大切に思っていることを示すこと（→ピリ2：17注）。

コロサイ 4章

3 同時に、私たちのためにも、神がみことばのために門を開いてくださって、私たちがキリストの奥義を語れるように、祈ってください。この奥義のために、私は牢に入れられています。

4 また、私がこの奥義を、当然語るべき語り方で、はっきり語れるように、祈ってください。

5 外部の人に対して賢明にふるまい、機会を十分に生かして用いなさい。

6 あなたがたのことばが、いつも親切で、塩味のきいたものであるようにしなさい。そうすれば、ひとりひとりに対する答え方がわかります。

最後のあいさつ

7 私の様子については、主にあって愛する兄弟、忠実な奉仕者、同労のしもべであるテキコが、あなたがたに一部始終を知らせるでしょう。

8 私がテキコをあなたがたのもとに送るのは、あなたがたが私たちの様子を知り、彼によって心に励ましを受けるためにほかなりません。

3 ①圏エペ6:19
②圏Ⅱテモ4:2
③圏使14:27
④圏エペ3:3, 特に4, 6:19
⑤圏エペ6:20
4 ①圏エペ6:20
5 ①圏マコ4:11
②圏エペ5:15
③圏エペ5:16
6 ①圏エペ4:29
②圏マコ9:50
③圏Ⅰペテ3:15
7 ①コロ4:7-9, エペ6:21, 22
②エペ6:21, コロ1:7
③圏使20:4
8 ①圏エペ6:22
②圏コロ2:2

9 ①コロ4:12
②圏コロ1:7
③ピレ10
10 ①圏ロマ16:7
②圏使19:29
③圏使12:12, 囲使15:37, 39, 圏使4:36
④圏Ⅱテモ4:11
11 ①圏使11:2
②圏ロマ16:3
12 ①コロ4:9
②圏コロ1:7
③圏コロ1:25
④圏ルカ1:1
⑤圏ロマ15:30

9 また彼は、あなたがたの仲間のひとりで、忠実な愛する兄弟オネシモといっしょに行きます。このふたりが、こちらの様子をみな知らせてくれるでしょう。

10 私といっしょに囚人となっているアリスタルコが、あなたがたによろしくと言っています。バルナバのいとこであるマルコも同じです――この人については、もし彼があなたがたのところに行ったなら、歓迎するようにという指示をあなたがたは受けています。――

11 ユストと呼ばれるイエスもよろしくと言っています。割礼を受けた人では、この人たちだけが、神の国のために働く私の同労者です。また、彼らは私を激励する者となってくれました。

12 あなたがたの仲間のひとり、キリスト・イエスのしもべエパフラスが、あなたがたによろしくと言っています。彼はいつも、あなたがたが完全な人となり、また神のすべてのみこころを十分に確信して立つことができるよう、あなたがたのために祈りに励んでいます。

13 私はあかしします。彼はあなたがたのた

4:3 神が・・・門を開いてくださって パウロは働く機会や責任を果すために、神がちょうど良いときに扉を開いたりあるいは閉じたりして人生と奉仕の働きを導いておられると確信していた。私たちの人生や奉仕、あかしなどが効果的になるかどうかは、神の摂理（何が先に待受けており、それにどのように対応するべきかについての神の知識）と神の直接の介入（物事が自然に起こる流れの中に神が介入されるとき）の両方によって決まっていく。けれども神は、私たちがただ受身の状態で座っていて奉仕の指示が与えられるまで何もしないで待っていることを望んではおられない。私たちは神が扉を開いて機会を与えてくださるよう、そしてその機会に気付くように祈るべきである。また開かれた門に大胆に足を踏み入れていくことができるように、そして与えられた機会を最大限に活用できるように(4:5)、また神が願っておられることを達成できるように祈るべきである(⇒使16:6-10)。

4:6 ことばが・・・親切で、塩味のきいたものであるように キリスト者としての私たちの使うことばは心地よく、人々を励まし親切で気高いもので、キリストのことばと重なるものでなければならない。それは聞く人々には品位のある模範となるもので、絶えず愛をもって真理を伝えるものでなければならない(エペ4:15)。このような会話は、神の恵み(受けるのにふさわしくない好意、愛、霊的な力)が私たちの心に働くことによって可能になる。「塩味のきいた」とは、その場にふさわしい健全できよい汚れのない会話のことである(⇒3:8, エペ4:29)。そして霊的な意味で塩のように味が加えられ、神を求める渇きや食欲を起こすことである(→マタ5:13注)。ただし品のある話をするということは、厳しいことを話さないということではない。キリストに敵対するものに対しては、必要なら強いことばを使い反対もするべきである(→マタ23:, 使15:1-2, ガラ1:9)。

4:12 祈りに励んでいます 「励む」《ギ》アゴニーゾー)ということは、祈りの中で格闘や霊的な戦いにも取組むという姿勢を示している。新約聖書時代の忠実な信仰者たちはたゆみなく祈っていた(4:2)。そして神が強力な奇蹟的な方法で、必要や困難な局面に対応してくださることを期待しつつ神を呼び求めていた。私たちの家族や教会、学校や職場、地域社会、さらには現代社会の抱える問題は、当時と同じように緊

コロサイ　4章

めに、またラオデキヤとヒエラポリスにいる人々のために、非常に苦労しています。
14 愛する医者ルカ、それにデマスが、あなたがたによろしくと言っています。
15 どうか、ラオデキヤの兄弟たちに、また＊ヌンパとその家にある教会に、よろしく言ってください。
16 この手紙があなたがたのところで読まれたなら、ラオデキヤ人の教会でも読まれるようにしてください。あなたがたのほうも、ラオデキヤから回って来る手紙を読んでください。
17 アルキポに、「主にあって受けた務めを、注意してよく果たすように」と言ってください。
18 パウロが自筆であいさつを送ります。私が牢につながれていることを覚えていてください。どうか、恵みがあなたがたとともにありますように。

---

13 ① 囲 コロ2:1, 4:15, 16
14 ① Ⅱテモ4:11, ピレ24
② Ⅱテモ4:10, ピレ24
15 ① 囲 コロ2:1, 4:13, 16
＊あるいは「ヌンパス（男性）」、②囲 ロマ16:5
＊＊異本「彼らの」
16 ① 囲 Ⅰテサ5:27, Ⅱテサ3:14
② 囲 コロ2:1, 4:13, 16
17 ① ピレ2, ② Ⅱテモ4:5
18 ① 囲 Ⅰコリ16:21
② 囲 ピリ1:7, コロ4:3
③ ヘブ13:3
④ Ⅰテモ6:21, Ⅱテモ4:22, テト3:15, ヘブ13:25

急で深刻なものばかりである。私たちは、祈りの中で格闘すればするほどキリストの力が私たちの内に力強く働き（⇒1:29）、キリストの目的が人々の上に実現していくことを意識しながら、熱意と粘り強さをもって祈らなければならない。　→「**とりなし**」の項 p.1454、「**効果的な祈り**」の項 p.585

4:16　この手紙が・・・読まれたなら　パウロの手紙は、会衆が礼拝をするために集まってきたときに朗読された。コロサイのキリスト者はこの手紙を受取ると写しを作って手元に置き、手紙は近くのラオデキヤの人々に送ったと思われる。また「ラオデキヤから回って来る手紙」と言われているものは、今日「エペソ人への手紙」と呼ばれているものと思われる（→エペ緒論）。

4:18　私が牢につながれていることを覚えていてください　パウロは最初の投獄期間中にコロサイ人への手紙、ピレモンへの手紙、エペソ人への手紙、ピリピ人への手紙を書いた。驚くべきことに、パウロは四年かそれ以上も不当に投獄されていたのに、これらの手紙には「感謝」（1:3, 12, 2:7, 3:15, 4:2）、「恵み」（エペ1:2, 6-7, 2:5, 3:2, 4:7, 6:24）、「喜び」（ピリ1:4, 18, 2:2, 3:1, 4:1, 4）、「愛」（ピレ1:5, 7, 9）ということばが満ちあふれている。

テサロニケ人への手紙　第一

概　　要
キリストにあるあいさつ(1:1)
 I. テサロニケの人々へのパウロの個人的な感謝(1:2-3:13)
　　A. キリストとの関係を持った人々についての喜び(1:2-10)
　　　1. 信仰、愛、希望(1:2-3)
　　　2. 神に対する心からの献身(1:4-6)
　　　3. ほかの人々にとっての良い模範(1:7-10)
　　B. 自分が果した役割の回想(2:1-3:8)
　　　1. 働きの再確認(2:1-12)
　　　2. 応答の再確認(2:13-16)
　　　3. 関心の継続(2:17-3:8)
　　C. 信仰と愛と聖さにおいて成長を促すための再訪問への祈り(3:9-13)
 II. テサロニケの人々へのパウロの実践的な指示(4:1-5:22)
　　A. 性的純潔(4:1-8)
　　B. 兄弟愛(4:9-10)
　　C. 誠実な仕事(4:11-12)
　　D. キリストの来臨(4:13-5:11)
　　　1. 既に世を去ったキリスト者の復活(4:13-18)
　　　2. 生きているキリスト者の準備(5:1-11)
　　E. 霊的指導者たちへの尊敬(5:12-13)
　　F. キリスト者としての生活(5:14-18)
　　G. 霊的な洞察力(5:19-22)
結論(5:23-28)
　　A. きよさ、完成、忍耐のための祈り(5:23-24)
　　B. 最後の願いと祝禱(5:25-28)

著　　者：パウロ

主　　題：正しい生活とキリストの再臨

著作の年代：紀元51年頃

著作の背景
　　テサロニケはローマの属州マケドニヤの首都で、ピリピの南西約150キロのところにあり、港町として栄えており、連絡や交易の重要な中心地だった。人口20万人のこの町にはユダヤ人の強力な共同体があった。パウロとシラスがこの町で働きを始めると、多くのユダヤ人がそれに加わった。またギリシヤ人や社会的に有力な女性たちも多く加わった(使17:4,→「**パウロの第二次伝道旅行**」の地図 p.2008)。けれどもパウロがこの町に教会を建ててからほどなく、教会の影響力をねたんだ何人かのユダヤ人の反対運動が起こり、パウロの働きは多くの実りがあったのに短期間で終ってしまった(使17:1-9)。
　　テサロニケを去らなければならなかったパウロはベレヤに移動した。そこの働きも成功を収めたけれども、テサロニケからやって来た敵意に満ちたユダヤ人が迫害を扇動したので働きはまたもや中断してしまった(使17:10-13)。そこでパウロはアテネに移り(使17:15-34)、テモテも後に合流した。しばらくして、パウロは始まったばかりのテサロニケの教会の様子を調べさせるためにテモテをテサロニケに送った(3:1-5)。その間にパウロはコリントに移動した(使18:1-17)。テモテは与えられた任務を果してテサロニケの教会の報告を持って

コリントに来た（3:6-8）。そのテモテの報告に応えてパウロはこの手紙を書いた。それは教会が設立されてから3－6か月後のことと思われる。

目　　的
　パウロが突然テサロニケを去らなければならなかったため、回心したばかりの信仰者たちは激しい反対を受けながら、だれからも支援を得られなかった。それまでに受けたキリスト者生活についての教えはわずかだった。テモテから現状を知らされたパウロはこの手紙を書いて、（1）人々が強い信仰を持ち、迫害に対しても強く立ち向かう決意を持っていることを喜び、（2）霊的成長や純潔、自己鍛錬や神を敬う生活について教え、（3）信仰の問題、特に主イエスが来られる前に世を去ったキリスト者がどうなるかについて明らかにしようとした。

概　　観
　あいさつ（1:1）の後、パウロはテサロニケの人々がキリストに対する情熱を忍耐強く保っていることと、困難に直面しながら固く信仰を保っていることを喜びながら賞賛している（1:2-10, 2:13-16）。また自分に対する批判に応答して、自分が純粋な動機で奉仕の働きをしたこと（2:1-6）、教会を心から愛し心配していること（2:7-8, 17-20, 3:1-10）、一緒にいたときの行動が誠実だったこと（2:9-12）を教会の人々に思い出させている。
　パウロはキリスト者生活では聖さ（道徳的純粋性、霊的健全性、悪からの分離、神への献身）と力が必要であり重要であることを強調した。主イエスの弟子たちは聖くなければならない（3:13, 4:1-8, 5:23-24）。また福音には聖霊の力の現れが伴わなければならない（1:5, ⇒Ⅰコリ2:4）。さらに霊的な事柄については聖霊に導かれた判断または洞察をするように促すとともに、教会の中で個人を通して現される聖霊の現れを拒んで、「御霊を消してはなりません」（5:19）と訴えた。パウロは特に御霊の賜物の中の預言の賜物を強調している（5:20, →「御霊の賜物」の項 p.2138）。
　この手紙の中ではキリストが再び来られるという大きな主題が扱われている。キリストは忠実な弟子たちを天に引上げ、終りの日に地上に下る神の怒り（神の正当な怒りとさばき）から逃れさせてくださる（1:10, 4:13-18, 5:1-11）。テサロニケの信仰者の中には既に世を去った人々がいたので、その人々は神のご計画の中ではどのような立場にいるのか、また主イエスが再び来られるときにどうなるのか関心が高まっていた。それに応えてパウロは、主イエスが教会のために再び来られる前にこの地上を去った信仰者に対する神のご計画について説明をした（4:13-18, →「肉体の復活」の項 p.2151）。またそのときに生きている人々には、キリストが来られることに対して準備をしていることが重要であると訴えた（5:1-11）。この手紙を終えるに当たってパウロは、神が引続き人々の中（霊、たましい、肉体）に働いてキリストが再び来られるまで育て、きよめ、神の目的のために整えてくださるように祈っている（5:23-24, →「聖化」の項 p.2405）。

特　　徴
　この手紙には四つの大きな特徴がある。
　（1）この手紙は新約聖書の書物の中で最も初期に書かれたものの一つである。
　（2）この手紙には主イエスが教会を地上から引上げるために再び来られるときに既に世を去ったキリスト者（携挙の前に世を去った信仰者）をよみがえらせるということ（4:13-18, →「携挙」の項 p.2278）と、「主の日」について（5:1-11, →5:2注）の重要な教えが含まれている。
　（3）全部の章で、キリストが再び来られることと、弟子たちにとってそれがどのように重要であるかがいろいろなかたちで扱われている（1:10, 2:19, 3:13, 4:13-18, 5:1-11, 23）。
　（4）この手紙には、(a) 1世紀半ばの熱心だけれども成熟していない教会の様子と、(b) 福音（罪の赦し、霊的救い、神との個人的関係、イエス・キリストを信じる信仰による永遠のいのちについての「よい知らせ」）の開拓者としてのパウロの働きの質が独特のかたちで示されている。

テサロニケ人への手紙第一の通読
　新約聖書全体を1年間で通読するためには、テサロニケ人への手紙第一を次のスケジュールに従って4日間で読まなければならない。
☐1:1-2:16　☐2:17-3:13　☐4　☐5

Ⅰテサロニケ　1章

1 ¹パウロ、シルワノ、テモテから、父なる神および主イエス・キリストにあるテサロニケ人の教会へ。恵みと平安があなたがたの上にありますように。

テサロニケの人々の信仰についての感謝

²私たちは、いつもあなたがたすべてのために神に感謝し、祈りのときにあなたがたを覚え、

³絶えず、私たちの父なる神の御前に、あなたがたの信仰の働き、愛の労苦、主イエス・キリストへの望みの忍耐を思い起こしています。

⁴神に愛されている兄弟たち。あなたがたが神に選ばれた者であることは私たちが知っています。

⁵なぜなら、私たちの福音があなたがたに伝えられたのは、ことばだけによったのではなく、力と聖霊と強い確信とによったからです。また、私たちがあなたがたのところで、あなたがたのために、どのようにふるまったかは、あなたがたが知っています。

⁶あなたがたも、多くの苦難の中で、聖霊による喜びをもってみことばを受け入れ、私たちと主とにならう者になりました。

⁷こうして、あなたがたは、マケドニヤと

1:1　恵みと平安があなたがたの上にありますように　→「神の平和」の項 p.1301,「信仰と恵み」の項 p.2062

1:4　あなたがたが神に選ばれた者であること　神はイエス・キリストを送って、私たちとの個人的な関係を一新（⇒ロマ5:8, Ⅰヨハ4:10）しようと第一歩を既に踏み出してくださった。そのイエス・キリストは、神に対する私たちの罪の代価を払うために死んでくださった。そして罪（神に逆らう自分勝手な道に行く性質）によってできた神と全人類との間の架け橋となってくださった。神に選ばれた民（御子イエスの犠牲によって可能になった罪の赦しと新しいいのちへの招きを受取った人々）について、パウロは1:6-10で詳しく説明している。選ばれた人々はキリストにならって聖霊による喜びをもって苦難に耐え、信仰と神との正しい関係について良い模範になっている。さらにキリストに従い、神がそれぞれに与えられた目的を果すために仕えている。そしてその中で、主イエスが天から再び来られるのを熱心に待望んでいる。

たとい正しくない生活をしていても、キリストが救い主であると主張さえするならだれでも救われるという教えは、誤った教えであり神のことばが教えるものではない。もちろんキリストと使徒たち（教会を建上げるために個人的にキリストが任命された人々）が伝えた救いからは、ひどくゆがめられたものである。キリストの弟子になるには自分の罪を正直に認め、自分勝手な道から離れて生涯をキリストにゆだねなければならない（→マタ3:2注）。それはキリストを救い主（罪を赦してくださる方）として受入れるだけではなく、主（生涯の導き手、絶対的な権威）として受入れなければならないということである（→ロマ10:9注）。そしてキリストの品性を身に付け信仰によって歩み、キリストのご計画と目的に服従し続けなければならない（→ガラ5:22-26）。「選びと予定」の項 p.2215,「信仰と恵み」の項 p.2062

1:5　力と聖霊　使徒たち（キリストご自身のことばを伝え教会を建上げるためにキリストが任命された人々）の働きには、次の四つの基本的な要素が含まれていた。

（1）神（2:8）とキリスト（3:2）の福音をほかの人々に伝えた（→マコ14:9注）。

（2）神のことばを聖霊の力によって伝えた（マタ3:11, 使1:5-8, 2:4）。この力は人々の罪を暴き出し、神の赦しと新しいいのちが必要であることを悟らせた。キリストの福音を受入れた人々は、罪とサタンの力から救い出され自由にされた（→「**サタンと悪霊に勝利する力**」の項 p.1726）。キリストの福音にはまた奇蹟や癒しの力が伴っていた（→使4:30注, Ⅰコリ2:4注, →「**神による癒し**」の項 p.1640,「**使徒たちの奇蹟**」の表 p.1941）。

（3）福音は「強い確信」をもって伝えられた。それはこの福音を伝える人々がキリストを信じ、自分たちの中におられる聖霊の働きを通してこの福音の真理やきよさ、力をはっきりと自覚し、完全に確信していたということである（⇒ロマ1:16）。

（4）この福音を信じた人々は信仰をもって応答し、神のことばに従って日々の生活の中で実践をした。そして聖さ（道徳的純粋性、霊的高潔性と健全性、悪からの分離、神への献身）と義（神との正しい関係と神の御霊の力によって神の基準に沿った生活をすること）を示す模範になった。

キリストの福音が伝えられ教えられるときには、今日でもこの四つの要素が伴わなければならない。それは教会にいる人々が霊的救いと罪の支配から完全な解放を体験するためである。

1:6　多くの苦難の中で　→「正しい人の苦しみ」の項 p.825

Ⅰテサロニケ 1-2章

②アカヤとのすべての信者の模範になったのです。

8 主のことばが、あなたがたのところから出てマケドニヤとアカヤに響き渡っただけでなく、神に対するあなたがたの信仰はあらゆる所に伝わっているので、私たちは何も言わなくてよいほどです。

9 私たちがどのようにあなたがたに受け入れられたか、また、あなたがたがどのように偶像から神に立ち返って、生けるまことの神に仕えるようになり、

10 また、神が死者の中からよみがえらせなさった御子、すなわち、やがて来る御怒りから私たちを救い出してくださるイエスが天から来られるのを待ち望むようになったか、それらのことは他の人々が言い広めているのです。

テサロニケでのパウロの働き

2 1 兄弟たち。あなたがたが知っているとおり、私たちがあなたがたのところ

7 ②使18:12
8 ①Ⅱテサ3:1,
  囲コロ3:16
  ②囲ロマ10:18
  ③囲ロマ1:8, Ⅱコリ2:14,
9 ①囲Ⅰテサ2:1
  ②囲Ⅰコリ12:2
  ③使14:15
  ④囲マタ16:16
10 ①囲使2:24
  ②マタ3:7,
  囲Ⅰテサ2:16, 5:9
  ③囲ロマ5:9
  ④囲マタ16:27, 28,
  Ⅰコリ1:7

1 ①囲Ⅰテサ1:9

2 ①Ⅱテサ1:10
  ②囲使16:22-24
  ③使14:5, 囲ピリ1:30
  ④囲ピリ17:1-9
  ⑤囲ピリ1:30
  ⑥囲ロマ1:1
3 ①囲使13:15
  ②囲Ⅱテサ2:11
  ③Ⅰテサ4:7
  ④Ⅱコリ4:2
4 ①囲Ⅱコリ2:17
  ②囲ガラ2:7
  ③囲ガラ1:10
  ④囲ロマ8:27
5 ①囲使20:33,
  囲Ⅱペテ2:3
  ②Ⅰテサ2:10, 囲ロマ1:9
6 ①囲Ⅰコリ9:1, 2

に行ったことは、むだではありませんでした。

2 ご承知のように、私たちはまずピリピで苦しみに会い、はずかしめを受けたのですが、私たちの神によって、激しい苦闘の中でも大胆に神の福音をあなたがたに語りました。

3 私たちの勧めは、迷いや不純な心から出ているものではなく、だましごとでもありません。

4 私たちは神に認められて福音をゆだねられた者ですから、それにふさわしく、人を喜ばせようとしてではなく、私たちの心をお調べになる神を喜ばせようとして語るのです。

5 ご存じのとおり、私たちは今まで、へつらいのことばを用いたり、むさぼりの口実を設けたりしたことはありません。神がそのことの証人です。

6 また、キリストの使徒たちとして権威を主張することもできたのですが、私たち

1:10 イエスが天から来られるのを待ち望む テサロニケのキリスト者には、主イエスが再び来られ、「やがて来る御怒り」（この地上への神の審判と神を受入れない人々への刑罰）から救い出してくださるという大きな希望があった。

(1) キリストを信じる生活に入るということは、(a) 神に反抗的な生き方である罪から離れること、(b) キリストが忠実な人々のところに再び来られることを待望みながら、神に完全に自分を明け渡すことである(1:9)。キリストを待つということは、キリストが来られるのを絶えず期待しながらそのときのために備えていることである。

(2)「やがて来る御怒り」とは、患難時代に地上に下る未来のさばきのことである。キリストの弟子たちはそれを恐れる必要がない。なぜなら神が主イエスを再び送ってくださるのは、その怒り（神への反抗に対する神の正当な怒りと刑罰）のときから私たちを救うためだからである(→黙3:10注, →「**大患難**」の項p.1690)。

(3) これはキリストが再び来られることについて、この手紙の中で初めて触れているところである(→ヨハ14:3注)。それはキリストが忠実な弟子たちを地上から取去り、ともに天において過すようにさせるために来られるときのことである。このことについては2:19, 3:13, 4:17, 5:1-11, 23にも出てくる。→「**携挙**」の項 p.2278

2:1 私たちがあなたがたのところに行ったこと
2章でパウロは、テサロニケの人々に自分が奉仕していたときの誠実な行動（調べられても変らない立派な品性）を思い起こさせている。パウロに敵対する人々はパウロの人格について悪口を言い、キリストの福音を伝える動機について疑問を投げかけていた。

2:4 私たちは・・・人を喜ばせようとしてではなく
福音を伝える説教者は人々を喜ばせたいという誘惑に直面する。人々の聞きたいことだけを話して気にさわるようなことは話さないで、人々から受入れられ認められ、ほめられようとするのである(2:6)。(1) この誘惑は、会衆の中にある罪や霊的妥協や霊的無関心などを大目に見るというかたちになってくる(⇒黙2:20, 3:15-16)。あるいは出席者数や献金額の増加だけを目指して、会衆におもねり楽しませる（霊的目的を持たない）ことだけを狙った説教をすることにもなる(2:4-6)。(2) このようなことが起こると、地域に対する教会の誠実さやキリストを示す力などは取返しがつかないほど傷ついてしまう。したがってみことばを伝えようとする（あらゆる奉仕の働き、キリスト者としての働き）動機は人々に認められるためではなく、必ず神に喜ばれるためでなくてはならない(Ⅰコリ4:5, ガラ1:9-10, →ルカ1:17注, Ⅱテモ4:3-4注)。

は、あなたがたからも、ほかの人々からも、人からの名誉を受けようとはしませんでした。

7 それどころか、あなたがたの間で、母がその子どもたちを養い育てるように、*優しくふるまいました。

8 このようにあなたがたを思う心から、ただ神の福音だけではなく、私たち自身のいのちまでも、喜んであなたがたに与えたいと思ったのです。なぜなら、あなたがたは私たちの愛する者となったからです。

9 兄弟たち。あなたがたは、私たちの労苦と苦闘を覚えているでしょう。私たちはあなたがたのだれにも負担をかけまいとし、昼も夜も働きながら、神の福音をあなたがたに宣べ伝えました。

10 また、信者であるあなたがたに対して、私たちが敬虔に、正しく、また責められるところがないようにふるまったことは、あなたがたがあかしし、神もあかししてくださることです。

11 また、ご承知のとおり、私たちは父がその子どもに対してするように、あなたがたひとりひとりに、

12 ご自身の御国と栄光とに召してくださる神にふさわしく歩むように勧めをし、慰めを与え、おごそかに命じました。

13 こういうわけで、私たちとしてもまた、絶えず神に感謝しています。あなたがたは、私たちから神の使信のことばを受けたとき、それを人間のことばとしてではなく、事実どおりに神のことばとして受け入れてくれ

---

6 ②ヨハ5:41, 44, 四Ⅱコリ4:5
7 ①囮Ⅰテサ2:11, ガラ4:19 ②囮Ⅱテモ2:24
*異本「また、子どものように」
8 ①囮ロマ1:1, ②囮Ⅱコリ12:15, 囮Ⅰヨハ3:16
9 ①囮Ⅱテサ3:8, 囮Ⅱテサ2:14, ②囮Ⅱコリ11:9, 囮Ⅰコリ9:4, 5, ③囮使18:3
④囮ロマ1:1
10 ①囮Ⅰテサ1:5, 囮Ⅱコリ1:12 ②囮Ⅰテサ2:5
11 ①囮Ⅰコリ4:14, ②囮Ⅰテサ2:7
12 ①Ⅰペテ5:10, 囮Ⅱコリ4:6, ②Ⅰテサ5:24, Ⅱテサ2:14, 囮使8:28
①囮エペ4:1
④囮Ⅰテサ5:14 ②囮Ⅰテサ4:6
*別訳「あかししました」
13 ①囮ロマ1:8, 囮Ⅰテサ1:2
②囮ヘブ4:2, 囮ロマ10:17
囮ガラ4:14,
囮マタ10:20

2:7 母がその子どもたちを養い育てるように パウロとパウロの同労者たちは、宣教師や伝道者、牧師がみなキリストの福音を伝えるときに心がけるべき霊的態度の模範を示している。

(1) 宣教師(キリストの福音を異なる文化圏や共同体、異なる国の人々に伝える人)としてパウロたちは、母のような柔和な思いやりのある態度を持っていた。そして神の民とキリストを信じる信仰に導いた人々を養い守り、霊的必要を満たすために必要なことは何でもして大きな犠牲を払うこともいとわなかった。

(2) 「優しく」とは、自分たちが重要な人間で優れているという行動をとらなかったということである。信仰がまだ成長していない人々に対して忍耐強く接していたのである。

(3) この宣教師たちは、テサロニケの人々を深く愛し、いのちさえ分け与えたいと思っていた(2:8)。

(4) パウロたちは、人々にキリストの福音を伝え、霊的に成長させ教会で効果的な働きが進められるために長時間働いて、疲労が限度に達するほどだった(2:9)。

(5) パウロたちは間違ったことをして非難されないように、聖く責められない生活(道徳的純粋性、霊的高潔性、神への献身)をしていた。そして良い父親が子どもたちにするように(2:10-12)、新しく信仰を持った人々を導き励ましていた。

2:10 私たちが敬虔に、正しく、また責められるところがない あるキリスト者たちは誤った考えを受入れていたけれども、パウロはそれを受入れていなかった。その誤った考えとは、罪をおおうキリストの犠牲は私たちが罪の赦しを受けるのには十分であるけれども、継続する罪の支配から完全に解放されるには不十分であるというものだった。この聖書に反した教えは、キリスト者生活の中で罪を犯すことは自然なことであるから、その影響も受入れるべきだと強調していた。パウロはその教えが誤りであることを自分の生活の例を見て知ってほしいと願っている。(1) パウロはテサロニケの人々の間での自分の行動を思い起こしてほしいと訴えた。パウロは「敬虔に、正しく、また責められるところがないようにふるまった」。言い換えると完全な道徳的きよさと、霊的純潔性を示していたのである。そして正しいことを行い、人々から責められない振舞をしていた。(2) パウロは神の恵み(一方的に与えられる好意、愛、霊的能力)によって、「霊肉の汚れから自分をきよめ、神を恐れかしこんで聖きを全う」する動機と力が与えられたとし、教会と神ご自身がそのことの証人であると言っている(Ⅱコリ7:1, ⇒Ⅱコリ1:12, 2:17, 6:3-10, Ⅰテサ1:5, Ⅱテモ1:3)。これはキリスト者が絶対に罪を犯さないという意味ではない。罪を犯さなくてすむという意味である。つまり神に信頼し聖霊の導きに従うなら、神の力がいつも十分にあるので、罪に勝利し罪から自由でいられるということである。

2:12 神にふさわしく歩む 私たちは人々の注意を神に向けさせ、また神の栄光を表すような生活をするべきである。そして自分の生活がキリストと重ね合わされているか、キリストの品性を表しているか、キリストの福音を人々に伝えているか、絶えず自分自身を吟味しなければならない。これは神の恵みと力に頼らなければできないことである。

たからです。④この神のことばは、信じているあなたがたのうちに働いているのです。

¹⁴兄弟たち。あなたがたはユダヤの、キリスト・イエスにある神の諸教会にならう者となったのです。彼らがユダヤ人に苦しめられたのと同じように、あなたがたも自分の国の人に苦しめられたのです。¹⁵ユダヤ人は、主であられるイエスをも、預言者たちをも殺し、また私たちをも追い出し、神に喜ばれず、すべての人の敵となっています。¹⁶彼らは、私たちが異邦人の救いのために語るのを妨げ、このようにして、いつも自分の罪を満たしています。しかし、御怒りは彼らの上に臨んで窮みに達しました。

テサロニケの人々に会いたいというパウロの思い

¹⁷兄弟たちよ。私たちは、しばらくの間あなたがたから引き離されたので——といっても、顔を見ないだけで、心においてではありませんが、——なおさらのこと、あなたがたの顔を見たいと切に願っていました。¹⁸*それで私たちは、あなたがたのところに行こうとしました。このパウロは一度ならず二度までも心を決めたのです。しかし、サタンが私たちを妨げました。¹⁹私たちの主イエスが再び来られるとき、御前で私たちの望み、喜び、誇りの冠となるのはだれでしょう。あなたがたではありませんか。²⁰あなたがたこそ私たちの誉れであり、また喜びなのです。

3

¹ そこで、私たちはもはやがまんできなくなり、私たちだけがアテネにとどまることにして、² 私たちの兄弟であり、キリストの福音において神の同労者であるテモテを遣わしたのです。それは、あなたがたの信仰についてあなたがたを強め励まし、³ このような苦難の中にあっても、動揺する者がひとりもないようにするためでした。あなたがた自身が知っているとおり、私た

---

13 ④ ヘブ4:12
14 ① ガラ1:22、② Ⅰコリ7:17、囲 Ⅰコリ10:32
　④ ヘブ10:33,34
　⑤ 使17:5、囲 Ⅰテサ3:4、Ⅱテサ1:4,5
15 ①ルカ24:20、使2:23
　⑦ 52、使マタ5:12
16 ① Ⅰコリ10:33
　② 使9:23、13:45,50、14:2,5,19,17:5,13、18:12,21:11,22,27、25:2,7、⑤ 創15:16、ダニ8:23、マタ23:32
　囲 Ⅰテサ1:10
17 囲 Ⅰコリ5:3

② Ⅰテサ3:10
18 ① 囲ロマ15:22
　* 別訳「なぜなら、……行こうとしたからです」
　② ピリ4:16
　③ マタ4:10
　④ ロマ15:22、囲ロマ1:13
19 ① Ⅰテサ3:13、4:15、5:23、囲マタ16:27、マコ8:38、ヨハ21:22
　② ピリ4:1
20 ② Ⅱコリ1:14

1 ① Ⅰテサ3:5、囲ピリ2:19
2 囲エペ17:15,16
　* 異本「しもべ」
　① 囲Ⅱコリ1:1、コロ1:1
3 ① 囲使9:16、14:22

2:16 御怒りは彼らの上に臨んで パウロ自身はユダヤ人であり、ユダヤ人を心から愛してその霊的救いに大きな関心を抱いていた(→ロマ9:1-3, 10:1)。けれども、キリストの福音に反対し教会を迫害する人々の振舞ははっきりと拒んでいる(2:14-16)。そればかりか、神の怒り(神の正当な怒り、刑罰、さばき)は既に注がれていると言っている。この怒りは、(1) 霊的にかたくなになったユダヤ人が自分たちの勝手な道に進み、自分たちの考えで盲目に歩み続けるようにさせておられること(⇒ロマ1:21)、(2) キリストが予告されたように、さばきが未来に注がれることなどによって明らかである(マタ21:43, 23:38, 24:15-28, ルカ21:5-24, 23:27-31)。

2:18 しかし、サタンが私たちを妨げました サタンは時としてパウロの宣教の働きを妨害した。キリストに心から従う人々や奉仕者に対するサタンの反対について、聖書は次のような真理を示している。

(1) 神の国のために行おうという思いを神がキリスト者の心の中に置かれたのに、サタンは戦いを挑みその思いを止めたりそれから引離そうとしたりしてくる。これは神が許される範囲で行われる(エペ6:11-12, ⇒ダニ10:13, 20-21, ゼカ3:1, マタ4:1-10)。

(2) けれどもサタンの力は、神の主権(思うままに行うことができる絶対的な権威、力、支配 →ヨブ1:9-12, 2:6, →ヨブ1:12注)の下に置かれている(Ⅱコリ12:7-9)。神はサタンの活動をくつがえして、御国のために益となるようにすることが可能である。けれども神の民が忠実に従い、祈ってこの働きにともに加わることを望んでおられる(⇒コロ4:3, →ダニ9:-10:, 10:13注, →「とりなし」の項 p.1454)。

(3) 神に忠実な人々は祈りによって、「小羊の血」(罪をおおい死に打勝つ主イエスの犠牲)により(黙12:11)、キリストに対する大胆なあかしと神への従順な愛によってサタンの妨害に勝利することができる。つまりサタンは、神のご計画を実現しようとする私たちの働きを止めることはできない(⇒3:11)。したがって私たちはサタンの策略を見極め、それに勝利できる力を求めて日々祈らなければならない(→3:5注, マタ4:10注, 6:13, エペ6:12注, →「**サタンと悪霊に勝利する力**」の項 p.1726)。

3:3 苦難 信仰者は問題や反対に遭っても驚くべきではないし、キリスト者生活には苦難はないはずだと考えてはならない。苦難はやって来る。(1) この世界で受入れられている考えや振舞や生活様式に合せようとしない神の民は、「苦難に会う」(3:4, ⇒使14:22, ロマ8:18, Ⅱテモ3:12, →マタ5:10注)。(2) 激しい苦難が来てもそれは神が怒っておられるしるしであるとか、キリストを拒む人々に下るさばきであるなどと

Ⅰテサロニケ 3章

ちはこのような苦難に会うように定められているのです。

4 あなたがたのところにいたとき、私たちは苦難に会うようになる、と前もって言っておいたのですが、それが、ご承知のとおり、はたして事実となったのです。

5 そういうわけで、私も、あれ以上はがまんができず、また誘惑者があなたがたを誘惑して、私たちの労苦がむだになるようなことがあってはいけないと思って、あなたがたの信仰を知るために、彼を遣わしたのです。

テモテによる良い報告

6 ところが、今テモテがあなたがたのところから私たちのもとに帰って来て、あなたがたの信仰と愛について良い知らせをもたらしてくれました。また、あなたがたが、いつも私たちのことを親切に考えていて、私たちがあなたがたに会いたいと思うように、あなたがたも、しきりに私たちに会いたがっていることを、知らせてくれました。

7 このようなわけで、兄弟たち。私たちはあらゆる苦しみと患難のうちにも、あなたがたのことでは、その信仰によって、慰め

4 ①圏Ⅰテサ2:14
5 ①Ⅰテサ3:1,
  圏ピリ2:19
  ②圏4:3
  ③圏ピリ2:16,
  圏Ⅱコリ6:1
  ④Ⅰテサ3:2
6 ①圏使18:5
  ②Ⅰテサ1:3
  ③圏Ⅰコリ11:2

8 ①圏Ⅰコリ16:13
9 ①Ⅰテサ1:2
10 ①Ⅰテサ2:17
  ②圏Ⅱコリ13:9
  ③圏Ⅰテモ1:3
11 ①圏Ⅰテサ2:16
  ②圏ガラ1:4,
  Ⅰテサ3:13
  ③Ⅰテサ4:16, 5:23,
  Ⅱテサ2:16, 3:16,
  黙21:3
  ④圏Ⅱテサ3:5
12 ①圏ピリ1:9,
  Ⅰテサ4:1, 10,
  Ⅰテサ1:3
13 ①圏マタ25:31,
  マコ8:38, Ⅱテサ1:7,
  Ⅰテサ4:17
  ②圏2:19
  ③圏Ⅰコリ1:8, Ⅰテサ3:2
  ④圏ガラ1:4, Ⅰテサ3:11
  ⑤圏ルカ1:6

を受けました。

8 あなたがたが主にあって堅く立っていてくれるなら、私たちは今、生きがいがあります。

9 私たちの神の御前にあって、あなたがたのことで喜んでいる私たちのこのすべての喜びのために、神にどんな感謝をささげたらよいでしょう。

10 私たちは、あなたがたの顔を見たい、信仰の不足を補いたいと、昼も夜も熱心に祈っています。

教会のためのパウロの祈り

11 どうか、私たちの父なる神であり、また私たちの主イエスである方ご自身が、私たちの道を開いて、あなたがたのところに行かせてくださいますように。

12 また、私たちがあなたがたを愛しているように、あなたがたの互いの間の愛を、またすべての人に対する愛を増させ、満ちあふれさせてくださいますように。

13 また、あなたがたの心を強め、私たちの主イエスがご自分のすべての聖徒とともに再び来られるとき、私たちの父なる神の御前で、聖く、責められるところのない者と

考え違いをしてはならない(5:9, マタ24:21, Ⅱテサ1:6, 黙3:10注)。

3:5 誘惑者があなたがたを誘惑して この手紙の中でパウロがサタンの活動に触れるのは、これで二度目である(⇒2:18)。パウロはイエス・キリストと同じように(マタ13:39, マコ3:14-15, 4:15, ルカ4:1-13, 33-41)、サタンの巧妙さやごまかしを個人的に知っていた(使16:16-18, 19:13-16, エペ2:2, Ⅱテサ2:9)。今日、サタンが実際に存在し、霊的現実であることを信じる人は少ない。それは人々が霊的に暗やみの中にいて、盲目になっているからである。けれども信仰者はその存在と邪悪な働きを確信している。それは新約聖書の主な区分全部に出てくる。サタンは悪霊の中でも最高の存在として描かれている(ヨハ16:11, エペ2:2)。その活動は物理的にも(→Ⅱコリ12:7)霊的にも影響を及ぼしてくる(マタ13:39, マコ4:15, Ⅱコリ4:4)。サタンは主イエスを誘惑したし(マタ4:1-11)、主イエスの弟子たちを今も誘惑し続けている(ルカ22:3, Ⅰコリ7:5)。それなのに教会はその権威について話したりその権威の正体を暴き出したり、直接に対決しようとしていない。サタンは多くの人をだますことに成功し、自分がもはや人々を霊的に捕虜にするような敵ではないかのように信じさせたり行動したりしている。主イエスや新約聖書のキリスト者のように悪霊と対決し、捕えられている人々を解放するように命令することは、今日では必要ないと考える信仰者があまりにも多い。教会の中には、キリストの御国の力をもってサタンに直接に立向かわないところもある(→マタ4:10注)。けれども神の国は、聖霊の力(《ギ》デュナミス)によって暗やみの力と直接に対決することによって前進するのである(⇒マタ4:23-25, 使8:5-8)。実際のところ、サタンは既に打ち負かされている(コロ2:15)。したがってキリスト者はキリストを通してサタンとその悪の勢力に打勝つ力を持っているのである(→エペ6:16, →**サタンと悪霊に勝利する力**の項 p.1726)。サタンが最終的に破滅し滅亡することは確定している(→黙20:10)。→**「神の国とサタンの国」の表 p.1711**

3:13 私たちの主イエスが・・・来られるとき、・・・聖く、責められるところのない者 パウロは、祈ると

神に喜ばれる生き方

4 ¹終わりに、兄弟たちよ。主イエスにあって、お願いし、また勧告します。あなたがたはどのように歩んで神を喜ばすべきかを私たちから学んだように、また、事実いまあなたがたが歩んでいるように、ますますそのように歩んでください。²私たちが、主イエスによって、どんな命令をあなたがたに授けたかを、あなたがたは知っています。³神のみこころは、あなたがたが聖くなることです。あなたがたが不品行を避け、⁴各自わきまえて、自分のからだを、聖く、また尊く保ち、⁵神を知らない異邦人のように情欲におぼれず、⁶また、このようなことで、兄弟を踏みつけたり、欺いたりしないことです。なぜなら、主はこれらすべてのことについて正しくさばかれるからです。これは、私たちが前もってあなたがたに話し、きびしく警告しておいたところです。⁷神が私たちを召されたのは、汚れを行わせるためではなく、聖潔を得させるためです。

1① Ⅱテサ3:1,
 ② Ⅱコリ13:11
 ② Ⅰテサ5:12, Ⅱテサ1:3,
  2:1, 3:1, 13, 圏ガラ6:1
 ③ 圏エペ4:1
 ④ Ⅱコリ5:9
 ⑤ ピリ1:9, Ⅱテサ3:12,
  4:10, Ⅱテサ1:3

3① Ⅰコリ6:18
4① Ⅰコリ7:2, 9
 ② Ⅰペテ3:7,匹Ⅱコリ4:7
 *別訳「妻」
 ② 圏ロマ1:24
5① 圏ガラ4:8
 ② 圏ロマ1:26
6① 圏Ⅰコリ6:8
 ② ヘブ13:4,圏ロマ12:19
 ② Ⅱコリ7:11
 ③ 圏ルカ16:28
7① Ⅰペテ1:15
 ② Ⅰテサ2:3

ヘブ10:23-26

きにはしばしばキリストが再び来られるときのことを考えていた（⇒ピリ1:10）。そして不信仰で情熱もなく、神に真っ向から反抗して生きていて、主が再び来られることに対して何も備えがないままその日を迎える人がいるなら、それは悲劇であり避けるべきであると考えていた。主イエスも同じように心配をしておられた（マタ24:42-51, 25:1-13）。キリストが再び来られることとの関連で聖書が示している基準は、「聖く、責められるところのない者」になることである（→2:10注）。私たちは心からキリストに仕え、神に喜ばれないものはみな避けるという決意をしなければならない。「聖く」なるということは、道徳的に純潔で、霊的には健全で悪から離れ、神と神の目的に仕えることである。「ご自分のすべての聖徒とともに」ということばは、キリストに従う人々で既に地上の生涯を終えて主とともに天にいる人々のことである（→「携挙」の項p.2278）。

4:3 神のみこころ テサロニケの信仰者たちは、性的不品行が一般的に行われ当然のこととされている社会に生きていたけれども、それは神の民には受入れられないことだった。このことは今日も同じである。私たちは神の聖さ（→3:13注）とみことばの真理に対して妥協をしてはならない。また社会の考え方や傾向を取入れて自分たちの基準を下げてはいけない。事実「聖くなる」ということは「分離される」こと、純粋でいること、成長して神の目的に完全に仕えるという意味である（→「聖化」の項p.2405）。新約聖書では、地域のキリスト者の基準が低下しているのを見たときには（⇒黙2:14-15, 20）神を敬う指導者たちは必ず厳しく叱責し矯正をしている。今日の霊的指導者もまた社会の低い道徳的基準に合せようとする教会の中の行動に対しては正面から向き合い異議を唱えるべきである。

4:3-7 不品行を避け 神はご自分の民全員に対してあらゆる性的な事柄については道徳的に倫理的に最高の基準に沿って生きることを求めておられる。私たちは神の栄光のために分離されているので、神の名を汚すような社会の振舞を受入れたり、それに合せたりしてはならない。キリスト者の性的な行動についての神の基準についての詳細 →「**性道徳の基準**」の項p.2379

4:6 兄弟を踏みつけたり、欺いたり 性的不品行は神に対する罪であるとともに、ほかの人々（キリスト者であってもなくても）を傷つけることでもある。「踏みつけ」る（《ギ》プレオノクテオー）とは「正しいことをはるかに超える」、「限界を超える」、「はみ出す」という意味である。それは神が定められた共通の防御線を超えて外に踏み出すことである。結婚外の性的行動はみなほかの人々に対する恐ろしい不正である。現実的な意味で、それはほかの人々から高価な宝（純潔、童貞、肉体的感情的健全性、神に対する良心など）を盗むことで、二度と返したり補充したりできないことである。このことは結婚の関係の外で行われるあらゆる性的行動（性的行為だけでなく）に当てはまる。姦淫（自分の配偶者以外の異性との性的関係）は別の夫婦の権利を侵すものである。結婚前の性的行為は配偶者間に神をほめたたえるために与えられた純潔と処女性という賜物を破壊することである。

4:7 神が私たちを召されたのは、汚れを行わせるためではなく、聖潔を得させるためです 神はご自分の民をきよくする（霊的に、道徳的に、人間関係そのほかあらゆる面で）ために召してくださった（→詩24:3-4, イザ52:11, Ⅰテモ5:2, 22, Ⅱテモ2:22, テト2:5, ヘブ7:26, Ⅰヨハ3:3）。神を見ることができるのは心のきよい人々だけである（マタ5:8）。きよいということは悪や世俗のものが混じっていない、汚されていない、腐っていないという意味である。神は若者たちが純潔の模範になるように召しておられる（Ⅰテモ4:

Ⅰテサロニケ　4章

8 ですから、このことを拒む者は、人を拒むのではなく、あなたがたに聖霊をお与えになる神を拒むのです。

9 兄弟愛については、何も書き送る必要がありません。あなたがたこそ、互いに愛し合うことを神から教えられた人たちだからです。

10 実にマケドニヤ全土のすべての兄弟たちに対して、あなたがたはそれを実行しています。しかし、兄弟たち。あなたがたにお勧めします。どうか、さらにますますそうであってください。

11 また、私たちが命じたように、落ち着いた生活をすることを志し、自分の仕事に身を入れ、自分の手で働きなさい。

12 外の人々に対してもりっぱにふるまうことができ、また乏しいことがないようにするためです。

8 ①ロマ5:5, Ⅱコリ1:22, ガラ4:6, Ⅰヨハ3:24
9 ①圏ヨハ13:34,ロマ12:10　②圏Ⅰテサ5:1,圏Ⅱコリ9:1　③圏ヨハ6:45, Ⅰヨハ2:27, 圏エレ31:33, 34
10 ①圏Ⅰテサ1:7　②圏Ⅰテサ3:12
11 ①圏Ⅱテサ3:12　②圏Ⅰペテ4:15　③圏エペ4:28, 圏使18:3
12 ①圏マコ4:11, ②圏ロマ13:13,コロ4:5,③圏エペ4:28　②:3, ④エペ2:12

13 ①圏使7:60, ②圏ロマ1:13, ③Ⅰテサ5:6, 圏エペ2:3　②圏Ⅰテサ4:13
14 ①圏ロマ14:9, ②Ⅰコリ15:18, 圏Ⅰテサ4:13
15 ①圏列13:17, 18, 20:35, ガラ1:12, Ⅱコリ12:1　②圏ヨハ2:19　③圏Ⅰコリ15:52,圏Ⅰテサ5:10　④圏Ⅰコリ15:18,圏Ⅰテサ4:13
16 ①圏Ⅰテサ3:11　②圏ヨエ2:11,圏ユダ9　③圏マタ24:31　④圏Ⅰテサ1:7, 圏Ⅰテサ1:10　⑤圏Ⅰコリ15:23, 圏Ⅱテサ2:1, 黙14:13
17 ①圏Ⅰコリ15:52, 圏Ⅰテサ5:12

主の来臨

13 眠った人々については、兄弟たち、あなたがたに知らないでいてもらいたくありません。あなたがたが他の望みのない人々のように悲しみに沈むことのないためです。

14 私たちはイエスが死んで復活されたことを信じています。それならば、神はまたそのように、イエスにあって眠った人々をイエスといっしょに連れて来られるはずです。

15 私たちは主のみことばのとおりに言いますが、主が再び来られるときまで生き残っている私たちが、死んでいる人々に優先するようなことは決してありません。

16 主は、号令と、御使いのかしらの声と、神のラッパの響きのうちに、ご自身天から下って来られます。それからキリストにある死者が、まず初めによみがえり、

17 次に、生き残っている私たちが、たちま

---

12)。また神はご自分が聖であるから、人々にも聖であるように求めておられる（→レビ11:44, 45, 19:2, Ⅱコリ7:1, Ⅰテモ3:2, Ⅱテモ1:9, テト1:8, Ⅰペテ1:16）。「聖くなければ、だれも主を見ることができません」（ヘブ12:14）と神のことばは言っている。聖さは道徳的純潔、霊的高潔さ（品性の真直ぐな状態）と健全さ、悪からの分離、神と神の目的に対する献身の中に示される。　→「**聖化**」の項 p.2405,「**信者の霊的聖別**」の項 p.2172

4:8　人を拒むのではなく・・・神を拒む　聖化（純潔と聖さの成長の過程、悪から分離された状態の維持 4:1-7, →4:7注）についてのこれらの教えを拒む人々は神を拒むことになる。

（1）パウロの警告を拒むことは、聖霊に反対し神が求められる純潔を拒むことである。自分の願いや情欲を満たすために神の道徳的純潔の基準に背く人々（キリストのからだにつながる人々も含めて）に、神はさばきと罰を下される（4:6, ⇒ヘブ13:4）。

（2）真理を拒み、「悪を喜んでいた」（→Ⅱテサ2:12注）人々（教会の会衆も含めて）はみな、やがて完全に申し開きをしなければならなくなる。神に逆らった生活をしている人々は、キリストが忠実な弟子たちを引上げるために再び来られる時に置いていかれてしまう（4:17, →「**携挙**」の項 p.2278）。その最後は滅びであり（5:3）、御怒り（5:9）と報復（Ⅱテサ1:8）である。そしてキリストが天から「炎の中に」来られて「主イエスの福音に従わない人々」全員に罰を下される時に（Ⅱテサ1:7-8）さばかれ罪に定められる（Ⅱテサ1:9, 2:12）。

4:12　外の人々に対してもりっぱにふるまう　キリストに従う人々は優しく勤勉であり、その人格と生き方は教会の内外の人々の良い模範になるべきである。

4:13　眠った人々のことについて　このことばは世を去って、たましいが天にある人々のことを指している。それは世を去った人々が冬眠のような無意識の状態でいるとか、からだのない霊になっているという意味ではない（⇒ピリ1:21注, →「**肉体の復活**」の項 p.2151）。テサロニケの人々が心配したのは既に世を去った忠実なキリスト者の兄弟や姉妹のことで、希望を持って待望んでいた主が再び来られる大いなる日にどうなるのかということだった（⇒1:10）。キリストが来られる時に生きているキリスト者がキリストに会うために（→ヨハ14:3注）「引き上げられ」る（4:17）のと、既に世を去ったキリスト者の復活とがどう関連するのか理解していなかったのである。そしてキリストが教会のために来られるより前に世を去った人々（4:16-17）が復活するのはずっとあとだと考えていた。パウロはそれに対して、主が教会の忠実な人々のために再び来られるその時に「キリストにある死者が・・・よみがえ」ると言っている（→「**携挙**」の項 p.2278）。

4:14-18　主が再び来られる　パウロがこの部分で描いている出来事はしばしば「教会の携挙」と呼ばれている。この未来の出来事について　→「**携挙**」の項 p.2278

携挙

「主は、号令と、御使いのかしらの声と、神のラッパの響きのうちに、ご自身天から下って来られます。それからキリストにある死者が、まず初めによみがえり、次に、生き残っている私たちが、たちまち彼らといっしょに雲の中に一挙に引き上げられ、空中で主と会うのです。このようにして、私たちは、いつまでも主とともにいることになります。」（テサロニケ人への手紙第一 4:16-17）

「携挙」（英語の「ラプチャー」はラテン語の「ラプト」から来ている）ということばは、「取去る」とか「取上げる」という意味で、テサロニケ人への手紙第一4章17節で「引き上げられ」と訳されているギリシヤ語の「ハルパゾー」と同じ意味である。ここことコリント人への手紙第一15章に描かれている出来事は、キリストが弟子たちを地上から引上げ、空中で会って天でともにいるようにさせてくださるときのことである。それはキリストの教会につながる人々（キリストと正しい関係にある世界中の忠実な弟子たち）にだけかかわることである。

(1) 携挙の直前、キリストが教会のために天から来られるその時に、「キリストにある死者」がよみがえる（Ⅰテサ4:16）。これはヨハネの黙示録20章4節に描かれているよみがえりと同じではない。そのよみがえりはキリストが地上に再び来られ、反キリストの勢力を滅ぼしてサタンを底知れぬ所に閉じ込めたあとに起こる出来事である（黙19:11-20:3）。ヨハネの黙示録20章4節のよみがえりは、患難時代（携挙の後の時代で反キリストが権力を握り、神が地上に終りのときのさばきを下される時代 →「**大患難**」の項 p.1690）にキリストを信じてその信仰のためにいのちを奪われた人々のよみがえりである。それには旧約聖書の弟子たちも含まれていると思われる（→黙20:6注）。

(2) キリストにある死者がよみがえるのと同時に、地上で生きているキリストの弟子たちは変えられ、そのからだは死なない朽ちないものになる（Ⅰコリ15:51, 53）。このことは瞬間的に（「一瞬のうちに」）行われる（Ⅰコリ15:52, →「**肉体の復活**」の項 p.2151）。

(3) よみがえったキリスト者と瞬間的に変えられた人々は一緒に引上げられて、空中（天と地との間の場所）でキリストに会うことになる。

(4) その人々は目に見えるかたちでキリストと一つになり（Ⅰテサ4:16-17）、天に引上げられ（→ヨハ14:2注, 3注）、キリストを知って先に世を去った愛する人々と再会する（Ⅰテサ4:13-18）。

(5) その人々はあらゆる苦しみと悩みから（Ⅱコリ5:2, 4, ピリ3:21）、そしてあらゆる迫害と圧迫から（→黙 3:10注）、また罪と罪の領域全体から（Ⅰコリ15:51-56）解放される。携挙によって、主イエスの弟子たちは「やがて来る御怒り」（→Ⅰテサ1:10注, 5:9）、つまり大患難から救われる（→「**大患難**」の項 p.1690）。

(6) 私たちをこの世界から引上げ「いつまでも主とともにいる」（Ⅰテサ4:17）ようにさせるために、間もなく救い主が再び来られるという希望はキリストに人生をゆだねた人々全員にとって「祝福された望み」である（テト2:13, →「**聖書的希望**」の項 p.943）。それは苦しんでいるキリスト者にとって大きな慰めである（Ⅰテサ4:17-18, 5:10）。

(7) パウロはテサロニケ人への手紙第一4章17節で、「私たち」ということばを使っている。それは自分が生きている間にこのことが起こると信じていたからである。そこでこの緊急性と期待をテサロニケの人々に伝えた。どの時代のキリスト者も主が再び来られることに目を覚まし備えているように、聖書は強く訴えている（⇒ロマ13:11, Ⅰコリ7:29, 10:11, 15:51-52, ピリ4:5）。

(8) キリスト者であると言いながらキリストに対して不忠実で主との個人的な関係を持っていないキリスト者はあとに取残されてしまう（→マタ25:1注, ルカ12:45注）。そしてにせの宗教組織の中に残され（→

黙17:1注, →「反キリストの時代」の項 p.2288)、患難時代には神の怒りを受けることになる。

(9) 携挙に続いて「主の日」がある。それは神を敬わない人々に苦痛とさばきが下るときである(Ⅰテサ5:2-10, →5:2注)。その後にキリストの来臨の第二段階がある。患難時代の最後のときにキリストは文字通り再び地上に来られ、神を敬わない人々を滅ぼし、地上を1,000年間支配される(→マタ24:42注, 44注, →黙19:-20:)。終りのときの年代順とこれらの事件と時期の概観　→「終末の事件」の表 p.2471

ち彼らといっしょに雲の中に一挙に引き上げられ、空中で主と会うのです。このようにして、私たちは、いつまでも主とともにいることになります。

18 こういうわけですから、このことばをもって互いに慰め合いなさい。

17②圏ダニ7:13, 使1:9,
　　黙11:12
　③圏Ⅱコリ12:2
　④圏ヨハ12:26

1①使1:7
2①圏Ⅰテサ4:9
2①圏Ⅰコリ1:8
　②圏ルカ21:34,
　　黙3:3, 16:15

5

1 兄弟たち。それらがいつなのか、またどういう時かについては、あなたがたは私たちに書いてもらう必要がありません。

2 主の日が夜中の盗人のように来るということは、あなたがた自身がよく承知しているからです。

4:17 雲の中に・・・引き上げられ　「引き上げられ」ということばは「ハルパゾー」というギリシヤ語の訳である。ここことコリント第一15章に描かれているこの出来事は、キリストが忠実な弟子たちを地上から引上げ、「空中で主と会う」ようにされるときのことである。この経験をすることができるのは、キリストの教会(世界中で主に忠実に従っている人々)につながる人々だけである。→「**携挙**」の項 p.2278

4:18 互いに慰め合いなさい　キリスト者に対する厳しい反対や迫害の中で、テサロニケのある人々は「主の日」の前かその最中に、または患難時代(→黙6:-19:)の中で信仰のために殺されるのではないかと考えていたようである(5:2-10, →5:2注)。けれどもパウロは携挙について説明をして希望を植付けている(→4:14-17, ヨハ14:3注, Ⅰコリ15:51-58, →「**携挙**」の項 p.2278)。教会の忠実な人々のためにキリストが再び来られることによって、世界に対する神の最終的なさばきに遭うことはなくなるのである。このことがわかれば互いに励まし合うことができるようになる。

5:1 いつなのか、またどういう時か　キリストが地上に再び来られることについては、主イエスご自身が「その日、その時がいつであるかは、だれも知りません」と言われたのに、その日時を特定しようとして失敗する人々があとを絶たない(マタ24:36, 42, 44, ルカ12:40)。パウロは、キリストが突然来られて従う人々を地上から引上げられることを話した後(4:13-18)話題を変えて、キリストを信じることによって得られる救いを拒む人々に対する神のさばきという主題を扱っている。終りのときについて話す中でパウロは、「主の日」という恐ろしい時代に触れている(5:2)。キリストが突然来られて忠実に従う人々が天に引上げられる(4:17)と「主の日」が始まる。そしてそれはキリストが教えられたように予期しない時に始まる(→マタ24:42注, 44注)。→「**終末の事件**」の表 p.2471

5:2 主の日　「主の日」とは通常の24時間の一日のことではなく、神の敵が倒される長い期間を指している(イザ2:12-21, 13:9-16, 34:1-4, エレ46:10, ヨエル1:15-2:11, 28, 3:9, 12-17, アモ5:18-20, ゼカ14:1-3)。主の日の後にキリストは地上を治められる(ゼパ3:14-17, 黙20:4-7)。

(1) この「日」は教会の携挙の後に始まる。携挙とはキリストに従う人々が突然地上から引上げられ、地上に下る終末のさばきから逃れることである(5:3)。その終末のさばきのとき(「大患難」と言われる)は主の日に含まれている(黙6:-19:, →6:1注, →「**大患難**」の項 p.1690)。この広範囲にわたる嘆きとさばきのときは、キリストが実際に地上に再び来られ、反キリストの勢力を打負かし神の敵をみな滅ぼすことで終る(→ヨエ1:14注, 2:30-31注, ゼパ1:7注, 黙16:16注, 19:11-21)。

(2) 主の日は人々が平和と安全を願っているときに訪れる(5:3)。

(3) 忠実なキリスト者にとって、その「日」は突然驚くようなかたち(「夜中の盗人のように」)で来るものではない。キリスト者はキリストの救い(罪の赦し、新しいいのち、キリストとの個人的関係)を受入れていて神の怒りを免れる。忠実な人々は目覚めており、自制し、信仰と愛と純潔に生きて主が再び来られる日に備えているからである(5:4-9)。

(4) 忠実な信仰者は、主イエス・キリストが忠実な人々(教会)を天に引上げるために来られるときに(⇒4:17, →ヨハ14:3注, 黙3:10注, →「**携挙**」の項 p.2278)、「やがて来る御怒り」(1:10注)から主イエス・キリストによって救い出される(5:9)。

(5) 主の日は、キリストが地上を平和に治められる千年王国とともに終り、私たちが知っている時間というものが終る(→黙20:)。その「日」はまたキリストの千年王国(黙20:4-10)と邪悪な人々の最後のさばきをもって終る(黙20:11-15)。その後新しい天と新しい地ができる(⇒Ⅱペテ3:13, 黙21:1〜)。これらの出来事や期間の概観　→「**終末の事件**」の表 p.2471

(6) 神の敵にとって「主の日」は恐ろしい破滅とさばきを意味する。けれども神の忠実な民にとっては、救いと報いを意味する(「主の日」の詳細と聖書的背景 →ゼパ緒論)。

5:2 夜中の盗人のように　この比喩、象徴的な描写は主の日が始まる時が不確かで予期できないことを意味している。とりわけ備えができていない人々やキリ

Ⅰテサロニケ 5章

3 人々が「平和だ。安全だ」と言っているそのようなときに、突如として滅びが彼らに襲いかかります。ちょうど妊婦に産みの苦しみが臨むようなもので、それをのがれることは決してできません。
4 しかし、兄弟たち。あなたがたは暗やみの中にはいないのですから、その日が、盗人のようにあなたがたを襲うことはありません。
5 あなたがたはみな、光の子ども、昼の子どもだからです。私たちは、夜や暗やみの者ではありません。
6 ですから、ほかの人々のように眠っていないで、目をさまして、慎み深くしていましょう。
7 眠る者は夜眠り、酔う者は夜酔うからです。
8 しかし、私たちは昼の者なので、信仰と愛を胸当てとして着け、救いの望みをかぶととしてかぶって、慎み深くしていましょう。
9 神は、私たちが御怒りに会うようにお定めになったのではなく、主イエス・キリ

3①エレ6:14, 8:11, エゼ13:10, ②囲Ⅰテサ1:9 ③圏ヨハ16:21
4①Ⅰヨハ2:8, ②囲エペ6:18 ②圏ルカ21:34, Ⅰテサ5:2, Ⅱペテ3:10, 囲黙3:3, 16:15
5①圏ルカ16:8 ②Ⅰヨハ2:8, 囲エペ6:18
6①圏エペ2:3, Ⅰテサ4:13 ②圏ロマ13:11, 囲Ⅰテサ5:10, ③圏使2:15, Ⅱペテ2:13
8①Ⅰテサ5:5, ②圏エペ6:23, ③圏エペ6:14 ④囲ロマ8:24, ⑤圏エペ6:17, ⑥圏Ⅰペテ1:13
9①囲Ⅰテサ1:10 ②囲Ⅱテサ2:13, 14

ストと個人的な関係を持っていない人々にとってはわからない。その日を決める方法は全くない（→マタ24:42注, 43注, 44注)。

5:3　平和だ。安全だ　「平和だ。安全だ」と言うのは不信者（霊的に救われていない、イエス・キリストとの個人的関係を持っていない人々）である。これは世界が平和を期待し希望していることを指していると思われる。主の日と全世界に及ぶ嘆きのときは突然に訪れて平和と安全に対する希望を全く打砕いてしまうのである。

5:4　兄弟たち。あなたがたは暗やみの中にはいない　キリスト者は、反抗と罪（神を汚す自分勝手な生き方）という霊的な暗やみの中で生活をしていない。神が定められた怒りとさばきの夜が来る前の「日」に所属しているからである。その夜からは逃れることが定められている（5:8-9,→「**携挙**」の項p.2278)。

5:6　目をさまして　「目をさまして」(《ギ》グレーゴレオー)とは「目を覚まして注意をしている」という意味である。パウロは読者に、「主の日」に「警戒」をしているようにと訴えているのではなく(5:2)、怒りの日（神の正当な怒り、さばき、刑罰）から逃れるように霊的に備えているようにと訴えているのである(⇒2:11-12, ルカ21:34-36)。(1) もしも神の怒りから逃れたいなら(5:3)、私たちは霊的に目を覚まし道徳的にも注意深くなければならない。信仰と愛と、キリストが来られるまでしっかりと自分をささげ続けることによって得られる完全で完璧な救いをいただく希望をを、保ち続けなければならない(5:8-9,→ルカ21:36注, エペ6:11注)。(2) 神の忠実な民は神の怒りからは守られる(→5:2注,→「**携挙**」の項p.2278)のだから、主の日を恐れる必要がない。期待を持って「御子・・・が天から来られるのを待ち望む」(1:10)ことができる。

5:6　慎み深くして　「慎み深く」(《ギ》ネーフォー)ということばには、新約聖書の時代には二つの意味があった。

(1) 文字通りの意味は「酒を避けている状態」、「酒を飲まない」、「酒の影響を全く受けていない」、「しらふでいる」という意味だった。また目覚めているとか自制という意味もあった。ここでは霊的に警戒し、人生のあらゆる面で規律正しい生活をすることを意味している。そして霊的誘惑に陥り世俗的な楽しみや心配事に捕われて神に対して不忠実になることなく、主イエスが再び来られる日に対して備えをしていることである。

(2) 文脈を見ると、パウロはこのことばの文字通りの意味とそこに含まれていることの両方を考えているようである。「目をさまして、慎み深くしていましょう」という表現は次の「眠る者は夜眠り、酔う者は夜酔うからです」と対照的になっている(5:7)。パウロが「ネーフォー」と酒に酔うことをこのように対比しているのは「酒を避けている状態」という文字通りの意味を含めていると思われる。酒飲みたちと飲み食いをしていて主イエスが再び来られるのに気付かない人について、主イエスが話されたことと比較してみるとよい(マタ24:48-51)。

5:8　胸当て・・・かぶと　胸当てとは戦いのときに兵士の胸を守る大きな武具である。「信仰と愛を胸当てとして着け」るということは、キリストとの愛と信頼の関係とキリストの愛を人々に示す歩みを意味し、それによって心が霊的に守られることを意味している。「救いの望みをかぶととしてかぶ」る(→エペ6:13注)ことは、神の怒りから守られてキリストとともに永遠の時を過すという確信によって信仰者の思いが守られることを意味している。私たちも同じ確信を持つなら、キリストが再び来られることに意識を集中し、待望む間も自制しながら平安でいることができる。
→「**聖書的希望**」の項p.943

5:9　私たちが御怒りに会うようにお定めになったのではなく　キリストが再び来られることへの希望がキリスト者にとってなぜ慰めであるか(4:17-18)、その

トにあって救いを得るようにお定めになったからです。
10 主が私たちのために死んでくださったのは、私たちが、目ざめていても、眠っていても、主とともに生きるためです。
11 ですから、あなたがたは、今しているとおり、互いに励まし合い、互いに徳を高め合いなさい。

最後の教え

12 兄弟たちよ。あなたがたにお願いします。あなたがたの間で労苦し、主にあってあなたがたを指導し、訓戒している人々を認めなさい。
13 その務めのゆえに、愛をもって深い尊敬を払いなさい。お互いの間に平和を保ちな

10 ①圏ロマ14:9
11 ①圏エペ4:29
12 ①圏Iコリ16:16, ロマ16:6, 12, Iコリ15:10
 ②圏ヘブ13:17
 ③圏Iコリ12:17, Iテモ5:17, 圏詩144:3
13 ①圏マコ9:50

14 ①圏IIテサ3:6, 7, 11
 ②イザ35:4（七十人訳）
 ③ロマ14:1, 2, Iコリ8:7以下（圏ロマ15:1）
 ④圏Iコリ13:4
 ①圏Iコリ12:17, Iペテ3:9, 圏マタ5:44
 ②ロマ12:9, Iテサ5:21, 圏ガラ6:10
16 ①圏ピリピ4:4
17 ①圏エペ6:18
18 ①圏エペ5:20
19 ①圏エペ4:30
20 ①圏使13:1, Iコリ14:31
21 ①圏Iコリ14:29, Iヨハ4:1

さい。
14 兄弟たち。あなたがたに勧告します。気ままな者を戒め、小心な者を励まし、弱い者を助け、すべての人に対して寛容でありなさい。
15 だれも悪をもって悪に報いないように気をつけ、お互いの間で、またすべての人に対して、いつも善を行うよう務めなさい。
16 いつも喜んでいなさい。
17 絶えず祈りなさい。
18 すべての事について、感謝しなさい。これが、キリスト・イエスにあって神があなたがたに望んでおられることです。
19 御霊を消してはなりません。
20 預言をないがしろにしてはいけません。
21 しかし、すべてのことを見分けて、ほん

理由の一つは、神の恐ろしい怒り(「主の日」のさばき 5:2-3, ⇒黙6:16-17, 11:18, 14:10, 19, 15:1, 7, 16:1, 19, 19:15)から救い出される日だからである。

5:10 主とともに生きる 私たちの救いの希望と神の怒りの日からの救いを、パウロはキリストが私たちの罪のために犠牲の死を遂げられたことや永遠にともに住むために再び来てくださることと結び付けている。キリストが来られる時に生きていようと(「目ざめていても」)、その前に肉体の死によって地上から離れようと(「眠っていても」)、キリスト者にはこの救いの希望がある(→4:13注)。

5:15 だれも悪をもって悪に報いないように 報復や仕返しはキリスト者が行うべきことではない(⇒ロマ12:17, Iペテ3:9)。神が最終的な裁判官であり、人々の悪い行いにはそれぞれ報いてくださる(ロマ12:19, ヘブ10:30)。これはキリスト者が人々に踏みつけられるままでいなければならないとか、罪や不正に対して行動を起こしてはならないという意味ではない。むしろキリスト者は「あなたの敵を愛しなさい。あなたを憎む者に善を行いなさい」(ルカ6:27, 35)、赦されたようにあなたがたも人々を赦しなさい(⇒マタ6:14-15, 18:35, マコ11:25, ルカ6:37, 17:3-4, →マタ6:15注, 18:35注, ルカ17:3注)という、主イエスの教えに従うべきだということである。

5:16 いつも喜んでいなさい →ピリピ1:4注
5:17 絶えず祈りなさい 「絶えず祈」るとは絶えず神に話しかけているとか、決まった祈りのことばを繰り返しているという意味ではない。簡単に言えば、祈りは神との交流であり、双方向の会話(話したり聞いたりする過程)である。この交流の中で私たちにとって最も大切な部分は、神が言われることを聞くという部分である。つまり私たちは祈りの中で時間をかけて神に耳を傾けることを学ばなければならない。そうして私たちは祈りの応えを聞くのである。したがって絶えず祈るということは、口を開くことよりも心と思いを開くこと(神と接触し続けること)である。そうすることによって私たちは毎日の生活のあらゆる部分で神との交流をしながら神の声に心を開き、導きに従う備えができるのである。絶えず祈るということはまた、「すべての祈りと願いを用いて、どんなときにも御霊によって」神に語りかけることでもある(エペ6:18, ⇒ルカ18:1, ロマ12:12, コロ4:2)。→「効果的な祈り」の項 p.585

5:18 すべての事について、感謝しなさい 神がキリストを通して行ってくださった「すべての事について」感謝を表すことは、キリスト者がみな身に付けなければならない特徴の一つである(⇒エペ5:20)。そのような美しい姿勢があるなら、信仰者はいつでも置かれた状況の中で際立った存在になり、キリストの模範を表すことができる。

5:19-20 御霊を消してはなりません (1) パウロは教会の中での聖霊の現れを軽んじたり拒んだりすることは、御霊の炎を消すことと同じであるとしている。そして御霊が預言の賜物のような御霊の賜物(教会の益となるように神が与えられた能力や特別な力)を持つ人々を通して働かれるようにしなさいと、信仰者を励ましている。預言の賜物とは、聖霊の感動と促しを受けたキリスト者に神から直接与えられたメッセージや啓示を伝えるようにさせるものである(Iコリ14:24-25, 29-31, →「御霊の賜物」の項 p.2138)。預言や

とうに良いものを堅く守りなさい。
²² 悪はどんな悪でも避けなさい。
²³ 平和の神ご自身が、あなたがたを全く聖なるものとしてくださいますように。主イエス・キリストの来臨のとき、責められるところのないように、あなたがたの霊、たましい、からだが完全に守られますように。
²⁴ あなたがたを召された方は真実ですから、きっとそのことをしてくださいます。

21 ②圏ロマ12:9, Iテサ5:15, 回ガラ6:10
23 ①圏ロマ15:33
　②圏Iテサ3:11
　③圏Iテサ2:19
　④圏IIペテ3:14, ヤコ1:4
　⑤回ルカ1:46,47, ヘブ4:12
24 ①圏Iコリ1:9, IIテサ3:3
　②圏Iテサ2:12
25 ①エペ6:19, IIテサ3:1, ヘブ13:18
　*異本「……もまた」
26 ②圏ロマ16:16
27 ②圏コロ4:16
28 ②圏使1:2
　②圏ロマ16:20, 回IIテサ3:18

²⁵ 兄弟たち。私たちのためにも祈ってください。
²⁶ すべての兄弟たちに、聖なる口づけをもってあいさつをなさい。
²⁷ この手紙がすべての兄弟たちに読まれるように、主によって命じます。
²⁸ 私たちの主イエス・キリストの恵みが、あなたがたとともにありますように。

ほかの御霊の賜物を適切に用いるのを抑えたり拒んだりすれば、聖霊の働きを失うことになりかねない（Iコリ12:7-10, 28-30）。（聖霊の働きについての詳細 →ヨハ14:26, 15:26-27, 16:13-14, 使1:8, 13:2, ロマ8:4, 11, 16, 26, Iコリ2:9-14, 12:1-11, ガラ5:22-25）。 →「**聖霊の賜物**」の表 p.2096,「**聖霊の働き**」の表 p.2187

　（2）この部分ではっきりすることは、1世紀の教会は公の礼拝で御霊の賜物を日常的に体験していたということである（⇒ヘブ2:4）。預言のメッセージを、私たちは頭から自動的に拒んではならない。けれども同時にそれを神からの本当のメッセージとして受入れるべきかどうか、神のことばの基準によって注意深く吟味し適切に扱わなければならないのである（5:21, →Iコリ14:29注）。

5:23　あなたがたを全く聖なるものとして　パウロはこの手紙を閉じるに当たってテサロニケのキリスト者のために祈り、神が人々のあらゆる部分（霊、たましい、からだ）に働き続けてくださるように願っている。そして神の目的が実現するために、成長しきよめられ整えられて成熟するように祈っている。また主イエスが再び来られるまで全存在が神によって支えられ、「責められるところのないように」守られるようにと祈っている（→2:10注）。これは自分たちの能力では達成できるものではない。「あなたがたを召された方（神）は真実ですから、きっとそのことをしてくださいます」（5:24）。聖化についての詳細　→「**聖化**」の項 p.2405

テサロニケ人への手紙　第二

概　　要
　キリストにあるあいさつ(1:1-2)
　Ⅰ．迫害の中にあるテサロニケの人々を励ます(1:3-12)
　　　A．霊的成長についてのパウロの感謝(1:3)
　　　B．諸教会の間でパウロが誇りとした忍耐(1:4)
　　　C．最終的な結果についてのパウロの確信(1:5-10)
　　　D．霊的成長を求めるパウロの祈り(1:11-12)
　Ⅱ．テサロニケの人々が言っていることを矯正する(2:1-17)
　　　A．主の日はまだ来ていない(2:1-2)
　　　B．不法の人がまず現れる(2:3-12)
　　　C．真理に堅く立ち、あかしを強く保つ(2:13-17)
　Ⅲ．テサロニケの人々の行いを励ます(3:1-15)
　　　A．パウロたちのために祈るように(3:1-2)
　　　B．信仰に堅く立ち続けるように(3:3-5)
　　　C．怠惰な人々を避け節度のある生活をするように(3:6-15)
　最後のあいさつと祝禱(3:16-18)

著　　者：パウロ

主　　題：迫害の中での忍耐とキリストの再臨への備え

著作の年代：紀元51/52年頃

著作の背景
　この手紙が書かれた時のテサロニケの教会の情況は、第一の手紙が書かれた時とほとんど同じだった(→Ⅰテサ緒論)。したがってこの手紙はテサロニケ人への手紙第一の数か月後に、パウロがまだシルワノとテモテとともにコリントで働いていた時に書かれたものと思われる(1:1, ⇒使18:5, →「パウロの第二次伝道旅行」の地図 p.2008)。最初の手紙を受取ったことと、その後新しい情況が生れたことがテサロニケの教会から知らされたことから、パウロは聖霊に促されてこの第二の手紙を書くことになったと思われる。

目　　的
　この手紙の目的はテサロニケ人への手紙第一と同じようで、(1) 迫害に遭っているキリストの弟子たちを励まし、(2) 節度のある生活をし、自分の生計を立てるために働くように訴え、(3) キリストの来臨と「主の日」(2:2)に関連した、終りのときの出来事についての誤解を是正するためだった。

概　　観
　テサロニケの教会にあてたパウロの最初の手紙の雰囲気は、「母がその子どもたちを養い育てるように」優しい関係を反映するものだった(Ⅰテサ2:7)。パウロと同労者たちは、キリストの愛による強い結びつきをもってテサロニケの信仰者たちを受入れていた。けれどもこの第二の手紙では、手に負えない子どもたちを父親が懲らしめ、その生き方を正そうとするような雰囲気になっている(3:7-12, ⇒Ⅰテサ2:11)。その中でパウロは、ひたむきな信仰について賞賛し、信仰のために直面している反対や困難の中でも神に対して忠実であり続けるように励ましている(1:3-7)。
　この手紙の中心部分は終りのときの「主の日」(2:1-12, ⇒1:6-10)、つまり神が終りのときの厳しいさばきを地上に下される時期(→Ⅰテサ5:2主の日の注)を扱っている。2章2節では、テサロニケのある人々が「霊」(預

言または啓示と考えられるもの)、「ことば」(ことばによるメッセージ)、「手紙」(パウロからのものとされる)などによって、大患難のときと主の日が既に始まっていると主張していたように見える(→「**大患難**」の項 p.1690)。パウロはこの誤解を是正して、主の日が来たことは次の三つの大事件によって示されると明らかにした(2:2)。(1) 大規模な背教(信仰を捨てるあるいは信仰に背を向ける)と霊的な反抗が起こる(2:3)。(2) 悪を現在とどめている神の引止める力が取除かれる(2:6-7)。(3)「不法の人」が現れる(2:3-4, 8-12, →「**反キリストの時代**」の項 p.2288)。パウロはまた、教会の中でキリストの来られることを期待しながらそれを言訳にして日々の生活のために働かない人々を厳しく叱責した。そして信仰者はみな勤勉で節度のある生活をしなければならないと強く訴えた(3:6-12)。

特　徴

この手紙には三つの大きな特徴がある。
(1) 不法と惑わしが制約を解かれ、歴史の終りに出現することが新約聖書の中で最も詳細に書かれている(2:3-12)。
(2) キリストの第二降臨に伴う神のさばきが、黙示録と同じように黙示的表現(未来の災害、惨事、さばきに対する警告)で描かれている(1:6-10, 2:8)。
(3) 終りのときの反キリストについて、聖書のほかの箇所では見られないことばが使われている(2:3, 8)。
終りのときの出来事　→「**終末の事件**」の表 p.2471

テサロニケ人への手紙第二の通読

新約聖書全体を1年間で通読するためには、テサロニケ人への手紙第二を次のスケジュールに従って3日間で読まなければならない。
☐1 ☐2 ☐3

メ　モ

1

¹ パウロ、シルワノ、テモテから、私たちの父なる神および主イエス・キリストにあるテサロニケ人の教会へ。

² 父なる神と主イエス・キリストから、恵みと平安があなたがたの上にありますように。

感謝と祈り

³ 兄弟たち。あなたがたのことについて、私たちはいつも神に感謝しなければなりません。そうするのが当然なのです。なぜならあなたがたの信仰が目に見えて成長し、あなたがたすべての間で、ひとりひとりに相互の愛が増し加わっているからです。

⁴ それゆえ私たちは、神の諸教会の間で、あなたがたがすべての迫害と患難とに耐えながらその従順と信仰とを保っていることを、誇りとしています。

⁵ このことは、あなたがたを神の国にふさわしい者とするため、神の正しいさばきを示すしるしであって、あなたがたが苦しみを受けているのは、この神の国のためです。

⁶ つまり、あなたがたを苦しめる者には、報いとして苦しみを与え、

⁷ 苦しめられているあなたがたには、私たちとともに、報いとして安息を与えてくださることは、神にとって正しいことなのです。そのことは、主イエスが、炎の中に、力ある御使いたちを従えて天から現れるときに起こります。

⁸ そのとき主は、神を知らない人々や、私たちの主イエスの福音に従わない人々に報復されます。

⁹ そのような人々は、主の御顔の前とその御力の栄光から退けられて、永遠の滅びの刑罰を受けるのです。

¹⁰ その日に、主イエスは来られて、ご自分の聖徒たちによって栄光を受け、信じたすべての者の——そうです。あなたがたに対する私たちの証言は、信じられたのです——感嘆の的となられます。

¹¹ そのためにも、私たちはいつも、あなたがたのために祈っています。どうか、私たちの神が、あなたがたをお召しにふさわしい者にし、また御力によって、善を慕うあ

1:5 神の正しいさばき テサロニケの人々は、激しい対立や迫害があったのに神との関係を忠実に保っていた(1:4)。この人々の苦難の中での態度は、神のさばきが正しいことを示す「しるし」だった。つまり、キリストとその御国のために苦しみを受けるのは、キリストと御国を代表するのにふさわしいと神は見なしておられることである。したがって、神はその人々を見捨てずに試練に耐えられるように力と必要なものとを与えてくださる。この試練を通して、道徳的に優れた品性と霊力が成長し神が助けておられることが証明されることになる。この人々が不当な苦しみを受けていることは、迫害を加えている人々(困難を引起こしている人々)が神の民に反対しているので、やがて神の正義と刑罰を受けるようになることを示すしるしでもあった(1:5-9)。

1:7 安息を与えてくださる 神の正義は、神に反抗し神の民を苦しめる人々にとっては刑罰を意味する。けれども神に忠実な人々にとっては、安息と報いを意味する。神の正義にあるこの両面は、キリストが再び来られるときに明らかになる。邪悪な人々に対する報いを、神は患難時代(神がこの地上に終りのときの激しいさばきを下される期間 黙6:、→「**大患難**」の項 p.1690)の初めに与えられる(1:6)。けれども完全な正義と刑罰(1:6-9)は、この期間の終りに主イエスが地上に再び来られたあとに行われ、邪悪な人々は滅ぼされる(1:7-10、黙19:11-21)。そのとき神に忠実な民はこの地上から引上げられ世界に下る罰をまぬかれ安息を得ることができる(→「**携挙**」の項 p.2278)。それから主イエスは地上に来られて、悪の勢力を滅ぼし歴史の最後の期間に人類を治められる。そのときすべての人に対する正義が完全に行われるようになる。邪悪な人々はその悪に見合ったさばきを受けるけれども、キリストに忠実に従う人々は、正しく真実であることが完全に証明され(→黙6:9-11、19:14-15)、キリストとともにこの地上を治めるようになる(→黙20:4注)。そして最終的には、キリストとともに永遠に生きるという報いを受けるようになる(黙21:〜)。

1:9 永遠の滅び ここには、未来に起こる邪悪な人々に対する永遠の刑罰についてパウロの手紙の中で最も明らかなことばを見ることができる(→マタ10:28注)。それは霊魂消滅(存在が抹消されること)ではない。神を拒む人々のたましいは永遠に存在し続けるからである。ここの意味は、「徹底的な破壊」、つまり神を敬わない人々は完全に打負かされ、永遠の罰を受け「火の池」の中でキリストの臨在から永遠に離されるということである(黙20:15)。

1:10 主イエスは来られて・・・栄光を受け ここは信仰者が地上から引上げられて、空中でキリストに会うときのことを言っているのではない(ヨハ14:2-3、I

らゆる願いと信仰の働きとを全うしてくださいますように。 ¹²それは、私たちの神であり主であるイエス・キリストの恵みによって、主イエスの御名があなたがたの間であがめられ、あなたがたも主にあって栄光を受けるためです。

主の来臨について

2 ¹さて兄弟たちよ。私たちの主イエス・キリストが再び来られることと、私たちが主のみもとに集められることに関して、あなたがたにお願いすることがあります。 ²霊によってでも、あるいはことばによってでも、あるいは私たちから出たかのような手紙によってでも、主の日がすでに来たかのように言われるのを聞いて、すぐに落ち着きを失ったり、心を騒がせたりしないでください。 ³だれにも、どのようにも、だまされないようにしなさい。なぜなら、まず背教が起こり、不法の人、すなわち滅びの子が現れなければ、主の日は来ないからです。

11⑤圏Ⅰテサ1:3
12①圏ピリ2:9以下,イザ24:15,66:5,マラ1:11

1①圏Ⅱテサ1:3,②圏Ⅰテサ2:19
②マコ13:27,
圏Ⅰテサ4:15-17
2①圏Ⅰコリ14:32,ヨハ4:1,②圏Ⅱテサ2:15,圏Ⅰテサ5:2,圏Ⅰコリ1:8,⑤圏Ⅰコリ7:26
3①圏エペ5:6,②圏Ⅰテモ4:1,③圏Ⅱテサ3:17,④圏Ⅰダニ7:25,8:25,11:36,黙13:5以下＊異本「罪の人」
④圏ヨハ17:12

テサ4:17)。むしろ患難時代の終りに、キリストが再び文字通り地上に来られるときのことを言っている。そのときキリストは力と栄光を帯びて来られ、今の世界の組織を破壊して地上に1,000年間の支配を確立する(黙19:11-20:4)。これらの出来事と時期の概要 →「**終末の事件**」の表 p.2471

2:1 私たちの主イエス・キリストが再び来られること パウロはテサロニケ第一の中で、キリストに従う人々はみな空中に引上げられて主に会い、主とともに永遠に過すと明言している(Ⅰテサ4:13-18, →「**携挙**」の項 p.2278)。そしてやがて地上に下る神の怒り、あるいはさばきを免れることができると説明した(Ⅰテサ1:10, 5:9-10, →「**大患難**」の項 p.1690)。ところがにせ教師たちは、「主の日」(2:2, 神が地上にさばきを下される終りの時代でキリストが来て治められるときに終る)が既に始まって、神の最後の怒りが地上に注がれていると主張していた(→2:2注)。

2:2 すぐに落ち着きを失ったり、心を騒がせたり テサロニケの人々は、にせ教師たちが「主の日」について言っていることを聞いて心を騒がせていた(→2:1注, →Ⅰテサ5:2主の日の注)。それに対してパウロは、神の怒りの日(終りのときに全世界に下る厳しい審判と刑罰)はまだ来ていないから心配をしないようにと言っている。「主の日」の到来には二つのしるしが現れる。(1) 明らかな「**背教**」が教会(多くの人が神を信じなくなる)と世界(多くの人が神とその基準を拒み反抗する)の両方で起こる。(2)「不法の人」が現れる(2:3)。パウロはさらに、これらの二つの出来事はそれをとどめているものが「取り除かれる」までは実現しないと言っている(2:7, これらの出来事の意味の詳細 →「**反キリストの時代**」の項 p.2288)。

パウロが「霊によってでも、あるいはことばによってでも、あるいは・・・手紙によってでも」と言っているのは、にせの教えが異言や解き明かしの賜物を乱用し預言をすることによって広められていたことを指していると思われる(→Ⅰコリ14:29注, →「**御霊の賜物**」の項 p.2138)。

2:3 背教が起こり、不法の人・・・が現れなければ 「背教」と「不法の人」についての詳細 →「**反キリストの時代**」の項 p.2288

2:3 ・・・なければ、主の日は来ない パウロは、「主の日」が始まることを示すしるしとなる出来事について説明している(→Ⅰテサ5:2主の日の注)。また「不法の人」、「滅びの子」と、終りのときの霊的な背教と不信仰についても触れている。これらのことは次の順序で現れる。(1) 教会時代全体(キリストの復活と昇天から—ある人は五旬節からと言う 使2:—キリストが忠実な人々を地上から引上げられるまで)を通して、「不法の秘密」は働いている(2:7)。それは終りのときが必ず来ることを示している。悪は歴史が終りに近付くにつれ次第に制御できなくなっていく(徐々に抑えられなくなる)。(2) その力が強くなり、教会の中では霊的反抗と棄教とが大勢を占めるようになる(2:3, ⇒マタ24:12, Ⅱテモ4:3-4)。(3)「秘密」を引止めている存在(「引き止める者」)が取除かれる(2:6-7)。つまり悪に対する制約が除かれ、悪は人々に自由にさらに大きな影響を及ぼすようになる。これは地上から教会の忠実な信仰者が引上げられるのと同時に起こるものと思われる(→「**携挙**」の項 p.2278)。(4) 次に「不法の人」(反キリスト 2:3-4, 7, 9-10, →「**反キリストの時代**」の項 p.2288)が現れる。(5) 背教(霊的反抗や不信仰)が最高潮に達し、人々は神とみことばに対して完全に反抗するようになる。人々が神を拒むので神は「惑わす力を送り込まれ」る(2:11)。人々はひどく欺かれ、「偽りを信じるように」なる(2:9-11)。(6) その後、不法の人は「悪を喜んでいた」人々とともに滅ぼされる(2:12)。これは患難時代の後にキリストが地上に再び来られるときに起こる(2:8, 黙19:20-21, →「**大患難**」の項 p.1690)。これらの出来事の概観 →「**終末の事件**」の表 p.2471

反キリストの時代

「だれにも、どのようにも、だまされないようにしなさい。なぜなら、まず背教が起こり、不法の人、すなわち滅びの子が現れなければ、主の日は来ないからです。彼は、すべて神と呼ばれるもの、また礼拝されるものに反抗し、その上に自分を高く上げ、神の宮の中に座を設け、自分こそ神であると宣言します。」(テサロニケ人への手紙第二2:3-4)

聖書によれば、終わりの日に反キリスト(サタンの力による反対勢力で神と神がキリストを通して完成されたこと全部に反対するもの)の霊(⇒Ⅰヨハ2:18)が影響力のある国際的な指導者として肉体のかたちをとって現れる。この人物はキリストとその働きや弟子たちを打倒そうとするサタンの最後の試みを巧妙に推進する。それはキリストが地上に御国を1,000年間にわたって確立する直前のことである(→黙19:-20:, →「終末の事件」の表 p.2471)。パウロは反キリストについて、「不法の人」と「滅びの子」という二つのことばを使っている(Ⅱテサ2:3)。この人物について、聖書はこのほかに「海から一匹の獣」(黙13:1-10)、「緋色の獣」(黙17:3)、「獣」(黙17:8, 16, 19:19-20, 20:10)などということばを使っている。

反キリストの出現のしるし

携挙(→「携挙」の項 p.2278)と違って、反キリストは警告なしに突然出現するのではない。反キリストが出現し権力を握ることをあらかじめ示すしるしがいくつかある。つまり反キリストが地上に現れる前に少くとも次の三つの出来事が起こる。(a) 既にこの世界で働いている「不法の秘密」が強力になり(Ⅱテサ2:7)、(b)「背教が起こり」(Ⅱテサ2:3)、(c)「今は引き止める者が・・・取り除かれる」(Ⅱテサ2:7)。

(1)「不法の秘密」は舞台裏で働く悪の力の活動で、今も世界中で見られるけれども(→Ⅱテサ2:7注)、これが増大して最高潮に達する。その時点で現れる特徴は、聖書の中に確立している基準や命令をあざ笑い拒み反対することである。反逆と不法の霊が社会を支配するので、ほとんどの人が本当の愛や同情が何かわからなくなってしまう(マタ24:10-12, ルカ18:8)。けれども、キリストに従い新約聖書に啓示されている信仰に忠実な人々はどの時代にもいる(マタ24:13, 25:10, ルカ18:7, →黙2:7注)。その忠実な人々を通して、教会は最も効果のある武器である御霊の剣(神のことば)を使って悪の勢力と戦いながら強力に存在し続ける(→エペ6:11注)。

(2)「背教」(《ギ》アポスタシア)は、直訳すれば「離脱」、「落下」、「放棄」を意味するけれども、そのことが実際に起こる。一度はキリストに従っていた多くの人が、終わりの日には聖書の真理を捨ててキリストを信じる信仰を拒むようになる。

(a) 今の時代が終るときには、目に見える教会(地域教会の人々)の多くが暗い状態になっていることを主イエスもパウロも描いている(⇒マタ24:5, 10-13, 24, Ⅰテモ4:1, Ⅱテモ4:3-4)。腐敗は道徳的、霊的、教理的部分(基本的信仰と教え)で明らかに進んでいく。特にパウロは終わりの日の教会には神を信じない邪悪な影響力が侵入してくると強調している。

(b) 教会の中のこの「背教」には二つの面がある。(ⅰ) 神学的背教(「背教」は霊的反抗と不忠実のこと)－これは新約聖書に記録されているキリストと使徒たちの本来の教えの一部または全部から離れ、拒むことである(Ⅰテモ4:1, Ⅱテモ4:3)。にせの指導者や教師たちがキリストへの献身を求めない「救い」と安っぽい恵みを提供する。そして悔い改め(自分勝手な道から離れキリストに降参して従うこと)と悪からの分離や、神とその基準に忠実に従うことを求めるキリストの要求を拒んでも、霊的には救われると主張する(Ⅱペテ2:1-3, 12-19)。自分勝手な願いや活動、目標を中心にしたにせの希望が歓迎される(→Ⅱテモ4:3-4注)。(ⅱ) 道徳的背教－これはキリストとの関係を拒んだり捨てたりして、罪深い反抗的な生活に戻ること

である。キリストを信じる信仰を捨てた人々は、なお正しいことを信じ聖書の教えを受入れていると主張するけれども、神が与えられた道徳律法や基準は拒むのである（イザ29:13, マタ23:25-28, →「背教」の項p.2350）。多くの教会は、出席人数と献金の増加、成功と名誉のためならほとんど何でも受入れるようになる（→Ⅰテモ4:1注）。苦しみ（ピリ1:29）、罪を断固として拒み（ロマ8:13）、神の国のために犠牲を払い、自分勝手な道を否定するようにという、キリストの福音は全く受入れられなくなる（マタ24:12, Ⅱテモ3:1-5, 4:3）。

　　(c) 教会の歴史と、終りの時代の教会には背教が起こるという予告がされている。それがキリストの弟子たちに訴えているのは、終りの日にはキリストの真理のメッセージが広い範囲で改悪されるようになるけれども、そのことについて無知（経験、判断力、情報の不足）でいてはならないということである。神とみことばに対する反抗は、歴史のある時点で驚くほど、そして想像できないほど激しくなるようである。真理を拒むそのような人々に「主の日」が訪れ神の怒り（神の当然な怒り、さばき、刑罰）が注がれる（Ⅰテサ5:2-9）。

　　(d) 神の国と神の目的は最終的に勝利する。けれどもそれは教会が徐々に「成功」を収めていくからではない。神が正しい適切なさばきをもってこの世界の事柄に介入されるので、最終的に神の目的が広く実現するのである（黙19:-22:, →Ⅱテサ2:7-8, Ⅰテモ4:1注, Ⅱペテ3:10-13, ユダ1:）。

　(3)「不法の人」が現れて「主の日」が始まる前に、最後の決定的な出来事が起こる（Ⅱテサ2:2-3, Ⅰテサ5:2主の日の注）。それは不法の秘密の力と不法の人（Ⅱテサ2:3-6）を現在引止めている何か、またはだれかが「取り除かれる」からである（Ⅱテサ2:7）。その引止めている力が取除かれるとき、主の日が始まる（Ⅱテサ2:6-7）。

　　(a)「今は引き止める者」とは聖霊を通して現れた神と理解するのが最もよいと思われる。なぜなら、神以外に悪と不法の人とサタンを引止める力を持っている存在はないからである（Ⅱテサ2:9）。「引き止める者」は男性冠詞（「今は引き止める者」2:7）と中性冠詞（「いま引き止めているもの」2:6）という二つのかたちで示されている。同じようにギリシャ語では「霊」（中性名詞）も男性代名詞で言われることがある（→創6:3七十人訳聖書, ヨハ16:8注, ロマ8:13, →ガラ5:17）。

　　(b) 7年間の患難時代の初めに（→「大患難」の項 p.1690）、神の御霊の「引き止める」影響力は引上げられる、または「取り除かれる」。このことはこの世界から聖霊が完全に取去られるのではなく、不法の人と反キリストが権力を握らないように影響を与えて阻止していたのが終るという意味である。罪に対する神の抑止力がみな取去られて、サタンにそそのかされた反抗が始まる。けれども聖霊は確かに患難時代にもなお地上にとどまり、人々に罪を指し示して神が必要であることを悟らせてくださる。御霊の助けといのちを新しくする力がなければ、だれも救われることができない（ヨハ3:6, 16:7-8, テト3:5）。御霊は神を信じようとする人々に自分勝手な道から離れて神に従うようにさせてくださり、苦しみや迫害が激しいこの時代でもキリストに従う決心をした人々に力を与えてくださる（黙7:9, 14, 11:1-11, 14:6-7）。

　　(c) 神がその引止めている影響力を取除き引上げられることによって、不法の人が舞台に現れる（Ⅱテサ2:3-4）。真理を受入れず愛することを拒む人々全員に、神は「惑わす力」（Ⅱテサ2:11）を送られる（→Ⅱテサ2:11注）。その結果、人々は完全にだまされて不法の人の言うことを受入れるようになる。そして人間社会は過去になかったほど堕落していく。

　　(d) 神の臨在と力は、主として聖霊の宮である教会を通して今も引続き罪を引止めている（Ⅰコリ3:16, 6:19）。したがって多くの注解者は、罪を引止める御霊の働きは教会の携挙と同時に取除かれると信じている（携挙はキリストが忠実な弟子たち、既に世を去った人と生きている人の両方を世界から引上げるために来られるときのことで、それは地上に終りのときのさばきを下される前のことである →Ⅰテサ1:10, 4:17）。このことに続いて恐ろしい「主の日」が始まり（→Ⅰテサ5:2主の日の注）、不法の人が現れる（→「携挙」の項 p.2278）。

　　(e) ある学者は、テサロニケ人への手紙第二2章6節の「引き止めているもの」（中性形）は聖霊とその引止める働きを指しているけれども、2章7節の「引き止める者」（男性形）は携挙される前のキリストの弟子

たちと信じている。その人々は空中でキリストに会い永遠に主とともにいるために引上げられるのである（Ⅰテサ4：17）。

反キリストの活動
　主の日が始まると（Ⅰテサ5：2主の日の注）、「不法の人」が現れる。この人は世界的な指導者で世界の終り（キリストが文字通り再び地上に来られて邪悪な人々をさばき、地上を治められるとき）の7年前にイスラエルと契約（条約、正式な協定）を結ぶ（→ダニ9：27）。
　（1）この人の本当の姿は三年半後に明らかになり、イスラエルとの契約を破って世界の支配者になる。そして自分が神であると宣言し、エルサレムの神殿を汚し（→「**大患難**」の項 p.1690）、主への礼拝を禁止して（→Ⅱテサ2：4, 8-9）その地域を荒廃させる（→ダニ9：27注, 11：36-45注）。
　（2）反キリストは自分が神であると宣言し無慈悲な独裁者になって、この時期にキリストを信じる忠実な人々を激しく迫害する（黙11：6-7, 13：7, 15-18, →ダニ7：8注, 24-25注）。そして自分を礼拝することを要求するけれども、そのごう慢な宣告は中心施設である大神殿から行われるものと思われる（⇒ダニ7：8, 25, 8：4, 11：31, 36）。神を敬わない人類は、創造の初めからこの神のような高い地位を得ようと求めてきた（→Ⅱテサ2：8注, 黙13：8注, 12注, →「**大患難**」の項 p.1690）。
　（3）「不法の人」は、サタンの力を受けて大きなしるしや不思議や奇蹟を行って人々をだまし、自分のうそを信じるようにさせる（Ⅱテサ2：9）。「偽りの力」とは、人々をだましてうそを受入れさせる実際の超自然的出来事のことである。
　（a）そのような超自然的出来事は、様々なかたちでメディアを通して全世界で見ることができるようになる。そして多くの人がこのカリスマ的指導者に感動し、だまされ説得されてしまう。それは神のことばの真理に心から従い愛していないからである（Ⅱテサ2：9-12）。
　（b）パウロのことば（Ⅱテサ2：9）と主イエスのみことば（マタ24：24）は、奇蹟は必ずしもみな神によるものではないと信仰者たちに警告している。超自然的賜物の現れはみな神のことばの中にある基準に従って吟味し、それが聖霊の賜物であるか聖霊の働きであるかどうかを確かめなければならない（Ⅰコリ12：7-10）。

反キリストの敗北
　患難時代の終りに、サタンは反キリストの指示の下に多くの国をハルマゲドンに集める。そして全世界を巻込んで神と神の民に対して戦いの準備をする（→ダニ11：45注, 黙16：16注）。その時が来るとキリストは地上に再び来られ、超自然的に介入して反キリストとその軍隊、そして神とみことばに逆らう人々をみな滅ぼされる（→黙19：15-21各注）。それからキリストはサタンを縛って底知れぬ所に閉じ込め、ご自分の平和な国を地上に1,000年間確立される（黙20：1-6）。歴史のこの最後の時期のあとにサタンは短期間釈放され、キリストと最後の戦いをするために神に完全に従っていない人々をだまして集める（黙20：7-9）。その戦いは短期間で終り勝敗は決定的である。キリストの敵は火で焼き尽され、悪魔は火の池に投込まれて永遠に苦しむことになる（黙20：9-10）。そのとき新しい天と新しい地が造られ、そこに神がご自分の民といつまでも住んでくださる（⇒Ⅱペテ3：13, 黙21：1〜）。これらの事柄の順序の概略　→「**終末の事件**」の表 p.2471

IIテサロニケ 2章

4 彼は、すべて神と呼ばれるもの、また礼拝されるものに反抗し、その上に自分を高く上げ、神の宮の中に座を設け、自分こそ神であると宣言します。

不法の人

5 私がまだあなたがたのところにいたとき、これらのことをよく話しておいたのを思い出しませんか。

6 あなたがたが知っているとおり、彼がその定められた時に現れるようにと、いま引き止めているものがあるのです。

7 不法の秘密はすでに働いています。しかし今は引き止める者があって、自分が取り除かれる時まで引き止めているのです。

8 その時になると、不法の人が現れますが、主は御口の息をもって彼を殺し、来臨の輝きをもって滅ぼしてしまわれます。

9 不法の人の到来は、サタンの働きによるのであって、あらゆる偽りの力、しるし、不思議がそれに伴い、

10 また、滅びる人たちに対するあらゆる悪の欺きが行われます。なぜなら、彼らは救われるために真理への愛を受け入れなかったからです。

11 それゆえ神は、彼らが偽りを信じるように、惑わす力を送り込まれます。

2:6 いま引き止めているもの 何か、あるいはだれか（聖霊と教会を通して抑制をする神の影響力）が不法の人を引止めている。その「引き止めているもの」が取除かれる、あるいは引上げられるときに、主の日は始まる（2:7、→「**反キリストの時代**」の項p.2288）。

2:7 不法の秘密はすでに働いています 「不法の秘密」（または反抗の精神）は、人類の歴史を通して舞台裏で働く悪の力であり、完全な反抗と不法の人の出現に向けて道備えをしてきた。（1）これは完全に悪であり、巧妙で破壊的な手段で、キリストを拒み神の完全な真理を受入れない人々をだまし欺き陥れるものである。また教会の多くの人を本当の信仰から離れさせ、偽りを受入れ、教会の中でもそれが当り前になるようにさせる。そこには聖書的信仰と神の道徳律法に反する空気や動きが出てくる。そして道徳的制限に対してはみな反対し、あらゆるかたちで神に対する反抗的行動を展開する（2:10-12、→2:12注）。（2）そのような霊はパウロの時代に既に存在していたけれども、終りのときには特に世界中で（そしてキリスト教の中で）強力に働くようになる（→マタ24:11注、IIテモ4:3-4注、→「**反キリストの時代**」の項p.2288）。

2:8 主は・・・殺し サタンと不法の人は、偽りと悪の働きを行ったあと（2:9-10）、患難時代の終りに地上に来られるキリストによって滅ぼされる（→黙19:20注）。

2:9 あらゆる偽りの力、しるし、不思議 「不法の人」の活動 →「**反キリストの時代**」の項p.2288

2:10 真理への愛 天地創造の初めから、人類と神との関係の中心課題は神とみことばの真理とを拒むか、それとも愛して従うかという選択の問題だった。その選択と応答は、この終りの時代でもやはり重要（将来の行動や結果を決定するほど重要）な問題である。救い（神から離れた霊的死からの救出）と神との個人的な関係は、人生をキリストにささげ心の底から「真理への愛」を持つ人だけが体験できるものである。そのような人々は、神のことばをそのまま信用し神が言われたことが正しいと確信している（→「**神のことば**」の項p.1213）。したがって、その真理に矛盾する啓示や教えはみな拒む（マタ24:5注、11注、→「**大患難**」の項p.1690）。キリストの真理を受入れる機会を人々に提供するために、私たちはキリストの福音を大胆に伝え、人生をキリストに明け渡すように招かなければならない。

2:11 惑わす力を送り込まれます 神による「引き止める」力が「取り除かれ」（2:7、→「**反キリストの時代**」の項p.2288）、不法の人が現れると、「救われるために真理への愛を受け入れなかった」（2:10）人々は「偽りを信じるように、惑わす力」の影響を受けるようになる（⇒ロマ1:25）。その結果、永遠に失われる（霊的救いの希望のない、永遠に神から引離されること）ことになる。

（1）ここで言われている人々は教会の内外の人々で、神のことばの真理を十分に聞いた上で自分から真理を愛することを拒み、この世界の悪を楽しむことを選んだ人々である（→2:10注、12注）。

（2）神はこの人々を強力な惑わす力、あるいは欺きの力へ引渡される（⇒ロマ1:24、26、28）。それは真理を受入れ愛することを拒んだ人々が信じる機会を二度と持てないようにするためである（2:12）。「偽り」（不法の人の主張とサタンの欺き）を永遠に信じるようにされるのである。

（3）神が送られる「惑わす力」は神のさばきの一部であり、さらに「さばかれる」ことを確実に示している（2:12）。神のことばを聞いて理解しながらその真理を愛さず、悪を喜び罪の喜びを追い求める人々に対し

¹²それは、真理を信じないで、悪を喜んでいたすべての者が、さばかれるためです。

堅く立つように

¹³しかし、あなたがたのことについては、私たちはいつでも神に感謝しなければなりません。主に愛されている兄弟たち。神は、御霊による聖めと、真理による信仰によって、あなたがたを、初めから救いにお選びになったからです。

¹⁴ですから神は、私たちの福音によってあなたがたを召し、私たちの主イエス・キリストの栄光を得させてくださったのです。¹⁵そこで、兄弟たち。堅く立って、私たちのことば、または手紙によって教えられた言い伝えを守りなさい。

¹⁶どうか、私たちの主イエス・キリストと、私たちの父なる神、すなわち、私たちを愛し、恵みによって永遠の慰めとすばらしい望みとを与えてくださった方ご自身が、¹⁷あらゆる良いわざとことばとに進むよう、あなたがたの心を慰め、強めてくださいますように。

祈りの訴え

3 ¹終わりに、兄弟たちよ。私たちのために祈ってください。主のみことばが、あなたがたのところでと同じように早く広まり、またあがめられますように。

²また、私たちが、ひねくれた悪人どもの手から救い出されますように。すべての人が信仰を持っているのではないからです。

³しかし、主は真実な方ですから、あなたがたを強くし、悪い者から守ってくださいます。

⁴私たちが命じることを、あなたがたが現に

ては「罪のためのいけにえは、もはや残されて」おらず、「ただ、さばき・・・を、恐れながら待つよりほかはない」のである(ヘブ10:26-27、→「**背教**」の項 p.2350)。

(4) 患難時代(キリストがご自分に従う人々をこの世界から引上げられた後)には、キリストの福音を聞いて理解する適切な機会がなかった人々に対して霊的に救われる機会が与えられる(⇒黙7:14, 11:3, 14:6-7)。この時代にキリストの福音を伝えるのは、イスラエルの諸部族の14万4千人(黙7:4注)と二人の証人(→黙11:3注)と御使い(→黙14:6注)と思われる。

2:12 悪を喜んでいた 神が喜ばれないことを喜び、神の真理と純潔の基準を拒み、真理を受入れ愛することを拒むことは(2:10)、終りのときの神のさばきを決定する重要な問題である。

(1) 神の真理を拒み悪に参加し不品行を楽しむ(→Ⅱテモ3:1注)人々は神の怒り(神の正当な怒り、さばき、刑罰)を受けることになる。そして悪霊の欺きに「引渡され」、暗やみと悪の力によって支配されるようになる(→ルカ23:35注、ロマ1:32注、Ⅰテモ4:1注)。

(2) 「主の日」(→2:2注)に神のさばきを受けるのは不信者(キリストの赦しを受入れ生涯をキリストに明け渡したことがない人々)だけではなく、一度はキリストを信じたのに後になって離れて信仰を拒んだ人々も含まれる(→「**背教**」の項 p.2350)。その人々は神ではなく罪を喜ぶことを選んだのである。神に逆らう生き方に立向かわず、終りのときの悪の流れに流されているのである(→2:3注, 7注, Ⅱテモ4:3-4注)。

2:13 神は・・・あなたがたを、初めから救いにお選びになった ここのことばは、神があらかじめ霊的に救われる人と罪に定められる人とを決めておられたという意味ではない。これは神が決めておられたことが神の救いを喜んで受入れて従う人々に起こるということであり、それとは別に神が決めておられたことが救いを受入れ従うことを拒む人々に同じように起こるということである(→「**選びと予定**」の項 p.2215)。

2:14 栄光を得させてくださった →「神の栄光」の項 p.1366

3:1 私たちのために祈ってください パウロがキリストのための働きを全うすることができたのは、神の民の祈りがあったからでもある。自分の人生と働きの中で神のご計画と目的が完全に実現するためには、仲間の信仰者たちの忠実な祈りがなくてはならないことにパウロは気付いていた(⇒ロマ15:30-32, Ⅱコリ1:11, ピリ1:19, コロ4:2, Ⅰテサ5:25)。これは神の国の霊的原則であり今日も変らない。私たちにはほかのキリスト者の祈りが必要であり、ほかのキリスト者には私たちの祈りが必要である。教会での忠実なとりなしの祈り(ほかの人々の必要と問題のための祈り)によって神が願っておられることが成就し、サタンの計画は破壊され(3:3)、聖霊の完全な力が現されるようになる(使4:24-33)。→「**とりなし**」の項 p.1454

3:3 悪い者から守ってくださいます 神の民が心から熱心に祈るとき、神がサタンから守ってくださるという確信を持つことができる。そして襲いかかって来るどんな誘惑にも立向かえるように神は強め(Ⅰコリ

IIテサロニケ　3章

実行しており、これからも実行してくれることを私たちは主にあって確信しています。
5 どうか、主があなたがたの心を導いて、神の愛とキリストの忍耐とを持たせてくださいますように。

怠惰への警告

6 兄弟たちよ。主イエス・キリストの御名によって命じます。締まりのない歩み方をして私たちから受けた言い伝えに従わないでいる、すべての兄弟たちから離れていなさい。
7 どのように私たちを見ならうべきかは、あなたがた自身が知っているのです。あなたがたのところで、私たちは締まりのないことはしなかったし、
8 人のパンをただで食べることもしませんでした。かえって、あなたがたのだれにも負担をかけまいとして、昼も夜も労苦しながら働き続けました。
9 それは、私たちに権利がなかったからではなく、ただ私たちを見ならうようにと、身をもってあなたがたに模範を示すためでした。
10 私たちは、あなたがたのところにいたときにも、働きたくない者は食べるなと命じました。

11 ところが、あなたがたの中には、何も仕事をせず、おせっかいばかりして、締まりのない歩み方をしている人たちがあると聞いています。
12 こういう人たちには、主イエス・キリストによって、命じ、また勧めます。静かに仕事をし、自分で得たパンを食べなさい。
13 しかしあなたがたは、たゆむことなく善を行いなさい。兄弟たちよ。
14 もし、この手紙に書いた私たちの指示に従わない者があれば、そのような人には、特に注意を払い、交際しないようにしなさい。彼が恥じ入るようになるためです。
15 しかし、その人を敵とはみなさず、兄弟として戒めなさい。

最後のあいさつ

16 どうか、平和の主ご自身が、どんな場合にも、いつも、あなたがたに平和を与えてくださいますように。どうか、主があなたがたすべてと、ともにおられますように。
17 パウロが自分の手であいさつを書きます。これは私のどの手紙にもあるしるしです。これが私の手紙の書き方です。
18 どうか、私たちの主イエス・キリストの恵みが、あなたがたすべてとともにありますように。

10:13, ヘブ2:18)、悪霊の力から守ってくださる(→エペ6:12注)。　→「**効果的な祈り**」の項 p.585

3:6　締まりのない歩み方をして　「締まりのない歩み方をして」いる人とは怠け者で働こうとしない人のことである。ある人々は高慢で、ある種の仕事はできないと言い、ある人々はキリストが間もなく来られるので生活のために働く必要などないと考えていた。その結果、その人々は教会が寛容であることを悪用して(⇒Ⅰテサ4:9-10)、きちんと職業について地道に生計を立てている人々から支援を受けていた(3:6-15)。(1) ここでパウロは訓練と矯正のために、怠惰な人々とは距離を置き交際をしてはならないと言っている(3:6, 14)。(2) パウロは本当に困っている人を助けるようにキリスト者を励ましているけれども、働けるのにまじめに働こうとしない人には食料もお金も与

えるべきではないとも言っている(⇒3:10)。この原則は今日でも同じように当てはまる。

3:11　何も仕事をせず、おせっかいばかりして　この人々は「締まりのない歩み方をして」いる怠惰な人々よりもさらにたちの悪い人々である。それは暇な時間を持て余して、ほかの人々の仕事の邪魔をしていたからである。

3:12　静かに仕事をし　使徒パウロは教会に対して、キリスト者は怠惰であってはならない、むしろキリストのあかしと人々への影響を考えてよく働く良心的で生産的な人でなければならないと忠告をしている(⇒テト3:14)。キリスト者は自分と家族のために、また神の働きに貢献し困っている人々を助けるために一生懸命働かなければならない(Ⅰコリ16:1, Ⅱコリ8:1-15, エペ4:28)。

テモテへの手紙　第一

概　　要
序言(1:1-20)
　　A．テモテへのあいさつ(1:1-2)
　　B．にせ教師たちについての警告(1:3-7)
　　C．律法の目的(1:8-11)
　　D．パウロへの主のあわれみと恵み(1:12-17)
　　E．テモテに対するパウロの教えの目的(1:18-20)
Ⅰ．教会の働きについての指示(2:1-4:5)
　　A．公同の礼拝(2:1-15)
　　　　1．祈りの重要性(2:1-8)
　　　　2．女性の適切な行動(2:9-15)
　　B．監督(牧師)の資格(3:1-7)
　　　　1．個人的な事柄
　　　　　　a．非難されるところがない(3:2)
　　　　　　b．自分を制する(3:2)
　　　　　　c．慎み深い(酒飲みでなく身持ちが良い)(3:2)
　　　　　　d．品位がある(3:2)
　　　　　　e．よくもてなす(3:2)
　　　　　　f．教える能力がある(3:2)
　　　　　　g．酒飲みでない(3:3)
　　　　　　h．暴力をふるわない(3:3)
　　　　　　i．温和である(3:3)
　　　　　　j．争わない(3:3)
　　　　　　k．金銭に無欲である(3:3)
　　　　　　l．信者になったばかりの人でない(3:6)
　　　　　　m．教会外の人々にも評判が良い(3:7)
　　　　2．家族
　　　　　　a．一人の妻の夫である(3:2)
　　　　　　b．自分の家庭をよく治めている(3:4-5)
　　　　　　c．子どもたちをよくしつけている(3:4)
　　C．執事の資格(3:8-12)
　　　　1．個人的な事柄
　　　　　　a．謹厳である(3:8)
　　　　　　b．二枚舌を使わない(3:8)
　　　　　　c．大酒飲みでない(3:8)
　　　　　　d．不正な利をむさぼらない(3:8)
　　　　　　e．きよい良心をもって信仰の奥義を保っている(3:9)
　　　　　　f．非難される点がない(3:10)
　　　　　　g．婦人執事も威厳があり忠実である(3:11)
　　　　2．家族
　　　　　　a．一人の妻の夫である(3:12)
　　　　　　b．子どもと家庭をよく治めている(3:12)
　　D．教会が指導者に優れた資格を求めなければならない理由(3:13-4:5)
Ⅱ．テモテの働きについての指示(4:6-6:19)

- A. にせの教えを突き止め対処すること(4:6-11)
- B. テモテの働きへの激励(4:12-16)
- C. 教会の中の異なる種類の人々の扱い(5:1-6:2)
    1. 年とった男性たちと若い人たち(5:1)
    2. 年とった女性たちと若い女性たち(5:2)
    3. やもめたち(5:3-16)
    4. 長老たちと長老になろうとしている人たち(5:17-25)
    5. 奴隷たち(6:1-2)
- D. 背後にある動機の確認(6:3-10)
    1. 高慢、論争、どん欲(6:3-5)
    2. 満ち足りる心、敬虔、忠実さ(6:6-10)
- E. 終りにあたっての激励(6:11-19)
    1. テモテ個人に対して(6:11-16)
    2. 富んでいる人々に対して(6:17-19)

結論(6:20-21)

著　　者：パウロ

主　　題：教会の指導者たち、健全な教え、信仰深い品性

著作の年代：紀元65年頃

著作の背景

　テモテへの手紙第一、第二とテトスへの手紙は一般に「牧会の手紙」と呼ばれている。これらはパウロからテモテ（エペソにいた）とテトス（クレテにいた）への手紙で（Ⅰテモ1:1、Ⅱテモ1:1、テト1:1）、牧師としての心遣いや教会を指導することが書かれている。批評家の中には、この手紙の文体や用語がパウロのほかの手紙と比べると少し違うという理由で、パウロが書いたのかどうか疑問を持つ人がいる。けれどもそのような違いは、パウロの年齢やテモテとテトスの働きについての個人的関心などを考えると理解できる範囲内のものである。初期の教会はこれらの手紙をパウロの手による本物の手紙として認めていた。

　テモテはルステラ（現在のトルコ）の出身だった。父はギリシヤ人で母はユダヤ人キリスト者だった（使16:1）。そして子どもの頃から旧約聖書を教えられていた（Ⅱテモ1:5, 3:15）。パウロがテモテを「信仰による真実のわが子テモテ」（1:2）と呼んでいるので、テモテを導いてキリストとの個人的関係を持つようにさせたのはパウロ自身だったと思われる。ルステラへの二度目の訪問のときに、パウロはテモテを自分の宣教旅行に参加するように誘った。その結果、この若いテモテは見習いとして、パウロのマケドニヤとアカヤ一帯にキリストの福音を伝える働きに参加した（使17:14-15, 18:5, →「**パウロの第二次伝道旅行**」の地図 p.2008）。さらにパウロがエペソで長期間にわたって働いたときその大部分の期間をパウロとともに過した（使19:22, →「**パウロの第三次伝道旅行**」の地図 p.2019）。その後テモテはパウロと旅を続け（使20:1-6）、エルサレムまで同行したと思われる。パウロはそこからローマに行き、やがてネロ皇帝のもとで投獄される（→「**パウロのローマへの旅**」の地図 p.2039）。その最初の投獄の期間、テモテはパウロとともにローマにいた（ピリ1:1、コロ1:1、ピレ1:1）。

　パウロがテモテへの手紙第一を書いたのは、使徒の働きの終りに記録されている出来事のあとである。パウロが牢獄から解放されたあと（使28:、⇒Ⅱテモ4:16-17）、第四次伝道旅行をしたときもテモテはパウロとともに旅をした。ローマのクレメント（96年頃）やムラトリ正典（170年頃）によれば、パウロはローマから西にスペインまで行って長年の夢だった働きを実現した（⇒ロマ15:23-24, 28）。牧会の手紙の資料によれば、パウロはそこからエーゲ海地域（特にクレテ、マケドニヤ、ギリシヤ）に戻り働きをさらに続けた。この時期（64-65年頃）にパウロはテモテを自分の代理としてまた問題に対処するためにエペソ（パウロが第三次伝道旅行で三年以上の長期間徹底的に奉仕をした場所）に派遣（任務を与えそれを果すための権威を与えること）した。パウロはまたテトスをクレテ島（→テト緒論）で同じ働きをするように派遣した。パウロはマケドニヤからテモテに最初の手紙を書いたけれども、そのすぐあとにテトスにも手紙を書いた。その後パウロは再びローマで投獄され、そこからテモテに第二の手紙を書き送った。そして第二の手紙のすぐあと、67年か68年にパウロは処刑された（→Ⅱテモ4:

6-8、→Ⅱテモ緒論)。

目　的
テモテへの手紙第一を書いたときパウロには三つの目的があった。それは、(1)奉仕の働きと個人的生活の両方でテモテを励まし教えること、(2)腐敗したにせ教師たちからキリストの福音の真理と純度と水準を守るようにテモテに強く勧めること、(3)教会の様々な働きを監督するためにテモテに指示を与え、エペソの教会独特の課題や問題について話すことなどだった。

概　観
パウロが若い助手テモテに与えた大きな課題の一つは、キリストの福音とその救いの力を薄めてしまう(強さや勢いや効果を弱めたり減らしたりすること)ゆがんだ、またはにせの教えからキリスト教信仰を断固として守ることだった(1:3-7、4:1-8、6:3-5、20-21)。パウロはまた教会の指導者たちに必要な霊的資格、人格的資格についても教えた。そうすることによってパウロは教会の霊的指導者となる人々のあるべき全体像を示している(詳細 →概要)。

さらにパウロが教えたことの中には教会の中の女性たち(2:9-15、5:2)、やもめたち(5:3-16)、年とった男性や若い人たち(5:1)、長老たち(5:17-25)、奴隷たち(6:1-2)、にせ教師たち(6:3-10)、金持たち(6:17-19)など様々なグループとの接し方が含まれていた。パウロはテモテが守るべきことをはっきりと五つ指示している。それは教会の中で自分が教えていることを自分でも実際に行って模範を示すためである(1:18-20、3:14-16、4:11-16、5:21-25、6:20-21)。パウロはこの手紙の中でテモテへの愛情を示して「信仰による真実のわが子テモテ」(1:2)と呼ぶとともに、テモテと教会のために高い人格的基準を設定している。

特　徴
この手紙には四つの大きな特徴がある。

(1)エペソの教会に自分の代理として送ったテモテにパウロは直接この手紙を書き、しかも非常に個人的で深い感情を込めて書いている。

(2)テモテへの第二の手紙と同じように、にせの教え(福音の力と教会の影響力を弱める)からキリストの福音と教会を純粋にそして安全に守るという牧師としての責任が新約聖書のどの手紙よりも強調されている。

(3)キリストの福音の優れた価値を強調するとともに、それをゆがめて教えようとする悪の影響力を暴き出している。また教会に与えられている聖い召命と教会の指導者たちに神が要求しておられる高い資格が強調されている。

(4)教会の中の男性や女性、あらゆる年齢の人々、社会の様々な種類の人々との牧師の接し方について新約聖書の中で最も具体的な指示が与えられている。

テモテへの手紙第一の通読
新約聖書全体を1年間で通読するためには、テモテへの手紙第一を次のスケジュールに従って6日間で読まなければならない
☐1 ☐2 ☐3 ☐4 ☐5 ☐6

メ　モ

Ⅰテモテ　1章

1 ¹ 私たちの救い主なる神と私たちの望みなるキリスト・イエスとの命令による、キリスト・イエスの使徒パウロから、² 信仰による真実のわが子テモテへ。父なる神と私たちの主なるキリスト・イエスから、恵みとあわれみと平安とがありますように。

にせ教師についての警告

³ 私がマケドニヤに出発するとき、あなたにお願いしたように、あなたは、エペソにずっととどまっていて、ある人たちが違った教えを説いたり、⁴ 果てしのない空想話と系図とに心を奪われたりしないように命じてください。そのようなものは、論議を引き起こすだけで、信仰による神の救いのご計画の実現をもたらすものではありません。⁵ この命令は、きよい心と正しい良心と偽りのない信仰とから出て来る愛を、目標としています。

⁶ ある人たちはこの目当てを見失い、わき道にそれて無益な議論に走り、⁷ 律法の教師でありたいと望みながら、自分の言っていることも、また強く主張していることについても理解していません。⁸ しかし私たちは知っています。律法は、もし次のことを知っていて正しく用いるならば、良いものです。⁹ すなわち、律法は、正しい人のためにあるのではなく、律法を無視する不従順な者、不敬虔な罪人、汚らわしい俗物、父や母を殺す者、人を殺す者、¹⁰ 不品行な者、男色をする者、人を誘拐する者、うそをつく者、偽証をする者などのため、またそのほか健全な教えにそむく事のためにあるのです。

---

①ルカ1:47, テト1:3, ②コロ1:27, ③Ⅰテモ1:12, ④Ⅰテト1:3, ⑤Ⅱコリ1:1, Ⅱテモ1:1
①テト1:4, ②Ⅱテモ1:2
②使16:1, ④Ⅰテモ1:2
③Ⅰテモ1:2, テト1:4, ロマ1:7, ④Ⅰテモ1:12
3①ロマ15:26, ②使18:19
Ⅰテモ6:3, ⓐロマ16:17
4①Ⅰテモ4:7, Ⅱテモ4:4, テト1:14, Ⅱペテ1:16, ②テト3:9, Ⅱテモ4:4, Ⅰテモ2:23, テト3:9, ⓐエペ3:2
5①Ⅰテモ1:14, ②Ⅱテモ2:22, ③Ⅰペテ3:16, 21, Ⅰテモ1:19, ⓔⅡテモ3:9, Ⅰテモ1:3, ④Ⅱテモ1:5

6①テト1:10
7①⑮ヤコ3:1, ②ルカ2:46
8①ロマ7:12, 16
9①ガラ5:23, ②テト1:6, 10, Ⅰペテ4:18, ユダ15
④Ⅰテモ4:7, 6:20, Ⅱテモ2:16, 4:7, ⑤ヘブ12:16
10①Ⅰコリ6:9, ②レビ18:22
③出21:16, ⓐ黙18:13
④黙21:8, 27, 22:15
⑤マタ5:33, 23:16
⑥Ⅱテモ4:3, テト1:9, 2:1, Ⅱテモ4:6, 6:3, Ⅱテモ1:13, テト1:13, 2:2

1:2　信仰による真実のわが子テモテ　テモテはパウロによってキリストを信じる信仰に導かれたと思われる。テモテはまたパウロの宣教の働きを多く手伝った。したがってテモテにとってパウロは一番の霊的助言者であり働きの指導教師だった(→1:18, Ⅰコリ4:17, Ⅱテモ1:2, 2:1, ピレ1:10, →緒論)。

1:3　違った教えを説いたり　この手紙を書く7年前にパウロはエペソの教会(この手紙の執筆時点でテモテが奉仕をしている教会)の指導者たちに、にせ教師たちがキリストのまことの福音をねじ曲げようとするだろうと警告していた(→使20:29注)。今まさにそのことが起きている。そこでパウロは大胆にそれに向き合うようにテモテを励ましている。この若い牧師は神の律法と福音(罪の赦し、神との個人的な関係、イエス・キリストを信じる信仰による永遠のいのちのメッセージ)を改悪するにせの教えと妥協してはならない。テモテはキリストと使徒たち(主イエスの福音を伝え教会を建上げるために主イエスが任命された人々 Ⅱテモ1:13-14)が教えた真実の、そして本来の福音を広く伝えて忠実に戦わなければならないのである(1:18)。

1:4　果てしのない空想話と系図　これらは旧約聖書の歴史の中のあいまいな点をこじつけたり誇張したりした物語で、後にグノーシス哲学の変種に発展したものと思われる(→4:7)。グノーシス哲学(グノーシス主義について →4:3注)とは1-2世紀を通じて人気のあった危険な異端(神のことばに基づく真実で正しい教えに反する信仰や教え)である。

1:5　この命令は・・・目標としています　神のことばの教えが究極的に目標としていることは聖書の知識そのものではなく(知識は私たちを救うことができない →1:4注)、人々の道徳的性格を根底から変えてしまう霊的変革である。変革が確実に行われるならそれは当然永ときよい心(神に完全に明け渡した考え、動機、振舞)というかたちで現れてくる。それはさらに正しい良心と偽りのない信仰へとつながり日々の歩みと振舞の中に反映されていく(→使24:16注, →「信徒の聖書的訓練」の項 p.2318)。この真理については二つの重要な事実を心に留めておかなければならない。(1) 聖書が言う教え、学ぶということはただ知識を伝え受取るあるいは得るというものではなく、人を学問的に訓練するという意味でもない。それは聖さ(道徳的純粋性、人格的高潔さ、霊的健全性、悪からの分離、神とその目的に対する献身)と正しい生き方(神との正しい関係を反映し神の基準に沿った正しいことを行うこと)を生み出すものである。キリストに似る者にならず、神が示される道や目的に従おうとしないなら、その人は神のことばを多く知っていると言ってもあまり意味がない(⇒Ⅱテモ1:13)。(2) 神のことばを教える人は聖書が伝えている真理や信仰、基準を具体的に示す例や模範になるような生活をする人でなければならない(3:1-13)。つまり、みことばを教える人は自分の教えていることを実行しなければならないのである。そうでなければ偽善者になってしまう。

1:8　律法は・・・良いものです　→マタ5:17注, ⇒ロマ7:12, →「旧約聖書の律法」の項 p.158

11 祝福に満ちた神の、栄光の福音によれば、こうなのであって、私はその福音をゆだねられたのです。

パウロに注がれた主の恵み

12 私は、私を強くしてくださる私たちの主キリスト・イエスに感謝をささげています。なぜなら、主は、私をこの務めに任命して、私を忠実な者と認めてくださったからです。13 私は以前は、神をけがす者、迫害する者、暴力をふるう者でした。それでも、信じていないときに知らないでしたことなので、あわれみを受けたのです。14 私たちの主の、この恵みは、キリスト・イエスにある信仰と愛とともに、ますます満ちあふれるようになりました。15「キリスト・イエスは、罪人を救うためにこの世に来られた」ということばは、まことであり、そのまま受け入れるに値するものです。私はその罪人のかしらです。

16 しかし、そのような私があわれみを受けたのは、イエス・キリストが、今後彼を信じて永遠のいのちを得ようとしている人々の見本にしようと、まず私に対してこの上ない寛容を示してくださったからです。17 どうか、世々の王、すなわち、滅びることなく、目に見えない唯一の神に、誉れと栄えとが世々限りなくありますように。アーメン。

テモテへの命令

18 私の子テモテよ。以前あなたについてなされた預言に従って、私はあなたにこの命令をゆだねます。それは、あなたがあの預言によって、信仰と正しい良心を保ち、勇敢に戦い抜くためです。19 ある人たちは、正しい良心を捨てて、信仰の破船に会いました。20 その中には、ヒメナオとアレキサンデルがいます。私は、彼らをサタンに引き渡しました。それは、神をけがしてはならない

1:13 神をけがす者、迫害する者 パウロはキリストを信じる信仰に回心する前にはキリストに従う人々を厳しく迫害する人だった（→使8:3, 9:1-2, 4-5, 22:4-5, 26:9-11, ガラ1:13)。神の民に対するその恐ろしい暴力は、自分で「罪人のかしら」と言うほどのものだった（1:14-15, ⇒Ⅰコリ15:9, エペ3:8）。けれどもそれは無知のために自分は神に仕えていると信じて行っていたので（使23:1, 26:9)、「あわれみを受けた」（1:13-16）。キリストは神の栄誉のためにパウロを救い人生を変えてご自分の寛容を示してくださった。その結果、パウロのあかしを聞きその変えられた姿を見た人々は神の慈しみを知り（1:14）、キリストの福音を信じて救われた（1:16, パウロが主イエスと奇蹟的に出会った事件 →使9:1-19）。パウロに示された神のあわれみを見るとき、私たちはだれがキリストに心を開き、だれが開かないか判断を安易にするべきではないことを教えられる。むしろ私たちはパウロの状況から、キリストの福音をまだ知らない人々に（どのような背景を持ち、どれほど神から離れているように見えても）大胆に伝えなければならないと励まされる。キリストの力と恵み（受けるにふさわしくない好意、愛、霊的力）は人々を確実に救い神との正しい関係に回復し、その人生を神の栄光のために変えることができるのである。

1:15 キリスト・イエスは、罪人を救うために・・・来られた 主イエスがこの地上に来られたのはまさしくこのためだった。主イエスはその完全ないのちを私たちの罪（神に対する個人的反抗）の代価を全部支払うために与えてくださった。そしてその犠牲は自分のためだったと受入れ、自分の人生をゆだねる人々には罪の赦しを与え、神との関係を回復してくださる（⇒マタ9:12, マコ2:17）。主イエスはご自分でも「失われた人を捜して救うために来た」と言われた（ルカ19:10）。

1:18 預言に従って 神はある人々を用いてテモテについて特別なメッセージを与え、教会でのテモテの働きについてみこころの一部を明らかにし確認されたものと思われる（→Ⅰコリ14:29注, →「**御霊の賜物**」の項p.2138）。パウロは、神がテモテに示されたその人生の計画に忠実であるようにと励ましている。牧師としてまた教会に仕えるという使命を与えられた者としてテモテはキリストを信じる信仰に忠実であるとともに、教会に忍び込みつつあるにせの教えに対しても戦わなければならなかった。

1:19 信仰の破船に会いました 一度は心からの信仰を表していたのに、残念なことにキリストから離れ主イエスとの関係を捨ててしまった人々について、パウロはテモテに何度も警告をしている（4:1, 5:11-15, 6:9-10, →「**背教**」の項p.2350）。

1:20 サタンに引き渡しました パウロがとった行動とはこのふたりの人物を教会から除名したことを意味

ことを、彼らに学ばせるためです。

礼拝についての教え

2 ¹ そこで、まず初めに、このことを勧めます。すべての人のために、また王とすべての高い地位にある人たちのために願い、祈り、とりなし、感謝がささげられるようにしなさい。

² それは、私たちが敬虔に、また、威厳をもって、平安で静かな一生を過ごすためです。

³ そうすることは、私たちの救い主である神の御前において良いことであり、喜ばれることです。

⁴ 神は、すべての人が救われて、真理を知るようになるのを望んでおられます。

⁵ 神は唯一です。また、神と人との間の仲介者も唯一であって、それは人としてのキリスト・イエスです。

⁶ キリストは、すべての人の贖いの代価として、ご自身をお与えになりました。これが時至ってなされたあかしなのです。

⁷ そのあかしのために、私は宣伝者また使徒に任じられ——私は真実を言っており、うそは言いません——信仰と真理を異邦人に教える教師とされました。

⁸ ですから、私は願うのです。男は、怒ったり言い争ったりすることなく、どこででもきよい手を上げて祈るようにしなさい。

している。キリストとの個人的な関係とキリストのからだ（教会）の中のほかの人々との一致があるなら私たちはサタンの力から守られる。その反面、教会から除名されるということは、その人生をサタンの破壊的な攻撃にさらすことになる（⇒ヨブ2:6-7, Ⅰコリ5:5, 黙2:22）。そのように忠実なキリスト者の心遣いや交わりから切離された、反抗的な人々は「神をけがしてはならないこと」（神を敬わない、あるいは神を侮ること）を「学ば」され、厳しく悟らされたはずである。教会で行われる懲罰（戒規）の目的は単に処罰することではない。ましてや滅びに至らせることでは絶対にない。むしろその人に自分が無力であることを気付かせ、本当の信仰を持ってキリストのもとに戻って来て、キリストや教会との関係を回復するようにさせることが目的である（詳細 →Ⅰコリ5:5注）。

2:1 すべての人のために・・・願い、祈り、とりなし キリストに従う私たちには人々、特に家族や友人、指導者など周りの人々のために祈る責任がある。それはまた特権でもある（2:2）。これは神が願っておられることである（2:3）。なぜなら、ほかの人々が霊的救いにあずかりイエス・キリストとの個人的関係を持つためには、私たちの祈りが重要な役割を果すからである（2:4）。→「**効果的な祈り**」の項p.585,「**とりなし**」の項p.1454

2:4 すべての人が救われて・・・望んでおられます 人間の救いについての神のみこころ（神の特性と目的に基づいた願い、計画、意思）には二つの面があることを聖書は明らかにしている。(a) 神の完全なみこころはだれひとりとして霊的に失われ罪に定められないことである。むしろ「すべての人が悔い改めに進」み（Ⅱペテ3:9）救われることを願っておられる。(b) 神の許容的な（許される）みこころは、赦しと永遠のいのちへの招きを受入れるか拒むかを人々が自分で決めることを神が認めておられることである（→マタ7:21, ルカ7:30, 13:34, ヨハ7:17, 使7:51, →「**神のみこころ**」の項p.1207）。

2:5 仲介者も唯一・・・キリスト・イエス 私たちが神に近付く道はキリスト・イエスのほかにはない（ヘブ7:25）。神に対する私たちの罪の罰を主イエスがその犠牲の死によって払ってくださったので私たちは罪の赦しを受けた。主イエスは完全な神（→コロ1:15-19）であり完全な人なので、私たちの罪が作った神と人との間の溝を埋め、ご自分に頼る人々を神との正しい関係に回復することができた（⇒コロ1:21-22, →Ⅱコリ5:18注）。キリストを通して信仰によって私たちは神のもとに直接近付き、神の力とあわれみによってあらゆる弱さを助け必要を満たしてくださるように頼ることができる（ヘブ4:14-16）。私たちはキリストの代りにだれか別の人を立ててその人に祈ったり神との関係の仲介を求めたりしてはならない。私たちの大祭司はキリストだけである（→ヘブ8:6, 9:15, 12:24）。主イエスが唯一の「道」であること →ヨハ14:6

2:6 すべての人の贖いの代価 →マタ20:28注

2:8 男は・・・どこででもきよい手を上げて 新約聖書の教会の公同の礼拝では礼拝する人々は手を上げて大声で祈る習慣があったようである（→使4:24-31, ⇒エズ3:12-13）。私たちが問題にするのは祈りの姿勢ではない。祈りが確かに聞かれるためには「きよい手」をもって祈ることである。それは道徳的に純潔、霊的に健全、人格的には高潔で悪から分離し神に完全に献身していることを表している。

⁹同じように女も、つつましい身なりで、控えめに慎み深く身を飾り、はでな髪の形とか、金や真珠や高価な衣服によってではなく、
¹⁰むしろ、神を敬うと言っている女にふさわしく、良い行いを自分の飾りとしなさい。
¹¹女は、静かにして、よく従う心をもって教えを受けなさい。
¹²私は、女が教えたり男を支配したりすることを許しません。ただ、静かにしていなさい。
¹³アダムが初めに造られ、次にエバが造られたからです。
¹⁴また、アダムは惑わされなかったが、女は

9①Ⅰペテ3:3
11①Ⅰコリ14:34、囲テト2:5

12①Ⅰコリ14:34、
13①創2:7, 22, 囲3:16
14①創3:6, 13、囲Ⅱコリ11:3

2:9　つつましい身なりで、控えめに・・・身を飾り　神を礼拝しあがめることについて神が与えられた教えの一部として、女性のキリスト者は慎ましく控えめな(からだを官能的に露出するのではなく適切におおうこと)服装をし行動することを神は願っておられるとパウロは言っている。

(1)　慎ましい服装とは肉体に必要以上の注意を引付けることがないような服装をすることである。つまり神を敬う人らしく純潔を反映し信頼を保つようにすることである。これはあらゆる情況や環境に当てはまる原則であるけれども、特に礼拝や奉仕の場では必要である。礼拝は注意を互いにではなく神に向けるときだからである。この原則は女性にも男性にも当てはまる。

(2)　慎ましさの源はその人の心と内側の人格にあり、内側のきよさは外面的に現れて表現されるのである。服装はしばしば個性を表現するものとされているけれども、私たちの一番の関心はそこにあってはならない。キリストに従う者としての行動は、自己中心ではなくキリスト中心でなければならない。人々の注意を自分に集めること(特に肉体的、官能的な面で)に絶えず心が向けられているようであってはならない。

(3)　周りの人々に倫理的に霊的に不純な思いや欲望を起こさせるような服装をすることは、欲望が引起こされるのと同じくらい間違ったものである。私たちはほかの人々の思いを制御することはできないけれども、ほかの人々が思いを制御できるようにしてあげることはできるはずである。自己中心的な人は流行のファッションがほかの人々にどのような影響を与えるかを考えない。けれども私たちはキリスト者として、自分の好みで服装を選んだり行動をしたりするのではなく、ほかの人々の霊的な健全さも考慮しなければならない(⇒ガラ5:13, エペ4:27、→テト2:11-12、→マタ5:28注)。男性は目に見えるものから官能的刺激を受けやすいので、女性はとりわけこのことを心に留めておかなければならない。

(4)　ファッション業界ではからだを官能的に性的に強調するように多くの服飾品を意図的にデザインしている。キリスト者が慎ましい服装という聖書の基準を勝手に無視して世の中の流行を(官能的にデザインされていても)取入れてしまうなら、それは教会にとって悲しいことである。教会は性的に寛容な今の時代に、慎み深さときよさや自制を願っておられる神の思いを投げ捨てて神をあざける堕落した社会とは、はっきりと異なるかたちで行動し違った服装を身につけるべきである。どのような服装をするかによって私たちはほかの人々(知人も他人も)に様々な印象を与えてしまう。キリスト者は神との関係をしっかり持っているという印象を与えるべきで、ファッションの傾向やメディアのイメージに振回されるべきではない(⇒ロマ12:1-2)。

(5)　キリスト者や教会の指導者の多くは、この問題は霊的生活とは無関係であるとしてほとんど何も言っていない。けれども現代の社会ではファッション業界は最大で最も影響力のある市場を、特に若年層の間で握っている。もし霊性というものが私たちの生活のあらゆる領域に影響を及ぼすものであるなら、それは当然私たちの服装にも影響を与えるはずである。聖書が特に若い女性たちに話しかけている例は多くはない。けれどもそこではいつも慎み深さが主題の中心になっている。この基準はキリスト者ではない人や新しくキリスト者になったばかりでまだよくわからない人々に押しつけるものではない。けれども成熟したキリスト者なら、ほかの人々のことを考えて謙遜に受入れるべきものである。

2:9　はでな髪の形とか、金や　これは宝石やそのほかのアクセサリーを禁止するものではない。けれどもそのようなものがぜい沢や豪華さ、プライドなどのしるしになっている社会に生きるキリスト者に注意を促しているものである。「はでな髪の形」は金やそのほかのぜい沢品と一緒に髪を編んだことを指していると思われる。ここでもまた、人々の注意を過度に引付けない節度と慎み深さが原則として示されている。

2:13　アダムが初めに造られ　男性には家庭や教会で「かしら」また霊的リーダーとしての責任があるというパウロの議論には二つの重要な見方がある(→エペ5:23注、→**親と子ども**の項 p.2265)。(1)　これは天地創造のときの神の目的に基づいている。神は男性を先に創造された。それは男性が女性や家族を守り導くべきだという神の思いを表している。女性は男性のあとで創造されたけれども、それは男性と共に生きる者に

惑わされてしまい、あやまちを犯しました。15しかし、女が慎みをもって、信仰と愛と聖さを保つなら、子を産むことによって救われます。

監督と執事

3 1「人がもし監督の職につきたいと思うなら、それはすばらしい仕事を求め

15①囲Ⅰテモ1:14
1①使20:28, ピリ1:1
②囲Ⅰテモ1:15
2①Ⅰテモ3:2-4, 囲テト1:6-8,②テト1:6, 囲ルカ2:36, 37, Ⅰテモ5:9,③Ⅰテモ3:11,④テト1:8, ロマ12:13, ヘブ13:2, Ⅰペテ4:9
⑤囲Ⅱテモ2:24
3①Ⅰテモ1:7,②ヘブ13:5, 囲Ⅰテモ6:10

ることである」ということばは真実です。2ですから、監督はこういう人でなければなりません。すなわち、非難されるところがなく、ひとりの妻の夫であり、自分を制し、慎み深く、品位があり、よくもてなし、教える能力があり、3酒飲みでなく、暴力をふるわず、温和で、争わず、金銭に無欲で、

なりふたりの生涯に神が願っておられることを実現する助け手になるためだった(創2:18, Ⅰコリ11:8-9, 14:34, →エペ5:22注)。(2) これはエデンの園で神が与えられた役割を男性と女性が放棄した悲惨な結果に基づいている。エバは夫から離れて行動し禁じられていた木の実を食べてしまった。アダムは神から与えられたリーダーとしての責任をおろそかにしてエバの不従順に同意してしまった。その結果、アダムもまた神に逆らい人類に罪と死をもたらしたのである(2:14, 創3:6, 12, ロマ5:12)。家庭の中で互いに従うことの意味と具体例 →エペ5:19-25各注

2:15 女が・・・子を産むことによって救われます 救いの第一条件はキリストを信じる信仰であり、次に「慎みをもって、信仰と愛と聖さを保つ」ことである。これはすべての人(男性にも女性にも)にとって真理である。ここで言う「子を産む」ということは、女性が創造主から与えられた役割と働きを受入れることを指していると思われる。

(1) 女性が持つことのできる最高の地位や特権、女性としての威厳は神を敬う妻となり母となることである。一般的に言って、妻であり母であるキリスト者の女性は子どもを産み(5:14)、愛し(テト2:4)、神をあがめる者となるように育てるときに(⇒Ⅱテモ1:5, 3:14-15, →「親と子ども」の項 p.2265)、また自分も忠実にキリストに従い続けるときに(2:15b)、何よりもまさった喜びを体験するものである。

(2) この節はまた、私たちが何よりも意義深い誕生、つまりイエス・キリストの誕生を通して救われたことを意味しているように思われる。キリストはこの世界に来られ、私たちのためにいのちを与えて神との正しい関係に引戻してくださった。キリスト者は子どもを産む名誉と威厳を受入れ感謝をするべきである。なぜならマリヤの出産がなければ救いはこの世界にもたらされなかったからである(創3:15, マタ1:18-25)。

(3) 女性に対する神の目的を尊重せず拒んでいる社会や文化、教会は、実際にはキリスト者の家族や家庭、母親の重要性を軽視しているのである。その結果は結婚制度や家族、社会の崩壊につながっていく(→

Ⅱテモ3:3注)。

(4) キリスト者の妻や母たちにパウロが示した原則は、結婚していない女性や子どもを持つことのできない女性を軽視しようとするものではない。そのような女性の信仰や愛、献身は家族を持っている女性たちに優るとも劣らないものである。実際には結婚していない人々は結婚している人々よりもさらに神の目的に献身をすることができる(→Ⅰコリ7:34注)。

3:1-7 人がもし監督の職につきたいと思うなら 牧会の奉仕や教会の指導者になるための重要な資格の詳細 →「監督の道徳的資格」の項 p.2303

3:2 非難されるところがなく 牧師やキリスト教の指導者になろうとする人は「非難されるところがな」い(《ギ》アネピレームトス「つけ込まれることのない」)人でなければならない。これは結婚や家庭、社会や職業生活で非難されない(合法的な批判を受けない)立派な人格と行動のことである。牧師は不品行や過ちを犯したとして非難される人であってはならない。むしろキリストに仕える人々は教会の内外で評判の良い人で(→3:7注)、影響力を損ない教会の評判を傷つけるような行いが一切ない人でなければならない。牧師の過去の歩みや行いも、若い人また年とった人にとって良い模範にならなければならない(→4:12注)。

3:3 酒飲みでなく 聖書(旧約・新約ともに)から明らかなことは、神に従う人々は(霊的指導をする人は当然)酒に酔う人であってはならないということである。けれどもここでパウロが言おうとしているのはそのことではないように思われる。ここのことば(《ギ》メー・パロイノン 否定を意味する「メー」と「ぶどう酒のところ、そば、近く、隣、ともに」を意味する「パロイノス」の合成語)は直訳すると「ぶどう酒の隣に、近くに、ともにいない」または「ぶどう酒のそばにいない」ということである。つまり奉仕をする人々はアルコール飲料とかかわるべきではない、あるいは誘われるべきではないということである(→箴23:31注)。

(1) 旧約聖書の王や士師たちにとって酔いを招くぶどう酒を絶つことは当然守るべき基準だった(箴31:4-7)。これはまた神への最高の献身や奉仕をする人々が守る基準でもあった(レビ10:8-11, 民6:1-5,

Ⅰテモテ　3章

4 自分の家庭をよく治め、十分な威厳をもって子どもを従わせている人です。
5 ──自分自身の家庭を治めることを知らない人が、どうして神の教会の世話をすることができるでしょう──
6 また、信者になったばかりの人であってはいけません。高慢になって、悪魔と同じさばきを受けることにならないためです。
7 また、教会外の人々にも評判の良い人でなければいけません。そしりを受け、悪魔のわなに陥らないためです。
8 執事もまたこういう人でなければなりません。謹厳で、二枚舌を使わず、大酒飲みでなく、不正な利をむさぼらず、
9 きよい良心をもって信仰の奥義を保っている人です。
10 まず審査を受けさせなさい。そして、非難される点がなければ、執事の職につかせなさい。
11 婦人執事も、威厳があり、悪口を言わず、自分を制し、すべてに忠実な人でなければなりません。
12 執事は、ひとりの妻の夫であって、子どもと家庭をよく治める人でなければなりません。
13 というのは、執事の務めをりっぱに果たした人は、良い地歩を占め、また、キリスト・イエスを信じる信仰について強い確信を持つことができるからです。
14 私は、近いうちにあなたのところに行

4 ①Ⅰテモ3:12
5 ①圖Ⅰコリ10:32, 囲Ⅰテモ3:15
6 ①Ⅰテモ6:4, Ⅱテモ3:4　②囲Ⅰテモ3:7(?)
7 ①囲マタ14:1　②囲Ⅱコリ8:21　③Ⅱテモ2:26, Ⅰテモ6:9
8 ①ピリ1:1, Ⅰテモ3:12　②テト2:3, ③Ⅰテモ5:23　③テト1:7, 囲Ⅰテモ3:3
9 ①囲Ⅰテモ1:19, 囲Ⅰテモ1:5
10 ①囲Ⅰテモ5:22
11 ＊別訳「執事の妻」①Ⅱテモ3:3, テト2:3
12 ①ピリ1:1, Ⅰテモ3:8　②Ⅰテモ3:2, ③Ⅰテモ3:4
13 ①囲マタ25:21

士13:4-7, Ⅰサム1:14-15, エレ35:2-6, →「**旧約聖書のぶどう酒**」の項p.1069)。
　(2) キリストの教会を導く人々の基準がそれより低くても良いはずがない。さらに教会でキリストに従う人々はみな神に仕える祭司であり王であるとされている(Ⅰペテ2:9, 黙1:6)。そのような人々は神の最高の基準によって生活をするべきである(ヨハ2:3注, エペ5:18注, Ⅰテサ5:6注, テト2:2注, →「**新約聖書のぶどう酒**」の項p.1870)。

3:4　自分の家庭をよく治め　牧師になろうとしている人にとって重要な資格は、結婚や家族の関係で絶対的に誠実なことである。詳細　→「**監督の道徳的資格**」の項p.2303

3:7　評判の良い人でなければいけません　牧師やこれから牧師になろうという人は二つのグループの間で「評判の良い」人でなければならない。(a) 内部の人々─教会員や関係者(3:1-6)。(b)「教会外の人々」(3:7)─教会の外の地域の人々。奉仕をする人々の評判は神の基準に合ったもので、キリストとその福音を代表するのにふさわしいものでなければならない。

3:8　執事　執事(《ギ》ディアコノス)とは「しもべ」を意味する。新約聖書時代の教会での執事の働きはその一部が使徒の働き6:1-6に描かれている。それは教会の事務的な面や物質的な事柄を管理して牧師を助けることだった。そうすることによって牧師たちは祈りとみことばの奉仕に多くの注意を向けることができた(使6:2)。執事は現代の教会では役員に相当するかもしれない。あるいはそれよりももっと伝道の働きの責任を持っていたかもしれない。ある教会ではボランティアで奉仕の働きを指導する人々をこれと同じように認証する体制を整えているようである。執事に求められる霊的資格は牧師に求められるものと基本的に同じである(⇒3:1-7と3:8-13, →使6:3)。

3:8　大酒飲みでなく　ある人々はここを執事たちは常習的に酒を飲む人であってはならないと言っていると解釈し、アルコールを適度にたしなむことは容認されていると考えている。けれどもパウロが酒に酔うことを強く叱責していることを考えると(⇒Ⅰコリ6:10)、ここでは全く別のことを考えていたのではないかと思われる。当時は発酵したぶどう酒(アルコール分を含む)、未発酵のぶどう酒などいろいろな種類のぶどう酒を手に入れることができたので、パウロは自制を求め未発酵のぶどう酒の飲み過ぎに警告をしているのではないかと思われる(→「**新約聖書のぶどう酒**」の項p.1870)。エペソのような極めて異教的で放縦な文化圏ではアルコール分を含まないぶどう酒で飲みすぎることがまれではなく、そのことによってさらにほかのぶどう酒と混ぜた酔いを招く種類のぶどう酒を飲むようになっていった(→プリニウス「博物誌」14.28.139)。実質的にパウロが強調しているのは、生活のあらゆる面で(良いことについても)自制し節度を保つことである。このような警告をしているのはパウロだけではなかった。ユダヤ教のラビたちの文献にも、甘い未発酵のぶどう果汁の飲み過ぎに対する警告が見られる。たとえば、「あらゆる種類の甘い果汁を含むけれども発酵したぶどう酒は含まない」ぶどうの飲み物である、「ティーローシュ」についての次のような記述を見てみるとよい(トセフタ, Ned. Ⅳ.3)。「もし適度に酔うならその言いなりになる。・・・もし酔い過ぎるなら貧乏になる」(ヨーマ 76b)。「日常的に飲んでいる人は確実に貧しくなる」(「ユダヤ百科辞典」12.533)。

監督の道徳的資格

「『人がもし監督の職につきたいと思うなら、それはすばらしい仕事を求めることである』ということばは真実です。ですから、監督はこういう人でなければなりません。すなわち、非難されるところがなく、ひとりの妻の夫であり、自分を制し、慎み深く、品位があり、よくもてなし、教える能力があり」（テモテへの手紙第一3:1-2）

もし監督（《ギ》エピスコポス 牧会的に全体を監督する人、牧師）になりたいと言う人がいるなら、その人は非常に重要な働きを求めているのである（Iテモ3:1）。そのような人は自分の思いが適切であるかどうかを神のことば（Iテモ3:1-10、4:12）と教会（Iテモ3:10）の判断によって確かめなければならない。なぜなら神は教会の指導者には特別な資格を定めておられるからである。牧師になるという神の召しを受けた人（神が導き力を与えておられると感じる人）は、テモテへの手紙第一3章1－13節、4章12節、テトスへの手紙1章5－9節の基準に従って教会員の審査を受けなければならない（→「奉仕の賜物」の項 p.2225）。教会はそのような人を承認したり伝道の奉仕に任命したりする場合には、本人の希望や教育や能力だけをもとにして考えるべきではない。牧師の働きを確認するときには、教会は今日も引き続き、神のことばに定められている基準を守り聖霊の導きに従わなければならない。その基準は絶対的な（あらゆる時代のあらゆる環境のあらゆる人々に関連する）ものであるから、神の御名のためと神の国のため、また牧師の働きの信頼性を保つために守らなければならない。

(1) 監督のために挙げられている基準（「長老」、「監督」ということばは使徒の働き20:17、28では同じ意味で使われている）は主に道徳的で霊的性質のものである。教会の指導者としての立場を求める人々には個性や説教の賜物、管理能力や学問的業績などよりも、その人の人格が確認されることが重要である。そしてそれまでの行動の中で、神を敬う知恵や正しい決断、個人的聖さ（道徳的に純潔、人間的に誠実、霊的に健全、悪からの分離、神への献身）などが現されていたかどうかが資格として求められる。牧師としての働きを求める人に「まず審査を受けさせ」るのはその霊的な経歴である（⇒Iテモ3:10）。キリストに忠実に従い主イエスに対して絶えず変らない献身的な愛を示し、正しい人間関係や行動の原則を忠実に守っているか確かめなければならない。確かめられた人は忠実さや誠実さ、正直さやきよさなどの面で模範になることができると思われる。霊的な指導者はキリストの品性を反映し、主イエスがマタイの福音書25章21節で教えられた原則に従って生活をする人でもなければならない。その原則は、「わずかな物に忠実だった」者は「たくさんの物を任せ」られるというものである。

(2) キリスト教の指導者は何よりも「信者の模範」（教会の人々が見習う信仰と行動の模範）にならなければならない（Iテモ4:12、⇒Iペテ5:3）。(a) 牧師や教会の指導者はその生活を通して一貫してキリストの特性と忠実さ、誘惑に対する純潔とキリストへの誠実さ、キリストの福音への愛などで最高の模範にならなければならない（Iテモ 4:12、15）。(b) 神の民はキリスト者の倫理（道徳的行動の基準）と品性を神のことばからだけではなく、そのみことばの基準に沿って生活している牧師たちからも学ぶべきである。したがって牧師たちの毎日の生活が信仰と行動の模範になるべきである。キリストに心から仕える牧師の姿は、教会の人々が見習うひな型であり模範でなければならない（⇒Iコリ11:1、ピリ3:17、Iテサ1:6、IIテサ3:7、9、IIテモ1:13）。

(3) キリスト者の生活で最も重要なことは奉仕の姿勢、家庭での謙虚さと責任、夫婦や家族の関係などである（Iテモ3:2、4-5、テト1:6）。したがって教会の指導者は神の民に対して、特に妻や子どもたちに対する忠実さという面で模範にならなければならない。もしこの点で失敗したら、「どうして神の教会の世話をすることができる」だろうか（Iテモ3:5）。指導者は「ひとりの妻の夫」（Iテモ3:2）でなければならない。ギリシヤ語「ミアス グナイコス」を直訳すると「一人の女性の男性」となる。つまり「妻に誠実な夫」というこ

とである。この表現には女性版(夫に誠実)があり、「やもめ」についてのパウロの教えの中で使われている(→Ⅰテモ5:9)。これと同じ意味のラテン語「ユニベラ」がイタリヤや北アフリカの多くの墓地の墓標に見られることは注目に値する。それはローマ時代の異教徒の間でも生涯変らない結婚の誓約が美徳とされていたことを示している。

(4) 重大な罪または道徳的罪を犯した人々は、牧師や執事(補助的奉仕者、役員)やそのほかの教会の指導的立場につく資格を失うことになる(⇒Ⅰテモ3:8-12)。そのような人々は神の恵みによって罪は赦されるかもしれない。けれども愛ときよさと健全な教えをしっかり保っていることが示されて完全に回復されない限り、牧師や執事の職で奉仕をすることはできない(Ⅰテモ4:11-16, テト1:9)。神の民の指導者は最高の道徳的、霊的基準を保つべきであると神は旧約聖書ではっきりと示された。もしそれが守られないなら、ほかの人々が代ることになっていた(→創49:4注, レビ10:2注, 21:7注, 17注, 民20:12注, Ⅰサム2:23注, エレ23:14注, 29:23注)。

(5) テモテへの手紙第一3章2節、7節の原則(監督は「非難されるところがなく」、「評判の良い人でなければいけません」)は、神と神のことばへの忠誠心と自分の妻や家族に対する誠実さを失った人あるいは捨てた人は、教会の指導的立場から外されなければならないという意味である。するとそのような失敗をした人は指導者の立場に回復できるかという疑問が出てくるけれども、牧師に対する神の基準によればその人はもはや「非難されるところが」ないとは言えないので、答はかなり否定的である。心から悔い改めて赦されたとしても、その人が既に神の基準に逆らい無視するという悪い例を示した事実は変えることができない。

(6) もちろん罪に対する「みこころに添った悲しみ」と悔い改め(神に対する違反を認めてそれから離れ、キリストに全部をゆだねてその目的に従うこと)があるなら、神はテモテへの手紙第一3章1－13節に挙げられている(みことばのほかの箇所にもある)罪を赦してくださる。このことは明らかにその人が神と教会との関係を回復できることを意味している。けれども失敗した人を牧師の働きに回復することについてはそれぞれの情況を注意深く慎重に検討しなければならない。

(7) 神が新約聖書の啓示の中で確立された教会の指導者に求められる必要条件を今日の教会は捨ててはならない。教会は引続き、最高基準の道徳的純潔、個人的誠実さ、悪からの分離、神を敬う生活、神とみことばに対する忠実さをその指導者に求めなければならない。教会の指導者や牧師たちが「ことばにも、態度にも、愛にも、信仰にも、純潔にも信者の模範に」なるように(Ⅰテモ4:12)熱心に祈り励まし、支援をすることもまた必要である。

きたいと思いながらも、この手紙を書いています。

15 それは、たとい私がおそくなった場合でも、神の家でどのように行動すべきかを、あなたが知っておくためです。神の家とは生ける神の教会のことであり、その教会は、真理の柱また土台です。

16 確かに偉大なのはこの敬虔の奥義です。

**「キリストは肉において現れ、
霊において義と宣言され、
御使いたちに見られ、
諸国民の間に宣べ伝えられ、
世界中で信じられ、
栄光のうちに上げられた。」

テモテへの教え

4 ¹ しかし、御霊が明らかに言われるように、後の時代になると、ある人たちは惑わす霊と悪霊の教えとに心を奪われ、信仰から離れるようになります。

² それは、うそつきどもの偽善によるものです。彼らは良心が麻痺しており、

3:15 教会は、真理の柱また土台です 神が建上げ、キリストをかしらとした組織である教会は、福音(罪の赦し、神との新しい関係、キリストを信じる信仰による永遠のいのちのメッセージ)の真理の土台でなければならない。教会とその指導者たちと奉仕の働きはキリストによって啓示された真理を提示し守り実践していかなければならない。キリストはその真理を、伝えるように任命された人々に啓示され、現在私たちはそれを聖書の中に持っている。神の民はこの真理を受取り、それを守り(マタ13:23)、心にたくわえ(詩119:11)、いのちのことばとして伝え(ピリ2:16)、それを擁護し(ピリ1:16)、聖霊の導きと力を通してその力を示し(マコ16:15-20, 使1:8, 4:29-33, 6:8)、保ち維持していくのである。→「**教会**」の項p.1668

3:16 敬虔の奥義 このことばは「まことの敬虔について啓示された秘密」(敬虔とは実際的な徳と神を敬うこと)、あるいは人々の中に敬虔を生み出す奥義という意味である。「奥義」とはイエス・キリストご自身(3:16)であり人間になってなし遂げてくださったことの全部である。キリストは聖霊によって奇蹟を行い悪霊を追出す力を与えられ(→マタ12:28)、ご自分の犠牲を通して私たちを救い、また聖霊の力によって死からよみがえってくださった(ロマ1:4, Iペテ3:18)。その復活(マタ28:2)と昇天(使1:10)については天使も証言をしている。これらのことはみなイエス・キリストが神の御子であることを示している。→エペ1:9注, 3:4注, コロ1:26注

4:1 ある人たちは・・・信仰から離れる 終りの日には多くの人がイエス・キリストを信じる信仰から離れ(→「**背教**」の項p.2350)、神のことばの真理を拒むようになること(⇒Ⅱテサ2:3, ユダ1:3-4)を聖霊ははっきりと啓示し警告をされた。

(1) これには神からすぐれた賜物や力を与えられている奉仕者さえ含まれている。その人々は神のために偉大なことを行いキリストの福音を効果的に伝えるかもしれない。けれども最後には信仰から離れ、悪霊の欺きやその魅力やにせの教えに負けてしまうのである。このような不忠実な教職者たちは、過去には地位や神に対する情熱があり優れた働きをしていた人々なので多くの人は惑わされてしまう。

(2) また真理を愛してそれを守り従い続ける姿勢のない多くの信仰者は、厳しい反対に直面すると信仰を捨ててしまう(Ⅱテサ2:10)。真理に対する思い入れがない人々は終りのときの神を汚す風潮に抵抗することはない(⇒マタ24:5, 10-12, →Ⅱテモ3:2注, 3注)。教会の中でも真理によって自分たちの振舞や生き方が非難されたり、自分の考えと真理がかみ合わなくなったりすると多くの人はそれを認めなくなってしまう。結果として、多くの教会では妥協した奉仕者や教師たちが伝える、曲げられた福音が抵抗なく受入れられるようになっていく(4:1, Ⅱテモ3:5, 4:3, →Ⅱコリ11:13注)。

(3) サタンと悪霊の勢力が神の働きに対してますます反抗を強めていく結果、非聖書的な教えが徐々に喜んで受入れられるようになる。そしてキリストが再び来られる前に、悪魔主義(悪魔礼拝)、降霊術(死者と交流できるとする考え)、オカルト(魔術や魔法を含む宗教的行為)、悪霊つき(悪霊が人間のからだに宿り支配すること)、悪霊による惑わしなどが増加する。このようなことは広く世界全体に起こるけれども、教会につながる人々の間でも起こる可能性がある(エペ6:11-12, →「**サタンと悪霊に勝利する力**」の項p.1726,「**反キリストの時代**」の項p.2288)。

(4) 惑わしからキリスト者を守るためには神とそのみことばに完全に頼り忠実に仕えることが必要である。また優れた賜物を持ち神から能力を与えられた人々も惑わされるし、真理と間違いを混ぜたメッセージを伝えてほかの人々をだます可能性があることを知らなければならない。これらのことを覚えながら私たちは神から与えられている目的を実現し(ヨハ7:17)、

3 結婚することを禁じたり、食物を断つことを命じたりします。しかし食物は、信仰があり、真理を知っている人が感謝して受けるようにと、神が造られた物です。
4 神が造られた物はみな良い物で、感謝して受けるとき、捨てるべき物は何一つありません。
5 神のことばと祈りとによって、聖められるからです。
6 これらのことを兄弟たちに教えるなら、あなたはキリスト・イエスのりっぱな奉仕者になります。信仰のことばと、あなたが従って来た良い教えのことばによって養われているからです。
7 俗悪で愚にもつかぬ空想話を避けなさい。むしろ、敬虔のために自分を訓練しなさい。
8 肉体の鍛錬もいくらかは有益ですが、今のいのちと未来のいのちが約束されている敬虔は、すべてに有益です。
9 このことばは、真実であり、そのまま受け入れるに値することばです。
10 私たちはそのために労し、また苦心しているのです。それは、すべての人々、ことに信じる人々の救い主である、生ける神に望みを置いているからです。
11 これらのことを命じ、また教えなさい。
12 年が若いからといって、だれにも軽く見られないようにしなさい。かえって、こと

3 ①ヘブ13:40, ②圏コロ2:16, 圏コロ2:23, ③Iテモ4:4, ロマ14:6, Iコリ10:30, 31, 圏創1:29,9:3
4 ①圏Iコリ10:26, ②Iテモ4:3, ロマ14:6, Iコリ10:30,31
5 ①圏創1:25,31, 圏ヘブ11:3
6 ①圏使1:15, ②IIコリ11:23
③Iテモ3:15, ③ピリ2:20, 22, ④Iテモ1:10
7 ①圏Iテモ1:9
②圏Iテモ1:4,3Iテモ4:8,6:3,5,6, Iテモ6:20
8 ①圏コロ2:23, ②圏マタ12:32, 圏マタ6:33, マコ10:30,3圏37:9, 11, 19:23,22:4, 圏マタ6:33
9 ①圏Iテモ4:7
10 ①圏Iテモ1:15
10 ①圏Iテモ2:4, 圏ヨハ4:42,2圏Iテモ3:15, 3Iコリ1:10, 圏Iテモ6:17
11 ①Iテモ5:7,6:2
12 ①圏Iコリ16:11, テト2:15

神の基準に照らして正しいことを行い、神を恐れながら生きること(神に申し開きをしなければならないことを示し、神にさらに頼るようにさせる態度)を心から決意しなければならない(詩25:4-5, 12-15, →「**神への恐れ**」の項 p.316)。

 (5) キリストに忠実に従う人々は、終わりの日にキリスト教の内部に反抗と不信仰が広がることによって本当のリバイバルは起こらず、伝道は成功しなくなるなどと考えてはならない。神は「終わりの日」に御名を呼ぶ者を救うと約束してくださった(⇒使2:21, ロマ10:13)。これは心から自分の人生を主にゆだね世界に広がっている堕落した信仰や振舞、生き方を拒む人々を指している。神はそのような人々(若い人も老人も)にご自分の霊を注いで満たし力を与えて、終わりの日に忠実で実りの多い働きをさせることを約束しておられる(使2:16-21, 33, 38-40, 3:19)。

4:3 結婚することを禁じたり、食物を断つことを命じたりします 極端で非聖書的なこのような禁欲主義(自己否定)は、物質的世界は完全に悪であるという信仰から生れたものである。これはグノーシス主義という異端(にせの教え)の中心的な考えである。グノーシス主義の基本的な教えでは霊は完全に善であり、物質(物理的世界)は完全に悪である。ここから、救いは肉体から逃れることによって得られるという信仰が生れた。それはキリストを信じる信仰ではなく特別な知識(ここの「知識」はギリシヤ語で「グノーシス」⇒6:20)によって与えられる。この間違った信仰によってある人々は主イエスの人間性を否定し、主イエスについて奇妙な考えを受入れていた。ある人は、主イエスは肉体を持っているように見えただけであるとし、ある人は霊のキリストは肉体を持った主イエスとは別ものであって、洗礼から死の直前まで合体していたと信じていた。この哲学はまた極端な禁欲主義(肉体を否定し罰を加えること)を導き出した。それは物質的な肉体は悪であると考えたからである(⇒コロ2:21-23)。一方でこの信仰は性的乱れやそのほかの肉体的放縦を導き出した。それは肉体的には何をしても構わないと思う人がいたからである。正しい信仰さえ持っていれば、肉体の行動は霊性に何の影響も及ぼさないと考えたのである。このようなうそは、今日もなお人々の宗教的信条や個人の生き方に悪影響を与えている。霊的に正しい信仰を持っている限りどんな振舞をしても構わないと考える人々が今日の教会にもいるのである。

4:7 俗悪で愚にもつかぬ空想話 →1:4注 敬虔さとは空想話や信条や知識の問題ではない。従順と実践的行動、自己鍛錬が要求される(⇒Iペテ1:13)。

4:10 すべての人々・・・の救い主 これは神が「すべての人々」を、キリストを受入れるかどうかに関係なく永遠の罰から救ってくださるという意味ではないことが明らかである。そのような解釈は神のことばのメッセージ(→ヨハ3:18, 36, IIテサ2:12)と明らかに矛盾する。神はすべての人々の救い主であり、すべての人々に霊的救いを提供しておられる。けれども実際に救われるのは、キリストを受入れ人生をキリストにゆだねた人々だけである(→ヨハ1:12, 10:6-13)。

4:12 年が若いから 年が若いということは、信仰や神を敬う立派な人格の模範を示すことができない理由や言訳にはならない。実際に教会の若い人々がキリストへの熱い情熱に燃やされると、教会全体の信仰や希望、霊的熱情が掻き立てられる。神のことばを見ると若い人々がすぐれた高潔さを示して権威や影響力のある地位に着き(ヨセフ 創39:-45:)、神からの最高の召命に応答し(サムエル Iサム3:)、野獣や巨人や敵の軍に勝利し(ヨナタンやダビデ Iサム13:-14:,

ばにも、態度にも、愛にも、信仰にも、純潔にも信者の模範になりなさい。

¹³ 私が行くまで、聖書の朗読と勧めと教えとに専念しなさい。

¹⁴ 長老たちによる按手を受けたとき、預言によって与えられた、あなたのうちにある聖霊の賜物を軽んじてはいけません。

¹⁵ これらの務めに心を砕き、しっかりやりなさい。そうすれば、あなたの進歩はすべての人に明らかになるでしょう。

¹⁶ 自分自身にも、教える事にも、よく気をつけなさい。あくまでそれを続けなさい。そうすれば、自分自身をも、またあなたの教えを聞く人たちをも救うことになります。

やもめ、年長者、奴隷についての助言

5 ¹ 年寄りをしかってはいけません。むしろ、父親に対するように勧めなさい。若い人たちには兄弟に対するように、² 年とった婦人たちには母親に対するように、若い女たちには真に混じりけのない心で姉妹に対するように勧めなさい。

³ やもめの中でもほんとうのやもめを敬いなさい。

⁴ しかし、もし、やもめに子どもか孫がいるなら、まずこれらの者に、自分の家の者に敬愛を示し、親の恩に報いる習慣をつけさせなさい。それが神に喜ばれることです。

⁵ ほんとうのやもめで、身寄りのない人は、望みを神に置いて、昼も夜も絶えず神に願いと祈りをささげていますが、

⁶ 自堕落な生活をしているやもめは、生きてはいても、もう死んだ者なのです。

⁷ 彼女たちがそしりを受けることのないように、これらのことを命じなさい。

⁸ もしも親族、ことに自分の家族を顧みない人がいるなら、その人は信仰を捨てているのであって、不信者よりも悪いのです。

⁹ やもめとして名簿に載せるのは、六十歳未満の人でなく、ひとりの夫の妻であった

17:）、国中にリバイバルを起こし（ヨシヤ Ⅱ列22:‐23:、Ⅱ歴34:‐35:）、神からのメッセージを伝えて支配者や国々に訴え（エレミヤ →エレミヤ書）、王に影響を及ぼして民族を救い（エステル →エステル書）、仲間や王たちに影響力を及ぼし（ダニエル ダニ1:‐6:）、私たちの救い主を産んで（マリヤ マタ1:, ルカ1:‐2:）いる姿を見ることができる。

4:12 模範になりなさい これは教会の指導者にとって最も重要な資質の一つである。ここで「模範」と訳されているギリシヤ語は「テュポス」ということばで、「手本」、「像」、「理想」、「見本」という意味である。何よりも牧師は神を敬う生活をする中で、忠実さや純潔、忍耐の模範にならなければならない。その人格は主イエスを模範としたものでなければならない。牧師あるいは教会での指導者という立場に着く人は、「この人は今日まで神を敬う生活をしてきた人で私たちに従うべき模範を示してくれている」と言える人でなければならない。 →「**監督の道徳的資格**」の項 p.2303

4:16 そうすれば、自分自身をも、またあなたの教えを聞く人たちをも救う 神は御子イエス・キリストの働きを通して人々を救ってくださる。けれどもほかの人々を救いに導き入れるためには、主イエスに従う人々をも用いられる。この救いは一つの出来事であるとともにまた過程でもある。私たちはキリストを受入れ人生をゆだねた瞬間に罪を赦され神との個人的な関係に入れられる。けれどもその後も継続してキリストの御姿と特性に似た者に変えられていくという意味では救われ続けるのである（Ⅰコリ1:18）。それには聖い生活（道徳的に純粋、霊的に健全、悪からの分離、神への献身 4:12）をし、聖霊の働きと賜物を大切にし（4:14）、真理を教え（4:13, 15‐16）、信仰を守り（6:20, Ⅱテモ1:13‐14, →「**監督とその務め**」の項 p.2021）、自分自身の霊的生活を見守らなければならない（→「**救いについての聖書用語**」の項 p.2045）。これらのことはテモテ個人だけではなくテモテが仕えている教会の人々全員にとっても重要なことである（⇒Ⅱテモ3:13‐15）。

5:5 やもめ・・・は、・・・昼も夜も・・・祈りをささげています 祈りという最高の働きに自分をささげているやもめたちを教会は認め、援助（必要なら）をするべきである（5:3）。たとえばやもめのアンナは「宮を離れず、夜も昼も、断食と祈りをもって神に仕えていた」（ルカ2:37）。初期のキリスト教ではこのようなやもめたちは「教会のとりなし手」、「門の番人」、「神の祭壇」などと呼ばれていた。絶えずほかの人々の必要のために神に呼ばわっていたからである（→「**とりなし**」の項 p.1454）。

5:8 自分の家族を顧みない 私たちは神の基準や原則、目的が損なわれない限り、絶えず全力を尽くして家族の面倒を見て世話をしなければならない。

5:9 名簿に載せる エペソの教会には教会からの物質的、金銭的支援を受ける必要があるやもめたちのリ

人で、
10 良い行いによって認められている人、すなわち、子どもを育て、旅人をもてなし、聖徒の足を洗い、困っている人を助け、すべての良いわざに務め励んだ人としなさい。
11 若いやもめは断りなさい。というのは、彼女たちは、キリストにそむいて情欲に引かれると、結婚したがり、
12 初めの誓いを捨てたという非難を受けることになるからです。
13 そのうえ、怠けて、家々を遊び歩くことを覚え、ただ怠けるだけでなく、うわさ話やおせっかいをして、話してはいけないことまで話します。
14 ですから、私が願うのは、若いやもめは結婚し、子どもを産み、家庭を治め、反対者にそしる機会を与えないことです。
15 というのは、すでに、道を踏みはずし、サタンのあとについて行った者があるからです。
16 もし信者である婦人の身内にやもめがいたら、その人がそのやもめを助け、教会には負担をかけないようにしなさい。そうすれば、教会はほんとうのやもめを助けることができます。
17 よく指導の任に当たっている長老は、二重に尊敬を受けるにふさわしいとしなさい。みことばと教えのためにほねおっている長老は特にそうです。
18 聖書には「穀物をこなしている牛に、くつこを掛けてはいけない」、また「働き手が報酬を受けることは当然である」と言われているからです。
19 長老に対する訴えは、ふたりか三人の証人がなければ、受理してはいけません。
20 罪を犯している者をすべての人の前で責めなさい。ほかの人をも恐れさせるためです。
21 私は、神とキリスト・イエスと選ばれた御使いたちとの前で、あなたにおごそかに命じます。これらのことを偏見なしに守り、何事もかたよらないで行いなさい。
22 また、だれにでも軽々しく按手をしてはいけません。また、他人の罪にかかわりを持ってはいけません。自分を清く保ちなさい。

ストがあったようである(→申24:17注)。新約聖書の時代には、助けたり養ったりしてくれる家族や子どものいないやもめたちのためには政府の支援や年金などがなかったので、教会がそのような支援をしていた。そのやもめたちには霊的忠実さやほかの人々への良いわざ(5:10)、祈り(5:5)など霊的な資質が求められていた(5:9-10)。

5:13 怠け・・・うわさ話やおせっかいをして 怠け者だったり時間を持て余したりしていると、自分たちや周りの人々や神に対して問題を引起こすことになる(⇒5:15、→Ⅱテサ3:11注、12注)。

5:17-19 よく指導の任に当たっている長老 この部分では、地域教会で神の民のたましいを忠実にきちんと指導し世話をし見守り養っている長老(監督または牧師 →テト1:7注)に対して敬意を払うことが言われている(→「**監督とその務め**」の項 p.2021)。勤勉に誠実に忠実に説教をし教える人々は(⇒Ⅰコリ15:10、Ⅰテサ5:12-13)、その恵みにあずかる人々からひときわ多く尊敬を受けるべきである。それは、(1) 経済的に支援して助け(⇒Ⅰコリ9:7-14)、(2) 教会の働きやキリスト者の行動にかかわることではその権威に従うことである(ヘブ13:7、Ⅰペテ5:5)。

5:20 すべての人の前で責めなさい 神のことばには、牧師や教会の指導者たちの矯正と懲戒についての原則と基準が示されている(5:20-22)。教会には神を敬う指導者が絶対に必要である。したがって、牧師や教会の奉仕者たちが神の基準に逆らい罪を犯したことが確認されたときには次のような行動をとらなければならない(5:19)。(1) 指導者はほかの指導者たちの罪を隠したり黙認したりしてはならない。罪を犯した牧師や指導者は「責め」られ(叱責され)、罰せられなければならない。その罪は「すべての人の前」にさらけ出されなければならない。それはほかの指導者たちや教会の人々を「恐れさせ」、神を侮ることの恐ろしさを知らせるためである。(2) これらのことは、偏見やえこひいきなどをしないで行わなければならないとパウロは警告をしている。つまりその指導者がだれであっても同じように罰を受けなければならない。なぜならだれもがやがて神の分けへだてないさばきを受ける日が来るからである(⇒5:21、ロマ14:12、ヘブ4:13)。

5:22 だれにでも軽々しく按手をしてはいけません パウロはここで牧師の按手礼(正式の任命、任職の式)のことを話している。それは神に仕えるために任命し力を与えるしるしとして祈り儀礼的に手を置くことである(→使6:6注)。牧師を任命することについて(⇒4:14、使6:6)、パウロは次のような基準を示して

²³ これからは水ばかり飲まないで、胃のためにも、また、たびたび起こる病気のためにも、少量のぶどう酒を用いなさい。
²⁴ ある人たちの罪は、それがさばきを受ける前から、だれの目にも明らかですが、ある人たちの罪は、あとで明らかになります。
²⁵ 同じように、良い行いは、だれの目にも明らかですが、そうでない場合でも、いつまでも隠れたままでいることはありません。

6 ¹ くびきの下にある奴隷は、自分の主人を十分に尊敬すべき人だと考えなさい。それは神の御名と教えとがそしられないためです。
² 信者である主人を持つ人は、主人が兄弟だからといって軽く見ず、むしろ、ますますよく仕えなさい。なぜなら、その良い奉仕から益を受けるのは信者であり、愛されている人だからです。あなたは、これらのことを教え、また勧めなさい。

金銭を愛すること

³ 違ったことを教え、私たちの主イエス・キリストの健全なことばと敬虔にかなう教えとに同意しない人がいるなら、
⁴ その人は高慢になっており、何一つ悟らず、疑いをかけたり、ことばの争いをしたりする病気にかかっているのです。そこから、ねたみ、争い、そしり、悪意の疑いが生じ、
⁵ また、知性が腐ってしまって真理を失った人々、すなわち敬虔を利得の手段と考えている人たちの間には、絶え間ない紛争が生じるのです。

いる。(1) 十分に時間をかけて候補者の品性と高潔さが証明されるまでは行うべきではない。この決定を教会は急いでしてはいけない。注意深く聖書の基準を守りそれに沿って行わなければならない（→テト1:5注，→「**監督の道徳的資格**」の項 p.2303）。(2) 牧師の任命の際は教会に対して、その人物が3:1-7に見られる神の基準に合っていることを公に宣言することである。指導者の立場に任命される人々はキリスト者になってからずっと主に対して忠実でなければならない。(3) 教会が神の基準を考慮しないまま、あまりに性急に指導者を任職あるいは任命するなら、その人の罪に「かかわりを持」つことになりかねない。「自分を清く保ちなさい」というパウロの警告は、牧師職にふさわしくない人を選んだり任命したりすることにかかわるのを避けるという意味である。

5:23 少量のぶどう酒を用いなさい　(1) このことばはテモテが普段はぶどう酒（発酵したものも未発酵のものも）を一切飲んでいなかったとことをはっきりと示している（発酵とは生化学的な過程で酵母菌が糖分をアルコールに分解し、酔いを招く飲み物に変えること）。もしテモテが習慣的にぶどう酒を飲んでいたら、パウロは医学的な目的で少量のぶどう酒を用いるようにという助言はしなかったと思われる（→3:3注）。

(2) テモテの胃の問題はエペソの水に含まれるアルカリ成分（鉱物性の塩分）のためだったと思われる。その理由から、パウロはテモテに少量のぶどう酒を用いるように勧めているけれども、それは水の有害成分を中和させるためだった。薬に関する古代ギリシヤの文献によると、胃のために用いるぶどう酒は大抵は酔いを招かないものだった。アテナイオスは次のように書いている。「そのような人には甘いぶどう酒を飲ませなさい。水と混ぜるか温めるかして、特に『プロトロポス』と呼ばれている種類（搾る前のぶどうから得られる果汁）が胃には良い。甘いぶどう酒は頭痛を起こさないからである」（アテナイオス「食卓の賢人たち」2.24、→プリニウス「博物誌」14.18）。

(3) テモテは尊敬する使徒パウロの助言を受け、禁酒の習慣の例外として薬用として「少量のぶどう酒」を用いたかもしれない。ここにあるテモテへのパウロの助言を引用して自分の楽しみのためにアルコール分を含むぶどう酒を飲む人がいるなら、それはここのことばの意図をゆがめたことになる（→「**旧約聖書のぶどう酒**」の項 p.1069，「**新約聖書のぶどう酒**」の項 p.1870）。

6:1　くびきの下にある奴隷　→コロ3:22注

6:3　敬虔にかなう教え　主イエスの教えに合わない教えや、敬虔な人格、道徳的純潔、信仰、神への従順、悪からの分離などを熱心に呼びかけない教えはみな、新約聖書に示されている教えとは異なるものである。

6:5　知性が腐ってしまっ・・・た人々　ここでパウロはにせ教師に議論を戻し（⇒1:）、そのような人々についてはどのような判断をしなければならないかをテモテに伝えている。神のことばと合致しない教えや神の真理と明らかに矛盾する教えに無関心に見える人々は、この手紙や新約聖書のほかの手紙にある聖霊の明らかな警告を意図的に無視しているのである（⇒ガラ1:9，→「**にせ教師**」の項 p.1758）。

6 しかし、満ち足りる心を伴う敬虔こそ、大きな利益を受ける道です。
7 私たちは何一つこの世に持って来なかったし、また何一つ持って出ることもできません。
8 衣食があれば、それで満足すべきです。
9 金持ちになりたがる人たちは、誘惑とわなと、また人を滅びと破滅に投げ入れる、愚かで、有害な多くの欲とに陥ります。
10 金銭を愛することが、あらゆる悪の根だからです。ある人たちは、金を追い求めたために、信仰から迷い出て、非常な苦痛をもって自分を刺し通しました。

テモテへの命令

11 しかし、神の人よ。あなたは、これらのことを避け、正しさ、敬虔、信仰、愛、忍耐、柔和を熱心に求めなさい。

12 信仰の戦いを勇敢に戦い、永遠のいのちを獲得しなさい。あなたはこのために召され、また、多くの証人たちの前でりっぱな告白をしました。
13 私は、すべてのものにいのちを与える神と、ポンテオ・ピラトに対してすばらしい告白をもってあかしされたキリスト・イエスとの御前で、あなたに命じます。
14 私たちの主イエス・キリストの現れの時まで、あなたは命令を守り、傷のない、非難されるところのない者でありなさい。
15 その現れを、神はご自分の良しとする時に示してくださいます。神は祝福に満ちた唯一の主権者、王の王、主の主、
16 ただひとり死のない方であり、近づくこともできない光の中に住まわれ、人間がだれひとり見たことのない、また見ることのできない方です。誉れと、とこしえの主権

6:6 敬虔こそ、大きな利益を受ける道です エペソのにせ教師たちは影響力を維持し、お金をもうけるために表面的には神に従うように見せ掛けていた。けれども実際は金銭欲にとらわれていて、自己中心な行動を正当化するために、自分たちが豊かなのは神がその教えを承認しておられるしるしだと主張していた。パウロは本当の「大きな利益」(まことの霊的な豊かさのしるし)は「満ち足りる心を伴う敬虔」であることを示している。

6:8 それで満足すべきです キリスト者は生活に必要な食物、衣服、住居が最低限あればそれで満足をするべきである。私たちは仕事を続け(Ⅱテサ3:7-8)、困っている人々を助け(Ⅱコリ8:2-3)、惜しみなくささげて神に仕えながら(Ⅱコリ8:3, 9:6-7)、経済的に特別な必要が生じたときには神が満たしてくださるように頼るべきである(詩50:15)。私たちは金持ちになりたいという欲望にとらわれてはならない。それは「金銭を愛することが、あらゆる悪の根だから」である(6:10, →6:9-11)。

6:9 金持ち・・・は誘惑・・・に陥ります →「富と貧困」の項 p.1835

6:12 信仰の戦いを勇敢に戦い パウロはキリスト者の生活は霊的な諸勢力と戦い真理をゆがめようとする人々から信仰を守る激しい戦いであるから、忍耐とキリストに対する絶対的な忠誠心が必要であると考えている。私たちの戦いの目標は罪の赦しとキリストとの個人的関係についての福音を広め、ほかの人々をキリストへの信仰に「獲得」することである。私たちは

な、どのような情況や立場や職業に置かれていてもキリストの真理を身をもって示し伝えるように召されている。「信仰の戦い」を戦う場合に覚えておくべきことは、私たちの敵は人々ではなく悪の霊的勢力だということである(→エペ6:11注, 12注)。

6:14 現れの時まで テモテに対する激励や警告を見ると、パウロは自分が生きているうちにキリストが再び来られると信じていたことがわかる。新約聖書の使徒たち(キリストの福音を伝え新約聖書の教会を建上げるためにキリストが直接任命された人々)はキリストに従う人々に対して、主はあなたがたの生きているうちに再び来られることを期待し希望を持つようにと繰返し励ましている(ピリ3:20, Ⅰテサ1:9-10, テト2:13, ヘブ9:28)。主を愛することと主がそばに来てくださることを待望することを私たちは人生の土台としていかなければならない(→黙21:1-22:15)。ここで「現れ」と訳されている「エピファネイア」というギリシヤ語は新約聖書の中でキリストの第一降臨を指すのに1回(Ⅱテモ1:10)、二度目の来臨を指すのに4回(Ⅰテモ6:14, Ⅱテモ4:1, 8, テト2:13)用いられている。

6:16 ただひとり死のない方 このことばは神の超越性(神がその被造物とは異なる独立した方であること)を表している。これは神が人間であれ天使であれ、霊であれ物理的物質的なものであれ、造られた何よりも高くはるかに超えておられるという意味である(出24:9-18, イザ6:1-3, 40:12-26, 55:8-9, エゼ1:)。

（1）神は人間やそのほかのどんな被造物とも同列に置かれてはならない。神という存在は全く違う領域

は神のものです。アーメン。

17 この世で富んでいる人たちに命じなさい。高ぶらないように。また、たよりにならない富に望みを置かないように。むしろ、私たちにすべての物を豊かに与えて楽しませてくださる神に望みを置くように。18 また、人の益を計り、良い行いに富み、惜しまずに施し、喜んで分け与えるように。19 また、まことのいのちを得るために、未来に備えて良い基礎を自分自身のために築き上げるように。

20 テモテよ。ゆだねられたものを守りなさい。そして、俗悪なむだ話、また、まちがって「霊知」と呼ばれる反対論を避けなさい。21 これを公然と主張したある人たちは、信仰からはずれてしまいました。

恵みが、あなたがたとともにありますように。

17 ①Ⅱテモ4:10,テト2:12,圏マタ12:32,②圏詩62:10,ルカ12:20,圏ロマ11:20
18 ①圏Ⅰテモ5:10
②圏ロマ12:8,エペ4:28
19 ①圏Ⅰテモ6:2
②圏マタ6:20

20 ①圏Ⅰテモ1:2
②Ⅱテモ1:12, 14
③Ⅱテモ2:16,圏Ⅰテモ1:9
21 ①圏Ⅰテモ4:10,圏使14:17
*あるいは「信仰についてもちがってしまいました」
②圏テト2:18
③圏コロ4:18

（被造物をはるかに越えた完全で純粋な存在）におられる。神はご自分が造られたものの一部ではないし造られたものもまた神の一部ではない。つまり信仰者たちは神ではないし決して「神々」にはならない。私たちは常に神に造られた者であり創造主である神に頼る存在である。やがて来る次の世でも同じである。

（2）神と造られたものとの間には著しい区別があるけれども、神は世界や人類の歴史の中に存在し活動しておられる。このことの最大の証拠は、御子である神が「人となって、私たちの間に住まわれた」ことである（ヨハ1:14）。それは神に対する私たちの罪の代価を完全に支払うためにご自分の完全ないのちを犠牲としてささげるためだった。その犠牲によって、キリストの赦しを受入れ人生をゆだねキリストを信じる信仰を持って生き続ける人々は罪と霊的死から解放される（エペ1:5, 7, 2:1-5, ⇒出33:17-23, イザ57:15, →マタ10:31注, ロマ8:28注, ガラ2:20注, →「神の属性」の項 p.1016）。

6:18　良い行いに富み、惜しまずに施し　多くの人が金持になりたいと願う一方、世の中の基準では最も成功したように見える人々がだれよりも満足していないことがこの世界ではよく見られる（⇒詩103:5, 伝5:10, ヘブ13:5）。それはこの世界の富を全部集めても永遠の平安や満足や本当の富を買うことができないからである。それらのものは私たちがため込むことによって得られるのではなく、手放す（神とほかの人々のためにささげる）ことによって得られるのである。神は私たちが今持っているもので人生を喜ぶように願っておられるけれども、本当の満足を得る最善の方法は受けた祝福をほかの人々の利益や神の目的を実現するために用いることである。それこそが、本当のいつまでも残る富を築き上げる方法（「未来に備えて良い基礎を・・・築き上げる」こと）であり、「まことのいのち」を受けることである（6:19）。私たちは一時的なものに執着するあまりに永遠のものを失ってはならない。むしろ時間や才能、資金や機会をどれほど有効に用いているか考えるべきである。それらを神の御国の役に立てているだろうか。ほかの人々にもっと効果的に仕えるために人々を神に近付け神の栄光を現すために、神が与えてくださったものを使おうという決断をするべきである。自分の時間や能力、資金をもっと豊かに使える方法を探すべきである。そしてそのような親切で気前のよい行動が日々の生活で普通に行われるようにならなければならない。それが神の示してくださった慈しみをほかの人々に示す方法である。

6:20　ゆだねられたものを守りなさい　ゆだねられた信仰を守るようにパウロがテモテを励ましているのはこれで4回目である（1:18-19, 4:6-11, 6:13-16, 20）。原語のギリシヤ語の文字通りの意味は「前払い金を保つ」ということで、管理を任された大切なものを安全に守るという神から与えられた責任を指している。聖霊は私たちにキリストの福音をゆだねてくださった（Ⅱテモ1:14, 3:16）。私たちはその信頼に最大限に忠実に応え、この純粋で完全な福音（キリストを信じる信仰による罪の赦し、神との個人的関係、神とともに過ぎ永遠のいのちの「よい知らせ」）を広めなければならない。これは聖霊の力によらなければできない（使2:4）。また神のことばの真理が攻撃されたりゆがめられたり、あるいは否定されたりしたときにはそれを守る備えを絶えず整えていなければならないのである。

テモテへの手紙　第二

概　　要
序言(1:1-4)
Ⅰ. テモテについてのパウロの心配と訴え(1:5-14)
　A. 神の賜物を再び燃え立たせること(1:5-7)
　B. キリストの福音のために苦しむ覚悟をすること(1:8-10)
　C. パウロの模範をよく考えること(1:11-12)
　D. 真理を保ち守ること(1:13-14)
Ⅱ. パウロの同労者のもたらした影響－忠実な人と不忠実な人(1:15-18)
Ⅲ. 忠実な働きに求められるもの(2:1-26)
　A. 忍耐をすること(2:1-13)
　　1. 恵みによって強くなること(2:1)
　　2. 信頼できる人々に福音をゆだねること(2:2)
　　3. 苦しみを耐え忍ぶこと(2:3-7)
　　　a. 立派な兵士のように(2:3-4)
　　　b. よく鍛錬した運動選手のように(2:5)
　　　c. 労苦した農夫のように(2:6-7)
　　4. 死に至るまで忠実であること(2:8-13)
　B. 真理ときよさを追い求めること(2:14-26)
　　1. 愚かな論争とむだ話を避けること(2:14, 16-19, 23)
　　2. 真理を正しく扱うこと(2:15)
　　3. 邪悪なものを避け神のきよさと目的を追い求めること(2:20-22)
　　4. 親切に柔和に教えること(2:24-26)
Ⅳ. 終りの日に増える悪(3:1-9)
Ⅴ. 真理の中での忍耐(3:10-17)
　A. パウロの模範から学んだように(3:10-14)
　B. 神のことばから学んだように(3:15-17)
Ⅵ. 神のことばを伝えるようにという訴え(4:1-5)
Ⅶ. パウロのあかしと個人的なメッセージ(4:6-18)
　A. 生と死を通してのパウロの勝利と達成感(4:6-8)
　B. テモテへの個人的な指示(4:9-13)
　C. 警告のことば(4:14-15)
　D. 神の忠実さの確信(4:16-18)
結論と最後のあいさつ(4:19-22)

著　　者：パウロ

主　　題：忠実さと忍耐

著作の年代：紀元67年頃

著作の背景
　これはパウロの最後の手紙である。これが書かれたときに、皇帝ネロはキリスト教信仰がローマに拡大するのを止めようとしてキリスト教を信じる人々を激しく迫害していた。パウロは前に一度ローマで投獄(軟禁 使28:30)されていたけれども(このときにテモテへの手紙第一とテトスへの手紙を書いた)、62－63年頃に釈放され

Ⅱテモテ

て第四次伝道旅行に出かけた。けれどもこの手紙を書いているとき、パウロは皇帝によって再び捕えられローマで囚人になっていた（1:16）。このときの情況は以前とは大きく違って、寒い牢で（4:13）犯罪者のように鎖につながれていた（1:16, 2:9）。友人たちはほとんどがパウロを見捨ててしまい（1:15）、パウロを探しに来た人々もパウロを見つけることができなかった（1:17）。パウロは既に主のための自分の働きがほぼ終ったことと、死が近いことを悟っていた（4:6-8, 18, 著者や背景の詳細 → Ⅰテモ緒論）。そこでこの若い忠実な奉仕者に霊の父親として、キリスト・イエスのしもべに必要なことを全部伝えようとした。

パウロはテモテに「愛する子」（1:2）、忠実な「同労者」（⇒ロマ16:21）と呼び掛けている。ふたりの信頼関係の深さとテモテをほめるパウロの気持は、新約聖書にあるパウロの六つの手紙に（Ⅱコリント、ピリピ、コロサイ、Ⅰテサロニケ、Ⅱテサロニケ、ピレモン）共同の差出人としてテモテの名前が書かれていることによっても明らかである。パウロが最初投獄されたときにもテモテは一緒だった（ピリ1:1, コロ1:1, ピレ1:1）。そして処刑が予測される今、パウロはテモテにローマに来るようにと二度も頼んでいる（4:9, 21）。パウロがこの第二の手紙を書いたとき、テモテはまだエペソにいた（1:18, 4:19）。

目的

パウロはテモテが教会の働きをする中で、多くの困難に直面しているので励ましが必要なことを知っていた。教会の中にはにせ教師の問題が依然としてあり、教会の外からは迫害が激しくなる可能性が高まっていた。したがってパウロは真理を守り、みことばを伝え、困難を耐え忍び、神から与えられた働きの目的を達成するようにテモテに訴えたのである。

概観

1章でパウロはテモテに向かって愛と祈りを確約するとともに、キリストとその福音に一層忠実であるように促している。さらに真理を熱心に守り擁護して、パウロの示した模範にならうように訴えた。

2章ではこの霊のむすこに対し、キリスト教信仰の真理を、さらにほかの人々にも教えることのできる忠実な人々にゆだねて守り広めていくように指示している（2:2）。さらにパウロはこの若い牧師に対して良い兵士のように困難に耐え（2:3）、神に忠実に仕えて真理のみことばを正確に扱うように（2:15）と励ました。またむだ話を避け（2:16）、真理を捨ててしまった人々から離れ（2:16-19）、自分をきよく保って神の目的のために備え（2:20-22）、教師として忍耐強く務めるよう（2:23-26）に訴えている。

3章でパウロはテモテに、神に逆らう振舞や霊的な反抗、不信仰などが急激に増加する（3:1-9）けれども、パウロの示した模範と神のことばから学んだことに忠実であるようにと教えている（3:10-17）。

最後の章でパウロはテモテにみことばを伝え、与えられている働きに含まれている義務をみな果すように呼掛けた（4:1-5）。最後に使徒は地上での生涯の終りに直面している現在の情況について考えている。そしてそのことを思いながらテモテに少しでも早く来るようにと促している（4:6-22）。

特徴

この手紙には五つの大きな特徴がある。

(1) この手紙にはパウロの最後のことばが記録されている。それが書かれたのは、ダマスコへ行く途中で主イエスと超自然的な出会いをした（使9:）約35年後、ローマで皇帝ネロによって処刑される直前のことだった。

(2) この手紙には聖書の霊感（神の息がかけられた）と聖書の目的について、聖書の中で最もはっきりとした文章が書かれている（3:16-17, →「聖書の霊感と権威」の項 p.2323）。神のことばは神に献身的に仕える人々によって正確に解釈されなければならないとパウロは強調し（2:15）、指導者たちにみことばを教え、さらにほかの人々に教えることのできる忠実な人々にみことばを伝える働きをゆだねるように促している（2:2, →「信徒の聖書的訓練」の項 p.2318）。

(3) 手紙全体を通して、「神の賜物を、再び燃え立たせてください」（1:6）、「恥じてはいけません」（1:8）、「福音のために・・・苦しみをともにしてください」（1:8）、「健全なことばを手本にしなさい」（1:13）、「ゆだねられた良いものを・・・守りなさい」（1:14）、「恵みによって強くなりなさい」（2:1）、「聞いたことを・・・ゆだねなさい」（2:2）、「苦しみをともにしてください」（2:3）、「みことばをまっすぐに説き明か」し（2:15）、「俗悪なむだ話を避けなさい」（2:16）、「若い時の情欲を避け・・・義・・・を追い求めなさい」（2:22）、増えつつある悪に注意しなさい（3:1-9）、真理の内に「とどまっていなさい」（3:14）、「みことばを宣べ伝えなさい」（4:2）、「伝道者として働き」（4:5）、「自分の務めを十分に果たしなさい」（4:5）など、簡潔ではあるけれども大胆な

訴えが多く見られる。
　(4) この手紙にはイエス・キリストと、その真理といのちについての福音に忠実であり誠実であり、そしてその福音が曲げられないように守り、情熱と忍耐をもって伝えるようにという励ましが主題として繰返し示されている。
　(5) 信仰を堅く持ち続けたために、今確実に訪れようとしている死に直面しながら書いたパウロの別れのことばは勇気と希望を持ち続けた模範であり感動的なあかしである(4:6-8)。

テモテへの手紙第二の通読
　新約聖書全体を1年間で通読するためには、テモテへの手紙第二を次のスケジュールに従って4日間で読まなければならない。
☐1 ☐2 ☐3 ☐4

メ　　モ

IIテモテ　1章

1 ¹神のみこころにより、キリスト・イエスにあるいのちの約束によって、キリスト・イエスの使徒となったパウロから、²愛する子テモテへ。父なる神および私たちの主キリスト・イエスから、恵みとあわれみと平安がありますように。

信仰の励まし

³私は、夜昼、祈りの中であなたのことを絶えず思い起こしては、先祖以来きよい良心をもって仕えている神に感謝しています。

⁴私は、あなたの涙を覚えているので、あなたに会って、喜びに満たされたいと願っています。

⁵私はあなたの純粋な信仰を思い起こしています。そのような信仰は、最初あなたの祖母ロイスと、あなたの母ユニケのうちに宿ったものですが、それがあなたのうちにも宿っていることを、私は確信しています。

⁶それですから、私はあなたに注意したいのです。私の按手をもってあなたのうちに与えられた神の賜物を、再び燃え立たせてください。

⁷神が私たちに与えてくださったものは、おくびょうの霊ではなく、力と愛と慎みとの霊です。

⁸ですから、あなたは、私たちの主をあかしすることや、私が主の囚人であることを恥じてはいけません。むしろ、神の力によって、福音のために私と苦しみをともにしてください。

⁹神は私たちを救い、また、聖なる招きをもって召してくださいましたが、それは私たちの働きによるのではなく、ご自身の計画と恵みとによるのです。この恵みは、キリスト・イエスにおいて、私たちに永遠の昔に与えられたものであって、

¹⁰それが今、私たちの救い主キリスト・イエスの現れによって明らかにされたのです。キリストは死を滅ぼし、福音によって、いのちと不滅を明らかに示されました。

¹¹私は、この福音のために、宣教者、使徒、また教師として任命されたのです。

1:1　神のみこころにより　「神のみこころ」の項 p.1207

1:4　あなたに会って　パウロは再びローマで投獄されていた（→Ⅰテモ緒論）。最初のときは軟禁状態で家を借りてそこに住むことができた（使28:30注）。けれども今回は地下牢に閉じ込められ、非常にひどい条件の中で（1:16, 2:9, 4:13）処刑を待っていたと思われる。多くの友人に見捨てられていた（1:15, 4:16）パウロは、もう一度テモテに会いたいと思った。そこでこの同労者で信仰による「愛する子」であるテモテに、キリストの福音に忠実であるように、そして自分が生きているうちに早く来るように訴えた（4:21）。

1:6　神の賜物を、再び燃え立たせてください　テモテに与えられている「賜物」（または「恵みの賜物」─《ギ》カリスマは《ギ》カリスから）は、火にたとえられ燃え立たせなければならないと言われている（⇒Ⅰテサ5:19）。この賜物は、奉仕の働きを行うために聖霊が与えられた特別な意識や力のことと思われる。ここでわかることは、聖霊が私たちに与えられる賜物や力はいつまでも強いまま保たれてはいないということである。それは祈りや信仰、神への従順などを通して神の恵み（受けるにふさわしくない好意、愛、霊的力）によって燃やされている必要がある。またそれを私たちの中で強力に活動的に保つためには、絶えず用いることが必要である。そうすることによって引き続き人々の祝福となることができる（→Ⅰコリ12:1-6注）。

1:7　力と愛と慎みとの霊　テモテには時に自信を失ったり、「おくびょう」になったりする問題があったようである（⇒Ⅰコリ16:10-11, Ⅰテモ4:12）。神から与えられた働きを行うのに自分の力や能力に頼る必要はない。私たちも、何かを行うように神に召されたときに恐れる必要はない（ロマ8:15）。なぜなら神は私たちに召しを与えてその働きができるように必要な備えを御霊の力によって与えてくださらないはずはないからである。私たちが神に仕える動機は愛、つまり私たちに対する神の愛（ロマ5:8, ガラ2:20, エペ5:2, Ⅰヨハ4:10）と、神と人々に対する私たちの愛でなければならない（マコ12:30-31, Ⅰヨハ3:17, 4:19）。けれども神が与えられた目的を実現するために与えられた賜物を用いるには、信仰の一歩を踏み出す訓練が必要でもある（→1:6注）。

1:9　私たちを救い、また、聖なる招きをもって召してくださいました　→コロ3:1-17,　→Ⅰテサ2:10注, 3:13注, 4:7注

1:9　ご自身の計画と恵みとによるのです　→ロマ5:6-11,　→エペ2:9注,　→テト3:5,　→「信仰と恵み」の項 p.2062

¹²そのために、私はこのような苦しみにも会っています。しかし、私はそれを恥とは思っていません。というのは、私は、自分の信じて来た方をよく知っており、また、その方は私のお任せしたものを、かの日のために守ってくださることができると確信しているからです。
¹³あなたは、キリスト・イエスにある信仰と愛をもって、私から聞いた健全なことばを手本にしなさい。
¹⁴そして、あなたにゆだねられた良いものを、私たちのうちに宿る聖霊によって、守りなさい。

¹⁵あなたの知っているとおり、アジヤにいる人々はみな、私を離れて行きました。その中には、フゲロとヘルモゲネがいます。
¹⁶オネシポロの家族を主があわれんでくださるように。彼はたびたび私を元気づけてくれ、また私が鎖につながれていることを恥とも思わず、
¹⁷ローマに着いたときには、熱心に私を捜して見つけ出してくれたのです。
¹⁸──かの日には、主があわれみを彼に示してくださいますように──彼がエペソで、どれほど私に仕えてくれたかは、あなたが一番よく知っています。

12 ① 圏Ⅱテモ1:8, 圏Ⅱテモ1:16
② 圏テト3:8
*別訳「に任されたものを」
③ 圏Ⅱテモ1:18, 4:8, 圏Ⅰコリ3:13, Ⅰコリ1:8
④ 圏Ⅰテモ1:12
13 ① 圏Ⅱテモ1:1, ② 圏Ⅰテモ1:14, ③ 圏Ⅰテモ1:2
圏Ⅰテモ1:10, ⑤ 圏ロマ2:20, 6:17, ⑥ 圏Ⅱテ3:14, テト1:2
14 ① Ⅱテモ1:12, Ⅰテモ6:20
② 圏ロマ8:9
15 ① 圏使2:9
16 ① 圏Ⅱテモ4:10, 11, 16
② 圏Ⅱテモ4:19, ② 圏エペ6:20, ③ 圏Ⅱテモ1:8
18 ① 圏Ⅱテモ1:12
*原語は17節の「見つけ出す」と同じことば
② 圏使18:19, Ⅰテモ1:3

1:12 私のお任せしたものを・・・守ってくださる
パウロは何を神に「お任せした」のか明らかにしていないけれども、教会を開拓する働きや自分の教え、あるいは自分のいのちなどを意味したものと思われる。

1:13 健全なことばを手本にしなさい
「健全なことば」とは、キリストと使徒たち（主イエスの福音を伝え教会を建上げるために主イエスが直接任命された人々）による根本的な啓示と教えのことである。パウロはこれを土台にしてテモテに教えた。そこで今度は、テモテがイエス・キリストを信じる信仰と愛をもってこの真理を堅く守る責任を負わなければならない。そして苦難や拒絶や侮辱に遭っても、この真理を棄てたり妥協したりするべきではない。今日、教会によってはみことばの実際的な説教や教えよりも霊的体験や賛美礼拝の時間を強調する傾向がある。けれどもそのような考えは、パウロの牧会の手紙とは完全に矛盾するものである（⇒4:3, Ⅰテモ1:10, 6:3, テト1:9, 13, 2:1-2, 8）。

1:14 聖霊によって、守りなさい
牧師や教会の指導者たちは、多くの宗教指導者が聖書の真理と新約聖書の信仰を棄ててしまうときでも、ゆだねられたキリストの福音を守り擁護しなければならない（3:13-15, 4:2-5, Ⅰテモ4:1）。（1）忠実な奉仕者は、社会的に都合のよいように変えたりおおっぴらに攻撃したりする動きから福音を守らなければならない。そして教会が真理を捨てたり無視したりするように誘惑されているなら、強く抗議しなければならない。これはキリストが人々を天に引上げるために再び来られるまで、指導者も弟子たちもともに霊的救いの道を忠実に歩み続けるために必要なことである（→3:14-15, Ⅰテモ4:16注, →「監督とその務め」の項 p.2021）。（2）「良いもの」（キリストを信じる信仰による救いのメッセージ）を私たちは聖霊の助けによって守らなければならない。聖霊は神のことばの不変の永遠の真理に霊感を与えた方であり（→3:16, Ⅱペテ1:21）、真理の偉大な導き手、守り手である（ヨハ16:13）。「聖徒にひとたび伝えられた信仰」（ユダ1:3）のメッセージとその土台を守ることは、私たちが聖霊とともに敢然と立向かうことである（ヨハ14:17, 15:26-27, 16:13）。→「聖霊の教理」の項 p.1970, 「聖霊の働き」の表 p.2187

1:15 みな、私を離れて行きました
これはパウロの生涯の中で最も悲しいことだったと思われる。パウロは自由にされる希望がないままローマの牢獄にいた。そして心から愛しているキリストの福音のために迫害を体験しており、間もなくいのちをささげようとしていた（4:6-7）。その悲しみに加えて自分が奉仕をしてきた信仰者の多くが離れてしまった。ある人は信仰さえ捨ててしまった。そこで「アジヤにいる人々はみな、私を離れて行きました」という叫びになったのである。

（1）厳しい苦難の中でもパウロは神への信仰を保っていた。そして自分が伝えた福音と自分の働きの結果をキリストが守ってくださると確信していた（1:12）。またテモテのように真理を弁護し伝える人々が必ず続くと確信していた（1:14, 2:2）。そして死ぬときには主が安らかに天の御国に連れて行ってくださるという平安を持っていた（4:6, 8, 18）。

（2）終りの日には、キリストに従う多くの忠実な人がパウロと同じような悲しい情況に直面する。キリストとその福音やみことばの真理に忠実な人々は、多くの人が聖書に基づく信仰を捨てていくのを見て同じような悲しみを味わう（マタ24:10, →Ⅰテモ4:1注）。忠実な人々は、この邪悪な時代の流れに同調する人々から反対されたり拒まれたりして悲しみを味わう（→4:3-4注）。パウロが知って心を痛めたように、多くの不信仰で不誠実な人は神とみことばに忠実な弟子

IIテモテ 2章

2 ¹ そこで、わが子よ。キリスト・イエスにある恵みによって強くなりなさい。
² 多くの証人の前で私から聞いたことを、他の人にも教える力のある忠実な人たちにゆだねなさい。
³ キリスト・イエスのりっぱな兵士として、私と苦しみをともにしてください。
⁴ 兵役についていながら、日常生活のことに掛かり合っている者はだれもありません。それは徴募した者を喜ばせるためです。
⁵ また、競技をするときも、規定に従って競技をしなければ栄冠を得ることはできません。
⁶ 労苦した農夫こそ、まず第一に収穫の分け前にあずかるべきです。
⁷ 私が言っていることをよく考えなさい。主はすべてのことについて、理解する力をあなたに必ず与えてくださいます。
⁸ 私の福音に言うとおり、ダビデの子孫として生まれ、死者の中からよみがえったイエス・キリストを、いつも思っていなさい。
⁹ 私は、福音のために、苦しみを受け、犯罪者のようにつながれています。しかし、神のことばは、つながれてはいません。
¹⁰ ですから、私は選ばれた人たちのために、すべてのことを耐え忍びます。それは、彼らもまたキリスト・イエスにある救いと、それとともに、とこしえの栄光を受けるようになるためです。
¹¹ 次のことばは信頼すべきことばです。「もし私たちが、彼とともに死んだのなら、彼とともに生きるようになる。
¹² もし耐え忍んでいるなら、彼とともに治めるようになる。もし彼を否んだなら、彼もまた私たちを否まれる。
¹³ 私たちは真実でなくても、彼は常に真実である。彼にはご自身を否むことができないからである。」

熟練した働き人

¹⁴ これらのことを人々に思い出させなさい。そして何の益にもならず、聞いている人々を滅ぼすことになるような、ことばたちを見捨てていくのである。

2:2 忠実な人たちにゆだねなさい ここの「力のある」ということばは、賜物や知識があるだけではなく人格や生き方を指している。ここにはまた働きが前進する様子、弟子を作る過程が描かれている。それはキリストに従う実際的な訓練をキリスト者に行い、次にその人々がほかの人々をキリストに導きまた訓練するという過程である。ここには忠実な信仰者の四段階の訓練、「四世代」が描かれている。つまり、(1) パウロが指導し、(2) テモテがその教えを伝え、(3) 忠実な人が学んでさらに、(4) 「他の人に」教えるのである。キリスト者の信仰指導をする教会の責任についての詳細 →「信徒の聖書的訓練」の項 p.2318

2:3 苦しみをともにしてください キリストとその福音に忠実に奉仕する人々は、必ず逆境に直面し、それに耐えなければならない(⇒1:8, 2:9, Ⅱコリ11:23-29)。(1) 主に忠実に霊的戦いを進めようとする人は、兵士のように激しい反対に直面し苦しみを体験しなければならない(エペ6:10-18, →エペ6:11-18各注)。(2) また運動選手のように(2:5)自分を厳しく鍛練し、個人的に犠牲を払わなければならない。神の鍛練の中では、みことばと祈りを通して教えられる事柄を実行する霊的訓練をしなければならない(Ⅰテモ4:8)。(3) あるいは農夫のように霊的に種を蒔き「畑」の面倒を見るという重労働を長時間しなければならない。そのようにして初めて豊かな霊的収穫を刈取ることになる(2:6)。

2:12 もし耐え忍んでいるなら 「耐え忍んで」(《ギ》ヒュポメノー)地上の生活の最後まで堅く強く信仰を保つ人々は、キリストとともに過す永遠のいのちという報酬を受けることになる(⇒2:11, マタ10:22, 24:13)。その忠実な人々は、キリストとともに永遠に治めるようになる(4:18, 黙20:4)。けれども耐え忍ぶことをしないで、ことばであっても態度であってもキリストを捨てたり否定したりする人々は、さばきの日にキリストから拒まれることになる(⇒マタ10:33, 25:1-12, →「背教」の項 p.2350)。

2:13 彼は常に真実である キリストは私たちに対して、約束されたこと(⇒マタ10:32)と警告されたこと(⇒マタ10:33)の両方を確実に行われる。神が真実であることは神に忠実な人々にとっては慰めである(Ⅰテモ5:24, Ⅱテサ3:3, ヘブ10:23)。けれども、信仰を捨てたり拒んだりした人々にとっては厳しい事実である。神は完全な方であるからご自分のことばを忠実に守る方である(Ⅱサム7:28, エレ10:10, テト1:2, 黙3:7)。

信徒の聖書的訓練

「多くの証人の前で私から聞いたことを、他の人にも教える力のある忠実な人たちにゆだねなさい。」(テモテへの手紙第二2:2)

　教会(地域と全世界にあるキリストに心から従う人々の共同体)には、キリストとキリストが任命された人々が伝え聖書に記録された福音を守る責任が与えられている。また信頼できる人々に、その福音をゆがめたり妥協したり、改悪したりしないで伝えていくように任せることが必要である。そのためには教会の中で聖書を土台にした健全な教えと訓練が行われなければならない。

　(1) 家庭や教会、学校などで聖書的神学的訓練(宗教、キリスト教信仰、神と世界との関係などの学びが含まれる)が必要な理由を聖書は次のように挙げている。

　　(a) キリストの福音を忠実な信仰者たちに委託するため。それは聖書を土台にした信仰と神の基準(→ロマ6:17注, Ⅰテモ6:3)を知り(Ⅱテモ3:15, →エレ2:8注)、守り(Ⅱテモ1:14注)、教える(Ⅰテモ4:6, 11, Ⅱテモ2:2)ため。

　　(b) 「聖徒にひとたび伝えられた信仰のために戦う」(ユダ1:3注)必要を示し、にせの教えや哲学から守る手段を提供するため(→使徒20:31注, ガラ1:9注, Ⅰテモ4:1注, 6:3-4, テト1:9, →「**にせ教師**」の項 p.1758)。

　　(c) 「敬虔にかなう教え」を通して、絶えず人格的に成長するため(Ⅰテモ6:3, ⇒ヨシ1:8, 詩1:2-3, 119:97-100, マタ28:20, ヨハ17:14-18, Ⅰテサ4:1, Ⅰテモ1:5注, 4:7, 16, Ⅱテモ3:16)。

　　(d) ほかの信仰者たちを強めて、信仰や品性、行動の面でさらに成熟するように助けることができるようになるため。目標はだれもが一緒に家庭や地域の教会、学校や地域社会、キリストのからだ全体(あらゆる時代の全世界にいるキリスト者の共同体)でキリストの姿(キリストの品性、人格、目的)を反映することができるようになるため(エペ4:11-16)。

　　(e) 神の国(神の最高の力、権威、目的、人生のあり方)と、神の国とサタンの力との戦いをさらに深く理解し体験するため(エペ6:10-18, →「**神の国**」の項 p.1654, →「**神の国とサタンの国**」の表 p.1711)。

　　(f) 神のことばの永遠の真理を通して、キリストとまだ個人的関係を持っていない国や文化圏の人々にキリストによる新しいいのちのメッセージを伝えようという思いを引起こすため。これは聖霊の力によらなければできない(マタ28:18-20, マコ16:15-20)。

　　(g) 内に住んでおられる聖霊の導きに従うように促し(ロマ8:14)、聖霊のバプテスマに導き(⇒使2:4, →「**聖霊のバプテスマ**」の項 p.1950)、イエス・キリストが再び来られるのを楽しみに待ちながら(Ⅱテモ4:8, テト2:13)、祈ること(マタ6:9注)、断食すること(祈りに集中するために一定の期間食物を取らないこと マタ6:16注)、礼拝することを教えて、キリストの愛と人格的交わり、御霊の賜物の体験を深めさせるため(ヨハ17:3, 21, 26, エペ3:18-19)。

　(2) 聖書を土台にした訓練の目的から明らかなように、聖書は神の完全な霊感を受けたことばである(Ⅱテモ1:13-14, →エズ7:10注, →「**聖書の霊感と権威**」の項 p.2323)と信じ誠実に従う人で、聖霊が自分の中でまた自分を通して強力に働いてくださることを期待している人によってこの訓練は行われなければならない(Ⅱテモ1:14, →「**聖霊の働き**」の表 p.2187)。

　(3) 聖書を土台にした訓練は、義(私たちの知識だけではなく私たちのあり方と行いに影響を与える神との正しい関係 →Ⅰテモ1:5注)を強調する。それは聖書的事実と真理を単に知的に理解することではない。神のことばの中に啓示されている偉大な教えは学問的なものではなく、贖罪の真理(霊的に救われること、回復されること、人生が変えられること)である。死やいのちにかかわる問題を扱うことによって、教える人と学ぶ人両方に個人的反応と決断が求められる(ヤコ2:17, →ピリ1:9注)。

Ⅱテモテ　2章

ついての論争などしないように、神の御前できびしく命じなさい。

15 あなたは熟練した者、すなわち、真理のみことばをまっすぐに説き明かす、恥じることのない働き人として、自分を神にささげるよう、努め励みなさい。

16 俗悪なむだ話を避けなさい。人々はそれによってますます不敬虔に深入りし、

17 彼らの話は癌のように広がるのです。ヒメナオとピレトはその仲間です。

18 彼らは真理からはずれてしまい、復活がすでに起こったと言って、ある人々の信仰をくつがえしているのです。

19 それにもかかわらず、神の不動の礎は堅く置かれていて、それに次のような銘が刻まれています。「主はご自分に属する者を知っておられる。」また、「主の御名を呼ぶ者は、だれでも不義を離れよ。」

20 大きな家には、金や銀の器だけでなく、木や土の器もあります。また、ある物は尊いことに、ある物は卑しいことに用います。

21 ですから、だれでも自分自身をきよめて、これらのことを離れるなら、その人は尊いことに使われる器となります。すなわち、聖められたもの、主人にとって有益なもの、あらゆる良いわざに間に合うものとなるのです。

22 それで、あなたは、若い時の情欲を避け、きよい心で主を呼び求める人たちとともに、義と信仰と愛と平和を追い求めなさい。

14 ② Ⅰテモ5:21, Ⅱテモ4:1	
15 ① 圏エペ1:13, ヤコ1:18 ② ロマ6:13	
16 ① Ⅰテモ6:20, 圏 Ⅰテモ1:9 ② テト3:9	
17 ① Ⅰテモ1:20	
18 ① 圏 Ⅰコリ15:12 ② Ⅰテモ1:19, 圏 テト1:11	
19 ① 圏 Ⅰテモ3:15, イザ28:16, 17 ② 圏 ヨハ3:33	
③ ヨハ10:14, Ⅰコリ8:3 ④ 圏 ルカ13:27, Ⅰコリ1:2	
20 ① 圏 ロマ9:21	
21 ① Ⅱテモ2:16-18(?), 圏 Ⅰテモ6:11 ② Ⅱテモ3:17, Ⅱコリ9:8, エペ2:10	
22 ① Ⅰテモ6:11 ② Ⅰテモ1:5, ③ 圏 使7:59 ③ 圏 Ⅰテモ1:14	

2:14-18　神の御前できびしく命じなさい　これは、グノーシス主義の一つと思われる教えを広めているにせ教師たちに対する警告である（→Ⅰテモ1:4注、4:3注）。この信仰は基本的に、肉体的物質的世界のものはみな完全に悪であると考えていた。その結果、これを信じる多くの人はキリストが肉体を伴って実際に復活されたことを否定し、それは単に霊的で象徴的な出来事だったと主張していた（⇒Ⅰコリ15:12-19）。

2:19　礎は堅く置かれていて　たとい多くの人が真理を棄て（マタ24:11）、にせ教師たちが教会に忍び込んで来ても（2:14-18）、教会に対する神の目的が実現するのを妨げることはできない。「神の不動の礎」（まことの教会）は壊れることがない。この礎には次の二つの真理が刻み込まれ（「石に書かれている」）示されている。(1) 神はご自分のみことばに忠実な人々とその真理を曲げる人々を確かに知っておられる（⇒創18:19, 出33:12, 17, 民16:5, Ⅰコリ8:1-3）。(2) 神に本当につながる人々は邪悪なことやにせの教えから離れ、それを退ける（⇒Ⅰテモ6:3-5, 11,「**信者の霊的聖別**」の項p.2172）。

2:21　自分自身をきよめて　(1) 大きな家には多くの様々な「器」（入れ物、道具、様々な目的に用いられる物）があるように、地上の目に見える神の教会（各地にある忠実なキリスト者の共同体）にも同じ原則が働いている。(a) ある器は「尊いこと」に用いられる。これは悪とかかわらないように悪を避けて神のことばの真理によって生きる忠実な信仰者のことである。したがってこの人々は神の目的を実現するのにふさわしいと言える。(b) また「卑しいこと」、不名誉なことに用いられる器もある。これは教会の中にいるのに真理を曲げ、神の目的のために自分を整えようとしないにせの信仰者、不忠実な人々のことである（2:14-19）。

(2) 神に忠実で主人の役に立ちたいと願っている人はキリストにある「不動の礎」を持ち、「不義を離れ」なければならない。(a) それは、教会の中で信仰的に振舞ながら神のことばとは反対の信仰を広めている人々から離れることである（2:19）。神のことばに反する考えを教えたり広めたりする人々と接触するときは、優しく愛をもって矯正することを目指すべきである。それは、その人々が自分勝手な道から離れて神の真理に従うようになるためである（2:25）。(b) 神を汚す活動にかかわることなく、神に逆らう考えや動機から自分の思いを守ってきよく保とうとする人々は、神の最高の目的に仕えることができる。そのような人々は、神のあらゆる良いわざのために「聖められたもの」（分離され、保留され、浄化され、成長し、整えられた）となる（2:21, →「**聖化**」の項p.2405）。

2:22　情欲を避け・・・義・・・を追い求めなさい　キリストに従う人々は、神の最高の目的のためにきよく選ばれた状態を保つためには（→2:21注）、人間の本能が求めるような神に喜ばれない欲望や振舞を避けなければならない（→ロマ6:11注）。そのためには、私たちを誘惑して神とその特性と純潔の基準に逆らわせようとする情況や人々や物事には近付かないというはっきりした決意（断固とした個人的選択）が絶えず必要である。私たちは誘惑をもてあそび道徳的に妥協し自分勝手なことをしながら、その栄光や結果から免れることはできない。多くの信仰者は、同じ誘惑に繰返し負けてしまうのでいらだちを募らせている。そしてなぜ自分には、危険な情況に抵抗し打勝つ霊的な力がないのかと悩む。問題はまず、誘惑のある情況や道徳的に妥協させられるような情況に自分を置くことにあ

²³愚かで、無知な思弁を避けなさい。それが争いのもとであることは、あなたが知っているとおりです。
²⁴主のしもべが争ってはいけません。むしろ、すべての人に優しくし、よく教え、よく忍び、
²⁵反対する人たちを柔和な心で訓戒しなさい。もしかすると、神は彼らに悔い改めの心を与えて真理を悟らせてくださるでしょう。

23 ①Ⅰテモ6:4, テト3:9, ⅡテモⅡ2:14, テト3:9, ヤコ4:1
24 ①Ⅰテモ3:3, テト1:7 ②Ⅰテモ3:2
25 ①テト3:2, 匿ガラ6:1, Ⅰペテ3:15, ②匿ヘブ8:22 ③匿Ⅰテモ2:4
26 * 別訳「悪魔に捕らえられていた者も、目ざめて、そのわなをのがれ、神のみこころをなすようになるかもしれないからです」①匿ルカ5:10, ②匿Ⅰテモ3:7
1 ①匿Ⅰテモ4:1
2 ①匿ピリ2:21, ②匿ルカ16:14, 匿Ⅰテモ3:3,6:10, ③匿ロマ1:30, ④匿Ⅱペテ2:10-12, ⑤匿ルカ6:35

²⁶それで悪魔に捕らえられて思うままにされている人々でも、目ざめてそのわなをのがれることもあるでしょう。

終わりの日の不信仰

3 ¹終わりの日には困難な時代がやって来ることをよく承知しておきなさい。
²そのときに人々は、自分を愛する者、金を愛する者、大言壮語する者、不遜な者、神をけがす者、両親に従わない者、感謝す

る。そのような愚かな選択をすれば当然霊的失敗をすることになる。神のことばは「情欲を避け・・・なさい」と言っている（2:22）。よくない時によくない場所にいるという愚かな選択をするなら、その時点で私たちは既に決定的な過ちを犯している。自分で失敗へのお膳立てをしているのである。私たちは最初から賢い判断をして好ましくない情況は完全に避けるべきである（⇒Ⅰコリ6:18）。

けれども大切なことは、何を避けるべきかに目を向けるだけではなく、何を実際に行うべきかを考えることである。つまり私たちはただ悪いものを「避け」るのではなく、神の良いものに向かって走り「追い求め」るのである。正しいことを追い求め、神が備えられた目的と積極的にかかわっていくなら、霊的問題に巻込まれないようにと心配をする必要はない。神が備えられた肯定的な事柄にかかわっていくなら、神が避けるようにと言われた否定的な事柄に心を奪われることもない（→詩119:9注, 箴1:10注, Ⅰペテ1:16注）。

2:24 すべての人に優しくし これは神に仕えようとする人々、特にほかの人々に主イエスを示そうとするときに求められる最も基本的な品性の一つである。一生懸命に働き犠牲を払い、成功したという良い評価を得ても、もし優しさがなければ私たちは効果的にキリストを代表し、その愛と新しいいのちのメッセージを伝えることはできない。人々を罪の赦しと新しいいのちを求めて神に向かうようにさせるのは、結局は神の優しさである（⇒ロマ2:4, ⇒2:25）。優しさというものは、自分の思いやほかの人々の態度などと関係なく表されなければならない。「争うこと」は無益である。したがって侮辱には気高い態度で応答し、反抗には親切な振舞で応じることを学ばなければならない（→ロマ12:21, Ⅰペテ3:9）。

3:1 終わりの日には困難な時代が パウロがここで言っている「終わりの日」は、キリストが再び来られる前の短い期間のことではない。それはこの時代に神に逆らう不忠実な人々とかかわらないようにとテモテに

言っていることでわかる。「終わりの日」は非常に広い一般的な意味で、キリストの誕生による最初の来臨（⇒ヘブ9:26, Ⅰペテ1:20）から患難時代の終りに再び来られるまでの期間を全部指している（→使2:17注）。ここではパウロはさらに具体的に、五旬節の日にエルサレムに集まっていた信仰者たちに聖霊が注がれたときからキリストが再び来られるときまでの期間を指しているようである。聖霊はパウロのここでの預言を通して（⇒Ⅰテモ4:1）、終りの時代が近付くにつれ神に逆らう社会の不道徳な振舞が増大すると言われた（⇒Ⅱペテ3:3, Ⅰヨハ2:18, ユダ1:17-18）。

（1）終りの時代には、人々が「神よりも快楽を愛する」ごう慢な者になり、家族や社会全体の道徳的構造が広範囲にわたって崩壊するという特徴が見られる（3:4）。教会の中でも神に対する不信仰と神の真理に対する不誠実さが増してくる（→マタ24:3-14各注, →Ⅰテモ4:1注）。その時代は神のしもべたちにとっては特に困難な悲しい時代である。

（2）パウロは組織化されたキリスト教の内部でも、多くの人が「見えるところは敬虔で」（不誠実で偽善的な信仰）外見的には良いことを行っているように見えるけれども、神との正しい関係から与えられる本物の力を欠くようになると警告している。そのような人々は、人生を変革し神を敬う品性を生み出すキリストの福音の力を否定する。パウロは「こういう人々を避けなさい」と付け加えている（3:5）。けれども神は主イエスに本当に熱心な教会、その目的に積極的に仕え、主イエスが再び来られる日を心待ちにしている教会を通して霊的救いに伴う豊かな祝福を注ぎ、また聖霊を注いで終りのときの働きを見させてくださる。神とみことばに忠実な人々は、それまでに見聞きしたことのないほどの神の大きな恵みと力を体験するようになる（使4:33, ロマ5:20, ユダ1:3）。

3:2 自分を愛する者 パウロは自分を愛することから発生する罪のリストを示している（3:2-4）。今日多くの人は、自分を愛する愛の不足が破滅的な行動や人

ることを知らない者、汚れた者になり、3情け知らずの者、和解しない者、そしる者、節制のない者、粗暴な者、善を好まない者になり、

4裏切る者、向こう見ずな者、慢心する者、神よりも快楽を愛する者になり、

5見えるところは敬虔であっても、その実を否定する者になるからです。こういう人々を避けなさい。

6こういう人々の中には、家々に入り込み、愚かな女たちをたぶらかしている者がいます。その女たちは、さまざまの情欲に引き回されて罪に罪を重ね、

7いつも学んではいるが、いつになっても真理を知ることのできない者たちです。

8また、こういう人々は、ちょうどヤンネとヤンブレがモーセに逆らったように、真理に逆らうのです。彼らは知性の腐った、信仰の失格者です。

9でも、彼らはもうこれ以上に進むことはできません。彼らの愚かさは、あのふたりの場合のように、すべての人にはっきりわかるからです。

パウロのテモテへの命令

10しかし、あなたは、私の教え、行動、計画、信仰、寛容、愛、忍耐に、

11またアンテオケ、イコニオム、ルステラ

格障害の原因であると教えている。けれども神のことばは、神やほかの人々を顧みない自己中心性に問題があると示している。

3:3 情け知らず 終りの日に歴史が最終段階に入るにつれて、不敬虔という神に逆らう姿勢が圧倒的に増加することに向き合う準備を神の民は整えておかなければならない。

(1) サタンは家族を大々的に破壊するとパウロは預言している。子どもたちは「両親に従わない」し(3:2)、大人たちは「情け知らずの者」(《ギ》アストルゴイ)になる。このことばは「家族への愛情がない」と訳すことができるもので、自然の優しさや愛情が欠けているということである。それは母親が育児放棄をしたり赤ちゃんを殺したり、父親が家族を捨てたり、子どもたちが年とった両親を見捨てたりすることに見られる(→ルカ1:17注)。

(2) 人々はまたお金と「快楽を愛する者」になり、神やほかの人々のことを考えたり思いやることなく、自己中心の欲望を追い求めるようになる(3:2)。犠牲的な愛や子育ては価値のない体裁の悪い仕事であると多くの人は見なすようになる(3:2-4)。子どもたちを心から愛する親は珍しい存在になり、代って自己中心で残忍な、感情的にも物理的にも子どもたちを見捨てる人々が増えてくる(⇒詩113:9, 127:3-5, 箴17:6, テト2:4-5, →Ⅱテモ4:3-4注)。

(3) 終りの日の困難なときに家族を守ろうとするなら、キリスト者の親たちは家族を悪い影響から守り(⇒使20:28-30)、住んでいる社会の腐敗した価値観を拒むように教えるべきである(使2:40, ロマ12:1-2, →「信者の霊的聖別」の項 p.2172)。そして家族に対する神のご計画を受入れ(→エペ5:21-25各注, →「親と子ども」の項 p.2265)、神に仕えずキリストに従わない人々とは違った生き方をしなければならない(レビ18:3-5, エペ4:17)。キリスト者とその家族はともに本当の意味で地上では旅人、寄留者にならなければならない(ヘブ11:13-16)。それと同時にキリストとの個人的関係を持っていない霊的に失われている人々のために、同情心をもって祈り、福音を伝え続けなければならない。

3:5 見えるところは敬虔であっても パウロがここで取上げているのは、キリスト者であると主張し、宗教的に見える良いことを行っているようでも、主イエスと個人的関係のない人々のことである。その人々の生活には罪(神に逆らう勝手な生き方)や、神に逆らうわがままな振舞から救い出してくれる霊的な力の働きが見られない。その人々は、教会の中や神を知っていると言う人々の間に見られる不道徳な振舞や生き方を許している。さらに3:2-4に挙げられているような罪を行っていても、霊的には救われていて神の国につながっていると教えている(⇒3:5-9, 4:3-4, Ⅱペテ2:12-19, →Ⅰコリ6:9注)。キリスト者はキリストを知らない人々には出て行って積極的な関係を持ち影響を与えるべきであるけれども、キリストに従っているふりをしながら神やほかの人々をごまかしている偽善的な人々は、「避け」なければならない。そのような人々はキリストの福音をねじ曲げて人々を霊的に迷わせ、教会を分裂させるのである(⇒ロマ16:17)。

3:8 真理に逆らう 教会の中にいるにせ教師たちは神のことばの本質的な真理について反対をしたり、関心や興味に欠けていたりするので大抵見きわめることができる(→Ⅰテモ4:1注)。その人々は神のことばのある部分を無視したり、聖書の真理を文脈から切離して自分たちに都合のよいように曲げたり変更したりしても別に問題を感じないように見える(→「にせ教師」

で私にふりかかった迫害や苦難にも、よくついて来てくれました。何というひどい迫害に私に耐えて来たことでしょう。しかし、主はいっさいのことから私を救い出してくださいました。

12 確かに、キリスト・イエスにあって敬虔に生きようと願う者はみな、迫害を受けます。13 しかし、悪人や詐欺師たちは、だましたりだまされたりしながら、ますます悪に落ちて行くのです。14 けれどもあなたは、学んで確信したところにとどまっていなさい。あなたは自分が、どの人たちからそれを学んだかを知っており、15 また、幼いころから聖書に親しんで来たことを知っているからです。聖書はあなたに知恵を与えてキリスト・イエスに対する信仰による救いを受けさせることができる

11 ①Ⅱコリ12:10、⑤Ⅱコリ1:5, 7, 6 Ⅰテモ4:6、配ピリ1:20, 22, 7 Ⅱコリ11:23-27, 8 配ロマ15:31
12 ①配ヨハ15:20, 使14:22, ロマ8:17, 9, 10
13 ①配テト3:3
②配Ⅱテモ2:16
15 ①配Ⅱテモ1:5, 2 配ヨハ5:47, ロマ2:27, ③詩119:98, 99, 4 配Ⅱテモ1:1, ⑤配Ⅰコリ1:21
16 ①配ロマ4:23, 24, 15:4, Ⅱペテ1:20, 21 ＊直訳「神のいぶきによる」
17 ①Ⅰテモ6:11
②配Ⅱテモ2:21, 配ヘブ13:21
1 ①配使10:42
②配Ⅱテサ2:8, Ⅱテモ4:8, Ⅰテモ1:10, ③Ⅱテモ1:10, ④配Ⅰテモ1:1
2 ①配ガラ6:6, コロ4:3, Ⅰテサ1:6, ②配Ⅱテモ3:10
3 ①配Ⅰテモ5:20
3 ①配Ⅰテモ1:10, ②配Ⅱテモ1:13

のです。16 聖書はすべて、*神の霊感によるもので、教えと戒めと矯正と義の訓練とのために有益です。17 それは、神の人が、すべての良い働きのためにふさわしい十分に整えられた者となるためです。

4 ¹ 神の御前で、また、生きている人と死んだ人とをさばかれるキリスト・イエスの御前で、その現れとその御国を思って、私はおごそかに命じます。² みことばを宣べ伝えなさい。時が良くても悪くてもしっかりやりなさい。寛容を尽くし、絶えず教えながら、責め、戒め、また勧めなさい。³ というのは、人々が健全な教えに耳を貸そうとせず、自分につごうの良いことを

テト3:3-7

の項 p.1758)。

3:12 敬虔に生きようと願う・・・迫害を受けます
キリストに対して忠実でそのみことばの基準や原則に従って生きる人々は、必ず様々なかたちで拒絶や反対、厳しい扱いなどを受ける（マタ5:10-12, 10:22, 使14:22, ピリ1:29, Ⅰペテ4:12, →マタ5:10注）。キリストに忠実であるためには、信仰については妥協をしないという決心や、世俗的な信仰や行動にはめ込もうとするにせの影響力には屈しないという決心を絶えずしていかなければならない。神に忠実な人々は、キリストとその真理の基準に深く傾倒しているという理由であざけられたり基本的権利を奪われたりする。また神を拒み神に逆らう人があまりにも多い姿を見て悲しまずにはいられなくなる。私たちは自分自身に問いかけるべきである。キリストに従うために自分は何を犠牲にしてきただろうか。自分はキリストのために生きる決心をして迫害を受けてきただろうか。反対や苦難を受けていないことは自分がキリストと一つになっていないこと、あるいはキリストが生きまた死なれた真理に対して堅く立っていないことのしるしではないだろうか。

3:16-17 聖書はすべて、神の霊感による 聖書の霊感と権威について →「聖書の霊感と権威」の項 p.2323

4:2 時が良くても悪くてもしっかりやりなさい 奉仕者はどんなときにも訴え感動を与え過ちを正し励ますなど、必要で適切なことばを話す準備ができていなければならない。キリストに従う人々はみな「希望について説明を求める人には、だれにでもいつでも弁明できる用意をして」いるべきである（Ⅰペテ3:15）。

4:3-4 健全な教えに耳を貸そうとせず 教会の歴史を見ると、神に逆らう行動を非難する神の教えには自分たちの勝手で、耳を傾けようとしない人々がいつもいたことがわかる。けれども終りのときが近付くにつれて、そのような人々の抵抗はますますひどくなる（⇒3:1-5, Ⅰテモ4:1）。

（1）「人々が健全な教えに耳を貸そうとせず」（4:3）―多くの人がキリスト者だと言って教会に集まり神を敬っているように見えるけれども、実際には聖霊の力の現れや道徳的な純潔への勧め、この世界では一般的な神に逆らう慣習などから離れることへの勧めなどを強調する新約聖書の信仰を受入れようとはしていない（3:5, ⇒ロマ1:16, →「信者の霊的聖別」の項 p.2172）。

（2）「真理から耳をそむけ」（4:4）―多くの人は、真理を大胆に弁護し罪に対してはっきりした態度をとるような聖書に基づいた健全な説教を受入れなくなっている。真理に背を向け神のことばの原則を割引する人々は自分たちの生き方を認めその振舞を非難せず、キリストへの献身を求めないような説教を好むようになる（⇒2:18, 3:7-8, Ⅰテモ6:5, テト1:14）。そして罪（→ロマ6:2注）や悔い改め（→マタ3:2注）、さばきや聖さ（道徳的純粋性、霊的健全性、悪からの分離、神への献身 ⇒3:15-17, エレ5:31, エゼ33:32）について神のことばが話されてもそれを受入れようとしない。

（3）「自分につごうの良いことを言ってもらうために・・・次々に教師たちを自分たちのために寄せ集め」（4:3）―うわべだけの信仰者たちは、神のことばの基準に沿って生活をしてそれを説教するような牧師を求めようとはしない（⇒1:13-14, Ⅰテモ3:1-10）。

聖書の霊感と権威

「聖書はすべて、神の霊感によるもので、教えと戒めと矯正と義の訓練とのために有益です。それは、神の人が、すべての良い働きのためにふさわしい十分に整えられた者となるためです。」(テモテへの手紙第二3:16-17)

　テモテへの第二の手紙3章16節に出てくる「聖書」はもともと旧約聖書の書物を指している(3:15)。けれどもパウロがテモテへの手紙第二を書いた頃には、新約聖書のいくつかの書物が既に霊感を受けた(神が選ばれ導かれた人々を通して神が直接与えられた)権威のある聖書として見なされていたことが明らかである(→Ⅰテモ5:18-ルカ10:7を引用している、Ⅱペテ3:15-16)。今日の私たちにとっては、聖書は旧約聖書と新約聖書の両方の、権威(確かな証拠と確実な権威によって支持されている完全に信頼できるもの)のある書物のことである。これらの書物は神が人類に与えられたメッセージで、神ご自身と全人類に対する神の救いの働きを示す唯一の誤りのない(間違いない、絶対に誤りがない、完全に真実、その教えは絶対に正しい)啓示である。

　(1) 聖書はみな「神の霊感によるもの」とパウロは断言する(《ギ》セオプニュウストスは「神」を意味する「セオス」と「息をする」を意味する「プネオー」という二つのことばでできている)。聖書は神のいのちそのものであり、神のことばである。聖書の原本(原語で手書きされたもの)は一字一句まで間違いがなく、完全に真実で信頼ができ誤りがない(正しい)。このことは聖書が倫理的価値と道徳の基準や霊的救い(神との正しい関係を持つ方法)についてだけではなく、歴史や宇宙のことなどを含めて扱っているあらゆる主題についても誤りがないということである(⇒Ⅱペテ1:20-21注、詩119:の聖に対する詩篇作者の態度)。

　(2) 旧約聖書を書いた人々は自分たちが言ったことや書いたことは人々に対する神のことば(直接のメッセージ)であることを意識していた(→申18:18、Ⅱサム23:2、→「旧約聖書の預言者」の項 p.1131、「神のことば」の項 p.1213)。預言者たちはその宣言を繰返し、「神である主はこう仰せられる」ということばで始めている。

　(3) イエス・キリストご自身も、聖書は細かい部分まで神の霊感を受けたことばであると教えられた(マタ5:18)。そしてご自分が言われたことはみな御父から受けたもので、真理であると断言された(ヨハ5:19、30-31、7:16、8:26)。さらに使徒たち(キリストの福音を伝え教会を建上げるようにキリストから直接任命された人々)を通して聖霊が啓示されること(新約聖書の中に後に明らかにされる真理)についても、同じように言われた(ヨハ16:13、⇒14:16-17、15:26-27)。

　(4) 聖書の完全な霊感説を否定することは、イエス・キリスト(マタ5:18、15:3-6、ルカ16:17、24:25-27、44-45、ヨハ10:35)と聖霊(ヨハ15:26、16:13、Ⅰコリ2:12-13、Ⅰテモ4:1)、キリストが福音を伝えるために任命された人々(Ⅱテモ3:16、Ⅱペテ1:20-21)の聖書の中にある基本的なあかしを無視することである。さらに、聖霊は誤りがない(間違いがない、偽る可能性がない)という基本的事実を無視することは、聖書に与えられた神の権威を損なうことである。

　(5) 聖霊は聖書の霊感と啓示を与える働きの中で、ある人々を選んで用い(神が与えられた独自の人格と文体を含めて)、間違いなく書くように導き指導をされた。そして思想もことばの選択も霊感され、神が書かせたいと思っておられる通りに書くように導かれた(Ⅱテモ3:16、Ⅱペテ1:20-21、→Ⅰコリ2:12注、13注)。

　(6) 霊感された神のことばは神の知恵と特性の表れである。したがってキリストを信じる人にはその信仰を通して最高の知恵と霊的生活を与えることができる(マタ4:4、ヨハ6:63、Ⅱテモ3:15、Ⅰペテ2:2)。

　(7) 聖書はイエス・キリストを通して実現された、人類に対する救いの働きについての神による確かな真実のあかしである。したがって聖書は比類のないもの(匹敵する文書もメッセージもない)で永遠に完結し

たものである。その真理はこの世界と人生のあらゆることにかかわり、その権威はそれらのもの全部に及んでいる。どんな人間のことばも宗教的組織の宣言も聖書の権威に及ぶものはない。

(8) 教理(信仰の基礎、教え)、注解、解釈、解説、伝統などはみな聖書のことばや教え、基準などによって調べ判断されなければならない(→申13:3注、→「にせ教師」の項 p.1758)。

(9) 神のことばは生活と信仰と行動と敬虔にかかわるあらゆることに対する最終的権威であるから、そのように受入れ信じ従わなければならない(マタ5:17-19, ヨハ14:21, 15:10, Ⅱテモ3:15-16, →出20:3注)。教会の中では、教えと戒めと矯正と正しい生活の訓練にかかわる最終的権威として用いなければならない(Ⅱテモ3:16-17)。人生のあらゆる分野での最高で最終的権威として神と神のことばに服従しないのに、キリストの主権(導きと権威)だけに服従することはだれにもできない(ヨハ8:31-32, 37)。

(10) 私たちが聖霊と正しい関係になければ聖書を理解することはできない。私たちの思いを開いてみことばの意味を理解させ、その権威と力と効力を心の中に確信させてくださるのは聖霊である(→Ⅰコリ2:12注、→「三種類の人々」の項 p.2108)。

(11) 私たちの生活の中で罪やサタン、この世界の力や影響に打勝つためには(主イエスがされたように)霊感を受けた神のことばを用いなければならない(マタ4:4, エペ6:12, 17, ヤコ1:21)。

(12) 聖書は霊的に失われ滅んでいく世界に対する神の完全で最終的真理であると考えるキリストの弟子たちはみな、それを愛し大切にし守らなければならない。私たちは忠実にその教えを守り、その救いのメッセージを広めて信頼できる人々にゆだね、その永遠の真理を曲げたり否定したりする人々からその福音をしっかりと守っていかなければならない(→ピリ1:16, Ⅱテモ1:13注, 14注, 2:2, ユダ1:3)。だれも文書になった神のことば(聖書)に何かを加えたり、そこから何かを除いたりすることはできない(→申4:2注, 黙22:19注)。

(13) 聖書はみな神の霊感によるものである(Ⅱテモ3:16)。したがってその真理と教えには誤りがなく完全な権威を持っていることを受入れなければ、人生の土台を置く信頼できる基準はないことになる。揺らぐことのない完全に信頼できる道しるべがなければ、何もかもが相対的(人々の考え方や情況によって変る可能性がある)になり不確実になる。けれども神は変らない方であるから(ヤコ1:17, ⇒民23:19, 詩102:27, マラ3:6)その真理も変らない(あらゆる時代のあらゆる情況にいるあらゆる人々に結び付く)ことが確かである。

(14) 誤りをおかさないようにする霊感は、聖書の原典にだけ当てはまることに注意しなければならない(神が与えられた聖書は完全に誤りがない)。これは聖書の中に誤りがあるように見えるときには最初に書いた人々に間違いがあったと考えるのではなく、可能性として、(a) 現在ある原本の写しが完全に正確ではない、(b) 原本のヘブル語やギリシヤ語の現在の翻訳が不完全である、(c) 自分の聖書本文の理解または解釈が不適切か不正確である、と考えるべきである。

言ってもらうために、気ままな願いをもって、次々に教師たちを自分たちのために寄せ集め、

4 真理から耳をそむけ、空想話にそれて行くような時代になるからです。

5 しかし、あなたは、どのような場合にも慎み、困難に耐え、伝道者として働き、自分の務めを十分に果たしなさい。

6 私は今や注ぎの供え物となります。私が世を去る時はすでに来ました。

7 私は勇敢に戦い、走るべき道のりを走り終え、信仰を守り通しました。

8 今からは、義の栄冠が私のために用意されているだけです。かの日には、正しい審

4①囲Ⅱテサ2:11,テト1:14
②Ⅰテモ1:4,Ⅱテモ3:1
5①囲Ⅰペテ1:13,②囲Ⅱテモ1:8,囲ピリ1:14
6①囲ピリ2:17,②囲ピリ1:23,囲Ⅱペテ1:14
7①囲Ⅰテモ6:12,囲Ⅰコリ9:25,26,②囲Ⅰコリ9:24
③囲ピリ3:10
8①囲Ⅰコリ9:25,囲ローマ2:5,②コロ1:5,Ⅰペテ1:4,③囲Ⅱテモ1:12

むしろ自分たちと同じように自己満足と世俗的な欲望を受入れ認めてくれる指導者を探すのである。そして雄弁で楽しませてくれる説教者、しかも神のことばの基準と原則に明らかに矛盾した振舞をしているのに、なおキリストの弟子であるとメッセージで確証してくれる牧師を選んでいく（⇒ロマ8:4-13, Ⅱペテ2:）。

（4）神とみことばとに忠実な人々に対して、聖霊は信仰のために迫害や苦難が来ることを覚えておくようにと警告しておられる（3:10-12, マタ5:10-12）。そしてキリストに従うと言いながら神の力やみことばを否定し、聖書にあるキリストの福音を割引いて説教する人を支持するような教会や人々を避けるようにと言っておられる（3:5,→ガラ1:9注, Ⅰテモ4:1-2, Ⅱペテ2:1,ユダ1:3,黙2:24）。私たちは新約聖書にあるキリストの福音に忠実でなければならない。そしてそれを説教し教える神の忠実な奉仕者のために祈り支援をしなければならない。そうすることによって私たちはキリストとの親密な関係を保ち（黙3:20-22）、主による霊的回復のときを体験することができる（使3:19-20）。

4:4 真理 文書になった神のことばは信仰と行動の変ることのない基準であり、私たちを真理に導くものである（→**聖書の霊感と権威**」の項 p.2323）。（1）私たちは神のことばを完全で最高の手引き、基準として、自分たちの信じ行うことを判断しなければならない。（2）教会の中には聖書に土台を置いていない新しい啓示、個人的体験、奇蹟、成功例、人間中心の目標や考えなどを土台にして信仰をし行動をする人々がいる。これは終りの日にサタンが人々を惑わすために使う方法の一つである（→マタ24:5注, 11注, Ⅱテサ2:11注,→**反キリストの時代**」の項 p.2288,「**大患難**」の項 p.1690）。

4:6 注ぎの供え物 →ピリ2:17注

4:7 勇敢に戦い 神にささげた人生を振返る中で、パウロは死が近いことを感じていた（4:6）。そして自分のこれまでのキリスト者生活を次のようなことばで描いている。（1）キリスト者生活は「勇敢に戦」うもので、戦う価値がある唯一の戦いである。パウロはサタンや（エペ6:12）、神に逆らうあらゆる行動（3:1-5,

ロマ1:21-32, ガラ5:19-21）、宗教的偽善（使14:19, 20:19, ガラ5:1-6）、教会の中での不道徳な振舞や霊的自由の濫用（3:5, 4:3, ロマ6:, Ⅰコリ5:1, 6:9-10, Ⅱコリ12:20-21）、にせ教師たち（4:3-5, 使20:28-31, ロマ16:17-18）、キリストの福音のねじ曲げ（ガラ1:6-12）、世俗化（ロマ12:2）など、あらゆる種類の罪と戦ってきた（ロマ6:, 8:13, Ⅰコリ9:24-27）。
（2）パウロは自分が試練と誘惑に満ちた困難な人生のコースの終りにさしかかっていると感じていた。けれども生涯を通して自分は主であり救い主である方に忠実だったと見ている（⇒2:12, ヘブ10:23, 11:, 12:1-2）。（3）厳しい試練、落胆、困難のとき、さらに友人に見捨てられ、にせ教師たちから反対を受けたとき、それらのこと全部を通してパウロは信仰を堅く守り続けた。福音（罪の赦し、神との個人的関係、キリストを信じる信仰による永遠のいのちのメッセージ）の真理を薄めたりねじ曲げたりすることはなかった（1:13-14, 2:2, 3:14-16, Ⅰテモ6:12）。
キリストの弟子である私たちも心から主イエスに仕え、主イエスがしてくださったようにすべてをささげていかなければならない。世界中の人々は人生の目的（そのために生きまた死ぬ価値のあるもの）を探し求めている。私たちはその目的を持っている。したがって主イエスに揺るぐことなく仕えていることを、恥じることなく世界中の人々に示していくべきである。神は私たちがゆだねたものを乱用したり無駄にしたりされる方ではない。むしろ私たちがささげさえするなら、神は私たちの生涯を全部神の目的のために導き用いてくださる（⇒4:6,→ピリ2:17注）。したがって神の求めに私たちの生活が適うなら、みこころのままに自由に用いてくださいと祈るべきである。神の真理とかかわりたくない人々はそれに反対するかもしれない（→3:12注）。けれども最後まで信仰を強く保ち続けるなら神はその努力に報いてくださる。

4:8 義の栄冠 パウロは主と自分にゆだねられた福音とに忠実だった。したがって神は愛をもってそれを認めてくださり、天では「義の栄冠」が待っていることを聖霊は確証してくださった。神はイエス・キリストとその真理のメッセージに忠実な人々のために同じよ

判者である主が、それを私に授けてくださるのです。私だけでなく、主の現れを慕っている者には、だれにでも授けてくださるのです。

個人的な指示

9 あなたは、何とかして、早く私のところに来てください。

10 デマスは今の世を愛し、私を捨ててテサロニケに行ってしまい、また、クレスケンスはガラテヤに、テトスはダルマテヤに行ったからです。

11 ルカだけは私とともにおります。マルコを伴って、いっしょに来てください。彼は私の務めのために役に立つからです。

12 私はテキコをエペソに遣わしました。

13 あなたが来るときは、トロアスでカルポのところに残しておいた上着を持って来てください。また、書物を、特に羊皮紙の物を持って来てください。

14 銅細工人のアレキサンデルが私をひどく苦しめました。そのしわざに応じて主が彼に報いられます。

15 あなたも彼を警戒しなさい。彼は私たちのことばに激しく逆らったからです。

16 私の最初の弁明の際には、私を支持する者はだれもなく、みな私を見捨ててしまいました。どうか、彼らがそのためにさばかれることのありませんように。

17 しかし、主は、私とともに立ち、私に力を与えてくださいました。それは、私を通してみことばが余すところなく宣べ伝えられ、すべての国の人々がみことばを聞くようになるためでした。私は獅子の口から助け出されました。

18 主は私を、すべての悪のわざから助け出し、天の御国に救い入れてくださいます。主に、御栄えがとこしえにありますように。アーメン。

最後のあいさつ

19 プリスカとアクラによろしく。また、オネシポロの家族によろしく。

20 エラストはコリントにとどまり、トロピモは病気のためにミレトに残して来ました。

21 何とかして、冬になる前に来てください。ユブロ、プデス、リノス、クラウデヤ、またすべての兄弟たちが、あなたによろしくと言っています。

22 主があなたの霊とともにおられますように。恵みが、あなたがたとともにありますように。

うに報いを天に備えていてくださる(⇒マタ19:27-29, Ⅱコリ5:10)。

4:8 主の現れを慕っている者 新約聖書のキリスト者は主が来られて自分たちを地上から引き上げて永遠にともに過ごすようにしてくださるのを強く待望みながら生活をしていた(→Ⅰテサ4:13-18, ⇒ピリ3:20-21, テト2:13, →「携挙」の項p.2278)。この期待があるので、人々はその日のために備え待ちながら忠実に奉仕をしていた。神の民の特徴はこの世界に完全に根を下ろしてくつろいでいないことである。天の家に帰るのを心待ちにしているのである(ヘブ11:13-16)。

4:17 主は、私とともに立ち ローマではキリスト者に対する迫害が激しかったので、パウロのように忠実で大胆に話す人と自分も仲間だと、勇気を持って言う人はほとんどいなかった(4:16)。そのためパウロは人々から見放されたと感じていた。けれども牢獄の孤立した中で、主がそばにいて耐え忍ぶのに必要な力を与えてくださるという特別感覚をパウロは体験していた(⇒使23:11, 27:23, ロマ4:20, Ⅱコリ1:3-5, エペ6:10, ピリ4:13)。

4:22 恵みが、あなたがたとともにありますように これは聖書に記録されているパウロの最後のことばである(テトスへの手紙はこのテモテへの手紙第二の前に書かれている)。これをパウロはローマの牢獄で処刑を待っている間に書いた。この世界の見方からすると、パウロの人生は悲劇的な失敗の中で終ろうとしていた。

(1) 30年の間パウロはキリストのために何もかもささげ尽した。けれども得たものは同胞からの拒絶や敵意や迫害以外の何物でもなかった。福音を伝えることによって、ガラテヤ、アジヤの属州、マケドニヤ、ギリシヤ、ヨーロッパ、クレテ島、さらに遠くの地に多くの新しい教会が建上げられたけれども、パウロはそれらの教会とのつながりが失われてしまったように感じ、また多くの人が信仰から迷い出ていることに傷ついていた(1:15)。この最後の情況でパウロは牢獄の中にいて、忠実な友人はルカ以外だれもそばにいないまま(4:11, 16)死を待っていた。けれどもパウロは主

のためにいのちを捨てることを後悔していなかった。

（2）2,000年後の今、パウロの影響力は、キリストの御国のしもべたち全員の影響力を合せたよりもはるかに偉大なものになっている。その書いたものは新約聖書の重要な部分であり、それによって数え切れないほどの人々がキリストを信じる信仰へ導かれている。イエス・キリストに忠実な人々にパウロの生涯は感動を与えている。私たちの地上の生涯が一般的に言ってすぐれたものであるかないかにかかわらず、神についてほかの人々に与える影響力は死によって終るものではない。神は私たちの忠実な努力を受止め、私たちの思いや願いをはるかに越えて何倍にも増やしてくださる。失敗に見えるものでさえ空地にまかれた種のようなものになり、やがて大きく実を結び、この後幾世代にもわたって、あるいは永遠に人々の祝福になり霊的に養うものになると思われる（ヨハ4:37-38）。

テトスへの手紙

概　　要
序言(1:1-4)
Ⅰ. 牧師を任命することについての指示(1:5-9)
　　A. クレテにテトスを残す理由－町ごとに長老を任命するため(1:5)
　　B. 長老(牧師)の資格(1:6-9)
　　　　1. 個人的な事柄
　　　　　　a. 非難されるところがない(1:6)
　　　　　　b. 信頼できる管理者(1:7)
　　　　　　c. わがままでない(1:7)
　　　　　　d. 短気でない(1:7)
　　　　　　e. 酒飲みでない(1:7)
　　　　　　f. けんか好きでない(1:7)
　　　　　　g. 不正な利を求めない(1:7)
　　　　　　h. よくもてなし親しみやすい(1:8)
　　　　　　i. 善を愛する(1:8)
　　　　　　j. 慎み深い(1:8)
　　　　　　k. 正しい(1:8)
　　　　　　l. 敬虔である(1:8)
　　　　　　m. 自制心がある(1:8)
　　　　　　n. キリストの福音に忠実である(1:9)
　　　　　　o. みことばをもって励ますことができる(1:9)
　　　　　　p. 神のことばに反対する人を正すことができる(1:9)
　　　　2. 家族について
　　　　　　a. 一人の妻の夫である(1:6)
　　　　　　b. 自制心がある従順で信仰のある子どもを育てている(1:6)
Ⅱ. にせ教師についての指示(1:10-16)
　　A. にせ教師の性質(1:10)
　　B. にせ教師の行い(1:11-12)
　　C. にせ教師の矯正(1:13-16)
Ⅲ. 教会の中のグループについての指示(2:1-15)
　　A. 指示の範囲(2:1-10)
　　B. キリスト者の生き方の土台(2:11-14)
　　C. テトスの責任(2:15)
Ⅳ. 良いわざについての励まし(3:1-11)
　　A. ほかの人々に対する私たちの行い(3:1-2)
　　B. 私たちに対する神のあわれみ(3:3-7)
　　C. 有益なことの見分け方(3:8-11)
結論(3:12-15)

著　者：パウロ

主　題：健全な教えと良いわざ

著作の年代：紀元65/66年頃

テトス

著作の背景

　テモテへの手紙第一とテモテへの手紙第二と同じように、テトスへの手紙は一人の若い同労者にあてたパウロの個人的な手紙である。内容は教会の組織や働きに関することなのでこれは典型的な「牧会の手紙」と呼ばれている。キリスト教へ回心した異邦人（ユダヤ人以外の人々）であるテトス（ガラ2:3）はパウロの親しい協力者になり、パウロの伝道旅行に参加していくつもの新しい教会を始めていった。テトスの名前は使徒の働きには出てこない（テトスは使徒の働きを書いたルカの兄弟だったと思われるけれども、ルカは自分の名前も書かなかった）。けれどもほかの多くの資料はテトスとパウロが親しい間柄だったことを示している。

　（1）テトスの名前はパウロの手紙の中に17回（ギリシヤ語本文では13回）出てくる。

　（2）パウロはテトスをキリストを信じる信仰に導いたので霊の「わが子」（1:4, テモテと同じ）呼び、信頼できる「同労者」と言っている（Ⅱコリ8:23）。

　（3）テトスはパウロの第三次伝道旅行のとき、パウロの代理として重要な使命を与えられて少なくとも1回はコリントに行っている（Ⅱコリ2:12-13, 7:6-15, 8:6, 16-24, →「**パウロの第三次伝道旅行**」の地図 p.2019）。

　（4）テトスはパウロと一緒にクレテの教会を設立した（1:5）。

　パウロは囚人としてローマへ船で行く途中に、初めてクレテ島（地中海の小アジヤの南西）に滞在した（使27:7-8）。パウロはローマでの第一回目の投獄生活から釈放された後、テトスとともにクレテへ戻り、島の人々の間で短期間奉仕をした（→Ⅰテモ緒論）。そして自分はマケドニヤへ行くので（⇒Ⅰテモ1:3）テトスにクレテ人とともに働いて教会を建てるようにと命じた（1:5）。そのあとで、パウロはふたりで始めた仕事を完成するように励ますためにこの手紙をテトスに書き送った。この手紙をパウロはクレテを通って旅行するゼナスとアポロに託したと思われる（3:13）。

　この手紙の中でパウロは近いうちにアルテマスかテキコを送りテトスと交代させ、テトスがニコポリ（ギリシヤ）のパウロのところに来られるようにしたいという計画を書いている。パウロは冬の間ニコポリに滞在する予定だった（3:13）。このことは実際に行われ、パウロは後にテトスをダルマテヤ（現在のユーゴスラビア Ⅱテモ4:10）に派遣している。

目　　的

　新約聖書の時代にクレテ人は道徳の基準が低いことで有名だった。うそつきでなまけ者で食いしんぼうと言われた（1:12, 13）。そこでパウロはこの手紙をテトスに書いて、主に次のような働きをするように指示を与えた。

　（1）長老（牧師または奉仕の働きのリーダーたち 1:5）の任命などクレテの教会で残っている仕事を整理すること。

　（2）教会が信仰、真理の知識、神を敬う生き方などの面で成長するように助けること（1:1）。

　（3）にせ教師の口を封じること（1:11）。

　（4）交代するためにアルテマスかテキコが到着した後、テトスはニコポリにいる使徒パウロに合流すること（3:12）。

概　　観

　パウロはこの手紙で次の四つの大きな問題を扱っている。

　（1）教会で長老（または監督すなわち牧師）に選ばれる人々に必要な品性と霊的資格について、テトスに指示を与えること（→「**監督の道徳的資格**」の項 p.2303）。このリーダーたちは、家庭でもリーダーとしてよく治めている評判の良い敬虔な人でなければならない（1:5-9）。

　（2）はっきりと真理を教え、にせ教師たちを厳しく戒めるようにテトスを指導すること（1:10-2:1, →「**にせ教師**」の項 p.1758）。手紙の中でパウロは健全な教え（正確な教えで信仰の土台 2:11-14, 3:4-7）を2回要約して示している。

　（3）老人たち（2:1-2）、年をとった婦人たち（2:3-4）、若い婦人たち（2:4-5）、若い人々（2:6-8）、奴隷（2:9-10）などに適切な役割をはっきりさせること（⇒Ⅰテモ5:1-6:2）。

　（4）本物の信仰を持ち神に頼っているなら、その結果は当然良いわざを励み神の基準に沿って生きるようになることを強調すること（1:16, 2:7, 14, 3:1, 8, 14, ⇒ヤコ2:14-26）。

特　徴
この手紙には三つの大きな特徴がある。

（1）イエス・キリストによる霊的救いに見られる性質と特徴を二つに分けて簡単に要約している（2：11-14，3：4-7）。

（2）教会と教会の奉仕の働きはしっかりした霊的、神学的（神について、神と世界の関係についての学び）、倫理的（道徳の問題を扱う）基礎の上に建てられなければならないことを強調している。

（3）教会の働きを指導する人々に求められる資格は新約聖書では二か所に挙げられている。そのうちの一つがこの手紙の中にある（1：5-9，⇒Ⅰテモ3：1-13）。

テトスへの手紙の通読
新約聖書全体を1年間で通読するためには、テトスへの手紙を次のスケジュールにしたがって2日間で読まなければならない。

☐1-2 ☐3

メ　モ

テトス　1章

1

¹神のしもべ、また、イエス・キリストの使徒パウロ——私は、神に選ばれた人々の信仰と、敬虔にふさわしい真理の知識＊とのために使徒とされたのです。² それは、偽ることのない神が、永遠の昔から約束してくださった永遠のいのちの望みに基づくことです。³ 神は、ご自分の定められた時に、このみことばを宣教によって明らかにされました。私は、この宣教を私たちの救い主なる神の命令によって、ゆだねられたのです——このパウロから、

⁴ 同じ信仰による真実のわが子テトスへ。父なる神および私たちの救い主なるキリスト・イエスから、恵みと平安がありますように。

テトスのクレテでの任務
1:6-8　参照記事　Ⅰテモ3:2-4

⁵ 私があなたをクレテに残したのは、あなたの残っている仕事の整理をし、また、私が指図したように、町ごとに長老たちを任命するためでした。⁶ それには、その人が、非難されるところがなく、ひとりの妻の夫であり、その子どもは不品行を責められたり、反抗的であったりしない信者であることが条件です。⁷ 監督は神の家の管理者として、非難されるところのない者であるべきです。わがままでなく、短気でなく、酒飲みでなく、けんか好きでなく、不正な利を求めず、⁸ かえって、旅人をよくもてなし、善を愛し、慎み深く、正しく、敬虔で、自制心があり、⁹ 教えにかなった信頼すべきみことばを、しっかりと守っていなければなりません。それは健全な教えをもって励ましたり、反対する人たちを正したりすることができるためです。

¹⁰実は、反抗的な者、空論に走る者、人

1:1　イエス・キリストの使徒　→使14:4注、→「奉仕の賜物」の項 p.2225

1:1　敬虔にふさわしい真理　キリストの福音を伝えている人は、それを受入れた人の中に神を敬う品性が生み出されているかどうかを見て自分が伝えたことばを評価しなければならない。キリストの福音を信じていると言う人にも同じことが言える。その信仰はキリストのような品性や振舞に表されていなければならない。教会や奉仕団体、さらに個人もその伝えるメッセージや教理(信仰の基礎、教え)がそれを信じる人々の中にキリストの品性を反映するように導いていないなら、自分たちの信仰や福音は神のことばの「健全な教え」(1:9、Ⅱテモ1:11-14、2:2、3:10-12)や「主イエス・キリストの健全なことば」(Ⅰテモ6:3)に一致していると主張することはできない(1:16注、Ⅰテモ6:3、ヘブ1:9、→Ⅰコリ13:1注)。

1:2　偽ることのない神　神の高潔さと信頼性は、クレテ人(1:12-13)やサタン(ヨハ8:44、→ヘブ6:18注)の通常の行動とは正反対のものである。→「神の属性」の項 p.1016

1:5　私が指図したように・・・長老たちを任命する　(パウロとテトスのクレテでの働きの背景　→テト緒論)牧師の働きはみな、イエス・キリストの福音と神のことばに示されている行動や奉仕の基準を土台にして進められなければならない(1:5-9、Ⅰテモ3:1-7)。その奉仕の働きは、聖書に書かれている信頼できる原則や指針に沿っていなければ無効である(1:9、使14:23、→エペ2:20注)。

1:6　非難されるところがなく、ひとりの妻の夫であり　→「監督の道徳的資格」の項 p.2303　奉仕をする人々の資格はテモテⅠ3:1-7にも同じように挙げられているけれども、テモテとテトスの働きが違うので多少の違いが見られる。

1:7　監督　「長老」(《ギ》プレスビュテロス　1:5)と「監督」(《ギ》エピスコポス　1:7)ということばは交互に置き換えることができるもので、教会での同じ職務や機能を指している。二つとも牧師の役割を果す人に使われることばである。「長老」という称号はその地位に求められる霊的成熟と威厳を指しており、「監督」は神の家の忠実な支配人(マネージャー、監督、管理人)として教会を導き世話をする職務のことを指している。

1:7　非難されるところのない者であるべきです　神は教会で奉仕の働きをする人々に最高の道徳的基準を求められる。その人々には公的にも私的にもどんなときにでも折紙付きの人格と欠点のない行動が必要である。教会の内でも外でもその人格は高潔で不道徳や不品行の非難を受けるものであってはならない。もしリーダーたちがこの基準を守らないなら、教会員は模範になる人がいないので聖書が示す基準に従った生活をしなくなってしまう(詳細　→Ⅰテモ3:2注、→「監督の道徳的資格」の項 p.2303)。

1:9　信頼すべきみことばを、しっかりと守って　長

を惑わす者が多くいます。特に、割礼を受けた人々がそうです。
¹¹彼らの口を封じなければいけません。彼らは、不正な利を得るために、教えてはいけないことを教え、家々を破壊しています。
¹²彼らと同国人であるひとりの預言者がこう言いました。
　「クレテ人は昔からのうそつき、
　　悪いけだもの、
　　なまけ者の食いしんぼう。」
¹³この証言はほんとうなのです。ですから、きびしく戒めて、人々の信仰を健全にし、
¹⁴ユダヤ人の空想話や、真理から離れた人々の戒めには心を寄せないようにさせなさい。

¹⁵きよい人々には、すべてのものがきよいのです。しかし、汚れた、不信仰な人々には、何一つきよいものはありません。それどころか、その知性と良心までも汚れています。
¹⁶彼らは、神を知っていると口では言いますが、行いでは否定しています。実に忌まわしく、不従順で、どんな良いわざにも不適格です。

様々なグループに教えること

2 ¹しかし、あなたは健全な教えにふさわしいことを話しなさい。
²老人たちには、自制し、謹厳で、慎み深くし、信仰と愛と忍耐とにおいて健全であるように。
³同じように、年をとった婦人たちには、

老（牧師、奉仕者）は1:6-8に挙げられている道徳的霊的基準を守るだけではなく、イエス・キリストの救いのメッセージをしっかりと守らなければならない。そしてこれを愛し、知り、そのためにいのちをささげる覚悟がなければならない。このように身を入れることが必要な理由は二つある。(1) 人々に神のことばの真理を教え励まし訴えて、キリストとみことば、真理の基準に完全にそして熱心に仕えるようにさせなりればならない（⇒Ⅱテモ4:2）。(2) 文書になった神のことば（聖書）に反することを教えている人々を矯正し、その人々が迷っている人々を再び真理に戻すことができるようにしなければならない（Ⅱテモ2:24-26）。もしその人々が正しい聖書に基づいた矯正を拒むなら、リーダーたちはその人々の教えのうそを暴き、信仰者たちを健全な真理と教理に引戻さなければならない（→「**奉仕の賜物**」の項 p.2225,「**監督とその務め**」の項 p.2021）。

1:10　割礼を受けた人々　→ガラ2:12注
1:14　ユダヤ人の空想話　→Ⅰテモ1:4注, 4:3注, 4:7注

1:15　すべてのものがきよいのです　パウロはユダヤ人の食物についての律法（⇒マタ15:10-11, マコ7:15, Ⅰテモ4:3-5）のことを言っていると思われる。教師の中にはきよい食物ときよくない食物の違いを過度に気にして、この違いを正しく理解することが本当の信仰深さ、さらには霊的救いにとって基本であると教える人々がいた（→コロ2:16注）。その人々は道徳性、内面のきよさ、外側に表れる信仰深さの証拠などは無視していた（1:16）。パウロは、霊的状態がきよければきよい食物ときよくない食物の違いはその人にとって道徳的に何の意味もないことを説明し明らかにした（→マコ7:6注, 8注）。パウロが言っているのは、道徳的に間違っていて心や霊に影響を与える物事や行動のことではない（→ロマ14:17注, コロ2:20注）。ここで問題にしているのは、キリストとの関係に何の影響もない宗教的な儀式や慣習のことである。

1:16　彼らは・・・口では言いますが、・・・否定しています　キリストを信じ正しい個人的関係を持っていると言いながら（1:2）、みことばに従わず逆らった生活をしているなら、その人々に神は激しく怒りを燃やされる（⇒ルカ6:46, ヨハ14:12, 15:10-14, Ⅰヨハ2:4）。神を正しく知ることは重要である。それによって敬虔さが生れるからである（1:1）。さらにその知識に従って、キリストのいのちと品性を正しく反映するような振舞や行動をするようになることも同じように重要である。神を本当に知り愛していることを実際にみことばを実践して示さない人は「実に忌まわしく、不従順で、どんな良いわざにも不適格」である（1:16, →Ⅰテモ1:5注）。

2:2　老人たちには、自制し　老人たちはすぐれた人格と正しい行動を示して教会員全員の模範にならなければならない。「自制する」《ギ》ネーファリオス）ということばは、会話や行動、そのほか生活のあらゆる領域で極端な行動を抑える慎み深さのことである。「ネーファリオスということばは牧会の手紙にしか見られないことばで、監督（Ⅰテモ3:2）や女性（Ⅰテモ3:11）、老人（テト2:2)に求められる禁欲的な生き方を指している」（ブラウン著『新約聖書神学辞典』第1巻）。

神に仕えている者らしく敬虔にふるまい、悪口を言わず、大酒のとりこにならず、良いことを教える者であるように。

4 そうすれば、彼女たちは、若い婦人たちに向かって、夫を愛し、子どもを愛し、

5 慎み深く、貞潔で、家事に励み、優しく、自分の夫に従順であるようにと、さとすことができるのです。それは、神のことばがそしられるようなことのないためです。

6 同じように、若い人々には、思慮深くあるように勧めなさい。

7 また、すべての点で自分自身が良いわざの模範となり、教えにおいては純正で、威厳を保ち、

3 ①圏Ⅰテモ3:11
②圏Ⅰテモ3:8
5 ①圏Ⅰテモ5:14
②圏エペ5:22
③Ⅰテモ6:1
6 ①Ⅰテモ5:1
②圏Ⅰテモ3:2
7 *別訳「すべての点で」
を6節の「思慮深く」の前に入れる
①圏Ⅰテモ4:12

8 ①Ⅰペテ2:12、
囲Ⅱテサ3:14
9 ①圏エペ6:5、Ⅰテモ6:1
10 ①圏テト1:3
11 ①圏Ⅰテモ2:4
②圏Ⅱテモ1:10、
テト3:4
12 ①圏Ⅰテモ6:9、テト3:5
②圏Ⅰテモ6:17

8 非難すべきところのない、健全なことばを用いなさい。そうすれば、敵対する者も、私たちについて、何も悪いことが言えなくなって、恥じ入ることになるでしょう。

9 奴隷には、すべての点で自分の主人に従って、満足を与え、口答えせず、

10 盗みをせず、努めて真実を表すように勧めなさい。それは、彼らがあらゆることで、私たちの救い主である神の教えを飾るようになるためです。

11 というのは、すべての人を救う神の恵みが現れ、

12 私たちに、不敬虔とこの世の欲とを捨て、この時代にあって、慎み深く、正しく、敬

2:4-5 婦人たち・・・夫を愛し、子どもを愛し 神は女性に対して家族や家庭に対する役割、また母親としての役割の中で独特の特別な目的を与えておられる。

(1) 神は妻や母親が家族に注意を集中し献身することを望んでおられる。キリスト者の母親は主イエスとの関係を第一にし、次に夫、子ども、家庭に愛情を集中しなければならない。それがみことばと神の目的を大切にする道であると神は示された(⇒申6:7、箴31:27、Ⅰテモ5:14)。→エペ5:25注

(2) 家族との関係で神が女性に与えられた特別の責任には次のことが含まれている。(a) 神がゆだねられた子育ての働き(2:4、Ⅰテモ5:14)を、主に仕える一つの方法として行うこと(詩127:3、マタ18:5、ルカ9:48)。(b) 夫を助け忠実な伴侶になること(2:4-5、→創2:18注)。(c) 夫が父親として子どもたちに神を敬う品性と実生活の能力を身につけるように訓練するのを助けること(申6:7、箴1:8-9、コロ3:20、Ⅰテモ5:10、→「**親と子ども**」の項 p.2265)。(d) 家庭の中に優しい居心地の良い親しみやすい雰囲気を作ること(イザ58:6-8、ルカ14:12-14、Ⅰテモ5:10)。(e) 持っている技能を用いて家庭に必要なものを満たすこと(箴31:13, 15-16, 18-19, 22, 24)。(f) 家庭で高齢の親の面倒を見ること(Ⅰテモ5:8、ヤコ1:27)。

(3) 今の社会では、自分の人生や家族のための神のご計画を実現したいと願いながら家の外で子どもたちと離れて働かなければならない(経済的な理由から)母親たちがいる。このような場合に、女性は子どもたちが成長してそばにいてあげる必要がなくなるまで、家族への責任を果たすことができるように主が道を備えてくださるように祈りながら、その情況を主にゆだねるべきである(箴3:5-6、Ⅰテモ5:3、→エペ5:21注, 22注, 23注)。

2:7 模範となり →「**監督の道徳的資格**」の項 p.2303

2:9-10 奴隷 パウロは奴隷制度を認めたり推薦したりしていたのではない。また奴隷が主人に反抗するのを許したのでもない。ただキリスト者になった奴隷たちがキリストの栄光を現すような生活をし、主イエスのために働くように主人に仕えるように指示をした(→コロ3:22注、23注)。このようにすることで、パウロは情況を内側から変えようとしたのである(→ピレ1:12注, 16注, →ピレ緒論)。同時に奴隷たちは、行動と高潔さによって良い模範を示し、自分が仕えている主人たちがキリストを受入れるように影響を与えるようにパウロは励ましている。

2:11 神の恵み 2:11-14は神の救いの恵み(一方的に与えられた受けるにふさわしくない神の好意、愛、助け、霊的能力)の性格と目的を示し、また信仰者の人生にどのような影響を与えるかを描いている。パウロによると、救いの恵みは次のようなことを行う神の賜物である。(1) 御子イエスの罪をおおう犠牲を通して神があらゆる人々に霊的救いを提供する(2:11)。(2) 私たちが信仰によってキリストを受入れて神との個人的関係を持てるようにする(2:11、3:4、エペ2:8, 9)。(3) 神に逆らう情熱や快楽、この世界の価値観を妥協することなく拒んで、神の目的を受入れるように信仰者を教える(2:12、⇒ロマ1:18-32、6:20, 22、Ⅱテモ2:22、Ⅰヨハ2:15-17)。(4) キリストが再び来られることへの「祝福された望み」を期待しながら待ち、「正しく、敬虔に」生きるようにキリストの弟子たちに命令し力を与える(2:13、ガラ5:5、コロ1:5、Ⅱテモ4:8、→マタ7:21注, →「**信仰と恵み**」の項 p.2062)。

2:12 不敬虔・・・を捨て 信仰者が神に喜ばれ神の栄光を現すように振舞うためには、正しい信仰と神との正しい関係という土台の上に立っていなければな

慮に生活し、¹³ 祝福された望み、すなわち、大いなる神であり私たちの救い主であるキリスト・イエスの栄光ある現れを待ち望むようにと教えさとしたからです。

¹⁴ キリストが私たちのためにご自身をささげられたのは、私たちをすべての不法から贖い出し、良いわざに熱心なご自分の民を、ご自分のためにきよめるためでした。

¹⁵ あなたは、これらのことを十分な権威をもって話し、勧め、また、責めなさい。だれにも軽んじられてはいけません。

良いわざを行うこと

3 ¹ あなたは彼らに注意を与えて、支配者たちと権威者たちに服従し、従順

で、すべての良いわざを進んでする者とならせなさい。² また、だれをもそしらず、争わず、柔和で、すべての人に優しい態度を示す者とならせなさい。

³ 私たちも以前は、愚かな者であり、不従順で、迷った者であり、いろいろな欲情と快楽の奴隷になり、悪意とねたみの中に生活し、憎まれ者であり、互いに憎み合う者でした。

⁴ しかし、私たちの救い主なる神のいつくしみと人への愛とが現れたとき、⁵ 神は、私たちが行った義のわざによってではなく、ご自分のあわれみのゆえに、聖霊による、新生と更新との洗いをもって私たちを救ってくださいました。

らない（1:1-2）。ただ宗教的な義務感から良いことを行い正しい生き方をするのではない。良い行いは神への愛と感謝の応答でなければならない。私たちがまだ神に逆らっていたときに（ロマ5:6-10）神がイエス・キリストを通して受けるにふさわしくない愛を示してくださったことに（2:14）私たちは心動かされたからこそ神に仕え、神の基準を緩めたり神に献身的に仕えるのをやめさせたりするものを「捨てる」のである。私たちを救う恵み（→2:11注）−努力や業績、宗教的功徳などによらない（3:5, エペ2:8-9）−また、霊的救いは、神を敬う規律正しい振舞や良いわざを生み出すべきであるとも教えている（2:14, エペ2:10, →エペ2:10注）。

2:13 祝福された望み 忠実なキリスト者がみな心から求めている「祝福された望み」とは、「大いなる神であり私たちの救い主であるキリスト・イエスの栄光ある現れ」と、永遠に主とともにいることである（→ヨハ14:3注, →「**携挙**」の項 p.2278）。この希望はいつ実現し成就してもおかしくない（⇒マタ24:42, ルカ12:36-40, ヤコ5:7-9）。したがってキリスト者はいつも主イエスが再び来られる日に備えていなければならない。そして今日こそ、過酷な世界から救い出して天の家へ連れて行ってくださる日ではないかという希望を捨ててはならない（→「**聖書的希望**」の項 p.943）。

2:14 私たちのためにご自身をささげられた 主イエスは神に対する私たちの罪と反抗への刑罰を私たちに代って払うために完璧ないのちを与えてくださった（Ⅰペテ1:18-19）。それは、（1）あらゆる悪と、神の律法と基準に逆らう自分勝手な欲望から私たちを贖う（救う、救出する、回復する）ため（⇒Ⅰヨハ3:4）、

(2) 私たちを聖い（霊的にきよめられ、悪から離れ、神の宝物とされる）民にするためだった。私たちは自分の罪深い欲望やサタンの力と戦うとき、主イエスが私たちを神との個人的関係に回復するために死んでくださったのだから、罪と悪の力に打勝ち（ロマ5:9-11）、「良いわざ」（→2:11注, →3:8）を行うために必要な助けと力を必ず与えてくださることに気付かなければならない。キリストに「贖われる」ことの意味　→
「**救いについての聖書用語**」の項 p.2045

3:1 支配者たち・・・に服従し キリストの福音が人々に良い影響を与えていくためには、キリスト者が法律と指導者に従い、良い市民であり尊敬できる隣人として行動することが重要である（⇒マタ17:24-27, 22:15-22, ロマ13:1-7, Ⅰペテ2:13-17）。ただし政府や法律が聖書の教えと対立する場合は例外である（⇒使5:29）。つまり権力を持つ人々によってキリスト者が神に逆らうようにさせられない限り、謙遜と従順、愛や親切を示すことがキリストを信じる信仰を示す力強いあかしになる。実際にキリスト者は率先して地域をしあわせにする働きを進め、困っている人々に積極的に同情を示すべきである。それは神にならった行動であり、神の慈しみは人々を悔い改めに導くことになる（ロマ2:4, Ⅱテモ2:24）。

3:5 私たちが行った義のわざによってではなく →エペ2:9注, →「**信仰と恵み**」の項 p.2062

3:5 新生・・・の洗い このことばは神の赦しを受入れ、キリストに人生をゆだねて神の目的に従い始めた人の中に起きた霊的誕生を指している。このような人は霊的に「新しく生まれ」たのである（ヨハ3:3-7）。キリスト者が受けるバプテスマはこの出来事を象徴し

テトス　3章

6
神は、この聖霊を、私たちの救い主なるイエス・キリストによって、私たちに豊かに注いでくださったのです。

7
それは、私たちがキリストの恵みによって義と認められ、永遠のいのちの望みによって、相続人となるためです。

8
これは信頼できることばですから、私は、あなたがこれらのことについて、確信をもって話すように願っています。それは、神を信じている人々が、良いわざに励むことを心がけるようになるためです。これらのことは良いことであって、人々に有益なことです。

9
しかし、愚かな議論、系図、口論、律法についての論争などを避けなさい。それらは無益で、むだなものです。

10
分派を起こす者は、一、二度戒めてから、除名しなさい。

11
このような人は、あなたも知っているとおり、堕落しており、自分で悪いと知りながら罪を犯しているのです。

最後のことば

12
私がアルテマスかテキコをあなたのもとに送ったら、あなたは、何としてでも、ニコポリにいる私のところに来てください。私はそこで冬を過ごすことに決めています。

13
ぜひとも、律法学者ゼナスとアポロとが旅に出られるようにし、彼らが不自由しないように世話をしてあげなさい。

14
私たち一同も、なくてならないもののために、正しい仕事に励むように教えられなければなりません。それは、実を結ばない者にならないためです。

15
私といっしょにいる者たち一同が、あなたによろしくと言っています。私たちの信仰の友である人々に、よろしく言ってください。

恵みが、あなたがたすべてとともにありますように。

ている（→使22：16注, →ロマ6：4注, →**新生―霊的誕生と刷新**」の項 p.1874）。「聖霊による・・・更新」は、信仰によってキリストを受入れ、キリストと個人的な関係を持つようになった人の中に来て住んでくださる、人生を変革する聖霊の力のことを指している。キリスト者が主に人生をゆだね続けるなら聖霊は神のいのちを絶えず注ぎ続けてくださる（⇒ロマ12：2）。

3：6　私たちに豊かに注いでくださったのです　ここでパウロは聖霊の働きについて触れているけれども、それは五旬節の日（神が御霊を豊かに送り主イエスの弟子たちを満たし力を与えられたとき）から今日まで聖霊が注がれていることを指している（⇒使2：33, 11：15）。忠実な弟子たちが新生し（→3：5注）御霊が内側で豊かに働かれると、神は力と恵み（受けるにふさわしくない好意、愛、助け、霊的能力）を豊かに注いでくださる。信仰者個人と教会全体での御霊の働きの概要　→「聖霊の働き」の表 p.2187

3：7　恵みによって義と認められ　→「救いについての聖書用語」の項 p.2045,「信仰と恵み」の項 p.2062,「聖書的希望」の項 p.943

3：10　分派を起こす者は・・・除名しなさい　ここで言う「分派を起こす者」とは、聖書的基盤を持たない信仰や考えを広めているにせ教師のことである。「分派を起こす者」ということばのギリシヤ語は、正しい聖書の真理をしっかり把握していない極端な見解や考えを推進して教会の中で分派を起こす人を描くことばとして初代教会で使われていた。この人々は教会に大きな害を与えるので、指導者たちは分派を起こす人々に厳しく警告をするようにと聖霊は指示をされた。必要なら警告は二度与えなければならない。二度警告しても従わないときは、教会員の資格を奪ってキリスト者の交わりから追放しなければならない。神のことばの絶対的真理を拒み、代わりに自分の考えや意見を教える人々は「堕落しており・・・罪を犯し」（3：11）、自分たちの上に破滅を招いているのである。

3：14　正しい仕事に励む　「正しい仕事」は、聖霊がキリストの弟子たちの内側で人生を変革してくださった結果行われるものであるとパウロは説明している（3：4-8）。キリスト者の生活は「良いわざの模範となり」（2：7）、「良いわざに熱心」であり（2：14）、「良いわざを進んで」行い（3：1）、「良いわざに励むことを心がける」（3：8）ものである。このようにしてキリスト者はキリストのために実りある人生を生きるようになる。

ピレモンへの手紙

概　　要
　キリストにあるあいさつ (1:1-3)
　Ⅰ．ピレモンへの感謝 (1:4-7)
　　　A．ピレモンの愛に対する感謝 (1:4-5)
　　　B．ピレモンのあかしのための祈り (1:6)
　　　C．ピレモンの励ましに対する喜び (1:7)
　Ⅱ．オネシモのための訴え (1:8-21)
　　　A．命令ではなくお願い (1:8-11)
　　　B．オネシモを送り返す動機 (1:12-16)
　　　C．個人的な願いと約束 (1:17-19)
　　　D．ピレモンの前向きな応答への期待 (1:20-21)
　最後のことば (1:22-25)
　　　A．近いうちに訪問する希望 (1:22)
　　　B．パウロの同労者たちからのあいさつ (1:23-24)
　　　C．祝祷 (1:25)

著　　者：パウロ

主　　題：和解と正しいことを行うこと

著作の年代：紀元62年頃

著作の背景

　パウロはこの「獄中からの手紙」(1:1, 9) をピレモンという人に個人的なお願いとして書いている。これはローマでの最初の投獄期間に書かれたと思われている (使28:16-31)。いくつかの同じ名前がピレモンへの手紙 (1:1-2, 10, 23-24) とコロサイ人への手紙 (コロ4:9-10, 12, 14, 17) の両方に出てくることから、ピレモンはコロサイに住んでいて、二つの手紙は同じ時に書かれて送られたものと考えられる。
　この手紙には二人の人物が登場する。ひとりは奴隷の主人 (1:16, →コロ3:22注, テト2:9-10注) でコロサイの教会員であり、パウロがキリストを信じる信仰に導いたと思われるピレモン (1:19)。もうひとりは自由を求めてローマへ逃げたピレモンの奴隷だったオネシモである。オネシモはローマにいる間にパウロに出会いキリストに導かれた。その後、パウロとオネシモの間には強い友情関係が生れた (1:9-13)。パウロはここで同労者のテキコとともにオネシモをピレモンのもとへ不本意ながら送り返すことにした。テキコはこの短いけれども強力な訴えの手紙を直接ピレモンに届けようとしていた (⇒コロ4:7-9)。

目　　的

　パウロはピレモンに、逃亡した奴隷のオネシモの問題を特別な問題として扱うように頼んでいる。ローマの法律によれば、逃亡した奴隷は死刑にされることになっていた。パウロはピレモンに、オネシモを同じキリスト者として、またパウロの同労者としてやさしく受入れてくれるように本人に代って訴えた。そしてパウロに示すのと同じ愛と思いやりをもってオネシモを扱ってほしいと頼んでいる。

概　　観

　この手紙は多くの古代ギリシヤやローマの教師が教えていた書き方に従って構成された、大変技巧的にまとめられた手紙である。そして相互の信頼を建上げ (1:4-10)、説得をし (1:11-19)、心情に訴えている (1:20-21)。パウロはピレモンに次のように訴え (求め、願い) た。

ピレモン

　(1) キリスト者の仲間として、パウロはピレモンに訴え(1:8-9, 20-21)、オネシモを奴隷としてではなくキリストにある兄弟として受入れるように求めている(1:15-16)。
　(2) パウロはことば遊びをして、オネシモ(「役に立つ」という意味)は以前は「役に立たない者」だったけれども今はパウロにとってもピレモンにとっても本当に「役に立つ者」であると言っている(1:10-12)。
　(3) パウロはローマに投獄されている間、日常の必要を助けてくれるオネシモをローマにとどめておきたかった。けれども法律上の主人にオネシモを返す責任があると感じていた(1:13-14)。
　(4) オネシモがいなくなったためにピレモンが受けた損害を支払う義務がパウロは自分にあるとしている。同時にピレモンはパウロに霊的な負債を負っていることを思い出させている(1:17-19)。
　この手紙の最後は、ローマでパウロとともに働く人々からのあいさつ(1:23-24)と祝禱(1:25)で締めくくられている。

特　　徴

　ピレモンへの手紙には三つの大きな特徴がある。
　(1) パウロの手紙の中で最も短い手紙である。
　(2) パウロと初期の教会が、ローマの奴隷制度の問題をどのように扱っていたかを新約聖書のほかのどの書物よりも多く描いている。パウロはローマの奴隷制度を直接攻撃したり反対行動をかき立てたりするのではなく、ローマの奴隷制度の厳しさを取除くキリスト者の原則を定め、関係する人々の間に神にならった品性を育てるように注意をしている。このような扱い方やキリスト者生活の原則に従うことによって、やがてキリスト教世界での奴隷制度は消滅していった。
　(3) 「私の心そのもの」(1:12)と呼ぶほどオネシモと親しい関係にあったパウロの内面が特別に示されている。

ピレモンへの手紙の通読

　新約聖書全体を1年間で通読するためには、ピレモンへの手紙を1日で読まなければならない。
□ピレモン

メ　モ

ピレモン 1章

1 キリスト・イエスの囚人であるパウロ、および兄弟テモテから、私たちの愛する同労者ピレモンへ。
2 また、姉妹アピヤ、私たちの戦友アルキポ、ならびにあなたの家にある教会へ。
3 私たちの父なる神と主イエス・キリストから、恵みと平安があなたがたの上にありますように。

感謝と祈り

4 私は、祈りのうちにあなたのことを覚え、いつも私の神に感謝しています。
5 それは、主イエスに対してあなたが抱いている信仰と、すべての聖徒に対するあなたの愛について聞いているからです。
6 *私たちの間でキリストのためになされているすべての良い行いをよく知ることによって、あなたの信仰の交わりが生きて働くものとなりますように。
7 私はあなたの愛から多くの喜びと慰めを受けました。それは、聖徒たちの心が、兄弟よ、あなたによって力づけられたからです。

オネシモのためのパウロの訴え

8 私は、あなたのなすべきことを、キリストにあって少しもはばからず命じることができるのですが、こういうわけですから、
9 むしろ愛によって、あなたにお願いしたいと思います。年老いて、今はまたキリスト・イエスの囚人となっている私パウロが、
10 *獄中で生んだわが子オネシモのことを、あなたにお願いしたいのです。
11 彼は、前にはあなたにとって役に立たない者でしたが、今は、あなたにとっても私にとっても、役に立つ者となっています。
12 そのオネシモを、あなたのもとに送り返します。彼は私の心そのものです。
13 私は、彼を私のところにとどめておき、

――――

1①ピレ9, 23, 図ガラ3:26, Ⅰテモ1:12
①ピレ9, 23, 図エペ3:1
③図ピリ1:1
②図Ⅱコリ1:1, コロ1:1
⑤ピレ24, 図ピリ2:25
2①ロマ16:1他
②ピリ2:25, 図Ⅱテモ2:3
⑤図ロマ16:5
3①図ロマ1:7
④図Ⅰコリ1:9
⑤図ロマ1:8
5①図エペ1:15, コロ1:4, 図Ⅰテサ3:6
6＊異本「あなたがたの」
①ピリ1:9, コロ1:9, 3:10
②Ⅱコリ7:4, 13
②ピレ20, Ⅰコリ16:18, 図Ⅱコリ7:13
8①図エペ5:4
②図Ⅱコリ3:12, Ⅰテサ2:6
9①ロマ1:7
②テト2:2
＊あるいは「大使であって」
②ピレ1, 23, 図ガラ3:26, Ⅰテモ1:12
③図ピレ1
10＊直訳「束縛の中で」
①コリ4:14, 15
②コロ4:9
＊＊直訳「有益な」
①ロマ12:1

――――

1:1 キリスト・イエスの囚人 パウロはローマで二年間投獄されている間にこの手紙をピレモンにあてて書いた（1:1, 9, ⇒使28:30）。

1:2 あなたの家にある教会 ピレモンはコロサイのキリスト者のために自分の家を開放して礼拝と交わりの場にしていたと思われる。新約聖書の時代には家の教会は珍しくなかった（⇒ロマ16:5, Ⅰコリ16:19, コロ4:15）。家とは別に教会堂が建てられるのは3世紀になってからである。

1:6 あなたの信仰の交わりが生きて働く キリスト者生活で最も嬉しいのは、主イエスをほかの人々に伝えることができたときである。世界中に福音を伝えなさいという主イエスの大宣教命令を実行しようとする人は、行いやことばによって積極的に信仰を伝えようとする（マタ28:19-20, マコ16:15）。だれかをイエス・キリストを信じる信仰に導いた人は、神との個人的な関係に導き入れたという大きな喜びと達成感を持つことができる。だれかをキリストに導くということは、キリストのために私たちができる人生で最高のことかもしれない。ほかの人々が永遠のいのちを受けるように導くことは、「キリストのためになされているすべての良い行いをよく知ること」でもある（1:6）。

1:10 生んだわが子オネシモ ピレモンの奴隷だったオネシモは主人の物を盗んで逃亡していたと思われる（1:15-16, 18-19）。そしてとにかくローマにまで来た。そこでパウロに会いパウロに導かれてキリストとの個人的関係を受入れた。そこでパウロはピレモンに手紙を書いて、親切と愛と赦しをもってオネシモを受入れるように頼んでいる（詳細 →緒論）。

1:11 役に立たない者・・・役に立つ者 これは「役に立つ、有益な」という意味のオネシモの名前を使ったことば遊びである（→1:10欄外注）。オネシモは奴隷だったときに置かれていた情況ではだれかに特別に有益だったわけではなかった。けれども今はキリスト者になり、その生活、支え、励まし、神への奉仕などがみなパウロにとって祝福になった。そしてピレモンにとっても同じように大きな祝福になると思われた。けれどもそれにはピレモンがオネシモを奴隷ではなくキリスト者の兄弟として受入れることが必要だった。

1:12 あなたのもとに送り返します パウロは奴隷制度を認めていたわけではない。けれどもピレモンには正しいことをきちんと行ってほしかったのである。新約聖書では、たとい奴隷がキリスト者であっても奴隷を解放することを奨励してはいない。また奴隷が主人に反抗することも認めていない。新約聖書の時代に特にローマ帝国では、社会的政治的状態の改善運動を始めることは教会やキリストの働きを破壊しかねなかった。そこで直接の対決ではなく、キリスト者の奴隷とキリスト者の主人のために指針が定められた。それはやがて奴隷制度の基礎を内側から完全にくつがえして目標に近付けるものだった（1:10, 12, 14-17, 21, →1:16注、→コロ3:22注、→テト2:9-10注）。

ピレモン　1章

福音のために獄中にいる間、あなたに代わって私のために仕えてもらいたいとも考えましたが、¹⁴あなたの同意なしには何一つすまいと思いました。それは、あなたがしてくれる親切は強制されてではなく、自発的でなければいけないからです。

¹⁵彼がしばらくの間あなたから離されたのは、たぶん、あなたが彼を永久に取り戻すためであったのでしょう。¹⁶もはや奴隷としてではなく、奴隷以上の者、すなわち、愛する兄弟としてです。特に私にとってそうですが、あなたにとってはなおさらのこと、肉においても主にあっても、そうではありませんか。

¹⁷ですから、もしあなたが私を親しい友と思うなら、私を迎えるように彼を迎えてやってください。¹⁸もし彼があなたに対して損害をかけたか、負債を負っているのでしたら、その請求は私にしてください。¹⁹この手紙は私パウロの自筆です。私がそれを支払います——あなたが今のようになれたのもまた、私によるのですが、そのことについては何も言いません。——²⁰そうです。兄弟よ。私は、主にあって、あなたから益を受けたいのです。私の心をキリストにあって、元気づけてください。

²¹私はあなたの従順を確信して、あなたにこの手紙を書きました。私の言う以上のことをしてくださるあなたであると、知っているからです。

²²それにまた、私の宿の用意もしておいてください。あなたがたの祈りによって、私もあなたがたのところに行けることと思っています。

²³キリスト・イエスにあって私とともに囚人となっているエパフラスが、あなたによろしくと言っています。²⁴私の同労者たちであるマルコ、アリスタルコ、デマス、ルカからもよろしくと言っています。

²⁵主イエス・キリストの恵みが、あなたがたの霊とともにありますように。*

1:14　強制されてではなく、自発的で　オネシモは望むなら解放されるべきである。キリストの福音にある倫理や愛の律法はこのことを求めている。けれどもパウロは自分からこのことを直接言ったり要求したりはしなかった。ピレモンやほかの奴隷の主人たちが自発的にキリスト者の愛を実践することを望んだのである。

1:16　愛する兄弟として　キリストにある兄弟愛の真理を知り主イエスを知ることによって霊的自由を体験した人々、神の民の中に、奴隷制度は存在しないはずである。オネシモはもはや奴隷としてではなく仲間のキリスト者、愛する兄弟（神の目にはパウロやピレモンと同等である）として扱われるべきである（→コロ3:22注）。

1:17-19　負債を負っているのでしたら、その請求は私にしてください　神に反抗した私たちの負債を主イエスが払って罪の奴隷から解放してくださったように、パウロはオネシモの負債を肩代わりしようとして主イエスが示されたのと同じ品性を表している。パウロは心から主を見ならう（Ⅰコリ11:1）とともに、自分が説教したことを実践していた。

ヘブル人への手紙

概　　要
I. 議論－キリストとキリスト者の信仰は旧約聖書よりすぐれている(1:1-10:18)
   A. 啓示において(1:1-4:13)
      神の御子イエス・キリストは人間に対する神の完全な最終的啓示である
    1. 預言者よりすぐれている(1:1-3)
    2. 御使いよりすぐれている(1:4-2:18)
      警告－キリストによる救いを無視する危険性(2:1-4)
    3. モーセよりすぐれている(3:1-6)
      警告－不信仰と神への反抗の危険性(3:7-19)
    4. ヨシュアよりすぐれている(4:1-13)
   B. 仲介において(4:14-10:18)
      私たちの大祭司であるイエス・キリストは旧約聖書の祭司職よりはるかにすぐれている
    1. 資格においてすぐれている(4:14-7:25)
      警告－霊的に未熟なままでいることの危険性(5:11-6:12)
      警告－キリストから離れてしまうことの危険性(6:13-20)
    2. 人格においてすぐれている(7:26-28)
    3. 務めにおいてすぐれている(8:1-10:18)
      a. さらにすぐれた聖所で行われる－天(8:1-5)
      b. さらにすぐれた契約に基づいている－恵み(8:6-13)
      c. さらにすぐれた奉仕によって行われる－大祭司としての主イエス(9:1-22)
      d. さらにすぐれた犠牲によって成就する－主イエスご自身のいのち(9:23-10:18)
II. 応用－信仰による忍耐への挑戦(10:19-13:17)
   A. 確固とした動揺しない信仰にとどまりなさい(10:19-11:40)
    1. 信仰による確信と信仰への励み(10:19-25)
      警告－故意に罪を犯して御霊を侮る危険性(10:26-31)
    2. 信仰の大胆さと報い(10:32-39)
    3. 信仰の特徴と性質(11:1-3)
    4. 旧約聖書での信仰の例(11:4-38)
    5. キリストを信じる信仰の完成と完全性(11:39-40)
   B. 主イエスから目を離さず訓練に耐えなさい(12:1-13)
   C. 神の恵みにとどまり聖くなりなさい(12:14-13:17)
    1. 聖さの優先(12:14-29)
    2. 聖さの実践(13:1-17)
結論(13:18-25)

著　者：不明

主　題：より良い契約、キリストの優位性

著作の年代：紀元67－69年(不確実)

著作の背景
　この手紙のあて先はローマである可能性が高いけれども確実ではない。古いギリシヤ語写本の原題は「ヘブル人へ」となっているだけである。けれども内容から見るとこの手紙はユダヤ人キリスト者にあてて書かれたもの

であることがわかる。著者が旧約聖書を引用する場合に七十人訳聖書（旧約聖書のギリシヤ語訳聖書）を使っているところを見ると、読者（またはこの手紙が朗読されるのを聞く人々）はパレスチナ以外の地域に住むギリシヤ語を話すユダヤ人だったと思われる。「イタリヤから来た人たちが、あなたがたによろしくと言っています」(13:24)ということばは著者がローマに手紙を書いていて、故郷から離れて暮らすイタリヤ人キリスト者のあいさつが加えられた状況を示していると思われる。手紙の受取人はローマの比較的大きな教会の群れの中のいくつかの家の教会（個人の家庭に集って礼拝や交わりをする小さいグループ）の人々ではなかったかと考えられる。ある人々は迫害を受け落胆して主イエスを信じる信仰を捨てようとしていたようである。ある人々はユダヤ教（ユダヤ人の宗教の儀式、文化、慣習に頼ること）に戻り、古い契約の原則の一部を新しい契約のキリスト教に加えようとする誘惑を感じていた（→「旧契約と新契約」の項 p.2363）。

　ヘブル人への手紙の著者の名前は原文の題名にも手紙そのものにも書かれていないけれども、読者にはよく知られていた人と思われる(13:18-24)。それが１世紀の終り頃には何かの事情によってわからなくなっていた。その結果、初期の教会（2-4世紀）ではヘブル人への手紙を書いた人について様々な意見が出された。パウロがこの手紙を書いたという意見は５世紀まで有力視されてはいなかった。

　何世紀もの間、ほとんどの聖書神学者はパウロが著者ではありえないと考えていた。ヘブル人への手紙には新約聖書のパウロの手紙の教えと矛盾したりそれを否定したりするような教えはない。けれどもその洗練された古典ギリシヤ語を使った書き方は明らかにパウロとは異なっている。ヘブル人への手紙は七十人訳聖書（旧約聖書のギリシヤ語訳聖書）に依存しているし、旧約聖書のことばの紹介の仕方や議論や教えの方法や構成、さらにパウロの手紙には必ずある個人情報がないなど特異である。また、パウロは必ずキリストから直接啓示を受けたことについて触れるのに（⇒ガラ1:11-12）、この手紙の著者は、キリストの福音が主イエスの働きの証人(2:3)たちによって確かなものとされた第二世代のキリスト者の一人だとしている。ある人々はこの手紙を書いたのはバルナバではないかと言う。バルナバは祭司の部族であるレビの家系の知的なユダヤ人キリスト者だった（使4:36）。またアンテオケの教会から第一次伝道旅行に任命されたパウロの親しい同労者だった（使13:1-4）。けれども新約聖書に名前が出てくる人の中でヘブル人への手紙の著者に最も当てはまるのは、ルカが使徒の働き18章24-28節で描いているアポロである。アポロはアレキサンドリヤ生まれのユダヤ人キリスト者で、非常に知的で雄弁な人だった。そしてコリントの教会の初期にパウロとともに奉仕をした（Ⅰコリ1:12, 3:4-6, 22）。

　ヘブル人への手紙の著者がだれだったとしても、その人は聖霊の霊感によって洞察と啓示を与えられ、権威を授けられて書いたことだけは確実である。ヘブル人への手紙にはエルサレム神殿の破壊やいけにえをささげるユダヤ人の礼拝制度が廃止された記事がないことから、著者は紀元70年より前にこの手紙を書いたことがほぼ確実である。

目　　的

　ヘブル人への手紙は、主に迫害を受けて落胆しているユダヤ人キリスト者にあてて書かれた。著者はキリストが神の完全で最終啓示であり、完全で究極の贖い（罪からの救い、霊的救い、神との関係の回復）の手段であることを丁寧に説明して、イエス・キリストを信じる信仰を強めようとしている。また古い契約（キリスト以前のもの）のもとで神が人間との関係を保つために行われたことは、主イエスによって成就され、新しい契約に置き換えられたことを示している。主イエスは人々の罪を赦すために死んで新しい契約を定められた（→「旧契約と新契約」の項 p.2363）。著者は読者に、(1) 最後までキリストを信じる信仰を持ち続けること、(2) 霊的に成長すること、(3) 以前の古い宗教や生活に戻って自分自身にさばきを招かないことを訴えている。

概　　観

　ヘブル人への手紙は手紙というより説教に近い。著者はこの手紙を「勧めのことば」(13:22)と言っている。勧めとは、正しいことを行い神の霊的救いの計画や目的に従うように強く迫る（訴え、励まし、警告する）ことである。著者は古い契約（神の律法と約束、神に対する人々の忠誠と服従に基づいた神とイスラエルとの「終生協定」）の規定や儀式が一時的なものだったことを説明している。古い契約には動物のいけにえ、幕屋、祭司職、贖罪の日などが含まれている（→「旧約聖書のいけにえとささげ物」の表 p.202,「幕屋」の図 p.174,「贖罪の日」の項 p.223）。神はこれらのものをみな御子イエス・キリストを通して成就し置き換えられた。主イエスは新しい契約つまり「終生協定」を、ご自分のいのちと犠牲をもとに定めてご自分の血で証印を押された。この契約は古い契約をはるかに越えるもので、このことによって古い儀式は時代遅れになり使われないものになった。主イエスは完全で完璧な赦しの手段を備えてくださった。そしてその赦しを受入れ人生を神にゆだねる人に神との正しい

関係を回復してくださった。

ヘブル人への手紙は大きく三つの部分に分けることができる（概要ではⅠの中にA、Bとして二つの部分が含まれ、Ⅱの中に第三の部分が入っている）。

第一の部分では、神の力強い御子イエス（1:1-3）は人類に対する神の完全な啓示であり、預言者（1:1-3）、御使い（1:4-2:18）、律法を与えたモーセ（3:1-6）、カナンを征服したヨシュア（4:1-11）よりも偉大であると宣言されている。この部分には、霊的救いを無視しキリストを信じる信仰から迷い出て神への反抗と不信仰で心をかたくなにしたらどうなるか、その結果について厳しい警告も書かれている（2:1-4, 3:7-19）。

第二の部分には、主イエスが大祭司であり（→次の中心テーマの部分）、その資格（4:14-5:10, 6:19-7:25）、人格（7:26-28）、務め（8:1-10:18）が旧約聖書のユダヤ人の祭司職よりはるかにすぐれていることが示されている。神と人間との間の究極の仲介者として、主イエスは神に対する人間の罪の代価を完全に払うために完全な犠牲（ご自分のいのち）をささげられた。旧約聖書の儀式やいけにえは繰返し行われたけれども、主イエスのみわざは完璧で永遠のものだった（10:1-18）。この第二の部分は、信仰者が霊的に未熟なままでいたり、キリストとの個人的な関係を体験した後に「堕落」したりすることについて警告をしている（5:11-6:12）。

第三の部分（10:19-13:17）は、キリスト者が救いと信仰の面で最後までやり通し、苦難に耐え神を敬う品性の面で成長するように強く訴え励ましている。

ヘブル人への手紙の中心テーマは信仰者の大祭司（神には人々を代表し人々には神を代表する方）、主イエスである（⇒4:14-16）。

(1) 主イエスはさらにすぐれた祭司となられた。その祭司としての働きは旧約聖書の祭司アロン（モーセの兄でイスラエルの最初の大祭司）よりはるかにまさっている。主イエスは、古代サレムの王（7:1）で王でありながら祭司という二重の役割を担っていた特異なメルキゼデクにもまさる方だった（5:1-7:28）。旧約聖書のイスラエル人の社会では、王と祭司の役割は別のものとされ区分されていた。けれども主イエスは究極の祭司であり王であり、二つの役割は一つに結び付いていた。その意味でメルキゼデクはキリストを示す象徴だった（→7:1注, 3注）。

(2) 主イエスは律法ではなく神の恵み（一方的に与えられる、受けるにふさわしくない好意、愛、霊的能力）に基づいたさらにすぐれた契約のもとで、私たちの大祭司として仕えておられる（8:1-13）。

(3) 主イエスはさらにすぐれた聖所（天）で私たちの大祭司として仕え、私たちのためにとりなしをし（7:25）、神の「恵みの御座」（4:16）に近付かせてくださる。

(4) 主イエスはご自分の血を流すことによって、罪に対するさらにすぐれたいけにえを備えられた（9:13-10:18, →ロマ3:25注）。

ヘブル人への手紙の中で顕著なのは牧会的な警告があることである（⇒2:1-4, 3:7-19, 5:11-6:3, 6:4-20, 10:26-31, 12:15-17, 12:25-29）。それらの警告は、全体の話とは別の考えとして関連のないものではなく、この手紙のメッセージや目的に織り込まれている。そして背教の可能性、つまりキリストを信じる信仰を捨てて堕落するという厳粛な可能性があることを伝えている（→「背教」の項 p.2350）。一度はキリストを心から信じた信仰に背を向け、霊的救いを失う現実の可能性を著者は示しているけれども、本当の目的は信仰者がキリストに忠実でいるように励ますことだった。ひどく落胆したり激しい迫害に遭ったりしても確信をもって主イエスに頼って耐えるように著者は訴えている。

特　徴

この手紙には大きな九つの特徴がある。

(1) 新約聖書の手紙の中で独特な形式を持っていて、「論文（学術論文、学位論文、エッセイ）のように始まり、説教のように進展し、手紙のように終る」（オリゲネス―神学者で哲学者 185-254年）。

(2) 新約聖書の中で最も洗練された書物で、新約聖書のほかのどの書物よりも古典ギリシヤ語の文体に沿ったものである（ルカ1:1-4のルカを除く）。

(3) 新約聖書の中で主イエスの大祭司の働きという概念を発展させた唯一の書物である。

(4) そのキリスト論（キリストの本質、特性、働きについての議論）は変化に富んでいて、キリストに20以上の異なる名前と称号をつけている。

(5) かぎになることばは「さらにすぐれた（よりすぐれた、もっと良い）」である（13回）。主イエスは御使いや旧約聖書のどの仲介者（祭司、神と人との間を取持ち仕える人）よりすぐれた方である。そしてさらにすぐれた休息、契約、希望、祭司職、いけにえまたは血による贖い（罪のおおい）、約束を備えておられる。

ヘブル

(6) 聖書の中で最もすぐれた信仰の章が含まれている(11章)。

(7) 旧約聖書からの引用や言及が多く、それによって初期のキリスト者がどのように旧約聖書の歴史や礼拝を解釈していたかをよく知ることができる。これは予型論や預言的な象徴の場合特にはっきりしていて、旧約聖書の人物や物や事件が後にさらに完璧で完全なかたちで現れるもの(特にキリストの生涯とみわざによって)の象徴であることを表している。

(8) 新約聖書のどの書物よりも多く霊的な背教(霊的な反抗、キリストを信じる信仰から離れること)の危険性について警告している。

(9) 牧会の励ましや警告が聖書を基本にした神の視点や神の基準、みことばの教えなどに深く根ざしたものであることを教えている。

ヘブル人への手紙の通読

新約聖書全体を1年間で通読するためには、ヘブル人への手紙を次のスケジュールに従って17日間で読まなければならない。

☐1 ☐2 ☐3 ☐4:1-13 ☐4:14-5:10 ☐5:11-6:20 ☐7 ☐8 ☐9:1-10 ☐9:11-28 ☐10:1-18 ☐10:19-39 ☐11:1-16 ☐11:17-40 ☐12:1-13 ☐12:14-29 ☐13

メモ

御使いたちよりすぐれている御子

1 ¹ 神は、むかし父祖たちに、預言者たちを通して、多くの部分に分け、また、いろいろな方法で語られましたが、² この終わりの時には、御子によって、私たちに語られました。神は、御子を万物の相続者とし、また御子によって世界を造られました。³ 御子は神の栄光の輝き、また神の本質の完全な現れであり、その力あるみことばによって万物を保っておられます。また、罪のきよめを成し遂げて、すぐれて高い所の大能者の右の座に着かれました。

⁴ 御子は、御使いたちよりもさらにすぐれた御名を相続されたように、それだけ御使いよりもまさるものとなられました。⁵ 神は、かつてどの御使いに向かって、こう言われたでしょう。

「あなたは、わたしの子。
きょう、わたしがあなたを生んだ。」

またさらに、

「わたしは彼の父となり、
彼はわたしの子となる。」

⁶ さらに、長子をこの世にお送りになるとき、こう言われました。

「神の御使いはみな、彼を拝め。」

---

1)①使2:30,3:21,②民12:6,8,ヨエ2:28,③ヘブ2:2,3,3:5,4:8,5:5,11:18,12:25,ヨハ9:29,④ヨハ16:13
2)①ヘブ9:26,Ⅰペテ1:20,②マタ13:39,②ヘブ3:6,5:8,7:28,ヨハ5:26,27,③ヘブ1:3,④詩2:8,マタ28:18,マコ12:7,ヨハ8:17,ヘブ:2:8,⑤ヨハ1:3,コロ1:16,Ⅰコリ8:6,④ヘブ11:3,Ⅰコリ2:10
3)①ヘブⅡコリ4:4,②コロ1:17,③テト2:14, ヘブ9:14,④Ⅰペテ1:17,⑤ヘブ8:1,10:12,12:2,⑥マコ16:19

4)①エペ1:21, ピリ2:9
5)①詩2:7, 使13:33, ヘブ5:5
6)* 別訳「長子を再びこの世界にお送りになるとき」,①ヘブ10:5,②マタ24:14,③申32:43(七十人訳),⑥詩97:7

1:1-2 御子によって、私たちに語られました ここにはこの手紙の中心テーマがはっきり示されている。それは神の啓示と預言のことばは過去には文字通り「多くの部分に分け、また、いろいろな方法で」(1:1)主に預言者を通して私たちに与えられたということである。一般的にこれは聖書の旧約聖書の部分全体を指している。ところがこれらを全部合せても神が私たちに知らせたいと願っておられることや、私たちが知らなければならないことは完全に示されてはいなかった。けれども今や、神は御子イエス・キリストを通して話しかけ、ご自分を十分に完全な方法で現してくださった(→**キリストによって成就した旧約聖書の預言**の表 p.1029)。キリストはあらゆるものを越えた最高の方であるから、キリストを通して語られた神のことばは完全である。つまり預言者やその他の方法で前に伝えられた神のことばや啓示全部よりもまさるものである(→**神のことば**の項 p.1213)。預言者(1:1)や御使い(1:4)、モーセやそのほかどんな者も、神の御子イエス・キリストと同じ権威を持ってはいない。主イエスだけが人々を神との新しい関係に導く唯一の道であり(ヨハ14:6)、永遠の救いの源であり、神と人との間の仲介者(仲人)である。著者は神の御子イエスについて重要な啓示を七つ示して、キリストがすぐれていることを確証している(1:2-3)。

1:3 神の本質の完全な現れ 著者がここで使っている「完全な現れ」(《ギ》カラクテール)という表現は、新約聖書のどこにも見当たらない。これは個人的な手紙や公の文書に押された封蠟に刻印を押してできたしるしや、貨幣を鋳造するときに使われた鋳型を指すことばである。刻印や鋳型は正確でなければならない。神の御子イエスは父である神の特性と本質を共有しておられるので、神の完全な栄光と特性を輝かせ反映しておられる。神の特性と本質はみな主イエスの中にある。主イエスは神の完全な現れだからである(⇒コロ1:15, 19, 2:9)。キイエスは地上に来られてみわざを完成されたので今、神ご自身の啓示は旧約聖書時代のように部分的でもなければ不完全なものでもなくなった。私たちは主イエスを見ることによって神を見ることができる。御子の中に父である神が十分に完全に啓示されているからである(→**神の属性**の項 p.1016)。

1:3 右の座に着かれました キリストは私たちの罪(神と神の基準に対する違反、反抗)の刑罰を払い、十字架の上での死を通して罪を赦す手段を備えられた後、天の最高の栄誉の場所(神の右の座)に着かれた。その究極の権威ある場所から、キリストは仲介者(神と人々の間を取持つ人 8:6, 13:15, Ⅰヨハ2:1-2)、大祭司(2:17-18, 4:14-16, 8:1-3)、とりなし手(ほかの人々に代って訴える人 7:25)、聖霊のバプテスマを与える方(使2:33)として贖い(救い、救助、解放、回復)のみわざを続け、従う人々に奉仕のための力を与えておられる。

1:4 御使いよりもまさるもの 御使いは旧約聖書の契約(神の律法と約束、人々の神への忠誠と服従に基づいた神とイスラエルとの「終生協定」)が与えられたときに重要な役割を果した(使7:53, ガラ3:19)。けれども主イエスは、神の御子であるので預言者よりまさっておられるように、同じ理由で御使いよりもまさっておられる(1:4-14)。ユダヤ人キリスト者にあてて書いている著者は、旧約聖書を引用しながら、キリストが御使いよりまさっておられることに焦点を当てている。御使いについての詳細 →**御使いたちと主の使い**の項 p.405

1:5 きょう、わたしがあなたを生んだ →ヨハ1:14注

1:6 長子 →コロ1:15注

ヘブル 1-2章

7 また御使いについては、
　「神は、御使いたちを風とし、
　　仕える者たちを炎とされる。」
と言われましたが、
8 御子については、こう言われます。
　「神よ。あなたの御座は世々限りなく、
　　あなたの御国の杖こそ、まっすぐな杖
　　です。
9 あなたは義を愛し、不正を憎まれま
　　す。
　　それゆえ、神よ。あなたの神は、
　　あふれるばかりの喜びの油を、
　　あなたとともに立つ者にまして、
　　あなたに注ぎなさいました。」
10 またこう言われます。
　「主よ。あなたは、初めに
　　地の基を据えられました。
　　天も、あなたの御手のわざです。
11 これらのものは滅びます。
　　しかし、あなたはいつまでもながらえ
　　られます。
　　すべてのものは着物のように古びま

12 あなたはこれらを、外套のように巻か
　　れます。
　　これらを、着物のように取り替えられ
　　ます。
　　しかし、あなたは変わることがなく、
　　あなたの年は尽きることがありませ
　　ん。」
13 神は、かつてどの御使いに向かって、こ
　う言われたでしょう。
　「わたしがあなたの敵を
　　あなたの足台とするまでは、
　　わたしの右の座に着いていなさい。」
14 御使いはみな、仕える霊であって、救い
　の相続者となる人々に仕えるため遣わされ
　たのではありませんか。

押し流されることへの警告

2 ¹ ですから、私たちは聞いたことを、
　ますますしっかり心に留めて、押し流
　されないようにしなければなりません。
² もし、御使いたちを通して語られたみこ

1:8 御子については・・・神よ 著者はキリストの神性、つまりキリストが完全に神であるという事実を示している（→ヨハ1:1注）。
1:9 義を愛し、不正を憎まれます 神の民は、正しく本当のことを愛するだけでは十分ではない。救い主と同じように悪を憎まなければならない。キリストが義（神との正しい関係と神の基準に沿った正しいことを行うこと）に熱心で（イザ11:5）、不正を憎まれたことはその人生や働き、死の中に見ることができる（→ヨハ3:19注、11:33注）。キリストの働きの中には私たちの罪のために死ぬことが含まれていたけれども、それはみな、人々の人生に働きかける悪の働きと影響に対抗しそれに勝利をして滅ぼすことでもあった。
　（1）義を愛し不正を憎み御父に対して忠実であることを現された主イエスに対して、神は地上での使命を果せるように油を注がれ（取分ける、任命する、力を与える）た。私たちも義と悪に対して主と同じような態度をとるなら、神は私たちにも油を注いで神の働きをさせてくださる（詩45:7）。
　（2）義を愛し不正を憎む気持を増やす方法が二つある。それは、(a) 罪によって人生が破壊された人に純粋な愛と思いやりを強く持つこと、(b)「義を愛し、不正を憎まれ」る神、救い主との関係を深め、より強く一致することである（→詩94:16, 97:10, 箴8:

13, アモ5:15, ロマ12:9, Ⅰヨハ2:15, 黙2:6）。
1:10 主よ・・・初めに ここのことばは主イエスを指していて、その神性（父や聖霊のように完全な神であること）をはっきりと示している（→コロ1:16注、→「神の属性」の項 p.1016, →「キリストによって成就した旧約聖書の預言」の表 p.1029）。
1:13 御使い 御使いが私たちの人生で果す役割→「御使いたちと主の使い」の項 p.405
2:1-3 押し流されないようにしなければなりません ヘブル人への手紙の著者が神の御子とそのお示のすぐれていることに焦点を当てている一つの理由は、神との個人的な関係の中では自分をささげることが大切であり、それをなおざりにしてはならないことを、救いを体験した人々に強調する必要があったからである。「押し流され」る（《ギ》パラレオー）ということばは舟が安全な港から漂い出し、流れて行って難破する情景を描いている。このような結果を避けるには、神のことばや自分とキリストとの関係、聖霊の導きにしっかり注意を払うことが必要である（ガラ5:16-25）。
　（1）怠慢や不注意、無関心などは、霊的に致命的な問題である。怠慢のためにキリストとの関係や真理に仕える気持を失ってしまった人は、人生の波に流されて安全な港から外に出て、安全がもはや保たれない所まで行ってしまう危険がある。

とばでさえ、堅く立てられて動くことがなく、すべての違反と不従順が当然の処罰を受けたとすれば、

3 私たちがこんなにすばらしい救いをないがしろにした場合、どうしてのがれることができましょう。この救いは最初主によって語られ、それを聞いた人たちが、確かなものとしてこれを私たちに示し、

4 そのうえ神も、しるしと不思議とさまざまの力あるわざにより、また、みこころに従って聖霊が分け与えてくださる賜物によってあかしされました。

兄弟と等しくなられた主イエス

5 神は、私たちがいま話している後の世を、御使いたちに従わせることはなさらなかったのです。

6 むしろ、ある個所で、ある人がこうあかししています。

「人間が何者だというので、
これをみこころに留められるのでしょう。
人の子が何者だというので、
これを顧みられるのでしょう。

7 あなたは、彼を、
御使いよりも、*しばらくの間、低いものとし、
彼に栄光と誉れの冠を与え、**

8 万物をその足の下に従わせられました。」

万物を彼に従わせたとき、神は、彼に従わないものを何一つ残されなかったのです。それなのに、今でもなお、私たちはすべてのものが人間に従わせられているのを見てはいません。

9 ただ、御使いよりも、*しばらくの間、低くされた方であるイエスのことは見ています。イエスは、死の苦しみのゆえに、栄光

（2）この手紙の読者と同じように私たちも警告を真剣に受け止め、神との関係に怠慢になったり不注意になったりしないように注意しなければならない。神との個人的な時間をおろそかにすることなく、みことばと祈りの時間を通して神との関係を深めるべきである。さらに私たちの中に与えられる聖霊の導きを無視してはならない。もしそうしないなら、私たちはみことばに注意を向けなくなり（2:2）、罪との戦いを進めることをやめ（12:4、Ⅰペテ2:11）、徐々に主イエスから離れていくようになる（2:1-3、6:4-8、10:31-32、→ロマ8:13注）。

2:3　確かなものとしてこれを私たちに示し　霊的救いについての完全なメッセージは、（1）最初、主イエスご自身から伝えられ（2:3b）、（2）次に主イエスが地上におられたときに主イエスを知り直接話を聞いた人々（使徒たち）の証言によって確かなものとなり（2:3c、⇒使1:4、Ⅰヨハ1:1）。（3）次に「しるしと不思議とさまざまの力あるわざ」（2:4）と「聖霊が分け与えてくださる賜物」（2:4、⇒Ⅰコリ12:4-11）によって神ご自身が立証された。これらの賜物や力あるわざはキリストの福音が説教され伝えられるときに伴って現れた。よみがえられた後にキリストは、この福音は信じる人々を通して行われる奇蹟によって引続き確かなものとされると約束された（→「**信者に伴うしるし**」の項 p.1768）。初期の教会では、聖霊の超自然的な働きや表現、現れなどは広く行き渡っていた。したがって

ヘブル人への手紙の著者は、キリストの福音が本物で純粋であることを示す証拠としてそれらを挙げることができた（⇒使2:43、5:12-16、6:8、8:5-8、14:3、15:12、19:10-12、Ⅰコリ2:4-5、ガラ3:5、Ⅰテサ1:5、→「**御霊の賜物**」の項 p.2138、「**聖霊の賜物**」の表 p.2096）。神は今も主イエスの福音がことばだけではなく、しるしと奇蹟によって（特に主イエスを知らない人々の間で）確かなものとされるように望んでおられる（⇒マコ16:20、ヨハ14:12、→使4:30注）。

2:6-7　ある個所で、ある人がこうあかししています　ここでは詩篇8:4-6が引用されているけれども、多くの読者はこの詩篇をよく知っていたものと思われる（→詩8:4-6注、詩8:5注）。

2:8　私たちはすべてのものが人間に従わせられているのを見てはいません　ある聖書の注解者は、ここの「人間」（原文では「彼」）を人類の代表者としているけれども、むしろ主イエスを指していると考えることができる。現在のこの世界（サタンと罪と死が活動している現実）にあるものは必ずしもみなキリストの最高の支配のもとに置かれているわけではない。けれども主イエスは既に天の栄光と栄誉の冠を受けておられる（2:9）。このことはやがてこの世界のあらゆる悪の力が敗北しさばきを受けるということである。キリストは再び来られるときに、ご自分が十字架で死ぬことによって実現し確保されたものをみな成就し完成してくださる（⇒ロマ8:18-27、コロ2:15、Ⅱテサ1:5-10）。

と誉れの冠をお受けになりました。その死は、神の恵みによって、すべての人のために味わわれたものです。

10 神が多くの子たちを栄光に導くのに、彼らの救いの創始者を、多くの苦しみを通して全うされたということは、万物の存在の目的であり、また原因でもある方として、ふさわしいことであったのです。

11 聖とする方も、聖とされる者たちも、すべて元は一つです。それで、主は彼らを兄弟と呼ぶことを恥としないで、こう言われます。

12 「わたしは御名を、わたしの兄弟たちに告げよう。
　　教会の中で、わたしはあなたを賛美しよう。」

13 またさらに、
　　「わたしは彼に信頼する。」
またさらに、
　　「見よ、わたしと、神がわたしに賜った子たちは。」
と言われます。

14 そこで、子たちはみな血と肉とを持っているので、主もまた同じように、これらのものをお持ちになりました。これは、その死によって、悪魔という、死の力を持つ者を滅ぼし、

15 一生涯死の恐怖につながれて奴隷となっていた人々を解放してくださるためでした。

16 主は御使いたちを助けるのではなく、確かに、アブラハムの子孫を助けてくださる

---

9 ④圏ヨハ3:16
　⑤田ヘブ6:20, 7:25
　⑥マタ16:28, ヨハ8:52
10 ①圏使3:15, 5:31
　＊別訳「指導者」または「君」
　②ヘブ5:9, 7:28,
　田ルカ13:32
　③圏ロマ11:36
　④ルカ24:26
11 ①ヘブ13:12
　②圏ヘブ10:10
　③使17:28
　④マタ25:40,
　マコ3:34, 35, ヨハ20:17
12 ①詩22:22

13 ①イザ8:17
　②イザ8:18
14 ①マタ16:17
　②圏ヨハ1:14,
　田ヘブ2:17
　③Ⅰヨハ3:8,
　田ヨハ12:31
　④Ⅰコリ15:54-57,
　田Ⅱテモ1:10
15 ①田ロマ8:15

2:9　その死・・・すべての人のために味わわれた　イエス・キリストはあらゆる人々のために辱めを受け、死の苦しみを味わわれた。主イエスの個人的な犠牲は、あらゆる時代のあらゆる罪の代価を払うのに十分であり（⇒7:27, 9:26）、罪の赦しを受入れ人生を主にゆだねる人にはキリストの死による霊的救いが可能になった。主イエスの死はある人々が言うように、「限定された贖い」（選ばれた人の罪だけをおおい、救われるように定められた人にだけ救いが提供されること）ではなかった。主イエスが備えられた赦しは、赦しを受入れ人生を主にゆだねた人にだけ有効であるけれども、主イエスの犠牲は神に対するあらゆる罪を赦すのに十分なものだった。つまりキリストとともに永遠のいのちを持つようにという招きはあらゆる人々に出されているのである。けれどもほとんどの人はその招きを拒んでいる（または応答しない）。その結果、神との個人的な関係を持つ機会を失っている（→ロマ3:25注）。

2:10　苦しみを通して全うされた　これは主イエスが道徳的に霊的に完全にされなければならなかったという意味ではない。主イエスには神の基準からはずれたことは何もなかった。主イエスが「全うされた」のは私たちの救いの「創始者」としての役割である。完全な神の御子は、「苦しみを通して」完全な救い主になられた。そのために人間として苦しみに耐えなければならなかった。主イエスはあらゆる情況の中で完全に従順（究極の苦しみと死に至るまで）だったので、全人類の完全な代表になり、人々の罪の刑罰を完全に支払う方としてふさわしい方だった。

2:11　聖とする方　「聖とする方」はイエス・キリストで（⇒10:10, 14, 29, 13:12）、「聖とされる者たち」は罪の意識と力から贖われ（救出される、救われる、解放される、回復される）、神の民とされた人々である（Ⅰペテ2:9-10）。聖（道徳的純粋、霊的完全、悪からの分離、神の目的への献身）とされる過程は聖別と言われるけれども、それは霊的成長と霊的発達が継続することである。神の目標は、「多くの子たちを栄光に導く」（2:10）ことで、神の民の品性が神のかたちに変えられていくことである（→**聖化**の項 p.2405）。

2:14　同じように、これらのものをお持ちになりました　主イエスが救おうとされた人々は血や肉を持っている（人間）ので、主イエスも人間にならなければならなかった。本当の人間とならなければ、サタンの力から人類を救い出し神との正しい関係に回復することはできない。完全に人間であり完全に神である主イエスだけが、罪によってできた神と人間との間の溝を埋めることができる方だった。キリストは、主イエスの犠牲を受入れる人々に対するサタンの力を破壊するために死なれ（⇒Ⅰヨハ3:8）、神と過す永遠のいのちを約束して（ヨハ17:2, 黙21:-22:）、ご自分に従う人々を死の恐れから解放してくださった（黙1:18）。サタンが死の力を持つのは、人々を誘惑して神に逆らわせ、罪の罰（死、神からの分離）を受けるようにできたときだけである（⇒エゼ18:4, ロマ5:12, 6:23）。けれどもイエス・キリストは死という罪の刑罰をご自分で背負い、主イエスを受入れる人々の罪の負債を無効にして死の力を除いてくださった。その後、主イエスは誘惑と罪に勝ち続けることができるように力を与えてくださる（→ロマ8:1-16）。

2:16　アブラハムの子孫　主イエスが人間となられた使命は御使いを助けるためではなく、「アブラハム

のです。
17 そういうわけで、神のことについて、あわれみ深い、忠実な大祭司となるため、主はすべての点で兄弟たちと同じようにならなければなりませんでした。それは民の罪のために、なだめがなされるためなのです。
18 主は、ご自身が試みを受けて苦しまれたので、試みられている者たちを助けることがおできになるのです。

モーセよりすぐれている主イエス

3 ¹ そういうわけですから、天の召しにあずかっている聖なる兄弟たち。私た

17 ① ヘブ5:1, ロマ15:17
② ヘブ4:15, 16, 5:2
③ ヘブ3:1, 4:14, 15, 5:5, 10, 6:20, 7:26, 27, 28, 1, 3, 9:11, 図 ヘブ10:21
④ ヘブ2:14, ピリ2:7
⑤ Ⅰヨハ2:2, 4:10, 図 ダニ9:24
18 図 ヘブ4:15

1 ① 図 ピリ3:14
② 図 ヘブ2:11, 3:12, 10:19, 13:22, 図 使1:15

③ ヘブ4:14, 10:23,
図 ヨハ
17:3, ⑤ 図 ヘブ2:17
2 ① ヘブ3:5, 民12:7,
② 図 Ⅱコリ3:7-11
5 ①ヘブ3:2, 図
民出40:16, ② 出14:31,
民12:7他, ③ 図 ヘブ1:1
④ 図 申18:18, 19

③ 告白する信仰の使徒であり、大祭司であるイエスのことを考えなさい。
² モーセが神の家全体のために忠実であったのと同様に、イエスはご自分を立てた方に対して忠実なのです。
³ 家よりも、家を建てる者が大きな栄誉を持つのと同様に、イエスはモーセよりも大きな栄光を受けるのにふさわしいとされました。
⁴ 家はそれぞれ、だれかが建てるのですが、すべてのものを造られた方は、神です。
⁵ モーセは、しもべとして神の家全体のために忠実でした。それは、後に語られる事をあかしするためでした。

の子孫」(人間)を助けるためだった。そして「すべての点で」(2:17b)アブラハムの子孫と同じようになられた。この声明は、この手紙を受取ったユダヤ人キリスト者に直接関連していた。それはアブラハムがユダヤ人の元祖であり一番元の先祖だったからである。御子イエスが「アブラハムの子孫」のようになられた理由は三つある。それは、(1) ユダヤ人にあわれみ深い忠実な大祭司になること(2:17a)、(2)「民の罪のために、なだめがなされる」こと(2:17c)、(3)「試みられている者たち」(2:18)のためにとりなし助けることだった。主イエスはご自分を受入れるすべての人(ユダヤ人もユダヤ人以外の人々も)のためにこの三つの働きを完全に行ってくださった(⇒ロマ4:9-12, ガラ3:6-8)。

2:17 あわれみ深い、忠実な大祭司 主イエスと、神と人との仲介者(間を取持つ人)としてのその務めに「大祭司」ということばを当てているのは、新約聖書の書物の中でヘブル人への手紙だけである。主イエスは神として御父がどのような方であるかを現された(→1:3注)。人としては、旧約聖書の大祭司が贖罪の日にイスラエルを代表したのと同じように、神の御前で私たちを代表してくださった(→「贖罪の日」の項p.223)。(1) 大祭司の務めの中で主イエスの死は、私たちの罪に対する神の怒り(正当な怒りと罰)を取除く究極の贖い(罪をおおい赦しを提供する犠牲)になった(⇒ロマ1:18, 5:10)。その結果、私たちは今大胆に神に近付くことができるようになった。(2) 私たちが誘惑されるとき、主イエスは大祭司としてあわれみ深く私たちに同情し助けてくださる。それはご自分が人間として苦しみや困難、誘惑を体験されたからである。けれども主イエスは、どんなことがあっても罪を犯したり神に逆らったり神の基準に達しないことは

なかった(⇒4:14-15, Ⅱコリ5:21)。

2:18 助けることがおできになるのです 神に背くように誘惑され、神に逆らう罪深い性質の影響力に負けそうになるときに、私たちは主イエスに祈らなければならない。主イエスは私たちが誘惑に打勝ち罪を退けるのに必要な助けと力を与えると約束しておられる。私たちが行うべきことは、問題にぶつかったときに主イエスのそばに行くことである。主イエスは私たちの祈りに応えて必要なときにいつも助けてくださる(→4:16注)。

3:1 聖なる兄弟たち この手紙はキリストのメッセージを受入れ人生をキリストにゆだねた後、迫害に遭って気落ちしていたユダヤ人キリスト者にあてて書かれたと思われる(10:32-39)。その人々が本当に「新しく生まれ」た(ヨハ3:3-7)キリスト者だったことは、次のことからはっきりしている。(1) 2:1-4で救い(キリストを通して神との個人的関係を持つこと)から押し流されていく危険性を言っている。(2) 3:1で「天の召しにあずかっている聖なる兄弟たち」と呼ばれている。(3) 3:6で「神の家」と呼ばれている。この手紙の受取人がキリストによって霊的に救われていた証拠の詳細 →3:12-19, 4:14-16, 6:9-12, 18-20, 10:19-25, 32-36, 12:1-29, 13:1-6, 10-14, 20-21

3:1 使徒であり、大祭司である 古い契約(キリストが地上に来られる前に神の律法といけにえの制度に基づいて神との関係を維持するために神が定められた方法)では、モーセ(3:2-5)が使徒(神の権威とメッセージを与えられて送り出された人)で、アロン(5:1-5)が神の民の大祭司だった。今の新しい契約(神の御子イエス・キリストのいのちと犠牲を通して人々に与えられた神の霊的救いと神と人々との新しい関係についての神の計画)では、この二つの役割は主イエス

へブル 3章

6 しかし、キリストは御子として神の家を忠実に治められるのです。もし私たちが、確信と、希望による誇りとを、終わりまでしっかりと持ち続けるならば、私たちが神の家なのです。

不信仰に対する警告

7 ですから、聖霊が言われるとおりです。
「きょう、もし御声を聞くならば、
8 　荒野での試みの日に
　御怒りを引き起こしたときのように、
　心をかたくなにしてはならない。

9 　あなたがたの父祖たちは、
　そこでわたしを試みて証拠を求め、
　四十年の間、わたしのわざを見た。
10 　だから、わたしはその時代を憤って言った。
　彼らは常に心が迷い、
　わたしの道を悟らなかった。
11 　わたしは、怒りをもって誓ったように、
　決して彼らをわたしの安息に入らせない。」

12 兄弟たち。あなたがたの中では、だれも悪い不信仰の心になって生ける神から離れ

6① ヘブ1:2
　② ヘブ4:16, 10:19, 35, 圀エペ3:12
　③ ヘブ6:11, 7:19, 10:23, 圀ヘブ11:1, 圀Iペテ1:3
　④ 圀ロマ5:2
　⑤ 圀ロマ11:22, 3:14, 4:14
　⑥ 圀Iテモ3:15, Iコリ3:16
7① ヘブ9:8, 10:15, 使28:25
　② 詩95:7-11, ヘブ3:15, 4:7

9① 圀使7:36
11① 圀ヘブ4:3, 5
12① 圀ヘブ9:14, 10:31, 12:22, 圀マタ16:16

の中に一つに統合された。

3:6　確信と、希望・・・を・・・持ち続けるならば
ヘブル人への手紙では、仮定文には特に注意が必要である(2:3, 3:6, 14, 5:9, 6:11, 9:28, 10:26-29)。ここでもほかの箇所でもこのような言い方や警告、訴えなどは霊的救いには条件があること、キリストを信じ人生をゆだね続けなければならないことを示している。(1) 神の恵み(一方的に与えられる、受けるにふさわしくない好意、愛、霊的能力)によって私たちにキリストとの救いの関係ができる。そして恵みがあるなら、その関係を維持し保つことができる。私たちはキリストに忠実で信仰と愛による従順を保ち続けるなら、信仰者としての安全が保証されている。この真理はキリストご自身によって強調され(ヨハ15:1-8, 黙2:7, 11, 17, 25-26, 3:5, 11-12, 21)、ヘブル人への手紙で繰返し警告されている(2:1, 3:6, 14, 4:16, 7:25, 10:34-38, 12:1-4, 14)。(2) 新約聖書には、故意に罪を犯し続け神の基準に逆らい続ける教会の人々に、救いを保証するような間違った教えを裏付けるようなものはどこにもない(黙3:14-16, →ルカ12:42-48注, ヨハ15:6注, →「**背教**」の項 p.2350)。

3:7　聖霊が言われる　ヘブル人への手紙の著者は、ほかの新約聖書の著者と同じように、聖書(文書になった神のことば)を人間のことばとしてではなく、聖霊のことばとして最高の最も真実なものとして認め受入れている(⇒9:8, 10:15, IIテモ3:16, IIペテ1:21, →「**聖書の霊感と権威**」の項 p.2323)。聖書を読むとき私たちはただマタイやパウロ、ペテロやヨハネなどの考えや意見を読んでいると考えるのではなく、神とはどういう方か、その救いの計画がどのように私たちに当てはまるか、教会や私たちの人生に対する神のみこころは何かを明らかにしている聖霊のことばそのものであると考えるべきである。

3:7-11　きょう、もし御声を聞くならば　著者は詩篇95:7-11を引用して、イスラエルがエジプトの奴隷生活から出エジプトをした(大脱出)後、砂漠で神に逆らったこととその結果を指摘している。そしてその体験を新しい契約(神の御子イエス・キリストのいのちと犠牲を通して人々に与えられた神の霊的救いと神と人々との新しい関係についての神の計画)の中にいるキリストの弟子たちへの警告として描いている。イスラエルは、神の約束を信じることも神の命令に従うことも罪を拒むこともしないで神に不忠実だったため、約束の地に入ることが許されなかった(→民14:29注, 43注, 詩95:1-11注, 95:7-11注, 95:8注)。キリスト者も不信仰と不従順によって神に対して心を冷たくたかくなにするなら、同じように天の安息に入れないことを知らなければならない。

3:8　心をかたくなにしてはならない　聖霊は罪(神に反対して背き自分勝手な生き方をして神の完全な基準に届かないこと)、義(神と正しい関係を持ち神の基準に沿った正しいことを行うこと)、さばきについて私たちに語られる(ヨハ16:8-11, ロマ8:11-14, ガラ5:16-25)。もし内側から聞こえるその声を無視し続けるなら、私たちの心はかたくなになって応答しなくなり、ついにはみことばや主の導き、聖霊が望まれることを感じなくなってしまう(3:7)。そして真理や正しい生き方をないがしろにし、この世界の満足や喜び(神のくださるものではない)を得ようとするようになる(3:10)。心をかたくなにして背き続けるなら、神が私たちに訴え続けるのにも限界があると聖霊は警告しておられる(3:7-11, 創6:3)。物事には限度がある(3:10-11, 6:6, 10:26)。

3:12　生ける神から離れる　手紙の中で著者は、一定の間隔で繰返し、神への信仰から離れてしまう危険性について信仰者に警告をしている。詳細 →「**背教**」の項 p.2350

背教

「兄弟たち。あなたがたの中では、だれも悪い不信仰の心になって生ける神から離れる者がないように気をつけなさい。」(ヘブル人への手紙3:12)

「背教」ということばのギリシヤ語の名詞(アポスタシア)はギリシヤ語新約聖書には2回(使21:21, IIテサ2:3)出てくる。ヘブル人への手紙3章12節では動詞の「アフィステーミ」が使われている。このギリシヤ語は神から「離れて立つ」という意味で、以前に信じ体験していたキリストとの関係に霊的に逆らい、それを捨て、そこから身を引く、離れるということを指している。それは一般的には、一度は熱心だった信仰を否定し主イエスとの交わりを断ち、なお教会員であるようなふりをしながらキリストのからだ(信仰者の共同体)を捨てることである。背教は、自分から進んで意識的に「生ける神から離れる」と決めた結果である(ヘブ3:12)。

(1) 「背教する」とはキリストとの救いの関係を断ち切ること、またはキリストとの結びつきや信仰から身を引くことを意味している(→「信仰と恵み」の項 p.2062)。したがって個人的背教(グループ、教会、民族、国などが神を拒むことではなく)は、先に神の赦しを体験し霊的に「新しく生まれ」(ヨハ3:3-7)、キリストとの個人的関係を通して刷新された人々にだけ起こることで(⇒ルカ8:13, ヘブ6:4-5, 10:29)、たとい教会の中にいてもキリストとの本当の個人的関係を持っていない人々が新約聖書の信仰や教えを否定することとは違う。背教には二つの段階がありそれらは互いに関連している。(a) 神学的背教－これはキリストと、みことばを書くように神に用いられた人々(使徒たち)によって与えられた、最初からある教えの全部または一部分を拒むことである(Iテモ4:1, IIテモ4:3)。(b) 道徳的背教－これは信仰者だった人がキリストとの関係を断って、再び罪と罪の生活の奴隷になることである(イザ29:13, マタ23:25-28, ロマ6:15-23, 8:6-13)。

(2) キリスト者の信仰は本来的に神との関係であり交わりである。聖書は神を御父、イエス・キリストを御子、そしてキリストを信仰によって受入れた人々を神の家族、神の子どもと呼んでいる(ロマ8:14-17)。それは、キリストを信じる信仰による霊的救いは個人的なものであり相互関係的なもので、個人的に応答することが求められているということである。神の恵み(努力によらず受けるにふさわしくない好意、愛、霊的能力)はキリストの犠牲を通して私たちに提供された。その恵みによって私たちは罪を赦され、霊的に救われて神との関係を保つことができる。主イエスはぶどうの木と枝の例話(ヨハ15:1-8)の中で、キリスト(ぶどうの木)につながっている信仰者(枝)は霊的に安全であり、いのちを持っていると説明された。けれどもその信仰者が霊的に反抗的になり神に対する信仰を失ってキリストとの恵みによる結びつきから離れるなら、その人はいのちの源から切離されたことになる。この状態にとどまる人は、最後には神とともに永遠を過す特権をキリストを一度も受入れなかった人と同じように失ってしまう(⇒ヨハ15:6)。

(3) 聖書はこの重大で厳粛な危険について重要な警告をしている。その目的は私たちが意識的にキリストとの結びつきから離れないように注意し、キリストに忠実に従い続けるように励ますことだった。神がこの警告をされた目的を私たちは無視したり軽く扱ったりして、「警告はもっともだけれども、そのような可能性はありえない」という態度をとってはならない。むしろ私たちはこれを慎重に受止めて、神とともにいる完全な最終的救いを永遠の世界で受けるときまで地上での生き方に生かしていかなければならない。新約聖書には多くの警告があるけれども以下にあるのはその一部である。マタ24:4-5, 11-13, ルカ12:46, ヨハ15:1-6, 使14:21-22, ロマ11:17-21, Iコリ15:1-2, コロ1:23, Iテモ4:1, 16, 6:10-12, IIテモ4:2-5, ヘブ2:1-3, 3:7-19, 4:1, 6-7, 6:4-9, 10:26-31, 12:25, ヤコ5:19-20, IIペテ1:10, 2:20-22, Iヨハ2:23-25

(4) 背教の実際の例は次の箇所に見られる－出32:, II列17:7-23, 詩106:, イザ1:2-4, エレ2:1-9, 使

1：25，ガラ5：4，Ⅰテモ1：18-20，Ⅱペテ2：1，15，20-22，ユダ1：4，11-13。教会にいる忠実な人々をこの世界から引上げるためにキリストが再び来られる終りの日に起きる背教についての詳細 →「**反キリストの時代**」の項 p.2288

　(5) 背教につながる道は次のようである。

　　(a) 信仰者(神の赦しを受入れてキリストを信じる信仰を通して神との個人的関係を持った人々)が霊的に無関心になり、反抗的になり、明らかに抵抗するようになる。神のことばの真理、訴え、警告、約束、教えなどに真剣に向き合わず、それを信じないことを言い表す(マコ4：15，ルカ8：13，ヨハ5：44，47，8：46)。

　　(b) 神の国よりもこの世界の物事や願いが優先されるようになったら、信仰者は徐々にキリストを通して神と交わることを求めることも体験することもやめるようになっていく(ヘブ4：16，7：19，25，11：6)。

　　(c) 罪(神に逆らうもの、神の基準に合わないものすべて)の惑わしによって、信仰者は日々の生活の中で罪に対して徐々に寛大になる(Ⅰコリ6：9-10，エペ5：5，ヘブ3：13)。正しいことを愛し間違ったことを憎むことをやめるようになる(→ヘブ1：9注)。

　　(d) 心が霊的にかたくなになり(ヘブ3：8，13)、神に対して反抗し応答しなくなる。そしてやがて公に神の道を拒むようになり(ヘブ3：10)、心の中に繰返される聖霊の声と叱責を無視するようになる(エペ4：30，Ⅰテサ5：19-22)。

　　(e) 聖霊は悲しまれ(エペ4：30，⇒ヘブ3：7-8)、聖霊の火は消され(Ⅰテサ5：19)、聖霊の宮(その人のからだといのち)が汚される(Ⅰコリ3：16)。その結果、聖霊はやがて信仰者から離れていかれる(士16：20，詩51：11，ロマ8：13，Ⅰコリ3：16-17，ヘブ3：14)。

　(6) 霊的逆戻り(信仰やキリストとの関係をおろそかにしたり捨てたりすること)がそのまま進むなら、その人はやがて新しくやり直すことができないところまで行ってしまう。つまり神を信じる信仰を刷新して再出発をすることができなくなる。なぜなら、神の恵みと聖霊の力がなければそれはだれにもできないからである。(a) 一度はキリストによる救いを体験したのに御霊の声に対して心を固くし続け(ヘブ3：7-19)、わざと罪を犯し続け(ヘブ10：26)、神への道に帰ろうとしない人々は、悔い改めや救いがもはや不可能な後戻りのきかない地点にまで行き着くことになる(ヘブ6：4-6，→申29：18-21注，Ⅰサム2：25注，箴29：1注)。神の忍耐にも限界がある(→Ⅰサム3：11-14，マタ12：31-32，Ⅱテサ2：9-11，ヘブ10：26-29，31，Ⅰヨハ5：16)。(b) 後戻りのきかないこの地点は前もって決められているものではない。究極(最大で最終的)の背教の危険を防ぐ対策はただ一つ、「きょう、もし御声を聞くならば・・・心をかたくなにしてはならない」(ヘブ3：7-8，15，4：7)という警告を真剣に受止めることである。

　(7) 霊的に後戻りする危険はキリストを信じる信仰から離れ(ヘブ2：1-3)、神から離れていく(ヘブ6：6)人にはいつでも起こる可能性がある。けれども(6)で描いたような絶望的な状態になる究極の背教は、聖霊に対して絶えず意識的に抵抗をし続けない限り起きることはない(→マタ12：31注)。私たちは自分の働きや努力ではなく神の恵みによって救われるのである。それと同じように(→エペ2：8-9，テト3：5)、私たちは自分の行動だけで神から離され罰せられるのではない(そのさばきは当然受けるけれども Ⅱコリ5：10)。人々は神の恵みを受入れキリストを信じることによって霊的に救われる。けれども神の恵みを拒み(受入れない)キリストを信じるのを拒むことによって霊的に罰を受ける(⇒ヘブ12：15，25，使19：19，Ⅱテサ2：10，黙16：9)。神を信じるのを拒むということは神を信じない、神に頼ろうとしない、神のことばをそのまま受取らない、自分の生活が間違っていることを認めない、キリストを通してしか与えられない神の霊的救いを受入れようとしない、生活の中で神の助けや神がかかわってくださることを受入れようとしないなど、いろいろなかたちで表される。このように心を固くして神に逆らう人は将来的にもずっと神を拒む危険な状態になっているのである(ヘブ3：12)。

　(8) 信仰を拒み神との本当の関係を捨てる人々は(ヘブ3：12)、自分ではまだキリスト者であると考えているかもしれない。けれどもキリストの命令や心の中の聖霊の声、聖書の警告を霊的におろそかにし無関心でいるなら、それは神に逆らっていることである。これは自分をだましていることと思われるので、自分は

霊的に救われていると言う人はみな、「信仰に立っているかどうか、自分自身をためし、また吟味しなさい」（Ⅱコリ13：5注）とパウロは強く勧めている。

　（9）自分の霊的状態について本当に関心を持ち悔い改めて（神に対する態度を変え、罪を認め自分勝手な道から離れて神に従うこと）神のところに戻りたいと願う人々は、赦されない罪（⇒マコ3：29）を犯したり究極的背教の罪を犯したりしていないことが確かである。神は一人の人も滅び、霊的に失われて永遠に神から離されることを願っておられないと神のことばは断言している（Ⅱペテ 3：9, ⇒イザ1：18-19, 55：6-7）。気ままで反抗的な失われた子どもでも、本当に悔い改めて帰って来るなら天の父は喜んで迎えてくださる（⇒ガラ5：4と4：19, Ⅰコリ5：1-5とⅡコリ2：5-11, →ルカ15：11-24, ロマ11：20-23, ヤコ5：19-20, 黙3：14-20, ペテロの例　マタ16：16, 26：74-75, ヨハ21：15-22）。

ヘブル 3-4章

13「きょう」と言われている間に、日々互いに励まし合って、だれも罪に惑わされてかたくなにならないようにしなさい。
14もし最初の確信を終わりまでしっかり保ちさえすれば、私たちは、キリストにあずかる者となるのです。
15
「きょう、もし御声を聞くならば、
　御怒りを引き起こしたときのように、
　心をかたくなにしてはならない。」
と言われているからです。
16聞いていながら、御怒りを引き起こしたのはだれでしたか。モーセに率いられてエジプトを出た人々の全部ではありませんか。
17神は四十年の間だれを怒っておられたのですか。罪を犯した人々、しかばねを荒野にさらした、あの人たちをではありませんか。
18また、わたしの安息に入らせないと神が誓われたのは、ほかでもない、従おうとしなかった人たちのことではありませんか。
19それゆえ、彼らが安息に入れなかったのは、不信仰のためであったことがわかります。

神の民のための安息

4 ¹こういうわけで、神の安息に入るための約束はまだ残っているのですから、あなたがたのうちのひとりでも、万が一にもこれに入れないようなことのないように、私たちは恐れる心を持とうではありませんか。
²福音を説き聞かされていることは、私た

3:13 日々互いに励まし合って 牧師の中には、信仰者たちに神を敬う信仰を守りキリストとの関係の中で成長し続けるように「励まし」警告をしない人がいる。このような怠慢な牧師は実際のところ、使徒(キリストから与えられた福音を伝えるために直接権威を与えられた人々 コロ1:21-23、Ⅰテモ4:1, 16、ヤコ5:19-20、Ⅱペテ1:8-11、Ⅰヨハ2:23-25)やヘブル人への手紙の著者(2:3、3:6-19)や主イエスご自身(マタ24:11-13、ヨハ15:1-6)が伝えた緊急の警告を説教していないのである。

3:16 聞いていながら、御怒りを引き起こしたのは ここは旧約聖書のイスラエル人がエジプトでの奴隷生活から奇蹟的に解放され(出12:-13:)、神によって荒野の中の生活を導かれて多くのしるしや奇蹟を体験したことを指している(出15:-17: ～)。その人々は神の契約(神の律法と約束、人々の神への忠誠と服従に基づいた神とイスラエルとの「終生協定」、→**イスラエル人との神の契約**の項 p.351)も受取っていた。けれども約束のカナンの地を相続することができなかった。それは神のことばを素直に受取らなかったからである(3:19、民13:-14:)。これは反抗(3:16)、罪(3:17)、不従順(3:18)と考えられた。その結果、神はイスラエルの民全体がカナンに入るのを許されなかった(民14:21-35)。この手紙が書かれた時代、1世紀の教会は似たような情況に直面していた。ある人々は聞いたメッセージを拒み、キリストへの信仰を捨てる誘惑を受けていた。

3:18 わたしの安息に入らせない 信仰者は神が約束された安息と報いを逃す可能性があることが、モーセに導かれてエジプトを出たイスラエルの民が約束の地に入れなかった例で示されている(→民14:29注、申1:26注)。著者は二つのことを指摘している。(1) イスラエル人は神の贖い(救い、救出、解放)の力を体験し(3:16)、神の偉大なみわざを見た(3:9)のに、神に従順ではなかった。それは神の約束を信じようとせず、神の警告に耳を傾けなかったからである(3:18-19)。そこで神は、反抗した世代全体が死に絶えるまで、約束の地に入るのを許されなかった(3:17)。(2) イスラエルの民は最初神を体験した。けれどもそれでカナンに無事到着することが保証されたわけではなかった。神に忠実に従わず仕えなかったイスラエル人は、神を汚し神が計画された道を行く特権を失い、唯一の安全保障の源(神に従う関係)を放棄してしまった。(3) 教会の人々もみことばを信ぜず、今持っている信仰とキリストとの親しい関係を捨て去るなら、同じように神とともに過す永遠のいのちの約束を失う可能性が出てくる(→「**背教**」の項 p.2350)。

4:1 神の安息・・・これに入れない 主イエスに忠実にならず従順にもならないなら、キリストが約束された天にある永遠の安息には入れなくなる(⇒11:16, 12:22-24)。(1)「私たちは恐れる心を持とうではありませんか」ということばは、神を信じる信仰を捨てて神のさばきを受けるようになる恐ろしい可能性があるからこそ言われている。(2) キリストに仕え続け信仰を持ち続けるには、神に頼り誠実な心でキリストとの関係を育て続けることが必要である(4:16, 7:25)。

---

12 ②同ヘブ12:25,
　コロ2:8
13 ①同ヘブ10:24, 25
　②同エペ4:22
14 ①同ヘブ11:1
　②同ヘブ3:6
15 ①詩95:7, 8
16 ①同エレ32:29, 44:3, 8 他
　②民14:2, 11他,
　申1:35, 同民14:30,
　同1:36, 38
17 ①民14:29,
　図Ⅰコリ10:5

18 ①民14:23, 申1:34, 35,
　同ヘブ4:2
　②同ヘブ4:6, 11,
　同ロマ11:30-32
19 ①同ヨハ3:36

1 ①同ヘブ12:15

ちも彼らと同じなのです。ところが、その聞いたみことばも、彼らには益になりませんでした。*みことばが、それを聞いた人たちに、信仰によって、結びつけられなかったからです。

3 信じた私たちは安息に入るのです。
「わたしは、怒りをもって誓ったように、
決して彼らをわたしの安息に入らせない。」
と神が言われたとおりです。みわざは創世の初めから、もう終わっているのです。

4 というのは、神は七日目について、ある個所で、「そして、神は、すべてのみわざを終えて七日目に休まれた」と言われました。

5 そして、ここでは、「決して彼らをわたしの安息に入らせない」と言われたのです。

6 こういうわけで、その安息に入る人々がまだ残っており、前に福音を説き聞かされ

2 ①Iテサ2:13
*異本「彼らは、そのみことばを聞いた人たちと、信仰によって結びつけられなかったからです」
3 ①詩95:11、ヘブ3:11
4 ①ヘブ2:6
②創2:2
③出20:11、31:17他
5 ①詩95:11、ヘブ3:11

6 ①ヘブ3:18、4:11
7 ①ヘブ3:7, 8
②詩篇95篇の表題(七十人訳)
③詩95:7, 8
8 ①ヨシ22:4
9 ①ヘブ7:1
10 ①ヘブ4:4
②黙14:13
11 ①ヘブ3:18、4:6
②Ⅱペテ2:6

た人々は、不従順のゆえに入れなかったのですから、

7 神は再びある日を「きょう」と定めて、長い年月の後に、前に言われたと同じように、ダビデを通して、
「きょう、もし御声を聞くならば、
あなたがたの心をかたくなにしてはならない。」
と語られたのです。

8 もしヨシュアが彼らに安息を与えたのであったら、神はそのあとで別の日のことを話されることはなかったでしょう。

9 したがって、安息日の休みは、神の民のためにまだ残っているのです。

10 神の安息に入った者ならば、神がご自分のわざを終えて休まれたように、自分のわざを終えて休んだはずです。

11 ですから、私たちは、この安息に入るよう力を尽くして努め、あの不従順の例にな

4:2 信仰によって、結びつけられなかった キリストの福音も神の約束もみことばを受取った人が人生をささげる本当の信仰をもって応答しないなら、何の益にもならない(→**信仰と恵み**の項 p.2062)。

4:3 安息に入るのです イエス・キリストの救いのメッセージを信じて受入れ、それに人生の基盤を置く人だけが神の霊的安息に入ることができる(→ヨハ1:12注、ヨハ5:24聞いての注)。キリストに人生をゆだね自分自身を主の導きと配慮にまかせるなら、主は罪、罪悪感、心配を取去り、罪の赦しや救いに伴う聖霊の「安息」に入れてくださる(マタ11:28)。けれども地上の生活で与えられる安息は部分的である。この厳しい世界では私たちは旅人に過ぎないからである。けれども主との親しい関係を保ったまま死ぬとき、私たちはそれぞれ天の完全な安息に入っていくのである(→次の注)。

4:9 安息日の休みは・・・まだ残っているのです 神が約束された安息は、地上で持つ神との平安と天の永遠の安息の両方である(4:7-8、⇒13:14)。主イエスとの個人的な関係による安息と平安を知っている人には、天の永遠の安息も備えられている(ヨハ14:1-3、⇒ヘブ11:10, 16)。この永遠の安息に入ることは安息日を守る原則と比べられている。安息日は7日のうちの1日、または特定の期間を礼拝と安息のために取っておくもので、神の民にとって肉体的にも霊的にも新しくされるときだった(→創2:3、出16:30, 20:8、Ⅱ歴36:21)。同じように天は、私たちの地上の人生の労働や苦難、迫害などが終る究極のときである(⇒黙14:13)。それは神の御前で永遠に新しくされ続けるときで、終りのない喜び、楽しみ、愛、神と神を愛する人々との交わりを楽しむことのできるときである。それは終りのない安息日(完全な「第七日目」)である(黙21:-22:)。

4:11 入るよう力を尽くして努め 天の栄光に満ちた祝福とそこに入れなかった人々の恐ろしい最後を考えて、信仰者は神の住まわれる天の家に向かう旅の中で正しい信仰の道にとどまり続けるように心して努めなければならない。「尽くして努め」と訳されたことば(《ギ》スプーダゾー)は「勤勉である、真面目、集中している」という意味を持っている。現在の救いの安息(キリストを信じる信仰による神との個人的な関係)と永遠の天の安息に入るには、消極的な信仰ではなく積極的な信仰が必要である。積極的な信仰とは怠惰な自己満足ではなく、熱心に追い求めることである。神の安息に入るには積極的に神に頼り、愛をもって従うことが必要である。天の希望を持つ人は、出エジプトを体験した世代のイスラエル人の不信仰や不従順を避けなければならない(→**信仰と恵み**の項 p.2062)。ここで言うひたすらな努力は、自分の意思や力、能力だけで「頑張る」ことではない。神の安息は自分の才能や努力ではなく神に頼り神に応答することである。神の安息は平安で安全な状態で、神を信じることも従うこともしないために自己中心的になり不安に取付かれる状態から解放された状態である。天の目標に向けて前

らって落後する者が、ひとりもいないようにしようではありませんか。
12 神のことばは生きていて、力があり、両刃の剣よりも鋭く、たましいと霊、関節と骨髄の分かれ目さえも刺し通し、心のいろいろな考えやはかりごとを判別することができます。
13 造られたもので、神の前で隠れおおせるものは何一つなく、神の目には、すべてが裸であり、さらけ出されています。私たちはこの神に対して弁明をするのです。

12 ① Ⅰペテ1:23, 囲エレ23:29, ヘブ6:5, エペ5:26
② 囲使7:38
③ 囲Ⅰテサ2:13
④ 囲エペ6:17
⑤ 囲Ⅰテサ5:23
⑥ 囲ヨハ12:48, Ⅰコリ14:24, 25
13 ①Ⅱ歴16:9, 詩33:13-15
② 囲ヨブ26:6

14 ① 囲エペ4:10, 囲ヘブ6:20, 8:1, 9:24, ② 囲ヘブ2:17, ③ ヘブ16:9, 7:3, 10:29, 囲マタ4:3, 囲ヘブ1:2
④ 囲ヘブ3:1
15 ① 囲ヘブ2:17
② 囲Ⅱコリ5:21, 囲ヘブ7:26, ③ 囲ヘブ2:18
16 ① 囲ヘブ3:6
② 囲ヘブ7:19

大祭司イエス

14 さて、私たちのためには、もろもろの天を通られた偉大な大祭司である神の子イエスがおられるのですから、私たちの信仰の告白を堅く保とうではありませんか。
15 私たちの大祭司は、私たちの弱さに同情できない方ではありません。罪は犯されませんでしたが、すべての点で、私たちと同じように、試みに会われたのです。
16 ですから、私たちは、あわれみを受け、また恵みをいただいて、おりにかなった助けを受けるために、大胆に恵みの御座に近

進を続ける上で大切ことは（ピリ3:13-14）、神のことばに頼り（4:12）祈りに励むことである（4:16）。

4:12 神のことば 私たちは自分を神のことばの前にさらけ出して自分自身を完全に調べ、深い霊的手術をしてもらうことによって神の安息に入ることができる。神のことばは神が語られることのすべてであり、神ご自身の特性、願い、目的を表している。神のことばは聖書という文書のかたちで私たちに伝えられた。旧約聖書と新約聖書を通してみことばはダイナミックで活動的で、究極的に神の目的を確実に成就する。また私たちの内部を刺し通し、考えや動機が正しいか正しくないか、霊的か霊的でないかを見極める鋭い剣のようである。さらに外科医のメスのように私たちの中から霊的に腐った部分を切取り、信仰によってみことばに従う人に癒しといのちをもたらしてくれる。けれども公に背き離れる人には神のことばは戦士の剣のように厳しいさばきをもたらすものでもある（⇒ヨハ6:63, 12:48, →「**神のことば**」の項p.1213）。

4:12 たましいと霊・・・の分かれ目 神のことばは私たちの生活と内部の存在を正確に刺し通し、「たましい」と「霊」とのあいまいな分かれ目を見分け見定めることができる。「たましい」（《ギ》プスュケー）は霊的体験とは別の内側のいのち（自分自身に関係のあるいのち）を指す（感情、考え、望み、選択 →**人間性**の項p.1100）。「霊」（《ギ》プニューマ）はここでは人間の霊のことで、新約聖書では私たちの霊的領域（神に関係のあるいのち）を指している（⇒ロマ8:10）。神のことばは私たちの霊の中に神のいのちを呼び覚まして強め、霊の中に神が育てておられるいのちと対立するものがあるとき、私たちの「たましい中心主義」（自分の動機や願い）を暴き出す。いのちを刺し通す神のことばに従うとき、私たちの心は柔らかくなり変えられて、神を敬う品性を身につけ神との平安と安息を体験することができる。その反対は神のことばに対して心をかたくなにすることである。そうなると私たちは信仰を失い神のことばによってさばかれることになる。4:12-13は神とみことばに対する応答の仕方が重要であることを示している。

4:14 私たちのためには・・・偉大な大祭司 →8:1注

4:15 罪は犯されませんでしたが、すべての点で・・・試みに会われたのです ここでは主イエスの誘惑と私たちの誘惑とが比較されている。それは私たちが受ける誘惑を主イエスが全部体験されたという意味ではない。むしろ主は人間が体験するあらゆる種類の誘惑に耐えられたということである。このことは、私たちが人生で体験することに主イエスが個人的にかかわり共感してくださる（感覚、苛立ち、心配、感情をみな共有する）ことを確実にしている（⇒2:18）。私たちの誘惑とキリストの誘惑とはその結果が全く異なる。主は罪を犯されなかった（→マタ4:1-11）。このことから、主イエスは私たちの失敗や罪を理解できないのではないかと感じる人もいるかもしれない。けれども覚えておかなければならないのは、主イエスは罪を犯されなかったけれども、私たちの罪の重みと罰を全部背負って私たちにいのちを与えられるということである（イザ53:4-5, Ⅱコリ5:21）。これは、私たちの罪を全部集めたものよりもさらに大きなものに耐えられたということである。罪を犯さなかったということは、かなり高いレベルの誘惑を受けたけれども絶対に負けることなく、その都度完全な勝利に進んでいかれたことを教えている。私たちがしばしば失敗し負けるところを主イエスは必ず退け勝利されたのである。したがって主イエスは（いのちと死を通して）、私たちが体験するどんなレベルの誘惑や苦痛も理解してくださる。そしてさらに、私たちが頼りさえするならどんな情況でも乗越えられるようにさせる力を持っておられる（→4:16注）。

4:16 大胆に恵みの御座に近づこう キリストは私

ヘブル 4-5章

づこうではありませんか。

5 ¹ 大祭司はみな、人々の中から選ばれ、神に仕える事がらについて人々に代わる者として、任命を受けたのです。それは、罪のために、ささげ物といけにえとをささげるためです。
² 彼は、自分自身も弱さを身にまとっているので、無知な迷っている人々を思いやることができるのです。
³ そしてまた、その弱さのゆえに、民のためだけでなく、自分のためにも、罪のためのささげ物をしなければなりません。
⁴ まただれでも、この名誉を自分で得るのではなく、アロンのように神に召されて受けるのです。
⁵ 同様に、キリストも大祭司となる栄誉を自分で得られたのではなく、彼に、
「あなたは、わたしの子。
きょう、わたしがあなたを生んだ。」
と言われた方が、それをお与えになったのです。
⁶ 別の個所で、こうも言われます。
「あなたは、とこしえに、
メルキゼデクの位に等しい祭司である。」
⁷ キリストは、人としてこの世におられたとき、自分を死から救うことのできる方に向かって、大きな叫び声と涙とをもって祈りと願いをささげ、そしてその敬虔のゆえに聞き入れられました。
⁸ キリストは御子であられるのに、お受けになった多くの苦しみによって従順を学び、

たちの弱さを知り同情され（4:15）、私たちが人生で体験することをみな理解してくださる（→4:15注）。また天の御父は私たちが祈るのを喜び受け入れてくださるので、私たちは大胆に神に近付くことができる（⇒10:19-20）。主にお会いするその場所は「恵みの御座」と呼ばれている。それはそこから神の好意、愛、助け、あわれみ、赦し、知恵、霊的力、御霊の賜物、御霊の実などが流れ出るからである（→「信仰と恵み」の項 p.2062、「聖霊の賜物」の表 p.2096、「聖霊の働き」の表 p.2187）。実際に神は私たちの必要をみなどのような情況の中でも備えてくださる。救いに伴う最大の祝福の一つは、キリストが今私たちの大祭司（神と人との仲介者）であり、困ったときに助けを求めて神のところへ行くことができるように道を開いてくださったことである。

5:1 大祭司はみな 正式の祭司職には二つの資格が必要である。（1）知らないうちに、あるいは偶然に犯した罪や弱さのために、霊的にさ迷っている人々に祭司は同情をし、優しくまた忍耐強くなければならない（5:2, 4:15, ⇒レビ4:、民15:27-29）。（2）祭司は神によって任命されなければならない（5:4-6）。キリストはこの両方の資格を十分に備えておられた（→レビ8:2注）。

5:6 メルキゼデクの位 メルキゼデクは旧約聖書に出てくる不思議な人物で、創世記14章でシャレム（後にエルサレムと言われた町と思われる 7:1, 創14:18, 詩110:1-4）の祭司として登場する。これはイスラエルのレビ族による祭司職が神の律法によって制定されるより前の出来事だった。キリストの大祭司としての務め（人々には神の代理となり、神には人々の代理する人）は、終わりがないという点でメルキゼデクの務めと同じだった。メルキゼデクがだれから祭司職を受継いだのか、まただれに継がせたのか聖書には書いてない。これは主イエスのような祭司は過去におられなかったし、これからもおられないという点を象徴的に示している。私たちに必要な、父である神との仲介者は主イエス以外におられない。メルキゼデクの詳細→6:20注, 7:1注, 7:3注

5:7 大きな叫び声と涙 ここにあるような強い表現は、主イエスについての新約聖書の記述ではどこにも見ることができない。それは主イエスがゲツセマネの園で汗を血のしずくのように滴らせて激しく祈られたときに味わわれた苦難と苦しみを指していると思われる（⇒マタ26:31-46, ルカ22:39-44）。主イエスの祈りは「聞き入れられました」。けれどもそれは死ぬときの痛みと苦しみを神が全部取除かれたという意味ではなく、主イエスが神の恵みを受けて定められた苦痛を耐えられたという意味である。私たちは試練や困難、苦痛を味わい、祈っても応えられないと感じるときがある。そのようなときには、主イエスも同じような試練を受けられたことと、人生に許された苦しみを私たちが耐えて究極の目的が達成できるように神は恵みを与えてくださることとを思い出すべきである（→マタ26:39注）。

5:8 従順を学び 人間となられた神の御子イエスは激しい苦しみと誘惑に遭うことを通して、神に従うとはどういうことかを学ばれた。主イエスは失敗をしない方であるから、私たちのように試行錯誤を通して学ばれたのではない。むしろ実際の行動（いつも完全に従うこと）を通して学ばれたのである。服従すること

ヘブル　5-6章

⁹完全な者とされ、彼に従うすべての人々に対して、とこしえの救いを与える者となり、
¹⁰神によって、メルキゼデクの位に等しい大祭司ととなえられたのです。

未熟さに対する警告

6:4-6　参照記事→ヘブ10:26-31

¹¹*この方について、私たちは話すべきことをたくさん持っていますが、あなたがたの耳が鈍くなっているため、説き明かすことが困難です。
¹²あなたがたは年数からすれば教師になっていなければならないにもかかわらず、神のことばの初歩をもう一度だれかに教えてもらう必要があるのです。あなたがたは堅い食物ではなく、乳を必要とするようになっています。
¹³まだ乳ばかり飲んでいるような者はみな、義の教えに通じてはいません。幼子なのです。
¹⁴しかし、堅い食物はおとなの物であっ

9①圏ヘブ2:10
10①圏ヘブ5:6
②囚ヘブ2:17, 5:5
11 * あるいは「このことについて」
12①圏使7:38
②囚ヘブ6:1, 圏ガラ4:3
③囚Iコリ3:2, 囚Iペテ2:2
13①囚Iコリ3:1, 囚Iコリ14:20, Iペテ2:2
14①圏Iコリ2:6, エペ4:13, ヘブ6:1

②囚ロマ14:1
③囚Iテモ4:7

1①ヘブ5:12
②囚ピリ3:13, 14
③囚ヘブ5:14
＊別訳「完全」
②囚ヘブ9:14, 圏ヨハ8:21
2①囚使19:3, 4, ヨハ3:25
②囚使6:6
③囚使17:31, 32
3①囚使18:21
4①ヘブ10:32, 囚IIコリ4:4, 6
②エペ2:8, 圏ヨハ4:10
5①ヘブ2:4, 圏ガラ3:2
②囚エペ6:17
③囚ヘブ2:5
④囚Iペテ2:3
6①ヘブ10:26, 27, 圏Iヨハ5:16, IIペテ2:21, マタ19:26, 圏ヘブ10:29
＊別訳「自分で神の子を……恥辱を与えている間は」として「そういう人々」の前に入れる

て、経験によって良い物と悪い物とを見分ける感覚を訓練された人たちの物です。

6 ¹ですから、私たちは、キリストについての初歩の教えをあとにして、成熟を目ざして進もうではありませんか。死んだ行いからの回心、神に対する信仰、
²きよめの洗いについての教え、手を置く儀式、死者の復活、とこしえのさばきなど基礎的なことを再びやり直したりしないようにしましょう。
³神がお許しになるならば、私たちはそうすべきです。

堕落に対する警告

⁴一度光を受けて天からの賜物の味を知り、聖霊にあずかる者となり、
⁵神のすばらしいみことばと、後にやがて来る世の力とを味わったうえで、
⁶しかも堕落してしまうならば、そういう人々をもう一度悔い改めに立ち返らせることはできません。彼らは、自分で神の子をもう一度十字架にかけて、恥辱を与える人

によって主イエスはいのちを失うほどの激しい苦しみに遭われた。けれども罪を犯されなかった。こうして完全なものとされた主イエスは(5:9)、私たちに永遠の救いを与えるのにあらゆる面でふさわしい(5:1-6)完全な救い主、大祭司となられた(5:9, →2:10注)。今の腐敗した世界で神に忠実に従うときには、苦しみや反対に遭うようになることを私たちはキリストの例からも学ぶのである(⇒12:2, イザ50:4-6, ピリ2:8)。

5:9　彼に従うすべての人々に対して・・・救い　主イエスの苦しみ(5:8)によって備えられた永遠の救いはあらゆる人々に提供されている。けれどもそれを実際に受取るのは「神に従う」人々だけである。従順を最高のかたちで示してくださった主イエスはあらゆる面で完全な方である。主イエスを信じる信仰(救いと神との個人的関係をもたらす信仰)は服従する信仰である。キリストに従い、その関係の中で成長する人はキリストのように従順になるはずである(ヨハ8:31, ロマ1:5, 16:26, ヤコ2:17-26)。この従順によって私たちの人生は変えられ、永遠の世界で主イエスと一つになり栄光を受けるように備えることができるようになる。

5:12　堅い食物ではなく、乳　→「三種類の人々」の項 p.2108

5:14　良い物と悪い物とを見分ける　信仰が弱く未熟な人は、良いものと悪いもの、神をあがめるものと神の名を汚すものとを見分ける霊的感受性と識別力に欠けている。けれども成熟したキリストの弟子たちは、良いものと悪いものとを注意深く見分ける霊的感覚が鍛えられている。そのような人々は、神とともにみことばと祈りの時間を持ち、神が語りかける御声に応じて従うことによって自分を整え鍛えてきた。義を愛し悪を憎み(→1:9注)、神の力と原則に従って心を一新させ(ロマ12:1-2)、聖霊によって神の視点から物事を見ることができるようにされて、私たちは神のことばの固い食物を食べられるようになり、キリストとの関係で完全におとなになることができる(⇒エペ4:13)。

6:4-6　悔い改めに立ち返らせることはできません　ヘブル人への手紙の著者はここでは背教(霊的反抗、キリストへの信仰を捨てること)の結果について議論している。この難解な箇所についての解説　→「**背教**」の項 p.2350

6:6　堕落してしまうならば　この表現(《ギ》パラペソンタス、パラピプトーの派生語)は過去形に訳すべき分詞である。したがって直訳して「堕落したならば」と読むべきである。ヘブル人への手紙の著者は信仰から「堕落し」霊的救いを失うことが現実に起こる可能性があることとして書いている(→「**背教**」の項 p.2350)。

たちだからです。

7 土地は、その上にしばしば降る雨を吸い込んで、これを耕す人たちのために有用な作物を生じるなら、神の祝福にあずかります。

8 しかし、いばらやあざみなどを生えさせるなら、無用なものであって、やがてのろいを受け、ついには焼かれてしまいます。

9 だが、愛する人たち。私たちはこのように言いますが、あなたがたについては、もっと良いことを確信しています。それは救いにつながることです。

10 神は正しい方であって、あなたがたの行いを忘れず、あなたがたがこれまで聖徒たちに仕え、また今も仕えて神の御名のために示したあの愛をお忘れにならないのです。

11 そこで、私たちは、あなたがたひとりひとりが、同じ熱心さを示して、最後まで、私たちの希望について十分な確信を持ち続けてくれるように切望します。

12 それは、あなたがたがなまけずに、信仰と忍耐によって約束のものを相続するあの人たちに、ならう者となるためです。

7①囲IIテモ2:6
8①囲申29:22以下
9①囲Iコリ10:14,
IIコリ7:1, 12:19,
Iペテ2:11,
IIペテ3:1, Iヨハ2:7,
ユダ3
10①囲創19:17,
マタ10:42, 25:40,
囲使10:4
②囲Iテサ1:3
③囲ヘブ10:32-34,
囲ロマ15:25
11①囲ヘブ3:6
②囲ヘブ10:22,
囲ルカ1:1
12①囲IIテサ1:4, ヤコ1:3,
黙13:10
②囲ヘブ1:14
③囲ヘブ13:7

13①囲ガラ3:15, 18
②囲創22:16, ルカ1:73
14①囲創22:16, 17
15①囲創12:4, 21:5
16①囲ガラ3:15
②囲出22:11
17①囲ヘブ11:9
②囲詩110:4, 創19:21,
ヘブ6:18
18①囲Iテト1:2, 囲民23:19
②囲ヘブ6, 7:19
19①囲レビ16:2, ヘブ9:2, 3

神の約束の確かさ

13 神は、アブラハムに約束されるとき、ご自分よりすぐれたものをさして誓うことがありえないため、ご自分をさして誓い、

14 こう言われました。「わたしは必ずあなたを祝福し、あなたを大いにふやす。」

15 こうして、アブラハムは、忍耐の末に、約束のものを得ました。

16 確かに、人間は自分よりすぐれた者をさして誓います。そして、確証のための誓いというものは、人間のすべての反論をやめさせます。

17 そこで、神は約束の相続者たちに、ご計画の変わらないことをさらにはっきり示そうと思い、誓いをもって保証されたのです。

18 それは、変えることのできない二つの事がらによって、──神は、これらの事がらのゆえに、偽ることができません──前に置かれている望みを捕らえるためにのがれて来た私たちが、力強い励ましを受けるためです。

19 この望みは、私たちのたましいのために、安全で確かな錨の役を果たし、またこの望みは幕の内側に入るのです。

6:7-8 やがてのろいを受け この短いたとえ（道徳や霊的教訓を教えたりある点をはっきりさせるために使う簡単でわかりやすい短い描写）は、信仰から堕落する可能性について警告をするために使われている。キリスト者は信仰を成長させ、霊的に実を結び続けなければならないことが強調されている（→ヨハ15:5-6, IIペテ2:20-22, ⇒マタ3:8）。

6:9-20 あなたがたについては、もっと良いこと 著者はこのメッセージを受取る人々には、6:4-8に描かれているような背教（霊的反抗、不信仰、キリストへの信仰を捨てること）という罪を犯すことはないと確信している。そしてキリストを信じ愛し続けていれば永遠の救いの希望は確実で変わることがないと保証している（6:10-12）。神は偽ることはないし、その約束は確固として揺るがないからである（6:13-20）。

6:18 神は・・・偽ることができません 神は偽ることができないから、アブラハムへの神の約束は真実である（6:14）。神はアブラハムに語られたときだけ真実であり信頼できるのではなく、聖書（文書になったみことば）全体のことばについても同じである。聖書は霊感によって与えられた神のことば（神が選ばれた神を敬う人々を通して働く聖霊によって直接与えられた）であって、完全に真実であり信頼できるものである。神の真理は聖書のことばや文章そのものの中に埋め込まれている。神の霊感を与えられた著者たちは、聖霊に導かれて人類に対する神の福音を神が願っておられる通り、正確に誤りなく伝えられるように原文の原稿を書いたのである（→「**神のことば**」の項 p.1213、「**聖書の霊感と権威**」の項 p.2323）。

6:19 たましいのために・・・錨の役を果たし 錨が船を固定するように、私たちのキリストへの信仰と希望は私たちがキリストに錨を下ろしている限り安全と安定を保証してくれる。船の錨は海底深く下ろされるけれども、キリスト者の錨は天の高み、「幕の内側に入る」ことができる。幕の内側とは地上の幕屋（礼拝所）の至聖所（9:3, 12, 25）のことで、神の臨在そのものを表している。忠実なキリスト者の人生は、神ご自身の中にしっかり錨を下ろしているのである（→「**救いの確証**」の項 p.2447）。

20 イエスは私たちの先駆けとしてそこに入り、永遠にメルキゼデクの位に等しい大祭司となられました。

祭司メルキゼデク

7 1 このメルキゼデクは、サレムの王で、すぐれて高い神の祭司でしたが、アブラハムが王たちを打ち破って帰るのを出迎えて祝福しました。

2 またアブラハムは彼に、すべての戦利品の十分の一を分けました。まず彼は、その名を訳すと義の王であり、次に、サレムの王、すなわち平和の王です。

3 父もなく、母もなく、系図もなく、その生涯の初めもなく、いのちの終わりもなく、神の子に似た者とされ、いつまでも祭司としてとどまっているのです。

4 その人がどんなに偉大であるかを、よく考えてごらんなさい。族長であるアブラハムでさえ、彼に一番良い戦利品の十分の一を与えたのです。

5 レビの子らの中で祭司職を受ける者たちは、自分もアブラハムの子孫でありながら、民から、すなわち彼らの兄弟たちから、十分の一を徴集するようにと、律法の中で命じられています。

6 ところが、レビ族の系図にない者が、アブラハムから十分の一を取って、約束を受けた人を祝福したのです。

7 いうまでもなく、下位の者が上位の者から祝福されるのです。

8 一方では、死ぬべき人間が十分の一を受けていますが、他の場合は、彼は生きているとあかしされている者が受けるのです。

9 また、いうならば、十分の一を受け取るレビでさえアブラハムを通して十分の一を納めているのです。

10 というのは、メルキゼデクがアブラハムを出迎えたときには、レビはまだ父の腰の中にいたからです。

メルキゼデクに等しい主イエス

11 さて、もしレビ系の祭司職によって完全に到達できたのだったら、――民はそれ

---

20 ①圏ヘブ4:14、
　 圏ヨハ14:2
　 ②圏ヘブ5:6、
　 圏ヘブ2:17
1 ①創14:18-20、ヘブ7:6
　 ②圏マコ5:7
3 ①圏ヘブ7:6
　 ②ヘブ7:28、
　 圏ヘブ7:1、マタ4:3
4 ①圏使2:29
5 ①民18:21、26、
　 Ⅱ歴31:4、5

6 ①ヘブ7:3
　 ②圏ヘブ7:1、2
　 ③ロマ4:13
8 ①ヘブ5:6、6:20
11 ①ヘブ7:18、19、8:7
　 ②ヘブ9:6、10:1

6:20　メルキゼデクの位　聖書には、アロン(イスラエルの最初の祭司)が祭司職をイスラエルのレビ族の祭司の家系へ継承させたことが書かれている。けれどもメルキゼデクの前後に仕えていた祭司については何も書いてないので(→5:6注、7:1注、3注)、この人は聖書の祭司職の記録の中では孤立している。主イエスも同じように、大祭司職としては孤立しておられる。主はほかの祭司から受継いだのではなく、まただれかに継がせたのでもない。主は永遠に私たちの大祭司である。私たちと神との間にほかの仲介者は必要ない。

7:1　メルキゼデク　アブラハム(ユダヤ人の先祖)と同じ時代に生きたメルキゼデクは、サレム(後にエルサレムと言われた町と思われる)のカナン人の王で神の祭司だった(創14:18)。アブラハムはメルキゼデクに什一(十分の一)を渡し祝福を受けた(7:2-7)。メルキゼデクは祭司であり王であるという二重の役割を果した特異な人物だったという点から(7:3)、ヘブル人への手紙の著者はメルキゼデクがイエス・キリストのひな型(預言的象徴または代表)であると考えた。旧約聖書のイスラエル人の社会ではこの二つの役割は別のものとされていた。けれども主イエスは究極の最も卓越した最上の祭司であり王であるので、この二つの役割は一つに統合された。キリストの祭司職が「メルキゼデクの位に等しい」(6:20)ということは、キリストがアブラハムより前におられ、アブラハムやレビ、レビ族の祭司(イスラエル民族のレビの部族または家系で旧約聖書の祭司はみなここの出身)よりすぐれていることを意味している。→「**キリストによって成就した旧約聖書の預言**」の表 p.1029

7:3　父もなく、母もなく　これはメルキゼデクには文字通り両親も家族もなく、御使だったという意味ではない。ただ聖書にはメルキゼデクの家系の(先祖や家族の歴史)記録がなく、誕生と死についても何も言っていないという意味である。このことからメルキゼデクは永遠のキリスト、終ることのないキリストの祭司職のひな型(預言的象徴または代表)になったのである(7:24-25)。

7:11　完全に到達できたのだったら　旧約聖書の祭司職と神の律法は一体だった。それは、律法によれば人はみな罪びとで神のさばきを受けなければならないからである。したがって人々と神との間で仕える祭司制度が必要だった。けれども旧約聖書の祭司制度は、罪深い人間が祭司職を務める(7:27-28)不完全なものだった(⇒10:4)。そこで神は完全な祭司である神の御子に変えるご計画を立てられた(→詩110:4)。イエス・キリストは神の基準をみな完全に満たされた完全

を基礎として律法を与えられたのです——それ以上何の必要があって、アロンの位でなく、メルキゼデクの位に等しいと呼ばれる他の祭司が立てられたのでしょうか。

12 祭司職が変われば、律法も必ず変わらなければなりませんが、

13 私たちが今まで論じて来たその方は、祭壇に仕える者を出したことのない別の部族に属しておられるのです。

14 私たちの主が、ユダ族から出られたことは明らかですが、モーセは、この部族については、祭司に関することを何も述べていません。

15 もしメルキゼデクに等しい、別の祭司が立てられるのなら、以上のことは、いよいよ明らかになります。

16 その祭司は、肉についての戒めである律法にはよらないで、朽ちることのない、いのちの力によって祭司となったのです。

17 この方については、こうあかしされています。

「あなたは、とこしえに、
　メルキゼデクの位に等しい祭司である。」

18 一方で、前の戒めは、弱く無益なため廃止されましたが、

19 ——律法は何事も全うしなかったのです——他方で、さらにすぐれた希望が導き入れられました。私たちはこれによって神に近づくのです。

20 また、そのためには、はっきりと誓いがなされています。

21 ——彼らの場合は、誓いなしに祭司となるのですが、主の場合には、主に対して次のように言われた方の誓いがあります。

「主は誓ってこう言われ、
　みこころを変えられることはない。
『あなたはとこしえに祭司である。』」

22 そのようにして、イエスは、さらにすぐれた契約の保証となられたのです。

私たちのとりなし手である主イエス

23 また、彼らの場合は、死ということがあるため、務めにいつまでもとどまることができず、大ぜいの者が祭司となりました。

24 しかし、キリストは永遠に存在されるのであって、変わることのない祭司の務めを持っておられます。

25 したがって、ご自分によって神に近づく人々を、完全に救うことがおできになります。キリストはいつも生きていて、彼らのために、とりなしをしておられるからです。

26 また、このようにきよく、悪も汚れも

---

11 ③ヘブ7:17, 圏ヘブ5:6
13 ①ヘブ7:11
　②ヘブ7:14
14 ①ヘブ5:5, マタ2:6（ミカ5:2）, 圏イザ11:1, 民24:17
16 ①圏ヘブ9:10
　②圏ヘブ9:14
17 ①詩110:4, ヘブ7:21, 圏ヘブ5:6
18 ①ヘブ7:11, 圏ロマ8:3, ガラ3:21
19 ①ヘブ7:9:9, 10:1, 圏使13:39, ロマ3:20, 7:7, 8, ガラ2:16, 3:21

②圏ヘブ3:6
　ヘブ7:25, 4:16, 10:1, 22, 哀3:57, ヤコ4:8
21 ①ヘブ7:17, 圏ヘブ5:6
　②民23:19, Ⅰサム15:29, ロマ11:29
　③詩110:4
　④ヘブ7:23, 24, 28
22 ①圏ヘブ8:6
　②詩119:122, イザ38:14
25 ①ヘブ7:19
　*別訳「永遠に」＊Ⅰコリ1:21
　②圏ロマ8:34, 圏ヘブ9:24
26 ①圏Ⅱコリ5:21, 圏ヘブ4:15
　②Ⅰペテ2:22

な祭司だった。キリストの生涯は完全だったので、人間が神に対して犯した罪の刑罰を払うための犠牲もただ一度しかささげられなかった。その犠牲はあらゆる罪を完全に十分におおうものだった。キリストは今永遠に生きておられ、天の御父のところで私たちの永遠の祭司として仕えておられる（7:24-28）。そしてキリストを通して神のところに来る人をみな、完全に永遠に救うことができるのである（→7:25注）。

7:13　別の部族に属しておられるのです　旧約聖書の律法によれば祭司職はレビ族の家系の人に限られていた（申18:1）。けれども主イエスはユダ族の出身だった（7:14-15）。キリストが祭司であるという主張は、人間の規則や家系によるものではなく永遠のいのちの力を基にしたものだった。

7:19　律法は何事も全うしなかったのです　旧約聖書の神の律法は聖く良いものである（ロマ7:12）。けれども人々を神との正しい関係に入れることができなかったという意味では「弱く無益」だった（7:18）。また人間に戒めを守る力を与えることも、神に近付く完全で完璧な道を備えることもできないので不完全だった（7:25）。けれども律法には人々に「さらにすぐれた希望」（キリストを通して後に啓示される神の完全な計画）を与える役目があった（→ガラ3:19注, 23-25, →「旧約聖書の律法」の項p.158）。

7:22　イエスは、さらにすぐれた契約の保証となられたのです　→「旧契約と新契約」の項p.2363

7:25　生きていて・・・とりなしをしておられる　イエス・キリストは天の御父とともに最高の栄誉と権威の御座に着かれた（8:1）。そしてそこで御父の望みとご計画と目的に従って、ご自分に従う人ひとりひとりのためにとりなし（仲介する、事情を訴える）を続けておられる（⇒ロマ8:33-34, Ⅰテモ2:5, Ⅰヨハ2:1, →「とりなし」の項p.1454）。

（1）キリストのとりなしの働きを通して私たちは神の愛と臨在を体験し、困ったとき（4:16）、誘惑に遭ったとき（ルカ22:32）、弱さを覚えたとき（4:15,

へブル　7-8章

なく、罪人から離れ、また、天よりも高くされた大祭司こそ、私たちにとってまさに必要な方です。
²⁷ほかの大祭司たちとは違い、キリストには、まず自分の罪のために、その次に、民の罪のために毎日いけにえをささげる必要はありません。というのは、キリストは自分自身をささげ、ただ一度でこのことを成し遂げられたからです。
²⁸律法は弱さを持つ人間を大祭司に立てますが、律法のあとから来た誓いのみことばは、永遠に全うされた御子を立てるのです。

26③園ヘブ4:14
　④園ヘブ2:17
27①園ヘブ7:5:3
　②囲ヘブ5:1
　③エペ5:2,
　　ヘブ9:14, 28, 10:10, 12
　④ヘブ9:12, 10:10,
　囲ヘブ9:28
28①園ヘブ5:2
　②園ヘブ2:10
　③園ヘブ1:2

1①園ヘブ2:17
　②園ヘブ1:3
2①囲出33:7
　②園ヘブ9:11, 24
　③園ヘブ10:11
3①園ヘブ2:17
　②園ヘブ5:1,
　　囲ヘブ8:4

新しい契約の大祭司

8 ¹以上述べたことの要点はこうです。すなわち、私たちの大祭司は天におられる大能者の御座の右に着座された方であり、
²人間が設けたのではなくて、主が設けられた真実の幕屋である聖所で仕えておられる方です。
³すべて、大祭司は、ささげ物といけにえとをささげるために立てられます。したがって、この大祭司も何かささげる物を持っていなければなりません。
⁴もし御子が地上におられるのであっ

5:2)、罪を犯したとき（Ⅰヨハ1:9, 2:1)、試練を受けたとき（ロマ8:31-39)にあわれみと恵み（受けるにふさわしくない好意、愛、霊的能力）を受けることができる。

（2）キリストが死の直前に祈られた大祭司の祈り（→ヨハ17:）や、弟子たちを聖霊で満たし力を与えたいと願われたこと（使2:33）などを見るとき、神にとりなしをしてくださる方としての働きがどのような性格のものか理解することができる（→ヨハ17:1注）。

（3）キリストのとりなしによって「神に近づく人々」（「いつも近付くこと」、「近付き続けること」、ギリシヤ語の現在分詞は行いが継続していることを強調している）は、恵みを受けて完全に救われる。私たちの救いにとって、大祭司としてのキリストのとりなしはなくてはならないものである。主イエスのとりなしのみわざを通して与えられる恵み、あわれみ、助けがなければ私たちは神から離れ、再び罪の奴隷になり永遠に罰せられることになる。キリストを通して信仰によって神に近付くことにこそ私たちの唯一の希望がある（→Ⅰペテ1:5注）。

（4）罪を告白して罪（神に逆らう自分勝手なやり方）から離れることを拒む人や、神との関係を棄てる人（⇒Ⅰヨハ1:5-7, 9, 3:10）をキリストはいつまでも弁護したりとりなしたりしてはくださらない。「ご自分によって神に近づく人々」（⇒4:16）を「完全に救う」ために、キリストはとりなしをしてくださるのである。故意に罪を犯し続け神に立返ることを拒む人には安全と安心は保証されていない（10:21-31, →3:6注, →「**背教**」の項 p.2350）。

（5）イエス・キリストは私たちの唯一の仲介者（神と人々との間を取持つ人）であり、天でとりなしをしてくださる方である。つまり御使いや過去の聖人に仲介を期待したり、その人々を通して御父に祈りをささ

げたりすることは無駄であり聖書的ではない（→コロ1:2注、2:18注）。

8:1　私たちの大祭司　主イエスは私たちの罪の刑罰を背負ってご自分のいのちを犠牲にされた後、天に入り御父の前でご自分に人生をゆだねた人々のために仕えておられる。主イエスの大祭司としての働き（⇒2:17）は六つの面ですぐれて効果的である。

（1）主イエスは祭司であるとともにいけにえでもある。主イエスは罪びとに代ってご自分の血を流して死なれた。全世界の人々のためにご自分を罪のための完全な犠牲としてささげられたのである（2:17-18, 4:15, 7:26-28, マコ10:45, Ⅰコリ15:3, Ⅰペテ1:18-19, 2:22-24, 3:18, →「**贖罪の日**」の項 p.223）。

（2）主イエスは新しいさらにすぐれた契約（主イエスのいのちと犠牲を通して人々に与えられる救いと神と人々との新しい関係についての神の計画）を設けて仲介（神と人々との間に立って仕える）をしておられる。それはすべての「召された者たちが永遠の資産の約束を受ける」ためである（9:15-22, →「**旧契約と新契約**」の項 p.2363）。キリストの犠牲が自分の罪のためだったと受入れ人生をキリストにゆだねた人は、いつでも神に近付くことができるという確信をもって生きることができる（4:16, 6:19-20, 7:25, 10:19-22, →ヨハ17:1注）。

（3）主イエスは天の御父の前におられ、ご自分を信じて従う人々に神の恵み（一方的に与えられる、受けるにふさわしくない好意、愛、霊的能力）を与えてくださる（4:14-16）。その恵みによって、キリストは私たちを霊的に新しくし（ヨハ3:3）、聖霊を豊かに送って私たちを満たし、導き、主に仕える力を与えてくださる（使1:4, 2:4, 33）。

（4）神と神の律法を破ったけれども赦されて神の正しい関係を回復したいと願う人々との間に主イエ

たら、決して祭司とはなられないでしょう。律法に従ってささげ物をする人たちがいるからです。

5 その人たちは、天にあるものの写しと影とに仕えているのであって、それらはモーセが幕屋を建てようとしたとき、神から御告げを受けたとおりのものです。神はこう言われたのです。「よく注意しなさい。山であなたに示された型に従って、すべてのものを作りなさい。」

6 しかし今、キリストはさらにすぐれた務めを得られました。それは彼が、さらにすぐれた約束に基づいて制定された、さらにすぐれた契約の仲介者であるからです。

7 もしあの初めの契約が欠けのないものであったなら、後のものが必要になる余地はなかったでしょう。

8 しかし、神は、それに欠けがあるとして、こう言われたのです。
「主が、言われる。
見よ。日が来る。
わたしが、イスラエルの家やユダの家と
新しい契約を結ぶ日が。

9 それは、わたしが彼らの父祖たちの手を引いて、
彼らをエジプトの地から導き出した日に
彼らと結んだ契約のようなものではない。
彼らがわたしの契約を守り通さないので、
わたしも、彼らを顧みなかったと、

主は言われる。

10 それらの日の後、わたしが、
イスラエルの家と結ぶ契約は、これであると、
主が言われる。
わたしは、わたしの律法を彼らの思いの中に入れ、
彼らの心に書きつける。
わたしは彼らの神となり、
彼らはわたしの民となる。

11 また彼らが、おのおのその町の者に、
また、おのおのその兄弟に教えて、
『主を知れ』と言うことは決してない。
小さい者から大きい者に至るまで、
彼らはみな、わたしを知るようになるからである。

12 なぜなら、わたしは彼らの不義にあわれみをかけ、
もはや、彼らの罪を思い出さないからである。」

13 神が新しい契約と言われたときには、初めのものを古いとされたのです。年を経て古びたものは、すぐに消えて行きます。

地上の幕屋での礼拝

9 1 初めの契約にも礼拝の規定と地上の聖所とがありました。

2 幕屋が設けられ、その前部の所には、燭台と机と供えのパンがありました。聖所と呼ばれる所です。

3 また、第二の垂れ幕のうしろには、至聖所と呼ばれる幕屋が設けられ、

4 そこには金の香壇と、全面を金でおおわ

スは立って、仲介者の役を果してくださる（Ⅰヨハ2: 1-2）。

（5）主イエスは私たちの永遠に変らない祭司で、私たちにあわれみを注ぎ、苦しみと誘惑に同情し困難なときに助けてくださる（2:18, 4:15-16）。

（6）主イエスは「ご自分によって神に近づく」（7:25）すべての人のためにいつまでも生きてとりなしをして（介入し訴える）くださる。そして天の御国に信仰者たちを連れて行かれる日には、その救いを最終的に完成してくださる（→7:25注、9:28注）。

8:6-13　さらにすぐれた契約　8－10章にある重要な主題は、モーセの律法（モーセを通して与えられた神の律法）を中心とする古い契約と、イエス・キリストによって設けられた新しい契約（「終生協定」）との比較である。→「旧契約と新契約」の項 p.2363　→「キリストによって成就した旧約聖書の預言」の表 p.1029

9:1-7　初めの契約　ヘブル人への手紙の著者はキリストによって設立された新しい契約が古い（初めの）契約よりはるかにすぐれていることを議論する中で、イスラエルの宗教の中の礼拝といけにえという大きな特色を分析している（→「旧契約と新契約」の項 p.2363、「幕屋」の図 p.174）。

旧契約と新契約

> 「しかし今、キリストはさらにすぐれた務めを得られました。それは彼が、さらにすぐれた約束に基づいて制定された、さらにすぐれた契約の仲介者であるからです。」
> （ヘブル人への手紙8:6）

契約の定義

　契約とは二組の当事者の間で結ばれる正式で拘束力のある協定または誓約である。それはある意味で約定のようなものである。けれども約定は一定の期間と条件を持つ法的協定であるのに対し、契約は当事者が相互に誓約した「終生協定」である。結婚は契約の一つのかたちである。神とその民との契約の場合、神はその民の神となり、人々は自分たちを神の民として保つという誓約だった。基本的に「旧契約」は、神が主イエスを送り死をもって私たちの罪の刑罰を払ってくださる前の時代に、神との正しい関係を保ち神に対して犯した罪が赦される方法を規定したものだった。イスラエル人との間で結ばれた旧契約（→「**イスラエル人との神の契約**」の項 p.351）は人々に対する神の律法と約束、そして神に対する人々の忠誠と服従を土台にしていた。人々は神に対して忠実であり契約の条件と要求に従って生活する限り、神との特別な関係を楽しみ味わい、神が計画されたいのちと目的を体験することができるのである。

　けれども旧契約は一時的なもので、やがて結ばれる完全な契約（新契約）を象徴し、あらかじめ示すためのものだった。その新しい契約は、御子イエス・キリストのいのちと犠牲を土台にした霊的救いと神との新しい関係を人々に提供するために神が計画されたものである。主イエスは地上での生活で古い契約の規定を全部満たして新契約と取替えられた。古い契約の儀式や犠牲は絶えず繰返さなければならなかったけれども、主イエスの働きと犠牲（ヘブ10:1-18）は完全で完璧で永遠のものだった。主イエスは罪の赦しと人々を神との正しい関係に回復するための完全で完璧な方法（人々がその赦しを受入れ自分の生涯をキリストにゆだねて支配していただくなら）を備えてくださった。ここではその古い契約（旧契約）と新しい契約（新契約）の関係を要約する。

　ヘブル人への手紙8－10章は旧約聖書の幕屋で行われていた礼拝や規定、いけにえの儀式など古い契約の多くの側面を描いている。また旧約聖書の礼拝の中心にあった様々な部屋や備品のことが議論されている（→「**幕屋**」の図 p.174,「**幕屋の備品**」の図 p.174）。著者がこれらのことを描いた目的は二つあった。第一は、古い契約の中で地上の聖所で行われる大祭司の奉仕と、新しい契約の中で天上の聖所で行われる大祭司としてのキリストの働きとを比較すること、第二は、古い契約の様々な部分や活動がイエス・キリストの奉仕の働きを象徴的にあらかじめ示している（予言的に示す）ことを指摘することだった。この新しい契約を作って結ばれたのは主イエスだった。

　(1) 古い契約では救いと神との正しい関係は、神の律法といけにえの制度を守ることによって信仰を表明したときに与えられた（→「**イスラエル人との神の契約**」の項 p.351,「**旧約聖書のいけにえとささげ物**」の表 p.202）。旧約聖書のいけにえには三つの大きな目的があった。(a) 神の民に罪（神と神の基準に対する反対、反抗、反逆）の重さを教え、罪が厳しく悲惨な結果をもたらす現実を反映していた。罪は聖い神から人々を離し、神の清く完全な特性と全く逆のものなので極刑である死を招くことになる。罪を赦され神と和解し正しい関係を回復する方法はただ罪のないいのちが奪われ血が流されるほかになかった（出12:3-4, レビ16:, 17:11, ヘブ 9:22, →レビ1:2注, 3注, 4:3注, 9:8注）。(b) イスラエル人が信仰と従順と愛を通して神に近付く道はいけにえによって備えられた（⇒ヘブ 4:16, 7:25, 10:1）。(c) いけにえは人類の罪に対するキリストの完全な犠牲（⇒ヨハ1:29, Ⅰペテ1:18-19, →出12:3-14, レビ16:, →ガラ3:19注, →「**贖罪の日**」の項 p.223）を象徴的にあらかじめ指し示していた（ヘブ8:5, 10:1）。

(2) エレミヤは将来(エレミヤの時点から見て)のある時期に神はご自分の民と新しい(「さらにすぐれた」)契約を結ぶと預言した(→エレ31：31-34各注,⇒ロマ7：,ヘブ8：8-12)。新しい契約は次のようにはるかにすぐれたものである。

(a) 新しい契約は心の中に内面化される。「わたしは、わたしの律法を彼らの思いの中に入れ、彼らの心に書きつける」(ヘブ8：10)。神の基準と特性が聖霊の臨在と力によって弟子たちのものになる。そして熱烈に神を愛し喜んで神の基準に従い、心から神の目的に従う新しい心が与えられる(⇒エゼ11：19-20)。

(b) 新しい契約は個人的である。「小さい者から大きい者に至るまで、彼らはみな、わたしを知るようになる」(ヘブ8：11)。神を知るということは共同体の体験であるとともに、キリストを受入れて従うことにした人々が個人的に体験できることである。私たちの大祭司であるキリストはご自分の血をささげて、私たちが神の臨在がある至聖所に直接近付くことができるようにしてくださった(ヘブ4：16,7：25,10：19-22,⇒12：22-24)。神との個人的関係を持った人は実際に神の子どもになるのである(ロマ8：15-16)。

(c) 新しい契約は徹底して罪と対決する。「わたしは彼らの不義にあわれみをかけ、もはや、彼らの罪を思い出さない」(ヘブ8：12)。キリストの犠牲が自分のためだったと受入れて自分の生涯をゆだねる人は良心がきよめられて(⇒ヘブ9：14)神の赦しが与えられたことを現実に体験することができる。動物の血は罪を一時的におおうだけだったけれども、キリストの血は罪を完全に取除き、その人に対して働く罪の力を破壊する(ロマ7：25-8：39,⇒Ⅰコリ15：56)。罪が私たちを責めつけるのではなく、キリストの犠牲が罪を処罰するのである(ロマ8：3)。

(d) 新しい契約は心の中の聖霊の臨在と力をさらに強く個人的に体験できるようにする(ヨエ2：28,使1：5,8,2：16-17,33,38-39,ロマ8：14-15,26)。

(3) 新しい契約または新しい誓約(ギリシヤ語の「ディアセーケー」には両方の考えが含まれている)を作って結ばれたのは主イエスで、その天での働きは旧約聖書の地上の祭司よりもはるかにすぐれている。新しい契約は神の恵み(受けるにふさわしくない神の好意、愛、霊的能力)を与えるという協定であり約束であり、最後の遺言であり誓約であり、意図の表明であって、それは主イエスの犠牲を通して可能になった罪の赦しを神が提供してくださることに信仰をもって応答する人に与えられるものである。特にそれはイエス・キリストを神の子として受入れて自分勝手な道から離れ自分の生涯をキリストにささげ、キリストの目的と新しい契約の義務をひたすら守る人々へのいのちの約束である。

(a) 新しい契約の仲介者(神と人との間に合法的に立ち和解と交流をもたらす人)としてのイエス・キリストの立場(ヘブ8：6,9：15,12：24)はその犠牲の死に基づいている(マタ26：28,マコ14：24,ヘブ9：14-15,10：29,12：24)。この新しい契約の約束と義務は新約聖書全体の中で具体的に見ることができる。新約聖書にあるキリストの福音は、(i) キリストに自分の生涯をゆだね、この契約の真理と義務に全身をささげる人々を罪と霊的死から救い(ヘブ9：16-17,⇒マコ14：24,Ⅰコリ11：25)、(ii) キリストの弟子たちを神ご自身と同じかたちに形作ること(ヘブ8：10,⇒エゼ11：19-20,Ⅰペテ2：9)を目的にしている。

(b) 主イエスの犠牲は古い契約の動物のいけにえよりはるかにすぐれていることが明らかである。ヘブル人への手紙7章26節にあるように、主イエスは「きよく」(純潔で道徳的に欠陥がなく)、「悪も汚れもなく」(罪がなく悪の影響を受けず汚されていない)、「罪人から離れ」(罪がない)ていたので罪に対する代理の犠牲(私たちの代りに死ぬ)としては完全な方だった。「正しい方が悪い人々の身代わりとなったのです。それは・・・私たちを神のみもとに導くためでした」(Ⅰペテ3：18)。さらに神の御子である主イエス(ヘブ1：3)は「ご自身をいけにえとして」(ヘブ9：26)進んで与えられた。その点が自由意思によらない動物のいけにえよりはるかにすぐれていることを示している。主イエスの罪のための死は「ただ一度」(《ギ》エファパックス)のものだった。それは完全で永遠に有効で繰返す必要がないことを意味していた。ヘブル人への手紙は罪に対する主イエスの死が完全で最高のものだったことに焦点を絞って説明をしている(ヘブ7：27,9：12,26,28,10：10)。

古い契約の動物のいけにえの血はただ罪をおおうだけだった。けれども主イエスの死は「罪を取り除く」(ヘブ9：26,⇒Ⅰヨハ3：5)こと、完全に除くことを目的にしていた。主イエスの死の力は罪の力を抜き取り

罪の腐敗を取除き、完全な赦しを与えるものである。主イエスの犠牲によって私たちはともに神のところに行き、神との正しい関係を回復し、絶えず罪に勝利する力を受け神の目的を実現するためにきよめられていくことができる（ヘブ10：10, 15-17, →レビ9：8注）。

(c) 新しい契約は御霊の新しい契約と呼ぶことができる。なぜなら神の契約と救いを受入れる人々にいのちと力を与えてくださるのは聖霊だからである（Ⅱコリ3：1-6, →ヨハ17：3注, →「救いについての聖書用語」の項 p.2045,「信仰と恵み」の項 p.2062）。

(4) イエス・キリストを信じてその人生をゆだねることによって新しい契約に加わった人はみな、忠実に従うことによって祝福と完全な救いを受けることができる（→ヘブ3：6注）。信仰のない人や神から離れる人はその祝福から除外される（→ヘブ3：18注, →「背教」の項 p.2350）。

(5) ヘブル人への手紙は、最初の契約は不十分で不完全だったことを明らかにしている。それは御子イエスによって神の完全なものが与えられるまでの臨時のものだった（⇒ヘブ8：6-7）。つまり新しい契約は、最初の契約が失敗したのであとから考えた二次的なものではないということである。むしろ新しい契約は最初から必要だったもので、世界の歴史が始まる前から神のご計画の中に入っていたものである（⇒エペ1：4）。主イエスが来られ新しい契約が立てられたことによって古い契約は廃棄された（ヘブ8：13）。このことは旧約聖書が廃棄されたのではなく、モーセによって与えられた律法といけにえの制度を守ることによって罪を赦され神に近付けるという古い契約の方法が廃棄されたというだけである。神の律法の道徳的原則や実際生活の例、旧約聖書の実際的な教えなどは今も生きており、今日の神の民に適用されるものである。旧約聖書の啓示の多くはキリストを指しており（→「旧約聖書のキリスト」の項 p.611）、神の霊感を受けたことばとしての旧約聖書は、「教えと戒めと矯正と義の訓練とのために有益」である（Ⅱテモ3：16, →「聖書の霊感と権威」の項 p.2323）。

ヘブル　9章

れた契約の箱があり、箱の中には、マナの入った金のつぼ、芽を出したアロンの杖、契約の二つの板がありました。5 また、箱の上には、贖罪蓋を翼でおおっている栄光のケルビムがありました。しかしこれらについては、今いちいち述べることができません。

6 さて、これらの物が以上のように整えられた上で、前の幕屋には、祭司たちがいつも入って礼拝を行うのですが、7 第二の幕屋には、大祭司だけが年に一度だけ入ります。そのとき、血を携えずに入るようなことはありません。その血は、自分のために、また、民が知らずに犯した罪のためにささげるものです。8 これによって聖霊は次のことを示しておられます。すなわち、前の幕屋が存続しているかぎり、まことの聖所への道は、まだ明らかにされていないということです。9 この幕屋はその当時のための比喩です。それに従って、ささげ物といけにえとがささげられますが、それらは礼拝する者の良心を完全にすることはできません。10 それらは、ただ食物と飲み物と種々の洗いに関するもので、新しい秩序の立てられる時まで課せられた、からだに関する規定にすぎないからです。

キリストの血

11 しかしキリストは、すでに成就したすばらしい事がらの大祭司として来られ、手で造った物でない、言い替えれば、この造られた物とは違った、さらに偉大な、さらに完全な幕屋を通り、12 また、やぎと子牛との血によってではなく、ご自分の血によって、ただ一度、まことの聖所に入り、永遠の贖いを成し遂げられたのです。13 もし、やぎと雄牛の血、また雌牛の灰を汚れた人々に注ぎかけると、それが聖めの働きをして肉体をきよいものにするとすれば、14 まして、キリストが傷のないご自身を、とこしえの御霊によって神におささげになったその血は、どんなにか私たちの良心

9:4　契約の箱　契約の箱は旧約聖書の幕屋（移動式の礼拝所　→「幕屋」の図 p.174,「幕屋の備品」の図 p.174）の中で最も神聖なものだった。それはアカシヤの木で作られた長方形の箱（長さ1.25メートル、幅75センチ、高さ75センチ）で、内側と外側は純金でおおわれていた。契約の箱は人々の間に神が臨在しておられることを表していた。契約の箱の中には初め三つのものが納められていた。（1）マナのつぼ―砂漠の中で神が奇蹟的に供給してくださった食物で、神が必要なものを超自然的に備えてくださることを思い出させるもの。（2）アロンの杖―歩行用の杖で神の全能のみわざと、神がアロンとその子孫をイスラエルの祭司として選ばれたことを思い出させるもの。（3）十戒が刻まれた二枚の石の板―人々の生活の基準として神が与えられた律法の重要性を思い出させるもの。箱のふたは「贖罪蓋（贖いのふた）」と呼ばれる金の板だった。贖罪蓋の両側には純金の天使のかたちをした像があった（9:5）。贖罪蓋の上には神のあわれみによる救いを示すいけにえの血が注がれた（→9:5注）。

9:5　贖罪蓋　毎年贖罪の日には牡牛の血（大祭司とその家族のための贖いまたは「罪のおおい」のため）と牡山羊の血（民全体の罪のためのささげ物の役割を果した）が神へのささげ物として贖罪蓋の上に注がれた（レビ16:2, 14、→「贖罪の日」の項 p.223）。地上の贖罪蓋は天の「恵みの御座」（4:16）の型（予言的象徴）で、信仰者はキリストの流された血によって「恵みの御座」に近付きあわれみと折にかなった助けを受けることができる。

9:7　第二の幕屋　第二の幕屋は至聖所と呼ばれ神の臨在を象徴している。至聖所には大祭司のほかはだれも入ることができず、大祭司も一年に一度、贖いの日にしか入れなかった（→9:5注）。古い契約では神の前に自由に近付くことができないことを神はこのようにして教えておられた。それは、人間の内側の良心が完全にきよめられなければ神と親密な関係を持つことができないからである（9:8-9）。律法といけにえの制度では完全なきよめは提供できなかった。イエス・キリストが罪のために完全に犠牲になられたときに初めて、罪の完全なきよめが備えられたのである。

9:14　その血　私たちの罪のための犠牲を象徴するイエス・キリストの血は、新約聖書の贖いつまり霊的救いの中心である（Ⅰコリ10:16, 11:27, エペ2:13, Ⅰペテ1:2, 黙7:14, 12:11、→「救いについての聖書用語」の項 p.2045）。主イエスは十字架の上で死んで罪のない血を流し、私たちの罪を取除いて神との正しい関係を回復する機会を与えてくださった（5:8, ロマ

をきよめ、死んだ行いから離れさせ、生ける神に仕える者とすることでしょう。

15 こういうわけで、キリストは新しい契約の仲介者です。それは、初めの契約のときの違反を贖うための死が実現したので、召された者たちが永遠の資産の約束を受けることができるためなのです。

16 *遺言には、遺言者の死亡証明が必要です。
17 遺言は、人が死んだとき初めて有効になるのであって、**遺言者が生きている間は、決して効力はありません。
18 したがって、初めの契約も血なしに成立したのではありません。
19 モーセは、律法に従ってすべての戒めを民全体に語って後、水と赤い色の羊の毛とヒソプとのほかに、子牛とやぎの血を取って、契約の書自体にも民の全体にも注ぎかけ、
20「これは神があなたがたに対して立てられた契約の血である」と言いました。
21 また彼は、幕屋と礼拝のすべての器具にも同様に血を注ぎかけました。
22 それで、律法によれば、すべてのものは血によってきよめられる、と言ってよいで

14 ⑤ヘブ6:1, ⑤使15:9, テト2:14, ヘブ10:2, 22, 団ヘブ1:3
15 ①団ロマ3:24, ②団ヘブ8:8
　*あるいは「遺言」
　③団Ⅰテモ2:5, ヘブ8:6, 12:24, ④団ロマ8:28, 29, ヘブ2:3:1, 団ロマ22:3以下
　④団使20:32
　⑤団ヘブ6:15, 10:36, ヘブ11:39
16 *原語は15節の「契約」と同じ
17 *原語は15節の「契約」と同じ
　**異本「遺言者が生きている間は効力がありましょうか」
19 ①団ヘブ1:1, ②団レビ14:4, 7他, 民19:6, 18他
　③団ヘブ9:12, ④団出24:6以下, ⑤団出24:7
20 ①出24:8, 団マタ26:28
　*あるいは「遺言」
21 ①団出40:9, 24:6, レビ8:15, 19, 16:14-16
22 ①団レビ5:11, 12
　②レビ17:11
23 ①ヘブ8:5
24 ①ヘブ8:2, ②ヘブ9:11
　②団ヘブ9:12, 団ヘブ4:14
　③団ヘブ7:25, マタ8:10
25 ①ヘブ9:12, 10:19
　②団ヘブ9:7
26 ①団マタ25:34, ヘブ4:3
　②団マタ13:39,団ヘブ1:2
　③ヘブ9:12, 14
27 ①Ⅱコリ5:10, Ⅰヨハ4:17
　②創3:19
28 ①Ⅰペテ2:24

しょう。また、血を注ぎ出すことがなければ、罪の赦しはないのです。

23 ですから、天にあるものにかたどったものは、これらのものによってきよめられる必要がありました。しかし天にあるもの自体は、これよりもさらにすぐれたいけにえで、きよめられなければなりません。
24 キリストは、本物の模型にすぎない、手で造った聖所に入られたのではなく、天のものに入られたのです。そして、今、私たちのために神の御前に現れてくださるのです。
25 それも、年ごとに自分の血でない血を携えて聖所に入る大祭司とは違って、キリストは、ご自分を幾度もささげることはなさいません。
26 もしそうでなかったら、世の初めから幾度も苦難を受けなければならなかったでしょう。しかしキリストは、ただ一度、今の世の終わりに、ご自身をいけにえとして罪を取り除くために、来られたのです。
27 そして、人間には、一度死ぬことと死後にさばきを受けることが定まっているように、
28 キリストも、多くの人の罪を負うために

5:19, ピリ2:8, ⇒レビ16:, →「**キリストによって成就した旧約聖書の預言**」の表 p.1029)。
キリスト・イエスはご自分の血によって次のことを成就してくださった。
(1) 自分勝手な生き方をやめて、キリストを信じるすべての人に罪の赦しを提供した(マタ26:28)。(2) 信じる人々をサタンと悪霊の支配から解放(救出、回復)する(使20:28, エペ1:7, Ⅰペテ1:18-19, 黙5:9, 12:11)。(3) 主イエスに人生をゆだねるすべての人を正しい(神との正しい関係)とする(ロマ3:24-25)。(4) 信仰者の罪悪感をきよめ、救いの強い確信を持って神に仕えることができるようにする(9:14, 10:22, 13:18)。(5) 神の民を聖別(きよめ、純化、成長、神の働きのための分離)する(13:12, Ⅰヨハ1:7-10)。(6) 神に従う人々がキリストを通して直接神のところに行く道を開き、恵み、あわれみ、助け、救いを受けることができるようにする(7:25, 10:19, エペ2:13, 18)。(7) 新しい契約に含まれている約束を全部保証する(10:29, 13:20, マタ26:28, Ⅰコリ11:25)。(8) キリストの血の救いと回復ときよめの力は

キリストを信じる信仰を通して神のところに来る信仰者にいつも備えられている(7:25, 10:22, Ⅰヨハ1:7, →ロマ3:25注)。

9:15 新しい契約の仲介者　新しい契約の仲介者(神と人々との間を取持つ人)としての主イエスの役割→「旧契約と新契約」の項 p.2363

9:22 血を注ぎ出すことがなければ、罪の赦しはないのです　罪(神と神の基準への敵対、反抗、抵抗)は神の完全な特性とは全く逆のものであるから、死と神からの分離という極刑を下さなければならない(→ロマ6:23, ⇒イザ59:2)。罪の赦しはいのちを犠牲にしなければ与えられない(⇒レビ17:11)。不完全ないけにえは罪や罪悪感を完全に除くことができない(10:4)。私たちは、自分のいのちをその代価に当てても全部支払うことはできない。なぜなら私たちの死は神に逆らったことに対する当然の報いだからである。神の義を完全に満たし、罪の代価を一度で完全に払うことができるのは神だけである(7:27, 9:12, 24-28, 10:10, Ⅰペテ3:18)。神はそれを御子イエス・キリストの犠牲を通して与えてくださった(→ロマ3:25注)。

ヘブル　9-10章

一度、ご自身をささげられましたが、二度目は、罪を負うためではなく、彼を待ち望んでいる人々の救いのために来られるのです。

Ⅰペテ5：4

キリストのただ一度のいけにえ

10 ¹律法には、後に来るすばらしいものの影はあっても、その実物はないのですから、律法は、年ごとに絶えずささげられる同じいけにえによって神に近づいて来る人々を、完全にすることができないのです。

²もしそれができたのであったら、礼拝する人々は、一度きよめられた者として、もはや罪を意識しなかったはずであり、したがって、ささげ物をすることは、やんだはずです。

³ところがかえって、これらのささげ物によって、罪が年ごとに思い出されるのです。

⁴雄牛とやぎの血は、罪を除くことができません。

⁵ですから、キリストは、この世界に来て、こう言われるのです。

「あなたは、いけにえやささげ物を望まないで、

わたしのために、からだを造ってくださいました。

⁶あなたは全焼のいけにえと罪のためのいけにえとで満足されませんでした。

⁷そこでわたしは言いました。

『さあ、わたしは来ました。

聖書のある巻に、

わたしについてしるされているとおり、

神よ、あなたのみこころを行うために。』」

⁸すなわち、初めには、「あなたは、いけにえとささげ物、全焼のいけにえと罪のためのいけにえ(すなわち、律法に従ってささげられる、いろいろの物)を望まず、またそれらで満足されませんでした」と言い、

⁹また、「さあ、わたしはあなたのみこころを行うために来ました」と言われたのです。後者が立てられるために、前者が廃止されるのです。

¹⁰このみこころに従って、イエス・キリストのからだが、ただ一度だけささげられたことにより、私たちは聖なるものとされているのです。

¹¹また、すべて祭司は毎日立って礼拝の務めをなし、同じいけにえをくり返しささげますが、それらは決して罪を除き去ることができません。

¹²しかし、キリストは、罪のために一つの永遠のいけにえをささげて後、神の右の座に着き、

¹³それからは、その敵がご自分の足台とな

9:28　二度目・・・来られるのです　古い契約ではイスラエルの民は、大祭司がいけにえの血を持って贖い(罪を「おおう」)のために第二の幕屋(至聖所)に入った後、再び現れるのをじっと見守り待っていた。同じようにキリストに従う人々も、自分たちの大祭司が弁護者として天の聖所に入られたことを知っているので、天へ連れて行き永遠に過すことのできる完全な救いを持って再び現れてくださるのを、強く集中して期待しながら待っている(→ヨハ14：3注、Ⅱテモ4：8、→「携挙」の項 p.2278、「救いの確証」の項 p.2447)。

10:1　絶えずささげられる同じいけにえ　旧約聖書時代のいけにえの目的　→「旧契約と新契約」の項 p.2363、→「旧約聖書のいけにえとささげ物」の表 p.202

10:4　雄牛・・・の血　動物の血は人間の罪のための贖い(「おおい」)としては一時的なものでしかなかった。したがって究極的には、全人類のためには一人の人が犠牲にならなければならなかった(→「贖罪の日」の項 p.223)。そのためにキリストは地上に来られ人間として生れて、私たちに代ってご自分をささげられたのである(2:9注, 2:14注)。実際問題として、罪を犯さず神の基準に完全に従って生きる人以外に、私たちの罪の罰を完全に背負い(2:14-18, 4:15)、神の義と聖さの要求を完全に満たすことのできる人はいない(⇒ロマ3:25-26)。この条件を満たすことができるのはイエス・キリストだけである。

10:5-10　いけにえやささげ物　ここの箇所は詩篇40:6-8を引用して、自ら進んで神に従ったイエス・キリストの犠牲が旧約聖書の無意識な動物のいけにえよりはるかにまさることを証明している。→「旧契約と新契約」の項 p.2363

ヘブル 10章

るのを待っておられるのです。
14 キリストは聖なるものとされる人々を、一つのささげ物によって、永遠に全うされたのです。
15 聖霊も私たちに次のように言って、あかしされます。
16 「それらの日の後、わたしが、
　彼らと結ぼうとしている契約は、これであると、
　主は言われる。
　わたしは、わたしの律法を彼らの心に置き、
　彼らの思いに書きつける。」
またこう言われます。
17 「わたしは、もはや決して彼らの罪と不法とを思い出すことはしない。」
18 これらのことが赦されるところでは、罪のためのささげ物はもはや無用です。

忍耐の勧め
19 こういうわけですから、兄弟たち。私たちは、イエスの血によって、大胆にまことの聖所に入ることができるのです。
20 イエスはご自分の肉体という垂れ幕を通して、私たちのためにこの新しい生ける道を設けてくださったのです。
21 また、私たちには、神の家をつかさどる、この偉大な祭司があります。
22 そのようなわけで、私たちは、心に血の注ぎを受けて邪悪な良心をきよめられ、からだをきよい水で洗われたのですから、全き信仰をもって、真心から神に近づこうではありませんか。
23 約束された方は真実な方ですから、私たちは動揺しないで、しっかりと希望を告白しようではありませんか。
24 また、互いに勧め合って、愛と善行を促すように注意し合おうではありませんか。
25 ある人々のように、いっしょに集まることをやめたりしないで、かえって励まし合い、かの日が近づいているのを見て、ますますそうしようではありませんか。

10:14 聖なるものとされる人々を・・・永遠に全うされたのです　十字架の上でささげられたキリストの「ただ一度だけ」のささげ物とその最高の祝福（受入れる人への完全な救い）には永遠の効果がある。つまり主イエスの働きには、人生を変革するという目的を実現するための力が十分に備わっているのである。神との関係を成長させ聖い（道徳的に純粋、霊的に健全、悪からの分離、神の目的への献身）ものとされ続けるキリストの弟子たちには、究極的な救いあるいは最高の救いが用意されている（10:22, 7:25）。ここに使われているギリシヤ語は現在分詞で「聖なるものとされる」と訳されている。現在分詞が使われているのは「聖なるものとされる」働きが現在行われまた継続していることを強調している。

10:19 大胆に・・・できるのです　ここで「大胆」と訳されている「パレーシア」というギリシヤ語はヘブル人への手紙で4回使われている（3:6, 4:16, 10:19, 10:35）。それは「堅固な信仰」（信仰の固い土台）または「大胆な確信」という意味を持つこともある。けれどもここでは「イエスの血によって」神の臨在の満ちた「まことの聖所」へ大胆に（けれどもへりくだって）入る自由とその資格のことを意味している。古い契約では一年に一度だけ一人の人（大祭司）が入る以外にはだれも入ることができなかった。けれども主イエスが死なれたとき「神殿の幕が上から下まで真っ二つに裂け」（マコ15:38）、神の臨在に近付くのを妨げているものが取除かれたことが示された。今や道が開かれ、キリストを信じる信仰によって人々は直接神に近付くことができるようになった。幕は苦しみと死によって裂かれたキリストのからだを象徴していた（10:20）。キリストが苦しみ、私たちの罪を背負って死なれたことによって、私たちには霊的自由が与えられ神に近付くことができるようになった。私たちは感謝と確信をもって祈りの中で絶えず神のところに行くことができるのである。

10:22 近づこうではありませんか　信仰と、イエス・キリストを通して神に近付くこととは切離すことができない。(1)　信仰とは心から神を信じ神の御手に人生をゆだね、助けと力を求めて頼り神の慈しみにすがることである（11:6, →「信仰と恵み」の項 p.2062, →ヨハ1:12注, 5:24聞いての注）。キリストを信じる信仰によって神に近付くことによって私たちはあわれみ、恵み、助け（10:1, 4:16, 7:19）、救い（7:25）、霊的成長と発達（10:14）、きよめ（10:22）などを体験することができる。(2)　したがって、救いに導く信仰があるなら祈りとキリストとの交わりによって神に近付くはずである（⇒10:38）。主イエスご自身が信仰と神への心からの祈りは同じものであると考えておられた（ルカ18:8）。

10:25 かの日が近づいているのを見て　キリストが

ヘブル 10章

²⁶もし私たちが、真理の知識を受けて後、ことさらに罪を犯し続けるならば、罪のためのいけにえは、もはや残されていません。
²⁷ただ、さばきと、逆らう人たちを焼き尽くす激しい火とを、恐れながら待つよりほかはないのです。
²⁸だれでもモーセの律法を無視する者は、二、三の証人のことばに基づいて、あわれみを受けることなく死刑に処せられます。
²⁹まして、神の御子を踏みつけ、自分を聖なるものとした契約の血を汚れたものとみなし、恵みの御霊を侮る者は、どんなに重い処罰に値するか、考えてみなさい。
³⁰私たちは、「復讐はわたしのすることである。わたしが報いをする」、また、「主がその民をさばかれる」と言われる方を知っています。
³¹生ける神の手の中に陥ることは恐ろしいことです。
³²あなたがたは、光に照らされて後、苦難に会いながら激しい戦いに耐えた初めのころを、思い起こしなさい。
³³人々の目の前で、そしりと苦しみとを受けた者もあれば、このようなめにあった人々の仲間になった者もありました。
³⁴あなたがたは、捕らえられている人々を思いやり、また、もっとすぐれた、いつまでも残る財産を持っていることを知っていたので、自分の財産が奪われても、喜んで忍びました。
³⁵ですから、あなたがたの確信を投げ捨ててはなりません。それは大きな報いをもたらすものなのです。
³⁶あなたがたが神のみこころを行って、約束のものを手に入れるために必要なのは忍耐です。
³⁷「もうしばらくすれば、来るべき方が来られる。おそくなることはない。
³⁸わたしの義人は信仰によって生きる。もし、恐れ退くなら、

忠実な弟子たちのところに再び来られる日が近付いている(→「携挙」の項 p.2278)。その日が近付くにつれて、困難や反対、迫害や霊的欺瞞などがさらに多くなってくる。けれども私たちひとりひとりは、ほかの信仰者たちと定期的に礼拝やキリスト者の交わり、聖書の学びなどに集まることによってキリストを信じる信仰を固く守るように励ましを受けることができる。信仰者が主との交わりの中で成長し、それぞれの共同体の中で成長することをキリストは計画され望んでおられる。私たちがほかのキリスト者とともに集まり礼拝することは神への祝福となり、深い友情を持ち継続的に教えを受けることは私たちへの祝福となり、人々にキリストの福音を伝えるためにより一層励まされ整えられることによってこの世界への祝福となる。→「教会」の項 p.1668

10:26 もし私たちが・・・ことさらに罪を犯し続けるならば ここには再び、前に6:4-8で行ったようにキリストを信じる信仰の堕落についての警告がされている(→「背教」の項 p.2350)。

10:29 神の御子を踏みつけ 真理の知識を受けた後にことさら罪を犯し続けることは(10:26)、(1)イエス・キリストを踏みつけて(10:29)軽べつする(ばかにする、尊敬を欠く、拒む)ことになり、(2)主イエスの血(私たちのための犠牲)が私たちには役に立たないように振舞い、(3)私たちに神の好意や愛や力をくださる聖霊を侮辱し反抗することである。キリストの犠牲を拒むことは、私たちが神に近付き神と正しい関係を保つことができるようにした唯一の犠牲を拒むことである(→「背教」の項 p.2350)。

10:30-31 主がその民をさばかれる イエス・キリストを信じる信仰を捨てる人には厳しいさばきが待っていることを示す(10:29)ために、ここでは申命記32章から二つの聖句が引用されている。神は、(1)「復讐はわたしのすることである。わたしが報いをする」(10:30a, 申32:35)、(2)「主がその民をさばかれる」(10:30b, 申32:36)と警告しておられる。神に背き神に反抗しようとする人々は「生ける神の手の中に陥ることは恐ろしい」ということを覚えておかなければならない(10:31)。→「神への恐れ」の項 p.316

10:38 わたしの義人は信仰によって生きる この基本的な原則は、神のことばの中で4回も確認されている(ハバ2:4, ロマ1:17, ガラ3:11, ヘブ10:38)。そして私たちと神との関係や、イエス・キリストによって備えられた救いに、私たちを案内し導いてくれる。(1)絶えず神に頼り、みことばに信頼し、どんなときにも忠実に従う人は神の約束を受取り(10:36)、永遠に救われる(10:39b)。このような人は恐れずに誠実な心で神に近付いていく(→10:22注)。(2)けれども

わたしのこころは彼を喜ばない。」 39私たちは、恐れ退いて滅びる者ではなく、信じていのちを保つ者です。

信仰によって

11 1信仰は望んでいる事がらを保証し、目に見えないものを確信させるものです。
2昔の人々はこの信仰によって称賛されました。
3信仰によって、私たちは、この世界が神のことばで造られたことを悟り、したがって、見えるものが目に見えるものからできたのではないことを悟るのです。

1①ヘブ3:6
＊別訳「……の実体であり」
②ヘブ3:14
③ロマ8:24、Ⅱコリ4:18, 5:7、ヘブ11:7, 27
2①ヘブ11:1
②ヘブ11:4, 39
＊直訳「あかしを得たのです」
3①ヘブ1:2
②ヘブ6:5、Ⅱペテ3:5
③創1章、ヘブ1:2
④ロマ4:17
4①創4:4、マタ23:35、Ⅰヨハ3:12
②ヘブ11:2
③ヘブ5:1
④創4:8-10、ヘブ12:24
5①ルカ2:26、ヨハ8:51、ヘブ2:9

族長たちの信仰

4信仰によって、アベルはカインよりもすぐれたいけにえを神にささげ、そのいけにえによって彼が義人であることの証明を得ました。神が、彼のささげ物を良いささげ物だとあかししてくださったからです。彼は死にましたが、その信仰によって、今もなお語っています。
5信仰によって、エノクは死を見ることのないように移されました。神に移されて、見えなくなりました。移される前に、彼は神に喜ばれていることが、あかしされていました。
6信仰がなくては、神に喜ばれることはで

神はさらに、「もし（だれでも）、恐れ退くなら（不信仰によって）、わたしのこころは彼を喜ばない」と言われる（10:38）。「恐れ退く」人とは神に頼ることをやめ、意識的に信仰を捨てて神に対して罪を犯し（神と神の基準に逆らう）続ける人のことである。そのような人は荒野の中のイスラエルの民のように（⇒3:12-19）、霊的破滅に向かっている（10:39a）。

11:1 信仰は 11章は、いつまでも残る信仰とはどのような環境の中でも神に頼ることであることを証明している。そのように頼る信仰者は、神とみことばにいつも忠実でいることができる。信仰は神のことばをそのまま受止めてその約束を信じきることである。そして目に見える情況を土台として希望を持つのではなく、霊的現実を確信してその上に希望を置く（11:1）。そのような信仰によって私たちは神との正しい関係を持つことができる（11:4）。また神との関係を深め（11:6）、神の慈しみに頼り（11:6）、みことばを完全に確信できるようになる（11:7, 11）。信仰は神の命令に従う（11:8）。そして人生の土台を神の約束に置き（11:13, 39）、今の時代の悪い慣習を拒み（11:13）、天の住まいを求めるように導いてくれる（11:14-16、⇒13:13-14）。また厳しい攻撃や困難に耐え（11:17-19）、未来の世代に感動を与え（11:21）、罪の楽しみに浸ることを拒み（11:25）、迫害に耐え（11:27）、神の力によって神の栄誉のために力強いわざと奇蹟を起こし（11:33-35）、神のために苦しむ（11:25, 35-38）ことを教えてくれる。信仰はこの世界の無益で神に逆らう生き方に戻るべきではないことも教えている（11:15-16、→「**信仰と恵み**」の項p.2062）。

11:3 信仰によって、私たちは・・・悟り 「信仰によって」ということばは、強調するためにこの文章の最初に置かれ、11章全体を通して17以上の信仰の実例を紹介することばになっている。そしてそれぞれの実例の箇所でさらに強調されている。私たちが「悟り」または知識を得る方法は基本的に二つある。(1) からだの五感（視覚、聴覚、触覚、味覚、嗅覚）とそれに結び付いた、生れながらの論理力。(2) 神と霊的領域の知識は最初霊的レベルで起こり（神の啓示によって）その後「信仰によって」受入れられる（悟る）。生れながらの頭では神のみわざ（天地創造を含めた）を理解できない（⇒Ⅰコリ2:12-14）。そのようなことは霊的に刷新された頭にしか理解できない。したがって、神のことばのあかしは信仰にとって無くてはならないものである。それは、「この世界が神のことばで造られたこと」を理解するためには神のことばをそのまま受取らなければならないからである（創1:3, 6, 9, 14, 20, 24, 26、⇒詩33:6, 9、イザ55:11、コロ1:16-17）。

11:4-7 アベル・・・エノク・・・ノア この神を敬う三人は、天地創造のときから地上を破壊した大洪水（創6:-8:）までの間に生きた人々の中から特に選ばれた人々である。その生き方は信仰生活の様々な面を表す良い模範である。(1) 信仰によって、アベル（アダムとエバの息子）は本当の礼拝者として称賛されている。それは神に最も良いものをささげ、神が定められた通りに神をあがめたからである（11:4a）。アベルは神が正しいと言われたことを行ったのである（11:4b）。けれどもその大胆な信仰のために、アベルは最初の殉教者（信仰または神に従ったために殺された人 11:4c）になった。(2) 信仰によって、エノクは親しく「神とともに歩んだ」（創5:24）。そのことによって、エノクは死を見ないで地上から取去られた（11:5）。(3) 信仰によって、ノアは地上に起こる災害について神が言われたことを信じた。そして自分の評判を落すことも気にすることなく神の警告に従った（11:7）。

きません。神に近づく者は、神がおられることと、神を求める者には報いてくださる方であることとを、信じなければならないのです。

7 信仰によって、ノアは、まだ見ていない事がらについて神から警告を受けたとき、恐れかしこんで、その家族の救いのために箱舟を造り、その箱舟によって、世の罪を定め、信仰による義を相続する者となりました。

アブラハムと家族の信仰

8 信仰によって、アブラハムは、相続財産として受け取るべき地に出て行けとの召しを受けたとき、これに従い、どこに行くのかを知らないで、出て行きました。
9 信仰によって、彼は約束された地に他国人のようにして住み、同じ約束をともに相続するイサクやヤコブとともに天幕生活をしました。
10 彼は、堅い基礎の上に建てられた都を待ち望んでいたからです。その都を設計し建設されたのは神です。

11 信仰によって、サラも、すでにその年を過ぎた身であるのに、子を宿す力を与えられました。彼女は約束してくださった方を真実な方と考えたからです。
12 そこで、ひとりの、しかも死んだも同様のアブラハムから、天の星のように、また海べの数えきれない砂のように数多い子孫が生まれたのです。

13 これらの人々はみな、信仰の人々として死にました。約束のものを手に入れることはありませんでしたが、はるかにそれを見て喜び迎え、地上では旅人であり寄留者であることを告白していたのです。
14 彼らはこのように言うことによって、自分の故郷を求めていることを示しています。
15 もし、出て来た故郷のことを思っていたのであれば、帰る機会はあったでしょう。
16 しかし、事実、彼らは、さらにすぐれた故郷、すなわち天の故郷にあこがれていたのです。それゆえ、神は彼らの神と呼ばれることを恥となさいませんでした。事実、神

11:6 神がおられること・・・を、信じ ここでは救いに導く信仰に含まれる確信（深く納得した信仰）について説明がされている。(1) 私たちを気遣ってくださる、人格を持つ無限で聖い神が存在することを信じなければならない。(2) 私たちが誠実に信仰をもって神を見上げるときに、神は応え報いてくださることを信じなければならない。私たちの最大の報いは神ご自身の臨在と喜びである。神は私たちの盾であり最大の報いである（創15:1, ⇒申4:29, マタ7:7-8注, ヨハ14:21注）。(3) 神とのさらに深い関係を熱心に求め続け、神の臨在や力、みこころなどを熱心に願い求めなければならない。→ヨハ1:12注, 5:24聞いての注

11:8 信仰によって、アブラハムは・・・従い 神との関係では、信仰と服従は切離すことができない。不信仰と不従順を切離すことができないのと同じである（3:18-19, →ヨハ3:36注）。

11:10 都を待ち望んでいた アブラハムは地上の約束の地が信仰の旅の終わりではないことを知っていた。神の約束とは、地上のあらゆるものを越えて神が忠実なしもべのために備えられた天の都のことだったのである（→「**アブラハムの召命**」の項 p.50）。アブラハムは神の民すべてにとっての模範であり、私たちが天の都、神の家に向かってこの世界の旅をしていることを教えている。私たちは現在の人生でいつまでも続く安心を求めたり、この世界に縛り付けられたりするべきではない（11:14, 16, 13:14）。むしろ地上では旅人、寄留者であると考えるべきである。ここは私たちの故郷ではない。旅の終りには、「さらにすぐれた故郷」（11:16）、「天にあるエルサレム」（12:22）、「後に来ようとしている都」（13:14）がある。

11:13 約束のものを手に入れることはありませんでした これらの旧約聖書の信仰の偉人たちは、神がさらに良いものを用意しておられることを確信して死んでいった。生きている間には、キリストによって最終的に与えられる神の約束の究極の祝福を見ることはなかった。現在私たちは、キリストによって成就した神の約束のいのちを体験するという祝福にあずかっている。したがって、生きている間に神の約束が全部成就するのを見ることができなくても神を信頼し続けなければならない。神が認めてくださる信仰とは、神の約束をもう一度神にささげて、神がご自分の時とご計画と目的に沿って実現してくださるという確信を持ち続ける信仰である。

11:16 神は・・・恥となさいませんでした 「旅人であり寄留者」（Ⅰペテ2:11）として生き、さらにすぐれた国を望みそれを求める人には神から栄誉が与えられる。神はご自分がその人々の神であることを認め、

ヘブル　11章

は彼らのために都を用意しておられました。

17 信仰によって、アブラハムは、試みられたときイサクをささげました。彼は約束を与えられていましたが、自分のただひとりの子をささげたのです。
18 神はアブラハムに対して、「イサクから出る者があなたの子孫と呼ばれる」と言われたのですが、
19 彼は、神には人を死者の中からよみがえらせることもできる、と考えました。それで彼は、死者の中からイサクを取り戻したのです。これは型です。
20 信仰によって、イサクは未来のことについて、ヤコブとエサウを祝福しました。
21 信仰によって、ヤコブは死ぬとき、ヨセフの子どもたちをひとりひとり祝福し、また自分の杖のかしらに寄りかかって礼拝しました。
22 信仰によって、ヨセフは臨終のとき、イスラエルの子孫の脱出を語り、自分の骨について指図しました。

モーセの信仰

23 信仰によって、モーセは生まれてから、両親によって三か月の間隠されていました。彼らはその子の美しいのを見たからです。彼らは王の命令をも恐れませんでした。
24 信仰によって、モーセは成人したとき、パロの娘の子と呼ばれることを拒み、
25 はかない罪の楽しみを受けるよりは、むしろ神の民とともに苦しむことを選び取りました。
26 彼は、キリストのゆえに受けるそしりを、エジプトの宝にまさる大きな富と思いました。彼は報いとして与えられるものから目を離さなかったのです。
27 信仰によって、彼は、王の怒りを恐れないで、エジプトを立ち去りました。目に見えない方を見るようにして、忍び通したからです。
28 信仰によって、初子を滅ぼす者が彼らに触れることのないように、彼は過越と血の注ぎとを行いました。

イスラエル人とラハブの信仰

29 信仰によって、彼らは、かわいた陸地を行くのと同様に紅海を渡りました。エジプト人は、同じようにしようとしましたが、のみこまれてしまいました。
30 信仰によって、人々が七日の間エリコの城の周囲を回ると、その城壁はくずれ落ちました。
31 信仰によって、遊女ラハブは、偵察に来た人たちを穏やかに受け入れたので、不従順な人たちといっしょに滅びることを免れました。

さばきつかさたちと預言者たちの信仰

32 これ以上、何を言いましょうか。もし、ギデオン、バラク、サムソン、エフタ、またダビデ、サムエル、預言者たちについても話すならば、時が足りないでしょう。
33 彼らは、信仰によって、国々を征服し、正しいことを行い、約束のものを得、獅子の口をふさぎ、
34 火の勢いを消し、剣の刃をのがれ、弱い者なのに強くされ、戦いの勇士となり、他国の陣営を陥れました。

その人々をご自分の子どもとしてはっきりと認めてくださる(⇒出3:6)。

11:17-22　信仰によって・・・アブラハム・・・イサク・・・ヤコブ・・・ヨセフ　ここに書かれているヘブル人、つまりユダヤ民族の族長(一番元の先祖、創始者)と関係する出来事　→創22:1-19, 27:27-40, 47:29-31, 48:8-20, 50:24-25

11:25　はかない罪の楽しみを受ける　キリスト者はモーセが直面したような決断を、何度もしなければならない。それは、(1) たとい人々から拒まれ迫害を受けても、キリストや神の民と一つであり続けるか、(2) 「はかない罪の楽しみ」を楽しみ、自分勝手な生き方によってしばらくの自由を味わうかという選択である。たとい一時的な選択であっても、それが永遠の結果を生み出すことを私たちは覚えておかなければならない(→ガラ5:17注)。長い目で見て良いものと当面の満足とを引換えたエサウ(⇒12:16)とは違って、モーセははかない喜びと特権を長い目で見て将来的に良いものと引替えた。モーセが正しい選択をすることができた理由は二つあった。それはモーセが、(1) 確固とした霊的価値観を持っていたこと(11:26)、(2) 霊的ビジョンを持っていたこと(11:27)である。

35 女たちは、死んだ者をよみがえらせていただきました。またほかの人たちは、さらにすぐれたよみがえりを得るために、釈放されることを願わないで拷問を受けました。
36 また、ほかの人たちは、あざけられ、むちで打たれ、さらに鎖につながれ、牢に入れられるめに会い、
37 また、石で打たれ、*試みを受け、のこぎりで引かれ、剣で切り殺され、羊ややぎの皮を着て歩き回り、乏しくなり、悩まされ、苦しめられ、
38 ――この世は彼らにふさわしい所ではありませんでした――荒野と山とほら穴と地の穴とをさまよいました。

35 ① Ⅰ列17:23、Ⅱ列4:36, 37
36 ① 創39:20、エレ20:2, 37:15
37 ① Ⅱ歴24:21、Ⅱ列21:13
  *異本この句を欠くものがある
  ② 囲 Ⅱサム12:31、Ⅰ列20:3
  ③ 囲 Ⅰ列19:10、エレ26:23
  ④ 囲 民19:13, 19、Ⅱ列2:8, 13, 14、ゼカ13:4
  ⑤ 囲 ヘブ11:25, 13:3
38 ① 囲 Ⅱ列18:4, 13, 19:9
39 ① 図 ヘブ11:2
  ② ヘブ11:13, 10:36
40 ① 囲 ヘブ11:16
  *別訳「予見しておられたので」、② 囲 黙6:11
1 ① 囲 ヘブ10:39
  ② 図 エペ4:22、ロマ13:12、③ 囲 ヘブ10:36

39 この人々はみな、その信仰によってあかしされましたが、約束されたものは得ませんでした。
40 神は私たちのために、さらにすぐれたものをあらかじめ用意しておられたので、彼らが私たちと別に全うされるということはなかったのです。

神は子どもたちを懲らしめられる

12 1 こういうわけで、このように多くの証人たちが、雲のように私たちを取り巻いているのですから、私たちも、いっさいの重荷とまつわりつく罪とを捨てて、私たちの前に置かれている競走を忍耐

11:35 女たちは、死んだ者をよみがえらせていただきました ツァレファテのやもめ（Ⅰ列17:17-24）とシュネムの女性（Ⅱ列4:8-36）はともに困難な情況の中で信仰によって神に応答し、驚くべき奇蹟によって報われた。

11:35 またほかの人たちは・・・拷問を受けました 神は忠実な人々が大きな苦しみや問題、迫害などを体験することを許された（→「正しい人の苦しみ」の項p.825）。その人々は神の好意を受け神との親しい交わりを持っていたけれども、神は苦しみや死から助け出してくださることはなかった（11:35-39）。
　（1）信仰によってある人は「剣の刃をのがれ」（11:34）、またある人は「剣で切り殺され」た（11:37）。同じ信仰によって一人は助け出され、もう一人は死んでいった（⇒Ⅰ列19:10、エレ26:23、使12:2）。信仰者は心から信じて神のために偉大なことを行うだけではなく（11:33-35）、神のために生き奉仕をする中で時には困難や苦しみ、迫害や悲劇などを体験することがある（11:35-39、⇒詩44:22、ロマ8:36、→マタ5:10注）。
　（2）神に忠実に従っていても、この世界では心地良い暮らしが保証され迫害から守られるわけではない。けれども問題や困難、苦しみに遭ったときに神が助けてくださり、耐える力を与えてくださることは確かである（⇒12:2、エレ20:1-2, 7-8, 37:13-15, 38:5、Ⅱコリ6:9）。

11:37 石で打たれ・・・のこぎりで引かれ 祭司エホヤダの子ゼカリヤのような人々は真理を伝えたために殺された（Ⅱ歴24:20-22、ルカ11:51）。「のこぎりで引かれ」というのは、預言者イザヤのことを指していると思われる。伝説によればイザヤは邪悪なマナセ王のもとでこのようにして殺された。

11:38 荒野と山と・・・をさまよいました 神に忠実な人々はこの世界の間違った基準に従ったり不道徳な楽しみにかかわったりすることを拒んだ。その結果、正しい人々はしばしば問題に巻込まれ、あざけられた。この世界を拒んだ人々はこの世界によって拒まれたのである。神の約束の祝福を信じる信仰を守り抜いた（申29:9、ヨシ1:8）人々は、迫害され棄てられ孤立しなければならなかった（11:35-39）。キリストに従う人々も困難や反対に遭う（→Ⅱテモ3:12注）けれども、キリストの苦しみをともに背負うべきであると新約聖書は教えている（→マタ10:38注、ガラ2:20注）。これらのことはみな「悲しみの人」（イザ53:3、⇒ヘブ12:2）に従うということである。この世界はキリストとその惜しみなく与えられた愛を受けるに値しなかった。それと同じようにこの世界は謙遜にキリストの模範に従い、神を信じる信仰とその目的に仕える人々を受入れるのにふさわしい場所ではなかった。

11:40 彼らが私たちと別に 旧約聖書の神の民は、神の祝福と約束が全部成就するのを体験することなく世を去った。けれども神が神の民のために完全な救いを備えてくださるという約束を信じ期待し続けた。今私たちは神の約束が実際に実現し、イエス・キリストによって救いが備えられたことを信仰をもって振返って見ることができる。キリストは死とよみがえりによって私たちを救ってくださった。そして同じように、神の民（神に忠実な旧約聖書の人々）にも完全な救いを保証しておられた。新しい天と新しい地では、その人々も私たちとともに神の資産を完全にいただくのである（黙20:-22:）。

12:1 私たちの前に置かれている競走 この競走とは、私たちがこの世界に生きている間、一生体験し続ける信仰の試練のことである（10:23, 38, 11:、12:25, 13:13）。（1）この競走は「忍耐」（《ギ》フポモネー）を

ヘブル 12章

をもって④走り続けようではありませんか。
2 信仰の創始者であり、完成者であるイエスから目を離さないでいなさい。イエスは、ご自分の前に置かれた喜びのゆえに、はずかしめをものともせずに十字架を忍び、神の御座の右に着座されました。
3 あなたがたは、罪人たちのこのような反抗を忍ばれた方のことを考えなさい。それは、あなたがたの心が元気を失い、疲れ果ててしまわないためです。
4 あなたがたはまだ、罪と戦って、血を流すまで抵抗したことがありません。
5 そして、あなたがたに向かって子どもに対するように語られたこの勧めを忘れています。
「わが子よ。
主の懲らしめを軽んじてはならない。

- 1 ④圏 Ⅰコリ9:24, ガラ2:2
- 2 ①囲 ヘブ2:10
  - *別訳「指導者」
  - ②圏 Ⅰコリ1:18, 23, ヘブ13:13
  - ③圏 ヘブ2:9, ピリ2:8, 9
  - ④圏 ヘブ1:3
- 3 ①圏 マタ10:24, 黙2:3
  - ②圏 ガラ6:9, ヘブ12:5
- 4 ①囲 ピリ2:8
  - ②圏 ヘブ10:32以下, 13:13
- 5 ①箴 3:11, 12

もって（我慢強く耐えて）走らなければならない（⇒10:36, ピリ3:12-14）。私たちが勝利する方法は11章の聖徒たちの方法と同じで、困難な情況や厳しい反対を乗越えて最後まで走り続けることである（⇒6:11-12, 12:1-4, ルカ21:19, Ⅰコリ9:24-25, ピリ3:11-14, 黙3:21）。（2）この競走は私たちに「まつわりつく罪」（直訳すると「最もわずらわしい脱線させる罪」）を捨て、「イエスから目を離さないで」、主イエスの忍耐と勝利の模範を見続けて走らなければならない（12:2）。（3）私たちの最大の危険は、途中であきらめたり罪を犯したりして（12:1, 4）、「（私たちが）出て来た故郷」へ戻り（11:15, ヤコ1:12）、腐敗し神に逆らう生き方をしているこの世界に帰ろうとする誘惑に負けることである。私たちはこのことを自覚して、この競走を走り抜かなければならない（11:13, ヤコ4:4, Ⅰヨハ2:15, →ヘブ11:10注）。

この信仰の競走では、主に二つの面で鍛錬が必要である。（1）自分の最もすぐれた部分に繰返し侵入してきて、神との関係を成長させないようにする罪をきっぱりと捨てなければならない（12:1, →12:2ご自分の前の注）。つまり、同じ失敗を繰返す同じ愚かな選択をしてはならないのである。また罪ではないとしても、キリストとともに前進する助けにならないものは捨てる決心をしなければならない。そういうものは、神との交わりにより多くの時間を割こうとするときに邪魔になるだけである。霊的成長の助けにはならない。（2）主イエスと主イエスが示された模範から目を離さないようにしなければならない（12:2, →12:2注）。主イエスを愛することこそが最大の動機でなければならない。そして主イエスのようになりたいと思う気持と決意が私たちの目的でなければならない。そして主とともにいる永遠の到着点を私たちの究極のゴールとしなければならない。

12:2　イエスから目を離さないでいなさい　走る人がゴールから目を離さないように、私たちも信仰のゴールであり目標である主イエスに目を注いでいなければならない。「信仰の創始者であり、完成者である」ということは、私たちの信仰は主イエスに始まり主イエスで完成するという意味である。主イエスは私たちの信仰の競走の初めであり終りである。主イエスはまた競走を既に走り抜いて勝利された、私たちの究極の模範でもある（12:2, ⇒ルカ15:6, 24, 32, ヨハ15:11）。信仰の競走の中で私たちは主イエスを、（1）神に頼り（2:13）、みこころに従い（10:7-10, マコ14:36）、祈り（5:7, マコ1:35, ヨハ17:）、誘惑や苦しみを乗越え（2:10, 4:15）、忍耐強く御父に仕え（12:2-3）、神が与えられた働きを完成した喜びを受けられた模範として見上げるのである。（2）また力、愛、恵み、あわれみ、助けの源として見上げるべきである（4:16, 7:25, 10:22, 黙3:21）。

12:2　ご自分の前に置かれた喜び　キリストが苦しみに耐え、十字架の上の死の辱めの向こうに見た喜びとは、主イエスを受入れて従う私たちひとりひとりと個人的な関係を持つことができる期待感によるものだった。十字架の上での苦しみは、主がどれほど私たちひとりひとりと深い個人的な関係を持つことを大切に思い期待しておられたかを証明している。主はその犠牲を通して、罪によってできた神と私たちの溝を埋め（⇒Ⅰテモ2:5, Ⅰペテ3:18）、私たちが神と正しい関係を永遠に持つ機会を回復してくださった（⇒ヨハ1:12）。

12:5　主の懲らしめ　「懲らしめ」と訳されたことば（《ギ》パイデイア）には「叱責」または「矯正」の意味だけではなく、「訓練」し「導き教える」など肯定的な意味もある。それは愛情に満ちた親が、息子や娘が立派なおとなに成長するのを願ってすることである。ここには困難な情況の中で神の懲らしめに対して見られる二つの相反する反応についての警告が見られる。それは、（1）主の懲らしめに無神経な反応を示して「軽んじ」ることである。これは一笑に付して軽べつすることでもある。また、（2）主の懲らしめに敏感に反応し、「主に責められて弱り果て」ることである。これは感情的に閉じこもったりあきらめたりすることである。この二つの間違った反応とは逆に、私たちは主の懲らしめを私たちの父としての主の愛や恵み、約束などの証拠として見るべきである。

神がその民を懲らしめ、私たちが困難や問題の中で苦

ヘブル 12章

主に責められて弱り果ててはならない。
6 主はその愛する者を懲らしめ、
　受け入れるすべての子に、
　むちを加えられるからである。」

7 訓練と思って耐え忍びなさい。神はあなたがたを子として扱っておられるのです。父が懲らしめることをしない子がいるでしょうか。

8 もしあなたがたが、だれでも受ける懲らしめを受けていないとすれば、私生子であって、ほんとうの子ではないのです。

9 さらにまた、私たちには肉の父がいて、私たちを懲らしめたのですが、しかも私たちは彼らを敬ったのであれば、なおさらのこと、私たちはすべての霊の父に服従して生きるべきではないでしょうか。

10 なぜなら、肉の父親は、短い期間、自分が良いと思うままに私たちを懲らしめるのですが、霊の父は、私たちの益のため、私たちをご自分の聖さにあずからせようとして、懲らしめるのです。

11 すべての懲らしめは、そのときは喜ばしいものではなく、かえって悲しく思われるものですが、後になると、これによって訓練された人々に平安な義の実を結ばせます。

12 ですから、弱った手と萎えたひざとを、まっすぐにしなさい。

13 また、あなたがたの足のためには、まっすぐな道を作りなさい。なえた足が関節をはずさないため、いやむしろ、いやされるためです。

神を拒むことに対する警告

14 すべての人との平和を追い求め、また、聖められることを追い求めなさい。聖くなければ、だれも主を見ることができま

しむのを許されることについていくつかの注目すべきことがある。
（1）それは私たちが神の子どもであるしるしである（12:7-8）。
（2）それは神が私たちを愛し思ってくださる証拠である（12:6）。
（3）主の懲らしめには、次の二つの目的がある。(a) 私たちがこの世界とともに罪に定められないため（Ⅰコリ11:31-32）。(b) 私たちが神の聖さ（道徳的純粋性、霊的完全、悪からの分離）にあずかり、神の目的のために選び分けられるため（→12:14注）。
（4）主の懲らしめには二つの結果が考えられる。(a) 神が許された困難に耐え、神の目的に従い忠実であり続ける（12:5-6）。このことによって私たちは神の霊の子どもとして生き（12:7-9）、神の聖さにあずかり（12:10）、結果として神との正しい関係を保ち私たちに対する神の目的を成就することができる（12:11）。(b) 問題や苦しみのために父の懲らしめを「軽んじ」（12:5）、神に反抗して神から離れるようになる（12:25, 3:12-14）。
（5）神の願いやご計画、私たちに対する目的などに従うときには問題が起こるかもしれない。それは、(a) サタンとの霊的戦いの結果であり（エペ6:11-18）、(b) 私たちの信仰（Ⅰペテ1:6-7）と働き（マタ7:24-27, Ⅰコリ3:13-15）を強めるためであり、(c) 同じような問題に直面する人々を慰めるために、私たちを整える（Ⅱコリ1:3-5）ためである。これらの情況はみな、キリストのいのちが私たちの中で成長し、私たちを通して表される機会でもある（Ⅱコリ4:8-10, 12, 16）。
（6）どのような逆境の中でも私たちは神に頼り自分の生活を調べ（Ⅱ歴26:5, 詩3:4, 9:12, 34:17）、神の基準と神の特性に反するものをみな自分の中から除かなければならない（12:10, 14, →詩60:1-12注, 66:18注, →「**正しい人の苦しみ**」の項 p.825）。

12:14　聖められることを追い求めなさい　聖いということは道徳的にきよく霊的に健全で、悪から離れていて神に献身し、神の目的のために選び分けられていることである（→「**神の属性**」の項 p.1016）。それは神の近くにいること、神に似た者になることを目指すこと、神の臨在を深く自覚して生活すること、神が正しいと言われることを行う強い決意などを意味している。聖さとは単に物事を避けて通るという消極的な意味ではなく、神に仕える中で追い求めるという積極的な意味である。神が私たちになってほしい、行ってほしいと願っておられることに集中することで、私たちは神の子どもとして行うべきではないことに取込まれたり引かれたりすることがなくなる。

あらゆることの中で、聖さは神の民が最優先に取組むべきものである（エペ4:21-24）。（1）聖さは神がキリストによる霊的救いを計画されたとき、神の民のために定められた目的だった（エペ1:4）。（2）聖さはキリストが地上に来られたとき、神の民のために定められた目的だった（マタ1:21, Ⅰコリ1:2, 30）。（3）聖さ

せん。
15 そのためには、あなたがたはよく監督して、だれも神の恵みから落ちる者がないように、また、苦い根が芽を出して悩まし たり、これによって多くの人が汚されたりすることのないように、
16 また、不品行の者や、一杯の食物と引き替えに自分のものであった長子の権利を売ったエサウのような俗悪な者がないようにしなさい。
17 あなたがたが知っているとおり、彼は後になって祝福を相続したいと思ったが、退けられました。涙を流して求めても、彼には心を変えてもらう余地がありませんでした。
18 あなたがたは、手でさわられる山、燃える火、黒雲、暗やみ、あらし、
19 ラッパの響き、ことばのとどろきに近づいているのではありません。このとどろきは、これを聞いた者たちが、それ以上一言も加えてもらいたくないと願ったものです。
20 彼らは、「たとい、獣でも、山に触れるものは石で打ち殺されなければならない」というその命令に耐えることができなかっ

15 ①ヘブ4:1, 図Ⅱコリ6:1, ガラ5:4, ②申29:18
③テト1:15
16 ①ヘブ13:4
②創25:33, 34
図Ⅰテモ1:9
17 ①創27:30-40
18 ①ヘブ12:18以下, 図Ⅱコリ3:7-13
図出19:12, 16以下, 20:18, 申4:11, 5:22
19 ①出19:12, 16, 19, 20:18, 図マタ24:31
②申4:12, 図出19:19
③出20:19, 申5:25, 18:16
20 ①出19:12, 13
21 ①申9:19
22 ①黙14:1, ②図ヘブ3:12
③ヘブ11:10, 図エペ2:19, ピリ3:20, 黙21:2
④図ガラ4:25, 図ヘブ11:16, ⑤黙5:11
23 ①図ルカ10:20
②ヘブ2:12, 図ルカ4:22
③創18:25, 詩50:6, 94:2他
④図黙6:9, 11, ヘブ11:40
24 ①図Ⅰテモ2:5, ヘブ8:6, 9:15
②図ヘブ11:4
③図ヘブ9:19, 10:22, Ⅰペテ1:2
25 ①図ヘブ1:1
②図ヘブ3:12
③図黙3:5, 11:7
④図ヘブ12:19
⑤図ヘブ2:2, 3, 10:28, 29
26 ①出19:18, 図士5:4, 5
②ハガ2:6

たのです。
21 また、その光景があまり恐ろしかったので、モーセは、「私は恐れて、震える」と言いました。
22 しかし、あなたがたは、シオンの山、生ける神の都、天にあるエルサレム、無数の御使いたちの大祝会に近づいているのです。
23 また、天に登録されている長子たちの教会、万民の審判者である神、全うされた義人たちの霊、
24 さらに、新しい契約の仲介者イエス、それに、アベルの血よりもすぐれたことを語る注ぎかけの血に近づいています。
25 語っておられる方を拒まないように注意しなさい。なぜなら、地上においても、警告を与えた方を拒んだ彼らが処罰を免れることができなかったとすれば、まして天から語っておられる方に背を向ける私たちが、処罰を免れることができないのは当然ではありませんか。
26 あのときは、その声が地を揺り動かしましたが、このたびは約束をもって、こう言われます。「わたしは、もう一度、地だけ

はキリストが十字架の上でご自分をささげられたときの目的だった(エペ5:25-27)。(4) 聖さは私たちが新しく造られ聖霊を与えられたときの神の目的だった(ロマ8:2-15, ガラ5:16-25, エペ2:10)。(5) 聖さがなければ、だれも神の最高の目的のために用いていただくことはできない(Ⅱテモ2:20-21)。(6) 聖さがなければ、神の近くにいることも神と交わることもできない(詩15:1-2)。(7) 聖さがなければ、だれも主を見ることができない(12:14, マタ5:8, →「**聖化**」の項p.2405)。

12:15　苦い根　「苦い根」は心の中で大きくなり続け、ほかの人々にも影響を与える根深い恨みである。ここでは私たちに与えられた神の懲らしめに苦い恨みを持って、そのご計画にへりくだって従わないことを指している。苦い思いは、教会の中の人に向けられることもある。またその人を堕落させず祈ることも神に近付くことも霊的に成長することもできなくさせる。苦い根は正しく扱わないと教会員の間に広まり、信仰者の群れ全体を腐敗させ聖さを破壊してしまう。「聖くなければだれも主を見ることができません」(12:14, →12:14注)。

12:16　エサウのような俗悪な者　「俗悪な者」と訳さ

れたことば(《ギ》ベベーロス)にはこの世的、世俗的、霊的ではないなどという意味がある。神に霊的に仕えて聖い(神の目的のために分離されている →12:14注)ことの反対の状態である。エサウは長い目で見た霊的祝福より、一時的にでも満足をしたいという抑え難い欲望にとらわれてしまった(創25:19-34, →ヘブ11:25注)。

12:18-25　手でさわれる山　ここではシナイ山で律法が与えられたときの恐ろしい情況(⇒出19:10-25, 申4:11-12, 5:22-26)が福音(罪の赦し、神との新しい関係、イエス・キリストを信じる信仰によって得られる永遠のいのちの「よい知らせ」)の特色と比較されている。古い契約の律法には、達成が不可能と思える基準や恐ろしい警告、厳しい罰則などが多く含まれていた。キリストに従う人々にはそのような恐ろしい契約はない。けれども福音から離れれば律法を拒むよりもはるかに恐ろしい結果が待っている。なぜならキリストを受入れることは、本当のいのちと神との個人的関係への唯一の道だからである(→ヨハ14:6)。

12:26-29　地を揺り動かしました　神はいつか現在の世界の制度を崩し、宇宙全体を揺り動かして粉々に

ではなく、天も揺り動かす。」
²⁷この「もう一度」ということばは、決して揺り動かされることのないものが残るために、すべての造られた、揺り動かされるものが取り除かれることを示しています。
²⁸こういうわけで、私たちは揺り動かされない御国を受けているのですから、感謝しようではありませんか。こうして私たちは、慎みと恐れとをもって、神に喜ばれるように奉仕をすることができるのです。
²⁹私たちの神は焼き尽くす火です。

結びの奨励

13 ¹兄弟愛をいつも持っていなさい。
²旅人をもてなすことを忘れてはいけません。こうして、ある人々は御使いたちを、それとは知らずにもてなしました。
³牢につながれている人々を、自分も牢にいる気持ちで思いやり、また、自分も肉体を持っているのですから、苦しめられている人々を思いやりなさい。
⁴結婚がすべての人に尊ばれるようにしなさい。寝床を汚してはいけません。なぜなら、神は不品行な者と姦淫を行う者とをさばかれるからです。
⁵金銭を愛する生活をしてはいけません。いま持っているもので満足しなさい。主ご自身がこう言われるのです。「わたしは決してあなたを離れず、また、あなたを捨てない。」
⁶そこで、私たちは確信に満ちてこう言います。
「主は私の助け手です。私は恐れません。
人間が、私に対して何ができましょう。」
⁷神のみことばをあなたがたに話した指導者たちのことを、思い出しなさい。彼らの生活の結末をよく見て、その信仰にならいなさい。
⁸イエス・キリストは、きのうもきょうも、いつまでも、同じです。

²⁷①Ⅰコリ7:31, 囲ロマ8:19,21, ヘブ1:10以下, イザ34:4, 54:10, 65:17
²⁸囲ダニ2:44 ②囲ヘブ13:15, 囲ヘブ13:21
²⁹囲申4:24, 9:3, イザ33:14, 囲Ⅱテサ1:7, 囲ヘブ10:27,31
1①圏ロマ12:10, Ⅰテサ4:9, Ⅰペテ1:22 ②圏マタ25:35, ロマ12:13, Ⅰペテ4:9 ②創18:3, 19:2
3①囲ヘブ10:34, マタ25:36 ②コロ4:18
4①Ⅰコリ7:38, Ⅰテモ4:3 ②圏Ⅰコリ6:9, ガラ5:19,21, Ⅰテサ4:6
5①圏Ⅰテモ3:3, 囲エペ5:3, コロ3:5 ②囲ピリ4:11 ③申31:6, ヨシ1:5 ②詩118:6
7①ルカ5:1他 ②ヘブ13:17,24 *別訳「終わり」 ③ヘブ6:12
8①囲Ⅱコリ1:19, ヘブ1:12

される(→ハガ2:6-9注, 2:21注)。現在の世界のかたちは永遠ではない。それは火によって焼かれ新しい天と新しい地に代えられる(黙20:11, 21:1, ⇒Ⅱペテ3:10-13)。現在のかたちで残るのは、神の国(→「神の国」の項 p.1654)とそこにつながる人々だけである(12:28)。

13:1 兄弟愛を・・・持っていなさい 新約聖書時代の教会では、信仰者たちはお互いをキリストにある兄弟姉妹と考え、そのように呼び合っていた(⇒Ⅰテサ4:9-10, Ⅰペテ1:22, Ⅱペテ1:7)。キリスト者の兄弟関係は、私たちと御父や御子イエス・キリストとの共通の関係から生れるものである(1:2)。キリストの恵みにあずかったときに、私たちはみなキリストとともに息子や娘になり(1:2, ヨハ1:12-13, ロマ8:14-17, エペ1:5-7)、天にある永遠の資産とともに御父の祝福の相続人になる(9:15, コロ1:12, 3:24, Ⅰペテ1:4)。この兄弟関係があるので、私たちは互いに愛することを御父から教えられている(Ⅰテサ4:9, Ⅰヨハ4:11, →ヨハ13:34注, 35注)。

13:4 結婚が・・・尊ばれるようにしなさい 神の民のために、神は結婚と性について高い基準を設けられた。この重要な問題についての詳細 →「性道徳の基準」の項 p.2379

13:5 金銭を愛する生活をしてはいけません この訴えは、性的不道徳に対する警告に続いていることに注意する必要がある(13:4)。どん欲と不道徳は新約聖書では密接につながっている(Ⅰコリ5:11, 6:9-10, エペ5:3, コロ3:5)。物質的なものやぜい沢を愛し富を絶えず求めているなら、しばしば性的な罪に誘い込まれることになる(→Ⅰテモ6:6-10)。

13:6 主は私の助け手です 地上の財産がどれほど少なく、置かれている環境がどれほど厳しくても、神は私たちを見捨てて(→ヨシ1:5注)、必要なものを備えてくださらないのではないかと恐れる必要はない。神のことばは天の父が私たちを見守っておられることをはっきりと伝えている。したがって私たちは詩篇を引用した著者とともに、「主は私の助け手です。私は恐れません」と言うことができる。悩んだり困ったり苦しんでいるときにも私たちはこのことを確信して頼ることができる(→マタ6:30注, 33注)。

13:8 イエス・キリストは・・・同じです イエス・キリストは変らないという真理は、私たちの信仰と人生の堅固な錨である。それは、今キリストに従う人々は神のことばの不変の真理をそのまま信じなければならないということである(マタ24:35, マコ13:31, ルカ21:33)。そして新約聖書時代の信仰者たちが神に奉仕する中で体験したのと同じ救い、神との交わり、聖霊のバプテスマ、御国の力などを体験するまでは満足をするべきではない(→「神の国」の項 p.1654)。

性道徳の基準

「結婚がすべての人に尊ばれるようにしなさい。寝床を汚してはいけません。なぜなら、神は不品行な者と姦淫を行う者とをさばかれるからです。」(ヘブル人への手紙13:4)

神を信じ御子イエスに従って自分の立場を示している人々は、道徳的にも性的にも清くなければならないと神は言われる(Ⅱコリ11:2, テト2:5, Ⅰペテ3:2)。「清い」、「純潔」ということば(《ギ》ハグノスまたはアミアントス)は汚れが全くなく腐敗していないという意味である。神との関係を持っているということは、神のことばの基準に合わないものや、純潔、性的清さ、結婚の誓約などを伴わない欲望を刺激するような行動や考えを避けることである。聖書が強調する清さは、神の基準による霊的清さを崩したり弱めたりするような性的空想や刺激や行動を統制し制御し、避けることである。それは「自分のからだを、聖く、また尊く保ち」(Ⅰテサ4:4)、「情欲におぼれ」ない(Ⅰテサ4:5)ことである。この聖書の教えは独身者と既婚者の両方に与えられている。性道徳と純潔について聖書は次のように教えている。

(1) まず覚えておかなければならないことは、人間の性は神が定められたということである。それは神の創造の働きでの産物であり、神のことばの中では最初からこのことが扱われている(⇒創1:27, 28, 2:18-24)。神はご自分のかたち(神と交わり神の特性を反映する能力がある)に男性と女性を造られた。ふたりが一体になることは神の統一性と補完性を反映するものだった。神の前で結婚をして人生を一つにした人々には性の恥ずかしさや罪悪感はないはずである。

(2) 性的親密さは結婚関係以外にはありえないことで、神は結婚においてのみそれを認め祝福してくださる(→創2:24, 雅2:7注, 4:12注)。結婚を通して夫と妻は「一体となる」(創2:24, マコ10:8, エペ5:31)。ここで言われていることは、神はアダムのあばら骨からエバを造り出して男性と女性に区別されたけれども、その区別されたからだが結婚した夫婦の性的行動によって再び一つになることである。さらに性的行動には非常に深い感情の結合、さらには霊的結合も伴うのである(Ⅰコリ6:15-16)。性的行動は深く強い親密さを示すものである。神のご計画の中では、このような親密さを保ち続ける人間関係は一人の男性と一人の女性が神を中心にした結婚生活をする中にしか見ることができない。忠実な結婚関係から生れる肉体的、情緒的満足は神からの貴重な贈り物である。

(3) 神の基準によると性的な罪には次のようなものがある(これらに限定はされない)。姦淫(既婚者が配偶者以外の人と性的関係を持つこと)、結婚前の性的行動(または未婚のままの性的関係)、同性愛(同性間の性的関係)、近親相姦(家族との性的関係)、獣姦(人間と動物との性的関係)、性的な連想をさせる行動や振舞、不潔な空想、下品な官能的欲情(→レビ18:)。これらのものはみな神に対する重大な罪である。それは神に直接反抗することであり公然と神の基準に逆らうことだからである。このような態度や振舞は神の道徳律の限度を越えるもので(→出20:14注)、結婚関係、家族関係を汚すものである。神のことばはこのような罪を厳しく罰している(→箴5:3注)。そしてさらにそのような人々は神の国から追出されると宣言している(ロマ1:24-32, Ⅰコリ6:9-10, ガラ5:19-21)。

(4) 性的不道徳と不純な行動には配偶者以外の人(空想上の人または他人を含む)との性的関係だけではなく、性的快楽を求めて行うあらゆる行動が含まれる。さらに他人を裸にしたり裸を探ることによって刺激や快楽を求めることもある。今日では「合意した」未婚の人々の性的親密さは完全な性的結合でなければ認めてもよいと教えたりするけれども、それは聖書の教える清さの基準と逆であるだけではなく、神ご自身の特性である聖さ(完全な純潔、完璧さ、悪からの分離)にも反するものである。法律で定められた妻や夫ではない人とどのような「性的関係を持つこと」(聖書の「犯す」は直訳すると「裸をあらわす」)も神は厳しいことばで禁止しておられる(レビ18:6-30, 20:11, 17, 19-21, →18:6注)。

(5) 神につながる人々は結婚する前にはあらゆる性的問題について自己抑制をしなければならない。本当に愛しているからとか約束をしたからという理由で結婚前の性的親密さを正当化することは神の基準を勝手に曲げることであり、人の世界の基準と不純なやり方を受入れることである。そのような言訳は神には通じないし、神の道徳的純潔の基準や、正しい結婚の中でこそ性的満足を得るべきであるという神のご計画に反するものである。結婚後の性的親密さは結婚の相手に限定されるべきである。聖書は自制を御霊の実の一つとして挙げているけれども、それはキリストに従う人々の中に聖霊が育ててくださる積極的な行動であり品性である。世間では抑制されない放縦の官能的振舞、性的遊び、快楽、姦淫、不純行為などが一般的に受入れられたり奨励されたりしているけれども、これはそれと真っ向から対立するものである。この部分の生活も含めて自分自身を全く神にゆだねて神の目的と願いにひたすら仕えるなら、私たちは聖霊の力を通して自制の実を実らせていくことができるようになる(ガラ5:22-24)。

(6) 性的不品行をその範囲と影響を含めて表現する聖書の用語には次のようなものがある。(a) 不品行(《ギ》ポルネイア)は、結婚前と結婚外の広範囲にわたる性的行動を描くことばである。それは性的関係やそのほかの性的行動だけに限定されるものではない。婚姻関係以外の親密な性的行動や遊び、相手のからだのひそかな部分に触れたり、裸を見たりすることもこのことばの中に含まれている。そのようなことはみな明らかに神の道徳の基準に反することである(→レビ18:6-30, 20:11-12, 17, 19-21, Ⅰコリ6:18, Ⅰテサ4:3)。(b) 放蕩または好色(《ギ》アセルゲイア)は、はっきりした道徳の原則を持たないことを意味する。また性的自制を欠いて不健全な行動をとり(→ロマ13:13, Ⅱコリ12:21, ガラ5:19, Ⅰペテ4:3)、ほかの人々に罪深い(不適切な性的欲望)情欲を呼起こすことである(Ⅱペテ2:18)。(c) ほかの人々を欺く、むさぼる(《ギ》プレオネクテオー)は、自己中心の欲望を満たすために神が願っておられる道徳的純潔を奪い取ることを意味している。正しいかたちで満たすことのできない性的欲望をほかの人々の中に引起こすことは、その人の弱みに付け込み、道徳的に霊的にその人のものを強奪することになる(Ⅰテサ4:6, ⇒エペ4:19)。(d) 情欲(《ギ》エピスュミア)は、実際に行われれば神の規準に違反し、ほかの人々の純潔を犯すことになるみだらな欲望を持つことである(エペ4:19, 22, Ⅰペテ4:3, Ⅱペテ2:18, →マタ5:28注)。

(7) 性道徳と純潔の領域で霊的に勝利をするためには、誘惑への対応の仕方を学ぶ必要がある。誘惑とは自分が持ってはならない、あるいは体験してはならない(不適切な)ものと直面したり引かれたりすることと定義することができる。いろいろな社会情況の中で誘惑が様々なかたちで増えているので多くの人が性的誘惑を体験する。私たちは性的にそそのかしたりアピールしたりするメッセージの攻撃を絶えず受けている。心に入ってくる思いを私たちはいつも全部コントロールできるわけではない。けれども自分が考えることはコントロールすることができる。誘惑されることは罪ではない。主イエスご自身も誘惑を受けられた(マタ4:1-11)。けれどもそそのかすものを思い続けることは誘惑に負けることであり罪である。

誘惑が避けられないような危険な情況に無謀にも自分から入っていくときには必ず間違いが起こる。そのように行動すること自体が既に神の基準を曲げ道徳的失敗に身をさらすことである。誘惑に負けないようにする最善の方法は、誘惑する情況や誘惑するものをまず避けることである(→Ⅱテモ2:22)。それには自分の持物の中から性的欲望を刺激するようなもの、たとえば写真、雑誌、ＤＶＤ、音楽、書物、そのほか性的、情欲的誘惑に引込むようなものを全部捨てることである。そのようなものを展示している場所を避け、性的内容を暗示するテレビ番組や映画も同じように避けるべきである。また長時間何もすることがないままでいたり、一人でいたりしないようにすることも大切である。もう一つの有益な方法は、何でも話すことができる信頼のできる友人を持つことである。その人は同性で秘密を打明けることができる人で、考えや行動について厳しい質問をしてもよい、責任のとれる人(友だち、青年部の指導者、牧師、キリスト教のカウンセラーなど)でなければならない。絶えず自分の選ぶこと悩んでいる考えなどと直面してくれる人がいるとわかっていたら、疑わしい罪深い振舞をしたり何かを隠したりすることはなくなるに違いない。

最終的に、性的純潔についての神の基準を守り霊的勝利を与えてくださる神の助けに頼ることによって、私たちは首尾一貫して誘惑を乗越えることができるようになる(→Ⅰコリ10:13注, →Ⅱコリ10:5注)。

希望と癒し

　自分の性的純潔を既に損なってしまい、過去の失敗の罪悪感と戦っている人には希望がある。過去のことと既にほかの人々を巻込んで行ったことは変えることができないけれども、神によって新しい出発をすることができる。今までどこにいたとしても、また何を行ったとしても、神が罪を赦し神との正しい関係に回復してくださることを信頼して、信仰をもって神のところに来ることを(⇒ヘブ10:22)神は願っておられる。罪を神に告白し(Ⅰヨハ1:9)、主イエスがご自分のいのちによって払ってくださった犠牲は、犯した罪を十分に赦すことができるということを受入れるべきである(⇒ヘブ7:27, 10:2, 10, 12)。それから自分勝手な道から離れ、罪と妥協する恐れがあるものを全部生活の中から取除き、自分の生活をキリストに支配してもらうようにささげ、神の目的を追い求めるようにするべきである。そうするなら、神はあなたの人生を変えて思いを新しくし(⇒ロマ12:2)、良心をきよめ(ヘブ9:14)、心をきよめてくださる(Ⅰヨハ1:9)。そして文字通り新しく造られた者にしてくださる(→Ⅱコリ5:17)。さらに関係した人々が神と正しい関係を持っているなら、神は性的罪によって一度は壊れた関係も適切なものに回復してくださることさえある。神の助けにより過去を過去のものにし、神がその完全なご計画の中に加えてくださって神の聖い御国の中に場所を備えておられることをしっかり確信して、将来に目を向けて進むことができるようになる。

⁹さまざまの異なった教えによって迷わされてはなりません。食物によってではなく、恵みによって心を強めるのは良いことです。食物に気を取られた者は益を得ませんでした。

¹⁰私たちには一つの祭壇があります。幕屋で仕える者たちには、この祭壇から食べる権利がありません。

¹¹動物の血は、罪のための供え物として、大祭司によって聖所の中まで持って行かれますが、からだは宿営の外で焼かれるからです。

¹²ですから、イエスも、ご自分の血によって民を聖なるものとするために、門の外で苦しみを受けられました。

¹³ですから、私たちは、キリストのはずかしめを身に負って、宿営の外に出て、みもとに行こうではありませんか。

¹⁴私たちは、この地上に永遠の都を持っているのではなく、むしろ後に来ようとしている都を求めているのです。

¹⁵ですから、私たちはキリストを通して、賛美のいけにえ、すなわち御名をたたえるくちびるの果実を、神に絶えずささげようではありませんか。

¹⁶善を行うことと、持ち物を人に分けることとを怠ってはいけません。神はこのようないけにえを喜ばれるからです。

¹⁷あなたがたの指導者たちの言うことを聞き、また服従しなさい。この人々は神に弁明する者であって、あなたがたのたましいのために見張りをしているのです。ですか

13:10 私たちには一つの祭壇があります この祭壇は、イエス・キリストが私たちの罪のためにご自分を犠牲としてささげられた十字架を指していると考えられる。そして旧約聖書の祭司制度が終り、キリストの永遠の祭司職と入れ代ったことを示している。「食べる権利がありません」は、旧約聖書の祭司が贖罪の日にささげられた動物の肉を食べることができなかったことを指している（ほかの日には食べることができた）。けれども新しい契約の下で主イエスに従う人々は、信仰によってキリストを霊的に受け入れてその犠牲にあずかることができる（⇒ヨハ6:48-58）。このように私たちには旧約聖書の祭司たちよりすぐれた特権が与えられている。

13:12 民を聖なるものとする 旧約聖書でいけにえの動物がイスラエルの宿営の外で焼かれたように、主イエスが町の外で死なれたことは罪が除かれたことを象徴している。主イエスはエルサレムの町の門の外で見捨てられ苦しみを受けられたけれども、それは人々を古い罪深い生き方から引き離して神に仕えるようにするためだった（→「**聖化**」の項 p.2405,「**信者の霊的聖別**」の項 p.2172）。

13:13 ですから、私たちは・・・みもとに行こうではありませんか キリストの弟子になるということは「宿営の外に出て」行くことである。この手紙の最初の読者（ユダヤ人キリスト者）にとって、宿営は以前信奉していたユダヤ教を意味していた。私たちにとっての宿営は、罪の楽しみや神に逆らう価値観、一時的な地上の目標などを表している。私たちはそれらのものから離れて出て来なければならない。そして神に逆らう生活から救い出すためにキリストが行われたように、この世界で受ける不名誉や拒絶などに耐えなければならない。主イエスに従い主イエスの友になり主イエスの基準に沿って生き、私たちに対する神の目的を実現し大胆にそのメッセージを世界に伝えるには、このように主イエスと一つになることが必要である。門の外に行くことは自分を地上の旅人、寄留者にすることである（13:14, 11:13）。私たちに都がないのではない。私たちはやがて来る都、堅い基礎の上に建てられた都へ向けて旅をしているのである。「その都を設計し建設されたのは神です」（11:10, 14, 16, 13:14）。

13:15 賛美のいけにえ・・・神に絶えずささげようではありませんか 「いけにえ」ということばは、ここでは神へのささげ物を表す象徴的な意味で使われている。私たちのいのちは「神に受け入れられる、聖い、生きた供え物」でなければならない（ロマ12:1, ⇒ピリ4:18）。神が今神の民に望まれるいけにえはこれだけである。このいけにえは、教会の礼拝で神にささげられる礼拝の歌やそのほかの賛美のことばのことではない。それはそれでみな良いものである。けれどもその賛美は人々が集まった目的そのものである。賛美や礼拝が本当のいけにえになるのは教会の外である。そこでキリスト者は神への献身を示し、言うことと行うことすべてを通して神をあがめ賛美をささげる生き方をしなければならないのである（→「**礼拝**」の項 p.789,「**賛美**」の項 p.891）。

13:17 服従しなさい 私たちがキリスト教の指導者や牧師、教師に忠実に従う理由は、神に忠実に従いたいからである。キリスト者は次の順序で忠実でなければならない。（1）第一は個人的関係を持つ神に対してである（→マタ22:37注）。またみことばの真理と原

ヘブル 13章

ら、この人たちが喜んでそのことをし、嘆いてすることにならないようにしなさい。そうでないと、あなたがたの益にならないからです。

18 私たちのために祈ってください。私たちは、正しい良心を持っていると確信しており、何事についても正しく行動しようと願っているからです。

19 また、もっと祈ってくださるよう特にお願いします。それだけ、私があなたがたのところに早く帰れるようになるからです。

20 永遠の契約の血による羊の大牧者、私たちの主イエスを死者の中から導き出された平和の神が、

21 イエス・キリストにより、御前でみこころにかなうことを私たちのうちに行い、あなたがたがみこころを行うことができるた

めに、すべての良いことについて、あなたがたを完全な者としてくださいますように。どうか、キリストに栄光が世々限りなくありますように。アーメン。

22 兄弟たち。このような勧めのことばを受けてください。私はただ手短に書きました。

23 私たちの兄弟テモテが釈放されたことをお知らせします。もし彼が早く来れば、私は彼といっしょにあなたがたに会えるでしょう。

24 すべてのあなたがたの指導者たち、また、すべての聖徒たちによろしく言ってください。イタリヤから来た人たちが、あなたがたによろしくと言っています。

25 恵みが、あなたがたすべてとともにありますように。

則に対しても忠実でなければならない(→「**聖書の霊感と権威**」の項 p.2323)。(2) 第二は神と文書になったみことば(聖書)に忠実な地域教会(教会員、信仰者の共同体)に対してである(ヨハ15:12、ガラ6:10、→「**教会**」の項 p.1668)。(3) 第三は神やみことばや教会の務めに忠実な、神を敬う教会の指導者たちに対してである。

13:20 大牧者・・・イエス 主イエスは私たちを導き見守ってくださる究極の導き手である(→詩23:、イザ40:11、エゼ34:11-16、23、37:24、ヨハ10:2-3、11、14、27、Ⅰペテ2:25、5:4、→「**キリストによって成就した旧約聖書の預言**」の表 p.1029)。

ヤコブの手紙

概　　要
　キリストにあるあいさつ(1:1)
　Ⅰ．試練に遭うことと試練から得るもの(1:2-18)
　　　A．試練を成長の手段として受入れなさい(1:2-4)
　　　B．試練を乗越える知恵を求めて祈りなさい(1:5-8)
　　　C．試練はだれをも平等にすることから慰めを得なさい(1:9-12)
　　　D．試練と誘惑の違いを知りなさい(1:13-18)
　　　　　1．死に至る誘惑の源(1:13-15)
　　　　　2．いのちに導く真理の源(1:16-18)
　Ⅱ．みことばを聞くことと行うこと(1:19-27)
　　　A．怒りを避け不品行を捨てなさい(1:19-21)
　　　B．みことばに聞き実行しなさい(1:22-25)
　　　C．舌を制し、積極的に同情を示し、腐敗を避けなさい(1:26-27)
　Ⅲ．えこひいきをしないこと(2:1-13)
　　　A．貧しい人より金持をえこひいきしてはならない(2:1-7)
　　　B．愛の律法を守り、さばきではなくあわれみを示しなさい(2:8-13)
　Ⅳ．信仰を告白しそれを証明すること(2:14-26)
　　　A．信仰を行いで裏付けなさい(2:14-19)
　　　B．行動する信仰の例(2:20-26)
　Ⅴ．落し穴を知りそれを避けること(3:1-5:6)
　　　A．制御できない舌(3:1-12)
　　　B．霊的ではない知恵(3:13-18)
　　　　　1．混乱と悪に導く世的な知恵を避けなさい(3:13-16)
　　　　　2．平安と義に導く天の知恵をとらえなさい(3:17-18)
　　　C．自己中心的な振舞(4:1-10)
　　　　　1．心得違いの動機(4:1-3)
　　　　　2．この世界の魅力(4:4-5)
　　　　　3．高ぶった態度(4:6-10)
　　　　　　　a．服従による自由(4:6-7)
　　　　　　　b．悔い改めによるきよめ(4:8-9)
　　　　　　　c．へりくだることによる栄誉(4:10)
　　　D．悪口とさばき(4:11-12)
　　　E．厚かましい生き方(4:13-17)
　　　F．自己中心による富(5:1-6)
　Ⅵ．キリスト者の資質を育てそれによって生きること(5:7-20)
　　　A．忍耐と我慢(5:7-11)
　　　B．正直と高潔(5:12)
　　　C．信仰による祈りと義人の謙遜(5:13-18)
　　　D．同情と回復(5:19-20)

著　　者：ヤコブ

主　　題：行動する信仰

ヤコブ

著作の年代：紀元45－49年

著作の背景

　ヤコブの手紙はもともと一教会ではなく広い地域にいる人々にあてて書かれているので、「公同の手紙」として分類されている。「国外に散っている十二の部族へ」（1：1）というあいさつやほかのいくつかのことば（2：19，21）によると、この手紙はユダヤ人キリスト者にあてて書かれたことがわかる。その受取人の中には、ステパノが石を投げつけられて殺された後に起きた迫害によって（使8：1）、フェニキヤ、キプロス、アンテオケ、さらに遠くまで散らされた（使11：19）初期のエルサレム教会の信仰者がいたと考えられる。このことは、（1）信仰が試され、忍耐が要求される試練を喜びをもって耐えることが冒頭で強調されていること（1：2-12）、（2）「国外に散っている」キリスト者をヤコブが個人的に知っていること、（3）この手紙の口調が権威的であること、などを説明している。エルサレム教会の指導者だったヤコブは、この人々の牧師として励まし指導するためにこの手紙を書いたのである。

　著者が自分のことをただ「ヤコブ」（1：1）としか言っていないことは、当時の読者が著者のことをよく知っていた証拠である。その著者であるヤコブは、主イエスの異父兄弟で、エルサレム教会の指導者だったヤコブと広く考えられている。初めの頃ヤコブは、主イエスがキリスト（メシヤ、救い主）であることを受入れず、その権威に反発したことさえあった（ヨハ7：2-5）。けれども後には、新約聖書の教会で強い影響力を持つ人になった。エルサレム会議での演説（使15：13-21）や新約聖書のほかの箇所に描かれている姿（使12：17、21：18、Ⅰコリ15：7、ガラ1：19、2：9、12）はともに一般に知られているヤコブという人物像と完全に一致している。

　ヤコブはこの手紙を紀元50年以前に書いたと考えられる。それが正しければ、この手紙はガラテヤ人への手紙を除いて、新約聖書の中で最も早い時期に書かれたことになる。そのことは、ユダヤ人ではない信仰者についての議論をエルサレム会議で解決したこと（使15：）に触れていないことや、キリスト者の集会場にギリシヤ語の「会堂」ということばを使っていること（2：2）など、いくつかの事実によって明らかである。ユダヤ人の歴史家であるヨセフスによると、著者である主の兄弟ヤコブは62年にエルサレムで殉教（信仰のために殺される）した。

目　　　的

　ヤコブがこの手紙を書いた目的は次の通りである。
　（1）人々の反対に苦しみ、信仰が試される様々な困難に遭っているユダヤ人キリスト者を励ますため。
　（2）キリストにある救いに導く信仰の本質について間違った考えを正すため。
　（3）正しい生き方と良いわざなど、信仰を行動に移す実践的面について読者に訴え励まし指導するため。

概　　　観

　この手紙は正真正銘のキリスト者生活を送ることに関連して広範囲にわたる様々なことを扱っている。ヤコブはまず信仰者に、困難な情況を喜びをもって耐え忍び、霊的に成長する機会としてとらえるように勧めている（1：2-11、→「**正しい人の苦しみ**」の項 p.825）。また誘惑を退けるように励ましている（1：12-18）。さらに神のことばを聞くだけではなく実行するように（1：19-27）、中身のないキリスト信仰を表明するのではなく生き生きとした信仰を生活の中で実践するように訴えている（2：14-26）。ヤコブは制御できない舌（3：1-12、4：11-12）やこの世的な知恵（3：13-16）、自己中心的な振舞（4：1-10）や厚かましい生き方（4：13-17）、自己中心による富（5：1-6）などの危険性についても警告をしている。そして忍耐と祈りを強調し、わがままな信仰者たちが信仰を回復するのを助けるように訴えて手紙を結んでいる（5：7-20）。→「**効果的な祈り**」の項 p.585

　この手紙では、1－5章全体を通して本当の信仰と神を敬う具体的な生き方との関係が強調されている。正真正銘の信仰とは試された信仰（1：2-16）、生き生きした信仰（1：19-27）、愛する信仰（2：1-13）である。それは良いわざ（2：14-26）、舌の制御（3：1-12）、神の知恵を求めること（3：13-18）の中に現れる。イエス・キリストを信じる信仰とは究極の裁判官としての神に服従し（4：1-12）、毎日の生活の中で神を信頼すること（4：13-17）である。それは自己中心的でもわがまま（5：1-6）でもなく、苦難に耐え（5：7-12）、祈りに熱心に励むこと（5：13-20）である。

特　　　徴

　この手紙には七つの大きな特徴がある。
　（1）新約聖書の中で最初に書かれた書物と考えられる。

(2) キリストの名前は2回しか出てこない。けれども山上の説教(→マタ5:-7:)を指していると思われる箇所が15以上あるなど、新約聖書の手紙全部を合せたよりも多く主イエスの教えを反映している。
　(3) 全体で108節あるけれども命令形または命令として書かれている節が非常に多くある。
　(4) 多くの意味で新約聖書での箴言である。つまり、(a) 正真正銘のキリスト者生活を送るための知恵や実際的な指導で満ちており、(b) 歯切れのよい命令形と鮮明な類比(実例による比較)を用い唐突で簡潔な(短く簡明であること)書き方をしている。
　(5) 人間の罪深い性質の傾向や現実を表すためにヤコブはしばしば自然界から教訓を引出している(3:1-12)。
　(6) 新約聖書のどの書物よりも信仰と行い(信じることと振舞)に密接な関係があることを強調している(特に2:14-26)。
　(7) 社会の不正や不平等について活発に取上げているので、ヤコブは「新約聖書のアモス」(旧約聖書の預言者)と呼ばれることがある。

ヤコブの手紙の通読
　新約聖書全体を1年間で通読するためには、ヤコブの手紙を次のスケジュールにしたがって4日間で読まなければならない。
☐1 ☐2:1-3:13 ☐3:14-4:12 ☐4:13-5:20

メモ

ヤコブ　1章

1 ¹神と主イエス・キリストのしもべヤコブが、国外に散っている十二の部族へあいさつを送ります。

試練と誘惑

²私の兄弟たち。さまざまな試練に会うときは、それをこの上もない喜びと思いなさい。³信仰がためされると忍耐が生じるということを、あなたがたは知っているからです。⁴その忍耐を完全に働かせなさい。そうすれば、あなたがたは、何一つ欠けたところのない、成長を遂げた、完全な者となります。⁵あなたがたの中に知恵の欠けた人がいるなら、その人は、だれにでも惜しげなく、とがめることなくお与えになる神に願いなさい。そうすればきっと与えられます。⁶ただし、少しも疑わずに、信じて願いなさい。疑う人は、風に吹かれて揺れ動く、海の大波のようです。⁷そういう人は、主から何かをいただけると思ってはなりません。⁸そういうのは、二心のある人で、その歩む道のすべてに安定を欠いた人です。⁹貧しい境遇にある兄弟は、自分の高い身分を誇りとしなさい。¹⁰富んでいる人は、自分が低くされることに誇りを持ちなさい。なぜなら、富んでい

1①テト1:1, ロマ1:1, Ⅱペテ1:1, ユダ1
②使12:17(?), 使12:2(?)
③Ⅰペテ1:1, ヨハ7:35(?)
④ルカ22:30, 使26:7
⑤使15:23
2①Ⅰペテ1:6,②マタ5:12, ヤコ1:12, 5:11
3①ヘブ6:12,②Ⅰペテ1:7
③ルカ21:19
4①ルカ21:19
②ヤコ3:2, マタ5:48, コロ4:12, Ⅰテサ5:23
5①Ⅰ列3:9以下, 箴2:3-6, ヤコ3:17
②マタ7:7
6①マコ11:23, 使10:20
②囲マタ2:21
③エペ4:14 (マタ14:28-31)
8①ヤコ4:8,②Ⅱペテ2:14
9①囲ルカ14:11
10①Ⅰペテ1:24, Ⅰコリ7:31

1:1　十二の部族へ　この手紙の最初の読者はユダヤ人キリスト者で、その多くは迫害によって散らされていたと思われる（イスラエル民族は12の部族または家族に分割されていた。それは神が名前をイスラエルに変えられたヤコブという族長の子孫である　創32:28）。この読者たちはもともとエルサレム教会につながっていた人々なので、エルサレム教会の指導者だったヤコブのことをよく知っていた（→緒論）。

1:2　試練　「試練」（《ギ》ペイラスモイ）は人生での迫害や重圧（時にこの世やサタンから来る）を指している。神はそれを用いて私たちの信仰を強め、忍耐や品性を成長させてくださる。したがって試練は私たちが「何一つ欠けたところのない、成長を遂げた、完全な者」になるための手段になる（1:4）。信仰者は以下のことを知った上で、試練はみな神が私たちを変えてくださる良い機会と考えるべきである。(1) 試練には喜びをもって立向かわなければならない（⇒マタ5:11-12, ロマ5:3, Ⅰペテ1:6）。なぜなら、信仰と希望をしっかりと握っていれば祝福と良い結果が生み出されるからである（⇒1:12, ロマ5:3-5）。信仰は困難や反対に遭うときにのみ大きく成長することを、ヤコブは示している（1:3-4, 12）。(2) 試練は「信仰がためされる」こと（1:3）と言うこともできる。困難を通して神は信仰が本物かどうかを試し証明してくださる。人生で問題に遭うことは、神が私たちに失望された証拠であるなどという教えは神のことばにはない。むしろ問題を通して、神は私たちの信仰を認め献身を受入れてくださる（⇒ヨブ1:-2:）。(3) 1:2で「試練」と訳されたギリシヤ語は、1:13では「誘惑」と訳されている。主な違いは1:2-3では制御できない外からの重圧が強調されているのに対して、1:13-15では罪への誘惑など内側の道徳的葛藤を指している点である。あとのほうは、自分勝手で神に逆らう欲望から出てくる問題のことを言っている。

1:4　あなたがたは・・・成長を遂げた・・・者となります　「成長を遂げた」（《ギ》テレイオス）ということばは、信仰が成長して霊的に成熟しているという聖書的な考え方を表している。霊的に成長するということは神との正しい関係を持って神を完全に心から愛するように努力することを意味している（→マコ12:30注）。その努力によって私たちはどのような情況の中でも絶えずキリストを愛して仕え従い、キリストのような品性を表すことができるようになる（申6:5, 18:13, マタ22:37, →Ⅰテサ2:10注, →「**聖化**」の項 p.2405）。

1:5　あなたがたの中に知恵の欠けた人がいるなら　試練に遭ったとき私たちはそれを避けたり逃げたりするだけではなく、それに立向かうことができるように知恵を神に求めるべきである（→1:2-4, 12）。知恵とは生活や行動を神の視点から見て判断する霊的能力のことである（→箴1:2注）。それは神の基準や目的にしたがって良い選択をして正しいことを行うことでもある。私たちは神がみことばの中で明らかにされたことに人生の土台を置き、聖霊の導きに従うことによってそのような知恵を成長させることができる（ロマ8:4-17）。また神に近付き信仰によって求めることで知恵をいただくことができる（1:6-8, ⇒箴2:6, Ⅰコリ1:30）。

1:6-8　海の大波のようです・・・二心　霊的に成長をしないで（→1:4注）、知恵のある成熟した人になることを人生の目標にしていない人は、不安定で、簡単に誘惑（1:13）やにせの教え（⇒エペ4:14）、そのほかのむずかしい紛らわしい問題のわなに陥りやすい。そのような人は神が望んでおられるような人になることはできない。

1:9-10　貧しい境遇にある兄弟・・・富んでいる人

る人は、草の花のように過ぎ去って行くからです。

11 太陽が熱風を伴って上って来ると、草を枯らしてしまいます。すると、その花は落ち、美しい姿は滅びます。同じように、富んでいる人も、働きの最中に消えて行くのです。

12 試練に耐える人は幸いです。耐え抜いて良しと認められた人は、神を愛する者に約束された、いのちの冠を受けるからです。
13 だれでも誘惑に会ったとき、神によって誘惑された、と言ってはいけません。神は悪に誘惑されることのない方であり、ご自分でだれを誘惑なさることもありません。
14 人はそれぞれ自分の欲に引かれ、おびき寄せられて、誘惑されるのです。
15 欲がはらむと罪を生み、罪が熟すると死を生みます。

16 愛する兄弟たち。だまされないようにしなさい。
17 すべての良い贈り物、また、すべての完全な賜物は上から来るのであって、光を造られた父から下るのです。父には移り変わりや、移り行く影はありません。
18 父はみこころのままに、真理のことばをもって私たちをお生みになりました。私たちを、いわば被造物の初穂にするためなのです。

聞くことと行うこと

19 愛する兄弟たち。あなたがたはそのことを知っているのです。しかし、だれでも、聞くには早く、語るにはおそく、怒るにはおそいようにしなさい。

---

11 ①マタ20:12 ②イザ40:7,8,詩102:4,11
12 ①ヤコ5:11, 圏ルカ6:22, Ⅰペテ3:14, 4:14 ② Ⅰコリ2:9, 8:3 ③ヤコ2:5, 出20:6 ④圏 Ⅰコ9:25
13 ①圏創22:1
15 ①ヨブ15:35,詩7:14, イザ59:4 ②圏ロマ5:12, 6:23
16 ①ヤコ2, 19, 2:1, 5, 14, 3:1, 10, 4:11, 5:12, 19, 使1:15, ② Ⅰコリ6:9
17 ①ヤコ1:13, ③ヨハ3:3 ②詩136:7, Ⅰヨハ1:5 ③マラ3:6
18 ①圏ヨハ1:13, ②Ⅱコリ6:7, エペ1:13, Ⅰテモ2:15 ③ Ⅰペテ1:3, 23, 圏ヤコ1:15, ④エレ2:3, 黙14:4
19 ①ヤコ2, 16, 2:1, 5, 14, 3:1, 10, 4:11, 5:12, 19, 使1:15, ②圏 Ⅰヨハ2:21
＊別訳「知っておきなさい」
③箴10:19, 17:27
④箴16:32, 伝7:9

知恵と貧しい人と富んでいる人の情況についてのここのヤコブのことばは、試練についての部分の間に挟まれている(1:2-4と1:12)。したがってこの部分全体が困難な情況を通ることに関連していると考えられる。ヤコブが言おうとしていることは、貧しい境遇にあるキリスト者は、信仰や神との関係で(→2:5)新しく高い地位に成長する(1:9)機会が与えられていることを喜ぶべきだということである。逆に、困難に直面している富んだキリスト者は、謙遜という品性を育て(1:10)、さらに神に頼ることを学ぶ機会が与えられたことを喜ぶべきである。キリスト者にとって、人生の試練や困難は大きな平衡装置のようなものである(→「富と貧困」の項p.1835)。

1:13 誘惑に会った 試練(1:2-4)と誘惑(1:13-15)とには著しい違いがある。

(1) 試練は私たちが制御できない外側から来るもので、信仰によって耐えなければならないものである。実際に試練は信仰を試し忍耐と成熟を生み出す。試練の中で神に頼ることによって、私たちは霊的に成長し品性を生み出し、最後には「いのちの冠を受ける」ようになる(1:12)。

(2) 誘惑は神に逆らう欲望という内面的な道徳上の葛藤から来るもので、拒むべきものである。サタンは誘惑を通して私たちの中に悪い欲望を起こさせ、神に逆らわせようとする。もし誘惑を拒まないなら、私たちは最終的には霊的「死」を迎え(1:14-15)神から離されてしまう。

(3) 神は誘惑をする方ではない。誘惑はサタンや私たち自身の神に逆らう欲望から来る。神は良いものをくださる方である(⇒1:17-18)。神のせいにして罪を犯す人は、その責任から逃れることはできない。信仰を強めるために、神は私たちを試し試練を通るようにされるけれども、それは罪を犯すように導いたり誘惑したりするためではない。神の特性と聖さには罪とかかわるものは何もない。つまり神が誘惑をすることはあり得ない(→「神の属性」の項p.1016)。

1:14 自分の欲に引かれ 私たちは罪深い性質を持っているので、サタンの誘惑の影響を受けやすい(生まれつき自分勝手な生き方をして神と神の基準に逆らう傾向がある →ロマ5:12注, 6:2注, ⇒マタ15:19)。もし反抗し反逆しようとする性質に従って行くなら、私たちはその誘惑によって罪を犯し続けてついには霊的死を迎えることになる(1:15, ロマ6:23, 7:5, 10, 13)。

1:15 欲がはらむと ヤコブは出産の例を使って、誘惑から霊的破滅に進む道を説明している。神に逆らう欲望はにせの道徳に進み、次に悪い行いに進み、最後は霊的死につながっていく。聖霊に頼って自分勝手で神に逆らう欲望に打勝つ力を受けなければ、私たちはサタンのうそを信じサタンのわなに陥るようになる。この間違った道を歩み続けていると、私たちは神の基準とみこころを捨てるようになる。神に従うことによってこの過程を打砕かなければ(→4:7)、やがて私たちは霊的な滅亡と死を迎えることになる(⇒ロマ6:23)。それは神から永遠に離されることである。

1:18 真理のことばをもって・・・お生みに これはイエス・キリストについての真理を受入れて応答することによって霊的な救いが与えられることを言っている(→ヨハ3:3-8, Ⅰペテ1:23, →「**新生－霊的誕生**

ヤコブ　1章

20 ①人の怒りは、神の義を実現するものではありません。
21 ですから、すべての汚れやあふれる悪を捨て去り、心に植えつけられたみことばを、すなおに受け入れなさい。みことばは、あなたがたのたましいを救うことができます。
22 また、①みことばを実行する人になりなさい。自分を欺いて、ただ聞くだけの者であってはいけません。
23 ①みことばを聞いても行わない人がいるなら、その人は自分の生まれつきの顔を鏡で見る人のようです。
24 自分をながめてから立ち去ると、すぐにそれがどのようであったかを忘れてしまいます。

20 ①囲マタ5:22, エペ4:26
21 ①圏エペ4:22, Ⅰペテ2:1
② Ⅰペテ1:22, 23, 囲エペ1:13
22 ①ヤコ1:22-25, 囲マタ7:24-27(ルカ6:46-49), 圏ロマ2:13, ヤコ2:14-20
23 ①囲 Ⅰコリ13:12

と刷新」の項 p.1874)。

1:21　すべての汚れ・・・を捨て去り　心の中に道徳的な腐敗や悪を持ち続けているなら、神のことばは（説教されたものでも文書になったものでも）効果的に働き人生に変化を起こすことはできない。これは怒りを抑えられないような性格についても言えることである(1:19-20)。

(1) 神は従う人々に、一般社会では当り前になっている神に逆らう考え方や振舞や生活様式から離れ、社会や家族に良い影響を与えるようにしなさいと命じておられる。道徳的暗やみは、たましいを汚し人生を堕落させてしまう(⇒エペ4:22, 25, 31, コロ3:8, Ⅰペテ2:1)。

(2) 神の民にとって何が正しいことかを神のことばは教えている。つまり私たちは聖く（道徳的に純粋、霊的に健全、悪からの分離、神への献身、目的への選び）なければならない。したがって思いや行いの中で道徳的汚れや不純には一切加わってはならない(エペ5:3-4)。様々なメディアが流す汚いことばや性的なイメージなど、道徳的な汚れを日々の生活や家庭の中に持ち込むことは聖霊を悲しませ、神の民のために設けられた神の聖い基準を破ることになる。神のことばは次のように警告している。「むなしいことばに、だまされてはいけません。こういう行いのゆえに、神の怒りは・・・下るのです。ですから、彼らの仲間になってはいけません」(エペ5:6-7, →「信者の霊的聖別」の項 p.2172)。

(3) 私たちは信仰者として義（神との正しい関係を反映し神の基準に従って正しいことを行うこと）と聖さについての神の命令を真剣に受止めなければならない。私たちの家（生活）はきれいに掃除され、みことばと御霊とキリストの品性によって満たされていなければならない(⇒マタ12:43-45, →「聖化」の項 p.2405)。

1:21　心に植えつけられたみことば　キリスト者は「真理のことばをもって」、「新しく生まれ」ることにより(ヨハ3:3)、キリストにある新しい人生（キリストとの個人的な関係）を始める(1:18, →「新生―霊的誕生と刷新」の項 p.1874)。この新しい人生で成長するためには、聖霊を悲しませるものはみな取除く必要がある(→1:21すべての汚れの注)。そうすることによって神のことばを忠実に心の中に受取り、日々の生活をもって応答することができるようになる。「植えつけられた」(《ギ》エムフトス)ということばは、みことばが私たちの性質、または人格の一部になり、自分自身と自分の行いの両方に影響を与えるようにならなければならないことを意味している。植えつけられたみことばが私たちの中で養われ育つなら、救いの完成にまで私たちを導いてくれる(⇒マタ13:3-23, ロマ1:16, Ⅰコリ15:2, エペ1:13, →ヨハ6:54注)。

1:22　ただ聞くだけの者であってはいけません　もし聖書の教えとキリスト者の奉仕にかかわってさえいれば神との正しい関係を保つことができると考えるなら、それは間違いである。たとい教会のあらゆる活動や奉仕に参加し神のことばをたくさん知っていても、みことばを実行しなければ活動も知識もみな無意味である。神に喜ばれ神の目的を実現し完全な霊的救いを得るためには、キリストとの交わりを基にして神を敬う品性や生活様式を育てていかなければならない(→マタ7:21注)。

1:23　生まれつきの顔を鏡で見る　神のことばを聞いたり読んだりすることは、本当の自分の姿を反射して表す鏡を見るようなものである。そこには自分のあり方が示され、何を変えなければならないかを見せてくれる。それを知ったとき私たちは正直に応答するか（良いほうへ変えようとする）、見せ掛けの応答をするか（変ることを拒み、すべてがうまくいっているふりをする）どちらかである。正しい応答はみことばの基準に合せてそれを実行できるように神に求め助けていただくことである。

1:24　それがどのようであったかを忘れてしまいます　このことばは神のことばを聞いても実行に移さないことがどんなに愚かなことであるかを説明している。自分がどのように見えたか忘れるということは、非現実的であり馬鹿げてさえいる。けれどもこれは、神のことばに触れながら自分の人生について示されたことに応答しないで自分勝手な道を行く人に実際に霊的に起きていることである(→1:23注)。事実、私た

25 ところが、完全な律法、すなわち自由の律法を一心に見つめて離れない人は、すぐに忘れる聞き手にはならないで、事を実行する人になります。こういう人は、その行いによって祝福されます。

26 自分は宗教に熱心であると思っても、自分の舌にくつわをかけず、自分の心を欺いているなら、そのような人の宗教はむなしいものです。

27 父なる神の御前できよく汚れのない宗教は、孤児や、やもめたちが困っているときに世話をし、この世から自分をきよく守ることです。

えこひいきの禁止

2 ¹ 私の兄弟たち。あなたがたは私たちの栄光の主イエス・キリストを信じる信仰を持っているのですから、人をえこひいきしてはいけません。

² あなたがたの会堂に、金の指輪をはめ、

---

25 ①ヤコ2:12, ⇒ガラ2:4, ヨハ8:32, ⇒ロマ8:2, ガラ6:2, Ⅰペテ2:16
⇒ヨハ13:17
26 ⇒ヤコ3:2-12, 詩39:1, 141:3
27 ①ロマ2:13, ガラ3:11
②⇒申14:29,ヨブ31:16,17,21,詩146:9,イザ1:17,23
③⇒マタ25:36,④ヤコ4:1,テト2:10, Ⅰペテ1:4, 2:20,⇒エペ2:2,マタ12:32, Ⅰヨハ2:15-17
1 ①⇒ヤコ2:16, ② Ⅰコリ2:8, ⇒ロマ6:7:2, ③⇒ヘブ12:2, ④ヤコ2:9, ⇒使10:34

ちは実行したときに初めて本当に学び、自分のものにすることができる。神のことばについて知っていることを実行して用いなければ、私たちは忘れてしまい自分のものにすることはできない（→1:22注）。要するに、私たちは示されたことを忘れてしまうのでみことばが何の役にも立たないのである。聖書から何かを読んだり聞いたりしたときには必ず、「これは自分の人生をどう変えるだろうか」とか「今、神様が示してくださったことに対して自分は何を行うべきだろうか」と自分に問いかける習慣をつけるとよい。そしてみことばを適用できるように神の助けを求め、すぐに実行できる方法を探すべきである。

1:25 自由の律法 キリスト教の道徳と倫理の教えは十戒に具体的に現された旧約聖書の道徳律を基本にしているけれども（出20:,⇒詩1:2, 19:7, 119:42）、それはイエス・キリストによって完全に成就し完成した。今キリストを受入れキリストに従う人々は、聖霊の臨在を通してキリストの律法（⇒2:12）を心の中に取入れている（⇒エゼ11:19-20）。キリストを離れたら私たちは神の基準に到達することはできない。けれどもキリストを信じる信仰を持つなら、私たちは欠点に対するあわれみと赦しが与えられ（2:12-13）、同時に神の律法に従う気持や力、自由をいただくことができる（ロマ3:31, →ロマ8:4注）。それは「自由の律法」と呼ばれている。キリストに従う人々が罪（神を汚す生き方）から自由にされ、神が望まれることやみこころを実現したいという思いや能力が与えられるからである。キリストに従う人々は、詩篇の作者とともに「そうして私は広やかに歩いて行くでしょう。それは私が、あなたの戒めを求めているからです」（詩119:45）と言うことができる。キリスト者の自由とはキリストの戒めに背く自由ではない。それは戒めを守る力である（→Ⅱコリ3:17注, →ガラ5:13注）。

1:26 自分の舌にくつわをかけず →3:6注

1:27 きよく汚れのない宗教 キリスト教は宗教ではない。イエス・キリストを信じる信仰を通して持つ神との関係である。宗教とは神の好意を得ようとする人間の努力であると考えることができる。けれどもキリスト教では、神が率先して私たちに近付き（→ロマ5:8, Ⅰヨハ4:10）、信仰をもって応答するように呼びかけておられる（→「信仰と恵み」の項 p.2062）。私たちは宗教的な儀式や努力で神との正しい関係を持つことはできない（→ロマ3:-8:, →ガラ2:16注, →エペ2:9注）。けれどもキリストを信じる信仰を通して神との個人的な関係を持った人には、キリスト者生活で重要な役割を果す宗教的な要素が示されている。ここでヤコブは、正真正銘の神を敬う宗教を定義づける二つの原則を示している。それはあわれみときよさである。

（1）キリスト者は困っている人々に純粋な愛と積極的な同情心を持たなければならない。新約聖書の時代には孤児ややもめには生活する手段がほとんどなかった。保護者や助けてくれる人もほとんどいなかった。神はみなしごややもめに思いやりや愛を示されたけれども、神の民にも同じことが求められた（→申10:18, 詩146:9, マタ6:32, →申24:17注, 詩68:5注）。今日でも実際に助けが必要な人に気が付いたら、私たちはできる限りの方法でその苦悩を軽減し、神が見守っておられることを伝えるべきである（→ルカ7:13注, ⇒ガラ6:10,→「貧困者への配慮」の項 p.1510）。

（2）キリスト者は道徳的にも霊的にもきよさを反映しなければならない。それは「この世から自分をきよく守ること」である（1:27, →1:21注）。人々への愛は神への愛を伴い、聖さ（道徳的純粋性、霊的高潔さと健全性、悪からの分離、神への献身）を表すものでなければならない。そうでなければそれは本当のキリスト者の愛ではないとヤコブは言っている。

これらの領域での自分の霊的成長度を測るには、次のように考えたらよい。「自分には道徳的に隠したり妥協したりしていることがあるだろうか」（きよさ）。「人々に奉仕をしたり親しくしたり助けたりするときに自分はだれに神の愛を示しているだろうか」（あわれみ）。

2:1 えこひいき ここでは富や外見、社会的地位な

ヤコブ 2章

りっぱな服装をした人が入って来、またみすばらしい服装をした貧しい人も入って来たとします。
3 あなたがたが、りっぱな服装をした人に目を留めて、「あなたは、こちらの良い席におすわりなさい」と言い、貧しい人には、「あなたは、そこで立っていなさい。でなければ、私の足もとにすわりなさい」と言うとすれば、
4 あなたがたは、自分たちの間で差別を設け、悪い考え方で人をさばく者になったのではありませんか。
5 よく聞きなさい。愛する兄弟たち。神は、この世の貧しい人たちを選んで信仰に富む者とし、神を愛する者に約束されている御国を相続する者とされたではありませんか。
6 それなのに、あなたがたは貧しい人を軽蔑したのです。あなたがたをしいたげるのは富んだ人たちではありませんか。また、あなたがたを裁判所に引いて行くのも彼らではありませんか。
7 あなたがたがその名で呼ばれている尊い御名をけがすのも彼らではありませんか。
8 もし、ほんとうにあなたがたが、聖書に従って、「あなたの隣人をあなた自身のように愛せよ」という最高の律法を守るなら、あなたがたの行いはりっぱです。
9 しかし、もし人をえこひいきするなら、あなたがたは罪を犯しており、律法によって違反者として責められます。
10 律法全体を守っても、一つの点でつまずくなら、その人はすべてを犯した者となったのです。
11 なぜなら、「姦淫してはならない」と言われた方は、「殺してはならない」とも言われたからです。そこで、姦淫しなくても人殺しをすれば、あなたは律法の違反者となったのです。
12 自由の律法によってさばかれる者らしく語り、またそのように行いなさい。
13 あわれみを示したことのない者に対するさばきは、あわれみのないさばきです。あわれみは、さばきに向かって勝ち誇るのです。

2①ルカ23:11, ヤコ2:3
 ②ゼカ3:3, 4
3①ルカ23:11, ヤコ2:2
4①ルカ18:6, 図ヨハ7:24
5①図ヤコ1:16
 ②Ⅰコリ1:27, 28, 図ヨブ34:19
 ＊直訳「に対して」
 ③図ルカ12:21, 黙2:9
 ④図ヤコ1:12
 ⑤図マタ5:3, 25:34
6①図使8:3, 図使16:19
7①図Ⅰペテ4:16, 使11:26

8①レビ19:18
 ②図マタ7:12
 ＊あるいは「(私たちの)王の律法」
9①ヤコ2:1, 図使10:34
 ②申1:17
10①ヤコ3:2, Ⅱペテ1:10, ユダ24
 ②図ガラ5:3, マタ5:19
11①出20:14, 申5:18
 ②出20:13, 申5:17
13①図マタ5:7, 18:32-35, ルカ6:37, 38, 図箴21:13

どによってある人に特別な注意を払うことをえこひいきとして描いている。それは次のような理由で間違っている。(1) 外見ではなく心を見ておられる神を悲しませる(Ⅰサム16:7)。(2) 純粋な愛が動機ではない(2:8)。社会的地位を基準にして人を選り好みすることはキリスト者の愛の律法に違反する罪である(レビ19:18, ロマ13:10, →マタ22:39注)。(3) 「悪い考え方で人をさばく」(2:4)ことになる。「栄光の主」をあがめ、キリストを信じる信仰と神の愛を基に人々を受入れないで金持や影響力のある人に好意を示すことは正しくない。そのような振舞には個人的に何かを得られるのではないかという邪悪な動機が潜んでいる。

2:5 神は・・・貧しい人たちを選んで 貧しい人々は神にとって特別に貴重な存在である(⇒イザ61:1, ルカ4:18, 6:20, 7:22)。世の中の貧しい人々の中には信仰や霊的賜物、品性などを豊かに持っている人が多くいる。その人々は貧しいので神に頼り神の臨在やあわれみ、助けなどを心から慕い求めようとする(ルカ6:20-21)。経済的に恵まれず不自由な人は物質的財産には頼れないことをよく知っている。したがって「すべて、疲れた人、重荷を負っている人は、わたしのところに来なさい。わたしがあなたがたを休ませてあげます」という主イエスの招きにすばやく応答するのである(マタ11:28, →「富と貧困」の項p.1835)。

2:8 最高の律法 キリスト者の愛の律法(レビ19:18, →マタ22:39注)は人間関係を治める最高の戒めである。したがって「最高」ということばが付けられている。そこにはほかの人々との接し方についての神の規則が全部要約されている(→マタ22:36-40, →ロマ13:8注, 10注)。

2:10 すべてを犯した 神の律法は神の特性とみこころ(神の願い、計画、目的)が表されたものであるから、律法のどの部分を犯してもみこころに背くことになる。したがって律法全体を犯すことになる(マタ22:36-40, ロマ13:8-10)。

2:12 語り・・・行いなさい 私たちは「自由の律法」(聖霊によって心に書かれた神の律法と愛)によって神のさばきを受ける人の立場で話したり行動したりしなければならない(→1:25注)。えこひいきは愛の律法を破るので、神はえこひいきをする人々をみなさばかれる(→2:1注)。このことばはキリスト者に向けて書かれたもので、人々の罪をさばいたり永遠の運命を決定したりするさばきを指しているのではない(⇒ヨハ5:24)。むしろキリスト者のことばや行いや動機など

信仰と行い

14私の兄弟たち。だれかが自分には信仰があると言っても、その人に行いがないなら、何の役に立ちましょう。そのような信仰がその人を救うことができるでしょうか。

15もし、兄弟また姉妹のだれかが、着る物がなく、また、毎日の食べ物にもこと欠いているようなときに、

16あなたがたのうちだれかが、その人たちに、「安心して行きなさい。暖かになり、十分に食べなさい」と言っても、もしからだに必要な物を与えないなら、何の役に立つでしょう。

17それと同じように、信仰も、もし行いがなかったなら、それだけでは、死んだものです。

18さらに、こう言う人もあるでしょう。「あなたは信仰を持っているが、私は行いを持っています。行いのないあなたの信仰を、私に見せてください。私は、行いによって、私の信仰をあなたに見せてあげます。」

19あなたは、神はおひとりだと信じています。りっぱなことです。ですが、悪霊どももそう信じて、身震いしています。

---

14 ①圖ヤコ1:16
② 圏ヤコ1:22以下
15 ①圏マタ25:35, 36,
ルカ3:11
16 ①Ⅰヨハ3:17, 18
17 ①圏ガラ5:6,
ヤコ2:20, 26
18 ①圏ロマ9:19
②圏ロマ3:28, 4:6,
圏ヘブ11:33
③圏ヤコ2:17, 16,
ガラ5:6
④圏ヤコ3:13
19 ①申6:4, 圏マコ12:29
②圏ヤコ2:8
③マタ8:29,
マコ1:24, 5:7,
ルカ4:34,
圏使19:15

を評価するさばきのことで、それによってやがて受ける報いの程度が決まるのである（Ⅰコリ3:12-15, Ⅱコリ5:10, 黙22:12, →「さばき」の項p.2167）。

2:14 信仰があると言っても・・・行いがない 2:14-26は教会の中にいつの時代にもある問題を扱っている。それはイエス・キリストを信じていると言いながら主イエスとみことばに心から仕えている証拠が実際には伴っていない人々の問題である。そのような人々は頭では神を信じ、ある真理は受入れているけれども心からキリストに人生をゆだねてはいないのである。

（1）救いに導く信仰はキリストを救い主と告白するところで止まらずに、主として従いその導きと権威に服従する生き生きとした信仰である。服従は主イエスを信じる信仰にとってはなくてはならない中心部分である。服従する人だけが本当に信じることができ、本当に信じる人だけが服従することができるのである（→2:24注, ロマ1:5注, →「信仰と恵み」の項p.2062）。

（2）救いに導く信仰の問題についてパウロ（新約聖書の多くの手紙を書いた人）とヤコブの間に矛盾はない。通常パウロはキリストを救い主として受入れる手段として信仰を強調している（ロマ3:22）。ヤコブは本当の信仰は実行するもので、生き生きとした長続きするものだと示している。ヤコブは行いによって人は救われるとは言っていない。キリストを信じる信仰によらなければ救われないのである。けれども信仰は良い行いを生む。マルティン・ルターは「人は信仰によってのみ義とされる（神と正しい関係にある）けれども、信仰しかない信仰によるのではない」と言っている。→「救いについての聖書用語」の項p.2045

2:17 行いがなかったなら・・・死んだものです
（1）救いに導く信仰は、神を敬う行いとイエス・キリストへの献身に現れるはずである。信仰のない行いは死んだ行いである。良い行いのない信仰は死んだ信仰である。本当の信仰は必ず神への従順とほかの人々への積極的な同情心に現れてくる（→2:22注, ロマ1:5注, →「貧困者への配慮」の項 p.1510,「信仰と恵み」の項 p.2062）。

（2）ヤコブはキリストと罪のための犠牲を信じ、霊的救いに必要なのはその信仰告白だけだと信じている人々に向けてこの教えを書いている。その人々はキリストを主として従う個人的な関係を持ち、日々神に導かれて行動する中で、それを表すことは必ずしも必要ではないと考えていた。ヤコブはそのような信仰は死んでいて救いをもたらすことも良いものを生み出すこともできないと言っている（2:14-16, 20-24）。救いに結び付く信仰は「愛によって働く信仰」（ガラ5:6）だけである。

（3）けれども、自分の努力だけで救いに導く生きた信仰を保つことができると考えてはならないと、ヤコブはキリストに従う人々に警告をしている。信じる人はみな神の恵み（一方的に与えられる受けるにふさわしくない好意、愛、助け、霊的能力）と、心の中に働く聖霊の力に頼らなければならない。私たちには天の御父に祈りによって私たちを代弁してくださるキリストがいつもおられる（→ヘブ7:25注）。神が助けてくださり私たちの中に働いてくださるときに私たちは初めて神に応答し、「信仰に始まり信仰に進ませる」（ロマ1:17）生き方をすることができる。もし神の恵みと御霊の導きに応じなくなるなら私たちの信仰は死んでしまう。

2:19 あなたは、神はおひとりだと信じています
これは申命記6:4にあるシェマ（「聞きなさい」）と言う有名なユダヤ人の信条（信仰告白）を反映したものである（⇒マコ12:29）。この信仰は非常に重要である。けれども人生をキリストにゆだねて心からの愛と従順をもって従う信仰を土台にしていないならそれは無意味

²⁰ ああ愚かな人よ。あなたは行いのない信仰がむなしいことを知りたいと思いますか。
²¹ 私たちの父アブラハムは、その子イサクを祭壇にささげたとき、行いによって義と認められたではありませんか。
²² あなたの見ているとおり、彼の信仰は彼の行いとともに働いたのであり、信仰は行いによって全うされ、
²³ そして、「アブラハムは神を信じ、その信仰が彼の義とみなされた」という聖書のことばが実現し、彼は神の友と呼ばれたのです。
²⁴ 人は行いによって義と認められるのであって、信仰だけによるのではないことがわかるでしょう。
²⁵ 同様に、遊女ラハブも、使者たちを招き入れ、別の道から送り出したため、その行いによって義と認められたではありませんか。
²⁶ たましいを離れたからだが、死んだものであるのと同様に、行いのない信仰は、死んでいるのです。

20①ロマ9:20、Ⅰコリ15:36
　②ガラ5:6、ヤコ2:17, 26
21①創22:9, 10, 12, 16-18
22①ヘブ11:17、ヨハ6:29
　②Ⅰテサ1:3
23①創15:6、ロマ4:3
　②イザ41:8、Ⅱ歴20:7
25①ヘブ11:31
　②ヨシ2:4, 6, 15
26①ガラ5:6、ヤコ2:17, 20

1①ヤコ1:16, 3:10
　マタ23:8、ロマ2:20, 21、Ⅰテモ1:7
2①ヤコ3:2-12、マタ12:34-37
　②ヤコ2:10
　③ヤコ1:4
3①詩32:9
5①詩12:3, 4, 73:8, 9
　②箴26:20, 21
6①詩120:3, 4、箴16:27
　②マタ5:11, 18以下、マタ12:36, 37
　③マタ5:22

舌の制御

3 ¹ 私の兄弟たち。多くの者が教師になってはいけません。ご承知のように、私たち教師は、格別きびしいさばきを受けるのです。
² 私たちはみな、多くの点で失敗をするものです。もし、ことばで失敗をしない人がいたら、その人は、からだ全体もりっぱに制御できる完全な人です。
³ 馬を御するために、くつわをその口にかけると、馬のからだ全体を引き回すことができます。
⁴ また、船を見なさい。あのように大きな物が、強い風に押されているときでも、ごく小さなかじによって、かじを取る人の思いどおりの所へ持って行かれるのです。
⁵ 同様に、舌も小さな器官ですが、大きなことを言って誇るのです。ご覧なさい。あのように小さい火があのような大きい森を燃やします。
⁶ 舌は火であり、不義の世界です。舌は私たちの器官の一つですが、からだ全体を汚し、人生の車輪を焼き、そしてゲヘナの火

Ⅰペテ1:13-16

である（→ヨハ1:12注, 5:24聞いての注）。

2:21 行いによって義と認められた アブラハムが神と正しい関係を持っていたのは「律法の行いによるのではなく」（ロマ3:28）、愛とともに働く信仰と行動によったのである。アブラハムが一人息子のイサクをささげたのは神への信仰と献身の表れだった（→創15:6注, 22:1注）。ヤコブはアブラハムの例を用いて、信仰には必ずしも神への献身と愛がなくてもよいという考え方を打砕いている。使徒パウロ（多くの新約聖書の手紙を書き多くの新約聖書の教会を開拓した宣教師）も、救いは神の恵みではなく自分の行いの功績によるという考え方に抗議し、それを打破るのにアブラハムの信仰の例を用いている（ロマ4:3, ガラ3:6, →ロマ4：各注）。

2:22 信仰は彼の行いとともに働いた ヤコブは信仰と行いが私たちを救うとは言っていない。むしろ信仰の中心にあるものが正しい行いに現れてくると主張しているのである。つまり信仰と神を敬う行動は決して切離すことができないのである。正しい行動と良い行いはキリストを信じる信仰から自然に流れ出るものである（→ガラ5:6注）。

2:24 行いによって義と認められる ここで「行い」と訳されている「エルゴン」というギリシヤ語はパウロがエペソ2:9で使った「行い」と訳されたことばとは違った意味で使われている。（1）ヤコブにとって「行い」は神や人々への責務のことで、それは神のことばによって命じられており、誠実な信仰、純粋な心、キリストへの愛、主を喜ばせたいという気持を持つ人々が実際に行っているものである。（2）パウロにとっての「行い」は、悔い改めてキリストを信じる信仰によってではなく、律法を守る自分の努力によって神の好意と霊的救いを得ようとする行いだった。（3）パウロとヤコブはともに救いは行いによるのではない、けれども救いに導く信仰は愛による行いを必ず生み出すものであるとはっきり言っている（1:27, 2:8, Ⅰコリ13:, ガラ5:6, ⇒ヨハ14:15）。

3:1 教師 ここでの教師は牧師、教会の指導者、宣教師、伝道師、キリスト教の教師、そのほか神のことばを教えたり教会員を指導したりする人々を意味している。そのような指導者たちは神のことばを教えることほど重い責任はないことを理解していなければならない。影響力があるこれらの人々は、未来のさばきのときには自分の行ったことの申し開きを最高のレベルでしなければならない。そして最も厳しいさばきを受けることになる。

3:6 舌は火であり ここでヤコブは私たちがいとも

によって焼かれます。

7 どのような種類の獣も鳥も、はうものも海の生き物も、人類によって制せられるし、すでに制せられています。

8 しかし、舌を制御することは、だれにもできません。それは少しもじっとしていない①悪であり、死の毒に満ちています。

9 私たちは、舌をもって、主であり父である方をほめたたえ、同じ舌をもって、神にかたどって造られた人をのろいます。

10 賛美とのろいが同じ口から出て来るのです。私の兄弟たち。このようなことは、あってはなりません。

11 泉が甘い水と苦い水を同じ穴からわき上がらせるというようなことがあるでしょうか。

12 私の兄弟たち。いちじくの木がオリーブの実をならせたり、ぶどうの木がいちじくの実をならせたりするようなことは、できることでしょうか。塩水が甘い水を出すこともできないことです。

2種類の知恵

13 あなたがたのうちで、知恵のある、賢

8 ①詩140:3、ロマ3:13、伝10:11
9 ①囲ヤコ1:27
10 ①囲Ⅱコリ11:7
12 ①囲マタ7:16

13 ①囲Ⅰペテ2:12
②囲ヤコ2:18
14 ①囲ヤコ3:16、囲ロマ2:8、囲Ⅱコリ12:20
②囲ヤコ5:19、
囲Ⅰテモ2:4
15 ①囲ヤコ1:17
②囲Ⅰコリ2:6,3:19
③囲Ⅰコリ1:12、ユダ19
＊あるいは「霊的でなく」
④囲Ⅱテサ2:9,10、
Ⅰテモ4:1、黙2:24
16 ①囲ヤコ3:14、囲ロマ2:8、囲Ⅱコリ12:20
17 ①囲ヤコ1:17
囲ヤコ4:8、
Ⅱコリ7:11
③囲マタ5:9、ヘブ12:11
囲ピリ3:2、ピリ4:5
⑤囲ルカ6:36、
囲ヤコ2:13
②囲マタ2:4
⑦囲ロマ12:9、Ⅱコリ6:6
18 ①囲箴11:18、
イザ32:17、ホセ10:12、アモ6:12、ピリ1:11、ガラ6:8
＊あるいは「のために」

1 ①テト3:9
②囲ロマ7:23

い人はだれでしょうか。その人は、その知恵にふさわしい柔和な行いを、良い生き方によって示しなさい。

14 しかし、もしあなたがたの心の中に、苦いねたみと敵対心があるならば、誇ってはいけません。真理に逆らって偽ることになります。

15 そのような知恵は、上から来たものではなく、地に属し、肉に属し、悪霊に属するものです。

16 ねたみや敵対心のあるところには、秩序の乱れや、あらゆる邪悪な行いがあるからです。

17 しかし、上からの知恵は、第一に純真であり、次に平和、寛容、温順であり、また、あわれみと良い実とに満ち、えこひいきがなく、見せかけのないものです。

18 義の実を結ばせる種は、平和をつくる人によって平和のうちに蒔かれます。

神に従いなさい

4 1 何が原因で、あなたがたの間に戦いや争いがあるのでしょう。あなたがたのからだの中で戦う欲望が原因ではありま

簡単にことばで罪を犯すことに注意を向けている。罪深いことばとは、きつい不親切なことば、うそ、誇張、にせの教え、中傷、うわさ、憎しみを込めたことば、下品な冗談、ひとりよがりの自慢などを意味している。成熟したキリスト者は聖霊の助けと導きに頼り、「すべてのはかりごとをとりこにしてキリストに服従させ」（Ⅱコリ10:5、→10:5注）舌を制御するはずである。舌による罪は犯しやすいので、ヤコブはだれに対しても「聞くには早く、語るにはおそく、怒るにはおそいようにしなさい」（1:19）と訴えている。

3:9　舌をもって・・・ほめたたえ・・・同じ舌をもって・・・のろいます　口に出して言うことは心の中にあるものを現す（マタ12:34）。そして偽善的な（不誠実な、見せ掛けの、裏表がある）生活様式が露わになることがある。信仰者として私たちは言うことに注意するだけではなく、だれに向かって言うのかについても注意しなければならない。人は神のかたちに似せて造られている（創1:26-27）。したがって人をのろうことは神をのろうのと同じである（⇒創9:6）。

3:14　敵対心　「敵対心」（別訳「野心」）は神に逆らう習慣で、神のみこころやほかの人々のしあわせより自分の利益を優先させることである。教会の中での敵対

心は人間中心的な「知恵」（3:15）と同じで、（1）「地に属し」（聖く霊的なものを腐敗させる）、（2）「肉に属し」（聖霊のない状態）、（3）「悪霊に属する」（悪霊の影響を受けている）ものである（→Ⅰテモ4:1注）。敵対心をもって生きることは主イエスと正反対の考え方をすることで（ピリ2:3-5、→2:3注、2:5注）、秩序の乱れや、あらゆる邪悪な行い」（3:16）につながって行く。

3:17　しかし、上からの知恵　地に属した「知恵」（→3:14注）の反対は天の知恵、または神がくださる本当の知恵である。この知恵は、（1）「純真」（正しい動機を持ち道徳的腐敗がない →1:21注）、（2）「平和」（争いや分裂を好まない ⇒マタ5:9）、（3）「寛容」（自分のことよりほかの人々のことを優先させる）、（4）「温順」（ほかの人々にとって最も有益なことを優先させる）、（5）「あわれみと良い実とに満ち」（積極的に同情し赦し人格を建上げる）、（6）「えこひいきがなく」（首尾一貫していて公平である）、（7）「見せかけのないもの」（本物で偽善がない）である。

4:1　何が原因で、あなたがたの間に戦いや争いがあるのでしょう　教会の中で起こる対立や口論のほとんどは、思い通りにしたいとか自分のやり方を押し通したいと主張する人々を中心にして起こる（→3:14注）。

ヤコブ　4章

せんか。
² あなたがたは、ほしがっても自分のものにならないと、人殺しをするのです。うらやんでも手に入れることができないと、争ったり、戦ったりするのです。あなたがたのものにならないのは、あなたがたが願わないからです。
³ 願っても受けられないのは、自分の快楽のために使おうとして、悪い動機で願うか

2①Ⅰヨハ3:15, 囲ヤコ5:6
3①囲ヨハ3:22, 5:14
4①圏イザ54:5, エレ2:2, エゼ16:32
②圏ヤコ1:27
③ロマ8:7, 圏Ⅰヨハ2:15
④圏ヨハ15:19, 囲マタ6:24
5＊別訳「神が私たちのうちに住まわせた御霊を、ねたむほどに（私たちを）慕い求めておられる」
①Ⅰコリ6:19, 圏Ⅱコリ6:16
②ゼカ1:14, 8:2

らです。
⁴ 貞操のない人たち。世を愛することは神に敵することであることがわからないのですか。世の友となりたいと思ったら、その人は自分を神の敵としているのです。
⁵ それとも、＊「神は、私たちのうちに住まわせた御霊を、ねたむほどに慕っておられる」という聖書のことばが、無意味だと思うのですか。

その根底には人から認められたいとか、栄誉や力、快楽やお金、あるいは優越感などを求める気持がある。正しいことを行って神の思いやみこころに仕えることよりも自分勝手な思いを満足させることのほうが重要なのである（⇒マコ4:19, ルカ8:14, ガラ5:16-21）。こうなると教会員同士や信仰者のグループの中で自己中心的な対立が起こる。対立を起こしそれをあおる人々は、聖霊ではなく罪深い性質に支配されていることを自分から示しているのと同じである（ガラ5:19-21, ユダ1:16-19, →**「罪の性質の行いと御霊の実」**の項p.2208）。

4:2　あなたがたは・・・人殺しをするのです　このことばは憎しみ、または憎しみの結果を現すものとして書かれていると思われる（⇒マタ5:21-22）。

4:3　願っても受けられない　自己中心の野望を持ち快楽を愛し名誉や力や富を求める人の祈りには神は応えてくださらない（→4:1注, →**効果的な祈り**の項p.585）。神は正しい人の祈り（詩34:13-15, 66:18-19）、真心から主を呼び求める人の祈り（詩145:18）、心から悔い改めへりくだって主に立返る人の祈り（ルカ18:14）、神のみこころに沿った願いをする人の祈り（Ⅰヨハ5:14）に応えてくださると神のことばは教えている。時として神が与えたいと思っておられるものでも与えられないことがある。けれどもそれは私たちが正しいことを求めていても間違った動機を持って求めるからである。たとえば神を心からあがめず、御国とみこころの益になることではなく、自分に都合の良いことや影響力が強まることを考えるからである。

4:4　世を愛することは神に敵すること　「世を愛すること」は霊的な姦淫を犯すことで、神と神への献身の誓いに不誠実なことである（Ⅰヨハ2:15-17, ⇒イザ54:5, エレ3:20）。「世を愛する」とはこの世界の考え方や価値観、慣習や神に逆らう快楽、汚いやり方などを受入れることでもある（→**「キリスト者とこの世」**の項p.2437）。神はそのような関係を受入れてはくださらない（マタ6:24）。なぜなら神は心からの愛や忠誠心を求めておられるからである（出20:5, 申5:9）。神

に逆らう活動に参加することや、神に逆らう約束をしたり聖書に反する宗教的誓約をさせたりするクラブや組織などに加入したりすることも「世を愛すること」になる。そういうものは人々を神に従わないものに強く縛りつけてしまう。それは神のことばが禁じていることである（マタ5:33-37, Ⅱコリ6:14）。キリスト教の信仰や教え（⇒Ⅱペテ3:16）、キリストへの誠実心（マタ6:24）をしっかりと保ちながら同時にそのような行動をとることはできないはずである。

4:5　神は・・・御霊を、ねたむほどに慕っておられる　ここのギリシヤ語原文の構造はわかりにくい。したがって確実にはっきりと翻訳することが難しい。父である神と御子である神と聖霊の間には不一致や乱れはもともとない。したがって神は御霊がもっと近くにいて調和を保つように願っておられるという意味ではない。それは聖霊が信仰者をとりなし励まして神を心から愛し、忠実に仕え従うようにさせることを父と御子がねたむほど願っておられるということを意味していると思われる。それは「人の思いと心を探る」のは御子であり（→黙2:23）、「神のみこころに従って、聖徒のためにとりなしをしてくださる」のは御霊だからである（→ロマ8:27）。

欄外注の別訳では「神が私たちのうちに住まわせた御霊は、ねたむほどに（私たちを）慕い求めておられる」となっている。それは御霊が宿っておられる信仰者をねたむほどに慕っておられるという意味である。この訳が正しければ、上記のように御霊は神を愛し仕え従うようにとりなしてくださるのである。

さらに別の訳では「御霊」を霊つまり人間の霊とする。そして「神が私たちのうちに住まわせた霊は激しくねたんでいるという聖書のことばが無意味だと思うのですか」となる。この訳が正しければ、人間の霊（最初に神から与えられたもの　創2:7）が今や反抗的で霊的に堕落して罪深い状態にあり、神に逆らい憎み、ねたみ、快楽を求めているという意味になる（4:4）。けれどもこのようなことは神の恵み（受けるにふさわしくない好意、愛、霊的能力）で乗越え変えることができ

ヤコブ 4章

6 しかし、神は、さらに豊かな恵みを与えてくださいます。ですから、こう言われています。「神は、高ぶる者を退け、へりくだる者に恵みをお授けになる。」

7 ですから、神に従いなさい。そして、悪魔に立ち向かいなさい。そうすれば、悪魔はあなたがたから逃げ去ります。

8 神に近づきなさい。そうすれば、神はあなたがたに近づいてくださいます。罪ある人たち。手を洗いきよめなさい。二心の人たち。心を清くしなさい。

9 あなたがたは、苦しみなさい。悲しみなさい。泣きなさい。あなたがたの笑いを悲しみに、喜びを憂いに変えなさい。

10 主の御前でへりくだりなさい。そうすれば、主があなたがたを高くしてくださいます。

11 兄弟たち。互いに悪口を言い合ってはいけません。自分の兄弟の悪口を言い、自

る。神の恵みはへりくだってキリストを信じる信仰により神の赦しを受入れ、神との個人的な関係を持つ人々に与えられる（4：6）。

4：6-8　さらに豊かな恵み　神は高ぶる人を退け（→4：6注）、へりくだる人にさらに豊かに恵みを与えてくださる。神の恵みとは一方的に与えられる受けるにふさわしくない好意、あわれみ、慈しみ、思いやり、助け、霊的力のことである。神の恵みによって私たちは神に応答し神が望まれることを行い、神が願っておられるような人になる力を持つことができる。ヤコブは「さらに豊かな恵み」を受ける方法を五つ示している（4：6a）。(1) 自分の希望や計画を神にゆだねて「神に従いなさい」(4：7a)。(2) 誘惑に陥らないで「悪魔に立ち向かいなさい」(4：7b)。(3) 礼拝をし感謝をささげ祈り、みことばを読み聖霊と交わり「神に近づきなさい」(4：8a)。(4) 罪を告白し外側の人生を神との正しい関係に直して「手を洗いきよめなさい」(4：8b)。(5) 心の中や思いを神に洗っていただいて「心を清くしなさい」(4：8c)。私たちの生活をこのような方法で神と結び付けるなら、私たちは神の恵みを最大限に体験することができる。そして罪と悪魔に打勝ち効果的に神に仕えることができる。

4：6　神は、高ぶる者を退け　神は高ぶるものを憎まれるということは、旧約聖書と新約聖書の両方に見られるテーマである。したがって神は高ぶる人々を退け、へりくだる人々に目を留めて助けてくださる（⇒箴3：34、11：2、16：5、18、29：23、イザ2：11-12、ダニ4：37、5：20、ゼパ3：11-12、ルカ1：51-52、Ⅰペテ5：5）。高ぶるなら神は私たちの祈りに背を向けて、恵みを注いでくださらない。自分で偉ぶったり人からほめられ尊敬されることを求めて自己満足をしたりすることは、神の助けを失うことになる。けれどもへりくだって神に従い神とのより深い関係を求める人に神は豊かな恵み（→4：6-8注）とあわれみを与え、人生のどのような情況でも助けてくださる（⇒詩51：17、→ピリ2：3注、ヘブ4：16、7：25）。

4：7　神に従いなさい・・・悪魔に立ち向かいなさい　多くのキリスト者は、悪魔との霊的戦いで勝利をしようとして悪魔に立向かうという後半の部分に注目しがちである。そして固く決心をしてサタンの策略や非難、誘惑などを拒もうと努力する。しばらくはこれでうまくいっているように見える。けれども最後にはサタンの厳しい圧力に負けて罪を犯して欲求不満と失望と敗北感で終ることが多い。この場合の問題は大抵次の二つのことに原因がある。(1) このことばの前半の、最も大切な部分である「神に従いなさい」（これは霊的に勝利する戦略の中心部分である）を見逃している。(2) 自分の力でサタンに立向かおうとしている。これは結局、最初から神に従っていないことである。霊的に勝利するかぎは、自分の力で悪魔に抵抗するのではなく神に完全に従うことである。そのためには、(1) 心の中に隠していた罪を捨てる、(2) 神の助け、力、導きを求めて祈る、(3) 罪や誘惑が入り込み、あるいは霊的成長を妨げるような習慣や行動をやめる、(4) 罪やサタンに打勝つために自分で考えた考えや戦略をやめ、絶えずみことばを学び祈ることによって示される神の戦略に頼る、(5) 神が示された通りのことを行い聖霊の導きに従う、(6) 神の目的を積極的に追い求め、行動に移し霊的な事柄だけに集中する、(7) 神や人々や全体的情況に対してへりくだった姿勢を保つ、(8) 神の栄光を現すようなことを行いたいと願いながら、神に注意を集中する、(9) 霊的に勝利したあとも神に頼り、目的を追い求め続ける、(10) サタンに立向かい勝利させてくださったことを神に感謝する、などが必要である。罪とサタンとの霊的戦いに勝利することとその戦略の情報　→Ⅱコリ10：4注、5注

4：8　神に近づきなさい　自分勝手な道から離れ心を神にきよめていただき、神とのより深い関係を追い求める人に神は近付いてくださると約束された。みことばと祈りに時間を割き聖霊の導きに従って神に頼っていることを示す人に、神はともにいて臨在や祝福、愛などを特別なかたちで現してくださる。

4：11　互いに悪口を言い合ってはいけません　霊的

ヤコブ 4-5章

分の兄弟をさばく者は、律法の悪口を言い、律法をさばいているのです。あなたが、もし律法をさばくなら、律法を守る者ではなくて、さばく者です。
12 律法を定め、さばきを行う方は、ただひとりであり、その方は救うことも滅ぼすこともできます。隣人をさばくあなたは、いったい何者ですか。

明日のことを自慢する
13 聞きなさい。「きょうか、あす、これこれの町に行き、そこに一年いて、商売をして、もうけよう」と言う人たち。
14 あなたがたには、あすのことはわからないのです。あなたがたのいのちは、いったいどのようなものですか。あなたがたは、

11 ⑤マタ7:1, ロマ14:4
④ピヤコ2:8
⑤ピヤコ1:22
12 ①イザ33:22, ピヤコ5:9
②マタ10:28
③ロマ14:4
13 ①ピ箴27:1,
ルカ12:18-20
14＊異本「あす、あなたがたのいのちは、どのようなものであるか」
①詩102:3, ピヨブ7:7,
詩39:5, 144:4

15 ①ピ使18:21
16 ①Ⅰコリ5:6
17 ①ピルカ12:47,
Ⅱペテ2:21, ピヨハ9:41

1 ①ルカ6:24,
ピⅠテ6:9
②イザ13:6, 15:3,
エゼ30:2

しばらくの間現れて、それから消えてしまう霧にすぎません。
15 むしろ、あなたがたはこう言うべきです。「主のみこころなら、私たちは生きていて、このことを、または、あのことをしよう。」
16 ところがこのとおり、あなたがたはむなしい誇りをもって高ぶっています。そのような高ぶりは、すべて悪いことです。
17 こういうわけで、なすべき正しいことを知っていながら行わないなら、それはその人の罪です。

人々を苦しめる金持への警告
5 1 聞きなさい。金持ちたち。あなたがたの上に迫って来る悲惨を思って泣き叫びなさい。

に勝利し成熟するためには、知恵や優しさなどを伴ったよく自制し整えられたことばを控え目に話すことが求められる。悪意のあることばやうそ、人の評判を傷つけるようなことを言うことは、キリストの愛の律法を破ることになる（→マタ22:39, ロマ13:10）。陰口を言うのではなく、最終判断をする前にその人と問題点についてよく話合うべきである。判断をするときもその人の動機を誤って伝えないように注意しなければならない（→マタ7:1注）。人をさばく最高の主権は神にしかない。

4:15　主のみこころなら　将来の目標や計画を決めるときに、私たちは神の願いやご計画、目的などを示していただくように求め、それに従おうとすることが必要である。愚かな金持のように（ルカ12:16-21）ひとりで勝手に行動をするべきではない。神と正しい関係を持ち、神が私たちの人生に持っておられるご計画にゆだねることによってこそ本当の幸福や充実した人生は与えられる。私たちは人生の原則を「主のみこころなら」としなくてはならない。「どうぞみこころのとおりをなさってください」（マタ26:42）と心から祈るなら、私たちの現在も未来も天の御父に守られていることを確信することができる（⇒使18:21, Ⅰコリ4:19, 16:7, ヘブ6:3, →「**神のみこころ**」の項p.1207）。

4:16　高ぶり　自分で目標を決めて達成できた人はそれを誇りに思い自慢したくなる。高ぶりというものは、何であっても自分が始め自分に能力があったから達成できたという間違った考えを基にしている。このような考え方では神やほかの人々の助けがあったことが無視されている。新約聖書はもし誇ることがあるなら自分の弱さと神に頼っていることを誇る

ようにと勧めている（Ⅱコリ11:30, 12:5, 9）。

4:17　正しいことを知っていながら行わない　一般に、罪とは自分勝手な道を進み神に逆らい神の基準に届かないことである。人間はみな生れながら罪を犯す傾向があり、そのため死の刑罰を受け神から永遠に離される（ロマ6:23）。神の御子イエス・キリストはご自分の完全ないのちを犠牲にして私たちの罪の代価を全部払い、私たちが罪を赦されキリストを信じる信仰によって神との個人的関係を持って歩けるようにしてくださった。この関係を持った私たちは罪を犯す傾向を克服するために神に頼るのである。このことはただ悪を避けたり拒んだりするだけではなく、良いことを追い求め行うことでもある。なぜなら罪とは悪いとわかっていながら行うことだけではなく、良いとわかっていながら行わないことでもあるからである。これを「怠慢」（忘れる、見落とす）の罪と言う人もいるけれども、この罪はほかの罪と同じように深刻な罪である。神のため、あるいは人々を助けるために何かを行う機会や手段が与えられたときに、私たちが「なすべき正しいこと」ができるように神に頼りながら応答し行動することを神は望んでおられる（⇒Ⅰヨハ3:16-18）。

5:1　金持ちたち・・・泣き叫びなさい　聖書は金持がみな神に逆らっているとは言っていない。けれどもヤコブがここで描いているのは、金持にありがちな特徴である（5:1-6, 2:1-3）。多額のお金や財産を持っているキリスト者は富のとりこに（支配され追い立てられ動かされる）ならないようにしなければならない。富はキリストの福音とみこころを広め、貧しい人々を助けるために用いなければならない（→「**富と貧困**」の項p.1835）。

² あなたがたの富は腐っており、あなたがたの着物は虫に食われており、

³ あなたがたの金銀にはさびが来て、そのさびが、あなたがたを責める証言となり、あなたがたの肉を火のように食い尽くします。あなたがたは、終わりの日に財宝をたくわえました。

⁴ 見なさい。あなたがたの畑の刈り入れをした労働者への未払い賃金が、叫び声をあげています。そして、取り入れをした人たちの叫び声は、万軍の主の耳に届いています。

⁵ あなたがたは、地上でぜいたくに暮らし、快楽にふけり、殺される日にあたって自分の心を太らせました。

⁶ あなたがたは、正しい人を罪に定めて、殺しました。彼はあなたがたに抵抗しません。

苦難の中での忍耐

⁷ こういうわけですから、兄弟たち。主が来られる時まで耐え忍びなさい。見なさい。農夫は、大地の貴重な実りを、秋の雨や春の雨が降るまで、耐え忍んで待ってい

ます。

⁸ あなたがたも耐え忍びなさい。心を強くしなさい。主の来られるのが近いからです。

⁹ 兄弟たち。互いにつぶやき合ってはいけません。さばかれないためです。見なさい。さばきの主が、戸口のところに立っておられます。

¹⁰ 苦難と忍耐については、兄弟たち、主の御名によって語った預言者たちを模範にしなさい。

¹¹ 見なさい。耐え忍んだ人たちは幸いであると、私たちは考えます。あなたがたは、ヨブの忍耐のことを聞いています。また、主が彼になさったことの結末を見たのです。主は慈愛に富み、あわれみに満ちておられる方だということです。

¹² 私の兄弟たちよ。何よりもまず、誓わないようにしなさい。天をさしても地をさしても、そのほかの何をさしてもです。ただ、「はい」を「はい」、「いいえ」を「いいえ」としなさい。それは、あなたがたが、さばきに会わないためです。

5:7 主が来られる時まで耐え忍びなさい キリストは間もなく再び来られるとヤコブは言っている(5:8)。キリストが来られるのは裁判官として悪い者たちを罰し、また正しい人々を耐えてきた苦難から救い報いを与えるためである(5:9)。耐え忍ぶとは神の時を待ち(5:7)、神の約束が成就するのを待つ(5:8)能力である。それはまた私たちに必要な品性で、それによって私たちはあらゆる人々とやさしく交わり(5:9)、最終的には神がすべてのことを正しいかたちに変えてくださると信じて忠実に従い、不正や苦難、問題や虐待に耐えることができるようになる(5:10-11, ⇒申32:35, ロマ12:12, ヘブ10:30, 12:1-2, →ヨブ2:3注, 詩73:17注)。

5:9 戸口のところに立っておられます キリスト者が根気と忍耐(→5:11注)を持つことができるのは、主が間もなく再び来られるからである(5:8)。主は「戸口のところに立っておられ」る。扉が開くのは明日か来週か、または来年かもしれない。けれども扉はいつ開いてもおかしくない。

5:11 ヨブの忍耐 ここの「忍耐」(《ギ》フポモネー)ということばには、粘り強い前向きな頑張りという意味がある。忍耐は受身の我慢ではない。「待ちながら

働く」という生活様式のことで、どんな試練に遭っても神への希望や信頼を失わず、積極的に信じる信仰を反映したものである。忍耐は信仰をもって苦難を乗越えることによって育っていくことが多い(ヨブ13:15)。主がヨブを取扱われた結果わかったことは、ヨブが苦しんでいる間ずっと神はヨブのことを深く思いヨブのいのちと希望を守ってくださったということである。ヤコブは神が神の民を気遣っておられ、苦難に遭うときには愛と思いやりに満ちたあわれみをもって支えてくださるということを私たちに教えてくれる(→ヨブ6:4注, 42:10注)。

5:12 ただ、「はい」を「はい」 ここのヤコブの教えはマタイ5:33-37の主イエスのことばに似ている。ヤコブは、聖書に出てくる神を敬う人々が厳粛な誓いをし誓願を立てたことを非難しているのではない(⇒22:11, ロマ1:9, 9:1, ヘブ6:13)。口に出し本格的に誓う前によく考えるように警告をしているのである。さらに、献身を保証したり伝えた真理を保証しようとしたりして神の御名をみだりに使うこと(口にするけれども心ではそう思っていない)を非難している。基本的に、ヤコブは私たちに自分の言ったことばを守る高潔な人になるようにと言っているのである。

ヤコブ　5章

信仰の祈り

13 あなたがたのうちに苦しんでいる人がいますか。その人は祈りなさい。喜んでいる人がいますか。その人は賛美しなさい。
14 あなたがたのうちに病気の人がいますか。その人は教会の長老たちを招き、主の御名によって、オリーブ油を塗って祈ってもらいなさい。
15 信仰による祈りは、病む人を回復させます。主はその人を立たせてくださいます。また、もしその人が罪を犯していたなら、その罪は赦されます。
16 ですから、あなたがたは、互いに罪を言い表し、互いのために祈りなさい。いやされるためです。義人の祈りは働くと、大きな力があります。
17 エリヤは、私たちと同じような人でしたが、雨が降らないように熱心に祈ると、三

欄外参照：
13①図ヤコ5:10, 2詩50:15
③コロ3:16, 図I コリ14:15
14①図使11:30
②マコ6:13, 図マコ16:18
15①図コリ1:6, ②図I コリ1:21, 図ヤコ5:20(?)
②図ヨハ6:39, 図I コリ4:14(?)
16①図マタ3:6, マコ1:5, 使19:18, ②図ヘブ12:13, I ペテ2:24, 図創18:23-32等, 図ヨハ9:31
図ヤコ4:14:15
②I 列17:1, 18:1
③図ルカ4:25

Iペテ2:24

5:13　あなたがたのうちに苦しんでいる人がいますか・・・喜んでいる人がいますか　私たちはどのような情況にいても神を見上げ、礼拝と祈りを通して神の栄光を現すことを考えなければならない。悩みや問題を抱えて落胆しているときには、祈りによって神に力を求めるようにと神のことばは招いている。主イエスは私たちのとりなし手として、天におられる御父に私たちの情況を訴えてくださる（ヘブ7:25）。そして私たちが必要な助けを受けることができるようにしてくださる（ヘブ4:16）。「あなたがたの思い煩いを、いっさい神にゆだねなさい。神があなたがたのことを心配してくださるからです」（I ペテ5:7）という神の優しい呼びかけに私たちは応答するべきである。もし幸せなら、あらゆる機会に神の慈しみ深さに対する感謝と賛美を口に表すべきである（⇒詩33:2-3、81:1-2、92:1-3、98:4-6、144:9、149:1-5、150:）。

5:15　信仰による祈りは、病む人を回復させます　ここでヤコブはからだの病気について話している。肉体的、精神的、情緒的苦痛や病気に直面したときには教会の指導者たちに祈りを求めるべきである。

（1）牧師や指導者は病人のために油を塗って祈るべきである。信仰を持って祈ることは指導者に与えられた責任である。
（2）病人に注いだり塗ったりする油は聖霊の臨在と癒しの力を表している。油は癒しの接点になり、信仰を支える役割を果す（⇒マコ6:13）。
（3）ヤコブが最も重要なものとして強調しているのは祈りである。祈りは病人が癒されるという信仰（神にしかできないことを行ってくださるという完全な信頼）をもって祈らなければ効果がない（→マタ17:20注、→「**効果的な祈り**」の項 p.585）。
（4）祈ったら必ずすぐに癒されるわけではない。けれども教会は、信仰を持ち続け根気よく祈り聖霊の癒しの力に頼り続けるべきである。最終的結果がどのようであっても神の民は神にすべてをゆだね、今の情況は御手の中にあると考えなければならない（→「**神による癒し**」の項 p.1640）。

5:15　罪を犯していたなら　「なら」ということばは病気が必ずしもその人の罪の結果であるとは限らないことを示している。けれども時には、癒しが必要な人の罪あるいは神との関係を妨げているものが原因で病気になることをヤコブは認めていた（5:16）。したがって、病気になったときにはだれもが祈りの中で自分を顧みて、神を完全に信じるのを妨げている罪がないか探るべきである（→「**神による癒し**」の項 p.1640）。

5:16　言い表し・・・祈りなさい・・・いやされる　ここには癒しについて重要なことが示されている。それは私たちがお互いに対して責任を持っているということである。つまり私たちは失敗したら自分の霊的な失敗を信頼できるキリスト者に積極的に告白するべきである。それは互いに一層効果的な祈りができるようになるためである。教会の中に罪があるなら祈りは妨げられ、神の民の間に神の癒しの力は現されなくなる。

5:16　義人の祈りは・・・大きな力があります　神と正しい関係を持ち、正しいことができるように神に頼り続けている人にとって祈りは、(1) 神に近付くようにし（ヘブ7:25）、(2) 御霊に満たされた人生へ道を開き（ルカ11:13、使1:14）、(3) 奉仕の働き（使1:8、4:31, 33）とキリスト者としての献身をする力を与え（エペ1:19）、(4) 霊的に建上げ（ユダ1:20）、(5) キリストが備えられたことを知る力を与え（エペ1:16-19）、(6) サタンに勝利させ（ダニ10:13注、エペ6:12-13, 18）、(7) 神の目的を明らかにさせ（詩32:6-8、箴3:5-6、マコ1:35-39）、(8) 御霊の賜物を受けるようにさせ（I コリ14:1）、(9) 神との一層親しい関係を持たせ（マタ6:9、ヨハ7:37, 14:16）、(10) 恵み、あわれみ、平安を与え（ピリ4:6-7、ヘブ4:16）、(11) 霊的に失われた人々をキリストと関係を持つように導き（5:20）、(12) キリストの知恵、啓示、知識を持つようにさせ（エペ1:16-17）、(13) 病気を癒し（5:15）、(14) 悩みから救い出し（詩34:4-7、ピリ1:19）、(15) 賛美と感謝をもって神をほめたたえ（詩100:4）、(16) キリストの臨在をさらにはっきりさせ（⇒黙3:20）、(17) 最終的な救いとキリストのとりなし（代りになって訴え

年六か月の間、地に雨が降りませんでした。
18 そして、再び祈ると、天は雨を降らせ、地はその実を実らせました。
19 私の兄弟たち。あなたがたのうちに、真理から迷い出た者がいて、だれかがその人を連れ戻すようなことがあれば、
20 罪人を迷いの道から引き戻す者は、罪人のたましいを死から救い出し、また、多くの罪をおおうのだということを、あなたがたは知っていなさい。

18①Ⅰ列18:42
 ②Ⅰ列18:45
19①圏マタ18:15, ガラ6:1
 ②影ヤコ3:14

20①圏ロマ11:14, Ⅰコリ1:21, 圏ヤコ1:21
 ②Ⅰペテ4:8

る ヘブ7:25)を確信するようにさせる。 →「**効果的な祈り**」の項 p.585

5:18 祈ると、天は雨を降らせ エリヤは強い信仰の持主で、自分が祈ると神が自然界に介入してまでも多くのことを成就してくださると信じていた。そして正しい人の祈りは物事を変えることを信じていた(5:13-16, 詩34:6, イザ38:1-5, マタ17:21, 26:41, 53, マコ11:24, Ⅱテサ3:1, →Ⅰ列17:22注, 18:42注)。

(1) 祈りの力と神が祈りに応えて下さることとを信じる信仰を、傷つけ妨げる教えを私たちは警戒しなければならない。そのような教えには「運命」論を中心にしたものがある。それは異教の考え方で、私たちが行うことや私たちに起こることはみな、実際に起こるはるか前に決められていて変えることができないというものである。運命が人々の一生を決めるという考え方(良いことも悪いことも絶対的に決められていて変えることはできない)は間違った仮説で、神のことばとは逆であり、誠実な信仰の祈りは物事を変えることができるということを私たちに疑わせ信じなくさせるものである。

(2) 聖書の教えによれば、神は神の子どもたちに対して自由意思を無効にして何でも全部決定してしまう方ではなく、ご計画の中で必要なものを備えてくださる方である(→「**神の摂理**」の項 p.110)。つまり神は人々とやりとりをし、正しい態度で神に近付く人々の祈りに応えて守り導き必要を備えてくださるのである。神を信じ祈ることによって多くの良いことが起こる。祈りがなければそれはない(出32:9-14)。

5:19-20 あなたがたのうちに・・・迷い出た 忠実なキリスト者は、キリストを信じる信仰や真理から迷い出た人を神に戻すためにできる限りのことをしなければならない(ガラ4:19, 6:1, Ⅱテモ2:18, 25-26, ユダ1:22-23)。キリストのからだにつながる人がみな主イエスとともに忠実に歩むようにすることこそ、キリスト者の共同体の中で優先させなければならないことである。もしそのわがまま勝手だった人がキリストに戻ってきたら、そのように導き影響を与えた人は罪びとを「死から」(霊的な死、神から永遠に離れること)救い出したことになる(⇒ロマ6:23, ガラ6:8, 黙20:14)。

ペテロの手紙　第一

概　　要
キリストにあるあいさつ(1：1-2)
Ⅰ．信仰者と神との関係(1：3-2：10)
　A．信仰による救い(1：3-12)
　B．従順による聖(1：13-2：10)
　　1．信仰者の実際生活(1：13-2：3)
　　　a．心を引締めること(1：13-16)
　　　b．神を恐れかしこみながら生きること(1：17-21)
　　　c．互いに愛し合うこと(1：22-25)
　　　d．罪を捨てて霊的に成長すること(2：1-3)
　　2．信仰者の地位(2：4-10)
　　　a．霊の家(2：4-8)
　　　b．選ばれた民(2：9-10)
Ⅱ．信仰者と人々との関係(2：11-3：12)
　A．社会での責任(2：11-17)
　　1．罪を避け良いことを行い模範になること(2：11-12)
　　2．権威に従い人々を敬い神に仕えること(2：13-17)
　B．家庭での責任(2：18-3：7)
　　1．主人に対するしもべの責任(2：18-20)
　　2．キリストの従順の模範に従うこと(2：21-25)
　　3．夫に対する妻の責任(3：1-6)
　　4．妻に対する夫の責任(3：7)
　C．信仰者と人々との関係の原則の要約(3：8-12)
Ⅲ．信仰者と苦しみとの関係(3：13-5：11)
　A．苦しみに直面したときに耐え忍ぶこと(3：13-4：11)
　　1．不当な苦しみを受けたときの祝福とその影響(3：13-17)
　　2．キリストのあざやかな模範(3：18-4：6)
　　3．終りのときの緊急課題(4：7-11)
　B．苦しみに直面したときに喜ぶこと(4：12-19)
　　1．信仰が試される((4：12)
　　2．キリストの苦しみにあずかる(4：13a, 14-16)
　　3．キリストの栄光の再臨に備える(4：13b, 17-19)
　C．苦しみの中での励まし(5：1-11)
　　1．長老たちに対して－自分から進んで仕えること(5：1-4)
　　2．若い人たちに対して－自分から進んで従うこと(5：5-11)
結論(5：12-14)

著　　者：ペテロ

主　　題：キリストのために分離され服従し苦しむこと

著作の年代：紀元60－63年

著作の背景

　この書物は新約聖書の中で使徒ペテロが書いた二つの手紙の最初のものである(1:1, Ⅱペテ1:1)。ペテロは主イエスの最初の最も親しい弟子の一人で、初期の教会、特にエルサレムの教会の重要な指導者の一人だった。ペテロはこの第一の手紙を筆記者であり書記であるシルワノ、別名シラス(《ギ》シルーアノス)の助けで書いたと証言している(5:12)。そのシルワノの滑らかな書き方、特に文学的あるいは正式なギリシヤ語の文体はこの手紙の中によく反映されている(⇒使15:22-29)。それに対して第二の手紙には、ペテロ自身のあまり洗練されていないギリシヤ語が見られる。ペテロの手紙第一の語調や、内容は私たちが知っているシモン・ペテロ(シモンは主イエスがペテロという名前を与えられる前の元の名前　マコ3:16)のものとよく調和している。主イエスの死(1:11, 19, 2:21-24, 3:18, 5:1)や復活(1:3, 21, 3:21)について触れている箇所は、主イエスの近くで過したペテロらしさがよく反映されている。また、主イエスが復活の後にガリラヤでペテロに現れたことにも間接的に触れているようである(2:25, 5:2, ⇒ヨハ21:15-23)。さらに、この手紙と使徒の働きに記録されているペテロの説教との間にも多くの類似点が見られる。

　ペテロはこの手紙を小アジヤのローマの各州に「散って寄留している」人々にあてて書いている(1:1)。その中のある人々は五旬節の日のペテロの説教に応答してキリストを受入れ、新しい信仰を持って自分の町に戻った人々だったと思われる(⇒使2:9-11, →「五旬節の日に集まった人々の出身地」の地図 p.1948)。この信仰者たちは「旅人であり寄留者である」(2:11)と言われているけれども、それはイエス・キリストに反感を持つこの世界ではキリスト者は旅をしている旅人であることを指している。したがって反対や迫害は当然起こる。まだ政府の支援はないものの(2:12-17)、反対運動が激しくなりつつある(4:12-16)小アジヤ(現在のトルコ)にいるキリスト者から報告を受けて、ペテロはそれに応えるためにこの手紙を書いたと思われる。

　ペテロは「バビロン」(5:13)から書いている。これは文字通りにメソポタミヤにあるバビロン(現在のイラク)として理解することも、あるいは神に逆らうように組織され最強の中心地になっていたローマを象徴的に表現しているとも理解することができる。ペテロはバビロンにある正統派のユダヤ人の大きな居留地を訪問したことがあったのかも知れない。けれどもここではむしろ文字通りのバビロンではなく、ペテロ、シルワノ(5:12)、マルコ(5:13)などとともにローマにいたと考えることができる(コロ4:10)。したがってこの手紙は60-63年にローマで書かれたと言うことができる。その後にローマの大火災(64年)が起こり、続いて皇帝ネロの下で迫害が起きて多くのキリスト者が虐殺された。

目　的

　ペテロはこの喜びに満ちた希望の手紙をキリスト者に書いて、地上の人生は永遠につながることを示した。そしてキリスト者であるために不信仰な環境の中で激しい反対や苦しみを受け始めている人々に実際的な指導をしている。ペテロは信仰者が政府の組織に対して不必要に敵意を持ったり反抗をしたりするべきではないと考えた。むしろ正しいことや真実なことのために苦しまれた主イエスの模範に無心に立派に従うべきだとしている(→「正しい人の苦しみ」の項 p.825)。

概　観

　ペテロの手紙第一はキリストに従う人々にいくつかのことを思い起こさせることから始まっている。(1) イエス・キリストとの関係を持った人々は栄光に満ちた目的と天の資産を持っている(1:2-5)。(2) この地上の人生で信仰と愛は困難や苦しみを通して試され鍛えられる。けれどもそれは主イエスが再び来られるときに賞賛と光栄と栄誉に変る(1:6-9)。(3) このすぐれた救いは旧約聖書の預言者によって預言されていた(1:10-12)。(4) キリスト者は周りの社会とははっきりと違う聖い生活をするべきである(1:13-21)。ペテロはまた、キリストに従う人々は選ばれ聖別された人(1:2)、神のことばの純粋な乳を必要とする乳飲み子(2:1-3)、霊の家に築き上げられる生ける石(2:4-10)、外国の地を通る旅人として(2:11-12)描いている。したがって地上の旅の間はあらゆる人々と関係を持ちながら立派に謙虚に生きなければならないのである(2:13-3:12)。

　ペテロの手紙第一にある最も重要なメッセージは、信仰的に従うこととキリストのために立派に苦しむことについてである。それは主イエスの模範に従うことである(2:18-24, 3:9-5:11)。ペテロは信仰者たちに、正しいことのために苦しむなら神の好意と報いを得ることができると保証した。キリストのために苦しむことについて教える中で、ペテロはさらに霊的な救い、希望、愛、喜び、信仰、聖さ、謙遜、神への恐れ、服従、従順など相互に関連する主題をも強調している。詳細　→「救いについての聖書用語」の項 p.2045,「聖書的希望」の項 p.943,「信仰と恵み」の項 p.2062,「聖化」の項 p.2405,「神への恐れ」の項 p.316

特　　徴

　この手紙には五つの大きな特徴がある。(1) その内容はヘブル人への手紙とヨハネの黙示録とともに、イエス・キリストに結び付いているために厳しい迫害に直面しようとしているキリスト者を中心に展開している。(2) ほかのどの新約聖書の手紙よりも、不当な迫害や苦しみに対してキリスト者としての対応の仕方を教えている (3:9-5:11)。(3) ペテロは信仰者が地上では旅人であり寄留者であるという真理を強調した (1:1, 2:11)。(4) 旧約聖書で神の民に使われた多くの称号が新約聖書の信仰者に当てはめられている (2:5, 9-10)。(5) 新約聖書で最も解釈しにくい箇所が一つある。それはいつ、どこで、どのようにして主イエスが「ノアの時代に・・・従わなかった」、「捕らわれの霊たちのところに行って、みことばを語られた」のかという箇所である (3:19-20)。

ペテロの手紙第一の通読

　新約聖書全体を１年間で通読するためには、ペテロの手紙第一を次のスケジュールに従って５日間で読まなければならない。
☐1:1-21 ☐1:22-2:25 ☐3 ☐4 ☐5

メ　　モ

1 ¹ イエス・キリストの使徒ペテロから、ポント、ガラテヤ、カパドキヤ、アジヤ、ビテニヤに散って寄留している、選ばれた人々、すなわち、
² 父なる神の予知に従い、御霊の聖めによって、イエス・キリストに従うように、またその血の注ぎかけを受けるように選ばれた人々へ。どうか、恵みと平安が、あなたがたの上にますます豊かにされますように。

生き生きとした希望のゆえに神を賛美する

³ 私たちの主イエス・キリストの父なる神がほめたたえられますように。神は、ご自分の大きなあわれみのゆえに、イエス・キリストが死者の中からよみがえられたことによって、私たちを新しく生まれさせて、生ける望みを持つようにしてくださいました。
⁴ また、朽ちることも汚れることも、消えて行くこともない資産を受け継ぐようにしてくださいました。これはあなたがたのために、天にたくわえられているのです。
⁵ あなたがたは、信仰により、神の御力によって守られており、終わりのときに現さ

1:1 寄留している、選ばれた人々 →2:11注, →ヘブ11:13, →「選びと予定」の項 p.2215

1:2 父なる神、・・・御霊、・・・イエス・キリスト ここには三位一体の三位格（三つの個別であるのに相互に関連しながら統一された位格の唯一のまことの神）全部が神の贖い（霊的な救いと回復）のご計画と人々を神との正しい従順な関係に引入れるご計画にかかわっておられることが描かれている（→マコ1:11注, →「神の属性」の項 p.1016, 「イエスと聖霊」の項 p.1809, 「聖霊の教理」の項 p.1970, 「救いについての聖書用語」の項 p.2045）。

1:2 神の予知 私たちは神の「予知」に従って神の民となるように「選ばれた」。これはすべてのことを知っておられる神が、御子イエスの働きを通して人々を霊的に救い、神との正しい関係に回復するご計画をどのように実行するかを常に知っておられたということである。このご計画は天地創造と人類の歴史が始まる前から既に進められていた（1:20, ⇒黙13:8）。

（1）これはだれが霊的に救われだれが永遠に罰せられるかを神が決めておられたという意味ではない。神は何でも知っておられるけれども、神を受入れて従うかどうかを選ぶ自由意思を私たちに与えてくださった。つまり神は私たちがどう選ぶかを知っておられるけれども、私たちに働きかけてそのように決定させるのではない。

（2）予知とはここに出ているように、神を個人的に知り神の目的に仕えるようになる人々を神が愛してご自分のために区別する神の至高の（最高で独立した）選択権の同意語（類似した意味のことば、代用語）である（→ロマ8:29注）。「人々」は教会全体（キリストの弟子たち全員 →エペ1:4, 2:4, Ⅰヨハ4:19）のことと考えられる。教会を神は愛し選ばれた。人類の歴史が始まる前から神は罪のための主イエスの犠牲を通して人々を贖い（買い取られて神との正しい関係に回復させられた）、その人々によって教会（神の目的が実現するように奉仕をする）をつくることを決めておられた。教会にいるのは、信仰と献身をもって自分の生涯をささげてキリストに応答する信仰者だけである。その人々はキリストに忠実に従い与えられたキリストの目的に沿って生き続ける限り神に選ばれているのである（→Ⅱペテ1:5注, 10注）。詳細 →「選びと予定」の項 p.2215

1:2 御霊の聖め キリスト者のきよめの生活の詳細 →「聖化」の項 p.2405

1:2 その血の注ぎかけ →ロマ3:25注, ヘブ9:14注, 10:4注

1:3 私たちを新しく生まれさせて →「新生－霊的誕生と刷新」の項 p.1874

1:5 信仰により、神の御力によって守られており ここには信仰者の霊的安全と保障について三つの真理が示されている。これは激しい迫害を受けているペテロの聴衆にとって特に適切なメッセージだった。

（1）信仰者たちは、その生活を破壊し信仰と霊的救いを奪おうとしているサタンの悪の力から「神の御力によって守られて」いる（Ⅱテモ4:18, ユダ1:1, 24, ⇒ロマ8:31-39）。

（2）神に守られるために必要な条件は「信仰」である（→「信仰と恵み」の項 p.2062）。私たちの人生にある神の特別な守りは、自動的に与えられたり偶然にあったりするものではない。信仰者がまず「信仰によって救われ」た（エペ2:8）のと同じように、神の守りも「信仰によって」働く。絶えず神の導きと守りを体験したいと願うなら、私たちは生き生きとした信仰（キリストに完全にゆだね人生の導きをまかせ、みこころを追い求めること）を保ち続けなければならない（1:9, ヨハ15:4,6, コロ1:23, Ⅱテモ3:14-15, 4:7, 黙3:8, 10）。

（3）信仰によって神に守られることの最高の目標は「救い」である。ここで言う救いとは単にキリストを受入れるという最初の決心ではなく、救いの将来の面（⇒ロマ1:16）、つまり天の資産（1:4）、「たましいの救い」（1:9）を受継ぐことである。

聖　　化

「父なる神の予知に従い、御霊の聖めによって、イエス・キリストに従うように、またその血の注ぎかけを受けるように選ばれた人々へ。どうか、恵みと平安が、あなたがたの上にますます豊かにされますように。」（ペテロの手紙第一1:2）

　聖化（《ギ》ハギアスモス）とは聖く（道徳的に純粋、霊的に健全、悪からの分離、神とその目的への献身）する、聖別する（分ける）、神に従わないこの世界のやり方や慣習から分離するという意味である。それは罪から離れて神と親しい交わりを持ち、神にしっかりと仕えるようになることである（→「**信者の霊的聖別**」の項p.2172）。具体的に聖化は霊的成長、発達、成熟の継続的過程のことで、その中で神は私たちを霊的に練り鍛えて神の目的のために備えさせ、ご計画の中に加えてくださる。

　(1)「聖なるものと」する（⇒Ⅰテサ5:23）ということばのほかに、聖化についての聖書的基準は次のようなことばで表現されている。それは「心を尽くし、思いを尽くし、知力を尽くして、あなたの神である主を愛せよ」（マタ22:37）、「聖く、責められるところのない」（Ⅰテサ3:13）、「聖きを全うし」（Ⅱコリ7:1）、「きよい心と正しい良心と偽りのない信仰とから出て来る愛」（1テモ1:5）、「純真で非難されるところがなく」（ピリ1:10）、「罪から解放され」（ロマ6:18）、「罪に対して死んだ」（ロマ6:2）、「義の奴隷としてささげて、聖潔に進み」（ロマ6:19）、「神の命令を守り」（Ⅰヨハ3:22）、「世に打ち勝った」（Ⅰヨハ5:4）などである。これらのことばはイエス・キリストを信じる信仰を通して、神の赦しと霊的救いを受入れた人々の中に働く聖霊の働きを描いている。その聖霊の働きは私たちを罪の束縛と力から解放し（ロマ6:1-19）、この世界の罪の様式と慣習から分離し（ロマ12:1-2）、私たちの性質をキリスト・イエスの品性に似たものに新しく造り変え（→Ⅱコリ5:17注）、私たちの中に御霊の実（結果、品性）を生み出し（ガラ5:16,22-23）、ほかの人々に影響を与えてキリストに導くような生活ができるようにさせるものである（ヨハ17:15-19, 23）。

　(2) 聖化のこれらの点は絶対的完成を意味するものではなく、道徳的に正しくなることで神と正しい関係を保ち、道徳的純潔や従順さ、非難されるところのない品性などに表れる神の原則に従って行動することである（ピリ2:14-15, コロ1:22, Ⅰテサ2:10, ⇒ルカ1:6）。キリスト者は神の助けと御霊の力により、またキリストの死と一つになることによって罪の力から解放されている（ロマ6:18）。したがってもはや罪の影響を受けて揺り動かされるべきではない（→ロマ6:11注）。救い主イエス・キリストによる霊的勝利の力が与えられているからである。この地上の生活では誘惑と罪を犯す可能性から完全に解放されるところまで到達できなくても、私たちは聖霊を通して神に逆らう誘惑を退け乗越えることはできるのである（Ⅰヨハ2:1, 3:6）。

　(3) 旧約聖書では聖化はイスラエルに対する神のみこころであり目的でもあった。イスラエル人は邪悪で堕落した周辺の民族の生活様式から分離し聖く聖別された生活をするべきだった（→出19:6注, レビ11:44注, 19:2注, Ⅱ歴29:5注）。それと同じように聖化はキリストの弟子たち全員に要求されている条件である。聖書は「聖くなければ、だれも主を見ることができません」と教えている（ヘブ12:14, →「**神の属性**」の項p.1016）。

　(4) 神の子どもたちは信仰と神に頼ること（使26:18）、キリストの死と復活と一つになること（ヨハ15:4-10, ロマ6:1-11, Ⅰコリ1:30, →ロマ6:6注, 10注, 11注）、キリストの流された血と犠牲によって（Ⅰヨハ1:7-9, →ロマ3:25注, ヘブ9:14注）神のことばを学び適用すること（ヨハ17:17）、心と思いの中に働き霊的に刷新し人生を変える聖霊の働きなどによって（エレ31:31-34, ロマ8:13, Ⅰコリ6:11, ピリ2:12-13, Ⅱテサ2:13）聖化を得ることができる。

　(5) 聖化は神の働きであるとともに神の民の働きでもある（ピリ2:12-13）。霊的成長、発達、成熟という神の目的が実現するためには、キリストの弟子たちは聖霊の聖化の働きに参加しなければならない。その

具体的方法は悪から離れ(ロマ6:1-2)、「いっさいの霊肉の汚れから自分をきよめ」(Ⅱコリ7:1, ⇒ロマ6:12, ガラ5:16-25)、この世界から道徳的に霊的に汚されないように自分を保つことである(ヤコ1:27, ⇒ロマ6:13, 19, 8:13, 12:1-2, 13:14, エペ4:31, 5:18, コロ3:5, 10, ヘブ6:1, ヤコ4:8, →「**キリスト者とこの世**」の項 p.2437)。

　(6) 新約聖書では聖化は少しずつ罪を捨て去るというゆるやかな過程としては描かれていない。むしろ信仰者が(神の恵みによって)サタンの支配から解放され神のために生きるために、罪(神に逆らい反対し挑戦するものや神の基準に達しないもの全部)とはっきり手を切る、明らかで決定的な行動として示されている(ロマ6:18, Ⅱコリ5:17, エペ2:4-6, コロ3:1-3)。けれども同時に、聖化はキリストの弟子たちが罪を犯そうとする生まれつきの衝動を殺し続け(ロマ8:1-17, →ロマ8:13注)、段階的に主イエスの姿に変えられ(Ⅱコリ3:18)、恵みの中で成長し(Ⅱペテ3:18)、神とほかの人々をさらに愛するようになり(マタ22:37-39, Ⅰヨハ4:7-8, 11, 20-21, →マコ12:30注)、神のみこころを実現する一生の過程であるとも描かれている。

　(7) 聖化には、キリストとの親密な個人的関係を保ち(→ヨハ15:4注)、ほかのキリスト者との交わりに加わり(エペ4:15-16)、祈りに専念し(マタ6:5-13, コロ4:2)、神のことばに従い(ヨハ17:17)、神の臨在と配慮に敏感になり(マタ6:25-34)、正しいことを愛して不正や悪を憎み(ヘブ1:9)、罪に対して死に(ロマ6:)、神の訓練に服従し(ヘブ12:5-11)、従い続け、御霊に満たされ力を受ける(ロマ8:14, エペ5:18)ことが必要である。

　(8) 聖化の中では時に、最初の霊的救いのあとで明らかな危機的体験、神との特別な出会いがある(⇒イザ6:1-8)。そのような場合、神の聖さ(純粋性、完全さ、悪からの分離)についての明らかな啓示を受け、特別な使命のために神が召しておられることを感じたりする人々がいる。その人々は、このことを通して罪と世俗的なものからさらに離れて神にさらに近付き、神の目的のためによりよく備えをしようと決意を新しくすることになる(Ⅱコリ6:16-18)。

　キリスト者は自分自身を神の栄光と目的のために生きた供え物としてささげ、そのことを意識しながら生活をするべきである。そうするなら、神に喜ばれる聖い生涯を生きるために必要な恵みときよさと力と勝利を聖霊から受けることができる(ロマ6:19-22, 12:1-2)。こうして罪びとが聖徒(聖い人)に変えられ、御子イエスの聖く傷のない花嫁(教会)になる(エペ5:25-27)。御父である神はこれを大いに喜んでくださる。

れるように用意されている救いをいただくのです。

6 そういうわけで、あなたがたは大いに喜んでいます。いまは、しばらくの間、さまざまの試練の中で、悲しまなければならないのですが、

7 あなたがたの信仰の試練は、火で精錬されつつも朽ちて行く金よりも尊く、イエス・キリストの現れのときに称賛と光栄と栄誉になることがわかります。

8 あなたがたはイエス・キリストを見たことはないけれども愛しており、いま見てはいないけれども信じており、ことばに尽くすことのできない、栄えに満ちた喜びにおどっています。

9 これは、信仰の結果である、たましいの救いを得ているからです。

5④圏 Ⅰコリ1:21,Ⅰテサ2:13
6①ロマ5:2,② Ⅰペテ5:10
③ヤコ1:2,圏 Ⅰペテ4:12
④Ⅰペテ3:17
7①ヤコ1:3
＊別訳「純粋さ」
①ヨブ23:10,詩66:10,
箴17:3,イザ48:10,
ゼカ13:9,マラ3:3,
団Ⅰコリ3:13
③Ⅰペテ1:13,
圏Ⅰペテ1:13,ルカ17:30
④団ロマ2:7,10,
Ⅱコリ4:17,ヘブ12:11
8①ヨハ20:29,団エペ3:19
9①ロマ6:22
＊異本「あなたがたの」を加える

10①Ⅰペテ1:10-12,
団マタ13:17,ルカ10:24
②Ⅰペテ1:13,団コロ3:4
③圏マタ26:24,
ルカ24:27,44
11①ロマ8:9,団Ⅱペテ1:21
②圏マタ26:24
＊別訳「いつ」

12①使2:2-4,② Ⅰペテ1:25,4:6,団ルカ2:14,エペ3:10,Ⅰテモ3:16

10 この救いについては、あなたがたに対する恵みについて預言した預言者たちも、熱心に尋ね、細かく調べました。

11 彼らは、自分たちのうちにおられるキリストの御霊が、キリストの苦難とそれに続く栄光を前もってあかしされたとき、だれを、また、どのような時をさして言われたのかを調べたのです。

12 彼らは、それらのことが、自分たちのためではなく、あなたがたのための奉仕であるとの啓示を受けました。そして今や、それらのことは、天から送られた聖霊によってあなたがたに福音を語った人々を通して、あなたがたに告げ知らされたのです。それは御使いたちもはっきり見たいと願っていることなのです。

1:7 あなたがたの信仰・・・がわかります この手紙では全体的に、キリストを信じる信仰と善を行ったために苦しむという主題が強調されている（2:19-23, 3:14-17, 4:1-4, 12-19, 5:10）。私たちは困難や試練の中でも喜ぶようにと励まされている（1:6）。なぜなら困難なときにもキリストに忠実であることによって信仰は洗練されるからである。キリスト者が「さまざまの試練の中で」（1:6）苦しむことは、火によって金が精錬され純化されていくのに似ているとペテロは描いている。けれどもキリスト者の信仰は金よりさらに高価で価値がある。なぜなら主が再び来られるときに、それは私たちと主の両方にとって称賛と光栄と栄誉になるからである。永遠にキリストとともにいるようになったとき、私たちは「今の時のいろいろの苦しみは、将来私たちに啓示されようとしている栄光に比べれば、取るに足りないもの」であることがわかるようになる（ロマ8:18、→「**正しい人の苦しみ**」の項 p.825）。

1:8 あなたがたは・・・見たことはないけれども愛しており 神は今日のキリスト者の信仰は復活の前やあとで実際の主イエスに会い話を聞いた人々の信仰よりも優れていると見ておられる。今のキリスト者は主イエスに会ったことはないのに愛して自分の人生をゆだねている。主イエスによれば、「見ずに信じる者」には特別な祝福がある（ヨハ20:29）。信仰によって生きるなら私たちは神の賜物として特別な喜びを受取ることができる（詩16:11、ヨハ16:24、ロマ15:13、ガラ5:22）。

1:11 自分たちのうちにおられるキリストの御霊 私たちの信仰は新約聖書の神のことばと旧約聖書の神のことばの両方を土台にしている。聖霊は、旧約聖書の預言者たちを通してキリストの苦しみとそれに続く栄光について預言された（創49:10、詩22:、イザ52:13-53:12、ダニ2:44、ゼカ9:9-10、13:7、⇒ルカ24:26-27、→Ⅱペテ1:21注、→「**旧約聖書のキリスト**」の項 p.611）。聖霊は預言者を通してキリストのことを話し、キリストから送られて来たので「キリストの御霊」と呼ばれている（1:11-12、⇒ヨハ16:7、20:22、使2:33）。実際に今日キリストの真理を明らかにし、キリストの栄光を現し続けるのは聖霊が行われる重要な働きの一つである（ヨハ16:14、→「**イエスと聖霊**」の項 p.1809、「**聖霊の働き**」の表 p.2187）。

1:12 聖霊によって・・・語った 旧約聖書の預言者たちを導き、霊感を与えてキリストが苦しみと栄光を成就されることを啓示された聖霊は（1:11）、新約聖書の人々にも霊感を与えキリストの真理と教えを伝えるようにされた。したがってキリストのメッセージとみことばは人から出たものではなく、神から出たものである（→「**聖書の霊感と権威**」の項 p.2323）。五旬節の日に福音（「よい知らせ」、キリストのことば、ペテロはその日数千人に伝えた 使2:14-36）の真理に霊感を与えた御霊は、そのメッセージを伝えるためにキリストの弟子たち全員に力を与え始められた（使1:8、2:4）。旧約聖書の預言者がキリストについて伝えたことの概要 →「**キリストによって成就した旧約聖書の預言**」の表 p.1029

1:12 御使いたちもはっきり見たいと願っている 「見たい」と訳されたギリシヤ語は直訳すると「かがんでのぞきこむ」（⇒ヨハ20:5, 11）という意味で、御使

聖くなりなさい

13 ですから、あなたがたは、心を引き締め、身を慎み、イエス・キリストの現れのときあなたがたにもたらされる恵みを、ひたすら待ち望みなさい。14 従順な子どもとなり、以前あなたがたが無知であったときのさまざまな欲望に従わず、15 あなたがたを召してくださった聖なる方にならって、あなたがた自身も、あらゆる行いにおいて聖なるものとされなさい。16 それは、「わたしが聖であるから、あなたがたも、聖でなければならない」と書いてあるからです。

17 また、人をそれぞれのわざに従って公平にさばかれる方を父と呼んでいるのなら、あなたがたが地上にしばらくとどまっている間の時を、恐れかしこんで過ごしなさい。18 ご承知のように、あなたがたが父祖伝来のむなしい生き方から贖い出されたのは、銀や金のような朽ちる物にはよらず、19 傷もなく汚れもない小羊のようなキリストの、尊い血によったのです。20 キリストは、世の始まる前から知られていましたが、この終わりの時に、あなたがたのために、現れてくださいました。21 あなたがたは、死者の中からこのキリス

いたちの関心や熱意を反映している。 →「御使いたちと主の使い」の項 p.405

1:13 あなたがたは、心を引き締め 聖さを扱っているこの長い部分(1:13-2:10)は心を引締めるようにということばから始まっている。1世紀の時代にこの手紙を受取った人々はこのことばから、自分たちのよそ行きの服を脱いで運動をする準備にとりかかるという情景を考えたと思われる。これは大変意味深い。なぜなら多くの人は聖さとは受動的なことで困難なものを避けようとする態度であると考えているからである。聖さは確かに人生の多くの分野で個人的に抑制したり「身を慎」むことであるけれども、積極的に行動することも含まれている。聖いことは不信仰から離れることであるけれども同時に、それぞれの人生に対する神の最高の目的を達成するために、積極的にそして自由に行動するという意味でもある(→1:16注, ヘブ12:14注)。

1:14 従わず →ロマ12:2注

1:16 聖でなければならない 神は聖である。神が聖い方なら神の民もそうでなければならない。神が聖いということは、神が絶対的に純粋であり完全で完璧で悪から分離していることを指している。神の民が聖いと言うときは、道徳的に純粋で霊的に健全でこの世界の不信仰な生き方から離れ、神を愛して仕え礼拝をするように区別されていることを意味している(→レビ11:44注)。その目標は心を引き締めて(→1:13注)神への奉仕に役立つものになることである(⇒Ⅱテモ2:20-21)。聖は悪を避けることだけではなく、信仰深くなることでもある(→ヘブ12:14注)。聖はキリストに従うように召された私たちが目指すべき目標である(エペ1:4)。それは神に似た者になることであり完全に神に献身すること(神に喜ばれるように生きること

ロマ12:1, エペ1:4, 2:10, Ⅰヨハ3:2-3)である。私たちは聖霊の聖化(汚れを除き磨きをかけ啓発し分離すること)の働き(1:2)、私たちを罪の力から解放するキリストの犠牲の力(ロマ6:)、神のかたちに造り変えられること(コロ3:10)、神に従いみことばによって生きるようにさせる神の恵みの賜物によって聖くされたのである(ガラ5:16, 22-23, 25, テト3:5, Ⅱペテ1:9)。人生の生き方としての聖の詳細 →「聖化」の項 p.2405

1:17 さばかれる方 →「さばき」の項 p.2167

1:17 恐れかしこんで →使5:11注, 9:31注, ロマ3:18注, ピリ2:12注, →「神への恐れ」の項 p.316

1:18 贖い出された 「贖われた」とは基本的に、買い取られた、代価を支払って買い戻した、または解放されたという意味である。主イエスは、罪(神に逆らう勝手な道)のために受けなければならない死の刑罰から私たちを救うために、ご自分のいのちという最高の代価を支払ってくださった(1:19)。その意味からすると、贖われるとはサタンと罪の力から解放され、キリストを信じる信仰によって神との正しい関係に回復されるということでもある。 →「救いについての聖書用語」の項 p.2045

1:19 キリストの、尊い血 信仰者の贖い(霊的な救い、罪の奴隷からの解放、神との正しい関係の回復⇒エペ1:7, →ロマ3:25注, ヘブ9:14注)を確実にするのは、キリストの犠牲的な死であるということを神のことばははっきりと伝えている。

1:20 世の始まる前から知られていました 霊的な救いという神のご計画はあとからの思い付きではないし、最初の人間が神に背いて救いが必要になり神との関係が回復される必要が出てきたときに神の心に浮かんだことでもない。神のご計画は天地創造の前、人類

トをよみがえらせて彼に栄光を与えられた神を、キリストによって信じる人々です。このようにして、あなたがたの信仰と希望は神にかかっているのです。

²²あなたがたは、真理に従うことによって、たましいを清め、偽りのない兄弟愛を抱くようになったのですから、互いに心から熱く愛し合いなさい。

²³あなたがたが新しく生まれたのは、朽ちる種からではなく、朽ちない種からであり、生ける、いつまでも変わることのない、神のことばによるのです。

²⁴「人はみな草のようで、
　　その栄えは、みな草の花のようだ。
　　草はしおれ、
　　花は散る。
²⁵しかし、主のことばは、

21 ①ヘブ2:9, 訳Ⅰテモ3:16,
　　ヨハ17:5, 24
　②訳ロマ4:24, 10:9
　③訳Ⅰペテ1:3
22 ①訳Ⅰペテ1:2
　②訳ヤコ4:8
　③訳ヨハ13:34,
　　ロマ12:10
　＊異本「きよい心から」
23 ①訳Ⅰペテ1:3,
　　訳ヨハ3:3, ②ヨハ1:13
　②訳ヤコ4:12
24 ①イザ40:6以下,
　　訳ヤコ1:10, 11

25 ①ヘブ6:5

1 ①訳ヤコ4:11
2 ①訳エペ4:22, 25, 31,
　　ヤコ1:21
2 ①訳マタ18:3, 19:14等
　②訳Ⅰコリ3:2
　＊別訳「霊的な」
　③訳エペ4:15, 16
3 ①訳詩34:8, テト3:4
4 ①訳ヘブ6:5
4 ①Ⅰペテ2:7
5 ①訳Ⅰコリ3:9
2 ①訳Ⅰテモ3:15,
　　訳ガラ6:10

とこしえに変わることがない。」
とあるからです。あなたがたに宣べ伝えられた福音のことばがこれです。

2 ¹ですから、あなたがたは、すべての悪意、すべてのごまかし、いろいろな偽善やねたみ、すべての悪口を捨てて、²生まれたばかりの乳飲み子のように、純粋な、＊みことばの乳を慕い求めなさい。それによって成長し、救いを得るためです。³あなたがたはすでに、主がいつくしみ深い方であることを味わっているのです。

生ける石と選ばれた民

⁴主のもとに来なさい。主は、人には捨てられたが、神の目には、選ばれた、尊い、生ける石です。

⁵あなたがたも生ける石として、霊の家に

の歴史が始まる前からできていた(⇒黙13:8)。「知られていました」と訳されていることばは、神の予知を意味している(→1:2)。神は人類を創造し自由意思(神を愛し従い礼拝するかどうかを選ぶ能力)を与えられたときから、人間はきっと自分勝手な道を進んで神に逆らうようになることを知っておられた。それで神は、人々を罪の最終結果(霊的死と神からの永遠の分離)から助け出して神との正しい関係に回復するご計画を既に作っておられた。そのご計画は、罪が要求する極刑から守るために神ご自身が犠牲を払うというものだった。霊的救いの完璧な方法を提供できるのは神だけである。それを神は御子イエス・キリストを通して行われたのである。人類の歴史の適切な時(⇒ロマ5:6, ガラ4:4, ヘブ9:26)に神はキリストを信じる信仰による罪の赦し、新しいいのち、神との永遠の関係という完全なご計画を、キリストをこの世界に送って完成してくださった。

1:22　互いに心から熱く愛し合いなさい　→ヨハ13:34注, 35注, ロマ12:10注

1:25　主のことばは、とこしえに変わることがない　ペテロはイザヤ40:6-8を引用しているけれども、それは人間の栄光と功績(文化、科学、哲学など)はみな地球そのものと同じように一時的で定まりがないことを示している。これらのものはやがて過去ってしまう(⇒詩90:5-10, ヤコ4:13-17)。けれども神のことばは永遠に変らない。人間の業績と社会の中に広まっている基準はみなその背後にある重要性や価値、動機などとともに聖書によって評価され判断されなければならない。聖書がそれらのものによって判断

されるのではない。神のことばの道徳上の絶対性(あらゆる時代のあらゆる情況の中のあらゆる人々に適用される基準と原則)は、今日の相対主義(真理や正義の基準は多様で人や情況によって異なるという考え)が崩壊し自滅してもいつまでも存在する。自分の時代の知的道徳傾向に合せて神のことばを曲げようとする人々は、「生ける、いつまでも変わることのない、神のことば」(1:23)に背いている。　→「**神のことば**」の項 p.1213

2:2　純粋な、みことばの乳を慕い求めなさい　新しくキリスト者になった人々(神を長い間知っている人々も)は、神のことばの純粋な栄養を求める霊的な食欲や飢え渇きを失ってはならない。みことばは私たちのいのちの源である(⇒1:23-25)。霊的に健康であるかどうかを示す確かなしるしは、生きていて変ることのない神のことばによって養われたいという強い願いがあるかどうかである。したがって私たちは、間違った態度(2:1)や「この世の心づかいや、富や、快楽によってふさがれて」(ルカ8:14, →マタ5:6注, Ⅰコリ15:2注)神のことばへの飢え渇きを失わないように警戒しなければならない。神のことばとともに時間を過すことによって、私たちは霊的な乳飲み子や幼子のままでいることなく、「成長し、救いを得る」(2:2)ことができるようになる。

2:4　人には捨てられたが・・・生ける石　その生きている石はいのちを与える方である。捨てられた石としてのキリストについて　→詩118:22-23注, マコ12:10注

築き上げられなさい。そして、聖なる祭司として、イエス・キリストを通して、神に喜ばれる霊のいけにえをささげなさい。

6 なぜなら、聖書にこうあるからです。
「見よ。わたしはシオンに、選ばれた石、
　尊い礎石を置く。
彼に信頼する者は、
　決して失望させられることがない。」

7 したがって、より頼んでいるあなたがたには尊いものですが、より頼んでいない人々にとっては、「家を建てる者たちが捨てた石、それが礎の石となった」のであって、

8 「つまずきの石、妨げの岩」なのです。彼らがつまずくのは、みことばに従わないからですが、またそうなるように定められていたのです。

9 しかし、あなたがたは、選ばれた種族、王である祭司、聖なる国民、神の所有とされた民です。それは、あなたがたを、やみの中から、ご自分の驚くべき光の中に招いてくださった方のすばらしいみわざを、あなたがたが宣べ伝えるためなのです。

10 あなたがたは、以前は神の民ではなかったのに、今は神の民であり、以前はあわれみを受けない者であったのに、今はあわれみを受けた者です。

11 愛する者たちよ。あなたがたにお勧めします。旅人であり寄留者であるあなたが

2:5 聖なる祭司 旧約聖書では祭司になることができるのは少数の資格のある人々(イスラエルのレビ族出身のアロンの子孫だけ)に限定されていた。その働きは特別で、神の民のために神にいけにえをささげ、神と神の民が交流できるようにすることだった(出28:1, Ⅱ歴29:11)。けれども今はキリスト者がみな、イエス・キリストを通して神の前で祭司とされている(黙1:6, 5:10, 20:6)。信仰者はみな祭司であるということは次のことを意味している。

(1) キリストを通して神に直接近付くことができる(3:18, ヨハ14:6, エペ2:18)。

(2) 聖い生活をしなければならない(2:5, 9, 1:14-17, →1:16注)。

(3) 神に対して「霊のいけにえをささげ」なければならない。それは、(a) 神に従って生きることであり、この世の生き方に合せることを拒むこと(ロマ12:1-2)、(b) 神に祈り神を賛美し(詩50:14, ヘブ13:15, →「賛美」の項 p.891)、(c) 心から積極的に神に仕え(Ⅰ歴28:9, エペ5:1-2, ピリ2:17)、(d) 良い行いを行い(ヘブ13:16)、(e) 持物を分け与え(ロマ12:13, ピリ4:18)、(f) 自分のからだを義の器として神にささげる(神の標準、計画、目的に従って正しいことを行う ロマ6:13, 19)ことである。

(4) 互いに、またあらゆる人々のためにとりなし(ほかの人々の必要や問題のために祈る)をするべきである(コロ4:12, Ⅰテモ2:1, 黙8:3, →「とりなし」の項 p.1454)。

(5) 神のことばを弁明し、キリストのメッセージを広めて人々にその効果が現れるように祈る責任がある(2:9, 3:15, 使4:31, Ⅰコリ14:26, Ⅱテサ3:1)。

2:8 妨げの岩 キリストを受入れ人生を明け渡し、キリストの原則と目的の上に人生の基礎を置く人は「生ける石」のようで、神の「霊の家」に築き上げられる(2:5)。けれどもキリストを拒む人はその真理と基準につまずき転んで、ついにはさばきを受けて壊されつぶされてしまう(→ルカ20:18注, ⇒イザ8:14, ルカ2:34, →「キリストによって成就した旧約聖書の預言」の表 p.1029)。これは神がある人々を滅びるように定めているという意味ではない。自由意思によって不信仰を選べば結果として永遠の滅びに定められるのである。

2:9 聖なる国民 ちょうどイスラエル人が旧約聖書の中で神の選ばれた民と呼ばれたように、今日ではキリストに従う人々がみな選ばれた人と言うことができる(→1:2神の予知の注)。信仰者はみな(「教会」全体)神と神の国の目的のために区別されている(⇒使20:28, テト2:14)。したがって「聖なる国民」として神の栄光を反映し、救いのメッセージを広めて神をほめたたえ賛美をささげるようにするべきである(→出19:6注, イザ42:1注)。

2:11 旅人であり寄留者である キリストの弟子である私たちは、神ご自身につながるものとしてこの世界の堕落した道から離れなければならない。私たちはキリストの国につながる者で、「この世のものではありません」(ヨハ18:36)。私たちは周りの社会の破壊的なにせの影響力に共鳴したり降参したりするべきではない。今私たちが住んでいる所は自分の国ではない。「さらにすぐれた故郷」(ヘブ11:16)に向かって通り過ぎているだけである。私たちの本当の国籍はキリストとともに天にある(⇒ピリ3:20, ヘブ11:9-16)。したがって私たちはこの世のやり方や慣習に合せるべきではない(ロマ12:2)。→「罪の性質の行いと御霊の実」の項 p.2208

Ⅰペテロ　2章

たは、たましいに戦いをいどむ肉の欲を遠ざけなさい。
12 異邦人の中にあって、りっぱにふるまいなさい。そうすれば、彼らは、何かのことであなたがたを悪人呼ばわりしていても、あなたがたのそのりっぱな行いを見て、おとずれの日に神をほめたたえるようになります。

支配者と主人への服従

13 人の立てたすべての制度に、主のゆえに従いなさい。それが主権者である王であっても、14 また、悪を行う者を罰し、善を行う者をほめるように王から遣わされた総督であっても、そうしなさい。*
15 というのは、善を行って、愚かな人々の無知の口を封じることは、神のみこころだからです。
16 あなたがたは自由人として行動しなさい。その自由を、悪の口実に用いないで、神の奴隷として用いなさい。
17 すべての人を敬いなさい。兄弟たちを愛し、神を恐れ、王を尊びなさい。
18 しもべたちよ。尊敬の心を込めて主人に服従しなさい。善良で優しい主人に対してだけでなく、横暴な主人に対しても従いなさい。
19 人がもし、不当な苦しみを受けながらも、神の前における良心のゆえに、悲しみをこらえるなら、それは喜ばれることです。
20 罪を犯したために打ちたたかれて、それを耐え忍んだからといって、何の誉れになるでしょう。けれども、善を行っていて苦しみを受け、それを耐え忍ぶとしたら、それは、神に喜ばれることです。
21 あなたがたが召されたのは、実にそのためです。キリストも、あなたがたのために苦しみを受け、その足跡に従うようにと、

2:12 異邦人の中にあって、りっぱにふるまいなさい　キリスト者としての私たちの生活は、キリストに従っていないこの世界の人々とは明らかに違わなければならない(→ピリ2:15注)。私たちが目指すのは違いを示すために違うようにするとか、社会から孤立することではない。むしろ私たちは、キリストの品性を反映し霊的に暗いところにキリストの光を輝かせることを目指すのである(→マタ5:14-16注,⇒テト2:8)。ほとんどの人は、満足や人生の意義を今も探し求めている。神にしかない確実な平安と目的を私たちが反映できるなら、人々はそれに気付くに違いない。そしてある人々はキリストが言っておられることを自分のこととして考えるようになる。ある人々は私たちを拒んだり攻撃したりするかもしれない。けれども時にはキリスト者に最もつらく当たる人が、真実で生きる価値があり死ぬ価値がある何かを最も熱心に探している。そこでキリスト者が持っているものが本当にしがみつく価値があるかどうかを見定めるために試すのである。私たちはそのような人々を特別に親切に扱い、キリストに従うことは人生の何ものにも代えがたいということを示すべきである。

2:13 すべての制度に・・・従いなさい　→ロマ13:1注

2:16 その自由を、悪の口実に用いないで　→Ⅱコリ3:17注, →ロマ6:22, →ガラ5:1-13

2:18 しもべたちよ　→コロ3:22注, 23注, →テト2:9-10注, →ピレ1:12注, 16注, →ピレ緒論

2:21 キリストも・・・苦しみを受け、その足跡に従うように　イエス・キリストは良いことをしたために苦しみを受けた最も顕著な例である。その模範に従おうとする人にとって、苦しみは救い主と一つになる絶好の機会である。そしてキリストとその福音を広めるために苦しむことは、どの信仰者にとっても最高の名誉であり特権であることがわかってくる(→マタ5:10注)。キリストに従う人々にとって、良いことを行って苦しむことはキリストと使徒たち(キリストの福音を伝え新約聖書の教会を建上げるためにキリストが権威を与えて最初に送り出した人々)の模範に従うことである(イザ53:, マタ16:21, 20:28, 使9:16注, ヘブ5:8)。

　(1) キリスト者は苦しむことに備えなければならない(4:1, Ⅱコリ11:23-29)。特にキリストの苦しみにあずかるために備えていなければならない(4:13, Ⅱコリ1:5, ピリ3:10)。神に奉仕をするなら、困難や苦しみは奉仕の一部であると考えるべきである(Ⅱコリ4:10-12, ⇒Ⅰコリ11:1)。

　(2) キリストのために苦しむことは、「神のみこころに従って」(4:19)、神の「名のために」(使9:16)、「福音のために」(Ⅱテモ1:8)、「義のために」(3:14)、「神の国のため」(Ⅱテサ1:5)に苦しむことである。

　(3) キリストのために苦しむことは、霊的に成熟し(ヘブ2:10)、神の祝福を受け(4:14)、ほかの人々

あなたがたに模範を残されました。²²キリストは罪を犯したことがなく、その口に何の偽りも見いだされませんでした。²³ののしられても、ののしり返さず、苦しめられても、おどすことをせず、正しくさばかれる方にお任せになりました。²⁴そして自分から十字架の上で、私たちの罪をその身に負われました。それは、私たちが罪を離れ、義のために生きるためです。キリストの打ち傷のゆえに、あなたがたは、いやされたのです。²⁵あなたがたは、羊のようにさまよっていましたが、今は、自分のたましいの牧者であり監督者である方のもとに帰ったのです。

22①イザ53:9, Ⅱコリ5:21
23①Ⅰペテ3:9, イザ53:7,
　圀ヘブ12:3
24①圀使5:30
　＊あるいは「十字架に至るまで」
　②イザ53:4, 11,
　圀Ⅰコリ15:3, ヘブ9:28
　圀ロマ6:2,
　圀ロマ6:13
　④イザ53:5
　⑤圀イザ53:6, ヤコ5:21
25①圀イザ53:6
　②圀ヨハ10:11,
　　Ⅰペテ5:4

1①圀Ⅰペテ2:18, 3:7
　②圀エペ5:22
　③圀Ⅰコリ9:19
3①Ⅰテモ2:9,
　圀Ⅰテモ3:18以下
4①圀ロマ7:22

妻たちと夫たち

3 ¹同じように、妻たちよ。自分の夫に服従しなさい。たとい、みことばに従わない夫であっても、妻の無言のふるまいによって、神のものとされるようになるためです。²それは、あなたがたの、神を恐れかしこむ清い生き方を彼らが見るからです。³あなたがたは、髪を編んだり、金の飾りをつけたり、着物を着飾るような外面的なものでなく、⁴むしろ、柔和で穏やかな霊という朽ちることのないものを持つ、心の中の隠れた人がらを飾りにしなさい。これこそ、神の御前に価値あるものです。

に近付き仕える（Ⅱコリ4:10-12）道である。キリストの苦しみにあずかることはキリストの栄光にあずかる準備である（ロマ8:17-18）。その意味では、良いことを行って苦しむことは神からの高価な贈り物と考えるべきである（2:19, ピリ1:29）。

（4）キリストのために生きその福音を伝える中で、私たちはわざと困難を探したり最も困難な道を求めたりするべきではない。けれども私たちは、キリストに献身して歩む人にも困難がやって来ることを理解し、苦しみに耐える備えをしていなければならない（→「正しい人の苦しみ」の項 p.825）。

2:24 私たちの罪をその身に負われました キリストは苦しんで死なれたけれども、それはただ愛と苦しみの模範を示されただけではなく、私たちの代りに私たちの罪の代価を支払われたのである（⇒イザ53:4, 11-12）。私たちは神に逆らったので死ななければならなかった。けれどもキリストは十字架の上でご自分のいのちを捨てて私たちの代りに罪の罰を受け、その罰を既に支払ってくださったのである（→3:18, ヨハ1:29, ヘブ9:28, 10:10, →「贖いの日」の項 p.223）。私たちのために死なれた目的は、「私たちが罪を離れ」るためだった（2:24, ⇒ロマ6:1-18）。つまり私たちが罪の意識と支配から解放され、それらのものに応答しなくなることである（→ロマ6:11注）。キリストは死ぬことによって、私たちが神に立返り神との正しい関係を受取ることができるように道を開かれた（ロマ3:24-26）。さらにキリストの犠牲によって、私たちには神に従い神の基準に照らして正しいことを行えるように恵み（受けるにふさわしくない好意、愛、能力）が与えられる（ロマ6:2-3, Ⅱコリ5:15, ガラ2:20）。ペテロは救い（そのすべての祝福とともに）について

「いやされた」ということばを使っている。それはキリストの犠牲によって霊的、肉体的、感情的に、また私たちに必要なあらゆる領域で、解放と回復が完全に与えられるからである（⇒イザ53:5, マタ8:16-17）。

3:1 夫・・・神のものとされるようになる ペテロはキリスト者の妻たちに、夫がキリストを受入れるようになるためにはどのように振舞うべきかを教えている。それは、（1）神が家庭の中のリーダーとしての役割を夫に与えられたことを認め、それを果すことができるように助けながら夫に従う（夫のために自分の権利を明け渡すこと）こと（→エペ5:22注）、（2）優しい穏やかな霊を持ち、純真に尊敬をもって振舞うこと（3:2-4, →Ⅰテモ2:13注, 15注）、（3）ことばよりも振舞いによって夫がキリストを受入れて従うように影響を与えるようにすること、などである。

3:3-4 心の中の隠れた人がらを飾りにしなさい 女性の本当の美しさは外見によるのではない。高価な宝石や流行の服装は、ほかの人々には強く印象づけるかもしれないけれども神にはそうではない。実際にそのようなものを優先させ極端に走ると、慎み深さ（謙虚さときよさの両方で）という神の基準に反することになる（→Ⅰテモ2:9注）。

（1）本当の美しさは、内面の美と「柔和で穏やかな霊」といういつまでも変らない魅力にある。それは主イエスの模範にならうことであり、神も喜んでくださるものである（⇒マタ11:29, 21:5）。（a）「柔和で」という形容詞は謙虚で控えめな性格のことで、絶えずほかの人々のことを考え、ほかの人々のためには自分のことを後回しにする姿勢を意味している（⇒マタ5:5, Ⅱコリ10:1, ガラ5:23, →ピリ2:3注, 5注）。（b）「穏やかな」という形容詞は、反抗的な態度や人を混乱さ

5 むかし神に望みを置いた敬虔な婦人たちも、このように自分を飾って、夫に従ったのです。
6 たとえばサラも、アブラハムを主と呼んで彼に従いました。あなたがたも、どんなことをも恐れないで善を行えば、サラの子となるのです。
7 同じように、夫たちよ。妻が女性であって、自分よりも弱い器だということをわきまえて妻とともに生活し、いのちの恵みをともに受け継ぐ者として尊敬しなさい。それは、あなたがたの祈りが妨げられないためです。

キリスト者の行動
8 最後に申します。あなたがたはみな、心を一つにし、同情し合い、兄弟愛を示し、あわれみ深く、謙遜でありなさい。
9 悪をもって悪に報いず、侮辱をもって侮辱に報いず、かえって祝福を与えなさい。あなたがたは祝福を受け継ぐために召され

5 ①圏 I テモ5:5, 圏 I ペテ1:3
6 ①圏 創18:12 ②圏 I ペテ3:14
7 ①圏 エペ5:25, コロ3:19 ②圏 I テサ4:4
8 ①圏 ロマ12:16 ②圏 I ペテ1:22 ③圏 エペ4:32 ④圏 I ペテ4:2, ピリ2:3, I ペテ5:5
9 ①圏 ロマ12:17, I テサ5:15 ②圏 I ペテ2:23, 圏 I コリ4:12 ③圏 ルカ6:28, ロマ12:14, I コリ4:12 ④圏 I ペテ2:21 ⑤圏 ガラ3:14, ヘブ6:14, 圏 ヘブ12:17

10 ①圏 詩34:12-16
13 ①圏 箴16:7
14 ①圏 I ペテ2:19以下, 4:15, 16 ②圏 ヤコ5:11 ③圏 イザ8:12, 13, 圏 I ペテ3:6
15 ①圏 I ペテ1:3

たのだからです。
10 「いのちを愛し、
  幸いな日々を過ごしたいと思う者は、
  舌を押さえて悪を言わず、
  くちびるを閉ざして偽りを語らず、
11 悪から遠ざかって善を行い、
  平和を求めてこれを追い求めよ。
12 主の目は義人の上に注がれ、
  主の耳は彼らの祈りに傾けられる。
  しかし主の顔は、
  悪を行う者に立ち向かう。」

良いことを行って苦しむこと
13 もし、あなたがたが善に熱心であるなら、だれがあなたがたに害を加えるでしょう。
14 いや、たとい義のために苦しむことがあるにしても、それは幸いなことです。彼らの脅かしを恐れたり、それによって心を動揺させたりしてはいけません。
15 むしろ、心の中でキリストを主としてあがめなさい。そして、あなたがたのうちに

せる振舞とは逆のことである。つまり神は外側に現れる行動が内面の性格を表すものであってほしいと願っておられるということで、神はそれを最も大切なことと見なされるのである。

(2) キリスト者である妻たちは、キリストとみことば、夫や家族に忠実でなければならない。そのような忠誠心は物質主義や自己主張、誘惑的な服装や性の妄想、家庭や家族の価値の軽視などが支配するこの世界の中で試されている。

3:7 夫たちよ ペテロは夫たちが妻との関係で気をつけるべき四つのことを挙げている。

(1) 夫は神のことばが示しているように妻に対して思いやりと理解を示し、いつも自分を犠牲にしてキリストのような愛を示すべきである(エペ5:25-33, コロ3:19, →エペ5:21注)。

(2) 夫は妻を、神の恵み深い救いと永遠のいのちという資産をともに受継ぐ者として尊敬をするべきである。夫は妻を敬い妻の必要を満たし妻を守るべきである。「自分よりも弱い」とは女性の肉体的な力を指していると思われるけれども、夫は妻が持っている可能性を神のために最大限生かすことができるように助けなければならない。

(3) 夫は自分の興味や関心を差し置いてでも妻や家族の益になることを求めなければならない。妻をほめ大切にしなければならない。そうすれば妻も夫を愛

し、自分たちの結婚生活や家族に与えられた神の目的をともに実現できるようになる(3:1-6, →エペ5:23注)。

(4) 夫は絶対に妻を虐待したり、どんな方法であっても(肉体的、感情的、霊的)不適切な扱いをしたりしてはならない。ペテロはまた、思いやりをもって妻と生活し神の子どもとしてふさわしい尊敬を払おうとしない夫は、自分と神との間に障壁を作ってしまい、祈りと神との関係を損なうことになると教えている(⇒コロ3:19)。

3:7 あなたがたの祈りが妨げられないためです 夫婦の間に不一致や争いがあるなら、互いの関係に影響するだけではなく、それぞれの神との関係にも影響する。特に祈りの生活が損なわれ、日常の必要なものを神からいただくこともできなくなる。家庭の中に平和を保つ責任は、主に夫に与えられていることに注意しなければならない。

3:10 いのちを愛し、幸いな日々を過ごしたい ペテロは詩篇34:12-16を引用して、ことばと行いにおいて悪を避け平和を追い求める人は、(1) 神の祝福と好意に満ちた人生、(2) 神の特別な配慮と臨在(3:12)、(3) 祈りに対する神の応え(⇒ヤコ5:16, I ヨハ3:21-22)を体験すると強調している。

3:15 心の中でキリストを主としてあがめなさい ペテロは心の中でキリストを主とあがめ、自分をささ

ある希望について説明を求める人には、だれにでもいつでも弁明できる用意をしていなさい。

16 ただし、優しく、慎み恐れて、また、正しい良心をもって弁明しなさい。そうすれば、キリストにあるあなたがたの正しい生き方をののしる人たちが、あなたがたをそしったことで恥じ入るでしょう。

17 もし、神のみこころなら、善を行って苦しみを受けるのが、悪を行って苦しみを受けるよりよいのです。

18 キリストも一度罪のために死なれました。正しい方が悪い人々の身代わりとなったのです。それは、肉においては死に渡され、霊においては生かされて、私たちを神のみもとに導くためでした。

19 その霊において、キリストは捕らわれの霊たちのところに行って、みことばを語られたのです。

20 昔、ノアの時代に、箱舟が造られていた

15 ②Ⅰペテ1:3, ③囲コロ4:6
16 ①囲Ⅱテモ2:25
   ②囲Ⅰペテ1:17, *あるいは「恐れをもって」, ③Ⅰペテ3:21, Ⅰテモ1:5, ヘブ13:18, 囲Ⅰペテ2:12, 15
17 ②Ⅰペテ2:20, 4:15, 16
   ②囲Ⅰペテ1:6, 2:15, 4:19, 囲使18:21
18 ①囲Ⅰペテ2:21, ヘブ9:26, 28, Ⅰペテ4:1, コロ1:22, ④Ⅰペテ4:6 *あるいは「御霊によって」囲ロマ5:2, エペ3:12
19 ①Ⅰペテ4:6
20 ②囲ヘブ11:7

げて主に頼り、いつもほかの人々にキリストのことを話し自分の信仰について説明できるように備えているようにと勧めている(⇒イザ8:13)。これはキリストのために正しくあかしをし、人々をキリストに導くためにはキリストとみことばを知らなければならないということである(⇒ヨハ4:4-26, →使13:31注)。

3:15　いつでも弁明できる用意をしていなさい
(1)「用意をして」と訳されていることば(《ギ》ヘトイモス)は、「準備ができている、異存がない、備わっている」という意味で、しっかりとして安定し確実で永続する状態を意味するヘブル語の「クン」に似ている。それはやって来るどんな挑戦に対しても絶えず対応できる状態になっていることを意味している。聖書の中にあるこれと同じ意味のギリシヤ語とヘブル語には、「迅速に、直ちに、敏感に」という意味も含まれている。キリストが行ってくださったことをあかしするときに「恐れたり、それによって心を動揺させたりしてはいけません」(3:14)と励ましたペテロのことばにこれらの意味は全部結び付いている。

(2) 私たちはキリストにある希望について説明する用意がいつもできていなければならない。それは、人々には希望が必要で、主イエスについて聞く用意がある人にいつ出会うかしれないからである。もし私たちが希望のある、そして良い意味で人々とは違った生き方や行動や会話をしているなら、人々はそれについてある時点で話しかけてくるに違いない。疑い深く、信仰のことでいつも悩ませるような人も質問をしてくるかもしれない。したがって私たちは次のような備えをしておくべきである。(a)「弁明」―何を言うべきかを知っていること。それは主イエスとの親密な関係を持ち、みことばをしっかり知ることによって可能になる。(b)「あなたがたのうちにある希望について」―自分はキリストとどのような関係にあるのかを知ること。それが人々と違う原因であることがわかると、人々はその希望を自分でも見つけたいと願って質問をしてくるかもしれない。(c)「優しく、慎み恐れて」―

信仰についての質問や挑戦にどのように応じるかを知ること。それはキリストの愛と品性を示す上で重要である(→コロ4:6注)。

(3) 霊的なことについて(特にキリストにある希望について)話すときには、「優しく、慎み恐れ」ながら行うことが絶対に必要である。もし私たちが議論をするようなごう慢な厳しい態度で応答をするなら、大抵の人はそれに抵抗をする。そのような態度では人々を説得することはできない。なぜならキリスト者は無礼で自己弁護をしているという誤解を与えてしまうからである。けれども相手に敬意を示しながら話すなら、人々は私たちの言うことを聞き入れ良い関係を築くことができるようになる。そしてキリストが言っておられることを考えてみるように訴えることが可能になる。さらに親切にすることによって、キリストの品性を示すこともできるようになる(⇒ロマ2:4)。

3:18　キリストも一度・・・死なれました　主イエスがこの世界に来られた理由は、私たちの代りにご自分のいのちをささげ、神とその基準に対して反抗した私たちの罪に対して完全な代価を支払うためだった(→2:24注)。その死によって、罪深い人類と聖い神との間の大きな溝が埋められた。完全に人であり完全に神である(全く罪のない)キリストこそ、ただ一度ですべての罪を赦す犠牲をささげることのできる唯一の方である(ヘブ7:27, 9:28, 10:10)。

3:19　霊たちのところに行って、みことばを語られたのです　3:18-20は長い間聖書の中で最も解釈しにくい箇所とされてきた。(1) ある解釈では、キリストは死と復活の間のある時点(3:18)、または昇天された後にノアの時代に神に逆らって捕われた御使たちのところに行って(3:20, ⇒Ⅱペテ2:4-5)、十字架で罪とサタンに勝利し復活によって死に勝利されたことを宣言されたとされている。別の解釈では、キリストは聖霊によってノアの口を通して当時の不信仰な人々に警告のメッセージを伝えられた。その人々はやがて大洪水によって滅ぼされ今はハデスにいて(→ル

間、神が忍耐して待っておられたときに、従わなかった霊たちのことです。わずか八人の人々が、この箱舟の中で、水を通って救われたのです。

21 そのことは、今あなたがたを救うバプテスマをあらかじめ示した型なのです。バプテスマは肉体の汚れを取り除くものではなく、正しい良心の神への誓いであり、イエス・キリストの復活によるものです。

22 キリストは天に上り、御使いたち、および、もろもろの権威と権力を従えて、神の右の座におられます。

神のために生きること

4 1 このように、キリストは肉体において*苦しみを受けられたのですから、あなたがたも同じ心構えで自分自身を武装しなさい。肉体において苦しみを受けた人は、罪とのかかわりを断ちました。

2 こうしてあなたがたは、地上の残された時を、もはや人間の欲望のためではなく、神のみこころのために過ごすようになるのです。

3 あなたがたは、異邦人たちがしたいと思っていることを行い、好色、情欲、酔酒、遊興、宴会騒ぎ、忌むべき偶像礼拝などにふけったものですが、それは過ぎ去った時で、もう十分です。

4 彼らは、あなたがたが自分たちといっしょに度を過ごした放蕩に走らないので不思議に思い、また悪口を言います。

5 彼らは、生きている人々をも死んだ人々

---

20 ②ロマ2:4 ③創6:3, 5, 13, 14 ④Ⅱペテロ2:5, 囲創8:18 ⑤囲使2:41, Ⅰペテ1:9, 22, 2:25, 4:19

21 ①囲テト3:5, 囲囲16:16 ②囲ヘブ9:14, 10:22 ③Ⅰペテ3:16, 囲テモ1:5, ヘブ13:18, ④Ⅰペテ1:3

22 ①囲ヘブ4:14, 6:20 ②囲コロ3:1, 囲ピ1:6, ③囲マコ16:19

1 ①囲 Ⅰペテ2:21 *すなわち「死なれた」
①囲エペ6:13 ②ロマ6:7
2 ①囲エペ6:2, コロ3:3 ②Ⅰペテ1:14
3 *直訳「不法な」
①囲ロマ13:13, エペ2:2, 4:17以下 ②Ⅰコリ12:2
4 ①囲エペ5:18 ②Ⅰペテ3:16
5 ①使10:42, Ⅱテモ4:1, 囲ロマ14:9

ルカ16:19-31注、→黙20:12注)、最後の審判を待っている(⇒Ⅱペテ2:5)とされている。前後関係から見ると二番目の解釈が一番適切と思われる。不従順で救われなかったノアの時代の人々のことを言っているからである。またキリストの御霊が預言者を通して過去の時代にも語られたと言うペテロのことばにも一致するように思われる(Ⅱペテ1:20-21)。(2) 地上での生涯の間に神に従わず信仰によってキリストを受入れなかった人には、死んだ後に罪の赦しと霊的救いを受入れる第二の機会があるという教えは、ここにも4:6のどちらにも見ることができない。人々は、生きている間に自分で行った選択によって永遠の運命が決まるのであって、あとは最後のさばきが残っているだけである(→ヘブ9:27, ⇒ルカ16:26)。

3:21 今あなたがたを救うバプテスマ 私たちは水のバプテスマによって霊的に救われるのではない(→使2:38注)。バプテスマは、罪の赦しとの関係で与えられたはっきりとした命令である(使2:36-38, 3:19)。私たちは実際には水のバプテスマが象徴していること(キリストの死、葬り、復活とこれらのことの中でキリストと一つになること)によって救われた(→ロマ6:4注)。けれども聖書の中では象徴と現実とが非常に強く結び付いているときがあり、バプテスマの象徴も救いの現実を指していることがある(⇒使2:38, 22:16, ガラ3:27)。バプテスマは悔い改め(罪を離れて神のほうを向くこと →マタ3:2注)の外側に表れたしるしであり公のあかしであるという意味からすると、それは救いの一部分である。それは私たちがキリストのものであり、キリストの死と一つになって罪の支配と影響から解放されていることを公に告白し誓約するものである(→ロマ6:11注)。私たちが新しいいのちをくださったので、キリストの復活とも一つにされている(ロマ6:3-5, ガラ3:27, コロ2:12, ⇒使2:38-39)。さらに水のバプテスマは、ノアの時代の洪水と比較されている(3:20)。ノアが神の指示に従ったことが洪水の前の時代に救いの信仰を示すしるしだったのと同じように、水のバプテスマはキリストを信じて救われた私たちの信仰のあかしである。⇒使22:16バプテスマの注

4:1 苦しみを受けた人 ペテロは3:18で扱ったキリストは良いことをしたのに不当に苦しまれたという主題を再び取上げ、キリストに従う人はその模範に従う備えをしていなければならないと宣言する。キリストのために反対や苦難に耐える人には、罪を退け自分たちに対する神のご計画や目的に従うことが困難ではなくなってくる。これはほとんどの場合に言えることである。なぜなら、さらに強く神に頼るようになるからである。その人々はキリストにしっかりと結び付き、十字架の上で耐えられた辱めとも一つになる(⇒マタ6:24, マコ8:34, ルカ9:23)。その人々の未来はキリストの栄光にあずかるものとなる(⇒ロマ8:17)。したがって、罪の誘惑は取るに足らないものになり、神の目的が最優先されるのである(4:2)。信仰者の生活にはこの霊的原則があり、苦しみあざけられ拒まれても神に従うなら、道徳的に霊的に強められていく。そして神の栄光と祝福が現される(4:14, →「**正しい人の苦しみ**」の項 p.825)。

4:4 彼らは・・・不思議に思い この世の大部分の神を知らない人々は、キリスト者の生き方(私たちが信じ行動し避けること)を理解することができない。

をも、すぐにもさばこうとしている方に対し、申し開きをしなければなりません。

6 というのは、死んだ人々にも福音が宣べ伝えられていたのですが、それはその人々が肉体においては人間としてさばきを受けるが、霊においては神によって生きるためでした。

7 万物の終わりが近づきました。ですから、祈りのために、心を整え身を慎みなさい。

8 何よりもまず、互いに熱心に愛し合いなさい。愛は多くの罪をおおうからです。

9 つぶやかないで、互いに親切にもてなし合いなさい。

10 それぞれが賜物を受けているのですから、神のさまざまな恵みの良い管理者とし

6① Ⅰペテ1:12, 3:19
7② 脚ロマ13:11,
脚ヤコ5:8, ヘブ9:26,
Ⅰヨハ2:18
② 脚Ⅰペテ1:13
8① 脚Ⅰペテ1:22
② 箴10:12
9① 脚ピリ2:14
② Ⅰテモ1:2
脚ヘブ3:2
10① 脚ロマ12:6, 7
② 脚Ⅰコリ4:1

11① Ⅰテサ2:4,
脚テト2:1, 15, ヘブ13:7
② 脚使7:38
③ エペ6:10,
脚エペ1:19
④ Ⅰコリ10:31,
脚Ⅰペテ2:12
⑤ 黙1:6, 5:13,
脚Ⅰペテ5:11,
脚ロマ11:36
12① 脚Ⅰペテ2:11
② 脚Ⅰペテ1:6, 7

て、その賜物を用いて、互いに仕え合いなさい。

11 語る人があれば、神のことばにふさわしく語り、奉仕する人があれば、神が豊かに備えてくださる力によって、それにふさわしく奉仕しなさい。それは、すべてのことにおいて、イエス・キリストを通して神があがめられるためです。栄光と支配が世々限りなくキリストにありますように。アーメン。

キリスト者であるために苦しむこと

12 愛する者たち。あなたがたを試みるためにあなたがたの間に燃えさかる火の試練を、何か思いがけないことが起こったかのように驚き怪しむことなく、

したがって私たちは誤解されあざけられ拒まれることになる。

4:6 死んだ人々にも ここの文章は、地上で生きていたときにキリストについての福音を聞いて受入れたけれども、今は世を去った人々を指していると理解するべきである。その人々は福音を聞いて信じ、そして死んだ（「肉体においては人間としてさばきを受け」た）。けれども今は神とともに生きている。この節を要約すると、「今は死んだ人々にも福音は伝えられた。それは神とともに永遠のいのちを持つためである」となる。生きている間にキリストを受入れなかった人には死んだ後には救われる機会がないということを神のことばははっきりと言っている（→ヘブ9:27）。

4:7 万物の終わりが近づきました 私たちはキリストが確実に間もなく再び来られることと、世界の終りとを考えながら自分の人生を見てみるべきである（⇒ヘブ10:25, ヤコ5:8-9, Ⅰヨハ2:18）。これらのことは確実であるから、私たちはこれを強く意識して次のことに励まなければならない。(1) 熱心に絶えず神に祈ること（→使10:9注, 12:5注, コロ4:2注, 12注）。(2) 互いに心から熱心に愛し合うこと (4:8, ⇒1:22, マタ22:37-39, Ⅰテサ4:9-10, Ⅱペテ1:7)。(3) すべての人、特に貧しい人に対してあわれみ深い思いやりをもって親切にすること(4:9)。(4) 聖霊によって与えられた御霊の賜物を用いてほかの信仰者に仕えること(4:10, →「御霊の賜物」の項 p.2138)。(5) 聖霊の力によってキリストの福音を広めて神に仕えること(4:11, 使1:5-8)。(6) 神を賛美すること(4:11)。(7) 困難や苦難の中でもキリストに誠実であること(4:12-19)。

4:8 愛は多くの罪をおおうからです これは愛は怒らず恨みを持つことがないということを指している。愛は繰返し赦す（マタ18:21-22, Ⅰコリ13:5, エペ4:32, →マタ6:15注, 18:35注, ルカ17:3注）。

4:10 それぞれが・・・その賜物を用い 神は私たちひとりひとりに興味や能力や才能をそれぞれ与えられ、それを神と人々に仕えるために用いるようにと願っておられる。ひとりひとりは神によって特別に造られているので、だれをも全く同じように扱うことはできない。与えられた能力は神が与えられた興味や機会と関係する。ある賜物はほかの人々の賜物より劣っているように見えるかもしれないけれども、それはみな神にとって重要なものである。なぜなら神の目的に貢献するものだからである（→Ⅰコリ12:11-17）。私たちは能力を自分のために使うべきではない。神は私たちを通してほかの人々を祝福し励ましたいと願っておられる。私たちは単に賜物を持っているだけではない。ある意味で私たち自身がほかの人々に対する神の賜物なのである。神は私たちの中に能力という種を植えられた。その賜物を神に頼りながら育て成長させ、神が私たちを通して作り出される実がほかの人々の利益になるようにするのは私たちの責任である（→ロマ12:4-8）。ある意味で神から与えられた才能と能力は、ほかの人々を祝福しほかの人々に仕えて神にお返ししなければ完全に成熟した賜物にはならないのである。

4:12 燃えさかる火の試練 サタンによって支配され、キリストの福音に敵対する不信仰な世界では、キリストに忠実に従う人々にとって問題や困難は避けることができないと新約聖書は強く教えている（→「正し

13 むしろ、①キリストの苦しみにあずかれるのですから、喜んでいなさい。それは、キリストの栄光が現れるときにも、喜びおどる者となるためです。
14 もしキリストの名のために非難を受けるなら、あなたがたは幸いです。なぜなら、栄光の御霊、すなわち神の御霊が、あなたがたの上にとどまってくださるからです。
15 あなたがたのうちのだれも、人殺し、盗人、悪を行う者、みだりに他人に干渉する者として苦しみを受けるようなことがあってはなりません。
16 しかし、キリスト者として苦しみを受けるのなら、恥じることはありません。かえって、この名のゆえに②神をあがめなさい。
17 なぜなら、さばきが神の家から始まる時が来ているからです。さばきが、まず私たちから始まるのだとしたら、神の福音に従わない人たちの終わりは、どうなることでしょう。
18 義人がかろうじて救われるのだとしたら、神を敬わない者や罪人たちは、いったいどうなるのでしょう。
19 ですから、神のみこころに従ってなお苦しみに会っている人々は、善を行うにあたって、真実であられる創造者に自分のたましいをお任せしなさい。

長老たちと若い人たちへ

5 1 そこで、私は、あなたがたのうちの長老たちに、同じく長老のひとり、②キリストの③苦難の証人、また、やがて現れる④栄光にあずかる者として、お勧めします。
2 あなたがたのうちにいる、①神の羊の群れを、②牧しなさい。強制されてするのではな

13 ①ピリ3:10, 囲Ⅱコリ1:5, 4:10, 囲ロマ8:17
 ②囲ペテ1:7, 5:1
 ③囲Ⅱテモ2:12
14 ①ヨハ15:21, Ⅰペテ4:16
 ②マタ5:11, ルカ6:22
 ③囲Ⅱコリ4:10, 11, 16
15 ①Ⅰペテ4:15, 16,
 ②Ⅰペテ19, 20, 3:17
 ②囲Ⅰテサ4:11, Ⅰテモ5:13
16 ①囲使5:41, 囲使28:22, ヤコ2:7, ②囲Ⅰペテ4:11
17 ①エレ25:29, エゼ9:6, アモ3:2
 ②囲Ⅰテモ3:15, ヘブ3: 6, Ⅰペテ2:5, ③囲ロマ1:1, ⑤囲Ⅰテサ1:8
18 ①箴11:31, ルカ23:31
 ②囲ルカ7:9
 *直訳「どこへ出ることになるのでしょう」
19 ①囲Ⅰペテ3:17

1 ①囲使11:30, ②囲Ⅱヨハ1, Ⅲヨハ1, ③囲ルカ24:48, 囲ヘブ12:1, ④囲Ⅰペテ1: 5, 7, 4:13, 囲黙1:5
 ②囲使20:28, 囲ヨハ21:15
 ③囲ピレ14

い人の苦しみ」の項 p.825)。イエス・キリストにしっかりと献身し聖霊の導きによって生活し、神のことばの真理を愛する人は、苦しみや悲しみを体験する。真理やキリストのために苦しむことは、キリストに献身をしている証拠である(⇒マタ5:10-12, 使14:22, ロマ8:17-18, Ⅱテモ2:12)。人生に問題があることは、神が実際に私たちの忠実さを喜ばれ信頼しておられるしるしではないかと思われる。罪やサタンや、この世界の不信仰に対して霊的戦いを忠実に進めることは楽なことではない(1:6-9, エペ6:12)。痛みを伴う信仰が試される試練を通して、神はキリスト者の中に神の苦しみにあずかり神が望んでおられる品性を形作ってくださる(ロマ5:3-5, Ⅱコリ1:3-7, ヤコ1:2-4)。試練に耐えキリストに忠実であり続けるなら、私たちは祝福されたものとされ、「栄光の御霊、すなわち神の御霊が・・・とどまってくださる」(4:14注, →2:21注)。

4:13 あずかれるのですから、喜んでいなさい キリストのために苦しむなら、主に仕える信仰者の喜びは深まり強められるというのが神の国の原則である(→マタ5:10-12, 使5:41, 16:25, ロマ5:3, コロ1:24, ヘブ10:34, →4:14注)。したがって私たちは、キリストのために予想される苦しみを恐れるべきではないし、主のためにほとんど、あるいは全く苦しまない人々をうらやむべきではない。

4:14 栄光の御霊、すなわち神の御霊 キリストに誠実であるために苦しむ人は祝福されている(⇒4: 13, 3:14, マタ5:11-12)。なぜなら聖霊の臨在と助けが特別なかたちでとどまるからである。それはさらに

大きな栄光が天で待っているしるしである(⇒イザ11:1-2, ヨハ1:29-34, 使6:9-15)。

4:16 この名のゆえに神をあがめなさい →使11: 26注, →マコ8:34注, ルカ9:23注

4:17 さばきが神の家から始まる キリスト者はキリストを知らず神に反抗する人々をさばく前に、自分の内面(神とみことばへの献身)を見て評価をしなければならない。この原則はひとりひとりの信仰者に当てはまる。教会の中にいるほかの人々の問題の解決を図る前に、自分と神との問題を解決し、自分の生活から罪を取除くようにしなければならない(→マタ7:3-5, ルカ6:41-42)。もし信仰者の間に霊的リバイバルが起こり、地域社会にキリストの影響が強く及ぶことを教会が願うなら、このような自省が行われ、謙遜になり、教会の中から罪が追放されなければならない(→Ⅱ歴7:14)。 →「**さばき**」の項 p.2167

4:18 神を敬わない者や罪人たち 「神を敬わない」(《ギ》アセベース)とは元々「敬虔ではない」という意味だった。それが後に「神に対して無礼で軽べつをする態度」(→ユダ1:4 同じギリシヤ語が使われている)という意味になった。「罪人」(《ギ》ハマルトーロス)は目標に届かなかったり脇にそれたりして的を外すという意味のことばを基にしている(→ロマ3:23, →ロマ6:2注, ⇒イザ53:6)。

5:2 羊の群れを、牧しなさい 長老(監督または牧師)には、教会にいる人々を導き世話をする責任がある。それには、訓練すること(キリストに従いみことばをいつも変らず学ぶという実際的な訓練をするこ

く、神に従って、自分から進んでそれをなし、卑しい利得を求める心からではなく、心を込めてそれをしなさい。

3 あなたがたは、その割り当てられている人たちを支配するのではなく、むしろ群れの模範となりなさい。

4 そうすれば、大牧者が現れるときに、あなたがたは、しぼむことのない栄光の冠を受けるのです。

5 同じように、若い人たちよ。長老たちに従いなさい。みな互いに謙遜を身に着けなさい。神は高ぶる者に敵対し、へりくだる者に恵みを与えられるからです。

6 ですから、あなたがたは、神の力強い御手の下にへりくだりなさい。神が、ちょうど良い時に、あなたがたを高くしてくださるためです。

7 あなたがたの思い煩いを、いっさい神にゆだねなさい。神があなたがたのことを心配してくださるからです。

8 身を慎み、目をさましていなさい。あなたがたの敵である悪魔が、ほえたける獅子のように、食い尽くすべきものを捜し求めながら、歩き回っています。

9 堅く信仰に立って、この悪魔に立ち向かいなさい。ご承知のように、世にあるあなたがたの兄弟である人々は同じ苦しみを通って来たのです。

と）、神のことばで養うこと、守ることなどが含まれている（→「奉仕の賜物」の項 p.2225,「監督とその務め」の項 p.2021）。

5:2-3 卑しい利得を求める心からではなく・・・支配するのではなく 教会の指導者は二つの危険な罪に注意しなければならない。

（1）お金への欲望（→Ⅰテモ3:3, 8, テト1:7）－新約聖書の基準では、神の働きを監督する人々は教会から適切な経済的支援を受けるべきである（ルカ10:7, Ⅰコリ9:14, Ⅰテモ5:17）。そして自分と家族のための基本的な必要が支給されれば満足するべきである。だれも神の働きによって金持になるべきではない。けれどもこの誘惑に負ける人の心はどん欲や妥協、盗みの罪に傾いている。そしてお金のために神のことばの基準や教え、神の国の原則を崩してしまうのである。

（2）権力への欲望－権力にどん欲な人々は、自分の権威を用いて本当は自分が仕えるべき人々を支配しようとする。けれども牧師はキリストへの献身、謙虚な奉仕、高潔な態度、真理に対しての忠実さ、祈りに専念し神のことばを愛するなど、模範を示すことで教会を導かなければならない。→「富と貧困」の項 p.1835

5:5 謙遜を身に着けなさい 謙遜は神の民の特色でありすぐれた特徴である。それは自己中心的な自慢をすることも自分の弱さを意識することもなく、達成したことや実現したことに対する名誉を神とほかの人々にささげるまじめな能力のことである（⇒マタ11:29, ピリ2:3-5, コロ3:12）。「身に着け」ということば（《ギ》エンコムボオマイ）は、一枚の布を身に着けるという意味である。新約聖書の時代に奴隷たちは自分の服の上に一枚の布かエプロンを着けた。それによって奴隷であることがほかの人々にもわかったのである。ペテロは私たちも謙遜の布をつけるようにと訴えている。それは、(1) キリストを信じる者であり、奴隷であることを明らかにし、(2) 神の恵みと助けを謙虚に受けるためである（5:5-7）。ペテロは主イエスが手ぬぐいを腰に巻いて弟子たちの足を洗われた行動を思い出していたのかもしれない（ヨハ13:4-5）。

5:7 神があなたがたのことを心配してくださる 神は神の子どもたちが問題に直面することについて案じておられる。そのことは神のことば全体を通して強調されている（→詩27:10, 37:5, 40:17, 55:22, マタ6:25 34, 10:29-31, 11:28-30, ピリ4:6注）。本当の意味で思い煩いは信仰の正反対である。また思い煩いは必要以上に責任を取ろうとすること、あるいは神の思いとは違う方法で（神に頼らず、神の導きに従わずに）情況を変えようとすることである。私たちはそのことを、神が神の方法で神の時に扱ってくださると信頼し、恐れや憂いや心配をみな神にゆだねる決断をし続けなければならない（⇒詩55:22, ルカ12:11-12, →「神の摂理」の項 p.110）。

5:8 あなたがたの敵である悪魔 最初の人間は、神に逆らったときから自分がこの世界に持ち込んだ罪の奴隷になった。その結果、神が最初ゆだねられた被造物に対する権威を失ってしまった（創1:26-30, 2:15, 19-20）。そこでサタンが立上がり、地上の支配権をつかみ（ヨハ12:31, 14:30, 16:11）、邪悪な目的をもって世界を支配し始めた（Ⅰヨハ5:19）。そして今や、悪霊の大軍の司令官として全世界を巡ってキリストとの個人的な関係を持っていない人々を捕えて奴隷にしている（エペ2:2, →「**サタンと悪霊に勝利する力**」の項 p.1726）。サタンの力から救い出され解放されるのは、キリストに忠実に従う人々だけである（→「神の国」の項 p.1654）。けれどもサタンは凶暴な野獣のように信仰者にも脅威となり（⇒詩22:13, エゼ22:25）、

Ⅰペテロ　5章

10 あらゆる恵みに満ちた神、すなわち、あなたがたをキリストにあってその①永遠の栄光の中に招き入れてくださった神ご自身が、あなたがたをしばらくの苦しみのあとで完全にし、堅く立たせ、強くし、④*不動の者としてくださいます。
11 どうか、神のご支配が世々限りなくありますように。アーメン。

最後のあいさつ

12 私の認めている忠実な兄弟シルワノに

10 ①囲Ⅰペテ4:10, ②Ⅱコリ4:17, 囲Ⅱテモ2:10,③Ⅰコリ1:9, 囲Ⅰテサ2:12, ④Ⅰペテ1:6, ⑤囲Ⅰコリ1:10, ヘブ13:21, ⑥ロマ16:26, Ⅱテサ2:17, 3:3等, * 異本「不動の者とし」を欠く
11 ①囲ロマ11:36, 囲Ⅰペテ4:11
12 ①囲Ⅱコリ1:19

②囲ヘブ13:22
③囲Ⅰペテ1:13, 4:10, 囲使11:23
④囲Ⅰコリ15:1
13 * 異本「(バビロンにある)教会」, ①囲使12:12
14 ①囲ロマ16:16
②囲エペ6:23

よって、私はここに簡潔に書き送り、勧めをし、これが神の真の恵みであることをあかししました。この恵みの中に、しっかりと立っていなさい。
13 バビロンにいる、あなたがたとともに選ばれた*婦人がよろしくと言っています。また私の子マルコもよろしくと言っています。
14 ①愛の口づけをもって互いにあいさつをかわしなさい。
　②キリストにあるあなたがたすべての者に、平安がありますように。

特に苦難を通して信仰者を堕落させ滅ぼそうとし続けている(5:8-10)。神の守りの手から離れる人はすぐに霊的に打砕かれてしまう。けれども、私たちのためのキリストの犠牲を信じ(黙12:11)、聖霊によって霊的に戦い(エペ6:11-18)、神に祈る(マタ6:13)ことによって、私たちはサタンの策略を完全に打砕き(→エペ6:11注)、サタンを退け信仰に堅く立つように完全に整えられる(5:9)。「あなたがたのうちにおられる方が、この世のうちにいる、あの者よりも力がある」(Ⅰヨハ4:4)ということを信仰者は決して忘れてはならない。

5:10　あなたがたをしばらくの苦しみのあとで　→「正しい人の苦しみ」の項 p.825

ペテロの手紙　第二

概　　要
  キリストにあるあいさつ（1：1-2）
  Ⅰ．まことの知識の源とその適用（1：2-21）
    A．神を知ることの特権とその変革の力（1：2-4）
    B．キリスト者の成長する責任とその過程（1：5-11）
    C．ペテロのメッセージの目的と確証（1：12-21）
      1．ペテロの動機（1：12-15）
      2．ペテロの方法（1：16-21）
        a．キリストの目撃者と預言のことば（1：16-19）
        b．聖書の預言の解き明かしと霊感（1：20-21）
  Ⅱ．にせ教師たちに対する警告（2：1-22）
    A．にせ教師たちのすること（2：1-3）
    B．神がにせ教師たちになさること（2：4-10a）
    C．にせ教師たちの特徴（2：10b-19）
    D．真理から離れることの危険性（2：20-22）
  Ⅲ．キリストが再び来られることの確かさ（3：1-18a）
    A．再び来られることの否定（3：1-7）
    B．再び来られることの確約（3：8-10）
    C．再び来られることに備えて生きること（3：11-18a）
  祝禱（3：18b）

著　　者：ペテロ

主　　題：変らない真理対にせ預言者

著作の年代：紀元66－67年頃

著作の背景
　あいさつの中でシモン・ペテロ（元の名前はシモンで主イエスがペテロと名付けられた　ヨハ1：40-42）は自分がこの手紙を書いていると言っている。また、あとでこの手紙は第二の手紙であると言っている（3：1）。それは、小アジヤ（現在のトルコ）にいて第一の手紙を受取った（Ⅰペテ1：1）同じ人々にこの手紙を書いていることを示している。ペテロもパウロと同じように、邪悪な皇帝ネロ（68年に死亡）の勅令、あるいは命令によって殺されたので、ローマで処刑される直前の66－67年の間にこの手紙を書いたと思われる（1：13-15）。
　古い時代にも現代にも、第一の手紙と第二の手紙に見られる顕著な類似性を無視する学者たちがいる。そしてむしろこの二つの手紙の違いを強調し、この手紙の著者はペテロではないという仮説を引出した。けれども二つの手紙の内容や用語、強調点や書き方の違いなどはペテロの情況と手紙の受取人の情況が違ったためと説明することができる。（1）受取人の情況は、周りの社会から迫害を受けるという外部からの脅威から、教会の中のにせ教師による妥協という内面的な脅威へと変っていた。その欺きによって教会の真理の基礎が崩され、信仰者がキリストに従う本当の目的を見失ってはならないことを強調するためにペテロはこの手紙を書いた。（2）ペテロの情況も変っていた。最初の手紙のときにはシルワノという熟練した助手がいたけれども（Ⅰペテ5：12）、この手紙を書くときにはシルワノはそばにいなかったようである。ペテロは自分で荒っぽいガリラヤ風のギリシヤ語で書いたか、あるいはシルワノよりも能力の劣る筆記者を使って書いたのではないかと思われる。

目　　的

　ペテロは、（1）敬虔な品性とキリストを知る本当の知識を熱心に追い求め、（2）小アジヤの教会にいてキリストの真理のメッセージを破壊しているにせ預言者やにせ教師たちの危険なまぎらわしい行動をさらけ出し非難するように、信仰者たちを励ますためにこの手紙を書いた。ペテロは3章17－18節で目的を要約して、信仰者は、（1）「無節操な者たちの迷いに誘い込まれ」ないように気を付け（3:17）、（2）「私たちの主であり救い主であるイエス・キリストの恵みと知識において成長」するようにと訴えている（3:18）。

概　　観

　この短い手紙は、信仰者たちに神を知る本当の知識(それはイエス・キリストとの個人的な関係を持つことによって与えられる)から生れる、敬虔な品性を育て示すようにと指示している。1章は霊的成長の重要性を強調している。信仰によってキリスト者生活を始めた人々は、熱心にすぐれた徳、知識、自制、忍耐、敬虔、兄弟愛、愛などを追い求めなければならない。目標は信仰と主イエスを知る知識において成熟し、キリストに仕えることによって実を結ぶようになることである（1:3-11、→「聖化」の項 p.2405）。

　2章は教会の中に現れてきたにせ預言者とにせ教師たちについて入念に警告をしている。その人々は、人間の罪深い性質の堕落した欲望のままに恥じるべき生活を送っている「無節操な者たち」（2:1, 3, 3:17）であると、ペテロは非難している（2:2, 7, 10, 13-14, 18-19）。その人々は、どん欲で（2:3, 14-15）ごう慢（2:18）、わがままで（2:10）権威を侮る人々である（2:10-12）。ペテロはこのにせ指導者たちの邪悪な動機や行動を暴き出して、信仰者たちを有害な信仰や教えや慣習（2:1）から守ろうとしていた（→「にせ教師」の項 p.1758）。

　3章では、主イエスが再び来られることについて疑問や否定論、懐疑論などが教えられていることに対してペテロは反論をしている（3:3-4）。ノアの時代の人々が大洪水による神の審判が下るという考えを愚かしいと言って拒んだ（それは誤りで悲劇だった）ように、にせ教師たちはキリストが再び来られる約束について同じように盲目である。洪水による神のさばきが下ったとき（3:5-6）と同じように速やかにそして確実に、キリストは火によるさばきを地に下すために再び来られる（3:7-12）。その後キリストは、ご自分の民のための家として新しい天と新しい地を造られる（3:13）。これらのことを考えて、神の民は今の時代に聖く（道徳的に純粋、霊的に健全、悪からの分離、神とその目的のための献身）敬虔な生き方をするべきである（3:11, 14）。

特　　徴

　この手紙には四つの大きな特徴がある。（1）文書になった神のことばである聖書の霊感と信頼性、権威について、聖書の中で最も強力な宣言の一つが見られる（1:19-21、「聖書の霊感と権威」の項 p.2323）。（2）2章のにせ教師の描写と非難の仕方はユダの手紙と非常によく似ている。どちらかの著者がいつくかの情報を別の著者から手に入れたのではないかと思われる。あるいは後に、同じにせ教師の問題に直面したユダが、ペテロの霊感された教えの一部を利用して同じ点を指摘したのかもしれない（→ユダ緒論）。あるいは長い手紙（ペテロ）が短い手紙（ユダ）から共通の情報を多く組み入れたのかもしれない。（3）3章はキリストの再臨についての新約聖書の中でも最も優れた章の一つである。（4）ペテロはパウロの書簡を「聖書の他の個所」（3:15-16）と関連付けて、間接的に聖書（霊感され権威のある文書になった神のことば）と言っている。

ペテロの手紙　第二の通読

　新約聖書全体を1年間で通読するためには、ペテロの手紙第二を次のスケジュールに従って3日間で読まなければならない。
☐1 ☐2 ☐3

メ　モ

1

1 イエス・キリストのしもべであり使徒であるシモン・ペテロから、私たちの神であり救い主であるイエス・キリストの義によって私たちと同じ尊い信仰を受けた方々へ。
2 神と私たちの主イエスを知ることによって、恵みと平安が、あなたがたの上にますます豊かにされますように。

召しと選びを確かにすること

3 というのは、私たちをご自身の栄光と徳＊によってお召しになった方を私たちが知ったことによって、主イエスの、神としての御力は、いのちと敬虔に関するすべてのとを私たちに与えるからです。
4 その栄光と徳によって、尊い、すばらしい約束が私たちに与えられました。それは、あなたがたが、その約束のゆえに、世にある欲のもたらす滅びを免れ、神のご性質にあずかる者となるためです。
5 こういうわけですから、あなたがたは、あらゆる努力をして、信仰には徳を、徳には知識を、
6 知識には自制を、自制には忍耐を、忍耐には敬虔を、
7 敬虔には兄弟愛を、兄弟愛には愛を加えなさい。

1:2　恵み　→「信仰と恵み」の項 p.2062

1:3　いのちと敬虔に関するすべてのこと　私たちの天におられる父の愛、イエス・キリストによる救い、天でのとりなし（神の前で私たちのために嘆願してくださること）、私たちの中の聖霊の臨在とバプテスマ、ほかのキリスト者との交わり、霊感された神のことばなどによって、私たちの人生の必要は満たされ、敬虔な品性が育てられる（マタ11：28-30、ヘブ4：16、7：25、9：14）。

（1）神のことばのメッセージはイエス・キリストによる完全な救いの計画を示しているので、人間の知恵や技術、理論などでそれを補う必要はない。教会の初期の時代に主イエスの教えとその福音を伝えるように用いられた人々が伝えた信仰と教えは、ともに（新約聖書の中にある）神の恵みを十分に現し、霊的に失われた人々の必要を満たしていた。そのメッセージは今も変らず十分である。神が既にみことばを通して明らかにされたこと以上に深い洞察力や力を私たちに与え、本当のいのちを知らせてくれるものはほかにはない。主イエス・キリストだけが「道であり、真理であり、いのち」である（ヨハ14：6）。

（2）もし私たちが今日主張しているメッセージが何か欠けていて効果がないように思うなら、それは私たちの伝えることばが聖書の中に示されている福音（キリストの教えと「よい知らせ」）を正しく伝えていないからである。

（3）ペテロがこの手紙を書いた目的の一つは、グノーシス主義（「知識」という意味のギリシヤ語「グノーシス」から）という間違った哲学の初期のかたちの教えと戦うことだったと思われる。この考えを持っていた人々は、完全な救いはある種の隠れた知識を通して得られると主張していた。その土台には「霊」（霊の領域）は全部善であり、「物質」（自然界）は全部悪であるという教えがあった。そこで、救いは肉体から解放されることによって得られるもので、キリストを信じる信仰によってではなく特別な知識によるという教えが出てきた。この哲学を受入れたある人々は、極端な禁欲主義（肉体を否定し痛めつけること）を実践していたけれども、一方では極端な性的関係や肉体的な悪癖におぼれる人もいた。それは肉体的には何をしても問題がないと信じたからである。信仰さえ正しければ、肉体の行動は霊性に何の影響もないと考えたのである。この状況は、後にせ教師について書かれている内容と合致している（⇒2：10、13-14、18-19）。ペテロはこのような考え方に対して厳しく徹底的に挑戦している。そして本当の霊的な救いのためには、ほかに特別な知識などは全く必要ないことを明らかにしている。

1:4　神のご性質にあずかる　「神のご性質にあずかる」ということは、別のことばで言えば新生（霊的に「新しく生まれ」る　ヨハ3：3）のことである。新生によって私たちは神のいのちと霊的な救いを受ける（→「**新生－霊的誕生と刷新**」の項 p.1874）。そして神の品性にあずかる特権が与えられる。それは神の特性と聖さの基準に合うようになるためである（⇒Iコリ6：19-20、エペ4：24）。

1:5-7　信仰には・・・加えなさい　ペテロはキリスト者が育てなければならない前向きの品性を挙げている。それは霊的に勝利し、効果的に神に仕え実を結ぶようになるためである（1：8）。にせ教師たちは、特別な知識があればそのような品性（自制のような）は必要ではないと全く逆のことを教えていた。けれども、キリスト者はこのような品性を育てるべきであるとペテロははっきりと言っている。「あらゆる努力をして」という表現は、信仰者が積極的にキリスト者として成長する努力をするべきであることをはっきりと説明している（⇒ピリ2：12-13）。キリスト者は、この数節（1：5-

Ⅱペテロ　1章

8 これらがあなたがたに備わり、ますます豊かになるなら、あなたがたは、私たちの主イエス・キリストを知る点で、役に立たない者とか、実を結ばない者になることはありません。
9 これらを備えていない者は、近視眼であり、盲目であって、自分の以前の罪がきよめられたことを忘れてしまったのです。
10 ですから、兄弟たちよ。ますます熱心に、あなたがたの召されたことと選ばれたこととを確かなものとしなさい。これらのことを行っていれば、つまずくことなど決してありません。
11 このようにあなたがたは、私たちの主であり救い主であるイエス・キリストの永遠の御国に入る恵みを豊かに加えられるのです。

キリストの威光の目撃者

12 ですから、すでにこれらのことを知っており、現に持っている真理に堅く立っているあなたがたであるとはいえ、私はいつもこれらのことを、あなたがたに思い起こさせようとするのです。
13 私が地上の幕屋にいる間は、これらのことを思い起こさせることによって、あなたがたを奮い立たせることを、私のなすべきことと思っています。
14 それは、私たちの主イエス・キリストも、私にはっきりお示しになったとおり、私がこの幕屋を脱ぎ捨てるのが間近に迫っているのを知っているからです。
15 また、私の去った後に、あなたがたがいつでもこれらのことを思い起こせるよう、私は努めたいのです。
16 私たちは、あなたがたに、私たちの主イエス・キリストの力と来臨とを知らせましたが、それは、うまく考え出した作り話に従ったのではありません。この私たちは、キリストの威光の目撃者なのです。
17 キリストが父なる神から誉れと栄光をお受けになったとき、おごそかな、栄光の神から、こういう御声がかかりました。「これはわたしの愛する子、わたしの喜ぶ者である。」
18 私たちは聖なる山で主イエスとともにい

---

8)の中にある七つの品性を育てることを信仰生活の目標にするべきである。これらの敬虔な品性は神に頼らなければ、また自分でも一生懸命努力しなければ自動的に成長するものではない(詳細 →「罪の性質の行いと御霊の実」の項 p.2208)。

1:8 これらがあなたがたに備わり、ますます豊かになるなら　(1) ペテロはキリスト者が、ここにある品性を一つずつきちんとこの順に育てて成熟し完全にならなければならないと言っているのではない。これらのものはむしろみな同時に継続的に育てるべきものである。(2) キリスト者の体験(生きておられる神との継続的な関係)は、一つの所にとどまり停滞しているべきではない。もし信仰の成長がないなら、その人は実際には霊的に枯れて死にかかっているのである(→ヨハ15:2)。信仰や品性、主イエスとの個人的な交わりに絶えず成長がないなら、その人は神への奉仕の中で最大限に実を結ぶことは絶対にできない(⇒コロ1:10, テト3:14)。もし神への奉仕が効果的にできていないなら、私たちは1:5-8に挙げられている品性を育てているか、自分の生き方を調べてみなければならない。

1:10 あなたがたの召されたことと選ばれたこととを確かなものとしなさい　信仰と救いはあって当り前のことではない。私たちは信仰を根気よく保ち続け(しっかりと継続する)、神との関係を成長させていかなければならない。敬虔な品性を一生懸命に育てることによって(キリストに近付き聖霊に頼ることによって可能になる)、初めて私たちは自分が本当に神の民であることを示すことができる(⇒マタ7:20, ヤコ2:18)。神が与えられた召しは従順と聖い生活への召しである(エペ1:3-6, Ⅰペテ1:1-2, 13-16)。キリストに従いこれらの面で成長を続ける人は最後まで忠実なはずである(→Ⅰペテ1:2神の予知の注, →「選びと予定」の項 p.2215)。

1:11 永遠の御国に入る恵みを豊かに加えられるのです　キリスト者として怠慢だった人々は、天の御国には辛うじて入れてもらえるのかもしれない(Ⅰコリ3:15, →Ⅰコリ3:15各注)。けれどもしっかりと忠実に霊的にも品性においても成長するキリスト者は、称賛されながら迎え入れられる(マタ25:21, 使7:55-56, Ⅱテモ4:7-8, 18)。

1:14 主イエス・キリストも、私にはっきりお示しになったとおり　これは主イエスがペテロに、信仰のために死ぬようになることをヨハネ21:18-19で示されたことを指していると思われる。

たので、天からかかったこの御声を、自分自身で聞いたのです。

聖書の預言

19 *また、私たちは、さらに確かな預言のみことばを持っています。夜明けとなって、明けの明星があなたがたの心の中に上るまでは、暗い所を照らすともしびとして、それに目を留めているとよいのです。
20 それには何よりも次のことを知っていなければいけません。すなわち、聖書の預言

19 *別訳「こうして私たちには、預言のことばがいっそう確実なものとされたのです」。①囲ヘブ2:2
② Ⅰペテ1:10, 11
③囲ルカ1:78, ④黙22:16
⑤ Ⅱコリ4:6
⑥囲詩119:105
20 ① Ⅱペテ3:3
②囲ロマ12:6
21 ①囲エレ23:26, Ⅱテモ3:16, ② Ⅰペテ1:11,
囲Ⅱサム23:2, ルカ1:70, 使1:16, 3:18

1①申13:1以下, エレ6:13等, ②囲Ⅰテモ4:1, 囲マタ7:15, ③Ⅱコリ11:13

はみな、人の私的解釈を施してはならない、ということです。
21 なぜなら、預言は決して人間の意志によってもたらされたのではなく、聖霊に動かされた人たちが、神からのことばを語ったのだからです。

にせ教師たちとその滅亡

2 ¹ しかし、イスラエルの中には、にせ預言者も出ました。同じように、あなたがたの中にも、にせ教師が現れるように

1:18 天からかかったこの御声 →マタ17:5-6, ⇒マコ9:7, ルカ9:35

1:19 さらに確かな預言のみことば ペテロは、人間中心的な考えと神のことばとを対比させている（1:16）。そして聖書は神に起源を持つものであると証言し、神のことばの中にある預言はみな人からではなく、神から与えられたと断言している（1:21）。これは私たちに神のメッセージは不可謬（間違いや失敗がない、決して誤りがなく、その教えが完全に真実であり有効）であり、無謬（誤りやうそ偽りがない）であることを保証している。不可謬性と無謬性は切離すことができない。なぜなら聖書の無謬性（誤りがないこと）は、神ご自身と神のことばの不可謬性（間違ったり誤りを犯すことがないこと）の結果だからである（→「**神のことば**」の項 p.1213）。聖書はみな真実で、その教えはみな信頼することができる（⇒Ⅱサム23:2, エレ1:7-9, Ⅰコリ14:37）。詳細 →「**聖書の霊感と権威**」の項 p.2323

1:20 聖書の預言はみな 聖書の預言はみな記者自身の考えや理論によるのではなく、聖霊によって与えられたものである（→「**旧約聖書の預言者**」の項 p.1131）。

1:21 聖霊に動かされた人たちが、神からのことばを語った 聖書の中に記録されている預言は、神が与えられたもので神の権威があるとペテロはここで断言している。けれどもそれは文書になったみことば全部についても言えることで、「聖霊に動かされた人たちが、神からのことばを語った（書いた）」のである。信仰者は、聖書が霊感され（神が選ばれた聖霊に導かれた人々を通して直接与えられた）、信頼できる（完全に信頼でき確実な証拠と権威によって裏打ちされた）ものであるという強い妥協のない見解を保たなければならない。それにはいくつかの理由がある。

（1）聖書についてイエス・キリストと使徒たち（主イエスが最初の福音を伝えるために個人的に権威を授けられた人々）、聖書自体が教えていることに対して、忠実に誠実に向き合う唯一の方法である（→詩119:, ヨハ5:47, →「**聖書の霊感と権威**」の項 p.2323）。

（2）教会にとって信仰の真実で確かな土台、救いの確かさ、道徳の絶対的基準（あらゆる時代のあらゆる状況の中のあらゆる人々に適応される基準）を提供し、生活と将来への希望の基準または指針を示している。霊感された神のことばがなければ、疑いのない確実なメッセージを伝えることも、聖霊のバプテスマと奇蹟のみわざを期待することも、キリストが間もなく確実に再び来られる希望を持つこともできなかったはずである。

（3）聖書を信じるキリスト者に絶対的、客観的な（自分以外のものに基づいた見方による）真理を提供する。この世界の、絶えず変化していく価値観や人間的哲学、神に逆らう慣習などはそれによって判断し拒むことができる（詩119:160）。

（4）キリスト者が終りの日の非常に厳しい困難や惑わしに耐えることができるようになる土台である（→Ⅰテサ2:1-12, Ⅰテモ4:1注, Ⅱテモ3:1注）。

（5）聖書の完全な権威と教えを認めるための基礎である。聖書をこのように見ることができなければ、信仰は弱まり、聖書の代りに主観的な（絶えず変化している人物や状況に基づいた）宗教体験や、独自の批判的な誤った人間の理論が中心になってしまうに違いない（2:1-3）。

2:1 あなたがたの中にも、にせ教師が現れるようになります 聖霊は教会の中に多くのにせ教師が現れると繰り返し警告している。神の民の間にこのような破壊的な信仰や教えがはびこることに対する警告は、主イエスから始まり（→マタ24:11注, 24:24-25）、聖霊によってパウロ（→Ⅱテサ2:7注, Ⅰテモ4:1注, Ⅱテモ3:1-5）、ペテロ（2:1-22）、ヨハネ（Ⅰヨハ2:18, 4:1, Ⅱヨハ1:7-11）、ユダ（ユダ1:3-4, 12, 18）、新約聖書の黙示録にある七つの教会に対するキリストの手紙（→黙2:2注, 6注, →「**にせ教師**」の項 p.1758,「**七つの**

Ⅱペテロ　2章

なります。彼らは、滅びをもたらす異端をひそかに持ち込み、自分たちを買い取ってくださった主を否定するようなことさえして、自分たちの身にすみやかな滅びを招いています。

2 そして、多くの者が彼らの好色にならい、そのために真理の道がそしりを受けるのです。

3 また彼らは、貪欲なので、作り事のことばをもってあなたがたを食い物にします。彼らに対するさばきは、昔から怠りなく行われており、彼らが滅ぼされないままでいることはありません。

4 神は、罪を犯した御使いたちを、容赦せず、地獄に引き渡し、さばきの時まで暗やみの穴の中に閉じ込めてしまわれました。

5 また、昔の世界を赦さず、義を宣べ伝えたノアたち八人の者を保護し、不敬虔な世界に洪水を起こされました。

6 また、ソドムとゴモラの町を破滅に定めて灰にし、以後の不敬虔な者へのみせしめとされました。

7 また、無節操な者たちの好色なふるまいによって悩まされていた義人ロトを救い出されました。

8 というのは、この義人は、彼らの間に住んでいましたが、不法な行いを見聞きして、日々その正しい心を痛めていたからです。

1 ④Ⅰコリ11:19, ガラ5:20, ⑤ガラ2:4, ユダ4
⑥囲Ⅰコリ6:20
⑦黙6:10, 8ユダ4
2 ①囲創19:5以下, ユダ4, Ⅱペテ7,18, ②囲使16:17, 22:4, 24:14
③Ⅰテモ6:1, ロマ2:24
3 ①囲ローマ1:29, Ⅰテモ6:5, ①ユダ16, ②囲ロマ16:18, Ⅱペテ1:16, ③囲Ⅱコリ2:17, Ⅰテサ2:5, ④囲ヨブ32:35
4 ①囲創6章, ユダ6
③囲黙20:1, 2
5 ①Ⅱペテ3:6, 囲エゼ26:20
②囲Ⅱペテ3:6
6 ①創19:24, ユダ7
②囲ユダ15, ③ユダ7, マタ10:15, 11:23, ロマ9:29(イザ1:9)
7 ①Ⅰペテ3:17, ②囲創19:5以下, ユダ4, Ⅱペテ2:2, 18, ③創19:16, 29
8 ①囲ヘブ11:4

教会へのキリストのメッセージ」の項 p.2478) などを通して続いている。

2:1　自分たちを買い取ってくださった主を否定する
これはにせ教師たちが、一度はキリストを本当に信じていたと言っているのではない。キリストの犠牲の死によってその人々の罪の罰は支払われた。けれども本人たちが救い主、主 (罪を赦し人生を導かれる方) としてキリストに人生をゆだねないなら救いは実現しない。人を惑わすこの人々の中には、キリストに従うと言っている人がある時点ではかなりいたようである。けれどもペテロによれば、教会の中のにせ教師たちは実際には主権者である「主を否定する」(《ギ》アルネオマイ 否認する、捨てるという意味) 人々だった。そしてまっすぐな「真理の道」(2:2) を離れ、ほかの人々に悪影響を与えていた。そして「さまよって」(2:15) 霊的に乾いて「水のない泉」(2:17) のようになっていた。この人々は一度はイエス・キリストを信じてこの世界の悪から逃れたのかもしれない。けれども今は、ほかの人々を自分たちに従わせ、再び罪の中に巻込んでいたのである (2:20)。

2:2　真理の道がそしりを受ける　信仰者であると主張する多くの人が、このにせ説教者とその「好色」の道に従うようになる。この指導者や弟子たちが罪深い生き方をするため、神とキリストのメッセージは辱められるようになる (→Ⅱテモ4:3-4注)。

2:3　彼らは、貪欲なので、作り事のことばをもって
にせ教師たちは、キリスト教の信仰とキリストのメッセージを営利目的に使うようになる。どん欲でごまかしの得意なこの人々は、信仰者からお金を手に入れて自分たちの働きを広め、自分自身の生活を豊かにしようとする。(1) にせ牧師たちがとる手段の一つは、「作り事のことば」を使うことである。このことにキリスト者は気付かなければならない。この人々は世間を驚かせるようなあかしをし、うその話をして深い感銘を与える。あるいは統計の数字を誇張して、神の民が感動して献金をするようにさせる。また自分たちを称賛し持ち上げて、自分たちの働きを誇張した話につくり上げ (⇒Ⅱコリ2:17)、疑うことのない正直なキリスト者たちを利用する。(2) 神の真理を汚しどん欲と偽りで人々を惑わすこの人々には、霊的破滅が宣告されることになる。　→ガラ5:7注

2:4　御使いたちを・・・地獄に引き渡し　ここで「地獄」と訳されているギリシヤ語の「タルタロス」ということばは、新約聖書ではここでしか使われていない。ギリシヤ人はこのことばを悪霊が罰を受けるために送られる場所を指すのに使った。それに対してペテロは、神に対してある時点で (ノアの時代と思われる ⇒2:5) 逆らった御使いたちのために用意された場所を指して使っているようである。それはまた、一般的にはサタンが神に逆らったときに協力した御使いたち (→エゼ28:12注)、または新約聖書が言う悪霊のことかもしれない。どうしてある悪霊は「暗やみの穴」に閉じ込められていて、ある悪霊は地上でサタンとともに自由に働いているのかについては聖書の中には説明がない (⇒ユダ1:6, →「**サタンと悪霊に勝利する力**」の項 p.1726)。

2:6　ソドムとゴモラ　→創19:

2:8　その正しい心を痛めていた　神と正しい関係を持ち神の原則と基準によって徹底的に生きようとしている人々には、義 (神の基準による正しいこと) を愛し悪を憎むという大きな特徴が見られる (→ヘブ1:9注)。この世界の罪や不道徳、不信心を見るとき (→エゼ9:4注, ヨハ2:13-17, 使17:16)、この人々は悩み悲しまずにはおられない (2:7-8)。

9 これらのことでわかるように、主は、敬虔な者たちを誘惑から救い出し、不義な者どもを、さばきの日まで、懲罰のもとに置くことを心得ておられるのです。
10 汚れた情欲を燃やし、肉に従って歩み、権威を侮る者たちに対しては、特にそうなのです。彼らは、大胆不敵な、尊大な者たちで、栄誉ある人たちをそしって、恐れるところがありません。
11 それに比べると、御使いたちは、勢いにも力にもまさっているにもかかわらず、主の御前に彼らをそしって訴えることはしません。
12 ところがこの者どもは、捕らえられ殺されるために自然に生まれついた、理性のない動物と同じで、自分が知りもしないことをそしるのです。それで動物が滅ぼされるように、彼らも滅ぼされてしまうのです。
13 彼らは不義の報いとして損害を受けるのです。彼らは昼のうちから飲み騒ぐことを楽しみと考えています。彼らは、しみや傷のようなもので、あなたがたといっしょに宴席に連なるときに自分たちのだましごとを楽しんでいるのです。
14 その目は淫行に満ちており、罪に関しては飽くことを知らず、心の定まらない者たちを誘惑し、その心は欲に目がありません。彼らはのろいの子です。
15 彼らは正しい道を捨ててさまよっています。不義の報酬を愛したベオルの子バラムの道に従ったのです。
16 しかし、バラムは自分の罪をとがめられました。ものを言うことのないろばが、人間の声でものを言い、この預言者の狂った

9 ①Ⅰコリ10:13, 黙3:10
 *あるいは「試練」
 ②黙マタ10:15, ユダ6
10 ①Ⅱペテ3:3, ユダ16, 18
 ②ユダ8, 黙出22:28
 ③黙テト1:7
 *あるいは「御使いたち」
11 ①ユダ9
12 ①ユダ10
 ②黙エレ12:3, コロ2:22
13 ①Ⅱペテ2:15
 ②黙Ⅰテサ5:7
 ③黙ロマ13:13
 ④ユダ12,
 ⑤黙Ⅰコリ11:21
 *異本「愛餐」,
 ⑥黙ユダ12
14 ①黙ヤコ1:8,
 Ⅱペテ3:16
 ②Ⅱペテ2:18
 ③黙Ⅱペテ2:3
 ④黙エペ2:3
15 ①黙使13:10
 ②Ⅱペテ2:10
 ③民22:5, 7, 申23:4,
 ネヘ13:2, ユダ11,
 黙2:14
16 ①黙22:21, 23, 28, 30, 31

2:9 敬虔な者たちを・・・救い出し ロトの救いと永遠の生き方は、周りの汚れた振舞や不道徳な生活様式にどのように対応するかによって決定した(2:8)。
(1) ロト個人は、悪を拒み「無節操な者たちの好色なふるまい」に反対していたので、神は救い出してくださった(2:7, →2:8注)。
(2) 同じように、この悪の世界から忠実な信仰者を救い出すためにキリストはある日再び来られる(→ヨハ14:3注)。それは、不信心な人々に怒り(義の怒り、審判、さばき)が注がれる前のことである(3:10-12, →「携挙」の項 p.2278)。そのときまで、キリストを愛する人々は、社会の中で汚れた振舞や絶望的な生活様式、神に対する反抗などのとりこになっている人々を見て、悲しみ続けることになる。
(3) 神は忠実な人々を、あらゆる時代に不道徳で腐敗した人々から救い出し守って下さる。私たちはそのことを確信することができる(⇒マタ6:13, Ⅱテモ4:18, 黙3:10)。

2:10 特にそうなのです にせ教師たちが神のさばきを受けることは確かである。その理由は二つある。
(1) にせ教師たちは人間の罪深い性質の堕落した欲望の言いなりになっている。ここでは同性愛(男色の罪 →創19:5)かそれと同じような性的行動のことが言われていると思われる。(2) そして権威(地上のものと天のものの両方)を軽んじている(→次の注)。

2:10 権威を侮る者たちに・・・栄誉ある人たち 不信心で不道徳な人々はソドムの同性愛者と同じように(2:8, ⇒創19:4-11)、キリストやみことばのように、悪を抑制する権威を持つものをみな侮っているとペテロは言っている。さらにこのにせ教師たちは、栄誉ある人たち(欄外注には「御使いたち」とあり、ソドムを訪れた御使いを指していると思われる)さえののしる(のろう、侮辱する)ほどごう慢だったと言われている(⇒ユダ1:8-10)。

2:14 その目は淫行に満ちて このことばを直訳すると、「目は姦通する女に満ちて」となる。それは女性ならだれに対しても絶えず肉欲(強い性的願望を持つこと)を持ち、性の対象としてしか見ないという意味である。このような異常な行動や腐敗は、今日の社会でますます広がり受け入れられるようになっている。

2:15 バラムの道 にせ預言者のバラムは、バラクが申し出たお金がほしかったので、神の命令に反してイスラエルをのろおうとした(→民22:-24:)。ペテロはこのことばを使って、神の民を犠牲にして自分の個人的栄誉と物質的な利益を求める人々のことを言っている(⇒民31:16, 黙2:14, →民25:2注)。さらにペテロは、にせの教師や説教者の特徴は性的不品行と名誉欲、お金への欲望であると強調する。

2:16 人間の声でものを言い ペテロは旧約聖書に記録されている奇蹟をはっきりと信じている。今日自称批評家(時には教会の中にもいる)の中には、神のことばに記録されている奇蹟を馬鹿にし、ののしり信じないで拒む人々がいる。その人々はさらに、奇蹟を信じる人々は無知でだまされやすい人だと言って拒んでいる。けれども本当の信仰者は神のことばをそのまま受入れ、聖書の奇蹟をみな受入れている(→「**キリストの奇蹟**」の表 p.1942,「**使徒たちの奇蹟**」の表 p.1941)。そして神は今日でも祈りと信仰に応えて奇蹟を行って

IIペテロ 2-3章

振舞いをはばんだのです。
17 この人たちは、水のない泉、突風に吹き払われる霧です。彼らに用意されているものは、＊まっ暗なやみです。
18 彼らは、むなしい大言壮語を吐いており、誤った生き方をしていて、ようやくそれをのがれようとしている人々を肉欲と好色によって誘惑し、
19 その人たちに自由を約束しながら、自分自身が滅びの奴隷なのです。人はだれかに征服されれば、その征服者の奴隷となったのです。
20 主であり救い主であるイエス・キリストを知ることによって世の汚れからのがれ、その後再びそれに巻き込まれて征服されるなら、そのような人たちの終わりの状態は、初めの状態よりももっと悪いものとなります。
21 義の道を知っていながら、自分に伝えられたその聖なる命令にそむくよりは、それを知らなかったほうが、彼らにとってよかったのです。
22 彼らに起こったことは、「犬は自分の吐いた物に戻る」とか、「豚は身を洗って、またどろの中にころがる」とかいう、ことわざどおりです。

17 ①圀ユダ12、②ユダ13
　 ＊直訳「やみの暗黒」
18 ①圀エペ4:17、②ユダ16
　 ②圀Ⅱペテ2:20、圀Ⅰペテ1:4、Ⅱペテ2:2
　 ③圀Ⅱペテ2:14
19 ①圀ロマ6:16、圀ヨハ8:34
20 ①Ⅱペテ1:11、3:18
　 ②圀Ⅱペテ2:2
　 ③圀Ⅱペテ2:18
　 ④圀Ⅱテモ2:4、⑤圀マタ12:45、ルカ11:26
21 ①圀エゼ18:24、ヘブ6:4以下、10:26, 27、ヤコ4:17
　 ②ユダ3、③圀Ⅱペテ3:2、圀ガラ6:2、Ⅰテモ6:14
22 ①箴26:11

1 ①Ⅱペテ3:8, 14, 17、圀Ⅱペテ2:11
　 ②圀Ⅰペテ1:13
2 ①圀ルカ1:70、使3:21、圀ペテ3:5、②圀Ⅱペテ2:21、圀ガラ6:2、Ⅰテモ6:14、③圀ユダ17
3 ①圀ペテ1:20
　 ②圀Ⅰテモ4:1、圀ヘブ1:2、③ユダ18
　 ③圀ペテ2:10
4 ①圀イザ5:19、エレ17:15、エゼ11:3、12:22, 27、マラ2:17、マタ24:48
　 ②圀Ⅱペテ3:12、Ⅰテサ2:19
　 ③圀使7:60
　 ④圀マコ10:5
5 ＊別訳「彼らは次のことを故意に忘れようとしているのです」、①創1:6, 9、ヘブ11:3、②コロ1:17、詩24:2、136:6
6 ①圀Ⅱペテ2:5
　 ②創7:21, 22
7 ①圀Ⅱペテ3:10, 12
　 ②圀イザ66:15, ダニ7:9, 10、圀Ⅰテサ1:7、ヘブ12:29、圀マタ10:15、Ⅰコリ3:13、ユダ7

主の日

3 1 愛する人たち。いま私がこの第二の手紙をあなたがたに書き送るのは、これらの手紙により、記憶を呼びさまさせて、あなたがたの純真な心を奮い立たせるためなのです。
2 それは、聖なる預言者たちによって前もって語られたみことばと、あなたがたの使徒たちが語った、主であり救い主である方の命令とを思い起こさせるためなのです。
3 まず第一に、次のことを知っておきなさい。終わりの日に、あざける者どもがやって来てあざけり、自分たちの欲望に従って生活し、
4 次のように言うでしょう。「キリストの来臨の約束はどこにあるのか。父祖たちが眠った時からこのかた、何事も創造の初めからのままではないか。」
5 ＊こう言い張る彼らは、次のことを見落としています。すなわち、天は古い昔からあり、地は神のことばによって水から出て、水によって成ったのであって、
6 当時の世界は、その水により、洪水におおわれて滅びました。
7 しかし、今の天と地は、同じみことばによって、火に焼かれるためにとっておかれ、不敬虔な者どものさばきと滅びとの日

くださると信じ、また知っている(→ヨハ6:2注)。

2:19 その人たちに自由を約束しながら　キリストが再び来られる前の終わりの日には(→Ⅰテモ4:1注、Ⅱテモ3:1注)、信仰に伴う様々な制限から解放することを約束する不法の霊(⇒Ⅰヨハ3:4)が、社会に(一部の教会の中にも)格別に広まるようになる。そして神の道徳の絶対的基準(あらゆる時代のあらゆる情況の中のあらゆる人々に適応される基準)は時代遅れで廃れたと見なされる。教会の中でも、神の基準は個人の自由や自己実現やしあわせに対する律法主義的な抑圧であると考える人が多くなる(→Ⅱコリ3:17注、⇒ガラ5:13、Ⅰペテ2:16)。人々は自分自身を人生の最高の権威として主張するけれども、実際は自分の堕落した性格と欲望の奴隷になるだけである(→ロマ1:24注、27注)。

2:20 のがれ・・・再びそれに巻き込まれて　2:20-22では、にせ教師やその弟子たちの中には、一度はキリストを知り罪を赦され、罪の力から解放されてキリストに従っていた人がいたことがはっきり示されている。けれどもその人々が、後に信仰を棄ててキリストに背を向け、以前の生活に戻って救いを失ってしまったのである(⇒2:1, 15、「背教」の項p.2350)。

3:4 キリストの来臨の約束はどこにあるのか　終りの日(キリストの誕生による最初の来臨と第二の来臨との間の期間)ににせ教師たちは、キリストが再び来られてその教会(花嫁)を引上げてともにいるようにさせ(黙22:17)、不信心な世界の制度を破壊して(⇒黙19:11-21)、世界に創造の秩序を回復し新しくしてくださる(ロマ8:19-22、⇒黙20:〜)ことを疑い否定する。

3:7 火に焼かれるためにとっておかれ　天と地(全世界や宇宙、物質世界)は罪によって汚染されているので、神は火によってそれを完全に破壊することを決断された(3:7, 10, 12)。その日は、ノアの時代に洪水が襲ったように必ず来る。神が火によって地をきよめるために介入されるということは、罪は必ずさばかれるというメッセージを伝えている。

まで、保たれているのです。

8 しかし、愛する人たち。あなたがたは、この一事を見落としてはいけません。すなわち、主の御前では、一日は千年のようであり、千年は一日のようです。

9 主は、ある人たちがおそいと思っているように、その約束のことを遅らせておられるのではありません。かえって、あなたがたに対して忍耐深くあられるのであって、ひとりでも滅びることを望まず、すべての人が悔い改めに進むことを望んでおられるのです。

10 しかし、主の日は、盗人のようにやって来ます。その日には、天は大きな響きをたてて消えうせ、天の万象は焼けてくずれ去り、地と地のいろいろなわざは焼き尽くされます。

11 このように、これらのものはみな、くずれ落ちるものだとすれば、あなたがたは、どれほど聖い生き方をする敬虔な人でなければならないことでしょう。

12 そのようにして、神の日の来るのを待ち望み、その日の来るのを早めなければなりません。その日が来れば、そのために、天は燃えてくずれ、天の万象は焼け溶けてしまいます。

---

8 ①Ⅱペテ3:1 ②詩90:4
9 ①ハバ2:3、ヘブ10:37、ロマ13:11 ②ロマ2:4、黙2:21 ③Ⅰテモ2:4、黙2:21
10 ①Ⅰコリ1:8 ②Ⅰテサ5:2、マタ24:43、黙3:3, 16:15 ③Ⅱペテ3:7, 12 ④マタ24:35、黙21:1 ＊別訳「諸原素」 ⑤イザ34:4、イザ24:19、ミカ1:4等、ガラ4:3 ⑥Ⅱペテ3:7 ＊＊異本「見つけ出されます」
12 ①Ⅰコリ1:7 ②Ⅱペテ3:7, 10 ③イザ34:4、イザ24:19、ミカ1:4等、ガラ4:3

3:8 一日は千年のようであり 神は時間を人が見るようには見ておられないで、永遠の観点から見ておられる(⇒詩90:4)。したがって「千年」も、人が見るのとは違って見える。永遠の観点から見ると、そのような期間は一日と同じようなものである。神は私たちが千年かかると思うことを一日で完成することができるし、私たちが一日で完了してほしいと願うことを千年かけて実現してくださる。大切なことは、私たちが忍耐強く神の時を待たなければならないということである。

3:9 ひとりでも滅びることを望まず 主がご自分の民のために再び来られるのが遅れているように思われる理由は、主の大きな忍耐とあわれみにある。このことは直接的には、キリストがご自分に従う人々に福音を全世界に伝え主に従うように教えなさいと言われた使命と関係している(マコ16:15、マタ28:19)。この宣教の使命が完了したときに、終りはやって来る(マタ24:14)。人々がみないのちを救うキリストの福音を聞き、霊的に失われ神から離され永遠に罰せられる人が一人もいないことを神は願っておられる(Ⅰテモ2:4、→エゼ33:11注、ヨナ3:10注)。けれどもこれは、人々がみな救われるという意味ではない。なぜなら、罪の赦しと神とともに過す永遠のいのちへの神の優しい招きを拒むなら、その人は霊的に失われたままだからである。

3:10 主の日 「主の日」は、教会にいる忠実な人々を天に引上げるために突然キリストが再び来られるときに始まる、長い時間を指している(→「携挙」の項p.2278、→マタ24:42各注、44注)。「その日」は、現在の天と地が滅ぼされ、新しい天と新しい地が創造されたときに終る(黙21:-22:、→ヨエ1:14注、ゼパ1:7注、Ⅰテサ5:2主の日の注)。けれどもここの「主の日」は、その期間の特に最後の部分を指している。つまりそれは私たちの知っている歴史と時間の終りのことである。そのとき、現在の天と地(物質世界)は神の燃える火のさばきによって滅ぼされ、その代りに新しい天と新しい地が創造される(黙21:-22:、→ヨエ1:14注、ゼパ1:7注、Ⅰテサ5:2主の日の注)。ここでは、旧約聖書のダニエル書や新約聖書の黙示録に見られるような黙示文学のことば(終りのときの滅亡を表している)が使われていることを忘れてはならない。つまり実際の出来事は、時にははっきり表現できないので比喩的なことばを使って示されているのである。ここに描かれていることは、目に見える天体が大音響とともに破壊され(3:12)、地上のあらゆる物質が焼き尽されるということである(→3:12)。→「終末の事件」の表p.2471

3:11 聖い生き方をする敬虔な人 物質世界は一時的なものであることを考えると、私たちの人生の価値観や優先順位、未来への展望は大きく変るはずである。神は間もなく世界を滅ぼし、神を受入れていない人々をさばかれる。したがって私たちは、この世界の制度や物事に執着するべきではない。むしろ私たちは聖く生きる決心をしなければならない。それは道徳的にきよく誠実で、霊的に健全で悪から分離し、神への献身と神の目的に専念することである。私たちは人生の価値観や目標、目的などを、神と新しい天と新しい地への希望を中心にしたものにしていかなければならない(3:13、→「信者の霊的聖別」の項p.2172、「聖化」の項p.2405)。

3:12 その日の来るのを早めなければなりません ここにはキリストが再び来られるのを実際に早めることができる方法が提案されている。それは、(1) 全世界にキリストの福音を広めることに専心すること(3:9、マタ24:14)、(2)「主イエスよ、来てください」と祈って私たちの願いを熱心に示すこと(黙22:20、⇒マタ6:10)である。

IIペテロ　3章

¹³ しかし、私たちは、神の①約束に従って、②正義の③住む新しい④天と新しい地を待ち望んでいます。

¹⁴ そういうわけで、①愛する人たち。このようなことを待ち望んでいるあなたがたですから、しみも傷もない者として、②平安をもって③御前に④出られるように、励みなさい。

¹⁵ また、私たちの①主の②忍耐は救いであると考えなさい。それは、私たちの愛する③兄弟パウロも、その与えられた知恵に従って、あなたがたに書き送ったとおりです。

¹⁶ その中で、ほかのすべての手紙でもそうなのですが、①このことについて語っていま

す。その①手紙の中には理解しにくいところもあります。無知な、②心の定まらない人たちは、聖書の他の③個所の場合もそうするのですが、それらの手紙を曲解し、自分自身に滅びを招いています。

¹⁷ 愛する人たち。そういうわけですから、このことをあらかじめ知っておいて、よく①気をつけ、②無節操な③者たちの④迷いに誘い込まれて自分自身の堅実さを失うことにならないようにしなさい。

¹⁸ 私たちの主であり救い主であるイエス・キリストの恵みと知識において成長しなさい。このキリストに、栄光が、今も永遠の日に至るまでもありますように。アーメン。

---

13 ①イザ65:17, 66:22　②イザ60:21, 65:25, 圀黙21:27　③黙21:1, 圀ロマ8:21
14 ①圀IIペテ1:10, Iコリ15:58, ②圀IIペテ3:1　③ピリ2:15, Iテモ6:14, ヤコ1:27, 圀Iテサ5:23　④圀Iペテ1:7
15 ①圀IIペテ3:9, ②圀使9:17, 15:25, IIペテ3:2　③圀Iコリ3:10, エペ3:3
16 ①圀IIペテ3:14
①圀ヘブ5:11　②圀Iペテ2:14　③圀イザ28:13, IIペテ3:2
17 ①圀IIペテ3:1, Iコリ10:12, ②IIペテ2:7　④圀IIペテ2:18, ⑤黙2:5
18 ①圀Iペテ1:11, 2:20　②圀IIペテ1:2　③圀ロマ11:36, 黙1:6　圀IIテモ4:18, 黙1:6

3:13　新しい天と新しい地を待ち望んでいます　→ヘブ11:10注, →黙21:～

3:16　その手紙・・・聖書の他の個所　ペテロは、パウロの手紙を神の霊感を受けた権威のある聖書(旧約聖書)の中のほかの書物と同じレベルであると言っている。私たちが今日「聖書」というのは、文書になった神のことば(旧約聖書と新約聖書の両方の書物)のことである。それは人類への神の啓示であり、イエス・キリストを信じる信仰を通して罪の赦しと新しいいのち、神との永遠の関係が与えられることを伝える福音である(→「聖書の霊感と権威」の項 p.2323)。

3:17　自分自身の堅実さを失うことにならないようにしなさい　→「背教」の項 p.2350

ヨハネの手紙　第一

概　要
序言：いのちのことばとしての神の御子イエスの真実(1:1-4)
Ⅰ．神との親しい関係(1:5-2:28)
　A．神との純粋な関係を持つ原則(1:5-2:2)
　　1．霊的暗やみから出て神の光の中で生きること(1:5-7)
　　2．罪を告白し罪深さからきよめられること(1:8-2:2)
　B．神との純粋な関係を保つ具体的方法(2:3-28)
　　1．神への服従(2:3-5)
　　2．キリストにならうこと(2:6)
　　3．ほかの人々への愛(2:7-11)
　　4．救いの確信(2:12-14)
　　5．世的なことからの分離(2:15-17)
　　6．真理への忠誠(2:18-28)
Ⅱ．神の子どもたち(2:29-3:24)
　A．神の子どもの特性(2:29-3:18)
　B．神の子どもとしての確信(3:19-24)
Ⅲ．真理の霊(4:1-6)
　A．にせものを見分けること(4:1, 3, 5)
　B．真理を主張すること(4:2, 4, 6)
Ⅳ．神の愛(4:7-5:3)
　A．愛の源と啓示－キリストを通しての神(4:7-10)
　B．神の愛に気付き頼ること(4:11-16)
　C．愛の完成と確信(4:17-18)
　D．愛の証拠と応答(4:19-5:3)
　　1．ほかの人々への愛(4:19-5:2)
　　2．神への服従(5:2-3)
Ⅴ．神からの保証(5:4-20)
　A．世に勝つことについて(5:4-5)
　B．キリストの真理について(5:6-10)
　C．キリストによる永遠のいのちについて(5:11-13)
　D．祈りの応えについて(5:14-17)
　E．三つの確かなことについて(5:18-20)
　　1．忍耐への報いと保護(5:18)
　　2．神の救いの手と世界に対するサタンの支配(5:19)
　　3．主イエスは真理である(5:20)
結論(5:21)

著　者：ヨハネ

主　題：真理を知り、神に従い、愛に生きること

著作の年代：紀元85－95年

著作の背景

　新約聖書にはヨハネの名前がつけられている書物が五つある。それは福音書(イエス・キリストの生涯についての四つの物語の一つ)と三つの手紙と黙示録である。この手紙の中でヨハネは自分の名前を出していないけれども、２世紀の証人たち(パピアス、イレナエウス、テルトゥリアヌス、アレキサンドリヤのクレメンスのような教会の指導者や著述家)はこれが主イエスの十二弟子の一人である使徒ヨハネによって書かれたと断言している。ヨハネの第一の手紙とヨハネの福音書は、主題と表現(光とやみ、いのちと死、真理と偽り、愛と憎しみのような対比)の扱い方が似ている。また同じように文体と用語(簡単なギリシヤ語)もよく似ている。そのことによってこの二つは使徒ヨハネが書いたという古代のキリスト教の証言が信頼できることが確認される(ヨハネについての詳細 →ヨハ緒論)。

　この手紙は、元々信仰者たち(キリスト者)にあてて書かれたということがいくつかの箇所(2:12-14, 19, 3:1, 5:13)によって裏付けられている。けれどもそれが、だれでどこに住んでいた人々かを示す詳細な記事はこの手紙の中には見られない。またこの手紙の中にはあいさつのことばや関係する人や場所や出来事などが全く見られない。これは珍しいことであるけれども、なぜこの形式で書かれたのか、その理由は、ヨハネがエペソ(生涯の最後を過した場所 70-100年頃)にある自宅からアジヤ地方のいくつかの教会にあてて書いたという説明で理解できると思われる。ヨハネはその地方の様々な教会で奉仕をしていたとアレキサンドリヤのクレメンスはその書物に書いている。その地方の教会は、ヨハネの使徒(主イエスの福音を伝え新約聖書の教会を建上げるために直接主イエスから権威を与えられ任命された人 ⇒黙1:11)としての権威を認めていたことが確実である。教会はみな同じような問題と困難に直面していたので、ヨハネはこれを回覧用の手紙(様々な地域にいるキリスト者の間で回して読まれるもの)として書き、個人的な使者に口頭でのあいさつとともに託して送ったものと思われる。

　この手紙が扱っている最も重要な問題は、キリストを通しての霊的な救いとその救いが生活にどのように影響するかについて、間違った教えが起こり影響を与えていることである。地域の教会につながっていたある人々は教会を既に離れてしまった(2:19)。さらにその間違った教えの影響は、キリストの福音をゆがめて多くの混乱を引起こしていた。ある人々は自分が永遠のいのちを持っていることをどのようにしたら「知る」ことができるかわからずに、自信を失い始めていた。教理(信仰と教えの基礎)的にこのにせ教師たちは、主イエスがキリスト(メシヤ、救い主、神の御子 2:22, ⇒5:1)であることや肉体を持って(人間として 4:2-3)来られたことを否定した。そして倫理(行動の道徳基準について)的には、キリストの命令に従うこと(2:3-4, 5:3)、この世界の欲望に勝利すること(2:15-17)、悪をさけること(3:7-12)などは、霊的救いには必ずしも必要ではないと教えていた(⇒1:6, 5:4-5)。

　その様々な間違った教えは、教会の最初の２世紀に起きた最も危険な異端(証明され確立されている神のことばの真理と矛盾する間違った信仰と教え)の一つであるグノーシス主義の初期のかたちだった。その基本的な教えは、「霊」(霊の領域)は全部善であるけれども、「物質」(自然界)は全部悪であるということだった。その結果、救いは肉体から逃れることによって得られるという信仰が生れた。この信仰はキリストを信じる信仰ではなく、特別な知識(ギリシヤ語の「知識」は「グノーシス」)によって与えられたものである。この間違った信仰によって、ある人々は主イエスの人間性を否定し(⇒2:22-23, 4:3)、主イエスの人生や死、復活について奇妙な考えを受入れた。ある人々は、主イエスはただ肉体を持っているように見えただけであると主張していた。また別の人々は、霊的なキリストは肉体を持つイエスとは別の存在で、それが一緒になっていたのはバプテスマを受けたときから十字架の死の直前までの期間だけであると信じていた。このような主張に対してヨハネは真っ向から異議を唱えて、主イエスは肉体を持った、人のかたちで来られた神の御子であり、「私たちが・・・目で見たもの、じっと見、また手でさわったもの」であると示した(1:1, →2:22, 4:2-3)。

　霊と物質について善と悪に分けて考えるこの哲学は、さらに二つの極端な考えを生み出した。一つは肉体が悪であると考えた(⇒コロ2:21-23)ので禁欲主義(肉体を否定し痛めつけること)を奨励した。もう一方では、肉体的には何をしても問題はないと考えて、乱れた性的関係やほかの肉体的な快楽を求めていた。正しい信仰を持ってさえいれば肉体の行動は霊性に影響しないと思ったのである。これに対してヨハネは反駁し、神の命令と神の律法にある道徳規準に従い、世俗の欲望から離れることを根気強く強調した(⇒2:3-5, 15-17, 3:3-10, 5:2-3, 18)。さらにヨハネは、普通「知る」と訳される二つのギリシヤ語の動詞(そのうちの一つはグノーシス主義の名称と直接関連している)を42回使っている。そうすることによってヨハネは、神を知る本当の知識はこのにせ教師たちやほかの人々によって教えられた秘密の「知恵」から来るのではないことを強調した。神を知ることは、神の御子イエス・キリストとの個人的な関係によって初めて可能になるのである(→1:3, 5:20)。

目　　的

　ヨハネは二つの重要な目的を持ってこの手紙を書いた。それは、（1）にせ教師たちの教理的（信仰を扱う）、倫理的（行動を扱う）誤りを暴いて反対をすることと、（2）霊の子どもたちに純粋な生活と神との交わりを追い求め、それが真実で正しいことを熱心に求めるかたちで現されるように訴えることだった。そのような人生は喜び（1：4）と永遠のいのちの確信（5：13）に満ちている。それは神の御子である主イエスに従う信仰（4：15、5：3-5、12）と聖霊の変らない臨在（2：20、4：4、13、→「**救いの確証**」の項 p.2447）から来るものである。ある人々はこの手紙がヨハネの福音書に添えられるように書かれたと考えている。

概　　観

　信仰と振舞（原則と実践）はこの手紙の中で密接に紡ぎ合されている。ヨハネが「反キリスト」と呼ぶ（2：18-22）にせ教師たちは、キリストについての本当の教えと正しい生活を示す神の基準を捨てたりむしばんだりしていた。ペテロの手紙第二やユダの手紙のように、ヨハネの手紙第一はそのような破壊的メッセージと生活様式を導入するにせ教師たち（2：18-19、22-23、26、4：1、3、5）を激しく拒み非難をしている。→「**にせ教師**」の項 p.1758

　肯定的な面では、この手紙には神の本当の知識と神との交わりの特徴が描かれている（1：3-2：2）。そしてヨハネは、信仰者が永遠のいのちを持っていることを確信するための点検項目を五つ挙げている。（1）キリストについての真理の確認（1：1-3、2：21-23、4：2-3、15、5：1、5、10、20）、（2）キリストの命令に従う従順な信仰（2：3-11、5：3-4）、（3）聖い生活（罪から離れ神との交わりを持つこと　1：6-9、2：3-6、15-17、29、3：1-10、5：2-3）、（4）神とほかの人々への愛（2：9-11、3：10-11、14、16-18、4：7-12、18-21）、（5）聖霊のあかし（2：20、27、4：13、5：7-12）。この五つの領域の実（個性に現れる効果的な結果）が生活の中で明らかであるなら、その人々は永遠のいのち（5：13）を持っていることを確信することができるとヨハネは結論している（→「**救いの確証**」の項 p.2447）。

特　　徴

　この手紙には五つの大きな特徴がある。

　（1）この手紙は光とやみ、真理と偽り、義と罪、愛と憎しみ、神を愛することと世を愛すること、神の子どもと悪魔の子どもなど、対照的なことばを使い、またそれらには中間の立場がないことを示すことによって、キリスト者の生活を定義している。

　（2）特に注目するべきことは、キリストを心から信じている人も罪を犯すけれども、そのとき御父の前で弁護してくださる方（《ギ》パラクレートス　ほかの人々のためにそばに来て支え代弁する人）がおられる。そしてそれは主イエスであると示しているのは新約聖書の中でこの書物だけである（2：1-2、⇒ヨハ14：16-17、26、15：26、16：7-8）。

　（3）この手紙のメッセージは旧約聖書の啓示ではなく、ほとんど全部キリストについてのヨハネの個人的な直接的知識に基づいている。旧約聖書への参照はほとんどない。

　（4）この手紙のキリスト論（キリストの特性と品性と行動に関する教え）は間違った教えの間違いを示すことを目的にしているので、主イエスの次の二つの点について特に焦点を当てている。（a）受肉（人間のかたちをとって来られたこと）、（b）血（十字架の上での犠牲）。そして主イエスが死からよみがえられたことについては触れないでいる。それは、心からキリストに従っている人々はそのことを知っており受入れているとヨハネが想定していたからと思われる。

　（5）「光」、「真理」、「信じる」、「とどまる」、「知る」、「愛する」、「正しい（く）」、「あかし」、「神から生まれ」、「永遠のいのち」のようなことばを議論するときのヨハネの文体は単純で繰返しが多い。

ヨハネの手紙　第一の通読

　新約聖書全体を１年間で通読するためには、ヨハネの手紙第一を次のスケジュールに従って５日間で読まなければならない。
　☐1：1-2：14　☐2：15-3：10　☐3：11-24　☐4　☐5

いのちのことば

1 ¹ 初めからあったもの、私たちが聞いたもの、目で見たもの、じっと見、また手でさわったもの、すなわち、いのちのことばについて、

² ——このいのちが現れ、私たちはそれを見たので、そのあかしをし、あなたがたにこの永遠のいのちを伝えます。すなわち、御父とともにあって、私たちに現された永遠のいのちです。——

³ 私たちの見たこと、聞いたことを、あなたがたにも伝えるのは、あなたがたも私たちと交わりを持つようになるためです。私たちの交わりとは、御父および御子イエス・キリストとの交わりです。

⁴ 私たちがこれらのことを書き送るのは、私たちの喜びが全きものとなるためです。

光の中を歩くこと

⁵ 神は光であって、神のうちには暗いところが少しもない。これが、私たちがキリストから聞いて、あなたがたに伝える知らせです。

⁶ もし私たちが、神と交わりがあると言っていながら、しかもやみの中を歩んでいるなら、私たちは偽りを言っているのであっ

1:1 初めからあったもの ヨハネはこの手紙をヨハネの福音書(主イエスの生涯についての物語 →ヨハ1:1注, 2注)と同じようなかたちで書き始めている(1:1-4)。

1:1 目で見たもの・・・手でさわったもの ヨハネはこの手紙を主イエスについての自分の個人的な体験のあかしで始める。そして永遠から存在していた方が「人となっ」た(肉体と血を持った人 ヨハ1:14)という事実を確認する。この方はまことの神であり、まことの人だった(→ヘブ2:14注)。このあかしは当時広まっていたにせの教えを真っ向から否定した。にせの教えは、主イエスがキリスト(神が約束された救い主)であることとキリストが肉体をもって実在したことを否定していた。この間違った教えはグノーシス主義の初期のかたちで、「霊」(霊の領域)は基本的に善であるけれども、「物質」(自然界)は基本的に悪であると教えた。そこから、救いは肉体から逃れることによって達成され、キリストを信じる信仰ではなく特別な知識(ギリシヤ語の「知識」は「グノーシス」)によるという信仰が生み出された。この間違った信仰によって、ある人々は主イエスの人間性を否定したり(⇒2:22-23, 4:3)、主イエスは実際の肉体を持っていたのではなく、肉体を持っているように現れただけだというおかしな考えを持ったりするようになった(詳細 →緒論)。ヨハネは主イエスが人間の肉体を持った神の御子であるとはっきりと説明して、これらの考えに真っ向から反論した(1:1, ⇒2:22, 4:2-3)。

1:2 永遠のいのち ヨハネは、永遠のいのちはキリストご自身であると定義する。そしてヨハネの福音書の中で、「その永遠のいのちとは、彼らが唯一のまことの神であるあなたと、あなたの遣わされたイエス・キリストとを知ることです」と言っている(→ヨハ17:3)。これは、永遠のいのちとは将来の希望であるだけではなく現在現実にあるもので、私たちはイエス・キリストを信じる信仰を通して神との個人的な関係に入ったその時から体験し始めるものであることを意味する。まさに本当のいのちはイエス・キリストを信じて従い、生き生きとした個人的な関係を持って初めて見出すことができるものである(1:2, 6-7, 2:22-25, 5:20)。

1:3 私たちと交わり 「交わり」(《ギ》コイノーニア)を直訳すると「共通のものを持つ」ということで、ほかの信仰者たちと分かち合い、かかわりを持つということである。キリスト者は交わりを持つことができる。それは信仰(テト1:4, ユダ1:3)、キリストを通して注がれる神の恵み(受けるにふさわしくない好意、愛、助け Ⅰコリ1:9, ピリ1:7, →「**信仰と恵み**」の項 p.2062)、内に住んでおられる聖霊(ヨハ20:22, ロマ8:9, 11)、御霊の賜物(ロマ12:6-8, →「**聖霊の賜物**」の表 p.2096, 「**聖霊の働き**」の表 p.2187)など、多くの共通のものを持っているからである。またキリスト者はみな共通の敵と霊的戦いをしている(2:15-18, Ⅰペテ5:8)。けれども新約聖書の信仰の教えを拒む人々とキリストに従う人々は神を中心にした本当の交わりを持つことはできない(Ⅱヨハ1:7-11, →ガラ1:9注)。

1:6 神と交わり 「やみの中を歩んでいる」とは、神の真理と神との個人的な関係を持たずに生きているという意味である。それは神の基準を拒み、自己中心的で不道徳な喜びに向かって自分の生き方を求めることである。このような生き方をする人々は、「神と交わり」を持っていないし「神から生まれた」のでもない(⇒3:7-9, ヨハ3:19, Ⅱコリ6:14)。その行動が神との救いの関係を持っていないことを示している。けれども、罪の赦しとキリストとの深い交わりを持つ機会を受入れた人は霊的なきよさの中を生き、神の基準に照らして正しいことを行うために必要な神の好意や助け、力などを体験する(1:7, ⇒2:4, 3:10)。

て、真理を行ってはいません。
⁷ しかし、もし神が光の中におられるように、私たちも光の中を歩んでいるなら、私たちは互いに交わりを保ち、御子イエスの血はすべての罪から私たちをきよめます。
⁸ もし、罪はないと言うなら、私たちは自分を欺いており、真理は私たちのうちにありません。
⁹ もし、私たちが自分の罪を言い表すなら、神は真実で正しい方ですから、その罪を赦し、すべての悪から私たちをきよめてくださいます。
¹⁰ もし、罪を犯してはいないと言うなら、私たちは神を偽り者とするのです。神のみことばは私たちのうちにありません。

2 ¹私の子どもたち。私がこれらのことを書き送るのは、あなたがたが罪を犯さないようになるためです。もしだれかが

6 ③団ヨハ3:21
7 ①圏 Iテモ6:16, ②イザ2:5
③ヘブ7:14, 黙7:14, 団テト2:14
8 ①ヨブ15:14, 箴20:9, ロマ3:10以下, ②ヨハ2:4, ヨハ8:44
9 ①詩32:5, 箴28:13

⑤ヘブ9:14, 黙7:14,
団テト2:14
10 ①ヨブ15:14, 箴20:9, ロマ3:10以下, ②Ⅰヨハ5:10, ヨハ3:33, 団Ⅰヨハ2:4

1 ①Ⅰヨハ2:12, 28, 3:7, 18, 4:4, 5:21, ヨハ13:33, ガラ4:19, ②団Ⅰヨハ1:4

1:7 光の中を歩んでいる 「光の中を」歩むとは、みことばによって啓示されている神の真理を信じ受入れ、神の助けを受けながら、ことばと行いにおいて神の真理によって生きるように熱心に努力し続けるという意味である。「御子イエスの血はすべての罪から私たちをきよめます」という表現は、キリストに従う人々の生活の中で進められる聖化（霊的道徳的純粋性、洗練、成長、発展、成熟を図り、神の目的のために備える）の働きを指している。神は私たちが気付いていないような罪のきよめの働きを私たちの内におられる聖霊を通して続けてくださる。ここでは光の中を歩むことについて話しているので、神とその基準に対する意図的な反抗などはヨハネの考えの中にはなかったと思われる。引続ききよめられることによって、私たちは神との親しい交わりを持つことができる（→「聖化」の項 p.2405）。

1:7 イエスの血は・・・私たちをきよめます →ロマ3:25注、ヘブ9:14注、10:4注

1:8 もし、罪はないと言うなら ヨハネは動詞ではなく名詞の「罪」（《ギ》ハマルティア　不法行為、神に対する反抗、神の基準の枠から出ている）ということばを使っている。それは罪を単に神に反抗する行動としてではなく、人間の持つ基本的な原則あるいは特徴として強調しているからである。(1) 人間の中には罪というような原理または力は存在しないと主張する人々、あるいは悪い行動をしてもそれは必ずしも罪ではないと言う人々に対してヨハネは反論をしていると思われる。この誤った考えは今日なお、罪の事実を否定する人や悪について決定論的な見解を持つ人々の中に見ることができる。決定論に従う人々が信じているのは、罪は生物的、心理的、社会的要因のような、私たちが制御できない外側の原因や物事によって決定されるということである。したがって人間は、自分で自分を選び、何を行うかを自分で決めることがほとんどまたは全くできない。だとすると、人間は自分の罪深い行動に対して責任がないことになる（→ロマ6:1注, 2注, 7:9-11注）。(2) 信仰者は、罪の性質というものが現実に存在し、自分たちの生活の中で引続き脅威であることに気付かなければならない。キリストに従う人々は、神に反抗する自分たちの傾向や罪の性質から生れる行動を、内におられる聖霊の力を通して殺さなければならない（→ロマ6:11注, 8:13注, ガラ5:16-25）。

1:9 自分の罪を言い表す 私たちが神に逆らい神の基準を無視したことなどを神はいつでも赦そうとしておられる。だからこそ御子イエスを送って私たちの代りに死なせて罪の罰を支払ってくださったのである。けれどもその赦しを受取るには、私たちは自分勝手な道に進み神に反抗していたことを認めなければならない。そして主イエスの権威に従い、私たちの生活を霊的にきよめてもらわなければならない。そのように謙遜に自分をゆだねるとき、神は誠実で（⇒詩143:1）赦す方である（⇒エレ31:34, ミカ7:18-20, ヘブ10:22-23）から、その通りに応答してくださる。神は、(1) 完全な赦しを与えて神との正しい関係を回復し、(2) 罪の罪悪感と滅びからきよめて約束を守ってくださる。神がこのようにしてくださるので、私たちは神との聖い（道徳的に純粋、霊的に健全、罪からの分離、神への献身 詩32:1-5, 箴28:13, エレ31:34, ルカ15:18, ロマ6:2-14）関係を持つことができる。　→「**救いについての聖書用語**」の項 p.2045

1:10 罪を犯してはいないと言う もし自分は罪を犯したことがない、したがってキリストの死を通して神が提供された罪の赦しを受ける必要はないと言うなら、私たちは神をうそつきとしているのである（⇒ロマ3:23）。ヨハネが反論しているにせ教師たちは、自分たちの不道徳な行動は罪ではないと主張していた（→ロマ6:2罪の注）。

2:1 あなたがたが罪を犯さないようになるためです ヨハネは、新しく生れたキリスト者もある種の罪を犯す可能性があると考えていた。けれども、キリスト者は罪を犯すに違いないとは教えていない。むしろ罪を犯さないで生活できるように神の力に頼るように訴えている（⇒ロマ6:15注, Ⅰテサ2:10注）。時には罪を犯し神の基準を破ってしまう人にとっての解決策は、罪を告白してそれから完全に離れることである（→1:9注）。天には「私たちの罪のための・・・なだめの（罪をおおう）供え物」（2:2, ⇒1:7）としての主イエスの

罪を犯すことがあれば、③私たちには、御父の前で弁護する方がいます。義なるイエス・キリストです。
² この方こそ、私たちの罪のための——私たちの罪だけでなく、世全体のための——なだめの供え物です。
³ もし、私たちが神の命令を守るなら、それによって、私たちは神を知っていることがわかります。

1③ロマ8:34, Ⅰテモ2:5, ヘブ7:25, 9:24, 4ヨハ14:16　2①Ⅰヨハ4:14, ヨハ4:42, 11:51, 52, ②Ⅰヨハ4:10, 圏ロマ3:25, ヘブ2:17　3①Ⅰヨハ3:22, 24, 5:3, ヨハ14:15, 15:10, 黙12:17, 14:12, ②Ⅰヨハ2:5, 4:13, 5:2, ③Ⅰヨハ2:4, 3:6, 4:7, 8　4①圏テト1:10, 2, Ⅰヨハ3:6, 4:7, 8, ②圏Ⅰヨハ1:6, ④圏Ⅰヨハ1:8　5①圏ヨハ14:23, ②Ⅰヨハ4:12, ③Ⅰヨハ3:14, 4:13, 5:2　6①圏ヨハ15:4, ②ヨハ13:15, 15:10, Ⅰペテ2:21

⁴ ①②神を知っていると言いながら、その命令を守らない者は、偽り者であり、真理はその人のうちにありません。
⁵ しかし、みことばを守っている者なら、その人のうちには、確かに神の愛が全うされているのです。それによって、私たちが神のうちにいることがわかります。
⁶ ①神のうちにとどまっていると言う者は、自分でもキリストが歩まれたように歩まな

死と、「御父の前で弁護する方」(《ギ》パラクレートス 私たちの弁護人)としての働きがあるので、罪の赦しと霊的きよめが与えられることを私たちは確信することができる。だから私たちはキリストのところに来て罪の赦しと救いを受けた。このことは、キリストが今も私たちの代弁者(法廷で被告人のために弁護する人)として仕えていてくださるので、変ることはない。神の法廷での弁護人は完璧で罪のない人でなければならない。したがって、私たちを弁護する資格があるのは主イエスしかおられない。主イエスは私たちの身代りとしての犠牲的な死と私たちの信仰を基に、御父にとりなし(仲裁する、私たちの立場を訴える)をしてくださるのである(⇒ロマ8:34, ヘブ7:25注, →Ⅰヨハ3:15注, →**とりなし**の項 p.1454)。

2:2　なだめの供え物　神は聖く(純粋性、完全性、悪からの分離)完全に公正であるから、人類が神に対して犯す違反を罰せずにはおられない。けれども神は私たちを愛して(4:10, ヨハ3:16)、自ら御子イエスを送り私たちの代りに死なせることによって、罪に対する罰の必要条件を完璧に満たす唯一の方法を備えてくださった。私たちの「なだめの供え物」(罪をおおい赦しを与える)として、主イエスは私たちの罪の罰を負われ、神の怒り(正当な怒りやさばき)を遠ざけてくださった。罪の赦しは今や世界中のあらゆる人々に提供されている。けれどもそれは信仰と悔い改めによってキリストに立返り個人的に受取らなければならない(神に逆らう道から立返りキリストに従うこと 4:9, 14, ヨハ1:29, 3:16, 5:24, →**救いについての聖書用語**の項 p.2045)。

2:3　私たちは神を知っていることがわかります　ヨハネは、普通「知る」と訳されている二つのギリシヤ語の動詞をこの手紙の中で42回使っている。そのうちの一つは、神と霊的な救いの道について特別な知識(《ギ》グノーシス)を持っていると主張する、にせ教師たちのグループであるグノーシス主義の名称と直接関連している(→1:1目で見たものの注)。神を知る本当の知識(グノーシス)は、これらのにせ教師たちあるいはほかの人々によって示される秘密の知識によって与

えられるのではなく、神の御子イエス・キリストとの個人的な関係によってしか与えられないとヨハネは明らかにした(→1:3, 5:20)。

2:4　その命令を守らない　ヨハネは、霊的救いと関連する神の恵み(一方的に与えられる受けるにふさわしくない好意と愛)についての根本的な教えを乱用している人々と論争をしている。その人々の主張は、救いは私たちの努力ではなく神の恵みによる(それは真実である エペ2:8-9, テト3:5)から、キリスト者は神の道徳律も含めてどんな規則も守る責任がない(それは真実ではない →ロマ2:13, 3:31, 8:4)というものである。ヨハネはこの無律法主義(律法に反対する)の教師たちに反対した。にせ教師たちは罪深い生活を捨てて、神の律法の道徳の原則を守るかどうかは信仰者が自分で決めることだと教えていた。(1) 惑わされた人々は、正しい霊的な知識を持っている限り肉体的に何をしても問題にはならないと信じた。(2) 人々は、神を「知る」ことができ救いの関係を持っても、同時に神の基準や命令を無視することができると主張した(→ヨハ17:3注)。(3) ヨハネは、そのような主張をする人はうそつきであり、その人々の中に神の真実はないと大胆に宣言する。積極的にキリストに従おうとしないでキリストを信じる信仰によって義とされようとしても(神との正しい関係を持つこと)、それは必ず失敗する。

2:6　キリストが歩まれたように歩まなければなりません　主イエスの模範に従うことは、キリスト者にとってどちらでもよいことではない。それは大胆にキリストと一つになり(→マコ8:34注)、その品性を反映しながら進む生き方(→使11:26注)であるはずである。このことは、神のことばに時間をかけなければ全く不可能である。なぜなら、みことばによらなければ主イエスが行おうとしておられることを知ることはできないからである。神のことばを学び、それを生活に適応できるように祈りながら、私たちは聖霊を求め主イエスの足跡に従えるように導いていただき、主の品性が私たちのうちに育つように助けていただくべきである(→ヨハ14:25-26, 17:12-15)。

Ⅰヨハネ3・9-18

7愛する者たち。私はあなたがたに新しい命令を書いているのではありません。むしろ、これはあなたがたが初めから持っていた古い命令です。その古い命令とは、あなたがたがすでに聞いている、みことばのことです。
8しかし、私は新しい命令としてあなたがたに書き送ります。これはキリストにおいて真理であり、あなたがたにとっても真理です。なぜなら、やみが消え去り、まことの光がすでに輝いているからです。
9光の中にいると言いながら、兄弟を憎んでいる者は、今もなお、やみの中にいるのです。
10兄弟を愛する者は、光の中にとどまり、*つまずくことがありません。
11兄弟を憎む者は、やみの中におり、やみの中を歩んでいるのであって、自分がどこへ行くのか知らないのです。やみが彼の目を見えなくしたからです。
12子どもたちよ。私があなたがたに書き送るのは、主の御名によって、あなたがたの罪が赦されたからです。
13父たちよ。私があなたがたに書き送るのは、あなたがたが、初めからおられる方を、知ったからです。若い者たちよ。私があなたがたに書き送るのは、あなたがたが

7①Ⅰヨハ3:2, 21, 4:1, 7, 11, 参ヘブ6:9, ②Ⅰヨハ3:11, 23, 4:21, Ⅱヨハ5
③Ⅰヨハ2:24, 3:11, Ⅱヨハ5, 6
8①参Ⅰヨハ3:34, ②エペ5:8, Ⅰテサ5:4, 5, 参ロマ13:12, ③参ヨハ1:9
9①Ⅰヨハ1:10, 16, 4:20, 21, 田使1:15, ②Ⅰヨハ2:11, 3:15, 4:20
10①Ⅰヨハ2:10, 11, 田ヨハ11:9
*別訳「つまずかせる」
11①Ⅰヨハ2:9, 3:15, 4:20
②Ⅰヨハ12:35, 田Ⅰヨハ1:6
②田Ⅱコリ4:4, Ⅱペテ1:9
12①Ⅰヨハ2:1, 田Ⅰコリ6:11, 田使13:38
13①Ⅰヨハ1:1
②田マタ5:37, Ⅰヨハ2:14, 3:11, 5:18, 19
③Ⅰヨハ2:14, Ⅰヨハ4:4, 5:4, 5, 黙2:7, 参ヨハ16:33
14①Ⅰヨハ3:14, 7:①Ⅰヨハ1:1
③参エペ6:10
Ⅰヨハ5:38, 田ヨハ8:37
15①参ヤコ1:27, 田ロマ12:2
②田コリ4:4
*異本「神」
16①ロマ13:14, エペ2:3, Ⅰペテ2:11, 田伝27:20
②田ヤコ4:16
17①Ⅰコリ7:31
18①参ロマ13:11, Ⅰテモ4:1, Ⅰペテ4:7
②Ⅰヨハ2:22, 4:3, Ⅱヨハ7, 田マタ24:5, 24
③Ⅰヨハ4:1, 3, 田マコ13:22

②悪い者に打ち勝ったからです。
14小さい者たちよ。私があなたがたに書いて来たのは、あなたがたが御父を知ったからです。父たちよ。私があなたがたに書いて来たのは、あなたがたが、初めからおられる方を、知ったからです。若い者たちよ。私があなたがたに書いて来たのは、あなたがたが強い者であり、神のみことばが、あなたがたのうちにとどまり、そして、あなたがたが悪い者に打ち勝ったからです。

世を愛してはなりません

15世をも、世にあるものをも、愛してはなりません。もしだれでも世を愛しているなら、その人のうちに御父を愛する愛はありません。
16すべての世にあるもの、すなわち、肉の欲、目の欲、暮らし向きの自慢などは、御父から出たものではなく、この世から出たものだからです。
17世と世の欲は滅び去ります。しかし、神のみこころを行う者は、いつまでもながらえます。

反キリストに対する警告

18小さい者たちよ。今は終わりの時です。あなたがたが反キリストの来ることを聞いていたとおり、今や多くの反キリスト

Ⅰヨハ5・4-5

2:7-8 新しい命令・・・古い命令 人々を愛しなさいという神の命令は新しいものではない(→レビ19:18, ⇒マタ22:39-40)。けれどもキリストが完璧な模範を示され十字架で私たちの犠牲になって死なれたことによって、全く新しい意味を持つようになった。キリストに従う人々は無償の愛を示されたその模範に互いに従うべきである。

2:10 兄弟を愛する者 →ヨハ13:34注, 35注 本当の愛は必ず神を敬い無欲で行動するものである(→Ⅰコリ10:31注)。

2:15-16 世 →「キリスト者とこの世」の項 p.2437

2:18 終わりの時・・・多くの反キリスト ほかの新約聖書の著者と同じように、ヨハネはキリストが最初に来られた(誕生による)ときに始まった期間を「終わりの日」または「終わりの時」と見ていた。そのことによってキリストが再び来られることは実際に緊急性のある期待するべきこととなった(⇒マタ25:1-13)。

ヨハネの時代にも、神とその民の大敵(反キリストまたはにせキリスト)が「終わりの日」が完結する前に出て来ることにキリスト者は気付いていた。この人物は世界的権力にのし上がり、キリストと新約聖書の信仰に対して大反乱を引起こす(→黙13:1注, 8注, 18注, 19:20, 20:10, →「反キリストの時代」の項 p.2288)。けれどもヨハネは、「多くの反キリスト」(「キリストに反対する」)がその前に現れ、ある者は既に教会に浸透していて、キリストについて間違った教えを広めていると言っている。このにせキリストたちは信仰者であると言うけれども、この世界とその罪深い快楽を愛している。そしてキリストの福音をねじ曲げて、キリストが人として来られたこと(4:2, Ⅱヨハ1:2, 7)や、主イエスが本当にキリスト(神が送られた約束の救い主 2:22)であることを否定していた。ヨハネがこの手紙の中で言っている「反キリスト」は、初期のグノーシス主義のことと思われる(→1:1目で見たものの注, →緒論)。

キリスト者とこの世

> 「世をも、世にあるものをも、愛してはなりません。もしだれでも世を愛しているなら、その人のうちに御父を愛する愛はありません。すべての世にあるもの、すなわち、肉の欲、目の欲、暮らし向きの自慢などは、御父から出たものではなく、この世から出たものだからです。」(ヨハネの手紙第一 2:15-16)

新約聖書を通して使われている「世」(《ギ》コスモス)ということばは、神から独立して存在し(神のことは考えずに勝手に進む)、基本的に神に反対する世界の広大な組織のことを指している。それは最初の人間がサタンの誘惑に負けて神に逆らい、罪ののろいを被造物全体にもたらしたときから動いている世界のかたちである。神に逆らった結果、人類は神から委託された被造物に対する権威を放棄してしまった(創1:26-30, 2:15, 19-20)。そこでサタンが支配権を奪い(ヨハ12:31, 14:30, 16:11)、人間の試み(考えや努力)を邪悪な目的をもって支配し始めた(Ⅰヨハ5:19)。つまり現在の「世」に見られる特徴は、邪悪で不道徳で自己中心な生活様式であり、さらに神とその啓示に対して反抗的で無関心(冷淡、無反応、無頓着)という姿勢である。この姿勢は、キリストの導きと権威に従わない人間と人間の行動全部に見られる特徴でもある。

したがって、サタンはしばしばこの世界の道徳観、哲学、社会の慣習などを用いて神と神の民、みことばと神の基準に反抗する(マタ16:26, Ⅰコリ2:12, 3:19, テト2:12, Ⅰヨハ2:15-16)。これらのものやその扱う領域のほとんどはそれ自体悪いものではない。けれどもサタンはそれらのものの一部または全部を通して働いて自分の目的を進め、霊的にだまそうとしている。たとえば医学を用いて妊娠中絶のようにいのちを奪ったり、教育の組織を用いて学生たちに神を敬わない人本主義的哲学を教えたりしている(→コロ2:8注)。さらに巧妙に衣料産業を盛んに用いて、神が与えられた基準に従って生活する人にとっては明らかに恥ずかしく不快な服装をする習慣を一般的に広めようとしている。神から離れた人間が行うことの背後には程度の差はあっても、神とみことばに逆らう霊または力が働いていることをキリスト者は認めなければならない。最後に、「世」ということばにはキリストや教会の名前を使いながら、神の教会やみことばにある聖化の基準とは逆の生活様式を教えたり勧めたりする、非聖書的宗教組織や団体も含まれている。

(1) サタン(→マタ4:10注)は現在の世界の神になっている(→ヨハ12:31注, 14:30, 16:11, Ⅱコリ4:4, Ⅰヨハ5:19)。サタンはその権威の下で破壊的活動をしている悪霊とともに世界を支配している(ダニ10:13, ルカ4:5-7, エペ6:12-13, →「**サタンと悪霊に勝利する力**」の項 p.1726)。

(2) サタンは、本質的に神と神の民に反感を持つ世界の政治的、文化的、経済的、宗教的組織の中にかねてから足場を築いている(ヨハ7:7, 15:18, ヤコ4:4, Ⅰヨハ2:16, 18)。これらの組織とそれに所属する人々は神の真理に従おうとしない。自分たちの悪がさらけ出されるからである(ヨハ7:7)。

(3) この世と本当の教会(心からキリストに従う人々)とは、二つの全く異なった種類の組織である。世界はサタンの権威と支配の下にある(→ヨハ12:31注)。教会は全部神のものである(エペ5:23-24, 黙21:2, →「**三種類の人々**」の項 p.2108)。したがって信仰者はこの世界の不信心と腐敗から離れなければならない(→「信者の霊的聖別」の項 p.2172,「聖化」の項 p.2405)。

(4) この世界では神の民は旅人であり寄留者で、神とともに過す永遠の家を目指してそこを通っているだけである(ヘブ11:13, Ⅰペテ2:11)。

(a) 神の民はこの世に所属するのではなく、そこから呼出されている(ヨハ15:19)。その結果、もはや世界のやり方に合せたり(→ロマ12:2注)、この世のものを愛したりすることはない(Ⅰヨハ2:15)。この世界の悪を嫌い(→ヘブ1:9注)、この世界に対して死に(その影響力に応答しなくなる ガラ6:14)、この世界から解放されている(コロ1:13-14)。神の民はキリストとの関係を通して、世とその悪を乗越えるのである(Ⅰヨハ5:4)。

(b)「世を愛すること」は(⇒Ⅰヨハ2：15)霊的姦淫の一つのかたちで、神との関係を汚す不誠実さであり霊的破滅につながるものである。この世と御父とを同時に愛することは不可能である(マタ6：24, ルカ16：13, →ヤコ4：4注)。世を愛するということはその考え、振舞、慣習などと親しく関係し親しむことである。そしてその価値や興味、習慣や快楽を受入れ、それに浸ることであり、世間では一般的であっても神が喜ばれないことを楽しむことでもある(→ルカ23：35注)。「世」と「地」は同義語(同じ意味を持つ)ではない。自然や山々、森など、創造された地の美しさを感謝し感嘆することを神は禁じておられない。私たちは世界が堕落していることを悲しむとともに、霊的に失われたこの世界のとりこになりサタンにだまされて盲目になっている(Ⅱコリ4：4)人々に、神の情け深さを示さなければならない(⇒マタ9：36, ルカ19：10)。

　(5) ヨハネの手紙第一2章16節によれば、罪に満ちたこの世界には神に対して公然と敵意を生み出し、みことばに反抗する三つの要素がある。

　(a)「肉の欲」 これは霊的に汚れたふしだらな欲望と罪深い快楽と官能的満足を(自分勝手で神に従わない方法で)追及することでもある(Ⅰコリ6：8, ピリ3：19, ヤコ1：14)。

　(b)「目の欲」 これは魅力的に見えるけれども神が禁じておられる、あるいは神の完全なご計画に含まれていないものをむやみに欲しがることである。それはまた、ふしだらな快楽を提供し神に逆らう思いを強くするようなものを読んだり聞いたり見たりすることでもある(出20：17, ロマ7：7)。今の時代には、ポルノや暴力や下品なもの、神に逆らう行動や裸体、そのほかの不道徳な振舞が様々なメディアを通して娯楽として提供されている(創3：6, ヨシ7：21, Ⅱサム11：2, マタ5：28)。

　(c)「暮らし向きの自慢」 これは富、物質的祝福、権力のある地位、個人としての業績、名誉、そのほかの成功と思えるものなどとともに、しばしば巧妙に入り込んでくる誇りやごう慢を指している。その結果、神を主とし、みことばを最終的権威として認めようとしないで自己満足をするようになる。これは、自分自身を生活の中心として高め称賛し、売り込もうとする人間的姿勢で(ヤコ4：16)、神とみことばに従うこととは逆で、主イエスが模範を示され弟子たちに求められている謙遜の精神とは逆のものである(→ピリ2：3-11)。

　(6) キリストの弟子たちは、この世界の邪悪な組織や腐敗に加わっている人々と親しい交わりをするべきではない(→マタ9：11注, Ⅱコリ6：14注)。むしろ信仰者は世界とは明らかに違う(Ⅱコリ6：17)、そしてこの世界の悪を暴き出すような(ヨハ7：7, エペ5：11注)生活をしなければならない。キリスト者は霊的に「地の塩」、「世界の光」になるべきである(→マタ5：13-14)。つまり神の特性と愛を反映し(ヨハ3：16)、この世界の霊的暗やみの中で失われている人々がキリストとの交わりを通してしか見つけることのできない希望を見つけることができるようにすることである(マコ16：15, ユダ1：22-23)。

　(7) キリスト者はこの世から悩まされ(ヨハ16：2-3)、憎まれ(ヨハ15：19)、迫害(マタ 5：10-12)や苦しみ(ロマ8：22-23, Ⅰペテ2：19-21)などを受ける。サタンはこの世界の様々なかたちの誘惑や勧誘や魅力などを用いて、キリスト者が持っている神のいのちとキリストとの関係を破壊しようと徹底的に攻めてくる(Ⅱコリ11：3, Ⅰペテ5：8)。

　(8) この世の組織は一時的であり、やがて神によって破壊される(ダニ2：34-35, 44, Ⅰコリ7：31, Ⅱテサ1：7-10, Ⅱペテ3：10注, 黙18：2)。そして今既にそれは過去のものになろうとしている(Ⅰヨハ2：17)。

が現れています。それによって、今が終わりの時であることがわかります。

19 彼らは私たちの中から出て行きましたが、もともと私たちの仲間ではなかったのです。もし私たちの仲間であったのなら、私たちといっしょにとどまっていたことでしょう。しかし、そうなったのは、彼らがみな私たちの仲間でなかったことが明らかにされるためなのです。

20 あなたがたには聖なる方からのそそぎの油があるので、①②だれでも知識を持っています。

21 このように書いて来たのは、あなたがたが真理を知らないからではなく、①真理を知っているからであり、また、＊偽りはすべ②て真理から出てはいないからです。

22 偽り者とは、イエスがキリストであることを否定する者でなくてだれでしょう。御父と御子を否認する者、それが反キリストです。

23 ①だれでも御子を否認する者は、御父を持たず、御子を告白する者は、御父をも持っているのです。

24 あなたがたは、初めから聞いたことを、自分たちのうちにとどまらせなさい。もし初めから聞いたことがとどまっているなら、①あなたがたも御子および御父のうちにとどまるのです。

25 それがキリストご自身の私たちにお与えになった約束であって、永遠のいのちです。

26 私は、あなたがたを惑わそうとする人たちについて以上のことを書いて来ました。

27 あなたがたの場合は、キリストから受けたそそぎの油があなたがたのうちにとどまっています。それで、だれからも教えを受ける必要がありません。彼の油がすべてのことについてあなたがたを教えるように、──その教えは真理であって偽りではありません──また、その油があなたがたに教えたとおりに、あなたがたはキリストのう＊ちにとどまるのです。

19 ①使20:30
② ⅡⅠコリ11:19
20 ①使1:24, 使10:38
② Ⅰヨハ2:27, Ⅱコリ1:21
③ Ⅰヨハ2:27, 使徒28:5, マタ13:11, ヨハ14:26, Ⅰコリ2:15,16
＊異本「すべてのことを知っています」
21 ①ヤコ1:19, Ⅱペテ1:12, ユダ5
＊別訳「また、偽りは……出ていないことを」として、前の行の「真理を」の次に置く
② Ⅰヨハ3:19, Ⅰヨハ8:44, 18:37
22 ① Ⅰヨハ4:3, Ⅱヨハ7
② Ⅰヨハ2:18, 4:3, Ⅱヨハ7, マタ24:5, 24
23 ① Ⅰヨハ4:15, 5:1, Ⅱヨハ9, Ⅰヨハ8:19, 16:3, 17:3
24 ① Ⅰヨハ2:7
② Ⅰヨハ1:3, Ⅰヨハ14:23, Ⅰヨハ9
25 ① Ⅰヨハ3:15, 6:40, Ⅰヨハ1:2
26 ① Ⅰヨハ3:7, Ⅱヨハ7
27 ① Ⅰヨハ2:20, Ⅰヨハ14:16, Ⅰヨハ14:26, Ⅰコリ2:12
③ Ⅰヨハ14:17
＊別訳「とどまりなさい」

2:19 彼らは私たちの中から出て行きました 「反キリスト」たちは、本当の信仰者たちとの間に何も共通点がなかったので教会から離れて行った(→1:3注)。キリストによって救われた関係を持っていなかったのである。これには次の二つのどちらかが考えられる。(1) この人々は初めからキリストを信じていなかった。(2) キリストによる救いを一度は持っていたけれども後にその信仰を捨ててしまった(→**背教**の項p.2350)。

2:20 そそぎの油 キリストに従う人々は、「そそぎの油」(キリストの目的を達成するために任命し力を与えること)である聖霊を受ける(⇒Ⅱコリ1:21-22)。御霊によって、私たちは「真理を知」り(→2:27注)、生きるための力を与えられる。→**聖霊の教理**の項p.1970、「**聖霊の働き**」の表p.2187

2:22 偽り者・・・イエスがキリストであることを否定する者 主イエスが救い主(罪の赦しと罪の力から救い出す道を備えるために神が送られた方)であることを拒んだり否定したりする人は、神との個人的な関係を持つことができない。御子イエスが御父への唯一の道である(→ヨハ14:6)。→1:1目で見たものの注, 2:3注, 18注

2:24 初めから聞いた 信仰者は、キリストとみことば(聖書)にあるキリストの福音を伝えるようにと任命された人々の教えに忠実に従い続ける限り、キリストとの正しい関係を保ち完全な霊的救いを体験することができる(→エペ2:20注)。これは以下の二つのことを示している。(1) キリストの福音と新約聖書の信仰を捨てるなら、霊的な死が訪れ、イエス・キリストから離れることになる(⇒ガラ1:6-8, 5:1-4)。キリストに忠実であるためには、キリストのことばに忠実であり新約聖書の教えによって生活しなければならない。(2) 神のことばの中にはない、「新しい」ことを広める教えやその教師たちに従うことは危険である(⇒ユダ1:3)。したがって自分自身のために神のことばを学び、その教えを固く守ることが重要である。私たちのたましいと永遠のいのちはみことばを土台としている。

2:27 彼の油が・・・あなたがたを教える キリストに従う人々はみな、「そそぎの油」(聖霊 →2:20注)を受けている。そしてそれによって神の子どもとして分離され、真理へと導かれている(ヨハ14:26, 16:13)。信仰者がキリストとの正しい関係を保ち神のことばに時間をかけるなら、聖霊は人生を変革する真理を理解し、その真理を生活に適用できるように助けてくださる。ヨハネは聖書の教師の役割が重要であることを否定してはいない。けれども、キリストの福音は自分たちが持っている「より崇高な知識」で補わなければならないと言うにせの教師たちには反対をしている(→1:1目で見たものの注, 2:3注)。このうそに対して

神の子どもたち

28 そこで、子どもたちよ。キリストのうちにとどまっていなさい。それは、キリストが現れるとき、私たちが信頼を持ち、その来臨のときに、御前で恥じ入るということのないためです。

29 もしあなたがたが、神は正しい方であると知っているなら、義を行う者がみな神から生まれたこともわかるはずです。

3 1 私たちが神の子どもと呼ばれるために、——事実、いま私たちは神の子どもです——御父はどんなにすばらしい愛を与えてくださったことでしょう。世が私たちを知らないのは、御父を知らないからです。

2 愛する者たち。私たちは、今すでに神の子どもです。後の状態はまだ明らかにされていません。しかし、キリストが現れたなら、私たちはキリストに似た者となることがわかっています。なぜならそのとき、私たちはキリストのありのままの姿を見るからです。

3 キリストに対するこの望みをいだく者はみな、キリストが清くあられるように、自分を清くします。

4 罪を犯している者はみな、不法を行っているのです。罪とは律法に逆らうことなのです。

5 キリストが現れたのは罪を取り除くためであったことを、あなたがたは知っています。キリストには何の罪もありません。

6 だれでもキリストのうちにとどまる者は、罪を犯しません。罪を犯す者はだれも、キリストを見てもいないし、知ってもいないのです。

ヨハネは、キリストの最初の使者たちを通して働いていた聖霊によって既に明らかにされている福音こそ、唯一の信頼できる真理であると示した。

聖霊が神のことばを通して教えてくださる教えには、「新しい」真理の啓示や、聖書の難しい箇所を自分の好みに合せてする解釈などは含まれていない。御霊は神のことばの中に既に現されている真理に光を当てて、信仰者がその真理を実際的な方法で生活に適応できるように助けてくださる。(1) 信仰者はみな神の真理を学んで理解し、互いに教え励まし互いに学ぶことができる (マタ28:20, エペ4:11, コロ3:16)。(2) ここには教理的(信仰と教育)誤りから守る三つの安全装置が示されている。それは、(a) 聖書にある神の啓示に従って御父である神、御子である主イエスとの正しい関係(⇒2:24)、(b) 真理と聖霊の力、(c) ほかの献身的な信仰者との交わり(→1:3注)、などを保つことである。(3) 「だれからも教えを受ける必要がありません」とヨハネが言ったのは、神の民は聖書の信仰に矛盾し外れていることを教える人からは教えてもらう必要がないという意味である。

3:1 神の子ども 神が私たちの父であり私たちが神の子どもであるという真理は、新約聖書にある最も偉大な啓示の一つである。(1) 神の子どもであること(キリストを通して選ばれ養子とされたこと)は、私たちの救いに伴う最高の名誉であり特権である(ヨハ1:12, ガラ4:7)。(2) 神の子どもであることは、私たちの信仰と神への信頼の基礎であり(マタ6:25-34)、未来の栄光への希望である。神の子どもであることは、神の相続人でありキリストとの共同相続人でもある。それは私たちが主の永遠の資産にあずかることを意味している(ロマ8:16-17, ガラ4:7)。(3) 神は私たちが神の子どもであることをさらに強く意識してほしいと願っておられる。この自覚は、私たちの内におられる聖霊(「子としてくださる御霊」)によって与えられる(ロマ8:15)。御霊は私たちに神を個人的に親しみを込めて「アバ、父」(→ガラ4:6注)と呼ばせてくださり、「御霊に導かれ」たいという願いを与えてくださる(ロマ8:14)。(4) 神の子どもであることは、時として霊的に成熟するために(3:9, 4:17-19)御父から懲らしめを受けることでもある(ヘブ12:6-7, 11)。神が私たちを神の子どもとされた最高の目的は、私たちを永遠に救い(ヨハ3:16)、主イエスに似たものにすることである(ロマ8:29)。

3:3 この望みをいだく者はみな・・・自分を清くします 永遠をキリストとともに過ごしたいという希望を持っている人は、キリストとの関係を忠実に保ち、神に逆らうものを避け、自分を霊的にきよく保つようにするはずである(→Ⅱコリ7:1各注, →「**聖書的希望**」の項 p.943)。

3:6 キリストのうちにとどまる 「キリストのうちにとどまる」と、「神から生まれた」(3:9)ということばは同じことを表現している。神との正しい関係を持ち続ける人だけが神から生れたものであり続ける(神の子ども, →ヨハ15:4注, →ロマ8:1注, →「**新生ー霊的誕生と刷新**」の項 p.1874)。

3:6 キリストを見てもいないし、知ってもいないのです 「見て」と「知って」という動詞は完了時制である(ギリシヤ語の完了時制は過去に起きたことの結果が

Ⅰヨハネ 3章

7 子どもたちよ。だれにも惑わされてはいけません。義を行う者は、キリストが正しくあられるのと同じように正しいのです。

8 罪を犯している者は、悪魔から出た者です。悪魔は初めから罪を犯しているからです。神の子が現れたのは、悪魔のしわざを打ちこわすためです。

9 だれでも神から生まれた者は、罪を犯しません。なぜなら、神の種がその人のうちにとどまっているからです。その人は神から生まれたので、罪を犯すことができないのです。

10 そのことによって、神の子どもと悪魔の子どもとの区別がはっきりします。義を行わない者はだれも、神から出た者ではありません。兄弟を愛さない者もそうです。

互いに愛し合いなさい

11 互いに愛し合うべきであるということは、あなたがたが初めから聞いている教えです。

現在まで続いていることを指している)。罪を犯している人(故意に神と神の基準に逆らう)は、神を見た(継続的に見る)ことも神を知った(継続的に知る)こともないとヨハネは言う。これはキリストを一度も信じたことのない人、または過去には神を知っていたけれども今は知るのを止めてしまった人のことである(→「**背教**」の項p.2350)。

3:8 悪魔 多くの人は(教会の中のある人々も)神に敵対し人々を霊的にまたあらゆるかたちで滅ぼそうとする悪魔が実際にいるという事実を受入れようとしない(→Ⅰペテ5:8注)。けれども主イエスの最も身近にいた弟子の一人であるヨハネは、「悪魔」について多くのことを話している。そしてそれを「悪い者」(3:12, 2:13-14, 5:18-19)と呼び、「初めから罪を犯している」(アダムとエバの誘惑より前の最初に神に反抗した時から ヨハ8:44)と言っている。悪魔は罪の扇動者であり、罪を犯している人は「悪魔から出た者」(3:8)、「悪魔の子ども」(3:10)、「悪い者から出た者」である(3:12)。悪魔はこの世界に来ている「反キリストの霊」の背後にいて(4:3)、「世全体」(神に従わない人々)はそれに支配されている(→5:19注)。けれども悪魔は、神の子どもたちをいつまでも傷つけ続けることはできない(5:18)。キリストに従う人々は「悪い者に打ち勝」ち(2:13-14, 4:4)、キリストは「悪魔のしわざを打ちこわす」(3:8、→「**キリストによって成就した旧約聖書の預言**」の表p.1029)。

3:9 罪を犯すことができないのです 「罪を犯す」(《ギ》ハマルタノー)という動詞は、現在能動態不定形で継続的な持続した行動を意味している。つまりヨハネは、神の子どもになっている人は罪のある生き方をすることはできないと強調しているのである。なぜなら、罪を犯し習慣化している人の中に神のいのちは存在できないからである(⇒1:5-7, 2:3-11, 15-17, 24-29, 3:6-24, 4:7-8, 20)。

(1) 霊的誕生は新しい霊的生活を生み出し、神との新しい継続した関係を造り出す。ヨハネはこの手紙の中で信仰者の新生について話すときには毎回ギリシヤ語の完了時制を使って、最初にキリストを受入れ、人生を主にゆだねたときに始まった関係が継続し持続した関係であることを強調している(2:29, 3:9, 4:7, 5:1, 4, 18、→「**新生－霊的誕生と刷新**」の項p.1874)。

(2) 神のいのちを持っている(「神から生まれた」)人々は、習慣的に罪を犯し続けることができない。それは霊的矛盾である。聖霊は罪に満ちた生活の中にとどまることはできないし、神が「やみの中を歩んでいる」人と契約関係を持つことはない(1:6)。信仰者は場合によっては神の聖い基準からうっかりそれることがあるかもしれない。けれども意識的に罪を犯す生き方をすることはない(3:6, 10)。

(3) 故意に罪を犯し続けないようにキリストに忠実に従う人々を守るのは、「うちにとどまっている」「神の種」(神ご自身のいのち、霊、特性 5:11-12, ヨハ15:4, Ⅱペテ1:4)である。

(4) キリスト者はみな神を信じる生きた信仰(5:4)、キリストの臨在、聖霊と文書になった神のことばの導き(→Ⅰテサ2:10注)などによって、人生をもつれさせる罪の力から解放された生活を絶えず続けることができる。

3:10 神の子どもと悪魔の子ども これは2:28-3:10の中のヨハネの教えの中心であり結論である。ヨハネは、悩む信仰者たちに救いの本質と神との個人的な関係についてだまされないようにと警告をしてきた(3:7)。本当の信仰者は、神との交わりから離れ(1:3)、罪を犯し続け悪魔の働きをし(3:8)、世を愛し(2:15)、ほかの人々に害を与え(3:14-18)ても、霊的に救われ天国へ行くことができると主張する信仰や教えを拒まなければならない。この間違った教えとは逆に、ヨハネは、神と神の基準に反対し続ける人は(→3:9注)「悪魔から出た者」であり(3:8)、「神から出た者」ではないとはっきり言っている。それは「偽り者」である(⇒2:4)。神の子どもには神の命令を守り(5:2)、ほかの人々の霊的、肉体的必要

¹²カインのようであってはいけません。彼は悪い者から出た者で、兄弟を殺しました。なぜ兄弟を殺したのでしょう。自分の行いは悪く、兄弟の行いは正しかったからです。 ¹³兄弟たち。世があなたがたを憎んでも、驚いてはいけません。 ¹⁴私たちは、自分が死からいのちに移ったことを知っています。それは、兄弟を愛しているからです。愛さない者は、死のうちにとどまっているのです。 ¹⁵兄弟を憎む者はみな、人殺しです。いうまでもなく、だれでも人を殺す者のうちに、永遠のいのちがとどまっていることはないのです。 ¹⁶キリストは、私たちのために、ご自分のいのちをお捨てになりました。それによって私たちに愛がわかったのです。ですから私たちは、兄弟のために、いのちを捨てるべきです。 ¹⁷世の富を持ちながら、兄弟が困っているのを見ても、あわれみの心を閉ざすような者に、どうして神の愛がとどまっているで

12①創4:8
 ②Ⅰヨハ2:13, 14, 圏マタ5:37
 ③詩38:20, 箴29:10, ヨハ8:40, 41
13①圏ヨハ15:18, 17:14
14①ヨハ5:24
 ②Ⅰヨハ2:10, 圏ヨハ13:35
15①マタ5:21, 22, 圏ヨハ8:44
 ②ガラ5:20, 21, 黙21:8
16①ヨハ15:13, 圏ヨハ10:11, ②圏ピリ2:17, Ⅰテサ2:8, ③圏Ⅰヨハ2:9
17①ヤコ2:15, 16
 ②圏申15:7
 ③圏Ⅰヨハ4:20

に配慮する(3:16-17)ような神を愛する愛が備わっている。→「罪の性質の行いと御霊の実」の項p.2208

3:15 人を殺す者のうちに、永遠のいのちがとどまっていることはないのです 罪はみな(大きくても小さくても)堕落した人間の本質を明らかにする。また神を持たない人はみな罪によって霊的に死に、神から遠ざけられてしまう。けれども聖書は、特にキリストを知り従っていると主張する人々との関連の中で、罪の種類を総体的に区別している。それは、誤って犯した罪(レビ4:2, 13, 22, 5:4-6,→レビ4:3注, 民15:31注)、霊的な死に至らないそれほど重大ではない罪(マタ5:19)、故意に意図的に行う罪(⇒Ⅰヨハ5:16-17)などである。意図的な罪のあるものは霊的死につながる(5:16)。ある罪は、新しく生れた信仰者なら犯すはずがないとヨハネは強調する。キリストの永遠のいのちが内に働いているからである(⇒2:11, 15-16, 3:6-10, 14-15, 4:20, 5:2, Ⅱヨハ1:9)。その罪は恐しいもので、人間の霊の中心部分から出てくるもので、神に対する激しい反抗を示すものである。そのような罪を犯す人々は、自分が神と正しい関係を持っておらず、キリストによるいのちと霊的な救いを失っていることを自ら証明しているのである(ガラ5:4)。

(1) 神に逆らう生き方の奴隷になっていること、あるいは神との個人的な関係を捨ててしまったことを次のような例が証明している。背教(霊的反抗や神を信じる信仰を拒むこと 2:19, 4:6, ヘブ10:26-31,→「**背教**」の項p.2350)、殺人(3:15, 2:11)、性的不道徳や不品行(ロマ1:21-27, Ⅰコリ5:, エペ5:5, 黙21:8,→「**性道徳の基準**」の項p.2379)、家族の放棄(Ⅰテモ5:8)、ほかの人々を罪に引入れること(マタ18:6-10)、残忍な行動(マタ24:48-51)、不誠実やうそをつくこと(申25:16, 箴6:17, ヨハ8:44, 使5:3, 22:15)。このような罪は神に反抗し神を汚し、ほかの人々を敬い配慮する姿勢が欠けていることを示している(⇒2:9-10, 3:6-10, Ⅰコリ6:9-11, ガラ5:19-21, Ⅰテサ4:5, Ⅱテモ3:1-5, ヘブ3:7-19)。したがって主イエスの友であり聖霊が宿っておられると主張しながら、このような罪に加わる人は自分自身をだましているのであって、「偽り者であり、真理はその人のうちにありません」(2:4,⇒1:6, 3:7-8)。

(2) もし悔い改めなければ罪は(軽いものでも)霊的生活を弱め、聖霊の導きを拒み、ついには霊的死と神からの永遠の分離を招く。このことを信仰者は心にとどめなければならない(ロマ6:15-23, 8:5-13)。また重い罪を犯し神との交わりを断たれたとしても、もし悔い改め(罪を認め神に反抗する生き方から離れ神に自分を明け渡して神の目的に従う)、罪を捨て去るなら(→1:9)関係を回復することができる。けれども罪を犯した結果(一時的、地上での)を免れるかどうかは保証されていない(⇒Ⅱサム12:10-15)。

3:16 私たちは・・・いのちを捨てるべきです これは必ずしも自分のいのちを犠牲にするということではない(時にはほかの人々を救うためにそれが必要なこともある ⇒ヨハ15:13)。むしろそれは、私たちがほかの人々のために、特に神の愛を示しキリストに近付けるために自分の権利や興味、関心などを後回しにするべきであるということである(→ロマ12:10, Ⅰコリ10:24, ピリ2:3-5, ⇒ピリ2:17)。

3:17 兄弟が困っているのを見ても 愛は困っている人々を心から助けるかたちで表される。その方法の一つは、実際的に物品で同情を示したり自分の持っている物を分けたりすることである(⇒ヤコ2:14-17)。食物や衣服、お金など、基本的な必需品に困っている人々を助けようと(できる範囲で)しないことは、心を閉ざしていることである(⇒申15:7-11)。これは、キリストの福音をまだ聞いたことのない人々に伝えるために献金をすることでもある。そのような愛の贈り物は「神の愛」(神の持っておられる愛 →4:9-10)を反映し、キリストへの直接的奉仕となる(→マタ25:34-40,→「**貧困者への配慮**」の項p.1510)。

Ⅰヨハネ　3-4章

黙3:14

18子どもたちよ。私たちは、ことばや口先だけで愛することをせず、行いと真実をもって愛そうではありませんか。
19それによって、私たちは、自分が真理に属するものであることを知り、そして、神の御前に心を安らかにされるのです。
20＊たとい自分の心が責めてもです。なぜなら、神は私たちの心よりも大きく、そして何もかもご存じだからです。
21愛する者たち。もし自分の心に責められなければ、大胆に神の御前に出ることができ、
22また求めるものは何でも神からいただくことができます。なぜなら、私たちが神の命令を守り、神に喜ばれることを行ってい

18①Ⅰヨハ3:7, ⇒ヨハ2:1, 2, Ⅱヨハ1, Ⅲヨハ1
19①Ⅰヨハ2:21
20＊あるいは「なぜなら、たとい自分の心に責められても、神は私たちの心よりも大きく……」
21①Ⅰヨハ2:7, 2 Ⅰヨハ5:14, ⇒ヨハ1
22①ヨブ22:26, 27, マタ21:22, ⇒マタ7:7, ヨハ9:31 ②⇒Ⅰヨハ2:3 ③⇒ヨハ8:29, ヘブ13:21
23①Ⅰヨハ1:12, 2:23, 3:18 ②ヨハ6:29, ヨハ13:34, 15:12, Ⅱ Ⅰヨハ2:8
24①Ⅰヨハ2:3, ⇒ロマ2:6, 24, 4:15, ⇒ヨハ6:56 ②⇒Ⅰヨハ2:5, 4 Ⅰヨハ4:13, 14:17, ロマ8:9, 14, 16, ⇒Ⅰテサ4:8
1①Ⅰヨハ2:7, エレ29:8, Ⅰコリ12:10, Ⅱテサ2:2, Ⅰピテ5:20, 21 ③Ⅰヨハ2:18, エレ14:14, Ⅱペテ2:1

るからです。
23神の命令とは、私たちが御子イエス・キリストの御名を信じ、キリストが命じられたとおりに、私たちが互いに愛し合うことです。
24神の命令を守る者は神のうちにおり、神もまたその人のうちにおられます。神が私たちのうちにおられるということは、神が私たちに与えてくださった御霊によって知るのです。

霊をためしなさい

4 1愛する者たち。霊だからといって、みな信じてはいけません。それらの霊が神からのものかどうかを、ためしなさい。なぜなら、にせ預言者がたくさん世に出て

3:18　行いと真実をもって愛そう　神を愛する愛は神のために行う私たちの行いの中に表される。それは単に親切なことばをかけることや心の中で思うだけではない。本当の愛は、具体的に必要を満たす実際的な同情を通して示されるものである（→3:17注）。そのような行動は具体的に神の愛を人々に示すことになり、その結果、人々の心はしばしば霊的に開かれてキリストを救い主として受入れるようになる。ほかの人々をキリストに導こうと願っているなら、人々が心を開く前にまず物質的な必要が満たされる必要があることにキリスト者は気付かなければならない。

3:22　なぜなら、私たちが神の命令を守り　神への献身と効果的な祈りの生活とは密接に関係しているとヨハネは明言している。祈りの中で神に願い求めるときに、神に従い愛し喜ばれていることが私たちには必要な基本的条件である（ヨハ8:29, Ⅱコリ5:9, エペ5:10, ヘブ13:21）。祈りの応えをいただくためには、もちろん正しい動機で求めること（ヤコ4:3）と神の思いや目的に従って求めること（5:14）である。正しい動機を持ち神のみこころを知るためには、キリストと親しい関係を持っていなければならない（⇒詩50:14-15, 箴15:29, イザ59:1-2, マタ6:15, マコ11:25, ヤコ5:16, ⇒**効果的な祈り**の項p.585）。

3:23　キリストが命じられたとおりに、私たちが互いに愛し合うことです　→4:7注, →ヨハ13:34注

3:24　神が私たちのうちにおられる・・・御霊によって知るのです　→「**新生－霊的誕生と刷新**」の項p.1874,「**弟子たちの新生**」の項p.1931,「**聖霊の教理**」の項p.1970

4:1　霊・・・を、ためしなさい　霊（霊によって動

かされている人、またはその人の動機や教えの背後にある霊）を試し判断をしなければならない理由は、「にせ預言者がたくさん」教会の中に入って来るからである（→「**にせ教師**」の項p.1758）。これは、霊的な間違いを大目に見る非聖書的な教えが増える、終りの時代には特に必要である（→マタ24:11注, Ⅰテモ4:1注, Ⅱテモ4:3-4注, Ⅱペテ2:1-2）。自分はキリスト者だと言い自分のメッセージは神から与えられたと主張する教師や作家、説教者や預言者などがいるけれども、そのような人物を、キリスト者は聖書の基準に照らして評価するようにと教えられている。本人がそう主張するからと言って、その働きや霊的体験が神によるものと思い込んではならない。同じように、表面的な成功や奇蹟、霊的な力や権威の現れだけを根拠にして、信仰や教えを正しいとして鵜呑みにしてはならない（マタ7:22, Ⅰコリ14:29, Ⅱテサ2:8-10, Ⅱヨハ1:7, 黙13:4, 16:14, 19:20）。→ガラ1:9注

（1）あらゆる教えは神のことばの中に啓示されている真理にかなうかどうかで評価しなければならない（→ガラ5:7注）。

（2）教えの霊（教えの背後にある霊的な動機または霊感）を、私たちはその教えの内容と同じように試さなければならない。その教えにはキリストの福音と新約聖書全体が教えていることと同じ精神と強調点があるだろうか。この教えは聖霊からまたは御使いから授かったと言われていても、健全な聖書解釈によって支持されないなら注意しなければならない（→ガラ5:7注）。

（3）教師の生き方も不信仰な世界（→4:5, →「**キリスト者とこの世**」の項p.2437）とキリストの権威（4:2,

来たからです。

2 人となって来たイエス・キリストを告白する霊はみな、神からのものです。それによって神からの霊を知りなさい。

3 イエスを告白しない霊はどれ一つとして神から出たものではありません。それは反キリストの霊です。あなたがたはそれが来ることを聞いていたのですが、今それが世に来ているのです。

4 子どもたちよ。あなたがたは神から出た者です。そして彼らに勝ったのです。あなたがたのうちにおられる方が、この世のうちにいる、あの者よりも力があるからです。

5 彼らはこの世の者です。ですから、この世のことばを語り、この世もまた彼らの言うことに耳を傾けます。

6 私たちは神から出た者です。神を知っている者は、私たちの言うことに耳を傾け、神から出ていない者は、私たちの言うことに耳を貸しません。私たちはこれで真理の霊と偽りの霊とを見分けます。

2 ①Ⅰヨハ1:2, ヨハ1:14
　②Ⅰヨハ2:23
　③関Ⅰコリ12:3
3 ①Ⅱヨハ7, 関Ⅰヨハ2:22
　②Ⅰヨハ2:22,
　関Ⅰヨハ2:18
　関Ⅰヨハ2:18,
　関Ⅱテサ2:3-7(?)
4 ①関Ⅰヨハ2:1
　②関Ⅰヨハ2:13
　③関ヨハ12:31
　④関Ⅰヨハ3:20,
　⑤関Ⅱ列2:16, ロマ8:31
5 ①関Ⅰヨハ15:19, 17:14, 16
6 ①関Ⅰヨハ4:4, 関Ⅱヨハ8:23
　②ヨハ8:47, 18:37
　③関Ⅰコリ14:37
　④関Ⅰヨハ14:17
　⑤関Ⅰテモ4:1

7 ①関Ⅰヨハ2:7
　②関Ⅰヨハ3:11
　③関Ⅰヨハ5:1
　④関Ⅰヨハ2:29
　⑤関Ⅰヨハ2:3,
　関Ⅰコリ8:3
8 ①Ⅰヨハ4:16, 関Ⅰヨハ4:7
9 ①関Ⅰヨハ3:16, 17,
　②関Ⅰヨハ5:5, 5:11
　③関Ⅰヨハ4:16, ヨハ9:3
10 ①ロマ5:8, 10, Ⅰヨハ4:19, ②関Ⅰヨハ4:2
　②関Ⅰヨハ2:2
11 ①関Ⅰヨハ4:7
12 ①関Ⅰヨハ1:18, Ⅰテモ6:16,
　関Ⅰヨハ4:20
　②関Ⅰヨハ2:5,
　関Ⅰヨハ4:17, 18

神の愛と私たちの愛

7 愛する者たち。私たちは、互いに愛し合いましょう。愛は神から出ているのです。愛のある者はみな神から生まれ、神を知っています。

8 愛のない者に、神はわかりません。なぜなら神は愛だからです。

9 神はそのひとり子を世に遣わし、その方によって私たちに、いのちを得させてくださいました。ここに、神の愛が私たちに示されたのです。

10 私たちが神を愛したのではなく、神が私たちを愛し、私たちの罪のために、なだめの供え物としての御子を遣わされました。ここに愛があるのです。

11 愛する者たち。神がこれほどまでに私たちを愛してくださったのなら、私たちもまた互いに愛し合うべきです。

12 いまだかつて、だれも神を見た者はありません。もし私たちが互いに愛し合うなら、神は私たちのうちにおられ、神の愛が私たちのうちに全うされるのです。

6, ロマ10:9イエスを主と告白しの注，「**御霊のバプテスマの吟味**」の項 p.1991)との関係から評価をしなければならない。

4:2 人となって来たイエス・キリスト この手紙の中でヨハネが警告をしているにせ教師たちは、主イエスは実際の肉体と血を持った人ではなかったと教えていた。もし肉体を持っていたら、それは絶対にキリスト(メシヤ、神が送られた救い主 →1:1で見たものの注, にせ教師の詳細 →緒論)ではないと言うのである。異端の宗教や今日の聖書学者のある人々は、主イエスが完全に神であり完全に人であること(→ヨハ1:1注)、聖霊によってみごもり処女から生れたこと(→マタ1:23注)、死と復活によって罪の赦しと霊的救いの道を提供されたこと(4:9-10, 2:2,「**救いについての聖書用語**」の項 p.2045)を否定して、自ら「反キリスト」であることをさらけ出している(4:3)。キリストについての聖書の啓示と一部分であっても矛盾し、あるいはそれを否定する信仰や教えは、悪魔の惑わしの「霊」(4:1)に影響されていて疑わしい。なぜなら神のことばの権威と信頼性を排除しているからである(→Ⅱペテ1:3注, →「**聖書の霊感と権威**」の項 p.2323)。→ガラ1:9注

4:4 あなたがたのうちにおられる方が・・・力があるからです 神のことばは、聖霊がキリスト者の中に住んでおられることを強調している(Ⅰコリ6:19)。御霊を通して私たちは罪や悪魔、誘惑や迫害、にせの教えなどを含む世界の中のあらゆる悪に打勝つことができる。そして私たちに対する神のご計画と目的に従って勝利の生活をすることができる(→ロマ8:37)。

4:7 私たちは、互いに愛し合いましょう 愛は聖霊の実(キリスト者の中に生じる品性 ガラ5:22-23)の一つであり、霊的な救いによって人生が変革されたとの証拠である(2:29, 3:9-10, 5:1)。けれどもそれはまた、私たちが育てていかなければならないものでもある。したがってヨハネは、私たちがほかの人々を愛し、ほかの人々の益になることを実際的に行って愛を示すことを期待している。ヨハネが言う愛は単なる思いや気遣いではない。困っている人々の必要を慎重に考え援助することである(3:16-18, ⇒ルカ6:31)。愛を示す理由は三つある。(1) 愛は神の特性そのものであり(4:7-9)、神は御子を私たちに与えてそれを表された(4:9-10)。私たちは神から生れたのでその特性にあずかっている(4:7)。(2) 神が私たちを愛されたので神の愛や赦し、助けを体験した私たちも、たとい犠牲を払ってでもほかの人々を助ける責任がある(⇒3:16)。(3) もし私たちが互いに愛し合うなら、神は私たちの内に住み続け、神の愛は私たちの内に完成される(4:12)。

¹³神は私たちに御霊を与えてくださいました。それによって、私たちが神のうちにおり、神も私たちのうちにおられることがわかります。
¹⁴私たちは、御父が御子を世の救い主として遣わされたのを見て、今そのあかしをしています。
¹⁵だれでも、イエスを神の御子と告白するなら、神はその人のうちにおられ、その人も神のうちにいます。
¹⁶私たちは、私たちに対する神の愛を知り、また信じています。神は愛です。愛のうちにいる者は神のうちにおり、神もその人のうちにおられます。
¹⁷このことによって、愛が私たちにおいても完全なものとなりました。それは私たちが、さばきの日にも大胆さを持つことができるためです。なぜなら、私たちもこの世にあってキリストと同じような者であるからです。
¹⁸愛には恐れがありません。全き愛は恐れを締め出します。なぜなら恐れには刑罰が伴っているからです。恐れる者の愛は、全きものとなっていないのです。

¹³①Iヨハ3:24, ロマ8:9
¹⁴①Iヨハ3:17, ⑧Iヨハ4:42, Iヨハ2:2, ②Iヨハ1:2, ⑧ヨハ15:27
¹⁵①Iヨハ2:23
②Iヨハ5:5, 5:10, Iヨハ2:23, 4:2, 5:1, ロマ10:9
⑧Iヨハ2:24, 3:24
¹⁶①Iヨハ4:9, ⑧Iヨハ9:3
②ヨハ6:69, ⑧Iヨハ4:8, Iヨハ4:7
④Iヨハ4:12, 13
¹⁷①Iヨハ2:5, ⑧Iヨハ4:12, ②⑧マタ10:15, ⑧⑧Iヨハ2:28, ④Iヨハ2:6, 3:7, 16, ⑧ヨハ17:22
¹⁸①⑧ロマ8:15, ガラ4:30, 31, ②Iヨハ4:12

¹⁹①Iヨハ4:10
²⁰①Iヨハ1:6, 8, 10, 2:4, ②⑧Iヨハ2:9, 11, ⑧⑧Iヨハ1:6, ④Iヨハ3:17, ⑤⑧Iヨハ4:12, Iペテ1:8
*異本「どうして‥‥‥愛することができるでしょうか」
²¹①⑧Iヨハ3:11, ⑧マタ5:43, 44, 22:37以下, ヨハ13:34, ⑧レビ19:18

¹①Iヨハ4:2, ⑧Iヨハ4:15, ⑧Iヨハ2:22, 23, ②⑧Iヨハ5:4, 18, ⑧Iヨハ2:29, ヨハ1:13, 3:3, ⑧ヨハ8:42
²①Iヨハ5:3
②Iヨハ3:14
³①Iヨハ14:15, ⑧IIヨハ6, ⑧マタ2:3, ⑧マタ11:30, ⑧マタ23:4
⁴①Iヨハ5:4, 18, ⑧Iヨハ2:29, ヨハ1:13, 3:3, ②⑧Iヨハ2:13, 4:4

¹⁹私たちは愛しています。神がまず私たちを愛してくださったからです。
²⁰神を愛すると言いながらも兄弟を憎んでいるなら、その人は偽り者です。目に見える兄弟を愛していない者に、目に見えない神を愛することはできません。
²¹神を愛する者は、兄弟をも愛すべきです。私たちはこの命令をキリストから受けています。

神の御子を信じる信仰

5 ¹イエスがキリストであると信じる者はだれでも、神によって生まれたのです。生んでくださった方を愛する者はだれでも、その方によって生まれた者をも愛します。
²私たちが神を愛してその命令を守るなら、そのことによって、私たちが神の子どもたちを愛していることがわかります。
³神を愛するとは、神の命令を守ることです。その命令は重荷とはなりません。
⁴なぜなら、神によって生まれた者はみな、世に勝つからです。私たちの信仰、これこそ、世に打ち勝った勝利です。

4:17　さばきの日にも大胆さを持つ　私たちがキリストと御父である神との正しい関係を持ち（1:3）、聖霊が私たちの内におられ（3:24）、私たちが神の命令に従い（2:3）、この世界の堕落した慣習にかかわらず（2:15-17）、真理に対して忠実で（2:24）神と同じようにほかの人々を愛している（4:7-12）ことが私たちの動機と実際の行動に表されているなら、私たちはさばきの日に大胆さを持つことができる（4:17-18, →「救いの確証」の項p.2447）。

4:18　全き愛は恐れを締め出します　神との正しい関係があるなら、私たちは神のさばきを恐れる必要はない。私たちへの神の愛、神への私たちの愛、ほかの人々への私たちの愛によって、私たちが霊的に救われていることは確証される（→マタ22:39注, マコ12:30）。

5:1　信じる‥‥愛する　神を信じる純粋な信仰は御父と御子であるイエス・キリストへの感謝と愛によって表される。本当の信仰と行動的な愛は切離すことができない。なぜなら、私たちが「神によって生まれた」ときに（罪の赦しを受入れ神の子どもとなったとき）聖霊は私たちの心に神の愛を注いでくださったからである（ロマ5:5）。ヨハネが言う信仰は、ただ神が存在するとか神のことばは真実であると知的に認めるだけ

ことではない。それは神の完全な指導と導きを求めて自分の人生を神の支配にゆだねるという、積極的な信仰である（→ヨハ1:12各注, 5:24各注, →「信仰と恵み」の項 p.2062）。

5:2　そのことによって‥‥わかります　キリスト者の愛は、神への愛（→マコ12:30注）と神の命令への服従の実である（⇒2:3, 3:23, ヨハ15:10, ヨハ14:21注）。またほかの人々への無私の愛に現される。それは「第二のたいせつな戒め」である（→マタ22:39-40）。つまりほかの人々への愛の行いは神を愛する愛の証拠である。

5:3　その命令は重荷とはなりません　神の子どもたちは、神の命令や原則、指針などが重すぎるとか辛いとか不合理であるなどとは考えない（→詩119:16, 47, 70）。これは神の命令が守りやすいという意味ではない。けれどもヨハネが5:4で説明しているように、私たちの信仰と霊的な救いによって、聖霊の力が私たちの中に注がれて神に従いたいという思いと従う能力が与えられているからである（⇒ピリ2:13）。

5:4　私たちの信仰‥‥世に打ち勝った勝利です　この世界の堕落した影響力や神の民に対する激しい反対に神の民が勝利できるようにする信仰は、自然に目

⁵世に勝つ者とはだれでしょう。イエスを神の御子と信じる者ではありませんか。

⁶このイエス・キリストは、水と血とによって来られた方です。ただ水によってだけでなく、水と血とによって来られたのです。そして、あかしをする方は御霊です。御霊は真理だからです。

⁷あかしするものが三つあります。
⁸御霊と水と血です。この三つが一つとなるのです。

⁹もし、私たちが人間のあかしを受け入れるなら、神のあかしはそれにまさるものです。御子についてあかしされたことが神のあかしだからです。
¹⁰神の御子を信じる者は、このあかしを自分の心の中に持っています。神を信じない者は、神を偽り者とするのです。神が御子についてあかしされたことを信じないからです。
¹¹そのあかしとは、神が私たちに永遠のいのちを与えられたということ、そしてこのいのちが御子のうちにあるということです。
¹²御子を持つ者はいのちを持っており、神の御子を持たない者はいのちを持っていません。

信仰の確かさ

¹³私が神の御子の名を信じているあなたがたに対してこれらのことを書いたのは、あなたがたが永遠のいのちを持っていることを、あなたがたによくわからせるためです。

に入るものを超えて永遠の世界を見る信仰である(→ヘブ11:1注)。それは神の力を体験し、この世界の罪深い快楽や誤った価値観、不信心なやり方や利己的な物質主義などが何の意味も持たなくなるほどキリストを愛するような信仰である。一方で私たちは、これらの情況によって不快にさせられ、罪とこの世界の理想を追い求めた人々が破滅に向かう姿を見て心が痛むのである(→黙2:7注)。

5:6　水と血によって　このことばは、主イエスが宣教の初めに受けられたバプテスマと十字架の上で死なれたことを指していると思われる。ヨハネがこれを書いたのは、ある人々がキリストは死を体験しなかったと教えていたからではないかと思われる。そのようなにせ教師たちは初期のグノーシス主義(→緒論)で、基本的には「霊」(霊の領域)は善で「物質」(自然界)は悪であると主張していた。したがって、その人々は神が実際に人間のかたちをとるという考えを受入れなかった。そしてイエスは単なる人として生まれ、バプテスマのときにキリスト(神の御子)がイエスに降って、十字架で苦しんで死ぬ前にイエスを離れたので、死んだのは神の子ではなく人であるイエスであると論じていた。中にはイエスは肉体を持っているように見えただけだと主張する人もいた。ヨハネはこの手紙全体を通してこの考えに真っ向から異議を唱え、イエス・キリストは神であり人であると断言した(1:1-4, 4:2, 5:5)。そしてここではこの世界に来てバプテスマを受け、罪のために死なれたのはこの神であり人である主イエス・キリストであると強調している(5:6)。この真理は極めて重要である。なぜなら完全に神であり完全に人である主イエスだけが完全な犠牲を提供して、すべての罪の代価をただ一度すべての人のために払い、人間の罪によってできた神と人との間の溝に橋渡しをすることができたからである(ヘブ10:10, Ⅰペテ3:18)。聖霊もこの真理についてあかしをしておられる(5:7-8)。御霊は主イエスのバプテスマのときに下り(ヨハ1:32-34)、その後キリストの真理を信じる人々の心の中にあかしをし続けておられる。

5:7　あかしするものが三つあります　旧約聖書の律法では、「ふたり‥‥または三人の‥‥証言」(申17:6, 19:15)が必要だった。新約聖書の教会でもそれは、物事を確認するときの正しい手段として引継がれていた(Ⅰテモ5:19)。

5:11　永遠のいのち　永遠のいのちは将来の希望であるだけではなく、キリストを信じる私たちの信仰とキリストとの個人的な交わりに基づいた、今の時にある現実でもある(→ヨハ17:3注)。

5:12　御子を持つ者はいのちを持っており　永遠のいのちは神の御子を信じる信仰を通して与えられるもので、ほかの方法では受取ることも手に入れることもできない。したがって人々はみな、イエス・キリストについての福音を聞くべきである。イエス・キリストは唯一の「道であり‥‥いのち」である(ヨハ14:6)。永遠のいのちは、私たちの内にあるキリストのいのちである。キリストと生き生きとした信仰の関係を保ち続けるならこのいのちを私たちは持ち続けていく(ヨハ15:4, →ヨハ17:3注, コロ3:4)。

5:13　あなたがたが永遠のいのちを持っていることを、あなたがたによくわからせるためです　ここでヨハネはこの手紙を書いた重要な目的の一つを示している。それは、神の民に聖霊に霊感され証明された権威ある基準を示し、救いを確信することができるようにすることだった。詳細　→「救いの確証」の項 p.2447

救いの確証

「私が神の御子の名を信じているあなたがたに対してこれらのことを書いたのは、あなたがたが永遠のいのちを持っていることを、あなたがたによくわからせるためです。」(ヨハネの手紙第一 5:13)

キリスト者はみな救いの確信、つまりキリストが再臨するときまたは自分が死に臨んだときに、天の主イエスのところに行くという確信を持ちたいと願っている(ピリ1:23)。ヨハネが第一の手紙を書いた目的は、神の民がその確信を確実に持つ(神と正しい関係にあって天に向かっていることをはっきり知ること)ようにすることだった(Ⅰヨハ5:13)。けれどもヨハネは、過去の回心の体験やキリストを信じる信仰によって救いが保証されているとはこの手紙の中のどこにも書いていない。もし過去の体験だけを土台にしたり、信仰はもはや重要ではないと考え、生きた信仰を持っていないのに自分は永遠のいのちに定められていると考えたりするなら、それは大きな誤りである。この手紙には、私たちが救われてイエス・キリストとの関係があるかどうかがわかる方法が九つ挙げられている。

(1) 「神の御子の名」を信じているなら、私たちは永遠のいのちの確信を持つことができる(Ⅰヨハ5:13, ⇒4:15, 5:1, 5)。イエス・キリストを私たちの救い主、主、罪を赦してくださる方、人生の導き手として、また神が遣わされた神の御子として告白し生涯をゆだねる信仰がなければ、永遠のいのちも救いの確信もありえない(→ヨハ1:12各注, 5:24聞いての注, →「信仰と恵み」の項 p.2062)。

(2) 主イエスを主とし、真心からその原則に従って生活をして命令に従おうとしているなら、私たちは永遠のいのちの確信を持つことができる。「もし、私たちが神の命令を守るなら、それによって、私たちは神を知っていることがわかります。神を知っていると言いながら、その命令を守らない者は、偽り者であり、真理はその人のうちにありません。しかし、みことばを守っている者なら、その人のうちには、確かに神の愛が全うされているのです。それによって、私たちが神のうちにいることがわかります」(Ⅰヨハ2:3-5, ⇒Ⅰヨハ3:24, 5:2, ヨハ8:31, 51, 14:21-24, 15:9-14, ヘブ5:9)。

(3) この世界よりも御父と御子を愛し、この世界の腐敗した影響力に打勝つ導きと力を神に求めているなら、私たちは永遠のいのちの確信を持つことができる。「世をも、世にあるものをも、愛してはなりません。もしだれでも世を愛しているなら、その人のうちに御父を愛する愛はありません。すべての世にあるもの、すなわち、肉の欲、目の欲、暮らし向きの自慢などは、御父から出たものではなく、この世から出たものだからです」(Ⅰヨハ2:15-16, ⇒Ⅰヨハ4:4-6, 5:4, →「キリスト者とこの世」の項 p.2437)。

(4) 神の基準によって正しいことを首尾一貫して行い続けているなら、私たちは永遠のいのちの確信を持つことができる。「もしあなたがたが、神は正しい方であると知っているなら、義を行う者がみな神から生まれたこともわかるはずです」(Ⅰヨハ 2:29)。一方、「罪を犯している者は、悪魔から出た者です」(Ⅰヨハ3:7-10, →Ⅰヨハ3:9注)。

(5) ほかの人々に本当の愛を示すことができるなら、私たちは永遠のいのちの確信を持つことができる。「私たちは、自分が死からいのちに移ったことを知っています。それは、兄弟を愛しているからです。愛さない者は、死のうちにとどまっているのです。・・・それによって、私たちは、自分が真理に属するものであることを知り、そして、神の御前に心を安らかにされるのです」(Ⅰヨハ3:14, 19, ⇒Ⅰヨハ2:9-11, 3:23, 4:8, 11-12, 16, 20, 5:1, ヨハ13:34-35)。

(6) 私たちの中に聖霊が宿っておられるのを意識することができるなら、私たちは永遠のいのちの確信を持つことができる。「神が私たちのうちにおられるということは、神が私たちに与えてくださった御霊によって知るのです」(Ⅰヨハ3:24)。 さらに、「神は私たちに御霊を与えてくださいました。それによって、私たちが神のうちにおり、神も私たちのうちにおられることがわかります」(Ⅰヨハ4:13)。

(7) 主イエスの模範にならってへりくだっているなら、私たちは永遠のいのちの確信を持つことができる。「神のうちにとどまっていると言う者は、自分でもキリストが歩まれたように歩まなければなりません」（Ⅰヨハ2：6, ⇒ヨハ8：12）。

(8) 「いのちのことば」であるイエス・キリスト（Ⅰヨハ1：1）との正しい関係を受入れてそれを保ち続け、生活の土台を新約聖書にあるキリストのメッセージの上に置いているなら、私たちは永遠のいのちの確信を持つことができる。「あなたがたは、初めから聞いたことを、自分たちのうちにとどまらせなさい。もし初めから聞いたことがとどまっているなら、あなたがたも御子および御父のうちにとどまるのです」（Ⅰヨハ2：24, ⇒Ⅰヨハ1：1-5, 4：6）。

(9) キリストが再び来られるのを心から強く望み、しっかりと希望を持っているなら、私たちは永遠のいのちの確信を持つことができる。「愛する者たち。私たちは、今すでに神の子どもです。後の状態はまだ明らかにされていません。しかし、キリストが現れたなら、私たちはキリストに似た者となることがわかっています。なぜならそのとき、私たちはキリストのありのままの姿を見るからです」（Ⅰヨハ3：2-3, ⇒ヨハ14：1-3）。

Ⅰヨハネ　5章　　2449

14何事でも神のみこころにかなう願いをするなら、神はその願いを聞いてくださるということ、これこそ神に対する私たちの確信です。
15私たちの願う事を神が聞いてくださると知れば、神に願ったその事は、すでにかなえられたと知るのです。
16だれでも兄弟が死に至らない罪を犯しているのを見たなら、神に求めなさい。そうすれば神はその人のために、死に至らない罪を犯している人々に、いのちをお与えになります。死に至る罪があります。この罪については、願うようにとは言いません。
17不正はみな罪ですが、死に至らない罪があります。
18神によって生まれた者はだれも罪を犯さないことを、私たちは知っています。神から生まれた方が彼を守っていてくださるので、悪い者は彼に触れることができないのです。

14①Ⅰヨハ3：22,
　圏マタ7：7, ヨハ14：13
　②Ⅰヨハ3：21, 22,
　　Ⅰヨハ2：28
15①囲Ⅰヨハ5：18, 19, 20
16①囲Ⅰヨハ5：15
　②ヘブ6：4-6, 10：26,
　　囲民15：30
　③囲エレ7：16, 14：11
17①Ⅰヨハ3：4
　②Ⅰヨハ2：1, 2,
　　Ⅰヨハ5：16
18①囲Ⅰヨハ3：9
　②Ⅰヨハ5：15, 19, 20
　③Ⅰヤコ1：27, ユダ21
　④囲Ⅰヨハ5：15
　⑤囲ヨハ14：30

5：14　神のみこころにかなう願いをする　もし私たちの祈りが神と神のことば、そして私たちの人生への神のみこころに全く従い調和がとれているなら（私たち自身も）、その祈りは神の目的を達成するのに効果的である（神のみこころは神の特性や目的を基にした神の願いや計画と言うこともできる）。祈るときには、私たちの思いを神がどのような方であり、私たちが神との正しい関係にあるなら私たちを通して神はどのようなことを行ってくださるかに集中するべきである。このようなことを意識して祈るなら、私たちの信仰と信頼はさらに増し加わるに違いない（→ヨハ14：13注）。神のみこころはみことばの中に直接啓示されているので、私たちは多くの事例を通して知ることができる（→「神のみこころ」の項p.1207）。またある時には、人生を導き神のご計画を示してくださるように熱心に祈り頼るときに明らかになる。神との関係が深くなり、神の特性がよりよく理解できるようになるにつれて神の思いや目的もよく理解できるようになる。ある問題や情況について神のみこころが一度わかると、私たちは確信と信仰をもって願い求めることができるようになる。そして神が私たちの祈りを聞き、神の目的を達成してくださることがわかってくる（→3：22注, →「**効果的な祈り**」の項p.585）。

5：16　神に求めなさい。そうすれば神は・・・いのちをお与えになります　ヨハネは、明らかに神が望まれることと目的（→5：14注）に合致した、そして必ず応えられる祈りの型を一つ示している（⇒5：14-15）。それは神の恵み（受けるにふさわしくない好意、愛、助け、霊的能力）と励ましを必要としている、霊的に弱い信仰者のために祈ることである。そのような祈りをするときには次のことに注意するべきである。

（1）ここで祈りを必要としているという人は、神に逆らい真理を拒み神との関係を捨てたりしていない人で、兄弟や姉妹（キリストとの個人的な関係を持っている信仰者）でなければならない（→5：17注）。つまり主イエスが来られて罪のために死なれた（⇒4：2）という真理を完全に拒んだ当時のにせ教師たちのように、罪を犯して霊的に死んで神から離れている人であってはならない（⇒ロマ8：13）。信仰者はそのような罪を犯さない。したがって、霊的いのちはまだ保ちながらも弱りもがいているのである。その人は、自分がもがいていることを認めて自分勝手なやり方をやめて神にゆだねようとしていても、なお悪魔と罪の力に勝利するには助けが必要なのである。

（2）この状態でもがいている信仰者のために、教会は「いのち」が与えられるように、つまり霊的力が新しくされ神の恵み（→「**信仰と恵み**」の項p.2062）が与えられるように祈らなければならない。罪によって危険にさらされているからである（⇒ロマ8：6, Ⅱコリ3：6, Ⅰペテ3：7）。神はその祈りに応え、恵みを与えると約束しておられる。ただその人は自分でも神に応答し、神の助けを受入れなければならない。

（3）「死に至る罪」（霊的な死と神からの分離）を犯した元信仰者のために、教会は神がさらに恵みを与えてくださるという確信を持って祈ることはできない。これは、意識的に神と神の真理に逆らい神に従うことを拒む罪である（→「**罪の性質の行いと御霊の実**」の項p.2208）。そのような人は霊的に死んでいる。したがって霊的にいのちを回復するには、心から悔い改め（→マタ3：2悔い改めの注）神に立返るほかない（→ロマ8：13注）。私たちは神がその人の生活環境が変るように導き、その人が神に反抗する意思を捨てて神に立返り、イエス・キリストを信じる信仰を通して救いをもう一度回復するように祈らなければならない。

5：17　死に至らない罪　ヨハネは次のように二種類の罪を意識している。（1）すぐに霊的死（神との関係の断絶）につながらない、それほど重くない罪、（2）意識的に神とみことばに反抗する、霊的死と神のいのちからの分離につながる恐ろしい罪（→3：15注, 民15：31注, ロマ8：13注, ガラ5：4注）。この手紙の多くの部分を割いてヨハネが戦っている間違った教えは、この死に至る罪である（→緒論）。その教えは、主イエスが

¹⁹ 私たちは神からの者であり、世全体は悪い者の支配下にあることを知っています。²⁰ しかし、神の御子が来て、真実な方を知る理解力を私たちに与えてくださったことを知っています。それで私たちは、真実な方のうちに、すなわち御子イエス・キリストのうちにいるのです。この方こそ、まことの神、永遠のいのちです。²¹ 子どもたちよ。偶像を警戒しなさい。

19 ①圏Ⅰヨハ4:6, ②囲ヨハ12:31,17:15, ガラ1:4 ③Ⅰヨハ5:15, 18, 20
20 ①圏Ⅰヨハ5:5, 囲ヨハ8:42, ヨハ17:3, 黙3:7, ③囲ルカ24:45, ④Ⅰヨハ5:5, 18, 19, ⑤囲ヨハ1:18, 14:9, Ⅰヨハ2:23, 黙3:7 ⑥囲Ⅰヨハ1:2, ⑦圏Ⅰヨハ5:11
21 ①圏Ⅰヨハ2:1, ②Ⅰコリ10:7, 14, Ⅰテサ1:9

キリスト（メシヤであり救い主 2:22）であり文字通り人となられた神であることを否定していた（4:2）。この反抗的な信仰に導かれた人々は、道徳的規則をみな投げ捨て、神の命令や基準を無視するようになった（⇒2:3-5, 15-17, 3:3-10, 5:2-3, 18）。このように公然と神に反抗するなら最後は霊的死（神からの永遠の分離）につながる。

5:19 悪い者の支配下にある 新約聖書を正しく理解するには、サタンがこの堕落した世界の神であるということを認めなければならない（→「**キリスト者とこの世**」の項 p.2437）。サタンは「悪い者」であり、その力が今の悪い時代を支配している（⇒ルカ13:16, Ⅱコリ4:4, ガラ1:4, エペ6:12, ヘブ2:14, →マタ4:10注, →「神の国」の項 p.1654,「神の国とサタンの国」の表 p.1711）。

（1）罪深い人々や悪、残酷さや不公平などがある不信心な今の世界を、神が直接支配しておられるという教えは神のことばの中にはない。この世の苦しみはみな神が引起こしておられるのではないし、起きていることがみな神の完全な願いや目的につながるものでもない（→マタ23:37, ルカ13:34, 19:41-44, →「**神のみこころ**」の項 p.1207）。世界は、今の時点では神とその支配に対して意識的に反抗していて、サタンに支配され罪と悪の奴隷になっていると聖書は教えている。このような情況が地上のすべての人（神に従う人もそうでない人も）に影響しているのである（→「**正しい人の苦しみ**」の項 p.825）。だからこそ、キリストは来て十字架で死んで（ヨハ3:16）罪の罰を最終的に支払い、神と和解させてくださったのである（Ⅱコリ5:18-19）。私たちには罪と悪に対して戦う責任がある。

（2）けれども、神はある意味では不信心な世界を支配しておられる。神は至高（好むままに行う最高の力と権威を持っている）の方である。つまり神が許されなければ何も起こらない（→「**神の属性**」の項 p.1016）。時には神が、ご自分の目的を達成するために直接介入されることがある。けれどもそれは、神が人間に与えられた自由意思と人間が選択した結果世界に起きたことを無視されるということではない。今のところ神は、世界を支配するご自分の最高の力を制限しておられる。けれどもこのような制限は一時的である。知恵をもって決められたその時になると、神はサタンとあらゆる悪を滅ぼし邪悪な人々をさばかれるのである（黙19:-20:）。その時に「この世の国は私たちの主およびそのキリストのものとなった。主は永遠に支配される」と言うことができる（黙11:15）。

ヨハネの手紙　第二

概　　要
　キリストにあるあいさつ(1:1-3)
　　　A．選ばれた夫人とその子どもたちへ(1:1)
　　　B．真理のため(1:2-3)
　Ⅰ．称賛と命令(1:4-6)
　　　A．真理に対する過去の忠誠への称賛(1:4)
　　　B．愛と従順への命令(1:5-6)
　Ⅱ．助言と警告(1:7-11)
　　　A．にせ教師を見分けること(1:7)
　　　B．その影響力を拒むこと(1:8-9)
　　　C．あなたの家を使わせないこと(1:10-11)
　結論(1:12-13)

著　　者：ヨハネ

主　　題：真理、愛、識別力

著作の年代：紀元85－95年

著作の背景
　著者は自分のことを「長老」と言っている(1:1)。この称号は名誉な称号で、1世紀の終りの20年間に多くのキリスト者が使徒ヨハネを指して使ったものと思われる。またヨハネはエペソの教会で「長老」(→Ⅱヨハ1:1，Ⅲヨハ1:1)、あるいは牧師たちのリーダーとして奉仕していたとも考えられる。ヨハネは既に年齢を重ね、最初の使徒(主イエスの福音を伝え新約聖書の教会を建上げるために直接主から権威を与えられた人々)の中でただ一人生存している使徒として、その権威を認められていたと思われる。ヨハネは主イエスが地上におられたとき、最も親密な弟子の一人だった(→ヨハ緒論，Ⅰヨハ緒論)。
　ヨハネはこの手紙を「選ばれた夫人とその子どもたち」へあてている(1:1)。ある人はこれを比喩的に解釈して、「選ばれた夫人」は地域の教会を表しており、「その子どもたち」はその教会員たちを表し、さらに「選ばれたあなたの姉妹」(1:13)は姉妹関係にある教会(信仰者の別のグループ)を表すと言っている。ほかの人々はこのあいさつをそのまま受取り、ヨハネが霊的な権威を持っていた小アジヤ(現在のトルコ)にある、近くの教会の有名なキリスト者の未亡人にあてて書かれたと解釈している。その場合、この夫人の家族(1:1)と姉妹の子どもたち(1:13)はその地域の教会ではよく知られていたと思われる。この手紙はヨハネのほかの手紙と同じように、1世紀の80年代後半か90年代の初めにエペソで書かれたと思われる。

目　　的
　最初の2世紀の間、キリストの福音は旅をしている伝道者(「よい知らせを伝える人」)や教師によってあちらこちらに伝えられていった。そのような伝道者たちを、キリスト者が家に招き入れてその働きを支援することは一般的によく行われていた。にせ教師たちもこの慣習に頼っていたので、ヨハネは「選ばれた夫人」にこの手紙を書いて、伝道者を家に迎え入れて支援をするときには正しい判断をするように警告をした。キリストとキリストの福音(今日の聖書にあるような)を伝えるように任命された人々が伝えた最初の教えと一致しない教えを伝えている教師たちを、よくわからないままで支援することがないようにヨハネは信仰者たちに警告をした。第一の手紙で強く非難した間違った教えの誤りを、ヨハネはこの手紙の中でも同じように明らかにしている。

概　観

　この手紙は第一の手紙と同じように、主イエスが神の御子であり、実際の肉体と血を持った人として生まれ、生活し、死なれたことを否定するにせ教師たちの危険性について、さらに警告をしている(1:7-8,⇒Ⅰヨハ4:2)。ヨハネは「選ばれた夫人とその子どもたち」が、「真理のうちを歩んでいる」(キリストの真理に忠実であり、そのメッセージが初めから教えられている原則によって生きている 1:4)ことを称賛している。それから、キリストの命令に従って互いに愛し合いながら本当の愛を神に示すようにと勧めている(1:6)。さらにヨハネは続けて、真理と誤りとを賢く見分け、にせ教師を歓迎しないことのほうがキリスト者の本当の愛であると言っている(1:7-9)。にせ教師たちを迎え入れることは、その惑わしに加わり罪を共有することになるからである(1:10-11)。この手紙は短い。それはヨハネがすぐにこの夫人を訪問し「顔を合わせて」話そうと計画していたからである(1:12)。

特　徴

　この手紙には三つの大きな特徴がある。
　(1) 新約聖書の中で一番短い手紙である。
　(2) そのメッセージ、用語、単純な文体などの点でヨハネの手紙第一、第三と著しく似ている。
　(3) 同じ教会につながらないよく知らない奉仕者を支援することについて警告をし、第三の手紙のメッセージ(忠実な奉仕者や宣教師を支援することを励ましている)とのバランスがとられている。教えを伝える奉仕者たちを支援する前に、その教えがキリストとその福音を伝えるようにキリストから個人的に任命された人々が伝えてきた教えに矛盾していないか、注意深く判断するようにヨハネは教会員に強調している。

ヨハネの手紙　第二の通読

　新約聖書全体を１年間で通読するためには、ヨハネの手紙第二を１日で読まなければならない。
□ヨハネ第二

メ　モ

II ヨハネ　1章

1 長老から、選ばれた夫人とその子どもたちへ。私はあなたがたをほんとうに愛しています。私だけでなく、真理を知っている人々がみな、そうです。
2 このことは、私たちのうちに宿る真理によることです。そして真理はいつまでも私たちとともにあります。
3 真理と愛のうちに、父なる神と御父の御子イエス・キリストからの恵みとあわれみと平安は、私たちとともにあります。
4 あなたの子どもたちの中に、御父から私たちが受けた命令のとおりに真理のうちを歩んでいる人たちがあるのを知って、私は非常に喜んでいます。
5 そこで夫人よ。お願いしたいことがあります。それは私が新しい命令を書くのではなく、初めから私たちが持っていたものなのですが、私たちが互いに愛し合うということです。
6 愛とは、御父の命令に従って歩むことであり、命令とは、あなたがたが初めから聞いているとおり、愛のうちを歩むことです。
7 なぜお願いするかと言えば、人を惑わす者、すなわち、イエス・キリストが人として来られたことを告白しない者が大ぜい世に出て行ったからです。こういう者は惑わす者であり、反キリストです。
8 よく気をつけて、私たちの労苦の実をだいなしにすることなく、豊かな報いを受けるようになりなさい。
9 だれでも行き過ぎをして、キリストの教えのうちにとどまらない者は、神を持っていません。その教えのうちにとどまっている者は、御父をも御子をも持っています。
10 あなたがたのところに来る人で、この教えを持って来ない者は、家に受け入れては

1①Ⅲヨハ1, 囲Ⅰペテ5:1, 圏使11:30, ②Ⅱヨハ13, 囲ロマ16:13, Ⅰペテ5:13
③Ⅰヨハ5, ②Ⅰヨハ3:18, Ⅲヨハ1, 囲Ⅱヨハ3
⑤ヨハ8:32, 囲Ⅰテモ2:4
2①Ⅰヨハ1:8
②囲Ⅱペテ1:12
③Ⅰヨハ4:16
3①圏Ⅰテモ1:2, 囲ロマ1:7
4①Ⅲヨハ3, 4
5①圏Ⅰヨハ2
②Ⅰヨハ3:11
6①圏Ⅰヨハ5:3, Ⅰヨハ2:5
*直訳「彼の」、別訳「イエス・キリストの」
②Ⅰヨハ2:24
③圏Ⅰヨハ2:7
7①Ⅰヨハ2:26
②圏Ⅰヨハ4:2, 3
③ヨハ4:1, 囲Ⅰヨハ2:19
④圏Ⅰヨハ2:18
8①マコ13:9
②圏ヘブ10:35, 囲Ⅰコリ3:8
*異本「あなたがたの」
9①ヨハ8:31, 囲Ⅰヨハ7:16, Ⅰヨハ8:23
10①圏ロマ16:17, Ⅰ列13:16, 17

1:1　長老　→緒論

1:1　選ばれた夫人　この箇所からある人は、ヨハネの手紙が多分キュリア（《ギ》「夫人」の意味）という名前の信仰深い女性とその家族にあてて書かれたと考えている。ほかの人々は、「選ばれた夫人とその子どもたち」ということばは「教会とその教会員たち」のことを比喩的に表現したのではないかと言う（⇒Ⅰペテ5:13, →Ⅱヨハ緒論）。確かなことはわからない。けれどもここでは比喩的に解釈することが最善と思われる。

1:1　私は・・・ほんとうに愛しています　ヨハネは主イエスの模範にならい、人々を愛し配慮をしている。人々を愛していても神のことばの真理に従わない人がいる。そのような人々は、神の真理や命令よりも愛、仲間付合い、友情、一致、良い行いなどを優先しているのである（1:5-6）。これとは逆に、教会にいる人で聖書の真理を広め聖書の教えを守りながら、ほかの人々に積極的に愛や思いやりを示さない人もいる。神が求めておられるのは、真理に対する愛とほかの人々に対する愛の両方を示すことである。私たちは「愛をもって真理を」語らなければ（示さなければ）ならない（エペ4:15, ⇒Ⅰコリ13:6）。

1:3　恵みとあわれみと平安　神の恵み（受けるにふさわしくない好意、助け、霊的能力）とあわれみと平安を受けることは、真理を守り（1:7-11）、ほかの人々を愛する（1:5-6）責任を受入れるということである。その一つでも欠けるなら、教会は神の祝福を失うことになる（→「**神の平和**」の項 p.1301,「**信仰と恵み**」の項 p.2062）。

1:5　互いに愛し合う　→ヨハ13:34注, 35注

1:6　御父の命令　→ヨハ14:21注

1:7　人を惑わす者　多くの、人を惑わす者やにせ教師たちが神のことばのメッセージをゆがめ（意味をねじ曲げ変える）、その考えを受入れるようにキリスト者を説得しているとヨハネは警告する。その間違った教えはイエス・キリストにかかわるもので、イエス・キリストが処女から生れた永遠の神の御子であることを否定している（マタ1:18, ルカ1:27）。また、信仰によって主イエスを受入れ人生をゆだねるすべての人に対しては、主イエスの犠牲の死によって罪の赦しが備えられたことを否定する（Ⅰヨハ2:2, 4:9-10）。さらに主イエスが「まことの神、永遠のいのち」（Ⅰヨハ5:20）であることを否定する。詳細　→Ⅰヨハ2:18注, 4:2注, 5:6注,　→Ⅰヨハ緒論

1:9　キリストの教えのうちにとどまらない　キリストの啓示と使徒たち（聖書の中にある福音を伝えるようにキリストから直接権威を与えられた人々）の教えを拒む人々は、神ご自身を拒むのである。その人々は神を知っていると主張する（Ⅰヨハ2:4）けれども、キリストの真理を教えずそれに従って生活をしていないなら、だまされているのである。キリストの教えを捨てる人はキリストご自身を捨てている。新約聖書の中で明らかにされた真理と基準を保っていない教えや信仰は、みな本当のキリスト教ではない。そのようなものは拒否しなければならない（→ガラ5:7注, エペ2:20注）。

いけません。その人にあいさつのことばをかけてもいけません。
11 そういう人にあいさつすれば、その悪い行いをともにすることになります。
12 あなたがたに書くべきことがたくさんありますが、紙と墨でしたくはありません。あなたがたのところに行って、顔を合わせて語りたいと思います。私たちの喜びが全きものとなるためにです。
13 選ばれたあなたの姉妹の子どもたちが、あなたによろしくと言っています。

11① Ⅰテモ5:22, 圖ユダ23
12① Ⅲヨハ13, 14
② Ⅰヨハ1:4, 圖ヨハ3:29
＊異本「あなたがたの」
13① 圖Ⅱヨハ1

1:10　あいさつのことばをかけてもいけません　キリストと神のことばを愛して忠実に従っているキリスト者は、キリストを信じていると主張しながら、「キリストの教え」や新約聖書の福音を伝えている人々の教えを守らない人々を、正しく判断しなければならない(1:9)。純粋な新約聖書の信仰と教え(聖書の中に今もある)に矛盾し対立するねじ曲げられた教えは、キリスト者の共同体に受入れてはならない。

(1)「人を惑わす者・・・が大ぜい世に出て行った」(1:7)ので、間違った教えを受入れないように(1:8)神は本当の信仰者たちに警告をしておられる。

(2) キリストに従う人々は、キリスト教の教師と思われていてもキリストについての真理を教えず、みことばの中にあるメッセージを守ろうとしない人々はみな、実際には神を持たず(1:9)やがて神のさばきを受ける人と、考えるべきである(→ガラ1:9注)。

(3) そのような教師たちを励ましたり忠誠を示したり、経済的支援を与えたりしてはいけないと神は命じておられる。それは惑わしの「悪い行いをともにすることに」なる(1:11)。

(4) 聖霊の霊感を受けたヨハネの権威的なことばは、今日の教会のある人々には愛の姿勢や一致の霊が欠けていて厳しいように思えるかもしれない。けれどもこれは、人々の信仰を神のことばの真理と権威の中に保つ目的をもって神が与えられた知恵のことばであり啓示なのである。このメッセージを真剣に受取るなら、人々は神の真理に忠実ではない人によって霊的に惑わされたり滅ぼされたりすることはなくなると思われる。

ヨハネの手紙　第三

概　　要
キリストにあるあいさつ（1：1）
　Ⅰ．ガイオへの称賛（1：2-8）
　　　A．霊的に健康である（1：2）
　　　B．真理に忠実である（1：3-4）
　　　C．敬虔に福音を伝える人々をもてなしている（1：5-8）
　Ⅱ．ガイオへの助言（1：9-12）
　　　A．デオテレペスの悪い例について（1：9-11）
　　　B．デメテリオの良い例について（1：12）
結論（1：13-15）

著　　者：ヨハネ

主　　題：神の真理への献身と神のメッセージを伝える人々のもてなし

著作の年代：紀元85－95年

著作の背景
　最初の使徒（キリストの福音を伝え新約聖書の教会を建上げるためにキリストによって個人的に権威と力を与えられた人）の一人であるヨハネは、ここでも自分を「長老」（1：1, →Ⅱヨハ緒論）という称号で呼んでいる。この個人的な手紙はガイオというキリストに忠実に従っている人にあてられている（1：1）。この人は小アジヤ（現在のトルコ）にある教会のメンバーだったと思われる。この第三の手紙はヨハネのほかの手紙と同じように1世紀の80年代の終りか90年代の初めにエペソで書かれたと思われる（ヨハネの詳細 →ヨハ緒論, Ⅰヨハ緒論）。
　1世紀の終りの頃、巡回伝道者（町から町へと旅をした伝道者）が来ると、信仰者たちは家に迎え入れて物資や金銭的支援をして送り出すようにしていた（1：5-8, ⇒Ⅱヨハ1：10）。ガイオは信頼できる伝道者を丁寧にもてなし支援をする忠実なキリスト者の一人だった（1：1-8）。けれどもデオテレペスという名前の指導者は、ごう慢にもヨハネの権威に抵抗し、ヨハネが派遣した伝道者たちを拒んだ。

目　　的
　ヨハネは、（1）信頼できる伝道者たちに対するガイオの丁寧なもてなし（歓迎、親しみ、親切、寛大さ）と忠実な支援を称賛するため、（2）反抗的で自尊心の強い指導者、デオテレペスを間接的に警告するため、（3）ヨハネ自身の訪問への準備をしてもらうために、この手紙を書いた。

概　　観
　この手紙の中には三人の男性の名前が出てくる。（1）ガイオは神に忠実であり真理に熱心であり（1：3-4）、メッセージを伝える敬虔な人々をもてなす面で模範的だったことから暖かく称賛されている（1：5-8）。（2）ごう慢でわがままな指導者のデオテレペスは高慢（「かしらになりたがっている」1：9）なので、非難されている。デオテレペスはヨハネが送った前の手紙を拒み（1：9）、個人的にヨハネを中傷してヨハネが送った使者を受入れることを拒否した。また使者たちを受入れて宿を提供した人々を破門する（教会から追出す）と脅してもいた（1：10）。（3）デメテリオはこの手紙を届けた人かあるいは近くの群れの牧師で、評判が良く真理に忠実であるとして称賛されている（1：12）。

特　　徴
　この手紙には二つの大きな特徴がある。

（1）短いけれども、1世紀の終りにかけての初期の教会の歴史の重要な面をいくつか明らかにしている。
（2）第三の手紙には第二の手紙と顕著な類似点がある。けれどもこの二つの手紙には、一つの重要な違いがある。それは第二の手紙でヨハネは信頼できない伝道者を迎え入れて支援しないようにと信仰者たちに訴えているのに、第三の手紙では信頼できる旅の伝道者をもてなし支援するように励ましている点である。ヨハネが目指したのは、信仰者がにせの有害な教えを間違って広めたりせず、キリストの福音を広める人々の働きに加わるようになることだった。

ヨハネの手紙　第三の通読
　新約聖書全体を1年間で通読するためには、ヨハネの手紙第三を1日で読まなければならない。
□ヨハネ第三

メ　モ

Ⅲヨハネ　1章

¹ 長老から、愛するガイオへ。私はあなたをほんとうに愛しています。
² 愛する者よ。あなたが、たましいに幸いを得ているようにすべての点でも幸いを得、また健康であるように祈ります。
³ 兄弟たちがやって来ては、あなたが真理に歩んでいるその真実を証言してくれるので、私は非常に喜んでいます。
⁴ 私の子どもたちが真理に歩んでいることを聞くことほど、私にとって大きな喜びはありません。
⁵ 愛する者よ。あなたが、旅をしているあの兄弟たちのために行っているいろいろなことは、真実な行いです。

①圏Ⅱヨハ1
②Ⅰヨハ3:18, Ⅱヨハ1
③Ⅲヨハ5, 10, 圏使1:15, 圏ガラ6:10, ＊あるいは[くれたので、私は非常に喜びました]
②圏Ⅲヨハ4
④①圏Ⅰヨハ2:1, 圏Ⅰコリ4:14, 15, Ⅱコリ6:13, ガラ4:19, Ⅰテサ2:11, Ⅰテモ1:2, ピレ10, ②Ⅱヨハ3
⑤①圏ロマ12:13, ヘブ13:2, ②Ⅱヨハ3, 10, 圏使1:15, 圏ガラ6:10

1:1　長老　→Ⅱヨハ緒論
1:2　すべての点でも幸いを得　神は神の民が健康であり、その生活の中に神の配慮と慈しみが現され、神の祝福が注がれるように備え計画をしてくださった。そして神は、私たちの生活、家族、仕事、計画、神への奉仕などすべてのことが神の目的と導きに沿ってうまくいくように願っておられる。このために神は、御子イエスのいのちと犠牲によって祝福と必要なものを備え、私たちの肉体的、霊的必要の両方を満たすようにしてくださった。

肉体的に霊的に私たちを祝福し繁栄させようとする神のご計画について、聖書は次のように教えている。

（1）ここで「すべての点でも幸いを得」と訳されていることば（《ギ》ユーオドオー）は、直訳すると「良い旅をする、良い道に導かれる」という意味である。その意味に従えば、ヨハネは、キリストと親しい関係を持って道を歩いていく私たちが（⇒Ⅰヨハ1:7, 2:6, Ⅱヨハ1:6）、真理に従い続け（1:3-4）、神が願っておられる「豊かないのち」（ヨハ10:10）、目的、祝福、完成をみな体験するように祈ったのである。

（2）神は私たちが、自分と家族の衣食住の必要を十分に満たすほどの収入を得、さらに困っている人を必要に応じて助け、神のためにささげるほどの力を持つようになることを願っておられる（ピリ4:15-19）。神は、目的に応じてそれができるように財力を提供してくださる。けれども逆に、私たちがどんな情況に置かれても神は私たちの必要を十分に満たすことができる方であり（Ⅱコリ9:8-12）、「キリスト・イエスにあるご自身の栄光の富をもって」私たちの必要を満たすと約束しておられる（ピリ4:19, →「神の摂理」の項p.110）。

（3）私たちは、神が物質的な必要をみな満たしてくださると信頼するべきであるけれども、神は貧しさを体験するのを許されることもある、と聖書は教えている。(a) 時には貧しさを体験するとしても、それは私たちをさらに神に頼るようにさせるためである。私たちの信仰と霊的な忍耐力は、そのようなときに築かれ成長し強められていく。また困っている人、特に同じような体験をしている人々をよく理解し助けることができるようにもなる（ロマ8:35-39, Ⅱコリ4:7-12, 6:4-10, 12:7-10, Ⅰペテ1:6-7）。(b) 時にはキリストを信じ奉仕をするために、この世から反対や迫害を受け、困難や悲しみを体験するかもしれない（ルカ6:20-23, ヘブ10:32-34, Ⅰペテ2:19-21, 黙2:9-10, →「正しい人の苦しみ」の項p.825）。(c) 戦争、飢きん、干ばつ、不景気、社会情況など、国による災害や自然環境によって物不足になり、さらには貧しくなることも考えられる（使11:28-30, Ⅱコリ8:2, 12-14）。

（4）日常生活の中で私たちが体験する神の臨在や助けや祝福は、霊的生活の健康や繁栄にも深くかかわっている。それは、並はずれて健康な人はみな霊的にも健康で、健康ではない人は霊的に欠けているという意味ではない。むしろそれは、もし私たちがキリストに忠実であるなら神はあらゆる面で私たちを祝福し、私たちに与えたいと願っておられるものをみな与えてくださり、私たちが神をあがめ神の目的を達成できるようにしてくださるという意味である。したがって私たちは、神が願っておられることを求め（詩37:4）、神のご計画と目的を追い求め（マタ6:10, 26:39, ヘブ10:7-9）、聖霊に従わなければならない（ロマ8:14）。またこの世界の腐敗から離れ（ロマ12:1-2, Ⅱコリ6:16-18）、神のことばを愛し（ヤコ1:21, Ⅰペテ2:2）、神の助けを祈り求め（マタ6:9-13, ヘブ4:16）、熱心に働き（Ⅱテサ3:6-12）、必要を満たしてくださる神に頼り（マタ6:25-34, Ⅰペテ5:7）、神の国とその基準を何よりも優先しなければならない（マタ6:33, →マタ6:11注, ルカ11:3注, コロ4:12注, →「神による癒し」の項p.1640）。

（5）霊的な意味で私たちのたましいが良い状態であっても、生活のほかの面で困難が全くなくなるわけではない。したがって、不幸な出来事や問題、困難などがやって来たときに私たちは神に頼り、私たちの必要と情況を祈りの中で神にゆだねなければならない。

1:5　真実な行いです　ヨハネは特に、「真理に歩んでいる」ということでガイオを称賛している（1:3-4）。つまりガイオは忠実に、旅の伝道者や宣教師（キリストの福音をまだ聞いたことのない地域や文化圏の人々に伝えるために神によって召された人々　1:5-8）を助

6 彼らは教会の集まりであなたの愛についてあかししました。あなたが神にふさわしいしかたで彼らを次の旅に送り出してくれるなら、それはりっぱなことです。

7 彼らは御名のために出て行きました。異邦人からは何も受けていません。

8 ですから、私たちはこのような人々をもてなすべきです。そうすれば、私たちは真理のために彼らの同労者となれるのです。

9 私は教会に対して少しばかり書き送ったのですが、彼らの中でかしらになりたがっているデオテレペスが、私たちの言うことを聞き入れません。

10 それで、私が行ったら、彼のしている行為を取り上げるつもりです。彼は意地悪いことばで私たちをののしり、それでもあきたらずに、自分が兄弟たちを受け入れないばかりか、受け入れたいと思う人々の邪魔をし、教会から追い出しているのです。

11 愛する者よ。悪を見ならわないで、善を見ならいなさい。善を行う者は神から出た者であり、悪を行う者は神を見たことのな

けていたのである。

1:6　神にふさわしいしかたで　1:5-8はキリストの「よい知らせ」(→マコ14:9福音の注)である福音を伝える旅の伝道者のことを指している。宣教師の必要やその働きを支援して、罪の赦しと永遠のいのちについての「よい知らせ」を聞き受け入れる必要がある人々や文化圏にキリストの福音を伝える働きにささげることは、今も神の民の義務であり特権である。

(1) キリスト教の働きや宣教師を受入れ送り出し支援する場合、私たちはそれを「神にふさわしいしかた」で行わなければならない(1:6, Ⅰコリ9:14, ピリ4:10-18)。(a) 忠実な神のことばの宣教師たちをもてなすときには、主ご自身をもてなすようにしなければならない(→マタ10:40)。それはその人々が主の福音を全世界に運ぶ主のしもべたちだからである(→マタ28:19注)。(b) また援助や支援、献金などは、キリストが私たちのために行ってくださった犠牲や贈り物に応答して、犠牲を払ってでも私たちのできる最高のかたちで行うことである(⇒Ⅱコリ8:2-3, 11-12, 9:6-8)。

(2) 初期の教会では、宣教師を送り出すことは旅行の費用を提供し食料と普通に生活する費用をまかなうお金を提供することだった(→ガラ6:6-10注, ピリ4:16注, テト3:13)。宣教師を支援することによって、神の民は真理を広める働きに一緒に参加していたのである(1:8)。

1:7　御名のために　ここではイエス・キリストのことを「御名」ということばで表現している。それは主の本質と属性、特性と行われた働きなどをみな表している。それはまた信仰をもってキリストを受入れ、その御名と一つになろうとする人に霊的救いをもたらし、神の目的を実現する完全な権威と力を意味している(→使4:12注, →ヨハ14:13注)。

1:7　異邦人からは何も受けていません　キリストを信じる信仰によって罪の赦しと永遠のいのちが与えられるという福音を伝えるために、自分の家を離れてほかの所に行く宣教師は一般的にこの世界から経済的、物質的支援を受けることはない。ガイオのような献身的なキリスト者と、キリストの福音を全世界に伝える働きにかかわる忠実な教会だけが唯一の支援の源である(マタ28:19)。これは極めて重要なことである。なぜなら、宣教師は自分がキリストに導こうとしている人々から物質的支援を受けるべきではないからである。そのようなことを期待するなら、それはすぐにキリストの福音の妨げになり、宣教師は経済的利益のために伝道をしていると見なされることになる(⇒Ⅰコリ9:12)。キリストの福音をあらゆる国のあらゆる人々に伝える働きのためにささげようとする人は、主イエスご自身が言われた「預言者を預言者だというので受け入れる者は、預言者の受ける報いを受けます。また、義人を義人だということで受け入れる者は、義人の受ける報いを受けます」ということばを心に留めるべきである(マタ10:41注)。

1:9　かしらになりたがっている　このことばは原語のギリシヤ語では一つのことば(フィロプローテューオーン)で、ここではデオテレペスを表す形容詞として使われている。デオテレペスは自分が優れていて最高の地位におり支配していることを示したいため、ヨハネの権威と援助を拒んでいた。このような自己中心的な高ぶりは、ほかの人々をけなして自分自身を高めることで満足を覚える罪(欺き、厚かましさ、悪口)になりやすい。自慢ばかりして、ほかの人々のことよりも自分の必要や興味、栄光を優先する人は、キリストが示された謙遜の模範(→ピリ2:3-11)に従っていないし、しもべとして仕えるべき指導者としても成長していない(→ルカ22:27)。そのような人々は神に仕えていると思っていても、実際にはキリストの福音を広め神の目的を進める役割を果していないのである。

1:11　悪を見ならわないで、善を見ならいなさい　キリストに従う私たちは、この世界では一般的であっても神の特性を反映することもその目的を進めることも

い者です。
12 デメテリオはみなの人からも、また真理そのものからも証言されています。私たちも証言します。私たちの証言が真実であることは、あなたも知っているところです。
13 あなたに書き送りたいことがたくさんありましたが、筆と墨でしたくはありません。

12 ① 因使6:3, Ⅰテモ3:7
② ヨハ21:24,
因 ヨハ19:35
13 ① Ⅱヨハ12

15 ① Ⅰペテ5:14,
圏 エペ6:23,
因 ヨハ20:19, 21, 26
② 圏 ヨハ10:3

14 間もなくあなたに会いたいと思います。そして顔を合わせて話し合いましょう。
15 平安があなたにありますように。友人たちが、あなたによろしくと言っています。そちらの友人たちひとりひとりによろしく言ってください。

しない(⇒申18:9)振舞や活動、娯楽のとりこにならないように注意しなければならない。そのようなものの多くは、神の真理の基準や道徳的きよさにも矛盾している(→エペ5:1-7)。私たちはこの堕落した世界のやり方に同調するべきではない(ロマ12:2)。
むしろキリストとキリストに忠実に従った人々の模範にならって生活をしなければならない(⇒Ⅰコリ4:16, Ⅰテサ2:14, ヘブ13:7)。「神にならう者となり」(エペ5:1, ⇒Ⅰテサ1:6)、キリストに従わない人とは振舞も品性も明らかに違っていなければならない。そうなったときに初めて、人生の希望と答を真剣に探している人々は、私たちの内にキリストを見ることができ、自分の人生でも考えるべきことがあることに気付くようになる。

ユダの手紙

概　要
　キリストにあるあいさつ(1:1-2)
　Ⅰ．この手紙を書いた理由(1:3-4)
　Ⅱ．にせ教師たちに対する警告(1:5-16)
　　　A．過去の例から見たにせ教師たちの最後(1:5-7)
　　　　　1．不信仰なイスラエルの例(1:5)
　　　　　2．反抗的な御使いたちの例(1:6)
　　　　　3．ソドムとゴモラの例(1:7)
　　　B．にせ教師たちの現在の状態(1:8-16)
　　　　　1．口汚い話(1:8-10)
　　　　　2．汚れた性質(1:11)
　　　　　3．罪深い行動(1:12-13)
　　　　　4．さばきの確かさ(1:14-16)
　Ⅲ．本当の信仰者への訴え(1:17-23)
　　　A．使徒たちの予言を思い出すこと(1:17-19)
　　　B．信仰を築き上げ聖霊によって祈り神の愛の内にとどまること(1:20-21)
　　　C．恐れを感じながら人々をあわれみ助けること(1:22-23)
　終わりの賛美(1:24-25)

著　　者：ユダ

主　　題：信仰のための論争と戦い

著作の年代：紀元70－80年

著作の背景
　ユダは自分のことを簡単に「ヤコブの兄弟」(1:1)と言っている。ユダ(《ギ》ユーダス)とヤコブという名前の兄弟は、新約聖書の中では主イエスの異父兄弟しかいない(マタ13:55, マコ6:3)。ユダやヤコブはともに自分たちが主イエスの兄弟であるとは言っていないけれども、ほかの人々がそのように言っている(⇒ヨハ7:3-10, 使1:14, Ⅰコリ9:5)。この兄弟たちはヨセフとマリヤの子どもなので、主イエスの家族として特別扱いをされたくなかったと思われる。ユダがヤコブの名前を挙げたのは、ヤコブがエルサレム教会の指導者として有名だったので、そのことによって自分の身元と権威をはっきりさせようとしたと思われる(→ヤコ緒論)。
　この手紙は短いけれども内容は厳しく、キリストを信じる本当の信仰者に対して、道徳律廃棄論者(法律に反対する)や自由思想家であるにせ教師たちに抵抗するようにと警告するために書かれている。にせ教師たちは既に決められている規則や律法によっては縛られないと考え、好き勝手なことをしていた。そして霊的救いは神の恵み(受けるにふさわしくない一方的な好意と愛)の結果だから、神の律法の道徳規準でさえ従う義務はないと教えていた。したがって、さばきを恐れることなく罪を犯すようにと奨励していたのである。多くの人は、正しいことを信じている限り自分たちは何をしても(特に肉体との関係で)問題がないと信じるようになった。この人々は「不敬虔な者であり、私たちの神の恵みを放縦に変え」る人々だった(1:4)。さらにこのような詐欺師の多くは、人としてのイエス・キリストとその本質について初めから伝えられていた真実の啓示をあざわらい否定していた(1:4)。このような間違った教えによって、何を信じ(1:19a, 22)、どう振舞うか(1:4, 8, 16)について教会の中に分裂が引起こされた。ユダは、この節操のない人々は「不敬虔な者たち」(1:15)で、御霊を持たない(1:19)人々であると言っている(→「**にせ教師**」の項 p.1758)。
　ユダの手紙とペテロの手紙第二2章1節－3章4節の内容は非常によく似ている。そのことからユダの手紙が

書かれた時期が絞られてくる。ある学者は、長い手紙（Ⅱペテロ）は短い手紙（ユダ）から共通の情報を得て組み入れたと考える。そうするとユダの手紙はずっと前に書かれたことになる（60年代初め）。けれどもユダがペテロの第二の手紙を知っていたことがほぼ確実なので（1：17-18）、この手紙はペテロよりあとに書かれたと考えられる（70-80年の間）。この手紙の受取人ははっきり示されていない。それがだれでどこにいたとしても、その人々はペテロの第二の手紙を受取ったキリスト者たちと同じような問題に直面していたと思われる（→Ⅱペテ緒論）。

目　　的
　ユダがこの手紙を書いたのは、(1) 教会の中にある、にせ教師たちの重大な脅威とその破壊的な影響について緊急に警告し、(2) キリストに従っている人々に直ちに立上がり、「聖徒にひとたび伝えられた信仰のために戦うよう」(1：3) 緊急に訴えるためだった。

概　　観
　ユダはあいさつを書いた後（1：1-2）、最初は霊的救いの性質について書こうとしていたことを明らかにしている（1：3）。けれどもその代りにこの手紙を書くことが必要であると感じた。それは、神の恵みのメッセージを曲げ教会の中にある真理の基準をむしばんでいる霊的に反抗的な教師たちがいたからである（1：4）。その人々は性的に汚れていて（1：4, 8, 16, 18）、カインのように危険で（最初の殺人者 1：11）、バラムのようにどん欲で（1：11）、コラのように反抗的で（1：11）、ごう慢で（1：8, 16）、人を惑わし（1：4, 12）、好色で（1：19）、分裂を引起こしている（1：19）、とユダは非難した。そのように公然と恥ずかしげもなく神に対して罪を犯している人の上には神のさばきが必ず下るとユダは宣言している。そして、これと同じ悪についての六つの例（1：5-11）を旧約聖書から挙げている。にせ教師たちの生き方については12項目挙げられているけれども、それは神の怒り（神の正当な怒りと罰 1：12-16）が熟していることを明らかにしている。このことを踏まえて、本当の信仰者はみな自分自身を守り、信仰の妥協をして揺れ動いている人々に（1：20-23）恐れを感じながらあわれみを持つように、とユダは訴えている。そして力強い感動的な神への賛美の宣言をもってこの手紙を締めくくっている（1：24-25）。

特　　徴
　この手紙には四つの大きな特徴がある。
　(1) にせ教師に対する新約聖書の中で最も直接的で強力な非難のことばが書かれている。そしてにせ教師は、いつも本当のキリスト教信仰を持ち聖い生活をしているように見せかける深刻な脅威であることを後の世代に対してもはっきりと強調している。
　(2) 意味をはっきりさせるために繰返し三つ一組の例（三つの連続）－旧約聖書の三つのさばきの例（1：5-7）、にせ教師についての三つの描写（1：8）、旧約聖書の三人の不信仰な人の例（1：11）－を挙げている。
　(3) 聖霊の強い影響を受けて、ユダは様々な資料を自由に参照した。それは、(a) 旧約聖書（1：5-7, 11）、(b) ユダヤの伝承（1：9, 14-15）、(c) ペテロの手紙第二などである。ユダはペテロの手紙第二3章3節から直接引用している。そしてそれが使徒、つまりキリストの福音を伝え新約聖書の教会を建上げる働きをするようにキリストから個人的に権威を与えられた人が言ったことばであると認めている（1：17-18）。
　(4) 新約聖書の中で最も威厳のある祝禱（終りの祝福あるいは賛美）を見ることができる。

ユダの手紙の通読
　新約聖書全体を1年間で通読するためには、ユダの手紙を1日で読まなければならない。
□ユダ

メ　モ

¹ イエス・キリストのしもべであり、ヤコブの兄弟であるユダから、父なる神にあって愛され、イエス・キリストのために守られている、召された方々へ。
² どうか、あわれみと平安と愛が、あなたがたの上に、ますます豊かにされますように。

信仰のための戦い

³ 愛する人々。私はあなたがたに、私たちがともに受けている救いについて手紙を書こうとして、あらゆる努力をしていましたが、聖徒にひとたび伝えられた信仰のために戦うよう、あなたがたに勧める手紙を書く必要が生じました。⁴ というのは、ある人々が、ひそかに忍び込んで来たからです。彼らは、このようなさばきに会うと昔から前もってしるされている人々で、不敬虔な者であり、私たちの神の恵みを放縦に変えて、私たちの唯一の支配者であり主であるイエス・キリストを否定する人たちです。

1:1 **ヤコブ・・・ユダ** このふたりは主イエスの異父兄弟だった(→緒論)。
1:2 **あわれみ・・・豊かにされますように** 「豊かにされますように」と訳されていることば(《ギ》プレスューノー)は、直訳すると「ふえる」ということである。私たちが神との関係を深めて成長すると、神のあわれみと平安(→「**神の平和**」の項 p.1301)と愛が私たちの生活の中で繰返し混じり合って形作られていく。つまりこのような美徳が二倍、三倍、四倍にもなっていく。
1:3 **聖徒に・・・伝えられた信仰** キリストに自分をささげ忠実に従い続けようとする人は、「信仰のために戦う」という厳粛な義務を負っている。それは神のことばのメッセージを通して、キリストに忠実に従う人々に神が委託されたものである(ピリ1:27, ⇒Ⅰテモ1:18-19, 6:12)。
(1)「**信仰**」は、キリストと使徒たち(キリストの福音を伝え新約聖書の教会を建上げるためにキリストによって個人的に権威を与えられ派遣された人々)によって宣言された福音(罪の赦しと永遠のいのちの「よい知らせ」)から成り立っている。それは聖霊によって与えられ、新約聖書の中に納められ固定されて変ることのない真理である。けれども「信仰」は、単なる客観的真理(自分以外の信頼できるもの、つまり神に根拠を置くもの)ではない。それは愛ときよさをもって実践する生き方そのものでもある(コロ1:9-11, Ⅰテモ1:5)。それは信仰者に聖霊(→「**神の国**」の項 p.1654,「**聖霊のバプテスマ**」の項p.1950)のバプテスマ(浸す、力を与える)を与える力を伴って来る神の国を意味する。その力を受けた信仰者はイエス・キリストの福音をあらゆる国々に(マコ16:15-17, →Ⅰテモ1:5注)しるしや奇蹟、御霊の賜物を伴って広めていくようになる(→使2:22, 14:3, ロマ15:19, ヘブ2:3-4, →「**信者に伴うしるし**」の項 p.1768,「**聖霊の賜物**」の表 p.2096)。
(2)「**戦う**」(《ギ》エパゴーニゾマイ)ということばは、忠実な信仰者がキリスト教の信仰を守るために戦わなければならない戦いのことを説明している。それは直訳すれば、「もがく」、「苦しむ」、「大きな圧力を受ける」、「戦いを戦う」などという意味である。私たちは聖霊の導きと力に完全に信頼して(たといその戦いの犠牲が大きく苦しくても)神のことばの真理を守り、それにしっかりと立っていく強い決意を心の中で固めなければならない。そして自分自身を否定し(→マコ8:34注、ルカ9:23注)、必要ならばキリストの福音のために殉教すること(信仰のために死ぬこと)も覚悟しなければならない(⇒Ⅱテモ4:7)。
(3)「信仰のために戦う」とは、(a) 教会の中で聖書の権威を否定し、文書になった神のことば(聖書)として与えられているキリストと使徒たち(キリストの福音を伝えるためにキリストから直接権威を与えられた人々)によって示された真理のメッセージを変えている人々に、直接向き合うことであり、(b) 人々を神との正しい関係に回復することができる真理として、そのメッセージをあらゆる人々に伝えることである(→ヨハ5:47注, →「**聖書の霊感と権威**」の項p.2323)。キリストと新約聖書の信仰に忠実に従う人々は、その権威を弱めたり真理を変えたりし、その力と約束については言訳をしてメッセージを弱めたり薄めたりしてはならない。
1:4 **私たちの神の恵みを放縦に変えて** 恵み(神の一方的な好意と愛)による霊的救いは信じる人々をあらゆる宗教的規則(神の律法の道徳規準を含めて)から自由にすると教える「不敬虔な者」を、ユダは強く非難する。この教えによって様々な不道徳なことが行われるようになった。けれどもにせ教師たちは、正しいことを「信じて」いるならそれは問題ではないと主張していた。さらに信仰者はたとい重い罪を犯しても神の罰を受け責められることを恐れる必要はないとも主張した(にせ教師についての詳細 →緒論)。このゆがめられた教えには、頻繁に性的欲望にとらわれる人を神は

にせ教師たちの最後

5 あなたがたは、すべてのことをすっかり知っているにしても、私はあなたがたに思い出させたいことがあるのです。それは主が、民をエジプトの地から救い出し、次に、信じない人々を滅ぼされたということです。

6 また、主は、自分の領域を守らず、自分のおるべき所を捨てた御使いたちを、大いなる日のさばきのために、永遠の束縛をもって、暗やみの下に閉じ込められました。

7 また、ソドム、ゴモラおよび周囲の町々も彼らと同じように、好色にふけり、不自然な肉欲を追い求めたので、永遠の火の刑罰を受けて、みせしめにされています。

8 それなのに、この人たちもまた同じように、夢見る者であり、肉体を汚し、権威ある者を軽んじ、栄えある者をそしっています。

9 御使いのかしらミカエルは、モーセのからだについて、悪魔と論じ、言い争ったとき、あえて相手をののしり、さばくようなことはせず、「主があなたを戒めてくださるように」と言いました。

10 しかし、この人たちは、自分には理解もできないことをそしり、わきまえのない動物のように、本能によって知るような事がらの中で滅びるのです。

11 ああ。彼らはカインの道を行き、利益のためにバラムの迷いに陥り、コラのようにそむいて滅びました。

12 彼らは、あなたがたの愛餐のしみです。

赦してくださり、不品行な生活をしている人でも過去にキリストを信じていた時があるなら救いは保証されているという考えが含まれていた(⇒ロマ5:20, 6:1-2)。にせ教師たちは罪の赦しを説教したとしても、聖さ(道徳的に純粋、霊的に健全、悪からの分離、神への献身 →ヘブ12:14注, →Ⅰペテ1:16注)についての必要な命令は省いていたのである。

1:6 御使いたち 最初に与えられた権威と神に奉仕する立場を守らなかった御使いたちのことをユダは言っている。この御使いたちは、神に対して反抗し責任を放棄して、神の律法を破り「悪魔とその使いたち」の仲間になった(マタ25:41)。一部の御使いたちは今閉じ込められてさばきを待っている。けれども堕落した御使いがみな閉じ込められているのではない。サタンと多くの悪霊は今も地上にいるからである(→Ⅱペテ2:4注, Ⅰヨハ5:19注)。

1:7 ソドム、ゴモラ この古代の都市(創19:1-29)が超自然的に破壊された原因の、「好色にふけり、不自然な肉欲を追い求めた」というのは同性愛だった(創19:5)。

1:8 夢見る者 ユダはにせ教師たちを夢見る者と言った。それはにせ教師たちが神から特別な啓示を受けたと主張していたからか(⇒Ⅰペテ1:3注, 5注)、あるいはあまりにも燃え上がってしまい真理と現実との接点を失ってしまったからと思われる。

1:8 権威ある者を軽んじ、栄えある者をそしっています →Ⅱペテ2:10注

1:9 ミカエルは・・・悪魔と論じ 大天使長であるミカエル(聖書に出てくる御使いの中では最高位の御使いと思われる)でさえ、サタンをののしらず、神の力と権威、みことばに頼った。そうであるなら、人間である私たちはなおさらサタンや悪霊と霊的に戦う中でごう慢になったり厚かましくなったりしてはならない(→Ⅱペテ2:11)。

1:11 カインの道・・・バラムの迷い・・・コラのようにそむいて カインはアダムとエバの長子であるけれども、罪を隠し持ち不従順で最初の殺人者になった(→創4:3-8)。そして神ののろいを受けた(創4:9-14)。バラムはにせ預言者で、高慢でどん欲になり、神の民を犠牲にした(→民25:2注, 31:16, ⇒Ⅱペテ2:15注)。コラはイスラエルの間にいがみ合いを引起こし、指導者であるモーセに対して反抗運動を展開し、そのことによって自滅した(民16:1-3, 31-35)。ユダの時代のにせ教師たちにもこれと同じような特徴を見ることができる。したがって最後は似たような破滅を迎えると思われる。

1:12 彼らは・・・愛餐のしみ ここは堕落した教師たちのことを六つの比喩(象徴的な実例)で説明している。(1)「あなたがたの愛餐のしみ」―(→Ⅰコリ11:21注, 27注, ⇒Ⅱペテ2:13)、(2)「自分だけを養っている者」―羊飼い(指導者)として責任を持っている群れ(人々)を養っていない(エゼ34:8-10)、(3)「水のない雲」―目新しい真理を約束しても人々を霊的に乾いたままにしておく、(4)「実を結ばない・・・根こそぎにされた秋の木」―秋には木が多くの実を実らせているはずなのに霊的に死んでいる、(5)「海の荒波」―間違った信仰の風によって激しく揺さぶられ道徳的汚れや腐敗を激しく泡立てている、(6)「さまよう星」―一瞬現れては暗やみに消えていく流れ星のようにこの不信心な人々は神の前から永遠に締め出され

恐れげもなくともに宴を張りますが、自分だけを養っている者であり、風に吹き飛ばされる、水のない雲、実を結ばない、枯れに枯れて、根こそぎにされた秋の木、13自分の恥のあわをわき立たせる海の荒波、さまよう星です。まっ暗なやみが、彼らのために永遠に用意されています。
14アダムから七代目のエノクも、彼らについて預言してこう言っています。「見よ。主は千万の聖徒を引き連れて来られる。15すべての者にさばきを行い、不敬虔な者たちの、神を恐れずに犯した行為のいっさいと、また神を恐れない罪人どもが主に言い逆らった無礼のいっさいについて、彼らを罪に定めるためである。」
16彼らはぶつぶつ言う者、不平を鳴らす者

12②エゼ34:2, 8, 10
　③囚エペ4:14
　④箴25:14,囚Ⅱペテ2:17
　⑤囚マタ15:13
13①囚ピリ3:19
　②囚イザ57:20
　③囚Ⅱペテ2:17, ⑳ユダ6
14①囚創5:18, 21以下
　申33:2,囚ダニ7:10,囚マタ16:27,
　ダニ7:10, ヘブ12:22
15①囚Ⅱペテ2:6以下
　囚Ⅰペテ1:9
16①民16:11, 41,
　囚Ⅰコリ10:10
　②囚ユダ3,囚ユダ16
　③囚Ⅱペテ2:18
　④囚Ⅱペテ2:3
17①囚ユダ3,②囚ヘブ2:3
　②囚Ⅱペテ3:2
18①囚Ⅱペテ3:3,
　囚使20:29, Ⅰテモ4:1,
　Ⅱテモ3:1, 2, 4:3
　②囚ユダ2,囚ユダ4
19①囚Ⅰコリ2:14, 15,
　ヤコ3:15
20①囚コロ2:7,Ⅰテサ5:11
　③囚エペ6:18

で、自分の欲望のままに歩んでいます。その口は大きなことを言い、利益のためにへつらって人をほめるのです。

忍耐の勧め
17愛する人々よ。私たちの主イエス・キリストの使徒たちが、前もって語ったことばを思い起こしてください。18彼らはあなたがたにこう言いました。「終わりの時には、自分の不敬虔な欲望のままにふるまう、あざける者どもが現れる。」19この人たちは、御霊を持たず、分裂を起こし、生まれつきのままの人間です。20しかし、愛する人々よ。あなたがたは、自分の持っている最も聖い信仰の上に自分自身を築き上げ、聖霊によって祈り、

てしまう。→「にせ教師」の項 p.1758

1:12　枯れに枯れて　ユダが手紙を書いている信仰者たちの間にいた背信の(霊的に反抗し信仰のない、神との関係が崩壊した)教師たちは、「枯れに枯れて」(《ギ》ディス アポサノンタ)いた。ユダはこの詐欺師たちを「二度死んでいる」、あるいは「二度死んでいた」と言っている。これはにせ教師たちの中には一度はキリストを信じ「死からいのちに移っている」(ヨハ5:24)のに、その後キリストとのつながりを拒んで神から離れてしまった人々がいると言っているように見える。結果として、その人々はまことのいのちを捨てて神から離れ霊的死へと戻ってしまった(⇒エペ2:1, →ロマ8:13注)。その霊的死の理由は前の節に示されている。

1:14　エノクも・・・預言して　ユダはこの箇所を前110年以上より前に書かれたエノク書、またはユダヤの伝承から引用したと思われる。けれどもこれはユダがエノク書全体を認めたわけではなく、単にエノクが預言したということを証言しているだけである。

1:15　不敬虔な・・・神を恐れず・・・神を恐れない　ギリシヤ語原文では同じことばがさばきの描写とともに3回繰返し使われている(日本語では違うことばに訳されている)けれども、それはこの恥ずべき堕落した人々に下る永遠の刑罰を強調しているからである。

1:18　終わりの時には　→Ⅰテモ4:1注, Ⅱテモ3:1注

1:19　生まれつきのままの　にせ教師たちは自分たちは完全に「霊的である」と主張していた。それは不道徳な振舞を全く無視していたからで、肉体で行うことは何をしても構わないと思っていたのである。そして皮肉にもほかの人々を「官能的」だと言っていた。ここ

でユダはその人々に向けて、にせ教師たちこそが肉欲に支配されていると、その人々の間違った論理を示している。そしてこの堕落した人々は主張とは違って霊的ではないし、神の御霊を持ってもいないとユダは言っている。それは救われていないという意味である(→ロマ8:9)。

1:20　自分自身を築き上げ　キリスト者は信仰を守り広め、間違った教えを退けるべきである。その方法は四つある。

(1) 最も聖い信仰の上に自分自身を築き上げること。聖い信仰とは、キリストと最初の宣教者たちが伝え私たちが今持っている、神のことばである新約聖書の啓示である(1:3)。そのためには神のことばを熱心に学び、聖書の教えを生活に当てはめていくことが必要である(⇒使2:42, 20:27, Ⅱテモ2:15, ヘブ5:12)。

(2) 御霊によって祈ること。私たちは聖霊の力に頼り神と交わり、交流を深めるべきである。それは御霊によって、励まされ導かれ、力を与えられ保たれ、みこころに沿った祈りができるように助けていただくということである(→Ⅰヨハ5:14注)。御霊は私たちが祈るとき、霊的戦いを勝利のうちに進めるように助けてくださる(→ロマ8:26注, ⇒ガラ4:6, エペ6:18)。御霊によって祈ることは、自分の知性で(自分のことばで理解しながら)祈りまた霊で祈ることである(→Ⅰコリ14:15注)。

(3) 神の愛の配慮と影響の下にとどまること。それは神と神のことばに忠実に従うことである(ヨハ15:9-10, Ⅰヨハ5:3)。

(4) 主イエスが再び来られることと、それに伴う永遠の栄光を強く求め期待しながら生きること(→ヨハ

²¹神の愛のうちに自分自身を保ち、永遠のいのちに至らせる、私たちの主イエス・キリストのあわれみを待ち望みなさい。
²²疑いを抱く人々をあわれみ、
²³火の中からつかみ出して救い、またある人々を、恐れを感じながらあわれみ、肉によって汚されたその下着さえも忌みきらいなさい。

頌栄
²⁴あなたがたを、つまずかないように守

21① テト2:13, ヘブ9:28, Ⅱペテ3:12
22 * 異本「確信づけ」
23① アモ4:11, ゼカ3:2, 図 Ⅰコリ3:15
② 黙3:4, ゼカ3:3, 4
24① 図 ロマ16:26

② Ⅰペテ4:13
③ 図 Ⅱコリ4:14
25① 図 ルカ1:47
② ヨハ5:44, Ⅰテモ1:17
③ 図 ロマ11:36
④ 図 ヘブ13:8

ることができ、傷のない者として、大きな喜びをもって栄光の御前に立たせることのできる方に、
²⁵すなわち、私たちの救い主である唯一の神に、栄光、尊厳、支配、権威が、私たちの主イエス・キリストを通して、永遠の先にも、今も、また世々限りなくありますように。アーメン。

14:2注)。
1:23 恐れを感じながらあわれみ ユダは本当の信仰者たちに、あわれみを示すように訴えている。けれどもそれは、にせ教師に対してではなく、そのうその影響を受けて霊的に破滅しそうになっている人々に対してである。その人々のためには祈り、真理と信仰を忠実に守るように優しく、けれどもしっかりと説得するべきである(⇒1:3, 20, →ヤコ5:19-20注)。同時に、その人々を助けるときには自分自身も罪の誘惑にとらわれないようによく注意しなければならない。邪悪な人々は腐敗していて、その下着さえ「肉によって汚され」ていると言われるほどだからである。
1:24 あなたがたを、つまずかないように守ることが・・・できる方に 神を敬わない人々の堕落と惑わしに対して冷静な警告をした後に、ユダははっきりと神に目を向け、神には神を愛し頼り従う人々の信仰を守る力があることに目を向けて、締めくくっている(→「救いの確証」の項 p.2447)。

ヨハネの黙示録

概　要
序言(1：1-8)
　Ａ．序文(1：1-3)
　Ｂ．教会へのあいさつと神への賛美(1：4-8)
Ｉ．栄光に輝く高く挙げられた主と主の教会(1：9-3：22)
　Ａ．七つの燭台の間を歩くキリストの幻(1：9-20)
　Ｂ．七つの教会へのキリストのメッセージ(2：1-3：22)
ＩＩ．すべてにふさわしい小羊イエス・キリストと歴史における役割(4：1-11：19)
　Ａ．荘厳な天の御座の幻(4：1-5：14)
　　１．永遠の創造主－聖い御座におられる聖い神(4：1-11)
　　２．七つの封印された巻き物とそれを開く小羊(5：1-14)
　Ｂ．七つの封印と七つのラッパにかかわる小羊の幻(6：1-11：19)
　　１．最初の六つの封印の開封(6：1-17)
　　　ａ．馬に乗る四人の人(6：1-8)
　　　ｂ．祭壇の下の殉教者たち(6：9-11)
　　　ｃ．小羊の激しい怒り(6：12-17)
　　　第一の幕間－二組の群衆(7：1-17)
　　２．第七の封印の開封(8：1-6)
　　　ａ．天の静けさ(8：1)
　　　ｂ．七つのラッパを持つ七人の御使い(8：2-6)
　　３．六つのラッパの最初のラッパ－一部分のさばき(8：7-9：21)
　　　第二の幕間－御使いと小さな巻き物(10：1-11)
　　　ふたりの証人(11：1-14)
　　４．第七のラッパ－さばきによって世界を取戻される主(11：15-19)
ＩＩＩ．サタンと激しい戦いをする主である神とキリスト(12：1-22：5)
　Ａ．戦いの見通し(12：1-15：8)
　　１．地上での見方(12：1-13：18)
　　　ａ．女と竜(12：1-18)
　　　ｂ．海から上って来た獣(13：1-10)
　　　ｃ．地から上って来た獣(13：11-18)
　　２．天での見方(14：1-20)
　　　ａ．小羊と144,000人(14：1-5)
　　　ｂ．地の刈り入れ(14：6-20)
　　　第三の幕間－七つの災害を携えた七人の御使い(15：1-8)
　Ｂ．戦いの最後の進展(16：1-19：10)
　　１．神の激しい怒りの七つの鉢(16：1-21)
　　２．大淫婦へのさばき(17：1-18)
　　３．大バビロンの崩壊－腐敗したこの世界の終り(18：1-24)
　　４．天の喜び(19：1-10)
　Ｃ．戦いのクライマックス(19：11-20：3)
　　１．キリストの帰還と勝利－王の王、主の主(19：11-18)
　　２．獣とその軍勢の敗北(19：19-21)
　　３．サタンの束縛と解放と最終的な敗北(20：1-3)
　Ｄ．戦いの小休止－地上を1,000年間治められるキリスト(20：4-6)

E．戦いの終りと余波（20：7-22：5）
            1．サタンの解放と最終的な敗北（20：7-10）
            2．大きな白い御座のさばき（20：11-13）
            3．火の池に投込まれた不信仰な人々の最後（20：14-15, 21：8）
            4．新しい天と新しい地と新しいエルサレム（21：1-22：5）
    結論（22：6-21）

著　　者：ヨハネ

主　　題：イエス・キリストの最後の啓示と勝利－歴史の頂点

著作の年代：紀元90－96年頃

著作の背景

　　黙示録は新約聖書の最後の書物で非常に特異な書物である。内容は啓示（1：1-2, 20）と預言（1：3, 22：7, 10, 18-19）と七つの教会にあてた手紙の組合せである（1：4, 11, 2：1-3：22）。「黙示」（1：1）ということばはギリシヤ語の「アポカリュプシス」（おおわれ隠されているものを明らかにする、またはおおいを取る）から訳されている。黙示文学と言われているものは、象徴的なことばやイメージを使って未来のことや出来事を描いて示し、大抵は最終的な破壊やその結果を示すという特徴を持っている。黙示録は、預言としては未来の出来事を予告しているけれども現在の人々にも語りかけている。したがってこの書物はその内容の性質からすると黙示であり、メッセージから見ると預言であり、教会に送られていることから見ると手紙である。
　　1章にはこの書物の背景について五つの重要なことが明らかにされている。
　　(1)「イエス・キリストの黙示」である（1：1）。「の」ということばは詳しく言うと「による」、「からの」、「についての」などという意味である。ここではキリストの黙示についてこの三つの意味が全部当てはまる。
　　(2) この黙示は、天におられるキリストと御使いと幻を通して超自然的に著者に伝えられた（1：1, 10-18）。
　　(3) 内容は神のしもべであるヨハネに伝えられた（1：1, 4, 9, 22：8）。
　　(4) ヨハネはパトモス島（エペソの南西約90キロ、→「**黙示録の七つの教会**」の地図 p.2479）に流刑（追放）にされていたときに、この幻と黙示のメッセージを受取った。ヨハネは、みことばを伝えイエス・キリストについてあかしをしたためにこの島（囚人を収容するためのローマの植民地と思われる）に閉じ込められていた（1：9）。
　　(5) 受取人はローマの小アジヤ（現在のトルコ）地方にある七つの教会だった（1：4, 11）。
　　内部証拠と歴史的証拠はともに著者が使徒ヨハネであると示している。ヨハネは、主イエスに従って学ぶようにと個人的に選ばれた最初の12人の弟子の一人だった。ヨハネはまた、新約聖書の福音書（主イエスの生涯を書いた四つの記事）の一つと三つの手紙（→ヨハ、Ⅰヨハ、Ⅱヨハ、Ⅲヨハ各緒論）を書いている。1世紀後期と2世紀初期の教会の指導者たちも、ヨハネが著者であるという考えを支持している。たとえばイレナエウスの証言によると、ポリュカルポスはヨハネがローマの皇帝ドミティアヌスの治世（81-96年）の終り近くに黙示録を書いたと言っている（イレナエウスはポリュカルポスを知っており、ポリュカルポスは使徒ヨハネを知っていた）。
　　黙示録の内容は、ローマ人が皇帝礼拝を強制し始めた当時の状況をよく反映している。ドミティアヌスは家臣全員に自分のことを「主、神」と呼ばせた。皇帝の勅令によって皇帝を拝もうとする人々と、カエサルではなくイエス・キリストだけが「主であり神である」と信じる忠実なキリスト者たちとの間に緊張と対立が少なからず生み出されていた。つまりこの書物は、キリスト者がその信仰のためにますます敵意を示され迫害に直面するようになっていた時代に書かれたのである。このような情況が黙示録そのものの背景になっている（1：19, 2：10, 13, 6：9-11, 7：14-17, 11：7, 12：11, 17, 17：6, 18：24, 19：2, 20：4）。

目　　的

　　黙示録には三つの目的がある。
　　(1) 七つの教会にあてた手紙（2：-3：）によると、アジヤの多くの教会は、主イエスや、教会を設立しみことばを文書にする権威を与えられた人々（使徒たち）によって教えられた真理や信仰、実践の基準からひどく迷い出ていたことが明らかである。教会の中のある人々は外部の影響に染まり、キリスト者に圧力をかけ、迫害する人々と妥協する方策を奨励していたと思われる（2：14-15, 20）。このような態度は、やがて来る困難な時代にも真

理に強く立とうとする決意がキリスト者の間でむしばまれ弱らないうちに除いておかなければならない。ヨハネはキリストに導かれるまま、教会の中にある妥協と罪を非難し是正し、悔い改めて(神に逆らう自分勝手な生き方から離れる)最初の愛、主イエスに立返るように呼びかけた。

(2) 皇帝ドミティアヌスが自分を「神」にまで高めたことによって教会に対する反対や迫害が増大していたことから、教会の信仰と霊的決意とイエス・キリストへの忠誠心を強めるために黙示録は教会に送られた。この書物はまた、キリスト者が勝利をして死に至るまでキリストに忠実であり続けるように励ますことを目的としている。

(3) 黙示録は次のことについて神の考えをあらゆる時代のキリスト者に知らせるために書かれた。(a) サタンの勢力との激しい戦い。(b) この世界からの厳しい反対(将来の歴史の展開を明らかにすることによって)。特にキリストが地上に再び来られる日の前の7年間の出来事を強調している。それらのことを通して神は、サタンの王国に激しい怒り(正当な怒り、罰)を注ぎ終末の厳しいさばきを下して、神の忠実な民が正しいことを証明(弁護し正しいことを証明する)してくださる。地上には他に例を見ないほどの激しい破壊が行われ、それが頂点に達したときにキリストが再臨(悪霊の勢力を滅ぼし平和をもって治めるために実際に地上に再び来られること)され、それを終らせてくださる(→「終末の事件」の表 p.2471)。

概　観

この書物の預言のメッセージは劇的な黙示文学的イメージや象徴(未来や終末の出来事や破壊を啓示する)によって伝えられている。イメージや象徴は、人類の歴史の最後や聖書全体の贖い(救い、神との関係の回復)のメッセージが完結するときのことを生き生きと描き出している。神に対する人間の罪の完璧な犠牲となられたキリストこそ、すべてのことを最も適切なかたちで終らせることのできる唯一の方、小羊であるとして、その役割を大きく取扱っている(5:)。同時にキリストは、世界をさばき、きよめて悪を除くために来られる怒りの小羊としても示されている(6:-19:)。象徴的なイメージとしてはこのほかにも、竜(サタン)、海の獣(反キリスト)、地の獣(にせ預言者)、大バビロン(サタンの欺き、人間の反抗、腐敗した世界の体制の中心地を表す)などがある。

この書物には教会へのあいさつと神への賛美(1:1-8)のあとに三つの大きな区分がある。第一の区分(1:9-3:22)でヨハネは、七つの金の燭台(教会を現す)の間におられる栄光に満ちたイエス・キリストの荘厳な幻を見ている。この幻の中でキリストは、ヨハネに小アジヤの七つの教会に手紙を書き送るように命じられた(1:11, 19, →「黙示録の七つの教会」の地図 p.2479)。それぞれの手紙(2:1-3:22)には冒頭の幻の中にある栄光の主の象徴的な姿が書かれ、教会が評価され賞賛のことば(賛美と激励)または非難のことば(叱ること、叱責)、またはその両方が書かれている。五つの教会は深刻な警告を受け、悔い改め(霊的に失敗し堕落したところから立返り再び神に完全に献身すること)が求められている。どの手紙も最後はメッセージに耳を傾ける(聞いて応答する)ようにという訴えと、霊的に勝利する人々への希望の約束で終っている。この区分で数字の「七」が強調されているけれども、それは、この手紙を全部総合するとあらゆる時代のあらゆる町の教会に対するキリストの完全なメッセージであることを示している。つまりこの部分にある指導や警告や激励のことばは、あらゆる時代の(私たちが生きている今の時代も含めて)あらゆる教会に対して与えられているのである。

第二の区分(4:1-11:19)には、小羊(イエス・キリスト)と歴史の終りでの小羊の究極的な(最後で最高の)役割にかかわる天と地についての幻が書かれている。この区分は荘厳な天の幻で始まっていて、そこには神が完全な聖さ(完全、純粋、悪からの分離)と近付きがたい光の中で御座についておられる(4:)。5章では、神の右手にある封印された巻き物(巻いてある書物)に焦点が当てられている。この巻き物には、世界と人類の未来について神が定められたことが書いてある。この章で最も強調されているのは、この巻き物の封印を解いて内容を明らかにできるのは小羊(イエス・キリスト)だけであるという点である。4-5章で始まった幻は最初の六つの封印の開封につながる(6:)。そして、情景は地上の出来事に移る。最初の四つの封印は終りに向かって進む終末の日に神が世界に下すさばきの全体像を明らかにする。第五の封印には神にいのちをささげた人々への神の義の約束がある。第六の封印はこれから来る神の直接のさばきと罰を発表している。

7章には「第一の幕間」があり、大患難の初めに144,000人の神のしもべたちに印(しるしがつけられる、取分けられる)が押され(7:1-8)、大患難の後に天にいる人々への報いがあることが描かれている(7:9-17, →「大患難」の項 p.1690)。8-9章では第七の封印が解かれ、七つのラッパの一連のさばきが明らかになる(三つのさばきがどのようにかかわり重なっているかについて →6:1注, 12注)。「第二の幕間」は第六のラッパと第七のラッパの間にあり、ヨハネと小さい巻き物(10:1-11)と二人の強力な預言者的な終末の証人が出てくる(11:1-

14)。最後に第七のラッパが吹き鳴らされ(11:15-19)神の国とさばきが完了することが予告され(11:15)、神の奥義が明らかにされる最後の情景(12:-22:)の前奏曲になっている。

第三の区分(12:1-22:5)には、神と神の敵であるサタンとの間で繰広げられる終末の大きな戦いが詳しく描かれている。12-13章はその時に神の民が直面しなければならない恐ろしい陰謀と悪の三人組のことを明らかにしている。その三人組は、(1) 竜(サタン 12:)、(2) 海から上って来た獣(反キリスト 13:1-10)、(3) 地から上って来た獣(にせ預言者 13:11-18)である。14-15章には患難時代の極めて困難なときにキリストを受入れ従った人々に、神が間もなく反キリストの文明に最後のさばきを下し正義が勝利することを示して確約する幻が描かれている(→「反キリストの時代」の項 p.2288)。それから神の激しい怒り(正当な怒り、さばき、罰)が七つの鉢のさばき(16:)、大淫婦のさばき(にせの宗教と反抗的なキリスト教へのさばき 17:)、大バビロンの崩壊(邪悪で腐敗した世界の体制の崩壊 18:)の幻の中に次々と示される。この箇所で小羊と花嫁(キリストと教会)の婚宴が発表され(19:1-10)、天に大きな喜びが沸きあがる。

けれども最後の大場面(これまでの活動全部が目指していた出来事)はまだ起こらない。ヨハネはそのとき天が開け、白い馬に乗ったキリストが王の王、主の主として現れ、獣(反キリスト)とその連合軍に勝利されるのを見る(19:11-21)。サタンは、最終的な敗北をした後1,000年の間縛られる(20:1-6)。その間、キリストは神の民とともに地上を治められる(20:4)。その後サタンは短期間解放される(20:7-9)。そしてついにサタンは永遠に「火の池」に投込まれる(20:10)。黙示文学としての預言の最後は、大きな白い御座のさばきの場面(20:11-15)、悪の最終的な滅亡(20:14-15, 21:8)、神に忠実な人々の終着点であり報酬である新しい天と新しい地(21:1-22:5)の幻で締めくくられている。そして最後は、この書物のメッセージに注意をし、永遠のいのちに入るようにという警告で終っている(22:6-21)。これらの出来事の大要 →「終末の事件」の表 p.2471

特　徴

黙示録には八つの大きな特徴がある。
(1) 新約聖書の中では黙示録だけが預言書、黙示文学書として分類される(→著作の背景)。
(2) 黙示文学の書物として、メッセージは未来や終末の出来事をある種のなぞや奥義を残しながら、象徴によって提示されている。
(3) 数字が2, 3, 3.5, 4, 5, 6, 7, 10, 12, 24, 42, 144, 666, 1,000, 1,260, 7,000, 12,000, 144,000, 100,000,000, 200,000,000など非常に多く使われている。最も多く何度も登場する数字は7で43回(原語では55回)使われている(1:4, 11-12, 16, 5:1, 6, 8:2, 10:3, 12:3, 15:1, 6-7, 17:9-10など)。「七(7)」という数字は完全、十分、完璧を象徴する。
(4) 大きな特徴は幻が多くあることで、情景がしばしば地から天へそして再び天から地へと変る。
(5) 幻には御使いや天からの布告や発表が伴っていることが多い。
(6) 特定の人々や物事について賛成反対を強く熱いことばで議論する議論の書物である。議論をすることによって、(a) 自分は「神」であると主張する地上の支配者の悪魔的な性質をさらけ出し、(b) キリストこそが栄光の主、「地上の王たちの支配者」(1:5)、「王の王、主の主」であることを明らかにしている(19:16)。
(7) 非常に劇的な書物で、真理をできる限りはっきりと力強く示そうとしている。
(8) 旧約聖書の預言の精神が息づき、反映されている書物である。

解　釈

黙示録は新約聖書の中で最も解釈のむずかしい書物である。1世紀の最初の読者たちは状況や物事を指した象徴をよく知っていたので、ほとんど混乱せずにメッセージを理解できたと思われる。けれども学者や注解者たちは長い間、この書物や預言の適用について様々な意見を出してきた。その結果、五つの異なる解釈の学派(様式、型)が生れた。
(1) 過去主義の解釈では、この書物とその預言の大部分は(実現を待っている19:-22: を除いて)書かれた当時のローマ帝国の歴史の中で成就していると見る。したがってこの考え方では、黙示録はほとんどが既に成就していて現在では純粋に歴史の参考にしかならないとする。
(2) 歴史主義の解釈では、黙示録は預言的予報でヨハネの時代から歴史の終りまでの教会の歴史の中の長い一連の出来事を描いているとする。この考え方では、黙示録の中の出来事は教会の歴史を通して展開して終りのときに頂点に達することになる。したがって各時代の教会は預言の示す一般原則を自分たちの時代に当てはめて考える。

(3) 理想主義の解釈では、黙示録にある象徴は時代を超えた善悪についての一般的霊的原則を伝えるもので、実際の歴史的出来事を指してはいないとする。したがってこの考えによると、黙示録は寓話で全部が純粋に霊的原則を象徴していて、歴史的に実際に実現することなどは含まれていないことになる。

　(4) 預言主義の解釈は、旧約聖書のほとんどの預言を解釈する原則と同じ原則を適用する。その原則では、大抵の預言のメッセージには、(a) 預言者の時代に部分的に実現する短期的預言と、(b) メシヤ(キリスト)が来られる未来に実現する長期的預言の両方があるとした。この考え方によると黙示録もまた、(a) ローマ帝国のヨハネの時代の人々にとって預言的な意味があり部分的に成就し、(b) 歴史の最後の時代、終りの時代に完全に成就すると理解される。

　(5) 未来主義の解釈では4－22章にあるものは全部またはそのほとんどが主として終末の短い期間(通常7年と考える)に起こる出来事を預言していると考える。その時代は、地上に厳しい患難と最後のさばきが下るときと考えられ(→「**大患難**」の項 p.1690)、キリストが再び来られて反キリストの勢力を滅ぼし1,000年の間、平和に治められることによって終る。その後サタンは最終的に滅ぼされ、神を敬わない人々は最後のさばきを受け、新しい天と新しい地が造られ、神はそこに人々と永遠に住まわれる。

　ここでは主に未来主義の観点から黙示録を解釈している。

黙示録の通読

　新約聖書全体を1年間で通読するためには、黙示録を次のスケジュールに従って24日間で読まなければならない。

☐1 ☐2:1-17 ☐2:18-3:6 ☐3:7-22 ☐4 ☐5 ☐6 ☐7 ☐8 ☐9 ☐10 ☐11 ☐12 ☐13:1-10 ☐13:11-14:20 ☐15 ☐16 ☐17 ☐18 ☐19:1-10 ☐19:11-21 ☐20 ☐21 ☐22

メモ

終末の事件

出来事	内　容	参照聖句
終りの日の準備のとき	にせ預言者や信仰的妥協が教会の中で増加する	マタ24:4-5, 10-11, 24, ルカ18:8, IIテサ2:3, Iテモ4:1, IIテモ3:1, 13, 4:3-4, IIペテ2:1-3, 3:3-4
	犯罪や神の律法を軽視する傾向が増加する	マタ24:12, 37-39, ルカ17:26-30, 18:8, Iテモ4:1, IIテモ3:1-8
	戦争、飢きん、地震が増加する	マタ24:6-8, マコ13:7-8, ルカ21:9
	愛と家族愛が減少する	マタ10:21, 24:12, マコ13:12, IIテモ3:1-3
	神の民への迫害が激化する	マタ10:22-23, 24:9-10, マコ13:13, ヨハ15:19-20, 16:33, 使14:22, ロマ5:3
	最後まで耐え忍ぶ人は救われる	マタ24:13, マコ13:13
	福音が全世界に伝えられる	マタ24:14, マコ13:10
	御霊が神の民に注がれる	使2:17-21, 38-3

出来事	内　容	参照聖句
携　挙	信仰者はすぐ起こるこのことのために準備して待っていなければならない	マタ24:42, 44, 25:1-13, マコ13:33-37, ルカ12:35, 21:19, 34-36, ロマ13:11, ピリ4:5, Iテサ1:10, 4:16-18, 5:6-11, IIテモ4:8, テト2:13
	キリストは予期しない時(その時は割り出せない)に来られる	マタ24:36, 42, 44, 25:5-7, 13, マコ13:32-37, ルカ12:35-46
	キリストは来られてその時地上にいる信仰者を引上げられる	ルカ21:36, ヨハ14:3, Iテサ1:10, 4:15-17, IIテサ2:1, 黙3:10-11
	信仰者はやがて来る激しい怒りから救い出される	ルカ21:36, Iテサ1:10, 5:2-9, 黙3:10-11
	この時生きている信仰者のからだは変えられる	ロマ8:23, Iコリ15:51-54, Iテサ4:16-17
	既に世を去った信仰者はよみがえり、空中でキリストと会うために引上げられる	Iコリ15:50-55, Iテサ4:16-17
	携挙された信仰者たちはみなキリストのさばきを受ける	ヨハ5:22, ロマ14:12, Iコリ3:12-15, IIコリ5:10, IIテモ4:8
	信仰者はその行いに応じてさばかれる	伝12:14, マタ5:22, 12:36-37, マコ4:22, ロマ2:5-11, 16, Iコリ4:5, IIコリ5:10, エペ6:8, コロ3:23-25
	忠実な信仰者は報いを受ける	マタ5:11-12, 25:14-23, ルカ19:12-19, 22:28-30, Iコリ3:12-14, 9:25-27, 13:3, ガラ6:8-10, エペ6:8, IIテモ4:8, ヘブ6:10, Iペテ5:4, 黙2:7, 11, 17, 26-28, 3:4-5, 12, 21

終末の事件

出来事	内　　容	参照聖句
	あまり忠実ではない信仰者は罰せられないけれども報いはわずかか全くない	伝12:14, マタ5:19, Ⅰコリ2:13-15, Ⅱコリ5:10, コロ3:25, Ⅰヨハ2:28

出来事	内　　容	参照聖句
患難時代	教会の忠実な信仰者はこの試練のときから守られる	ルカ21:36, ヨハ14:1-3, Ⅱコリ5:2, 4, ピリ3:20-21, Ⅰテサ1:10, 4:16-18, 5:8-10, 黙3:10
	引止めているものが取除かれた後に始まる	Ⅱテサ2:6-8
	不法の人の秘密の力が強くなった後に始まる	Ⅱテサ2:7-8
	背教が起こった後に始まる	Ⅱテサ2:3
	反キリスト（不法の人）が現れる	ダニ9:26-27, Ⅱテサ2:3-10, 黙13:1-18, 16:2, 17:9-18, 19:19-20
	七つの封印が解かれると同時に始まる	黙6:1
	世界的に災害が起こる	マタ24:21-22, 黙6:-19:
	7年間続く	ダニ9:27
	にせ預言者が大きなしるしや不思議を行う	マタ24:24, Ⅱテサ2:8-10, 黙13:13, 16:14, 19:20
	福音は御使いとあるいはユダヤ人によって伝えられる	黙7:1-4, 11:3-6, 14:6-7
	人々はこの時代にも救われる	申4:30-31, 黙7:9-17, 14:6-7, 11:13
	多くのユダヤ人がキリストに立返る	ロマ11:25-26, 黙7:1-8
	携挙の前に主イエスを信じる機会のあった人々にはもはや悔い改める機会がない	マタ25:1-12, ルカ12:45-46, Ⅱテサ2:10-12
	主イエスに忠実な人々に迫害の時代が訪れる	ダニ12:10, マタ24:15-21, 黙示6:9-11, 7:9-17, 9:3-5, 12:12, 17, 13:7, 15-17, 14:6, 13, 17:6, 18:24, 20:4

出来事	内　　容	参照聖句
大患難	「患難時代」の後半の3年半が続く	ダニ9:27, 黙11:1-2, 12:6, 13:5-7
	「荒らす忌むべき者」が聖なる場所（神殿）に立つときに始まる	ダニ9:27, 12:11, マタ24:15, マコ13:14, Ⅱテサ2:4, 黙13:14-15
	悪霊のわざが非常に活発になる	黙9:3-11, 14-19, 16:12-14

終末の事件

出来事	内容	参照聖句
	魔術や魔法が非常に活発になる	Iテモ4:1, 黙9:21, 18:23, 22:15
	太陽、月、星など宇宙の変化が起こる	イザ13:9-11, マタ24:29, マコ13:24-25, ルカ21:25, 黙6:12-14, 8:10, 12, 9:2
	宗教によるごまかしが広がる	マタ24:24, マコ13:6, 21-22, IIテサ2:9-11
	ユダヤ人がひどい苦しみを受ける	エレ30:5-7, 黙11:2, 12:12-17
	最悪で最も厳しい苦難が世界的に訪れる	ダニ12:1, マタ24:21, マコ13:15-19, 黙6:9-17, 9:1-21, 16:1-21
	神の怒りが不信心な人々に注がれる	イザ13:6-13, エレ30:4-11, ダニ12:1, ゼカ14:1-4, 黙3:10, 6:17, 9:1-6, 18-21, 14:9-11, 19:15
	背教した教会が滅ぼされる	黙17:16-17
	福音を伝えて殺されたふたりの証人がよみがえる	黙11:11-12
	大患難の終りは確かなしるしによってわかる	マタ24:15-29, 32-33, マコ13:28-29, ルカ21:28
	ハルマゲドンの戦いと神の激しい怒りが不信心な人々に下り、終る	エレ25:29-38, エゼ39:17-20, ヨエ3:2, 9-17, ゼパ3:8, ゼカ14:2-5, 黙14:9-11, 14-20, 16:12-21, 19:17-18
	キリストは反キリストと敵に勝利される	マタ24:30-31, IIペテ3:10-13, 黙19:11-21

出来事	内容	参照聖句
反キリスト	患難時代に全世界を支配する	ダニ7:2-7, 24-27, 8:4, 11:36, 黙13:1-18, 17:11-17
	信じられないほど邪悪な「不法の人」(罪の人)	ダニ9:27, IIテサ2:3, 黙13:12
	獣として描かれている	黙13:1-18, 17:3, 8, 16, 19:19-20, 20:10
	神殿に自分の像を建てて拝ませる	ダニ7:8, 25, 11:31, 36, マタ24:15, マコ13:14, IIテサ2:3-4, 黙13:4, 8, 12, 14-15, 14:9, 16:2
	サタンの力によって奇蹟を行う	マタ24:24, IIテサ2:9-10, 黙13:3, 12-14, 16:14, 17:8
	諸国の人々を欺く力がある	IIテサ2:9-10, Iヨハ2:18, 黙20:3
	にせ預言者(地からの獣)が支援する	黙13:11-17, 16:13, 19:20, 20:10
	福音を伝えるふたりの証人を殺す	黙11:7-10

終末の事件

出来事	内　　容	参照聖句
	獣の刻印のない人々を殺そうとする	黙6:9, 13:15-17, 14:12-13
	同盟を結んだ宗教制度をやがて破壊する	黙17:16-17
	キリストが地上に再び来られて御国を建てられるとき滅ぼされる	IIテサ2:8, 黙16:16, 19:15-21

出来事	内　　容	参照聖句
キリストは天から栄光を帯びて現れ、さばき、戦われる	キリストは信仰者と御使いとともに再び来られる	IIテサ1:7-10, ユダ1:14-15, 黙19:14
	キリストは患難時代の聖徒たちを集められる	マタ24:31, 25:31-40, 46, マコ13:27, 黙20:4
	信じていない人々はこの日のために準備ができていない	マタ24:38-39, 43
	キリストは地上の人々を分けられる	マタ13:40-41, 47-50, 25:31-46
	諸国の人々はこのことを憤る	黙11:18
	聖徒たちはこのことを喜ぶ	黙19:1-8
	キリストは反キリストやサタンなどとともに不信心な人々をさばき、滅ぼされる	イザ13:6-12, エゼ20:34-38, マタ13:41-50, 24:30, 25:41-46, ルカ19:11-27, Iテサ5:1-11, IIテサ2:7-10, 12, 黙6:16-17, 11:18, 17:14, 18:1-24, 19:11-20:3
	患難時代の聖徒たちは報いを受ける	マタ5:11-12, Iコリ3:12-14, 9:25-27, ガラ6:9-10, IIテモ4:8, 黙20:4
	患難時代の聖徒たちはキリストの栄光と御国にあずかる	マタ25:31-40, ロマ8:29, IIテサ2:13-14, 黙20:4

出来事	内　　容	参照聖句
千年期	サタンは縛られる	黙20:2-3
	患難時代の聖徒たち(旧約聖書時代の聖徒も)は死からよみがえる	黙20:4
	教会と殉教した患難時代の聖徒たちはみなキリストとともに治める	黙2:26-27, 3:21, 5:9-10, 11:15-18, 20:4-6
	キリストは地上に再び来られて生き残っている患難時代の聖徒たちを治められる	イザ9:6-7, ダニ2:44, ミカ4:1-8, ゼカ14:6-9, 黙5:10, 11:15-18, 20:4-6
	治められる期間は1,000年間である	黙20:4-7
	神の子どもたちには安息が与えられる	IIテサ1:7

終末の事件

出来事	内容	参照聖句
	自然界は元の秩序と完全な状態を回復する	詩96:11-13, 98:7-9, イザ14:7-8, 35:1-2, 6-7, 51:3, 55:12-13, エゼ34:25, ロマ8:18-23
	サタンは1,000年の終わりに短期間解放される	黙20:7
	キリストが御国を御父に返され千年期は終る	Ⅰコリ15:24

出来事	内容	参照聖句
最後のさばき	ゴグとマゴグの最後の戦い	黙20:7-9
	悪人はみな死からよみがえり、さばかれる	イザ26:19-21, ダニ12:2, ヨハ5:28-29, 黙20:12-15
	大きな白い御座で行われる	黙20:11-15
	神の敵はみな火の池に投込まれる	Ⅱテサ1:9, 黙20:10, 12-15, 21:8

出来事	内容	参照聖句
新しい天と新しい地	神は現在の地を滅ぼされる	詩102:25-26, イザ34:4, 51:6, ハガ2:6, ヘブ12:26-28, Ⅱペテ3:7, 10, 12
	神は新しい天と新しい地を創造される	イザ51:6, 65:17, 66:22, ロマ8:19-21, Ⅱペテ3:10-13, 黙21:1-22:6
	神は罪の名残をみな拭い去られる	Ⅱペテ3:13, 黙21:4, 22:3, 15
	新しい地は神が住まわれるところになる	黙21:1-3

序文

1 ¹イエス・キリストの黙示。これは、すぐに起こるはずの事をそのしもべたちに示すため、神がキリストにお与えになったものである。そしてキリストは、その御使いを遣わして、これをしもべヨハネにお告げになった。²ヨハネは、神のことばとイエス・キリストのあかし、すなわち、彼の見たすべての事をあかしした。³この預言のことばを朗読する者と、それを聞いて、そこに書かれていることを心に留める人々は幸いである。時が近づいているからである。

① 黙1:19、ダニ2:28, 29、② 黙22:6、③ 黙5:7, ヨハ17:8、④ 黙17:1等, 19:9, 10, 21:9, 22:16、⑤ 黙1:4, 9, 22:8
② 黙1:9, 6:9, 20:4、黙12:17、ウル1:6、② 黙12:17
① 黙22:7、黙ルカ11:28 *あるいは「……を守る」
② 黙22:10、黙13:10、22:7, 12、③ 黙13:11

4① 黙1:1, ② 使2:9
③ 黙1:20、黙1:11, 4黙1:8, 4:8、黙3:14, 黙16:5, 1:17, ヘブ1:3, イザ11:4、⑤ 黙3:1, 4:5, 5:6、黙イザ11:2, 8:2
5① 黙ヨハ18:37、Ⅰテモ6:13, 黙19:11、Ⅰコリ15:20, コロ1:18、③ 黙17:14, 19:16, Ⅰテモ6:15, ダニ2:47
④ 黙ロマ1:7, ⑤ 黙ヨハ8:37
6① 黙20:6、Ⅰペテ2:5, 9, ④ 出19:6、エリ61:6 *あるいは「王」
② ロマ15:6, ③ ロマ11:36

あいさつと頌栄

⁴ヨハネから、アジヤにある七つの教会へ。今いまし、昔いまし、後に来られる方から、また、その御座の前におられる七つの御霊から、⁵また、忠実な証人、死者の中から最初によみがえられた方、地上の王たちの支配者であるイエス・キリストから、恵みと平安が、あなたがたにあるように。イエス・キリストは私たちを愛して、その血によって私たちを罪から解き放ち、⁶また、私たちを王国とし、ご自分の父である神のために祭司としてくださった方である。キリストに栄光と力とが、とこしえ

1:1 イエス・キリストの黙示　「黙示」と訳されたことばはギリシヤ語では「アポカリュプシス」で、「おおいを取る」または「啓示する、隠されていたものを明らかにする」ことを意味する。黙示録はイエス・キリストによるご自身についての啓示の書物である。その啓示は次の点で極めて重要である。（1）主イエスがよみがえり天に戻って行かれてから60－65年後の教会について、主イエスがどのように評価しておられるかを明らかにしている。（2）終りのときの患難時代（神が終りのときの厳しいさばきを世界に下される期間）、悪霊に対する神の究極の勝利、キリストが再び来られて地上を治められること、神の永遠の国の栄光など、未来の出来事を明らかにしている。

1:3 この預言のことばを朗読する者・・・幸いである　これは黙示録にある七つの「幸い」または祝福の最初のもので、この書物に書かれていることを朗読し、聞いて「心に留める人々」に言われている。ほかの六つの祝福または神の好意を表すことばは14:13、16:15、19:9、20:6、22:7、22:14に書かれている（⇒ルカ11:28）。神の民が黙示録の命令に従うように言われているのは、この書物が単に未来の予言書ではなく、道徳的な教えを持つ実践の書物だからである。したがって私たちは、黙示録を読むときに世界と神の民に対する神の未来のご計画を理解するだけではなく、偉大な霊的原則を学び実生活に適用しなければならない。全部が神のことばである黙示録は行動を呼びかけている。みことばの霊的深みを知れば、人生の価値観や何を優先させるべきかについて決定的な影響を受けずにはおられない。とりわけ信仰、希望、愛において、イエス・キリストにいっそう近付かずにはおられなくなる。

1:4 七つの教会へ　黙示録はアジヤ（当時のローマの属州で現在のトルコの西部に位置していた、→「黙示録の七つの教会」の地図 p.2479）の七つの教会に向けて書かれている。それぞれの教会にはその町の名前がつけられていて、その町あるいは地域の様々な人々によって構成されていたと考えられる。扱われている問題はその会衆に関連のある問題だったけれども、主イエスがこれらの教会を選ばれたのは、それらが当時の教会全体の共通の問題だったためと考えられる（七つの手紙とともに黙示録全体が各教会に送られたと思われる →1:11）。「七」という数字は完全な全体を表す。したがってこれらの教会に言われたことは、イエス・キリストのからだ（あらゆる時代のキリスト者全部）全体に向けて言われたものである。つまり「七つの教会」は当時から現在までの教会全体を代表しており、そのメッセージは、当時の読者と同じように現在の私たちにも当てはまるのである。「七つの御霊」は教会に対する聖霊の働きの完全さと完璧さを示していると考えられる（⇒4:5, 5:6、イザ11:2-3）。

1:4-5 今いまし、昔いまし、後に来られる方　これは父である神の永遠性を表す特別な表現である（⇒出3:14, 15）。「七つの御霊」は、教会と全世界での聖霊の働き全体が完全であり完璧であることを指している。神の子イエス・キリストは、ここでは「死者の中から最初に生まれた方」（コロ1:18、→注）、あらゆるものの究極の王と呼ばれている（⇒19:16）。最初の祝福はみな三位一体の神（三つの別個で相互関係を持つ統一された人格の唯一のまことの神 →マコ1:11注）と結び付いている。この三位格はみな力、権威、完全さにおいて永遠の神の属性をともに持っておられる（→「神の属性」の項 p.1016）。

1:5 その血によって私たちを罪から解き放ち　→ロマ3:25注、→ヘブ9:14注

1:6 王国とし・・・祭司としてくださった　→Ⅰペ

黙示録　1章

7 見よ、彼が、雲に乗って来られる。すべての目、ことに彼を突き刺した者たちが、彼を見る。地上の諸族はみな、彼のゆえに嘆く。しかり。アーメン。

8 神である主、今いまし、昔いまし、後に来られる方、万物の支配者がこう言われる。「わたしはアルファであり、オメガである。」

人の子のような方

9 私ヨハネは、あなたがたの兄弟であり、あなたがたとともにイエスにある苦難と御国と忍耐とにあずかっている者であって、神のことばとイエスのあかしとのゆえに、パトモスという島にいた。

10 私は、主の日に御霊に感じ、私のうしろにラッパの音のような大きな声を聞いた。

11 その声はこう言った。「あなたの見ることを巻き物にしるして、七つの教会、すなわち、エペソ、スミルナ、ペルガモ、テアテラ、サルデス、フィラデルフィヤ、ラオデキヤに送りなさい。」

12 そこで私は、私に語りかける声を見ようとして振り向いた。振り向くと、七つの金の燭台が見えた。

13 それらの燭台の真ん中には、足までたれた衣を着て、胸に金の帯を締めた、人の子のような方が見えた。

14 その頭と髪の毛は、白い羊毛のように、また雪のように白く、その目は、燃える炎のようであった。

15 その足は、炉で精錬されて光り輝くしんちゅうのようであり、その声は大水の音の

テ2:5注

1:7　彼が・・・来られる　黙示録の第一の目的は、キリストが再び来られて悪の力を滅ぼし、地上に御国を建上げられたときに見られる神の国と神の目的の最終的勝利の姿を描くことにある。主が来られることに関連した終りのときの出来事は、この書物全体を通して予言され描かれている（⇒ダニ7:13, マタ24:29-30）。黙示録の終末論（「終りのことについての教え」）は私たちが知っている「時間」に対する最終的結論を示し、被造物全体に対する神の目的がどのように実現するかを示している。そして神に忠実な人々に勝利と報いが与えられ、この世界のサタンの組織が敗北し崩壊しさばかれて歴史が閉じられることを明らかにしている（17:-18:）。最後はキリストがご自分の民とともに永遠に治められる（20:4, 21:1-22:5）。　→「**終末の事件**」の表 p.2471

1:8　アルファであり、オメガである　「アルファ」と「オメガ」はギリシヤ語アルファベットの最初と最後の文字である。これは神が人類の歴史を含むあらゆるものの初めであり終り（あらゆるいのちの源であり、完全なものの象徴）であることを示している。神は永遠である。天地創造の初めから神の民のための完全な目的が完成するまで、神はすべてのものの主である。主はすべてのものに対する権威を持ち悪に対して最後の勝利を得られる方である。父である神と同じ肩書き、称号は神の御子である主イエスにも用いられる（22:13）。神を「万物の支配者」と言う例は黙示録だけにあり、9回見られる（1:8, 4:8, 11:17, 15:3, 16:7, 14, 19:6, 15, 21:22）。

1:9　パトモスという島　パトモスはエーゲ海にある小さな島で、エペソの南西約90キロの所にある（→「**黙示録の七つの教会**」の地図 p.2479）。ヨハネはキリストに忠実に働きキリストのメッセージを誠実に伝えていたために捕えられ、この流刑地に送られ閉じ込められていた。

1:10　御霊に感じ　この表現は霊的な知覚が特に強くなり、幻など特別な方法を通して聖霊が話しかけられるのを敏感に受取るようになることを指している（⇒使10:10）。

1:12　七つの金の燭台　この燭台はろうそくではなく、油のランプを支えるもので（→ゼカ4:2注）、七つの燭台は1:11の七つの教会を表している（⇒1:20）。

1:13　人の子　このことばは人となられた神の子、高く上げられたキリストを指している。「人の子」ということばは旧約聖書の預言者ダニエルも用いた（→ダニ7:13注, ダニ10:16, →「**キリストによって成就した旧約聖書の預言**」の表 p.1029）。この幻の中で、主イエスは教会の王、祭司、裁判官として描かれている（⇒1:13-16）。足までの長い衣（出28:4, 29:5）と金の帯は、キリストが神の前に人々を代表し、人々の前には神を代表する究極の大祭司であることを示している（→ヘブ8:1注）。旧約聖書では王と祭司の役割は異なりはっきり区別されていたけれども、イエス・キリストにおいてその役割は一つのものとして完全に成就された。主イエスの白い髪と燃える炎の目については詳細に描写されているけれども、それは知恵と尊厳（⇒箴16:31）、鋭い洞察力を表している。

七つの教会へのキリストのメッセージ

「そこで、あなたの見た事、今ある事、この後に起こる事を書き記せ。わたしの右の手の中に見えた七つの星と、七つの金の燭台について、その秘められた意味を言えば、七つの星は七つの教会の御使いたち、七つの燭台は七つの教会である。」(黙示録1:19-20)

1世紀の小アジヤ西部(現在のトルコ →黙1:4注)に存在する七つの地域教会へのキリストのメッセージは、今日までの歴史の中の信仰者と教会に訴え、励まし、警告し、また成長させることを目的としている(⇒黙2:7, 11, 17, 29, 3:6, 13, 22)。そのメッセージが今日の教会にとって価値があるのは次のような理由による。(1) イエス・キリストご自身が教会の中で愛し大切にしていること、また憎み非難されることが啓示されている。(2) キリストから、(a) 不服従と霊的怠慢の結果について、(b) キリストにいつも注意を向け勤勉で忠実に従うことへの報いについて、はっきり示されている。(3) 教会や個人が神との関係の中で霊的状態を判断する基準が示されている。(4) 教会やキリスト者個人に対してサタンが攻撃し働く方法の具体例が示されている(→士3:7注)。ここでは、教会に対するキリストのメッセージの中にあるこれらの点を質疑応答のかたちで一つずつ点検することにする。

(1)「キリストは何をほめておられるのか？」
キリストが教会をほめておられるのは、(a) 神への忠誠と、奉仕の働きを弱めようとする悪い者たちを認めようとしなかったこと(黙2:2)、(b) 指導者たちの教えを受入れる前に、その人々の生活と教えと主張を実際に吟味したこと(黙2:2)、(c) 信仰、愛、あかし、奉仕を保ち、キリストのための苦難を耐え忍んだこと(黙2:3, 10, 13, 19, 26)、(d) 神が憎まれるものを憎んだこと(黙2:6)、(e) 罪、サタン、世の中の腐敗に打勝ったこと(黙2:7, 11, 17, 26, 3:5, 12, 21)、(f) 世間では一般的な神に逆らうような考えや振舞を拒み、教会の中が世俗的になる傾向を拒んだこと(黙2:24, 3:4)、(g) 神のことばを大切にし従ったこと(黙3:8, 10)などである。

(2)「試練のときに耐え忍び、キリストとみことばに忠実に従う教会にキリストはどのように報いてくださるのか？」
キリストはそのような教会に対して、(a) 終りの日に全世界を襲う究極の患難とさばきのときから救い出し(黙3:10)、(b) 愛と臨在と親密な交わりをもって祝福し(黙3:20)、(c) 最終的に神とともに過す永遠のいのちを与えること(黙2:11, 17, 26, 3:5, 12, 21:7)によって報いてくださる。

(3)「キリストは何を非難しておられるか？」
キリストは教会が、(a) キリストと父である神に対する親密で個人的な関係や仕える姿勢を弱めたり捨てたり拒んだりし(黙2:4)、(b) 聖書的信仰をおろそかにしたり捨てたりし(黙2:14-15, 3:1-3)、(c) 教会の指導者や教師や信仰者の不品行を容認し(黙2:14-15, 20)、(d) 霊的に死に(黙3:1)、またはなまぬるくなったり(自己満足、無感動、無関心 黙3:15-16)、(e) 内面的霊性(神に仕える姿勢、道徳的純粋性、霊的知恵、神の基準による正しい行動)ではなく、外面的成功と豊かさを求めている(黙3:18)ことなどを非難しておられる。

(4)「霊的に衰退し不道徳な考えや振舞を容認している教会をキリストはどのように罰せられるのか？」
キリストはそのような教会を、(a) 神の国から除き(黙2:5, 3:16)、(b) 特別な好意や導き、御霊の力などを与えず、サタンの攻撃からも教会員を守ることをやめ(黙2:5, 16, 22-23, 3:16, →マタ13: 各注)、(c) 指導者にはさばきを下して(黙2:20-23)処罰される。

(5)「不注意な教会が霊的沈滞(むなしい、怠けた、成長も発展もない状態)、衰退、信仰の喪失、神に対する明らかな反抗などに自然と流れていく傾向についてキリストのメッセージは何を示しているか？」
教会は、(a) 予防策がなければゆっくりと自分勝手な道に進み、にせの教えを受入れ、この世の邪悪

な慣習や神に反抗する事柄に順応するようになると七つの手紙は暗示している(→ガラ 5:17注)。(b) その上、教会はしばしばにせのキリスト者やそのほかの悪い不忠実な人々の悪影響を受けるようになる(黙2:14-15, 20)。したがって教会は現在の霊的状態がいつまでも続くものと見てはならない。現在たとい神と正しい関係にあるように見えても、それが必ずしも神の最高の目的を実現しているということ、あるいは今持っている信仰や教えが絶対的に正しいということを証明し保証しているとは限らない。みことば(聖書)の中にある、キリストやキリストが権威を与えて福音を伝えさせた人々の福音や教えこそが、今日真理と偽りとを見分ける最高で究極的権威である。

(6)「教会は霊的衰退とそれに伴うキリストのさばきをどのようにして避けることができるか?」

それに対してこれらの手紙はいくつかの方法を提案している。(a) 最も重要なことは教会が進んで「御霊が諸教会に言われることを聞」くことである(黙2:5-7, 16-17, 29)。それは神からの直接のメッセージを聞いて素直に応答し従うことである。イエス・キリストのみことばがいつも教会の指針でなければならない(黙1:1-5)。聖霊を通して新約聖書の使徒たちに啓示されたみことばは、教会がその信仰と活動を点検し、その霊的生活を絶えず更新し続ける指針である(黙 2:7, 11, 17, 29)。(b) 教会は、自分たちの霊的状態を絶えず神とその基準との関係から点検しなければならない。そして必要なら、自分たちの行動や、教会員の中の世俗主義と不道徳な考えや振舞を容認している姿勢などを是正していかなければならない(黙2:4, 14-15, 20, 3:1-2, 14-17)。(c) 心からの悔い改めをして(→マタ3:2悔い改めの注)、初めの愛と真理ときよさとイエス・キリストの力と聖書の啓示へ戻るなら、どの教会やグループでも霊的衰退を阻止し是正することができる(黙2:5-7, 16-17, 3:1-3, 15-22)。

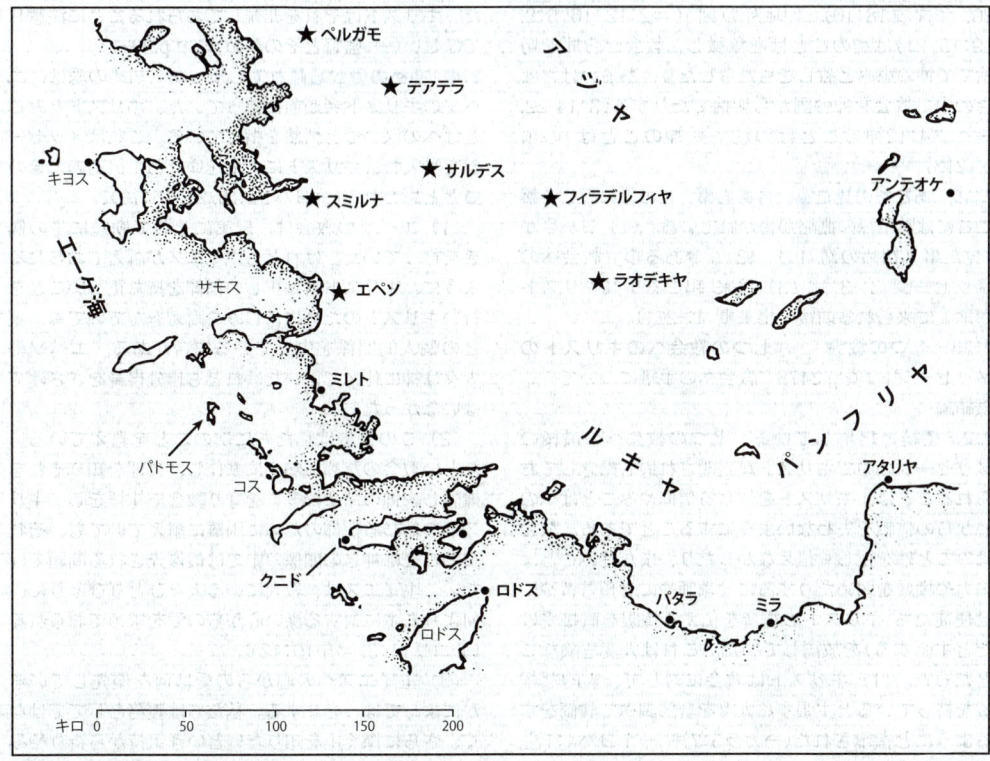

黙示録の七つの教会

© 1989 Zondervan Corporation

ようであった。
¹⁶また、右手に七つの星を持ち、口からは鋭い両刃の剣が出ており、顔は強く照り輝く太陽のようであった。
¹⁷それで私は、この方を見たとき、その足もとに倒れて死者のようになった。しかし彼は右手を私の上に置いてこう言われた。「恐れるな。わたしは、最初であり、最後であり、
¹⁸生きている者である。わたしは死んだが、見よ、いつまでも生きている。また、死とハデスとのかぎを持っている。
¹⁹そこで、あなたの見た事、今ある事、この後に起こる事を書きしるせ。
²⁰わたしの右の手の中に見えた七つの星と、七つの金の燭台について、その秘められた意味を言えば、七つの星は七つの教会の御使いたち、七つの燭台は七つの教会である。

16:①黙1:20,2:1,3:1,②黙2:12,16,19:15,イザ49:2,囲ヘブ4:12,囲マタ17:2,囲黙10:1,囲士5:31
17:①囲ダニ8:17,10:9,10,15②囲ダニ8:18,10:10,12③囲マタ14:27,17:7④黙2:8, 22:13,イザ41:4,44:6,48:12
18:①ルカ24:5,囲黙4:9,10②黙2:8,ロマ6:9,囲黙10:6, 15:7③囲黙9:1, 20:1,ヨブ38:17,囲マタ16:19, 11:23
19:①黙1:12-16,②黙4:1③黙1:11
20:①黙1:16②囲黙1:12③囲ロマ11:25④黙1:4,囲黙1:11⑤囲マタ5:14, 15

1:①囲黙1:11,②囲黙1:16,③囲黙1:12, 13
＊直訳「ただ中を」
2:①黙2:19, 3:1, 8, 15②囲Ⅱコリ11:13③囲Ⅰヨハ4:1,囲ヨハ6:6④囲ヨハ15:21
4:①マタ24:12,囲エレ2:2

エペソにある教会へ

2 ¹エペソにある教会の御使いに書き送れ。
『右手に七つの星を持つ方、七つの金の燭台の間を歩く方が言われる。
²「わたしは、あなたの行いとあなたの労苦と忍耐を知っている。また、あなたが、悪い者たちをがまんすることができず、使徒と自称しているが実はそうでない者たちをためして、その偽りを見抜いたことも知っている。
³あなたはよく忍耐して、わたしの名のために耐え忍び、疲れたことがなかった。
⁴しかし、あなたには非難すべきことがある。あなたは初めの愛から離れてしまった。

1:16 七つの星 七つの星は霊的戦いを支援するために各教会に送られた御使いを象徴している(→1:20, ⇒マタ18:10)。「両刃の剣」(⇒2:12, 16, 6:8, 19:15, 21)は神のことばを象徴し、教会から罪を切捨てて神の恵みと赦しをもたらしたり、あるいはさばきの中で教会を神の国から切捨てたりする(3:14-22, →ヘブ4:12神のことばの注, →「**神のことば**」の項 p.1213)。

1:19 あなたの見た事、今ある事、この後に起こる事 ここには黙示録の概略が書かれている。(1) ヨハネが「見た事」(初めの幻 1:)。(2)「今ある事」(教会へのメッセージ 2:-3:)。(3) 将来「起こる事」(キリストが地上に来られる前後の出来事 4:-22:)。

1:20 七つの教会 →「**七つの教会へのキリストのメッセージ**」の項 p.2478 教会への手紙について → 黙緒論

2:2 使徒と自称している 七つの教会への最後のメッセージの中でキリストが表明され最も懸念しておられることは、キリストを信じる信仰やみことばへの心からの信頼を失わないようにすることである。教会はみことばを正しく伝えなかったり、またはみことばの力や権威を弱めたりするにせ教師やにせ預言者やにせ使徒たち(キリストの福音を伝える権限を直接受けたと主張する)を放置していた。これは大変危険なことだった。(1) キリストは教会に対して、霊的な権威を持っていると主張する人々を全部調べて評価をするようにと指示された(→ガラ5:7注, →Ⅰヨハ4:1注, →「**にせ教師**」の項 p.1758)。(2) ペルガモ(2:14-16)

とテアテラ(2:20)の教会は、神のことばの真理と基準に忠実ではない人々を拒まず、むしろ受入れていた。キリストはそれを非難しておられることに注意してほしい(→「**監督とその務め**」の項 p.2021)。

2:4 初めの愛から離れてしまった 初めの愛は、エペソのキリスト者が前に持っていた、キリストとみことばへの深い愛と情熱を指している。これはメッセージを受入れ、キリストに人生をゆだねた最初のときのことと思われる(→ヨハ14:15, 21, 15:10)。

(1) エペソの教会は、忠実にそして勤勉に主の働きを行っていた。けれども主イエスが訴えておられるように、キリスト者は正しい信仰を持ち正しいことを行いキリストのために苦しみを耐え忍んでいても、主との個人的関係を失っている場合がある。エペソの人々は神に仕えてはいたけれども自分自身をささげてはいなかった。

(2) この警告は私たちに次のことを教えている。たとい教会のために熱心に奉仕し、真理を知りそれを擁護し、神の命令の多くを守り教会で礼拝をし、キリストを信じる信仰のために困難に耐えていても、それらのことは神との関係の中では最優先される問題ではない。主イエスは、教会にいる人々ひとりひとりに、何よりも主に対する深い心からの愛を求めておられる(Ⅱコリ11:3, ⇒申10:12)。

(3) 主イエスへの心からの愛は何を優先しているかによってはっきりする。私たちは義務としてではなく、さらに深く主を知りたいという気持から祈りやみことばを読む時間を絶えずきちんととっているだろう

5 それで、あなたは、どこから落ちたかを思い出し、悔い改めて、初めの行いをしなさい。もしそうでなく、悔い改めることをしないならば、わたしは、あなたのところに行って、あなたの燭台をその置かれた所から取りはずしてしまおう。

6 しかし、あなたにはこのことがある。あなたはニコライ派の人々の行いを憎んでいる。わたしもそれを憎んでいる。

7 耳のある者は御霊が諸教会に言われることを聞きなさい。勝利を得る者に、わたしは神のパラダイスにあるいのちの木の実を食べさせよう。」』

5①黙2:16,22, 3:3, 19, ②黙2:2, 団ヘブ10:32, ③黙1:20, 団マタ5:14以下, ピリ2:15

6①黙2:15
7①黙2:17, 3:6, 13, 22, 団黙13:9, ⑤マタ11:15 ②黙2:11, 17, 26, 3:5, 12, 21, 21:7, ③エゼ31:8(七十人訳), 団ルカ23:43, ④黙22:2, 14, 創2:9(3:22), 団箴3:18, 11:30, 13:12, 15:4

か。主のご臨在を毎日絶えず強く感じながら過しているだろうか。生活のあらゆる面で道徳的な清さがはっきり現れているだろうか。つまり聖霊を悲しませることやキリストへの献身を弱めるようなことをみな避けているだろうか（Ⅱコリ11:3, →Ⅱ歴30:6注, マタ22:37注, 39注, ヨハ21:15注）。

（4）このようなキリストへの熱心な献身が欠けた状態を、黙示録は霊的に「落ちた」と言って（2:5）、悔い改めが必要な憂慮するべきこととしている。つまり神への態度を改め自分勝手な生き方から離れ、神の赦しを受入れてキリストの導きに自分をゆだね、神のみこころを求めなければならないのである（→マタ3:2注）。

（5）私たちはエペソの教会の間違いを冒さないために、次のように自分に問い続けなければならない。自分たちは教理的（信仰と教えの基本）に純粋で霊的に燃えているだろうか。自分たちはキリストのために何かを忙しくしているだけで、キリストとの関係を深めるための時間を持っていないのではないだろうか。新約聖書はそのような信仰を教えていない。むしろそのような人は神の国を相続できないと言っている（Ⅰコリ6:9-10）。不道徳なことをしていても救われると主張するにせの教えを神は嫌われる。そしてキリストに忠実な人々は神が嫌われるものを嫌うはずである（詩139:21, 箴8:13, →ヨハ3:19注）。

2:5 あなたの燭台を・・・取りはずしてしまおう
神への情熱と目的を失い、悔い改めることも主への愛と従順を刷新することもしないなら、キリストはそのような教会や教会員を神の国から取除くと言われた（→Ⅰヨハ5:3, Ⅱヨハ1:6）。

2:6 あなたはニコライ派の人々の行いを憎んでいる。わたしもそれを憎んでいる ニコライ派の人々（⇒2:15）は周りの異教の（神を敬わない）社会に妥協していた。そして霊的自由があるのだから、不道徳な振舞をしても赦され罰を恐れる必要はないと教えていた。さらに神の恵み（一方的に与えられる好意、愛、あわれみ）があるから、そのような振舞は霊的救いやキリストとの関係に影響しないと思っていた。新約聖書の教えはこれとは全く違うものであり、そのような人は神の国を受継ぐことはできないとはっきり言っている（Ⅰコリ6:9-10）。不品行な生活をしていても救われるとい

う、人を惑わすようなにせの教えを神は憎んでおられる。キリストに忠実な人々は神の憎まれることをやはり憎むのである（詩139:21, 箴8:13, →ヨハ3:19注）。

2:7 勝利を得る者に 「勝利を得る者」（《ギ》ニコーン）とは、キリストを信じ神の恵み（受けるにふさわしくない神の好意、愛、霊的な能力）に応答して神に罪を赦され、神と個人的な関係を持った人である。けれども勝利を得る人はそれ以上に、神の恵みに頼り続け熱心にキリストに仕え続け信仰を現し続ける人である。勝利を得る人は、絶えず罪やサタンや腐敗した世界に対して勝利の生活をし続ける。

（1）勝利を得る人は、たとい四方から神や神の民への強固な反対と反撃を受けてもこの世界の考え方や振舞に合せることはしない。また教会の人々の間に神を敬わない傾向があっても、それを断固として退ける（2:24）。そして御霊が諸教会に言われることを聞き、それに応答して最後までキリストに忠実に従う（2:26）。勝利を得る人は、みことばに明らかにされている神の基準しか受入れない（3:8）。

（2）キリストは、教会の中の勝利を得る人（勝利を得る人だけ）に次のように約束をしておられる。神のパラダイスにあるいのちの木の実を食べることができる。第二の死によって損なわれることはない（2:11, 霊的な死で神から永遠に離されること）。天に新しい名前が書かれ、「隠れたマナ」が与えられる（2:17, 天の「食物」⇒詩78:24）。諸国の民を支配する権威が与えられる（2:26）。いのちの書から名前を消されることはなく、御父と御使いたちの前で栄誉が与えられる（3:5）。神の聖所に住み、神の御名とキリストの御名と新しいエルサレムの名が書き記される（3:12）。勝利を得る人はキリストとともに治め（3:21）、永遠に神の子どもとなる（21:7）。

（3）勝利の秘訣は、人々の罪のためにキリストが犠牲になって死んでくださったこと（⇒ロマ6:2-11各注）を土台としている。そして主イエスについて忠実にあかしをしていること、死に至るまで変らずにキリストを愛していることである（→12:11, ⇒Ⅰヨハ5:4）。私たちは罪とこの世界とサタンに勝利するか、あるいは打負かされてやがて火の池に投込まれるかのどちらかである（2:11, 3:5, 20:15, 21:8）。その中間の立場は

スミルナにある教会へ

8 また、スミルナにある教会の御使いに書き送れ。

『初めであり、終わりである方、死んで、また生きた方が言われる。

9「わたしは、あなたの苦しみと貧しさとを知っている。――しかしあなたは実際は富んでいる――またユダヤ人だと自称しているが、実はそうでなく、かえってサタンの会衆である人たちから、ののしられていることも知っている。

10 あなたが受けようとしている苦しみを恐れてはいけない。見よ。悪魔はあなたがたをためすために、あなたがたのうちのある人たちを牢に投げ入れようとしている。あなたがたは十日の間苦しみを受ける。死に至るまで忠実でありなさい。そうすれば、わたしはあなたにいのちの冠を与えよう。

11 耳のある者は御霊が諸教会に言われることを聞きなさい。勝利を得る者は、決して第二の死によってそこなわれることはない。』」

ペルガモにある教会へ

12 また、ペルガモにある教会の御使いに書き送れ。

『鋭い、両刃の剣を持つ方がこう言われる。

13「わたしは、あなたの住んでいる所を知っている。そこにはサタンの王座がある。しかしあなたは、わたしの名を堅く保って、わたしの忠実な証人アンテパスがサタンの住むあなたがたのところで殺されたときでも、わたしに対する信仰を捨てなかった。

14 しかし、あなたには少しばかり非難すべきことがある。あなたのうちに、バラムの教えを奉じている人々がいる。バラムはバ

2:9 貧しさ　「貧しさ」(《ギ》プトーケイア)とは文字通り全く何も持っていないことを意味する。スミルナはローマに協調している誇り高いアジヤの都市で、皇帝礼拝を要求する皇帝の求めに積極的に応じていた(→黙緒論)。また、スミルナには神に従っていると公言しながらキリストを拒んでいるユダヤ人の大きな集団があった。実際、ユダヤ人はサタンの支配下にあって、キリスト者を敵視する環境をつくり出していた。初期のキリスト教の殉教者(信仰のために殺された人)として最も有名なポリュカルポスはスミルナの司教だった。信仰者への迫害とその貧しさは広範囲に及ぶものだった。スミルナは経済的には最低の状態だったけれども、霊的には富んでいると主イエスは言われた。これは物質的に非常に豊かでありながら、霊的には「みじめで、哀れで、貧しくて」と考えられていたラオデキヤの教会とは非常に対照的だった(3:17, ⇒マタ6:20, Ⅱコリ6:10, ヤコ2:5)。私たちは、キリスト者として信仰を保ち適切な考え方を持って生活をするためには、次のように自分に問いかけなければならない。自分が主イエスに仕えているのは都合がよいからだろうか、それとも自分はそのために何かを犠牲にしているだろうか。自分が神に仕えているのは神から何かをいただくためだろうか、それとも利益など考えずに、ただ神の国と神の目的のために自分をささげて仕えているだろうか。

2:10 いのちの冠　「冠」(《ギ》ステファノン)と訳されていることばは王がかぶる冠ではない(12:3, 13:1, 19:12)。これは花輪、または勝利した人が受ける花冠のことで、もとはしゅろの葉で作られ、競技に勝った運動選手の頭に置かれたものである(3:11, 4:4, 10, 6:2, 9:7, 12:1, 14:14)。けれども同じことばは、主イエスの頭に無残に置かれたいばらの冠(マコ15:17)や、4:4の「二十四人の長老たち」の頭に置かれた金の冠にも使われている。忠実なキリストの弟子たちには、究極の報いの冠としてキリストとともに過す永遠のいのちが約束されている。

2:11 第二の死　これは霊的な死(神から永遠に離され火の池で永遠に罰を受けること)を指している(⇒20:6, 14, 21:8)。忠実に勝利を得る人はそれを免れる(→2:7注)。

2:13 サタンの王座がある　これはサタンと悪の影響が非常に強い場所を意味していると思われる。特にペルガモは、ローマの皇帝礼拝のアジヤでの中心地だった。アンテパスは、信仰のためにアジヤで最初に殺されたキリスト者と考えられている。伝説によると、アンテパスはドミティアヌス皇帝の時代に青銅の鍋で蒸し焼きにされた。

2:14 バラムの教え　バラムは旧約聖書のにせ預言者で、不信仰な王に雇われ、ミデヤン人の女性たちにイスラエル人を誘惑して偶像礼拝(人間が作ったにせの神々やまことの唯一の神の代りにほかのものを拝むこと)と不道徳な振舞をさせるようにした(民22:5, 7, 25:1-2, 31:16, →民25:2注, Ⅱペテ2:15注)。した

黙示録　2章　2483

ラクに教えて、イスラエルの人々の前に、つまずきの石を置き、偶像の神にささげた物を食べさせ、また不品行を行わせた。15それと同じように、あなたのところにもニコライ派の教えを奉じている人々がいる。

16だから、悔い改めなさい。もしそうしないなら、わたしは、すぐにあなたのところに行き、わたしの口の剣をもって彼らと戦おう。

17耳のある者は御霊が諸教会に言われることを聞きなさい。わたしは勝利を得る者に隠れたマナを与える。また、彼に白い石を与える。その石には、それを受ける者のほかはだれも知らない、新しい名が書かれている。」

14 ③黙2:20, 使15:29, Ⅰコリ10:20
15 ①黙2:6
16 ①団黙2:5
　②団黙22:7, 20
　③団黙1:16,
　団Ⅱテサ2:8
17 ①団黙2:7
　②ヨハ6:49, 50
　③黙19:12, 団黙14:3
　④イザ56:5, 62:2, 65:15

18 ①黙2:24, 団黙1:11
　①団黙1:14, 15
　③団マタ4:3
19 ①団黙2:2
20 ①団黙2:14
　②Ⅰ列16:31, 21:25, Ⅱ列9:7
　③団黙2:14

テアテラにある教会へ

18また、テアテラにある教会の御使いに書き送れ。

『燃える炎のような目を持ち、その足は光り輝くしんちゅうのような、神の子が言われる。

19「わたしは、あなたの行いとあなたの愛と信仰と奉仕と忍耐を知っており、また、あなたの近ごろの行いが初めの行いにまさっていることも知っている。

20しかし、あなたには非難すべきことがある。あなたは、イゼベルという女をなすがままにさせている。この女は、預言者だと自称しているが、わたしのしもべたちを教えて誤りに導き、不品行を行わせ、偶像の神にささげた物を食べさせている。

がってバラムは、自分の利益や成功のために神の民に悪影響を与えあるいは導いて、世的な考えや振舞をするようにさせる、腐敗したにせ教師やにせ説教者、にせ信者の代表とされている。ペルガモの教会には、霊的救いにつながる信仰と不道徳な生き方は矛盾しないと教える教師がいたようである。このような狡猾で破壊力のある影響から自分を守り、キリストの教会につながる者としての影響力を失わないために、私たちは自分に問い質さなければならない。真理について心の中で妥協をしたために、キリスト者としての外側のあかしがあやふやになってはいないだろうか。→「**偶像にささげた食物**」の項 p.2122

2:16　彼らと戦おう　主イエスは、教会の中で罪に目をつぶるような態度を広めようとする人、特にそれでもキリストに従っているという人には反対しておられる(2:15, →2:6注, Ⅰコリ5:2注, ガラ5:21注)。そして、ほかの人々をも誘って滅びの道を進む偽善的で不道徳な人とは戦うと約束された(→1:16注)。誠実に悔い改めない限り、その人々に希望は残されていない(→マタ3:2悔い改めの注)。

2:17　御霊が・・・言われることを聞きなさい　私たちは今日御霊の忠告を注意して聞き、それに応えなければならない。主イエスがアジヤの七つの教会に言われたのと同じことを御霊は語り続け、私たちも神のことばに忠実に従い、この世の罪に打勝ち、神の民の間に不道徳な行いがあるならそれを大目に見てはならないと命じておられる。もしこのような重要な問題に勝利をしなければ、私たちは神の恵みや私たちを導く臨在、聖霊の力などを失うことになる。そして最後には神の国に逆らう者になってしまう。けれども神の

ことばを忠実に守るなら、私たちには「隠れたマナ」が与えられ(⇒詩78:24, →ヨハ6:48-51, 58, 63)、神は私たちが勝利できるように助けてくださる。「隠れたマナ」とは、イエス・キリストとの個人的な関係を持つことによって受ける霊的いのち、栄養、人生での充実を意味している。また「白い石」が与えられる。それは、キリストへの献身を破壊しようとするあらゆるものに対する信仰の勝利を象徴している(→2:17注)。

2:17　白い石・・・新しい名が書かれている　古代には特別な意味を持つ石があった。ヨハネの時代には、裁判で白い石が「無罪」を投票するのに使われることがあった。ここでは白い石は、不道徳な欲望やこの世の肉欲に打勝った人々の罪の赦しと霊的に罪がないことを宣言する象徴だった。白い石を与えられた人々は、神に忠実であることが宣言されたのである。それは、キリストの勝利の宴席への参加が許可されたしるしとも考えられる(⇒19:9)。石には神から与えられたその人の名前が書かれている。それはその人が、新しい性質、権威、神のくださる資産を全部持っていることを意味している。その新しい名前は、その人がキリストによって罪を赦されたしもべであり、勝利を得た人であることを表している(→イザ62:2, 65:15)。

2:20　あなたは、イゼベルという女をなすがままにさせている。この女は、預言者だと自称している　ここでもエペソの教会と同じように、神に仕えながらも霊的に重大な問題を抱えている信仰者がいることを見る。テアテラの信仰者たちは、神に仕えて霊的に成長したことを示しているのでほめられている(2:19)。けれども霊的な妥協をしようとしているので、主は非常に悲しんでおられる。指導者たちの間では非聖書的

²¹わたしは悔い改める機会を与えたが、この女は不品行を悔い改めようとしない。²²見よ。わたしは、この女を病の床に投げ込もう。また、この女と姦淫を行う者たちも、この女の行いを離れて悔い改めなければ、大きな患難の中に投げ込もう。²³また、わたしは、この女の子どもたちをも死病によって殺す。こうして全教会は、わたしが人の思いと心を探る者であることを知るようになる。また、わたしは、あなたがたの行いに応じてひとりひとりに報いよう。²⁴しかし、テアテラにいる人たちの中で、

21 ①ロマ2:4, Ⅱペテ3:9, ②黙9:20, 21, 16:9, 11, ロマ2:5
22 ①黙17:2, 18:9
 *異本「彼らの行い」
23 ＊別訳「死」, ①詩7:9, 26:2, 139:1, エレ11:20, 17:10, ②ルカ16:15, 使1:24, ロマ8:27, ②マタ16:27
 **直訳「腎臓」(内なる人を表す)
24 ①②黙2:18

② 田Ⅰコリ2:10
② 田黙15:28
25 ①黙3:11, ②参ヨハ21:22
26 ①②黙2:7
② 田黙10:22, ヘブ2:5
③ 詩2:8, 黙3:21, 20:4
 *あるいは「異邦人」
27 ①イザ30:14, エレ19:11
② 黙12:5, 19:15
 *あるいは「牧する」
28 ①②黙22:16, Ⅰヨハ3:2

この教えを受け入れておらず、彼らの言うサタンの深いところをまだ知っていないあなたがたに言う。わたしはあなたがたに、ほかの重荷を負わせない。²⁵ただ、あなたがたの持っているものを、わたしが行くまで、しっかりと持っていなさい。²⁶勝利を得る者、また最後までわたしのわざを守る者には、諸国の民を支配する権威を与えよう。²⁷彼は、鉄の杖をもって土の器を打ち砕くようにして彼らを治める。わたし自身が父から支配の権威を受けているのと同じである。²⁸また、彼に明けの明星を与えよう。

教えや不道徳な生き方が（ペルガモと同じように）大目に見られていた（2:14, 20）。

（1）ヨハネは特にイゼベルというひとりの人物の名前を挙げている。この名前は旧約聖書のイゼベルから来ていて、にせの礼拝や好色、巧みに人を操ることなどの別名になっている（Ⅰ列16:31, 19:1-3, 21:1-15, →21:25注）。この人は神に代って話すと言いながら、まじめな信仰者たちに害を与えていた。テアテラの教会のある人々はその魅惑的な教えを受け入れていた。キリストは、このイゼベルと罪を犯してもよいというその教えを非難し、それを大目に見ていた人々には悔い改めて神に立返るように求めておられる。

（2）自分のことばを聖書の啓示や基準より上に置き（→Ⅰコリ14:29注）、キリスト者が不道徳な行いや生き方をしても神は受入れてくださると主張する人がいれば、私たちはそれをみな拒まなければならない。教会の中には、自分がいかがわしいことや世俗的な悪い快楽にふけっているため、そのような信仰や教えを容認する人々がいる。ある人々は霊的に無気力なため、あるいは友情から、または対立することを恐れて、このような罪に目をつぶっている。さらには自己宣伝や物欲など、全くの自己中心的な理由からこの容認できない慣習を認めている人がいる。神はこのような指導者たちをさばき、このような罪を犯しても赦しを求めて神に立返らず、自分中心の生き方を悔い改めない人々をみな罰すると言われる（2:20-23, →ルカ17:3注）。

（3）信仰者と自称しながら、良心を汚すことや神を敬わない振舞にほかの信仰者を引きずり込んで罪を犯させる人々のことを、神は特に深刻に受止めておられる（→マタ18:6注, 7注, →Ⅰコリ8:12注, →「**偶像にささげた食物**」の項 p.2122）。

（4）このような、目立たないけれども破壊力を持つ影響から自分や教会を守るために、私たちは絶えず次のように問いながら自分自身を吟味しなければならない。自分の働きが実を結び成功していることをよいことに、疑わしい振舞を正当化したり個人や教会全体の罪を容認してはいないだろうか。

2:23　この女の子どもたち　この「イゼベル」（2:20）は、教会の中で無律法主義（「律法に反対する」行動）やふしだらな生き方（不道徳な快楽にふけること）を奨励する人々の母親的存在を象徴している。その人々は、神の恵み（受けるにふさわしくない好意や愛）があるから自分たちは神の律法の道徳的基準など決められた規則や宗教的規定には縛られることは全くないと考えていた（→Ⅰヨハ1:4注, →ユダ緒論）。そして自分たちには不道徳な振舞をする自由があり、神の罰を恐れる必要はないと主張していた。けれども、教会の中でこのような偽りと破壊を奨励する人々をキリストは最後にはみなさばき、罰し、滅ぼされる。

2:24　あなたがたに　教会には、キリストのことばと基準に忠実に従う人々がいた。神はその人々を知っておられ、神とともに諸国の民を支配するようになると約束された（2:26）。「サタンの深いところ」とは、霊的な救いに必要な特別の知識を持っていると主張するにせの教えを指していると思われる（初期グノーシス主義について →Ⅰヨハ緒論）。このにせ哲学のある派は、神の恵みと救いを十分に体験しサタンを打破るためには、悪魔の領域に入り罪の深みにはまって、あらゆる悪い考えや生き方を熟知しなくてはならないと言っていた。

2:25　わたしが行くまで、しっかりと持っていなさい　「わたしが行くまで」と「最後まで」（2:26）というキリストのことばは、七つの教会に伝えられたメッセージや忠告や約束が終りのときまで全部の教会に当てはまることを明らかにしている。

2:28　明けの明星を与えよう　この表現は太陽（朝を

黙示録 2-3章　　2485

29 耳のある者は御霊が諸教会に言われることを聞きなさい。」』

サルデスにある教会へ

3 ¹ また、サルデスにある教会の御使いに書き送れ。

『神の七つの御霊、および七つの星を持つ方がこう言われる。「わたしは、あなたの行いを知っている。あなたは、生きているとされているが、実は死んでいる。

² 目をさましなさい。そして死にかけているほかの人たちを力づけなさい。わたしは、あなたの行いが、わたしの神の御前に全うされたとは見ていない。

³ だから、あなたがどのように受け、また聞いたのかを思い出しなさい。それを堅く守り、また悔い改めなさい。もし、目をさまさなければ、わたしは盗人のように来る。あなたには、わたしがいつあなたのところに来るか、決してわからない。

⁴ しかし、サルデスには、その衣を汚さなかった者が幾人かいる。彼らは白い衣を着て、わたしとともに歩む。彼らはそれにふさわしい者だからである。

⁵ 勝利を得る者は、このように白い衣を着せられる。そして、わたしは、彼の名をいのちの書から消すようなことは決してしない。わたしは彼の名をわたしの父の御前と御使いたちの前で言い表す。

⁶ 耳のある者は御霊が諸教会に言われることを聞きなさい。」』

フィラデルフィヤにある教会へ

⁷ また、フィラデルフィヤにある教会の

欄外引照:
29 ①黙2:7
1 ①黙1:11 ②黙1:4 ③黙1:16 ④黙3:8, 15, 黙2:2 ⑤Ⅰテモ5:6
3 ①黙2:5 ②黙16:15, 黙Ⅰテサ5:2, Ⅱペテ3:10 ③黙2:5 ④黙マタ24:43
4 ①黙1:11 ②ユダ23 ③黙11:13, 使1:15 ④黙3:5, 18, 4:4, 6:11, 7:9, 13, 14, 19:14, 黙19:8, 伝9:8
5 ①黙2:7 ②黙3:4 ③黙13:8, 17:8, 20:12, 15, 21:27, 黙ルカ10:20 ④マタ10:32, ルカ12:8
6 ①黙2:7
7 ①黙1:11

黙21:8

もたらす星）を指していると考えられる。そして、私たちを神の永遠のいのちの光に導き入れる「義の太陽」（マラ4:2）であるキリストご自身を象徴している。預言者マラキもまた、この太陽について「その翼には（その光には）、いやしがある」と言っている。したがって主イエスは、忠実な人々に「明けの明星」を与えることによって、ご自分を新しいより深いかたちで与え、癒しや回復、神の輝く光の中にある約束やいのちの祝福をみな与えると約束されたのである。

3:1　あなたは・・・実は死んでいる　サルデスの教会には霊的いのちがなく、キリストの教えに忠実に従っている人はわずかしかいなかった。教会は、表面的には生き生きと活動して成功しており霊的であると言われていた。けれども実際は、過去の体験に頼っていたのである。教会は効果的な働きをし力強い礼拝をしているように見えたけれども、本当の清さと聖霊の力を持っていなかった。評判が良いので多くの人はそれにだまされていたけれども、主イエスは人々の内面の生活と心を見ておられた。宗教のかたちはあるけれども霊的いのちがなかったのである（⇒Ⅱテモ3:5）。けれどももし教会が自分勝手な生き方をやめて神に立ち返り、神が過去に示されたことに忠実に従うなら、希望といのちの光はまだわずかに残っている（2:2-3）。現在の教会やキリスト者個人は、サルデスの教会の状態を見て次のように問わなければならない。自分たちはイメージや慣習や過去の体験に頼って霊的面を軽く扱っているのではないだろうか。それとも純粋に生き、霊的に成長しているだろうか。

3:4　サルデスには・・・幾人かいる　教会の歴史を見るといつも必ず、罪や神に対する不信仰によって「その衣を汚さなかった」忠実な人々が幾人か（しばしば「残りの者」と言われている　イザ11:11, エレ23:3, ゼパ3:13, ゼカ8:12）いた。その人々は霊的な清さを保ち、キリストに仕え、忠実な伝道者たちを通して伝えられた新約聖書のキリストの教えに従う人々だった（Ⅰテサ1:2-3, Ⅱテサ1:3-4）。

3:5　彼の名を・・・消す　これは出エジプト32:32-33に最初に出てきた「書物」のことと思われる。それは神の国の住民登録のようなものとして描かれている。ここでは、神の国の民の名前がいのちの書から消される可能性が実際にあることをはっきりと教えている。これは救いを体験しキリストとの個人的な関係を持ちながら、後に忠実に従うことをやめ、主の力に頼って周りの悪や自分の内側にある罪の性質に打勝とうとしない人々にやがて起こることである（→2:7注, →「背教」の項 p.2350）。いのちの書から名前が消されるなら、神とともに永遠に生きることができなくなり（2:7, 10-11）、最終的には火の池に投じられて罰せられることになる（20:15）。これはキリストの教会に聖霊が直接与えられた警告である（3:6, 13:8, 17:8, 20:12, 21:27）。

3:7　フィラデルフィヤ　フィラデルフィヤはキリストのことばによって生き続け、主を否定しなかった忠実な教会である。その人々は世間の反対に耐え、ほかの教会の神を敬わない風潮にも染まらないでいた。そしてキリストと、伝えられていた新約聖書の福音の真理とに忠実だったのでキリストに喜ばれていた（3:7-10）。またこの忠実な教会に、神は新しいことへの機

御使いに書き送れ。
『聖なる方、真実な方、ダビデのかぎを持っている方、彼が開くとだれも閉じる者がなく、彼が閉じるとだれも開く者がない、その方がこう言われる。
8「わたしは、あなたの行いを知っている。見よ。わたしは、だれも閉じることのできない門を、あなたの前に開いておいた。なぜなら、あなたには少しばかりの力があって、わたしのことばを守り、わたしの名を否まなかったからである。
9 見よ。サタンの会衆に属する者、すなわち、ユダヤ人だと自称しながら実はそうでなくて、うそを言っている者たちに、わたしはこうする。見よ。彼らをあなたの足もとに来てひれ伏させ、わたしがあなたを愛していることを知らせる。
10 あなたが、わたしの忍耐について言ったことばを守ったから、わたしも、地上に住む者たちを試みるために、全世界に来ようとしている試練の時には、あなたを守ろう。
11 わたしは、すぐに来る。あなたの冠をだ

会を与え御国への扉を開いて「試練の時」には守ると約束された(3:10、→3:10注)。その人々は開かれた扉を通ったり、やがて来る試練から逃れたりするのに、自分たちの弱い力に頼る必要がない(3:8)。キリストが力と必要なものを与えてその忠実さに報いてくださる。教会が忠実という目標に向かって進もうとするなら、フィラデルフィヤの教会の模範にならうことである。そして次のように問うことである。自分たちは内側にばかり目を向けていないだろうか。キリストとその目的に目を向けているだろうか。自分たちの町や世界で働くための扉が開かれたときに、キリストに従って進む備えができているだろうか。

3:10 試練の時 フィラデルフィヤの忠実な弟子たちに、キリストは「試練の時」には守ると約束されたけれども、それはパウロがテサロニケの人々に、「やがて来る御怒りから私たちを救い出してくださる」と約束したことと同じである(Ⅰテサ1:10)。この約束は、あらゆる時代の忠実な人々全部に当てはまる(3:13, 22)。「守ろう」ということばは、原語のギリシヤ語では「体験しないようにする」または「守り抜く」という意味である。当時の教会にとっても現在の教会にとっても、どちらの訳も適切である。神は神の民がこの世で体験する困難や反対に耐えて勝利するように助けてくださる。そして最終的には最後の「試練の時」に救い出してくださる(→**携挙**の項p.2278)。この最後の「時」は、神が定められた怒りと苦難のときでもあり、キリストの御国が地上に建てられる直前、歴史の終りの時代に、「全世界」に訪れる(5:10, 6:-19:, 20:4)。この「時」について聖書は次のように明らかにしている。

(1) この「試練の時」には不信心な人々への神の怒り(正当な怒り、さばき、罰)が注がれる(6:-19:, イザ13:6-13, 17:4-11, ダニ9:27, 12:1, ゼカ14:1-4, マタ24:9-31, →Ⅰテサ5:2注, →**大患難**の項p.1690)。

(2) けれどもこの試練と患難のときには、神を敬う人々(キリストを受入れ従っている人々)にサタンの残忍な攻撃がある。勇敢なキリスト者は、飢えや渇きに見舞われ、厳しい天候にさらされ(7:16)、大きな苦しみを受け涙を流すことになる(7:9-17, マタ24:15-21)。その人々は戦争、飢きん、死など自然災害を体験する。また多くの人がキリストの信仰のために拷問を受けて殺される(6:11, 13:7, 14:13)。そしてサタンや悪霊による荒廃を体験し(9:3-5, 12:12)、邪悪な人々から憎まれ暴力を振われ反キリスト者から迫害を受ける(6:9, 12:17, 13:15-17, →**反キリストの時代**の項p.2288)。多くの人は自分の家から逃げなければならなくなる(マタ24:15-21)。家族や子どもを持っている人々には特に辛い時代になる(マタ24:19)。患難時代にキリストを受入れて従い、キリストのために死ぬ人々は幸いであるとされている。それは「その労苦から解き放されて休むことができる」からである(14:13)。

(3) その恐ろしい「日」が来る前に、勝利を得た人々(キリストの本当の弟子たち)を(→2:7注, ルカ21:36注)神はその厳しい「試練の時」から救い出してくださる。このことは、神が世界に怒りを注がれる前の携挙のとき、つまり神に忠実な人々をキリストと会うために空中に引上げられるときのことと考えられる(→ヨハ14:3注, →**携挙**の項p.2278)。この救いは、耐えてキリストに仕え続け本当の信仰をもって神のことばを守って生きてきた人々への報いである。

(4) 終りの日に世界に訪れるこれらの患難から逃れたいと思うなら、現在のキリスト者はキリストとみことばに忠実でなければならない。そのためにはだまされないように(→マタ24:5注)熱心に祈り続けなければならない(→ルカ21:36注)。

3:11 わたしは、すぐに来る 3:10と密接に関連しているこの節は、次のことを示している。(1) キリストが再び来られて教会を地上から引上げられることは、救出の手段である(⇒Ⅰテサ1:10, 4:14-18)。

黙示録 3章　2487

れにも奪われないように、あなたの持っているものをしっかりと持っていなさい。
¹²勝利を得る者を、わたしの神の聖所の柱としよう。彼はもはや決して外に出て行くことはない。わたしは彼の上にわたしの神の御名と、わたしの神の都、すなわち、わたしの神のもとを出て天から下って来る新しいエルサレムの名と、わたしの新しい名とを書きしるす。
¹³耳のある者は御霊が諸教会に言われることを聞きなさい。」

ラオデキヤにある教会へ

¹⁴また、ラオデキヤにある教会の御使いに書き送れ。

¹¹③黙2:25
¹²①圀黙3:5
②Ⅰ列7:21,
圀エレ1:18,圀ガラ2:9
③黙14:1, 22:4
④黙21:2, エゼ48:35
⑤黙21:2, 10,
圀ガラ4:26, ヘブ13:14
⑥圀黙2:17
¹³①圀黙2:17
¹⁴①圀黙1:11

②イザ65:16,
囲Ⅱコリ1:20
③圀黙1:5,圀黙3:7
④ヨハ1:3, コロ1:18,
黙21:6, 22:13,
囲創49:3, 申21:17,
箴8:22
¹⁵①圀黙3:1
囲ロマ12:11
¹⁷①ホセ12:8, ゼカ11:5,
Ⅰコリ4:8,囲マタ5:3

『②アーメンである方、忠実で、真実な証人、神に造られたものの根源である方がこう言われる。
¹⁵「わたしは、あなたの行いを知っている。あなたは、冷たくもなく、熱くもない。わたしはむしろ、あなたが冷たいか、熱いかであってほしい。
¹⁶このように、あなたはなまぬるく、熱くも冷たくもないので、わたしの口からあなたを吐き出そう。
¹⁷あなたは、自分は富んでいる、豊かになった、乏しいものは何もないと言って、実は自分がみじめで、哀れで、貧しくて、盲目で、裸の者であることを知らない。
¹⁸わたしはあなたに忠告する。豊かな者と

(2)「試練の時」と患難から救われるのはキリストとみことばに忠実に仕え続けている教会の人々だけである(3:8)。

3:14　アーメンである方　「アーメン」は、「確かに」とか「本当に」を意味するヘブル語である。聖書の中では、重要なことばを確認したり神の権威に注意を向けたり祝禱や祈りを締めくくるときに用いられている。コリントⅡ1:20でパウロは、神の約束がキリストにおいて完全な「しかり」になったことを強調して、このことばを用いている。主イエスは、ラオデキヤにある教会に対してご自分を「アーメンである方、忠実で、真実な証人」と言われた。これはイザヤ65:16を反映したもので、完全に信頼できる、忠実でみことばを保証できる「まことの神」(《ヘ》アーメン)のことである。「アーメン」である主イエスは、神の約束の真理は今の私たちにも与えられると保証しておられる。

3:15-16　冷たくもなく、熱くもない・・・なまぬるく　このことばはラオデキヤの教会の霊的状態を描いている。ラオデキヤは商業と貿易の中心で裕福な都市だった。町には繁栄した雰囲気があり、教会の人々は霊的に怠惰になり無関心になっていた。人々はもはや「熱く」なく、聖霊の導きを感じて応答することはなかった。けれども悔い改めて神に立ち返る必要を感じなくなるほど「冷たく」もなかった。
(1) なまぬるい教会とは、キリストに無関心で怠慢な教会である。また神に仕えることに気がなく怠ける教会である。このような教会はこの世界の基準や振舞に妥協し、やがて神の国より周りの社会に似るようになる。ラオデキヤの教会の人々は、自分たちが熱心なキリスト者だと思っていたけれども実際には霊的に「みじめで、哀れ」な人々だった(3:17-18)。(2) キリ

ストは、霊的なまぬるさに対するさばきがあることを教会に厳しく警告された(3:15-17)。(3) キリストは教会に、自分勝手な生き方を悔い改め、神のみこころにゆだね神の赦しを受入れるようにと言われる。そうするなら教会は、神との正しい関係を回復することができる(3:18-19)。(4) キリストはなまぬるい教会の扉を叩き(3:20)、中に入って交わりと祝福を回復したいと望んでおられる。なまぬるい教会の中にいてもキリストに仕え信仰を強く保ち勝利を得る人々に、キリストは権威を与え最終的にはともに支配することを約束された(3:21)。

3:17-18　あなたは・・・知らない　教会が表面的には繁栄しているので、人々は霊的な必要については盲目になってしまった(→3:15-16注)。(1) 主イエスのことばによると、ラオデキヤの教会の人々は、実のところキリストを知らない世間の人々と同じように「みじめで、哀れ」だった。その人々は自分たちの霊的状態に「盲目」で、自分たちの富を使ってキリストの福音を広めようというビジョンを持っていなかった。また神の力ときよさをまとわない「裸の者」であり、繁栄は必ずしも神の祝福ではないことがわかっていなかった。(2) キリストは、人々の高ぶりの原因と才能や財産を頼りにしている姿勢を直接指摘された。(a) ラオデキヤの町は豊かであると言われていたけれども、人々は神に対して富み(⇒ルカ12:21)、世界の富よりはるかに価値のある朽ちることのない信仰という確実な霊的富で豊かにならなければならないと言われた(→Ⅰペテ1:7 注)。(b) ラオデキヤには大きな繊維(生地、服飾)産業があったけれども、キリストはきよさとキリストとの関係という服を着るように命じられた(⇒19:8)。(c) ラオデキヤはまた有名な目薬を製

なるために、火で精錬された金をわたしから買いなさい。また、あなたの裸の恥を現さないために着る白い衣を買いなさい。また、目が見えるようになるため、目に塗る目薬を買いなさい。
19 わたしは、愛する者をしかったり、懲らしめたりする。だから、熱心になって、悔い改めなさい。
20 見よ。わたしは、戸の外に立ってたたく。だれでも、わたしの声を聞いて戸をあけるなら、わたしは、彼のところに入って、彼とともに食事をし、彼もわたしとともに食事をする。
21 勝利を得る者を、わたしとともにわたしの座に着かせよう。それは、わたしが勝利を得て、わたしの父とともに父の御座に着いたのと同じである。
22 耳のある者は御霊が諸教会に言われることを聞きなさい。』」

天の御座

4 1 その後、私は見た。見よ。天に一つの開いた門があった。また、先にラッパのような声で私に呼びかけるのが聞こえ

造していたけれども、神によらなければ自分たちの本当の状態を知りはっきり見えるようにはならない。それは聖霊の導きに従い、神のことばにしっかり頼ることによって初めて得られるものである。(3) 今日の教会やキリスト者は、霊的に「なまぬるく」ならないために、自分たちは神の豊かな祝福を当然のように思い、それによって主イエスへのひたすらな個人的情熱を失ってはいないだろうかと、絶えず自分に問いかけなければならない。

3:20 だれでも、わたしの声を聞いて この節は、イエス・キリストを信じない、霊的救いと神との個人的な関係を持っていない「救われていない」人に向けての招きのことばとしてしばしば引用される。その招き自体は間違っていないけれども、キリストは最初このメッセージをキリストとの関係をおろそかにしキリストと交わらなくなった人々のいる教会に向けて与えられたことを忘れてはならない。自己満足の繁栄を手にし世俗的になるにつれ(3:15-18)、ラオデキヤの教会は自分たちの中からイエス・キリストを締出していた。扉の外からのキリストの招きは、個人に対する訴えで、自己中心的な生き方をやめキリストへの熱心な信仰と新たな情熱に立返り、交わりを新しくしようとするものだった。キリストはまたともに食卓につき霊的な栄養を分かち合おうとされた。聖書には、キリストと花嫁である教会のための大きな「婚宴」(19:9)のことが書いてある。そのとき主イエスと食事をするのは、今主イエスとともに「食事をする」人だけである。

3:22 御霊・・・諸教会 神の民は、教会と聖霊の関係を認め正しく応答し続けなければならない。教会は主であり教会のかしらであるキリストの権威の下にあるけれども、同時に神の御霊の権威の下にもある。したがって教会は聖霊の声には耳を傾け応えなければならない。神の霊感されたみことばを通して語られるときは特にそうである(Ⅱテモ3:15-16、Ⅰペテ1:24-25、Ⅱペテ1:20-21)。次の聖書の真理は御霊と教会との関係をはっきりさせている。

(1) 聖霊は教会が所有しているのではなく、教会や人間が作った団体に所属するものでもない。聖霊は神とキリストの御霊であり、教会の御霊ではない(3:1)。御霊は神のみこころにより、また神の真理と正しい行いの基準に対する人々の応答の仕方によって、訪れたり去ったりする自由を持っておられる(⇒ヨハ1:33, 7:39, 14:17)。

(2) 聖霊は教会の主(支配と権威)であるイエス・キリストの代理を務めておられる。御霊とみことばはキリストの究極の権威である(⇒ヨハ14:26, 16:13-15)。教会はみことばを土台として、御霊の導きによって自分たちの信仰と行動を判断し続けなければならない。御霊とみことばがともに働くときに、神のいのちと権威と創造的な力は教会の中でまた教会を通して働き出す(⇒創1:2-3)。教会員が聖霊とみことばに聞き応答をしないなら、教会はキリストの教会としてのいのちと意義と使命を徐々に失っていく。

(3) 教会がキリストとみことばに忠実で、御霊が言われることに耳を傾け応える限り、聖霊は教会にとどまっておられる(2:5, 16, 22-23, 3:3, 15-16、→「**聖霊の教理**」の項 p.1970)。

4:1 その後 このことばは時間の経過を現している。ヨハネは連続した幻ではなく、未来の様々な時代や出来事を見せられたようである(→7:1, 9, 15:5, 18:1)。したがってここで情景と時間が変っている。多くの神学者や聖書解釈者は黙示録のこの時点で(これ以後に書かれている出来事が成就する前)、キリストが「勝利を得る者」を世界から既に連出しておられると考えている。したがって教会が引上げられ空中でキリストと会う(→ヨハ14:3注、→「**携挙**」の項 p.2278)のは患難時代より前のことである(6:-18:、→「**大患難**」の項 p.1690)。この考え方は次のことに基づいている。

黙示録　4章

たあの初めの声が言った。「ここに上れ。この後、必ず起こる事をあなたに示そう。」
2 たちまち私は御霊に感じた。すると見よ。天に一つの御座があり、その御座に着いている方があり、
3 その方は、碧玉や赤めのうのように見え、その御座の回りには、緑玉のように見える虹があった。
4 また、御座の回りに二十四の座があった。これらの座には、白い衣を着て、金の冠を頭にかぶった二十四人の長老たちがすわっていた。
5 御座からいなずまと声と雷鳴が起こった。七つのともしびが御座の前で燃えていた。神の七つの御霊である。
6 御座の前は、水晶に似たガラスの海のようであった。御座の中央と御座の回りに、前もうしろも目で満ちた四つの生き物がいた。
7 第一の生き物は、獅子のようであり、第二の生き物は雄牛のようであり、第三の生き物は人間のような顔を持ち、第四の生き物は空飛ぶ鷲のようであった。
8 この四つの生き物には、それぞれ六つの翼があり、その回りも内側も目で満ちていた。彼らは、昼も夜も絶え間なく叫び続けた。

「聖なるかな、聖なるかな、聖なるかな。神であられる主、万物の支配者、昔いまし、今いまし、後に来られ

1 ①黙11:12、⑤黙1:19、22:6
2 ①圓黙1:10、②黙4:9、10、I 列22:19、イザ6:1、エゼ1:26、ダニ7:9、③圓黙4:9
3 ＊直訳「御座に着いている」①黙21:11、②黙21:19、④エゼ1:28、圓黙10:1
＊＊あるいは「光輪」
4 ①黙4:6;5:11,11:16、②黙3:18、④黙4:10、⑤黙4:10,5:6,8,14,19:4、⑥黙20:4、圓マタ19:28、II テモ2:12
5 ①黙8:5、11:19、16:18、圓ヨハ19:16、②ゼカ4:2、圓出25:37、③黙1:4
6 ①黙15:2、圓黙21:18,21、エゼ1:22、②圓黙4:6,7,14、③圓エゼ1:18、10:12、④エゼ1:5、黙4:8,9,5:6等、6:1,6,7,11,14:3,15:7,19:4
7 ①圓エゼ1:10、10:14
8 ①エゼ1:5、圓黙4:6
②イザ6:2,3、圓エゼ1:18、10:12、②黙14:11、⑤イザ3、圓黙1:8、⑦圓黙1:4

(1) 4:1から22:16まで「教会」ということばは出てこない。(2) キリストは地上に再び来られ邪悪な人々をさばき、1,000年の間地上の王となり、私たちの時間を閉じられるけれども、キリストの花嫁（教会）はその前に既に19章でキリストとともに天に姿を現している（→20:4注）。(3) フィラデルフィアの教会が世界規模の試練の時に守られるという約束は、患難時代の前にいる忠実なキリスト者全員に与えられたものである（→3:10注）。このことの概要　→「終末の事件」の表 p.2471

4:2　御霊に感じた　→1:10注

4:2-3　天に一つの御座　御座に着いておられるのは神で、ヨハネはその神の臨在を深く鋭く感じていた。けれども神の姿をはっきり描こうとはしていない。神の栄光があまりにも偉大でことばには言い表せなかったのである。神は「近づくこともできない光の中に住まわれ」ている（I テモ6:16）ので、ヨハネはダイヤモンドのような輝き（21:11の碧玉は透き通っている）と炎のような臨在しか説明ができなかった。赤めのうは真っ赤な宝石で、神の贖い（キリストの犠牲の死による人々の霊的救いと回復）を表している。

4:4　二十四人の長老たち　この長老たちはだれだろうか。ある人は天にいる教会全体、つまりキリスト者の群れを代表していると考える（→ヨハ14:3注、II テモ4:8、I ペテ5:4）。またある人は有力な御使いたちだと言う。けれども御使いたちは既に長老たちの回りに立っている（7:11、⇒5:8-10）。長老がかぶっている冠は勝利を得た人の冠（→2:10注）で、御使いではなく信仰者のために用意されたものである。さらに、長老たちは旧約聖書のイスラエル（十二部族）と新約聖書の教会（キリストの十二使徒）でともに神とイエス・キリストを礼拝していると考える人もいる。この場合二十四人の長老は神の教会全体（旧約聖書と新約聖書の信仰者）を表していることになる。なぜなら、キリストの犠牲（霊的救い、解放、回復）によりあらゆる時代の神の民の贖い（霊的救い、解放、回復）が実現したからである（→ヘブ11:40注）。長老たちは実際の人物でヨハネに話しかけている（5:5, 7:13）。

4:5　神の七つの御霊　神の七つの御霊は神の御座におられる聖霊を表している。ここで使われていることばは、イザヤ11:2の御霊についての七通りの表現（七つの面）を基にしていると思われる。数字の「七」は御霊とその働きの豊かさと完全さを表している（→「聖霊の働き」の表 p.2187）。聖霊は罪に対するさばきと神のきよさに満ちた燃える火のような方である（⇒イザ4:4、ヨハ16:8）。→「聖霊の教理」の項 p.1970

4:6　四つの生き物　四つの生き物とその顔はあらゆる生き物を表していると思われる（4:7）。神が造られた生き物はみな神に栄光と栄誉をささげ、最終的には罪ののろいから解放される（4:8-11）。これらの生き物の姿はエゼキエル1:5-14のケルビムに似ているけれども、エゼキエル書では生き物は皆同じ顔をしていた。ここの生き物は、預言者イザヤがイザヤ6:1-2で描いたセラフィムのように謙遜と敏速さを象徴する六つの翼を持っている。これらの生き物は単なる象徴ではなく理性のある実際の存在として示されている。目は非常にすぐれた知性を表し、周りで行われていることに注意し気付いていることを示している。

4:8　聖なるかな、聖なるかな、聖なるかな　ここで使われているギリシャ語の「ハギオス」（分離する、聖い）は、あらゆる生き物の性質と目的から完全に分離しそれらを超えており、あらゆる悪から完全に分離し

る方。」

9 また、これらの生き物が、永遠に生きておられる、御座に着いている方に、栄光、誉れ、感謝をささげるとき、
10 二十四人の長老は御座に着いている方の御前にひれ伏して、永遠に生きておられる方を拝み、自分の冠を御座の前に投げ出して言った。
11 「主よ。われらの神よ。あなたは、栄光と誉れと力とを受けるにふさわしい方です。あなたは万物を創造し、あなたのみこころゆえに、万物は存在し、また創造されたのですから。」

巻き物と小羊

5 1 また、私は、御座にすわっておられる方の右の手に巻き物があるのを見た。それは内側にも外側にも文字が書きしるされ、七つの封印で封じられていた。
2 また私は、ひとりの強い御使いが、大声でふれ広めて、「巻き物を開いて、封印を解くのにふさわしい者はだれか」と言っているのを見た。
3 しかし、天にも、地にも、地の下にも、だれひとりその巻き物を開くことのできる者はなく、見ることのできる者もいなかった。
4 巻き物を開くのにも、見るのにも、ふさわしい者がだれも見つからなかったので、私は激しく泣いていた。
5 すると、長老のひとりが、私に言った。「泣いてはいけない。見なさい。ユダ族から出た獅子、ダビデの根が勝利を得たので、その巻き物を開いて、七つの封印を解くことができます。」
6 さらに私は、御座――そこには、四つの生き物がいる――と、長老たちとの間に、ほふられたと見える小羊が立っているのを

---

9 ①黙10:6, 15:7, 申32:40, ダニ4:34, 12:7
 ②黙4:2, 団イザ6:1, 詩47:8
10 ①黙4:4
 ②黙4:2, 団イザ6:1, 詩47:8, ③黙5:8, 14, 7:11, 11:16, 19:4
 ④黙10:6, 申32:40, ダニ4:34, 12:7
 ⑤黙4:4
11 ①黙5:12, 団黙1:6
 ②黙10:6, 14:7, 団使14:15

1 ①黙5:7, 13, 団黙4:9
 ②エゼ2:9, 10
 ③イザ29:11, ダニ12:4

2 ①黙10:1, 18:21
3 ①団黙5:13, ピリ2:10
5 ①団ヘブ7:14
 ②創49:9
 ③黙22:16, イザ11:1, 10, 団ロマ15:12
6 * 別訳「御座と四つの生き物の間、長老たちの間に」
 ①黙5:8, 14, 団黙4:4
 ②黙5:9, 12, 13:8
 ③黙5:8, 12, 13等, 13:8等, 団ヨハ1:29

ているという意味である。神は聖い。神は絶対的に純粋で完璧で完全である。被造物のあらゆる面を表している四つの生き物は、神の聖さを絶え間なく賛美している。「ハギオス」の繰返しは無限の過去から永遠の未来まで神の聖さは絶対であり最高であることを強調していて、非常に重要である（⇒イザ41:4）。この特性は神の本質で、黙示録全体で神について繰返し言われている（3:7, 4:8, 6:10, 14:10, 15:4, 16:5）。聖さは神の性質と特性の中で最も明らかではっきりした部分であり、神の内部の特性であるからいつまでも変ることがない。神は全能の力を持ち（「万物の支配者」）、永遠に存在される（「昔いまし、今いまし、後に来られる」）方であるから、その聖さ（「聖なるかな、聖なるかな、聖なるかな」）は人間の歴史と全宇宙の中のあらゆる悪に打勝つことが確実である（→イザ6:1注, 3注, →「神の属性」の項 p.1016）。

4:10　自分の冠を・・・投げ出して　長老たちはこのようにすることによって神をあがめ神に頼り、自分たちが受けた栄誉も権威も神から与えられたものと認めていることを示している。

5:1　巻き物　この巻き物は非常に重要なものである。それはこの世界と人類との未来の道筋について神が定められたことが啓示されているからである。巻き物はまた世界がどのようにさばかれるかを描き、あらゆる悪に対する神と神の民の最終的な勝利を描いている。巻き物を閉じている封印は権威のしるしである。したがって、権威がなければだれもその内容を見ることができない。封印が七つあることは内容が完全に守られていることを指している。封印が一つずつ解かれると内容の一部が幻によって明らかにされていく（6:1, ⇒エゼ2:9-10）。

5:4　私は激しく泣いていた　世界の未来を明らかにし、神の国が地上に建てられるのを明らかにするのにふさわしい人はどこを探しても見つからなかった。もし巻き物を開くのにふさわしい人がいなければ、世界に対する神のさばきと祝福は成就しないので、このことを知っているヨハネは激しく泣いた。

5:5　ユダ族から出た獅子　イエス・キリストは獅子（百獣の王ライオン）として描かれている。そして全地を治め、昔神の民に約束された（創49:9-10）イスラエルのユダ族で、ダビデ王の家系から出る（⇒ルカ1:32）救い主についての約束を成就する方として示されている。さらに、ダビデの王座を永遠のものにするという約束をキリストは成就される（→「ダビデとの神の契約」の項 p.512）。ここにある称号は、主イエスがダビデとの約束にしたがって勝利するメシヤ（救い主、キリスト）であり、永遠の王であることを示している（イザ11:1, 10, →**キリストによって成就した旧約聖書の預言**の表 p.1029）。

5:6　ほふられたと見える小羊　ヨハネが見ると獅子ではなく、いけにえとして殺された傷のある「小羊」が立っていた。これはキリストが人類の罪のために十字架でご自分をささげられたことを表しており（⇒イザ53:7, ヨハ1:29）、キリストの究極の勝利はその犠牲

見た。これに七つの角と七つの目があった。その目は、全世界に遣わされた神の七つの御霊である。
7 小羊は近づいて、御座にすわる方の右の手から、巻き物を受け取った。
8 彼が巻き物を受け取ったとき、四つの生き物と二十四人の長老は、おのおの、立琴と、香のいっぱい入った金の鉢とを持って、小羊の前にひれ伏した。この香は聖徒たちの祈りである。
9 彼らは、新しい歌を歌って言った。
「あなたは、巻き物を受け取って、その封印を解くのにふさわしい方です。
あなたは、ほふられて、その血により、あらゆる部族、国語、民族、国民の中から、神のために人々を贖い、
10 私たちの神のために、この人々を王国とし、祭司とされました。彼らは地上を治めるのです。」
11 また私は見た。私は、御座と生き物と長老たちとの回りに、多くの御使いたちの声を聞いた。その数は万の幾万倍、千の幾千倍であった。
12 彼らは大声で言った。
「ほふられた小羊は、力と、富と、知恵と、勢いと、誉れと、栄光と、賛美を受けるにふさわしい方です。」
13 また私は、天と地と、地の下と、海の上のあらゆる造られたもの、およびその中にある生き物がこう言うのを聞いた。
「御座にすわる方と、小羊とに、賛美と誉れと栄光と力が永遠にあるように。」
14 また、四つの生き物はアーメンと言い、長老たちはひれ伏して拝んだ。

封印
6 1 また、私は見た。小羊が七つの封印の一つを解いたとき、四つの生き物の一つが、雷のような声で「来なさい」と言

の死によることを意味している(5:9-14)。「小羊」は黙示録の中でキリストを表す重要なイメージである(5:6-7, 12:11, 15:3, 17:14, 21:22, 22:1, 3, →5:12注)。「小羊の怒り」(6:16)は、救い主であるキリストを受入れず神の小羊としての犠牲の死を拒む人々の上に下る(6:16-17)。「七つの角」は支配者の権威と力を表している(Ⅰ列22:11, ダニ7:24)。「七つの御霊」について →4:5注

5:8 聖徒たちの祈り これは、神の国(神の忠実な民が神とともに治める)が来ることを切実に心から祈る祈りを指している(5:9-10)。その祈りは、「御国が来ますように。みこころが天で行われるように地でも行われますように」である(マタ6:10, →6:6注, Ⅱペテ3:12注, →詩141:2)。香の入った鉢は、祈りが全部応えられる前に巻き物が開かれ、大患難のさばきが行われなければならないことを示している。

5:12 小羊は・・・ふさわしい方です ここで使われているギリシヤ語の「アクシオス」ということばは、「ふさわしい、価値がある、正しい」という意味である。「小羊」という称号は、黙示録の中で主イエスに40回使われており、主イエスの最も重要なイメージである(→5:6注)。主イエスがふさわしいのは、十字架での犠牲の死が「世の罪を取り除く」ものだったからである(ヨハ1:29)。主イエスにつけられた傷は、その犠牲の死を象徴しており、力と富と知恵について賛美を受けるのにふさわしい方であることを表している。

ヨハネが見た天の幻の中の礼拝は、この時まで御座におられる方(神、御父)に向けられていた。けれども小羊が巻き物を受取ると、天全体が今度は小羊に向けて誉れと栄光と賛美を大声で響き渡らせた(ただ一つ違うのは「新しい歌」が歌われたことである 5:9-12)。主イエスだけが御座におられる方(神、御父)の手から地上の運命を決める巻き物を受取り、封印を解いて中身を明らかにするのにふさわしい方である(5:6-8)。主イエスがふさわしいのは神の御子、永遠の神だからではなく(キリストは神である)、人の子として贖い(救い、救出、回復)という大きな働きをされたからである。へりくだって私たちのために犠牲になられた神の小羊である主イエスは、永遠に愛され礼拝を受けるべき方である(⇒ピリ2:6-11)。

6:1 小羊が・・・解いた ただ一人封印を解く権威を持つ、ふさわしい方とされた(→5:12注)イエス・キリストは、封印を全部解かれた。封印は世界に注がれる終りの日の神の恐ろしいさばきを明らかにしている(6:1, 3, 5, 7, 9, 12)。黙示録では災害やさばきは神の「怒り」(神の正当な怒り、さばき、罰 6:16-17, 11:18, 14:10, 19, 15:1, 7, 16:1, 19, 19:15)と呼ばれている。

6:1 七つの封印の一つ ある聖書の解釈者は、最初の封印が解かれると7年の患難時代が始まると理解している。それは今まで例を見ない苦難とさばきのときで、キリストが再び来られて反キリストの勢力を滅ぼし地上を治められるまで続く未来のときである(→ダ

うのを私は聞いた。
2 私は見た。見よ、①白い馬であった。それに乗っている者は弓を持っていた。彼は②冠を与えられ、勝利の上にさらに勝利を得ようとして出て行った。
3 小羊が第二の封印を解いたとき、私は、①第二の生き物が、「来なさい」と言うのを聞いた。
4 すると、別の、①火のように赤い馬が出て来た。これに乗っている者は、地上から平和を奪い取ることが許された。人々が、互いに殺し合うようになるためであった。また、彼に大きな剣が与えられた。
5 小羊が第三の封印を解いたとき、私は、第三の生き物が、「来なさい」と言うのを聞いた。私は見た。見よ、黒い馬であった。これに乗っている者は量りを手に持っていた。
6 すると私は、一つの声のようなものが、四つの生き物の間で、こう言うのを聞いた。「小麦一杯は一デナリ。大麦三杯も一デナリ。オリーブ油とぶどう酒に害を与え

2 ①黙19:11,
囲ゼカ1:8, 6:3
2 ②黙14:14,
囲黙9:7, 19:12,
ゼカ6:11
③黙3:21
3 ①黙4:7
4 ①ゼカ1:8, 6:2
②囲マタ10:34

5 ①黙4:7
②ゼカ6:2
③囲エゼ4:16
6 ①黙6:6,7
＊ギリシヤ語「コイニックス」乾量で、約1リットル相当
②黙7:3, 9:4

ニ9:27、⇒エレ30:7、ダニ12:1、黙6:17、7:14、→「**大患難**」の項 p.1690）。また別の人は、封印が7年の患難時代の後半の3年半（しばしば大患難と呼ばれる）の情況を描いていると考える。さらに別の人は封印が終りの時代に向けて下る神の一連のさばきの始まりであると見ている。神のさばきは連続して三つのかたちで現れる。その第一は七つの封印（6：）、第二は七つのラッパのさばき（8：-9：、11:15-19）、第三は「神の激しい怒りの七つの鉢」（16：、→8:1注）である。

ここで注意することは、様々な災害やさばきが次々と訪れるように描かれているけれども、それは必ずしも厳密にこの順序で起こることを意味していないということである。つまり、これらの幻は災害が次の災害が来るまで続くとか、それぞれの災難は前の災難が終ったときに起こることを意味しているのではない。災難または災害は、一度起こるといくつもの災害が同時に起こったり、いくつもの災害の影響が患難時代を通して長く続いたりするものと思われる。封印（第五の封印）が解かれて起こるある出来事は、明らかに後に起こるあるいは啓示されるさばきの予測または予告のようになっている。第六の封印は、実際にこれから下るさばきの全期間を要約しているように思える。そして第七の封印が解かれるまでは地上には何も起こらないようである。ヨハネがその時点までに封印が解かれるたびに見てきた幻は、最後の封印が解かれ巻き物全体が開封されたときにやがて起こる出来事である。その時点から（→8:1注、7注）神のさばきが直接始まり、目に見える宇宙から自然界の秩序が失われるようになる。そして遂には現在の世界の体系が破壊され、地上にキリストの千年期（1,000年間の支配）の平和が訪れ、私たちの時間が閉じられるようになる（→ダニ2:34-35、44-45）。一連のさばきの関連について →6:12注

6:2 白い馬 最初の四つの封印が解かれると、馬に乗った四人の人が現れる（馬に乗った人のイメージはゼカリヤ1:8-17, 6:1-8と関係する）。その人々は、腐敗した邪悪な世界の体制とそれにつながる不信心な人々に対する神のさばきを現している。白い馬に乗っているのは反キリスト（Ⅰヨハ2:18）であると多くの注解者は考えている。それは歴史の最後の7年間の初めの部分で活動を開始する世界的支配者である（→「**反キリストの時代**」の項 p.2288）。この人物がキリストに反対する人々をみなだますことを神は許される。その結果、戦うことなく勝利を得る。それは第二の馬に乗った人物が地上から平和を奪うからである（6:4, ⇒ダニ9:26-27、Ⅰテサ5:3）。馬に乗ったほかの人物はみな擬人化されている（第四の馬に乗っている人物が「死」であるように、抽象的なものが人間のように描かれている）ので、白い馬に乗っているのは単に勝利または終りのときに解放される強力な反キリストの霊を現していると思われる。たといそうだったとしても、過去の独裁者たちを支配していた強い征服欲は反キリストの特徴そのものである。

6:4 火のように赤い馬 赤い馬とそれに乗っている人物は戦争と悲惨な死を表しており、「大きな剣」は戦争の破壊力を表している。これは世界に対する神の怒りとして現され示されたことである（⇒ゼカ1:8, 6:2）。「殺す」というギリシヤ語は単純に戦闘での死という意味ではなく、あらゆる種類の残虐な殺りくを意味している。患難時代は暴力と殺人と戦争の時代である。

6:5 黒い馬 黒い馬とそれに乗っている人物は、大きな飢きんと飢餓と苦痛という悲惨な結果を象徴している（⇒エレ4:26-28、哀4:8-9、5:10）。生きていくために必要な食物は乏しく物価は極端に上昇し、飢餓が全世界に広がる。オリーブ油とぶどう酒はオリーブの木とぶどうの木を表すけれども、それらは穀物や畑の作物ほど干ばつの被害を受けない。人間の歴史やこれまでの教会の時代を通じて飢きんはしばしば起きている（マタ24:7）。けれどもここで言われているのは、患難時代に最大規模の損害を与える特別な飢きんのことである。

黙示録 6章

てはいけない。」

7 小羊が第四の封印を解いたとき、私は、第四の生き物の声が、「来なさい」と言うのを聞いた。

8 私は見た。見よ。青ざめた馬であった。これに乗っている者の名は死といい、そのあとにはハデスがつき従った。彼らに地上の四分の一を剣とききんと死病と地上の獣によって殺す権威が与えられた。

9 小羊が第五の封印を解いたとき、私は、神のことばと、自分たちが立てたあかしとのために殺された人々のたましいが祭壇の下にいるのを見た。

10 彼らは大声で叫んで言った。「聖なる、真実な主よ。いつまでさばきを行わず、地に住む者に私たちの血の復讐をなさらないのですか。」

11 すると、彼らのひとりひとりに白い衣が与えられた。そして彼らは、「あなたがたと同じしもべ、また兄弟たちで、あなたがたと同じように殺されるはずの人々の数が満ちるまで、もうしばらくの間、休んでいなさい」と言い渡された。

12 私は見た。小羊が第六の封印を解いたとき、大きな地震が起こった。そして、太陽は毛の荒布のように黒くなり、月の全面

7①黙4:7、＊囲黙6:1注
 8①囲ゼカ6:3
   ＊あるいは「灰色」
 ②黙1:18, 20:13, 14, 囲箴5:5, ホセ13:14, 囲マタ11:23, ③囲エレ15:2, 3, 24:10, 29:17, 18等、エゼ5:12, 17, 14:21等
 9①黙1:2,9,囲黙1:9, 黙20:4,黙14:18,16:7,5 囲出29:12,レビ4:7,ヨハ16:2
10①囲黙3:7,2 Ⅰペテ2:1, 囲ルカ2:29, ②黙19:2,申32:43,詩71:10,ルカ18:7,③囲黙3:10
11①黙3:5,7:9,囲黙3:4 ②囲ヘブ11:40,③囲使20:24,Ⅱテモ4:7,②黙14:13,囲Ⅱテサ1:7,ヘブ4:9,10
12①黙8:5, 11:13, 16:18, 囲マタ24:7、②囲マタ24:29 ③囲イザ50:3,囲マタ11:21

6:8 青ざめた馬 青ざめた馬とそれに乗っている「死」という名前を持つ人物は戦争、飢きん、死、災害、疫病、悪い獣などが猛烈に増加することを象徴している。このさばきは悲惨で人類の四分の一が殺される。この大破壊がいつ起こるかを聖書ははっきり示していない(→6:1注)。けれどもその厳しさからすると大患難の時代に入ってからと考えられる。ある人は7年の後半の3年半が始まる頃で、世界の人口の大部分が消滅し始める頃と考えている。

6:9 神のことば・・・のために殺された 第五の封印が解かれたとき、ヨハネは地上の出来事の幻から再び天の出来事に注意を向けている。「神のことば・・・のために殺された人々」は、キリストを信じ、みことばの真理に堅く立っていたために殺された人々である。(1) その人々は、さらに多くの人が信仰のためにいのちを落すので忍耐をするように言われる(⇒7:13-14, 13:15, 18:24, 20:4)。(2) 患難時代は、その期間にキリストを受入れて神とみことばに忠実に仕える人々にとって恐ろしい迫害の時代である(→3:10注, 7:9注, 14:6注)。殉教者がだれなのかは直接書かれていないけれども、その多くは患難時代の最初の頃にキリスト者になり、殺された人々であることが確かである。その中にはキリストを信じる信仰のために過去に殺された人々もみな含まれていると思われる。いずれにせよその人々は天で神とともに生きている。

6:10 さばき・・・血の復讐 天にいる人々は、神を拒みキリストに従う人々を殺した邪悪な人々は当然さばきを受けるべきだと祈っている。この祈りは個人的な報復の祈りではない。むしろそれは神の栄誉と、苦しむ人々のことを思う心からの祈りである。それとともに、信仰のために高価な犠牲を払った人々は預言が成就することを熱心に待望んでいる(→Ⅱテサ1:4-10)。それはキリストが最終的に栄光を受け、その人々が最後の勝利にあずかるときである。

6:11 兄弟たちで・・・殺されるはずの人々 患難時代にも、ある人々にはキリストを受入れ霊的に救われる機会が与えられる。その人々は、それまでにキリストの福音を聞くことも正しく理解することもできずにこの時代を迎えた人々である。けれども教会が携挙される前に福音を聞いていたのに神を拒み続け罪の生活を続けていた人々には、教会が突然この世界から引上げられたあと再び救いの機会が与えられることはない(→「携挙」の項 p.2278)。ある人は、真理を知りながらキリストを拒んでいた人々は教会がなくなり反キリストが権力を持ったことに気付いたら、必ずキリストのもとに来ると考えている。けれども聖書はそれとは逆のことを示唆していると思われる。人々はたとい患難時代のさばきが下っても悔い改めをしない(9:21, 16:9, 11, 21)。患難時代は、主に神のさばきのときであって恵みのときではない。さらに今の時代に真理に応答しない人々は、そのときにはさらにサタンに惑わされると聖書は言っている。実際には神ご自身が、その人々が「偽りを信じるように、惑わす力を送り込まれ」る(Ⅱテサ2:10-12各注)。神に立返ることが比較的容易な今、真理を知りながらそうしない人々が、情況が極度に厳しくなり多くの人がいのちを失う患難時代に神に立返ることはまずありえない。携挙の前にキリストを故意に拒んでいた人々には、やり直しの機会はないと聖書は警告をしている。私たちは、キリストを信じる決心を先延ばししても構わないというにせの希望的な教えに惑わされてはならない。メッセージははっきりしている。「今は恵みの時、今は救いの日です」(Ⅱコリ6:2)。

6:12 大きな地震 第六の封印が解かれたとき、ヨハネの注意はすぐに地上に向けられ、宇宙の法則を混乱させるような大きな災難が襲うのを見た。この大災

が血のようになった。

13 そして天の星が地上に落ちた。それは、いちじくが、大風に揺られて、青い実を振り落とすようであった。

14 天は、巻き物が巻かれるように消えてなくなり、すべての山や島がその場所から移された。

15 地上の王、高官、千人隊長、金持ち、勇者、あらゆる奴隷と自由人が、ほら穴と山の岩間に隠れ、

16 山や岩に向かってこう言った。「私たちの上に倒れかかって、御座にある方の御顔と小羊の怒りとから、私たちをかくまってくれ。

17 御怒りの大いなる日が来たのだ。だれがそれに耐えられよう。」

13 ①黙8:10, 9:1, ②マタ24:29, ②囲イザ34:4
14 ①イザ34:4, 黙20:11, 21, ②Ⅱペテ3:10, ③黙16:20, 囲イザ54:10, エレ4:24, エゼ38:20, ナホ1:5
15 ①イザ2:10, 11, 19, 21, 囲イザ24:21, 黙19:18
16 ①黙6:4, 9:5, 1, ③黙マコ3:5
17 ①イザ63:4, エレ30:7, ヨエ1:15, 2:1, 2, 11, 31, ゼパ1:14, 15, 囲黙16:14, ②詩76:7, ナホ1:6, マラ3:2, ルカ21:36

1 ①囲黙9:14, ②黙20:8, イザ11:12, 囲エゼ7:2
①エレ49:36, ゼカ6:5, 囲マタ24:31
④黙7:3, 8:7, 9:14
②マタ16:6, 2黙9:4, 囲黙7:3, 3黙6:12, 囲イザ41:2, 4, 黙9:14
3 ①黙14:1, 22:4, エゼ9:4, 6, 囲黙13:16, 14:9, 20:4
囲7:3-8, 囲ヨハ3:33
②黙6:6
4 ①黙9:16, ②黙14:1, 3

144,000人に印が押されている

7¹ この後、私は見た。四人の御使いが地の四隅に立って、地の四方の風を堅く押さえ、地にも海にもどんな木にも、吹きつけないようにしていた。

² また私は見た。もうひとりの御使いが、生ける神の印を持って、日の出るほうから上って来た。彼は、地をも海をもそこなう権威を与えられた四人の御使いたちに、大声で叫んで言った。

³ 「私たちが神のしもべたちの額に印を押してしまうまで、地にも海にも木にも害を与えてはいけない。」

⁴ それから私が、印を押された人々の数を聞くと、イスラエルの子孫のあらゆる部族の者が印を押されていて、十四万四千人で

害のさばきでは、世界が大きく震われ宇宙に混乱が起こり地上の人々に厳しい暗やみと恐怖が襲いかかる（6:15-17, ⇒イザ34:4, ヨエ2:30-31, ハガ2:6, マタ24:29）。これは世界の終りの予告のように見えるけれども、実際にはまだ第七の封印が開かれていない（8:）。繰返しになるけれども、三つの「七」のセット（封印 6:1～, ラッパ 8:6～, 鉢 16:1～）は明らかにその順序で起きるのではない。どのセットもみな時代の終りに向かっているからである。ヨハネは、これらのさばきが周期的に起こり重なり合い、同時に起こり、それぞれのセットが次に起こるさばきの予告篇になっているように見ていたと思われる。第七のさばきはどれも、次のセットを開いたり始めたりしている。そしてさばきの厳しさはそのたびに強度を増している。それぞれのさばきは、あたかもカメラのレンズが患難時代の終りの日に焦点を合せ、狭い範囲を拡大しさらに接写をしているようである。そしてそれぞれの第七の出来事（一連の出来事の最後の部分）によってキリストの来臨がさらに近くなる。この時代の特徴と出来事の全体像 →6:1注, →「終末の事件」の表 p.2471

6:16　私たちの上に倒れかかって　キリスト者が地上から引上げられ空中で主と会った（Ⅰテサ4:17）後、地上に残された神を敬わない人々はひどく恐れるようになり、これらの出来事から身を隠して自分を守ろうとする。けれども身を隠すことが無駄なことがわかると、その人々は神のさばきを逃れようとして自殺を願うようになる。驚くべきことに、それでもその人々は神を知り神に立返ろうとはしない（16:9, 11）。

6:16　小羊の怒り　6章から19章に書かれたキリストのさばきを見て私たちは、神が罪と悪を憎まれるの激しさと、神の忍耐にも限度があることに注意をするべきである。神の怒り（正当な怒り、さばき、罰）は、これらの出来事を通して邪悪な生き方を悔い改めず主に従おうとしない人々に直接注がれた。キリストの怒りは神の怒りと同じである（⇒15:7, →ロマ1:18注, ヘブ1:9注）。主イエスは、私たちの罪の代価を支払うために十字架で死なれたとき神の怒りを一身に引受けられた。それは主イエスの赦しを受入れ人生をゆだねた人々が、やがて来る神の怒りから逃れるようになるためである。つまり今キリストに忠実な人々は神の怒りを受けることがないということである（Ⅰテサ5:9）。なぜなら主イエスはやがて来る終りのときのさばきから救ってくださると約束されたからである（→3:10注, Ⅰテサ1:10注, →「携挙」の項 p.2278）。

7:1　私は見た。四人の御使い　7章は第六の封印と第七の封印の合間の出来事である。ここでヨハネは、封印につながる出来事とは全く異なる二つの幻を見た。その幻は、患難時代にキリストを信じて忠実に従う人々について明らかにしている。神に対してはっきりした態度をとるその人々は（6:17）、ユダヤ人（7:3-8）とユダヤ人以外の人々の両方（7:9-10, 13-15）で、御使いが伝えるキリストの永遠の福音を受入れた（14:6）。

7:2　生ける神の印　これは、何かにその持ち主の「印」をつけるための道具または指輪を指している。だれかに「神の印」がつけられると、それはその人が神のものであり、神に仕え神に守られていることを示すことになる（⇒エペ1:13）。

7:4　イスラエルの子孫のあらゆる部族の者・・・十四万四千人　「十四万四千人」はイスラエルの部族に

黙示録　7章

あった。

5　ユダの部族で印を押された者が一万二千人、ルベンの部族で一万二千人、ガドの部族で一万二千人、

6　アセルの部族で一万二千人、ナフタリの部族で一万二千人、マナセの部族で一万二千人、

7　シメオンの部族で一万二千人、レビの部族で一万二千人、イッサカルの部族で一万二千人、

8　ゼブルンの部族で一万二千人、ヨセフの部族で一万二千人、ベニヤミンの部族で一万二千人、印を押された者がいた。

白い衣を着た大ぜいの群衆

9　その後、私は見た。見よ。あらゆる国民、部族、民族、国語のうちから、だれにも数えきれぬほどの大ぜいの群衆が、白い衣を着、しゅろの枝を手に持って、御座と小羊との前に立っていた。

10　彼らは、大声で叫んで言った。
　「救いは、御座にある私たちの神にあり、小羊にある。」

11　御使いたちはみな、御座と長老たちと四つの生き物との回りに立っていたが、彼らも御座の前にひれ伏し、神を拝して、

12　言った。
　「アーメン。賛美と栄光と知恵と感謝と誉れと力と勢いが、永遠に私たちの神にあるように。アーメン。」

13　長老のひとりが私に話しかけて、「白い衣を着ているこの人たちは、いったいだれですか。どこから来たのですか」と言った。

14　そこで、私は、「主よ。あなたこそ、ご存じです」と言った。すると、彼は私にこう言った。「彼らは、大きな患難から抜け出て来た者たちで、その衣を小羊の血で洗って、白くしたのです。

15　だから彼らは神の御座の前にいて、聖所で昼も夜も、神に仕えているのです。そして、御座に着いておられる方も、彼らの上に幕屋を張られるのです。

16　彼らはもはや、飢えることもなく、渇くこともなく、太陽もどんな炎熱も彼らを打つことはありません。

17　なぜなら、御座の正面におられる小羊が、彼らの牧者となり、いのちの水の泉に

つながる(7:4-8)神のしもべたちである(7:3)。神はその人々の額に「印」を押して、神がその人々の主人であることと、その人々が神の特別な目的のために取分けられていることを示される(⇒9:4, エゼ9:1-6, Ⅱテモ2:19)。(1) 聖書のある解釈者は、この新しく信仰者になったイスラエルの部族(家系)の人々は患難時代にキリストの福音を伝えるように聖霊から命じられ力を与えられた人々であると考えている。(2)「神の印」を押されることは、必ずしも自然の死や信仰のために迫害を受けて殺されることはないということではなく(7:14)、患難時代に神から下る直接のさばきや悪霊が全人類に注ぐ激しい苦痛や害を受けずに守られるということである(9:4)。

7:9　大ぜいの群衆　キリストを信じる信仰によって霊的な救いを受けたあらゆる民族の大群衆が集まった天の情景をヨハネは描いている。その人々は神とともにおり(7:15)、苦痛や悲しみから解放されている(7:16-17, →6:9注)。「小羊の血」(7:14)で救われたこの群衆は、患難時代にキリストを信じて受け入れキリストに従った人々であると多くの人は考えている。それはヨハネが「彼らは、大きな患難から抜け出て来た者たち」と書いているからである(7:14)。キリストを受入れた人々は、サタンや邪悪な人々から迫害の標的にされる(⇒12:9-17)。けれども神はその人々に栄誉を与え、永遠に主の御前にいるように報いてくださる。白い衣(⇒3:5)としゅろの枝は勝利を象徴し、この人々がキリストの勝利にあずかっていることを象徴している。

7:14　大きな患難　「大きな患難」とは、キリストを拒む終りのときの反キリストの世界に、神が未だかつてなかったほどの大きなさばきを下されることである。同時にそれは、キリストとみことばを受入れた人々に対するサタンの猛攻撃の時代でもある(12:12)。その時代に多くのキリスト者は、サタンと神を敬わない人々から迫害を受けひどく苦しむ(7:9-17, 6:9-11, 20:4, ⇒14:13, →**大患難**の項 p.1690)。神に仕える人々の正義とサタンに仕える人々の悪との戦いは非常に激しく、「大患難」としか呼ぶことができない。ここのギリシヤ語は直訳すると「患難、大きい」となっていて、定冠詞を繰返し使って強く強調している。マタイ24:21は、「そのときには、世の初めから、今に至るまで、いまだかつてなかったような、またこれからもないような、ひどい苦難があるからです」と伝えている。

導いてくださるからです。また、神は彼らの目の涙をすっかりぬぐい取ってくださるのです。」

第七の封印と金の香炉

8 ¹ 小羊が第七の封印を解いたとき、天に半時間ばかり静けさがあった。
² それから私は、神の御前に立つ七人の御使いを見た。彼らに七つのラッパが与えられた。
³ また、もうひとりの御使いが出て来て、金の香炉を持って祭壇のところに立った。彼にたくさんの香が与えられた。すべての聖徒の祈りとともに、御座の前にある金の祭壇の上にささげるためであった。
⁴ 香の煙は、聖徒たちの祈りとともに、御使いの手から神の御前に立ち上った。
⁵ それから、御使いは、その香炉を取り、祭壇の火でそれを満たしてから、地に投げつけた。すると、雷鳴と声といなずまと地震が起こった。

最初の四つのラッパ

⁶ すると、七つのラッパを持っていた七人の御使いはラッパを吹く用意をした。
⁷ 第一の御使いがラッパを吹き鳴らした。

---

17 ①黙21:4、イザ25:8、
 　 ②マタ5:4
1 ①黙5:1,6;1,3,5,7,9,12
 　 ②囲黙5:9等
2 ①黙8:6-13,9:1,13,11:15、囲黙1:4、
 　 ②マタ18:10
 　 ③Ⅰコリ15:52、Ⅰテサ4:16
3 ①囲黙7:2、②ヘブ9:4
 　 ③黙6:9、囲アモ9:1
4 ①黙5:8

5 ①出30:1,3、民4:11、黙8:5,9:13
 　 2 ①詩141:2
 　 3 ①レビ16:12
 　 ②囲エゼ10:2
 　 ③囲黙4:5
 　 ④囲黙6:12
 　 6 ①黙8:2

7:17　神は・・・涙をすっかりぬぐい取ってくださるのです　この約束は、苦しみや後悔や良心の責めなどと結び付く記憶を神が取除いてくださることを指している。天には不完全で苦しく悲しいものは何も残っていない（7:16）。

8:1　第七の封印　第七の封印が解かれると、七つのラッパのさばきが始まる。つまり第七の封印はラッパのさばきのことである。ラッパのさばきは部分的である（8:-9:、11:15-19）。けれども七つの鉢のさばき（16:）はより完全で激しいさばきである。第七のラッパのさばき（16:1-21）は七つの鉢のさばきを宣告する（これらの一連の神のさばきの関係　→6:1注、12注）。天の静けさはやがて来る罪に対するさばきへの恐怖によるものでもあった（→ロマ6:2罪の注）。

8:1　天に・・・静けさがあった　突然神の御座の周りの音楽や歌と賛美の叫びがみな止まった。静けさは天にあるあらゆるものの注目を集める劇的な休止だった。この時点でこれから起ころうとしていることの重大さが強烈に感じられた。それは主が人間の歴史に直接踏み込んで地上にさばきを注ごうとしておられるからである。ヨハネの幻がこの箇所まで最も注目していたのは、神の御座と御座の周りの人々や出来事だった。けれども第七の封印が解かれると、巻き物が開かれてその内容が完全に明らかになった（→5:1注）。ここからヨハネは、地上と間もなく起ころうとしているさばきの恐ろしさに注目をする。

8:2　ラッパ　このラッパは、旧約聖書の幕屋（民10:2）や、後には宮（Ⅱ歴5:12）で使われるようになった銀製のまっすぐなラッパと思われる。ラッパは王の権威と神の活動のしるしだった。そして重要な出来事を知らせ、戦争のときには合図や（民10:1-10, 31:6、ホセ5:8）警報として（⇒ヨエ2:1）使われた。七つのラッパは、それまで封印のたびに示されたものよ

りずっと厳しい、けれども神の鉢のさばきほど破壊的ではない（16:）終りのときの一連の災害を宣告する。

8:3　すべての聖徒の祈り　聖徒たち（神の「聖い人々」5:8、8:3-4）の祈りがここでは繰返し紹介されているけれども、それは、悪を滅ぼし地上にまことの公正と正義を確立する神の目的とご計画が実際に行われるときに聖徒たちの祈りが極めて重要であることを示している（→5:8注）。ある聖書の注解者は、第七の封印を解いたときの天の静けさは、神が人々の祈りを優先されたからだと考える。聖徒たちの祈りは地上の出来事に直接影響を与えようとしていた（8:5）。

（1）ヨハネは「すべての聖徒の祈り」と言っているけれども、それは地上の患難に耐えている人々の祈りが天にいる人々のとりなしの祈り（ほかの人々の必要や情況のために祈ること）と一つになったことを指しているように思える（⇒6:9-11）。天にいる聖徒たちは地上での出来事を大変案じていた。この祈りにはまた、神の目的と正義が行われるように祈ってきたあらゆる時代の神の民の祈りが含まれていると思われる。

（2）神はある意味で私たちの祈りを貯めておられるようで、私たちの祈りにすぐには応えられない。けれどもそれを捨ててしまうのではなく、適切なときに成就するようにとって置かれるのである。

（3）もし神が報復のための祈りに応えられるなら（⇒6:10）、キリストをまだ知らない人々にあわれみを示してくださるようにという私たちの祈りにはなおさら応えてくださるはずである。人々がキリストの赦しを受入れキリストに人生をゆだね、やがて来るさばきから逃れるようになることを神は何よりも願っておられる。事実、神は今も人々が神に立返るのを時間を延ばして忍耐強く待っておられる（Ⅱペテ3:9）。神の民の祈りは終りのときのさばきに影響を与える。同じように、さばきの前に人々が救われるようにと祈る私

黙示録 8-9章　2497

すると、血の混じった雹と火とが現れ、地上に投げられた。そして地上の三分の一が焼け、木の三分の一も焼け、青草が全部焼けてしまった。

⁸ 第二の御使いがラッパを吹き鳴らした。すると、火の燃えている大きな山のようなものが、海に投げ込まれた。そして海の三分の一が血となった。

⁹ すると、海の中にいた、いのちのあるものの三分の一が死に、舟の三分の一も打ちこわされた。

¹⁰ 第三の御使いがラッパを吹き鳴らした。すると、たいまつのように燃えている大きな星が天から落ちて来て、川々の三分の一とその水源に落ちた。

¹¹ この星の名は苦よもぎと呼ばれ、川の水の三分の一は苦よもぎのようになった。水が苦くなったので、その水のために多くの人が死んだ。

¹² 第四の御使いがラッパを吹き鳴らした。すると、太陽の三分の一と、月の三分の一と、星の三分の一とが打たれたので、三分の一は暗くなり、昼の三分の一は光を失い、また夜も同様であった。

¹³ また私は見た。一羽の鷲が中天を飛びながら、大声で言うのを聞いた。「わざわいが来る。わざわいが、わざわいが来る。地に住む人々に。あと三人の御使いがラッパを吹き鳴らそうとしている。」

第五と第六のラッパ

9 ¹ 第五の御使いがラッパを吹き鳴らした。すると、私は一つの星が天から地上に落ちるのを見た。その星には底知れぬ穴を開くかぎが与えられた。

² その星が、底知れぬ穴を開くと、穴から大きな炉の煙のような煙が立ち上り、太陽も空も、この穴の煙によって暗くなった。

³ その煙の中から、いなごが地上に出て来た。彼らには、地のさそりの持つような力が与えられた。

⁴ そして彼らは、地の草やすべての青草や、すべての木には害を加えないで、ただ、額に神の印を押されていない人間にだけ害を加えるように言い渡された。

⁵ しかし、人間を殺すことは許されず、た

7①エゼ38:22,
団イザ28:2, ヨエ2:30
②黙8:7-12, 黙9:15, 18, 12:4, ゼカ13:8, 9
③圏黙9:4
8①エレ51:25, ②黙16:3, 圏11:6, 出7:17以下
③圏黙8:7
9①圏黙8:7
②圏イザ2:16
10①黙9:1, 田イザ14:12, 黙15:1, 圏黙8:7
③圏黙14:7, 16:4
11①圏黙8:7
②エレ9:15, 23:15
12①圏黙6:12, 13, 田出10:21以下
②圏黙8:7

13①黙14:6, 19:17
②圏黙9:12, 11:14, 12:12
③圏黙3:10
④黙8:2
1①黙8:2, 2黙8:10
②圏ルカ8:31, 黙9:2, 11
＊直訳「底知れぬ所の縦穴」
④圏黙1:18
2＊圏黙9:1注
①圏出19:28, 出19:18
②圏ヨエ2:2, 10
3①黙9:7, 圏出10:12-15
②黙9:5, 10,
囲Ⅱ黙10:11, 14, エゼ2:6
4①黙8:7, ②圏黙6:6
③黙7:2, 3

たちの祈りも効果がある(→「とりなし」の項 p.1454)。

8:7 血の混じった雹と火 ここで最初の四つのラッパのさばきが始まる。封印のときと同じように最初の四つのラッパは同じ種類のもので、そのあとに二つの異なったラッパが続き、次に第七のラッパが最後の七つのさばきを宣告する(11:15, 15:1〜)。血はヨエルの預言を思い起こさせる(ヨエ2:31, 使2:19)。雹と火は神がモーセを通してエジプトに下された第七の災害に似ている(出9:13-35)。けれどもラッパのさばきはそれよりもはるかに深刻である。(1) 地上の植物の三分の一が雹と火によって焼ける。海の三分の一と川の三分の一が汚染される。目に見える天と太陽、月、星が光を失い昼の三分の一と夜の三分の一が暗くなる(8:7-12)。(2) そのさばきは人間にも影響して多くの人が死ぬ(8:11)。さばきは世界の三分の一に限られるけれども、それはさばきの目的の一つが警告を与え、人々を神に立返らせることだからである(9:20-21)。

8:11 苦よもぎ 「苦よもぎ」は苦い植物で、神のさばきと人間の悲しみを表している(→申29:18, 箴5:4, エレ9:15, アモ5:7)。

8:12 三分の一 「三分の一」と書かれている箇所は(8:7-12, 9:15, 18, 12:4の中で15回)必ずしも全部きっちり三分の一を指しているわけではない。むしろ

この割合は完全な荒廃ではなく神が全部を滅ぼさないようにしておられることを表している。つまりラッパが宣告するこれらのさばきは最終的なものではない。

8:13 一羽の鷲が・・・飛びながら 鷲が「わざわいが来る」と繰返して強調しているのは、次の三つのラッパのさばきが前のさばきよりはるかに破壊的であることを警告するためである。第五と第六のさばきにはサタンの怒りが人間に注がれるので恐ろしい悪霊の働きが含まれている(9:)。

9:1 星・・・底知れぬ穴 天から落ちる星(8:10のいのちを持ち生きているような燃える物体)は地上に早く落ちて来た生き物として描かれている。それは神のさばきを実行する御使いではないかと思われる。底知れぬ穴は悪霊を監禁する場所である(⇒11:7, 17:8, 20:1, 3, Ⅱペテ2:4, ユダ1:6)。底知れぬ穴から上って来る獣(11:7)は反キリストで、後にサタンがそこに1,000年の間監禁される(20:3)。

9:3 いなごが・・・出て来た いなごは終りのときに地上に解き放たれる非常に多くの悪霊とその活動を表している(→9:1注, →マタ25:41注)。いなごにはさそりの力があり、耐え難い苦しみとつらさを与える(9:10)。その攻撃は五か月間、地上の邪悪な人々に向けられる(9:5, 10)。けれどもキリスト者を苦しめる

だ五か月の間苦しめることだけが許された。その与えた苦痛は、さそりが人を刺したときのような苦痛であった。

6 その期間には、人々は死を求めるが、どうしても見いだせず、死を願うが、死が彼らから逃げて行くのである。

7 そのいなごの形は、出陣の用意の整った馬に似ていた。頭に金の冠のようなものを着け、顔は人間の顔のようであった。

8 また女の髪のような毛があり、歯は、獅子の歯のようであった。

9 また、鉄の胸当てのような胸当てを着け、その翼の音は、多くの馬に引かれた戦車が、戦いに馳せつけるときの響きのようであった。

10 そのうえ彼らは、さそりのような尾と針とを持っており、尾には、五か月間人間に害を加える力があった。

11 彼らは、底知れぬ所の御使いを王にいただいている。彼の名はヘブル語でアバドンといい、ギリシヤ語でアポリュオンという。

12 第一のわざわいは過ぎ去った。見よ。この後なお二つのわざわいが来る。

13 第六の御使いがラッパを吹き鳴らした。すると、私は神の御前にある金の祭壇の四隅から出る声を聞いた。

14 その声がラッパを持っている第六の御使いに言った。「大川ユーフラテスのほとりにつながれている四人の御使いを解き放せ。」

15 すると、定められた時、日、月、年のために用意されていた四人の御使いが、人類の三分の一を殺すために解き放された。

16 騎兵の軍勢の数は二億であった。私はその数を聞いた。

17 私が幻の中で見た馬とそれに乗る人たちの様子はこうであった。騎兵は、火のような赤、くすぶった青、燃える硫黄の色の

ことは許されていない(9:4)。

9:6 死を求めるが、どうしても見いだせず 悪霊が与えた苦痛はあまりにも激しく、人々は死のうとするけれども死ぬことができない。このさばきが明らかにしていることは、(1) 神を信ぜず神に反抗しキリストのメッセージを拒む人々に神は最後にはさばきを下されること(→ロマ1:18注)、(2) 悪魔は人々のいのちを滅ぼす力を持っていること、(3) 神と神の真理と目的に逆らい、代りに悪の目的を追い求める人々はすぐにサタンの影響を受け悪霊の働きの餌食になること、などである。悪の勢力は人々を支配し、やがてたましいと人生を全く破壊するようになる(→Ⅰテモ4:1注、→「**サタンと悪霊に勝利する力**」の項 p.1726)。この時点で、悪の勢力が痛みと苦しみの原因であることには重要な意味がある。神を拒みサタンのうそに従う人々は、やがてサタンがサタンに仕える人々に対しても誠実ではないことに気付くようになる。サタンや悪霊は、力や快楽を与えるという約束にだまされた人々に対して立向かい、滅ぼしてしまう(→ヨハ10:10)。人々の中に働くその破壊的活動の影響は、今はまだ終りのさばきのときほどはっきりしていない。けれども現実にあることに変りはない(→Ⅰペテ5:8)。

9:7 そのいなごの形は・・・馬に似ていた 悪霊の姿や出す音は恐ろしい(9:7-9)。「胸当て」(9:9)は、人間が作った武器では破壊することができず、人間には止める戦略がないことを表している。

9:11 彼らは・・・王にいただいている このいな

ごには王がいることを見ると、普通のいなごではないことが明らかである。この王になっている御使いは、9:1-2の穴を開ける御使いではないようである。御使いは神の使者と考えられるからである。悪霊の大群の「王」または指導する御使いは、「アバドン」または「アポリュオン」と呼ばれている。それは「破壊者」または「破壊」という意味である(⇒箴15:11)。

9:14 四人の御使いを解き放せ 第六の御使いが四人の御使いを解放する。この御使いたちは悪い御使いか悪霊に違いない。なぜなら聖い御使いは縛られていないからである。この御使いたちは世界の三分の一の人々を殺すために解き放される(9:15)。解き放されたのはユーフラテス川からだった。この川は西アジアで最も長い川(約2,800キロ)でイスラエルと東方の宿敵(アッシリヤとバビロニヤ)の境界線になっていた。ユーフラテス地方は旧約聖書の歴史では神が軍隊の侵略を通してさばきを行われることを象徴していた(⇒イザ8:5-8、10:5-7)。

9:16 二億 二億の騎兵については聖書の解釈者によってかなり意見が異なる。(1) ある人々はこれは四人の御使いの指揮のもとに底知れぬ穴から上ってきた悪霊のようなものであると考える(9:14、→9:3注)。(2) ある人々はこの騎兵は終りのときに戦いのために集結した軍隊であると考えている。

9:17 私が幻の中で見た・・・様子はこうであった 黙示録で使われている表現は時には象徴的であり、時には実際的である。どちらにしてもそれはみな実際の

胸当てを着けており、馬の頭は、獅子の頭のようで、口からは火と煙と硫黄とが出ていた。
18 これらの三つの災害、すなわち、彼らの口から出ている火と煙と硫黄とのために、人類の三分の一は殺された。
19 馬の力はその口とその尾とにあって、その尾は蛇のようであり、それに頭があって、その頭で害を加えるのである。
20 これらの災害によって殺されずに残った人々は、その手のわざを悔い改めないで、悪霊どもや、金、銀、銅、石、木で造られた、見ることも聞くことも歩くこともできない偶像を拝み続け、

17 ③ 黙11:5
18 ① 黙9:17
　 ② 黙9:15, 囲黙8:7
20 ① 申4:28, エレ1:16, ミカ5:13, 使7:41
　 ② 黙2:21
　 ③ 囲 Ⅰコリ10:20
　 ④ 詩115:4-7, 135:15-17, ダニ5:23
21 ① イザ47:9, 12, 黙18:23
　 ② 囲黙17:2, 5
　 ③ 囲黙9:20

1 ① 囲黙5:2
　 ② 黙18:1, 20:1
　 ③ 囲黙4:3
　 ④ 黙1:16, 囲マタ17:2
　 ⑤ 囲黙1:15
2 ① 黙10:8-10, 囲黙5:1
　 ② 黙10:5, 8
3 ① イザ31:4, ホセ11:10
　 ② 囲黙4:5, 詩29:3-9

21 その殺人や、魔術や、不品行や、盗みを悔い改めなかった。

御使いと小さな巻き物

10 1 また私は、もうひとりの強い御使いが、雲に包まれて、天から降りて来るのを見た。その頭上には虹があって、その顔は太陽のようであり、その足は火の柱のようであった。
2 その手には開かれた小さな巻き物を持ち、右足は海の上に、左足は地の上に置き、
3 獅子がほえるときのように大声で叫んだ。彼が叫んだとき、七つの雷がおのおの声を出した。

ものや人物を表していることを忘れてはならない。描かれている破壊も実際の破壊である。

9:18 火と煙と硫黄 ヨハネが見たものは、ソドムとゴモラに神が下されたさばきを思い出させるものだった(創19:24, 28, ⇒ユダ1:7)。ここのことばは、ソドムのように神に逆らい、罪深い生活に浸っている人々は必ずソドムと同じさばきを受けるという神の警告である(創19:14)。

9:20 悔い改めないで かたくなで反抗的な人々は、神のさばきによっても悔い改めて神に対する態度を改め、罪を認め自分勝手な生き方をやめて、キリストにゆだね神の目的に従おうとはしなかった。これは人間の悪や堕落の根深さ、罪深い快楽を愛する姿を表している(⇒エレ17:9)。終りのときと患難時代の最も顕著な罪(神に対する反抗と抵抗)は、次のようなものである(9:20-21)。(1) 悪霊の礼拝。これはにせ宗教、交霊術(死者との交流を試みる)、オカルト(→9:21注)、超自然的魔術と言われるもの(申32:17, Ⅰコリ10:20)などに直接または間接的に参加することによって行われる。(2) 殺人と暴力。(3) 魔術(《ギ》ファルマケイア)。これには麻薬によるもの、オカルト、魔法などがある(18:23, 21:8, 22:15, ガラ5:20, →9:21注)。(4) 性的乱交、性的異常、肉欲、ポルノ。(5) 窃盗、不法行為(⇒ロマ1:24, 28-31)。神はひとりひとりに、神を受入れるか拒むか、神に従うか自分勝手な道を行くかを決める自由意思を与えられた。その上で神は決定されたことを覆すことはなさらない。けれども自由意志をどのように使ったかによって人々をさばき、その責任を問われる(⇒ヘブ4:13, Ⅰペテ4:5)。

9:21 魔術 患難時代の前とその期間の終りの日には、魔術にとりつかれ魔術を使うことが劇的に増加する(18:23, 21:8, 22:15, Ⅰテモ4:1)。魔術はオカルトと結び付いていて、オカルトには悪魔礼拝、魔法、秘密の宗教儀式、まじない、死者との交流などがある。これは超自然的な力、科学的に説明のできないエネルギー、悪霊の力などを得たり呼起こしたりして、物事や人々を自由に動かしたり影響を与えることを目的にしている。

10:1 もうひとりの強い御使い 10章は、手に小さな巻き物を持った御使いの幻を示している。ヨハネは地上の観点から書いている(「天から降りて来る」)けれども、御使いの普通ではない様子から、再び天の栄光に注意が向けられる。ただし、御使いは礼拝をされることはない。したがって御使いは、ある人が言うように主イエスではありえない。主イエスが御使いと言われているところは黙示録のどこにもない。まして「もうひとりの」御使いなどと言うことは絶対にない。さらに御使いは御使いの特徴である誓いをしているけれども(10:6)、これは神の御子が行われることではない。ここの出来事は第六のラッパ(9:13で吹き鳴らされた)と第七のラッパ(11:15で吹き鳴らされた)の合間の出来事である。

10:2 小さな巻き物 御使いが右足を海の上に、左足を地の上に置いて立っているけれども、それは御使いの行うことが全世界と造られたもの全部の将来に影響を与えることを表している。この巻き物は、5章にある七つの封印のついた巻き物ではない。5章の巻き物は内要を明らかに示すためのものだったけれども、この小さな巻き物は食べるものだった(10:9)。

10:3 七つの雷 雷は、神のやがて来る怒りとさばきのある面を象徴しているけれども(⇒8:5, 11:19, 16:18)、ヨハネは七つの雷のメッセージを書くのを禁じられた(10:4)。このことは、患難時代には封印やラッパや鉢では明かされないさばきがあることを示してい

⁴ 七つの雷が語ったとき、①私は書き留めようとした。すると、天から声があって、「七つの雷が言ったことは封じて、書きしるすな」と言うのを聞いた。

⁵ それから、私の見た海と地との上に立つ御使いは、右手を天に上げて、

⁶ ①永遠に生き、天とその中にあるもの、地とその中にあるもの、海とその中にあるものを創造された方をさして、誓った。「もはや時が延ばされることはない。

⁷ 第七の御使いが吹き鳴らそうとしているラッパの音が響くその日には、神の奥義は、神がご自身のしもべである預言者たちに*告げられたとおりに成就する。」

⁸ それから、前に私が天から聞いた声が、また私に話しかけて言った。「さあ行って、②海と地との上に立っている御使いの手にある、開かれた巻き物を受け取りなさい。」

⁹ それで、私は御使いのところに行って、

4 ①黙1:11, 19
② 黙10:8
③ ダニ8:26, 12:4, 9, 黙22:10
5 ①創14:22, 出6:8, 民14:30, 申32:40, エゼ20:5等, ダニ12:7
6 ①圕黙4:9
②圕黙4:11
③圕黙6:11, 12:12, 16:17, 21:6
7 ①圕黙11:15
②圕アモ3:7, ロマ16:25
＊直訳「福音が宣べられた」
8 ①圕黙10:4
② 黙10:2

9 ①エゼ2:8, 3:1-3, ②圕エレ15:16
11①圕黙11:1
②圕黙5:9
③圕エゼ17:10, 12
④圕エゼ37:4, 9

1①黙21:15, 16, エゼ40:3-42:20, 圕ゼカ2:1
＊直訳「葦」
2①エゼ40:17, 20
②圕ルカ21:24
＊直訳「外に投げなさい」

「その小さな巻き物を下さい」と言った。すると、彼は言った。「それを取って食べなさい。それはあなたの腹には苦いが、あなたの口には蜜のように甘い。」

¹⁰ そこで、私は御使いの手からその小さな巻き物を取って食べた。すると、それは口には蜜のように甘かった。それを食べてしまうと、私の腹は苦くなった。

¹¹ そのとき、彼らは私に言った。「あなたは、もう一度、①もろもろの民族、②国民、③国語、④王たちについて預言しなければならない。」

ふたりの証人

11 ¹ それから、私に杖のような測りざおが与えられた。すると、こう言う者があった。「立って、神の聖所と祭壇と、また、そこで礼拝している人を測れ。

² 聖所の外の庭は、異邦人に与えられているゆえ、*そのままに差し置きなさい。測っ

る。つまりここで起こることはだれも前もって知ることができないのである。したがって黙示録の出来事の順序についてはあまり厳密に考えるべきではない。

10:7 神の奥義 第七のラッパが吹き鳴らされたあとの期間に（11:15）、終わりの日について神が預言者に示された預言はみな成就する。この時代の、終わりの日の神のみこころはこれ以上遅れることなく最終的に成就する。それは地上にキリストが再び来られて御国を建てられることである（11:15）。第七のラッパは、神の怒りの七つの鉢がぶちまけられる間吹き鳴らされているようである（16:1〜）。

10:9 それを取って食べなさい 聖書は「小さな巻き物」を食べる意味を説明していないけれども、預言者エゼキエルの同じような行動と関連があることがほぼ確実である（エゼ2:8, 3:3）。エゼキエルは神のことばを伝えるように召されたけれども、最初に巻き物を食べるように命じられている。これは人々に神のことばを効果的に伝えるためには、まず神のことばを霊的に消化して自分のものにしなければならないことを説明している。エレミヤも神のメッセージについて同じように体験したことを描いている。「小さな巻き物」は蜜のように甘かったけれども、ヨハネの腹の中では苦かった。それは巻き物には祝福とのろいが混じっていることを示している。ヨハネを含めて神の預言者はみな、神のことばは甘いばかりではないことを理解していた。事実、その大部分は受取りにくいものである。それはあわれみを示すけれども同時にさばきも明らか

にする。神に忠実なしもべにとって神のことばは聞くにも従うにも甘い（詩19:9-10, エレ15:16, エゼ3:1-3）。けれどもキリストとその福音を拒む人々に対しては受けなければならないさばきを宣言する（⇒エレ20:8-9, アモ5:10, ルカ19:41-44）。ヨハネは福音書や手紙の中で愛について多く伝えてきたけれども、ここで巻き物を食べたとき、伝えるように召された最後のことば（10:11）にはやがて下るさばきについての苦さと悲しみが満ちていることに気付くのである。けれども神の民にとってはそれは甘い希望のメッセージになる。キリストとともに栄光のうちに永遠に治めるという最高の啓示を示しているからである（22:5）。

11:1 聖所・・・を測れ 11章は第七のラッパと最後のさばきの幻の前の幕間（10章から始まっている）の出来事である。そこではイスラエルと聖所のことが扱われていて、イスラエルの霊的状態が評価されている。ここに書かれている出来事は、「主も・・・十字架につけられた」都、エルサレムでのことである（11:8）。イスラエルは患難時代のこの段階ではまだキリストを信じる信仰を持っていない。「神の聖所」はヘロデの神殿ではない。なぜならそれは黙示録が書かれる約25年前の70年にティトゥスの軍隊によって破壊されているからである。「神の聖所」は、終わりのときにエルサレムにある新しい神殿を指していると思われる。それは反キリストがユダヤ人と契約を結んだ後に建てられたものと思われる（ダニ9:27）。それは後に反キリストによって汚されることになる（→13:14-15, ダ

黙示録　11章

てはいけない。彼らは聖なる都を四十二か月の間踏みにじる。

3 それから、わたしがわたしのふたりの証人に許すと、彼らは荒布を着て千二百六十日の間預言する。」

4 彼らは全地の主の御前にある二本のオリーブの木、また二つの燭台である。

5 彼らに害を加えようとする者があれば、火が彼らの口から出て、敵を滅ぼし尽くす。彼らに害を加えようとする者があれば、必ずこのように殺される。

6 この人たちは、預言をしている期間は雨が降らないように天を閉じる力を持ってお

り、また、水を血に変え、そのうえ、思うままに、何度でも、あらゆる災害をもって地を打つ力を持っている。

7 そして彼らがあかしを終えると、底知れぬ所から上って来る獣が、彼らと戦って勝ち、彼らを殺す。

8 彼らの死体は、霊的な理解ではソドムやエジプトと呼ばれる大きな都の大通りにさらされる。彼らの主もその都で十字架につけられたのである。

9 もろもろの民族、部族、国語、国民に属する人々が、三日半の間、彼らの死体をながめていて、その死体を墓に納めることを

ニ9:27, 12:11, Ⅱテサ2:4, →「**大患難**」の項 p.1690)。聖所を測るということは、神がユダヤ人の霊的な状態を測られることを象徴している(⇒エゼ40:, ゼカ2:)。測量は聖書の中では大抵、破壊または保存のどちらかの準備を象徴している(→民35:5, 詩60:6, イザ65:8)。ここでは神がイスラエルを保存しようとしておられることが確かである。

11:2 聖なる都を・・・踏みにじる　患難時代にイスラエルと「聖なる都」は異邦人(イスラエル人やユダヤ人以外の民族)によって踏みにじられ、42か月間、非常な苦しみを味わう(→ルカ21:24注)。これはある意味で教会の歴史を通してキリストを拒み、ソドムの人々のように不道徳な行いをしていたイスラエルに対するさばきである(11:8, 13)。「四十二か月の間」は患難時代の最後の3年半を指していると思われる(⇒ダニ7:25, 12:7, →ダニ9:27注, →「**大患難**」の項 p.1690)。

11:3 わたしのふたりの証人　ギリシヤ語の時制はここで未来に変り、11:2の「四十二か月の間」に何が起こるかを示すようになる。11章は黙示録の中で最も解釈がむずかしい部分の一つであるけれども、神はキリストの福音を伝え未来を預言するために二人の証人を送られる。そのふたりは超自然的な偉大な力を持ち(11:5-6)、聖霊の力によって働きを展開する。そして反キリストの預言者が行うにせのしるしや不思議に対抗し、反キリストと悪の世界全体にとって1,260日間大変な脅威となる(13:13-14)。この証人たちにはモーセとエリヤの力がある(→マラ4:5注)。ここで注目するべきことは、ある注解者たちはこの「ふたりの証人」は必ずしも文字通りの人間とは考えていないことである。そしてこれは神の律法(モーセを通して与えられた)と預言者(エリヤ)を代表するもので、神との関係について人々に訴え、イエス・キリストを通して成就することについて預言する人々と考えてい

る。このように考える人々は、ふたりの証人は終りのときの教会(特に大胆にあかしする信仰者)を表していると考えるようである。教会は存在することによって人々に霊的意識を呼起こし(罪を暴き出し神に対する罪悪感を意識させる)、その働きは反キリストの悪巧みに真っ向から挑戦する。この解釈では反キリストが支配する7年間のある部分には教会がまだこの世界に存在している(キリストは従う人々をまだ携挙によって天に引上げておられない)ことになる(→11:11注)。

11:4 オリーブの木・・・燭台　「二本のオリーブの木」は神のしもべたちを通して流れる聖霊の油注ぎ(任命する、力を与える)の油を表している(⇒ゼカ4:3注)。黙示録では「燭台」はイエス・キリストの教会を象徴している(⇒1:12-13, 20, ⇒ゼカ4:2)。ヨハネはこのようなことばを使って、ふたりの証人には聖霊によって大きな力が与えられ、神の使命を達成し、神の真理の光をことばと奇蹟のしるしを通して明らかにしていくことが示されている(→ゼカ4:2注, 3注, 6注, 7注, 10注)。つまり、証人たちは神のメッセージを全部はっきりと伝えるので、だれも真理を拒むことができないのである。

11:7 獣が・・・彼らを殺す　ふたりの証人は神を敬わない反キリストの支持者に対してキリストの預言的真理を伝え(⇒19:10)、人々の罪に大胆に反対したために殺される。エルサレムは不道徳な行いのために「ソドム」と呼ばれ、世俗的なために「エジプト」と呼ばれる(11:8)。獣は反キリスト(⇒13:1, 14:9, 11, 15:2, 16:2, 17:3, 13, 19:20, 20:10)、または「不法の人」(Ⅱテサ2:3-10)である。ふたりの証人はその働きを終えるまでは殺されなかった。このことは神に最後まで忠実な神のしもべたち全部に言えることである(証人を終りのときの教会と考える注解者たちはこの箇所を反キリストが教会の自由を奪いキリスト者を激しく

許さない。 ¹⁰また地に住む人々は、彼らのことで喜び祝って、互いに贈り物を贈り合う。それは、このふたりの預言者が、地に住む人々を苦しめたからである。
¹¹しかし、三日半の後、神から出たいのちの息が、彼らに入り、彼らが足で立ち上がったので、それを見ていた人々は非常な恐怖に襲われた。
¹²そのときふたりは、天から大きな声がして、「ここに上れ」と言うのを聞いた。そこで、彼らは雲に乗って天に上った。彼らの敵はそれを見た。
¹³そのとき、大地震が起こって、都の十分の一が倒れた。この地震のため七千人が死に、生き残った人々は、恐怖に満たされ、

10①黙3:10
　②ネヘ8:10, 12, エス9:19, 22
11①エゼ37:5, 9, 10, 14
12①黙4:1
　②Ⅱ列2:11, 使1:9
13①黙6:12, 8:5, 16:18, 11:19
　＊直訳「七千の人々の名」

②黙16:11
③黙14:7, 16:9, 19:7, 図ヨハ9:24
14①黙9:12, 図黙8:13
15①田黙10:7, 図黙8:2
　②黙16:17, 19:1
　③田黙12:10
　④使4:26 (詩2:2)
　⑤ダニ2:44, 7:14, 27, ルカ1:33
16①田黙4:4, 図マタ19:28
　②黙4:10
17①図黙1:8

②天の神をあがめた。
¹⁴第二のわざわいは過ぎ去った。見よ。第三のわざわいがすぐに来る。

第七のラッパ
¹⁵第七の御使いがラッパを吹き鳴らした。すると、天に大きな声々が起こって言った。
「この世の国は私たちの主およびそのキリストのものとなった。主は永遠に支配される。」
¹⁶それから、神の御前で自分たちの座に着いている二十四人の長老たちも、地にひれ伏し、神を礼拝して、
¹⁷言った。
「万物の支配者、今いまし、昔います

迫害して殺す情況を表していると考える →11:3注）。

11:10 地に住む人々は・・・喜び祝って ある人々は世界中の人がテレビか何かのメディアを通してふたりの証人の死体が都の通りに横たわっているのを見るのではないかと考えている。このような考え方は可能かもしれないけれども、聖書はだれもが見るとは言っていない。ただあらゆる民族や国民「に属する」人々が見ると言っているだけで、それはその近くにいてこの出来事を直接見ることのできた人々のことを言っているのではないかと思われる。それでもこの証人たちの死のニュースは世界を駆け巡り、世界中がちょうどキリストのないクリスマス・パーティー（プレゼントの交換をする）を祝うように大喜びをする。証人たちが伝えた神のことばによって人々の心は切裂かれ、罪悪感で良心はかき乱されていたので、その死の知らせに人々は安堵し喜びに沸き返るのである。そして反キリストが勝利したのを見て、人々はさばきを恐れずに自由に自分たちの邪悪な生き方を続けることができると感じるのである。

11:11 それを見ていた人々は非常な恐怖に襲われた ふたりの証人の死体は三日以上通りにさらされていて腐敗し始めていたと思われるけれども、神がいのちの息を吹き込まれたのでふたりは完全に生き返った。これは反キリストの支配や悪の支配が長続きしないことを示すものである。ふたりの証人が奇蹟的によみがえったことと（11:11-12）神のさばきによって、あらゆるものの上にある神の奇蹟の力と権威がさらに強力に示された。それでも全体として、人々は神に立返ろうとはしない（⇒9:20）。けれどもこの出来事を見た人々の中には、ふたりの証人のメッセージを受取り神

をほめたたえる人々もいた（11:13）。ふたりの証人を終わりのときの教会とその社会への影響力を象徴していると考える人々は（→11:3注）、この出来事は教会が携挙される（キリストに従う人々が地上から引上げられ空中で主と会い主とともに天に行くとき）瞬間であると考えたときがあった。この考えによると、教会は患難時代の途中までは世界から引上げられないことになる（患難期中携挙説）。この考え方は教会（キリストに忠実に従う人々）が７年間の患難時代が始まる前に突然引上げられるとするこの書物の立場（患難期前携挙説 →Ⅰテサ4:16-17）とは異なるものである。

11:15 第七の御使いが・・・吹き鳴らした 第七のラッパが吹き鳴らされると勝利が叫ばれ、この世はキリストの御国となりキリストが永遠に治められることが宣言される（→20:4注, エゼ21:26-27, ダニ2:44, 4:3, 6:26, ゼカ14:9, →**キリストによって成就した旧約聖書の預言**」の表 p.1029）。つまり第七のラッパは、キリストが再び来られるまでに起こる出来事を全部含むもので、七つの鉢のさばき（16:から始まる）やそれに続く勝利まで含めている。このラッパは、コリントⅠ15:52やテサロニケⅠ4:16の教会の携挙（キリストに従う人々が突然地上から天へ引上げられるとき）を合図する「終わりのラッパ」ではない。第七のラッパは神の患難によるさばきが始まる前に吹き鳴らされる最後のラッパで、患難は第七のラッパが吹き鳴らされる前に既に行われていることが確かである。第七のラッパが吹き鳴らされると括弧部分または休止部分が続いて、患難時代と関係のある出来事の背景と詳細が明らかにされる（12:1-15:4）。

11:16 二十四人の長老たち 「二十四人の長老たち」

神である主。あなたが、その偉大な力を働かせて、王となられたことを感謝します。

18 諸国の民は怒りました。しかし、あなたの御怒りの日が来ました。死者のさばかれる時、あなたのしもべである預言者たち、聖徒たち、また小さい者も大きい者もすべてあなたの御名を恐れかしこむ者たちに報いの与えられる時、地を滅ぼす者どもの滅ぼされる時です。」

19 それから、天にある、神の神殿が開かれた。神殿の中に、契約の箱が見えた。また、いなずま、声、雷鳴、地震が起こり、大きな雹が降った。

17 ②囲黙19：6
  ＊直訳「治められた」
18 ①囲ゼカ1、＊「の日は補足
  ②黙20：12、ダニ7：10
  ③囲黙10：7、囲黙16：6
  ④黙11：18、19：5、18、詩115：13
19 ①囲黙15：5、囲黙4：1
  ②囲黙9：4、③囲黙4：5
  ④黙16：21
1 ①黙12：3、囲マタ24：30
  ②黙11：19、③囲ガラ4：26
  ④詩104：2、雅6：10
2 ①囲イザ26：17、66：6-9、ミカ4：9、10
3 ①囲黙12：1、15：1
  ②黙12：4、7、特に黙12：9、13、16、17、13：2、4、11、16：13、20：2、囲イザ27：1
  ③囲黙13：1、17：3、7、9以下
  ④黙13：1、17：12、16、ダニ7：7、20、24
  ⑤囲黙13：1、19：12
4 ①囲黙8：7、12
  ②ダニ8：10、③囲黙12：3、囲マタ2：16
5 ＊あるいは「異邦人」
  ①囲黙2：27
  ②囲Ⅱコリ2：2
6 ①黙11：3、囲黙13：5
  ＊直訳「彼らが……養う」

女と竜

12 1 また、巨大なしるしが天に現れた。ひとりの女が太陽を着て、月を足の下に踏み、頭には十二の星の冠をかぶっていた。

2 この女は、みごもっていたが、産みの苦しみと痛みのために、叫び声をあげた。

3 また、別のしるしが天に現れた。見よ。大きな赤い竜である。七つの頭と十本の角とを持ち、その頭には七つの冠をかぶっていた。

4 その尾は、天の星の三分の一を引き寄せると、それらを地上に投げた。また、竜は子を産もうとしている女の前に立っていた。彼女が子を産んだとき、その子を食い尽くすためであった。

5 女は男の子を産んだ。この子は、鉄の杖をもって、すべての国々の民を牧するはずである。その子は神のみもと、その御座に引き上げられた。

6 女は荒野に逃げた。そこには、千二百六十日の間彼女を養うために、神によって備

はキリストが来られるときに起こることを預言する。諸国の民は怒り（11：18）、死者はさばかれ（11：18）、神は「地を滅ぼす者ども」（邪悪な人々 ⇒19：20-21）を滅ぼされる。

12：1 しるしが・・・現れた 12章には神とサタンの間の大きな戦いが四つ描かれている。（1）サタンとキリスト、またその贖いの働きとの戦い（霊的な救い、救出、回復 12：1-5）。（2）サタンと忠実なイスラエル人との戦い（12：6、13-16）。（3）サタンと天との戦い（12：7-9）。（4）サタンとキリストに従う人々との戦い（12：10-11、17）。

12：1 ひとりの女 「巨大なしるし」の幻は回想（振返って見ること）の中での決定的な出来事と真理とを示している。ここでも描かれていることは象徴的であるけれども、黙示録のほかの場合と同じように実際のことをはっきり現している。この女は神に忠実なイスラエル人のことで、この人々を通してメシヤ（幼子のキリスト 12：2、4-5）がこの世界に来られた（⇒ロマ9：5）。このことは男の子の誕生だけではなく、太陽（⇒詩104：1-2、ダニ12：3、マラ4：2、ヨハ8：12）、月（⇒創37：9-11、ヨセフの夢と関係している）、12の星によって示されている。12の星は当然イスラエルの十二部族（ヤコブの息子たち 創37：9）を表している。

12：3 大きな赤い竜 ギリシヤ語の「ドラコーン」ということばは、新約聖書では黙示録でしか使われていない（13回、12章だけで8回）。「ドラコーン」には「蛇、竜、海の怪物」という三つの意味がある。黙示録では竜はいつもサタンを表している。さらに竜は黙示録ではサタンの重要な象徴である。「赤い竜」は12：9で「悪魔とか、サタンとか呼ばれて、全世界を惑わす、あの古い蛇」とはっきり示されている。赤い色はサタンの凶暴な性質を象徴している。「七つの頭」はにせの知恵、あるいはさらにずる賢さを誇張して表している。「十本の角」は完全な力を表している。これもにせの主張であるけれども、地上で使う巨大な力をも表している。「七つの冠」は、「この世の神」（Ⅱコリ4：4）として地上の王国の上に主張するにせの権威を表している。竜は終りのときの反キリストの政府、「海から上って来た獣」に権力を与える（13：1-2）。竜はあらゆる方法を用いて、地上での神の贖い（霊的な救い、救出、解放、回復）の働きに反対をする（⇒12：4、16-17）。

12：4 星の三分の一 この場面の行動と象徴は、ダニエル8：9-10の小さな角（シリヤの王アンティオコス・エピファネス）に似ている。ある人々は、これは御使いルシファー（サタン）が神に逆らい、従う御使いたちとともに天から落ちたこと（Ⅱペテ2：4、ユダ1：6）を描いているとしている。別の人は、サタンに逆らう人々へのサタンの冷酷で破壊的な力を表しているだけであると考えている。サタンは幼子イエスを滅ぼそうとしたけれども失敗に終った（⇒12：5、マタ2：16-18）。

12：5 男の子 男の子はイエス・キリストであり（19：15）、「引き上げられ」るのはよみがえられた後の昇天を指している（ルカ24：51、使1：9-11）。

12：6 女は・・・逃げた ここでの女は患難時代の

黙示録 12章

えられた場所があった。

7 さて、天に戦いが起こって、ミカエル①と彼の使いたちは、竜と戦った。それで、竜とその使いたちは応戦したが、
8 勝つことができず、天にはもはや彼らのいる場所がなくなった。
9 こうして、この巨大な竜、すなわち、悪魔とか②**サタン①とか呼ばれて、全世界を惑わす、あの古い蛇③は投げ落とされた。彼は地上に投げ落とされ、彼の使いどもも彼とともに投げ落とされた。
10 そのとき私は、天で大きな声が、こう言うのを聞いた。

7 ①ユダ9、②圏黙12:3 ③マタ25:41
9 ①圏黙12:3
 *ギリシャ語「ディアボロス」-反抗者
 圏マタ4:10, 25:41
 **ギリシャ語「サタナス」、ヘブル語「サタン」
 ②圏黙20:3, 8, 10, 圏黙13:14, ④黙12:15, 20:2, 圏創3:1, Ⅱコリ11:3
 ③圏ルカ10:18, ヨハ12:31
10 ①圏黙11:15
 ②圏7:10, ③ヨブ1:11, 2:5, ゼカ3:1, 圏ルカ22:31, Ⅰペテ5:8
11 ①圏黙7:14, ②黙6:9, ③黙15:2, 圏ヨハ16:33, Ⅰヨハ2:1, ④ルカ14:26
12 ①圏黙13:6, ②黙18:20, 詩96:11, イザ44:23, ③黙8:13, ④黙12:9, ⑤黙10:6

「今や、私たちの神の救いと力と国と、また、神のキリスト①の権威が現れた。私たちの兄弟たちの告発者、日夜彼らを私たちの神の御前で訴えている者が投げ落とされたからである。
11 兄弟たちは、小羊の血①と、自分たちのあかしのことば②のゆえに彼に打ち勝った③。彼らは死に至るまでもいのちを惜しまなかった④。
12 それゆえ、天とその中に住む者たち①。喜びなさい②。しかし、地と海③とには、わざわい④が来る。悪魔が自分の時の短いことを知り、激しく怒って、そこに

黙20:2-3

後半（⇒1,260日—患難時代のちょうど半分）に迫害を受ける神に忠実なイスラエル人を指している。

（1）忠実なイスラエル人とは、患難時代に反キリストの宗教を拒む敬虔なユダヤ人のことである。その人々は聖書を誠実に調べ、イエス・キリストがメシヤ（救い主、キリスト 申4:30-31、ゼカ13:8-9）であるという真理を受入れる。神は患難時代の最後の3年半の間、守り助けてくださり、サタンに負けないようにしてくださる（→12:13-16）。

（2）反キリストの宗教を受入れ神のことばに示されているメシヤの真理を拒むイスラエル人は大患難の時代に神のさばきを受けて滅ぼされる（→エゼ11:17-21, 20:34-38、ゼカ13:8-9、→**大患難**の項p.1690）。

12:7-9 天に戦いが 患難時代には地上で大きな霊的戦いがあるだけではなく、天でも戦いがある。サタンとその使いたちは、ミカヤ（ユダは「御使いのかしら」と呼んでいる）と御使いたちと戦い、最後の力を振絞って御使いと神の究極のご計画を打破ろうとする。この時まで、サタンと悪霊たちは霊的世界で権力者としてかなりの影響力をもって支配している。それは「この暗やみの世界の支配者たち」であり、「天にいるもろもろの悪霊」である（エペ6:12）。けれどもミカエルは反撃に転じてサタンを攻撃する。これは悪魔の支配が終りに近付いているしるしである。サタンの力は、神に忠実な御使いには全くかなわない。（1）サタンは敗北して地に投落とされ（⇒ルカ10:18）、もはや天に近付くことは許されない。（2）サタンは天での霊的勢力にはならないので（→エペ6:12注）、天は喜びに沸く（12:10-12）。同時にこの出来事により、サタンがまだ力を持っている地上に住む人々には「わざわい」が来る（12:12-13）。けれどもこの時点でのサタンの時間は限られており、最後の敗北が迫っている。サタンが落とされることによって大患難は始ま

る。患難時代の終りに反キリストは敗北して火の池に投込まれ、サタンは縛られて底知れぬ所へ投込まれる。そして世界は悪のたくらみから1,000年の間解放される（20:1-3）。そのあとサタンは短期間解放され、キリストに完全に従っていない人々をだまし、神を敬う人々に最後の攻撃をする。けれども最後には完全に打負かされて永遠に火の池に投込まれる（20:7-10）。

12:10 私たちの兄弟たちの告発者 ヘブル語の「サタン」は「告発者」を意味する。サタンは、信仰者たちは価値がないし自分の利益のためにだけ神に仕えていると神の前で告発し続ける（⇒ヨブ1:6-11、ゼカ3:1）。サタンと悪の勢力は、キリスト者個人を直接攻撃して告発をし、過去の失敗や罪で困惑させ、神に仕える動機や資格を疑わせたり非難したりしてそれをやめさせようとする（→エペ6:11注）。

12:11 彼に打ち勝った 忠実にキリストに従う人々は、サタンのたくらみや告発に打勝つ効果的な方法を手に入れる。それは自分の力や才能や努力ではなく、キリストが既に完成されたことと人々のために勝ち取られた勝利によるものである。（1）キリストに従う人々は、小羊の血（イエス・キリストの犠牲）によってサタンの力から解放される。主イエスは罪の代価を払うためにご自分のいのちを与えられた。それは、キリストに人生をゆだねる人々が罪を赦され神との個人的な関係を回復し、主とともに過す永遠のいのちの確信を持つようになるためである（Ⅰヨハ5:13）。キリストの死とよみがえりはサタンを完全に敗北させるもので、神に忠実な人々にとっては最後の勝利を保証するものである（→ロマ3:25注、ヘブ9:14注）。（2）キリスト者はどんな犠牲を払ってもキリストを伝えることを決意し仕える覚悟を示すことによって、信仰を奪おうとする悪魔の働きを迫害と患難の最も困難な時でさえ取除くことができる。

12:12 悪魔が・・・激しく怒って 天で敗北したサ

下ったからである。」
13 自分が地上に投げ落とされたのを知った竜は、男の子を産んだ女を追いかけた。
14 しかし、女は大鷲の翼を二つ与えられた。自分の場所である荒野に飛んで行って、そこで一時と二時と半時の間、蛇の前をのがれて養われるためであった。
15 ところが、蛇はその口から水を川のように女のうしろへ吐き出し、彼女を大水で押し流そうとした。
16 しかし、地は女を助け、その口を開いて、竜が口から吐き出した川を飲み干した。
17 すると、竜は女に対して激しく怒り、女の子孫の残りの者、すなわち、神の戒めを守り、イエスのあかしを保っている者たち

13①黙12:3, ②黙12:5
14①出19:4, 申32:11, イザ40:31, ②黙12:6
③ダニ7:25, 12:7
15①②黙12:9
③ホセ5:10, イザ59:19
16＊直訳「投げられた」
17①創3:15, ②黙14:12, ③Ⅰヨハ2:3, 黙12:1, 6:9(14:12), 19:10

④黙11:7, 13:7
18＊異本「私は……立った」とし、13:1に入れる
＊＊直訳「海」

1①黙13:14,15, 15:2, 16; 13, 囮黙11:7, ②ダニ7:3, 2, ③黙12:3, 囮黙12:3, 17:12, ④黙17:3, 囮ホセ13:7, 8
2①ダニ7:6, 囮ホセ13:7, 8
②ダニ7:5, ダニ7:4
④黙13:4, 12, 囮黙12:3
囮ダニ7:13, 16:10
3①黙13:12, 囮黙13:14
②黙17:8

と戦おうとして出て行った。
18 ＊そして、彼は海＊＊の砂の上に立った。

海から上って来た獣

13 1 また私は見た。海から一匹の獣が上って来た。これには十本の角と七つの頭とがあった。その角には十の冠があり、その頭には神をけがす名があった。

2 私の見たその獣は、ひょうに似ており、足は熊の足のようで、口は獅子の口のようであった。竜はこの獣に、自分の力と位と大きな権威とを与えた。

3 その頭のうちの一つは打ち殺されたかと思われたが、その致命的な傷も直ってしまった。そこで、全地は驚いて、その獣に

タンは(→12:7-9注)激しく怒りながら地上の人々に襲いかかる。サタンが支配しているのはもはやそこだけである。サタンは自分の時が短いこと(大患難の期間)と最終的には敗北することを知っているので、キリストを信じ続ける人々に恐ろしい報復をし、広範囲に迫害や苦難を起こそうとする(12:11)。

12:13　女を追いかけた　サタンは女を滅ぼそうとする(→12:6注)。キリストを受入れたイスラエル人はサタンと反キリストによって追跡され迫害される(⇒マタ24:15-21)。けれども神はこの期間、超自然的に守ってくださる(12:14-16)。

12:17　竜は・・・戦おうとして出て行った　地上に閉じ込められたサタンは、女(→12:6注)と女の子孫を迫害する時間がわずかしかないことを知っている。「女」はユダヤにいる忠実なイスラエル人で、「女の子孫の残りの者」は世界のほかの場所にいるユダヤ人信仰者と思われる。これはまた一般のキリスト者とも思われる。12:5、13の「男の子」であるキリストご自身とは別である。

13:1　海から一匹の獣が上って来た　13章は、引続き七つのラッパと七つの鉢の間の休止の部分であるけれども、大患難の話に戻ってその時期の人々や出来事を象徴的に描いている。そしてまず、患難時代の反キリストと神と神の民との間に起こる戦いから描き始めている。海から上って来た獣は史上最後の強大な政府である。さらに詳しく言えば、反キリストと反キリストが支配する10の王国が構成する政府である(→17:12注)。これはダニエル7:8、24-25で小さな角として描かれたものと同じである(→ダニ2:40注、41-43注、44-45注、7:24-25注、11:36-45注)。海は世界の

人々や民族の荒れた状態を表している(⇒17:15)。サタンはこの政府に力を与えて(13:2)、神と神の民に敵対するようにさせる(獣についての御使いの説明→17:8-11)。頭にある神を汚す(神を侮辱する)名前については説明がないけれども、「神」であると主張する名前ではないかと思われる。ここでは「反キリスト」(「反」は反対または代りにという意味)という名前をヨハネは使ってはいないけれども、獣は、神が世界に送られたまことの救い主に対してサタンが送り込む、にせ物であることが明らかである。つまり反キリストは、自分のことを反キリストとは言わず、自分の本当の姿も認めようとしない。そして人々をだまして、これこそ本当のキリストであり、やがて来る王と御国についての預言の成就であると思わせる。けれども実際には、キリストとキリストとかかわりのあるあらゆるものに敵対する。神の目から見ればこれらのことはみな神への冒瀆(ことばや行動で神をさげすみ侮辱すること)である。

13:2　獣は、ひょう　この獣は13:1の獣と同じで、終りのときのこの世界の王国を表しているだけではなくその王国の王をも表している。獣は人物であるけれども、野獣のように残忍で凶暴で、その時代の世界の政治、経済、宗教の権力を獲得する(→17:13, ダニ7:4-6, 8:25, 9:27)。この人物はテサロニケⅡ2:3-4では「不法の人」と呼ばれ、ヨハネⅠ2:18では「反キリスト」と呼ばれている(→13:1注, マタ24:24-25, Ⅱテサ2:3-4)。そしてイスラエルの民と契約または条約を結ぶ(→ダニ9:27注、→**反キリストの時代**」の項 p.2288)。

13:3　致命的な傷　反キリストは致命的な傷を負うけ

従い、
⁴ そして、竜を拝んだ。獣に権威を与えたのが竜だからである。また彼らは獣をも拝んで、「だれがこの獣に比べられよう。だれがこれと戦うことができよう」と言った。
⁵ この獣は、傲慢なことを言い、けがしごとを言う口を与えられ、四十二か月間活動する権威を与えられた。
⁶ そこで、彼はその口を開いて、神に対するけがしごとを言い始めた。すなわち、神の御名と、その幕屋、すなわち、天に住む者たちをののしった。
⁷ 彼はまた聖徒たちに戦いをいどんで打ち勝つことが許され、また、あらゆる部族、民族、国語、国民を支配する権威を与えられた。
⁸ 地に住む者で、ほふられた小羊のいのちの書に、世の初めからその名の書きしるされていない者はみな、彼を拝むようになる。
⁹ 耳のある者は聞きなさい。
¹⁰ とりこになるべき者は、とりこにされて行く。剣で殺す者は、自分も剣で殺されなければならない。ここに聖徒の忍耐と信仰がある。

地から上って来た獣

¹¹ また、私は見た。もう一匹の獣が地か

れども、サタンの超自然的な力によって死の淵から戻るのを全世界は見る(13:14, ⇒Ⅱテサ2:9, →黙17:8注)。神は、サタンがキリストの力を模倣して、よみがえりの奇蹟のようなことをするのを許される。これは人類を欺くためにサタンが用いる最強の方法と思われる(Ⅱテサ2:9-10)。ここで覚えておくべきことは、サタンには力があるかもしれないけれども、いのちを与えたりよみがえらせたりすることはできないということである。それは神にしかできない。したがって、反キリストは実際には死んではいなかったと考えられる。サタンはうそつきであり詐欺師であり、行うことはみなうそである。その目的は間違っており動機は邪悪で手段は正しくない。けれども人々の注意を引くために奇蹟のように見えることを行って人々をだます。サタンの力によってだまされる人々は、既に偽りとかかわっている人々であるとパウロは指摘している(Ⅱテサ2:12)。つまりサタンの奇蹟は既に霊的に失われた人にだけ効果がある。今日サタンのうそにだまされる人は、終りのときの獣のにせの働きの餌食になりやすいことを私たちは厳粛に受止めなければならない。

13:7 聖徒たちに戦いをいどんで 患難時代に、人々は新しい政治の指導者に従いその人が認めた宗教を選ぶか、それともキリストに忠実に従うかを選ばなければならなくなる。(1) 神とみことばに忠実な人は迫害を受けて恐らく殺されてしまう(→6:9注、7:9注)。(2) サタンは「聖徒たちに・・・打ち勝つ」。けれどもそれは信仰が失われるのではなく、多くの人がキリストのためにいのちを奪われるということである(6:9-11)。反キリストは「四十二か月間」神の民に戦いを仕掛ける(13:5)。

13:8 ほふられた小羊・・・世の初めから 罪のためのキリストの死によって人々を罪から救い神との正しい関係に回復させる神のご計画は、天地創造あるいは人間の歴史が始まるはるか前から定められ計画されていた(→17:8注、創3:15、Ⅰペテ1:18-20、→Ⅰペテ1:18注、19注、20注)。

13:8 みな、彼を拝むようになる この時までに獣の権威と支配は、最初支配していた十か国以上に広がり全世界を支配するようになる。これは患難時代の最後の3年半の初めまたは始まる頃に顕著になる(→ダニ7:3-8, 19-25, 11:45)。反キリストは自分が神であると宣言し、悪霊の世界の超自然的な力を持つようになる(Ⅱテサ2:4, 9)。その働きにだまされる人々は(→13:3注)獣を拝むようになる(13:4, 8, 12, 14:9, 16:2)。反キリストの宗教は基本的に人間には神性(神のような立場または神のようになる能力)があることを教える(⇒創3:5)。反キリストは、神がキリストによって人になられたという真理(ヨハ1:14)ではなく、人間は反キリストによって神になることができるし神になったといううそを教える(Ⅱテサ2:4)。今日の人間中心的哲学やニューエイジの教えはこれと同じ考え方を強調しており、最終的には大衆を反キリストのにせの宗教を受入れさせる準備をしているのではないかと思われる(→「**反キリストの時代**」の項 p.2288)。

13:11 もう一匹の獣 もう一匹の獣は、最初の獣(→13:2注)を補助して全世界が反キリストを礼拝するように導き(13:12)、奇蹟のようなことを行って人々を惑わす(13:13-14, ⇒申13:1-3, Ⅱテサ2:9-12)。この獣は「にせ預言者」とも呼ばれている(19:20, 20:10)。「小羊のような二本の角」は獣が人々をだまして、あたかも愛らしく優しい思いやりのある人のように見せ掛けることを表している。けれども実際の獣の性格は小羊のようではなく竜のようである(⇒マタ7:15)。

黙示録　13章

ら上って来た。それには小羊のような二本の角があり、竜のようにものを言った。

¹²この獣は、最初の獣が持っているすべての権威をその獣の前で働かせた。また、地と地に住む人々に、致命的な傷の直った最初の獣を拝ませた。

¹³また、人々の前で、火を天から地に降らせるような大きなしるしを行った。

¹⁴また、あの獣の前で行うことを許されたしるしをもって地上に住む人々を惑わし、剣の傷を受けながらもなお生き返ったあの獣の像を造るように、地上に住む人々に命じた。

¹⁵それから、その獣の像に息を吹き込んで、獣の像がもの言うことさえもできるようにし、また、その獣の像を拝まない者をみな殺させた。

¹⁶また、小さい者にも、大きい者にも、富んでいる者にも、貧しい者にも、自由人にも、奴隷にも、すべての人々にその右の手かその額かに、刻印を受けさせた。

¹⁷また、その刻印、すなわち、あの獣の名、またはその名の数字を持っている者以外は、だれも、買うことも、売ることもできないようにした。

¹⁸ここに知恵がある。思慮ある者はその獣の数字を数えなさい。その数字は人間をさしているからである。その数字は六百六十六である。

11 ①⇒ダ8：3, ②黙13：4
12 ①黙13：4
　②黙13：14, 19：20
　＊別訳「その権威によって」
　③黙13：8, ④黙13：3
　⑤黙13：15, 14：9, 11, 16：2, 19：20, 20：4
13 ①黙19：20, ②黙16：14, マタ24：9, Ⅰ列18：38, ルカ9：54, ⑤黙11：5
14 ①黙13：12, ②Ⅱテサ2：9, 10, ③黙16：14, ④黙12：9, ⑤黙13：3
15 ①黙13：12
　②⇒ダ3：3以下
　＊ある初期の写本には「……殺させる」とある
16 ①黙11：18
　②黙14：9, 20：4, ⇒ガラ6：17, 黙7：3
17 ①黙14：9, ②黙13：16
　③黙14：11, ④黙15：2
18 ①⇒黙17：9
　②⇒黙21：17
　＊異本「六百十六」

13:12　最初の獣を拝ませた　第二の獣はエキュメニカルな（様々な宗教の共通の信仰を奨励し異なった信仰や慣習を融合させる）にせの教会が活動する環境を整えようとする。狙いは反キリストを礼拝することである。この第二の獣は、主にしるしや不思議（奇蹟のように見えるもの 13：13-14）を行うことで、このことを実現しようとする。その働きは、どこか聖霊の超自然的な働きをまねているようである（⇒Ⅱテサ2：9-10）。けれども神ははるか以前から、預言者がたとい奇蹟やしるしを行っても、人々をただ一人のまことの神を礼拝しないようにさせるなら、それはにせ預言者であると言っておられる（申13：1-3）。

13:15　その獣の像を拝まない者をみな殺させた　大患難のある時点で、にせ預言者は反キリストの像を建てて礼拝の対象として奉納する（⇒ダニ3：1）。世界中の都市の中心部に、この像が何かのかたちで置かれるようになる。主な像はエルサレムに再建されると思われる神殿の中に置かれる（⇒ダニ9：26-27, マタ24：15, Ⅱテサ2：4）。その後、第二の獣には「その獣の像に息を吹き込む」力が（サタンによって）与えられる。ここの「息」はギリシヤ語の「プニューマ」（「霊」—あらゆる種類の霊を指している）の訳である。これは悪霊の力によって像がまるで生きているように話させるのである。そうすることによって、にせ預言者は自分と反キリストには神の力があると主張する。これはにせ預言者の最大のうそである。なぜなら、いのちを創造し与えることができるのは神だけであると聖書は明らかにしている（ヘブル語の動詞「バラ」—創造する—は聖書では神以外の主語には使われていない。神だけが創造主である）。この大うそを通して、世界の支配者とその像を拝もうとしない人々をみな殺すという公の権限が与えられる。つまり反キリストを拒んで主イエスに忠実な多くの人が殺されるのである（→6：9注, 14：12-13）。

13:16　刻印　反キリストは世界中の経済を完全に掌握しようとする。人々はみな反キリストに忠誠を誓わされ、そのやり方に協力してものを買ったり売ったりするために必要な刻印を手か額に受ける（13：16-17）。この刻印は神が144,000人に押された印（7：3）の代りである。獣が使う「刻印」がどのようなものでどのように押されるかは説明されていない。ただそれは「その名の数字」（13：17）と言われているだけである。けれどもその刻印は、一度受けると永久であることが確かで、だれがキリストに背き反キリストに従うようになったかがわかるようになる。経済的な制限によって人々は刻印を求めるようになる。刻印はまた世界政府と反キリストの宗教に服従することを表している。刻印を拒む人々は追跡され殺されてしまう（13：15）。

13:18　その数字は六百六十六である　反キリストは黙示録の中ではずっと「獣」と呼ばれているけれども、「その名の数字」、特性を示す象徴は「６６６」である。この描写については多くの憶測や議論がされてきた。そして人々はあらゆる方法を操作して世界の指導者の名前の字を足すと「６６６」になるか（ギリシヤ語ではアルファベットが数字を表す）試みてきた。さらに多くの注解者は「６」は人間を現す数で、「３」は神を現す数（父、子、聖霊）と考えている。したがって「６」が三つあることは単に自分を神であるとしたり主張したりする人を指していると言うことができる。ローマの皇帝やその前や後に現れた多くの人と同じように、反キリストは自分が神であると信じている（→13：8注, Ⅱテサ2：4）。

小羊と144,000人の人

14 ¹ また私は見た。見よ。小羊がシオンの山の上に立っていた。また小羊とともに十四万四千人の人たちがいて、その額には小羊の名と、小羊の父の名とがしるしてあった。² 私は天からの声を聞いた。大水の音のようで、また、激しい雷鳴のようであった。また、私の聞いたその声は、立琴をひく人々が立琴をかき鳴らしている音のようでもあった。³ 彼らは、御座の前と、四つの生き物および長老たちの前で、新しい歌を歌った。しかし地上から贖われた十四万四千人のほかには、だれもこの歌を学ぶことができなかった。⁴ 彼らは女によって汚されたことのない人々である。彼らは童貞なのである。彼らは、小羊が行く所には、どこにでもついて行く。彼らは、神および小羊にささげられる初穂として、人々の中から贖われたのである。⁵ 彼らの口には偽りがなかった。彼らは傷のない者である。

三人の御使い

⁶ また私は、もうひとりの御使いが中天を飛ぶのを見た。彼は、地上に住む人々、すなわち、あらゆる国民、部族、国語、民族に宣べ伝えるために、永遠の福音を携えていた。⁷ 彼は大声で言った。「神を恐れ、神を

14:1 シオンの山 「シオン」は、聖書全体を通してしばしば用いられるエルサレムの別名である。それは古代のエブス人の山の要害を指していた。この山の要害はエルサレムの町のすぐ外側にあった。ダビデ王がこのシオンという山の要害を制圧したので、後にはダビデの町と呼ばれるようになった（Ⅱサム5:6-7）。そして後にはエルサレムの（旧）市街の一部になった。シオンはまた、幕屋の中の契約の箱（人々の中の神の臨在を現す）がしばらくの間置かれていた場所と思われる。ソロモンの神殿が建てられた後は神殿の敷地がシオンと言われるようになった。その後イスラエルの歴史を通じて、「シオン」は一般的に神が「住まわれる場所」または地上での礼拝の中心地を指すようになった（詩9:11, 74:2, ヨエ3:21）。けれども黙示録のこの場面では、シオンは回復された新しいエルサレムで、歴史の終りのときにキリストが地上を治められる場所を指している（→詩2:6, ⇒イザ52:8, 62:1-12）。ある人はまた、これは神と神の民が永遠に住む、世の終わりに地に下って来る天の新しいエルサレム、神の永遠の都（⇒ヘブ12:22-24）を指していると考えている（21:2-3）。

14:1 小羊とともに十四万四千人の人たち 14章と15章は16-18章のさばきを導入する部分で、イエス・キリストに忠実な人々には報いが待っていることを示している（14:12, 15:2-4）。14章はまず、「小羊が行く所には、どこにでもついて行く」（14:4）極めて献身的な144,000人のキリストの弟子たちの姿を描いている。これは7章のイスラエルの部族の144,000人ではない。むしろこの数字は十分に満ちたことを表す数字で、あらゆる時代のあらゆる所で最も献身的で忠実だった神の民を象徴的に表している。この人々は天では特別な地位と好意を受けている（→14:4注）。その意味では144,000という数字は必ずしも限定された数字ではない。信仰と愛と奉仕によって熱心に従っているキリスト者はみなこの中に含まれると思われる。

14:4 女によって汚されたことのない人々である この箇所は霊的な意味で理解をしたらよい。144,000人の霊的に勝利した人々は、神を敬わない腐敗したこの世界に迎合することも（→「キリスト者とこの世」の項p.2437）、終りのときのにせ宗教に巻込まれることも拒んで自分をきよく保った人々である。キリストへの献身を弱めるようなものには近付かないということでもある。天でキリストのそばにいる人々の性質に注目するとよい。(1)「童貞なのである」。つまりこの世界や、反抗的で信仰のないキリスト教などの、にせ宗教の腐敗を拒み抵抗した人々である（→17:1注、→「信者の霊的聖別」の項p.2172）。(2) キリストと密接な関係を保ちながらキリストにぴったりと従っている（⇒マコ8:34, ヨハ14:21注）。(3) 神とキリストのみこころを行い奉仕をするために、自分を完全にささげている（14:4）。(4) うそをつかない（14:5, ⇒21:27-22:15）。(5) 道徳的に責められるところがない（→「聖化」の項p.2405）。

14:6 宣べ伝えるために、永遠の福音 患難時代の後半では、イエス・キリストを信じる信仰による霊的救いのメッセージが御使い（または御使いたち）によって全世界に伝えられると思われる。それは明らかで強力な警告のメッセージである。また神を恐れ（神に対して最終的に申し開きをしなければならないことを考えて神をあがめ恐れること）、反キリストではなく神に栄光をささげ、礼拝をするようにという呼びかけでもある（14:7-10）。

黙示録 14章

がめよ。神のさばきの時が来たからである。天と地と海と水の源を創造した方を拝め。」

8 また、第二の、別の御使いが続いてやって来て、言った。「大バビロンは倒れた。倒れた。激しい御怒りを引き起こすその不品行のぶどう酒を、すべての国々の民に飲ませた者。」

9 また、第三の、別の御使いも、彼らに続いてやって来て、大声で言った。「もし、だれでも、獣とその像を拝み、自分の額か手かに刻印を受けるなら、

10 そのような者は、神の怒りの杯に混ぜ物なしに注がれた神の怒りのぶどう酒を飲む。また、聖なる御使いたちと小羊との前で、火と硫黄とで苦しめられる。

11 そして、彼らの苦しみの煙は、永遠にまでも立ち上る。獣とその像とを拝む者、またはだれでも獣の名の刻印を受ける者は、昼も夜も休みを得ない。

12 神の戒めを守り、イエスに対する信仰を持ち続ける聖徒たちの忍耐はここにある。」

13 また私は、天からこう言っている声を聞いた。「書きしるせ。『今から後、主にあって死ぬ死者は幸いである。』」御霊も言われる。「しかり。彼らはその労苦から解き放されて休むことができる。彼らの行い

は彼らについて行くからである。」

地の刈り入れ

14 また、私は見た。見よ。白い雲が起こり、その雲に人の子のような方が乗っておられた。頭には金の冠をかぶり、手には鋭いかまを持っておられた。

15 すると、もうひとりの御使いが聖所から出て来て、雲に乗っておられる方に向かって大声で叫んだ。「かまを入れて刈り取ってください。地の穀物は実ったので、取り入れる時が来ましたから。」

16 そこで、雲に乗っておられる方が、地にかまを入れると地は刈り取られた。

17 また、もうひとりの御使いが、天の聖所から出て来たが、この御使いも、鋭いかまを持っていた。

18 すると、火を支配する権威を持ったもうひとりの御使いが、祭壇から出て来て、鋭いかまを持つ御使いに大声で叫んで言った。「その鋭いかまを入れ、地のぶどうのふさを刈り集めよ。ぶどうはすでに熟しているのだから。」

19 そこで御使いは地にかまを入れ、地のぶどうを刈り集めて、神の激しい怒りの大きな酒ぶねに投げ入れた。

20 その酒ぶねは都の外で踏まれたが、

14:8　大バビロンは倒れた　大バビロンは、終りのときに全世界にある政治的、宗教的、商業または経済的な組織を指している（→17：1注）。その崩壊と破壊がここで預言されている（詳細　→17：-18：）。

14:9　もし、だれでも、獣・・・を拝み　反キリストを拝み刻印を受ける人々（→13：16注）は、自分で自分の運命を決めることになる。神の厳しいさばきを必ず受け、最終的には自分で選んだ結果として永遠に苦しめられることになる（14：9-11, 9：4, 13-21, 16：2, →マタ10：28注）。この警告は、キリストを受入れていない人々（14：6）と、厳しい迫害やキリストに従うために殺される可能性を恐れて信仰を捨てようとしているキリスト者に向けられている（14：12-13）。

14:12　神の戒めを守り　獣に従う人々が最終的に受けるさばきは恐ろしいものである（14：9-11）。これは「神の戒めを守り、イエスに対する信仰を持ち続け」、何が起こっても耐えてキリストに完全に頼るようにいう、キリストに従う人々に対する訴えである。それは、キリストに忠実な人々は大患難の時代に殺される可能性があるからである（→14：13注）。

14:13　主にあって死ぬ死者は幸いである　患難時代にキリストを信じているために殺される人々は特に幸いである。それは迫害や拷問や苦難から解放され、キリストのところに引上げられ特別な栄誉を受けるからである。この人々の報いは、キリストを拒む人々を待つ永遠の苦しみと極めて対照的である。

14:14-16　人の子のような　人の子のような方（キリスト）が「鋭いかま」を持っている姿が描かれている。かまは悪が熟した世界にさばきを下す用意ができていることを表している（14：14-20, ⇒マタ13：30）。これはヨハネの福音書にある主イエスご自身のことば、「父はだれをもさばかず、すべてのさばきを子にゆだねられました」（ヨハ5：22）と一致する。14：14-16は患難時代の終りに起こる16：12-16と19：11-21の出来事の予告である。

14:19　大きな酒ぶね　聖書の時代にはぶどうをおけ

血は、その酒ぶねから流れ出て、馬のくつわに届くほどになり、千六百スタディオン*に広がった。

七つの災害を携えた七人の御使い

15 ¹ また私は、天にもう一つの巨大な驚くべきしるしを見た。七人の御使いが、最後の七つの災害を携えていた。神の激しい怒りはここに窮まるのである。

² 私は、火の混じった、ガラスの海のようなものを見た。獣と、その像と、その名を示す数字とに打ち勝った人々が、神の立琴を手にして、このガラスの海のほとりに立っていた。

³ 彼らは、神のしもべモーセの歌と小羊の歌とを歌って言った。

「あなたのみわざは偉大であり、驚くべきものです。主よ。万物の支配者で

20⓶創49:11, 申32:14
＊1スタディオンは185メートル

①⓹黙12:1,3,⓶黙15:6-8,16:1,17:1,21:9,⓷黙9:20,⓸⓹レビ26:21等
2①⓹黙22:6,⓶黙13:1
⓷黙13:14,15,⓸黙13:17
⓹⓹黙12:11,⓺⓹黙5:8
3①ヨシ22:5等,⓶ヘブ3:5
⓷出15:1以下,⓸黙5:9,10,12,13,⓹申32:3,4,詩111:2,139:14,ホセ14:9,⓺⓹黙1:8

⓺⓹Ⅰテモ1:17
＊異本「世々の王」
4①黙14:7, エレ10:7
②詩86:9, ⓹イザ66:23
③黙19:8
5①出38:21,民1:50,⓹ヘブ8:5,黙13:6,⓶⓹黙11:19
⓷⓹黙14:15,⓸⓹黙15:1
⓹エゼ28:13
＊ある写本には 亜麻布（リノン）でなくて、石（リソン）とある。⓺黙1:13
7①⓹黙4:6,⓶⓹黙4:9
⓷⓹黙15:1,黙14:10
⓸⓹黙5:8,⓹⓹黙15:1
8①出19:18,⓶レビ6:4,⓷王40:34,35,レビ16:2,Ⅰ列8:10,11,Ⅱ歴5:13,14

ある神よ。あなたの道は正しく、真実です。もろもろの民の王よ。
4 主よ。だれかあなたを恐れず、御名をほめたたえない者があるでしょうか。ただあなただけが、聖なる方です。すべての国々の民は来て、あなたの御前にひれ伏します。あなたの正しいさばきが、明らかにされたからです。」
⁵ その後、また私は見た。天にある、あかしの幕屋の聖所が開いた。
⁶ そしてその聖所から、七つの災害を携えた七人の御使いが出て来た。彼らは、きよい光り輝く亜麻布を着て、胸には金の帯を締めていた。
⁷ また、四つの生き物の一つが、永遠に生きておられる神の御怒りの満ちた七つの金の鉢を、七人の御使いに渡した。
⁸ 聖所は神の栄光と神の大能から立ち上る煙で満たされ、七人の御使いたちの七つの

に入れ、足で踏んでぶどうの果汁を取出した。旧約聖書では、ぶどうを踏むことは神を敬わない人々に対する神のさばきの比喩になっている（→イザ63:3注, ⇒黙19:15）。キリストは患難時代の終りに再び来られて、反キリストの軍隊を完全に滅ぼされる。けれどもこのとき世界中のキリストを拒む人々は、みなヨシャパテの谷（「主はさばいた」谷 →詩110:6注, ヨエ3:2注, マタ25:32注）に集められてさばかれ、その後殺されると聖書は言っている（→マタ13:40, ルカ17:37注, ⇒詩97:3-5, 箴2:22, イザ63:1-6, 66:15-17, エレ25:30-33, 黙19:15）。けれどもある注解者は、世界中の不信仰者がこのときに完全に滅ぼされるのではないと考えている。ある神学者は、さばきと荒廃（14:20のような）は反キリストに従ってハルマゲドンの戦いに加わった国の軍隊に下ると考えている（16:16, 19:17-19, →19:19注, 21注）。

14:20 血は・・・流れ出て 患難時代の終りには大虐殺が行われる。これはハルマゲドンの戦いを指している（ゼカ14:1-4, →黙16:16注, 19:17-19）。

15:1 最後の七つの災害 この災害は、患難時代に神が地上に下される最後の一連のさばきである。それは「七つの金の鉢」（15:7）のさばきと呼ばれていて、16章から始まる。さばきの七つの鉢は第七のラッパのさばきが展開したものと思われる（→11:15注）。このさばきはこれより前に書かれたさばきより過酷で規模が大きく、短い間隔で次々に訪れる。これは、聖い神は罪をさばかずにはおられないことを示す邪悪な

人々への最後の警告である。

15:2 獣・・・に打ち勝った 場面は一転して、ヨハネは再び神の御座の周りの天を見上げることができた。ガラスの海のようなもののほとりに立っているのは（⇒4:6）、反キリストから迫害を受け脅かされ殺されてもキリストを信じる信仰を失わなかった人々である（⇒13:7-10）。この人々は、イスラエルの民がエジプトでの奴隷状態から解放され奇蹟的に紅海を渡り、追跡するエジプト人が滅ぼされるのを見た後に歌ったように（出15:1-21）、「モーセの歌・・・を歌っ」た。その歌は主の勝利と救いを祝うものである。

15:5 あかしの幕屋 ヨハネは天に旧約聖書の幕屋のような神殿を見た。幕屋の最も聖い場所、至聖所には契約の箱が置かれていた。契約の箱には十戒が収められていた。ヨハネは幻の中でその十戒も見たと思われる（⇒出32:15, 40:34-35, →「幕屋」の図 p.174）。これは神が罪を嫌い、律法やみことばを拒む人々を嫌っておられるので災害やさばきが下されることを表している。

15:7 神の御怒りの満ちた これはキリストが再び来られて反キリストとその勢力を滅ぼされる前に、神が邪悪な世界に下される最後のさばきである。この時点でキリストは地上を治められる（19:-20:）。災害が終るまでだれも聖所に入れないということは、だれもさばきを止めることができないという意味である（15:8）。神は災害が終ったことを宣言されるけれども、神の怒りは完全で情け容赦がない。

災害が終わるまでは、だれもその聖所に、入ることができなかった。

神の激しい怒りの七つの鉢

16 ¹ また、私は、大きな声が聖所から出て、七人の御使いに言うのを聞いた。「行って、神の激しい怒りの七つの鉢を、地に向けてぶちまけよ。」

² そこで、第一の御使いが出て行き、鉢を地に向けてぶちまけた。すると、獣の刻印を受けている人々と、獣の像を拝む人々に、ひどい悪性のはれものができた。

³ 第二の御使いが鉢を海にぶちまけた。すると、海は死者の血のような血になった。海の中のいのちのあるものは、みな死んだ。

⁴ 第三の御使いが鉢を川と水の源とにぶちまけた。すると、それらは血になった。

⁵ また私は、水をつかさどる御使いがこう言うのを聞いた。「今いまし、昔います聖なる方。あなたは正しい方です。なぜなら

1①図黙11:19
②図黙15:1
③図黙5:8
④黙16:2以下, 詩79:6, エレ10:25, エゼ22:31, ゼパ3:8
2①図黙8:7
②図黙13:15-17, 14:9
③黙16:11, 図出9:9-11, 申28:35
3①図黙8:8, 9, 出7:17-21, 図黙11:6
＊直訳「生ける霊」, 異本「海の中のもの」
4①図黙8:10
②出7:17-20, 図黙11:6
5①図黙11:17
②図黙15:4
③図ヨハ17:25

6①黙6:10
②黙18:24, 図黙17:6
③図イザ49:26, ルカ11:49-51
7①図黙6:9, 14:18
②図黙1:8
③黙19:2, 図黙15:3
8①図黙6:12
②図黙14:18
9＊直訳「大きな」
①図黙16:11, 21
②図黙3:21
③図黙11:13
10①図黙13:2
②図黙8:12, 9:2, 出10:21, 22, イザ8:22

④このようなさばきをなさったからです。

⁶ 彼らは聖徒たちや預言者たちの血を流しましたが、あなたは、その血を彼らに飲ませました。彼らは、そうされるにふさわしい者たちです。」

⁷ また私は、祭壇がこう言うのを聞いた。「しかり。主よ。万物の支配者である神よ。あなたのさばきは真実な、正しいさばきです。」

⁸ 第四の御使いが鉢を太陽に向けてぶちまけた。すると、太陽は火で人々を焼くことを許された。

⁹ こうして、人々は激しい炎熱によって焼かれた。しかも、彼らは、これらの災害を支配する権威を持つ神の御名に対してけがしごとを言い、悔い改めて神をあがめることをしなかった。

¹⁰ 第五の御使いが鉢を獣の座にぶちまけた。すると、獣の国は暗くなり、人々は苦しみのあまり舌をかんだ。

16:1 神の激しい怒り キリストが地上に再び来られる直前に、神の怒りの七つの鉢（罪に対する神の正当な怒り、さばき、罰）がここで始まる。このさばきの終りの部分では、世界的規模の大きな戦争が起こる（16:14、→16:16注、ダニ11:36-45注）。このさばきはこれまでのさばきよりさらに激しく過酷である。

16:3 血になった この場面では、いのちを支える水に対する影響が、ラッパのさばきのとき（8:8-9）よりはるかに悪化していることが描かれている。海の中の生き物がみな死ぬほど腐敗し、水が血に見えるほど汚染される（出7:20-25）。川と水の源にも同じことが起こる（16:4）。

16:7 あなたのさばきは・・・正しいさばきです このさばきを見て神の愛と義（神の特性と行動が正しいこと）を疑う人は、神の完璧な特性や善意を理解しているとは言えない。また罪の邪悪さや、神が罪を激しく嫌っておられることを理解せず信じていない。神は完全に聖い（完全に純粋であらゆる悪から分離している）方であるから、悪に立向かい罰を下さなければならない（→ヨハ3:19注、ヘブ1:9注、⇒詩119:137）。さらに神は完全に正しい方であるから、罪を見逃すことはない（→ロマ6:2罪の注）。罪は神の完璧な特性と全く逆のものであるから、極刑、つまり死が求められる（ロマ6:23）。それは人間が自分で選んだ罰だから自分で支払わなければならない。けれどもあわれみ深

い神は、御子イエスを通してご自分でその刑罰を完全に支払うことにされた。私たちは、神の正しさがあわれみと愛とに矛盾しない証拠を主イエスの中にはっきりと見ることができる。実際に神が愛の完璧な贈り物として御子イエスをこの世界に送り（ヨハ3:16、Ⅰヨハ4:9-10）、私たちの刑罰を背負わされた（イザ53:5-6、ロマ4:25、Ⅰペテ3:18）のは、神の完全な正義の要求を満たすためだった。今、神はキリストに人生をゆだねる人々に罪の赦しと霊的自由を与えてくださる（ロマ6:23、⇒創2:16-17）。自分の罪のためにキリストが犠牲になられたことを受け入れない人々は、神に反抗した責任を自分で負わなければならない（→「神の属性」の項 p.1016）。

16:9 激しい炎熱 激しい熱波が地上全体を襲い、その熱さに耐えられなくなった人々は神をのろうようになる（⇒マラ4:1）。人々の心はかたくなになり、自分たちが神に背いていることを認めることも神にあわれみを求めることもしない（→16:11注）。このような情況と、「太陽もどんな炎熱も彼らを打つことはありません」（7:16）という天にいる人々の情況とは対照的である。

16:10 獣の座 第五の鉢がぶちまけられると世界を支配している、反キリストの組織は混乱に陥る。この特別なさばきは、反キリストの本部と反キリストに従う人々に集中している。

11 そして、その苦しみと、はれものとのゆえに、天の神に対してけがしごとを言い、自分の行いを悔い改めようとしなかった。
12 第六の御使いが鉢を大ユーフラテス川にぶちまけた。すると、水は、日の出るほうから来る王たちに道を備えるために、かれてしまった。
13 また、私は竜の口と、獣の口と、にせ預言者の口とから、かえるのような汚れた霊どもが三つ出て来るのを見た。
14 彼らはしるしを行う悪霊どもの霊である。彼らは全世界の王たちのところに出て行く。万物の支配者である神の大いなる日の戦いに備えて、彼らを集めるためである。
15 ——見よ。わたしは盗人のように来る。目をさまして、身に着物を着け、裸で歩く恥を人に見られないようにする者は幸いである——
16 こうして彼らは、ヘブル語でハルマゲドンと呼ばれる所に王たちを集めた。
17 第七の御使いが鉢を空中にぶちまけた。すると、大きな声が御座を出て、聖所の中から出て来て、「事は成就した」と言った。
18 すると、いなずまと声と雷鳴があり、大きな地震があった。この地震は人間が地上に住んで以来、かつてなかったほどのもので、それほどに大きな、強い地震であった。
19 また、あの大きな都は三つに裂かれ、諸国の民の町々は倒れた。そして、大バビロンは、神の前に覚えられて、神の激しい怒りのぶどう酒の杯を与えられた。
20 島はすべて逃げ去り、山々は見えなくなった。

16:11 悔い改めようとしなかった 神の恐ろしいさばきの中でも、人々はかたくなに神に背き神を拒み自分勝手な生き方を続けていく。人々が悔い改めること(神に対する態度を変えて自分の罪を認め、自分中心の生き方をやめてキリストに人生をゆだねること)を拒むということは、悔い改めるなら救われることを意味している。けれども悔い改める人はいなかった(⇒2:21, 9:21, 16:9)。悔い改めは神に降伏することで、神の最終的なさばきを免れる唯一の方法である。

16:12 日の出るほうから来る王たち この人々は東洋の民族で、イスラエルとメギドの谷に向かって前進して来る(→16:16注, 19:17-21)。第六の御使いはこの時代の最後の戦いの備えをし、ユーフラテス川(西アジヤで最も長い川で全長約2,800キロ)を枯らせて、東方からの軍隊が最終的戦いに参加できるようにする(イザ11:15)。

16:13 かえる 汚れた霊は悪霊で、奇蹟を行い国々をだまして悪と罪と反キリストを支援するようにさせる。「竜」はサタンと同じで(12:9)、「獣」は反キリストと同じである(→13:)。これらの霊が三つの汚れたものの口から出て来たということは、世界に対して何かを伝える、あるいはうそのメッセージを伝えることを意味していると思われる。けれどもこれらの霊が普通の人々を狙うことはない。目標は世界の支配者たちを操ることである。

16:14 しるしを行う悪霊どもの霊である 患難時代に、国々の支配者たちは悪霊の影響を強く受け支配される。この人々はサタンの奇蹟にだまされて反キリストと狂気の同盟を結ぶ。そしてその陰謀に従って全世界を大規模な破壊に向かわせる(→**大患難**の項 p.1690, 「**反キリストの時代**」の項 p.2288)。

16:16 ハルマゲドン ハルマゲドン(《ギ》ハルマゲドーン)はパレスチナ中央の北部に位置していて、「メギドの山」という意味である。そこは「万物の支配者である神の大いなる日の戦い」(16:14)の中心地になる。この戦いは患難時代の終りの部分で起こるけれども、突然終る。それはキリストが再び来られて悪を滅ぼして(→14:19注)神の民を救い出し、メシヤ王国を設立されるからである。その国は地上を1,000年間治める(⇒20:, 「**終末の事件**」の表 p.2471)。この出来事については次の点に注意しなければならない。(1) 旧約聖書の預言者たちがこの出来事を預言していた(申32:43, エレ25:31, ヨエ3:2, 9-17, ゼパ3:8, ゼカ14:2-5)。(2) サタンと悪霊が多くの国に影響を与えて反キリストのもとに集め、神と神の軍隊と神の民に戦いを仕掛けてエルサレムを破壊しようとする(16:13-14, 16, 17:14, 19:14, 19, →エゼ38:-39:, これは患難時代の直前か初めの頃の戦いのことと思われる)。焦点はイスラエルの地にあるけれども、ハルマゲドンの出来事は全世界を巻込んでいく(エレ25:29-38)。(3) キリストは再び来られて超自然的に戦いに介入され、反キリストとその軍勢や(19:19-21, ゼカ14:1-5)、みことばに従わずメッセージを拒む人々をみな滅ぼされる(詩110:5, イザ66:15-16, Ⅱテサ1:7-10)。神もまたこのとき全世界に地震を起こして大きな被害を加えられる(16:18-19, エレ25:29-33)。

16:19 大バビロン →17:1注, →17:5注, 18:2注

²¹ また、一タラントほどの大きな雹が、人々の上に天から降って来た。人々は、この雹の災害のため、神にけがしごとを言った。その災害が非常に激しかったからである。

獣に乗っている女

17 ¹ また、七つの鉢を持つ七人の御使いのひとりが来て、私に話して、こう言った。「ここに来なさい。大水の上にすわっている大淫婦へのさばきを見せましょう。² 地の王たちは、この女と不品行を行い、地に住む人々も、この女の不品行のぶどう酒に酔ったのです。」

³ それから、御使いは、御霊に感じた私を荒野に連れて行った。すると私は、ひとり

21＊1タラントは約35キログラム
① 黙11:19, 囲黙8:7, ② 囲出9:18-25, ③ 黙16:9, 11
1 ① 黙21:9, 囲黙1:1
② 黙15:7, ③ 囲黙15:1
④ 囲黙17:15, 囲エレ51:13, ⑤ 黙17:5, 15, 16, 19:2, ナホ3:4, 囲イザ1:21, エレ2:20, ⑥ 囲黙16:19
2 ① 黙18:3, 9, 囲黙2:22, ② 黙17:8, 囲黙3:10, ③ 囲黙14:8
3 ① 黙21:10, ② 囲黙1:10
③ 黙12:6, 14, 囲黙21:10

17:1 私に話して、こう言った 17－18章は「大バビロン」の滅亡を描いているけれども、これは14:8と16:19であらかじめ宣言されていた。(1) バビロン(17:5)は、絶えずサタンに支配され、その邪悪なたくらみを政治、宗教、経済、商業の中で実行してきた、歴史の中の世界の様々な組織を象徴している(→エレ50:1注、51:1-64注)。(2) バビロンはこの時代の最後の3年半(大患難の時代)の間に地上に下る、神のさばきによって完全に破壊される。宗教的バビロン(淫婦)は、反キリストによって滅ぼされる(17:16-17)。反キリストは人々を欺く目的で宗教を利用したけれども、もはや役に立たないとして排除してしまう。キリストは再び来られると、政治的バビロンを滅ぼされる(19:11-21)。

17:1 大淫婦 淫婦は宗教的「バビロン」(→前の注)を表しており、あらゆるにせの宗教を包み込んでいる。その中には、忠実ではない反抗的なキリスト教も含まれている。売春や姦淫を表すことばやイメージは、聖書では偶像礼拝(人間が作ったにせの神々を拝むことまたは唯一のまことの神以外のものを優先すること)や神への反抗などによる神への不忠実さを表す比喩として使われることが多い(イザ1:21、エレ3:9、エゼ16:14-18, 32、ヤコ4:4)。このことばは特に、神に仕えるふりをしながら実際にはほかの神々を拝んだり仕えたりしている人々に当てはまる。大淫婦とキリストの花嫁(キリストに忠実に従う人々によるまことの教会 →19:7-8)は対照的である。淫婦はサタンに服従し、花嫁はキリストに服従する。サタンは本当の汚れた姿を隠すために極度にけばけばしい格好をさせる(17:4)。けれども神は本当の純潔を明らかにするために、光り輝くきよらかさを着せてくださる(19:8)。淫婦のためには永遠の死が代価として用意されている。けれども花嫁に与えられる報いは栄光の中の永遠のいのちである。

にせの宗教組織は次のようなものである。(1) キリストの真理を拒み(ロマ2:8、テト1:14)、真実のキリスト教信仰の基本的な教えを捨て(Ⅱテモ4:3)、敬虔さの力を否定し(Ⅱテモ3:5)、キリストやみことばに忠実な人々を虐待する。(2) 「バビロン」の腐敗した政治、経済、社会体制と手を結ぶ(17:2)。反キリストは宗教と政治体制を結び付けて人々を操り、国々を霊的に支配しようとする(17:18)。(3) 宗教の指導者たちは、主イエスご自身にしたように、神への道は主イエスしかない(→ヨハ14:6)と信じるキリストの弟子たちを迫害する(17:6)。世界の腐敗した宗教体制、特に反キリストに支配された体制は、多くの宗教哲学の信仰や慣習を統合して、信仰はみな同じ価値があるとして人々に受入れるようにさせる。そして絶対的真理の基準(あらゆる時代、あらゆる情況、あらゆる人々に適用する)を拒む。その最大の目標は、国際的な統一政治体制と結び付いた世界的規模の統一された宗教体制を作ることである。このにせの宗教制度は、「悪霊の住まい、あらゆる汚れた霊どもの巣くつ」になる(18:2, ⇒イザ47:12-13)。(4) キリストに従う人々はみな、この汚れた宗教同盟から離れるように命じられていて、もし離れなければともに滅ぼされることになる(18:4)。(5) 最終的に神は、反キリストがこの宗教的淫婦に手向かって滅ぼすように仕向けられる(→17:16注)。

17:2 地に住む人々 キリストとその教会は、大淫婦(→17:1注)の本当の姿や価値とは全く関係がない。淫婦はサタンに支配されたこの世界の体制に忠誠を完全に誓うのである。(1) 偽善的な宗教指導者やにせ預言者たちは、淫婦の価値観や教えに従って世間的には成功を収める。それは世俗的な考えをしている人々(神の真理と力を否定する人々)を誘い込むからである。にせの宗教組織では、人々に神を信じて従うと言いながら同時に神のことばの真理や基準を無視したり背いたりして、道徳的にも霊的にも姦淫をすることを許している(→17:1注)。(2) 政治的な力との妥協や、不信心な性質や振舞に寛大なのは淫婦の特徴である。霊的な淫婦である世界の宗教組織は、機会があるたびに自分自身と自分の好意を世界に売りつける(18:3)。そして世界中の神を敬わない人々は、「この女の不品行のぶどう酒に酔」う(17:2)。

の女が緋色の獣に乗っているのを見た。その獣は神をけがす名で満ちており、七つの頭と十本の角を持っていた。

4 この女は紫と緋の衣を着ていて、金と宝石と真珠とで身を飾り、憎むべきものや自分の不品行の汚れでいっぱいになった金の杯を手に持っていた。

5 その額には、意味の秘められた名が書かれていた。すなわち、「すべての淫婦と地の憎むべきものとの母、大バビロン」という名であった。

6 そして、私はこの女が、聖徒たちの血と

3 ④圏黙18:12,16, マタ27:28
  ⑤圏黙13:1, ⑥黙17:7, 9, 12, 16, 圏黙12:3
4 ①圏黙18:16, 囲黙18:12, エゼ28:13
  * 直訳「金めっきの」
  ②エレ51:7, 圏黙18:6
5 ①黙17:7, Ⅱテサ2:7, 黙1:20, ②黙17:2
  ③圏黙14:8, 16:19
6 ①圏黙16:6

7 * 直訳「あなたは驚いているのですか」
  ①圏黙17:3, ②圏黙17:5
8 ①黙17:11, 囲黙13:3, 12, 14, ②圏黙9:1, 13:1
  ③黙11:7, 囲黙13:1
  ④黙17:11, 囲黙13:10
  ⑤黙3:10, 6 囲黙13:8
  ⑦圏黙3:5

イエスの証人たちの血に酔っているのを見た。私はこの女を見たとき、非常に驚いた。
7 すると、御使いは私にこう言った。「*なぜ驚くのですか。私は、あなたに、この女の秘義と、この女を乗せた、七つの頭と十本の角とを持つ獣の秘義とを話してあげましょう。
8 あなたの見た獣は、昔いたが、今はいません。しかし、やがて底知れぬ所から上って来ます。そして彼は、ついには滅びます。地上に住む者たちで、世の初めからのちの書に名を書きしるされていない者

17:3 緋色の獣 この獣は世界政府、または政治的「バビロン」で、世界の神を敬わない宗教組織を特に終りの日に支持するようになる。「七つの頭」の詳細→17:9注 「十本の角」の詳細 →17:12注

17:4 金の杯 この杯は「不品行の汚れでいっぱいになった」けれども、外側は美しい。それは終りのときの不忠実で反抗的で神を敬わない教会の霊的状態を表している(⇒マタ23:27-28)。金の杯を持つ教会は、キリストを信じる信仰による救いではなく、神とこの世の満足の両方を人々に提供しようとする。このゆがめられたキリスト教は、信仰者たちにたとい不道徳な生き方をしていても神は受入れてくださると保証する。

17:5 意味の秘められた 淫婦の額に書かれた名前は、神を敬わないこの教会が長年存在していたのに、本当の性質と特徴がこのときまで明らかにされていなかったことを意味していると思われる。ヨハネはその本当の姿をこの幻の中で見ることを許された。

17:5 大バビロン 「バビロン」という名前はヘブル語の「バベル」のギリシヤ語訳で、ヘブル語の「バーラル」(「混乱させる」創11:9)から来ている。したがってこの場合のバビロンは旧約聖書のバベルに関係があり、人間の誇りと神への反抗を象徴している(創10:8-10, 11:3-4, イザ47:13)。さらにこれに加えて、バベルにはせの宗教や魔術、占星術やオカルトなどを表している。そこには悪魔礼拝、秘密の宗教儀式、魔法、超自然的力、薬物による体験、死者との交流による知識や力の獲得、情況や人々の操縦などが含まれている(「大バビロン」の詳細 →14:8注, 17:1私に話しての注, 18:2注)。

17:6 聖徒たちの血 にせ宗教は世界の組織と協力して、神から正統的な聖書信仰に心から従う人々を迫害する。

17:8 獣は、昔いたが、今はいません。しかし・・・上って来ます 反キリストは、過去の歴史上の人物で今は死んでいるけれども将来、底知れぬ所から上ってきてしばらくの間地上にとどまり最後には滅ぼされると、ある人々は解釈している(⇒17:8-11, 19:20)。けれども聖書によれば、死んだ後にはさばきがある(ヘブ9:27-28)のであって、地上での新しいいのちが与えられるのではない。また、いのちを与えたりよみがえらせたりできるのは神だけであり、御子イエス以外にその力を与えられた人は聖書の中にはいない。別の人は、この箇所はヨハネが言っている致命的な傷が治った獣と関係していると考えている(→13:3注)。けれどもこの預言的幻の獣は、どちらかというと過去に存在した多くの有力な帝国のかたちで台頭しまた滅んでいったこの世の政治組織を表していると思われる。そのような組織は、ローマ帝国の滅亡(ヨハネの時代の読者が黙示録の中に見たと思われる情況)以後はここに描かれているかたちでは存在していない。その時以来、世界の政治体制はダニエルの幻の中の鉄と粘土の混じったもののようになっている(→ダニ2:41-43注)。けれども患難の時代には新しい強力な組織が短期間出現し、サタンに捕えられ力を与えられた反キリストによって支配される。獣の帝国が「底知れぬ所から」(「底のない穴」)上って来る理由もこれによって説明がつく。「世・・・は、その獣が・・・やがて現れるのを見て驚きます」(17:8)。それは、獣が現れる前は統合した世界政府など考えられなかったからである。けれどもこの帝国は長続きしない。その先は滅亡だからである(指導者とともに)。反キリストは人々を滅ぼしまた自分も滅ぼされてしまう(⇒19:20)。

17:8 世の初めからいのちの書 このことばは神が救われる人々と罪の罰を受ける人々とを既に決めておられるという意味ではない。神は何でも知っておられるけれどもご自分が人々に与えられた自由意思(神を選ぶか拒むか選択ができる)を無視されることはない(→「**選びと予定**」の項 p.2215)。キリストに不忠実で罪

黙示録　17章

は、その獣が、昔はいたが、今はおらず、やがて現れるのを見て驚きます。

9 ここに知恵の心があります。七つの頭は、この女がすわっている七つの山で、七人の王たちのことです。

10 五人はすでに倒れたが、ひとりは今おり、ほかのひとりは、まだ来ていません。しかし彼が来れば、しばらくの間とどまるはずです。

11 また、昔いたが今はいない獣について言えば、彼は八番目でもありますが、先の七人のうちのひとりです。そして彼はついには滅びます。

12 あなたが見た十本の角は、十人の王たちで、彼らは、まだ国を受けてはいません

8 ⑧黙13:3
9 ①囲黙13:18
②黙17:3
③囲黙10:11
11 ①囲黙17:8, 囲黙13:3, 12, 14
②黙17:8, 囲黙13:10
12 ①囲黙17:16, 囲黙12:3, 囲黙13:1
②黙18:10, 17, 19
13 ①囲黙17:17
14 ①囲黙16:14
②黙3:21
③黙19:16
圖Ⅰテモ6:15
④囲黙2:10, 11
⑤囲マタ22:14
15 ①囲黙17:1, 囲イザ8:7, エレ47:2
②囲黙5:9
16 ①囲黙17:12
②黙18:17, 19
③エゼ16:37, 39
④黙19:18
⑤黙18:8

が、獣とともに、一時だけ王の権威を受けます。

13 この者どもは心を一つにしており、自分たちの力と権威とをその獣に与えます。

14 この者どもは小羊と戦いますが、小羊は彼らに打ち勝ちます。なぜならば、小羊は主の主、王の王だからです。また彼とともにいる者たちは、召された者、選ばれた者、忠実な者だからです。」

15 御使いはまた私に言った。「あなたが見た水、すなわち淫婦がすわっている所は、もろもろの民族、群衆、国民、国語です。

16 あなたが見た十本の角と、あの獣とは、その淫婦を憎み、彼女を荒廃させ、裸にし、その肉を食い、彼女を火で焼き尽くす

と悪に負けた人の名前は、いのちの書から消されることをヨハネは示している(3:5, →13:8注, ⇒詩69:28)。ギリシヤ語の原本を見ると「世の初め」からあったのは「いのちの書」であって、そこに書かれる名前ではないことがわかる。ここで言われている人々は自分からキリストを拒んだ人々で、獣に従い獣とともに火の池での永遠の滅びに向かう、神を敬わない人々である。

17:9　七人の王たち　ある人々は「七人の王たち」は過去の世界の大国だった七つの王国を現すと考えている(既に倒れた王国はエジプト、アッシリヤ、バビロニヤ、メド・ペルシヤ、ギリシヤ)。ヨハネは、ヨハネの幻の時代に存在している世界的権力であるローマ帝国(「今おり」)はこの流れの一つであると教えている。これから来る王は、ダニエル2章に描かれている鉄と粘土の足の部分である(→ダニ2:41-43注)。この王国は、ローマ帝国の滅亡に続いて今に至る民族主義的国家を表している。次の「八番目」の王国(17:11)は終りのときの反キリストの王国である。

17:11　八番目　反キリストである獣(13:)は最後の世界帝国の頭である。それは「七人のうちのひとり」であるけれども(→17:9注)、同時に「八番目」でもある。つまり最初の七つの帝国と同じように神を敬わないの世界の組織につながる。けれどもその一部分にはなっていない(→17:8注)。反キリストは患難時代の終りに滅ぼされる(19:20)。

17:12　十本の角は、十人の王たち　「十人の王たち」は大きな政治の力を持つ10の国のことで、将来の世界の支配者を支える(17:13)。そしてキリストと聖書信仰に反対する、反キリストの目的を支援する世界的同盟を結ぶ(⇒ダニ7:23-25)。これらの王たちは「まだ国を受けてはいません」と聖書は言うけれども、そ

れはこれらの国々がヨハネの時代にはまだ存在していないという意味である。けれども反キリストとともに、短期間だけ権力を持つようになる。

17:14　小羊と戦います　幻はここで患難時代の最後の戦いの場面に跳ぶ。そのときキリストが地上に再び来られて、反キリストと反キリストに協力する人々を打倒される(→16:14注, 16注)。

17:15　水　淫婦が水の上にすわっているのは患難時代の初めの部分で、一つに統一された(信仰がみな統合される)普遍的な宗教組織ができることを指している。反キリストは権力を握るためにこの組織を利用し操作する。この宗教組織は、やがて反キリストが政治の大きな権力を手にしたときには反キリストの宗教と取替えられて、最終的には反キリストを拝むことを強要するようになる(マタ24:15, Ⅱテサ2:3-4)。

17:16　その淫婦を憎み　反キリストは支配するようになったある時点で、支持する人々とともに淫婦(世界の宗教組織 →17:1注)に対して憤るようになる。その組織には、「キリスト者」を名乗る(実際は違う)にせの教会やほかの宗教的カルトが含まれている。反キリストは、淫婦の世界宗教を自分の目的のために使うけれども後には捨ててしまう。これはもし反キリストが完全に同盟を結んだら、反キリストと同盟を結んだ十か国の指導者たちがほかの宗教組織はいらないと決定するものと思われる。そして最後には淫婦と淫婦の施設を完全に滅ぼしてしまう。これは、キリストにある神の真理を拒んだこの世界の宗教組織に対する神のさばきである。そして7年間の患難時代の真ん中、つまり獣が神を名乗って礼拝を要求するようになったときに起こるものと思われる(13:8, 15, ⇒ダニ9:27, 11:36-38, →「**大患難**」の項 p.1690,「**反キリストの時**

ようになります。
17 それは、神が、みことばの成就するときまで、神のみこころを行う思いを彼らの心に起こさせ、彼らが心を一つにして、その支配権を獣に与えるようにされたからです。
18 あなたが見たあの女は、地上の王たちを支配する大きな都のことです。」

大バビロンの崩壊

18 ¹ この後、私は、もうひとりの御使いが、大きな権威を帯びて、天から下って来るのを見た。地はその栄光のために明るくなった。
² 彼は力強い声で叫んで言った。「倒れた。大バビロンが倒れた。そして、悪霊の住まい、あらゆる汚れた霊どもの巣くつ、あらゆる汚れた、憎むべき鳥どもの巣くつとなった。
³ それは、すべての国々の民が、彼女の不品行に対する激しい御怒りのぶどう酒を飲み、地上の王たちは、彼女と不品行を行い、地上の商人たちは、彼女の極度の好色によって富を得たからである。
⁴ それから、私は、天からのもう一つの声がこう言うのを聞いた。「わが民よ。この女から離れなさい。その罪にあずからないため、また、その災害を受けないためです。
⁵ なぜなら、彼女の罪は積み重なって天にまで届き、神は彼女の不正を覚えておられるからです。
⁶ あなたがたは、彼女が支払ったものをそのまま彼女に返し、彼女の行いに応じて二倍にして戻しなさい。彼女が混ぜ合わせた杯の中には、彼女のために二倍の量を混ぜ合わせなさい。
⁷ 彼女が自分を誇り、好色にふけったと同じだけの苦しみと悲しみとを、彼女に与えなさい。彼女は心の中で『私は女王の座に着いている者であり、やもめではないから、悲しみを知らない』と言うからです。
⁸ それゆえ一日のうちに、さまざまの災害、すなわち死病、悲しみ、飢えが彼女を襲い、彼女は火で焼き尽くされます。彼女をさばく神である主は力の強い方だからです。
⁹ 彼女と不品行を行い、好色にふけった地上の王たちは、彼女が火で焼かれる煙を見ると、彼女のことで泣き、悲しみます。

代」の項 p.2288)。

18:2 大バビロンが倒れた 18章で大バビロン(→17:5注)は主に商業(事業、貿易、経済)と政治のイメージで描かれている。(1) ある人は、ここの大バビロンは神を敬わない実際の都市または国(古代バビロンが邪悪なことで有名だったように)を表していると考えている。(2) またある人は、大バビロンは反キリストの支配に入れられた神を敬わない世界の組織全体を表すと考えている。ここでは大バビロンの商業と経済の組織が崩壊することが描かれている。そして19章では、政治的組織が患難時代の終りに神によってさばかれ破壊されていく(⇒19:17-21、イザ13:1-11)。

18:4 わが民よ。この女から離れなさい。 これは最後の世代のキリスト者に向かって、神が大バビロンから離れるように預言的に呼びかけをしている場面である(18:2)。この神を敬わない世界組織にとどまっている人々は、やがて「その罪にあずか」り、その結果「その災害を受け」るようになる。この世界の腐敗とにせの宗教から離れることは、霊的救いにとって極めて重要である(⇒イザ52:11、エレ51:45、Ⅰコリ11:32、→「信者の霊的聖別」の項 p.2172)。

18:7 彼女が自分を誇り、好色にふけった 商業と経済の崩壊によって被った大バビロン(この世界の組織)の苦しみと悲しみは、それまで誇り、好色にふけってきた生き方に比例して与えられる罰である。神を拒みほかの人々を犠牲にし傷つけて富と権力を貯め込んだ豊かで強力な腐敗した企業体は、その富と力を一日ではぎ取られることになる(18:8、⇒ヤコ5:1-6)。実際にその破壊はあまりにも完全で恐ろしく、人々は遠く離れて(18:10)「泣き、悲しみます」(18:9)。

18:9 王たちは・・・彼女のことで泣き、悲しみます お金と好色と権力と自己中心の快楽ばかり追い求めていた人々はみな、自分たちの人生の「神」が滅ぼされたため泣き悲しむ。大きな富を失い、もはや商品で利益を得ることができない(⇒ヤコ5:1-6)。ここで神はどん欲と抑圧を土台にした事業や政府を憎まれることをはっきりと示された。イエス・キリストの謙虚な価値観ではなく、富や地位や快楽を追い求める人々に神は敵対される。自己中心的な好色と快楽に生きている人々は、やがて神の怒り(正当な怒り、さばき、罰)によって打倒される。神のあわれみのあるときにへりくだらなかった人々は、神のさばきによってへりくだ

黙示録 18章

10 彼らは、彼女の苦しみを恐れたために、遠く離れて立っていて、こう言います。『わざわいが来た。わざわいが来た。大きな都よ。力強い都、バビロンよ。あなたのさばきは、一瞬のうちに来た。』
11 また、地上の商人たちは彼女のことで泣き悲しみます。もはや彼らの商品を買う者がだれもいないからです。
12 商品とは、金、銀、宝石、真珠、麻布、紫布、絹、緋布、香木、さまざまの象牙細工、高価な木や銅や鉄や大理石で造ったあらゆる種類の器具、
13 また、肉桂、香料、香、香油、乳香、ぶどう酒、オリーブ油、麦粉、麦、牛、羊、それに馬、車、奴隷、また人のいのちです。
14 また、あなたの心の望みである熟したくだものは、あなたから遠ざかってしまい、あらゆるはでな物、はなやかな物は消えうせて、もはや、決してそれらの物を見いだすことができません。
15 これらの物を商って彼女から富を得ていた商人たちは、彼女の苦しみを恐れたために、遠く離れて立っていて、泣き悲しんで、
16 言います。『わざわいが来た。わざわいが来た。麻布、紫布、緋布を着て、金、宝石、真珠を飾りにしていた大きな都よ。
17 あれほどの富が、一瞬のうちに荒れすたれてしまった。』また、すべての船長、すべての船客、水夫、海で働く者たちも、遠く離れて立っていて、
18 彼女が焼かれる煙を見て、叫んで言いました。『このすばらしい都のような所がほかにあろうか。』
19 それから、彼らは、頭にちりをかぶって、泣き悲しみ、叫んで言いました。『わざわいが来た。わざわいが来た。大きな都よ。海に舟を持つ者はみな、この都のおごりによって富を得ていたのに、それが一瞬のうちに荒れすたれるとは。』
20 おお、天よ、聖徒たちよ、使徒たちよ、預言者たちよ。この都のことで喜びなさい。神は、あなたがたのために、この都にさばきを宣告されたからです。」
21 また、ひとりの強い御使いが、大きい、ひき臼のような石を取り上げ、海に投げ入れて言った。「大きな都バビロンは、このように激しく打ち倒されて、もはやなくなって消えうせてしまう。
22 立琴をひく者、歌を歌う者、笛を吹く者、ラッパを鳴らす者の声は、もうおまえのうちに聞かれなくなる。あらゆる技術を持った職人たちも、もうおまえのうちに見られなくなる。ひき臼の音も、もうおまえのうちに聞かれなくなる。
23 ともしびの光は、もうおまえのうちに輝かなくなる。花婿、花嫁の声も、もうおまえのうちに聞かれなくなる。なぜなら、おまえの商人たちは地上の力ある者どもで、すべての国々の民がおまえの魔術にだまされていたからだ。
24 また、預言者や聖徒たちの血、および地上で殺されたすべての人々の血が、この都の中に見いだされたからだ。」

18:20 この都のことで喜びなさい 神を敬わない地上の人々は大バビロンの滅亡を悲しむけれども、神を敬う人々はみな天と地で神の正義が行われたことを喜ぶ。神は、自己中心的なぜい沢、人間中心主義的な政府、神不在の事業の展開など、世界の腐敗した社会経済体制を持つサタンの体制にさばきを下される。19:1-10に描かれている天での神の民の熱狂的な喜びに沸く姿は、今日悪がこの世界で勝利を治め成功しているように見えることを嘆いている神の民の姿とは対照的である。神の子どもたちは、周りの人々の不道徳な行いや罪によって生活が破壊されている姿を見て悲しまずにはおられない。

18:21 もはやなくなって消えうせてしまう 一人の御使いが大バビロン(この世界の組織)が政治的、軍事的に最終的に倒されることを宣言する。キリストが再び来られると、「万物の支配者である神の大いなる日の戦い」によって反キリストと神を敬わないこの世界の組織は完全に滅ぼされる(16:14, →14:8, 16:14注, 16注, 19:11-21, ⇒ダニ5: の大バビロンの崩壊)。最後には、現在の世界の中の腐敗は除かれて、キリストの千年期(キリストの1,000年間の統治によって地上に平和がもたらされ歴史の時間が閉じられる 20:)の純粋さと完全さを迎える準備が行われる。

18:23-24 血が、この都の中に見いだされたからだ 18章の最後の二節は、大バビロンが宗教的、経済的、

ハレルヤ！

19 ¹ この後、私は、天に大群衆の大きい声のようなものが、こう言うのを聞いた。

「ハレルヤ。救い、栄光、力は、われらの神のもの。
² 神のさばきは真実で、正しいからである。神は不品行によって地を汚した大淫婦をさばき、ご自分のしもべたちの血の報復を彼女にされたからである。」
³ 彼らは再び言った。「ハレルヤ。彼女の煙は永遠に立ち上る。」
⁴ すると、二十四人の長老と四つの生き物はひれ伏し、御座についておられる神を拝んで、「アーメン。ハレルヤ」と言った。
⁵ また、御座から声が出て言った。

「すべての、神のしもべたち。小さい者も大きい者も、神を恐れかしこむ者たちよ。われらの神を賛美せよ。」
⁶ また、私は大群衆の声、大水の音、激しい雷鳴のようなものが、こう言うのを聞いた。

「ハレルヤ。万物の支配者である、われらの神である主は王となられた。
⁷ 私たちは喜び楽しみ、神をほめたたえよう。小羊の婚姻の時が来て、花嫁はその用意ができたのだから。
⁸ 花嫁は、光り輝く、きよい麻布の衣を着ることを許された。その麻布とは、聖徒たちの正しい行いである。」
⁹ 御使いは私に「小羊の婚宴に招かれた者は幸いだ、と書きなさい」と言い、また、

政治的に崩壊した(腐敗した世界の滅亡)理由を要約している。(1)「おまえの商人たちは地上の力ある者ども」だった(18:23)。けれどもその力は良い力ではなく、誇りとごう慢を生み出した。この人々は、世界の市場と経済を操作し支配してその上に君臨していた。(2)「すべての国々の民がおまえの魔術にだまされていたからだ」(18:23)。道徳的にも宗教的にも、世界は好色と不信心の方向へ流れて行った。占い、魔法、魔術、オカルト、薬物による霊的体験、人間中心の哲学(→コロ2:8注)などの邪悪な慣習が、腐敗した社会に広まっていた。富と官能的な快楽への誘惑によって多くの国は滅亡した。このようなものは、教会にも入り込む傾向が度々見られた。(3)「預言者や聖徒たちの血・・・が、この都の中に見いだされたからだ」。神に対する態度を大胆に示し世俗の基準を拒んだ人々を、この世界はいつも拒み虐待し迫害し、殺すことさえしてきた。主イエスご自身も弟子たちはそのような扱いを受けると言われた(→マタ5:12, 24:9, ヨハ15:20)。パウロも「確かに、キリスト・イエスにあって敬虔に生きようと願う者はみな、迫害を受けます」(Ⅱテモ3:12)と警告している。けれどもこの世界は必ず罰せられる。忠実な人々の血のために、神がある日仕返しをされるのである(→6:9注、10注)。

19:1　この後　19章は、患難時代の終わりと、キリストが栄光を帯びて地上に再び来られて神を敬わない人々を滅ぼし神の民とともに治められることを扱っている。　→「終末の事件」の表 p.2471

19:1　ハレルヤ　「ハレルヤ」ということばは新約聖書に4回出てくるけれども、これはその最初のものである(全部この部分にある　→19:1, 3-4, 6)。これは「賛美」を意味する「ハルルー」と「ヤハウェ」または「主」を意味する「ヤー」の二つのヘブル語からできていることばで、二つ合せて「主を賛美せよ」という意味になる。天の群衆は、神が世界をさばき、神を信じたために苦しんだ人々の仕返しをされたことで主を賛美する。またイエス・キリストが地上を再び治めてくださることを喜んでいる(19:6, 11, 20:4)。

19:7　花嫁はその用意ができた　19章の時間の流れによると、花嫁(教会　Ⅱコリ11:2)はキリストが地上に再び来られる前に既に天にいる。このことは、教会(患難時代の前のキリストに忠実に従う人々)が19:11-21のキリストが来られる前に既に地上から引上げられていることを明らかにしていると多くの注解者は考えている(→「携挙」の項 p.2278)。それには二つの理由がある。(1) 既に天にいる花嫁は、「小羊の婚姻」のために衣装を整えて準備をしている。したがって教会は既に携挙され(「引上げられ」)天にいるに違いない。(2) 既に天にいる花嫁は「聖徒たちの正しい行い」(神との関係を持って行ったこと)という衣を完全に身に着けている(19:8)。このような信仰の行いを完成させるためには、神の民は天にいてあらゆる霊的道徳的汚れから離れていなければならない。患難時代のこの時点までに、キリストの花嫁には患難時代にキリストのためにいのちをささげた人々も含まれていたと思われる。

19:9　小羊の婚宴　天では、キリストが「花嫁」(19:7)である教会(キリストに忠実な人々　⇒Ⅱコリ11:2)と結ばれたことを祝う盛大な祝宴が設けられる。それは神の民にとって想像を絶する喜びと祝いのときである。「花嫁」は「妻」を意味し、教会がキリストと既に親

黙示録　19章

「これは神の真実のことばです」と言った。10 そこで、私は彼を拝もうとして、その足もとにひれ伏した。すると、彼は私に言った。「いけません。私は、あなたや、イエスのあかしを堅く保っているあなたの兄弟たちと同じしもべです。神を拝みなさい。イエスのあかしは預言の霊です。」

白い馬に乗った方

11 また、私は開かれた天を見た。見よ。白い馬がいる。それに乗った方は、「忠実また真実」と呼ばれる方であり、義をもってさばきをし、戦いをされる。12 その目は燃える炎であり、その頭には多くの王冠があって、ご自身のほかだれも知らない名が書かれていた。13 その方は血に染まった衣を着ていて、その名は「神のことば」と呼ばれた。14 天にある軍勢はまっ白な、きよい麻布を着て、白い馬に乗って彼につき従った。15 この方の口からは諸国の民を打つために、鋭い剣が出ていた。この方は、鉄の杖をもって彼らを牧される。この方はまた、万物の支配者である神の激しい怒りの酒ぶねを踏まれる。16 その着物にも、ももにも、「王の王、主の主」という名が書かれていた。17 また私は、太陽の中にひとりの御使い

密な愛の関係を持っていることを示している。祝宴が用意されたときには花嫁が既にキリストとともにいるので(→19:7注)、この祝宴はキリストが地上に再び来られて反キリストを破り地上を1,000年間治められる前に天で行われることを示唆している。

19:10　イエスのあかしは預言の霊です　預言は、人の声やそのほかの伝達方法を使って、神をあがめることや神のご計画や目的などを明らかにする神のメッセージを伝えることである。預言はそのような目的を人々に知らせ、訴え、予見し、警告し励ますことができる。神を敬う預言は、究極的に主イエスと、人々を神との個人的な永遠の関係に回復するキリストの働きとに結び付いている。したがって預言はみなキリストをあがめ、キリストと正しい関係を持つように私たちに求めるものである。

19:11　私は開かれた天を見た　ここにはキリストが王の王、主の主(19:16)として地上に再び来られ勝利される姿を描いた幻が示されている。キリストは戦うメシヤ(勝利の救い主　⇒Ⅱテサ1:7-8)、真理と正義を打ち立て(詩96:13)、国々をさばき悪に対する戦いを進める勝利の救い主として来られる(⇒ヨハ5:30)。これはあらゆる世代の神に忠実な人々が待焦がれていた出来事である。

19:12　ご自身のほかだれも知らない名　この名前は、御父とともに持っておられるキリストの究極の栄光と特性を示している(⇒ヨハ17:5)。聖書の中では、神やキリストの名前は単なる呼び名ではない。それは必ず神の本質、特性、働きを反映している。名前はそれぞれの王冠に書かれていると思われる。「だれも知らない」ということは、単に名前が秘密であるという意味ではなく、神の御子である主イエスが持っておられる特性はだれも持っていないということである。キリスト

は特別な方でほかのだれとも比べることはできない。

19:14　軍勢　キリストとともに来る軍勢には、既に天にいる神の民がみな含まれている(⇒17:14)。この人々は白い衣を着ていることから、小羊の「妻」、キリストの「花嫁」(19:8)であることが確かである。これは神の民にとっては究極の喜びと勝利のときであるけれども、神を汚しキリストを拒んだ人々にとっては究極の悲しみと敗北のときである。

19:15　諸国の民を打つ　キリストは地上に再び来られると悪い国々を罰せられる。「鉄の杖をもって彼らを牧される」は、羊(神の民 ⇒詩2:9)の敵を滅ぼす羊飼いとしての働きを意味している。「この方は・・・酒ぶねを踏まれる」は、収穫のときの情景で、刈取り(恐ろしいさばき)が完全に実行されることを示している(⇒イザ64:1-2, ゼカ14:3-4, マタ24:29-30, ⇒黙14:19注)。

19:15　万物の支配者である神の激しい怒り　ここは神が罪を憎まれることを再び厳しく示している。キリストは愛であるから罪や不道徳を大目に見られるという考え方は、この書物の中のキリストの姿には見ることができない。実際はその逆である(→19:16注)。

19:16　王の王、主の主　主イエスが最初に来られたときそれを見た人は数人でしかなかった(ルカ2:)。生きておられる間も主イエスが世界の救い主であることに気付いた人はわずかだった(ヨハ1:10-11)。けれども再び地上に来られるときには、だれもが主の姿を見る(1:7)し、それを見間違える人はいない(⇒マタ24:30-31)。主イエスは無力な赤ちゃんや苦しむしもべとしてではなく、戦士として勝利の王として来られる。主イエスが最初に来られたときの目的(人々を赦し霊的に救うこと)を拒んだ人々は再臨のときには「激しい怒り」(19:15)から逃げることができない。

が立っているのを見た。彼は大声で叫び、中天を飛ぶすべての鳥に言った。「さあ、神の大宴会に集まり、18王の肉、千人隊長の肉、勇者の肉、馬とそれに乗る者の肉、すべての自由人と奴隷、小さい者と大きい者の肉を食べよ。」

19また私は、獣と地上の王たちとその軍勢が集まり、馬に乗った方とその軍勢と戦いを交えるのを見た。

20すると、獣は捕らえられた。また、獣の前でしるしを行い、それによって獣の刻印を受けた人々と獣の像を拝む人々を惑わしたあのにせ預言者も、彼といっしょに捕らえられた。そして、このふたりは、硫黄の燃えている火の池に、生きたままで投げ込まれた。

21残りの者たちも、馬に乗った方の口から出る剣によって殺され、すべての鳥が、彼らの肉を飽きるほどに食べた。

17①黙8:13, ②黙19:21
　圏イザ34:6, エレ46:10
　④エレ12:9, エゼ39:17,
　圏Ⅰサム17:44
18①黙6:15, ②黙11:18,
　13:16, 圏黙19:5
　圏エゼ18-20
19①黙11:7, 圏黙13:1,2,黙
　14:16, ③黙19:11,21
20①黙13:12, ＊別訳「権威によって」, 圏黙13:13
　③黙13:16, 17, ④黙
　13:15(12), ⑤黙13:14
　
　⑥黙16:13, ⑦圏黙14:
　10, 圏イザ30:33, ダニ7:11
　⑧黙20:10, 14, 15, 21:8
21①黙19:11, 19
　②黙19:15, 圏黙19:17

1①黙10:1, ②圏黙1:18,9:1

千年期

20 1また私は、御使いが底知れぬ所のかぎと大きな鎖とを手に持って、天から下って来るのを見た。

19:17 神の大宴会 この「宴会」は「小羊の婚宴」(19:9)とは全く対照的である。ここの宴会はハルマゲドンの戦いを指している(→16:16注)。(1) 神の敵は壊滅し、その戦場をきれいにするためには鳥の大群が必要になる。これが「神の大宴会」と呼ばれるのは、神がはげわしのような猛禽類にえさを提供されるからである。(2) この世の恐ろしい悪と残虐さに対するさばきの一場面である。この出来事を指していると思われる預言は、このほかにも次の箇所にある。14:14-20, 16:13-16, 17:14, エレ51:27-44, エゼ39:17-20, ヨエ3:9-16, ゼパ3:8, ゼカ14:2-5

19:19 戦いを交える 戦いのために、悪魔の手先が国々をハルマゲドン周辺に集めるのを神は許される(→16:16注、ヨエ3:2, ゼパ3:8, ゼカ14:2-3)。(1) 戦いは、反キリストと反キリストに従って戦った者たちが滅ぼされて急速に終結する(19:19-21)。(2) 神のさばきはこの戦いから始まって、集まった軍隊はもとより全世界にまで広がる(エレ25:29-33, →黙14:19注)。これはキリストに頼る人だけが生き残り、千年期に入ることができるということを意味する(20:)。けれどもある人々は、患難時代の神の怒りは多くの人を死なせるけれども、ハルマゲドンで滅ぼされるのは主として反キリストの軍隊であると考えている。もしそうであるなら、世界中の何億という不信仰な人々は生き残り神の民に支配されることになる(→19:21注)。

19:20 しるしを行い・・・にせ預言者 ヨハネは再びにせ預言者の大きな特徴を一つ挙げている。それは奇蹟のしるしによって多くの人をだますことである(⇒13:13-15, ⇒Ⅱテサ2:9-10)。サタンは神が行われることのまねしかできない。したがってこの奇蹟のしるしもほかのこと同じように、うそと欺きに満ちている(⇒ヨハ8:44)。終わりの日にキリストとみことばに忠実でありたいと思う人々は(⇒14:12)、成功や奇蹟など表面的なことだけでそれが真理であり真実であると認めたり評価したりしてはならない。主ご自身が「にせキリスト、にせ預言者たちが現れて、できれば選民をも惑わそうとして、大きなしるしや不思議なことをして見せます」(マタ24:24, →**大患難**の項 p.1690)と警告しておられる。

19:21 残りの者たちも・・・殺され 「残りの者たち」については二つの考え方がある。(1) ある人々は、これはキリストを拒みキリストに人生をゆだねない全世界の人々を指していると考える(→エレ25:29-33, →黙14:19注)。この考え方では、霊的に救われていない人々や正しくない人々(神と正しい関係を持たず神の基準による正しいことを行っていない人々)はみな殺され、だれも神の千年期に入れないことになる(20:4)。患難時代には、罪の赦しとキリストの永遠のいのちのメッセージが御使いの助けを受けて(14:6)、地上に住むすべての人に十分に届けられる。真理を拒む人々には次のように言われている。「神は、彼らが偽りを信じるように、惑わす力を送り込まれます。それは、真理を信じないで、悪を喜んでいたすべての者が、さばかれるためです」(→Ⅱテサ2:11注, 12注)。神との正しい関係を持たない人々は「神の国を相続できない」(Ⅰコリ6:9-11, ⇒ガラ5:19-21)。キリストが再び来られるときに、神を敬わない人々は神と正しい関係を持つ人々から離され、永遠の罰を受けることになる(マタ25:31-46)。(2) ほかの人々は、ハルマゲドンでは主に反キリストの軍隊だけが滅ぼされ、全世界の神を信じない人々に対するさばきはこのときには起こらないと考えている。この場合、患難時代に災害やさばきから生き延びた多くの不信仰な人々は、キリストが治められる千年期(1,000年間)に入ることになる(20:, →19:19注)。そして千年期では神の民に治められる。この考え方によると、1,000年の終わりにサタンがキリストに最後の戦いをするときに参加する反逆者たちは、この不信仰な人々の子孫である(→20:7-9各注)。

黙示録 20章

2 彼は、悪魔でありサタンである竜、あの古い蛇を捕らえ、これを千年の間縛って、3 底知れぬ所に投げ込んで、そこを閉じ、その上に封印して、千年の終わるまでは、それが諸国の民を惑わすことのないようにした。サタンは、そのあとでしばらくの間、解き放されなければならない。

4 また私は、多くの座を見た。彼らはその上にすわった。そしてさばきを行う権威が彼らに与えられた。また私は、イエスのあかしと神のことばとのゆえに首をはねられた人たちのたましいと、獣やその像を拝まず、その額や手に獣の刻印を押されなかった人たちを見た。彼らは生き返って、キリストとともに、千年の間王となった。5 そのほかの死者は、千年の終わるまでは、生き返らなかった。これが第一の復活である。

※原語「ディアボロス」
①黙12:9、②イザ24:22、Ⅱペテ2:4、ユダ6
①黙20:1、ダニ6:17、マタ27:66
②黙20:8、10、黙12:9
④ダニ7:9、②黙3:21、マタ19:28、③ダニ7:22、Ⅰコリ6:2
④黙1:9、⑤黙6:9、⑥黙13:15(12)、⑦黙13:16,17、8 ヨハ14:19、イザ26:14、⑨黙20:6,22:5、黙3:21,5:10
⑤ルカ14:14、ピリ3:11、Ⅰテサ4:16

20:2 竜・・・これを千年の間縛って キリストが来られ19章の出来事が起きた後、サタンは縛られ1,000年の間閉じ込められる。それはキリストが完全な平安と義によって地上を治める間、悪いことを行ったり人々をだましたりしないようにするためである。その結果、この時代にはサタンの影響力は完全になくなる。1,000年の後サタンは短期間解放され、神の支配に反抗的な人々を欺く(20:3, 7-9)。その人々の中には、患難時代の終わりに生きている人々もこの時代に生れた人々も含まれている(キリストとともに来て勝利し千年期に治める人々は、新しい栄光のからだを持ち子どもは持たず、サタンの誘惑に動かされることもない)。サタンの最大の特徴は人々をだますことである(→創3:13, マタ24:24, Ⅱテサ2:9-10, →Ⅰペテ5:8注)。

20:3 諸国の民を惑わすことのないようにした キリストが地上を治めておられる間に存在する国は、患難時代に生き残った人々とその子孫によってできている(→19:21注, 20:4注)。聖書の中では、「諸国の民」ということばは黙示録でもしばしばこの世界の神を敬わない人々を指している。けれどもヨハネは、霊的に救われ神と正しい関係を持つ人々を表すときにも使っている(21:24, 22:2)。

20:4 座・・・彼らはその上にすわった キリストとともに1,000年の間さばく(または「支配する」)権威を持って座にすわる人々は、教会の時代(教会の携挙と大患難のさばきの前)からキリストに忠実に従ってきた人々と思われる。つまり、あらゆる時代のあらゆる教会の勝利者で(⇒2:7注)、旧約聖書の時代の神に忠実だった人々も含まれていると思われる(→エゼ37:11-14, エペ2:14-22, 3:6, ヘブ11:39-40)。この人々はみな、キリストが地上に再び来られて反キリストの軍隊を滅ぼし1,000年の統治をされるときに、ともに来る人々と思われる(19:14)。その中にはキリストの最初の弟子で新約聖書の教会を建てた人々も含まれている。その人々はイスラエルの十二部族をさばく、または治めるようになる(ルカ22:30)。キリストが来られてからよみがえる人々は、患難時代に信仰のために死んだ忠実な人々と考えられている(6:9, 12:17)。この人々は、教会の時代に忠実にキリストに従っていた人々とキリストとともに、1,000年の間地上を治める。ヨハネはキリストの教会につながる忠実な人々のよみがえりについては触れていないけれども、それは大患難のさばきの前にキリストが地上から教会と弟子たちを天に引上げられたときに起きているからである(→ヨハ14:3注, Ⅰコリ15:51注, →「**携挙**」の項 p.2278)。

20:4 キリストとともに、千年の間王となった キリストが1,000年間治められることは、しばしば「千年王国」または「千年期」(時にはミレニアムとも言われるけれども、それはラテン語で「千」を意味する「ミレ」と「年」を意味する「アヌス」の合成語)と呼ばれる。この千年期の統治には次のような特徴がある。

(1) 旧約聖書で預言されていた(イザ9:6, 65:19-25, ダニ7:13-14, ミカ4:1-8, ゼカ14:1-9, →黙2:25-28)。

(2) このときサタンは縛られている(→20:2注, 3注)。

(3) キリストが治められるときにともに治める人々は、教会の時代に忠実に従った人々(2:26-27, 3:21, 5:10, 20:4)、旧約聖書の時代に忠実に従いよみがえった人々(→エゼ37:11-14, エペ2:14-22, 3:6, ヘブ11:39-40)、キリストを信じたために殺された人々、患難時代にキリストを受入れ忠実に従ったために殺された人々と思われる(→前の注)。

(4) キリストが治められる人々は、患難時代にキリストに忠実でキリストが再び来られるまで生き延びた人々と1,000年の間に生れた人々である(14:12, 18:4, イザ65:20-23, →マタ25:1注)。

(5) キリストとともに治める人々には、国々の上にある名誉ある地位が与えられ、イスラエルやほかの国々に仕え治めるようになる(20:6, 3:21, 5:10, マタ19:28, →ゼパ3:9-20注)。

(6) キリストが治められると、社会には大きな変化が起こる。世界中に平安、安全、繁栄、正義、義、神の知識が行渡る(イザ2:2-4, 11:9-10, ミカ4:4, ゼカ9:10, →ゼカ2:5注, 9:8注)。

⁶ この第一の復活にあずかる者は幸いな者、聖なる者である。この人々に対しては、第二の死は、なんの力も持っていない。彼らは神とキリストとの祭司となり、④キリストとともに、千年の間王となる。

6①黙14:13,②黙20:14, 2:11,③黙1:6,④黙20: 4, 22:5, 黙3:21, 5:10
7①黙20:2
8①黙7:1
②囮エゼ38:2, 39:1, 6
③黙20:3, ②じんえん黙16: 14, ⑤囮ヘブ11:12
＊直訳「海」
9①エゼ38:9, 16, ハバ1:6, ②囮申23:14,③詩87:2,④エゼ38:22, 39:6, 囮黙13:13
10①黙20:2, 3
＊原語「ディアボロス」
②黙20:14, 15, 囮黙19: 20, ③黙16:13, ④囮黙14:10, 11

サタンの運命

⁷ しかし千年の終わりに、サタンはその①牢から解き放され、
⁸ 地の四方にある諸国の民、すなわち、ゴグとマゴグ③を惑わすために出て来り、戦いのために彼らを召集する。彼らの数は海べの砂のようである。
⁹ 彼らは、地上の広い平地に上って来て、聖徒たちの陣営と愛された都とを取り囲んだ。すると、天から火が降って来て、彼らを焼き尽くした。
¹⁰ そして、彼らを惑わした悪魔は火と硫黄との池に投げ込まれた。そこは獣も、にせ預言者もいる所で、彼らは永遠に昼も夜も

（7）自然は本来の秩序、完全、美しさを取戻す（詩96：11-13, 98：7-9, イザ11：6-8, 14：7-8, 35：1-2, 6-7, 51：3, 55：12-13, 65：25, エゼ34：25, ロマ8：18-23, →イザ65：17-25注, エゼ36：8-15注, ゼカ14：8注）。

（8）キリストが治められる間、国々はキリストの規則に沿ってキリストに従う特権が与えられ、感謝する。けれども、このようにサタンの影響がない情況の中でも、人間には神に逆らい従わなくなる性質があり、罰を受けるようになる（20：7-10）。

（9）1,000年の終りに主イエスは王国を御父に渡される（Ⅰコリ15：24）。これは時間が終ること、神と小羊（キリスト 21：1-22：5）の最後の永遠の御国が始まることである。

20：6　第一の復活　「復活」ということばは、キリストとあらゆる時代に神に忠実だった人々がよみがえることを意味している（20：12-13, イザ26：19-21, ダニ12：2, 13, マタ27：52-53, ヨハ11：25-26, 14：19, Ⅰコリ15：20, 52, →「携挙」の項 p.2278）。その人々は、キリストがよみがえり死に勝利されることによって生かされ、永遠のいのちを持ったのである（⇒Ⅰコリ15：20-24）。これは神の恵み深い救いを受入れずに罪の中で死んだ人々のよみがえりとは対照的である。その人々は1,000年の終りに最後のさばきを受けるためによみがえる。

20：7　サタンは・・・解き放され　千年期の終りにサタンは解放される。（1）サタンが、キリストの千年期の理想的な状態の中で生きていた人々を試すことを神は許されたようである。人々は神への忠実さを証明するか、肉の（霊的ではない）心に引かれて神に逆らうか、それを示すことになる。けれども残念なことに、キリストの平安を体験した数多くの人（20：8）がサタンに惑わされ、サタンとその最後の悪の軍隊に参加する。（2）サタンは閉じ込められていたことの恨みに燃え、まだ神に勝つことができると考えて、キリストの支配に逆らおうとする人々を惑わそうとする。サタンは「海べの砂のよう」に反逆者たちを多く集め（20：

8）、神の民に最後の攻撃を仕掛ける。（3）「ゴグとマゴグ」（20：8, エゼ38：-39：によるけれども、必ずしも同じ国を指しているのではない）は世界のすべての国と神と神の義に対する国々の反抗心を表している。

20：8　諸国の民・・・を惑わす　これは歴史の中での神への最後の反抗になる。千年期の間に生れた多くの人は、キリストの権威に逆らい、代りにサタンのうそを信じるようになる。キリストの完全な統治を体験した後になぜだまされて神に逆らうようになるのだろうか。それは人間の本質が変らないからである。ある人は、キリストの支配のもとでは何かが不足していたとか、本当に自由がなかったなどと考えるようである。心から従っていない人々、不誠実な動機を持っている人々は、誘惑に遭うとすぐに神を拒んだり背いたりする。キリストと永遠に結ばれ、からだも霊も変えられなければ（→Ⅰコリ15：51-54）この罪の性質から人々は解放されない（よみがえった人々、または天から来てキリストとともに1,000年の間治める人々はサタンの誘惑に惑わされることはない。サタンの惑わしは1,000年の間に生れた人々にだけ向けられる　→19：21注）。

20：9　聖徒たちの陣営・・・を取り囲んだ　ハルマゲドンの戦い（→16：16, 19：19注）は善と悪との最後の戦いではない。千年期の終りにある最後の戦いがサタンとサタンに従う人々の運命を決定する。国々は惑わされてエルサレムに向けて進軍して取囲み、キリストの支配から自由になろうとする。千年期の初めの頃の対決と同じように、この戦いは大きくならず結果は明らかである。神が介入され反逆者たちは天からの火によって滅ぼされる。神のさばきによって反逆者たちは完全に滅ぼされる。

20：10　悪魔は火と硫黄との池に　神を打負かし御座から引下ろそうとしたサタンの最後の試みはみじめに失敗し、サタンの力と惑わしは最終的に終る。神は火と硫黄の池にサタンを投込まれる（→イザ14：9-17）。そこには反キリストとそのにせ預言者が既に投込まれ

黙示録　20章

死んだ人々のさばき

11 また私は、大きな白い御座と、そこに着座しておられる方を見た。地も天もその御前から逃げ去って、あとかたもなくなった。

12 また私は、死んだ人々が、大きい者も、小さい者も御座の前に立っているのを見た。そして、数々の書物が開かれた。ま

11 ①圏黙4:2
②圏黙6:14, 囲黙21:1
③圏ダニ2:35, 黙12:8
12 ①圏黙11:18
②ダニ7:10,
囲エレ17:1, 10

③黙20:15, 圏黙3:5
④黙20:13, 2:23,
囲マタ16:27
⑤圏黙11:18
13 ①圏黙6:8, 囲黙1:18,
21:4, Iコリ15:26
②イザ26:19
③圏黙20:12
14 ①圏黙20:10

た、別の一つの書物も開かれたが、それは、いのちの書であった。死んだ人々は、これらの書物に書きしるされているところに従って、自分の行いに応じてさばかれた。

13 海はその中にいる死者を出し、死もハデスも、その中にいる死者を出した。そして人々はおのおの自分の行いに応じてさばかれた。

14 それから、死とハデスとは、火の池に投

ている(19:20)。サタンはそこでは支配できず、昼も夜も永遠に苦しめられる。

20:11-13　大きな白い御座　この場面のさばきは、「大きな白い御座のさばき」(白い御座は神の清さと聖さを表している)と呼ばれる。さばくのはイエス・キリストである(⇒ヨハ5:22)。ここでさばかれるのはあらゆる時代の霊的に失われた人々(神の恵み深い赦しと救いを受入れず信仰によって生きることをしない人々)全部である。ある人々は、キリストの1,000年の統治の間に救われた人々(キリストを個人的に受入れて頼る人々)もこのさばきを受けると考えるけれども、それはここでもほかの箇所でも明らかではない。

20:11　地も天も・・・逃げ去って　大きな白い御座の周りの神の栄光とさばきの火は非常に烈しく、実際の宇宙も神の御前にいることができない(20:11)。それらのものがもはや必要ではなくなったので、存在しなくなったようである。これは新しい天と地が創造されるための準備の一つであると考えられる(21:1, ⇒イザ51:6, IIペテ3:7, 10-12)。

20:12　自分の行いに応じて　神の赦しを受入れず、自分のいのちを神にゆだねなかった人々の人生は、神の御前に完全に明らかにされる。自分勝手で反抗的な行動や神を敬わない考えについてはみな弁明をしなければならない。だれも知らない「隠れた罪」さえも明るみに出されてさばかれる(ルカ8:17, ロマ2:16)。すべての人が神の基準と原則に従い、動機と機会を考慮した上で、ひとりひとりその行いに応じてさばかれる(⇒ルカ12:47-48)。このことは判決や罰の程度に違いがあることを意味するけれども、刑罰の期間は同じである。火の池の苦しみ(→20:14注)は消えることがなく永久に続く。

20:14　死とハデス　ハデスは神を敬わない人々がみな死んだときに行く場所で、最後のさばきを待っている間、中間の罰を受ける場所のことである(1:18, 6:8, 20:13-14)。最後のさばきによって神を敬わない人々やサタンが火の池に投込まれたら(→次の注)、死

やハデスはそれ以後必要ではなくなる。その火と苦しみは、永遠のさばきの最後の場所にのみ込まれる。死(霊的な死で神から永久に離される)が存在する場所はただ一つ、永遠の刑罰の場所である。火の池が「第二の死」と呼ばれるのはこのためである。火の池に投込まれる人々には、よみがえりや救い出される希望はない。いのちの書に名前が書かれていない人々は永遠に火の池で苦しむ。

20:14　火の池　聖書は霊的に失われた人々の最後の運命の恐ろしい姿を描いている。(1)「患難と苦悩」(ロマ2:9)、「泣いて歯ぎしりする」(マタ22:13, 25:30)、「永遠の滅び」(IIテサ1:9)、「火の燃える炉」(マタ13:42, 50)と聖書は言っている。また、「暗やみの穴」(IIペテ2:4)、「永遠の刑罰」(マタ25:46)、「ゲヘナの消えぬ火」(マコ9:43)、「硫黄の燃えている火の池」(19:20)、「彼らの苦しみの煙は、永遠にまでも立ち上る。・・・昼も夜も休みを得ない」(14:11)とも言っている。確かに「生ける神の手の中に陥ることは恐ろしいこと」(ヘブ10:31)であり、「そういう人は生まれなかったほうがよかった」のである(マタ26:24, →マタ10:28注)ということになる。(2) 火の池はもともと人間のために用意されたものではなく、サタンとサタンに従って神に逆らう手下たちのために用意されたさばきの場所だった(マタ25:41)。サタンは反キリストやにせ預言者とともに、「大きな白い御座」のさばき(→20:11-13)が行われるまで火の池に投込まれている。神は完全に正しい方であるから、神に背き自分勝手な道から離れず神が提供された罪の赦しと神とともに過す永遠のいのちを受入れない人々はみなさばかれる。(3) 新約聖書のキリストの弟子たちは、罪を犯し続ける(神に背いて勝手な道を行く)人々の先に待受けているものを強く意識していた。したがって、ねじ曲げられたにせの教えに反対して、神の変ることのないみことばとキリストの福音を涙をもって伝え(→使20:19注)弁護していた(→ピリ1:17注, IIテモ1:14注, →「監督とその務め」の項 p.2021)。(4) 全世

げ込まれた。これが第二の死である。
15 いのちの書に名のしるされていない者はみな、この火の池に投げ込まれた。

新しいエルサレム

21 1 また私は、新しい天と新しい地とを見た。以前の天と、以前の地は過ぎ去り、もはや海もない。
2 私はまた、聖なる都、新しいエルサレムが、夫のために飾られた花嫁のように整えられて、神のみもとを出て、天から下って来るのを見た。
3 そのとき私は、御座から出る大きな声がこう言うのを聞いた。「見よ。神の幕屋が人とともにある。神は彼らとともに住み、彼らはその民となる。また、神ご自身が彼らとともにおられて、*

14 ③黙20：6
15 ②黙20：12, ③黙3：5
＊「名の」は補足

1 ①イザ65：17, 66：22, Ⅱペテ3：13
②黙20：11, Ⅱペテ3：10
2 ①黙21：10, 22：19, ⑤黙11：2, ②黙3：12, ③黙21：10
3 ①黙21：9, ②レビ26：11, 12, エゼ37：27, ③イザ61：10, ④黙21：10, ⑤ヘブ11：10, 16

①レビ26：11, 12, エゼ37：27, 48：35, ②黙7：15, ③ヘブ8：2, ④ヨハ14：23, Ⅱコリ6：16, ＊異本「また彼らの神となり」を加える

4 ①⑤黙7：17, ②黙20：14, Ⅰコリ15：26, ③イザ25：8, 35：10, ④黙21：1, 65：19, ④Ⅱコリ5：17, ヘブ12：27
5 ①黙20：11, ⑤黙4：9, ②黙21：1, ③黙22：6, 黙19：9
6 ①黙16：17, 黙10：6, ②黙22：13, イザ41：4, 44：6, 48：12, ③黙1：8, 22：13, 17, イザ55：1, ヨハ4：10, ④黙7：17, ⑤黙7：17
7 ①黙22：7, ②黙21：3, Ⅱサム7：14, ③Ⅱコリ6：16, 18

4 彼らの目の涙をすっかりぬぐい取ってくださる。もはや死もなく、悲しみ、叫び、苦しみもない。なぜなら、以前のものが、もはや過ぎ去ったからである。」
5 すると、御座に着いておられる方が言われた。「見よ。わたしは、すべてを新しくする。」また言われた。「書きしるせ。これらのことばは、信ずべきものであり、真実である。」
6 また言われた。「事は成就した。わたしはアルファであり、オメガである。最初であり、最後である。わたしは、渇く者には、いのちの水の泉から、価なしに飲ませる。
7 勝利を得る者は、これらのものを相続する。わたしは彼の神となり、彼はわたしの子となる。

界にキリストの福音を伝えなければならない最大の理由は、邪悪な人々は永遠の罰を受けるという厳粛な事実にある。したがって私たちは手遅れにならないうちに、人々に罪を認め神の救しを受入れキリストに人生をゆだねるようにできる限り説得をしなければならない（→ヨハ3：16注）。

20：15　いのちの書　→3：5注

21：1　新しい天と新しい地　神の民が聖書的な期待を寄せ人生の最終目標にしているのは、キリストがキリスト者たちと完全で完璧な状態で住む、造り変えられた新しい世界である（⇒詩102：25-26, イザ65：17, 66：22, ロマ8：19-22, ヘブ1：12, 12：27, Ⅱペテ3：13）。罪と不完全さの痕跡を完全に消すために、地球や星や銀河は破壊される。天と地は揺れ動き（ハガ2：6, ヘブ12：26-28）、煙のように消える（イザ51：6）。星は溶け天の万象は破壊される（イザ34：4, Ⅱペテ3：7, 10, 12）。新しい地に神と人が住むようになる（21：2-3, 22：3-5）。神の民はみな、実際に目に見え手で触れることができるけれども朽ちることのない、キリストの復活のからだのような不滅のからだを持つようになる（ロマ8：23, Ⅰコリ15：51-54）。

21：1　もはや海もない　これは新しい地が単に古い地を修理したものではなく、全く違うものであることを示す一つの証拠である。（1）現在の地球では、いのちを保ち大気中に酸素を送り続ける（様々なミクロの植物を通して）ために海は必要である。けれども新しい地の自然界の秩序の中では、いのちを保つためにこのようなものは必要とされない。（2）さらに地球の海はこれまでは障壁になっていた。けれども新しい地は完全に一つである。

21：2　新しいエルサレム　新しいエルサレムは既に天にある（ガラ4：26）。それは、アブラハムや神に忠実な人々がみな待っていた神の都として間もなく地上に降りて来る。それは神が設計し建設された都である（ピリ3：20, ヘブ11：10, 13, 16, →**エルサレムの町**の項 p.674）。新しい地は神が住まわれる場所となり、新しいエルサレムがその本部となる。神は神の民とともに永遠に住んでくださる（⇒レビ26：11-12, エレ31：33, エゼ37：27, ゼカ8：8）。

21：4　彼らの目の涙をすっかりぬぐい取ってくださる　罪がもたらす悲しみ、苦痛、病気、不幸、罪悪感、死などは永遠になくなる（7：16-17, 創3：, イザ35：10, 65：19, ロマ5：12）。最初の天と地の悪が完全に消滅するからである。神の民は、後悔したり悩んだり悲しんだりしたことをみな忘れるようになる（イザ65：17）。

21：6　渇く者には　主イエスは、霊的に渇いている人々にいつでも来て「生ける水」を飲むように招いておられる（ヨハ7：37-39）。この水は、霊的な救い、聖霊のバプテスマ、神との交わりによる継続的な霊的刷新と回復、などによっていのちを与える聖霊の働きである。御霊を飲み続けることこそ勝利者になるかぎである（21：7）。

21：7　勝利を得る者は　だれが新しい天と新しい地の祝福と恩典を相続するのか、神ご自身が宣言される。それはキリストに忠実に従い続け勝利を得る人々である（→2：7注）。罪と不信仰に勝とうとしない人々は火の池に投込まれる（→21：8注）。

黙示録 21章

⁸「しかし、おくびょう者、不信仰の者、憎むべき者、人を殺す者、不品行の者、魔術を行う者、偶像を拝む者、すべて偽りを言う者どもの受ける分は、火と硫黄との燃える池の中にある。これが第二の死である。」
⁹ また、最後の七つの災害の満ちているあの七つの鉢を持っていた七人の御使いのひとりが来た。彼は私に話して、こう言った。「ここに来なさい。私はあなたに、小羊の妻である花嫁を見せましょう。」
¹⁰ そして、御使いは御霊によって私を大きな高い山に連れて行って、聖なる都エルサレムが神のみもとを出て、天から下って来るのを見せた。
¹¹ 都には神の栄光があった。その輝きは高価な宝石に似ており、透き通った碧玉のようであった。
¹² 都には大きな高い城壁と十二の門があっ

8 ①黙21:27, 22:15, ②Ⅰコリ6:9, ガラ5:19-21, 黙9:21
　②黙19:20, ③黙22:11
9 ①黙15:1, ②黙15:1
　③黙15:7, ④黙17:1
　⑤黙21:2, 19:7
10 ①黙17:3, エゼ40:2
　②黙1:10
　＊別訳「霊にあって」
　③黙21:2
11 ①黙15:8, 21:23, ②イザ60:1,2, エゼ43:2, 黙22:5, ②黙4:6, ③黙21:18, 19, 4:3
12 ①エゼ48:31-34
　②黙21:15, 21, 25, 22:14

21:8　しかし、おくびょう者、不信仰の者　火と硫黄の燃える池に入れられるのはどのような人か、神は何種類かの人を挙げておられる(20:14)。

(1)「おくびょう者」とは神への信仰が欠けている人々で、キリストやみことばの真理を大切にすることよりも、人々から非難されたり脅されたりすることを恐れる人々である。神に忠実であることより、地上で人々の間にいることで安心感を得、地位を築くことのほうが大切なのである。「おくびょう者」は、神の民の中にいるのに霊的な戦いをやめ、悪に勝たずに妥協する人々でもある(⇒マコ8:35, Ⅰテサ2:4注, Ⅱテモ2:12注, 13注)。

(2)「不信仰の者」とは、神を信じたり頼ったりしたことのない人々、真理を拒む人々、そして一度はキリストを信じたけれども神を信じる信仰を捨てた人々などである。このような人々は自己中心的な興味や快楽を追い求める。その結果、ここに書かれているような様々な罪に負けてしまう。

(3)「憎むべき者」は、直接神に逆らい神の怒りを引起こす人々で、特にキリストに従うと公言しながらみことばの原則に背く人々のことである。このような態度や行いは神が最も嫌われることである。

(4)「人を殺す者」は正当な理由(神のことばに沿って)がないまま、身勝手な理由や行動によって人のいのちを故意に、意識的にわざと奪う人々である。

(5)「不品行の者」は、性的親密さについて神が定められた境界線や基準を超えた振舞を反抗的に行う人々である(→「**性道徳の基準**」の項p.2379)。

(6)「魔術を行う者」は、特に宗教の名前によって魔術、魔法、秘密の儀式、まじない、薬物体験などを行う人々である。

(7)「偶像を拝む者」は、人間が作ったにせの神々や唯一のまことの神に代るものを拝む人々である。

(8)「偽りを言う者」は人を惑わすような生活をしたり行動をしたりする人々で、指導者の立場にいながらキリストとみことばの真理を否定する人々である。今日の教会の中には、上に挙げられたようなことを行っていても神の子どもになることができると公言する人々が多くいる。そのような人々は神のことばがここではっきり言っていることと逆のことを言っているのである(⇒Ⅰコリ6:9-10, ガラ5:19-21, エペ5:5-7)。

21:9　小羊の妻である花嫁　御使いは「私はあなたに、小羊の妻である花嫁を見せましょう」と言って、ヨハネに聖なる都エルサレムを見せた。そこにあったのは都だった。けれども城壁と門のある都はどれほど美しくても花嫁ではない。主イエスはエルサレムのために泣かれたけれども(ルカ19:41)、それはそこに住む人々を思って悲しまれたのである。21:2にはエルサレムは「夫のために飾られた花嫁のように整えられて」とあるけれども、ヨハネは象徴的なことばを用いて聖なる都を表しており、都の栄光は人間の理解を完全に越えるほどのものだった(→21:9-22:5)。19:7では花嫁は小羊(キリスト)の婚宴に出席している。21:27には都にいる人々のことが書かれているけれども、その人々の名前は小羊のいのちの書に書かれている。この人々は神の顔を見る(22:4)。そして御霊とともに「来てください(来なさい)」と言う(22:17)。エペ5:27で主イエスは「教会」をご自分の前に立たせられる。ここでは「花嫁」ということばは使われていないけれども教会がキリストの花嫁であることを示している。

21:12-14　十二の門　都の壮大な城壁は、神の民が新しい都の中で安心して住めることを示している。また多くの門は、新しい地に自由に出入りできることを表している(⇒21:24-25)。門には御使いがいるけれどもそれは門番ではないようである(都を守らなければならないような悪は存在しない)。むしろ都に出入りする人々を歓迎したり励ましたりするために門のそばにいるのである。12の門があり、各方向に三つずつ(21:12)配置されている(21:13)けれども、それはイスラエルを象徴し、またシナイ山や約束の地への旅を通して各部族が組織化された方法を象徴している。使徒たち(新約聖書の教会を建てるように主イエスから直接権威を与えられた人々)の名前が書かれている12の土台石(21:14)は、教会全体を象徴している。このように門と土台石は、旧約聖書と新約聖書の神の民が一致していることを強調している。

て、それらの門には十二人の御使いがおり、イスラエルの子らの十二部族の名が書いてあった。¹³東に三つの門、北に三つの門、南に三つの門、西に三つの門があった。¹⁴また、都の城壁には十二の土台石があり、それには、小羊の十二使徒の十二の名が書いてあった。

¹⁵また、私と話していた者は都とその門とその城壁とを測る金の測りざおを持っていた。¹⁶都は四角で、その長さと幅は同じである。彼がそのさおで都を測ると、一万二千**スタディオンあった。長さも幅も高さも同じである。¹⁷また、彼がその城壁を測ると、人間の尺度で百四十四ペーキュスあった。これが御使いの尺度でもあった。¹⁸その城壁は碧玉で造られ、都は混じりけのないガラスに似た純金でできていた。¹⁹都の城壁の土台石はあらゆる宝石で飾られていた。第一の土台石は碧玉、第二はサファイヤ、第三は玉髄、第四は緑玉、²⁰第五は赤縞めのう、第六は赤めのう、第七は貴かんらん石、第八は緑柱石、第九は黄玉、第十は緑玉髄、第十一は青玉、第十二は紫水晶であった。

²¹十二の門は十二の真珠であった。どの門もそれぞれ一つの真珠からできていた。都の大通りは、透き通ったガラスのような純金であった。²²私は、この都の中に神殿を見なかった。それは、万物の支配者である、神であられる主と、小羊とが都の神殿だからである。²³都には、これを照らす太陽も月もいらない。というのは、神の栄光が都を照らし、小羊が都のあかりだからである。²⁴諸国の民が、都の光によって歩み、地の王たちはその栄光を携えて都に来る。²⁵都の門は一日中決して閉じることがない。そこには夜がないからである。²⁶こうして、人々は諸国の民の栄光と誉れとを、そこに携えて来る。²⁷しかし、すべて汚れた者や、憎むべきことと偽りとを行う者は、決して都に入れない。小羊のいのちの書に名が書いてある者だけが、入ることができる。

いのちの水の川

22 ¹御使いはまた、私に水晶のように光るいのちの水の川を見せた。それは神と小羊との御座から出て、²都の大通りの中央を流れていた。川の両岸には、いのちの木があって、十二種の実

21:16 長さも幅も高さも同じである ヨハネは、この都の壮麗さと壮大さを表すことばを失っていたようである。実際に都の大きさだけでも理解を越えている。ヨハネは都が四角で、一辺が「一万二千スタディオン」(約2,200キロ)であると説明している(都のかたちは旧約聖書の幕屋、後の神殿の至聖所に似ている。それは神の民の中の神が住まわれる場所を象徴している→Ⅰ列6:20)。都の大きさは、あらゆる時代の神の民が住むのに十分であることを表している。都全体は神の栄光と聖さに満ちている。

21:22 主と、小羊とが都の神殿だからである 旧約聖書の幕屋と神殿は、神が最終的には民の間に住み栄光を現したいと願っておられることを示すしるしだった(→「幕屋」の図 p.174,「ソロモンの神殿」の図 p.557)。新しいエルサレムでは神殿は必要ではない。全能の神と小羊が都全体を永遠に照らされるからである(21:23)。

21:24-26 諸国の民が・・・歩み 新しいエルサレムには、新しい地が全部含まれているのではない。なぜなら都には決して閉じることのない門があり、人々がいつでも出入りできるからである。新しいエルサレムは、新しい地の首都の役目を果すと考えられる。

21:25 そこには夜がない 神の栄光の光が都を照らすのでそこは夜がなく、「太陽の光」も必要ではない(22:5)。ある人々はこれは聖なる都だけのことを言っていると考える。なぜなら、ヨハネは新しい地に夜はないとは言っていないからである。聖書は昼と夜は決して過ぎ去ることはないと約束しているので、都の外にはある種の夜があるのかもしれない(⇒詩148:3-6, イザ66:22-23, エレ33:20-21, 25)。

22:1 いのちの水の川 この川は文字通りの川である。そして聖霊とそのいのち、祝福、霊的な力が流れ続けることを示している(⇒7:17, 21:6, 22:17, イザ44:3, ヨハ7:37-39)。川は人々に、自分たちのいのちは今までと変らず御父である神とイエス・キリストに依存していることを思い起こさせるものである。

22:2 いのちの木 これはいのちの川の両岸に並ん

がなり、毎月、実ができた。また、その木の葉は諸国の民をいやした。

3 もはや、のろわれるものは何もない。神と小羊との御座が都の中にあって、そのしもべたちは神に仕え、

4 神の御顔を仰ぎ見る。また、彼らの額には神の名がついている。

5 もはや夜がない。神である主が彼らを照らされるので、彼らにはともしびの光も太陽の光もいらない。彼らは永遠に王である。

6 御使いはまた私に、「これらのことば は、信ずべきものであり、真実なのです」と言った。預言者たちのたましいの神である主は、その御使いを遣わし、すぐに起こるべき事を、そのしもべたちに示そうとされたのである。

主イエスは来られる

7 「見よ。わたしはすぐに来る。この書の預言のことばを堅く守る者は、幸いである。」

8 これらのことを聞き、また見たのは私ヨハネである。私が聞き、また見たとき、それらのことを示してくれた御使いの足もとに、ひれ伏して拝もうとした。

9 すると、彼は私に言った。「やめなさい。私は、あなたや、あなたの兄弟である預言者たちや、この書のことばを堅く守る人々と同じしもべです。神を拝みなさい。」

10 また、彼は私に言った。「この書の預言のことばを封じてはいけない。時が近づいているからである。

11 不正を行う者はますます不正を行い、汚れた者はますます汚れを行いなさい。正しい者はいよいよ正しいことを行い、聖徒はいよいよ聖なるものとされなさい。」

12 「見よ。わたしはすぐに来る。わたしはそれぞれのしわざに応じて報いるために、わたしの報いを携えて来る。

13 わたしはアルファであり、オメガである。最初であり、最後である。初めであり、終わりである。」

14 自分の着物を洗って、いのちの木の実を食べる権利を与えられ、門を通って都に入

で立つ木を指す集合名詞と思われる。そして神の民に与えられた永遠のいのちを指している（創2:9, 3:22）。人々を癒す木の葉は、肉体や霊を傷つけるものが何もないことを指している（⇒エゼ47:12）。新しい不滅のからだも、そのいのちや力や健康を主からいただくのである。

22:4　神の御顔を仰ぎ見る　人々に対する神のご計画の最高の目標は、人々との個人的な関係を回復し、人々とともに永遠に過す（悪の全くない地で忠実な民の間に神が住まわれる）ことである。この新しい地で神の民は、十字架の死によって愛をもって贖ってくださった（代価を払って救う、救出する、回復する、買い取る）神の小羊イエスを仰ぎ見て、ともに住む。主イエスが「心のきよい者は幸いです。その人たちは神を見るから」と言われたように、これは神の民にとって最高のしあわせである（マタ5:8, ⇒出33:20, 23, イザ33:17, ヨハ14:9, Ⅰヨハ3:2）。

22:7　わたしはすぐに来る　→Ⅰコリ15:51私たちはみなの注（→ロマ13:12注）。

22:10　ことばを封じてはいけない　この書物のメッセージと預言は、信仰者と教会全部に伝えなければならない（⇒ダニ12:4）。

22:11　ますます不正を行い　キリストが間もなく再び来られることを考えると、救われる機会がなくなる日が必ず来ると御使いは警告している。けれどもこの時点ではまだ、キリストを信じ神とともに過す永遠のいのちを持つようにという招きは続けられている。人々の永遠の運命は、地上で生きている間にこの招きにどのように応えるかによって決定する。神とみことばに背を向ける人々は霊的にかたくなになり、自分勝手な道を進んで神から離れていく。けれども神に仕えることを選ぶ人々は、神の基準と目的に沿って生き続ける力をいただく。最終的にここのことばは、22:12と合せて理解しなければならない。つまり主イエスが来られるとき（または人々が死ぬとき）、報いを受けるか罰を受けるかはその生き方によって既に決まっていて、そのときになって変えようとしても遅いのである。さらにこの書物（黙示録、聖書全体）の預言や約束を拒む人々は神を拒んでいるので、これ以上の啓示や真理はもはや与えられることはない。

22:12　それぞれのしわざに応じて　→Ⅰコリ3:15注，→「さばき」の項 p.2167

22:14　自分の着物を洗って　この箇所を、「神の戒めを行う（守る）者」とした訳がある。これはキリストを信じる信仰を通して罪の赦しと永遠のいのちという神の賜物を受入れ、信仰を持って従順に神に従い続け

れるようになる者は、幸いである。
15 犬ども、魔術を行う者、不品行の者、人殺し、偶像を拝む者、好んで偽りを行う者はみな、外に出される。

16 「わたし、イエスは御使いを遣わして、諸教会について、これらのことをあなたがたにあかしした。わたしはダビデの根、また子孫、輝く明けの明星である。」

17 御霊も花嫁も言う。「来てください。」これを聞く者は、「来てください」と言いなさい。渇く者は来なさい。いのちの水がほしい者は、それをただで受けなさい。

18 私は、この書の預言のことばを聞くすべての者にあかしする。もし、これにつけ加える者があれば、神はこの書に書いてある災害をその人に加えられる。

19 また、この預言の書のことばを少しでも取り除く者があれば、神は、この書に書いてあるいのちの木と聖なる都から、その人の受ける分を取り除かれる。

20 これらのことをあかしする方がこう言われる。「しかり。わたしはすぐに来る。」アーメン。主イエスよ、来てください。

21 主イエスの恵みがすべての者とともにあるように。アーメン。

15 ①申23:18、マタ7:6、ピリ3:2、②黙21:8、Ⅰコリ6:9, 10、ガラ5:19以下、④マタ8:12
16 ①黙1:1、②黙22:6、画黙1:1、③黙1:4, 11, 3:22 *あるいは「のために」④黙5:5、⑤マタ1:1 ⑥黙2:28、⑦マタ2:2
17 ①黙2:7, 14:13、②黙21:9、画黙21:2、③黙21:6 ⑦黙7:17, 22:1
18 ①画黙22:7
②申4:2, 12:32、画箴30:6 ③黙22:7、④黙15:6-16:21 ⑥申4:2, 12:32、画箴30:6、②黙21:10-22:5、④画黙22:2
20 ①黙1:2、②黙22:7 ③画Ⅰコリ16:22
21 ①画ロマ16:20
*異本「聖徒たち」

た人々のことである。従ったのは単に義務感からではなく、キリストを愛しキリストの愛をもって人々を愛するからである（ヨハ14:15, 21, 15:9-14、Ⅰヨハ2:3-4, 3:22, 24, 5:2-3）。そして人々は、忠実に従うことによって神とともに過す永遠のいのち（→22:2）と永遠の都へ入る自由とを持つことができた。

22:15 好んで偽りを行う者はみな 聖書の最後の2章は「偽り」について焦点を当てている。「偽りを行う者」が3回出てくる。(1)「偽りを言う者」はみな、「火と硫黄との燃える池の中にある」（21:8）。(2)「偽りを行う者」は神の永遠の都に入れない（21:27）。(3)「好んで偽りを行う者」は神の永遠の国から出される。「偽り」は聖書の中で最後に罰せられる罪である。それは「偽り」が人類に最初に入ってきた罪だったからではないかと思われる（創3:1-5、⇒ヨハ8:44）。これらのことばは、神が「偽り」や偽善や欺きを大目に見てくださるのではないかと考える人々にとっての警告である。

22:17 御霊も花嫁も言う。「来てください。」 聖書の中で聖霊について言われているのはここが最後であるけれども、聖霊は花嫁（教会）に感動を与えて「来てください」と言うように促しておられる（→**イエスと聖霊**の項 p.1809）。これは主への訴えであるか、霊的救い（いのちを与え人生を変える神との個人的な関係）を求める人々にキリストに来るようにという招きであるか、聖書学者の間にも解釈の違いがある。この節の後半は明らかに人々への招きである。教会（キリストに忠実に従う人々、個人と集団の両方）は、キリストが再び来られるまで世界中にこの招きのことばを伝え主イエスの福音を広めるために、今や聖霊の力を与えられている（使1:5-8, 2:4）。

22:19 神は・・・取り除かれる ヨハネはこのイエス・キリストの黙示を閉じるに当たって、キリスト者が神から受ける資産を受けられず、神とともに過す永遠のいのちを失う恐ろしい可能性があることを警告している。私たちは、黙示録のこの警告（神の聖いことばのあらゆる部分にある）を軽んじてはならない。それは、神の啓示のある部分だけを信じてほかの部分を価値がないと言ったり、信用できないとか、ただ嫌いだと言ったりして拒むことでもある。みことばに自分の考えを神のことばの一部のように付け加える人々にも、同じ警告が与えられている（22:18）。人間の歴史の最初のときのように、神のことばを真剣に受止めないなら、それは生死にかかわる問題になってしまう（→創3:3-4）。

22:20 主イエスよ、来てください 聖書は、主イエスがすぐに再び来られるという約束で終っている。ヨハネはそれに対して、「主イエスよ、来てください」と応答している。この望みはキリスト者全員の願いである。(1) この最後の祈りは、主イエスが来られるまで私たちの贖い（完全な救いと回復）は完成されないという告白である。悪と罪はまだ滅ぼされていないし、この世界はまだ新しくなっていない。(2)「神のことば」（19:13）、「輝く明けの明星」（22:16）と呼ばれる方が天から下り、忠実な花嫁を地上から御父の家に連れて行かれるその日が急速に近付いていると信じる理由が私たちの周りには多くある（ヨハ14:1-3、Ⅰテサ4:16-18）。地上でのさばきが行われた後、主は栄光のうちに勝利の凱旋をして、「王の王、主の主」として（19:16）永遠に治められる。これが私たちのいつまでも変らない希望であり、喜びに満ちた期待である（Ⅱペテ1:19、→**聖書的希望**の項 p.943）。

付　　録

度量衡

主題別索引

重要テーマ一覧表

聖書通読プラン

コンコルダンス

カラー地図索引

カラー地図

度量衡

聖書の単位		メートル法（約）
重さ		
タラント	（60ミナ）	34 kg
ミナ	（50シェケル）	570 g
シェケル	（2ベカ）	11.4 g
ピム	（2/3シェケル）	7.6 g
ベカ	（10ゲラ）	5.7 g
ゲラ		0.57 g
長さ		
キュビト		44.5 cm
あたり		22.2 cm
手幅		7.5 cm
容量　固体量		
コル[ホメル]	（10エパ）	230 ℓ
レセク	（5エパ）	115 ℓ
エパ	（10オメル）	23 ℓ
セア	（1/3エパ）	7.6 ℓ
オメル	（1/10エパ）	2.3 ℓ
カブ	（1/18エパ）	1.3 ℓ
容量　液体量		
バテ	（1エパ）	23 ℓ
ヒン	（1/6バテ）	3.8 ℓ
ログ	（1/72バテ）	0.3 ℓ

　表の数字は1シェケルを11.4 g、1キュビトを44.5 cm、1エパを23 ℓとして計算したものである。

　この表は最新の情報に基づいているけれども、絶対的に正確であるとは言えない。欄外注と同じように大体の量と距離を示しているに過ぎない。古代の度量衡は時代と場所によって多少の違いがある。特にエパとバテについては確かではない部分がある。新しい発見があればこれらの容量はより正確になると思われる。

主題別索引

この索引は聖書の解説と関連記事で扱われた様々な主題を探しやすいようにその場所を示している。

アーメン
　Ⅱコリ 1:20
アダムとエバ
　→「死」の項 p.850
　→「天地創造」の項 p.29
　　創 3:7, ロマ 5:12
アバ
　　ガラ 4:6
アブラハム
　→「アブラハム、イサク、ヤコブとの神の契約」の項 p.74
　→「アブラハムの召命」の項 p.50
　　創 11:31, 17:5
　信仰
　　ロマ 4:12
アモス
　→アモス書緒論
　　アモ 1:1
アンナ
　　ルカ 2:36
愛
　意味
　　ロマ 13:10
　神・主イエスへの
　　申 6:5, 10:12, ヨシ 23:11, 詩 6:4, 16:5, 42:2, 63:1-11, 65:4, 84:1-12, 91:14, ホセ 6:4, ハガ 1:4, マタ 22:37, ルカ 10:42, 黙 2:4
　神の
　　出 19:4, レビ 26:14, 申 7:9, 詩 56:8, イザ 43:1-7, ルカ 15:20, ヨハ 3:16, 16:27, 使 7:42, ロマ 9:18
　信仰者への
　　ヨハ 13:34, 35, ロマ 12:10, ヘブ 13:1, ヤコ 1:27, Ⅰヨハ 3:17, 4:7
　敵への
　　ルカ 6:27
　ほかの人々への
　　レビ 19:34, 申 15:13, ルツ 1:12, イザ 3:14, ホセ 2:20, マタ 22:39, Ⅰヨハ 3:17
　御霊の賜物との関係
　　Ⅰコリ 13:1, 2
　最も大切な戒め
　　マタ 22:37
贖い
　→「救いについての聖書用語」の項 p.2045
　　出 6:7, 申 26:8, ルツ 4:10, ヨブ 19:25, 箴 20:9, イザ 32:15-20, 35:1
贖い（償い）
　→キリスト―身代りの死
　→「贖罪の日」の項 p.223

贖いの代価
　　マタ 20:28
贖いのふた
　　出 25:17, ヘブ 9:5
悪
　アハブとイゼベル
　　Ⅰ列 16:30, 21:25
　悲しみ
　　Ⅱ列 8:11-12, 詩 97:10, ミカ 7:1-7
　神が許された
　　Ⅱ列 21:9
　考え
　　Ⅱコリ 10:5
　根絶するべきもの
　　詩 10:2
　憎むこと
　　詩 141:4, ミカ 3:2
　罰
　　申 9:4, ヨシ 6:17
悪意
　→罪
悪霊
　→神・天の御国
　神によって用いられる
　　士 9:23, Ⅰサム 18:10
　信仰者の戦い
　　→「サタンと悪霊に勝利する力」の項 p.1726
　　マタ 17:17, マコ 3:15
　大患難
　　黙 9:3, 6, 11, 14
　にせの神々
　　申 32:17
悪霊につかれる
　→「サタンと悪霊に勝利する力」の項 p.1726
　　マタ 12:43, ルカ 11:26
　信仰者と
　　Ⅰコリ 6:15
あざむき
　宗教的
　　エズ 4:2, エレ 7:9-10, マコ 13:5
　他人
　　創 27:1, 6-17, 19, 29:25
新しいエルサレム
　　ゼカ 2:1, 黙 21:2, 9, 12, 16, 22, 24, 25
新しい天と新しい地
　　イザ 51:6, 65:17-25, 66:22-24, 黙 20:11, 21:1, 4, 22:4
油注ぎ
　クロスの
　　イザ 45:1

祭司の
　　民 3:3
　聖霊による
　　Ⅰサム 10:1, イザ 11:2-3, 42:1, Ⅰヨハ 2:20
　にせもの
　　マタ 7:23
荒らす憎むべきもの
　→「大患難」の項 p.1690
　　マコ 13:14
あわれみ
　神の
　　→赦し
　　ロマ 9:18
　信仰者の
　　マタ 5:7
按手
　　使 6:6
按手礼
　　使 6:6, 14:23
安息日
　→主の日（安息日）
　　創 2:3, 出 16:30, 20:8, Ⅱ歴 36:21, ネヘ 13:17, イザ 58:13, エゼ 20:12
イエス
　→キリスト
　名前、意味
　　マタ 1:21
イザヤ
　→イザヤ書緒論
　　イザ 1:1, 6:1, 9, 20:2, 22:4, 24:16
　クロスとの関係
　　イザ 41:2, 25, 44:28
　ヒゼキヤとの関係
　　イザ 36:1, 37:1
イスラエル
　→「神の計画の中のイスラエル」の項 p.2077
　王国を失う
　　ホセ 1:4, マタ 21:43, Ⅰコリ 10:6
　回復
　　申 30:3, Ⅰ歴 9:1, エレ 31:1-40, 33:1-26, エゼ 36:26-27, 37:10, 12-14, ダニ 12:1, ホセ 2:14, 14:4-7, ヨエ 3:17-21, アモ 9:13-15, ゼカ 8:3, 9:16-17
　神の愛
　　出 19:5, エレ 31:3, ホセ 11:4
　起源
　　創 30:1
　系図
　　Ⅰ歴 1:1, 2:1
　シェマ

申 6:4-9
衰退と刷新の繰返し
　士 2:10, 17, 3:7
組織
　民 1:52
大患難との関係
　黙 11:1, 2, 7, 12:6, 13, 17
人数
　出 1:7, 民 1:2, 46
背教
　士 2:19, アモ 2:6, 使 7:51, ロマ 11:20, ヘブ 3:7-11, 18
罰
　I 列 17:1, イザ 5:26, 27:7-11, 29:5-8, 51:17-23, 65:1-7, エゼ 5:17, ゼカ 11:4
福音の拒否
　ロマ 9:32
部族
　創 48:5, ホセ 11:5
未来の回心
　申 4:26, マタ 23:39, ロマ 11:1, 26
メシヤ王国との関係
　イザ 61:4-9, 66:7-14, エレ 30:7, アモ 9:11-15
約束の地の占領
　ヨシ 11:18
歴史
　民 1:1, 20:1, 申 8:7, I 列 6:1, I 歴 10:1

イゼベル
黙 2:20

言伝え
マタ 15:6, マコ 7:5

怒り
神の
　I 列 18:40, 詩 76:10, 哀 1:12, アモ 8:11, ナホ 1:3, ロマ 1:18, 24
罪に対する
　出 32:19, 士 10:7, ネヘ 13:25, ルカ 19:45, 使 17:16

異教徒
ロマ 2:12

いけにえとささげ物
→「旧約と新契約」の項 p.2363
→「贖罪の日」の項 p.223
神の喜び
　創 4:3-5, レビ 1:9, イザ 1:11
高き所で
　I 歴 3:2
動物
　出 27:1, 民 19:2, エゼ 43:18-27
時
　民 28:3
人間
　レビ 18:21, 申 18:9-13, 士 11:39, II 列 3:27, 16:3, II 歴 28:3, エゼ 16:20
目的と意味

出 29:10, レビ 1:2, 3, 4, 2:1, 3:1, 17, 4:3, 9:8, II 歴 24:14, エズ 3:2, マラ 1:6-8, ヘブ 10:1

異言
聖霊のバプテスマ
　→「異言」の項 p.1957
　使 2:4, 17
にせもの
　→「異言」の項 p.1957
御霊の賜物
　→「御霊の賜物」の項 p.2138
　I コリ 12:13, 13:8, 14:2, 4-6, 8, 15, 18, 19, 22, 27, 39

偉大さ、本当の
→神・天の御国

異端
→教師、にせ

一致、キリスト者の
→教会

偽り
ヨハ 4:24, 8:44, 使 5:3, 5, 黙 22:15

いのち
創 2:7, 詩 139:13
神のために生きる
　伝 6:3-6
知恵との関係
　箴 4:13
短さ
　詩 90:12, 箴 27:1
水との関係
　エゼ 47:1-12, ヨハ 4:14, 黙 22:1
御霊にある
　箴 10:11, ロマ 8:14

いのちの木
創 2:9, 黙 22:2

いのちの書
黙 3:5, 17:8

いのちのパン
→キリスト―いのちのパン
出 25:30

祈り
→「効果的な祈り」の項 p.585
悪に対して
　詩 35:1-28
隠れた所
　マタ 6:6
神のみこころとの関係
　創 24:12, 25:21, ネヘ 1:11, I ヨハ 5:14
神の命令と
　詩 17:1, I ヨハ 3:22
奇蹟
　ヨシ 10:12
悔い改めと
　詩 139:23-24
結果
　民 10:9, ヨブ 30:20, 詩 145:18, イザ 38:5, ヨエ 2:18, アモ 7:1-6, ヤコ 5:16, 18

主イエスの習慣
　ルカ 5:16, 6:12
主イエスの名前による
　ヨハ 14:13
障害
　箴 28:9, 哀 3:8, ホセ 5:6, ヤコ 4:3, I ヨハ 3:22
信仰
　出 17:11, イザ 51:9-11, マタ 21:21, マコ 11:24
聖書との関係
　箴 2:3
聖徒のため
　コロ 2:18
とりなし
　→「とりなし」の項 p.1454
　出 32:11, 33:3, I 列 18:43, 詩 72:1-19, イザ 62:6, 64:1-4, ダニ 9:5, ホセ 2:6, II コリ 1:11, コロ 1:9, 4:12, I ヨハ 5:16
粘り強さ
　I サム 7:8, 12:23, ネヘ 2:4, 詩 5:3, 6:6, 77:1-20, ダニ 6:10, ヨナ 2:1-10, マタ 7:7, 8, ルカ 18:1, 7, コロ 4:2
一つになった
　使 12:5
日々の必要
　I 列 8:57, II 列 19:15, ルカ 11:3, ピリ 4:6, 7
不安と
　創 32:9, 詩 142:1-7, 哀 5:21-22, ピリ 4:6, 7
方法
　使 10:9
赦しを求める
　詩 38:1-22

異邦人
民 10:29, II 列 5:1, イザ 49:22-26, 60:4-9, 66:18-21, エゼ 47:21-23, ホセ 2:23, ゼカ 8:22, ルカ 21:24, 使 15:28, ロマ 2:1

異邦人の時
ルカ 21:24

戒め
守ること
　ヨハ 14:21, I コリ 7:19
最も大切な
　マタ 22:37

癒し
→「神による癒し」の項 p.1640
→「信者に伴うしるし」の項 p.1768
油
　マコ 6:13
神の願い
　出 15:26, 詩 103:13
教会の責任
　使 3:6, ヤコ 5:15, 16
主イエスとの関係

淫行
　　イザ 53:4, 5, マコ 5:28, ヨハ 5:5, 9
信仰
　　イザ 38:1, マタ 17:20, マコ 5:36
御霊の賜物
　　→「御霊の賜物」の項 p.2138
緩やかな
　　マコ 8:25
淫行
　　→不品行
初子
　　出 13:2, 民 3:43, 8:17, コロ 1:18
失われた人
　　悲しむこと
　　　エレ 4:19-22, 8:18-23, ミカ 1:8-9
歌
　　士 5:1, I 歴 6:1, 25:1, 7, 詩 100:2, エペ 5:19
馬に乗る四人の人
　　→大患難
生まれ変り
　　→新生
うわさ話
　　→ことば―罪のある
エジプト
　　脱出
　　　出 14:14
　　捕われ
　　　出 1:8, 11, 2:23
　　敗北
　　　出 14:28
エステル
　　→エステル記緒論
　　エス 1:1, 2:20, 4:14
エズラ
　　→歴代誌第一緒論
　　→エズラ記緒論
　　エズ 9:3
エゼキエル
　　→エゼキエル書緒論
　　エゼ 1:1, 3, 3:26, 24:16, 40:5
エノク
　　創 5:22
エペソ
　　→エペソ人への手紙緒論
エリコ
　　ヨシ 6:1, 20
エリシャ
　　I 列 19:16, II 列 2:9, 23, 4:21, 13:21
エリヤ
　　I 列 17:1, 4, 18:21
　　祈り
　　　I 列 18:42
　　信仰
　　　I 列 18:36
　　天に引上げられる
　　　II 列 2:11-12
　　バアルの預言者
　　　I 列 18:37

落胆
　　I 列 19:4
エルサレム
　　→「エルサレムの町」の項 p.674
　　II サム 5:6, 6:12, II 列 18:30, 25:1, I 歴 11:5, 詩 48:1, イザ 22:1, 29:1-4, 62:1-12, 66:10-14, エレ 21:1, 7, 31:38, 32:2, 39:1, 哀 1:1, エゼ 16:1-63, 24:3-12, ルカ 21:20
エレミヤ
　　→エレミヤ書緒論
　　→哀歌緒論
　　II 列 24:20, エレ 1:1, 10, 18, 6:1-30, 16:2-10, 20:2-3, 14-18, 25:3, 32:2, 36:2, 37:9, 15
　　手紙
　　　エレ 29:1-23
ハナヌヤ
　　エレ 28:6-9, 13-17
捕囚
　　エレ 39:11, 42:1-22
永遠のいのち
　　悪と罪と共存しない
　　　ヨハ 5:29, I ヨハ 1:6, 2:4, 3:9, 10, 15
　　意味
　　　ヨハ 17:3, I ヨハ 5:12, 13
オカルト
　　使 19:19
オネシモ
　　ピレ 1:10
オバデヤ
　　→オバデヤ書緒論
オリーブ山の講話
　　マタ 24:, ルカ 21:7
王国、分裂した
　　→列王記第一緒論
　　→列王記第二緒論
　　I 列 11:11, 12:20, II 列 17:18, II 歴 10:1, 11:4, イザ 1:1
大きな白い御座のさばき
　　黙 20:11
お金
　　→十分の一→ささげ物
　　→「十分の一とささげ物」の項 p.1603
　　→「富と貧困」の項 p.1835
　　マタ 6:24, ルカ 16:9, 11
　　寄付
　　　II コリ 8:2, 9:6, 11
　　負債
　　　箴 21:20, ロマ 13:8
　　本当の富
　　　創 26:12, 申 8:18, 箴 3:16, 10:15, 伝 5:10-17, ホセ 10:1, アモ 8:5, II コリ 8:9
　　融資
　　　出 22:25
　　友人と
　　　箴 19:4

行い
　　→信仰、救いに導く
教え、にせ
　　→「信徒の聖書的訓練」の項 p.2318
　　終りのとき
　　　マタ 24:5, 11
　　性質
　　　ヨブ 42:7, ガラ 5:7
夫
　　→家族
男
　　夫
　　　→家族
　　男と女の役割
　　　I コリ 11:3, I テモ 2:13
親
　　敬うこと
　　　出 20:12, 箴 30:17
　　家族
　　　→家族
　　義務
　　　→「親と子ども」の項 p.2265
　　　創 18:19, 34:2, 申 4:9, 22:17, ヨブ 1:5, 詩 78:5, 127:3, ピリ 2:17
　　子どもに与える罪の影響
　　　出 34:7, II サム 13:21, 詩 106:37
　　子どもの教育
　　　箴 4:1-4
　　子どものための祈り
　　　ヨハ 17:1, コロ 1:9
　　信仰
　　　創 48:15
終りの日
　　意味
　　　使 2:17
　　しるし
　　　ヨエ 2:30-31, マタ 24:4, 12, II テモ 3:1, 3, II ペテ 2:19
　　歴史の終り
　　　イザ 19:16-25, 29:17-24, エゼ 38:1-23, ダニ 9:24, 26, 27, 11:28, 12:4, ミカ 4:1, ゼカ 6:1-5, 13:8-9, II テサ 2:7, II テモ 3:1
女
　　イスラエルでの尊厳
　　　民 27:4, 申 21:10
　　男と女の役割関係
　　　創 2:18, I コリ 11:3, I テモ 2:13
　　慎み
　　　I コリ 11:6, I テモ 2:9, I ペテ 3:3
　　妻として
　　　→家族
　　母親として
　　　I テモ 2:15
　　未婚
　　　ルカ 2:36, 37, I コリ 7:34

ガイオ（ヨハネの友人）
　　III ヨハ 1:5

回心
マタ 18:3
不完全な
マコ 4:15

解放
→自由、キリスト者の

家族
→「親と子ども」の項 p.2265
夫
エペ 5:23, Ⅰテモ 2:13, Ⅰペテ 3:7
神に喜ばれる
詩 101:2
子育て
マタ 18:6, ルカ 1:17, Ⅱテモ 3:3
子ども
エペ 6:1
子どもたちのための祈り
ヨハ 17:1
責任
ヨシ 7:24, 箴 6:20
父親
Ⅰ列 1:6, エペ 6:4
妻
箴 12:4, 31:10-31, エペ 5:22, Ⅰペテ 3:3
母親
Ⅰサム 1:28, Ⅰテモ 2:15, テト 2:4
服従
エペ 5:21
優先順位
マラ 4:6

割礼
意味
ヨシ 5:2
肉体的
創 17:11, 出 4:24, ピリ 3:2
霊的
ロマ 2:29, コロ 2:11

金持ちの青年
マタ 19:21

神
愛
創 6:6, 46:3, Ⅱ歴 16:9, ヨブ 42:5, 詩 17:8, 23:1, 6, 118:1-29, 136:1-26, イザ 49:14-17, ダニ 10:11, ホセ 3:1, ゼカ 1:14, マラ 1:2, マタ 7:11, ルカ 15:20, ヨハ 16:27, 使 7:42
アブラムへの現れ
創 12:7
あわれみ
士 10:16, Ⅰサム 12:22, Ⅰ列 20:13, Ⅱ列 7:16, ネヘ 9:17, 詩 78:38, 107:13, 130:1, 145:8, イザ 54:4-8, ヨナ 3:10, 4:2, ロマ 9:18
怒り
→怒り―神の
永遠性
詩 90:2
栄光

→「神の栄光」の項 p.1366
出 24:16-17, 40:34, Ⅰ列 8:11, イザ 40:5, エゼ 1:28, 10:4, 43:5, ハガ 2:6-9, ゼカ 2:5
恐れ
→「神への恐れ」の項 p.316
出 14:31, Ⅰサム 6:19, ネヘ 5:15, ヨブ 28:28, 詩 33:18-19, 34:9, 103:13, 111:10, 箴 1:7, エレ 5:22, 使 5:11, 9:31, ピリ 2:12
義
ゼパ 3:5, ロマ 3:21
さばき
Ⅰ列 2:27, ヨブ 21:7, 詩 110:6, アモ 9:1-10, ヨハ 5:29, 使 17:31, Ⅰコリ 3:15, 4:5
主権
創 48:19, 箴 21:1, イザ 13:1-23:18, エレ 18:8, エゼ 28:25, ロマ 9:6, Ⅰヨハ 5:19
真実さ
民 23:19, ミカ 6:3-5, Ⅱテモ 2:13
聖
→「神の属性」の項 p.1016
出 3:5, 民 4:20, 詩 99:3, イザ 6:3
正義
詩 73:17
摂理
→「神の摂理」の項 p.110
創 37:28, 40:1, ルツ 2:12, Ⅰ列 17:7, エズ 1:1, エス 2:4, 4:14, 箴 16:33, 20:24, 伝 6:10, 8:17, エレ 32:27, エゼ 25:1-32:32, ヨエ 3:9-16, ハバ 2:3, マタ 2:13, 10:31, ロマ 8:28, コロ 4:3
創造者
→「天地創造」の項 p.29
属性
→「神の属性」の項 p.1016
民の中に宿られる
出 13:21, ヨシ 1:5, Ⅰサム 14:1, Ⅰ列 9:7, Ⅰ歴 16:10, 詩 46:1-2, 4, 119:151, 124:1, 139:1-24, イザ 8:8, 41:10-11, エレ 1:8, 19, エゼ 1:16-25, 48:35, ホセ 7:2, ゼパ 1:12, ハガ 1:13, 使 18:9, 10
民を守られる
出 3:22, 申 3:22, Ⅰ列 19:5, Ⅱ列 1:1, 19:35, Ⅰ歴 18:6, Ⅱ歴 12:5, 20:6, 32:7, エズ 5:5, ネヘ 4:20, エス 8:3, ヨブ 1:10, 29:2, 詩 3:3, 12:1-8, 18:2, 23:1-6, 55:22, 57:1, 91:1, 120:1-7, 121:8, 144:1-15, 箴 24:16, イザ 40:11, 46:4, ダニ 1:17, ナホ 1:2, ゼカ 2:8, 使 27:24, ピリ 4:19, ヘブ 12:5, Ⅰペテ 5:7, Ⅲヨハ 1:2
知恵
ヨブ 12:13
力

出 19:16, 士 7:2, Ⅰ列 19:11-12
父親
詩 68:5, 103:14, イザ 44:5, エレ 3:19, ホセ 11:4, 8, マタ 6:9, Ⅰヨハ 3:1
超越性
Ⅰテモ 6:16
名前
創 2:4, 22:14, 出 3:14, 6:3, 34:6-7, 箴 18:10-11, イザ 1:4, ダニ 7:9
必要の満たし
Ⅱ歴 1:7, 詩 23:1, 5, 84:11, 121:2, 139:17, 箴 10:3, イザ 40:31
ひとりであること
申 6:4
交わり
出 24:11
みこころ
→「神のみこころ」の項 p.1207
出 28:30, Ⅰサム 1:5, 8:22, Ⅰ歴 12:32, 詩 25:4, 40:8, 106:15, 139:16, 箴 3:6, 16:3, 伝 3:1-8, エレ 1:5, 18:2, 29:12-13, 43:7, ヨナ 4:1, Ⅰヨハ 6:39, Ⅰテモ 2:4
導き
創 24:27, 民 9:15-23, Ⅱサム 5:19, Ⅰ歴 14:14, 詩 25:12
御名をあがめること
出 20:7, Ⅱ列 19:19
赦し
マタ 26:28

神・天の御国
→「神の国」の項 p.1654
悪霊との関係
ルカ 9:2, 11:20
偉大さ
マタ 20:26, マコ 10:43, ルカ 22:24, Ⅰコリ 13:13, ガラ 2:6
祈り
詩 24:7-10, マタ 6:10
意味
Ⅰサム 8:7, 詩 97:1-12, イザ 52:7, ダニ 2:44-45, マコ 1:15, 10:14, ルカ 4:5, 17:21, ヨハ 18:36
癒し
マタ 4:23, ルカ 9:2
正しくない者との関係
Ⅱ列 5:15, Ⅰコリ 6:9, エペ 5:5
ダビデの血筋
詩 89:1-52
力
イザ 24:23, Ⅰコリ 4:20
求めること
マタ 6:33

神の選び
→「選びと予定」の項 p.2215
→「神の計画の中のイスラエル」の項 p.2077
アモ 3:2, ロマ 11:5, Ⅰテサ 1:4, Ⅱペテ 1:10

主題別索引

神のことば
　→聖書

神の小羊
　黙 5:6, 13:8

神への恐れ
　→神―恐れ

神への服従
　→信仰
　→救い
　→「旧約聖書の律法」の項 p.158
　愛による
　　詩 1:2, 伝 12:13, イザ 55:8
　神に喜ばれる
　　ヨブ 35:6, 詩 1:1
　結果
　　箴 3:2, ハガ 2:15-19
　不足
　　民 14:43, Ⅰサム 15:2, 22, Ⅱサム 6:7, 詩 95:1-11, エレ 38:20, ホセ 12:10
　命令
　　創 2:16, 出 19:5, Ⅰサム 12:14, 13:13, Ⅰ歴 13:10, 28:8, Ⅱ歴 1:12, ミカ 4:5
　恵みと
　　申 30:20, 詩 119:5
　模範
　　創 12:4, 26:5, ネヘ 10:29, エス 4:16, ハガ 1:12

神を知ること
　→永遠のいのち
　出 33:13, 申 4:29

からし種
　ルカ 13:19

姦淫
　→「性道徳の基準」の項 p.2379
　疑われた場合
　　民 5:18
　禁止
　　出 20:14, 箴言 6:32-33
　現場で捕えられた女
　　ヨハ 8:7, 11
　離婚と再婚
　　マコ 10:11, ルカ 16:18
　霊的意味
　　エレ 3:1-5, エゼ 16:15, 23:2, 黙 17:1

感謝
　出 15:1-18, 民 11:1, Ⅰ歴 16:7, エズ 3:11, 詩 103:1-2, 107:1-43, 116:1-19, ホセ 2:8, ヨナ 2:9, マコ 6:41, ルカ 17:16

監督
　→指導者―教会の
　→「監督とその務め」の項 p.2021
　→「監督の道徳的資格」の項 p.2303
　→「奉仕の賜物」の項 p.2225
　神のみこころを全部伝える
　　エゼ 3:18, ヨナ 3:2, マラ 2:9, 使 20:26
　規律
　　Ⅰテモ 5:20
　教会・福音を守る
　　エゼ 14:9-10, 使 20:31, Ⅰテサ 2:7, Ⅰテモ 4:16, 6:12, 20, Ⅱテモ 1:13, 14, テト 1:9
　教会の模範
　　エゼ 9:6, Ⅰテモ 4:12
　金銭（お金）を愛すること
　　使 20:33, Ⅰペテ 5:2
　支援
　　Ⅰコリ 9:14, ガラ 6:6, Ⅰテモ 5:17
　資格
　　→「監督の道徳的資格」の項 p.2303
　　Ⅰテモ 3:2-4, 7, 4:12
　任命
　　使 6:6, 14:23, 20:28, Ⅰテモ 5:22
　服従
　　ヘブ 13:17
　不品行
　　ロマ 1:21

患難
　→大患難

患難時代の信仰者
　→苦しみ

管理者の仕事
　創 1:28, レビ 25:23

キリスト
　→「旧約聖書のキリスト」の項 p.611
　→「贖罪の日」の項 p.223
　→「過越」の項 p.142
　→「ダビデとの神の契約」の項 p.512
　・・・にあるという意味
　　エペ 1:1
　愛の対象
　　マタ 26:13, コロ 3:4
　いのちのパン
　　ヨハ 6:35
　祈り
　　ルカ 5:16, ヨハ 17:1
　岩
　　出 17:6
　王
　　詩 45:6-7, ゼカ 14:9, 黙 1:7
　神と人との間の仲介者
　　ヨブ 9:33, 16:19, イザ 53:12, 59:16, コロ 2:18, Ⅰテモ 2:5, ヘブ 1:3, 7:25
　関係した預言
　　申 18:15, イザ 4:2, 7:14, 9:1-7, 11:1, 2, 28:16, 32:1-8, 49:-57:, 53:9, エレ 23:5-6, 30:9-10, 21, 33:17, エゼ 21:27, 34:23, ダニ 7:13, 9:25, ホセ 1:10-11, オバ 1:17-21, ミカ 5:2, ゼカ 10:4
　苦しみ
　　詩 22:1-31, イザ 50:6, 52:14, 53:3, マタ 26:37, 39, 67, 27:2, 26, 28, 31, 35, 39, 46, 50, ヘブ 5:7, 8
　系図
　　マタ 1:1
　最後の七つのことば
　　ルカ 23:34
　祭司
　　エレ 33:18, ヘブ 2:17, 5:1, 7:11, 8:1
　再臨
　　→再臨
　しもべ
　　イザ 49:3, 52:13-53:12, ヨハ 13:5, ピリ 2:7
　主
　　イザ 45:23, ルカ 2:11, ロマ 10:9, エペ 4:5
　受肉
　　ヨハ 1:1, ヘブ 2:14
　称号
　　マタ 1:1
　勝利の入城
　　ゼカ 9:9, ルカ 19:28
　処女受胎と降誕
　　マタ 1:16, 23, ルカ 1:35, Ⅰヨハ 4:2
　試練
　　マタ 4:1, ルカ 4:2
　神性
　　ヨハ 1:1, 5:18, 20:28, コロ 1:19, ヘブ 1:8
　姿変り
　　ルカ 9:29
　救い主
　　ルカ 2:11
　高くあがめられること
　　詩 22:22
　助けと恵みを与える
　　マタ 28:20, ヘブ 2:18, 4:16, 13:6
　血
　　イザ 52:15, ヘブ 9:14
　罪を憎み、義を愛する
　　ルカ 20:2, ヨハ 11:33, ヘブ 1:9
　バプテスマ
　　マタ 3:13
　羊飼い
　　ゼカ 13:7, ヨハ 10:11, 14
　奉仕の働き
　　ルカ 4:18
　交わり
　　エペ 1:1, ピリ 3:8
　身代りの死
　　イザ 53:5, 10, マコ 14:24, ロマ 3:25, ヘブ 2:9, 10, 10:4, Ⅰペテ 2:24
　御霊の油注ぎ
　　→「イエスと聖霊」の項 p.1809
　　イザ 61:1-3, マタ 3:16
　メシヤ
　　詩 2:2, マタ 1:1
　幼少時代
　　ルカ 2:52

預言者
　マコ 6:4, 使 3:22
キリスト者
　意味
　　使 11:26
キリストにとどまる
　ヨハ 15:4, 6, Ⅰヨハ 2:6
キリストに似る
　Ⅰコリ 11:1
キリストの神性
　→キリスト－神性
義
　飢え渇き
　　アモ 5:7, ゼパ 2:3, マタ 5:6
　旧約聖書の定義
　　ヨブ 9:2, ハバ 2:4, ルカ 2:25
　信仰者の
　　ヨブ 1:1, 詩 7:10, Ⅱコリ 5:21, ピリ 3:9
　迫害の理由
　　Ⅱサム 11:11, マタ 5:10, ルカ 6:22
基準、キリスト者の
　レビ 11:44, 詩 1:1, 15:1, 119:9, 伝 12:1-7, ミカ 6:8, ロマ 6:17
奇蹟
　→「神による癒し」の項 p.1640
　→「神の国」の項 p.1654
　→「信者に伴うしるし」の項 p.1768
　→「御霊の賜物」の項 p.2138
　悪霊と
　　出 7:12, 黙 16:14, 19:20
　意味と目的
　　Ⅰ列 17:22, 18:38, Ⅱ列 6:5, ヨハ 6:2, マコ 16:20
　神の力
　　ヨシ 10:13, 士 6:13
　旧約聖書の
　　ヨナ 2:10, Ⅱペテ 2:16
　教会と
　　イザ 35:5-6, ヨハ 4:48
　さばきとして
　　使 13:11
　主イエスの
　　→「**キリストの奇蹟**」の表 p.1942
　　マタ 14:19
　しるしとして
　　出 4:2-3, 7:20
　信仰と
　　ヨシ 3:5, 13, マタ 17:20
　信仰者と
　　詩 78:11, ヨナ 1:17, ヨハ 6:2, 14:12
　弟子の
　　マコ 16:17
偽善
　イザ 29:13, エレ 5:10, エゼ 14:7, マコ 12:38
　意味
　　ルカ 12:1
　具体例

創 38:15, 申 29:19, イザ 48:1-22, 58:2, エレ 7:11, 37:3, アモ 4:4-5
　警告
　　詩 50:16-23, エレ 43:2, アモ 5:21-27
義認
　→「救いについての聖書用語」の項 p.2045
　神の前で
　　ロマ 4:22
　キリストの復活との関係
　　ロマ 4:25
　結果
　　ロマ 5:1, ガラ 2:21, 3:11
　聖霊との関係
　　Ⅰコリ 6:11
希望、神にある
　→「聖書的希望」の項 p.943
　エレ 32:6-15, 哀 3:21-33
教会
　悪との戦い
　　Ⅱコリ 10:4, Ⅱテモ 2:15-21
　一致
　　ヨハ 17:6, 21, Ⅰコリ 1:10, エペ 4:3, 5, 13, 15, ピリ 1:27
　祈り
　　マコ 11:17, 使 12:5
　神の警告
　　→「七つの教会へのキリストのメッセージ」の項 p.2478
　　詩 78:8, エレ 6:16, 44:5, ロマ 11:22
　塩
　　マタ 5:13
　しるしと不思議
　　→「信者に伴うしるし」の項 p.1768
　真理の保持
　　Ⅰテモ 3:15
　聖霊の宮
　　Ⅰコリ 3:16
　世俗的なこと
　　→「三種類の人々」の項 p.2108
　　→「七つの教会へのキリストのメッセージ」の項 p.2478
　　Ⅰコリ 3:1, 5:1, 6, 黙 3:15
　特徴
　　→「**教会**」の項 p.1668
　　使 7:38, 44, 12:5, Ⅱテモ 2:19
教会の規律
　民 5:2, 33:55, 申 17:7, 士 20:13, マタ 13:30, 18:15, Ⅰコリ 5:1, 5, Ⅱコリ 2:6, Ⅰテモ 1:20
教師
　義務
　　→「信徒の聖書的訓練」の項 p.2318
　　哀 2:14
　聖書学校
　　→聖書学校
　奉仕の賜物を持つ

→「奉仕の賜物」の項 p.2225
教師、にせ
　→「にせ教師」の項 p.1758
　金銭を愛する
　　Ⅱペテ 2:3
　吟味
　　→「にせ教師」の項 p.1758
　　民 16:41-50, ネヘ 6:12, エレ 14:14, ゼカ 13:4, マコ 13:22, ヨハ 7:18, Ⅰヨハ 4:1
　信仰者の反抗
　　Ⅰテモ 1:3, Ⅱヨハ 1:10, ユダ 1:3, 黙 2:2
　性質
　　Ⅱヨハ 1:9
　正しく見える
　　申 13:3, ヨブ 2:11, 4:1, マタ 7:23, Ⅰコリ 11:13
　定義
　　マタ 23:13
　道徳律廃棄論
　　Ⅰヨハ 2:4, ユダ 1:4
　非難
　　エレ 2:8, エゼ 13:2-23, マタ 23:13, Ⅰコリ 3:17, ガラ 1:9, 黙 2:20
　福音をねじ曲げる
　　エレ 4:10, 5:31, 23:17, 28:1, エゼ 13:10, 22:28, ホセ 4:15, ミカ 2:6, 3:5-7, 使 20:29-30, Ⅱコリ 11:1-6, ガラ 1:6-10, コロ 2:8, Ⅱペテ 2:1, 2, Ⅱヨハ 1:7
　実
　　マタ 7:16
教師、律法の
　マタ 2:4
矯正
　箴 9:8, 12:1, 29:1, 伝 7:2-6
禁酒
　→ぶどう酒
悔い改め
　意味
　　Ⅱ列 23:4, Ⅱ歴 30:6, 8, ネヘ 9:2, ヨブ 22:21-30, 42:6, エゼ 6:9, マタ 3:2
　神の応答
　　申 2:7, 士 16:28, Ⅰサム 7:3, Ⅱ歴 7:14, 詩 32:5
　救いに必要
　　詩 106:1-48, イザ 1:18, 30:15, 32:9-14, 55:1, 哀 2:9, ホセ 12:6, 14:1, ヨエ 1:14, ゼカ 12:10, ルカ 24:47, 使 17:30, 26:20
　例
　　詩 51:1, ヨハ 3:5
偶像礼拝
　→「偶像礼拝」の項 p.468
　　創 31:19, 出 20:4, 32:4, レビ 17:7, 士 8:27, Ⅰサム 12:21, Ⅰ列 12:28, Ⅱ列 17:16, Ⅱ歴 14:2, 20:33,

苦しみ
エス 3:4, イザ 28:15, 44:6-20, エレ 8:1-2, 10:2-16, 44:18, エゼ 6:4, 14:3, 20:1-49, ホセ 2:2-7, 13:2, ゼパ 1:5, コロ 3:5

苦しみ
→迫害、義のための
→ヨブ記緒論
→「神の摂理」の項 p.110
→「正しい人の苦しみ」の項 p.825

神の民への慰め
創 4:10, ルツ 1:3, IIコリ 1:4, 5, 4:7, 8, 16, 7:6, 12:9, ヤコ 5:11, 13

キリストのための
ヨブ 10:16, エゼ 24:18, マタ 5:4, 使 9:16, 14:22, 16:25, ロマ 8:36, Iコリ 4:11

将来の栄光
Iサム 22:18, ロマ 8:18

信仰者（試練、病気）
創 37:2, 申 8:3, ルツ 1:13, I列 17:17, II列 4:8, II歴 32:1, 31, ヨブ 1:20, 2:6, 10, 4:7, 6:4, 7:11, 8:6, 9:17, 14:1, 19:11, 23:10-12, 42:7, 詩 34:19, 39:1-13, 44:9, 55:9, 69:1-4, 73:1-28, 88:1-18, 102:2, 箴 3:11-12, 24:10, イザ 54:11-17, エレ 17:14-18, 哀 3:27-33, ヨナ 1:4, 使 28:16, ロマ 5:3, IIコリ 1:8, 4:17, ヘブ 12:5, ヤコ 1:2, Iペテ 2:21, 4:12-14

奉仕の働きと
IIコリ 4:11, 12

無神経さ
ルカ 13:15

苦しみ、キリストの
→キリスト―苦しみ

携挙
→「携挙」の項 p.2278
→「反キリストの時代」の項 p.2288
マタ 24:42, 44, 48

キリストによる約束
ヨハ 14:3

真理を拒む人々の最後
IIテサ 2:11, 12

近い
マコ 13:32-37, ルカ 12:45, ロマ 13:12, Iコリ 15:51, ヤコ 5:9, IIペテ 3:12

忠実に待つこと
ルカ 2:25, 12:35, 42, 21:34, Iコリ 1:7, Iテサ 1:10, 3:13, IIテモ 4:8, テト 2:13, Iペテ 4:7, 黙 22:20

やがて来る怒りからの信仰者の救い
ルカ 21:36, Iテサ 1:10, 4:18, 5:2, 6, 9, IIペテ 2:9, 黙 3:10, 11, 4:1

敬虔
→聖

契約、新しい
→エレミヤ書緒論
→「旧契約と新契約」の項 p.2363

ヨシ 24:25, I歴 14:2, イザ 42:6, エレ 31:31-34, エゼ 16:60, 34:25, ルカ 22:20, IIコリ 3:8

契約、古い
→「アブラハム、イサク、ヤコブとの神の契約」の項 p.74
→「イスラエル人との神の契約」の項 p.351
→「旧契約と新契約」の項 p.2363
創 6:18
→「ダビデとの神の契約」の項 p.512

アブラム／アブラハム
創 15:18, 17:2, 8, 22:18, アモ 9:12

イサク
創 26:3-4

イスラエル人
出 19:1, 申 5:2, ヨシ 24:25, イザ 41:8, エレ 11:3, ゼカ 11:10

ダビデ
IIサム 7:12, 16, 18, II列 25:21, エゼ 37:24, アモ 9:12

血
出 24:8

ヤコブ
創 28:13-15, 35:9-13

契約の箱
出 25:10, Iサム 4:3, I列 8:1, I歴 13:3, 15:1, ヘブ 9:4

結婚
→雅歌緒論
→「性道徳の基準」の項 p.2379

一夫一婦制
創 29:28, 申 21:15

純潔
雅 2:7, 4:12

責任
創 2:24, Iコリ 7:3

節操
申 4:24, 雅 2:16, マラ 2:14

そばめ
士 19:1

伴侶の選択
箴 19:14, 雅 8:7

未信者と
士 14:4, I列 11:2, マラ 2:11, Iコリ 7:14

離婚
エズ 9:2, Iコリ 7:11

獣
→反キリスト

謙遜
出 16:2, II列 22:19, 詩 147:6, 箴 27:21, マタ 5:5, ルカ 10:21, Iコリ 4:7, ピリ 2:3, Iペテ 5:5

権力者
伝 8:2, ルカ 20:25, ロマ 13:1, テト 3:1

コリント
→コリント人への手紙第一緒論

ゴルゴタ
マタ 27:33

コロサイ
→コロサイ人への手紙緒論

洪水
創 7:11-12

交霊術
→魔術

心
→「心」の項 p.1043

悪に向かう傾向
創 8:21, エレ 17:9

かたくなさ
出 7:3, ヨシ 11:20, 詩 95:8, ホセ 10:12, ゼカ 7:12, ヘブ 3:8

宝との関係
伝 3:11, ルカ 12:34

定義
マコ 7:20

守ること
箴 4:23

黙想
詩 19:14

五旬節
意味
使 2:1

ペテロの説教
使 2:14

個人伝道
エゼ 33:6, マタ 9:37, ルカ 15:4, 7, 19:1, ヨハ 4:7, 36, 使 4:20, 13:31, ロマ 9:2, ガラ 4:19, Iペテ 3:1

子とされる
→新生

ことば
神を敬う
箴 17:27, コロ 4:6

罪のある
箴 13:3, IIコリ 12:20, ヤコ 3:6

子ども
→「親と子ども」の項 p.2265

悪から守る必要
創 35:18, ロマ 16:19

祈り
ヨハ 17:1

神にささげる
Iサム 1:11

神を敬うように養育する必要
ガラ 4:2, ピリ 2:17

教育
出 10:2, 申 6:7, 箴 22:6

ささげる
ルカ 2:22

しつけ
箴 13:24, 19:18, 29:15

重要性
創 30:1

胎児の保護
出 21:22-23

霊的につまずかせる
　　マタ 18:6, 7, マコ 9:42
ザアカイ
　　ルカ 19:1-10
サウロ
　→サムエル記第一緒論
　　Ⅰサム 10:9
サタン
　あざむき
　　創 3:13, Ⅰ歴 21:1, イザ 36:20
　解放の祈り
　　マタ 6:13
　神の民への妨害
　　創 3:1, ゼカ 3:1, Ⅰテサ 2:18, 3:5,
　　Ⅰペテ 5:8
　キリストの勝利
　　→「サタンと悪霊に勝利する力」の項
　　　p.1726
　　ヨブ 1:6-7, ゼカ 3:8, マタ 4:10, コ
　　ロ 2:15
　この世の神
　　創 3:24, エゼ 28:12, ヨハ 12:31,
　　Ⅱコリ 4:4, Ⅰヨハ 5:19
　最終的敗北
　　イザ 24:21, 黙 20:10
　信仰者の救出
　　詩 140:1-13, マタ 10:1, コロ 1:13,
　　Ⅱテサ 3:1, Ⅰペテ 5:8
　1,000年間縛られる
　　黙 20:2
　その使いたち
　　マタ 25:41
サドカイ人
　　マタ 3:7
サマリヤ人
　　Ⅱ列 17:24, 使 8:18
サマリヤ人、良い
　　ルカ 10:30
サマリヤの女
　　ヨハ 4:7
サムエル
　→サムエル記第一緒論
　　Ⅰサム 1:20, 2:35, 12:7-18, 25:1
罪悪感
　　創 42:21
災害
　　出 5:1, 8:2, 19, 9:3, 6, 15, 11:5
最後の晩餐
　→主の晩餐
祭司職、信仰者の
　　出 28:1, エレ 33:19-22, Ⅰペテ 2:5
再生
　→新生
　→「新生―霊的誕生と刷新」の項
　　　p.1874
　　詩 51:10
再臨
　悪を滅ぼし正義を打立てる

イザ 2:2-5, 51:1-3, 61:2, ゼカ 6:
13, 9:10, 使 3:21, Ⅰテサ 1:7, ヘブ
12:26, 黙 19:11, 14, 15, 17, 21
患難時代の後
　ゼカ 14:4, マタ 24:30, 31, 37
教会には間近
　マタ 24:14, 37, 25:1, マコ 13:35,
　ルカ 12:45, ヨハ 14:3
携挙との関係
　→携挙
時期
　マタ 24:37, 42, 44, 48
祝福
　イザ 25:8
主の日との関係
　→主の日
忠実に待つこと
　ヨブ 19:27, イザ 26:8-9, 40:10, マ
　タ 24:42, 25:4, ルカ 2:25, 12:35,
　21:34
ささげ物
　→「十分の一とささげ物」の項 p.1603
殺人
　創 9:6, 出 20:13, 民 35:11, Ⅱサム
　11:15, エス 3:6, Ⅰヨハ 3:15
さばき、神の
　エドムの
　　オバ 1:10
　信仰者の
　　→「さばき」の項 p.2167
　　Ⅱ列 22:13, 23:26, 24:3, イザ 1:2,
　　エゼ 44:15, アモ 4:12, Ⅰコリ 3:15,
　　コロ 3:25
　全人類の
　　創 7:6, 19:28, 民 21:3, Ⅰ列 22:23,
　　詩 1:4-6, 137:9, イザ 1:7, 24:1-27:
　　13, 34:1-7, 63:1-6, エレ 12:1-4, ハ
　　バ 2:2-20, ゼパ 1:2-3, ゼカ 5:1-4, ヨ
　　ハ 5:29
　働きの
　　Ⅱ列 2:24, Ⅰコリ 3:15
　羊と山羊
　　マタ 25:32
賛美
　→「賛美」の項 p.891
　Ⅰサム 2:1, 詩 56:4, 92:1, 111:1-
　10, 135:1-21, 145:2, 146：-150：,
　イザ 42:10-17, ダニ 2:19-23
三位一体
　創 1:26, イザ 61:1, マタ 3:17, マコ
　1:11
シモン・ペテロ
　→ペテロ
死
　→「死」の項 p.850
　愛する人への悲しみ
　　創 50:1
　信仰者の
　　申 34:1, 詩 48:14, 71:9, 116:15, 箴

14:32, 伝 7:1, ピリ 1:21
よみ
　詩 16:10, 箴 15:24
霊的意味
　創 3:6
塩
　民 18:19, マタ 5:13
死刑
　出 21:12-17, 民 35:33, ロマ 13:4
地獄
　マタ 10:28, ルカ 12:47-48, 黙 20:
14
仕事・職業
　コロ 3:23
自己否定
　Ⅱサム 24:24, Ⅱ列 5:16, 詩 115:1,
　Ⅰコリ 8:1, 2, 9:19
士師
　士 1:1, 2:16
　エフデ
　　士 3:21
　ギデオン
　　士 6:34
　サムソン
　　士 14:3, 15:7, 20
　デボラ
　　士 4:4
至聖所
　出 26:33, ヘブ 9:7, 黙 21:16
執事
　→監督―資格
　Ⅰテモ 3:8
失敗
　創 3:6, 12, 49:4, ヨシ 10:8, 17:13,
　士 1:28, 詩 78:1
使徒
　→「奉仕の賜物」の項 p.2225
　教会の土台として
　　Ⅰコリ 15:8, エペ 2:20
　宣教師として
　　使 14:4, ロマ 16:7
指導者、教会の
　→監督
　祈りと
　　ヨエ 2:17
　偽善との関係
　　エレ 2:8, エゼ 22:25-28, マコ 12:
　　38
　資格
　　出 18:21, レビ 10:2, 21:1, 21:7, 17,
　　民 16:10, 士 9:4-5, Ⅰサム 2:23, 12:
　　9, ネヘ 7:2, エレ 3:15, 23:14, 29:
　　23, ホセ 8:4, ゼパ 3:3-4, マラ 2:4-6
　責任
　　創 25:5, 民 20:12, 申 3:25, Ⅰサム 2:
　　29, 24:6, エズ 10:4, 伝 10:16, エレ
　　26:2
使徒の働き
　教会のあるべき姿

自慢
　　使 28:31
　御霊の神学
　　使 1:1
自慢
　→高ぶり
　　エレ 9:24, ヤコ 4:16
しもべ
　　ヨハ 13:5
主
　→キリスト
自由、キリスト者の
　　IIコリ 3:17
自由意志
　　ルカ 13:34
十字架
　キリストの
　　→キリスト―身代りの死
　　イザ 53:12, ロマ 3:25
　弟子たちの
　　マコ 8:34
十字架につけられる
　キリスト
　　マタ 27:35
　執行
　　マタ 26:57
　信仰者
　　ガラ 2:20, 6:14
十分の一とささげ物
　→お金
　→「十分の一とささげ物」の項 p.1603
　→「貧困者への配慮」の項 p.1510
　　創 14:20, レビ 27:30, I歴 29:5, II歴 31:4, 10, ネヘ 13:12, 箴 3:9, 11:24-25, 伝 11:1, マラ 3:8, 10, マタ 6:1, ルカ 21:1-4
祝福
　意味
　　創 27:4, 49:10, ルカ 24:50
　条件付き
　　出 32:29, 民 6:23, 申 1:36, 11:26, ヨシ 8:30, I歴 5:25-26, 13:14, II歴 13:1, エズ 3:8, エレ 17:5-8
祝福（八福）の教え
　　マタ 5:3-10
十戒
　　出 20:2, 申 5:7-21
受難週
　　マコ 11:1
受肉
　→キリスト―受肉
主の祈り
　　マタ 6:9
主の使い
　→「御使いたちと主の使い」の項 p.405
　　創 16:7, 32:24, 出 3:2, 士 6:14, イザ 63:9, ゼカ 1:8-11, 12
主の晩餐
　意味
　　出 12:14, Iコリ 10:16, 11:20, 24
　汚すこと
　　Iコリ 10:21, 11:27
　ぶどうの実
　　→「新約聖書のぶどう酒」の項 p.1870
主の日
　　エレ 48:7, エゼ 7:7, ヨエ 1:15, アモ 5:18, ゼカ 14:1, マラ 4:2, Iテサ 5:2, 4, IIテモ 2:1-12, IIペテ 3:10-12
主の日（安息日）
　　マタ 12:1, マコ 2:27, ルカ 6:2, ヘブ 4:9
殉教
　　黙 6:9
証言
　　出 18:11, ヨシ 22:34, 詩 66:5, 67:1-2, 箴 11:30, ダニ 1:20, 6:23, 使 4:29, 13:31
正直
　　出 20:15, 16, 民 30:2, ヨシ 2:5, IIサム 1:10, ヨブ 3:1, 7:16, 箴 11:1, 13:5, 16:2, 伝 5:4-6, ホセ 12:7
勝利者
　→救い
贖罪蓋
　→贖いのふた
贖罪の日
　→「贖罪の日」の項 p.223
　　レビ 16:1-34, 23:27
助言
　神からの
　　Iサム 25:32, II列 25:7, 箴 15:22
処女降誕
　→キリスト―処女受胎と降誕
除名
　→教会の規律
しるしと不思議
　→奇蹟
　　創 1:14
信仰
　→福音
信仰、癒しの
　→「御霊の賜物」の項 p.2138
　　マタ 17:20, マコ 9:23, 11:24
信仰、救いに導く
　アブラハムの
　　創 15:1, 22:1, 2, ロマ 4:12
　意味と性質
　　→「信仰と恵み」の項 p.2062
　　民 14:11, ヨブ 40:15, 42:3, 箴 3:5, 伝 1:2, ヨハ 1:12, 4:14, 5:24, 使 16:30, ヘブ 11:1, 6, 8
　行い
　　ヨシ 14:14, ネヘ 2:20, 詩 39:4-6, 伝 12:14, ロマ 2:7, 4:16, テト 3:14, ヤコ 2:14, 17, 21, 22, 24
　神/キリストへの愛と
　　詩 73:23-28, イザ 31:1, エレ 2:20-30, ゼカ 8:16-17, ヨハ 14:21, 24, 21:15, ガラ 5:6, Iヨハ 5:1, 2
　神への服従
　　創 8:1, II列 23:25, 詩 40:6, マラ 4:4, マタ 7:21, ヨハ 3:36, 8:31, ロマ 1:5, ヘブ 5:9, ヤコ 2:14, 17, Iヨハ 2:4
　義との関係
　　創 15:6, 22:10, 詩 42:6, ロマ 4:5, 22
　キリストにとどまること
　　ヨハ 15:4
　主イエスに従う
　　士 6:6, ヨハ 10:27, ヘブ 10:22
　強めること
　　士 6:37
　反抗との関係
　　民 14:6
　不足
　　民 13:32
　律法との関係
　　ロマ 3:31
信仰者の安全保障
　　ロマ 8:39
信仰の保持
　意味
　　II歴 12:14, ルカ 21:19
　必要
　→「背教」の項 p.2350
　　創 23:20, 出 5:22, 23, ヨシ 24:15, II列 14:11, 詩 9:8, 13:1, 27:3, 37:7, 伝 7:8-14, イザ 39:1, 50:10-11, エゼ 33:12-20, ヨハ 4:14, ピリ 2:12, 3:13, コロ 1:23, ヘブ 3:6, 12:1, 2
　例
　　創 12:10, 25:26, 39:1, ルツ 4:14, ネヘ 4:1, 6:15, ヨブ 6:10, 13:15, 17:1, 27:4, 詩 71:1-24, 105:4, エレ 20:9, 26:12-15, エゼ 18:5-9, 48:11-12, ダニ 1:8
新生
　→「新生―霊的誕生と刷新」の項 p.1874
　　IIコリ 5:17
　神の子どもとして
　　Iヨハ 3:1, 10
　性格
　　エレ 31:33, Iヨハ 3:9
神殿
　→「神殿」の項 p.707
　　I列 6:2, 8:13, 14:26, II歴 2:1, 3:1, 5:1, 6:10, ネヘ 13:7, エゼ 5:11, ハガ 2:3
　再建
　　エズ 4:24, 5:1, 2, 6:15
　主イエスのきよめ
　　マタ 21:12, ルカ 19:45
心配
　　マタ 6:25, ピリ 4:6, 7

真理
　愛
　　ヨシ 22:12, エレ 37:17, Ⅱテサ 2:10
　キリストの証言
　　ヨハ 18:37
　聖霊との関係
　　ヨハ 4:23
　分裂の原因
　　マタ 10:34, エペ 4:15
人類の堕落
　ロマ 5:12
ステパノ
　使 6:8, 7:1
姿変わり
　→キリスト
過越
　→「過越」の項 p.142
　　出 12:3, 7, 43, 13:7, マタ 26:2
　関係する詩篇
　　詩 113:-118:
救い
　→永遠のいのち
　→「選びと予定」の項 p.2215
　→「救いについての聖書用語」の項 p.2045
　意味
　　申 5:29, 使 4:12
　確信
　　→「救いの確証」の項 p.2447
　　ミカ 5:5, Ⅰヨハ 5:13
　神への愛
　　詩 62:1, ヨハ 8:42
　悔い改めとの関係
　　→悔い改め
　堅忍
　　→信仰の保持
　主イエスへの服従
　　マタ 7:21, Ⅰヨハ 2:4, 黙 21:8
　条件付
　　エゼ 15:2, 18:24, ホセ 9:15, ヘブ 3:6
　勝利をする人
　　黙 2:7, 24, 3:4, 21:7
　信仰が土台
　　→信仰、救いに導く
　　使 16:29-31, ロマ 4:3, 10:9, ヘブ 10:38
　信仰者の安全保障
　　Ⅰペテ 1:5
　信仰者の協力
　　マタ 7:14, ピリ 2:12, 3:13
　真理との関係
　　ヨハ 8:32
　だれにも提供されている
　　イザ 45:22, 56:3-8, エレ 35:19, エゼ 18:21-23, ミカ 7:7, Ⅰテモ 2:3
　罪からの自由を含む
　　ヨハ 8:36, Ⅰヨハ 3:10

ないがしろにする危険
　イザ 55:6, ヘブ 2:1-3
恵みによる
　詩 32:2, 使 15:11, エペ 2:9
約束の地との関係
　ヨシ 1:2
ラハブと
　ヨシ 2:1
ゼカリヤ
　→ゼカリヤ書緒論
ゼパニヤ
　→ゼパニヤ書緒論
聖
　→聖化
　→「キリスト者とこの世」の項 p.2437
　→「信者の霊的聖別」の項 p.2172
　→「聖化」の項 p.2405
　→「性道徳の基準」の項 p.2379
　贖いの目標
　　イザ 35:8-11, ルカ 1:75, テト 2:14, ヘブ 12:14
　意味
　　レビ 21:6
　神のことばとの関係
　　ルカ 11:34
　信仰者の喜びの基礎
　　Ⅱコリ 1:12
　召しの目的
　　創 35:2, レビ 19:2, 詩 24:4, 箴 21:3, イザ 3:16-26, 4:3, 6:1, 5, 33:14-16, ロマ 12:1, Ⅱコリ 7:1, Ⅰペテ 1:16
聖化
　→聖
　→「キリスト者とこの世」の項 p.2437
　→「聖化」の項 p.2405
　→「性道徳の基準」の項 p.2379
　意味
　　ヨハ 17:17, Ⅰテサ 2:10
　神に逆らう世界との関係
　　Ⅱテモ 3:3
　指導原理
　　コロ 3:17
　聖霊のバプテスマとの関係
　　使 8:21, エペ 5:18
　悪い考えを退けること
　　Ⅱコリ 10:5
正義
　申 19:21, ヨブ 31:13, 詩 10:1-18, 109:1-31, 箴 29:7
聖書
　→「神のことば」の項 p.1213
　→「聖書の霊感と権威」の項 p.2323
　愛すること
　　詩 119:1-176, エレ 15:16, 36:23, エゼ 3:3
　旧約聖書
　　ロマ 15:4, Ⅰコリ 10:11
　拒否

アモ 7:12-17
権威
　民 12:10, 申 4:2, ヨシ 17:4, Ⅰ列 13:21-22, 箴 30:6, イザ 55:11, アモ 3:3, ヨハ 7:38, Ⅰコリ 15:2, Ⅱテモ 4:4, Ⅱペテ 1:21
効果
　ネヘ 8:7, 詩 119:50
従うこと
　ヨシ 1:7, 8, エズ 7:6
重要性
　Ⅱ歴 17:9, エズ 7:10, 詩 19:7-11, 119:105, 箴 29:18, 伝 12:11, ホセ 4:1
神的起源
　民 1:1, イザ 40:8, ゼカ 10:2, ヨハ 5:47, 使 24:14, ヘブ 3:7
ねじ曲げ
　エレ 8:7
広く伝えること
　イザ 2:3
保存
　申 31:9, Ⅱ列 22:8
無誤で無謬
　Ⅱペテ 1:19
読み学ぶこと
　申 6:6, ネヘ 8:3, 詩 1:2, 119:57, 箴 2:1, 25:2, ホセ 4:6, 8:12, アモ 5:4, ヨハ 6:54, コロ 3:16, ヤコ 1:21, Ⅰペテ 2:2, 黙 1:3
霊感
　→「聖書の霊感と権威」の項 p.2323
　Ⅰコリ 2:13, ヘブ 6:18, Ⅱペテ 1:21
聖書学校
　→「信徒の聖書的訓練」の項 p.2318
　ピリ 1:9, Ⅰテモ 1:5
性的罪
　→姦淫、同性愛、不品行
聖徒たち
　意味
　　使 9:13, ロマ 1:7
政府
　→権力者
聖霊
　→「旧約聖書の聖霊」の項 p.1493
　悲しませる・消す
　　イザ 63:10, ヨエ 1:5, エペ 4:30, Ⅰテサ 5:19
　キリストが授けてくださる
　　ゼカ 4:3, ルカ 3:16
　教会との関係
　　黙 3:22
　原理
　　ロマ 8:2
　五旬節との関係
　　イザ 44:3, 使 1:8, 2:4, 16
　従う生活
　　詩 1:3, ロマ 8:5-14
　主イエスとの関係

主題別索引

世界を支配するもの

→「**イエスと聖霊**」の項 p.1809
証印
　Ⅱコリ 1:22, エペ 1:13
信仰者にキリストを啓示する
　ヨハ 16:14
信仰者のためのとりなし
　ロマ 8:26
真理の御霊
　ヨハ 14:17, Ⅰヨハ 2:27
宣教との関係
　使 10:19, 16:6
助け主
　ヨハ 14:16, ロマ 5:5
賜物
　→賜物、奉仕の
　→賜物、御霊の
力
　Ⅰサム 19:21, 詩 33:6, ゼカ 4:7, 使 1:8
力が与えられる
　民 11:12, 士 3:10, 14:6, Ⅰサム 11:6, Ⅰ歴 12:18, エゼ 2:2, 8:1, 11:19, ゼカ 4:6
罪を認めさせる働き
　Ⅱ歴 24:20, ネヘ 9:30, 哀 1:7, ヨハ 16:8, 13, Ⅰコリ 14:24
内住
　ロマ 8:2, 9, Ⅰコリ 6:19
働き
　詩 63:2, 119:27, ヨハ 14:16, 16:8, 13, 使 10:45, Ⅰコリ 14:24
バプテスマ
　→バプテスマ、聖霊の
バプテスマを受ける
　イザ 59:21, Ⅰコリ 12:13
服従
　ロマ 8:5, 14
保証
　エペ 1:13
実
　→「**罪の性質の行いと御霊の実**」の項 p.2208
御子の霊
　ガラ 4:6
満たされること
　民 11:25, ヨエ 2:28-29, 使 2:4, 4:8
導き
　ネヘ 9:20, 詩 23:3, エゼ 36:27, ロマ 8:14
赦されない罪
　マタ 12:31

世界を支配するもの

→サタン

説教

神の国の力で
　マタ 10:7, 使 4:33, Ⅰコリ 2:1, 4, Ⅰテサ 1:5
奇蹟と不思議なしるしを伴う
　使 4:30, Ⅰコリ 2:4

吟味すること
　使 17:11
大胆に
　マタ 11:7, 使 20:20, Ⅰテサ 2:4

摂理

→神－摂理

宣教、海外

原理
　使 13:3, ピリ 4:16, Ⅲヨハ 1:5, 7
使命
　創 12:1, 詩 96:2-3, イザ 42:1, 49:6, エゼ 33:7, ヨナ 1:3, マラ 1:11, 使 13:2, ロマ 15:20
大宣教命令と
　マタ 28:19, ルカ 24:47

洗足

ヨハ 13:5, 14

千年期

イザ 11:6-9, 10-16, 12:1-6, 19:25, 黙 20:2-4, 7, 8

ソロモン

→列王記第一緒論
→箴言緒論
→伝道者の書緒論
→雅歌緒論
祈り
　Ⅰ列 3:9, 8:57
シュラムの女
　雅 1:6, 3:11
神殿
　Ⅰ列 5:5
堕落
　Ⅰ列 11:1, 43, Ⅱ歴 8:11
知恵
　Ⅰ列 4:29-34
治世
　Ⅰ列 4:24
著作家
　箴 1:1, 雅 1:1
背教
　Ⅰ列 11:5-7, Ⅱ歴 9:29

訴訟

Ⅰコリ 6:1

ダニエル

→ダニエル書緒論
　ダニ 1:4, 7, 12, 2:16, 6:3
三人の友人
　ダニ 3:2
獅子の穴
　ダニ 6:17

ダビデ

→サムエル記第一緒論
→サムエル記第二緒論
→「**ダビデとの神の契約**」の項 p.512
　Ⅰサム 13:14, 16:12, Ⅱサム 24:17, Ⅰ歴 11:1
あざむき
　Ⅰサム 21:1, 27:1

アブシャロム
　Ⅱサム 15:6, 14, 16:22, 18:33
神による罰
　Ⅱサム 12:10-12
神による赦し
　Ⅱサム 12:13
ゴリヤテ
　Ⅰサム 17:50
子孫
　Ⅰ歴 3:1
親切
　Ⅱサム 9:1
ソロモン
　Ⅰ列 2:4, Ⅰ歴 22:11
忍耐
　Ⅱサム 2:4
背信行為
　Ⅱサム 11:1, 2, 27, 12:9
ほかの神々
　Ⅰ列 11:4

大患難

→「**大患難**」の項 p.1690
　ダニ 12:10, マタ 24:29
144,000人
　黙 7:4, 14:1, 4
悪霊との関係
　黙 16:13, 14, 19:19
神を敬う人々へのサタンの怒り
　黙 6:9, 7:14, 12:12, 13:7
神を敬わない人々への神の怒り
　ホセ 10:8, 黙 6:1, 16, 14:19, 15:7, 16:17
さばきの鉢
　黙 15:1, 16:1
さばくためのキリストの来臨
　→再臨
　黙 19:11, 14, 15, 17, 21
信仰者が守られる
　イザ 26:20-21, ルカ 21:36, 黙 3:10
大淫婦
　黙 17:1, 2, 4, 6, 15, 16
にせ預言者との関係
　黙 13:11, 12, 19:20
バビロン
　黙 14:8, 17:1, 5, 18:2, 4, 7, 20, 21
ハルマゲドン
　→ハルマゲドン
反キリスト
　→反キリスト
　→「**反キリストの時代**」の項 p.2288
四人の馬に乗る人
　黙 6:2, 4, 5, 8
ラッパのさばき
　黙 8:1

大祭司

→キリスト－祭司

大宣教命令

マタ 28:19

怠情
　　箴 10:5
高ぶり
　　Ⅱサム 24:1, Ⅰ歴 21:7, 8, Ⅱ歴 26:
　　16, 箴 13:10, 18:12, 26:12, 伝 7:16,
　　イザ 2:11, 10:5, エレ 49:16, 50:32,
　　エゼ 28:1-10, オバ 1:3, ヤコ 4:6, 16
妥協の罪
　　創 19:1, 士 3:6, 16:19, Ⅰサム 8:5,
　　エゼ 22:30, ミカ 3:8, マタ 27:24,
　　ヨハ 12:43, ガラ 2:12
戦い、霊的
　　→「サタンと悪霊に勝利する力」の項
　　p.1726
　　ヨシ 5:14, 詩 144:1, 149:6, ダニ 10:
　　13, ロマ 8:13, Ⅱコリ 10:4, エペ 6:
　　11, 12, 17, 18
たとえ
　　→「キリストのたとえ」の表 p.1940
　　いなくなった羊
　　　　ルカ 15:4, 7
　　いなくなった息子
　　　　ルカ 15:13, 20
　　隠された宝
　　　　マタ 13:44-46
　　神の国
　　　　マタ 13:3
　　からし種
　　　　ルカ 13:19
　　キリスト―まことのぶどうの木
　　　　ヨハ 15:1
　　十人の娘
　　　　マタ 25:1
　　種を蒔く人
　　　　マコ 4:3
　　地引網
　　　　マタ 13:47, 49
　　農夫
　　　　マタ 21:33-44
　　パン種
　　　　ルカ 13:21
　　ぶどう園の労働者
　　　　マタ 20:1
　　良いサマリヤ人
　　　　ルカ 10:30
　　良い種と毒麦
　　　　マタ 13:24
他人をさばくこと
　　マタ 7:1, ロマ 14:13, Ⅰコリ 5:12
賜物、奉仕の
　　→「奉仕の賜物」の項 p.2225
　　教え
　　　　→「奉仕の賜物」の項 p.2225
　　　　ロマ 12:7
　　寄付
　　　　ロマ 12:8
　　慈善
　　　　ロマ 12:8
　　使徒

　　　　→使徒
　　指導者
　　　　ロマ 12:8
　　宣教師
　　　　→使徒
　　伝道者
　　　　→伝道者
　　励まし
　　　　ロマ 12:8
　　奉仕
　　　　ロマ 12:7
　　牧師
　　　　→監督
　　預言者
　　　　→預言者
賜物、御霊の
「知恵のことば」、「知識のことば」、「信
仰」、「いやしの賜物」、「奇蹟を行う力」、「預
言」、「霊を見分ける力」、「異言」、「異言を
解き明かす力」の定義　→「御霊の賜物」の
項 p.2138
　　愛との関係
　　　　Ⅰコリ 12:25, 13:1, 2
　　新しくすること
　　　　Ⅱテモ 1:6
　　異言
　　　　→異言
　　追い求めること
　　　　Ⅰコリ 14:1
　　吟味すること
　　　　Ⅰコリ 14:29
　　性質
　　　　ゼカ 4:6, Ⅰコリ 12:1
　　奉仕の賜物
　　　　→「奉仕の賜物」の項 p.2225
　　御霊の現れ
　　　　→「御霊の賜物」の項 p.2138
　　恵みによる
　　　　ロマ 12:6
　　目的
　　　　出 31:3, Ⅰコリ 12:1, 14:26
断食
　　出 34:28, Ⅰ列 19:8, Ⅱ歴 20:3, エ
　　ズ 8:21, 23, イザ 58:3, ゼカ 7:1-5,
　　マタ 4:2, 6:16, 9:15
血
　　→キリスト―血
　　→「過越」の項 p.142
　　出 24:8, レビ 17:11
知恵
　　→箴言緒論
　　獲得
　　　　箴 4:5
　　神を敬う
　　　　Ⅰ列 3:10, Ⅱ歴 1:10, 詩 37:1-40, 箴
　　　　1:2, 2:10, 3:5, 伝 1:12-18, 2:24-26,
　　　　7:23-28, ホセ 14:9, Ⅰコリ 2:16, ヤ
　　　　コ 1:5
　　この世の

　　　　Ⅰコリ 1:20
　　祝福
　　　　箴 2:20, 3:23
誓い
　　破る
　　　　Ⅱサム 21:1
父
　　地上の
　　　　ルカ 1:17
　　天の
　　　　マタ 6:9
仲介者
　　→キリスト、神と人との間の仲介者
中傷
　　→ことば―罪のある
長子の権利
　　創 25:31
長老
　　→監督
償い
　　ロマ 3:25
妻
　　→家族
罪
　　→「神の平和」の項 p.1301
　　アダム
　　　　創 3:8, ロマ 5:12
　　隠れている
　　　　詩 19:12
　　神に逆らう娯楽
　　　　ルカ 23:35, ロマ 1:32
　　神に対する
　　　　創 39:9
　　神のいのちがない証拠
　　　　イザ 59:2, Ⅰヨハ 3:15
　　悔い改め
　　　　創 9:25
　　結果
　　　　創 3:16-19, 27:38, レビ 13:3, ヨシ
　　　　7:1-26, Ⅱサム 11:3, 12:10, 13:1, 36,
　　　　Ⅰ歴 21:14, 詩 32:3, 38:3, 21, 51:3,
　　　　12, 60:1-12, 99:8, 箴 1:26, イザ 24:
　　　　5, 6, 39:6, 57:3-14, 21, エレ 14:1, 7-
　　　　12, 17:1, 39:5-7, 哀 1:18, 2:7, エ
　　　　ゼ 22:2-12, ミカ 1:16, ナホ 2:13, ゼ
　　　　カ 5:5-11
　　死に至る
　　　　Ⅰヨハ 5:16, 17
　　種々の
　　　　民 15:31, Ⅰヨハ 3:15
　　信仰者の関係
　　　　ロマ 6:11
　　信仰者の自由
　　　　ナホ 1:15, ヨハ 8:36, ロマ 6:1, 7:14,
　　　　Ⅰコリ 10:13, Ⅰヨハ 2:1, 3:9, 10
　　信仰者の戦い
　　　　ハガ 2:10-14, ロマ 6:12, 15, 8:13
　　人類の堕落
　　　　→「罪の性質の行いと御霊の実」の項

p.2208
創 3:7, 6:5, エレ 19:9, ルカ 23:35, ロマ 3:9, 5:12, Ⅰヨハ 1:8, 黙 9:20
罪の性質の行い
→「罪の性質の行いと御霊の実」の項 p.2208
定義
ロマ 6:1
奴隷
エレ 2:19, ロマ 7:7-25
憎むこと
詩 5:5-6, 36:4, 141:5, エゼ 3:14, 9:4, アモ 1:6, 5:15, マコ 3:5, ルカ 19:45, ヨハ 3:19, 使 17:16, ヘブ 1:9
人間性と
創 3:6, レビ 12:2, 詩 51:5, ロマ 3:9, 10
罰
創 18:20, エゼ 18:2-4, ロマ 5:14, 6:16
赦されない
→「背教」の項 p.2350

罪の性質
→「罪の性質の行いと御霊の実」の項 p.2208
信仰者の戦い
ロマ 8:13, ガラ 5:17

テサロニケ
→テサロニケ人への手紙第一緒論

テトス
→テトスへの手紙緒論

テモテ
→テモテへの手紙第一緒論

弟子
原則
創 32:29, Ⅰ歴 29:5, Ⅱ歴 15:2, ヨブ 23:3, イザ 66:2
代価
ルカ 14:28, ヨハ 12:25, 26

弟子化
使 18:23

哲学
人間の
箴 14:12, コロ 2:8

天
→新しい天と新しい地
信仰者の住まい
Ⅰコリ 7:31, Ⅱコリ 5:1, 8, ピリ 3:20, コロ 3:2, ヘブ 11:10, 13, 16, 13:13, Ⅰペテ 2:11
第三の
Ⅱコリ 12:2

天地創造
→「天地創造」の項 p.29
創 1:1, 5, 10, 22, 26, 2:4, 15, 詩 19:1, 104:1-35, コロ 1:16

伝道者
→「奉仕の賜物」の項 p.2225

同情
Ⅱ歴 36:15, イザ 15:5, マコ 6:34, 8:2, ヨハ 11:33, エペ 2:2

同性愛
創 19:5, レビ 18:22, 士 19:22, Ⅰ列 14:24, ロマ 1:27

道徳律廃棄論
創 3:4, ロマ 16:17, Ⅰヨハ 2:4

独身
ルカ 2:36, Ⅰコリ 7:34

富
→お金

奴隷
罪の
ロマ 7:15
人間の
出 21:2, レビ 25:44, エレ 34:8, 11, コロ 3:22, ピレ 1:12, 14, 16

どん欲
→「富と貧困」の項 p.1835
ルカ 12:15

ナアマン
Ⅱ列 5:10, 13-14

ナジル人
→「旧約聖書のぶどう酒」の項 p.1069
民 6:2, 5, 14, 20, 士 13:5

ナホム
→ナホム書緒論

慰め
伝 4:1, イザ 40:1, 50:4, 57:15, Ⅱコリ 1:4, 5

嘆き
エレ 9:1-26, 哀 2:11, ルカ 7:38, 19:41, ヨハ 11:35, 使 20:19, Ⅱコリ 2:4

なだめの供え物
ロマ 3:25, Ⅰヨハ 2:2

涙
→嘆き

ニコライ派
黙 2:6

肉
→罪の性質

肉欲
→「性道徳の基準」の項 p.2379
Ⅱサム 5:13, ヨブ 31:1, マタ 5:28, ロマ 1:21

にせの神々
創 3:5

柔和
→謙遜

人間
→「人間性」の項 p.1100
神が造られた
詩 8:5

人間中心主義
→哲学

忍耐
→信仰の保持
創 16:2

ネヘミヤ
→ネヘミヤ記緒論
ネヘ 1:1, 4, 2:8, 12

熱情
民 25:11, 詩 69:7, 箴 6:6

ノア
創 6:9, 14-17

残りの者
創 5:1, 45:7, 士 2:19, Ⅰ列 12:24, 19:18, Ⅱ列 21:14, イザ 1:25, 6:13, 8:16, 10:20, 17:7, 27:12-13, 30:18-26, 65:9, エレ 3:12, 16:15, 23:1, 30:1-33:26, 46:27-28, エゼ 11:16, 20:34-44, ホセ 11:9, ミカ 2:12-13, 7:8-13

のろい
創 49:7, Ⅰコリ 16:22

バアル
士 2:13, Ⅱ列 10:28

パウロ
回心
使 9:3, 22:16
神のことばへの態度
使 24:14
神の平和
→「神の平和」の項 p.1301
詩 3:5, 23:2, 127:2, イザ 26:3, 65:25, エレ 33:6, ゼカ 9:8, ピリ 4:7, 11
苦難
使 9:16, Ⅰコリ 4:9, Ⅱコリ 11:23, Ⅱテモ 1:15
死
使 28:30, Ⅱテモ 1:15, 4:22
使命
使 26:18, Ⅱテモ 4:7
聖霊の満たし
使 9:17
肉体のとげ
Ⅱコリ 12:7

ハガイ
→ハガイ書緒論

ハバクク
→ハバクク書緒論
ハバ 1:1

バビロン
→「大患難」
Ⅱ列 24:1, イザ 13:1, 4, 21:9, 23:13, 47:1-15, エレ 25:12, 50:1, 51:1-64

バプテスマ、聖霊の
→聖霊
あかし
使 1:8
イエス・キリストの働きとして
マタ 3:11, マコ 1:7, 8, ルカ 3:16,

ヨハ 1:33, 使 1:5, 2:33
異言を話すことと
　→「異言」の項 p.1957
　使 2:4, 17, 8:18, 10:46, 11:15, 18, 19:6
祈り
　ルカ 11:13, 使 1:14
エペソの弟子たち
　使 19:1, 2, 5, 6
終りの日
　使 2:17, 18
奇蹟
　ガラ 3:5
コルネリオの家で
　使 10:44, 46, 11:15, 15:8
サマリヤ人
　使 8:5, 12, 16-18
信仰者のための
　→「弟子たちの新生」の項 p.1931
　使 2:39, 11:17
力
　使 1:8
父の約束
　ルカ 24:49, 使 1:4
罪から離れること
　使 2:38, 3:19, 26
特別な意味
　使 2:4
服従
　使 5:32, 8:21
奉仕
　使 10:19
御霊の満たし
　使 4:31, 6:3
御霊の満たしの繰返しと
　使 4:8, 13:9, 52, エペ 5:18
御父、御子、御霊と私たちとの関係
　使 1:8
預言と
　民 11:29, 使 2:17

バプテスマ、水の
水の
　創 7:23, 使 2:38, 22:16, ロマ 6:4, Ⅰペテ 3:21

バプテスマ、御霊による
　Ⅰコリ 12:13

バベルの塔
　創 11:4

パラダイス
　ルカ 23:43

バラム
　民 22:5, 24:2, Ⅱペテ 2:15, 黙 2:14

パリサイ人
　マタ 3:7

バルナバ
　使 15:39

ハルマゲドン
　イザ 30:25, ダニ 11:45, ゼカ 12:3-9, 黙 16:12, 16, 19:17, 19, 21

ハレルヤ
　黙 19:1

パン種
　出 13:7, レビ 2:11, マタ 16:6, マコ 8:15

背教
　創 19:26, 士 17:5, 6, 20:1, Ⅱ列 12:2, Ⅱ歴 16:7, 伝 11:9, イザ 2:6-9, 30:1-5, エレ 8:12
終りの日の
　→「反キリストの時代」の項 p.2288
　マタ 24:11, 12, ルカ 18:8, Ⅱテサ 2:7, Ⅰテモ 4:1, Ⅱテモ 4:3
悔い改め
　Ⅰ列 8:46
信仰者の
　→「七つの教会へのキリストのメッセージ」の項 p.2478
　→「背教」の項 p.2350
　申 29:18-21, Ⅱ列 14:26, 15:16, 箴 14:14, 哀 2:5, ルカ 8:13, ヨハ 15:2, 6, Ⅰコリ 6:9, 9:27, ガラ 5:4, ヘブ 2:1, 10:29, Ⅱペテ 2:1, ユダ 1:12, 黙 3:5, 22:19

博士たち
　マタ 2:1

ばか者
　マタ 5:22

迫害、義のための
　創 39:20, Ⅰ列 19:3, エズ 4:1, 5:3, ネヘ 2:19, ヨブ 5:17-27, 詩 37:6, 44:22, 69:1-36, 119:23, イザ 8:12, 20:3, 57:1-2, エレ 11:19-23, 20:7, 26:8, 38:6, ダニ 6:7, ホセ 9:7, ゼパ 2:10, マタ 5:10, ルカ 21:18, ヨハ 15:20, 16:2, 使 14:19, Ⅱテモ 3:12, ヘブ 11:35, 38, ヤコ 1:2, Ⅰペテ 4:1

繁栄
聖書的
　ヨシ 1:8, エス 5:13, 詩 49:1-20, 箴 10:22, 15:6, Ⅲヨハ 1:2
世間的
　創 36:6, Ⅱ列 14:25, 詩 30:6, アモ 6:1-7

反キリスト
　→「反キリストの時代」の項 p.2288
起源
　黙 17:8, 11
獣のしるしと
　黙 13:16, 14:5
聖霊によって引き止められている
　Ⅱテサ 2:6
大患難の時代の獣として
　イザ 14:12-15, ダニ 6:5, 7:8, 24-25, 9:27, 11:36-45, ゼカ 11:15-16, 黙 11:7, 13:1-3, 8, 15, 18, 16:10, 17:16
「不法の人」として

　Ⅱテサ 2:3, Ⅰヨハ 2:18
滅亡
　黙 17:14, 19:19

反抗
　レビ 26:17, 民 11:20, 14:29, 申 1:26, 士 16:20, 21:25, Ⅰサム 2:25, 28:6, Ⅱ列 17:7, 詩 2:1-12, 14:1-7, エレ 8:1-22, 11:14, 15:4, ホセ 7:13-16

ピラト
　マタ 27:24, ルカ 23:1

ピレモン
　→ピレモンへの手紙緒論

光
　創 1:3, 出 25:31, 27:20-21, Ⅰ列 15:4, イザ 60:1-3, 19, ゼカ 4:2, ヨハ 1:4, 5, 9, 8:12

人の子
　エゼ 2:1, ルカ 5:24

ひな型
　→「旧約聖書のキリスト」の項 p.611
　創 22:5
キリスト
　民 21:9, ヨブ 2:3

火の池
　黙 20:14

病気
　出 4:11, 23:25-26, Ⅱ列 13:14, ホセ 5:12

貧困
　→貧しい人

不義
　創:16:11, 29:31, Ⅰ列 21:17, ネヘ 5:1, 詩 7:1-17, 94:1-23, 伝 9:15, イザ 3:5, エレ 22:13-19, 38:7, ハバ 1:2-4

福音
意味
　マコ 14:9
堅く立つ
　Ⅱテモ 1:13, Ⅰヨハ 2:24
奇蹟による確証
　→「信者に伴うしるし」の項 p.1768
　ヘブ 2:4
十分性
　Ⅱペテ 1:3
全世界に伝えること
　マタ 24:14
弁護
　使 17:1-2, ガラ 2:5, ピリ 1:17, Ⅰテモ 6:12, 20, ユダ 1:3, 20

復活
信仰者の
　→「肉体の復活」の項 p.2151
　ヨブ 14:14, 19:26, イザ 26:19, ダニ 12:2, ヨハ 5:29, 使 24:15
不信仰者の
　ダニ 12:2, 使 24:15

復活、キリストの
- 出現
  - マタ 28:9
- 重要性
  - ホセ 13:14, マタ 28:6, ロマ 10:9, Iコリ 15:17, コロ 1:18
- 証拠
  - ルカ 24:6

ぶどう酒
- →「旧約聖書のぶどう酒」の項 p.1069
- →「新約聖書のぶどう酒」の項 p.1870
- 甘い
  - イザ 16:10, 使 2:13
- カナの婚宴と
  - →「新約聖書のぶどう酒」の項 p.1870
  - ヨハ 2:3, 10
- 皮袋と
  - マタ 9:17
- 監督と
  - ミカ 2:11, Iテモ 3:3
- 危険性
  - 箴 20:1, 23:31, 32, 35, 31:4-5, イザ 28:7, ホセ 4:11
- 旧約聖書の
  - →「旧約聖書のぶどう酒」の項 p.1069
  - 民 6:3, 箴 31:6-7, イザ 25:6
- 禁酒
  - 創 9:21, レビ 10:9, 箴 23:29-35, アモ 2:12, Iテサ 5:6, テト 2:2
- 主イエスと
  - ルカ 7:34
- 出産の異常
  - →「新約聖書のぶどう酒」の項 p.1870
  - 士 13:4
- 主の晩餐と
  - ルカ 22:18
- 新約聖書の原理と
  - ロマ 14:21, Iテモ 3:3
- テモテと
  - Iテモ 5:23
- 発酵したほかの飲み物
  - ルカ 1:15
- 礼拝と
  - 申 14:26

不品行
- →「性道徳の基準」の項 p.2379
- 創 32:22, 38:2, 出 32:6, レビ 18:6, 民 25:4, 士 10:6, 17:1, 19:1, IIサム 12:24, 箴 5:3, 14, 21, 7:1-27, エゼ 16:17, ホセ 1:2, ナホ 3:4, ロマ 1:24, Iコリ 5:1, 6:15, 18, Iテサ 4:6, 8

分離、霊的
- →「アブラハムの召命」の項 p.50
- →「キリスト者とこの世」の項 p.2437
- →「信者の霊的聖別」の項 p.2172
- 意味
  - 出 19:6, ガラ 1:15
- 神の民への要求
  - 創 6:2, 24:3, 46:1, レビ 18:3, 申 7:3, II列 17:8, I歴 15:12, II歴 11:16, エズ 9:2, イザ 52:11, エゼ 40:5, 43:12, ゼパ 1:5, 使 2:40, ヤコ 1:21
- この世から
  - →「キリスト者とこの世」の項 p.2437
  - 創 19:33, I列 18:21, II歴 19:2, エズ 4:3, 9:1, 詩 78:8, エゼ 11:12, 使 2:40, IIコリ 6:14, ヘブ 13:13
- 背教の教会から
  - ヨハ 9:34

ベツレヘム
- マタ 2:16

ペテロ
- →ペテロの手紙第一緒論
- 岩
  - マタ 16:18
- キリストの否定
  - マコ 14:50
- 五旬節と
  - 使 2:14-40
- 死の予告
  - ヨハ 21:19, IIペテ 1:12-15
- 奉仕の働き
  - →「教会」の項 p.1668
  - マコ 16:18

ペリシテ人
- 士 13:1, エレ 47:1-7

ホセア
- →ホセア書緒論

報復
- 創 34:15, I列 2:9, 箴 20:22, マタ 5:39

牧師
- →監督

捕囚
- →エレミヤ書緒論
- イスラエル
  - II列 15:29, 17:6
- 帰還
  - →エズラ記緒論
  - →ネヘミヤ記緒論
  - エズ 1:5, 2:1, 64, 7:1, エレ 30:3, エゼ 37:1-14
- ユダ
  - II列 20:17, 24:1, エズ 1:1, エレ 24:1, 25:11, 52:28-30

マタイ
- →マタイの福音書緒論

マナ
- 出 16:4

マラキ
- →マラキ書緒論

マラナタ
- Iコリ 16:22

マリヤ（イエスの母）
- ルカ 1:28, 38, 47

マリヤ（ベタニヤの）
- ヨハ 12:3

マルコ、ヨハネ
- →マルコの福音書緒論

幕屋
- 出 25:9, 35:1-40:38, ヨシ 18:1, I列 8:4

魔術
- 創 41:8, 44:5, 出 22:18, レビ 19:31, 申 18:9-11, Iサム 28:12, 使 13:8, 19:19, 黙 9:21

交わり
- 伝 4:9-12, I ヨハ 1:3, 6

貧しい人
- →「富と貧困」の項 p.1835
- →「貧困者への配慮」の項 p.1510
- 神の配慮
  - 詩 9:18, 41:1, 箴 14:31, 28:27, マタ 6:30, ヤコ 2:5, 黙 2:9
- 信仰者の責任
  - 申 15:7-11, 24:14, ルツ 2:2, II列 4:1, ヨブ 12:5, 箴 6:1, イザ 58:6, エレ 22:16, アモ 5:12, オバ 1:11-14

祭りと祝い
- →「過越」の項 p.142
- 出 12:2, 17, 23:15, 16, レビ 23:2, 5, 6, 10, 15, 24, 34-43, エス 9:26, ホセ 2:11

幻
- ネヘ 6:3

ミカ
- →ミカ書緒論

御霊
- →聖霊
- →御霊の賜物

御霊の賜物
- →賜物、御霊の

御使い
- →「御使いたちと主の使い」の項 p.405
- 守護
  - 創 24:40, 28:12, II列 6:16-17, 詩 34:7, 91:11, マタ 18:10
- 堕落した
  - →「サタンと悪霊に勝利する力」の項 p.1726
  - IIペテ 2:4
- 良い
  - 創 18:2, 32:1, エゼ 1:5, 9:2, ダニ 10:5, ヘブ 1:13, 黙 8:13

報い
- 創 43:14, 47:9, 申 25:4, Iサム 30:24, II列 9:8, イザ 53:12, 58:8-12, マラ 3:16, マタ 10:41, 25:29, ルカ 19:17

むさぼり
- →どん欲

出 20:17
メシヤ
　→キリスト
メディアの娯楽
　正しくないことを喜ぶ
　　詩 11:5, ルカ 23:35, ロマ 1:32, ヤコ 1:21
　悪い影響を避ける
　　申 7:26, 詩 101:3, 箴 15:14
メルキゼデク
　創 14:18, ヘブ 7:1, 3
恵み
　→「信仰と恵み」の項 p.2062
　落ちる
　　ガラ 5:4
　十分である
　　出 3:7, Ⅱ歴 33:13, Ⅰコリ 10:13, Ⅱコリ 12:9, ヘブ 4:16, Ⅰペテ 1:3
　性質／意味
　　出 6:9, ホセ 3:2, ヨハ 1:17, エペ 2:9, 3:7, ピリ 2:13, テト 2:11
　成長
　　Ⅰペテ 1:5
　御座
　　ヘブ 4:16
　むだに受けること
　　Ⅱコリ 6:1
モーセ
　→創世記緒論
　→出エジプト記緒論
　→レビ記緒論
　→民数記緒論
　→申命記緒論
　　出 2:11-12, 15, 33:11, 民 12:3, 申 34:10
　歌
　　申 31:30
　死
　　申 34:5
ヤコブ
　→「アブラハム、イサク、ヤコブとの神の契約」の項 p.74
ヤコブ（キリストの兄弟）
　→ヤコブ書緒論
約束、神の
　→「アブラハム、イサク、ヤコブとの神の契約」の項 p.74
　→「イスラエル人との神の契約」の項 p.351
　→「ダビデとの神の契約」の項 p.512
　　創 3:15, 9:13, 17:1, 7, 21:5, 出 4:10, 申 4:1, 31:8, ヨシ 21:45, Ⅱ歴 36:22-23
　条件付
　　ヨシ 13:6, Ⅰ列 9:3, 使 27:31, Ⅱコリ 7:1
約束の地
　→「カナン人の滅亡」の項 p.373

創 50:25, 申 9:5, エゼ 36:8-15
　分割
　　ヨシ 13:7, 16:1
山の上の説教
　　マタ 5:1
やもめ
　神の特別な配慮
　　出 22:22-24, ルカ 7:13, Ⅰテモ 5:9
　教会にとっての重要性
　　Ⅰテモ 5:5
　古代の規則
　　創 38:9
　搾取
　　マコ 12:40
ユダ（イスカリオテの）
　　マタ 27:3, 5, ルカ 22:3, ヨハ 6:64
友情
　　Ⅱサム 1:26
誘惑
　勝つ方法
　　創 4:7, 箴 1:10, マタ 4:1
　主イエスの
　　ルカ 4:2
　信仰者の
　　創 39:12, ヨブ 7:20, エゼ 20:30, ルカ 22:31, ヤコ 1:13, 14
　繁栄の
　　申 8:12-14, ホセ 13:6
夢心地
　　使 22:17
夢と幻
　　創 37:5, 41:1, エゼ 1:4, 40:1-43: 27, ダニ 2:1, 28-30, 7:1, 3, ゼカ 1:1
赦されない罪
　　マタ 12:31
赦し
　　Ⅰ列 8:39, Ⅱ歴 7:14, マタ 6:15, 18:35
　神の
　　民 19:9, Ⅰサム 15:23, 詩 32:1, 51:1-19, 箴 28:13, エレ 31:34, エゼ 31:11, ゼカ 3:4, マタ 26:28
　信仰者の
　　ルカ 17:3
ヨエル
　→ヨエル書緒論
　　使 2:16
ヨシュア
　→ヨシュア記緒論
　　民 27:18, ヨシ 1:1, 24:1
ヨナ
　→ヨナ書緒論
　　Ⅱ列 14:25, ヨナ 1:1, 2, 3, 12, 4:9, マタ 12:40
ヨハネ（使徒）
　→ヨハネの福音書緒論
ヨハネ（バプテスマの）
　聖霊に満たされていた
　　ルカ 1:15

　特徴
　　ルカ 1:17
　バプテスマ
　　使 18:25
　メッセージ
　　イザ 40:3-8, マラ 3:1, 4:5, マタ 3:11, ヨハ 1:33
ヨブ
　→ヨブ記緒論
　　ヨブ 1:1, 8, 9, 11, 2:9, 10:1, 15:1, 16:9, 31:1-34, 32:2, 34:7, 38:1
　回復
　　ヨブ 42:8, 10
　神による応え
　　ヨブ 38:3, 4, 39:1, 2, 40:2
　神への応答
　　ヨブ 40:3, 4, 42:1
ヨベルの年
　　レビ 25:8-34
世
　神に逆らう組織
　　ヤコ 4:4
　神の愛
　　ヨナ 4:11, ヨハ 3:16
　神の敵
　　創 4:16, 詩 10:8-10, 139:21, エレ 2:13, ダニ 5:22, ゼカ 2:6, ヨハ 1:10, 7:7, ガラ 1:4, ピリ 2:15
　サタンに支配される
　　ルカ 13:16, Ⅱコリ 4:4, ガラ 1:4, エペ 2:2, ヘブ 2:14, Ⅰヨハ 5:19
　信仰者が分離すること
　　→「キリスト者とこの世」の項 p.2437
　　出 23:24, Ⅱ歴 36:14, エス 3:8, エレ 35:6-11, ホセ 7:8, ロマ 12:2, Ⅰコリ 7:31, ガラ 1:4, ヤコ 4:4
　信仰者の霊的生活へのおどし
　　ヨシ 23:12, ネヘ 13:3, イザ 17:10, エレ 2:5, エゼ 16:43, 20:32, アモ 2:4, ゼカ 1:4, ルカ 8:14, ヤコ 4:4
　信仰者は旅人、寄留者であること
　　Ⅰコリ 7:31, Ⅱコリ 5:1, 8, ピリ 3:20, コロ 3:2, ヘブ 11:10, 13, 16, 13:13, Ⅰペテ 2:11
　信仰者を迫害すること
　　詩 31:1-24, ヨハ 15:20
　哲学
　　創 3:22, イザ 5:20, Ⅰコリ 1:20
良い羊飼い
　　ヨハ 10:1
預言、御霊の賜物
　→「御霊の賜物」の項 p.2138
　吟味すること
　　Ⅰコリ 14:29
　定義
　　Ⅰコリ 14:31
　にせもの
　　Ⅰコリ 14:29

目的
　　ヨエ 2:28, 使 21:10, Iコリ 14:3
預言者
　→「旧約聖書の預言者」の項 p.1131
　→「奉仕の賜物」の項 p.2225
　→「御霊の賜物」の項 p.2138
　教会に派遣される
　　ルカ 6:23
　拒否される
　　II列 17:13, II歴 24:21, 36:16, エレ 26:23
　権威
　　Iサム 12:24
　集団
　　Iサム 19:20, I列 20:35, II列 2:3, 4:39
　しるし
　　II列 1:8
　解き明かし
　　ダニ 9:2
　目的
　　Iサム 3:20, 9:9, II歴 24:19, イザ 22:12-13, エゼ 2:5
　にせもの
　　→教師、にせ
　　I列 22:6
予知
　ロマ 8:29, Iペテ 1:2
予定
　→「選びと予定」の項 p.2215
　→「神の計画の中のイスラエル」の項 p.2077
　使 13:48, ロマ 9:21, 10:1
喜び
　苦しみの中での
　　Iペテ 4:13
　主にあって
　　ネヘ 8:10, 詩 37:4, 伝 2:1-11, 3:

13, 6:2, 9:7, イザ 24:14, ハバ 3:18-19, ゼパ 3:14-17, IIコリ 1:12, ピリ 1:4
　喜ぶこと
　　ピリ 4:4
ラザロ
　ヨハ 11:5, 44
リバイバル
　I列 15:9, II列 18:5, 22:1, II歴 14:4, 29:5, 34:30, ネヘ 8:1, 9, 詩 80:1-19, 85:6, 126:5-6, エレ 4:4, ホセ 6:2-3, ハバ 3:2, 使 3:19
利己的野心
　民 16:3, 士 18:20, Iサム 2:12, II列 5:20, 10:31, エゼ 7:19, 26:2, 34:1-31, ダニ 3:2, ホセ 8:11, ミカ 2:1-5, ハガ 1:6-11, ヤコ 3:14, 15
離婚
　エズラの要求
　　エズ 10:3, 11
　姦淫
　　ルカ 16:18
　再婚
　　マコ 10:11, ルカ 16:18
　自分勝手
　　マラ 2:16
　証明書
　　申 24:1
　性的不品行／遺棄
　　マタ 19:9, Iコリ 7:15
律法
　旧約聖書の
　　→「旧約聖書の律法」の項 p.158
　　出 21:1, レビ 19:19, ガラ 3:19
　キリスト者と
　　マタ 5:17, 使 25:8, ロマ 7:4
　自由を与える

ヤコ 1:25, 2:12
　信仰による確立
　　ロマ 3:31, IIコリ 3:3
　御霊の
　　ロマ 8:2
律法学者
　→教師、律法の
律法主義
　マタ 5:20, マコ 7:6
良心
　きよい
　　使 23:1, 24:16
ルカ
　→ルカの福音書緒論
ルツ
　→ルツ記緒論
　　ルツ 1:1, 16, 3:4
レビ
　→マタイ
レビ人
　民 8:6-26, 17:3, 18:1, 20, 申 33:9, I歴 6:1, 24:1
礼拝
　→「礼拝」の項 p.789
　　創 4:26, 出 20:3, 30:1, 申 12:5, I歴 16:29, 23:2, 29:20, エズ 3:12, ネヘ 8:6, 詩 105:1-45, 134:1-3, 146:-150:, イザ 56:7, エゼ 33:31, ゼカ 14:16, マラ 3:14, マタ 18:19, ヨハ 4:23
ロト
　創 13:12
和解
　→「神の平和」の項 p.1301
　　創 33:4, IIコリ 5:18, コロ 1:20
分け隔て
　創 37:3, ヤコ 2:1

重要テーマ一覧表™

この重要テーマ一覧表™はペンテコステの伝統の中で重要とされているテーマにかかわる聖句を表にしてある。重要テーマにかかわる聖句は互いに関連している。

聖霊に満たされる/聖霊のバプテスマを受ける

出エジプト 31:1-6
民数記 27:18
士師記 3:9-10
士師記 6:34
士師記 11:29
士師記 15:14-15
Ⅰサムエル 11:6-7
Ⅰサムエル 16:13
Ⅰ歴代誌 12:18
Ⅱ歴代誌 24:20-21
詩篇 51:10-12
イザヤ 11:1-2
イザヤ 32:15
イザヤ 42:1
イザヤ 44:3
イザヤ 59:21
エゼキエル 2:1-2
エゼキエル 11:19-20
エゼキエル 36:26-27
エゼキエル 37:14
エゼキエル 39:29
ヨエル 2:28-29
ミカ 3:8
ゼカリヤ 4:6
マタイ 3:11
マルコ 1:7-8
ルカ 1:15
ルカ 1:41
ルカ 1:67
ルカ 3:16
ルカ 4:1
ルカ 24:49
ヨハネ 1:32-33
ヨハネ 7:38-39
使徒 1:4-5
使徒 2:4-13
使徒 2:38-39
使徒 4:8
使徒 4:31
使徒 6:3
使徒 7:55
使徒 8:14-17
使徒 9:17
使徒 10:44-47
使徒 11:15-17
使徒 13:9
使徒 15:8
使徒 19:1-7
エペソ 5:18

御霊の賜物

出エジプト 35:30-35
民数記 11:24-29
士師記 4:4
Ⅰサムエル 10:5-11
Ⅱサムエル 23:1-2
ネヘミヤ 9:30
イザヤ 61:1-3
エゼキエル 8:3-4
ゼカリヤ 7:12
マルコ 16:17-18
使徒 6:8
使徒 11:27-28
使徒 14:3
使徒 15:32
使徒 21:9-12
ローマ 1:11
ローマ 12:6-8
ローマ 15:19
Ⅰコリント 1:7
Ⅰコリント 12:1-31
Ⅰコリント 14:1-40
ガラテヤ 3:5
エペソ 4:7-12
Ⅰテモテ 4:14
Ⅱテモテ 1:6
ヘブル 2:4
Ⅰペテロ 4:10-11

御霊の実

創世記 50:19-21
民数記 6:24-26
民数記 12:3-7
ルツ 3:10-11
Ⅱサムエル 9:1-7
詩篇 1:3
イザヤ 3:10
イザヤ 27:6
イザヤ 32:16-18
エゼキエル 17:22-24
ホセア 6:1-3
ホセア 14:4-8
マタイ 7:16-20
マタイ 12:33
ルカ 6:43-44
ヨハネ 15:1-8
使徒 13:52
ローマ 5:5
ローマ 8:6
ローマ 14:17
ローマ 15:30
ガラテヤ 5:22-23
エペソ 3:17-21
コロサイ 1:6-8
Ⅰテサロニケ 1:6
ヘブル 12:11
ヤコブ 3:17-18

癒　し

創世記 20:17-18
出エジプト 15:26
民数記 12:10-15
民数記 21:7-9
申命記 7:15
申命記 32:39
Ⅰ列王記 13:6
Ⅰ列王記 17:17-24
Ⅱ列王記 5:9-14
Ⅱ列王記 20:1-7
Ⅱ歴代誌 7:14
Ⅱ歴代誌 30:18-20
詩篇 6:1-3
詩篇 41:1-3
詩篇 103:1-5
イザヤ 38:1-21
イザヤ 53:4-5
イザヤ 57:18-19
エレミヤ 17:14
エレミヤ 30:17
エゼキエル 47:12
ホセア 11:3-4
マタイ 4:23-24
マタイ 8:16-17
マタイ 10:1
マタイ 12:22
マタイ 15:22-31
マルコ 2:3-12
マルコ 5:25-34
マルコ 6:13
マルコ 7:32-37
ルカ 6:17-19
ルカ 9:1-6
ルカ 10:9
ルカ 13:10-17
ルカ 17:12-19
ヨハネ 4:46-53
ヨハネ 5:5-15
ヨハネ 9:1-12
使徒 3:1-10
使徒 5:15-16
使徒 8:6-7
使徒 19:11-12
使徒 28:8-9
ヤコブ 5:14-16
Ⅰペテロ 2:24

山を動かす信仰

創世記 15:3-6
創世記 22:1-14
出エジプト 17:8-13
ヨシュア 3:9-17
士師記 7:9-23
Ⅰサムエル 17:38-51
Ⅰ列王記 18:41-46
Ⅱ列王記 4:18-37
Ⅱ列王記 19:19-36
Ⅱ歴代誌 20:20-24
Ⅱ歴代誌 32:20-23
ネヘミヤ 6:15-16
エステル 4:14-5:2
ヨブ 13:15
詩篇 46
イザヤ 28:16
ダニエル 3:1-27
ダニエル 6:1-23
ハバクク 3:17-19
マタイ 8:10
マタイ 9:2
マタイ 9:29-30
マタイ 17:20
マタイ 21:21-22
マルコ 4:40
マルコ 9:23-24
マルコ 10:52
マルコ 11:22-24
ルカ 7:50
ルカ 8:48
ルカ 12:28
ルカ 17:5-6
ヨハネ 14:12
使徒 3:16
使徒 6:5
使徒 14:9-10
使徒 27:25
ローマ 4:19-21
Ⅰコリント 13:2
Ⅰテサロニケ 3:7
Ⅱテサロニケ 1:3
ヘブル 11:1-40

あかし

出エジプト 10:1-2
民数記 10:29
詩篇 67
詩篇 96
箴言 11:30
イザヤ 6:8
イザヤ 42:6-7
イザヤ 43:9-10
イザヤ 45:22-23
イザヤ 49:5-6
イザヤ 52:7-10
エゼキエル 3:10-11
エゼキエル 33:7-11
アモス 7:14-15
ヨナ 1:1-2
ヨナ 3:1-5
ゼカリヤ 8:20-23
マタイ 10:18-20
マタイ 24:14
マタイ 28:18-20
マルコ 16:15-16
ルカ 24:47-48
ヨハネ 1:7
ヨハネ 4:7-30
ヨハネ 15:26-27
使徒 1:8
使徒 2:32
使徒 4:20
使徒 4:33
使徒 5:32
使徒 8:4
使徒 8:26-40
使徒 16:29-32
使徒 18:9-10
使徒 20:20-21
使徒 26:16-27
エペソ 6:19
Ⅰテサロニケ 1:5
Ⅱテモテ 1:8
Ⅰペテロ 3:15
Ⅰヨハネ 1:2
黙示録 1:9
黙示録 11:3

重要テーマ一覧表™

✝ 救 い

創世記 12:1-3
出エジプト 12:29-42
出エジプト 14:13-14
レビ 16:15-22
申命記 26:6-9
Ⅰサムエル 2:1-2
詩篇 13:5-6
詩篇 18:1-3
詩篇 27:1
詩篇 37:39-40
詩篇 62:1-8
詩篇 85:4-7
詩篇 98:1-3
詩篇 116:1-13
イザヤ 12:1-3
イザヤ 25:9
イザヤ 43:11-13
イザヤ 51:4-6
イザヤ 53:6-12
イザヤ 55:6-7
イザヤ 59:15-17
イザヤ 61:10
イザヤ 63:1-6
エレミヤ 23:5-6
エゼキエル 3:16-21
エゼキエル 18:21-23
エゼキエル 33:14-16
ヨエル 2:32
ミカ 7:7
マタイ 1:21
ルカ 1:76-79
ルカ 19:10
ヨハネ 1:12
ヨハネ 3:14-17
ヨハネ 11:25-26
ヨハネ 20:31
使徒 4:12
使徒 13:38-39
ローマ 1:16
ローマ 3:21-26
ローマ 10:4-13
Ⅰコリント 15:1-8
Ⅱコリント 5:17-6:1
ガラテヤ 2:16
エペソ 2:4-9
Ⅰテサロニケ 5:8-10
Ⅱテサロニケ 2:13
Ⅰテモテ 1:15-16
Ⅰテモテ 2:3-6
Ⅱテモテ 3:15
テトス 3:3-7
ヘブル 2:3
ヘブル 5:9
ヘブル 7:25
Ⅰヨハネ 5:11-12
黙示録 3:20

☀ 再 臨

詩篇 98:8-9
イザヤ 11:3b-4
イザヤ 35:3-5
イザヤ 40:10-11
イザヤ 62:11-12
イザヤ 66:15-16
エゼキエル 43:2
ヨエル 1:15
ゼカリヤ 8:3-15
ゼカリヤ 9:10
ゼカリヤ 14:3-9
マラキ 4:2-3
マタイ 16:27-28
マタイ 24:15-51
マタイ 25:31-46
マタイ 26:64
マルコ 13:1-37
ルカ 17:22-37
ヨハネ 14:3
使徒 1:11
Ⅰコリント 4:5
Ⅰコリント 15:23
ピリピ 3:20-21
Ⅰテサロニケ 1:10
Ⅰテサロニケ 4:15-5:3
Ⅱテサロニケ 1:7-2:8
Ⅰテモテ 6:14-15
Ⅱテモテ 4:8
テトス 2:13
ヘブル 9:28
Ⅰペテロ 5:4
Ⅱペテロ 3:8-14
Ⅰヨハネ 3:2
ユダ 1:14-15
黙示録 1:7
黙示録 16:15
黙示録 19:11-16
黙示録 22:12
黙示録 22:20

⚡ サタンと悪霊に対する勝利

創世記 3:15
出エジプト 7:10-12
士師記 6:25-32
士師記 16:23-30
Ⅰサムエル 16:22-23
Ⅰ列王記 18:21-39
ヨブ 1:6-22
詩篇 91:1-13
イザヤ 14:12-20
イザヤ 24:21-23
ダニエル 10:11
マタイ 4:1-11
マタイ 8:28-33
マタイ 17:14-18
マルコ 1:23-28
マルコ 3:10-15
マルコ 3:20-27
マルコ 5:1-16
ルカ 4:2-13
ルカ 4:33-36
ルカ 10:17-19
ルカ 11:20-26
使徒 5:3-5
使徒 16:16-18
使徒 19:13-20
ローマ 8:37-39
Ⅱコリント 11:12-15
Ⅱコリント 12:7-10
エペソ 6:10-18
ヤコブ 4:7
Ⅰペテロ 5:8-9
Ⅰヨハネ 3:8
ユダ 1:9
黙示録 12:7-11
黙示録 20:2-3
黙示録 20:7-10

世界と世俗化に対する勝利

創世記 19:15-26
出エジプト 23:23-24
レビ 11:44-45
レビ 18:1-5
申命記 7:1-6
ヨシュア 23:11-13
I 列王記 19:18
II 歴代誌 30:6-9
エズラ 4:1-5
ネヘミヤ 2:18-20
詩篇 2
詩篇 18:37-40
詩篇 37:1-6
詩篇 49:13-15
詩篇 144
箴言 16:7
イザヤ 44:24-25
エレミヤ 1:18-19
エゼキエル 9:4
ダニエル 1:8-20
マタイ 5:3-16
マタイ 6:19-24
ヨハネ 15:18-20
ヨハネ 16:33
ヨハネ 17:14-18
ヨハネ 18:36-37
ローマ 12:1-2
I コリント 2:6-16
II コリント 6:14-7:1
ガラテヤ 6:14
II テモテ 3:1-5
テトス 2:11-12
ヘブル 11:13-16
ヤコブ 1:27
ヤコブ 4:4-6
I ペテロ 2:11-12
I ヨハネ 2:15-17
I ヨハネ 5:4-5
黙示録 2:7
黙示録 2:12-17
黙示録 3:21-22
黙示録 21:7

賛 美

出エジプト 15:1-21
申命記 8:10
士師記 5:1-2
II サムエル 22:47-50
I 歴代誌 16:7-43
I 歴代誌 29:20
エズラ 3:10-13
詩篇 9:1-2
詩篇 34:1-3
詩篇 92:1-4
詩篇 100
詩篇 113
詩篇 135:1-4
詩篇 146
詩篇 150
イザヤ 12:4-6
イザヤ 26:1-4
イザヤ 42:10-12
エレミヤ 20:13
エレミヤ 31:7
ダニエル 2:20-23
ヨエル 2:23-27
ハバクク 3:3
ゼパニヤ 3:19-20
マタイ 9:8
マタイ 21:15-16
ルカ 1:42-47
ルカ 2:13-14
ルカ 2:20
ルカ 18:43
ルカ 19:36-40
使徒 2:46-47
ローマ 15:5-11
エペソ 1:3-6
エペソ 5:19-20
コロサイ 3:16-17
ヘブル 13:15
I ペテロ 2:9
黙示録 5:9-14
黙示録 7:9-12
黙示録 19:1-6

従順と義による歩み

創世記 5:22
創世記 6:9-10
創世記 17:1-2
創世記 26:2-6
出エジプト 19:3-6
出エジプト 20:1-17
レビ 20:26
申命記 10:12-13
申命記 11:26-28
ヨシュア 1:7-8
ヨシュア 22:5
I サムエル 12:14-15
I サムエル 15:22-23
I 列王記 2:2-4
I 列王記 9:3-8
I 歴代誌 28:6-9
II 歴代誌 13:4-12
エズラ 7:10
ネヘミヤ 10:28-39
ヨブ 1:1-5
ヨブ 23:10-12
詩篇 1:1-2
詩篇 40:6-8
詩篇 78:1-8
詩篇 119:1-16
箴言 3:1-6
伝道 12:13-14
イザヤ 2:3-5
イザヤ 35:8-9
イザヤ 58:1-8
エレミヤ 11:1-5
エゼキエル 20:39-44
ダニエル 9:4-6
ミカ 6:8
マラキ 2:5-6
マタイ 7:21-23
マタイ 19:16-26
マルコ 9:42-48
ルカ 6:46-49
ルカ 10:25-37
ルカ 12:42-48
ヨハネ 8:31
ヨハネ 14:21-24
使徒 10:34-35
ローマ 6:1-4
ローマ 8:1-5
ローマ 13:12-14
ガラテヤ 5:13-18
エペソ 2:10
エペソ 5:1-15
ピリピ 2:12-16
コロサイ 3:5-14
I テサロニケ 4:1-7
ヘブル 10:23-26
ヘブル 12:1
ヤコブ 2:14-26
I ペテロ 1:13-16
II ペテロ 1:3-11
I ヨハネ 2:3-6
I ヨハネ 3:9-18
黙示録 3:1-4
黙示録 21:8

1年間の聖書通読プラン

この通読プランは聖書全体を1年間で体系的に読むことができるようになっている。毎日旧約聖書から1箇所、新約聖書から1箇所、合計2箇所を読むとよい。1日で読むには量が多くて読めないと感じる人は1年目に旧約聖書、2年目に新約聖書を読み、1年ではなく2年かけて聖書全体を通読してもよい。

1月	午前	午後	2月	午前	午後
1	創世記1-2	マタイ1	1	出エジプト22-23	マタイ22:15-46
2	創世記3-5	マタイ2	2	出エジプト24-25	マタイ23
3	創世記6-8	マタイ3	3	出エジプト26-27	マタイ24:1-35
4	創世記9-11	マタイ4	4	出エジプト28	マタイ24:36-51
5	創世記12-14	マタイ5:1-20	5	出エジプト29-30	マタイ25:1-30
6	創世記15-17	マタイ5:21-48	6	出エジプト31	マタイ25:31-46
7	創世記18-19	マタイ6:1-18	7	出エジプト32-33	マタイ26:1-30
8	創世記20-22	マタイ6:19-7:6	8	出エジプト34-35	マタイ26:31-56
9	創世記23-24	マタイ7:7-29	9	出エジプト36-37	マタイ26:57-75
10	創世記25-26	マタイ8:1-27	10	出エジプト38-39	マタイ27:1-26
11	創世記27-28	マタイ8:28-9:17	11	出エジプト40	マタイ27:27-44
12	創世記29-30	マタイ9:18-38	12	レビ記1-3	マタイ27:45-66
13	創世記31-33	マタイ10:1-23	13	レビ記4-5	マタイ28
14	創世記34-35	マタイ10:24-42	14	レビ記6-7	使徒1
15	創世記36-37	マタイ11	15	レビ記8	使徒2:1-21
16	創世記38-39	マタイ12:1-21	16	レビ記9-10	使徒2:22-47
17	創世記40-41	マタイ12:22-50	17	レビ記11-12	使徒3
18	創世記42-43	マタイ13:1-23	18	レビ記13-14	使徒4:1-31
19	創世記44-45	マタイ13:24-43	19	レビ記15	使徒4:32-5:11
20	創世記46-48	マタイ13:44-14:12	20	レビ記16-18	使徒5:12-42
21	創世記49-50	マタイ14:13-36	21	レビ記19-21	使徒6
22	出エジプト1-2	マタイ15:1-28	22	レビ記22-23	使徒7:1-53
23	出エジプト3-5	マタイ15:29-16:12	23	レビ記24	使徒7:54-8:8
24	出エジプト6-7	マタイ16:13-17:13	24	レビ記25	使徒8:9-40
25	出エジプト8-9	マタイ17:14-18:14	25	レビ記26-27	使徒9:1-31
26	出エジプト10-12	マタイ18:15-35	26	民数記1-2	使徒9:32-43
27	出エジプト13-14	マタイ19:1-15	27	民数記3-4	使徒10:1-23
28	出エジプト15	マタイ19:16-20:16	28	民数記5-6	使徒10:24-48
29	出エジプト16-17	マタイ20:17-34	29	ヨハネ17	ヘブル13
30	出エジプト18-19	マタイ21:1-32			
31	出エジプト20-21	マタイ21:33-22:14			

1年間の聖書通読プラン

3月	午前	午後	5月	午前	午後
1	民数記7-8	使徒11:1-18	1	IIサムエル9-11	Iペテロ1:1-21
2	民数記9-10	使徒11:19-30	2	IIサムエル12-14	Iペテロ1:22-2:25
3	民数記11-13	使徒12	3	IIサムエル15-17	Iペテロ3
4	民数記14-15	使徒13:1-12	4	IIサムエル18-19	Iペテロ4
5	民数記16-17	使徒13:13-52	5	IIサムエル20-21	Iペテロ5
6	民数記18-19	使徒14	6	IIサムエル22	IIペテロ1
7	民数記20-21	使徒15:1-21	7	IIサムエル23-24	IIペテロ2
8	民数記22-23	使徒15:22-35	8	I列王1	IIペテロ3
9	民数記24-26	使徒15:36-16:15	9	I列王2-3	ヤコブ1
10	民数記27-28	使徒16:16-40	10	I列王4-6	ヤコブ2:1-3:13
11	民数記29-31	使徒17:1-15	11	I列王7-8	ヤコブ3:14-4:12
12	民数記32-33	使徒17:16-34	12	I列王9	ヤコブ4:13-5:20
13	民数記34-36	使徒18:1-23	13	I列王10-11	ルカ1:1-25
14	申命記1-2	使徒18:24-19:7	14	I列王12-14	ルカ1:26-56
15	申命記3-4	使徒19:8-41	15	I列王15-17	ルカ1:57-80
16	申命記5-7	使徒20:1-16	16	I列王18-19	ルカ2:1-20
17	申命記8-10	使徒20:17-38	17	I列王20-21	ルカ2:21-52
18	申命記11-12	使徒21:1-16	18	I列王22	ルカ3
19	申命記13-15	使徒21:17-36	19	II列王1-3	ルカ4:1-13
20	申命記16-17	使徒21:37-22:21	20	II列王4-5	ルカ4:14-44
21	申命記18-21	使徒22:22-23:11	21	II列王6-7	ルカ5:1-16
22	申命記22-24	使徒23:12-35	22	II列王8-9	ルカ5:17-39
23	申命記25-27	使徒24	23	II列王10-12	ルカ6:1-16
24	申命記28	使徒25:1-12	24	II列王13-15	ルカ6:17-49
25	申命記29-30	使徒25:13-26:1	25	II列王16-17	ルカ7:1-35
26	申命記31-32	使徒26:2-18	26	II列王18-19	ルカ7:36-50
27	申命記33-34	使徒26:19-32	27	II列王20-22	ルカ8:1-21
28	ヨシュア1-2	使徒27:1-26	28	II列王23-25	ルカ8:22-39
29	ヨシュア3-4	使徒27:27-44	29	I歴代1-2	ルカ8:40-56
30	ヨシュア5-6	使徒28:1-16	30	I歴代3-4	ルカ9:1-17
31	ヨシュア7-9	使徒28:17-31	31	I歴代5-6	ルカ9:18-36

4月	午前	午後	6月	午前	午後
1	ヨシュア10-12	マルコ1:1-20	1	I歴代7-8	ルカ9:37-62
2	ヨシュア13-15	マルコ1:21-45	2	I歴代9-10	ルカ10:1-24
3	ヨシュア16-19	マルコ2:1-22	3	I歴代11-13	ルカ10:25-42
4	ヨシュア20-22	マルコ2:23-3:12	4	I歴代14-16	ルカ11:1-13
5	ヨシュア23-24	マルコ3:13-35	5	I歴代17-19	ルカ11:14-36
6	士師記1-2	マルコ4:1-20	6	I歴代20-22	ルカ11:37-54
7	士師記3-4	マルコ4:21-41	7	I歴代23-25	ルカ12:1-21
8	士師記5-6	マルコ5:1-20	8	I歴代26-29	ルカ12:22-48
9	士師記7-8	マルコ5:21-43	9	II歴代1-4	ルカ12:49-59
10	士師記9	マルコ6:1-29	10	II歴代5-7	ルカ13:1-21
11	士師記10-11	マルコ6:30-56	11	II歴代8-11	ルカ13:22-35
12	士師記12-13	マルコ7:1-23	12	II歴代12-15	ルカ14:1-24
13	士師記14-16	マルコ7:24-8:13	13	II歴代16-19	ルカ14:25-15:10
14	士師記17-18	マルコ8:14-26	14	II歴代20-22	ルカ15:11-32
15	士師記19-21	マルコ8:27-9:13	15	II歴代23-25	ルカ16
16	ルツ記1-4	マルコ9:14-32	16	II歴代26-28	ルカ17:1-19
17	Iサムエル1-2	マルコ9:33-50	17	II歴代29-30	ルカ17:20-18:14
18	Iサムエル3-7	マルコ10:1-31	18	II歴代31-32	ルカ18:15-43
19	Iサムエル8-10	マルコ10:32-52	19	II歴代33-34	ルカ19:1-27
20	Iサムエル11-13	マルコ11:1-26	20	II歴代35-36	ルカ19:28-48
21	Iサムエル14-15	マルコ11:27-12:17	21	エズラ1-3	ルカ20:1-19
22	Iサムエル16-17	マルコ12:18-44	22	エズラ4-6	ルカ20:20-21:4
23	Iサムエル18-19	マルコ13	23	エズラ7-8	ルカ21:5-38
24	Iサムエル20-22	マルコ14:1-26	24	エズラ9-10	ルカ22:1-38
25	Iサムエル23-25	マルコ14:27-52	25	ネヘミヤ1-3	ルカ22:39-65
26	Iサムエル26-28	マルコ14:53-72	26	ネヘミヤ4-6	ルカ22:66-23:25
27	Iサムエル29-31	マルコ15:1-20	27	ネヘミヤ7-8	ルカ23:26-49
28	IIサムエル1-3	マルコ15:21-47	28	ネヘミヤ9-10	ルカ23:50-24:12
29	IIサムエル4-6	マルコ16	29	ネヘミヤ11-13	ルカ24:13-35
30	IIサムエル7-8	ユダ1	30	エステル1-4	ルカ24:36-53

1年間の聖書通読プラン

7月	午前	午後	9月	午前	午後
1	エステル5-7	Ⅰテサロニケ1:1-2:16	1	箴言8-9	ガラテヤ3:15-25
2	エステル8-10	Ⅰテサロニケ2:17-3:13	2	箴言10-11	ガラテヤ3:26-4:20
3	ヨブ1-2	Ⅰテサロニケ4	3	箴言12-13	ガラテヤ4:21-5:15
4	ヨブ3-5	Ⅰテサロニケ5	4	箴言14-15	ガラテヤ5:16-26
5	ヨブ6-8	Ⅱテサロニケ1	5	箴言16-17	ガラテヤ6
6	ヨブ9-11	Ⅱテサロニケ2	6	箴言18-19	エペソ1:1-14
7	ヨブ12-14	Ⅱテサロニケ3	7	箴言20-21	エペソ1:15-2:10
8	ヨブ15-18	Ⅰコリント1	8	箴言22-23	エペソ2:11-22
9	ヨブ19-21	Ⅰコリント2	9	箴言24-26	エペソ3
10	ヨブ22-24	Ⅰコリント3	10	箴言27-28	エペソ4:1-16
11	ヨブ25-28	Ⅰコリント4	11	箴言29-31	エペソ4:17-5:2
12	ヨブ29-31	Ⅰコリント5	12	伝道者1-2	エペソ5:3-21
13	ヨブ32-35	Ⅰコリント6	13	伝道者3-5	エペソ5:22-6:9
14	ヨブ36-39	Ⅰコリント7	14	伝道者6-8	エペソ6:10-24
15	ヨブ40-42	Ⅰコリント8	15	伝道者9-12	ピリピ1
16	詩篇1-6	Ⅰコリント9	16	雅歌1-2	ピリピ2:1-18
17	詩篇7-10	Ⅰコリント10:1-13	17	雅歌3-5	ピリピ2:19-3:11
18	詩篇11-16	Ⅰコリント10:14-11:1	18	雅歌6-8	ピリピ3:12-4:3
19	詩篇17-18	Ⅰコリント11:2-34	19	オバデヤ1	ピリピ4:4-23
20	詩篇19-20	Ⅰコリント12	20	ヨエル1-3	コロサイ1:1-23
21	詩篇21-22	Ⅰコリント13	21	ヨナ1-4	コロサイ1:24-2:5
22	詩篇23-25	Ⅰコリント14	22	アモス1-4	コロサイ2:6-23
23	詩篇26-29	Ⅰコリント15:1-34	23	アモス5-9	コロサイ3:1-4:1
24	詩篇30-31	Ⅰコリント15:35-58	24	ホセア1-2	コロサイ4:2-18
25	詩篇32-34	Ⅰコリント16	25	ホセア3-6	ピレモン1
26	詩篇35-37	Ⅱコリント1:1-2:4	26	ホセア7-10	ヘブル1
27	詩篇38-41	Ⅱコリント2:5-3:6	27	ホセア11-14	ヘブル2
28	詩篇42-44	Ⅱコリント3:7-4:18	28	イザヤ1-2	ヘブル3
29	詩篇45-48	Ⅱコリント5:1-6:2	29	イザヤ3-5	ヘブル4:1-13
30	詩篇49-51	Ⅱコリント6:3-7:1	30	イザヤ6-8	ヘブル4:14-5:10
31	詩篇52-55	Ⅱコリント7:2-16			

8月	午前	午後	10月	午前	午後
1	詩篇56-59	Ⅱコリント8-9	1	イザヤ9-10	ヘブル5:11-6:20
2	詩篇60-63	Ⅱコリント10	2	イザヤ11-12	ヘブル7
3	詩篇64-67	Ⅱコリント11:1-15	3	イザヤ13-14	ヘブル8
4	詩篇68-69	Ⅱコリント11:16-33	4	イザヤ15-18	ヘブル9:1-10
5	詩篇70-73	Ⅱコリント12	5	イザヤ19-22	ヘブル9:11-28
6	詩篇74-77	Ⅱコリント13	6	イザヤ23-24	ヘブル10:1-18
7	詩篇78	ローマ1:1-17	7	イザヤ25-26	ヘブル10:19-39
8	詩篇79-81	ローマ1:18-32	8	イザヤ27-28	ヘブル11:1-16
9	詩篇82-84	ローマ2	9	イザヤ29-30	ヘブル11:17-40
10	詩篇85-88	ローマ3	10	イザヤ31-32	ヘブル12:1-13
11	詩篇89	ローマ4	11	イザヤ33-34	ヘブル12:14-29
12	詩篇90-93	ローマ5:1-11	12	イザヤ35-37	ヘブル13
13	詩篇94-98	ローマ5:12-21	13	イザヤ38-39	テトス1-2
14	詩篇99-101	ローマ6:1-14	14	イザヤ40-41	テトス3
15	詩篇102-103	ローマ6:15-7:6	15	イザヤ42-43	Ⅰテモテ1
16	詩篇104-106	ローマ7:7-25	16	イザヤ44-45	Ⅰテモテ2
17	詩篇107-108	ローマ8:1-17	17	イザヤ46-47	Ⅰテモテ3
18	詩篇109-112	ローマ8:18-39	18	イザヤ48-49	Ⅰテモテ4
19	詩篇113-116	ローマ9:1-29	19	イザヤ50-51	Ⅰテモテ5
20	詩篇117-118	ローマ9:30-10:21	20	イザヤ52-53	Ⅰテモテ6
21	詩篇119:1-88	ローマ11:1-24	21	イザヤ54-56	Ⅱテモテ1
22	詩篇119:89-176	ローマ11:25-36	22	イザヤ57-58	Ⅱテモテ2
23	詩篇120-127	ローマ12:1-16	23	イザヤ59-60	Ⅱテモテ3
24	詩篇128-134	ローマ12:17-13:14	24	イザヤ61-63	Ⅱテモテ4
25	詩篇135-138	ローマ14:1-15:4	25	イザヤ64-66	ヨハネ1:1-18
26	詩篇139-141	ローマ15:5-13	26	ミカ1-3	ヨハネ1:19-51
27	詩篇142-145	ローマ15:14-33	27	ミカ4-5	ヨハネ2
28	詩篇146-150	ローマ16	28	ミカ6-7	ヨハネ3:1-21
29	箴言1-2	ガラテヤ1	29	ナホム1-3	ヨハネ3:22-36
30	箴言3-4	ガラテヤ2	30	ハバクク1-3	ヨハネ4:1-26
31	箴言5-7	ガラテヤ3:1-14	31	ゼパニヤ1-3	ヨハネ4:27-54

11月	午前	午後	12月	午前	午後
1	エレミヤ1-2	ヨハネ5:1-30	1	エゼキエル13-15	Ⅰヨハネ1:1-2:14
2	エレミヤ3-4	ヨハネ5:31-47	2	エゼキエル16	Ⅰヨハネ2:15-3:10
3	エレミヤ5-6	ヨハネ6:1-24	3	エゼキエル17-19	Ⅰヨハネ3:11-24
4	エレミヤ7-8	ヨハネ6:25-59	4	エゼキエル20-21	Ⅰヨハネ4
5	エレミヤ9-10	ヨハネ6:60-71	5	エゼキエル22-23	Ⅰヨハネ5
6	エレミヤ11-12	ヨハネ7:1-24	6	エゼキエル24-26	Ⅱヨハネ1
7	エレミヤ13-14	ヨハネ7:25-8:11	7	エゼキエル27-28	Ⅲヨハネ1
8	エレミヤ15-16	ヨハネ8:12-30	8	エゼキエル29-30	黙示録1
9	エレミヤ17-18	ヨハネ8:31-47	9	エゼキエル31-32	黙示録2:1-17
10	エレミヤ19-22	ヨハネ8:48-59	10	エゼキエル33-34	黙示録2:18-3:6
11	エレミヤ23-25	ヨハネ9	11	エゼキエル35-36	黙示録3:7-22
12	エレミヤ26-28	ヨハネ10:1-21	12	エゼキエル37-38	黙示録4
13	エレミヤ29-30	ヨハネ10:22-42	13	エゼキエル39-40	黙示録5
14	エレミヤ31-32	ヨハネ11:1-16	14	エゼキエル41-42	黙示録6
15	エレミヤ33	ヨハネ11:17-57	15	エゼキエル43-44	黙示録7
16	エレミヤ34-35	ヨハネ12:1-19	16	エゼキエル45-46	黙示録8
17	エレミヤ36-37	ヨハネ12:20-50	17	エゼキエル47-48	黙示録9
18	エレミヤ38-40	ヨハネ13:1-30	18	ダニエル1-2	黙示録10
19	エレミヤ41-43	ヨハネ13:31-14:14	19	ダニエル3-4	黙示録11
20	エレミヤ44-47	ヨハネ14:15-31	20	ダニエル5-6	黙示録12
21	エレミヤ48-49	ヨハネ15:1-17	21	ダニエル7-8	黙示録13:1-10
22	エレミヤ50-51	ヨハネ15:18-16:16	22	ダニエル9-10	黙示録13:11-14:20
23	エレミヤ52	ヨハネ16:17-33	23	ダニエル11-12	黙示録15
24	哀歌1-2	ヨハネ17	24	ハガイ1-2	黙示録16
25	哀歌3-5	ヨハネ18:1-27	25	ゼカリヤ1-3	黙示録17
26	エゼキエル1-2	ヨハネ18:28-19:16	26	ゼカリヤ4-6	黙示録18
27	エゼキエル3-4	ヨハネ19:17-42	27	ゼカリヤ7-8	黙示録19:1-10
28	エゼキエル5-7	ヨハネ20:1-18	28	ゼカリヤ9-11	黙示録19:11-21
29	エゼキエル8-10	ヨハネ20:19-31	29	ゼカリヤ12-14	黙示録20
30	エゼキエル11-12	ヨハネ21	30	マラキ1-2	黙示録21
31			31	マラキ3-4	黙示録22

コンコルダンス

凡　例

1　本文には、日本聖書刊行会、新改訳聖書2003年10月発行、三版初刷を使用した。
2　見出し語は、五十音順に配列し、ゴチック体活字で表示し、本文中の見出し語に相当する語句は、〜で表した。
3　本文中の〜¹、〜²、〜³は、見出し語の同番号の文字に相当する。

あ

あい（愛）
箴10:12　〜はすべてのそむきの罪をおおう
19:22　人の望むものは、人の変わらぬ〜
雅1:2　あなたの〜はぶどう酒よりも快く
2:7　〜が目ざめたいと思うときまでは
3:5　〜が目ざめたいと思うときまでは
4:10　あなたの〜は、ぶどう酒よりも
8:6　〜は死のように強く、ねたみは
8:7　大水もその〜を消すことが
イザ5:1　ぶどう畑についてのわが〜の歌
63:9　〜とあわれみによって主は彼らを
ホセ8:9　エフライムは〜の贈り物をした
11:4　人間の綱、〜のきずなで彼らを
マタ24:12　多くの人たちの〜は冷たくなり
ヨハ13:1　その〜を残るところなく示され
15:13　これよりも大きな〜はだれも持つ
ロマ5:5　神の〜が私たちの心に注がれて
5:8　ご自身の〜を明らかにしておられ
8:39　神の〜から、私たちを引き離す
　　　ことはできません
12:9　〜には偽りがあってはなりません
Ⅰコリ8:1　〜は人の徳を建てます
13:1　〜がないなら、やかましいどらや
13:13　その中で一番すぐれているのは〜
Ⅱコリ5:14　キリストの〜が私たちを取り
　　　囲んでいるからです
6:6　親切と、聖霊と偽りのない〜と
7:15　あなたがたへの〜情をますます
8:8　〜の真実を確かめたいのです
8:24　ですから、あなたがたの〜と
13:13　イエス・キリストの恵み、神の〜
ガラ5:6　〜によって働く信仰だけが大事
5:13　〜をもって互いに仕えなさい
エペ1:15　すべての聖徒に対する〜とを
3:19　人知をはるかに越えたキリストの
　　　〜を知ることができますように
4:15　むしろ、〜をもって真理を語り
5:2　また、〜のうちに歩みなさい
6:24　キリストを朽ちぬ〜をもって
ピリ1:9　あなたがたの〜が真の知識と
コロ1:4　聖徒に対して……抱いている〜
3:14　これらすべての上に、〜を着け
Ⅰテサ1:3　信仰の働き、〜の労苦

Ⅰペテ4:8　〜は多くの罪をおおう
Ⅰヨハ3:1　どんなにすばらしい〜を与え
3:16　それによって私たちに〜が
黙2:4　初めの〜から離れてしまった

あいか（哀歌）
Ⅱサム1:17　ヨナタンのために、この〜を
Ⅱ歴35:25　ヨシヤのために〜を作った
エゼ27:2　ツロについて、〜を唱えよ
アモ5:1　あなたがたについて〜を唱え

あいさつ
創47:7　ヤコブはパロに〜した
マタ5:47　兄弟にだけ〜したからといって
10:12　平安を祈る〜をしなさい
23:7　広場で〜されたり、人から先生と
マコ12:38　広場で〜されたりすることが
15:18　……と叫んで〜をし始めた
ルカ1:29　いったい何の〜かと考え込んだ
1:41　エリサベツがマリヤの〜を聞いた
11:43　市場で〜されることが好きです
ロマ16:16　聖なる口づけをもって〜
Ⅰコリ16:21　パウロが、自分の手で〜を

あいさん（愛餐）
ユダ12　彼らは、あなたがたの〜のしみです

あいず（合図）
マタ26:48　裏切る者は、彼らと〜を決めて
マコ14:44　次のような〜を決めておいた
ヨハ13:24　ペテロに彼に〜をして言った

あいする（愛する）
創24:67　彼は彼女を〜した。イサクは、母
25:28　リベカはヤコブを〜していた
37:3　だれよりもヨセフを〜していた
44:20　父は彼を〜しています』と申し上
出20:6　わたしを〜し、わたしの命令を守
21:5　私の子どもたちを〜しています
レビ19:18　隣人をあなた自身のように〜
申4:37　主は、あなたの先祖たちを〜して
5:10　わたしを〜し、わたしの命令を守
6:5　あなたの神、主を〜しなさい
7:13　あなたを〜し、あなたを祝福し
10:12　主のすべての道に歩み、主を〜し
10:19　在留異国人を〜しなさい
13:3　主を〜かどうかを知るために
15:16　主とあなたの家族を〜し
23:5　主は、あなたを〜しておられる
30:6　主を〜し、それであなたが生きる
33:3　まことに国々の民を〜方

申33:12　主に〜されている者。彼は安らか
ヨシ23:11　あなたがたの神、主を〜しなさ
士5:31　主を〜者は、力強く日がさし出る
Ⅰサム1:5　彼がハンナを〜していたか
16:21　サウルは彼を非常に〜し、ダビデ
18:1　自分と同じほどにダビデを〜した
18:16　人々はみな、ダビデを〜した
18:28　ミカルがダビデを〜していること
20:17　自分を〜ほどに、ダビデを〜して
Ⅰ列3:3　ソロモンは主を〜し、父ダビデ
10:9　主はイスラエルをとこしえに〜し
11:1　外国の女、すなわち、〜した
Ⅱ歴2:11　ご自身の民を〜しておられる
19:2　主を憎む者たちを〜してよいので
21:20　彼は人々に〜されることなく世を
ネヘ1:5　主を〜し、主の命令を守る者に
13:26　彼は神に〜され、神は彼を
詩31:23　主の聖徒たちよ。主を〜しまつれ
44:3　あなたが彼らを〜されたからです
45:7　あなたは義を〜し、悪を憎られ
60:5　あなたの〜者が助け出されるため
70:4　あなたの救いを〜人たちが
78:68　主が〜されたシオンの山を、選ば
91:14　彼がわたしを〜しているから
97:10　主を〜者たちよ。悪を憎め
102:14　しもべはシオンの石を〜し
116:1　私は主を〜。主は私の声、私の
119:97　あなたのみおしえを〜している
127:2　主はその〜者には、眠っている間
149:4　主は、ご自分の民を〜し、救いを
箴3:12　主は〜者をしかる
8:17　わたしを〜者を、わたしは〜
12:1　訓戒を〜人は知識を。叱責を
15:17　野菜を食べて〜し合うのは、肥え
17:17　友はどんなときにも〜ものだ
19:8　思慮を得る者は自分自身を〜者
20:13　眠りを〜してはいけない
27:6　〜者が傷つけるほうが真実である
伝3:8　〜のに時があり、憎むのに時が
5:10　金銭を〜者は金銭に満足しない
雅1:14　私の〜方は……ヘンナ樹の花ぶさ
2:16　私の〜方は私のもの。私はあの方
3:1　私の〜している人を捜していまし
4:1　ああ、わが〜方。あなたはなんと
5:1　飲め。〜人たちよ。大いに飲め
6:3　私の〜方は私のもの。あの方は

雅8:5	自分の〜者に寄りかかって、荒野	ロマ13:8	互いに〜し合うことについては別	詩19:7	主の〜は確かで、わきまえのない
イザ48:14	主に〜される者が、主の喜ばれ	Ⅰコリ2:9	神を〜者のために、神の備え	93:5	あなたの〜は、まことに確かです
61:8	まことに、わたしは公義を〜主だ	8:3	人が神を〜なら、その人は神に	イザ8:16	この〜をたばねよ。このおしえ
エレ31:3	わたしはあなたを〜した	Ⅱコリ9:7	喜んで与える人を〜してくだ	19:20	万軍の主の……〜となる
エゼ24:16	あなたの〜者を取り去る	12:15	私があなたがたを〜すれば〜ほど	マタ8:4	人々への〜のために、行って
ダニ1:9	ダニエルを〜しいつくしむ心を	ガラ2:20	私を〜し私のためにご自身を	24:14	すべての国民に〜され、それから
10:11	神に〜されている人ダニエルよ	エペ1:6	神がその〜方にあって私たちに	マコ1:44	人々への〜のために……供え物
ホセ1:7	わたしはユダの家を〜し、彼ら	2:4	〜してくださったその大きな愛の	13:9	彼らに対して〜をするためです
3:1	姦通している女を〜せよ	5:25	自分の妻を〜しなさい	ルカ5:14	人々への〜のため、モーセが
9:15	追い出し、重ねて彼らを〜さない	コロ3:19	夫たちよ。妻を〜しなさい	21:13	あなたがたの〜をする機会となり
11:1	わたしは彼を〜し、わたしの子を	Ⅰテモ6:2	〜されている人だからです	ヨハ1:7	この人は〜のために来た。光に
14:4	背信をいやし、喜んでこれを〜	Ⅱテモ3:2	自分を〜者、金を〜者、大言	3:11	話し、見たことを〜しているのに
アモ5:15	悪を憎み、善を〜し、門で正し	4:10	デマスは今の世を〜し、私を捨て	3:32	また聞いたことを〜されるが
ミカ3:2	善を憎み、悪を〜し、人々の皮	テト2:4	夫を〜し、子どもを〜し	7:7	その行いが悪いことを〜する
6:8	ただ公義を行い、誠実を〜し	ヘブ1:9	あなたは義を〜し、不正を憎	15:26	御霊がわたしについて〜します
マラ1:2	あなたがたを〜している」と	ヤコ2:5	神を〜者に約束されている御国	15:27	あなたがたも〜するのです。初め
マタ3:17	わたしの〜子、わたしはこれを	Ⅰペテ1:8	見たことはないけれども〜し	21:24	これらのことについて〜した者
5:44	自分の敵を〜し、迫害する者を	2:17	兄弟たちを〜し、神を恐れ、王を	使2:22	神は……この方の〜をされたので
10:37	わたしよりも父や母を〜者は	Ⅱペテ1:17	わたしの〜子、わたしの喜ぶ	4:33	主イエスの復活を……〜し
17:5	わたしの〜子、わたしはこれを	Ⅰヨハ2:10	兄弟を〜者は、光の中にとど	8:25	使徒たちはおごそかに〜をし
19:19	隣人をあなた自身のように〜せよ	2:15	世をも……してはなりません	14:17	ご自身のことを〜しないでおられ
22:37	あなたの神である主を〜せよ	3:11	互いに〜し合うべきであるという	23:11	わたしのことを〜したように
22:39	隣人をあなた自身のように〜せよ	4:7	私たちは、互いに〜し合いましょう	26:22	小さい者にも大きい者にも〜をし
マコ1:11	わたしの〜子、わたしはあなた	4:19	私たちは〜します。神がまず	28:23	神の国のことを〜し、また
9:7	これは、わたしの〜子である	5:2	神を〜してその命令を守るなら	ロマ1:9	私が……仕えている神が〜して
12:6	それは〜息子であった。彼は	ユダ20	しかし、〜人々よ。あなたがたは	3:21	律法と預言者によって〜されて
12:30	あなたの神である主を〜せよ	黙1:5	イエス・キリストは私たちを〜し	8:16	御霊ご自身が……〜してください
ルカ2:52	イエスは……神と人とに〜され	3:19	〜者をしかったり、懲らしめたり	Ⅰコリ1:6	キリストについての〜が
3:22	わたしの〜子、わたしはあなたを	**あう**（会う）		2:1	知恵を用いて、神の〜を宣べ伝え
6:27	あなたの敵を〜しなさい	創45:28	死なないうちに彼に〜いに行こう	Ⅱコリ1:12	良心の〜するところであって
6:32	自分を〜者を〜したからといって	申4:29	主を慕い求め、主に〜。あなたが	Ⅰテサ2:10	あなたがたが〜し、神も〜し
7:5	この人は、私たちの国民を〜し	ヨブ23:3	どこで神に〜えるかを知り	Ⅰテモ5:7	私たちの名誉を〜することや
7:47	彼女がよけい……〜したから	イザ1:12	わたしに出て来るが	Ⅰペテ1:11	栄光を前もって〜されたとき
9:35	わたしの〜子、わたしの選んだ者	ホセ12:4	彼はベテルで神に出〜い	Ⅰヨハ4:14	見て、今その〜をしています
10:27	あなたの神である主を〜せよ	アモ4:12	あなたの神に〜備えをせよ	5:9	人間の〜を受け入れるなら、神の
16:13	一方を憎んで他方を〜したり	マタ6:13	私たちを試みに〜わせないで	黙1:2	彼の見たすべての事を〜した
20:13	よし、〜息子を送ろう。彼らも	8:34	町中の者がイエスに〜いに出て	12:17	イエスの〜を保っている者たちと
ヨハ3:16	世を〜された。それは御子を信	ヨハ1:41	私たちはメシヤ……に〜った	19:10	イエスの〜は預言の霊です
5:20	父が子を〜して、ご自分のなさる	1:45	預言者たちも書いている方に〜い	22:16	これらのことをあなたがたに〜し
8:42	あなたがたはわたしを〜はずです	Ⅰテサ4:17	空中で主と〜のです	22:20	これらのことを〜する方がこう言
10:17	父がわたしを〜してくださるのは	**あおぐ**（仰ぐ）		**あかす**（明かす）
11:3	あなたが〜しておられる者が病気	出24:10	彼らはイスラエルの神を〜ぎ見た	士14:19	なぞを〜した者たちにその晴れ着
11:36	主はどんなに彼を〜しておられた	民21:9	青銅の蛇を〜ぎ見ると、生きた	**あかつき**（暁）
12:25	自分のいのちを〜者はそれを失い	詩17:15	正しい訴えで、御顔を〜ぎ	詩139:9	私が〜の翼をかって、海の果てに
12:43	人の栄誉を〜したからである	25:1	私のたましいは、あなたを〜いで	イザ14:12	〜の子、明けの明星よ
13:34	あなたがたも互いに〜し合いな	86:4	あなたを〜いでいますから	58:8	そのとき、〜のようにあなたの光
14:15	もしあなたがたがわたしを〜なら	イザ45:22	わたしを〜ぎ見て救われよ	**あがない**（贖い）
14:21	守る人は、わたしを〜人です	**あおくさ**（青草）		出25:22	あかし見、その『〜のふた』の上
15:9	父がわたしを〜されたように	黙8:7	〜が全部焼けてしまった	30:12	各人は自分自身の〜金を主に納め
15:12	〜し合うこと、これがわたしの戒	**あおふく**（青服）		レビ8:15	モーセは……それの〜をした
16:27	あなたがたを〜しておられるから	出39:22	エポデの下に着る〜を青色の撚り	9:7	彼らのために〜をしなさい
17:23	あなたが〜されたように	**あかい**（赤い）		14:18	主の前で彼のために〜をする
17:26	わたしを〜してくださったその愛	ヨシ2:18	窓に、この〜ひもを結びつけて	16:2	箱の上の『〜のふた』の前に
19:26	そばに立っている〜弟子とを見て	イザ1:18	罪が緋のように〜くても、雪の	17:11	いのちとして〜をするのは血で
21:15	この人たち以上に、わたしを〜	**あかし**		民3:48	超過した者たちの〜の代金として
	しますか	出25:22	〜の箱の上の二つのケルビムの間	16:46	持って行き、彼らの〜をしなさい
ロマ9:13	ヤコブを〜し、エサウを憎んだ	申31:19	わたしの〜とするためである	31:50	主の前での私たち自身の〜と
11:28	父祖たちのゆえに、〜されている	31:21	この歌が彼らに対して〜をする	申32:43	ご自分の民の地の〜をされるから

あがないぬし　　　　　　　　　コンコルダンス　　　　　　　　　あく　2561

Ⅱ歴29:24　全イスラエルのために～をした
　　30:18　このことの～をしてください
詩49:8　たましいの～しろは、高価であり
　111:9　主は、御民に～を送り、ご自分の
　130:7　主には恵みがあり、豊かな～が
イザ63:4　わたしの～の年が来たからだ
エゼ45:21　宮のために～をしなければなら
マタ20:28　多くの人のための、～の代価
マコ10:45　～の代価として、自分のいのち
ルカ1:58　主はその民を顧みて、～をなし
　　2:38　エルサレムの～を待ち望んでいる
　　21:28　～が近づいたのです。「ゆえに
ロマ3:24　キリスト・イエスによる～の
Ⅰコリ1:30　義と聖めと、～とになられ
エペ1:7　その血による～、罪の赦し
　　1:14　これは神の民の～のためであり
　　4:30　～の日のために、聖霊によって
Ⅰテモ2:6　すべての人の～の代価として
ヘブ9:12　永遠の～を成し遂げられたのです
あがないぬし（贖い主）
詩19:14　わが岩、わが～、主よ
箴23:11　彼らの～は力強い……弁護される
イザ59:20　しかし、シオンには～として
　　63:16　とこしえから私たちの～です
あがなう（贖う）
創48:16　わざわいから私を～われた御使い
出6:6　さばきによってあなたがたを～
　　15:13　あなたが～われたこの民を
　　21:8　彼は彼女が～い出されるように
　　32:30　あなたがたの罪のために～ことが
　　34:20　初子はみな、～わなければならな
レビ1:4　それが彼を～ため、彼の代わり
　　16:34　すべての罪から彼らを～うため
　18:15　獣の初子も～わなければならない
申7:8　パロの手からあなたを～い出され
　　9:26　あなたが偉大な力をもって～い
Ⅱサム7:23　民を～い、これをご自身の民
Ⅰ歴17:21　この民を～い、これをご自身の
ネヘ1:10　あなたが～われたあなたのしも
　　　　　べ、あなたの民です
ヨブ6:23　横暴な者の手から私を～え」と
　　19:25　私を～方は生きておられ
　　33:28　たましいを～って……下らせず
詩25:22　そのすべての苦しみから～い出し
　　26:11　私を～い出し、私をあわれんで
　　31:5　私を～い出してくださいました
　　34:22　しもべのたましいを～い出される
　　44:26　私たちを～い出してください
　　69:18　近づき、～ってください
　　71:23　あなたが～い出された私のたまし
　　77:15　ヤコブとヨセフの子らを～われ
　　78:35　神が自分たちの～方であることを
　　103:4　あなたのいのちを穴から～い
　　106:10　敵の手から彼らを～われた
　　107:2　主に～われた者はこのように言え
　　119:154　私を～ってください
イザ1:27　シオンは公正によって～われ
　　6:7　見よ。……あなたの罪も～われた

イザ35:9　～われた者たちがそこを歩む
　　41:14　あなたを～者はイスラエルの聖な
　　　　　る者
　　43:1　わたしがあなたを～ったのだ
　　44:6　これを～方、万軍の主はこう仰せ
　　47:4　私たちを～方、その名は万軍の主
　　48:20　主が、そのしもべヤコブを～われ
　　51:10　～われた人々を通らせたのは
　　54:8　あなたを～主は仰せられる
　　62:12　主に～われた者と呼ばれ
エレ50:34　～方は強く、その名は万軍の主
ホセ7:13　わたしは彼らを～おうとするの
ゼカ10:8　わたしが彼らを～ったからだ
ルカ24:21　この方にこそイスラエルを～って
ガラ3:13　律法ののろいから～い出して
　　4:5　律法の下にある者を～い出すため
テト2:14　すべての不法から～い出し
Ⅰペテ1:18　むなしい生き方から～い出さ
黙5:9　国民の中から、神のために人々を
　　　　　～い
あがめる
Ⅱサム7:26　御名がとこしえまでも～められ
Ⅰ歴17:24　あなたの御名が……～められ
詩18:46　～むべきかな。わが救いの神
　　40:16　「主を～めよう」と、いつも言い
　　46:10　わたしは……地の上で～められる
　　50:15　あなたはわたしを～めよう
　　50:23　ささげる人は、わたしを～めよう
　　57:5　神よ。あなたが、天で～められ
　　70:4　「神を～めよう」と、いつも言い
　　99:5　われらの神、主を～めよ
　　108:5　神よ。あなたが天で～められ
　　148:13　主の御名だけが～められ
箴3:9　収穫の初物で、主を～めよ
イザ24:15　それゆえ、東の国々で主を～め
　　29:13　くちびるでわたしを～が
　　43:23　わたしを～めようともしなかった
ダニ11:38　彼はとりでの神を～め、金、銀
マタ6:9　御名が～められますように
ルカ1:46　わたしのたましいは主を～め
　　7:16　人々は恐れを抱き……神を～め
　　11:2　父よ。御名が～められますように
使19:17　主イエスの御名を～ようになった
Ⅰペテ3:15　キリストを主として～めなさ
黙14:7　神を恐れ、神を～めよ。
あかり
マタ5:15　～をつけて、それを枡の下に
　　6:22　からだの～は目です
マコ4:21　～を持って来るのは、枡の下
ルカ8:16　～をつけてから、それを器で隠
　　　　　したり
　　11:33　～をつけてから、それを穴場や
　　11:34　からだの～は、あなたの目です
　　12:35　帯を締め、～をともしていなさい
黙21:23　小羊が都の～だからである
あかるい（明るい）
詩19:8　主の仰せは……人の目を～くする
使26:13　それは太陽よりも～く輝いて

あかるみ（明るみ）
ルカ12:3　暗やみで言ったことが、～で聞
ヨハ3:20　その行いが～に出されること
Ⅰコリ4:5　やみの中に隠れた事も～に
エペ5:11　むしろ、それを～に出しなさい
あきたりる（飽き足りる）
箴12:11　自分の畑を耕す者は食糧に～り
エゼ7:19　彼らの飢えを～らせることも
あきない
詩107:23　海に出る者、大海で～する者
あきらか（明らか）
ヨハ1:31　イスラエルに～にされるために
　　3:21　神にあってなされたことが～に
使7:13　パロに～になりました。「らに～
ロマ1:19　神について知られることは、彼
　　3:7　神の真理がますます～にされて
　　5:8　ご自身の愛を～にしておられます
Ⅰヨハ3:2　後の状態はまだ～にされてい
あく；あける
雅5:2　愛する者よ。戸を～けておくれ
　　5:6　私が、愛する方のために戸を～と
イザ26:2　城門を～けて……入らせよ
マタ9:30　すると、彼らの目が～いた
ヨハ9:14　彼の目を～けられたのは
あく（飽く；飽きる）
箴27:20　人の目も～ことがない。「る
　　30:15　～ことを知らないものが、三つあ
伝1:8　目は見て～こともなく、耳は
エレ15:6　わたしはあわれむのに～いた
ガラ6:9　善を行うのに～いてはいけま
ピリ4:12　～ことにも飢えることにも
あく（悪）
申13:5　うちからこの～を除き去りなさい
士4:1　また、主の目の前に～を行った
　　9:56　父に行った～を、彼に報いられ
　　10:6　主の目の前に重ねて～を行い
Ⅰサム24:13　『～は悪者から出る』と
Ⅰ列11:6　ソロモンは、主の目の前に～を
　　14:22　ユダの人々は主の目の前に～を
　　16:25　オムリは主の目の前に～を行い
Ⅱ列17:17　裏切って主の目の前に～を行い
Ⅰ歴21:17　はなはだしい～を行ったのは
Ⅱ歴6:37　～を行って、咎ある者となり
　　33:6　主の目の前に～を行い
ネヘ9:28　あなたの前に～事を行い
　　9:33　私たちは～を行ったのです
ヨブ21:30　～人はわざわいの日を免れ
詩7:14　彼は～意を宿し……偽りを生む
　　18:21　神に対して～を行わなかった
箴4:14　～人たちの道を歩むな
　　6:18　～細工する心、～へ走るに速い足
伝8:11　人の子らの心は～を行う思いで
イザ5:20　～を善、善を～と言っている者
　　9:18　～は火のように燃えさかり
　　58:6　～のきずなを解き、くびきを
エレ2:13　わたしの民は二つの～を行った
　　6:7　エルサレムは自分の～をわき出さ
　　9:3　彼らは、～から～へ進み、」せた

エゼ16:57	あなたの〜があばかれる前の	ヨハ3:14	人の子もまた〜げられなければ	詩52:4	〜の舌よ。おまえはあらゆる
33:11	悔い改めよ。〜の道から立ち返れ	8:28	人の子を〜げてしまうと、その時	109:2	〜の口を、私に向けて開き
ゼカ7:10	互いに心の中で〜をたくらむな	12:32	わたしが地上から〜げられるなら	箴12:5	悪者の指導には〜がある
ルカ6:9	それとも〜を行うことなのか	使5:31	ご自分の右に〜げられました	12:20	悪をたくらむ者の心には〜があり
ロマ1:29	あらゆる不義と〜と	ピリ2:9	神は、この方を高く〜げて	イザ53:9	その口に〜はなかったが

「者」

1:30 大言壮語する者、〜事をたくらむ
2:9 〜を行うすべての者の上に下り
3:8 善を現すために、〜をしよう
7:19 したくない〜を行っています
Ⅰテサ5:15 〜をもって〜に報いないよう
Ⅰテモ6:10 あらゆる〜の根だからです
Ⅱテモ3:13 ますます〜に落ちて行くので

あく（灰汁）

エレ2:22 たくさんの〜を使っても

あくま（悪魔）

マタ4:1 イエスは、〜の試みを受ける
13:39 毒麦を蒔いた敵は〜であり
ルカ4:2 四十日間、〜の試みに会われた
8:12 聞いたが、あとから〜が来て
ヨハ8:44 父である〜から出た者であって
13:2 〜はすでに……イスカリオテ・ユダの心に
使13:10 〜の子、すべての正義の敵
エペ4:27 〜に機会を与えないように
6:11 〜の策略に対して立ち向かうこと
ヤコ4:7 そして、〜に立ち向かいなさい
Ⅰペテ5:8 〜が、ほえたける獅子のように
Ⅰヨハ3:8 〜は初めから罪を犯している
黙2:10 〜はあなたがたをためすために
12:12 〜が自分の時の短いことを知り
20:10 〜は火と硫黄との池に投げ込まれ

あくれい（悪霊）

マタ12:22 〜につかれて……口もきけない
15:22 娘が、ひどく〜に取りつかれて
マコ1:34 また多くの〜を追い出された
3:22 〜どもを追い出しているのだ
ルカ7:33 『あれは〜につかれている』と
11:14 〜、それも口をきけなくする〜を追い出して
ヨハ7:20 あなたは〜につかれています
Ⅰコリ10:20 神にではなくて〜にささげ
Ⅰテモ4:1 惑わす霊と〜の教えとに心を
ヤコ2:19 〜どももそう信じて、身震いし
黙9:20 〜どもや……偶像を拝み続け
18:2 〜の住まい、あらゆる汚れた霊の

あけがた（明け方）

マタ28:1 週の初めの日の〜、マグダラ

あけのみょうじょう（明けの明星）

Ⅱペテ1:19 〜があなたがたの心に
黙2:28 また、彼に〜を与えよう
22:16 わたしはダビデの根……輝く〜

あげる（上げる）

詩59:1 私を高く〜げてください
134:2 聖所に向かって……手を〜げ
138:2 みことばを高く〜げられたから
イザ40:26 目を高く〜げて、だれが
ルカ21:28 まっすぐにし、頭を上〜げなさい

あこがれる

伝6:9 目が見るところは、心が〜ことに

あごぼね（あご骨）

士15:15 生新しいろばの〜を見つけ

あさ（朝）

詩5:3 〜明けに、私はあなたのために備
30:5 〜明けには喜びの叫びがある
イザ21:12 〜が来る、また夜も来る

あざけり

ヨブ30:9 私は彼らの〜の歌となり
詩79:4 回りの者の〜となり、笑いぐさと
イザ14:4 このような〜の歌を歌って言う
ミカ2:4 その日……〜の声があがり

あざける

Ⅰ列18:27 エリヤは彼らを〜って言った
ヨブ21:3 あなたは〜ってもよい
詩1:1 〜者の座に着かなかった、その人
22:7 私を見る者はみな、私を〜ります
35:16 私の回りの、〜の、ののしる者
119:51 ひどく私を〜りました
箴1:22 〜者は、いつまで、あざけりを
13:1 〜者は叱責を聞かない
14:6 〜者は知恵を捜しても得られない
14:9 いけにえは愚か者を〜り、「い
15:12 〜者はしかってくれる者を愛さな
17:5 貧しい者を〜者は自分の造り主を
20:1 ぶどう酒は〜、強い酒は
イザ29:20 〜者は滅びてしまい、悪を
エレ19:8 そのすべての打ち傷を見て〜
20:7 物笑いとなり、みなが私を〜
マコ10:34 彼らは〜り、つばきをかけ
15:31 イエスを〜って言った
ルカ18:32 彼らに〜られ、はずかしめられ
23:36 兵士たちもイエスを〜り、そばに
使13:41 〜者たち。驚け。そして滅びよ

あさせ（浅瀬）

使27:17 スルテスの〜に乗り上げるのを

あさぬの（麻布）

黙19:8 きよい〜の衣を着ることを許され

あさひ（朝日）

イザ62:1 その義が〜のように光を放ち

あざみ

創3:18 いばらと〜を生えさせ
Ⅱ歴25:18 レバノンの〜が、レバノンの杉
イザ34:13 要塞にはいらくさや〜が生え

あざむき（欺き）

ヨブ15:35 その腹は〜の備えをしている
27:4 私の舌は決して〜を告げない
詩10:7 のろいと〜といたげに満ち
17:1 〜のくちびるからでない私の祈り
32:2 霊に〜のない人
34:13 くちびるを〜を語らせるな
50:19 おまえの舌は〜を仕組んでいる

あざむく（欺く）

創31:7 あなたがたの父は、私を〜き
レビ6:2 すなわち……隣人を〜いたり
ヨシ9:22 と言って、私たちを〜いたのか
Ⅰサム19:17 なぜ、このようにして私を〜き
ヨブ13:9 人が人を〜ように、神を〜う
詩5:6 主は血を流す者と〜者とを忌み
箴26:19 隣人を〜きながら……と言う者も
イザ44:20 灰にあこがれる者の心は〜かれ
エレ4:10 エルサレムを全く〜かれました
37:9 ……と言って、みずから〜な
哀1:19 呼んだのに、彼らは私を〜いた
オバ3 あなたの心の高慢は自分自身を〜
使5:3 心を奪われ、聖霊を〜いたのです
Ⅱコリ2:11 サタンに〜かれないためです
11:3 蛇が悪巧みによってエバを〜いた
11:13 にせ使徒であり、人を〜働き人で
ガラ6:3 自分を〜いているのです

あざわらう（あざ笑う）

ヨブ30:1 私よりも若い者たちが、私を〜
41:29 投げ槍のうなる音を〜
エゼ22:5 ひどくかき乱されたおまえを〜
マタ9:24 すると、彼らはイエスを〜った
マコ5:40 人々はイエスを〜った。しかし
ルカ8:53 イエスを〜っていた
14:29 見ていた人はみな彼を〜って
16:14 聞いて、イエスを〜っていた
使17:32 ある者たちは〜い、ほかの者た

あし（足）

申11:24 あなたがたの〜の裏で踏む所は
ヨシ1:3 〜の裏で踏む所はことごとく
Ⅱサム4:4 〜の不自由な子がひとり
5:8 ダビデが憎む……〜のなえた者
9:3 ヨナタンの子で〜の不自由な方が
詩8:6 万物を彼の〜の下に置かれました
26:12 私の〜は平らな所に立っています
99:5 その〜台のもとにひれ伏せ
110:1 敵をあなたの〜台とするまでは
119:59 さとしのほうへ〜を向け
119:105 みことばは、私の〜のともしび
121:3 主はあなたの〜をよろけさせず
122:2 私たちの〜は、おまえの門のうち
132:7 主の〜台のもとにひれ伏そう
箴1:16 彼らの〜は悪に走り、血を流そう
雅7:1 あなたの〜はなんと美しいことよ
イザ35:6 〜のなえた者は鹿のようにとびはね
52:7 良い知らせを伝える者の〜は

あし

イザ66:1	天は……、地はわたしの〜台
エレ20:2	門にある〜かせにつないだ
ダニ2:33	すねは鉄、〜は一部が鉄
ナホ1:15	平和を告げ知らせる者の〜が
ゼパ3:19	〜のなえた者を救い、散らされ
ゼカ14:4	その日、主の〜は、エルサレム
マタ15:31	……〜のなえた者が歩き
22:44	あなたの〜の下に従わせるまでは
28:9	御〜を抱いてイエスを拝んだ
マコ9:45	あなたの〜があなたのつまずき
12:36	あなたの〜の下に従わせるまでは
ルカ5:8	イエスの〜もとにひれ伏して
7:38	立ち、涙で御〜をぬらし始め
8:29	彼は鎖や〜かせでつながれて看視
20:43	敵をあなたの〜台とする時まで
24:39	わたしの手やわたしの〜を見
ヨハ12:3	イエスの〜に塗り、彼女の髪の
13:5	水を入れ、弟子たちの〜を洗って
使2:35	敵をあなたの〜台とするまでは
3:2	生まれつき〜のなえた人が運ば
7:49	地はわたしの〜の台である
14:8	彼は生まれつきの〜のなえた人で
16:24	牢に入れ、〜に〜かせを掛けた
ロマ3:15	彼らの〜は血を流すのに速く
4:12	信仰の〜跡に従って歩む者の父
Ⅰコリ12:15	〜が、「私は手ではないから
15:25	すべての敵をその〜の下に置く
ヘブ10:13	その敵がご自分の〜台となるの

あし（葦）

		〜を待って
Ⅱ列18:21	あのいたんだ〜の杖、エジプト
イザ36:6	あのいたんだ〜の杖、エジプト
42:3	いたんだ〜を折ることもなく
マタ11:7	風に揺れる〜ですか
12:20	彼はいたんだ〜を折ることもなく
ルカ7:24	風に揺れる〜ですか

あじ（味）

ヨブ6:6	卵のしろみに〜があろうか
ヘブ6:4	光を受けて天からの賜物の〜を

アシェラぞう（アシェラ像）

申16:21	どんな木の〜をも立ててはならな

あしのうみ（葦の海）

出10:19	いなごを……に追いやった
15:4	補佐官たちも〜におぼれて死んだ
15:22	モーセはイスラエルを〜から旅立
ヨシ4:23	主が〜になさったのと同じで
詩106:9	主が〜を叱ると、海は干上がった

あじわう（味わう）

		〜つめよ
詩34:8	主のすばらしさを〜い、これを見
マタ16:28	決して死を〜わない人々がいま
マコ9:1	決して死を〜わない者がいます
ルカ9:27	決して死を〜わない者たちが
コロ2:21	「すがるな。〜な。さわるな」
ヘブ2:9	すべての人のために〜われた
Ⅰペテ2:3	いつくしみ深い方であること

あす

		〜を〜って
箴27:1	〜のことを誇るな。一日のうちに
マタ6:30	〜は炉に投げ込まれる野の草さえ
Ⅰコリ15:32	〜は死ぬのだ。さあ、飲み

食い

ヤコ4:14	〜のことはわからないのです

あずかる

Ⅰコリ9:13	祭壇の物に〜ことを知らない
10:16	キリストのからだに〜こと
ピリ1:5	福音を広めることに〜って来た
コロ1:12	聖徒の相続分に〜資格を私たち
Ⅰペテ4:13	キリストの苦しみに〜れる
黙18:4	その罪に〜らないため、また

あせ（汗）

創3:19	あなたは、顔に〜を流して糧を得
ルカ22:44	〜が血のしずくのように地に落
		しちた

あだ（仇）

Ⅱサム24:13	あなたは〜の前を逃げ、〜が
詩27:12	私の〜の意のままに、させないで
イザ34:8	シオンの訴えのために〜を返す

あたえる（与える）

創13:15	あなたとあなたの子孫とに〜えよ
民21:34	あなたの手のうちに〜えた「た
申1:35	あなたがたの先祖たちに〜と誓っ
Ⅱ歴9:12	何でもその望みのままに〜えた
ヨブ1:21	主は〜え、主は取られる
35:10	夜には、ほめ歌を〜え
詩119:34	私に悟りを〜えてください
箴21:26	正しい人は人に〜えて惜しまない
マタ6:11	日ごとの糧をきょうもお〜え
13:12	持っている者はさらに〜えられ
21:22	祈り求めるものなら、何でも〜え
マコ4:25	持っている人は、さらに〜えら
ルカ6:38	〜えなさい。そうすれば、〜れ
8:18	持っている人は、さらに〜えられ
12:48	多く〜えられた者は多く求められ
ヨハ6:34	いつもそのパンを私たちにお〜
		えください
10:28	彼らに永遠のいのちを〜えます
14:16	助け主をあなたがたにお〜えに
使20:35	受けるよりも、〜ほうが幸いである
27:24	同船している人々を……お〜えに
ヘブ5:9	とこしえの救いを〜者となり
Ⅰヨハ3:24	神が私たちに〜えてくださった

あたたかい（暖かい）

		した御霊
Ⅱ列4:34	子どものからだが〜くなってき

あたたまる（暖まる）

		した
ヨハ18:18	ペテロも……立って〜っていた

あたま（頭）

Ⅱ列4:19	父親に、「私の〜が、〜が」と
雅7:5	あなたの〜はカルメル山のように
ヨハ13:9	足だけでなく、手も〜も洗って

あたらしい（新しい）

Ⅱ歴24:4	主の宮を〜くすることを志し
詩40:3	主は、私の口に、〜歌、われらの
96:1	〜歌を主に歌え。全地よ。主に歌
103:5	若さは、鷲のように、〜くなる
144:9	神よ。あなたに、私は〜歌を歌い
149:1	ハレルヤ。主に〜歌を歌え
伝1:9	日の下には〜ものは一つもない
イザ41:15	諸国の民から〜力を得よ
42:9	〜事を、わたしは告げよう
イザ43:19	見よ。わたしは〜事をする
48:6	わたしは今から、〜事、あなたの
62:2	主の口が名づける〜名で呼ばれ
65:17	わたしは〜天と〜地を創造する
66:22	わたしの造る〜天と〜地が
エレ31:31	ユダの家とに、〜契約を結ぶ
哀3:23	それは朝ごとに〜く
5:21	私たちの日を昔のように〜く
エゼ11:19	あなたがたのうちに〜霊を与え
18:31	こうして、〜心と〜霊を得よ
36:26	あなたがたに〜心を与え
マタ9:16	真〜布切れで古い着物の継ぎを
マコ2:21	真〜布切れで古い着物の継ぎを
ルカ5:36	〜着物から布切れを引き裂いて
ヨハ13:34	あなたがたに〜戒めを与えまし
ロマ6:4	いのちにあって〜歩みをするよ
7:6	〜御霊によって仕えているので
Ⅰコリ11:25	わたしの血による〜契約です
Ⅱコリ3:6	〜契約に仕える者となる資格
5:17	その人は〜く造られた者です
5:17	見よ、すべてが〜くなりました
エペ4:24	〜人を身に着るべきことでした
コロ3:10	ますます〜くされ、真の知識
黙5:9	彼らは、〜い歌を歌って言った
21:1	また私は、〜天と〜地とを見た
21:5	見よ。わたしは、すべてを〜くす

あたる（当たる）

		しる
Ⅱサム18:3	私たちの一万人に〜ります

あつい（熱い；暑い）

詩39:3	心は私のうちで〜くなり
ルカ12:55	『〜日になるぞ』と言い、事実

あっこう（悪口）

ヤコ4:11	互いに〜を言い合ってはいけま
		しせん

あつさ（暑さ）

創8:22	寒さと〜、夏と冬、昼と夜とは

あっとう（圧倒）

詩65:3	咎が私を〜しています。しかし
ロマ8:37	〜的な勝利者となるのです

あっぱく（圧迫）

ヨブ32:18	一つの霊が私を〜している

あつまい（集まり）

エレ15:17	戯れる者たちの〜にすわった

あつまる（集まる）

創1:9	天の下の水が一所に〜れ
49:2	ヤコブの子らよ。〜って聞け
ネヘ9:1	荒布を着け、土をかぶって〜った
ヨブ30:23	すべての生き物の〜家に帰らせ
詩2:2	治める者たちは相ともに〜り
イザ45:20	〜って来て、共に近づけ。木の
エレ4:5	『〜れ。城壁のある町に行こう。』
マタ18:20	わたしの名において〜所には
Ⅰコリ5:4	あなたがたが〜ったときに
ヘブ10:25	いっしょに〜ことをやめたり

あつめる（集める）

		しせ
創41:35	豊作の年のすべての食糧を〜めさ
47:14	ヨセフは……すべての銀を〜めた
出16:16	人数に応じてそれを〜めよ。各自
レビ8:3	会見の天幕の入口の所に〜めよ

あと

民15:32	安息日に、たきぎを〜めている男	
申30:4	主は、そこからあなたを〜め	
詩106:47	国々から私たちを〜めてください	
107:3	北から、南から、〜められた	
箴10:5	夏のうちに〜者は思慮深い子	
イザ49:5	イスラエルをご自分のもとに〜	
56:8	散らされた者たちを〜神である主	
66:18	すべての国々と種族とを〜めに	
エレ9:22	〜者もない束のように、横たわ	
21:4	それをこの町の中に〜め、し、	
23:3	残りの者を……すべての国から〜	
29:14	すべての場所から……。し、め	
31:10	散らした者がこれを〜め	
32:37	すべての国々から彼らを〜め	
エゼ22:19	あなたがたをエルサレムの中に〜	
ミカ7:1	私は夏のくだものを〜者のよう	
ゼパ3:19	足のなえた者を救い、散らされた者を〜	
マタ12:30	わたしとともに〜めない者は	
13:41	みな、御国から取り〜めて	
24:31	四方からその選びの民を〜めます	
マコ13:27	四方からその選びの民を〜め	
ルカ11:23	ともに〜めない者は散らす者で	
13:34	あなたの子らを幾たび〜めようと	
ヨハ6:12	むだに捨てないように〜めなさ	
11:52	神の子たちを一つに〜ためにも	
エペ1:10	この方にあって、一つに〜めら	

あと

マタ19:30	先の者が〜になり、〜の者が先	
マコ10:31	先の者が〜になり、〜の者が先	

あととり (跡取り；あと取り)

創15:3	奴隷が、私の〜になるでしょう	
マタ21:38	あれは〜だ。さあ、あれを殺す	
マコ12:7	あれは〜だ。さあ、あれを殺そ	
ルカ20:14	あれは〜だ。あれを殺そうでは	

あな (穴)

イザ2:19	岩のほら〜や土の〜に入る	
エレ38:6	監視の庭にある……に投げ込	
エゼ8:7	見ると、壁に一つの〜があった	
ヨナ2:6	〜から引き上げてくださいまし	
ハガ1:6	〜のあいた袋に入れるだけし	

あなどり (侮り；侮る)

民14:11	この民はいつまでわたしを〜のか	
15:31	主のことばを〜り、その命令を破	
16:30	これらの者たちが主を〜ったこと	
Ⅱサム12:14	主の敵に大いに〜の心を起こ	
Ⅱ歴36:16	そのみことばを〜り、し、させ	
詩10:3	主を〜り、また、	
74:10	永久に御名を〜のでしょうか	
イザ1:4	イスラエルの聖なる方を〜り	
52:5	わたしの名は一日中絶えず〜られ	

あに (兄)

創20:16	銀千枚をあなたの〜に与える	
25:23	国民より強く、〜が弟に仕える	
37:11	〜たちは彼をねたんだが、父は	
Ⅰサム17:22	行き、〜たちの安否を尋ねた	
マコ12:19	〜のための子をもうけなければ	
ロマ9:12	「〜は弟に仕える」と彼女に告	

あね (姉)

出2:4	その子の〜が、その子がどうなる	

あばらぼね (あばら骨)

創2:21	彼の〜の一つを取り、そのところ	

あぶ

出8:21	わたしは、〜の群れを、あなたと	

あぶら (油)

創31:13	石の柱に〜をそそぎ、わたしに	
出28:41	彼らに〜をそそぎ、彼らを祭司職	
30:30	アロンとその子らに〜をそそぎ	
レビ8:12	〜をそそいでアロンを聖別した	
ルツ3:3	からだを洗って、〜を塗り	
Ⅰサム2:35	〜そそがれた者の前を歩む	
9:16	あなたは彼に〜をそそいで	
10:1	君主として、あなたに〜を	
16:3	わたしが言う人に〜をそそげ	
16:6	主の前で〜をそそがれる者だ	
16:12	さあ、この者に〜をそそげ	
24:10	あの方は主に〜そそがれた方だ	
26:9	主に〜そそがれた方に手を下して	
26:16	主に〜そそがれた方を	
Ⅱサム1:14	主に〜そそがれた方に、手を	
22:51	〜そそがれた者、ダビデとその	
Ⅰ列1:39	来て、〜をソロモンにそそいだ	
Ⅱ列4:2	〜のつぼ一つしかありません	
9:3	〜をそそいでイスラエルの王と	
11:12	彼に〜をそそぎ、手をたたいて	
Ⅰ歴14:8	ダビデが〜をそそがれて	
16:22	〜そそがれた者たちに触れるな	
29:22	〜をそそいで、主のために、君主	
詩2:2	主に〜そそがれた者に逆らう	
18:50	〜そそがれた者、ダビデとその	
23:5	私の頭に〜をそそいでくださいま	
28:8	〜そそがれた者の、救いのとりで	
84:9	あなたに〜そそがれた者の顔を	
89:20	わたしの聖なる〜を彼に〜そそいだ	
105:15	わたしの〜そそがれた者たちに	
イザ1:6	〜で和らげてももらえない	
45:1	主は、〜そそがれた者クロスに	
61:1	主はわたしに〜をそそぎ、貧しい	
エゼ28:14	〜そそがれた守護者ケルブと	
ダニ9:25	〜そそがれた者、君主の来る	
ハバ3:13	あなたに〜そそがれた者を救う	
ゼカ4:14	ふたりの〜そそがれた者だ	
マタ25:4	入れ物に〜を入れて持っていた	
マコ6:13	病人に〜を塗っていやした	
16:1	イエスに〜を塗りに行こうと思い	
ルカ4:18	わたしに〜をそそがれた……	
使4:27	あなたが〜をそそがれた……イエス	
Ⅱコリ1:21	私たちに〜をそそがれた方は神	

あぶらむし (油虫)

詩78:46	彼らの作物を、〜に……与えられ	

あふれる

詩23:5	私の杯は、〜れています	
Ⅱコリ9:8	あらゆる恵みを〜ばかり与え	

あま (亜麻)

箴31:13	彼女は羊毛や〜を手に入れ、「	

マコ15:46

マコ15:46	イエスを取り降ろしてその〜布	

あまい (甘い)

士14:14	強いものから〜物が出た	
詩119:103	みことばは……なんと〜こと	

あまもり (雨漏り)

伝10:18	手をこまねいていると〜がする	

あまんじる (甘んじる)

Ⅱコリ12:10	苦痛、迫害、困難に〜じてい	

あみ (網)

詩10:9	悩む人を、その〜にかけて捕らえて	
31:4	ねらってひそかに張られた〜から	
箴1:17	〜を張っても、むだなことだ	
29:5	自分の足もとに〜を張る。「れ	
イザ19:8	水の上に〜を打つ者も打ちしお	
エゼ17:20	彼の上にわたしの〜をかけ	
マコ1:16	アンデレが湖で〜を打っている	
1:19	彼らも舟の中で〜を繕っていた	
ルカ5:4	〜をおろして魚をとりなさい	

あめ (雨)

創2:5	神である主が地上に〜を降らせず	
7:4	地の上に四十日四十夜、〜を降らす	
レビ26:4	〜を与え、地は産物を出し	
申11:14	あなたがたの地に〜、先の〜と後の〜を与えよう。「え	
28:12	時にかなって〜をあなたの地に与	
Ⅰ列8:35	天が閉ざされて〜が降らない	
17:1	二、三年の間は露も〜も降らない	
18:41	激しい大〜の音がするから	
ヨブ5:10	神は地の上に〜を降らし、野の	
詩68:9	神よ。あなたは豊かな〜を注ぎ	
イザ44:14	月桂樹を植えると、大〜が育て	
55:10	〜や雪が天から降ってもとに戻らず	
エレ5:24	主は大〜を、先の〜と後の〜を	
エゼ34:26	それは祝福の〜となる	
ホセ6:3	後の〜のように、地を潤される	
アモ4:7	あなたがたには〜をとどめ	
マタ5:45	正しくない人にも〜を降らせて	
7:25	〜が降って洪水が押し寄せ、風が	
使14:17	恵みをもって、天から〜を降らせ	
黙11:6	〜が降らないように天を閉じる力	

アーメン

黙3:14	〜である方、忠実で、真実な証人	

アーモンド

民17:8	アロンの杖が……〜の実を結んで	
伝12:5	〜の花は咲き、いなごはのろのろ	
エレ1:11	「〜の枝を見ています。」	

あやうい (危い)

Ⅱコリ1:8	ついにいのちさえも〜くなり	

あやおりもの (綾織物)

詩45:14	彼女は〜を着て、王の前に導かれ	

あやまち

Ⅰサム29:3	私は彼に何の〜も見つけなか	
ヨブ6:24	私がどんな〜を犯したか、私に	
詩19:12	〜を悟ることができましょう	
119:67	苦しみに会う前には、私は〜を犯	
ガラ6:1	もしだれかが〜に陥ったなら	
コロ2:4	〜に導くことのないためです	

あやまり（誤り）

ヨハ16:8	世にその〜を認めさせます
ロマ1:27	その〜に対する当然の報いを
黙2:20	しもべたちを教えて〜に導く

あやまる

レビ4:2	もし人が……〜って罪を犯し
5:18	〜って犯し、しかも自分では
民15:22	〜って罪を犯し、主がモーセに
ヨブ19:4	私の〜って犯した罪が

あゆみ（歩み）

ヨブ14:16	あなたは私の〜を数えておられ
18:7	彼の力強い〜はせばめられ
31:4	私の〜をことごとく数えられ
詩37:23	人の〜は主によって確かにされる
44:18	私たちの〜はあなたの道からそれ
73:2	私の〜は、すべるばかりだった
119:133	みことばによって、私の〜を確
箴20:24	人の〜は主によって定められる
エレ10:23	その〜を確かにすることも
哀4:18	私たちの〜はつけねらわれて
ロマ6:4	いのちにあって新しい〜をして
コロ1:10	主にかなった〜をして、あらゆ

あゆむ（歩む）しる点で

創5:22	エノクは……神とともに〜んだ
6:9	ノアは神とともに〜んだ
17:1	わたしの前を〜み、全き者であれ
24:40	私は主の前を〜んできた。その主
レビ20:23	風習に従って〜んではならない
26:3	わたしのおきてに従って〜み
26:12	わたしはあなたがたの間を〜もう
26:21	わたしに反抗して〜み、わたしに
26:27	聞かず、わたしに反抗して〜なら
申5:33	すべての道を〜まなければならん
10:12	主のすべての道に〜み、主を愛し
13:4	主に従って〜み、主を恐れ
23:14	あなたの陣営の中を〜まれるから
30:16	神、主を愛し、主の道に〜み
ヨシ22:5	主を愛し、そのすべての道に〜み
Ⅰサム8:3	息子たちは父の道に〜まず
12:2	あなたがたの先に立って〜み
Ⅱサム7:6	すなわち幕屋にいて、〜んで
Ⅰ列3:6	あなたの御前を〜んだからです
3:14	わたしの道を〜なら、あなたの日
9:4	正しさをもって、わたしの前に〜み
16:26	ヤロブアムのすべての道に〜み
Ⅱ列10:31	主の律法に〜もうと心がけず
16:3	イスラエルの王たちの道に〜み
17:8	取り入れた風習に従って〜んだ
17:19	取り入れた風習に従って〜んだ
21:22	主の道に〜もうとはしなかった
Ⅰ歴17:6	全イスラエルと〜んできた
Ⅱ歴6:14	心を尽くして御前に〜んでいる
7:17	あなたの父ダビデが〜んだように
17:3	先祖ダビデの最初の道に〜んで
21:12	ユダの王アサの道にも〜まず
ネへ5:9	私たちの神を恐れながら〜むべき
10:29	与えられた神の律法に従って〜み
詩1:1	悪者のはかりごとに〜まず 「く
詩26:1	私が誠実に〜み、よろめくことな
56:13	光のうちに、神の御前を〜ためで
78:10	神のおしえに従って〜ことを拒み
89:15	あなたの御顔の光の中を〜みます
119:1	主のみおしえによって〜人々
箴8:20	公正の通り道の真ん中を〜み
10:9	まっすぐに〜む者の歩みは安全で
28:6	貧しくても、誠実に〜む者は
伝11:9	あなたの目の望むままに〜め
イザ2:3	私たちはその小道を〜もう
8:11	この民の道に〜まないよう、私を
9:2	やみの中を〜んでいた民は、「主
42:5	この上を〜者に霊を授けた神なる
42:24	主の道に〜ことを望まず
65:2	良くない道を〜者たちに、一日中
エレ6:16	〜んで……いこいを見いだせ
9:14	彼らのかたくなな心のままに〜み
42:3	神、主が、私たちの〜べき道と
エゼ11:12	わたしのおきてに従って〜まず
11:20	わたしのおきてに従って〜み
20:19	わたしのおきてに従って〜み
37:24	彼らはわたしの定めに従って〜み
ミカ4:5	おのおの自分の神の名によって〜
6:8	あなたの神、主とともに〜ことでは
6:16	彼らのはかりごとに従って〜んだ
ハバ3:19	私に高い所を〜ませる
ゼカ3:7	あなたがわたしの道を〜み
マラ2:6	彼はわたしとともに〜み、多くの
マコ7:5	言い伝えに従って〜まないで
ロマ4:12	信仰の足跡に従って〜者の父と
8:4	肉に従って〜まず、……〜 私たちの中に
Ⅰコリ3:3	ただの人のように〜んでいる
7:17	ときのままの状態で〜べきで
Ⅱコリ6:16	彼らの間に住み、また〜
10:2	肉に従って〜んでいるかのように
ガラ2:14	まっすぐに〜んでいないのを見
5:16	御霊によって〜みなさい
エペ2:2	働いている霊に従って、〜
2:10	私たちが良い行いに〜ように
4:1	その召しにふさわしく〜みなさい
4:17	異邦人が……〜んでいるように〜 んではなりません
5:2	また、愛のうちに〜みなさい
5:8	光の子どもらしく〜みなさい
コロ2:6	彼にあって〜みなさい
Ⅰテサ2:12	神にふさわしく〜むよう勧め
Ⅱペテ2:10	肉に従って〜み、権威を侮る
Ⅰヨハ2:6	キリストが〜まれたように〜 まなければ
Ⅱヨハ4	真理のうちを〜んでいる人たちが
黙3:4	白い衣を着て、わたしとともに〜

あらう（洗う）

出29:4	水で彼らを〜わなければならない
民5:23	それを苦い水の中に〜み書き
申21:6	谷で……雌の子牛の上で手を〜い
Ⅱサム11:2	ひとりの女が、からだを〜って
Ⅱ列5:10	七たびあなたの身を〜いなさい
ヨブ9:30	私が雪の水で身を〜っても
詩26:6	主よ。私は手を〜ってきよくし
51:2	私の咎を、私から全く〜い去り
73:13	心をきよめ、手を〜って、きよく
イザ1:16	〜え。身をきよめよ。わたしの
4:4	シオンの娘たちの汚れを〜い
エレ2:22	あなたがソーダで身を〜い
4:14	救われるために、心を〜って悪を
エゼ16:9	わたしはあなたを水で〜い
マタ6:17	頭に油を塗り、顔を〜いなさい
27:24	水を取り寄せ、手を〜って
マコ7:2	〜わない手でパンを食べている
ヨハ9:7	シロアム……の池で〜いなさい
13:5	水を入れ、弟子たちの足を〜い
使22:16	自分の罪を〜い流しなさい
Ⅰコリ6:11	あなたがたは〜われ、聖なる
ヤコ4:8	罪ある人たち。手を〜いきよめ

あらかじめしなさい

ロマ8:29	神は、〜知っておられる人々を
8:30	神は〜定めた人々をさらに召し
11:2	〜知っておられたご自分の民を退

あらし しけて

詩55:8	〜とはやてを避けて、私ののがれ
107:29	主が〜を静めると、波はないで

あらす（荒らす）

ダニ9:27	〜忌むべき者が翼に現れる
11:31	取り除き、〜忌むべきものを据え
マタ24:15	『〜憎むべきもの』が、聖なる所
マコ13:14	『〜憎むべきもの』が、自分の
使8:3	サウロは教会を〜し、家々に

あらそい

創13:7	牧者たちとの間に、〜が起こった
30:7	私は姉と死に物狂いの〜をして
申2:5	彼らに〜をしかけてはならない
17:8	もし、町囲みのうちで〜事が起こ
Ⅱ列14:10	なぜ、〜をしかけてわざわいを
Ⅱ歴25:19	なぜ、〜をしかけてわざわいを
詩55:9	私は……暴虐と〜を見ています
箴6:19	兄弟の間に〜をひき起こす者
13:10	高ぶりは、ただ、〜を生じ、知恵は
17:1	ごちそうと〜に満ちた家にまさる
17:14	〜が起こらないうちに、〜をやめよ
18:6	愚かな者のくちびるは〜を起こし
20:3	愚か者はみな、〜を引き起こす
21:9	〜好きな女と社交場にいるよりは
25:24	〜好きな女と社交場にいるよりは
26:17	自分に関係のない〜に干渉する者
27:15	雨漏りは、〜好きな女に似ている
28:25	欲の深い人は〜を引き起こす
29:22	怒る者は〜を引き起こし、憤る者
30:33	怒りをかき回すと〜が起こる
イザ58:4	〜とけんかをするためであり
Ⅰコリ1:11	あなたがたの間には〜がある
Ⅱコリ12:20	〜、ねたみ、憤り、党派心

あらそう（争う）

申19:17	相〜この二組の者は、主の前に
士6:31	バアルのために〜っているのか
ヨブ10:2	なぜ私と〜われるかを、知らせ

あらたまる

- ヨブ23:6　神は力強く私と〜われるだろうか
- 40:2　非難する者が全能者と〜おうと
- 詩35:1　私と〜者と〜い、私と戦う者と戦
- 103:9　主は、絶えず〜ってはおられない
- 箴25:9　隣人と〜っても、他人の秘密を漏
- 28:4　おしえを守る者は彼らと〜
- 伝6:10　力のある者と〜ことはできない
- イザ41:11　あなたと〜者たちは、無いもの
- 49:25　あなたの〜者とわたしは〜い
- エレ2:9　また、あなたがたの子孫と〜
- ホセ12:3　彼はその力で神と〜った
- マタ12:19　〜こともなく、叫ぶこともせず
- ルカ11:17　家にしても、内輪で〜えばつぶ

あらたまる（改まる；改める）　〜れます

- エレ7:3　行いと、わざとを〜めよ
- 26:13　あなたがたの行いとわざを〜
- マタ19:28　世が〜って人の子がその栄光

あらぬの（荒布）

- Ⅰ列20:32　腰に〜を巻き、首になわをかけ
- 21:27　身に〜をまとい、断食をし、〜を
- Ⅱ列19:1　衣を裂き、〜を身にまとって
- エス4:1　〜をまとい、灰をかぶり、大声
- 詩35:13　病のとき、私の着物は〜だった
- 69:11　私が〜を自分の着物としたとき
- イザ20:2　行って、あなたの腰の〜を解き
- 37:1　〜を身にまとって、主の宮に
- ヨナ3:5　身分の高い者から低い者まで〜を着た
- ルカ10:13　彼らはとうの昔に〜をまとい

あらの（荒野）

- 民26:65　「彼らは必ず〜で死ぬ」と言われ
- 申8:15　あの大きな恐ろしい〜、水のない
- Ⅰサム23:14　ダビデは〜や要害に宿ったり
- 詩95:8　〜のマサでの日のように、あな た
- 107:4　彼らは〜や荒れ地をさまよい
- 雅3:6　煙の柱のように〜から上って来る
- 8:5　〜から上って来るひとはだれ
- イザ35:1　〜と砂漠は楽しみ、荒地は喜び
- 35:6　〜に水がわき出し、荒地に川が
- 40:3　〜に呼ばわる者の声がする
- 41:18　〜を水のある沢とし、砂漠の地を
- 43:19　わたしは〜に道を、荒地に川を
- 51:3　その〜をエデンのようにし、その
- 64:10　あなたの聖なる町々は〜となって
- エレ2:6　〜の荒れた穴だらけの地、砂漠
- 哀5:9　〜に剣があるために、いのちがけ
- エゼ20:10　彼らを連れ出し、〜に導き入れ
- ホセ2:14　彼女をくどいて〜に連れて行き
- マタ3:1　ユダヤの〜で教えを宣べて
- 4:1　御霊に導かれて〜に上って行かれ
- ルカ4:1　そして御霊に導かれて〜におり
- 7:24　何を見に〜に出て行ったのですか
- 使7:42　あなたがたは〜にいた四十年間
- Ⅰコリ10:5　みこころにかなわず、〜で滅ぼされ

あらわす（現す）

- 申29:1　しかし、〜されたことは、永遠に
- ヨブ12:22　やみの中から秘密を〜にして、暗黒
- マタ11:25　幼子たちに〜してくださいま

- マコ16:9　マリヤにご自分を〜された
- ルカ10:21　幼子たちに〜してくださいま
- 12:2　〜されないものはなく、隠され
- ヨハ12:38　主の御腕はだれに〜されました

あらわれ（現れ）

- Ⅰコリ1:7　キリストの〜を待っています
- 12:7　おのおのに御霊が〜が与えられて
- Ⅰテモ6:14　主イエス・キリストの〜の時
- Ⅱテモ4:8　主の〜を慕っている者には
- Ⅰペテ1:13　イエス・キリストの〜のとき

あらわれる（現れる）

- 創18:1　木のそばで、アブラハムに〜れた
- 26:2　主はイサクに〜れて仰せられた
- 48:3　カナンの地ルズで私に〜れ、私を
- 出3:2　すると主の使いが彼に、〜れた
- 16:10　見よ。主の栄光が雲の中に〜れた
- 民16:19　主の栄光が全会衆に〜れた
- 申31:15　主は天幕で雲の柱のうちに〜れた
- 士6:12　主の使いが彼に〜れて言った
- Ⅰサム3:21　主は再びシロで〜れた
- Ⅱ歴1:7　その夜、神がソロモンに〜れて
- 7:12　すると、主が夜ソロモンに〜れ
- イザ53:1　主の御腕は、だれに〜れたのか
- マタ10:26　おおわれているもので、〜されないものはなく
- 24:5　わたしの名を名のる者が大ぜい〜れ
- 24:30　人の子のしるしが天に〜れます
- マコ4:22　隠れているのは、必ず〜ためで
- 13:6　わたしの名を名のる者が大ぜい〜れ
- ルカ2:35　多くの人の心の思いが〜ためで
- 9:31　栄光のうちに〜れて、イエスが
- 17:30　人の子の〜日にも、全くそのとおり
- 19:11　神の国がすぐにでも〜ように
- ヨハ9:3　神のわざがこの人に〜ためです
- Ⅰコリ3:13　その日は火とともに〜れ
- Ⅱコリ5:10　キリストのさばきの座に〜れ
- コロ3:4　栄光のうちに〜れます
- Ⅱテサ1:7　天から〜ときに起こります
- ヘブ9:24　神の御前に、私たちのために〜
- Ⅰペテ4:13　キリストの栄光が〜ときにも
- Ⅰヨハ1:2　このいのちが〜れ、私たちは

あり（蟻）

- 箴6:6　なまけ者よ。〜のところへ行き
- 30:25　〜は力のない種族だが、夏のうち

ありあまる（あり余る）

- 出36:7　手持ちの材料は……ほどであっ した

ありさま（有様）

- Ⅰコリ7:31　この世の〜は過ぎ去るからで

あるく（歩く）

- 創3:8　園を〜き回られる神である主の声
- 13:17　その地を縦と横に〜き回りなさい
- ヨシ24:3　全土を〜かせ、彼の子孫を増し
- ヨブ22:14　神は天の回りを〜き回るだけだ
- 詩18:36　あなたは私を大またで〜かせる
- 48:12　シオンを巡り、その回りを〜け
- 81:13　わたしの道を〜くのだったら
- 138:7　私が苦しみの中を〜いても

- 箴1:15　彼らといっしょに道を〜いてはなら
- 伝2:14　愚かな者はやみの中を〜。しない
- イザ40:31　走ってもたゆまず、〜いても疲
- エレ10:23　〜ことも、その歩みを確かに
- ダニ3:25　火の中をなわを解かれて〜いて
- アモ3:3　ふたりの者は、仲がよくないのに、いっしょに〜だろうか
- ゼカ10:12　主の名によって、彼らは歩き回
- マラ3:14　万軍の主の前で悲しんで〜いて
- マタ9:5　『起きて〜け』と言うのと
- 14:25　イエスは湖の上を〜いて、彼らの
- 14:29　水の上を〜いてイエスのほうに行
- マコ6:48　夜中の三時ごろ、湖の上を〜いて
- 8:24　木のようですが、〜いているのが
- ルカ24:15　彼らとともに道を〜いておられ
- ヨハ5:8　床を取り上げて〜きなさい
- 6:19　イエスが湖の上を〜いて舟に近づ
- 11:9　だれでも、昼間〜けば、つまずく
- 12:35　光がある間に〜きなさい。やみの
- 使3:6　キリストの名によって、〜きなさい
- ヘブ11:37　羊ややぎの皮を着て〜き回り

あれすたれる（荒れすたれる）

- イザ24:1　見よ。主は地を〜らせ、その面

あれち（荒地）

- イザ35:6　荒野に水がわき出し、〜に川が
- 43:19　わたしは……〜に川を設ける

あれはてる（荒れ果てる）

- イザ1:7　あなたがたの国は〜てている
- エレ4:7　あなたの国を〜てさせるために
- 4:27　主はこう仰せられる。「全地は〜
- マタ23:38　あなたがたの家は〜てたままに

あわだつ

- 詩46:3　その水が立ち騒ぎ、〜っても

あわてる

- 詩31:22　私は〜てて言いました。「い
- イザ28:16　これを信じる者は、〜ことがな

あわれ（哀れ）

- 出2:6　彼女はその子を〜に思い
- ネヘ4:2　この〜なユダヤ人たちは
- Ⅰコリ15:19　すべての人の中で一番〜な者

あわれみ

- 創19:16　——主の彼に対する〜による
- Ⅰ列20:31　王たちは〜深い王である、と聞
- イザ21:13　主の〜は深いからです。人の手
- Ⅱ歴30:9　とりこにした人々の〜を受け
- エズ9:8　私たちの神、主の〜によって
- ネヘ1:11　この人の前に、〜を受けさせて
- ヨブ8:5　求め、全能者に〜を請うなら
- 20:10　彼の子らは貧民たちに〜を請い
- 詩78:38　〜深い神は、彼らの咎を赦して
- 86:15　あなたは、〜深く、情け深い神
- 103:4　恵みと〜との冠をかぶらせ
- イザ54:7　大きな〜をもって、あなたを集
- エレ42:12　わたしがあなたがたに〜を施す
- 哀3:22　主の〜は尽きないからだ
- ダニ2:18　天の神の〜を請い、ダニエルと
- ハバ3:2　〜を忘れないでください
- マタ5:7　〜深い者は幸いです。その人たち

あわれむ

マタ9:13	～は好むが、いけにえは好まない	
12:7	～は好むが、いけにえは好まない	
23:23	正義と～と誠実を、おろそかにして	
ルカ1:50	～は、主を恐れかしこむ者に	
1:72	主はわれらの父祖たちに～を施し	
6:36	あなたがたも、～深くしなさい	
10:37	その人に～をかけてやった人です	
ロマ9:23	～の器に対して、その豊かな栄光	
11:31	あなたがたの受けた～によって	
Ⅱコリ4:1	～を受けてこの務めに任じら	
エペ2:4	～豊かな神は、私たちを愛して	
ヘブ8:12	わたしは彼らの不義に～をかけ	
Ⅰヨハ3:17	～の心を閉ざすような者に	

あわれむ

出33:19	～もうと思う者を～	
申7:16	彼らを～んではならない	
Ⅱ列13:23	彼らを恵み、～み、顧みて	
Ⅱ歴36:15	ご自分の御住まいを～まれた	
ヨブ19:21	友よ。私を～め、私を～め	
詩67:1	神が私たちを～み、祝福し	
72:13	弱っている者や貧しい者を～み	
103:13	父がその子を～ように、主は	
箴14:21	貧しい者を～人は幸いだ	
イザ14:1	まことに、主はヤコブを～み	
33:2	主よ。私たちを～んでください	
49:10	彼らを～者が彼らを導き	
エレ12:15	わたしは再び彼らを～み	
31:20	わたしは彼を～まずにはいられな	
エゼ7:4	あなたを惜しまず、～まない	
8:18	わたしは惜しまず、～まない	
ヨエ2:18	愛し、ご自分の民を～まれた	
ミカ7:19	もう一度、私たちを～み	
マタ14:14	群衆を見、彼らを深く～んだ	
15:22	ダビデの子よ。私を～んでください	
20:30	主よ。私たちを～んでください	
マコ1:41	イエスは深く～み、手を伸ばし	
5:19	どんなに～んでくださったかを	
6:34	深く～み、いろいろと教え始め	
9:22	私たちを～んで、お助けくださ	
ルカ16:24	父アブラハムさま。私を～んで	
18:38	イエスさま。私を～んでください	
ロマ9:15	わたしは自分の～者を～み	
9:18	人をみこころのままに～み	
ピリ2:27	神は彼を～んでくださいました	
ユダ22	疑いを抱く人々を～み	

あんこく（暗黒）

創15:12	ひどい～の恐怖が彼を襲った	
イザ8:22	苦悩の暗やみ、～、追放された者	

あんじゅう（安住）

申3:20	あなたがたの同族に～の地を与え	
ヨシ1:15	あなたがたの同族にも～の地を	
23:1	イスラエルに～を許されて後	

あんじる（案じる）

マコ13:11	何と言おうなどと～には及び	

あんしん（安心）

士6:23	～しなさい。恐れるな。あなた	L ません

あんぜん（安全）

ヨブ24:23	神が彼に～を与える。それで	

あんそく（安息）

出16:26	～の七日目には、それは、ありま	Lせん
31:16	イスラエル人はこの～を守り	
レビ16:31	あなたがたの全き休みの～で	
25:4	七年目は、地の全き休みの～	
Ⅱサム7:1	彼に～を与えられたとき	
Ⅰ列5:4	私に～を与えてくださり	
Ⅰ歴28:2	～の家を建てる志を持っていた	
Ⅱ歴14:6	主が彼に～を与えたので	
詩95:11	決して、わたしの～に、入れな	
132:14	とこしえに、わたしの～の場所	
ヘブ3:11	彼らをわたしの～に入らせな	

あんそくにち（安息日）

出20:8	～を覚えて、これを聖なる日とせ	Lよ
レビ19:30	わたしの～を守り、	Lよ
26:2	あなたがたはわたしの～を守り	
民15:32	～に、たきぎを集めている男を	
申5:12	～を守って、これを聖なる日と	
ネヘ13:17	悪事を働いて～を汚しているの	
イザ56:2	～を守ってこれを汚さず、	Lか
58:13	あなたが～に出歩くことをやめ	
66:23	毎週の～に、すべての人が、わたしの前に礼拝に来る	
エレ17:21	気をつけて、～に荷物を運ぶな	
エゼ20:12	～を与えて……しるしとし	
44:24	わたしの～を聖別しなければ	
マタ12:1	イエスは、～に麦畑を通られた	
12:8	人の子は～の主です	
24:20	冬や～にならぬよう祈りなさい	
28:1	～が終わって、週の初めの日の	
マコ2:23	ある～のこと、イエスは麦畑の	
3:2	イエスが～にその人を直すかどう	
16:1	～が終わわったので、	Lか
ルカ4:16	いつものとおり～に会堂に	
6:1	ある～に、イエスが麦畑を通って	
6:5	人の子は、～の主です	
14:1	ある～に、食事をしようとして	
ヨハ5:10	きょうは～だ。床を取り上げて	
7:23	～にも割礼を受けるのなら	
9:14	彼の目をあけられたのは、～で	
使16:13	～に、私たちは町の門を出て	

あんないにん（案内人）

ロマ2:19, 20	盲人の～、やみの中にいる	

あんぴ（安否）

創43:27	ヨセフは彼らの～を問うて言った	L者の

い

い（胃）

Ⅰテモ5:23	～のために……少量のぶどう	

いいあてる（言い当てる）

ルカ22:64	～ててみろ。今たたいたのは	L酒を

いいあらそう（言い争う）

ホセ4:1	主はこの地に住む者と～われる	Lだれか
12:2	ヤコブを罰するためにユダと～	

いいあらわす（言い表す）

詩71:24	あなたの義を～しましょう	
ヤコ5:16	互いに罪を～し、互いのため	
Ⅰヨハ1:9	私たちが自分の罪を～なら	
黙3:5	父の御前と御使いたちの前で～	

いいかえし（言い返し；言い返す）

ヨブ11:2	ことば数が多ければ、～がないであろうか	
32:3	～ことができなかったからである	

いいがかり（言いがかり）

ルカ11:54	～をつけようと、ひそかに計っ	Lた

いいつたえ（言い伝え）

マタ15:2	なぜ長老たちの～を破るのですか	Lですか
マコ7:5	昔の人たちの～に従って歩まな	
7:8	人間の～を堅く守っている。	Lい
Ⅱテサ2:15	手紙によって教えられた～を	

いいなずけ

ルカ1:27	ヨセフという人の～で、名を	
2:5	身重になっている～の妻マリヤも	

いいひらき（言い開き）

マタ12:36	さばきの日には～をしなければ	

いいひろめる（言い広める）

マタ10:27	聞くことを屋上で～めなさい	
マコ5:20	デカポリスの地方で～め始めた	
ルカ8:39	彼は出て行って……町中に～め	
9:60	出て行って、神の国を～めなさい	

いいふらす（言いふらす）

民13:32	イスラエル人に悪く～して言った	
Ⅰサム2:24	主の民の～しているのを聞く	

いいぶん（言い分）

詩119:154	私の～を取り上げ、私を贖って	Lそのうわさ

いえ（家）

レビ27:14	自分の～を主に聖なるものとし	
申8:12	りっぱな～を建てて住み	
ヨシ24:15	私と私の～とは、主に仕える	
Ⅱサム7:11	あなたのために一つの～を造	
Ⅰ歴17:5	今日まで、～に住んだことは	
17:10	あなたのために一つの～を建てる	
28:2	安息の～を建てる志を持っていた	
詩42:4	神の～へとゆっくり歩いて行った	
52:8	神の～にあるおい茂るオリーブの	
55:14	神の～に群れといっしょに歩いて	
69:9	～を思う熱心が私を食い尽くし	
92:13	彼らは、主の～に植えられ	
127:1	主が～を建てるのでなければ	
箴9:1	知恵は自分の～を建て、七つの柱	
14:1	知恵のある女は自分の～を建て	
伝7:2	喪中の～に行くほうがよい	
マタ21:13	わたしの～は祈りの～と呼ばれ	
マコ6:10	その～にとどまっていなさい	
8:26	そこでイエスは、彼を～に帰し	
11:17	わたしの～は、すべての民の祈りの～と呼ばれる	
ルカ6:48	岩の上に土台を据えて、それか	L ～を建てた
8:39	～に帰って、神があなたにどんな	

ルカ9:4　どんな〜にはいっても、そこに
　10:7　〜から〜へと渡り歩いてはいけま
　11:17　〜にしても、内輪で争えばつぶれ
　11:21　武装して自分の〜を守っていると
　13:35　あなたがたの〜は荒れ果てたまま
　19:46　わたしの〜は、祈りの〜で
ヨハ2:16　わたしの父の〜を商売の〜とし
　19:27　この弟子は彼女を自分の〜に
使7:48　手で造った〜にはお住みになりま
　28:30　パウロは……自費で借りた〜に住
Ⅰコリ11:34　空腹な人は〜で食べなさい
　14:35　〜で自分の夫に尋ねなさい。「ら
　16:19　彼らの〜の教会が主にあって心か
Ⅰテモ3:15　神の〜とは生ける神の教会の

いえばと（家鳩）
レビ1:14　山鳩または〜のひなの中から

いおう（硫黄）
創19:24　ソドムとゴモラの上に、〜の火を
ルカ17:29　その日、火と〜が天から降っ
黙14:10　火と〜とで苦しめられる
　19:20　〜の燃えている火の池に、生きた

いがい（遺骸）
出13:19　モーセはヨセフの〜を携えて来た

いかす（生かす）
出1:17　助産婦たちは……男の子を〜して
Ⅰサム2:6　主は殺し、また〜し、よみに
詩85:6　私たちを再び〜されないのですか
　119:17　豊かにあしらい、私を〜し
　119:25　みことばのとおりに私を〜して
　119:88　恵みによって、私を〜してくださ
　119:144　悟りを与えて、私を〜して
　119:149　決めておられるように、私を〜
　　　してください
イザ57:15　へりくだった人の霊を〜し
ヨハ5:21　父が死人を〜し、いのちをお与
ロマ6:13　死者の中から〜された者として
Ⅰコリ15:22　キリストによって……〜され
　15:45　最後のアダムは、〜御霊となり
Ⅱコリ3:6　文字は殺し、御霊は〜からで
エペ2:5　私たちをキリストとともに〜し

いかずち（雷）
詩81:7　〜の隠れ場から、あなたに答え

いかだ
Ⅱ歴2:16　木材を切り、これを〜に組んで

いかり（錨）
ヘブ6:19　安全で確かな〜の役を果たし

いかり（怒り）
創27:45　兄さんの〜がおさまり、あなたが
　30:2　ヤコブはラケルに〜を燃やして
出4:14　主の〜がモーセに向かって燃え上
　32:19　モーセの〜は燃え上がった
民11:1　主はこれを聞いて〜を燃やし
　12:9　主の〜が彼らに向かって燃え上が
　22:22　彼が出かけると、神の〜が燃え上
　25:4　主の燃える〜はイスラエルから離
　32:14　神の〜をさらに増し加え
申32:21　むなしいもので、わたしの〜を燃
士8:3　そのとき彼らの〜は和らいだ

士10:7　主の〜はイスラエルに向かって燃
Ⅰサム20:30　サウルはヨナタンに〜を燃や
Ⅱサム24:1　再び主の〜が、イスラエルに
Ⅰ列15:30　主の〜を引き起したその〜に
　22:53　イスラエルの神、主の〜を引き
Ⅱ列17:17　悪を行い、主の〜を引き起こ
Ⅰ歴13:10　主の〜がウザに向かって燃え上
Ⅱ歴16:10　アサはこの予見者に対して〜を
　25:15　主はアマツヤに向かって〜を燃
エズ10:14　私たちの神の燃える〜は
ヨブ20:23　その燃える〜を彼の上に送り
詩30:5　まことに、御〜はつかの間
　69:24　あなたの燃える〜が、彼らに追い
　78:31　神の〜は彼らに向かって燃え上
　78:58　高き所を築いて神の〜を引き起
箴12:16　愚か者は自分の〜をすぐ現す
　14:29　〜をおそくする者は英知を増し
　15:18　〜をおそくする者はいさかいを静
　16:32　〜をおそくする者は勇士にまさり
　19:12　王の激しい〜は若い獅子がうなる
　27:3　愚か者の〜はそのどちらよりも重
イザ5:25　主の〜が、その民に向かって燃
　8:21　飢えて、〜に身をゆだねる
　9:21　それでも、御〜は去らず、なおも
　10:5　アッシリヤ、わたしの〜の杖
　42:25　主は、燃える〜をこれに注ぎ
　65:3　逆らってわたしの〜を引き起こし
エレ4:8　主の燃える〜が……去らない
　7:19　わたしの〜を引き起こすのか
　23:20　主の〜は……去ることはない
　25:38　主の燃える剣、主の燃える〜に
哀2:22　主の燃える〜の、のがれた者に
ダニ9:16　どうか御〜と憤りを、あなたの
ホセ5:10　激しい〜を水のように注ぐ
　8:5　わたしはこれに向かって〜を燃や
　11:9　わたしは燃える〜で罰しない
ミカ5:15　わたしは〜と憤りをもって
　7:9　私は主の激しい〜を身に受けて
ナホ1:6　だれがその燃える〜に耐えられ
ハバ3:8　激しい〜のうちにも、あわれみ
　3:8　主よ。川に〜を燃やされるのですか
ゼパ2:2　主の燃える〜が……襲わない
マタ3:7　必ず来る御〜をのがれるように
ヨハ3:36　神の〜がその上にとどまる
ロマ2:5　〜の日……神の正しいさばき
　　　の現れる日
　3:5　〜を下す神は不正なのでしょうか
　4:15　律法は〜を招くものであり、律法
エペ2:3　生まれながら御〜を受けるべき
コロ3:6　このようなことのために、神の
　　　〜が下る
Ⅰテサ1:10　やがて来る御〜から私たちを
黙6:16　小羊の〜とから……かくまってくれ
　14:19　神の激しい〜の大きな酒ぶねに投

いかる（怒る）
創38:10　彼のしたことは主を〜らせたので
レビ10:16　エルアザルとイタマルに〜って
申1:37　この私に対しても〜って言われた

申9:22　キブロテ・ハタアワでも、主を〜
　　　らせた
士2:12　それらを拝み、主を〜らせた
Ⅱサム19:42　このことでそんなに〜のか
Ⅰ列14:22　ひどい罪を犯して主を〜らせた
Ⅱ列5:11　しかしナアマンは〜って去り
エズ5:12　先祖が、天の神を〜らせたので
ヨブ16:9　神は〜って私を引き裂き、私を
詩37:8　〜ことをやめ、憤りを捨てよ
　60:1　〜って、私たちから顔をそむけ
　103:8　〜のにおそく、恵み豊かである
　106:32　メリバの水のほとりで主を〜らせ
箴14:16　愚かな者は〜りやすくて自信が
　　　強い
　19:3　その心は主に向かって激しく〜
イザ34:2　主がすべての国に向かって〜り
エレ3:5　いつまでも〜られるのですか
ヨナ4:2　〜のにおそく、恵み豊かであり
　4:4　あなたは当然のことのように〜
ナホ1:3　主は〜のにおそく、力強い
ゼカ1:2　先祖たちを激しく〜られた
マコ3:5　イエスは〜って彼らを見回し
ロマ10:19　無知な国民のことで……〜らせ
エペ4:26　〜っても、罪を犯してはなりま
Ⅰテモ6:4　〜ったり言い争ったりする
黙11:18　諸国の民は〜りました。しかし

いき（息）
創2:7　その鼻にいのちの〜を吹き込まれ
出23:12　在留異国人に〜をつかせるためで
ヨブ26:13　その〜によって天は晴れ渡り
　32:8　全能者の〜が人に悟りを与える
詩144:4　人はただ〜に似て、その日々は過
　150:6　〜のあるものはみな、主をほめ
伝3:19　両方とも同じ〜を持っている
イザ11:4　くちびるの〜で悪者を殺す
エゼ37:5　おまえたちの中に〜を吹き入れ
　37:9　主は仰せられた。「〜に預言せよ
マタ27:50　大声で叫んで、〜を引き取られ
マコ15:37　大声をあげて〜を引き取られた
黙13:15　その獣の像に〜を吹き込んで

いきかえる（生き返る）
Ⅰ列17:22　いのちはその子のうちに返り
　　　その子は〜った
Ⅱ列8:1　子どもを〜らせてやったあの女
　13:21　骨に触れるや、その人は〜った
ネヘ4:2　ちりあくたの山から〜らせよう
詩19:7　みおしえは……たましいを〜らせ
　23:3　主は私のたましいを〜らせ、御名
　85:4　どうか、私たちを〜らせて
箴25:13　彼は主人の心を〜らせる
イザ26:19　あなたの死人は〜り、私のなき
　　　がらは
エゼ37:3　これらの骨は〜ことができよう
ホセ6:2　主は二日の後、私たちを〜らせ
　14:7　穀物のように〜り、ぶどうの木の
マタ9:18　そうすれば娘は〜ります
ルカ15:24　息子は、死んでいたのが〜り
黙20:4　〜って、キリストとともに、千年

いきかた（生き方）
エレ17:10　それぞれその～により……報い
Ⅱペテ3:11　聖い～をする敬虔な人でなけ

いきどおり（憤り；憤る）
しなければならない
申9:19　激しい～を私が恐れたからだった
Ⅱ列22:13　燃え上がった主の～は激しい
エス3:5　ハマンは……に満たされた
詩76:10　～までもが、あなたをほめたたえ
箴22:14　主の～に触れた者がそこに落ち込
イザ51:22　～の大杯を……飲むことはない
エゼ21:17　打ち鳴らし、わたしの～を静め
ナホ1:6　だれがその～の前に立ちえよう
マコ10:14　イエスは……って、彼らに言
ヨハ11:38　心のうちに～を覚えながら
エペ4:26　日が暮れるまで～ったままで
ヘブ3:10　わたしは……の時代を～って言
しのえぞう時代を

いきながらえる（生きながらえる）
ヨシ14:10　私を～えさせてくださいました
エレ49:11　わたしが彼らを～えさせる

いきのこる（生き残る）
哀2:22　のがれた者も～った者もいません
黙11:13　～った人々は、恐怖に満たされ

いきもの（生き物；生きもの）
創1:20　水には～が群がれ
2:7　そこで人は～となった
レビ11:2　あなたがたが食べてもよい～は
エゼ10:17　～の霊が輪の中にあったからで
黙4:6　前もうしろも目で満ちた四つの～

いきりたつ
イザ37:28　あなたがわたしに向かって～の

いきる（生きる）
出33:20　なお～きていることはできない
レビ18:5　行う人は、それによって～
民16:48　死んだ者たちと～きている者たち
21:9　青銅の蛇を仰ぎ見ると、～きた
申4:1　そうすれば、あなたがたは～き
4:4　あなたがたはみな……～きている
5:24　神が人に語られても、人が～こと
5:33　あなたがたが～き、しあわせに
8:1　あなたがたは～き、その数はふえ
8:3　人はパンだけで～のではない
16:20　そうすれば、あなたは～き
33:25　あなたの～かぎり続くように
Ⅱサム15:21　～ためでも、死ぬためでも
ヨブ19:25　私を贖う方は～きておられ
詩89:47　私がどれだけ長く～かを。あなた
138:7　あなたは私を～かしてくださいま
146:2　～きているかぎり、主をほめたた
箴4:4　私の命令を守って、～きよ。しえ
9:6　わきまえのないことを捨てて、～
しきなさい
伝2:17　私は～きていることを憎んだ
9:5　～きている者が自分が死ぬことを
イザ8:19　～きている者のために、死人に
38:19　～きている者、ただ～きている者
55:3　聞け、そうすれば……
エレ27:12　彼とその民に仕えて～きよ
エゼ16:6　くり返して、『～きよ』と言った

エゼ18:9　こういう人が正しい人で、必ず～
18:22　正しいことのために、彼は～
33:19　正義とを行うなら……彼は～
ホセ6:2　私たちは、御前に～のだ
アモ5:14　そうすれば、あなたがたは～き
ハバ2:4　正しい人はその信仰によって～
マタ4:4　人はパンだけで～のではなく
22:32　神は……きている者の神です
マコ12:27　神は……きている者の神です
ルカ4:4　人はパンだけで～のではない
20:38　神に対しては、みなが～きている
24:5　なぜ～きている方を死人の中で捜
ヨハ6:58　このパンを食べる者は永遠に～
しきます
14:19　わたしが～ので、あなたがたも～
21:22　彼が～きながらえるのを……望む
使17:28　神の中に～き、動き、また存在し
25:19　イエスが～きていると……主張し
ロマ6:11　イエスにあって～きた者だと
8:10　霊が、義のゆえに～きています
8:13　からだの行いを殺すなら……
10:5　その義によって～、と書いていま
14:7　自分のために～きている者はなく
14:9　キリストは……死んで、また～き
しられたのです。なった
Ⅰコリ15:45　最初の人アダムは～きた者と
ガラ2:20　私が肉にあって～きているのは
3:11　「義人は信仰によって～」
5:25　私たちが御霊によって～のなら
ピリ1:21　～ことはキリスト、死ぬことも
Ⅱテモ2:11　彼とともに～ようになる
黙1:18　～きている者である。わたしは死

いく（行く）
しんだが
出5:1　民を～かせ、荒野でわたしのため
9:13　民を～かせ、彼らをわたしに仕え
マタ28:19　～って、あらゆる国の人々を
ルカ7:8　『～け』と言えば～きますし
ヨハ6:68　だれのところに～きましょう

いくさぐるま（いくさ車；戦車）
詩20:7　ある者は～を誇り、ある者は馬を
68:17　神の～は幾千万と数知れず
ハバ3:8　あなたの救いの～に乗って来ら

いくさびと
出15:3　主は～。その御名は主

いくせい（育成）
使20:32　みことばは、あなたがたを～し

いけ（池）
ヨハ5:2　ベテスダと呼ばれる～があって
9:7　シロアムの～で洗いなさい
黙19:20　硫黄の燃えている火の～に
20:10　悪魔は火と硫黄との～に投げ込ま

いけにえ
しれた
出3:18　主に～をささげさせてください
Ⅰサム15:22　聞き従うことは、～にまさり
Ⅰ歴29:21　主に～をささげ、全焼の～を
詩40:6　～や穀物のささげ物をお喜びにな
51:16　あなたは～を喜ばれません
51:17　神への～は、砕かれた霊

箴15:8　悪者の～は主に忌みきらわれる
21:3　～にまさって主に喜ばれる
21:27　悪者の～は主に忌みきらわれる
伝9:2　～をささげる人にも、～をささげ
しない人にも
イザ1:11　あなたがたの多くの～は
エレ6:20　あなたがたの～はわたしを喜ば
17:26　感謝の～を携えて来、～せない
ダニ9:27　半週の間、～とささげ物とを
ホセ6:6　誠実を喜ぶが、～は喜ばない
マラ1:8　盲目の獣を～にささげるが、「い
マタ9:13　あわれみは好むが、～は好まな
12:7　あわれみは好むが、～は好まな
ヘブ9:26　ご自身を～として罪を取り除く
10:12　一つの永遠の～をささげて後

いける（生ける）
ヨシ3:10　～神があなたのうちにおられ
Ⅰサム17:36　～神の陣をなぶったのです
Ⅱ列19:4　～神をそしるために彼を遣わし
詩27:13　～者の地で主のいつくしみを見る
42:2　神を、～神を求めて渇いています
エレ10:10　主は……～神、とこしえの王
ダニ6:26　この方こそ～神。永遠に堅く
ホセ1:10　あなたがたは～神の子らだ
ヨハ4:10　～の水をあなたに与え
6:51　天から下って来た～パンです
6:57　～父がわたしを遣わし、わたし
Ⅰテサ1:9　～まことの神に仕えるように
Ⅰテモ4:10　～神に望みを置いているから
ヘブ3:12　～神から離れる者がないように

いげん（威厳）
創49:3　すぐれた～とすぐれた力のある者
ヨブ13:11　～はあなたがたを震え上が
31:23　その～のゆえに、私は何もするこ
イザ33:21　～のある主が私たちとともに

いげん（異言）
使19:6　彼らは～を語ったり、預言をしたり
Ⅰコリ12:10　ある人には～、ある人には～
しを解き明かす力
13:1　人の～や、御使いの～で話しても
14:2　～を話す者は、人に話すのではな
14:22　～は信者のためのしるしではなく
14:39　～を話すことも禁じてはいけませ

いこい
しん
詩23:2　～の水のほとりに伴われます
116:7　おまえの安き～に戻れ
イザ66:1　わたしの～の場は……どこに
エレ6:16　あなたがたの～を見いだせ
ロマ15:32　ともに～を得ることができます

いこう
しように
ヨブ3:17　かしこでは、力のなえた者は～い
イザ11:10　彼の～所は栄光に輝く
哀1:3　彼女は……～こともできない

いこう（威光）
詩8:1　あなたのご～は天でたたえられ
ダニ4:30　また、私の～を輝かすために
4:36　私の～も輝きも私に戻って来た
ミカ5:4　主の御名の～によって群れを飼

いこく（異国）
- 創23:4　私はあなたがたの中に居留してい
- Ⅰ歴29:15　あなたの前では～人であり
- ヨブ31:32　～人は外で夜を過ごさず、私は
- 詩137:4　～の地にあって主の歌を歌えよう
- Ⅰコリ14:11　それを話す人にとって～人で

いさかい
- 箴19:13　妻の～は、したたり続ける雨漏り

いさめる
- マタ16:22　イエスを引き寄せて、～め始め
- マコ8:32　わきにお連れして、～め始めた

いし（石）
- 出28:11　子らの名を、その二つの～に彫り
- レビ24:14　全会衆はその者に、～を投げて殺
- 民14:10　彼らを～で打ち殺そうと言い出し
- 15:36　連れ出し、彼を～で打ち殺した
- 申10:1　前のような～の板を二枚切って作
- 21:21　町の人はみな、彼を～で打ちなさ
- ヨシ4:6　これらの～は……どういうもの
- 7:25　全イスラエルは彼を～で打ち殺し
- 24:26　大きな～を取って……それを立て
- Ⅰサム7:12　そこでサムエルは一つの～を
取り
- 17:40　川から五つのなめらかな～を選ん
できて……～投げを手に
- 30:6　ダビデを～で打ち殺そうと言いだ
- 詩118:22　家を建てる者たちの捨てた～
- 箴27:3　～は重く、砂も重い。しかし愚か
- イザ28:16　一つの～を礎として据える
- エレ2:27　～に向かっては……と言って
- エゼ11:19　彼らのからだから～の心を取り
- 20:32　木や～を拝んでいる異邦の民
- ダニ2:34　一つの～が人手によらずに切り
- 2:35　その像を打った～は大きな山と
- ハバ2:11　～は～垣から叫び、梁は家から
- マタ3:9　神は、この～ころからでも
- 4:3　この～がパンになるように、命じ
- 7:9　だれが～を与えるでしょう
- 21:42　家を建てる者の見捨てた～
- 21:44　この～の上に落ちる者は、粉々に
- 23:37　自分に遣わされた人たちを～で打
- 24:2　～がくずされずに、積まれたまま
- 27:66　～に封印をし、番兵を墓の番をし
- マコ12:10　家を建てる者たちの見捨てた～
- 13:2　～がくずされずに、積まれたまま
- 16:4　その～がすでにころがしてあった
- ルカ3:8　神は、こんな～ころからでも
- 4:3　～に、パンになれと言いつけ
- 19:40　この人たちが黙れば、～が叫び
- 20:17　家を建てる者たちの見捨てた～
- 21:6　～がくずされずに積まれたまま残
- 24:2　～が墓わきからころがしてあっ
- ヨハ8:5　こういう女を～打ちにするよう
- 8:59　～を取ってイエスに投げつけよう
- 10:31　イエスを～打ちにしようとして
- 11:39　「その～を取りのけなさい。」
- 使4:11　捨てられた～が、礎と　なった
- 使19:27　全世界の拝むこの大女神のご～も
「～る～人ですが
- 使7:58　外に追い出して、～で打ち殺した
- Ⅱコリ3:3　～の板にではなく、人の心の
- 11:25　～で打たれたことが一度、難船し

いしずえ（礎）
- エズ3:6　主の神殿の～はまだ据えられて
- 3:11　主の宮の～が据えられたので、民
- 詩118:22　捨てた石。それが～の石になった
- イザ28:16　シオンに一つの石を～として据
- ハガ2:18　主の神殿の～が据えられた日
- ルカ20:17　見捨てた石、それが～の石と
- Ⅱテモ2:19　神の不動の～は堅く置かれて
- Ⅰペテ2:7　捨てた石、それが～の石とな

いしゃ（医者）
- 創50:2　ヨセフは彼のしもべである～たち
- ヨブ13:4　あなたがたはみな、能なしの～
- エレ8:22　～はそこにいないのか
- マタ9:12　～を必要とするのは……病人です
- マコ2:17　～を必要とするのは……病人で
- 5:26　多くの～からひどい目に会わされ
- ルカ4:23　『～よ。自分を直せ』という
- 5:31　～を必要とするのは……病人です
- コロ4:14　愛する～ルカ、それにデマスが

いしょく（衣食）
- Ⅰテモ6:8　～があれば、それで満足すべ

いずみ（泉）
- ヨシ15:19　水の～を私に下さい
- 詩36:9　いのちの～はあなたにあり
- 104:10　主は～を谷に送り、山々の間を流
- 箴14:27　主を恐れることはいのちの～
- 16:22　思慮を持つ者にはいのちが～と
- 18:4　知恵の～はわいて流れる川のよう
- 25:26　きたなくなった～、荒らされた井戸
- 伝12:6　水がめは～のかたわらで砕かれ
- 雅4:12　私の妹、花嫁は……封じられた～
- イザ12:3　救いの～から水を汲む
- エレ2:13　湧き水の～であるわたしを捨て
- 9:1　私の目が涙の～であったなら
- 17:13　いのちの水の～、主を捨てたから
- ホセ13:15　水源はかれ、その～は干上がる
- ヨエ3:1　主の宮から～が出て
- ゼカ13:1　罪と汚れをきよめる一つの～が
- ヤコ3:11　～が甘い水と苦い水を同じ穴
- Ⅱペテ2:17　この人たちは、水のない～
- 黙21:6　いのちの水の～から、価なしに飲

いそぐ（急ぐ）
- 創19:22　～いでそこへのがれなさい
- 詩38:22　～いで私を助けてください。主よ
- 70:1　主よ。～いで私を助けてください
- 141:1　～のところに～いでください

いた（板）
- 出31:18　あかしの～二枚、すなわち、神の
- 34:1　前と同じような二枚の石の～を
- 申5:22　石の～に書いて、私に授けられた
- 9:10　石の～二枚を私に授けられた
- イザ8:1　一つの大きな～を取り、その上

いたい（遺体）
- 創50:25　私の～をここから携え上ってくだ
- マコ6:29　引き取り、墓に納めたのであ

いだい（偉大）
- 申3:24　あなたの～さと……力強い御手と
- 詩145:3　～さを測り知ることができません
- 147:5　われらの主は～であり、力に富み
- 150:2　そのすぐれた～さのゆえに、神を
- 伝2:9　だれよりも～な者となった
- エゼ31:2　あなたの～さは何に比べられよ
- ダニ4:22　あなたの～さは増し加わって
- マラ1:5　主はイスラエルの地境を越えて
～な方だ
- マタ5:19　天の御国で、～な者と呼ばれます

いだく（抱く）
- エレ31:22　ひとりの女がひとりの男を「～こう
- ガラ5:5　義をいただく望みを熱心に～い

いたずら
- ヨブ1:9　ヨブは～に神を恐れましょうか

いただき（頂）
- ルカ4:9　神殿の～に立たせて、こう言った

いたみ（痛み；痛む）
- 出3:7　わたしは彼らの～を知っている
- Ⅰサム1:10　ハンナの心は～んでいた
- Ⅱ歴34:27　心を～め、神の前にへりくだり
- ヨブ14:22　ただ、彼は自分の肉の～を覚え
- 詩16:4　ほかの神へ走った者の～は増し加
- 32:10　悪者には心の～が多い。しかし
- 39:2　それで私の～は激しくなった
- 伝11:10　あなたの肉体から～を取り去れ
- イザ13:8　苦しみと、ひどい～が彼らを襲
- 53:4　病を負い、私たちの～をになった
- 63:10　主の聖なる御霊を～ませたので
- エレ30:15　あなたの～は直らないのか
- 哀1:12　このような～がほかにあるかどう
- ホセ13:13　子を産む女のひどい～が彼を襲
- マコ5:29　ひどい～が直ったことを
- ロマ9:2　私の心には絶えず～があります

いたむ
- イザ42:3　彼は～んだ葦を折ることもなく
- ルカ12:33　しみも～めることがありません

いたわる
- Ⅰコリ12:25　各部分が互いに～り合うため

いちじ（一時）
- Ⅱコリ4:18　見えるものは～的であり

いちじく
- 創3:7　彼らは、～の葉をつづり合わせて
- 雅2:13　～の木は実をならせ、ぶどうの木
- イザ34:4　～の木から葉が枯れ落ちるよう
- 38:21　干し～を持って来させ、腫物の上
- エレ8:13　～の木には、～がなく、葉は
- 24:1　主の宮の前に、二かごの～が置か
- ヨエ1:7　わたしの～の木を引き裂き
- ミカ4:4　～の木の下にすわり、彼らを脅
- ハバ3:17　そのとき、～の木は花を咲かせず
- マタ21:19　たちまち～の木は枯れた
- マコ11:13　葉の茂った～の木が遠くに見え
- 11:21　のろわれた～の木が枯れました
- 13:28　～の木から、たとえを学びなさい
- ルカ13:6　ぶどう園に～の木を植えてお
- 21:29　～の木や、すべての木を見なさい

いちじくぐわ（いちじく桑）

ヨハ1:48 あなたが〜の木の下にいるのを
ヤコ3:12 〜の木がオリーブの実をならせ

いちじくぐわ（いちじく桑）
アモ7:14 牧者であり、〜の木を栽培して
ルカ19:4 前方に走り出て、〜の木に登った

いちば（市場）
ルカ7:32 〜にすわって、互いに呼びかけ
Ⅰコリ10:25 〜に売っている肉は、良心の

いっかく（一画）
マタ5:18 律法の中の一点〜でも決して
ルカ16:17 しかし律法の〜が落ちるよりも

いつくしみ
詩23:6 〜と恵みとが、私を追って来るで
25:8 主は〜深く、正しくあられる
31:19 あなたの〜は、なんと大きいこと
エレ16:5 〜と、あわれみとを取り去った
16:13 あなたがたに、〜を施さない
ロマ11:22 神の〜ときびしさを
テト3:4 救い主なる神の〜と人への愛と
Ⅰペテ2:3 主が〜深い方であることを味

いつくしむ
申13:17 あわれみを施し、あなたを〜み
マコ10:21 イエスは……その人を〜んで言
わって

いっしょう（一生）
Ⅰテモ2:2 平安で静かな〜を過ごすため

いったい（一体）
創2:24 妻と結び合い、ふたりは〜となる

いっち（一致）
マコ14:56 偽証をした者は多かったが、〜しなかった
Ⅱコリ6:16 神の宮と偶像とに、何の〜が
エペ4:3 御霊の〜を熱心に保ちなさい
4:13 信仰の〜と神の御子に関する知識
ピリ2:2 〜を保ち、同じ愛の心を持ち
4:2 あなたがたは、主にあって〜して

いっぺんする（一変する）
エス9:1 望んでいたのに、それが〜して

いつわり（偽り；偽る）
民23:19 神は人間ではなく、〜を言うこと
ヨブ13:4 あなたがたは〜ででっちあげる
詩31:18 〜のくちびるを封じてください
62:4 彼らは〜を好み、口では祝福し
69:4 〜者の私の敵は強いのです
109:2 〜の舌をもって、私に語ったから
119:29 私から〜の道を取り除いてくださ
119:69 私を〜で塗り固めましたが、
119:104 私は〜の道をことごとく憎みま
119:163 私は〜を憎み、忌みきらい
箴6:17 高ぶる目、〜の舌、罪のない者の
12:22 〜のくちびるは主に忌みきらわれ
イザ2:8 その国は〜で満ち
2:18 〜の神々は消えうせる
19:3 〜の神々や死霊、霊媒や口寄せに
41:29 見よ。彼らはみな、〜を言い
59:3 あなたがたのくちびるは〜を語り
エレ14:14 占いと、自分の心の〜ごとを
27:10 あなたがたに〜を預言している
51:17 その鋳た像は〜で、その中に息
ヨハ1:47 彼のうちに〜がない

いと（糸）
伝4:12 三つ撚りの〜は簡単には切れない

いど（井戸）
創21:19 彼女は〜を見つけた。それで
21:25 〜のことでアビメレクに抗議した
24:11 〜のところに、らくだを伏させた
26:22 イサクは……ほかの〜を掘った
民21:17 わきいでよ。〜。——このために
Ⅱサム23:15 ベツレヘムの門にある〜の水
雅4:15 庭の泉、湧き水の〜、レバノン
エレ6:7 〜が水をわき出させるように
ルカ14:5 自分の息子や牛が〜に落ちたのに
ヨハ4:6 そこにはヤコブの〜があった

いとう
ヨブ10:1 私は自分のいのちを〜
エゼ6:9 その悪をみずから〜ようになる
36:31 忌みきらうべきわざを〜ように

いとたかきかた（いと高き方）
詩83:18 全地の上にいます〜であることを

いとなみ（営み）
伝8:6 すべての〜には時とさばきがある

いとまごい
ルカ9:61 家の者に〜に帰らせてください

いなご
出10:4 あす、〜をあなたの領土に送る
レビ11:22 〜の類、毛のない〜の類
民13:33 私たちには自分が〜のように見え
士6:5 〜の大群のようにしてやって来た
詩105:34 主が命じられると、〜が来た
箴30:27 〜には王はないが、みな隊を組ん
イザ40:22 地の住民は〜のようだ。
ヨエ1:4 かみつく〜が残した者は、〜が
アモ7:1 主は〜を造っておられた。食い
ナホ3:17 役人たちは、群がる〜のように
マタ3:4 その食べ物は〜と野蜜であった
マコ1:6 ヨハネは……〜と野蜜を食べて
黙9:3 煙の中から、〜が地上に出て来た

いなごまめ（いなご豆）
ルカ15:16 豚の食べる〜で腹を満たしたい

いなずま
詩18:14 すさまじい〜で彼らをかき乱され
マタ24:27 〜が東から出て、西にひらめく
ルカ17:24 〜が、ひらめいて、天の端から

いなむ（否む）
ヨブ31:28 私が上なる神を〜んだためだ
箴30:9 私が食べ飽きて、あなたを〜み
Ⅱテモ2:12 〜んだなら……まれる

いぬ（犬）
Ⅱサム9:8 この死んだ〜のような私を
Ⅰ列21:19 その〜どもがまた、あなたの血
Ⅱ列8:13 しもべは〜にすぎない
詩59:6 〜のようにほえ、町をうろつき回
箴26:17 通りすがりの〜の耳をつかむ者
伝9:4 生きている〜は死んだ獅子にまさる
イザ56:10 口のきけない〜で、ほえる
　　　　　　こともできず
マタ7:6 聖なるものを〜に与えてはいけ
ルカ16:21 〜もやって来ては、彼のおでき
ピリ3:2 どうか〜に気をつけてください
Ⅱペテ2:22 〜は自分の吐いた物に戻る

いぬく（射ぬく）
詩11:2 心の直ぐな人を〜こうとしている

いのち
創1:30 〜の息のあるもののために
2:9 〜の木、それから善悪の知識の木
レビ17:11 肉の〜は血の中にあるからで
申30:15 あなたの前に〜と幸い、死と
30:20 確かに主はあなたの〜であり
Ⅰサム25:29 〜は……〜の袋にしまわれて
Ⅰ列20:42 あなたの〜は彼の〜の代わりと
ヨブ2:6 ただ彼の〜にはただ触れるな
7:7 私の〜はただ息であることを
33:4 全能者の息が私に〜を与える
33:30 引き戻し、〜の光で照らされる
詩16:11 あなたは私に、〜の道を知らせて
34:12 〜を喜びとし、しあわせを見よう
36:9 〜の泉はあなたにあり、私たちは
56:13 私の〜を死から……救い出して
63:3 あなたの恵みは、〜にもまさる
66:9 神は、私たちを、〜のうちに保ち
69:28 彼らが〜の書から消し去られ
94:21 正しい者の〜を求めて共に集まり
133:3 とこしえの〜の祝福を命じられた
箴3:22 あなたのたましいの〜となり
4:13 見守れ。それはあなたの〜だから
4:22 見いだす者には、それは〜となり
4:23 見守れ。〜の泉はこれからわく
8:35 〜を見いだし、主から恵みを
12:28 正義の道には〜がある。その道筋
13:12 望みがかなうことは、〜の木
14:27 主を恐れることは〜の泉
15:4 穏やかな舌は〜の木。偽りの舌は
伝4:2 〜があって生きながらえている人
イザ4:3 〜の書にしるされた者である
エレ8:3 〜よりも死を選ぶようになる
17:13 〜の水の泉、主を捨てたからだ
21:8 〜の道と死の道を置く
30:21 わたしに近づくために〜をかける
51:6 逃げ、それぞれ自分の〜を救え
エゼ3:21 あなたも自分の〜を救うことに
18:4 見よ。すべての〜はわたしのもの
ヨナ4:3 どうぞ、私の〜を取ってくださ
マタ6:27 〜を少しでも延ばすことができ
7:14 〜に至る門は小さく、その道は狭
10:39 わたしのために自分の〜を失った

いのり

マタ25:46	正しい人たちは永遠の〜に入る	
マコ8:35	〜を救おうと思う者はそれを失	
8:36	全世界を得ても、〜を損じたら	
10:30	後の世では永遠の〜を受けます	
ルカ9:24	自分の〜を救おうと思う者は	
10:25	永遠の〜を自分のものとして受け	
10:28	実行しなさい。……〜を得ます	
12:22	何を食べようかと心配	
12:25	自分の〜を少しでも延ばすことが	
18:18	永遠の〜を自分のものとして受け	
21:19	忍耐によって、自分の〜を勝ち取	
ヨハ1:4	この方に〜があった。この〜は	
	人の光であった	
3:36	御子を信じる者は永遠の〜を持つ	
4:14	永遠の〜への水がわき出ます	
6:68	永遠の〜のことばを持っておられ	
10:15	羊のためにわたしの〜を捨て	
10:28	わたしは彼らに永遠の〜を与え	
11:25	わたしは、よみがえりです。〜です	
14:6	道であり、真理であり、〜	
17:3	その永遠の〜とは、彼らが唯一の	
20:31	イエスの御名によって〜を得るた	
使5:20	人々にこの〜のことばを、し、め	
15:26	御名のために、〜を投げ出した人	
20:24	〜は少しも惜しいとは思いません	
ロマ6:23	イエスにある永遠の〜です	
8:38	死も、〜も、御使いも、権威ある	
16:4	〜の危険を冒して私の〜を守って	
Ⅱコリ2:16	〜から出て〜に至らせるかおり	
4:10	イエスの〜が……示されるため	
4:12	〜はあなたがたのうちに働く	
ピリ2:16	〜のことばをしっかり握って	
コロ3:4	あなたがたの〜は、キリスト	
ヘブ7:16	朽ちることのない、〜の力	
Ⅰペテ3:10	〜を愛し、幸いな日々を過ご	
Ⅰヨハ3:14	自分が死から〜に移ったこと	
3:16	ご自分の〜をお捨てになりました	
黙2:7	パラダイスにある〜の木の実を食	
3:5	彼の名を〜の書から消すような	
11:11	神から出た〜の息が、彼らに入り	
12:11	死に至るまでも〜を惜しまなか	
13:8	ほふられた小羊の〜の書に、世の	
18:13	それに馬、車、奴隷、また人の〜	
21:6	渇く者には、〜の水の泉から	
21:27	小羊の〜の書に名が書いてある者	
22:17	〜の水がほしい者は、それをただ	

いのり (祈り)

Ⅱサム24:25	主が、この国の〜に心を動か	
Ⅱ歴6:19	しもべの〜と願いに御顔を向け	
30:27	彼らの〜は、主の聖なる御住まい	
32:20	このことのゆえに、〜をささげ	
ヨブ16:17	暴虐がなく、私の〜はきよい	
詩6:9	主は私の〜を受け入れられる	
35:13	私の〜は私の胸を行き来していた	
42:8	私のいのち、神への、〜が	
55:1	神よ。私の〜を耳に入れ、私の切	
65:2	〜を聞かれる方よ。みもとに	
102:17	窮した者の〜を顧み、彼らの〜を	
詩141:2	私の〜が、御前への香として	
箴15:8	正しい者の〜は主に喜ばれる	
15:29	主は……正しい者の〜を聞かれる	
イザ37:4	残りの者のため、〜をささげて	
56:7	すべての民の〜の家と呼ばれる	
哀3:8	主は私の〜を聞き入れず	
3:44	私たちの〜をさえぎり	
マタ21:13	わたしの家は〜の家と呼ばれる	
23:14	見えを飾るために長い〜をしています	
26:44	くり返して三度目の〜をされた	
マコ9:29	この種のものは、〜によらなけ	
11:17	すべての民の〜の家と呼ばれる	
12:40	見えを飾るために長い〜をします	
ルカ5:33	断食をしており、〜もしてい	
11:1	私たちにも〜を教えてください	
18:11	立って、心の中でこんな〜をした	
19:46	わたしの家は、〜の家でなければ	
20:47	見えを飾るために長い〜をします	
使1:14	心を合わせ、〜に専念していた	
3:1	午後三時の〜の時間に宮に上って	
6:4	もっぱら〜とみことばの奉仕に励	
10:4	あなたの〜と施しは神の前に	
10:30	家で午後三時の〜をしていますと	
13:3	そこで彼らは、断食と〜をして	
16:13	〜場があると思われた川岸に行き	
ロマ1:10	いつも〜のたびごとに、「い	
12:12	患難に耐え、絶えず〜に励みなさ	
Ⅰコリ7:5	〜に専心するために、合意の	
Ⅱコリ1:11	〜によって、私たちを助けて	
エペ6:18	すべての〜と願いを用いて	
ピリ4:6	感謝をもってささげる〜と願い	
コロ4:12	あなたがたのために、〜に励んで	
Ⅰテモ2:1	絶えず神に願いと〜をささげなさ	
Ⅱテモ1:3	夜昼、〜の中であなたのこと	
ヘブ5:7	涙をもって〜と願いをささげ	
ヤコ5:16	義人の〜は働くと、大きな力が	
Ⅰペテ3:7	〜が妨げられないためです	
4:7	〜のために、心を整え身を慎み	
黙5:8	この香は聖徒たちの〜である	

いのる (祈る)

創4:26	主の御名によって〜ことを始めた	
12:8	築き、主の御名によって〜った	
13:4	アブラムは、主の御名によって〜った	
20:17	アブラハムは神に〜った。「れ	
出8:8	かえるを……除くように、主に〜	
民11:2	モーセが主に〜と、その火は消え	
申9:26	私は主に〜って言った。「いた	
Ⅰサム1:10	彼女は主に〜って、激しく泣	
1:27	この子のために、私は〜った	
8:6	そこでサムエルは主に〜った	
12:19	しもべどものために……主に〜り	
12:23	あなたがたのために〜のをやめて	
Ⅱサム7:27	この祈りをあなたに〜勇気が	
Ⅰ列8:33	この宮で、あなたに〜願った	
Ⅰ列4:33	ふたりだけになって、主に〜った	
6:17	エリシャは〜って願った	
19:15	ヒゼキヤは主の前で〜って言った	
Ⅱ列20:2	顔を壁に向けて、主に〜って	
Ⅰ歴17:25	このしもべは、御前に〜りえた	
Ⅱ歴33:13	〜ったので、神は彼の願いを聞	
ネヘ1:4	断食して天の神の前に〜って	
4:9	私たちは神に〜り、彼らに備えて	
ヨブ15:4	神に〜ことをやめている	
33:26	神に〜ると、彼は受け入れられる	
42:8	ヨブはあなたがたのために〜ろう	
42:10	その友人たちのために〜ったとき	
詩72:15	彼のためにいつも彼らは〜り	
109:4	私は〜ばかりです	
122:6	エルサレムの平和のために〜れ	
イザ16:12	〜ためにその聖所に入って行	
26:16	彼らは〜ってつぶやきました	
37:15	ヒゼキヤは主に〜って言った	
38:2	ヒゼキヤは……主に〜って	
45:14	ひれ伏して、あなたに〜って言う	
45:20	救えもしない神に〜者らは、何も	
エレ7:16	この民のために〜ってはならない	
11:14	この民のために〜ってはならない	
29:12	わたしに〜なら……聞こう	
37:3	私たちの神、主に、〜ってくださ	
ダニ6:10	ひざまずき、彼の神の前に〜り	
9:3	顔を神である主に向けて〜り	
ヨナ2:1	ヨナは……彼の神、主に、〜った	
マタ5:44	迫害する者のために〜りなさい	
6:5	四つ角に立って〜のが好きだから	
6:9	だから、こう〜りなさい	
9:38	働き手を送ってくださるように〜	
	りなさい	
14:23	〜ために、ひとりで山に登られた	
19:13	イエスに手を置いて〜っていただ	
21:22	信じて〜り求めるなら、し、くため	
24:20	冬や安息日にならないように〜	
26:36	あそこに行って〜っている間	
26:41	目をさまして、〜っていなさい	
マコ1:35	寂しい所へ出て行き、そこで〜	
6:46	〜ために、そこを去ってし、って	
11:24	〜って求めるものは何でも、すで	
13:18	冬に起こらないように〜りなさい	
14:32	わたしが〜間、ここにすわって	
14:38	目をさまして、〜り続けなさい	
ルカ1:10	大ぜいの民はみな、外で〜って	
3:21	〜っておられると、天が開け	
5:16	よく荒野に退いて〜っておられた	
6:12	イエスは〜ために山に行き	
6:28	侮辱する者のために〜りなさい	
9:18	イエスがひとりで〜っておられた	
9:28	〜ために、山に登られた	
10:2	働き手を送ってくださるように〜	
	りなさい。「はならないことを	
18:1	いつでも〜べきであり、失望して	
22:32	あなたのために〜りました	
22:41	ひざまずいて、こう〜られた	
使4:31	〜と、その集まっていた場所が震	
8:15	人々が聖霊を受けるように〜った	
8:24	私のために主に〜ってください	
9:11	そこで、彼は〜っています	

いばら　　　　　　　　　　　コンコルダンス　　　　　　　　　　　いやす　2573

使9:40　　外に出し、ひざまずいて〜った
12:5　　彼のために、神に熱心に〜り続け
12:12　　大ぜいの人が集まって、〜って
14:23　　長老たちを選び、断食をして
　　　　　　〜って
16:25　　神に〜りつつ賛美の歌を歌って
28:8　　その人のもとに行き、〜って
ロマ8:26　　どのように〜ったらよいか
15:30　　力を尽くして神に〜ってください
Ⅰコリ11:13　　頭に何もかぶらないで神に〜
14:15　　また知性においても〜りましょう
Ⅱコリ13:7　　どんな悪をも行わないように
　　　　　　神に〜っています。「」とに
ピリ1:4　　あなたがたすべてのために〜ご
コロ1:9　　絶えずあなたがたのために〜り
4:2　　感謝をもって、たゆみなく〜り
Ⅰテサ3:10　　昼も夜も熱心に〜っています
5:17　　絶えず〜りなさい。「」ます
Ⅱテサ1:11　　あなたがたのために〜ってい
Ⅰテモ2:1　　〜り、とりなし、感謝がささ
2:8　　きよい手を上げて〜ようにしなさ
ヘブ13:18　　私たちのために〜ってください
ヤコ5:13　　苦しんでいる人……その人は〜
ユダ20　　聖霊によって〜り、「」りなさい

いばら
創3:18　　土地は……〜とあざみを生えさせ
民33:55　　目のとげとなり、わき腹の〜と
伝7:6　　なべの下の〜がはじける音に似て
エレ4:3　　開拓せよ。〜の中に種を蒔くな
12:13　　小麦を蒔いても、〜を刈り取り
マタ13:7　　別の種は〜の中に落ちたが
27:29　　〜で冠を編み、頭にかぶらせ
マコ4:7　　また、別の種は〜の中に落ちた
15:17　　着せ、〜の冠を編んでかぶらせ
ルカ6:44　　〜からいちじくは取れない
8:7　　また、別の種は〜の真ん中に落ちた
ヨハ19:5　　〜の冠と紫色の着物を着けて
ヘブ6:8　　やあざみなどを生えさせるなら

いはん（違反）
ロマ5:14　　アダムの〜と同じようには罪を
Ⅱコリ5:19　　〜行為の責めを人々に負わせ
　　　　　　ないで
ガラ2:18　　自分自身を〜者にしてしまうの

いぶかる
イザ63:5　　〜ったが、だれもささえる者

いぶき
詩18:15　　とがめ、あなたの鼻の荒い〜で
33:6　　万象もすべて、御口の〜によって
イザ40:7　　主の〜がその上に吹くと、草は

いふく（衣服）
Ⅱ歴28:15　　分捕り物を用いて〜を着させ

いほう（異邦）
エゼ7:24　　〜の民の中で最も悪い者どもを
11:16　　彼らを遠く〜の民の中へ移し
ハバ1:5　　〜の民を見、目を留めよ。驚う
マタ10:5　　〜人の道に行ってはいけません
使4:25　　なぜ〜人たちは騒ぎ立ち
11:18　　いのちに至る悔い改めを〜人にも

ロマ11:11　　救いが〜人に及んだのです
11:25　　〜人の完成のなる時までであり
ガラ3:8　　神が〜人をその信仰によって義

いましめ（戒め）「」と認めて
詩19:8　　主の〜は正しくて、人の心を喜ば
19:11　　あなたのしもべは〜を受ける
50:17　　おまえは〜を憎み
111:7　　そのすべての〜は確かである
119:63　　あなたの〜を守る者とのともがら
119:93　　あなたの〜を決して忘れません
イザ28:10　　〜に〜、〜に〜、規則に規則
マタ2:12　　ヘロデのところへ戻るなという
19:17　　〜を守りなさい。「」〜を受け
ルカ15:29　　〜を破ったことは一度もありま
ヨハ13:34　　あなたがたに新しい〜を与え
ロマ7:12　　〜も聖であり、正しく、また良
Ⅰコリ10:6　　私たちへの〜のためです
10:11　　彼らに起こったのは、〜のためです

いましめる（戒める）
創43:3　　あの方は私たちをきつく〜めて
申32:46　　〜このすべてのことばを心に納め
Ⅰサム3:13　　彼らを〜めなかった罪のため
ヨブ36:10　　耳を開いて〜め、悪から立ち返
詩50:7　　わたしはあなたを〜めよう
94:10　　国々を〜方が、お責めにならない
94:12　　あなたに、〜められ、あなたの
エレ11:7　　彼らをはっきりと〜め、また今日
マコ1:43　　イエスは、彼をきびしく〜めて
ルカ9:55　　イエスは……彼らを〜められた
使4:17　　彼らをきびしく〜めよう
Ⅰテサ5:14　　気ままな者たちを〜め、小心な者
ユダ9　　主があなたを〜めてくださるように

いまわしい（忌わしい）
マラ2:11　　〜ことが行われている

いみ（意味）
創41:11　　その夢はおのおの〜のある夢でし

いみきらう（忌みきらう）「」た
申12:31　　主が憎むあらゆる〜べきことを
17:1　　あなたの神、主の〜われるものだ
Ⅰサム27:12　　同胞イスラエル人に〜われる
ヨブ30:10　　彼らは私を〜って、私から遠ざ
詩95:10　　この世代の者たちを〜い、そして
139:21　　立ち向かう者を〜わないでしょう
箴6:16　　主ご自身の〜ものが七つある
17:15　　この二つを、主は〜
28:9　　その者の祈りさえ〜われる
イザ1:13　　〜－それもわたしの〜もの
エレ44:4　　わたしの憎むこの〜べきことを
エゼ8:9　　している悪い〜べきことを見よ
11:18　　〜べきものをそこから取り除こ
16:2　　その〜べきわざをよく知らせて

いむべき（忌むべき）
レビ11:10　　あなたがたには〜ものである
Ⅱ歴15:8　　町々から、〜物を除いた
ホセ9:10　　彼ら自身、〜ものとなった

いもうと（妹）
創12:13　　どうか、私の〜だと言ってくれ
20:2　　「これは私の〜です」と言った

創26:7　　「あれは私の〜です」と答えた
雅4:9　　私の〜、花嫁よ。あなたは私の心
8:8　　私たちの〜は若く、乳房もない
エゼ16:48　　あなたの〜ソドムとその娘たち

いものし（鋳物師）
イザ41:7　　〜は金細工人を力づけ、金槌

いやし（癒し）
エレ8:15　　〜の時を待ち望んでも、見よ
マラ4:2　　その翼には、〜がある
Ⅰコリ12:9　　御霊によって、〜の賜物が与

いやしい（卑しい）「」えられ
ピリ2:8　　自分を〜くし、死にまで従い

いやしめる（卑しめる）
イザ23:9　　最も尊ばれている者を〜められ
使8:33　　彼は〜められ、そのさばきも取
Ⅰコリ4:10　　私たちは〜められています

いやす
創20:17　　はしためたちを〜されたので
出15:26　　わたしは主、あなたを〜者である
民12:13　　どうか、彼女を〜してください
申32:39　　わたしは傷つけ、また〜
Ⅱ列2:21　　わたしはこの水を〜した
Ⅱ歴7:14　　罪を赦し、彼らの地を〜そう
36:16　　〜されることがないまでになった
詩30:2　　あなたは私を、〜されました
41:4　　私のたましいを〜してください
103:3　　あなたのすべての病を〜し
107:20　　主はみことばを送って彼らを〜
147:3　　主は心の打ち砕かれた者を〜し
箴12:18　　しかし知恵のある人の舌は〜
13:17　　忠実な使者は人を〜
イザ30:26　　その打たれた傷を〜される日に
53:5　　打ち傷によって、私たちは〜され
57:19　　平安あれ。わたしは彼を〜そう
エレ3:22　　あなたがたの背信を〜そう
6:14　　わたしの民の傷を手軽に〜し
8:22　　私の民の娘の傷はなぜ〜されなかった
14:19　　私たちを打って、〜されないのですか
17:14　　私を〜してください。主よ
30:17　　直し、あなたの打ち傷を〜からだ
33:6　　彼らを〜して彼らに平安と真実を
46:11　　むなしい。あなたは〜されない
51:9　　バビロンを〜そうとしたのに
ホセ5:13　　あなたがたを〜ことができず
6:1　　私たちを引き裂いたが……〜し
7:1　　わたしがイスラエルを〜とき
11:3　　わたしが〜したのを知らなかった
14:4　　わたしは彼らの背信を〜し
マタ8:16　　病気の人々をみな〜された
10:8　　病人を〜し、死人を生き返らせ
12:15　　ついて来たので、彼らをみな〜し
13:15　　わたしに〜されることのないため
14:14　　あわれんで……病気を〜された
ルカ4:40　　ひとりひとりに手を置いて、〜
　　　　　　された
6:19　　すべての人を〜したからである
7:21　　病気と苦しみと悪霊から〜し
8:47　　たちどころに〜された次第とを話

ルカ22:51	耳にさわって彼を〜された	詩18:2	主はわが〜、わがとりで、わが救
ヨハ4:47	息子を〜してくださるように願	40:2	そして私の足を〜の上に置き
5:13	〜された人は、それがだれである	71:3	あなたこそ私の〜、私のとりで
使14:9	〜される信仰があるのを見て	**いわだぬき（岩だぬき）**	
Ⅰペテ2:24	キリストの打ち傷のゆえに	箴30:26	〜は強くない種族だが、その巣を
	……〜された	**いん（印）**	
黙22:2	その木の葉は諸国の民を〜した	エス8:8	王の指輪でそれに〜を押しなさい
いらだつ		ダニ6:17	王は王自身の〜と貴人たちの〜
ヨブ15:13	あなたが神に向かって〜ち	ヨハ3:33	確認の〜を押したのである
詩112:10	悪者はそれを見て〜ち、歯ぎ	黙7:3	神のしもべたちの額に〜を押して
	しり	9:4	額に神の〜を押されていない人間
伝7:9	軽々しく心を〜ててはならない	**いんき（陰気）**	
いりえ（入江）		箴17:22	陽気な心は……、〜な心は骨を枯
使27:39	砂浜のある〜が目に留まったので	**いんけん（陰険）**	らす
いりぐち（入口）		エレ17:9	人の心は何よりも〜で、それは
箴8:3	門のかたわら、町の〜、正門の〜	**いんこう（淫行）**	
いりよう（入用）		エレ3:1	多くの愛人と〜を行って
ロマ12:13	聖徒の〜に協力し、旅人をもて	Ⅱペテ2:14	その目は〜に満ちており
いりょく（威力）		**いんぷ（淫婦）**	
詩21:13	あなたの〜をほめ歌います	黙17:5	すべての〜と地の憎むべきものと
いれずみ（入墨）		**いんぼう（陰謀）**	
レビ19:28	自分の身に〜をしてはならない	使23:13	この〜に加わった者は、四十人以
いれもの（入れ物）			
使10:11	大きな敷布のような〜が、四隅を		
いれる（入れる）		**う**	
Ⅰ列8:27	天も、あなたをお〜れすること	**ういご（初子）**	
いわ（岩）	しはできません	出11:5	エジプトの国の〜は、王座に着く
出17:6	その〜を打つと、〜から水が出る	レビ27:26	〜として生まれたのであるから
民20:8	〜に命じれば、〜は水を出す	民3:45	イスラエル人のうちのすべての〜
申32:4	主は〜。そのみわざは完全	8:17	すべての〜はわたしのものだから
32:31	彼らの〜は、私たちの〜には及ば	詩78:51	また、エジプトのすべての〜
Ⅰサム2:2	神のような〜はありません	**うえ（上）**	
詩18:31	私たちの神を除いて、だれが〜で	ヨハ8:23	わたしが来たのは〜からです
27:5	〜の上に私を上げてくださるから	**うえ（飢え）**	
28:1	私の〜よ。どうか私に耳を閉じな	箴6:30	自分の〜を満たすために盗んだと
61:2	私の及びがたいほど高い〜の上に	哀2:19	〜のために弱り果てている
62:6	神こそ、わが〜。わが救い。わが	5:10	私たちの皮膚は、〜の苦痛のため
73:26	しかし神はとこしえに私の心の〜	**うえる（飢える）**	
78:16	また、〜から数々の流れを出し	Ⅰサム2:5	〜えていた者が働きをやめ
89:26	わが父、わが神、わが救いの〜	詩34:10	若い獅子も乏しくなって〜
92:15	主は、わが〜。	50:12	たとい〜えても、あなたに告げな
105:41	主が〜を開かれると、水がほとば	107:9	〜えたたましいを良いもので満た
114:8	神は、〜を水のある沢に変えられ	146:7	〜えた者にパンを与える方
箴30:19	〜の上にある蛇の道、海の真ん中	箴25:21	あなたを憎む者が〜えているなら
イザ17:10	あなたの力の〜を覚えていなか	27:7	〜えている者には苦い物もみな甘
26:4	ヤハ、主は、とこしえの〜だから	イザ8:21	〜えて、国を歩き回り、〜
51:1	あなたが〜の切り出された〜	49:10	彼らは〜えず、渇かず、熱も太陽
マタ7:24	〜の上に自分の家を建てた賢い	エレ38:9	あの方は、〜下で、〜え死にする
13:5	別の種が土の薄い〜地に落ちた	マタ5:6	義に〜え渇く者は幸い
16:18	この〜の上にわたしの教会を建て	ルカ1:53	〜えた者を良いもので満ち足ら
ルカ6:48	堀り下げ、〜の上に土台を据え	6:21	いま〜えている者たちは幸いです
Ⅰコリ10:4	その〜とはキリストです	ヨハ6:35	わたしに来る者は決して〜こと
いわい（祝い；祝う）			がなく
創33:11	この〜の品を受け取ってください	Ⅰコリ4:11	今に至るまで、私たちは〜え
レビ23:41	第七月にこれを〜わければなら	Ⅱコリ11:27	〜え渇き、しばしば食べ物
ヨシ15:19	私に〜の品を下さい。あなたは	ピリ4:12	飽くことにも、〜ことにも、富む
いわお（巌）		黙7:16	〜こともなく、渇くこともない
Ⅱサム22:2	主はわが〜、わがとりで		

うえる（植える）			
出15:17	あなたご自身の山に〜えられる		
詩44:2	追い払い、そこに彼らを〜え		
80:15	あなたの右の手が〜えた苗と		
イザ41:19	ミルトス、オリーブの木を〜え		
エレ2:21	良いぶどうとして〜えたのに		
アモ9:15	わたしは彼らを彼らの地に〜		
マタ15:13	天の父がお〜えにならなかった		
Ⅰコリ3:6	私が〜えて、アポロが水を注ぎ		
うお（魚）			
創1:26	彼らが、海の〜、空の鳥		
出7:21	ナイルの〜は死に、ナイルは臭く		
ヨナ1:17	主は大きな〜を備えて、ヨナ		
2:10	〜に命じ、ヨナを陸地に吐き出さ		
マタ7:10	〜を下さいと言うのに		
14:17	ここには、パンが五つと〜二匹		
15:34	それに、小さい〜が少しあります		
17:27	最初に釣れた〜を取りなさい		
マコ6:38	五つです。それと〜が二匹です		
8:7	また、〜が少しばかりあったので		
ルカ9:13	五つのパンと二匹の〜のほか何		
11:11	子どもが〜を下さいと言うときに		
ヨハ6:9	大麦のパンを五つと小さい〜を		
21:6	おびただしい〜のために、網を引		
うかがい（伺い；伺う）			
士20:18	ベテルに上り、神に〜って言った		
Ⅰサム14:37	それでサウルは神に〜った		
23:2	ダビデは主に〜って言った		
Ⅱサム2:1	ダビデは主に〜って言った		
5:19	ダビデは主に〜って言った		
Ⅰ歴14:10	ダビデは神に〜って言った		
ホセ4:12	わたしの民は木に〜を立て		
うかがう			
ガラ2:4	私たちの持つ自由を〜ために		
うかぶ（浮かぶ）			
Ⅱ列6:6	投げ込み、斧の頭を〜ばせた		
うけいれる（受け入れる）			
創4:7	正しく行ったのであれば、〜れ		
レビ22:20	あなたがたのために、〜れられな		
詩49:15	神が私を〜れてくださるからだ		
73:24	後には栄光のうちに〜れてくださ		
箴2:1	もしあなたが、私のことばを〜れ		
エレ14:12	わたしはそれを〜れない		
エゼ43:27	わたしはあなたがたを〜		
ホセ14:2	良いものを〜れてください		
マタ10:40	あなたがたを〜は、わたしを		
	〜のです		
18:5	わたしの名のゆえに〜は、「い		
19:12	それができる者はそれを〜れなさ		
マコ6:11	あなたがたを〜れない場所		
9:37	わたしの名のゆえに〜ならば		
10:15	子どものように神の国を〜者		
ルカ9:5	あなたがたを〜れない場合は		
9:48	わたしの名のゆえに〜は、「た		
9:53	サマリヤ人はイエスを〜れなかっ		
10:10	人々があなたがたを〜れないなら		
ヨハ1:12	この方を〜れた人々、すなわち		
5:43	あなたがたはその人を〜のです		

コンコルダンス　2575

うけつぐ
- ヨハ13:20　わたしを〜者は、わたしを遣わし
- 使2:41　彼のことばを〜れた者は、した方を
- 22:18　あなたのあかしを〜れないからで
- ロマ15:7　あなたがたも互いに〜れなさい
- Ⅰコリ2:14　御霊に属することを〜れません
- コロ2:6　主キリスト・イエスを〜れた
- Ⅰテサ1:6　喜びをもってみことばを〜れ
- Ⅱテサ2:10　真理への愛を〜れなかった

うけつぐ（受け継ぐ）
- 民36:8　その父祖の相続地を〜ためである
- 詩25:13　その子孫は地を〜ごう
- 37:9　主を待ち望む者、彼らは地を〜ごう
- 箴14:18　わきまえのない者は愚かさを〜ぎ
- エペ1:11　私たちは御国を〜者ともなり
- 1:18　聖徒の〜ものがどのように栄光に

うける（受ける）
- Ⅰサム1:5　特別の〜分を与えていた
- Ⅱ列5:26　男女の奴隷を〜時だろうか
- ヨブ2:10　わざわいをも〜けなければなら
- 22:22　神の御口からおしえを〜け、その
- 27:13　全能者から〜け取る相続財産は次
- 35:7　あなたの手から何を〜けられるだ
- 詩119:57　主は私の〜分です。　しろうか
- 伝3:22　それが人の〜分であるからだ
- 哀3:24　主こそ、私の〜分です
- マタ7:8　だれであれ、求める者は〜け
- 10:8　ただで〜けたのだから、ただで与
- マコ4:16　聞くと、すぐに喜んで〜が
- 10:17　永遠のいのちを……〜ためには
- 10:30　百倍を〜けない者はありません
- ルカ11:10　だれであっても、求める者は〜
- 18:30　その幾倍かを〜けない者はなく
- ヨハ3:27　何も〜ことはできません
- 20:22　聖霊を〜けなさい
- 使19:2　信じたとき、聖霊を〜けましたか
- Ⅰコリ11:23　私は主から〜けたことを
- 15:3　私が……伝えたのは、私も〜けた
- ガラ4:5　子としての身分を〜ようになる
- ピリ4:18　神が喜んで〜けてくださる供え物

うごく（動く）
- ヨシ10:13　日は〜ず、月はとどまった
- イザ54:10　たとい山々が移り、丘が〜いて
- 使2:25　主は、私が〜かされないように
- 17:28　神の中に生き、〜き、また存在し
- Ⅰコリ15:58　堅く立って、〜かされること
- Ⅱペテ1:21　聖霊に〜かされた人たちが

うし（牛）
- 出21:28　〜が男または女を突いて殺した場
- 民22:4　〜が野の青草をなめ尽くすように
- 申25:4　脱穀をしている〜にくつこを掛け
- 箴7:22　ほふり場に引かれる〜のように
- イザ1:3　〜はその飼い主を、ろばは
- 65:25　獅子は〜のように、わらを食い
- ルカ14:5　自分の息子や〜が井戸に落ちた
- Ⅰコリ9:9　穀物をこなしている〜に
- Ⅰテモ5:18　穀物をこなしている〜に

うじ
- ヨブ25:6　まして〜である人間、虫けらの

うしなう（失う）
- ヨブ5:24　牧場を見回っても何も〜ってい
- 伝5:14　その富は不幸な出来事で〜われ
- エレ6:24　うわさを聞いて、気力を〜い
- 15:7　彼らの子を〜わせ、彼らの民を
- エゼ34:16　わたしは〜われたものを捜し
- マタ10:6　イスラエルの家の〜われた羊
- 10:39　自分のいのちを〜った者は
- 15:24　イスラエルの家の〜われた羊
- 16:25　いのちを救おうと思う者はそれを〜い
- 18:11　人の子は、〜われている者を救う
- マコ8:35　福音とのためにいのちを〜者は、それを
- ルカ9:24　自分のいのちを〜者は、それを
- 17:33　それを〜者はいのちを保ちます
- 19:10　人の子は、〜われた人を捜して救
- ヨハ6:39　わたしがひとりも〜ことなく
- 18:9　ただのひとりをも〜いませんでした

うしろ
- イザ38:17　あなたの〜に投げやられました

うす（臼）
- 士9:53　アビメレクの頭にひき〜の上石を
- 16:21　サムソンは牢の中で〜をひいて
- マタ18:6　大きい石〜を首にかけられて
- 24:41　ふたりの女が〜をひいていると
- マコ9:42　大きい石〜を首にゆわえつけ
- ルカ17:2　そんな者は石〜を首にゆわえ
- 17:35　女がふたりいっしょに〜をひいて

うすい（薄い）
- マタ8:26　なぜこわがるのか、信仰の〜者

うずめる
- ルカ3:5　すべての谷は〜められ　したちだ

うずら
- 出16:13　夕方になると〜が飛んで来て
- 民11:31　海の向こうから〜を運んで来て

うそ
- イザ5:18　〜を綱として咎を引き寄せ
- 30:9　彼らは反逆の民、〜つきの子ら

うた（歌）
- 申31:19　今、次の〜を書きしるし、それを
- Ⅱサム23:1　イスラエルの麗しい〜
- ネヘ12:42　〜うたいたちは……歌った
- 詩28:7　私は〜をもって、主に感謝しよう
- 33:3　新しい〜を主に向かって歌え
- 77:6　夜には私の〜を思い起こし、自分
- 98:5　立琴との〜の調べに合わせて
- 119:54　あなたのおきては……私の〜とな
- 137:3　そこで、私たちに〜を求め、しり
- 箴25:20　心配している人の前で〜を歌う
- 雅2:12　花が咲き乱れ、〜の季節がやって
- イザ5:1　ぶどう畑についてのわが愛の〜
- 26:1　ユダの国でこの〜が歌われる
- 哀3:63　彼らのからかいの〜となってい
- 黙5:9　彼らは、新しい〜を歌って言った
- 15:3　神のしもべモーセの〜と小羊の

うたう（歌う）
- 出15:1　主に向かって、この歌を〜った
- 民21:17　井戸。——このために〜え——
- 士5:1　デボラと……バラクはこう〜った
- Ⅰ歴16:9　主に〜え。主にほめ歌を〜え
- 詩59:16　この私は、あなたの力を〜います
- 89:1　主の恵みを、とこしえに〜います
- 96:2　主に〜え。御名をほめたたえよ
- 108:1　私は〜い、私のたましいもまた
- イザ30:29　祭りを祝う夜のように〜い
- 42:10　主に向かって新しい歌を〜え
- エレ20:13　主に向かって〜い、主をほめ
- ゼパ3:17　主は高らかに〜ってあなたの
- マコ14:26　そして、賛美の歌を〜ってから
- 黙14:3　長老たちの前とで、新しい歌を〜

うたがい（疑い；疑う）
- マコ11:23　心の中で〜わず、ただ、自分の
- ロマ4:20　神の約束を〜ようなことをせず
- 14:23　〜を感じる人が食べるなら、罪に

うちあける（打ち明ける）
- エレ20:12　あなたに私の訴えを〜けたので

うちかつ（打ち勝つ）
- ルカ11:22　強い者が襲って来て彼に〜と
- ロマ12:21　善をもって悪に〜ちなさい
- Ⅰヨハ5:4　世に〜った勝利です。　「た
- 黙12:11　あかしのことばのゆえに彼に〜っ
- 15:2　その名を示す数字とに〜った人々
- 17:14　小羊は彼らに〜ちます

うちきず（打ち傷）
- 創4:23　私の受けた〜のためには、ひとり
- エレ10:19　この〜はいやしがたい
- 15:18　私の〜は直らず、いえようともし
- 30:12　あなたの〜は痛んでいる。　しない
- ミカ1:9　まことに、その〜はいやしがたい
- ナホ3:19　あなたの〜は、いやしがたい
- ゼカ13:6　両腕の間にあるこの〜は何か

うちくだく（打ち砕く）
- ヨブ16:12　神は私を〜き、私の首をつかま
- 詩34:18　主は心の〜かれた者の近くにおら
- ダニ12:7　聖なる民の勢力を〜ことが終わ

うちけす（打ち消す）
- マタ26:70　ペテロはみなの前でそれを〜し
- マコ14:68　しかし、ペテロはそれを〜して

うちころす（打ち殺す）　「を砂の中に
- 出2:12　彼はそのエジプト人を〜し、これ

うちこわす（打ちこわす）　「砕き
- 申7:5　彼らの祭壇を〜し、石の柱を打ち
- エズ4:5　この計画を〜そうとした
- 箴15:25　主は高ぶる者の家を〜し、やもめ

うちたたく（打ちたたく）
- 使18:17　ソステネを捕らえ、法廷の前で

うちば（打ち場）　　　　　　　しいた
- ルツ3:2　〜で大麦をふるい分けようとし
- エレ51:33　踏まれるときの〜のようだ

うちふす（打ち伏す）
- 詩119:25　私のたましいは、ちりに〜してい

うちほろぼす（打ち滅ぼす）　します
- マコ12:9　戻って来て、農夫どもを〜し

うちやぶる（打ち破る）
エレ5:17 城壁のある町々を、剣で〜

うちわもめ（内輪もめ）
マタ12:25 〜して争えば荒れすたれ

うつ（打つ）
出12:29 すべての家畜の初子をも〜たれた
民20:11 モーセは……彼の杖で岩を二度〜
申28:27 主は……あなたを〜ち、しった
士6:11 酒ぶねの中で小麦を〜っていた
20:35 主が……ベニヤミンを〜ったので
Ⅱサム12:9 ヘテ人ウリヤを剣で〜ち
12:15 ダビデに産んだ子を〜たれたので
Ⅱ列6:21 私が〜ちましょうか。わが父よ
ヨブ4:5 それがあなたを〜と、あなた
詩102:4 私の心は、青菜のように〜たれ
141:5 正しい者が愛情をもって私を〜ち
イザ1:5 どこを〜たれようというのか
27:7 イスラエルを〜った者を〜ように
53:4 神に〜たれ、苦しめられたのだと
53:8 民のそむきの罪のために〜たれ
エレ5:3 あなたが彼らを〜たれたのに
ホセ9:16 エフライムは〜たれ、その根は
ハガ2:17 立ち枯れと黒穂病とで〜ち
マコ14:27 わたしが羊飼いを〜。すると
ヨハ18:22 平手でイエスを〜った

うつくしい（美しい）
Ⅱサム11:2 その女は非常に〜かった
エス2:7 姿も顔だちも〜かった
伝3:11 神のなさることは……〜
雅1:5 ソロモンの幕のように〜
1:8 女のなかで最も〜人よ。あなたが
1:15 あなたはなんと〜ことよ
6:4 あなたはティルツァのように〜く
7:1 あなたの足はなんと〜ことよ
エレ13:20 あなたの羊の群れはどこに
エゼ27:3 『私は全く〜』とおまえは言った

うつくしさ（美しさ）
箴31:30 麗しさはいつわり。〜はむなしい
エゼ28:17 あなたの心はあなたの〜に高ぶり

うつし（写し）
ヨシ8:32 モーセが書いた律法の〜を
エス4:8 法令の文書の〜をハタクに渡し
ヘブ8:5 天にあるものの〜と影とに仕え

うつす（移す）
申19:14 隣人との地境を〜してはならない
Ⅱサム3:10 サウルの家から王位を〜し
エス3:10 婦人部屋の最も良い所に〜した
箴22:28 昔からの地境を〜してはならない
エゼ17:10 見よ。それが〜し植えられたら
コロ1:13 愛する御子のご支配の中に〜し
ヘブ11:5 神に〜されて、見えなくなりま

うったえ（訴え）
民27:5 彼女たちの〜を、主の前に出した
ヨブ13:18 今、私は〜を並べてる
23:4 私は御前に、〜を並べ、ことば
詩140:12 主は悩む者の〜を支持し、貧しい
箴23:11 彼らの〜を弁護されるからだ
イザ41:21 あなたの〜を出せ、と主は

ミカ6:2 山々よ。聞け。主の〜を
ハバ2:1 私の〜に何と答えるかを見よう
マタ27:12 長老たちから〜がなされたとき
使25:27 その〜の箇条を示さないのは

うったえる（訴える）
Ⅱサム15:2 王のところに来て〜えようと
ヨブ5:8 尋ね、私のことを神に〜えようと
9:2 自分の正しさを神に〜ことができ
箴18:17 最初に〜者は……正しく見える
ダニ3:8 進み出て、ユダヤ人たちを〜
6:4 ダニエルを〜口実を見つけようと
ゼカ3:1 ヨシュアと、彼を〜えようとし
マタ12:10 イエスを〜ためであった
マコ15:3 イエスをきびしく〜えた
使23:28 どんな理由で彼が〜えられたかを
26:2 ユダヤ人に〜えられているすべて
ロマ8:33 神に選ばれた人々を〜のはだれ
Ⅰコリ6:1 正しくない人たちに〜え出る

うつる（映る）
箴27:19 人の心は、その人に〜

うつる（移る）
ガラ1:6 「いています
ほかの福音に〜って行くのに驚
Ⅰヨハ3:14 死からいのちに〜ったことを

うつわ（器）
Ⅱ列4:3 〜を借りて来なさい。からの〜を
詩31:12 こわれた〜のようになりました
箴26:23 銀の上薬を塗った土の〜のようだ
イザ52:11 主の〜をになう者たち
エレ18:4 製作中の〜を自分の手でこわし
19:11 陶器師の〜が砕かれると、二度
22:28 だれにも喜ばれない〜なのか
ホセ8:8 だれにも喜ばれない〜のようだ
マタ13:48 良いものは〜に入れ、悪いもの
使9:15 わたしの選びの〜です
ロマ9:21 尊いことに用いる〜でも、また
Ⅱコリ4:7 この宝を、土の〜の中に入れ
Ⅱテモ2:20 金や銀の〜だけでなく、木や
Ⅰペテ3:7 自分よりも弱い〜だという
黙2:27 鉄の杖をもって土の〜を打ち砕く

うで（腕）
申33:27 永遠の〜が下に
Ⅱ歴32:8 彼とともにいる者は肉の〜であり
ヨブ40:9 神のような〜があるのか
詩44:3 自分の〜が彼らを救ったのでも
98:1 右の御手と、その聖なる御〜とが
イザ3:19 耳輪、〜輪、ベール
40:10 své御〜で統ベ治める。「
エレ32:17 伸ばした御〜とをもって天と地
ゼカ13:6 両〜の間にあるこの打ち傷は
マコ9:36 真ん中に立たせ、〜に抱き寄せて
ヨハ12:38 また主の御〜はだれに現され

うとむ
エレ4:30 恋人たちは、あなたを〜み

うなだれる
詩42:5 なぜ、おまえは〜ているのか
42:11 なぜ、おまえは〜ているのか
43:5 なぜ、おまえは〜ているのか

うなじ
出33:3 あなたがたは〜のこわい民である
申9:6 あなたは〜のこわい民であるから
Ⅱ列17:14 先祖たちよりも、〜のこわい者
Ⅱ歴30:8 父たちのように〜のこわい者で
36:13 〜のこわい者となり、心を閉ざし
エレ7:26 耳を傾けず、〜のこわい者
19:15 彼らが〜のこわい者となって

うぬぼれ
Ⅰサム17:28 おまえの〜と悪い心がわかっ
している

うば
出2:7 行って、ヘブル女の〜を呼んで

うばう（奪う）
Ⅱサム19:41 なぜ、あなたを〜い去り
詩35:17 獅子から、〜い返してください
44:10 思うままにかすめ〜いました
雅4:9 花嫁よ。あなたは私の心を〜った
イザ42:24 ヤコブを、〜い取る者に渡し
ヨハ10:28 わたしの手から彼らを〜い去る
Ⅰコリ9:15 誇りをだれかに〜われるより
Ⅱコリ11:8 他の諸教会から〜い取って
ヘブ10:34 自分の財産が〜われても、喜
うま（馬）
んで忍び
申17:16 〜をふやすためだといって民を
ヨシ11:6 〜の足の筋を切り、彼らの戦車
Ⅰ列10:28 ソロモンの所有していた〜は
Ⅱ歴1:16 ソロモンの所有していた〜は
エス6:11 彼を〜に乗せて町の広場に導き
ヨブ39:18 〜とその乗り手をあざ笑う
詩32:9 悟りのない〜や騾馬のようで
箴21:31 〜は戦いの日のために備えられる
26:3 〜には、むち。ろばには
アモ6:12 〜は岩の上を走るだろうか
ゼカ1:8 ひとりの人が赤い〜に乗って
6:2 第一の戦車は赤い〜が、第二の戦
ヤコ3:3 〜を御するために、くつわを

うまや（馬屋）
Ⅱ歴9:25 ソロモンは四千の〜と戦車

うまれこきょう（生まれ故郷）
創12:1 あなたの〜、あなたの父の家を出て

うまれつき（生まれつき）
ロマ2:14 〜のままで律法の命じる行い

うまれる（生まれる）
Ⅰ列13:2 ひとりの男の子がダビデの家に〜
ヨブ14:1 女から〜れた人間は、日が短く
25:4 女から〜れた人間が、どうして
伝3:2 〜のに時があり、死ぬのに時が
イザ9:6 みどりごが、私たちのために〜
マタ1:16 イエスはこのマリヤからお〜れ
になった
2:1 ベツレヘムでお〜れになった
ルカ1:35 〜者は、聖なる者、神の子と呼
ヨハ1:13 ただ、神によって〜れたので
3:3 人は、新しく〜れなければ、神の
9:34 おまえは全く罪の中に〜れていな
16:21 ひとりの人が世に〜れた喜びの
Ⅰペテ1:23 あなたがたが新しく〜れたのは
Ⅰヨハ3:9 神から〜れた者は、罪を犯しま

うみ（海）

- Ⅰヨハ5:1　だれでも、神によって〜れたので
- 　　　5:18　神によって〜れた者はだれも

うみ（海）

- 創1:10　水の集まった所を〜と名づけられた
- 出14:21　主は一晩中強い東風で〜を退かせ
- ネヘ9:11　あなたが彼らの前で〜を分けた
- 伝1:7　〜は満ちることがない。「たす
- イザ11:9　〜をおおう水のように、地を満
- Ⅰコリ10:2　雲と〜とで、モーセにつくバプテスマを受け
- 黙15:2　このガラスの〜のほとりに立って

うみぞい（海沿い）

- 創10:5　これらから〜の国々が分かれ出て

うみのくるしみ（産みの苦しみ）

- イザ21:3　女の〜のような苦しみが私を捕
- ロマ8:22　ともにうめきともに〜をしている

うむ（生む；産む）

- 創5:3　彼のかたちどおりの子を〜んだ
- Ⅰコリ4:15　キリスト・イエスにあって、あなたがたを〜んだのです
- Ⅰテモ2:15　子を〜ことによって救われま

うめき

- 創3:16　あなたの〜と苦しみを大いに増す
- 詩79:11　捕らわれ人の〜が御前に届きま
- 使7:34　苦難を見、その〜声を聞いたので

うめく

- ヨブ23:2　私はそむく心で〜き、私の手は
- エゼ30:24　〜ようにバビロンの王の前で〜
- ヨエ1:18　なんと、家畜が〜いていることよ

うやまう（敬う）

- 創34:19　父の家のだれよりも彼は〜われて
- 出20:12　あなたの父と母を〜よ
- レビ19:32　老人を〜い、またあなたの神を
- 申5:16　あなたの父と母を〜よ
- Ⅱサム6:22　はしためたちに、〜われたい
- ヨブ8:13　神を〜わない者の望みは消え
- 　13:16　神を〜わない者は、神の前に
- 　20:5　神を〜わない者の楽しみはつかのま
- 　27:8　神を〜わない者の望みはどうなる
- 　36:13　神を〜わない者は、怒りをたくわえ
- イザ9:17　みなが神を〜わず、悪を行い
- 　10:6　これを神を〜わない国に送り
- 　32:6　不法をたくらんで、神を〜わず
- 　33:14　神を〜わない者は恐怖に取りつかれる。「人を〜
- マラ1:6　子は父を〜い、しもべはその主
- マタ15:4　『あなたの父と母を〜え』
- 　19:19　父と母を〜え。あなたの隣人を
- 　21:37　私の息子なら、〜ってくれるだろ
- マコ7:10　『あなたの父と母を〜え』
- 　12:6　私の息子なら、〜ってくれるだろ
- ルカ20:13　彼らも、この子はたぶん〜って
- ヨハ5:23　父を〜ように子を〜ためです
- 　8:49　わたしは父を〜っています
- 　9:31　だれでも神を〜い、そのみこころ
- ロマ1:7　〜わなければならない人を〜い
- エペ5:33　妻もまた自分の夫を〜いなさい

- エペ6:2　「あなたの父と母を〜え。」これは
- Ⅰテモ5:3　ほんとうのやもめを〜いなさい

うらぎりもの（裏切り者）

- 箴13:15　　　　　　〜の行いは荒い
- イザ24:16　〜は、裏切り、裏切った

うらぎる（裏切る）

- 創21:23　私の親類縁者たちをも〜らないと
- Ⅰ列21:25　アハブのように、〜って主の目
- ヨブ6:15　兄弟たちは川のように〜った
- 詩73:15　あなたの子らの世代の者を〜った
- イザ21:2　〜者は〜り、荒らす者は荒らす
- 哀1:2　その友人もみな彼女を〜り、彼女の
- ホセ5:7　彼らは主を〜り、他国の男の子
- マタ26:24　人の子を〜ような人間はわざわい
- マコ3:19　このユダが、イエスを〜った
- 　14:18　わたしを〜ります
- ルカ6:16　イエスを〜ったイスカリオテ
- 　21:16　親族、友人たちにまで〜られます
- ヨハ13:11　ご自分を〜者を知っておられた
- 　18:2　イエスを〜ろうとしていたユダも
- Ⅱテモ3:4　〜者、向こう見ずな者、慢心

うらない（占い）

- 民22:7　〜に通じているモアブの長老たち
- エレ27:9　預言者、〜師……に聞くな
- エゼ12:24　へつらいの〜もことごとく
- ミカ3:11　預言者たちは金を取って〜を
- 使16:16　〜の霊につかれた若い女奴隷に

うらむ（恨む）

- 創27:41　あの祝福のことでヤコブを〜んだ
- レビ19:18　あなたの国の人々を〜んではな

うらやむ

- 箴3:31　暴虐の者を〜な。そのすべての道

ウリム

- 出28:30　さばきの胸当てには、〜とトンミムを入れ「れた
- レビ8:8　その胸当てに〜とトンミムを入
- Ⅰサム28:6　主が夢によっても、〜によっても

うる（売る）

- 創25:31　長子の権利を私に〜りなさい
- 　31:15　彼は私たちを〜り、私たちの代金
- 　37:28　ヨセフを銀二十枚で……〜った
- 　41:56　ヨセフは……エジプトに〜った
- 　45:4　エジプトに〜った弟のヨセフです
- レビ25:23　放棄して、〜ってはならない
- 　27:28　何でも、それを〜ことはできない
- 申21:14　決して金で〜ってはならない
- 士2:14　回りの敵に彼らを〜り渡した
- エス7:4　私も私の民族に、〜られて
- 詩44:12　あなたはご自分の民を安値で〜り
- 　105:17　ヨセフが奴隷に〜られたのだ
- アモ2:6　金と引き換えに正しい者を〜り
- マタ13:44　持ち物を全部〜り払ってその畑
- 　27:4　罪のない人の血を〜ったりして
- ルカ12:33　持ち物を〜って、施しをしなさ
- 黙4:3　〜のり、代金を携えて来て
- 　7:9　彼をエジプトに〜りとばしました
- ロマ7:14　〜られて罪の下にある者です

うるおい（潤い；潤う）

- 創2:6　水が……土地の全面を〜にしていた
- 　13:10　どこもよく〜っていた
- 箴11:25　人を〜す者は自分も〜される
- イザ35:7　〜のない地は水のわく所となり
- エレ31:25　わたしが疲れたたましいを〜し

うるわしい（麗しい）

- 創12:11　あなたが見目〜女だということを
- Ⅱサム23:1　　　　　　イスラエルの〜歌
- 詩45:2　あなたは人の子らにまさって〜
- 　106:24　しかも彼らは〜地をさげすみ
- 箴1:9　それらは、あなたの頭の〜花輪
- 　4:9　それはあなたの頭に〜花輪を与え
- イザ4:2　その日、主の若枝は、〜く

うるわしさ（麗しさ）

- 詩27:4　主の〜を仰ぎ見、その宮で、思い
- 　48:2　高嶺の〜は、全地の喜び
- 　50:2　〜の窮み、シオンから、神は光を
- 箴31:30　〜はいつわり。美しさはむなしい

うれい（憂い；憂える）

- 箴15:13　心に〜があれば気はふさぐ
- 　17:25　愚かな子はその父の〜
- ダニ6:14　このことを聞いて、王は非常に

うわぎ（上着）

- 創39:13　彼が〜を彼女の手に残して外へ
- マタ21:8　自分たちの〜を道に敷き
- マコ11:8　自分たちの〜を道に敷き
- ルカ19:36　人々は道に自分たちの〜を敷い
- ヨハ13:4　〜を脱ぎ、手ぬぐいを取って
- 使9:39　〜の数々を見せるのであった
- Ⅱテモ4:13　〜を持って来てください

うわさ

- 民14:15　あなたの〜を聞いた異邦の民は
- ヨシ9:9　主の〜、および主がエジプトで
- イザ37:7　彼は、ある〜を聞いて、自分の
- エレ51:46　この国に聞こえる〜を恐れるよう
- マタ14:1　ヘロデは、イエスの〜を聞いて
- ルカ5:15　イエスの〜は、ますます広まり

うわべ

- Ⅱコリ10:7　〜のことだけを見ています

え

えいえん（永遠）

- 創9:16　　　　　〜の契約を思い出そう
- 　17:7　代々にわたる〜の契約として立て
- 　21:33　〜の神、主の御名によって祈った
- 詩119:142　あなたの義は、〜の義
- 　145:13　あなたの王国は、〜にわたる王国
- 伝3:11　人の心に〜を与えられた
- 　12:5　だが、人は〜の家へと歩いて行き
- イザ9:6　〜の父、平和の君」と呼ばれる
- 　40:28　〜の神、地の果てまで創造された
- 　54:8　〜に変わらぬ愛をもって
- 　57:15　あがめられ、〜の住まいに住み
- 　60:19　主があなたの〜の光となり
- エレ31:3　〜の愛をもって……愛した
- ダニ12:2　ある者は〜のいのちに、ある者

えいが

ミカ5:2	～の昔からの定めである	
マタ18:8	～の火に投げ入れられるよりは	
19:16	先生。～のいのちを得るためには	
19:29	また～のいのちを受け継ぎます	
25:41	……のために用意された～の火に	
マコ10:17	～のいのちを自分のものとして	
ルカ10:25	何をしたら～のいのちを自分の	
16:9	～の住まいに迎えるのです	
ヨハ3:16	～のいのちを持つためである	
12:25	それを保って～のいのちに至る	
12:50	父の命令が～のいのちであること	
17:2	すべての者に、～のいのちを与え	
使13:46	～のいのちにふさわしくない者と	
13:48	～のいのちに定められていた人	
ロマ2:7	求める者には、～のいのちを	
5:21	～のいのちを得させるためなの	
IIコリ5:1	天にある～の家です。	し‐す
テト1:2	～のいのちの望みに基づくこと	
Iヨハ2:25	約束であって、～のいのちで	
5:13	あなたがたが～のいのちを持って	
5:20	まことの神、～のいのちです	

えいが（栄華）

詩45:13	王の娘は奥にいて～を飾め	
49:12	その～のうちにとどまれない	
マタ6:29	～を飾めたソロモンでさえ	

えいかん（栄冠）

ピリ3:14	上に召してくださる神の～を得	『るために』
IIテモ4:8	義の～が私のために用意され	

えいこう（栄光）

出16:7	朝には、主の～を見る	
24:16	主の～はシナイ山の上にとどまり	
33:18	あなたの～を私に見せてください	
40:34	主の～が幕屋に満ちた	
民14:21	主の～が全地に満ちている以上	
16:19	主の～が会衆に現れた	
Iサム4:21	～がイスラエルから去った	
15:29	実に、イスラエルの～である方は	
I列8:11	主の～が主の宮に満ちたからで	
I歴16:24	主の～を国々の中で語り告げよ	
II歴7:1	主の～が宮に満ちたからであり	
エズ7:27	主の宮に～を与えるために	
詩19:1	天は神の～を語り告げ、大空は	
21:5	御救いによって彼の～は、大きい	
26:8	あなたの～の住まう所を愛します	
29:1	～と力とを主に帰せよ	
97:6	すべての国々の民は主の～を見る	
115:1	～を、ただあなたの御名にのみ	
イザ6:3	万軍の主。～は全地に満つ	
35:2	主の～、私たちの神の威光を見る	
40:5	主の～が現されると、すべての	
42:8	わたしの～を他の者に、わたしの	
44:23	その～を現されるからだ	
49:3	わたしの～を現す。　　　『られる』	
59:19	日の上るほうでは、主の～が恐れ	
66:19	～を諸国の民に告げ知らせよ	
エレ13:16	あなたがたの神、主に、～を帰せよ	
エゼ1:28	それは主の～のように見えた	
エゼ3:12	御住まいの主の～はほむべきかな	
9:3	神の～が、ケルブから立ち上り	
10:4	庭は主の～の輝きで満たされた	
28:22	おまえのうちでわたしの～を現す	
39:21	諸国の民の間にわたしの～を	
43:2	イスラエルの神の～が東のほう	
43:5	主の～は神殿に満ちていた	
ホセ4:7	わたしは彼らの～を恥に変える	
ハバ2:14	主の～を知ることで満たされる	
ハガ2:9	この宮のこれから後の～は	
ゼカ2:5	わたしがその中の～となる	
マタ24:30	人の子が大能と輝かしい～を	
25:31	人の子はその～の位に着きます	
マコ13:26	人の子が偉大な力と～を帯びて	
ルカ2:14	いと高き所に、～が、神にある	
ヨハ1:14	自分から語る者は、自分の～を	
11:4	神の～のためのものです	
12:28	父よ。御名の～を現してください	
13:31	今こそ人の子は～を受けました	
14:13	父が子によって～をお受けになる	
15:8	わたしの父は～をお受けになる	
17:1	子の～を現してください	
17:5	わたしを～で輝かせてください	
17:24	わたしに下さったわたしの～を	
使7:2	～の神が彼に現れて	
ロマ8:18	～に比べれば、取るに足りない	
11:36	～がとこしえにありますように	
Iコリ6:20	神の～を現しなさい	
15:43	～あるものによみがえらされ	
IIコリ3:7	やがて消え去る～のゆえに	
3:11	永続するものには、なおさら～が	
コロ1:27	キリスト、～の望みのことです	
IIテサ1:9	その御力の～から退けられて	
2:14	主イエス・キリストの～を得させ	
IIペテ1:3	ご自身の～と徳によって	
ユダ24	～の御前に立たせることのできる方	
黙7:12	賛美と～と知恵と感謝と誉れと力	

えいち（英知）

申32:28	彼らのうちに、～はない	
詩49:3	知恵を語り、私の心は～を告げる	
136:5	～をもって天を造られた方に	
箴2:2	あなたの心を～に向けるなら	
2:11	～があなたを保って	
18:2	愚かな者は～を喜ばない	
イザ40:14	知識を授け、～の道を知らせた	
エレ10:12	～をもって天を張られた方	

えいよ（栄誉）

エス6:3	このために、～とか昇進とか	
6:6	王が～を与えたいと思われる者に	
6:11	王が～を与えたいと思われる人を	
詩49:17	その～も彼に従って下っては行か	
箴15:33	謙遜は～に先立つ。　　　し‐ない	
イザ62:7	エルサレムを～とされるまで	
ヨハ5:41	人からの～は受けません	
8:50	わたしは わたしの～を求めません	
12:43	神からの～よりも、人の～を愛し	
ロマ3:23	神からの～を受けることができず	
Iコリ4:10	あなたがたは～を持っている	

えき（益）

詩30:9	私の血に何の～があるのでしょうか	
伝1:3	それが人に何の～になろう	
2:11	日の下には何一つ～になるものは	
5:16	風のために労苦して何の～がある	
7:12	知識の～は、知恵がその持ち主を	
イザ48:17	あなたに～になることを教え	
ロマ8:28	主の前に、～を働かせて～	
Iコリ6:12	すべてが～になるわけでは	
7:35	あなたがた自身の～のためであって	
ガラ5:2	あなたがたにとって、何の～も	
ピリ1:21	死ぬことも～です	

えきびょう（疫病）

出9:3	非常に激しい～が起こる	
民11:33	主は非常に激しい～で民を打った	
14:37	主の前に、～で死んだ	
申28:21	～をあなたの身にまといつかせ	
IIサム24:13	あなたの国に～があるのが	
詩91:6	また、暗やみに歩き回る～も	
エレ29:17	剣とききんと～を送り、彼らを	

えぐりだす（えぐり出す）

マタ5:29	～して、捨ててしまいなさい	
ガラ4:15	目を～して私に与えたいとさえ	

えこひいき

II歴19:7	不正も、～も、わいろを取ること	『とも』
箴18:5	悪者を～することはよくない	
ロマ2:11	神には～などはないからです	
ヤコ2:1	人を～してはいけません	
3:17	～がなく、見せかけのないものです	

えさ

ヨブ38:41	烏に～を備えるのはだれか	

えだ（枝）

ヨハ12:13	しゅろの木の～を取って	
15:2	わたしの～で実を結ばないものは	
ロマ11:18	その～に対して誇ってはいけま	し‐せん

えにしだ

I列19:4	彼は、～の木の陰にすわり	

エパます（エパ枡）

ゼカ5:7	～の中にひとりの女がすわって	

エボデ

士8:27	ギデオンはそれで、一つの～を作り	
ホセ3:4	～も、テラフィムもなく過ごす	

えもの（獲物）

創27:3	～をしとめて来てくれないか	
ヨブ29:17	その歯の間から～を引き抜いた	

えらい（偉い）

マタ18:1	だれが一番～のでしょうか	
ルカ22:24	この中でだれが一番～だろうか	

えらび（選び）

マコ13:20	ご自分で選んだ～の民のために	
13:27	四方からその～の民を集めます	
使9:15	あの人は……わたしの～の器です	
ロマ9:11	神の～の計画の確かさが	
11:28	～によれば、父祖たちのゆえに	

えらぶ（選ぶ）

創13:11	ヨルダンの低地全体を～び取り	
18:19	わたしが彼を～び出したのは	
49:26	その兄弟たちから～び出された者	

出18:25　力のある人々を〜び、千人の長
民16:7　主がお〜びになるその人が聖なる
　17:5　わたしが〜人の杖は芽を出す
申4:37　その後の子孫を〜んでおられた
　7:7　あなたがたを〜ばれたのは
　12:5　全部族のうちから〜場所を尋ねて
　14:24　主が御名を置くために〜場所が
　17:15　あなたの神、主の〜者を、必ず
　18:5　主が……彼を〜ばれたのである
　33:16　その兄弟たちから〜び出された者
ヨシ24:15　どれでも、きょう〜がよい
Ⅰサム2:28　全部族から、その家を〜び
　10:24　見よ。主がお〜びになったこの人
　17:8　ひとりを〜んで、おれのところに
Ⅱサム24:12　そのうち一つを〜べ
Ⅰ列3:8　あなたの〜んだあなたの民の中
　11:13　わたしが〜んだエルサレムのため
Ⅰ歴16:13　主に〜ばれた者、ヤコブの子ら
　21:10　そのうち一つを〜べ
　28:10　宮を建てさせるため……〜ばれた
Ⅱ歴29:11　主はあなたがたを〜んで、
エズ8:24　彼らの同僚十人を〜び出し
詩25:12　その人に〜べき道を教えられる
　33:12　ご自身のものとしてお〜びに
　　　　　なった
　47:4　私たちのためにお〜びになる
　65:4　あなたが〜び、近寄せられた人
　78:68　ユダ族を〜び……シオンの山を
　89:3　わたしの〜んだ者と契約を結び
　105:43　〜ばれた民を喜ぶ叫びのうちに
　106:23　もし、神に〜ばれた人モーセが
　119:30　私は真実の道を〜び取り
　119:173　私はあなたの戒めを〜びました
　135:4　イスラエルを〜んで、ご自分の宝
箴1:29　主を恐れることを〜ばず
イザ7:15　善を〜ことを知るころまで
　41:8　わたしが〜んだヤコブ、「者
　42:1　わたしの心の喜ぶわたしが〜んだ
　43:10　わたしが〜んだわたしのしもべで
　45:4　わたしが〜んだイスラエルのため
　49:7　聖なる方があなたを〜んだから
　65:9　わたしの〜んだ者がこれを所有し
　65:22　わたしの〜んだ者は、自分の手で
　66:3　実に彼らは自分かってな道を〜び
エレ33:24　主は〜んだ二つの部族を退けた
アモ3:2　あなたがただけを〜び出した
ハガ2:23　わたしがあなたを〜んだからだ
ゼカ1:17　主は……エルサレムを再び〜
マタ12:18　わたしの〜んだわたしのしもべ
　22:14　〜ばれる者は少ないのです
　24:22　〜ばれた者のために、その日数は
ルカ6:13　十二人を〜び、彼らに使徒と
　9:35　これは……わたしの〜んだ者で
　10:42　マリヤはその良いほうを〜んだ
　14:7　招かれた人々が上座を〜んでいる
ヨハ13:18　わたしが〜んだ者を知って
　15:16　あなたがたがわたしを〜んだので

使6:5　アンテオケの改宗者ニコラオを〜び
　15:25　そこで、私たちは人々を〜び
ロマ1:1　神の福音のために〜び分けられ
　8:33　神に〜ばれた人々を訴えるのは
　11:7　〜ばれた者は獲得しましたが
Ⅰコリ1:27　この世の愚かな者を〜び
ガラ1:15　生まれたときから私を〜び分け
エペ1:4　神は私たちを……彼にあって〜
ピリ1:22　どちらを〜んだらよいのか
コロ3:12　神に〜ばれた者、聖なる……者
Ⅰテサ1:4　あなたがたが神に〜ばれた者
Ⅱテサ2:13　初めから救いにお〜びに
Ⅱテモ2:10　私は〜ばれた人たちのために
ヘブ11:25　苦しむことを〜び取りました
Ⅰペテ1:2　血の注ぎかけを受けるように
　　　　　〜ばれた人々へ
　2:9　〜ばれた種族、王である祭司
Ⅱペテ1:10　召されたことと〜ばれたこと

えりわける（えり分ける）
レビ20:24　あなたがたを国々の民から〜け
申10:8　そのとき、主はレビ部族を〜けて
エゼ20:38　わたしにそむく反逆者を、〜

える（得る）
創4:1　主によってひとりの男子を〜た
ヨブ33:24　わたしは身代金を〜た
箴8:22　初めから、わたしを〜ておられた
ピリ3:8　それは、私には、キリストを〜

えん（縁）
創34:9　私たちは互いに〜を結びましょう
ヨシ23:12　交わり、彼らと互いに〜を結ぶ
Ⅰ列3:1　ソロモンは……パロと互いに〜
　　　　　を結び
エズ9:1　国々の民と〜を絶つことなく

えんかい（宴会）
ダニ5:1　千人の貴人たちのために大〜を
　5:10　〜の広間に入って来た。」催し
マタ22:8　〜の用意はできているが
　23:6　〜の上座や会堂の上席が大好きで
ルカ14:16　ある人が盛大な〜を催し

お

お（尾）
黙9:10　さそりのような〜と針とを持って

おいだす（追い出す）
創21:10　その子といっしょに〜してくださ
ネヘ13:28　私は彼を私のところから〜した
マコ3:15　悪霊を〜権威を持たせるためで
　3:22　悪霊どもを〜しているのだ
　9:28　私たちには〜せなかったのですが
ルカ9:49　先生の名を唱えて悪霊を〜して
　11:15　悪霊どもを〜しているのだ
　20:15　ぶどう園の外に〜して、殺して
ヨハ9:34　そして、彼を外に〜した

おいもとめる（追い求める）
詩38:20　私が善を〜からといって、私を
箴21:21　正義と誠実を〜者は、いのちと
ホセ6:3　主を知ることを切に〜めよう

ロマ14:19　霊的成長に役立つことを〜め
ヘブ12:14　すべての人との平和を〜め

おいる（老いる）
ヨブ12:12　〜いた者に知恵があり
　15:10　白髪の者も、〜いた者もいる
　29:8　年〜いた者も起き上がって立った

おう（王）
出2:23　「の〜は死んだ
　出2:23　それから何年もたって、エジプト
申17:14　私も自分の上に〜を立てたい
士18:1　イスラエルには〜がなかった
　21:25　そのころ、イスラエルには〜が
Ⅰサム2:10　ご自分の〜に力を授け しなく
　8:5　私たちをさばく〜を立ててください
　10:24　「〜さま。ばんざい」と言った
　11:15　主の前に、サウルを〜とした
　12:12　主があなたがたの〜であるのに
　15:1　その民イスラエルの〜とされた
　23:17　あなたこそ、イスラエルの〜と
Ⅱサム19:10　〜を連れ戻すために、なぜ
Ⅰ列2:11　ダビデがイスラエルの〜であっ
Ⅱ列11:12　彼らは彼を〜と宣言した。」た
Ⅰ歴16:31　国々の中で言え。主は〜である
Ⅱ歴23:11　〜の子を連れ出し、彼に王冠を
詩2:6　わたしは、わたしの〜を
　5:2　私の〜、私の神。私はあなたに祈
　10:16　主は世々限りなく〜である
　24:7　栄光の〜が入って来られる
　44:4　神よ。あなたこそ私の〜です
　72:1　神よ。あなたの公正を〜に、」って
　93:1　主は、〜であられ、みいつをまと
　97:1　主は、〜だ。地は、こおどりし
　102:15　〜はあなたの栄光を恐れましょう
　149:2　おのれの〜にあって楽しめ
箴8:15　わたしによって、〜たちは治め
　31:4　酒を飲むことは〜のすることでは
伝4:14　彼が牢獄から出て来て〜になった
　8:4　〜のことばには権威がある
　10:16　あなたの〜が子どもであって
イザ24:23　万軍の主が……エルサレムで〜
　　　　　となり
　32:1　ひとりの〜が正義によって治め
　43:15　わたしは……あなたがたの〜で
エレ10:7　諸国の民の〜よ。「げ
　51:57　その名を万軍の主という〜の御告
ダニ2:37　〜の〜である〜さま。天の神は
　7:17　地から起こる四人の〜である
ミカ4:7　今よりとこしえまで、彼らの〜と
ゼカ9:9　あなたの〜があなたのところに
マタ2:2　ユダヤ人の〜としてお生まれに
　22:2　披露宴を設けた〜にたとえること
　25:34　〜は、その右にいる者たちに言い
ルカ19:14　〜にはなってもらいたくあり
　　　　　ません
　19:38　主の御名によって来られる〜に
　23:3　あなたは、ユダヤ人の〜ですか
ヨハ1:49　あなたはイスラエルの〜です
　6:15　人々が自分を〜としるために
　12:13　祝福あれ。……イスラエルの〜に

ヨハ18:37　わたしが〜であることは
　19:14　さあ、あなたがたの〜です
使7:18　ヨセフのことを知らない別の〜が
　7:7　イエスという別の〜がいると言っ
Ⅰコリ4:8　私たち抜きで、〜さまになって
Ⅰテモ1:17　世々の〜……唯一の神に
　2:1　〜とすべての高い所の御使いに
黙9:11　底知れぬ所の御使いを、〜とし
　16:12　日の出るほうから来る〜たちに
　19:6　われらの神である主は〜となられ
　19:16　「〜の〜、主の主」という名が
　20:4　キリストとともに、千年の間〜と

おう（負う）
出28:12　彼らの名を両肩に〜い、記念とす
民11:14　この民全体を〜ことはできません
　18:1　聖所にかかわる咎を〜わなければ
イザ53:11　彼は多くの人の罪を〜い
マタ11:30　わたしのくびきは〜いやすく
ルカ14:27　自分の十字架を〜ってわたしに
ヨハ19:17　イエスはご自分で十字架を
　　　　　〜って
Ⅱコリ5:19　責めを人々に〜わせないで
Ⅰペテ2:24　私たちの罪をその身に〜われ

おう（追う）
創31:18　自分自身のものとした家畜を〜っ
　31:25　ラバンがヤコブに〜いついたとき
　33:13　一日でも、ひどく〜い立てると
レビ26:7　あなたがたは敵を〜いかけ
申1:44　蜂が〜ようにあなたがたを〜い
ヨブ19:22　神のように、私を〜いつめ
詩44:2　御手をもって、国々を〜い払い
　83:15　あなたのはやてで、彼らを〜い
　109:16　心ひしがれた者を〜いつめ
イザ11:6　小さい子どもがこれを〜って
エレ7:15　エフライムのすべての子孫を〜
　　　　　い払ったように
　17:18　私に〜い迫る者たちが恥を見
哀3:66　主よ。御怒りをもって彼らを〜い
エゼ22:15　民の中に散らし、国々に〜い散
アモ1:11　彼が剣で自分の兄弟を〜い
ゼカ7:14　すべての国々に彼らを〜い散らす

おうい（王位）
Ⅰサム10:16　サムエルが語った〜のことに
ルカ1:32　ダビデの〜をお与えになります
　19:12　〜を受けて帰るためであった

おうかん（王冠）
Ⅱサム3:11　連れ出し、彼に〜をかぶらせ

おうけん（王権）
創49:10　〜はユダを離れず、統治者の杖は
詩22:28　まことに、〜は主のもの
オバ21　山に上り、〜は主のものとなる
ルカ22:29　わたしに〜を与えてくださった

おうこく（王国）
出19:6　祭司の〜、聖なる国民となる
Ⅰサム13:14　今は、あなたの〜は立たない
Ⅱサム7:12　〜を確立させる
Ⅰ歴17:11　彼の〜を確立させる

Ⅰ歴29:11　主よ。〜もあなたのものです
エス4:14　あなたがこの〜に来たのは
詩45:6　あなたの〜の杖は公正の杖
　145:12　主の〜の輝かしい栄光を、知らせ
イザ9:7　ダビデの王座に着いて、その〜
黙1:6　また、私たちを〜とし、し治め

おうごん（黄金）
ヨブ22:25　全能者はあなたの〜となり
箴8:10　えり抜きの〜よりも知識を
　8:19　わたしの実は〜よりも、純金より
　16:16　知恵を得ることは、〜を得るより
ゼカ9:3　〜を道ばたの泥のように積み上
マタ2:11　〜、乳香、没薬を贈り物として

おうざ（王座）
Ⅰ列1:13　彼が私の〜に着く、と言って
　1:37　ダビデ王の〜よりもすぐれたもの
　9:5　あなたの王国の〜をイスラエルに
　10:18　王は大きな象牙の〜を作り
Ⅰ歴17:12　〜をとこしえまでも堅く立てる
詩9:4　義の審判者として〜に着かれる
　11:4　主は、その〜が天にある
　45:6　神よ。あなたの〜は世々限りなく
　103:19　主は天にその〜を堅く立て
箴25:5　その〜は義によって堅く据えられ
イザ6:1　高くあげられた〜に座しておら
　16:5　一つの〜が恵みによってし れる主
　66:1　天はわたしの〜、地はわたしの足台
エレ17:12　高くあげられた栄光の〜である
　43:10　彼の〜を……石の上に据える
使7:49　天はわたしの〜、地は……足台
　12:21　ヘロデは王服を着けて、〜に着き

おうじ（王子）
マタ22:2　〜のために結婚の披露宴を設け

おうひ（王妃）
エス2:17　ワシュティの代わりに彼女を〜
　　　　　とした
詩45:9　〜はオフィルの金を身に着けて

おうぼう（横暴）
詩54:3　〜な者たちが私のいのちを求めま
箴11:16　〜な者は富をつかむ

おうりょうじけん（横領事件）
出22:9　すべての〜に際し、牛でも、ろば
　　　　　〜でも

おおい
出34:33　モーセは……顔に〜を掛けた
ルツ3:9　ルツです。あなたの〜を広げて
イザ25:7　万国の上にかぶさっている〜を
Ⅱコリ3:14　同じ〜が掛けられたままで
　4:3　〜が掛かっているのです

おおいなる（大いなる）
ヨシ3:7　あなたを〜者としよう
　4:14　ヨシュアを〜者とされたので
Ⅱサム5:10　ダビデはますます〜者となり
　7:22　神、主よ。あなたは〜方です
Ⅰ歴11:9　ダビデはますます〜者となり
　17:19　この〜ことのすべてを行い
　22:5　〜ものにしなければならない
　29:25　主はソロモンを……非常に〜者と
エゼ38:23　わたしがわたしの〜ことを示し

ヨエ2:21　主が〜ことをされたからだ

おおう
創7:20　山々は〜われてしまった。「た
　24:65　リベカはベールを取って身を〜っ
出33:22　この手であなたを〜っておこう
民9:15　あかしの天幕である幕屋を〜った
　16:42　雲が彼を〜い、主の栄光が現
ヨブ29:14　義をまとい、義は私を〜った
詩91:4　ご自分の羽で、あなたを〜われる
箴10:12　愛はすべてのそむきの罪を〜う
　17:9　そむきの罪を〜う者は、愛を追い求
イザ6:2　二つで両足を〜い、二つで飛んで
ホセ10:8　「私たちを〜え」と言い
マタ10:26　〜われているもので、現され
　　　　　ないものはなく
ルカ12:2　〜いかぶされているもので
　23:30　『われわれを〜ってくれ』と言い
Ⅰペテ4:8　愛は多くの罪を〜うからです

おおかみ（狼）
イザ11:6　〜は小羊とともに宿り
　65:25　〜と小羊は共に草をはみ、獅子は
マタ7:15　うちは貪欲な〜です
使20:29　狂暴な〜があなたがたの中に

おおきい（大きい）
エレ45:5　自分のために〜なことを求める
マタ12:6　ここに宮より〜な者がいる

おおざけのみ（大酒飲み）
箴23:20　〜や、肉をむさぼり食う者と交わ
マタ11:19　食いしんぼうの〜、取税人や
ルカ7:34　あれ見よ。食いしんぼうの〜

おおじ（大路）
詩84:5　心の中にシオンへの〜のある人は
イザ11:16　アッシリヤからの〜が備えられ
　19:23　エジプトからアッシリヤへの〜が
　35:8　そこに〜があり、その道は聖なる
　40:3　神のために、〜を平らにせよ
　49:11　道とし、わたしの〜を高くする

おおしい（雄々しい）
ヨシ1:6　強くあれ。〜くあれ
　10:25　強くあれ。〜くあれ
Ⅰ歴28:20　〜く、事を成し遂げなさい
詩27:14　〜くあれ。心を強くせよ
　31:24　〜くあれ。心を強くせよ

おおせ（仰せ）
詩119:151　あなたの〜はことごとくまこと
　　　　　し です

おおぞら（大空）
創1:6　〜が水の真っただ中にあれ
詩19:1　〜は御手のわざを告げ知らせる

おおたて（大盾）
詩5:12　〜で囲むように愛で彼を囲まれます
エペ6:16　信仰の〜を取りなさい

おおどおり（大通り）
マタ22:9　〜に行って、出会った者をみな

おおみず（大水）
創7:10　大洪水の〜が地の上に起こった
雅8:7　〜もその愛を消すことができません

おか（丘）
詩50:10　わたしのもの、千の〜の家畜らも

コンコルダンス

おかす（犯す）
- Ⅱ歴24:20 主の命令を〜して、繁栄を取り
- アモ1:3 ダマスコの〜した三つのそむき

おがむ（拝む）
- 出23:24 彼らの神々を〜んではならない
- 34:14 ほかの神を〜んではならないから
- 申5:9 それらを〜んではならない
- 17:3 私が命じもしなかったものを〜者
- 詩81:9 外国の神を〜んではならない
- イザ2:20 〜ために造った銀の偽りの神々
- 36:7 『この祭壇の前で〜め』と言った
- 44:15 また、これで神を造って〜み
- ダニ3:28 自分たちの神のほかはどんな神にも仕えず、また、〜まない
- ゼパ1:5 屋上で天の万象を〜者ども
- マタ2:2 その方の星を見たので、〜みに
- 2:11 幼子を見、ひれ伏して〜んだ
- 4:9 もしひれ伏して私を〜なら
- 4:10 あなたの神である主を〜み
- 14:33 舟の中にいた者たちは、イエスを〜んで
- 28:9 御足を抱いてイエスを〜んだ
- マコ15:19 ひざまずいて〜んだりしていた
- ルカ4:7 もしあなたが私を〜なら
- 使10:25 彼の足もとにひれ伏して〜んだ
- 18:13 律法にそむいて神を〜ことを
- 19:27 全世界の〜この大女神のご威光も
- Ⅰコリ14:25 ひれ伏して神を〜でしょう
- ヘブ1:6 神の御使いはみな、彼を〜め
- 黙5:14 長老たちはひれ伏して〜んだ
- 13:4 竜を〜んだ。獣に権威を与えたのが
- 13:8 みな、彼を〜ようになる
- 14:7 海と水の源を創造した方を〜め
- 19:10 彼を〜ないようにしなさい。ただ、神を〜みなさい
- 22:8 足もとに、ひれ伏して〜もうとした

おきて
- レビ18:5 〜とわたしの定めを守りなさい
- 民35:29 あなたがたのさばきの〜となる
- 詩119:48 あなたの〜に思いを潜めましょう
- イザ10:1 ああ。不義の〜を制定する者
- エゼ5:6 わたしの〜に従って歩まなかった

おぎなう（補う）
- Ⅰコリ16:17 足りない分を〜ってくれた
- Ⅱコリ8:14 余裕が彼らの欠乏を〜なら

おきる（起きる）
- ヨブ14:12 また、その眠りから〜きない
- 箴24:16 七たび倒れても、また、〜き上がる
- イザ60:1 〜きよ。光を放て
- マタ9:6 〜きなさい。寝床をたたんで
- マコ2:11 〜きなさい。寝床をたたんで
- 5:41 少女よ。あなたに言う。〜きなさい
- ルカ5:24 〜きなさい。寝床をたたんで
- 7:14 あなたに言う、〜きなさい
- 8:54 子どもよ。〜きなさい
- ヨハ5:8 〜きて、床を取り上げて歩き
- エペ5:14 死者の中から〜がれ

おくぎ（奥義）
- マタ13:11 天の御国の〜を知ることが

- マコ4:11 神の国の〜が知らされているが
- ルカ8:10 神の国の〜を知ることが許され
- ロマ11:25 ぜひこの〜を知っていていただ
- 16:26 人々に知らされた〜の啓示によって
- Ⅰコリ2:7 隠された〜としての神の知恵
- 4:1 神の〜の管理者だと考えなさい
- 13:2 あらゆる〜とあらゆる知識にも
- 15:51 あなたがたに〜を告げましょう
- エペ1:9 私がキリストの〜をどう理解して
- 3:4 私がキリストの〜をどう理解して
- 5:32 この〜は偉大です。しいるか
- 6:19 福音の〜を大胆に知らせることが
- コロ1:26 神の聖徒たちに現された〜
- 2:2 神の〜であるキリストを真に知る
- Ⅰテモ3:9 信仰の〜を保っている人です
- 3:16 偉大なのはこの敬虔の〜です
- 黙10:7 神の〜は……成就する

おくじょう（屋上）
- マタ10:27 耳もとで聞くことを〜で言い広
- 24:17 〜にいる者は家の中の物を持ち
- マコ13:15 〜にいる者は降りてはいけませ
- ルカ12:3 〜で言い広められます。しん
- 使1:13 泊まっている〜の間に上がった
- 10:9 ペテロは祈りをするために〜に上

おくまった（奥まった）
- マタ6:6 自分の〜の部屋に入りなさい

おくりもの（贈り物）
- 創32:13 兄エサウへの〜を選んだ
- Ⅱ列16:8 〜として、アッシリヤの王に送
- 詩45:12 ツロの娘は〜を携えて来、しった
- 68:29 あなたに〜を持って来ましょう
- 箴18:16 人の〜はその人のために道を開き
- 21:14 ひそかに与える〜は怒りをなだめ
- イザ66:20 同胞をみな、主への〜として
- エレ40:5 食糧と〜を与えて、彼を去らせ
- ピリ4:17 〜を求めているのではありませ
- ヤコ1:17 すべての良い〜、また、すべて

おくる（送る）
- 詩43:3 あなたの光とまことを〜り
- 78:49 わざわいの御使いの群れを〜られ
- マタ9:38 働き手を〜ってくださるように

おくれる（遅れる）
- 伝5:4 果たすのを〜らせてはならない
- イザ48:9 わたしの名のために、怒りを〜らせ
- ハバ2:3 それは必ず来る。〜ことはない
- マタ25:5 花婿が来るのが〜れたので

おこたる（怠る）
- ロマ12:11 勤勉で〜らず、霊に燃え、主に

おこない（行い）
- ヨブ34:11 神は、人の〜をその身に報い
- 箴16:2 人は自分の〜がことごとく純粋だと
- 20:11 その〜が純粋なのかどうか
- エレ4:18 あなたの〜と、あなたのわざが
- 16:17 彼らのすべての〜を見ているから
- エゼ7:3 あなたの〜にしたがって
- ミカ3:4 彼らの〜が悪いからだ

- マタ16:27 おのおのその〜に応じて報いを
- ヨハ3:19 その〜が悪かったからである
- ロマ8:13 御霊によって、からだの〜を殺すなら、「〜による
- 9:11 〜にはよらず、召してくださる方
- 11:6 もはや〜によるのではありません
- ガラ5:19 肉の〜は明白であって、次の
- エペ2:9 〜によるのではありません
- Ⅰテモ6:18 人の益を計り、良い〜に富み
- ヤコ2:17 信仰も、もし〜がないなら
- Ⅰヨハ3:18 〜と真実をもって愛そうでは
- 黙14:13 彼らの〜は彼らについて行くから
- 20:12 自分の〜に応じてさばかれた

おこなう（行う）
- Ⅱ列13:6 なおそれを〜い続け
- ゼパ2:3 主の定めを〜……へりくだる者
- 使1:1 イエスが〜い始め、教え始められ
- ロマ3:20 律法を〜ことによっては
- 黙17:17 神のみこころを〜思いを彼らの心

おこる
- ルカ15:28 兄は〜って、家に入ろうとも
- エペ6:4 子どもを〜らせてはいけません

おこる（起こる）
- 創49:1 あなたがたに〜ことを告げよう

おごる
- 箴16:5 主はすべて心〜者を忌みきらわれる
- イザ10:15 のこぎりは、それをひく人に向かって〜ことができようか

おさえる（押さえる）
- マコ5:4 だれにも彼を〜だけの力がなか

おさない（幼い）
- ホセ11:1 イスラエルが〜ころ、わたしは
- Ⅱテモ3:15 〜ころから聖書に親しんで

おさなご（幼子）
- Ⅱ列2:23 〜のからだのようになり
- 詩8:2 〜と乳飲み子たちの口によって
- マタ2:8 行って〜のことを詳しく調べ
- 11:25 〜たちに現してくださいました
- 21:16 あなたは〜と乳飲み子たちの口に
- ルカ1:76 〜よ。あなたもまた、いと高き
- 1:80 〜は成長し、その霊は強くなり
- 2:40 〜は成長し、強くなり、知恵に満
- 10:21 〜たちに現してくださいました
- 18:15 〜たちを、みもとに連れて来た
- ヘブ5:13 乳ばかり飲んでいるような者は

おさめる（治める）
- 創37:8 私たちを〜王になろうとするのか
- 士8:23 主があなたがたを〜められます
- Ⅰサム11:12 サウルがわれわれを〜のか
- ヨブ34:30 神を敬わない人間が〜めない
- 詩59:13 ヤコブを〜められることを
- 89:9 海の高まりを〜めておられます
- 110:2 あなたの敵の真ん中で〜めよ
- 箴8:15 わたしによって、王たちは〜め
- 16:32 自分の心を〜者は町を攻め取る者
- イザ3:4 気まぐれ者に彼らを〜めさせる
- 26:13 君主が、私たちを〜めましたが
- 32:1 ひとりの王が正義によって〜め

エレ23:5　彼は王となって〜め、栄えて
ダニ11:3　大きな権力をもって〜め
マタ2:6　わたしの民イスラエルを〜支配者
ルカ1:33　とこしえにヤコブの家を〜め
Ⅰテモ3:4　家庭をよく〜め、十分な威厳
黙2:27　器を打ち砕くようにして彼らを〜

おしい（惜しい）
使20:24　私のいのちは少しも〜とは思いま

おしいる（押し入る）
マコ3:27　強い人の家に〜って家財を略奪

おしえ（教え）
民5:29　これがねたみの場合の〜である
6:13　これがナジル人についての〜で
申1:5　このみ〜を説明し始めて言った
17:18　自分のために、このみ〜を書き写
31:9　モーセはこのみ〜を書きしるし
31:11　このみ〜を読んで聞かせなければ
31:26　このみ〜の書を取り、あなたがた
32:2　私の〜は、雨のように下り
詩1:2　昼も夜もその〜を口ずさむ
19:7　主のみ〜は完全で、たましいを生
箴1:8　母の〜を捨ててはならない
13:14　知恵のある者の〜はいのちの泉
イザ51:7　心にわたしの〜を持つ民よ
54:13　子どもたちはみな、主の〜を受け
ミカ4:2　それは、シオンからみ〜が出
マラ2:6　彼の口には真理の〜があり
マタ16:12　サドカイ人たちの〜のことで
マコ7:7　人間の〜を、〜として教える
ルカ4:4　すでに〜を受けられた事がらが
6:18　イエスの〜を聞き、また病気を直
ヨハ7:16　わたしの〜は、わたしのもので
18:19　〜のことについて尋問した
使2:42　彼らは使徒たちの〜を堅く守り
5:28　エルサレム中に……〜を広めて
17:19　新しい〜がどんなものであるか
ロマ6:17　伝えられた〜の規準に心から
エペ4:14　〜の風に吹き回されたり
Ⅰテモ1:3　ある人たちが違った〜を説い
4:13　聖書の朗読と勧めと〜とに専念し
5:17　みことばと〜のためにほねおって
Ⅱテモ3:10　私の〜、行動、計画、信仰
3:16　〜と戒めと矯正と義の訓練との
テト1:9　健全な〜をもって励まし
2:10　私たちの救い主である神の〜を
Ⅱヨハ9　キリストの〜のうちにとどまらな

おしえる（教える）　　　　　し、い者は
出4:12　あなたの言うべきことを〜えよう
申4:1　私の〜おきてと定めとを聞きなさ
4:5　おきてと定めとを〜えたから
4:10　子どもたちに〜ことができるよう
5:31　あなたが彼らに〜すべての命令
6:7　子どもたちによく〜え込みなさい
11:19　あなたの子どもたちに〜え
31:19　それをイスラエル人に〜え、彼ら
33:10　あなたの定めをヤコブに〜え
士13:8　何をすればよいか、〜えてくださ
Ⅱ歴17:9　彼らはユダで〜えた。すなわち

エズ7:10　おきてと定めを〜えようとして
　　　がそれがあなたに〜だろう
ヨブ12:7　神に知識を〜えようとするのか
21:22
詩25:4　あなたの小道を私に〜えてくださ
27:11　あなたの道を私に〜えてくださ
86:11　あなたの道を私に〜えてくださ
94:10　人に知識を〜その方が
119:12　あなたのおきてを私に〜えてくだ
119:33　おきての道を私に〜えてください
143:10　みこころを行うことを〜えて
箴4:11　私は知恵の道をあなたに〜え
9:9　正しい者を〜えよ。彼は理解を深
イザ28:9　彼はだれに知識を〜えようとし
エレ32:33　わたしがしきりに彼らに〜が
ダニ1:4　文学とことばを〜とにふさわしい
ミカ4:2　ご自分の道を、私たちに〜えて
マタ3:7　御怒りから逃れるように〜えた
4:23　ガリラヤ全土を巡って、会堂で〜
7:29　権威ある者のように〜えられ
28:20　すべてのことを守るように、彼ら
　　　　　　　　　　　を〜えなさい
マコ1:22　権威ある者のように〜えられた
4:2　たとえによって……〜えられた
8:31　弟子たちに〜え始められた
9:31　イエスは弟子たちに〜えて、「た
14:49　神は毎日、宮で〜えていた
ルカ4:15　会堂で〜え、みなの人にあがめ
4:31　安息日ごとに、人々を〜えられた
11:1　私たちにも祈りを〜えてくださ
12:12　聖霊が〜えてくださるからです
ヨハ6:45　彼らはみな神によって〜えられ
14:26　あなたがたにすべてのことを〜え
使1:1　イエスが……〜え始められた
4:18　イエスの名によって……〜えたり
5:25　宮の中に立って、人々を〜えてい
15:35　主のみことばを〜え、宣べ伝えた
17:23　知らずに拝んでいるものを、〜え
18:25　正確に語り、また〜えていたが
21:28　至る所ですべての人に〜えている
ロマ2:21　人を〜えながら、自分自身を〜
　　　ないのですか
Ⅰコリ14:26　〜えたり、黙示を話したり
ガラ6:6　みことばを〜えられる人は、〜
　　　人と　　　　　　「のならば
エペ4:21　キリストにあって〜えられている
コロ3:16　知恵を尽くして互いに〜え
Ⅰテモ2:12　女が〜えたり男を支配したり
6:3　違ったことを〜え、私たちの主
ヘブ8:11　おのおのその兄弟に〜えて〜
Ⅰヨハ2:27　彼の油が……あなたがたを〜

おじぎ　　　　　　　　　　　しように
創33:6　子どもたちは進み出て、〜をした

おじし（雄獅子）
Ⅰ王11:22　降りて行って〜を打ち殺した

おしせまる（押し迫る）
マコ5:24　多くの群衆が……イエスに〜った

おしつぶす（押しつぶす）
Ⅱコリ2:7　深い悲しみに〜されてしまう

おしながす（押し流す）
詩69:15　大水の流れが私を〜さず、深い淵

おしのける（押しのける）
詩35:5　主の使いに〜けさせてください

おしはかる（推し量る）
イザ40:13　だれが主の霊を〜り、主の顧問

おしむ（惜しむ）　　　　　　し、として
Ⅰサム15:9　すべての最も良いものを〜み
Ⅱサム21:7　メフィボシェテを〜んだ
エゼ16:5　だれもあなたを〜まず
ヨナ4:11　大きな町ニネベを〜まない
ゼカ11:6　この地の住民を〜まないからだ
ロマ8:32　ご自分の御子をさえ、〜まずに
黙12:11　死に至るまでもいのちを〜まなか

おしゃべり　　　　　　　　　し、った
ヨブ11:3　あなたの〜は人を黙らせる

おしよせる（押し寄せる）
マコ3:9　大ぜいの人なので、〜せて来な

おそい　　　　　　　　　　　し、いよう
箴16:32　怒りを〜くする者は勇士にまさり
19:11　人に思慮があれば、怒りを〜くする

おそう（襲う）　　　　　　　し、る
詩18:29　あなたによって私は軍勢に〜いか

おそるべき（恐るべき）　　　し、かり
イザ2:19　人々は主の〜御顔を避け

おそれ（恐れ）
申2:25　あなたのことでおびえと〜を臨ま
Ⅱ歴20:29　神の〜が彼らの上に臨んだ
詩19:9　主への〜はきよく、とこしえまで
36:1　目の前には、神に対する〜がない
56:3　〜のある日に、私は、あなたに
エレ20:4　愛するすべての者への〜とする
32:40　わたしに対する〜を彼らの心に
48:44　その〜から逃れた者は、穴に落ち
マタ27:54　出来事を見て、非常な〜を感じ
ロマ3:18　目の前には、神に対する〜が
Ⅱコリ7:5　外には戦い、うちには〜が
Ⅰヨハ4:18　愛には〜がありません

おそれる（恐れる）　　　　　　「た
創3:10　私は裸なので、〜れて、隠れまし
32:7　ヤコブは非常に〜れ、心配した
42:18　生きよ。私も神を〜れる者だから
43:18　ヨセフの家に連れて行かれたので
出1:17　助産婦たちは神を〜れ、し、〜れた
2:14　そこでモーセは〜れて、きっと
3:6　モーセは神を仰ぎ見ることを〜れ
9:20　主のことばを〜れた者は、しもべ
14:10　イスラエル人は非常に〜れて
14:13　〜れてはいけない。しっかり立つ
18:21　また、民全体の中から、神を〜
レビ19:30　聖所を〜れなければならない
26:2　聖所を〜れなければならない
民14:9　彼らを〜れてはならない
申1:21　〜れてはならない。おののいては
5:29　いつまでも、わたしを〜れ
6:2　子も孫も、あなたの神、主を〜れ
13:11　イスラエルはみな、聞いて〜れ
17:13　民はみな、聞いて〜れ、不遜な

申31:8　　～れてはならない。おのいては
ヨシ8:1　　～れてはならない。おののいて
　24:14　　今、あなたがたは主を～れ
Ⅰサム15:24　私は民を～れて、彼らの声に
　18:12　　　　　サウルはダビデを～れた
Ⅱサム1:14　手を下して殺すのを～れなか
Ⅱ列25:24　家来たちを～れてはならない
Ⅰ歴13:12　その日ダビデは神を～れて言っ
　16:25　すべての神々にまさって～れられ
Ⅱ歴20:3　　～れて、ただひたすら主に求め
　20:15　大軍のゆえに、～れてはならない
エス8:17　ユダヤ人を～ようになったから
ヨブ26:11　しかると、天の柱は震い、～
　28:28　主を～こと、これが知恵である
詩2:5　　怒りで彼らを～れおののかせる
　2:11　　～れつつ主に仕えよ。おののき
　3:6　　幾万の民をも私は～れない
　4:4　　～れおののけ。そして罪を犯すな
　25:14　主はご自身を～者と親しくされ
　27:3　　張られても、私の心は～れない
　34:9　　主を～れよ。その聖徒たちよ
　34:11　　　　　主を～ことを教えよう
　43:1　神を～れない民の言い分を退けて
　46:2　　それゆえ、われらは～れない
　66:16　さあ、神を～者は、みな聞け
　99:1　　　　　国々の民は～れおののけ
　102:15　こうして、国々は主の御名を～れ
　111:10　主を～ことは、知恵の初め
　118:6　主は私の味方。私は～れない
　119:38　あなたを～ようにしてください
　119:120　あなたのさばきを～れています
　119:161　あなたのことばを～れています
箴1:7　主を～ことは知識の初めである
　3:7　　主を～れて、悪から離れよ
　9:10　主を～れるのは、知恵の初め、聖なる
　14:26　力強い信頼は主を～ことにあり
　14:27　主を～ことはいのちの泉、死の
　15:16　わずかな物を持っていて主を～の
　19:23　主を～なら、いのちに至る。しは
　24:21　わが子よ。主と王とを～れよ
　29:25　人を～とわなにかかる。しかし主
　31:30　主を～女はほめたたえられる
伝3:14　人は神を～れなければならない
　5:7　ただ、神を～れよ。「せである
　8:12　神を～者も、神を敬って、しあわ
　12:13　　　神を～れよ。神の命令を守れ
イザ7:16　あなたが～れているふたりの王
　10:24　わたしの民よ。アッシリヤを～な
　12:2　　私は信頼して～ことはない
　35:4　強くあれ。～な。見よ、……神
　41:10　～な。わたしがあなたとともに
　43:5　　～な。わたしがあなたとともに
　50:10　だれが主を～れ、そのしもべの声
エレ5:24　さあ、私たちの神、主を～れよ
　33:9　平安のために、～れおのこう
　36:24　～れようともせず、衣を裂こうと
　46:27　わたしのしもべヤコブよ。～な
ゼカ8:13　祝福となるせる。～な。勇気を

マラ3:16　主を～者たちが、互いに語り合
マタ1:20　～れないであなたの妻マリヤを
　2:3　　聞いて、ヘロデ王は～れ惑った
　10:31　　　だから～ことはありません
　14:5　殺したかったが、群衆を～れた
　28:5　　～れてはいけません。あなたがた
マコ5:33　女は～れおののき、自分の身に
　6:20　彼を～れ、保護を加えていたから
　11:18　　　イエスを～れたからであった
　14:33　イエスは深く～れもだえ始められ
ルカ12:5　権威を持っておられる方を～れ
ヨハ9:22　　ユダヤ人たちを～れたからで
　12:15　　　　　～な。シオンの娘。見よ
　14:27　　　　～れてはなりません
　19:8　ことばを聞くと、ますます～れた
　20:19　ユダヤ人を～れて戸がしめて
使9:26　弟子だとは信じないで、～れて
　10:2　全家族とともに神を～れかしこみ
　27:24　　　　～れてはいけません。パウロ
ロマ13:3　権威を～れたくないと思うなら
Ⅰコリ2:3　弱く、～れおののいていまし
Ⅱコリ5:11　主を～ことを知っているので
ヘブ11:23　王の命令をも～れませんでした
黙15:4　だれかあなたを～れず、御名を
おそろしい（恐ろしい）
雅6:10　旗を掲げた軍勢のように～もの
ルカ9:34　　　　弟子たちは～くなった
　19:21　きびしい方ですから、～ゅうござ
おそろしさ（恐ろしさ）
マタ14:26　～のあまり、叫び声を上げた
おだやか（穏やか）
士3:11　この国は四十年の間、～であった
　5:31　この国は四十年の間、～であった
箴14:30　　　～な心は、からだのいのち
おちつく（落ち着く）
ルツ3:18　決めてしまわなければ、～かな
ルカ10:40　もてなしのために気が～かず
おちど（落度）
ルカ1:6　定めを～なく踏み行っていた
おちる（落ちる）
ガラ5:4　恵みから～ちてしまったのです
おつげ（お告げ）
士13:20　あなたへの神の～があります
ルカ2:26　死なないと、聖霊の～を受けて
おっと（夫）
創3:6　いっしょにいた～にも与えたので
申25:5　その～の兄弟がその女のところに
エス1:17　女たちは自分の～を軽く見る
箴31:23　～は町囲みのうちで人々によく知
イザ54:5　あなたの～はあなたを造った者
エレ3:14　あなたがたの～、わたしである
ヨハ4:16　あなたの～をここに呼んで来
ロマ7:2　律法によって～に結ばれて
Ⅰコリ7:2　女もそれぞれ自分の～を持ち
　7:14　信者でない妻も信者の～によって
　7:34　どうしたら～に喜ばれるかを
エペ5:25　～たちよ。……妻を愛しなさい
　5:33　妻もまた自分の～を敬いなさい

コロ3:19　　　　～たちよ。妻を愛しなさい
Ⅰペテ3:7　　～たちよ。妻が女性であって
おとうと（弟）
創4:8　　カインは～アベルに襲いかかり
　37:27　彼はわれわれの肉親の～だから
　45:4　エジプトに売った～のヨセフです
Ⅰ列2:15　王位は転じて、私の～のものと
ロマ9:12　「兄は～に仕える」と彼女に告
　　　　　　　　　　　しげられた
おとこ（男）
創1:27　　～と女とに彼らを創造された
申22:5　　～は女の着物を着てはならない
Ⅱサム12:7　　　　　あなたがその～です
Ⅰコリ11:8　～は女をもとにして造られた
おとこのこ（男の子）
　　　　　　　　　　しのではなく
創18:10　妻サラには、～ができている
イザ7:14　～を産み、その名を『インマヌ
　　　　　　　　エル』と名づける
　9:6　　ひとりの～が、私たちに与えら
ゼカ8:5　広場で遊ぶ～や女の子でいっぱい
マタ2:16　　　～をひとり残らず殺させた
ルカ1:31　　みごもって、～を産みます
　1:57　月が満ちて、エリサベツは～を産
おとし　　　　　　　　しんだ
イザ30:17　ひとりの～によって千人が逃げ
おとしあな（落とし穴）
士8:27　その一族にとって、～となった
Ⅰサム18:21　ミカルは彼にとって～となり
おとす（落とす）
Ⅰサム3:19　主のことばを一つも地に～さ
おどす　　　　　　　　しれなかった
エズ4:4　気力を失わせ、彼らを～した
おとずれ
詩68:11　良い～を告げる女たちは大きな
おとずれる（訪れる）
詩65:9　あなたは、地を～れ、水を注ぎ
ゼパ2:7　彼らの神、主が、彼らを～れ
ルカ1:78　日の出がいと高き所から……れ
おとめ
詩45:14　彼女に付き添う～らもあなたの
　68:25　タンバリンを鳴らして～らが行く
箴30:19　　　　舟の道、～への男の道
エレ14:17　私の民の娘、～の打たれた傷は
哀5:15　　～、シオンの娘よ。私は何に
ヨエ1:8　　荒布をまとった～のように
アモ5:2　～イスラエルは倒れて、二度と
おどり（踊り）
出32:19　宿営に近づいて、子牛と～を見る
詩30:11　嘆きを～に変えてくださいました
マタ14:6　～を踊ってヘロデを喜ばせた
マコ6:22　～を踊ったので、ヘロデも同席
おどりあがる（おどり上がる）　しの人々も
使3:8　　～ってまっすぐに立ち、歩きだし
おとる（劣る）
ヨブ12:3　　私はあなたがたに～らない
おどる（踊る）
士21:21　シロの娘たちが～りに出て来たら
Ⅱサム6:14　主の前で、力の限り～った

おどろ / コンコルダンス / おもいだす

おどろ
- マタ11:17 笛を吹いてやっても……〜らなかった
- ルカ1:41 聞いたとき、子が胎内で〜
- 7:32 笛を吹いてやっても……〜らなかった
- イザ5:6 いばらと〜が生い茂る

おとろえる（衰える）
- 詩6:2 私は〜えております。主よ
- イザ42:4 彼は〜えず、くじけない

おどろく（驚く；驚き）
- 創43:33 この人たちは互いに〜き合った
- II歴7:21 通り過ぎる者がみな、〜いて
- ヨブ17:8 正しい者はこのことに〜き
- イザ52:15 彼は多くの国々を〜かす
- ダニ3:24 ネブカデネザル王は〜き
- 4:19 ダニエルは、しばらくの間、〜き
- 8:27 この幻のことで、〜きすくんで
- マタ7:28 群衆はこれを聞いて〜いた
- 8:10 イエスは、これを聞いて〜かれ
- 8:27 〜いてこう言った。「風や湖まで
- 9:33 その人はものを言った。群衆は〜い
- マコ5:20 人々はみな〜いた。
- 5:42 たちまち非常な〜に包まれた
- 6:2 聞いた多くの人々は〜いて言った
- 6:6 イエスは彼らの不信仰に〜かれた
- 15:5 それにはピラトも〜いた
- ルカ2:18 羊飼いの話したことに〜いた
- 4:32 人々は、その教えに〜いた
- 5:26 ひどく〜き、神をあがめ、恐れに
- 7:9 これを聞いて、イエスは〜かれ
- 使2:12 人々はみな、〜き惑って、互いに
- 3:12 なぜこのことに〜いているのです
- 4:13 普通の人であるのを知って〜た
- 8:13 奇蹟が行われるのを見て、〜いて
- 黙17:7 なぜ〜のですか。私は、あなたに

おの（斧）
- II列6:5 〜の頭を水の中に落としてしま
- 6:6 投げ込み、〜の頭を浮かばせた
- I歴20:3 鉄のつるはしや〜を使う仕事に
- 詩74:5 森の中で〜を振り上げるかのよう
- イザ10:15 〜は、それを使って切る人に
- マタ3:10 〜もすでに木の根元に置かれて
- ルカ3:9 〜もすでに木の根元に置かれて

おののく
- 申28:65 その所で、あなたの心を〜かせ
- ヨブ7:14 あなたは夢で私を〜かせ、幻に
- 詩33:8 住む者よ。みな、主の前に〜け
- イザ8:12 この民の恐れるものを恐れるな。
- 32:11 のんきな女たちよ。〜け。〜な
- 66:5 主のことばに〜者たちよ
- ダニ6:26 ダニエルの神の前に震え、〜け

おび（帯）
- イザ11:5 正義はその腰の〜となり、真実はその胴の〜となる
- エレ13:1 行って、亜麻布の〜を買い
- 使21:11 パウロの〜を取り、自分の両手も
- エペ6:14 腰には真理の〜を締め、胸には

おびえる
- 申28:66 あなたは夜も昼も〜えて、自分が
- ヨブ15:24 苦難と苦悩とが彼を〜えさせ
- 21:6 私は思い出すと〜え、おののきが
- 23:16 全能者は私を〜えさせた
- オバ9 テマンよ。あなたの勇士たちは〜
- マタ14:26 「あれは幽霊だ」と言って、〜

おひつじ（雄羊）
- 創15:9 三歳の〜と、山鳩と
- 22:13 角をやぶにひっかけている一頭の〜
- 出29:39 一頭の若い〜は朝ささげ

おびやかす（脅かす）
- ダニ4:5 頭に浮かんだ幻が、私を〜した
- ゼパ3:13 彼らを〜者はない

おびる（帯びる）
- IIサム22:40 戦いのために、私に力を〜び
- 詩45:3 あなたの剣を腰に〜びよ。〜させ
- IIコリ4:10 イエスの死をこの身に〜びて

おふれ
- II歴36:22 王は王国中に〜を出し、文書

おぼえる（覚える）
- 創19:29 神はアブラハムを〜えておられた
- 30:22 神はラケルを〜えておられた
- 出13:3 出て来たこの日を〜えていなさい
- 32:13 イスラエルを〜えてください
- 民10:10 あなたがたの神の前に〜えられる
- 申9:7 よく〜えていなければならない
- 9:7 主を怒らせたかを〜えていなさい
- 15:15 主が贖い出されたことを〜えて
- ネヘ4:14 大いなる恐るべき主を〜え
- 5:19 民のためにしたすべてのことを〜え
- 13:14 このことのために私を〜えていて
- 詩6:5 死にあっては、あなたを〜ことは
- 45:17 代々にわたって〜えさせよう
- 98:3 恵みと真実を〜えておられる
- 112:6 正しい者はとこしえに〜えられる
- 伝12:1 あなたの創造者を〜えよ
- イザ62:6 主に〜えられている者たちよ
- エレ2:2 わたしへの従順を〜えている
- 18:20 語ったことを、〜えてください
- ホセ7:2 彼らのすべての悪を〜えている
- ルカ22:19 わたしを〜えてこれを行ない
- ヨハ15:20 言ったことばを〜えておきなさい
- 使10:4 あなたの祈りと施しは……〜えられ
- Iコリ11:24 わたしを〜えて、これを行い
- 黙18:5 神は彼女の不正を〜えておられる

おぼしめし
- ヨブ6:9 私を絶つことが神の〜であるなら

おぼれる
- マタ18:6 湖の深みで〜れ死んだほうが
- マコ5:13 湖へなだれ落ちて、湖に〜れて
- ルカ8:33 湖に入り、〜れ死んだ

おめい（汚名）
- 創30:23 私の〜を取り去ってくださった
- Iサム22:15 家の者全部に〜を着せないで

おもい（重い）
- 創18:20 また彼らの罪はきわめて〜
- 出4:10 私は口が〜く、舌が〜のです

おもい（思い）
- 創2:16 どの木からでも〜のまま食べてよい
- 詩10:4 その〜は「神はいない」の一言に
- 19:14 私の口のことばと、私の心の〜と
- 73:7 ふくらみ、心の〜はあふれ出る
- 77:12 すべてのことに〜を巡らし
- 119:15 私は、あなたの戒めに〜を潜め
- 119:78 あなたの戒めに〜を潜めます
- 139:17 あなたの御〜を知るのはなんと
- 143:5 わたしは、あなたがの〜
- イザ55:8 わたしの〜は、あなたがたの〜
- 59:7 彼らの〜は不義の〜。〜と異なり
- マタ9:4 イエスは彼らの心の〜を知って
- 22:37 心を尽くし、〜を尽くし、知力を
- 24:50 〜がけない日の思わぬ時間に
- マコ12:30 心を尽くし、〜を尽くし、知性
- ルカ2:19 心に納めて、〜を巡らしていた
- ロマ8:7 肉の〜は神に対して反抗する
- 15:5 互いに同じ〜を持つようにして

おもいあがる（思い上がる）
- ロマ12:3 限度を越えて〜ってはいけません
- Iコリ4:18 〜っている人たちがいます

おもいおこす（思い起こす）
- 出2:24 イサク、ヤコブとの契約を〜され
- 6:5 聞いて、わたしの契約を〜した
- レビ26:42 ヤコブとのわたしの契約を〜
- 申24:18 〜しなさい。あなたがエジプトで
- I歴16:12 行われた奇しいみわざを〜せ
- II歴6:42 忠実なわざの数々を〜してくだ
- ネヘ1:8 ことばを、〜してください
- 詩42:6 山から私はあなたを〜します
- 74:2 どうか〜してください。昔あなた
- 77:6 夜には私の歌を、自分の心と
- 77:11 主の、主のみわざを〜そう
- イザ33:18 心は、恐ろしかった事どもを〜
- エゼ20:43 すべてのわざを〜し
- ミカ6:5 わたしの民よ。〜せ。モアブの
- ユダ17 前もって語ったことばを〜してくだ

おもいしらせる（思い知らせる）
- I列17:18 あなたは私の罪を〜せ

おもいだす（思い出す）
- 創9:15 わたしの契約を〜から、大水は
- 民11:5 ただで魚を食べていたことを〜
- 申32:7 昔の日々を〜し、代々の年を思え
- II列20:3 ああ、主よ。どうか〜してくだ
- 詩63:6 ああ、私は床の上であなたを〜し
- 137:7 エドムの子らを〜してください
- イザ38:3 ああ、主よ。どうか〜してくだ
- 43:18 先の事どもを〜な。昔の事どもを
- 43:25 もうあなたの罪を〜さない
- 46:8 このことを〜し、しっかりせよ
- 65:17 先の事は〜されず、心に上ること
- 哀1:7 持っていた自分のすべての宝を〜
- エゼ16:22 若かった時のことを〜さなかった
- 36:31 良くなかったわざを〜し、〜た
- ヨナ2:7 衰え果てたとき、私は主を〜し
- ゼカ10:9 遠くの国々でわたしを〜し

おもいちがい

マタ5:23	恨まれていることをそこで~したなら	
26:75	イエスの言われたあのことばを~	
ルカ16:25	子よ。~してみなさい。	した
17:32	ロトの妻を~しなさい	
23:42	私を~してください	
24:8	女たちはイエスのみことばを~し	
ヘブ8:12	彼らの罪を~さないからである	
10:3	罪が年ごとに~されるのです	
黙3:3	また聞いたのかを~しなさい	

おもいちがい（思い違い）

マコ12:24	そんな~をしているのは

おもいなおす（思い直す）

出32:12	あなたの民へのわざわいを~して
IIサム24:16	わざわいを下すことを~し
I歴21:15	わざわいを下すことを~し
エレ8:8	わたしは……わざわいを~
26:13	わざわいを~されるでしょう
26:19	わざわいを~されたではないか
アモ7:3	主はこのことについて~し
ヨナ3:9	神が~してあわれみ
ゼカ8:14	そしてわたしは~さなかった

おもいはかる（思い計る；思い計り）

創8:21	人の心の~ことは、初めから悪で
詩56:5	彼らの~ことはみな
94:11	人の~ことがいかにむなしいかを
イザ66:18	彼らのわざを、~とを知って

おもいめぐらす（思い巡らす）

詩48:9	あなたの恵みを~しました
箴15:28	正しい者の心は、どう答えるかを
16:9	人は心に自分の道を~。 ~

おもいやる（思いやる）

ヘブ5:2	無知な迷っている人々を~こと「ができる
10:34	捕らえられている人々を~り
13:3	自分も牢にいる気持ちで~り

おもいわずらい（思い煩い；思い煩う）

ピリ4:6	何も~わないで、あらゆる場合に
Iペテ5:7	~を、いっさい神にゆだねな

おもう（思う）

詩63:6	夜ふけて私はあなたを~います	
マタ22:42	キリストについて、どう~いますか	
エペ3:20	~ところのすべてを越えて豊か	
コロ3:2	天にあるものを~いなさい	
IIテモ2:8	キリストを、いつも~って	

おもに（重荷）

民11:11	すべての民の~を私に負わされる
詩38:4	~のように、私には重すぎるから
55:22	あなたの~を主にゆだねよ
66:11	私たちの腰に~を着けられました
68:19	私たちのために、~をになわれる
イザ9:4	彼の~のくびきと、肩のむち
10:27	彼の~はあなたの肩から
エレ23:36	主のことばが人の~となり
マタ11:28	疲れた人、~を負っている人は
使15:28	どんな~も負わせることを決め
IIコリ11:9	あなたの~にならないで
ガラ6:2	互いの~を負い合い、 ~うに

ガラ6:5	負うべき自分自身の~があるので
黙2:24	あなたがたに、ほかの~を負わせ

おもねる

レビ19:15	弱い者に~り、また強い者に
詩18:44	外国人らは、私に~ります

おもり（重り）

申25:13	袋に大小異なる~石を持っていて「はならない
II列21:13	アハブの家に使った~とを
箴20:10	異なる二種類、~異なる二種類
アモ7:7	~なわで築かれた城壁の上に立

おもんじる（重んじる）

I歴4:9	ヤベツは彼の兄弟たちよりも~	じられた
エス3:1	ハメダタの子ハマンを~じ	
ヨブ34:19	貧民よりも上流の人を~ことは	
ルカ7:2	ある百人隊長に~じられている	
ロマ11:13	自分の務めを~じています	

おもんぱかり

エレ32:19	~は大きく、みわざは力があり

おや（親）

IIコリ12:14	~が子のためにたくわえるべ

おり

詩78:70	ダビデを選び、羊の~から彼を召

オリーブ

詩52:8	むしり取ったばかりの~の若葉が	し
申24:20	あなたが~の実を打ち落とすとき	
詩52:8	おい茂る~の木のようだ	
128:3	~の木を囲む若木のようだ	
ホセ14:6	その美しさは~の木のように	
ゼカ4:3	そばには二本の~の木があり	
14:4	エルサレムの東に面する~山の上	
ヨハ8:1	イエスは~山に行かれた	
ロマ11:17	野生種の~であるあなたがその	
黙11:4	主の御前にある二本の~の木	

おりる（降りる）

出34:5	主は雲の中にあって~りて来られ

おる（折る）

民9:12	骨を一本でも~ってはならない
イザ42:3	彼はいたんだ葦を~こともなく
ヨハ19:33	そのすねを~らなかった

おろか（愚か；愚かさ）

Iサム26:21	ほんとうに私は~なことをし
IIサム13:12	こんな~なことをしないで
詩73:22	私は、~で、わきまえもなく
箴9:13	~な女は、騒がしく、わきまえが
13:18	~なる者は自分の~を言い広め
14:7	~な者の前を離れ去れ
24:9	~なはかりごとは罪に。あざける
26:5	~な者には、その~にしたがって
26:11	~な者は自分の~をくり返す
伝2:15	~な者と同じ結末に行き着くのなら
4:5	~な者は、手をこまぬいて、自分
7:17	~すぎてもいけない。自分の時が
イザ44:25	退けて、その知識を~にする
マタ7:26	砂の上に自分の家を建てた~な人
ルカ11:40	~な人たち。外側を造られた方
24:25	ああ、~な人たち。預言者たちの
ロマ1:22	知者であると言いながら、~

		者となり
Iコリ1:21	宣教のことばの~を通して	
1:23	異邦人にとっては~でしょうが	
2:14	それらは彼には~なことだからで	
4:10	私たちはキリストのために~な者	
エペ5:4	~な話や、下品な冗談を避けな	
IIテモ3:6	~な女たちをたぶらかしてい	

おろかもの（愚か者）

		る者が
Iサム25:25	その名はナバルで、そのとおりの~です	
IIサム3:33	~の死のように、アブネルは	
ヨブ5:2	憤りは~を殺し、ねたみは	
詩14:1	~は心の中で、「神はいない」と	
49:10	~もまぬけ者もひとしく滅び	
53:1	~は心の中で、「神はいない」と言	
107:17	~は、自分のそむきの道のため	
箴16:22	~には愚かさが懲らしめとなる	
24:7	~には知恵はさんごのようだ	
伝10:14	~はよくしゃべる。人はこれから	
イザ35:8	~も……迷いこむことはない	
エレ4:22	実に、わたしの民は~で	
ルカ12:20	~。おまえのたましいは、今夜	

おろそか

マタ23:23	あわれみと誠実を、~にして

おわり（終わり；終わる）

		いる
創6:13	すべての肉なるものの~	
民23:10	私の~が彼らと同じであるように	
詩39:4	私の~、私の齢が、どれだけなの	
90:9	齢をひと息のように~らせます	
箴14:12	その道の~は死の道である	
伝4:8	いっさいの労苦には~がなく	
7:8	事の~は、その初めにまさり	
イザ2:2	~の日に、主の家の山は	
46:6	初めであり、また~である	
哀4:18	私たちの~は近づいた	
エゼ7:2	この国の四隅にまで~が来た	
30:3	曇った日、諸国の民の~の時だ	
ダニ11:45	ついに彼の~が来て、彼を助け	
12:13	あなたは~まで歩み、休みに入れ	
アモ8:2	わたしの民イスラエルに、~が	
ハバ2:3	~について告げ	
マタ24:3	世の~には、どんな前兆がある	
24:14	それから、~の日が来ます	
28:20	わたしは、世の~まで、いつも	
ロマ10:4	キリストが律法を~らせられた	
IIテモ3:1	~の日には困難な時代がやって	
ヘブ1:2	この~の時には、御子によって	
Iペテ4:7	万物の~が近づきました	
4:17	神の福音に従わない人たちの~は	
黙2:8	初めであり、~である方、死んで

おん（恩）

		「深い
ルカ6:35	~知らずの悪人にも、あわれみ	
使24:27	ペリクスはユダヤ人に~を売ろう	

おんどり

		「として
箴30:31	いばって歩く~と、雄やぎ、軍隊	

おんな（女）

創2:23	これを~と名づけよう
士4:4	ラピドテの妻で~預言者デボラが

か

がい（害）
- レビ25:17　互いに～を与えてはならない
- Iサム20:7　私に～を加える決心をして
- イザ11:9　これらは～を加えず、そこなわ

かいぎ（会議）
- ヨブ15:8　あなたは神の～にあずかり
- エレ23:18　いったいだれが、主の～に連な

かいけん（会見）
- 出25:22　わたしはそこであなたと～し
- 29:44　わたしは～の天幕と祭壇を聖別す
- 33:7　これを～の天幕と呼んでいた
- レビ1:1　～の天幕から彼に告げて仰せら
- ヨシ18:1　そこに～の天幕を建てた

がいけん（外見）
- ロマ2:28　上のからだの割礼が割礼なの

かいごう（会合）
- 民28:26　聖なる～を開かなければならない

がいこく（外国）
- 申23:20　～人から利息を取ってもよいが
- I列8:41　イスラエルの者でない～人に
- 11:1　パロの娘のほかに多くの～の女
- エズ10:11　～の女から離れなさい
- エゼ44:7　割礼を受けていない～人を連れ
- ルカ17:18　この～人のほかには、だれも

かいしゃく（解釈）
- IIペテ1:20　人の私的～を施してはならない

かいしゅう（会衆）
- レビ4:13　イスラエルの全～があやまって
- 民1:2　イスラエル人の全～を、氏族ごと
- 35:24　～は、打ち殺した者と、その血の
- 詩22:22　～の中で、あなたを賛美しましょ
- 82:1　神は神の～の中に立つ。

かいしゅうしゃ（改宗者）
- マタ23:15　～をひとりつくるのに、海と陸

かいじょ（解除）
- 民32:22　イスラエルに対しても責任が～さ

がいせん（凱旋）
- コロ2:15　捕虜として～の行列に加えられ

かいたく（開拓）
- エレ4:3　耕地を～せよ。いばらの中に種

がい

- 伝7:26　～が死よりも苦々しいことに気が
- イザ4:1　七人の～がひとりの男にすがり
- 8:3　そののち、私は～預言者に近づい
- ゼカ8:5　男の子や～の子でいっぱいに
- マコ15:40　遠くのほうから見ていた～たち
- ヨハ8:3　姦淫の場で捕らえられたひとりの
- 16:21　～が子を産むときには、
- ロマ1:27　男も、～の自然な用を捨てて
- Iコリ7:1　男が～に触れないのは良い
- 11:9　～が男のために造られたのだから
- ガラ4:4　～から生まれた者、また律法の
- Iテモ2:9　～も、つつましい身なりで
- 黙12:1　ひとりの～が太陽を着て、月を
- 12:6　～は荒野に逃げた。そこには
- 17:3　ひとりの～が緋色の獣に乗って

かいどう（会堂）
- マタ9:18　～管理者が来て、ひれ伏して
- マコ5:38　その～管理者の家に着いた
- 6:2　安息日になったとき、～で教え始め
- ルカ7:5　私たちのために～を建てて
- 8:41　この人は～管理者であった
- 13:14　それを見た～管理者は、イエス
- 使18:4　パウロは安息日ごとに～で論じ
- 18:17　～管理者ソステネを捕らえ、法廷
- 19:8　パウロは～に入って、三か月の間

かいどう（街道）
- ルカ14:23　～や垣根のところに出かけて

がいとう（外套）
- II列2:13　エリヤの身から落ちた～を拾い
- イザ61:10　正義の～をまとわせ、花婿の

かいとる（買い取る）
- 出15:16　～られたこの民が通り過ぎるまで
- ルツ4:9　～ったことの証人です
- ネヘ5:8　ユダヤ人を、できるかぎり～った
- 詩74:2　あなたが～られた、あなたの会衆
- イザ11:11　ご自分の民の残りを～られる
- ホセ3:2　大麦一ホメル半で彼女を～った
- 使20:28　ご自身の血をもって～られた神の
- Iコリ6:20　代価を払って～られたのです
- IIペテ2:1　自分たちを～ってくださった

かいぬし（飼い主）
- イザ1:3　牛はその～を……知っている

かいばおけ（飼葉おけ）
- 箴14:4　牛がいなければ～はきれいだ
- ルカ2:7　布にくるんで、～に寝かせた

かいふく（回復）
- 士15:19　水を飲んで元気を～して生き返っ
- ヤコ5:15　祈りは、病む人を～させます

かいほう（介抱）
- ルカ10:34　宿屋に連れて行き、～してやっ

かいほう（解放）
- レビ25:10　すべての住民に～を宣言する
- 詩146:7　主は捕らわれ人を～される
- 伝9:15　自分の知恵を用いてその町を～し
- イザ61:1　捕らわれ人たちへの、囚人たち
- エレ34:8　彼らに奴隷の～を宣言した後
- エゼ46:17　それは～の年まで彼のもので
- 使13:39　モーセの律法によっては～される
- ロマ6:7　罪から～されているのです
- 6:18　罪から～されて、義の奴隷と
- 7:2　夫に関する律法から～されます
- ヘブ2:15　奴隷となっていた人々を～して

かいめん（海綿）
- マタ27:48　～を取り、それに酸いぶどう酒

かいもどし（買い戻し；買い戻す）
- レビ25:24　その土地の～の権利を認めなけ
- 25:33　レビ人から～していたもの
- 25:52　年数に応じてその～の金を払い戻す
- 27:13　その者が、それを～したければ
- ルツ2:20　～の権利のある私たちの親類の
- 3:9　～の権利のある親類ですから
- 4:4　あなたがそれを～つもりなら

ルツ4:6　私に代わって～してください
- 4:14　きょう、～者をあなたに与えて
- 詩49:15　たましいをよみの手から～される
- イザ52:3　だから、金を払わずに～される
- エレ32:7　あなたには～権利がある
- ミカ6:4　奴隷の家からあなたを～し
- マタ16:26　そのいのちを～のには、人は
- マコ8:37　自分のいのちを～ために、人は

かいらく（快楽）
- 箴21:17　～を愛する者は貧しい人となり
- ルカ8:14　富や、～によってふさがれて

かいろ（海路）
- II歴2:16　～をヤフォまであなたのもとに

がいろ（街路）
- 使9:11　『まっすぐ』という～に行き

かう（買う）
- 創25:10　ヘテ人たちから～ったもので
- 出21:2　あなたがヘブル人の奴隷を～場合
- 申28:68　敵に身売りしようとしても、だれも～者はいまい
- ルツ4:10　ルツを～って、私の妻としまし
- IIサム24:24　あなたから～いたいのです
- I歴21:24　十分な金額を払って～いたい
- エゼ7:12　その日が近づいた。～者も喜ぶな
- Iコリ7:23　代価をもって～われたのです

かう（飼う）
- 創46:32　この人たちは羊を～者です
- 民27:17　～者のいない羊のようにしないで
- イザ61:5　あなたがたの羊の群れを～よう
- ミカ5:4　御名の威光によって群れを～い
- 7:14　ご自身のものである羊を～って
- ゼカ11:7　ほふられる羊の群れを～った
- ヨハ21:17　わたしの羊を～いなさい

かえす（返す）
- 創20:7　あの人の妻を～していのちを得な
- 申22:2　それを彼に～しなさい。
- 詩80:19　私たちをもとに～し、御顔を照ら
- マタ22:21　カイザルのものはカイザルに～しなさい。
- マコ12:17　カイザルのものはカイザルに～
- ルカ20:25　カイザルのものはカイザルに～

かえり（帰り）
- ルカ12:45　『主人の～はまだだ』と心の中

かえりみる（顧みる）
- 創21:1　約束されたとおり、サラを～みて
- 出13:19　神は必ずあなたがたを～みて
- レビ26:9　わたしは、あなたがたを～み
- ルツ1:6　主がご自分の民を～みて彼らに
- 詩8:4　あなたがこれを～みられるとは
- 40:17　主よ。私を～みてください
- 119:153　私の悩みを～み、私を助け出し
- エレ29:10　わたしはあなたを～み
- 使7:23　イスラエル人を、～心を起こし
- 15:14　神が……どのように異邦人を～み
- ガラ2:10　貧しい人たちをいつも～ように
- ピリ2:4　他の人のことも～みなさい
- ヘブ2:6　これを～みられるのでしょう

コンコルダンス

かえる
出8:2　　全領土を、～をもって、打つ
詩105:30　彼らの地に、～が群がった

かえる（帰る）
創16:9　　あなたの女主人のもとに～りなさい
31:3　　　あなたの先祖の国に～りなさい
50:14　　ヨセフは……エジプトに～った
民10:36　主よ。お～りください
14:4　　　かしらを立ててエジプトに～ろう
ヨシ22:9　ギルアデの地へ行くために～っ
Ⅰサム7:3　心を尽くして主に～り、　して
ヨブ10:21　私が、再び～らぬところ
詩6:4　　　～って来てください。主よ
51:13　　罪人は、あなたのもとに～りまし
90:3　　　言われます。「人の子らよ、～れ。」
伝5:15　　また裸でもとの所に～
12:7　　　霊はこれを下さった神に～
雅6:13　　～れ。～れ。シュラムの女
イザ35:10　主に贖われた者たちは～って来
44:22　　わたしに～れ。……贖ったからだ
51:11　　主に贖われた者たちは～って来る
55:11　　むなしく……～っては来ない
エレ3:1　　わたしのところに～と言って
3:12　　　背信の女イスラエル。～れ
4:1　　　イスラエルよ。もし～のなら
15:19　　もし、あなたが～って来るなら
30:10　　ヤコブは～って来て、平穏に
哀5:21　　あなたのみもとに～らせてくださ
アモ4:8　　わたしのもとに～って来なかっ
ゼカ1:3　　わたしに～れ。――万軍の主の
マラ3:7　　わたしのところに～れ
マコ5:19　あなたの家族のところに～り
ルカ11:24　出て来た自分の家に～ろう
使7:39　　この後、わたしは～って来て

かえる（変える）
創31:41　幾度も私の報酬を～えたのです
申23:5　　のろいを祝福に～えられた
詩15:4　　立てた誓いは～えない。　「か
エレ13:23　その斑点を、～ことができよう
31:13　　彼らの悲しみを喜びに～え
ロマ12:2　心の一新によって自分を～え
Ⅰコリ15:51　私たちはみな、……～えら
Ⅱコリ3:18　主と同じかたちに姿を～えられ
ピリ3:21　栄光のからだと同じ姿に～えて

かえる（代える）
ロマ1:26　女は自然の用を不自然なものに

かお（顔）
創4:5　　カインはひどく怒り、～を伏せた
出33:11　～と～を合わせてモーセに
33:23　　わたしの～は決して見られない
34:29　　自分の～のはだが光を放ったのを
民6:25　　主が御～をあなたに照らし
申5:4　　～と～を合わせて語られた
34:10　　～と～を合わせて選び出された
Ⅰ列8:28　祈りと願いに御～を向けてくだ
ヨブ29:24　私の～の光はかげらなかった
詩4:6　　　どうか、あなたの御～の光を
詩17:15　正しい訴えで、御～を仰ぎ見
24:6　　　あなたの御～を慕い求める人々
31:16　　御～をあなたのしもべの上に照り
34:16　　主の御～は悪をなす者からそむけ
42:5　　　ほめたたえる。御～の救いを
67:1　　御～を私たちの上に照り輝かして
119:135　御～をあなたのしもべの上に
箴15:13　心に喜びがあれば～色を良くする
雅2:14　　～を、見せておくれ
4:1　　　～おおいのうしろで鳩のようだ
ヨナ1:10　主の御～を避けてのがれようと
マタ6:16　やつれた～つきをしてはいけま
28:3　　その～は、いなずまのように輝き
マコ12:14　人の～色を見ず、真理に基づい

かおり
創27:27　イサクは、ヤコブの着物の～をか
雅1:3　　　あなたの香油の～はかぐわしく
4:11　　　レバノンの～のようだ
7:13　　恋なすびは、～を放ち
Ⅱコリ2:14　キリストを知る知識の～を

かかと
創3:15　　おまえは、彼の～にかみつく
25:26　　その手はエサウの～をつかんで
詩41:9　　私にそむいて、～を上げた

かがみ（鏡）
出38:8　　女たちの～でそれを作った
ヨブ37:18　鋳た～のように堅い大空を
Ⅰコリ13:12　～にぼんやり映るものを見て
Ⅱコリ3:18　～のように主の栄光を反映
ヤコ1:23　生まれつきの顔を～で見る人の

かがむ
Ⅰ列19:18　みな、バアルにひざを～めず

かがやく（輝く；輝き）
ヨブ11:17　人の一生は真昼よりも～き
伝8:1　　人の知恵は、その人の顔を～かし
イザ53:2　私たちが見とれるような……～
もなく　　　　　　　　　　　　「なる方
55:5　　あなたを～かせたイスラエルの聖
58:10　　あなたの光は、やみの中に～き上
60:7　　わたしの美しい家を～かす。」り
哀1:6　　娘から、すべての～がなくなり
ダニ12:3　思慮深い人々は大空の～のよう
に～き　　　　　　　　　　　　「かせ
マタ5:16　あなたがたの光を人々の前で～
13:43　父の御国で太陽のように～きます
17:2　　御顔は太陽のように～き、御衣は
Ⅱコリ4:4　福音の光を～かせないように
ピリ2:16　彼らの間で世の光として～ため
ヘブ1:3　御子は神の栄光の～、また神
黙22:16　わたしは～明けの明星である

かき（垣）
ヨブ1:10　～を巡らしたではありませんか

かぎ
イザ22:22　ダビデの家の～を彼の肩に置く
マタ16:19　あなたに天の御国の～を上げま
ルカ11:52　知識の～を持ち去り、自分も
黙1:18　　死とハデスの～を持っている
3:7　　ダビデの～を持っている方

かきいた（書き板）
ルカ1:63　すると、彼は～を持って来させ

かきみだす（かき乱す）
出23:27　入って行く民のすべてを～し
申2:15　　主の御手が彼らに下り、彼らを～し
士4:15　　バラクの前に剣の刃で～したので
ヨブ3:26　いこいもなく、心は～されて
14:1　　心が～されることでいっぱいです
ガラ1:7　　あなたがたを、～者たちがいて

かきもの（書き物）
ヨブ19:23　ああ、～に刻まれればよいのに

かぎる（限る）
ヨブ14:5　もし、彼の日数が～られ

かく（書く）
出17:14　記録として、書き物に～きしるし
24:4　　モーセは主のことばを……～きし
31:18　神の指で～かれた石の板　しるし
34:1　　その石の板の上に～ような
申6:9　　家の門柱と門に～きしるしなさい
11:20　家の門柱と門に～きしるしなさい
17:18　このみおしえを～き写して
27:3　　すべてのことばを～きしるしなさ
31:9　　モーセはこのみおしえを～きしるし
士8:14　七十七人の長老たちの名を～いた
ヨブ31:35　私を訴える者が～いた告訴状を
詩40:7　巻き物の書に私のことが～いて
箴22:20　知識についての三十句を～いた
25:1　　ヒゼキヤの人々が～き写したもの
伝12:10　真理のことばを正しく～き残した
エレ30:2　ことばをみな、書物に～きしるし
36:2　　ことばをみな、それに～きしるせ
36:18　私が墨でこの巻き物に～きしるし
ダニ5:24　この文字が～かれたのです
ハバ2:2　幻を板に～いて、しっかり確認せ
ルカ10:20　名が天に～きしるされている
ヨハ8:6　指で地面に～いておられた
19:22　私の～いたことは私が～いたので
20:30　この書には～かれていないが
ロマ15:4　昔～かれたものは、　　　　「る
ヘブ8:10　律法を……彼らの心に～きつけ
10:16　律法を……彼らの思いに～きつけ
Ⅱペテ3:15　あなたがたに、～き送った
Ⅰヨハ5:13　これらのことを～いたのは
黙1:19　　この後に起こる事を～きしるせ
3:12　　わたしの新しい名とを～きしるす

がくしゃ（学者）
エズ7:12　天の神の律法の～である祭司
マタ13:52　天の御国の弟子となった～は
Ⅰコリ1:20　知者はどこに……～はどこに

かくしょう（確証）
ダニ9:24　幻と預言とを～し、至聖所に

かくしん（確信）
ルカ1:1　　すでに～されている出来事に
ロマ8:38　私はこう～しています。死も
14:5　　自分の心の中で～を持ちなさい
ガラ5:10　違った考えを持っていないと～
しています
Ⅱテサ3:4　私たちは主にあって～して

ヘブ6:9　　　もっと良いことを〜しています
　　6:11　　私たちの希望について十分な〜を
Ⅰヨハ5:14　　神に対する私たちの〜です
かくす（隠す）
創3:8　　　主の御顔を避けて……身を〜した
　18:17　　　アブラハムに〜しておくべき
出2:2　　　三か月の間その子を〜しておいた
　2:12　　　打ち殺し、これを砂の中に〜した
　3:6　　　モーセは……恐れて、顔を〜した
申29:29　　〜されていることは、私たちの
　　　　　　　　　　　神、主のものである
Ⅰサム3:17　　私に〜さないでくれ。もし
Ⅱ歴22:11　　ヨアシュをアタルヤから〜した
ヨブ24:1　　時が〜されていないのに
　31:33　　自分のそむきの罪をおおい〜し
詩10:1　　　なぜ、身を〜されるのですか
　13:1　　　御顔を……お〜しになるのですか
　27:5　　　悩みの日に私を隠れ場に〜し
　27:9　　　御顔を私に〜さないでください
　30:7　　　あなたが御顔を〜され
　40:10　　　あなたの義を心に〜しません
　55:1　　　切なる願いから、身を〜さないで
　89:46　　　あなたがどこまでも身を〜し
　104:29　　　あなたが御顔を〜されると
　143:9　　　私はあなたの中に、身を〜します
箴12:23　　利口な者は知識を〜し、愚かな者
　25:2　　　事を〜のは神の誉れ。
　26:26　　憎しみは、うまくごまかし〜せて
　28:13　　そむきの罪を〜者は成功しない
イザ2:10　　ちりの中に身を〜せ
　45:15　　まことに、あなたはご自身を〜神
　49:2　　　御手の陰に私を〜し
エレ13:5　　ユーフラテス川のほとりに〜し
　36:26　　主はふたりを〜された。「さず
エゼ39:29　　二度とわたしの顔を彼らから〜
ダニ2:22　　〜されていることもあらわし
アモ9:3　　　カルメルの頂に身を〜しても
マタ25:18　　地を掘って、その主人の金を〜
　　　　　　　　　　　　　　　　した
ルカ10:21　　賢い者や知恵のある者には〜し
かくとう（格闘）
創32:24　　ある人が夜明けまで彼と〜した
ホセ12:4　　彼は御使いと〜して勝ったが
エペ6:12　　私たちの〜は血肉に対するもの
かくとく（獲得）　　　　　└ではなく
Ⅰコリ9:19　　より多くの人を〜するために
かくにん（確認）
マタ18:16　　すべての事実が〜されるためで
Ⅱコリ1:22　　〜の印を私たちに押し、しる
　2:8　　　その人に対する愛を〜することの
かくまう
ヨシ2:4　　そのふたりの人を〜って
詩17:8　　　御翼の陰に私を〜ってください
がくもん（学問）
ヨハ7:15　　この人は……どうして〜がある
使7:22　　　あらゆる〜を教え込まれ、しのか
かくりつ（確立）
Ⅱサム7:12　　彼の王国を〜させる

Ⅰ列2:12　　王座に着き、その王位は〜した
　9:5　　　王座をイスラエルの上に永遠に〜
かくれが（隠れ家）　　　　　└しよう
詩18:11　　主はやみを〜として、回りに置か
かくれたところ（隠れた所）　└れた
イザ45:19　　わたしは〜、やみの地にある場
　　　　　　　　所では語らなかった。「った
　48:16　　わたしは初めから、〜で語らなか
エレ13:17　　私は〜で……涙を流そう
　23:24　　人が〜に身を隠したら、わたしは
マタ6:4　　〜で見ておられるあなたの父
かくれば（隠れ場）
詩27:5　　　主が、悩みの日に私を〜に隠し
　91:1　　　いと高き方の〜に住む者は
　119:114　　あなたは私の〜、私の盾
かくれる（隠れる）
Ⅰサム10:22　彼は荷物の間に〜れている
詩19:12　　〜れている私の罪をお赦しくださ
伝12:14　　神は……れたことについて、す
　　　　　　べてのわざをさばかれるからだ
イザ40:27　　私の道は主に〜れ
　65:16　　わたしの目から〜されるからだ
マタ5:14　　山の上にある町は〜ができま
　6:4　　　あなたの施しが〜れているため
マコ4:22　　〜れているもので、必ず現れる
ルカ8:17　　〜れているもので、あらわに
ロマ2:16　　人々の〜れたことをさばかれる
かけ（欠け）　　　　　　└日に
ヘブ8:8　　神は、それに〜があるとして
かげ（影）
Ⅱ列20:10　　〜が十度あとに戻るようにして
Ⅰ歴29:15　　私たちの日々は〜のようなもの
ヨブ14:2　　〜のように飛び去ってとどまり
　　　　　　ません。「まの人生で
伝6:12　　〜のように過ごすむなしいつかの
使5:15　　　せめてその〜でも、だれかに
コロ2:17　　次に来るものの〜であって
ヘブ10:1　　後に来るすばらしいものの〜は
かげ（陰）　　　　　　└あっても
詩44:19　　死の〜で私たちをおおわれたので
伝7:12　　知恵の〜にいるのは、金銭の〜に
イザ4:6　　昼は暑さを避ける〜となり
マコ4:32　　その〜に空の鳥が巣を作れる
がけ　　　　　　　　└ほどに
マタ8:32　　群れ全体がどっと〜から湖へ
かげぐち（陰口）　　　　└させる
箴16:28　　〜をたたく者は親しい友を離れ
　18:8　　　〜をたたく者のことばはおいしい食
　25:23　　〜をきく舌は人を怒らす。べ物
　26:20　　〜をたたく者がなければ争いはやむ
ロマ1:29　　彼らは……〜を言う者
かける（掛ける）　　　　└うと
エス6:4　　柱に彼を〜ことを王に上奏しよ
　7:9　　　命じた。「彼をそれに〜けよ。」
ヨブ26:7　　地を何もない上に〜けられる
詩137:2　　柳の木々に私たちは立琴を〜けた
かける（欠ける）
申2:7　　　何一つ〜けたものはなかった

マコ10:21　　あなたには、〜けたことが一つ
ルカ18:22　まだ一つだけ〜けたものがあり
かご
出2:3　　　パピルス製の〜を手に入れ
マタ14:20　　十二の〜にいっぱいあった
　15:37　　　七つの〜にいっぱいあった
マコ8:19　　幾つの〜がいっぱいになりまし
使9:25　　　彼を〜に乗せ、町の城壁伝いに
Ⅱコリ11:33　城壁の窓から〜でつり降ろさ
かこい（囲い；囲む）　　　　└れ
ヨブ3:23　　神が〜に閉じこめて、自分の道
詩5:12　　　大盾で〜ように愛で彼を〜まれ
ヨハ10:1　　羊の〜に門からはいらないで
かざり（飾り；飾る）
出3:22　　　女に銀の〜、金の〜、それに着物
詩29:2　　　聖なる〜物を着けて主にひれ伏
　96:9　　　聖なる〜物を着けて、主にひれ伏
エゼ16:14　　わたしの〜物が完全であった
Ⅰテモ2:9　　控えめに慎み深く身を〜り
テト2:10　　神の教えを〜ようになるためです
かし（樫）
イザ1:30　　葉のしぼんだ〜の木のように
　6:13　　　テレビンの木や〜の木が切り倒さ
　61:3　　　彼らは、義の〜の木、……主の植
かじ　　　　　　　　　└木と呼ばれ
ヤコ3:4　　ごく小さな〜によって、〜を取
かしこい（賢い；賢さ）　　└る人の
詩119:98　　私を私の敵よりも〜くします
エレ4:22　　彼らは悪事を働くのに〜くて
アモ5:13　　〜者は沈黙を守る
マタ7:24　　岩の上に自分の家を建てた〜人
　11:25　　〜者や知恵のある者には隠して
Ⅰコリ1:19　　〜者の〜をむなしくする
Ⅱコリ11:19　あなたがたは〜のに、よくも
エペ5:15　　〜人のように歩んでいるかどうか
かしつ（過失）
民15:25　　それが〜であって
伝10:5　　　権力者の犯す〜のようなもので
かしぬし（貸し主）
申15:2　　〜はみな、その隣人に貸したもの
かじや（鍛冶屋）　　　　└を免除する
Ⅰサム13:19　どこにも〜がいなかった
かじゅ（果樹）
創1:11　　　その中に種のある実を結ぶ〜を
かしら
詩24:7　　　門よ。おまえたちの〜を上げよ
イザ28:16　　堅く据えられた礎の、尊い〜石
Ⅰコリ11:3　　すべての男の〜はキリストで
エペ1:22　　いっさいのものの上に立つ〜
　4:15　　　〜なるキリストに達することが
　5:23　　　キリストは教会の〜であって
　　　　　　……夫は妻の〜であるからです
コロ1:18　　御子はそのからだである教会の
　　　　　　　　　　　　　　　　〜です
Ⅰテモ1:15　　私はその罪人の〜です
Ⅲヨハ9　　彼らの中で〜になりたがっている
かす
Ⅰコリ4:13　　あらゆるものの〜です

かす（貸す）
- 出22:25　貧しい者に金を～のなら
- 申24:10　隣人に何かを～ときに、担保を
- 　28:12　あなたは多くの国々に～であろう
- 詩37:26　その人はいつも情け深く人に～
- 　112:5　情け深く、人には～し
- 箴19:17　施しをするのは、主に～ことだ
- 　22:7　借りる者は～者のしもべとなる
- エレ15:10　私は～したことも、借りたこと
- ルカ6:34　罪人たちに～しています
- 　11:5　君。パンを三つ～してくれ

かすか
- Ⅰ列19:12　火のあとに、～な細い声があった

かすむ
- 申34:7　彼の目は～まず、気力も衰えて

かすめる
- Ⅱ列7:16　アラムの陣営を～め奪ったので
- 箴22:22　貧しいからといって、～め取るな
- イザ17:14　～め奪う者たちの受ける割り当て

かせ
- ヨブ13:27　あなたは私の足に～をはめ
- 詩105:18　ヨセフは鉄の～の中に入った
- 　107:14　彼らの～を打ち砕かれた
- エレ27:2　あなたはなわと～とを作り

かぜ（風）
- Ⅰ列19:11　主の前で、激しい大～が山々を
- 伝8:8　～を止めることのできる人はいない
- 　11:5　～の道がどのようなものかを知ら
- エレ22:22　あなたの牧者はみな～が追い立
- エゼ1:4　激しい～とともに、大きな雲と
- ホセ8:7　彼らは～を蒔いて、つむじ～を
- 　12:1　エフライムは～を食べて生き
- ハバ1:11　～のように移って来て、過ぎて
- ルカ8:24　～と荒波とをしかりつけられた
- ヨハ3:8　～はその思いのままに吹き
- 使2:2　激しい～が吹いて来るような響き

かせぐ
- ハガ1:6　～者が～いでも、穴のあいた袋

かぞえる（数える）
- 創15:5　星を～ことができるなら、それを
- 民1:19　シナイの荒野で彼らを～えた
- 　23:10　だれがヤコブのちりを～え
- Ⅰ歴21:2　イスラエルを～えなさい
- ヨブ14:16　私の歩みを～えておられますが
- 詩22:17　私の骨を、みな～ことができます
- 　90:12　自分の日を正しく～ことを教えて
- 　139:18　それを～えようとしても、それは
- イザ53:12　そむいた人たちとともに～えられたから
- ルカ22:37　彼は罪人たちの中に～えられた

かぞく（家族）
- 箴31:27　彼女は～の様子をよく見張り
- マタ10:36　～の者がその人の敵となります
- マコ5:19　あなたの～のところに帰り
- 使16:31　あなたもあなたの～も救われます
- ガラ6:10　信仰の～の人たちに善を行い
- エペ2:19　国民であり、神の～のです

かた（型）
- 出25:9　幕屋の～と幕屋の……用具の～と
- 　25:40　山で示される～どおりに作れ
- 　32:4　のみで～を造り、鋳物の子牛にした

かたい（堅い；堅く）
- Ⅱサム5:12　イスラエルの王として～立て
- ヨブ11:15　～立って恐れることがない
- ホセ11:12　聖徒たちとともに～立てられる
- Ⅰコリ3:2　乳を与えて、～食物を与え
- 　15:58　～立って、動かされることなく

かたくな
- 出4:21　わたしは彼の心を～にする
- 　7:3　わたしはパロの心を～にし
- 申2:30　その心を～にされたからである
- 　21:20　この息子は、～で、逆らいます
- 　29:19　自分の～な心のままに歩いても
- ヨシ11:20　彼らの心を～にし、イスラエル
- Ⅰサム6:6　パロたちのように～にしたように
- 詩81:12　彼らを～な心のままに任せ
- 　95:8　心を～にしてはならない
- イザ63:17　私たちの心を～にして
- エゼ3:7　イスラエルの全家は……心が～だからだ
- マタ19:8　あなたがたの心が～なので
- マコ3:5　その心の～のを嘆きながら
- 　10:5　あなたがたの心が～なので、この
- 　16:14　不信仰と心の～さをお責めになった
- ヨハ12:40　また、彼らの心を～にされた
- 使7:51　～で、心と耳とに割礼を受けていない人たち
- ロマ11:7　他の者は、～にされたのです
- 　11:25　イスラエル人の一部が～になった
- エペ4:18　無知と、～な心のゆえに
- ヘブ3:8　心を～にしてはならない
- 　4:7　あなたがたの心を～にしてはなら

かたすみ（片隅）
- 使26:26　～で起こった出来事ではありません

かたち（形）
- 創1:26　われわれの～として、われわれに似せ
- ロマ8:3　罪深い肉と同じような～で
- コロ1:15　御子は、見えない神の～であり
- 　3:10　新しい人は、造り主の～に似せら

かたちづくる（形造る）
- 創2:7　土地のちりで人を～り、その鼻に
- 　2:19　野の獣と、あらゆる空の鳥を～り
- ヨブ33:6　私もまた粘土で～られた
- イザ44:2　母の胎内にいる時から～って
- エレ1:5　胎内に～前から、あなたを知り
- ガラ4:19　うちにキリストが～られるまで

かたづく
- マタ12:44　掃除してきちんと～いていました

かたな（刀）
- 創22:6　火と～とを自分の手に取り
- 　22:10　～を取って自分の子をほふろうと

かたむく（傾く）
- 詩119:36　私の心をあなたのさとしに～

かためる（固める）
- ヨブ10:10　注ぎ出し、チーズのように～め

かたよりみる（かたより見る）
- 箴24:23　さばくときに、人を～のはよくな
- 　28:21　人を～のは良くない。

かたよる
- 申1:17　さばきをするとき、人を～って見てはならない。「取らず
- 　10:17　～って愛することなく、わいろを
- 　16:19　人を～って見てはならない
- 使10:34　神は～ったことをなさらず

かたむける（傾ける）
- Ⅰ列8:58　私たちの心を主に～けさせ

かたる（語る）
- 出33:9　主はモーセと～られた
- Ⅰ歴16:24　主の栄光を国々の中で～り告げ
- ヨブ4:2　あなたにあえて～りかけたら
- 　33:14　神はある方法で～られ、また
- 詩87:3　すばらしいことが～られている
- 　96:3　主の栄光を国々の中で～り告げよ
- 　118:17　そして主のみわざを～り告げよう
- イザ40:2　エルサレムに優しく～りかけよ
- エレ1:6　どう～っていいかわかりません
- ヘブ11:4　信仰によって、今もなお～って
- Ⅰペテ3:19　みことばを～られました

かちく（家畜）
- 創1:25　種類にしたがって～……を造

かちほこる（勝ち誇る）
- 詩94:3　悪者どもは、～のでしょう
- 　106:47　感謝し、あなたの誉れを～ために

かつ（勝つ）
- 創32:28　人と戦って、～ったからだ
- エレ32:5　戦っても、～ことはできない
- ホセ12:4　彼は御使いと格闘して～ったが
- ヨハ16:33　わたしはすでに世に～ったので
- Ⅰヨハ4:4　そして彼らに～ったのです

がっき（楽器）
- Ⅰ歴15:16　～を使う歌うたいとして立て
- アモ6:5　ダビデのように新しい～を考え

かつぐ
- アモ5:26　星の神、キウンの像を～いで出す

かつれい（割礼）
- 創17:10　すべての男子は～を受けなさい
- 　34:24　すべての男子は～を受けた
- 出4:26　～のゆえに「血の花婿」と言った
- 　12:48　無～の者は、だれもそれを食べて
- ヨシ5:2　もう一度イスラエル人に～をせよ
- 士14:3　～を受けていないペリシテ人
- ヨハ7:22　安息日にも人に～を施していま
- 使7:51　心と耳とに～を受けていない人
- 　11:2　～を受けた者たちは、彼を非難し
- 　15:1　慣習に従って～を受けなければ
- ロマ2:26　律法の規定を守るなら、～を受けていなくても
- 　3:30　～のない者をも、信仰によって
- 　4:11　証印として、～というしるしを受
- Ⅰコリ7:18　召されたとき～を受けていな
- 　7:19　～は取るに足らぬこと、無～も

かて（糧）
ガラ2:3　　〜を強いられませんでした
　5:6　　〜を受ける受けないは大事なこと
　　　　　ではなく「〜と呼ばれる者で
エペ2:11　〜を持つ人々からは、無〜の人々
コロ2:11　人の手によらない〜を受けまし
　　　　　た
マタ6:11　日ごとの〜をきょうもお与え
ルカ11:3　日ごとの〜を毎日お与えくださ
かてい（家庭）
Ⅰテモ3:4　自分の〜をよく治め、十分な
かどぐち（門口）
詩84:10　神の宮の〜に立ちたいのです
かなかす（金かす）
詩119:119　〜のように、取り除かれます
箴25:4　銀から、〜を除け。そうすれば
イザ1:22　おまえの銀は、〜になった
　1:25　おまえの〜を灰汁のように溶かし
かなしい（悲しい）
ヨブ10:15　罪ある者とされるのなら、
かなしみ（悲しみ）
　　　　　ああ、〜ことです
ネヘ2:2　きっと心に〜があるに違いない
詩13:2　心には、一日中、〜があります
　31:10　私のいのちは〜で尽き果てました
　119:28　私のたましいは〜のために涙を流
箴14:13　終わりには喜びが〜となる
伝1:18　知識を増す者は、その仕事に
　2:23　その一生は〜であり、その仕事も
　7:3　〜は笑いにまさる
イザ51:11　〜と嘆きとは逃げ去る
　53:3　〜の人で病を知っていた
エレ45:3　主は私の痛みに〜を加えられた
エゼ23:33　あなたは酔いと〜に満たされる
マコ14:34　わたしは〜のあまり死ぬほどで
ヨハ16:6　心は〜でいっぱいになった
　16:20　あなたがたの〜は喜びに変わり
Ⅱコリ2:7　深い〜に押しつぶされてしま
　7:10　神のみこころに添った〜は
黙21:4　死もなく、〜、叫び、苦しみもない
かなしむ（悲しむ）
Ⅰサム16:1　サウルのことで〜んでいるのか
Ⅱサム1:12　イスラエルの家のためにいた
　　　　　み〜んで泣き
詩78:40　幾たび……荒れ地で神を〜ませた
エゼ13:22　わたしが〜ませなかったのに
　24:17　声をたてずに〜め。死んだ者を
マタ5:4　〜者は幸いです。その人たちは
　17:23　すると、彼らは非常に〜んだ
マコ10:22　顔を曇らせ、〜みながら立ち去
Ⅱコリ2:2　あなたを〜ませているの
　6:10　〜んでいるようでも、いつも喜
エペ4:30　神の聖霊を〜ませてはいけませ
かなづち（金槌）
エレ23:29　岩を砕く〜のようではないか
かね（金）
申14:25　あなたは〜に換え、その〜
Ⅱ列12:11　勘定された〜は、主の宮で工事
アモ2:6　〜と引き換えに正しい者を売り
マタ28:12　兵士たちに多額の〜を与えて

ルカ7:41　ある〜貸しから、ふたりの者が
　　　　　〜を借りていた
　16:14　〜の好きなパリサイ人たちが
ヨハ12:6　盗人であって、〜入れを預かっ
使8:18　使徒たちのところに〜を持って来
かねもち（金持ち）
　　　　　「〜しい
マタ19:23　〜が天の御国に入るのはむず
　27:57　アリマタヤの〜でヨセフという人
ルカ12:16　ある〜の畑が豊作であった
　16:1　ある〜にひとりの管理人がいた
　16:19　ある〜がいた。いつも紫の衣や
　18:23　たいへんな〜だったからである
Ⅰテモ6:9　〜になりたがる人たちは
ヤコ5:1　〜たち。あなたがたの上に迫っ
かば（河馬）
　　　　　「来る悲惨を思って
ヨブ40:15　さあ、〜を見よ。これはあなた
かばう
申32:36　主は御民を〜い、主のしもべらを
ゼカ9:15　万軍の主が彼らを〜ので
　12:8　主は、エルサレムの住民を〜われる
かぶと
イザ59:17　救いの〜を頭にかぶり、復讐
エペ6:17　救いの〜をかぶり、また御霊の
Ⅰテサ5:8　救いの望みを〜としてかぶって
かべ（壁）
出31:22　水は彼らのために右と左で〜と
使23:3　ああ、白く塗った〜。神があなた
エペ2:14　隔ての〜を打ちこわし
かま
申23:25　隣人の麦畑で〜を使ってはならな
ヨエ3:10　あなたがたの〜を槍に、打ち直
　3:13　〜を入れよ。
黙14:15　〜を入れて刈り取ってください
かま
Ⅱ列4:40　〜の中に毒が入っています
エレ1:13　煮え立っている〜を見ています
かまど
　　　　　「つ
創15:17　煙の立つ〜と、燃えているたいま
イザ31:9　エルサレムに〜を持つ主の御告
ホセ7:7　彼らはみな、〜のように熱く
マラ4:1　〜のように燃えながら
がまん
エス8:6　同族の滅びるのを見て〜してお
かみ（神；神々）
　　　　　「られましょうか
創1:1　初めに、〜が天と地を創造した
　8:1　〜は、ノアと、箱舟の中に彼と
　31:30　なぜ、私の〜を盗んだのか
　50:25　〜は必ずあなたがたを顧みてくだ
出2:24　〜は彼らの嘆きを聞かれ、
　13:17　〜は、彼らが〜導かれしまう
申33:27　昔よりの〜は、住む家
士10:13　わたしを捨てて、ほかの〜に仕え
Ⅱ歴10:15　〜がそうしむけられたから
　36:15　彼らの父祖の〜、主は、彼らの
　36:16　〜の使者たちを笑いものにし
詩8:5　人を、〜よりいくらか劣るものと
　22:1　わが〜、わが〜。どうして、私を
　53:1　「〜はいない」と言っている

詩82:6　おまえたちは〜だ。おまえたちは
イザ37:19　それらは〜ではなく、人の手の
エレ16:20　自分のために〜を造れようか
マタ19:26　〜にはどんなことでもできます
マコ15:34　わが〜、わが〜。どうして
ヨハ20:28　「私の主、私の〜。」
使28:6　「この人は〜さまだ」と言いだし
ロマ9:5　とこしえにほめたたえられる〜
Ⅰコリ8:5　と呼ばれるものなら
Ⅱコリ4:4　この世の〜が不信者の思いを
エペ2:8　それは……〜からの賜物です
　5:1　〜にならう者となりなさい
テト2:11　すべての人を救う〜の恵みが現れ
　2:13　大いなる〜であり私たちの救い主
黙21:22　〜であられる主と、小羊とが都の
かみ（紙）
　　　　　「神殿だから
Ⅱヨハ12　〜と墨でしたくはありません
かみ（髪）
詩40:12　それは私の〜の毛よりも多く
イザ3:24　結い上げた〜ははげ頭、晴れ着
ルカ7:38　〜の毛でぬぐい、御足に口づけ
Ⅰコリ11:15　女が長い〜をしていたら
かみそり
民6:5　頭に〜を当ててはならない
イザ7:20　ユーフラテス川の向こうで雇っ
かみなり（雷）
Ⅰサム12:17　主は〜と雨とを下される
マコ3:17　ボアネルゲ、すなわち、〜の子
かみのくに（神の国）
マタ6:33　〜とその義とをまず第一に求め
　21:43　〜はあなたがたから取り去られ
マコ1:15　時が満ち、〜は近くなった
　4:26　〜は、人が地に種を蒔くような
　9:1　〜が力をもって到来しているのを
　10:25　金持ちが〜に入るよりは
　12:34　あなたは〜から遠くない
　14:25　〜で新しく飲むその日までは
ルカ4:43　どうしても〜の福音を宣べ伝え
　8:10　〜の奥義を知ることが許されて
　9:11　イエスは……〜のことを話し
　9:62　〜にふさわしくありません
　10:9　『〜が、あなたがたに近づいた』
　12:31　あなたがたは、〜を求めなさい
　16:16　それ以来、〜の福音は宣べ伝えら
　17:21　〜は、あなたがたのただ中にある
　18:16　〜は、このような者たちのもので
　18:29　〜のために、家、妻、兄弟、両親
　21:31　〜は近いと知りなさい
ヨハ3:5　〜に入ることができません
使14:22　〜に入るには、多くの苦しみを
　19:8　大胆に語り、〜について論じて
　28:23　〜のことをあかしし、また
ロマ14:17　〜は飲み食いのことではなく
Ⅰコリ4:20　〜はことばにはなく、力に
　6:10　〜を相続することができません
　15:50　血肉のからだは〜を相続できませ
Ⅱテサ1:5　苦しみを受けているのは、こ

コンコルダンス

かみのこ（神の子）　└の〜のため
- 創6:2　〜らは、人の娘たちが、いかにも
- ヨブ1:6　〜らが主の前に来て立ったとき
- マタ4:3　あなたが〜なら、この石がパン
- 8:29　〜よ。いったい私たちに何をしよ
- 14:33　「確かにあなたは〜です」と言った
- 26:63　あなたは〜キリストなのか
- 27:40　もし、〜なら、自分を救ってみろ
- 27:54　この方はまことに〜であった
- マコ15:39　この方はまことに〜であった
- ルカ1:35　聖なる者、〜と呼ばれます
- ヨハ1:34　この方が〜であると証言して
- 10:36　『わたしは〜である』とわたしが
- 19:7　この人は自分を〜としたのです
- 使9:20　イエスは〜であると宣べ伝え始め
- ヘブ4:14　偉大な大祭司である〜イエス
- 6:6　自分で〜をもう一度十字架にかけ
- 黙2:18　足は光り輝くしんちゅうのような

かみのひと（神の人）　└〜が言われる
- 士13:6　〜が私のところに来られました
- Ⅰサム2:27　〜がエリのところに来て
- 9:6　この町には〜がいます。この人は
- Ⅰ列13:1　ひとりの〜が、主の命令によっ
- 13:26　主のことばにそむいた〜だ。└て
- 17:24　今、私はあなたが〜であり
- 20:28　ひとりの〜が近づいて来て
- Ⅱ列1:10　私が〜であるなら、天から火が
- 7:17　〜のことばのとおりであった
- Ⅱ歴25:7　〜が彼のもとに来て言った

かもい
- 出12:7　門柱と、〜に、それをつける

から（殻）
- マタ3:12　〜を消えない火で焼き尽くされ
- ルカ3:17　〜を消えない火で焼き尽くされ

からかう
- 創21:9　自分の子イサクを〜っているのを
- 27:12　私に〜われたと思われるでしょう
- Ⅱ列2:23　子どもたちが出て来て、彼を〜って
- マタ27:29　ひざまずいて、〜って言った

からしだね（からし種）
- マタ13:31　天の御国は、〜のようなもので
- 17:20　もし、〜ほどの信仰があったら
- マコ4:31　それは〜のようなものです
- ルカ13:19　それは、〜のようなものです
- 17:6　〜ほどの信仰があったなら

からす
- ヨシ2:10　葦の海の水を〜されたこと

からす（烏）
- 創8:7　〜を放った。するとそれは、水が
- Ⅰ列17:4　〜に、そこであなたを養うよう
- ヨブ38:41　〜の子が神に向かって鳴き叫び
- ルカ12:24　〜のことを考えてみなさい

ガラス
- 黙15:2　この〜の海のほとりに立っていた

からだ　└ない人
- マタ10:28　〜を殺しても、たましいを殺せ
- 26:26　食べなさい。これはわたしの〜で

- マタ27:58　イエスの〜の下げ渡しを願った
- マコ14:22　取りなさい。これはわたしの〜
- 15:43　イエスの〜の下げ渡しを願い
- ルカ22:19　与える、わたしの〜です
- 23:52　イエスの〜の下げ渡しを願った
- ヨハ2:21　ご自分の〜の神殿のことを言わ
- ロマ12:4　一つの〜には多くの器官があっ
- Ⅰコリ5:3　〜はそこにいなくても心は
- 6:13　〜は不品行のためにあるのではなく
- 6:15　あなたがたの〜はキリストの
- 9:27　私は自分の〜を打ちたたいて従わ
- 12:12　〜が一つでも、それに多くの部分
- 12:27　あなたがたはキリストの〜であっ
- 15:35　どのような〜で来るのか。└して
- エペ1:23　教会はキリストの〜であり
- 4:4　〜は一つ、御霊は一つで
- 4:16　〜全体は、一つ一つの部分がそ
- 5:30　私たちはキリストの〜の部分
- ピリ3:21　私たちの卑しい〜を、ご自身の
- コロ1:18　御子はその〜である教会のかし
- 2:19　〜全体は、関節と筋によって└ら
- Ⅰテサ4:4　自分の〜を、聖く、また尊く
- ヘブ10:5　わたしのために、〜を造って
- ユダ9　モーセの〜について、悪魔と論じ

かり（借り）
- マタ18:24　一万タラントの〜のあるしもべ
- ロマ13:8　何の〜もあってはいけません

かりいお（仮庵）
- レビ23:34　七日間にわたる主の〜の祭りが
- 23:42　七日間、〜に住まなければならない
- 申16:13　〜の祭りをしなければならない
- ネヘ8:14　〜の中に住まなければならない
- アモ9:11　ダビデの倒れている〜を起こし
- ヨハ7:2　〜の祭りというユダヤ人の祝い

かりいれ（刈り入れ）
- 創8:22　地の続くかぎり、種蒔きと〜
- 伝11:4　雲を見ている者は〜をしない
- イザ9:3　彼らは〜時に喜ぶように
- 16:9　〜とを喜ぶ声がやんでしまった
- エレ8:20　〜時は過ぎ、夏も終わった
- ヨエ3:13　かまを入れよ。〜は熟した
- マタ6:26　種蒔きもせず、〜もせず、倉に
- ヨハ4:35　〜時が来るまでに、まだ四か月
- ヤコ5:4　畑の〜をした労働者への未払い

かりこみ（刈り込み）
- ヨハ15:2　もっと多く実を結ぶために、〜

かりごや（仮小屋）
- ヨナ4:5　すわり、そこに自分で〜を作り

かりたてる（駆り立てる）
- ヨブ10:16　たける獅子のように、私を〜て

かりとり（刈り取り）
- ガラ6:7　人は種を蒔けば、その〜もする

かりる（借りる）
- 詩37:21　悪者は、〜が返さない。正しい者
- 箴22:7　〜者は貸す者のしもべとなる
- イザ24:2　貸す者と〜者と……等しくなる
- エレ15:10　私は貸したことも、〜りたこと

- マタ5:42　〜りようとする者は断わらない
- ルカ7:41　ふたりの者が金を〜ていた

かる（刈る）
- レビ19:9　畑の隅々まで〜ってはならない
- 23:22　土地の収穫を〜り入れるとき
- ヨブ4:8　害毒を蒔く者が、それを〜り取
- 詩126:5　喜び叫びながら〜り取ろう
- 箴22:8　不正を蒔く者はわざわいを〜り取
- エレ5:17　彼らはあなたの〜り入れたもの
- ホセ8:7　風を蒔き、つむじ風を〜り取る
- ミカ6:15　種を蒔いても、〜ことがなく
- マタ13:30　〜人たちに、まず、毒麦を集め
- ヨハ4:36　すでに、〜者は報酬を受け
- Ⅰコリ9:11　物質的なものを〜り取ること
- 黙14:15　かまを入れて〜り取ってください

かるい（軽い）
- Ⅰサム2:29　わたしの住む所で〜くあしらい
- マタ11:30　わたしの荷は〜からです

かれくさ（枯れ草）
- イザ5:24　炎が〜をなめ尽くすように
- 33:11　あなたがたは〜をはらみ、わらを

かれる（枯れる）　└産む
- 詩37:2　しおれ、青草のように〜のだ
- イザ40:7　吹くと、草は〜れ、花はしぼむ
- エゼ47:12　生長し、その葉も〜れず
- ヨエ1:12　あらゆる野の木々は〜れた
- マタ21:19　たちまちいちじくの木は〜れた
- マコ4:6　根がないために〜れてしまった
- 11:21　のろわれたいちじくの木が〜れ
- ユダ12　〜れに〜れて、根こそぎにされた

かろんじる（軽んじる）
- マタ6:24　一方を重んじて他方を〜じたり
- ルカ16:13　他方を〜じたりするからです
- Ⅰコリ11:22　神の教会を〜じ、貧しい人
- 16:11　だれも彼を〜じてはいけません

かわ（川）
- 創2:10　一つの〜が、この園を潤すため
- 詩46:4　〜がある。その流れは、いと高き
- 107:33　主は〜を荒野に、水のわき上がる
- 137:1　バビロンの〜のほとり、そこで
- イザ33:21　そこには多くの〜があり
- 35:6　荒地から〜が流れるからだ
- 41:18　裸の丘に〜を開き、平地に泉を
- 48:18　あなたのしあわせは〜のように
- 66:12　〜のように繁栄を彼女に与え
- 哀3:48　私の目から涙が〜のように流れ
- 黙22:1　水晶のように光るいのちの水の〜

かわ（皮）
- 創3:21　〜の衣を作り、彼らに着せて
- ヨブ19:20　私はただ歯の〜だけでのがれた

かわいそう
- マタ9:36　倒れている彼らを〜に思われた
- 15:32　〜に、この群衆はもう三日間も
- 18:27　〜に思って、彼を赦し、借金を
- 20:34　〜に思って、彼らの目にさわられ
- マコ8:2　〜に、この群衆はもう三日間も
- ルカ7:13　主はその母親を見て、〜に思い
- 10:33　来合わせ、彼を見て〜に思い

ルカ15:20　父親は彼を見つけ、〜に思い
かわき（渇き）
　イザ41:17　その舌は〜で干からびるが
　アモ8:13　若い男も、〜のために衰え果て
かわぎし（川岸）
　使16:13　祈り場があると思われた〜に行き
かわく（渇く）
　創8:13　見よ、地の面は、〜いていた
　ヨシ3:17　ヨルダン川の真ん中の〜いた地
　詩42:2　生ける神を求めて〜いています
　　63:1　私のたましいは、あなたに〜き
　　69:21　〜いたときには酢を飲ませました
　　143:6　たましいは、〜ききった地のよう
　イザ29:8　〜いている者が、夢の中で飲み
　　32:6　〜いている者に飲み物を飲ませない
　　48:21　彼らは〜かなかった
　　55:1　〜いている者はみな、水を求めて
　　65:13　見よ、あなたがたは〜。見よ
　マタ25:35　わたしが〜いていたとき
　ヨハ7:37　だれでも〜いているなら
　　19:28　「わたしは〜」と言われた
　ロマ12:20　〜いたなら、飲ませなさい
　黙7:16　飢えることもなく、〜こともなく
　　22:17　〜者は来なさい。いのちの水が
かわぶくろ（皮袋）
　創21:14　パンと水の〜を取ってハガルに与
　詩56:8　あなたの〜にたくわえてください
　マタ9:17　〜もだめになってしまいます
　マコ2:22　ぶどう酒は〜を張り裂き
　ルカ5:37　新しいぶどう酒を古い〜に入れ
かわり（代わり）
　ヨブ14:14　私の〜の者が来るまで待ちま
かわる（変わる）
　出13:17　心が〜り、エジプトに引き返すで
　詩102:27　しかし、あなたは〜ことがなく
　伝1:4　しかし地はいつまでも〜らない
　マラ3:6　主であるわたしは〜ことがない
　マタ17:2　彼らの目の前で、御姿が〜り
　マコ9:2　彼らの目の前で御姿が〜った
　ヘブ7:24　〜ことのない祭司の務めを持って
かん（棺）
　創50:26　エジプトでミイラにし、〜に納め
がん（癌）
　Ⅱテモ2:17　彼らの話は〜のように広がる
かんいん（姦淫）
　出20:14　〜してはならない
　申5:18　〜してはならない
　エレ13:27　あなたの〜、あなたのいななき
　ホセ1:2　行って、〜の女をめとり
　　2:5　彼らの母は〜をし、彼らをはらんだ
　マラ3:5　〜を行う者、偽って誓う者
　マタ5:27　『〜してはならない』と言われた
　　5:28　すでに心の中で〜を犯したのです
　　19:9　別の女を妻にする者は〜を犯す
　マコ10:11　前の妻に対して〜を犯すのです
　ルカ16:18　夫から離別された女と結婚する
　　　　　者も、〜を犯す者だ
　ヨハ8:3　〜の場で捕らえられたひとりの女

ロマ7:3　他の男に行けば、〜の女と呼ば
かんがえ（考え）
　マタ15:19　悪い〜、殺人、姦淫、不品行
　ルカ6:8　イエスは彼らの〜をよく知って
　ヘブ4:12　心のいろいろな〜やはかりごと
かんがえる（考える）
　士19:30　このことをよく〜えて、相談をし
　Ⅱ歴2:1　宮殿を建てると〜えよう
　ヨブ37:14　奇しいみわざを、じっと〜えよ
　イザ44:19　彼らは〜えてもみず、知識も
　ハガ1:5　あなたがたの現状をよく〜えよ
　　2:15　きょうから後のことをよく〜えよ
　ルカ12:24　烏のことを〜えてみなさい
　ロマ14:5　どの日も同じだと〜人もいます
　ヘブ3:1　イエスのことを〜えなさい
かんがん（宦官）
　ダニ1:3　〜の長アシュペナズに命じて
　　1:9　神は〜の長に、ダニエルを愛し
　使8:27　管理していた〜のエチオピヤ人が
かんきん（監禁）
　創42:16　それまであなたがたを〜しておく
かんげい（歓迎）
　ルカ4:24　自分の郷里では〜されません
　ロマ16:2　主にあってこの人を〜し
かんこく（勧告）
　ダニ4:27　王さま、私の〜を快く受け入れ
かんごく（監獄）
　創39:20　王の囚人が監禁されている〜に
かんしゃ（感謝）
　レビ22:29　主に〜のいけにえをささげる
　詩26:7　〜の声を聞こえさせ、あなたの
　　30:12　とこしえまでも、あなたに〜しま
　　33:2　立琴をもって主に〜せよ。
　　50:14　〜のいけにえを神にささげよ
　　50:23　〜のいけにえをささげる人は
　　69:30　神を〜をもってあがめます
　　75:1　私たちは、あなたに〜します
　　92:1　主に〜するのは、良いことです
　　100:4　〜しつつ、主の門に、賛美しつつ
　　107:1　主に〜せよ。主はまことに
　　107:21　人の子らへの奇しいわざを主に
　　116:17　〜のいけにえをささげ、主せよ
　　119:62　正しいさばきについて〜します
　　138:1　心を尽くしてあなたに〜します
　イザ12:1　主よ。〜します
　　51:3　そこには……と歌声とがある
　エレ30:19　〜と、喜び笑う声がわき出る
　ダニ2:23　あなたに〜し、あなたを賛美し
　アモ4:5　〜のささげ物として、種入りの
　マタ15:36　〜をささげてからそれを裂き
　ルカ17:9　そのしもべに、〜するでしょうか
　　17:16　イエスの足もとにひれ伏して〜し
　ヨハ11:41　願いを聞いてくださったことを
　　　　　〜いたします
　使27:35　一同の前で神に〜をささげてから
　　28:15　神に〜し、勇気づけられた
　ロマ1:8　キリストによって私の神に〜します
　　1:21　神を神としてあがめず、〜もせず

ロマ6:17　神に〜すべきことには、あなた
　　7:25　キリストのゆえに、ただ神に〜し
　　14:6　神に〜しているのです。　　します
　Ⅰコリ14:17　あなたの〜は結構ですが
　　15:57　しかし、神に〜すべきです
　Ⅱコリ2:14　しかし、神に〜します。神は
　　4:15　〜が満ちあふれ、神の栄光が現れ
　エペ1:16　あなたがたのために絶えず〜を
　　5:20　父なる神に〜しなさい。　ささげ
　ピリ1:3　思うごとに私の神に〜し
　コロ3:17　主によって父なる神に〜しなさ
　Ⅰテサ2:13　絶えず神に〜しています
　　3:9　神にどんな〜をささげたらよいで
　　5:18　すべての事について、〜しなさい
　Ⅱテサ1:3　いつも神に〜しなければなり
　Ⅰテモ4:4　〜して受けるとき、捨てるべき
　黙7:12　賛美と栄光と知恵と〜と誉れと力
かんじゃ（間者）
　創42:30　あの国をうかがう〜にしました
かんしょう（干渉）
　Ⅰペテ4:15　みだりに他人に〜する者として
かんじょう（勘定）
　箴23:7　彼は、心のうちでは〜ずくだから
かんせい（完成）
　創2:1　天と地とそのすべての万象が〜さ
　Ⅰ列6:14　神殿を建て、これを〜した
　Ⅰ歴28:20　奉仕のすべての仕事を〜させて
　エズ6:15　アダルの月の三日に〜した
　ネヘ6:15　エルルの月の二十五日に〜した
　ロマ11:25　異邦人の〜のなる時まででありど
かんせい（歓声）
　詩32:7　救いの〜で、私を取り囲まれます
かんぜん（完全）
　Ⅱサム22:31　神、その道は〜。
　Ⅱ歴15:17　アサの心は一生涯、〜であった
　ヨブ36:4　〜な知識を持つ方があなたの
　詩18:30　神、その道は〜。主のみことばは
　　38:3　私の肉には〜なところがなく
　エゼ28:15　不正が見いだされるまでは、〜
　　　　　だった
　マタ5:48　天の父が〜なように、〜であり
　　19:21　もし、あなたが〜になりたいなら
　使3:16　信仰が、この人を……〜なからだ
　　　　　にしたのです
　Ⅰコリ13:10　〜なものが現れたら
　エペ4:13　〜におとなになって、キリスト
　ピリ3:12　すでに〜にされているのでも
　ヘブ5:9　〜な者とされ、彼に従うすべて
　　7:25　に救うことがおできになります
　　9:9　礼拝する者の良心を〜にすること
　　13:21　〜な者としてくださいますように
　ヤコ1:4　その忍耐を〜に働かせなさい
　　1:17　すべての〜な賜物は上から来る
かんつう（姦通）
　レビ20:10　人がもし、他人の妻と〜するな
　箴6:32　女と〜する者は思慮に欠けている
　エレ3:8　〜したというその理由で
　　5:7　彼らは〜をし、遊女の家で身を傷

エゼ16:28	アッシリヤ人と〜した	
16:38	〜した女と殺人をした女に下す罰	
23:5	わたしのものであったのに、〜し	
ホセ3:1	夫に愛されていながら〜して	
7:4	彼らはみな〜をする者だ	

かんどう（感動）
出35:21　〜した者と、心から進んでする者

かんとく（監督）
出5:6　その日、パロはこの民を使う〜と
マタ20:8　ぶどう園の主人は、〜に言った
使20:28　群れの〜にお立てになったのです
ガラ3:23　私たちは律法の〜の下に置かれ
ピリ1:1　聖徒たち、また〜と執事たちへ
Ⅰテモ3:1　人がもし〜の職につきたいと
テト1:7　〜は神の家の管理者として

かんなん（患難）
ヨハ16:33　世にあっては〜があります
ロマ2:9　〜と苦悩とは、ユダヤ人をはじめ
5:3　それは、〜が忍耐を生み出し
8:35　〜ですか、苦しみですか、迫害で
12:12　〜に耐え、絶えず祈りに励みなさ
黙2:22　大きな〜の中に投げ込もう
7:14　大きな〜から抜け出て来た者たち

かんぬき
詩107:16　鉄の〜を粉々に砕かれた
雅5:5　〜の取っ手の上にしたたりました

かんぼく（灌木）
創2:5　地には、まだ一本の野の〜もなく

かんむり（冠）
詩8:5　栄光と誉れの〜をかぶらせました
21:3　かしらに純金の〜を置かれま
65:11　その年に、御恵みの〜をかぶらせ
箴4:9　光栄の〜をあなたに授けよう
12:4　しっかりした妻は夫の〜
14:18　利口な者は知識の〜をかぶる
14:24　知恵のある者の〜はその知恵
16:31　しらがは光栄の〜、それは正義の
17:6　孫たちは老人の〜、子らの光栄は
イザ28:1　酔いどれの誇りとする〜
28:5　美しい〜、栄えの飾り輪となり
62:3　主の手にある輝かしい〜となり
哀5:16　私たちの頭から〜も落ちました
エゼ16:12　頭には輝かしい〜をかぶせた
ゼカ6:11　金と銀を取って、〜を作り
Ⅰコリ9:25　彼らは朽ちる〜を受けるため
ヘブ2:9　栄光と誉れの〜をお受けになり
黙3:11　あなたの〜をだれにも奪われない
14:14　頭には金の〜をかぶり、手には

がんめい（頑迷）
士2:19　〜な生き方を捨てなかった

かんよう（寛容）
ロマ9:22　豊かな〜をもって忍耐してくだ
Ⅰコリ13:4　愛は〜であり、愛は親切です
Ⅱコリ6:6　純潔と知識と、〜と親切と
10:1　キリストの柔和と〜をもって
コロ3:12　柔和を身に着けなさい

かんり（管理）
創39:4　側近の者とし、その家を〜させ

ルカ12:42	忠実な賢い〜人とは	
16:1	ある金持ちにひとりの〜人がいた	
ヨハ20:15	それを園の〜人だと思って言っ	
Ⅰコリ4:1	神の奥義の〜者だと考えなさ	

かんりょう（完了）
ヨハ19:30　イエスは……「〜した」と言わ　「れた

き

き（木）
出15:25　主は彼に一本の〜を示されたので
申20:19　そこの〜を切り倒してはならない
21:23　〜につるされた者は、神にのろ　　われ
エレ17:8　水のほとりに植わった〜のよう
エゼ31:8　神の園にあるどの〜も
47:7　川の両岸に非常に多くの〜があっ
ダニ4:10　地の中央に〜があった。　　　した
マタ7:17　良い〜はみな良い実を結ぶが
12:33　〜のよしあしはその実によって
ルカ6:43　悪い実を結ぶ良い〜はないし
使10:39　人々はこの方を〜にかけて殺し
Ⅰコリ3:12　〜、草、わらなどで建てる
ガラ3:13　〜にかけられる者はすべて
黙2:7　パラダイスにあるいのちの〜の実
22:2　川の両岸には、いのちの〜が
22:14　いのちの〜の実を食べる権利を

ぎ（義）
創15:6　主はそれを彼の〜と認められた
申6:25　私たちの〜となるのである
24:13　その前に、あなたの〜となる
Ⅱサム23:3　〜をもって人を治める者
Ⅰ列8:32　正しさにしたがって〜を報いて
ヨブ27:6　私は自分の〜を堅く保って
29:14　私は〜をまとい、〜は私を　　　　　おった
35:2　「私の〜は神からだ」とでも言う
36:3　私の造り主に〜を返そう
詩24:5　その救いの神から〜を受ける
36:6　あなたの〜は高くそびえる山
45:7　あなたは〜を愛し、悪を憎んだ
50:6　天は神の〜を告げ知らせる
58:1　おまえたちは〜を語り、人の子ら
69:27　あなたの〜の中に入れないで
71:15　あなたの〜を、あなたの救いを
71:19　あなたの〜は天にまで届きます
89:14　〜と公正は、あなたの王座の基
89:16　あなたの〜によって、高く上げら
96:13　主は、〜をもって世界をさばき
98:2　その〜を国々の前に現された
103:17　主の〜はその子らの子に及び
106:31　代々永遠に、彼の〜と認められた
112:3　彼の〜は永遠に堅く立つ
119:142　あなたの〜は、永遠の〜
143:2　あなたの前に、だれひとり〜
箴11:19　〜を追い求める者はいのちに至り
16:12　王座は〜によって堅く立つからだ
イザ32:16　公正は荒野に宿り、〜は果樹園

イザ41:10	〜の右の手で、あなたを守る	
42:21	主は、ご自分の〜のために	
45:25	みな、主によって〜とされ、誇る	
50:8	私を〜とする方が近くにおられる	
51:5	わたしの〜は近い。わたしの救い	
53:11	知識によって多くの人々を〜とし	
54:14	あなたは〜によって堅く立ち	
57:12	あなたの〜と、あなたのした事	
58:2	〜を行い……神に近づくこと	
59:17	主は〜をよろいのように着	
60:17	〜をあなたの監督者とする	
61:3	彼らは、〜の樫の木、栄光の	
64:6	私たちの〜はみな、不潔な着物	
エゼ14:14	〜によって自分たちのいのちを	
ミカ7:9	私は〜を見ることができる	
マラ4:2	〜の太陽が上り、その翼には	
マタ5:20	あなたがたの〜が、律法学者や	
21:32	ヨハネが〜の道を持って来た	
ルカ18:14	この人が、〜と認められて家に	
ヨハ16:8	〜について、さばきについて	
使17:31	〜をもってこの世界をさばくため	
ロマ1:17	福音のうちには神の〜が啓示	
3:5	私たちの不義が神の〜を明らかに	
3:20	神の前に〜と認められないから	
3:21	神の〜が示されました	
3:24	価なしに〜と認められるのです	
3:26	こうして神ご自身が〜であり…… イエスを信じる者を〜とお認めに	
4:2	行いによって〜と認められた	
4:3	それが彼の〜とみなされた	
4:6	〜と認められる人の	
4:9	その信仰が〜とみなされた	
4:22	それが彼の〜とみなされたのです	
4:25	私たちが〜と認められるために	
5:18	ひとりの〜の行為によってすべての 人が〜と認められ	
6:19	その手足を〜の奴隷としてささげ	
9:30	〜を追い求めなかった異邦人は〜 を得ました。「〜を	
10:3	彼らは神の〜を知らず、自分自身	
Ⅰコリ1:30	〜と聖めと、贖いとになられ	
Ⅱコリ3:9	〜とする務めには、なおさら	
5:21	この方にあって、神の〜となる	
ガラ2:16	行いによっては〜と認められず	
2:21	もし〜が律法によって得られると	
3:6	それが彼の〜とみなされました	
3:21	〜は確かに律法によるものだった	
3:24	信仰によって〜と認められる	
エペ4:24	真理に基づく〜と聖をもって	
ピリ3:9	神から与えられる〜を持つこと	
テト3:7	恵みによって〜と認められ	
ヘブ11:7	信仰による〜を相続する者と	
ヤコ1:20	神の〜を実現するものではあり	
2:21	行いによって〜と認められた	
3:18	〜の実を結ばせる種は、平和に	
Ⅰヨハ2:29	〜を行う者がみな神から生	

ぎいん（議員）
ルカ23:50　ヨセフという、〜のひとりで

きえうせる（消えうせる）
詩90:7 あなたの御怒りによって～せ
エゼ12:22 日は延ばされ、すべての幻は～
26:17 おまえはどうして海から～せた
37:11 骨は干からび、望みは～せ

きおく（記憶）
申32:26 人々から彼らの～を消してしま
ヨブ18:17 彼についての～は地から消え
詩109:15 主が彼らの～を地から消されます
伝1:11 先にあったことは～に残っていな
マラ3:16 主の前で、～の書がしるされた
4:4 しもべモーセの律法を～せよ

きかい（機会）
伝9:11 すべての人が時と～に出会うから
Ⅱコリ11:12 その～を断ち切ってしまう
エペ4:27 悪魔に～を与えないように
5:16 ～を十分に生かして用いなさい
ピリ4:10 あなたがたは……～がなかった
コロ4:5 ～を十分に生かして用いなさい

ぎかい（議会）
マタ10:17 あなたがたを～に引き渡し
使19:39 正式の～で決めてもらおなければ

きかん（器官）
ロマ12:4 すべての～が同じ働きはしない

きがん（祈願）
ダニ6:7 あなた以外に……～をする者は
6:13 日に三度、～をささげています

ぎかん（議官）
Ⅱ歴25:16 あなたを王の～に任じたのか
イザ1:26 おまえの～たちを昔のように
3:3 高官、～と賢い細工人
ミカ4:9 あなたの～は滅びうせたのか

ききしたがう（聞き従う）
創22:18 あなたがわたしの声に～ったから
26:5 アブラハムがわたしの声に～い
出19:5 わたしの声に～い、わたしの契約
23:21 心を留め、御声に～いなさい
申4:30 主に立ち返り、主の声に～のである
13:4 主の命令を守り、御声に～い
17:12 祭司やさばきつかさに～わず
28:13 神、主の命令にあなたが～い
28:45 あなたの神、主の御声に～わず
30:2 精神を尽くして御声に～なら
30:8 あなたは、再び、主の御声に～い
34:9 イスラエル人は彼に～い
ヨシ1:17 モーセに～ったように、あなた
～います
5:6 主の御声に～わなかったので
士6:10 わたしの声に～わなかった
Ⅰサム12:15 あなたがたが主の御声に～わ
15:19 なぜ、主の御声に～わず、しど
15:22 ～ことは、いけにえにまさり
Ⅱ列18:12 主の御声に～わず、その契約
21:9 彼らはこれに～わず、マナセは
Ⅱ列11:4 彼らは主の～に～、あなたが
ネヘ9:17 ～ことを拒み、あなたが
箴1:8 あなたの父の訓戒に～え
エレ7:23 わたしの声に～え。そうすれば

エレ17:24 ほんとうにわたしに～い
18:10 もし、それがわたしの声に～わず
26:5 預言者たちのことばに～わない
26:13 神、主の御声に～いなさい
32:23 あなたの声に～わず、あなたの
42:6 私たちの神、主の御声に～います
43:4 主の御声に～わなかった
ハガ1:12 ハガイのことばに～った
ゼカ6:15 主の御声に、ほんとうに～なら
ヨハ10:16 彼らはわたしの声に～い

ききゅう（危急）
Ⅰコリ7:26 現在の～のときには、男は

ききん
創12:10 さて、この地には～があったので
41:30 そのあと、七年間の～が起こり
47:20 ～がエジプト人にきびしかった
ルツ1:1 治めていたころ、この地に～が
Ⅱサム21:1 三年間引き続いて～があった
Ⅰ列18:2 サマリヤでは～がひどかった
Ⅱ列6:25 サマリヤには、ひどい～があっ
25:3 町の中では、～がひどくなり
Ⅰ歴21:12 三年間の～か。三か月間
ヨブ5:20 ～のときには死からあなたを救い
詩105:16 こうして主は～を地の上に招き
エレ14:15 剣と～によって……滅びうせる
24:10 彼らのうちに、剣と、～と、疫病
エゼ34:29 二度とその国で～に会うことも
アモ8:11 ～を送る。パンの～ではない
使11:28 世界中に大～が起こると御霊に

きく（聞く）
よって
創21:17 神は少年の声を～かれ、神の使い
23:16 エフロンの申し出を～き入れ
27:13 ただ私の言うことをよく～いて
27:43 今、私の言うことを～いて
出2:24 神は彼らの嘆きを～かれ
申4:10 わたしのことばを～かせよう
5:1 ～きなさい。イスラエルよ
6:4 ～きなさい。イスラエル。主は
7:12 これらの定めを～いて、守り
31:12 彼らがこれを～いて学び
士13:9 マノアの声を～き入れられたので
Ⅰサム8:19 サムエルの言うことを～こう
としなかった
Ⅱサム5:24 行進の音が～こえたら
Ⅰ列8:39 御住まいの所である天で～いて
Ⅱ列19:16 御耳を傾けて～いてください
Ⅱ歴6:27 あなたご自身が天で～かれ
7:12 わたしはあなたの祈りを～いた
ネヘ8:9 民が律法のことばを～いたとき
ヨブ12:11 耳はことばを～き分けないだろ
うか
26:14 その力ある雷を～き分けようか
36:11 もし彼らが～き入れて仕えるなら
42:4 さあ～け。わたしが語る
詩6:9 主は私の切なる願いを～いた
34:17 叫ぶと、主は～いてくださる
49:1 すべての国々の民よ。これを～け
66:18 主は～き入れてくださらない

詩95:7 きょう、もし御声を～なら
箴4:20 わが子よ。私のことばをよく～け
23:22 あなたを生んだ父の言うことを
～け
伝5:1 近寄って～ことは、愚かな者が
イザ1:2 天よ、～け。地も耳を傾けよ
6:9 ～き続けよ。だが悟るな
28:14 主のことばを～け
33:13 わたしのしたことを～け
40:28 知らないのか。～いていないのか
51:1 主を尋ね求める者よ。わたしに～け
エレ3:13 わたしの声を～き入れなかった
7:28 主の声を～かず、懲らしめを受け
11:3 この契約のことばを～かない者は
12:17 しかし、彼らが～かなければ
18:2 わたしのことばを～かせよう
26:3 ～いて……悪の道から立ち返る
エゼ3:27 ～者には～かせ、～かない者に
は～かせるな
14:3 どうして彼らの願いを～いて
33:31 すわり、あなたのことばを～
ゼカ7:11 彼らはこれを～こうともせず
マラ3:16 耳を傾けて、これを～かれた
マタ11:4 ～いたり見たりしていることを
マコ9:7 彼の言うことを～きなさい
ルカ7:22 見たり～いたりしたことを
9:35 彼の言うことを～きなさい
ヨハ5:24 わたしのことばを～いて
10:3 羊はその声を～き分けます
12:47 ～いてそれを守らなくても
使2:22 ～いたことを、話さないわけには
28:26 あなたがたは確かに～きはするが
ロマ15:21 ～いたことのなかった人々が
ヤコ1:19 ～には早く、語るにはおそく
Ⅰヨハ1:1 私たちが～いたもの、目で見
たもの 〔ることを
黙1:3 それを～いて、そこに書かれてい

きぐ（器具）
マコ11:16 宮を通り抜けて～を運ぶことを

きけん（危険）
Ⅰコリ15:30 なぜ私たちもいつも～にさら
されているのでしょう

きざむ（刻む）
ヨブ19:23 書き物に～まれればよいのに
イザ49:16 わたしは手のひらにあなたを～
んだ
ゼカ3:9 わたしはそれに彫り物を～

ぎしき（儀式）
出12:26 この～はどういう意味ですか

きじゅん（基準）
ガラ6:16 この～に従って進む人々

ぎしょう（偽証）
〔ならない
申5:20 あなたの隣人に対し、～しては
マタ26:59 イエスを訴える～を求めていた

ぎじん（義人）
ヨブ17:9 ～は自分の道を保ち
箴4:18 ～の道は、あけぼのの光のよう
イザ3:10 ～は幸いだと言え。彼らは
26:7 ～の道は平らです。あなたは～の

きず　～が滅びても心に留める者はなく　イザ57:1
マタ23:35　～アベルの血からこのかた
ルカ18:9　自分を～だと自任し、他の人々
ロマ1:17　～は信仰によって生きる
　3:10　～はいない。ひとりもいない
　5:19　多くの人が～とされるのです
ガラ3:11　～は信仰によって生きる
ヘブ10:38　わたしの～は信仰によって生き
Ⅰペテ4:18　～がかろうじて救われるのだ
Ⅱペテ2:8　この～は、彼らの間に住んで
きず（傷）　「ことのない
民19:2　～がなく、まだくびきの置かれた
　28:3　一歳の～のない雄の子羊を常供の
申14:1　自分の身に～をつけたり
　32:39　わたしは～つけ、またいやす
Ⅰ列18:28　自分たちの身を～つけた
　22:34　　　　　　　～を負ってしまった
Ⅱ歴18:33　～を負ってしまった。「した
詩38:5　私の～は、悪臭を放ち、ただれま
　147:3　主は……彼らの～を包む
箴23:29　ゆえなく～を受ける者はだれか
イザ1:6　～と、打ち～と、打たれた生～
　58:8　～はすみやかにいやされる
　61:1　心の～ついた者をいやすために
エレ8:21　私の民の娘の～のために、私も
　　　　　　　　　　　　　　　　　　　　　　　　　　　　　　　　　　　　～つき
哀2:13　あなたの～は海のように大きい
ルカ10:34　～にオリーブ油とぶどう酒を
　20:12　このしもべにも～を負わせて
黙13:3　その致命的な～も直ってしまった
きずく（築く）
創33:20　彼はそこに祭壇を～き、それを
詩51:18　エルサレムの城壁を～いてくださ
Ⅱコリ12:19　あなたがたを～き上げるため
Ⅰテモ6:19　良い基礎を……き上げる
ユダ20　聖い信仰の上に自分自身を～き上げ
ぎせい（犠牲）
ルカ2:24　定められたところに従って～を
きせき（奇蹟）
Ⅰ歴16:12　その～と御口のさばきとを
詩71:7　多くの人にとっては～と思われ
ルカ23:8　イエスの行う何かの～を見た
　　　　　　　　　　　　　　　　　　　　　　　　　　　　　　いと考えていた
Ⅰコリ12:10　ある人には～を行う力
ガラ3:5　あなたがたの間で～を行われ
きせつ（季節）　「た方は
創1:14　しるしのため、～のため
エレ8:7　こうのとりも、自分の～を知り
ぎぜん（偽善）
マタ6:2　施しをする～者たちのように
　6:5　～者たちのようであってはいけま
　6:16　～者たちのようにやつれた顔つき
　7:5　～者よ。まず自分の目から梁を
　15:7　～者たち。イザヤはあなたがたに
　23:13　わざわいだ。～の律法学者
　23:23　わざわいだ。～の律法学者
マコ7:6　あなたがた～者について預言を
ルカ12:1　それは彼らの～のことです

ルカ13:15　～者たち。あなたがたは、安息日
きそく（規則）
イザ28:10　～に～、～に～、ここに少し
きた（北）
ヨブ26:7　神は～を虚空に張り、地を何も
イザ41:25　わたしは～から人を起こすこ
　43:6　～に向かって『引き渡せ』と言い
ヨエ2:20　わたしは～から来るものを
きたい（期待）
箴13:12　～が長びくと心は病む
ハガ1:9　あなたがたは多くを～したが
きたえる（鍛える）
詩144:1　いくさのために私の指を～え
きがちがう（気が違う）　「れる
Ⅰサム21:13　ダビデは彼らの前で～った
きつね（狐）　「しかの
ネヘ4:3　　　　　一匹の～が上っても、その石垣
雅2:15　ぶどう畑を荒らす～や小～を捕ら
エゼ13:4　廃墟にいる～のようだ
マタ8:20　～には穴があり、空の鳥には巣
ルカ9:58　～には穴があり、空の鳥には巣
　13:32　行って、あの～にこう言いなさい
きつもん（詰問）
ネヘ13:11　私は代表者たちを～し
きてい（規定）
伝16:4　長老たちが決めた～を守らせよう
きどう（軌道）
ハバ3:6　しかし、その～は昔のまま
きねん（記念）
出13:9　あなたの額の上の～としなさい
　28:12　彼らの名を両肩に負い、～とする
　30:16　イスラエル人のための～となる
　39:7　イスラエルの子らの～の石とした
民16:40　イスラエル人のための～とした
ヨシ4:7　永久にイスラエル人の～なのだ
エス9:28　諸州、町々においても～され
マタ26:13　この人の～となるでしょう
きのう
ヨブ8:9　私たちは、～生まれた者で
きのみじかい（気の短い）
箴14:29　～者は愚かさを増す
きびしい
Ⅰ列14:6　あなたに～ことを伝えなければ
きびしさ
ロマ11:22　神のいつくしみと～を
きぼう（希望）　「は～がある
伝9:4　生きている者に連なっている者
エレ29:11　あなたがたに将来と～と
Ⅰコリ13:13　残るものは信仰と～と愛です
　15:19　キリストに単なる～を置いている
きまぐれ（気まぐれ）
イザ3:4　～者に彼らを治めさせる
きみ（君）
イザ9:6　力ある神、永遠の父、平和の～
ダニ8:25　～の～に向かって立ち上がる
ぎむ（義務）　「ればならない
申25:5　夫の兄弟としての～を果たさなけ
ロマ13:7　だれにでも～を果たしなさい

Ⅰコリ7:3　夫は自分の妻に対して～を
ガラ5:3　律法の全体を行う～があります
きめる（決める）
Ⅰ歴21:12　答えたらよいかを～めてくださ
使17:31　世界をさばくため、日を～めて
きもの（着物）　「れず
申8:4　四十年の間、あなたの～はすり切
　22:5　男は女の～を着てはならず
　29:5　身に着けている～はすり切れず
エズ9:3　～と上着を裂き、髪の毛とひげ
ヨブ13:28　しみが食い尽くす～のように
詩22:18　彼らは私の～を互いに分け合い
　45:8　あなたの～はみな、没薬、アロエ
　102:26　～のように取り替えられると
箴25:20　寒い日に～を脱ぐようであり
　27:26　子羊はあなたに～を着させ
雅5:3　私は～を脱いでしまった
イザ64:6　私たちの義はみな、不潔な～
マタ6:25　からだは～よりたいせつなもの
　9:16　そんな継ぎ切れは～を引き破って
　27:35　くじを引いて、イエスの～を分け
マコ2:21　真新しい布切れで古い～の継ぎ
　5:15　～を着て、正気に返ってすわって
　5:27　うしろから、イエスの～にさわり
　15:24　イエスの～を分けた。　「した
ルカ5:36　新しい～から布切れを引き裂い
　8:35　悪霊の去った男が～を着て
　8:44　イエスの～のふさにさわった
　15:22　急いで一番良い～を持って来て
　23:34　くじを引いて、イエスの～を分け
ヨハ19:5　いばらの冠と紫色の～を着けて
使22:20　彼を殺した者たちの～の番をして
黙16:15　目をさまして、身に～を着け
きゃく（客）　「なった
士14:20　彼につき添った～のひとりの妻と
マタ22:10　宴会場は～でいっぱいになった
ぎゃくさつ（虐殺）
エレ19:6　ただ～の谷と呼ばれる
エゼ7:23　鎖を作れ。この国は～に満ち
ぎゃくたい（虐待）
詩55:11　～と詐欺とは、その市場から離れ
きゃくま（客間）　「ません
ルカ22:11　過越の食事をする～はどこか
きやすめ（気休め）
Ⅱ列4:28　この私にそんな～を言わないで
ぎゃっきょう（逆境）
伝7:14　～の日には反省せよ
きゅうえん（救援）
使11:29　兄弟たちに～の物を送ることに
きゅうじょしゃ（救助者）
士3:9　彼らを救うひとりの～、カレブの弟
きゅうする（窮する）
Ⅱコリ4:8　苦しめられますが、～ことは
きゅうそく（休息）　「ありません
民10:33　進み、彼らの～の場所を捜した
申25:19　～を与えられるようになったとき
きゅうでん（宮殿）
詩45:15　導かれ、王の～に入って行く

ぎゅうにゅう (牛乳)
創18:8　アブラハムは、凝乳と〜と
きゅうぼう (窮乏)
詩119:143　苦難と〜とが私に襲いかかって
きゅうり
民11:5　〜も、すいか、にら、たまねぎ
イザ1:8　〜畑の番小屋のように
きゅうりょう (給料)
ルカ3:14　自分の〜で満足しなさい
Ⅱコリ11:8　仕えるための〜を得たのです
きよい (聖い・清い)
創7:2　すべての〜動物の中から雄と雌
申14:11　すべて、〜鳥は食べることができ
　23:14　あなたの陣営を〜に。
Ⅱサム22:27　〜には〜く、曲がった者
Ⅱ列5:14　幼子のからだのようになり、
ネヘ13:22　安息日を〜く保つために、
ヨブ4:17　造り主の前に〜くありえようか
　14:4　〜物を汚れた物から
　15:14　人がどうして、〜くありえようか
　25:4　どうして〜くありえようか
　33:9　私は〜く、そむきの罪を犯さなか
詩18:20　私の手の〜さにしたがって私に
　18:26　〜者には、〜く、曲がった者に
　19:8　主の仰せは〜くて、人の目を明る
　19:13　大きな罪を、免れて、〜くなる
　24:4　手が〜く、心がきよらかな者
　73:1　心の〜い人たちに、いつくしみ深い
　119:9　若い人は自分の道を〜く保てるで
箴15:26　親切なことばは、〜。
　30:12　自分を〜いと見、汚れを洗わない
エレ17:22　安息日を〜く保て。
エゼ20:20　わたしの安息日を〜く保て
ハバ1:13　あなたの目はあまりに〜くて
マタ5:8　心の〜者は幸いです。その人たち
ルカ1:74,75　〜く、正しく、恐れなく
　5:12　お心一つで、私は〜くしていただ
　11:41　あなたがたにとってすべて〜ものとなり
ヨハ15:3　ことばによって、もう〜のです
使10:15　〜くないと言ってはならない
ロマ12:1　〜い、生きた供え物としてささげ
　14:20　すべての物は〜のです。しかし
Ⅱコリ7:1　神を恐れかしこんで〜きを
エペ1:4　御前で〜く、傷のない者に
　5:27　〜く傷のないものとなった栄光の
Ⅰテサ4:3　あなたがたが〜くなることで
テト1:15　〜人々には、すべての物が〜
ヘブ7:26　このように、〜く、悪も汚れもなく
Ⅰヨハ3:3　〜くあられるように、自分を
きょう
詩95:7　〜、もし御声を聞くなら
ルカ23:43　あなたは〜、わたしとともにパ
ラダイスにいます
ヘブ3:15　〜、もし御声を聞くならば
きょういく (教育)
箴22:6　若者をその行く道にふさわしく〜せよ
使22:3　先祖の律法について厳格な〜を受

きょうかい (境界)
箴8:29　海にその〜を置き、水がその境を
使17:26　その住まいの〜とをお定めになり
きょうかい (教会)
マタ16:18　岩の上にわたしの〜を建てます
　18:17　〜に告げなさい
使8:3　サウロは〜を荒らし、家々に
　9:31　こうして、〜は……全地にわたり
　11:22　エルサレムにある〜に聞こえた
　12:1　ヘロデ王は、〜の中のある人々を
　12:5　〜は……神に熱心に祈り続けて
　16:5　諸〜は、その信仰を強められ
　20:28　血をもって買い取られた神の〜を
ロマ16:5　その家の〜によろしく伝えて
Ⅰコリ10:32　ギリシヤ人にも、神の〜にも
　12:28　〜の中で人々を次のように
　14:4　預言する者は〜の徳を高めます
　15:9　私は神の〜を迫害したからです
エペ1:22　キリストを、〜にお与えになり
　3:21　〜により、またキリスト・イエス
　5:24　〜がキリストに従うように、妻も
Ⅰテモ3:5　どうして神の〜の世話をする
　5:16　〜には負担をかけないようにしな
ピレ2　ならびにあなたの家にある〜へ
ヘブ2:12　〜の中で……賛美しよう
　12:23　天に登録されている長子たちの〜
Ⅲヨハ10　〜から追い出しているのです
黙1:4　アジヤにある七つの〜へ
　2:23　全〜は、わたしが人の思いと心を
きょうき (狂気)
伝2:12　知恵と、〜と、愚かさとを見た
きょうぎ (協議)
マタ27:1　イエスを死刑にするために〜し
マコ15:1　全議会とは〜をこらしたすえ
きょうぎじょう (競技場)
Ⅰコリ9:24　〜で走る人たちは、みな走っ
きょうくん (教訓)
箴4:2　私は良い〜をあなたがたに授ける
きょうこ (強固)
イザ54:2　綱を長くし、鉄のくいを〜にせ
きょうこう (恐慌)
箴15:16　財宝を持っていて〜があるのに
イザ22:5　〜と蹂躙と混乱の日は
きょうし (教師)
Ⅱ歴15:3　〜となる祭司もなく、律法も
ヨブ36:22　神のような〜が、だれかいよう
マタ23:8　あなたがたの〜はただひとり
ルカ5:17　パリサイ人と律法の〜たちが
エペ4:11　ある人を牧師また〜として
Ⅰテモ1:7　律法の〜でありたいと望みな
きょうそう (競走)
伝9:11　〜は足の早い人のものではなく
エレ12:5　どうして騎馬の人と〜できよう
ヘブ12:1　私たちの前に置かれている〜
きょうだい (兄弟)
創49:8　ユダよ。〜たちはあなたをたたえ
申15:2　その〜から取り立ててはならない
　25:5　その夫の〜が女のところに

士9:5　自分の〜であるエルバアルの息子
　20:23　私の〜ベニヤミン族に近づいて
Ⅱサム19:12　あなたがたは、私の〜、私の
Ⅰ列12:24　〜であるイスラエル人と戦って
　13:30　「ああ、わが〜」と言って
　20:32　彼は私の〜だ
Ⅰ歴5:2　ユダは彼の〜たちにまさる者と
Ⅱ歴11:4　〜たちと戦ってはならない
ネヘ5:8　自分の〜たちを売ろうとして
ヨブ6:15　私の〜たちは川のように裏切
　19:13　神は私の〜たちを私から遠ざけた
　22:6　あなたの〜から質を取り
詩22:22　御名を私の〜たちに語り告げ
　69:8　自分の〜からは、のけ者にされ
　133:1　〜たちが一つになって共に住む
箴17:17　〜は苦しみを分け合うために生ま
　18:24　〜よりも親密な者もいる
　27:10　隣人は、遠くにいる〜にまさる
エレ9:4　どの〜も信用するな。
ホセ12:3　母の胎にいたとき、〜を押しの
アモ1:9　〜の契りを覚えていなかった
マタ5:22　〜に向かって腹を立てる者は
　10:21　〜は〜を死に渡し、父は子を死に
　12:46　イエスの母と〜たちが、イエスに
　12:50　わたしの〜、姉妹、また母なので
　13:55　彼の〜は、ヤコブ、ヨセフ
　18:15　あなたの〜が罪を犯したなら
　18:21　〜が私に対して罪を犯した場合
　20:24　ふたりの〜のことで腹を立てた
　23:8　あなたがたはみな〜だからです
　25:40　〜たち、しかも最も小さい者たち
　28:10　〜たちに、ガリラヤへ行くように
マコ3:35　だれでも、わたしの〜、姉妹
　13:12　〜は〜を死に渡し、父は子を死に
ルカ6:41　〜の目にあるちりが見えながら
　8:20　あなたのおかあさんと〜たちが
　17:3　もし〜が罪を犯したなら、彼を
ヨハ7:5　〜たちもイエスを信じていなか
ったのである。
　21:23　という話が〜たちの間に行き渡
使7:13　ヨセフは〜たちに、自分のことを
　7:26　あなたがたは、〜なのだ
　9:17　〜サウロ。あなたの来る途中
　9:30　〜たちはそれを知って、彼を
　11:29　ユダヤに住んでいる〜たちに救援
　15:3　すべての〜たちに大きな喜びを
ロマ14:10　自分の〜をさばくのですか
Ⅰコリ5:11　〜と呼ばれる者で、
　6:6　〜は〜を告訴し、しかもそれを
ガラ1:19　主の〜ヤコブは別として
Ⅰテサ4:6　〜を踏みつけたり、欺いたり
　4:9　〜愛については、何も書き送る
Ⅱテサ3:15　〜として戒めなさい
ピレ16　すなわち、愛する〜としてです
ヘブ2:11　彼らを〜と呼ぶことを恥としな
　13:1　〜愛をいつも持っていなさい
Ⅰヨハ2:11　〜を憎む者は、やみの中に
　3:14　それは、〜を愛しているからです

きょうたん（驚嘆）
　マタ22:22　彼らは、これを聞いて〜し
　マコ11:18　群衆がみなイエスの教えに〜し
　　12:17　彼らはイエスに〜した
ぎょうにゅう（凝乳）
　創18:8　〜と牛乳と、それに、料理した
　イザ7:15　この子は……と蜂蜜を食べる
きょうふ（恐怖）
　レビ26:16　あなたがたの上に〜を臨ませ
　詩91:5　夜の〜も恐れず、昼に飛び来る矢
　イザ17:14　夕暮れには、見よ、突然の〜
　　33:14　神を敬わない者は〜に取りつかれ
　エレ8:15　見よ、〜しかない
きょうゆう（共有）
　使2:44　いっさいの物を〜にしていた
　　4:32　自分のものと言わず、すべてを〜
きょうり（郷里）
　マコ6:1　そこを去って、〜に行かれた
きょうりょく（協力）
　Ⅰ歴24:3　ダビデは……アヒメレクと〜し
　Ⅰコリ3:9　私たちは神の〜者であり
　ピリ4:3　ほんとうに、真の〜者よ
ぎょうれつ（行列）
　詩68:24　聖所でわが王が神の〜を
きょぎ（虚偽）
　ナホ3:1　〜に満ち、略奪を事とし
きょきん（醵金）
　ロマ15:26　貧しい人たちのために〜する
きょじゅう（巨獣）
　創1:21　海の〜と、種類にしたがって
　詩148:7　海の〜よ。すべての淵も
ぎょふ（漁夫）
　イザ19:8　〜たちは悲しみ、ナイル川で
　エレ16:16　わたしは多くの〜をやって
きょむ（虚無）
　イザ34:11　〜のおもりを下げられる
　ロマ8:20　被造物が〜に服したのが自分の
きよめ（聖め）
　レビ14:11　〜を宣言する祭司は
　ルカ11:38　まず〜の洗いをなさらないのを
　ヨハ3:25　あるユダヤ人と〜について論議
　Ⅰコリ1:30　義と〜と、贖いとになられ
　ヘブ1:3　また、罪の〜を成し遂げて
　　6:2　〜の洗いについての教え
　　9:13　それが〜の働きをして肉体をきよ
きよめる（聖める；清める）
　レビ14:2　ツァラアトに冒された者が〜め
　民8:6　中から取って、彼らを〜めよ
　　19:13　罪の身を〜めない者はだれでも
　　31:20　木製品はすべて〜めなければなら
　ヨシ3:5　あなたがたの身を〜めなさい
　　7:13　立て。民を〜め。そして言え
　Ⅱ歴29:16　宮の中に入って、これを〜め
　　34:5　ユダとエルサレムを〜めた
　ネヘ12:30　レビ人は、自分たちの身を〜め
　ヨブ9:30　灰汁で私の手を〜めても

　詩51:2　私の罪から、私を〜めてください
　　73:13　確かに私は、むなしく心を〜め
　箴20:9　心を〜めた。私は罪から〜められ
　イザ1:16　洗え。身を〜めよ。わたしの前
　　52:11　その中から出て、身を〜めよ
　エレ13:27　いつまでたっても、〜められない
　　33:8　すべての咎から彼らを〜め
　エゼ22:24　おまえは憤りの日に〜められず
　　36:25　すべての偶像の汚れから……〜め
　　37:23　滞在地から彼らを救い、彼らを〜
　ダニ11:35　〜め、白くするために倒れるが
　　12:10　多くの者は、身を〜め、白くし
　マラ3:3　レビの子らを〜め、彼らを金の
　マタ8:2　お心一つで〜くして
　　10:8　ツァラアトに冒された者を〜め
　　23:25　杯や皿の外側は〜が、その中は
　ルカ3:17　脱穀場をことごとく〜め
　　4:27　そのうちのだれも〜められない
　　17:14　彼らは行く途中で〜められた
　ヨハ17:17　真理によって彼らを〜め別って
　使10:15　神が〜めた物を、きよくないと
　　11:9　神が〜をおのれの
　　21:26　ともに身を〜めて宮に入り
　Ⅰコリ7:14　妻によって〜められており
　Ⅱコリ7:1　霊肉の汚れから自分を〜め
　エペ5:26　教会を〜めて聖なるものとする
　ヘブ9:14　どんなにか私たちの良心を〜め
　　9:22　血によって〜められる、と言って
　　12:14　〜められることを追い求めなさい
　Ⅰペテ1:22　たましいを〜め、偽りのない
きよらか
　詩24:4　手がきよく、心が〜な者
きりすてる（切り捨てる）
　申10:16　心の包皮を〜てなさい
　　30:6　子孫の心を包む皮を〜てて
　マコ9:43　それを〜てなさい
キリスト
　Ⅰコリ10:4　その岩とは〜です
　　11:3　すべての男のかしらは〜であり
　Ⅱコリ2:15　かぐわしい〜のかおりなので
キリストしゃ（キリスト者）
　使11:26　アンテオケで初めて、〜と呼ばれ
　　26:28　私を〜にしようとしている
　Ⅰペテ4:16　〜として苦しみを受けるのな
きりゅう（寄留）
　創28:4　おまえがいま〜している この地
　詩39:12　私のすべての先祖たちのように
　　　　　　　　　　　　〜の者なのです
　　105:23　ヤコブはハムの地に〜した
　エレ42:15　そこに行って〜するなら
　ヘブ11:13　地上では旅人であり、〜者である
きる（切る）
　Ⅰサム15:33　アガグをずたずたに〜った
　Ⅱ歴2:2　山で石を〜り出す者七万人
　伝10:9　石を〜り出す者は石で傷つき
　　12:6　銀のひもは〜れ、金の器は打ち砕
　ホセ6:5　預言者たちによって、彼らを〜
　　　　　　　　　　　　　　　　り倒し

きる（着る）
　創3:21　皮の衣を作り、彼らに〜せて
　　35:2　身をきよめ、着物を〜替えなさい
　ヨブ31:19　〜物がなくて死にかかっている
　詩30:11　喜びを私に〜せてくださいました
　マタ6:29　花の一つほどにも、〜っては
　マコ15:17　そしてイエスに紫の衣を〜せ
　ロマ13:14　主イエス・キリストを〜なさい
　Ⅰコリ4:11　私たちは飢え、渇き、〜物も
　Ⅱコリ5:2　天から与えられる住まいを〜
　　　　　　　　　　たいと望んでいます
　エペ4:24　新しい人を身に〜べきことでし
　Ⅰペテ3:3　着物を〜飾るような外面的な
きろく（記録）
　出17:14　このことを〜として、書き物に
きをつける（気をつける）
　マタ7:15　にせ預言者たちに〜けなさい
　マコ12:38　律法学者たちには〜けなさい
きん（金）
　創2:11　巡って流れる。そこには〜があった
　民31:52　主に供えた奉納物の〜は全部で
　ヨブ31:24　私が〜をおのれの頼みとし
　詩19:10　〜よりも、多くの純〜よりも好ま
　箴25:11　銀の彫り物にはめられた〜のりん
　イザ60:6　〜と乳香を携えて来て、〜ご
　哀4:1　〜は曇り、美しい黄金は色を変え
ぎん（銀）
　詩12:6　七回もためされて、純化された〜
　箴8:19　えり抜きの〜にまさる
　イザ1:22　おまえの〜は、かなかすり
　エレ32:25　〜を払ってあの畑を買い、証人
　ハガ2:8　〜はわたしのもの。金もわたし
　ゼカ11:12　賃金として、〜三十シェケルを
　使19:24　デメテリオという〜細工人がいて
ぎんか（銀貨）
　マタ26:15　彼らは〜三十枚を彼に支払った
　　27:3　〜三十枚を、祭司長、長老たちに
　マコ12:15　デナリを持って来て見せなさ
　ルカ15:8　女の人が〜を十枚持っていて
きんぎん（金銀）
　使3:6　〜は私にはない。しかし、私にあ
ぎんこう（銀行）
　ルカ19:23　なぜ私の金を〜に預けて
きんじる（禁じる）
　使16:6　聖霊によって〜じられたので
　Ⅰコリ14:39　異言を話すことも〜じては
きんしん（近親）
　詩38:11　私の〜の者も遠く離れて立って
きんせん（金銭）
　伝5:10　〜を愛する者は〜に満足しない
　　7:12　〜の陰にいるようだ
　　10:19　〜はすべての必要に応じる
　Ⅰテモ6:10　〜を愛することが、あらゆる
　ヘブ13:5　〜を愛する生活をしてはいけな
きんべん（勤勉）
　箴12:24　〜な者の手は支配する。無精者は
　　12:27　〜な人は多くの尊い人を捕らえる
　　13:4　しかし〜な者の心は満たされる

箴21:5　　～な人の計画は利益をもたらし
ぎんみ（吟味）
Ⅰコリ11:28　ひとりひとりが自分を～して
　　14:29　　ほかの者はそれを～しなさい
Ⅱコリ13:5　自分自身をためし、また～し
きんれい（禁令）
ダニ6:8　　その～を制定し、変更されるこ
きんろう（勤労）
箴14:23　　すべての～には利益がある

く

くい
士4:21　　ヤエルは天幕の鉄の～を取ると
くいあらため（悔い改め；悔い改める）
Ⅰ列8:47　　みずから反省して～め
イザ1:27　　～者は正義によって贖われる
エレ15:7　　その行いを～めなかったから
　　18:8　　～なら……わざわいを思い直す
エゼ14:6　　～めよ。偶像を捨て去り
　　18:30　～めて……すべてのそむきの罪を
　　33:11　　～めて、生きることを喜ぶ
マタ3:2　　～めなさい。天の御国が近づい
　　3:8　　～にふさわしい実を結びなさい
　　4:17　　～めなさい。天の御国が近づいた
　　11:20　～めなかったので、責め始められ
　　12:41　ヨナの説教で～めたからです
　　18:3　　～めて子どもたちのようになら
　　　　　　　　　　　　　　ない限り
マコ1:4　　～のバプテスマを宣べ伝えた
　　4:12　　～めて赦されることのないよう
　　6:12　　十二人が出て行き、～を説き広め
ルカ3:3　　～に基づくバプテスマを説いた
　　3:8　　～にふさわしい実を結びなさい
　　5:32　　罪人を招いて、～めさせるために
　　10:13　　灰の中にすわって、～めていた
　　11:32　ニネベの人々はヨナの説教で～め
　　13:3　　あなたがたも～めないなら、みな
　　15:7　　～必要のない九十九人の正しい人
　　16:30　彼らは～に違いありません
　　24:47　　罪の赦しを得させる～が
使2:38　　～めなさい。そして……バプテス
　　　　　　　　　　　マを受けなさい
　　3:19　　～めて、神に立ち返りなさい
　　5:31　　～と罪の赦しを与えるために
　　11:18　いのちに至る～を異邦人にも
　　17:30　すべての人に～を命じておられ
　　20:21　神に対する～と……主イエスに対
　　26:20　～にふさわしい行い　する信仰
ロマ2:4　　神の慈愛があなたを～に導く
Ⅱコリ7:10　救いに至る～を生じさせます
Ⅱテモ2:25　神は彼らに～の心を与えて
ヘブ6:6　　もう一度～に立ち返らせること
Ⅱペテ3:9　　すべての人が～に進むことを
黙2:5　　～めて、初めの行いをしなさい
　　2:16　　～めなさい。もしそうしないなら
　　2:21　　わたしは～機会を与えたが
　　9:20　　その手のわざを～めないで

黙16:9　　～めて神をあがめることをしなか
　　16:11　自分の行いを～めようとしなか
くいしんぼう（食いしんぼう）
マタ11:19　あれ見よ。～の大酒飲み
くいる（悔いる）
民23:19　　人の子ではなく、～ことがない
Ⅰサム15:11　サウルを王に任じたことを～
ヨブ42:6　　ちりと灰の中で～ています
詩51:17　　砕かれた霊。砕かれた、～いた心
エレ4:28　　わたしは～いず、取りやめも
　　8:6　　自分の悪行を～者は、ひとりも
くう（食う）
エレ30:16　あなたを～者はみな、かえって
マタ23:14　やもめの家を～いつぶし
くう（空）
伝1:2　　～の～。伝道者は言う。～の
　　12:8　　～の～。伝道者は言う。すべては
Ⅰコリ9:26　～を打つような拳闘もしては
くうき（空気）
Ⅰコリ14:9　それは～に向かって話してい
　　　　　　　　　　　　　　るのです
ぐうぞう（偶像）
出20:4　　自分のために、～を造ってはなら
レビ17:7　　淫行をしていたやぎへの～
　　26:1　　自分のために、～を造ってはなら
申5:8　　自分のために、～を造ってはなら
詩31:6　　私は、むなしい～につく者を憎み
　　106:38　カナンの～のいけにえにした
イザ40:19　鋳物師は～を鋳て造り、金細工
　　44:9　　～を造る者はみな、むなしい
　　48:5　　『私の～がこれをした』とか
エレ50:38　彼らは～の神に狂っているから
エゼ14:4　　心の中に～を秘め、不義に引き
　　20:18　彼らの～で身を汚すな。　込む
ホセ4:17　　エフライムは～に、くみして
ミカ1:7　　そのすべての～を荒廃させる
使15:20　　～に供えて汚れた物と不品行と
　　17:16　町が～でいっぱいなのを見て
　　21:25　～の神に供えた肉と、血と
Ⅰコリ6:9　　～を礼拝する者、姦淫をする
　　8:1　　～にささげた肉についてですが
　　8:4　　～にささげた肉を食べること
　　10:19　～の神にささげた肉に、何か意味
Ⅰテサ1:9　どのように～から神に立ち返
Ⅰヨハ5:21　子どもたちよ。～を警戒しな
くうふく（空腹）　　　　　さい
マタ21:18　都に帰る途中、～を覚えられた
マコ11:12　イエスは～を覚えられた
使10:10　　すると彼は非常に～を覚え
くえき（苦役）
出2:11　　彼は同胞のところへ出て行き、
　　　　　　　　　　　　　その～を見た
申20:11　～に服して働かなければならない
ヨブ7:1　　地上の人には～があるではないか
箴12:24　　　　　無精者は～に服する
くぎ（釘）
伝12:11　　よく打ちつけられた～のような
イザ22:23　一つの～として、確かな場所に
ヨハ20:25　手に～の跡を見、私の指を

くさ（草）
創1:11　　地は植物、すなわち種を生じる～
詩37:2　　彼らは～のようにたちまちしおれ
　　103:15　人の日は、～のよう。野の花の
イザ40:6　　すべての人は～、その栄光は
エレ50:19　カルメルとバシャンで～を食べ
ダニ4:33　牛のように～を食べ、　　『エ
ルカ12:28　あすは炉に投げ込まれる～をで
Ⅰペテ1:24　　　　　　人はみな～のようで
くさい（臭い）
出7:18　　魚は死に、ナイルは～くなり
ヨハ11:39　もう～くなっておりましょう
くさり（鎖）
マコ5:3　　もはやだれも、～をもってして
使26:29　　この～は別として、私のように
　　28:20　イスラエルの望みのためにこの
　　　　　　　　　　　　　　　　～に
Ⅱテモ1:16　私が～につながっていること
くさる（腐る）
詩14:3　　だれもかれも～り果てている
　　53:3　　だれもかれも～り果てている
イザ3:24　　良いかおりは～ったにおいと
エレ13:7　　その帯は～って、何の役にも
くされ（腐れ）
ホセ5:12　　ユダの家には、～のようになる
くじ
レビ16:8　　二頭のやぎのために～を引き
詩22:18　　一つの着物を、～引きにします
箴1:14　　われわれの間で～を引き
　　16:33　～は、ひざに投げられるが
オバ11　　エルサレムを～引きにして取った日
ヨナ1:7　　その～はヨナに当たった。　『
マタ27:35　～を引いて、イエスの着物を分
ルカ1:9　　祭司職の習慣によって、～を
ヨハ19:24　だれの物になるか、～を引こう
使1:26　　そしてふたりのために～を引くと
くじく
使21:13　　泣いたり、私の心を～いたりして
くしゃみ
Ⅱ列4:35　子どもは七回～をして目を開いた
くすしい（奇しい）
出15:11　～わざを行うことができましょ
ヨブ5:9　　その～みわざは数えきれない
　　9:10　　その～みわざは数えきれない
詩26:7　　あなたの～みわざを余すことなく
　　40:5　　あなたがなさった～わざと
　　72:18　ただ、主ひとり、～わざを行う
　　78:12　　　　　　　　～わざを行われた
　　88:10　死人のために～わざを行われる
　　119:18　みおしえのうちにある～ことに
　　119:129　あなたのさとしは～しく
　　139:14　～ことをなさって恐ろしいほどで
くすり（薬）
エレ46:11　多くの～を使ってもむなしい
エゼ47:12　その実は食物となり、その葉は
くずれる　　　　　　　　　～となる
ヨブ7:5　　私の皮は固まっては、また～
Ⅱペテ3:10　天の万象は焼けて～れ去り

コンコルダンス

くだく
Ⅱペテ3:11　みな、〜れ落ちるものだとすれば

くだく（砕く）
詩34:20　その一つさえ、〜かれることはな
イザ41:15　山々を踏みつけて粉々に〜
エレ19:11　わたしはこの民と、この町を〜

くだもの
民13:26　彼らにその地の〜を見せた
黙18:14　あなたの心の望みである熟した〜

くだる（下る）
ルカ3:22　聖霊が……自分の上に〜られる
Ⅰテサ4:16　ご自身天から〜って来られま

くち（口）
申8:3　主の〜から出るすべてのもので
Ⅱ列4:34　自分の〜を子どもの〜の上に
ヨブ16:10　私に向かって〜を大きくあけ
40:4　ただ手を〜に当てるばかりです
詩17:3　〜のあやまちをしまいと心がけ
34:1　私の〜には、いつも、主への賛美
38:13　〜を開かず、話せない者のよう
71:8　私の〜には一日中、あなたの賛美
135:16　〜があっても語れず、目があって
箴13:3　自分の〜を見張る者は自分の
イザ6:7　彼は、私の〜に触れて言った
45:23　わたしの〜から出ることばは正し
エゼ3:2　私が〜をあけると、〜しく
マラ2:6　彼の〜には真理の教えがあり
マタ9:32　〜のきけない人が、みもとに
15:30　盲人、〜のきけない者
マコ7:37　〜のきけない者を話せるように
ルカ1:22　ザカリヤは……〜がきけないまま
11:14　〜がきけなかった者がものを言い
ロマ3:14　彼らの〜は、のろいと苦さで
3:19　それは、すべての〜がふさがれ
10:8　みことばは……〜にあり

くちさき（口先）
マタ15:8　この民は、〜ではわたしを敬う
マコ7:6　この民は、〜ではわたしを敬う

くちずさむ（口ずさむ）
ヨシ1:8　昼も夜もそれを〜まなければ
詩1:2　昼も夜もそのおしえを〜

くちづけ（口づけ）
創29:11　そうしてヤコブはラケルに〜し
33:4　彼をいだき、首に抱きついて〜し
45:15　彼はまた、すべての兄弟に〜し
48:10　父は彼らに〜し、彼らを抱いた
ルツ1:14　しゅうとめに別れの〜をしたが
Ⅰサム20:41　ふたりは〜して、抱き合って
Ⅱサム14:33　王はアブシャロムに〜した
詩2:12　御子に〜せよ。主が怒り、おまえ
85:10　義と平和とは、互いに〜している
箴7:13　この女は彼をつかまえて〜し
27:6　憎む者が〜してもてなすよりは
雅1:2　あの方が私に〜してくださったら
ホセ13:2　いけにえをささげる者は子牛に〜せよ
マタ26:48　私が〜をするのが、その人
マコ14:44　私が〜をするのが、その人
ルカ7:45　あなたは、〜してくれなかった

ルカ15:20　走り寄って彼を抱き、〜した
22:47　ユダはイエスに〜しようとして
使20:37　パウロの首を抱いて幾度も〜し
ロマ16:16　あなたがたは聖なる〜をもって
Ⅰコリ16:20　聖なる〜をもって、互いに〜
Ⅰペテ5:14　愛の〜をもって互いにあいさ

くちびる
詩34:13　〜に欺きを語らせるな
箴12:19　真実の〜はいつまでも堅く立つ
20:15　知識の〜が宝の器
雅4:3　あなたの〜は紅の糸。あなたの口
イザ29:13　〜でわたしをあがめるが
ゼパ3:9　国々の民の〜を変えてきよくす
ロマ3:13　彼らの〜の下には、まむしの毒

くちよせ（口寄せ）
イザ19:3　霊媒や〜に伺いを立てる

くちる（朽ちる）
イザ34:4　天の万象は〜ち果て、天は
エゼ4:17　みなやせ衰え、〜ち果てよう
使2:27　聖者が〜ち果てるのをお許しに
13:35　あなたの聖者を〜ち果てるままに
Ⅰコリ9:25　〜冠を受けるためにそうする
15:42　〜もので蒔かれ、〜ちないものに
15:53　必ず〜ないものを着ることになる
Ⅰペテ1:18　金のような〜物にはよらず

くちわ（口輪）
詩39:1　私の口に〜をはめておこう

くつ
出3:5　あなたの足の〜を脱げ。あなたの
申25:9　近寄り、彼の足から〜を脱がせ
アモ2:6　一足の〜のために貧しい者を
マコ1:7　その方の〜のひもを解く値うち
6:9　〜は、はきなさい。しかし二枚の
ルカ3:16　その方の〜のひもを解く値うち
15:22　指輪をはめさせ、足に〜をはかせ
使7:33　あなたの足の〜を脱ぎなさい
13:25　その方の〜のひもを解く値うちも

くつう（苦痛）
エレ13:21　〜があなたを捕らえないだ

くつがえす
ハガ2:22　もろもろの王国の王座を〜し

くつこ
申25:4　脱穀をしている牛に〜を掛けては
ホセ11:4　そのあごの〜をはずす者のよう
Ⅰコリ9:9　牛に、〜を掛けてはいけない
Ⅰテモ5:18　穀物をこなしている牛に、〜

くっつく
ヨブ19:20　私の骨は皮と肉とに〜いてしま

くつひも
創14:23　〜一本でも……何一つ取らない

くつわ
イザ37:29　あなたの口には〜をはめ
ヤコ1:26　自分の舌に〜をかけず、自分の

くとう（苦闘）
コロ2:1　私がどんなに〜しているか

くどく
士14:15　あなたの夫を〜いて、あのなぞを
16:5　サムソンを〜いて、彼の強い力が

ホセ2:14　彼女を〜いて荒野に連れて行き

くなん（苦難）
士10:14　あなたがたの〜の時には、彼らが
詩37:39　〜のときの彼らのとりでは主
50:15　〜の日にはわたしを呼び求めよ
箴1:27　〜と苦悩があなたがたの上に下る
24:10　もしあなたが〜の日に気落ちした
イザ8:22　地を見ると、見よ、〜とやみ
26:16　〜の時に、彼らはあなたを求め
エレ16:19　〜の日の私の逃げ場よ
30:7　それはヤコブにも〜の時だ
哀3:5　苦味と〜で私を取り囲んだ
ダニ12:1　かつてなかったほどの〜の時が
ナホ1:7　主は……〜の日のとりでである
ゼパ1:15　〜と苦悩の日、荒廃と滅亡の日
マタ24:21　ひどい〜があるからだ
24:29　これらの日の〜に続いてすぐに
マコ13:19　これからもないような〜の日
13:24　〜に続いて、太陽は暗くなり
ルカ21:23　この地に大きな〜が臨み
ロマ8:17　栄光をともに受けるために〜を
Ⅰコリ7:28　その身に〜を招くでしょう
Ⅰテサ3:4　私たちは〜に会うようになる
Ⅱテモ3:11　私にふりかかった迫害や〜に
黙1:9　イエスにある〜と御国と忍耐とに

くに（国）
創22:18　地のすべての〜々は祝福を受ける
26:4　こうして地のすべての〜々は
Ⅰ歴16:35　〜々から私たちを集め
箴14:34　正義は〜を高め、罪は国民を
イザ2:4　〜は〜に向かって剣を上げず
ダニ4:3　その〜は永遠にわたる
8:22　その〜から四つの〜が起こること
マタ24:7　〜は〜に敵対して立ち上がり
マコ11:10　われらの父ダビデの〜に
13:8　〜は〜に敵対して立ち上がり
ルカ11:17　どんな〜でも、内輪もめしたら
21:10　〜は〜に敵対して立ち上がり
24:47　あらゆる〜の人々に宣べ伝えられ
ヨハ18:36　わたしの〜はこの世のものでは
使1:6　イスラエルのために〜を再興して
10:35　どの〜の人であっても、神を恐れ
Ⅰコリ15:24　〜を父なる神にお渡しになり
黙11:15　この世の〜は私たちの主および

くのう（苦悩）
ヨブ21:25　ある者は〜のうちに死に
詩107:6　主は彼らを〜から救い出された
エレ20:18　なぜ、私は労苦と〜に会うため

くび（首）
ヨシ10:24　この王たちの〜に足をかけなさ
Ⅰサム17:51　とどめを刺して〜をはねた
Ⅱサム17:23　家を整理して、〜をくくって
雅4:4　あなたの〜は……ダビデのやぐらのようだ
エレ30:8　彼らの〜のくびきを砕き
マタ14:8　ヨハネの〜を盆に載せて私に
18:28　彼はその人をつかまえ、〜を絞め
27:5　外に出て行って、〜をつった

くびき

マコ6:16	私が〜をはねたあのヨハネを	
6:28	その〜を盆に載せて持って来て	

くびき
レビ26:13	あなたがたの〜の横木を打ち砕	
I列12:4	私たちの〜をかたくしました	
II歴10:4	私たちの〜をかたくしました	
イザ9:4	彼の重荷の〜と、肩のむち	
10:27	彼の〜はあなたの首から除かれる	
14:25	アッシリヤの〜は彼らの上から除	
58:6	〜のなわめをほどき、しかれ	
エレ28:2	バビロンの王の〜を打ち砕く	
哀1:14	私のそむきの罪の〜は重く	
エゼ30:18	わたしがエジプトの〜を砕き	
ナホ1:13	わたしは彼の〜をあなたから	
マタ11:29	あなたがたもわたしの〜を負う	
使15:10	私たちも負いきれなかった〜を	
IIコリ6:14	不信者と、つり合わぬ〜を	

くべつ（区別）
創1:4	神は光とやみとを〜された	
1:14	大空にあって、昼と夜とを〜せよ	
出8:23	民との間を〜して、救いを置く	
11:7	エジプト人とイスラエル人を	
33:16	地上のすべての民と〜されること	
レビ10:10	汚れたものときよいものを〜す	
11:47	食べてはならない生き物とが〜	
20:25	汚れた鳥ときよい鳥を〜するよう	
I列8:53	すべての国々の民から〜して	
エゼ42:20	俗なるものとを〜していた	
44:23	きよいものとの〜を教えなければ	
ロマ10:12	ユダヤ人とギリシヤ人との〜は	

くま（熊）
Iサム17:34	〜が来て、群れの羊を取って	
箴17:12	子を奪われた雌〜に会うほうが	
イザ11:7	雌牛と〜とは共に草をはみ	
ダニ7:5	〜に似たほかの第二の獣が現	

くみ（組）
I歴24:1	アロンの子らの〜分け	
マコ6:39	それぞれ〜にして青草の上に	

クミン
イザ28:25	ういきょうを蒔き、〜の種を蒔	

くむ（汲む）
創24:11	女たちが水を〜みに出て来るころ	
24:19	水を〜んで差し上げましょう	

くも（雲）
創9:13	〜の中に、わたしの虹を立てる	
出13:21	彼らを導くため、〜の柱の中	
40:34	〜は会見の天幕をおおい	
民9:15	〜があかしの天幕である幕屋	
12:5	主は〜の柱の中にあって降りて	
申31:15	〜の柱は天幕の入口にとどまった	
イザ4:5	昼は〜、夜は煙と燃える火の輝き	
マタ17:5	光り輝く〜がその人々を包み	
マコ9:7	〜がわき起こってその人々を	
13:26	〜に乗って来るのを見るのです	
使1:9	〜に包まれて、見えなくなられた	
Iコリ10:2	〜と海とで、モーセにつくバ

くやむ（悔やむ）プテスマ
創6:6	地上に人を造ったことを〜み	

士21:6	兄弟ベニヤミンのことで〜んだ	
21:15	民はベニヤミンのことで〜んで	
Iサム15:35	主もサウルをイスラエルの王	
	としたことを〜まれた	
ナホ3:7	あなたのために〜者を、どこに	

くら（倉）
詩33:7	集め、深い水を〜に収められる	
箴3:10	あなたの〜は豊かに満たされ	
エレ10:13	その〜から風を出される	
マタ6:26	〜に納めることもしません	
12:35	良い〜から良い物を取り出し	
13:52	自分の〜から新しい物でも古い物	
ルカ6:45	心の良い〜から良い物を出し	
12:18	あの〜を取りこわして、もっと	

くらい
ヨブ24:16	〜くなってから、家々に侵入す	
伝12:2	太陽と光、月と星が〜くなり	
マタ6:23	あなたのうちの光が〜ければ	
27:45	十二時から、全地が〜くなって	
マコ13:24	太陽は〜くなり、月は光を放た	
15:33	全地が〜くなって、午後三時	
ルカ23:44	全地が〜くなって、三時まで続	

くらい
II列25:28	彼の〜をバビロンで彼とともに	
詩132:11	子をあなたの〜に着かせよう	
伝10:6	愚か者が非常に高い〜につけられ	

くらべる（比べる）
士8:2	あなたがたのしたことに〜べたら	
イザ40:25	だれと〜べようとするのか	

くらます
IIコリ4:4	不信者の思いを〜ませて	

くらやみ（暗やみ）
マタ4:16	〜の中にすわっていた民は	
22:13	手足を縛って、外の〜に放り出せ	
25:30	役に立たぬしもべは、外の〜に	

くりかえす（くり返す）
マタ6:7	同じことばを、ただ〜してはい	

くる（来る）しけません
詩96:13	確かに、主は〜られる	
マタ8:9	別の者に『〜い』と言えば〜ます	
11:28	わたしのところに〜なさい。しす	
23:39	主の御名によって〜られる方に	
24:3	あなたの〜られる時や世の終わり	
24:37	人の子が〜のは、ちょうど、ノア	
24:42	自分の主がいつ〜られるか	
26:64	人の子が……天の雲に乗って〜	
マコ8:38	聖なる御使いたちとともに〜	
10:45	人の子が〜たのも……仕えるため	
13:26	雲に乗って〜のを見るのです	
14:62	天の雲に乗って〜のを……見る	
ルカ12:40	思いがけない時に〜のですから	
13:35	主の御名によって〜られる方に	
21:27	人の子が……雲に乗って〜のを見	
ヨハ1:39	〜なさい。そうすればわかり	
4:29	〜て、見てください。私のした	
6:35	わたしに〜者は決して飢える	
6:37	わたしのところに〜者を……捨て	
	ません。しせん

ヨハ7:28	わたしは自分で〜たのではありま	
7:37	わたしのもとに〜て飲みなさい	
12:13	主の御名によって〜られる方に	
Iコリ11:26	主が〜られるまで、主の死を	
Iテサ2:19	主イエスが再び〜られるとき	
3:13	聖徒とともに再び〜られるとき	
4:15	主が再び〜られるときまで〜れる	
IIテサ2:1	イエス・キリストが再び〜ら	
IIテモ4:9	早く私のところに〜てくださ	
ヘブ9:26	罪を取り除くために、〜られた	
9:28	人々の救いのために〜られる	
10:37	しばらくすれば、〜べき方が〜ら	
	れる。しさい
ヤコ5:7	主が〜られる時まで耐え忍びな	
黙1:7	見よ、彼が、雲に乗って〜られる	
3:11	わたしは、すぐに	
22:12	見よ。わたしはすぐに〜	
22:17	御霊も花嫁も言う。「〜てください	
22:20	「しかり。わたしはすぐに〜。」	

くるう（狂う）
申28:34	目に見ることで気を〜わされる	
マコ3:21	「気が〜ったのだ」と言う人	
使26:24	神学があなたの気を〜わせている	

くるしい（苦しい）
マタ27:19	あの人のことで〜めに会いまし	

くるしみ（苦しみ）したから
創16:11	主があなたの〜を聞き入れられた	
42:21	それで……こんな〜に会っている	
民11:15	これ以上、私を〜に会わせないで	
申4:30	あなたの〜のうちにあって	
32:18	産みの〜をした神を忘れてしま	
士11:7	〜に会ったからといって、した	
ヨブ5:7	人は生まれると〜に会う	
5:19	神は六つの〜から、あなたを救い	
10:1	私のたましいの〜を語ろう	
詩4:1	私の〜のときにゆとりを与えて	
34:6	主はすべての〜から彼を救われた	
66:14	私の〜のときに、私のくちびるが	
116:3	私は〜と悲しみの中に会い	
119:67	〜に会う前には、私はあやまちを	
120:1	〜のうちに、私が主に呼ばわると	
箴14:10	心がその自分自身の〜を知っている	
17:17	兄弟は〜を分け合うために生まれ	
31:7	自分の〜をもう思い出さないだろ	
イザ53:11	激しい〜のあとを見て、満足す	
66:7	彼女は産みの〜をする前に産み	
ヨナ2:2	私の〜の中から主にお願いした	
マコ8:31	人の子は必ず多くの〜を受け	
ルカ9:22	人の子は、必ず多くの〜を受け	
17:25	人の子はまず、多くの〜を受け	
24:26	必ず、そのような〜を受けて	
使14:22	多くの〜を経なければならない	
26:23	キリストは〜を受けること、また	
ロマ8:18	今の時のいろいろの〜は、将来	
IIコリ1:4	どのような〜のときにも	
1:6	もし私たちが〜しているなら	
7:4	どんな〜の中にあっても喜びに	
ガラ4:19	産みの〜をしています	

くるしむ / コンコルダンス / けいべつ 2601

くるしむ
- エペ3:13　私の受けている～は、そのまま
- ピリ1:29　キリストのための～をも賜った
- 　3:10　またキリストの～にあずかること
- コロ1:24　キリストの～の欠けたところを
- Ⅰテサ2:2　まずピリピで～に会い
- Ⅱテモ2:3　私と～をともにしてください
- Ⅰペテ2:21　あなたがたのために～を受け
- 　4:1　キリストは肉体において～を受け
- 　4:15　他人に干渉する者として～を受け
- 黙2:9　あなたの～と貧しさとを知って
- 　20:10　彼らは永遠に昼も夜も～を受ける

くるしむ（苦しむ）
- 創3:17　～んで食を得なければならない
- 　15:13　四百年の間、～められたり
- 申8:2　あなたを～めて、あなたを試み
- Ⅰ歴4:10　私が～ことのないようにして
- ヨブ15:20　悪者はその一生の間、もだえ～
- 詩46:1　～とき、そこにある助け
- 　73:21　私の心が～み、私の内なる思いが
- イザ53:7　彼は～だが、口を開かない
- 　63:9　彼らが～ときには、いつも主も～み
- エレ22:3　やもめを～めたり、いじめたり
- ミカ4:6　わたしが～めた者を寄せ集める
- ナホ1:12　再び、あなたを～めない
- マタ8:29　もう私たちを～めに来られた
- 　17:12　同じように～められようとして
- 　17:15　てんかんで、たいへん～んでおり
- マコ5:7　どうか私を～めないでください
- ルカ8:28　どうか私を～めないでください
- 　16:23　ハデスで～みながら目を上げると
- 　22:44　～みもだえて、いよいよ切に祈ら
- ヨハ16:21　その時が来たので～みます
- Ⅰコリ12:26　すべての部分がともに～み
- Ⅱコリ4:8　四方八方から～められますが
- ヘブ2:18　ご自身が試みを受けて～まれた
- 　11:25　神の民とともに～ことを選び取
- Ⅰペテ2:23　～られても、おどすことを

くるま（車）
- 詩104:3　雲をご自分の～とし、風の翼に

くるむ
- ルカ2:7　布に～んで、飼葉おけに寝かせた

くれない（紅）
- イザ1:18　たとい、～のように赤くても

くろい（黒い）
- 雅1:5　ソロモンの幕のように、～けれど

くろう（苦労）
- 詩73:5　人々が～するとき、彼らはそうで
- 箴23:4　富を得ようと～してはならない
- イザ43:24　あなたの罪で、わたしに～を
- Ⅱコリ8:13　～をさせようとしているので

くわだて（企て；企てる）
- ヨブ17:11　私の～、私の心に抱いたことも
- イザ7:5　あなたに対して悪事を～てて
- 哀2:17　主は～てたことを行い

くわわる（加わる）
- 申23:1　主の集会に～ってはならない
- マタ6:33　それに～えて、これらのものは

ぐん（軍）
- ヨシ5:14　わたしは主の～の将として

くんかい（訓戒）
- 箴23:12　あなたは～に意を用い、知識の
- 使20:31　ひとりひとりを～し続けて来た

くんしゅ（君主）
- Ⅱサム7:8　わたしの民イスラエルの～と
- エゼ28:2　人の子よ。ツロの～に言え

ぐんしゅう（群集；群衆）
- 詩42:4　祭りを祝う～とともに神の家へと
- ヨエ3:14　さばきの谷には、～また～
- マコ8:2　この～はもう三日間もわたしと
- 　12:37　大ぜいの～は、イエスの言われる
- 黙7:9　数えきれぬほどの大ぜいの～が

ぐんせい（群生）
- レビ11:41　地に～するものはみな忌むべき

ぐんぜい（軍勢）
- Ⅱ列25:5　カルデヤの～が王のあとを追い
- Ⅰ歴25:9　イスラエルの～に与えた百タラントは
- 詩18:29　あなたによって私は～に襲いかか
- 　44:9　～とともに出陣なさいません

ぐんだん（軍団）
- 民33:1　その～ごとに、エジプトの地から
- マタ26:53　十二～よりも多くの御使いを

ぐんば（軍馬）
- 詩33:17　～も勝利の頼みにはならない

くんれん（訓練）
- 申4:36　主はあなたを～するため、天から
- 　8:5　人がその子を～するように
- ルカ6:40　しかし十分～を受けた者はみな

け

け（毛）
- マタ10:30　頭の～さえも、みな数えられて
- ルカ12:7　頭の～さえも、みな数えられて

けいあい（敬愛）
- エス10:3　彼の多くの同胞たちに～され

けいい（経緯）
- 創2:4　これは天と地が創造されたときの

けいかい（警戒）
- Ⅱ列6:10　警告すると、王はそこを～した
- 伝11:4　風を～している人は種を蒔かない

けいかく（計画）
- Ⅱ歴25:16　神があなたを滅ぼそうと～して
- エズ4:5　この～を打ちこわそうとした
- ヨブ21:27　あなたがたの～を知っている
- 箴12:5　正しい人の～することは公正で
- 　15:22　密議をしなければ、～は破れ
- 　16:25　悪人の～は主に忌みきらわれる
- 　19:21　人の心には多くの～がある
- 　20:18　相談して～を整え、すぐれた指揮
- イザ44:26　使者たちの～を成し遂げさせる
- エレ18:11　あなたがたを攻める～を立てて
- 　29:11　わたしは……～をよく知っている
- 　51:29　主はご～をバビロンに成し遂げ
- エゼ11:2　この町で、邪悪な～を立て
- 使2:23　神の定めた～と神の予知とによっ
- 　5:38　もし、その～や行動が人から出た
- 　20:27　神のご～の全体を、余すところ
- エペ1:11　みこころによりご～のままをみな
- 　3:11　成し遂げられた神の永遠のご～に
- Ⅱテモ1:9　ご自身の～と恵みとによる
- 　3:10　私の教え、行動、～、信仰、寛容
- ヘブ6:17　ご～の変わらないことをさらに

けいけん（経験）
- ガラ3:4　あれほどのことを～したのは

けいけん（敬虔）
- ルカ2:25　この人は正しい、～な人で
- 使2:5　～なユダヤ人たちが、天下の
- 　10:2　彼は～な人で、全家族とともに
- 　22:12　すると、律法を重んじる～な人で
- Ⅰテモ6:3　健全なことばと～にかなう教
- 　6:5　～を利得の手段と考えている人
- Ⅱテモ3:12　～に生きようと願う者はみな
- テト2:3　神に仕えている者らしく～に
- Ⅱペテ1:7　～には兄弟愛を、兄弟愛には

けいこく（警告）
- 申8:19　きょう、私はあなたがたに～する
- Ⅱ列6:10　神の人が～すると、王はそこを
- 　17:13　次のように～して仰せられた
- エゼ3:17　わたしに代わって彼らに～を与
- 　33:5　角笛の音を聞きながら、～を受け
- ヘブ11:7　神から～を受けたとき、恐れ

けいさん（計算）
- レビ25:50　身を売った年からヨベルの年ま

けいじ（啓示）
- ダニ2:19　この秘密がダニエルに～された
- 使26:19　私は、この天からの～にそむかず
- ロマ1:17　福音のうちには神の義が～され
- 　16:25,26　知らされた奥義の～によって
- Ⅰコリ2:10　御霊によって私たちに～され
- Ⅱコリ12:7　その～があまりにもすばらし
- ガラ1:12　イエス・キリストの～によって
- 　1:16　御子を私のうちに～することを
- 　2:2　それは～によって上ったのです
- エペ1:17　神を知るための知恵と～の御霊
- 　3:3　この奥義は、～によって私に
- Ⅰペテ1:12　奉仕であるとの～を受け

けいず（系図）
- ネヘ7:5　最初に上って来た人々の～を発
- Ⅰテモ1:4　果てしのない空想話と～とに

けいそつ（軽率）
- 箴29:20　～に話をする人を見ただろうか

けいばつ（刑罰）
- イザ10:3　～の日、遠くからあらしが来る
- エゼ14:21　四つのひどい～をエルサレム
- ホセ9:7　～の日が来た。報復の日が来た
- Ⅱテサ1:9　永遠の滅びの～を受ける

けいべつ（軽蔑）
- 創25:34　エサウは長子の権利を～したので
- ネヘ4:4　私たちは～されています
- マラ1:13　……と言って、これを～する
- ガラ4:14　～したり、きらったりしないで

けいやく（契約）

創6:18	わたしは、あなたと〜を結ぼう
9:9	わたしはわたしの〜を立てよう
17:2	わたしの〜を、わたしとあなたと
17:21	イサクと、わたしの〜を立てる
21:27	アビメレクに与え、ふたりは〜を
26:28	あなたと〜を結びたいのです
31:44	〜を結び、それを私とあなたとの
出2:24	ヤコブとのを思い起こされた
6:4	在住の地を彼らに与えるという〜
23:32	神々と〜を結んではならない
24:7	〜の書を取り、民に読んで聞かせ
24:8	主があなたがたと結ばれる〜の血
34:28	石の板に〜のことば、十のことば
レビ26:9	わたしの〜を確かなものにする
26:25	〜の復讐を果たさせよう
26:42	アブラハムとのわたしの〜をも
民25:12	彼にわたしの平和の〜を与える
申4:31	先祖たちに誓った〜を忘れない
5:3	主が、この〜を結ばれたのは
7:2	彼らと何の〜も結んではならない
7:9	恵みの〜を千代までも守られるが
7:12	恵みの〜をあなたのために守り
17:2	悪を行い、主の〜を破り
29:1	イスラエル人と結ばせた〜のこと
29:12	あなたの神、主の〜と
29:25	彼らと結ばれた〜を、彼らが捨て
33:9	仰せに従ってあなたの〜を守り
ヨシ3:3	主の〜の箱を見、レビ人の祭司
24:25	その日、民と〜を結び、シェケムで
士2:1	あなたがたとの〜を決して破らな
2:2	この地の住民と〜を結んではなら
Ⅰサム11:2	次の条件で〜を結び
18:3	ヨナタンは……ダビデと〜を
20:8	このしもべと〜を結んでおられる
Ⅱサム3:21	彼らがあなたと〜を結び
5:3	主の前に、彼らと〜を結び
23:5	とこしえの〜が私に立てられて
Ⅰ列8:23	〜と愛とを守られる方です
19:10	〜を捨て、あなたの祭壇をこわし
Ⅱ列11:4	連れて来させ、彼らと〜を
11:17	主の民となるという〜を結び
Ⅰ歴16:15	覚えよ。主の〜をとこしえに
Ⅱ歴6:14	〜と愛とを守られる方です
15:13	男も女も、殺されるという〜を
21:7	ダビデと結ばれた〜のゆえに
23:1	連れて来て、彼と〜を結ばせた
エズ10:3	私たちの神に〜を結び、主の
詩25:10	主の……とそのさとしを守る者には
25:14	ご自身の〜を彼らにお知らせにな
44:17	あなたの〜を無にしませんでした
50:5	わたしの〜を結んだ者たちと
74:20	どうか、〜に目を留めてください
78:37	神の〜にも忠実でなかった
83:5	あなたに逆らって、〜を結ぶ
89:3	わたしの選んだ者と〜を結び
103:18	主の〜を守る者、戒めを心に
105:10	イスラエルに対する永遠の〜と
106:45	ご自分の〜を思い起こし、豊かな
箴2:17	その神との〜を忘れている
イザ28:18	あなたがたの死との〜は解消さ
33:8	〜は破られ、町々は捨てられ
42:6	あなたを民の〜とし、国々の光と
59:21	彼らと結ぶわたしの〜である
61:8	とこしえの〜を彼らと結ぶ
エレ11:10	先祖たちと結んだわたしの〜を
14:21	私たちに立てられた〜を覚えて
22:9	主の〜を捨て、ほかの神々を拝み
31:31	ユダの家とに、新しい〜を結ぶ
32:40	彼らととこしえの〜を結ぶ
33:21	ダビデと結んだわたしの〜も破ら
50:5	とこしえの〜によって、主に連な
エゼ16:60	あなたと結んだわたしの〜を
17:14	〜を守らせ、仕えさせる
20:37	通らせ、あなたがたと〜の絆に
37:26	わたしは彼らと平和の〜を結ぶ
ダニ9:27	多くの者と堅い〜を結び
11:28	彼の心は聖なる〜を敵視して
ホセ6:7	彼らはアダムのように〜を破り
8:1	彼らがわたしの〜を破り
10:4	むなしい誓いを立てて〜を結ぶ
マラ2:4	レビとのわたしの〜を保つため
2:10	私たちの先祖の〜を汚すのか
2:14	あなたの〜の妻であるのに
マタ26:28	これは、わたしの〜の血です
マコ14:24	これはわたしの〜の血です
ルカ1:72	あわれみを施し、その聖なる〜
22:20	わたしの血による新しい〜です
使3:25	父祖たちと結ばれたあの〜の子孫
	です
7:8	アブラハムに割礼の〜をお与え
ロマ11:27	彼らに与えたわたしの〜である
Ⅰコリ11:25	わたしの血による新しい〜で
Ⅱコリ3:6	新しい〜に仕える者となる資格
3:14	古い〜が朗読されるときに
ガラ3:17	先に神によって結ばれた〜は
エペ2:12	約束の〜については他国人で
ヘブ7:22	さらにすぐれた〜の保証と
8:8	ユダの家とも〜を結ぶ日が
9:15	キリストは新しい〜の仲介者です
9:19	〜の書自体にも民の全体にも注ぎ
10:16	彼らと結ぼうとしている〜は
黙11:19	神殿の中に、〜の箱が見えた

けがしごと

黙16:9	神の御名に対して〜を言い
16:11	天の神に対して〜を言い、自分の

けがす（汚す）

出31:14	これを〜者は必ず殺されなければ
レビ15:31	間にあるわたしの幕屋を〜し
18:21	神の御名を〜してはならない
18:24	どれによっても、身を〜しては
19:29	あなたの娘を〜して、みだらな
民19:13	……者はだれでも、主の幕屋を〜
19:20	その者は主の聖所を〜したからで
35:34	そのうちに宿る土地を〜しては
ネヘ13:29	祭司やレビ人たちの契約を〜し
詩74:7	その地まで〜しました。したから
79:1	侵入し、あなたの聖なる宮を〜し
イザ24:5	地はその住民によって〜された
エレ2:7	入って来て、わたしの国を〜し
16:18	忌むべきもののしかばねで〜い
エゼ5:11	わたしの聖所を〜したので
20:31	あらゆる偶像で身を〜している
22:8	わたしの安息日を〜した
22:26	わたしは彼らの間で〜された
23:38	同じ日に、わたしの聖所を〜し
28:18	不義を重ね、あなたの聖所を〜
37:23	そむきの罪によって身を〜さない
39:7	わたしの聖なる名を〜させない
43:8	わたしの聖なる名を〜した
ダニ1:8	身を〜さないようにさせてくれ
11:31	立ち上がり、聖所ととりでを〜し
ホセ5:3	イスラエルは身を〜してしまった
マタ9:3	「この人は神を〜している」と
15:18	それは人を〜します。「ず
マコ3:29	聖霊を〜す者は……永遠に赦され
7:15	人から出て来るものが、人を〜
7:20	これが、人を〜のです
14:64	神を〜このことばを聞いたのです
ルカ5:21	神を〜ことを言うこの人は
使19:37	この人たちは、宮を〜した者でも
26:11	強いて御名を〜ことばを言わせ
	うとし
ロマ2:24	異邦人の中で〜されている
Ⅰテモ1:13	私は以前は、神を〜者、迫害
黙3:4	その衣を〜さなかった者が幾人か
13:1	その頭には神を〜名があった

けがれ（汚れ；汚れる）

レビ5:3	触れれば〜れると言われる
13:3	調べ、彼を〜れていると宣言する
13:45	『〜れている、〜れている』と
民19:11	触れる者は、七日間、〜
申22:9	みな〜れたものとならないために
エズ9:11	隅々まで、彼らの〜で満たされ
雅6:9	〜のないもの、私の鳩はただひとり
イザ4:4	シオンの娘たちの〜を洗い
6:5	私はくちびるの〜れた者
52:1	無割礼の〜れた者が、もう
59:3	実に、あなたがたの手は血で〜
64:6	みな、〜れた者のようになり
ハガ2:14	ささげる物、それは〜れている
ゼカ13:1	罪と〜をきよめる一つの泉が
マタ12:43	〜れた霊が人から出て行って
マコ1:23	〜れた霊につかれた人がいて
5:2	〜れた霊につかれた人が墓場から
7:25	〜れた霊につかれた小さい娘
ルカ4:33	〜れた悪霊につかれた人がいて
9:42	イエスは〜れた霊をしかって
11:24	〜れた霊が人から出て行って
使10:14	きよくない物や〜れた物を食べた
10:28	〜れているとか言ってはならない
ロマ1:24	その心の欲望のままに〜に引き
	渡され
Ⅰコリ7:14	あなたがたの子どもは〜れて

コンコルダンス

Ⅰコリ8:7　そのように弱い良心が〜のです
Ⅱコリ12:21　その行った〜と不品行と
Ⅱテモ3:2　人々は……〜れた者になり
Ⅱペテ2:20　世の〜からのがれ、その後

げきどう（激動）
ヨハ13:21　霊の〜を感じ、あかしして言わ

けす（消す）
出32:32　私の名を〜し去ってください
申9:14　その名を天の下から〜し去ろう
25:19　天の下から〜し去らなければなら
29:20　その者の名を天の下から〜し去って
Ⅱ列14:27　名を天の下から〜し去ろうとは
詩109:14　その母の罪が〜し去られません
雅8:7　大水もその愛を〜ことができませ
イザ42:3　くすぶる燈心を〜こともなく
マタ12:20　くすぶる燈心を〜こともない
Ⅰテサ5:19　御霊を〜してはなりません

けっかん（欠陥）
レビ21:17　だれでも身に〜のある者は
ダニ1:4　少年たちは、身に何の〜もなく

けつぎ（決議）
使15:22　アンテオケへ送ることを〜した

けっこん（結婚）
マタ5:32　離別された女と〜すれば、姦淫
ルカ14:20　ので、行くことができま
16:18　妻を離別してほかの女と〜する者
Ⅰコリ7:8　〜していない男とやもめの女
7:10　すでに〜した人々に命じます
7:33　〜した男は、どうしたら妻に喜ば
Ⅰテモ4:3　〜することを禁じたり
ヘブ13:4　〜がすべての人に尊ばれるように

けっしん（決心）
エス7:1　わざわいを下す〜をしたのが

けってい（決定）
箴16:33　そのすべての〜は、主から来る

けってん（欠点）
ダニ6:4　怠慢も〜も見つけられなかった

けつにく（血肉）
Ⅰコリ15:44　〜のからだがあるのですから
15:50　〜のからだは神の国を相続できま

けっぱく（潔白）
ヨブ1:1　この人は〜で正しく、神を恐れ
8:20　見よ。神は〜な人を退けない
9:20　たとい私が〜でも、神は私を
イザ43:26　身の〜を明かすため、あなたの
Ⅱコリ7:11　すべての点で〜であることを

けつまつ（結末）
伝3:19　人の子の〜と獣の〜とは同じだ
9:2　同じ〜が、正しい人にも、悪者にも

ゲヘナ
マタ5:22　燃える〜に投げ込まれます
5:29　からだ全体を〜に投げ込まれるより
ルカ12:5　〜に投げ込む権威を持っておら

けむり（煙；煙る）　　　　　　　し〜れる方
創19:28　その地の〜が立ち上っていた
箴10:26　歯に酢、目に〜のようなものだ
イザ7:4　これら二つの木切れの〜燃えさし

ホセ13:3　窓から出て行く〜のようになる
黙15:8　神の大能から立ち上る〜で満たさ

けもの（獣）　　　　　　　　　　し〜れ
創1:24　種類にしたがって……〜を
出22:19　〜と寝る者はすべて、必ず殺され
申7:22　野の〜が増してあなたを襲うこと
14:4　食べることのできる〜は、牛、羊
ヨブ5:23　野の〜はあなたと和らぐからだ
12:7　しかし、〜に尋ねてみよ
18:3　私たちは〜のようにみなされる
詩49:12　人は滅びうせる〜に等しい
伝3:19　人の子の結末と〜の結末とは同じ
ダニ4:25　あなたは……野の〜とともに住
7:3　四頭の大きな〜が海から上がって
Ⅰコリ15:32　エペソで〜と戦ったのなら
黙13:11　もう一匹の〜が地から上って来た
17:8　あなたの見た〜は、昔いたが

けらい（家来）
Ⅱ列25:24　カルデヤ人の〜たちを恐れては

ケルビム　　　　　　　　　　　し〜ならない
創3:24　〜と輪を描いて回る炎の剣を置か
出25:18　槌で打って作った二つの金の〜を
26:1　〜を織り出さなければならない
Ⅰ列6:23　二つのオリーブ材の〜を作った
イザ37:16　〜の上に座しておられる
エゼ10:3　〜は神殿の右側に立っていて
ヘブ9:5　翼でおおっている栄光の〜が

ケルブ
Ⅱサム22:11　主は、〜に乗って飛び
エゼ9:3　〜の上にあったイスラエルの神
28:14　油そそがれた守護者〜とともに

けん（権）
ヨハ5:27　さばきを行う〜を子に与え
使9:14　御名を呼ぶ者たちをみな捕縛する

けんい（権威）　　　　　　　　し〜限を
イザ22:21　あなたの〜を彼の手にゆだねる
マタ7:29　〜ある者のように教えられた
8:9　私も〜の下にある者ですが
9:6　地上で罪を赦す〜を持っている
21:23　だれが、あなたに、その〜を授けた
28:18　いっさいの〜が与えられています
マコ1:22　〜ある者のように教えられた
2:10　人の子が……罪を赦す〜を持って
3:15　悪霊を追い出す〜を持たせるため
6:7　汚れた霊を追い出す〜をお与えに
11:28　何の〜によって、これらのことを
ルカ4:36　〜と力とでお命じになったので
5:24　人の子が地上で罪を赦す〜を持っ
7:8　私も〜の下にある者ですが
9:1　力と〜とをお授けになった
10:19　敵のあらゆる力に打ち勝つ〜を授
20:2　何の〜によって、これらのことを
ヨハ10:18　わたしには、それを捨てる〜が
19:10　十字架につける〜があることを
ロマ13:1　存在している〜はすべて
Ⅱコリ10:8　主が私たちに授けられた〜
13:10　〜が与えられたのは築き上
テト3:1　支配者たちと〜者たちに服従し

黙2:26　諸国の民を支配する〜を与えよう
12:10　神のキリストの〜が現れた
13:2　自分の力と位と大きな〜とを与えた

げんき（元気）
創18:5　それで〜を取り戻してください
45:27　すると彼らの父ヤコブは〜づいた
ヨブ21:23　ある者は〜盛りの時に
雅2:5　りんごで私を〜づけてください
使27:22　お勧めします。〜を出しなさい
27:25　ですから、皆さん。〜を出しなさ

けんきん（献金）　　　　　　　し〜い
マコ12:41　〜箱へ金を投げ入れる様子を
ルカ21:1　金持ちたちが〜箱に〜を投げ入
ヨハ8:20　〜箱のある所でこのことを話さ
Ⅰコリ16:1　聖徒たちのための〜について
16:3　〜をエルサレムに届けさせましょう

けんこう（健康）
箴3:8　それはあなたのからだを〜にし
17:22　陽気な心は〜を良くし、陰気な心
Ⅲヨハ2　また、〜であるように祈ります

けんしゃくかんちょう（献酌官長）
創40:9　〜はヨセフに自分の夢を話して

けんせつ（建設）
Ⅰ列6:1　主の家の〜に取りかかった

けんぜん（健全）　　　　　　　し〜
詩38:3　私の骨には〜なところがありませ
イザ1:6　足の裏から頭まで、〜なところはなく
ルカ11:34　目が〜なら、あなたの全身も
Ⅱテモ1:13　〜なことばを手本にしなさい
テト2:2　愛と忍耐において〜である
2:8　〜なことばを用いなさい

けんそん（謙遜）
民12:3　だれにもまさって非常に〜で
Ⅱサム22:36　あなたの〜は、私を大きく
詩18:35　あなたの〜は、私を大きくされま
箴15:33　〜は栄誉に先立つ。　　　し〜す
18:12　〜は栄誉に先立つ
22:4　〜と、主を恐れることの報いは
Ⅰペテ3:8　あわれみ深く、〜でありなさい

けんとう（拳闘）
Ⅰコリ9:26　空を打つような〜もしてはい

けんのうぶつ（献納物）　　　　しません
エゼ44:29　すべての〜は彼らのものである

けんり（権利）　　　　　　　　し〜い
創25:31　あなたの長子の〜を私に売りなさ
27:36　私の長子の〜を奪い取り、「類
ルツ2:20　買い戻しの〜のある私たちの親
3:9　買い戻しの〜のある親類ですから
ヨブ36:6　神は……〜を与えられる
箴31:9　貧しい者の〜を守れ
エレ5:28　貧しい者たちの〜を弁護しない
ダニ8:14　聖所はその〜を取り戻す
Ⅰコリ7:5　互いの〜を奪い取ってはいけ
8:9　この〜が、弱い人たちのつまずき
9:18　自分の〜を十分に用いないこと

けんりょく（権力）
創42:6　ヨセフはこの国の〜者であり

ダニ11:5　彼の〜よりも大きな〜をもって
ゼカ4:6　　〜によらず、能力によらず
マコ10:42　偉い人たちは彼らの上に〜を
ルカ4:6　　国々のいっさいの〜と栄光とを
Ⅰコリ15:24　あらゆる権威、〜を滅ぼし

こ

こ（子）
創15:2　　私には〜がありません
民14:18　必ず罰して、父の咎を〜に報い
Ⅱサム7:14　彼はわたしにとって〜となる
　18:33　アブシャロム。わが〜よ。わが〜
Ⅰ歴17:13　彼はわたしにとって〜となる
ヨブ8:4　あなたの〜らが神に罪を犯し
詩2:7　　あなたは、わたしの〜。きょう
　2:12　御〜に口づけせよ。主が怒り
箴17:25　愚かな〜はその父の憂い、これを
エレ31:20　わたしの大事な〜なのだろうか
エゼ18:20　〜は父の咎について負いめ
　　　　　　　　　　　　がなく
ホセ11:1　わたしの〜をエジプトから呼び
ミカ6:7　私に生まれた〜をささげるべき
マラ4:6　彼は、父の心を〜に向けさせ
マタ22:42　イエスは言った。「ダビデの〜で
マコ9:7　　これは、わたしの愛する〜
　13:12　父は〜を死に渡し、〜は両親に
　14:61　ほむべき方の〜、キリストです
ルカ1:66　いったいこの〜は何になるので
　19:9　　この人もアブラハムの〜なのです
　20:44　どうしてキリストがダビデの〜で
使13:33　あなたは、わたしの〜。きょう
ロマ8:15　〜にしていただくこと、すなわち
　8:23　〜にしていただくこと、すなわち
　9:4　　〜とされることも、栄光も、契約
Ⅱコリ12:14　〜は親のためにたくわえる
ガラ4:7　〜ならば、神による相続人です
ヘブ5:5　あなたは、わたしの〜。きょう
黙12:4　その〜を食い尽くすためであった

こい（恋）
エゼ33:32　美しく歌われる〜の歌のようだ

こいしたう（恋い慕う）
創3:16　しかも、あなたは夫を〜が、彼は
申7:7　主があなたがたを〜って
　10:15　ただあなたの先祖たちを〜って
雅7:10　あの方は私を〜

こいぬ（小犬）
マタ15:26　〜に投げてやるのはよくない
マコ7:28　食卓の下の〜でも、子どもたち

こいびと（恋人）
エレ4:30　〜たちは、あなたをうとみ
　30:14　あなたの〜はみな、あなたを
　　　　　　　　　　　　忘れ
エゼ23:22　あなたの〜たちを駆り立てて

こう（香）
出30:1　あなたは、〜をたくために壇を作
　30:35　〜を、調合法にしたがって
　37:25　アカシヤ材で〜の壇を作った

民16:17　火皿を取り、その上に〜を盛り
Ⅱ列14:3　　　〜をたいたりしていた
Ⅱ歴26:16　〜の壇の上で〜をたこうとして
詩141:2　私の祈りが、御前への〜として
雅4:10　すべての〜料にもまさっている
エレ11:12　〜をたいた神々のもとに行って
エゼ8:11　その〜の濃い雲が立ち上って
マラ1:11　ささげられ、〜がたかれる
ルカ1:9　主の神殿に入って〜をたく
ヨハ19:40　〜料といっしょに亜麻布で巻い

こう（請う）
詩37:25　食べ物を〜のを見たことがない

こうい（好意）
創32:5　あなたのご〜を得ようと使いを送
　33:8　　あなたのご〜を得るためです
出3:21　エジプトがこの民に〜を持つよう
　11:3　主はエジプト人に〜を持つよう
　12:36　エジプトがこの民に〜を持つよう
Ⅱサム14:22　私があなたのご〜にあずかっ
エズ7:28　有力な首長の〜を私に得させて
エス2:15　すべての者から〜を受けていた
詩45:12　富んだ者はあなたの〜を求めよう
箴3:4　神と人との前に〜と聡明を得よ

こううん（幸運）
創30:11　レアは、「〜が来た」と言って
　39:2　彼は〜な人となり

こうえい（光栄）
ダニ2:6　贈り物と報酬と大きな〜とを
　7:14　この方に、主権と〜と国が与えられ

こうか（高価）
詩49:8　たましいの贖いしろは、〜であり
イザ43:4　目には、あなたは〜で尊い

こうかい（紅海）
使7:36　〜で、また四十年間荒野で
ヘブ11:29　陸地を行くのと同様に〜を渡り

こうかい（後悔）
マタ27:3　罪に定められたのを知って〜し

こうかい（航海）
使27:10　この〜では、きっと、積荷や船体

こうかん（交換）
エゼ27:17　乳香を、おまえの商品と〜した

こうき（高貴）
箴8:6　わたしは〜なことについて語り

こうぎ（抗議）
創21:25　井戸のことでアビメレクに〜した
ガラ2:11　私は面と向かって〜しました

こうぎ（公義）
ヨブ34:12　全能者は〜を曲げない
箴21:3　正義と〜を行うことは
イザ59:11　〜を待ち望むが、それはなく
アモ5:24　〜を水のように、正義をいつも
ミカ6:8　ただ〜を行い、誠実を愛し

ごうぎ（合議）
Ⅰサム13:1　ダビデは……すべての隊長と〜し

こうげん（巧言）
ダニ11:21　〜を使って国を堅く握る
　11:32　〜をもって堕落させるが

こうし（子牛）
創18:7　おいしそうな〜を取り、若い者に
出32:4　のみで型を造り、鋳物の〜にした
　32:24　この〜が出て来たのです
士14:18　私の雌の〜で耕さなかったなら
Ⅰ列12:28　相談して、金の〜を二つ造り
詩106:19　ホレブで〜を造り、鋳物の像を拝
ルカ15:23　肥えた〜を引いて来てほふり
使7:41　彼らは〜を作り、この偶像に

こうじ（工事）
エズ2:69　〜の資金のために金六万一千ダ
ネヘ3:5　主人たちの〜に協力しなかった

こうじゅつ（口述）
エレ36:18　これらすべてのことばを私に〜

ごうじょう（強情）
出8:32　パロはこのときも〜になり、民を

こうずい（洪水）
創6:17　地上の大水、大〜を起こそうと
　9:11　もはや大〜が地を滅ぼすような
詩29:10　大〜のときに御座に着かれた
マタ7:27　雨が降って〜が押し寄せ、風が
ルカ17:27　〜が来て、すべての人を滅ぼし

こうせい（公正）
詩17:2　〜に御目が注がれますように
　98:9　〜をもって国々の民を、さばかれ
　99:4　〜を堅く立てられた
　112:5　自分のことを〜に取り行う人は
エゼ18:25　『主の態度は〜でない』と言って
マラ2:6　平和と〜のうちに……歩み

こうぞう（構造）
エゼ43:11　彼らに神殿の〜とその模型

こうてい（行程）
使20:24　自分の走るべき〜を走り尽くし

こうどう（坑道）
ヨブ28:10　彼は岩に〜を切り開き

ごうとう（強盗）
エレ7:11　あなたがたの目には〜の巣と
マコ14:48　まるで〜にでも向かうように
　15:27　イエスとともにふたりの〜を
ルカ10:30　エリコへ下る道で、〜に襲われ
ヨハ18:40　このバラバは〜であった

こうにゅうしょうしょ（購入証書）
エレ32:12　〜に署名した証人たちと

こうのとり
レビ11:19　〜、さぎの類、やつがしら
ヨブ39:13　それらは〜の羽と羽毛であろう
エレ8:7　空の〜も、自分の季節を知って

こうはい（荒廃）
ゼパ1:15　苦難と苦悩の日、〜と滅亡の日

こうふく（降伏）
申20:10　町に近づいたときには、まず〜を
Ⅱ列25:11　バビロンの王に〜した者たちと

こうへい（公平）
Ⅰペテ1:17　わざに従って〜にさばかれる

こうまん（高慢）
エゼ7:10　杖が花を咲かせ、〜がつぼみを
ダニ5:20　霊が強くなり、〜にふるまった
ホセ5:5　イスラエルの〜はその顔に現

ごうまん

オバ3	あなたの心の〜は自分自身を欺いた
ゼパ2:10	これは、彼らの〜のためだ
Ⅰコリ4:6	他方に反対して〜にならない
Ⅰテモ6:4	その人は〜になっており

ごうまん（傲慢）

詩19:13	〜の罪から守ってください

こうめいせいだい（公明正大）

Ⅱコリ8:21	人の前でも〜なことを示そう

ごうもん（拷問）

ヘブ11:35	釈放されることを願わないで〜

こうゆ（香油）

		┗を受け
伝10:1	死んだはえは、調合した〜を臭く	
マタ26:7	たいへん高価な〜の入った	
ルカ7:38	御足に口づけして、〜を塗った	
23:56	戻って来て、香料と〜を用意した	
ヨハ11:2	このマリヤは、主に〜を塗り	

こうろん（口論）

テト3:9	系図、〜、律法についての論争

こえ（声）

創3:8	神である主の〜を聞いた
27:22	〜はヤコブの〜だが、手はエサウ
申4:33	火の中から語られる神の〜を聞い
8:20	主の御〜に聞き従わないから
28:45	神、主の御〜に聞き従わず
Ⅰサム1:13	その〜は聞こえなかった
15:14	では、私の耳に入るあの羊の
Ⅱサム22:7	主はその宮で私の〜を聞かれ
Ⅰ列19:12	火のあとに、かすかな細い〜が
詩29:3	主の〜は、水の上にあり、栄光の
68:33	聞け。……力強い〜を
イザ30:30	主は威厳のある御〜を聞かせ
40:3	荒野に呼ばわる者の〜がする
40:6	「呼ばわれ」と言う者の〜
66:6	敵に報復しておられる主の御〜を
ヨエ2:11	先頭に立って〜をあげられる
マタ3:3	荒野で叫ぶ者の〜がする
3:17	天からこう告げる〜が聞こえた
17:5	雲の中から、「……」と言う〜がし
マコ1:11	そして天から〜がした。　　┗た
9:7	雲の中から、「……」と言う〜が
ルカ3:4	荒野で叫ぶ者の〜がする
9:35	雲の中から、「……」と言う〜が
ヨハ1:23	と荒野で叫んでいる者の〜です
5:25	死人が神の子の〜を聞く時が来る
5:37	一度もその御〜を聞いたこともなく
使4:24	神に向かい、〜を上げて言った
7:31	近寄ったとき、主の御〜が聞こえ
12:22	神の〜だ。人間の〜ではない
26:14	そのとき、〜があって、ヘブル語で
ロマ10:18	その響きは全地に響き渡り
Ⅱペテ1:18	天からかかったこの御〜を
黙14:2	私は天からの〜を聞いた。大水の

ごえいちょう（護衛長）

	┗音のようで
Ⅰ列11:25	ダビデは彼を自分の〜にした

こえふとる（肥え太る）

	┗った
申32:15	エシュルンは〜ったとき、足でけ

こおり（氷）

こがたな（小刀）

	┗ける
エレ36:23	王は書記の〜でそれを裂いては

こきょう（故郷）

ヘブ11:14	自分の〜を求めていることを

こぐ（漕ぐ）

ルカ5:4	深みに〜ぎ出して、網をおろし
ヨハ6:19	四、五キロメートルほど〜ぎ出

こくいん（刻印）

	┗したこう
黙13:16	その右の手かその額かに、〜を
14:9	自分の額か手かに〜を受けるなら
19:20	獣の〜を受けた人々と獣の像を拝

こくしゅ（国主）

	┗む人々とを
ルカ3:1	ヘロデがガリラヤの〜

こくせき（国籍）

ピリ3:20	私たちの〜は天にあります

こくそ（告訴）

ルカ12:58	あなたを〜する者といっしょに

こくはく（告白）

レビ5:5	犯した罪を〜しなさい
26:40	先祖たちの咎を〜するが
民5:7	自分の犯した罪を〜しなければ
ヨシ7:19	主に栄光を帰し、主に〜しなさ
エズ10:1	涙ながらに祈って〜している
10:11	主に〜して、その御旨に
詩32:5	私のそむきの罪を主に〜しよう
ダニ9:4	私の神、主に祈り、〜して言つ
マタ3:6	自分の罪を〜して、ヨルダン川
マコ1:5	自分の罪を〜して、ヨルダン川
ヨハ1:20	彼は〜して否まず
9:22	イエスをキリストであると〜する
使19:18	していることをさらけ出して〜し
ロマ10:9	あなたの口でイエスを主と〜し
10:10	口で〜して救われるのです
Ⅰテモ6:12	証人たちの前でりっぱな〜を
ヘブ4:14	私たちの信仰の〜を堅く保とう
11:13	寄留者であることを〜していた
Ⅰヨハ4:15	イエスを神の御子と〜するな

こくはつ（告発）

	┗ら
ヨハ18:29	この人に対して何を〜するので

こくみん（国民）

創12:2	わたしはあなたを大いなる〜とし
17:4	あなたは多くの〜の父となる
18:18	アブラハムは必ず……強い〜となり
46:3	あなたを大いなる〜にするから
申4:7	このような神を持つ偉大な〜が
4:34	一つの〜を他の〜の中から取って
Ⅰサム8:5	ほかのすべての〜のように
Ⅱサム7:23	地上のどの〜があなたの民の
イザ9:3	あなたは〜をふやし
ヨエ3:2	わたしはすべての〜を集め
マタ21:43	神の国の実を結ぶ〜に与えられ
ルカ19:14	その〜たちは、彼を憎んでいた
エペ2:19	今は聖徒たちと同じ〜であり

こくもつ（穀物）

創41:56	ヨセフはすべての〜倉をあけて
レビ2:1	主に〜のささげ物をささげる
6:14	〜のささげ物のおしえは次の
詩20:3	〜のささげ物をすべて心に留め

こころ（心）

黙7:12	ヤコブはエジプトに〜があると
Ⅰコリ15:37	麦やそのほかの〜の種粒です
黙14:15	地の〜は実ったので、取り入れる

こころ（心）

創6:6	悔やみ、〜を痛められた
6:8	ノアは、主の〜にかなっていた
8:1	すべての家畜とを〜に留めておら
8:21	人の〜の思い計ることは
37:11	父はこのことを〜に留めていた
45:5	ここに売ったことで〜を痛めたり
出33:12	特にわたしの〜にかなっている
申6:5	〜を尽くし、精神を尽くし、力を
10:12	主を愛し、〜を尽くし、精神
17:20	王の〜が自分の同胞の上に高ぶる
30:6	あなたの子孫の〜を包む皮を切り
30:14	みことばは……あなたの〜にあっ
ヨシ24:23	主に〜を傾けなさい。　　┗して
士8:34	主を〜に留めなかった
Ⅰサム1:11	私を〜に留め、このはしため
7:3	〜を主に向け、主にのみ仕える
10:9	神はサウルの〜を変えて新しく
10:26	神に〜を動かされた勇者は、彼に
13:14	主はご自分の〜にかなう人を求め
16:7	人はうわべを見るが、主は〜を
18:1	ヨナタンの〜はダビデの〜に結び
24:5	切り取ったことについて〜を痛め
Ⅱサム7:3	あなたの〜にあることをみな
14:11	主に〜を留め、血の復讐をする者
15:6	イスラエル人の〜を盗んだ
16:12	たぶん、主は私の〜をご覧になり
Ⅰ列1:6	彼のことで〜を痛めたことが
3:9	聞き分ける〜をしもべに与えて
8:48	捕らわれていた敵国で、〜を尽
	┗くし
11:9	彼の〜が……主から移り変わった
15:14	アサの〜は一生涯、主と全く一つ
Ⅱ列5:26	〜もあなたといっしょに行って
6:11	アラムの王の〜は怒りに燃え
22:19	〜を痛め、主の前にへりくだり
Ⅰ歴17:2	あなたの〜にあることをみな
29:17	あなたは〜をためされる方で
Ⅱ歴6:38	捕囚の地で、〜を尽くし
16:9	その〜がご自分と全く一つになって
17:6	彼の〜は主の道にいよいよ励み
24:22	まことを〜に留めず、かえって
26:16	彼の〜は高ぶり、ついに身に滅び
エズ6:22	アッシリヤの王の〜を彼らに
7:10	〜を定めていたからである
ネヘ2:12	私の神が、私の〜を動かして
ヨブ1:8	しもべヨブに〜を留めたか
11:13	もし、あなたが〜を定め
17:11	私の〜に抱いたことも破れ去った
23:16	神は私の〜を弱くし、全能者は
30:16	今、私は〜を自分に注ぐ
31:9	もしも、私の〜が女に惑わされ
36:13	〜で神を敬わない者は、怒りを
詩14:1	愚か者は〜の中で、「神はいない」
19:8	戒めは正しくて、人の〜を喜ばせ

詩24:4	手がきよく、～がきよらかな者	ルカ1:17	父たちの～を子どもたちに向け	出17:7	……と言って、主を～みたからで
41:1	弱っている者に～を配る人は	2:19	～に納めて、思いを巡らしていた	民14:22	このように十度もわたしを～みて
44:21	神は～の秘密を知っておられる	2:51	これらのことをみな、～に留めて	申6:16	主を～みてはならない
45:1	私の～はすばらしいことばで	6:45	その～の良い倉から良い物を出し	8:2	あなたを～みて、あなたがその命令
51:10	神よ。私にきよい～を造り	11:17	イエスは、彼らの～を見抜いて		を守るかどうか
53:1	愚か者は～の中で「神はいない」	24:32	私たちの～はうちに燃えていた	13:3	あなたがたを～みておられるから
78:18	～のうちで神を試みた	24:38	どうして～に疑いを起こすのです	士2:22	国民によってイスラエルを～ため
89:47	どうか、～に留めていてください	ヨハ7:38	その人の～の奥底から、生ける水	6:39	もう一回だけ～みさせてください
119:11	あなたのことばを～にたくわえ	12:40	彼らの～をかたくなにされた	詩26:2	私を調べ、私を～みてください
143:4	私の～は私のうちでこわばり	14:1	～を騒がしてはなりません	78:18	彼らは……心のうちで神を～みた
箴3:3	あなたの～の板に書きしるせ	14:27	あなたがたは～を騒がしてはなり	78:41	彼らはくり返して、神を～み
4:23	見張って、あなたの～を見守れ	使1:24	すべての人の～を知っておられる	78:56	彼らはいと高き神を～み
4:26	あなたの足の道筋に～を配り	2:26	私の～は楽しみ、私の舌は大いに	95:9	わたしを～み、わたしをためした
18:12	人の～の高慢は破滅に先立つ	2:46	毎日、～を一つにして宮に集まり	106:14	欲望にかられ、荒れ地で神を～み
18:14	人の～は病苦をも忍ぶ。しかし	4:32	信じた者の群れは～と思いを	イザ7:12	求めません。主を～みません
23:7	～のうちでは勘定ずくだから	5:9	どうしてあなたがたは～を合わせ	マラ3:15	神を～みても罰を免れる」と
23:26	あなたの～をわたしに向けよ	8:21	あなたの～が神の前に正しくない	マタ4:3	～者が近づいて来て言った
26:23	燃えるくちびるも、～が悪いと	15:8	人の～の中を知っておられる神は	4:7	神である主を～みてはならない
27:19	人の～は、その人に映る	16:14	主は彼女の～を開いて、パウロの	19:3	イエスを～みて、こう言った
伝6:9	～があこがれることにまさる	20:22	～を縛られて、エルサレムに上る	ルカ4:12	神である主を～みてはならない
10:2	知恵ある者の～は右に向き	21:13	泣いたり、私の～をくじいたり	使5:9	主の御霊を～みたのですか
イザ7:4	～を弱らせてはなりません	28:27	この民の～は鈍くなり、その耳は	15:10	神を～みようとするのです
29:13	その～はわたしから遠く離れて	ロマ2:15	彼らの～に書きしるされていることを	Ⅰコリ10:9	ある人たちが主を～みたのに
38:3	全き～をもって、あなたの御前に	8:27	人間の～を探り窮める方は	ヘブ2:18	～みられている者たちを助ける
58:10	飢えた者に～を配り、悩む者に	9:2	私の～には絶えず痛みがあります	**こころよい**（快い）
59:15	公義のないのに～を痛められた	10:9	あなたの～で……と信じるなら	ネヘ2:6	王は～く私を送り出してくれた
66:2	へりくだって～砕かれ、わたしの	Ⅰコリ2:9	人の～に思い浮かんだことの	**こしおび**（腰帯）
エレ3:10	～を尽くしてわたしに帰らず	7:32	主のことに～を配ります。しない	ヨブ12:21	力ある者たちの～を解き
17:9	人の～は何よりも陰険で、それは	Ⅱコリ3:3	人の～の板に書かれたもので	**ごじゅんせつ**（五旬節）
31:33	彼らの～にこれを書きしるす	3:15	彼らの～にはおおいが掛かって	使2:1	～の日になって、みなが一つ所に
32:39	彼らに一つの～と一つの道を	6:11	私たちの～は広く開かれています	Ⅰコリ16:8	～まではエペソに滞在する
エゼ11:19	わたしは彼らに一つの～を与え	9:7	強いられてでもなく、～で決めた	**こぞっこ**（小僧っ子）
36:26	石の～を取り除き……肉の～を	Ⅱテサ3:5	主があなたがたの～を導いて	ヨブ16:11	神は私を～に渡し、悪者の手に
44:7	～にも肉体にも割礼を受けていない	Ⅰテモ1:5	きよい～と正しい良心と	**こたえ**（答え；答える）
ダニ4:16	人間の～から変えて、獣の～を	ヘブ2:1	ますますしっかり～に留めて	創25:21	主は彼の祈りに～えられた
ホセ10:2	彼らの～は二心だ	3:8	～をかたくなにしてはならない	35:3	そこで、私の苦難の日に私に～え
マラ4:6	彼は、父の～を子に向けさせ	4:12	～のいろいろな考えやはかりごと	Ⅰサム28:6	～えてくださらなかったので
マタ5:3	～の貧しい者は幸いです	8:10	わたしの律法を……彼らの～に	Ⅰ列18:24	火をもって～神、その方が神
5:8	～のきよい者は幸いです。その人	Ⅰヨハ3:20	たとい自分の～が責めても	Ⅱ列18:36	「彼に～な」というのが、王の
5:28	すでに～の中で姦淫を犯したの	黙2:23	人の思いや～を探る者であること	ヨブ9:14	この私が神に～えられようか
6:21	宝のあるところに、あなたの～も	18:14	～の望みである熟したくだものは	31:35	全能者が私に～えてくださる
8:3	わたしの～だ。きよくなれ	**こころざし**（志）	33:13	神がいちいち～えてくださらない
13:15	この民の～は鈍くなり、その耳	Ⅰ歴28:2	安息の家を建てる～を持って	42:1	ヨブは主に～えて言った
15:8	その～は、わたしから遠く離れて	イザ26:3	～の堅固な者を、あなたは全き	詩4:1	私が呼ぶとき、～えてください
15:19	ののしりは～から出て来るから	ピリ2:13	うちに働いて～を立てさせ	27:7	私をあわれみ、私に～えてくださ
18:19	地上で～を一つにして祈るなら	**こころづかい**（心づかい）	箴15:1	柔らかな～は憤りを静める
22:37	～を尽くし、思いを尽くし、知力	ルカ8:14	この世の～や、富や、快楽に	26:4	その愚かさにしたがって、～な
26:41	～は燃えていても、肉体は弱い	Ⅱコリ11:28	すべての教会への～があります	雅5:6	私が呼んでも、～はありません
マコ1:40	お～一つで、私はきよくして	**こころづよい**（心強い）	イザ30:19	あなたに、～えてくださる
2:8	あなたがたは～の中でそんな理屈	Ⅱコリ5:6	私たちはいつも～のです	65:24	呼ばないうちに、わたしは～え
4:19	世の～づかいや、富の惑わし	**こころみ**（試み）	エレ7:13	呼んだのに、～えもしなかった
7:6	その～は、わたしから遠く離れて	イザ28:16	これは、～を経た石、堅く据え	33:3	そうすれば……あなたに～え
7:21	人の～から出て来るものは、悪い	マタ6:13	私たちを～に会わせないで	ホセ2:21	わたしは天に～え、天は地に～
8:17	～が堅く閉じているのです	ルカ4:2	四十日間、悪魔の～に会われた	ルカ23:9	イエスは彼に何もお～えになら
10:5	あなたがたの～がかたくななので	11:4	私たちを～に会わせないでください		なかった
12:30	～を尽くし、思いを尽くし、知性	ヘブ4:15	私たちと同じように、～に会われた	**ごちそう**
14:38	～は燃えていても、肉体は弱い	**こころみる**（試みる）	ネヘ8:10	～を贈ってやりなさい
16:14	不信仰で～がかたくなになるのを	出15:25	その所で彼を～みられた	箴23:3	その～をほしがってはならない
				哀4:5	～を食べていた者は道ばたでしおれ

こつにく（骨肉）
- Ⅰ歴11:1　私たちはあなたの～です

こと（琴）
- イザ38:20　主の宮で～をかなでよう
- Ⅰコリ14:7　笛や～などいのちのない楽器

こどく（孤独）
- 詩68:6　神は～な者を家に住まわせ

ことなる（異なる）
- レビ10:1　主が彼らに命じなかった～った「火
- 民3:4　主の前に～った火をささげたとき
- 26:61　～った火をささげたときに死んだ

ことば
- 創11:1　全地は一つの～、一つの話し～で
- 15:1　主の～が幻のうちにアブラムに
- 出9:20　家臣のうちで主の～を恐れた者は
- 民11:23　わたしの～が実現するかどうかは
- 22:18　私は私の神、主の～にそむいて
- 24:13　主の～にそむいては、善でも悪でも
- 申4:10　彼らにわたしの～を聞かせよう
- 5:5　主の～をあなたがたに告げた
- 11:18　この～を心とたましいに刻みつけ
- 17:9　あなたに判決の～を告げよう
- 18:18　彼の口にわたしの～を授けよう
- 30:14　み～は、あなたのごく身近にあり
- Ⅰサム3:1　主の～はまれにしかなく
- 9:27　神の～をお聞かせしますから
- Ⅱサム7:4　主の～がナタンにあった
- Ⅰ王12:22　シェマヤに次のような神の～が
- 14:18　アヒヤによって語られた～のとおり
- Ⅱ列6:12　寝室の中で語られる～までも
- 9:36　エリヤによって語られた～のとおり
- 20:19　告げてくれた主の～はありがたい
- Ⅰ歴17:3　次のような神の～がナタンに
- ネヘ13:24　ユダヤの～がわからなかった
- ヨブ6:10　聖なる方の～を拒んだことがな
- 6:26　～で私を責めるつもりか。　しい
- 15:3　彼は無益な～を使って論じ
- 23:12　私の定めよりも、御口の～をたく
- 詩19:3　話もなく、～もなく、　しわえた
- 19:14　私の口の～と、私の心の思いとが
- 33:4　まことに、主の～は正しく
- 33:6　主の～によって、天は造られた
- 56:10　私はみ～をほめたたえます
- 68:11　主はみ～を賜る
- 81:5　まだ知らなかった～を聞いた
- 105:19　主の～は彼をためした
- 107:20　主はみ～を送って彼らをいやし
- 119:9　あなたの～を心にたくわえました
- 119:11　あなたの～を心にたくわえました
- 119:89　あなたの～は、とこしえから
- 119:103　み～は、私の上あごに、なんと
- 147:15　その～はすみやかに走る
- 箴15:23　時宜にかなった～は、いかにも
- 17:7　すぐれた～は、しれ者にふさわしくない
- 25:11　時宜にかなって語られる～は純粋
- 30:5　神の～は、すべて純粋

- 伝10:12　知恵ある者が口にする～は優しく
- イザ2:3　エルサレムから主の～が出る
- 38:4　イザヤに次のような主の～があっ
- 39:8　告げてくれた主の～はありがたい
- 40:8　私たちの神の～は永遠に立つ
- 55:11　わたしの口から出るわたしの～も
- 66:5　主の～におののく者たちよ
- エレ1:2　エレミヤに主の～があった
- 5:13　預言者たちは彼らのうちにない
- 6:10　主の～は……そしりとなる
- 8:9　見よ。主の～を退けたからには
- 13:10　わたしの～を聞こうともせず
- 15:16　あなたのみ～は……楽しみとなり
- 18:18　彼の～にはどれにも耳を傾けまい
- 20:8　私への主のみ～が……そしりと
- 23:28　わたしの～を忠実に語らなければ
- 36:6　主の～を、民の耳に読み聞かせ
- 44:28　どちらの～が成就するかを知る
- エゼ37:4　干からびた骨よ。主の～を聞け
- ダニ10:9　その～の声を聞いたとき、私は
- アモ8:11　主の～を聞くことのききん
- マタ4:4　神の口から出る一つ一つの～に
- 8:8　ただ、お～を下さい
- 12:36　口にするあらゆるむだな～について
- 15:6　神の～を無にしてしまいました
- 24:35　わたしの～は決して滅びることが
- マコ2:2　イエスはみ～を話しておられた
- 4:14　種蒔く人は、み～を蒔くのです
- 7:13　神の～を空文にしています
- 13:31　わたしの～は決して滅びることが
- 16:17　悪霊を追い出し、新しい～を語り
- 16:20　～を確かなものとされた
- ルカ1:1　み～に仕える者となった人々が
- 2:29　み～どおり、安らかに去らせて
- 3:2　神の～が……ヨハネに下った
- 5:1　群衆が……神の～を聞いたとき
- 5:5　でもお～どおり、網をおろして
- 7:7　ただ、お～をいただかせてください
- 8:11　種は神の～です
- 8:21　神の～を聞いて行う人たちです
- 11:28　神の～を聞いてそれを守る人たち
- 21:33　わたしの～は決して滅びることが
- ヨハ1:1　～は神とともにあった。～は神であった。「わした方を
- 5:24　わたしの～を聞いて、わたしを遣
- 5:38　そのみ～を……とどめてもいません
- 6:68　永遠のいのちの～を持っておられ
- 8:31　わたしの～にとどまるなら
- 8:37　わたしの～が、あなたがたのうち
- 14:10　わたしがあなたがたに言う～は
- 15:3　あなたがたに話した～によって
- 17:6　彼らはあなたのみ～を守りました
- 17:17　あなたの～は真理です
- 使2:6　それぞれ自分の国の～で……話す
- 5:20　このいのちの～を、ことごとく
- 6:2　神の～をあと回しにして、食卓
- 6:7　神の～は、ますます広まって行き

- 使7:22　～にもわざにも力がありました
- 8:14　サマリヤの人々が神の～を受け入
- 10:44　み～に耳を傾けていたすべての人
- 11:1　異邦人たちも神のみ～を受け入れ
- 12:24　主のみ～は、ますます盛んになり
- 13:46　神の～は、まずあなたがたに語ら
- 15:7　異邦人が私の口から福音の～を
- 16:32　彼とその家の者全部に主の～を
- 17:11　非常に熱心にみ～を聞き
- 19:10　ギリシヤ人も主の～を聞いた
- 19:20　主の～は驚くほど広まり
- 20:32　神とその恵みのみ～とにゆだね
- ロマ3:2　いろいろなお～をゆだねられて
- 9:6　神のみ～が無効になったわけでは
- 10:8　み～はあなたの近くにある
- 10:17　キリストについてのみ～による
- 15:18　キリストは、～と行いにより
- Ⅰコリ1:5　～といい、知識といい
- 1:18　十字架の～は、滅びに至る人々に
- 14:19　知性を用いて五つの～を話したい
- Ⅱコリ2:17　神の～に混ぜ物をして売る
- ガラ6:6　み～を教えられる人は、教える
- エペ5:26　み～により、水の洗いをもって
- 6:17　御霊の与える剣である、神の～を
- ピリ1:14　ますます大胆に神の～を語る
- 2:16　いのちの～をしっかり握って
- コロ3:16　キリストの～を、あなたがたの
- 4:6　あなたがたの～が、いつも親切で
- Ⅰテサ1:6　聖霊による喜びをもってみ～を受け入れ
- 2:13　事実どおりに神の～として
- Ⅱテサ3:1　主のみ～が……早く広まり
- Ⅰテモ4:5　神の～と祈りとによって、聖め
- 5:17　み～と教えのためにほねおって
- Ⅱテモ2:9　神の～は、つながれてはいま
- 2:15　真理のみ～をまっすぐに説き明か
- 4:2　み～を宣べ伝えなさい。　しす
- テト2:5　神の～がそしられるようなこと
- ヘブ4:12　神の～は生きており、力があり
- 5:12　神の～の初歩をもう一度だれかに
- 6:5　神のすばらしいみ～と、後に
- 7:28　律法のあとから来た誓いのみ～は
- ヤコ1:21　心に植えつけられたみ～を
- Ⅰペテ1:23　変わることのない、神の～に
- Ⅱペテ1:19　確かな預言のみ～を持って
- 3:5　地は神の～によって水から出て
- Ⅰヨハ1:1　いのちの～について、「せん
- 1:10　み～は私たちのうちにありま
- 2:5　み～を守っている者なら、その人
- 2:14　神のみ～が、あなたがたのうちに
- 黙1:2　神の～とイエス・キリストのあかし
- 3:8　わたしの～を守り
- 6:9　神の～と、自分たちが立てたあかし
- 19:13　その名は「神の～」と呼ばれた
- 20:4　神の～とのゆえに首をはねられた

こども（子ども）
- 申4:10　彼らがその～たちに教えることが
- 6:7　あなたの～たちによく教え込み

Ⅰ列3:7　私は小さい〜で、出入りするすべを知りません
Ⅱ列4:14　彼女には〜がなく、それに
14:6　〜が父親のために殺されては
Ⅱ歴25:4　〜が父親のために殺されては
詩127:3　〜たちは主の賜物、胎の実は報酬
イザ11:6　小さい〜が彼らを追っていく
エレ31:29　食べたので、〜の歯が浮
エゼ5:10　〜たちは、自分の父を食べる
18:2　ぶどうを食べたので、〜の歯が浮
23:39　自分たちの〜を殺し、
マタ5:9　その人たちは神の〜と呼ばれる
7:11　自分の〜には良い物を与えること
17:26　〜たちにはその義務がないので
18:2　イエスは小さい〜を呼び寄せ
19:13　祈っていただくために、〜たちが
21:15　宮の中で〜たちが「ダビデの子に
マコ7:27　まず〜たちに満腹させなければ
9:36　イエスは、ひとりの〜を連れて
10:14　〜たちを、わたしのところに来さ
ルカ1:17　父たちの心を〜たちに向けさせ
6:35　いと高き方の〜になれます
8:54　言われた。「〜よ。起きなさい。」
9:47　イエスは……ひとりの〜の手を
11:11　〜が魚を下さいと言うときに
ヨハ1:12　神の〜とされる特権をお与えに
8:39　あなたがたがアブラハムの〜なら
12:36　光の〜となるために、光を信じ
ロマ8:14　御霊に導かれる人は……神の〜
8:16　私たちが神の〜であることは
9:8　約束の〜が子孫とみなされる
Ⅰコリ7:14　あなたがたの〜は汚れている
13:11　私が〜であったときには、〜として話し
14:20　物の考え方において〜であっては
ガラ3:26　信仰によって、神の〜です
エペ4:14　私たちがもはや、〜ではなくて
6:1　〜たちよ。主にあって両親に従い
ピリ2:15　傷のない神の〜となり、
コロ3:20　〜たちよ。……両親に従いな
Ⅰペテ1:14　従順な〜となり、以前あなた
Ⅰヨハ3:1　いま私たちは神の〜です
Ⅱヨハ4　あなたの〜たちの中に、御父から
ことわざ
民23:7　バラムは彼の〜を唱えて言った
Ⅰサム10:12　ということが、〜になった
エゼ12:22　あの〜は、どういうことなのか
16:44　〜を用いる者は、あなたについて
ことわる（断わる）
ルカ14:18　みな同じように〜り始めた
こな（粉）
Ⅰ列17:14　そのかめの〜は尽きず
ロマ11:16　初物が聖ければ、〜の全部が聖
こなす
Ⅰコリ9:9　穀物を〜している牛に
こなひきおんな（粉ひき女）
伝12:3　〜たちは少なくなって仕事をやめ

このましい（好ましい）
創2:9　見るからに〜く食べるのに良い
詩19:10　金よりも、多くの純金よりも〜
このみ（好み；好む）
エス1:8　自分の〜のままにするようにと
詩16:6　測り綱は、私の〜所に落ちた
こばむ（拒む）
創39:8　彼は〜んで主人の妻に言った
レビ26:15　また、わたしのおきてを〜み
エス1:12　伝えられた王の命令を〜んで
箴3:27　求める者に、それを〜な
ホセ11:5　わたしに立ち返ることを〜んだ
ルカ10:16　わたしを遣わされた方を〜者で
ヨハ12:48　わたしを〜み、わたしの言う
ヘブ11:24　パロの娘の子と呼ばれることを〜み
12:25　語っておられる方を〜まないよう
こはん（湖畔）
ヨハ21:1　イエスはテベリヤの〜で、もう
こひつじ（子羊；小羊）　　一度
Ⅱサム12:3　一頭の小さな雌の〜のほかは
エレ11:19　引かれて行くおとなしい〜のよ
ルカ10:3　狼の中に〜を送り出すような
ヨハ1:29　見よ、世の罪を取り除く神の〜
21:15　わたしの〜を飼いなさい
Ⅰペテ1:19　傷もなく汚れもない〜のよう
黙5:6　ほふられたと見える〜が立って
5:12　ほふられた〜は、力と、富と
6:16　御座にある方の御顔と〜の怒りと
7:10　救いは……神にあり、〜にある
14:1　〜がシオンの山の上に立っていた
17:14　この者どもは〜と戦いますが
19:7　〜の婚姻の時が来て、花嫁はその
21:9　〜の妻である花嫁を見せましょう
21:14　〜の十二使徒の十二の名が書いて
21:23　〜が都のあかりだからである
こぶね（小舟）
マコ3:9　〜を用意しておくように弟子た
コブラ　　　　　　　　　ちに
イザ11:8　乳飲み子は〜の穴の上で戯れ
こぼつ
エレ19:7　エルサレムのはかりごとを〜ち
ごまかす
Ⅱ列18:29　ヒゼキヤに〜されるな
こまる（困る）
マタ26:10　なぜ、この女を〜らせるのです
マコ14:6　なぜこの人を〜らせるのですか
使16:18　果てたパウロは、振り返って
こむぎ（小麦）
士6:11　酒ぶねの中で〜を打っていた
こもん（顧問）
イザ40:13　主の〜として教えたのか
こや（小屋）
創33:17　家畜のためには〜を作った
こやぎ（子やぎ）
申14:21　〜をその母の乳で煮てはならない
こやし（肥やし）
ルカ13:8　木の回りを掘って、〜をやって

こらえる
イザ64:12　これでも、あなたはじっと〜え
Ⅱコリ11:20　たたかれても、〜えているで
こらしめ（懲らしめ）　　しはありませんか
ヨブ5:17　全能者の〜をないがしろにして
箴3:11　主の〜をないがしろにするな
イザ53:5　彼への〜が私たちに平安を
エレ2:30　〜から役に立たなかった
5:3　〜を受けようともしませんでした
31:18　子牛のように、私は〜を受け
ゼパ3:2　〜を受け入れようともせず
3:7　ただ、わたしを恐れ、〜を受けよ
ヘブ12:5　主の〜を軽んじてはならない
12:11　〜は、そのときは喜ばしいもの
こらしめる（懲らしめる）　　しでは
レビ26:18　罪に対して七倍も重く〜
26:28　七倍も重くあなたがたを〜めよう
Ⅰ列12:11　むちで〜めたが、私はさそりで
詩6:1　憤りで私を〜めないでください
38:1　憤りで私を〜めないでください
39:11　不義を責めて人を〜め、その人の
箴19:18　望みのあるうちに、自分の子を〜めよ
イザ26:16　あなたが彼らを〜められたので
エレ30:11　公義によって、あなたを〜め
46:28　公義によって、あなたを〜め
ホセ10:10　わたしは彼らを〜めようと思う
ルカ23:16　〜めたうえで、釈放します
Ⅰコリ11:32　主によって〜められるので
ヘブ12:9　肉の父がいて、私たちを〜めた
黙3:19　愛する者をしかったり、〜めたり
こらす（懲らす）
箴23:13　子どもを〜ことを差し控えて
29:17　あなたの子を〜せ。そうすれば
エレ10:24　ただ公義によって、私を〜して
ホセ7:12　わたしはこれを〜
ごらん（ご覧）
出2:25　神はイスラエル人を〜になった
コルバン
マコ7:11　〜（すなわち、ささげ物）に
ころがす
マコ16:3　あの石を〜してくれる人が
ころす（殺す）
創4:8　アベルに襲いかかり、彼を〜した
20:4　あなたは正しい国民をも〜される
出1:16　男の子なら、それを〜さなければ
2:14　私も〜そうと言うのか
20:13　〜してはならない
民11:15　お願いです、どうか私を〜
31:17　子どものうち男の子をみな〜せ
申5:17　〜してはならない
19:4　知らずに隣人を〜し、以前から
ヨブ13:15　見よ。神が私を〜しても
詩44:22　私たちは一日中、〜されています
ホセ6:9　シェケムへの道で人を〜し
マタ5:21　人を〜者はさばきを受け
10:28　からだを〜しても、たましいを〜せない人たち

ころも

マタ19:18	～してはならない。姦淫しては
21:38	あと取りだ。さあ、あれを～して
23:37	預言者たちを～し、自分に遣わさ
マコ8:31	捨てられ、～され、三日の後に
10:34	むち打ち、ついに～します
ルカ12:4	からだを～しても、あとは
19:47	イエスを～そうとねらっていたが
20:15	外に追い出して、～してしまった
22:2	イエスを～ための良い方法を捜し
ヨハ5:18	ますますイエスを～そうとする
使2:23	十字架につけて～しました
ロマ8:13	御霊によって、からだの行いを～なら
Ⅱコリ3:6	文字は～し、御霊は生かす
コロ3:5	むさぼりを～してしまいなさい
Ⅱテサ2:8	御口の息をもって彼を～し
黙6:9	あかしとのために～された人々の

ころも（衣）

創3:21	皮の～を作り、彼らに着せて
詩45:13	その～には黄金が織り合わされて
エゼ16:8	～のすそをあなたの上に広げ
マタ17:2	御～は光のように白くなった
黙6:11	ひとりひとりに白い～が与えられ

こわす

エレ1:10	あるいは滅ぼし、あるいは～し
マタ26:61	わたしは神の宮を～して
マコ14:58	手で造られたこの宮を～して
ヨハ2:19	この神殿を～してみなさい
Ⅰコリ3:17	もし、だれかが神の宮を～

こんえん（婚宴）

黙19:9	小羊の～に招かれた者は幸いだ

こんがん（懇願）

使16:9	ひとりのマケドニヤ人が……す
	「るのであった
Ⅱコリ5:20	神が私たちを通して～して
6:1	神とともに働く者として……し

こんきゅう（困窮）

Ⅰサム22:2	～している者、負債のある者

こんごうせき（金剛石）

エレ17:1	鉄の筆と～のとがりでしるされ
ゼカ7:12	彼らは心を～のようにして

こんなん（困難）

マタ13:21	みことばのために～や迫害が

コンパス

イザ44:13	～で線を引き、人の形に造り

こんや（今夜）

ルカ12:20	～おまえから取り去られる

こんやく（婚約）

出22:16	まだ～していない処女をいざな
申20:7	女と～して、まだその女と結婚

こんらん（混乱）

エス3:15	シュシャンの町は～に陥った
使21:31	エルサレム中が～状態に陥って
Ⅰコリ14:33	神が～の神ではなく、平和の

こんれい（婚礼）

ルカ12:36	主人が～から帰って来て戸を 　神
ヨハ2:1	ガリラヤのカナで～があって

さ

ざ（座）

ヨブ23:3	その御～にまで行きたい
詩2:4	天の御～に着いている方は
9:7	主はとこしえに御～に着き
80:1	ケルビムの上の御～に着いて
93:2	あなたの御～は……堅く立ち
110:1	わたしの右の～に着いていよ
123:1	天の御～に着いておられる方よ
哀5:19	あなたの御～は代々に続きます
エゼ28:2	海の真ん中で神の～に着いている
ダニ7:9	幾つかの御～が備えられ
マタ19:28	あなたがたも十二の～に着いて
マコ12:36	わたしの右の～に着いていなさ
14:62	力ある方の右の～に着き、し
ルカ20:43	わたしの右の～に着いていなさ
エペ1:20	ご自分の右の～に着かせて
ヘブ1:3	大能者の右の～に着かれました
1:8	あなたの御～は世々限りなく
4:16	大胆に恵みの御～に近づこう
8:1	大能者の御～の右に着座された方
黙4:2	天に一つの御～があり、その御～
4:4	御～の回りに二十四の～があっ
20:4	また私は、多くの～を見た
20:11	大きな白い御～と……を見た
22:1	それは神と小羊との御～から出て

ざいあく（罪悪）

エゼ9:9	血で満ち、町も～で満ちている

ざいか（罪過）

レビ7:1	～のためのいけにえのおしえは
民5:7	～のために総額を弁償する
Ⅰ歴21:3	イスラエルに対し～ある者と
Ⅱ歴28:10	主に対して～があるのではない
詩68:21	おのれの～のうちを歩む者 　か
エペ2:1	自分の～と罪との中に死んで

さいがい（災害）

創12:17	その家をひどい～で痛めつけた
申28:59	あなたへの～、あなたの子孫への～を下される
ゼカ14:12	国々の民にこの～を加えられる

さいく（細工）

イザ44:12	鉄で～する者はなたを使い
44:13	木で～する者は、測りなわで 　測り

さいけん（再建）

ダニ9:25	引き揚げてエルサレムを～せよ

さいけんしゃ（債権者）

イザ50:1	あるいは、その～はだれなのか

さいご（最後；最期）

エゼ21:25	あなたの日、～の刑罰の時が来
ルカ9:31	ご～についていっしょに話して

さいこう（再興）

使1:6	国を～してくださるのですか

ざいさん（財産）

詩49:6	おのれの～に信頼する者どもや
箴3:9	～と……初物で、主をあがめよ
11:4	～は激しい怒りの日には役に立

さいだん

箴13:7	多くの～を持つ者がいる。しない
13:11	急に得た～は滅るが
19:4	～は多くの友を増し加え
伝5:11	～がふえると、寄食者もふえる
雅8:7	自分の～をことごとく与えても
マタ19:22	この人は多くの～を持っていた
ルカ12:15	いのちは～にあるのではない
ヘブ10:34	いつまでも残る～を持っている

さいし（祭司）

創14:18	彼はいと高き神の～であった
47:26	～の土地だけはパロのものとならなかった
出19:6	～の王国、聖なる国民となる
19:22	主に近づく～たちもまた
28:41	～職に任命し、彼らを聖別して
民16:10	～の職まで要求するのか
18:7	あなたがたの～職を守り、「い
士18:19	父となり、また～となってくださ
Ⅰサム2:35	忠実な～を……起こそう
22:17	近寄って、主の～たちを殺せ
Ⅱ歴11:15	自分のために～たちを任命して
13:9	主の～たちとレビ人を追放し
詩110:4	あなたは……とこしえに～である
イザ24:2	民は～と等しくなり、奴隷は
61:6	あなたがたは主の～ととなえられ
エレ4:9	～はおののき、預言者は驚き
哀4:13	～たちの咎のためである
エゼ44:15	ツァドクの子孫のレビ人の～
ヨエ1:13	～たちよ。荒布をまとって
ゼカ6:13	その王座のかたわらに、ひとりの～がいて 　「供えのパン
マコ2:26	～以外の者が食べてはならない
14:53	～長、長老、律法学者たちがみな
ルカ1:8	神の御前に～の務めをしていた
5:14	ただ～のところに行って、自分を
6:4	～以外の者はだれも食べては
使6:7	多くの～たちが次々に信仰に
ヘブ7:11	レビ系の～職によって完全に
7:24	変わることのない～の務めを持ち
10:21	この偉大な～があります。して
Ⅰペテ2:5	聖なる～として……霊のいけにえをささげなさい
黙1:6	神のために～としてくださった方
5:10	この人々を王国とし、～とされま

ざいじょう（罪状）

	した
マタ27:37	……と書いた～書きを掲げた
マコ15:26	イエスの～書きには、「ユダヤ人の王」と書いて
ヨハ19:19	ピラトは～書きも書いて
使25:7	多くの重い～を申し立てたが

さいだん（祭壇）

創8:20	ノアは、主のために～を築き
12:7	アブラムは……そこに～を築いた
13:18	そこに主のための～を築いた
22:9	イサクを……～の上のたきぎの上に
26:25	イサクはそこに～を築き
33:20	～を築き、それを……と名づけた
35:1	あなたに現れた神のために～を

出17:15　モーセは〜を築き……と呼び
27:1　〜をアカシヤ材で作る。　「た
38:1　全焼のいけにえのための〜を作っ
申7:5　彼らの〜を打ちこわし、石の柱を
12:3　彼らの〜をこわし、　「打ち砕き
12:27　主の〜の上にささげなさい。「い
27:5　主のために〜、石の〜を築きなさ
ヨシ8:30　主のために、一つの〜を築いた
22:10　ヨルダン川のそばに一つの〜を
22:23　私たちが〜を築いたことが、「た
Ⅰサム14:35　サウルは主のために〜を築い
Ⅰ列1:50　行って、〜の角をつかんだ
18:30　こわれていた主の〜を建て直した
Ⅱ列16:10　ダマスコにある〜を見た
Ⅱ歴4:1　さらに、青銅の〜を作った
33:16　〜を築き、その上で和解の
詩43:4　神の〜……神のみもとに行き
イザ6:6　〜の上から火ばさみで取った
19:19　主のために、一つの〜が建てられ
エゼ6:4　あなたがたの〜は荒らされ
ホセ10:2　主は彼らの〜をこわし、「主を
アモ9:1　〜のかたわらに立っておられる
マタ5:23　〜の上に供え物をささげようと
使17:23　『知られない神に』と刻まれた〜
ヘブ13:10　私たちには一つの〜があります
さいなん（災難）
箴1:26　あなたがたが〜に会うときに笑い
24:22　たちまち彼らに〜が起こるからだ
エレ48:16　モアブの〜は近づいた
さいばん（裁判）　　　　　　　　「す
ルカ12:58　〜官のもとにひっぱって行きま
18:2　人を人とも思わない〜官がいた
使7:27　私たちの支配者や〜官にしたのか
22:25　〜にもかけずに、むち打ってよい
のですか
25:10　ここで〜を受けるのが当然です
さいふ（財布）
ルカ22:36　今は、〜のある者は〜を持ち
ざいほう（財宝）　　　　　　　　　「り
Ⅰ列14:26　主の宮の〜、王宮の〜を奪い取
箴13:22　罪人の〜は正しい者のためにたく
わえられる。　　　　　　　「のにまさる
15:16　多くの〜を持っていて恐慌がある
21:20　好ましい〜と油がある。　　「る
イザ33:6　主を恐れることが、その〜であ
45:3　秘められている〜と……宝を
エレ20:5　ユダの王たちの〜を敵の手に渡す
エゼ28:5　あなたの心は、〜で高ぶった
ミカ6:10　悪者の家には、不正の〜と
さいむしゃ（債務者）
ルカ16:5　主人の〜たちをひとりひとり呼
ざいりゅういこくじん（在留異国人）「んで
出23:9　〜をしいたげてはならない
レビ19:10　貧しい者と〜のために
19:34　あなたがたといっしょの〜は
23:22　〜のために、それらを残して
24:22　〜にも、この国に生まれた者にも
民15:16　〜にも、同一のおしえ、同一の

申10:18　〜を愛してこれに食物と着物を
24:17　〜や、みなしごの権利を侵しては
詩146:9　主は〜を守り、みなしごとやもめ
エレ14:8　この国にいる〜のように
ざいりゅうする（在留する）
民9:14　あなたがたのところに異国人が〜
さいりん（再臨）　　　　　　　「し、していて
Ⅰコリ15:23　キリストの〜のときキリスト
さいわい（幸い）　　　　　　　「し、に属している者
ヨブ5:17　〜なことよ。神に責められる
詩1:1　〜なことよ。悪者のはかりごとに
歩まず　　　　　　　　　　　　「ません
16:2　私の〜は、あなたのほかにはあり
32:1　〜なことよ。そのそむきを赦され
34:8　〜なことよ。彼に身を避ける者は
40:4　〜なことよ。主に信頼し
41:1　〜なことよ。弱っている者に心を
127:5　〜なことよ。矢筒をその矢で満た
144:15　〜なことよ。主をおのれの神と
箴3:13　〜なことよ。知恵を見いだす人
8:32　〜なことよ。わたしの道を守る者
28:14　〜なことよ。いつも主を恐れて
マタ5:3　心の貧しい者は〜です。　「です
13:16　あなたがたの目は見ているから〜、
ルカ6:20　貧しい者は〜です。神の国は
11:27　あなたが吸った乳房は〜です
12:38　そのしもべたちは〜です
ヨハ20:29　見ずに信じる者は〜です。「る
使20:35　受けるよりも与えるほうが〜であ
ヤコ5:11　耐え忍んだ人たちは〜であると
Ⅰペテ3:14　それは〜なことです
黙14:13　主にあって死ぬ死者は〜である
22:7　預言のことばを堅く守る者は、〜
22:14　都に入れるようになる者は、〜
さえぎる　　　　　　　　　　　「しである
マタ23:13　人々から天の御国を〜っている
さえずり
イザ8:19　霊媒や、〜、ささやく口寄せに
さかえ（栄え）
Ⅰ歴29:11　偉大さと力と〜と栄光と尊厳と
エレ33:9　人にとって〜となる
ロマ1:23　不滅の神の御〜を、滅ぶべき
さかえる（栄える）
ヨシ1:8　また〜ことができるからである
Ⅰ列2:3　どこへ行っても、〜ためである
Ⅱ歴26:5　神は彼を〜えさせた
詩1:3　その人は、何をしても〜
30:6　私が〜えたときに、私はこう言った
37:7　おのれの道に〜に対して
72:7　彼の代に正しい者が〜え
122:6　おまえを愛する人々が〜ように
エレ2:37　彼らによって〜ことは決してない
12:1　なぜ、悪者の道は〜え
22:30　子を残さず、一生〜えない男
エゼ16:13　〜えて、女王の位についた
ダニ3:30　アベデ・ネゴをバビロン州で〜
えさせた
6:28　ペルシヤ人クロスの治世に〜えた

さがす（捜す）
民10:33　彼らの休息の場所を〜した
箴1:28　わたしを〜し求めるが、彼らは
8:17　わたしを熱心に〜者は……見つける
伝3:15　これからも〜し求められる
雅3:1　私の愛している人を〜していまし
エレ29:13　わたしを〜し求めるなら、〜た
エゼ22:30　修理する者を〜……し求めたが
アモ9:3　〜して、そこから彼らを捕らえ出
マタ18:12　迷った一匹を〜しに出かけない
でしょうか
マコ1:37　みんながあなたを〜しており
ルカ11:9　〜しなさい。そうすれば見つか
19:10　失われた人を〜して救うために
24:5　なぜ生きている方を死人の中で〜
ヨハ7:34　あなたがたはわたしを〜が
8:21　あなたがたはわたしを〜けれども
18:4　「だれを〜のか」と彼らに言われた
20:15　だれを〜しているのですか
さかずき（杯）
創44:2　私の〜、あの銀の〜を　「なろう
詩11:6　燃える風が彼らの〜への分け前と
16:5　ゆずりの地所、また私への〜です
23:5　私の〜は、あふれています
75:8　主の御手に、〜があり
116:13　救いの〜をかかげ、主の御名を
イザ51:17　主の手から、憤りの〜を飲み
エレ25:28　あなたの手からその〜を取って
エゼ23:33　恐怖と荒廃の〜、　「に巡って
ハバ2:16　主の右の手の〜は、あなたの上
マタ20:22　わたしが飲もうとしている〜を
23:25　〜や皿の外側はきよめるが
26:27　また〜を取り、感謝をささげて後
26:39　この〜をわたしから過ぎ去らせて
マコ10:38　わたしの飲もうとする〜を飲み
14:23　〜を取り、感謝をささげて後
14:36　この〜をわたしから取りのけて
ルカ11:39　〜や大皿の外側はきよめるが
22:17　〜を取り、感謝をささげて後
22:42　この〜をわたしから取りのけて
ヨハ18:11　父がわたしに下さった〜を
Ⅰコリ10:16　私たちが祝福する祝福の〜は
11:25　この〜は、わたしの血による新し
い契約です
黙16:19　怒りのぶどう酒の〜を与えられた
さかぶね（酒ぶね）
士6:11　〜の中で小麦を打っていた
イザ63:3　わたしはひとりで〜を踏んだ
黙14:19　怒りの大きな〜に投げ入れた
さからう（逆らう）
民20:10　〜者たちよ。さあ、聞け
20:24　わたしの命令に〜ったからである
27:14　あなたがたがわたしの命令に〜い
申1:26　神、主の命令に〜った
1:43　聞き従わず、主の命令に〜い
21:18　かたくなで、〜子がおり
詩5:10　彼らはあなたに〜からです
78:17　砂漠で、いと高き方に〜った

コンコルダンス

さがる（続き）
- 詩78:40 幾たび彼らは、荒野で神に〜い
- 106:33 彼らが主の心に〜ったとき
- 107:11 彼らは、神のことばに〜い
- イザ1:2 しかし彼らはわたしに〜った
- 63:10 彼らは〜い、主の聖なる御霊を
- エレ4:17 ユダがわたしに〜ったからだ
- エゼ17:20 わたしに〜った不信の罪につい
- 20:13 荒野でわたしに〜い、して
- ダニ9:7 あなたに〜った不信の罪のため
- ホセ13:16 サマリヤは自分の神に〜った
- マタ12:30 味方でない者はわたしに〜者であり「あっても
- 12:32 聖霊に〜ことを言う者は、だれで
- ルカ1:17 〜者を義人の心に立ち戻らせ
- ガラ5:17 肉の願うことは御霊に〜い

さがる（下がる）
- マコ8:33 ペテロをしかって……「サタン

さかん（盛ん）
- ヨハ3:30 あの方は〜になり私は衰えなけ
- 使12:24 主のみことばは、ますます〜に

さき（先）
- イザ41:22 〜にあった事は何であったのか
- 48:3 〜に起こった事は……告げていた
- マタ19:30 ただ、〜の者があとになり
- マコ9:35 だれでも人の〜に立ちたいと思

さきがけ（先駆け）
- ヘブ6:20 イエスは私たちの〜としてそこ

さく（裂く）
- Ⅱサム1:11 ダビデは自分の衣をつかんで〜に入り
- Ⅱ列22:11 自分の衣を〜いた。し〜いた
- イザ64:1 あなたが天を〜いて降りて来ら

さくひん（作品）
- エペ2:10 私たちは神の〜であって、良い　しれると

さくもつ（作物）
- ルカ12:17 〜をたくわえておく場所がない

さくりゃく（策略）
- 詩64:6 たくらんだ〜がうまくいった
- Ⅱコリ2:11 サタンの〜を知らないわけで
- エペ4:14 人を欺く悪賢い〜により
- 6:11 悪魔の〜に対して立ち向かうことは

さぐる（探る）
- 民13:2 カナンの地を〜らせよ
- 13:17 カナンの地を〜りにやったときに
- 13:21 レホブまで、その地を〜った
- Ⅰ歴19:3 この地を調べ、くつがえし、〜
- 詩44:21 神はこれを〜り出されないで
- 139:1 あなたは私を〜り、私を知って
- 139:23 私を〜り、私の心を知ってくださ
- エレ17:10 主が心を〜り、思いを調べ
- ロマ8:27 人間の心を〜り窮める方は
- Ⅰコリ2:10 御霊はすべてのことを〜り
- 黙2:23 人の思いと心を〜者であることを

さけ（酒）
- 創19:35 彼女たちは父に〜を飲ませ、妹が
- エス1:10 王は〜で心が陽気になり
- 箴31:6 強い〜は滅ようとしている者に
- イザ5:22 ああ。〜を飲むことでの勇士
- アモ6:6 彼らは鉢から〜を飲み、最上の

（中央列）
- マタ24:49 〜飲みたちと飲んだり食べたり
- エペ5:18 また、〜に酔ってはいけません

さげすみ；さげすむ
- Ⅰサム17:42 ダビデに目を留めたとき、彼を〜んだ
- Ⅱサム6:16 見て、心の中で彼を〜んだ
- Ⅱ列17:15 与えられた主の警告とを〜み
- ヨブ12:5 衰えている者を〜み
- 19:18 小僧っ子までが私を〜み
- 42:6 私は自分を〜み、ちりと灰の中で
- 詩22:6 人のそしり、民の〜です
- 106:24 しかも彼らは麗しい地を〜み
- 119:141 私はつまらない者で、〜まれて
- 箴1:7 愚か者は知恵と訓戒を〜
- 13:13 みことばを〜者は身を滅ぼし
- イザ49:7 人に〜まれている者
- 53:3 彼は〜まれ、人々からのけ者に
- エレ49:15 人に〜まれる者とするからだ
- ゼカ4:10 その日を小さな事として〜んだ
- マラ1:6 わたしの名を〜祭司たちに

さけどころ（避け所）
- ルツ2:12 その翼の下に〜を求めて来た
- 詩14:6 しかし、主が彼らの〜である
- 46:1 神はわれらの〜、また力
- 61:3 あなたは私の〜、敵に対して強い
- 71:7 あなたが、私の力強い〜だから
- 91:2 わが〜、わがとりで、」です
- イザ4:6 あらしと雨を防ぐ〜と隠れ家に
- 25:4 あらしのときの〜
- 28:15 まやかしを〜とし、偽りに身を
- 32:2 彼らはみな、風を避ける〜
- エレ17:17 わざわいの日の、私の身の〜
- ヨエ3:16 その民の〜、イスラエルの子ら

さけぶ（叫ぶ；叫ぶ）
- 創4:10 弟の血が……わたしに〜んでいる
- 18:20 ソドムとゴモラの〜は非常に大き
- 出22:23 必ず彼らの〜を聞き入れる。し、く
- レビ13:45 ……と〜ばなければならない
- Ⅰサム7:9 イスラエルのために主に〜んだ
- 15:11 夜通し主に向かって〜んだ
- Ⅱサム22:42 彼らが〜んでも、救う者は
- ヨブ19:7 「これは暴虐だ」と〜
- 詩5:2 私の〜の声を心に留めてください
- 18:6 助けを求めてわが神に〜んだ
- 88:1 昼は、〜び、夜は、あなたの御前
- 102:1 私の〜が、あなたに届きますよう
- 107:28 彼らが主に向かって〜と、主は
- イザ42:2 彼は〜ばず、声をあげず
- エレ7:2 そこでこのことばを〜んで言え
- ヨエ3:9 諸国の民の間で、こう〜
- アモ1:2 主はシオンから〜び
- ヨナ1:2 これに向かって〜べ
- マタ12:19 争うこともなく、〜こともせず
- 20:30 イエスが通られると聞いて、〜んで言った。　　　「ます
- ルカ19:40 この人たちが黙れば、石が〜び

さける（裂ける）
- マコ1:10 天が〜けて御霊が鳩のように

（右列）
- マコ15:38 神殿の幕が……真二つに〜けた

さける（避ける）
- 詩2:12 幸いなことよ。すべて主に身を〜　「人は
- 7:1 私はあなたのもとに身を〜けまし
- 16:1 私は、あなたに身を〜けます
- 31:1 私はあなたに身を〜けています
- 38:11 友も、私のえやみを〜けて立ち
- 57:1 私は御翼の陰に身を〜けます
- 61:4 御翼の陰に、身を〜けたいのです
- 71:1 私はあなたに身を〜けています
- 118:8 主に身を〜ことは、人に信頼する
- 箴20:3 争いを〜ことは人の誉れ
- ナホ1:7 主に身を〜者たちを主は知って
- ゼパ3:12 彼らはただ主の御名に身を〜
- 使15:20 絞め殺した物と血を〜ようにと
- Ⅰコリ6:18 不品行を〜けなさい
- 10:14 偶像礼拝を〜けなさい
- Ⅰテサ5:22 悪はどんな悪でも〜けなさい
- Ⅰテモ6:11 これらのことを〜け、正しさ
- Ⅱテモ2:23 無知な思弁を〜けなさい

ささえ；ささえる
- 詩37:17 主は正しい者を〜えられるからだ
- 63:8 あなたの右の手は、私を〜えてくださいます
- 119:117 私を〜えてください
- イザ59:16 ご自分の義を、ご自分の〜とさ　　　しれた

ささげもの（ささげ物）
- Ⅰ歴16:29 〜を携えて、御前に行け
- エズ1:4 神の宮のために進んでささげる
- 2:68 自分から進んで〜を　しのほか
- マラ3:4 ユダとエルサレムの〜は

ささげる
- 創22:2 イサクをわたしに〜げなさい
- 46:1 父イサクの神にいけにえを〜げた
- 出22:29 初子は、わたしに〜げなければ
- 25:2 わたしに奉納物を〜ように
- 32:29 きょう、主に身を〜げよ
- 34:25 パンに添えて、〜げてはならない
- 民7:12 第一日にささげ物を〜げたのは
- 申15:19 主に〜げなければならない
- 15:21 いけにえとして〜げてはならない
- 士5:9 進んで身を〜げた者たちに向かう
- Ⅰ列13:2 祭司たちをいけにえとしておまえの上に〜げ
- Ⅰ歴29:5 主に〜者はないだろうか
- 29:9 みずから進んで主に〜げたからで
- Ⅱ歴2:4 宮を建てて、これを主に〜げ
- 8:12 全焼のいけにえを〜げた
- 30:1 主に過越のいけにえを〜よう呼び
- エズ7:15 イスラエルの神に進んで〜て
- 詩4:5 義のいけにえを〜げ、主に拠り頼
- 50:14 感謝のいけにえを神に〜げよ
- 54:6 あなたにいけにえを〜げます
- 96:7 栄光と力を主に〜げよ
- アモ4:4 朝ごとにいけにえを〜げ、「も
- 5:22 穀物のささげ物をわたしに〜げて
- 5:25 わたしに〜げたことがあったか
- ヨナ1:16 いけにえを〜げ、誓願を立てた

ささやき

ヨナ2:9	あなたにいけにえを〜げ
ミカ4:13	彼らの得益を主に〜げ
マタ5:24	来て、その供え物を〜げなさい
ルカ2:22	両親は幼子を主に〜ために
使7:42	わたしに〜げたことがあったか
ロマ6:19	手足を義の奴隷として〜げて
12:1	生きた供え物として〜げなさい
Ⅰコリ8:4	偶像に〜げた肉を食べること
10:20	神にではなくて悪霊に〜げられて
Ⅱコリ8:5	まず自分自身を主に〜げ
ヘブ11:4	すぐれたいけにえを神に〜げ
11:17	試みられたときイサクを〜げ

ささやき；ささやく

詩41:7	私について共に〜き、私に対して
イザ29:4	ちりの中からの〜のようになる

さしず（指図）

ヨブ37:12	これは神の〜によって巡り回り

さしだす（差し出す）

哀1:17	シオンが手を〜しても、これを慰

さしのばす（差し伸ばす）める者はない

詩68:31	その手を神に向かって急いで〜
88:9	あなたに向かって私の両手を〜し

さしのべる（差し伸べる）ています

イザ65:2	一日中、わたしの手を〜べた

ざしょう（座礁）

使27:41	浅瀬に乗り上げて、船を〜させて

さす（刺す）

Ⅰサム26:8	彼を一気に地に〜し殺させて
イザ53:5	そむきの罪のために〜し通され
ルカ2:35	剣があなたの心さえも〜し貫く
使2:37	人々はこれを聞いて心を〜され

さすらい；さすらう

創4:12	地をさまよい歩く〜人となる
申26:5	私の父は、〜のアラム人でしたが
エレ14:10	彼らは〜ことを愛し、その足を
ホセ9:17	諸国の民のうちに、〜人となる

さそいこむ（誘い込む）

Ⅰ歴21:1	逆らって立ち、ダビデを〜んで
Ⅱ歴18:2	彼を〜んで、ラモテ・ギルアデ

さそり

ルカ11:12	だれが、〜を与えるでしょう
黙9:5	〜が人を刺したときのような苦痛

さだめ（定め）

民9:3	おきてとすべての〜に従って
申4:8	正しいおきてと〜とを持っている
詩2:7	わたしは主の〜について語ろう

さだめる（定める）

出9:5	主は時を〜めて、仰せられた
Ⅱサム7:10	一つの場所を〜め、「かせ
詩17:9	一つの場所を〜め、民を住まう
Ⅱ歴19:3	心を〜めて常に神を求めた
ヨブ20:29	神によって〜められた彼の相続
ダニ9:24	七十週が〜められて　「財産
ルカ10:1	主は、別に七十人を〜め
22:22	人の子は、〜められたとおりに
使4:28	あらかじめお〜めになったことを
10:42	神によって〜められた方である
13:48	永遠のいのちに〜められていた人

Ⅰコリ2:7	あらかじめ〜められたもの
エペ1:5	愛をもってあらかじめ〜めて
1:11	あらかじめのように〜められて

サタン

Ⅰ歴21:1	〜がイスラエルに逆らって立ち
ヨブ1:6	〜も来てその中にいた
2:1	〜もいっしょに来て、主の前に立
ゼカ3:2	主は〜に仰せられた。　　　　した
マタ4:10	引き下がれ、〜。
12:26	〜が〜を追い出していて仲間割れ
16:23	〜。あなたはわたしの邪魔をする
ルカ10:18	〜が、いなずまのように天から
使5:3	どうしてあなたは〜に心を奪われ
Ⅱコリ2:11	私たちが〜に欺かれないため
11:14	〜さえ光の御使いに変装するので
黙2:9	〜の会衆である人たちから、〜す
12:9	悪魔とか、〜とか呼ばれ
20:2	悪魔であり、〜である竜、あの古い

さつじん（殺人）　　　　し、蛇

マタ15:19	悪い考え、〜、姦淫、不品行

さとい

マタ10:16	蛇のように〜く、鳩のように

さとし

出25:16	わたしが与える〜をその箱に納め
詩78:5	主はヤコブのうちに〜を置き
99:7	主の〜と、彼らに賜ったおきて
106:13	その〜を待ち望まなかった

さとす

詩73:24	あなたは、私を〜して導き
箴16:23	知恵のある者の心はその口を〜し
ゼカ3:6	主の使いはヨシュアを〜して言
Ⅰコリ4:14	愛する私の子どもとして、〜
テト2:5	自分の夫に従順であるように〜

さとり（悟り）　　　　し、〜ことが

詩32:8	わたしは、あなたがたに〜を与え
119:130	わきまえのない者に〜を与え
箴3:5	自分の〜にたよるな　　　　します
7:4	〜を「身内の者」と呼べ
イザ27:11	これは〜のない民だからだ
ダニ9:22	あなたに〜を授けるために出て
ホセ4:14	〜のない民は踏みつけられる

さとる（悟る）

申29:4	あなたがたに、〜心と、見る目と
ヨブ17:4	〜ことがないようにされたから
42:3	自分で〜りえないことを告げ
詩73:17	ついに、彼らの最後を〜った
箴28:5	悪人は公義を〜らない
イザ6:9	聞き続けよ。だが〜な。見続け
52:15	聞いたこともないことを〜か
エレ9:12	これを〜ことのできる者はだれ
23:20	あなたがたはそれを明らかに〜ろ
ダニ8:17	〜れ。人の子よ。その幻は〜しう
マタ13:14	聞きはするが、決して〜らない
ルカ5:24	あなたがたに〜らせるために
使28:26	聞きはするが、決して〜らない
28:27	その心で〜って、立ち返り

さばき

創31:42	昨夜〜をなさったのです
出18:13	民をさばくために〜の座に着いた
32:34	わたしの〜の日にわたしが彼らの
詩7:6	あなたは〜を定められました
伝3:16	日の下で、〜の場に不正があり
11:9	神の〜を受けることを知っておけ
エレ1:16	彼らのすべての悪に〜を下す
11:20	しかし、正しい〜をし、思いと
48:47	ここまではモアブへの〜である
エゼ5:15	あなたに〜を下すとき
ダニ7:22	聖徒たちのために、〜が行わ
ホセ6:5	わたしの〜は光のように現れる
ヨエ3:14	〜の谷には、群集また群集
ハバ1:4	〜はいつまでも行われません
ゼカ7:9	正しい〜を行い、互いに誠実
マタ5:21	人を殺す者は〜を受けなければ
ルカ11:32	〜のときに、この時代の人々と
ヨハ5:22	すべての〜を子にゆだねられ
12:31	今がこの世の〜です。今、この世
16:8	〜について、世にその誤りを認め
ロマ3:19	全世界が神の〜に服するためで
5:16	〜の場合は、一つの違反のため
11:33	その〜は、何と知り尽くしがたく
14:10	神の〜の座に立つようになるのだ
Ⅱコリ5:10	キリストの〜の座に現れて
ユダ15	すべての者に〜を行い、不敬虔な
黙6:10	いつまで〜を行わず、地に住む
18:20	この都に〜を宣言されたからです
19:11	義をもって〜をし、戦いをされる

さばきつかさ

創19:9	〜のようにふるまっている
出2:14	私たちのつかさや、〜にしたのか
士2:18	彼らのために〜を起こされる場合
詩2:10	地の〜たちよ、慎め
イザ40:23	地の〜をむなしいものにされる

さばく

創15:14	仕えるその国民を、わたしが〜き
18:25	全世界を〜お方は、公義を行う
31:53	われわれの間を〜かれますように
民35:24	おきてに従って〜かなければ
申1:16	在留異国人との間を正しく〜き
Ⅰサム2:10	主は地の果て果てまで〜き
24:12	主が、私とあなたの間を〜き
Ⅰ歴16:33	主は地を〜ために来られる
Ⅱ歴1:10	あなたの民を〜ことができましょうか
19:6	〜のは、人のためではなく、主の
詩9:8	主は義によって世界を〜き
43:1	神よ。私のために〜いてください
58:11	まことに、〜神が、地におられる
72:2	公正をもって〜きますように
75:7	それは、神が、〜方であり
82:3	弱い者とみなしごとのために〜き
96:13	確かに、地を〜ために来られる
箴29:7	寄るべのない者を正しく〜ことを
イザ2:4	主は国々の間を〜き、　　　「き
11:4	正義をもって寄るべのない者を〜

さばく		
イザ66:16	その剣ですべての肉なる者を~	
エレ5:28	みなしごのために~いて幸いを	
25:31	主が~争い、すべての者を~き	
エゼ7:3	行いにしたがって……~き	
20:36	先祖を……荒野で~いたように	
36:19	わざに応じて彼らを~いた	
ヨエ3:2	イスラエルにしたことで彼らを~	
	「いためです	
マタ7:1	~いてはいけません。~かれな	
ルカ6:37	~いてはいけません	
18:3	私の相手を~いて、私を守って	
ヨハ3:17	世を~ためではなく、御子によ	
	って世が救われるため	
7:24	うわべによって人を~かないで	
8:15	あなたがたは肉によって~きます	
12:47	世を~ために来たのではなく	
使17:31	義をもってこの世界を~ため	
ロマ2:1	ですから、すべて他人を~人よ	
2:16	人々の隠れたことによって~れる日に	
3:6	神は……どのように世を~れる	
14:3	食べない人も食べる人を~いては	
Iコリ5:12	あなたがたが~べき者は	
6:2	聖徒が世界を~ようになることを	
6:3	私たちは御使いをも~べき者	
11:29	その飲み食いが自分を~ことに	
11:31	もし私たちが自分を~なら、~	
	かれることはありません	
ヤコ2:12	自由の律法によって~かれる者	
Iペテ4:5	すぐにも~こうとしている方	
黙20:12	自分の行いに応じて~かれた	
さばく (砂漠)		
イザ51:3	その~を主の園のようにする	
さびしい (寂しい)		
マタ14:13	自分だけで~所に行かれた	
マコ6:31	~所へ行って、しばらく休みな	
サファイア		
黙21:19	第一の土台石は碧玉、第二は~	
サフラン		
雅2:1	私はシャロンの~、谷のゆりの花	
さべつ (差別)		
使15:9	私たちと彼らとに何の~もつけず	
ロマ3:22	与えられ、何の~もありません	
エペ6:9	主は人を~されることがない	
ヤコ2:4	自分たちの間で~を設け	
さます		
詩57:8	私のたましよ。目を~せ	
78:65	主は眠りから目を~された	
さまたげ (妨げ)		
	「るものは何もない	
Iサム14:6	主がお救いになるのに~とな	
イザ8:14	~の石とつまずきの岩	
Iコリ9:12	福音に少しの~も与えまいと	
Iペテ2:8	「つまづきの石、~の岩」な	
さまよう		
	「のです	
創4:12	地上を~い歩くさすらい人となる	
民32:13	四十年の間、荒野に~わされた	
詩58:3	生まれたときから~っている	
107:4	彼らは荒野や荒れ地を~い	
109:10	彼の子らは、~い歩いて物ごい	

箴27:8	自分の家を離れて~人は、	
		「を
イザ53:6	私たちはみな、羊のように~い	
哀4:14	盲人のようにちまたを~い	
さむい (寒い)		
箴25:20	~日に着物を脱ぐようであり	
使28:2	おりから雨が降り出して~かった	
さめる		
イザ52:1	~めよ。~めよ。力をまとえ	
ロマ13:11	眠りから~べき時刻がもう来て	
さら (皿)		
II列2:20	新しい~に塩を盛って	
さらしもの (さらし者)		
マタ1:19	彼女を~にはしたくなかった	
さる (去る)		
		「なかった
士16:20	主が自分から~られたことを知ら	
イザ52:11	~れよ。~れよ。そこを出よ	
IIペテ1:15	私の~った後に……思い起こ	
さわ (沢)		
		「せるよう
イザ42:15	川をかわいた地とし、~をから	
さわぎ (騒ぎ)		
		「す
マタ26:5	民衆の~が起こるといけないから	
マコ14:2	民衆の~が起こると	
使24:5	世界中のユダヤ人の間に~を	
さわぐ (騒ぐ)		
		「起こしている者
詩2:1	なぜ国々は~ぎ立ち、国民が	
箴29:8	あざける者たちは町を~がし	
ヨハ12:27	今わたしの心は~いでいる	
14:1	心を~がしてはなりません	
使17:6	世界中を~がせて来た者たちが	
さわる		
マタ8:3	イエスは手を伸ばして、彼に~り	
8:15	手に~られると、熱がひき	
9:21	お着物に~ことでもできれば	
9:29	イエスは彼らの目に~って	
14:36	着物のふさにでも~らせて下さ	
20:34	イエスは……彼らの目に~られた	
マコ5:28	お着物に~ことでもできれば	
ルカ8:45	わたしに~ったのは、だれです	
ざんこく (残酷)		
		「か
ヨブ30:21	私にとって、~な方に変わられ	
さんせい (賛成)		
使8:1	ステパノを殺すことに~していた	
22:20	私もその場にいて、それに~し	
ざんにん (残忍)		
箴11:17	~な者は自分の身に煩いをもたら	
さんび (賛美；賛美する)		
		「す
申10:21	主はあなたの~、主はあなたの神	
I歴16:25	大いに~されるべき方	
II歴20:21	聖なる飾り物を着けて~者	
詩33:1	~は心の直ぐな人たちにふさわし	
34:1	私の口には……主への~がいつ	
65:1	シオンには~があります	
71:8	私の口には一日中、あなたの~と	
95:2	~の歌をもって、主に喜び叫ぼう	
109:30	多くの人々の真ん中で、~します	
伝8:15	私は快楽を~。日の下では	
イザ38:18	死はあなたを~せず、「たえた	
ダニ4:34	永遠に生きる方を~し、ほめた	

ハバ3:3	その~は地に満ちている	
マタ21:16	乳飲み子たちの口に~を用意	
26:30	~の歌を歌ってから、	
		「してから
マコ14:26	そして、~の歌を歌って	
ルカ2:13	天の軍勢が現れて、神を~し	
2:20	神をあがめ、~しながら帰って	
使3:8	神を~しつつ……宮に入って	
16:25	神に祈りつつ~の歌を歌っていた	
Iコリ14:15	知性においても~しましょう	
14:26	それぞれの人が~したり	
エペ5:19	詩と~と霊の歌とをもって	
コロ3:16	詩と~と霊の歌とにより	
ヤコ3:10	~とのろいが同じ口から出て	
5:13	喜んでいる人……その人は~しな	
さんぷ (産婦)		
		「さい
エレ6:24	~のような苦しみと苦痛が	
さんぶつ (産物)		
エゼ34:27	実をみのらせ、地は~を生じ	
ハガ1:10	地は~を差し止めた	
さんぽ (散歩)		
創24:63	イサクは……野に~に出かけた	

し

し (死)		
申30:15	いのちと幸い、~とわざわいを置	
IIサム22:6	~のわなは私に立ち向かった	
詩23:4	~の陰の谷を歩くことがあっても	
116:15	主の聖徒たちの~は主の目に尊い	
箴14:12	その道の終わりは~の道である	
雅8:6	愛は~のように強く、ねたみは	
イザ25:8	永久に~を滅ぼされる	
エレ21:8	いのちの道と~の道を置く	
ホセ13:14	~よ。おまえのとげはどこに	
ルカ1:79	暗黒と~の陰にすわる者たちを	
9:27	神の国を見るまでは、決して~を	
		「味わわない者
		「せん
23:22	~に当たる罪は、何も見つかりま	
ロマ5:14	~は……人々をさえ支配しまし	
8:38	~も、いのちも、御使いも、~た	
Iコリ15:31	私にとって、毎日が~の連続	
15:54	「~は勝利にのまれた」としるされ	
IIコリ2:16	~から出て~に至らせるかお	
IIテモ1:10	キリストは~を滅ぼし、いのち	
黙2:11	決して第二の~によってそこなわ	
	れることはない。	「ない
20:6	第二の~は、なんの力も持ってい	
し (師)		
		「あります
詩119:99	私は私のすべての~よりも悟りが	
マタ23:10	~と呼ばれてはいけません	
ルカ6:40	弟子は~以上には出られません	
し (詩)		
エペ5:19	~と賛美と霊の歌とをもって	
じ (字)		
		「に刻まれていた
出32:16	その~は神の~であって、その板	
ガラ6:11	私は今こんなに大きな~で	
じあい (慈愛)		
		「ように
詩90:17	主のご~が私たちの上にあります	

しあわせ

ロマ1:31	情け知らずの者、～のない者	
2:4	神の～があなたを悔い改めに導く	
ヤコ5:11	主は～に富み、あわれみに満ち	

しあわせ

申33:29	～なイスラエルよ。だれがあなた	
Ⅰ列10:8	なんと～なことでしょう	
Ⅱ歴9:7	なんと～なことでしょう	
詩25:13	その人のたましいは、～の中に住	
イザ48:18	あなたの～は川のように	
哀3:17	私は～を忘れてしまった	
マラ3:15	高ぶる者を～と言おう	

しいたげ；しいたげる

出23:9	在留異国人を～げてはならない	
レビ19:13	あなたの隣人を～げてはならな	
19:33	彼を～げてはならない。	
申24:14	在留異国人でも、～げてはならな	
ヨブ36:6	～げられている者には権利を	
詩42:9	なぜ私は敵の～に、嘆いて歩くの	
72:4	～者をも救い、打ち砕きますよう	
74:21	～げられる者が卑しめられて帰る	
箴28:3	寄るべのない者を～貧しい者は	
伝4:1	行われるいっさいの～を見た	
7:7	～は知恵ある者を愚かにし	
イザ1:17	公正を求め、～者を正し	
14:4	～者はどのようにして果てたのか	
30:12	～と悪巧みに拠り頼み、これに	
51:13	その～者の憤りはどこにあるのか	
53:8	～……によって、彼は取り去られ	
エレ7:6	みなしご、やもめを～げず	
ホセ12:7	商人は……～ことを好む	
アモ4:1	彼女らは弱い者たちを～げ	
ゼカ7:10	在留異国人、貧しい者を～な	
9:8	それでもう、～者はそこを通らな	
マラ3:5	不正な賃金で雇い人を～げ	

しいる（強いる）

出3:19	エジプトの王は～いられなければ	
ガラ2:3	割礼を～いられませんでした	
2:14	ユダヤ人の生活を～のですか	

シェケル

出30:13	登録される者はみな、聖所の～で	

しお（塩）

創19:26	振り返ったので、～の柱になって	
ヨブ6:6	味のない物は～がなくて食べら	
	れようか	
マタ5:13	あなたがたは、地の～です	
マコ9:49	火によって、～けをつけられる	
ルカ14:34	～は良いものですが、もしその	

しか（鹿）

詩42:1	～が谷川の流れを慕いあえぐように	

じがい（自害）

使16:28	パウロは大声で、「～してはいけ	

しかえし（仕返し）

創50:15	彼に犯したすべての悪の～をする	
詩137:8	おまえに～する人は、なんと幸い	
ホセ9:7	行いに報い、そのわざを～を	

しかく（資格）

マタ8:8	私の屋根の下にお入れする～は	
ルカ7:6	私の屋根の下にお入れする～は	
7:6	私の屋根の下にお入れする～は	
15:19	あなたの子と呼ばれる～はあり	
15:21	あなたの子と呼ばれる～は しせん	
Ⅱコリ3:5	自分のしたことと考える～が	

しかる（叱る）

創37:10	父は彼を～って言った	
詩76:6	あなたが、お～りになると	
104:7	水は、あなたに～られて逃げ	
106:9	主が葦の海を～と、海は干上がっ	
119:21	のろわるべき者をお～りになります	
箴3:12	主は愛する者を～。	
マタ8:26	風と湖を～りつけられると	
17:18	イエスがその子をお～りになると	
マコ9:25	汚れた霊を～って言われた	
ルカ4:35	イエスは彼を～って、「黙れ	
4:41	イエスは、悪霊どもを～って	
9:42	イエスは汚れた霊を～って	
Ⅰテモ5:1	年寄りを～ってはいけません	

しき（士気）

エレ38:4	民全体の～をくじいているから	

しき（指揮）

士5:14	～をとる者たちもゼブルンから	
箴24:6	すぐれた～のもとに戦いを交え	

じき（時期）

創21:2	アブラハムに言われたその～に	

しきいし（敷石）

エレ43:9	宮殿の入口にある～のしっくい	

しきり（仕切り）

出26:33	聖所と至聖所との～となる	
イザ59:2	あなたがたの神との～となり	

しく（敷く）

箴7:16	私は長いすに敷き物を～き	
マタ21:8	自分たちの上着を道に～き	
マコ11:8	自分たちの上着を道に～き	
ルカ19:36	道に自分たちの上着を～いた	

しけい（死刑）

マタ20:18	彼らは人の子を～に定めます	
26:66	「彼は～に当たる」と言った	
マコ14:55	イエスを～にするために	
14:64	イエスには～に当たる罪があると	

しごと（仕事）

出23:12	六日間は自分の～をし、七日目は	
申5:13	すべての～をしなければならない	
詩104:23	人はおのれの～に出て行き	
109:8	彼の～は他人が取り	
伝1:13	これは……神が与えたつらい～だ	
ヨナ1:8	あなたの～は何か。	
使19:25	繁盛しているのは、この～のおか	
ピリ2:30	彼は、キリストの～のために	
Ⅰテサ4:11	自分の～に身を入れ、自分の	
Ⅰペテ5:2	消えて行くこともない～に	

しし（獅子）

創49:9	ユダは～の子。わが子よ	
Ⅰサム17:34	～や、熊が来て、群れの羊を	
Ⅱサム17:10	～のような心を持つ力ある者	
23:20	降りて行って雄～を打ち殺した	
Ⅰ列13:24	～が道で彼に会い	
ヨブ10:16	あなたは若～のように	
詩7:2	彼らが～のように、私のたましい	
104:21	若い～はおのれのえじきのために	
伝9:4	生きている犬は死んだ～にまさる	
イザ11:7	～も牛のようにわらを食う	
65:25	～は牛のように、わらを食い	
エレ12:8	私の相続地は……林の中の～の	
	ようだ	
ダニ6:16	～の穴に投げ込まれた	
7:4	第一のものは～のようで、鷲の翼	
ホセ5:14	ユダの家には、若い～のように	
11:10	主は～のようにほえる	
アモ5:19	人が～の前を逃げても、熊が	
Ⅱテモ4:17	私は～の口から助け出され	
ヘブ11:33	約束のものを得、～の口をふさ	
Ⅰペテ5:8	ほえたける～のように、	
黙5:5	ユダ族から出た～、ダビデの根が	

しじ（指示）

ヨシ9:14	主の～をあおがなかった	
マタ28:16	イエスの～された山に登った	

ししゃ（死者）

Ⅰコリ15:29	～は決してよみがえらないの	
15:52	～は朽ちないものによみがえり	
Ⅰテサ4:16	キリストにある～が、まず	
黙14:13	主にあって死ぬ～は幸いである	

ししゃ（使者）

創32:3	エサウに、前もって～を送った	
Ⅱ歴36:15	彼らのもとに、～たちを遣わし	
イザ33:7	平和の～たちは激しく泣く	
エゼ17:15	反逆し、～をエジプトに送り	
30:9	～たちが船で送り出される	
マラ3:1	わたしは、わたしの～を遣わす	

しじゅうにち（四十日）

創7:4	地の上に～四十夜、雨を降らせ	
出24:18	モーセは～四十夜、山にいた	
申9:11	こうして～四十夜の終わりに	

しじょう（市場）

エゼ27:15	多くの島々はおまえの支配す	

じしん（地震）

	る～	
Ⅰ列19:11	風のあとに～が起こったが	
イザ29:6	雷と～と大きな音をもって	
アモ1:1	ヤロブアムの時代、～の二年前	
マタ28:2	すると、大きな～が起こった	
マコ13:8	方々に～があり、ききんも	
ルカ21:11	大～があり、方々に疫病や	
使16:26	大～が起こって、獄舎の土台が	
黙16:18	雷鳴があり、大きな～があった	

しずか（静か；静けさ）

伝9:17	知恵ある者の～なことばは	
Ⅰテモ2:11	女は～にして、よく従う心	
黙8:1	天に半時間ばかり～があった	

しずまる（静まる；鎮める）

民13:30	モーセの前で、民を～めて言った	
詩37:7	主の前に～まり、耐え忍んで主を	
107:29	主があらしを～と、波はないだ	
ハバ2:20	全地よ。その御前に～まれ	
ゼパ1:7	神である主の前に～まれ	
ゼカ2:13	肉なる者よ。主の前で～まれ	

しずむ　　　　　　　　　　　　　　　コンコルダンス　　　　　　　　　　　　しっせき　2615

しずむ（沈む）
エレ51:64　バビロンは〜み、浮かび上がれ
ルカ5:7　　二そうとも〜みそうになった
じせい（自制）
Ⅰコリ7:9　　もし〜することができなけれ
　　9:25　　あらゆることについて〜します
しせいじょ（至聖所）
出26:33　　聖所と〜との仕切りとなる
しせつ（使節）
Ⅱコリ5:20　私たちはキリストの〜なので
じぜん（慈善）
ロマ12:8　　〜を行う人は喜んでそれを
しそん（子孫）
創3:15　　おまえの〜と女の〜との間に
　　12:7　　あなたの〜に……この地を与える
　　17:8　　あなたの〜に永遠の所有として
　　21:12　イサクから出る者が、あなたの〜
　　26:4　　あなたの〜に、これらの国々を
申4:40　　あなたの後の〜も、しあわせに
　　12:25　後の〜もしあわせになるため
Ⅰ列9:6　　〜が、わたしにそむいて従わず
Ⅱ歴6:16　　あなたの〜がその道を守り
詩22:30　　〜たちも主に仕え、主のことが
　　89:30　その〜がわたしのおしえを捨て
　　109:13　彼らの〜は断ち切られ、次の世代に
マラ2:15　　神の〜ではないか
マタ3:9　　アブラハムの〜を起こすことが
ルカ3:8　　アブラハムの〜を起こすことが
使17:28　『私たちもまたその〜である』と
ロマ4:18　あなたの〜はこのようになる
　　9:7　　イサクから出る者があなたの〜と
ガラ3:7　　アブラハムの〜だと知りなさい
した（舌）
ヨブ5:21　　〜でむち打たれるときも
　　11:2　　〜の人が義とされるのだろうか
詩5:9　　彼らはその〜でへつらいを言う
　　31:20　〜の争いから、隠れ場に隠され
　　34:13　あなたの〜に悪口を言わせず
　　35:28　私の〜はあなたの義と……誉れを
　　39:1　　私が〜で罪を犯さないために
　　45:1　　私の〜は巧みな書記の筆
　　52:2　　おまえの〜は破滅を図っている
　　64:3　　その〜を剣のように、とぎすまし
　　140:3　蛇のように、その〜を鋭くし
箴10:20　正しい者の〜はえり抜きの銀
　　10:31　しかしねじれた〜は抜かれる
　　12:18　知恵のある人の〜は人をいやす
　　18:21　死と生は〜に支配される
　　25:15　柔らかな〜は骨を砕く
イザ45:23　すべての〜は誓い
エレ9:5　　偽りを語ることを〜に教え
　　9:8　　彼らの〜は殺す矢で、欺きを
マコ7:35　　〜のもつれもすぐに解け
使2:3　　炎のような分かれた〜が現れて
ヤコ1:26　自分の〜にくつわをかけず
　　3:5　　同様に、〜も小さな器官ですが
したい（死体）
民14:29　あなたがたは〜となって倒れる

　　　　　「〜ない
Ⅰサム31:12　サウルの〜と、その息子たち
　　　　　　　　の〜とを
Ⅱ列19:35　彼らはみな、〜となっていた
イザ37:36　彼らはみな、〜となっていた
マタ24:28　〜のある所には、はげたかが
黙11:8　彼らの〜は……大通りにさらされ
じだい（時代）
伝1:4　　一つの〜は去り、次の〜が来る
マタ12:39　悪い、姦淫の〜はしるしを求め
マコ8:38　このような姦淫と罪の〜にあっ
ルカ21:32　この〜は過ぎ去りません。して
したいもとめる（慕い求める）
申4:29　あなたの神、主を〜め、主に会う
Ⅰサム7:2　イスラエルの全家は主を〜め
Ⅱ歴7:14　祈りをささげ、わたしの顔を〜
詩24:6　あなたの御顔を〜人々、　　　しめ
　　27:8　「わたしの顔を、〜めよ」と
　　40:16　あなたを〜人がみな
　　105:3　主を〜者の心を喜ばせよ
ホセ5:15　彼らが……わたしの顔を〜まで
したう（慕う）
民25:3　バアル・ペオルを〜ようになった
詩18:1　　私は、あなたを〜います
　　42:1　　鹿が谷川の流れを〜いあえぐよう
　　45:11　王は、あなたの美を〜おう
　　84:2　　たましいは、主の大庭を恋い〜って
　　119:20　いつもあなたのさばきを〜い
　　119:40　あなたの戒めを〜っています
イザ26:8　あなたの呼び名を〜います
　　53:2　　私たちが〜ような見ばえもない
ピリ1:8　どんなに……〜っているか
したがう（従う）
創1:28　ふえよ。地を満たせ。地を〜えよ
民32:12　彼らは主に〜い通したからである
ヨシ14:8　私は私の神、主に〜い通しまし
Ⅰサム15:23　〜わないことは偶像礼拝の罪
Ⅰ列18:21　主が神であれば、それに〜い
Ⅱ列17:15　むなしいものに〜って歩んだ
詩47:3　国民を私たちの足もとに〜わせる
エレ8:2　彼らが愛し、仕え、〜い
　　17:16　あなたに〜牧者となることを
マコ1:18　彼らは網を捨て置いて〜った
　　1:27　汚れた霊をさえ戒められる。する
　　　　　　　　　　　　　と〜のだ
　　10:28　何もかも捨てて、あなたに〜って
　　15:41　いつもつき〜って仕えていた女
ルカ8:25　風も水も、お命じになれば〜
　　18:28　家を捨てて〜ってまいりました
ヨハ1:43　ピリポを見つけて「わたしに〜
　　　　　　　　　　　って来なさい」
　　21:19　ペテロに言われた。「わたしに〜
使5:29　人に〜より、神に〜べきです
ロマ2:8　真理に〜わないで不義に〜者に
　　10:3　神の義に〜わなかったからです
　　13:1　上に立つ権威に〜べきである
Ⅰコリ9:27　からだを打ちたたいて〜わせ
　　15:28　万物を〜わせた方に〜われます
ガラ5:7　だれが……真理に〜わなくさせ

　　　　　たのですか。　　　「〜なさい
エペ5:22　主に〜ように、自分の夫に〜い
　　6:1　主にあって両親に〜いなさい
ピリ2:8　自分を卑しくし、死にまで〜い
コロ3:18　主にある者にふさわしく、夫に
　　　　　　〜いなさい。　　　「あれば
Ⅱテサ3:14　私たちの指示に〜わない者が
テト2:9　自分の主人に〜って、満足を与
ヘブ3:18　〜おうとしなかった人たち
　　5:9　彼に〜すべての人々に対して
　　11:8　召しを受けたとき、これに〜
Ⅰペテ1:2　イエス・キリストに〜ように
　　2:13　制度に、主のゆえに〜いなさい
　　3:6　アブラハムを主と呼んで彼に〜い
　　4:17　神の福音に〜わない人たちの終わ
したぎ（下着）　　　　　　　しりは
マタ5:40　〜を取ろうとする者には、上着
マコ6:9　二枚の〜を着てはいけません
ルカ3:11　〜を二枚持っている者は
　　6:29　上着を奪い取る者には、〜
　　9:3　また〜も、二枚は、いりません
ヨハ19:24　わたしの〜のためにくじを引
したしい（親しい）　　　　　した
詩25:14　主はご自身を恐れる者と〜くされ
　　50:18　姦通する者と〜くする
オバ　あなたの〜友があなたを征服し
したしむ（親しむ）　　　「立たない
ヨブ34:9　神と〜んでも、それは人の役に
ロマ12:9　悪を憎み、善に〜みなさい
したやく（下役）
マタ5:25　裁判官は〜に引き渡して
したわしい（慕わしい）
創3:6　食べるのに良く、目に〜く
しち（質）
出22:26　隣人の着る物を〜に取るような
申24:6　ひき臼や上石を〜に取ってはならない
エゼ33:15　その悪者が〜物を返し
アモ2:8　〜に取った着物の上に横たわり
しっかくしゃ（失格者）
Ⅰコリ9:27　自分自身が〜になるような
Ⅱテモ3:8　知性の腐った、信仰の〜です
しっかり
ルツ3:11　あなたが〜した女であることを
マタ9:2　〜しなさい。あなたの罪は赦さ
　　14:27　〜しなさい。わたしだ。　　しれた
じつげん（実現）
マタ26:56　預言者たちの書が〜するため
ルカ1:20　その時が来れば〜します
　　4:21　あなたがたが聞いたとおり〜しま
じっこう（実行）　　　　　　した
マタ3:15　すべての正しいことを〜する
ヤコ1:22　みことばを〜する人になりなさ
しつじ（執事）　　　　　　い
ピリ1:1　聖徒たち、また監督と〜たちへ
じっしつ（実質）
Ⅰコリ15:14　宣教は〜のないものになり
しっせき（叱責）
箴1:23　わたしの〜に心を留めるなら

箴13:8	しかし貧しい者は〜を聞かない	創35:29	イサクは息が絶えて〜んだ	Ⅰペテ3:18	キリストも一度罪のために〜
13:18	〜を大事にする者はほめられる	民16:29	すべての人が……ように〜で	黙3:1	あなたは……実は〜んでいる
15:31	いのちを得る〜を聞く耳のある者	16:48	〜んだ者たちと生きている者たち	16:3	いのちのあるものは、みな〜んだ
25:12	知恵のある〜は、それを聞く者の	26:65	「彼らは必ず荒野で〜」と言われ	20:12	〜んだ人々が……御座の前に立つ
29:15	むちと〜とは知恵を与える	申4:22	この地で、〜ななければならない	しのぶ	(忍ぶ)
ハバ1:12	〜のために、彼を据えられました	32:50	これから登るその山で〜に	詩55:12	それなら私は〜べたでしょう
しっと	(嫉妬)	34:5	モアブの地のその所で〜んだ	Ⅱテモ2:24	よく教え、よく〜び
創30:1	姉を〜し、ヤコブに言った	ヨシ24:29	ヨシュアは百十歳で〜んだ	ヘブ11:27	見るようにして、〜び通した
箴6:34	〜が、その夫を激しく憤らせて	士16:30	ペリシテ人といっしょに〜のう	12:2	はずかしめをものともせずに十字
しっぱい	(失敗)	Ⅰサム31:6	部下たちはみな、共に〜	しば	(柴)
士20:16	石を投げて、〜することがなかっ	Ⅱサム15:21	生きるときでも、〜ためでも	出3:2	〜の中の火の炎の中であった
ヤコ3:2	ことばで〜をしない人がいたら	18:33	おまえに代わって〜ねばよかった	ルカ20:37	モーセも〜の個所で、主を
しつぼう	(失望)	Ⅰ列22:37	王は〜んでからサマリヤに着い	使7:30	〜の燃える炎の中に現れました
ロマ9:33	彼に信頼する者は、〜させられ	Ⅱ列4:20	休んでいたが、ついに〜んだ	しはい	(支配)
しつもん	(質問)	Ⅰ歴10:13	不信の罪のために〜んだ	創41:43	彼にエジプト全土を〜させた
ルカ11:53	しつこい〜攻めとが始まった	エス4:16	〜ななければならないのでした	45:26	エジプト全土を〜しているのは
しと	(使徒)		ら、〜にます。	申15:6	あなたは多くの国々を〜するが
マタ10:2	十二〜の名は次のとおりである	ヨブ3:11	胎から出たとき、〜ななかった	Ⅰ列4:21	ソロモンは〜王国を〜
マコ6:30	〜たちは……イエスに報告した	12:2	あなたがたと、〜と、知恵も共に	Ⅱ歴9:26	国境に至るすべての王を〜して
ルカ6:13	彼らに〜という名をつけられた	14:10	人間はと〜、倒れたきりだ	箴6:7	蟻には……〜者もいないが
9:10	さて、〜たちは帰って来て	21:23	全く平穏のうちに〜だろう	19:10	奴隷が主人を〜するのは
22:14	〜たちもイエスといっしょに席に	詩41:5	いつ、彼は〜に、その名は滅びる	23:1	〜者と食事の席に着くときは
使1:2	〜たちに聖霊によって命じてから	49:17	〜とき、何一つ持って行くことが	29:12	〜者が偽りのことばに聞き入る
1:25	この務めと〜職の地位を継がせる	箴10:21	愚か者は思慮がないために〜	伝8:8	風を〜し、風を止めることの
11:1	〜たちやユダヤにいる兄弟たちは	19:16	自分の道をさげすむ者は〜	8:9	人が人を〜して、わざわいを与え
ロマ1:5	恵みと〜の務めを受けました	伝2:16	愚かな者とともに、〜でいなくなる	エゼ34:4	力ずくと暴力で彼らを〜した
11:13	私は異邦人の〜として、自分の	エゼ18:32	だれが〜のも喜ばないからだ	ダニ4:17	いと高き方が人間の国を〜し
Ⅰコリ1:1	キリスト・イエスの〜として	33:11	なぜ……〜のうとするのか	4:25	いと高き方が人間の国を〜し
12:28	第一に〜、次に預言者、次に教師	マタ9:24	その子は〜んだのではない	4:32	いと高き方が人間の国を〜
Ⅱコリ11:5	あの大〜たちに少しでも劣っ	22:32	神は〜んだ者の神ではありません	ミカ5:2	イスラエルの〜者になる者が出
	ているとは思いません	マコ5:23	私の小さい娘が〜にかけていま	ゼカ9:10	その〜は海から海へ、大川から
12:11	あの大〜たちにどのような点でも	5:39	子どもは〜んだのではない。」す	マタ20:25	異邦人の〜者たちは彼らを〜し
ガラ1:1	〜となったパウロ──私が〜と	14:31	ごいっしょに〜ななければならな	マコ10:42	異邦人の〜者と認められた者
エペ3:5	〜たちや預言者たちに啓示され	15:44	イエスがもう〜んだのかと驚いて	ヨハ12:31	この世を〜する者は追い出され
4:11	キリストご自身が、ある人を〜	ルカ7:12	母親のひとり息子が〜んで	16:11	この世を〜する者がさばかれた
Ⅰテモ1:1	キリスト・イエスの〜パウロ	15:24	息子は、〜んでいたのが生き返り	使26:18	サタンの〜から神に立ち返らせ
Ⅱテモ1:11	宣教者、〜、また教師として	ヨハ8:24	あなたがたは自分の罪の中で〜	ロマ5:21	義の賜物によって〜し、永遠の
ユダ17	私たちの主イエス・キリストの〜	11:16	主といっしょに〜のうではないか	6:9	死はもはやキリストを〜しない
黙2:2	〜と自称しているが実はそうで	11:50	ひとりの人が民の代わりに〜んで	6:12	死ぬべきからだを罪の〜にゆだね
21:14	小羊の十二〜の十二の名が書いて	12:24	もし〜ねば、豊かな実を結びます	13:3	〜者を恐ろしいと思うのは、して
しどう	(指導)	12:33	どのような〜に方で〜かを示して	Ⅰコリ2:8	知恵を、この世の〜者たちは
申33:21	〜者の分が割り当てられていた	21:19	ペテロがどのような〜に方で〜	15:24	と、あらゆる権威
箴1:5	悟りの〜ある者は〜を得る	21:23	その弟子は〜ななないという話は	15:25	キリストの〜は、すべての敵を
11:14	〜がないことによって民は倒れ	使14:19	〜んだものと思って、町の外に	エペ1:21	すべての〜、権威、権力、「て
使4:8	民の〜者たち、ならびに長老の方	20:9	抱き起こしてみると、もう〜で	コロ1:16	〜も権威も、すべて御子によっ
Ⅰコリ7:17	すべての教会で、このように	ロマ5:6	不敬虔な者のために〜んで	黙1:5	地上の王たちの〜者であるイエス
しなえる		6:2	罪に対して〜んだ私たちが	11:15	主は永遠に〜される
ヨシ2:11	あなたがたのために、心が〜え	7:4	律法に対しては〜んでいるのです	19:6	万物の〜者である……主は王とな
5:1	イスラエル人のために彼らの心が	7:9	罪が生き、私は〜にました	じはつてき	(自発的)
	〜え	8:10	からだは罪に〜んでいても	Ⅰコリ9:17	もし私がこれを〜にしている
7:5	民の心が〜え、水のようになった	14:8	〜なら、主のために〜のです	しはらう	(支払う)
しにん	(死人)	Ⅰコリ8:11	その兄弟のためにも〜んで	マタ26:15	彼らは銀貨三十枚を彼に〜った
伝9:3	それから後、〜のところに行く	11:30	〜んだ者が大ぜいます	ロマ4:4	当然〜べきものとみなされます
マタ11:5	〜が生き返り、貧しい者たちに	15:3	私たちの罪のために〜なれたこと	黙18:6	彼女が〜ったものをそのまま彼女
ルカ9:60	〜たちに彼らの中の〜たちを葬	Ⅱコリ5:14	すべての人のために〜んだ	しばる	(縛る)
しぬ	(死ぬ)	6:9	〜にそうでも、見よ、生きており	詩107:10	悩みと鉄のかせに〜られている
創2:17	食べる時、あなたは必ず〜	ガラ2:19	律法によって律法に〜にました	Ⅰコリ7:39	生きている間は夫に〜られて
7:21	またすべての者も〜に絶えた	ピリ1:21	〜こともまた益です。「なれ	コロ2:21	定めに〜られるのですか

じびきあみ（地引き網）
- マタ13:47　天の御国は……〜のようなもの

しびれる
- 詩38:8　私は〜れ、砕き尽くされ

しへん（詩篇）
- ルカ24:44　モーセの律法と預言者と〜とに

しべん（思弁）
- Ⅱコリ10:5　さまざまの〜と、神の知識に

しぼう（脂肪）
- レビ3:16　〜は全部、主のものである
- 詩73:7　彼らの目は〜でふくらみ

しま（島）
- 使27:26　必ず、どこかの〜に打ち上げられ
- 28:1　ここがマルタと呼ばれる〜である

しまい（姉妹）
- 箴7:4　「あなたは私の〜だ」と言い
- 使23:16　パウロの〜の子が……耳にし
- Ⅰテモ5:2　〜に対するように勧めなさい
- Ⅱヨハ13　選ばれたあなたの〜の子どもたち

しまり（締まり）
- Ⅱテサ3:6　〜のない歩み方をして

じまん（自慢）
- 箴20:14　買ってしまえば、それを〜する
- 25:14　贈りもしない贈り物を〜する者は

しみ
- ヨブ27:18　彼は〜が建てるような家を建て
- 詩39:11　〜が食うように、なくしてしまわ
- ホセ5:12　エフライムには、〜のように
- Ⅱペテ2:13　〜や傷のようなもので

しめい（使命）
- ハガ1:13　ハガイは、主から〜を受けて

しめす（示す）
- Ⅰサム3:7　主のことばもまだ、彼に〜
- イザ19:21　主はエジプト人にご自身を〜し
- アモ3:7　預言者たちに〜さないでは
- マタ16:17　明らかに〜したのは人間ではな
- ヨハ16:13　あなたがたに〜からです。しく
- 使7:3　わたしがあなたに〜地に行け
- ロマ1:4　公に神の御子として〜された方
- 3:25　公にお〜しになりました
- Ⅰヨハ4:9　神の愛が私たちに〜された

しめる（締める）
- 出29:5　あや織りの帯を〜めさせる

じめん（地面）
- ルカ6:49　土台なしで〜に家を建てた人

しもべ
- 創9:25　兄弟たちの〜らの〜となれ
- レビ25:55　連れ出したわたしの〜である
- 民12:7　モーセはそうではない
- Ⅱサム10:19　和を講じ、彼らの〜となった
- Ⅰ列12:7　この民の〜となって彼らに仕え
- 20:40　〜が何かやかやしているうちに
- Ⅱ列24:2　主がその〜である預言者たちに
- Ⅰ歴19:19　和を講じ、彼の〜となった
- ヨブ2:3　わたしの〜ヨブに心を留めたか
- 42:8　〜ヨブはあなたのために祈り
- 詩19:13　あなたの〜を、傲慢の罪から守り
- 78:70　主はまた、〜ダビデを選び、して

（右列）

- 詩86:16　あなたの〜に御力を与え
- 109:28　しかしあなたの〜は喜びます
- 116:16　私はまことにあなたの〜です
- 143:12　私はあなたの〜ですから
- イザ41:8　わたしの〜、イスラエルよ
- 42:1　わたしのささえるわたしの〜
- 43:10　わたしが選んだわたしの〜である
- 44:1　今、聞け、わたしの〜ヤコブ
- 52:13　ほら。わたしの〜は栄える
- 66:14　主の御手は、その〜たちに知られ
- エレ7:25　〜であるすべての預言者たちを
- 25:4　主の〜である預言者たちを
- 25:9　〜バビロンの王ネブカデレザルを
- 30:10　わたしの〜ヤコブよ。恐れるな
- ダニ6:20　生ける神の〜ダニエル。「せる
- ゼカ3:8　わたしの〜、一つの若枝を来さ
- マタ20:27　あなたがたの〜になりなさい
- 21:34　農夫たちのところへ〜たちを遣わ
- 25:14　〜たちを呼んで、自分の財産を
- 25:23　よくやった。良い忠実な〜だ
- マコ10:44　みなの〜になりなさい
- 12:2　〜を農夫たちのところへ遣わし
- 14:47　大祭司の〜に撃ちかかり
- ルカ1:54　その〜イスラエルをお助けに
- 2:29　主よ。みことばどおり
- 17:9　その〜に感謝するでしょうか
- 19:17　よくやった。良い〜だ。あなたは
- 20:10　農夫たちのところへひとりの〜
- 22:50　大祭司の〜に撃ちかかり しを
- ヨハ13:16　〜はその主人にまさらず
- 15:15　もはや……〜とは呼びません
- 使3:26　神は、まずその〜を立てて
- 4:25　〜であり……父であるダビデ
- 4:27　あなたの聖なる〜イエスに逆らい
- ロマ1:1　キリスト・イエスの〜パウロ
- 13:4　益を与えるための、神の〜だから
- Ⅱコリ4:5　あなたがたに仕える〜なので
- 11:23　彼らはキリストの〜ですか。しす
- Ⅱテモ2:24　主の〜が争ってはいけません
- ヘブ3:5　モーセは、〜として……忠実で
- Ⅰペテ2:18　〜たちよ。尊敬の心をふかで
- 黙7:3　神の〜たちの額に印を押して
- 22:3　その〜たちは神に仕え

じゃあく（邪悪）
- 詩41:8　〜なものが、彼に取りついている
- 箴6:18　〜な計画を細工する心、悪へ走る
- 使3:26　その〜な生活から立ち返らせて

しゃくほう（釈放）
- マコ15:15　きげんをとろうと思い、バラバを〜した
- ルカ23:16　懲らしめたうえで、〜します
- ヨハ18:39　ユダヤ人の王を〜することに

しゃこ
- Ⅰサム26:20　山で、〜を追うように
- エレ17:11　〜が自分で産まなかった卵を

ジャッカル
- 士15:4　〜を三百匹捕らえ、たいまつを取り
- 詩44:19　〜の住む所で私たちを砕き

（右列続き）

- イザ34:13　〜の住みか、だちょうの住む所
- エレ9:11　エルサレムを〜の住みかと

しゃっきん（借金）
- マタ18:27　彼を赦し、〜を免除してやった

じゃま（邪魔）
- マタ16:23　サタン。あなたはわたしの〜を

しゃめん（赦免）
- マコ15:6　ひとりだけ〜するのを例として

しゅ（主、主）
- 創2:4　神である〜が地と天を造られた
- 6:8　ノアは、〜の心にかなっていた
- 12:1　〜はアブラムに仰せられ
- 出6:3　〜という名では、わたしを彼らに
- 12:51　〜はイスラエル人を、集団ごとに
- 15:1　〜に向かって、この歌を歌った
- エレ31:32　わたしは彼らの〜であったのに
- マタ12:8　人の子は安息日の〜です
- ルカ6:5　人の子は、安息日の〜です
- ヨハ20:28　「私の〜。私の神。」
- 使2:36　今や〜ともキリストともされた
- Ⅰコリ12:3　だれも、「イエスは〜です」と
- ピリ2:11　イエス・キリストは〜である
- 黙19:6　われらの神である〜は王となられ

しゅう（週）
- ダニ9:24　七十〜が定められている

じゆう（自由）
- 出21:5　〜の身となって去りたくありません
- 申15:13　彼を〜の身にしてやるときは
- 21:14　彼女を〜の身にしなさい。決して
- ヨハ8:32　真理はあなたがたを〜にします
- 8:36　子があなたがたを〜にするなら
- ロマ8:21　神の子どもたちの栄光の〜の中
- Ⅰコリ7:21　〜の身になれるなら、むしろ〜になりなさい
- 7:39　自分の願う人と結婚する〜があり
- 9:1　私には〜がないでしょうか
- 10:29　私の〜が、他の人の良心によって
- Ⅱコリ3:17　御霊のあるところには〜が
- ガラ2:4　私たちの持つ〜をうかがうため
- 3:28　奴隷も〜人もなく、男子も女子も
- 5:1　キリストは、〜を得させるために
- 5:13　〜を与えられるために召された
- Ⅰペテ2:16　〜を、悪の口実に用いないで
- Ⅱペテ2:19　その人たちに〜を約束しながら

しゅうかい（集会）
- レビ23:36　これはきよめの〜で、労働の
- ネヘ13:1　神の〜に加わってはならない
- 詩74:8　国中の神の〜所をみな、焼き払い
- 107:32　また、主を民の〜であがめ
- エレ9:2　裏切り者の〜だから
- ヨエ2:15　きよめの〜のふれを出せ
- 使7:38　荒野の〜において、生けるみこと

しゅうかく（収穫）
- 出34:22　年の変わり目に〜祭を
- レビ23:10　〜を刈り入れるときは、〜の初穂の束
- 申28:30　その〜をすることができない
- イザ23:3　ナイルの刈り入れがあなたの〜

エレ12:13　自分たちの〜で恥を見よう
マタ9:37　　〜は多いが、働き手が少ない
　13:30　　まで、両方とも育つままにして
マコ4:29　　〜の時が来たからです
ルカ10:2　　〜の主に、〜のために働き手を
Ⅱテモ2:6　第一に〜の分け前にあずかる

しゅうかん（習慣）
Ⅰコリ11:16　私たちにはそのような〜はな

しゅうきょう（宗教）
使17:22　　〜心にあつい方々だと見ており
　26:5　　私たちの〜の最も厳格な派に従っ
ヤコ1:26　　〜に熱心であると思っても

じゅうげんのこと（十弦の琴）
詩33:2　　〜をもって、ほめ歌を歌え

じゅうじか（十字架）
マタ10:38　〜を負ってわたしについて来な
　16:24　　自分を捨て、自分の〜を負い
　20:19　　〜につけるため、異邦人に引き渡
　23:34　　ある者を殺し、〜につけ、しし
　27:22　　いっせいに言った。「〜につ
　　　　　 けろ。」
　27:32　　〜を、むりやりに背負わせた
　27:35　　イエスを〜につけてから、彼らは
　28:5　　〜につけられたイエスを捜して
マコ8:34　　自分を捨て、自分の〜を負い
　15:13　　またも「〜につけろ」と叫んだ
　15:20　　イエスを〜につけるために連れ出
　15:21　　〜を、むりやりに彼に背負わせた
　15:30　　〜から降りて来て、自分を救って
　16:6　　〜につけられたナザレ人イエスを
ルカ9:23　　日々自分の〜を負い、「い者
　14:27　　自分の〜を負って……ついて来な
　23:21　　「〜だ。〜につけろ。」「た
　23:26　　この人に〜を負わせて……運ばせ
　23:33　　イエスと犯罪人とを〜につけた
ヨハ19:6　　「〜につけろ。〜につけろ」と
　19:10　　また〜につける権威があることを
　19:17　　イエスはご自分で〜を負って
　19:18　　彼らはそこでイエスを〜につけた
使2:23　　不法な者の手によって〜につけ
　13:29　　〜から取り降ろして
ロマ6:6　　古い人がキリストとともに〜に
Ⅰコリ1:13　あなたがたのために〜につけ
　1:17　　キリストの〜がむなしくならない
　1:18　　〜のことばは、滅びに至る人々に
　2:2　　〜につけられた方のほかに
　2:8　　栄光の主を〜につけはしなかった
Ⅱコリ13:4　弱さのゆえに〜につけられ
ガラ2:20　　キリストとともに〜につけられ
　3:1　　〜につけられたイエス・キリスト
　5:11　　〜のつまずきは取り除かれている
　6:12　　〜のために迫害を受けたくない
　6:14　　〜以外に誇りとするものが決して
　6:14　　世界は私に対して〜につけられ
エペ2:16　　〜によって神と和解させるため
　　　　　　……敵意は〜によって葬り去られ
ピリ2:8　　実に〜の死にまでも従われました
　3:18　　キリストの〜の敵として歩んで

コロ2:14　　証書を取りのけ、〜に釘づけに
Ⅰペテ2:24　〜の上で、私たちの罪を
黙11:8　　彼らの主もその都で〜につけられ

じゅうじゅん（従順）
ロマ1:5　　人々の中に信仰の〜をもたらす
　16:19　　あなたがたの〜はすべての人に

しゅうじん（囚人）　　　　　　　「知られて
イザ42:7　　〜を牢獄から……連れ出す
マタ27:16　バラバという名の知れた〜が
マコ15:6　　人々の願う〜をひとりだけ赦免
使25:14　　ペリクスが〜として残して行った
　27:42　　〜たちが……泳いで逃げないよう
エペ3:1　　イエスの〜となった私パウロが
　4:1　　主の〜である私は……勧めます
ピレ1　　キリスト・イエスの〜であるパウロ

しゅうぜいしょ（収税所）
マタ9:9　　〜にすわっているマタイという
マコ2:14　　アルパヨの子レビが〜にすわっ

しゅうだん（集団）　　　　　　　　「て
Ⅰ歴29:20　ダビデは全〜に向かって
Ⅱ歴23:3　　全〜が神の宮で王と契約を結ん

じゅうど（十度）　　　　　　　「だ
イザ38:8　　時計の影を、〜あとに戻す

しゅうとめ
マコ1:30　　シモンの〜が熱病で床に着いて

しゅうは（宗派）
使28:22　　この〜については、至る所で非難

じゅうぶん（十分）
マタ6:34　　労苦はその日その日に、〜あり
Ⅱコリ12:9　わたしの恵みは、あなたに〜

じゅうぶんのいち（十分の一）　「である
創14:20　　すべての物の〜を彼に与え
　28:22　　あなたが私に賜る物の〜を、「ら
レビ27:31　〜のいくらかを買い戻したいな
民18:21　　イスラエルのうちの〜をみな
申14:22　　畑から得るすべての収穫の〜を
　26:12　　あなたの収穫の〜を全部納め終わ
ネヘ10:37　土地の〜はレビ人たちのものな
マラ3:8　　〜と奉納物によってである
マタ23:23　クミンなどの〜を納めているが
ルカ11:42　野菜などの〜を納めているが
ヘブ7:9　　レビでさえ……〜を納めて

じゅうみんとうろく（住民登録）
ルカ2:1　　全世界の〜をせよという勅令が

しゅうり（修理）　　　　　　　「れば
Ⅱ列12:5　　その破損の〜にそれを当てなけ
　12:14　　これを主の宮の〜に当てた
　22:5　　宮の破損の〜をさせなさい
Ⅰ歴26:27　主の宮を〜するために聖別して
ネヘ3:4　　メシュラムが〜し、その次に

しゅくえい（宿営）
民2:2　　旗じるしのもとに〜しなければ
　4:5　　〜が進むときは、アロンとその子
　5:2　　身を汚している者をすべて〜から

しゅくえん（祝宴）
申12:7　　あなたがたの神、主の前で〜を張
エス9:17　　その日を〜と喜びの日とした
伝7:2　　〜の家に行くよりは、喪中の家に

マタ25:10　彼といっしょに婚礼の〜に行き

しゅくふく（祝福）
創1:22　　それらを〜して仰せられた
　9:1　　神はノアと、その息子たちを〜し
　12:2　　大いなる国民とし、あなたを〜し
　18:18　　国々は、彼によって〜される
　22:17　　確かにあなたを大いに〜し
　22:18　　地のすべての国々は〜を受ける
　24:1　　あらゆる面でアブラハムを〜して
　27:4　　私自身が、おまえを〜できるため
　27:29　　おまえを〜する者は〜されるよう
　32:26　　私を〜してくださらなければ
　39:5　　このエジプト人の家を、〜された
　49:25　　その〜は上よりの天の〜、「を
レビ25:21　〜を命じ、三年間のための収穫
民6:24　　〜し、あなたを守られますように
　22:12　　その民は〜されているからだ
　23:20　　神は〜される。私はそれを
　24:9　　あなたを〜する者は〜され
申7:13　　あなたを愛し、あなたを〜し
　11:26　　あなたがたの前に、〜とのろいを
　23:5　　のろいを〜に変えられた
　27:12　　民を〜するために、ゲリジム山に
　28:2　　次のすべての〜があなたに臨み
　33:1　　イスラエル人を〜した〜のことば
ヨシ8:34　　〜とのろいについての律法の
　17:14　　主が今まで私を〜されたので
士5:24　　天幕に住む女の中で最も〜されて
　13:24　　大きくなり、主は彼を〜された
ルツ2:4　　主があなたを〜されますように
　2:19　　目を留めてくださった方に〜が
Ⅱサム6:11　エドムと彼の全家を〜された
　7:29　　あなたのしもべの家を〜して
Ⅰ歴4:10　　私を大いに〜し、私の地境を
　13:14　　彼に属するすべてのものを〜され
　17:27　　あなたのしもべの家を〜して
　18:10　　〜のことばを述べさせた
ヨブ42:12　あとの半生をもっと〜された
詩21:3　　彼を迎えてすばらしい〜を与え
　24:5　　その人は主から〜を受け
　29:11　　平安をもって〜民を〜される
箴10:22　　主の〜そのものが人を富ませ
　11:11　　直ぐな人の〜によって、町は高く
イザ61:9　　彼らが主に〜された子孫である
　65:16　　この世にあって〜される者は
エレ17:7　　主を頼みとする者に〜があるよ
エゼ34:26　それは〜の雨となる。しうに
　44:30　あなたの家に〜が留まるためである
ハガ2:19　きょうから後、わたしは〜しよう
マラ2:2　　あなたがたへの〜をのろいに変
　3:10　　あふれるばかりの〜を　しえる
マタ14:19　天を見上げて、それらを〜し
　21:9　　〜あれ。主の御名によって来られ
　25:34　　わたしの父に〜された人たち
マコ10:16　彼らの上に手を置いて〜された
　11:9　　〜あれ。主の御名によって来られ
ルカ1:42　あなたは女の中の〜された方
　13:35　〜あれ。主の御名によって来られ

コンコルダンス

ルカ19:38	～あれ。主の御名によって来られ	
24:50	手を上げて～された。しる王に	
ヨハ13:17	それを行うときに……～され	
使13:34	ダビデに約束した聖なる確かな～	
ロマ12:14	あなたがたを迫害する者を～し	
15:29	キリストの満ちあふれる～を	
Ⅰコリ4:12	はずかしめられるときにも～	
10:16	私たちが～する～の杯は、しし	
ガラ3:8	あなたによってすべての国民が～される	
エペ1:3	霊的～をもって私たちを～して	
ピリ4:17	収支を償わせて余りある霊的～	
ヘブ6:14	わたしは必ずあなたを～し	

じゅくれん（熟練）
- Ⅱテモ2:15 ～した者……働き人として

しゅけん（主権）
- イザ9:6 ～はその肩にあり、その名は
- ダニ4:34 その～は永遠の～。その国は
- 6:26 その～はいつまでも続く
- エペ6:12 ～、力、この暗やみの世界の支配者

じゅじゅつ（呪術）
- 出22:18 ～を行う女は生かしておいては

しゅじん（主人）
- 創18:12 それに～も年寄りで
- 出21:5 私は、私の～……を愛して
- 箴27:18 ～の身を守る者は誉れを得る
- マタ6:24 ふたりの～に仕えることは
- Ⅰテモ6:2 信者である～を持つ人は
- Ⅱテモ2:21 ～にとって有益なもの
- Ⅰペテ2:18 尊敬の心を込めて～に服従し

しゅぜいにん（取税人）
- マタ21:31 ～や遊女たちのほうが、「て
- マコ2:16 ～や罪人たち……食卓に着い
- ルカ3:12 ～たちも、バプテスマを受けに
- 5:29 ～たちや、ほかに大ぜいの人たち
- 7:29 ～たちさえ……認めたのです
- 7:34 大酒飲み、～や罪人の仲間だ
- 18:10 もうひとりは～であった
- 19:2 彼は～のかしらで、金持ちであっ

しゅちょう（主張）
- ヨブ11:4 私の～は純粋だ。あなたの目に
- 使20:21 信仰とをはっきりと～したのです
- 25:19 イエスが生きていると……～して

しゅちょう（首長）
- ゼカ9:7 ユダの中の一～のようになる

しゅっぱつ（出発）
- 申2:24 ～せよ。アルノン川を渡れ

しゅっぱん（出帆）
- 使18:18 別れを告げて、シリヤへ向けて～

じゅなん（受難）
- 使3:18 キリストの～をあらかじめ語って

しゅのひ（主の日、主の日）
- イザ2:12 まことに、万軍の～は
- 13:6 泣きわめけ。～は近い
- エレ46:10 仇に復讐する復讐の日
- ヨエ1:15 ああ、その日よ。～は近い
- 2:11 は偉大で、非常に恐ろしい
- アモ5:18 ああ、～を待ち望む者

ゼカ14:1	見よ。～が来る。その日	
Ⅰテサ5:2	～が夜中の盗人のように来る	

じゅほうし（呪法師）
- 創41:8 エジプトのすべての～……を呼び
- 出7:22 エジプトの～たちも彼らの秘術を

しゅもつ（腫物）
- 出9:9 獣につき、うみの出る～となる
- Ⅰサム5:12 死ななかった者も～で打たれ

しゅりょう（首領）
- 士11:6 来て、私たちの～になってくださ
- 使24:5 ナザレ人という一派の～でござい

しゅるい（種類）
- Ⅰコリ12:5 奉仕にはいろいろの～があり

しゅろ
- ヨハ12:13 ～の木の枝を取って、出迎えの

じゅんかい（巡回）
- Ⅰサム7:16 ギルガル、ミツパを～し

じゅんきょう（順境）
- 伝7:14 ～の日には喜び、逆境の日には

じゅんきん（純金）
- イザ13:12 人間を～よりもまれにし
- 黙21:18 ガラスに似た～でできていた

じゅんすい（純粋）
- ヨブ8:6 もし、あなたが～で正しいなら
- 11:4 私の主張は～だ。あなたの目にも
- 箴16:2 人は自分の行いが……～だと思う
- Ⅰコリ5:8 ～で真実なパンで

じゅんび（準備）
- ルカ23:54 この日は～の日で、もう安息日
- Ⅰコリ14:8 だれが戦闘の～をするでしょ
- Ⅱコリ9:2 アカヤでは昨年から～が進め

しょ
- ダニ10:21 真理の～に書かれていることを
- 12:1 あの～にしるされている者は
- マラ3:16 主の前で、記憶の～がしるされ
- ルカ4:17 預言者イザヤの～が手渡された
- ヨハ20:30 この～には書かれていないが
- ピリ4:3 いのちの～に名のしるされて
- 黙3:5 彼の名をいのちの～から消すよう
- 13:8 ほふられた小羊のいのちの～に
- 21:27 小羊のいのちの～に名が書いて

しょう（将）
- ヨシ5:14 主の軍の～として、今、来たの

しょう（賞）
- Ⅰコリ9:24 ～を受けるのはただひとりだ

しょういん（証印）
- ロマ4:11 義と認められたことの～として
- Ⅰコリ9:2 私が使徒であることの～です
- エペ1:13 約束の聖霊をもって～を押され
- 4:30 聖霊によって～を押されている

しょうき（正気）
- マコ5:15 ～に返ってすわっているのを
- Ⅱコリ5:13 もし～であるとすれば

じょうくのささげもの（常供のささげ物）
- ダニ8:11 ～は取り上げられ、その聖の

しょうぐん（将軍）
- 創21:22 アビメレクとその～ピコルとが
- 申20:9 ～たちが民の指揮をとりなさい

しょうげん（証言）
- 出20:16 隣人に対し、偽りの～をしては
- ヨブ15:6 くちびるがあなたに不利な～を
- 箴24:28 隣人をそこなう～をしてはならな
- 25:18 隣人に対し、偽りの～をする人は
- イザ59:12 私たちに不利な～をするからで
- エレ14:7 私たちに不利な～をしても
- マタ23:31 子孫だと、自分で～しています
- 27:13 あなたに不利な～をしているのに
- マコ6:11 そこの人々に対する～として
- ルカ9:5 彼らに対する～として
- ヨハ1:34 この方が神の子であると～して
- 2:25 人についてだれの～も必要とされ
- 3:26 あなたが～なさったあの方が
- 4:39 ～したその女のことばによって
- 5:31 わたしだけが自分のことを～する
- 5:37 父ご自身がわたしについて～して
- 5:39 聖書が、わたしについて～して
- 8:13 あなたの～は真実ではありません
- 8:17 ふたりの～は真実であると書かれ
- Ⅲヨハ3 その真実を～してくれるので
- 12 私たちも～します。私たちの～が

しょうこ（証拠）
- 創21:30 私がこの井戸を掘ったという～と
- ヨシ22:27 私たちの後の世代との間の～と
- マコ14:55 イエスを訴える～をつかもうと
- ヨハ18:23 その悪い～を示しなさい
- 使1:3 数多くの確かな～をもって
- 24:13 彼らは～をあげることができない
- 25:7 それを～立てることはできなかっ
- Ⅱコリ8:24 誇りとしている～とを、した
- 13:3 私によって語っておられるという

じょうざ（上座）
- ルカ14:7 招かれた人々が～を選んでいる

しょうさん（称賛）
- 箴27:21 他人の～によって人はためされる
- ヘブ11:2 この信仰によって～されました

しょうじき（正直）
- 箴2:21 ～な人は地に住みつき、潔白な人

じょうじゅ（成就）
- Ⅰ列2:27 主のことばはこうして～した
- Ⅱ歴36:21 告げられた主のことばが～して
- イザ14:24 わたしの計ったとおりに～する
- 44:26 わたしのしもべのことばを～させ
- エレ28:6 預言したことばを主が～させ
- 33:14 いつくしみのことばを～する
- エゼ12:25 わたしは言ったことを～します
- マタ5:17 ～するために来たのです
- 8:17 言われた事が～するためであった
- 21:4 ～するために起こった。「では
- ルカ22:16 過越が神の国において～するま
- 24:44 必ず全部～するということでした
- ヨハ17:12 それは、聖書が～するためです
- 19:24 という聖書が～するためであった

しょうしゅう（召集）
- 創14:14 しもべども三百十八人を～して
- 民1:18 第二月の一日に全会衆を～した
- Ⅰ列8:1 ソロモン王のもとに～した

Ⅱ歴5:2　すべて、エルサレムに～した
じょうせき（上席）
ルカ11:43　会堂の～や、市場であいさつ
じょうそ（上訴）
使25:11　私はカイザルに～します
しょうぞう（肖像）
マコ12:16　これはだれの～ですか。だれの
ルカ20:24　これはだれの～ですか。だれの
しょうそく（消息）
箴25:25　遠い国からの良い～は、疲れた人
しょうそく（装束）
出28:2　栄光と美を表す聖なる～を作れ
しょうたい（招待）
マタ22:14　～される者は多いが、選ばれる
じょうたい（状態）
ルカ11:26　その人の後の～は、初めよりも
じょうだん（冗談）
創19:14　それは～のように思われた
しょうちょう（象徴）
イザ57:8　あなたを～する像を置いた
しょうちょく（詔勅）
使17:7　カイザルの～にそむく行いを
しょうにん（承認）
使24:14　閣下の前で～いたします
しょうにん（証人）
創31:50　神が私とあなたとの間の～である
民35:30　ただひとりの～の証言だけでは
申4:26　私は……天と地を～に立てる
　17:6　ふたりの～または三人の～の証言
　30:19　天と地を、～に立てる
ヨシ24:22　「私たちは～です」と言った
士11:10　主が私たちの間の～となられます
ルツ4:11　私たちは～です。どうか、主が
ヨブ16:19　今でも天には、私の～がおられ
詩89:37　雲の中の～は真実である
箴14:5　真実な～はまやかしを言わない
　19:5　偽りの～は罰を免れない
イザ43:10　あなたがたはわたしの～
　44:8　あなたがたはわたしの～
　55:4　わたしは彼を諸国の民への～とし
エレ29:23　それを知っており、その～で
　32:10　～を立て、はかりで銀を量り
　42:5　真実確かな～でありますように
ミカ1:2　主はその聖なる宮から来て～と
マラ2:14　あなたの若い時の妻との～であ
　3:5　ためらうことなく～となり、　り
マタ18:16　ふたり三人の～の口によって
マコ14:63　これでもまだ、何が必要でし
ルカ22:71　これでもまだ～が　しょうか
　24:48　あなたがたは、これらのことの～
使1:8　地の果てにまで、わたしの～と
　2:32　私たちはみな、そのことの～です
　5:32　私たちはまた、そのことの～です
　7:58　～たちは、自分たちの着物を
　10:39　行われたすべてのことの～です
　22:15　見たこと、聞いたことの～となる
　22:20　あなたの～ステパノの血が流され
　26:16　奉仕者、また～に任命するためで

Ⅱコリ13:1　ふたりか三人の～の口によっ
ヘブ12:1　多くの～たちが、雲のように
黙1:5　忠実な～……イエス・キリスト
　2:13　わたしの忠実な～アンテパス「源
　3:14　真実な～、神に造られたものの根
　11:3　わたしのふたりの～に許すと
　17:6　イエスの～たちの血に酔っている
しょうにん（商人）
ナホ3:16　あなたの～を天の星より多くし
マタ13:45　良い真珠を捜している～のよう
黙18:3　地上の～たちは……富を得た
しょうねん（少年）
ダニ1:4　その～たちは、身に何の欠陥も
ヨハ6:9　ここに～が大麦のパンを五つと
しょうはい（勝敗）
Ⅱ列14:8　さあ、～を決めようではないか
しょうばい（商売）
マタ25:16　それで～をして、さらに五タラ
ルカ19:15　どんな～をしたかを知ろうと
しょうふく（承服）
使18:4　ギリシヤ人を～させようとした
じょうへき（城壁）
申3:5　高い～と門とかんぬきのある要害
Ⅰサム25:16　私たちのために～となって
ネヘ2:15　流れを上って行き、～を調べた
　12:27　エルサレムの～の奉献式のときに
詩18:29　私の神によって私は～を飛び越え
　48:13　その～に心を留めよ。その宮殿
箴18:11　自分ではそそり立つ～のように
イザ26:1　神はその～と塁で私たちを救っ
エレ1:18　鉄の柱、青銅の～とした
エゼ26:9　くずしながらおまえの～に向けて
ゼカ2:9　それを取り巻く火の～となる
使9:25　町の～伝いにつり降ろした
しょうめい（証明）
使9:22　キリストであることを～して
　14:3　御恵みのことばの～をされた
しょうめい（召命）
ロマ11:29　神の賜物と～とは変わることが
じょうよく（情欲）
マタ5:28　だれでも～をいだいて女を見る
ロマ1:27　男も……男どうしで～に燃え
しょうらい（将来）
エゼ12:27　はるか遠い～について預言して
しょうり（勝利）
出15:21　主は輝かしくも～を収められ
申20:4　戦い、～を得させてくださるのは
Ⅰサム14:45　大～をイスラエルにもたらし
Ⅱサム8:6　先々で、彼に～を与えられた
　19:2　この日の～は、すべての民の嘆き
Ⅱ列13:17　アラムに対する～の矢。と
　18:7　彼はどこへ出陣しても～を収め
Ⅰ歴18:6　行く先々で、彼に～を与えられ
詩20:5　あなたの～を喜び歌いましょう
イザ46:13　わたしは、わたしの～を近づけ
ロマ8:37　圧倒的な～者となるのです
Ⅰコリ15:54　死は～にのまれた。　「か
　15:55　死よ。おまえの～はどこにある

Ⅱコリ2:14　キリストによる～の行列に加
Ⅰヨハ5:4　これこそ、世に打ち勝った～
黙2:7　～を得る者に……いのちの木の実
　　　　　　を食べさせよう
　2:17　～を得る者に隠れたマナを与える
　3:5　～を得る者は……白い衣を着せ
　3:21　～を得る者を、わたしとともに
　5:5　ダビデの根が～を得たので
　6:2　～の上にさらに～を得ようとして
　21:7　～を得る者は、これらのものを
じょおう（女王）
マタ12:42　南の～が、さばきのときに
ルカ11:31　南の～が、さばきのときに
しょき（書記）
エス3:12　十三日に、王の～官が召集され
使19:35　町の～役は、群衆を押し静めて
しょく（職）
使1:20　その～は、ほかの人に取らせよ
しょくざい（贖罪）
出29:36　～のために、罪のためのいけにえ
レビ23:27　特にこの第七月の十日は～の日
しょくじ（食事）
創43:16　私といっしょに～をするから
　43:32　いっしょに～ができなかったから
Ⅰサム9:24　サムエルといっしょに～を
詩23:5　あなたは私のために～をととのえ
　78:19　神は荒野の中で～を備えることが
箴23:1　支配者と～の席に着くときは
　31:15　夜明け前に起き、家の者に～を
　　　　　　整え
マタ9:11　取税人や罪人といっしょに～を
　22:4　さあ、～の用意ができました
ルカ11:37　～をいっしょにしてください
ヨハ21:12　さあ来て、朝の～をしなさい
使27:21　だれも長いこと～をとらなかった
黙3:20　彼とともに～をし、彼もわたしと
しょくだい（燭台）
出25:31　また、純金の～を作る
　37:17　また彼は、純金で～を作った
レビ24:4　純金の～の上に、そのともしび
民8:2　七つのともしび皿が～の前を照ら
Ⅱ列4:10　机といすと～を置きましょう
ゼカ4:2　全体が金でできている一つの～
黙1:12　振り向くと、七つの金の～が見え
しょくたく（食卓）
詩69:22　彼らの前の～はわなとなれ
マラ1:12　主の～は汚れている
使6:2　神のことばをあと回しにして、～
　　　　　　のことに仕えるのは
Ⅰコリ10:21　主の～にあずかったうえ
しょくぶつ（植物）
創1:11　神は仰せられた。「地が～
しょくもつ（食物）
創1:29　それがあなたがたの～となる
詩136:25　主はすべての肉なる者に～を与え
ヨハ4:32　あなたの知らない～があり
Ⅰコリ6:13　腹は～のためにあります
Ⅰテモ4:3　～を断つことを命じたりします

しょくよく（食欲）
- 箴23:2　あなたが〜の盛んな人であるなら
- 伝6:7　その〜は決して満たされない

じょげん（助言）
- 出18:19　私はあなたに〜をしましょう
- Ⅱサム15:31　アヒトフェルの〜を愚かな
- Ⅰ列12:8　この長老たちの与えた〜を退け
- Ⅱ列10:8　この長老たちの与えた〜を退け
- 22:3　母が彼の〜者で、悪を行わせた
- 箴11:14　多くの〜者によって救いを得る
- 24:6　多くの〜者によって勝利を得る
- イザ9:6　不思議な〜者、力ある神、「い
- 41:28　尋ねても返事のできる〜者もいない

じょさんぷ（助産婦）
- 出1:15　ヘブル人の〜たちに言った

しょじょ（処女）
- 創24:16　この娘は非常に美しく、〜で
- レビ21:14　自分の民から〜をめとらなけれ
- 申22:14　〜のしるしを見なかった。　　し
- 士11:38　自分の〜であることを泣き悲しん
- 21:12　若い〜四百人を見つけ出した
- Ⅱサム13:2　彼女が〜であって、アムノン
- Ⅰ列1:2　ひとりの若い〜を捜して来て
- イザ7:14　見よ。〜がみごもっている
- マタ1:23　〜がみごもっている
- ルカ1:27　この〜は……名をマリヤと

しょじょう（書状）
- Ⅱ歴21:12　彼のところに〜が届いたが
- エズ5:5　このことについての〜が来るまで

じょちゅう（女中）
- マタ26:71　ほかの〜が、彼を見て

しょばつ（処罰）
- Ⅱコリ2:6　多数の人から受けたあの〜で

じょめい（除名）
- ルカ6:22　あなたがたを〜し、辱め

しょもつ（書物）
- Ⅱ歴34:16　その〜を王のもとに携えて行き
- 詩139:16　あなたの〜にすべてが、書きしる
- イザ29:11　封じられた〜のことばのように
- 30:8　いこれを書きしるし、後の日の
- 34:16　主の〜を調べて読め。　　しためと
- ヨハ21:25　世界も、書かれた〜を入れるこ
とができまい　　　「てた
- 使19:19　その〜をかかえて来て……焼き捨
- Ⅱテモ4:13　〜を、特に羊皮紙の物を
- 黙20:12　また、別の一つの〜も開かれたが

しょゆう（所有）
- 創17:8　子孫に永遠の〜として与える
- 48:4　子孫に与え、永久の〜としよう
- レビ20:24　彼らの土地を〜するようになる
- 25:34　彼らの永遠の〜地だからである
- 民14:24　その子孫はその地を〜するように
- 32:5　しもべどもに〜地として与えて
- 32:22　主の前であなたがたの〜地となる
- 申1:8　行け。その地を〜せよ
- 1:39　彼らはそれを〜するようになる
- 3:18　あなたがたにこの地を〜するよう
- 4:20　ご自分の〜の民とされた。　　し

- 申6:18　あの良い地を〜することができる
- 33:23　西と南を〜せよ。　　　「払おうと
- Ⅱ歴20:11　あなたの〜地から私たちを追い
- ネヘ9:15　その地を〜するために進んで
- ヨブ42:10　主はヨブの〜物もすべて二倍に
- イザ34:17　とこしえまでも……これを〜し
- 54:3　あなたの子孫は、国々を〜し
- 60:21　とこしえにその地を〜しよう
- エレ32:23　そこに行って、これを〜し
- エゼ33:26　この地を〜しようとするのか
- 36:12　彼らはおまえを〜し、おまえは
- 44:28　わたしが彼らの〜地である
- オバ17　ヤコブの家はその領地を〜する
- Ⅰコリ7:30　買う物は〜しない者のように

しらが
- 箴16:31　〜は光栄の冠、それは正義の道に
- 20:29　年寄りの飾りは〜の

しらせ（知らせ）
- 創45:16　ヨセフの兄弟たちが来たという〜
- Ⅱ列7:9　きょうは、良い〜の日なのに
- 箴15:30　良い〜は人を健やかにする
- ダニ11:44　東と北からの〜が彼を脅かす
- ロマ10:15　良いことの〜を伝える人々の足
- 10:16　だれが私たちの〜を信じましたか

しらせる（知らせる）
- 詩32:5　自分の罪を、あなたに〜せ　「さい
- マタ28:7　お弟子たちにこのことを〜せな
- マコ3:12　ご自身のことを〜せないように

しらべる（調べる）
- エズ10:16　彼らはこのことを〜ために
- ヨブ5:27　〜べ上げたことはこのとおりだ
- 23:10　神は私を〜べになるとき
- 31:14　また、神がお〜べになるとき
- 詩7:9　正しい神は、心と思いを〜べられ
- 17:3　あなたは私の心を〜べ、夜、私を
- 26:2　私を〜べ、私を試みてください
- 66:10　まことに、あなたは私たちを〜べ
- 139:23　私を〜べ、私の思い煩いを知って
- 箴28:11　分別のある貧しい者は、自分を〜
- イザ34:16　主の書物を〜べて読め
- エレ17:10　主が心を探り、思いを〜べて
- 20:12　正しい者を〜べ、思いと心を見て
- マタ2:8　行って幼子のことを詳しく〜べ
- ヨハ5:39　聖書の中に永遠のいのちがある
と思うので、聖書を〜べています
- 7:52　ガリラヤの出身なのか。〜べて
- 使17:11　そのとおりかどうかと毎日聖書を
〜べた。　　　　　　　「さい
- ガラ6:4　自分の行いをよく〜べてみな

しりぞける（退ける）
- Ⅰサム8:7　わたしを〜けたのであるから
- 10:19　あなたがたの神を〜けて
- ヨブ31:16　寄るべのない者の望みを〜け
- イザ7:15　悪を〜け、善を選ぶことを知る
- エレ2:37　主があなたの拠り頼む者を〜
- 6:19　わたしの律法を〜けたからだ
- 6:30　彼らが彼らを〜けられたからだ
- 哀5:22　私たちを〜けられるのですか

- ホセ4:6　あなたが知識を〜けたので
- ロマ11:1　神はご自分の民を〜けてしまわ
れたのですか

しりょ（思慮）
- Ⅰ歴22:12　主があなたに〜と分別を与えて
- 箴15:32　叱責を聞き入れる者は〜を得る
- 19:8　〜を得る者は自分自身を愛する者
- 19:11　人に〜があれば、怒りをおそく
- ダニ1:4　〜深く、王の宮廷に仕えるに
- 12:3　〜深い人々は大空の輝きのように
- ホセ7:11　愚かで〜のない鳩のようになっ

しる（知る）
- 出1:8　ヨセフのことを〜らない新しい王
- 7:5　主であることを〜ようになる
- 18:11　主が……偉大であることを〜り
- 29:46　連れ出した者であることを〜
- 31:13　あなたがたが〜ためのものなので
- レビ23:43　あなたがたの後の世代に〜ため
- 申4:35　あなたが〜ためであった
- 4:39　ほかに神はないことを〜
- 士2:10　主が……されたわざも〜らない
- Ⅰ列8:43　地のすべての民が御名を〜り
- 8:60　ほかに神はないことを〜ように
- 20:13　わたしこそ主であることを〜ろう
- Ⅰ歴28:9　あなたの父の神を〜りなさい
- ヨブ19:25　私は〜っている。私を贖う方は
- 23:10　私の行く道を〜っておられる
- 24:16　昼間は閉じこもって光を〜らない
- 30:23　私は〜っています、あなたは私を
- 37:5　私たちの〜りえない大きな事を
- 詩1:6　正しい者の道を〜っておられる
- 46:10　わたしこそ神であることを〜れ
- 73:11　どうして神が〜ろうか。「しょう
- 90:11　だれが御怒りの力を〜っているで
- 100:5　〜れ。主こそ神。主が、私たちを
- 142:3　私の道を〜っておられる方です
- 伝8:5　知恵ある者の心は時とさばきを〜
っている。　　　　　「らである
- イザ11:9　主を〜ことが……地を満たすか
- 37:20　主であることを〜りましょう
- エレ1:5　形造る前から、あなたを〜り
- 3:13　ただ、あなたは自分の咎を〜
- 8:7　わたしの民は主の定めを〜らない
- 12:3　あなたは私を〜り、私を見て
- 24:7　主がわたしであることを〜心を
- 31:34　『主を〜れ』と言って、おのおの
- エゼ6:14　わたしが主であることを〜ろう
- 17:21　わたしが語ったことを〜ろう
- 29:21　わたしが主であることを〜ろう
- 37:28　聖別する主であることを〜ろう
- ホセ6:3　主を〜ことを切に追い求めよう
- 13:5　かわいた地で、あなたを〜って
- ヨエ2:27　真ん中にわたしがいることを〜り
- マタ6:3　左の手に〜られないように
- 6:8　必要なものを〜っておられるから
- 6:32　必要であることを〜っておられ
- 10:33　父の前で、そんな者は〜らないと
- 11:27　子が父を〜らせようと心に定めた
- 12:33　その実によって〜られるからです

マタ26:34	三度、わたしを〜らないと言い	ヨハ2:11	最初の〜としてガリラヤのカナで		箴26:9	愚かな者が口にする〜は、し者の
マコ12:24	聖書も神の力も〜らないから	2:18	どんな〜を私たちに見せて	**しんこう**（信仰）		
13:32	いつであるかは、だれも〜りませ	2:23	イエスの行われた〜を見て	ハバ2:4	正しい人はその〜によって生き
14:30	わたしを〜らないと三度言います	6:2	病人たちになさっていた〜を	マタ8:10	このような〜を見たことがあり
ルカ4:34	私はあなたがどなたか〜って	10:41	ヨハネは何一つ〜を行わなかった		ません
12:9	わたしを人の前で〜らないと言う	20:30	まだほかの多くの〜をも	8:26	なぜこわがるのか、〜の薄い者
13:27	あなたがたがどこの者だか〜りま	使4:16	著しい〜が行われたことは	14:31	〜の薄い人だな。なぜ疑うのか
22:34	三度、わたしを〜しせん	5:12	多くの〜と不思議なわざが人々の	15:28	ああ、あなたの〜はりっぱです
22:57	いいえ、私はあの人を〜りません	15:12	神が異邦人の間で行われた〜と	16:8	あなたがた、〜の薄い人たち
ヨハ10:14	わたしはわたしのものを〜って	ロマ4:11	割礼という〜を受けたのです	17:20	あなたがたの〜が薄いからです
17:3	イエス・キリストとを〜ことです	Ⅰコリ1:22	ユダヤ人は〜を要求し	21:21	〜を持ち、疑うことがなければ
使7:18	ヨセフのことを〜らない別の王が	14:22	異言は信者のための〜ではなく	マコ2:5	イエスは彼らの〜を見て
15:8	人の心の中を〜っておられる神は	黙12:1	また、巨大な〜が天に現れた	4:40	〜がないのは、どうしたことです
19:15	自分はイエスを〜っているし	13:13	人々の前で……大きな〜を行っ	5:34	あなたの〜があなたを直したので
ロマ1:20	被造物によって〜られ	13:14	〜をもって……人々を惑わし	ルカ5:20	彼らの〜を見て、イエスはし
1:21	彼らは〜っていながら	15:1	天にもう一つの巨大な驚くべき〜	7:9	このようなりっぱな〜を
Ⅱコリ6:9	〜られないようでも	16:14	彼らは〜を行う悪霊どもの霊で	8:48	あなたの〜があなたを直したので
ガラ4:9	今では神を〜っているのに	**しるす**		12:28	ああ、〜の薄い人たち。し
Ⅰテモ2:4	真理を〜ようになるのを望んで	ネヘ10:34	律法に〜されているとおり	17:5	私たちの〜を増してください
ヘブ8:11	『主を〜れ』と言うことは	黙20:15	いのちの書に名の〜されていない	17:19	あなたの〜が、あなたを直した
Ⅰペテ1:20	世の始まる前から〜られて	**しれん**（試練）		18:8	はたして地上に〜が見られるでし
黙2:2	あなたの労苦と忍耐を〜っている	創22:1	神はアブラハムを〜に会わせられ	18:42	あなたの〜があなたをしょうか
しるし		ルカ8:13	〜のときになると、身を引いて	22:32	あなたの〜がなくならないように
創1:14	〜のため、季節のため、日のため	22:28	わたしのさまざまの〜の中にも	使3:12	自分の力とか〜深さとかによって
4:15	カインに一つの〜を下された	使20:19	数々の〜の中で、主に仕えました	6:7	祭司たちが次々に〜に入った
9:12	代々永遠にわたって結ぶ契約の〜	Ⅰコリ10:13	あなたがたの会った〜はみな	13:12	主の教えに驚嘆して〜に入った
出4:8	後の〜の声は信じるであろう	Ⅱコリ8:2	苦しみゆえの激しい〜の中に	13:48	永遠のいのちに定められていた人
31:13	わたしとあなたがたとの間の〜	ヤコ1:2	さまざまな〜に会うときは		たちは、みな、〜に入った
民16:38	イスラエル人に対する〜とさせよ	Ⅰペテ1:7	信仰の〜は……金よりも尊い	14:1	大ぜいの人々が〜に入った
26:10	こうして彼らは警告の〜となった	4:12	あなたがたの間に燃えさかる火の	14:9	いやされる〜があるのを見て
ヨシ4:6	それがあなたがたの間で、〜と		〜を	14:27	異邦人に〜の門を開いて「った
士6:17	あなたであるという〜を、私に	黙3:10	〜の時には、あなたを守ろう	17:12	彼らのうちの多くの人が〜に入った人
Ⅰサム2:34	あなたへの〜である	**しろ**（城）		17:34	彼につき従って〜に入った人
Ⅰ列13:3	次のように言って一つの〜を与	箴10:15	富む者の財産はその堅固な〜	20:21	主イエスに対する〜とをはっきり
イザ7:11	主から、〜を求めよ。しえた	ヘブ11:30	七日の間エリコの〜の周囲を	26:18	わたしを信じる〜によって
7:14	あなたがたに一つの〜を与えられ	**しろい**（白い）		ロマ1:8	〜が全世界に言い伝えられて
8:18	主からのイスラエルでの〜となり	イザ1:18	赤くても、雪のように〜くなる	1:17	その義は、〜に始まり〜に進ませ
37:30	あなたへの〜は次のとおりである	ダニ7:9	その衣は雪のように〜く	3:28	律法の行いによるのではなく
38:7	これがあなたへの主からの〜です	マタ23:27	〜く塗った墓のようなものです		〜による
55:13	絶えることのない永遠の〜となる	マコ9:3	その御衣は、非常に〜く光り	3:31	〜によって律法を無効に「よる
エレ10:2	天の〜におののくな。異邦人が	使1:10	見よ、〜衣を着た人がふたり	4:16	世界の相続人となることは、〜に
44:29	これがあなたがたへの〜である	23:3	ああ、〜く塗った壁	4:19	その〜も弱りませんでした
エゼ4:3	これがイスラエルの家の〜だ	黙1:14	また雪のように〜く、その目は	5:1	〜によって義と認められた私たち
9:4	悲しんでいる人々の額に〜をつけ	**しわざ**		12:3	〜の量りに応じて、慎み深く考え
12:6	イスラエルの家のために〜とした	エレ25:14	その〜に応じ、その手のわざに	14:1	〜の弱い人を受け入れなさい
14:8	彼を〜とし、語りぐさとして		し応じて	14:23	〜から出ていないことは、みな罪
24:24	エゼキエルは……〜となり	**じん**（陣）		Ⅰコリ12:9	同じ御霊による〜が与えられ
ダニ4:3	そのしのなんと偉大なことよ	Ⅰ歴12:22	神の〜営のような大〜営と	13:13	いつまでも残るものは〜と希望と
マタ12:39	ヨナの〜のほかには、〜は与え	ヨブ19:12	私の天幕の回りに〜を敷く	16:13	堅く〜に立ちなさい。男らしく
16:1	天からの〜を見せてください	詩27:3	私に向かって、〜営が張られても	Ⅱコリ4:13	それと同じ〜の霊を持って
16:3	時の〜を見分けることができない	34:7	主を恐れる者の回りに〜を張り	5:7	〜によって歩んでいます。「えて
マコ8:11	議論をしかけ、天からの〜を求	イザ29:3	あなたの回りに〜を敷き	ガラ1:23	滅ぼそうとした〜を今は宣べ伝
13:22	や不思議なことをして見せます	**しんえん**（深淵）		2:16	キリストを信じる〜によって義と
16:17	信じる人々には次のような〜が	箴8:28	大空を固め、〜の源を堅く定め	5:6	愛によって働く〜だけが大事なの
ルカ2:12	これが、あなたがたのための〜	**しんがり**		6:10	特に〜の家族の人たちに　しです
2:34	反対を受ける〜として定められて	ルカ13:30	今〜の者があとで先頭になり	エペ1:15	イエスに対するあなたがたの〜
11:16	彼に天からの〜を求める者もいた	**しんげん**（箴言）		2:8	恵みのゆえに、〜によって救われ
11:29	〜を求めているか、ヨナの〜	Ⅰ列4:32	彼は三千の〜を語り、彼の歌は	4:5	〜は一つ、バプテスマは一つです
		箴1:6	これは〜と、比喩と、知恵のある		

じんこう		コンコルダンス		しんじる	2623

エペ6:16　すべてのものの上に、〜の大盾を
ピリ1:25　　〜の進歩と喜びとのために
　　1:29　キリストを信じる〜だけでなく
コロ1:4　キリスト・イエスに対する……〜
Ⅰテサ1:3　　　　　〜の働き、愛の労苦
　　3:7　　その〜によって、慰めを受け
Ⅰテモ1:5　偽りのない〜とから出て来る愛
　　3:13　　　キリスト・イエスを信じる〜
　　5:8　その人は〜を捨てているので
　　　　　　　　　　　　　　あって
　　6:12　　　　〜の戦いを勇敢に戦い
Ⅱテモ1:5　あなたの純粋な〜を思い起こ
ピレ6　〜の交わりが生きて働く　「った
ヘブ4:2　〜によって、結びつけられなか
　10:38　わたしの義人は〜によって生きる
　11:1　　〜は望んでいる事がらを保証し
　11:33　　〜によって、国々を征服し
　13:7　　　　　その〜にならいなさい
ヤコ2:22　　彼の〜は彼の行いとともに
Ⅰペテ1:7　　〜の試練は……金よりも尊く
Ⅱペテ1:1　　同じ尊い〜を受けた方々へ
ユダ3　　伝えられた〜のために戦うよう
黙14:12　イエスに対する〜を持ち続けさ

じんこう（人口）
民26:2　できる者すべての〜調査をせよ
Ⅱサム24:1　イスラエルとユダの〜を数え

しんじつ（真実）
ヨシ2:12　私があなたがたに〜を尽くした
ルツ3:10　あとからの〜は、先の〜にまさ
　　　　　　　　　　　　　　っています
Ⅱサム2:5　　このような〜を尽くして
Ⅰ歴19:2　　　　　ハヌンに〜を尽くそう
ネヘ9:8　彼の心が御前に〜であるのを
詩15:2　義を行い、心の中の〜を語る人
　36:5　　あなたの〜は雲にまで及びます
　40:10　あなたの〜とあなたの救いを告げ
　51:6　　あなたは心のうちの〜を喜ばれ
　88:11　　　あなたの〜が滅びの中で
　89:2　　その〜を天に堅く立てられる
　89:33　　　わたしの〜を偽らない
　92:2　　　あなたの〜を言い表すことは
　101:6　国の中の〜な人たちに注がれます
　119:86　あなたの仰せはことごとく〜です
　119:90　あなたの〜は代々に至ります
　143:1　あなたの〜と義によって、私に答
箴11:13　しかし〜な心の人は事を秘める
　11:17　〜な者は自分のたましいに報いる
　12:17　　〜の申し立てをする人は正しい
　12:22　　〜を行う者は主に喜ばれる
　27:6　愛する者が傷つけるほうが〜であ
イザ11:5　　〜はその胴の帯となる。　しる
エレ7:28　〜は消えうせ、彼らの口から
哀3:23　　　　　あなたの〜は力強い
ダニ4:37　そのみわざはことごとく〜で
ホセ4:1　この地には〜がなく、誠実が
ゼカ8:3　エルサレムは〜の町と呼ばれ
ロマ3:4　神は〜な方であるとすべきです
Ⅰコリ1:9　神は〜であり、その方のお召

　　　　　　　　　　　　　　しによって
Ⅰコリ5:8　純粋で〜なパンで、祭りを
　10:13　神は〜な方ですから、あなたが
ピリ1:18　見せかけであろうとも、〜であ
　　　　　　　　　　　　　ろうとも　「あること
　4:8　すべての〜なこと、すべての誉れ
Ⅰテサ5:24　あなたがたを召された方は〜
Ⅱテサ3:3　　　しかし、主は〜な方です「ち
Ⅰテモ4:9　このことばは、〜であり
ヘブ11:11　約束してくださった方を〜な方

しんじゃ（信者）
Ⅱ列10:21　バアルの〜たちはみなやって来
使16:1　　〜であるユダヤ婦人の子で、 した
Ⅰコリ7:14　〜でない夫は妻によって聖め
　9:5　　〜である妻を連れて歩く権利が
　14:23　初心の者とか〜でない者とかが
Ⅰテモ3:6　〜になったばかりの人であっ

しんじゅ（真珠）
箴3:15　　　　　知恵は〜よりも尊く
　8:11　知恵は〜にまさり、どんな喜びも
　31:10　彼女の値うちは〜よりもはるかに
マタ7:6　また豚の前に、〜を投げては
　13:45　天の御国は、良い〜を捜している

しんじる（信じる）　　　　　　し、商人
創15:6　彼は主を〜じた。主はそれを彼の
　45:26　彼らを〜ることができなかったから
出4:5　これは……彼らが〜ためである
　4:31　　　　　　　　民は〜じた
　14:31　主とそのしもべモーセを〜じた
民20:12　あなたがたはわたしを〜ぜず
申1:32　　神、主を〜じていない
　9:23　主の命令に逆らい、主を〜ぜず
Ⅱ歴20:20　その預言者を〜じ、勝利を得
ヨブ9:16　耳を傾けられたとは、〜じられ
詩27:13　〜じられなかったなら。　しない
　78:22　これは、彼らが神を〜ぜず
箴14:15　何でも言われたことを〜じ
　26:25　語りかけても、それを〜な
イザ7:9　〜じなければ、長く立つことは
　28:16　これを〜る者は、あわてることが
　43:10　あなたがたが知って、わたしを〜
　　　　　　　　　　　　　　じ　「じたか
　53:1　私たちの聞いたことを、だれが〜
エレ12:6　　　彼らを〜じてはならない
ハバ1:5　それが告げられても、あなたが
　　　　　　　　　　　　　　たは〜じまい
マタ8:13　〜じたとおりになるように
　9:28　そんなことができるのか
　21:22　〜じて祈り求めるものなら
　21:25　なぜ、彼を〜じなかったか
　27:42　そうしたら、われわれは〜から
マコ1:15　悔い改めて福音を〜じなさい
　5:36　恐れないで、ただ〜じていなさい
　9:23　〜者には、どんなことでもできる
　11:22　　　　　　　言われた。「神を〜じなさい
　11:24　〜じて祈った者は〜じなさい
　13:21　とか言う者があっても、〜じては
　16:11　それを〜じようとはしなかった

マコ16:16　〜じてバプテスマを受ける者は
ルカ1:20　私のことばを〜じなかったから
　1:45　必ず実現すると〜じきった人は
　8:13　しばらくは〜じていても、試練の
　8:50　恐れないで、ただ〜じなさい
　20:5　なぜ、彼を〜じなかったか、と
　22:67　あなたがたは決して〜じない
　24:25　預言者たちの言ったすべてを〜じ
　　　　　　　　　　　　　　　ない
ヨハ1:7　すべての人が彼によって〜ため
　2:22　イエスが言われたことばとを〜じ
　3:15　　〜者がみな、人の子にあって
　3:18　〜じない者は……すでにさばかれ
　4:39　女のことばによってイエスを〜じ
　4:42　あなたが話したことによって〜じ
　　　　　　ているのではありません
　4:50　イエスが言われたことばを〜じて
　4:53　彼自身と彼の家の者がみな〜じた
　5:24　わたしを遣わした方を〜者は
　5:46　モーセを〜じているのなら、わた
　　　　　　　　しを〜じたはずです。　「じ
　6:69　あなたが神の聖者であることを〜
　7:5　兄弟たちもイエスを〜じていなか
　7:31　多くの者がイエスを〜じて　「った
　9:35　あなたは人の子を〜じますか
　10:26　しかし、あなたがたは〜じません
　10:38　言うことが〜じられなくても
　11:15　すなわちあなたがた〜ためには
　11:45　多くのユダヤ人が、イエスを〜じ
　12:37　彼らはイエスを〜じなかった
　14:1　神を〜じ、またわたしを〜じなさ
　17:20　わたしを〜じる者のためにも　「い
　19:35　あなたがたにも〜じさせるために
　20:8　そして、見て、〜じた。「せん
　20:25　差し入れてみなければ……〜じま
　20:27　〜じない者にならないで、〜者に
　20:29　見ずに〜者は幸いです。　「じ
使4:4　みことばを聞いた人々が大ぜい〜
　5:14　主を〜者は男も女もますますふえ
　9:42　多くの人々が主を〜じた
　10:43　この方を〜者はだれでも、　「た
　11:21　大ぜいの人が〜じて主に立ち返っ
　15:11　救われたことを私たちは〜じます
　16:31　主イエスを〜じなさい。そうすれ
　18:8　一家をあげて主を〜じた。　しば
　26:8　なぜ〜じがたいこととされるので
　26:27　預言者を〜じておられますか
　27:25　私は神によって〜じています
ロマ1:16　〜すべての人にとって、救いを
　4:5　義と認めてくださる方を〜なら
　4:21　成就する力があることを堅く〜じ
　10:9　よみがえらせてくださったと〜
Ⅰコリ13:7　すべてを〜じ、すべてを期待
ガラ3:6　アブラハムは神を〜じ、それが
ピリ1:6　　私は堅く〜じているのです
テト3:8　それは、神を〜じている人々が
ヘブ11:6　〜じなければならないのです
Ⅰペテ1:21　キリストによって〜人々で

しんせつ（親切）
- ルツ2:10　どうして〜にしてくださるのので
- 箴12:25　〜なことばは人を喜ばせ。しずか
- 　15:26　〜なことばは、きよい
- エペ4:32　お互いに〜にし、心の優しい人
- コロ3:6　あなたがたのことばが、いつも

しんぞう（心臓）
- イザ1:5　〜もすっかり弱り果てている
- エレ4:19　私は痛み苦しむ。私の〜の壁が

しんぞく（親族）
- ヨブ19:14　私の〜は来なくなり

しんたい（神体）
- 使19:35　天から下ったそのご〜との守護者

しんだい（寝台）
- 申3:11　見よ。彼の〜は鉄の〜、それは
- アモ6:4　象牙の〜に横たわり、長いすに
- マコ4:21　枡の下や〜の下に置くためで

しんでん（神殿）
- イザ44:28　〜は、その基が据えられる
- エゼ10:4　〜の敷居に向かうと、〜は雲で
- 　43:5　主の栄光は〜に満ちていた
- ゼカ6:12　芽を出し、主の〜を建て direct
- マタ4:5　連れて行き、〜の頂に立たせて
- 　26:61　わたしは神の〜をこわして
- 　27:40　〜を打ちこわして三日で建てる人
- マコ14:58　手で造られたこの〜をこわして
- 　15:29　〜を打ちこわして三日で建てる人
- ルカ4:9　〜の頂に立たせて、こう言った
- ヨハ2:19　この〜をこわしてみなさい
- Iコリ3:16　あなたがたは神の〜であり
- 黙11:19　天にある、神の〜が開かれた
- 　21:22　小羊とが都の〜だからである

しんでんしょうふ（神殿娼婦）
- 申23:17　イスラエルの女子は〜になっては

しんでんだんしょう（神殿男娼）
- 申23:17　イスラエルの男子は〜になっては

じんつう（陣痛）
- 創35:16　産気づいて、ひどい〜で苦しんだ

しんぱい（心配）
- 詩55:22　主は、あなたのことを〜して
- マタ6:25　何を飲もうかと〜したり、「せん
- 　10:19　何を話そうかと〜するには及ば
- ルカ10:41　いろいろなことを〜して、気を
- 　12:11　何を言おうかと〜するには「か
- 　12:26　なぜほかのことまで〜するのです
- ピリ2:20　真実にあなたのことを〜し

しんばつ（神罰）
- 民16:47　〜はすでに民のうちに始まって
- 　25:9　この〜で死んだ者は、二万四千人
- I歴21:22　〜が民に及ばないようになる
- 詩106:30　なかだちのわざをしたので、その

シンバル
- Iコリ13:1　どらや、うるさい〜と同じ

しんぱん（審判）
- 士11:27　〜者である主が、きょう
- 詩7:11　神は正しい〜者、日々、怒る神

使24:25　正義と節制とやがて来る〜とを

しんみつ（親密）
- 箴18:24　兄弟よりも〜な者もいる

しんめ（新芽）
- イザ11:1　エッサイの根株から〜が生え

しんゆう（親友）
- 詩55:13　私の友、私の〜のおまえが
- 　88:18　あなたは私の〜を私から遠ざけ

しんよう（信用）
- ミカ7:5　友を〜するな。親しい友をも
- 使27:11　航海士や船長のほうを〜した

しんらい（信頼）
- II列18:5　イスラエルの神、主に〜していた
- 　18:30　おまえたちに主を〜させようと
- ヨブ8:14　その〜は、くもの巣だ
- 詩21:7　まことに、王は主に〜し
- 　25:2　私は、あなたに〜いたします
- 　31:14　私は、あなたに〜しています
- 　33:21　私たちは、聖なる御名に〜して
- 　37:3　主に〜して善を行え
- 　40:4　幸いなことよ。主に〜し
- 　49:6　おのれの財産に〜する者どもや
- 　62:8　どんなときにも、神に〜せよ
- 　65:5　遠い大海の〜の的です
- 　78:7　彼らが神に〜し、神のみわざを
- 　84:12　あなたに〜するその人は
- 　91:2　わがとりで、私の〜するわが神
- 　112:7　主に〜して、その心はゆるがない
- 　115:8　これに〜する者もみな、これと同
- 　118:8　人に〜するよりもよい
- 　125:1　主に〜する人々はシオンの山の
- 箴29:25　しかし主に〜する者は守られる
- イザ26:4　いつまでも主に〜せよ。「す
- 　32:17　義はとこしえの平穏と〜をもたら
- 　50:10　主の御名に〜し、自分の神に拠り
- エレ7:4　偽りのことばを〜してはならな
- 　17:5　人間に〜し、肉を自分の腕とし
- ダニ6:23　彼が神に〜していたからである
- アモ7:5　サマリヤの山に〜している者
- ミカ7:5　親しい友をも〜するな
- ロマ9:33　彼に〜する者は、失望させられ
- 　10:11　彼に〜する者は、しることがない
- IIコリ7:4　あなたがたに対する〜は大き
- テト1:9　教えにかなった〜すべきことば
- ヘブ2:13　「わたしは彼に〜する。」

しんり（真理）
- 箴23:23　〜を買え。それを売ってはならな
- 伝12:10　〜のことばを正しく書き残した
- ダニ8:12　その角は〜を地に投げ捨
- マコ12:14　〜に基づいて神の道を教えて
- ルカ20:21　〜に基づいて神の道を教えて
- ヨハ8:32　あなたがたは〜を知り、〜は
- 　14:6　わたしが道であり、〜であり
- 　18:38　言った。「〜とは何ですか。」
- ロマ1:25　彼らが神の〜を偽りと取り代え
- Iコリ13:6　不正を喜ばずに〜を喜びます
- IIコリ13:8　〜のためなら、何でもできる
- エペ4:21　まさしく〜はイエスにある

エペ6:14　腰には〜の帯を締め、胸には正義
Iヨハ2:4　〜はその人のうちにありません

しんるい（親類）
- 創13:8　私たちは、〜同士なのだから
- 申23:7　あなたの〜だからである

す

す（巣）
- 申22:6　または地面に鳥の〜を見つけ
- ヨブ8:14　その信頼は、くもの〜だ
- エレ49:16　あなたが鷲のように〜を高くし
- オバ4　星の間に〜を作っても、しても
- マタ13:32　その枝に〜を作るほどの木に

す（酢）
- 詩69:21　渇いたときには〜を飲ませました
- 箴10:26　歯に〜、目に煙のようなものだ

すいしゅ（水腫）
- ルカ14:2　〜をわずらっている人がいた

すいせん（推薦）
- ロマ16:1　フィベを、あなたがたに〜します
- IIコリ3:1　またもや自分を〜しようと
- 　3:2　私たちの〜状はあなたがたです
- 　10:18　主に〜される人こそ、受け入れら

すいどう（水道）
- II列18:17　上の池の〜のそばに立った
- 　20:20　彼が貯水池と〜を造り、町に水
- イザ36:2　上の池の〜のそばに立った

すいふ（水夫）
- ヨナ1:5　〜たちは恐れ……自分の神に向

すいもん（水門）
- 創7:11　張り裂け、天の〜が開かれた

すいろ（水路）
- 詩1:3　〜のそばに植わった木のようだ

すうじ（数字）
- 黙13:18　その〜は人間をさしているから

すえ
- ヨブ5:25　あなたの〜が地の草のように
- 詩89:4　おまえの〜を、とこしえに堅く立て

すえる（据える）
- Iコリ3:11　ほかの物を〜ことはできない

すがた（姿）
- 雅5:15　その〜はレバノンのよう
- 使14:11　神々が人間の〜をとって
- ピリ2:6　神の御〜である方なのに

すがる
- 申4:4　主に〜ってきたあなたがたはみな
- 　30:20　御声に聞き従い、主に〜ためだ
- ヨシ22:5　その命令を守って、主に〜り
- 　23:8　主に〜らなければならない
- ルツ1:14　ルツは彼女に〜りついていた
- ヨハ20:17　わたしに〜りついていてはいけ

すき（鋤）
- 　　　　　しません
- 詩129:3　耕す者は私の背に〜をあて
- ヨエ3:10　あなたがたの〜を剣に
- ミカ4:3　彼らはその剣を〜に、その槍
- ルカ9:62　手を〜につけてから、うしろを

すぎ（杉）

士9:15	レバノンの〜の木を焼き尽くそう
詩29:5	主の声は、〜の木を引き裂く
イザ9:10	〜の木でこれに代えよう

すぎこし（過越；過ぎ越す）

出12:11	これは主への〜のいけにえである
12:23	主はその戸口を〜され、滅ぼす者
レビ23:5	〜のいけにえを主にささげる
民9:5	十四日の夕暮れに〜のいけにえを
28:16	〜のいけにえを主にささげなさい
申16:1	主に〜のいけにえをささげなさい
ヨシ5:11	〜のいけにえをささげた翌日
II歴30:1	主に〜のいけにえをささげる
35:17	そのとき、〜のいけにえをささげ
エズ6:19	十四日に〜のいけにえをささげ
マタ26:2	二日たつと〜の祭りになります
マコ14:1	〜の祭りと種なしパンの祝いが
14:14	弟子たちといっしょに〜の食事を
ルカ2:41	イエスの両親は、〜の祭りには
22:1	〜の祭りといわれる、種なしパン
22:7	〜の小羊のほふられる、しの祝い
22:15	いっしょに、この〜の食事をする
ヨハ13:1	〜の祭りの前に、この世を去ろ
18:39	〜の祭りに……ひとりの者を して
Iコリ5:7	私たちの〜の小羊キリストが
ヘブ11:28	〜と血の注ぎとを行いました

すぎさる（過ぎ去る）

IIコリ5:17	古いものは〜って、見よ

すくい（救い）

創45:7	大いなる〜によってあなたがたを
49:18	主よ。私はあなたの〜を待ち望む
出14:13	行われる主の〜を見なさい
15:2	主は、私の〜となられた
Iサム2:1	あなたの〜を喜ぶからです
11:9	あすの真昼ごろ、あなたがたに〜 がある
IIサム22:3	わが〜の角、わがやぐら
22:36	御〜の盾を私に下さいました
22:51	主は、王に〜を増し加え
II列13:5	ひとりの〜手を与えられたとき
II歴20:17	ともにいる主の〜を見よ
詩3:8	〜は主にあります
9:14	あなたの〜に歓声をあげましょう
12:5	彼を、その求める〜に入れよう
13:5	私の心はあなたの〜を喜びます
18:50	主は、王に〜を増し加え
27:1	主は、私の光、私の〜
35:3	「わたしがあなたの〜だ」と
37:39	正しい者の〜は、主から来る
42:11	私の顔の〜、私の神を
50:23	わたしは神の〜を見せよう
51:12	あなたの〜の喜びを、私に返し
53:6	イスラエルの〜が、シオンから
62:2	神こそ、わが岩。わが〜。
67:2	あなたの御〜がすべての国々の間
70:4	あなたの〜を愛する人たちが
91:16	わたしの〜を彼に見せよう
116:13	私は〜の杯をかかげ、主の御名を
詩118:14	主は、私の〜となられた
140:7	私の主、神、わが〜の力よ
144:10	神は王たちに〜を与え
箴21:31	しかし〜は主による
イザ12:2	見よ。神は私の〜。私は信頼し
12:3	喜びながら〜の泉から水を汲む
25:9	〜を待ち望んだ私たちの神
33:2	苦難の時の私たちの〜であれ
45:8	開いて〜を実らせよ
45:17	主によって救われ、永遠の〜に
49:6	地の果てにまでわたしの〜を
52:7	知らせを伝え、〜を告げ知らせ
56:1	わたしの〜が来るのは近く
59:17	〜のかぶとを頭にかぶり、復讐の
60:18	あなたの城壁を〜と呼び
63:5	わたしの腕で〜をもたらし
エレ3:23	まことに、イスラエルの〜があります
哀3:26	主の〜を黙って待つのは良い
ヨナ2:9	〜は主のものです
ミカ7:7	私の〜の神を待ち望む
ハバ3:18	私の〜の神にあって喜ぼう
ゼパ3:17	〜の勇士だ。主は喜びをもって
ルカ1:69	〜の角を、われわれのために
1:77	〜の知識を与えるためである
2:30	私の目があなたの御〜を見たから
3:6	神の〜を見るようになる
19:9	きょう、〜がこの家に来ました
ヨハ4:22	〜はユダヤ人から出るのです
使4:12	この方以外には……〜はありませ
7:25	神が兄弟たちに〜を与えようと
13:47	地の果てまでも〜をもたらすため
28:28	神のこの〜は、異邦人に送られ
ロマ1:16	〜を得させる神の力です
13:11	今は〜が私たちにもっと近づいて
Iコリ1:18	〜を受ける私たちには、神の
IIコリ6:2	今は恵みの時、今は〜の日
エペ1:13	あなたがたの〜の福音を聞き
ピリ1:19	このことが私の〜となることを
1:28	あなたがたにとっては〜のしるし
2:12	恐れおののいて自分の〜を達成に
Iテサ2:16	異邦人の〜のために語るのを
5:9	キリストにあって〜を得るように
IIテサ2:13	初めから〜にお選びになった
ヘブ1:14	〜の相続者となる人々に仕える
9:28	彼を待ち望んでいる人々の〜の
Iペテ1:9	たましいの〜を得ているから
IIペテ3:15	私たちの主の忍耐は〜である
ユダ3	ともに受けている〜について
黙7:10	〜は、御座にある私たちの神に
12:10	今や、私たちの神の〜と力と国と
19:1	〜、栄光……は、われらの神のもの

すくいだす（救い出す）

創32:11	エサウの手から私を〜してくださ 「い
出2:19	私たちを羊飼いたちの手から〜し
3:8	彼らをエジプトの手から〜し
5:23	少しも〜そうとはなさいません
18:9	主が……エジプトの手から〜して
民35:25	血の復讐をする者の手から〜し
申23:14	あなたの神、主が、あなたを〜して
ヨシ2:13	私たちのいのちを死から〜して
IIサム4:9	苦難から〜してくださった主
19:9	王は敵の手から、われわれを〜し
22:18	私を憎む者とから私を〜された
I列1:29	苦難から〜してくださった主は
I歴16:35	私たちを集め、私たちを〜して
詩18:17	私を憎む者とから私を〜された
33:16	力の強いことによっては〜されな
33:19	彼らのたましいを死から〜し
34:4	すべての恐怖から〜してくださった
54:7	すべての苦難から私を〜し
69:14	私を泥沼から〜し、私が沈まない
107:6	主は彼らを苦悩から〜された
116:8	私の足をつまずきから、〜され
136:24	主は私たちを敵から〜された
箴2:12	悪の道からあなたを〜し
11:4	しかし正義は人を死から〜し
11:8	正しい者は苦しみから〜され
24:11	殺されようとする者を〜し
イザ36:18	主がわれわれを〜してくださる
43:13	わたしの手から〜せる者はなく
50:2	わたしには〜力がないと言うのか
エレ1:8	ともにいて、あなたを〜からだ
22:3	しいたげる者の手から〜せ
39:17	その日、わたしはあなたを〜
エゼ7:19	怒りの日に彼らを〜ことはでき ない
34:10	彼らの口からわたしの羊を〜し
ダニ3:17	火の燃える炉から私たちを〜
8:4	その手から〜ことのできるものも
使12:11	すべての災いから、〜してくださった
ロマ7:24	死の、からだから、私を〜して
IIコリ1:10	死の危険から、私たちを〜し
ガラ1:4	悪の世界から私たちを〜そうと
コロ1:13	私たちを暗やみの圧制から〜し
ヤコ5:20	罪人のたましいを死から〜し
IIペテ2:7	義人ロトを〜されました
ユダ5	主が、民をエジプトの地から〜し

すくいぬし（救い主）

IIサム22:2	主はわが巖……わが〜
詩18:2	主はわが巖……わが〜
106:21	自分たちの〜である神を忘れた
イザ19:20	彼らを救い出す〜を送られる
43:3	わたしが……あなたの〜である
43:11	わたしのほかに〜はいない
45:21	正義の神、〜、わたしをおいて
49:26	わが主が、あなたの〜
エレ14:8	望みである方、苦難の時の〜よ
ルカ1:47	わが霊は、わが〜なる神を喜び
2:11	あなたがたのために、〜がお生ま
3:15	民衆は〜を待ち望んでおり
使13:23	イスラエルに〜イエスをお送りに
Iテモ2:3	〜である神の御前において
4:10	信じる人々の〜である、生ける神
Iヨハ4:14	御子を世の〜として遣わされ
ユダ25	私たちの〜である唯一の神に

すくう（救う）

創45:5	神はいのちを～ために
出2:17	彼女たちを～い、その羊の群れに
14:30	エジプトの手から～われた
民10:9	あなたがたの敵から～われるため
申28:31	あなたを～者はいない
33:29	主に～われた民
士2:18	敵の手から彼らを～われた
7:2	『自分の手で自分を～った』と
7:7	わたしはあなたがたを～い
Ⅰサム4:3	われわれを敵の手から～おう
11:13	主がイスラエルを～ってくださったのだから。「ものは何もない
14:6	主がお～いになるのに妨げとなる
14:23	その日、主はイスラエルを～い
14:45	民はヨナタンを～ったので
17:47	主が剣や槍を使わずに～ことを
Ⅱサム22:4	私は、敵から～われる
Ⅱ列19:19	私たちを彼の手から～って
19:34	この町を守って、これを～おう
Ⅰ歴16:35	私たちをお～いください
Ⅱ歴20:9	あなたは聞いてお～いくださいま
ヨブ5:15	強い者の手から～われる。しす
5:20	ききんのときには死からあなたを～い
40:14	あなたの右の手があなたを～える
詩3:7	私の神。私をお～いください
6:4	恵みのゆえに、私を～いください
18:3	私は、敵から～われる
28:9	どうか、御民を～ってください
34:6	すべての苦しみから彼を～われた
44:3	自分の腕が彼らを～ったのでも
59:1	私を敵から～い出してください
69:35	まことに神がシオンを～い
70:5	あなたは私の助け、私を～方
76:9	地上の貧しい者たちをみな、～
80:3	そうすれば、私たちは～われます
86:2	あなたのしもべを～ってください
106:8	御名のために彼らを～われた
107:19	主は彼らを苦悩から～われた
138:7	あなたの右の手が私を～って
箴23:14	彼のいのちをよみから～ことが
イザ30:15	立ち返って静かにすれば……～われ
35:4	神は来て、あなたがたを～われる
37:20	私たちを彼の手から～ってくださ
44:17	私を～ってください。あなたは
47:15	あなたを～者はひとりもいない
60:16	わたしが、あなたを～主
63:1	～に力強い者、それがわたしだ
64:5	それでも……～われるでしょうか
エレ8:20	それなのに、私たちは～われない
15:20	あなたを～い、あなたを助け出す
17:14	私をお～いください。そうすれば
23:6	その日、ユダは～われ
30:7	しかし彼はそこから～われる
30:10	あなたの子孫を捕囚の地から～
33:16	その日、ユダは～われ
エレ46:27	あなたの子孫を捕囚の地から、～
51:6	それぞれ自分のいのちを～え
エゼ3:19	自分のいのちを～ことになる
34:22	わたしはわたしの群れを～い
ダニ6:16	あなたをお～いになるように
6:20	あなたを獅子から～ことができた
12:1	あの書にしるされている者はすべ
ホセ13:4	わたしのほかに～者はいない
14:3	アッシリヤは私たちを～えません
アモ2:14	勇士もいのちを～ことができな
オバ21	～者たちは、エサウの山をさばく
ハバ3:13	ご自分の民を～ために出て来ら
ゼパ3:19	足のなえた者を～い、散らされ
ゼカ12:7	初めに、ユダの天幕を～われる
マタ1:21	ご自分の民をその罪から～う
16:25	いのちを～おうと思う者はそれ
18:11	失われている者を～ために来た
19:25	だれが～われることができる
24:13	最後まで耐え忍ぶ者は～われます
27:40	神の子なら、自分を～ってみろ
マコ8:35	いのちを～おうと思う者はそれ
10:26	それでは、だれが～われることが
15:30	降りて来て、自分を～ってみろ
ルカ7:50	あなたの信仰が、あなたを～った
9:24	自分のいのちを～おうと した
13:23	～われる者は少ないのですか
17:33	自分のいのちを～おうと努める者
18:26	それでは、だれが～われることが
23:35	あれは他人を～った。もし、神の
ヨハ12:47	わたしは……世を～ために来た
使2:21	主の名を呼ぶ者は、みな～われる
11:14	家にいるすべての人を～ことばを
15:1	割礼を受けなければ……～われな
15:11	主イエスの恵みによって～われた
16:30	先生がた。～われるためには
ロマ5:9	彼によって神の怒りから～われ
8:24	この望みによって～われている
10:1	彼らの～われることです
10:9	信じるなら、あなたは～われます
11:26	イスラエルはみな～われる、と
Ⅰコリ5:5	彼の霊が主の日に～われる
7:16	あなたが夫を～えるかどうかが
9:22	何とかして、幾人かでも～ため
10:33	人々が～われるために、自分の
15:2	この福音によって～われるのです
Ⅰテモ1:15	罪人を～ためにこの世に来ら
2:4	すべての人が～われ、真理を
4:16	あなたの教えを聞く人たちをも～
Ⅱテモ1:9	神は私たちを～い、また
ヘブ7:25	神に近づく人々を、完全に～
Ⅰペテ3:20	水を通って～われたのです
4:18	義人がかろうじて～われるのだと
ユダ23	火の中からつかみ出して～い

すぐ（直ぐ）

Ⅱ歴29:34	祭司たちよりも～な心をもって
詩7:10	神は心の～な人を救われる
11:7	～な人は、御顔を仰ぎ見る
詩32:11	すべて心の～な人たちよ
107:42	～な人はそれを見て喜び、不正な
箴3:32	～な者と親しくされるからだ

すくない（少ない）

伝5:2	だから、ことばを～くせよ
マタ24:22	その日数が～くされなかったら
マコ13:20	もし主がその日数を～くして
ルカ13:23	主よ。救われる者は～のですか

すぐれる

ヨブ36:22	見よ。神は力に～れておられる
ダニ5:12	ダニエルのうちに、～れた霊と
6:3	ダニエルは……きわだって～れて
ルカ1:15	彼は主の御前に～れた者となる
12:7	たくさんの雀よりも～れた者です
ロマ3:1	ユダヤ人の～れたところは
Ⅰコリ4:7	だれが、あなたを～れた者と
13:13	その中で一番～れているのは愛
Ⅱコリ3:10	さらに～れた栄光のゆえに
ピリ1:10	真に～れたものを見分けること
2:3	人を自分よりも～れた者と思い
ヘブ8:6	さらに～れた契約の仲介者で
9:23	これよりもさらに～れたいけにえ

すこし（少し）

イザ28:10	ここに～、あそこに～
ルカ7:47	～しか赦されない者は、～しか愛しません。「がなかった
Ⅱコリ8:15	～集めた者も足りないところ
9:6	～だけ蒔く者は、～だけ刈り取り

すこやか（健やか）

| 箴16:24 | 親切なことばは……骨を～にする |

すすぎきよめる（すすぎ清める）

| イザ4:4 | エルサレムの血をその中から～ |

すすむ（進む）

| ピリ3:13 | ひたむきに前のものに向かって |

すすめ（勧め）

| ヘブ13:22 | このような～のことばを受けて |

すずめ（雀）

詩84:3	～さえも、住みかを見つけました
マタ10:29	二羽の～は一アサリオンで売っ
ルカ12:6	五羽の～は二アサリオンで売っ

すすめる（勧める）

Ⅱ列5:23	……と言って、しきりに～め
ロマ12:8	勧めをする人であれば～め
Ⅰコリ4:16	私はあなたがたに～めます
Ⅱコリ9:5	そこで私は、兄弟たちに～め
エペ4:17	言明し、おごそかに～めます
ヘブ10:24	互いに～め合って、愛と善行を

すすんで（進んで）

出25:2	すべて、心から～ささげる人から
35:5	すべて、心から～ささげる者
レビ7:16	～ささげるささげ物であるなら
申16:10	～ささげるささげ物を 「ど
Ⅰ歴29:5	みずから～その手にあふれるほ
ネヘ11:2	自分から～エルサレムに住もう
詩119:108	私の口の～ささげるささげ物を

すそ

| Ⅰサム15:27 | サムエルの上着の～をつかん |
| 24:4 | サウルの上着の～を、こっそり |

すたれる

すたれる
Ⅰコリ13:8　知識ならば〜れます

すてる（捨てる）
申4:31　あなたを〜てず、あなたを滅ぼさず
29:25　結ばれた契約を、彼らが〜て
32:15　自分を造った神を〜て、「に仕え
Ⅰサム8:8　わたしを〜てて、ほかの神々
Ⅰ列9:9　主を〜てて、ほかの神々に
11:33　彼がわたしを〜て、シドン人の神
18:18　現にあなたがたは主の命令を〜て
Ⅱ列21:14　民の残りの者を〜て去り
22:17　わたしを〜て、ほかの神々に香を
Ⅱ歴7:19　わたしの命令とを〜て去り
12:1　彼は主の律法を〜て去った
13:10　私たちはこの方を〜てなかった
詩16:10　私のたましいをよみに〜ておかず
36:4　悪を〜てようとしない
53:5　神が彼らを〜てられたからだ
118:22　家を建てる者たちの〜てた石
箴3:3　恵みとまことを〜ててはならない
6:20　あなたの母の教えを〜な
9:6　わきまえのないことを〜てて
10:17　叱責を〜者は迷い出る
イザ1:4　彼らは主を〜て、イスラエルの
1:28　主を〜て、うせ果てる
2:6　あなたの民、ヤコブの家を〜てら
55:7　悪者はおのれの道を〜て、しれた
エレ1:16　彼らはわたしを〜てて、ほかの
2:13　湧き水の泉であるわたしを〜てて
2:17　あなたは主を〜てたので
5:19　あなたがたが、わたしを〜て
16:11　あなたがたの先祖がわたしを〜て
22:9　彼らの神、主との契約を〜てて
エゼ14:6　悔い改めよ。偶像を〜て去り
アモ2:4　彼らが主のおしえを〜てて
マタ13:48　器に入れ、悪いものは〜のです
16:24　自分を〜てて、自分の十字架を負い
19:27　何もかも〜てて、あなたに従って
マコ1:18　彼らは網を〜て置いて従った
8:34　自分を〜て、自分の十字架を負い
ルカ5:11　何もかも〜てて、イエスに従った
9:22　律法学者たちに〜てられ、殺され
14:33　自分の財産全部を〜てないでは
17:25　この時代に〜てられなければ
ヨハ15:13　友のためにいのちを〜てという
使2:27　私のたましいをハデスに〜てて置かず
14:15　このようなむなしいことを〜てて
ガラ1:4　ご自身を〜てになりました
2:20　私のためにご自身をお〜てに
ピリ2:6　神のあり方を〜てられない
3:8　キリストのためにすべてのものを〜てて
Ⅰテモ5:8　その人は信仰を〜てている
Ⅱテモ4:10　今の世を愛し、私を〜てて
Ⅰヨハ3:16　兄弟のために、いのちを〜
黙2:13　わたしに対する信仰を〜てなかった

すな（砂）
創22:17　空の星、海辺の〜のように数多く
32:12　数えきれない海の〜のようにする
箴27:3　石は重く、〜も重い
イザ10:22　海辺の〜のようであっても
ホセ1:10　イスラエル人の数は、海の〜の
マタ7:26　〜の上に自分の家を建てた愚か
ロマ9:27　海〜のようであっても
ヘブ11:12　海べの数えきれない〜のように

すなお
マタ10:16　鳩のように〜でありなさい
ヤコ1:21　みことばを、〜に受け入れなさい

すね
ヨハ19:33　その〜を折らなかった

すばらしい
Ⅱサム1:26　女の愛にもまさって、〜かった
詩87:3　〜ことが語られている
イザ12:5　主は〜ことをされた
28:29　そのおもんぱかりは〜
ルカ9:33　ここにいることは、〜ことです

すべおさめる（統べ治める）
出15:18　主はとこしえまでも〜められる
詩22:28　主は、国々を〜めておられる
47:8　神が国々を〜めておられる
72:8　地の果て果てに至るまで〜めますように
146:10　主は、とこしえまでも〜められる
イザ40:10　神である主は……その御腕で〜

すべて
Ⅰ歴29:14　〜はあなたから出たのであり

すべる
詩35:6　彼らの道をやみとし、また〜よう
73:18　彼らを〜りやすい所に置き

すまい（住まい）
出15:17　御〜のためにあなたが造りし
Ⅱ歴30:27　主の聖なる御〜、天に届いた
詩43:3　あなたのお〜に向かって
68:16　神がその〜として望まれたあの山
78:60　シロの御〜……その幕屋を見放し
90:1　代々にわたって私たちの〜です
箴3:33　正しい人の〜は、主が祝福され
イザ57:15　あがめられ、永遠の〜に住み
63:15　聖なる輝かしい御〜からご覧
エゼ37:27　わたしの〜は彼らとともにあり
ヨハ14:2　父の家には、〜がたくさんあり

すみ（墨）
エレ36:18　私が〜でこの巻き物に書きしるした
Ⅱコリ3:3　〜によってではなく、しかし
Ⅱヨハ12　紙と〜でしたくはありません
Ⅲヨハ13　筆と〜でしたくはありません

すみ（炭；炭火）
詩18:8　〜は主から燃え上がった
140:10　燃えている〜が彼らの上に
箴25:22　彼の頭に燃える〜を積むことに
イザ6:6　火ばさみで取った燃えさかる〜
ヨハ21:9　そこに〜とその上に載せた魚
ロマ12:20　彼の頭に燃える〜を積むことに

すむ（住む）
創13:6　いっしょに〜のに十分ではなかった
13:12　アブラムはカナンの地に〜んだが
14:12　ロトはソドムに〜んでいた
19:30　いっしょにほら穴の中に〜んだ
出2:21　この人といっしょに〜ようにした
29:45　わたしはイスラエルの間に〜み
申30:20　誓われたその地で、長く生きて
33:12　彼が主の肩の間に〜かのように
33:27　昔よりの神は、〜家。永遠の腕が
ヨシ15:63　エルサレムに〜んでいた
ルツ1:16　あなたの〜まれる所に私も〜
Ⅱサム7:2　杉材の家に〜んでいるのに
Ⅰ列6:13　わたしはイスラエルの子らのただ中に〜み「でしょうか
8:27　神ははたして地の上に〜まれる
Ⅱ歴6:18　人間とともに地の上に〜まれる
ヨブ11:14　天幕に不正を〜まわせるな
詩23:6　主の家に〜まいましょう
27:4　いのちの日の限り、主の家に〜
84:4　あなたの家に〜人たちは
91:1　いと高き方の隠れ場に〜者は「ず
101:7　欺く者は、私の家の中には〜みえ
107:36　そこに飢えた者を〜まわせ
箴21:9　屋根の片隅に〜ほうがよい
イザ33:5　主はいと高き方で、高い所に〜み
エレ17:25　この町はとこしえに人の〜所と
ホセ12:9　再びあなたを天幕に〜ませよう
14:7　彼らは帰って来て、その陰に〜み
ヨハ1:14　人となって、私たちの間に〜ま
14:23　その人とともに〜みます。しわれ
ロマ7:17　私のうちに〜みついている罪
エペ3:17　あなたがたの心のうちに〜んで
ヘブ11:9　地に他国人のようにして〜み
黙21:3　神は彼らとともに〜み、彼らは

するどい（鋭い）
詩45:5　あなたの矢は〜。国々の民は

すわる
士21:2　そこで夕方まで神の前に〜り
ヨブ29:7　私の〜所を広場に設けた
エレ15:17　戯れる者たちの集まりに〜った
ミカ4:4　いちじくの木の下に〜
マコ10:37　ひとりを左に〜らせてください

せ

せ（背）
詩18:40　敵が私に〜を見せるようにされた

せい（聖）
創2:3　この日を〜であるとされた
出3:5　立っている場所は、〜なる地「く
15:11　あなたのように、〜であって力強
19:6　祭司の王国、〜なる国民となる
28:36　『主への〜なるもの』と彫り
39:30　「主の〜なるもの」という文字を
レビ10:3　わたしは自分の〜を現し
10:10　〜なるものと俗なるもの、また
19:2　〜なる者とならなければならない

レビ20:26　わたしにとって～なるものとなる
　21:6　自分の神に対して～でなければ
　22:32　イスラエル人のうちで～とされ
民4:20　～なるものを見て死なないため
　6:5　彼は～なるものであって
　16:3　全会衆残らず～なるものであって
申5:12　安息日を守って、これを～なる日
　7:6　主の～なる民だからである
　14:2　主の～なる民である。　「せん
Ⅰサム2:2　主のように～なる方はありま
エズ8:28　あなたがたは主の～なるもので
詩22:3　けれども、あなたは～であられ
　30:4　その～なる御名に感謝せよ
　48:1　その～なる山、われらの神の都に
　93:5　～なることがあなたの家にはふさ
　99:3　は～である。　しわしい
　145:21　すべて肉なる者が～なる御名を
箴9:10　～なる方を知ることは悟りである
イザ5:16　みずから～なることを示される
　6:3　　～なる、～なる、万軍の主
　8:13　万軍の主、この方を、～なる方と
　29:23　彼らはわたしの名を～とし
　35:8　その道は～なる道と呼ばれる
　41:14　贖う者なるイスラエルの～なる
　43:14　贖われたイスラエルの～なる方
　62:12　～なる民、主に贖われた者と
　65:5　私はあなたより～なるものに
エレ2:3　イスラエルは主の～なるもの
エゼ20:41　わたしの～なることを示す
　36:23　わたしの偉大な名の～なることを
　38:16　わたしの～なることを示し
　42:20　～なるものと俗なるものとを区別
ダニ4:8　彼には～なる神の霊があった
　8:13　ひとりの～なる者が語っている
　12:7　～なる民の勢力を打ち砕くことが
ハバ1:12　私の～なる方ではありませんか
マタ7:6　～なるものを犬に与えては
　24:15　～なる所に立つのを見たならば
マコ6:20　ヨハネを正しい～なる人と知っ
使3:12　あなたの立っている所は～なる地
　26:18　～なるものとされた人々の中に
ロマ7:12　律法は～なるものであり
Ⅰコリ1:2　イエスにあって～なるものと
　6:11　～なる者とされ、義と認めら
エペ4:24　真理に基づく義と～をもって
　5:26　教会をきよめて～なるものとする
Ⅰテサ5:23　あなたがたを全く～なるもの
ヘブ2:11　～とする方も、～とされる者
　10:10　私たちは～なるものとされている
　10:14　～なるものとされる人々を
　13:12　ご自分の血によって民を～なる
Ⅰペテ1:15　召してくださった～なる方に
黙3:7　～なる方、真実な方、ダビデの
　4:8　～なるかな、～なるかな、～なる
　21:2　～なる都、新しいエルサレムが
ぜい（税）
エズ7:24　関～、～金を課してはならない
マタ17:25　だれから～貢を取り立てます

マタ22:17　～金をカイザルに納める　しか
マコ12:14　カイザルに～金を納めることは
ルカ20:22　カイザルに～金を納めることは
せいかく（正確）
ルカ1:4　　～な事実であることを、よく
せいかたい（聖歌隊）
ネヘ12:40　二つの～は神の宮でその位置に
せいかつ（生活）
箴28:18　潔白な～をする者は救われ
マコ12:44　～費の全部を投げ入れたから
ルカ21:4　～費の全部を投げ入れたから
ピリ1:27　キリストの福音にふさわしく～
せいがん（誓願）
創28:20　ヤコブは～を立てて言った
　31:13　わたしに～を立てたのだ
レビ22:18　～のささげ物、あるいは進んで
　27:2　主に特別な～を立てる場合には
民6:2　ナジル人の～を立てる場合
　21:2　イスラエルは主に～をして言った
　30:2　人がもし、主に～をし、あるいは
申23:21　あなたの神、主に～をするとき
士11:30　エフタは主に～を立てて言った
Ⅰサム1:11　そして～を立てて言った
伝5:3　神に～を立てるときには
使18:18　パウロは一つの～を立てていた
せいぎ（正義）
詩33:5　主は～と公正を愛される
　103:6　～とさばきを行われる
箴1:3　～と公義と公正と、思慮ある訓戒
　2:9　あなたは～と公義と公正と
　10:2　しかし～は人を死から救い出す
　12:28　～の道には、いのちがあり
　14:34　～は国を高め、罪は国民を
イザ5:7　～を待ち望まれたのに、　「き
　11:4　～をもって寄るべのない者をさば
　33:5　シオンを公正と～で満たされる
　33:15　～を行う者、まっすぐに語る者
　45:19　～を語り、公正を告げる者
　45:24　ただ、主にだけ、～と力がある
　46:12　～から遠ざかっている者たちよ
　56:1　公正を守り、～を行え
　61:10　衣を着せ、～の外套をまとわせ
エレ22:3　公義と～を行い
　23:6　『主は私たちの～』と呼ばれよう
　33:15　ダビデのために～の若枝を芽ばえ
哀1:18　主は～を行われる。しかし
ダニ9:7　主よ。～はあなたのものですが
ホセ10:12　～の種を蒔き
アモ5:24　～を……水の流れる川のように
使10:35　～を行う人なら、神に受け入れ
　24:25　～と節制とやがて来る審判とを
エペ6:14　胸には～の胸当てを着け
せいきゅう（請求）
ピレ18　その～は私にしてください
せいぎょ（制御）
ヤコ3:8　舌を～することは、だれにも
せいく（聖句）
使8:35　この～から始めて、イエスのこと

せいけつ（聖潔）
Ⅰテサ4:7　～を得させるためです
せいこう（成功）
創24:21　主が自分の旅を～させてくださ
　24:40　あなたの旅を～させてくださる
　39:23　主がそれを～させてくださった
Ⅰサム26:25　それはきっと～しよう
箴28:13　そむきの罪を隠す者は～しない
イザ48:15　彼の行うことを～させる
　55:11　わたしの言い送った事を～させる
せいざ（聖座）
詩11:4　　主は、その～が宮にあり
せいさん（清算）
マタ18:24　～が始まると、まず一万タラン
　25:19　主人が帰って来て、彼らと～を
せいしつ（性質）
ロマ11:24　もとの～に反して、栽培された
せいじつ（誠実）
Ⅱ歴31:20　正しいこと、～なことを行った
ネヘ7:2　ハナヌヤが～な人であり
ヨブ2:9　自分の～を堅く保つのですか
詩31:23　主は～な者を保たれるが
箴14:25　～な証人は人のいのちを救い出す
エレ31:3　わたしはあなたに、～を尽くし
ホセ6:4　あなたがたの～は朝もやのよう
　6:6　わたしは～を喜ぶが、いけにえは
Ⅱコリ1:12　聖さと神から来る～さとを
せいじゃ（聖者）
ヨブ5:1　～のうちのだれにあなたは向か
使13:35　あなたの～を朽ち果てるままには
せいじゅく（成熟）
ヘブ6:1　～を目ざして進もうではありま
せいしょ（聖書）　　しせんか
マタ21:42　次の～のことばを読んだことが
　22:29　～も神の力も知らないからです
　26:54　～が、どうして実現されましょう
マコ12:10　次の～のことばを読んだことが
　12:24　～も神の力も知らないからでは
　14:49　～のことばが実現するためです
ルカ4:21　きょう、～のこのみことばが
　24:32　～を説明してくださった間も
　24:45　～を悟らせるために彼らの心を
ヨハ2:22　～とイエスが言われたことばと
　5:39　あなたがたは……～を調べて
　10:35　～は廃棄されるものではないから
　13:18　～に……と書いてあることは成就
　17:12　それは、～が成就するためです
　19:24　～が成就するためであった
　19:28　～が成就するために
使17:2　～に基づいて彼らと論じた
　17:11　そのとおりかどうかと毎日～を調
　18:24　彼は～に通じていた。　しべた
ロマ9:17　～はパロに……と言っています
　15:4　～の与える忍耐と励ましによって
Ⅰコリ15:3　キリストは、～の示すとおり
ガラ3:8　～は、神が異邦人をその信仰に
　3:22　～は、逆に、すべての人を罪の下
　4:30　しかし、～は何と言っていますか

せいじょ

- IIテモ3:15　幼いころから～に親しんで
- ヘブ10:7　～のある巻に、わたしについて
- ヤコ2:8　ほんとうにあなたがたが、～に従って「と呼ばれた
- 2:23　～のことばが実現し、彼は神の友
- 4:5　……という～のことばが、無意味だと思うのですか。「釈を

せいじょ（聖所）

- 出25:8　わたしのために～を造るなら
- 36:1　～の奉仕のすべての仕事をする
- レビ12:4　また～に入ってもならない
- 21:12　神の～を汚してはならない
- I歴22:19　神である主の～を建て上げ
- 28:10　主は～となる宮を建てさせるため
- II歴26:18　～から出てください
- 詩20:2　主が～から、あなたに助けを送り
- 63:2　こうして～で、あなたを仰ぎ見て
- 73:17　私は、神の～に入り、ついに
- 74:7　あなたの～に火を放ち
- 114:2　ユダは神の～となり、「げ
- 134:2　～に向かってあなたがたの手を上
- 150:1　神の～で、神をほめたたえよ
- イザ8:14　この方が～となられる
- 16:12　祈るためにその～に入って
- 62:9　わたしの～の庭で、それを飲む
- エレ17:12　私たちの～のある所は
- 51:51　他国人が主の宮の～に入った
- 哀1:10　異邦の民が、その～に入った
- 2:7　主は、その祭壇を拒み、～を汚し
- エゼ5:11　わたしの～を汚したので
- 11:16　しばらくの間、彼らの～となって
- 23:38　同じ日に、わたしの～を汚し
- 24:21　心に慕っているわたしの～を
- 44:8　わたしの～での任務も果たさず
- 48:8　～はその中央にある。「す
- ダニ8:14　そのとき～はその権利を取り戻
- 9:17　あなたの荒れ果てた～に輝かせて
- 11:31　立ち上がり、～ととりでを汚し
- アモ7:13　ここは主の、王国のある所
- マラ2:11　主の愛された主の～を汚し
- ヘブ9:1　礼拝の規定と地上の～とがあり
- 9:8　まことの～への道は、まだ明らか
- 10:19　大胆にまことの～に入ることが
- 黙11:1　立って、神の～と祭壇と、また
- 15:8　～は……立ち上る煙で満たされ

せいじん（成人）

- Iコリ2:6　私たちは、～の間で、知恵を

せいする（制する）

- 創45:1　自分を～ことができなくなって
- ヨブ7:11　私も自分の口を～ことをせず
- 箴10:19　自分のくちびるを～者は思慮が
- 25:28　自分の心を～ことができない人は

せいぜつ（聖絶）

- レビ27:28　すべて～のものは最も聖なる「の
- 民18:14　～のものはみな、あなたのものに
- 申7:2　あなたは彼らを～しなければなら
- 20:17　必ず～しなければならない

- ヨシ6:18　～のものを取って、イスラエル
- 7:1　～のもののことで不信の罪を犯し
- 11:20　主が彼らを容赦なく～するため
- Iサム15:3　そのすべてのものを～せよ

せいたく

- ヤコ5:5　地上で～に暮らし、快楽にふけり

せいちょう（成長）「した

- Iサム2:21　サムエルは、主のみもとで
- 3:19　サムエルは～した。主は彼ととも
- ルカ1:80　幼子は～し、その霊は強くなり
- 2:40　幼子は～し、強くなり、知恵に
- Iコリ3:6　しかし、～させたのは神です
- IIコリ10:15　あなたがたの信仰が～し
- エペ4:15　あらゆる点において～し
- IIペテ3:18　恵みと知識において～しなさ

せいと（聖徒）「い

- 詩4:3　ご自分の～を特別に扱われるのだ
- 12:1　～はあとを絶ち、誠実な人は
- 16:3　地にある～たちには威厳があり
- 16:10　あなたの～に墓の穴をお見せには
- 30:4　～たちよ。主をほめ歌え
- 32:6　～は、みな、あなたに祈ります
- 37:28　ご自身の～を見捨てられない
- 50:5　～たちをわたしのところに集めよ
- 79:2　～たちの肉を野の獣に与え
- 116:15　主の～たちの死は主の目に尊い
- ダニ7:18　いと高き方の～たちが、国を
- ゼカ14:5　すべての～たちも主とともに来
- マタ27:52　多くの～たちのからだが生き返
- 使9:13　あなたの～にどんなにひどい
- 26:10　多くの～たちを牢に入れ、「なし
- ロマ12:13　～の入用に協力し、旅人をもて
- 15:25　今は、～に奉仕するために
- Iコリ1:2　～として召され
- 6:2　～が世界をさばくようになること
- IIコリ9:1　～たちのためのこの奉仕に
- エペ5:3　～にふさわしく、不品行も
- コロ1:26　神の～たちに現された奥義
- Iテモ5:10　旅人をもてなし、～の足を洗
- ピレ7　～たちの心が、兄弟よ、「しい
- 黙8:3　すべての～の祈りとともに
- 13:7　～たちに戦いをいどんで打ち勝つ
- 14:12　～たちの忍耐はここにある
- 16:6　～たちや預言者たちの血を流し
- 20:9　～たちの陣営と愛された都とを

せいどう（青銅）「屋で

- 創4:22　彼は～と鉄のあらゆる用具の鍛冶
- 民21:9　モーセは一つの～の蛇を作り
- エレ15:20　堅固な～の城壁とする
- ダニ2:32　その像は……腹とももとは～

せいねん（青年）

- マコ14:51　ある～が、素はだに亜麻布を
- 16:5　～が右側にすわっているのが見え
- 使23:17　この～を千人隊長のところに連れ

せいふく（征服）

- 民32:22　その地が主の前に～され、その後
- 詩81:14　ただちに、彼らの敵を～し
- ヘブ11:33　信仰によって、国々を～し

せいべつ（聖別）

- 出13:2　わたしのために～せよ
- 19:10　きょうとあす、彼らを～し
- 28:41　彼らを～して祭司としてわたしに
- 29:1　わたしに仕えるように～するため
- レビ8:10　こうしてこれらを～した。「ら
- 20:7　あなたがたが自分の身を～するな
- 21:8　彼を～しなければならない
- 22:2　わたしのために～しなければ
- 27:14　家を主に聖なるものとして～する
- 民6:7　その頭には神の～があるから
- 8:17　彼らを～してわたしのものとした
- IIサム8:11　主に～してささげた
- I列7:51　ソロモンは父ダビデが～した物
- I歴15:14　主の箱を運び上るために身を～した
- 26:27　主の宮を修理するために～して
- II歴29:5　自分自身を～しなさい
- エレ1:5　あなたを～し……定めていた
- エゼ20:12　わたしが彼らを～する主である
- ルカ2:23　主に～された者、と呼ばれなけ
- 使13:2　サウロをわたしのために～して

せいやく（誓約）

- 詩55:20　手を伸ばし、自分の～を破った
- 箴22:26　あなたは人と～をしてはならない

せいり（整理）

- イザ38:1　あなたの家を～せよ。あなたは

せいりょく（精力）「死ぬ

- ヨブ18:12　彼の～は飢え、わざわいが彼を
- イザ40:26　この方は～に満ち、その力は強

せいれい（聖霊）「いで

- 詩51:11　あなたの～を、私から取り去ら
- マタ1:18　～によって身重になったことが
- 1:20　その胎に宿っているものは～による
- マコ1:8　～のバプテスマをお授けになり
- ルカ11:13　どうして～を下さらないことが
- 使4:31　一同は～に満たされ、神のことば
- 19:2　信じたとき、～を受けましたか
- エペ1:13　約束の～をもって証印を押され
- ヘブ9:8　～は次のことを示しておられま
- IIペテ1:21　～に動かされた人たちが

せいれん（精練）

- マラ3:2　この方は、～する者の火
- 黙3:18　火で～された金をわたしから買い

せおう（背負う）「しなさい

- イザ46:4　しらがになっても、わたしは～
- 63:9　昔からずっと、彼らを～い
- マタ27:32　十字架を、むりやりに～わせた

せかい（世界）

- 詩24:1　～とその中に住むものは主のもの
- マタ13:38　畑はこの～のことで、良い種と
- 16:26　人は、たとい全～を手に入れても
- マコ16:15　全～に出て行き、すべての
- ルカ9:25　たとい全～を手に入れても
- 使17:6　～中を騒がせて来た者たちが
- ロマ5:12　ひとりの人によって罪が～に入り
- ヘブ11:3　この～が神のことばで造られた

せがむ
士16:16　しきりに〜み、責め立てたので
せき
ヨシ3:13　〜をなして立つようになる
せき（席）
ルカ14:22　でも、まだ〜があります
せきにん（責任）
民4:16　その用具についての〜である
エゼ3:18　彼の血の〜をあなたに問う
33:6　その血の〜を見張り人に問う
マタ27:24　この人の血について、私には〜がない
マコ13:34　仕事を割り当てて〜を持たせ
ルカ11:51　この時代はその〜を問われる
使20:26　さばきについて〜がありません
ロマ8:12　私たちは、肉に従って歩む〜を
せたけ（背たけ）
ルカ2:52　〜も大きくなり、神と人とに
せっこう（斥候）
ヨシ2:1　ふたりの者を〜として遣わして
6:23　〜になったその若者たちは
せっせい（節制）
使24:25　正義と〜とやがて来る審判とを
せっとく（説得）
マタ28:14　私たちがうまく〜して
Ⅰコリ2:4　〜力のある知恵のことばに
Ⅱコリ5:11　人々を〜しようとするのです
ぜつぼう（絶望）
ヨブ6:26　〜した者のことばは風のようだ
せつめい（説明）
創41:24　だれも私に〜できる者はいない
申1:5　このみおしえを〜し始めて言った
使18:26　神の道をもっと正確に彼に〜した
ぜつめつ（絶滅）
民16:21　たちどころに〜してしまうから
せつり（摂理）
箴8:14　〜とすぐれた知性とはわたしのもの
せまい（狭い）
マタ7:13　〜門から入りなさい。滅びに
7:14　その道は〜く、それを見いだす者
ルカ13:24　努力して〜門から入りなさい
せめる（攻める）
Ⅱ歴6:28　この地の町々を〜め囲んだ場合
イザ7:1　〜めたが、戦いに勝てなかった
31:4　シオンの山とその丘を〜
マタ11:12　天の御国は激しく〜められて
せめる（責める）
士8:1　彼らはギデオンを激しく〜めた
Ⅰ歴16:21　彼らのために王たちを〜められ
ヨブ13:10　神は必ずあなたがたを〜
40:2　神を〜者は、それを言いたてて
詩6:1　御怒りで私を〜めないでください
38:1　怒りで私を〜めないでください
50:8　あなたを〜のではない
57:3　私を踏みつける者どもを、〜めて
箴17:10　悟りのある者を一度〜ことは
24:25　しかし、悪者を〜者は喜ばれ
27:5　あからさまに〜のは、ひそかに

箴29:1　〜められても、なお、うなじの
エレ2:19　あなたの背信が、あなたを〜
マタ11:20　悔い改めなかったので、〜め始
マコ14:5　その女をきびしく〜めた。しめ
ヨハ8:46　わたしに罪があると〜者が
使24:16　〜められることのない良心を保つ
ロマ3:9　すべての人が罪の下にあると〜めた。か
9:19　なぜ、神は人を〜められるのです
Ⅰコリ1:8　〜められるところのない者と
Ⅰヨハ3:21　自分の心に〜められなければ
セラフィム
イザ6:2　〜がその上に立っていた
せわ（世話）
申32:10　これをいだき、〜をして
エゼ34:12　羊を……救い出して、〜をする
ぜん（善）
詩14:3　〜を行う者はいない。ひとりも
37:27　悪を離れて〜を行い、しいない
イザ5:20　悪を〜、〜を悪と言っている者
アモ5:15　悪を憎み、〜を愛し
ミカ3:2　あなたがたは〜を憎み、悪を愛し
ルカ6:9　〜を行うことなのか
ロマ3:8　〜を現すために、悪をしよう
3:12　〜を行う人はいない。ひとりも
7:18　私の肉のうちに〜が住んでいない
16:19　〜にはさとく、悪にはうとく
せんか（戦果）
Ⅰサム18:30　すべてにまさる〜をあげた
せんきょう（宣教）
Ⅰコリ2:4　私のことばと私の〜とは
せんげん（宣言）
レビ25:10　すべての住民に解放を〜する
ダニ4:24　いと高き方の〜であって
せんけんしゃ（先見者）
ミカ3:7　〜たちは恥を見、占い師たちは
ぜんこう（善行）
マタ6:1　人前で〜をしないように気を
せんこく（宣告）
箴16:10　王のくちびるには神の〜がある
伝8:11　悪い行いに対する〜がすぐ下さ
イザ13:1　イザヤの見たバビロンに対する〜
17:1　ダマスコに対する〜
19:1　エジプトに対する〜
21:1　海の荒野に対する〜
21:13　アラビヤに対する〜
エレ23:33　祭司が、『主の〜とは何か』と
マタ7:23　わたしは彼らにこう〜します
ルカ23:24　要求どおりにすることを〜した
せんしゃ（戦車）
ヨシ17:16　みな、鉄の〜を持っています
Ⅱ列2:11　一台の火の〜と火の馬とが現れ
6:17　火の馬と〜がエリシャを取り巻い
Ⅱ歴9:25　ソロモンは四千の馬屋や
イザ31:1　多数の〜と、非常に強い騎兵隊
ヨエ2:5　さながら〜のきしるような
ナホ2:4　〜は通りを狂い走り、広場を
ゼカ6:1　四台の〜が二つの山の間から

せんじょう（戦場）
Ⅰサム4:16　私は〜から来た者です
ぜんしょうのいけにえ（全焼のいけにえ）
創8:20　祭壇の上で〜をささげた。「すか
22:7　〜のための羊は、どこにあるので
出29:18　主への〜で、なだめのかおりで
レビ1:3　牛の〜であれば、傷のない雄牛
1:17　これは〜であり、主へのなだめ
6:9　〜のおしえは次のとおりである
士13:16　もし〜をささげたいなら
Ⅰサム7:9　焼き尽くす〜として主にささ
13:12　思い切って〜をささげた　しげた
15:22　〜や、その他のいけにえを喜ばれ
Ⅱサム24:24　〜をささげたくありません
Ⅱ列3:27　城壁の上で〜としてささげた
Ⅰ歴16:40　〜を、朝ごと、夕ごとに
21:26　〜と和解のいけにえとをささげて
エズ3:4　日々の〜をささげた
詩40:6　〜も、罪のためのいけにえも
50:8　あなたの〜は、いつも、わたしの
51:16　〜を、望まれません。　し前に
イザ1:11　雄羊の〜や〜の脂肪に飽きた
エレ7:21　〜を、あなたがたのほかの
いけにえに加えて
エゼ46:12　〜を、進んでささげるささげ物
ミカ6:6　〜、一歳の子牛をもって　しと
ぜんしん（前進）
使9:31　聖霊に励まされて〜し続けたので
ピリ1:12　かえって福音を〜させることに
せんせい（先生）
マタ17:24　あなたがたの〜は、宮の納入金
マコ5:35　このうえ〜を煩わすことが
ヨハ20:16　「ラボニ（すなわち、〜）」と
せんぞ（先祖）
Ⅰ列21:3　私の〜のゆずりの地をあなたに
詩44:1　〜たちが語ってくれたことを聞き
せんそう（戦争）
ヨシ11:23　その地に〜はやんだ
マタ24:6　〜のことや〜のうわさを聞く
マコ13:7　〜のことや〜のうわさを聞いて
ルカ21:9　〜や暴動のことを聞いても
せんだん（船団）
Ⅰ列9:26　エツヨン・ゲベルに〜を設けた
22:48　タルシシュの〜をつくり
ぜんち（全地）
イザ6:3　その栄光は〜に満つ
ぜんちょう（前兆）
マタ24:3　世の終わりには、どんな〜が
マコ13:4　どんな〜があるのでしょう
ルカ21:7　どんな〜があるのでしょう
せんでんしゃ（宣伝者）
Ⅰテモ2:7　私は〜また使徒に任じられ
せんとう（戦闘）
Ⅰコリ14:8　だれが〜の準備をするでしょう
せんとう（先頭）
ルカ13:30　いま〜の者がしんがりになる
せんどう（扇動）
ルカ23:5　この民を〜しているのです

せんにち

使6:12 長老たちと律法学者たちを〜し
13:50 町の有力者たちを〜して

せんにち（千日）
詩84:10 大庭にいる一日は〜にまさります

せんねん（千年）
Ⅱペテ3:8 一日は〜のようであり、〜は
黙20:2 古い蛇を捕えて、これを〜の間縛ら
20:6 キリストとともに、〜の間王と

せんねん（専念）
Ⅱ歴31:4 主の律法に〜するためであった

ぜんのう（全能）
創48:3 〜の神がカナンの地ルズで私に現れ
出6:3 〜の神として現れたが
ヨブ6:14 〜者への恐れを捨てるだろう
31:35 〜者が私に答えてくださる。
詩91:1 隠れ場に住む者は、〜者の陰に宿
イザ1:24 イスラエルの〜者、主の御告げ
13:6 〜者から破壊が来る

せんばん（洗盤）
出30:18 洗いのための青銅の〜と青銅の台
38:8 青銅で〜を、また青銅でその台を

ぜんめつ（全滅）
イザ28:22 全世界に下る決定的な〜につい

せんりつ（戦慄）
詩55:5 〜が私を包みました

せんりひん（戦利品）
民31:53 〜をめいめい自分のものとした

せんりょう（占領）
申9:1 強い国々を〜しようとしている
ヨシ1:11 〜するために、進んで行こうと
13:1 まだ〜すべき地がたくさん残って
18:3 与えられた地を〜しに行くのを
士1:27 それに属する村落を〜しなかった
11:24 あなたに〜させようとする地を〜
しないのか
18:9 進んで行って、あの地を〜しよう

そ

ぞう（像）
Ⅰサム6:5 この地を荒らしたねずみの〜
詩78:58 刻んだ〜で、神のねたみを
エレ8:19 自分たちの刻んだ〜により
ダニ2:31 一つの大きな〜をご覧になりま

ぞうげ（象牙）
Ⅰ列10:18 王は大きな〜の王座を作り
22:39 彼が建てた〜の家、彼が建てた
詩45:8 〜のやかたから聞こえる緒琴は
雅7:4 あなたの首は、〜のやぐらのよう
アモ3:15 〜の家々は滅び、多くの家々は
6:4 〜の寝台に横たわり、長いすに

そうこ（倉庫）
出1:11 〜の町ピトムとラメセスを建てた

そうじ（掃除）
マタ12:44 〜してきちんとかたづいて

そうししゃ（創始者）
ヘブ2:10 救いの〜を……全うされた

そうじょうざい（騒擾罪）
使19:40 〜に問われる恐れがあります

そうせつ（創設）
Ⅰサム11:14 王権を〜する宣言をしよう

そうぞう（創造）
創1:1 初めに、神が天と地を〜した
1:21 翼のあるすべての鳥を〜された
1:27 人をご自身のかたちとして〜された
伝12:1 若い日に、あなたの〜者を覚えよ
イザ4:5 煙と燃える火の輝きを〜される
40:26 だれがこれらを〜したかを見よ
40:28 地の果てまで〜された方
41:20 イスラエルの聖なる者がこれを〜
43:7 わたしがこれを〜し、した
43:15 イスラエルの〜者、あなたがた
の王
45:7 平和をつくり、わざわいを〜する
45:18 天を〜した方、すなわち神
65:17 新しい天と新しい地を〜する
エレ31:22 一つの新しい事を〜される
マコ13:19 神が天地を〜された初めから
ガラ6:15 大事なのは新しい〜です
Ⅱペテ3:4 何事も〜の初めからのままで
黙4:11 あなたは万物を〜し、ではないか

そうぞく（相続）
民18:20 彼らの国で〜地を持ってはならな
27:8 その〜地を娘に渡しなさい
33:54 その地を〜地としなさい。
34:13 くじを引いて〜地とする土地であ
申15:4 主が〜地としてあなたに与えて
18:1 〜地の割り当てを受けては
18:8 〜財産を売った分は別として
20:16 主が〜地として与えようとして
ヨシ13:14 それが彼らの〜地であった
Ⅰ歴16:18 あなたがたの〜地として
ヨブ31:2 高い所から下さる〜財産は何か
詩78:55 その地を〜地として彼らに分け与
箴20:21 急に得た〜財産は、終わりには
エレ12:7 家を捨て、私の〜地を見放し
50:11 わたしの〜地を略奪する者たち
哀5:2 私たちの〜地は他国人の手に渡り
エゼ47:14 この地は〜地としてあなたがた
ミカ2:2 人とその〜地をゆすり取る
ロマ4:13 世界の〜人となるという約束で
8:17 子どもであるなら、〜人でもあり
ガラ3:18 〜がもし律法によるのなら
4:1 〜人というものは、全財産の持ち
主なのに
エペ3:6 異邦人もまた共同の〜者となり
コロ3:24 御国を〜させていただくことを
ヘブ1:4 すぐれた御名を〜されたように
11:7 信仰による義を〜する者となり

そうだん（相談）
マタ22:15 ことばのわなにかけようかと〜した
ヨハ12:10 ラザロも殺そうと〜した
ガラ1:16 私はすぐに、人には〜せず

そうとく（総督）
ネヘ5:14 ユダの地の〜として任命された

エレ40:7 ゲダルヤをその国の〜にし
マラ1:8 さあ、あなたの〜のところに
マコ13:9 〜や王たちの前に立たされます

そうろ（走路）
詩19:5 勇士のように、その〜を喜び走る

そくばく（束縛）
Ⅰコリ7:35 あなたがたを〜しようとして

そこ（底）
詩18:15 こうして、水の〜が現れ

そこなう（損）
申32:5 主を〜い、その汚れで、主の子
ヨブ20:26 生き残っているものをも〜って
箴8:36 自分自身を〜い、しまう
マラ2:8 レビとの契約を〜った

そしり
ヨシ5:9 エジプトの〜を……取り除いた
詩31:13 私は多くの者の〜を聞きました
44:13 私たちを、隣人の〜とし
69:20 〜が私の心を打ち砕き
89:41 彼は隣人の〜となっています
箴18:3 恥とともに、〜も来る
イザ51:7 人の〜を恐れるな
エレ6:10 彼らにとって、〜となる
20:8 〜となり、笑いぐさとなるのです
29:18 あざけりとし、〜とする
31:19 私の若いころの〜を負っている
エゼ5:15 回りの諸国の民の〜となり
22:4 わたしはおまえを諸国の民の〜と
ホセ12:14 彼の〜に仕返しをする
ヨエ2:19 諸国の民の間で、〜としない
ミカ6:16 国々の民の〜を負わなければ
ロマ15:3 あなたをそしる人々の〜
Ⅱコリ12:20 憤り、党派心、〜、陰口
ヘブ11:26 キリストのゆえに受ける〜を

そしる
Ⅱ列19:4 生ける神を〜ために彼を遣わし
19:22 だれを〜り、ののしったのか
詩15:3 その人は、舌をもって〜らず
42:10 骨々が打ち砕かれるほど、私を〜
50:20 おのれの母の子を〜。
69:9 あなたを〜人々のそしりが
101:5 陰で自分の隣人を〜者は
102:8 私の敵は一日中私を〜り
箴17:5 あざける者は自分の造り主を〜
イザ37:4 生ける神を〜ために彼を遣わし
65:7 わたしを〜ったあなたがたの咎と
ルカ12:10 人の子を〜ことばを使う者が
ロマ1:30 〜者、神を憎む者、人を人と
Ⅱコリ6:3 この務めが〜られないために
テト3:2 また、だれをも〜らず、争わず
Ⅱペテ2:10 栄誉ある人たちを〜って

そせき（礎石）
エペ2:20 キリスト・イエスご自身がその
〜です
Ⅰペテ2:6 選ばれた石、尊い〜を置く

そそぎのあぶら（注ぎの油）
出30:25 これらをもって聖なる〜を
Ⅰヨハ2:20 聖なる方からの〜があるので

Ⅰヨハ2:27　キリストから受けた〜が
そそぐ（注ぐ）
　出30:26　　　この油を次のものに〜
　Ⅰサム1:15　私の心を〜ぎ出していたので
　　7:6　　　水を汲んで主の前に〜ぎ
　Ⅱサム23:16　それを〜いで主にささげて
　Ⅰ歴11:18　　それを〜いで主にささげて
　詩36:10　～いでください。あなたの恵みを
　　42:4　　私の前で心を〜ぎ出しています
　　45:7　　喜びの油を……あなたに〜がれた
　イザ27:3　　　絶えずこれに水を〜ぎ
　　44:3　　祝福をあなたの子孫に〜ごう
　エレ7:20　　畑の木と、地の産物とに〜がれ
　　10:25　　あなたの憤りを〜いでください
　エゼ7:8　　ただちに、憤りをあなたに〜ぎ
　ホセ5:10　　激しい怒りを水のように〜
　ゼカ12:10　　恵みと哀願の霊を〜
　マタ26:7　　イエスの頭に香油を〜いだ
　マコ14:3　そのつぼを割り、イエスの頭に
　　　　　　　　　　　　　　　　〜いだ
　ルカ4:20　みなの目がイエスに〜がれた
　使2:17　　わたしの霊をすべての人に〜
　　10:38　この方に聖霊と力を〜がれました
　ロマ5:5　　神の愛が私たちの心に〜がれて
そなえ（備え）
　詩5:3　　　私はあなたのために〜をし
　マコ15:42　その日は〜の日、すなわち安息
そなえのパン（供えのパン）　└日の前日
　Ⅰサム21:6　主の前から取り下げられた〜
　マタ12:4　食べてはならない〜を食べまし
そなえもの（供え物）
　マタ15:5　　　〜になりましたと言う者は
　マコ12:33　どんな全焼のいけにえや〜より
　ロマ12:1　　生きた〜としてささげなさい
　　15:16　神に受け入れられる〜とするため
　エペ5:2　　神へのささげ物、また〜とし
　ピリ4:18　神が喜んで受けてくださる〜
そなえる（備える）　　　　　┌さる
　創22:8　全焼のいけにえの羊を〜えてくだ
　詩74:16　　月と太陽とを〜えられました
　ヨナ1:17　主は大きな魚を〜えて、ヨナに
　　4:6　　　主は一本のとうごまを〜え
　　4:7　夜明けに、一匹の虫を〜えられた
　ゼパ1:7　　主が一頭のほふる獣を〜え
　マタ20:23　それに〜えられた人々がある
　マコ10:40　それに〜えられた人々がある
　ルカ1:76　先立って行き、その道を〜え
　　2:31　　万民の前に〜えられたもので
　　7:27　　あなたの前に〜えさせよう
　ヨハ14:3　あなたがたに場所を〜えたら
　Ⅰコリ2:9　神の〜えてくださったものは
その（園）
　創2:8　　東の方エデンに〜を設け、そこに
　　13:10　主の〜のように、またエジプト
　イザ1:30　　水のない〜のようになるからだ
　エゼ28:13　あなたは神の〜、エデンにいて
　　31:8　神の〜の杉の木も、これとは
　　36:35　　　エデンの〜のようになった

ヨエ2:3　　この国はエデンの〜のようで
ヨハ19:41　十字架につけられた場所に〜が
そばめ
　士19:2　ところが、その〜は彼をきらって
　Ⅱサム16:22　父の〜たちのところに入った
そぼ（祖母）
　Ⅱテモ1:5　最初あなたの〜ロイスと
そむく
　創31:36　私にどんな〜の罪があって、「罪
　レビ16:16　その〜、すなわちそのすべての
　Ⅰサム25:28　このはしための〜の罪を
　ヨブ31:33　　自分の〜の罪をおおい隠し
　　34:37　　彼は、自分の罪に〜の罪を加え
　詩32:1　　　その〜を赦され、罪をおおわれ
　　39:8　私のすべての〜の罪から私を助け
　　51:3　　私は自分の〜の罪を知っています
　　89:32　　杖をもって、彼らの〜の罪を
　箴28:2　　国に〜があるときは、多くの首長
　イザ57:4　あなたがたは〜の子ら、偽りの
　　59:12　あなたの御前で多くの〜の罪を
　エゼ18:22　彼が犯したすべての〜の罪は
　　39:24　汚れと〜の罪に応じて彼らを罰し
　アモ3:14　イスラエルがわたしに犯した〜
　　　　　　　　　　　　　　　　の罪を
　ミカ1:5　これはみな、ヤコブの〜の罪の
そむく　　　　　　　　　　　　└ため
　民14:9　　ただ、主に〜いてはならない
　申26:13　　私はあなたの命令に〜かず
　Ⅰサム15:23　まことに、〜ことは占いの罪
　Ⅰ列12:19　イスラエルはダビデの家に〜い
　　13:21　あなたは主のことばに〜いて、し
　　13:26　主のことばに〜いた神の人だ
　Ⅱ列3:5　　　イスラエルの王に〜いた
　Ⅱ歴10:19　　　ダビデの家に〜いた
　イザ1:20　　しかし、もし拒み、〜なら
　　1:28　　〜者は罪人とともに破滅し
　　48:8　　〜者と呼ばれていることを
　エレ5:23　　彼らは、〜いて去って行った
　哀3:42　　私たちは〜いて逆らいました
　エゼ2:3　　わたしに〜反逆の国民に
　アモ4:4　　ベテルへ行って、〜け
　使26:19　私は、この天からの啓示に〜ず
　ロマ2:27　割礼がありながら律法に〜いて
そよかぜ（そよ風）
　創3:8　　〜の吹くころ、彼らは……聞いた
そら（空）
　ルカ12:56　地や〜の現象を見分けること
そらす
　ヨブ7:19　私から目を〜されないのですか
そる
　Ⅱサム10:4　彼らのひげを半分〜り落とし
　イザ7:20　　　ひげまでも〜り落とす
　エゼ44:20　彼らは頭を〜ってはならない
　使21:24　　頭を〜費用を出してやりなさい
それる
　詩119:51　　　みおしえから〜れませんでし
そん（損）
　Ⅰコリ3:15　　その人は〜害を受けますが

ピリ3:8　　　いっさいのことを〜と思って
ピレ18　もし彼があなたに対して〜害を
そんけい（尊敬）
　マラ1:6　どこに、わたしへの〜があるのか
　マタ13:57　　預言者が〜されないのは
　マコ6:4　　　預言者が〜されないのは
　使28:10　彼らは、私たちを非常に〜し
　ピリ2:29　彼のような人々には〜を払い
　Ⅰテサ5:13　愛をもって深い〜を払いなさ
そんげん（尊厳）　　　　　　└い
　詩96:6　　〜と威光は御前にあり、力と光栄
　　104:1　あなたは〜と威光を身にまとって
そんしつ（損失）
　使27:10　生命にも、危害と大きな〜が及ぶ
そんじる（損じる）
　マタ16:26　　まことのいのちを〜じたら

た

たい（胎）
　伝11:5　　妊婦の〜内の骨々のことと同様
　ヨハ3:4　　もう一度、母の〜に入って
だい（台）
　Ⅰサム6:18　主の箱が安置された……
　　　　　　　　　　　　　　　大きな〜
　ネヘ8:4　このために作られた木の〜の上
だいいち（第一）
　Ⅰコリ15:47　〜の人は地から出て、土で
　黙20:6　〜の復活にあずかる者は幸いな者
だいか（代価）
　民20:19　水を飲むことがあれば、その〜を
　イザ55:1　〜を払わないで、ぶどう酒と乳
　マタ27:6　　　血の〜だから」と言った
　Ⅰコリ6:20　〜を払って買い取られたので
　　7:23　あなたがたは、〜をもって買われ
たいぎょ（大魚）
　マタ12:40　三日三晩〜の腹の中にいました
だいきん（代金）
　使4:37　それを売り、その〜を持って来て
　　5:2　　　その〜の一部を残しておき
だいく（大工）
　マタ13:55　　　〜の息子ではありませんか
　マコ6:3　　この人は〜ではありませんか
だいげんしゃ（代言者）
　Ⅱ歴32:31　　　彼のもとに〜を遣わし
　ヨブ33:23　千人にひとりの〜がおり
たいこう（対抗）
　ルカ12:53　父は息子に、息子は父に〜し
たいざい（滞在）
　創12:10　エジプトのほうにしばらく〜する
だいさいし（大祭司）
　ルカ3:2　　アンナスとカヤパが〜であった
　ヨハ18:19　　〜はイエスに……尋問した
　使5:17　そこで、〜とその仲間たち全部
　　23:4　　あなたは神の〜をののしるのか
　ヘブ2:17　あわれみ深い、忠実な〜となる
　　3:1　　〜であるイエスのことを考えなさ

コンコルダンス

たいし　2633　たくみ

ヘブ4:14　もろもろの天を通られた偉大な〜
　　5:5　キリストも〜となる栄誉を自分で
たいし（大使）
エペ6:20　福音のために〜の役を果たして
だいじん（大臣）
使7:10　王の家全体を治める〜に任じ
たいだ（怠惰）
箴19:15　〜は人を深い眠りに陥らせ
だいたん（大胆）
使4:13　ペテロとヨハネとの〜さを見
　4:29　みことばを〜に語らせてください
　28:31　〜に、少しも妨げられることなく
Ⅱコリ3:12　私たちはきわめて〜にふるまい
エペ3:12　信仰によって〜に確信をもって
ピリ1:14　ますます〜に神のことばを語る
Ⅰヨハ4:17　さばきの日にも〜さを持つ
たいとく（体得）
箴1:3　思慮ある訓戒を〜するためであり
だいに（第二）
Ⅰコリ15:47　〜の人は天から出た者です
黙2:11　決して〜の死によってそこなわれ
　20:6　〜の死は、なんの力も持っていな
たいのう（大能）
詩145:11　あなたの〜のわざを、語る
　150:2　その〜のみわざのゆえに
ルカ22:69　人の子は、神の〜の右の座に
エペ6:10　その力によって強められ
だいひょうせんし（代表戦士）
Ⅰサム17:4　ひとりの〜が出て来た
たいまつ
創15:17　煙の立つかまどと、燃えている〜
士7:16　そのつぼの中に〜を入れさせた
たいよう（太陽）
詩19:4　〜のために、幕屋を設けられた
　84:11　まことに、神なる主は〜です
伝11:7　〜を見ることは目のために良い
雅6:10　〜のように明るい、旗を掲げた
イザ13:10　〜は日の出から暗く、月も光を
エレ31:35　主は〜を与えて昼間の光とし
エゼ32:7　〜を雲で隠し、月に光を放たせ
ヨエ2:31　〜はやみとなり、月は血に変わり
アモ8:9　わたしは真昼に〜を沈ませ
ハバ3:11　〜と月はその住まいにとどまり
マラ4:2　義の〜が上り、
マタ5:45　悪い人にも良い人にも〜を上ら
　24:29　〜は暗くなり、月は光を放たず
使2:20　〜はやみとなり、月は血に変わる
Ⅰコリ15:41　〜の栄光もあり、月の栄光に
たいら（平ら）
詩27:11　私を〜な小道に導いてください
箴11:5　その正しさによって〜にされ
イザ45:2　前に進んで、険しい地を〜にし
　45:13　彼の道をみな、〜にする
たえいる（絶え入る）
詩119:81　救いを慕って〜ばかりです
たえしのぶ（耐え忍ぶ）
マタ10:22　最後まで〜者は救われます
　24:13　最後まで〜者は救われます

マコ13:13　最後まで〜人は救われます
Ⅰコリ13:7　すべてを期待し、すべてを〜
Ⅱテモ2:12　もし〜んでいるなら、　し、び
ヤコ5:8　あなたがたも〜びなさい
Ⅰペテ2:20　苦しみを受け、それを〜
たえる（耐える）
エレ44:22　あの忌みきらうべきことのため
　　に、もう〜えられず
エゼ22:14　おまえの心は〜えられようか
ナホ1:6　だれがその燃える怒りに〜え
マラ3:2　この方の来られる日に〜えられ
ルカ8:15　よく〜えて、実を結ばせる
ロマ12:12　患難に〜え、絶えず祈りに励み
Ⅰコリ10:13　〜えられるように
ヤコ1:12　試練に〜人は幸いです
たえる（絶える）
Ⅰコリ13:8　愛は決して〜ことがありませ
たおれる（倒れる）
Ⅱサム1:25　勇士たちは戦いのさなかに〜
詩37:24　その人は〜れても　　　れた
箴24:16　正しい者は七たび〜れても
エレ51:8　バビロンは〜れて砕かれた
ミカ7:8　私は〜れても起き上がり
ロマ11:11　つまずいたのは〜ためなので
黙1:17　その足もとに〜れて死者のように
　14:8　大バビロンは〜れた。〜れた
たか
レビ11:16　よたか、かもめ、〜の類
ヨブ39:26　〜が舞い上がり、南にその翼を
たがう
ヨシ23:14　良いことが一つも〜わなかった
たかきところ（高き所）
Ⅱ列14:4　〜でいけにえをささげたり
たかくする（高くする）
エゼ17:24　高い木を低くし、低い木を〜し
　21:26　低い者は〜され、高い者は低く
ルカ14:11　だれでも自分を〜者は低くされ
たかさ（高さ）
ロマ8:39　〜も、深さも、そのほかのどん
たかぶり（高ぶり）
ヨブ33:17　人間から〜を離れさせる
詩36:11　〜の足が私に追いつかず
箴8:13　わたしは〜と……を憎む
　11:2　〜が来れば、恥もまた来る
　16:18　〜は破滅に先立ち、心の高慢は
エレ48:29　私たちはモアブの〜を聞いた
マコ7:22　そしり、〜、愚かさであり
たかぶる（高ぶる）
出9:17　わたしの民に対して〜っており
申8:14　あなたの心が〜り、あなたの神
Ⅱ列14:10　それであなたの心は〜っている
Ⅱ歴25:19　あなたの心は〜り、誇って
　32:25　かえってその心を〜らせた
ヨブ40:11　すべて〜者を見て、これを低く
詩31:23　〜者には、きびしく報いられる
　35:26　私に向かって〜者は、恥と侮辱を
　38:16　私に対して〜らないようにして
　119:78　〜者どもが、恥を見ますように

詩123:4　〜者たちのさげすみとで
箴6:17　〜目、偽りの舌、罪のない者の血
　21:4　〜目とおごる心　　「〜って
イザ3:5　身分の低い者は高貴な者に向か
　3:16　シオンの娘たちは〜り
　5:15　〜者の目も低くされる
　9:9　それを知り、〜り、思い上がって
エレ13:15　耳を傾けて聞け。〜な
エゼ28:2　あなたは心〜り、『私は神だ
マラ3:15　〜者をしあわせ者と言おう
ルカ1:51　心の思いの〜っている者を追い
ロマ12:16　〜った思いを持たず、かえって
Ⅰコリ8:1　知識は人を〜らせ、愛は人の
Ⅱコリ12:7　〜ことのないようにと
ヤコ4:6　神は、〜者を退け、へりくだる
たかめる（高める）
箴4:8　それはあなたを〜め、者に恵みを
　14:34　正義は国を〜め、罪は国民を
イザ2:11　主おひとりだけが〜められる
ダニ11:36　すべての神よりも自分を〜め
たがやす（耕す）
創2:5　土地を〜人もいなかったから
　3:23　人は……土を〜ようになった
申22:10　牛とろばとを組にして〜しては
ヨブ4:8　不幸を〜し、害毒を蒔く者が
箴20:4　なまけ者は冬には〜さない
エレ26:18　シオンは畑のように〜され
ホセ10:13　あなたがたは悪を〜し、不正を
ミカ3:12　シオンは……畑のように〜され
Ⅰコリ9:10　〜者が望みを持って〜て
たから（宝）
創43:23　袋の中に〜を入れてくださった
出19:5　民の中にあって、わたしの〜
申14:2　あなたを選んでご自分の〜の民と
　26:18　あなたは主の〜の民であり
ヨブ28:10　その目はすべての〜を見る
詩119:14　どんな〜よりも、楽しんでいます
　135:4　選んで、ご自分の〜とされた
箴2:4　隠された〜のように、これを探り
　20:15　知識のくちびるが〜の器
伝2:8　それに王たちや諸州の〜も集めた
マラ3:17　事を行う日に、わたしの〜
マタ2:11　〜の箱をあけて、黄金、乳香
　6:19　〜を地上にたくわえるのはやめな
　13:44　天の御国は、畑に隠された〜
ルカ12:34　あなたがたの〜のあるところに
Ⅱコリ4:7　この〜を、土の器の中に入れ
コロ2:3　知恵と知識との〜がすべて隠さ
たきぎ
民15:32　安息日に、〜を集めている男を
ヨシ9:21　〜を割る者、水を汲む者と
だく（抱く）
創48:10　彼らに口づけし、彼らを〜いた
申1:31　全道中、人がその子を〜ように
雅2:6　右の手が私を〜いてくださると
マコ10:16　イエスは子どもたちを〜き
たくみ（巧み）
Ⅱコリ11:6　話は〜でないにしても

たくらみ；たくらむ
- 創37:18　彼を見て、彼を殺そうと〜んだ
- ネヘ4:15　彼らの〜は私たちに悟られ
- エス7:5　あえてしようと〜んでいる者は
- ヨブ5:12　神は悪賢い者の〜を打ちこわす
- 詩10:2　おのれの設けた〜にみずから捕らえ
- 35:20　地の平穏な人々に、欺きごとを〜
- 41:7　私に対して、悪を
- 箴7:10　心に〜のある女が彼を迎えた
- イザ32:7　彼はみだらなことを〜み
- ナホ1:9　主に対して何を〜のか

たくわえる
- 創41:49　海の砂のように非常に多く〜え
- ヨブ23:12　御口のことばを〜えた
- 詩39:6　人は、積み〜が、だれがそれを
- 119:11　あなたのことばを心に〜えました
- 箴2:1　私の命令をあなたのうちに〜え
- 10:14　知恵のある者は知識を〜え
- マタ6:19　宝を地上に〜のはやめなさい
- ルカ12:17　作物を〜えておく場所がない
- 12:21　自分のために〜えても、神の前に

たこくじん（他国人）
- エレ51:51　〜が主の宮の聖所に入った
- 哀5:2　私たちの相続地は〜の手に渡り
- ヨエ3:17　〜はもう、そこを通らない

たしか（確か；確かめる）
- Ⅰサム2:3　そのみわざは〜です
- 詩90:17　私たちの手のわざを〜なものに
- 119:133　みことばによって、私の歩み
を〜にし
- 箴16:9　人の歩みを〜なものにするのは主
- マコ16:20　みことばを〜なものとされた
- Ⅱコリ8:8　愛の真実を〜めたいのです

たじろぐ
- イザ41:10　〜な。わたしがあなたの神だから

たすかる（助かる）
- 使27:31　船にとどまっていなければ……〜りません
- Ⅰコリ3:15　火の中をくぐるようにして〜

たすけ（助け）
- 詩30:10　主よ。私の〜となってください
- 46:1　苦しむとき、そこにある〜
- 121:2　私の〜は、天地を造られた主から
- イザ30:7　そのエジプトの〜はむなしく
- 使26:22　この日に至るまで神の〜を受け

たすけだす（助け出す）
- 士6:9　圧迫する者の手から〜し
- Ⅱサム22:20　連れ出し、私を〜された
- ヨブ29:12　助けを叫び求める貧しい者を〜
- 詩71:2　私を〜てください。
- 124:7　わなから鳥のように〜された
- エレ15:21　横暴な者たちの手から〜
- Ⅱテモ4:18　すべての悪のわざから〜し

たすけて（助け手）
- 創2:18　彼にふさわしい〜を造ろう
- ヘブ13:6　主は私の〜です。私は恐れませ

たすけぬし（助け主）
- ヨハ14:16　父はもうひとりの〜をあなたが
- 15:26　わたしが父のもとから遣わす〜

- ヨハ16:7　〜があなたがたのところに来ない

たすける（助ける）
- Ⅱ列14:26　イスラエルを〜者もいなかった
- Ⅱ歴14:11　主よ。力の強い者を〜のも
- 26:7　神は彼を〜けて、ペリシテ人
- ヨブ26:2　無力な者をどのようにして〜け
たのか
- 31:21　私を〜者が門のところにいるのを
- 詩10:14　あなたはみなしごを〜方でした
- 54:4　まことに、神は私を〜方、
- 109:26　わが神、主よ。私を〜けてくださ「い
- イザ49:8　救いの日にあなたを〜けた
- 50:7　しかし、神である主は、私を〜
- ホセ13:9　だれがあなたを〜けよう
- マタ8:25　主よ。〜けてください
- 14:30　「主よ。〜けてください」と言った
- 15:25　主よ。私を〜けてください
- 使20:35　弱い者を〜けなければならない
- ヘブ2:18　試みられている者たちを〜こと

たずさえのぼる（携え上る）
- 創50:25　私の遺体をここから〜ってください

たずねもとめる（尋ね求める）
- Ⅰ歴16:11　主とその御力を〜めよ
- 詩9:10　主よ。あなたは〜める者を
- 14:2　神を〜、悟りのある者がいるか
- 53:2　神を〜、悟りのある者がいるか
- 69:32　神を〜者たちよ。あなたがたの
- 119:2　心を尽くして主を〜人々
- イザ45:19　わたしを〜めよと言わなかった
- ホセ3:5　主と、彼らの王ダビデを〜め
- ゼパ2:3　主を〜めよ。義を求めよ
- ゼカ8:22　エルサレムで万軍の主を〜め

たずねる（尋ねる）
- ヨブ5:8　神に〜ね、私のことを神に訴え
- 伝1:13　一心に〜ね、探り出そうとした
- イザ8:19　ささやく口寄せに〜ねよ
- 45:11　わたしに〜ねようとするのか
- エレ21:2　私たちのために主に〜ねて

たたえる
- ヨブ40:14　わたしはあなたを〜えて言おう

たたかい（戦い）
- 民21:14　「主の〜の書」にこう言われて
- Ⅰサム17:47　この〜は主の〜だ
- Ⅰ列8:44　遣わされる道に出て〜に臨む
- Ⅱ歴20:15　この〜はあなたがたの〜ではな
- 詩18:34　〜のために私の手を鍛え、
- 27:3　〜が私に向かって起こっても
- 46:9　主は地の果てまでも〜をやめさせ
- 55:21　その心は、〜がある
- 144:1　主は、〜のために私の手を
- イザ2:4　二度と〜のことを習わない
- ゼカ14:14　ユダもエルサレムに〜をしかけ
- ルカ14:31　ほかの王と〜を交えようとする
- Ⅱコリ7:5　外には〜、うちには恐れが
- ヤコ4:1　あなたがたの間に〜や争いが
- 黙12:7　さて、天に〜が起こって
- 16:14　神の大いなる日の〜に備えて

たたかう（戦う）
- 創14:2　すなわち、ツォアルの王と〜った
- 32:28　あなたは神と〜い、人と〜って
- 出14:14　主があなたがたのために〜われる
- 民31:7　ミデヤン人と〜って、その男子を
- 申1:30　あなたがたのために〜われるのだ
- 20:4　あなたがたの敵と〜い、勝利を
- ヨシ10:14　主がイスラエルのために〜った
- 10:42　イスラエルのために〜われたから
- Ⅰサム25:28　主の戦いを〜っておられる
- Ⅱ歴11:4　兄弟たちと〜ってはならない
- イザ41:12　あなたと〜者たちは、全く
- エレ1:19　彼らがあなたと〜っても
- 21:5　わたし自身が……あなたがたと〜「しょう「い
- ヨハ18:36　渡さないように、〜ったことで
- Ⅰコリ15:32　エペソで獣と〜
- Ⅱコリ10:3　肉に従って〜ってはいません
- Ⅰテモ1:18　良心を保ち、勇敢に〜い抜く
- 6:12　信仰の戦いを勇敢に〜い、永遠の
- Ⅱテモ4:7　私は勇敢に〜い、走るべき道
- ヘブ12:4　罪と〜って、血を流すまで
- ユダ3　伝えられた信仰のために〜よう

たたく
- 詩47:1　すべての国々の民よ。手を〜に
- マタ7:7　〜きなさい。そうすれば開かれ
- ルカ11:9　〜きなさい。そうすれば開かれ
- 13:25　戸をいくら〜いても、もう主人
- 使12:16　しかし、ペテロは〜き続けていた
- Ⅱコリ11:20　顔を〜かれても、こらえて
- 黙3:20　わたしは、戸の外に立って〜

ただしい（正しい）
- 創6:9　ノアは、〜人であって
- 18:24　その中にいる五十人の〜者のため
- 20:4　〜国民をも殺されるのですか
- 20:16　これですべて、〜とされよう
- 38:26　あの女は私よりも〜。私が彼女に
- レビ19:15　あなたの隣人を〜くさばかなけ
- 19:36　〜てんびん、〜重り石、〜しければ
- 民23:10　私は〜人が死ぬように死に
- 申9:4　私が〜から、主が私にこの地を
- 12:8　おのおのが自分の〜と見ることを
- 25:1　〜ほうを〜とし、悪いほうを悪い
- 25:15　あなたは完全に〜重り石を持ち
- 32:4　主は……〜方、直ぐな方である
- 士17:6　自分の目に〜と見えることを
- 21:25　自分の目に〜と見えることを
- Ⅰサム24:17　あなたは私より〜
- エズ9:15　あなたは〜方です。まことに
- ネヘ9:33　あなたは〜くあられたのだ
- ヨブ4:7　どこに〜人で絶たれた者がある
- 4:17　人は神の前に〜くありえようか
- 25:4　神の前に〜くありえようか
- 32:1　ヨブが自分は〜と思っていたから
- 33:12　このことであなたは〜くない
- 34:5　私は〜。神が私の正義を取り去っ
- 詩1:6　主は、〜者の道を知っておられる
- 11:3　拠り所がこわされたら〜者に何が

詩11:5	主は〜者と悪者を調べる		ではなく		ヨシ23:9	だれもあなたがたの前に〜こと
14:5	神は、〜者の一族とともにおられ	ヤコ4:17	なすべき〜ことを知っていながら		たちほろぼす（断ち滅ぼす）	
37:29	〜者は地を受け継ごう	5:6	〜人を罪に定めて、殺しました		イザ14:22	後に生まれる子孫をと〜
51:4	宣告されるとき、あなたは〜く	Ⅰペテ3:18	〜方が悪い人々の身代わりと		たちむかう（立ち向かう）	
64:10	〜者は主にあって喜び、主に身を	黙16:5	聖なる方。あなたは〜方です		ヤコ4:7	そして、悪魔に〜いなさい
68:3	しかし、〜者たちは喜び、し避け	19:8	その麻布とは、聖徒たちの〜行い		だちょう	
92:12	〜者は、なつめやしの木のように	ただしさ（正しさ）			ヨブ39:13	〜の翼は誇らしげにはばたく
97:11	光は、〜者のために、種のように	創30:33	私の〜があなたに証明されますよ		39:16	〜は、自分の子を自分のものでな
119:128	あなたの戒めを〜とします	Ⅰサム26:23	人は自分の真実に報い		たちよる（立ち寄る）	
119:137	主よ、あなたは〜くあられます	ヨブ9:2	人は自分の〜を神に訴えること		ロマ15:23	あなたがたのところに〜ことを
141:5	〜者が愛情をもって私を打ち	エゼ33:12	正しい人の〜も、彼がそむきの		たつ（立つ）	
箴10:16	〜者の報酬はいのち	ルカ10:29	彼は、自分の〜を示そうとして		創13:17	〜って、その地を縦と横に歩き
15:6	〜者の家には多くの富がある	Ⅰテモ6:11	〜、敬虔、信仰、愛、忍耐		18:22	アブラハムはまだ、主の前に〜って
16:13	〜ことばは王たちの喜び	ただす（正す）			レビ26:37	あなたがたは敵の前に〜ことも
17:15	悪者を〜と認め、〜者を悪いと	ガラ6:1	柔和な心でその人を〜してあげ		民16:48	彼が……ったとき、神罰はやん
28:1	〜人は若獅子のように頼もしい	ただのひと（ただの人）			申10:8	主の前に〜って仕え、しだ
28:28	彼らが滅びると、〜人がふえる	Ⅰコリ3:3	〜のように歩んでいるのでは		29:10	あなたがたの神、主の前に〜って
伝3:17	神は〜人も悪者もさばく	ただよう（漂う）			Ⅰサム6:20	主の前に〜ちえよう
7:15	〜人が〜のに滅び、悪者が悪い	詩6:6	夜ごとに私の寝床を〜わせ		Ⅰ歴17:14	王座は、とこしえまでも堅く〜
7:16	あなたは〜すぎてはならない	たちあがる（立ち上がる）			Ⅱ歴34:32	すべての者を堅く〜たせた
7:20	罪を犯さない〜人はひとりも	民10:35	主よ。〜ってください		エズ9:15	だれもあなたの御前に〜ことは
7:29	神は人を〜者に造られたが	申2:24	〜れ。出発せよ。アルノン川を		ヨブ4:4	くずおれるひざをしっかり〜た
8:14	悪者の行いに対する報いを〜人	ネヘ8:5	それを開くと、民はみな〜った			せた
	がその身に受け	詩9:19	主よ。〜ってください		詩5:5	御目の前に〜ことはできません
9:2	同じ結末が、〜人にも、悪者にも	17:13	主よ。〜ってください		130:3	だれが御前に〜ちえましょう
イザ5:23	わいろのために、悪者を〜と	41:10	私を〜らせてください		イザ9:7	正義によってこれを堅く〜て
26:2	誠実を守る〜民を入らせよ	44:26	〜って私たちをお助けください		16:5	一つの王座が恵みによって堅く
エゼ3:21	〜人に罪を犯さないように警告	68:1	神よ。〜ってください。神の敵は		33:6	あなたの時代は堅く〜。してられ
18:5	もし、〜者なら、その人は公義と	イザ52:2	ちりを払い落として〜り		エレ6:16	四つ辻に〜って見渡し
18:22	彼が行った〜ことのために	エゼ2:1	人の子よ。〜れ。わたしが		ルカ21:36	人の子の前に〜ことができる
18:24	〜人が、〜行いから遠ざかり	使9:6	〜って、町に入りなさい		使7:56	人の子が神の右に〜っておられる
18:26	〜人が自分の〜行いから遠ざか	たちかえる（立ち返る）			8:26	〜って南へ行き、エルサレムから
45:10	〜はかり、〜エパ、〜バテを使え	申4:30	主に〜り、御声に聞き従うので		Ⅰコリ10:12	〜っていると思う者は
ダニ4:27	〜行いによってあなたの罪を	30:2	あなたの神、主に〜り、きょう		エペ6:14	では、しっかりと〜ちなさい
9:18	私たちの〜行いによるのではなく	Ⅱ列17:13	あなたがたは悪の道から〜れ		ピリ4:1	主にあってしっかりと〜って
ミカ6:5	それは主の〜みわざを知るため	Ⅱ歴6:38	精神を尽くして、あなたに〜り		コロ1:22	御前に〜たせてくださるため
7:2	人の間に、〜者はひとりもいない	ヨブ22:23	あなたがもし全能者に〜なら		1:28	キリストにある成人として〜たせ
ハバ2:4	〜人はその信仰によって生きる	イザ6:10	〜って、いやされることのない		Ⅰテサ3:8	主にあって堅く〜っていて
ゼパ3:5	主は、その町の中にあって〜く	30:15	〜って静かにすれば……救われ		Ⅰペテ5:10	完全にし、堅く〜たせ、強く
マタ1:19	夫のヨセフは〜人であって	エレ24:7	心を尽くしてわたしに〜から		5:12	恵みの中に、しっかりと〜って
3:15	すべての〜ことを実行するのは	25:5	あなたがたの悪い行いから〜り		ユダ24	栄光の御前に〜たせることのできる
5:45	〜人にも〜くない人にも雨を	35:15	悪の道から〜り、行いを改めよ		たつ（断つ）	
12:12	安息日に良いことをするのは	エゼ33:11	悔い改めよ。悪の道から〜れ			〜れない
	〜のです	ホセ6:1	さあ、主に〜ろう		Ⅰ列2:4	イスラエルの王座から人が〜た
12:37	あなたが〜とされるのは	14:1	あなたの神、主に〜れ		ダニ9:26	油そそがれた者は〜たれ
13:43	〜者たちは、彼らの父の御国で	マタ13:15	耳で聞き、その心で悟って〜り		Ⅰペテ4:1	罪とのかかわりを〜ちました
13:49	〜者の中から悪い者をえり分け	ルカ1:16	彼らの神である主に〜らせます		だっこく（脱穀）	
25:37	その〜人たちは、答えて言います	使11:21	大ぜいの人が信じて主に〜った		Ⅰコリ9:10	〜する者が分配を受ける望み
27:19	あの〜人にはかかわりあわないで	28:27	耳で聞き、その心で悟って、〜		だっしゅつ（脱出）	
マコ6:20	ヨハネを〜聖なる人、神の前に〜く	ヘブ7:6	悔い改めに〜らせることは		Ⅰコリ10:13	試練とともに〜の道も備え
ルカ1:6	ふたりとも、神の御前に〜く	たちきる（断ち切る）			たっせい（達成）	
1:74,75	きよく、〜く、恐れなく	Ⅰ列3:25	生きている子どもを二つに〜り		ピリ2:12	自分の救いの〜に努めなさい
2:25	この人は〜、敬虔な人	たちさわぐ（立ち騒ぐ）			たっとい（尊い）	
7:29	神の〜を認めたのです	詩39:6	彼らはむなしく〜ぎます		詩36:7	あなたの恵みは、なんと〜ことで
23:47	ほんとうに、この人は〜方であっ	たちなおる（立ち直る）			116:15	主の聖徒たちの死は主の目に〜
ロマ2:2	神のさばきが〜ことを知って	ルカ22:32	〜ったら、兄弟たちを力づけて		箴3:15	知恵は真珠よりも〜く、しいよう
5:7	〜人のためにでも死ぬ人は	たちはだかる（立ちはだかる）			エレ30:19	彼らを〜くして、軽んじられな
Ⅰテモ1:9	律法は、〜人のためにあるの	申7:24	あなたの前に〜者はなく、ついに		マコ10:18	〜方は、神おひとりのほかには
					Ⅱテモ2:20	ある物は〜ことに、ある物は

ヤコ2:7　　　～御名をけがすのも彼らでは
Ⅰペテ1:7　　朽ちて行く金よりも～く
　　2:6　　　選ばれた石、～礎石を置く
たっとぶ（尊ぶ）
ヨブ7:17　　あなたがこれを～び、これに
詩72:14　　彼らの血は彼の目に～ばれましょ
イザ58:13　　これを～んで旅をせず、し、う
たづな（手綱）
詩32:9　　　くつわや～の馬具で押さえなければ
たつまき
Ⅱ列2:11　　エリヤは、～に乗って天へ
たて（盾）
Ⅱサム22:3　わが～、わが救いの角
詩3:3　　　あなたは私の回りを囲む～
　　7:10　　私の～は神にあり
　　18:2　　わが～、わが救いの角
　　18:30　主はすべて彼に身を避ける者の～
　　18:35　御救いの～を私に下さいました
　　28:7　　主は私の力、私の～
　　35:2　　～と大～とを手に取って
　　84:11　神なる主は太陽です。～です
　　89:18　私たちの～は主のもの
　　91:4　　主の真実は、大～であり、とりで
　　115:9　　この方こそ、彼らの助け、また～
箴2:7　　　正しく歩む者の～となり
たてごと（立琴）
創4:21　　～と笛を巧みに奏するすべての者
Ⅱ列3:15　　今、～をひく者をここに連れて
ヨブ30:31　私の～は喪のためとなり
詩108:2　　十弦の琴よ、～よ。目をさませ
　　137:2　　その柳の木々に私たちは～を掛け
黙5:8　　、香のいっぱい入った金の
　　14:2　　～をひく人々が～をかき鳴らし
たてなおす（建て直す；立て直す）
Ⅰ列18:30　こわれていた主の祭壇を～した
ネヘ4:6　　こうして、私たちは城壁を～し
マタ17:11　エリヤが来て、すべてのことを
たてもの（建物）
Ⅰコリ3:9　あなたがたは神の畑、神の～
Ⅱコリ5:1　神の下さる～があることを
たてる（立てる）
出9:16　　示すためにあなたを～てておく
ロマ9:17　わたしがあなたを～てたのは
Ⅱコリ10:8　倒すためにではなく、～ため
たてる（建てる）
申32:6　　あなたを堅く～のではないか
Ⅰ歴17:12　わたしのために一つの家を～て
　　22:11　主の宮をりっぱに～て上げること
　　22:19　神である主の聖所を～
Ⅱ歴2:6　　だれが主のために宮を～力を
詩118:22　家を～者たちの捨てた石
　　127:1　主が家を～のでなければ、～者の
伝2:4　　私は事業を拡張し、邸宅を～て
　　3:3　　くずすに時があり、～のに時が
エレ10:12　知恵をもって世界を堅くて
　　29:5　　家をてて住みつき、畑を作って
　　51:15　知恵をもって世界を堅くて
ハバ2:12　血で町を～て、不正で都を築き

ハガ1:2　　主の宮を～時はまだ来ない
　　1:8　　木を運んで来て、宮を～てよ
マラ1:4　　彼らは～が、わたしは打ちこわ
マタ16:18　岩の上にわたしの教会を～て
ルカ6:48　それから家を～てた人に似て
　　14:30　この人は、～て始めはしたものの
　　20:17　家を～者たちの見捨てた石
ヨハ2:19　三日でそれを～てよう
エペ2:20　土台の上に～てられており
　　4:12　　キリストのからだを～て上げる
たとえ
詩49:4　　私は～に耳を傾け、立琴に合わせ
　　78:2　　私は、口を開いて、～話を語り
エゼ17:2　なぞをかけ、～を語り
　　20:49　彼は～話をくり返している者では
　　24:3　　反逆の家に一つの～を語って言え
マタ13:3　彼らに～で話して語られた
マコ4:34　～によらないで話されることは
　　13:28　いちじくの木から、～を学びなさ
ルカ4:23　『医者よ。自分を直せ』という～
　　8:11　　この～の意味はこうです
たとえる
マタ11:16　この時代は何に～えたらよいで
マコ4:　何に～えたらよいでしょう
たに（谷）
詩23:4　　死の陰の～を歩くことがあっても
　　42:1　　鹿が～川の流れを慕いあえぐよう
イザ40:4　すべての～は埋め立てられ
エレ19:6　ただ虐殺の～と呼ばれる
エゼ37:2　その～間には非常に多くの骨が
ヨエ3:14　さばきの～には、群集また群集
ルカ3:5　　すべての～はうずめられ
たね（種）
創1:29　～を持つすべての草と、～を持つ
レビ23:6　～を入れないパンの祭りである
申16:8　　～を入れないパンを食べなければ
Ⅱ歴30:21　～を入れないパンの祭りを
詩126:6　～入れをかかえ、泣きながら
伝11:6　　朝のうちにあなたの～を蒔け
ゼカ8:12　平安の～が蒔かれ、ぶどうの木
マタ6:26　～蒔きもせず、刈り入れもせず
　　13:3　　～を蒔く人が～蒔きに出かけた
　　13:18　～蒔きのたとえを聞きなさい
　　13:24　良い～を自分の畑に蒔いた
　　13:38　良い～とは御国の子どもたち
マコ4:3　　～を蒔く人が～蒔きに出かけた
　　4:14　　～蒔く人は、みことばを蒔く
　　4:26　神の国は、人が地に～を蒔くような
ルカ8:5　　～を蒔く人が～蒔きに出かけた
　　8:8　　別の～は良い地に落ち、生え出て
たのしさ（楽しさ）
詩133:1　　なんという～であろう
たのしみ（楽しみ）
詩16:11　あなたの右には、～がとこしえに
　　36:8　　あなたの～の流れを
箴15:15　心に～のある人には毎日が宴会
伝2:10　心のおもむくままに、あらゆる～
イザ35:10　～と喜びがついて来、し、をした

ヘブ11:25　はかない罪の～を受けるよりも
たのしむ（楽しむ）
詩118:24　この日を～み喜ぼう
　　149:2　おのれの王にあって～め
箴1:22　　いつまで、あざけりを～み
　　2:10　知識があなたのたましいを～ませ
伝2:1　　～んでみるがよい
イザ25:9　その御救いを～み喜ぼう
　　61:10　わたしは主にあって大いに～み
　　65:18　いついつまでも～み喜べ
エレ31:13　そのとき、若い女は踊って～み
ゼカ10:7　その心は主にあって大いに～
たのみ（頼み）
申28:52　あなたが～とする高く堅固な城壁
　　32:37　彼らが～とした岩はどこにあるの
ヨブ31:24　もし、私が金をおのれの～とし
イザ20:5　人々は、クシュを～とし
エレ17:7　主を～とする者に祝福があるよ
たのむ（頼む）
ルカ11:8　あくまで～み続けるなら
Ⅱコリ1:9　もはや自分自身を～まず
たば（束）
詩126:6　～をかかえ、喜び叫びながら
たび（旅）
創24:56　主が私の～を成功させてくださっ
民9:20　　主の命令によって～に立った
ヨブ16:22　私は帰らぬ～路につくからです
詩119:54　私の～の家では、私の歌となり
たびびと（旅人）
詩39:12　私はあなたとともにいる～で
　　119:19　私は地では～です
エレ14:8　一夜を過ごすため立ち寄った～
マタ25:35　～であったとき、わたしに宿
ロマ12:13　協力し、～をもてなしなさい
ヘブ11:13　地上では～であり寄留者である
Ⅰペテ2:11　～であり寄留者である
たべもの（食べ物）
ルカ12:23　いのちは～よりもたいせつであり
たべる（食べる）
創2:17　取って～べてはならない
　　3:6　　その木は、まことに～のに良く
出12:15　種を入れないパンを～べなさい
　　16:32　荒野であなたがたに～べさせた
レビ7:26　その血をいっさい～べては
　　19:26　血のついたままで何も～べては
申8:16　　荒野であなたに～べさせられた
Ⅰサム14:32　民は血のままで、それを～べ
箴9:17　　こっそり～食べ物はうまい
イザ9:20　おのおの自分の腕の肉を～
エレ15:16　あなたのみことばは……～べ
エゼ2:8　　あなたに与えるものを～べよ
　　3:1　　この巻物を～べ、行って
ダニ4:33　牛のように草を～べ、、さい
マタ14:16　あの人たちに何か～物を上げな
　　24:38　人々は、飲んだり、～べたり
　　26:26　取って～べなさい。これはわたし
マコ8:4　　この人たちに十分～べさせる
ルカ12:19　さあ、安心して、～べて

ルカ17:27	人々は、〜べたり、飲んだり	**だまる**（黙る）	マコ11:17 すべての〜の祈りの家と呼ばれ
使10:13	ペテロ。さあ、ほふって〜べなさ	Ⅰサム10:27 しかしサウルは〜っていた	使18:10 わたしの〜がたくさんいるから
11:7	ペテロ。さあ、ほふって〜べなさ	Ⅱ列18:36 民は〜っており、彼に一言も	ロマ9:25 わが〜でない者をわが〜と呼び
23:14	パウロを殺すまでは何も〜べない	ヨブ34:29 神が〜っておられるとき	10:21 不従順で反抗する〜に対して
27:38	十分〜べてから、彼らは麦を海に	詩32:3 私は〜っていたときには、一日中	Ⅰペテ2:10 以前は神の〜ではなかった
ロマ14:3	〜人は〜べない人を侮っては	箴17:28 〜っていれば、知恵のある者と	黙11:18 諸国の〜は怒りました。しかし
Ⅰコリ10:17	ともに一つのパンを〜から	イザ62:1 わたしは〜っていない	**ためす**
10:27	置かれる物はどれでも〜べなさい	マタ22:12 しかし、彼は〜っていた	創42:15 このことで、あなたがたを〜そう
10:31	〜にも、飲むにも、何をするにも	26:63 しかし、イエスは〜っておられた	Ⅰ列10:1 難問をもって彼を〜そうとして
たまご（卵）		マコ1:25 〜れ。この人から出て行け	詩81:7 メリバの水のほとりで、あなたを〜
ヨブ6:6	〜のしろみに味があろうか	4:39 湖に「〜れ、静まれ」と言われた	105:19 主のことばは彼を〜した。し
ルカ11:12	〜を下さいと言うのに、だれが	Ⅰコリ14:28 教会では〜っていなさい	箴17:3 人の心を〜のは主
たましい		14:34 教会では、妻たちは〜っていなさ	エレ12:3 あなたへの私の心を〜されます
ヨブ7:11	私の〜の苦悩の中から嘆きます	**たまわる**（賜る）	ダニ1:12 十日間、しもべたちを〜して
14:22	その〜は自分のために嘆くだけ	Ⅰコリ2:12 神から私たちに〜ったものを	マラ3:10 こうしてわたしを〜してみよ
19:2	あなたがたは私の〜を悩まし	**たみ**（民）	マタ22:18 なぜ、わたしを〜のか
詩23:3	主は私の〜を生き返らせ	出6:7 あなたがたを取ってわたしの〜と	マコ8:11 イエスを〜そうとしたのである
103:1	わが〜よ。主をほめたたえよ	7:4 わたしの〜を行かせ、彼ら	12:15 なぜ、わたしを〜のか
箴16:2	主は人の〜の値うちをはかられる	15:16 あなたの〜が通り過ぎるまで	ルカ11:16 また、イエスを〜そうとして
マタ10:28	〜を殺せない人たちなどを	32:11 ご自分の〜に向かって、どうして	ヨハ6:6 イエスは、ピリポを〜してこう
ルカ1:46	わが〜は主をあがめ	33:13 この国民があなたの〜であると	8:6 彼らはイエスを〜してこう言った
12:19	そして、自分の〜にこう言おう	レビ26:12 あなたがたはわたしの〜となる	Ⅱコリ13:5 自分自身を〜吟味して
使2:27	私の〜をハデスに捨てておかれず	民14:14 主がこの〜のうちにおられる	ヤコ1:3 信仰が〜されると忍耐が生じる
ヤコ2:26	〜を離れたからだが、「を清め	申9:27 そしてこの〜の強情と、その悪と	Ⅰヨハ4:1 霊が神からのものかどうかを
Ⅰペテ1:22	真理に従うことによって、〜	26:18 あなたは主の宝の〜であり	**ためらう**
Ⅲヨハ2	〜に幸いを得ているように	29:13 あなたを立ててご自分の〜とし	創19:16 しかし彼は〜っていた
黙20:4	首をはねられた人たちの〜と	32:9 主の割り当て分はご自分の〜で	**たもつ**（保つ）
だます		ルツ1:6 主がご自分の〜を顧みて彼ら	ヨブ27:6 私は自分の義を堅く〜って
創29:25	なぜ、私を〜したのですか	1:16 あなたの〜は私の〜、あなたの神	詩25:21 誠実と正しさが私を〜ちますよう
士16:10	私を〜して、うそをつきました	Ⅱサム7:24 とこしえまでもあなたの〜と	箴2:11 英知があなたを〜って
Ⅰ列13:18	こうしてその人を〜した	Ⅰ列8:60 地上のすべての国々の〜が	ダニ7:18 その国を〜って世々限りなく
エレ9:5	〜し合って、真実を語らない	22:4 私の〜とあなたの〜、私の馬と	ヨハ6:27 いつまでも〜ち、永遠のいのち
マタ27:63	〜を—男がまだ生きていたとき	Ⅱ列3:7 私の〜とあなたの〜、私の馬と	17:11 御名の中に、彼らを〜ってくださ
ロマ16:18	純朴な人たちの心を〜している	Ⅰ歴16:24 すべての国々の〜の中で	Ⅱペテ3:7 滅びとの日まで、〜たれて
Ⅰコリ6:7	なぜ、むしろ〜されていない	17:9 わたしの〜イスラエルのために	ユダ21 神の愛のうちに自分自身を〜ち
6:9	〜されてはいけません。不品行	17:21 あなたの〜イスラエルのよう	**たより；たよる**
Ⅱコリ6:8	人を〜者のように見えても	17:22 あなたの〜イスラエルをとこしえ	詩52:7 おのれの豊かな富に〜り
12:16	あなたがたから〜し取ったのだと	Ⅱ歴7:14 呼び求めているわたしの〜の	146:3 君主たちに〜ってはならない
エペ5:6	むないしことばに、〜されては	36:15 ご自分の〜と、ご自分の御住まい	イザ2:22 鼻で息をする人間を〜にするな
Ⅱテサ2:3	だれにも〜されないように	詩100:3 私たちは主のもの、主の〜	59:4 むないしことに〜り、うそを言い
黙18:23	おまえの魔術に〜されていたから	148:14 主は、その〜の角を上げられた	**だらく**（堕落）
たまもの（賜物）		イザ2:6 あなたの〜、ヤコブの家を捨て	創6:11 地は、神の前に〜し、地は、暴虐で
伝3:13	また神の〜であることを	5:13 わが〜は無知のために捕らえ移され	出32:7 あなたの民は、〜してしまった
使2:38	〜として聖霊を受けるでしょう	47:6 わたしは、わたしの〜を怒って	申4:16 〜して、自分たちのために
8:20	金で神の〜を手に入れようと	49:6 わたしはあなたを諸国の〜の光と	ホセ9:9 彼らは……真底まで〜した
11:17	神が私たちに下さったのと同じ〜	58:1 わたしの〜に彼らのそむきの罪を	**たりる**（足りる）
ロマ6:23	神の下さる〜は、私たちの主	63:8 彼らはわたしの〜、偽りのない子	ヨハ6:7 二百デナリのパンでは〜りません
12:6	異なった〜を持っているので	エレ7:23 あなたがたは、わたしの〜となり	Ⅱコリ8:15 少し集めた者も〜りないとこ
Ⅰコリ7:7	それぞれの〜を持っている	24:7 彼らはわたしの〜となり	**たるむ**
12:4	〜にはいろいろの種類が	30:22 あなたがたはわたしの〜となり	創49:24 しかし、彼の弓は〜ことなく
12:31	よりすぐれた〜を熱心に求めなさ	31:36 一つの〜をなすことはできない	**たれまく**（垂れ幕）
14:1	御霊の〜、特に預言することを	32:38 彼らはわたしの〜となり	出26:33 その〜は、……仕切りとなる
Ⅱコリ9:15	ことばに表せないほどの〜	エゼ11:20 彼らはわたしの〜となり	36:35 撚り糸で織った亜麻布で、〜を作
エペ2:8	それは……神からの〜です	14:11 彼らがわたしの〜となり	レビ16:2 かってな時に〜の内側の聖所に
3:7	自分に与えられた神の恵みの〜	36:28 彼らはわたしの〜となり	ヘブ9:3 第二の〜のうしろには、至聖所
4:7	キリストの〜の量りに従って	ダニ8:24 有力者たちと聖徒の〜を滅ぼす	10:20 ご自分の肉体という〜を通して
Ⅰテモ4:14	聖霊の〜を軽んじてはいけま	ミカ1:21 国々の〜はそこに流れて来る	**たわごと** 「者だ
ヘブ2:4	聖霊が分け与えてくださる〜	マタ1:21 ご自分の〜をその罪から救って	ミカ2:11 その者こそ、この民の〜を言う

ルカ24:11 この話は～と思われたので
たわむれる（戯れる）
出32:6 飲み食いし、立っては、～れた
イザ11:8 コブラの穴の上で～れ
だん（壇）
出30:1 香をたくために～を作る
たんがん（嘆願）
Ⅰサム13:12 まだ主に～していないと考え
たんき（短気）
箴14:17 ～な者は愚かなことをする
だんけつ（団結）
士20:11 イスラエル人はみな～し
だんじき（断食）
Ⅰサム7:6 主の前に注ぎ、その日は～した
Ⅱ歴20:3 ユダ全国に～を布告した
ネヘ1:4 ～して天の神の前に祈って
9:1 イスラエル人は～をし、荒布を
エス4:3 ～と、泣き声と、嘆きとが起こ
4:16 私のために～をしてください
詩109:24 私のひざは、～のためによろけ
イザ58:3 なぜ、私たちが～したのに
58:5 わたしの好む～、人が身を戒める
ヨエ1:14 ～の布告をし、きよめの集会を
2:12 心を尽くし、～と、涙と、嘆きと
ヨナ3:5 神を信じ、～を呼びかけ
ゼカ7:5 このわたしのために～したのか
8:19 第七の月の～、第十の月の～は
マタ4:2 四十日四十夜～したあとで
6:16 ～していることが人に見えるよう
9:14 パリサイ人は～するのに、なぜ
17:21 祈りと～によらなければ
マコ2:18 弟子たちはなぜ～しないのです
ルカ5:33 よく～をしており、祈りもして
Ⅱコリ6:5 労役にも、徹夜にも、～にも
たんじょう（誕生）
マタ1:18 イエス・キリストの～は
14:6 たまたまヘロデの～祝いがあって
マコ6:21 ヘロデがその～日に、重臣や
たんぽ（担保）
レビ6:2 預かり物や～の物、あるいは
申24:12 その～を取ったままで寝てはなら
たんれん（鍛錬）
Ⅰテモ4:8 肉体の～もいくらかは有益

ち

ち（地）
創1:1 初めに、神が天と～を創造した
1:10 神は、かわいた所を～と名づけ
13:15 あなたが見渡しているこの～全部
35:12 アブラハムとイサクに与えた～を
50:24 イサク、ヤコブに誓われた～へ
出6:8 ヤコブに与えると誓ったその～に
レビ18:25 ～も汚れており、それゆえ
25:23 ～は買い戻しの権利を放棄して
申8:7 あなたを良い～に導き入れようと
11:10 所有しようとしている～は
ネヘ9:24 入って行って、その～を所有
ヨブ26:7 ～を何もない上に掛けられる
詩19:4 そのことばは、～の果てまで届い
24:1 ～とそれに満ちているもの
33:5 ～は主の恵みに満ちている
65:9 あなたは、～を訪れ、水を注ぎ
イザ38:11 生ける者の～で主を見ない
エレ22:29 ～よ、～よ。主のことばを聞け
エゼ33:24 イスラエルの～のこの廃墟は
34:27 実をみのらせ、～は産物を生じ
マタ27:51 ～が揺れ動き、岩が裂けた
使19:27 ご威光も～に落ちてしまいそうで
Ⅰコリ10:26 ～とそれに満ちているものは
Ⅱペテ3:13 新しい天と新しい～を待ち望
ち（血）
創4:10 あなたの弟の～が、その土地から
9:4 肉は、そのいのちである～のある
9:6 人の～を流す者は、
42:22 今、彼の～の報いを受けるのだ
出7:17 水は～に変わり
24:8 あなたがたと結ばれる契約の～
29:12 その雄牛の～を取り、あなたの指
レビ16:14 彼は雄牛の～を取り、指で
17:11 いのちとして贖いをするのは～
申12:16 ただし、～は食べてはならない
Ⅰサム14:32 民は～のままで、それを食べ
エゼ3:18 彼の～の責任をあなたに問う
マタ23:35 義人アベルの～からこのかた
26:28 これは、わたしの契約の～です
27:24 この人の～について、私には責任
マコ14:24 これはわたしの契約の～です
ルカ11:50,51 ～が、アベルの～から
22:20 わたしの～による新しい契約
ヨハ6:53 またその～を飲まなければ
使1:19 アケルダマ、すなわち『～の地所』
8:6 あなたがたの～は……頭上に
ロマ5:9 キリストの～によって義と認め
エペ1:7 その～による贖い、罪の赦し
2:13 キリストの～によって近い者と
ヘブ9:7 ～を携えずに行うことのない
9:12 ご自分の～によって、ただ一度
10:19 イエスの～によって、大胆に
Ⅰペテ1:19 キリストの、尊い～によった
Ⅰヨハ1:7 御子イエスの～はすべての罪
5:6 水と～とによって来られたのです
黙7:14 その衣を小羊の～で洗って、白く
11:6 また、水を～に変え、そのうえ
12:11 小羊の～と、そのあかしの
19:2 ご自分のしもべたちの～の報復を
ちいさい（小さい）
Ⅰサム9:21 部族のうちの最も～ベニヤミ
ミカ5:2 ユダの氏族の中で最も～もの
マタ5:19 天の御国で、最も～者と呼ばれ
7:14 いのちに至る門は～く、その道は
10:42 この～者たちのひとりに、水一杯
11:11 天の御国の一番～者でも、彼より
13:32 どんな種よりも～のですが
18:6 わたしを信じるこの～者たちの
マコ10:20 みな、～時から守っております
ルカ7:28 神の国で一番～者でも、彼より
9:48 すべての中で一番～者が一番偉い
17:2 この～者たちのひとりに
18:21 みな、～時から守っております
Ⅰコリ15:9 私は使徒の中では最も～者で
Ⅰヨハ2:18 ～者たちよ。今は終わりの時
ちえ（知恵）
申4:6 あなたがたの～と悟りを示すこと
32:29 もしも、～があったなら、彼らは
Ⅱサム14:20 神の使いの～のような～が
Ⅰ列3:12 ～の心と判断する心とを与える
4:29 ソロモンに非常に豊かな～と知恵
7:14 青銅の細工物全般に関する～と
10:4 女王は、ソロモンのすべての～と
10:23 ソロモン王は、富と～において
Ⅱ歴1:10 今、～と知識を私に下さい
9:6 あなたの～の半分も知らされて
ヨブ5:13 神は～のある者を……捕らえる
9:4 神は心に～のある方、力の強い方
12:2 あなたがたが死ぬと、～も共に死
28:12 ～はどこから見つけ出されるのか
詩37:30 正しい者の口は～を語り、その舌
49:3 私の口は～を語り、私の心は英知
49:10 ～のある者が死に、愚か者もまた
90:12 ～の心を得させてください
111:10 主を恐れることは、～の初め
箴1:2 これは、～と訓戒とを学び
1:20 ～は、ちまたで大声で叫び
2:10 ～があなたの心に入り、知識が
4:5 ～を得よ。悟りを得よ。忘れては
6:6 そのやり方を見て、～を得よ
8:11 ～は真珠にまさり、どんな喜びも
10:8 心に～のある者は命令を受け入れ
13:1 ～のある子は父の訓戒に従い
14:1 ～のある女は自分の家を建て
16:16 ～を得ることは、黄金を得るより
21:30 どんな～も……役に立たない
22:17 ～のある者のことばを聞け
24:3 家は～によって建てられ
26:16 自分の～のある者よりも
伝1:13 ～を用いて、一心に尋ね、探り
1:16 だれよりも～を増し加えた
1:18 ～が多くなれば悩みも多くなり
7:12 ～の陰にいるのは、金銭の陰に
7:16 ～がありすぎてはならない
9:16 しかし貧しい者の～はさげすまれ
イザ5:21 おのれを～ある者とみなし
11:2 それは～と悟りの霊、はかりごと
19:12 あなたの～ある者たちは
エレ8:8 『私たちは～ある者だ。……』
と言えようか
9:23 ～ある者は自分の～を誇るな
49:7 彼らの～は朽ちたのか
51:15 ～をもって世界を堅く建て
エゼ28:3 あなたはダニエルよりも～があり
ダニ1:20 ～と悟りのあらゆる面で
5:11 光と理解力と神々の～のような～
ホセ14:9 ～ある者はだれか。その人は

マタ11:19	～の正しいことは、その行い	マタ23:16	神殿の黄金をさして～ったら	エレ32:17	大きな～と、伸ばした御腕とを
12:42	彼女はソロモンの～を聞くために	ヤコ5:12	何よりもまず、～わないように	ダニ1:17	あらゆる文学を悟る～と知恵を
13:54	こんな～と不思議な力をどこで	**ちかづく**（近づく）		8:24	彼の～は強くなるが、彼自身の～
マコ12:33	～を尽くし、力を尽くして主を	創18:23	アブラハムは～いて申し上げた		によるのではない
ルカ2:47	イエスの～と答えに驚いていた	詩69:18	私のたましいに～き、贖ってくだ	ミカ3:8	私は、～と、主の霊と、公義と
2:52	イエスはますます～が進み	イザ34:1	国々よ。～いて聞け。さい	ハバ1:11	自分の～を自分の神とする者は
7:35	～の正しいことは、そのすべての	エレ30:21	わたしに～ためにいのちをかけ	3:19	私の主、神は、私の～
11:31	彼女はソロモンの～を聞くために		る者は	マタ6:13	〔国と～と栄えは、とこしえに
21:15	反証もできないようなことばと～	エペ2:18	一つの御霊において、父のみも	22:29	聖書も神の～も知らないからです
ロマ11:33	ああ、神の～と知識との富は	3:12	大胆に確信をもって神に～ことが	マコ5:30	自分のうちから～が外に出て
Ⅰコリ1:17	ことばの～によってはならな	ヘブ10:22	真心から神に～こうでは	9:1	神の国が～をもって到来している
1:22	ギリシヤ人は～を追求します	12:22	御使いたちの大祝会に～いて	9:39	名を唱えて、～あるわざを行い
1:24	キリストは神の力、神の～なので	ヤコ4:8	神に～きなさい。そうすれば	12:24	聖書も神の～も知らないから
1:30	私たちにとって、神の～となり	**ちから**（力）			ではありませんか
2:6	成人の間で、～を語ります	出15:2	主は、私の～であり、ほめ歌であ	14:62	～ある方の右の座に着き
3:19	この世の～は、神の前では愚か	申33:25	あなたの～が、あなたの生きるか	ルカ1:35	いと高き方の～があなたをおおい
12:8	御霊によって～のことばが与えられ	士6:14	あなたのその～で行き、ぎり	3:16	私よりもさらに～のある方が
エペ1:17	神を知るための～と啓示の御霊	16:6	あなたの強い～はどこにあるので	5:17	イエスは、主の御～をもって
3:10	教会を通して、神の豊かな～が	Ⅰサム2:9	人は、おのれの～によっては	6:19	大きな～がイエスから出て
Ⅱテモ3:15	聖書はあなたに～を与えて	Ⅱサム22:40	戦いのために、私に～を帯び	8:46	わたしから～が出て行くのを感じ
ヤコ1:5	～の欠けた人がいるなら	Ⅰ歴29:11	主よ。偉大さと～と栄えと栄光	21:27	人の子が～と輝かしい栄光を帯び
3:13	～のある、賢い人はだれでしょう	Ⅱ歴25:8	神には、助ける～があり	22:53	あなたがたの時です。暗やみの～
Ⅱペテ3:15	その与えられた～に従って	ヨブ3:17	～のなえた者はいこい	24:49	いと高き所から～を着せられる
ちかい（近い）		6:11	私にどんな～があるからといって	使1:8	あなたがたは～を受けます
詩145:18	主を呼び求める者すべてに主は～	9:19	もし、～について言えば、見よ	3:12	自分の～とか信仰深さとかによって
148:14	聖徒たち、主の～くにいる民	21:7	年をとっても、なお～を増すのか	6:8	ステパノは恵みと～とに満ち
ちかい（誓い）		26:14	その～ある雷を聞き分けえようか	8:10	大能と呼ばれる、神の～だ
創24:8	あなたはこの私との～から解かれ	詩8:2	～を打ち建てられました	ロマ1:16	救いを得させる神の～です
24:41	あなたは私の～から解かれる	18:32	この神こそ、私に～を帯びさせて	15:1	～のある者は、～のない人たちの
ネヘ10:29	のろいと～とに加わった	21:1	王はあなたの御～を、喜びましょう	15:13	聖霊の～によって望みにあふれ
詩15:4	損になっても、立てた～は変えな	29:1	栄光と～とを主に帰せよ	15:19	御霊の～によって、それを成し
22:25	人々の前で私の～を果たします	29:11	ご自身の民に～をお与えになる	Ⅰコリ1:18	救いを受ける私たちには、神
56:12	あなたへの～は、私の上にありま	59:16	この私は、あなたの～を歌います		の～です
66:13	私の～を果たします。す	66:3	偉大な御～のために、あなたの敵	1:24	キリストは神の～、神の知恵
116:14	私は、自分の～を主に果たそう	68:28	御～を示してください	2:4	御霊と～の現れでした
ゼカ8:17	偽りの～を愛するな	68:34	神の～を認めよ	2:5	神の～にささえられるためでした
ルカ1:73	アブラハムに誓われた～を覚え	77:14	国々の民の中に御～を現される	6:2	ごく小さな事件さえもさばく～が
ヘブ7:20	はっきりと～がなされています	81:1	われらの～であられる神に喜び歌え	Ⅱコリ6:7	真理のことばと～とに
ちがい（違い）		84:5	その～が、あなたにあり	12:9	わたしの～は、弱さのうちに
エゼ44:23	聖なるものと俗なるものとの～	96:6	～と光栄は主の聖所にある	12:9	キリストの～が私をおおうために
ちかう（誓う）		102:23	主は私の～を道の途中で弱くされ	13:4	神の～のゆえに生きておられます
創24:3	地の神である主にかけて～わせる	105:4	主とその御～を尋ね求めよ	エペ1:19	信じる者に働く神のすぐれた～
レビ5:4	害になることでも益になること	118:14	主は、私の～であり、ほめ歌で	3:20	私たちのうちに働く～によって
	でも～場合	箴3:27	手に善を行う～があるとき	ピリ3:10	キリストとその復活の～を知り
19:12	偽って～ってはならない	伝6:10	彼よりも～のある者と争うことは	Ⅰテサ1:5	～と聖霊と強い確信とに
申6:10	イサク、ヤコブに～われた地に	9:10	自分の～でしなさい	ヘブ2:14	死の～を持つ者を滅ぼし
詩110:4	主は～い……みこころを変えない	9:16	私は言う。知恵は～にまさる	Ⅰペテ1:5	神の御～によって守られて
119:106	私は～い、そして果たしてきま	10:17	酔うためではなく、～をつける	4:11	神が豊かに備えてくださる～に
イザ48:1	主の御名によって～い、し、した	イザ9:6	不思議な助言者、～ある神	Ⅱペテ1:3	主イエスの、神としての御～
62:8	力強い腕によって～われた	10:13	私は自分の手の～でやった	黙11:17	その偉大な～を働かせて、王と
エレ4:2	『主は生きておられる』と～なら	30:15	信頼すれば……～を得る	17:13	～と権威とをその獣に与えます
22:5	わたしは自分にかけて～が	40:9	～の限り声をあげよ	**ちからづける**（力づける）
44:26	わたしの偉大な名によって～	40:29	疲れた者には～を与え	申1:38	そこに、入るのだ。彼を～けよ
アモ4:2	ご自分の聖にかけて～われた	40:31	主を待ち望む者は新しく～を得	3:28	ヨシュアに命じ、彼を～けよ
ゼカ5:3	また、偽って～者はだれでも	49:5	私の神は私の～となられた、した	Ⅰサム23:16	神の御名によってダビデを～
マラ1:14	主にささげると～いながら	51:9	～をまとえ		けた
マタ5:33	あなたの～ったことを主に果た	52:1	さめよ。さめよ。～をまとえ	エゼ13:22	偽りで悲しませ、悪者を～け
5:34	決して～ってはいけません。せ	エレ16:19	主よ、私の～、私のとりで	34:16	わたしは……病気のものを～

ちからづよい (力強い)
詩8:1	なんと~ことでしょう
8:9	なんと~ことでしょう
箴24:5	知恵のある人は~。知識のある人
イザ63:1	救うに~者、それがわたしだ
ルカ1:51	御腕をもって~わざをなし

ちかろう (地下牢)
創41:14	人々は急いで彼を~から連れ出し

ちぎり (契り)
ヨブ5:23	野の石とあなたは~を結び
ホセ2:19	あなたと永遠に~を結ぶ

ちざかい (地境)
申19:14	隣人との~を移してはならない
ヨブ24:2	ある者は~を動かし
箴15:25	やもめの~を決められる
22:28	昔からの~を移してはならない
23:10	昔からの~を移してはならない

ちしき (知識)
創2:9	善悪の~の木を生えさせた
民24:16	いと高き方の~を知る者
詩139:6	そのような~は私にとって
箴1:4	若い者に~と思慮を得させるため
30:3	聖なる方の~も知らない
伝1:18	~を増す者は悲しみを増す
ダニ1:17	四人の少年に、~と、あらゆる
ホセ4:6	民は~がないので滅ぼされる
ルカ1:77	救いの~を与えるためである
11:52	おまえたちは~のかぎを持ち去
ロマ10:2	その熱心は~に基づくものでは
Ⅰコリ1:5	ことばといい、~といい
8:1	~は人を高ぶらせ、愛は人の徳を
8:11	あなたの~によって、滅びる
Ⅱコリ6:6	純潔と~と、寛容と親切と

ちしゃ (知者)
ダニ2:12	バビロンの~をすべて滅ぼせと
Ⅰコリ1:20	~はどこにいるのですか

ちじょう (地上)
Ⅰコリ15:40	~のからだの栄光とは異なっ
Ⅱコリ5:1	~の幕屋がこわれても
黙6:4	~から平和を奪い取ることが許さ

ちじょく (恥辱)
申22:21	イスラエルの中で~になる事を

ちせい (知性)
Ⅰコリ14:15	~においても賛美しましょう
14:19	私の~を用いて五つのことばを

ちち (乳)
出3:8	広い良い地、~と蜜の流れる地
士4:19	ヤエルは~の皮袋をあけて、彼に
ヨブ10:10	私を~のように注ぎ出
哀4:7	ナジル人は……~よりも白かった
Ⅰコリ3:2	あなたがたには~を与えて
9:7	その~を飲まない者が
ヘブ5:12	堅い食物ではなく、~を必要と

ちち (父)
創2:24	それゆえ、男はその~母を離れ
17:4	あなたは多くの国民の~となる
申24:16	子どもが~親のために殺されては
32:6	主はあなたを造った~ではないか
Ⅰサム2:25	彼らは~の言うことを聞こう
Ⅱサム7:14	わたしは彼にとって~となり
Ⅰ列1:6	彼の~は存命中……と言って
Ⅱ列14:6	~親が子どものために殺されて
Ⅰ歴17:13	わたしは彼にとって~となり
ヨブ29:16	私は貧しい者の~であり
詩27:10	私の~、私の母が、私を見捨てる
68:5	みなしごの~、やもめのさばき人
103:13	~がその子をあわれむように
箴1:8	あなたの~の訓戒に聞き従え
10:1	知恵のある子は~を喜ばせ
エゼ18:20	~も子の咎について負いめが
マラ2:10	ただひとりの~を持っている
4:6	~子の心をその~に向けさせ
マタ5:45	天におられるあなたがたの~の
5:48	天の~が完全なように、完全で
6:9	天にいます私たちの~よ。「ろを
7:21	天におられるわたしの~の
10:32	天におられるわたしの~の前で
10:37	わたしよりも~や母を愛する者は
19:5	人はその~と母を離れて、その妻
23:9	われらの~と呼んではいけません
マコ7:11	もし人が~や母に向かって
10:7	それゆえ、人はその~と母を離れ
ルカ1:17	~たちの心を子どもたちに向け
2:49	わたしが必ず自分の~の家に
9:59	まず行って、私の~を葬ることを
11:13	天の~が、求める人たちに
12:53	~は息子に、息子は~に対抗し
14:26	自分の~……自分のいのちまでも
ヨハ12:49	わたしを遣わした~ご自身が
ロマ4:11	義と認められるすべての人の~
Ⅱコリ6:18	わたしはあなたがたの~と
エペ6:4	~たちよ。……子どもをおこら
	せてはいけません
コロ3:21	~たちよ。子どもをおこらせて
ヘブ7:3	~もなく、母もなく、系図も
ヤコ1:17	光を造られた~から下るのです
Ⅰヨハ2:13	~たちよ。私があなたがたに

ちつじょ (秩序)
Ⅰコリ14:40	すべてのことを適切に、~を
ヤコ3:16	~の乱れや、あらゆる邪悪な

ちっそく (窒息)
ヨブ7:15	たましいは、むしろ~を選び

ちのみご (乳飲み子)
マタ24:19	哀れなのは身重の女と~を持つ

ちぶさ (乳房)
雅4:5	あなたの二つの~は、ゆりの花の

ちゃくしゅ (着手)
ネヘ2:18	この良い仕事に~した

ちゅうい (注意)
伝12:12	これ以外のことにも~せよ
マタ16:6	パン種には~して気をつけなさ

ちゅうい
マコ13:33	目をさまし、~していなさい
使27:9	パウロは人々に~して
Ⅰコリ3:10	それぞれが~しなければ

ちゅうかいしゃ (仲介者)
ガラ3:20	~は一方だけに属するものでは
Ⅰテモ2:5	神と人との間の~も唯一で
ヘブ9:15	キリストは新しい契約の~と
12:24	さらに、新しい契約の~イエス

ちゅうげん (忠言)
伝4:13	~を受けつけない年とった愚かな王

ちゅうこく (忠告)
箴19:20	~を聞き、訓戒を受け入れよ
使27:21	あなたがたは私の~を聞き入れて
黙3:18	わたしはあなたに~する

ちゅうさい (仲裁)
Ⅰサム2:25	その者のために~に立とうか
ヨブ9:33	~者が私たちの間にはいない

ちゅうじつ (忠実)
民12:7	彼はわたしの全家を通じて~な者
Ⅰサム2:35	~な祭司を、わたしのために
22:14	ダビデほど~な者が、ほかに
詩78:8	霊が神に~でない世代の者
箴20:6	だれが~な人を見つけよう
28:20	~な人は多くの祝福を得る
イザ25:1	まことに、~に成し遂げられ
ダニ6:4	彼は~で、彼には何の怠慢も
マタ24:45	~な賢いしもべとは
25:21	よくやった。良い~なしもべだ
ルカ12:42	~な賢い管理人とは
16:10	小さい事に~な人は、大きい事に
19:17	ほんの小さな事にも~だったから
Ⅰコリ4:2	管理者には、~であることが
コロ1:7	~な、キリストの仕え人で
Ⅱテモ2:2	~な人たちにゆだねなさい
黙2:10	死に至るまで~でありなさい
19:11	「~また真実」と呼ばれる方で

ちゅうしょう (中傷)
レビ19:16	人を~してはならない
箴30:10	その主人に~してはならない

ちゅうしょく (昼食)
ルカ14:12	~や夕食のふるまいをするなら

ちゅうしん (忠信)
イザ1:21	遊女になったのか、~な都が

ちゅうぞう (鋳像)
民33:52	彼らの~をすべて粉砕し

ちゅうぶ (中風)
マタ4:24	~の者などをみな、みもとに
8:6	私のしもべが~で、家に寝て
9:2	人々が~の人を床に寝かせたまま
マコ2:3	ひとりの~の人が四人の人に

ちょうし (長子)
創25:31	今すぐ、あなたの~の権利を私に
27:36	私の~の権利を奪い取り、今また
詩89:27	彼をわたしの~とし、地の王たち

ちょうし (調子)
ロマ12:2	この世と~を合わせてはいけま

ちょうぞう (彫像)
士17:3	それで~と鋳像を造りましょう

コンコルダンス

ちょうりかんちょう (調理官長)
創40:16　〜は、解き明かしが良かったのを

ちょうろう (長老)
レビ4:15　会衆の〜たちは、主の前で
民11:16　イスラエルの〜たちのうちから
ルツ4:2　ボアズは、町の〜十人を招いて
Ⅱ歴10:8　この〜たちの与えた助言を退け
箴31:23　土地の〜たちとともに座につく
マタ16:21　、祭司長、律法学者たちから
ルカ7:3　みもとにユダヤ人の〜たちを
使20:17　使いを送って、教会の〜たちを
Ⅰテモ4:14　〜たちによる按手を受けた
　　5:17　よく指導の任に当たっている〜は
テト1:5　町ごとに〜たちを任命するため
ヤコ5:14　その人は教会の〜たちを招き
Ⅰペテ5:1　〜たちに……お勧めします
Ⅱヨハ1　〜から、選ばれた夫人とその子
Ⅲヨハ1　〜から、愛するガイオへ。しも
黙4:4　二十四人の〜たちがすわっていた
　19:4　二十四人の〜と四つの生き物は

ちょうわ (調和)
Ⅰコリ12:24　からだをこのように〜させて
Ⅱコリ6:15　何の〜があるでしょう

ちょくれい (勅令)
ルカ2:1　住民登録をせよという〜が

ちり
創2:7　土地の〜で人を形造り、その鼻に
　3:14　腹ばいで歩き、〜を食べなければ
　3:19　あなたは〜だから、〜に帰らなけ
　13:16　子孫を地の〜のように しれば
　18:27　私は、〜や灰にすぎませんが
ヨブ34:15　共に息絶え、人は〜に帰る
詩90:3　あなたは人を〜に帰らせて言われ
　103:14　私たちが〜にすぎないことを心に
　104:29　彼らは死に、おのれの〜に帰り
伝3:20　すべてのものは〜に帰る
　12:7　〜はもとあった地に帰り、雲は
マタ7:3　兄弟の目の中の〜に目をつける
　10:14　足の〜を払い落としなさい
ルカ6:41　兄の目にある〜が見えながら
　10:11　私たちは足についたこの町の〜も
ピリ3:8　それらを〜あくたと思って

ちる (散る)
創49:7　イスラエルの中に〜らそう
レビ26:33　あなたがたを国々の間に〜らし
申4:27　主は……国々の民の中に〜され
　28:64　国々の民の中に、あなたを〜らす
イザ11:12　と共に〜された者
エレ9:16　彼らも先祖たちも知らなかった
　　　　　　国々に彼らを〜らし
　10:21　彼らの飼うものはみな〜らされる
　13:24　彼らを……わらのように〜らす
　18:17　わたしは彼らを敵の前で〜
　50:17　イスラエルは雄獅子に〜らされた
エゼ11:16　国々の中に〜らした。 し羊
　20:23　彼らを諸国の民の中に〜らす
　36:19　彼らを諸国の民の間に〜らし

ゼカ1:21　これらはユダを〜らして
　10:9　彼らを国々の民の間にまき〜らす
ヨハ10:12　狼は羊を奪い、また〜らすので
　16:32　あなたがたが〜らされて
使8:4　〜らされた人たちは、みことばを
Ⅰペテ1:1　ビテニヤに〜って寄留して

ちんぎん (賃金)
出2:9　私があなたの〜を払いましょう

ちんもく (沈黙)
エス4:14　このような時に〜を守るなら
詩39:2　私はひたすら〜を守った
　83:1　神よ。〜を続けないでください

つ

ツァラアト
出4:6　〜に冒され、雪のようになって
レビ13:2　〜の患部が現れたときは
　14:2　〜に冒された者がきよめられる
　14:34　家に〜の患部を生じさせ
民5:2　〜の者、漏出を病む者
　12:10　〜になり、雪のようになっていた
Ⅱ列5:1　勇士で、〜に冒されていた
　5:27　ナアマンの〜は、いつまでも
　7:3　四人の〜に冒された人が、町の門
　15:5　彼は死ぬ日まで〜に冒され
Ⅱ歴26:19　突然、彼の額に〜が現れた
マタ8:2　〜に冒された人がみもとに来て
　11:5　〜に冒された者がきよめられ
　26:6　〜に冒された人シモンの家に
マコ1:40　〜に冒された人が……みもとに
　14:3　〜に冒された人シモンの家に
ルカ4:27　〜に冒された人がたくさん
　5:12　全身〜の人がいた。イエスを見ると
　7:22　〜に冒された人がきよめられ
　17:12　十人の〜に冒された人がイエスに

ついえさる (ついえ去る)
詩9:3　あなたの前で、〜ります

ついきゅう (追及)
エス2:23　このことが〜されて、その事実

ついせき (追跡)
出14:8　パロはイスラエル人を〜した
使26:11　国外の町々にまで……〜して行き

ついていく (ついて行く)
ルカ9:57　どこにでも〜きます
　22:54　ペテロは、遠く離れて〜った
ヨハ1:40　イエスに〜ったふたりのうちの
　10:4　すると羊は……彼に〜きます
　13:37　なぜ今はあなたに〜くことができないのですか。 「った
　18:15　もうひとりの弟子は、イエスに〜

ついてくる (ついて来る)
マタ4:19　わたしに〜なさい
　8:22　わたしに〜なさい。死人たちに
　9:9　「わたしに〜なさい」と言われた
　16:24　わたしに〜たいと思うなら
マコ2:14　「わたしに〜なさい」と言われ
　8:34　わたしに〜たいと思うなら

ルカ5:27　「わたしに〜なさい」と言われ
　9:23　そしてわたしに〜なさい
　18:22　そのうえで、わたしに〜なさい
ヨハ10:27　そして彼らはわたしに〜ます
　12:26　その人はわたしに〜なさい

ついほう (追放)
Ⅱサム14:13　王は〜された者を戻しておら

つうじる (通じる)
創11:7　互いのことばが〜じないように　しれません

つうやくしゃ (通訳者)
創42:23　彼と彼らの間には〜がいたから

つえ (杖)
出4:20　モーセは手に神の〜を持っていた
民17:3　レビの〜にはアロンの名を
　21:18　〜をもって、つかさたちがうがち
　24:17　イスラエルから一本の〜が起こり
Ⅱ列4:29　私の〜をあの子の顔の上に置き
詩2:9　あなたは鉄の〜で彼らを打ち砕き
　23:4　あなたの〜、それが私の慰めです
　45:6　あなたの王国の〜は公正の〜
　60:7　ユダはわたしの〜
箴22:15　懲らしめの〜がこれを断ち切る
イザ10:5　アッシリヤ、わたしの怒りの〜
エゼ37:16　人の子よ。一本の〜を取り
ゼカ11:10　私の〜、慈愛の〜を取り上げ
マコ6:8　旅のためには、〜一本のほかは

つかい (使)
創16:7　主の〜は、荒野の泉のほとり
　19:1　ふたりの御〜は夕暮れにソドムに
　19:15　御〜たちはロトを促して言った
　21:17　神の〜は天からハガルを呼んで
　22:11　主の〜が天から彼を呼び
　24:7　御〜をあなたの前に遣わされる
　28:12　神の〜たちが、そのはしごを上り
　32:1　神の〜たちが彼に現れた
出3:2　すると主の〜が彼に、現れた
　23:20　〜をあなたの前に遣わし
　33:2　あなたがたの前にひとりの〜を
民20:16　ひとりの御〜を遣わし、私たちを
　22:23　主の〜が抜き身の剣を手に持って
　22:31　主の〜が抜き身の剣を手に持って
士6:11　さて主の〜が来て、 「かった
　6:22　この方が主の〜であったことがわ
　13:3　主の〜がその女に現れて
Ⅰサム29:9　あなたが神の〜のように正し
Ⅱサム14:17　神の〜のように、善と悪とを
　15:10　ひそかに〜を送って言った
　19:27　王さまは、神の〜のような方です
Ⅰ列19:5　ひとりの御〜が彼にさわった
Ⅱ列1:3　主の〜がティシュベ人エリヤに
　19:35　その夜、主の〜が出て行って
Ⅰ歴21:16　主の〜が、抜き身の剣を手に
詩34:7　主の〜は主を恐れる者の回りに
　78:25　それで人々は御〜のパンを食べた
　91:11　あなたのために、御〜たちに命じ
　104:4　風をご自分の〜とし、　「よ
　148:2　主をほめたたえよ。すべての御〜
イザ37:36　主の〜が出て行って

ダニ6:22	私の神は御〜を送り、獅子の口	
ホセ12:4	彼は御〜と格闘して勝ったが	
マラ2:7	彼は万軍の主の〜であるからだ	
マタ1:20	主の〜が夢に現れて言った	
4:6	神は御〜たちに命じて、その手に	
4:11	御〜たちが近づいて来て仕えた	
11:10	わたしは〜をあなたの前に遣わし	
13:39	刈り手とは御〜たちのことです	
18:10	彼らの天の御〜たちは	
24:31	人の子は……御〜たちを遣わし	
28:2	主の〜が天から降りて来て	
マコ1:2	わたしは〜をあなたの前に遣わ	
1:13	御〜たちがイエスに仕えていた	
11:1	イエスはふたりの弟子を〜に出し	
ルカ1:11	主の〜が彼に現れて、「い	
1:30	御〜が言った。「こわがることはな	
2:9	主の〜が彼らのところに立ち	
4:10	神は、御〜たちに命じてあなたを	
7:27	わたしは〜をあなたの前に遣わし	
9:26	自分と父と聖なる御〜との栄光を	
9:52	ご自分の前に〜を出された	
12:9	神の御〜たちの前で知らないと	
15:10	神の御〜たちに喜びがわき起こる	
22:43	御〜が天から彼に現れて	
ヨハ1:51	神の御〜たちが人の子の上を	
12:29	御〜があの方に話したのだ	
20:12	ふたりの御〜が……白い衣を	
使5:19	夜、主の〜が牢の戸を開き	
6:15	彼の顔は御〜の顔のように見えた	
7:30	御〜が、モーセに、シナイ山の	
7:53	御〜たちによって定められた律法	
8:26	御〜はピリポに向かって	
10:3	御〜は彼のところに来て	
12:7	御〜が現れ、光が牢を照らした	
23:8	御〜も霊もないと言い	
27:23	神の御〜が、私の前に立って	
ロマ8:38	死も、いのちも、御〜も	
Ⅰコリ4:9	御〜にも人々にも、この世の見せ物になったのです	
6:3	私たちは〜をもさばくべき者だ	
11:10	それも御〜たちのためにです	
13:1	御〜の異言で話しても、愛がない	
Ⅱコリ11:14	サタンさえ光の御〜に変装	
12:7	私を打つための、サタンの〜です	
ガラ1:8	私たちであろうと、天の御〜で	
コロ2:18	御〜礼拝をしようとする者に	
ヘブ2:7	御〜よりも、しばらくの間	
Ⅰペテ1:12	御〜たちもはっきり見たいと	
Ⅱペテ2:4	罪を犯した御〜たちを、容赦	
ユダ6	自分のおるべき所を捨てた御〜	
9	御〜のかしらミカエルは	
黙3:7	教会の御〜に書き送れ	
7:1	四人の御〜が地の四隅に立って	
9:14	つながれている四人の御〜を解き	
10:1	ひとりの強い御〜が、雲に包まれ	
18:21	ひとりの強い御〜が、大きい	
19:17	太陽の中にひとりの御〜が立って	
22:16	わたし、イエスは御〜を遣わして	

つかえびと（仕え人）
ロマ15:16	キリスト・イエスの〜となる	

つかえる（仕える）
創25:23	他の国民より強く、兄が弟に〜	
出3:12	この山で、神に〜えなければ	
14:12	私たちをエジプトに〜えさせて	
20:5	それらに〜えてはならない	
28:1	祭司としてわたしに〜えさせよ	
申6:13	主に〜えなければならない	
28:36	木や石のほかの神々に〜えよう	
ヨシ22:5	精神を尽くして、主に〜えなさ	
24:2	ほかの神々に〜えていた	
24:15	私と私の家とは、主に〜	
士2:7	長老たちの生きている間、主に〜えた。	
3:6	「神々に〜えた	
3:6	彼らの息子たちに与え、彼らの	
10:13	捨てて、ほかの神々に〜えた	
Ⅰサム2:11	祭司エリのもとで主に〜えて	
3:1	サムエルは……主に〜えて	
7:4	取り除き、主にのみ〜えた	
Ⅱサム22:44	知らなかった民が私に〜え	
Ⅰ列12:4	私たちはあなたに〜えましょう	
19:21	エリヤについて行って、彼に〜え	
Ⅱ列17:12	彼らは偶像に〜えたのである	
Ⅰ歴6:32	幕屋の前で、歌をもって〜え	
28:9	神に〜えなさい	
ヨブ21:15	彼に〜えなければならないのか	
詩2:11	恐れつつ主に〜えよ	
100:2	喜びをもって主に〜えよ	
106:36	その偶像に〜えた。それが彼らに	
135:2	主の家で〜え……大庭で〜えよ	
イザ56:6	主に連なって主に〜え、「び	
60:12	あなたに〜えない国民や王国は滅	
61:6	われわれの神に〜える者と呼ばれる	
エレ5:19	外国の神々に〜えたように	
25:11	国々はバビロンの王に七十年〜	
27:7	その子と、その子の子に〜えよ	
30:9	彼らの王ダビデに〜えよう	
ダニ3:17	私たちの神は、火の燃える炉	
3:18	あなたの神々に〜えず	
7:10	幾千のものが こちらの方に〜え	
ゼパ3:9	一つになって主に〜	
マラ3:14	神に〜のはむなしいことだ	
3:18	神に〜える者と〜えない者との違いを	
マタ20:28	人の子が来たのが……ためで	
23:11	あなたがたに〜人でなければ	
27:55	イエスに〜えてガリラヤから	
マコ9:35	みなに〜人となりなさい	
10:43	みなに〜者になりなさい	
ルカ2:37	断食と祈りをもって神に〜えて	
2:51	ナザレに帰って、両親に〜えられ	
16:13	ふたりの主人に〜えることはできませ	
22:26	治める人は〜人のようになりなさ	
ヨハ12:26	わたしに〜というのなら	
使7:42	彼らが天の星に〜ままにされまし	
ロマ7:6	新しい御霊によって〜えている	
16:18	私たちの主キリストに〜えないで	
Ⅱコリ3:6	新しい契約に〜者となる資格	

エペ3:7	この福音に〜者とされました	
コロ1:23	このパウロはそれに〜者と	
ヘブ6:10	これまで聖徒たちに〜に	
黙7:15	昼も夜も、神に〜えているのです	

つかう（使う）
ルカ15:13	湯水のように財産を〜ってしまった	

つかさ
イザ1:23	おまえの〜たちは反逆者	
エレ20:1	祭司であり、主の宮の〜	

つかさどる
創1:16	大きいほうの光る物には昼を〜らせ	

つかみだす（つかみ出す）
ユダ23	火の中から〜して救い	

つかれる（疲れる）
Ⅱサム21:15	ダビデは〜れていた	
箴25:25	〜れた人への冷たい水のようだ	
伝10:15	愚かな者の労苦は、おのれを〜れ	
12:12	熱中すると、からだが〜しさせ	
イザ1:14	わたしは負うのに〜れ果てた	
5:27	〜者もなく、つまずく者もない	
40:29	〜れた者には力を与え	
47:13	あなたは〜れている	
57:10	あなたは、長い旅に〜れても	
エレ31:25	わたしは〜れたたましいを潤し	
マタ11:28	〜れた人、重荷を負っている人	

つかわす（遣わす）
創45:5	あなたがたより先に、私を〜して	
出3:10	あなたをパロのもとに〜そう	
イザ6:8	だれを〜そう。だれが	
エレ26:12	預言するよう、私を〜された	
マタ10:5	イエスは、この十二人を〜し	
10:40	わたしを〜した方を受け入れる	
13:41	人の子はその御使いたちを〜し	
マコ1:2	使いをあなたの前に〜し	
ルカ4:43	そのために〜されたのですから	
ヨハ6:57	生ける父がわたしを〜し	
17:8	わたしを〜されたことを信じ	
17:18	わたしを世に〜されたように	
20:21	わたしもあなたがたを〜します	
Ⅰコリ1:17	キリストが〜したのに〜しに	
ガラ4:4	神はご自分の御子を〜し	
4:6	御子の御霊を、私たちの心に〜し	
Ⅰヨハ4:9	神はそのひとり子を世に〜し	

つき（月）
出12:2	この〜をあなたがたの〜の始まり	
詩74:16	あなたは〜と太陽とを備えられ	
雅6:10	〜のように美しい、太陽のように	
イザ13:10	〜も光を放たない	
30:26	〜の光は日の光のようになり	
エレ31:35	〜と星を定めて夜の光とし	
エゼ32:7	〜に光を放たせない	
マタ24:29	〜は光を放たず、星は天から	
使2:20	太陽はやみとなり、〜は血に変わり	
Ⅰコリ15:41	〜の栄光もあり、星の栄光も	

つきあう
Ⅰコリ5:11	そのような者とは〜ってはならない	

つきさす（突き刺す）
ゼカ12:10	彼らは、自分たちが〜した者	

ヨハ19:34	イエスのわき腹を槍で~した	**つけくわえる**(つけ加える)		Ⅰテサ5:13	その~のゆえに、愛をもって	**つな**(綱)	「降ろした
黙1:7	すべての目、ことに彼を~した者	申4:2	ことばに、~えてはならない			ヨシ2:15	ラハブは~で彼らを窓からつり
つきぼう(突き棒)		12:32	これに~えてはならない			詩18:4	死の~は私を取り巻き
伝12:11	知恵ある者のことばは~のような	黙22:18	もし、これに~者があれば			116:3	死の~が私を取り巻き
つきる(尽きる)		**つげしらせる**(告げ知らせる)				129:4	悪者の~を断ち切られた
創47:18	私たちの銀も~き、家畜の群れも	申32:3	私が主の御名を~のだから			エレ38:12	わきの下にはさんで、~を当て
つく(着く)	「かれた	Ⅰサム31:9	偶像の宮と民とに~せた			**つながり**	
マコ16:19	天に上げられて神の右の座に~	詩22:31	義を、生まれてくる民に~せよう			Ⅱコリ6:14	正義と不法とに、どんな~が
ヘブ10:12	ささげて後、神の右の座に~き	マコ5:14	町や村々でこの事を~せた			**つなぐ**	
つぐ		Ⅰコリ11:26	主の死を~のです			マタ16:19	何でもあなたが地上で~なら
ロマ11:17	あなたがその枝に混じって~が	**つけたし**(つけ足し)				18:18	何でもあなたがたが地上で~なら
つぐ(継ぐ)	」れ	箴30:6	神のことばに~をしてはならない			Ⅱテモ2:9	神のことばは、~がれては
ゼカ8:12	これらすべてを~がせよう	**つける**(着ける)				ヘブ2:15	一生涯死の恐怖に~がれて
マタ25:34	備えられた御国を~ぎなさい	申22:5	女は男の衣装を身に~けてはなら			**つの**(角)	
使20:32	御国を~がせることができる	**つげる**(告げる)	」ない			Ⅰ列1:50	行って、祭壇の~をつかんだ
つくえ(机)		出20:1	ことごとく~げて仰せられた			2:28	ヨアブは……祭壇の~をつかんだ
出25:23	~をアカシヤ材で作らなければ	ヨシ23:5	主があなたがたに~げたように			エゼ29:21	一つの~を生えさせ
37:10	アカシヤ材で、一つの~を作った	Ⅰ列22:14	主が私に~げられることを			ダニ7:7	獣と異なり、十本の~を持って
Ⅱ列4:10	あの方のために寝台と~と	詩40:9	義の良い知らせを~げました			8:3	それには二本の~があって
つぐない(償い)		85:8	御民と聖徒たちとに平和を~げ			ゼカ1:18	なんと、四つの~があった
出21:30	いのちの~として支払わなければ	イザ48:3	前からわたしが~げていた			ルカ1:69	救いの~を、われらのために
レビ5:16	その聖なるものを犯した罪の~	ミカ6:8	主はあなたに~げられた			黙17:12	あなたが見た十本の~は、十人の
24:21	動物を打ち殺す者は~をしなけれ	黙1:1	これをしもべヨハネにお~げに			**つのぶえ**(角笛)	」王たちで
Ⅱサム22:25	主は……私に~をされた	**つたえる**(伝える)				出19:16	~の音が非常に高く鳴り響いた
詩18:24	主は……私に~をされた	ヨエ1:3	あなたがたの子どもたちに~え			レビ25:9	第七月の十日に~を鳴り響かせ
箴6:35	彼はどんな~物も受けつけず	ヨナ3:2	あなたに告げることばを~えよ			士7:16	全員の手に~とからつぼとを
つぐなう(償う)		ガラ4:13	最初あなたがたに福音を~えた			Ⅱ列9:13	~を吹き鳴らして
Ⅱサム21:3	私が何を~ったら	ピリ1:16	愛をもってキリストを~え			イザ27:13	その日、大きな~が鳴り渡り
イザ40:2	労苦が終わり、その咎は~われ	コロ1:25	神のことばを余すところなく~			エゼ33:5	~の音を聞きながら、警告を
ヨエ2:25	わたしはあなたがたに~おう	**つち**(土)	」ためです			ダニ3:5	~、二管の笛、立琴、三角琴
つくりぬし(造り主)		哀4:2	陶器師の手で作られた~のつぼ			ヨエ2:1	シオンで~を吹き鳴らし
ヨブ35:10	私の~である神はどこにおられ	Ⅰコリ15:47	地から出て、~で造られた者			2:15	シオンで~を吹き鳴らせ
つくりばなし(作り話)		黙2:27	鉄の杖をもって~の器を打ち砕く			アモ3:6	町で~が鳴ったら、民は驚かな
Ⅱペテ1:16	うまく考え出した~に従った	**つち**(槌)	「へ近づき			ゼカ9:14	神である主は~を吹き鳴らし
つくる(造る)		士4:21	手に~を持ってそっと彼のところ			**つばき**	
創14:19	天と地を~られた方、いと高き神	Ⅰ列6:7	工事中、~や、斧、その他			申25:9	くつを脱がせ、彼の顔に~して
申32:6	主はあなたを~った父ではないか	**つづく**(続く)				マタ26:67	彼らはイエスの顔に~をかけ
ヨブ10:8	あなたの御手は私を……~られ	Ⅰ歴17:27	とこしえに御前に~ようにして			マコ7:33	~をして、その人の舌にさわら
詩78:54	右の御手で~られたこの山に	哀5:19	あなたの御座は代々に~きます			14:65	ある人々は、イエスに~をかけ
95:6	私たちを造った方、主の御前に	マコ4:17	ただしばらく~だけです			15:19	葦をたたいたり、~をかけたり
119:73	あなたの御手が私を~り	Ⅱコリ4:18	見えないものはいつまでも~			**つばさ**(翼)	
148:5	主が命じて、彼らが~られた	**つつしみぶかい**(慎み深い)				出19:4	あなたがたを鷲の~に載せ
イザ17:7	人は自分を~られた方に目を	Ⅰテモ2:9	控えめに~く身を飾り			ルツ2:12	その~の下に避け所を求めて
42:5	天を~り出し、これを引き延べ	**つつしむ**(慎む)				詩17:8	御~の陰に私をかくまってくださ
43:1	あなたを~り出した方、主は	申4:9	ひたすら~み、用心深くありなさい			18:10	風の~に乗って飛びかけられた
45:9	自分を~った者に抗議する者	Ⅰペテ1:13	心を引き締め、身を~み			36:7	人の子らは御~の陰に身を避け
54:5	あなたの夫はあなたを~った者	**つつむ**(包む)				55:6	私に鳩のように~があったなら
エレ10:16	主は万物を~方。イスラエルは	ヨブ26:8	神は水を濃い雲の中に~まれる			57:1	御~の陰に身を避けます
アモ4:13	見よ。山々を~り、風を~り	エゼ34:16	傷ついたものを~み			61:4	御~の陰に、身を避けたいのです
Ⅱコリ5:17	その人は新しく~られた者と	マコ15:46	取り降ろしてその亜麻布に~み			箴23:5	富は必ず~をつけて
エペ2:10	キリスト・イエスにあって~ら	**つどい**				イザ6:2	彼らはそれぞれ六つの~があり
	」れたのです	詩7:7	国民の~をあなたの回りに集め			エゼ1:6	四つの~を持っていた
コロ1:16	万物は御子にあって~られた	89:7	聖徒たちの~で大いに恐れられた			17:3	大きな~、長い羽、色とりどりの
Ⅰテモ4:4	神が~られた物はみな良い物	**つとめ**(務め)	」いる神			マラ4:2	その~には、癒しがある
ヘブ10:5	からだを~ってくださいました	ロマ11:13	自分の~を重んじています			**つぶやき;つぶやく**	
つくろう(繕う)		Ⅰコリ9:17	私には~がゆだねられている			出16:2	荒野でモーセとアロンに~いた
マコ1:19	彼らも舟の中で網を~っていた	エペ3:2	神の恵みによる私の~について			16:8	~は……主に対してなのです
		コロ1:25	神からゆだねられた~に従って				

出17:3	それで民はモーセに～いて言った	マコ9:43	手があなたの～となるなら			犯し
民11:1	ひどく不平を鳴らして主に～いた	ルカ17:1	～が起こるのは避けられない	ヨシ22:31	主に対してこの不信の～を犯さな
14:2	モーセとアロンに～き、全会衆は	17:2	小さい者たちのひとりに、～を与	士10:10	あなたに～を犯しました
14:27	わたしに～いているのか	ロマ11:9	網となり、～となり、報いと	Ⅰサム2:17	子たちの～は、主の前で非常に
16:41	モーセとアロンに向かって～いて	14:13	～になるものを置かないように	2:25	人が主に対して～を犯したら
申1:27	あなたがたの天幕の中で～いて	14:21	兄弟の～になることをしないのは	7:6	主に対して～を犯しました
詩106:25	自分たちの天幕で～き	Ⅰコリ1:23	ユダヤ人にとっては～	12:23	祈るのをやめて主に～を犯すこと
ヨハ6:41	イエスについて～い、	8:9	弱い人たちの～とならないように	14:33	血のままで食べて、主に～を犯し
Ⅰコリ10:10	ある人たちが～いたのになら	10:32	神の教会にも、～を与えない	15:24	私は～を犯しました
	っ～いては	Ⅱコリ6:3	人に～を与えないようにと	19:4	ダビデについて～を犯さないで
ピリ2:14	すべてのことを、～かず	ガラ5:11	十字架の～は取り除かれている	24:11	あなたに～を犯さなかったのに
つぼ		黙2:14	人々の前に、～の石を置き	26:21	私は～を犯した。わが子ダビデ
士7:16	角笛とから～とを持たせ、その～	つまずく		Ⅱサム3:28	とこしえまでも～はない
Ⅰ列17:14	その～の油はなくならない	箴3:23	道を歩み、あなたの足は～かない	7:14	もし彼が～を犯すときは
Ⅱ列4:2	油の～一つしかありません	4:19	彼らは何に～かを知らない	12:13	私は主に対して～を犯しました
つま（妻）		19:2	急ぎ足の者は～	24:10	大きな～を犯しました。「し
創12:19	この女は彼の～だと言って	イザ3:8	エルサレムが～き、ユダが倒れ	Ⅰ列8:36	あなたの民イスラエルの～を赦し
民5:12	もし人の～が道をはずして夫に	エレ13:16	暗い山で～かないうちに	8:46	～を犯さない人間はひとりも
ルツ4:13	ルツをめとり、彼女は彼の～と	20:11	～いて、勝つことはできません	14:16	ヤロブアムが自分で犯した～と
Ⅰサム25:39	自分の～になるよう申し入れ	50:32	そこで、高ぶる者は～き倒れ	15:3	父がかつて犯したすべての～を
ヨブ31:10	私の～が他人のために粉を	マタ5:29	右の目が、あなたを～かせる	17:18	あなたは私の～を思い知らせ
詩128:3	あなたの～は、あなたの家の奥に	11:6	わたしに～かない者は幸いです	Ⅱ列13:6	ヤロブアム家の～を離れず
箴18:22	良い～を見つける者はしあわせで	18:8	～かせるなら、それを切って捨て	17:7	彼らの神、主に対して～を犯し
19:13	～のいさかいは、したたり続ける	24:10	人々が大ぜい～き、互いに裏切り	18:14	私は～を犯しました
19:14	思慮深い～は主からのもの	26:31	今夜、わたしのゆえに～きます	21:16	～を犯したばかりでなく
31:10	しっかりした～をだれが見つける	マコ4:17	迫害が起こると、すぐに～いて	24:4	エルサレムを～のない者の血で
伝9:9	愛する～と生活を楽しむがよい	6:3	こうして彼らはイエスに～いた	Ⅰ歴21:8	大きな～を犯しました
エレ3:1	もし、人が自分の～を去らせ	14:27	あなたがたはみな、～きます	Ⅱ歴6:25	イスラエルの～を赦し
3:20	なんと、～が夫を裏切るように	ルカ7:23	わたしに～かない者は幸いです	6:36	あなたに対して～を犯したため
ホセ12:12	イスラエルは～をめとるために	ヨハ6:61	このことであなたがたは～のか	25:4	人が殺されるのは、自分の～のた
マラ2:14	あなたの契約の～であるのに	11:9	昼間歩けば、～ことはありません	ネヘ1:6	私も私の父の家も、～しました
マタ1:18	マリヤはヨセフの～と決まって	ロマ9:32	つまずきの～いてのです	ヨブ4:7	～がないのに滅びた者があるか
1:24	ヨセフは……その～を迎え入れ	11:11	彼らが～いたのは倒れるため	7:20	私が～を犯したといっても
5:31	～を離別する者は、～に離婚状を	Ⅰコリ8:13	もし食物が私の兄弟を～かせ	9:28	私を～のない者とはしてください
19:5	父と母を離れ、その～と結ばれ	つまらない			ません
19:9	別の女を～にする者は姦淫を犯す	ヨブ40:4	ああ、私は～者です	10:6	私の～を探られるのですか
27:19	彼の～が彼のもとに人をやって	つみ（罪）		10:14	もし、私が～を犯すと、あなたは
マコ10:2	夫が～を離別することは許され	創4:7	～は戸口で待ち伏せして	12:16	あやまって～を犯す者も
	るかどうかと質問した。「ら	39:9	神に～を犯すことができましょう	17:8	～のない者は神を敬わない者を
10:11	～を離別して別の女を～にするな	43:9	一生あなたに対して～ある者と	27:17	銀は、～のない者が分け取る
12:19	その弟の女を～にして、兄	44:32	永久にあなたに対して～ある者と	32:3	彼らがヨブを～ある者としながら
ルカ17:32	ロトの～を思い出しなさい	出9:27	今度は、私は～を犯した	33:27	私は～を犯し、正しい事を曲げた
使5:7	彼の～はこの出来事を知らずに	29:14	これは～のためのいけにえである	35:6	あなたが～を犯しても、神に対し
Ⅰコリ7:4	～は自分のからだに関する	32:30	あなたがたは大きな～を犯した	40:8	わたしを～に定めるのか
7:27	あなたが～に結ばれているなら	レビ4:2	あやまって～を犯し	詩25:7	私の若い時の～やそむきを覚えて
9:5	信者である～を連れて歩く権利が	4:3	～のためのいけにえとして	34:22	だれも～に定められない
14:34	教会では、～たちは黙って	5:6	～のためのいけにえとし	37:33	彼を～に定められない
エペ5:22	……～たちよ。自分の夫に仕え	6:25	～のためのいけにえのおしえ	78:32	彼らはなおも～を犯し
5:31	父と母を離れ、その～と結ばれ	26:21	さらにあなたがたの～によって	79:9	私たちの～をお赦しください
コロ3:18	～たちよ。……夫に従いなさい	民12:11	私たちが愚かで犯しました～の罰	119:11	あなたに～を犯さないため、私は
Ⅰテモ3:2	ひとりの～の夫であり	14:40	私たちは～を犯したのだから	箴20:9	私は～からきよめられた
Ⅰペテ3:1	～たちよ。自分の夫に服従し	22:34	私は～を犯しました	24:9	愚かなはかりごとは～だ
つまずき		申1:41	私たちは主に向かって～を犯した	伝5:6	あなたに～を犯させないように
イザ8:14	二つの家には妨げの石と～の岩	9:16	主に～を犯して、自分たちのため	7:20	～を犯さない正しい人はひとりも
57:14	わたしの民の道から、～を取り除	19:13	～のない者の血を流す～は	イザ1:4	ああ。～を犯す国、咎重き民
エレ6:21	わたしはこの民に～を与える	20:18	主に対して～を犯すことのない	1:18	あなたがたの～が緋のように赤く
マタ13:41	～を与える者や不法を行う者	24:16	自分の～のためでなければなら	5:18	～を引き寄せている者たち
マコ9:42	～を与えるような者は、むしろ	ヨシ7:1	聖絶のものことで不信の～を		

つみ / コンコルダンス / つる 2645

イザ30:1	～に～を増し加えるばかりだ	ロマ6:14	～はあなたがたを支配すること が	つむ（積む）	
38:17	私のすべての～を……うしろに投 げやられました	6:23	～から来る報酬は死です。しかし	ヨブ27:16	彼が銀をちりのように～み上げ
		7:7	～を知ることがなかったでしょう	箴25:22	頭に燃える炭火を～ことになり
42:24	この方に、私たちは～を犯し	7:13	～は、この良いもので私に死を	つむぐ（紡ぐ）	
43:24	あなたの～で、わたしに苦労を	8:1	キリスト・イエスにある者が～に	マタ6:28	働きもせず、～ぎもしません
50:9	だれが私を～に定めるのか	8:34	～に定めようとするのはだれです	ルカ12:27	～ぎもせず、織りもしない
58:1	ヤコブの家にその～を告げよ	14:23	信仰から出ていないことは、みな	つむじかぜ（つむじ風）	「なるが
エレ2:3	これを食らう者はだれでも～に		～です。 「すのです	箴10:25	～が過ぎ去るとき、悪者はいなく
2:35	私には～がない。確かに、御怒り	Iコリ6:18	自分のからだに対して～を犯	イザ5:28	その車輪は～のように思われる
8:14	私たちが～を犯したからだ	8:12	キリストに対して～を犯している	ホセ8:7	風を蒔いて、～を刈り取る
14:7	私たちはあなたに～を犯して	11:27	主のからだと血に対して～を犯す	つめたい（冷たい）	
17:1	ユダの～は鉄の筆と金剛石の	14:24	その人はみなの者によって～を	マタ24:12	多くの人たちの愛は～くなり
19:4	この所を～のない者の血で満たし	15:17	今もなお、自分の～の中にいる	つゆ（露）	
37:18	私が何の～を犯したというので	IIコリ5:21	私たちの代わりに～とされ	士6:37	羊の毛の上にだけ～が降りていて
哀1:8	エルサレムは～に～を重ねて	ガラ1:4	私たちの～のためにご自身を	詩133:3	ヘルモンの～にも似ている
5:7	私たちの先祖は～を犯しました	3:22	すべての人を～の下に閉じ込め	箴3:20	雲は～を注ぐ
エゼ22:4	自分の流した血で～に定められ	エペ2:1	自分の罪過と～との中に死んで	19:12	その恵みは草の上に置く～のよう
4:27	正しい行いによってあなたの	コロ2:13	私たちのすべての～を赦し	イザ26:19	あなたの～は光の～
	～を除き	Iテモ5:20	～を犯している者をすべての	ダニ4:23	天の～にぬれさせて、七つの時
9:5	私たちは～を犯し、不義をなし	ヘブ3:13	だれも～に惑わされてかたくな	ホセ6:4	朝早く消え去る～のようだ
ホセ4:15	ユダに～を犯させてはならない	4:15	～は犯されませんでしたが、し	13:3	朝早く消え去る～のように
13:1	バアルにより～を犯して死んだ	9:7	民が知らずに犯した～のために	14:5	イスラエルには～のようになる
アモ5:12	あなたがたの～がいかに重いか	10:17	もはや決して彼らの～と不法とを	つよい（強い）	
ヨナ1:14	～のない者の血を私たちに報い	10:26	ことさらに～を犯し続けるならば	士14:14	～ものから甘い物が出た
	ないでください	12:4	まだ、～と戦って、血を流すまで	IIサム3:1	ダビデはますます～くなり
ミカ6:7	私のたましいの～のために	Iペテ2:22	キリストは～を犯したことが	10:12	～くあれ。われわれの民のため
7:9	私が主に～を犯したからだ	2:24	～を自ら木の上に負われ	I歴19:13	～くあれ。われわれの民のため
マタ1:21	ご自分の民をその～から救って	3:18	キリストも一度～のために死	28:20	～く、雄々しく、事を成し遂げ
6:14	もし人の～を赦すなら	Iヨハ1:8	もし、～はないと言うなら	II歴26:16	～くなると、彼の心は高ぶり
12:31	どんな～も冒瀆も赦していただけ	2:1	～を犯さないようになるためです	ヨブ16:5	口先だけであなたがたを～くし
18:15	あなたの兄弟が～を犯したなら	3:5	キリストには何の～もありません	36:5	見よ。神は～。だが、だれをも
27:4	私は～を犯した。～のない人の	3:9	～を犯しません	詩27:14	雄々しくあれ。心を～くせよ
マコ2:5	子よ。あなたの～は赦されまし	5:16	死に至らない～を犯しているのを	89:21	わたしの腕もまた彼を～くしよう
3:28	人はその犯すどんな～も赦します	つみとる（摘み取る）		雅8:6	愛は死のように～く、ねたみは
11:25	～を赦してくださいます	申24:21	後になってまたそれを～っては	エレ9:23	つわものは自分の～を誇るな
ルカ7:37	その町にひとりの、深い女が	つみびと（罪人）		アモ2:16	勇士の中の～者も、その日には
11:32	この人々を～に定めます	詩25:8	それゆえ、～に道を教えられる	マタ12:29	～人の家に入って家財を奪い
13:2	どのガリラヤ人よりも～深い人	箴13:6	悪は～を滅ぼす	ルカ11:21	～人が十分に武装して自分の
15:18	私は天に対して～を犯し	13:21	わざわいは～を追いかけ、幸いは	Iコリ1:25	神の弱さは人よりも～から
23:4	この人には何の～も見つからない	伝9:18	ひとりの～は多くの良いことを	1:27	～者をはずかしめるために
23:14	～は別に何も見つかりません	イザ13:9	～たちをそこから根絶やしに	15:43	～ものによみがえらされ
ヨハ5:14	もう～を犯しているではないよ	マタ9:10	見よ、取税人や～が大ぜい来て	エペ3:16	内なる人を～くしてください
8:7	～のない者が、最初に彼女に石を	マコ2:15	取税人や～たちも大ぜい	ピリ4:13	私を～くしてくださる方に
8:11	わたしもあなたを～に定めない	14:41	人の子は～たちの手に渡されます	コロ1:11	あらゆる力をもって～くされ
8:21	自分の～の中で死にます	ルカ5:30	取税人や～どもといっしょに	IIテモ2:1	恵みによって～くなりなさい
8:46	わたしに～があると責める者が	6:32	～たちでさえ、自分を愛する者を	Iペテ5:10	完全にし、堅く立たせ、～く
9:2	だれが～を犯したからですか	6:34	～たちでさえ、～たちに貸して	Iヨハ2:14	あなたがたが～者であり
16:8	その方が来ると、～について	15:2	この人は、～たちを受け入れて	つよめる（強める）	
18:38	私は、あの人には～を認めません	15:7	ひとりの～が悔い改めるなら	イザ35:3	弱った手を～め、よろめくひざ
19:4	あの人に何の～も見られないと	19:7	あの方は～のところに行って客と	41:10	あなたを～め、あなたを助け
19:6	私はこの人に～を認めません	22:37	彼は～の中に数えられた	ゼカ10:6	ユダの家を～め、ヨセフの家を
20:23	あなたがたがだれかの～を赦すな	ヨハ9:16	～である者に、どうして	エペ6:10	その大能の力によって～められ
使7:60	この～を彼らに負わせないで し	9:24	あの人が～であることを知って	Iテサ3:2	あなたがたを～め励まし
22:16	自分の～を洗い流しなさい	ロマ3:7	～としてさばかれるのでしょう	3:13	また、あなたがたの心を～め
ロマ2:12	律法なしに～を犯した者は	5:19	多くの人が～とされたのと同様に	つらい	
3:23	すべての人は、～を犯したので	ガラ2:17	～であることがわかるのなら	ルツ1:21	全能者が私を～めに会わせられ
4:25	主イエスは、私たちの～のために	Iテモ1:9	不敬虔な～、汚らわしい俗物	つる	
5:12	ひとりの人によって～が世界に	ヤコ5:20	～を迷いの道から引き戻す者は	イザ38:14	つばめや、～のように、私は

つるぎ（剣）

エレ8:7	～も、自分の帰る時を守るのに	

つるぎ（剣）

創3:24	輪を描いて回る炎の～を置かれた
士7:20	主の～、ギデオンの～だ
Ⅰ列3:24	～をここに持って来なさい
イザ2:4	その～を鋤に、その槍をかまに
49:2	主は私の口を鋭い～のようにし
エレ9:16	～を彼らのうしろに送り
25:38	主の燃える～、主の燃える怒りの
エゼ21:9	～、一振りの～が研がれ
ヨエ3:10	あなたがたの鋤を～に
ミカ4:3	その～を鋤に、その槍をかまに
ゼカ13:7	～よ。目をさまして……攻めよ
マタ10:34	～をもたらすために来たのです
26:51	～を抜き、大祭司のしもべに撃ち
マコ14:47	～を抜いて大祭司のしもべに
ルカ2:35	～があなたの心さえも刺し貫く
エペ6:17	御霊の与える～である、神の
ヘブ4:12	力があり、両刃の～よりも鋭く
黙1:16	口からは鋭い両刃の～が出ており
19:15	この方の口からは……鋭い～が出

つれだす（連れ出す）   └ていた

民24:8	彼をエジプトから～した神は
エゼ20:14	わたしの名のために、彼らを～

つれていく（連れて行く）

ルカ4:29	丘のがけのふちまで～き
使8:32	ほふり場に～かれる羊のように

つれてくる（連れて来る）

ヨハ1:42	シモンをイエスのもとに～た

つれもどす（連れ戻す）

創28:15	あなたをこの地に～そう
エゼ11:17	国々からあなたがたを～し
ヤコ5:19	だれかがその人を～ようなこと

て

て（手）

出4:2	あなたの～にあるそれは何か
15:12	あなたが右の～を伸ばされると
17:11	～を降ろしているときは
レビ4:24	そのやぎの頭の上に～を置き
民11:23	主の～は短いのだろうか
21:34	地とをあなたの～のうちに与えた
27:23	自分の～を彼の上に置いて
申2:15	まことに主の御～が彼らに下り
4:34	力強い御～と、伸べられた腕が
5:15	力強い御～と、伸べられた腕とを
26:8	力強い御～と、伸べられた腕、
Ⅰサム5:6	主の～はアシュドデの人々に
12:15	主の御～があなたがたの先祖たちに
18:17	サウルは、自分の～を下さないで
Ⅱサム24:14	主の～に陥ることにしましょ
Ⅰ歴4:10	御～が私とともにあり、 └う
ヨブ8:20	悪を行う者の～を取らない
10:8	あなたの御～は私を形造り
12:9	主の御～がこれをなさったことを
27:22	彼は御～からなんとかしてのがれ

ヨブ34:19	神の御～のわざではないか
詩24:4	～がきよく、心がきよらかな者
31:15	私の時は、御～の中にあります
32:4	御～が昼も夜も私の上に重く
39:5	私の日を～幅ほどにされました
74:11	右の御～を、引っ込めておられる
115:7	～があってもさわれず、足が
伝2:24	神の御～によることがわかった
9:1	彼らの働きも、神の御～の中に
9:10	～もとにあるなすべきことはみな
イザ5:25	なおも、御～は伸ばされている
8:11	主は強い御～をもって私を捕らえ
9:12	なおも、御～は伸ばされている
9:17	なおも、御～は伸ばされている
14:27	御～が伸ばされた。だれがそれを
40:12	だれが、～のひらで水を量り
59:1	主の御～が短くて救えないのでは
エレ16:21	わたしの～と、わたしの力を
哀2:15	あなたに向かって～を打ち鳴らし
エゼ3:14	主の御～が強く私の上に
3:22	その所で主の御～が私の上に
20:33	力強い～と伸ばした腕をもって
25:6	～を打ち、足を踏み鳴らし
33:22	夕方、主の御～が私の上にあり
37:1	主の御～が私の上にあり
マタ3:12	～に箕を持っておられ
5:30	右の～があなたをつまずかせる
15:20	洗わない～で食べることは
16:26	たとい全世界を～に入れても
18:8	あなたの～か足の一つがあなたを
マコ3:5	「～を伸ばしなさい」と言われた
7:2	洗わない～でパンを食べている者
9:43	～があなたのつまずきとなるな
ルカ6:8	～のなえた人に、「立って
6:10	彼の～は元どおりになった
9:25	たとい全世界を～に入れても
24:39	～やわたしの足を見なさい
ヨハ13:9	足だけでなく、～も頭も洗って
20:20	その～とわき腹を彼らに示された
20:25	その～に釘の跡を見……私の～を
その～をわきに差し入れてみなければ
使11:21	主の御～が彼らとともにあった
13:11	主の御～が今、おまえの上にある
ロマ6:13	あなたがたの～を不義の器と
10:21	わたしは一日中、～を差し伸べた
Ⅱコリ5:1	人の～によらない、天ではない
Ⅰテサ4:11	自分の～で働きなさい
Ⅱテサ3:17	自分の～であいさつを書く
Ⅰヨハ1:1	じっと見、また～でさわった

ていけつ（貞潔） └もの

Ⅱコリ11:3	キリストに対する真実と～を

ていこう（抵抗）

エス9:2	ユダヤ人に～する者はいなかった

ていさつ（偵察）

士18:14	あのライシュの地を～に行った

ていそう（貞操）

ヤコ4:4	～のない人たち。世を愛するこ

		└とは
ていち（低地）		
	Ⅰサム11:14	主は山の神であって、～の神で
ていとう（抵当）		└ない
	ネヘ5:3	家も～に入れなければならない
	箴20:16	見知らぬ女のためにも、着物を～
	27:13	着物を～に取れ。 └に取れ

ておけ（手おけ）

イザ40:15	見よ。国々は、～の一しずく

てがみ（手紙）

Ⅱサム11:14	ダビデはヨアブに～を書き
Ⅰ列21:8	彼女はアハブの名で～を書き
Ⅱ列5:6	王あての次のような～を持って
19:14	使者の手からその～を受け取り
Ⅱ歴30:1	マナセに～を書いて
ネヘ6:5	一通の開封した～を持っていた
イザ37:14	使者の手からその～を受け取り
使9:2	ダマスコの諸会堂あての～を
15:30	教会の人々を集めて、～を手渡し
22:5	兄弟たちへあてた～までも受け
23:25	次のような文面の～を書いた
23:33	総督に～を手渡して、パウロを
Ⅱコリ10:10	パウロの～は重みがあって
コロ4:16	この～があなたのところで
Ⅱテサ3:17	これが私の～の書き方です
Ⅱペテ3:16	ほかのすべての～でもそうな

てき（敵）

レビ26:32	～はそこで色を失う
申28:25	あなたを～の前で敗走させる
士5:31	主よ。あなたの～はみな滅び
Ⅰ列21:20	私を見つけたのか。わが～を
エズ4:1	ユダとベニヤミンの～たちは
エス9:22	～を除いて休みを得た日
ヨブ13:24	私をあなたの～とみなされる
詩3:1	私の～がふえてきたことでしょう
72:9	彼の～はちりをなめるように
108:13	神が私たちの～を踏みつけられ
箴16:7	その人の～をも、その人と和らが
		└せる。└い
24:17	～が倒れるとき、喜んではならな
イザ11:13	ユダもエフライムを～としない
ゼカ8:10	～がいるために平安はなかった
マタ5:43	隣人を愛し、自分の～を憎め
10:36	家族の者がその人の～となります
22:44	あなたの～をあなたの足の下に
ルカ6:27	あなたの～を愛しなさい
使5:39	神に～対する者になってしまい
ロマ12:20	もしあなたの～が飢えたなら
Ⅰコリ15:26	最後の～である死も滅ぼされ
ガラ4:16	あなたがたの～になった
ピリ3:18	キリストの十字架の～として
ヤコ4:4	自分を神の～としている

てきい（敵意）

エペ2:16	～は十字架によって葬り去られ

てきせつ（適切）

伝12:10	伝道者は～なことばを見いだそう

てさぐり（手さぐり） └とし

ヨブ5:14	真昼に、夜のように～する
12:25	彼らは光のない所、やみに～する

でし

イザ59:10	私たちは盲人のように壁を〜し	

でし（弟子）

イザ8:16 　〜たちの心のうちに封ぜよ
50:4 　神である主は、私に〜の舌を与え
マタ10:1 　イエスは十二を呼び寄せて
10:24 　〜はその師にまさらず、しもべは
14:19 　パンを裂いてそれを〜たちに与え
15:2 　あなたのお〜たちは、なぜ長老たち
17:16 　その子をお〜たちのところに連れ
21:1 　イエスは、〜をふたり使いに出し
28:7 　お〜たちにこのことを知らせなさ
マコ3:7 　イエスは〜たちとともに湖の
8:6 　人々に配るように〜たちに与え
9:31 　それは、イエスは〜たちを教えて
10:13 　〜たちは彼らをしかった
ルカ6:40 　〜は師以上には出られません
7:19 　〜の中からふたりを呼び寄せて
9:16 　群衆に配るように〜たちに与え
14:33 　わたしの〜になることはできませ
19:29 　イエスはふたりの〜を使いに出し
22:39 　オリーブ山に行われ、〜たちも
ヨハ2:11 　それで、〜たちはイエスを信じ
3:25 　ヨハネの〜たちが、あるユダヤ人と
6:66 　〜たちのうちの多くの者が離れ
8:31 　あなたがたはほんとうにわたしの
9:28 　おまえもあの者の〜だ。し〜です
13:35 　あなたがたがわたしの〜である
15:8 　わたしの〜となることによって
19:26 　そばに立っている愛する〜と
19:38 　イエスの〜ではあったが
20:2 　もうひとりの〜とのところに来て
20:19 　〜たちがいた所では、ユダヤ人を
21:4 　けれども〜たちには、それがイエ
スであることが
使9:10 　ダマスコにアナニヤという〜が

てすり（手すり）

申22:8 　屋上に〜をつけなさい

てつ（鉄）

ヨシ17:16 　〜の戦車を持っています
I歴20:3 　〜のつるはしや斧を使う仕事に
箴27:17 　〜は〜によってとがれ
エレ11:4 　〜の炉から連れ出した日に
ダニ2:35 　〜も粘土も青銅も銀も金もみな

てつがく（哲学）

使17:18 　エピクロス派とストア派の〜者た
コロ2:8 　あのむなしい、だましごとの〜

てっつい（鉄槌）

エレ50:23 　万国を打った〜は、どうして

てぬぐい（手ぬぐい）

ヨハ13:4 　上着を脱ぎ、〜を取って腰に
使19:12 　や前掛けをはずして病人に当て

てびき（手引き）

マタ15:14 　もし、盲人が盲人を〜するなら
23:16 　わざわいだ。目の見えぬ〜ども
ルカ6:39 　盲人に盲人の〜ができるでしょ
使1:16 　イエスを捕らえた者どもの〜をした

てらす（照らす）

民6:25 　主が御顔をあなたに〜し

マタ5:15 　家にいる人々全部を〜します
ルカ1:79 　死の陰にすわる者たちを〜し
Iペテ2:14 　キリストが、あなたを〜される

テラフィム

創31:19 　ラケルは父の所有の〜を盗み出し
31:34 　ラケルはすでに〜を取って
Iサム19:13 　ミカルは〜を取って

てる（照る）

イザ9:2 　死の陰の地に住んでいた者たち
し、の上に光が〜った
イザ48:20 　バビロンから〜よ
ルカ9:60 　あなたは〜て行って、神の国を
ヨハ11:43 　ラザロよ。〜て来なさい

てん（天）

創1:8 　神は大空を〜と名づけられた
出16:4 　パンが〜から降るようにする
20:22 　〜からあなたがたと話したのを
申30:12 　これは〜にあるのではないか
I列8:27 　〜も、〜の〜も、あなたをお入
れすることはできません
II列7:2 　主が〜に窓を作られるにしても
II歴6:18 　〜も、〜の〜も、あなたを
詩19:1 　〜は神の栄光を語り告げ、大空は
103:11 　〜が地上はるかに高いように
139:8 　たとい、私が〜に上っても
伝5:2 　神は〜におられ、あなたは地に
イザ14:12 　どうしてあなたは〜から落ちた
34:4 　〜は巻き物のように巻かれる
65:17 　新しい〜と新しい地を創造する
66:1 　〜はわたしの王座、地はわたしの
エレ23:24 　〜にも地にも、わたしは満ちて
ハガ1:10 　〜は……露を降らすことをやめ
マタ6:9 　〜にいます私たちの父よ
マコ1:10 　〜が裂けて御霊が鳩のように
16:19 　〜に上げられて神の右の座に
ルカ21:26 　〜の万象が揺り動かされるから
ヨハ3:12 　〜上のことを話したとて
使9:3 　〜からの光が彼を巡り照らした
Iコリ15:40 　〜上のからだもあり、地上の
15:49 　〜上のかたちをも持つのです
IIコリ12:2 　第三の〜にまで引き上げられ
Iペテ3:22 　キリストは〜に上り
IIペテ3:5 　〜は古い昔からあり、地は
3:13 　正義の住む新しい〜と新しい地を
黙4:1 　〜に一つの開いた門があった
10:6 　〜とその中にあるもの、地とその
19:1 　〜に大群衆の大きい声のような
21:1 　新しい〜と新しい地とを見た

てんかい（展開）

IIサム5:18 　レファイムの谷間に〜した

てんがい（天蓋）

イザ40:22 　主は地をおおう〜の上に住まわ
し、れる

てんかん

マタ4:24 　〜の人、中風の人などをみな
17:15 　〜で、たいへん苦しんでおります

てんち（天地）

マタ5:18 　〜が滅びうせない限り、律法の
マコ13:31 　この〜は滅びます。しかし

とうごく 2647

ルカ21:33 　この〜は滅びます。しかし

でんどうしゃ（伝道者）

伝1:1 　ダビデの子、〜のことば
12:10 　〜は適切なことばを見いだそうと
使21:8 　〜ピリポの家に入って
IIテモ4:5 　困難に耐え、〜として働き

てんびん

箴16:11 　正しい〜とはかりとは、主のもの

てんまく（天幕）

創12:8 　山のほうに移動して〜を張った
13:3 　初めに〜を張った所まで来た
民24:5 　ヤコブよ、あなたの〜は
IIサム7:2 　神の箱は〜の中にとどまって
I歴17:1 　主の契約の箱は〜の下にあり
ヨブ29:4 　神は〜の私に語りかけて
箴14:11 　正しい者の〜は栄える
イザ33:20 　取り払われることのない〜
40:22 　これを〜のように広げて住まわれ
エレ10:20 　私の〜は荒らされ、すべての綱
使18:3 　彼らの職業は〜作りであった

てんまど（天窓）

創6:16 　箱舟に〜を作り、上部から

と

と（戸）

詩24:7 　永遠の〜よ。上がれ
119:130 　みことばの〜が開くと、光が
マコ13:29 　人の子が〜口まで近づいている
ルカ13:25 　〜をいくらたたいても、もう
黙3:20 　わたしは、〜の外に立ってたた

とう（問う）

イザ65:1 　わたしに〜わなかった者たちに

とう（塔）

創11:4 　頂が天に届く〜を建て、名をあげ
ルカ13:4 　シロアムの〜が倒れ落ちて
14:28 　〜を築こうとするとき、まずすわ

どうい（同意）

ロマ1:32 　それを行う者に心から〜して

どうか（銅貨）

マコ12:42 　レプタ〜を二つ投げ入れた

とうき（陶器）

イザ45:9 　〜が〜を作る者に抗議するよう
ロマ9:21 　〜を作る者は、同じ土のかたま

とうきし（陶器師）

イザ30:14 　〜のつぼが容赦なく打ち砕かれ
41:25 　〜が粘土を踏みつけるように
64:8 　あなたは私たちの〜です
エレ18:2 　立って、〜の家に下れ
18:6 　粘土が〜の手の中にあるように
哀4:2 　〜の手で作られた土のつぼのよう
ゼカ11:13 　尊い価を、〜に投げ与えよ
マタ27:7 　その金で〜の畑を買い

どうぐ（道具）

エレ51:20 　わたしの鉄槌、戦いの〜だ

とうごく（投獄）

ピリ1:13 　キリストのゆえに〜されている

とうごま
ヨナ4:6　神である主は一本の〜を備え

どうじょう（同情）
Ⅰペテ3:8　　心を一つにし、〜し合い

とうしん（燈心）
イザ42:3　くすぶる〜を消すこともなく
マタ12:20　くすぶる〜を消すこともない

とうぞく（盗賊）
Ⅱコリ11:26　〜の難、同国民から受ける難

とうたつ（到達）
ロマ9:31　その律法に〜しませんでした

とうちしゃ（統治者）
創45:8　またエジプト全土の〜とされた
　49:10　〜の杖はその足の間を離れること

どうてい（童貞）
黙14:4　彼らは〜なのである

とうはしん（党派心）
Ⅱコリ12:20　　、そしり、陰口、高ぶり

どうほう（同胞）
出2:11　自分の〜であるひとりのヘブル人
Ⅰサム27:12　自分の〜イスラエル人に
Ⅰ歴13:2　私たちの〜にいっせいに使者を

どうまき（胴巻き）
マコ6:8　〜に金も持って行ってはいけま

どうめい（同盟）
Ⅰ列15:19　あなたの間に〜を結びましょう

どうよう（動揺）
ヘブ10:23　〜しないで、しっかりと希望を

どうろうしゃ（同労者）
ピリ2:25　〜、戦友、また……使者として
コロ4:11　神の国のために働く私の〜です
ピレ24　私の〜たちであるマルコ
Ⅲヨハ8　真理のために彼らの〜となれる

とうろく（登録）
民3:15　父祖の家ごとに〜された者たち
ヘブ12:23　天に〜されている長子たちの教

とうわく（当惑）
ルカ9:7　出来事を聞いて、ひどく〜して

とおい（遠い）
マタ13:15　その耳は〜く、目はつぶって
マコ12:34　あなたは神の国から〜くない

とおざける（遠ざける）
箴4:27　あなたの足を悪から〜けよ

とおりみち（通り道）
イザ42:16　彼らの知らない〜を行かせる

とおる（通る）
ヨシ3:4　今までの道を〜ったことがない
ルカ10:31　反対側を〜り過ぎて行った

とが（咎）
創4:13　私の〜は、大きすぎて、になえ
出34:7　父の子の子で、三代
レビ26:40　反抗して歩んだ自分たちの〜と
民18:1　聖所にかかわる〜を負わなければ
エズ9:6　私たちの〜は私たちの頭より
ヨブ13:23　私のそむきの罪と〜とを私に
詩25:11　お赦しください。大きな〜を
　32:5　私の〜を隠しませんでした
　51:9　私の〜をことごとく、ぬぐい去っ

詩79:8　先祖たちの〜を、私たちのものと
箴5:22　悪者は自分の〜に捕らえられ
イザ53:6　すべての〜を彼に負わせた
哀4:6　私の民の娘の〜は……ソドムの罪
　　　より大きい。
エゼ4:5　イスラエルの家の〜を負わなけ
　14:10　自分たちの〜を負う
　39:23　〜を得て捕らえ移されたこと

とがめる
創31:36　ヤコブは怒って、ラバンを〜めた
ネヘ13:15　売ったその日、彼らを〜めた
ヨブ34:29　だれが神を〜めえよう
ホセ2:2　あなたがたの母を〜めよ
　4:4　だれも〜めてはならない
ゼカ3:2　サタンよ。主がおまえを〜めて

とき（時）
エス4:14　この〜のためであるかもしれな
詩31:15　私の〜は、御手の中にあります
伝3:1　すべての営みに〜がある
　8:6　すべての営みには〜とさばきが
　9:12　しかも、人は自分の〜を知らない
マタ8:29　まだその〜ではないのに、もう
　16:3　なぜ〜のしるしを見分けることが
　25:13　その日、その〜を知らないから
　26:18　わたしの〜が近づいた
マコ13:32　その日、その〜がいつであるか
　14:35　この〜が自分から過ぎ去るように
　14:41　もう十分です。〜が来ました
ルカ22:53　今はあなたがたの〜です
ヨハ7:6　わたしの〜はまだ来ていません
　7:30　イエスの〜が、まだ来ていなかっ
　12:23　人の子が栄光を受けるその〜が
　12:27　この〜からわたしをお救いくださ
　16:32　わたしをひとり残す〜が来ます
Ⅰコリ7:29　〜は縮まっています
エペ1:10　〜がついに満ちて、実現します
黙1:3　〜が近づいているからである

どき（土器）
ヨブ2:8　ヨブは〜のかけらを取って
詩22:15　〜のかけらのように、かわききり

ときあかし（解き明かし）
ダニ2:4　私たちの〜をいたしましょう
　2:36　私たちを王さまの前に申し上げ
　4:18　あなたはその〜を述べよ
　5:12　彼がその〜をいたしましょう
Ⅰコリ14:27　ひとりは〜をしなさい

ときのこえ（ときの声）
ヨシ6:16　〜をあげなさい。主がこの町を

とく（解く）
ヨブ12:21　力ある者たちの腰帯を〜き
詩37:40　彼らを助け、彼らを〜き放たれる
　116:16　あなたは私のかせを〜かれました
ホセ13:14　よみの力から、彼らを〜き放ち
マタ16:19　あなたが地上で〜なら、それは
　18:18　あなたがたが地上で〜なら
マコ1:7　その方のくつのひもを〜く値うち
　4:34　すべてのことを〜き明かされた
ルカ1:64　舌は〜け、ものが言えるように

黙1:5　血によって私たちを罪から〜き放
　6:1　七つの封印の一つを〜いたとき
　20:7　サタンはその牢から〜き放され

とく（説く）
Ⅰサム12:7　あなたがたに〜き明かそう
マコ6:12　出て行き、悔い改めを〜き広め
ルカ3:3　悔い改めに基づくバプテスマを
　　　　〜いた。「を……き明かされ
　24:27　ご自分について書いてある事がら
ヨハ1:18　神を〜き明かされたのである
使18:13　人々に〜き勧めています」と訴え
　19:26　人々を〜き伏せ、迷わせている
ロマ2:21　盗むなと〜きながら、自分は

とく（得）
マタ16:26　まことのいのちを損じたら、何
マコ8:36　いのちを損じたら、何の〜が
ヨハ18:14　民に代わって死ぬことが〜策

とく（徳）
Ⅰコリ8:1　愛は人の〜を建てます
　10:23　すべてのことが〜を高めるとは
　14:3　預言する者は、〜を高め、勧めを
　14:12　教会の〜を高めるために
　14:26　すべてのことを、〜を高めるため
Ⅰテサ5:11　互いに〜を高め合いなさい
Ⅱペテ1:5　信仰には〜を、〜には知識を

とぐ（研ぐ）
伝10:10　刃を〜がないと、もっと力がいる
エゼ21:10　虐殺のために〜がれ、いなずま

どく（毒）
詩58:4　彼らは、蛇の〜のような〜を持ち

どくしんしゃ（独身者）
マタ19:12　そのように生まれついた〜が

どくむぎ（毒麦）
マタ13:25　麦の中に〜を蒔いて行った

どくろ
マタ27:33　「〜」と言われている場所
マコ15:22　（訳すと、「〜」の場所）ヘ
ルカ23:33　「〜」と呼ばれている所に来る
ヨハ19:17　「〜の地」という場所

とげ
ホセ13:14　死よ。おまえの〜はどこに
Ⅰコリ15:55　死よ。おまえの〜はどこに
Ⅱコリ12:7　肉体に一つの〜を与えられ

とける（溶ける）
詩22:14　私の心は……私の内で〜けました
　97:5　山々は……ろうのように〜けた
　147:18　みことばを送って、これらを〜か
イザ1:25　かなかすを灰汁のように〜かし
エゼ22:22　あなたがたも町の中で〜かされ

どこ
創3:9　あなたは、〜にいるのか
詩42:3　「おまえの神は〜にいるのか」と
　42:10　「おまえの神は〜にいるのか」と

とこしえ
詩136:2　感謝せよ。その恵みは〜まで
　139:24　私を〜の道に導いてください
マコ3:29　永遠に赦されず、〜の罪に定め

とこや コンコルダンス とも 2649

とこや（床屋）
エゼ5:1　それを〜のかみそりのように
とし（年）
詩102:27　あなたの〜は尽きることがありま
ダニ7:9　〜を経た方が座に着かれた
　7:13　〜を経た方のもとに進み、その前
　7:22　それは〜を経た方が来られるまで
とじこめる（閉じ込める）
ユダ6　暗やみの下に〜められました
としより（年寄り）
Iテモ5:1　〜をしかってはいけません
とじる（閉じる）
創7:16　彼のうしろの戸を〜ざされた
申15:7　あなたの心を〜じてはならない
イザ22:22　彼が〜と、開く者はない
とだい（土台）
ルカ6:48　岩の上に〜を据えた、それから
ロマ15:20　他人の〜の上に建てないように
Iコリ3:11　すでに据えられている〜
とっぷう（突風）
マコ4:37　激しい〜が起こり、舟は波を
ととのえる（整える）
II歴29:36　神が民のために〜えてくださっ
詩8:3　あなたが〜えられた月や星を
イザ30:33　すでにトフェテも〜えられ
　40:3　主の道を〜えよ
　62:10　この民の道を〜え、盛り上げ
ルカ1:17　〜えられた民を主のために用意
とどまる
創6:3　永久には人のうちに〜らないで
　11:6　〜められることはない
出16:29　それぞれ自分の場所に〜れ
Iサム1:22　いつまでも、そこに〜ように
　5:7　私たちのもとに〜めておいては
　7:2　キルヤテ・エアリムに〜った日
II列2:2　ここに〜っていなさい
　2:15　霊がエリシャの上に〜っている
イザ7:2　エフライムにアラムが〜った
　11:2　その上に、主の霊が〜
エレ42:10　あなたがたがこの国に〜なら
エゼ3:15　ぼう然として、彼らの中に〜
　　　　　　　　　　　　　　　　　ていた
マタ10:11　その人のところに〜りなさい
ヨハ8:31　わたしのことばに〜なら
　15:4　わたしに〜りなさい。わたしも
使13:43　神の恵みに〜っているように
ロマ6:1　罪の中に〜べきでしょうか
IIテモ3:14　確信したところに〜って
Iヨハ2:19　私たちといっしょに〜って
　2:24　御子および御父のうちに〜のです
　3:6　だれでもキリストのうちに〜者は
とどろき
エゼ1:24　それは大水の〜のようであり
となり（隣）
箴6:29　〜の人の妻と姦通する者は
となりびと（隣人）
出20:17　あなたの〜の家を欲しがっては
レビ19:18　〜をあなた自身のように愛しな

申4:42　以前から憎んでいなかった〜を
　19:11　もし人が自分の〜を憎み
詩15:3　〜への非難を口にしない
　28:3　彼らは〜と平和を語りながら
　31:11　わけても、私の〜から
　101:5　陰で自分の〜をそしる者を
箴3:29　あなたの〜が……安心して住んで
　6:1　あなたが〜のために保証人となり
　14:21　自分の〜をさげすむ人は罪人
　24:28　〜をそこなう証言をしてはならな
　25:17　〜の家に、足しげく通うな
　27:10　近くにいる〜は、遠くにいる兄弟
エレ34:17　同胞や〜に解放を告げなかった
マタ5:43　自分の〜を愛し、自分の敵を
マコ12:31　〜をあなた自身のように愛せよ
ルカ10:29　私の〜とは、だれのことですか
ロマ13:9　〜をあなた自身のように愛せよ
ヤコ2:8　〜をあなた自身のように愛せよ
とび
レビ11:14　〜、はやぶさの類
とびこえる（飛び越える）
IIサム22:30　私の神によって私は城壁を〜
とびら
イザ45:2　青銅の〜を打ち砕き
とぶ（飛ぶ）
詩11:1　おまえたちの山に〜んで行け
イザ6:6　セラフィムのひとりが〜んで
とほ（徒歩）
エレ12:5　〜の人たちと走っても疲れる
とほう（途方）
ルカ24:4　女たちが〜にくれていると
IIコリ4:8　〜にくれていますが、行きづ
　　　　　　　　　　まることはありません
とぼしい（乏しい；乏しさ）
詩23:1　私は、〜ことがありません
　34:9　彼を恐れる者には〜ことはない
イザ30:20　〜パンとわずかな水とを賜う
エゼ18:12　〜者や貧しい者をしいたげ
マコ12:44　〜中から、あるだけを全部
使4:34　ひとりも〜者がなかった
ピリ4:11　〜からこう言うのではありません
　4:16　私の〜を補ってくれました
ヘブ11:37　〜くなり、悩まされ、苦しめ
とまる（泊まる）
創19:2　いや、わたしたちは広場に〜ろう
ルカ10:7　その家に〜っていて、出してく
　　　　　　　　　　　　　　　　れる物を
　19:5　あなたの家に〜ことにしてあるから
ヨハ1:38　ラビ……今どこにお〜ですか
とみ（富）
申8:17　私の手の力が、この〜を築き上げ
I列10:23　ソロモン王は、〜と知恵とに
ヨブ20:15　〜をのみこんでも、またこれを
　31:25　私の〜が多いので喜び
箴15:2　正しい者の家には多くの〜がある
　22:1　名声は多くの〜よりも望ましい
　23:4　〜を得ようと苦労してはならない
　23:5　〜は必ず翼をつけて、鷲の

箴27:24　〜はいつまでも続くものではなく
伝5:19　すべての人間に〜と財宝を与え
イザ60:5　海の〜はあなたのところに移さ
エレ17:11　公義によらないで〜を得る者が
　48:36　彼らの得た〜も消えうせたからだ
マタ6:24　神にも仕え、また〜にも仕える
マコ4:19　世の心づかいや、〜の惑わし
ルカ16:9　不正の〜で、自分のために友
ロマ11:12　彼らの違反が世の〜になり
　11:33　神の知恵と知識との〜は、何と
IIコリ8:2　その惜しみなく施す〜と
エペ3:8　キリストの測りがたい〜を
ピリ4:19　ご自身の栄光の〜をもって
ヘブ11:26　エジプトの宝にまさる大きな〜
黙18:17　あれほどの〜が、一瞬のうちに
とむ（富む）
創13:2　アブラムは……非常に〜んでいた
　14:23　アブラムを〜ませたのは私だ
出30:15　〜んだ者も半シェケルより多く
Iサム17:25　王はその者を大いに〜ませ
IIサム12:2　〜んでいる人には、非常に
ヨブ15:29　彼は〜こともなく、その財産も
箴14:20　〜者を愛する人は多い
　22:2　〜者と貧しい者とは互いに出会う
ルカ1:53　〜える者を何も持たせないで追い返
　6:24　あなたがた〜む者は哀れで
IIコリ8:7　この恵みのわざにも〜ように
Iテモ6:17　この世で〜んでいる人たちに
ヤコ1:10　〜んでいる人は、自分が低く
黙2:9　しかしあなたは実際は〜んでいる
　3:17　自分は〜んでいる……と言って
とも（友）
出33:11　主は、人が自分の〜と語るように
II歴20:7　あなたの〜アブラハムのすえに
ヨブ6:14　その〜から友情を
　6:27　自分の〜さえ売りに出す
　16:20　私の〜は私をあざけります
　19:14　私の親しい〜は私を忘れた
詩35:14　私の〜、私の兄弟にするように
　41:9　親しい〜までが、私にそむいて
　88:18　〜を遠ざけてしまわれました
箴13:20　愚かな者の〜となる者は害を受け
　17:17　〜はどんなときにも愛するものだ
　19:4　財産は多くの〜を増し加え
　19:6　贈り物をしてくれる人の〜となる
　27:9　〜の慰めはたましいを力づける
　27:17　人はその〜によってとがれる
ミカ7:5　〜を信用するな。親しい〜をも
マタ26:50　〜よ。何のために来たのですか
ルカ12:4　わたしの〜であるあなたがたに
　16:9　自分のために〜をつくりなさい
ヨハ11:11　わたしたちの〜ラザロは眠って
　15:13　人がその〜のためにいのちを捨て
Iコリ15:33　〜だちが悪ければ、良い習慣
ピレ17　あなたが私を親しい〜と思うなら
ヤコ2:23　彼は神の〜と呼ばれたのです
　4:4　世の〜となりたいと思ったら

ともしび
- レビ24:2　～を絶えずともしておくために
- Ⅰサム3:3　神の～は、まだ消えていず
- Ⅱサム22:29　主よ。あなたは私の～
- Ⅰ列11:36　一つの～を保つためである
- 15:4　彼に一つの～を与え、彼の跡
- Ⅱ列8:19　その子孫にいつまでも～を与え
- ヨブ18:6　彼を照らす～も消える
- 29:3　神の～が私の頭を照らし
- 詩18:28　あなたは私の～をともされ
- 119:105　あなたのみことばは、私の足の
- 132:17　一つの～を備えている。　　し～
- 箴6:23　命令は～であり、おしえは光で
- 20:27　人間の息は主の～、腹の底まで
- 24:20　悪者の～は消えるから
- 31:18　その～は夜になっても消えない
- ゼパ1:12　わたしは～をかざして
- ヨハ5:35　彼は燃えて輝く～であり
- 黙4:5　七つの～が御座の前で燃えていた

ともなう（伴う）
- 詩23:2　いこいの水のほとりに～われます
- 31:3　私を導き、私を～ってください

どもる
- イザ33:19　その舌は～って、わけがわから

とらえる（捕える）
- Ⅱ列24:14　みな、捕囚として～え移され　しない
- 詩68:18　～われた者をとりこにし
- 137:3　私たちを～え移した者たちが
- 140:11　暴虐の者を急いで～ようにして
- 箴11:30　知恵のある者は人の心を～
- イザ5:13　わが民は無知のために～え移し
- エゼ39:23　咎を得て～え移されたこと
- マタ4:12　ヨハネが～えられたと聞いて
- マコ1:14　ヨハネが～えられて後
- ピリ3:12　キリスト・イエスが私を～えて
- ヘブ10:34　～えられている人々を思いやり

とらわれ（捕らわれ）
- 詩69:33　その～人らをさげすみなさらない
- 79:11　～人のうめきが御前に届きます
- 102:20　～人のうめきを聞き
- 146:7　主は～人を解放される
- イザ51:14　～人、すぐ解き放たれ
- Ⅰペテ3:19　キリストは～の霊たちのとこ　　しろに

とり（鳥）
- 創1:20　～が地の上、天の大空を飛べ
- 申22:6　木の上、または地面に～の巣を
- 詩11:1　～のように……山に飛んで行け
- 102:7　屋根の上のひとりぼっちの～の
- 124:7　わなから～のように助け出された
- 箴1:17　～がみな見ているところで、網を
- 伝10:20　空の～がその声を持ち運び
- イザ31:5　万軍の主は飛びかける～のよう
- エゼ13:20　～を取るようにわなにかけた
- アモ3:5　～は、わながかけられないのに
- マタ8:20　空の～には巣があるが
- 13:32　空の～が来て、その枝に巣を作る
- マコ4:32　その陰に空の～が巣を作れる
- ルカ9:58　空の～には巣があるが
- 13:19　空の～が枝に巣を作りました

とりあつかう（取り扱う）
- エレ2:8　律法を～者た␞も、わたしを知

とりいる（取り入る）
- ガラ1:10　私は人に～ろうとしているので　しらず

とりかえる（取り替える）
- エレ2:11　その栄光を無益なものに～えた　しょうか

とりかこむ（取り囲む）
- 創19:4　すべての人が……その家を～んだ
- Ⅱサム22:6　よみの綱は私を～み
- 詩18:5　よみの綱は私を～み、死のわなは
- 139:5　前からうしろから私を～み
- Ⅱコリ5:14　キリストの愛が私たちを～ん

とりけす（取り消す）
- ガラ3:17　律法によって～されたり

とりこ
- 創14:14　自分の親類の者が～になったこと
- イザ46:2　彼ら自身も～となって行く
- エレ13:17　主の群れが、～になるからだ
- 15:2　～に定められた者は～に
- ロマ7:23　罪の律法の～にしているのを
- 黙13:10　～になるべき者は、～にされて

とりしらべる（取り調べる）
- ルカ23:14　私があなたがたの前で～べた
- 使12:19　番兵たちを～べ、彼らを処刑する
- 16:37　～べもせずに公衆の前でむち打ち
- 22:24　彼をむち打って～ようにと言った

とりつく（取りつく）
- マタ15:22　娘が、ひどく悪霊に～かれて

とりつくす（取り尽くす）
- レビ19:10　ぶどう畑の実を～してはならな　　しい

とりで
- 詩9:9　主はしいたげられた者の～
- 27:1　主は、私のいのちの～
- 31:2　強い～となって、私を救って
- 31:3　あなたこそ、私の巌、私の～です
- 59:9　神は私の～です
- 94:22　しかし主は、わが～となり
- 144:2　主は私の恵み、私の～
- イザ25:4　あなたは弱っている者の～
- 33:16　彼は岩の上の要害である
- ダニ11:38　代わりに、彼は～の神をあがめ
- ヨエ3:16　イスラエルの子らの～である
- ナホ1:7　主は……苦難の日の～である
- ハバ2:1　～にしかと立って見張り

とりなし
- 申9:20　私はアロンのためにも、～をした
- ヨブ16:21　神に～をしてくださいますよう
- イザ53:12　そむいた人たちのために～をし
- エレ15:11　敵があなたに、～を頼むように
- 27:18　万軍の主に～の祈りをするはずだ
- ヘブ7:25　彼らのために、～をしておられ

とりなす
- イザ59:16　～者のいないのに驚かれた
- ロマ8:26　私たちのために～してください

とりのぞく（取り除く）
- ゼカ3:9　その国の不義を一日のうちに～　　しす
- ロマ3:27　それはすでに～かれました

黙22:19
- ことばを少しでも～者があれば

とりまく（取り巻く）
- ヘブ12:1　雲のように私たちを～いている

とりみだす（取り乱す）
- ルカ24:38　なぜ～しているのですか

とりもどす（取り戻す）
- Ⅰサム30:18　彼のふたりの妻も～した
- 哀1:11　気力を～そうとして、自分の宝と
- ピレ15　あなたが彼を永久に～ために

どりょく（努力）
- ロマ9:16　事は人間の願いや～によるので

とりわける（取り分ける）
- ネヘ13:3　みな、イスラエルから～けた

とる（取る）
- 創5:24　神が彼を～られたので
- マタ26:26　～って食べなさい。これは
- マコ14:22　～りなさい。これはわたしの
- ルカ5:10　あなたは人間を～ようになる
- 12:20　今夜おまえから～り去られる
- 24:30　イエスはパンを～って祝福し
- ロマ11:3　いま私のいのちを～ろうとして
- Ⅰコリ11:23　渡される夜、パンを～り

どれい（奴隷）
- 創16:2　私の女～のところにお入りくだ
- 出20:2　～の家から連れ出した、　　しさい
- レビ25:42　わたしの～だからである
- 申5:15　自分がエジプトの地で～であった
- 6:21　エジプトでパロの～であったが
- ヨシ9:23　あなたがたはいつまでも～とな
- エズ9:9　事実、私たちは～です。　　しり
- 箴19:10　～が主人を支配するのは
- 伝2:7　男女の～を得た
- 10:7　私は～たちが馬に乗り
- エレ34:11　自由の身にした～や女～を
- 哀5:8　～たちが私たちを支配し
- ヨハ8:34　罪を行っている者はみな、罪　　の～です
- ロマ6:6　これからは罪の～でなくなる
- 6:16　自分の身をささげて～として服従
- 8:15　恐怖に陥れるような、～の霊を
- Ⅰコリ7:21　～の状態で召されたのなら
- ガラ3:28　～も自由人もなく
- 4:1　子どものうちは、～と少しも違わず
- 4:3　この世の幼稚な教えの下に～と
- 5:1　～のくびきを負わせられないよう
- エペ6:5　～たちよ。……地上の主人に従　　いなさい
- コロ3:22　～たちよ。……地上の主人に
- テト2:9　～には、すべての点で自分の
- ピレ16　もはや～としてではなく、～以上
- Ⅱペテ2:19　自分自身が滅びの～なのです

どろ（泥）
- 詩40:2　私を滅ぼす穴から、～沼から
- ヨハ9:6　そのつばきで～を作られた

どろぼう
- マタ24:43　～が夜の何時に来ると知って
- ルカ12:39　～の来る時間を知っていたなら

トンミム
- 出28:30　胸当てには、ウリムと〜を入れ
- レビ8:8　その胸当てにウリムと〜を入れ

どんよく（貪欲）
- 箴28:22　〜な人は財産を得ようとあせり
- マコ7:22　姦淫、〜、よこしま、欺き
- ルカ12:15　どんな〜にも注意して
- Ⅰコリ5:11　〜な者、偶像を礼拝する者
- 6:10　盗む者、〜な者、酒に酔う者
- Ⅱペテ2:3　〜なので、作り事のことばを

な

な（名）
- 創2:20　人は……獣に〜をつけた
- 12:8　主の御〜によって祈った
- 22:14　アドナイ・イルエと〜づけた
- 32:29　なぜ……わたしの〜を尋ねる
- 出3:13　『その〜は何ですか』と私に聞く
- 6:3　主という〜では……知らせなかっ
- 9:16　わたしの〜を全地に　　　した
- 15:3　主はいくさびと。その御〜は主
- 20:7　あなたの神、主の御〜を、みだり
  に唱えてはならない。『刻む
- 28:9　その上にイスラエルの子らの〜を
- 34:5　主の〜によって宣言された
- レビ24:11　御〜を冒瀆してのろったので
- 申5:11　主の御〜を、みだりに唱えては
- 28:10　主の〜がつけられているのを見て
- 28:58　この光栄ある恐るべき御〜
- 32:3　主の〜を告げ知らせるのだから
- ヨシ7:9　私たちの〜を地から断ってしま
- 士13:17　お〜まえは何とおっしゃるのです
- Ⅰサム23:16　御〜によってダビデを力づけ
- Ⅱサム12:28　この町に私の〜がつけられる
- Ⅰ列9:3　わたしの〜をとこしえまでも
- Ⅰ歴16:2　主の〜によって民を祝福した
- 29:13　栄えに満ちた御〜をほめたたえ
- 詩8:9　あなたの御〜は全地にわたり
- 9:10　あなたを知る者はあなたに拠り頼み
- 49:11　土地に、自分たちの〜をつける
- 72:17　彼の〜はとこしえに続き
- 102:12　あなたの御〜は代々に及びます
- 118:26　主の御〜によって来る人に、祝福
- 138:2　ご自分のすべての御〜のゆえに
- 箴30:9　神の御〜を汚すことのないために
- イザ30:27　見よ。主の御〜が遠くから来る
- 40:26　一つ一つ、〜をもって、呼び
- 44:5　イスラエルの〜を〜のる。 し れる
- 56:5　絶えることのない永遠の〜を与え
- 62:2　主の口が〜づける新しい〜で呼ぶ
- エレ7:11　わたしの〜がつけられているこ
  の家は　　　　 しものです
- 10:6　あなたの御〜は、力ある大いなる
- 14:14　わたしの〜によって偽りを預言し
- 44:26　わたしの〜がユダヤ人の口にとな
  えられることはもうなくなる
- エゼ36:21　わたしの聖なる〜を惜しんだ

- エゼ39:25　聖なる〜のための熱心による
- アモ6:10　口をつぐめ。主の〜を口にするな
- 9:12　わたしの〜がつけられた……国々
- マラ1:11　わたしの〜は諸国の民の間で
- マタ1:25　その子どもの〜をイエスとつけ
- 6:9　御〜があがめられますように
- 7:22　あなたの〜によって預言をし
- 10:2　さて、十二使徒の〜は次のとおり
- 28:19　父、子、聖霊の御〜によって
- マコ9:38　先生の〜を唱えて悪霊を追い出
- 13:6　わたしの〜をのる者が大ぜい
- ルカ1:31　〜をイエスとつけなさい
- 9:49　先生の〜を唱えて悪霊を追い出し
- 10:20　あなたがたの〜が天に書きしるさ
  れていることを喜びなさい
- 11:2　御〜があがめられますように
- ヨハ5:43　わたしの父の〜によって来まし
- 12:28　御〜の栄光を現してください
- 16:23　父は、わたしの〜によってそれを
- 使2:21　主の〜を呼ぶ者は、みな救われる
- 3:6　ナザレのイエス・キリストの〜に
  よって歩きなさい。 した
- 3:16　イエスの御〜が……この人を強く
- 4:10　キリストの御〜によるのです
- 4:12　天の下でこの御〜のほかには
- 4:30　しもベイエスの御〜によって
- 8:12　イエス・キリストの御〜について
- 9:15　わたしの〜を……運ぶ……器です
- 19:17　主イエスの御〜があがめるように
- 21:13　私は、主イエスの御〜のためなら
- ロマ2:24　神の〜は、あなたがたのゆえに
- 9:17　わたしの〜を全世界に告げ知らせ
- 15:20　御〜がまだ語られていない所に
- ピリ2:9　すべての〜にまさる〜をお与え
- 4:3　いのちの書に〜のしるされている
- コロ3:17　すべて主イエスの〜によって
- Ⅱテモ2:19　主の御〜を呼ぶ者は、だれで
- ヘブ1:4　さらにすぐれた御〜を相続され
- ヤコ2:7　尊い御〜をけがすのも彼らでは
- Ⅰペテ4:14　キリストの〜のために非難を
- 黙2:17　それを受ける者のほかはだれも知
  らない、新しい〜　 しょうか
- 15:4　御〜をほめたたえない者があるで

ないがしろ
- 民11:20　主を〜にして、御前に泣き
- ヨブ5:17　全能者の懲らしめを〜にしては
- 箴3:11　主の懲らしめを〜にするな
- イザ5:24　万軍の主のみおしえを〜にし
- 30:12　主の言うことを〜にし
- エゼ5:6　わたしの定めを〜にし、『です
- マコ7:9　よくも神の戒めを〜にしたもの
- ヘブ2:3　こんなにすばらしい救いを〜に

ないみつ（内密）
- マタ1:19　〜に去らせようと決めた

なえ（苗）
- マタ4:28　初めに〜、次に穂、次に穂の中

なえる
- マタ12:10　そこに片手の〜えた人がいた

- マコ3:1　そこに片手の〜えた人がいた
- ルカ6:6　そこに右手の〜えた人がいた

なおざり
- ネヘ10:39　神の宮を〜にしないのである
- ルカ11:42　十分の一も〜にしてはいけま
  せん

なおす（直す）
- エレ30:17　わたしがあなたの傷を〜し
- マタ4:23　あらゆるわずらいを〜された
- 9:22　あなたの信仰があなたを〜した
- 17:16　〜ことができませんでした
- ルカ4:23　『医者よ。自分を〜せ』
- 6:18　病気を〜していただくために来た
- 8:2　悪霊や病気を〜していただいた女
- 8:48　あなたの信仰があなたを〜した
- 9:2　神の国を宣べ伝え、病気を〜ため
- 13:14　その間に来て〜してもらうがよい
- 14:3　安息日に病気を〜ことは正しい
  ことですか
- 18:42　あなたの信仰があなたを〜した
- 使28:8　彼の上に手を置いて〜してやった

なおる（直る）
- Ⅱ列8:8　私のこの病気が〜かどうか
- ヨブ34:6　私の矢傷は〜らない
- マタ12:13　彼が手を伸ばすと、手は〜って
- マコ5:23　娘に〜って、助かるようにして

ながさ（長さ）
- エペ3:18　その広さ、〜、高さ、深さがど
  れほどであるかを理解する力

ながす（流す）
- 申21:7　私たちの手は、この血を〜さず
- Ⅱ列21:16　罪のない者の血まで多量に〜し

ながち（長血）
- マタ9:20　十二年の間〜をわずらっていた 「女が
- マコ5:25　十二年の間〜をわずらっている
- ルカ8:43　十二年の間〜をわずらった女が

なかなおり（仲直り）
- マタ5:24　まずあなたの兄弟と〜を

ながふく（長服）
- 創37:3　そでつきの〜を作ってやっていた
- 37:23　着ていたそでつきの〜をはぎ取り
- 37:31　その血に、その〜を浸した

なかま（仲間）
- 出2:13　「なぜ自分の〜を打つのか」と言
- 詩94:20　あなたを〜に加えるでしょうか
- 伝4:10　どちらかが倒れるとき、ひとりが
- マタ11:19　罪人の〜だ。しその〜を起こす
- 26:73　確かに、あなたもあの〜だ
- マコ14:70　確かに、あなたはあの〜だ
- ルカ9:49　別の舟にいた〜の者たちの合図
- 9:49　私たちの〜ではないので
- 使2:47　主も毎日救われる人々を〜に加え
- Ⅰコリ1:10　〜割れすることなく、同じ心
- エペ5:7　彼らの〜になってはいけません
- 5:11　暗やみのわざに〜入りしないで

なかよくなる（仲良くなる）
- マタ5:25　途中にある間に早く〜りなさい

ながれ（流れ）
- イザ32:2　砂漠にある水の〜

なぎ

なぎ
ヨエ1:20 水の〜がかれ、火が荒野の牧草
　　　　 し地を焼き尽くした
ルカ8:24 風も波も収まり、〜になった

なく（泣く）
創27:34 エサウは……大声で〜き叫び
　27:38 エサウは声をあげて〜いた
　37:34 ヤコブは……その子のために〜き
　42:24 ヨセフは彼らから離れて、〜いた
　43:30 ヨセフは……きたなくなって
　45:2　ヨセフが声をあげて〜いたので
士20:23 主の前で夕方まで〜き、主に伺っ
Ⅰサム1:8 ハンナ。なぜ、〜のか
エズ3:12 多くの老人たちは……〜いた
ネヘ1:4　すわって〜き、数日の間
　8:9　　みな〜いていたからである
ヨブ16:16 私の顔は〜いて赤くなり
詩6:8　　主は私の〜く声を聞かれた
　137:1　シオンを思い出して〜いた
伝3:4　　〜のに時があり、ほほえむのに時
イザ15:2 ディボンは高き所に、〜ために
エレ13:17 高ぶりのために〜き、涙にくれ
　22:10　死んだ者のために〜な
　31:15　ラケルがその子らのために〜いて
哀1:2　　このことで、私は〜いている
エゼ8:14 タンムズのために〜きながら
　27:31　おまえのために心を痛めて〜き
ヨエ1:8　荒布をまとったおとめのように
　　　　 〜き悲しめ
アモ5:16 農夫を呼んで来て〜かせ
ミカ1:10 告げるな。激しく〜きわめくな
マタ8:12 〜いて歯ぎしりするのです
　24:51　〜いて歯ぎしりするのです
　26:75　彼は出て行って、激しく〜いた
マコ5:38 取り乱し、大声で〜いたり
　14:72　思い当たったとき、彼は〜き出し
ルカ6:21 いま〜く者は幸いです
　8:52　　娘のために〜き悲しんでいた
　19:41　イエスは、その都のために〜いて
　22:62　彼は、外に出て、激しく〜いた
　23:28　わたしのことで〜いてはいけない
ヨハ11:31 墓に〜きに行くのだろうと思い
　20:11　墓のところにたたずんで〜いて
　20:15　なぜ〜いているのですか
使21:13　〜いたり、私の心をくじいたり
ロマ12:15 〜者といっしょに〜きなさい
Ⅰコリ7:30 〜者は〜かない者のように
黙5:4　　私は激しく〜いていた
　18:9　　彼女のことで〜き、悲しみます

なく（鳴く）
マコ14:30 きょう、今夜、鶏が二度〜前に

なぐさめ（慰め）
創5:29　この子は〜を与えてくれる
　24:67　イサクは、母のなきあと、〜を得
ヨブ15:11 神の〜と、　　　　した
　16:2　　あなたがたはみな、煩わしい〜手
　21:2　　あなたがたの私への〜としてくれ
詩23:4　あなたの杖、それが私の〜です
　77:2　　私のたましいは〜を拒んだ

詩119:50 これこそ悩みのときの私の〜
箴27:9　友の〜はたましいを力づける
ゼカ10:2 むなしい〜を与えた
使4:36　バルナバ（訳すと、〜の子）
Ⅰコリ14:3 勧めをなし、〜を与えるため
Ⅱコリ1:3 慈愛の父、すべての〜の神が
　7:13　私たちは〜を受けました
　13:11　完全な者になりなさい。〜を受け
Ⅱテサ2:16 永遠の〜とすばらしい望み

なぐさめる（慰める）
創37:35 父を〜めたが、彼は〜められるこ
ヨブ2:11 〜めようと互いに打ち合わせて
　21:34　私を〜めようとするのか
詩69:20 〜者を待ち望みましたが
　86:17　助け、私を〜めてくださいます
イザ12:1 私を〜めてくださいます
　40:1　〜めよ。わたしの民を
　49:13　主がご自分の民を〜め
　51:3　　まことに主はシオンを〜め
　51:12　このわたしが、あなたがたを〜
　52:9　　主がその民を〜め、エルサレム
　57:6　　こんな物で、わたしが〜められよ
　61:2　　すべての悲しむ者を〜め、しうか
　66:13　母に〜められる者のように
エレ16:7 父や母を一杯を彼らに飲ませる
哀1:2　彼女の愛する者は、だれも〜めて
　　　　くれない。　　　　　しよう
エゼ14:22 すべての事について、〜められ
　16:54　あなたが彼女たちを〜めたときに
ゼカ1:17 主は、再びシオンを〜め
ルカ2:25 イスラエルの〜められることを
　16:25　しかし、今ここで彼は〜められ
ヨハ11:19 この兄弟のことについて〜ため
Ⅱコリ7:6 私たちを〜めてくださいまし
Ⅰテサ4:18 このことばをもって互いに〜

なくす
ルカ15:8 もしその一枚を〜したら、あか

なぐる
マコ12:4 彼らは、頭を〜り、はずかしめ

なげき（嘆き；嘆く）
Ⅰサム13:37 アムノンの死を〜き悲しんで
ヨブ7:11 たましいの苦悩の中から〜き
詩31:10 私の年もまた、〜で。私の力は
　43:2　　しいたげに、〜いて歩き回る
　55:17　夕、朝、真昼、私は〜き、うめく
　142:2　私は御前に自分の〜を注ぎ出し
箴29:2　悪者が治めると、民は〜
イザ35:10 〜と嘆息とは逃げ去る
エレ6:26 ひとり子のために苦しみ、
　9:19　シオンから〜の声が聞こえるから
ゼカ12:10 ひとり子を失った〜ように
マタ2:18 泣き、そして〜き叫ぶ声
マコ3:5　その心のかたくななのを〜き
ルカ23:27 イエスのことを〜き悲しむ女
Ⅱコリ2:4 大きな苦しみと心の〜から

なげこむ（投げ込む）
　　　　　　　　　　　　　しまれ
出14:27 主はエジプト人を海の真ん中に〜
マタ13:42 火の燃える炉に〜みます

なげたおす（投げ倒す）
アモ5:2　彼女はおのれの地に〜されて

なげだす（投げ出す）
使15:26 御名のために、いのちを〜した人

なげる（投げる）
伝11:1　あなたのパンを水の上に〜げよ
マタ4:6　神の子なら、下に身を〜げて

なさけ（情け）
出22:27 わたしは〜深いから
詩51:1　御恵みによって、私に〜をかけ
　112:4　主は〜深く、あわれみ深く
　145:8　主は〜深く、あわれみ深く
ヨエ2:13 主は〜深く、あわれみ深く

なしとげる（成し遂げる）
詩138:8 主は……すべてのことを、〜げて
イザ41:4 だれが、これを〜げたのか
　53:10　主のみこころは彼によって〜げら
　　　　 れる。　　 し「与えになったわざ
ヨハ5:36 わたしに〜げさせようとしてお
　17:4　わたしは〜げて、地上であなたの

なぞ
士14:12 一つの〜をかけましょう

なぞらえる
イザ46:5 わたしをだれに〜えて比べ

なだめ
創8:21　主は、その〜のかおりをかがれ
ロマ3:25 信仰による、〜の供え物として
ヘブ2:17 罪のために、〜がなされるため
Ⅰヨハ2:2 罪のための……〜の供え物
　4:10　〜の供え物としての御子を

なだめる
創32:20 贈り物によって彼を〜め
ルカ15:28 父が……いろいろ〜めてみた

ななつ（七つ）
黙3:1　神の〜の御霊、および〜の星を持

なつ（夏）　　　　　　　 しつ方が
創8:22　寒さと暑さ、〜と冬、昼と夜とは
箴25:13 〜の暑い日の冷たい雪のようだ
　26:1　〜の雪、刈り入れ時の雨のようだ
エレ8:20 刈り入れ時は過ぎ、〜も終わっ

なつめやし
詩92:12 正しい者は、〜の木のように栄え
雅7:8　〜の木に登り、その枝をつかみ

なな じゅうねん（七十年）
エレ25:11 国々はバビロンの王に〜仕える
　29:10　バビロンに〜の満ちるころ

ななしゅうのまつり（七週の祭り）
申16:10 あなたの神、主のために〜を

なぶりもの
申28:37 物笑いの種となり、〜となろう
Ⅱ歴7:20 物笑いとし、〜とする

なぶる
Ⅰサム17:10 イスラエルの陣を〜ってやる

なまけもの（なまけ者）
出5:17　おまえたちは〜だ。〜なのだ
箴6:6　　〜よ。蟻のところへ行き
　13:4　〜は欲を起こしても心に何もない
　21:25　〜の欲望はその身を殺す

なまける / コンコルダンス / にくむ 2653

なまける
- 箴26:15　〜は手を皿に差し入れても
- 箴18:9　自分の仕事を〜者は、滅びをもた
- 伝10:18　〜けていると天井が落ち

なまぬるい
- 黙3:16　〜く、熱くも冷たくもないので

なみ (波)
- 詩42:7　あなたの〜、あなたの大〜は
- ヨナ2:3　あなたの〜と大〜がみな
- マタ14:24　向かい風なので、〜に悩まされ
- マコ4:37　突風が起こり、舟は〜をかぶって

なみだ (涙)
- 詩6:6　私の〜で、夜ごとに私の寝床を漂
- 30:5　夕暮れには〜が宿っても、朝明け
- 42:3　私の〜は、昼も夜も、私の食べ物
- 56:8　どうか私の〜を、あなたの皮袋に
- 119:136　私の目から〜が川のように流れ
- 126:5　〜とともに種を蒔く者は、喜び叫
- イザ25:8　すべての顔から〜をぬぐい
- 38:5　祈りを聞いた。あなたの〜も見た
- 哀2:11　私の目は〜でつぶれ
- 2:18　昼も夜も、川のように〜を流せ
- ルカ7:38　〜で御足をぬらし始め、髪の毛で
- ヨハ11:35　イエスは〜を流された
- Ⅱコリ2:4　〜ながらに……手紙を書き
- 黙7:17　目の〜をすっかりぬぐい取って
- 21:4　目の〜をすっかりぬぐい取って

なめらか
- 箴2:16　ことばの〜な、見知らぬ女から

なめる
- 士7:5　舌で水を〜者は残らず別にしておき

なやみ (悩み)
- 創26:35　イサクとリベカにとって〜の種と
- 29:32　主が私の〜をご覧になった
- 31:42　神は私の〜……を顧みられて
- 出3:7　わたしの民の〜を確かに見
- 申16:3　〜のパンを食べなければならない
- Ⅱ列14:26　イスラエルの〜が非常に激しい
- Ⅱ歴15:4　〜のときに、……主に立ち返り
- 33:12　しかし、〜を身に受けたとき
- ネヘ9:9　私たちの先祖が受けた〜を見
- ヨブ30:16　〜の日に私は捕らえられた
- 詩9:13　私の〜を見てください。「く
- 22:24　主は悩む者の〜をさげすむことを
- 27:5　〜の日に私を隠れ場に隠し
- 31:7　あなたは、私の〜をご覧になり
- 34:19　正しい者の〜は多い。しかし、主
- イザ25:4　貧しい者の〜のときのとりで
- 48:10　わたしは〜の炉であなたを試みた
- 哀3:1　怒りのむちを受けて〜に会った者
- Ⅱコリ6:4　忍耐と、〜と、苦しみと

なやむ (悩む)
- 創21:11　アブラハムは、非常に〜んだ
- 49:23　激しく攻め、彼を射て、〜ました
- 出22:22　みなしごを〜ませてはならない
- 民33:55　その土地であなたを〜ますもの
- Ⅱサム22:28　あなたは、〜民を救われます
- Ⅱ歴28:22　アッシリヤの王が彼を〜ました

- ヨブ19:2　私のたましいを〜まし、そんな
- 34:28　神は〜める者の叫びを聞き入れ
- 詩9:18　〜者の望みは、いつまでもなくな
- 10:2　〜人に追い迫ります。しらない
- 18:27　あなたは、〜民をこそ救われます
- 22:26　〜者は、食べて、満ち足り
- 25:16　私はただひとりで、〜んでいます
- 34:6　この〜者が呼ばわったとき
- 40:17　私は〜者、貧しい者です
- 55:19　神は聞き、彼らを〜ませなさい
- 72:4　彼が民の〜者たちを弁護し
- 86:1　私は〜み、そして貧しいのです
- 88:7　あなたは私を〜ましておられます
- 94:5　あなたのものである民を〜まし
- 119:75　真実をもって私を〜まされたこと
- 箴15:15　〜者には毎日が不吉の日であるが
- イザ58:10　〜者の願いを満足させるなら
- 哀1:12　燃える怒りの日に〜ませなさい
- ダニ7:15　心は、私のうちで〜み、頭に浮
- アモ6:6　ヨセフの破滅のことで〜まない
- マタ14:24　向かい風なので、波に〜まされ
- Ⅱペテ2:7　〜まされていた義人ロトを救

ならう (習う)
- イザ1:17　善をなすことを〜い、公正を求
- Ⅰコリ4:16　私に〜者となってください
- エペ5:1　神に〜者となりなさい
- Ⅰテサ1:6　私たちと主とに〜者になり
- ヘブ6:12　あの人たちに、〜者となるため

ならぶ (並ぶ)
- 詩89:6　だれが主と〜びえましょう

ならわし
- エレ10:3　国々の民の〜はむなしいからだ

なる (鳴る)
- Ⅱ列21:12　それを聞く者は、二つの耳が〜
- Ⅰ歴16:32　海とそれに満ちているものは〜
　　　　　　　　　　りとどろけ
- 詩96:11　海と……は〜りとどろけ

ナルド
- 雅1:12　私の〜はかおりを放ちました
- 4:13　ざくろの園、ヘンナ樹と〜
- マコ14:3　高価な〜油の入った石膏のつぼ

なわめ
- 使20:23　〜と苦しみが私を待っている

なんせん (難船)
- Ⅱコリ11:25　〜したことが三度あり

なんもん (難問)
- Ⅰ列10:1　〜をもって彼をためそうとして
- Ⅱ歴9:1　〜をもって、ソロモンをためそう
- ダニ5:12　なぞを解き、〜を解く理解力

に

に (荷)
- 「〜者への分け前
- Ⅰサム30:24　〜物のそばにとどまっていた
- イザ10:28　彼は……ミクマスに〜を置く
- エレ17:21　安息日に〜物を運ぶな。また
- マタ11:30　わたしの〜は軽いからです
- 23:4　また、彼らは重い〜をくくって

- ルカ11:46　人々には負いきれない〜物を
- にかい (二階)
- ルカ22:12　席が整っている〜の大広間を
- にがい (苦い)
- 民5:18　手にはのろいをもたらす〜水が
- 黙10:9　腹には〜が……口には蜜のよう
- にがみ (苦味)
- 詩69:21　私の食物の代わりに、〜を与
- にがよもぎ (苦よもぎ)
- アモ5:7　彼らは公義を〜に変え、正義を
- 黙8:11　川の水の三分の一は〜のように

にく (肉)
- 出16:3　エジプトの地で、〜なべのそばに
- Ⅱ歴32:8　彼とともにいる者は〜の腕
- ヨブ19:26　私は、私の〜から神を見る
- ヨハ6:51　いのちのための、わたしの〜
- 6:63　〜は何の益ももたらしません
- ロマ7:18　〜のうちに善が住んでいない
- 8:3　罪深い〜と同じような形で
- 8:6　〜の思いは死であり、御霊による
- 8:9　〜の中ではなく、御霊の中に
- Ⅰコリ3:1　〜に属する人、キリストにあ
- 5:5　〜が滅ぼされるため　　しる幼子
- 15:39　すべての〜が同じではなく
- Ⅱコリ10:3　〜にあって歩んでいても
- 10:4　戦いの武器は、〜の物ではなく
- ガラ5:17　御霊は〜に逆らうからです

にくしみ (憎しみ)
- 民35:20　もし、人が〜をもって人を突くか
- Ⅱサム13:15　アムノンは……〜にかられて
- 詩25:19　暴虐な〜で、私を憎んでいます
- 箴10:12　〜は争いをひき起こし、愛は

にくたい (肉体)
- マタ26:41　心は燃えていても、〜は弱い
- マコ14:38　心は燃えていても、〜は弱い
- Ⅱコリ5:6　〜にいる間は、主から離れて
- 12:7　〜に一つのとげを与えられました
- ガラ4:13　私の〜が弱かったためでした

にくむ (憎む)
- 創34:30　この地の住民……の〜まれ者に
- 申19:11　もし人が自分の隣人を〜み
- 詩26:5　悪を行う者の集まりを〜み
- 69:4　ゆえなく私を〜者は……多く
- 101:3　私は曲がったわざを〜みます
- 119:113　私は二心の者どもを〜みます
- 箴6:16　主の〜ものが六つある
- 8:13　主を恐れることは悪を〜こと
- 13:24　むちを控える者はその子を〜者
- 14:20　貧しい者はその隣人にさえ〜まれ
- 15:17　肥えた牛を食べて〜み合うより
- 19:7　貧しい者は自分の兄弟たちみなか
- 伝2:18　労苦を〜んだ。　　しら〜まれる
- イザ1:14　例祭を、わたしの心は〜
- アモ5:15　悪を〜み、善を愛し、門で正しく
- マラ1:3　わたしはエサウを〜み、「〜め
- マタ5:43　自分の隣人を愛し、自分の敵を
- 10:22　わたしの名のために……〜まれ
- 24:9　すべての国の人々に〜まれます

マコ13:13　あなたがたはみなの者に〜まれ
ルカ6:22　人々があなたがたを〜とき
　14:26　自分のいのちまでも〜まない者は
　21:17　わたしの名のために……〜まれ
ヨハ15:18　もし世があなたがたを〜なら
　15:25　彼らは理由なしにわたしを〜んだ
　17:14　しかし、世は彼らを〜みました
ロマ7:15　自分が〜ことを行っている
　9:13　ヤコブを愛し、エサウを〜んだ
　12:9　悪を〜み、善に親しみなさい
エペ5:29　自分の身を〜んだ者はいません
ヘブ1:9　義を愛し、不正を〜まれます
Ⅰヨハ4:20　神を愛すると言いながら兄弟
　　　　　を〜んでいるなら
黙17:4　〜べきものや自分の不品行の汚れ

にげば（逃げ場）
エレ16:19　とりで、苦難の日の私の〜よ

にげる（逃げる）
創16:6　サライのもとから〜げ去った
Ⅰサム22:20　ダビデのところに〜げて来た
Ⅰ列2:29　ヨアブが主の天幕に〜げて
ネヘ6:11　私のような者が〜げてよいものか
箴28:1　悪者は追う者もないのに〜
イザ30:16　私たちは馬に乗って〜げよう
マタ2:13　エジプトへ〜げなさい。「さい
ルカ21:21　ユダヤにいる人々は山へ〜

にし（西）
マタ8:11　たくさんの人が東からも〜からも
ルカ13:29　人々は、東からも〜からも

にじ（虹）
創9:13　わたしは雲の中に、わたしの〜を
黙4:3　緑玉のように見える〜があった

にすがた（似姿）
イザ40:18　神をどんな〜に似せようとする
Ⅰコリ11:7　男は神の〜であり、神の栄光

にせキリスト
マタ24:24　〜、にせ預言者たちが現れて

にせよげんしゃ（にせ預言者）
マタ7:15　〜たちに気をつけなさい
　24:24　にせキリスト、〜たちが現れて
ルカ6:26　〜たちに同じことをしたのです
黙19:20　〜も、彼といっしょに捕らえられ

になう
創4:13　私の咎は、大きすぎて、〜いきれ
イザ53:11　義とし、彼らの咎を彼が〜

にばい（二倍）
創43:15　それに〜の銀を持ち、ベニヤミン
イザ40:2　〜のものを主の手から受けた

にひき（二匹）
創6:19　それぞれ〜ずつ箱舟に連れて
マタ14:19　五つのパンと〜の魚を取り

にぶい（鈍い）
Ⅱコリ3:14　人々の思いは〜くなったので

にぶる（鈍る）
イザ6:10　この民の心を肥え〜らせ

にもの（煮物）
創25:29　さて、ヤコブが〜を煮ているとき

にゅうこう（乳香）
イザ60:6　みな、金と〜を携えて来て
エレ8:22　〜はギルアデにないのか
エゼ27:17　いちじく、蜜、香油、〜を
マタ2:11　黄金、〜、没薬を贈り物として

にゅうごく（入獄）
Ⅱコリ6:5　〜にも、暴動にも、労役にも

にゅうわ（柔和）
詩45:4　威光は、真理と〜と義のために
ゼカ9:9　〜で、ろばに乗られる
マタ5:5　〜な者は幸いです。その人たちは
　21:5　〜で、ろばの背に乗って
Ⅱコリ10:1　キリストの〜と寛容をもって
ガラ6:1　〜な心でその人を正してあげ
エペ4:2　謙遜と〜の限りを尽くし
テト3:2　〜で、すべての人に優しい態度
Ⅰペテ3:4　むしろ、〜で穏やかな霊

にら
民11:5　すいか、〜、たまねぎ、にんにく

にる（似る）
創5:1　神に〜せて彼を造られ
士8:18　どの人も王の子たちに〜ていました

にる（煮る）
申14:21　子やぎをその母の乳で〜てはなら
Ⅱ列6:29　私の子どもを〜て、食べました

にわ（庭）
出27:9　幕屋の〜を造る。南側に面して
雅4:12　閉じられた〜、閉じられた源

にわとり（鶏）
マコ13:35　夜中か、〜の鳴くころか
　14:30　きょう、今夜、〜が二度鳴く前に
　14:72　すぐに、〜が、二度目に鳴いた
ルカ22:34　〜が鳴くまでに、あなたは三度
　22:61　きょう、〜が鳴くまでに、あなた
ヨハ13:38　〜が鳴くまでに、あなたは三度

にんげん（人間）
ヨブ9:32　神は私のように〜ではないから
　14:1　女から生まれた〜は、日が短く
　14:10　しかし、〜は死ぬと、倒れたきり
詩9:20　ただ、〜にすぎないことを
ルカ5:10　あなたは〜をとるようになる
使14:15　私たちも皆さんと同じ〜
Ⅰコリ3:21　だれも〜を誇ってはいけません
ガラ1:1　〜の手を通したことでもなく
ピリ2:7　〜と同じようになられました
ヘブ2:6　〜が何者だというので

にんしょう（認証）
ヨハ6:27　父すなわち神が〜されたから

にんしょく（任職）
出29:22　これは、〜の雄羊である

にんたい（忍耐）
ルカ21:19　〜によって、自分のいのちを勝
ロマ5:4　〜が練られた品性を生み出し
　8:25　〜をもって熱心に待ちます
　15:4　聖書の与える〜と励ましによって
Ⅱコリ6:4　〜と、悩みと、苦しみと
Ⅱテサ3:5　神の愛とキリストの〜とを
ヘブ10:36　必要なのは〜です

ヤコ1:3　信仰がためされると〜が生じる
　5:10　苦難と〜については、兄弟たち
Ⅱペテ1:6　自制には〜を、〜には敬虔を
　3:15　私たちの主の〜は救いである
黙2:2　あなたの労苦と〜を知っている
　2:19　愛と信仰と奉仕と〜を知っており
　14:12　聖徒たちの〜はここにある

にんにく
民11:5　すいか、にら、たまねぎ、〜も

にんむ（任務）
使12:25　〜を果たしたバルナバとサウロは

にんめい（任命）
民3:10　アロンとその子らを〜して
Ⅱ歴11:15　自分のために祭司たちを〜して
ネヘ5:14　総督として〜された時から
マコ3:14　イエスは十二弟子を〜された
ヨハ15:16　あなたがたを〜したのです
Ⅱテモ1:11　使徒、また教師として〜され

ぬ

ぬきとる（抜き取る）
エレ22:24　必ず、あなたをそこから〜り
マタ13:29　麦もいっしょに〜かもしれない

ぬぐ（脱ぐ）
民20:28　モーセはアロンにその衣服を〜が
ヨシ5:15　あなたの足のはきものを〜げ
エペ4:22　古い人を〜ぎ捨てるべきこと

ぬぐう
Ⅱ列21:13　わたしはエルサレムを〜い去り
詩51:1　私のそむきの罪を〜い去って
イザ25:8　主はすべての顔から涙を〜い
　43:25　あなたのそむきの罪を〜い去り
　44:22　罪をかすみのように〜い去った
エレ18:23　彼らの罪を御前から〜い去らな
　　　　　いでください
使3:19　罪を〜い去っていただくために

ぬけめ（抜けめ）
ルカ16:8　光の子らよりも〜がないもの

ぬすびと（盗人）
詩50:18　〜に会うと、これとくみし
箴29:24　〜にくみする者は自分自身を憎む
エレ2:26　〜が、見つけられたときに
マタ6:19　また〜が穴をあけて盗みます
ヨハ12:6　彼は〜であって、金入れを
Ⅱペテ3:10　しかし、主の日は、〜のよう
黙3:3　わたしは〜のように来る

ぬすむ（盗む）
創31:30　なぜ、私の神々を〜んだのか
出20:15　〜んではならない
　22:1　牛とか羊を〜み、これを殺したり
申5:19　〜んではならない
Ⅱサム15:6　イスラエル人の心を〜んだ
箴9:17　〜んだ水は甘く、こっそり食べる
　28:24　自分の父母の物を〜んで
エレ7:9　あなたがたは〜み、殺し、姦通
マラ3:8　人は神のものを〜ことができよ
マタ19:18　〜んではならない。しうか

ぬの (布)
- エペ4:28　盗みをしている者は、もう〜ん　　ではいけません
- マラ3:2　〜をさらす者の灰汁のようだ
- マタ9:16　真新しい〜切れで古い着物の継
- ルカ2:7　〜にくるんで、飼葉おけに

ぬる (塗る)
- エゼ23:40　目の縁を〜り、飾り物で身を
- マコ6:13　病人に油を〜っていやした
- 14:8　前もって油を〜っています
- ヨハ12:3　イエスの足に〜り、彼女の髪の

ね

ね (根)
- イザ11:10　エッサイの〜は、国々の民の旗
- 37:31　下に〜を張り、上に実を結ぶ
- 40:24　地に〜を張ろうとするとき
- ダニ4:15　ただし、その〜株を地に残し
- マタ3:10　斧もすでに木の〜元に置かれて
- 15:13　みな〜こそぎにされます
- ロマ15:12　エッサイの〜が起こる。異邦人
- エペ3:17　愛に〜ざし、愛に基礎を置いて
- コロ2:7　キリストの中に〜ざし
- Ⅰテモ6:10　金銭を愛することが……悪の〜
- 黙5:5　ダビデの〜が勝利を得たのだ
- 22:16　わたしはダビデの〜、また子孫

ねうち (値うち)
- 箴31:10　彼女の〜は真珠よりもはるかに尊
- マタ13:46　はきものを脱がせてあげる〜も
- 13:46　すばらしい〜の真珠を一つ
- マコ1:7　その方のくつのひもを解く〜も
- ヨハ1:27　その方のくつのひもを解く〜も
- 使13:25　その方のくつのひもを解く〜も

ねがい (願い)
- Ⅱサム23:5　私の救いと〜とを……育て上
- Ⅱ歴33:19　その〜が聞き入れられたこと
- エズ8:23　神は私たちの〜を聞き入れて
- ヨブ6:8　ああ、私の〜がかなえられ
- 詩10:17　貧しい者の〜を聞いてくださいま
- 20:5　あなたの〜のすべてを　　した
- 28:2　私の〜の声を聞いてください
- 28:6　主は私の〜の声を聞かれた
- 37:4　主はあなたの心の〜をかなえて
- 140:8　悪者の〜をかなえさせないで
- 145:16　すべての生けるものの〜を
- 145:19　また主を恐れる者の〜をかなえ
- イザ19:22　立ち返れば……〜を聞き入れ
- エレ42:2　私たちの〜を聞いてください
- エゼ20:3　わたしに〜を聞いてもらうため
- ルカ1:13　あなたの〜が聞かれたのです
- ロマ9:16　事は人間の〜や努力によるので　はなく　　う〜をするなら
- Ⅰヨハ5:14　何事でも神のみこころにかな

ねがう (願う)
- 士13:8　マノアは主に〜って言った
- Ⅰサム1:20　この子を主に〜ったから
- Ⅰ列3:5　あなたに何を与えようか。〜え
- Ⅱ歴1:7　あなたに何を与えようか。〜え
- 詩27:4　私は一つのことを主に〜った
- 106:15　主は彼らにその〜ところをを与え
- 箴30:7　二つのことをあなたにお〜いしま
- ダニ9:3　灰をかぶって、〜い求めた
- ゼカ7:2　従者たちを、主に〜ために遣わ
- マタ6:8　あなたがたがお〜いする先に
- 13:17　切に〜ったのに見られず
- 26:53　わたしが父にお〜いして、「た
- 27:58　イエスのからだの下げ渡しを〜
- ルカ10:24　見たいと〜ったのに、「っても
- 17:22　人の子の日を一日でも見たいと〜
- 23:52　イエスのからだの下げ渡しを〜っ
- ヨハ7:17　みこころを行おうと〜なら
- 14:16　わたしは父にお〜いします
- ロマ12:1　神のあわれみのゆえに……お〜　　　　　　　　　　　　　　　　　　いします
- エペ3:20　〜ところ……を越えて豊かに
- ヤコ1:5　お与えになる神に〜いなさい
- 4:2　あなたがたが〜わないからです

ねがえり (寝返り)
- ヨブ7:4　私は暁まで〜をうち続ける

ねずみ
- Ⅰサム6:4　金の腫物と、……五つの金の〜

ねたみ
- 民5:14　夫に〜の心が起こって妻をねたむ
- 11:29　私のためを思って〜を起こして
- 25:13　おのれの神のために〜を表し
- 申32:21　神でないもので……〜を引き起こ
- 詩37:1　不正を行う者に対して〜を起こ
- 79:5　いつまで、あなたの〜は　　しな
- 雅8:6　〜はよみのように激しいから
- イザ11:13　エフライムの〜は去り
- 59:17　〜を外套として身をおおわれた
- エゼ8:3　〜を引き起こす〜の偶像
- ゼパ3:8　全地はわたしの〜の火によって
- マタ27:18　〜からイエスを引き渡したこと
- マコ15:10　〜からイエスを引き渡したこと
- ロマ11:11　イスラエルに〜を起こさせる
- Ⅰコリ3:3　あなたがたの間に〜や争いが
- 10:22　主の〜を引き起こそうとする
- ピリ1:15　〜や争いをもってキリストを

ねたむ
- 創26:14　ペリシテ人は彼を〜んだ
- 37:11　兄たちは彼を〜んだが、父は
- 申4:24　神、主は焼き尽くす火、〜神
- 5:9　神、主であるわたしは、〜神
- 6:15　あなたの神、主は、〜神である
- ヨシ24:19　主は聖なる神……〜神である
- 詩73:3　それは、私が誇り高ぶる者を〜み
- 106:16　彼らが宿営でモーセを〜み
- 箴23:17　罪人を〜んではならない
- 24:1　悪い者たちを〜んではならない
- ヨエ2:18　主はご自分の地を〜ほど愛し
- ナホ1:2　主は〜み、復讐する神
- ゼカ8:2　シオンを〜ほど激しく愛し
- 使7:9　族長たちはヨセフを〜んで
- Ⅰコリ13:4　愛は……人を〜みません
- ヤコ4:5　御霊を、〜ほどに慕っておられ

ねつ (熱)
- 　　　　「〜で苦しんで
- ルカ4:38　シモンのしゅうとめが、ひどい
- ヨハ4:52　きのう、第七時に〜がひきました

ねつい (熱意)
- Ⅱコリ7:7　また私に対して〜を持って
- 8:12　もし〜があるならば、持たない物

ねっしん (熱心)
- Ⅱ列10:16　私の主に対する〜さを見なさい
- 19:31　万軍の主の〜がこれをする
- 詩69:9　あなたの家を思う〜が私を食い尽
- 119:139　私の〜は私を滅ぼし尽くして
- 箴19:2　〜だけで知識のないのはよくない
- イザ9:7　万軍の主の〜がこれを成し遂げ
- 37:32　万軍の主の〜がこれをする
- 63:15　あなたの〜と、力あるみわざは
- エゼ5:13　主であるわたしが〜に語った
- 39:25　聖なる名のために〜によって
- ヨハ2:17　あなたの家を思う〜がわたしを
- 使21:20　みな律法に〜な人たちです
- 22:3　神に対して〜な者でした
- ロマ10:2　神に対して〜である　　「〜が
- Ⅱコリ7:12　私たちに対するあなたがたの
- 8:16　同じ〜を、テトスの心にも与え
- 9:2　〜は、多くの人を奮起させました
- 11:2　〜にあなたがたのことを思って
- ガラ1:14　先祖からの伝承に人一倍〜で
- ピリ3:6　その〜は教会を迫害したほどで
- ヘブ6:11　同じ〜さを示して、最後まで

ねつびょう (熱病)
- マタ8:14　ペテロのしゅうとめが〜で床に
- マコ1:30　シモンのしゅうとめが〜で床に
- 使28:8　〜と下痢とで床に着いていた

ねどこ (寝床)
- イザ28:20　〜は、身を伸ばすには短すぎ
- マタ9:6　〜をたたんで、家に帰りなさい
- ルカ5:19　瓦をはがし、そこから彼の〜を

ネフィリム
- 創6:4　その後にも、〜が地上にいた

ねむり (眠り)
- 創2:21　深い〜をその人に下されたので
- Ⅰサム26:12　主が彼らを深い〜に陥れられ
- 詩13:3　私が死の〜につかないように
- 箴3:24　休むとき、〜は、ここちよい
- イザ29:10　主が……深い〜の霊を注ぎ
- エレ51:39　永遠の〜について、目ざめない
- ヨハ11:11　わたしは彼を〜からさましに行
- 使7:60　こう言って、〜についた
- ロマ13:11　〜からさめるべき時刻がもう

ねむる (眠る)
- 詩3:5　私は身を横たえて、〜。私はまた
- 121:4　まどろむことも……〜こともない
- 127:2　愛する者には、〜っている間に
- 箴24:33　しばらく〜り、しばらくまどろみ
- 伝5:12　働く者は……ここちよく〜
- 雅5:2　〜っていましたが、心はさめて
- ダニ12:2　地のちりの中に〜っている者
- マタ8:24　ところが、イエスは〜っておら
- 9:24　死んだのではない。〜っている

マタ26:40　彼らの〜っているのを見つけ
マコ4:38　　枕をして〜っておられた
　　5:39　　死んだのではない。〜っている
　　13:36　〜っているのを見られないように
　　14:37　　彼らの〜っているのを見つけ
　　14:40　ご覧になると、彼らは〜っていた
ルカ8:23　　イエスはぐっすり〜ってしまわ
　　22:45　悲しみの果てに、〜り込んで
Ｉコリ15:6　　すでに〜った者もいくらか
Ｉテサ4:13　〜った人々のことについては
　　5:6　ほかの人々のように〜っていないで

ねらう
Ｉサム22:23　　　　　私のいのちを〜は者
詩56:6　私のいのちを〜っているように

ねる（寝る）
ⅡサムⅡ13:11　妹よ。さあ、私と〜ておくれ
Ｉ列18:27　　　〜ているのかもしれないから

ねる（練る）
詩119:140　みことばは、よく〜られていて
イザ48:10　見よ。わたしはあなたを〜った

ねんだいき（年代記）
エス6:1　記録の書、〜を持って来るよう

ねんちょうのざ（年長の座）
創43:33　年長者に〜に、年下の者は年下の

ねんど（粘土）
ヨブ10:9　あなたは私を〜で造られました
　　13:12　　あなたがたの盾は〜の盾と
　　33:6　　　私もまた、〜で形造られた
イザ29:16　陶器師を〜と同じにみなしてよ
　　45:9　　〜は、形造る者に、　しかろうか
　　64:8　　私たちは〜で、あなたは私たちの
エレ18:6　〜が陶器師の手の中にあるよう
エゼ4:1　　　人の子よ。一枚の〜板を取り
ダニ2:33　足は一部が鉄、一部が〜でした

の

の（野）
雅7:11　　　〜に出て行って……夜を過ごし

のうち（農地）
創47:18　私たちのからだと〜のほかには
伝5:9　　国の利益は〜を耕させる王である

のうにゅうきん（納入金）
マタ17:24　　　宮の〜を納めないのですか

のうふ（農夫）
創9:20　　ノアは、ぶどう畑を作り始めた〜
イザ28:24　〜は、種を蒔くために、いつも
マタ21:33　〜たちに貸して、旅に出かけた
マコ12:1　〜たちに貸して、旅に出かけた
ルカ20:16　戻って来て、この〜どもを打ち
ヨハ15:1　わたしの父は〜です。し滅ぼし

のうりょく（能力）
レビ27:8　祭司は誓願をする者の〜に応じ
ゼカ4:6　　権力によらず、〜によらず
マタ25:15　彼は、おのおのその〜に応じて

のがれのまち（のがれの町）
民35:6　〜と、そのほかに、四十二の町を
　　35:11　それをあなたがたのために、〜と

ヨシ20:2　　〜をあなたがたのために定め
のがれば（のがれ場）
箴14:32　正しい者は、自分の死の中にも〜

のがれる
出2:15　　モーセはパロのところから〜れ
申19:5　これらの町の一つに〜れて生きる
伝7:26　　神に喜ばれる者は女から〜
エレ6:1　　　　エルサレムの中から〜れよ
　　44:14　ユダの残りの者たちへ、〜れて生
エゼ33:21　エルサレムから〜れた者が
オバ17　　　　　〜れた者がいるようになり
ヨナ1:3　　　　　タルシシュへ〜れようとし
マタ10:23　　　　　　次の町に〜れなさい
ルカ3:7　　　だれが……御怒りを〜ように教
　　　　　　　えたのか
ヘブ2:3　　どうして〜ことができましょう

のけもの（のけ者）
詩69:8　私は自分の兄弟からは、〜にされ

のこり（残り）
Ⅱ列21:14　わたしのものである民の〜の者
　　25:11　　　　　〜の群衆を捕らえ移した
ネヘ1:3　　捕囚からのがれて生き残った〜
　　　　　　　　　　　　　　　　の者
イザ10:20　イスラエルの〜の者、ヤコブの
　　37:4　　〜の者のため、祈りをささげよ
　　46:3　イスラエルの家のすべての〜の者
エレ6:9　　　〜の者をすっかり摘み取れ
　　23:3　　〜の者を……すべての国から集め
　　31:7　　　　　　イスラエルの〜の者
アモ5:15　ヨセフの〜の者をあわれまれる
　　9:12　　　　　　　エドムの〜の者
ミカ2:12　イスラエルの〜の者を必ず集め
　　4:7　　　　足のなえた者を、〜の者とし
　　5:8　ヤコブの〜の者は異邦の民の中
　　7:18　ご自分のものである〜の者のため
ゼパ3:13　〜の者は不正を行わず、偽り
ゼカ8:6　　この民の〜の者の目に不思議に
　　8:12　この民の〜の者に……継がせよう

のこる（残る）　　　　　　　「っている
ヨシ13:1　まだ占領すべき地がたくさん〜
Ｉ列19:10　　　ただ私だけが〜りましたが
Ⅱ列19:30　ユダの家ののがれて〜った者は
Ⅱ歴30:6　　主は、あなたがたに〜された
エズ9:8　　私たちに、のがれた者を〜して
イザ37:31　ユダの家ののがれて〜った者は
エレ40:11　バビロンの王がユダに人を〜し
エゼ9:8　　　　　私は〜っていて、ひれ伏し
マタ4:22　　舟も父も〜してイエスに従った
マコ1:20　　彼らは父……を〜に〜して
ヨハ13:1　その愛をとことんまで示された
ロマ9:27　　　救われるのは、〜された者
　　11:5　今も、恵みの選びによって〜され
Ｉコリ13:13　いつまでも〜ものは信仰と希

のしあがる（のし上がる）　　し望と愛
ダニ8:11　　　軍勢の長にまで〜った

のしかかる
詩32:4　御手が昼も夜も私の上に重く〜り

のせる（載せる）
出28:30　イスラエルの子らのさばきを、そ
のぞく（除く）　　　し胸の上に〜
詩51:7　私の罪を〜いてきよめてください
伝11:10　　あなたの心から悲しみを〜き
マタ23:24　ぶよは、こして〜が、らくだは
ヘブ10:4　雄牛とやぎの血は、罪を〜こと
のぞみ（望み）　　　しができません
エズ10:2　　イスラエルに、今なお〜がり
エズ7:3　　私の〜を聞き入れて、私の民族
ヨブ5:16　寄るべのない者は〜を持ち
　　14:7　木には〜がある。たとい切られて
　　14:19　人の〜を絶ち滅ぼされます。し
　　17:15　私の〜はいったいどこにあるのか
　　19:10　私の〜を木のように根こそぎに
　　27:8　神を敬わない者の〜はどうなる
詩71:5　　　　私の〜、私の信頼を置く者
　　146:5　その神、主に〜を置く者
箴10:24　　正しい者の〜はかなえられる
　　13:12　〜がかなうことは、いのちの木
　　13:19　〜がかなえられるのはここちよい
　　19:18　〜のあるうちに、自分の子を懲ら
　　　　　　　　　　　　　　　　しめよ
　　29:20　愚かな者のほうが、まだ〜がある
エレ31:17　　　あなたの将来には〜がある
哀3:18　　　　　主から受けた〜は消えうせ
エゼ37:11　骨は干からび、〜は消えうせ
ホセ2:15　アコルの谷を〜の門としよう
ゼカ9:12　〜を持つ捕らわれ人よ。とりでに
マタ12:21　異邦人は彼の名に〜をかける
ルカ24:21　イスラエルを贖ってくださるは
　　　　　　　ずだ、と〜をかけていました
使28:20　イスラエルの〜のためにこの鎖に
ロマ4:18　望みえないときに〜を抱いて信
　　10:1　私が心の〜とし、また彼らのため
　　12:12　　〜を抱いて喜び、患難に耐え
　　15:12　　異邦人はこの方に〜をかける
Ｉコリ9:10　　　　耕す者が〜を持って耕し
エペ1:12　キリストに〜を置いていた私た
　　1:18　神の召しによって与えられる〜に基
　　1:23　　　　　　すでに聞いた福音の〜
コロ1:5　　天にたくわえられてある〜に基
　　1:27　　　　キリスト、栄光の〜のことです
Ｉテサ1:3　　キリストへの〜の忍耐を思い
　　2:19　　　　私たちの〜、喜び、誇りの冠
テト2:13　祝福された〜……大いなる神で
ヘブ6:18　前に置かれている〜を捕らえる
Ｉペテ1:3　　　　生ける〜を持つようにして
Ｉヨハ3:3　　　キリストに対するこの〜
黙18:14　心の〜である熟したくだものは
のぞむ（望む）　　　　　　　「うに
詩39:11　その人の〜ものを、しみが食うよ
　　73:25　あなたのほかに私はだれをも〜み
　　　　　　ません。　　　　　　　「れる
　　135:6　主は〜ところをことごとく行わ
伝8:3　王は自分の〜ままを何でもする
イザ42:21　これを輝かすことを〜まれた
　　46:10　わたしの〜事をすべて成し遂げる

イザ58:2　　神に近づくことを〜んでいる
マラ3:1　　　〜んでいる契約の使者
ロマ8:24　見ているものを、どうしてさら
エペ2:3　肉と心の〜まま　└に〜でしょう

のち（後）
マタ12:45　〜の状態は、初めよりもさらに

のど
民11:6　私たちの〜は干からびてしまった└悪くなります
ロマ3:13　彼らの〜は、開いた墓であり

ののしる
Ⅰサム25:14　ご主人は彼らを〜りました
Ⅱ列19:22　だれをそしり、〜ったのか
マタ5:11　〜り、迫害し、ありもしないこと
27:39　頭を振りながらイエスを〜って
マコ15:29　頭を振りながらイエスを〜って
使3:4　あなたは神の大祭司を〜るのか
Ⅰコリ4:13　〜られるときには、慰めの
黙13:6　天に住む者たちを〜った

のばす（延ばす）
エゼ12:22　日は〜され、すべての幻は消え

のびる（伸びる）└うせる
Ⅱサム22:17　いと高き所から御手を〜べて
エレ12:2　彼らは根を張り、〜びて、実を
マタ12:13　「手を〜ばしなさい」と言われ

のべつたえる（宣べ伝える）
マタ9:35　会堂で教え、御国の福音を〜え
26:13　この福音が〜えられる所なら
マコ1:7　彼は〜えて言った。「私よりも
13:10　福音がまずあらゆる民族に〜えら
ルカ4:43　神の国の福音を〜え　└れ
9:2　神の国を〜え、病気を直すために
24:47　あらゆる国の人々に〜えられる
使4:2　死者の復活を〜えているのに
5:42　イエスがキリストであることを〜
え続けた
8:35　イエスのことを彼に〜えた
9:20　イエスは神の子であると〜え始め
28:31　大胆に……神の国を〜え　└とが
ロマ10:14　〜人がなくて、どうして聞くこ
10:15　どうして〜ことができるでしょう
15:20　まだ語られていない所に福音を〜
Ⅰコリ1:17　福音を〜えさせるためです
1:23　私たちは……キリストを〜
9:14　福音を〜者が、福音の働きから
9:16　福音を〜えなかったら、私はわざ
Ⅱコリ4:5　自分自身を〜のでは　└わいだ
Ⅰテサ2:9　神の福音を……〜えました
Ⅰテモ4:2　みことばを〜えなさい

のべる（述べる）
Ⅰ列22:14　主が私に告げられることを、そ└のまま〜べよう
Ⅱ歴18:13　そのまま〜べよう

のべる（宣べる）
使8:4　みことばを〜べながら、巡り歩いた
13:5　諸会堂で神のことばを〜べ始めた
16:10　福音を〜べさせるのだ、と確信し

のぼる（上る）
士13:20　主の使いは祭壇の炎の中を〜って
Ⅰサム28:13　こうごうしい方が地から〜上

詩68:18　いと高き所に〜り、して来られる
139:8　私が天に〜っても、そこにあなた
イザ14:13　私は天に〜ろう。　└はおられ
オバ　あなたが鷲のように高く〜っても
ミカ4:2　主の山、ヤコブの神の家に〜ろ
ヨハ3:13　だれも天に〜った者はいません
6:62　人の子がもといた所に〜のを
20:17　まだ父のもとに〜っていないから
ロマ10:6　だれが天に〜だろうか
エペ4:9　この「〜られた」ということば
黙11:12　彼らは雲に乗って天に〜った

のぼる（登る）
詩24:3　だれが、主の山に〜りえようか

のみ（蚤）
Ⅰサム24:14　一匹の〜を追っておられるの└にすぎません

のみくい（飲み食い）
出32:6　〜し、立っては、戯れた
Ⅰコリ9:4　〜する権利がないのでしょうか
15:32　あすは死ぬのだ。さあ、〜しよう

のむ（飲む）
創19:32　お父さんに酒を〜ませ、いっしょ└「に寝て
24:14　水がめを傾けて私に〜ませ
29:10　ラバンの羊の群れに水を〜ませた
レビ10:9　ぶどう酒や強い酒を〜んで
民16:30　ことごとく〜みこみ、彼らが生き
Ⅱサム23:15　ベツレヘムの門にある井戸の
水を〜ませてくれたらなあ
詩35:25　われわれは彼を、〜みこんだ
36:8　あなたは彼らに〜ませなさいます
60:3　よろめかす酒を……〜ませられ
箴5:15　あなたの水ためから、水を〜め
25:21　渇いているなら、水を〜ませよ
雅5:1　〜め。愛する人たちよ。大いに〜め
イザ1:20　あなたがたは剣に〜まれる
22:13　〜めよ。食らえよ。どうせ、あす
は死ぬのだから
51:17　よろめかす大杯を〜み干した
エゼ12:18　こわごわあなたの水を〜め
ヨナ1:17　魚を備えて、ヨナを〜みこませ
マタ10:42　水一杯でも、〜ませる者は
11:18　ヨハネが来て、食べも〜みもしな
24:38　〜んだり、食べたり、　└いと
27:34　イエスは……〜もうとはされなか
マコ9:41　水一杯でも〜ませて　└った
14:25　彼らはみなその杯から〜んだ
15:23　イエスはお〜みにならなかった
ルカ1:15　ぶどう酒や強い酒も〜まず
7:33　ぶどう酒も〜んで
12:29　何を〜んだらよいか、と捜し求め
ヨハ4:7　わたしに水を〜ませてください
4:14　わたしが与える水を〜者はだれ
でも
Ⅰコリ10:31　〜にも……ただ神の栄光
11:26　このパンを食べ、この杯を〜たび
12:13　一つの御霊を〜者とされたから
15:54　「死は勝利に〜まれた」
Ⅱコリ5:4　死ぬべきものがいのちに〜まれ
Ⅰテモ5:23　これからは水ばかり〜まないで

のる（乗る）
申33:26　神はあなたを助けるため天に〜り
詩18:10　主は、ケルブに〜って飛び
45:4　勝利のうちに〜り進め

のろい
申11:26　あなたがたの前に、祝福と〜を置
27:13　〜のために、エバル山に、「ばを
ヨシ8:34　祝福と〜についての律法のこと
Ⅱサム16:5　盛んに〜のことばを吐きなが
箴3:33　悪者の家には、主の〜がある
エレ25:18　あざけりとし、〜とするため
ゼカ5:3　これは、全地の面に出て行く〜
8:13　諸国の民の間で〜となったが
マラ2:2　あなたがたの中に〜を送り
ロマ3:14　口は、〜と苦さで満ちている
ガラ3:10　律法の行いによる人々はすべ
て、〜のもとにあるからです
ヤコ3:10　賛美と〜が同じ口から出て来る

のろう
創3:14　あらゆる野の獣よりも〜われる
4:11　あなたはその土地に〜われている
12:3　あなたを〜者をわたしは〜
49:7　〜われよ。彼らの激しい怒りと
出21:17　父または母を〜者は、必ず殺され
民22:6　あなたが〜者は〜われる
22:17　私のためにこの民を〜って
23:8　神が〜わない者を、私がどうして
ヨシ6:26　主の前に〜われよ
Ⅰサム14:24　食物を食べる者は〜われる
Ⅰ列21:13　ナボテが神と王を〜った、と
Ⅱ列2:24　主の名によって彼らを〜った
ヨブ1:11　あなたに向かって〜に違いあり
2:9　神を〜って死になさい　└ません
3:1　自分の生まれた日を〜った
詩109:17　彼はまた〜ことを愛したので
伝10:20　王を〜おうと、ひそかに思っては
イザ65:20　百歳にならないで死ぬ者は、〜
われた者とされる
エレ17:5　心が主から離れる者は〜われる
20:14　私の生まれた日は、〜われよ
48:10　主のみわざをおろそかにする者は
〜われよ
ルカ6:28　あなたを〜者を祝福しなさい
Ⅰコリ12:3　「イエスは〜われよ」と言わず
ガラ1:8　その者は〜われるべきです
3:13　木にかけられる者は……〜われた
└もの

は

は（派）
使26:5　私たちの宗教の最も厳格な〜に従
└って

は（葉）
ヨブ13:25　吹き散らされた木の〜をおどし
エゼ47:12　〜も枯れず、実も絶えることが
マコ11:8　木の〜を枝として野原から切り
13:13　〜のほかは何もないのに気づかれ
13:28　〜が出て来ると、夏の近いことが

は（歯）
出21:24　目には目。～には～。手には手
レビ24:20　目には目。～には～。人に傷を
申19:21　目には目。～には～。手には手
ヨブ19:20　私はただ～の皮だけでのがれた
箴25:19　悪い～やよろける足を頼みとする
雅4:2　あなたの～は……雌羊の群れ
エゼ18:2　父が酸いぶどうを食べたので子
　　　　　　　　　　どもの～が浮く
はい（灰）
民19:9　身のきよい人がその雌牛の～を集
イザ44:20　～にあこがれる者の心は欺かれ
はいき（廃棄）
ヨハ10:35　聖書は～されるものではない
はいきょ（廃墟）
申13:16　その町は永久に～となり
詩89:40　その要塞を～とされました
イザ23:13　宮殿をかすめ、そこを～にした
　25:2　城壁のある都を～にされたので
　34:10　そこは代々にわたって、～となり
　51:3　そのすべての～を慰めて
　61:4　彼らは昔の～を建て直し
エレ25:11　この国は全部、～となって荒れ
　46:19　となって住む人もなくなるから
エゼ6:6　町々は～。高き所は
　21:27　～だ。～だ。……この国を～に
ハガ1:4　この宮が～となっているのに
はいしん（背信）
エレ2:19　あなたの～が、あなたを責める
　3:6　～の女イスラエルが行ったこと
　5:6　その～がはなはだしかったからだ
　8:5　なぜ、この民エルサレムは……～
　　　　　　　　　　を続けているのか
　14:7　私たちの～ははなはだしく
ホセ11:7　わたしに対する～から……離れ
　14:4　彼らの～をいやし、　　　しない
はいする（拝する）
ヨハ9:38　そして彼はイエスを～した
はいびょう（肺病）
申28:22　～と熱病と高熱病と悪性熱病と
はいぼく（敗北）
Ⅰコリ6:7　互いに訴え合うことが……～
はいる（入る）
詩100:4　賛美しつつ、その大庭に、～れ
イザ26:20　部屋に～り、うしろの戸を閉じ
マタ5:20　決して天の御国に、～れません
　7:13　狭い門から～りなさい
　7:21　みな天の御国に～のではなく
　19:24　金持ちが神の国に、～よりは
マコ10:23　裕福な者が神の国に～ことは
ルカ11:52　自分も～らず、～ろうとする人
ヨハ3:5　神の国に～ことができません
はうもの
創1:24　家畜や、～、野の獣を、種類に
はえ
伝10:1　死んだ～は、調合した香油を臭くし
はか（墓）
詩5:9　彼らののどは、開いた～で
　16:10　聖徒に～の穴をお見せにはなりま

イザ14:19　～の外に投げ出された。　しせん
エゼ32:23　その集団はその～の回りにいる
　37:12　わたしはあなたがたの～を開き
マタ23:27　白く塗った～のようなものです
　27:60　～の入口には大きな石をころがし
マコ6:29　遺体を引き取り、～に納めた
　15:46　岩を掘って造った～に納めた
ルカ11:44　家には住まないで、～場に
　11:44　おまえたちは人目につかぬ～
　11:47　預言者たちの～を建てている
　24:1　香料を持って～に着いた。　「を聞
ヨハ5:28　～の中にいる者がみな、子の声
　11:31　マリヤが～に泣きに行くのだろう
　19:41　だれも葬られたことのない……～
　20:1　～から石が取りのけてあるのを
　20:6　ペテロも彼に続いて来て、～に
ばか
民22:29　おまえが私を～にしたからだ
マタ5:22　『～者』と言うような者は燃え
はかいしゃ（破壊者）
エレ22:7　武具を持つ～たちを準備する
はかせ（博士）
マタ2:1　東方の～たちがエルサレムに
はかどる
エズ5:8　その工事は……順調に～って
はかない
詩39:4　私が、どんなに、～かを知る
はからい（計らい）
詩92:5　あなたの御～は、いとも深い
ミカ4:12　しかし彼らは主の御～を知らず
はかり（量り）
ヨブ6:2　私の災害も共に～にかけられ
箴11:1　欺きの～は主に忌みきらわれる
　20:23　欺きの～はよくない
イザ40:12　丘を～で量ったのか
エゼ5:1　その毛を～で量って等分せよ
ホセ12:7　商人は手に欺きの～を持ち
ミカ6:11　不正な～と、欺きの重り石の袋
マコ4:24　人に量ってあげるその～で
ルカ6:38　人を量る～で、自分も量り返し
黙6:5　これに乗っている者は～を手に
はかりごと
Ⅱサム17:7　アヒトフェルの立てた～は良
ヨブ21:16　悪者の～は、私と何の関係もな
詩1:1　悪者の～に歩まず、　　　しい
　33:10　主は国々の～を無効にし
　33:11　主の～はとこしえに立ち
　83:3　あなたの民に対して悪賢い～を巡
箴19:21　主の～だけが成る。　　　しらし
　20:5　人の心にある～は深い水
イザ5:19　イスラエルの聖なる方の～が
　11:2　知恵と悟りの霊、～と能力の霊
　14:26　全地に対して立てられた～
　19:17　主がエジプトに対して計る～
　28:29　その～は奇しく、　　「よらず
　30:1　彼らは～をめぐらすが、わたしに
エレ7:24　かたくなな心のままに歩み
　18:12　知恵ある者から～が、預言者から

アモ3:7　神である主は、その～を
Ⅱコリ10:5　すべての～をとりこにして
はかりざお（測りざお）
エゼ40:3　その手に麻のひもと～とを
はかりしる（測り知る）
ヨブ5:9　神は大いなる事をなして～れず
箴25:3　王の心は～れない。　「でしょう
ロマ11:33　その道は、何と～りがたいこと
はかりつな（測り綱）
詩16:6　～は、私の好む所に落ちた
ゼカ2:1　その手に一本の～があった
はかる　　　　　　　　　　　　「れる
箴16:2　主は人のたましいの値うちを～ら
　21:2　主は人の心の値うちを～られる
はかる（測る）
ハバ3:6　神は立って、地を～り
エペ3:8　キリストの～りがたい富を
黙11:1　そこで礼拝している人を～れ
　21:15　その城壁とを～金の測りざおを
はかる（計る）
創6:5　その心に～ことがみな、いつも悪
使4:25　もろもろの民はむなしいことを～
はかる（量る）
ヨブ6:2　ああ、私の苦悶の重さが～られ
　28:25　水をはかりで～られる
　31:6　正しいはかりで私を～がよい
イザ40:12　だれが、手のひらで水を～り
エレ32:10　証人を立て、はかりで銀を～り
ダニ5:27　～られて、目方の足りないこと
はぎしり（歯ぎしり）　　　　　　　「した
ヨブ16:9　私を攻めたて、私に向かって～
哀2:16　口を開いて、あざけり、～して
マタ24:51　しもべはそこで泣いて～する
使7:54　ステパノに向かって～した
はぎとる（剥ぎ取る）
出3:22　エジプトから～らなければならない
　12:36　彼らはエジプトから～った
ヨブ19:9　神は私の栄光を私から～り
はきもの
ヨシ5:15　あなたの足の～を脱げ
ルツ4:7　一方が自分の～を脱いで、それ
はく（吐く）　　　　　　　　　「を相手に
レビ18:25　その地は、住民を～き出すこと
ヨブ20:15　富をのみこんでも……～き出す
箴26:11　犬が自分の～いた物に帰って来る
ヨナ2:10　ヨナを陸地に～き出させた
Ⅱペテ2:22　犬は自分の～いた物に戻る
黙3:16　わたしは口からあなたを～き出そう
はくがい（迫害）
マタ5:10　義のために～されている者は幸
　10:23　この町であなたがたを～するなら
　13:21　みことばのために困難や～が
マコ10:30　母、子、畑を～の中で受け
ルカ11:49　ある者を殺し、ある者を～する
　21:12　人々はあなたがたを捕らえて～し
ヨハ5:16　ユダヤ人たちは、イエスを～し
　15:20　もし人々がわたしを～したなら
使7:52　あなたがたの父祖たちが～しな

コンコルダンス

はくがく / はずかしめる　2659

はくがく（博学）
- 使26:24　しな、〜を受けます
- 〜があなたの気を狂わせている

はくはつ（白髪）
- 申32:25　乳飲み子も、〜の老人もともども
- ヨブ15:10　私たちの中には〜の者も、老い

はげあたま（はげ頭）
- Ⅱ列2:23　上って来い、〜。上って来い

はげしい（激しい）
- ヨブ6:3　私のことばが〜かったのだ
- 箴14:30　〜思いは骨をむしばむ
- 雅8:6　ねたみはよみのように〜からです

はげたか
- ルカ17:37　死体のある所、そこに、〜も集

はげまし（励まし）
- 使15:31　その〜によって喜んだ
- エペ6:22　彼によって心に〜を受けるため
- ピリ2:1　キリストにあって〜があり
- コロ2:2　この人たちが心に〜を受け

はげむ（励む）
- コロ4:12　あなたがたのために祈りに〜ん
- Ⅱテモ2:15　自分を神にささげるよう、努
- テト3:8　良いわざに〜　しめ〜みなさい
- Ⅱペテ3:14　御前に出られるように、〜み

はげわし
- レビ11:13　〜、はげたか、黒はげたか

はこ（箱）
- 出25:10　アカシヤ材の〜を作らなければな
- 37:1　アカシヤ材で一つの〜を作った
- 民10:33　主の契約の〜は三日の道のりの間
- ヨシ6:11　彼は主の〜を……回らせた
- 士20:27　神の契約の〜はそこにあった
- Ⅰサム4:3　シロから主の契約の〜を
- 4:11　神の〜は奪われ、エリのふたりの
- 5:2　ペリシテ人は神の〜を取って
- 6:13　目を上げたとき、神の〜が見えた
- 6:19　主の〜の中を見たからである
- Ⅱサム6:2　神の〜を運び上ろうとして
- 15:24　神の契約の〜をかついでいたが
- Ⅱ列12:9　一つの〜を取り、そのふたに穴
- Ⅰ歴13:3　私たちの神の〜を私たちのもと
- 16:1　神の〜を運び込み、　し、
- Ⅱ歴5:2　主の契約の〜を運び上るため
- ヘブ9:4　全面を金でおおわれた契約の〜

かった
- 使8:1　エルサレムの教会に対する……〜
- 9:4　サウロ。なぜわたしを〜するのか
- 11:19　〜によって散らされた人々は
- 22:4　私はこの道を〜し、男も女も縛り
- 22:7　サウロ。なぜわたしを〜するのか
- ロマ12:14　〜する者を祝福しなさい
- Ⅰコリ4:12　〜されるときにも耐え忍び
- Ⅱコリ4:9　〜されていますが、見捨てら
- ガラ1:13　私は激しく神の教会を〜し
- 4:29　御霊によって生まれた者を〜した
- 6:12　キリストの十字架のために〜を
- ピリ3:6　その熱心は教会を〜したほどで
- Ⅱテサ1:4　すべての〜と患難とに耐え
- Ⅱテモ3:12　敬虔に生きようと願う者はみ

- 黙11:19　神殿の中に、契約の〜が見えた

はこぶ（運ぶ）
- エレ20:5　彼らはそれを……略奪し、バビ

はこぶね（箱舟）
- 創6:14　ゴフェルの木の〜を造りなさい
- 8:4　〜は……アララテの山の上に
- ルカ17:27　ノアが〜に入るその日まで

はじ（恥）
- Ⅰサム19:5　家来たち全部に……〜をかか
- エズ9:6　私の神よ。私は〜を受け
- ヨブ10:15　自分の〜に飽き飽きし、私の悩
- 詩22:5　彼らは〜を見ませんでした
- 25:3　あなたを待ち望む者はだれも〜を
- 31:1　私が決して〜を見ないようにして
- 31:17　主よ。私が〜を見ないようにして
- 40:15　おのれの〜のために、色を失い
- 109:29　おのれの〜を上着として着ますよ
- 箴3:35　愚かな者は〜を得る。　しうに
- 9:7　あざける者を戒める者は、自分が
- 17:2　〜知らずの子を治め、　し、〜を受け
- イザ30:3　あなたがたの〜をもたらし
- 45:17　あなたがたは〜を見ることがなく
- 49:23　わたしを待ち望む者は〜を見るこ
  とがない
- 54:4　自分の若かったころの〜を忘れ
- 61:7　〜に代えて、二倍のものを受ける
- エレ6:15　忌みきらうべきことをして、〜
  を見ただろうか
- 8:12　忌みきらうべきことをして、〜を
- 12:13　自分たちの収穫で〜を見よう
- ホセ4:7　わたしは彼らの栄光を〜に変え
- 10:6　エフライムは〜を受け取り
- ヨエ2:26　永遠に〜を見ることはない
- ハバ2:16　〜があなたの栄光をおおう
- ルカ1:25　人中で私の〜を取り除こうと
- 9:26　わたしのことばを〜と思うなら
- ロマ1:16　私は福音を〜とは思いません
- Ⅱテモ1:12　それを〜とは思っていません

はしご
- 創28:12　神の使いたちが、その〜を上り下

はしため
- 創21:10　この〜を、その子といっしょに
- ルカ1:38　ほんとうに、私は主の〜です

はじまり（始まり）
- 出12:2　この月をあなたがたの月の〜とし

はじめ（初め）
- 創1:1　〜に、神が天と地を創造した
- 詩111:10　主を恐れることは、知恵の
- 箴1:7　主を恐れることは知識の〜である
- 4:7　知恵の〜に、知恵を得よ
- 8:23　〜から、大地の始まりから
- 9:10　主を恐れることは知恵の〜
- 伝7:8　事の終わりは、その〜にまさり
- イザ41:4　わたし、主こそ〜であり
- 44:6　わたしは〜であり……終わりである
- マタ13:35　世の〜から隠されていること
- 24:8　みな、産みの苦しみの〜なのです
- マコ1:1　イエス・キリストの福音の〜

- ヨハ1:1　〜に、ことばがあった
- 黙2:8　〜であり、終わりである方

はじめる（始める）
- ピリ1:6　良い働きを〜められた方は

はしら（柱）
- 創19:26　塩の〜になってしまった
- 28:18　それを石の〜として立て、その上
- 出13:21　雲の〜……火の〜の中にいて
- 13:22　昼はこの雲の、夜はこの火の
- 士16:26　宮をささえている〜にさわらせ
- Ⅱサム18:18　王の谷で……一本の〜を立て
- Ⅱ列10:26　バアルの宮の石の〜を運び出し
- ネヘ9:12　昼間は雲の〜によって彼らを導
- エス5:14　高さ五十キュビトの〜を立て
- エレ50:15　〜は倒れ、その城壁はこわれ
- ガラ2:9　〜として重んじられているヤコブ

はしる（走る）
- 詩16:4　ほかの神へ〜った者の痛みは
- 119:32　あなたの仰せの道を〜ります
- 147:15　そのことばはすみやかに〜
- エレ12:5　徒歩の人たちと〜っても疲れる
- ハバ2:2　読む者が急使として〜ために
- マタ28:8　弟子たちに知らせに〜って行っ
- ヨハ20:4　ふたりはいっしょに〜ったが
- 使20:24　自分の〜べき行程を〜り尽くし
- Ⅰコリ9:24　競技場で〜人たちは、みな走
- ガラ2:2　力を尽くしていま〜っている
- 5:7　あなたがたはよく〜っていたのに
- ピリ3:14　目標を目ざして一心に〜って
- Ⅱテモ4:7　〜べき道のりを〜り終え
- ヘブ12:1　競走を忍耐をもって〜り続け

はじる（恥じる）
- Ⅱ歴32:21　そこで、彼は〜じて国へ帰り
- 詩119:6　仰せを見ても〜ことがない
- イザ26:11　あなたの熱心を認めて〜じます
- エゼ7:18　彼らはみな〜じて顔を赤くし
- マコ8:38　わたしのことばを〜ような者
- ルカ13:17　反対していた者たちはみな、〜
  じ入り　　　しじてはいけません
- Ⅱテモ1:8　私が主の囚人であることを〜
- Ⅰヨハ2:28　来臨のときに、御前で〜じ入

はずかしい（恥ずかしい）
- 創2:25　裸であったが、互いに〜と思わな
- ルツ2:15　あの女に〜思いをさせてはなら
- 箴25:8　隣人があなたに〜思いをさせた
- Ⅰコリ11:6　頭をそることが女として〜こ

はずかしめ
- 詩44:15　私の前には、一日中〜があって
  　　　　　　　　　　　　しとなら
- イザ9:1　ナフタリの地は、〜を受けたが
- ヘブ13:13　キリストの〜を身に負って

はずかしめる
- 創34:2　これを捕らえ、これと寝て〜めた
- 詩4:2　いつまでわたしの栄光を〜め
- 34:5　彼らの顔を〜めないでください
- エレ2:26　イスラエルの家も〜められる
- 14:21　栄光の御座を〜めないでください
- 50:2　ベルは〜められ、メロダクは砕か
- 使5:41　御名のために〜められるに値する

ロマ1:24	互いにそのからだを〜ように	
Ⅰコリ4:12	〜められるときにも祝福し	
4:14	あなたがたを〜ためではなく	
6:5	あなたがたを〜ためにこう言って	
15:34	あなたがたを〜ために、こう言っ	
Ⅱコリ12:21	私を〜ことはないでしょうか	

はずべき（恥ずべき）

Ⅱコリ4:2	〜隠された事を捨て、悪巧み	

はせん（破船）

Ⅰテモ1:19	正しい良心を捨てて、信仰の	

はた（旗）

民2:2	父祖の家の〜じるしのもとに宿営	
10:14	まず初めにユダ族の宿営の〜が	
詩20:5	神の御名により〜を高く掲げ	
60:4	あなたを恐れる者のために〜を	
雅2:4	私の上のしるしは愛でした	
6:4	〜を掲げた軍勢のように恐ろしい	
イザ5:26	主が遠く離れた国に〜を揚げ	
11:10	エッサイの根は、国々の民の〜と	
13:2	はげ山の上に〜を掲げ、 して	
18:3	山々に〜の揚がるときは見よ	
31:9	首長たちも〜を捨ておのきの	
49:22	わたしの〜を国々の民に向かって	
エレ4:6	シオンのほうに〜を掲げよ	

はた（機）

ヨブ7:6	私の日々は〜の杼よりも速く	
イザ38:12	私のいのちを〜織りのように巻	

はだか（裸）

創2:25	人とその妻は、ふたりとも〜であ	
Ⅱサム6:20	家来のはしための目の前で〜に	
ヨブ1:21	〜で母の胎から出て来た	
24:10	彼らは着る物もなく、〜で歩き	
伝5:15	また〜でもとの所に帰る	
イザ20:3	前兆として、〜になり、はだし	
47:3	あなたの〜は現れ、あなたの恥	
58:7	〜の人を見て、これに着せ	
エゼ16:39	あなたをまる〜にしておこう	
マコ14:52	亜麻布を脱ぎ捨てて、〜で逃げ	
ヘブ4:13	神の目には、すべてが〜であり	

はたけ（畑）

レビ27:16	〜の一部を主に聖別する場合	
エレ32:7	アナトテにある私の〜を買って	
マタ13:44	天の御国は、〜に隠された宝	
ヨハ4:35	目を上げて〜を見なさい	
Ⅰコリ3:9	あなたがたは神の〜、神の建物	

はだし

イザ20:3	裸になり、〜で歩いたように	

はたす（果たす）

創26:3	アブラハムに誓った誓いを〜のだ	
申9:5	ヤコブになさった誓いを〜ため	
Ⅱ歴6:10	お告げになった約束を〜された	

はたらき（働き）

詩127:1	建てる者の〜はむなしい	
ルカ10:2	実りは多いが、〜手が少ない	
ロマ4:5	何の〜もない者が、不敬虔な者	
Ⅰコリ3:13	各人の〜が明瞭になります	
12:6	すべての〜をなさる同じ神です	
ピリ2:22	テモテのりっぱな〜ぶりは	

Ⅱテモ2:15	恥じることのない〜人として	
3:17	良い〜のために……整えられた者	

はたらく（働く）

ネヘ4:6	民に〜気があったからである	
箴13:11	〜いて集める者は、それを増す	
16:26	〜者は食欲のために〜	
21:25	その手が〜ことを拒むからだ	
伝5:12	〜者は……ここちよく眠る	
ハガ2:5	わたしの霊があなたがたの間で	
	〜ている。「かなかったのに	
マタ20:12	この最後の連中は一時間しか〜	
マコ16:20	主は彼らとともに〜き	
ルカ5:5	夜通し〜きましたが、何一つ	
ヨハ5:17	父は今に至るまで〜ておられ	
6:27	永遠のいのちに至る食物のために	
	〜なさい。」 として	
ロマ8:28	神がすべてのことを〜かせて益	
Ⅱコリ6:1	私たちは神とともに〜者として	
Ⅰテサ4:11	自分の手で〜きなさい	
Ⅱテサ3:10	〜きたくない者は食べるな	

はち（鉢）

マタ26:23	〜に手を浸した者が、わたしを	
黙16:1	神の激しい怒りの七つの〜を	

はち（蜂）

申1:44	〜が追うようにあなたがたを追い	
イザ7:15	凝乳と〜蜜を食べる。 かけ	
7:18	アッシリヤの地にいるあの〜	

ばつ（罰）

創42:21	われわれは弟のことで〜を受けて	
レビ24:15	神をのろう者は……罪の〜を受	
箴12:2	悪をたくらむ者は〜を受ける	
27:12	わきまえのない者は進んで行って	
	〜を受ける	
マタ10:15	その町よりもはるかに〜が軽い	
ルカ10:14	まだおまえたちより〜が軽い	

はつおん（発音）

士12:6	正しく〜できないと	

ばっする（罰する）

申5:11	御名をみだりに唱える者を、〜せ	
詩59:5	すべての国々を〜してください	
89:32	むちをもって、彼らの咎を〜	
イザ10:12	誇らしげな高ぶりを〜。 う	
13:11	その悪のために世を〜し	
24:21	地では地上の王たちを〜せられる	
エレ5:9	わたしが〜しないだろうか	
9:25	包皮に割礼を受けている者を〜	
21:14	その行いの実にしたがって、〜	
51:47	バビロンの刻んだ像を〜	
ホセ8:13	主は……その罪を〜せられる	
9:9	彼らの不義を覚え、その罪を〜	
アモ3:14	そむきの罪を、わたしが〜日に	
Ⅱコリ6:9	〜せられているようであって	

はつなり（初なり）

エレ24:2	〜のいちじくの実のようであり	

はつほ（初穂）

出34:26	土地から取れる〜の最上のものを	
レビ2:14	〜の穀物のささげ物を主にささ	
23:10	収穫の〜の束を げよう	

民28:26	〜の日、すなわち七週の祭りに	
Ⅰコリ15:20	眠った者の〜として死者の中	
16:15	ステパナの家族は、アカヤの〜	
ヤコ1:18	いわば被造物の〜にするため	

はつもの（初物）

箴3:9	財産とすべての収穫の〜で、主を	
ロマ11:16	〜が聖ければ、粉の全部が聖い	

はて（果て）

詩2:8	地をその〜〜まで、あなたの所有	
19:4	そのことばは、地の〜まで届いた	
イザ62:11	地の〜まで聞こえるように	
使1:8	地の〜にまで、わたしの証人と	

ハデス

ルカ16:23	〜で苦しみながら目を上げると	
使2:27	私のたましいを〜に捨てて置かず	
黙6:8	そのあとには〜がつき従った	
20:14	死と〜とは、火の池に投げ込まれ	

はと（鳩）

創8:8	〜を彼のもとから放った	
詩55:6	私に〜のように翼があったなら	
雅1:15	あなたの目は〜のようだ	
5:12	水の流れのほとりにいる〜のよう	
ホセ7:11	愚かで思慮のない〜のように	
マタ3:16	神の御霊が〜のように下って	
ルカ3:22	聖霊が〜のような形をして	
ヨハ1:32	御霊が〜のように天から下って	

はな（花）

民17:8	〜をつけ、アーモンドの実を結ん	
ヨブ14:2	〜のように咲き出ては切り取られ	
雅2:12	地には〜が咲き乱れ、 がる	
イザ5:24	その〜も、ちりのように舞い上	
35:1	サフランのように、〜を咲かせる	
40:7	草は枯れ、〜はしぼむ	

はな（鼻）

詩18:15	あなたの〜の荒いいぶきで	
イザ2:22	〜で息をする人間をたよりにす	

はなし（話）

ヨブ18:2	いつ……その〜にけりをつける	
29:22	私の〜は彼らの上に降り注いだ	
イザ19:3	〜もなく、ことばもなく、その声も	
伝3:7	〜をするのに時がある	

はなす（話す）

Ⅰサム3:9	主よ。お〜しください	
ヨブ12:8	地に〜しかけよ。それが……教	
エゼ3:26	あなたは〜せなくなり、 え	
ルカ24:15	〜し合ったり、論じ合ったり	
使8:33	彼の時代のことを、だれが〜こと	

はなす（離す）

	ができよう	
Ⅱ列4:30	私は決してあなたを〜しません	
詩103:12	罪を私たちから遠く〜される	
ヘブ12:2	イエスから目を〜さないで	

はなむこ（花婿）

出4:26	割礼のゆえに「血の〜」と言った	
詩19:5	太陽は、部屋から出て来る〜のよ	
マタ9:15	〜がいっしょにいる間は うだ	
マコ2:19	〜が……いっしょにいる間	
ルカ5:34	〜がいっしょにいるのに	
ヨハ3:29	〜のことばに耳を傾けているそ	

はなよめ（花嫁）

雅4:9	私の妹、〜よ。あなたは私の心を	
イザ61:10	〜のように宝玉で飾ってくださ	
エレ2:32	〜が自分の飾り帯を忘れる	
IIコリ11:2	ひとりの人の〜に定め	
黙21:2	夫のために飾られた〜のように	
21:9	小羊の妻である〜を見せましょう	

はなれる（離れる）

レビ15:31	その汚れから〜れさせなさい
IIサム1:23	死ぬときにも〜ことなく
II列2:2	私は決してあなたから〜れませ
I歴28:9	もし、あなたが神を〜なら
エズ10:11	外国の女から〜れなさい
エス4:13	ユダヤ人から〜れて王宮にいる
ヨブ21:14	私たちから〜れよ。私たちは
22:17	私たちから〜れよ。全能者が私
詩22:1	遠く〜れて私をお救いにならな
34:14	悪を〜れ、善を行え。平和を求
119:157	あなたのさとしから〜れません
イザ1:4	背を向けて〜れ去った
マタ25:41	わたしから〜れて、悪魔とその
マコ10:7	人はその父と母を〜れて
14:34	ここを〜れないで、目をさまして
ルカ8:37	行っていただきたいと願った
22:54	ペテロは、遠く〜れてついて行
Iコリ7:15	〜れて行くのであれば、〜
IIコリ5:6	肉体にいる間は、主から〜れ
ガラ2:12	異邦人から……〜れて行った
コロ2:5	肉体においては〜れていても
黙18:4	わが民よ。この女から〜れなさい

はは（母）

創3:20	生きているものの〜であったから
17:16	彼女は国々の〜となり、国々の民
出2:8	その子の〜を呼んで来た
士5:7	イスラエルに〜として立つまでは
Iサム2:19	サムエルの〜は、彼のために
I列3:27	彼女がその子の〜親なのだ
II歴15:16	アサ王の〜マアカがアシェラの
箴10:1	愚かな子は〜の悲しみである
イザ66:13	〜に慰められる者のように
マタ12:48	わたしの〜とはだれですか
12:50	わたしの兄弟、姉妹、また〜
19:5	人はその父と〜を離れて
マコ3:33	わたしの〜とはだれのこと
7:10	『あなたの父と〜を敬え』
ヨハ19:27	そこに、あなたの〜がいます
ガラ4:26	自由であり、私たちの〜です
Iテモ5:2	年とった婦人たちには〜親に対するように
IIテモ1:5	あなたの〜ユニケのうちに

パピルス

出2:3	〜製のかごを手に入れ、それに
イザ18:2	この国は、〜の船を水に浮かべ

はぶく（省く）

エレ26:2	命じたことばを残らず語れ。一言も〜な

バプテスマ

マタ3:6	ヨルダン川で彼から〜を受けた
3:11	水の〜を授けていますが
マタ21:25	ヨハネの〜は、どこから来たもの
28:19	父、子、聖霊の御名によって〜を
マコ1:4	悔い改めの〜を宣べ伝えた
10:38	わたしの受けようとする〜を
11:30	ヨハネの〜は、天から来たのです
16:16	信じて〜を受ける者は、〜か
ルカ3:3	悔い改めに基づく〜を説いた
3:16	私は水で〜を授けています
7:29	ヨハネの〜を受けて、神の正しい
12:50	わたしには受ける〜があります
20:4	ヨハネの〜は、天から来たのです
ヨハ1:26	水で〜を授けているが、〜か
3:23	アイノンで〜を授けていた
4:1	イエスが……〜を授けている
使1:5	ヨハネは水で〜を授けましたが
8:12	信じた彼らは、男も女も〜を受け
8:38	ピリポは宦官に〜を授けた
9:18	彼は立ち上がって、〜を受け
16:15	またその家族も〜を受けたとき
22:16	その御名を呼んで〜を受け
ロマ6:3	キリスト・イエスにつく〜を
Iコリ1:13	あなたがたが〜を受けたのは
1:17	〜を授けさせるためではなく
10:2	雲と海とで、モーセにつく〜を受
12:13	一つの御霊によって〜を受け
15:29	死者のゆえに〜を受ける人たちは
ガラ3:27	〜を受けてキリストにつく者と
エペ4:5	信仰は一つ、〜は一つです
コロ2:12	〜によってキリストとともに葬
Iペテ3:21	救う〜をあらかじめ示した型

はめつ（破滅）

箴16:18	高ぶりは〜に先立ち、心の高慢は
エゼ32:9	あなたの〜をもたらすとき
アモ6:6	ヨセフの〜のことで悩まない

はもの（刃物）

詩52:2	さながら鋭い〜のようだ

はやい（早い）

伝9:11	競走は足の〜人のものではなく
ヤコ1:19	聞くには〜く、語るにはおそく

はら（腹）

創3:14	おまえは、一生、〜ばいで歩き
詩37:1	悪を行う者に対して〜を立てるな
37:8	〜を立てるな
箴24:19	悪を行う者に対して〜を立てるな
エレ5:8	あなたが〜から出る前から
マタ5:22	兄弟に向かって〜を立てる者は
15:12	みことばに〜を立てた
15:17	口に入る物はみな、〜に入り
マコ7:19	〜に入り、そして、かわやに
10:41	ヤコブとヨハネのことで〜を立て
ルカ11:27	あなたを産んだ〜……は幸いで
Iコリ6:13	〜は食物のためにあり、〜す

はらいおとす（払い落とす）

マタ10:14	足のちりを〜しなさい

パラダイス

ルカ23:43	あなたはきょう、わたしとともに〜にいます
IIコリ12:4	〜に引き上げられて

ばらまく

箴11:24	〜いても、なお富む人があり

はり（針）

ルカ18:25	らくだが〜の穴を通るほうが
黙9:10	さそりのような尾と〜とを持って

はり（梁）

マタ7:3	自分の目の中の〜には気がつか「ない
ルカ6:41	どうして自分の目にある〜には

はりつけ

エズ6:11	その者をその上に〜にしなければならない

はる（張る）

ヨブ9:8	神はただひとりで天を〜り延ばし

バルサム

I歴14:15	〜樹の林の上から行進の音が

はれる

申8:4	あなたの足は、〜れなかった

はれる（晴れる）

マタ16:2	『夕焼けだから〜』と言うし

ハレルヤ

詩146:1	〜。私のたましいよ。主をほめたたえよ
黙19:4	「アーメン。〜」と言った

パン

創18:6	〜菓子を作っておくれ
出16:4	〜が天から降るようにする
民21:5	〜もなく、水もない。私たちは
申8:3	人は〜だけで生きるのではない
I列22:27	わずかな〜と、わずかな水を
II歴18:26	わずかな〜とわずかな水を
詩105:40	天からの〜で彼らを満ち足らせ
箴17:1	一切れのかわいた〜があって
22:9	〜を寄るべのない者に与えるから
31:27	怠惰の〜を食べない
伝11:1	あなたの〜を水の上に投げよ
イザ3:1	すべて頼みの〜、すべて頼みの
44:15	また、これを燃やして〜を焼く
エレ37:21	毎日一個を彼に与えさせた
哀4:4	幼子たちが〜を求めても
エゼ4:17	それは〜と水が乏しくなるから
ホセ7:8	エフライムは生焼けの〜菓子と
マタ4:3	石が〜になるように、命じなさ
4:4	人は〜だけで生きるのではなく
14:17	ここには、〜が五つと魚が二匹
15:26	子どもたちの〜を取り上げて
15:27	主人の食卓から落ちる〜くず
15:34	どれぐらい〜がありますか
26:26	イエスは〜を取り、祝福して後
マコ6:38	〜はどれぐらいありますか
6:43	〜切れを十二のかごにいっぱい取
7:27	子どもたちの〜を取り上げて
8:4	こんなへんぴな所で、どこから〜を
8:5	〜はどれぐらいありますか
8:19	〜切れを取り集めて、幾つのかご
14:22	イエスは〜を取り、祝福して後
ルカ4:3	神の子なら、この石に、〜に
9:13	五つの〜と二匹の魚のほか何も
9:17	余った〜切れを取り集めると
11:5	〜を三つ貸してくれ君。〜
22:19	〜を取り、感謝をささげてから

はんえい

ルカ24:30	イエスは〜を取って祝福し
ヨハ6:9	大麦の〜を五つと小さい魚を二匹
6:12	余った〜切れを、一つもむだに捨
6:32	天からの〜を与えたのではありま
6:35	わたしがいのちの〜です。しせん
13:26	わたしが〜切れを浸して与える者
21:13	〜を取り、彼らにお与えになった
使20:7	私たちは〜を裂くために集まった
Ⅰコリ10:16	私たちの裂く〜は、キリスト

はんえい（繁栄）

創41:16	神がパロの〜を知らせてくださる
申30:3	主は、あなたの〜を元どおりにし
ヨシ1:8	そうすれば……し、また栄え
詩14:7	主が御民の〜を元どおりにされる
35:27	ご自分のしもべの〜を喜ばれる主
37:11	豊かな〜をおのれの喜びとしよう
53:6	神が御民〜を元どおりにされる
85:1	ヤコブの〜を元どおりにされ
112:3	〜と富とは彼の家にあり、彼の義
122:9	私は、おまえの〜を求めよう
126:1	主がシオンの〜を元どおりにされ
イザ66:12	わたしは川のように〜を彼女に
エレ29:7	そこの〜は、あなたがたの〜に
31:23	彼らの〜をもとどおりにする
33:7	イスラエルの〜を元どおりにし
33:26	わたしは彼らの〜を元どおりに
アモ9:14	イスラエルの〜を元どおりにする
ゼパ2:7	彼らの〜を元どおりにする
3:20	あなたがたの〜を元どおりにする

はんぎゃく（反逆）

ヨシ22:16	祭壇を築いて、きょう、主に〜し
ネヘ2:19	王に〜しようとしているのか
ヨブ24:13	これらの者は光に〜する者で
イザ1:23	おまえのつかさたちは〜者
30:1	ああ。〜の子ら。──主の御告げ
31:6	〜を深めているその方のもとに帰
36:5	だれに拠り頼んで私に〜するのか
エレ29:32	主に対する〜をそそのかしたから
エゼ17:12	さあ、〜の家に言え。　しら

はんキリスト（反キリスト）

Ⅰヨハ2:18	〜の来ることを聞いていた
Ⅱヨハ7	惑わす者であり、〜です

ばんぐんのしゅ（万軍の主）

Ⅱサム7:26	『〜はイスラエルの神』と
詩24:10	〜。これぞ、栄光の王
46:7	〜はわれらとともにおられる
84:1	〜。あなたのお住まいはなんと
イザ1:9	〜が、少しの生き残りの者を
8:13	〜、この方を、聖なる方とし
エレ51:19	その御名は〜である

はんけつ（判決）

イザ11:4	公正をもって国の貧しい者のた
ミカ4:3	遠く離れた強い国々に、〜を下
ヨハ7:51	……でなければ、〜を下さない

はんこう（反抗）

エズ4:15	この町が〜的な町で
ロマ8:7	肉の思いは神に対して〜するもの
Ⅱテサ2:4	また礼拝されるものに〜し

はんざい（犯罪）

使25:18	予期していたような〜についての

ばんざい

Ⅰサム10:24	喜び叫んで、「王さま。〜」
Ⅰ列1:34	『ソロモン王。〜』と叫び
マコ15:18	「ユダヤ人の王さま。〜」と叫

ばんさん（晩餐）

Ⅰコリ11:20	それは主の〜を食べるため

ばんしょう（万象）

創2:1	天と地とそのすべての〜が完成さ
Ⅱペテ3:10	天の〜は焼けてくずれ去り

はんすう（反芻）

レビ11:3	〜するものはすべて、食べても
申14:6	ひづめが分かれ……するものは

パンだね（パン種）

出12:15	〜を取り除かなければならない
レビ2:11	〜を入れて作ってはならない
マタ13:33	天の御国は、〜のようなもの
16:6	パリサイ人やサドカイ人たちの〜
マコ8:15	パリサイ人の〜とヘロデの〜と
ルカ12:1	パリサイ人の〜に気をつけ
13:21	〜のようなものです。女が〜を取
Ⅰコリ5:6	ほんの少しの〜が
ガラ5:9	わずかの〜が、こねた粉の全体を

はんだん（判断）

Ⅰサム25:33	あなたの〜が、ほめたたえら
Ⅰ列3:9	善悪を〜して　　しれるように
ルカ12:57	進んで、何が正しいかを〜しな

はんてい（判定）

Ⅰコリ4:3	あなたがたによる〜……は小

はんてん（斑点）

エレ13:23	ひょうがその〜を、変えること

ばんにん（番人）

創4:9	私は、自分の弟の〜なのでしょうか

はんぶん（半分）

Ⅰ列10:7	その〜も知らされていなかった
マコ6:23	私の国の〜でも、与えよう

はんもく（反目）

使15:39	そして激しい〜となり、その結果

はんりょ（伴侶）

マラ2:14	彼女はあなたの〜であり

ひ

ひ（火）

創19:24	ソドムとゴモラの上に、硫黄の〜
出13:22	夜はこの〜の柱が民の前から
レビ9:24	〜が主の前から〜が出て来て、祭壇
申4:12	主は〜の中から、あなたがたに
4:24	神、主は焼き尽くす〜、ねたむ神
5:4	主はあの山で、〜の中から
ヨシ8:19	攻め取り、急いで町に〜をつけ
士1:8	これを打ち破り、町に〜をつけた
Ⅰ列19:12	〜の中にも主はおられなかった
Ⅱ列2:11	一台の〜の戦車と〜の馬とが
16:3	子どもに〜の中をくぐらせること
Ⅱ歴7:1	〜が天から下って来て
詩66:12	〜の中を通り、水の中を通り
箴26:20	たきぎがなければ〜が消えるよう
イザ43:2	〜の中を歩いても……焼かれず
66:24	うじは死なず、その〜も消えず
エレ20:9	骨の中に……燃えさかる〜のよ
23:29	わたしのことばは〜のようしうに
哀1:13	主は高い所から〜を送り
ダニ3:25	〜の中をなわを解かれて歩いて
マタ3:10	切り倒されて、〜に投げ込まれ
3:11	聖霊と〜とのバプテスマをお授け
25:41	……のために用意された永遠の〜
マコ14:54	すわって、〜にあたっていた
ルカ3:16	聖霊と〜とのバプテスマを
9:54	私たちが天から〜を呼び下して
12:49	地に〜を投げ込むためです
使28:5	その生き物を〜の中に振り落とし
Ⅰコリ3:13	この〜が……各人の働きの真
3:15	〜の中をくぐるように　し価
ヘブ12:29	私たちの神は焼き尽くす〜です
ヤコ3:6	舌は〜であり、不義の世界です
ユダ7	永遠の〜の刑罰を受けて、みせしめ
23	〜の中からつかみ出して救い
黙21:8	〜と硫黄との燃える池の中にある

ひ（日）

ヨシ10:12	〜よ。ギブオンの上で動くな
10:14	このような〜は、先にもあとにも
ヨブ15:23	やみの〜がすぐそこに用意され
詩90:12	自分の〜を正しく数えることを
113:3	〜の上る所から沈む所まで、主の
118:24	これは、主が設けられた〜である
伝1:9	〜の下には新しいものは一つも
エゼ30:3	その〜は近い。主の〜は近い
ゼパ1:14	主の大いなる〜は近い
ゼカ14:7	これはただ一つの〜であって
マラ3:2	この方の来られる〜に耐えられ
4:5	主の大いなる恐ろしい〜が来る前
マコ13:32	その〜、その時がいつであるか
ヨハ8:56	わたしの〜を見ることを思って
Ⅱコリ1:14	私たちの主イエスの〜には
6:2	救いの〜にあなたを助けた
ピリ1:6	キリスト・イエスの〜が来る
ヘブ10:25	かの〜が近づいているのを見て
Ⅱペテ3:10	主の〜は、盗人のように

ひ（杼）

ヨブ7:6	私の日々は機の〜よりも速く

ひ（非）

Ⅱサム14:25	彼には〜の打ちどころがなか

ひ（緋）

イザ1:18	あなたがたの罪が〜のように赤
マタ27:28	脱がせて、〜色の上着を着せた

び（美）

詩45:11	王は、あなたの〜を慕おう

ひうちいし（火打石）

エゼ3:9	〜よりも堅い金剛石のように

ひかえる（控える）

箴13:24	むちを〜者はその子を憎む者
17:27	自分のことばを〜者は知識に

ひがし（東）

詩103:12	〜が西から遠く離れているように

ひからびる

マタ8:11　たくさんの人が～からも西から
ルカ13:29　人々は、～からも西からも
ひからびる（干からびる）
エゼ37:4　～びた骨よ。主のことばを聞け

ひかり（光）

創1:3　神は仰せられた。「～があれ。」
出10:23　イスラエル人の住む所には～があ
　34:29　顔のはだが～を放った
Ⅱサム23:4　朝の～、雲一つない朝の～
ヨブ22:28　あなたの道の上には～が輝く
　24:16　昼間は閉じこもって～を知らない
詩27:1　主は、私の～、私の救い
　37:6　あなたの義を～のように
　43:3　どうか、あなたの～とまことを
　49:19　彼らは決して～を見ないであろう
　97:11　～は、正しい者のために
　119:105　みことばは……私の道の～
　119:130　みことばの戸が開くと、～が
　139:12　暗やみも～も同じことです
箴4:18　義人の道は、あけぼのの～のよう
　13:9　正しい者の～は輝き
伝2:13　～がやみにまさっているように
　11:7　～は快い。太陽を見ることは目の
イザ2:5　私たちも主の～に歩もう
　5:20　彼らはやみを～、～をやみとし
　42:6　民の契約とし、国々の～とする
　45:7　～を造り出し、やみを創造し
　49:6　あなたを諸国の民の～とし
　58:8　暁のようにあなたの～がさしいで
　60:1　起きよ。～を放て。あなたの～が
　60:3　国々はあなたの～のうちに歩み
ミカ7:8　主が私の～であるからだ
マタ4:16　民は偉大な～を見
　5:14　あなたがたは、世界の～です
　17:2　御衣は～のように白くなった
ルカ2:32　異邦人を照らす啓示の～
　16:8　～の子らよりも抜けめがない
ヨハ1:5　～はやみの中に輝いている
　3:19　人々は～よりもやみを愛した
　8:12　わたしは、世の～です
　9:5　世にいる間、わたしは世の～です
　12:35　～がある間に歩きなさい
使9:3　天からの～が彼を巡り照らした
　13:47　あなたを立てて、異邦人の～とし
　22:6　天からまばゆい～が私の回りを
　26:13　王よ、私は天からの～を見ました
　26:18　目を開いて、暗やみから～に
ロマ13:12　～の武具を着けようでは
Ⅱコリ4:4　キリストの栄光にかかわる福
　4:6　～が、やみの中から輝き上音の～を
　6:14　～と暗やみとに、どんな交わりが
エペ5:8　今は、主にあって、～となり
Ⅰテサ5:5　～の子ども、昼の子ども
ヘブ10:32　～に照らされて後、苦難に会い
ヤコ1:17　～を造られた父から下るのです
Ⅰヨハ1:5　神は～であって、神のうちに
　1:7　私たちも～の中を歩んでいるなら
　2:8　まことの～がすでに輝いている

黙22:5　ともしびの～も太陽の～もいらない
ひかるもの（光る物）
創1:15　天の大空で～となり、地上を照らせ

ひきあげる（引き上げる）

詩30:1　あなたが私を～げ、私の敵を喜ば
　　　　　せることはされなかった
エレ38:13　エレミヤを綱で穴から～げた
ルカ1:52　低い者を高く～げ
Ⅰコリ12:2　第三の天にまで～げられ

ひきあわせる（引き合わせる）

創47:2　五人を連れて、パロに～せた

ひきさく（引き裂く）

Ⅰサム15:28　イスラエル王国を～いて
詩22:16　私の手足を～きました
ヨエ2:13　着物ではなく……心を～け

ひきだす（引き出す）

出2:10　私がこの子を～したのです

ひきとめる（引き止める）

Ⅱ列4:8　裕福な女がいて、彼を食事に～めた
ヨブ9:12　だれがそれを～ことができよう

ひきぬく（引き抜く）

Ⅰ列14:15　この良い地からイスラエルを～き
伝3:2　植えた物を～のに時がある
エレ12:14　ユダの家も彼らの中から～

ひきはなす（引き離す）

マタ19:6　神が結び合わせたものを～ては なりません
ロマ8:35　キリストの愛から～のはだれ
　8:39　神の愛から……ことはできません
　9:3　私がキリストから～され

ひきもどす（引き戻す）

ヨブ33:30　人のたましいをよみの穴から～し

ひきよせる（引き寄せる）

雅1:4　私を～せてください

ひきわたす（引き渡す）

ホセ11:8　あなたを～ことができようか
マタ20:18　律法学者たちに～されるのです
　26:2　十字架につけられるために～され
　26:16　イエスを～機会をねらっていた
　27:2　連れ出し、総督ピラトに～した
マコ10:33　人の子を……異邦人に～します
　13:9　あなたがたを議会に～
　14:11　イエスを～せるかと、ねらって
　15:1　縛って連れ出し、ピラトに～した
ルカ18:32　人の子は異邦人に～され
　22:4　イエスを彼らに～そうかと
Ⅰコリ5:5　このような者をサタンに～し

ひく（引く）

Ⅱ列17:23　アッシリヤへ～いて行かれた

ひくくする（低くする）

創16:9　彼女のもとで身を～しなさい
出10:3　わたしの前に身を～ことを拒むのか
イザ2:11　高ぶる者の目も～され
マタ18:4　自分を～者が、天の御国で一番偉い
　23:12　自分を～者は高くされます
ルカ18:14　自分を～者は高くされるから

ひげ

Ⅱサム20:9　右手でアマサの～をつかんだ

ひざ

Ⅰ列19:18　みな、バアルに～をかがめず
イザ45:23　すべての～はわたしに向かって
ロマ14:11　すべての～は、わたしの前にひざまずき
ピリ2:10　すべてが、～をかがめ

ひざまずく

創43:28　そして、彼らは～いて伏し拝んだ
Ⅰ列8:54　～いて、両手を天に差し伸ばし
エズ9:5　着物と上着を裂いたまま、～き
詩95:6　主の御前に、～こう
ダニ6:10　日に三度、～き、彼の神の前に

ひぞうぶつ（被造物）

ロマ1:20　神性は……によって知られ
　8:21　～自体も、滅びの束縛から解放され
　8:22　～全体が今に至るまで、ともに

ひそか

詩31:20　あなたのおられる～な所にかくま
箴27:5　～に愛するのにまさる
マタ2:7　ヘロデは～に博士たちを呼んで
ルカ9:10　ベツサイダという町へ～に退か

ヒソプ

出12:22　～の一束を取って、鉢の中の血に
詩51:7　～をもってわたしの罪を除いてきよめ
ヨハ19:29　海綿を～の枝につけて、それを

ひたい（額）

エゼ3:8　あなたの～を、彼らの～と同じ
　9:4　悲しんでいる人々の～にしるしを
黙13:16　その右の手かその～かに、刻印を

ひたす（浸す）

エゼ32:6　あなたから流れ出る血で地を～
ヨハ13:26　イエスは、パン切れを～し

ひだり（左）

士20:16　～ききの精鋭が七百人いた
マタ6:3　～の手に知られないように

ひっかかる（引っ掛かる）

Ⅱサム18:10　アブシャロムが樫の木に～っている

ひつじ（羊）

創22:7　全焼のいけにえのための～は、ど
出12:5　～は傷のない一歳の雄でなければ
民14:33　この荒野で四十年の間～を飼う者
　27:17　飼う者のいない～のようにしない
士6:37　一頭分の～の毛を置きます
Ⅰサム16:19　～の番をしているあなたの子
Ⅱサム7:8　～の群れを追う牧場からとり
　24:17　この～の群れがいったい何をした
Ⅰ列22:17　飼い主のいない～の群れのよう
Ⅰ歴21:17　この～の群れがいったい何を
Ⅱ歴18:16　飼い主のいない～の群れのよう
詩44:11　私たちを食用の～のようにし
　44:22　ほふられる～とみなされています
　49:14　彼らは～のようによみに定められ
　74:1　あなたの牧場の～に御怒りを
　77:20　～の群れのように導かれました
　78:52　民を、～の群れのように連れ出し
　79:13　あなたの牧場の～である私たちは
　95:7　私たちは……その御手の～である

詩100:3　主のもの、主の民、その牧場の〜
107:41　その一族を〜の群れのようにされ
119:176　私は、滅びる〜のように、迷い
雅1:7　教えてください。どこで〜を飼い
イザ1:18　赤くても、〜の毛のようになる
53:6　私たちはみな、〜のようにさま
　　　　よい
53:7　ほふり場に引かれて行く〜のように
エレ12:3　ほふられる〜のように
50:6　民は、迷った〜の群れであった
エゼ34:4　弱った〜を強めず、病気のもの
34:31　あなたがたはわたしの〜
36:38　例祭のときのエルサレムの〜の群
マタ7:15　〜のなりをしてやって来るが
9:36　羊飼いのいない〜のように弱り果て
10:6　イスラエルの家の失われた〜
12:11　だれか一匹の〜を持っていて
25:32　羊飼いが〜と山羊とを分けるよう
26:31　〜の群れは散り散りになる
マコ14:27　すると、〜は散り散りになる
ルカ15:4　〜を百匹持っている人がいて
ヨハ10:15　〜のためにわたしのいのちを
10:27　わたしのわたしの声を聞き
21:16　わたしの〜を牧しなさい
使8:32　ほふり場に連れて行かれる〜
ロマ8:36　ほふられる〜とみなされた
ヘブ13:20　永遠の契約の血による〜の大牧
Ⅰペテ2:25　〜のようにさまよって　└者

ひつじかい（羊飼い）
創48:15　ずっと私の〜であられた神
詩23:1　主は私の〜。私は、乏しいことが
イザ40:11　主は〜のように、その群れを
ゼカ10:2　〜がいないので悩む
マタ9:36　〜のない羊のように弱り果てて
26:31　わたしが〜を打つ。すると、羊
マコ6:34　〜のいない羊のようであるのを
14:27　わたしが〜を打つ。すると、羊
ルカ2:8　〜たちが、野宿で夜番をし
2:20　〜たちは……神をあがめ、賛美し

ひづめ　┌〜が
レビ11:3　動物のうちで、〜が分かれ、そ
申14:6　〜が分かれ、完全に二つに割れて

ひつよう（必要）
エズ7:20　神の宮のために〜なもので
マタ6:32　天の父は……あなたがたに〜で
ルカ10:42　どうしても〜なことはわずか
11:8　〜な物を与えるでしょう。└、し
使4:35　その金を〜に従っておのおの
ピリ4:19　あなたがたの〜をすべて満たし

ひてい（否定）
ヨハ18:25　ペテロは〜して、「そんな者では
テト1:16　行いでは〜しています
Ⅱペテ2:1　主を〜するようなことさえ

ひでり　┌たからです
詩32:4　私の骨髄は、夏の〜でかわききっ
ハガ1:11　勤労の実にも、〜を呼び寄せた

ひと（人）
創1:26　さあ〜を造ろう。われわれのかたち

創2:7　主は土地のちりで〜を形造り
ヨブ4:17　〜はその造り主の前にきよくあ
　　　　りえようか
5:7　〜は生まれると苦しみに会う
7:17　〜とは何者なのでしょう
15:14　〜がどうして、きよくありえよう
詩144:3　主よ。〜とは何者なのでしょう
イザ40:6　すべての〜は草、その栄光は
マコ8:37　〜はいったい何を差し出すこと
ヨハ1:14　ことばは〜となって、私たちの
ロマ5:12　ひとりの〜によって罪が世界に
9:5　〜としては彼らから出られた
エペ2:15　新しいひとりの〜に造り上げて
ヤコ5:17　エリヤは、私たちと同じ……〜
　　　　でい
マタ25:24　散らさない所から集める〜方

ひといき（人息）
詩90:9　自分の齢を〜のように終わらせ

ひどけい（日時計）
Ⅱ列20:11　アハズの〜におりた〜の影を
イザ38:8　アハズの〜におりた時計の影を

ひとごろし（人殺し）　┌上げたものだ
Ⅰ列21:19　あなたは〜もまた、取り
マコ15:7　暴動のとき〜をした暴徒たち
ルカ23:19　都に起こった暴動と〜のかどで
ヨハ8:44　悪魔は初めから〜であり
使3:14　〜の男を赦免するように要求し

ひとさらい（人さらい）
申24:7　その〜は死ななければならない

ひとしくする（等しくする）
ヨハ5:18　ご自身を神と〜して、神を自分

ひとしずく（一しずく）
イザ40:15　見よ。国々は、手おけの〜

ひとのこ（人の子）
詩8:4　〜とは、何者なのでしょう
箴8:31　神の地、この世界で楽しみ、〜ら
エゼ2:1　〜よ。立ち上がれ。└を喜んだ
3:17　〜よ。わたしはあなたをイスラ
　　　　エル
30:21　〜よ。わたしは……パロの腕を
ダニ7:13　〜のような方が天の雲に乗って
マタ8:20　〜には枕する所もありません
9:6　〜が地上で罪を赦す権威を持って
10:23　〜が来るときまでに……巡り尽
12:8　〜は安息日の主です。└、しせない
12:32　〜に逆らうことばを口にする者
13:37　良い種を蒔く者は〜も
16:27　〜は父の栄光を帯びて
17:22　〜は、いまに人々の手に渡され
24:27　〜の来るのは、いなずまが東から
24:30　〜のしるしが天に現れます
25:31　〜が、その栄光を帯びて
26:2　〜は十字架につけられるために
26:24　確かに、〜は……去って行きます
マコ2:10　〜が地上で罪を赦す権威を
9:31　〜は人々の手に引き渡され
14:21　確かに、〜は……去って行きます
ルカ6:5　〜は、安息日の主です

ルカ9:22　〜は、必ず多くの苦しみを受け
9:44　〜は、いまに人々の手に渡され
21:36　〜の前に立つことができるように
22:69　〜は、神の大能の右の座に着き
ヨハ3:13　天から下った者はいません。すな
　　　　わち〜です。　┌せん
3:14　〜もまた上げられなければなりま
使7:56　〜が神の右に立っておられるのが
黙1:13　金の帯を締めた、〜のような方が
14:14　その雲に〜のような方が乗って
　　　　└れた

ひとみ
申32:10　ご自分の〜のように、これを守り
詩17:8　私を、〜のように見守り
箴7:2　私のおしえを、あなたの〜のよう
ゼカ2:8　わたしの〜に触れる　└に守れ

ひとり
創2:18　人が、〜でいるのは良くない

ひとりご（ひとり子;ひとりの子;ひとり息子）
創22:2　あなたの愛している〜イサクを
ルカ7:12　やもめとなった母親の〜が
ヨハ1:14　父のみもとから来られた〜とし
　　　　ての栄光
3:16　その〜をお与えになったほどに
3:18　神の〜の御名を信じなかったので
ヘブ11:17　自分のただ〜をささげたのです
Ⅰヨハ4:9　神はその〜を世に遣わし

ひな
創15:9　山鳩とその〜を持って来なさい
マタ23:37　めんどりが〜を翼の下に集める

ひながた（ひな型）
ロマ5:14　アダムはきたるべき方の〜です

ひなん（非難）
ネヘ5:7　代表者たちを〜して言った
詩31:11　すべての者から、〜されました
使11:2　割礼を受けた者たちは、彼を〜し
ガラ2:11　彼に〜すべきことがあったので
ピリ3:6　〜されるところのない者です
Ⅰテモ3:2　〜されるところがなく
Ⅰペテ4:14　キリストの名のために〜を

ひにん（否認）
Ⅰヨハ2:22　御父と御子を〜する者

ひので（日の出）
ルカ1:78　〜が、いと高き所からわれらを訪れ

ひばな（火花）
ヨブ5:7　〜が上に飛ぶように

ひふ（皮膚）
エレ13:23　クシュ人がその〜を、ひょうが

ひみつ（秘密）
詩44:21　神は心の〜を知っておられるから
箴11:13　歩き回って人を中傷する者は〜を
20:19　歩き回って人を中傷する者は〜を
　　　　漏らす
ダニ2:18　この〜について、天の神のあわ
　　　　れみを請い　　　┌られ
2:28　天に〜をあらわすひとりの神がお
2:47　王たちの主、また〜をあらわす方
Ⅰコリ14:25　心の〜があらわにされます
Ⅱテサ2:7　不法の〜はすでに働いて

ひめごと（秘めごと）
- 詩90:8　私たちの～を御顔の光の中に置か　　れます

ひめる（秘める）
- 黙17:5　額には、意味の～められた名が

ひも
- ヨシ2:18　窓に、この赤い～を結びつけ
- 伝12:6　ついに、銀の～は切れ、金の器は
- マコ1:7　その方のくつの～を解く値うち

ひもじい
- マコ2:25　食物がなくて～かったとき

ひゃくにんたいちょう（百人隊長）
- マタ8:5　ひとりの～がみもとに来て
- 27:54　～および彼といっしょにイエスの
- マコ15:39　イエスの正面に立っていた～は
- ルカ7:2　ある～に重んじられているひと　　りのしもべが
- 23:47　この出来事を見た～は、神をほめ

ひゆ（比喩）
- ガラ4:24　このことには～があります

ひよう（費用）
- Ⅱサム24:24　～もかけずに、私の神、主に
- Ⅰ歴21:24　～もかけずに全焼のいけにえを
- エズ6:4　その～は王家から支払う
- ルカ14:28　その～を計算しない者が

ひょう
- イザ11:6　～は子やぎとともに伏し
- エレ13:23　～がその斑点を、変えることが
- ダニ7:6　～のようなほかの獣が現れた

ひょう（雹）
- 出9:18　激しい～をわたしは降らせる
- ヨシ10:11　～の石で死んだ者のほうが多か
- 詩148:8　火よ。～よ。雪よ。煙よ。～った

ひょうか（評価）
- ヨブ28:13　人はその～ができない
- 箴24:12　人の心を～する方は、それを見抜
- Ⅱコリ12:6　私を過大に～するといけない

びょうき（病気）
- 出15:26　エジプトに下したような～を何一　　「つ
- 申7:15　すべての～をあなたから取り除き
- Ⅰ列15:23　彼は年をとったとき、足の～
- Ⅱ列8:8　私のこの～は直るかどうか
- 20:1　ヒゼキヤは～になって死にかかっ
- 伝5:17　多くの苦痛、～、　　　　　していた
- マタ4:23　民の中のあらゆる～……を直す
- マコ3:10　～に悩む人たちがみな、イエス
- ルカ4:40　いろいろな～で弱っている者を
- 6:18　～を直していただくために来た人
- 7:2　しもべが、～で死にかけていた
- 13:12　あなたは～からいやされました
- ヨハ11:3　あなたが愛しておられる者が～
- ピリ2:26　自分の～のことがあなたがたに
- ヤコ5:14　あなたがたのうちに～の人がい

びょうにん（病人）
- マタ9:12　医者を必要とするのは……～で
- ルカ5:31　医者を必要とするのは……～で
- ヨハ5:3　その中に大ぜいの～、盲人
- 使5:15　人々を～を大通りへ運び出し
- Ⅰコリ11:30　弱い者や～が多くなり

ひょうばん（評判）
- マコ1:28　イエスの～は……広まった
- ルカ4:14　その～が回り一帯に、くまなく

ひらく（開く）
- 創3:5　食べるその時……目が～け
- 3:7　ふたりの目は～かれ、それで彼ら
- 民22:28　主はろばの口を～かれたので
- Ⅱ列6:17　主がその若い者の目を～かれた
- ヨブ33:16　神はその人たちの耳を～き
- 詩51:15　私のくちびるを～いてください
- イザ22:22　彼が～と、閉じる者はなく
- 60:11　あなたの門はいつも～かれ
- マタ3:16　天が～け、神の御霊が鳩のよう
- 13:35　たとえ話をもって口を～き
- 27:52　墓を～いて、眠っていた……聖徒
- ルカ4:17　手渡されたので、その書を～
- 24:31　彼らの目が～かれ、イエスだと
- 24:45　聖書を悟らせるために彼らの心を　　～いて　　　　　「ったこと
- 使14:27　異邦人に信仰の門を～いてくださ
- 16:14　主は彼女の心を～いて、パウロの
- 26:18　目を～いて、暗やみから光に
- Ⅰコリ16:9　広い門が私のために～かれて
- Ⅱコリ2:12　主は私のために門を～いてくださ
- 黙3:8　わたしは……あなたの前に～いて

ひる（昼）
- 創1:5　神は光を～と名づけ
- 詩19:2　～は～へ、話を伝え、夜は夜へ
- 42:8　～には、主が恵みを施し、夜には
- 74:16　～はあなたのもの、夜もまたあな

ひるがえす（翻す）
- Ⅰ列18:37　彼らの心を～してくださること　　　　　　　　　　　「たのもの

ひれふす（ひれ伏す）
- 民14:5　全集会の集まっている前で～した
- 16:4　モーセはこれを聞いて～した
- 16:22　ふたりは～して言った
- 16:45　ふたりは～した。「パンも食べず
- 申9:18　四十日四十夜、主の前に～して
- Ⅰ歴16:29　聖なる飾り物を着けて、主に～
- エス3:2　そうともしなかった。　　　「せ
- 詩5:7　聖なる宮に向かって～します
- 29:2　聖なる飾り物を着けて主に～せ
- エゼ3:23　主の栄光が……現れた。それ　　　　　　　　　　　　　　で私は～した
- 黙3:9　彼らをあなたの足もとに来て～させ

ひろい（広い）
- 詩18:19　主は私を～所に連れ出し
- 31:8　私の足を～所に立たせてください
- 119:32　私の心を～くしてくださるからで
- マタ7:13　滅びに至る門は～く、その道

ひろう（拾う）
- ルツ2:7　落ち穂を～い集めさせて

ひろうえん（披露宴）
- マタ22:2　結婚の～を設けた王にたとえる

ひろげる（広げる）
- Ⅱ列19:14　それを主の前に～げた
- 詩104:2　天を、幕のように～げておられ
- イザ54:2　あなたの天幕の場所を～げ

ひろば（広場）
- ルカ20:46　～であいさつされたりすること
- 使17:17　～では毎日そこに居合わせた人

ひろま（広間）
- ルカ22:12　席が整っている二階の大～を見

ひろまる（広まる；広める）
- 使5:28　あなたがたの教えを～めてしまい
- 6:7　神のことばは、ますます～って
- 19:20　主のことばは驚くほど～り
- ピリ1:5　福音を～ことにあずかって来た
- 4:3　福音を～ことで私に協力して戦っ　　　　　　　　　　　　　　たのです

びん
- エレ19:1　行って、土の焼き物の～を買い

びんぼう（貧乏）
- 箴13:18　～と恥とは訓戒を無視する者に

ひんみん（貧民）
- Ⅱ列25:12　～の一部を残し、ぶどう作りと
- 箴10:15　～の滅びは彼らの貧困

ふ

ふあん（不安）
- 詩38:18　私の罪で私は～になっています
- 箴12:25　心に～のある人は沈み

ふいちょう（吹聴）
- 箴20:6　多くの人は自分の親切を～する

ふういん（封印）
- 雅8:6　私を～のようにあなたの心臓の上に
- マタ27:66　石に～をし、番兵が墓の番を
- 黙5:1　七つの～で封じられていた
- 6:1　小羊が七つの～の一つを解いた
- 8:1　小羊が第七の～を解いたとき

ふうしゅう（風習）
- レビ18:30　忌みきらうべき～を決して行

ふうじる（封じる）
- ヨブ14:17　私のそむきの罪を袋の中に～じ
- 詩63:11　偽りを言う者の口は～じられる
- イザ29:11　～じられた書物のことばのよう
- ダニ12:4　秘めておき、この書を～じて
- 12:9　終わりの時まで……～じられて
- 黙10:4　七つの雷が言ったことは～じて
- 22:10　この書の預言のことばを～じては

ふえ（笛）
- 創4:21　立琴と～を巧みに奏するすべての　　　　　　「者の先祖と
- ヨブ30:31　私の～は悲しむ声となった
- マタ11:17　～を吹いてやっても……踊らな　　　　　　　　　　　　　　　かった。
- ルカ7:32　～を吹いてやっても……踊らな
- Ⅰコリ14:7　～や琴などいのちのない楽器

ふえる
- 創1:22　生めよ。～えよ。海の水に満ちよ
- 28:3　おまえを～えさせてくださるように
- 35:11　　　　　　　　　　　生めよ。～えよ
- 出1:7　多産だったので、おびただしく～え

ふかい（深い；深み）
- ダニ2:22　～くて測り知れないことも

ふかのう

Ⅰコリ2:10	神の～にまで及ばれるから
黙2:24	サタンの～ところをまだ知ってい

ふかのう（不可能） しない
創18:14	主に～ことがあろうか
ルカ1:37	神にとって～なこと一つもあ

ふぎ（不義） しりません
詩66:18	私の心にいだく～があるなら
106:43	自分たちの～の中におぼれた
箴4:17	～のパンを食べ、暴虐の酒を飲む
エレ22:13	～によって自分の家を建て
エゼ16:49	妹ソドムの～はこうだった
36:33	すべての～からきよめる日に
ホセ14:2	すべての～を赦して、良いもの
ゼカ3:9	国の～を一日のうちに取り除く
ロマ1:18	～をもって真理をはばんでいる

ぶき（武器）
伝9:18	知恵は～にまさり、ひとりの罪人
Ⅱコリ6:7	左右の手に持っている義の～
10:4	戦いの～は、肉の物ではなく

ふきならす（吹き鳴らす）
民10:5	あなたがたがそれを短く～と

ふく（吹く）
創2:7	その鼻にいのちの息を～き込まれ
雅4:16	北風よ、起きよ。南風よ、～け

ぶぐ（武具）
エレ21:4	手にしている～を取り返して
エペ6:11	神のすべての～を身に着けなさい

ふくいん（福音）
マタ4:23	会堂で教え、御国の～を宣べ伝
24:14	御国の～は全世界に宣べ伝えられ
26:13	この～が宣べ伝えられる所なら
マコ1:1	イエス・キリストの～のはじめ
1:14	神の～を宣べて言われた
3:14	彼らを遣わして～を宣べさせ
13:10	～がまずあらゆる民族に宣べ伝
14:9	～が宣べ伝えられる所なら
16:15	すべての造られた者に、～を宣べ
ルカ4:18	貧しい人々に～を伝えるように
4:43	神の国の～を宣べ伝えなければ
7:22	貧しい者たちに～が宣べ伝えられ
16:16	神の国の～は宣べ伝えられ
使14:7	そこで～の宣教を続けた
20:24	神の恵みの～をあかしする任務を
ロマ1:1	神の～のために選び分けられ
1:16	私は～を恥とは思いません
2:16	私の～によれば、神のさばきは
16:25,26	私の～とイエス・キリストの
Ⅰコリ15:1	今、私があなたに～を知らせ
Ⅱコリ9:2	キリストの～の告白に対して
10:14	私たちは、キリストの～を携えて
ガラ1:6	ほかの～に移って行くのに驚いて
1:11	私が宣べ伝えた～は
2:7	割礼を受けない者への～を
エペ1:13	真理のことば……救いの～を
6:15	平和の～の備えをはきなさい
ピリ1:5	～を広めることにあずかって
1:27	キリストの～にふさわしく生活し
4:15	私が～を宣べ伝え始めたころ
コロ1:23	～の望みからはずれることなく
Ⅰテサ1:5	～が……伝えられたのは
Ⅰテモ1:11	祝福に満ちた神の、栄光の～
Ⅱテモ1:8	～のために私と苦しみを
ヘブ4:2	～を説き聞かされていることは
Ⅰペテ4:6	死んだ人々にも～が宣べ伝え
黙14:6	永遠の～を携えていた。 しられ

ふくしゅう（復讐） ける
創4:15	カインを殺す者は、七倍の～を受
レビ19:18	～してはならない。「がれる所
民35:12	この町々は……する者から、の
申32:35	～と報いとは、わたしのもの
士15:7	私は必ずあなたに～する
16:28	ペリシテ人に～したいのです
Ⅱ列9:7	主の……しもべたちの血の～を
エス8:13	敵にこの日の～の準備をする
詩94:1	～の神、主よ。～の神よ。光を放
箴6:34	夫が～するとき……容赦しない
イザ34:8	それは主の～の日であり
63:4	わたしの心のうちに～の日が
エレ15:15	私を追う者たちに～してくださ
20:10	彼に勝って、～してやろう
50:15	これこそ主の～だ。彼女に～せよ
ヨエ3:21	わたしは彼らの血の～をし
ミカ5:15	聞き従わなかった国々に～する
ナホ1:2	主はその仇に～する方
ロマ12:19	自分で～してはいけません
ヘブ10:30	～はわたしのすることである

ふくじゅう（服従）
Ⅱ歴30:8	主に～しなさい。 「する
ダニ7:27	すべての主権は彼らに仕え、～
ルカ10:17	悪霊までもさえ……に～します
Ⅰコリ14:32	預言者たちの霊は預言者たち に～する しなさい
14:34	妻たち……。律法も言うように～
Ⅱコリ10:5	キリストに～させ
テト3:1	支配者たちと権威者たちに～し
ヘブ13:17	指導者たちの言うことを聞き また～しなさい
Ⅰペテ3:1	自分の夫に～しなさい

ふくへい（伏兵）
Ⅱ歴20:22	主は～を設けて……襲わせた

ふくろ（袋） 「まわれており
Ⅰサム25:29	主によって、いのちの～にし
ヨブ14:17	そむきの罪を～の中に封じ込め
マタ10:10	旅行用の～も、二枚目の下着も

ふけい（不敬）
Ⅰサム6:7	その～の罪を～の中に、彼を

ふけいけん（不敬虔）
ロマ5:6	～な者のために死んでくださ

ふけつ（不潔） しました
エペ4:19	あらゆる～な行いをむさぼる

ふける
Ⅰペテ4:3	忌むべき偶像礼拝などに～った

ふこう（不幸）
詩10:8	彼の目は～な人をねらっている
イザ24:16	なんと私は～なことか

ふさ

マタ9:20	その着物の～にさわった
14:36	着物の～にでもさわらせてやって

ふさい（負債）
Ⅰサム22:2	困窮している者、～のある者
Ⅱ列4:7	油を売り、あなたの～を払い
ネヘ5:10	その～を帳消しにしよう
10:31	すべての～を取り立てない
箴22:26	～の保証人となってはならない
ロマ1:14	返さなければならない～を負っ

ふさぐ しています
ダニ6:22	獅子の口を～いでくださった
マコ4:7	いばらが伸びて、それを～いで
4:19	みことばを～ので、実を結びません
ルカ8:14	快楽によって～がれて
ロマ3:19	すべての口が～がれて、全世界

ふさわしい
詩33:1	賛美は心の直ぐな人たちに～
マタ10:37	わたしに～者ではありません
Ⅰコリ11:27	～くないままでパンを食べ
14:35	教会で語ることは、妻にとっては ～くないことです
ヘブ3:3	イエスはモーセよりも大きな栄光を受けるのに～とされ
11:38	世は彼らに～所ではありません
黙3:4	彼らはそれに～者だからである
4:11	栄光と誉れと力を受けるに～方
5:2	封印を解くのに～者はだれか
5:9	その封印を解くのに～方です

ふし（不死）
Ⅰコリ15:53	必ず～を着なければならない

ぶじ（無事）
Ⅱサム18:29	若者アブシャロムは～か
使23:24	また、パウロを乗せて～に

ふしおがむ（伏し拝む）
創42:6	顔を地につけて彼を～んだ
出24:1	主のところに上り、遠く離れて～
詩22:27	御前で～みましょう。 しめ
66:4	全地はあなたを～み
86:9	あなたの御前に来て、～み
95:6	私たちは～み、ひれ伏そう

ふしぎ（不思議）
出3:20	あらゆる～で、エジプトを打とう
7:9	『おまえたちの～を行え』と言
士13:18	わたしの名は～という
ヨブ42:3	自分でも知りえない～を
詩118:23	私たちの目には～なことである
136:4	大いなる～を行われる方に
139:6	あまりにも、あまりにも高くて
箴30:18	私にとって～なことが三つある
イザ9:6	～な助言者、力ある神、永遠の
ヨエ2:30	天と地に、～なしるしを現す
ヨハ4:48	しるしと～を見ないかぎり
使2:19	上は天に～なわざを示し、下は
Ⅰペテ4:4	放蕩に走らないので～に思い

ふしど
ヨブ7:13	私の～が私を慰め、私の寝床が

ふじゅうじゅん（不従順）
- ロマ5:19　ひとりの人の〜によって多くの
- 10:21　〜で反抗する民に対して
- エペ2:2　〜の子らの中に働いている霊
- テト3:3　〜で、迷った者であり
- ヘブ4:11　あの〜の例にならって落後する

ぶじょく（侮辱）
- Ⅱ歴19:3　きょうは、苦難と、懲らしめと　「〜の日
- 詩109:29　私をなじる者が〜をこうむり
- イザ37:3　きょうは、苦難と……の日で
- 50:6　〜されても、つばきをかけられて
- エレ3:25　〜が私たちのおおいとなって
- エゼ35:12　〜したが、主であるわたしが
- ルカ11:45　私たちをも〜することです
- Ⅱコリ12:10　〜……困難に甘んじています

ふしん（不信）
- 民5:6　主に対して〜の罪を犯し
- 申32:51　わたしに対して〜の罪を犯し
- Ⅰ歴5:25　父祖の神に対して〜の罪を犯し
- 10:13　主に逆らったみずからの〜の罪
- Ⅱ歴26:16　彼の神、主に対して〜の罪を犯し
- エズ9:2　この〜の罪の張本人なのです
- エゼ15:8　わたしに〜に〜を重ねたので

ふじん（夫人）
- Ⅱヨブ1　選ばれた〜とその子どもたちへ

ふしんこう（不信仰）
- マタ13:58　イエスは、彼らの〜のゆえに
- 17:17　ああ、〜な、曲がった今の世だ
- マコ6:6　イエスは彼らの〜に驚かれた
- 9:24　〜な私をお助けください
- ルカ9:41　ああ、〜な、曲がった今の世だ
- ロマ11:20　彼らは〜によって折られ
- 黙21:8　〜の者、憎むべき者、人を殺す者

ふしんじつ（不信実；不真実）
- ヨブ21:34　あなたがたの答えることは、ただ〜だ。　「さい
- 箴30:8　〜と偽りとを私から遠ざけてくだ
- ロマ3:3　〜によって、神の真実が無に

ふしんじゃ（不信者）
- Ⅰコリ6:6　それを〜の前でするのですか
- Ⅱコリ6:14　〜と、つり合わぬくびきを

ふす（伏す）
- Ⅰ列17:21　三度、その子の上に身を〜せて

ふせい（不正）
- 出18:21　〜の利を憎む誠実な人々を見つけ
- ヨブ18:21　〜をする者の住みかは、まこと
- 34:32　私が〜をしたのでしたら
- 詩7:3　もし私の手に〜があるのなら
- 58:2　いや、心では〜を働き、地上では
- 71:4　〜をする者や残虐な者の手からも
- 82:2　〜なさばきを行い、悪者どもに
- 箴29:27　〜な人は正しい人に忌みきらわれ
- ゼパ3:5　〜をする者は恥を知らない
- ルカ16:8　〜な管理人がこう抜けめなく
- 16:11　〜の富に忠実でなかったら
- Ⅰコリ5:8　悪意と〜のパン種を用いたり
- 6:7　〜をも甘んじて受けないのですか
- Ⅱコリ7:2　だれにも〜をしたことがなく

ふそ（父祖）
- Ⅰペテ5:25　〜の神に対して不信の罪を犯し
- ヨハ4:20　私たちの〜たちはこの山で礼拝
- 使3:13　私たちの〜たちの神はそのしもべ

ぶぞく（部族）
- 士21:6　一つの〜が切り捨てられた
- 詩122:4　多くの〜、主の〜が、上って来る
- エレ31:1　イスラエルのすべての〜の神と
- 黙7:4　あらゆる〜の者が印を押されて

ふだ（札）
- ルカ23:38　「これはユダヤ人の王」と書い

ぶた（豚）
- レビ11:7　〜。これは……汚れたもの
- 箴11:22　金の輪が〜の鼻にあるようだ
- マタ8:31　〜の群れの中にやってください
- マコ5:12　私たち〜の中に送って
- ルカ8:32　おびただしい〜の群れが飼って
- 15:15　畑にやって、〜の世話をさせた
- Ⅱペテ2:22　〜は身を洗って、またどろの

ふたご
- 創25:24　見よ、〜が胎内にいた
- 38:27　なんと、〜がその胎内にいた

ふたごころ（二心）
- 詩12:2　へつらいのくちびると、〜で話し
- 119:113　私は〜の者どもを憎みます

ふたり
- 伝4:9　〜はひとりよりもまさっている

ふたん（負担）
- Ⅱコリ12:16　あなたがたには〜をかけなかった
- Ⅰテサ3:8　だれにも〜をかけまいとして

ふち（淵）
- 詩42:7　あなたの大滝のとどろきに、〜が　「〜を呼び起こし
- 130:1　深い〜から……呼び求めます

ふちゅうじつ（不忠実）
- ルカ12:46　〜な者どもと同じめに会わせる

ふっかつ（復活）
- マタ22:23　〜はないと言っているサドカイ　「人たち
- マコ12:18　〜はないと主張していたサドカイ
- ルカ14:14　義人の〜のとき　「イ人たち
- 20:27　〜があることを否定するサドカ
- 使1:22　イエスの〜の証人と　「人
- 2:31　キリストの〜について
- 4:2　死者の〜を宣べ伝えているのに
- 23:6　死者の〜という望みのことで
- 24:15　義人も悪人も必ず〜するという
- 26:23　死者の中からの〜によって
- ロマ6:5　キリストの〜とも同じように
- Ⅰコリ15:12　死者の〜はない、と言って
- 15:13　キリストも〜されなかったでしょ
- Ⅱテモ2:18　〜がすでに起こったと　「う
- 黙20:6　第一の〜にあずかる者は幸いな者

ふで（筆）
- ヨブ19:24　鉄の〜と鉛によって
- 詩45:1　私の舌は巧みな書記の〜
- エレ8:8　書記たちの偽りの〜が、これを

ふてい（不貞）
- マタ5:32　〜以外の理由で妻を離別する者

ふどう（不動）
- Ⅱテモ2:19　神の〜の礎は堅く置かれて

ぶどう
- 民13:23　〜が一ふさついた枝を切り取り
- Ⅰ列4:25　おのおの自分の〜の木の下や
- 詩80:8　エジプトから、〜の木を携え出し
- 80:14　この〜の木を育ててください
- 128:3　豊かに実を結ぶ〜の木のようだ
- エレ31:29　父が酸い〜を食べたので
- エゼ18:2　父が酸い〜を食べたので
- 19:10　あなたの母は〜の木のようだ
- ホセ9:10　イスラエルを、荒野の〜のよう
- 10:1　多くの実を結ぶよく茂った〜の木
- ヨエ1:7　わたしの〜の木を荒れすたれ
- アモ9:13　〜を踏む者が種蒔く者に近寄る
- ミカ4:4　おのおの自分の〜の木の下や
- マタ26:29　〜の実で造った物を飲むことは
- マコ14:25　〜の実で造った物を飲むことは
- ヨハ15:1　わたしはまことの〜の木であり
- 黙14:19　かまを入れ、地の〜を刈り集めて

ぶどうえん（ぶどう園）
- マタ20:1　〜で働く労務者を雇いに朝早く
- 21:28　きょう、〜に行って働いてくれ
- 21:33　彼は〜を造って、垣を巡らし
- マコ12:1　〜を造って、垣を巡らし
- ルカ20:9　ある人が〜を造り、それを農夫
- Ⅰコリ9:7　自分で〜を造りながら、その実を食べない者がいるでしょうか

ぶどうしゅ（ぶどう酒）
- レビ10:9　〜や強い酒を飲んではならない
- 民6:3　〜や強い酒を断たなければ
- 士13:4　〜や強い酒を飲んではならない
- 箴23:30　〜を飲みふける者、　「た
- 伝2:3　からだは〜で元気づけようと考え
- 雅1:2　あなたの愛は〜よりも快く
- イザ5:11　夜をふかして、〜をあおって
- 24:11　ちまたには、〜はなく、悲しみの
- エレ35:6　私たち〜を飲みません
- エゼ44:21　内庭に入るときには、〜を飲んではならない。　「を賛美した
- ダニ5:4　彼らは〜を飲み……木、石の神々
- ホセ4:11　〜と新しい〜は思慮を失わせる
- ハバ2:5　実に〜には欺くものだ。　「せる
- ゼカ9:17　新しい〜は若い女たちを栄えさ
- マタ9:17　新しい〜を新しい皮袋に入れ
- 27:34　イエスに、苦みを混ぜた〜を
- マコ2:22　新しい〜を古い皮袋に入れる
- ルカ5:37　新しい〜を古い皮袋に入れる
- ヨハ2:9　〜になったその水を味わって
- 使2:13　彼らは甘い〜に酔っているのだ
- Ⅰテモ5:23　少量の〜を用いなさい

ぶどうばたけ（ぶどう畑）
- 創9:20　ノアは、〜を作り始めた農夫であ
- 申20:6　〜を造って……収穫していない者

ふところ

申22:9	～に二種類の種を蒔いてはならな	
Ⅰ列21:1	イズレエルに～を持って	
雅2:15	私たちの～は花盛りだから	
イザ27:2	麗しい～、これについて歌え	
エレ12:10	多くの牧者が、私の～を荒らし	

ふところ 「物が焼けないだろうか
| 箴6:27 | 人は火を～にかき込んで、その着 |
| ルカ16:22 | アブラハムの～に連れて行かれ |

ふなちん (船賃) 「顔を避けて
| ヨナ1:3 | ～を払ってそれに乗り、主の御 |

ふにん (不妊) 「った
創11:30	サライは～の女で、子どもがなか
29:31	しかしラケルは～の女であった
士13:2	彼の妻は～の女で、子どもを産ん
イザ54:1	子を産まない～の女よ。喜び歌
ルカ1:7	エリサベツは～の女だったので
ガラ4:27	喜べ。子を産まない～の女よ

ふね (船；舟) 「きないする者
詩107:23	～に乗って海に出る者、大海であ
箴30:19	海の真ん中にある～の道
エゼ30:9	使者たちが～で送り出され
マタ4:22	～も父も残してイエスに従った
ルカ8:22	弟子たちといっしょに～に乗り
ヨハ6:21	彼らは急いで目的の地に着いた
使13:4	そこから～でキプロスに渡った
27:1	私たちが～でイタリヤへ行く

ふひんこう (不品行)
マコ7:21	悪い考え、～、盗み、殺人
Ⅰコリ5:1	あなたがたの間に～がある
6:9	～な者、偶像を礼拝する者

ふへい (不平)
| 民16:11 | 彼に対して～を言うのか |
| ヨシ9:18 | 族長たちに向かって～を鳴らし |

ふほう (不法) 「道に堅く立って
詩36:4	彼は寝床で、～を図り、よくない
マタ7:23	～をなす者ども。わたしから
14:4	彼女をめとるのは～です
マコ6:18	兄弟の妻を自分のものとしてい
	ることは～です
Ⅱテサ2:3	～の人、すなわち滅びの
2:8	その時になると、～の人が現れ
テト2:14	すべての～から贖い出し

ふまん (不満)
| Ⅰサム22:2 | 負債のある者、～のある者 |

ふみおこなう (踏み行う)
| ルカ1:6 | 主の……戒めと定めを……っ |

ふむ (踏む) 「ていた
創3:15	彼は、おまえの頭を～み砕け
申11:24	足の裏で～所は、ことごとく
ヨブ9:8	神は……海の大波を～まれる
20:19	寄るべのない者を～みにじって
詩12:5	悩む者が～みにじられ、貧しい人
44:5	立ち向かう者どもを～みつけ
56:1	人が私を～みつけ、一日中
91:13	獅子とコブラを～みつける
箴27:7	彼らの誓いを～み入れては
アモ1:3	ギルアデを～みにじったからだ
ミカ7:19	私たちの咎を～みつけて

ハバ3:15	あなたの馬で海を～みつける
マラ4:3	悪者どもを～みつける
ロマ16:20	あなたがたの足でサタンを～み
	砕いて
Ⅰコリ8:12	彼らの弱い良心を～みにじる

ふめつ (不滅)
| ロマ1:23 | ～の神の御栄えを、滅ぶべき人 |

ふやす
申7:13	あなたを祝福し、あなたを～し
Ⅰ歴27:23	天の星のように～そうと言われ
詩115:14	主があなたがたを～してくださる
イザ9:3	あなたはその国民を～し

ふゆ (冬)
創8:22	寒さと暑さ、夏と～、昼と夜とは
雅2:11	ほら、～は過ぎ去り、大雨も通り
使27:12	この港が～を過ごすのに適してい
	なかったので 「ません
Ⅰコリ16:6	～を越すことになるかもしれ
Ⅱテモ4:21	何とかして、～になる前に来
テト3:12	そこで～を過ごすことに決めて

ふゆかい (不愉快) 「せた
| ヨナ4:1 | このことはヨナを非常に～にさ |

ぶよ 「ろう
| 出8:16 | それはエジプトの全土で～とな |
| マタ23:24 | ～は、こして除くが、らくだは |

ふりかえる (振り返る)
| 創19:17 | うしろを～ってはいけない |
| 19:26 | 彼の妻は、～ったので、塩の柱に |

ふる (降る)
| イザ45:8 | 雲よ。正義を～らせよ。地よ |

ふるい
| ルカ22:31 | サタンが、あなたがたを…… |

ふるい (古い) 「にかけることを
マタ9:16	真新しい布切れで～着物の継ぎ
マコ2:21	真新しい布切れで～着物の継ぎ
Ⅱコリ3:14	～契約が朗読されるときに

ふるいうごく (震い動く)
| 使4:31 | その集まっていた場所が～き |

ふるいたつ (奮い立つ)
Ⅰサム4:9	～て。男らしくふるまえ
30:6	彼の神、主によって～った
Ⅱ歴15:8	アサは……聞いたとき、～って
32:8	ヒゼキヤのことばによって～って
36:22	主は……クロスの霊を～たせた
詩35:23	～ってください。目をさまして
イザ42:13	戦士のように激しく～ち
ハガ1:14	残りの者の心を～たせたので
Ⅰペテ1:13	あなたがたを～たせることを

ふるう
| イザ30:28 | 破滅のふるいで国々を～い |
| アモ9:9 | 国々の間でイスラエルの家を～い |

ふるえる (震える)
出15:15	カナンの住民は、みな～えおのの
イザ13:13	わたしは天を～わせる。 「く
14:16	地を～わせ、王国を～え上がらせ
64:2	国々は御前で～でしょう
エレ10:10	その怒りに地は～え、～の憤り
エゼ7:17	彼らのひざもみな～

| アモ8:8 | このために地は～えないだろうか |
| マコ16:8 | すっかり～え上がって、気も |

ふるまう
| Ⅰテサ4:12 | 外の人々に対してもりっぱに |

ふれまわる (ふれ回る) 「～ことができ
| マコ1:45 | この出来事を～り、言い広め始 |

ふれる (触れる)
創3:3	それに～れてもいけない 「れない
ヨブ5:19	七つ目の わざわいはあなたに～
詩105:15	油そそがれた者たちに～な
エレ1:9	御手を伸ばして、私の口に～れ
ゼカ2:8	あなたがたに～者は、わたしの
Ⅰコリ7:1	男が女に～れないのは良い
Ⅱコリ6:17	汚れたものに～れないように
Ⅰヨハ5:18	悪い者は彼に～ことができな

ふろしき 「いのです
| ルカ19:20 | 私は～に包んでしまっておきま |

ぶん (分) 「した
| マタ21:34 | 主人は自分の～を受け取ろうと |

ふんがい (憤慨) 「言った
| マタ26:8 | 弟子たちはこれを見て、～して |
| マコ14:4 | 何人かの者が～して互いに言っ |

ぶんかつ (分割) 「た
| Ⅰコリ1:13 | キリストが～されたのですか |

ふんき (奮起)
| Ⅱコリ9:2 | あなたがたの熱心は、多くの |

ふんさい (粉砕) 「人を～させました
| 民33:52 | 彼らの石像をすべて～し |

ぶんしょ (文書)
| ダニ7:10 | さばく方が座に着き……～が開 |

ふんとう (奮闘) 「かれた
| ピリ1:27 | 福音の信仰のために、ともに～ |
| コロ1:29 | 労苦しながら～しています |

ぶんとり (分捕)
| 民31:32 | 民が奪った戦利品以外の～ものは |
| 士5:19 | 戦って、銀の～品を得なかった |

ぶんぱ (分派)
| Ⅰコリ11:19 | ～が起こるのもやむをえない |
| テト3:10 | ～を起こす者は、一、二度戒め |

ふんべつ (分別) 「識を
| 箴5:2 | ～を守り、あなたのくちびるが知 |
| ルカ6:11 | すっかり～を失ってしまって |

ぶんり (分離)
| Ⅱコリ6:17 | 彼らと～せよ、と主は言われ |

ぶんれつ (分裂)
ダニ2:41	それは～した国のことです
マコ3:24	もし国が内部で～したら
ルカ12:51	むしろ、～です 「こった
ヨハ10:19	ユダヤ人たちの間にまた～が起
ロマ16:17	～とつまずきを引き起こす人
Ⅰコリ11:18	～があると聞いています
12:25	からだの中に～がなく

へ

へいあん (平安)
| 民6:26 | あなたに～を与えられますように |
| Ⅰ列2:33 | 主から～が下されよう |

Ⅰ歴12:18	～があるように。あなたに～が		ゼカ9:10	この方は諸国の民に～を告げ		ヨブ22:29	神は～者を救われるからだ
箴3:2	いのちの年と～が増し加えられる		マタ5:9	～をつくる者は幸いです		箴16:19	～って貧しい者とともにいるのは
3:17	その通り道はみな～である		10:34	～をもたらすために来たのではな		イザ29:19	～者は主によっていよいよ喜ぶ
雅8:10	～をもたらす者のようになり		ルカ1:79	～の道に導く。 [し]		57:15	～った人とともに住む
イザ38:17	私の苦しんだ苦しみは～のため		2:14	地の上に、～が、み心にかなう人		ダニ4:17	人間の中の最も～った者を
48:22	「悪者どもには～がない」と主は		12:51	地に～を与えるためにわたしが来		4:37	高ぶって歩む者を～った者で
57:19	遠くの者にも近くの者にも、～あれ		使10:36	キリストによって、～を宣べ伝え		10:12	神の前で～ろうと決めたその初め
エレ6:14	～がないのに、『～だ、～だ』		ロマ5:1	神との～を持っています		ミカ6:8	～ってあなたの神とともに歩む
8:11	～がないのに、『～だ、～だ』		12:18	すべての人と～を保ちなさい		ゼパ2:3	この国のすべての～者よ
14:19	～を待ち望んでも、幸いはなく		14:19	～に役立つことと……霊的成長に		3:12	～った、寄るべのない民を残す
38:4	この民のために～を求めず		16:20	～の神は、すみやかに		ピリ2:3	～って、互いに人を自分よりも
エゼ13:10	～がないのに『～』と言って		エペ2:14	キリストこそ私たちの～であり		ヤコ4:10	主の御前で～りなさい
13:16	～がないのに～の幻を見ていた		2:15	～を実現するためであり		Ⅰペテ5:6	神の力強い御手の下に～り
ルカ10:5	『この家に～があるように』と		2:17	遠くにいたあなたがたに～を宣べ		ベール	
ヨハ14:27	あなたがたに～を残します		ピリ4:9	～の神があなたがたとともに		創24:65	リベカは～を取って身をおおった
16:33	わたしにあって、～を持つためです		コロ1:20	十字架の血によって、～をつくり		べんかい (弁解)	
20:19	～があなたがたにあるように		3:15	キリストの～が、あなたがたの心		創44:16	また何と言って～することが
20:21	～があなたがたにあるように		ヘブ13:20	主イエスを死者の中から導き出		ヨハ15:22	その罪について～の余地は
Ⅱコリ1:2	恵みと～があなたがたの上に			された～の神が		ロマ1:20	彼らに～の余地はないのです
ピリ4:7	すべての考えにまさる神の～が		Ⅰペテ3:11	～を求めてこれを追い求めよ		べんご (弁護)	
へいえい (兵営)			黙6:4	地上から～を奪い取ることが許さ [れた]		箴22:23	主が彼らの訴えを～し
使21:34	パウロを～に連れて行くように命		へつらい；へつらう			イザ51:22	ご自分の民を～する……主は
へいおん (平穏)			ヨブ32:22	～ことを知らないから		エレ30:13	あなたの訴えを～する者もなく
イザ32:17	義はとこしえの～と信頼をもた [らす]		詩12:2	～のくちびると、二心で話します		哀3:58	私のたましいの訴えを～して
へいし (兵士)			36:2	おのれの目で自分に～っている		使24:1	テルトロという～士といっしょに
マタ28:12	～たちに多額の金を与えて		箴26:28	～口は滅びを招く		Ⅰヨハ2:1	御父の前で～する方がいます
ルカ3:14	～たちも、彼に尋ねて言った		28:23	～を言う者より後に、恵みを得る		へんじ (返事)	
7:8	私の下にも～たちがいまして		29:5	自分の友人に～する者は		箴18:13	よく聞かないうちに～をする者は
ヨハ19:23	～たちは、イエスを十字架に		へび (蛇)			へんそう (変装)	
Ⅰコリ9:7	自分の費用で～になる者が		創3:1	野の獣のうちで、～が一番狡猾		ヨシ9:4	計略をめぐらし、～を企てた
Ⅱテモ2:3	イエスのりっぱな～として		出4:3	地に投げよ、杖は～になった		Ⅰ列14:2	～して……シロへ行ってくれ
へいち (平地)			7:10	投げたとき、それは～になった		Ⅱ歴18:29	私は～して戦いに行こう
Ⅰ列20:23	私たちが～で彼らと戦うなら		民21:6	主は民の中に燃える～を送られた		35:22	かえって、彼と戦おうとして～し
へいわ (平和)			21:8	燃える～を作り……旗ざおの上に		Ⅱコリ11:13	キリストの使徒に～している
レビ26:6	わたしはまたその地に～を与え		箴23:32	これが～のようにかみつき		11:14	サタンさえ光の御使いに～する
Ⅱ列20:19	自分が生きている間は、～で		伝10:11	～使いに何の益にもならない		べんめい (弁明)	
Ⅰ歴22:9	イスラエルに～と平穏を与え		イザ27:1	逃げ惑う～レビヤタン……を罰		ルカ12:11	何をどう～しようか……と心配
詩35:20	彼らは～を語らず、地の平穏な人		65:25	～は、ちりをその食物とし		使22:1	～を聞いてください
37:37	～の人には子孫ができる		マタ23:33	～ども、まむしのまむしの子ども		Ⅰコリ9:3	私は次のように～します
85:10	義と～とは、互いに口づけした		マコ16:18	～をもつかみ……毒を飲んでも		ピリ1:7	福音を～し立証しているときも
119:165	みおしえを愛する者には……～		ルカ10:19	～やさそりを踏みつけ			
120:7	私は～を―、私が話すと		ヨハ3:14	モーセが荒野で～を上げたよう		ほ	
122:6	エルサレムの～のために祈れ		Ⅱコリ11:3	～が悪巧みによってエバを		ほうい (包囲)	
イザ9:7	主権は増し加わり、その～は限 [りなく]		へや (部屋)			申20:12	戦おうとするなら……～しなさい
26:12	～を備えておられます。		Ⅱ列4:10	屋上に壁のある小さな～を作り		28:52	町囲みの中にあなたを～し
32:17	義は～をつくり出し、義は		マタ6:6	自分の奥まった～に入り		イザ1:8	あたかも……～された町のよう
39:8	～で安全だろう、と思ったから		ペリカン			エレ52:5	ゼデキヤ王の第十一年まで～され
52:7	～を告げ知らせ		レビ11:18	白ふくろう、～、野がん		ぼうきゃく (忘却)	
54:10	私の～の契約は動かない		詩102:6	私は荒野の～のようになり		詩88:12	あなたの義が～の地で
60:17	～をあなたの管理者とし		へりくだる			ぼうぎゃく (暴虐)	
エゼ7:25	～を求めるが、それはない		レビ26:41	彼らの無割礼の心は～り		Ⅱサム22:49	～の者から私を救い出され
34:25	わたしは彼らと～の契約を結び		Ⅰ列21:29	アハブがわたしの前に～って		ヨブ16:17	しかし、私の手には～がなく
37:26	わたしは彼らと～の契約を結ぶ		Ⅱ列22:19	主の前に～り、自分の衣を裂き		19:7	私が、「これは～だ」と叫んでも
ミカ3:5	「～があるように」と叫ぶが		Ⅱ歴7:14	わたしの民がみずから～り		詩16:4	で、おのれの脳天に～が
5:5	～は次のようにして来る		12:6	つかさたちと王たちは～り		35:11	～な証し人どもが立ち私の知らない
ナホ1:15	～を告げ知らせる者の足が山々		30:11	ゼブルンのある人々は～って		73:6	～の着物が彼らをおおっている
ハガ2:9	わたしはまた、この所に～		32:26	その心の高ぶりを捨てて～り		箴16:29	～の者は自分の隣人を惑わし
ゼカ6:13	ふたりの間に～の一致がある		34:27	わたしの前に～って自分の衣を裂			

エレ22:17　しいたげと〜を行うだけだ
ハバ1:3　　暴言と〜は私の前にあり
ほうけん（奉献）
出29:24　〜物として主に向かって揺り動か
I 列8:63　イスラエル人は主の宮を〜した
エズ6:17　この神の宮の〜のために
ネヘ12:27　エルサレムの城壁の〜式のとき
ダニ3:2　　王が立てた像の〜式に出席させ
ほうげん（暴言）
詩27:12　私に立ち向かい、〜を吐いて
ほうこう（暴行）
士19:25　夜通し、朝まで〜を加え
ほうこく（報告）
ルカ16:2　会計の〜を出しなさい
ほうさく（豊作）
創41:29　エジプト全土に七年間の大〜が
ほうし（奉仕）
民3:7　　幕屋の〜をしなければならない
申18:7　彼の神、主の御名によって〜する
ヨハ16:2　自分は神に〜しているのだと
使6:4　　もっぱら祈りとみことばの〜に
　21:19　彼の〜を通して神が異邦人の間で
　26:16　〜者、また証人に任命するためで
ロマ12:7　〜であれば〜し、教える人で
　15:25　今は、聖徒たちに〜するために
I コリ7:35　ひたすら主に〜できるため
　9:13　宮に〜している者が宮の物を食べ
　16:15　聖徒たちのために熱心に〜して
II コリ9:12　この〜のわざは、聖徒たちの
エペ4:12　聖徒たちを整えて〜の働きを
ピリ2:22　福音に〜して来ました
コロ4:7　忠実な〜者、同労のしもべ
ヘブ12:28　神に喜ばれるように〜をする
ほうしゅう（報酬）
創30:28　あなたの望む〜を申し出てくれ
　31:7　私を欺き、私の〜を幾度も変えた
イザ1:23　わいろを愛し、〜を追い求める
　40:10　その〜は主の前にある
　49:4　私の〜は、私の神とともにある
エレ22:13　ただで働かせて〜も払わず
エゼ16:34　あなたに〜を支払わなかった
ミカ7:3　さばきつかさは〜に応じてさばき
ロマ6:23　罪から来る〜は死です
I コリ3:8　自分自身の〜を受けるのです
II コリ11:7　自分を低くして〜を受けさせ
I テモ5:18　働き手が〜を受けることは
ほうせき（宝石）
雅4:9　あなたの首飾りのただ一つの〜で
ゼカ9:16　その地で、きらめく王冠の〜と
ほうとう（放蕩）
ルカ15:13　〜して湯水のように財産を
I ペテ4:4　度を過ごした〜に走らない
ぼうとく（冒瀆）
レビ24:11　御名を〜してのろったので
エゼ20:27　不信に不信を重ね、わたしを〜した。
マタ12:31　人はどんな罪も〜も赦していた
　26:65　神への〜だ。これでもまだ、証人

ヨハ10:33　〜のためです。あなたは人間で
ほうのうぶつ（奉納物）　〜ありながら
出35:5　主への〜を受け取りなさい
II 歴31:12　〜と十分の一と聖なるささげ物
ほうばく（茫漠）
創1:2　地は〜として何もなかった
エレ4:23　見よ、〜として何もなく
ほうひ（包皮）
エレ4:4　割礼を受け、心の〜を取り除け
ほうふう（暴風）
エレ23:19　見よ。主の〜、──憤り──
ヨナ1:4　海に激しい〜が起こり、船は
　1:12　この激しい〜は、私のために
マタ8:24　見よ、湖に大〜が起こって
使27:14　ユーラクロンという〜が陸から
　27:18　〜に激しく翻弄されていたので
ほうふく（報復）
詩28:4　その仕打ちに〜してください
イザ59:18　その敵には〜をし、島々にも〜
　65:6　わたしは黙っていない。必ず〜す
エレ16:18　二倍の〜をする。　しる
哀3:64　手のわざに応じて、彼らに〜し
ホセ9:7　刑罰の日が来た。〜の日が来た
ヨエ3:4　おまえたちがわたしに〜するなら
黙19:2　血の〜を彼女にされた
ほうむる（葬る）
創23:19　マクペラの畑地のほら穴に〜った
　35:29　エサウとヤコブが彼を〜った
　47:29　エジプトの地に〜らないでくれ
申34:6　モアブの地の谷に〜られたが
マタ8:21　まず行って、私の父を〜ことを
ルカ9:59　まず行って、私の父を〜ことを
ロマ6:4　キリストとともに〜られた
I コリ15:4　〜られたこと、また、聖書に
コロ2:12　キリストとともに〜られ
ほうめん（放免）
伝8:8　この戦いから〜される者はいない
ほうもつ（宝物）
ヨシ6:19　主の〜倉に持ち込まなければな
II 列20:13　〜倉にあるすべての物を彼らに
イザ39:2　〜倉にあるすべての物を彼らに
エレ15:13　あなたの財宝、あなたの〜を
ハガ2:7　すべての国々の〜がもたらされ
マラ3:10　十分の一をことごとく、〜倉に
ほうりだす（放り出す）
詩141:8　私を〜さないでください
マタ8:12　御国の子らは外の暗やみに〜さ
ぼうりょく（暴力）　　　　　　　〜れ
マラ2:16　わたしは、〜でその着物をおお
ほえる　　　　　　　　　　　　しう
ホセ11:10　主が〜と、子らは西から震えな
　　　　がら　　「〜中で〜だろうか
アモ3:4　獅子は、獲物がないのに、森の
ほお（頬）
I 列22:24　ミカヤの〜をなぐりつけて
雅1:10　あなたの〜には飾り輪がつき
イザ50:6　ひげを抜く者に私の〜をまかせ
哀3:30　自分を打つ者に〜を与え

マタ5:39　右の〜を打つような者には、左
ぼくし（牧師）
エペ4:11　ある人を〜また教師として
ぼくしゃ（牧者）
詩80:1　イスラエルの〜よ。聞いてください
イザ44:28　わたしの〜、わたしの望む事を
　56:11　彼らは、悟ることも知らない〜
　63:11　羊の群れの〜たちとともに
エレ2:8　〜たちもわたしにそむき
　3:15　わたしの心にかなった〜たちを
　10:21　〜たちは愚かで、主を求めなかっ
　17:16　あなたに従う〜となる　　　した
　23:1　牧場の群れを滅ぼし散らす〜たち
　25:34　〜たちよ。泣きわめけ
　51:23　あなたを使って、〜も群れも砕き
エゼ34:2　イスラエルの〜たちに向かって
　34:5　彼らは〜がいないので、散らされ
　34:7　〜たちよ、主のことばを聞け
　34:23　ひとりの〜……ダビデを起こす
　37:24　彼ら全体のただひとりの〜となる
アモ1:1　テコアの〜……アモスのことば
ゼカ11:16　ひとりの〜をこの地に起こそ
　13:7　〜を打ち su
ヨハ10:2　門から入る者は、その羊の〜
　10:11　わたしは、良い〜です。良い〜は
ヘブ13:20　永遠の契約の血による羊の大〜
I ペテ5:4　大〜が現れるときに
黙7:17　〜となり、いのちの水の泉に導い
ぼくする（牧する）　　　　　〜てくださ
II サム5:2　わたしの民イスラエルを〜し
詩78:72　彼は、正しい心で彼らを〜し
エレ23:4　牧者たちを立て、彼らを〜させ
ヨハ21:16　わたしの羊を〜しなさい
使20:28　神の教会を〜させるために
I ペテ5:2　神の羊の群れを、〜しなさい
黙12:5　すべての国々の民を〜はずである
　19:15　鉄の杖をもって彼らを〜される
ほこり（誇り；誇る）
ヨブ41:34　すべての〜高い獣の王である
詩5:5　〜り高ぶる者たちは御目の前に
　10:3　悪者はおのれの心の欲望を〜り
　20:7　私たちの神、主の御名を〜ろう
　34:2　私のたましいは主を〜
　44:8　いつも神によって〜りました
　131:1　主よ。私の心は〜らず
箴27:1　あすのことを〜な。一日のうちに
エレ9:24　〜者は、ただ、これを〜れ
ロマ2:23　律法を〜としているあなたが
　3:27　それでは、私たちの〜はどこに
　11:18　枝に対して〜ってはいけません
I コリ1:31　〜者は主を〜れ
　3:21　だれも人間を〜ってはいけません
　5:2　あなたがたは〜り高ぶっています
II コリ7:14　〜ったことも真実となった
　8:24　あなたがたの〜としている証拠
　10:17　〜者は、主を〜りなさい
　11:10　この〜が封じられることは決して
　11:21　私もあえて〜りましょう

ホサナ

IIコリ11:30	私は自分の弱さを〜ります	
ガラ6:14	十字架以外に〜とするものが	
エペ2:9	だれも〜ことのないためです	
ヤコ1:9	自分の高い身分を〜としなさい	

ホサナ

マタ21:15	「ダビデの子に〜」と言って
マコ11:9	〜。祝福あれ

ほし（星）

創1:16	神は……また〜を造られた
15:5	〜を数えることができるなら
22:17	空の〜、海辺の砂のように数多く
民24:17	ヤコブから一つの〜が上り
申1:10	あなたがたは……空の〜のように
10:22	あなたを空の〜のようにされた
28:62	空の〜のように多かったが
士5:20	天からは、〜が下って戦った
I歴27:23	イスラエルを天の〜のように
ネヘ4:21	夜明けから〜の現れる時まで
9:23	子孫を空の〜のようにふやし
詩147:4	主は〜の数を数え、そのすべてに
ダニ12:3	世々限りなく、〜のようになる
マタ2:2	東のほうでその方の〜を見た
ヘブ11:12	天の〜のように……砂のように
黙1:16	右手に七つの〜を持ち、口からは
8:10	大きな〜が天から落ちて来て

ほしい（欲しい）

ヨシ7:21	〜くなり、それらを取りました
箴29:18	幻がなければ、民は〜ままにふる
ミカ2:2	畑を〜がって、 ……しまう

ほしゅう（捕囚）

エズ2:1	その〜の身から解かれて上り
イザ20:4	エジプトのとりことクシュの〜
52:2	〜のシオンの娘よ。 ……の民を
エレ24:5	〜の民を良いものにしようと
エゼ12:4	〜に行く人々のように、彼らの

ほしょう（保証）

創44:32	あの子の〜をしているのです
ヨブ16:19	私を〜してくださる方は高い所
イザ38:14	私の〜人となってください
IIコリ1:22	〜として、御霊を私たちの心
5:5	〜として御霊を下さいました
エペ1:14	聖霊は私たちが御国を受け継ぐ

ほちょう（歩調）

IIコリ12:18	同じ〜で歩いたのではありま ……ことの〜

ほどく

ルカ19:30	それを〜いて連れて来なさい
ヨハ11:44	〜いてやって、帰らせなさい

ほどこし（施し；施す）

詩37:21	正しい者は、情け深くて人に〜
箴19:17	寄るべのない者に〜をするのは
28:27	貧しい者に〜者は不足することが
ルカ11:41	うちのものを〜に用いなさい
Iテモ6:18	惜しまずに〜し、喜んで分け

ほね（骨）

民9:12	〜を一本でも折ってはならない
ヨシ24:32	ヨセフの〜は、シェケムの地に
II列13:21	エリシャの〜に触れるや
ヨブ30:17	夜は私の〜を私からえぐりとり

詩22:17	私の〜を、みな数えることができ
34:20	主は、彼の〜をことごとく守り
エレ8:1	〜を、彼らの墓からあばき
エゼ37:1	そこには〜が満ちていた
37:7	〜と〜とが互いにつながった
ヨハ19:36	彼の〜は一つも砕かれない

ほのお（炎）

雅8:6	その〜は火の〜、すさまじい〜
イザ10:17	その聖なる方は〜となる
IIテサ1:7	主イエスが、〜の中に

ほばしら（帆柱）

箴23:34	〜のてっぺんで寝ている人のよう

ほふりば（ほふり場）

イザ53:7	〜に引かれて行く小羊のように
エレ11:19	〜に引かれて行くおとなしい小羊

ほふる

詩44:22	〜られる羊とみなされています
使11:7	ペテロ。さあ、〜って食べなさい
ロマ8:36	〜られる羊とみなされた
Iコリ5:7	キリストが、すでに〜られた
黙13:8	〜られた小羊のいのちの書に

ほほえむ

箴31:25	〜みながら後の日を待つ

ほまれ（誉れ）

II歴1:11	財宝をも、〜をも……求めず
ヨブ40:10	さあ、〜、気高さで身を装い
詩48:10	あなたの〜はあなたの御名と同じ
ロマ2:7	栄光と〜と不滅のものとを求め
ピリ4:8	すべての〜あること
Iテモ6:16	〜と、とこしえの主権は神の

ほむべき

I列8:56	安住の地をお与えになった主は 「〜かな
I列8:36	〜かな。イスラエルの神、主
ヨブ1:21	主の御名は〜かな
マコ14:61	〜方の子、キリストですか

ほめうた（ほめ歌）

出15:2	主は、私の力であり、〜である
ヨブ35:10	夜には、〜を与え
詩47:6	神に〜を歌え。〜を歌え
81:2	声高らかに〜を歌え
118:14	主は、私の力であり、〜である
イザ12:2	ヤハ、主は、私の力、私の〜

ほめうたう（ほめ歌う）

詩61:8	御名を、とこしえまでも〜い
75:9	ヤコブの神を、〜おう
147:12	エルサレムよ。主を〜よ
イザ12:5	主を〜よ。主はすばらしいこと
ロマ15:9	あなたの御名を〜おう

ほめたたえる

創24:27	神、主が〜えられますように
士5:2	民が進んで身をささげるとき、主
I列8:33	御名を〜え、 ……を〜えよ
I列16:7	兄弟たちを用いて、主を〜えた
29:13	栄えに満ちた御名を〜えた
II歴7:3	イスラエル人は……主を〜えた
20:26	その所で主を〜えた
ネヘ9:5	あなたがたの神、主を〜えよ
詩7:17	主を、私は〜えよう

詩34:1	私はあらゆる時に主を〜える
66:8	国々の民よ。私たちの神を〜えよ
71:22	立琴をもって、あなたを〜えます
113:1	主の御名を〜えよ
148:2	主を〜えよ。すべての御使いよ
150:6	息のあるものはみな、主を〜えよ
雅1:4	あなたの愛を……〜える
イザ38:18	よみはあなたを〜えず
ダニ2:19	ダニエルは天の神を〜えた
マタ11:25	天地の主であられる父よ。あな たを〜えます 「〜えた
ルカ1:64	ものが言えるようになって神を
1:68	〜えよ。イスラエルの神である主
2:28	幼子を腕に抱き、神を〜え
10:21	父よ。あなたを〜えます
24:53	いつも宮にいて神を〜えていた
使11:18	……と言って、神を〜えた
ロマ14:11	すべての舌は、神を〜
15:9	私は異邦人の中で、あなたを〜え
黙15:4	御名を〜えない者があるでしょ うか

ほめる

詩34:3	私とともに主を〜よ
箴27:2	思慮深さによって〜められ
27:2	ほかの者にあなたを〜めさせよ
ルカ16:8	抜けめなくやったのを〜めた
ロマ15:11	すべての異邦人。主を〜めよ
IIコリ6:8	〜められたり、そしられたり

ほらあな（ほら穴）

創19:30	娘といっしょに〜の中に住んだ
23:19	マクペラの畑地の〜に葬った
25:9	彼をマクペラの〜に葬った
49:29	エフロンの畑地にある〜に
50:13	マクペラの畑地の〜に彼を葬った
Iサム13:6	〜や、奥まった所……に隠れ
I列18:4	五十人ずつ〜の中にかくまい
19:9	彼はそこにある〜に入り

ほりょ（捕虜）

申21:11	〜の中に、姿の美しい女性を見
ルカ21:24	〜となってあらゆる国に連れて
エペ4:8	彼は多くの〜を引き連れ

ほる（掘る）

創26:22	イサクはそこから移って、ほかの 「井戸を〜った
箴26:27	穴を〜る者は、自分がその穴に陥り
伝10:8	穴を〜る者はそれに落ち込み
イザ51:1	〜り出された穴を見よ
マタ25:18	地を〜って、その主人の金を隠
ルカ16:3	土を〜には力がないし

ほる（彫る）

出28:11	印を〜宝石細工師の細工に

ほろび（滅び）

民24:20	しかしその終わりは〜に至る
詩35:8	思わぬときに、〜が彼を襲います
57:1	まことに、〜が過ぎ去るまで
箴18:7	愚かな者の口は〜となり
イザ38:17	〜の穴から、私のたましいを
ヨハ17:12	ただ〜の子が滅びました
IIテサ2:3	不法の人、すなわち〜の子が

ほろびる（滅びる）
- レビ26:38　あなたがたは国々の間で〜び
- 申4:26　たちまちにして〜びうせる
- 　8:19　あなたがたは必ず〜。「〜うせる
- ヨシ23:16　この良い地から、ただちに〜び
- 士5:31　主よ。あなたの敵はみな〜び
- ヨブ20:7　自分の糞のようにとこしえに〜
- 詩37:20　しかし悪者は〜。主の敵は
- 　73:27　遠く離れている者は〜びます
- 　102:26　これらのものは〜でしょう
- 　119:176　〜羊のように、迷い出ました
- 箴28:28　彼らが〜と、正しい人がふえる
- イザ5:6　これを〜ままにしておく
- 哀3:22　私たちの〜びうせなかったのは
- ヨナ3:9　私たちは〜びないですむかも
- マタ18:14　小さい者たちのひとりが〜こ　とは
- 　24:35　この天地は〜び去ります
- 　26:52　剣を取る者はみな剣で〜びます
- ルカ13:3　悔い改めないなら……〜びます
- 　21:33　わたしのことばは決して〜ことが
- Ⅱコリ4:3　それは、〜人々の場合に
- ヘブ1:11　これらのものは〜びます

ほろぼす（滅ぼす）
- 民14:12　疫病で彼らを打って〜してしまい
- Ⅱサム2:26　剣が人を〜してよいものか
- Ⅱ列8:19　ユダを〜ことを望まれなかった
- 詩59:13　激しい憤りをもって〜し尽くして
- 　101:8　国の中の悪者をことごとく〜し
- 箴1:32　愚かな者の安心は自分を〜
- 　14:11　悪者の家は〜され、正しい者の
- イザ10:7　彼の心にあるのは、〜こと
- 　25:8　永久に死を〜される
- エレ50:40　神が……その近隣を〜された
- 哀1:15　主は……私の若い男たちを〜され
- 　2:2　ヤコブの……住まいを〜し
- エゼ9:8　残りの者たちを、ことごとく〜　されるのでしょうか。「される
- ホセ4:6　わたしの民は知識がないので〜
- ヨナ1:14　私たちを〜さないでください
- Ⅰコリ5:5　それは彼の肉が〜されるため
- Ⅱテモ1:10　キリストは死を〜し、福音に
- ヘブ2:14　死の力を持つ者を〜し
- Ⅱペテ2:12　動物が〜されるように、彼ら

ほん（本）
- 伝12:12　多くの〜を作ることには、限りが

ぼん（盆）
- マコ6:25　ヨハネの首を〜に載せていただ

ほんしつ（本質）
- コロ1:19　満ち満ちた神の〜を御子のうち

ほんとう
- テト1:13　この証言は〜なのです

ま

まいそう（埋葬）
- マコ14:8　〜の用意にと……油を塗って

まいない
- 箴15:27　〜を憎む者は生きながらえる
- アモ5:12　正しい者をきらい、〜を取り

まいにち（毎日）
- 使17:11　そのとおりかどうかと〜聖書を調
- 　17:17　〜そこに居合わせた人たちと論じ
- Ⅰコリ15:31　私にとって、〜が死の連続で

まかす（任す）
- マタ24:47　全財産を〜せるようになります
- ルカ16:11　まことの富を〜せるでしょう
- ヨハ2:24　イエスは、ご自身を彼らにお〜　せにならなかった
- Ⅱテモ1:12　お〜せしたものを、かの日の
- Ⅰペテ4:19　創造者に自分のたましいをお　〜せしなさい

まがる（曲がる）
- ヨブ9:20　神は私を〜った者とされる
- 箴2:15　彼らの道は〜り、その道筋は〜り
- 伝1:15　〜っているものを、まっすぐには

まきば（牧場）
- 詩23:2　主は私を緑の〜に伏させ
- エレ50:19　イスラエルをその〜に帰らせる

まきもの（巻き物）
- 詩40:7　〜の書に私のことが書いてあり
- イザ34:4　天は〜のように巻かれる
- エレ36:2　〜を取り……書きしるせ
- 　36:18　墨でこの〜に書きしるしました
- 　36:23　暖炉の火で〜全部を焼き尽くした
- 　36:32　エレミヤは、もう一つの〜を取り
- 　51:60　わざわいのすべてを一つの〜に
- エゼ2:9　その中に一つの〜があった
- ゼカ5:1　見ると、なんと、〜が飛んで
- 黙1:11　あなたの見ることを〜にしるして
- 　5:1　右の手に〜があるのを見た
- 　6:14　天は、〜が巻かれるように消えて
- 　10:2　その手には開かれた小さな〜を
- 　10:9　「その小さな〜を下さい」と

まく（蒔く）
- 創26:12　種を〜き、その年に百倍の収穫を
- 　47:23　これを地に〜いて、収穫の種を
- 詩107:37　畑に種を〜き、ぶどう畑を作り
- 　126:5　涙とともに種を〜者は、喜び
- 箴22:8　不正を〜者はわざわいを刈り取る
- 伝11:4　風を警戒している人は種を〜かな
- イザ32:20　すべての水のほとりに種を〜き
- エレ4:3　いばらの中に種を〜な
- 　12:13　小麦を〜いても、いばらを刈り取
- 　31:27　人間の種と家畜の種を〜く
- ホセ8:7　風を〜いて、つむじ風を刈り取
- ミカ6:15　種を〜いても、刈ることがなく
- マタ13:27　畑には良い麦を〜かれたのでは
- 　25:26　私が〜かない所から刈り取ろう
- ルカ12:24　〜きもせず、刈り入れもせず
- ヨハ4:37　ひとりが種を〜き、ほかの者が
- Ⅰコリ9:11　御霊のものを〜いたのであれば
- 　15:36　物は、死ななければ
- Ⅱコリ9:6　少しだけ〜者は、少しだけ
- ガラ6:7　種を〜けば、その刈り取るもの

まく（幕）
- 出26:1　幕屋を十枚の〜で造らなければ
- マコ15:38　神殿の〜が上から下まで真っ二つ
- ルカ23:45　神殿の〜は真っ二つに裂けた

まくや（幕屋）
- 出25:9　〜の型と〜のすべての用具の型と
- 　26:30　示された定めのとおりに、〜を
- 　40:2　あなたは会見の天幕である〜を
- 詩15:1　だれが、あなたの〜に宿る
- 　19:4　太陽のために、〜を設けられた
- マタ17:4　ここに三つの〜を造ります
- マコ9:5　私たちが、〜を三つ造ります
- ルカ9:33　私たちが三つの〜を造ります
- 使7:44　荒野にあかしの〜がありました
- Ⅰコリ5:1　地上の〜がこわれても、神の
- ヘブ8:5　モーセが〜を建てようとした
- Ⅱペテ1:14　この〜を脱ぎ捨てるのが間近
- 黙15:5　天にある、あかしの〜の聖所
- 　21:3　見よ。神の〜が人とともにある

まくら（枕）
- 創28:11　石の一つを取り、それを〜にして
- マタ8:20　人の子には〜する所もありません

まげる（曲げる）
- ヨブ8:3　全能者は義を〜だろうか
- 　34:12　全能者は公義を〜げない
- 伝7:13　神が〜げたものをだれがまっすぐ
- イザ59:8　彼らは自分の通り道を〜げ
- エレ3:21　彼らは自分たちの道を〜げ
- 　23:36　私たちの神のことばを〜からだ
- ミカ3:9　あらゆる正しいことを〜げて
- Ⅱコリ4:2　神のことばを〜げず、真理を

まご（孫）
- 箴17:6　〜たちは老人の冠、子らの光栄は

まごころ（真心）
- Ⅰ列3:6　彼が誠実と正義と〜とをもって
- 使2:46　喜びと〜をもって食事をともにし
- エペ6:5　〜から地上の主人に従いなさい

まこと
- 詩57:10　あなたの〜は雲にまで及ぶから
- 　85:11　〜は地から生えいで、義は天から
- 　117:2　主の〜はとこしえに
- 　119:160　みことばのすべては〜です
- ヨハ15:1　わたしは〜のぶどうの木であり
- Ⅰテモ1:15　〜であり、そのまま受け入れ

まさる
- Ⅰ歴5:2　ユダは彼の兄弟たちに〜者と
- 伝3:19　人は何も獣に〜っていない
- マタ5:20　律法学者やパリサイ人の義に〜　ものでないなら
- 　10:24　弟子はその師に〜らず、しもべ
- 　12:42　ここにソロモンよりも〜った者が
- ロマ12:10　人を自分より〜っていると思い
- Ⅰコリ12:31　さらに〜道を示してあげまし

ましくわわる（増し加わる）
- エズ9:6　咎は私たちの頭より高く〜り
- イザ9:7　その主権は〜り、その平和は
- ロマ5:20　罪の〜ところには、恵みも満ち

まじない

創30:27	祝福してくださったことを、～で
レビ19:26	～をしてはならない。卜占を
Ⅱ列21:6	～をし、霊媒や口寄せをして
イザ3:3	細工人、巧みに～をかける者

まじゅつ（魔術）

黙18:23	おまえの～にだまされていたから

まじりけ（混じりけ）

詩12:6	主のみことばは～のないことば

まじわり（交わり；交わる）

詩106:35	かえって、異邦の民と～り
箴22:24	おこりっぽい者と～な
24:21	そむく者たちと～ってはならない
使2:42	～をし、パンを裂き、祈りをして
Ⅰコリ1:9	主イエス・キリストとの～に
6:17	主と～れば、一つ霊となるのです
10:20	悪霊と～者になってもらいたくあ
	りません
Ⅱコリ8:4	聖徒たちをささえる～の恵み
13:13	……の恵み、神の愛、聖霊の～が
ガラ2:9	～のしるしとして右手を差し伸
ピリ2:1	愛の慰めがあり、御霊の～が
Ⅰヨハ1:3	私たちと～を持つようになる

ます（増す）

詩71:21	あなたが私の偉大さを～し
使16:5	日ごとに人数を～して行った
Ⅰテサ3:12	愛を～させ、満ちあふれさせ

まずしい（貧しい；貧しさ）

出23:11	～人々に、食べさせ、その残りを
30:15	～者もそれより少なく払ってはな
レビ19:10	～者と在留異国人のために
23:22	～者と在留異国人のために
25:25	もし、あなたの兄弟が～くなり
申15:7	～兄弟に対して、あなたの心を閉
15:11	～者が国のうちから絶えることは
Ⅱサム12:3	～人は、自分で買って来て育
ヨブ24:4	～者を道から押しのける
29:12	助けを叫び求める～者を助け出し
詩9:12	～者の叫びをお忘れにならない
10:17	あなたは～者の願いを聞いて
25:9	主は～者を公義に導き、～者に
34:2	～者はそれを聞いて喜ぶ
37:11	しかし、～人は地を受け継ごう
37:14	悩む者、～者を打ち倒し
40:17	私は悩む者、～者です。主よ
69:32	心の～人たちは、見て、喜べ
76:9	地上の～者たちをみな、救うため
107:41	しかし、～者を悩みから高く上げ
147:6	主は心の～者をささえ、悪者を
149:4	救いをもって～者を飾られる
箴14:31	～者あわれむ者は造り主を敬う
19:1	～くても、誠実に歩む者が
19:7	～者は自分の兄弟たちみなから憎
	まれる
22:2	富む者と～者とは互いに出会う
24:34	あなたの～は浮浪者のように
28:19	むなしいものを追い求める者は～
	に飽きる
箴31:20	彼女は……～者に手を差し伸べる
イザ3:14	～者からかすめた物を
14:30	～者は安らかに伏す。しかし
40:20	～者は、奉納物として、朽ちない
	木を選び
61:1	油をそそぎ、～者に良い知らせを
ダニ4:27	～者をあわれんであなたの咎を
アモ2:6	一足のくつのために～者を売っ
5:11	あなたがたは～者を踏みつけ
マタ5:3	心の～者は幸いです。天の御国
11:5	～者には福音が宣べ伝えられて
19:21	持ち物を売り払って～人たちに
26:11	～人たちは、いつもあなたがたと
マコ10:21	みな売り払い、～人たちに与え
ルカ4:18	～人々に福音を伝えるようにと
6:20	～者は幸いです。神の国はあなた
14:13	～人、からだの不自由な者
18:22	売り払い、～人々に分けてやり
19:8	財産の半分を～人たちに施します
ヨハ12:5	～人々に施さなかったのか
12:8	～人々とはいつもいっしょにいる
Ⅱコリ6:10	～ようでも、多くの人を富ま
8:2	その極度の～にもかかわらず
8:9	キリストの～によって富む者と
ガラ2:10	～人たちをいつも顧みるように
ヤコ2:5	～人たちを選んで信仰に富む者
黙2:9	苦しみと～とを知っている
3:17	～くて、盲目で、裸の者である

まぜもの（混ぜ物）

Ⅱコリ2:17	神のことばに～をして売る

まち（町）

申19:2	その地に、三つの～を取り分け
ヨシ6:3	戦士はすべて、～のまわりを回れ
Ⅱ列25:4	～が破られ、戦士たちはみな
箴11:10	～は、正しい者が栄えると、こお
	どりし
イザ1:26	正義の～、忠信な都と呼ばれよう
哀1:1	ああ、人の群がっていたこの～は
ダニ9:19	あなたの～と民とには、あなた
	の名が
ゼカ8:3	エルサレムは真実の～と呼ばれ
マタ5:14	山の上にある～は隠れる事がで
	きません
マコ1:33	～中の者が戸口に集まって来た
ルカ19:19	あなたも五つの～を治めなさい
使17:16	～が偶像でいっぱいなのを見て

まちのぞむ（待ち望む）

ヨブ3:21	死を～んでも、死は来ない
13:15	神が私を殺しても、私は神を～み
詩25:3	あなたを～む者はだれも恥を見ず
25:5	あなたを一日中～んでいるのです
27:14	～め。主を。雄々しくあれ
33:18	主の目は主を恐れる者に注がれ
	その恵みを～者に
33:22	私たちがあなたを～んだときに
37:34	主を～め。その道を守れ
39:7	主よ。今、私は何を～みましょう
詩40:1	私は切なる思いで主を～んだ
42:5	神を～め。私はなおも神をほめ
43:5	神を～め。私はなおも神をほめ
62:1	黙って、ただ神を～。私の救いは
71:14	私自身は絶えずあなたを～み
104:27	みな、あなたを～んでいます
119:74	あなたのことばを～んでいるから
119:81	あなたのみことばを～んでいて
119:166	あなたの救いを～んでいます
130:5	主を～みます。私のたましいは
箴20:22	主を～め。主があなたを救われる
イザ5:7	主は公正を～まれたのに、見よ
26:8	さばきの道で……あなたを～み
30:18	幸いなことよ。主を～すべての者
40:31	しかし、主を～む者は新しく力を
42:4	島々も、そのおしえを～。「い
49:23	わたしを～む者は恥を見ることがな
59:11	公義を～が、それはなく、救いを
60:9	まことに、島々はわたしを～み
64:4	神を～者のために、このように
エレ14:22	私たちはあなたを～みます
ホセ12:6	絶えずあなたの神を～め
ミカ7:7	主を仰ぎ見、私の救いの神を～
マコ15:43	みずからも神の国を～んでいた
ルカ2:25	イスラエルの慰められることを
	～んでいた
3:15	民衆は救い主を～んでおり
23:51	彼は……神の国を～んでいた
ロマ8:19	神の子どもたちの現れを～ん
8:23	からだの贖われることを～んで
ピリ3:20	救い主としておいでになるのを
	私たちは～んでいます
Ⅰテサ1:10	イエスが天から来られるのを～
テト2:13	栄光ある現れを～ようにと
ヘブ11:10	基礎の上に建てられた都を～ん
Ⅱペテ3:12	神の日の来るのを～み、し、で

まちぶせ（待ち伏せ）

ヨシ8:9	彼らは～の場所へ行き、アイの

まつ（待つ）

詩37:7	静まり、耐え忍んで主を～て
130:6	夜回りが夜明けを～のにまさり
箴31:25	ほほえみながら後の日を～
イザ8:17	私は主を～。ヤコブの家から
30:18	主はあなたがたに恵もうと～って
エレ20:10	私のつまずくのを～ちもうけて
哀3:26	主の救いを黙って～のは良い
ダニ12:12	幸いなことよ。忍んで～ち
ゼパ3:8	わたしを～て。――主の御告げ
マタ18:29	もう少し～ってくれ。そうした
	ら返すから
ルカ8:40	みなイエスを～ちわびていた
12:36	その帰りを～ち受けている人たち
13:7	いちじくの実のなるのを～って
Ⅰコリ1:7	キリストの現れを～って
11:33	互いに～ち合わせなさい

まっすぐ

箴3:6	主はあなたの道を～にされる
14:2	～に歩む者は、主を恐れ

まっせき（末席）
ルカ14:9　恥をかいて、～に着かなければ

まったき（全き）
創6:9　　その時代にあっても、～人で
17:1　　わたしの前を歩み、～者であれ
申18:13　主に対して～者でなければならない
Ⅱ列20:3　～心をもって……歩み、　　しい
Ⅰ歴28:9　～心と喜ばしい心持ちをもって
29:19　わが子ソロモンに、～心を与えて
詩18:25　～者には、～くあられ
37:37　～人に目を留め、直ぐな人を見よ
119:80　あなたのおきてのうちに～ものと
119:96　すべての～ものにも、終わりの

まっとうする（全うする）
ルカ13:32　病人をいやし、三日目に～されます
ヨハ17:23　～されて一つとなるためです
ガラ5:14　……という一語をもって～され
ヘブ2:10　多くの苦しみを通して～された
7:28　　永遠に～された御子を立てる
Ⅰヨハ2:5　神の愛が～されている
4:12　神の愛が私たちのうちに～される

まつり（祭り）
出23:14　年に三度、わたしのために～を
Ⅰ列8:65　神、主の前で～を行った
アモ5:21　わたしはあなたがたの～を憎み
8:10　あなたがたの～を喪に変え
マタ26:5　～の間はいけない。民衆の騒ぎ
27:15　総督は、その～には、群衆のため
マコ15:6　その～には、人々の願う囚人を

まど（窓）
Ⅱ列7:2　主が天に～を作られるにしても
ダニ6:10　～はエルサレムに向かって
マラ3:10　わたしが……天の～を開き
Ⅱコリ11:33　そのとき私は、城壁の～から

まとう
哀3:44　あなたは雲を身に～い、私たちの

まどろむ
詩121:3　あなたを守る方は、～こともない
箴6:10　しばらく眠り、しばらく～み
イザ5:27　それは～まず、眠らず、その腰

まどわし（惑わし；惑わす）
創3:13　蛇が私を～したのです。それで
Ⅰ列22:20　だれか、アハブを～して、攻め
Ⅱ歴18:21　きっと～することができよう
ヨブ31:9　もし、私の心が女に～され
箴1:10　罪人たちがあなたを～しても
エレ20:7　あなたが私を～したので
哀2:14　人を～ことばを預言した
マタ24:5　多くの人を～でしょう
マコ4:19　富の～、その他いろいろな欲望
13:5　人に～されないように気をつけ
ルカ21:8　～されないように気をつけなさい
23:2　この人はわが国民を～し、
ヨハ7:12　違う。群衆を～しているのだ
Ⅰテモ2:14　アダムは～されなかった

マナ
出16:31　それを～と名づけた
16:35　四十年間、～を食べた
民11:6　何もなくて、この～を見るだけで
ヨシ5:12　～の降ることはやみ
詩78:24　食べ物として～を、彼らの上に
ヨハ6:31　父祖たちは、荒野で～を食べ
黙2:17　勝利を得る者に隠れた～を与える

まなぶ（学ぶ）
申31:12　彼らがこれを聞いて～び
詩119:7　あなたの義のさばきを～とき
119:71　あなたのおきてを～びました
イザ26:9　世界の住民は義を～んだから
29:24　つぶやく者もおしえを～
マタ9:13　どういう意味か、行って～んで
11:29　くびきを負って、わたしから～び
ピリ4:9　あなたがたが私から～び、受け
Ⅰテサ4:1　私たちから～んだように
Ⅱテモ3:7　いつも～んでいるが
ヘブ5:8　多くの苦しみによって従順を～
黙14:3　この歌を～ことができなかった

まぬかれる（免れる）
ヨブ21:30　悪人はわざわいの日を～れ

まねく（招く）
ゼパ1:7　主に～かれた者を聖別された
ヨハ2:2　弟子たちも、その婚礼に～かれ
黙19:9　小羊の婚宴に～かれた者は幸いで

まぼろし（幻）
創15:1　主のことばが～のうちにアブラム
民12:6　～の中でその者にわたしを知らせ
Ⅰサム3:1　～も示されなかった
ヨブ4:13　夜の～で思い乱れ、深い眠りが
7:14　～によって私をおびえさせます
箴29:18　～がなければ、民はほしいままに
イザ1:1　アモツの子イザヤの～。これは
22:1　～の谷に対する宣告。
29:11　すべての～が、封じられた書物の
エレ14:14　偽りの～と、むなしい占いと
23:16　自分の心の～を語っている
哀2:9　預言者にも、主からの～がない
エゼ1:1　天が開け、私は神々しい～を見た
7:26　預言者に～を求める
11:24　神の霊によって～のうちに私を
12:22　すべての～は消えうせる
13:7　あなたがたはむなしい～を見
40:2　神々しい～のうちに、私は
ダニ1:17　すべての～と夢を解くことが
7:2　私が夜、～を見ていると、突然
10:7　この～は、私、ダニエルひとり
ホセ12:10　預言者たちに語り、多くの～を
ヨエ2:28　年寄りは夢を見、若い男は～を
オバ1:1　オバデヤの～。神である主は、　エド
ハバ2:2　～を板の上に書いて　　　　ム
ゼカ13:4　預言するときに見るその～で恥
テト1:10　空論に走る者、人を～者が多く
ヘブ3:13　～されてかたくなにならない
Ⅱヨハ7　～者であり、反キリストです
黙12:9　全世界を～、あの古い蛇は投げ落とされた

ルカ24:23　御使いたちの～を見た　　しを見
使2:17　青年は～を見、老人は夢を見る
9:10　主が彼に～の中で……と言われた
11:5　うっとりと夢ごこちになり、～を
16:9　ある夜、パウロは～を見た。　　見
18:9　ある夜、主は～によってパウロに
Ⅱコリ12:1　私は主の～と啓示のことを話

まむし
イザ11:8　乳離れした子は～の子に手を伸
マタ3:7　～のすえたち。　　　しべる
12:34　～のすえたち。おまえたち悪い者
ルカ3:7　～のすえたち。だれが必ず来る
使28:3　～がはい出して来て、彼の手に
ロマ3:13　くちびるの下には、～の毒が

まもる（守る）
創17:9　わたしの契約を～らなければ
出12:17　代々にわたって、この日を～り
13:5　次の儀式をこの月に～りなさい
31:16　この安息を～らなければならない
民6:24　祝福し、あなたを～られますよう
36:7　相続地を堅く～らなければならな
申4:6　これを～り行いなさい。　　しいから
5:32　主が命じられたとおりに～り
7:19　おきてを～り行うことを学び
28:58　ことばを～り行わないなら
ヨシ22:5　その命令を～って、主にすがり
24:17　主は……私たちを～られた方
Ⅰサム2:9　主は聖徒たちの足を～られ
30:23　主が私たちを～り……渡された
Ⅰ列2:43　……命令を～らなかったのか
Ⅱ列17:13　わたしの命令とおきてとを～
19:34　この町を～り、これを救おう
20:6　ダビデのためにこの町を～
Ⅱ歴13:11　神、主の戒めを～っている
34:21　先祖が、主のことばを～らず
ヨブ29:2　神が私を～ってくださった日々
詩16:1　神よ。私をお～りください
25:10　その契約とそのさとしを～者には
32:7　あなたは苦しみから私を～り
64:1　私のいのちを～ってください
91:11　すべての道で、あなたを～ように
97:10　主は聖徒たちのいのちを～り
119:4　堅く～べき戒めを仰せつけられた
119:31　あなたのさとしを堅く～ります
119:34　私はあなたのみおしえを～り
119:55　あなたのみおしえを～っています
121:7　わざわいから、あなたを～り
140:4　主よ。私を悪者の手から～り
145:20　主を愛する者は主が～られる
箴20:28　恵みとまこととは王を～
21:23　自分の口と舌とを～者は
28:7　おしえを～者は分別のある子
29:18　しかし律法を～者は幸いである
31:9　悩んでいる人や貧しい者の権利を
イザ31:5　エルサレムを～り、　　しれ
37:35　この町を～り、これを救おう
マタ19:17　戒めを～りなさい。　　「ります
19:20　そのようなことはみな、～ってお

まやかし / コンコルダンス / みこころ

まやかし
- マタ28:20 すべてのことを〜ように、彼らを
- ロマ2:27 割礼を受けていないで律法を〜者
- 13:8 律法を完全に〜っているのです
- ガラ4:10 日と月と季節と年とを〜って
- ピリ4:7 心と思いを……〜ってくれます
- Ⅰテモ6:20 ゆだねられたものを〜りなさい
- Ⅱテモ4:7 信仰を〜り通しました。
- ヤコ1:27 この世から自分をきよく〜こと
- Ⅰペテ1:5 御力によって〜られており
- ユダ1 キリストのために〜られている
- 24 つまずかないように〜ことができ
- 黙2:26 最後までわたしのわざを〜者には
- 3:10 わたしの忍耐について言ったこと

まやかし
- イザ28:15 私たちは、〜を避け所とし

まよい（迷い；迷う）
- Ⅱ歴33:9 エルサレムの住民を〜わせて
- 詩95:10 彼らは、心の〜っている民だ
- 119:176 滅びる羊のように、〜い出まし
- 箴14:22 悪をたくらむ者は〜い出る
- イザ3:12 あなたの指導者は〜わす者
- 9:16 この民の指導者は〜わす者となり
- エレ42:20 あなたがたは〜い出てしまって
- ホセ4:12 姦淫の霊が彼らを〜わせ
- ガラ3:1 だれがあなたがたを〜わせたのか
- Ⅰテサ2:3 〜や不純な心から　　しですか
- ヘブ3:10 彼らは常に心が〜い、わたしの
- ヤコ5:19 真理から〜い出た者がいて

まよなか（真夜中）
- 士16:3 しかしサムソンは〜まで寝て
- 使16:25 〜ごろ、パウロとシラスが神に祈

まり
- イザ22:18 あなたを〜のように、くるくる

まわり（回り）
- ヨブ22:14 神は天の〜を歩き回るだけだ

まわる（回る）
- 出13:18 葦の海に沿う荒野の道に〜らせた
- 使28:13 そこから〜って、レギオンに

まんぞく（満足）
- ヨシ22:30 ことばを聞いて、それに〜した
- Ⅱサム3:36 すべて、民を〜させた
- 伝2:24 自分の労苦に〜を見いだす「する
- イザ53:11 激しい苦しみのあとを見て、〜
- ルカ3:14 自分の給料で〜しなさい
- ヨハ14:8 そうすれば〜します。「きです
- Ⅰテモ6:8 衣食があれば、それで〜すべ
- ヘブ10:6 罪のためのいけにえとで〜され
  ませんでした

み

み（身）
- イザ57:13 わたしに〜を寄せる者は、地を

み（実）
- 詩1:3 時が来ると〜がなり、その葉は
- 箴1:31 彼らは自分の行いの〜を食らう
- 11:30 正しい者の結ぶ〜はいのちの木
- エレ21:14 行いの〜にしたがって罰する

- ホセ10:1 多く〜を結ぶにしたがって
- ハバ3:17 ぶどうの木は〜をみのらせず
- マタ7:16 〜によって彼らを見分ける
- 12:33 木のよしあしはその〜によって
- 21:43 神の国の〜を結ぶ国民に与えられ
- マコ4:20 ……百倍の〜を結ぶ人たちです
- 4:28 地は人手によらず〜をならせる
- 11:14 〜を食べることのないように
- ルカ1:42 あなたの胎の〜も祝福されて
- 3:9 良い〜を結ばない木は、みな切り
- 6:43 悪い〜を結ぶ良い木はない
- 8:15 よく耐えて、〜を結ばせるのです
- ヨハ12:24 死ねば、豊かな〜を結びます
- 15:5 そういう人は多くの〜を結びます
- ロマ1:13 いくらかの〜を得ようと思って
- 15:28 彼らにこの〜を確かに渡してから
- Ⅰコリ9:1 主にあって私の働きの〜
- Ⅱコリ9:10 あなたがたの義の〜を増し
- ガラ5:22 御霊の〜は、愛、喜び、平安
- ピリ1:11 義の〜に満たされている者と
- コロ1:10 あらゆる善行のうちに〜を結び
- テト3:14 〜を結ばない者にならないため
- ヘブ12:11 平安な義の〜を結ばせます
- 黙22:2 十二種の〜がなり、毎月、〜が

み（箕）
- ルカ3:17 〜を持って脱穀場を……きよめ

みいだす（見いだす）
- 箴8:35 わたしを〜者は、いのちを〜し
- マタ7:14 道は狭く、それを〜者はまれ

みいつ
- 詩93:1 王であられ、〜をまとっておられ

ミイラ
- 創50:2 父を〜にするように命じたので

みうしなう（見失う）
- 箴8:36 わたしを〜者は自分自身をそこな

みえ（見え）
- マタ23:14 〜のために長い祈りをして
- マコ12:40 〜を飾るために長い祈りを

みえる（見える）
- マタ23:28 外側は人に正しく〜えても
- マコ10:51 目が〜ようになることです
- ルカ18:42 〜ようになれ。あなたの信仰が
- ヨハ9:25 私は盲目であったのに、今は〜
- ロマ1:20 神の、目に〜えない本性
- Ⅰヨハ2:11 やみが彼の目を〜えなくした

みおも（身重）
- マタ1:18 聖霊によって〜になったことが
- 24:19 だがその日、哀れなのは〜の女

みかた（味方）
- 詩56:9 神が私の〜であることを私は知っ
- 124:1 主が私たちの〜でなかったなら
- ロマ8:31 神が私たちの〜であるなら

みぎ（右）
- 創48:17 父が〜手をエフライムの頭の上に
- ヨブ40:14 あなたの〜の手があなたを救
  え
- マタ6:3 〜の手のしていることを左の手に
- 20:21 ひとりはあなたの〜に、ひとりに

- マコ16:19 天に上げられて神の〜の座に着
- 使2:33 神の〜に上げられたイエスが
- 7:55 神の〜に立っておられるイエス

みくに（御国）
- マタ3:2 悔い改めなさい。天の〜が近づ
- 4:23 会堂で教え、〜の福音を宣べ伝え
- 5:3 天の〜はその人たちのものだから
- 6:10 〜が来ますように。みこころが天
- 8:11 天の〜で……食卓に着きます
- 10:7 『天の〜が近づいた』と宣べ伝え
- 18:3 決して天の〜には、入れません
- 19:14 天の〜はこのような者たちの国
- 25:34 備えられた〜を継ぎなさい
- 26:29 〜で……飲むその日までは
- エペ5:5 〜を相続することができません
- ヘブ12:28 揺り動かされない〜を受けてい
- Ⅱペテ1:11 永遠の〜に入る恵みを豊かに

みこ（御子）
- ロマ1:4 公に神の〜として示された方
- ガラ1:16 〜を私のうちに啓示することを
- 4:4 神はご自分の〜を遣わし、この方
- コロ1:13 愛する〜のご支配の中に移して
- ヘブ1:2 〜によって、私たちに語られ
- 3:6 キリストは〜として神の家を忠実
- Ⅰヨハ1:3 〜イエス・キリストとの交わり
- 2:23 〜を否認する者は、御父を持たず
- 4:15 イエスを神の〜と告白するなら
- 5:12 〜を持つ者はいのちを持っており

みこころ（御心）
- 創25:22 そして主の〜を求めに行った
- レビ10:19 主の〜にかなったでしょうか
- 民14:8 もし、私たちが主の〜にかなえば
- 士16:28 どうぞ、私を〜に留めてください
- Ⅱサム11:27 主の〜をそこなった
- Ⅰ列3:10 この願い事は主の〜にかなった
- Ⅱ列22:13 ユダ全体のために、主の〜を求
- Ⅰ歴19:13 主は〜にかなうことをされる
- 21:7 この命令で、王は神の〜をそこな
- Ⅱ歴34:21 主の〜を求めなさい。　　しった
- 詩40:8 〜を行うことを喜びとします
- 115:12 主はわれらを〜に留められた
- 136:23 私たちを〜に留められた
- イザ53:10 彼を……痛めることは主の〜
- マタ6:10 〜が天で行われるように地でも
- 12:50 父の〜を行う者はだれでも
- 18:14 父の〜ではありません
- 26:42 〜のとおりをなさってください
- マコ3:35 神の〜を行う人はだれでも
- 14:36 あなたの〜のままに、なさって
- ルカ7:30 神の自分たちに対する〜を拒み
- 22:42 〜ならば、この杯をわたしから
- ヨハ4:34 わたしを遣わした方の〜を行い
- 5:30 わたしを遣わした方の〜を求める
- 6:38 わたしを遣わした方の〜を行う
- 8:29 その〜にかなうことをいつも
- 使4:28 あなたの御手と〜によって
- 21:14 「主の〜のままに」と言って
- ロマ1:10 神の〜によって、何とかして

みごもり

ロマ2:18	〜を知り、なすべきことが何で	
11:34	だれが主の〜を知ったのですか	
12:2	いや、むしろ、神の〜は何か	
Ⅰコリ2:11	神の〜のことは、神の御霊の	
10:5	彼らの大部分は神の〜にかなわず	
Ⅱコリ8:5	期待以上に、神の〜に従って	
ガラ1:4	父である方の〜によったのです	
エペ5:17	主の〜は何であるかを、よく悟り	
ピリ2:13	〜のままに……志を立てさせ	
コロ4:12	神のすべての〜を十分に確信し	
Ⅰテサ4:3	神の〜は……聖くなること	
ヘブ7:21	〜を変えられることはない	
10:7	神よ、あなたの〜を行うために	
ヤコ4:15	主の〜なら、私たちは生きてい	
Ⅰペテ2:15	無知の口を封じることは、神	
3:17	もし、神の〜なら、しの〜	
4:2	神の〜のために過ごすようになる	
Ⅰヨハ2:17	神の〜を行う者は	
黙4:11	あなたの〜のゆえに、万物は存在し	
17:17	神の〜を行う思いを彼らの心に	

みごもり；みごもる

創4:1	彼女は〜ってカインを産み	
出21:22	争っていて、〜った女に突き当た	
イザ7:14	見よ。処女が〜っている。しり	
黙12:2	この女は、〜っていたが、産みの	

みじかい（短い）

ヨブ20:5	悪者の喜びは〜く、神を敬わな	
イザ50:2	わたしの手が〜くて贖うことが	

みじめ

	しできないのか	
ロマ7:24	私は、ほんとうに〜な人間です	

みず（水）

創2:6	〜が地から湧き出て、土地の全面	
出17:1	そこには民の飲む〜がなかった	
民20:2	会衆のためには〜がなかったので	
申8:15	堅い岩から、あなたのために〜を	
23:11	夕暮れ近くになったら、〜を浴び	
Ⅰ列18:34	四つのかめに〜を満たし	
Ⅱ列2:14	外套を取って、〜を打つ	
詩69:1	〜が、私ののどにまで、たちが	
105:41	……〜がほとばしり出た	
箴25:25	疲れた人への冷たい〜のようだ	
イザ12:3	喜びながら救いの泉から〜を汲む	
33:16	その〜は確保されている	
43:2	あなたが〜の中を過ぎるときも	
55:1	渇いている者はみな、〜を求めよ	
エレ9:1	ああ、私の頭が〜であったなら	
14:3	は見つからず、からの器の主	
17:8	〜のほとりに植わった木のように	
エゼ36:25	きよい〜をあなたがたの上に	
47:1	〜が神殿の敷居の下から東のほう	
47:9	この〜が入ると、そこの〜が良	
ハバ2:14	〜が海をおおうように、地は	
マタ3:11	〜のバプテスマを授けています	
10:42	一杯でも飲ませるなら、し	
27:24	群衆の目の前で、〜を取り寄せ	
マコ9:41	一杯でも飲ませてくれる人は	
ルカ3:16	〜であなたがたにバプテスマを	
11:24	〜のない所を歩きながら	
ルカ16:24	ラザロが指先を〜に浸して私の舌	
ヨハ1:26	〜でバプテスマを授けているが	
2:7	水がめに〜を満たしなさい	
3:5	〜と御霊によって生まれなければ	
4:7	わたしに〜を飲ませてください	
4:14	わたしが与える〜は、その人のう	
5:7	〜がかき回されたとき、しちで泉	
7:38	生ける〜の川が流れ出るようにな	
使8:36	ご覧なさい。〜があります	
10:47	いったいだれが、〜をさし止めて	
Ⅰコリ3:6	私が植えて、アポロが〜を注ぎ	
Ⅰヨハ5:6	ただ〜によってだけでなく	
黙22:17	いのちの〜がほしい者は、それを	

みずうみ（湖）

マタ8:24	見よ、〜に大暴風が起こって	
マコ6:48	夜中の三時ごろ、〜の上を	
ルカ8:33	〜に入り、おぼれ死んだ	
ヨハ6:19	イエスが〜の上を歩いて舟に	

みずがめ（水がめ）

マコ14:13	〜を運んでいる男に会うから	
ルカ22:10	〜を運んでいる男に会うから	
ヨハ2:6	石の〜が六つ置いてあった	
4:28	女は、自分の〜を置いて町へ行き	

みすごす（見過ごす）

使17:30	無知の時代を〜しておられました	

みずため（水ため）

箴5:15	あなたの〜から、水を飲め	
エレ2:13	こわれた〜を……掘ったのだ	

みすてる（見捨てる）

申31:8	主は……あなたを〜てない	
Ⅰサム12:22	見放さず、あなたを〜てない	
ヨブ20:19	寄るべのない者を……〜て	
詩9:10	尋ね求める者を〜おてになりません	
22:1	どうして、私を〜おてになった	
27:9	私を……〜てないでください	
27:10	私の父、私の母が、私を〜ときは	
37:25	正しい者が〜てられたり	
37:28	ご自身の聖徒を〜てられない	
71:11	神は彼を〜てのだ。追いかけて	
94:14	……民を、〜おてになりません	
119:8	どうか私を、〜てないでください	
イザ54:7	しばらくの間……〜てたが	
エゼ8:12	主はこの国を〜てられた	
9:9	主はこの国を〜てられた	
ホセ11:8	あなたを〜ことができようか	
マタ21:42	家を建てる者が〜た石	
26:56	イエスを〜てて、逃げてしまった	
27:46	どうしてわたしを〜おてになった	
マコ14:50	イエスを〜てて、逃げてしまっ	
15:34	どうしてわたしを〜おてになった	
ルカ20:17	家を建てる者たちの〜てた石	
Ⅱコリ4:9	〜てられることはありません	
ガラ1:6	急に〜てて、ほかの福音に移って	

みせかけ（見せかけ）

ピリ1:18	〜であろうとも、真実であろう	

みせもの（見せもの；見せ物）

		しとも
士16:25	私たちのために〜にしよう	
ナホ3:6	はずかしめ、あなたを〜とする	
Ⅰコリ4:9	この世の〜になったのです	

みせる（見せる）

マタ6:1	人に〜ために人前で善行を	
8:4	行って、自分を祭司に〜せなさい	
ヨハ14:8	私たちに父を〜せてください	

みたす（満たす）

創1:28	生めよ。ふえよ。地を〜せ	
Ⅱ列24:4	罪のない者の血で〜した	
イザ55:2	腹を〜さない物のために労する	
ハバ2:14	主の栄光を知ることで〜される	
ルカ1:15	胎内にあるときから聖霊に〜さ	
1:41	聖霊に〜された。しれ	
ヨハ2:7	水がめに水を〜しなさい	
3:29	私もその喜びで〜されているの	
使2:4	すると、みなが聖霊に〜され	
エペ1:23	いっさいのものによって〜方の	
5:18	酒に酔ってはいけません。……	
	御霊に〜されなさい	

みたま（御霊）

詩139:7	あなたの〜から離れて、どこへ	
マタ4:1	〜に導かれて荒野に上って	
10:20	話すのは……あなたがたの父の〜	
ルカ4:1	そして、〜に導かれて荒野におり	
4:18	わたしの上に主の〜がおられる	
ヨハ3:6	〜によって生まれた者は霊です	
3:34	神が〜を無限に与えられるから	
6:63	いのちを与えるのは〜です	
使5:9	心を合わせて、主の〜を試みた	
ロマ1:4	聖い〜によれば、死者の中から	
2:29	〜による、心の割礼こそ割礼の	
8:2	イエスの〜の、いのちの〜の原理	
8:4	〜に従って歩む私たちの中に	
8:5	〜に従う者は〜に属することを	
8:6	〜による思いは、いのちと平安	
8:14	〜に導かれる人は、だれでも神の	
15:19	〜の力によって、それを成し遂げ	
Ⅰコリ2:10	〜によって私たちに啓示され	
2:13	〜のことばをもって〜のことを	
3:1	〜に属する人に対するようには	
3:16	〜があなたがたに宿っておられる	
10:3	みな同じ〜の食べ物を食べ	
12:1	兄弟たち。〜の賜物についてです	
12:13	一つの〜によってバプテスマを	
15:44	〜のからだもあるのです	
Ⅱコリ1:22	保証として、〜を私たちの心	
3:3	生ける神の〜によって書かれ、し	
3:6	文字は殺し、〜は生かすから	
3:17	主の〜のあるところには自由が	
ガラ3:2	あなたがたが〜を受けたのは	
4:6	御子の〜を、私たちの心に遣わし	
6:1	〜の人であるあなたがたは、柔和	
6:8	〜のために蒔く者は、〜から永遠	
エペ5:18	〜に満たされ しのいのちを	
ピリ3:3	神の〜によって礼拝しません	
Ⅰテサ5:19	〜を消してはなりません	
ヘブ9:14	とこしえの〜によって神に	
ヤコ4:5	私たちのうちに住まわせた〜を	
Ⅰヨハ3:24	〜によって知るのです	

みだれる

- Ⅰヨハ5:8 〜と水と血です。この三つが一つ
- 黙2:7 〜が諸教会に言われることを
- 3:1 神の七つの〜、および七つの星を
- 4:5 神の七つの〜である
- 22:17 〜も花嫁も言う。「来てくださ

みだれる (乱れる)

- 出32:25 民が〜れており、アロンが彼らを
- 詩88:15 あなたの恐ろしさに耐えてきて、 L心が〜れています

みち (道)

- Ⅰサム9:8 私たちの行く〜を教えてもらい
- Ⅱサム22:22 私は主の〜を守り
- 22:31 神、その〜は完全。主のみことば
- Ⅰ列2:3 主の〜を歩まなければならない
- 3:14 わたしの〜を歩むなら、あなたの
- 16:26 ヤロブアムのすべての〜に歩み
- Ⅱ歴28:2 イスラエルの王たちの〜に歩み
- ヨブ8:13 神を忘れる者の〜はこのようだ
- 19:8 神が私の〜をふさがれたので
- 21:14 あなたの〜を知りたくない
- 23:10 私の行く〜を知っておられる
- 24:23 神の目は彼らの〜の上に注がれる
- 28:23 神はその〜をわきまえておられ
- 31:4 神は私の〜を見られないのだろう
- 詩1:6 正しい者の〜を知っておられる
- 5:8 私の前に、あなたの〜をまっすぐ
- 17:5 あなたの〜を堅く守り
- 18:21 私は主の〜を守り、私の神に対し
- 18:30 神、その〜は完全。主のみことば
- 18:42 〜のどろのように除き去った
- 25:9 貧しい者にご自身の〜を教えられ
- 37:5 あなたの〜を主にゆだねよ。し、る
- 37:23 主はその人の〜を喜ばれる
- 37:34 主を待ち望め。その〜を守れ
- 67:2 あなたの〜が地の上に、あなたの
- 77:13 神よ。あなたの〜は聖です
- 95:10 彼らは、わたしの〜を知ってはい
- 101:6 全き〜を歩む者は、 L、ない
- 119:1 幸いなことよ。全き〜を行く人々
- 119:9 自分の〜をきよく保てるでしょう
- 119:35 あなたの仰せの〜を し、か
- 119:105 私の足のともしび、私の〜の光
- 143:8 行くべき〜を知らせてください
- 箴4:18 義人の〜は、あけぼのの光のよう
- 5:21 人の〜は主の目の前にあり
- 7:27 彼女の家はよみへの〜、死の部屋
- 8:20 わたしは正義の〜……の真ん中を
- 10:29 主の〜は、潔白な人にはとりで
- 12:15 愚か者は自分の〜を正しいと思う
- 14:12 人の目にはまっすぐに見える〜が
- 15:19 なまけ者の〜はいばらの生け垣に
- 15:24 悟りのある者はいのちの〜を
- 16:25 人の目にはまっすぐに見える〜が
- 18:16 贈り物はその人のために〜を開き
- 20:24 どうして自分の〜を理解できよう
- 22:6 若者をその行く〜にふさわしく
- イザ2:3 主はご自分の〜を、私たちに
- 30:21 これが〜だ。これに歩め
- 40:3 主の〜を整えよ。荒野で、私たち

- イザ40:14 だれが公正の〜筋を主に教えて
- 40:27 私の〜は主に隠れ、私の正しい訴
- 43:16 海の中に〜を、 し、えは
- 45:13 彼の〜をみな、平らにする
- 53:6 自分かってな〜に向かって行った
- 55:9 わたしの〜は、あなたがたの〜よ
- 57:14 わたしの民の〜から、し、りも高く
- 59:8 彼らは平和の〜を知らず
- エレ5:4 主の〜も、神のさばきも
- 6:16 幸いな〜はどこにあるかを尋ね
- 10:23 人間の〜は、その人のためでな
- 哀3:40 私たちの〜を尋ね調べて、 し、く
- ミカ4:2 主はご自分の〜を、私たちに
- ナホ1:3 主の〜はつむじ風とあらしの中
- マラ3:1 彼はわたしの前に〜を整える
- マタ2:12 別の〜から自分の国へ帰って
- 3:3 主の〜を用意し、主の通られる〜
- 7:13 滅びに至る門……の〜は広い
- 11:10 あなたの〜を、あなたの前に備え
- 13:4 〜ばたに落ちた種があった
- 22:16 真理に基づいて神の〜を教え
- マコ1:2 あなたの〜を整えさせよう
- 1:3 主の〜を用意し、主の通られる〜
- 4:4 種が〜ばたに落ちた。「ていた
- 10:46 盲人の物ごいが、〜ばたにすわっ
- 12:14 真理に基づいて神の〜を教えて
- ルカ3:4 主の〜を用意し、主の通られる〜
- 7:27 あなたの〜を、あなたの前に備え
- 20:21 真理に基づいて神の〜を教えて
- ヨハ14:6 わたしが〜であり、真理であり
- 使9:2 この〜の者であれば男でも女でも
- 16:17 救いの〜をあなたがたに宣べ伝え
- 18:26 神の〜をもっと正確に彼に説明し
- 19:23 この〜のことから、ただならぬ騒
- 22:4 私はこの〜を迫害し、 L動いた
- 24:14 彼らが異端と呼んでいるこの〜
- ロマ3:16 彼らの〜には破壊と悲惨がある
- 11:33 その〜は、何と測り知りがたい
- ヘブ9:8 まことの聖所への〜は、「た
- 10:20 新しい生ける〜を設けてくださっ
- Ⅱペテ2:21 義の〜を知っていながら
- 黙15:3 あなたの〜は正しく、真実です
- 16:12 日の出るほうから来る王たちに

みちあふれる (満ちあふれる)

- ロマ15:29 キリストの〜祝福をもって行く
- Ⅱコリ8:2 彼らの〜喜びは、その極度の
- 9:12 この奉仕のわざは……〜ようになる

みちたりる (満ち足りる)

- 申14:29 やもめは来て、食べ、〜であろう
- 詩22:26 悩む者は、食べて、〜り、主を尋
- 63:5 たましいが脂肪と髄に〜のように
- 65:4 聖なる宮の良いもので〜でしょう
- 90:14 あなたの恵みで私たちを〜らせ
- 107:9 主は渇いたたましいを〜らせ
- 132:15 その貧しい者をパンで〜らせよう
- エレ31:14 わたしの民は、わたしの恵みに
- ミカ6:14 あなたは食べても〜りず、 L、
- ルカ1:53 飢えた者を良いもので〜らせ

みちびく (導く)

- 創24:27 私の主人の兄弟の家に〜かれた
- 出13:11 あなたをカナン人の地に〜き
- 申32:12 ただ主だけでこれを〜き、主と
- Ⅱ歴32:22 四方から彼らを守り〜かれた
- 詩5:8 義によって私を〜いてください
- 25:5 あなたの真理のうちに私を〜き
- 48:14 神は私たちをとこしえに〜かれる
- 61:2 高い岩の上に、私を〜いてください
- 67:4 地の国民を〜かれるから
- 78:14 昼は雲をもって、彼らを〜き
- 107:7 また彼らをまっすぐな道に〜き
- 136:16 荒野で御民を〜かれた方に
- イザ40:11 乳を飲ませる羊を優しく〜
- 48:17 あなたの歩むべき道にあなたを〜
- 58:11 主は絶えず、あなたを〜いて
- 63:14 あなたは、あなたの民を〜き
- エレ31:9 彼らを、水の流れのほとりに〜き
- マタ4:1 御霊に〜かれて荒野に
- ヨハ16:13 すべての真理に〜き入れます
- ロマ5:2 信仰によって〜き入れられた
- 8:14 御霊に〜かれる人は……神の子
- ガラ5:18 御霊によって〜かれるなら
- 5:25 御霊に〜かれて、進もうではあり

みちる (満ちる)

- 創1:22 生めよ。ふえよ。海の水に〜ちよ
- 15:16 エモリ人の咎が……〜ことはない
- 出40:35 主の栄光が幕屋に〜ちていたから
- 民14:21 主の栄光が全地に〜ちている以上
- Ⅰ列8:11 主の栄光が主の宮に〜ちたから
- Ⅱ歴5:14 主の栄光が神の宮に〜ちたから
- イザ6:3 万軍の主。その栄光は全地に〜
- 27:6 世界の面に実を〜たす
- 58:11 あなたの思いを〜たし、「いる
- エレ23:24 天にも地にも、わたしは〜ちて
- エゼ44:4 主の栄光が主の神殿に〜ちてい
- マタ12:34 心に〜ちていることを口が話す
- マコ1:15 時が〜ち、神の国は近くなった
- エペ1:10 時がついに〜ちて、実現します
- 3:19 神ご自身の〜ち〜ちたさまにまで
- コロ2:9 神の〜ち〜ちたご性質が形を

みつ (蜜)

- 出3:8 広い良い地、乳と〜の流れる地
- 16:31 その味は〜を入れたせんべい
- 申32:13 主は岩からの〜と、堅い岩からの
- 士14:8 獅子のからだの中に……〜が
- Ⅰサム14:29 この〜を少し味見しただけで
- 詩19:10 〜よりも、〜蜂の巣のしたたり
- 81:16 わたしは岩の上にできる〜を
- 119:103 〜よりも私の口に甘いのです
- 雅4:11 あなたの舌の裏には〜と乳がある
- エゼ3:3 私の口の中で〜のように甘かっ
- 黙10:10 それは口には〜のように甘かった

みつぎ

- エズ4:13 〜、関税、税金を納めなくなる

みつける (見つける)

エズ7:24	〜、関税、税金を課してはならな	
詩68:18	人々から、〜を受けられました	
72:10	王たちは、〜を納めましょう	
ロマ13:6	あなたがたは、〜を納める	

みつける (見つける)

申32:10	獣のほえる荒地で彼を〜け	
II歴34:15	主の宮で律法の書を〜けました	
ネヘ8:14	と書かれているのを〜け出した	
箴18:22	良い妻を〜者はしあわせを〜け	
雅3:4	愛している人を私は〜けました	
エレ15:16	あなたのみことばを〜け出し	
ルカ15:9	なくした銀貨を〜けましたから	
15:24	いなくなっていたのが〜かった	
ヨハ9:35	彼を〜け出して言われた	

みつりん (密林)

エレ12:5	どうしてヨルダンの〜で過ごせ

みとめる (認める) しよう

II歴26:5	神を〜ことを教えたゼカリヤ	
ヨブ32:12	ヨブに罪を〜めさせる者はなく	
詩32:2	主が、咎をお〜めにならない人	
106:31	代々永遠に、彼の義と〜められた	
箴3:6	行く所どこにおいても、主を〜め	
ダニ11:39	彼が〜者には、栄誉を増し加え	
ホセ5:15	彼らが自分の罪を〜め	
マタ10:32	わたしを人の前で〜者はみな	
ルカ7:29	神の正しいことを〜めたのです	
12:8	わたしを人の前で〜者は	
ヨハ13:35	弟子であることを……	
ロマ5:13	罪は、何かの律法がなければ	
	〜められないものです	
7:16	律法は良いものであることを〜め	

みどりご

イザ9:6	ひとりの〜が、私たちのために	
ルカ2:16	寝ておられる〜を捜し当てた	

みなしご

申10:18	〜や、やもめのためにさばきを行	
14:29	〜や、やもめは来て、食べ、満ち	
ヨブ6:27	あなたがたは〜をくじ引きにし	
22:9	やもめを素手で去らせ、〜の腕を	
24:9	〜を乳房からもぎ取り、Lし折った	
29:12	身寄りのない〜を助け出したから	
詩10:14	あなたは〜を助ける方でした	
マラ3:5	やもめや〜を苦しめる者	

みなと (港)

詩107:30	主は、彼らをその望む〜に導かれ

みなみ (南)

イザ43:6	〜に向かって『引き止めるな』

みなもと (源)

創7:11	巨大な大いなる水の〜が、「で	
II歴32:30	ギホンの上流の水の〜をふさな	
イザ58:11	水のかれない〜のようになる	

みならう (見習う；見ならう)

エレ10:2	異邦人の道を〜な。天のしるし	
Iコリ11:1	キリストを〜っているように	
ピリ3:17	私を〜者になってください	
IIIヨハ11	悪を〜わないで、善を〜いなさい	

みぬく (見抜く)

ヨブ11:7	神の深さを〜ことができようか

詩138:6	高ぶる者を遠くから〜かれます	

みのしろきん (身代金；身の代金)

ヨブ33:24	わたしは〜を得た	
36:18	〜が多いからといって、あなたは	
詩49:7	自分の〜を神に払うことはできな	
イザ43:3	エジプトをあなたの〜とし	

みのり (実り)

詩107:37	ぶどう畑を作り、豊かな〜を得る

みはかり (御計り)

詩40:5	私たちへの〜は、数も知れず

みはり (見張り；見張る)

創31:49	主が私とあなたとの間の〜をされ	
士1:24	〜の者は、ひとりの人がその町か	
IIサム18:25	〜が王に大声で告げると	
ネヘ4:9	彼らに捕らえて日夜〜を置いた	
ヨブ7:12	私の上に〜を置かれるとは	
7:20	人を〜あなたに、私は何ができま	
詩141:3	主よ。私の口に〜を置き、私の	
箴4:23	力の限り、〜って、あなたの心を	
15:3	悪人と善人とを〜っている	
31:27	彼女は家族の様子をよく〜り	
イザ62:6	あなたの城壁の上に〜人を置い	
エレ1:12	わたしは〜っているからだ	
6:17	あなたがたの上に〜人を立て	
31:6	エフライムの山では〜者たちが	
エゼ3:17	イスラエルの家の〜人とした	
33:6	〜人が、剣の来るのを見ながら	
ホセ9:8	エフライムの〜人は、私の神と	
ハバ2:1	私は、〜所に立ち、とりでに	
マタ27:36	そこにすわって、イエスの〜を	

みぶん (身分)

ガラ4:5	子としての〜を受けるように

みほん (見本)

Iテモ1:16	〜にしようと、まず私に対し

みまもる (見守る)

詩40:11	絶えず私を〜ようにしてください	
41:2	主は彼を〜り、彼を生きながらえ	
箴22:12	主の目は知識を〜り、裏切り者の	
イザ27:3	夜も昼もこれを〜っている	
49:8	わたしはあなたを〜り、あなたを	

みみ (耳)

創35:4	〜につけていた耳輪とをヤコブに	
出21:6	彼の〜をきりで刺し通さなければ	
32:2	〜にある金の耳輪をはずして	
レビ19:14	〜の聞こえない者を侮っては	
Iサム9:15	サムエルの〜を開いて仰せら	
ヨブ42:5	うわさを〜で聞いていました	
詩34:15	その〜は彼らの叫びに傾けられる	
38:13	私は〜の聞こえない者のよう	
40:6	私の〜を開いてくださいました	
94:9	〜を植えつけられた方が、お聞きに	
135:17	〜があっても聞こえず	
箴2:2	〜を知恵に傾け、あなたの心を	
イザ29:18	〜の聞こえない者が書物の	
	ことば	
50:5	神である主は、私の〜を開かれ	
59:1	〜が遠くて、聞こえないのではな	
エレ5:21	〜があっても聞こえない	

エレ19:3	そのことを聞く者は、〜鳴りが	
エゼ12:2	聞く〜があるのに聞こうとしない	
ダニ9:18	〜を傾けて聞いてください	
マタ13:9	〜のある者は聞きなさい。「た	
26:51	剣を抜き……その〜を切り落とし	
マコ4:9	聞く〜のある者は聞きなさい	
4:23	聞く〜のある者は聞きなさい	
7:32	〜が聞こえず、口のきけない人を	
7:37	〜の聞こえない者を聞こえるよう	
14:47	撃ちかかり、その〜を切り落とし	
ルカ10:16	あなたがたに〜を傾ける者は	
14:35	聞く〜のある人は聞きなさい	
22:50	その右の〜を切り落とした	
ヨハ18:10	撃ち、右の〜を切り落とした	
使17:21	何か〜新しいことを話したり	
Iコリ2:9	〜が聞いたことのないもの	
12:16	〜が、「私は目ではないから	
IIテモ4:3	健全な教えに〜を貸そうとせず	
ヘブ5:11	〜が鈍くなっているため	
黙2:29	〜のある者は御霊が諸教会に言わ	
42:18	〜の聞こえない者たちよ。聞け	

みや (宮)

I列5:5	主の名のために〜を建てようと	
II列25:9	主の〜と王宮とエルサレムの	
II歴22:5	主のために建てる〜は、全地の	
II歴5:14	主の栄光が神の〜に満ちたから	
22:12	神の〜に六年の間、身を隠し	
24:4	主の〜を新しくすることを志し	
29:18	主の〜を全部きよめました	
エズ3:11	主の〜の礎が据えられたので	
6:15	〜はダリヨス王の治世の第六年	
ネヘ13:11	どうして神の〜が見捨てられて	
詩29:9	〜で、すべてのものが、「栄光	
48:9	私たちは、あなたの〜の中で	
65:4	聖なる〜の良いもので満ち足りる	
79:1	あなたの聖なる〜をけがし	
84:10	神の〜の門口に立ちたいのです	
イザ6:4	基はゆるぎ、〜は煙で満たされ	
エレ7:4	これは主の〜、主の〜、主の〜	
26:9	この〜がシロのようになり	
52:13	主の〜と王宮とエルサレムの	
ヨエ3:18	主の〜から泉がわきいで	
ハバ2:20	主は、その聖なる〜におられる	
ハガ1:4	この〜が廃墟となっているのに	
1:9	廃墟となったわたしの〜のためだ	
マタ12:6	ここに〜より大きな者がいる	
21:12	〜の中で売り買いする者たちを	
24:1	イエスに〜の建物をさし示した	
マコ11:15	〜の中で売り買いしている人々	
ルカ2:46	〜で教師たちの真ん中にすわって	
18:10	ふたりの人が、祈るために〜に上	
19:45	〜に入られたイエスは、商売人	
ヨハ2:14	〜の中に、牛や羊や鳩を売る者	
10:22	きよめの祭りが 「なく	
使19:37	この人たちは、〜を汚した者でも	
24:6	〜さえもけがそうとしました	
Iコリ6:19	神から受けた聖霊の〜であり	
エペ2:21	主にある聖なる〜となる	

コンコルダンス

みやこ（都）
詩46:4　　その流れは……神の〜を喜ばせる
48:1　　その聖なる山、われらの神の〜
ヘブ11:10　堅い基礎の上に建てられた〜を
黙3:12　　神の〜……新しいエルサレム
18:16　　真珠を飾りにしていた大きな〜
21:2　　聖なる〜、新しいエルサレムが
21:15　　〜とその門とその城壁とを測る

みる（見る）
創13:14　　北と南、東と西を〜渡しなさい
15:5　　さあ、天を〜上げなさい。星を
16:4　　女主人を〜下げるようになった
申26:15　　聖なる住まいの天から〜おろして
Ⅰサム6:19　主の箱の中を〜たからである
16:7　　人はうわべを〜が、主は心を〜
ヨブ19:26　　私は、私の肉から神を〜
36:25　　すべての人がこれを〜、人が遠く
イザ5:12　　主のみわざを〜向きもせず
29:15　　だれが、私たちを〜ていよう
40:9　　〜よ。あなたがたの神を
44:18　　目は固くふさがって〜こともでき
53:10　　末長く、子孫を〜ことが
63:5　　〜回したが、だれも助ける者はなく
マタ5:8　　その人たちは神を〜から
5:28　　情欲をいだいて女を〜者は
11:4　　聞いたり〜たりしていることを
13:14　　〜てはいるが、決してわからない
18:10　　〜下げたりしないように気をつけ
マコ4:12　　確かに〜には〜がわからず
14:62　　人の子が……来るのを……〜はず
ルカ3:6　　神の救いを〜ようになる
7:22　　自分たちの〜たり聞いたりしたこ
9:38　　息子を〜てやってください。と
18:9　　他の人々を〜下しているある者を
ヨハ8:51　　決して死を〜ことがありません
16:16　　しばらくするとわたしを〜ます
17:24　　わたしの栄光を、彼らが〜ように
20:25　　私は、その手に釘の跡を〜、私の
使1:11　　なぜ天を〜上げて立っているので
4:20　　自分の〜たこと、また聞いたこと
9:27　　ダマスコへ行く途中で主を〜た
Ⅰコリ1:28　　〜下されている者を、神は選
13:12　　鏡にぼんやり映るものを〜
ヤコ1:25　　自由の律法を一心に〜つめて
Ⅰヨハ1:1　　聞いたもの、目で〜たもの
3:2　　キリストのありのままの姿を〜
黙1:7　　彼を突き刺した者たちが、彼を〜

ミルトス
イザ55:13　　おどろの代わりに〜が生える
ゼカ1:8　　谷底にある〜の木の間に立って

みわける（見分ける）
Ⅰサム12:24　主がどれほど偉大なことをあなたがたになさったかを〜けなさ
ルカ12:56　地や空の現象を〜ことを
ピリ1:10　真にすぐれたものを〜ことができ
ヘブ5:14　良い物と悪い物とを〜感覚
Ⅰヨハ4:6　真理の霊と偽りの霊とを〜け

みんぞく（民族）
創12:3　　地上のすべての〜は、あなたによって祝福される

む

む（無）
ピリ2:7　　ご自分を〜にして、仕える者の

むえき（無益）
Ⅱコリ12:1　　〜なことですが、誇るのも

むかう（向かう）
エズ6:22　　王の心を彼らに〜わせて

むかえる（迎える）
ルカ8:40　　帰られると、群衆は喜んで〜え
9:11　　イエスは喜んで彼らを〜え
15:27　　無事な姿をお〜えしたというので
19:6　　そして大喜びでイエスを〜えた
ヨハ6:21　　イエスを喜んで舟に〜えた
14:3　　あなたがたをわたしのもとに〜え
使28:30　　たずねて来る人たちをみな〜えて

むぎ（麦）
エレ23:28　　〜はわらと何のかかわりがあろう
マタ12:1　　イエスは、安息日に〜畑を通ら
13:25　　〜の中に毒を〜蒔いて行った
13:29　　〜もいっしょに抜き取るかも
ルカ3:17　　〜を倉に納め、殻を消えない火
6:1　　弟子たちは〜の穂を摘んで、手で
ヨハ12:24　　一粒の〜がもし地に落ちて死ななければ

むくい（報い）
創15:1　　あなたの受ける〜は非常に大きい
42:22　　だから今、彼の血の〜を受ける
ヨブ21:19　　彼自身が〜を受けて思い知
詩19:11　　それを守れば、〜は大きい
58:11　　まことに、正しい者には〜がある
91:8　　悪者への〜を見るだけである
伝4:9　　ふたりが労苦すれば、良い〜が
エゼ23:49　　あなたがたのみだらな行いの〜はあなたがたの上に下り
マタ5:12　　天ではあなたがたの〜は大きい
5:46　　何の〜が受けられるでしょう
10:41　　預言者の受ける〜を受けます
マコ9:41　　〜を失うことはありません
ルカ6:35　　あなたがたの受ける〜はすばらしく
23:41　　〜を受けている
ロマ2:6　　行いに従って〜をお与えに
Ⅰコリ9:18　　どんな〜があるのでしょう
コロ3:24　　主から〜として、御国を相続
Ⅱヨハ8　　豊かな〜を受けるようになりなさ

むくいる（報いる）
創44:4　　あなたがたは悪をもって善に〜のか
Ⅱ歴6:23　　正しさにしたがって義を〜いて
ヨブ33:26　　神はその人に彼の義を〜いて
34:11　　神は、人の行いをその身に〜い
詩35:12　　彼らは善にかえて悪を〜い
62:12　　そのしわざに応じて、人に〜い
99:8　　彼らのしわざに対してはそれに〜
箴20:22　　「悪に〜いてやろう」と言っては
イザ63:7　　主が私たちに〜いてくださった

エレ25:14　　その手のわざに応じて〜いよう
50:29　　そのしわざに応じてこれに〜い
ホセ2:13　　バアルに仕えた日々に〜
12:2　　なすことに応じて、主は彼に〜
マタ6:6　　あなたの父が、あなたに〜いて
Ⅱテモ4:14　　しわざに応じて主が彼に〜い

むける（向ける）
Ⅰサム7:3　　心を主に〜け、主にのみ仕え
Ⅰ歴29:18　　心を……あなたに〜けさせて
マタ5:39　　右の頬を打つような者には、左

むこ（婿）
Ⅰサム18:26　　ダビデは、王の〜になるため

むこう（無効）
ロマ3:31　　信仰によって律法を〜にする

むざい（無罪）
創44:10　　奴隷となり、他の者は〜としよう
Ⅰコリ4:4　　それで〜とされるのではないか

むさぼり；むさぼる
箴1:19　　利得を〜者の道はすべてこのよう
イザ57:17　　彼の〜の罪のために、わたしは
エレ6:13　　高い者まで、みな利得を〜り
8:10　　高い者まで、みな利得を〜り
使20:33　　人の金銀や衣服を〜ったことは
ロマ1:29　　悪と〜と悪意とに満ちた者
7:7　　律法が、「〜ってはならない」
7:8　　あらゆる〜を引き起こしました
13:9　　殺すな、盗むな、〜な」という
エペ5:5　　不品行者や、汚れた者や、〜者
Ⅰテサ2:5　　〜の口実を設け

むし（無視）
箴4:15　　それを〜せよ。そこを通るな
Ⅰコリ6:4　　教会のうちでは〜される人たちを裁判官に
ヘブ10:28　　モーセの律法を〜する者は

むし（虫）
詩22:6　　私は〜けらです。人間ではありま
イザ41:14　　恐れるな。〜けらのヤコブ
ヨナ4:7　　〜がそのとうごまをかんだので
マタ6:19　　そこでは〜とさびで、きず物に
使12:23　　彼は〜にかまれて息が絶えた

むずかしい
詩139:17　　あなたの御思いを知るのはなんと〜ことでしょう
ダニ2:11　　王のお尋ねになることは、〜

むすこ（息子）
ミカ7:6　　〜は父親を侮り、娘は母親に
マタ13:55　　この人は大工の〜では
21:28　　ある人にふたりの〜がいた
21:37　　私の〜なら、敬ってくれるだろう
マコ9:17　　霊につかれた私の〜を
12:6　　私の〜なら、敬ってくれるだろう
ルカ9:38　　〜を見てやってください
12:53　　父は〜に、〜は父に対抗し
ヨハ4:47　　〜をいやしてくださるように
9:20　　〜で、生まれつき盲目だった
19:26　　女の方。そこに、あなたの〜がい

むすぶ（結ぶ）
創2:24　　男はその父母を離れ、妻と〜び合

箴6:21	それをいつも、あなたの心に〜び
エレ13:11	ユダの全家をわたしに〜びつけ
マタ19:5	父と母を離れ、その妻と〜ばれ
19:6	神が〜び合わせたものを引き離し
	てはなりません
マコ10:9	神が〜び合わせたものを引き離
	してはなりません。「〜ばれて
ロマ7:4	死者の中からよみがえった方と
Ⅰコリ7:27	妻に〜ばれているなら
コロ2:19	〜び合わされて、神によって
ヘブ4:2	信仰によって、〜びつけられな

むすめ（娘）
創20:12	あの女は私の父の〜ですが
Ⅱ列5:2	ひとりの若い〜を捕らえて来て
エス2:7	引き取って自分の〜とした
詩144:12	私たちの〜らが、宮殿の建物に
イザ3:17	主はシオンの〜たちの頭の頂を
哀1:16	私の肝は、私の民の〜の傷を見る
ゼカ9:9	エルサレムの〜よ。喜び叫べ
マタ9:18	私の〜がいま死にました。でも
21:5	シオンの〜に伝えなさい
25:1	花婿を出迎える十人の〜のよう
マコ5:23	小さい〜が死にかけています
7:29	悪霊はあなたの〜から出て行き
ルカ8:42	十二歳ぐらいのひとり〜がいて
使7:21	捨てられた〜をパロの〜が拾い上
ヘブ11:24	パロの〜の子と呼ばれることを

むだ
マタ12:36	〜なことばについて、さばきの
26:8	何のために、こんな〜なことを
マコ14:4	何のために、香油をこんなに〜
	にしたのか
Ⅰコリ15:58	自分たちの労苦が、主にあっ
	して〜ではないことを

むち
申22:18	この男を捕らえて、〜打ちにし
ヨブ5:21	舌で〜打たれるときも、あなた
箴13:24	〜を控える者はその子を憎む者で
26:3	馬には、〜。ろばには、くつわ
イザ10:5	手にあるわたしの憤りの〜
10:26	アッシリヤに〜を振り上げる
マタ20:19	そして、あざけり、〜打ち
27:26	イエスを〜打ってから、十字架
ルカ12:47	しもべは、ひどく〜打たれる
18:33	人の子を〜で打ってから殺しま
ヨハ2:15	細なわで〜を作って、羊も牛も
19:1	イエスを捕らえて、〜打ちにし
使22:24	〜打って取り調べるようにと言っ
Ⅰコリ4:21	〜を持って行きましょうか
Ⅱコリ11:24	三十九の〜を受けたことが五

むち（無知）
| イザ5:13 | わが民は〜のために捕らえ移され |
| 使17:30 | 〜の時代を見過ごしておられ |

むなしい
Ⅰ歴16:26	国々の民の神々はみな、〜
ヨブ35:13	神は決して〜叫びを聞き入れず
詩60:11	まことに、人の救いは〜ものです
62:9	身分の低い人々は、〜しく
94:11	人の思い計ることがいかに〜

詩127:1	建てる者の働きは〜。「ことだ
伝2:21	これもまた、〜しく、非常に悪い
イザ1:13	〜ささげ物を携えて来るな
55:11	わたしのことばも、〜しく……帰
	っては来ない
エレ2:5	〜ものに従って行って、〜もの
10:15	それは、〜もの、物笑いの種だ
エゼ13:6	彼らは〜幻を見、まやかしの占
使14:15	このような〜ことを捨てて
ロマ1:21	かえってその思いは〜しくなり

むね（胸）
| 出28:30 | さばきを、その〜の上に載せる |

むねあて（胸当て）
出28:15	さばきの〜を、巧みな細工で作る
エペ6:14	胸には正義の〜を着け
Ⅰテサ5:8	信仰と愛を〜として着け

むほう（無法）
| 詩17:4 | 私は〜な者の道を避けました |

むほん（謀反）
Ⅱサム15:12	この〜は根強く、アブシャロ
Ⅰ列16:9	ジムリが彼に〜を企て 「ムに
Ⅱ列11:14	「〜だ。〜だ」と叫んだ
Ⅱ歴23:13	「〜だ。〜だ」と言った
イザ8:12	この民が〜と呼ぶことをみな
アモ7:10	アモスはあなたに〜を企てい

むら（村）
| マコ8:26 | 〜に入って行かないように |

むらがる（群がる）
| 創1:20 | 水には生き物が〜れ |

むり（無理）
ルカ14:23	〜にでも人々を連れて来なさい
24:29	……と言って〜に願ったので
ヨハ6:15	王とするために〜やりに連れ

むれ（群れ）
創30:41	強いものの〜がさかりがついたと
詩68:10	あなたの〜はその地に住みました
エレ23:2	わたしの〜を散らし……顧みな
	かった
アモ7:15	主は〜を追っていた私をとり
ルカ12:32	小さな〜よ。恐れることはない
Ⅰペテ5:2	神の羊の〜を、牧しなさい

め

め（目）
創4:4	主は、アベルとそのささげ物とに
	〜を留められた
22:13	アブラハムが〜を上げて見ると
出21:24	〜には〜。歯には歯。手には手
レビ24:20	骨折には骨折。〜には〜。歯
民10:31	私たちにとって〜なのですから
申11:12	主が、絶えずその上に〜を留めて
19:21	〜には〜、歯には歯、手には手
29:4	悟る心と、見る〜と、聞く耳を
士17:6	自分の〜に正しいと見えることを
21:25	自分の〜に正しいと見えることを
Ⅰサム12:3	自分の〜をくらましただろうか
Ⅱサム5:8	ダビデが憎む、〜の見えない者

Ⅰ列8:29	夜も昼も御〜を開いて
15:11	主の〜にかなうことを行った
Ⅱ列6:17	主がその若い者の〜を開かれた
9:30	イゼベルはこれを聞いて、〜の縁
Ⅱ歴6:20	昼も夜も御〜を開いて」を塗り
16:9	主はその御〜をもって、あまねく
20:12	あなたに私たちの〜を注ぐのみ
24:2	主の〜にかなうことを行った
ヨブ28:10	〜はすべての宝を見る
29:15	私は〜の見えない者の〜となり
30:20	私に〜を留めてくださいません
42:5	今、この〜であなたを見ました
詩6:7	私の〜は、いらだちで衰え
11:4	その〜は見通し、そのまぶたは
32:8	わたしはあなたがたに〜を留めて
33:13	主は天から〜を注ぎ、人の子らを
33:18	主の〜は主を恐れる者に注がれる
37:37	全き人に〜を留め、直ぐな人を見
84:9	油そそがれた者の顔に〜を注いで
102:19	天から地の上に〜を注がれました
106:44	主は彼らの苦しみに〜を留められ
115:5	〜があっても見えない。 「した
119:18	私の〜を開いてください
121:1	私は山に向かって〜を上げる
123:1	あなたに向かって、私は〜を上げ
135:16	〜があっても見えない
139:16	あなたは胎児の私を見られ
145:15	すべての〜は、あなたを待ち望ん
箴15:3	主の御〜はどこにでもあり、」で
22:12	主の〜は知識を見守り、裏切り者
伝6:9	〜が見るところは、心があこがれ
	ることにまさる
イザ1:15	あなたがたから〜をそらす
6:10	耳を遠くし、〜を堅く閉ざせ
17:7	人は自分を造られた方に〜を向け
22:11	これをなさった方に〜もくれず
29:10	あなたがたの〜、預言者たちを閉
29:18	〜の見えない者の〜が暗黒 」じ
32:3	見る者は〜を堅く閉ざさず
33:17	あなたの〜は、麗しい王を見
35:5	そのとき、〜の見えない者の〜は
	開き
37:17	主よ。御〜を開いてご覧ください
42:7	見えない〜を開き、囚人を牢獄から
42:16	〜の見えない者に、彼らの知らな
49:18	〜を上げて、あたりを見回せ
56:10	見張り人はみな、〜が見えず
64:4	〜で見たこともありません
エレ5:21	彼らは、〜があっても見えず
9:1	私の〜が涙の泉であったなら
ダニ9:18	〜を開いて……ご覧ください
アモ9:8	主の〜が、罪を犯した王国に
ハバ1:13	あなたの〜はあまりきよくて
マタ5:29	右の〜が、あなたをつまずかせ
5:38	〜には〜で、 「しるなら
6:22	あなたの〜が健全なら、あなたの
7:3	兄弟の〜の中のちりに〜をつける
9:29	イエスは彼らの〜にさわって

マタ11:5	~の見えない者が見、足のなえ		ルカ8:56	だれにも話さないように~じられ		I 歴16:34	その~はとこしえまで
18:9	一方の~が、あなたをつまずかせる		ヨハ15:14	わたしがあなたがたに~ことを		II 歴7:3	その~はとこしえまで」と主を
24:42	~をさましていなさい		使5:28	教えてはならないときびしく~じ		詩17:7	あなたの奇しい~をお示しください
25:13	だから、~をさましていなさい		19:13	イエスによって、おまえたちに~		18:25	~深い者には、~深く
26:38	いっしょに~をさましていなさい		I コリ7:10	結婚した人々に~じます		25:6	あなたのあわれみと~を覚えてい
26:41	~をさまして、祈っていなさい		I テモ6:17	富んでいる人たちに~じ		25:7	~によって、私を してください
マコ9:47	あなたの~が……つまずきを引		めいせい (名声)			26:3	あなたの~が私の目の前にあり
	き起こすのなら		箴22:1	~は多くの富よりも望ましい		36:7	あなたの~は、なんと尊いことで
13:33	~をさまし、注意していなさい		伝7:1	良い~は良い香油にまさり		40:10	あなたの~……を……隠しません
14:34	離れないで、~をさましていなさ		めいやく (盟約)			52:1	神の~は、いつも、あるのだ
ルカ1:48	卑しいはしためを~を しい		ヨシ9:6	私たちと~を結んでください		63:3	あなたの~は、いのちにもまさる
10:23	見ていることを見る~は幸いです		9:16	~を結んで後三日たったとき		69:16	あなたの~はまことに深いのです
11:34	からだのあかりは、あなたの~		めいれい (命令)			77:8	主の~は、永久に絶たれたのだろ
12:37	~をさましているところを		レビ27:34	モーセに命じられた~である		85:1	御国に~を施し、 しうか
24:31	~が開かれ、イエスだとわかった		民9:18	主の~によって……旅立ち		85:10	~とまこととは、互いに出会い
ヨハ4:35	~を上げて畑を見なさい		20:24	わたしの~に逆らったからである		89:2	御~は、とこしえに建てられ
9:39	~の見えない者が見えるように		I サム21:8	主の~があまり急だったので		92:2	朝に、あなたの~を、夜ごとに
ロマ11:8	見えない~と聞こえない耳を与		I 列2:3	主のおきてを、~と、定めと		100:5	その~はとこしえまで、その真実
I コリ2:9	~が見たことのないもの		エズ6:8	これらユダヤ人の長老たちにど		103:17	しかし、主の~は、とこしえから
16:13	~を覚ましていなさい。堅く信仰			うすべきか、~を下す		107:43	主の~を悟れ。 しとこしえまで
ガラ4:15	自分の~をえぐり出して私に		9:14	あなたの~を破って、忌みきらう		118:1	その~はとこしえまで
コロ4:2	~をさまして、感謝をもって			べき行いをするこれらの民		119:88	あなたの~によって、私を生かし
ヘブ4:13	神の~には、すべてが裸であり		詩147:15	主は地に~を送られる。そのこと		136:1	その~はとこしえまで
I ペテ3:12	主の~は義人の上に注がれ		箴4:4	私の~を守って、生きよ。 しばは		箴3:34	へりくだる者には~を授ける
黙16:15	~をさまして、身に着物を着け		13:13	~を敬う者は報いを受ける		8:35	主から~をいただくからだ
め (芽)			伝8:2	王の~を守れ。神の誓約がある		11:27	熱心に善を捜し求める者は~を見
民17:5	わたしが選ぶ人の杖は~を出す		12:13	神を恐れよ。神の~を守れ。これ			つけるが 「の~をいただく
エゼ17:24	枯れ木に~を出させることを			が人間にとってすべてである		18:22	良い妻を見つける者は……主から
めい (銘)			ダニ6:26	私は~する。……神の前に震え		イザ60:10	~をもって、あなたをあわれん
マタ22:20	だれの肖像ですか。だれの~で		I コリ14:37	私が……書くことが主の~で		61:2	主の~の年と、 し
めいじる (命じる; 命ずる)			I ヨハ2:7	初めから持っていた古い~で		63:7	主の~と、主の奇しいみわざを
創2:16	主は人に~じて仰せられた		5:3	神を愛するとは、神の~を守るこ		エレ9:24	地に~と公義と正義を行う者
6:22	すべて神が~じられたとおりに			とです		31:2	生き残った民は荒野で~を
18:19	家族とに~じて主の道を守らせ		II ヨハ5	私が新しい~を書くのではなく		哀3:22	私たちが滅びうせなかったのは
28:1	祝福し、そして彼に~じて言った		めうし (雌牛)				主の~による
出7:2	わたしの~ことを、みな、告げ		創15:9	三歳の~と、三歳の雌やぎと		ゼカ4:7	~あれ。これに~あれ
39:32	主がモーセに~じられたとおりに		民19:2	完全な赤い~をあなたのところに		12:10	~と哀願の霊を注ぐ
レビ8:36	モーセを通して~じられたこと		めかくし (目隠し)			ルカ1:30	あなたは神から~を受けたのです
25:21	わたしの祝福を~じ、三年間の		ルカ22:64	~をして、「言い当ててみろ		2:40	神の~がその上にあった
民20:8	岩に~じれば、岩は水を出す		めぐすり (目薬)			4:19	主の~の年を告げ知らせるために
申3:28	ヨシュアに~じ、彼を力づけ		黙3:18	目に塗る~を買いなさい		4:22	その口から出て来る~のことばに
4:13	それを行うように~じられた		めくばせ (目くばせ)			ヨハ1:14	この方は~とまことに満ち
33:4	モーセは、みおしえを……~じ		箴6:13	~をし、足で合図し、指でさし		使4:33	大きな~がそのすべての者の上に
ヨシ1:9	あなたに~じたではないか		10:10	~する者は人を痛め、むだ口を		7:46	ダビデは神の前に~をいただき
11:9	主が~じたとおりに彼らにして		めぐみ (恵み)			13:43	いつまでも神の~にとどまってい
11:15	モーセはヨシュアに~じたが		創24:12	私の主人アブラハムに~を施して			るように勧めた
詩33:9	主が~じられると、それは堅く立		32:10	~とまことを受けるに足りない者		14:3	御~のことばの証明をされた
148:5	主が~じて、彼らが造られた		39:21	主はヨセフとともにおられ、彼		14:26	以前神の~にゆだねられて送り出
エレ1:7	あなたに~すべての事を語れ		出34:7	~を千代も保ち、 し、を施し		15:40	主の~にゆだねられて出発した
11:4	わたしがあなたがたに~ように		申5:10	命令を守る者には、~を千代に		ロマ1:5	~と使徒の務めを受けました
26:2	あなたに語れと~じたことばを残		33:11	その手のわざに~を施してくださ		3:24	神の~により……価なしに義と
哀3:37	主が~じたのでなければ、 しらず		I サム20:14	主の~を私に施して しい		4:4	働く者の場合に、その報酬は~
マタ28:20	~じておいたすべてのことを		II サム7:15	~をサウルから取り去ったが		4:16	~によるためであり、 しでなくて
マコ5:43	だれにも知らせないようにと		9:1	その者に~を施したい		5:2	いま私たちの立っているこの~に
	きびしくお~じになり		15:25	主の~をいただくことができれば		5:15	神の~とひとりの人イエス・キリ
9:9	話してはならない、と特に~じ		22:26	あなたは、~深い者には、~深く			ストの~による賜物とは
ルカ4:10	御使いたちに~じてあなたを守ら		22:51	ダビデとそのすえに、とこしえに		5:20	罪の増し加わるところには、~も
8:25	風も水も、お~じになれば従う			~を施されます		6:1	~が増し加わるために、私たちは

コンコルダンス

めぐむ（恵む）
ロマ15:16　神から～をいただいているから
Ⅰコリ2:12　～によって神から私たちに賜
　　15:10　神の～によって、私は今の私に
Ⅱコリ1:15　～を二度受けられるように
　　4:15　～がますます多くの人々に及んで
　　6:1　神の～をむだに受けないように
　　6:2　～の時にあなたに答え
　　8:9　キリストの～を知っています
　　12:9　わたしの～は、あなたに十分
　　13:13　主イエス・キリストの～、神の愛
　　　　　　聖霊の交わりが
ガラ1:6　～をもって……召してくださっ
　　5:4　キリストから離れ、～から落ちて
エペ1:6　～の栄光が、ほめたたえられる
　　1:7　これは神の豊かな～によること
　　2:7　このすぐれて豊かな御～を
Ⅱテサ2:16　～によって永遠の慰めと
Ⅰテモ1:14　この～は……満ちあふれる
テト2:11　すべての人を救う神の～が現れ
　　3:7　～によって義と認められ
ピレ25　～が、あなたがたの霊とともに
ヘブ4:16　大胆に～の御座に近づこうでは
　　13:9　～によって心を強めるのは良い
ヤコ4:6　神は、さらに豊かな～を与えて
Ⅰペテ4:10　神の～の良い管理者と
　　5:5　へりくだる者に～を与えられ
　　5:10　あらゆる～に満ちた神
Ⅱペテ3:18　～と知識において成長
ユダ4　私たちの神の～を放縦に変えて

めぐむ（恵む）
民6:25　主が……あなたを～まれるように
Ⅱ列13:23　彼らを～み、あわれみ、顧みて
Ⅱ歴2:13　才知に～まれた熟練工、職人
ロマ8:32　すべてのものを、私たちに～ん
　　　　　でくださらないことがありましょう

めざめ（目ざめ）
詩73:20　～の夢のように、主よ、あなたは

めし（召し）
Ⅰコリ1:26　あなたがたの～のことを考え
エペ1:18　神の～によって与えられる望み
ヘブ11:8　受け取るべき地に出て行けとの

めしあがる（召し上がる）　「～を
ルカ24:43　イエスは……それを取って～っ
ヨハ4:31　先生。～ってください。　した

めじし（雌獅子）
民23:24　見よ。この民は～のように起き

めす（召す）
民1:16　会衆から～し出された者で
イザ42:6　主は、義をもってあなたを～し
　　49:1　主は、生まれる前から私を～し
ロマ8:30　あらかじめ定めた人々をさらに
　　　　　　～し
Ⅰコリ1:24　～された者にとっては、キリ
　　　　　　ストは神の力　「たのです
　　7:15　平和を得させようとして……～され
　　7:20　～されたときの状態にとどまって
　　7:24　～されたときのままの状態で
ガラ1:6　あなたを～してくださった

ガラ5:13　自由を与えられるために～された
ヘブ5:4　アロンのように神に～されて
Ⅱペテ1:10　～されたことと選ばれたこと
ユダ1　守られている、～された方々へ

めつぶし（目つぶし）
創19:11　～をくらったので、彼らは戸口を

めとる
民12:1　モーセがクシュ人の女を～って
マラ2:11　外国の神の娘を～った
ルカ20:35　～ことも、とつぐこともありま
　　　　　　「～せん

めばえる（芽生える）
イザ53:2　彼は主の前に若枝のように～え

めんじょ（免除）
申15:1　七年の終わりごとに、負債の～を
　　31:10　～の年の定めの時、仮庵の祭りで
マタ18:27　彼を赦し、借金を～してやった

めんどり
マタ23:37　～がひなを翼の下に集めるよう
ルカ13:34　～がひなを翼の下にかばうよう

めんもく（面目）
Ⅰサム15:30　私の～を立ててください

も

も（喪）
伝7:2　～中の家に行くほうがよい
ダニ10:2　三週間の～に服していた
アモ8:10　ひとり子を失ったときの～のよう

もうきん（猛禽）
エレ12:9　私の相続地は……まだらの～

もうけ（儲け）
箴3:14　それの～は銀の～にまさり

もうしひらき（申し開き）
ロマ14:12　自分のことを神の御前に～する

もうじん（盲人）
申28:29　～が暗やみで手さぐりするように
詩146:8　主は～の目をあけ
イザ59:10　～のように壁を手さぐり
哀4:14　～のように血に出て行けとの
マタ9:27　ふたりの～が大声で、「ダビデの
　　15:14　彼らは～を手引きする～です
　　15:30　手足の不自由な者、～、口のきけ
　　20:30　道ばたにすわっていたふたりの～
マコ8:22　すると人々が、～を連れて来て
　　10:51　～は言った。「先生。目が見えるよ
ルカ4:18　～には目の開かれることを告げ
　　6:39　～が～の手引きができるでしょう
　　7:21　多くの～を見えるようにされた
　　14:13　足のなえた者、～たちを招きなさい
　　18:35　～が、道ばたにすわり、物ごいを
ヨハ9:1　生まれつきの～を見られた
　　10:21　悪霊がどうして～の目をあけるこ
　　　　　　とができようか
ロマ2:19,20　～の案内者、やみの中にいる

もうもく（盲目）　「者の光
申16:19　わいろは知恵のある人を～にし

Ⅱ列6:18　民を打って、～にしてください
イザ42:19　主のしもべのような～の者が
　　43:8　目があっても～の民、耳があって
ゼカ12:4　民のすべての馬を打って～にする
マラ1:8　～の獣をいけにえにささげる
ヨハ9:20　生まれつき～だったことを
　　9:25　私は～であったのに、今は見える
　　9:39　見える者が～となるためです
Ⅱペテ1:9　近視眼であり、～であって
黙3:17　貧しくて、～で、裸の者である

もえる（燃える）
申4:11　山は激しく～え立ち、火は中天に
詩39:3　私がうめく間に、火は～え上がっ
ルカ24:32　私たちの心はうちに～えていた
使9:1　脅かしと殺害の意に～えて
ロマ12:11　霊に～え、主に仕えなさい
Ⅰコリ7:9　～よりは、結婚するほう
Ⅱテモ1:6　神の賜物を、再び～え立たせ

もくげきしゃ（目撃者）
ルカ1:1　初めからの～で、みことばに仕
Ⅱペテ1:16　キリストの威光の～なのです

もくてき（目的）
Ⅱ歴31:21　心を尽くして行い、その～を

もくひょう（目標）　「果たした
ピリ3:14　～をめざして一心に走っている

もけい（模型）
ヘブ9:24　本物の～にすぎない、手で造っ

もちいる（用いる）
Ⅰコリ9:18　自分の権利を十分に～いない
エペ5:16　機会を十分に生かして～いなさ

もちこたえる　「えない
ヨブ8:15　これにすがりつくと、それは～

もちさる（持ち去る）
Ⅱ歴36:7　主の宮の器具をバビロンに～り

もつ（持つ）
Ⅰコリ13:3　私が～っている物の全部を
Ⅱコリ6:10　何も～たないようでも

もつやく（没薬）
詩45:8　～、アロエ、肉桂のかおりを放ち
雅5:13　～の液をしたたらせるゆりの花

もてあそぶ
創39:14　私たちを～ためにヘブル人を

もてなし；もてなす
民22:17　私はあなたを手厚く～します
マタ8:15　彼女は起きてイエスを～した
マコ1:31　熱がひき、彼女は彼らを～した
ルカ4:39　立ち上がって彼らを～し始めた
　　10:40　～のために気が落ち着かず
ロマ12:13　聖徒の入用に協力し、旅人を
テト1:8　旅人をよく～し、　「しなさい
Ⅰペテ4:9　互いに親切に～し合いなさい
Ⅲヨハ8　このような人々を～べきです

もとい（基）
詩18:7　また、山々の～も震え、揺れた
　　18:15　水の底が現れ、地の～があらわ
　　24:2　海に地の～を据え、　しされた
　　102:25　あなたははるか以前に地の～を据
　　104:5　地をその～の上に据えられました

コンコルダンス

箴3:19　主は知恵をもって地の〜を定め
イザ40:21　地の〜がどうして置かれたかを
　　54:11　サファイヤであなたの〜を定め
もとめる（求める）
出11:2　銀の飾りや金の飾りを〜ように
　12:35　金の飾り、それに着物を〜めた
　18:15　民は、神のみこころを〜めて
申10:12　主が、あなたに〜めておられるこ
　11:12　主が〜められる地で、しとは何か
　12:30　彼らの神々を〜めて
Ⅰ歴28:9　もし、あなたが神を〜なら
Ⅱ歴9:12　彼女が〜めた物は何でもその望
　14:4　彼らの父祖の神、主を〜めさせ
　16:12　彼は主を〜ことをしないで、逆に
　19:3　心を定めて常に神を〜めて来られ
　26:5　ゼカリヤの存命中は、神を〜めた
　31:21　神に〜め、心を尽くして行っ
詩2:8　わたしに〜めよ。わたしは国々を
　63:1　私はあなたを切に〜めます
イザ1:12　だれが……あなたがたに〜め
　7:11　神、主から、しるしを〜めよ
　9:13　万軍の主を〜めなかった
　26:9　内なる霊はあなたを切に〜めます
　31:1　目を向けず、主を〜めない
　55:6　主を〜よ。お会いできる間に
エレ45:5　自分のために大きなことを〜の
　50:5　シオンを〜め、その道に　しか
哀3:25　主を待ち望む者、主を〜たましい
エゼ7:25　彼らは平和を〜が、それはない
ホセ10:12　今が、主を〜時だ。ついに、主
アモ5:4　わたしを〜めて生きよ
　5:14　善を〜めよ。悪を〜な。「るのか
ミカ6:8　主は何をあなたに〜めておられる
ゼカ10:1　後の雨の時に、主に雨を〜めよ
マタ6:33　神の国とその義とをまず第一に
　7:7　〜めなさい。　し〜めなさい
ルカ11:9　〜めなさい。そうすれば与えら
　11:29　しるしを〜めているが、しれます
　12:31　神の国を〜めなさい。そうすれば
　12:48　多く与えられた者は多く〜められ
ヨハ4:23　礼拝者として〜めておられる
　5:30　わたし自身の望むことを〜めず
　8:50　わたしの栄誉を〜めません
　14:13　わたしの名によって〜ことは何
　15:7　何でも……ほしいものを〜めなさい
　16:24　〜めなさい。そうすれば
使15:17　主を〜ようになるためである
　17:27　神を〜めさせるためであって
ロマ3:11　神を〜人はいない。「めなさい
Ⅰコリ12:31　よりすぐれた賜物を熱心に〜に
　14:12　御霊の賜物を熱心に〜めて
　14:39　預言することを熱心に〜めなさい
Ⅱコリ12:14　私が〜めているのは……あな
　　　　　たがた自身だからです
コロ3:1　上にあるものを〜めなさい
Ⅰテモ6:11　柔和を熱心に〜めなさい
Ⅰヨハ3:22　〜ものは何でも神からいただ
　　　　　くことができます

Ⅰヨハ5:16　神に〜めなさい。そうすれば
もどる（戻る）　　　　　　　し神は
ホセ2:7　私は行って、初めの夫に〜ろう
ルカ17:18　神をあがめるために〜って来た
ヨハ14:18　わたしは……〜って来るのです
ものうい
伝1:8　すべての事は〜。人は語ることさ
ものごい（物ごい）　　　　しえできない
マコ10:46　バルテマイという盲人の〜が
ルカ16:3　〜をするのは恥ずかしいし
　18:35　道ばたにすわり、〜をしていた
ヨハ9:8　これはすわって〜をしていた人
ものわらい（物笑い）　　　　　しでは
申28:37　国々の民の中で……〜の種となり
Ⅰ列9:7　国々の民の間で〜となり
Ⅱ歴30:10　彼らを〜にし、あざけった
ヨブ17:6　彼は民の〜とされた
詩44:14　私たちを国々の中で〜の種とし
エレ20:7　私は一日中、〜となり
哀3:14　私は、私の民全体の〜となり
エゼ23:32　〜となり、あざけりとなる
もはん（模範）
ヨハ13:15　あなたがたに〜を示したのです
Ⅰテサ1:7　すべての信者の〜になった
Ⅱテサ3:9　身をもって……〜を示すよう
Ⅰテモ4:12　純粋にも信者の〜になり
テト2:7　自分自身が良いわざの〜となり
Ⅰペテ2:21　あなたがたに〜を残され
　5:3　むしろ群れの〜となりなさい
もみがら　　　　　「うではないか
ヨブ21:18　つむじ風に吹き去られる〜のよ
詩1:4　風が吹き飛ばす〜のようだ
　35:5　彼らを風の前の〜のようにし
イザ17:13　山の上で風に吹かれる〜のよう
　29:5　吹き飛ぶ〜のようになる
　41:15　丘を〜のようにする
ダニ2:35　夏の麦打ち場の〜のようになり
ホセ13:3　打ち場から吹き散らされる〜
もも
創32:25　ヤコブの〜のつがいがはずれた
　32:31　〜のために足を引きずって
もらいもの
ロマ15:27　霊的なことでは……〜をした
もらう
マタ20:10　もっと多く〜えるだろうと思っ
もん（門）　　　　　　　　したが
創19:1　ソドムの〜のところにすわって
出12:7　羊を食べる家々の二本の〜柱と
ネヘ2:13　〜は火で焼け尽きていた
詩24:7　〜よ。おまえたちのかしらを上げ
ホセ2:15　アコルの谷を望みの〜としよう
ルカ13:24　努力して狭い〜から入り
ヨハ10:7　わたしは羊の〜です
　10:9　わたしは〜です。　「った
使14:27　異邦人に信仰の〜を開いてくださ
Ⅰコリ16:9　働きのための広い〜が
コロ4:3　みことばのために〜を開いて
ヘブ13:12　〜の外で苦しみを受けられ

黙3:8　だれも閉じることのできない〜を
　4:1　天に一つの開いた〜があった
　21:25　都の〜は一日中決して閉じること
もんえい（門衛）　　　　しがない
Ⅰ歴15:24　エホヤは箱を守る〜であった
もんじ（文字）
ロマ2:29　〜ではなく、御霊による、心の
Ⅱコリ3:6　〜は殺し、御霊は生かす
もんばん（門番）
ヨハ10:3　〜は彼のために開き、羊は

や

や（矢）
Ⅰサム20:20　三本の〜をそのあたりに放ち
Ⅱ列13:17　主の勝利の〜。アラムに対する
ヨブ6:4　全能者の〜が私に刺さり、私
詩7:13　死の武器を構え、〜を燃える〜と
　18:14　主は、〜を放って彼らを散らし
　38:2　あなたの〜が私の中に突き刺さり
　45:5　あなたの〜は鋭い。「している人
　127:5　幸いなことよ。〜筒をその〜で満た
箴7:23　ついには、〜が肝を射通し、鳥が
イザ5:28　その〜はとぎすまされ、弓は
エゼ5:16　ききんの〜をあなたがたに放つ
やかた
詩45:8　象牙の〜から聞こえる緒琴は
やぎ（山羊）
マタ25:32　羊飼いが羊と〜とを分けるよう
やきいん（焼き印）　　　　しに
ガラ6:17　この身に、イエスの〜を帯びて
やきもの（焼き物）
詩2:9　〜の器のように粉々にする
エレ19:1　行って、土の〜のびんを買い
やく（焼く）
ヨシ11:11　彼はハツォルを火で〜いた
ヨブ1:16　羊と若い者たちを〜き尽くし
エレ36:23　暖炉の火で巻き物全部を〜き
　52:13　エルサレムのすべての家を〜き
哀2:3　燃える火で、ヤコブを〜かれた
ホセ7:7　さばき つかさを〜き尽くす
マタ13:6　〜けて、根がないために枯れて
　13:30　毒麦を集め、〜ために束に
使19:19　書物を……みなの前で〜き捨てた
Ⅰコリ3:15　建てた建物が〜ければ
　13:3　私のからだを〜かれるために渡し
やく（役）　　　　　　　　しても
ヨブ34:9　神と親しんでも、それは人の〜
　　　　　　　　　　　　　　に立たない
　35:3　何があなたの〜に立つのでしょう
マタ25:30　〜に立たぬしもべは、外の暗い
ルカ17:10　〜に立たないしもべ　しみに
Ⅰコリ13:3　愛がなければ、何の〜にも
Ⅱテモ4:11　私の務めのために〜に立つ
Ⅱペテ1:8　キリストを知る点で、〜に立
やくそく（約束）　　　　したない者
申1:11　〜されたとおり……祝福して
　19:8　先祖たちに与えると〜された地を

Ⅱサム7:28	この良いことを〜してくださ		伝10:12	知恵ある者が口にすることばは		やどる（宿る）
Ⅰ列5:12	主は〜どおり、ソロモンに知恵			〜く		詩15:1　だれが、あなたの幕屋に〜のでし
8:56	〜どおり、ご自分の民イスラエル		ホセ2:14	連れて行き、〜く彼女に語ろう		91:1　全能者の陰に〜。
Ⅱ歴1:9	あなたの〜を堅く守ってくださ		マタ11:29	心〜く、へりくだっている		Ⅰコリ3:16　御霊があなたがたに〜ってお
6:10	主の〜どおり……王座に		Ⅰコリ4:21	愛と〜心で行きましょうか		Ⅱヨハ2　私たちのうちに〜真理による
10:15	〜を主に実現するために、神が		Ⅰテサ2:7	〜くふるまいました		やなぎ（柳）
詩77:8	〜は……果たされないのだろうか		Ⅱテモ2:24	むしろ、すべての人に〜くし		レビ23:40　また川縁の〜を取り、七日間
マタ20:13	あなたは私と一デナリを		やしなう（養う）			やね（屋根）
ルカ22:5	彼らは……ユダに金をやる〜を		創45:11	あなたをそこで〜いましょう		箴21:9　〜の片隅に住むほうがよい
24:49	父の〜してくださったものを		47:12	ヨセフは……食物を与えて〜った		25:24　〜の片隅に住むほうがよい
使1:4	わたしから聞いた父の〜を待ちな		Ⅰ列17:9	やもめに命じて、あなたを〜		マコ2:4　〜をはがし、穴をあけて
2:39	この〜は、あなたがたと		箴10:21	正しい者のくちびるは多くの人を		やぶ
7:5	財産として与えることを〜された			〜い		創22:13　角を〜にひっかけている一頭の雄
7:17	〜の時が近づくにしたがって		30:8	定められた分の食物で私を〜って		羊がいた
13:32	神が父祖たちに対してなされた〜		イザ58:14	ヤコブのゆずりの地であなたを〜		やぶる（破る）
26:6	父祖に〜されたものを待ち望んで		エゼ34:8	牧者たちは自分自身を〜し		創17:14　わたしの契約を〜ったのである
ロマ1:2	聖書において前から〜された		黙12:6	千二百六十日の間彼女を〜ために		ヨシ23:16　主の契約を、あなたがたが〜り
4:13	世界の相続人となるという〜が		12:14	蛇の前をのがれて〜われるため		士2:20　命じたわたしの契約を〜り
4:16	こうして〜がすべての子孫に		やしん（野心）			Ⅱ列18:12　聞き従わず、その契約を〜り
4:21	神には〜されたことを成就する力		Ⅰ列1:5	アドニヤは……〜をいだき		エズ9:14　あなたの命令を〜って
9:8	〜の子どもが子孫とみなされる		やすみ（休み）			ヨブ17:11　私の心に抱いたことも〜れ去り
15:8	父祖たちに与えられた〜を保証す		Ⅱ歴6:41	〜所にお入りください		詩119:126　あなたのおしえを〜り　　した
Ⅱコリ1:20	神の〜はことごとく、この方		エレ50:6	〜場も忘れてしまった		エレ33:20　夜と結んだわたしの契約とを〜
	において「しかり」となり		ダニ12:13	終わりまで歩み、〜に入れ		34:18　契約を〜った者たちを、二つに断
7:1	このような〜を与えられている		ルカ11:24	さまよいながら、〜場を捜し		やぶれ（破れ）
ガラ3:14	信仰によって〜の御霊を受ける		ヘブ4:9	安息日の〜は、神の民のために		しち切られた
3:21	律法は神の〜に反するのでしょう		やすむ（休む）			ネヘ6:1　〜口は残されていないという
4:23	自由の女の子は〜によって　　しか		創2:2	第七日目に……わざを〜まれた		詩106:23　御前の〜に立たなかったなら
4:28	イサクのように〜の子どもです		8:9	鳩は、その足を〜める場所が見あ		エゼ22:30　石垣を築き、〜口を修理する者
エペ3:6	ともに〜にあずかる者となる			たらなかったので		マタ9:16　〜がもっとひどくなるからです
テト1:2	永遠の昔から〜してくださった		18:4	この木の下でお〜みください		やま（山）
	永遠のいのちの望み		出23:12	〜ませなければならない		申1:6　あなたがたはこの〜に長くとどま
ヘブ4:1	神の安息に入るための〜		レビ26:34	地は〜み、その安息の年を取り		2:3　長らくこの〜のまわりを回って
6:12	信仰と忍耐によって〜のものを		申12:10	あなたがたを〜ませ、　　返す		Ⅰ列20:23　彼らの神々は〜の神
8:6	さらにすぐれた〜に基づいて		ヨブ11:18	あなたは守られて、安らかに〜		詩24:3　だれが、主の〜に登りえようか
9:15	永遠の資産の〜を受けることが		伝2:23	その心は夜も〜まらない		36:6　あなたの義は高くそびえる〜のよ
10:36	〜のものを手に入れるため		マタ11:28	わたしがあなたがたを〜ませ		46:2　〜が海のまなかに　　うで
11:11	〜してくださった方を真実な方と		マコ14:41	まだ眠って〜んでいるのですか		68:15　神の〜はバシャンの〜
11:39	〜されたものは得ませんでした		ヘブ4:4	みわざを終えて七日目に〜まれ		121:1　私は〜に向かって目を上げる
ヤコ1:12	神を愛する者に〜された、いの		黙14:13	労苦から解き放たれて〜		イザ30:29　主の〜、イスラエルの岩に行く
	ちの冠を受ける		やすらか（安らか）			エゼ20:40　わたしの聖なる〜、イスラエル
Ⅱペテ1:4	すばらしい〜が私たちに与え		士18:7	彼らは〜に住んでおり、シドン人		の高い〜の上で
2:19	自由を〜しながら、　　られ		詩4:8	主よ。あなただけが、私を〜に住		ダニ2:35　像を打った石は大きな〜となって
3:4	キリストの来臨の〜はどこにある		73:12	彼らはいつまでも〜で、しあわせ		オバ16　聖なる〜で飲んだように
3:9	その〜のことを遅らせておられ		イザ55:12	あなたは……〜に導かれて行く		ミカ1:4　〜は主の足もとに溶け去り
やくにん（役人）			アモ6:1	シオンで〜に住んでいる者		4:1　主の家の〜は、〜の頂に堅く立ち
ヨハ4:46	病気の息子がいる王室の〜が		やすらぎ（安らぎ）			ゼカ8:3　万軍の主の〜は聖なる〜と
やぐら			ヨブ3:26	私は〜もなく、休みもなく		マタ4:8　イエスを……高い〜に連れて行き
詩18:2	わが盾、わが救いの角、わが〜		ゼパ3:17	その愛によって〜を与える		5:1　イエスは〜に登り
箴18:10	主の名は堅固な〜。正しい者		Ⅱコリ7:5	私たちの身には少しの〜も		17:1　連れて、高い〜に導いて行かれ
やけど			やといにん（雇い人）			マコ3:13　さて、イエスは〜に登り
詩38:7	私の腰は〜でおおい尽くされ		ルカ15:19	〜のひとりにしてください		6:46　そこを去って〜のほうに向かわれ
やさい（野菜）			やとう（雇う）			11:23　だれでも、この〜に向かって
箴15:17	〜を食べて愛し合うのは		申23:4	ベオルの子バラムを〜ったから		13:14　ユダヤにいる人々は〜へ逃げ
ダニ1:12	私たちに〜を与えて食べさせ		Ⅱ歴24:12	鉄と青銅の細工師を〜った		ルカ9:28　祈るために、〜に登られた
ロマ14:2	弱い人は〜よりほかには食べま		やどや（宿屋）			ヨハ6:15　ひとり、また〜に退かれた
やさしい（優しい；優しさ）			ルカ2:7	〜には彼らのいる場所がなかった		Ⅰコリ13:2　〜を動かすほどの完全な信仰
詩45:2	あなたのくちびるからは〜が流れ		10:34	家畜に乗せて〜に連れて行き		ヘブ12:18　手でさわれる〜、燃える火
						12:22　シオンの〜、生ける神の都

やまい

やまい（病）
- Ⅱ歴16:12　〜の中でさえ、彼は主を求める
- 21:18　打たれた。彼は不治の〜になった
- 詩41:3　主は〜の床で彼をささえられる
- 106:15　〜を送ってやせ衰えさせた
- イザ1:5　頭は残るところなく〜にかかり
- 53:4　まことに、彼は私たちの〜を負い
- ホセ1:1　エフライムがおのれの〜を見
- マタ8:17　彼は……私たちの〜を背負った

やまばと（山鳩；山鳩）
- 創15:9　〜とそのひなを持って来なさい
- レビ1:14　〜または家鳩のひなの中から
- 雅2:12　〜の声が、私たちの国に聞こえる
- ルカ2:24　一つがい……家ばとのひな二
　　　　　　　　　羽

やみ
- 出10:21　〜にさわられるほどにせよ
- ヨブ10:21　〜と死の陰の地に行く前に
- 詩107:10　〜と死の陰に座す者、悩みと鉄の
- 112:4　主は……光を〜の中に輝かす
- 139:12　あなたにとっては、〜も暗くなく
- 伝11:8　〜の日も数多くあることを忘れて
　　　　　　　　　はならない
- エレ13:16　まだ主が〜を送らないうちに
- ヨエ2:2　〜と、暗黒の日。雲と、暗やみ
- Ⅰペテ2:9　〜の中から……光の中に招

やむ（病む）
- 箴13:12　期待が長びくと心は〜
- 雅2:5　私は愛に〜んでいるのです
- 5:8　私が愛に〜んでいる、と言って
- 哀1:13　終日、〜んでいる女とされた

やむ
- マコ4:39　風は〜み、大なぎになった

やめる
- Ⅰサム7:8　主に叫ぶのを〜めないでくだ
- 12:23　祈るのを〜めて主に罪を犯す
- ヨブ3:17　悪者どもはいきりたつのを〜め
- 詩46:9　地の果てまでも戦いを〜めさせ

やもめ
- 申14:29　みなしごや、〜は来て、食べ
- 24:17　〜の着物を質に取ってはならない
- ヨブ22:9　あなたは〜を素手で去らせ
- 29:13　〜の心を私は喜ばせた
- 詩109:9　彼の妻は〜となりますように
- 箴15:25　主は……〜の地境を決められる
- イザ1:17　〜のために弁護せよ
- 10:2　〜を自分のとりこにし、みなしご
- 47:9　子を失うことと、〜になること
- エレ49:11　〜たちは、わたしに拠り頼まな
- 哀1:1　〜のように　しければならない
- マタ23:14　〜の家を食いつぶして
- マコ12:40　また、〜の家を食いつぶし
- 12:42　そこへひとりの貧しい〜が来て
- ルカ4:25　イスラエルにも〜は多くいたが
- 7:12　〜となった母親のひとり息子
- 21:2　貧しい〜が……レプタ銅貨二つを
- 使6:1　彼らのうちの〜たちに、毎日の
- Ⅰテモ5:3　〜の中でもほんとうの〜を敬

やもり
- 箴30:28　〜は手でつかまえることができる

やり（槍）
- イザ2:4　剣を鋤に、その〜をかまに打ち
- ヨエ3:10　あなたがたのかまを〜に
- ヨハ19:34　イエスのわき腹を〜で突き刺し

やわらかい（柔らかい）
- マタ11:8　〜着物を着た人ですか。〜着物

やわらぐ（和らぐ）
- ヨブ5:23　野の獣はあなたと〜からだ

ゆ

ゆうえき（有益）
- Ⅰコリ10:23　すべてのことが〜とはかぎり
- Ⅰテモ4:8　肉体の鍛練もいくらかは〜で

ゆうかげ（夕影）
- 詩102:11　私の日は、伸びていく〜のようで

ゆうがた（夕方）
- マタ8:16　〜になると、人々は悪霊につか
　　　　　　　　　れた者を大ぜい
- マコ1:32　〜になった。日が沈むと、人々
- 14:17　〜になって、イエスは十二弟子と

ゆうかん（勇敢）
- ヨハ16:33　〜でありなさい。わたしはすで

ゆうき（勇気）
- Ⅱ歴19:11　〜を出して実行しなさい
- 使23:11　〜を出しなさい。あなたは
- 28:15　神に感謝し、〜づけられた
- Ⅱコリ4:1　〜を失うことなく

ゆうぐれ（夕暮れ）
- ゼカ14:7　昼も夜もない。〜時に、光がある

ゆうし（勇士）
- 士11:1　ギルアデ人エフタは〜であった
- Ⅰサム17:51　彼らの〜が死んだのを見て逃
- Ⅱサム1:25　〜たちは戦いのさなかに倒れ
- 23:8　ダビデの〜たちの名は次のとおり
- ヨブ16:14　〜のように私に向かって馳せか
- 伝9:11　戦いは〜のものではなく、しかる
- ゼパ3:17　神、主は……救いの〜だ

ゆうじょ（遊女）
- 創38:15　顔をおおっていたので〜だと思い
- ヨシ6:17　〜ラハブと、その家に共にいる
- 士16:1　そこでひとりの〜を見つけ
- 箴7:10　〜の装いをした……女が彼を迎え
- 29:3　〜と交わる者は、財産を滅ぼす
- ヘブ11:31　信仰によって、〜ラハブは
- ヤコ2:25　〜ラハブも、使者たちを招き入れ

ゆうじん（友人）
- 箴18:24　滅びに至らせる〜たちもあれば
- エレ9:8　口先では〜に平和を語るが

ゆうせん（優先）
- Ⅰテサ4:15　死んでいる人々に〜するよう

ゆうだち（夕立）
- エレ3:3　それで〜はなかった、後の雨
- ミカ5:7　青草に降り注ぐ〜のようだ

ゆうふく（裕福）
- マコ10:23　〜な者が神の国に入ることは

ゆうやけ（夕焼け）
- マタ16:2　夕方には、『〜だから晴れる』

ゆうれい（幽霊）
- マコ6:49　〜だと思い、叫び声をあげた

ゆうわく（誘惑）
- マタ26:41　〜に陥らないように、目をさま
- マコ1:13　サタンの〜を受けられた
- 14:38　〜に陥らないように、目をさま
- Ⅰコリ7:5　サタンの〜にかからないため
- Ⅰテサ3:5　〜者があなたがたを〜して
- ヤコ1:13　神によって〜された、と言って
　　　　　　　　　はいけません
- Ⅱペテ2:9　敬虔な者たちを〜から救い出し

ゆき（雪）
- Ⅱサム23:20　ある〜の日に、ほら穴の中に
- ヨブ9:30　私が〜の水で身を洗っても
- 詩51:7　私は〜よりも白くなりましょう
- 147:16　羊毛のように〜を降らせ
- 箴25:13　夏の暑い日の冷たい〜のようだ
- 26:1　夏の〜、刈り入れ時の雨のようだ
- 31:21　彼女は家の者のために〜を恐れな
- イザ1:18　〜のように白くなる。
- エレ18:14　レバノンの〜は、野の岩から消
- 哀4:7　そのナジル人は〜よりもきよく
- マタ28:3　その衣は〜のように白かった

ゆきめぐる（行き巡る）
- ゼカ1:10　地を〜ために主が遣わされた

ゆすぶる
- 詩29:8　主の声は、荒野を〜り

ゆずり
- Ⅰ列21:3　私の先祖の〜の地をあなたに与
- 詩2:8　国々をあなたへの〜として与え
- 16:5　主は、私への〜の地所、また私へ
- 16:6　すばらしい〜の地だ。しの杯
- 箴13:22　善良な人は子孫に〜の地を残す

ゆする
- ミカ2:2　人とその相続地を〜り取る
- ルカ3:14　金を〜ったり……してはいけま
　　　　　　　　　せん

ゆずる（譲る）
- 申21:16　自分の息子たちに財産を〜日に

ゆたか（豊か）
- 詩36:8　彼らはあなたの家の〜さを心ゆく
- 37:16　多くの悪者の〜さにまさる
- 72:7　〜な平和がありますように
- イザ66:11　その〜な乳房から吸って喜ぶん
- ルカ12:15　〜な人でも、その人のいのちは
- ヨハ1:16　満ち満ちた〜さの中から
- ロマ2:4　その〜な慈愛と忍耐と寛容とを
- Ⅰコリ1:5　キリストにあって〜な者に
- 4:8　もう〜になって
- Ⅱコリ9:11　あらゆる点で〜になって
- エペ3:16　父が、その栄光の〜さに従い

ゆだねる
- エズ1:2　宮を建てることを私に〜ねられ
- 詩31:5　私の霊を御手に〜ねます
- 37:5　あなたの道を主に〜ねよ
- 55:22　あなたの重荷を主に〜ねよ
- 箴16:3　あなたのしようとすることを主に

ゆだん

	～ね
ルカ23:46	父よ。わが霊を御手に～ねます
ヨハ5:22	すべてのさばきを子に～ねられ
使20:32	神とその恵みのみことばとに～ね
ロマ3:2	おことばを～ねられています
Ⅰコリ9:17	私には務めが～ねられている
Ⅱコリ5:19	和解のことばを……～ねられ
Ⅰテモ6:20	～ねられたものを守りなさい
Ⅱテモ2:2	忠実な人たちに～ねなさい

ゆだん（油断）

ルカ21:36	いつも～せずに祈っていなさい

ゆとり

詩4:1	私の苦しみのときに～を与えて

ゆび（指）

出8:19	「これは神の～です」と言った
31:18	神の～で書かれた石の板をモーセ
申9:10	神の～で書きしるされた石の板
詩8:3	あなたの～のわざである天を見
ダニ5:5	突然、人間の手の～が現れ
マタ23:4	それに一本さわろうとは
ルカ11:20	神の～によって悪霊どもを
11:46	荷物に～一本もさわろうとはしな い

ゆびわ（指輪）

エス3:10	王は自分の手から～をはずして
エレ22:24	右手の～の印であっても
ルカ15:22	手に～をはめさせ、足にくつを

ゆみ（弓）

創21:20	荒野に住んで、～を射る者となっ た
49:23	～を射る者は彼を激しく攻め
詩44:6	私は私の～にたよりません
46:9	～をへし折り、槍を断ち切り
ホセ1:5	イズレエルの谷でイスラエルの ～を折る

ゆめ（夢）

創28:12	～を見た。見よ。一つのはしごが
31:24	神は夜、～にアラム人ラバンに現
37:5	ヨセフは～を見て、それを兄たち
37:19	見ろ。あの～見る者がやって来る
40:5	ふたりとも同じ夜にそれぞれ～を
41:8	パロは彼らに～のことを話したが
42:9	彼らについて見た～を思い出して
民12:6	～の中でその者に語る。「まり が
士7:13	～を見た。……大麦のパンのかた
Ⅰ列3:5	主は～のうちにソロモンに現
伝5:7	～が多くなると、むなしいことば も多くなる
イザ29:8	飢えた者が、～の中で食べ
エレ23:28	～を見る預言者は～を述べるが
ダニ1:17	幻と～とを解くことができた
2:1	～を見、そのために心が騒ぎ
ヨエ2:28	年寄りは～を見、若い男は幻を
マタ27:19	私は～で……苦しいめに会い

ゆり

雅2:1	私はシャロンのサフラン、谷の～
2:16	～の花の間で群れを飼っています
マタ6:28	野の～がどうして育つのか
ルカ12:27	～の花のことを考えてみなさい

ゆりうごかす（揺り動かす）

ハガ2:6	わたしは天と地と、海と陸とを～

ヘブ12:26	もう一度、地だけではなく、天 も～

ゆるぐ

詩16:8	私は～ことがない
21:7	恵みによって～がないでしょう
46:5	神はそのまなかにいまし、その都 は～がない
57:7	神よ。私の心は～ぎません
108:1	神よ。私の心は～ぎません

ゆるし（許し；許す）

Ⅱ列5:18	主がこのことをしもべに～ください
エス5:8	もしも王さまのお～が得られ
マタ19:14	子どもたちを～してやりなさい
Ⅰコリ6:12	すべてのことが私には～され

ゆるし（赦し；赦す）

創50:17	そむきと彼らの罪を～してやりな さい
出32:32	罪をお～くださるものなら
34:7	咎とそむきと罪を～す者
34:9	どうか私たちの咎と罪を～し
レビ4:20	贖いをしなさい。彼らは～され
19:22	彼はその犯した罪を～される
民14:18	咎とそむきを～が、罰すべき者は
14:19	恵みによって～してください
15:25	贖いをするなら、彼らは～される
30:8	そして主は彼女を～される
申21:8	御民イスラエルをお～しください
29:20	主は……そうとはされない
ヨシ24:19	そむきも、罪も～さないから
Ⅰサム15:25	どうか今、私の罪を～し
25:28	そむきの罪をお～しください
Ⅰ列8:30	聞いて、お～しください
8:39	～し、またかなえてください
Ⅱ歴6:21	聞いて、お～しください
7:14	罪を～し、彼らの地をいやす
ヨブ7:21	そむきの罪を～さず、私の不義
詩19:12	隠れている私の罪をお～しくださ い
25:11	私の咎をお～しください。
25:18	私のすべての罪を～してください
32:1	そむきを～され、罪をおおわれた
78:38	彼らの咎を～して、滅ぼさず
79:9	私たちの罪をお～しください
85:2	あなたは、御民の咎を～し
103:3	主は、あなたのすべての咎を～し
130:4	あなたが～してくださるからこそ
イザ2:9	彼らをお～しにならないように
33:24	そこに住む民の罪は～される
55:7	豊かに～してくださるから
エレ5:1	わたしはエルサレムを～そう
5:7	どうして……あなたを～せよう
31:34	わたしは彼らの咎を～し
33:8	わたしは彼らのすべての咎を～し
36:3	咎と罪とを～すことができる
50:20	わたしが残す者の罪は……～から
哀3:42	私たちを～してくださいません
ダニ9:9	あわれみと～は、私たちの神
ミカ7:18	あなたは、咎を～し
マタ6:12	私たちの負いめをお～しくださ い
6:15	人を～さないなら、
9:2	子よ。……あなたの罪は～された

マタ12:31	聖霊に逆らう冒瀆は～されま せん
18:32	借金全部を～してやったのだ
18:35	心から兄弟を～さないなら
マコ2:5	子よ。あなたの罪は～され
2:7	だれが罪を～ことができよう
3:28	どんな罪も～していただけます
11:25	～してやりなさい。そうすれば
ルカ6:37	～しなさい。……自分も～され
7:42	金貸しはふたりとも～してやった
11:4	私たちの罪をお～しください
12:10	聖霊をけがす者は～されません
17:3	そして悔い改めれば、～しなさい
23:34	父よ。彼らをお～しください
ヨハ20:23	罪を～なら、その人の罪は～さ
使2:38	それぞれ罪を～していただくため
8:22	心に抱いた思いが～されるかも
10:43	その名によって罪の～が受けられ
13:38	罪の～が宣べられているのは
26:18	信仰によって……罪の～を得させ
ロマ4:7	不法を～され、罪をおおわれた人
Ⅱコリ2:7	その人を～し、慰めてあげ
エペ4:32	神がキリストにおいて……～し
コロ1:14	贖い、すなわち罪の～を得て
2:13	私たちのすべての罪を～し
ヘブ9:22	血を注ぎ出すことがなければ 罪の～はないのです
Ⅰヨハ1:9	その罪を～し、すべての悪から
2:12	御名によって……罪が～された

ゆれうごく（揺れ動く）

マタ27:51	そして、地が～き、岩が裂けた

よ

よ（世）

マタ13:40	この～の終わりにもそのように
ヨハ8:23	あなたがたはこの～の者であり
9:39	さばきのためにこの～に来ました
12:19	～はあげてあの人のあとについて
16:33	～にあっては患難があります
17:14	わたしが～のものでないよう
17:21	～が信じるためなのです
Ⅰコリ4:9	この～の見せ物になった
ヘブ11:38	この～は彼らにふさわしい所で はありませんでした
Ⅰヨハ2:15	～をも、～にあるものをも愛 してはなりません
3:13	～があなたがたを憎んでも、驚き してはならない
4:5	彼らはこの～の者です。

よ（夜）

Ⅱ歴1:7	その～、神がソロモンに現れ
ルカ5:5	～通し働きましたが、何一つ
使20:7	人々と語り合い、～中まで語り続

よあけ（夜明け）

詩46:5	神は～前にこれを助けられる
119:147	私は～前に起きて叫び求めます
130:6	夜回りが～を待つのにまさり

よい（良い）
- I列22:8　私について〜ことは預言せず
- 22:13　王に対し〜ことを述べています
- 詩92:1　主に感謝するのは、〜ことです
- 103:2　主の〜くしてくださったことを何一つ忘れるな
- 116:12　主が、ことごとく私に〜くして
- マタ7:11　自分の子どもには〜物を与える
- 12:35　〜人は、〜倉から〜物を取り出し
- 13:8　別の種は〜地に落ちて、あるもの
- 13:48　〜ものは器に入れ、悪いものは
- 25:21　よくやった。〜忠実なしもべだ
- マコ4:8　また、別の種が〜地に落ちた
- ルカ11:13　自分の子どもには〜物を与える
- ヨハ1:46　ナザレから何の〜ものが出るだ
- 使17:11　テサロニケにいる者たちよりも〜人たちで
- ロマ1:28　神は彼らを〜くない思いに引き
- 14:16　あなたがたが〜としている事がら

よいしらせ（良い知らせ）
- イザ40:9　エルサレムに〜を伝える者よ
- 41:27　エルサレムに、〜を伝える者を
- 52:7　〜を伝える者の足は……なんと美
- 61:1　貧しい者に〜を伝え、しいこと
- ナホ1:15　見よ。〜を伝える者、平和を告

よいどれ（酔いどれ）
- 詩69:12　私は〜の歌になりました。「うに
- イザ19:14　〜がへどを吐き吐きよろめくよ
- 28:1　エフライムの〜の誇りとする冠

よう（酔う）
- 創9:21　ノアはぶどう酒を飲んで〜い
- IIサム11:13　ダビデは……彼を〜わせた
- 13:28　アムノンが〜って上きげんに
- 伝10:17　〜ためではなく、力をつけるため
- イザ29:9　〜が、ぶどう酒によるのでは
- 使2:15　〜っているのではありません
- Iコリ5:11　人をそしる者、酒に〜者

ようい（用意）
- Iテモ22:14　主の家のために……銀百万タラントを〜した
- 29:2　私の神の宮のために〜をした
- II歴35:4　父祖の家ごとに……〜をしなさ
- ネヘ8:10　何も〜できなかった者には
- マタ25:10　〜のできていた娘たちは、彼と
- 26:17　私たちはどこで〜をしましょうか
- マコ1:3　主の道を〜し、主の通られる道
- ルカ3:4　主の道を〜し、主の通られる道
- 12:47　その思いどおりに〜もせず
- ロマ9:23　あらかじめ〜しておられたあ

よういくがかり（養育係）
- Iコリ4:15　キリストにある〜が一万人あろうとも
- ガラ3:24　キリストへ導くための……〜

ようき（陽気）
- 箴17:22　〜な心は健康を良くし、陰気な心

ようきゅう（要求）
- ロマ8:4　律法の〜が全うされるため

ようじん（用心）
- マタ24:44　あなたがたも〜していなさい

ようにん（容認）
- Iコリ7:6　〜であって、命令ではありません

ようひし（羊皮紙）
- IIテモ4:13　また、書物を、特に〜の物を

ようもう（羊毛）
- 箴31:13　彼女は〜や亜麻を手に入れ

よく（欲）
- 詩78:29　〜望を、かなえてくださった
- 106:14　荒野で激しい〜望にかられ
- エペ2:3　自分の肉の〜の中に生き、肉と
- ヤコ1:14　人はそれぞれ自分の〜に引かれ
- 4:1　からだの中で戦う〜望が原因では
- IIペテ2:14　その心は〜に目がありません
- Iヨハ2:16　すなわち、肉の〜、目の〜

よげん（預言）
- 民11:25　とどまったとき、彼らは〜した
- Iサム10:5　彼らは〜をしていますが
- I列22:8　良いことを〜せず、悪いことばかりを〜する
- I歴25:1　シンバルをもって〜する者とし
- II歴18:7　決して良いことは〜せず
- イザ30:10　私たちに正しいことを〜するな
- エレ11:21　主の名によって〜するな
- 14:14　わたしの名によって偽りを〜して
- 19:14　主が〜のために遣わしたトフェテ
- 23:13　彼らはバアルによって〜し
- 23:21　わたしは彼らに語らなかったのに彼らは〜している。「る
- 23:32　偽りの夢を〜する者たちの敵とな
- 25:30　このすべてのことばを〜して
- 26:18　ユダの王ヒゼキヤの時代に〜して
- 29:9　偽りをあなたがたに〜している
- 32:3　なぜ、あなたは〜をするのか
- エゼ4:7　腕をまくり、これに向かって〜
- 11:4　人の子よ。〜せよ。」せよ
- 13:2　自分の心のままに〜する者どもに
- 21:2　イスラエルの地に向かって〜せよ
- 36:1　イスラエルの山々に〜して言え
- 37:4　これらの骨に〜して言え
- 38:14　人の子よ、〜してゴグに言え
- ヨエ2:28　あなたがたの息子や娘は〜し
- アモ2:12　預言者には〜するなと言
- 7:12　その地でパンを食べ……〜せよ
- 7:15　わたしの民イスラエルに〜せよ
- マタ7:22　あなたの名によって〜をし
- ルカ1:67　聖霊に満たされて、〜して
- 使2:17　あなたがたの息子や娘は〜し
- 19:6　異言を語ったり、〜をしたりした
- ロマ12:6　その信仰に応じて〜しなさい
- Iコリ12:10　ある人には〜、ある人には霊
- 13:2　たとい私が〜の賜物を持っており
- 13:9　〜することも一部分だからです
- 14:5　あなたがたが〜することを望み
- IIペテ1:19　さらに確かな〜のみことばを
- ユダ14　エノクも、彼らについて〜して
- 黙10:11　王たちについて〜しなければなら
- 22:7　この書の〜のことばを堅く守る者

よけんしゃ（予見者）
- Iサム9:9　昔は〜と呼ばれていたから
- イザ30:10　彼らは〜に「見るな」と言い

よげんしゃ（預言者）
- 創20:7　〜であって、あなたのために祈っ「てくれよう
- 出7:1　あなたの兄アロンはあなたの〜
- 民11:29　主の民がみな、〜となればよいのに。「ら
- 12:6　あなたがたのひとりが〜であるな
- 申13:1　〜または夢見る者が現れ
- 18:15　私のようなひとりの〜をあなたの
- 34:10　モーセのような〜は、もう再び
- 士6:8　主はイスラエル人にひとりの〜を
- Iサム3:20　サムエルが主の〜に任じられ
- 10:11　サウルもまた、〜のひとりなのか
- 19:24　サウルもまた、〜のひとりなのか
- I列13:11　ひとりの年寄りの〜がベテルに
- 22:7　〜がほかにいないのですか
- II列5:8　イスラエルに〜がいることを
- 24:2　〜たちによって告げられたことば
- II歴18:6　〜がほかにいないのですか
- 20:20　その〜を信じ、勝利を得なさい
- 28:9　主の〜で、その名をオデデという
- 36:12　主のことばを告げた〜エレミヤ
- ネヘ9:30　あなたの〜たちを通して
- 詩74:9　もはや〜もいません。いつまで
- エレ9:15　その尾とは、偽りを教える〜
- エレ5:13　〜たちは風になり、みことばは
- 5:31　〜は偽りの預言をし、祭司は
- 7:25　わたしのしもべであるすべての〜
- 8:10　〜から祭司に至るまで、みな偽り
- 27:9　あなたがたの〜……に聞くな
- 哀2:14　あなたの〜たちは、あなたのため
- 4:13　これはその〜たちの罪、祭司たち
- エゼ2:5　彼らのうちに〜がいることを
- 14:9　もし〜が惑わされて、ことばを語
- 33:33　自分たちの間にひとりの〜がいたことを知ろう
- ホセ9:7　〜は愚か者、霊の人は狂った者だ
- 12:13　主はひとりの〜によって、イスラ
- アモ7:14　私は〜ではなかった。エルを
- ゼパ3:4　その〜たちは、ずうずうしい
- マラ4:5　〜エリヤをあなたがたに遣わす
- マタ10:41　〜を〜だというので受け入れる
- 13:57　〜が尊敬されないのは、自分の郷里、家族の間だけです。「ため
- 21:4　〜を通して言われた事が成就する
- 21:11　ガリラヤのナザレの、〜イエス
- 23:37　〜たちを殺し、自分に遣わされた
- マコ6:4　〜が尊敬されないのは、自分の郷里、親族、家族の間だけです
- 8:28　〜のひとりだと言う人もいます
- 11:32　ヨハネは確かに〜だと思っていた
- ルカ4:24　〜はだれでも、自分の郷里では
- 7:16　大〜が私たちのうちに現れた
- 9:19　昔の〜のひとりが生き返ったのだ
- 10:24　多くの〜や王たちが……見たいと
- 13:34　〜たちを殺し、」願ったのに

よこしま

ルカ20:6	ヨハネを～と信じているのだから	
24:44	モーセの律法と～と詩篇とに	
ヨハ1:21	あなたはあの～ですか	
4:19	先生。あなたは～だと思います	
7:40	あの方は、確かにあの～なのだ	
使7:37	私のようなひとりの～を	
13:15	律法と～の朗読があって後	
ロマ11:3	彼らはあなたの～たちを殺し	
Ⅰコリ12:28	第一に使徒、次に～、次に教	
14:32	～たちの霊は～たちに服従 ┗師	
14:37	自分を～……御霊の人と思う者は	
エペ4:11	ある人を～、ある人を伝道者	
テト1:12	彼らと同国人であるひとりの～	
Ⅰペテ1:10	恵みについて預言した～たち	
Ⅱペテ2:1	イスラエルの中には、にせ～	
黙10:7	ご自身のしもべである～たちに	

よこしま

創13:13	ソドムの人々は～な者で、主に対	
Ⅰサム30:22	意地の悪い、～な者たちが	
箴16:27	～な者は悪をたくらむ	

よこたえる（横たえる）

詩4:8	平安のうちに私は身を～え

よごれる

ゼカ3:3	ヨシュアは、～れた服を着て

よすみ（四隅）

イザ11:12	追い散らされた者を地の～から

よそおう（装う）

ヨブ40:10	さあ、誉れ、気高さで身を～い
マタ6:30	神はこれほどに、～ってくださる
ルカ12:28	神はこのように、～ってくださる

よそもの（よそ者）

創19:9	こいつは～として来たくせに

よち（予知）

使2:23	神の定めた計画と神の～とによって

よつぎ（世継ぎ）

エレ49:1	イスラエルには……～がないのか

よびな（呼び名）

箴10:7	正しい者の～はほめたたえられ

よぶ（呼ぶ）

出3:4	神は柴の中から彼を～び	
19:20	主がモーセを山の頂に～び寄	
士16:28	サムソンは主に～ばわって言った	
Ⅰサム3:6	主はもう一度、サムエルを～	
	ばれた	
ヨブ13:22	～んでください。私は答えます	
14:15	あなたが～んでくだされば	
詩50:4	天と、地とを～び寄せられる	
53:4	神を～び求めようとはしない	
55:16	神に～ばわると、主は私を	
80:18	私たちは御名を～び求めます	
99:6	サムエルが御名を～者の中にいた	
102:2	私が～ときに、早く私に答えて	
116:2	私は生きるかぎり主を～び求よ	
119:145	心を尽くして～びました。し、う	
120:1	苦しみのうちに、私が主に～ばわ	
130:1	深い淵より……～び求 ┗ると	
145:18	主を～び求めるすべての者に主は近	
箴8:1	知恵は～ばわらないだろうか	

雅5:6	私が～んでも、答えはありません	
イザ41:9	地のはるかな所からあなたを～	
	び出して	
41:25	日の出る所から、わたしの名を～	
45:4	わたしはあなたをあなたの名で～	
50:4	朝ごとに、私を～びさまし	
64:7	あなたの御名を～者もなく	
65:24	彼らが～ばないうちに、わたしは	
エレ3:19	あなたがたをわたしを父と～	
33:3	わたしを～べ。そうすれば	
35:17	わたしが彼らに～びかけたのに	
ヨエ2:32	主の名を～者はみな救われる	
マタ2:15	エジプトから、わたしの子を～	
10:1	十二弟子を～び寄せて	
マコ3:13	お望みになる者たちを～び寄せ	
6:7	十二弟子を～び、ふたりずつ	
10:49	あなたをお～びになっている	
15:35	そら、エリヤを～んでいる	
ルカ1:32	いと高き方の子と～ばれます	
9:1	イエスは、十二人を～び集めて	
9:54	私たちが天から火を～び下して	
15:6	友だちや近所の人たちを～び集め	
ヨハ10:3	羊をその名で～んで連れ出し	
使2:21	主の名を～者は、みな救われる	
11:26	キリスト者と～ばれるようにな	
28:17	おもだった人たちを～び集め	
ロマ10:12	主を～び求めるすべての人に	
10:14	信じたことのない方を、どうして	
	～び求めることができるでしょう	
Ⅱテモ2:22	きよい心で主を～び求める人	

ヨベル

レビ25:11	この第五十年目は……～の年

よまわり（夜回り）

イザ21:11	～よ。今は夜の何時か

よみ

詩9:17	悪者どもは、～に帰って行く
16:10	私のたましいを～に捨ておかず
49:14	～がその住む所となる
139:8	私が～に床を設けても、そこに
箴5:5	その歩みは～に通じている
15:11	～と滅びの淵とは主の前にある
イザ5:14	それゆえ、～は、のどを広げ
14:9	下界の～は、あなたの来るのを
28:15	死と契約を結び、～と同盟を結ん
57:9	～にまでも下らせた。しでいる
エゼ32:21	～の中から語りかける。『～のか
ホセ13:14	～よ。おまえの針はどこにある
ハバ2:5	彼は～のようにのどを広げ

よみがえる；よみがえり

マタ14:2	ヨハネが死人の中から～ったの	
16:21	三日目に～らなければならない	
17:9	人の子が死人の中から～ときまで	
20:19	人の子は三日目に～ります	
26:32	～ってから、あなたがたより先に	
27:64	『死人の中から～った』と	
28:6	ここにおられません。……～られ	
	たからです。「～から～ったのだ	
マコ6:14	バプテスマのヨハネが死人の中	

マコ8:31	三日の後に～らなければならない	
9:9	人の子が死人の中から～ときまで	
14:28	～ってから、あなたがたより先に	
16:6	あの方は～られました。ここには	
ルカ9:7	ヨハネが死人の中から～った	
24:6	ここにはおられません。～られた	
24:34	ほんとうに主は～って、シモン	
ヨハ5:29	善を行った者は、～っての	
6:39	終わりの日に～らせ ┗しちを	
11:23	あなたの兄弟は～ります	
11:25	わたしは、～です。いのちです	
使2:32	神はこのイエスを～らせました	
3:15	神はこのイエスを死者の中から～	
	らせました	
10:40	神はこのイエスを三日目に～らせ	
13:30	神はこの方を死者の中から～らせ	
26:8	神が死者を～らせるということを	
Ⅰコリ6:14	神は主を～らせましたが	
15:4	示すとおりに、三日目に～られ	
Ⅱコリ4:14	主イエスを～らせた方が	
エペ1:20	キリストを死者の中から～らせ	
2:6	ともに～らせ、ともに天の所に	
コロ3:1	キリストとともに～らされたの	
	なら 「キリストを	
Ⅱテモ2:8	死者の中から～ったイエス・	
ヘブ11:19	神には人を死者の中から～らせ	
	ることもできる、と考えました	
11:35	死んだ者を～らせていただき	
Ⅰペテ1:3	キリストが死者の中から～	
	れたことによって、私たちを新し	
1:21	～らせて彼に栄光を与えられ	

よむ（読む）

申17:19	一生の間、これを～まなければ
31:11	みおしえを～んで聞かせなければ
詩33:15	彼らのわざのすべてを～み取る方
139:2	私の思いを遠くから～み取られ
イザ34:16	主の書物を調べて～め。「かせ
エレ36:6	主のことばを、民の耳に～み聞
ダニ5:7	この文字を～み、その解き明か
5:17	私はその文字を王のために～み
ハバ2:2	これを～む者が急使として走り
マタ21:42	次の聖書のことばを～んだこと
	がないのですか
マコ12:10	次の聖書のことばを～んだこと
12:26	～んだことがないのですか
使8:28	預言者イザヤの書を～んでいた
Ⅱコリ3:2	すべての人に……～まれて

よりかかる（寄りかかる）

イザ48:2	イスラエルの神……～ってい

よりたのむ（拠り頼む）

Ⅱ列18:19	おまえは何に～んでいるのか	しる
18:21	いたんだ葦の杖エジプトに～ん	
Ⅱ歴14:11	あなたに～み、しでいるが	
16:7	神、主に～みませんでした	
ヨブ18:14	彼はその～天幕から引き抜かれ	
39:11	あなたはそれに～だろうか	
詩13:5	私はあなたの恵みに～みます	
55:23	私は、あなたに～みます	

よりどころ

箴3:5 心を尽くして主に〜め。自分の悟
11:28 自分の富に〜者は倒れる
16:20 主に〜者は幸いである
22:19 あなたが主に〜ことができるよう
25:19 苦難の日に、裏切り者に〜ことは
28:25 しかし主に〜人は豊かになる
30:5 神は〜者の盾。
イザ31:1 多数の戦車と、非常に強い騎兵
36:4 おまえは何に〜んでいるのか
42:17 彫像に〜み、鋳線に
47:10 あなたは自分の悪に〜み、「めだ
エレ13:25 わたしを忘れ、偽りに〜んだた
29:31 あなたがたを偽りに〜ませた
48:7 自分の作った物や財宝に〜んだ
ホセ10:13 多くの勇士に〜んだからだ

よりどころ（拠り所）
詩11:3 〜がこわされたら正しい者に何が

よりわける（より分ける）
マタ25:32 羊と山羊とを分けるように、彼

よる（夜）
創1:5 やみを〜と名づけられた
詩19:2 話を伝え、〜は〜へ、知識を示す
42:8 〜には、その歌が私とともにあり
ヨハ3:2 イエスのもとに来て言った
9:4 だれも働くことのできない〜が
11:10 しかし、〜歩けばつまずきます
13:30 出て行った。すでに〜であった
黙21:25 そこには〜がないからである

よるべ（寄るべ）
ヨブ5:16 こうして〜のない者は望みを持
31:16 私が〜のない者の望みを退け
イザ11:4 正義をもって〜のない者をさば

よろい
Iサム17:38 自分の〜かぶとを着させた
イザ59:17 主は義を〜のように着、救いの

よろける
ヨブ12:25 酔いどれのように、〜けさせる
詩17:5 道を堅く守り、私の足は〜けませ
18:36 私のくるぶしは〜けませんでした
37:31 心に神のみおしえがあり、彼の歩
38:16 私の足が〜とき、しみは〜けない
121:3 主はあなたの足を〜けさせず

よろこび（喜び）
民10:10 〜の日……例祭と新月の日に
IIサム22:20 主が私を〜とされたから
II歴20:27 〜のうちにエルサレムに凱旋し
エス8:15 シュシャンの町は〜の声にあふ
9:19 〜と祝宴の日、
ヨブ20:5 悪者の〜は短く、神を敬わない
22:3 それが全能者に何の〜であろうか
22:26 あなたは全能者をあなたの〜とし
27:10 全能者を彼の〜とするだろうか
詩1:2 その人は主のおしえを〜とし
4:7 あなたは私の心に〜を下さいました
30:11 〜を私に着せて
37:4 主をおのれの〜とせよ。主は
40:8 みこころを行うことを〜とし
43:4 私の最も〜とする神のみもとに

詩45:7 神を〜の油を……そそがれた
47:1 〜の声をあげて神に叫べ。
65:12 もろもろの丘も〜をまとっていま
119:24 あなたのさとしは私の〜、私の
119:77 あなたのみおしえが私の〜だから
箴15:13 心に〜があれば顔色を良くする
16:13 正しいことばは王たちの〜
29:6 正しい人は〜の声をあげ、楽しむ
イザ14:7 全地は……〜の歌声をあげて
16:10 〜と楽しみは果樹園から取り去
55:12 〜をもって出て行き、しれ
60:15 永遠の誇り、代々の〜の町に
61:3 悲しみの代わりに〜の油を
62:4 わたしの〜は、彼女にある。「す
エレ7:34 楽しみの声と〜の声……を絶や
ヨエ1:12 人の子らから〜が消えうせた
ルカ1:14 その子はあなたにとって〜、し
2:10 この民全体のためのすばらしい〜
15:5 大〜でその羊をかついで
ヨハ3:29 私もその〜で満たされている
15:11 わたしの〜があなたがたのうちに
16:20 あなたがたの悲しみは〜に変わり
17:13 わたしの〜が全うされるために
使8:8 その町に大きな〜が起こった
15:3 兄弟たちに大きな〜をもたらした
ロマ14:17 義と平和と聖霊による〜だから
15:13 信仰によるすべての〜と平和
IIコリ1:24 あなたがたの〜のために働く
協力者です。「って
7:13 この慰めの上にテトスの〜が加わ
ガラ4:15 あなたがたのあの〜は、今どこ
ピリ1:25 信仰の進歩と〜とのために
ピレ7 あなたの愛から多くの〜と慰めを
ヤコ1:2 この上もない〜と思いなさい
Iペテ1:8 栄えに満ちた〜におどって
Iヨハ1:4 私たちの〜が全きものとなる

よろこぶ（喜ぶ）
レビ23:40 あなたがたの神、主の前で〜
申16:11 主の前で……〜びなさい
24:5 妻を〜ばせなければならない
28:47 主に、心から〜び楽しんで仕えよ
うとしないので「たように
28:63 あなたがたをふやすことを〜ばれ
30:9 あなたを栄えさせて〜ばれる
Iサム6:13 彼らはそれを見て〜んだ
15:22 他のいけにえを〜ばれるだろうか
18:5 サウルの家来たちにも〜ばれた
IIサム10:9 あなたが、イスラエルの
I歴16:10 主を慕い求める者の心を〜ばせ
29:3 私の神の宮を〜あまり、聖なる宮
29:9 進んでささげた物について〜んだ
29:22 大いに〜んで、主の前に食べたり
ネヘ8:10 あなたがたの力を主が〜ばれる
ヨブ6:10 苦痛の中でも……〜ぼう
29:13 やもめの心を私は〜ばせた
詩5:4 あなたは悪を〜神ではなく
5:11 あなたに身を避ける者がみな〜び
9:2 私は、あなたを〜び、誇ります

詩19:8 主の戒めは正しくて、人の心を〜
32:11 主にあって、〜び、楽しめ。しば
33:1 主にあって、〜び歌え
35:9 私のたましいは、主にあって〜び
35:15 彼らは私がつまずくと〜び
37:23 主はその人の道を〜ばれる
40:6 お〜びにはなりませんでした
40:16 あなたにあって楽しみ、〜びます
46:4 神の都を〜ばせる。しように
51:12 〜んで仕える霊が、私をささえ
51:16 あなたはいけにえを〜ばれません
51:19 義のいけにえを〜ばれるでしょう
66:1 全地よ。神に向かって〜び叫べ
68:4 その御前で、こおどりして〜べ
85:6 あなたの民があなたによって〜
92:4 御手のわざを、〜び歌います
94:19 私の心のいを〜ばしてください
95:1 さあ、主に向かって、〜び歌おう
98:8 こぞって主の御前で〜び歌え
100:2 〜び歌いつつ御前に来たれ
112:1 主を恐れ、その仰せを大いに〜人
126:5 〜び叫びながら刈り取ろう
箴5:18 あなたの若い時の妻と〜び楽しめ
8:30 わたしは毎日〜び、いつも御前で
11:20 まっすぐに道を歩む者は主に〜ば
れる
15:8 正しい者の祈りは主に〜ばれる
15:30 目の光は心を〜ばせ、良い知らせ
16:7 主は、人の行いを〜とき
28:12 正しい者が〜ときには、大いなる
光栄があり
29:2 正しい人がふえると、民は〜び
伝5:4 神は愚かな者を〜ばないからだ
7:26 神に〜ばれる者は女からのがれる
イザ1:11 子羊、雄やぎの血も〜ばない
9:3 彼らは刈り入れ時に〜ように
11:3 この方は主を恐れることを〜び
12:3 〜びながら救いの泉から水を汲む
12:6 大声をあげて、〜び歌え
26:19 さめよ、〜び歌え。ちりに住む者
35:1 荒野と砂漠は楽しみ、荒地は〜び
35:6 口のきけない者の舌は〜び歌う
41:16 あなたは主によって〜び
44:23 天よ。〜び歌え。主がこれを成し
52:8 声を張り上げ、共に〜び歌って
60:5 心は震えて、〜。海の富は
62:5 あなたの神はあなたを〜
65:14 心の楽しみによって〜び歌う
66:10 エルサレムとともに〜べ、し〜よ
エレ11:15 その時には、こおどりして〜び
哀2:17 あなたのことで敵を〜ばせ
エゼ18:23 わたしは悪者の死を〜だろうか
33:11 わたしは……悪者の死を〜ばない
ホセ6:6 むしろ神を知ることを〜
ヨエ2:23 神、主にあって、楽しみ〜べ
アモ5:22 わたしはこれらを〜ばない
ミカ6:7 主は……の油を〜ばれるだろうか
7:18 いつくしみを〜ばれるから

ハバ3:18	私は主にあって〜び勇み		いるのか	Iコリ14:8	〜がもし、はっきりしない音
ゼパ3:14	イスラエルよ。〜び叫べ	詩26:1	〜ことなく、主に信頼したことを	15:52	〜が鳴ると、死者は朽ちないもの
ハガ1:8	〜び、わたしの栄光を現そう	107:27	彼らは酔った人のように〜き		によみがえり
ゼカ2:10	シオンの娘よ。〜び歌え	**よわい** (弱い；弱さ)		Iテサ4:16	神の〜の響きのうちに、ご自
9:9	シオンの娘よ。大いに〜べ	Iサム2:8	主は、〜者をちりから起こし		
マラ1:10	わたしは、あなたがたを〜ばな	アモ4:1	彼女らは〜者たちをしいたげ	**り**	
マタ2:10	その星を見て……〜んだ。し	8:6	〜者を金で買い、貧しい者を一足	**りえき** (利益)	
3:17	愛する子、わたしはこれが	使20:35	労苦して〜者を助けなければ	ネヘ2:10	イスラエル人の〜を求める人が
5:12	〜びなさい。〜びおどりなさい	ロマ14:1	信仰の〜人を受け入れなさい	ヨブ35:3	どんな〜がありましょうか
17:5	愛する子、わたしはこれが	15:1	力のない人たちの〜をになうべき	箴14:23	すべての勤労には〜がある
18:13	九十九匹の羊以上にこの一匹を〜	Iコリ1:25	神の〜は人よりも強いから	伝5:9	国の〜は農地を耕させる王である
マコ1:11	愛する子、わたしはあなたを〜	1:27	この世の〜者を選ばれたのです	Iコリ10:33	自分の〜を求めず、多くの人
ルカ1:47	わが救い主なる神を〜びたたえ	2:3	いっしょにいたときの私は、〜く	**りかい** (理解)	
3:22	愛する子、わたしはあなたを〜	4:10	私たちは〜が、あなたがたは強い		しの〜を
6:23	〜びなさい。おどり上がって〜び	8:7	彼らのそのように〜良心が汚れる	ネヘ8:8	民は読まれたことを〜した
10:20	悪霊どもがあなたがたに服従する	8:11	〜人は、あなたの知識によって	箴1:5	これを聞いて〜を深め
	からといって、〜びなさい	9:22	〜人々には、〜人になりました	ヨブ20:9	聖書を、まだ〜していなかった
12:32	〜んであなたがたに御国を しん	Iコリ11:29	だれかが〜くて、私が〜くな	IIコリ1:14	ある程度は、私たちを〜して
13:17	すべての輝かしいみわざを〜んだ		いということがあるでしょうか	エペ3:18	高さ、深さがどれほどであるか
19:37	〜んで大声に神を賛美し始め	11:30	私は自分の〜を誇ります		を〜する力を持つ
ヨハ8:56	わたしの日を見ることを思って	12:10	私が〜ときにこそ、私は強いから	IIペテ3:16	その手紙の中に〜しにくい
	大いに〜びました	13:4	〜のゆえに十字架につけられ	**りくつ** (理屈)	しところも
14:28	わたしが父のもとに行くことを	ガラ4:13	私の肉体が〜かったためでした	伝7:29	人は多くの〜を捜し求めたのだ
	〜はずです。し心から〜んだ	Iテサ5:14	小心な者を励まし、〜者を助け	マコ2:8	なぜ……そんな〜を言っている
使16:34	全家族そろって神を信じたことを	ヘブ4:15	私たちの〜に同情できない方で	**りくろ** (陸路)	しのか
ロマ5:2	神の栄光を望んで大いに〜んで	**よわい** (齢)	しはありません	使20:13	パウロが、自分は〜をとるつもり
5:11	神を大いに〜んでいるのです	詩39:4	私の終わり、私の〜が、どれだけ	**りこん** (離婚)	しで
7:22	内なる人としては、神の律法を〜	**よわる** (弱る)		申24:1	〜状を書いてその女の手に渡し
	んでいるのに しできません	詩41:1	〜っている者に心を配る人は	エレ3:8	〜状を渡してこれを追い出した
8:8	肉にある者は神を〜ばせることが	エレ8:18	私の心は〜り果てている	マタ19:7	〜状を渡して妻を離別せよ、と
12:15	〜者といっしょに〜び			マコ10:4	〜状を書いて妻を離別すること
15:1	自分を〜ばせるべきではありません	**ら**		Iコリ7:13	夫がいっしょにいることを承
15:10	異邦人よ。主の民とともに〜				知している場合は、〜
Iコリ7:30	〜者といっしょに〜び	**らいめい** (雷鳴)		**りせい** (理性)	
7:32	どうしたら主に〜ばれるかと	IIサム22:14	主は、天から〜を響かせ	ダニ4:36	私が〜を取り戻したとき
10:33	みなの人を〜ばせているのです	詩18:13	主は天に〜を響かせ、いと高き方	**りそく** (利息)	しけません
13:6	不正を〜ばずに真理を〜びます	29:3	栄光の神は、〜を響かせる	レビ25:36	彼から〜も利得も取らないよう
IIコリ5:9	私たちの念願とするところは、	黙8:5	〜と声といなずまと地震が	詩15:5	金を貸しても〜を取らず
	主に〜ばれることです	**らいりん** (来臨)	しき	**りっぱ**	
9:7	神は〜んで与える人を愛して	Iテサ5:23	主イエス・キリストの〜のと	マタ15:28	ああ、あなたの信仰は〜です
エペ5:10	主に〜ばれることが何であるか	IIペテ1:16	主イエス・キリストの力と〜	**りっぽう** (律法)	し離さず
ピリ1:18	今からも〜ことでしょう	3:4	キリストの〜の約束はどこにある	ヨシ1:8	この〜の書を、あなたの口から
2:17	注ぎの供え物となっても、私は〜び	Iヨハ2:28	〜のときに、御前で恥じ入る	8:31	モーセの〜の書にしるされている
3:1	兄弟たち。主にあって〜びなさい	**らくだ**		8:34	〜の書にしるされているとおり
4:4	いつも主にあって〜びなさい	創24:10	主人の〜の中から十頭の〜を取り	II列22:8	主の宮で〜の書を見つけました
コロ1:10	あらゆる点で主に〜ばれ	マタ3:4	ヨハネは、〜の毛の着物を着	II歴12:1	彼は主の〜を捨て去った。し り
Iテサ2:4	人を〜ばせようとしてではなく	19:24	〜が針の穴を通るほうが しこん	23:18	モーセの〜にしるされているとお
2:15	ユダヤ人は……神に〜ばれず	23:24	ぶよは、こして除くが、〜は飲み		〜の書を持って来るように
5:16	いつも喜びなさい。し でいた	マコ10:25	〜が針の穴を通るほうがもっと	ネヘ8:1	
IIテサ2:12	真理を信じないで、悪を〜ん	ルカ18:25	〜が針の穴を通るほうがもっと	9:13	まことの〜、良きおきてと命令
IIテモ2:14	徴募した者を〜ばせるため	**らくたん** (落胆)		エレ6:19	わたしの〜を退けたからだ
ヘブ11:6	信仰がなくては、神に〜ばれる	ヨブ6:14	〜している者には、その友から	31:33	わたしの〜を彼らの中に置き
	ことはできません。しるから		し友情を	ダニ6:5	神の〜について口実を見つける
13:16	神はこのようないけにえを〜ばれ	**ラッパ**		マタ5:17	わたしが来たのは〜や預言者を
Iヨハ3:22	神に〜ばれることを行って	レビ23:24	〜を吹き鳴らして記念する聖	11:13	預言者たちと〜とが預言をした
よろめく		民10:2	銀の〜を二本作らせよ。し る会合	ルカ5:17	パリサイ人と〜の教師たちも
申32:35	それは、彼らの足が〜ときのため	詩98:6	〜と角笛の音に合わせて……喜び	10:25	ある〜の専門家が立ち上がり
I列18:21	いつまでどっちつかずに〜いて	マタ6:2	自分の前で〜を吹いてはいけま	16:17	〜の一画が落ちるよりも、天地の
			せん。し を出したら		滅びるほうがやさしい

ルカ24:44　モーセの〜と預言者と詩篇とに
使13:15　　　〜と預言者の朗読があって後
ロマ2:12　〜の下にあって罪を犯した者は
　　4:15　〜は怒りを招くものであり、〜の
　　　　　　ないところには違反もありません
　　7:22　内なる人としては、神の〜を喜ん
　　　　　　でいる
　　10:4　キリストが〜を終わらせられた
Ⅰコリ9:21　〜を持たない人々に対しては
ガラ3:2　御霊を受けたのは、〜を行った
　　　　　　からですか。『〜とを堅く守って
　　3:10　〜の書に書いてある、すべてのこ
　　3:19　では、〜とは何でしょうか
　　5:14　〜の全体は……という一語をもって
　　6:2　キリストの〜を全うしなさい
Ⅰテモ1:8　〜は、正しく用いるならば
ヘブ7:19　〜は何事も全うしなかった
ヤコ1:25　完全な〜、すなわち自由の〜を
　　2:9　〜によって違反者として責められ
　　4:11　〜をさばくなら、〜を守る者では
Ⅰヨハ3:4　罪とは〜に逆らうこと

りっぽうがくしゃ（律法学者）
マタ8:19　ひとりの〜が来てこう言った
　　23:2　〜、パリサイ人たちは、モーセの
マコ3:22　エルサレムから下って来た〜
　　9:14　〜たちが弟子たちと論じ合って
　　12:38　〜たちには気をつけなさい

りっぽうしゃ（立法者）
イザ33:22　主は私たちの〜、主は私たちの

りとく（利得）
詩119:36　不正な〜に傾かないようにして
箴28:16　不正な〜を憎む者は、長生きする
エレ22:17　自分の〜だけに向けられ、しる
エゼ22:13　見よ。おまえが得た不正な〜と
ミカ4:13　彼らの〜を主にささげ、「ぼ
ハバ2:9　自分の家のために不正な〜をむさ
Ⅰテモ6:5　敬虔を〜の手段と考えている

りべつ（離別）
マタ5:32　不貞以外の理由で妻を〜する者

りゃくだつ（略奪）
創34:27　……を襲い、その町を〜した
ハバ2:8　多くの国々を〜したので

りゆう（理由）
ヨハ15:25　彼らは〜なしにわたしを憎んだ

りゅう（竜）
黙12:3　見よ。大きな赤い〜である
　　20:2　悪魔でありサタンである〜

りゅうけつ（流血）
イザ5:7　主は公正を待ち望まれたのに

りょういき（領域）
Ⅱコリ10:16　他の人の〜でなされた働きを

りょうがえにん（両替人）
マタ21:12　〜の台や、鳩を売る者たちの腰
　　　　　　掛けを倒された
マコ11:15　〜の台や、鳩を売る者たちの腰
ヨハ2:14　牛や羊や鳩を売る者たちと〜

りょうし（猟師）
創10:9　力ある〜ニムロデのようだ

創25:27　エサウは巧みな〜、野の人となり

りょうし（漁師）
マタ4:19　人間をとる〜にしてあげよう
マコ1:16　　　　　　彼らは〜であった

りょうしん（良心）
Ⅱサム24:10　民を数えて後、〜のとがめを
使23:1　全くきよい〜をもって、神の前に
　24:16　神の前にも人の前にも責められる
　　　　　　ことのない〜を保つように
ロマ2:15　〜もいっしょになってあかしし
　　9:1　私の〜も、聖霊によってあかしし
　　13:5　　　〜のためにも、従うべきです
Ⅰコリ8:10　〜は弱いのに、偶像の神に
Ⅰテモ1:5　正しい〜と偽りのない信仰
　　1:19　正しい〜を捨てて、信仰の破船
Ⅱテモ1:3　きよい〜をもって仕えている
ヘブ9:9　礼拝する者の〜を完全にする
Ⅰペテ2:19　神の前における〜のゆえに
　　3:16　正しい〜をもって弁明しなさい
　　3:21　正しい〜の神への誓いであり

りょうしん（両親）
マタ10:21　子どもたちは〜に立ち逆らって
ルカ2:41　イエスの〜は、過越の祭りには
ヨハ9:2　だれが罪を……。この人ですか
　　　　　　　　　その〜ですか
　　9:18　ついにその〜を呼び出して
エペ6:1　主にあって〜に従いなさい
Ⅱテモ3:2　神をけがす者、〜に従わない者

りょうど（領土）
民20:21　その〜を通らせようとしなかった
申12:20　あなたの〜を広くされるなら
使7:45　その〜を取らせてくださったとき

りょくぎょく（緑玉）
黙21:19　第二はサファイヤ……第四は〜

りょてい（旅程）
民33:1　イスラエル人の〜は次のとおりで

りんご
箴25:11　銀の彫り物にはめられた金の〜
雅2:3　林の木の中の〜の木のようです

る

るつぼ
箴17:3　銀には〜、金には炉、人の心をた
　　　　　　めすのは主

れ

れい（霊）
創1:2　神の〜が水の上を動いていた
　　6:3　わたしの〜は、永久には人のうち
　　41:38　神の〜の宿っているこのような人
出31:3　彼に……神の〜を満たした
民11:17　あなたの上にある〜のいくらかを
　　11:29　主が……ご自分の〜を与えられる
　　24:2　神の〜が彼の上に臨んだ
　　27:18　神の〜の宿っている人、ヌンの子
士3:10　主の〜が彼の上にあった

士6:34　主の〜がギデオンをおおったので
　　11:29　主の〜がエフタの上に下ったとき
　　13:25　主の〜は……彼を揺り動かし始め
　　15:14　主の〜が激しく彼の上に下り
Ⅰサム11:6　神の〜がサウルの上に激しく
　　16:13　主の〜がその日以来、ダビデの上
　　19:9　　　　主の〜がサウルに臨んだ
　　19:20　神の〜がサウルの使者たちに臨み
Ⅰ列18:12　主の〜はあなたを私の知らない
　　　　　　所に連れて行く」「立ち
　　22:21　ひとりの〜が進み出て、主の前に
　　22:24　　　主の〜が私を離れて行き
Ⅱ列2:15　エリヤの〜がエリシャの上に
Ⅱ歴15:1　神の〜が……アザルヤの上に臨
　　20:14　ときに、主の〜が集団の中で
　　24:20　神の〜が……ゼカリヤを捕らえた
ネヘ9:20　　　　　いつくしみ深い〜を賜り
ヨブ27:3　神の〜が私の鼻にあるかぎり
　　32:8　人の中には確かに〜がある
　　33:4　神の〜が私を造り、全能者の息が
詩34:18　〜の砕かれた者を救われる
　　77:3　思いを潜めて、私の〜は衰え果て
　　78:8　〜が神に忠実でない世代の者と
　　142:3　私の〜が私のうちで衰え果てた
　　143:10　あなたのいつくしみ深い〜が
伝3:21　人の子らの〜は上に上り、獣の
　　12:7　〜はこれを下さった神に帰る
イザ4:4　さばきの〜と焼き尽くす〜
　　11:2　その上に、主の〜がとどまる
　　32:15　上から〜が私たちに注がれ
　　40:13　だれが主の〜を推し量り
　　42:1　わたしは彼の上にわたしの〜を授け
　　44:3　あなたのすえに
エゼ1:12　〜が行かせる所に彼らは行き
　　1:20　生きものの〜が輪の中にあった
　　8:3　〜が私を地と天との間に持ち上げ
　　10:17　生きものの〜が輪の中にあった
　　11:5　主の〜が私に下り、私に仰せられ
　　36:27　わたしの〜をあなたがたのうち
　　37:14　わたしの〜をあなたがたのうちに
ダニ4:8　彼には聖なる神の〜があった
　　5:11　聖なる神の〜の宿るひとりの人が
ヨエ2:28　わたしの〜をすべての人に注ぐ
ハガ2:5　わたしの〜があなたがたの間で
ゼカ4:6　権力によらず、能力によらず、
　　　　　　わたしの〜によって
　　12:1　人の〜をその中に造られた方、主
マタ12:18　彼の上にわたしの〜を置き
ルカ1:47　わが〜は、わが救い主なる神を
　　4:36　汚れた〜も出て行ったのだ
　　24:37　〜を見ているのだと思った
使2:17　わたしの〜をすべての人に注ぐ
ロマ7:14　律法が〜的なものであることを
ピリ4:17　余りある〜的祝福なのです
Ⅱテモ1:7　力と愛と慎みとの〜です
ヘブ1:14　御使いはみな、仕える〜で
Ⅰヨハ4:2　それによって神からの〜を

れいかん（霊感）
- Ⅱテモ3:16　聖書はすべて、神の〜による

れいぎ（礼儀）
- Ⅰコリ13:5　〜に反することをせず、自分の利益を求めず

れいさい（例祭）
- レビ23:2　わたしの〜は次のとおりである

れいせい（冷静）
- 伝10:4　〜は大きな罪を犯さないようにする

れいはい（礼拝）
- 創22:5　私と子どもとはあそこに行き、〜をして
- 24:26　ひざまずき、主を〜し
- 出4:31　聞いて、ひざまずいて〜した
- 12:27　すると民はひざまずいて、〜した
- 申26:10　主の前に〜しなければならない
- Ⅰサム1:3　万軍の主を〜し、いけにえを
- 1:19　翌朝早く、彼らは主の前で〜をして
- Ⅱサム12:20　主の宮に入り、〜をした
- 15:32　神を〜する場所になっていた山の
- Ⅱ列17:33　主を〜しながら、同時に
- Ⅰ歴29:20　ひざまずいて、主と王とを〜した
- Ⅱ歴20:18　主の前にひれ伏して主を〜し
- ヨブ1:20　頭をそり、地にひれ伏して〜し
- イザ27:13　聖なる山で、主を〜する
- エレ7:2　主を〜するために、ユダの門に入るすべてのユダの人々よ
- ゼカ14:16　毎年、万軍の主である王を〜する
- ヨハ4:21　あなたがたが父を〜するのは
- 4:24　霊とまことによって〜しなければ
- 12:20　祭りのとき〜のために上って来た人々の中に
- ピリ3:3　神の御霊によって〜をし

れいばい（霊媒）
- Ⅰサム28:8　〜によって、私のために占い

れいふく（礼服）
- マタ22:11　婚礼の〜を着ていない者が

レギオン
- マコ5:9　私の名は〜です。私たちは大ぜいですから

れきし（歴史）
- 創5:1　これは、アダムの〜の記録である
- 6:9　これはノアの〜である
- 10:1　セム、ハム、ヤペテの〜である

レビヤタン
- イザ27:1　逃げ惑う蛇〜、曲がりくねる蛇

れんが
- 創11:3　彼らは石の代わりに〜を用い
- 出5:7　〜を作るわらを……与えてはなら
- イザ9:10　〜が落ちたから、切り石し、ない

ろ（炉）
- 申4:20　鉄の〜エジプトから連れ出し
- 詩12:6　土の〜で七回もためされて、純化
- 21:9　燃える〜のように　し、された銀
- 箴27:21　るつぼは銀のため、〜は金のため
- イザ48:10　悩みの〜であなたを試みた
- ダニ3:6　火の燃える〜の中に投げ込まれ
- 3:19　〜を普通より七倍熱くせよ

マタ
- 6:30　あすは〜に投げ込まれる野の草
- 13:42　火の燃える〜に投げ込み　し、さえ
- ルカ12:28　あすは〜に投げ込まれる草をさえ
- 詩22:14　私の心は、〜のようになり、私の

ろう（牢）
- Ⅱ列25:27　エホヤキンを〜獄から釈放し
- 詩142:7　私のたましいを、〜から連れ出し
- 伝4:14　たとい、彼が〜獄から出て来て王
- エレ37:15　ヨナタンの家にある〜屋に入れ
- マタ5:25　あなたはついに〜に入れられる
- 14:3　ヨハネを捕らえて縛り、〜に入れた
- 18:30　借金を返すまで、〜に投げ入れた
- 25:36　〜にいたとき、わたしをたずねて
- マコ6:17　ヨハネを捕らえ、〜につないだ
- ルカ3:20　ヨハネを〜に閉じ込め
- 使5:19　夜、主の使いが〜の戸を開き
- 12:5　ペテロは〜に閉じ込められていた
- 16:23　むちで打たせ……ふたりを〜に入れ
- 16:40　〜を出たふたりは、ルデヤの家に
- Ⅱコリ11:23　〜に入れられたことも多く
- ヘブ11:36　鎖につながれ、〜に入れられ
- 黙2:10　ためすために……〜に投げ入れ

ろうえき（労役）
- 出2:23　彼らの〜の叫びは神に届いた

ろうく（労苦）
- 伝1:3　日の下で、どんなに〜しても
- 2:22　〜と思い煩いは、人に何になろう
- 3:13　〜の中にしあわせを見いだすこと
- 4:4　〜とあらゆる仕事の成功を見た
- 4:6　両手を満たして風を追うよりは
- 4:8　いっさいの〜には終わりがなく
- 5:15　〜によって得たものを、何一つ
- 5:19　自分の〜を喜ぶようにされた
- 6:7　人の〜はみな、自分の口のため
- 10:15　愚かな者の〜は、おのれを疲れさせる
- イザ40:2　その〜は終わり、　し、せる
- 43:22　わたしのために〜しなかった
- マタ6:34　〜はその日その日に十分ある
- 20:12　一日中、〜と焼けるような暑さ
- Ⅰコリ15:58　自分たちの〜が、主にあってむだでないことを知っている
- Ⅰテサ2:9　私たちの〜と苦闘を覚えて
- 黙2:2　あなたの〜と忍耐を知っている

ろうじん（老人）
- ヨシ23:2　私は年を重ねて、〜になった

ろうする（労する）
- ハバ2:13　ただ火で焼かれるために〜し
- Ⅱコリ11:27　〜し苦しみ、たびたび眠られ

ろうどう（労働）
- 出1:14　過酷な〜で、彼らの生活を苦しめ
- ヤコ5:4　〜者への未払い賃金が、叫び声

ろうどく（朗読）
- ネヘ8:3　理解できる人たちの前で、これを〜した
- 13:1　モーセの書が〜されたが、その中で
- 使13:15　律法と預言者の〜があって後
- 黙1:3　この預言のことばを〜する者や

ろうむしゃ（労務者）
- マタ20:1　〜を雇い早朝に出かけた主人

ろくろ
- エレ18:3　彼は〜で仕事をしているところだった

ろば
- 民22:23　〜は主の使いが抜き身の剣を手に
- 22:28　主は〜の口を開かれたので
- ゼカ9:9　柔和で、〜に乗られる
- マタ21:5　柔和で、〜の背に乗って
- マコ11:2　だれも乗ったことのない、〜の子
- ルカ19:30　だれも乗ったことのない、〜の子
- ヨハ12:15　王が乗られる。〜の子に乗って
- Ⅱペテ2:16　〜が、人間の声でものを言い

ろんぎ（論議）
- ルカ22:24　だれが一番偉いだろうかという〜も起こった
- Ⅰコリ1:20　知者の〜を無益だと知って

ろんしょう（論証）
- 使17:3　キリストは……よみがえらなければならないことを……〜して

ろんじる（論じる）
- ヨブ13:3　神と〜じ合ってみたい
- イザ1:18　さあ、来たれ。〜じ合おう
- マコ9:33　道で何を〜じ合っていたのですか
- 11:31　互いに〜じ合った
- 使17:2　聖書に基づいて彼らと〜じた
- 17:17　そこに居合わせた人たちと〜じた
- 18:4　パウロは安息日ごとに会堂で〜じ

ろんそう（論争）
- ヨブ13:19　私と〜する者はいったいだれだ
- イザ3:13　主は〜するために立ち上がり

ろんぱ（論破）
- 使18:28　公然とユダヤ人たちを〜したから

ろんぽう（論法）
- ヨブ15:3　役に立たない〜で論じるだろうか

わ

わ（和）
- 　　　　　〜となった
- Ⅰ歴19:19　ダビデと〜を講じ、彼のしもべ
- イザ27:5　わたしと〜を結ぶがよい。〜を
- 36:16　私と〜を結び、私に降参せよ

わ（輪）
- 　　　　　〜うであった
- エゼ1:16　一つの〜が他の〜の中にあるよう
- 10:10　一つの〜が他の〜の中にあるよう

わいろ
- 出23:8　〜を取ってはならない。〜は聡明
- 申16:19　〜を取ってはならない。し、な人
- Ⅰサム8:3　利得を追い求め、〜を取り
- 12:3　〜を取って自分の目をくらました
- ヨブ15:34　〜を使う者の天幕は火で焼き尽
- 詩26:10　彼らの右の手は〜で満ちています
- 箴17:8　〜は、その贈り主の目には宝石
- イザ1:23　〜を愛し、報酬を追い求める
- ミカ3:11　かしらたちは〜を取ってさばき

わかい（若い）
- 士6:15　私は父の家で一番〜のです
- Ⅰサム17:33　あなたはまだ〜し、あれは
- Ⅰ歴29:1　まだ〜く、力もなく、この仕事

わかい

Ⅱ歴34:3	彼はまだ〜かったが、その先祖ダビデの神に求め始め、
ヨブ30:1	私よりも〜者たちが、私をあざ笑う
詩25:7	私の〜時の罪やそむきを覚えていないでください
78:31	〜男たちを打ちのめされた
119:9	どのようにして〜人は自分の道を
箴1:4	〜者に知識と思慮を得させるため
伝11:9	〜者よ。うちに楽しめ。
12:1	〜日に、あなたの創造者を覚えよ
イザ3:4	〜者たちを彼らのつかさとし
62:5	〜男が〜女をめとるように
エレ1:6	〜くて、どう語っていいかわかりません。
2:2	「妻との証人であり
マラ2:14	主が、あなたとあなたの〜の時の
ヨハ21:18	〜かった時には、自分で帯を締
使26:4	〜時からの生活ぶりは、すべての
Ⅰテモ4:12	年が〜からといって、だれにも
テト2:6	〜人々には、思慮深くあるよう
Ⅰヨハ2:13	〜者たちよ。私があなたがたに

わかい（和解）

出29:28	イスラエル人からの〜のいけにえ
レビ3:1	ささげ物が〜のいけにえの場合
7:11	主にささげる〜のいけにえのおしえ
ロマ5:10	神と〜させられたのなら
5:11	〜を成り立たせてくださった
11:15	世界の〜であるとしたら
Ⅰコリ7:11	夫と〜するか、どちらかに
Ⅱコリ5:18	キリストによって……〜させ
コロ1:20	御子によって万物を……〜させ

わかえだ（若枝）

イザ4:2	その日、主の〜は、麗しく
11:1	その根から〜が出て実を結ぶ
53:2	彼は主の前に〜のように芽生え
エレ23:5	ダビデに一つの正しい〜を
33:15	ダビデのために正義の〜を
ゼカ3:8	わたしのしもべ、一つの〜を

わかもの（若者）

箴22:6	〜をその行く道にふさわしく教育せよ

わからずや

イザ29:16	陶器師が陶器師に、「彼は〜だ

わかる

Ⅱ列18:26	われわれはアラム語が〜ります
マタ13:14	見てはいるが、決して〜らない
15:16	あなたがたも、まだ〜らないのですか
マコ4:12	確かに見るには見るが〜らず
8:17	まだ〜らないのですか、悟らない
使8:30	読んでいることが、〜りますか
10:34	これで私は、はっきり〜りました
17:4	彼らのうちの幾人かはよく〜って
28:13	見てはいるが、決して〜らない
Ⅰヨハ5:13	あなたがたによく〜らせるため

わかれる（分かれる；別れる）

創13:11	こうして彼らは互いに〜れためです
出14:21	陸地とされた。それで水は〜れた
Ⅱ列2:8	すると、水は両側に〜れた
エゼ37:22	決して二つの王国に〜れない

わき

箴3:26	主があなたの〜におられ
ヨハ19:34	イエスの〜腹を槍で突き刺した

わきまえ；わきまえる

詩19:7	確かで、〜のない者を賢くする
50:22	さあ、このことをよく〜えよ
73:22	私は、愚かで、〜もなく
116:6	主は〜のない者を守られる
119:100	私は老人よりも〜があります
119:130	〜のない者に悟りを与えます
箴1:22	〜のない者たち。あなたがたは
8:5	〜のない者よ。分別を〜えよ
9:4	〜のない者はだれでも、ここに
マタ6:28	野のゆりがどうして育つのかよく〜えなさい
ロマ12:2	何が……完全であるのかを〜え
Ⅰコリ2:14	御霊のことは御霊によって……〜
11:29	みからだを〜えないで、飲み食いするならば

わきみず（湧き水）

ゼカ14:8	エルサレムから〜が流れ出て

わけへだて（分け隔て）

ガラ2:6	神は人を〜なさいません

わけまえ（分け前）

Ⅱ列2:9	あなたの霊の、二つの〜が私の
ヨブ20:29	これが悪者の、神からの〜
エレ10:16	ヤコブの〜はこんなのでは

わける（分ける）

ネヘ9:11	彼らの前で海を〜けたので
ゼカ2:12	ユダに割り当て地を〜け与え
マコ15:24	イエスの着物を〜けた
ルカ12:13	私と遺産を〜ように私の兄弟に
22:17	これを取って、互いに〜けて飲み
使4:35	必要に従って……〜け与えられた
ガラ6:6	すべての良いものを〜け合い
Ⅰテモ6:18	惜しまずに施し、喜んで〜け
ヘブ13:16	善を行うことと、持ち物を人に〜に〜こと

わごう（和合）

マコ9:50	互いに〜して暮らしなさい

わざ

創2:2	第七日目に、なさっていた〜の完成
申11:7	主がなされた偉大なみ〜のすべて
士5:11	そこで彼らは主の正しいみ〜と
6:13	あの驚くべきみ〜はみな、どこに
Ⅰサム2:3	そのみ〜は確かです
Ⅰ歴16:9	奇しいみ〜に思いを潜めよ
ヨブ10:3	人をしいたげ、御手の〜をさげすみ
37:14	神の奇しいみ〜を、
詩19:1	大空は御手の〜を告げ知らせる
28:5	その御手の〜をも悟らないので
64:9	神のみ〜を告げ知らせ
71:16	あなたの大能の〜を携えて行き
102:25	天も、あなたの御手の〜です
103:7	そのみ〜をイスラエルの子らに
104:24	主よ。あなたのみ〜はなんと多い
伝8:17	すべては神のみ〜であることがわかった
12:14	神は……すべての〜をさばかれる
イザ66:18	彼らの〜と、思い計りとを

わ

ハバ3:2	主よ、あなたのみ〜を恐れまし
ヨハ5:36	わたしが行っている〜そのもの
9:3	神の〜がこの人に現れるため
10:25	父の御名によって行う〜が
17:4	〜を、わたしは成し遂げて
使9:36	多くの良い〜と施しをしていた
テト3:5	義の〜によってではなく
ヘブ1:10	天も、あなたの御手の〜です
4:10	神がご自分の〜を終えて休まれた

わざわい

創44:29	この子に〜が起こるなら、「〜を
出11:1	パロとエジプトの上になお一つの
民21:29	モアブよ。おまえは〜だ
ヨシ7:25	なぜ……私たちに〜をもたらし
士9:23	アビメレクとシェケムの者たちの間に〜の霊を送ったので
Ⅰサム25:28	〜はあなたに起こりません
エス7:7	王が彼に〜を下す決心をした
ヨブ6:30	私の口には〜をわきまえないだろうか
詩10:6	代々にわたって、〜に会わない
18:18	彼らは私の〜の日に私に立ち向かった
35:4	私の〜を図る者が退き、
90:10	その誇りとするところは労苦と〜
91:10	〜は、あなたにふりかからず
140:11	〜が暴虐の者を急いで捕らえる
箴12:21	悪者は〜で満たされる。
伝8:9	人が人を支配して、〜を与える時
イザ45:7	平和をつくり、〜を創造する
エレ16:10	この大きな〜を語られたのか
17:18	彼らの上に〜の日を来たらせ
25:6	わたしもあなたがたに〜を与える
32:42	わたしがこの大きな〜をみな
44:11	顔を……むけて、〜を下し
ダニ9:14	主はその〜の見張りをしておられ
アモ3:6	町に〜が起これば、
オバ13	彼らの〜の日に、あなたは
ゼパ3:15	あなたはもう、〜を恐れない
マコ14:21	人の子を裏切るような人間は〜
Ⅰコリ9:16	福音を宣べ伝えなかったら私は〜だ
黙8:13	〜が来る。〜が、〜が来る

わし（鷲）

ヨブ39:27	〜が高く上がり、その巣を高い
詩103:5	あなたの若さは、〜のように
箴30:19	天にある〜の道、岩の上にある蛇
イザ40:31	〜のように翼をかって上ること
エゼ10:14	第四の顔は〜の顔であった

わずか

詩37:16	ひとりの正しい者の持つ〜なもの
ルカ10:42	どうしても必要なことは〜です

わずらい（煩い）

ルカ21:34	放蕩や深酒やこの世の〜のため

わずらう

マコ5:25	十二年の間長血を〜っている女

わずらわしい（煩わしい）

ヨブ16:2	あなたがたはみな、〜慰め手だ

わずらわす（煩わす）
Ⅰサム28:15　私を呼び出して、私を〜のか
Ⅰ列18:17　おまえか。イスラエルを〜もの
イザ7:13　私の神までも〜のか
43:24　不義で、わたしを〜せただけだ
ミカ6:3　どのようにしてあなたを〜せたか
マラ2:17　ことばで主を〜した
ルカ8:49　もう、先生を〜ことはありません

わすれる（忘れる）
創40:23　献酌官長は……彼のことを〜れて
申4:31　主は……契約を〜れない
6:12　主を〜れないようにしなさい
8:11　神、主を〜ことがないように
士3:7　彼らの神、主を〜れて
Ⅰサム12:9　彼らは彼らの神、主を〜れた
ネヘ6:14　預言者たちのしわざを〜れない
ヨブ11:6　神は……あなたの罪を〜れて
19:14　親しい友は私を〜れた。したる
詩10:11　神は〜れている。顔を隠している
31:12　私は死人のように、人の心から〜
れられ「たのですか
42:9　なぜ、あなたは私をお〜れになっ
44:17　私たちはあなたを〜れません
44:24　しいたげをお〜れになるのですか
45:10　民よ、あなたの父の家を〜れよ
74:19　永久に〜れないでください
77:9　神は、いつくしみを〜れたのだろ
106:13　すぐに、みわざを〜れ、しうか
119:16　あなたのことばを〜れません
137:5　もしも、私がおまえを〜れたら
箴2:17　その神との契約を〜れている
3:1　わが子よ。私のおしえを〜な
31:7　それを飲んで自分の貧しさを〜
イザ17:10　あなたが救いの神を〜れ
44:21　わたしに〜れられることがない
51:13　あなたを造った主を……〜れ
65:11　わたしの聖なる山を〜者
エレ2:32　おとめが自分の飾り物を〜れ
13:25　わたしを〜れ、偽りに拠り頼んだ
18:15　わたしの民はわたしを〜れ
23:27　バアルのためにわたしの名を〜れ
30:14　恋人はみな、あなたを〜れ
50:6　行き巡って、休み場も〜れて
哀5:20　私たちを〜れておられるのですか
ホセ4:6　あなたは神のおしえを〜れた
マコ8:14　パンを持って来るのを〜れ
ルカ12:6　そんな雀の一羽でも、神の御前
には〜れられてはいません
ピリ3:13　うしろのものを〜れ、ひたむき
ヘブ6:10　あなたの行いを〜れず

わたす（渡す）
創14:20　あなたの敵を〜されたいと高き神
申2:33　主は、彼を私たちの手に〜された
3:2　その地とを、あなたの手に〜して
士16:23　私たちの手に〜してくださった
Ⅰサム1:28　この子は一生涯、主に〜され
Ⅱ列12:11　監督者たちの手に〜し
Ⅱ歴13:16　神はこの人々を彼らの手に〜さ
イザ65:12　あなたがたを剣に〜。された
マタ11:27　すべてのものが……〜されて
17:22　いまに人々の手に〜されます
26:45　人の子は罪人たちの手に〜される
マコ13:12　また兄弟は兄弟を死に〜し
14:41　人の子は罪人たちの手に〜され
ロマ15:28　彼らにこの実を確かに〜して
Ⅰコリ11:23　主イエスは、〜される夜

わたる（渡る）
「つた
ヨシ3:17　民はすべてヨルダン川を〜り終
Ⅱサム19:18　王の家族を〜らせるために
使16:9　マケドニヤに〜って来て

わな
出23:33　それがあなたにとって〜となる
申7:16　それがあなたへの〜となるからだ
士2:3　彼らの神々はあなたがたにとって
〜となる
ヨブ22:10　それで〜があなたを取り巻き
詩38:12　いのちを求める者を〜を仕掛け
64:5　語り合ってひそかに〜をかけ
69:22　彼らの前の食卓は〜となれ
124:7　私たちは仕掛けられた〜から
箴18:7　そのくちびるは……〜となる
22:25　自分自身が〜にかかるといけない
イザ42:22　若い男たちはみな、〜にかかり
エレ18:22　私の足もとに、〜を隠したから
50:24　わたしがおまえに〜をかけ
エゼ12:13　彼はわたしの〜にかかる
13:18　わたしの民である人々を〜にかけ
マコ12:13　イエスに何か言わせて、〜に
ルカ21:34　その日が〜のように、突然
Ⅰテモ3:7　悪魔の〜に陥らないためです

わななく
詩38:10　私の心は〜きに〜き、私の力は

わに
エゼ32:2　あなたは海の中の〜のようだ

わら
出5:7　自分で〜を集めに行かせよ
ヨブ21:18　風の前の〜のようではないか
エレ23:28　麦を〜と何のかかわりがあろう
マラ4:1　悪を行う者は、〜となる
Ⅰコリ3:12　宝石、木、草、〜などで建て

わらい（笑い；笑う）
創17:17　そして〜ったが、心の中で言った
18:12　サラは心の中で〜ってこう言った
21:6　神は私を〜われました。聞く者は
Ⅱ歴36:16　神の使者たちを〜ものにし
ヨブ30:9　その〜ぐさとなっている
詩2:4　天の御座に着いてる方は〜
37:13　主は彼を〜われる。彼の日が迫っ
59:8　主よ。あなたは、彼らを〜い
箴1:26　あなたがたが災難に会うときに〜
14:13　〜ときにも心は痛み、しい
伝2:2　〜か。ばからしいことだ。快楽か
7:3　悲しみは〜にまさる
ルカ6:21　やがてあなたがたは〜から

わりあて（割り当て；割り当てる）
申32:9　主の〜分はご自分の民であるから
ヨシ13:32　モーセが〜てた相続地である
19:51　この地の〜を終わった
Ⅱサム20:1　ダビデには……〜地がない
Ⅰ列12:16　ダビデには……どんな〜地がな

わるい（悪い）
士19:23　どうか〜ことはしないでくれ
20:3　こんな〜事がどうして起こったのか
マタ7:11　〜者ではあっても
12:45　自分よりも〜ほかの霊を七つ連れ
13:49　正しい者の中から〜者をえり分け
15:19　〜考え、殺人、姦淫、不品行
18:32　〜やつだ。おまえがあんなに頼ん
25:26　〜なまけ者のしもべだ。しだから
27:23　どんな〜事をしたというのか
マコ15:14　どんな〜事をしたというのか
ルカ11:13　あなたがたも、〜者ではないか
ても
11:26　自分よりも〜ほかの霊を七つ
23:41　〜ことは何もしなかったのだ
ヨハ7:7　その行いが〜ことをあかし
17:15　〜者から守ってくださるように
18:23　その〜証拠を示しなさい
使23:5　民の指導者を〜く言ってはいけな
25:10　私はユダヤ人にどんな〜ことも
Ⅰコリ5:13　〜人をあなたがたの中から除
エペ4:29　〜ことばを、いっさい口から出
Ⅰヨハ2:13　〜者に打ち勝った　しては

わるがしこい（悪賢い；悪賢る）
ヨブ15:5　あなたが〜人の舌を選び取るから
Ⅰコリ3:19　神は、知者どもを彼らの〜の

わるくち（悪口）
詩139:20　彼らはあなたに〜を言い　「中で捕らえる

わるだくみ（悪巧み）
Ⅱ列9:23　「アハズヤ。〜だ」と叫んだ
ミカ2:1　〜を計り、寝床の上で悪を行う者
ナホ1:11　主に対して〜をし
Ⅱコリ4:2　〜に歩まず、神のことばを曲げ

わるぢえ（悪知恵）　しず
ヨブ5:13　彼ら自身の〜を使って捕らえる

わるもの（悪者）
Ⅱ歴19:2　〜を助けるべきでしょうか
ヨブ9:24　地は〜の手にゆだねられる
11:20　しかし〜どもの目は衰え果て
15:20　〜はその一生の間、もだえ苦しむ
27:13　〜の神からの分け前
詩10:15　〜と、よこしまな者の腕を折り
37:10　ただしばらくの間だけで、〜は
37:35　私は〜の横暴を見た。しなくなる
94:3　いつまで、〜どもは、勝ち誇る
でしょう
112:10　〜はそれを見ていらだち
119:53　あなたのみおしえを捨てる〜ども
139:19　神よ。どうか〜を殺してください
箴2:22　しかし、〜どもは地から絶やされ
10:6　〜の口は暴虐を隠す
10:30　〜はこの地に住みつくことができ
ない。　「られた
16:4　〜さえもわざわいの日のために造

箴28:1 ～は追う者もないのに逃げる	イザ53:9 彼の墓は～どもとともに設けられ	エゼ33:15 その～が質物を返し、しなら
イザ5:23 わいろのために、～を正しいと宣言し「学びません	エレ12:1 なぜ、～の道は栄え、裏切りを働く者が、みな安らかなのですか	ダニ12:10 ～どもは悪を行い
26:10 ～はあわれみを示されても、義を	エゼ18:27 ～でも……公義と正義とを行う	**われめ**（割れ目）
		イザ2:21 岩の～、巌の裂け目に入る

カラー地図索引

＊印は差し込み地図内

アイ　2 C4, 3 C2
アカヤ　10 C4, 14 B1, 15 B3
アクィレイヤ　10 B3
アクインクム　10 B4
アクシャフ　2 B4, 3 B2
アグリ・ディクマテス　10 B3
アコ/トレマイ　4 C2, 16 B2
アシェル　3 A2
アジャ　10 C4, 14 B2, 15 B3
アシャン　4 C1
アシュケロン　2 C3, 3 C1, 4 C1, 5 D2, 12 C1
アシュタロテ　2 B4, 3 B2, 4 C2
アシュタロテ・カルナイム　5 C4
アシュドデ/アゾト　2 C3, 3 C1, 4 C1, 5 D2
アシュル　1 B5, 4*, 6 B5, 7*
アスワン　7 B2
アソス　15 B3
アゾト/アシュドデ　12 C1, 13 G1
アタリヤ　14 B3
アッシリヤ　1 C5, 6 B5, 10 C5
アテネ　6 B1, 7 B2, 10 C4, 14 B1
アドリア海　10 C3, 14 A0, 15 A2
アピオ・ポロ街道　15 A2
アビレネ　12 B2
アフェク　2 B3, 3 B1, 4 C1, 5 C2
アフメタ/エクバタナ　6 C6, 7 B3, 7*
アフリカ属州　10 C3, 15 B2
アポロニヤ　14 A1
アムピポリス　14 A1
アモン　2 C4, 3 B2, 4 C2, 5 C4
アラコシヤ　7 B4
アラデ　2 C4, 3 C2, 4 C2, 5 D3
アラバ　3 D2, 4 D2, 5 E3, 16 D2
アラビヤ(アラビヤ人)　6 D4, 7 B2, 10 D5, 14 C3, 15 B4
アラビヤ海/エリトラエ海　7 B4
アラブハ　1 B5
アラル海　7 A3
アルザワ　1 B2
アルタクサタ　10 C6
アルノン川　3 C2, 5 D3, 16 C2
アルベラ　7 B3
アルメニヤ　7 B3, 10 C5, 14 B4, 15 B4
アルワデ　4 B2, 4*
アレキサンドリヤ　10 C5
アレッポ/ハラブ　1 B4, 4 A3, 6 B4, 7*, 13 B3
アロエル　2 C4, 3 C2
アンキラ　7 B2, 10 C5
アンテオケ(シリヤ)　10 C5, 13 B3, 14 B4, 15 B4
アンテオケ(ピシデヤ)　14 B3

アンテパトリス　12 B1, 15 B4
アントニヤ要塞　11
イコニオム　14 B3, 15 B4
イスパニヤ　10 C2
泉の門　9
イスラエル　5 C3, 6 C4
イズレエル(都市)　3 B2, 5 C3
イズレエルの谷　5 C3, 16 B2
イタリア　10 C3, 14 A0, 15 A2
イッサカル　3 B2
イッソス　7 B2
イドマヤ　12 C1
異邦人の庭　11
イヨン　3 A2
イルリコ　10 C4, 14 A0, 15 A2
インダス川　7 B4
インド　7 B4
ウィルソンのアーチ　11
ヴィンデリコルム　10 B3
上の海/地中海　7 B2
上の町　11
魚の門　9
ウガリット　1 B4
馬の門　9
海の島々　7 B2
海沿いの平原　16 C1
ウラルトゥ　6 B5
ウル　1 C6, 1*, 7 B3, 7*
エーゲ海　7 B2, 14 B1
エクロン　3 C1
エグロン　2 C3
エジプト　4*, 6 D3, 7 B2, 10 D4, 14 C2, 15 B3
エジプト川　4 D1, 5 D1
エシュテモア　3 C2
エシュヌンナ　1 C5
エタム　2 D1
エツヨン・ゲベル　2 E3, 4 D1, 4*
エデレイ　2 B4, 3 B3
エドム　2 D4, 4 D2, 5 E3, 16 D2
エビルス　10 C4, 14 B1, 15 B3
エブラ　1 B4
エフライム　3 B2
エフライムの門　8
エブラクム　10 B2
エペソ　6 B2, 7 B2, 10 C4, 14 B2, 15 B3
エボダ　12 D1
エマオ　12 C2, 13 G2, 16*
エメリタ・アウグスタ　10 C2
エモリ人　3 B2
エラテ　4 D1, 5 F2, 6 D4
エラム　1 C6, 6 C6, 7 B3
エリコ　2 C4, 3 C2, 5 D3, 12 C2, 16 B2, 16*

エリトラエ海(アラビヤ海)　7 B4
エルサ　12 C1
エルサレム　1 C3, 2 C4, 3 C2, 4 C2, 4*, 5 D3, 6 C4, 7 B2, 7*, 8, 9, 10 C5, 12 C2, 13 G2, 14 C3, 15 B4, 16 C2, 16*
エルテケ　3 C1
エレク　1 C6
エレファンティネ(エブ)　7 B2
エン・ゲディ(ハツァツォン・タマル)　5 D3, 12 C2, 16 C2
王の入口　11
オクソス川　7 A4
オフェル　9
オフラ　3 B2
オリーブ山　11, 16*
オルビヤ　7 A2
オロンテス川　4 A2, 13 D3
オン(ヘリオポリス)　1 C3, 4*, 6 C3

カイザリヤ　12 B1, 13 F1, 14 C3, 15 B4
ガウラニテス/ゴラン　12 A2
ガザ　1 C3, 2 C3, 3 C1, 4 C1, 4*, 5 D2, 6 C3, 7 B2, 12 C1, 13 G1, 16 C1
カスピ海　1 B7, 6 B7, 7 A3, 10 C6
ガダラ(ガダラ人)　12 B2
ガテ　3 C1, 4 C1
ガテ・リモン　3 B1
カデシュ・バルネア　2 D3, 3 D1, 4 D1, 5 E2
ガデス(カディッツ)　10 C2
ガド　3 B2
カトナ　1 C4
カナ　12 B2
カナ(葦)の海　2 C2
カナン　1 C3
カニシュ　1 B4
カパドキヤ　7 B2, 10 C5, 14 B3, 15 B4
下部ガリラヤ　16 B2
カペナウム　12 B2, 13 F2
カモン　3 B2
カヤパの家　11
ガラテヤ　10 C5, 14 B3, 15 B4
ガリヤ(ゴール)　10 B3
ガリラヤ　12 B2, 13 F2
ガリラヤ湖　12 B2, 13 F2, 16 B2
カルケミシュ　1 B4, 4*, 6 B4, 7*
カルタゴ　10 C3
カルタゴ・ノヴァ(カルタヘナ)　10 C2
カルメル山　3 B2, 5 C3, 16 B2
ガンダーラ　7 B4
官邸　11
キシュヨン　3 B2
キション川　3 B2, 4 C2, 5 C3, 16 B2

カラー地図索引

キデロン（ケデロン）の谷　8, 9, 11
キネレテ（都市）　2 B4, 3 C2, 4 C2
キネレテの海／ガリラヤ湖　3 B2
ギブオン　2 C4, 3 C2
キプロス　1 B3, 4 A1, 6 B3, 7 B2, 10 C5,
　　13 C1, 14 B3, 15 B4
ギベトン　3 C1
ギホンの泉　8, 9
丘陵地帯（シェフェラ）　16 C1
キヨス　15 B3
キリキヤ　10 C5, 13 A1, 14 B3, 15 B4
ギリシヤ　7 A2
キル・ハレセテ／キル・モアブ　4 C2,
　　5 D3
キル・モアブ／キル・ハレセテ　2 C4,
　　3 C2
ギルアデ　4 C2, 16 B2
ギルガル　2 C4, 3 C2
ギルボア山　2 B4, 3 B2, 16 B2
クテシフォン　10 C5
クニド　15 B3
クノッソス　1 B2, 6 B2
クレテ　6 B1, 7 B2, 10 C4, 14 B1, 15 B3
クレナイカ　10 C4, 14 C1, 15 B3
クレネ（都市）　6 C1, 7 B2, 10 C4
ゲシュル　2 B4, 3 B2, 4 B2
ゲゼル　2 C3, 3 C1, 4 C1, 5 D2
ゲツセマネの園　11
ケデシュ　1 C4, 2 A4, 3 A2, 4 B2, 5 B3
ゲデル／ゲドル　12 B2
ケナテ　4 C2
ゲバル／ビュブロス　4 B2, 4*, 7*
ゲラサ　12 B2
ケラフ　6 B5
ゲラル　2 C3, 3 C1
ゲリジム山　13 F2
ゲルマニヤ　10 B3
ケンクレヤ　14 B1
紅海　1 D3, 2 F3, 4*, 6 D3, 7 B2, 10 D5
コーカサス　10 C5
ゴザン　4*, 6 B5
コス　15 B3
黒海　1 A4, 6 A4, 7 A2, 10 C5, 14 A3,
　　15 A4
コラジン　12 B2
ゴラン　16 A2
コリント　10 C4, 14 B1, 15 B3
ゴルゴタ　11
コルシカ　10 C3, 15 A1
ゴルディオン　1 B3, 6 B3

最後の晩餐の場所　11
サガルティヤ　7 B4
ザドラカルタ　7 B3
さばきの広間　8
さばきの門　11
サマリヤ　12 B2, 13 F2
サマリヤ（都市）　5 C3, 7*, 12 B2
サマリヤの山地　16 B2

サモス　15 B3
サラミス　6 B3, 14 B3
サルディニヤ　10 C3, 15 A1
サルデス　6 B2, 7 B2, 14 B2, 15 B3
サルマティヤ（サルマティヤ人）　10 B5
サルモネ　15 B3
サロナ　10 C4
シェケム　1 C3, 2 B4, 3 B2, 4 C2, 5 C3,
　　12 B2, 16 B2
塩の海（死海）　3 C2, 4 C2, 5 D3, 12 C2,
　　13 G2, 16 C2
死海断層　16*
至聖所　8
下の池　9
下の海（ペルシャ湾）　7 B3
下の町　11
シチリア　10 C3, 14 B0, 15 B2
シッパル　7*
シドン　1 C4, 3 A2, 4 B2, 4*, 5 B3, 6 C4,
　　7 B2, 12 A2, 13 E2, 15 B4
シナイ山　2 F2
シナイの荒野　2 F2
シノペ　7 A2
シメオン　3 C1
シャミル　3 B2
シャルヘン　4 C1
シャロン（シャロンの平原）　3 B1, 4 C1,
　　5 C2, 16 B1
主イエスの墓　11
十字架の道　11
祝福（八福）の山　12 B2
シュシャン　1 C6, 6 C6, 7 B3, 7*
シュルの荒野　2 D1
小アジア西部の七つの教会　14, 15
上部ガリラヤ　16 A2
シラクサ　10 C3, 15 B2
シリヤ　10 C5, 12 A3, 13 C3, 14 B4, 15 B4
シルミウム　10 C4
シロ　2 B4, 3 B2
シロアムの池　9
神殿　8, 9, 11
神殿の丘　11
スカル　12 B2, 13 F2
スキトポリス／ベテ・シャン　12 B2
スクテヤ（スクテヤ人）　10 B6
スコテ　2 D1, 5 C3
ステパノが石打ちにされた場所　11
スパルタ　6 B1, 7 B2
スミルナ　10 C4, 14 B2, 15 B3
セポリス　12 B2
ゼブルン　3 B2
セルキヤ　12 A2, 13 B2, 14 B4, 15 B4
ゼレデ川　3 D2, 5 E3
ソグディアナ　7 B4
ソロモンの宮殿　8

大海／地中海　2 C2, 4 B1, 5 C2
大西洋　10 C2
ダキヤ　10 B4, 15 A3

タクシラ　7 B4
タデモル　1 C4, 4 B3, 4*, 6 C4, 7*
タナク　2 B4, 3 B2
谷の門　8, 9
ダニューブ川　7 A2, 10 C4
ダビデの町　8, 9
タプアハ　2 B4
タボル山　2 B4, 12 B2, 16 B2
ダマスコ　1 C4, 4 B2*, 5 B4, 6 C4, 7 B2,
　　7*, 10 C5, 12 A3, 13 E3, 16 A3
ダマスコのアラム人　4 B2, 5 B4
タマル　2 D4, 3 D2, 4 D2, 5 E3
タラコ（タラゴナ）　10 C3
タルソ　6 B3, 10 C5, 13 A2, 14 B4, 15 B4
タロン　3 C1
ダン（都市）／ライシュ　1 C4, 3 A2, 4 B2,
　　5 B3, 16 A2
ダン（部族）　3 C1
男子の庭　11
地中海　1 C1, 3 B1, 4*, 6 C2, 10 C4, 12 B1,
　　13 D1, 14 C1, 15 B3, 16 B1, 16*
チロペオンの谷　11
ツァフォン　2 B4, 3 B2
ツァルモナ　3 D2
ツァレファテ　12 A2
ツィンの荒野　2 D3, 3 D1
ツォアル　1 C4, 2 D4, 3 C2, 4 C2, 12 C2
ツォアン　6 C3
突き出ているやぐら　9
ツロ　1 C4, 4 B2, 4*, 5 B3, 6 C4, 7 B2, 7*,
　　12 A2, 13 E2, 15 B4, 16 A2
テアテラ　14 B2, 15 B3
ディオスポリス／ロデ　12 C1, 16*
ディオン　12 B2
ティグリス川／ヒデケル川　1 C6, 6 C5,
　　7 B3, 7*, 10 C5
ティフサフ　4 A3, 4*
ディボン　5 D3
ティルツァ　2 B4, 5 C3
ティンギス（タンジェール、タンジール）
　　10 C2
テーベ／ノ　1 D3, 6 D3, 7 B2, 10 D5
デカポリス　12 B3
テサロニケ　14 A1, 15 A3
デビル　2 C3, 3 C1
テベリヤ　12 B2, 16 B2
テマ　4*, 6 D4
テマン　5 E3
テラコニテ　12 B3
テル・アビブ　16 B1
デルフィ　6 B1
デルベ　14 B3
トゥトゥル　1 C5
ドゥ・シャルキン　6 B5
ドゥロコルトルム　10 B3
トバル　6 B4
ドフカ　2 E2
ドマ　4*, 6 C4
トラケ／トラキヤ　10 C4, 14 A2, 15 A3

トラペズス　7 A2, 10 C5
ドル　2 B3, 3 B1, 4 C1, 5 C2
トレス・タベルネ　15 A2
トレトゥム　10 C2
トレマイ/アコ　12 B2, 13 F2, 15 B4
トロアス　14 B2, 15 B3
トロイ　1 B2

ナイル川　1 D3, 6 D3, 7 B2, 10 D5
ナイン　12 B2
ナヴェ　12 B3
ナザレ　12 B2, 16 B2
ナバテヤ　12 D2
ナフタリ　3 A2
ナルボ・マルティウス　10 C3
ナルボネンシス　10 C3
ニコメディヤ　10 C4
ニップル　1 C6, 7 B3, 7*
ニネベ　1 B5, 4*, 6 B5
ネアポリス　10 C3, 14 A1
ネゲブ　3 C1, 5 E2, 16 D1
ネボ山　2 C4, 3 C2, 16 C2, 16*
ノ/テーベ　1 D3, 6 D3, 7 B2, 10 D5
ノフ/メンフィス　1 D3, 4*, 6 D3, 7 B2, 10 D5
ノリクム　10 B3

バアラテ・ベエル　4 D1
ハイファ　16 B1
バエティカ　10 C2
バクトラ　7 B4
バクトリヤ　7 B4
パサルガダエ　7 B3
バシャン　2 B4, 3 B2, 5 B4, 16 A3
パタラ　15 B3
パッタラ　7 B4
ハツァル・アダル　4 D1
ハツェロテ　2 F3
ハツォル　1 C4, 2 B4, 3 A2, 4 B2, 5 B3
ハットゥシャン　1 B3
ハナヌエルのやぐら　9
バビロニヤ(王国または帝国)　1 C6, 7 B3
バビロン(都市)　1 C5, 6 C5, 7 B3, 7*
バプテスマの場所　12 C2
パポス　14 C3
ハマテ(ガリラヤ)　3 B2
ハマテ(シリヤ)　1 B4, 4 A2, 4*, 7 B2, 7*, 13 C3
ハラブ/アレッポ　1 B4, 4 A3, 6 B4, 7*, 13 B3
ハラン　1 B4, 6 C4, 7*
パラン　2 F2
パランの荒野　2 E2
パルテヤ　7 B3, 10 C6
バルト海　10 A4
パルミラ　10 C5
パンティカパイオン　7 A2
東の門　9

ビザンティオン　7 A2, 10 C4
ピシデヤ　14 B3
ヒゼキヤの水道(トンネル)　9
ビター湖　2 D1
羊の門　9, 11
ヒッピカスのやぐら　11
ヒッポス　12 B2
ヒデケル川/ティグリス川　1 C6, 6 C5, 7 B3, 7*, 10 C5
ビテニヤとポント　10 C5, 14 A3, 15 A4
ヒノムの谷　9, 11
ヒベルニヤ　10 B2
ビュブロス/ゲバル　1 C4, 5 A3, 13 D2
ピリピ　14 A1, 15 A3
ピリポ・カイザリヤ　12 A2, 13 E2
ビルアトン　3 B2
ヒンドゥークシュ山脈　7 B4
ファサエルのやぐら　11
フィラデルフィヤ(ラバ)　12 C2
フィラデルフィヤ(小アジヤ)　14 B2, 15 B3
フェニキヤ　6 C4, 12 A2, 14 C4, 15 B4
フェニキヤ人　4 B2, 5 B3
婦人の庭　11
プノン　2 D4, 3 D2
プラ　7 B4
フラ渓谷　16 A2
ブリタニヤ　10 B2
フルギヤ　6 B2, 10 C4, 14 B3, 15 B4
ブルディガラ　10 C2
フルリ人　1 B5
ブルンディシウム　10 C3
ベエル・シェバ　1 C3, 2 C3, 3 C1, 4 C1, 5 D2, 12 C1, 16 C1
ヘシュボン　2 C4, 3 C2, 5 D3
ベタニヤ　12 C2, 16*
ベツェル　3 C2
ベツサイダ　12 B2
ベツレヘム　3 C2, 12 C2, 16 C2
ベテ・シェメシュ　3 C1, 4 C2
ベテ・シャン/スキトポリス　2 B4, 3 B2, 4 C2, 12 B2
ベテ・ホロン　3 C2
ベテスダの池　11
ベテスラ　13 G1
ベテル　1 C4, 2 C4, 3 C2, 4 C2
ヘテ人　3 C2
ベニヤミン　3 C2
ベニヤミンの門　8
ヘフェル　2 B3
ヘプタペゴン(七つの泉)　12 B2
ヘブロン　2 C4, 3 C2, 4 C2, 5 D3, 12 C2, 16 C2
ペラ　12 B2
ペリシテ人　4 C1, 5 D2
ペルガ　14 B3
ヘルカテ　3 B2
ペルガモ　10 C4, 14 B2, 15 B3
ペルシャ帝国　7, 7*
ペルシャ湾　1 D7, 6 D6, 7 B3

ペルセポリス　7 B3
ヘルモン山　3 A2, 4 B2, 5 B3, 16 A2
ペレヤ　12 B2
ベレヤ　14 A1, 15 A3
ヘロデ・アンテパスの宮殿　11
ヘロデの宮殿　11
北海　10 B3
ボツラ　2 D4, 3 D2, 4 D2, 5 E3
ポテオリ　15 A2

マウレタニヤ　10 C2
マカツ　7 B4
マケドニヤ　10 C4, 14 A1, 15 A3
マケルス　12 C2
マサダ　12 C2, 16 C2
マッシリヤ　10 C3
マナセ　3 B2
マハナイム　3 B2, 4 C2
マラカンダ　7 B4
マリ　1 C5
マリアンネのやぐら　11
マルタ　15 B2
マンプシス　12 C2
ミグドル　2 D1, 7 B2
ミケーネ　1 B1
ミケーネ人　1 B1
ミシュネ　9
ミタンニ　1 B5
ミツパ　5 D3
ミテレネ　15 B3
ミノア人　1 C1
ミラ　15 B4
ミレト　15 B3
水の門　9
ムシヤ　14 A2
メアのやぐら(100のやぐら)　9
メギド　1 C3, 2 B4, 3 B2, 4 C2, 5 C3
メソポタミヤ　10 C5, 14 B5, 15 B4
メディオラナム　10 B3
メディヤ　7 B3
メディヤ人　6 B7
メデバ　4 C2
メファアテ　3 C2
メルブ　7 B4
メンフィス/ノフ　1 D3, 4*, 6 D3, 7 B2, 10 D5
モアブ　2 C4, 3 C2, 4 C2, 5 D3, 16 C2
モアブ山脈　16*
モエシヤ　10 C4, 14 A1, 15 A3

ヤゼル　2 C4, 3 C2
ヤハツ　2 C4, 3 C2
ヤフォ/ヨッパ　3 B1, 4 C1, 4*, 5 C2, 12 B1, 13 F1, 16 B1, 16*
ヤボク川　2 B4, 3 B2, 4 C2, 5 C3, 13 F2, 16 B2
ヤムニヤ(ヤブネエル)　12 C1
ヤルコン川　16 B1
ヤルムク川　2 B4, 3 B2, 4 C2, 5 C3, 16 B2

カラー地図索引

ヤルムテ　2 C3, 3 C1
ユーフラテス川　1 C5, 4 A3, 6 C6, 7 B2, 7*, 10 C5, 13 B4
誘惑の山　12 C2
ユダ　3 C2, 5 D2, 6 C3
ユダの荒野　16 C2, 16*
ユダの山地　16 C2, 16*
ユダヤ　10 C5, 12 C2, 13 G1, 14 C4, 15 B4
良い港　15 B3
ヨクネアム　2 B4, 3 B2
ヨッパ/ヤフォ　3 B1, 4 C1, 4*, 5 C2, 12 B1, 13 F1, 16 B1, 16*
ヨルダン川　2 B4, 3 B2, 4 C2, 5 C3, 12 B2, 13 F2, 16 B2, 16*
ヨルダン渓谷　16 B2

ライン川　10 B3
ラエティヤ　10 B3
ラオデキヤ　14 B2, 15 B3
ラガイ　7 B3
ラキシュ　2 C3, 3 C1, 5 D2
ラサヤ　15 B3
ラバ/ラバテ　2 C4, 3 C2, 4 C2, 5 D3, 7*, 16 C2
ラフィヤ　12 C1
ラモテ・ギルアデ　2 B4, 3 B2, 4 C2, 5 C3, 6 C4
リターニー川　4 B2, 5 B3, 13 E2, 16 A2
リブナ　2 C3
リブラ　7 B2
リンドス　6 B2
ルキヤとパンフリヤ　10 C5, 14 B3, 15 B4
ルグドゥヌム　10 B3
ルステラ　14 B3
ルダ　13 F2
ルデ　7 A2

ルテティヤ　10 B3
ルデヤ　6 B2
ルブ人　6 C2
ルベン　3 C2
レギオン　10 C4, 15 B2
レツェフ　7*
レバノンの森の宮殿　8
レフィディム　2 F2
レプティス・マグナ　10 C3
レボ・ハマテ　4 B2, 5 A4
ローマ　10 C3, 15 A2
ローマ帝国　10
ロデ/ディオスポリス　12C1, 16*
ロドス　14 B2, 15 B3
ロビンソンのアーチ　11
ロンディニウム(ロンドン)　10 B2

MEMO

MEMO

MEMO

MEMO

MEMO

MEMO

MEMO

MEMO

MEMO

MEMO

MEMO

MEMO

MEMO

MEMO

MEMO

MEMO

FIREBIBLE フィリピン人のための聖書

2010年9月1日 一 初版第1刷

著作権者 : 愛宕の泉協会 ©1970, 1992, 2009; 発行と著作権を米国にある (ISBN 978-0-7361-1-155)
印刷協力 : 株式会社 Life Publishers International FGBMFI より翻訳される

発 行 : Life Publishers International
1323 N. Campbell Ave. Springfield, Missouri, U.S.A

販売元 : (有) 尾道文書伝道センター
〒 360-0202 埼玉県比企郡滑川町大字月の輪170番地

国内総販 : (宗) イエス・キリスト・キリスト教会連合会

FIREBIBLE ファイヤーバイブル　注解付聖書		
2016年9月1日　　初版発行		
聖書部分	新改訳聖書 ©1970, 1987, 2003：新日本聖書刊行会 許諾(No.3-2-155)	
注解部分	翻訳：Life Publishers International FIREBIBLE 翻訳委員会	
発　　行	Life Publishers International 1625 N Robberson Ave. Springfield, Missouri, U.S.A.	
販 売 元	（有）伝道文書販売センター 〒350-0303 埼玉県比企郡鳩山町熊井170番地	
印刷製本	（宗）ニューライフ・ミニストリーズ 新生宣教団	

ISBN978-4-88703-122-7
乱丁落丁はお取り替えいたします。　　　　　　　　　　　　　　　　Printed in Japan

カラー地図

地図 1

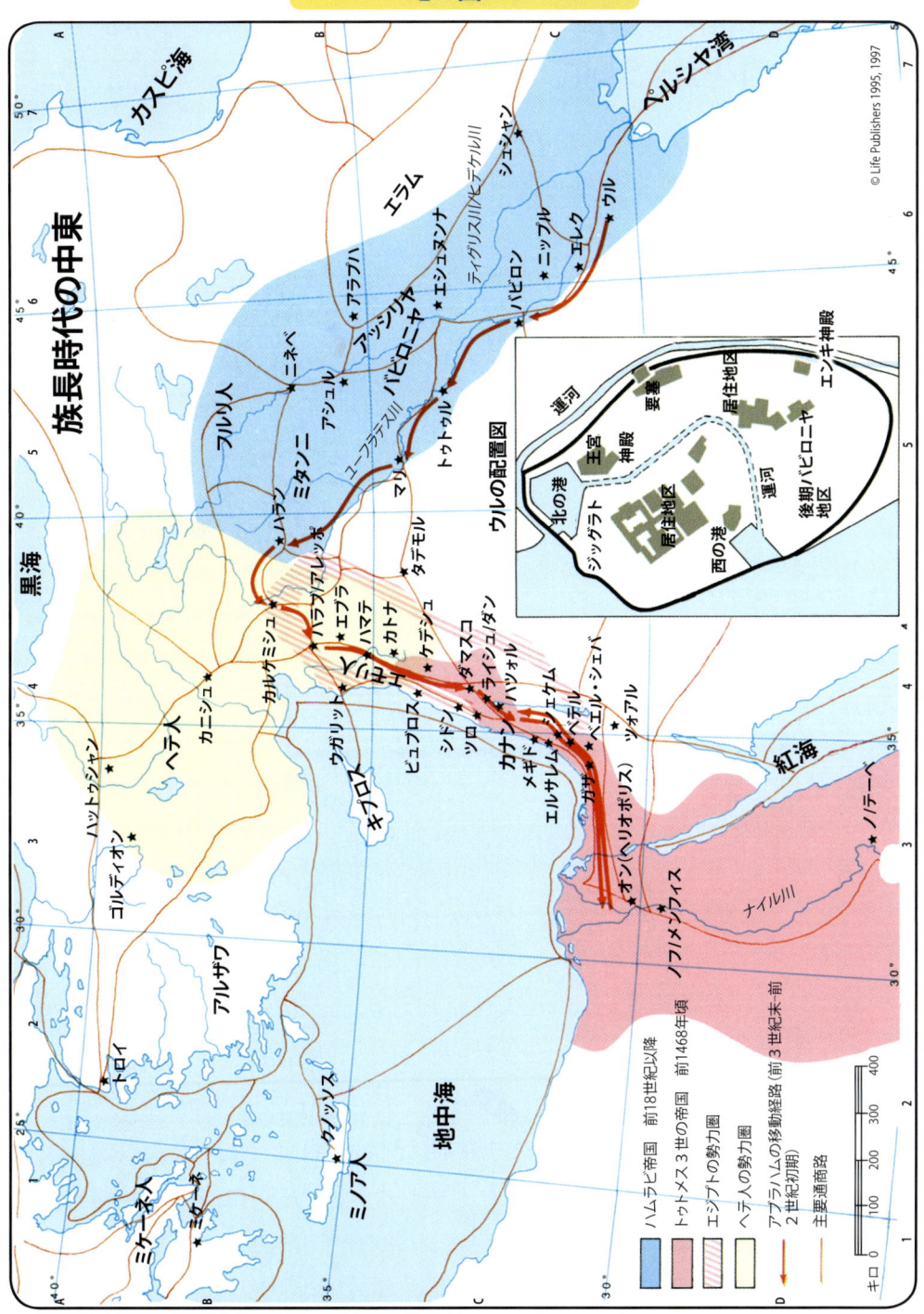

地図 2

出エジプトとカナン制圧

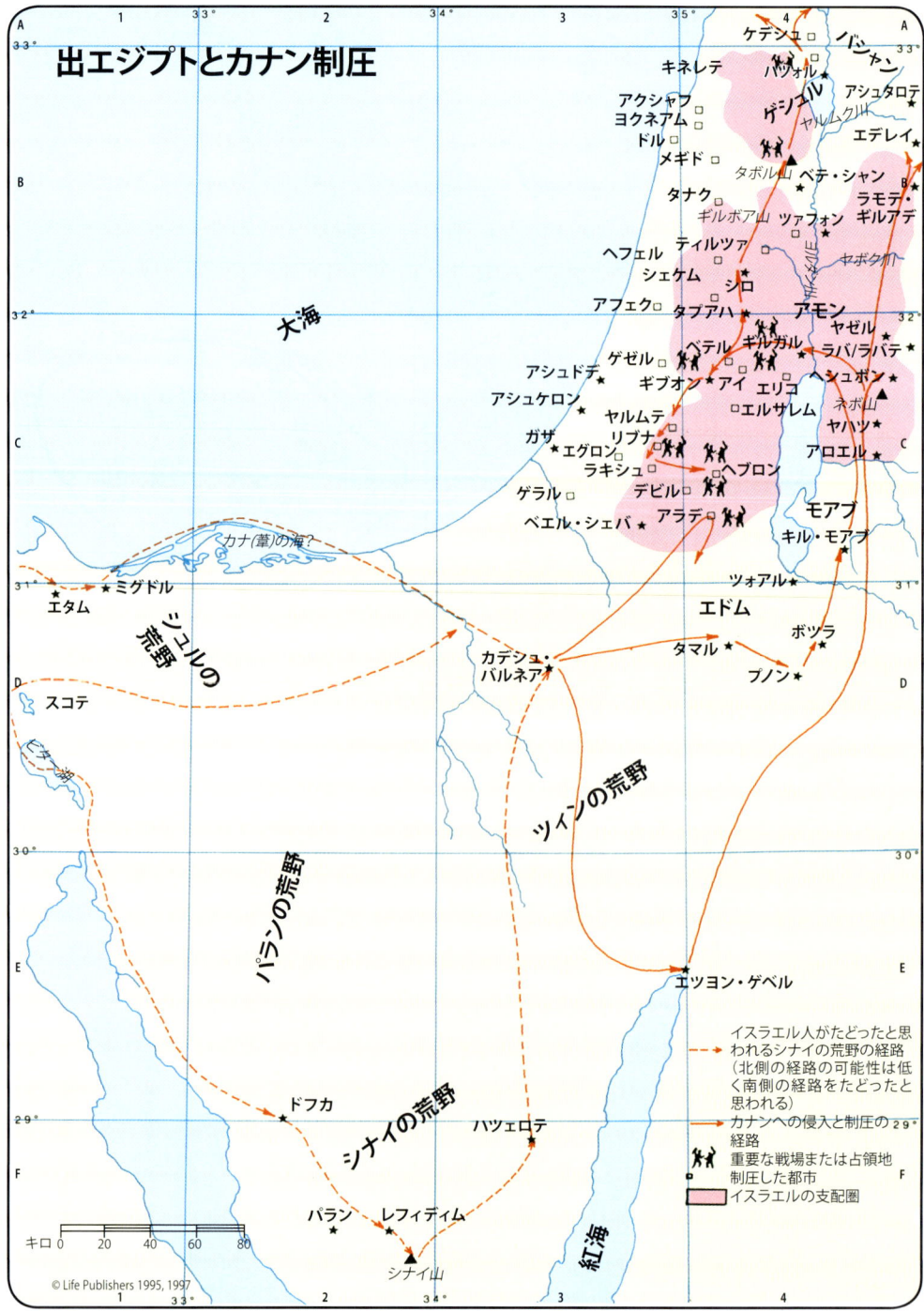

地図 4

ダビデとソロモンの王国

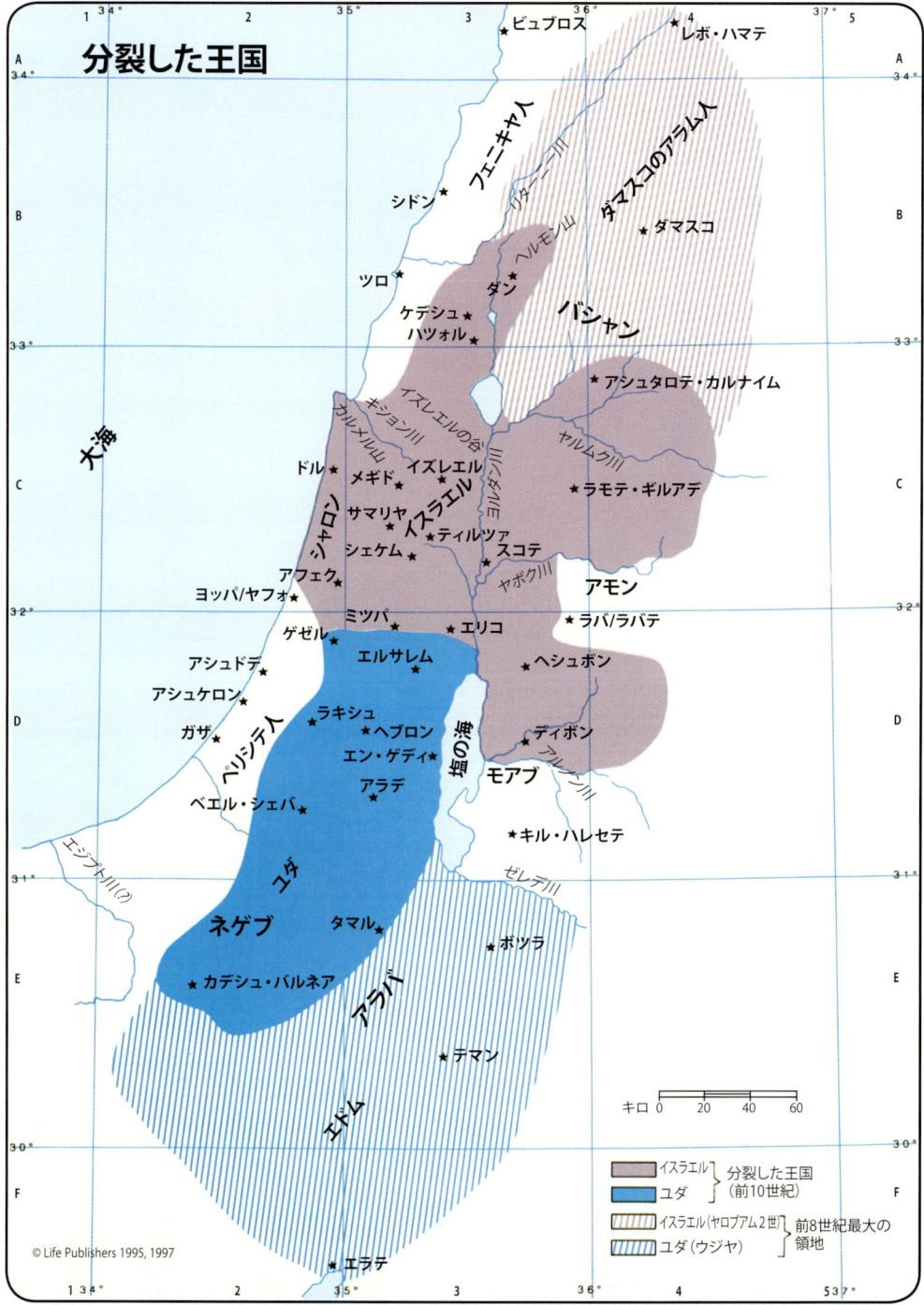

地 図 6

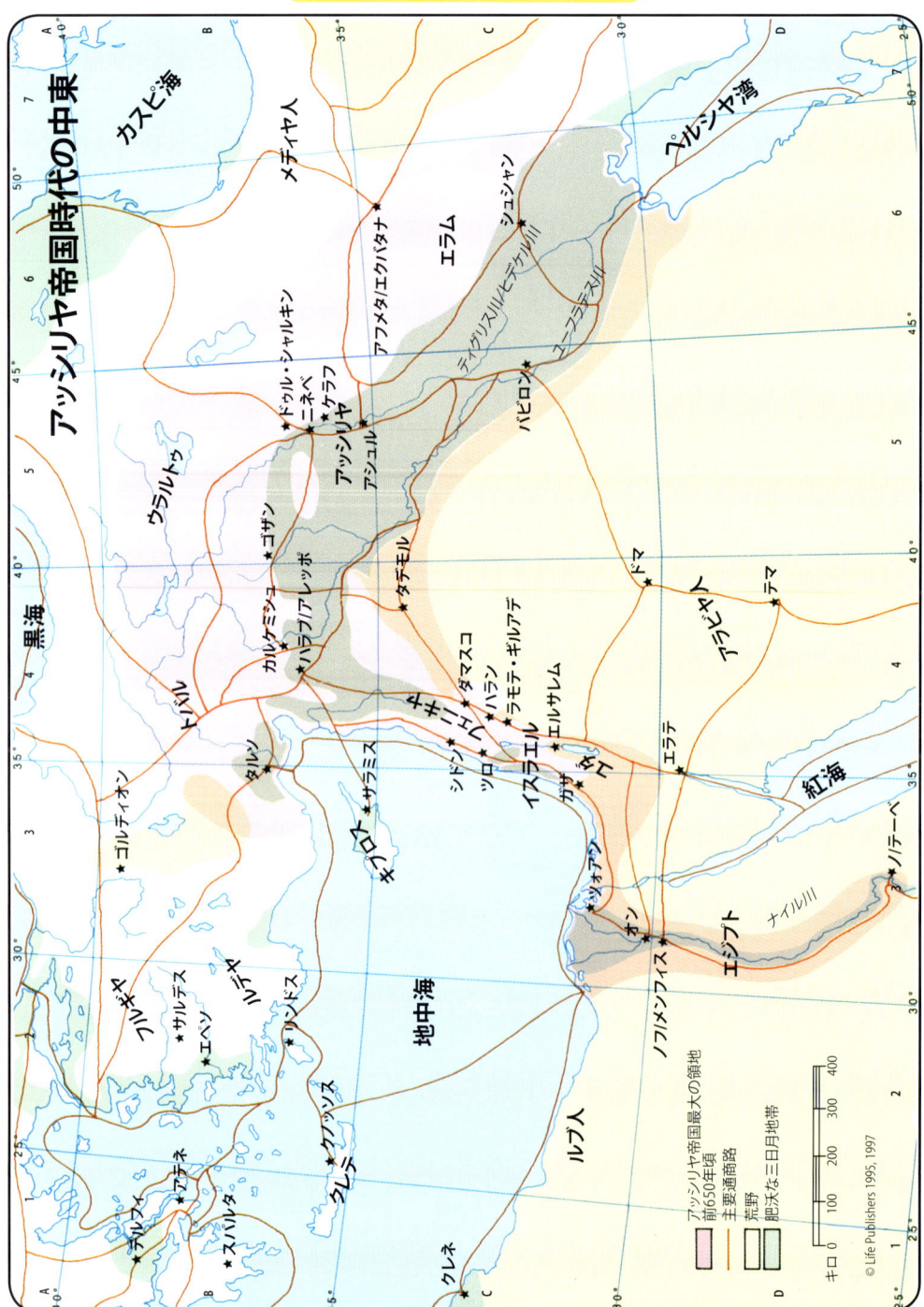

カラー地図

地図 7

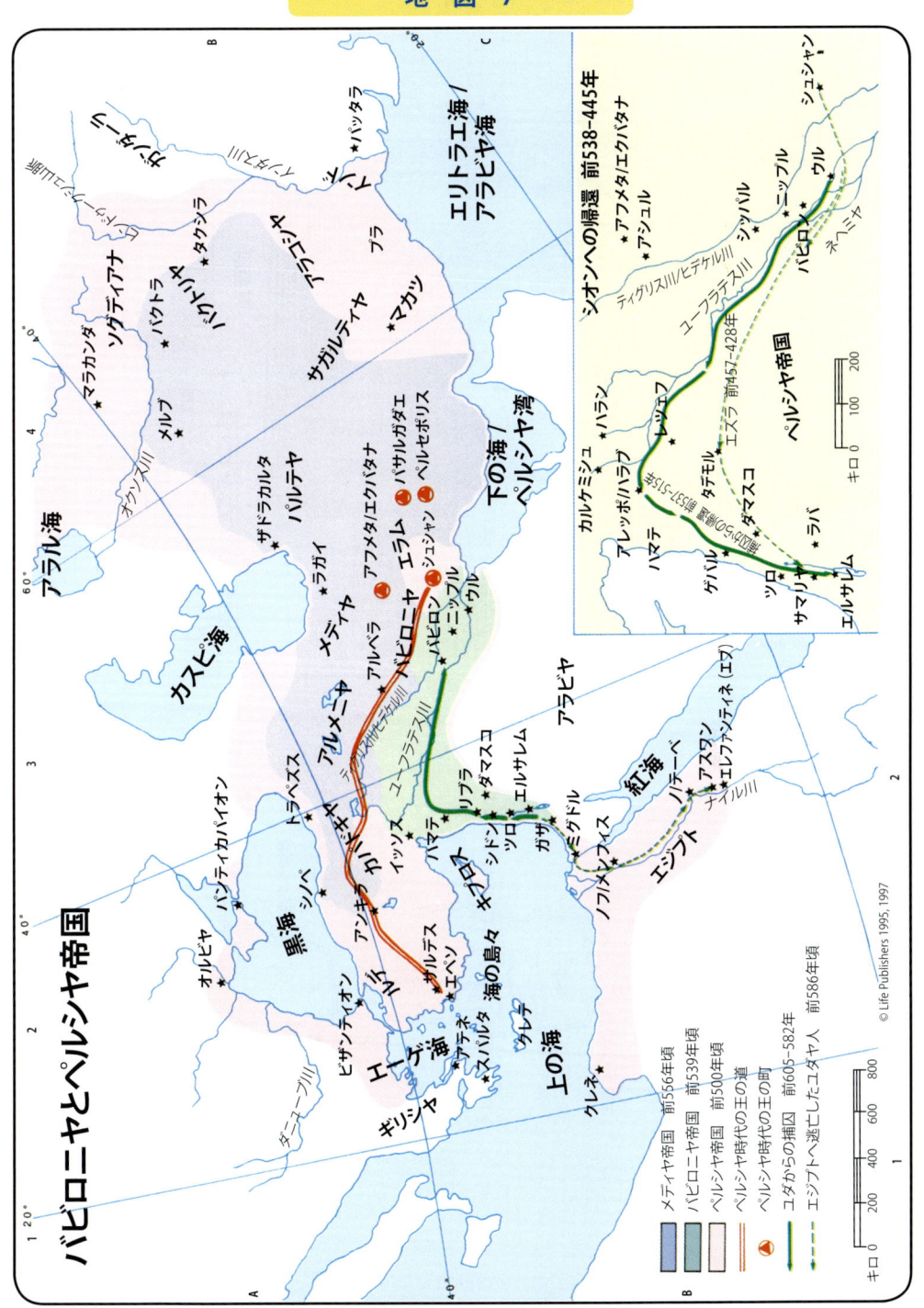

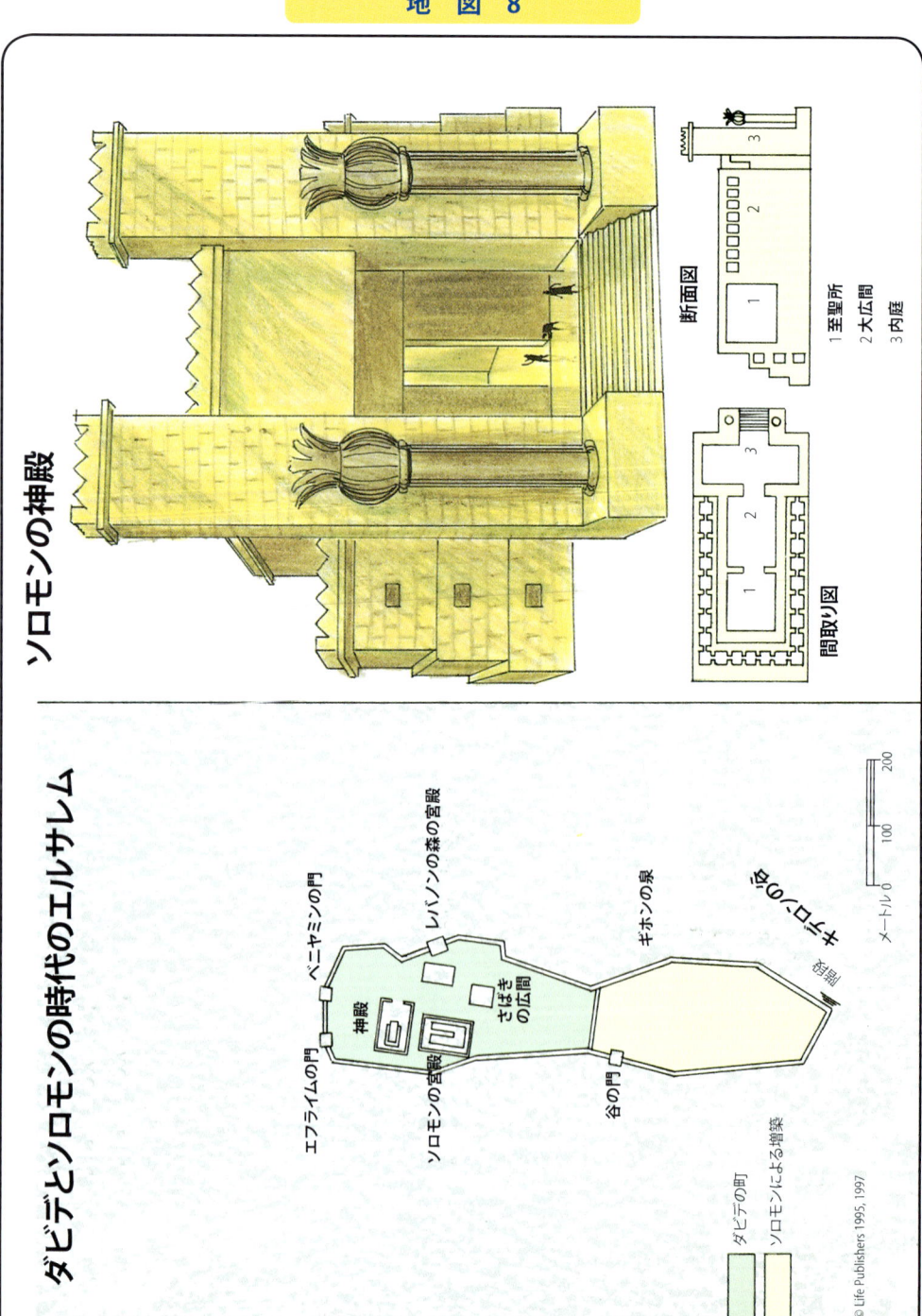

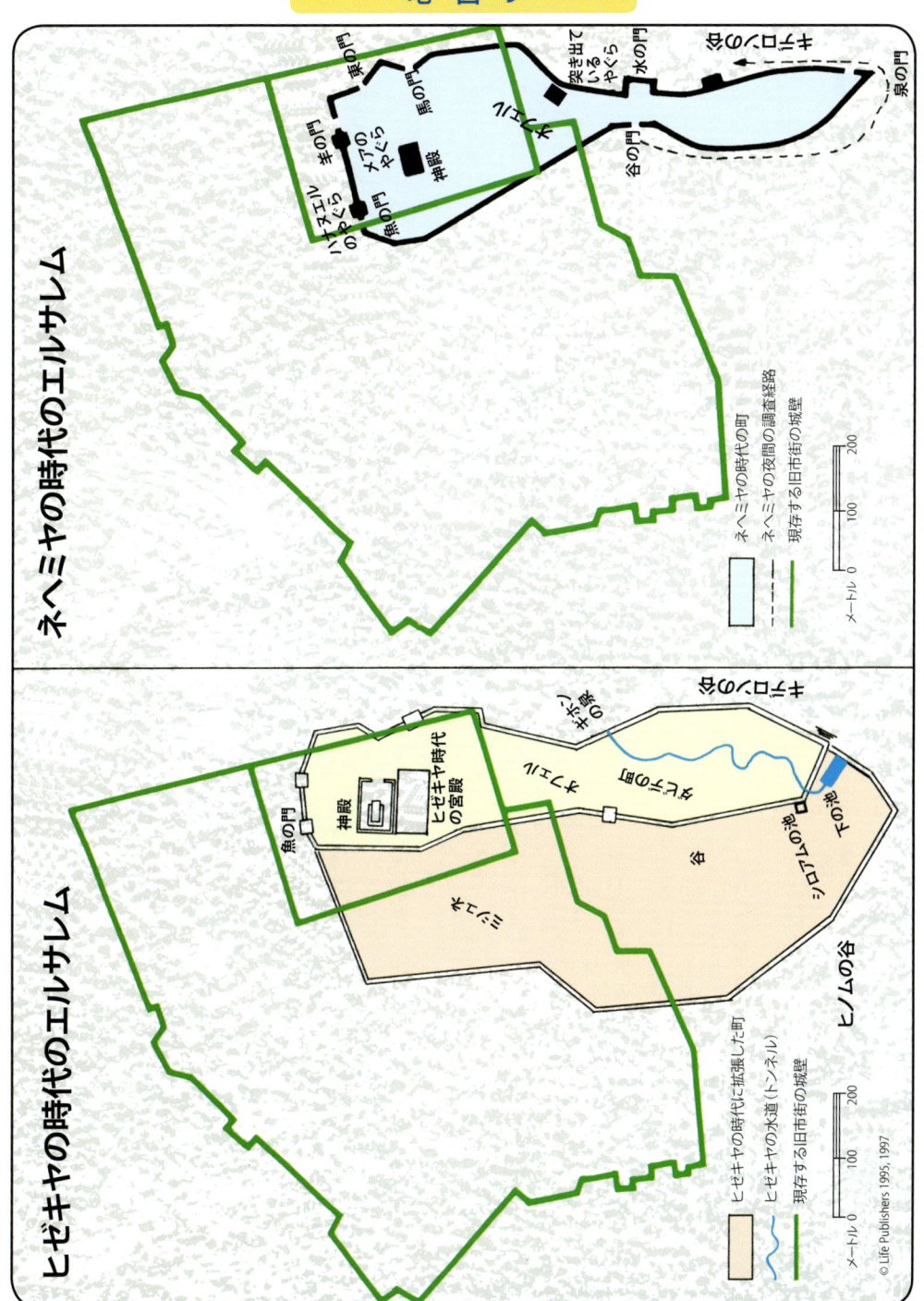

地図 10

新約聖書時代のローマ帝国

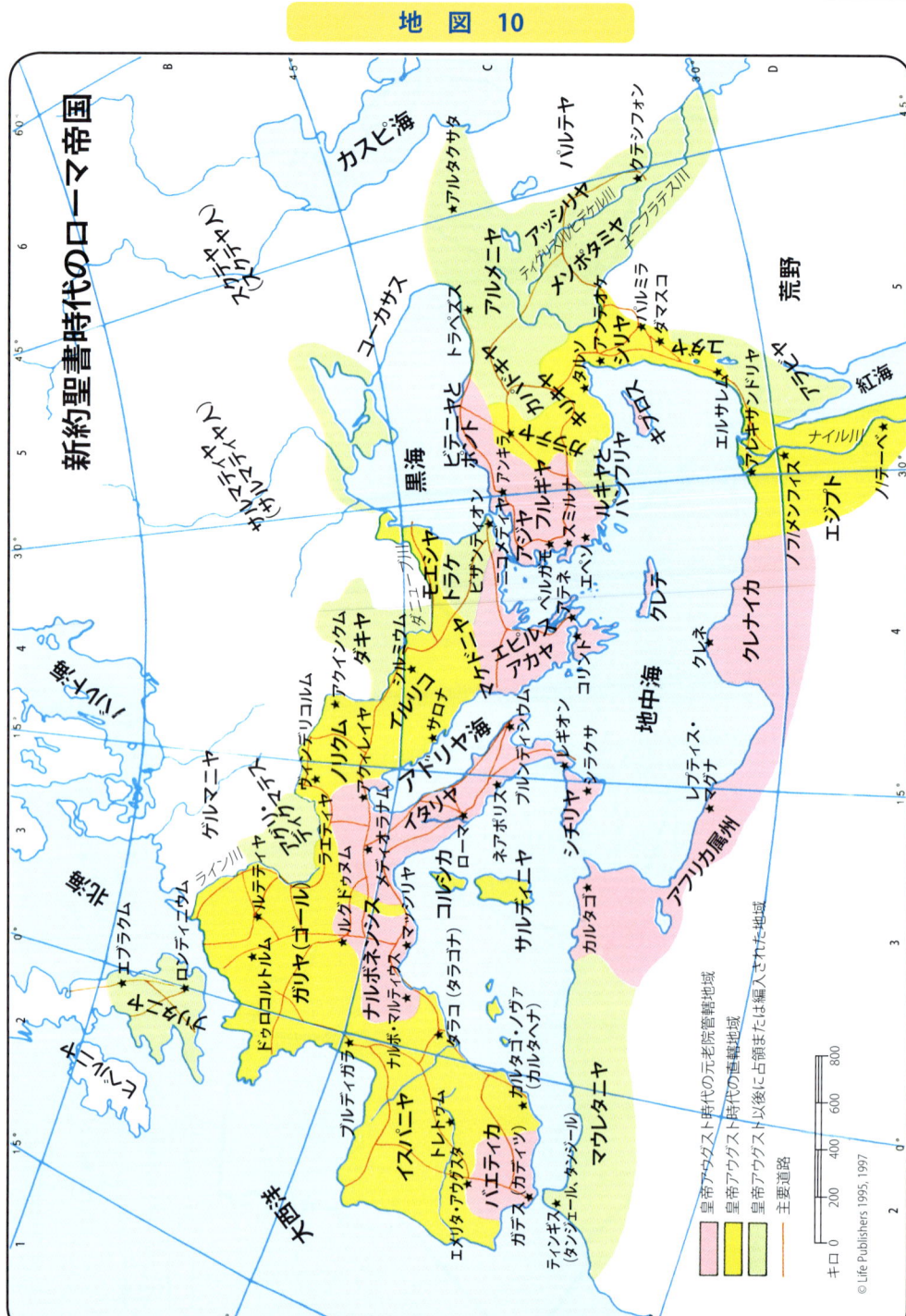

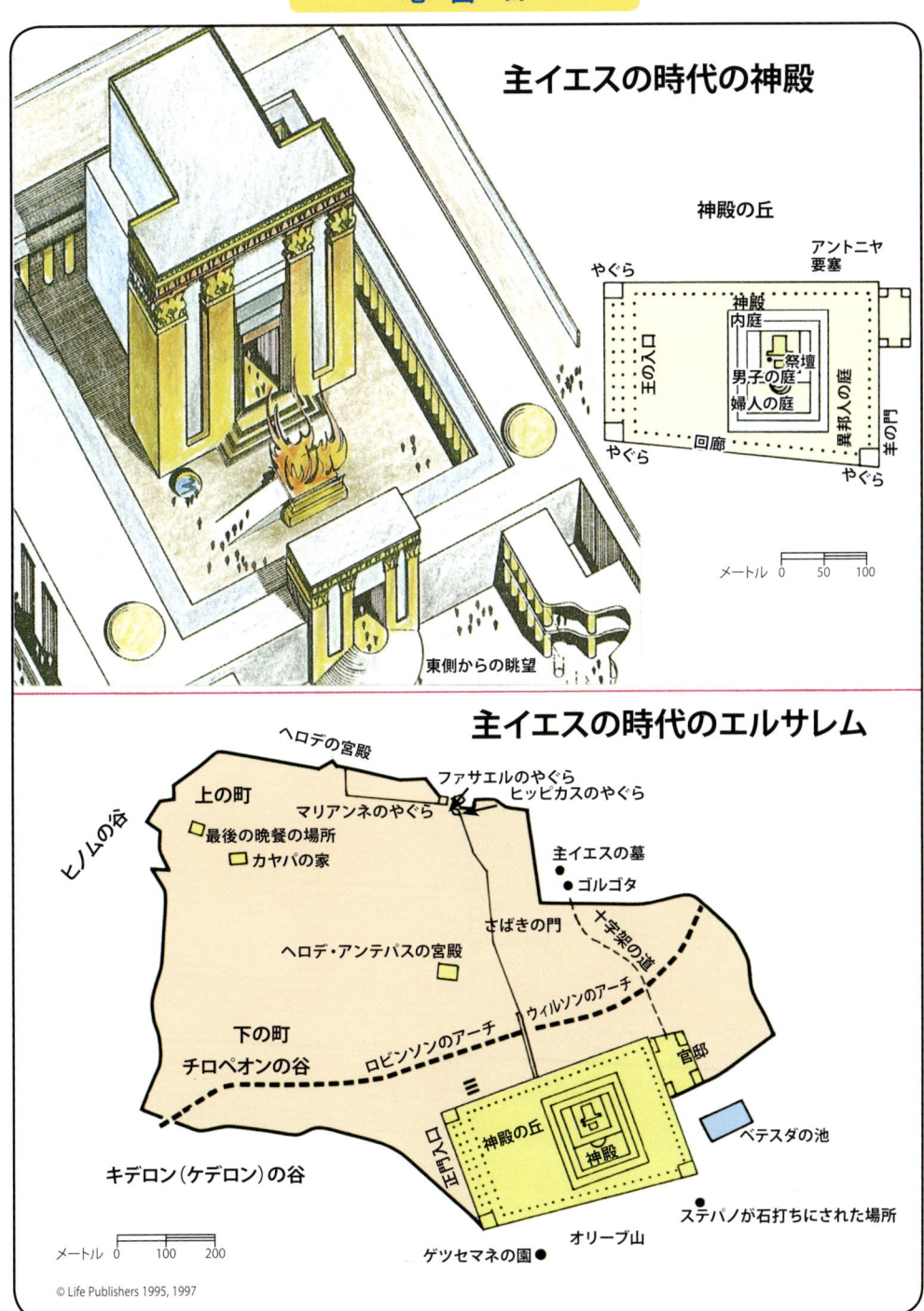

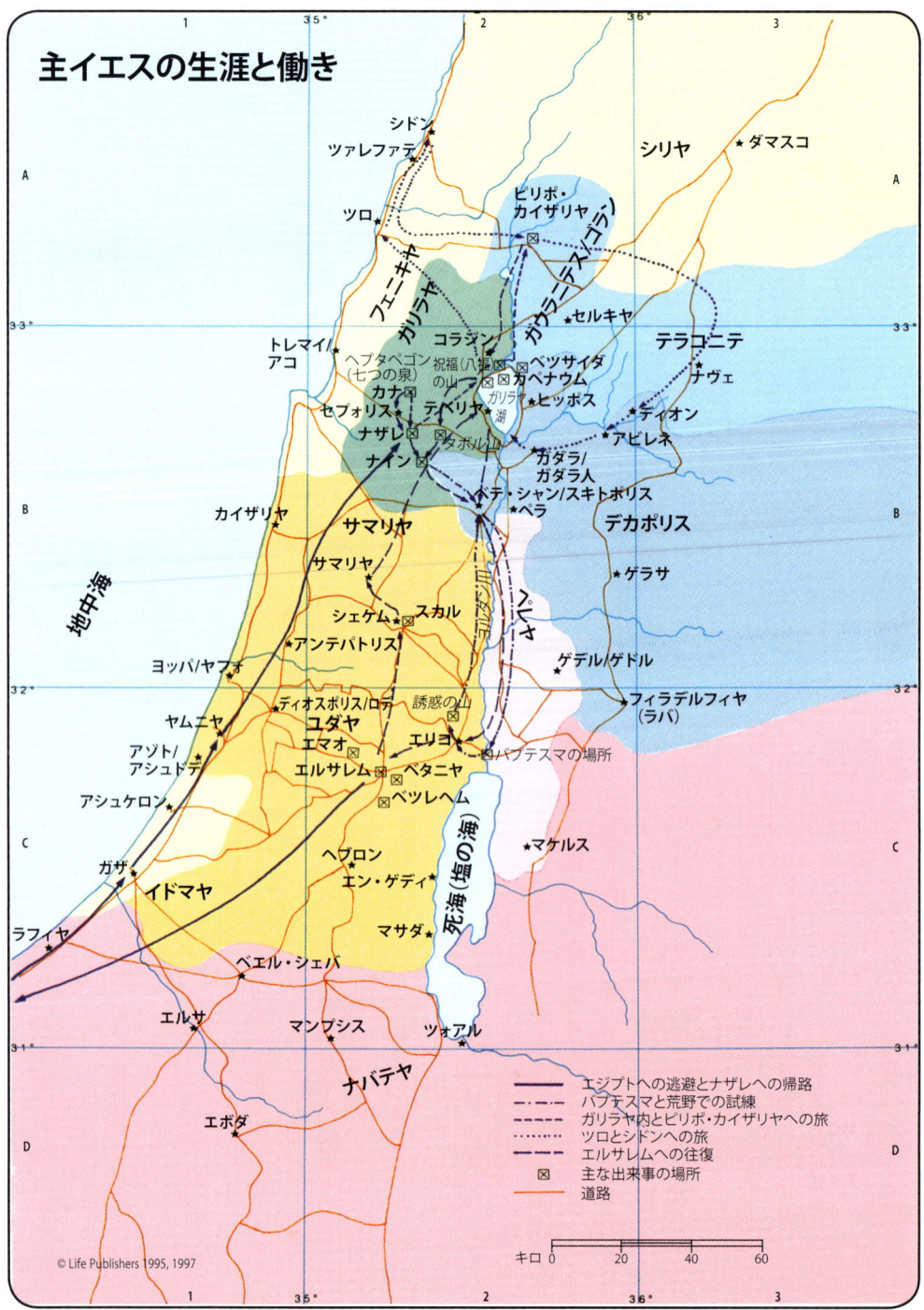

地図 12 — 主イエスの生涯と働き

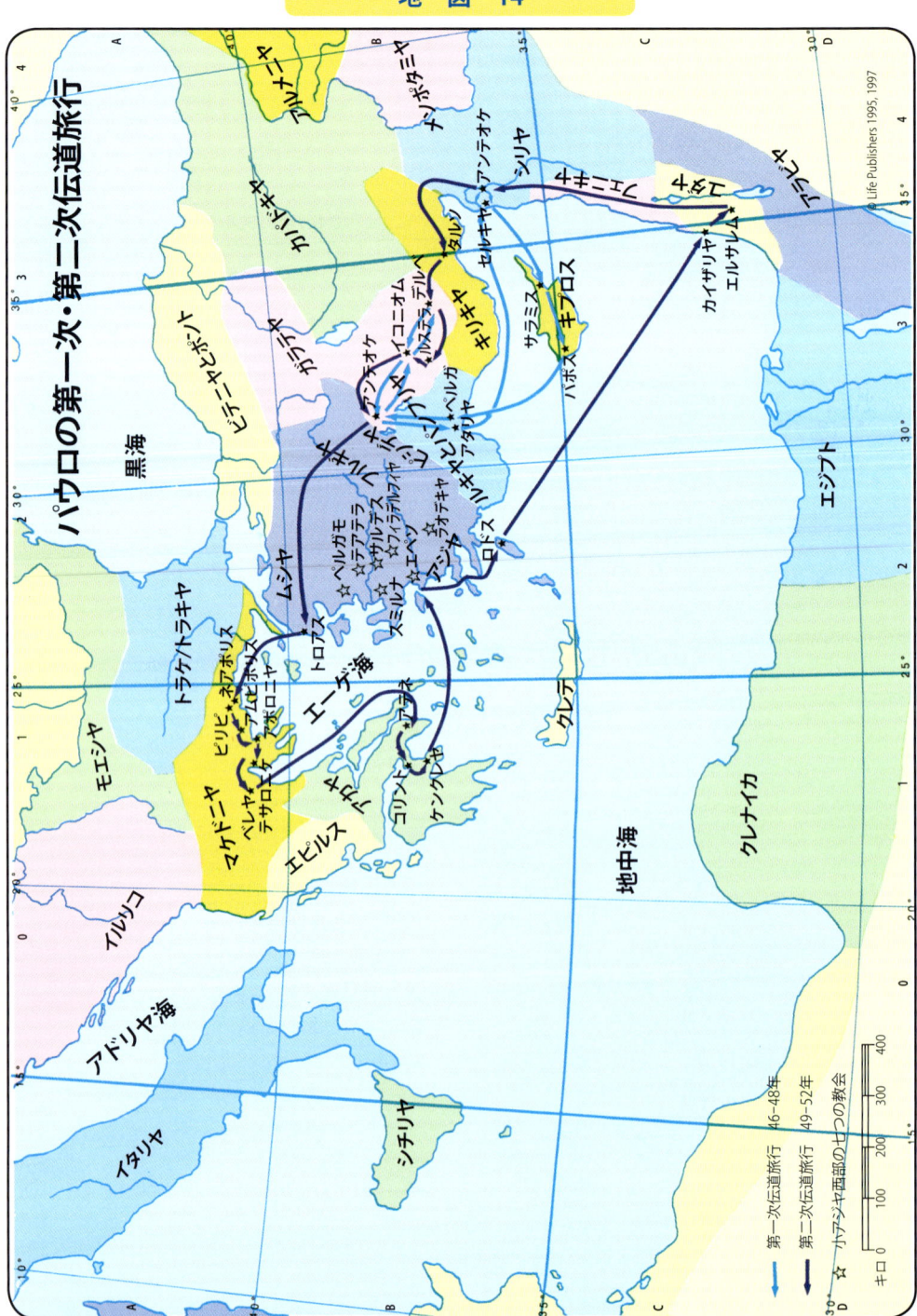

カラー地図 2735

地図 15

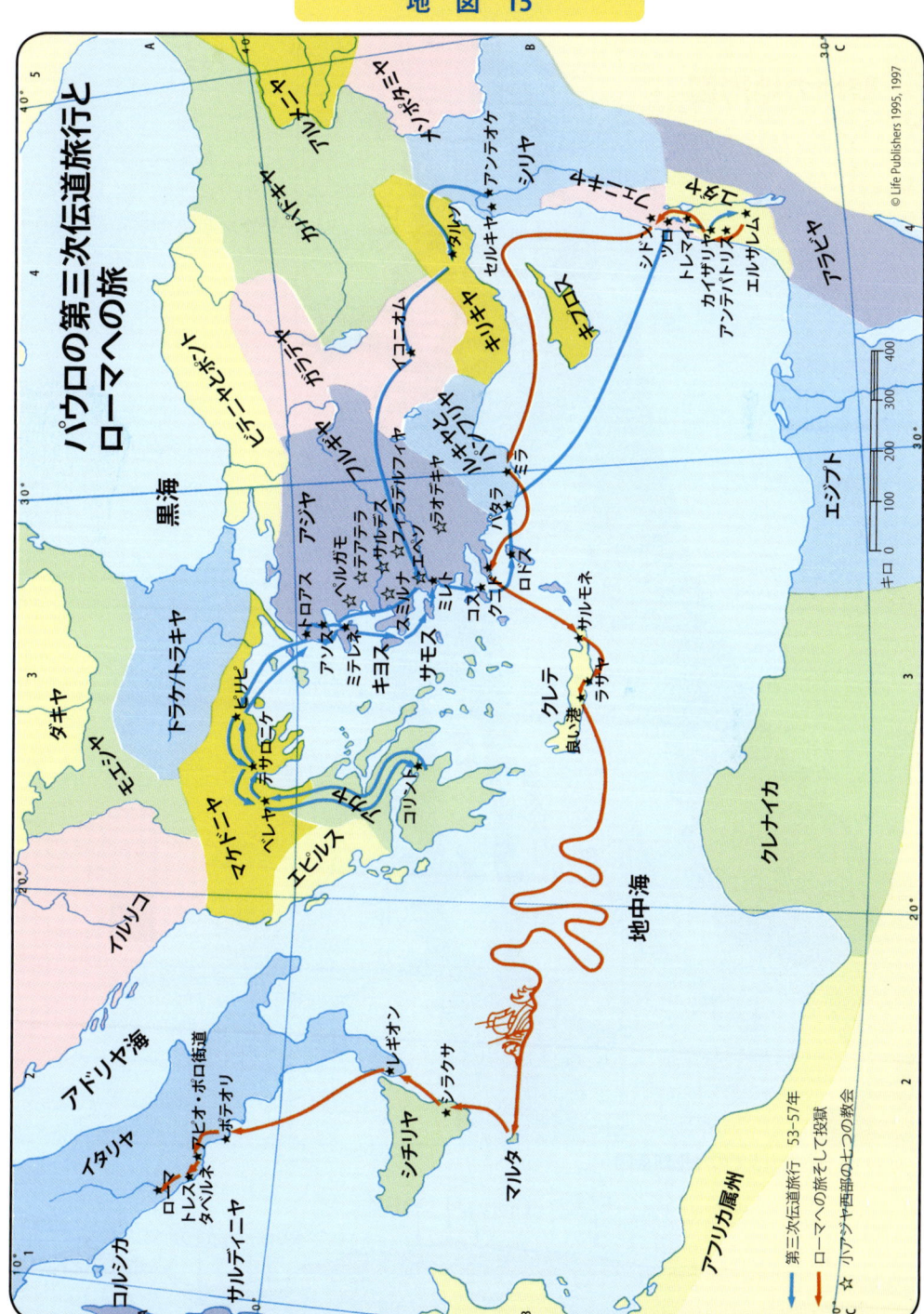

地図 16

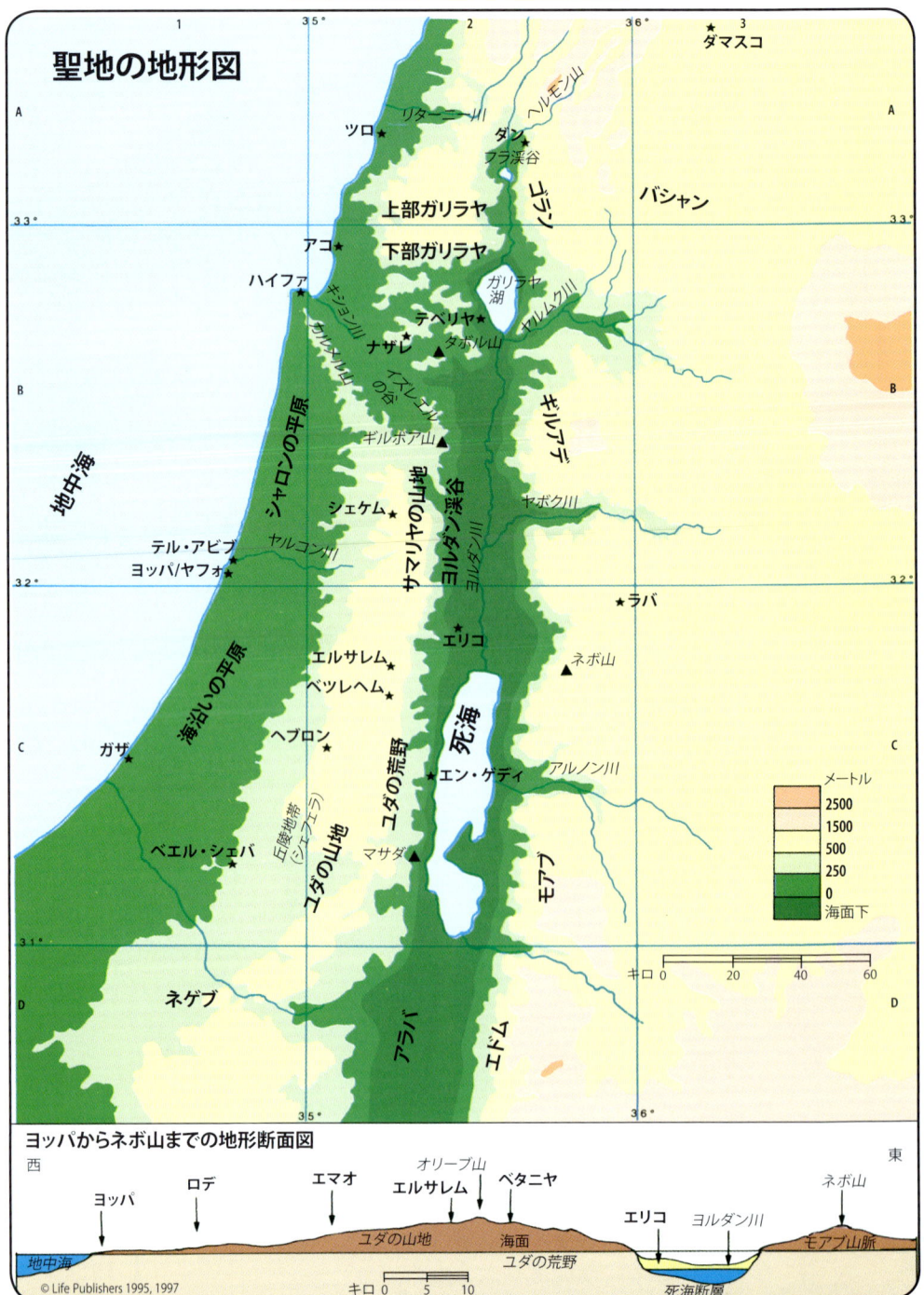